LANGENSCHEIDTS
ENZYKLOPÄDISCHES
WÖRTERBUCH

DER ENGLISCHEN UND DEUTSCHEN SPRACHE

BEGRÜNDET VON

PROF. DR. E. MURET UND PROF. DR. D. SANDERS

TEIL II

DEUTSCH-ENGLISCH

1. BAND A—K

VÖLLIGE NEUBEARBEITUNG 1974

HERAUSGEGEBEN VON

DR. OTTO SPRINGER

Professor für germanische Sprachen und Literaturen
University of Pennsylvania

HODDER AND STOUGHTON

LANGENSCHEIDT'S ENCYCLOPAEDIC DICTIONARY

OF THE ENGLISH AND GERMAN LANGUAGES

BASED ON THE ORIGINAL WORK BY

PROF. DR. E. MURET AND PROF. DR. D. SANDERS

PART II

GERMAN-ENGLISH

FIRST VOLUME A—K

COMPLETELY REVISED 1974

EDITED BY

DR. OTTO SPRINGER

Professor of Germanic Languages and Literatures
University of Pennsylvania

HODDER AND STOUGHTON

Published in the British Commonwealth

by Hodder & Stoughton Limited,

Saint Paul's House, Warwick Lane,

London E C 4

ISBN 0-340-00020-1

PREFACE

The past century witnessed the compilation and publication of two dictionaries which set new standards in bilingual lexicography. Both were more comprehensive than their predecessors, both were the result of decades of compilation, and both were published by the "Langenscheidtsche Verlagsbuchhandlung". These works were the Sachs-Villatte dictionary for the French and German languages and the Muret-Sanders dictionary for the English and German languages.

The compilation of the German-French and the German-English parts of these reference works would not have been possible without the three-volume "Wörterbuch der deutschen Sprache" (Leipzig, 1859—1865), for this work was rated at the time as being "the only dictionary of contemporary High German which is both comprehensive and complete in substance".

It was thus an obvious choice that Professor Gustav Langenscheidt should ask the author of this dictionary, Professor Daniel Sanders, to undertake the compilation of the German-English part of the encyclopaedic English dictionary by Professor Muret. Sanders accepted the assignment after initial hesitation but was unable to complete the work, since he died in 1897, shortly after the publication of the first instalments of the German-English part. Professor I. Schmidt and Dr. Cornelis Stoffel succeeded to the editorship and the work was completed in 1901.

An "Abridged Edition (for School and Home)" of the German-English Muret-Sanders had already been published in 1900; the nineteenth and last edition with supplement of this work appeared in 1944. In 1950 the publishers started work on the complete revision of Muret-Sanders, the English-German part of which was published in two volumes in 1962 and 1963. The work of reference originally compiled by Muret and Sanders now bears the title of "Langenscheidt's Encyclopaedic Dictionary of the English and German languages". Experts, however, still refer to the work as the "New Muret-Sanders".

In 1960 work was started on the German-English part of the dictionary, which likewise had to be recompiled from scratch. The editorial team who undertook this task included a large number of philologists, translators, and special consultants from Great Britain, the United States, Germany, Switzerland, and Austria (cf. the list of editors, editorial staff, and special consultants on p. XV). The editor of Part I, Professor Otto Springer of the University of Pennsylvania, remained the editor-in-chief of the second part of the dictionary.

The quite explosive expansion of the German vocabulary in all spheres of life, the large increase in the number of English equivalents coupled with the need to provide the English-speaking user with a good amount of grammatical information necessitated an enlargement of the publication as compared with Part I. While retaining both the page format and the typography which had proved so successful in the English-German part, the publishers decided to utilize the page space to the utmost; thus each page contains almost 25% more text than in Part I.

In the selection of the German entries care has been taken to see that the requirements of the German literary and linguistic specialists were not allowed to predominate unduly; indeed, the vocabulary of the "nonphilological" branches of science has been taken as being equally important. Furthermore, both the general and specialized vocabularies of all other fields of life have been carefully examined and listed. Emphasis has been laid on the German of the last hundred years. This meant that new developments, such as the ever-increasing use of German as a commercial language within the Common Market, had also to be taken into account. We hope that in adhering to these principles of selection we have achieved a large degree of comprehensiveness within the limits imposed by the size of the dictionary.

Both important words and idioms current in the colloquial language of the regions and special terms occurring in the vocabulary of the German-speaking neighbouring countries of the GDR, Austria, and Switzerland have been included as entries. Needless to say, American English was included among the "English" equivalents, and this is evidenced by the juxtaposition of British and American variants in thousands of cases which have been carefully listed and revised by native speakers.

In collaborating with experienced consultants and technical advisers (cf. p. XVI) the compilers of this dictionary have endeavoured to achieve a well-balanced bilingual presentation of the technical vocabulary of the various branches of science and technology. Whether from the field of economics, politics, communications, sport, electronics, or space travel, the most up-to-date vocabulary of all the special fields was included. The fact that the terminology of certain disciplines—such as chemistry, medicine, or physics, for instance—has expanded so tremendously in the past few years has also been taken into account, and space was provided accordingly. Technical and general neologisms from all spheres of life have flowed into the dictionary from numerous sources; mention need only be made here of the daily press, the special consultants, and the editorial card index of neologisms, to quote but a few examples. We would like to think that in including this abundance of neologisms, which have never before been printed in a German-English dictionary, we have reached the limits of lexicographic up-to-dateness.

The German-English part of this "Encyclopaedic Dictionary" comprises over 200,000 German entries and a multiplicity of English equivalents. Great care has been taken to render the subtleties of semantic differentiation. In many cases a wide choice of translation variants is offered, but the various meanings of the entry word are arranged clearly, thus enabling the user to arrive at "his" specific translation without difficulty. The various levels of usage have been taken into consideration and are indicated precisely. Every endeavour has been made to find an exact translation retaining the same level of usage for both colloquial and vulgar expressions and for slang. A dictionary which merely draws up mathematical equations as it were between the entry word and its translation is little more than a skeleton. The actual "flesh" of the dictionary in the lexicographic sense is provided by the sample phrases, idiomatic expressions, sayings, proverbs, and illustrations. It is obvious that in the compilation and arrangement of a dictionary of the size of the "New Muret-Sanders", a task involving decades of work, particular attention has been devoted to this aspect of lexicography.

Users who are native English speakers and wish to acquaint themselves with grammatical peculiarities of the German language will find in this work a wealth of information unparalleled in any bilingual dictionary. Detailed information on declension, conjugation, and other grammatical forms is given in brackets following the respective entry words. The foreigner is also reliably informed on the construction of the past participle and the separability of the prefix and primary verb in the inflected forms of a compound verb. In this context we would refer the reader to the exhaustive information on such grammatical data in the "Guide for the User" (cf. p. XXIII). The pronunciation of the German entry words is given in international phonetic transcription (IPA), the arrangement and listing of which was undertaken by the author of the "Duden Aussprachewörterbuch". The details on the syllabification of the German entry words will undoubtedly be greatly appreciated by many foreign users.

German abbreviations and proper names have not been included in the vocabulary, but form part of the extensive appendices to Volume 2. All users are recommended to read the section entitled "Arrangement of the Dictionary and Guide for the User" (cf. p. XIX), since, to quote Eduard Muret in the preface to the first edition of Muret-Sanders, "An hour spent in learning its contents will prove highly profitable as often as the book is to be consulted". And we may add that only those users who are familiar with the details of the arrangement of the dictionary will be in a position to benefit fully from the wealth of information offered in this reference work. The editorial procedure followed in the compilation of the "Encyclopaedic Dictionary" has already been described in the preface to Part I.

Finally, a word of thanks. It is exceptional that a publisher should be mentioned in the preface to a dictionary. But it is also exceptional that the publication of a reference work of this volume, a task involving more than 23 years of compilation, should be guided through the difficult post-war period by one and the same man. Thus we wish to express here our special gratitude to Georg Jacobi, who guided the work on the "New Muret-Sanders" right from those early days when the military government helped to initiate the compilation of the work. In the Langenscheidt branch in Berchtesgaden he carried the chief responsibility for the publication of this dictionary, the largest published by this company.

We hope that the German-English part of this dictionary will meet the many demands of the different kinds of users and that it will be received as well as the English-German part. Even a multivolume dictionary of this size can be no more than a new essay in the field of German-English lexicography. It is in the nature of language and human shortcoming that this should be so. Perhaps we might join nevertheless with Dr. Johnson in the request he made in the preface to his great dictionary, where he wrote, "In this work, when it shall be found that much has been omitted, let it not be forgotten that much likewise is performed".

EDITOR AND PUBLISHERS

VORWORT

Das letzte Jahrhundert sah die Entstehung von zwei Wörterbüchern, die neue Maßstäbe für die zweisprachige Lexikographie setzten. Beide waren weit umfangreicher als alle ihre Vorgänger, beide wurden in jahrzehntelanger Arbeit kompiliert, und beide erschienen in der „Langenscheidtschen Verlagsbuchhandlung": der Sachs-Villatte für die französische Sprache und der Muret-Sanders für die englische Sprache.

Die Bearbeitung der deutsch-fremdsprachigen Teile dieser Nachschlagewerke wäre ohne das Vorhandensein des dreibändigen „Wörterbuchs der deutschen Sprache" (Leipzig, 1859—1865) nicht möglich gewesen, denn dieses Werk war damals „das einzige umfassende und innerlich vollständige Wörterbuch der heutigen hochdeutschen Sprache".

Es lag daher nahe, daß Professor Gustav Langenscheidt den Autor dieses Wörterbuchs, Professor Dr. Daniel Sanders, bat, die Ausarbeitung des deutsch-englischen Teils des enzyklopädischen englischen Wörterbuchs von Professor Muret zu übernehmen. Sanders, der den Auftrag nach einigem Zögern annahm, konnte dieses Werk jedoch nicht vollenden: kurz nach Erscheinen der ersten Lieferungen des deutsch-englischen Teils starb er im Jahre 1897. Professor Dr. I. Schmidt und Dr. Cornelis Stoffel übernahmen die weitere Redaktion des Werkes, das im Jahre 1901 vollständig vorlag.

Bereits im Jahre 1900 erschien eine „Hand- und Schulausgabe" des deutsch-englischen „Muret-Sanders", deren letzte Auflage — die neunzehnte Auflage mit einem Nachtrag — im Jahre 1944 herauskam. 1950 nahm der Verlag die vollständige Neubearbeitung des „Muret-Sanders" in Angriff, deren englisch-deutscher Teil in zwei Bänden in den Jahren 1962 und 1963 erschien. Das von Muret und Sanders begründete Nachschlagewerk wurde jetzt unter dem Titel „Langenscheidts Enzyklopädisches Wörterbuch der englischen und deutschen Sprache" veröffentlicht; in Fachkreisen spricht man jedoch auch heute vom „Neuen Muret-Sanders".

Am deutsch-englischen Teil wurde seit 1960 gearbeitet. Auch er mußte wie der englisch-deutsche Teil von Grund auf neu kompiliert werden. Das mit dieser Aufgabe betraute Arbeitsteam umfaßte eine große Anzahl von Philologen, Übersetzern und Fachmitarbeitern aus England, den USA, Deutschland, der Schweiz und Österreich (vgl. Herausgeber- und Mitarbeiter-Verzeichnis, S. XV). Verantwortlicher Herausgeber blieb der Herausgeber des ersten Teils, Professor Dr. Otto Springer, University of Pennsylvania.

Das geradezu explosive Anwachsen des deutschen Wortschatzes in allen Lebensbereichen, das Mehr an englischen Übersetzungen und das Bestreben, dem englischsprechenden Benutzer eine Fülle von grammatikalischen Auskünften zu bieten, machten — im Vergleich mit dem ersten Teil — eine Erhöhung des Gesamtumfangs notwendig. Während sowohl das Seitenformat wie auch die bewährte Typographie des englisch-deutschen Teils beibehalten wurden, entschloß sich der Verlag, beim deutsch-englischen Teil die Seiten besser auszunutzen: auf jeder Seite wird fast 25% mehr Text geboten als beim ersten Teil.

Bei der Auswahl der deutschen Stichwörter waren selbstverständlich nicht nur die Belange der Kenner und Liebhaber der deutschen Sprache und Literatur ausschlaggebend. Der Wortschatz der „nichtphilologischen" Fachwissenschaften wurde grundsätzlich als gleichberechtigt behandelt. Aber auch der gemeinsprachliche und fachsprachliche Wortschatz aller anderen Lebensbereiche wurde sorgfältig gesichtet und registriert. Zeitlich lag der Nachdruck bei der Stichwortauswahl auf der deutschen Sprache der letzten hundert Jahre. Auch aktuellen Entwicklungen — z. B. der Tatsache, daß der deutschen Sprache im Zeichen der EG heute auch als Handelssprache eine stetig wachsende Bedeutung zufällt — wurde die ihnen gebührende Beachtung geschenkt. Wir hoffen, mit unseren Auswahlprinzipien eine gewisse Universalität innerhalb der umfangsbedingten Grenzen dieses Wörterbuchs erreicht zu haben.

Wichtige Ausdrücke der regionalen (großlandschaftlichen) Umgangssprache wurden ebenso als Stichwörter aufgenommen wie spezifische Besonderheiten im Wortschatz der deutschsprachigen Nachbarländer DDR, Österreich und Schweiz. Die selbstverständliche Einbeziehung des Amerikanischen Englisch bei den Übersetzungen manifestiert sich in diesem Wörterbuch in den Tausenden von Varianten des Britischen und Amerikanischen Englisch, die von „native speakers" überprüft und gewissenhaft registriert worden sind.

Durch die Heranziehung bewährter Fachberater und Fachmitarbeiter (vgl. S. XVI) wurde eine ausgewogene zweisprachige Darstellung der Fachterminologien angestrebt. Ob Wirtschaft, Politik, Verkehr, Sport, Elektronik oder Raumfahrt — alle Fachgebiete sind mit ihrem modernsten Wortschatz vertreten. Auch der Tatsache, daß sich die Terminologie bestimmter Bereiche — z. B. Chemie, Medizin oder Physik — in den letzten Jahren überproportional ausgeweitet hat, wurde umfangsmäßig Rechnung getragen. Neologismen fachsprachlicher und gemeinsprachlicher Art aus allen Bereichen unseres Lebens flossen aus vielen Quellen in dieses Wörterbuch ein: Tageszeitung, Fachberater und redaktionelle Neuwortkartei seien hier als Beispiele genannt. Wir möchten glauben, daß wir mit der Fülle der Neologismen, die bisher noch in keinem anderen deutsch-englischen Wörterbuch verzeichnet worden sind, die Grenzen der lexikographischen Aktualität erreicht haben.

Der deutsch-englische Teil dieses „Enzyklopädischen Wörterbuchs" umfaßt über 200 000 deutsche Stichwörter und ein Vielfaches an englischen Übersetzungen. Große Sorgfalt wurde auf die Feinheit der semantischen Differenzierung verwandt. Bei vielen Wörtern wird ein breiter Fächer von Übersetzungsvarianten angeboten, aber die verschiedenen Bedeutungen des Stichworts sind übersichtlich angeordnet, so daß ein rascher Zugriff des Benutzers zu „seiner" Übersetzung gewährleistet ist. Die verschiedenen Sprachgebrauchsebenen wurden genau gekennzeichnet und beachtet. Bei Ausdrücken der Umgangssprache, der Vulgärsprache und des Slangs wurde eine exakte Übersetzung auf der gleichen Sprachebene angestrebt. Ein Wörterbuch, das nur quasimathematische Gleichungen zwischen Stichwort und Übersetzung aufweist, ist ein Skelett. „Fleisch" im lexikographischen Sinne gewinnt das Wörterbuch durch seine Anwendungsbeispiele, idiomatischen Wendungen, Redensarten, Sprichwörter und Erläuterungen. Bei einem Wörterbuch von der Größe des „Neuen Muret-Sanders" liegt es auf der Hand, daß der Aufbereitung und Gestaltung dieses lexikographischen Teilbereichs in jahrzehntelanger Arbeit besonders große Sorgfalt geschenkt wurde.

Dem Benutzer mit englischer Muttersprache, der sich über grammatikalische Besonderheiten in der deutschen Sprache unterrichten will, wird in diesem Wörterbuch eine für ein zweisprachiges Wörterbuch einzigartige Fülle von Informationen geboten. Ausführliche Angaben zur Deklination und Konjugation und andere grammatische Formen stehen in Klammern hinter den betreffenden Stichwörtern. Über die Bildung des Partizips Perfekt erhält der Ausländer ebenso zuverlässig Auskunft wie über die Trennbarkeit von Präfix und Grundverb in den flektierten Formen eines zusammengesetzten Zeitwortes. In diesem Zusammenhang sei auf die ausführliche Darstellung dieser grammatischen Einzelauskünfte in den Benutzerhinweisen (vgl. S. XXIIIff.) aufmerksam gemacht. Die Ausspracheangaben für die deutschen Stichwörter erfolgen in Internationaler Lautschrift (IPA). Für deren Gestaltung und Einarbeitung konnte der Autor des „Duden Aussprachewörterbuchs" gewonnen werden. Die Angabe der Silbentrennungsmöglichkeiten bei den deutschen Stichwörtern wird sicherlich von vielen ausländischen Benutzern begrüßt werden.

Deutsche Abkürzungen und Eigennamen sind nicht in das Wörterverzeichnis eingearbeitet worden; sie sind Teil der ausführlichen Anhänge des zweiten Bandes. Die Lektüre des Abschnitts „Anlage des Wörterbuchs mit Hinweisen für den Benutzer" (vgl. S. XIXff.) sei allen Benutzern empfohlen. „Eine hierauf verwandte Stunde wird sich für die ganze fernere Benutzung des Buches als lohnend erweisen", schrieb Eduard Muret im Vorwort der ersten Auflage des Muret-Sanders. Und wir können hinzufügen: Nur wer die Anlage des Wörterbuchs in den Einzelheiten kennt, wird die Informationsfülle dieses Nachschlagewerks voll ausschöpfen können. Das redaktionelle Arbeitsverfahren bei der Kompilation des „Enzyklopädischen Wörterbuchs" ist im Vorwort des englisch-deutschen Teils bereits beschrieben worden.

Zum Schluß ein Dankeswort: Es ist außergewöhnlich, daß ein Verleger im Vorwort eines Wörterbuchs erwähnt wird. Außergewöhnlich ist es jedoch auch, daß ein Nachschlagewerk dieses Umfangs mit einer Bearbeitungszeit von über 23 Jahren verlegerisch von ein und demselben Mann durch die Schwierigkeiten der Nachkriegsjahre gesteuert wurde. Deshalb sei an dieser Stelle Georg Jacobi ein besonderes Wort des Dankes gesagt. Er betreute den „Neuen Muret-Sanders" schon zu den Zeiten, als die Militärregierung das Entstehen dieses Werkes förderte. In der Langenscheidt-Niederlassung in Berchtesgaden lag auf ihm die Hauptlast der verlegerischen Verantwortung für dieses größte Werk des Verlages.

Wir hoffen, daß auch der deutsch-englische Teil den vielen Wünschen der verschiedenen Benutzerkreise Rechnung trägt und daß er eine ebenso gute Aufnahme findet wie der englisch-deutsche Teil. Selbst ein mehrbändiges Wörterbuch dieses Umfangs kann nicht mehr sein als ein neuer Versuch auf dem Felde der deutsch-englischen Lexikographie. Dafür sorgen schon die Natur der Sprache und die menschliche Unzulänglichkeit. Vielleicht dürfen wir uns aber trotzdem der Aufforderung Dr. Johnsons anschließen, der im Vorwort seines großen Wörterbuchs sagte: "In this work, when it shall be found that much is omitted, let it not be forgotten that much likewise is performed."

Herausgeber und Verlag

INHALTSVERZEICHNIS
CONTENTS

Der zweite Band des deutsch-englischen Teils enthält das alphabetische Wörterverzeichnis L-Z, ein Verzeichnis der deutschen Abkürzungen und Eigennamen mit Aussprache und Erläuterungen und weitere Anhänge.

The second volume of the German-English part contains the alphabetical word list L-Z, lists of German abbreviations and proper names together with pronunciation and explanations, and other appendices.

HERAUSGEBER- UND MITARBEITER-VERZEICHNIS

EDITORIAL STAFF AND SPECIAL CONSULTANTS

Verantwortlicher Herausgeber / Editor in Chief

DR. OTTO SPRINGER

Professor für germanische Sprachen und Literaturen, University of Pennsylvania

Mitherausgeber / Associate Editor

DR. DR. h.c. KEITH SPALDING

Professor für germanische Philologie, University College of North Wales

Phonetische Umschrift / Pronunciation

DR. MAX MANGOLD

Professor für Phonetik, Universität des Saarlandes

Lexikographische Beratung / Lexicographical Consultants

DR. ERNST LEISI

Professor für englische Sprache und Literatur, Universität Zürich

WERNER E. BUNJES

Fachbereich angewandte Sprachwissenschaft in Germersheim, Universität Mainz

Muret-Sanders-Redaktion Berchtesgaden
Muret-Sanders Editorial Staff Berchtesgaden

Leitung: HANS BREIN

FRAZER MCKENZIE (1964-1968)

Verlagsredaktion Anglistik München
English Department of Langenscheidt KG, Munich

Leitung: DR. WALTER VOIGT

Lexikographische Mitarbeiter / Editorial Assistants and Contributors

in Berchtesgaden:
KARL-HEINZ BULLER
PETER CORFIELD
ROSEMARIE FRIEDERICH
ELISABETH GÖRG
INGRID HANSEN
THEODOR M. HAURI
RENATE HECK
BARBARA HERZ
ARTHUR EDWIN HOLLAND
STEPHANIE HÜBNER
HEDY JOURDAN
ILSE KLINGER
DR. GERHARD KNOKE
DORIS KOCH
THEODOR KRONSEDER
ANNETTE KRÜGER
HELGA KRÜGER
CAROLYN LOANE
EDITH LÜCKE
ANNE LUTMAN
ELMER MAGNUSON
ERIKA MASCHKE
ILSE MCKENZIE
DR. REINGARD MOOSBRUGGER
REGINALD NETTELL
JOSEFA NÜNNING
HEIDEMARIE OSTERTAG
ALFRED REHFELDT
CHRISTA ROHLFS

EDITH RÖHRICH
ELKE SCHOEFER
JOHN WILLIAM SCOTT
VINCENT SIEVEKING
HORST SIRGES
DETLEF STARK
HOWARD W. STEELE
GERHARD TEUSCHER

OTTO VOLLNHALS
DR. EVA WEIDLER
KARIN WEISSMAHR
EBERHARD WILHELM

in München:
ROSE AICHELE
DIETRICH GEIGER

DR. ANNELIESE HUBER
MICHAEL PLANK
ULRIKE SCHELZ
INGEBORG SPÖRER
BRIGITTE VON UNGERN-STERNBERG
URSULA WEDEKIND
HELMUT WILLMANN

Fachberater und Fachmitarbeiter / Special Consultants

Anthropologie: siehe *Medizin*

Archäologie: siehe *Klassisches Altertum*

Architektur und Bauwesen:
HERBERT BUCKSCH,
Linguist, SDL Köln, Autor technischer Wörterbücher

Astronomie:
PROFESSOR DR. ERNEST REUNING,
Department of Physics and Astronomy, University of Georgia, Athens, Georgia, USA

Atomphysik, Bergbau, Geographie und Photographie:
DIPL.-DOLM. KURT KUCHLENZ,
Konferenzdolmetscher beim Europäischen Parlament, Luxemburg

Bauingenieurwesen: siehe *Fachtechnische Terminologie*

Bauwesen: siehe *Architektur*

Bergbau: siehe *Atomphysik*

Bibel: siehe *Religion*

Biologie:
DR. HANNO RICHTER,
Botanisches Institut, Hochschule für Bodenkultur, Wien, Österreich

Botanik und Gartenbau:
DR. HANS-CHRISTIAN FRIEDRICH,
Oberkonservator, Botanischer Garten, München-Nymphenburg

Buchwesen: siehe *Graphik*

Chemie und Erdöl:
PROFESSOR DR. CHRISTOPH RÜCHARDT,
Professor für organische Chemie, Universität Freiburg

Elektrotechnik: siehe *Fachtechnische Terminologie*

Erdöl: siehe *Chemie*

Fachtechnische Terminologie, insbesondere *Bauingenieurwesen, Elektrotechnik, Grundlagen-Wissenschaften, Hüttenkunde, Kraftfahrzeugtechnik, Kunststoffindustrie, Maschinenwesen:*
HENRY G. FREEMAN,
Verfasser fremdsprachlicher Lehr- und Nachschlagewerke, Fachtechnisches Übersetzungsinstitut, Düsseldorf-London-Paris

Feinmechanik und Optik:
ERNST SCHULZ,
Wissenschaftlicher Übersetzer (BDÜ), Düsseldorf

Fernsehen und Rundfunk:
DIPL.-ING. GERHARD MIESNER,
Hamburg

Forstwesen:
SIEGFRIED SCHRADER,
Dipl.-Forst- und Dipl.-Holzwirt, Leiter der Dokumentation, Bundesforschungsanstalt für Forst- und Holzwirtschaft, Reinbek b. Hamburg

Gartenbau: siehe *Botanik*

Gastronomie und Haushalt:
A. PHYLLIS SPALDING,
Bangor, Caerns., Großbritannien

Geographie: siehe *Atomphysik*

Geologie und Mineralogie:
PROFESSOR DR. ING. ALBERT MAUCHER,
Professor für allgemeine und angewandte Geologie und Mineralogie der Universität München

Geschichte:
DR. GEORG SCHMID,
Historisches Institut der Universität Salzburg, Österreich

Graphik, Buchwesen und Presse:
HORST SCHNEIDER,
Chefdolmetscher, Süddeutscher Verlag, München

Grundlagen-Wissenschaften: siehe *Fachtechnische Terminologie*

Haushalt: siehe *Gastronomie*

Hüttenkunde: siehe *Fachtechnische Terminologie*

Jagdwesen:
PROFESSOR DR. PAUL SCHACH,
Department of German, University of Nebraska, Lincoln, Nebraska, USA

Klassisches Altertum und Archäologie:
PROFESSOR DR. LLOYD DALY,
Department of Classical Studies, University of Pennsylvania, Philadelphia, Pa., USA

Kosmetik: siehe *Mode*

Kraftfahrzeugtechnik: siehe *Fachtechnische Terminologie*

Kunst: siehe *Politik*

Kunststoffindustrie: siehe *Fachtechnische Terminologie*

Landwirtschaft:
PROFESSOR DR. GERHARD GEISLER,
Direktor des Instituts für Pflanzenbau und Pflanzenzüchtung, Universität Kiel

Literaturwissenschaft: siehe *Sprachwissenschaft*

Luftfahrt und Raumfahrt:
DR. R. WALTER JUMPELT,
Fachübersetzer für Luft- und Raumfahrt, Konferenzdolmetscher und Mitglied der Association Internationale des Interprètes de Conférence (AIIC), Vorsitzender der Technischen Kommission der AIIC, Wachtberg-Pech b. Bonn

Maschinenwesen: siehe *Fachtechnische Terminologie*

Medizin und Anthropologie:
PROFESSOR DR. WILFRIED K. H. SUNDMAKER,
Department of Otolaryngology, University of Pennsylvania, Philadelphia, Pa., USA

Meteorologie:
REGIERUNGSDIREKTOR DIPL.-MET. M. SCHLEGEL,
Deutscher Wetterdienst, Zentralamt, Offenbach/Main

Militärwesen:
REGIERUNGSDIREKTOR DIPL.-DOLM. FERDI SCHNEIDER,
Bundessprachenamt, Hürth b. Bonn

Mineralogie: siehe *Geologie*

Mode, Schmuck, Uhren und Kosmetik:
DR. MAGDALEN SEEBERGER,
München

Musik:
DR. HORST LEUCHTMANN,
Musikhistoriker, Bayerische Akademie der Wissenschaften, München

Optik: siehe *Feinmechanik*

Pädagogik:
STUDIENDIREKTOR DR. WILLI KOELLE,
Leiter der Beratungsstelle für den neusprachlichen Unterricht, Institut für Lehrerfortbildung, Hamburg

Pharmakologie:
PROFESSOR DR. KLAUS STOCK,
Institut für Pharmakologie, Medizinische Hochschule Hannover

Pharmazeutik:
JOHN DIXON, M.P.S., F.I.L.,
Pharmacist, Medical Research, Bayer Pharmaceuticals Ltd., Haywards Heath, Sussex, England

Philosophie:
PROFESSOR DR. DR. WOLFGANG STEGMÜLLER,
DR. DR. WALTER HOERING, cand. phil. ECKEHART KÖHLER, cand. phil. WILLIAM WOHLHÜTER, Philosophisches Seminar II, Universität München

Photographie: siehe *Atomphysik*

Politik und Kunst:
PROFESSOR DR. DR. h. c. KEITH SPALDING,
University College of North Wales, Bangor, Caerns., Großbritannien

Postwesen:
ULLRICH FRIEBUS,
Terminologie-Sachbearbeiter des Sprachendienstes im Bundesministerium für das Post- und Fernmeldewesen, Bonn

Presse: siehe *Graphik*

Psychologie:
PROFESSOR DR. C. F. GRAUMANN und
DIPLOM-PSYCHOLOGIN HILTRUD LAUER,
Psychologisches Institut, Universität Heidelberg

Raumfahrt: siehe *Luftfahrt*

Rechtswissenschaft:
DR. JUR. DR. PHIL. HELLMUT LÖSCH,
Parlamentsrat, akad. gepr. Übersetzer, Wien, Österreich

Religion und Bibel:
PROFESSOR DR. CLAUDE WELCH,
Dean, Graduate Theological Union, Berkeley, California, USA

Rundfunk: siehe *Fernsehen*

Schiffahrt:
BERTOLD ROLFF,
Kapitän und Oberstudienrat a. D., Hamburg

Schmuck: siehe *Mode*

Soziologie:
PROFESSOR DR. OTTO POLLAK,
Department of Sociology, University of Pennsylvania, Philadelphia, Pa., USA

Sport:
OBERSTUDIENDIREKTOR DR. FRANZ RIEDERER,
Apian-Gymnasium, Ingolstadt

Sprach- und Literaturwissenschaft:
DR. L. LÖB,
University of Sussex, Falmer/Sussex, England

Textilien:
DR. JOSEPH NÜSSLEIN,
Chemiker, Frankfurt a. M.

Theater, Film und Tanzkunst:
PROFESSOR DR. WILLIAM MELNITZ,
Theaterwissenschaftler, University of California, Los Angeles

Uhren: siehe *Mode*

Veterinärwesen:
PROFESSOR DR. H. BLOBEL,
Institut für Bakteriologie und Immunologie an der Veterinärmedizinischen Fakultät, Universität Gießen

Volkswirtschaft:
KARL-HEINZ RÜHE,
staatl. gepr. Dipl.-Übersetzer, Konferenzdolmetscher, Lehr- u. Prüfungsbeauftragter für Wirtschaftsenglisch, Universität Hamburg

Wortgeographie:
PROFESSOR DR. INGO REIFFENSTEIN,
Institut für deutsche Sprache und Literatur, Universität Salzburg, Österreich

DR. ROBERT MÜLLER,
Universitätsassistent, Institut für deutsche Sprache und Literatur, Universität Salzburg, Österreich

Zoologie:
DR. EGON POPP,
Leiter des Naturkundlichen Bildungszentrums München

Redaktionssekretariat / Secretariat of Editorial Staff: URSULA HILLEBRAND †

Herausgeber, lexikographische Mitarbeiter und Fachberater haben bei der Ausarbeitung der Stichwörter eine Vielzahl von Quellen benutzt. Bei dem enzyklopädischen Charakter des Wörterbuches waren dies nicht nur nahezu alle in den letzten Jahrzehnten erschienenen einsprachig-englischen, einsprachig-deutschen sowie englisch-deutschen und deutsch-englischen Wörterbücher, sondern auch eine umfangreiche Fachliteratur der verschiedenen Wissensgebiete. Alle während der Bearbeitungszeit von über einem Jahrzehnt konsultierten Werke hier zu verzeichnen, würde weit über den Rahmen einer Bibliographie hinausgehen. Herausgeber und Verlag möchten jedoch an dieser Stelle allen Verfassern und Kompilatoren von englischen und deutschen Wörterbüchern danken, denen „Langenscheidts Enzyklopädisches Wörterbuch der englischen und deutschen Sprache" Anregungen und Belehrungen irgendwelcher Art verdankt.

In preparing the entries for this dictionary the editors, the editorial staff and the special consultants have utilized a large number of sources. To maintain the encyclopaedic character of the dictionary it was not only necessary to incorporate information from nearly all the English, German, English-German or German-English dictionaries published during the last decades, but also to consult a comprehensive library of special works covering the various fields of learning. It would far exceed the limits of a bibliography to list all the books consulted in the course of more than ten years of compilation. The editor and the publishers, however, wish to express their thanks to all the authors and compilers of English and German dictionaries from which "Langenscheidt's Encyclopaedic Dictionary of the English and German Languages" has drawn suggestions or information of any kind.

ANLAGE DES WÖRTERBUCHS MIT HINWEISEN FÜR DEN BENUTZER

ARRANGEMENT OF THE DICTIONARY AND GUIDE FOR THE USER

A. ALLGEMEINES

I. SCHRIFTARTEN

Der Unterscheidung des im Wörterbuch gebotenen Stoffes dienen vier Schriftarten:

halbfett	für die deutschen Stichwörter und für die als Stichwörter verzeichneten Wortelemente und unregelmäßigen Formen,
Auszeichnungsschrift	für die deutschen Anwendungsbeispiele und Redewendungen sowie für Verweise und die in Spitzklammern verzeichneten grammatischen Formen des Stichworts,
Grundschrift	für die englischen Übersetzungen des Stichworts sowie der Anwendungsbeispiele und Redewendungen und
kursiv	für alle erklärenden Zusätze, Definitionen, Ursprungsbezeichnungen, grammatischen Angaben, Bezeichnungen des Sachgebietes, der regionalen Verbreitung oder der Sprachgebrauchsebene eines Stichworts.

II. ANORDNUNG DER STICHWÖRTER

1. Alphabetische Reihenfolge

Die halbfetten Stichwörter sind streng alphabetisch geordnet. Unregelmäßige Formen und orthographische Varianten sind an ihrem alphabetischen Platz verzeichnet mit Verweis auf das Stichwort, unter dem sie behandelt werden. Außerhalb der alphabetischen Reihenfolge stehen die als halbfette Stichwörter aufgeführten Verbindungen von Verben mit Präpositionen. Sie folgen dem betreffenden Verbartikel unmittelbar in besonderen Abschnitten.

2. Zusammengesetzte Stichwörter

Zusammensetzungen sind als halbfette Stichwörter an ihrer alphabetischen Stelle verzeichnet.

3. Ableitungen

Ableitungen stehen als halbfette Stichwörter an ihrer alphabetischen Stelle.

A. GENERAL INFORMATION

I. STYLES OF TYPE

Four different styles of type are used for the following four categories of information:

boldface	for the German entry words and any word elements and irregular forms listed as entry words,
lightface	for illustrative German phrases and idiomatic expressions, for cross references and for the grammatical forms of the entry word listed between angular brackets,
plain	for the English translation of entry words as well as of illustrative phrases and idiomatic expressions, and
italic	for all explanations and definitions, for labels indicating the origin of an entry word, its part of speech, its specialized meanings, its regional distribution, and its level of usage.

II. ARRANGEMENT OF ENTRIES

1. Alphabetical Order

Every boldface entry is given in its alphabetical order. Irregular forms and variant spellings are listed in the proper alphabetical order with cross reference to the entry word where they are treated in full. In the case of verb-preposition phrases, which are entered in boldface type, the alphabetical order has been abandoned. They are treated in a separate paragraph following directly on the appropriate verb entry.

2. Compound Entries

Compounds are entered in boldface type at their proper alphabetical place.

3. Derivatives

Derivatives are listed in boldface type at their proper alphabetical place.

Adverbien werden nur dann verzeichnet, wenn sie in der Bedeutung oder, was selten der Fall ist, in der Bildungsform eine Besonderheit aufweisen, wie **anfangs,** wenn sie besonders häufig sind und wenn sich neben der Übersetzung mit -ly auch andere Entsprechungen bieten.

Adverbs are only listed: when they show irregularities in meaning; in the rare cases where they show some peculiarity of form (e.g. **anfangs**); when they are particularly frequent; or when some other form in addition to the usual -ly offers itself as translation.

4. Wortbildungselemente

Um dem Benutzer die Möglichkeit zu geben, eventuell nicht verzeichnete wissenschaftliche oder sonstige Spezialausdrücke zu erschließen, wurden besonders häufige Wortbildungselemente aufgenommen: **te·le...**

4. Combining Forms

In order to enable the user to gather the meaning of certain scientific or other technical terms not listed in the dictionary, some of the more frequent German combining elements are given: **te·le...**

5. Eigennamen und Abkürzungen

Wichtige Eigennamen aus der Bibel, Götternamen, Namen aus der antiken Mythologie, von historischen Stätten und Gebäuden sowie von Sternen sind im Hauptteil behandelt, desgleichen Ableitungen von Orts- und Personennamen wie **Frankfurter** und **sokratisch** (ohne Angabe der Aussprache). Dagegen sind Orts- und Personennamen selbst sowie Abkürzungen in besonderen Verzeichnissen am Schluß des Werkes zusammengestellt; dort wird die Aussprache jeweils sorgfältig verzeichnet.

5. Proper Names and Abbreviations

The more important proper names from the Bible, names of gods, names occurring in Greek and Roman mythology, names of historical places, of buildings, and of stars are included in the main vocabulary, as are words deriving from geographical and proper names (e.g. **Frankfurter, sokratisch**), though here the pronunciation is not given. Geographical and proper names as well as abbreviations are listed in special appendixes at the end of the dictionary; here their pronunciation is indicated in each case.

B. AUFBAU EINES STICHWORT-ARTIKELS

Die Unterteilung eines Stichwort-Artikels geschieht im allgemeinen durch

1. römische Ziffern zur Unterscheidung der Wortarten (Substantiv, transitives oder intransitives Verb, Adjektiv etc.),
2. arabische Ziffern (fortlaufend im Artikel und unabhängig von den römischen Ziffern) zur Unterscheidung der einzelnen Bedeutungen,
3. kleine Buchstaben zur weiteren Bedeutungsdifferenzierung innerhalb einer arabischen Ziffer.

Die Elemente eines Stichwort-Artikels in ihrer Reihenfolge sind:

I. Deutsches Stichwort
II. Aussprache
III. Ursprungsbezeichnung (bei nichteingedeutschten Stichwörtern)
IV. Wortartbezeichnung
V. Grammatische Formen
VI. Bezeichnung der regionalen Verbreitung
VII. Bezeichnung des Sachgebiets
VIII. Bezeichnung der Sprachgebrauchsebene
IX. Englische Übersetzung des deutschen Stichworts
X. Hinweise zur Rektion
XI. Anwendungsbeispiele
XII. Besondere Redewendungen
XIII. Verbindungen mit Präpositionen
XIV. Verweise

B. TREATMENT OF ENTRIES

Subdivisions may be made in the entries by means of

1. Roman numerals to distinguish the various parts of speech (noun, transitive or intransitive verb, adjective, etc.),
2. Arabic numerals (running consecutively through the entire entry, irrespective of the Roman numerals) to distinguish the various meanings,
3. small letters for further differentiation of the meanings of a word within a subdivision marked by an Arabic numeral.

The various elements of a dictionary entry are given in the following order:

I. The German Entry Word
II. Pronunciation
III. Indication of Origin (for nonassimilated foreign entry words)
IV. Part-of-speech Label
V. Grammatical Forms
VI. Geographical Label
VII. Subject Label
VIII. Level-of-usage Label
IX. English Translation of the German Entry Word
X. Indication of Grammatical Context
XI. Illustrative Phrases
XII. Idiomatic Expressions
XIII. Verb Phrases
XIV. Cross References

I. DEUTSCHES STICHWORT

Das Stichwort erscheint in halbfetter Schrift entweder nach links ausgerückt oder, im Falle von Ableitungen und Zusammensetzungen, innerhalb des fortlaufenden Textes der Spalte.

I. THE GERMAN ENTRY WORD

The German entry word is printed in boldface type and appears either at the left-hand side of a column (slightly further over into the left margin than the rest of the text) or is—in the case of derivatives and compounds—run on after the preceding entry.

Für die Schreibung war im wesentlichen „Duden, Rechtschreibung der deutschen Sprache und der Fremdwörter" maßgebend.

"Duden, Rechtschreibung der deutschen Sprache und der Fremdwörter" has been used as guide for orthography.

1. Silbentrennpunkte. Bei mehrsilbigen Stichwörtern und Wortelementen (aber nicht bei den in Auszeichnungsschrift gegebenen grammatischen Formen) ist die Trennmöglichkeit durch auf Mitte stehenden Punkt oder durch den Betonungsakzent angezeigt; im Falle von Vertikalstrich oder Tilde fällt der Silbentrennpunkt weg.

Bei Wörtern mit ck geben wir die Trennungsmöglichkeit durch in Klammern gesetztes (*getr.* -k·k-) an.

Bei Wörtern, in denen sich durch Trennung ein Doppelkonsonant (ff etc.) verdreifacht, steht (*getr.* -ff·f-).

1. Syllabification. In entry words and word elements of more than one syllable (but not in the grammatical forms printed in lightface type) syllabification is indicated by centered dots or by the stress marks; in the case of a vertical bar or of a tilde no syllabification dots are given.

The division of words with ck is indicated by (*getr.* -k·k-) in brackets.

Words where division at the end of a line involves the trebling of a double consonant are followed by (*getr.* -ff·f-) in brackets.

2. Exponenten. Wörter gleicher Schreibung (Homonyme, Homographe) erhalten Exponenten; die Reihenfolge wird durch Häufigkeit bzw. Wichtigkeit bestimmt.

Im allgemeinen unterbleiben Exponenten bei Homonymen, die durch Groß- und Kleinschreibung klar unterschieden sind.

Das Setzen oder Nichtsetzen von Exponenten hängt von Verweismöglichkeiten und Verweisrücksichten ab:

einschreiben^{1}
Einschreiben^{2}

2. Superscription. Different words with the same spelling (homonyms, homographs) have been given numbers in superscript. Frequency and/or importance have determined their order.

On the whole no superscription has been used when two homonyms are differentiated by the capitalization of one of the two homonyms.

The use of superscripts has been determined by the possibility or need of cross references:

einschreiben^{1}
Einschreiben^{2}

3. Bindestrich. Mußte ein mit Bindestrich geschriebenes deutsches Wort an der Stelle des Bindestrichs getrennt werden, so wurde der Bindestrich zu Anfang der folgenden Zeile wiederholt.

3. Hyphen. Whenever hyphen and division mark coincide in the division of a hyphenated German word, the hyphen is repeated at the beginning of the next line.

4. Tilde.

a) halbfette Tilde: Folgen einem ausgerückten Stichwort eine oder mehrere angehängte Zusammensetzungen mit diesem Stichwort als erstem Bestandteil, so wird es nicht jedesmal wiederholt, sondern durch eine halbfette Tilde (~) ersetzt:

Ace·tat [atse'ta:t] *n* ⟨-s; -e⟩ *chem.* acetate.
— **~ˌfa·den** *m* acetate rayon (*od.* filament).
— **~ˌfa·ser** *f* acetate fiber (*bes. Br.* fibre).
— **~ˌsei·de** *f* ...

b) magere Tilde: In Anwendungsbeispielen ersetzt sie das gesamte vorausgehende Stichwort, das selbst mit Hilfe der halbfetten Tilde gebildet sein kann. Bei Verben in Verbindung mit Präpositionen vertritt sie nur das Verb allein, also ohne die Präposition:

'Front|ˌanˌsicht ... — **~ˌanˌtrieb** *m* ...: er kaufte sich ein Auto mit ~ he bought a front-wheel drive car.
ge·hen ... ~ auf *v/i* ... **II** ⟨*dat*⟩ **11.** walk (*od.* go) on: auf allen vieren ~ *colloq.* to go on all fours ...

Ist das ausgerückte Stichwort bereits selbst eine Zusammensetzung, die durch die nachfolgende Tilde nicht als Ganzes wiederaufgenommen werden soll, sondern nur mit ihrem ersten Bestandteil, so steht hinter diesem ersten Bestandteil ein senkrechter Strich. In den darauffolgenden angehängten Stichwörtern ersetzt die halbfette Tilde also nur den vor dem senkrechten Strich stehenden Bestandteil des ausgerückten Stichworts:

4. Tilde.

a) boldface tilde. When a left-margin entry word is followed by one or more compounds (with the entry word as their first element), the entry word has not been repeated every time but has been replaced by a boldface tilde (~):

Ace·tat [atse'ta:t] *n* ⟨-s; -e⟩ *chem.* acetate.
— **~ˌfa·den** *m* acetate rayon (*od.* filament).
— **~ˌfa·ser** *f* acetate fiber (*bes. Br.* fibre).
— **~ˌsei·de** *f* ...

b) simple tilde. In illustrations this replaces the whole preceding entry word, which may in its turn be formed with the help of the boldface tilde. In verb-preposition phrases the simple tilde represents the verb only, not the preposition:

'Front|ˌanˌsicht ... — **~ˌanˌtrieb** *m* ...: er kaufte sich ein Auto mit ~ he bought a front-wheel drive car.
ge·hen ... ~ auf *v/i* ... **II** ⟨*dat*⟩ **11.** walk (*od.* go) on: auf allen vieren ~ *colloq.* to go on all fours ...

When the left-margin entry word is itself a compound of which only the first element is to be repeated by the following tilde, this element is separated off by means of a vertical bar. In the run-on entry words following, the boldface tilde repeats only that element of the left-margin entry word which precedes the vertical bar:

'**An,stands|,pflicht** *f* requirement of decency (*od.* propriety). — **~,re·gel** *f meist pl* (rule of) etiquette (*od.* decorum), social convention. — **~,stück** *n colloq.* ...

Um den Wechsel zwischen Groß- und Kleinschreibung bei den mit Tilde angehängten Stichwörtern anzuzeigen, wurde der große bzw. kleine Anfangsbuchstabe unmittelbar vor die Tilde gesetzt:

'**ar·ten|,reich** *adj biol.* rich in species. — **A~,reich·tum** *m* ⟨-s; *no pl*⟩ richness in species.

5. Unregelmäßige Formen. Nur die unregelmäßigen Formen der sogenannten starken und einiger anderer Verben sind an ihrer alphabetischen Stelle gesondert verzeichnet mit Hinweis auf ihre jeweilige Grundform, unter der sie behandelt werden:

bän·de ['bɛndə] *1 u. 3 sg pret subj of* binden.
brach·te ['braxtə] *1 u. 3 sg pret*, **bräch·te** ['brɛçtə] *1 u. 3 sg pret subj of* bringen.

6. Verbalsubstantiv. Von den Verbalsubstantiven, welche in einer Substantivierung der Infinitivform bestehen oder welche auf -ung gebildet sind, finden sich nur solche verzeichnet, denen im Englischen nicht ausschließlich Formen auf -ing, sondern auch andere Wortbildungen entsprechen.

II. AUSSPRACHE

Grundsätzlich ist bei jedem einfachen Stichwort die Aussprache ganz oder teilweise angegeben. Die Aussprachebezeichnung erfolgt nach den Grundsätzen der „International Phonetic Association". Alle im Wörterbuch verwendeten Lautzeichen werden in der Lauttabelle auf den Seiten XXXI—XXXIII erklärt. Die phonetischen Angaben werden nach einem der folgenden Grundsätze gemacht:

1. Bei jedem Stichwort, das nicht eine Zusammensetzung von an anderer Stelle verzeichneten und phonetisch umschriebenen Stichwörtern ist, wird die Aussprache in eckigen Klammern — in der Regel unmittelbar hinter dem Stichwort — gegeben:

Blü·te ['bly:tə]

Nachfolgende Stichwörter, die gleich ausgesprochen werden und die — ohne Berücksichtigung der Klein- und Großschreibung — gleich geschrieben werden, haben keine Aussprache in eckigen Klammern:

schrei·ben[1] ['ʃraɪbən]
'**Schrei·ben**[2]

2. Zusammengesetzte und abgeleitete Stichwörter, die zusammengeschrieben oder durch Bindestrich verbundene Komposita aus zwei oder mehr an anderer Stelle phonetisch umschriebenen Stichwörtern sind, haben nur Betonungsakzent vor den betonten Silben. Das Zeichen ['] stellt den Hauptakzent, das Zeichen [,] den Nebenakzent dar. Die Aussprache ist beim jeweiligen Simplex nachzuschlagen und mit dem bei der Zusammensetzung gegebenen Betonungsschema zu kombinieren:

'**Brot,auf,strich** (siehe unter **Brot** und **auf** und **Strich**)
Ge'bell (siehe **bel·len**)
ge'ra·ten (siehe **ra·ten**)

Dies bedeutet nicht, daß die in Frage kommenden zusammengesetzten und abgeleiteten Stichwörter —

'**An,stands|,pflicht** *f* requirement of decency (*od.* propriety). — **~,re·gel** *f meist pl* (rule of) etiquette (*od.* decorum), social convention. — **~,stück** *n colloq.* ...

When the initial letter of run-on entry words represented by a tilde changes from small to capital or vice versa, the small or the capital letter has been placed immediately in front of the tilde:

'**ar·ten|,reich** *adj biol.* rich in species. — **A~,reich·tum** *m* ⟨-s; *no pl*⟩ richness in species.

5. Irregular Forms. Only the irregular forms of the so-called strong verbs and a few others are listed separately in their proper alphabetical place with cross references to their infinitives where they are treated:

bän·de ['bɛndə] *1 u. 3 sg pret subj of* binden.
brach·te ['braxtə] *1 u. 3 sg pret*, **bräch·te** ['brɛçtə] *1 u. 3 sg pret subj of* bringen.

6. Verbal Noun. Verbal nouns, consisting of the infinitive form used as a substantive or of formations with the ending -ung, are only listed when they do not merely correspond to English words ending in -ing, but can be translated by other English formations as well.

II. PRONUNCIATION

As a general rule either full or partial pronunciation is given for every simple entry word. The symbols used are those laid down by the International Phonetic Association. All the phonetic symbols used in the dictionary are explained in the Guide to Pronunciation on pp XXXI—XXXIII. The following principles determine the pronunciation:

1. Every left-margin entry word that is not compounded of words listed and phonetically transcribed elsewhere in the dictionary is followed by the pronunciation in square brackets:

Blü·te ['bly:tə]

Subsequent homophonous homographs—irrespective of capital or small initial letters—are not followed by the pronunciation in square brackets:

schrei·ben[1] ['ʃraɪbən]
'**Schrei·ben**[2]

2. Compound and derivative entries, whether written as one word or hyphenated, formed with elements listed and phonetically transcribed elsewhere in the dictionary are provided with stress marks in front of the stressed syllables. The notation ['] stands for main stress, the notation [,] for secondary stress. For the pronunciation of the different elements the user should consult the respective simple entries and combine what he finds with the stress scheme given within the compound entry:

'**Brot,auf,strich** (cf. **Brot** and **auf** and **Strich**)
Ge'bell (cf. **bel·len**)
ge'ra·ten (cf. **ra·ten**)

This does not imply that the compounds and derivatives in question are necessarily compounded with or

historisch oder deskriptiv gesehen — in jedem Fall Zusammensetzungen aus den betreffenden Stichwörtern oder Ableitungen zu den betreffenden Stichwörtern sein müssen:

'Arm,brust ist historisch keine Zusammensetzung aus **Arm** und **Brust**; **ver'läß·lich** ist nicht von **'läß·lich** abgeleitet, sondern von **ver'las·sen** (sich verlassen auf).

3. Auch bei den — im Deutschen wenig zahlreichen — Zusammensetzungen, die getrennt geschrieben werden, sind Betonungsakzente angegeben. Die Aussprache ist beim einzelnen Simplex nachzuschlagen:

'Auf ,und 'Ab

4. Stichwörter, die als Ableitungen an ein Simplex angehängt sind, werden häufig nur mit Betonungsakzenten und Teilumschrift versehen. Die Aussprache des nicht umschriebenen Wortteils ist unter Berücksichtigung eines eventuellen Akzentumsprungs dem vorausgehenden Stichwort zu entnehmen:

Au·to·bio·graph [autobio'gra:f] ...
Au·to·bio·gra'phie [-gra'fi:] ...

Eine Anzahl der häufiger vorkommenden Anfangs- und Endteile, die in Ableitungen und Zusammensetzungen auftreten, sind jedoch nicht bei jeder Ableitung, sondern nur in einer zusammenfassenden Liste S. XXXIII phonetisch umschrieben:

Adrett·heit [a'drɛt-] ...
ver'ges·sen [-'gɛsən] ...

III. URSPRUNGSBEZEICHNUNG

Bei fremdwörtlichen Stichwörtern wird manchmal die Herkunftssprache angegeben. In solchen Fällen ist die gegebene Aussprache fremdsprachlich:

Ac·ci·dent [aksi'dã] *(Fr.) m* ⟨-s; -s⟩ *Swiss for* Unfall 1.

Wenn in der eckigen Klammer zwei oder mehr Aussprachen stehen, so werden zuerst die Aussprache(n) im Deutschen und dann die Aussprache(n) in der Fremdsprache gegeben:

Dis·coun·ter [dɪs'kauntər; dɪs'kauntə] *(Engl.) m* ...

IV. WORTARTBEZEICHNUNG

Die Angabe der Wortart (*adj*, *v/i*, *v/t*, *v/impers*, *v/reflex*, *adv*, *pron*, *prep*, *conj*, *interj*, *npr*) folgt meist unmittelbar auf die Aussprache; Substantive werden durch die Angabe des grammatischen Geschlechts (*m*, *f*, *n*) gekennzeichnet.

Gehört ein Stichwort mehreren grammatischen Kategorien an, so steht die Wortartbezeichnung hinter jeder römischen Ziffer.

V. GRAMMATISCHE FORMEN

Grammatische Formen stehen zwischen spitzen Klammern und werden in Auszeichnungsschrift gesetzt (ohne Silbentrennpunkte).

1. Substantiv. Bei allen Substantiven, die sich nicht aus selbständigen Substantiven zusammensetzen, werden Genitiv Singular und Nominativ Plural in folgender Form verzeichnet:

derived from the respective entry as far as diachronic or synchronic linguistics is concerned:

Diachronically **'Arm,brust** is not a compound consisting of **Arm** plus **Brust**; **ver'läß·lich** is not derived from **'läß·lich** but from **ver'las·sen** (sich verlassen auf).

3. Stress marks are also given in the case of the—relatively infrequent—German compound entries written as two or more separate words. For their pronunciation the user should consult the respective simple entries:

'Auf ,und 'Ab

4. Derivatives run on after a simple entry are often given only accents and part of the pronunciation. That part of the word which is not transcribed phonetically has, except for differences in stress, a pronunciation identical with that of the corresponding part of the preceding entry:

Au·to·bio·graph [autobio'gra:f] ...
Au·to·bio·gra'phie [-gra'fi:] ...

A number of the more common initial and final elements occurring in derivatives and compounds have not been transcribed phonetically after every derivative entry. They are collected, together with their phonetic transcription, in a comprehensive list on p XXXIII:

Adrett·heit [a'drɛt-] ...
ver'ges·sen [-'gɛsən] ...

III. INDICATION OF ORIGIN

Phonetically nonassimilated foreign entry words are marked with the label of their origin. In these cases the pronunciation given is the foreign one:

Ac·ci·dent [aksi'dã] *(Fr.) m* ⟨-s; -s⟩ *Swiss for* Unfall 1.

When two or more pronunciations are given in square brackets, the first pronunciation(s) will be German, the last pronunciation(s) will be foreign:

Dis·coun·ter [dɪs'kauntər; dɪs'kauntə] *(Engl.) m* ...

IV. PART-OF-SPEECH LABEL

As a rule the part-of-speech label immediately follows the pronunciation (*adj*, *v/i*, *v/t*, *v/impers*, *v/reflex*, *adv*, *pron*, *prep*, *conj*, *interj*, *npr*); nouns are marked by the indication of their grammatical gender (*m*, *f*, *n*).

When an entry word functions as more than one part of speech, the part-of-speech label is given after each Roman numeral.

V. GRAMMATICAL FORMS

Grammatical forms are placed between angular brackets; they are printed in lightface type (without syllabification dots).

1. Noun. For all nouns which are not compounds formed from other independent nouns, *gen sg* and *nom pl* have been indicated as follows:

Dienst [diːnst] *m* ⟨-es; -e⟩ ...
Blätt·chen [ˈblɛtçən] *n* ⟨-s; -⟩ ...
Na·ti·on [naˈtsǐoːn] *f* ⟨-; -en⟩ ...

Erhält die Pluralform einen Umlaut, wird er durch zwei Punkte über dem Strich angedeutet:

Mut·ter[1] [ˈmʊtər] *f* ⟨-; ⸚⟩ ...
Blatt [blat] *n* ⟨-(e)s; ⸚er⟩ ...

Doch muß, um Mißverständnisse zu vermeiden, häufig das ganze Wort oder ein ganzer Wortteil im Plural verzeichnet werden:

ˈAnˌfang *m* ⟨-(e)s; Anfänge⟩ ...

Bei Wörtern wie (der) Gelehrte oder (der, die) Genesende wurden nur die grammatischen Formen verzeichnet, wie sie mit dem bestimmten Artikel gebraucht werden:

Geˈlehr·te[1] *m* ⟨-n; -n⟩ ...
Geˈne·sen·de *m, f* ⟨-n; -n⟩ ...

Bei zusammengesetzten Substantiven gelten die grammatischen Angaben beim Grundwort:

ˈBleiˌbergˌwerk *n* ...

Ausnahmen bilden diejenigen zusammengesetzten Substantive, die entweder anders dekliniert werden als die entsprechenden Grundwörter oder solche, bei deren Grundwörtern die Pluralbildung schwankt:

ˈLangˌmut *f* ⟨-; *no pl*⟩ ...
Mut [muːt] *m* ⟨-(e)s; *no pl*⟩ ...
ˈFeu·erˌwehrˌmann *m* ⟨-(e)s; ⸚er *u.* -leute⟩ ...

Andere Spezialfälle werden durch die folgenden Beispiele veranschaulicht:

a) Substantive, die im Nominativ Singular auf -ß endigen:

Geˈbiß *n* ⟨-sses; -sse⟩ ...

b) Substantive, die im Nominativ Singular auf -nis endigen:

Erˈkennt·nis[1] *f* ⟨-; -se⟩ ...
Geˈdächt·nis [-ˈdɛçtnɪs] *n* ⟨-ses; -se⟩ ...

c) Substantive, die im Nominativ Singular auf -mus endigen:

Neo·lo·gis·mus [neoloˈgɪsmʊs] *m* ⟨-; -men⟩ ...

d) Substantive, die im Nominativ Singular auf -um endigen:

Fu·tu·rum [fuˈtuːrʊm] *n* ⟨-s; -ra [-ra]⟩ ...

e) Substantive, die nur im Singular vorkommen:

Falsch *m* ⟨-; *no pl*⟩ ...

f) Substantive, die nur im Plural vorkommen:

ˈKo·sten *pl* ...

Anm.: Die Angabe *no pl* wird nicht gesetzt bei Verbalsubstantiven, da diese ausnahmslos nur im Singular vorkommen.

Die Angaben *no pl* oder bei Einzelbedeutungen *only sg* werden auch nicht gesetzt bei vielen Zusammensetzungen, deren Vorkommen im Plural praktisch nicht zu belegen, aber theoretisch denkbar ist.

2. Adjektiv. Die einzigen grammatischen Angaben bei Adjektiven sind die Bildung des Komparativs und des Superlativs, und auch diese werden nur bei ein-

Dienst [diːnst] *m* ⟨-es; -e⟩ ...
Blätt·chen [ˈblɛtçən] *n* ⟨-s; -⟩ ...
Na·ti·on [naˈtsǐoːn] *f* ⟨-; -en⟩ ...

Whenever the plural form has umlaut, it is indicated by two dots over the dash:

Mut·ter[1] [ˈmʊtər] *f* ⟨-; ⸚⟩ ...
Blatt [blat] *n* ⟨-(e)s; ⸚er⟩ ...

To avoid misunderstandings, frequently the entire word or an entire part of the word is printed in full:

ˈAnˌfang *m* ⟨-(e)s; Anfänge⟩ ...

For words like (der) Gelehrte or (der, die) Genesende the grammatical information had to be restricted to the form with the definite article:

Geˈlehr·te[1] *m* ⟨-n; -n⟩ ...
Geˈne·sen·de *m, f* ⟨-n; -n⟩ ...

The grammatical forms given under the base word apply to compounds:

ˈBleiˌbergˌwerk *n* ...

The only exceptions are those compounds whose declension differs from that of their last member when used by itself, or these whose base words have a varying plural:

ˈLangˌmut *f* ⟨-; *no pl*⟩ ...
Mut [muːt] *m* ⟨-(e)s; *no pl*⟩ ...
ˈFeu·erˌwehrˌmann *m* ⟨-(e)s; ⸚er *u.* -leute⟩ ...

Other special cases will be illustrated by the following examples:

a) nouns whose *nom sg* ends in -ß:

Geˈbiß *n* ⟨-sses; -sse⟩ ...

b) nouns whose *nom sg* ends in -nis:

Erˈkennt·nis[1] *f* ⟨-; -se⟩ ...
Geˈdächt·nis [-ˈdɛçtnɪs] *n* ⟨-ses; -se⟩ ...

c) nouns whose *nom sg* ends in -mus:

Neo·lo·gis·mus [neoloˈgɪsmʊs] *m* ⟨-; -men⟩ ...

d) nouns whose *nom sg* ends in -um:

Fu·tu·rum [fuˈtuːrʊm] *n* ⟨-s; -ra [-ra]⟩ ...

e) nouns which occur only in *sg*:

Falsch *m* ⟨-; *no pl*⟩ ...

f) nouns which occur only in *pl*:

ˈKo·sten *pl* ...

Note: The indication *no pl* is omitted with all verbal nouns which without exception occur in *sg* only.

The indication *no pl* or, after an Arabic numeral, *only sg* is also omitted in a great many compounds whose occurrence in *pl* has not been attested for the time being but is theoretically quite possible.

2. Adjective. In the case of adjectives the formation of comparative and superlative is indicated, but only for those which are not compounds or which are not

fachen Adjektiven verzeichnet, nicht bei zusammengesetzten und auch nicht bei Ableitungen mit den Endsilben: -abel, -al, -ant, -ar, -at, -bar, -en, -ent, -ern, -haft, -ibel, -ig, -il, -isch, -iv, -lich, -os, -sam.

Also

schlimm [ʃlɪm] **I** *adj* ⟨-er; -st⟩ ...
hold [hɔlt] **I** *adj* ⟨-er; -est⟩ ...
alt [alt] **I** *adj* ⟨⸚er; ⸚est⟩ ...
fromm [frɔm] *adj* ⟨-er *od.* ⸚er; -st *od.* ⸚st⟩ ...
glatt [glat] **I** *adj* ⟨-er, *auch* ⸚er; -est, *auch* ⸚est⟩ ...
gut [guːt] **I** *adj* ⟨besser; best⟩ ...

3. Verb.

a) Bei regelmäßigen (sogenannten schwachen) Verben ohne Präfix wird nur angegeben, ob das Partizip Perfekt mit haben oder sein verbunden wird:

ma·chen ['maxən] **I** *v/t* ⟨h⟩ ...
fol·gen[1] ['fɔlgən] *v/i* ⟨sein⟩ ...

Das Fehlen der Vorsilbe ge- im Partizip Perfekt wird durch den Vermerk *no* ge- gekennzeichnet:

dik·tie·ren [dɪk'tiːrən] **I** *v/t* ⟨*no* ge-, h⟩ ...
mar·schie·ren [mar'ʃiːrən] *v/i* ⟨*no* ge-, sein⟩ ...

b) Bei unregelmäßigen (sogenannten starken) Verben werden außerdem noch verzeichnet:

3. Person Singular Präsens
3. Person Singular Präteritum
Partizip Perfekt;

dazu auch hier die Angabe, ob das Partizip Perfekt mit haben oder sein verbunden wird:

ge·hen ['geːən] **I** *v/i* ⟨geht, ging, gegangen, sein⟩ ...

c) Bei zusammengesetzten regelmäßigen Verben wird außer der Perfektbildung mit haben oder sein noch zusätzlich angegeben, ob das Partizip Perfekt mit -ge- gebildet wird oder nicht:

'ein·kla,rie·ren I *v/t* ⟨*sep*, *no* -ge-, h⟩ ...
'ein,läu·ten *v/t* ⟨*sep*, -ge-, h⟩ ...

d) Bei zusammengesetzten unregelmäßigen Verben werden die beim Grundverb gegebenen grammatischen Formen nicht wiederholt. Durch die Angabe *irr* sind sie als unregelmäßig gekennzeichnet; die Formen sind beim entsprechenden nichtzusammengesetzten Verb nachzuschlagen. Verzeichnet wird außer der Bildung des Perfekts mit haben oder sein, ob das Partizip Perfekt mit -ge- gebildet wird oder nicht:

'ein,brin·gen I *v/t* ⟨*irr*, *sep*, -ge-, h⟩ ...
'fal·len,las·sen *v/t* ⟨*irr*, *sep*, *no* -ge-, *bes. pass* -ge-, h⟩ ...

e) Trennbarkeit oder Nichttrennbarkeit von Präfix und Grundverb in den flektierten Formen eines zusammengesetzten Verbs wird durch *sep* bzw. *insep* bezeichnet:

'durch,bre·chen[1] **I** *v/t* ⟨*irr*, *sep*, -ge-, h⟩ ...
,durch'bre·chen[2] **I** *v/t* ⟨*irr*, *insep*, *no* -ge-, h⟩ ...

Untrennbare Verbalableitungen mit den Präfixen be-, ent-, er-, ge-, ver-, zer- werden nicht eigens als untrenn-

derivatives ending in one of the following final elements: -abel, -al, -ant, -ar, -at, -bar, -en, -ent, -ern, -haft, -ibel, -ig, -il, -isch, -iv, -lich, -os, -sam.

Hence:

schlimm [ʃlɪm] **I** *adj* ⟨-er; -st⟩ ...
hold [hɔlt] **I** *adj* ⟨-er; -est⟩ ...
alt [alt] **I** *adj* ⟨⸚er; ⸚est⟩ ...
fromm [frɔm] *adj* ⟨-er *od.* ⸚er; -st *od.* ⸚st⟩ ...
glatt [glat] **I** *adj* ⟨-er, *auch* ⸚er; -est, *auch* ⸚est⟩ ...
gut [guːt] **I** *adj* ⟨besser; best⟩ ...

3. Verb.

a) In the case of regular verbs (the so-called weak verbs) without a prefix the only grammatical information provided refers to the use of haben or sein to form the present perfect tense:

ma·chen ['maxən] **I** *v/t* ⟨h⟩ ...
fol·gen[1] ['fɔlgən] *v/i* ⟨sein⟩ ...

The absence of the prefix ge- in the past participle is indicated by *no* ge-:

dik·tie·ren [dɪk'tiːrən] **I** *v/t* ⟨*no* ge-, h⟩ ...
mar·schie·ren [mar'ʃiːrən] *v/i* ⟨*no* ge-, sein⟩ ...

b) In the case of irregular verbs (the so-called strong verbs), the following grammatical forms are given:

3rd sg present
3rd sg past
past participle;

in addition, there is the statement referring to the use of haben or sein to form the present perfect tense:

ge·hen ['geːən] **I** *v/i* ⟨geht, ging, gegangen, sein⟩ ...

c) In the case of regular compound verbs the entry shows whether the past participle is formed with -ge- or not, as well as whether the perfect tense is formed with haben or sein:

'ein·kla,rie·ren I *v/t* ⟨*sep*, *no* -ge-, h⟩ ...
'ein,läu·ten *v/t* ⟨*sep*, -ge-, h⟩ ...

d) In the case of irregular compound and derived verbs the grammatical information given with the base verb is not repeated. Their irregularity is shown by the abbreviation *irr*. The user should consult the base verbs for the principal parts. The use of haben or sein in forming the perfect tense, and the presence or absence of -ge- in the past participle is indicated:

'ein,brin·gen I *v/t* ⟨*irr*, *sep*, -ge-, h⟩ ...
'fal·len,las·sen *v/t* ⟨*irr*, *sep*, *no* -ge-, *bes. pass* -ge-, h⟩ ...

e) The separability or inseparability of the prefix in the conjugated forms of a compound verb is indicated by *sep* or *insep*:

'durch,bre·chen[1] **I** *v/t* ⟨*irr*, *sep*, -ge-, h⟩ ...
,durch'bre·chen[2] **I** *v/t* ⟨*irr*, *insep*, *no* -ge-, h⟩ ...

Inseparable verbs formed with the prefixes be-, ent-, er-, ge-, ver-, zer- are not specifically marked as

bar bezeichnet; dagegen wird das Fehlen der Vorsilbe ge- im Partizip Perfekt durch den Vermerk *no* ge- angedeutet:

ent'grä·ten [-'grɛːtən] *v/t* ⟨*no* ge-, h⟩ ...

f) Für Verben, bei denen ge- nicht Präfix ist, sondern schon im Infinitiv vorhanden ist, wird das Partizip Perfekt voll ausgeschrieben:

ge'brau·chen *v/t* ⟨*pp* gebraucht, h⟩ ...

g) Ändert sich mit der Verbkategorie (*v/t* in *v/i* und umgekehrt) zugleich die Bildung des Perfekts (haben in sein und umgekehrt), so werden die grammatischen Angaben nicht mehr wiederholt; es wird nur noch h bzw. sein verzeichnet:

'über,set·zen[2] **I** *v/t* ⟨*sep*, -ge-, h⟩ ...
II *v/i* ⟨h *u.* sein⟩ ...

VI. BEZEICHNUNG DER REGIONALEN VERBREITUNG

Stichwörter, die als Ganzes (Samstag) oder in einer besonderen Bedeutung (fegen ‚naß wischen') auf ein bestimmtes größeres Gebiet beschränkt sind, sind mit der Angabe ihrer regionalen Verbreitung (*Austrian*, *Swiss*, *Southern G.*, *Northern G.*, *Eastern Middle G.* etc.) versehen. Diese Bezeichnungen sind annähernde Hinweise auf gegenwärtige Sprachverhältnisse oder berücksichtigen die historische Entwicklung.

Wo immer sich der Sprachgebrauch von Deutschland, Österreich und der Schweiz in Schreibung, Aussprache, Wortschatz, Wortform oder Wortbedeutung unterscheidet, ist dies sorgfältig registriert. Andererseits wurden im allgemeinen mundartliche oder lokal begrenzte Wörter und Wortbedeutungen nicht verzeichnet.

VII. BEZEICHNUNG DES SACHGEBIETS

Stichwörter, die einem besonderen Sachgebiet angehören, sind mit einer entsprechenden Bezeichnung versehen:

Bär [bɛːr] *m* ⟨-en; -en⟩ **1.** *zo.* bear (*Fam. Ursidae*) ... – **2.** *astr.* der Große ~ the (Big) Dipper ... – **3.** *tech.* a) (*Rammbär*) rammer ...

Die Stellung der Sachgebietsbezeichnung innerhalb des Stichwort-Artikels richtet sich danach, ob sie für das ganze Stichwort gilt oder nur für einige Bedeutungen. Unmittelbar hinter den grammatischen Angaben eines ausgerückten Stichworts kann sie für alle angehängten Ableitungen und Zusammensetzungen gelten, sofern diese nicht selbst andere Sachgebietsbezeichnungen tragen.

VIII. BEZEICHNUNG DER SPRACHGEBRAUCHSEBENE

Bei Stichwörtern, die auf irgendeine Weise von der deutschen Hochsprache abweichen, ist vermerkt, welcher Sprachgebrauchsebene sie angehören (*vulg.*, *sl.*, *colloq.*, *dial.*, *poet.*, *obs.*, *hist.* etc.).

Bei den mit *vulg.*, *sl.* oder *colloq.* gekennzeichneten Stichwörtern, für die Entsprechungen gleicher Sprachgebrauchsebene im Englischen zur Verfügung stehen, wurden diese gewöhnlich in einfache Anführungszeichen gesetzt, wenn sie zusätzlich noch eine hoch-

inseparable. However, the absence of the prefix ge- in the past participle is indicated by *no* ge-:

ent'grä·ten [-'grɛːtən] *v/t* ⟨*no* ge-, h⟩ ...

f) Where ge- is not a prefix but is already present in a verb's infinitive the past participle is printed in full:

ge'brau·chen *v/t* ⟨*pp* gebraucht, h⟩ ...

g) Where alteration of the verbal category from transitive to intransitive, or from intransitive to transitive, brings with it a change in the formation of the perfect tense (sein instead of haben or haben instead of sein) h or sein is indicated but the other grammatical information is not repeated:

'über,set·zen[2] **I** *v/t* ⟨*sep*, -ge-, h⟩ ...
II *v/i* ⟨h *u.* sein⟩ ...

VI. GEOGRAPHICAL LABEL

Entry words which as such (Samstag) or in a special meaning (fegen 'to mop') are used only or chiefly in a particular section of the German-speaking area are marked with a label of geographical distribution (*Austrian*, *Swiss*, *Southern G.*, *Northern G.*, *Eastern Middle G.*, etc.). These labels are to be taken as approximate indications of present linguistic conditions or as referring to the historical development.

Whenever the linguistic usage of Germany or Austria or Switzerland shows differences in spelling, pronunciation, vocabulary, grammatical form, or meaning, these differences have been carefully recorded. As a rule, words or meanings restricted to dialectal or local use have not been included.

VII. SUBJECT LABEL

Entries belonging to a particular field of knowledge are labelled accordingly:

Bär [bɛːr] *m* ⟨-en; -en⟩ **1.** *zo.* bear (*Fam. Ursidae*) ... – **2.** *astr.* der Große ~ the (Big) Dipper ... – **3.** *tech.* a) (*Rammbär*) rammer ...

The position of the subject label within an entry depends on whether it refers to the entry as a whole or only to one or more meanings within the entry. A subject label immediately following the grammatical information of a left-margin entry word can refer to all run-on derivatives and compounds, unless these are marked by different subject labels.

VIII. LEVEL-OF-USAGE LABEL

When an entry deviates in any way from standard German, the level of usage is indicated (*vulg.*, *sl.*, *colloq.*, *dial.*, *poet.*, *obs.*, *hist.*, etc.).

In entries designated as *vulg.*, *sl.* or *colloq.* for which equivalent English expressions are available from the same level of usage, these are generally placed between inverted commas if they also have a standard-English meaning. If there is no standard-English meaning,

sprachliche Bedeutung haben. Gehören sie aber nur dieser Stilebene an, so entfallen normalerweise die Anführungszeichen. Die Sprachgebrauchsebene der englischen Wörter oder Wendungen ist aber immer angegeben durch in Klammern gesetztes kursives *vulg.*, *sl.* oder *colloq.* Soweit notwendig oder verfügbar, wurde ein hochsprachliches Äquivalent zusätzlich angeführt:

> **Fres·se'rei** *f* ... **3.** *colloq.* (*Schmauserei*) 'spread' (*colloq.*), 'feed' (*colloq.*), *Br. sl.* tuck-in ...
> **Nuß** [nus] *f* ... **6.** *fig. colloq.* 'noggin' (*colloq.*), 'nut' (*sl.*), *Am. sl.* 'bean', head.

the inverted commas are usually omitted. The level of usage of the English word or phrase is always indicated by an italicized *vulg.*, *sl.* or *colloq.* in brackets after the translation. Wherever necessary or available, a standard equivalent is added as supplementary translation or explanation:

> **Fres·se'rei** *f* ... **3.** *colloq.* (*Schmauserei*) 'spread' (*colloq.*), 'feed' (*colloq.*), *Br. sl.* tuck-in ...
> **Nuß** [nus] *f* ... **6.** *fig. colloq.* 'noggin' (*colloq.*), 'nut' (*sl.*), *Am. sl.* 'bean', head.

IX. ENGLISCHE ÜBERSETZUNG DES DEUTSCHEN STICHWORTS

Die englische Übersetzung des deutschen Stichworts erscheint in Grundschrift. Bei der Anordnung der verschiedenen durch arabische Ziffern getrennten Bedeutungen wurden die häufigsten und wichtigsten Bedeutungen zuerst aufgeführt.

Die Übersetzungen nach einer arabischen Zahl oder einem Stichwort werden durch Komma getrennt; in Fällen mit mehr als einer nichthochsprachlichen oder fachsprachlichen Übersetzung werden diese durch ein Semikolon abgetrennt.

Besteht zu einem Fachwort im Englischen ein der Allgemeinsprache entnommenes Synonym, so wird dieses an erster Stelle verzeichnet; hinter dem englischen Fachwort steht in Klammern kursiv (*scient.*).

Mußte ein mit Bindestrich geschriebenes englisches Wort an der Stelle des Bindestrichs getrennt werden, so wurde der Bindestrich zu Anfang der folgenden Zeile wiederholt.

1. Rechtschreibung, Genusangabe und Numerus.

Für die Rechtschreibung waren im wesentlichen
Webster's Third New International Dictionary of the English Language, Unabridged (1966),
The Concise Oxford Dictionary of Current English, Fifth Edition (Reprinted 1967),
The Advanced Learner's Dictionary of Current English, Second Edition (1963) und
The Random House Dictionary of the English Language (1966) maßgebend.

In Fällen, in denen sich die amerikanische und die britische Rechtschreibung unterscheiden, werden sie meist in alphabetischer Reihenfolge verzeichnet:

color, *bes. Br.* colour
Br. defence, *Am.* defense.

Die Hinzufügung von *bes.* in *bes. Am.* und *bes. Br.* deutet an, daß die betreffende Rechtschreibung zwar auch im britischen bzw. amerikanischen Englisch vorkommt, aber viel weniger häufig.

Besteht entweder im britischen oder amerikanischen Englisch eine zusätzliche Variante, so wird sie mit *Br. auch* bzw. *Am. auch* gekennzeichnet.

Bei Zusammensetzungen, in Anwendungsbeispielen oder erläuternden Zusätzen konnten diese Angaben jedoch meist nicht wiederholt werden; in solchen Fällen muß der Benutzer beim Grundwort nachschlagen.

IX. THE ENGLISH TRANSLATION OF THE GERMAN ENTRY WORD

The English translation of the German entry word is printed in plain type. In the arrangement of the separate meanings (indicated by Arabic numerals) the most frequent and most important have been listed first.

The translations following an Arabic numeral or an entry word are separated by commas; where there is more than one nonstandard or specialized translation these are set off by a semicolon.

If a specialized English word has a synonym taken from common speech, this is placed first. The specialized English word is followed by the designation *scient.* (italicized and in brackets).

If a hyphenated English word has to be divided at the hyphen, the hyphen is repeated at the beginning of the following line.

1. Spelling, Gender, and Number.

As a general rule the English spelling is based on Webster's Third New International Dictionary of the English Language, Unabridged (1966),
The Concise Oxford Dictionary of Current English, Fifth Edition (Reprinted 1967),
The Advanced Learner's Dictionary of Current English, Second Edition (1963), and
The Random House Dictionary of the English Language (1966).

In those instances in which there is a difference in spelling between American and British English, alphabetical order has usually been observed:

color, *bes. Br.* colour
Br. defence, *Am.* defense.

The addition of *bes.* in *bes. Am.* and *bes. Br.* indicates that the spelling so marked is not completely unknown though much less frequent in British or American English respectively.

If there is an additional variant in either British or American English this too is noted as *Br. auch* or *Am. auch*, as the case may be.

However, in compounds, illustrative phrases, and explanations these variants for the most part had to be ignored; the user can find them by consulting the basic entry words.

Die sehr häufigen orthographischen Varianten -f-, *bes. Br.* -ph-, -z-, *Br. auch* -s-, Nichtsetzen des Bindestrichs bei non(-) und co(-) werden in abgekürzter Form gegeben:

> **ent'schwe·feln** *v/t* ⟨*no* ge-, h⟩ *chem.* desulfur(ate) *bes. Br.* -ph-, desulfurize *bes. Br.* -ph-.
> **'lahm,le·gen I** *v/t* ⟨*sep*, -ge-, h⟩ **1.** paralyze *Br. auch* -s-, immobilize *Br. auch* -s- ...
> **'Nicht·be,zah·lung** *f econ.* **1.** nonpayment *Br.* non- ...

Die Verwendung des Bindestrichs bei Zusammensetzungen im Britischen Englisch läßt sich nicht in Regeln fassen. Die Tendenz im Amerikanischen Englisch ist es, Zusammensetzungen auseinander oder — wenn der Vertrautheitsgrad wächst — zusammenzuschreiben. Im Britischen Englisch ist die Bindestrich-Schreibung jedoch noch weit verbreitet; es existieren aber manchmal verschiedene Schreibweisen nebeneinander, z. B. flowerpot, flower-pot, flower pot.

Die Fixierung einer Schreibvariante dieser Art im vorliegenden Wörterbuch besagt deshalb nicht, daß nur diese Schreibvariante im Britischen Englisch vorkommt.

Die Angabe des grammatischen Geschlechts bei den englischen Übersetzungen bleibt weg; in den verhältnismäßig seltenen Fällen wie **ship, sun, moon** wird es durch Anwendungsbeispiele gegeben.

Numerusangabe erfolgt immer nur dann, wenn einem deutschen Stichwort im Singular eine englische Übersetzung im Plural, oder wenn umgekehrt einem deutschen Stichwort im Plural eine englische Übersetzung im Singular entspricht:

> **Ge'bein** *n* ⟨-(e)s; -e⟩ *lit.* **1.** bones *pl* ...
> **Mö·bel** ['møːbəl] *n* ⟨-s; -⟩ **1.** *pl* furniture *sg* ...

2. Namen chemischer Stoffe.

Bei Stichwörtern aus dem Sachgebiet Chemie wird — außer bei sehr komplizierten Verbindungen — hinter der englischen Übersetzung die Strukturformel in Klammern angegeben, im Falle von Elementen das chemische Zeichen.

3. Namen von Pflanzen und Tieren.

Bei Pflanzen- und Tiernamen wird hinter der englischen Übersetzung die lateinische Bezeichnung in Klammern kursiv gegeben.

4. Kursive Erläuterungen.

Kursive Erläuterungen stehen
a) — wenn es sich um unübersetzbare Ausdrücke handelt — an Stelle der Übersetzung:

> **Ab·itu·ri'en·ten,ball** *m a ball held for students in celebration of their 'Abitur' examination.*

b) als zusätzliche Erläuterung in Klammern hinter der Übersetzung:

> **Apol·lo** [a'pɔlo] **I** *npr m* ⟨-; *no pl*⟩ **1.** *myth.* Apollo (*Greek god of light, music and poetry*) ...
> **Beth** [beːt] *n* ⟨-s; -⟩ *ling.* beth (*second letter of the Hebrew alphabet*).

Especially frequent spelling variants such as -f- vs. usual *Br.* -ph-, -z- vs. occasional *Br.* -s-, and the absence in American vs. the presence, in British spelling, of the hyphen in compounds with non(-) and co(-) are indicated in shortened form:

> **ent'schwe·feln** *v/t* ⟨*no* ge-, h⟩ *chem.* desulfur(ate) *bes. Br.* -ph-, desulfurize *bes. Br.* -ph-.
> **'lahm,le·gen I** *v/t* ⟨*sep*, -ge-, h⟩ **1.** paralyze *Br. auch* -s-, immobilize *Br. auch* -s- ...
> **'Nicht·be,zah·lung** *f econ.* **1.** nonpayment *Br.* non- ...

The use of the hyphen in compound words in British English cannot be formulated according to rule. In American English the tendency is to write compounds either as two separate words or—as they become more frequent—as a single word. In British English on the other hand the use of the hyphen is still widespread. However, varying spellings may often exist side by side, e.g., flowerpot, flower-pot, flower pot.

The choice of one spelling of this kind in the present dictionary does not therefore imply that this is the only form to be found in British English.

The grammatical gender of nouns in English translations has not been given; in a few special cases like **ship, sun, moon** it can be inferred from illustrative phrases.

In the case of nouns there is an indication of number only if a German entry word in singular is rendered by an English translation in plural, or if a German entry word in plural is rendered by an English translation in singular:

> **Ge'bein** *n* ⟨-(e)s; -e⟩ *lit.* **1.** bones *pl* ...
> **Mö·bel** ['møːbəl] *n* ⟨-s; -⟩ **1.** *pl* furniture *sg* ...

2. Names of Chemical Substances.

Entries denoting chemical substances have the appropriate formulae in brackets after the English translation. Very complex formulae have, however, been omitted. In the case of elements the chemical symbol is given.

3. Names of Plants and Animals.

In these entries the English translation is followed by the Latin name (italicized and in brackets).

4. Explanations in Italics.

These may be given
a) instead of a translation when the German expression is untranslatable:

> **Ab·itu·ri'en·ten,ball** *m a ball held for students in celebration of their 'Abitur' examination.*

b) as additional explanation in brackets after the translation:

> **Apol·lo** [a'pɔlo] **I** *npr m* ⟨-; *no pl*⟩ **1.** *myth.* Apollo (*Greek god of light, music and poetry*) ...
> **Beth** [beːt] *n* ⟨-s; -⟩ *ling.* beth (*second letter of the Hebrew alphabet*).

X. HINWEISE ZUR REKTION

Vor der englischen Übersetzung stehen in der Regel (kursiv und in Klammern) Dativ- und Akkusativobjekte von Verben:

> **ˈaufˌru·fen** *v/t* ⟨*irr, sep,* -ge-, h⟩ ... **4.** *econ.* a) (*Banknoten*) call in, b) *hist.* (*Lebensmittelmarken etc*) call up, c) (*Obligationen*) call (*for repayment od. redemption*) ...

Auch grammatische Subjekte, welche zur Veranschaulichung dienen, stehen in der Regel vor der englischen Übersetzung, doch werden sie mit *von* eingeleitet:

> **ˈeinˌrei·ßen** ... **II** *v/i* ⟨sein⟩ **7.** (*von Material*) tear, be (*od.* get) torn ... – **8.** *fig.* (*von Unsitte etc*) spread ...

Ist ein deutsches transitives Verb nicht transitiv übersetzt, so wird die abweichende Rektion bei der englischen Übersetzung angegeben:

> **verˈabˌre·den I** *v/t* ⟨*no* -ge-, h⟩ agree upon ...

Bei deutschen Stichwörtern (Substantiven, Adjektiven, Verben), die von einer bestimmten Präposition regiert werden, sind diese Präpositionen (in Auszeichnungsschrift) und ihre englischen Entsprechungen (in Grundschrift) innerhalb der arabischen Unterabteilung angegeben. Folgende Anordnungen sind möglich:

1. Steht die deutsche Präposition (wenn nötig, mit Kasusangabe) zusammen mit der englischen Rektionsangabe (meist Präposition) am Anfang aller englischen Übersetzungen einer arabischen Untergruppe, dann gilt die englische Rektionsangabe für alle Übersetzungen dieser Untergruppe:

> **ˈausˌson·dern I** *v/t* ⟨*sep,* -ge-, h⟩ **1.** (*heraussuchen*) (aus from) pick out, single (*od.* sort) out, select ...

2. Steht nur die deutsche Präposition vor den englischen Übersetzungen einer arabischen Untergruppe und die englische Rektionsangabe jeweils hinter den einzelnen Übersetzungen, dann gilt die englische Rektionsangabe nur für die Übersetzung oder die Übersetzungen, die ihr unmittelbar vorausgehen:

> **ˈAb·geˌneigt·heit** *f* ⟨-; *no pl*⟩ **1.** (gegen) aversion (to, for, from), disinclination (to, for), dislike (of, for), (*stärker*) opposition (to) ...
>
> **ˈabˌhän·gig** *adj* ... **6.** *pol.* (von) subject (to), satellite, dependent (on, upon) ...

Bei den deutschen Präpositionen, die sowohl den Dativ als auch den Akkusativ regieren können, wird in Rektionsangaben stets der Kasus verzeichnet:

> **erˈin·nern** [-ˈʔɪnərn] **I** *v/t* ⟨*no* ge-, h⟩ **1.** remind: j-n an (*acc*) etwas ~ to remind s.o. of s.th. ...

3. Entspricht einem im Deutschen singularischen Substantiv im Englischen ein Substantiv im Plural oder umgekehrt, so steht hinter der betreffenden Übersetzung *sg* bzw. *pl*; d. h. im syntaktischen Bezug muß der Numerus des Verbs dem des Substantivs entsprechen. Englische Substantive, die zwar Plural sind, aber singularisch konstruiert werden, erhalten den Zusatz *pl* (*construed as sg*):

X. INDICATION OF GRAMMATICAL CONTEXT

Direct and indirect objects of verbs (italicized and in brackets) precede the English translation:

> **ˈaufˌru·fen** *v/t* ⟨*irr, sep,* -ge-, h⟩ ... **4.** *econ.* a) (*Banknoten*) call in, b) *hist.* (*Lebensmittelmarken etc*) call up, c) (*Obligationen*) call (*for repayment od. redemption*) ...

Grammatical subjects are also placed before the English translation; they are introduced by *von*:

> **ˈeinˌrei·ßen** ... **II** *v/i* ⟨sein⟩ **7.** (*von Material*) tear, be (*od.* get) torn ... – **8.** *fig.* (*von Unsitte etc*) spread ...

When a German transitive verb cannot be translated by an English transitive verb, the preposition or other grammatical indication has been added to the English verb:

> **verˈabˌre·den I** *v/t* ⟨*no* -ge-, h⟩ agree upon ...

Prepositions governing certain German entry words (nouns, adjectives, verbs) have been entered within the appropriate subdivisions in lightface type, followed by their English equivalents in plain type. The following arrangements are possible:

1. When the German preposition (if necessary followed by indication of case) and its English equivalent precede all the translations of a particular subdivision, the English preposition (or other grammatical indication) applies to all translations of this particular subdivision:

> **ˈausˌson·dern I** *v/t* ⟨*sep,* -ge-, h⟩ **1.** (*heraussuchen*) (aus from) pick out, single (*od.* sort) out, select ...

2. When only the German preposition precedes the English translations of a subdivision and the English prepositions (or other grammatical indications) follow each individual translation, the latter apply only to the translation or translations immediately preceding:

> **ˈAb·geˌneigt·heit** *f* ⟨-; *no pl*⟩ **1.** (gegen) aversion (to, for, from), disinclination (to, for), dislike (of, for), (*stärker*) opposition (to) ...
>
> **ˈabˌhän·gig** *adj* ... **6.** *pol.* (von) subject (to), satellite, dependent (on, upon) ...

For German prepositions which can govern both the dative and the accusative, the required case is indicated:

> **erˈin·nern** [-ˈʔɪnərn] **I** *v/t* ⟨*no* ge-, h⟩ **1.** remind: j-n an (*acc*) etwas ~ to remind s.o. of s.th. ...

3. When a singular German substantive corresponds to a plural English one, or when a plural German substantive is to be translated by a singular English one, the translation is followed by *pl* or *sg* as the case may be; this means that syntactically the number of the verb must correspond to the number of the substantive. English nouns which are plural in form but are construed as singular are marked *pl* (*construed as sg*):

Aku·stik [a'kʊstɪk] *f* ⟨-; *no pl*⟩ **1.** *phys.* (*Lehre*) acoustics *pl* (*construed as sg*) ...

XI. ANWENDUNGSBEISPIELE

Sie dienen der weiteren Information über das Stichwort (Konstruktion im Satzzusammenhang, Wendungen, etc.) und stehen in Auszeichnungsschrift unmittelbar nach der englischen Übersetzung des Stichworts.

XII. BESONDERE REDEWENDUNGEN

Bei sehr umfangreichen Stichwörtern sind idiomatische Wendungen und sprichwörtliche Redensarten in einem gesonderten Abschnitt „*Besondere Redewendungen*" am Ende des Stichwortartikels zusammengefaßt (Beispiele: **Finger**, **Hand**, **Herz**).

XIII. VERBINDUNGEN MIT PRÄPOSITIONEN

Bei sehr umfangreichen Stichwörtern sind Verbindungen mit Präpositionen als halbfette Stichwörter in einem gesonderten Abschnitt unmittelbar an den jeweiligen Artikel angehängt (Beispiele: **bringen**, **gehen**, **haben**, **Hand**, **Kopf**).

XIV. VERWEISE

1. Verweise von Stichwörtern.

a) Mit der Abkürzung *cf.* wird von einem Stichwort auf ein anderes verwiesen, das sich in Orthographie, Aussprache oder sprachlicher Form, nicht aber in der Bedeutung unterscheidet, und das die gebräuchlichere Variante darstellt:

Ga·ro·te [ga'roːtə] *f* ⟨-; -n⟩ *hist. cf.* Garotte.
'Fun·ken *m* ⟨-s; -⟩ *cf.* Funke *bes.* 3—5.

Mit derselben Abkürzung *cf.* wird aber auch von einem Stichwort auf ein anderes verwiesen, das nur die Bedeutung mit ihm teilt und das die häufiger gebrauchte Bezeichnung darstellt:

Eger·ling ['eːgərlɪŋ] *m* ⟨-s; -e⟩ *bot. cf.* Champignon.

b) Bei regionalen Sprachvarianten, die nur in einem Teil des deutschen Sprachraums vorkommen, wird auf das gemeindeutsche Wort mit der Wendung *Austrian* (etc.) *for* ... verwiesen:

Gaut·sche ['gaʊtʃə] *f* ⟨-; -n⟩ ... **2.** *Southwestern G. for* Schaukel 1.

c) Wird von einem nichthochsprachlichen Stichwort auf ein hochsprachliches Stichwort verwiesen, so geschieht dies ebenfalls mit *for*:

Ge'heul *n* ⟨-(e)s; *no pl*⟩ *colloq. for* Heulen.

2. Verweise von Anwendungsbeispielen.

Oft wird hinter oder an Stelle von Anwendungsbeispielen mittels Pfeil auf ein anderes Stichwort verwiesen. Dort findet der Benutzer ein Anwendungsbeispiel, in dem beide Stichwörter vorkommen:

Fuß[1] [fuːs] *m* ⟨-es; Füße⟩ ... **2.** *fig.* ...; → Boden 2.

Aku·stik [a'kʊstɪk] *f* ⟨-; *no pl*⟩ **1.** *phys.* (*Lehre*) acoustics *pl* (*construed as sg*) ...

XI. ILLUSTRATIVE PHRASES

These have been supplied to give further information on the entry word (e.g. on the construction within a given sentence, idiomatic usage, etc.). They follow the English translation of the entry word; the German phrase is printed in lightface type.

XII. IDIOMATIC EXPRESSIONS

In some instances, where the entry is very long, idiomatic expressions and proverbs have been collected in a special paragraph ("*Besondere Redewendungen*") at the end of the entire entry (e.g., **Finger**, **Hand**, **Herz**).

XIII. VERB PHRASES

In some instances, where the entry is very long, verb phrases have been collected and entered in boldface type in a special paragraph at the end of the entire entry (e.g., **bringen**, **gehen**, **haben**, **Hand**, **Kopf**).

XIV. CROSS REFERENCES

1. Cross references between entry words.

a) The designation *cf.* is used for cross references from one entry to another which differs in spelling, pronunciation, or form but not in meaning, and which represents the more usual variant:

Ga·ro·te [ga'roːtə] *f* ⟨-; -n⟩ *hist. cf.* Garotte.
'Fun·ken *m* ⟨-s; -⟩ *cf.* Funke *bes.* 3—5.

The same designation *cf.* is used for cross references from one entry to another which is identical in meaning and which represents the more frequently used term:

Eger·ling ['eːgərlɪŋ] *m* ⟨-s; -e⟩ *bot. cf.* Champignon.

b) Regional variants which are only to be found in one section of the German-speaking area are designated *Austrian* (etc.) *for* ... followed by a cross reference to the more generally used German word:

Gaut·sche ['gaʊtʃə] *f* ⟨-; -n⟩ ... **2.** *Southwestern G. for* Schaukel 1.

c) Similarly a nonstandard German entry may be followed by a cross reference to the standard German word:

Ge'heul *n* ⟨-(e)s; *no pl*⟩ *colloq. for* Heulen.

2. Cross references between illustrative phrases.

In many cases a cross reference is made to another entry by means of an arrow after or in place of an illustrative phrase. In the place referred to the user will find an illustrative phrase containing both entry words:

Fuß[1] [fuːs] *m* ⟨-es; Füße⟩ ... **2.** *fig.* ...; → Boden 2.

ERLÄUTERUNG DER PHONETISCHEN UMSCHRIFT

GUIDE TO PRONUNCIATION

The phonetic alphabet used in this dictionary is that of the International Phonetic Association (IPA).

Vowel length is indicated by [ː]. [˘] placed over a vowel indicates that the vowel in question is non-syllabic. Stress is shown by [ˈ] (main stress) and [ˌ] (secondary stress); [ˈ] and [ˌ] are placed at the onset of the stressed syllable. [-] indicates a phonetic syllable boundary; it can also stand for a whole phonetic syllable or a sequence of phonetic syllables, e.g. **ˈErzˌva·ter** [ˈɛrts-] instead of [ˈɛrtsˌfaːtər]. The glottal stop [ʔ] has been omitted when the first sound of an entry word is a vowel, e.g. **Abend** [ˈaːbənt] instead of [ˈʔaːbənt].

A. Vowels

Phonetic symbol	German example	Remarks
[iː]	Vieh [fiː]	long, resembles English *ee* in *see*, but closer than this
[i]	binär [biˈnɛːr]	short, otherwise like [iː]
[ɪ]	mit [mɪt]	short, resembles English *i* in *hit*, but closer than this
[eː]	Weh [veː]	long, resembles the first sound in English *ay*, e.g. *day* [deɪ], but somewhat closer than this
[e]	Tenor [teˈnoːr]	short, otherwise like [eː]
[ɛː]	Zähne [ˈtsɛːnə]	long, resembles English *e* in *bed*, but opener than this
[ɛ]	wenn [vɛn]	short, resembles [ɛː], but slightly opener than this
[ə]	zahle [ˈtsaːlə]	short, resembles English *a* in *ago*, but closer than this
[yː]	Düse [ˈdyːzə]	long, resembles French *u* in *muse*
[y]	Physik [fyˈziːk]	short, otherwise like [yː]
[ʏ]	Hütte [ˈhʏtə]	short, opener than [yː]
[øː]	böse [ˈbøːzə]	long, resembles French *eu* in *trieuse*
[ø]	Ödem [øˈdeːm]	short, otherwise like [øː]
[œ]	Hölle [ˈhœlə]	short, opener than [øː]
[uː]	gut [guːt]	long, resembles English *oo* in *boot*, but closer and more retracted than this
[u]	Musik [muˈziːk]	short, otherwise like [uː]
[ʊ]	Bulle [ˈbʊlə]	short, resembles English *u* in *bull*, but closer and more retracted than this
[aː]	Base [ˈbaːzə]	long, resembles English *a* in father, but more advanced ("clearer") than this
[a]	hatte [ˈhatə]	short, otherwise like [aː]
[ɛ̃ː]	Teint [tɛ̃ː]	long, approximately nasalized [æ]
[ɛ̃]	Interieur [ɛ̃teˈri̯øːr]	short, otherwise like [ɛ̃ː]
[œ̃ː]	Parfum [parˈfœ̃ː]	long nasalized [œ]
[œ̃]	Lundist [lœ̃ˈdɪst]	short nasalized [œ]
[õː]	Fond [fõː]	long nasalized [o], but opener than this

Phonetic symbol	German example	Remarks
[õ]	Fondue [fõˈdyː]	short, otherwise like [õː]
[ãː]	Gourmand [gʊrˈmãː]	long nasalized [a]
[ã]	Pensee [pãˈseː]	short nasalized [a]
[aɪ]	Beil [baɪl]	resembles English *i* in *while*
[aʊ]	Haus [haʊs]	resembles English *ou* in *house*
[ɔʏ]	heute [ˈhɔʏtə]	falling diphthong consisting of [ɔ] and [ʏ]

B. Consonants

The following German consonants resemble their English counterparts: [p, b, t, d, k, g ("hard"), m, n, f, h].

Phonetic symbol	German example	Remarks
[ʔ]	beeiden [bəˈʔaɪdən]	glottal stop
[ŋ]	Ding [dɪŋ]	like English *ng* in *thing*
[l]	lallt [lalt]	similar to British English *l* in *light*
[r]	1. rot [roːt]	rolled or flapped consonant, with the uvula or with the tip of the tongue; also uvular fricative
	2. Heer [heːr], Heers [heːrs]	mostly weak uvular fricative after long vowels in final position or before consonant
	3. Wasser [ˈvasər], Wassers [ˈvasərs]	very weak uvular fricative in [ər] in final position or before consonant; or [ər] becoming [ɐ] (centralized [a])
[v]	Welt [vɛlt]	resembles English *v* in *vice*, but with less friction
[s]	Gasse [ˈgasə]	resembles English *s* in *miss*, but with a sharper hiss
[z]	Base [ˈbaːzə]	similar to English *z* in *blazer*
[ʃ]	Masche [ˈmaʃə]	resembles English *sh* in *cash*, but with more lip-protrusion
[ʒ]	Genie [ʒeˈniː]	resembles English *s* in *measure* [ˈmɛʒə], but with more lip-protrusion
[ç]	mich [mɪç]	voiceless palatal fricative. It can be made by unvoicing a fricative [j]. Some English speakers use [ç] instead of [hj], e.g. *human* [ˈçuːmən] instead of [ˈhjuːmən]
[j]	ja [jaː]	resembles English *y* in *yes*
[x]	Bach [bax]	similar to Scottish *ch* in *loch*

C. Symbols in Phonetically Non-germanized Entries of English Origin

Phonetic symbol	English example	Phonetic symbol	English example	Phonetic symbol	English example	Phonetic symbol	English example
[æ]	gag [gæg]	[ɑː]	father [ˈfɑːðə]	[ɪə]	here [hɪə]	[θ]	thick [θɪk]
[əː]	first [fəːst]	[eɪ]	lady [ˈleɪdɪ]	[ɛə]	there [ðɛə]	[ð]	this [ðɪs]
[ɔː]	law [lɔː]	[ɔɪ]	boy [bɔɪ]	[ʊə]	gourd [gʊəd]		
[ʌ]	come [kʌm]	[oʊ]	show [ʃoʊ]	[w]	well [wɛl]		

D. Stress Marks in Compound Words

It has not been possible to indicate the different grades of secondary stress in compound words containing two or more secondary stresses. The grades have to be established according to the immediate constituents of the compound word in question, e.g. **ˈHauptˌbahnˌhof** = ˈHaupt + ˌbahnˌhof, the secondary stress of -ˌbahn- being stronger than that of -ˌhof; **ˈHausˌhaltsˌjahr** = ˈHausˌhalts + ˌjahr, the secondary stress of -ˌjahr being stronger than that of -ˌhalts-.

In the boldface entry words the stress marks [ˈ] and [ˌ] are placed at the onset of the stressed syllable in agreement with the rules of orthographic syllabification, which often differs from phonetic syllabification, e.g. **kaˈsta·ni·en·ˌbraun** [kasˈtaːnĭənˌbraʊn], **Ko·lo·niˈalˌzeit** [koloˈnĭaːlˌtsaɪt].

E. List of Initial and Final Elements Normally Given without Phonetic Transcriptions

Initial elements

be- [bə]
er- [ɛr]
ent- [ɛnt]
ge- [gə]
miß- [mɪs]
un- [ʊn]
ver- [fɛr]
zer- [tsɛr]

Final elements

-äugig [ˀɔʏgɪç]
-bar [baːr]
-chen [çən]
-e [ə]
-ei [aɪ]
-el [əl]
-elchen [əlçən]
-eln [əln]
-elnd [əlnt]
-elnde [əlndə]
-elst [əlst]
-elt [əlt]
-em [əm]
-en [ən]
-end [ənt]
-ende [əndə]
-ens [əns]
-entlich [əntlɪç]
-er [ər]
-erchen [ərçən]
-erei [əraɪ]
-erin [ərɪn]
-erisch [ərɪʃ]
-ern [ərn]
-ernd [ərnt]
-ernde [ərndə]
-erst [ərst]
-ert [ərt]
-es [əs]
-est [əst]
-et [ət]
-fach [fax]
-farben [farbən]
-förmig [fœrmɪç]
-füßer [fyːsər]
-füßig [fyːsɪç]
-gänger [gɛŋər]
-glied(e)rig [gliːd(ə)rɪç]
-haft [haft]
-haftigkeit [haftɪçkaɪt]
-haltig [haltɪç]
-heit [haɪt]
-icht [ɪçt]
-ig [ɪç]
-ige [ɪgə]
-igem [ɪgəm]
-igen [ɪgən]
-iger [ɪgər]
-iges [ɪgəs]
-igkeit [ɪçkaɪt]
-iglich [ɪklɪç]
-igs [ɪçs]
-igt [ɪçt]
-in [ɪn]
-innen [ɪnən]
-isch [ɪʃ]
-keit [kaɪt]
-kunft [kʊnft]
-länder [lɛndər]
-ländisch [lɛndɪʃ]
-lei [laɪ]
-lein [laɪn]
-ler [lər]
-lich [lɪç]
-ling [lɪŋ]
-lings [lɪŋs]
-los [loːs]
-lose [loːzə]
-losigkeit [loːzɪçkaɪt]
-m [m]
-macher [maxər]
-macherei [maxəraɪ]
-machung [maxʊŋ]
-malig [maːlɪç]
-mals [maːls]
-maßen [maːsən]
-mütig [myːtɪç]
-n [n]
-nahme [naːmə]
-nis [nɪs]
-nisse [nɪsə]
-pflichtig [pflɪçtɪç]
-s [s]
-sal [zaːl]
-sam [zaːm]
-sch [ʃ]
-schaft [ʃaft]
-sche [ʃə]
-seitig [zaɪtɪç]
-seits [zaɪts]
-st [st]
-stel [stəl]
-t [t]
-tägig [tɛːgɪç]
-te [tə]
-teilig [taɪlɪç]
-tum [tuːm]
-tümer [tyːmər]
-ung [ʊŋ]
-wärts [vɛrts]

VERZEICHNIS DER IM WÖRTERBUCH VERWANDTEN ABKÜRZUNGEN

ABBREVIATIONS USED IN THIS DICTIONARY

abbr.	*abbreviated*, abgekürzt
acc	*accusative*, Akkusativ
adj	*adjective*, Adjektiv
adv	*adverb*, Adverb, *adverbial phrase*, adverbialer Ausdruck
aer.	*aeronautics*, Luftfahrt
afrik., afrik.	afrikanisch, *African*
agr.	*agriculture*, Landwirtschaft
Am.	*American English*, amerikanisches Englisch
amer., amer.	amerikanisch, *American*
anthrop.	*anthropology*, Anthropologie
antiq.	*antiquity*, Antike
arch.	*architecture*, Architektur
archeol.	*archeology*, Archäologie
(*art*)	*art*, Kunst
asiat., asiat.	asiatisch, *Asiatic*
astr.	*astronomy*, Astronomie
astrol.	*astrology*, Astrologie
attrib	*attributively*, attributiv
austral., austral.	australisch, *Australian*
auto.	*automobilism*, Kraftfahrwesen
belg., belg.	belgisch, *Belgian*
bes.	besonders, *especially*
Bibl.	*Bible*, Bibel
biol.	*biology*, Biologie
bot.	*botany*, Botanik
Br.	*British English*, britisches Englisch
brasil., brasil.	brasilianisch, *Brazilian*
BRD	Bundesrepublik Deutschland, *Federal Republic of Germany*
brew.	*brewery*, Brauereiwesen
brit., brit.	britisch, *British*
cf.	*confer*, vergleiche
chem.	*chemistry*, Chemie
chines., chines.	chinesisch, *Chinese*
choreogr.	*choreography*, Choreographie, Tanz
civ.eng.	*civil engineering*, Bauwesen
collect.	*collective noun*, Kollektivum
colloq.	*colloquially*, umgangssprachlich
comp	*comparative*, Komparativ
(*computer*)	*data processing*, Datenverarbeitung
conj	*conjunction*, Konjunktion
contempt.	*contemptuously*, abwertend
(*cosmetics*)	*beauty culture*, Kosmetik
dat	*dative*, Dativ
DDR	Deutsche Demokratische Republik, *German Democratic Republic*
dial.	*dialect*, Dialekt
dim.	*diminutive*, Diminutiv
dt., dt.	deutsch, *German*
Eastern G.	*Eastern German*, Ostdeutsch
Eastern Middle G.	*Eastern Middle German*, Ostmitteldeutsch
econ.	*economics*, Wirtschaft
electr.	*electricity*, Elektrizität
elektr., elektr.	elektrisch, *electric*
ellipt.	*elliptically*, elliptisch
engl., engl.	englisch, *English*
(*Engl.*)	*English*, Englisch
esp.	*especially*, besonders
etc	*et cetera*, und so weiter
euphem.	*euphemistically*, euphemistisch
europ., europ.	europäisch, *European*
f	*feminine*, feminin
Fam.	Familie, *family*
(*fashion*)	*fashion*, Mode
fig.	*figuratively*, übertragen, bildlich
(*film*)	*film*, Filmwesen
(*forestry*)	*forestry*, Forstwesen
(*Fr.*)	*French*, Französisch
franz., franz.	französisch, *French*
(*games*)	*games*, Spiele
gastr.	*gastronomy*, Gastronomie
Gattg	Gattung, *genus*
Gattgen	Gattungen, *genera*
gen	*genitive*, Genitiv
geogr.	*geography*, Geographie
geol.	*geology*, Geologie
griech., griech.	griechisch, *Greek*
h	haben, *have*
her.	*heraldry*, Heraldik
hist.	*historical*, historisch, *history*, Geschichte
holl., holl.	holländisch, *Dutch*
hort.	*horticulture*, Gartenbau
(*housekeeping*)	*housekeeping*, Haushalt

humor. — *humoristically*, humorvoll
hunt. — *hunting*, Jagd

imp — *imperative*, Imperativ
ind., ind. — indisch, *Indian*
indef — *indefinite*, indefinit
inf — *infinitive*, Infinitiv
insep — *inseparable*, untrennbar
interj — *interjection*, Interjektion
interrog — *interrogative*, interrogativ
iron. — *ironically*, ironisch
irr — *irregular*, unregelmäßig
islam., islam. — islamisch, *Moslem*
(*Ital.*) — *Italian*, Italienisch
ital., ital. — italienisch, *Italian*

jap., jap. — japanisch, *Japanese*
j-d, j-d — jemand, *someone* (*nom*)
(*jewelry*) — *jewelry*, Schmuck
Jh., Jh. — Jahrhundert, *century*
j-m, j-m — jemandem, (*to*) *someone*
j-n, j-n — jemanden, *someone* (*acc*)
j-s, j-s — jemandes, *someone's*
jüd., jüd. — jüdisch, *Jewish*
jur. — *jurisprudence*, Recht

kanad., kanad. — kanadisch, *Canadian*

(*Lat.*) — *Latin*, Lateinisch
lat., lat. — lateinisch, *Latin*
(*leather*) — *leather industry*, Lederindustrie
ling. — *linguistics*, Sprachwissenschaft
lit. — *literary*, literarisch
(*literature*) — *literature*, Literatur
Low G. — *Low German*, Niederdeutsch

m — *masculine*, maskulin
mar. — *maritime terminology*, Schiffahrt
math. — *mathematics*, Mathematik
med. — *medicine*, Medizin
metall. — *metallurgy*, Metallurgie
meteor. — *meteorology*, Meteorologie
metr. — *metrics*, Metrik
mexik., mexik. — mexikanisch, *Mexican*
mil. — *military terminology*, Wehrwesen
min. — *mineralogy*, Mineralogie
(*mining*) — *mining*, Bergbau
mittelamer., mittelamer. — mittelamerikanisch, *Central American*
mus. — *music*, Musik
myth. — *mythology*, Mythologie

n — *neuter*, neutral
n.Chr. — nach Christus, *Anno Domini*
neg — *negative*, verneinend
niederl., niederl. — niederländisch, *Dutch*
nom — *nominative*, Nominativ
nordamer., nordamer. — nordamerikanisch, *North American*
nördl., nördl. — nördlich, *northern*
Northern G. — *Northern German*, Norddeutsch
npr — *proper name*, Eigenname
nucl. — *nuclear physics*, Kernphysik

obs. — *obsolete*, veraltet
od. — oder, *or*
(*officialese*) — *officialese*, Amtssprache
(*optics*) — *optics*, Optik
Ordng — Ordnung, *order*
Ordngen — Ordnungen, *orders*
orient., orient. — orientalisch, *oriental*
österr., österr. — österreichisch, *Austrian*
östl., östl. — östlich, *eastern*

(*paints*) — *paints*, Farbenindustrie
(*paper*) — *paper-processing industry*, papierverarbeitende Industrie
pass — *passive*, passivisch
(*patents*) — *patent law*, Patentrecht
ped. — *pedagogy*, Pädagogik
(*Pers.*) — *Persian*, Persisch
pers., pers. — persisch, *Persian*
pers — *personal*, persönlich
(*petroleum*) — *petroleum processing*, Mineralölverarbeitung
pharm. — *pharmacy*, Pharmazie
philat. — *philately*, Philatelie
philos. — *philosophy*, Philosophie
phot. — *photography*, Photographie
phys. — *physics*, Physik
pl — *plural*, Plural
poet. — *poetical*, dichterisch
pol. — *politics*, Politik
(*Portug.*) — *Portuguese*, Portugiesisch
portug., portug. — portugiesisch, *Portuguese*
(*postal service*) — *postal service*, Postwesen
possess — *possessive*, possessiv
pp — *past participle*, Partizip Perfekt
pred — *predicatively*, prädikativ
prep — *preposition*, Präposition
pres — *present*, Präsens
pres p — *present participle*, Partizip Präsens
pret — *preterite*, Präteritum
print. — *printing*, Buchdruck
pron — *pronoun*, Pronomen
psych. — *psychology*, Psychologie

(*radio*) — *radio engineering*, Rundfunktechnik
(*railway*) — *railway*, Eisenbahnwesen
relig. — *religion*, Religion
röm., röm. — römisch, *Roman*
röm.kath. — römisch-katholisch, *Roman Catholic*
(*rubber*) — *rubber industry*, Gummiverarbeitung
rumän., rumän. — rumänisch, *Romanian*
(*Russ.*) — *Russian*, Russisch
russ., russ. — russisch, *Russian*

s — sein, *be*
schott., schott. — schottisch, *Scottish*
schwed., schwed. — schwedisch, *Swedish*
(*scient.*) — *scientific term*, wissenschaftlicher Ausdruck

sep	*separable*, trennbar
sg	*singular*, Singular
skandinav., skandinav.	skandinavisch, *Scandinavian*
sl.	*slang*, Slang
s.o., *s.o.*	*someone*, jemand, -em, -en
sociol.	*sociology*, Soziologie
s.o.'s, *s.o.'s*	*someone's*, jemandes
Southern G.	*Southern German*, Süddeutsch
Southwestern G.	*Southwestern German*, Südwestdeutsch
(*space*)	*space travel*, Raumfahrt
(*Span.*)	*Spanish*, Spanisch
span., span.	spanisch, *Spanish*
(*sport*)	*sports*, Sport
s.th., *s.th.*	*something*, etwas
subj	*subjunctive*, Konjunktiv
subtrop., subtrop.	subtropisch, *subtropical*
südafrik., südafrik.	südafrikanisch, *South African*
südamer., südamer.	südamerikanisch, *South American*
südl., südl.	südlich, *southern*
sup	*superlative*, Superlativ
synth.	*synthetics*, Kunststoff
tech.	*technology*, Technik
tel.	*telegraphy*, Telegraphie, *telephony*, Telephonie
telev.	*television*, Fernsehtechnik
(*textile*)	*textile industry*, Textilindustrie
(*theater*)	*theater*, Theaterwesen
(*thieves' Latin*)	*thieves' Latin*, Gaunersprache
(*TM*)	*trademark*, Warenzeichen
türk., türk.	türkisch, *Turkish*
u., u.	und, *and*
UdSSR, UdSSR	Union der Sozialistischen Sowjetrepubliken, *Union of Socialist Soviet Republics*
ungar., ungar.	ungarisch, *Hungarian*
Unterfam.	Unterfamilie, *subfamily*
Untergattg	Untergattung, *subgenus*
USA, USA	*United States of America*, Vereinigte Staaten von Amerika
var.	variatio, *variation*
v.Chr.	vor Christus, *before Christ*
vet.	*veterinary medicine*, Tiermedizin
v/aux	*auxiliary verb*, Hilfsverb
v/i	*intransitive verb*, intransitives Verb
v/impers	*impersonal verb*, unpersönliches Verb
v/reflex	*reflexive verb*, reflexives Verb
v/t	*transitive verb*, transitives Verb
vulg.	*vulgar*, vulgär
(*watchmaking*)	*watchmaking*, Uhrmacherei
westafrik., westafrik.	westafrikanisch, *West African*
westl., westl.	westlich, *western*
(*wood*)	*wood-processing industry*, holzverarbeitende Industrie
z.B.	zum Beispiel, *for instance*
zo.	*zoology*, Zoologie

DEUTSCH-ENGLISCHES WÖRTERVERZEICHNIS

A–K

GERMAN-ENGLISH DICTIONARY

A–K

Als „Trademark“ geschützte deutsche Wörter werden in diesem Wörterbuch durch das Zeichen (*TM*) kenntlich gemacht. Das Fehlen eines solchen Hinweises begründet jedoch nicht die Annahme, daß eine Ware oder ein Warenname frei ist und von jedem benutzt werden darf. Dies gilt auch von den englischen Entsprechungen dieser deutschen Wörter, die nicht noch einmal gesondert als geschützte Warenzeichen gekennzeichnet sind.
In einigen Fällen mußte auf die Aufnahme einer Ware oder eines Warennamens ganz verzichtet werden.

Words included in this work which are believed to be trademarks have been designated herein by the designation *TM* (after the word). The inclusion of any word in this dictionary is not an expression of the publisher's opinion on whether or not such word is a registered trademark or subject to proprietary rights. It should be understood that no definition in this dictionary or the fact of the inclusion of any word herein is to be regarded as affecting the validity of any trademark. This will apply also with regard to English translations of German words which are accompanied by the letters *TM*; in these cases no additional trademark designation has been used for the English translation of such words.
In a few cases it was found necessary to omit the names of particular makes of products or specific trademarks.

A

A, a [aː] *n* ⟨-; -⟩ **1.** A, a (*first letter of the German alphabet; first vowel*): **ein großes A** a capital (*od.* large) A; **ein kleines A** a small (*od.* little) a; **das a in ‚Hand'** the a in 'Hand'. – **2.** *fig.* (*Anfang*) beginning: **wer A sagt, muß auch B sagen** (*Sprichwort*) in for a penny, in for a pound (*proverb*); **von A bis Z** *colloq.* from A to Z, from beginning to end, from first to last; **etwas von A bis Z kennen** *colloq.* to know s.th. from A to Z (*od.* thoroughly, inside out), to know the ins and outs of s.th.; **die Geschichte ist von A bis Z erfunden** *colloq.* the story is a concoction from beginning to end; **ein Buch von A bis Z lesen** *colloq.* to read a book from cover to cover; **das A und** (**das**) **O** Alpha and Omega, the beginning and the end; **das A und O einer Wissenschaft** the essence of a science; **das ist das A und O der ganzen Geschichte** *colloq.* that is the crux of the matter. – **3.** *mus.* a) (the note) A, *auch* a, b) a, A A (*concert pitch*), c) a (= *a-Moll*) A minor, d) A (= *A-Dur*) A major: **das Werk steht in A(-Dur)** the work is in (the key of) A (major). – **4.** *math.* a) A (*point of geometrical figure*) A, b) a (*first known quantity*) a: **nehmen wir an, a sei gleich b** let a be equal to b. – **5.** A *electr.* (*Ampere*) amp(ere). – **6.** A (*s.o. first in order or class*) A: **A verkauft etwas an B** A sells s.th. to B. – **7.** A (*something having the shape of the capital letter A*) A. – **8.** a *jur.* (*first supposition*) a. – **9.** a *econ. od. colloq. only in* **eins a, I a, 1 a** A one, A 1, number one, first quality, Grade A, top grade. – **10.** **Vitamin A** *biol.* vitamin A.

à [a] *prep bes. econ.* at ... each (*od.* a piece): **à 6 Mark** at 6 marks (a piece); **10 Bleistifte à 20 Pfennig** 10 pencils at 20 pfennigs each.

A-... [aː] *combining form denoting* a) *mus.* in (the key of) A (major), b) *nucl.* atom, atomic.

A..., a... *combining form denoting* A..., a..., *z. B.* **Atheismus, asozial.**

Ä, ä [ɛː] *n* ⟨-; -⟩ A (*od.* a) modified, A (*od.* a) umlaut.

ä! [ɛː] *interj* **1.** (*Weinen*) ah! – **2.** (*Abscheu*) ah! pooh!

A-a, Aa [aˈʔa; aˈʔa; aˈʔaː] *n* ⟨*undeclined*⟩ (*children's language*) number two, *bes. Am.* b.m. (= bowel movement): **A-a machen** to do number two, to make a b.m.

ˈ**Aa·che·ner I** *m* ⟨-s; -⟩ inhabitant of Aachen (*od.* Aix-la-Chapelle). – **II** *adj* of (*od.* relating to) Aachen (*od.* Aix-la-Chapelle), Aachen: **der ~ Friede** *hist.* the Peace of Aix-la-Chapelle.

ˈ**Aa·ker**ˌ**bee·re** [ˈoːkər-] *f bot.* arctic (*od.* northern) bramble (*Rubus arcticus*).

Aal [aːl] *m* ⟨-(e)s; -e⟩ **1.** *zo.* eel (*Fam. Anguillidae, bes. Anguilla anguilla*): **junger ~** elver; **~e fangen** a) to fish for eels, to eel, to sniggle, b) to catch eels; **sich winden** (*od.* **krümmen**) **wie ein ~** *fig. colloq.* to wriggle like an eel; **er ist glatt wie ein ~** *fig. colloq.* he is as slippery as an eel, he is a slippery customer (*colloq.*); **den ~ beim Schwanz fassen** *fig. colloq.* to begin at the wrong end. – **2.** *gastr.* eel: **gekochter** [**geräucherter**] **~** boiled (*od.* stewed) [smoked] eel(s *pl*); **~ blau** [**sauer**] poached [pickled] eel(s *pl*); **~ grün** eel(s *pl*) in wine sauce; **~ in Sülze** (*od.* **Gelee**) jellied eel(s *pl*). – **3.** *mar. mil. colloq.* (*Torpedo*) 'tin fish' (*sl.*). – **4.** (*textile*) (wrong) crease, crumple, wrinkle.

ˈ**aal**|ˌ**ähn·lich,** ~ˌ**ar·tig** *adj* eellike, like an eel, eely, anguilloid (*scient.*): **~er Fisch** anguillid.

ˈ**Aa-**ˌ**La·va** [ˈaːa-] *f geol.* aa (lava).

ˈ**Aal**|ˌ**baum** *m bot. cf.* **Heckenkirsche, Geißblatt.** — ~ˌ**bee·re** *f* black currant, quinsyberry (*Ribes nigrum*). — ~ˌ**beer**ˌ**strauch** *m* black currant bush. — ~ˌ**bricke** (*getr.* -k·k-) *f gastr.* small pickled eel. — ~ˌ**brut** *f zo.* **1.** eel fry: **im Fluß aufsteigende ~** eelfare, elvers *pl.* – **2.** (*Aaleier*) eel spawn. — ~ˌ**butt** *m zo. cf.* **Rotzunge.** — ~ˌ**ei·sen** *n cf.* **Aalgabel.**

aa·len [ˈaːlən] **I** *v/i* ⟨h⟩ fish for eels, eel, sniggle. – **II** *v/reflex* **sich ~** *colloq.* laze, lounge (about): **sich in der Sonne ~** to bask in the sun.

ˈ**Aal**|ˌ**fang** *m* **1.** (*Tätigkeit*) eel fishing (*od.* catching). – **2.** (*Beute*) eel catch. – **3.** *cf.* **Aalreuse.** — ~ˌ**fän·ger,** ~ˌ**fi·scher** *m* eel fisher, eelcatcher. — **a**~ˌ**för·mig** *adj zo.* eel-shaped, anguilliform (*scient.*). — ~ˌ**ga·bel** *f* eelspear, eelprong, eel fork. — **a**~ˈ**glatt** *adj* slippery, (as) slippery as an eel, *auch* oily, greasy, *bes. Am.* slick: **ein ~er Bursche** *colloq.* a slippery customer (*colloq.*); **der Bursche ist ~** *colloq.* this character is as slippery as an eel (*colloq.*). — **a**~ˌ**gleich** *adj* eellike, eely. — ~ˌ**ha·men** *m* eel trap. — ~ˌ**horn**ˌ**baum** *m bot.* black-fruited (*od.* field) elder (tree), Danewort, daneweed, Daneweed, *Br.* Danes'-blood (*Sambucus nigra*).

ˈ**aa·lig** *adj cf.* **aalglatt, aalgleich.**

ˈ**Aal**|ˌ**kir·sche** *f bot. cf.* **Heckenkirsche, Geißblatt.** — ~ˌ**korb** *m* eelpot, eel basket, *Br.* (eel) buck. — ~ˌ**lar·ve** *f zo.* eel larva, leptocephalus (*scient.*). — ~ˌ**lei·ter** *f* fish ladder, fishway. — ~ˌ**molch** *m zo.* congo snake, *auch* congo (*od.* lamper, blind) eel, amphiuma (*scient.*) (*Amphiuma means*). — ~ˌ**mut·ter** *f* eel mother, viviparous blenny (*Zoarces viviparus*). — ~**pa**ˌ**ste·te** *f gastr.* eel pie. — ~ˌ**put·te,** ~ˌ**quap·pe** *f zo.* burbot, eelpout (*Lota lota*). — ~ˌ**qua·ste** *f* (*Klunker*) bob: **mit einer ~ fischen** to (angle with a) bob. — ~**ra**ˌ**gout** *n gastr.* eel stew. — ~**räu·che**ˌ**rei** *f* smokehouse for eel. — ~ˌ**rau·pe** *f zo.* burbot, eelpout (*Lota lota*): **Fleckige ~** cusk (*L. maculosa*). — ~ˌ**reu·se** *f* (*zum Aalfang*) eelpot, eel trap (*od.* basket), *Br.* (eel) buck. — ~ˌ**rut·te** *f zo. cf.* **Aalputte.** — ~ˌ**ste·chen** *n* spearing of eels. — ~ˌ**ste·cher** *m* **1.** eelspear. – **2.** s.o. who spears eels. — ~ˌ**streif,** ~ˌ**strich** *m* list, ray (*dark stripe on the back of horses, cows, deer, etc.*). — ~ˌ**sup·pe** *f gastr.* eel soup. — ~ˌ**teich** *m* eel pond (*od.* bed). — ~ˌ**tier·chen** *n zo. obs. for* **Fadenwurm.** — ~ˌ**trep·pe** *f cf.* **Aalleiter.** — ~ˌ**wan·de·rung** *f* migration of eels.

Aap [aːp] *m* ⟨-; -⟩ **1.** *Low G. for* **Affe** 1—3. – **2.** *mar.* mizzen staysail.

Aar [aːr] *m* ⟨-(e)s; -e⟩ *poet.* eagle. — ~ˌ**bee·re** *f bot. cf.* **Elsbeere, Eberesche.**

ˈ**Aar**ˌ**gau·er I** *m* ⟨-s; -⟩ Argovian (*inhabitant of the Swiss canton of Argovia*). – **II** *adj* Argovian. — ˈ**aar**ˌ**gau·isch** *adj* Argovian.

ˈ**Aar**ˌ**kir·sche** *f bot.* white hawthorn, service tree, *auch* wild service (tree) (*Sorbus torminalis*).

Aa·ron [ˈaːrɔn] *npr m* ⟨-(s); *no pl*⟩ *Bibl.* Aaron (*brother of Moses*). — **aa·ro·nisch** [aˈroːnɪʃ] *adj* Aaronic.

Aa·ro·nit [aroˈniːt] *m* ⟨-en; -en⟩ *relig.* Aaronite (*a descendant of Aaron*). — **Aa·ro**ˈ**ni·tisch** *adj* Aaronitic: **~er Segen** Aaron's blessing.

ˈ**Aa·rons**|ˌ**schlan·ge** *f Bibl.* Aaron's rod. — ~ˌ**stab** *m bot. cf.* **Aron(s)stab.**

ˈ**Aar**ˌ**wei·zen** *m bot.* common wheat (*Triticum aestivum u. vulgare*).

Aas [aːs] *n* ⟨-es; *rare* -e⟩ **1.** (rotten) carcass, *Br. auch* carcase, *pl collect.* carrion (*without indefinite article or pl*): **wo ein ~ ist, da sammeln sich die Geier** (*Sprichwort*) where there is carrion there are sure to be vultures. – **2.** *tech.* (*in der Gerberei*) a) flesh, b) (*Scherfleisch*) fleshings *pl.* – **3.** (*Angelköder*) bait. – **4.** ⟨*only sg*⟩ *colloq. humor.* little rascal (*od.* rogue): **sie ist ein freches ~** she is a cheeky (*od.* fresh) piece (*od.* brat, little thing) (*colloq.*); **du süßes kleines ~** you sweet little rascal (*colloq.*); **er ist ein feines ~** he is a swell (*bes. Br.* toff) (*colloq.*). – **5.** ⟨*pl* **Äser**⟩ *contempt.* scoundrel, bum (*colloq.*), bastard (*vulg.*), (*Frau*) bitch (*vulg.*): **du faules ~!** you lazy bum! **was ist der doch für ein ~!** what a scoundrel he is! **kein ~ ließ sich sehen** not a damn (*bes. Br. vulg.* bloody) soul turned up.

ˈ**Aas**ˌ**blu·me** *f bot.* stapelia, carrion flower (*Gattg Stapelia*): **Scheckige ~** toadflower (*S. variegata*).

aa·sen [ˈaːzən] *v/i* ⟨h⟩ **1.** feed on carrion. – **2.** (*vom Wild*) graze, browse, browze. – **3.** **mit etwas ~** *fig. colloq.* to waste s.th., to squander s.th.: **er aast mit dem Geld** he wastes (*od. colloq.* chucks away) his money.

ˈ**Aas**|ˌ**flie·ge** *f zo.* carrion fly. — **a**~ˌ**fres·send** *adj* feeding on carrion, carrion (*attrib*), necrophagous (*scient.*): **~er Käfer** scavenger (beetle), carrion beetle (*Fam. Silphidae*). — ~ˌ**fres·ser** *m* carrion feeder, scavenger. — ~ˌ**gei·er** *m* **1.** *zo.* Egyptian vulture, Pharaoh's chicken (*Neophron percnopterus*). – **2.** *fig. colloq.* (*Ausbeuter*) exploiter, sweater; 'vulture', 'shark' (*colloq.*). — ~**ge**ˌ**ruch** *m* **1.** odor (*bes. Br.* odour) of decomposition (*od.* putrefaction). – **2.** *fig.* putrid (*od.* fetid) stench.

aa·sig [ˈaːzɪç] **I** *adj* **1.** (*faulig*) carrionlike, cadaverous, carrion (*attrib*), *auch* putrid, foul, fetid: **ein ~er Geruch** a smell of carrion. – **2.** *fig.* (*widerlich*) disgusting, loathsome. – **II** *adv* **3.** *colloq.* (*sehr*) awfully (*colloq.*), *bes. Br. colloq.* beastly: **es ist ~ kalt** it's beastly cold; **er hat ~ viel Geld** he is filthy rich (*sl.*), he has money to burn.

ˈ**Aas**|ˌ**jä·ger** *m hunt.* pothunter. — ~**jä·ge**ˌ**rei** *f* pothunting. — ~ˌ**kä·fer** *m zo.* carrion (*od.* burying) beetle (*Gattgen Necrophorus u. Silpha*). — ~ˌ**krä·he** *f* carrion crow (*Corvus corone*). — **a**~ˌ**lie·bend** *adj* necrophilous. — ~ˌ**pflan·ze** *f bot.* stapelia, carrion flower (*Gattg Stapelia*). — ~ˌ**sei·te** *f* (*eines Felles*) flesh side, flesh. — ~ˌtier *n zo.* carrion-devouring (*scient.* necrophagous) animal. — ~ˌvo·gel *m* carrion-devouring (*scient.* necrophagous) bird.

ab [ap] **I** *adv* **1.** (*weg, fort*) off, away: [noch] weiter ~ [still] farther away; wir sind vom Wege ~ we are off the path (*od.* track), we have lost our way. – **2.** (*herunter*) off: der Henkel ist ~ *colloq.* the handle is (*od.* has come) off; an der Jacke ist ein Knopf ~ there is a button off (*od.* missing on) the jacket; die Spitze ist ~ the point is (*od.* has broken) off; er hatte den Hut ~ he had his hat off; → Bart 1. – **3.** (*zeitlich*) from ... on, beginning, as of: von jetzt (*od.* nun) ~ from now on, henceforth; von da ~ from that time on; vom 1. März ~ beginning March 1; von heute [morgen] ~ starting today [tomorrow]. – **4.** auf und ~ *cf.* auf 18. – **5.** ~ und zu (*od. rare* an) once in a while, once or twice, now and then, every so often, from time to time, off and on, on and off, at intervals. – **6.** (*richtungweisend*) rechts [links] ~ to the right [left]. – **7.** (*theater*) (*Bühnenanweisung*) exit, (*mehrere Personen*) exeunt: Othello ~ exit Othello; nach verschiedenen Seiten ~ exeunt severally. – **8.** *bes. econ.* less, minus: ~ Skonto less discount; ~ Unkosten less (*od.* deducting) expenses (*od.* charges); von fünf vier ~ five minus four, from five take four. – **9.** *colloq.* (*erschöpft*) worn out, exhausted: ich bin ganz ~ I'm all in (*colloq.*). – **10.** *mar.* off: von der Küste ~ offshore; ~ und an off and on (*alternately toward and away from the land*). – **11.** *poet. for* hinab. – **II** *prep* **12.** ⟨*dat*⟩ (*örtlich*) from: ~ Köln from Cologne; Köln ~ (*auf Fahrplänen*) departure from Cologne; der Fahrpreis ~ Hamburg beträgt the fare from Hamburg is; ~ Hauptbahnhof from the central station. – **13.** ⟨*dat, auch acc*⟩ (*zeitlich*) from ... (on), as from: ~ 7 Uhr from 7 o'clock (on); ~ heute from today on; ~ erstem (*od.* ersten) Dezember as from the first of December; ~ Weihnachten from Christmas on; ~ diesem Termin as from this date. – **14.** ⟨*dat*⟩ (*bei Altersangaben*) from ... on(ward[s]): ~ sechzehn Jahren from 16 years onward(s). – **15.** ⟨*dat*⟩ *econ.* ex: ~ Lager ex warehouse, ex store; ~ (unserem) Werk ex works (*od.* factory); ~ Schiff [Kai] ex ship [quay]; die Preise verstehen sich ~ London prices are quoted ex London. – **16.** ⟨*dat*⟩ (*bei Preisangaben*) from ... upward(s). – **III** *interj* **17.** ~! off (*od.* away) with you! get (*od.* clear) off! ~ nach Kassel! ~ durch die Mitte! ~ mit Volldampf! *colloq. Am. sl.* beat it, *Br. sl.* hop it; ~ die Post! *colloq.* off you (*od.* they) go. – **18.** *only in* Hut ~! hat(s) off! off with your hat(s)! Hut ~ vor so einem Mann *fig.* hats off to such a man! – **19.** *mil. only in* Gewehr ~! order arms! – **20.** *aer. mil.* ~! jump! – **IV Ab** *n* ⟨*undeclined*⟩ **21.** Auf und Ab *cf.* Auf 25.

Aba [a'ba:; 'aba] *f* ⟨-; -s⟩ ab(b)a, abaya (a) *a coarse fabric,* b) *garment worn by Arabs*).

'abˌaa·sen *v/t* ⟨*sep,* -ge-, h⟩ *hunt.* browse (*od.* browze, graze) off.

Aba·ca·te [aba'ka:tə] *f* ⟨-; -n⟩ *bot.* Indian bay (*Persea indica*).

aback [ə'bæk] (*Engl.*) *adv mar.* aback.

Abad·don [aba'do:n] *m* ⟨-s; *no pl*⟩ *Bibl.* Abaddon.

abaft [ə'bɑ:ft] (*Engl.*) *adv mar.* abaft.

abais·siert [abɛ'si:rt] *adj her.* (*mit gesenkten Spitzen*) abaissé, abased.

Aba·ka [a'ba(:)ka] *m, f* ⟨-; -⟩ *bot.* abaca, *auch* abaka, Manil(l)a hemp (*Musa textilis*).

Aba·kus ['a:bakus] *m* ⟨-; -⟩ **1.** *antiq.* (*Rechen-, Spielbrett*) abacus. – **2.** *arch.* (*Deck-, Kapitellplatte*) abacus.

'abˌän·der·bar, 'abˌän·der·lich *adj* **1.** alterable, (*schwächer*) modifiable: nicht ~ sein to be unalterable. – **2.** *ling.* variable. – **3.** *jur.* commutable.

'abˌän·dern I *v/t* ⟨*sep,* -ge-, h⟩ **1.** (*leicht ändern od. umarbeiten*) alter, change (*s.th.*) (partially), vary, modify: verschiedenartig abzuändern to be altered (*od.* modified) in different ways. – **2.** (*bessernd beseitigen*) improve, better, amend, modify. – **3.** (*berichtigen*) rectify, correct, amend. – **4.** (*rare*) (*abschaffen*) do away with, abolish. – **5.** *jur.* a) (*Urteil*) commute, b) (*in zweiter Instanz*) reverse. – **6.** *pol.* a) (*Gesetzesentwurf, Verfassung*) amend, b) (*Gesetz*) revise. – **II A~** *n* ⟨-s⟩ **7.** *verbal noun.* — **'Abˌän·de·rung** *f* ⟨-; -en⟩ **1.** *cf.* Abändern. – **2.** (*leichte Änderung*) alteration, (partial) change, modification, diversification (*rare*): eine ~ erfahren to undergo a modification. – **3.** (*Verbesserung*) improvement, amendment, modification. – **4.** (*Berichtigung*) rectification, correction, amendment. – **5.** (*rare*) (*Abschaffung*) abolishment, abolition. – **6.** *jur.* (*Strafumwandlung*) commutation. – **7.** *pol.* (*eines Gesetzentwurfs, der Verfassung*) amendment. – **8.** *biol.* variation: nichterbliche ~ modification.

'Abˌän·de·rungsˌanˌtrag *m pol.* amendment: einen ~ einbringen (*od.* stellen) to introduce (*od.* move, bring forward, raise) an amendment; einem ~ zustimmen to support (*od.* to agree to) an amendment. — **a~beˌdürf·tig** *adj* in need of revising (*od.* revision): ~ sein, sich als ~ erweisen to want (*od.* be in need of) revising. — **a~ˌfä·hig** *adj* alterable, modifiable. — **~ˌflä·che, ~ˌform** *f meist pl* (*eines Kristalls*) secondary facet (*od.* form). — **~ˌjah·re** *pl Swiss for* Wechseljahre. — **~ˌplan** *m* plan (*od.* project, scheme) of (*od.* for) alteration(s) (*od.* modification[s]). — **~ˌvorˌschlag** *m* **1.** proposal for alteration (*od.* modification). – **2.** *pol.* a) proposal for amendment, b) proposed amendment.

Aban·don [abã'dõ:] *m* ⟨-s; -s⟩ *mar. econ.* abandonment. — **aban·don'nie·ren** [-dɔ'ni:rən] *v/t* ⟨*no* ge-, h⟩ (*Schiff etc*) abandon (*a ship*) (to an insurer).

'abˌäng·sti·gen *v/reflex* ⟨*sep,* -ge-, h⟩ sich um j-n [etwas] ~ to worry oneself sick (*od.* to death) about (*od.* over) s.o. [s.th.].

'abˌar·bei·ten I *v/reflex* ⟨*sep,* -ge-, h⟩ sich ~ **1.** tire (*od.* wear) oneself out, exhaust oneself, toil, drudge. – **II** *v/t* **2.** (*Vorschuß, Schuld etc*) work off (*od.* out): seine Überfahrt ~ to work one's passage. – **3.** *only in* sich (*dat*) die Finger ~ *colloq.* to work one's fingers to the bone. – **4.** *tech.* finish. – **III** *v/i* **5.** (*von Wein etc*) cease fermenting (*od.* working).

'abˌär·gern *v/reflex* ⟨*sep,* -ge-, h⟩ sich mit etwas [j-m] ~ *colloq.* to plague oneself with s.th. [s.o.], to vex (*od.* fret) oneself about (*od.* with) s.th. [s.o.].

'Abˌart *f* **1.** (*Abweichung, Spielart*) variety. – **2.** *biol.* a) (*Spielart*) aberration, modification, variety, b) (*Unterart*) subspecies, c) (*unerwartete Mutation*) sport. – **3.** *bot.* strain. – **4.** *philat.* variety. – **5.** *obs. for* Entartung.

'abˌar·ten *v/i* ⟨*sep,* -ge-, sein⟩ **1.** (*von der Art abweichen*) vary, deviate from type. – **2.** *obs. for* entarten.

'abˌar·tig *adj* **1.** (*anomal*) abnormal. – **2.** (*entartet*) degenerate. – **3.** *euphem.* homosexual: ~ veranlagt sein to be (a) homosexual. — **'Abˌar·tig·keit** *f* ⟨-; -en⟩ **1.** (*Anomalie*) abnormality. – **2.** (*Entartung*) degeneracy. – **3.** *euphem.* homosexuality.

'Abˌar·tung *f* ⟨-; -en⟩ **1.** variation, deviation from type. – **2.** *obs. for* Entartung.

'abˌäschern *v/reflex* ⟨*sep,* -ge-, h⟩ sich ~ *colloq. Northern and Middle G. for* abarbeiten 1.

'abˌäsen *v/t* ⟨*sep,* -ge-, h⟩ *hunt. cf.* abaasen.

'abˌasten *v/t* ⟨*sep,* -ge-, h⟩ *only in* sich (*dat*) einen ~ *colloq. for* abplagen 1.

'abˌästen *v/t* ⟨*sep,* -ge-, h⟩ prune, trim, lop, poll.

Aba·te [a'ba:te; -tə] *m* ⟨-(n); Abati [-ti] *u.* [-n]⟩ *relig.* abbot.

'abˌät·men [-ˌʔɛ:tmən] *v/t* ⟨*sep,* -ge-, h⟩ *metall.* remove (*metal*) by etching.

Aba·ton ['a(:)batɔn] *n* ⟨-s; Abata [-ta]⟩ *relig.* (*Unbetretbares*) abaton.

'abˌät·zen *v/t* ⟨*sep,* -ge-, h⟩ **1.** *med.* (*Warze, Mal etc*) remove (*od.* burn off) (*s.th.*) by caustics, cauterize *Br. auch* -s-. – **2.** *tech.* corrode (*s.th.*) off. – **3.** *obs. for* abaasen.

'abˌäu·ge(l)n *v/t* ⟨*sep,* -ge-, h⟩ *hunt.* (nach for) scour.

Aba·vi [a'ba:vi] *m* ⟨-s; -s⟩ *bot. cf.* Affenbrotbaum.

Ab·ba ['aba] *m* ⟨*undeclined*⟩ **1.** *Bibl.* Abba, abba, Father. – **2.** (*Titel*) Abba, abba.

'abˌbacken (*getr.* -k·k-) *gastr. dial.* **I** *v/t* ⟨*irr, sep,* -ge-, h⟩ **1.** (*Brot*) bake (*bread*) well (*od.* dry). – **II** *v/i* **2.** finish baking. – **3.** (*von Teig*) come off.

'abˌbag·gern *v/t* ⟨*sep,* -ge-, h⟩ *civ.eng.* **1.** (*Straßenbau*) *cf.* abtragen 3b. – **2.** (*Wasserbau*) *cf.* ausbaggern 2, 3.

'abˌbal·gen I *v/t* ⟨*sep,* -ge-, h⟩ *hunt.* (*Haar- u. Federwild*) skin, flay, case. – **II** *v/reflex* sich ~ *colloq. for* abarbeiten 1.

'abˌbal·zen *v/i* ⟨*sep,* -ge-, h⟩ *hunt.* (*vom Federwild*) cease pairing.

Ab·ba·si·de [aba'zi:də] *m* ⟨-n; -n⟩ *hist.* Abbasid, *auch* Abbaside.

[1]**'Abˌbau** *m* ⟨-(e)s; *no pl*⟩ **1.** *cf.* Abbauen. – **2.** disassembly, dismantlement. – **3.** (*Demontage*) dismantlement. – **4.** *cf.* Abbruch 1. – **5.** (*mining*) a) ⟨*pl* -e⟩ work(ing), extraction, b) ⟨*pl* -e⟩ exploitation, c) (*Ort des Abbaus*) face: den ~ von etwas betreiben to mine (*od.* work, get) s.th.; das Flöz steht im ~ the seam is being worked; ~ unter Tage underground mining. – **6.** *civ.eng.* (*Tunnel- u. Stollenbau*) excavation. – **7.** *fig.* (*von Haß, Mißständen etc*) (gradual) removal, diminution, mitigation, moderation. – **8.** *econ.* (*von Personal, Kosten*) reduction, retrenchment. – **9.** *colloq.* (*Entlassung*) dismissal, discharge. – **10.** *chem.* a) degradation, b) decomposition, c) disintegration, d) reducement. – **11.** *biol.* catabolism, *auch* katabolism, dis(as)similation. – **12.** *mil.* (*einer Stellung*) relinquishment, abandonment. – **13.** *meteor.* dissolution, disintegration: ~ einer Hochdruckzone disintegration of a high(-pressure area). – **14.** *agr.* decrease in yield. – **15.** *fig.* (*der Kräfte etc*) decline, decrease, wane.

'abˌbau·en I *v/t* ⟨*sep,* -ge-, h⟩ **1.** (*Gerüst etc*) take (*od.* pull) down, disassemble, dismantle. – **2.** (*Maschine etc*) dismantle, disassemble, take (*s.th.*) apart. – **3.** (*Fabrikanlage*) dismantle. – **4.** *cf.* abbrechen 4. – **5.** (*mining*) a) (*Kohle, Erz etc*) mine, work, get, extract, b) (*Grube*) exploit, work, c) (*Steine*) quarry. – **6.** *civ.eng.* (*Tunnel- u. Stollenbau*) excavate. – **7.** *fig.* (*Mißstände etc*) (gradually) remove, diminish, mitigate, moderate. – **8.** *econ.* (*Angestelltenzahl, Kosten etc*) reduce, cut (down), retrench. – **9.** *colloq.* (*entlassen*) dismiss, discharge, give (*s.o.*) the sack (*od.* the ax[e]) (*colloq.*): Arbeiter vorübergehend ~ to lay off workers. – **10.** *econ.* (*Preisüberwachung*) decontrol, lift controls on. – **11.** *econ.* a) (*Arbeitsüberhang, Auftragsbestand*) work off, b) (*Schulden etc*) repay. – **12.** *chem.* a) degrade, decompose, disintegrate, reduce, b) catabolize (*in cell metabolism*). – **13.** *biol.* a) break down, dis(as)similate, b) disintegrate (*during insect metamorphosis*). – **14.** (*Dekoration etc*) strike. – **15.** *mar.* (*Ruder etc*) unship. – **16.** *cf.* aufheben[1] 5. – **II** *v/i* **17.** *colloq.* (*schwächer werden*) lose strength, weaken: der Mensch baut im Alter ab man grows feeble in old age; der Läufer baut zusehends ab the runner is obviously weakening. – **18.** *colloq.* (*Schwächeanfall haben*) feel fatigue (*od.* faintness). – **19.** *colloq.* (*nachlassen*) flag, slacken. – **20.** *agr.* decrease in yield. – **III** *v/reflex* sich ~ **21.** *meteor.* (*von Hochdruckzone*) a) weaken, b) break up, dissolve, disintegrate. – **IV A~** *n* ⟨-s⟩ **22.** *verbal noun.* – **23.** *cf.* Abbau.

'Abˌbau|erˌschei·nung *f meist pl* (*des menschlichen Körpers*) phenomenon of involution, degenerative change. — **a~ˌfä·hig** *adj* (*mining*) mineable, *auch* minable, workable, capable of being mined (*od.* worked): das Flöz ist nicht ~ the seam cannot be worked. — **~ˌför·derˌstrecke** (*getr.* -k·k-) *f* face-conveyor (*od.* haulage) road. — **~ˌför·de·rung** *f* face haulage (*od.* conveying). — **~ˌfortˌschritt** *m* **1.** face advance. – **2.** (daily) rate of advance. — **~ˌfront** *f* **1.** (*der Kohle*) coal face. – **2.** (*des Erzes*) stope. — **~geˌrech·tig·keit** *f* mining rights *pl* (*od.* concession). — **~ˌham·mer** *m* miner's (*od.* coal, pneumatic) pick. — **~ˌho·bel** *m* coal plough (*bes. Am.* plow). — **~ˌkrank·heit** *f agr.* virus disease.

'abˌbau·men *v/i* ⟨*sep,* -ge-, h⟩ *hunt.* **1.** (*von Wildkatzen, Eichhörnchen etc*) come down (from a tree). – **2.** (*von Waldhühnern*) fly off (a tree).

'abˌbäu·men *v/t* ⟨*sep,* -ge-, h⟩ (*in der Weberei*) take (*s.th.*) from the loom (*od.* beam), unbeam, unroll.

'Abˌbau|meˌtho·de *f* (*mining*) mining (*od.* working) method. — **~ˌpfei·ler** *m* pillar. — **~proˌdukt** *n* **1.** *chem.* a) decomposition product, b) degradation product. – **2.** *biol.* waste product. — **~ˌrecht** *n* (*mining*) *cf.* Abbaugerechtigkeit. — **~ˌsoh·le** *f* (working) level. — **~ˌstrecke** (*getr.* -k·k-) *f* gate (road), *Am. auch* entry. — **~ˌstu·fe** *f chem.* step (*od.* stage) in decomposition (*od.* degradation). — **~verˌlust** *m* (*mining*) mining loss, waste in mining. — **a~ˌwür·dig** *adj* workable.

Ab·bé [a'be:] *m* ⟨-s; -s⟩ *relig.* abbé.

ˈabˌbee·ren *v/t* ⟨*sep*, -ge-, h⟩ **1.** (*Strauch*) strip (*bush*) of berries. – **2.** (*Beeren etc*) pick off (*berries*) from a bunch.

ˈab·beˌför·dern *v/t* ⟨*sep*, *no* -ge-, h⟩ transport (*s.th.*) away, remove.

ˈab·beˌhal·ten *v/t* ⟨*irr*, *sep*, *no* -ge-, h⟩ *only in* den Hut ~ *colloq.* to keep one's hat off, to remain uncovered.

ˈabˌbei·ßen I *v/t* ⟨*irr*, *sep*, -ge-, h⟩ **1.** bite off: er biß ein Stück Schokolade ab he bit off a piece of chocolate; sich (*dat*) die Nägel ~ to bite one's nails; → Maus 1. – **2.** (*Zigarrenspitze*) nip. – **II** *v/i* **3.** bite (off): beiß mal ab! have a bite.

ˈabˌbei·zen *v/t* ⟨*sep*, -ge-, h⟩ **1.** (*Häute*) *cf.* beizen 3. – **2.** *metall. tech.* pickle.

ˈAbˌbeizˌmit·tel *n* **1.** paint remover. – **2.** *metall. tech.* pickling agent, pickle.

ˈab·beˌkom·men *v/t* ⟨*irr*, *sep*, *no* -ge-, h⟩ *colloq.* **1.** remove, get (*s.th.*) off. – **2.** (*seinen Teil erhalten*) get (*od.* come in for) one's share of: er hat etwas ~ a) he got his share, b) he got hurt, he was hit; eins ~ *colloq.* to get a thrashing; viele Häuser haben etwas ~ many houses were damaged; sie hat keinen ~ *colloq.* she hasn't got a man, she is on the shelf.

ˈab·beˌru·fen I *v/t* ⟨*irr*, *sep*, *no* -ge-, h⟩ **1.** (*Botschafter*, *Gesandten*) recall, *auch* call home: er wurde von seinem Posten ~ he was relieved of his post. – **2.** *lit.* (*auch in Todesanzeigen*) Gott hat ihn ~ God has summoned him (*od.* called him to His own); er wurde aus dem Leben ~ he was summoned from this life. – **II A~** *n* ⟨-s⟩ **3.** *verbal noun.* — **ˈAb·beˌru·fung** *f* ⟨-; -en⟩ **1.** *cf.* Abberufen. – **2.** (*eines Botschafters*, *Gesandten*) (von, aus from) recall. – **3.** *lit.* death; demise, decease (*lit.*).

ˈAb·beˌru·fungsˌschrei·ben *n pol.* letters *pl* of recall.

ˈab·beˌstel·len I *v/t* ⟨*sep*, *no* -ge-, h⟩ **1.** (*Ware*) cancel one's order for, countermand. – **2.** (*bes. Zeitung*) cancel, discontinue: ich bestellte die Zeitung ab I cancel(l)ed (*od.* discontinued) my subscription to the paper, I stopped the paper (*colloq.*). – **3.** (*Handwerker etc*) ask (*s.o.*) not to come. – **4.** (*Essen etc*) cancel, put off. – **II A~** *n* ⟨-s⟩ **5.** *verbal noun.* — **ˈAb·beˌstel·lung** *f* ⟨-; -en⟩ **1.** *cf.* Abbestellen. – **2.** cancellation, *Am. auch* cancelation, countermand. – **3.** (*bes. einer Zeitung*) discontinuance.

ˈabˌbe·ten *v/t* ⟨*sep*, -ge-, h⟩ **1.** *colloq.* (*Gebete etc*) repeat (*s.th.*) mechanically: den Rosenkranz ~ to tell one's beads. – **2.** *fig. colloq.* (*herunterleiern*) rattle (*od.* reel) off. – **3.** (*durch Gebet sühnen*) atone (for) (*s.th.*) by prayer, expiate (*s.th.*) by prayer.

A-B-BeˌtrieB [aːˈbeː-] *m tel.* A-B service.

ˈabˌbet·teln *v/t* ⟨*sep*, -ge-, h⟩ **1.** j-m etwas ~ to beg s.th. from s.o., to wheedle (*od.* cajole) s.th. from (*od.* out of) s.o. – **2.** *rare* die Straße ~ to beg one's way down the street.

ˈab·beˌzah·len *v/t* ⟨*sep*, *no* -ge-, h⟩ *cf.* abzahlen.

ˈabˌbie·gen I *v/i* ⟨*irr*, *sep*, -ge-, sein⟩ **1.** (*von Auto*, *Fußgänger etc*) turn (off), *auch* swerve (off): er ist von der Straße abgebogen he turned off the road; in eine Seitenstraße ~ to turn into a side street; biegen Sie scharf nach links ab turn sharp left; → Kurs 1. – **2.** (*von Straße etc*) turn (off), bend (off): die Straße biegt nach links ab the road turns (to the) left; im Winkel ~ to angle. – **3.** (*abzweigen*) branch (off). – **4.** *fig. rare for* abschweifen. – **II** *v/t* ⟨h⟩ **5.** (*Draht etc*) bend. – **6.** *fig. colloq.* (*Gefahr*, *Streit etc*) divert, ward (*od.* head) off, deflect, avert: wir müssen die Sache ~ we've got to head that off. – **7.** *fig. colloq.* (*Gesprächsthema*) turn aside, deflect. – **8.** *rare* (*Gesetz*, *Tatsache*) pervert, distort. – **9.** *hort.* (*ablegen*, *absenken*) train. – **III A~** *n* ⟨-s⟩ **10.** *verbal noun.*

ˈAbˌbie·ger *m* ⟨-s; -⟩ (*im Straßenverkehr*) person (*od.* car) turning (off).

ˈAbˌbie·ge|ˌspur *f*, **~ˌstrei·fen** *m* turning lane. — **~ˌstel·le** *f* bend(ing) point. — **~verˌbot** *n* no turning (off), no turns, *bes. Br.* turn ban. — **~verˌkehr** *m* turning traffic.

ˈAbˌbie·gung *f* ⟨-; -en⟩ **1.** *cf.* Abbiegen. – **2.** (*Kurve*) bend, turn. – **3.** (*eines Weges etc*) branch, junction, juncture, fork. – **4.** *geol.* (anticlinal) flexure.

ˈAbˌbild *n* **1.** (*der Natur*, *Wirklichkeit etc*) copy, reproduction: ein genaues ~ a faithful copy. – **2.** (*Ebenbild*) likeness, image, portrait: er ist das (wahre) ~ seines Vaters he is the (very *od.* living) image of his father. – **3.** *fig.* picture, portrait, representation. – **4.** *fig.* (*Widerspiegelung*) reflection, *Br. auch* reflexion. – **5.** *math. phys.* a) image, b) projection figure.

ˈabˌbil·den I *v/t* ⟨*sep*, -ge-, h⟩ **1.** copy, reproduce. – **2.** (*darstellen*) portray, depict, picture, illustrate: etwas genau ~ to make a true likeness of s.th.; wie oben abgebildet as illustrated (*od.* shown) above. – **3.** (*nachbilden*) represent, model: in Wachs ~ to model in wax. – **4.** (*zeichnen*) draw. – **5.** (*malen*) paint. – **6.** *math.* (*Kreis etc*) plot. – **7.** (*optics*) image, form an image of. – **II** *v/reflex* sich ~ **8.** (*sich abzeichnen*) stand out. – **9.** *fig. lit.* (*sich offenbaren*) be revealed (*od.* mirrored, reflected). – **10.** (*optics*) be reflected. – **III A~** *n* ⟨-s⟩ **11.** *verbal noun.*

ˈAbˌbild·theoˌrie *f philos.* image theory (of perception).

ˈAbˌbil·dung *f* ⟨-; -en⟩ **1.** *cf.* Abbilden. – **2.** ⟨*only sg*⟩ depiction, representation, portraiture. – **3.** (*eines Fotos etc*) reproduction: ~ in natürlicher Größe reproduction in actual size. – **4.** (*Illustration*) illustration, picture: mit ~en with illustrations. – **5.** *bes. math.* a) figure, b) (*Projektion*) projection, mapping, c) (*Schaubild*) diagram: ~ 4 figure (*od.* illustration) 4; konforme (*od.* winkeltreue) ~ conformal projection. – **6.** (*Kartographie*) mapping. – **7.** (*optics*) image: seitenverkehrte ~ mirror-inverted image. – **8.** *geol.* projection.

ˈAbˌbil·dungs|ˌfeh·ler *m* (*optics*) image defect, defect of image, aberration. — **~ˌgegenˌstand** *m* **1.** object. – **2.** *phot.* subject. — **~geˌsetz** *n* law of imagery: ~ von Abbe Abbe's law of imagery. — **~ˌmaßˌstab** *m* (image) scale.

ˈabˌbim·sen *v/t* ⟨*sep*, -ge-, h⟩ **1.** pumice, rub (*od.* polish) (*s.th.*) with pumice. – **2.** (*leather*) a) (*Reinigen des Narbens*) stone, scud, b) (*Häute*) fluff.

ˈAbˌbin·de|be|schleu·ni·gung *f civ.eng.* acceleration of setting time. — **~geˌschwin·dig·keit** *f* rate of set(ting), set(ting) rate. — **~ˌkraft** *f* set(ting) power, power of set(ting).

ˈabˌbin·den I *v/t* ⟨*irr*, *sep*, -ge-, h⟩ **1.** (*losbinden*) untie, unfasten, unbind. – **2.** (*Schürze*, *Krawatte etc*) take off, undo. – **3.** *med.* a) (*Gefäß etc*) tie off, secure; ligate, ligature, astrict, strangulate (*scient.*), b) (*Warze etc*) remove (*s.th.*) by ligature. – **4.** *vet.* (*Hoden*) castrate. – **5.** *agr. dial.* (*Kalb*) wean. – **6.** *tech.* a) (*Faß*) hoop, b) (*Rundstangen*, *Draht*) bind up, tie (*into bundles of a certain weight*). – **7.** *civ.eng.* (*Holzkonstruktion*) join. – **8.** *electr.* (*Kabel*) bond. – **9.** *chem.* remove (*by chemical combination*). – **10.** (*textile*) (*Garn*) reel, skein. – **11.** *print.* (*Kolumnenschnur*) untie. – **II** *v/i* **12.** *civ.eng.* a) (*vom Zement etc*) set, harden, b) (*vom Leim*) cure, set, age, c) (*vom Verschnittbitumen*) cure. – **III A~** *n* ⟨-s⟩ **13.** *verbal noun.* – **14.** *med.* ligation. – **15.** *vet.* castration. — **ˈAbˌbin·dung** *f* ⟨-; -en⟩ *cf.* Abbinden.

ˈAbˌbin·dungs|ˌdraht *m*, **~ˌschnur** *f med.* wire ligature.

ˈAbˌbiß *m* **1.** (act of) biting off, bite. – **2.** *hunt.* a) *buds nibbled off by deer*, b) bait (of a trap).

ˈAbˌbit·te *f* ⟨-; *no pl*⟩ *lit.* apology, *auch* recantation, deprecation, excuse: ~ leisten (*od.* tun) to offer (*od.* make) an apology; bei j-m ~ tun (*od.* leisten) für (*od.* wegen) etwas to apologize (*Br. auch* -s-) to s.o. for s.th.; öffentliche [schriftliche] ~ public [written] apology; ~ ist die beste Buße (*Sprichwort*) a sin confessed is half redressed (*proverb*).

ˈabˌbit·ten I *v/t* ⟨*irr*, *sep*, -ge-, h⟩ (j-m) etwas ~ to apologize (*Br. auch* -s-) (to s.o.) for s.th., to ask (*od.* beg) s.o.'s pardon for s.th.: etwas öffentlich ~ to make a public apology for s.th. – **II** *v/i* apologize *Br. auch* -s-, ask (for) forgiveness, eat humble pie.

ˈAbˌbla·seˌdruck *m tech.* blowoff pressure.

ˈabˌbla·sen I *v/t* ⟨*irr*, *sep*, -ge-, h⟩ **1.** blow off (*od.* away): den Staub vom Tisch ~ to blow the dust off the table. – **2.** *fig. colloq.* (*absagen*) call off, cancel: einen Streik ~ to call off a strike; die Premiere ~ to cancel the premiere (*Br.* première); die Sache mußte abgeblasen werden the matter had to be given up (*od.* dropped). – **3.** *tech.* (*Dampf*, *Gas etc*) blow off, exhaust, valve, release. – **4.** *tech.* (*durch Druckluft etc reinigen*) blast, blow off: mit Sandstrahl ~ to sandblast. – **5.** (*Insektizide etc vom Flugzeug aus*) spray, dust. – **6.** *hunt.* call off: die Hunde ~ to call off the hounds; die Jagd ~ to proclaim the end of the chase, to sound the death (*od.* a mort). – **II** *v/i* **7.** *hunt.* sound a mort. – **8.** *mil.* call s.th. off: A~! practice finished! – **III A~** *n* ⟨-s⟩ **9.** *verbal noun.*

ˈAbˌbla·se|ˌrohr *n tech.* blowoff (*od.* blast) pipe. — **~venˌtil** *n* blowoff valve.

ˈAbˌblasˌrohr *n tech. cf.* Abblaserohr.

ˈabˌblas·sen *v/i* ⟨*sep*, -ge-, sein⟩ **1.** fade, lose color (*bes. Br.* colour): die Tapete ist abgeblaßt the wallpaper has faded. – **2.** *fig.* (*von Erinnerung etc*) fade, grow dim.

ˈAbˌbla·sung *f* ⟨-; -en⟩ **1.** *cf.* Abblasen. – **2.** *geol.* deflation, wind corrasion (*od.* corrosion).

ˈAbˌblas·venˌtil *n tech. cf.* Abblaseventil.

ˈabˌblat·ten *v/t* ⟨*sep*, -ge-, h⟩ **1.** *agr.* a) strip (*s.th.*) of leaves, defoliate (*scient.*), b) (*Weinstock*) thin out, c) (*Zuckerrohr*) trash. – **2.** *hunt.* browse, browze.

ˈabˌblät·tern I *v/i* ⟨*sep*, -ge-, sein⟩ *u.* sich ~ *v/reflex* ⟨h⟩ **1.** (*von Farbe etc*) flake (off), peel (off), chip (off). – **2.** *med. zo.* peel (off); exfoliate, desquamate (*scient.*): in Schichten ~ to delaminate; die Haut blättert ab the skin peels off (*od.* desquamates). – **3.** (*von Bäumen etc*) lose (*od.* shed) the leaves. – **4.** *geol.* (*von Gestein*) spall, *auch* spawl, exfoliate (*scient.*). – **5.** *civ.eng.* (*von Beton etc*) scale. – **II** *v/t* ⟨h⟩ **6.** *dial.* strip the leaves from, defoliate (*scient.*). – **7.** *civ.eng.* scale. – **8.** *geol.* (*Gestein*) spall, *auch* spawl. – **III A~** *n* ⟨-s⟩ **9.** *verbal noun.* – **10.** *cf.* Abblätterung. — **ˈabˌblät·ternd I** *pres p.* – **II** *adj med.* exfoliative.

ˈAbˌblät·te·rung *f* ⟨-; *no pl*⟩ **1.** *cf.* Abblättern. – **2.** *med. zo.* exfoliation, desquamation: ~ verursachend exfoliative. – **3.** *bot.* defoliation. – **4.** *geol.* exfoliation. – **5.** *civ.eng.* (*des Betons etc*) freeze-thaw scaling.

ˈAbˌblät·te·rungsˌmit·tel *n* exfoliative (drug *od.* remedy).

ˈabˌbläu·en *v/t* ⟨*sep*, -ge-, h⟩ **1.** dye (*s.th.*) blue, blue. – **2.** (*Wäsche*) blue.

ˈabˌblei·ben *v/i* ⟨*irr*, *sep*, -ge-, sein⟩ *Northern G. colloq.* get to: wo ist meine Pfeife abgeblieben? where has my pipe got to? wo bist du gestern abend abgeblieben? where were you last night?

ˈabˌblen·den I *v/t* ⟨*sep*, -ge-, h⟩ **1.** (*Licht*) dim (out), turn down, (*durch einen Schirm*) screen. – **2.** (*Scheinwerfer*) dim, *bes. Br.* dip. – **3.** *mar.* (*Schiff*) darken. – **II** *v/i* **4.** dim (*bes. Br.* dip) the headlights. – **5.** *phot.* stop down: auf Blende 11 ~ to stop down to 11. – **III A~** *n* ⟨-s⟩ **6.** *verbal noun.*

ˈAbˌblend|ˌfa·den *m auto.* dimming (*bes. Br.* anti-dazzle) filament. — **~ˌfußˌschal·ter** *m cf.* Fußabblendschalter. — **~ˌlicht** *n* dim(med) light, *bes. Br.* anti-dazzle (*od.* anti-glare) light, *Am.* low beam. — **~ˌreg·ler** *m* **1.** *electr.* fade-out. – **2.** (*radio*) *TV* fader. — **~ˌschal·ter** *m auto. Am.* dimmer (*od.* dim) switch, *bes. Br.* anti-dazzle switch, *Br.* dipper (*od.* dip) switch. — **~ˌschirm** *m* sun visor (*auch* vizor), sun screen (*od.* shield). — **~ˌspie·gel** *m* non-dazzle rear-view mirror. — **~ˌstel·lung** *f* dimming (*bes. Br.* anti-dazzle) position.

ˈAbˌblen·dung *f* ⟨-; -en⟩ *cf.* Abblenden.

ˈAbˌblend|ˌvorˌrich·tung *f* **1.** (*einer Lampe etc*) dimmer. – **2.** *auto.* dimming (*bes. Br.* dipping) mechanism. — **~ˌwir·kung** *f auto.* dimming (*bes. Br.* anti-dazzle) effect.

ˈabˌblit·zen *v/i* ⟨*sep*, -ge-, sein⟩ *colloq.* (*abgewiesen werden*) (bei j-m) meet with a rebuff (*od.* snub) (from s.o.), be snubbed (by s.o.): er blitzte mit seinem Gesuch ab his request met with a rebuff; er ist bei ihr abgeblitzt she gave him the cold shoulder (*colloq.*); j-n ~ lassen to send s.o. packing, to send s.o. about his business (*colloq.*), *Am. colloq.* to give s.o. the brush-off.

ˈabˌblocken (*getr.* -k·k-) *v/t u. v/i* ⟨*sep*, -ge-, h⟩ (*sport*) block.

ˈabˌblü·hen I *v/i* ⟨*sep*, -ge-, h *u.* sein⟩ **1.** cease flowering (*od.* blooming): die Kastanien haben abgeblüht the chestnut trees are no longer in bloom. – **2.** *fig.* fade, wither. – **II A~** *n* ⟨-s⟩ **3.** *verbal noun.* – **4.** fall of the blossom: die Pflanzen sind bereits im A~ the plants are losing their blossoms.

ˈabˌboh·ren *v/t* ⟨*sep*, -ge-, h⟩ *civ.eng.* (*Gelände*) test-drill.

ˈabˌbor·gen *v/t* ⟨*sep*, -ge-, h⟩ j-m etwas ~ to borrow s.th. from s.o.

ˈabˌbor·ken [-ˌbɔrkən] *v/t* ⟨*sep*, -ge-, h⟩ (*forestry*) *cf.* entrinden 3.

ˈabˌbö·schen *v/t* ⟨*sep*, -ge-, h⟩ slope.

ˈAbˌbrand *m* **1.** *electr.* a) (*der Elektroden*) consumption, b) (*bei der elektroerosiven Bearbeitung*) wear. – **2.** *metall.* (*der Eisenbegleiter*) oxidation, melting loss, (*durch Verzunderung*) scaling loss. – **3.** *chem.* (*in der Atomenergie*) burnup. – **4.** (*space*) combustion.

ˈAbˌbrän·de *pl* **1.** *metall.* (*Erz*) purple ore *sg.* – **2.** (*Kies*) calcined pyrites.

ˈAbˌbränd·ler [-ˌbrɛntlər] *m* ⟨-s; -⟩ *Austrian colloq. s.o. who has lost his property by fire.*

ˈabˌbras·sen *v/t* ⟨*sep*, -ge-, h⟩ *mar.* brace (*s.th.*) to full.

ˈabˌbra·ten *v/t* ⟨*irr*, *sep*, -ge-, h⟩ *gastr.* roast (*s.th.*) thoroughly: **gut abgebraten sein** to be well done.

ˈabˌbrau·chen *v/t u.* **sich** ~ *v/reflex* ⟨*sep*, -ge-, h; *usually pp*⟩ *cf.* abnutzen I, II.

ˈabˌbrau·en *brew.* **I** *v/t* ⟨*sep*, -ge-, h⟩ brew (*s.th.*) well. – **II** *v/i* finish brewing.

ˈabˌbräu·nen *v/t* ⟨*sep*, -ge-, h⟩ *gastr.* brown.

ˈabˌbrau·sen I *v/t* ⟨*sep*, -ge-, h⟩ **1.** (*etwas*) shower, sprinkle, spray. – **2.** (*Haare*) rinse. – **3.** j-n ~ to give s.o. a shower. – **4.** *tech.* a) spray, quench, drench, b) (*Drahtringe*) sull-coat, c) (*Härtegut*) quench. – **II** *v/i* ⟨sein⟩ **5.** *colloq.* (*brausend wegfahren*) roar (*od.* zoom) off. – **III** *v/reflex* ⟨h⟩ **sich** ~ **6.** take (*od.* have) a shower (bath), *Am.* shower.

ˈabˌbre·chen I *v/t* ⟨*irr*, *sep*, -ge-, h⟩ **1.** (*wegbrechen*) break off: **die Spitze von etwas** ~ to break off the point of s.th.; (**sich** *dat*) **einen Zahn** ~ to break (off) a tooth; **die** (*od.* **alle**) **Brücken hinter sich** ~ to burn one's bridges (*bes. Br.* boats) (behind one); **brich dir nur keinen** (*od.* **keine Verzierungen**) **ab** *fig. colloq.*, *oft iron.* a) don't kill yourself (*colloq.*), b) don't behave so pompously; → Spitze 1. – **2.** *fig.* (*plötzlich beenden*) break off, stop, discontinue: **wir wollen die Diskussion** ~ we'll break off the discussion; **der Streik wurde abgebrochen** the strike was called off; **er mußte sein Studium** ~ he had to give up his studies; **die Arbeit** ~ to stop working; **die diplomatischen Beziehungen** ~ to break off diplomatic relations; **eine Rede [Reise]** ~ to cut short a speech [journey]; **die Verbindung mit j-m** ~ to break off all relations with s.o. – **3.** *poet.* (*Blumen*) pluck. – **4.** *civ.eng.* (*Bauwerk*) demolish, pull (*od.* take, tear) down, wreck. – **5.** (*Maschine, Schiff etc*) break up, scrap. – **6.** *bes. mil.* a) (*beenden*) cease, stop, break off, b) (*abbauen*) strike, c) (*verkleinern*) break off, diminish: **eine Belagerung** ~ to raise a siege; **das Gefecht** ~ to withdraw from action; **das Lager** ~ to break (*od.* strike) camp, to decamp; **die Zelte** ~ to strike tents; **die Reihen** ~ to break off the files, to diminish the front. – **7.** (*Hufeisen*) take off. – **8.** (*textile*) reduce. – **9.** *print.* (*Wort, Zeile*) divide, break: **nicht** ~ to run on. – **10.** *brew.* (*Bier*) stir. – **11.** *hunt.* a) (*Jagd*) interrupt, call off, b) (*Hunde*) bull off. – **II** *v/i* ⟨h *u.* sein⟩ **12.** ⟨sein⟩ (*wegbrechen*) break off: **all die Äste sind abgebrochen** all the branches are broken off. – **13.** ⟨h⟩ *fig.* (*plötzlich enden*) break off, stop: **kurz** (*od.* **plötzlich**) ~ to stop short, to break off (abruptly); **wir wollen hier** ~! we'll stop (*od.* leave off) here; **er brach mitten im Satz ab** he broke off in the middle of the sentence; **das bricht nicht ab!** there is no end to it. – **14.** *mil.* form single files, deploy: **zur Kolonne** ~ *obs.* to reform column; **zu zweien brecht ab!** *obs.* form up two deep! – **15.** *Southern G. dial.* reduce, diminish. – **III A**~ *n* ⟨-s⟩ **16.** *verbal noun.* – **17.** *fig.* cessation, discontinuance. – **18.** *civ.eng. cf.* Abbruch 1—3, 6. – **19.** *print.* division, break.

ˈAbˌbremsˌdrehˌzahl *f auto.* stall speed.

ˈabˌbrem·sen I *v/t* ⟨*sep*, -ge-, h⟩ **1.** (*Fahrzeug etc*) brake, slow down, decelerate: **ein Auto rechtzeitig** ~ to brake a car in time, to apply (*od.* put on) the brakes in time; **die Raumkapsel** ~ to decelerate the spaceship (*od.* capsule); **die Rakete wird durch die Luft abgebremst** air resistance acts as a brake on the rocket; **einen Düsenjäger mittels Heckfallschirm** ~ to parabrake a jet fighter. – **2.** (*verzögern*) retard, slow down. – **3.** (*Aufschlag, Fall etc*) cushion, absorb. – **4.** *aer.* a) (*Triebwerk*) run up, rev up, b) (*Kolbenmotor*) warm up, power-test. – **5.** *tech.* (*Motor*) brake-test. – **6.** *nucl.* (*Teilchen*) slow down, moderate. – **II** *v/i* **7.** (*vom Fahrer*) slow down, brake, put on (*od.* apply) the brakes. – **III A**~ *n* ⟨-s⟩ **8.** *verbal noun.* – **9.** *cf.* Abbremsung.

ˈAbˌbrems|ˌfallˌschirm *m aer. cf.* Bremsfallschirm. — ~**ˌflä·che** *f*, ~**ˌplatz** *m* warm(ing)-up pad, warm(ing)-up apron.

ˈAbˌbrem·sung *f* ⟨-; *no pl*⟩ **1.** *cf.* Abbremsen. – **2.** (*Verzögerung*) retardation. – **3.** *aer.* a) (*des Triebwerks*) run(ning)-up test, b) (*des Kolbenmotors*) power test. – **4.** (*des Motors*) brake test. – **5.** *nucl.* moderation.

ˈAbˌbrems|ˌvorˌgang *m* deceleration, braking action. — ~**ˌvorˌrich·tung** *f aer.* (*auf einem Flugzeugträger*) arresting gear. — ~**ˌzeit** *f* **1.** deceleration time. – **2.** *auto. cf.* Bremszeit 1.

ˈabˌbrenn·bar *adj* combustible: **rasch** ~ *chem.* deflagrable.

ˈabˌbren·nen I *v/i* ⟨*irr*, *sep*, -ge-, sein⟩ **1.** (*niederbrennen*) burn down, be destroyed by fire: **das Haus ist abgebrannt** the house is burnt down; **die Stadt brannte völlig ab** the city was burnt to the ground; **dreimal umgezogen ist so gut wie einmal abgebrannt** (*Sprichwort*) moving three times is as bad as a fire. – **2.** (*herunterbrennen*) burn down (*od.* away). – **3. rasch** ~ *chem.* deflagrate. – **II** *v/t* ⟨h⟩ **4.** burn (*s.th.*) down: **er hat sein eigenes Haus abgebrannt** he burnt down his own house. – **5.** (*Feuerwerk*) let (*od.* set) off. – **6.** (*Unkraut etc*) burn (off). – **7.** (*Rasen*) burnbeat, *Br. auch* burnbait. – **8.** (*Federn etc*) singe, burn off. – **9.** *gastr.* (*mit Fett bräunen*) sauté, *Am. auch* saute. – **10.** *civ.eng.* (*Bohrlöcher*) fire. – **11.** *tech.* (*Porzellan*) give the final firing to. – **12.** *chem.* (*rasch*) deflagrate. – **13.** *mar.* (*Schiffsboden*) bream, burn off, char, gr(e)ave, sweal. – **14.** *med.* (*ausbrennen*) cauterize *Br. auch* -s-. – **15.** (*paints*) (*Anstrich etc*) burn off, flame-clean. – **16.** *mil. hist.* (*Gewehr etc*) fire (off). – **III A**~ *n* ⟨-s⟩ **17.** *verbal noun.* – **18.** *cf.* Abbrennung.

ˈAbˌbrenn|ˌschwei·ßen *n tech.* constant-temperature pressure welding. — ~**(ˌstumpf)ˌschwei·ßung** *f* flash-butt welding.

ˈAbˌbren·nung *f* ⟨-; -en⟩ **1.** *cf.* Abbrennen. – **2.** *chem.* deflagration.

Ab·bre·via·ti·on [abreviaˈtsĭoːn] *f* ⟨-; -en⟩ *cf.* Abbreviatur.

Ab·bre·via·tor [abreˈvĭaːtɔr] *m* ⟨-s; -en [-vĭaˈtoːrən]⟩ *relig. hist.* abbreviator (*high official of the papal court*).

Ab·bre·via·tur [abrevĭaˈtuːr] *f* ⟨-; en⟩ (*Abkürzung*) abbreviation. — **ab·bre·viˈie·ren** [-viˈiːrən] *v/t* ⟨*insep*, *no* ge-, h⟩ abbreviate, abridge.

ˈabˌbrin·gen I *v/t* ⟨*irr*, *sep*, -ge-, h⟩ **1. j-n von etwas** ~ *fig.* to divert s.o. from s.th.: **wir müssen sie von diesen Gedanken** ~ we must get these ideas out of her mind; **er brachte ihn vom Thema ab** he got him off the subject; **das bringt uns weit von unserem Gegenstand ab** this leads (*od.* takes) us far from our subject; **sie brachte ihn vom rechten Wege ab** *bes. fig.* she led him astray; **j-n von seiner Gewohnheit** ~ to break s.o. of a habit, to wean s.o. from (*od.* of) a habit; **j-n von seiner Überzeugung** ~ to dissuade s.o. from a conviction, to talk (*od.* argue, reason) s.o. out of a conviction; **j-n davon** ~, **etwas zu tun** to talk s.o. out of doing s.th.; **ich konnte ihn von seinem Vorurteil nicht** ~ I couldn't disabuse him of his prejudice; **er ließ sich nicht von seinem Ziel** ~ he allowed nothing to deflect him from his objective; **von dieser Überzeugung lasse ich mich nicht** ~ I won't change my mind about this, I'll stand my ground, I'll stick to my colo(u)rs; **er läßt sich von seinen Forderungen nicht** ~ he refuses to budge from his demands. – **2.** *mar.* (*gestrandetes Schiff*) bring (*od.* get) (*ship*) off (the ground), get (*ship*) out (*od.* away, afloat), set (*od.* put) (*ship*) afloat, (re)float. – **3.** *hunt.* take (*od.* throw) (*s.th.*) off: **die Hunde von der Spur** (*od.* **Fährte**) ~ to take the dogs off the scent, to put the dogs on the wrong scent. – **4.** *colloq.* (*entfernen*) remove, get (*s.th.*) off: **ich kann den Verband nicht** ~ I can't get the bandage off. – **5.** *obs. for* abschaffen 1. – **II A**~ *n* ⟨-s⟩ **6.** *verbal noun.*

ˈAbˌbrin·gungsˌko·sten *pl mar.* charges for getting off (*od.* refloating) (a vessel).

ˈabˌbröckeln (*getr.* -k·k-) **I** *v/i* ⟨*sep*, -ge-, sein⟩ **1.** crumble (away *od.* off). – **2.** *fig.* (*von Leuten, Anhängern etc*) fall away (*od.* off), drop away, drop off. – **3.** *tech.* (*von Putz, Farbe etc*) flake off, peel off. – **4.** (*von Zunder*) scale off. – **5.** *econ.* (*von Kurs etc*) drop off (*od.* away), decline, give way, fall: **die Preise bröckeln ab** prices are dropping. – **II** *v/t* ⟨h⟩ **6.** crumble (*s.th.*) away (*od.* off). – **III A**~ *n* ⟨-s⟩ **7.** *verbal noun*: **das A**~ **der Kurse** *econ.* the decline in prices. — **ˈAbˌbröcke·lung** (*getr.* -k·k-), **ˈAbˌbröck·lung** *f* ⟨-; -en⟩ *cf.* Abbröckeln.

ˈAbˌbruch *m* **1.** *civ.eng.* (*eines Gebäudes*) demolition, pulling down, wreckage: **ein Haus auf** ~ **verkaufen** to sell a house to be pulled down (*od.* for demolition, at demolition value). – **2.** *tech.* (*einer Maschine, eines Schiffs etc*) breaking up: **ein Schiff auf** ~ **verkaufen** to sell a ship for scrap. – **3.** *fig.* (*plötzliche Beendigung*) breaking off, breakoff, discontinuance: **der** ~ **der diplomatischen Beziehungen** the breaking off (*od.* severance) of diplomatic relations, diplomatic rupture. – **4.** *fig.* (*Schaden*) damage, detriment, disparagement, derogation, prejudice, *auch* drawback: **j-m** ~ **tun** to injure (*od. bes. jur.* prejudice) s.o.; **einer Sache** ~ **tun** to impair (*od.* detract from) a thing, to be detrimental to a thing; ~ **erleiden** (*od.* **erfahren**) *lit.* to suffer damage, to be impaired; **der kleine Zwischenfall tat der Fröhlichkeit keinen** ~ the trivial incident did not dampen the gaiety; **dieser Vorfall tat seinem Ansehen** ~ this incident cast a reflection on his reputation. – **5.** *civ.eng. cf.* Uferabbruch. – **6.** *mil.* a) (*Beendigung*) cessation, stop, b) (*des Lagers etc*) striking. – **7.** *print.* (*am Zeilenende*) division. – **8.** ~ **tun** *hunt.* (*von Raubwild etc*) to deplete game.

ˈAbˌbruch|ˌar·beit *f meist pl civ.eng.* demolition (work) *sg.* — ~**ˌar·bei·ter** *m* wrecker, demolition worker, demolisher, *bes. Br.* housebreaker. — ~**ˌfir·ma** *f cf.* Abbruchunternehmen. — ~**ˌhö·he** *f aer.* (*eines Flugzeugverbands*) break-off height.

ˈabˌbrü·chig *adj* **1.** *min.* brittle, crumbly, shivery. – **2.** *obs. for* bruchstückhaft, unvollständig 2, nachteilig.

ˈAbˌbruch|koˌlon·ne *f* demolition gang. — ~**ˌli·nie** *f geol.* fault line, rift. — ~**ma·teˌri·al** *n civ.eng. Am.* demolition rubbish, *Br.* demolition waste (*od.* spoil). — ~**re·ak·tiˌon** *f nucl.* chain fission reaction. — **a**~**ˌreif** *adj* **1.** *civ.eng.* (*Bauwerk etc*) due (*od.* ripe) for demolition, *auch* dilapidated, run-down, derelict. – **2.** *tech.* due to be scrapped. — ~**ˌsie·ger** *m* (*sport*) winner by breakoff. — ~**ˌufer** *n civ.eng.* eroding (*od.* washing) bank. — ~**ˌun·terˌneh·men** *n* **1.** *civ.eng.* demolition contractors *pl.* – **2.** *auto. Am.* wrecking company, *Br.* car breakers *pl.* – **3.** (*für Gebäude*) *Am.* housewreckers *pl*, *bes. Br.* housebreakers *pl.* — ~**ˌun·terˌneh·mer** *m* **1.** *civ.eng.* demolition contractor. – **2.** *auto. Am.* wrecker, *Br.* car breaker. – **3.** (*für Gebäude*) *Am.* housewrecker, *bes. Br.* housebreaker. — ~**ˌzo·ne** *f geol.* fault(ed) zone.

ˈabˌbrü·hen I *v/t* ⟨*sep*, -ge-, h⟩ **1.** *gastr.* a) (*Gemüse etc*) (par)boil, b) (*Geflügel*) scald, c) (*Mandeln etc*) blanch. – **2.** (*textile*) (*Tuch etc*) boil out (*od.* off), treat (*s.th.*) with boiling water. – **II A**~ *n* ⟨-s⟩ **3.** *verbal noun.* – **4.** *gastr.* a) scald, b) blanch.

ˈabˌbrum·men *v/t* ⟨*sep*, -ge-, h⟩ *colloq.* serve: **eine Strafe** ~ to serve a sentence, to do one's time (*colloq.*); **zwei Wochen** ~ to serve two weeks 'inside', to do two weeks (*od.* a two weeks' stretch).

ˈabˌbrunf·ten, ˈabˌbrun·sten *v/i* ⟨*sep*, -ge-, h⟩ *hunt.* (*von Tieren, Wild*) cease rutting: **das Wild hat abgebrunftet** the rutting season is over.

ˈabˌbu·chen I *v/t* ⟨*sep*, -ge-, h⟩ **1.** *econ.* (*abziehen*) deduct, discount: **eine Summe von einem Konto** ~ to deduct a sum from an account. – **2.** *econ.* a) (*vollständig abschreiben*) write off, b) (*teilweise abschreiben*) reduce. – **3.** *econ.* (*austragen*) withdraw, take (*s.th.*) out of books. – **4.** *fig. colloq.* (*abschreiben*) write off, give up: **diese Hoffnung hatte er längst abgebucht** he had given up this hope long before. – **II A**~ *n* ⟨-s⟩ **5.** *verbal noun.* — **ˈAbˌbu·chung** *f* ⟨-; -en⟩ *econ.* **1.** *cf.* Abbuchen. – **2.** deduction, discount. – **3.** withdrawal from accounts.

ˈabˌbü·geln *v/t* ⟨*sep*, -ge-, h⟩ (*textile*) **1.** (*Anzug etc*) iron (out). – **2.** (*Stoff*) damp-press (*to remove shine*).

ˈabˌbum·meln *v/t* ⟨*sep*, -ge-, h⟩ *econ. colloq.* (*Überstunden*) idle away.

'Ab,bund·ma,schi·ne *f tech.* (*in Holzbearbeitung*) trimmer, trimming machine, end matcher.

'ab,bür·sten I *v/t* ⟨*sep*, -ge-, h⟩ (*etwas mit Bürste entfernen*) brush off: **das läßt sich leicht ~** that is easily brushed off. – **2.** (*mit Bürste reinigen*) brush (down): **sich** (*dat*) **die Schuhe ~** to brush one's shoes; **j-n ~** a) to give s.o. a brush, b) *fig. colloq. dial.* to give s.o. a dressing-down. – **II** *v/reflex* **3. sich ~** brush one's clothes.

'ab,bü·ßen I *v/t* ⟨*sep*, -ge-, h⟩ **1.** *bes. jur.* (*Strafe etc*) serve: **etwas mit Geld ~** to pay a fine (*od.* penalty) for s.th.; **er büßte eine dreijährige Gefängnisstrafe ab** he served three years in prison. – **2.** *relig.* (*Sünde etc*) expiate, atone for. – **II A~** *n* ⟨-s⟩ **3.** *verbal noun.* — **'Ab,bü·ßung** *f* ⟨-; -en⟩ **1.** *cf.* Abbüßen. – **2.** *relig.* (*von Sünden etc*) expiation, atonement.

Abc [aːbeː'tseː] *n* ⟨-; -⟩ **1.** *bes. Br.* ABC, *Am.* ABC's *pl*, alphabet: **das deutsche ~ hat** (*od.* **besteht aus**) **26 Buchstaben** the German alphabet has (*od.* is made up of) 26 letters; **nach dem ~** alphabetically, in alphabetical order. – **2.** *fig.* (*Anfangsgründe*) rudiments *pl*, ABC, alphabet, elements *pl*.

ABC-,Ab,wehr [aːbeː'tseː-] *f mil.* CBR (*od.* NBC) protection. — **~,trup·pe** *f meist pl* CBR (*od.* NBC) defence (*Am.* defense) corps.

Abc-,Code [aːbeː'tseː-] *m tel.* ABC code.

'ab·chan,gie·ren (*Fr.*) *v/i* ⟨*sep, no* -ge-, h⟩ (*sport*) (*bei der Pferdedressur*) change from canter right to canter left.

ABC-,Krieg,füh·rung [aːbeː'tseː-] *f mil.* CBR (*od.* NBC) warfare.

abc·lich [abe'tseːlɪç] *adj obs. for* **alphabetisch.**

ABC-,Mas·ke [aːbeː'tseː-] *f mil.* protective mask.

Abc|-,Schu·le [aːbeː'tseː-] *f rare* elementary school. — **~-,Schü·ler** *m cf.* Abc-Schütze 1. — **~-,Schüt·ze** *m* **1.** ABC learner, school beginner, abecedarian. – **2.** *fig.* mere beginner, tyro, *auch* tiro.

ABC|-,Staa·ten [aːbeː'tseː-] *pl pol.* ABC powers (*the states of Argentina, Brazil, Chile*). — **~-,Waf·fen** *pl* CBR (*od.* NBC) weapons.

'Ab,dach *n* **1.** (*schräger Abschlußstein*) coping. – **2.** (*Halbdach*) lean-to roof, penthouse. — **'ab,da·chen I** *v/t* ⟨*sep*, -ge-, h⟩ **1.** (*abschrägen*) slope, slant. – **2.** *civ.eng.* a) (*ein Haus*) unroof, b) (*Ziegeldach*) untile, remove the tiles from. – **3.** *mil. hist.* (*Befestigungen etc*) scarp, *auch* escarp. – **II** *v/i* **4.** *civ.eng.* (*Gefälle haben*) slope, ramp, scarp. – **III** *v/reflex* **sich ~ 5.** *geol.* (*von Gebirge*) slope (down), *auch* shelve. – **IV A~** *n* ⟨-s⟩ **6.** *verbal noun.* — **'ab,da·chig** *adj obs.* (*schräg*) sloping, slanting. — **'Ab,da·chung** *f* ⟨-; -en⟩ **1.** *cf.* Abdachen. – **2.** slope, incline, declivity: **sanfte ~** gentle slope, glacis. – **3.** *civ.eng.* a) slope, ramp, b) (*einer Mauer*) coping. – **4.** *geol.* (e)scarp, escarpment. – **5.** *mil. hist.* escarpment.

'ab,däm·men I *v/t* ⟨*sep*, -ge-, h⟩ **1.** dam (up), (*bes. Fluß*) *auch* embank. – **2.** (*Feuer*) deaden. – **3.** (*Stoß*) absorb. – **4.** *fig.* (*Entwicklung*) dam up, stem off, stay. – **5.** *tech.* (*Bohrlöcher*) tamp, stem. – **6.** (*mining*) seal (*od.* close) off (*part of a colliery, usually on fire*) by stoppings. – **7.** *electr.* isolate, insulate. – **8.** *phys.* a) (*Schall*) muffle, silence, insulate, b) (*Schwingungen*) dampen, attenuate. – **II A~** *n* ⟨-s⟩ **9.** *verbal noun.* — **'Ab,däm·mung** *f* ⟨-; -en⟩ **1.** *cf.* Abdämmen: **~ durch Sandsäcke** sandbag damming. – **2.** (*bes. eines Flusses*) embankment. – **3.** *electr.* isolation, insulation.

'Ab,däm·mungs|,see *m* **1.** *geol.* barrier lake. – **2.** *civ.eng.* obstruction (*od.* ponded) lake. — **~,stu·fe** *f* step due to ponding.

'Ab,dampf *m tech.* **1.** (*von Kesseln etc*) exhaust (*od.* waste, spent) steam. – **2.** *pl* (*Rauch, Gase*) fumes. — **~ap·pa,rat** *m cf.* **Verdampfer.**

'ab,damp·fen I *v/i* ⟨*sep*, -ge-, sein⟩ **1.** *chem. tech.* a) (*von Flüssigkeiten*) evaporate, b) (*von Flüssigkeiten u. festen Substanzen*) vaporize, volati(li)ze. – **2.** (*von Zügen etc*) steam off (*od.* out), *Am. auch* pull out. – **3.** *mar.* (**nach** to) bear. – **4.** *fig. colloq.* (*von Personen*) (**nach** to) depart, clear (*od.* shove, be) off (*colloq.*). – **II** *v/t* ⟨h⟩ **5.** *chem. tech.* a) (*Flüssigkeit*) evaporate, b) (*flüssige od. feste Substanz*) vaporize *Br. auch* -s-, volati(li)ze *Br. auch* -s-. – **6.** *tech.* (*Dampf*) steam off, exhaust. – **7.** *gastr.* (*Kartoffeln*) dry. – **III A~** *n* ⟨-s⟩ **8.** *verbal noun.* – **9.** *cf.* Abdampfung.

'ab,dämp·fen I *v/t* ⟨*sep*, -ge-, h⟩ **1.** *cf.* abdampfen 7. – **2.** *fig.* (*mildern*) damp, *bes. Am.* dampen, moderate. – **3.** *tech.* (*Stoß*) cushion, absorb. – **4.** *auto.* (*Auspuffgeräusche*) muffle, silence. – **II A~** *n* ⟨-s⟩ **5.** *verbal noun.* – **6.** *cf.* Abdämpfung.

'Ab,dampf|ent,öler *m tech.* exhaust-steam oil separator. — **~,hei·zung** *f* waste-steam heating. — **~,lei·tung** *f* waste-steam line (*od.* mains *pl*). — **~,ofen** *m* (*in Keramik*) slip kiln. — **~,rohr** *n* exhaust pipe. — **~,rück,stand** *m* **1.** *chem.* residue on (*od.* after) evaporation, dry residue. – **2.** *auto.* solid residue left after evaporation, gum: **~ nach Benzinalterung** potential gum; **~ ohne Benzinalterung** existent gum. — **~,scha·le** *f*, **~,tie·gel** *m chem.* evaporating dish (*od.* pan). — **~tur,bi·ne** *f* exhaust-steam turbine.

'Ab,damp·fung *f* ⟨-; -en⟩ *chem.* **1.** *cf.* Abdampfen. – **2.** (*von Flüssigkeiten*) evaporation. – **3.** (*von flüssigen u. festen Substanzen*) vaporization *Br. auch* -s-, volati(li)zation *Br. auch* -s-.

'Ab,dämp·fung *f* ⟨-; -en⟩ **1.** *cf.* Abdämpfen. – **2.** *fig.* (*Milderung*) moderation. – **3.** *tech.* (*von Stößen*) absorption.

'Ab,dampf|ver,wer·tung *f tech.* utilization (*Br. auch* -s-) of exhaust steam. — **~,vor,rich·tung** *f cf.* Verdampfer. — **~,vor,wär·mer** *m* **1.** *tech.* exhaust-steam economizer (*Br. auch* -s-), (*bei Regenerativverfahren*) bleeder, heater, extraction heater, exhaust-steam preheater. – **2.** (*Hüttenwerk*) bleeder, (extraction) heater. — **~,wär·me** *f chem.* (latent) heat of vaporization (*Br. auch* -s-).

'ab,dan·ken I *v/i* ⟨*sep*, -ge-, h⟩ **1.** (*zurücktreten*) resign, retire (from office). – **2.** (*die Krone niederlegen*) abdicate, renounce (*od.* give up) the throne. – **3.** *mil. mar.* take one's discharge, leave (*od.* quit) the service. – **4.** *Swiss* a) make a funeral oration, b) hold a funeral ceremony. – **II** *v/t* **5.** *obs. for* **entlassen** 4. – **III A~** *n* ⟨-s⟩ **6.** *verbal noun.* — **'Ab,dan·kung** *f* ⟨-; -en⟩ **1.** *cf.* Abdanken. – **2.** (*Rücktritt*) resignation, retirement, *auch* demission. – **3.** (*Niederlegung der Krone*) abdication, renunciation of the throne: **seine ~ erklären** to announce one's abdication. – **4.** *obs. for* **Entlassung** 4. – **5.** *Swiss* a) funeral oration, b) funeral ceremony.

'Ab,dan·kungs|,schrei·ben *n* letter of abdication. — **~,ur,kun·de** *f* deed (*od.* instrument, act) of abdication.

'ab,dar·ben *v/t* ⟨*sep*, -ge-, h⟩ **sich** (*dat*) **etwas ~** *rare for* **absparen.**

'ab,dar·ren *v/t* ⟨*sep*, -ge-, h⟩ **1.** *agr. brew.* (*Hopfen, Flachs*) kiln(-dry), dry, finish off. – **2.** *metall.* liquate. — **'Ab,darr·tem·pe·ra,tur** *f* **1.** *agr. brew.* finishing temperature, curing stage. – **2.** *metall.* kiln-drying temperature.

'Ab,deck|,band *n tech.* **1.** cover band. – **2.** (*beim Malen od. Spritzen*) masking tape (*od.* band). — **~,blech** *n tech.* cover sheet (*od.* plate), sheet metal cover, guard cover, (*als Bodenbelagblech*) flooring plate. — **~,bril·le** *f* (*optics*) occluding spectacles *pl*.

'ab,decken (*getr.* -k·k-) **I** *v/t* ⟨*sep*, -ge-, h⟩ **1.** (*abnehmen*) uncover, take off. – **2.** (*Tisch etc*) clear: **den Tisch ~** a) to clear the table, b) to remove the tablecloth; **das Teegeschirr ~** to clear (*od.* remove) the tea-things. – **3.** (*Bett*) turn down (*od.* back) (*the bedcover*). – **4.** (*Dach etc*) take off, *auch* untile, strip: **der Sturm hat das Dach abgedeckt** the storm has blown the tiles off the roof. – **5.** (*Gebäude etc*) take the roof off, *auch* unroof, untile: **viele Häuser wurden durch den Sturm abgedeckt** the storm took the roofs off many houses. – **6.** (*mit Dach versehen*) roof, provide (*od.* cover) (*s.th.*) with a roof. – **7.** (*verdecken, zudecken*) cover (up), cover over: **etwas mit Stroh ~** to cover s.th. over with straw. – **8.** (*zum Schutz*) (gegen) protect (from), guard (against). – **9.** *hort.* a) (*Beet*) cover, b) (*Äste etc*) strip. – **10.** *civ. eng.* a) (*Packe*) chink, choke, blind, key, b) (*Mauer*) cope: **mit Holzbelag ~** to plank, to cover by timber planking; **mit Riemenbrettern ~** to matchboard. – **11.** (*mining*) (*abräumen*) strip. – **12.** *phot.* a) (*Teil eines Fotos, Hintergrund etc*) block out, cut off, mask, b) (*Linse*) cap, occult, c) (*Licht*) screen off, stop out. – **13.** *econ.* a) (*Schuld*) meet, cover, settle, b) (*Defizit*) make up (*od.* good), provide cover for. – **14.** (*optics*) a) diaphragm, occult, b) (*das bessere Auge*) occlude, c) (*durch Vignette*) vignette. – **15.** *print.* (*Ätzkunst*) stop out. – **16.** (*sport*) a) (*Sturm des Gegners etc*) cover, *Br.* mark, b) (*Boxen*) guard, cover up. – **17.** *mar.* (*in den Windschatten legen*) a) (*Segel*) blanket, b) (*anderes Schiff*) cover, cut. – **18.** *obs.* (*abhäuten*) flay, skin. – **II** *v/i* **19.** clear the table. – **20.** (*sport*) (*Boxen*) guard, cover (up). – **III** *v/reflex* **sich ~ 21.** push back the bedcover. – **IV A~** *n* ⟨-s⟩ **22.** *verbal noun.* – **23.** *cf.* Abdeckung.

'Ab,decker (*getr.* -k·k-) *m* ⟨-s; -⟩ renderer, flayer, *Br.* knacker. — **,Ab·decke'rei** (*getr.* -k·k-) *f* ⟨-; -en⟩ *Br.* knacker's yard, knackery, *bes. Am.* rendering establishment.

'Ab,deck|,far·be *f* (*paints*) body (*od.* opaque) color (*bes. Br.* colour). — **~,fo·lie** *f phot.* **1.** (*für Diapositive*) metal foil mask. – **2.** (*beim Kopieren*) transparent ruby mask. — **~,git·ter** *n tech.* (*eines Schachtes*) covering grid plate. — **~,hau·be** *f auto. Am.* hood, *Br.* bonnet. — **~,lei·ste** *f* **1.** *electr.* (*der Installation*) capping (lath). – **2.** *tech.* cover strip, covering ledge, skirting. — **~,mas·ke** *f* **1.** (*paints*) masker. – **2.** *phot.* mask. — **~,pla·ne** *f* tarpaulin. — **~,plat·te** *f* **1.** *tech.* cover(ing) plate. – **2.** *civ.eng.* cover(ing) slab. — **~,rah·men** *m phot.* masking frame. — **~,schei·be** *f* **1.** *tech.* cover plate. – **2.** (*optics*) (*für ein Auge*) occluder, blanc disc (occluder), Chavasse glass, occluding spectacle lens. — **~,splitt** *m civ.eng.* cover aggregate (*for seal*), cover stone, gritting material, *Am.* blotter (material) (*for bituminous prime coat*), *Br.* surface dressing chipping(s *pl*). — **~,stein** *m* coping stone, cope, *auch* cover stone. — **~,tuch** *n med.* sheet, *Am.* cover, (*gefaltet zurechtgelegt*) sheet drape, *Am.* drape.

'Ab,deckung (*getr.* -k·k-) *f* ⟨-; -en⟩ **1.** *cf.* Abdecken. – **2.** (*Abdeckung*) cover. – **3.** *civ.eng.* a) (*einer Straßendecke etc*) curing overlay, b) (*einer Mauer*) coping. – **4.** *econ.* (*einer Schuld etc*) repayment, settlement. – **5.** *auto.* a) (*der Scheinwerfer*) mask(ing), b) (*des Motors*) *Br.* bonnet, *Am.* hood. – **6.** (*optics*) (*des besseren Auges*) occlusion.

'Ab,deck,zie·gel *m civ.eng.* coping brick, cope.

'ab,dei·chen *v/t* ⟨*sep*, -ge-, h⟩ **1.** (*Land etc*) embank, dike (*od.* dyke) in. – **2.** (*Fluß etc*) dam (up).

Ab·de·rit [apde'riːt] *m* ⟨-en; -en⟩ **1.** *antiq.* inhabitant of Abdera, Abderite. – **2.** *fig.* fool, simpleton, idiot, Abderite: **die ~en** the Abderites, the wise men of Gotham. — **ab·de'ri·tisch** *adj* **1.** of (*od.* relating to) Abdera, Abderitan. – **2.** *fig.* foolish, simpleminded, idiotic, Abderitan.

'ab·de·stil,lie·ren *v/t* ⟨*sep, no* -ge-, h⟩ *chem.* distill (*bes. Br.* distil) (off *od.* out).

'ab,dich·ten I *v/t* ⟨*sep*, -ge-, h⟩ **1.** (*gegen Auslaufen*) make (*s.th.*) leakproof, seal: **ein Faß ~** to make a cask leakproof, to tighten up a cask. – **2.** (*gegen Zugluft*) seal, make (*s.th.*) draftproof (*bes. Br.* draughtproof): **ein Fenster ~** to make a window draftproof. – **3.** (*gegen Lärm*) insulate, (make [*s.th.*]) soundproof: **einen Raum ~** to soundproof a room; **mit Lehm** (*od.* **Mörtel**) **~** to pug. – **4.** (*luftdicht machen*) make (*s.th.*) airproof (*od.* airtight): **hermetisch ~** to seal (up). – **5.** *tech.* a) make (*s.th.*) leakproof, b) (*mit Flachdichtung*) pack, c) (*eine Welle*) seal, d) (*mit plastischen Dichtungsmitteln*) lute, cement, e) (*Öffnung*) close, obstruct, *auch* obturate, f) (*Fuge*) joint, g) (*Ritzen*) ca(u)lk. – **6.** (*mining*) seal (off), close (off). – **7.** *mar.* (*Schiffswand*) ca(u)lk. – **II A~** *n* ⟨-s⟩ **8.** *verbal noun.* — **'Ab,dich·tung** *f* ⟨-; -en⟩ **1.** *cf.* Abdichten. – **2.** *tech.* a) (*Verschluß*) seal, packing, b) (*Dichtungsring*) washer, c) (*einer Öffnung*) obstruction, *auch* obturation, d) (*Dichtstelle*) joint. – **3.** (*Dichtigkeit*) tightness.

'Ab,dich·tungs|,gum·mi *n, m, Austrian only m tech.* sealing rubber, rubber seal (*od.* gasket). — **~ma·te·ri,al** *n cf.* **Dichtungsmaterial.** — **~,mit·tel** *n* sealing agent, sealing (*od.* packing) material. — **~,ring** *m cf.* **Dichtungsring.** — **~,strei·fen** *m* weather strip(ping).

'ab,dicken (*getr.* -k·k-) [-,dɪkən] *v/t* ⟨*sep*, -ge-, h⟩ *gastr.* **1.** (*Suppe, Soße etc*) thicken (*by adding flour*). – **2.** (*eindicken*) boil down, concentrate (*s.th.*) by boiling, reduce.

'abˌdie·len v/t ⟨sep, -ge-, h⟩ **1.** plank, board. – **2.** (durch Dielen trennen) board (od. partition) off.

'abˌdie·nen v/t ⟨sep, -ge-, h⟩ **1.** (Zeit, Dienst etc) serve: seine Militärzeit ~ to do one's military service, to serve one's time (od. term). – **2.** obs. (Schuld etc) work off.

Ab·di·ka·ti·on [apdika'tsĭoːn] f ⟨-; -en⟩ obs. for Abdankung 1—3.

'abˌding·bar adj econ. jur. alterable, modifiable (of parts or provisions of a contract or treaty). — **'Abˌding·bar·keit** f ⟨-; no pl⟩ alterability, modifiability.

'abˌdin·gen v/t ⟨irr, sep, -ge-, h⟩ obs. for abhandeln 1.

'ab·dis·poˌnie·ren v/t ⟨sep, no -ge-, h⟩ econ. **1.** (auszahlen) pay out (od. away), release. – **2.** (überweisen) transfer. – **3.** (abheben) withdraw. — **'Ab·dis·poˌnie·rung** f ⟨-; -en⟩ **1.** paying out (od. away), release. – **2.** transfer. – **3.** withdrawal.

'abˌdocken (getr. -k·k-) v/t ⟨sep, -ge-, h⟩ **1.** (Wolle, Garn etc) unwind, unroll. – **2.** das Hängeseil ~ hunt. to lengthen (od. loosen) the leash.

Ab·do·men [ap'doːmən] n ⟨-s; - u. Abdomina [-mina]⟩ **1.** med. abdomen. – **2.** zo. (der Gliederfüßer) abdomen.

ab·do·mi·nal [apdomi'naːl] adj med. abdominal. — **A~ˌaufˌtrei·bung** f abdominal distension, meteorism (scient.). — **A~ˌfuß** m zo. abdominal leg. — **A~ˌge·gend** f med. abdominal region. — **A~ˌschwan·ger·schaft** f abdominal pregnancy.

ab·do·mi·no·pe·ri·ne·al [apdominoperine'aːl] adj med. abdominoperineal.

'abˌdon·nern v/i ⟨sep, -ge-, sein⟩ **1.** humor. (von Motorrad etc) roar off. – **2.** hunt. (bes. vom Auerwild) fly off.

'abˌdor·ren v/i ⟨sep, -ge-, sein⟩ (von Pflanzen etc) dry (od. shrivel) up, wither.

'abˌdör·ren I v/t ⟨sep, -ge-, h⟩ **1.** cf. dörren 1, 2. – **2.** metall. cf. abdarren 2. – **II A~** n ⟨-s⟩ **3.** verbal noun.

'Abˌdörrˌofen m metall. cf. Darrofen 2.

'abˌdrän·gen I v/t ⟨sep, -ge-, h⟩ **1.** (zur Seite drängen) push (od. shove) (s.o., s.th.) aside (od. away), force (s.o., s.th.) aside: j-n vom Wege ~ to shove s.o. aside; Demonstranten in eine Nebenstraße ~ to force demonstrators into a side street; ein Auto seitlich ~ (beim Überholen) to force a car off the road. – **2.** cf. zurückdrängen 1. – **3.** (sport) push (od. shove, jostle) away: er wurde vom Ball abgedrängt he was pushed away from the ball. – **4.** aer. mar. force (od. deflect) (s.th.) from its course. – **II A~** n ⟨-s⟩ **5.** verbal noun. — **'Abˌdrän·gung** f ⟨-; no pl⟩ **1.** cf. Abdrängen. – **2.** aer. mar. cf. Abtrift 1, 2.

'Abˌdreh|ap·paˌrat m tech. **1.** (für Schleifscheiben) tru(e)ing device (od. fixture, attachment). – **2.** (Abrichter) (wheel-)dressing device. — **~ˌbank** f cf. Drehmaschine. — **~diaˌmant** m **1.** (wheel-)tru(e)ing diamond. – **2.** (als Vorrichtung) diamond-tru(e)ing device.

'abˌdre·hen I v/t ⟨sep, -ge-, h⟩ **1.** colloq. (abschalten) turn (od. switch) off: er drehte das Radio [Licht] ab he turned off the radio [light]. – **2.** (zudrehen) turn (od. shut) off: er hat den Hahn abgedreht he has turned off the faucet (Br. tap); das Wasser am Haupthahn ~ to cut off the water at the main. – **3.** (abstellen) disconnect. – **4.** (losdrehen) twist off. – **5.** (umdrehen) wring: dem Huhn den Kopf ~ to wring the chicken's neck; j-m den Hals ~ fig. colloq. to finish s.o. (off) (colloq.), to ruin s.o. – **6.** (abwenden) turn away: sie drehte das Gesicht ab she turned (her face) away. – **7.** (film) (Aufnahmen etc) finish (shooting). – **8.** tech. a) (Schrauben) twist off, b) (Drehteile) turn, machine, c) (Stirnflächen) face, d) (Schleifkörper) true. – **II** v/i **9.** mar. a) (Richtung ändern) turn off, veer off (od. away) (auch aer.), change one's course, b) (ausscheren) break line. – **10.** aer. a) (im Luftkampf) break away, b) (im Verbandsflug) peel off. – **III** v/reflex sich ~ **11.** turn away (od. aside): ohne eine Antwort zu geben, drehte sie sich ab she turned away without (saying) a word (in reply).

'Abˌdreh|ˌspin·del f tech. cf. Drehspindel. — **~ˌstahl, ~ˌsti·chel** m cf. Drehmeißel. — **~ˌvorˌrich·tung** f **1.** (Drehbank) turning attachment. – **2.** (Schleifen) tru(e)ing device. — **~ˌwerkˌzeug** n **1.** (zum Drehen) turning (od. lathe) tool. – **2.** (Schleifen) tru(e)ing device. – **3.** (Abrichtewerkzeug) dressing tool, wheel dresser.

'abˌdre·schen v/t ⟨irr, sep, -ge-, h⟩ (Getreide) thresh.

'Abˌdrift f ⟨-; -en⟩ rare for Abtrift.

'abˌdrin·gen v/t ⟨irr, sep, -ge-, h⟩ j-m etwas ~ to force (od. extort) s.th. from s.o.

'abˌdros·seln v/t ⟨sep, -ge-, h⟩ **1.** (Motor etc) choke, throttle. – **2.** (Drehzahl) slow down. – **3.** cf. drosseln 2, 3.

'Abˌdruck[1] m ⟨-(e)s; -e⟩ **1.** print. (Vorgang) printing, reproduction: den ~ eines Vortrags genehmigen to permit the printing of a lecture. – **2.** print. (Resultat) a) copy, print, impression, b) proof: erster ~ first proof; ein neuer ~ eines Buches a reprint; ~ vor der Schrift proof before letters. – **3.** (art) print, reproduction: einen ~ machen von to print. – **4.** (art) (Kupferstecherei) proof. – **5.** phot. a) proof, b) (Lichtdruck) phototype.

'Abˌdruck[2] m ⟨-(e)s; Abdrücke⟩ **1.** (Vorgang) casting, molding, bes. Br. moulding. – **2.** (Ausguß) cast. – **3.** (eines Fingers, Fußes etc) print, mark, impression, imprint. – **4.** (einer Münze, eines Siegels etc) impression, impress, squeeze, ectype (scient.): ein tiefer [erhabener] ~ a hollow [raised] impression; einen ~ machen to squeeze. – **5.** med. (dental) impression. – **6.** tech. a) mark, impression, b) (Metallographie) print: autographischer ~ autograph. – **7.** geol. (einer Versteinerung) impression, imprint, mold, bes. Br. mould.

'abˌdruck·bar adj printable: nicht ~ unprintable.

'abˌdrucken (getr. -k·k-) v/t ⟨sep, -ge-, h⟩ **1.** print. a) print, reproduce, b) (fertigdrukken) print (od. work) off: wieder ~ to reprint; etwas auszugsweise ~ to reproduce s.th. in extract(s). – **2.** (in Wachs etc) impress, imprint, stamp.

'abˌdrücken (getr. -k·k-) **I** v/t ⟨sep, -ge-, h⟩ **1.** (Gewehr etc) fire, press (od. pull) the trigger of. – **2.** (Siegel, Münze etc) mold, bes. Br. mould, make a mo(u)ld (od. impression) of, (im)print, impress, squeeze: etwas in Gips ~ to mo(u)ld s.th. in plaster; etwas in Wachs ~ to squeeze s.th. in wax, to make a squeeze of s.th. in wax. – **3.** (Fingerabdruck) make a print of, fingerprint. – **4.** fig. (in Wendungen wie) Angst wollte ihr das Herz ~ her heart almost stopped beating with fear; j-m die Luft ~ colloq. to ruin (od. colloq. finish) s.o. financially. – **5.** colloq. (umarmen) (kiss and) hug, cuddle: die Mutter drückte das Kind ab the mother kissed and hugged the child. – **6.** tech. a) (Mutter, Spindel) draw off, remove, b) Rohre ~ to run a hydraulic pressure test. – **7.** metall. (Formmaske) lift, unload. – **8.** cf. wegdrücken. – **II** v/i **9.** fire, press (od. pull) the trigger: er hat auf den Dieb abgedrückt he fired (od. aimed a shot) at the thief. – **III** v/reflex sich ~ **10.** (von Fuß etc) leave an impression (od. mark), be (im-)printed.

'Abˌdrückˌmut·ter f tech. **1.** withdrawal nut. – **2.** (eines Aufsteckhalters) nut for removing chuck from spindle.

'Abˌdruckˌrecht n jur. print. right of reproduction.

'Abˌdrückˌschrau·be f tech. push (od. ejector) screw, lifting (od. packing) screw.

'Abˌdruckˌstem·pel m print. impression block.

'abˌducken (getr. -k·k-) v/t, v/i u. sich ~ v/reflex ⟨sep, -ge-, h⟩ (sport) (beim Boxen) duck.

Ab·duk·ti·on [apdʊk'tsĭoːn] f ⟨-; -en⟩ med. abduction.

Ab·duk·ti'onsˌstel·lung f med. abducted position, abduction: in äußerster ~ in extreme abduction.

Ab·duk·tor [ap'dʊktɔr] m ⟨-s; -en [-'toːrən]⟩ med. abductor (muscle).

'abˌdun·keln v/t ⟨sep, -ge-, h⟩ **1.** (Lampe, Licht etc) darken, dim. – **2.** (Farben) deepen, darken, (bes. beim Färben) auch sadden. – **3.** (vollständig abdunkeln) black out. – **4.** telev. blank, gate. – **5.** cf. verdunkeln 1, 2.

'abˌdun·sten I v/i ⟨sep, -ge-, sein⟩ **1.** chem. evaporate, vaporize Br. auch -s-. – **II A~** n ⟨-s⟩ **2.** verbal noun. – **3.** evaporation, vaporization Br. auch -s-.

'abˌdün·sten v/t ⟨sep, -ge-, h⟩ **1.** gastr. cf. dünsten 1, 2. – **2.** chem. evaporate, vaporize.

'abˌdu·schen v/reflex ⟨sep, -ge-, h⟩ sich ~ take (od. have) a shower (bath), Am. shower: sich kalt ~ to take a cold shower.

Ab·du·zens [ap'duːtsɛns] m ⟨-; no pl⟩ med. abducens (nerve), auch abducent nerve. — **~ˌläh·mung** f abducens nerve paralysis.

ab·du·zie·ren [apdu'tsiːrən] v/t ⟨insep, no -ge-, h⟩ med. abduct.

'abˌeb·ben v/i ⟨sep, -ge-, sein⟩ **1.** (von Flut, Hochwasser etc) ebb. – **2.** fig. (von Begeisterung, Zorn etc) die down (od. away), abate, ebb.

Abe·ce [aːbeː'tseː; abe'tseː] n ⟨-; -⟩ cf. Abc.

Abe·ce·da·ri·er [abetse'daːrĭər] m ⟨-s; -⟩ **1.** obs. for Abc-Schütze 1. – **2.** relig. hist. Abecedarian.

Abe·ce·da·ri·um [abetse'daːrĭʊm] n ⟨-s; -rien⟩ **1.** jur. hist. abecedarium, alphabetical list. – **2.** obs. for Fibel[1]. – **3.** cf. Abedecarius.

Abe·ce·da·ri·us [abetse'daːrĭʊs] m ⟨-; -rii [-riː]⟩ **1.** obs. for Abc-Schütze 1. – **2.** (literature) abecedarius (abecedarian poem).

abe·ce·die·ren [abetse'diːrən] v/i ⟨no ge-, h⟩ mus. designate the musical notes by their alphabetical note names.

abe·ce·lich [abe'tseːlɪç] adj u. adv obs. for alphabetisch.

'abˌecken (getr. -k·k-) v/t ⟨sep, -ge-, h⟩ **1.** take off the edges (od. corners) of. – **2.** (abrunden) round off. – **3.** give proper edges (od. corners) to: nach dem rechten Winkel ~ to square.

'abˌeg·gen v/t ⟨sep, -ge-, h⟩ agr. (Feld etc) harrow.

ˌab·ein'an·der adj ⟨pred⟩ Swiss and Southwestern G. dial. for entzwei.

Abel ['aːbəl] npr m ⟨-s; no pl⟩ Bibl. Abel.

'Abelˌbaum m, **Abe·le** [a'beːlə] f ⟨-; -n⟩ bot. abele, abeltree, white poplar (Populus alba).

Abe·lie [a'beːlĭə] f ⟨-; -n⟩ bot. abelia (Gattg Abelia).

Abel·mo·schus [ˌaːbəl'mɔʃʊs; 'aːbəlˌmɔʃʊs] m ⟨-; -se⟩ bot. abelmosk, auch abelmusk, musk, mallow (Hibiscus abelmoschus). — **~ˌkör·ner** pl abelmosk (od. abelmusk) seed sg, musk (od. amber) seed sg, ambrette sg.

'Abelsch adj math. (Gleichung, Integral) Abelian.

'Abelˌtest m chem. Abel test.

Abend ['aːbənt] m ⟨-s; -e⟩ **1.** evening, night; even, vesper (poet.): jeden ~ every evening, nightly; zwei ~e lang (for) two evenings; am ~, lit. des ~s in the evening; am späten ~ late in the evening, late at night; am ~ vorher (on) the previous evening; am ~ vor seiner Abreise (on) the evening before his departure; am ~ des 14. Juni on the night of June 14th; der heutige ~ this evening; es wird ~ evening is coming; der ~ naht poet. evening (od. night) is drawing near (od. nigh); eines ~s one evening; j-m einen guten ~ wünschen to bid s.o. good evening; einen ~ der Familie widmen to spend an evening with the family; zu ~ essen to dine, to have dinner (od. supper); einen ~ ausspannen to have a night out (od. off); für den ~ nicht frei sein to have an engagement for the evening; vom Morgen bis zum ~ from morning till night; im Laufe des ~s in the course of the evening; es war schon gegen ~ als it was getting dark (od. on for evening) when; j-m guten ~ sagen to say good evening to s.o.; sich am ~ öffnend bot. vespertine, vespertinal; sich am ~ zeigend, am ~ (aus)fliegend zo. vespertine, vespertinal; man soll den Tag nicht vor dem ~ loben (Sprichwort) don't count your chickens before they're hatched, bes. Br. don't halloo till you're out of the wood (proverb); es ist noch nicht aller Tage ~ (Sprichwort) a) that's not the last we've heard of that, b) don't count your chickens before they're hatched (proverb), c) we must await the outcome. – **2.** (kulturelle Veranstaltung) night, evening: erster ~ first night, première; ein ~ mit Werken von Mozart a Mozart evening (od. night); bunter ~ variety show (od. entertainment); Vorstellungen finden jeden ~ statt performances (are given) nightly; musikalischer [literarischer] ~ musical [literary] evening. – **3.** (gesellschaftliche Veranstaltung) party, (social) evening: einen ~ geben to give a party. – **4.** (Vorabend) eve: Heiliger ~ Christmas Eve; der ~ vor dem Ball the eve of the ball. – **5.** fig. (Lebensabend) evening (od. declining years, decline) of life, old age. – **6.** poet. (Himmelsrichtung) the West, the Occident.

'abend adv only in morgen ~ tomorrow

evening; **gestern** ~ yesterday evening, last night; **heute** ~ this evening, tonight, *auch* to-night; **vorgestern** ~ the night before last; **neulich** ~ the other evening (*od.* night); **Sonntag** ~ Sunday evening; **bis heute** ~! see you this evening.

ˈAbend|ˌanˌdacht *f relig.* a) vespers *pl*, evening prayer(s *pl*), evensong, evening devotion (*od.* service), b) *bes. röm.kath.* compline, *auch* complin, night song, c) (*in der anglikanischen Kirche*) *auch* office. — ~ˌ**anˌzug** *m* (*fashion*) dress suit, evening dress, dinner clothes *pl*: (**bitte**) ~! black tie, formal dress. — ~**apˌpell** *m mil.* evening roll call. — ~ˌ**aufˌfüh·rung** *f* (*theater*) evening performance. — ~ˌ**ausˌga·be** *f* (*einer Zeitung*) evening edition. — ~ˌ**blatt** *n* evening paper. — ~ˌ**blu·me** *f bot.* **1.** evening flower. – **2.** marvel-of-Peru, four-o'clock, afternoon lady (*Gattg Mirabilis*). — ~ˌ**brot** *n bes. Northern G. for* Abendessen. — ~**ˌbrotˌzeit** *f* suppertime. — ~ˌ**bum·mel** *m colloq.* evening stroll: **einen** ~ **machen** to take an evening stroll. — ~ˌ**däm·me·rung** *f* dusk, twilight, nightfall, gloaming (*bes. poet.*): **in der** ~ in the dusk of evening. — ~ˌ**dun·kel** *n lit.* dusk, twilight. — ~ˌ**einˌtrittsˌpreis** *m* evening admission (price).

ˈaben·deˌlang I *adj* (lasting) whole evenings: **nach** ~**em Warten** after waiting whole evenings. – **II** *adv* evening after evening: **damit plagte er mich** ~ he bothered me with that evening after evening.

aben·den [ˈaːbəndən] *v/impers* ⟨ge-, h⟩ **es abendet** *poet.* evening (*od.* night) is drawing nigh (*poet.*).

ˈAbend|ˌes·sen *n* supper, (*als Hauptmahlzeit*) dinner, evening meal: **das** ~ **ist fertig** dinner is ready, it's suppertime; **das** ~ **einnehmen** to take (*od.* have) supper; **sich zum** ~ **umkleiden** (*od.* **umziehen**) to dress (*od.* change) for dinner; **j-n zum** ~ **ausführen** to take s.o. out to (*od.* for) dinner; **bei j-m zum** ~ **zu Gast sein** to be entertained at (*bes. Br.* to) dinner by s.o.; **sie hatten kalte Platte zum** ~ they dined on (*od.* off) cold meat; **ohne** ~ supperless; **bleiben Sie doch zum** ~! do stay for (*bes. Br.* to) dinner; **j-n zum** ~ **erwarten** to expect s.o. for dinner. — ~ˌ**fal·ter** *m zo.* sphinx, hawkmoth (*Fam. Sphingidae*). — ~ˌ**fei·er** *f relig. cf.* Abendandacht. — ~ˌ**frie·den** *m* peace (*od.* still) of evening. — **a**~ˌ**fül·lend** *adj* (*Film etc*) full-length. — ~ˌ**gang** *m* evening walk. — ~**geˌbet** *n relig.* **1.** evening prayer(s *pl*), bedtime prayer(s *pl*). – **2.** *cf.* Abendandacht. — ~**geˌläut**, ~**geˌläu·te** *n* evening bells *pl*. — ~**geˌsang** *m relig.* **1.** evening hymn. – **2.** evensong. — ~**geˌsell·schaft** *f* (evening) party, soiree, soirée, (*mit Diner*) dinner party: **eine literarische** ~ a conversazione; **eine** ~ **geben** to give a party; **j-n zu einer** ~ **einladen** to invite s.o. to a party. — ~**ˌglanz** *m lit.* radiance of the setting sun. — ~ˌ**glocke** (*getr.* -k·k-) *f* **1.** *hist.* curfew (bell): **Läuten der** ~ curfew. – **2.** *relig.* a) vesper (bell), b) *röm.kath.* angelus. — ~ˌ**glut** *f*, ~ˌ**gold** *n lit. cf.* Abendglanz. — ~ˌ**got·tesˌdienst** *m relig.* **1.** evening service. – **2.** *bes. röm.kath.* vespers *pl*. — ~ˌ**grau·en** *n cf.* Abenddämmerung. — ~**gymˌna·si·um** *n ped.* night (*od.* evening) school (*that prepares its pupils for university entrance*). — ~ˌ**hauch** *m poet.* breath of evening. — ~ˌ**him·mel** *m* evening sky. — ~ˌ**im·biß** *m* cold supper (snack). — ~ˌ**kas·se** *f* (*theater*) (evening) box office. — ~ˌ**kleid** *n* evening gown (*od.* dress): **kleines** ~ cocktail dress, dinner gown (*od.* dress). — ~ˌ**klei·dung** *f* dinner clothes *pl*, evening dress: ~ **erwünscht** evening dress requested. — ~**konˌzert** *n mus.* evening concert (*od.* recital). — ~ˌ**küh·le** *f* cool of the evening. — ~ˌ**kurs**, ~ˌ**kur·sus** *m ped.* night (*od.* evening) classes *pl*.

ˈAbendˌland *n* ⟨-(e)s; *no pl*⟩ **1.** West, Occident. – **2.** *antiq. poet.* Hesperia. — **ˈAbendˌlän·der** *m* ⟨-s; -⟩, **ˈAbendˌlän·de·rin** *f* ⟨-; -nen⟩ **1.** Westerner, Occidental. – **2.** *poet.* Hesperian. — **ˈabendˌlän·disch** *adj* **1.** Western, Occidental. – **2.** *poet.* Hesperian.

ˈAbend|ˌland·schaft *f* evening landscape. — ~ˌ**läu·ten** *n cf.* Abendglocke. — ~ˌ**lehrˌgang** *m ped. cf.* Abendkurs.

ˈabend·lich I *adj* **1.** (of the) evening; vespertine, vespertinal, vesper (*lit.*): **der** ~**e Himmel** the evening sky; **die** ~**e Kühle** the cool of the evening; **die friedliche Stille des** ~**en Dorfes** the peaceful calm of the village at dusk. – **2.** western, westerly, occidental. – **II** *adv* **3.** in the evening(s), at night, nightly.

ˈAbendˌlicht *n* **1.** evening light. – **2.** *zo.* tellin (*od.* tellen) (shell), sunset shell (*Tellina radiata*). — ~ˌ**nel·ke** *f bot.* silene, catchfly, white campion (*Lynchias vespertina*).

ˈAbend|ˌlied *n* evening song (*od.* hymn). — ~ˌ**luft** *f* evening air. — ~ˌ**lüft·chen** *n* evening breeze.

ˈAbendˌmahl *n* ⟨-(e)s; -e⟩ **1.** *relig.* **das (Heilige)** ~ (Holy) Communion, Lord's Supper, the Lord's (*od.* holy) table, the Eucharist, the (Blessed *od.* Holy) Sacrament, the Sacrament (of the altar): ~ **in beiderlei Gestalt** Communion in both kinds; ~ **unter einer Gestalt** Communion in one kind; **Sakrament des** ~**s** Eucharist; **zum** ~ **gehen** to go to (Holy) Communion; **das** ~ **nehmen** to take Communion (*od.* the Sacrament); **das** ~ **spenden** (*od.* **reichen**) to administer Holy Communion (*od.* the Sacrament); **das (Heilige)** ~ **empfangen** to receive Holy Communion (*od.* the Sacrament), to communicate, *bes. Am.* to commune; **Vermischung des** ~**s** commixture; **das Brot und der Wein des** ~**s** the sacred elements of the Eucharist. – **2. das (Letzte)** ~ *Bibl.* the Last Supper, the Lord's Supper. – **3.** *Southern G. dial. for* Abendessen.

ˈAbendˌmahls|ˌbrot *n relig.* consecrated (*od.* sacramental) bread, Host, altar (*od.* holy) bread. — ~ˌ**bul·le** *f hist.* the papal bull 'In Cœna Domini'. — ~ˌ**fei·er** *f* Communion service. — ~**geˌmein·schaft** *f* intercommunion. — ~ˌ**got·tesˌdienst** *m* Communion service. — ~ˌ**kelch** *m* (Communion) cup, chalice. — ~ˌ**lied** *n* Communion hymn. — ~**sa·kraˌment** *n* sacrament of the Holy Eucharist. — ~ˌ**streit** *m hist. controversy about the Sacrament of the Lord's Supper.* — ~ˌ**tisch** *m* Communion table, Lord's (*od.* holy) table, chancel table. — ~ˌ**wein** *m* sacramental (*od.* Communion) wine.

ˈAbend|ˌmahlˌzeit *f cf.* Abendessen. — ~ˌ**man·tel** *m* (*fashion*) opera cloak. — ~**ˌmel·dun·gen** *pl cf.* Abendnachrichten. — ~ˌ**mes·se** *f röm.kath.* evening mass. — ~**muˌsik** *f mus.* evening musical performance. — ~ˌ**nachˌrich·ten** *pl* evening news *pl* (*construed as sg or pl*). — ~ˌ**ne·bel** *m* evening mist. — ~ˌ**pfau·enˌau·ge** *n zo.* eyed hawkmoth (*Smerinthus ocellata*). — ~ˌ**pres·se** *f print.* evening press (*od.* newspapers *pl*). — ~**proˌgramm** *n* (*radio*) evening program (*bes. Br.* programme). — ~ˌ**ro·be** *f lit.* evening gown. — ~ˌ**rot** *n* sunset glow (*od.* colors *pl*, *bes. Br.* colours *pl*), afterglow: ~ **Gutwetterbot'** (*Sprichwort*) red sky at night sailor's (*od.* shepherd's) delight (*proverb*). — ~ˌ**rö·te** *f cf.* Abendrot. — ~ˌ**ru·he** *f* calm of evening. — ~ˌ**run·de** *f mil.* evening patrol (*od.* round).

ˈabends *adv* **1.** in the evening: **spät** ~ late in the evening; **um 10 Uhr** ~ at ten o'clock in the evening; **bis** ~ till evening; **morgens wie** ~ both morning and evening; **er arbeitet von morgens bis** ~ he works from morning till night; **die Konzerte finden** ~ **statt** the concerts will take place in the evening. – **2.** every evening, *bes. Am.* evenings.

ˈAbend|ˌschat·ten *m* evening shadows *pl*. — ~ˌ**schein** *m* light of the setting sun. — ~**ˌschim·mer** *m cf.* Abendschein. — ~**ˌschop·pen** *m* sundowner (*colloq.*), evening pint. — ~ˌ**schu·he** *pl* evening shoes. — ~**ˌschu·le** *f ped.* evening classes *pl*, night (*od.* evening) school. — ~ˌ**schü·ler** *m*, ~ˌ**schü·le·rin** *f ped.* night (*od.* evening) (school) student. — ~ˌ**seg·ler** *m zo.* great bat, noctule (*scient.*) (*Nyctalus noctula*). — ~ˌ**sei·te** *f poet.* west side. — ~ˌ**sen·dung** *f* (*radio*) evening broadcast. — ~ˌ**son·ne** *f* evening (*od.* setting) sun. — ~**spaˌzierˌgang** *m* evening walk (*od.* stroll). — ~ˌ**spit·ze** *f electr. tech.* evening load peak. — ~ˌ**stern** *m astr.* evening star, Hesper (*poet.*). — ~ˌ**stil·le** *f* calm (*od.* peace) of (the) evening. — ~ˌ**stim·mung** *f* evening mood. — ~ˌ**stu·di·um** *n ped.* **1.** evening study. – **2.** *cf.* Abendschule. — ~ˌ**stun·de** *f* evening hour, hour of the evening: **zu später** ~, **in den späten** ~**n** late in the evening. — ~ˌ**ta·fel** *f lit.* dinner (table). — ~ˌ**ta·sche** *f* (*fashion*) evening bag. — ~ˌ**tau** *m* evening (*od.* night) dew. — ~ˌ**tisch** *m* supper table. — ~**toiˌletˌte** *f* **1.** *cf.* Abendkleid. – **2.** (*Vorbereitungen*) evening toilet. — ~ˌ**trunk** *m* evening drink, sundowner (*colloq.*). — ~ˌ**umˌhang** *m* (*fashion*) evening wrap (*od.* cape). — ~ˌ**un·terˌhal·tung** *f* evening entertainment. — ~ˌ**un·terˌricht** *m ped.* evening classes *pl* (*od.* courses *pl*). — ~**verˌanˌstal·tung** *f* **1.** (*theater*) evening performance (*od.* presentation). – **2.** (*sport*) evening event. — ~**viˌsi·te** *f med.* evening visit (*od.* call), *bes. Am.* evening rounds *pl*. — ~ˌ**vorˌle·sung** *f ped.* evening lecture. — ~ˌ**vorˌstel·lung** *f* (*theater*) evening performance (*od.* presentation). — ~ˌ**wa·che** *f mar.* first watch. — **a**~ˌ**wärts** *adv poet.* westward(s). — ~ˌ**wind** *m* **1.** evening breeze. – **2.** (*Bergwind*) mountain wind. – **3.** *poet.* west wind, zephyr (*poet.*). — ~ˌ**zei·tung** *f* evening paper. — ~ˌ**zug** *m* evening train.

ˈabˌenˌken [-ˌʔɛŋkən] *v/t* ⟨*sep*, -ge-, h⟩ **1.** get (*s.th.*) by grafting. – **2.** layer.

Aben·teu·er [ˈaːbəntɔʏər] *n* ⟨-s; -⟩ **1.** adventure: **ein gemeinsames** ~ a joint adventure, a coadventure; **einem** ~ **nachjagen** to pursue an adventure; **auf** ~ **ausgehen** (*od.* **ausziehen**), ~ **suchen** to go out in search of adventure; **ein** ~ **bestehen** to encounter an adventure (successfully). – **2.** (*Wagnis*) venture, adventure, risky undertaking, hazardous enterprise: **ein gefährliches [politisches]** ~ a dangerous [political] venture; **sich auf ein** ~ **einlassen** to get involved in a risky undertaking. – **3.** (*oberflächliche Liebesaffäre*) affair, intrigue, (amorous) adventure: **ein galantes** ~ an amorous adventure, an affair. – **4.** *hist.* (*eines Ritters*) exploit, adventurous journey, quest. — ~ˌ**buch** *n* adventure book (*od.* story). — **a**~ˌ**dur·stig** *adj* thirsting for adventure.

ˈAben·teue·rer *m* ⟨-s; -⟩ *cf.* Abenteurer.

ˈAben·teu·er|ˌfilm *m* adventure film. — ~**geˌlü·ste** *pl* longing *sg* for adventure.

ˈAben·teue·rin *f* ⟨-; -nen⟩ adventuress.

ˈaben·teu·er·lich *adj* **1.** adventurous, adventuresome: **eine** ~**e Flucht** an adventurous escape; „**Der** ~**e Simplicissimus**" "The Adventurous Simplicissimus", "The Adventures of a Simpleton" (*by Grimmelshausen*). – **2.** (*riskant*) risky, hazardous, venturesome: **ein** ~**es Unternehmen** a risky enterprise; **ein** ~**er Plan** a wildcat scheme. – **3.** (*unwahrscheinlich*) fantastic, unbelievable: **eine** ~**e Geschichte** a fantastic story. – **4.** (*seltsam*) strange, eccentric, odd: **ein** ~**er Mensch** an eccentric person; **das klingt höchst** ~ that sounds very odd; **sie kam in einem** ~**en Aufzug** she came eccentrically dressed. – **5.** (*romanhaft*) romantic, *auch* romance (*attrib*): **ein** ~**es Leben** (*od.* **Geschehen**) a romance. — **ˈAben·teu·er·lich·keit** *f* ⟨-; *rare* -en⟩ **1.** adventure, adventurousness. – **2.** risk, riskiness, hazardousness, venturesomeness. – **3.** unbelievableness, fantasticalness. – **4.** strangeness, eccentricity, oddness. – **5.** *fig. rare* adventurous (*od.* strange) happening.

ˈAben·teu·er|li·te·raˌtur *f* (*literature*) adventure stories *pl*. — ~ˌ**lust** *f* love of adventure. — **a**~ˌ**lu·stig** *adj* adventurous, longing for adventure, venturesome.

aben·teu·ern [ˈaːbəntɔʏərn] *v/i* ⟨h⟩ **1.** *poet.* lead an adventurous life. – **2.** *hist.* (*von Rittern*) quest for adventure. — **ˈaben·teu·ernd I** *pres p.* – **II** *adj* adventurous.

ˈAben·teu·er|naˌtur *f* adventurous person, lover of adventure. — ~**po·liˌtik** *f contempt.* hazardous (*od.* risky) politics *pl* (*construed as sg or pl*). — ~**roˌman** *m* **1.** adventure novel (*od.* story): **romantischer** ~ romance. – **2.** (*Schelmenroman*) picaresque novel. — ~ˌ**sucht** *f* thirst (*od.* longing) for adventure. — **a**~ˌ**süch·tig** *cf.* abenteuerdurstig.

ˈAben·teu·er·tum *n* ⟨-s; *no pl*⟩ *cf.* Abenteurertum.

ˈAben·teu·rer *m* ⟨-s; -⟩ **1.** adventurer, gentleman (*od.* soldier) of fortune. – **2.** (*Schwindler*) swindler, sharper. – **3.** *hist.* (*im Mittelalter*) knight-errant.

ˈAben·teu·re·rin *f* ⟨-; -nen⟩ adventuress.

ˈAben·teu·rerˌle·ben *n* adventurous life: **er führt ein** ~ he leads an adventurous life.

ˈAben·teu·rer·tum *n* ⟨-s; *no pl*⟩ **1.** adventure, adventuring. – **2.** adventurous (way of) life. – **3.** *hist.* knight-errantry.

aber [ˈaːbər] **I** *conj* **1.** (*doch, indessen*) but, (*betonter*) however, though: ~ **andererseits** but then, but on the other hand; **er ist groß,** ~ **nicht stark** he is tall but not strong; ~ **ich kann mich täuschen** but I could be mistaken; **er kommt,** ~ **seine Frau hat keine Zeit** he is coming but his wife cannot spare the time; ~ **er mußte gehen** however, he had to go; **er gibt es** ~ **zu** he admits it though. – **2.** (*einschränkend*) but, yet: ~ doch (*od.* dennoch) yet, still; es ist seltsam, ~ wahr it is strange yet true; langsam ~ sicher slow(ly) but sure(ly); klein, ~ mein small but my own; sie ist zwar alt, ~ noch sehr aktiv she may be old but she's still very active; er hat davon erzählt, ~ ich glaube es nicht he spoke of it but I don't believe what he says; ~ nicht zu sehr but not too much. – **3.** (*verbindend*) but: er schimpfte heftig, bereute es ~ sogleich he scolded vehemently but regretted it immediately; ~ schließlich but then; oder ~ otherwise, else, or else; ich dachte, er würde kommen, nun ~ I thought he would be coming but (*od.* now). – **II** *interj* **4.** ~ freilich! but of course! ~ gewiß (doch)! why certainly! ~ ja! of course! certainly! ~ sicher! of course! you bet! (*colloq.*); hast du die Schokolade gegessen? ~ nein! did you eat the chocolate? — Of course not! du wirst bestimmt sehr Hunger haben? ~ nein! you must be very hungry? — Not at all! ich habe gehört, daß er wieder geheiratet hat. ~ nein! I hear that he was remarried. — Not really? du kommst ~ früh Goodness! You are early; ich habe ~ nicht gelogen but I didn't lie; das ist ~ wirklich zu viel that really is the limit (*od.* too much); ~ nun ist es genug now that's quite enough; das ist ~ fein! how nice! jetzt wird es ~ Zeit *bes. colloq.* it's about time; ~, ~! Weinen Sie doch nicht there! there! Don't cry; ~, ~ Kinder! really, children! du bist ~ frech! you really are cheeky (*bes. Am.* fresh)! sie wird's dir ~ doch schicken, nicht wahr? but she will send it to you, won't she? sie wird's doch ~ schicken I hope she'll send it. – **III** *adv* **5.** *rare* again: ~ und abermals again and again, over and over again; tausend- und ~ tausendmal thousands and thousands of times, a thousand times over; Tausende und ~ Tausende von Menschen thousands upon thousands of people.

ˈAber *n* ⟨-s; -⟩ (*Einwand*) but, objection: er hat immer ein ~ he always has objections; die Sache hat ein ~ there is a catch to it; ohne Wenn und ~ unreservedly, without any ifs and buts; hier gibt es kein ~! komm mir bitte nicht mit einem ~! let us have no arguing! none of your buts! and that's flat!

ˈAber|ˌacht *f hist.* repeated (*od.* double) ban of the (Holy Roman) Empire. — **~ˌahn** *m obs.* great-great-grandfather. — **~ˌesche** *f bot. cf.* Eberesche.

ˈAberˌglau·be(n) *m* superstition, superstitiousness: ein finsterer [verbreiteter] ~ a dark [widespread] superstition; er neigte zum ~n he tended to be superstitious; einen ~n hegen to entertain a superstition; j-n von einem ~n abbringen to break s.o. of a superstition. — **ˈaberˌgläu·bisch** [-ˌglɔʏbɪʃ] *adj* superstitious. — **ˈAberˌgläu·bi·sche** *m, f* ⟨-n; -n⟩ superstitious person.

ˈaberˈhun·dert I *adj* ⟨*invariable*⟩ hundreds and (*od.* upon) hundreds of, many hundreds of. – **II A~e** *pl bes. Austrian* (von of) hundreds and hundreds.

ab·er·ken·nen I *v/t* ⟨*irr, sep* [ˈapʔɛrˌkɛnən] *od. insep* [ˌapʔɛrˈkɛnən], *no* -ge-, h⟩ j-m etwas ~ *jur.* a) (*bes. Recht*) to deny s.o. s.th., b) to deprive s.o. of s.th., c) to dispossess s.o. of s.th., to declare s.o. disentitled to s.th.: j-m die bürgerlichen Ehrenrechte ~ a) to deprive s.o. of his civil (*od.* civic) rights, b) to sentence s.o. to civil (*od.* civic) degradation; j-m einen Titel ~ to deprive s.o. of a title; j-m die Staatsbürgerschaft ~ a) to deprive s.o. of his citizenship, b) to expatriate s.o.; j-m die Staatsbürgerschaft wieder ~ to denaturalize s.o.; j-m den Schadenersatz ~ to disallow s.o.'s claim for damages. – **II A~** *n* ⟨-s⟩ *verbal noun.* — **ˈAb·erˌken·nung** *f* ⟨-; *no pl*⟩ **1.** *cf.* Aberkennen. – **2.** a) (*bes. eines Rechts*) denial, b) deprivation, c) (*Enteignung*) dispossession, declaration of disentitlement: ~ der bürgerlichen Ehrenrechte a) deprivation (*od.* forfeiture) of civil (*od.* civic) rights, b) civil (*od.* civic) degradation; ~ der Rechtsfähigkeit incapacitation; ~ der Staatsangehörigkeit a) deprivation of citizenship, b) (*Vertreibung*) expatriation.

ˈAb·erˌken·nungsˌurˌteil *n jur.* sentence (*od.* judg[e]ment) of dispossession.

ˈaber|ˌklug *adj archaic* know-all, *bes. Am.* know-it-all, smart-aleck(y), *auch* smart-alec. — **A~(ˌknob)ˌlauch** *m bot.* rocambole, rocombole (*Allium scorodoprasum*).

ˈaberˌma·lig *adj* repeated, renewed: ~e Warnung repeated warning; nach ~er Erwägung after reconsideration; nach ~er Durchsicht der Korrekturbogen *print.* after (*od.* on) a second reading of the proofs.

ˈaberˌmals *adv* again, once more, anew: aber und ~ → aber 5.

ˈabˌern·ten I *v/t* ⟨*sep*, -ge-, h⟩ *agr.* **1.** a) (*Felder*) harvest, b) (*Getreide*) reap, harvest. – **2.** (*Obst*) pick: wir ernteten den Obstgarten ab we picked all the fruit in the orchard. – **II** *v/i* **3.** finish harvesting.

Ab·er·ra·ti·on [apʔɛraˈtsio:n; abɛ-] *f* ⟨-; -en⟩ *astr. biol.* (*optics*) aberration. — **Ab·er·ra·tiˈons·konˌstan·te** *f astr.* constant of aberration.

ˈAberˌrau·te *f bot. cf.* Eberraute.

ˈaberˈtau·send I *adj* ⟨*invariable*⟩ thousands and (*od.* upon) thousands of, many thousands of: tausend und ~ Sterne thousands upon thousands of stars. — **II A~e** *pl bes. Austrian* (von of) thousands and thousands.

ˈAber|ˌwitz *m* ⟨-es; *no pl*⟩ *obs. for* Unverstand 1, 2, Wahnwitz. — **a~ˌwit·zig** *adj obs. for* unverständig 1, 2, wahnwitzig. — **~ˌzahn** *m meist pl*, **~ˌzan·ge** *f meist pl* (*bes. des Weins*) axillary (*od.* lateral) shoot.

ˈab·erˌzie·hen *v/t* ⟨*irr, sep, no* -ge-, h⟩ j-m etwas ~ to break s.o. of s.th. (*od.* a habit).

ˈabˌes·sen I *v/t* ⟨*irr, sep*, -ge-, h⟩ *colloq.* **1.** (*Rosinen vom Kuchen etc*) eat off. – **2.** (*Teller*) eat (*one's plate*) clean. – **3.** (*Knochen etc*) pick. – **II** *v/i* **4.** finish eating: der hat bei uns abgegessen *fig. colloq.* we have finished with him. – **III** *v/reflex* **5.** sich an (*dat*) etwas ~ *dial.* to eat (*od.* have) one's fill of s.th.

Abes·si·ni·er [abɛˈsi:nĭər] *m* ⟨-s; -⟩ Abyssinian, Ethiopian. — **abesˈsi·nisch** [-nɪʃ] **I** *adj* Abyssinian, Ethiopian. – **II** *ling.* **A~** ⟨*generally undeclined*⟩, **das A~e** ⟨-n⟩ Abyssinian, the Abyssinian language, Ethiopian, the Ethiopian language.

ˈabˌfa·chen [-ˌfaxən] *v/t* ⟨*sep*, -ge-, h⟩ **1.** (*Kunstschätze etc*) classify, arrange. – **2.** *tech.* (*Schrank etc*) a) partition (off), b) shelve.

ˈAbˌfackelˌfeu·er (*getr.* -k·k-) *n* (*der Bohrtürme*) flare. — **ˈabˌfackeln** (*getr.* -k·k-) *v/t* ⟨*sep*, -ge-, h⟩ *tech.* **1.** (*Überschußgas*) flare. – **2.** burn off.

ˈabˌfä·deln *v/t* ⟨*sep*, -ge-, h⟩ **1.** (*Bohnen*) string. – **2.** (*Perlen etc*) unstring.

ˈabˌfahr·beˌreit *adj cf.* abfahrtbereit.

ˈabˌfah·ren I *v/i* ⟨*irr, sep*, -ge-, sein⟩ **1.** (*von Person*) depart, leave, set out: er fährt um 7 (Uhr) aus Bonn ab he is leaving Bonn at 7 (o'clock); er fährt morgen (wieder) ab he is leaving (again) tomorrow. – **2.** (*im Auto*) drive off (*od.* away). – **3.** (*vom Fahrzeug*) leave, depart, go off, (*vom Zug*) *auch* pull out, (*vom Schiff*) *auch* sail: der Bus fährt am Bahnhof ab the bus leaves (*od.* departs, sets out) from the station; bitte Türen schließen, der Zug fährt in Kürze ab please close the doors, the train is about to leave; um 10 (Uhr) fährt ein Schiff nach X ab at 10 (o'clock) a boat is leaving for X; den Zug ~ lassen to start the train. – **4.** *cf.* losfahren 1. – **5.** *colloq.* (*weggehen*) go away, make off: fahr ab! be off! clear off (*od.* out)! beat it! (*sl.*). – **6.** *vulg.* (*sterben*) pop off (*sl.*), kick the bucket (*sl.*). – **7.** *colloq.* (*abblitzen*) meet with a rebuff, be snubbed: er ist bös abgefahren he's been badly snubbed; j-n ~ lassen to send s.o. packing, to show s.o. the door (*colloq.*), to tell s.o. where to get off (*colloq.*), to send s.o. away with a flea in his ear. – **8.** mit j-m ~ *colloq.* to act against s.o., to deal with s.o. – **9.** (*abgleiten*) slip. – **10.** (*sport*) a) (*von Skiläufern*) ski (*od.* run) down(hill), descend, b) (*Alpinistik*) glissade. – **II** *v/t* ⟨h⟩ **11.** (*Güter, Schutt etc*) carry (*od.* transport) (*s.th.*) away, cart (*s.th.*) away (*od.* off). – **12.** (*Verwundete etc*) transport. – **13.** (*abnutzen*) (*Reifen etc*) wear (out). – **14.** (*Fahrkarte etc*) use up. – **15.** (*Strecke etc*) cover, travel, (*bes. von Polizei*) patrol: eine Rennstrecke prüfend ~ to drive over a course to test it, to test a course. – **16.** ihm wurde ein Bein abgefahren he was run over by a car and lost a leg, he lost a leg in a motor (*od.* car) accident. – **III** *v/reflex* ⟨h⟩ sich ~ **17.** (*von Reifen etc*) wear out. – **IV A~** *n* ⟨-s⟩ **18.** *verbal noun.* – **19.** *cf.* Abfahrt 1, 3 b, 4. – **20.** *cf.* Abfuhr 1. — **ˈabˌfah·rend I** *pres p.* – **II** *adj* outgoing.

ˈAbˌfahrt *f* ⟨-; -en⟩ **1.** departure, *auch* start, (*von Schiff*) *auch* sailing: 5 Minuten vor ~ des Zuges five minutes before the departure of the train; ~en zweimal wöchentlich *mar.* sailings twice weekly. – **2.** (*an der Autobahn*) exit, *Br.* slip-road. – **3.** (*sport*) a) *cf.* Abfahrtsstrecke, b) downhill skiing. – **4.** (*in Alpinistik*) glissade. — **a~beˌreit** *adj* **1.** ready to leave (*od.* depart), (*Schiff*) *auch* ready to sail (*od.* for sea). – **2.** *colloq.* (*Personen*) all set to go.

ˈAbˌfahrts|ˌbahnˌsteig *m* (*railway*) departure platform. — **~beˌfehl** *m* order to leave. — **~ˌflag·ge** *f mar.* sailing signal (*od.* flag), blue peter. — **~geˌlei·se, ~ˌgleis** *n* (*railway*) departure track. — **~ˌha·fen** *m mar.* port of sailing (*od.* departure, *Am. auch* clearance). — **~ˌhal·le** *f* departure hall. — **~ˌlauf** *m* (*sport*) downhill race. — **~ˌläu·fer** *m*, **~ˌläu·fe·rin** *f* downhill skier (*od.* runner, racer). — **~ˌpi·ste** *f* downhill run (*od.* course). — **~ˌren·nen** *n* downhill race. — **~siˌgnal** *n* **1.** (*railway*) signal for departure. – **2.** *mar.* sailing signal. — **~ˌski** *m* downhill ski. — **~ˌstel·le** *f* (*an der Autobahn*) exit (point), *Br.* run-out (point). — **~ˌstrecke** (*getr.* -k·k-) *f* (*sport*) downhill run (*od.* course), descent. — **~ˌta·fel** *f* (*railway*) departure timetable (*bes. Am.* schedule). — **~ˌtag** *m* day of departure, (*Schiff*) *auch* sailing day (*od.* date). — **~ˌvor·beˌrei·tung** *f meist pl* preparation for (the) departure. — **~ˌzei·chen** *n cf.* Abfahrtssignal. — **~ˌzeit** *f cf.* Abfahrzeit.

ˈAbˌfahrˌzeit *f* (time of) departure, departure time, (*eines Schiffes*) *auch* (time of) sailing.

ˈAbˌfall *m* ⟨-(e)s; Abfälle⟩ **1.** waste (*auch tech.*), refuse, rubbish; *bes. Am.* (*Papierabfälle, Lumpen etc*) trash; (*Fleisch- u. Gemüsereste*) garbage: herumliegender ~ litter; verwertbarer ~ utilizable waste; radioaktive Abfälle *nucl.* radioactive waste *sg.* – **2.** *meist pl* (*Speisereste*) scraps *pl*, leavings *pl*. – **3.** *tech.* a) (*Späne*) cuttings *pl*, chips *pl*, b) (*einzelnes Ausschußstück*) waster, c) (*Schrott*) scrap. – **4.** (*in Schlachterei, Lederindustrie, Müllerei etc*) offal. – **5.** *metall.* (*Erzabfälle, Berge*) tailings *pl*. – **6.** *chem. cf.* Rückstand 2, Rest 11. – **7.** ⟨*only sg*⟩ (*des Geländes*) slope, descent, fall, falling away. – **8.** *tech.* ⟨*only sg*⟩ (*Drehzahl eines Motors*) drop. – **9.** ⟨*only sg*⟩ *fig.* (*von Leistungen etc*) decline, drop, fall, deterioration. – **10.** ⟨*only sg*⟩ *pol.* (*Lossagung*) desertion, defection, falling away, parting company, (*eines Bündnispartners*) *auch* secession: ~ von einer Partei falling away from a party. – **11.** *hist.* (*Aufstand*) revolt: der ~ der Niederlande the revolt of the Netherlands. – **12.** ⟨*only sg*⟩ *relig.* a) (*von einem Glauben*) apostasy, renegation, b) (*von der Staatskirche*) secession, dissidence. – **13.** ⟨*only sg*⟩ *mar.* (*eines Schiffs*) drift. – **14.** ⟨*only sg*⟩ *med.* (*eines Fiebers*) fall, abatement, decline. – **15.** *electr.* (*der Spannung etc*) fall, drop. – **16.** (*watchmaking*) drop. – **17.** (*fashion*) bertha.

ˈAbˌfallau·ge (*getr.* -ll|l-) *f* **1.** sewage. – **2.** (*paper*) waste lye.

ˈAbˌfall|beˌhäl·ter *m* waste (*od.* refuse) container, litter bin, *bes. Am.* trash can. — **~ˌbo·den** *m civ.eng.* (*eines Wehrs*) downstream floor (*od.* apron). — **~ˌei·mer** *m Am.* garbage (*od.* trash) can, *Br.* dust-bin.

ˈabˌfal·len I *v/i* ⟨*irr, sep*, -ge-, sein⟩ **1.** (*von Blättern, Putz etc*) fall (off), come off. – **2.** (*von Resten etc*) be left over, go to waste: es fällt noch ein großes Stück Stoff ab there is a big piece of cloth left over. – **3.** *fig. colloq.* (*von Gewinn etc*) be gained: bei dem Geschäft fällt ganz schön was ab there is s.th. to be gained in this transaction, there are some nice pickings in this business; fällt nichts für mich dabei ab? isn't there anything in it for me? (*colloq.*). – **4.** (*von Hang, Straße etc*) descend, slope, slant, fall away (*od.* off): die Felsen fallen steil ins Meer ab the rocks drop (steeply) (*od.* plunge) into the sea. – **5.** (*von Leistungen etc*) decline, drop, fall (off), deteriorate. – **6.** (*von Zahl etc*) fall off, decrease, diminish. – **7.** (*von Hochwasser*) subside, decrease. – **8.** *fig.* (*von Sorge etc*) fall away, leave: ich fühlte, wie alle Angst von mir abfiel I felt all fear fall away from me. – **9.** (*nicht gefallen*) compare (*od.* come off, go) badly: gegen j-n ~ to compare badly with s.o.; ihr zweiter Roman fällt gegen den ersten ab her second novel is a comedown from the first one. – **10.** *pol.* fall (*od.* break) away, desert, defect, secede: **von einem Führer ~** to desert a leader; **von einer Partei ~** to break away (*od.* defect) from a party. – **11.** *hist.* (*von Untertanen etc*) revolt, rebel: **von Gott ~** *Bibl.* to rebel against God. – **12.** *relig.* a) renounce (*od.* abandon) one's faith, fall away, b) (*von einer Gruppe*) secede. – **13.** *mar.* (*beim Segeln*) fall off (*od.* to leeward), put the helm up: **vom Winde ~** to bogue; **bis platt vor dem Winde ~** to bear away before the wind; **mit Ruder ~!** bear up! **fall ab!** let her swing! – **14.** *med.* (*von Fieber etc*) fall, remit, abate. – **15.** *electr.* (*von Spannung etc*) drop, fall. – **16.** (*sport*) a) (*von Läufer etc*) fall back, drop back (*od.* behind, away), lag behind, b) *cf.* **abbauen** 17. – **17.** *hunt.* a) (*von Hund*) **von der Fährte ~** to give up the chase, b) (*von Vögeln*) fly off. – **18.** (*mining*) dip, be inclined. – **19.** *print.* slip. – **20.** *poet.* (*abmagern*) lose weight, grow thin. – **II A~** *n* ⟨-s⟩ **21.** *verbal noun.* – **22.** (*der Blätter etc*) fall. – **23.** *bot. zo.* (*von Organen nach erfüllter Funktion*) caducity. – **24.** *mar.* falling off, stray. – **25.** *cf.* **Abfall** 3, 4, 12, 13. — **ˈabˌfal·lend I** *pres p.* – **II** *adj* **1.** (*Blätter etc*) falling. – **2.** (*schräg, geneigt*) sloping; declivous, declivitous (*lit.*): **steil ~** precipitate. – **3.** *bot. zo.* (*regelmäßig*) deciduous, falling-off.

ˈAbˌfall·enerˌgie *f tech.* waste (*od.* decay) energy.

ˈAbˌfal·ler *m* ⟨-s; -⟩ (*Schwimmen*) statue dive, dead man's drop.

ˈAbˌfall|erˌzeug·nis *n tech.* waste product. — **~ˌgru·be** *f* rubbish pit. — **~ˌhau·fen** *m* rubbish (*od.* scrap) heap, rubbish dump, *Am.* trash pile.

ˈAbˌfallˌholz 1. waste wood. – **2.** (*forestry*) slash, refuse wood.

ˈabˌfäl·lig I *adj* **1.** (*abwertend*) derogatory, disparaging, depreciatory, depreciating: **eine ~e Bemerkung** a derogatory remark. – **2.** (*negativ*) unfavorable, *bes. Br.* unfavourable, adverse: **~e Kritik** adverse criticism. – **3.** (*mißbilligend*) disapproving, critical. – **4.** (*wood*) tapering. – **5.** *bot.* deciduous. – **6.** *cf.* **abtrünnig.** – **7.** *rare for* **abschüssig** 1, 2, 3. – **II** *adv* **8. von j-m ~ sprechen** to speak disparagingly of s.o.; **j-n ~ bescheiden** a) to give s.o. a negative (*od.* unfavo[u]rable) answer, b) to turn down (*od.* refuse) s.o.'s request; **etwas ~ beurteilen** to judge s.th. unfavo(u)rably. — **ˈAbˌfäl·lig·keit** *f* ⟨-; -en⟩ **1.** derogatoriness. – **2.** unfavorableness, *bes. Br.* unfavourableness, adverseness.

ˈAbˌfall|ˌkoh·le *f tech.* waste (*od.* refuse) coal. — **~ˌkoks** *m* coke breeze, stove coke. — **~ˌkorb** *m* **1.** waste-paper-basket, *bes. Am.* wastebasket, *Am.* scrap basket. – **2.** (*in Parks etc*) litter (*od.* rubbish) basket, *bes. Br.* litter bin. — **~ˌkü·bel** *m cf.* **Abfalleimer.** — **~ma·te·riˌal** *n tech.* waste material(s *pl*). — **~moˌment** *n tech.* breakdown torque. — **~ˌöl** *n* waste oil. — **~paˌpier** *n* (*Altpapier*) wastepaper. — **~proˌdukt** *n* (*unverwertbar*) waste product: **zur weiteren Verarbeitung geeignete ~e** shorts. — **~ˌquo·te** *f* waste quota. — **~ˌrohr** *n civ.eng.* refuse spout. — **~ˌsamm·ler** *m* (*Person*) collector of waste. — **~ˌsäu·re** *f chem.* residuary (*od.* spent, waste) acid. — **~ˌstoff** *m meist pl* **1.** *cf.* **Abfallprodukt.** – **2.** (*Stoffrest*) remnants *pl*, leftovers *pl* of cloth. — **~ˌstück** *n econ.* **1.** piece of waste material. – **2.** (*unbrauchbares Fabrikationsstück*) waster, reject. — **~ˌton·ne** *f Am.* garbage (*od.* ash, trash) can, *Br.* dust-bin. — **~verˌwer·tung** *f tech.* waste utilization (*Br. auch* -s-), salvage. — **~ˌwa·re** *f tech.* reject(s *pl*), waster(s *pl*). — **~ˌwär·me** *f phys.* waste heat. — **~ˌwir·tel** *m* (*textile*) tapered whirl. — **~ˌwol·le** *f* waste wool, droppings *pl.*

ˈabˌfäl·schen *v/t* ⟨*sep*, -ge-, h⟩ (*sport*) (*Ball*) divert, deflect: **den Ball zur Ecke ~** (*beim Fußball etc*) to deflect the ball for a corner.

ˈabˌfal·zen *v/t* ⟨*sep*, -ge-, h⟩ *tech.* **1.** (*Häute*) shave, skive. – **2.** (*Holz*) rebate.

ˈAbˌfang·au·toˌma·tik *f aer.* pullout device.

ˈabˌfan·gen I *v/t* ⟨*irr, sep*, -ge-, h⟩ **1.** (*abpassen*) catch, intercept: **ich fing ihn ab, als er das Haus verließ** I caught him just as he was leaving the house. – **2.** (*Brief, Meldung*) intercept: **unerwünschte Besucher ~** to intercept undesirable visitors. – **3.** (*Verbrecher*) catch, capture, get hold of, seize. – **4.** (*weglocken*) entice (*od.* draw) away: **j-m die Kunden ~** to entice the customers away from s.o., to steal s.o.'s customers. – **5.** (*schleuderndes Auto*) regain control of, bring (*a car*) back to normal course. – **6.** *aer.* a) (*Flugzeug*) right, hold off, b) (*aus dem Gleitflug*) flatten out, (*aus dem Sturzflug*) pull out, c) (*vor dem Aufsetzen*) level off, d) (*taktisch*) intercept. – **7.** *civ.eng.* (*Quelle*) shut off, intercept. – **8.** *econ.* catch up with, check, thwart: **inflationäre Tendenzen ~** to check inflationary tendencies. – **9.** *hunt.* kill (with a hunting knife), stab. – **10.** *mil.* (*Angriff*) check. – **11.** *phys.* catch, capture, intercept. – **12.** *tech.* a) (*Balken, Gewölbe, Gestein*) prop up, support, guy, b) (*Gas, Wasser in einem Behälter*) trap, c) (*Stoß, Schlag*) cushion, d) (*Späne*) intercept. – **13.** *metall.* (*Schmelze*) catch. – **14.** (*sport*) a) (*Ball, Paß*) intercept, b) (*Boxhieb*) parry, c) (*Gegner vor dem Ziel*) overtake, catch up with, *Br. auch* catch up. – **II A~** *n* ⟨-s⟩ **15.** *verbal noun.* – **16.** (*von Briefen, Feindflugzeugen etc*) interception. – **17.** (*von Gefangenen*) capture, seizure. – **18.** *aer.* a) pullout, recovery, b) (*zur Landung*) flattening out.

ˈAbˌfang|ˌgra·ben *m civ.eng.* **1.** (*Auffanggraben*) **1.** catchwater (*od.* intercepting) ditch. – **2.** (*Rieselfeld*) pick-up carrier. — **~ˌjä·ger** *m aer. mil.* interceptor (plane).

ˌAb·faˈrad *n* ⟨-(s); -⟩ *electr.* abfarad.

ˈabˌfär·ben I *v/i* ⟨*sep*, -ge-, h⟩ **1.** (*Farbe abgeben*) come (*od.* rub) off: **die Wand färbt ab** the wall paint comes off; **der Pullover hat auf das Hemd abgefärbt** the colo(u)r of the sweater has run on to the shirt. – **2.** (*Farbe verlieren*) lose color (*bes. Br.* colour), stain. – **3.** *fig.* (**auf** *acc* on) rub off: **die Ansichten seiner Freunde haben auf ihn abgefärbt** his friends' opinions have rubbed off on him. – **4.** (*textile*) mark off, bleed, stain. – **II** *v/t* **5.** give the last dye to.

ˈabˌfa·sen *v/t* ⟨*sep*, -ge-, h⟩ *tech.* (*abschrägen*) bevel, chamfer.

ˈabˌfa·sern I *v/t* ⟨*sep*, -ge-, h⟩ (*Bohnen etc*) string. – **II** *v/i u.* **sich ~** *v/reflex* (*von Tuch*) ravel out, fray, unravel.

ˈabˌfas·sen I *v/t* ⟨*sep*, -ge-, h⟩ **1.** (*verfassen*) write, compose, pen: **einen Aufsatz ~** to write an essay. – **2.** *jur. pol.* draft, draw up, make up: **ein Protokoll ~** to draw up a protocol; **ein Testament ~** to draft a will. – **3.** (*formulieren*) word, formulate, couch: **einen Brief höflich ~** to couch a letter in polite terms. – **4.** (*ertappen*) catch: **er wurde beim Wildern abgefaßt** he was caught poaching. – **5.** *colloq. for* **fassen** 9, 10. – **II A~** *n* ⟨-s⟩ **6.** *verbal noun.* – **7.** *cf.* **Abfassung.** — **ˈAbˌfas·ser** *m* ⟨-s; -⟩ writer, author. — **ˈAbˌfas·sung** *f* ⟨-; -en⟩ **1.** *cf.* **Abfassen.** – **2.** composition: **die ~ des Textes erfolgte zwischen 1100 und 1200** the text was written between 1100 and 1200 A.D. – **3.** *jur. pol.* draft.

ˈabˌfau·len *v/i* ⟨*sep*, -ge-, sein⟩ **1.** (*von Obst etc*) rot (off *od.* away). – **2.** *med.* (*von Zähnen*) rot (off *od.* away), decay.

ˈabˌfech·ten *v/t* ⟨*irr, sep*, -ge-, h⟩ **j-m etwas ~** *colloq.* to cadge (*od.* scrounge) s.th. from s.o.

ˈabˌfe·dern I *v/t* ⟨*sep*, -ge-, h⟩ **1.** *tech.* spring-load, spring-mount, cushion. – **2.** *auto.* (*das Fahrerhaus*) suspend. – **3.** *hunt.* kill (*game bird*) (by piercing brain with a quill). – **II** *v/i* **4.** *bes. tech.* absorb shocks. – **III A~** *n* ⟨-s⟩ **5.** *verbal noun.* — **ˈAbˌfe·derung** *f* ⟨-; -en⟩ **1.** *cf.* **Abfedern.** – **2.** *auto.* spring mounting (*od.* loading), (*der Achsen*) spring suspension. – **3.** (*gegen federnde Durchbiegung*) spring.

ˈabˌfe·gen *v/t* ⟨*sep*, -ge-, h⟩ **1.** (*mit Besen*) sweep (*s.th.*) (off), (*mit Staubtuch etc*) dust (*od.* wipe, whisk) (*s.th.*) (off): **den Staub von etwas ~** to wipe off the dust from s.th. – **2.** *hunt.* (*Geweih*) fray.

ˈabˌfei·ern *v/t* ⟨*sep*, -ge-, h⟩ *econ. colloq.* (*Überstunden*) idle away.

ˈabˌfei·len *v/t* ⟨*sep*, -ge-, h⟩ **1.** *tech.* file (*s.th.*) off (*od.* away). – **2.** (*Münzen*) clip. – **3.** *fig.* (*Stil etc*) file, polish.

ˈabˌfeil·schen *v/t* ⟨*sep*, -ge-, h⟩ *cf.* **abhandeln** 1.

ˈabˌfei·men *v/t* ⟨*sep*, -ge-, h⟩ (*Milch etc*) skim (off).

ˈAbˌfer·kelˌbucht *f agr.* farrowing pen.

ˈabˌfer·keln *v/i* ⟨*sep*, -ge-, h⟩ *agr.* (*vom Schwein*) farrow.

ˈabˌfer·ti·gen I *v/t* ⟨*sep*, -ge-, h⟩ **1.** (*Zug, Bus etc*) make (*od.* get) (*s.th.*) ready to leave (*od.* start), dispatch, despatch. – **2.** (*Gepäck*) prepare (*s.th.*) for dispatch (*od.* despatch), (*auch Zoll*) clear, handle. – **3.** (*Kunden*) serve, attend to, *Am.* wait on, (*bes. bei Behörden*) deal with, *Am.* process. – **4.** (*Auftrag etc*) deal with, attend to, carry out. – **5.** (*weiterbefördern*) forward, expedite. – **6.** (*durchschleusen*) channel through, *bes. Am.* process. – **7.** *fig.* (*abweisen*) dismiss (*s.o.*) (without ceremony), get rid of, snub, rebuff: **j-n kurz ~** to be short with s.o., to treat s.o. curtly, to send s.o. about his business; **so lasse ich mich nicht ~** I won't be put off like that; **j-n schroff ~** to deal roughly with s.o., to send s.o. packing; **einen Besucher vor der Tür ~** to get rid of a visitor at the door. – **8.** *econ.* a) (*bes. bei Kündigung*) pay compensation to, b) (*Anspruch*) dispose of. – **9.** *aer. mar.* a) (*Flugzeug, Schiff*) clear, b) (*Passagiere*) check in. – **10.** (*sport*) *colloq.* (*überlegen schlagen*) dispose of, make short work (*od.* shrift) of. – **II A~** *n* ⟨-s⟩ **11.** *verbal noun.* — **ˈAbˌfer·ti·gung** *f* ⟨-; -en⟩ **1.** *cf.* **Abfertigen.** – **2.** (*eines Zuges, Busses etc*) dispatch, despatch. – **3.** (*von Gepäck*) dispatch, despatch, clearance: **zollamtliche ~** (customs) clearance. – **4.** (*von Kunden*) service, (*bes. bei Behörden*) dealing with customers, *Am.* processing of customers. – **5.** (*eines Auftrags etc*) attendance (to). – **6.** *fig.* (*Abweisung*) rebuff, snub. – **7.** *econ.* (*Kündigungsabfindung*) compensation payment (*to employees on termination of employment contract*). – **8.** *aer.* a) flight preparations *pl*, b) (*Fluggastabfertigung*) check-in counter. – **9.** *mar.* clearance ('inwards' or 'outwards'). – **10.** *cf.* **Abfertigungsstelle.**

ˈAbˌfer·ti·gungs|beˌam·te *m* (*am Gepäckschalter*) luggage (*Am.* baggage) clerk. — **~ˌbuch** *n* dispatch (*od.* despatch) book. — **~ˌdienst** *m* dispatch (*od.* despatch) service. — **~ˌschal·ter** *m* dispatch (*od.* luggage, *Am.* baggage, clearance) counter. — **~ˌstel·le** *f* **1.** (*railway*) *Am.* freight (*Br.* goods) platform, (*auf dem Güterbahnhof*) *Am.* freight (*Br.* goods) office. – **2.** (*Büro*) office of dispatch (*od.* despatch), dispatch (*od.* forwarding) office. — **~vorˌschrif·ten** *pl* **1.** (*Versand*) dispatch (*od.* despatch, forwarding) regulations. – **2.** (*Zoll*) clearance regulations. — **~ˌzeit** *f* hour(s *pl*) (*od.* time) of dispatch (*od.* despatch, clearance).

ˈabˌfet·ten *v/t* **1.** *gastr.* (*Suppe*) skim the fat off (*the soup*). – **2.** *tech. colloq. for* **abschmieren** 1.

ˈabˌfet·zen *v/t* ⟨*sep*, -ge-, h⟩ *colloq.* tear (*s.th.*) down.

ˈabˌfeu·ern I *v/t* ⟨*sep*, -ge-, h⟩ **1.** *bes. mil.* (*Gewehr etc*) fire (off), discharge, let off, (*bes. Geschütz*) shoot off: **eine Breitseite ~** *mar.* to broadside; **eine Salve ~** to discharge a salvo. – **2.** (*Geschoß*) fire (off), shoot (off): **einen Schuß auf j-n ~** to fire a shot at s.o., to shoot at s.o. – **3.** (*sport*) *colloq.* (*abschießen*) let fly (*colloq.*). – **II** *v/i* **4.** *bes. mil.* shoot (off), fire (a shot), give fire. – **5.** (*sport*) *colloq.* shoot, let fly (*colloq.*). – **6.** *tech.* cease firing (*od.* heating). – **III A~** *n* ⟨-s⟩ **7.** *verbal noun.* — **ˈAbˌfeue·rung** *f* ⟨-; *no pl*⟩ **1.** *cf.* **Abfeuern.** – **2.** *mil.* a) discharge, b) firing mechanism. – **3.** *tech.* cessation of firing (*od.* heating).

ˈabˌfie·deln *v/t* ⟨*sep*, -ge-, h⟩ **1.** (*Lied etc*) scrape (*s.th.*) out on a fiddle. – **2.** *obs.* (*Gurgel*) cut (off).

ˈabˌfie·ren *v/t* ⟨*sep*, -ge-, h⟩ *mar.* (*Tau etc*) veer (out), slack away.

ˈabˌfie·seln *v/t* ⟨*sep*, -ge-, h⟩ *Bavarian dial.* **1.** (*abnagen*) pick. – **2.** (*abschaben*) scrape the meat off (*s.th.*).

ˈabˌfil·tern *v/t* ⟨*sep*, -ge-, h⟩, **ˈab·filˌtrie·ren** *v/t* ⟨*sep*, *no* -ge-, h⟩ *cf.* **filtern** 2.

ˈabˌfind·bar *adj jur. econ.* (**gegen** for) compoundable.

ˈabˌfin·den I *v/t* ⟨*irr, sep*, -ge-, h⟩ **1.** *bes. jur.* (*j-s Rechtsansprüche befriedigen*) pay (*s.o.*) off, satisfy: **einen Gläubiger ~** to pay off (*od.* satisfy) a creditor; **einen Teilhaber ~** *econ.* to buy out a partner. – **2.** (*entschädigen*) (**für** for) indemnify, compensate: **eine Tochter ~** to portion (off) a daughter; **j-n bei Lebzeiten ~** *jur.* to forisfamiliate s.o. – **3.** *fig.* (*abspeisen*) put (*s.o.*) off: **j-n mit ein paar Versprechungen ~** to put s.o. off with a few promises. – **II** *v/reflex* **sich ~ 4.** (*sich zufriedengeben*) (**mit etwas** to s.th.) resign (*od.* reconcile) oneself: **sich mit et-**

was Unabänderlichem ~ to make the best of s.th., to put up with s.th.; sich mit seinem Schicksal (*od.* Los) ~ to reconcile oneself to one's fate; sich mit den Tatsachen ~ to face the facts; sich damit ~, daß man etwas tun muß (*od.* etwas tun zu müssen) to resign oneself to doing s.th. – 5. (*sich fügen*) (mit etwas) submit (to s.th.), acquiesce (in s.th.), take (s.th.): sich mit einer Entscheidung ~ to submit to a decision; ich kann mich damit nicht ~ I cannot accept it. – 6. (*sich einigen*) (mit j-m with s.o.) come to terms (*od.* an arrangement). – 7. *jur. econ.* (*im Vergleichsweg*) (mit j-m with s.o.) compound (*od.* settle), come to a composition. – III A~ *n* ⟨-s⟩ 8. *verbal noun.* — **'Abˌfin·dung** *f* ⟨-; -en⟩ 1. *cf.* Abfinden. – 2. *bes. jur.* (*Befriedigung von Rechtsansprüchen*) paying off, satisfaction: ~ eines Gläubigers compensation of a creditor; ~ eines Teilhabers *econ.* buying out of a partner; ~ im Vergleichsweg arrangement, composition. – 3. (*Entschädigung*) indemnification, indemnity, compensation: pauschale ~ lump-sum settlement; j-m eine ~ zahlen to pay s.o. an indemnity, to indemnify s.o.; als ~ as (*od.* by way of) compensation; gegen eine ~ von DM 1000 against (*od.* on) payment of DM 1,000 as an indemnity; ~ einer Tochter *jur.* portioning (off) of a daughter; ~ bei Lebzeiten *jur.* forisfamiliation. – 4. *cf.* Abfindungssumme. – 5. *hist.* ap(p)anage.

'Abˌfin·dungs|ˌsum·me *f* 1. (*Entschädigung*) (sum of) indemnity, indemnification, (*im Vergleichsweg*) compensation. – 2. *jur. econ.* (*an Gläubiger*) composition, compo. – 3. *econ.* (*für Angestellte*) severance pay. – 4. *jur. econ.* (*für Nichteinhaltung eines Vertrags etc*) smart money. — **~verˌtrag** *m* compensation agreement. — **~ˌzah·lung** *f* composition payment.

'abˌfin·nen [-ˌfɪnən] *v/t* ⟨*sep*, -ge-, h⟩ *tech.* 1. (*in der Schmiede*) beat (*s.th.*) thin for welding. – 2. (*in der Klempnerei*) seam.

'abˌfi·schen *v/t* ⟨*sep*, -ge-, h⟩ 1. (*Fluß etc leer fischen*) fish out, clear (*s.th.*) of fish. – 2. (*suchend*) (nach for) fish.

'abˌfla·chen I *v/t* ⟨*sep*, -ge-, h⟩ 1. make (*s.th.*) flat, flatten (*s.th.*) (out). – 2. *tech.* a) (*Gewinde*) truncate, b) (*Muttern*) flatten. – II *v/i* ⟨sein⟩ 3. *fig.* (*von Leistung etc*) sink, go down. – III *v/reflex* ⟨h⟩ sich ~ 4. *geol.* (*von Berg etc*) flatten (out), subside. – 5. *mar.* (*von Wasser*) (become) shallow. – IV A~ *n* ⟨-s⟩ 6. *verbal noun.* – 7. *cf.* Abflachung.

'abˌflä·chen [-ˌflɛçən] *v/t* ⟨*sep*, -ge-, h⟩ *tech.* 1. (*Flächen*) face, surface. – 2. (*Kanten*) chamfer, bevel.

'Abˌflach·kon·denˌsa·tor *m tel.* smoothing capacitor (*od.* condenser).

'Abˌfla·chung *f* ⟨-; -en⟩ 1. *cf.* Abflachen. – 2. flat (part). – 3. *tech.* a) (*eines Gewindes*) truncation, b) (*einer Mutter*) flattening, c) (*abgeflachter Teil*) flat portion. – 4. *mar.* (*Untiefe*) shoal. – 5. *math. astr.* (*an den Polen*) oblateness. – 6. *min.* (*eines Kristalls*) bevel. – 7. *med.* (*der Linse im Auge*) applanation.

'abˌflam·men *v/t* ⟨*sep*, -ge-, h⟩ 1. (*Tuch*) singe. – 2. *mar.* (*Schiffsrumpf*) bream.

'abˌfläm·men *v/t* ⟨*sep*, -ge-, h⟩ *tech.* flame-scarf.

'abˌflau·en I *v/i* ⟨*sep*, -ge-, sein⟩ 1. (*bes. vom Wind etc*) abate, drop, die down. – 2. *fig.* (*von Gefühlen etc*) wane, subside, abate, flag: das Interesse flaut ab interest is flagging (*od.* falling off). – 3. *econ.* a) (*von Kursen*) drop, crumble, give away, ease off, b) (*vom Geschäft*) slacken (off), recede, slump, c) (*von Preisen*) sag, go down, decline. – 4. *med.* (*vom Fieber etc*) subside, decrease in strength. – II A~ *n* ⟨-s⟩ 5. *verbal noun.* – 6. (*des Windes etc*) abatement: im ~ sein *cf.* abflauen 1. – 7. (*der Gefühle etc*) wane, subsidence, flag, abatement. – 8. *econ.* a) (*der Kurse*) dropping, b) (*des Geschäfts*) recession, slump, depression, c) (*der Preise*) sag, decline. – 9. *med.* (*des Fiebers etc*) regression.

'abˌflei·schen [-ˌflaɪʃən] *v/t* ⟨*sep*, -ge-, h⟩ (*leather*) flesh, scrape. — **'Abˌfleischˌmes·ser** *n* fleshing knife, scraper.

'abˌflen·sen [-ˌflɛnzən] *v/t* ⟨*sep*, -ge-, h⟩ (*Wal*) flense, *auch* flench, flinch.

'abˌflie·gen I *v/i* ⟨*irr*, *sep*, -ge-, sein⟩ 1. (*von Pfeil, Vogel etc*) fly off (*od.* away): Tauben ~ lassen to release pigeons. – 2. (*von Personen*) (nach to) fly. – 3. *aer.* (*von Flugzeugen*) start, leave, take off: wir fliegen um 9 Uhr ab our plane leaves at 9 o'clock. – II *v/t* 4. ⟨h⟩ (*Verwundete etc*) (nach to) fly, transport (*s.o.*) by plane. – 5. ⟨h *u.* sein⟩ (*Strekke, Gebiet*) patrol (by plane). – III A~ *n* ⟨-s⟩ 6. *verbal noun.* – 7. *cf.* Abflug.

'abˌflie·ßen I *v/i* ⟨*irr*, *sep*, -ge-, sein⟩ 1. (*von Wasser etc*) flow (*od.* run) off (*od.* down): durch ein Rohr ~ to flow off through a pipe; durch ein Leck ~ to leak off. – 2. (*ablaufen*) (in *acc* into) drain (away *od.* off): in einen See ~ to drain into a lake; das Badewasser fließt langsam ab the bathwater drains (off) slowly; etwas ~ lassen to let s.th. run off, to run (*od.* drain) s.th. off. – 3. *econ.* (*von Kapital etc*) flow off. – 4. *med.* (*von Eiter etc*) (aus from) drain. – II A~ *n* ⟨-s⟩ 5. *verbal noun*: A~ von Luft (*am Fallschirm*) spilling. – 6. *cf.* Abfluß 1, 4a, 4c, 4d, 5, 8, 9.

'abˌflit·zen *v/i* ⟨*sep*, -ge-, sein⟩ *colloq.* make (*od.* dash) off.

'abˌflö·ßen *v/t* ⟨*sep*, -ge-, h⟩ (*Holz*) float (downstream).

'abˌfluch·ten *tech.* I *v/t* ⟨*sep*, -ge-, h⟩ align, *auch* aline, line (*s.th.*) out, make (*s.th.*) flush, level. – II A~ *n* ⟨-s⟩ *verbal noun.* — **'Abˌfluch·tung** *f* ⟨-; -en⟩ 1. *cf.* Abfluchten. – 2. alignment, *auch* alinement.

'Abˌflug *m* 1. *aer.* a) takeoff, start, b) flight, departure: ~ mit Starthilfe assisted takeoff; der ~ wurde verschoben the departure was delayed; im ~ outbound. – 2. (*der Zugvögel*) flight, departure. — **~ˌdeck** *n aer.* (*auf dem Flugzeugträger*) flight deck. — **~geˌschwin·dig·keit** *f* takeoff (*od.* getaway) speed. — **~geˌwicht** *n* takeoff weight. — **~ˌha·fen** *m* (air)port of departure. — **~ˌlei·stung** *f* takeoff power. — **~ˌort** *m* point of departure.

'Abˌflugs... *cf.* Abflug...

'Abˌflug|ˌstrecke (*getr.* -k·k-) *f aer.* takeoff distance. — **~ˌzeit** *f* (time of) departure.

'Abˌfluß *m* 1. (*Abfließen, Ablaufen*) flowing off, (*bes. von Wasser*) draining off. – 2. (*Abflußrohr*) outlet (*od.* waste) pipe, drain(pipe): der ~ ist verstopft the waste pipe is stopped up (*od.* clogged). – 3. (*Ausguß*) sink. – 4. *tech.* a) discharge, b) (*Öffnung*) outlet, c) (*von Neutronen*) leakage, d) (*von Flüssigkeiten*) drain. – 5. *geol.* (*eines Hochwassers, des Regens etc*) (surface) runoff: Gebiet ohne ~ inland drainage area. – 6. *civ.eng.* (*Abflußwassermenge*) (river) discharge (*od.* flow). – 7. *agr.* drain. – 8. *med.* discharge, issue, flow: träger ~ (*von Blut u. Serum*) ooze. – 9. *econ.* (*des Geldes etc*) outflow, withdrawal, drain, discharge: ~ ins Ausland efflux, exodus, foreign drain.

'Abˌfluß|ˌbecken (*getr.* -k·k-) *n* (*für Schmutzwasser*) sink, basin. — **~ˌfak·tor** *m geol. cf.* Abflußkoeffizient. — **~geˌbiet** *n geol.* a) (*eines Flusses*) catchment area (*od.* basin), b) (*eines Sees od. Meeres*) drainage area (*od.* basin), c) watershed, *Am.* tributary area. — **~geˌschwin·dig·keit** *f* (discharge) velocity. — **~ˌgra·ben** *m civ.eng.* drainage ditch, (*unterirdisch*) culvert: künstlicher ~ *tech.* sluice. — **~ˌhahn** *m tech.* drain (*od.* discharge) cock. — **~ˌhem·mung** *f med.* blocked drainage, obstruction. — **~kaˌnal** *m tech.* 1. drain channel, discharge conduit. – 2. (*am Staubecken*) sluice, spillway. — **~kaˌnü·le** *f med.* drainage tube. — **~ko·ef·fi·ziˌent** *m geol.* drainage ratio, discharge coefficient. — **~ˌkur·ve** *f civ.eng. cf.* Abflußmengenkurve. — **~ˌlei·tung** *f* drainpipe. — **~ˌli·nie** *f civ.eng. cf.* Abflußmengenkurve.

'abˌfluß·los *adj* 1. *geol.* having no outlet: ~es Gebiet internal drainage area. – 2. *tech.* drainless. — **'Abˌfluß·lo·sig·keit** *f* ⟨-; *no pl*⟩ *geol.* internal drainage.

'Abˌflußˌmen·ge *f* 1. *geol.* (river) discharge. – 2. *tech.* (amount of) discharge.

'Abˌflußˌmen·gen|ˌkur·ve, ~ˌli·nie *f civ.eng.* discharge curve, hydrograph.

'Abˌfluß|ˌmög·lich·keit *f* outlet (*od.* discharge) feature. — **~ˌöff·nung** *f* 1. *tech.* outlet, exit, discharge opening, drain hole. – 2. (*auf der Straße*) (gutter) drain, *Br.* gull(e)y hole. — **~ˌreg·ler** *m tech.* flow meter. — **~ˌrin·ne** *f* 1. *tech.* a) gutter, waste drain, b) drainage trench. – 2. *metall.* a) (*eines Schmelzofens*) spout, b) (*Erzaufbereitung*) discharge launder. – 3. *geol.* gully, gulley. – 4. *agr.* a) outlet rill (*od.* ditch), b) (*Sickersaftrinne*) dunging channel. — **~ˌrohr** *n* 1. *civ.eng.* waste (*od.* discharge) pipe, drainpipe. – 2. *tech.* (*bes. am Wasserklosett*) soil pipe. – 3. *mar. cf.* Speigatt. — **~ˌschleu·se** *f* water gate. — **~venˌtil** *n* drain (*od.* discharge, outlet) valve. — **~ˌwas·ser** *n* 1. waste (*od.* discharge) water. – 2. sewage.

'abˌfoh·len *v/i* ⟨*sep*, -ge-, h⟩ *agr. cf.* fohlen.

'Abˌfol·ge *f* ⟨-; -n⟩ 1. succession: in rascher ~ in rapid succession. – 2. (*Reihenfolge*) sequence: eine ~ von Szenen a sequence of scenes. – 3. *geol.* (genetic) succession.

'abˌfor·dern I *v/t* ⟨*sep*, -ge-, h⟩ j-m etwas ~ to demand (*od.* require) s.th. from (*od.* of) s.o.: er forderte mir das Ehrenwort ab he demanded my word of hono(u)r; j-m Rechenschaft ~ to call s.o. to account. – II A~ *n* ⟨-s⟩ *verbal noun.* — **'Abˌfor·de·rung** *f* ⟨-; -en⟩ 1. *cf.* Abfordern. – 2. demand, request.

'abˌfor·men I *v/t* ⟨*sep*, -ge-, h⟩ 1. (*modellieren*) model, shape, form, mold, *bes. Br.* mould: etwas in Ton ~ to model s.th. in clay. – 2. (*abgießen*) cast: etwas von einem Abguß ~ to cast s.th. after another mo(u)ld; ein Modell in Gips ~ to cast a model in plaster. – 3. *tech. metall.* mold, *bes. Br.* mould. – II *v/reflex* sich ~ 4. *cf.* abzeichnen 4. – III A~ *n* ⟨-s⟩ 5. *verbal noun.* – 6. (*Abgießen*) cast.

'AbˌformˌGips *m* plaster for making casts.

'Abˌfor·mung *f* ⟨-; -en⟩ *cf.* Abformen.

'abˌfor·sten *v/t* ⟨*sep*, -ge-, h⟩ (*forestry*) *cf.* abholzen 1, 2. — **'Abˌfor·stung** *f* ⟨-; -en⟩ *cf.* Abholzung.

'abˌfra·gen I *v/t* ⟨*sep*, -ge-, h⟩ *ped.* 1. j-n (über *acc*) etwas ~ to ask s.o. questions on s.th., to question s.o. on s.th.: er fragte ihn das Gedicht ab he asked him to recite the poem; der Lehrer fragte ihn ab the teacher heard him repeat (*od.* recite) his lesson; sich gegenseitig ~ to ask each other (*od.* one another). – 2. (*Klasse etc*) question, examine (*s.o.*) orally, *Am.* quiz. – 3. (*computer*) (*Speicher*) interrogate. – II *v/i* 4. *tel.* accept a call, answer (a calling subscriber). – III A~ *n* ⟨-s⟩ 5. *verbal noun.* – 6. *bes. ped.* oral test (*od.* examination), *Am.* quiz.

'Abˌfra·ge|ˌplatz *m tel.* answering board, answering (*od.* home jack) panel, answering (*od.* outgoing) position. — **~ˌschal·ter** *m* listening (*od.* speaking) key. — **~ˌstöp·sel** *m* answering plug. — **~ˌta·ste** *f* inquiry (*od.* enquiry, speaking) key.

'abˌfrä·sen *tech.* I *v/t* ⟨*sep*, -ge-, h⟩ 1. a) mill off (*od.* away), b) (*abwärtsfräsen*) climb mill, down mill. – II A~ *n* ⟨-s⟩ 2. *verbal noun.* – 3. (*Abwärtsfräsen*) climb milling, down-(cut) milling, in-milling.

'abˌfres·sen I *v/t* ⟨*irr*, *sep*, -ge-, h⟩ 1. (*Blätter, Knospen etc*) eat (*od.* bite) off, nibble away (*od.* off), browse, browze: Blätter von Sträuchern ~ to eat off leaves from bushes. – 2. (*kahlfressen*) browse (*od.* browze) (*s.th.*) down, eat (*s.th.*) bare. – 3. *fig.* eat into, gnaw at: der Gram frißt ihm das Herz ab grief eats into his very heart. – II A~ *n* ⟨-s⟩ 4. *verbal noun.*

'abˌfrie·ren *v/i* ⟨*irr*, *sep*, -ge-, sein⟩ 1. (*von Blüten etc*) freeze off, be nipped (off) by frost (*od.* freezing), be frostbitten: die Trauben sind abgefroren the grapes were frostbitten. – 2. (*von Gliedmaßen*) be frostbitten: ihm sind zwei Zehen abgefroren two of his toes were frostbitten, he lost two toes through frostbite.

'abˌfri·schen I *v/t* ⟨*sep*, -ge-, h⟩ *brew.* (*Wasser*) change. – II *v/reflex* sich ~ cool off, refresh oneself.

'ab·frotˌtie·ren I *v/t* ⟨*sep*, *no* -ge-, h⟩ j-n ~ to rub s.o. down (*od.* off) with a Turkish towel. – II *v/reflex* sich ~ rub oneself down (*od.* off) with a Turkish towel.

'abˌfüh·len *v/t* ⟨*sep*, -ge-, h⟩ *cf.* abtasten 1.

'Abˌfuhr *f* ⟨-; -en⟩ 1. (*Beseitigung, Fortschaffen*) removal, disposal: ~ von Müll refuse (*Am.* garbage) disposal. – 2. *fig. colloq.* (*derbe Abweisung*) rebuff, repulse, brush-off (*colloq.*): j-m eine ~ erteilen (*od. lit.* zuteil werden lassen) to rebuff s.o., to give s.o. the brush-off, to turn s.o. down flat (*colloq.*); j-m eine schwere ~ erteilen to send s.o. away with a flea in his ear; sich (*dat*) eine ~ holen to meet with a rebuff, to meet with (*od.* suffer) a repulse; eine glatte ~ a point-blank refusal. – 3. (*sport*) *colloq.* (*hohe Niederlage*) severe defeat; beating, licking, trouncing (*colloq.*): sich (*dat*) eine ~ holen to receive a beating; einer Mannschaft eine ~ erteilen to beat a team soundly, to lick a team (*colloq.*). – 4. (*bei *der studentischen Mensur*) disablement, state of being hors de combat: **bis zur ~ fechten** to fight until hors de combat.

ˈabˌführ·bar *adj econ.* (*Steuern etc*) payable.

ˈabˌfüh·ren I *v/t* ⟨*sep*, -ge-, h⟩ **1.** (*Verbrecher etc*) lead (*s.o.*) off (*od.* away), march (*od.* carry) (*s.o.*) off: **j-n ins Gefängnis ~** to carry s.o. off (in)to prison; **j-n gefangen ~** to lead s.o. away captive; **einen Gefangenen ~ lassen** to order a prisoner away, to remove a prisoner; **führen Sie ihn ab!** lead him away! – **2.** (*abbringen*) take (*s.o.*) out of his way, lead (*s.o.*) off: **der Weg führt uns von der Straße ab** this way leads us off the road. – **3.** *fig.* (von from) carry (*od.* take, lead) (*s.o.*) away: **das führt uns zu weit vom Thema ab** this leads us too far from the subject. – **4.** *cf.* **fortschaffen** 1, **wegschaffen** 1, 2. – **5.** *econ.* (*Steuern*) pay: **einen Betrag an j-n ~** to pay an amount over to s.o. – **6.** *econ.* (*gutschreiben*) pass (*s.th.*) to s.o.'s credit, credit (*s.th.*) to s.o.'s account. – **7.** *phys. tech.* a) (*Wärme*) dissipate, carry off (*od.* away), b) (*Gase*) draw off, take off, pass off. – **8.** *civ.eng.* a) (*Wasser etc*) drain, b) (*Flüsse*) divert, lead off. – **9.** *tech.* (*Dampf*) exhaust. – **10.** (*mining*) remove. – **11.** *hunt.* (*abrichten*) train (for hunting). – **12.** (*bei der studentischen Mensur*) put (*s.o.*) hors de combat, disable. – **II** *v/i* **13.** *med.* (*von Mitteln*) purge, act as an aperient, loosen (*od.* open) the bowels, be a laxative: **stark ~** to be a drastic laxative, to scour. – **14.** *med.* (*Darm entleeren*) relieve (*od.* evacuate) the bowels. – **III A~** *n* ⟨-s⟩ **15.** *verbal noun.* – **16.** *cf.* **Abführung.** — **ˈabˌfüh·rend I** *pres p.* – **II** *adj* **1.** *med.* a) (*den Stuhlgang fördernd*) cathartic, purgative, laxative, b) (*Gefäß, Drüsengang*) excretory, efferent, c) (*reinigend*) cathartic. – **2.** *tech.* a) (*Wärme*) dissipating, b) (*Flüssigkeiten*) passing (*od.* drawing) off, c) (*feste Stoffe*) carrying away.

ˈAbˌfuhr·geˌsell·schaft *f* scavenging (*od.* cesspool-clearing) company.

ˈAbˌfuhrˌko·sten *pl* expenses for carrying away (*od.* removal of) material (*od.* goods).

ˈAbˌführ|ˌmit·tel *n* **1.** *med. pharm.* a) (*mildes*) laxative, lenitive, aperient, physic, b) (*starkes*) purgative, purge, cathartic, evacuant: **salinisches ~** saline cathartic. – **2.** *vet.* drench. — **~ˌpil·le** *f med.* laxative pill. — **~ˌsalz** *n* salts *pl*, saline cathartic. — **~scho·koˌla·de** *f* laxative chocolate.

ˈAbˌfuhr·syˌstem *n tech.* discharge system.

ˈAbˌführˌtee *m med. pharm.* aperient tea.

ˈAbˌfüh·rung *f* ⟨-; -en⟩ **1.** *cf.* **Abführen.** – **2.** *cf.* **Wegschaffung.** – **3.** *econ.* (*von Geldern etc*) payment, transfer: **die termingerechte ~ von Steuern** the payment of taxes by the due date. – **4.** *phys. tech.* (*von Dämpfen*) exhaust. – **5.** *civ.eng.* a) drainage, b) (*eines Wasserlaufs*) diversion. – **6.** *med.* a) purgation, catharsis, b) (*durch den Körper selbst*) evacuation, expulsion. – **7.** (*bei der studentischen Mensur*) disablement.

ˈAbˌfüh·rungs|ˌgang, ~kaˌnal *m med.* efferent duct. — **~ˌpflicht** *f econ.* (*von Steuern etc*) obligation to pay. — **~ˌrohr** *n tech.* *cf.* **Abflußrohr** 2. — **~ˌschlauch** *m* (*eines Rauchschutzgerätes*) exhaling tube.

ˈAbˌfüll|ˌanˌla·ge *f tech.* **1.** (*für Fässer*) racking plant. – **2.** (*für Flaschen*) bottling equipment. – **3.** (*für Körner, Pulver etc*) filling plant. — **~ap·paˌrat** *m* **1.** (*für Fässer*) racking machine, racker. – **2.** (*für Flaschen*) bottling apparatus, bottler. – **3.** (*für Körner, Pulver etc*) filling apparatus. — **~ˌbüt·te** *f* racking square (*od.* tank). — **~ˌda·tum** *n* date of racking (*od.* bottling, filling).

ˈabˌfül·len¹ *v/i* ⟨*sep*, -ge-, h⟩ *agr. cf.* **fohlen.**

ˈabˌfül·len² I *v/t* ⟨*sep*, -ge-, h⟩ **1.** (*Gefäß, Tüte, Flasche etc*) fill (up): **Wein ~** to rack wine; **Bier in Fässer ~** to tun (up) (*od.* vat, cask, cooper) beer; **etwas in** (*od.* **auf**) **Flaschen ~** to bottle s.th. (off); **etwas in Röhrchen** (*od.* **Tuben**) **~** to tube s.th.; **etwas in Tüten ~** to bag s.th. (up). – **2.** (in *acc* into) draw off (*liquid into a smaller container*). – **II A~** *n* ⟨-s⟩ **3.** *verbal noun.* — **ˈAbˌfül·ler** *m* ⟨-s; -⟩ **1.** (*Weinabfüller*) racker. – **2.** (*Flaschenabfüller*) bottler. – **3.** *cf.* **Abfüllapparat.**

ˈAbˌfüll|ˌhahn *m* filling tap, racking cock. — **~maˌschi·ne** *f* **1.** (*für Fässer*) racker, drawing-off (*od.* racking) machine. – **2.** (*für Flaschen*) bottling machine. – **3.** (*für Körner, Pulver etc*) filling machine. — **~ˌpum·pe** *f* **1.** (*der Tankstelle*) filling pump. – **2.** *brew.* racking pump. — **~ˌraum** *m* **1.** racking room. – **2.** bottling room. – **3.** filling room. — **~ˌschlauch** *m brew.* racking hose (*od.* pipe). — **~ˌspund** *m* drawing-off bung.

ˈAbˌfül·lung *f* ⟨-; -en⟩ **1.** *cf.* **Abfüllen.** – **2.** (*Resultat*) bottled wine: **„eigene ~"** "bottled by the grower".

ˈAbˌfüllˌvorˌrich·tung *f cf.* **Abfüllapparat.**

ˈabˌfur·chen *v/t* ⟨*sep*, -ge-, h⟩ *agr.* divide (*s.th.*) by furrows.

ˈabˌfüt·tern¹ *v/t* ⟨*sep*, -ge-, h⟩ **1.** *agr.* (*Vieh*) a) feed, b) give (*cattle etc*) the last feed of the day. – **2.** *fig. colloq.* (*Gäste etc*) feed.

ˈabˌfüt·tern² *v/t* ⟨*sep*, -ge-, h⟩ (*Kleid etc*) line: **mit Pelz ~** to fur-line (*od.* line with fur).

ˈAbˌga·be *f* **1.** (*Ablieferung*) delivery: **bei der ~** on delivery; **gegen ~** von upon delivery of. – **2.** (*Übergabe*) surrender, handing over. – **3.** (*Rückgabe*) return. – **4.** (*einer Fahrkarte etc*) return, surrender. – **5.** (*des Gepäcks*) depositing, leaving, *Am.* checking. – **6.** (*Gepäckschalter*) parcels office. – **7.** (*Hinterlassung*) leaving. – **8.** (*Weitergabe*) forwarding, passing on. – **9.** (*einer Nachricht etc*) transmission, leaving. – **10.** ⟨*only sg*⟩ (*eines Schusses*) firing. – **11.** ⟨*only sg*⟩ (*eines Stimmzettels etc*) casting. – **12.** ⟨*only sg*⟩ (*einer Erklärung etc*) pronouncing, delivering, giving, making: **die ~ eines Gutachtens** the giving of an expert opinion. – **13.** *econ.* (*Verkauf*) sale, selling, disposal. – **14.** *econ.* (*an der Börse*) sale: **größere ~n** heavy sales (*od.* selling). – **15.** *pl econ.* a) (*Steuer*) tax, impost, levy, assessment, b) (*Kommunalsteuer*) rate, due, c) (*Zollabgabe*) (inland) duty, customs *pl*: **hohe ~n** heavy taxes and duties; **öffentliche ~n** rates and taxes, taxes and dues, dues; **behördlich festgesetzte ~n** imposts assessed by authority; **~n erheben** to levy duties; **etwas mit ~n belegen** to lay (*od.* levy) a duty on s.th.; **die ~n auf den Grundbesitz** the levy on real estate. – **16.** *pl econ.* (*Beitrag*) contribution, tribute: **soziale ~n** social contributions (*od.* charges); **~n für wohltätige Zwecke** contributions to charity. – **17.** *meist pl jur. econ.* (*Gebühr*) fee. – **18.** *meist pl jur.* a) droit, b) (*an den Besitzer od. die Krone*) royalty: **jährliche ~** (*auf Grundbesitz*) reprise(s *pl*). – **19.** *jur. hist.* (*an den Grund- od. Lehnsherrn*) service, prestation. – **20.** *econ.* (*eines Wechsels*) drawing, draft. – **21.** *phys. tech.* a) (*von Strahlen etc*) emission, b) (*von Wärme*) extraction, c) (*von Energie*) release, d) (*von Dampf*) discharge. – **22.** *electr.* (*von Strom*) output, discharge. – **23.** *chem.* (*von Gasen etc*) delivery, liberation. – **24.** *med.* (*von Urin etc*) output, discharging, excretion. – **25.** (*sport*) a) (*Abspielen*) passing (of the ball), b) (*Zuspiel*) pass: **eine ungenaue ~** a bad pass. – **26.** *bes. pol. jur.* (*eines Amtes etc*) laying down, relinquishing.

ˈAbˌga·be|ˌdruck *m econ.* (*an der Börse*) sales pressure. — **a~ˌfrei** *adj cf.* **abgabenfrei.** — **~ˌfrist** *f* term for handing in (*od.* delivery, filing). — **~ˌkurs** *m* rate of issue, issue price. — **~ˌlei·stung** *f electr.* power output. — **~ˌmeßˌvorˌrich·tung** *f* delivery ga(u)ge.

ˈAbˌga·ben|erˌhe·bung *f econ.* collection of rates (*od.* duty, taxes). — **a~ˌfrei** *adj* **1.** (*von Zoll*) duty-free. – **2.** (*von Steuern*) tax-exempt, tax-free. — **~ˌfrei·heit** *f* exemption from duties (*od.* taxes, rates). — **~verˌtei·lung** *f* assessment (*od.* distribution) of taxes (*od.* duties, rates, fees). — **~ˌwe·sen** *n* (system of) taxation, fiscal system, (system of) imposts and taxes *pl*.

ˈAbˌga·be|ˌpflicht *f econ.* tax liability, liability to pay taxes (*od.* duties, rates). — **a~ˌpflich·tig** *adj* a) subject (*od.* liable) to payment of duties (*od.* taxes, rates), b) (*bes. Steuern*) taxable, assessable, rat(e)able, c) (*bes. Zoll*) liable to duty, dutiable. — **~ˌpflich·ti·ge** *m, f* ⟨-n; -n⟩ **1.** person subject to a levy. – **2.** (*Steuerpflichtiger*) taxpayer, ratepayer. — **~ˌpreis** *m* **1.** (*des Einzelhandels etc*) selling (*od.* sales) price. – **2.** *cf.* **Abgabekurs.** – **3.** (*für Gas, Wasser, Strom*) rate. — **~ˌsatz** *m* rate of duty (*od.* tax, fee). — **~ˌsoll** *n* estimated (*od.* budgeted) yield of duties (*od.* taxes, rates). — **~ˌspan·nung** *f electr.* discharge voltage. — **~ˌstel·le** *f econ.* delivery (*od.* distribution) office. — **~terˌmin** *m* **1.** *cf.* **Abgabefrist.** – **2.** *econ.* (*für Steuern etc*) final date (*od.* deadline) for payment.

ˈabˌgaf·fen *v/t* ⟨*sep*, -ge-, h⟩ *colloq. contempt. cf.* **abgucken** 1.

ˈAbˌgang *m* **1.** *auch fig.* (*einer Person*) departure, going away, exit, leaving (the scene of action): **ein unrühmlicher ~** an inglorious departure; **sich** (*dat*) **einen guten ~ verschaffen** *fig.* to make a graceful exit. – **2.** (*Abfahrt*) start, starting, (*bes. eines Zuges*) departure, (*eines Schiffes*) sailing. – **3.** (*Absendung*) dispatch, despatch. – **4.** *bes. med.* a) (*von Eiter, Blut etc*) issue, discharge, b) (*Kot*) feces, *auch* faeces, waste, c) (*Ausfluß*) discharge, flow, emission, d) *cf.* **Abort²** 1a. – **5.** (*theater*) exit. – **6.** *fig.* (*Ausscheiden*) (aus from) retirement, resignation. – **7.** *ped.* (*von der Schule*) leaving (von of *od.* *acc*), (*nach bestandener Abschlußprüfung*) *Am.* graduation (von from), *Br.* leaving: **nach seinem ~ von der Schule** after leaving school. – **8.** *fig.* (*Tod*) decease, demise. – **9.** *dial.* loss: **in ~ kommen** to fall (*od.* pass) into disuse. – **10.** (*Ausgang*) (*am Fahrkartenschalter etc*) "out", exit, (*zu einer Unterführung etc*) "down". – **11.** *econ. cf.* **Absatz** 2. – **12.** *pl econ.* (*in der Bankbilanz*) items disposed of. – **13.** *bes. econ.* a) (*Verlust einer Sendung etc*) loss, b) (*Abfall*) waste, wastage. – **14.** *econ.* reduction: **Abgänge auf Grund von Tilgungszahlungen** reductions as a result of amortization payments. – **15.** *econ.* (*in der Buchhaltung*) a) decrease (*of an asset item in a balance sheet*), b) *Swiss* deficit. – **16.** *bes. econ.* a) (*Reduzierung*) decrease, reduction, b) ceasing of business, c) termination of contracts. – **17.** (*sport*) a) (*vom Gerät*) dismount, b) (*Ende der Übung*) finish of exercise. – **18.** *pl tech.* a) waste *sg*, loss *sg*, b) (*Erzaufbereitung*) tailings: **ohne Abgänge** wasteless. – **19.** *pl mil.* losses, casualties.

ˈAbˌgän·ger *m* ⟨-s; -⟩ *ped.* person leaving school, *bes. Br.* school leaver.

ˈabˌgän·gig *adj* **1.** *bes. Austrian* (*Person*) missing, lost: **~ sein** to be missing. – **2.** *bes. tech.* waste: **~e Hitze** waste heat; **Weg für ~es Wasser** channel for carrying off superfluous water, *Am.* wasteway. — **ˈAbˌgän·gig·keitsˌanˌzei·ge** *f Austrian jur.* missing persons notice: **die ~ wurde erstattet** the missing persons notice was given, the person was reported as missing.

ˈAbˌgangs|ˌalˌter *n ped.* school-leaving age. — **~ˌbahnˌhof** *m* **1.** station of departure. – **2.** (*für Waren*) station of dispatch (*od.* despatch). — **~ˌdampf** *m tech.* dead (*od.* exhaust) steam. — **~ˌda·tum** *n econ.* date of dispatch (*od.* despatch). — **~ˌfeh·ler(ˌwinkel)** *m mil.* (*Artillerie*) (vertical) jump. — **~ˌha·fen** *m mar.* port of clearance (*od.* sailing, departure). — **~ˌklas·se** *f ped.* top class (*od. Am.* grade, *Br.* form), *Am. auch* graduating (*od.* senior) class. — **~mi·kroˌphon** *n electr.* sound-emission microphone. — **~ˌort** *m* place (*od.* point) of departure. — **~ˌprü·fung** *f ped.* final (*bes. Br.* leaving) examination. — **~sta·tiˌon** *f cf.* **Abgangsbahnhof.** — **~ˌwin·kel** *m mil.* (quadrant) angle of departure. — **~ˌzeit** *f* **1.** *cf.* **Abfahrzeit.** – **2.** *econ.* (*einer Sendung*) time of dispatch (*od.* despatch). — **~ˌzeug·nis** *n* **1.** *ped.* school-leaving certificate, *Br.* leaving certificate, *Am.* school certificate, *Am.* high school diploma. – **2.** *econ.* leaving certificate.

ˈAbˌgas *n tech.* **1.** waste (*od.* flue) gas. – **2.** (*Auspuffgas*) exhaust gas. – **3.** (*Verbrennungsgas*) combustion gas. – **4.** (*Rauchgas*) stack gas. — **~ana·ly·se** *f* waste-gas analysis. — **~ˌanˌla·ge** *f aer.* exhaust system. — **~ˌausˌtritt** *m tech.* exhaust gas outlet. — **~ˌfüh·rung** *f* exhaust duct. — **~geˌblä·se** *n* exhaust-gas-driven compressor. — **~kaˌnal** *m* exhaust flue, waste-gas flue (*od.* duct). — **~ˌko·nus** *m aer.* exhaust cone. — **~ˌlei·tung** *f tech.* exhaust gas pipe. — **~ˌprüf·geˌrät** *n* exhaust gas analyzer (*Br. auch* -s-). — **~ˌrohr** *n* tail (*od.* exhaust) pipe. — **~ˌsamm·ler** *m aer.* **1.** (*beim Kolbenmotor*) exhaust manifold. – **2.** (*beim Strahltriebwerk*) plenum chamber. — **~ˌschallˌdämp·fer** *m tech. bes. Am.* muffler, *bes. Br.* (exhaust) silencer. — **~ˌschubˌrohr** *n aer.* ejector pipe. — **~ˌstut·zen** *m* **1.** *aer.* exhaust stack, stub pipe. – **2.** *auto.* (*Gastechnik*) exhaust gas connection (*Br. auch* connexion), exhaust pipe socket. — **~tem·pe·raˌtur** *f aer.* exhaust gas temperature. — **~turˌbi·ne** *f aer. tech.* exhaust turbine. — **~ˌtur·boˌla·der** *m aer.* exhaust-driven turbosupercharger. — **~venˌtil** *n tech.* exhaust gas valve. — **~verˌwer·tung** *f* utilization (*Br. auch* -s-) of waste gas, waste-gas utilization. — **~ˌvorˌwär·mer** *m* economizer *Br. auch* -s-.

ˈabˌgau·nern *v/t* ⟨*sep*, -ge-, h⟩ j-m etwas ~ *colloq.* to swindle (*od. sl.* diddle) s.o. out of s.th.

ˈab|geˌar·bei·tet I *pp.* – **II** *adj* toilworn, worn out (with toil): ~e Hände toilworn hands. — **~geˌbaut I** *pp.* – **II** *adj* **1.** *chem.* decomposed. – **2.** (*mining*) a) exploited, b) quarried. – **3.** *tech.* a) (*Bauteile*) dismantled, disassembled, b) (*Spannungen*) reduced. – **4.** *econ.* a) (*Zölle etc*) reduced, cut, b) (*Zwangsbewirtschaftung*) decontrolled, eased, relaxed. – **5.** *colloq.* dismissed, 'fired' (*colloq.*).

ˈabˌge·ben I *v/t* ⟨*irr*, *sep*, -ge-, h⟩ **1.** (*übergeben, aushändigen*) (an *acc*, bei to) deliver, hand over: eigenhändig abzugeben to be delivered personally; abzugeben bei Herrn X (*Teil einer Briefanschrift*) care of Mr. X. – **2.** (*abliefern*) (*Fahrkarte, Paß*) surrender, turn in, (*Schulhefte etc*) hand in. – **3.** (*zurückgeben*) return. – **4.** (*zur Aufbewahrung übergeben*) leave, *Am.* check: ich habe mein Gepäck am Bahnhof abgegeben I have left my luggage (*Am.* checked my baggage) at the station. – **5.** (*hinterlassen*) leave, drop: eine Nachricht bei j-m ~ to leave a note with s.o. – **6.** (*Schüsse*) fire. – **7.** (*Stimmzettel etc*) cast. – **8.** (*Erklärung etc*) pronounce, deliver, give, make: → Urteil 2; Versicherung 4; Versprechen. – **9.** *econ.* a) (*Ware, Aktien*) supply, let (*s.o.*) have, dispose of, sell, b) (*Wertpapiere*) negotiate: etwas billig ~ to sell s.th. cheap; wir können die Bücher zu diesen Bedingungen nicht ~ we cannot supply the books on these terms. – **10.** *econ.* (*abtreten*) cede, make (*s.th.*) over (an *acc* to), (*durch Verkauf*) dispose of. – **11.** *econ.* (*vermieten*) let, rent. – **12.** *phys. tech.* a) (*Strahlen, Hitze*) emit, radiate, b) (*Energie*) release, c) (*Dampf*) generate, give off. – **13.** *electr.* (*Strom*) deliver. – **14.** *chem.* give off, emit, evolve: Gas ~ to (give off) gas. – **15.** *tech.* a) (*erbringen*) yield, b) (*dosieren, von Automat etc*) dispense, mete out. – **16.** *bes. jur.* (*niederlegen*) (*Amt etc*) resign, give up, lay down, renounce: j-m seinen Platz ~ to give up one's place to s.o. – **17.** *jur.* j-m etwas ~ (*abtreten*) to cede s.th. to s.o. – **18.** *colloq.* (*darstellen*) serve (*od.* act) as, be: einen Augenzeugen von etwas ~ to be an eyewitness to s.th.; die Mittelsperson ~ to play the intermediary. – **19.** *colloq.* (*sein*) make: er würde einen guten Lehrer ~ he would make a good teacher. – **20.** *colloq.* (*spielen*) play: → Figur 5; Prügelknabe; Sündenbock. – **21.** (*bilden*) constitute, form, make: den Hintergrund ~ to form the background; ein Thema ~ to provide a topic. – **22.** *bes. mil.* (*abstellen*) (*Person*) detach. – **23.** (*sport*) (*Tennis etc*) lose: einen Satz ~ (an to) to lose a set. – **24.** (*sport*) (*Fußball, Handball etc*) den Ball ~ to pass the ball. – **25.** j-m etwas ~ *colloq.* to share with s.o.: er gibt seinem Brüderchen nichts ab he won't give his little brother any. – **II** *v/i* **26.** (*games*) (*Kartenspiel*) deal last. – **27.** (*sport*) (*Fußball, Handball etc*) pass (the ball). – **III** *v/impers* **28.** es wird etwas ~ *colloq.* a) there is going to be trouble, b) it's going to rain. – **IV** *v/reflex* sich ~ **29.** sich mit etwas ~ a) to deal (*od.* have to do) with s.th., to occupy (*od.* concern) oneself with s.th., b) (*viel*) to spend much time on s.th., c) (*unnütz*) to waste time on s.th.: geben Sie sich damit nicht ab! don't bother about it! – **30.** sich mit j-m ~ a) to concern (*od.* occupy) oneself with s.o., b) to associate with s.o.: ich gebe mich mit ihm gar nicht ab I don't want anything to do with him, I want no truck with him; sich mit schlechter Gesellschaft ~ to keep bad company. – **V A~** *n* ⟨-s⟩ **31.** *verbal noun.* – **32.** *cf.* Abgabe 1—14.

ˈab|geˌbis·sen I *pp of* abbeißen. – **II** *adj* **1.** bitten-off. – **2.** *bot. zo.* premorse. — **~geˌblaßt I** *pp.* – **II** *adj* (*Farbe*) faded. — **~geˌblät·tert I** *pp.* – **II** *adj* (*Haut, Rinde etc*) exfoliated: ~er Zustand exfoliation. — **~geˌblen·det I** *pp.* – **II** *adj* (*Scheinwerfer*) dimmed, *bes. Br.* dipped: nicht ~ undimmed. — **~geˌblockt I** *pp.* – **II** *adj electr.* blocked. — **~geˌblüht I** *pp.* – **II** *adj* **1.** *bot.* faded, withered. – **2.** *fig.* faded, passé(e). — **~geˌbo·gen I** *pp of* abbiegen. – **II** *adj* bent: ~es Betoneisen *tech.* bent-up bar.

ˈab·geˌbrannt I *pp of* abbrennen. – **II** *adj* **1.** *colloq.* (*mittellos*) broke (*sl.*), on the rocks (*colloq.*): total ~ stone-broke, *bes. Br.* stony-broke (*sl.*). – **2.** *Austrian* suntanned. — **ˈAb·geˌbrann·te** *m, f* ⟨-n; -n⟩ *colloq.* broke person (*sl.*).

ˈab|geˌbraucht *adj cf.* abgenutzt II, abgedroschen 1. — **~geˌbro·chen I** *pp of* abbrechen. – **II** *adj* **1.** broken(-off). – **2.** *fig.* a) (*Sätze*) broken, abrupt, b) (*Rede, Stil*) chopped. – **3.** *bot. zo.* premorse. — **~geˌbrüht I** *pp.* – **II** *adj* **1.** *gastr.* parboiled. – **2.** *fig.* (*unempfindlich*) hardboiled, hardened, (*gefühllos*) callous: er ist völlig ~ (gegen alles) nothing makes the least impression on him. — **~geˌdankt I** *pp.* – **II** *adj* resigned, retired. — **~geˌdich·tet I** *pp.* – **II** *adj* **1.** (*Schiff, Leitungen etc*) made tight (*od.* leakproof). – **2.** (*mit Dichtungsmasse*) cemented, luted. – **3.** (*verstemmt*) ca(u)lked.

ˈab·geˌdro·schen I *pp of* abdreschen. – **II** *adj* **1.** *fig.* (*Redensart, Melodie*) hackneyed, worn-out: ~e Phrase stock phrase, cliché. – **2.** *fig.* (*geistlos*) banal, trivial, commonplace, trite: ~es Zeug banalities *pl*; ~er Witz stale joke. — **ˈAb·geˌdro·schen·heit** *f* ⟨-; *no pl*⟩ *fig. colloq.* banality, triviality, commonplaceness, triteness.

ˈAb·geˌfal·le·ne *m, f* ⟨-n; -n⟩ *relig.* apostate.

ˈab·geˌfeimt I *pp.* – **II** *adj* cunning, sly, artful, crafty, wily: ein ~er Schurke an out-and-out (*od.* utter) scoundrel, an archrogue. — **ˈAb·geˌfeimt·heit** *f* ⟨-; *no pl*⟩ cunningness, slyness, artfulness, craftiness, wiliness.

ˈab|geˌflacht I *pp.* – **II** *adj* **1.** flattened. – **2.** *math. phys.* (*an den Polen*) oblate, flattened: ~e Kugel oblate ellipsoid. – **3.** *tech. math.* truncated. – **4.** *tech.* flattened. – **5.** *bot. zo.* depressed. – **6.** *bot.* applanate. — **~geˌfun·den I** *pp of* abfinden. – **II** *adj jur. econ.* **1.** (*entschädigt*) indemnified, compensated: ~er Gläubiger compensated (*od.* compounded) creditor. – **2.** (*ausbezahlt*) paid off. – **3.** (*ausgeglichen, verglichen*) compounded. – **4.** (*abgegolten, befriedigt*) satisfied. — **~geˌgli·chen I** *pp of* abgleichen. – **II** *adj econ.* (*Konten*) square, balanced. — **~geˌgol·ten I** *pp of* abgelten. – **II** *adj* (*Ansprüche*) satisfied, met. — **~geˌgrast I** *pp.* – **II** *adj* **1.** (*Weide etc*) grazed. – **2.** *fig.* (*Gebiet*) well-covered, well worked-over, thoroughly explored. — **~geˌgrenzt I** *pp.* – **II** *adj med.* (*Abszeß, Tumor*) walled-off, demarcated. — **~geˌgrif·fen I** *pp of* abgreifen. – **II** *adj* **1.** (*Buch, Spielkarten etc*) well-thumbed. – **2.** (*Münze etc*) well-worn. – **3.** *fig. cf.* abgedroschen 1. — **~geˌhackt I** *pp.* – **II** *adj* **1.** chopped(-off), cut-off: ~es Stück (*Fleisch etc*) chunk. – **2.** *fig.* (*Redeweise etc*) disjointed, abrupt, jerky, chopped. – **3.** *mus.* staccato. – **III** *adv* **4.** *mus.* staccato. — **~geˌha·gert I** *pp.* – **II** *adj* skinny, bony. — **~geˌhalf·tert I** *pp.* – **II** *adj* **1.** (*Pferd*) unhaltered. – **2.** *fig. colloq.* discharged, dismissed, 'sacked' (*colloq.*). — **~geˌhan·gen I** *pp of* abhängen 6—10. – **II** *adj gastr.* hung. — **~geˌhärmt I** *pp.* – **II** *adj* careworn, haggard. — **~geˌhär·tet I** *pp.* – **II** *adj* (gegen to) hardened, inured, *auch* enured: er ist gegen Kälte ~ he is hardened to cold; vom Wetter ~ weather-beaten, *Am. auch* weather-beat. — **~geˌhau·en I** *pp of* abhauen. – **II** *adj* (*forestry*) lopped, (*Baumkrone und Äste*) lopped and topped.

ˈAb·geˌhe·chel·te *n* ⟨-n; *no pl*⟩ *agr. tech.* (*bei Hanf, Flachs etc*) toppings *pl.*

ˈabˌge·hen I *v/i* ⟨*irr*, *sep*, -ge-, sein⟩ **1.** (*weggehen*) go off (*od.* away), leave. – **2.** (*abfahren*) (nach for) leave, depart, start. – **3.** (*von Schiffen*) sail, leave port, put to sea. – **4.** *colloq.* (*von Waren, Post etc*) leave (nach for), go (nach to), be dispatched (*od.* despatched, sent) (nach to): die Post ist abgegangen the mail has been dispatched; etwas ~ lassen (*Ware etc*) to dispatch (*od.* despatch, forward) s.th. – **5.** (*theater*) go (off), leave the stage, make one's exit: nach links ~ to go out on the left; Othello geht ab exit Othello; alle gehen ab exeunt omnes. – **6.** *fig.* (*ausscheiden*) (*von der Schule*) leave (school): er ist letzten Monat abgegangen he left last month. – **7.** (*sich ablösen*) come off: der Knopf geht ab the button is coming off (*od.* loose); die Farbe ist abgegangen the paint has come off; der Fleck ist abgegangen the spot has come out; leicht vom Kern ~ to detach itself easily from the kernel. – **8.** *med.* a) (*von Urin, Gallensteinen etc*) be discharged (*od.* voided, evacuated), b) (*von Würmern etc*) pass: ihm ging Blut ab he lost blood with his stool (*od.* urine), he passed blood in his stool (*od.* urine); einen Darmwind ~ lassen to break wind. – **9.** *mil.* (*von Schuß*) go off. – **10.** *fig.* (*ändern*) (von from) depart: von etwas ~ alter (*od.* change) s.th.; von einer Meinung ~ to change one's view; von einer früheren Ansicht ~ to come round; nicht von etwas ~ to insist (up)on (*od.* persist in, stick to) s.th.; davon (*von diesem Standpunkt*) gehe ich nicht ab nothing can change my mind about this; davon kann ich nicht ~ I must insist upon that; kein Jota von etwas ~ not to swerve a jot (*od.* iota) from s.th. – **11.** (*abweichen*) (von from) digress, deviate, depart: von einem Thema ~ to digress from a subject; von der Wahrheit ~ to deviate from the truth; absichtlich von einem wesentlichen Punkt ~ to ride on a side issue. – **12.** (*aufgeben*) (von) drop (*acc*), abandon (*acc*): von einem Vorhaben ~ to drop a plan. – **13.** *fig.* (*fehlen*) be missing (*od.* wanting, lacking): j-m geht etwas ab s.o. lacks s.th.; du bist mir sehr abgegangen *colloq.* I missed you badly; was ihm abgeht, ist Mut what he wants is pluck; das geht mir gerade noch ab! *colloq.* that's about the last straw! ihm geht nichts ab he doesn't go short of anything; ihr soll nichts ~ she shall not want for anything; sich (*dat*) nichts ~ lassen to deny oneself nothing. – **14.** *rare for* sterben 1. – **15.** *econ.* vom Preis ~ to lower the price. – **16.** *econ.* (*abgezogen werden*) be deducted: davon gehen 10 Mark ab minus (*od.* less) 10 marks; bei sofortiger Zahlung gehen 10 Prozent ab 10 percent deduction for cash payment. – **17.** *colloq.* sell, go: reißend ~ to find a ready sale, to sell like hot cakes (*colloq.*); billig ~ to go cheap. – **18.** (*abzweigen*) (*von Nebenstraße, Seitenweg*) branch off. – **19.** *fig.* (*enden*) end: gut ~ pass off well; schlecht ~ turn out badly; alles ging glatt ab everything went off without a hitch; es ging nicht ohne Tränen ab it didn't end without tears. – **20.** *hunt.* a) (*von Wild*) flee, b) von der Spur ~ to drop the scent, to take the wrong scent. – **II** *v/t* ⟨h⟩ **21.** (*abnutzen, Schuhe*) wear down (by walking). – **22.** (*messen*) (*Strecke*) pace off. – **23.** (*prüfend entlanggehen*) patrol (*od.* control) (by walking), go over, walk over. – **24.** (*Revier*) *auch hunt.* beat, traverse. – **25.** (*inspizieren*) inspect. – **26.** *mil.* (*Gelände*) patrol. – **II A~** *n* ⟨-s⟩ **27.** *verbal noun.* – **28.** (*von einem Prinzip etc*) (von from) deviation, departure. – **29.** (*Inspektion*) inspection. – **30.** *cf.* Abgang 1-4, 6-8, 11, 17. — **ˈabˌgehend I** *pres p.* – **II** *adj* **1.** (*Post, Züge, Schiffe*) outgoing. – **2.** *mar.* (*Ladung*) outward bound. – **3.** *electr. tel.* (*Leitung etc*) outgoing.

ˈab|geˌhetzt I *pp.* – **II** *adj* **1.** (*atemlos*) panting, breathless. – **2.** *cf.* erschöpft 1. — **~geˌho·ben I** *pp of* abheben. – **II** *adj* **1.** *econ.* (*Geld*) withdrawn, (*Dividende*) collected, cashed: nicht ~e Dividenden unclaimed dividends. – **2.** (gegen against) silhouetted. — **~geˌholt I** *pp.* – **II** *adj* collected, picked-up, called-for: nicht ~er Brief unclaimed letter. — **~geˌholzt I** *pp.* – **II** *adj* (*forestry*) cutover, clear-cut, cut-out. — **~geˌkämpft I** *pp.* – **II** *adj* **1.** (*Soldaten etc*) battle-weary. – **2.** *fig. colloq.* (*erschöpft*) worn-out, spent, exhausted. — **~geˌkap·selt I** *pp.* – **II** *adj med.* encapsulated, separated (*od.* surrounded) by a capsule. — **~geˌkar·tet I** *pp.* – **II** *adj colloq.* (*vorher vereinbart*) prearranged, fixed, put-up (*colloq.*): eine ~e Sache, ein ~es Spiel a put-up job, a frame-up (*colloq.*), a fix (*sl.*); die Sache war ~ the matter was prearranged, it was a put-up job. — **~geˌklap·pert I** *pp.* – **II** *adj colloq.* **1.** (*Maschine etc*) ramshackle, rickety. – **2.** (*bes. Pferd*) worn-out: ein ~er Gaul a jade, a plug. – **3.** *fig.* (*Redensart etc*) hackneyed, timeworn, trite, stale.

ˈab·geˌklärt I *pp.* – **II** *adj* **1.** (*Geist, Charakter etc*) mellow(ed), mature, sage. – **2.** *fig.* (*Urteil etc*) detached, judicious, balanced, (thoroughly) considered. – **3.** *gastr.* (*Wein*) clarified, cleared, settled. — **ˈAb·geˌklärt·heit** *f* ⟨-; *no pl*⟩ **1.** mellowness, maturity. – **2.** *fig.* (*eines Urteils etc*) detachment, detachedness, balance, judiciousness. – **3.** *gastr.* clearness.

ˈab|geˌkratzt I *pp.* – **II A~e** *n* ⟨-n⟩

scrapings *pl.* — **~geˌkürzt I** *pp.* – **II** *adj* **1.** shortened, abbreviated, short: nicht ~ in full; ~es Verfahren shortcut. – **2.** *cf.* gekürzt. – **3.** (*Division*) short. – **4.** *jur.* (*Verfahren*) summary. – **5.** (*Holz*) cross-cut. — **~geˌla·gert I** *pp.* – **II** *adj* **1.** (*Wein*) matured, mellow, crusted. – **2.** (*Holz, Tabak etc*) (well-)seasoned: nicht ~es Holz green wood. – **3.** *geol.* deposited: ~e Schichten deposits. — **~geˌlatscht I** *pp.* – **II** *adj colloq.* (*Schuhe*) worn-out, down-at-(the-)heel(s). — **~geˌlebt I** *pp.* – **II** *adj* **1.** (*vom Leben verbraucht*) decrepit, old and feeble, stricken in years. – **2.** (*verlebt*) dissipated, (*von Frauen*) *auch* faded. – **3.** *lit.* (*vergangen*) past, outmoded, effete.

ˈab·geˌle·gen I *pp of* abliegen. – **II** *adj* **1.** (*abseits gelegen*) out-of-the-way, remote, outlying, secluded, sequestered (*lit.*). – **2.** *cf.* abgeschieden 1. – **3.** (*entfernt*) remote, distant, far-off, faraway. – **4.** *cf.* abgelagert 1, 2. – **5.** *fig.* (*Gebiet etc*) out-of-the-way, farfetched. – **III** *adv* **6.** far off (*od.* away). — **ˈAb·geˌle·gen·heit** *f* ⟨-; *no pl*⟩ **1.** (*abseitige Lage*) remoteness, seclusion, sequestration (*lit.*). – **2.** *cf.* Abgeschiedenheit 1.

ˈab|geˌlegt I *pp.* – **II** *adj* **1.** (*Kleid etc*) cast-off, discarded, left-off. – **2.** (*Akten etc*) filed-away. – **3.** (*Gewohnheit etc*) discarded, outgrown. – **4.** *print.* (*Satz*) dead. – **5.** *zo.* exuviated, molted. – **6.** (*games*) discarded: ~e Karte (*od.* Karten) discard. — **~geˌlehrt I** *pp.* – **II** *adj tech.* callipered, *bes. Br.* callipered, (*mittels Festlehre*) ga(u)ged. — **~geˌlei·ert I** *pp.* – **II** *adj colloq.* (*Melodie*) hackneyed. — **~geˌlei·tet I** *pp.* – **II** *adj* **1.** (*Wasser etc*) drained off. – **2.** (*hergeleitet*) (von from) derived, derivative. – **3.** *ling.* (von from) derived: ~e Wörter derivatives; aus einer ~en Form ~ secondary; nicht ~ underived, primitive. – **4.** *philos.* inferential, adjective. – **5.** *jur.* a) (*Verbrechen*) constructive, b) (*Eigentumserwerb*) derivative. — **~geˌlenkt I** *pp.* – **II** *adj* (durch, von by) diverted: nicht ~ undiverted. — **~geˌlie·fert I** *pp.* – **II** *adj* delivered: nicht ~ undelivered. — **~geˌlöst I** *pp.* – **II** *adj* **1.** *cf.* losgelöst. – **2.** *biol.* abstricted. – **3.** *mil.* (*Wache*) relieved: nicht ~ unrelieved.

ˈabˌgel·ten I *v/t* ⟨*irr, sep,* -ge-, h⟩ **1.** (*Schulden etc*) discharge, pay off, settle, clear, *bes. econ.* amortize. – **2.** (*Anspruch etc*) satisfy, settle. – **3.** *econ.* (*Urlaub etc*) pay, remunerate, recompense: j-m etwas ~ to pay s.o. for s.th. – **II A~** *n* ⟨-s⟩ **4.** *verbal noun.* — **ˈAbˌgel·tung** *f* ⟨-; -en⟩ **1.** *cf.* Abgelten. – **2.** (*Begleichung*) discharge, settlement, settling, clearing, *bes. econ.* amortization. – **3.** (*Erfüllung*) satisfaction, settlement, settling: die ~ von Ansprüchen the settling of claims. – **4.** *econ.* payment, remuneration, compensation: zur ~ von Barleistungen in lieu of cash.

ˈab|geˌmacht I *pp.* – **II** *adj colloq.* **1.** (*vereinbart*) agreed: ~! agreed! it's a bargain (*od.* deal); das war nicht ~ that was not agreed upon. – **2.** (*geregelt*) arranged, settled: es ist so gut wie ~ it is as good as settled; eine ~e Sache a settled thing. – **3.** *cf.* abgekartet II. — **~geˌma·gert I** *pp.* – **II** *adj* emaciated, skinny, wasted; attenuate, atrophied (*lit.*): er ist völlig ~ he is mere skin and bone; zum Skelett ~ reduced to a skeleton. — **~geˌmäht I** *pp.* – **II** *adj* mown-off, cut: ~e Stelle swath. — **~geˌmat·tet** *adj cf.* ermattet 2. — **~geˌmer·gelt** *adj cf.* ausgemergelt II.

ˈab·geˌmes·sen I *pp of* abmessen. – **II** *adj* **1.** (*genau gemessen*) (exactly) measured, precise. – **2.** *fig.* (*gleichmäßig*) regular, rhythmical, measured. – **3.** *fig.* (*Redeweise etc*) formal, stiff. — **ˈAb·geˌmes·sen·heit** *f* ⟨-; *no pl*⟩ **1.** measuredness, exactness, precision, preciseness. – **2.** *fig.* regularity, measuredness. – **3.** *fig.* formality, stiffness.

ˈab·geˌneigt *adj* ⟨*pred*⟩ **1.** einer Sache ~ sein to be averse to (*od. bes. Br.* from) s.th., to be disinclined to (*od.* for) s.th., to be unfavorably (*bes. Br.* unfavourably) disposed toward(s) s.th., to dislike s.th., (*stärker*) to be opposed to s.th.: wir sind dem Vorschlag nicht ~ we are not averse to the suggestion; einem Glas Wein nicht ~ sein to be ready for (*od.* feel equal to) a glass of wine. – **2.** ~ sein, etwas zu tun to be disinclined (*od.* loath) to do s.th., to be averse to (*bes. Br.* from) doing s.th., (*stärker*) to be unwilling (*od.* reluctant) to do s.th.: ich wäre nicht ~, etwas zu trinken I wouldn't mind a drink. – **3.** j-m ~ sein to be ill-disposed toward(s) s.o., to have an aversion for s.o., to dislike s.o.: er ist ihm persönlich ~ he dislikes him personally. — **ˈAb·geˌneigt·heit** *f* ⟨-; *no pl*⟩ **1.** (gegen) aversion (to, for, from), disinclination (to, for), dislike (of, for), (*stärker*) opposition (to). – **2.** *cf.* Abneigung 1.

ˈab·geˌnicken (*getr.* -k·k-) [-gəˌnɪkən] *hunt.* *v/t* ⟨*sep, pp* abgenickt, h⟩ kill (*a deer*) by stabbing (*od.* striking) it in the neck.

ˈab|geˌnom·men I *pp of* abnehmen[1] *u.* [2]. – **II** *adj* **1.** *med.* amputated. – **2.** *electr.* (*Strom*) picked-up. – **3.** *tech.* a) (*Erzeugnis*) accepted, b) (*Späne*) removed, c) (*abmontiert*) detached. — **~geˌnutzt I** *pp.* – **II** *adj* **1.** worn-out. – **2.** (*Kleidung*) threadbare: ~e Stelle fray, *auch* fret. – **3.** (*Reifen etc*) worn(-down). – **4.** *philat.* worn. – **5.** *tech.* (*Bohrer etc*) blunt.

ˈAb·geˌord·ne·te *m, f* ⟨-n; -n⟩ *pol.* **1.** (*Delegierte*) delegate, deputy, *pl* delegation *sg*: j-n zum ~n ernennen to appoint s.o. (as) a delegate, to delegate s.o. – **2.** (*eines Parlaments*) (parliamentary) representative, member (of parliament): ~r des Dt. Bundestages member of the Bundestag; ~r des Brit. Unterhauses Member of Parliament; ~r des Amer. Kongresses congressman, representative; ~r des Franz. Parlaments Deputy.

ˈAb·geˌord·ne·ten|ˌbank *f pol.* bench: die hinteren Abgeordnetenbänke the back benches. — **~ˌhaus** *n* chamber of deputies, Lower House, lower house, (*in Großbritannien*) House of Commons, *auch* the House, (*in den USA*) House of Representatives. — **~ˌkam·mer** *f hist.* chamber of deputies. — **~manˌdat** *n* (electoral) mandate: j-m das ~ entziehen to unseat s.o. — **~ˌsitz** *m* seat (of a deputy). — **~ˌwahl** *f* parliamentary (*Am.* congressional) election. — **~ˌzahl** *f* number of deputies (*od.* representatives, *Br.* M.P.s).

ˈab|geˌplat·tet I *pp.* – **II** *adj cf.* abgeflacht 1, 2. — **~geˌrahmt I** *pp.* – **II** *adj gastr.* (*Milch*) skimmed, skim. — **~geˌrech·net I** *prep* **1.** not counting, excluding, except (for). – **II** *adj econ.* **2.** deducted. – **3.** (*Konten*) squared, closed. — **~geˌrich·tet I** *pp.* – **II** *adj* (*Hund, Pferd etc*) trained: gut ~ well (*od.* fully) trained. — **~geˌris·sen I** *pp of* abreißen. – **II** *adj* **1.** (*weggerissen*) torn(-off): ein ~er Knopf a torn-off button. – **2.** (*niedergerissen*) pulled-down, demolished. – **3.** (*zerlumpt*) ragged, shabby, threadbare: er sah ~ aus he looked down-at-heel(s). – **4.** *fig.* (*unzusammenhängend*) disconnected, disjointed, incoherent. – **5.** (*unterbrochen*) cut-off, interrupted. – **6.** *her.* erased. – **7.** ich bin ganz ~ *colloq.* I haven't a thing to wear, I am badly off for clothes.

ˈab·geˌrun·det I *pp.* – **II** *adj* **1.** (*Ecke etc*) round(ed). – **2.** *tech.* radiused. – **3.** *fig.* well-rounded, round(ed), finished: ein ~er Stil a well-rounded style. – **4.** *math.* rounded(-down): ~e Zahl rounded number. – **5.** *bes. bot. zo.* rotundate. — **ˈAb·geˌrun·det·heit** *f* ⟨-; *no pl*⟩ *bes. fig.* roundness, roundedness, rotundity (*lit.*).

ˈab·geˌsagt I *pp.* – **II** *adj* **1.** (*abgesetzt*) off (*pred*), cancelled, *bes. Am.* canceled: das Konzert ist ~ the concert has been cancel(l)ed (*od.* is off). – **2.** *lit. cf.* erklärt II.

ˈAb·geˌsand·te *m, f* ⟨-n; -n⟩ **1.** *pol. cf.* Delegierte. – **2.** *pol.* (*Sonderbotschafter*) emissary, (special) envoy, (*in USA*) ambassador-at-large. – **3.** (*Bote*) messenger, courier, emissary, envoy.

ˈAb·geˌsang *m* **1.** *metr.* Abgesang (*concluding section of the bar in 'Minnesang' and 'Meistergesang'*). – **2.** *mus. hist.* concluding part of a ternary strophe.

ˈab|geˌschabt I *pp.* – **II** *adj cf.* abgetragen 1, 2. – **III A~e** *n* ⟨-n⟩ scrapings *pl.* — **~geˌschält I** *pp.* – **II** *adj zo.* exuvial.

ˈab·geˌschie·den I *pp of* abscheiden. – **II** *adj lit.* **1.** (*einsam, entlegen*) solitary, lonely, lonesome, lone. – **2.** *cf.* abgelegen 1. – **3.** *poet. od. lit.* (*Seele*) deceased, departed. – **4.** *chem.* precipitated: ~e Substanz precipitate. – **III** *adv* **5.** ~ leben to live retired (*od.* in retirement, a solitary existence).

ˈAb·geˌschie·de·ne[1] *m* ⟨-n; -n⟩ *lit.* deceased (*od.* departed, defunct) man: der ~ the deceased; die ~n a) the deceased, b) *myth.* the manes.

ˈAb·geˌschie·de·ne[2] *f* ⟨-n; -n⟩ **1.** *lit.* deceased (*od.* departed, defunct) woman: die ~ the deceased. – **2.** *Bibl.* divorced woman.

ˈAb·geˌschie·den·heit *f* ⟨-; *no pl*⟩ **1.** (*Einsamkeit, Entlegenheit*) solitude, loneliness, lonesomeness, loneness. – **2.** *cf.* Abgelegenheit 1. – **3.** (*Zurückgezogenheit*) retirement.

ˈab·geˌschirmt I *pp.* – **II** *adj bes. electr.* screened: nicht ~ unscreened.

ˈab·geˌschla·gen I *pp of* abschlagen. – **II** *adj* **1.** (*Tasse etc*) chipped. – **2.** (*sport*) (completely) defeated: ~ auf dem letzten Platz enden to end a poor last. – **3.** (*müde*) tired-out, fatigued, (*stärker*) exhausted, fagged-out, beat (*colloq.*). — **ˈAb·geˌschla·gen·heit** *f* ⟨-; *no pl*⟩ fatigue, (*stärker*) exhaustion.

ˈAb·geˌschla·genˌsein *n* ⟨-s⟩ *med.* fatigue, (*stärker*) (state of) exhaustion.

ˈab·geˌschlif·fen I *pp of* abschleifen. – **II** *adj* **1.** a) ground-off, b) (*Flächen*) ground flat. – **2.** *fig.* polished, elegant, refined. – **3.** *tech.* a) (*rauhe Oberfläche*) cut-down, b) (*Holz*) sanded, c) sandpapered. – **4.** *geol.* worn: vom Wasser ~ waterworn; vom Meer ~ seaworn; ~es Gestein sleek rocks *pl.*

ˈab·geˌschlos·sen I *pp of* abschließen. – **II** *adj* **1.** (*Wohnung etc*) independent, *bes. Br.* self-contained. – **2.** (*abgeschieden*) (von from) isolated, secluded, sequestered (*lit.*): ein ~es Dasein a secluded existence; von der Welt ~ leben to live isolated from the world. – **3.** (*beendet*) completed, finished: mit ~em Hochschulstudium *ped. etwa* with a degree. – **4.** (*Geschehen*) complete, perfect: in sich ~ (*Erzählung*) complete in itself. – **5.** *jur. pol.* concluded: zwischen drei [vier] Partnern ~ tripartite [quadripartite]; gleichzeitig ~ concurrent. – **6.** *econ.* closed: ~es Konto (*ohne Saldo*) closed account; ~ am (*Konto*) up to. – **7.** *math. chem.* closed: ~es Intervall *math.* closed interval; ~es System *chem. phys.* closed system. — **ˈAb·geˌschlos·sen·heit** *f* ⟨-; *no pl*⟩ **1.** (*Abgeschiedenheit*) isolation, seclusion, sequestration (*lit.*). – **2.** *bes. ling.* perfectiveness perfectivity, completion, perfective aspect.

ˈab·geˌschmackt [-gəˌʃmakt] *adj* **1.** (*Späße, Redensarten etc*) tasteless, in bad (*od.* poor) taste (*nachgestellt*), tactless. – **2.** (*albern*) silly, absurd, inane, fatuous: ~e Bemerkungen fatuous remarks. – **3.** *lit.* (*öde, leer*) insipid, dull, vapid: ein ~es Leben an insipid life. — **ˈAb·geˌschmackt·heit** *f* ⟨-; -en⟩ **1.** (*von Späßen etc*) tastelessness, bad (*od.* poor) taste, tactlessness. – **2.** (*Albernheit*) silliness, absurdity, absurdness, inanity, fatuity. – **3.** *lit.* (*Öde, Leere*) insipidity, insipidness, vapidness, vapidity.

ˈab|geˌschnit·ten I *pp of* abschneiden. – **II** *adj* cut-off: von der Außenwelt ~ cut off from the outside world; durch Schnee ~ snowbound. — **~geˌschos·sen I** *pp of* abschießen. – **II** *adj* **1.** shot-off. – **2.** (*Feuerwaffe*) discharged, shot: nicht ~ undischarged. – **3.** *aer.* (*Rakete*) launched. – **4.** *mil.* (*heruntergeschossen*) shot (*od.* brought) down, downed. — **~geˌschrägt I** *pp.* – **II** *adj* **1.** *tech.* a) chamfered, beveled, *bes. Br.* bevelled, b) (*verjüngt*) tapered, tapering: ~e Kante bevel edge; Lineal mit ~er Kante rule with bevel(l)ed blade. – **2.** *arch.* (*Fläche etc*) weathered. — **~geˌschreckt I** *pp.* – **II** *adj* **1.** *metall.* a) (*Kokillenguß*) chilled, b) (*Stahl*) quenched. – **2.** *gastr.* (*Eier etc*) chilled, cooled. — **~geˌschrie·ben I** *pp of* abschreiben. – **II** *adj econ.* depreciated, written off. — **~geˌschwächt I** *pp.* – **II** *adj med.* **1.** (*Atemgeräusch*) diminished. – **2.** (*Virus*) attenuated. – **3.** (*Krankheitsverlauf*) mitigated. — **~geˌschwemmt I** *pp.* – **II** *adj geol.* washed away: vom Regen ~es Erdreich rainwash. — **~geˌse·hen I** *pp of* absehen. – **II** *adv only in* ~ von apart (*Am. auch* aside) from, except for, with the exception of, save: ~ von einigen Fehlern except for a few mistakes; ~ davon except for that, leaving that out of consideration; ~ davon, daß except for the fact that; er fühlte sich, von den Kopfschmerzen ~, sehr wohl he felt well except (*od.* save) that he had a headache; vom finanziellen Verlust ganz ~ not to mention (*od.* to say nothing of) the financial loss. — **~geˌsetzt I** *pp.* – **II** *adj* **1.** *econ.* a) (*abgezogen*) deducted, written off (*nachgestellt*), b) (*verkauft*) sold. – **2.** *pol.* a) (*Beamter etc*) removed, dismissed, b) (*König etc*) dethroned, deposed. – **3.** *print.* a) (*einen Absatz bildend*) set off, b) (*gesetzt*) in type. – **4.** (*abgesagt*) off (*pred*), cancelled, *bes. Am.* canceled. – **5.** *med. zo.* weaned. — ~-

geˌson·dert I *pp.* – **II** *adj bes. jur.* (*Konkursrecht*) separate: Recht auf ~e Befriedigung preferential right to satisfaction.

ˈab·geˌspannt I *pp.* – **II** *adj* **1.** (*müde*) (von, vor *dat* with) fatigued, tired(-out), worn-out; fagged(-out), washed-out (*colloq.*). – **2.** (*nervlich angegriffen*) unstrung, unnerved, enervate(d) (*lit.*). — **ˈAb·geˌspannt·heit** *f* ⟨-; *no pl*⟩ **1.** (*Müdigkeit*) fatigue, tiredness, lassitude. – **2.** (*nervliche Angegriffenheit*) enervation. – **3.** *med.* languor.

ˈab|geˌspielt I *pp.* – **II** *adj* **1.** (*Platte etc*) worn (by frequent playing). – **2.** played back. — **~geˌsprengt I** *pp.* – **II** *adj med.* (*Knochenstück etc*) chipped-off. — **~geˌspült I** *pp.* – **II** *adj geol.* waterworn: vom Meer ~ seaworn. — **~geˌstan·den I** *pp of* abstehen. – **II** *adj* **1.** (*Wasser etc*) stagnant. – **2.** (*Bier etc*) stale, flat, vapid. – **3.** (*Luft etc*) stale, stagnant. – **4.** *agr.* (*Haustiere*) worn-out. — **~geˌstor·ben I** *pp of* absterben. – **II** *adj* **1.** (*Pflanze etc*) dead. – **2.** (*gefühllos*) dead, numb: die Hand ist mir wie ~ my hand feels dead (*od.* numb). – **3.** *med.* a) devitalized *Br. auch* -s-, b) (*Gewebe*) dead, necrotic (*scient.*): ~er Knochenteil sequestrum. — **~geˌsto·ßen I** *pp of* abstoßen. – **II** *adj* **1.** *zo.* cast-off, sloughed-off, shed, (*bei Insekten*) *auch* exuvial, (*bei Reptilien*) *auch* exfoliate, desquamate: ~e Schlangenhaut cast-off skin, slough, cast, shed, mo(u)lt; ~es Chitinskelett (*bei Gliedertieren*) exuvia, exuviae *pl.* – **2.** *med.* a) (*Gewebe etc*) cast-off, sloughed-off, b) (*bes. bei Transplantation*) rejected. – **3.** *mus.* detached. – **4.** *tech.* worn. – **5.** *cf.* abgewetzt II. — **~geˌstreift I** *pp.* – **II** *adj zo. cf.* abgestoßen 1. — **~geˌstuft I** *pp.* – **II** *adj* graduated, gradational, *auch* gradative.

ˈab·geˌstumpft I *pp.* – **II** *adj* **1.** (*stumpf geworden*) dull, blunt(ed). – **2.** *fig.* (*Gefühl etc*) indifferent, dull, apathetic: gegen etwas ~ sein to be indifferent toward(s) (*od.* to) s.th. – **3.** *math.* (*Kegel, Pyramide etc*) truncated. – **4.** *biol.* (*Blätter, Muscheln etc*) truncate(d), obtuse. – **5.** *chem.* neutralized *Br. auch* -s-. — **ˈAb·geˌstumpft·heit** *f* ⟨-; *no pl*⟩ *fig.* indifference, dul(l)ness, apathy.

ˈab|geˌta·kelt I *pp.* – **II** *adj* **1.** *mar.* (*Schiff*) unrigged. – **2.** *fig. contempt.* has-been (*attrib*), passé(e), faded. – **3.** *fig.* (*erschöpft*) tired-out, worn-out, fagged-out (*colloq.*). — **~geˌtan I** *pp of* abtun. – **II** *adj* **1.** (*Sache*) finished, over and done with (*pred*). – **2.** *lit.* (*Tage, Zeiten etc*) past, bygone. – **3.** *lit.* (*ruiniert*) ruined. — **~geˌteilt I** *pp.* – **II** *adj* partitioned: ~er Raum compartment; kleiner ~er Raum cubicle. — **~geˌtra·gen I** *pp of* abtragen. – **II** *adj* **1.** (*Kleid, Schuh etc*) (well-)worn, old, (*fadenscheinig*) threadbare, shabby, shiny: sein Anzug ist völlig ~ his suit is completely threadbare. – **2.** *geol.* eroded: durch fortgeschrittene Erosion ~ senile. – **3.** *econ.* (*Schulden*) discharged, paid-up (*od.* -off), cleared. — **~geˌtre·ten I** *pp of* abtreten. – **II** *adj* **1.** (*Teppich etc*) worn smooth, worn-down. – **2.** (*Treppe, Absatz etc*) worn-down. – **3.** *jur.* assigned, ceded: nicht ~ unceded. — **~geˌtrie·ben I** *pp of* abtreiben. – **II** *adj cf.* abgeklappert 2. — **~geˌur·teilt I** *pp.* – **II** *adj jur.* tried, (*überführt*) convicted. — **~geˌwandt I** *pp of* abwenden. – **II** *adj* (*Gesicht etc*) averted: von etwas ~ sitzen to sit with one's back to s.th. — **~geˌwen·det I** *pp.* – **II** *adj* **1.** *cf.* abgewandt II. – **2.** (*Gefahr etc*) averted, headed off. – **3.** *bot.* apotropous: von der Mittelachse ~ averse. — **~geˌwetzt I** *pp.* – **II** *adj* (*Stelle etc*) worn badly (*od.* smooth), worn-out, threadbare, shiny. — **~geˌwin·kelt I** *pp.* – **II** *adj* **1.** (*Tragfläche etc*) angular. – **2.** (*abgebogen*) flexed: mit ~en Beinen with flexed knees.

ˈab·geˌwin·nen *v/t* ⟨*irr, sep, pp* abgewonnen, h⟩ **1.** win, gain: j-m etwas ~ to win s.th. from s.o.; j-m beim Kartenspielen Geld ~ to win money from s.o. at cards; j-m einen Vorteil ~ to gain an advantage over s.o., to get the better of s.o.; einer Dame ein Lächeln ~ to win a smile from a lady; einer Sache die beste Seite ~ to make the best (out) of s.th.; einer Sache keinen Reiz ~ können to get no pleasure out of s.th., to find no pleasure in s.th. – **2.** (*abringen*) wrest, win: der Wüste Ackerland ~ to wrest arable land from the desert; dem Meer Land ~ to reclaim land from the sea; dem Feind den Sieg ~ to wrest (the) victory from the enemy; j-m ein Versprechen ~ *fig.* to wrest (*od.* draw) a promise from s.o., to get s.o. to promise s.th. – **3.** (*verdienen*) earn, win, gain: er hat mir Achtung abgewonnen he has earned my respect; j-m Liebe ~ to gain s.o.'s affection. – **4.** *mar.* einem Schiff den Wind (*od.* die Luv) ~ to get (*od.* gain, have, take) the wind of a ship, to weather a ship, to weather (up)on a ship. – **5.** *tech.* recover.

ˈab·geˌwirt·schaf·tet I *pp.* – **II** *adj* (*Betrieb etc*) ruined (by mismanagement).

ˈab·geˌwo·gen I *pp of* abwiegen. – **II** *adj fig.* (*ausgeglichen*) balanced, measured, poised. — **ˈAb·geˌwo·gen·heit** *f* ⟨-; *no pl*⟩ balance, equilibrium, poise.

ˈab·geˌwöh·nen I *v/t* ⟨*sep, pp* abgewöhnt, h⟩ **1.** j-m etwas ~ to break (*od.* cure) s.o. (of the habit) of doing s.th., to get s.o. out of the habit of doing s.th., to make s.o. (*od.* get s.o. to) give up (*od.* stop, leave off) doing s.th., to wean s.o. from s.th.; ich möchte ihm das Trinken ~ I should like to cure him of drinking; er sollte ihr das Rauchen ~ he should make her give up smoking. – **2.** (*aberziehen*) j-m etwas ~ to cure s.o. of s.th., to make s.o. stop doing s.th.; j-m das Lügen ~ to cure s.o. of lying. – **3.** sich (*dat*) etwas ~ to break (*od.* cure) oneself (of the habit) of doing s.th., to give up (*od.* stop, leave off) doing s.th.; sich (*dat*) das Rauchen ~ to stop smoking. – **II A~** *n* ⟨-s⟩ **4.** *verbal noun*: noch ein Glas zum A~! *colloq. humor.* just one more for the road. — **ˈAb·geˌwöh·nung** *f* ⟨-; *no pl*⟩ breaking (*od.* renunciation) of a habit.

ˈab|geˌwon·nen I *pp of* abgewinnen. – **II** *adj* reclaimed: dem Meere ~es Land reclaimed land, innings *pl.* — **~geˌwor·fen I** *pp of* abwerfen. – **II** *adj zo. cf.* abgestoßen 1. — **~geˌzählt I** *pp.* – **II** *adj* (*Geld etc*) exact: bitte Fahrgeld ~ bereithalten please have the exact fare ready.

ˈab·geˌzehrt I *pp.* – **II** *adj bes. med.* emaciated, gaunt, haggard. — **ˈAb·geˌzehrt·heit** *f* ⟨-; *no pl*⟩ *med.* emaciation.

ˈab|geˌzir·kelt I *pp.* – **II** *adj* (*genau abgemessen*) mathematically exact (*od.* precise), pin-point (*attrib*): wie ~ with clockwork precision. — **~geˌzo·gen I** *pp of* abziehen. – **II** *adj* **1.** *fig.* (*Begriff etc*) abstract. – **2.** *mil.* withdrawn. – **3.** *print.* unwrought: (als Korrekturbogen) ~ run off.

ˈabˌgie·ßen I *v/t* ⟨*irr, sep,* -ge-, h⟩ **1.** (*weggießen, ausgießen*) pour off (*od.* out). – **2.** *gastr.* (*Nudeln etc*) drain. – **3.** *bes. chem. pharm.* (*vorsichtig*) decant. – **4.** *metall.* a) pour (out *od.* off), b) (*Gußstücke*) cast, c) (*Gußblöcke*) teem: eine Form ~ to pour molten metal into a mo(u)ld. – **5.** (*art*) cast: eine Büste in Gips ~ to cast a bust in plaster. – **II A~** *n* ⟨-s⟩ **6.** *verbal noun.* — **ˈAbˌgie·ßung** *f* ⟨-; *no pl*⟩ **1.** *cf.* Abgießen. – **2.** *chem. pharm.* decantation, decanting. – **3.** (*art*) casting. – **4.** *print.* stereotyping, stereotype.

ˈabˌgip·feln *v/t* ⟨*sep,* -ge-, h⟩ (*forestry*) *cf.* abwipfeln.

ˈabˌgit·tern *v/t* ⟨*sep,* -ge-, h⟩ fence (*od.* rail) (*s.th.*) off, separate (*s.th.*) by a railing (*od.* lattice, trellis).

ˈAbˌglanz *m* ⟨-es; *no pl*⟩ reflection, *Br. auch* reflexion, reflected light, reflex: der ~ des Mondes the reflected light of the moon; einen ~ auf (*acc*) etwas werfen to produce a reflection on s.th.; es ist nur ein (schwacher) ~ der früheren Herrlichkeit it is only a pale reflection (*od.* a mere shadow) of its former splendo(u)r.

ˈabˌglät·ten *v/t* ⟨*sep,* -ge-, h⟩ *tech.* smooth, polish, finish.

ˈAbˌgleich [-ˌglaɪç] *m* ⟨-(e)s; *no pl*⟩ **1.** *tech.* a) balance, (*Vorgang*) balancing, b) (*Justierung*) adjustment. – **2.** (*radio*) tracking.

ˈabˌglei·chen I *v/t* ⟨*irr, sep,* -ge-, h⟩ **1.** *tech.* a) (*ausgleichen, gleichmachen*) equalize *Br. auch* -s-, b) (*auswuchten*) balance, c) (*ebnen*) level, d) (*ausrichten*) true up, align, *auch* aline. – **2.** (*radio*) (*Kreiskonstanten*) gang, track. – **3.** *electr.* (*Brückenschaltungen*) balance. – **4.** *civ.eng.* (*Beton*) strike off. – **5.** *econ.* (*Konten*) square, balance. – **6.** *print.* justify, adjust. – **II A~** *n* ⟨-s⟩ **7.** *verbal noun.* – **8.** *cf.* Abgleichung.

ˈAbˌgleich|ˌfeh·ler *m electr.* adjusting (*od.* tuning, balance) error. — **~ˌmit·tel** *n* (*Funk, Radar*) adjusting (*od.* tuning, balance) device.

ˈAbˌglei·chung *f* ⟨-; -en⟩ **1.** *cf.* Abgleichen. – **2.** *tech.* a) (*Gleichmachung*) equalization *Br. auch* -s-, b) (*Ausrichtung*) alignment, *auch* alinement. – **3.** *print.* justification, adjustment.

ˈAbˌgleichˌwi·derˌstand *m electr.* balancing resistance.

ˈabˌglei·ten I *v/i* ⟨*irr, sep,* -ge-, sein⟩ **1.** (*abrutschen*) glide off, slip (off): er glitt am Beckenrand ab he slipped on the edge of the pool; ihr Fuß glitt ab her foot slipped. – **2.** (*abgelenkt werden*) glance off: das Messer ist vom Brot abgeglitten the knife glanced off the loaf; alle Vorwürfe gleiten an ihm ab *fig.* every reproach glances off him (like water off a duck's back [*colloq.*]), he is deaf to (*od.* proof against) all reproaches. – **3.** *fig.* (*absinken*) lapse: der Redner glitt ins Banale ab the speaker lapsed into trivialities. – **4.** *fig.* (*auf die schiefe Bahn geraten*) stray: vom rechten Wege ~ to stray from the path of virtue, to go astray (*colloq.*). – **5.** *econ.* (*sinken*) fall (away), decline. – **6.** *aer.* (*seitlich abrutschen*) sideslip, skid. – **7.** *geol.* slide off (*od.* down). – **II A~** *n* ⟨-s⟩ **8.** *verbal noun.* – **9.** *econ.* fall, decline.

ˈAbˌgleitˌflä·che *f meteor.* surface (*od.* level) of subsidence, downside level, (*Katafront*) katafront.

ˈAbˌglei·tung *f* ⟨-; -en⟩ **1.** *cf.* Abgleiten. – **2.** *geol.* gravity fault.

ˈabˌglit·schen *v/i* ⟨*sep,* -ge-, sein⟩ *colloq. cf.* abgleiten 1.

ˈabˌglü·hen I *v/t* ⟨*sep,* -ge-, h⟩ *metall.* (*Stahl*) anneal. – **II** *v/i* ⟨h *u.* sein⟩ (*abkühlen*) cool off (*od.* down), cease glowing.

ˈAbˌgott *m* **1.** *relig.* (*Götze*) idol, false god. – **2.** *fig.* (*vergöttertes Wesen*) idol, god: das Kind ist der ~ seiner Eltern the child is idolized by her parents; das Geld zu seinem ~ machen to make a god of money; j-n zu einem ~ machen to idolize s.o., to make an idol of s.o., to idolatrize s.o.

ˌAb·göt·teˈrei *f* ⟨-; *rare* -en⟩ **1.** *relig.* idolatry, idol worship, idolism: ~ treiben to worship idols, to idolize, to whore (*Bibl.*). – **2.** *fig.* (*abgöttische Verehrung*) idolization, idolism, idolatry: ~ mit j-m [etwas] treiben to idolize s.o. [s.th.]; j-n bis zur ~ lieben to worship s.o. to the point of idolatry.

ˈAbˌgottˌfisch *m zo.* Moorish idol (*Zanclus cornutus or Z. canescens*).

ˈabˌgöt·tisch [-ˌgœtɪʃ] **I** *adj* idolatrous, *auch* idolatric. – **II** *adv* idolatrously, to the point of idolization (*od.* idolatry): j-n ~ verehren to idolize s.o., to make an idol of s.o., to idolatrize s.o.; j-n ~ lieben to love s.o. to the point of idolatry.

ˈAbˌgottˌschlan·ge *f zo.* boa (constrictor) (*Boa constrictor*).

ˈabˌgra·ben *v/t* ⟨*irr, sep,* -ge-, h⟩ **1.** dig away, level. – **2.** (*einen Einschnitt*) trench. – **3.** (*Sumpf, Teich etc*) drain (off). – **4.** *only in* j-m das Wasser ~ *fig. colloq.* a) to undermine s.o., b) to cut (*od.* take) the ground from under s.o.'s feet. – **5.** *mil. hist.* (*Wasser*) cut off.

ˈabˌgrä·men *v/reflex* ⟨*sep,* -ge-, h⟩ sich ~ pine away (with grief), (*schwächer*) grieve.

ˈabˌgrap·sen, ˈabˌgrap·schen *v/t* ⟨*sep,* -ge-, h⟩ *Northern G. colloq. cf.* graps(ch)en 2.

ˈabˌgra·sen *v/t* ⟨*sep,* -ge-, h⟩ **1.** (*Wiese, Weide etc*) graze (down). – **2.** *fig. colloq.* (*Gebiet, Gegend*) (nach for) scour, comb. – **3.** *econ. colloq.* cover, blanket: die Vertreter haben den Stadtteil bereits abgegrast the agents have already thoroughly worked over that district.

ˈabˌgra·ten [-ˌgraːtən] *v/t* ⟨*sep,* -ge-, h⟩ *tech.* **1.** (*Metall*) deburr, remove the burr from. – **2.** (*Schmiedestücke*) trim, remove the flash from. – **3.** (*Gußstücke*) remove the fin from.

ˈAbˌgrat|maˌschi·ne *f tech.* burring (*od.* trimming, removing) machine. — **~maˌtri·ze** *f* trimming die. — **~ˌpres·se** *f* trimming press. — **~ˌwerkˌzeug** *n* trimming tool.

ˈabˌgrät·schen (*sport*) **I** *v/i* ⟨*sep,* -ge-, sein *u.* h⟩ (*vom Barren, Reck etc*) straddle-vault. – **II A~** *n* ⟨-s⟩ straddle vault (*od.* dismount).

ˈabˌgrei·fen *v/t* ⟨*irr, sep,* -ge-, h⟩ **1.** *cf.* abtasten 1. – **2.** (*Seiten etc*) wear out (by handling *od.* touching), thumb. – **3.** *phys.* caliper, *bes. Br.* calliper. – **4.** *tel.* tap.

ˈabˌgrenz·bar *adj* **1.** (*räumlich*) (de)limitable. – **2.** (*zeitlich*) estimable. – **3.** (*begrifflich*) definable: die zwei Gebiete sind schwer voneinander ~ the boundary between the two fields is difficult to define.

ˈabˌgren·zen I *v/t* ⟨*sep,* -ge-, h⟩ **1.** (*Grund-

stück etc) mark the limits of, mark off (*od.* out), delimit(ate), demarcate: **die Felder durch Hecken ~** to divide the fields by hedges. – **2.** (*Grenze*) delimit(ate), set a boundary to, divide (*s.th.*) by boundaries. – **3.** (*durch Striche*) mark out, line off. – **4.** *fig.* define: **Begriffe [Rechte] genau voneinander** (*od.* **gegeneinander**) **~** to define terms [rights] precisely; **zur Unterscheidung ~** to differentiate. – **II** *v/reflex* **sich ~** **5.** (*sich distanzieren*) keep one's distance, disassociate oneself. – **III A~** *n* ⟨-s⟩ **6.** *verbal noun.* — **'Ab,gren·zung** *f* ⟨-; -en⟩ **1.** *cf.* Abgrenzen. – **2.** (*eines Grundstücks etc*) demarcation, delimitation: **~ der Hoheitsgewässer** delimitation of territorial waters. – **3.** (*eines Begriffes, von Pflichten etc*) definition. – **4.** *cf.* Abgrenzungslinie. – **5.** *math. phys.* boundary.

'Ab,gren·zungs|,li·nie *f* **1.** dividing (*od.* demarcation) line, line of demarcation. – **2.** (*Grenzlinie*) boundary (line), limits *pl.* — **~,po·sten** *m meist pl econ.* deferred item.

'Ab,griff *m electr.* **1.** tap, branch (from circuit). – **2.** (*Meßtechnik*) pick-up.

'Ab,grund *m* **1.** (*bodenlose Tiefe*) abyss: **vor ihm tat sich plötzlich ein ~ auf** *auch fig.* suddenly an abyss opened before him; **j-n in den ~ stoßen** to push s.o. into the abyss. – **2.** (*Schlucht*) chasm, gulf: **ein gähnender ~** a yawning chasm. – **3.** (*jäh abstürzend*) precipice: **j-n vom ~ zurückreißen** to pull s.o. back from (the edge of) a precipice; **bis zum Rand des (jähen) ~es** as far as the edge of the (plunging) precipice. – **4.** (*Meerestiefe*) depth(s *pl*). – **5.** *fig. lit.* (*Verderben*) ruin, destruction, disaster: **j-n an den Rand des ~es treiben** (*od.* **bringen**) to drive s.o. to the verge of ruin (*od.* disaster). – **6.** *fig. lit.* (*höchstes Ausmaß*) abyss, depth(s *pl*): **ein ~ von Verworfenheit** an abyss of depravity. – **7.** *fig. lit.* (*unüberwindlicher Gegensatz*) abyss, gulf, precipice: **Abgründe trennen uns** we are miles apart; **ein ~ lag zwischen ihnen** there was a gulf between them. — **a~,ar·tig** *adj* abysmal.

'ab,grün·dig [-,grʏndɪç] **I** *adj* **1.** *fig.* (*unergründlich*) unfathomable, inscrutable: **eine ~e Vorstellung** an unfathomable idea. – **2.** (*zerklüftet*) abysmal, precipitous. – **II** *adv* **3.** *lit.* (*unermeßlich*) immeasurably, immensely: **~ tief schlafen** to sleep the sleep of the dead. — **'Ab,grün·dig·keit** *f* ⟨-; *no pl*⟩ *fig.* unfathomableness, inscrutability.

'ab,grund'tief *adj* (*Verachtung etc*) abysmal, *auch* abyssal, unfathomable.

'ab,gucken (*getr.* -k·k-) *v/t* ⟨*sep*, -ge-, h⟩ *colloq.* **1. j-m etwas ~** to learn s.th. by watching s.o.: **ich guck' dir nichts ab** *humor.* I am not watching you. – **2. etwas von** (*od.* **bei**) **j-m ~** *bes. ped.* to crib (*od.* copy) s.th. from s.o.

'ab,gur·ten *v/t* ⟨*sep*, -ge-, h⟩ (*Pferd*) ungirth.

'ab,gür·ten *v/t* ⟨*sep*, -ge-, h⟩ *lit.* (*Schwert etc*) ungird.

'Ab,guß *m* **1.** (*art*) cast, casting, mold(ing), *bes. Br.* mould(ing): **einen ~ herstellen** to take (*od.* make) a cast, to cast a copy; **~ in Gips** plaster cast. – **2.** *tech. metall.* a) (*Arbeitsvorgang*) cast, pouring, b) (*Gußstück*) casting. – **3.** *chem.* decanting, decantation. – **4.** *print.* (stereotyped) plate. — **a~,fer·tig** *adj* ready for casting (*od.* molding, *bes. Br.* moulding).

'ab,haa·ren I *v/t* ⟨*sep*, -ge-, h⟩ *cf.* enthaaren I. – **II** *v/i cf.* haaren I.

'ab,ha·ben *v/t* ⟨*irr*, *sep*, -ge-, h⟩ *colloq.* **1.** (*bekommen*) **~ von** to have a share of: **willst du etwas ~?** do you want some (*od.* a bit) (of it)? **der Junge hat seinen Teil ab** *fig.* the boy got just what he deserved (*od.* what was coming to him). – **2.** (*nicht aufhaben*) have (*s.th.*) off: **er hatte die Mütze ab** he had his cap off.

'ab,hacken (*getr.* -k·k-) *v/t* ⟨*sep*, -ge-, h⟩ **1.** chop (*od.* cut, hack) off: **einen Ast ~** to chop off a branch; **wir werden dir nicht gleich den Kopf ~** *fig. colloq.* they won't bite your head off (*colloq.*). – **2.** (*Baum etc*) chop (*od.* hew, cut) down. – **3.** *fig.* (*Sätze etc*) chop.

'ab,ha·gern [-,ha:gərn] *v/i* ⟨*sep*, -ge-, *sein*⟩ *cf.* abmagern I.

'ab,hä·keln *v/t* ⟨*sep*, -ge-, h⟩ do (*od.* copy) in crochet work.

'ab,ha·ken *v/t* ⟨*sep*, -ge-, h⟩ **1.** (*anzeichnen*) check (off), tick off: **Erledigtes wird auf der Liste abgehakt** finished items will be checked off on the list. – **2.** (*loshaken*) unhook, take (*s.th.*) off (the hook), unfasten.

'ab,half·tern *v/t* ⟨*sep*, -ge-, h⟩ **1.** (*Pferde etc*) unharness, unhalter, take the halter off. – **2. j-n ~** *fig. colloq. contempt.* to get rid of s.o., to give s.o. the sack (*colloq.*), to sack s.o. (*colloq.*).

'ab,hal·sen *v/t* ⟨*sep*, -ge-, h⟩ **1.** (*umarmen*) embrace, hug. – **2.** *hunt.* take the collar off (*a hound*), uncouple.

'ab,hal·ten I *v/t* ⟨*irr*, *sep*, -ge-, h⟩ **1.** (*zurückhalten*) (**von** from) keep, stop, restrain: **j-n von einem dummen Streich ~** to restrain s.o. from a foolish action, to stop (*od.* keep) s.o. from doing s.th. foolish; **j-n davon ~, etwas zu tun** to keep s.o. from doing s.th. – **2.** (*hindern*) prevent, hinder, keep: **die hohen Preise hielten die Käufer (davon) ab einzukaufen** high prices kept (*od.* prevented) the customers from buying; **seine Schwäche [Furcht] hielt ihn davon ab teilzunehmen** his weakness [anxiety] prevented him from participating; **sich von etwas ~ lassen** to be kept (*od.* stopped, hindered) from (doing) s.th.; **ich lasse mich durch nichts ~** nothing shall stop me. – **3.** (*aufhalten*) detain, delay: **ich bin abgehalten worden** I have been detained. – **4.** (*abschrecken*) deter, stop, keep (*s.o.*) (away), discourage: **der Regen wird mich nicht ~ zu kommen** the rain won't stop me from coming (*od.* keep me away). – **5.** (*abwehren*) keep away, keep (*od.* hold) off: **etwas [j-n] von sich ~** to keep s.th. [s.o.] away from oneself; **den Feind vom Lande ~** to hold off the enemy from one's country; **um die Leute vom Rasen abzuhalten** (in order) to keep the people off the lawn; **er hielt alle Gefahren von ihr ab** he protected (*od.* kept) her from all dangers. – **6.** (*fernhalten*) keep out (*od.* off): **ein Schirm hält den Regen ab** an umbrella keeps off the rain; **ein Mantel hält die Kälte ab** a coat keeps out the cold; **einen Schlag ~** to ward off a blow. – **7.** (*stattfinden lassen*) hold: **eine Sitzung [Konferenz] ~** to hold a meeting [conference]; **einen Gottesdienst ~** to conduct (*od.* celebrate, perform, hold) a divine service; **ein Fest ~** to observe (*od.* celebrate) a festival. – **8.** (*weghalten*) hold away: **er hielt das Bild ein Stück von sich ab** he held the picture a little away from him. – **9.** *colloq.* (*Kind*) hold (*a child*) out (*od.* over the pot), put (*a child*) over (*od.* on) the pot. – **10.** (*mining*) shut out: **Wasser ~** to shut out water. – **11.** *mar.* bear (*od.* keep) off: **das Schiff einen Strich vom Wind ~** to keep the ship one point off the wind. – **II** *v/i* **12.** *mar.* a) bear (*od.* pay, claw, keep, lie) off, b) bear (*od.* keep) away, c) bear down: **gegen ~** to bear on the beams; **vom Lande [von einem anderen Schiff] ~** to bear (*od.* lie) off from the land [another boat]. – **III A~** *n* ⟨-s⟩ **13.** *verbal noun.* – **14.** *relig.* (*der Messe*) celebration. — **'Ab,hal·tung** *f* ⟨-; -en⟩ **1.** *cf.* Abhalten. – **2.** (*eines Festes, Gottesdienstes*) celebration. – **3.** *meist pl* (*Verhinderung*) engagement: **~en haben** to be otherwise engaged, to be prevented (*od.* detained) (**durch** by). – **4.** (*Hindernis*) hindrance, detention.

'Ab,hal·tungs|,grund *m* reason for detention (*od.* not coming, not doing s.th.). — **~,mit·tel** *n* means of prevention.

'ab,häm·mern *v/t* ⟨*sep*, -ge-, h⟩ *tech.* knock (*od.* strike) (*s.th.*) off with a hammer, hammer off.

'ab,han·deln *v/t* ⟨*sep*, -ge-, h⟩ **1. j-m etwas ~** a) to make s.o. sell s.th. (cheaply), to get s.th. out of s.o. by bargaining, b) to buy s.th. from s.o.: **er hat ihm sein bestes Bild abgehandelt** he got him to sell his best painting (rather cheaply); **er läßt sich nichts ~** he won't come down from his price, there is no lowering his price. – **2.** (*bearbeiten*) treat, deal with, handle: **ein Thema gründlich ~** to treat a subject thoroughly. – **3.** (*durchsprechen*) discuss, talk lengthily (*od.* at length) about. – **4.** (*vereinbaren*) settle: **das ist schon abgehandelt worden** that has already been settled.

,ab'han·den [-'handən] *adv only in* **~ kommen** to get lost, to go astray, to be mislaid: **~ gekommen sein** to be lost, to be missing; **mir ist meine Brille ~ gekommen** I have lost my spectacles; **ihm ist der Mut ~ gekommen** *fig.* he has lost his courage, his courage has failed him. — **A~,kom·men** *n* ⟨-s⟩ loss.

'Ab,hand·lung *f* **1.** (*schriftliche*) (**über** *acc*, **von** on, upon) treatise, essay, paper: **eine kleine ~ vorlegen** to present a short essay (*od.* article); **wissenschaftliche ~** scientific treatise, dissertation, learned article; (*oft* **pedantische**) **gelehrte** (*od.* **wissenschaftliche**) **~** lucubration; **gesammelte ~en** (*einer gelehrten Gesellschaft*) transactions, proceedings, memoirs; **der Gegenstand dieser ~** the subject of this essay. – **2.** (*mündliche*) (**über** *acc* about, on, upon) discussion, discourse. – **3.** *relig.* tract: **~ über seelsorgerliche Pflichten** pastoral.

'Ab,hang *m* **1.** slope, incline, descent, inclination, declivity (*lit.*): **sehr steiler ~** precipice, drop, cliff; **sanfter ~** gentle slope; **~ eines Hügels** hillside, slope of a hill; **~ einer Bergkette** versant (*od.* side, slope) of a mountain range. – **2.** (*railway*) (sloping) bank, gradient.

'ab,han·gen *v/i* ⟨*irr*, *sep*, -ge-, h⟩ *dial. u. rare for* abhängen 10.

'ab,hän·gen I *v/t* ⟨*sep*, -ge-, h⟩ **1.** (*railway*) uncouple, take off: **der letzte Wagen wurde abgehängt** the last car has been uncoupled (*od.* taken off, disconnected). – **2.** (*Anhänger*) unhook, unhitch. – **3.** *electr. tech.* disconnect. – **4. j-n ~** *colloq.* a) to leave s.o. (far) behind (*auch fig.*), to pass (*od.* overtake) s.o., b) *fig.* to get rid of s.o., to give s.o. his walking papers (*bes. Br.* marching orders) (*colloq.*). – **5.** *rare for* abnehmen[1] 2. – **II** *v/i* ⟨*irr*, *sep*, -ge-, h⟩ **6.** *fig.* (**von** on, upon) depend, turn, hinge: **es hängt von ihm ab** a) it depends on (*od.* is up to) him, b) it lies (*od.* rests) with him, it is for him to decide; **die Entscheidung hängt von einem Punkt ab** the decision turns upon one point; **vom Zufall ~** to be at the mercy of chance; **das hängt davon ab(, wieviel Zeit wir haben)** that depends (on how much time we have). – **7.** *fig.* (*von Bedingungen etc*) (**von**) be contingent (on), be conditional (on), be conditioned (by): **es hängt von verschiedenen Umständen ab** it is conditioned by a variety of circumstances. – **8.** *fig.* (*von Zustimmung, Vorschrift etc*) (**von** to) be subject. – **9.** *fig.* (*angewiesen sein*) be dependent, depend: **er hängt von niemandem (finanziell) ab** he is not financially dependent on anyone, he is financially independent. – **10.** *gastr.* hang: **Wild läßt man einige Tage ~** one has to let game hang for a few days. – **11.** *tel.* ⟨*pp* **abgehängt**⟩ hang up, *bes. Br.* ring off.

'ab,hän·gig *adj* **1.** (*nicht selbständig*) (**von** on, upon) dependent: **voneinander ~e Entwicklungen** interdependent developments; **in ~er Stellung sein** to be in a dependent (*od.* subordinate) position; **er ist von seinen Eltern [seinem Geschäft] ~** he is dependent on (*od.* depends on) his parents [his business]; **j-n ~ machen** to make s.o. dependent. – **2.** (*bedingt durch*) (**von** on, upon) dependent: **das ist vom Wetter [von seinem Entschluß] ~** that is dependent (*od.* depends) on the weather [his decision]; **von j-s Gutdünken ~ sein** to be at s.o.'s discretion. – **3.** (*von Bedingungen etc*) (**von** on, upon) contingent, conditional: **etwas ~ machen von** to make s.th. contingent on. – **4.** (*von Zustimmung etc*) (**von** to) subject: **dieser Plan ist von Ihrer Genehmigung ~** this plan is subject to your approval. – **5.** *ling.* a) (*Rede*) indirect, reported, b) (*Satz*) subordinate, dependent. – **6.** *pol.* (**von**) subject (to), satellite, dependent (on, upon): **~es Gebiet** non-self-governing territory. – **7.** *econ.* (*Gesellschaften*) controlled. – **8.** *math.* (*Veränderliche*) dependent. – **9.** *jur.* attendant. – **10.** *psych.* anaclitic.

'Ab,hän·gi·ge *m, f* ⟨-n; -n⟩ **1.** dependent: **Unzucht mit ~n** *jur.* seduction of persons in one's charge (*od.* custody). – **2.** *pol. hist.* vassal.

'Ab,hän·gig·keit *f* ⟨-; *no pl*⟩ **1.** (*von Personen*) dependence, dependency, *Br. auch* dependancy (**von** on, upon): **gegenseitige ~** a) interdependence, b) correlation (*auch psych. biol.*); **in ~ geraten** to become dependent, to lose one's independence. – **2.** (*Unterordnung*) subordination, subjection. – **3.** *pol. hist.* (*von Vasallen etc*) vassalage. – **4.** *math.* a) (*statistische*) dependence, b) (*gegenseitige*) correlation, interdependence, relation(ship): **in ~ von** as a function of. – **5.** *ling.* subordination.

'Ab,hän·gig·keits|ge,biet *n* dependency, *Br. auch* dependancy. — **~ge,fühl** *n psych.*

feeling of dependence (od. dependency). — ~ˌschal·tung f tech. interrelated control. — ~verˌhält·nis n state (od. condition) of dependence (stärker subjection), dependent relation(ship): in einem ~ zu j-m stehen a) to be dependent upon s.o., b) to be subordinate to s.o.

ˈAbˌhäng·ling m ⟨-s; -e⟩ arch. (an Gewölbedecken etc) pendant, hanging keystone.

ˈabˌhar·ken v/t ⟨sep, -ge-, h⟩ bes. Northern G. 1. (Blätter etc) rake off. – 2. (Gartenweg, Beet) rake.

ˈabˌhär·men v/reflex ⟨sep, -ge-, h⟩ sich ~ (über acc, vor dat with) pine (od. waste) away: sich wegen (od. über acc, um) etwas ~ to grieve (od. fret) over s.th.

ˈabˌhär·ten I v/t ⟨sep, -ge-, h⟩ 1. (gegen) harden (against, to), toughen (up) (against), indurate (against, to), inure (to): seinen Körper gegen Erkältung ~ to harden one's body against cold; gegen Schmerz abgehärtet sein to be immune to pain. – 2. (Sämlinge) harden (off). – II v/reflex sich ~ 3. a) harden (od. toughen, inure) oneself, b) become hardened: er härtet sich durch Sport ab he toughens (od. inures) himself by practicing (auch practising) sport. – III A~ n ⟨-s⟩ 4. verbal noun. — ˈAbˌhär·tung f ⟨-; no pl⟩ 1. cf. Abhärten. – 2. (gegen) induration (against, to), inurement (to). – 3. (Widerstandskraft) robustness, hardness.

ˈabˌhar·zen v/t ⟨sep, -ge-, h⟩ (Bäume) gather (od. collect) the resin from, tap (trees) for resin.

ˈAbˌhas·pel·maˌschi·ne f (textile) reeling machine, winder.

ˈabˌhas·peln v/t ⟨sep, -ge-, h⟩ 1. (Garn etc) unreel, unwind, reel (od. wind) off. – 2. metall. (Draht, Band) reel off. – 3. fig. colloq. (Rede etc) reel off, rush through.

ˈabˌha·sten v/reflex ⟨sep, -ge-, h⟩ sich ~ rush, bustle (along), hustle.

ˈabˌhau·en I v/t ⟨irr, sep, -ge-, h⟩ 1. chop (od. cut, lop) off. – 2. (fällen) cut down (od. away), fell. – 3. ped. sl. copy (off), crib. – II v/i ⟨sein⟩ fig. colloq. 4. (davonlaufen) buzz (od. clear) off (colloq.), Am. sl. beat it, scram (sl.): hau ab! get out! beat it! get lost! (sl.), scram! – III A~ n ⟨-s⟩ 5. verbal noun. – 6. (mining) diphead, auch dipheading, dip workings pl.

ˈabˌhäu·ten v/t ⟨sep, -ge-, h⟩ (Tierkörper) skin, flay, hide, excoriate (lit.).

ˈAbˌhe·be·geˌschwin·dig·keit f aer. lift-off (od. getaway) speed.

ˈabˌhe·ben I v/t ⟨irr, sep, -ge-, h⟩ 1. (herunternehmen) lift (up od. off), pick up, take off: den Hörer ~ to pick up (od. lift [up]) the receiver; sie hob den Topf vom Ofen ab she took the pot off (od. from) the stove. – 2. (herunterfegen) lift (od. blow) off: der Sturm hat mehrere Dächer abgehoben the storm has lifted off several roofs. – 3. econ. a) (Geld) draw, withdraw, take out, b) (Zinsen etc) collect, cash: einen Geldbetrag von der Bank ~ to withdraw a sum of money from the bank; von einem Konto ~ draw (od. make drafts) on an account. – 4. (games) (Karten) cut. – 5. (Maschen) slip. – 6. tech. a) (Späne) take off, cut off, remove, b) (Werkzeug vom Werkstück) clear, lift. – 7. med. (Hautlappen) lift (od. take) off. – 8. bes. (art) a) contrast, b) bring out in relief: etwas vom (od. gegen den) Hintergrund ~ to contrast s.th. against the background. – II v/i 9. (games) (beim Kartenspiel) cut: wer hebt ab? whose turn to cut? Sie heben ab it is your cut. – 10. aer. take (od. lift) off, become airborne. – 11. tel. answer the phone. – III v/reflex sich ~ 12. (gegen, von against) (sich abzeichnen) stand out, be defined (od. outlined), be silhouetted: sich deutlich (od. scharf, klar) ~ (gegen) to stand out in strong (od. bold) relief (against); die Häuser hoben sich (dunkel) gegen den Himmel ab the houses stood out (dark) against the sky. – 13. (gegen, von) (Kontrast bilden zu) stand out (against), contrast (with): das Blau hebt sich gut gegen den gelben Grund ab the blue colo(u)r stands out well against the yellow ground. – 14. fig. (von from) stand out: seine Leistungen heben sich von denen der anderen ab his work stands out from that of the others. – 15. aer. cf. abheben 10. – IV A~ n ⟨-s⟩ 16. verbal noun. – 17. econ. (von Geld) withdrawal. – 18. aer. takeoff: beim A~ des Flugzeugs at takeoff, as the plane took off. – 19. (games) (beim Kartenspiel) cut.

ˈabˌhe·bern [-ˌheːbərn] v/t ⟨sep, -ge-, h⟩ 1. (Wein) draw off. – 2. chem. (Flüssigkeiten) siphon off.

ˈAbˌhe·beˌstift m metall. (in Gießerei) lifting pin (od. post).

ˈAbˌhe·bung f ⟨-; -en⟩ 1. cf. Abheben. – 2. econ. (von Geld) withdrawal.

ˈAbˌhe·bungs|beˌfug·nis f econ. (für Geld) right of withdrawal (od. drawing). — ~forˌmuˌlar n withdrawal form.

ˈabˌhe·cheln v/t ⟨sep, -ge-, h⟩ (textile) (Flachs etc) hatchel, auch hetchel, hackle, comb.

ˈabˌhef·ten v/t ⟨sep, -ge-, h⟩ 1. (Akten etc) file. – 2. colloq. for heften 1.

ˈabˌhei·len v/i ⟨sep, -ge-, sein u. h⟩ (von Wunden) heal (up).

ˈabˌhel·fen v/i ⟨irr, sep, -ge-, h⟩ (dat) 1. remedy, redress: einem Mißstand ~ to remedy a grievance; diesem Zustand kann nicht abgeholfen werden that cannot be helped, that is past all remedy; dem kann abgeholfen werden that can be remedied. – 2. (einem Bedarf, Bedürfnis etc) meet, satisfy, supply.

ˈabˌher·zen v/t ⟨sep, -ge-, h⟩ (ein Kind) fondle, hug (and kiss).

ˈabˌhet·zen I v/reflex ⟨sep, -ge-, h⟩ sich ~ colloq. 1. wear (od. tire) oneself out, exhaust oneself. – 2. rush (like mad), (dauernd) rush about (like mad). – 3. work under pressure. – II v/t 4. j-n ~ to tire s.o., to fatigue s.o., to harass s.o., to work s.o. to death. – 5. (Pferd) jade, override, overdrive. – 6. hunt. (Wild) run (od. hunt) down. — ˌAb·het·zeˈrei f ⟨-; no pl⟩ colloq. 1. (continual) harassing, harassment. – 2. rush.

ˈabˌheu·ern v/t ⟨sep, -ge-, h⟩ j-n ~ mar. a) to pay s.o. off, b) to discharge s.o.

ˈAbˌhieb m ⟨-(e)s; no pl⟩ (forestry) 1. (Vorgang) cutting (off), felling (off). – 2. (Hiebstelle) cutting face, felling point.

ˈAbˌhil·fe f ⟨-; no pl⟩ 1. (Beseitigung) remedy, redress: der Mißstand verlangt sofortige ~ the grievance calls for an immediate remedy (od. for immediate redress); dafür (od. hier) gibt es keine ~ there is no remedy for it. – 2. (als Maßnahme) remedial measures pl (od. action): ~ schaffen to take remedial measures; hier muß man ~ schaffen this must be remedied. — ~ˌmaßˌnah·me f remedial measure.

ˈAbˌhit·ze f ⟨-; no pl⟩ tech. waste heat. — ~ˌkes·sel m waste-heat boiler. — ~verˌwer·tung f waste-heat utilization.

ˈabˌho·beln v/t ⟨sep, -ge-, h⟩ tech. 1. plane off, remove (s.th.) by planing. – 2. (in der Metallbearbeitung) finish-plane. – 3. (Holz) surface, (bes. Parkett) dress.

ˈabˌhocken (getr. -k·k-) (sport) I v/i ⟨sep, -ge-, sein⟩ dismount in squat position, squat down. – II A~ n ⟨-s⟩ squat dismount: A~ aus dem Handstand handstand (od. handbalance) and squat(ting) vault.

ˈabˌhold adj ⟨meist pred⟩ lit. 1. j-m ~ sein to be ill-disposed toward(s) s.o., to be unfavorably (bes. Br. unfavourably) disposed toward(s) s.o., to dislike s.o.: sie ist (den) Männern nicht ~ she is not averse to male company. – 2. einer Sache ~ sein a) to be averse to s.th., b) (stärker) to be opposed to s.th.

ˈAbˌholˌdienst m pickup (od. collection) service.

ˈabˌho·len I v/t ⟨sep, -ge-, h⟩ 1. (go and) get, fetch, call for, pick up, collect: ein Paket von der Post ~ to go and collect (od. get) a parcel at the post office; Sie können die Bücher morgen ~ you may call (od. come) for the books tomorrow; etwas ~ lassen to send for s.th. – 2. (Person) call for, collect, (bes. mit dem Wagen) pick up, meet: ich hole dich im (od. vom) Büro ab I'll call for you at the office; soll ich ihn vom (od. am) Bahnhof ~? shall I meet him at the station? ich werde abgeholt s.o. is meeting me; → bestellt 2. – 3. colloq. (verhaften) come for: man hat ihn gestern abgeholt they came for him yesterday. – II A~ n ⟨-s⟩ 4. verbal noun. – 5. cf. Abholung.

ˈAbˌho·ler m ⟨-s; -⟩ (postal service) person who collects letters from a post-office box.

ˈAbˌhol|ˌfrist f time (od. period) for collection. — ~geˌbühr f collection fee.

ˈAbˌho·lung f ⟨-; -en⟩ 1. cf. Abholen. – 2. (postal service) collection, clearance.

ˈabˌhol·zen I v/t ⟨sep, -ge-, h⟩ 1. (bewaldetes Gebiet) deforest, clear (s.th.) (of trees). – 2. (Wald) cut down (od. over), log, clear (s.th.) (of timber). – 3. hort. (Baum) prune, lop. – II A~ n ⟨-s⟩ 4. verbal noun.

ˈabˌhol·zig adj (forestry) taper(ing), conical. — ˈAbˌhol·zig·keit f ⟨-; no pl⟩ (abnormal) taper, fall.

ˈAbˌhol·zung f ⟨-; -en⟩ (forestry) 1. cf. Abholzen. – 2. deforestation.

ˈAbˌhör·ap·paˌrat m cf. Abhörgerät.

ˈabˌhor·chen v/t ⟨sep, -ge-, h⟩ 1. med. (Lunge, Herz etc) auscultate, sound, stethoscope. – 2. cf. abhören 2, 4. – 3. rare for ablauschen 1.

ˈAbˌhör|ˌdienst m 1. listening (od. monitoring, bes. mil. interception) service. – 2. (Tätigkeit) listening (od. monitoring, bes. mil. interception) duty. — ~ˌeinˌrich·tung f listening (od. monitoring, bes. mil. interception) equipment (od. device), monitor.

ˈabˌhö·ren I v/t ⟨sep, -ge-, h⟩ 1. (Schüler, Aufgaben etc) hear (s.o.) say (od. repeat) his lessons: den (od. dem) Schüler die Vokabeln ~ to hear the pupil repeat his vocabulary exercise. – 2. bes. mil. intercept, listen in to. – 3. tel. monitor. – 4. (film) (Tonaufnahme etc) play back. – 5. med. cf. abhorchen 1. – II A~ n ⟨-s⟩ 6. verbal noun. – 7. bes. mil. interception.

ˈAbˌhö·rer m ⟨-s; -⟩, ˈAbˌhö·re·rin f ⟨-; -nen⟩ monitor.

ˈAbˌhör|geˌrät n 1. (in einem Raum) hidden microphone. – 2. (für Telephongespräche) detectaphone. – 3. cf. Abhöreinrichtung. — ~kaˌbi·ne f listening room (od. cubicle). — ~ˌlautˌspre·cher m mus. monitoring speaker. — ~mik·roˌphon n miniphone. — ~ˌraum m cf. Abhörkabine. — ~ˌsi·cher·heit f mil. pol. safety from interception. — ~sta·tiˌon, ~ˌstel·le f bes. mil. listening (od. monitoring, interception) station (od. post). — ~ˌvorˌrich·tung f cf. Abhörgerät.

ˈAbˌhub m ⟨-(e)s; no pl⟩ 1. (bei Erdarbeiten) removal, stripping. – 2. tech. a) (eines Krans) lifting, b) (eines Werkzeugs) clearing, relief. – 3. metall. a) (eines Gießereimodells) draw, b) (eines Formkastens) stripping. – 4. (mining) dross. – 5. lit. od. poet. for Abschaum 2. – 6. obs. for Rest 3, Abfall 1—5.

ˈabˌhül·sen v/t ⟨sep, -ge-, h⟩ cf. enthülsen.

ˈabˌhun·gern I v/t ⟨sep, -ge-, h⟩ sich (dat) etwas ~ to skimp (od. scrimp) and save s.th. – II v/reflex sich ~ rare a) starve oneself, b) starve.

ˈabˌhüp·fen v/i ⟨sep, -ge-, sein⟩ hop off (od. away).

ˈabˌhu·sten v/t ⟨sep, -ge-, h⟩ (Schleim) bring up (phlegm) by coughing, cough up, expectorate (scient.).

Abi [ˈabi] n ⟨-s; no pl⟩ colloq. short for Abitur.

Abio·ge·ne·se [abiogeˈneːzə] f, **Abioˈge·ne·sis** [-ˈgeːnezɪs] f ⟨-; no pl⟩ biol. abiogenesis, spontaneous generation.

abio·lo·gisch [abioˈloːgɪʃ] adj biol. abiological.

abio·tisch [abiˈoːtɪʃ] adj biol. abiotic.

Abio·tro·phie [abiotroˈfiː] f ⟨-; -n [-ən]⟩ biol. abiotrophy.

ˈabˌir·ren I v/i ⟨sep, -ge-, sein⟩ 1. (sich ungewollt entfernen) stray, wander: vom (rechten) Weg ~ auch fig. to stray from the right way (auch fig.), to go astray (auch fig.), to lose one's way. – 2. fig. (von Augen, Gedanken etc) wander: ihre Blicke irrten ab her eyes were wandering. – 3. fig. (ein Thema etc verlassen) (von from) deviate, stray, wander, swerve. – II A~ n ⟨-s⟩ 4. verbal noun. — ˈAbˌir·rung f ⟨-; -en⟩ 1. cf. Abirren. – 2. fig. cf. Verirrung 1.

ˈab·isoˌlie·ren v/t ⟨sep, no -ge-, h⟩ electr. cf. isolieren 3.

Ab·itur [abiˈtuːr] n ⟨-s; no pl⟩ ped. school-leaving (od. final) examination (at German secondary schools): das ~ machen (od. ablegen) to take the school-leaving examination; er hat das ~ mit Erfolg bestanden (od. abgelegt) he passed the school-leaving examination, Am. etwa he graduated.

Ab·itu·ri·ent [abituˈrɪɛnt] m ⟨-en; -en⟩ ped. student who is about to take (od. has just taken) the 'Abitur' examination.

Ab·itu·riˈen·ten|ˌball m a ball held for students in celebration of their 'Abitur' examination. — ~ˌklas·se f class of students who are going to take their 'Abitur' examination. — ~ˌlehrˌgang m course that prepares students for the 'Abitur' examination. — ~ˌprü·fung f cf. Abitur. — ~ˌtag m, ~ˌtref·fen n reunion of former 'Abiturienten'.

Ab·itu·ri'en·tin *f* ⟨-; -nen⟩ *ped. cf.* Abiturient.

Ab·iturˌzeug·nis [abi'tuːr-] *n ped. certificate given to students who have passed their 'Abitur' examination.*

'abˌja·gen I *v/t* ⟨*sep*, -ge-, h⟩ **1. j-m etwas ~** to recover (*od.* retrieve) s.th. from s.o. (by pursuit): **dem Dieb die Beute ~** to recover (*od.* retrieve) the stolen goods from the thief by pursuing (*od.* chasing) him. – **2.** *fig.* steal: **j-m die Kunden [den Gewinn] ~** to steal the customers [the profit] away from s.o. – **3.** (*Pferd*) jade, override, overdrive. – **4.** *hunt.* a) (*Revier*) shoot over, b) (*Wild*) kill off. – **II** *v/reflex* **sich ~ 5.** *cf.* abhetzen I.

'abˌjä·ten *v/t* ⟨*sep*, -ge-, h⟩ (*Garten*) clear (*the garden*) of weeds, weed.

'abˌjo·chen *v/t* ⟨*sep*, -ge-, h⟩ (*Zugtier*) unyoke.

Ab·ju·di·ka·ti·on [apjudika'tsi̯oːn] *f* ⟨-; -en⟩ *jur.* deprival by judicial sentence. — **ab·ju·di'zie·ren** [-'tsiːrən] *v/t* ⟨*sep*, *no* -ge-, h⟩ **j-m etwas ~** to deprive s.o. of s.th. by judicial sentence.

'abˌkal·ben *v/i* ⟨*sep*, -ge-, h⟩ *agr. cf.* kalben 1.

'abˌkäm·men *v/t* ⟨*sep*, -ge-, h⟩ **1.** *fig.* (*absuchen*) (**nach** for) comb: **ein Gebiet nach j-m [etwas] ~** to comb an area for (*od.* in search of) s.o. [s.th.]. – **2.** (*textile*) (*Wolle etc*) comb, card. – **3.** comb off.

'abˌkämp·fen I *v/t* ⟨*sep*, -ge-, h⟩ *hunt.* **1.** (*Hirsch, während der Brunstzeit*) beat (*od.* drive) off. – **2.** (*Geweih*) break off. – **II** *v/reflex* **sich ~ 3.** *lit.* toil.

'abˌkan·ten I *v/t* ⟨*sep*, -ge-, h⟩ **1.** *tech.* (*Kanten*) a) (*runden*) round off, b) (*abschrägen*) chamfer, bevel. – **2.** *tech.* (*Blech*) fold, bend. – **3.** *tech.* (*Zahnradzähne*) semi-top. – **4.** (*textile*) (*Tuch*) cut off the selvages (*auch* selvedges) of. – **II A~** *n* ⟨-s⟩ **5.** *verbal noun.* – **6.** *cf.* Abkantung.

'Abˌkant|maˌschi·ne *f tech.* (*Stanzerei*) a) (*für dünne Bleche*) folding machine (*od.* press), b) (*für schwere Bleche*) press brake. — **~ˌpres·se** *f* **1.** *cf.* Abkantmaschine. – **2.** (*Ziegelei*) edging press.

'Abˌkan·tung *f* ⟨-; -en⟩ **1.** *cf.* Abkanten. – **2.** *tech.* (*Schrägkante*) chamfer, beveled (*bes. Br.* bevelled) edge.

'Abˌkant|ˌwälz·ˌfrä·ser *m tech.* tooth chamfering hob. — **~ˌzan·ge** *f* plate bender.

'abˌkan·zeln *v/t* ⟨*sep*, -ge-, h⟩ **j-n ~** *colloq.* to dress s.o. down, to give s.o. a dressing-down (*colloq.*), to jump (up)on s.o., to sail into s.o. (*sl.*), to haul s.o. over the coals: **er hat ihn gehörig** (*od.* **mächtig**) **abgekanzelt** he gave him a thorough dressing down. — **'Abˌkan·ze·lung, 'Abˌkanz·lung** *f* ⟨-; -en⟩ *colloq.* dressing down (*colloq.*).

'abˌkap·pen *v/t* ⟨*sep*, -ge-, h⟩ *cf.* kappen 1—3.

'abˌkap·seln I *v/reflex* ⟨*sep*, -ge-, h⟩ **sich ~ 1.** *fig.* (*sich absondern*) (**von** from) shut (*od.* cut) oneself off, isolate oneself, retire into one's shell, keep apart: **sich von der Außenwelt ~** to shut (*od.* cut) oneself off from the outside world. – **2.** *med.* a) become encapsulated (*od.* walled off), encapsule, become separated (*od.* surrounded) by a capsule, b) (*von Parasiten*) get encysted. – **II** *v/t* **3.** *med.* (*Eiterherd etc*) seal (*od.* wall) off. – **III A~** *n* ⟨-s⟩ **4.** *verbal noun.* — **'Abˌkap·se·lung, 'Abˌkaps·lung** *f* ⟨-; -en⟩ **1.** *cf.* Abkapseln. – **2.** *fig.* isolation, *auch* insulation. – **3.** *med. biol.* encapsulation.

'abˌkar·gen *v/t* ⟨*sep*, -ge-, h⟩ **sich** (*dat*) **etwas ~** *cf.* absparen.

'abˌkar·ten *v/t* ⟨*sep*, -ge-, h⟩ *colloq.* (*heimlich verabreden*) plot, concoct, cook up (*colloq.*): **sie hatten es unter sich abgekartet** they had cooked it up between them.

'ab·kasˌsie·ren *v/t u. v/i* ⟨*sep*, *no* -ge-, h⟩ *cf.* kassieren 1—3.

'abˌkau·en *v/t* ⟨*sep*, -ge-, h⟩ (*Bleistift etc*) chew: **sich** (*dat*) **die Fingernägel ~** to bite one's (finger)nails.

'abˌkau·fen *v/t* ⟨*sep*, -ge-, h⟩ **j-m etwas ~** to buy (*od.* purchase) s.th. from s.o.: **das kaufe ich dir nicht ab!** *fig. colloq.* I don't believe you; tell that to the marines (*colloq.*)! tell me another (*colloq.*)! **man muß ihm jedes Wort ~** *fig. colloq.* you have to drag every word out of him (*colloq.*); **j-m den** (*od.* **die**) **Schneid** (*od.* **die Courage**) **~** *fig. colloq.* to discourage (*od.* intimidate) s.o.

'Abˌkehr *f* ⟨-; *no pl*⟩ **1.** (*Abwendung*) (**von**) turning away (from), abandonment (of), break (with): **~ vom Glauben** abandonment (*od.* renunciation) of one's faith; **~ von einer Politik** turning away (*od.* departure, deviation) from a policy; **~ von seinen Freunden** turning one's back upon (*od.* withdrawal from) one's friends. – **2.** (*Entfremdung*) (**von** from) estrangement. – **3.** (*Abscheu*) (**von** to) aversion.

'abˌkeh·ren[1] *v/t* ⟨*sep*, -ge-, h⟩ **1.** (**von** from) (*Schmutz etc*) sweep (*od.* brush) off. – **2.** (*Teppich etc*) sweep, brush.

'abˌkeh·ren[2] **I** *v/t* ⟨*sep*, -ge-, h⟩ **1.** (*Augen etc*) (**von** from) turn away, avert. – **II** *v/reflex* **sich ~ 2.** (*sich abwenden*) (**von** from) turn away. – **3.** *fig.* (*von der Welt, von Freunden etc*) (**von**) turn away (from), abandon, break (with): **sich vom Glauben ~** to turn away from (*od.* renounce) one's faith; **sich von seinen Freunden ~** to turn one's back upon (*od.* withdraw from) one's friends; **sich von einer Politik ~** to abandon (*od.* depart from, deviate from) a policy.

'abˌkel·tern *v/t* ⟨*sep*, -ge-, h⟩ *agr.* (*Trauben etc*) press.

'abˌket·teln *v/t* ⟨*sep*, -ge-, h⟩ **1.** (*beim Stricken*) *cf.* abketten 2. – **2.** (*in Wirkerei*) hook up.

'abˌket·ten *v/t* ⟨*sep*, -ge-, h⟩ **1.** (*Hund etc*) unchain, let loose. – **2.** (*Maschen*) fix, fasten, close.

'abˌkim·men [-ˌkɪmən] *v/t* ⟨*sep*, -ge-, h⟩ (*Faß*) chop off the chime of.

'abˌkip·pen I *v/t* ⟨*sep*, -ge-, h⟩ **1.** (*Erde etc*) tip, dump. – **2.** (*Kiste etc*) tilt. – **3.** *tech.* (*Nadeln etc*) nip off. – **4.** (*Münzen*) clip. – **II** *v/i* ⟨sein⟩ **5.** (*umfallen*) tilt (over). – **6.** *aer.* a) (*nach vorne*) pitch down, b) (*in einer überzogenen Kurve*) stall, c) (*über eine Tragfläche*) wing over.

'Abˌkipp|geˌschwin·dig·keit *f aer.* (*im überzogenen Flugzustand*) stalling speed. — **~moˌment** *n* stalling moment.

'abˌklam·mern *v/t* ⟨*sep*, -ge-, h⟩ **1.** (*Wäsche etc*) take down, unpeg. – **2.** *med.* remove the clips from.

'abˌklapp·bar *adj* **1.** (*Sitz, Tisch etc*) folding(-down), collapsible, *auch* collapsable, hinged. – **2.** *mil.* (*Gewehrlauf*) collapsible, *auch* collapsable, folding.

'abˌklap·pen *v/t* ⟨*sep*, -ge-, h⟩ (*herunterklappen*) let (*od.* swing) down, fold down.

'abˌklap·pern *v/t* ⟨*sep*, -ge-, h⟩ *colloq.* **1.** (*Läden etc*) (**nach etwas** for s.th.) scour: **ich habe alle Geschäfte danach abgeklappert** I have been in and out of all the shops looking for it. – **2.** (*Gebiet etc*) canvass, *auch* canvas. – **3.** (*Wohnungen, Verwandte etc*) do the round(s) of: **der Vertreter hatte bereits alle Häuser in der Gegend abgeklappert** the agent had already done the round of all the houses in that area.

'abˌklä·ren I *v/t* ⟨*sep*, -ge-, h⟩ **1.** *bes. chem. tech.* a) (*Flüssigkeiten*) clarify, clear, purify, defecate, b) (*Zucker*) decolor(ize), *Br. auch* decolourize (*od.* -s-), c) (*filtern*) filter, strain, d) (*dekantieren*) decant. – **2.** *bes. brew.* (*Bier, Wein*) fine (down), defecate. – **3.** *Swiss for* klären. – **II** *v/reflex* **sich ~ 4.** *chem. tech.* (*von Flüssigkeiten*) clear (up), clarify, settle. – **5.** *chiefly Swiss fig.* clear up, clarify. – **III A~** *n* ⟨-s⟩ **6.** *verbal noun.* — **'Abˌklä·rung** *f* ⟨-; -en⟩ **1.** *cf.* Abklären. – **2.** *bes. chem. tech.* a) (*einer Flüssigkeit*) clarification, purification, defecation, b) (*des Zuckers*) decolor(iz)ation, *Br. auch* decolourization (*od.* -s-), c) (*Filtern*) filtration, d) (*Dekantieren*) decantation. – **3.** (*des Bieres, Weines*) fining, defecation.

'Abˌklä·rungs|meˌtho·de *f chem.* method of clarification. — **~ˌmit·tel** *n* fining (*od.* clarifying) agent.

'Abˌklatsch *m* ⟨-es; -e⟩ **1.** ⟨*only sg*⟩ *fig.* (poor) imitation (*od.* copy): **ein schwacher ~** a pale (*od.* poor) copy, a weak (*od.* feeble) imitation. – **2.** *print.* a) (*Abdruck*) copy, reproduction, print, impression, b) (*Bürstenabzug*) brush proof, c) (*Probeabzug*) proof sheet, d) (*Reiberdruck*) rubbing, e) (*Klischeeabzug*) polytype. – **3.** *tech.* a) stereo(type plate), b) squeeze: **von einer Münze einen ~ machen** to squeeze a coin.

'abˌklat·schen *v/t* ⟨*sep*, -ge-, h⟩ **1.** *fig.* imitate (*od.* copy) (*s.th.*) poorly, make a poor imitation (*od.* copy) of. – **2.** *print.* a) (*abdrucken*) copy, reproduce, print (off), impress, b) make a brush proof of, c) make a proof sheet of, d) (*Reiberdruck*) rub, e) (*Korrekturbogen*) strike off. – **3.** *tech.* a) stereotype, dab, b) squeeze. – **4. j-n ~** (*beim Tanzen*) to cut in on s.o. (by clapping one's hands). – **5.** (*Ball*) palm.

'Abˌklat·scher *m* ⟨-s; -⟩ *colloq.* imitator.

'abˌklau·ben *v/t* ⟨*sep*, -ge-, h⟩ *bes. Southern G. colloq.* (*Beeren etc*) pick, gather.

'ab·klaˌvie·ren *v/t* ⟨*sep*, *no* -ge-, h⟩ *only in* **sich** (*dat*) **etwas an den** (**fünf** *od.* **zehn**) **Fingern ~** *colloq.* to figure s.th. out (for oneself), to put two and two together.

'abˌklem·men *v/t* ⟨*sep*, -ge-, h⟩ **1.** (*Schlauch etc*) clamp. – **2.** *med.* clamp, strangulate. – **3.** *electr.* disconnect. – **4.** (*abmachen*) disconnect, unclamp.

'abˌklin·geln *v/i* ⟨*sep*, -ge-, h⟩ *colloq. for* abläuten 4.

'abˌklin·gen I *v/i* ⟨*irr*, *sep*, -ge-, sein⟩ **1.** (*von Ton etc*) die (*od.* fade) away. – **2.** (*von Wind etc*) die down, subside, abate. – **3.** *fig.* subside, abate, recede, die down: **die Krise [Epidemie] ist abgeklungen** the crisis [epidemic] has receded; **seine Begeisterung [sein Interesse] klingt ab** his enthusiasm [his interest] is subsiding (*od.* waning, fading [away]). – **4.** *med.* a) (*von Fieber etc*) abate, decline, b) (*bes. von Krankheit*) wane, c) (*von Schmerz*) ease off, d) (*von der Anästhesie*) wear off. – **5.** *phys. electr.* (*von Schwingungen*) fade (out), die away, decay. – **6.** *phys.* (*von Strahlung*) dissipate, decay. – **II A~** *n* ⟨-s⟩ **7.** *verbal noun*: **die Krise ist im A~** the crisis is on the wane. – **8.** *med.* (*des Fiebers etc*) abatement, decline. – **9.** *phys. electr.* decay. – **10.** *phys.* dissipation, decay. — **'abˌklin·gend I** *pres p.* – **II** *adj bes. econ.* (*Tendenz etc*) downward, abating.

'Abˌkling|ˌkur·ve *f phys.* decay curve: **~ der Radioaktivität** curve of radioactivity decay. — **~ˌzeit** *f* (*des Schalls*) decay (*od.* fade-out, dying-out) time.

'abˌklop·fen I *v/t* ⟨*sep*, -ge-, h⟩ **1.** (*abschlagen*) knock (*od.* beat) (*s.th.*) off: **den Mörtel von der Wand ~** to knock the plaster off the wall. – **2.** (*Staub etc*) (**von** from) beat, (*schwächer*) remove, brush off: **den Schnee von seinen Kleidern ~** to beat the snow from one's clothes; **sich** (*dat*) **den Staub vom Mantel ~** to beat (*od.* remove) the dust from one's coat. – **3.** (*Zigarettenasche etc*) flick off. – **4.** (*Wand*) knock at, tap, test (*s.th.*) by a knocking sound. – **5.** *med.* (*Brustkorb etc*) percuss, tap. – **6.** *print.* a) (*Bürstenabzug*) strike off (*s.th.*) (with the beating brush), beat, b) (*Druckform*) plane down. – **7.** *metall.* (*Gießformen*) rap. – **8.** *tech.* (*Kesselstein, Zunder*) scale (off), descale. – **9.** *hunt.* (*Revier*) beat. – **10.** *fig. dial. colloq. cf.* abklappern. – **II** *v/i* **11.** *mus.* (*vom Dirigenten*) stop (the orchestra by tapping the baton). – **III A~** *n* ⟨-s⟩ **12.** *verbal noun.* – **13.** *med.* percussion.

'Abˌklopf|ˌham·mer *m* **1.** *metall.* rapper. – **2.** *tech.* scaling hammer (*od.* chipper). – **3.** *med.* percussion hammer. — **~vorˌrich·tung** *f metall.* (*Formerei*) rapping device.

'abˌknab·bern *v/t* ⟨*sep*, -ge-, h⟩ *colloq.* nibble (*od.* gnaw) (*s.th.*) off.

'abˌknacken (*getr.* -k·k-), **'abˌknack·sen** *v/t* ⟨*sep*, -ge-, h⟩ *u. v/i* ⟨sein⟩ *colloq.* snap (*od.* break) off.

'abˌknal·len *v/t* ⟨*sep*, -ge-, h⟩ *colloq.* **1. j-n ~** to shoot s.o. down, *bes. Am. sl.* to shoot s.o. up, to pick (*od.* bump) s.o. off, *auch* to pip s.o. – **2.** *hunt.* (*Wild*) shoot down, pot.

'abˌknap·pen, 'abˌknap·sen *v/t* ⟨*sep*, -ge-, h⟩ *colloq.* **1.** *fig. cf.* abziehen 15. – **2. sich** (*dat*) **etwas ~** to stint oneself of s.th.

'abˌknei·fen *v/t* ⟨*irr*, *sep*, -ge-, h⟩ **1.** *tech.* (*mit Zange etc*) pinch (*od.* nip) (*s.th.*) off. – **2.** (*mit Fingernägeln*) nip (*s.th.*) off. – **3. den Wind ~** *mar.* to haul the wind, to ply (*od.* turn, work) to windward; **einem anderen Schiff den Wind ~** to pinch off (*od.* gain) the wind of another vessel.

'abˌknicken (*getr.* -k·k-) **I** *v/t* ⟨*sep*, -ge-, h⟩ **1.** (*abbrechen*) snap (*od.* break) off. – **2.** (*einknicken*) bend (down). – **3.** (*Stange etc*) kink. – **4.** *med.* a) (*Knochen*) crack (*od.* snap) off, b) (*Darm*) kink. – **5.** *hunt. cf.* abgenikken. – **II** *v/i* ⟨sein⟩ **6.** (*von Ast, Stiel etc*) snap (*od.* break) off. – **7.** bend (down). – **8.** (*von Stange etc*) kink. – **9.** *med. only in* **nach hinten ~** (*von Uterus*) to become retroverted, to retrovert. – **III A~** *n* ⟨-s⟩ **10.** *verbal noun.* — **'abˌknickend** (*getr.* -k·k-) **I** *pres p.* – **II** *adj* **~e Vorfahrt** *auto. left-hand* (*od. right-hand*) *turn of a main* (*od. major*) *road at a road junction.* — **'Abˌknickung** (*getr.* -k·k-) *f* ⟨-; *no pl*⟩ **1.** *cf.* Abknicken. – **2.** *med.* a) (*des Uterus*) flexion, b) (*Knochenbruch*) greenstick fracture.

'abˌknip·sen *v/t ⟨sep, -ge-, h⟩ colloq.* **1.** *cf.* abkneifen 1, 2. – **2.** *phot.* (*Film*) finish off (*a film*).

'abˌkni·stern *chem.* **I** *v/i ⟨sep, -ge-, sein⟩ u. v/t ⟨h⟩* decrepitate. – **II A~** *n ⟨-s⟩ verbal noun.* — **'Abˌkni·ste·rung** *f ⟨-; -en⟩* **1.** *cf.* Abknistern. – **2.** decrepitation.

'abˌknöpf·bar *adj* (*Kragen etc*) detachable.

'abˌknöp·fen *v/t ⟨sep, -ge-, h⟩* **1.** (*Kapuze, Kragen etc*) unbutton, detach. – **2.** j-m etwas ~ *fig. colloq.* (*bes. bei Spiel, Wette etc*) to get (*od.* wangle, wheedle, coax) s.th. out of (*od.* from) s.o.

'abˌknüp·fen *v/t ⟨sep, -ge-, h⟩* untie, undo.

'abˌknut·schen *v/t ⟨sep, -ge-, h⟩ colloq.* hug and squeeze, kiss-hug (*colloq.*): sich (gegenseitig) ~ to hug and squeeze each other (*od.* one another), to pet, to smooch (*colloq.*).

'abˌko·chen I *v/t ⟨sep, -ge-, h⟩* **1.** (*Wasser etc*) boil, (*bes. Milch*) scald. – **2.** *cf.* kochen 6. – **3.** *med. cf.* auskochen 5. – **4.** *chem.* decoct. – **II** *v/i* **5.** (*im Freien*) cook, make a campfire meal, *bes. Am.* cook out. – **III A~** *n ⟨-s⟩* **6.** *verbal noun.* – **7.** campfire cooking, *bes. Am.* cookout. — **'Abˌko·chung** *f ⟨-; -en⟩* **1.** *cf.* Abkochen. – **2.** *chem.* decoction.

'ab·kom·manˌdie·ren I *v/t ⟨sep, no -ge-, h⟩ bes. mil.* a) (*einteilen*) detail, b) (*abstellen*) detach, c) (*zuweisen*) assign: zu einer bestimmten Einheit ~ to detach to a particular unit; ins Ausland ~ to order abroad; die Männer wurden zum Wachdienst abkommandiert the men were detailed for sentry duty. – **II A~** *n ⟨-s⟩ verbal noun.* — **'ab·kom·manˌdiert I** *pp.* – **II** *adj* ~ sein to be on temporary duty. — **'Ab·kom·manˌdie·rung** *f ⟨-; -en⟩* **1.** *cf.* Abkommandieren. – **2.** detached duty, detachment, detail, assignment.

'Abˌkom·me [-ˌkɔmə] *m ⟨-n; -n⟩ lit. for* Nachkomme.

'Abˌkom·men[1] *n ⟨-s; -⟩* **1.** *pol.* (*Vertrag*) agreement, *auch* treaty, accord: geheimes [mündliches, vorläufiges, langfristiges] ~ secret [verbal, provisional, long-term] agreement; mehrseitiges (*od.* multilaterales) ~ multilateral agreement; ein ~ (ab)schließen (*od.* treffen) to make (*od.* enter into) an agreement; das Münchner ~ *hist.* the Munich Agreement (*od.* Accord). – **2.** (*gegenseitige Absprache*) deal, arrangement, settlement. – **3.** *bes. econ.* agreement, convention. – **4.** *bes. jur.* a) agreement, b) (*Vergleich*) composition, c) arrangement: betrügerisches ~ a) deceitful agreement, b) *jur.* (*Kollusion*) covin; gütliches ~ amicable (*od.* friendly) arrangement.

'Abˌkom·men[2] *n ⟨-s; no pl⟩ obs. for* Herkunft, Abstammung.

'abˌkom·men I *v/i ⟨irr, sep, -ge-, sein⟩* **1.** (*sich ungewollt entfernen*) (von) get off (*acc*), lose (*acc*): vom (richtigen) Weg ~ to lose one's (*od.* the) way, to go astray; von der Fährte ~ to get off (*od.* lose) the scent; vom Kurs ~ *bes. aer. mar.* to get off (*od.* deviate from, drift off) one's course; das Auto ist von der Fahrbahn abgekommen the car has got (*od.* run) off the road. – **2.** *fig.* (von from) wander, stray, digress: er ist vom Thema abgekommen he wandered from (*od.* got off) the point. – **3.** *fig.* (*von gestecktem Ziel etc*) abandon (*acc*), give (*acc*) up: von seinem Plan [Vorhaben] ~ to abandon one's plan [intention]; davon bin ich abgekommen I've given it up; davon ist man jetzt abgekommen this practice has now been abandoned. – **4.** *fig.* (*veralten*) go out of use, fall into disuse, become obsolete (*od.* antiquated): dieser Brauch ist heute ganz abgekommen this custom has now fallen into disuse. – **5.** *colloq.* (*freikommen*) get away, be spared: ich kann heute nicht ~ I can't get away today. – **6.** *mar.* (*vom aufgelaufenen Schiff*) get off, be set afloat. – **7.** *aer.* take off, become airborne. – **8.** *mil.* (*beim Schießen*) a) aim, b) miss the mark: er kam gut [zu weit links] ab his shot was aimed well [too far left]. – **9.** (*sport*) start, get away: gut ~ to get a good start. – **10.** *dial. for* abmagern 1. – **II A~** *n ⟨-s⟩* **11.** *verbal noun.* – **12.** *mil.* (*beim Schießen*) point of aim: das A~ melden to call the shot. – **13.** (*sport*) start.

'Abˌkom·mens·beˌreich *m econ.* scope of agreement.

'Abˌkom·men·schaft *f ⟨-; no pl⟩* descendants *pl*, offspring, issue, progeny.

'Abˌkom·mens|geˌbiet *n econ.* agreement area. — **~ˌwäh·rung** *f* clearing currency.

'Abˌkomm|geˌnau·ig·keit *f mil.* (*beim Schießen*) accuracy of aim. — **~kaˌli·ber** *n* subcaliber, *bes. Br.* subcalibre.

'abˌkömm·lich [-ˌkœmlɪç] *adj ⟨meist pred⟩* dispensable, available: er ist für 2 Stunden ~ he can be spared (*od.* we can spare him) for two hours; nicht ~ *cf.* unabkömmlich 1. — **'Abˌkömm·lich·keit** *f ⟨-; no pl⟩* dispensability, availability.

'Abˌkömm·ling [-ˌkœmlɪŋ] *m ⟨-s; -e⟩* **1.** *jur. for* Nachkomme 2. – **2.** *chem.* derivative.

'Abˌkomm|-Mu·ni·tiˌon *f mil.* subcaliber (*bes. Br.* subcalibre) ammunition. — **~ˌpunkt** *m* point of aim. — **~ˌrohr** *n* subcaliber (*bes. Br.* subcalibre) tube (*od.* barrel). — **~ˌschie·ßen** *n* subcaliber (*bes. Br.* subcalibre) firing.

'abˌkön·nen *v/t ⟨irr, sep, -ge-, h⟩ Northern G. colloq.* **1.** (*ausstehen*) stand: diesen Geruch kann ich nicht ab I can't stand this smell. – **2.** (*vertragen*) (*bes. Alkohol*) take.

'ab·kon·terˌfei·en *v/t ⟨sep, no -ge-, h⟩* **1.** *obs.* (*Person, Landschaft etc*) paint, portray. – **2.** *rare humor.* photograph.

'abˌköp·fen *v/t ⟨sep, -ge-, h⟩ tech.* top, cap.

'abˌkop·peln *v/t ⟨sep, -ge-, h⟩* **1.** *cf.* abkuppeln. – **2.** *hunt. cf.* abhalsen 2. – **3.** (*Pferde vom Halfter*) unhalter.

'abˌkop·pen *v/t ⟨sep, -ge-, h⟩* (*wood*) round off.

'abˌkor·ken *v/t ⟨sep, -ge-, h⟩* (*Korkeiche*) excorticate, decorticate.

'abˌkra·gen *v/t ⟨sep, -ge-, h⟩ cf.* abschrägen 2-4.

'Abˌkratz|ˌbür·ste *f tech.* rough brush (for scraping). — **~ˌei·sen** *n* scraper.

'abˌkrat·zen I *v/t ⟨sep, -ge-, h⟩* **1.** scrape (*s.th.*) off (*od.* away): die Farbe von den Wänden ~ to scrape the paint off the walls; den Schmutz von den Schuhen ~ to scrape the dirt off the shoes; seine (*od.* sich *dat* die) Schuhe ~ to scrape one's shoes; den Teller ~ *fig. colloq.* to scrape one's plate. – **2.** *tech.* (*mit Schabeisen etc*) scrape off. – **3.** *med.* abrade. – **4.** *mar.* (*Schiffsboden etc*) scrape. – **II** *v/i ⟨sein⟩* **5.** *colloq.* make off. – **6.** *sl.* (*sterben*) snuff out (*colloq.*), turn up one's toes (*colloq.*); kick the bucket, hop the twig (*sl.*).

'Abˌkrat·zer *m ⟨-s; -⟩* **1.** (*für Schuhe*) foot-scraper. – **2.** *tech. cf.* Abkratzeisen.

'abˌkrei·den *v/t ⟨sep, -ge-, h⟩* (*Baumstamm etc*) chalk-line.

'abˌkreu·zen *v/t ⟨sep, -ge-, h⟩* tick (*od.* check) off.

'abˌkrie·gen *v/t ⟨sep, -ge-, h⟩ colloq.* **1.** (*seinen Teil erhalten*) get (*s.th. od. one's share*), come in for (*s.th. od. one's share*): du kriegst von dem Kuchen auch noch etwas ab you'll get your share of the cake; sie hat (noch immer) keinen (Mann) abgekriegt *humor.* she is still on the shelf. – **2.** *fig.* get: du wirst gleich etwas (*od.* eins) ~ you'll get it (right) now; er [das Auto] hat bei dem Unfall etwas abgekriegt he got hurt [the car got damaged] in the accident. – **3.** (*Deckel etc*) get (*s.th.*) off (*od.* loose), loosen. – **4.** (*Fleck etc*) remove. – **5.** (*Stiefel etc*) get off.

'abˌkröp·fen *v/t ⟨sep, -ge-, h⟩ tech.* offset.

'abˌkrü·meln *v/i ⟨sep, -ge-, sein⟩ u. v/t ⟨h⟩* crumble off (*od.* away).

'abˌkru·sten [-ˌkrustən] *v/t ⟨sep, -ge-, h⟩* Brot ~ to cut the crust off bread.

'Abˌkühl·ap·paˌrat *m* **1.** *tech.* a) cooler, cooling apparatus, b) refrigerator. – **2.** *chem.* condenser.

'abˌküh·len I *v/t ⟨sep, -ge-, h⟩* **1.** (*kühl[er] machen*) cool (down *od.* off): der Regen hat die Luft abgekühlt the rain has cooled the air. – **2.** *fig.* (*Gefühle*) cool (down): dieser Vorfall hat seine Zuneigung zu ihr merklich abgekühlt this incident has noticeably cooled (down) his affection for her; j-s Begeisterung ~ to throw cold water on s.o.'s enthusiasm. – **3.** *fig.* (*Beziehungen*) cool (down *od.* off). – **4.** *tech.* a) cool, b) refrigerate: ein (heißgelaufenes) Lager ~ to cool a bearing; Glas rasch ~ to temper glass. – **5.** *metall.* a) (*Hartguß*) chill, b) (*Stahl*) cool, c) (*Stahl, von hohen Temperaturen*) quench. – **II** *v/i ⟨sein⟩* **6.** (*kühler werden*) cool off (*od.* down), get (*od.* become, grow) cool(er): das Wasser ist abgekühlt the water has cooled down. – **7.** *fig.* (*von Gefühlen*) cool off, cool (*od.* calm) down. – **8.** *fig.* (*von Beziehungen*) cool off. – **III** *v/reflex ⟨h⟩* sich ~ **9.** (*vor dem Schwimmen*) cool off (*od.* down). – **10.** (*an der Luft*) get some fresh air. – **11.** cool off (*od.* down), get (*od.* become, grow) cool(er): die Luft hat sich abgekühlt the air has grown cool; es hat sich von 15° auf 5° abgekühlt the temperature has fallen from 15° (down) to 5°. – **12.** *fig.* (*von Gefühlen*) cool off, cool (*od.* calm) down: die Gemüter kühlten sich ab tempers cooled down. – **13.** *fig.* (*von Beziehungen*) cool off. – **IV A~** *n ⟨-s⟩* **14.** *verbal noun.* – **15.** *cf.* Abkühlung. — **'abˌküh·lend I** *pres p.* – **II** *adj* **1.** cooling, refrigerant. – **2.** *tech.* refrigerative, refrigeratory. – **3.** *fig.* (*Wirkung etc*) calming, cooling, sobering, damping.

'Abˌkühl|ˌfaß *n tech.* **1.** cooling vat, cooler, refrigerator. – **2.** *cf.* Abkühlofen. — **~ˌofen** *m* (*für Glas*) annealing oven (*od.* arch).

'Abˌküh·lung *f ⟨-; -en⟩* **1.** *cf.* Abkühlen. – **2.** decline (*od.* fall, drop) in temperature: eine merkliche ~ a noticeable decline in temperature. – **3.** *med.* cooling (down), chilling: Sie sollten sich vor ~ hüten you should beware of getting chilled. – **4.** *tech.* (*unter Null*) refrigeration.

'Abˌküh·lungs|ˌflä·che *f* cooling surface. — **~geˌschwin·dig·keit** *f tech.* rate of cooling. — **~ˌkur·ve** *f* cooling curve. — **~ˌmit·tel** *n* **1.** *med.* cooling agent, refrigerant. – **2.** *tech. cf.* Kühlmittel. — **~ˌraum** *m tech.* (*bei der Glasfabrikation*) annealing chamber. — **~ˌzeit** *f tech.* cooling period.

'Abˌkühl·verˌlust *m tech.* loss by cooling.

'abˌkün·di·gen *v/t ⟨sep, -ge-, h⟩ relig.* announce (*od.* proclaim) (*s.th.*) from the pulpit: das Brautpaar ~ to publish the (marriage) banns.

'Abˌkunft *f ⟨-; no pl⟩* **1.** (*Herkunft*) descent, extraction, lineage, origin: (von) edler (*od.* hoher, vornehmer) ~ of noble descent; er ist deutscher ~ he is of German extraction. – **2.** (*Geburt*) birth, parentage: (von) niedriger ~ of low (*od.* humble) birth. – **3.** (*Geschlecht*) stock, race. – **4.** *ling.* (*von Wörtern*) derivation, etymology. – **5.** ⟨-; Abkünfte⟩ *obs. for* Abkommen[1], Vereinbarung 2, 3.

'abˌkup·peln *v/t ⟨sep, -ge-, h⟩* (*Eisenbahnwagen, Anhänger etc*) (von from) uncouple, unclutch, disconnect, detach.

'abˌkür·zen I *v/t ⟨sep, -ge-, h⟩* **1.** (*Weg etc*) short-cut, shorten: den Weg ~ to take a shortcut. – **2.** (*Namen, Wort etc*) shorten, abbreviate. – **3.** (*Verfahren etc*) shorten, abridge. – **4.** (*Urlaub, Aufenthalt etc*) cut short, curtail, abridge. – **5.** *ling.* a) abbreviate, b) contract. – **6.** *tech.* (*wood*) crosscut. – **II** *v/i* **7.** (*von Weg*) be a shortcut (*od.* cutoff). – **III A~** *n ⟨-s⟩* **8.** *verbal noun.* – **9.** *cf.* Abkürzung.

'Abˌkürzˌsä·ge *f tech.* crosscut saw.

'Abˌkür·zung *f ⟨-; -en⟩* **1.** *cf.* Abkürzen. – **2.** (*abkürzender Weg*) shortcut, cutoff. – **3.** (*eines Namens etc*) abbreviation. – **4.** (*eines Verfahrens etc*) abridgement. – **5.** (*eines Aufenthalts etc*) curtailment, abridgement. – **6.** *ling.* a) (*Anfangsbuchstaben*) abbreviation, b) (*Kurzwort*) contraction. – **7.** *mus. cf.* Abbreviatur.

'Abˌkür·zungs|ˌspra·che *f* language interspersed with abbreviations. — **~verˌzeich·nis** *n* list of abbreviations. — **~ˌweg** *m* shortcut, cutoff: einen ~ einschlagen to take a shortcut. — **~ˌzei·chen** *n* (sign of) abbreviation, abbreviating sign.

'abˌküs·sen *v/t ⟨sep, -ge-, h⟩* j-n ~ to smother s.o. with kisses, to kiss s.o. heartily: sich (gegenseitig) ~ to kiss each other (*od.* one another) heartily.

'ab·kutˌschie·ren *v/i ⟨sep, no -ge-, sein⟩ humor.* drive away (*od.* off).

'Abˌla·de|geˌwicht *n* (*railway*) *cf.* Ladegewicht. — **~komˌman·do** *n* unloading party (*od.* detachment, detail). — **~ˌko·sten** *pl econ.* unloading charges.

'abˌla·den I *v/t ⟨irr, sep, -ge-, h⟩* **1.** (*Wagen, Fracht etc*) unload, discharge: Kohlen von einem Wagen ~ to unload coal from a truck; Schutt ~ unload (*od.* dump) rubbish; Schutt ~ verboten! No dumping! *Br. auch* No rubbish to be shot here! – **2.** *fig. colloq.* (*Person*) drop. – **3.** *fig. colloq.* (*abwälzen*) shift: die Schuld [seine Pflichten] auf andere ~ to shift the blame [one's duties] onto s.o. else. – **4.** *fig. colloq.* (*entladen*) vent, give vent to: seine Wut auf andere ~ to vent one's rage on s.o. else. – **5.** *fig. colloq.* (*Kummer etc*) unburden, unload: seine Sorgen (bei j-m) ~ to unburden one's troubles ([on]to s.o.). – **6.** *fig. colloq.* (*Geld etc*) pay, *Am. colloq.* plank down. –

7. *mar.* discharge, unlade, unship. – **II A~** *n* ⟨-s⟩ **8.** *verbal noun.*

'Ab₁la·de₁platz *m* **1.** place of unloading. – **2.** *econ.* port of discharge, place of shipment, unlading place. – **3.** *cf.* Schuttabladeplatz.

'Ab₁la·der *m* ⟨-s; -⟩ **1.** unloader. – **2.** *mar.* (*Verschiffer*) shipper.

'Ab₁la·de₁stel·le *f cf.* Abladeplatz 1, 3.

'Ab₁la·dung *f* ⟨-; -en⟩ **1.** *cf.* Abladen. – **2.** dumping, *Br. auch* shooting. – **3.** *mar. econ.* unlading, discharge.

'Ab₁la·ge *f* ⟨-; -n⟩ **1.** ⟨*only sg*⟩ (*Ablegen von Akten*) filing: zur ~ fertig ready for filing. – **2.** (*für Briefe, Akten etc*) (letter) file. – **3.** (*abgelegte Akten*) files *pl*, records *pl.* – **4.** (*für Kleider*) cloakroom, *Am.* checkroom. – **5.** (*einer Garderobe*) shelf, (*für Hüte*) rack. – **6.** *tech.* a) (*für Werkzeuge*) rest, b) (*Ablagetisch*) tray, stand. – **7.** ⟨*only sg*⟩ *zo.* (*von Eiern*) laying. – **8.** *print. cf.* Stapelablage. – **9.** *Swiss for* Niederlage[2] 1, Annahmestelle 1, Zweigstelle 2.

'Ab₁la·ge|₁fach *n* (*im Büro*) pigeonhole. — **~₁korb** *m* (*für Briefe etc*) letter tray. — **~₁map·pe** *f* (*für Briefe etc*) letter folder (*od.* file).

'ab₁la·gern I *v/t* ⟨*sep*, -ge-, h⟩ **1.** *geol. chem. med.* deposit. – **2.** (*zur Verbesserung der Güte*) age, mature, store, (*bes. Holz, Tabak*) season. – **3.** *cf.* abladen 1. – **II** *v/i* ⟨h *u.* sein⟩ **4.** age, mature, store, (*von Holz etc*) season. – **III** *v/reflex* sich ~ ⟨h⟩ **5.** deposit. – **6.** *chem.* a) deposit, b) (*durch Ausfällen*) precipitate, separate, c) (*aus einer Suspension*) settle (down), subside. – **IV A~** *n* ⟨-s⟩ **7.** *verbal noun.* — **'Ab₁la·ge·rung** *f* ⟨-; -en⟩ **1.** *cf.* Ablagern. – **2.** *geol.* a) deposit(s *pl*), b) (*von Schichtgesteinen*) sediment, c) (*als Vorgang*) deposition, sedimentation, d) (*bes. in Flüssen*) sullage, e) (*Anspülung*) alluvium, wash(ing): terrigene ~en terrigenous deposits; ~ auf dem Lande [des offenen Meeres] land-laid [open-sea] deposit; ~ der Strandzone shore accumulation; ~en einer Flußmündung estuarine (*od.* estuarial) strata. – **3.** *chem.* a) deposit(ion), precipitation, separation, sediment, b) (*Rückstand*) residue. – **4.** *med.* deposit, sediment: ~ von Eisenstaub (*in Organen*) siderosis. – **5.** *bes. brew.* (*zur Güteverbesserung*) maturation. – **6.** *cf.* Abladung 2.

'Ab₁la·ge·rungs|₁becken (*getr.* -k·k-) *n geol.* basin of deposit(ion), depositional (*od.* sedimentary) basin. — **~₁form** *f* depositional form. — **~₁gür·tel** *m* belt of deposit(ion). — **~₁platz** *m* **1.** (*für Müll etc*) dumping place (*od.* ground), dump. – **2.** *geol.* site of deposition. — **~pro₁zeß** *m geol.* process of deposition (*od.* settling). — **~₁zo·ne** *f* zone of deposition (*od.* sedimentation). — **~₁zy·klus** *m* sedimentary cycle.

'Ab₁la·ge₁tisch *m* **1.** *tech.* (*für Werkzeuge*) tray, stand. – **2.** *print.* delivery table.

'ab₁lai·chen *v/i* ⟨*sep*, -ge-, h⟩ *zo.* (*von Fischen*) spawn.

Ab·lak·ta·ti·on [aplakta'tsĭoːn; ablak-] *f* ⟨-; *no pl*⟩ **1.** *med.* ablactation, weaning. – **2.** *hort.* (*Veredelungsmethode*) inarching. — **ab·lak'tie·ren** [-'tiːrən] *v/t* ⟨*insep, no* -ge-, h⟩ **1.** *med.* ablactate, wean. – **2.** *hort.* (*veredeln*) inarch.

'ab₁lam·men *v/i* ⟨*sep*, -ge-, h⟩ *cf.* lammen I.

'ab₁lan·dig [-₁landɪç] *adj mar.* (*Wind, Strömung*) off-shore.

'ab₁län·gen *v/t* ⟨*sep*, -ge-, h⟩ *tech.* cut (*s.th.*) to length.

'Ab₁läng|₁sä·ge *f tech.* (*wood*) crosscut saw. — **~-₁und-Zen'trier·ma₁schi·ne** *f* milling and centering (*bes. Br.* centr[e]ing) machine.

'Ab₁laß *m* ⟨-sses; ⸗sse⟩ **1.** *tech.* a) *cf.* Ablaßöffnung, b) (*Ausfluß, Ablauf*) discharge, outflow, efflux, c) (*Entwässerung*) drainage. – **2.** *röm.kath.* indulgence: j-m einen vollkommenen [unvollkommenen] ~ gewähren to grant s.o. a plenary [partial] indulgence. – **3.** *econ. obs. for* Nachlaß 4. – **4.** *rare only in* ohne ~ (*Unterbrechung*) incessantly, continuously, without ceasing.

'Ab₁laß|₁brief *m röm.kath. hist.* letter of indulgence. — **~₁druck** *m* ⟨-(e)s; ⸗e⟩ *tech.* blowoff pressure.

'ab₁las·sen I *v/t* ⟨*irr, sep*, -ge-, h⟩ **1.** (*Wasser, Öl etc*) drain (off), run off, let (*s.th.*) out. – **2.** (*Luft, Gas*) let (*od.* blow) off: die Luft aus einem Reifen ~ to deflate a tire (*bes. Br.* tyre). – **3.** (*Wanne, Kessel etc*) drain, empty. – **4.** (*bes. Faß*) tap. – **5.** (*Ballon, Brieftauben etc*) release, send up, let fly. – **6.** (*railway*) (*Zug*) start, dispatch, *auch* despatch. – **7.** (*Fahne etc*) haul down. – **8.** j-m etwas ~ *colloq.* a) (*überlassen*) to let s.o. have s.th., b) *econ.* to sell s.th. to s.o.: unter dem Selbstkostenpreis ~ to sell below cost price. – **9.** *econ.* (*nachlassen*) reduce, deduct: etwas (vom Preis) ~ to take (*od.* knock) s.th. off the price. – **10.** (*Schuhsohlen*) (*abschrägen*) pare, edge off. – **11.** *med.* (*Lumbalflüssigkeit etc*) remove. – **12.** *cf.* erlassen 3. – **13.** *obs. for* abschicken 1, 2. – **II** *v/i lit.* **14.** von etwas ~ a) to stop doing s.th., to desist from s.th., b) to give s.th. up, to give up doing s.th.: er ließ von seinem Vorhaben nicht ab he didn't desist from his plan; er ließ vom Trinken ab he gave up drinking; er ließ nicht von ihr ab he didn't give her up, he didn't stop loving her; laß (davon) ab! stop it! – **15.** (*aufhören*) stop, leave off, cease: mit Bitten nicht ~ not to stop begging, to go on begging; laß ab, ihn zu quälen leave off worrying him. – **III A~** *n* ⟨-s⟩ **16.** *verbal noun.* – **17.** (*von Wasser etc*) drain, discharge. – **18.** (*von Gas etc*) blowoff, blowdown, (*von Reifen*) deflation. – **19.** *lit.* discontinuance, cessation, desistance, *auch* desistence.

'Ab₁laß|er₁tei·lung *f röm.kath.* dispensation of an indulgence. — **~ge₁bet** *n* indulgence(d) prayer. — **~₁geld** *n* fee for an indulgence, indulgence money. — **~₁hahn** *m tech.* **1.** (*für Flüssigkeit*) drain (*od.* discharge, escape) cock: gekrümmter ~ bibcock; kleiner ~ pet cock, *auch* petcock. – **2.** (*für Dampf etc*) blowoff cock, blowcock, delivery cock. — **~₁han·del** *m röm.kath. hist.* sale (*od.* selling) of indulgences: ~ treiben to trade in pardons. — **~₁jahr** *n* jubilee (*during which indulgences are proclaimed*). — **~₁krä·mer** *m contempt.* seller of indulgences, pardoner. — **~₁öff·nung** *f tech.* drain, outlet, exit, discharge opening. — **~₁pre·di·ger** *m röm.kath. hist.* indulgence preacher, pardoner. — **~₁rohr** *n tech.* **1.** drain pipe. – **2.** discharge pipe. – **3.** (*bes. für Gas etc*) blowoff pipe. — **~₁schrau·be** *f* drain plug. — **~₁tag** *m röm.kath.* day of grace. — **~ven₁til** *n tech.* drain (*od.* delivery, discharge, outlet) valve. — **~₁zet·tel** *m röm.kath. hist. cf.* Ablaßbrief.

Ab·la·ti·on [apla'tsĭoːn; abla-] *f* ⟨-; -en⟩ **1.** *geol.* a) (*Abschmelzen der Gletscher*) ablation, melting, b) (*Abtragung durch Wind etc*) deflation. – **2.** *med.* (*Wegnahme, Abtragung*) ablation. — **Ab·la·ti'ons₁küh·lung** *f* (*space*) ablation cooling.

Ab·la·tiv ['ablatiːf, 'ap-; abla'tiːf, ap-] *m* ⟨-s; -e⟩ *ling.* ablative (case). — **Ab·la·ti·vus ab·so·lu·tus** ['ablatiːvʊs apzo'luːtʊs] *m* ⟨- -; Ablativi absoluti [-vi -ti]⟩ ablative absolute.

'ab₁lat·schen I *v/t* ⟨*sep*, -ge-, h⟩ *colloq.* **1.** (*Schuhe etc*) wear out (*od.* down), tread (*od.* run) down: sich (*dat*) die Schuhe ~ to wear out (*od.* down) one's shoes. – **2.** alle Geschäfte ~ *fig.* to run from shop to shop. – **II** *v/i* ⟨sein⟩ *colloq.* **3.** slouch off.

'ab₁lat·ten [-₁latən] *v/t* ⟨*sep*, -ge-, h⟩ *tech.* unlath.

'ab₁lau·ben [-₁laʊbən] *v/t* ⟨*sep*, -ge-, h⟩ *agr.* (*Bäume*) pluck the leaves off, exfoliate.

'ab₁lau·ern *v/t* ⟨*sep*, -ge-, h⟩ **1.** (*abpassen*) watch (*od.* be on the watch) for, (lie in) wait for. – **2.** j-m etwas ~ *fig.* to spy (out) s.th. from s.o.

'Ab₁lauf *m* ⟨-(e)s; Abläufe⟩ **1.** *cf.* Ablaufen. – **2.** (*Abfluß*) discharge, outflow, efflux. – **3.** *tech.* a) *cf.* Abflußöffnung, b) *cf.* Abflußrohr, c) ⟨*only sg*⟩ (*von Spänen*) escape, flow, d) (*Senkloch*) gully. – **4.** ⟨*only sg*⟩ (*Verlauf*) course, *auch* run, process(ion): der ~ der Ereignisse [der Geschichte] the course of events [history]; für den glatten (*od.* reibungslosen) ~ des Programms sorgen to see that the program (*bes. Br.* programme) runs off smoothly. – **5.** ⟨*only sg*⟩ *bes. jur. econ.* a) (*Beendigung*) end, expiration, lapse, b) (*bes. eines Vertrages*) expiry, termination, determination, c) (*eines Wechsels*) maturity: nach [vor, mit] ~ (der Frist) at [before, upon] expiration of the term; bei ~ des Wechsels on (*od.* at) maturity of the bill; mit (*od.* nach) ~ des Jahres by (*od.* at) the end of the year; noch vor ~ einer Stunde before an hour has passed. – **6.** (*sport*) a) start, b) start(ing) line: an den ~ gehen to line up for the start. – **7.** *mar.* (*Stapellauf*) launch(ing). – **8.** *arch.* a) (*einer Säule*) escape, apophyge, b) projecting cornice. – **9.** *tech.* a) (*eines Schneidwerkzeuges*) run-off, b) (*eines Gewindebohrers*) back taper, c) (*von Arbeitsvorgängen*) (work) cycle. – **10.** ⟨*only sg*⟩ *med.* (*einer Krankheit*) course, progress: natürlicher ~ einer Krankheit natural history of a disease. – **11.** ⟨*only sg*⟩ *phys.* (*eines Vorganges etc*) process. – **12.** ⟨*only sg*⟩ *brew.* (*der Würze*) runnings *pl.* — **~₁bahn** *f* **1.** *aer.* runway. – **2.** *mar.* launching (*od.* ground) ways *pl*, slipway. – **3.** (*sport*) runway. — **~₁berg** *m* (*railway*) double incline, *Am.* hump. — **~₁brett** *n* (*in der Küche*) draining board.

'ab₁lau·fen I *v/i* ⟨*irr, sep*, -ge-, sein⟩ **1.** (*abfließen*) run (*od.* flow) off (*od.* down), drain off, (*aus einem Gefäß etc*) run out: das Wasser läuft aus der Wanne ab the water is running out of the bath (*od.* tub); Wasser ~ lassen to let water out; das läuft alles an ihm ab *fig.* that leaves him cold, that runs off him like water off a duck's back. – **2.** (*von Hochwasser, Flut etc*) recede, subside. – **3.** (*leer od. trocken werden*) drain: das Faß läuft ab the barrel is draining. – **4.** (*abtropfen*) drip off (*od.* down). – **5.** *fig.* (*vonstatten gehen*) proceed, progress, take its course: die Sache läuft planmäßig [reibungslos] ab things are proceeding according to plan [are running smoothly]. – **6.** *fig.* (*ausgehen, enden*) turn out, go off: für j-n gut [schlecht] ~ to go off well [badly] for s.o.; es lief anders ab, als ich dachte it turned out differently from what I had expected; das wird nicht gut ~ that will lead to (*od.* end in) trouble. – **7.** *bes. jur. econ.* (*zu Ende gehen*) a) expire, run out (*od.* off), end, terminate, b) (*bes. von einer Frist*) (e)lapse, pass, c) (*bes. von einem Wechsel*) fall (*od.* become) due, mature: der Paß [der Vertrag] ist abgelaufen the passport [the contract] has expired. – **8.** (*vom Uhrwerk*) run down, stop: seine Uhr ist abgelaufen *fig.* his time is come, his sands have run out. – **9.** (*vom Faden etc*) (un)reel, unwind. – **10.** (*von Film*) run, reel off. – **11.** (*sich senken*) slope, be sloping. – **12.** *cf.* abzweigen 6. – **13.** (*sport*) (*von Läufern etc*) start: seinen Gegner ~ lassen (*Fechten*) to parry (an assault of) one's opponent; j-n ~ lassen *fig. colloq.* to snub s.o., to send s.o. about his business. – **II** *v/t* ⟨h⟩ **14.** (*Strecke*) run off (*od.* through), cover (*s.th.*) by walking (*od.* running). – **15.** (*suchend durcheilen*) scour: die Läden (nach etwas) ~ to run from shop to shop (in search of s.th.), to scour the shops; →Rang 1. – **16.** (*Schuhwerk etc*) wear (*s.th.*) down (by walking), wear out, walk down: sich (*dat*) die Beine (nach etwas) ~ *fig. colloq.* to run (*od.* walk) one's legs off (trying to get s.th.); → Horn 1; Schuhsohle. – **III A~** *n* ⟨-s⟩ **17.** *verbal noun.* – **18.** *cf.* Ablauf 3, 4, 6.

'Ab₁lauf|₁frist *f bes. econ.* term of expiration, time limit. — **~₁gleis** *n* (*im Güterbahnhof*) falling track. — **~₁has·pel** *f tech.* **1.** (*im Kaltwalzwerk*) pay-off reel. – **2.** (*bei der Weiterverarbeitung*) uncoiler. — **~ka₁nal** *m* (*einer Schleuse*) discharge culvert. — **~₁loch** *n* (*eines Waschbeckens etc*) drain (hole), outlet. — **~pro₁gramm** *n tech.* **1.** (*Arbeitsvorgang*) operating cycle. – **2.** (*Maschinensteuerung*) stop-controlled sequence. — **~₁ram·pe** *f* (*railway*) gravity incline. — **~₁rin·ne** *f tech.* discharge spout (*od.* gutter). — **~₁rohr** *n* **1.** (*einer Dachrinne*) rain-water downpipe, downspout, drainpipe. – **2.** (*eines Waschbeckens etc*) waste pipe, escape (pipe). – **3.** (*eines W.C.*) soil pipe, cesspipe. — **~₁roll₁gang** *m* **1.** delivery table. – **2.** (*mit angetriebenen Rollen*) live-roller table. — **~₁sei·te** *f* discharge end. — **~₁spu·le** *f* winding-off spool. — **~₁stein** *m* sinkstone. — **~₁tag** *m bes. econ.* (*eines Vertrages etc*) day of expiration. — **~ter₁min** *m bes. econ.* **1.** a) (*eines Wechsels*) (date of) maturity, due date, b) (*eines Vertrags etc*) date (*od.* day) of expiration. – **2.** *cf.* Ablauffrist.

'Ab₁lau·ge *f* **1.** *chem.* (*paper*) waste (*od.* spent, black) liquor, spent lye. – **2.** *tech.* (*Färberei*) black (*od.* spent, waste) lye. — **'ab₁lau·gen I** *v/t* ⟨*sep*, -ge-, h⟩ **1.** (*Schmutz etc*) remove (*s.th.*) with lye. – **2.** (*entfärben*) remove the color (*bes. Br.* colour) of (*s.th.*) with lye. – **3.** (*textile*) wash out (*od.* rinse off) the lye from. – **4.** *chem.* lixiviate, leach. – **II A~** *n* ⟨-s⟩ **5.** *verbal noun.* – **6.** *chem.* lixiviation.

'ab₁lau·schen *v/t* ⟨*sep*, -ge-, h⟩ **1.** j-m etwas ~ (*ein Geheimnis etc*) to learn (*od.* get to know) s.th. from s.o. by listening (*od.* eavesdropping). – **2.** etwas der Natur ~ to gain an insight into nature by listening (*od.* watching). – **3.** *fig.* take (*s.th.*) from: die Erzählung ist dem Leben abgelauscht the story is taken from life.

ˈAbˌlaut *m* ⟨-(e)s; *no pl*⟩ *ling.* ablaut, (vowel) gradation, apophony. — **ˈabˌlau·ten** *v/i* ⟨*sep*, -ge-, h⟩ change (*od.* modify) the radical vowel: das Verb lautet wie folgt ab the verb has the following vowel gradation.

ˈabˌläu·ten I *v/t* ⟨*sep*, -ge-, h⟩ **1.** (*Schiff etc*) ring a bell to announce the departure of (*a ship*). – **2.** (*Zug*) announce the departure of (*a train*) to the next station. – **3.** (*sport*) (*Runde beim Radrennen*) end (*od.* interrupt) (*s.th.*) by ringing a bell. – **II** *v/i* **4.** (*vom Schaffner*) signal the departure.

ˈabˌlau·tend I *pres p.* – **II** *adj ling.* strong: ~es Zeitwort *cf.* Ablautverb.

ˈabˌläu·tern I *v/t* ⟨*sep*, -ge-, h⟩ **1.** *chem. tech.* a) clear, purify, clarify, b) filter, c) (*Wachs etc*) purify, d) (*Zucker, Glas*) refine. – **2.** *metall.* (*Erze*) wash. – **II A~** *n* ⟨-s⟩ **3.** *verbal noun.* — **ˈAbˌläu·te·rung** ⟨-; *no pl*⟩ **1.** *cf.* Abläutern. – **2.** *chem. tech.* a) clarification, purification, b) filtration, c) (*von Wachs etc*) purification, d) (*von Zucker, Glas*) refinement.

ˈAbˌlaut|ˌrei·he *f ling.* ablaut (*od.* gradation) series. — **~ˌverb** *n* strong verb, verb with vowel gradation.

ˈabˌle·ben *lit.* **I** *v/i* ⟨*sep*, -ge-, sein⟩ **1.** (*sterben*) decease, depart (from) this life (*lit.*). – **II A~** *n* ⟨-s⟩ **2.** *verbal noun.* – **3.** death, decease (*lit.*), demise (*bes. jur.*), dissolution.

ˈabˌlecken (*getr.* -k·k-) *v/t* ⟨*sep*, -ge-, h⟩ **1.** lick (*s.th.*) (off). – **2.** lick (*s.th.*) clean.

ˈabˌle·dern *v/t* ⟨*sep*, -ge-, h⟩ (*Fenster, Auto etc*) polish (*s.th.*) with a shammy.

ˈAbˌle·ge|ˌfach *n cf.* Ablagefach. — **~ˌmap·pe** *f cf.* Ablagemappe.

ˈabˌle·gen I *v/t* ⟨*sep*, -ge-, h⟩ **1.** (*Hut, Mantel etc*) take off: → Maske 1. – **2.** (*Stock, Tasche etc*) put away. – **3.** (*nicht mehr tragen*) put away, lay aside, cease wearing: seine alten Kleider ~ to put away one's old clothes; die Trauer ~ *fig.* to go out of mourning; die sterbliche Hülle ~ *fig. poet.* to leave one's mortal frame, to depart (from) this life. – **4.** (*niederlegen, absetzen*) lay (*od.* put) down. – **5.** (*Briefe, Akten etc*) file. – **6.** *fig.* (*Titel, Rang*) shed, renounce. – **7.** *fig.* (*Gewohnheit etc*) give up, throw off, shed, drop, get rid of: seine alten Freunde ~ *colloq.* to shed one's old friends. – **8.** *fig.* (*leisten*) take: einen Eid [ein Gelübde] ~ to take an oath [a vow]; → Beichte; Geständnis 1. – **9.** *fig.* (*geben*) give, show: eine Probe (*od.* einen Beweis) von etwas ~ to give (a) proof of s.th.; → Zeugnis 7; Rechenschaft. – **10.** *fig.* (*Prüfung*) a) take, undergo, b) pass. – **11.** *cf.* anlegen 13, absehen 5. – **12.** (*Spielkarten*) discard, throw out. – **13.** *print.* (*Satz*) distribute. – **14.** *hort.* (*Pflanzen*) lay(er), propagate (*plants*) by layers. – **15.** *zo.* a) (*Laich, Eier*) spawn, spat, b) *cf.* abstreifen 9. – **16.** *hunt.* (*Hund*) let (*a dog*) lie down. – **17.** *mar.* (*ein Schiff*) put (*a ship*) to sea. – **II** *v/i* **18.** take off one's things (*od.* coat, hat): legen Sie bitte ab take off your coat, please. – **19.** *mar.* (*von Schiff*) put out to sea, put off from shore, sail, leave, depart. – **20.** *hunt.* (*vom Federwild*) finish laying. – **II A~** *n* ⟨-s⟩ **21.** *verbal noun.*

ˈAbˌle·ger *m* ⟨-s; -⟩ **1.** *hort.* a) scion, cutting, slip, b) (*Absenker*) layer, c) (*Ausläufer*) runner, sucker, (off)shoot, offset: etwas aus einem ~ ziehen to grow s.th. from a layer (*od.* slip, shoot); (*Pflanzen*) durch ~ vermehren to propagate (*plants*) by layers (*od.* shoots, cuttings, slips), to layer. – **2.** *fig. colloq.* offshoot. – **3.** *agr.* new (*od.* young) swarm (of bees). – **4.** *print.* distributor.

ˈAbˌle·ge|ˌsatz *m print.* dead matter. — **~ˌspan** *m* distribution (*od.* distributing) rule. — **~ˌspin·del** *f* (*der Setzmaschine*) distributor spindle. — **~ˌvorˌrich·tung** *f* (*an Setzmaschine*) distributor. — **~ˌwal·ze** *f* **1.** *print.* distributing cylinder. – **2.** (*paper*) delivery roller.

ˈAbˌle·gung *f* ⟨-; *no pl*⟩ **1.** *cf.* Ablegen. – **2.** ~ des Ordensgelübdes *relig.* taking the vows, profession. – **3.** *bot.* layerage, propagation by layers. – **4.** *print.* distribution.

ˈabˌlehn·bar *adj* **1.** refusable, rejectable. – **2.** (*anfechtbar*) challengeable.

ˈabˌleh·nen I *v/t* ⟨*sep*, -ge-, h⟩ **1.** (*zurückweisen*) refuse, (*stärker*) reject, (*höflicher*) decline: ein Angebot [ein Amt] ~ to refuse an offer [an office]; eine Einladung ~ to decline an invitation; die Verantwortung für etwas ~ to refuse (*od.* to disclaim, repudiate) the responsibility for s.th. – **2.** (*Bitte etc*) deny, turn down (*colloq.*). – **3.** (*mißbilligen*) disapprove of, object to, deprecate (*lit.*), (*stärker*) reject, condemn, damn: einen Vorschlag ~ to disapprove of a proposal; das Werk wurde von den Kritikern abgelehnt the work was condemned by the critics. – **4.** (*verweigern*) refuse: die Zahlung ~ to refuse payment. – **5.** *jur. pol.* refuse, reject, quash, dismiss: einen Antrag ~ to reject a motion; einen Geschworenen wegen Befangenheit ~ to reject a juror as prejudiced, to challenge (*od.* recuse) a juror. – **II** *v/i* **6.** refuse, decline: er lehnte dankend ab *auch iron.* he declined with thanks. – **III A~** *n* ⟨-s⟩ **7.** *verbal noun.* — **ˈabˌleh·nend I** *pres p.* – **II** *adj* **1.** (*negativ*) negative, *auch* negatory: eine ~e Antwort a negative answer; sich ~ verhalten, eine ~e Haltung einnehmen to take (up) a negative attitude. – **2.** (*mißbilligend*) disapproving: ein ~es Gesicht zeigen to show a disapproving face: einer Sache ~ gegenüberstehen to look upon s.th. with disapproval. – **3.** (*kritisch*) critical. – **4.** *bes. jur.* declinatory. — **ˈAbˌleh·nung** *f* ⟨-; -en⟩ **1.** *cf.* Ablehnen. – **2.** (*Zurückweisung*) refusal, (*stärker*) rejection, (*höflicher*) declination: ~ eines Angebotes [einer Einladung] declining of an offer [of an invitation]; ~ der Verantwortung refusal to accept (the) responsibility. – **3.** (*einer Bitte etc*) denial. – **4.** (*Mißbilligung*) disapproval, deprecation, condemnation, damnation: sein Vorschlag stieß auf ~ his suggestion met with disapproval. – **5.** (*Verweigerung*) refusal: ~ der Zahlung refusal of payment. – **6.** *jur. pol.* refusal, rejection, dismissal: ~ wegen Befangenheit challenge, recusation; Recht auf ~ eines Richters right of objection; ~ der Eröffnung des Hauptverfahrens dismissing (*od.* quashing) of the indictment; ~ einer Gesetzesvorlage rejection (*od.* throwing out) of a bill.

ˈAbˌleh·nungs|ˌanˌtrag *m jur.* motion for (the) rejection. — **~beˌscheid** *m* notice of rejection. — **~ˌfall** *m bes. jur. only in* im ~(e) in case of refusal (*od.* rejection). — **~ˌgrund** *m* **1.** reason for refusal (*od.* rejection). – **2.** *jur.* grounds *pl* for challenge (*od.* recusation). — **~ˌrecht** *n bes. jur.* **1.** right of refusal (*od.* rejection). – **2.** right of challenge (*od.* recusation).

ˈabˌleh·ren *v/t* ⟨*sep*, -ge-, h⟩ *tech.* a) (*mittels Festlehre*) ga(u)ge, b) (*mittels verstellbarer Lehre*) caliper, *bes. Br.* calliper, c) (*Schleifscheiben*) true, dress: eine Bohrung ~ to cal(l)iper a hole.

ˈabˌlei·ern *v/t* ⟨*sep*, -ge-, h⟩ *fig. colloq. cf.* herunterleiern.

ˈabˌlei·men *v/t* ⟨*sep*, -ge-, h⟩ *tech.* unglue, unpaste.

ˈabˌlei·sten I *v/t* ⟨*sep*, -ge-, h⟩ **1.** (*Verpflichtung*) fulfil, *bes. Am.* fulfill. – **2.** (*Militärdienst etc*) do, complete, serve: seinen Militärdienst ~ to do one's military service, to serve (one's time). – **3.** *jur.* (*Eid etc*) take. – **II A~** *n* ⟨-s⟩ **4.** *verbal noun.* — **ˈAbˌlei·stung** *f* ⟨-; -en⟩ **1.** *cf.* Ableisten. – **2.** (*einer Verpflichtung*) fulfilment, *bes. Am.* fulfillment. – **3.** (*eines Dienstes etc*) completion.

ˈabˌleit·bar *adj* **1.** (*zu folgern*) (von, aus from) derivable, provable, inferable, deducible. – **2.** *ling. philos.* derivable. — **ˈAbˌleit·bar·keit** *f* ⟨-; *no pl*⟩ **1.** derivability, provability, inferability, deducibility. – **2.** *ling. philos.* derivability.

ˈabˌlei·ten I *v/t* ⟨*sep*, -ge-, h⟩ **1.** (*Flußlauf, Graben etc*) divert, turn, deviate. – **2.** (*Flüssigkeiten*) discharge. – **3.** *electr.* a) (*Strom*) bypass, lead off, shunt, b) (*Blitz*) deflect, arrest, c) derive. – **4.** *tech. phys.* (*Wärme, Dampf etc*) conduct (away), abduct, dissipate. – **5.** *tech.* (*Gase*) issue. – **6.** *chem.* derive. – **7.** *med.* a) (*Flüssigkeit*) draw off, b) (*EKG*) lead, c) derive. – **8.** *fig.* (*etwas herleiten*) (von, aus from) infer, derive, deduce, (*bes. Schlußfolgerungen*) draw: das Einzelne von dem Allgemeinen ~ to deduce the particular from the general; Folgerungen aus etwas ~ to draw conclusions from s.th. – **9.** *fig.* (*Recht, Ansprüche etc*) (von, aus from) derive. – **10.** (*Herkunft etc*) trace (back): j-s Herkunft von den Römern ~ to trace s.o.'s descent back to the Romans. – **11.** *fig. lit.* (*abbringen*) dissuade (*s.o.*) (from), lead (*s.o.*) away (from): j-n von seinem Entschluß ~ to dissuade s.o. from his decision. – **12.** *math.* a) (*Formel, Lehrsatz*) derive, deduce, b) (*Funktion*) differentiate. – **13.** *ling.* a) (von from) derive, b) etymologize *Br. auch* -s-: ein Substantiv von einem Verbum ~ to derive a noun from a verb. – **14.** *philos.* a) (*Lehre*) derive, deduce, b) (*Begriff etc*) reduce. – **II** *v/reflex* **15.** sich ~ aus *bes. ling.* to be derived (*od.* deduced) from, to derive from: das Wort läßt sich aus dem Lateinischen ~ this word can be derived (*od.* derives) from Latin. – **III A~** *n* ⟨-s⟩ **16.** *verbal noun.* — **ˈabˌlei·tend I** *pres p.* – **II** *adj med.* revulsive: ~es Mittel revulsive.

ˈAbˌlei·ter *m* ⟨-s; -⟩ **1.** *electr.* a) arrester, b) (*einer Überspannung*) charge eliminator. – **2.** *tech. cf.* Blitzableiter. – **3.** *print.* (*Auswurfgreifer*) delivery gripper.

ˈAbˌleitˌstrom *m electr.* leakage current.

ˈAbˌlei·tung *f* ⟨-; -en⟩ **1.** *cf.* Ableiten. – **2.** *phys.* a) (*von Gasen*) issue, b) (*von Wärme*) dissipation. – **3.** *tech.* (*eines Rohrs*) offtake. – **4.** *electr.* (*Wirkleitwert einer Isolation*) leak (*od.* shunt) conductance, (*gegen Erde*) leakage. – **5.** (*Umleitung*) diversion. – **6.** *chem.* derivative. – **7.** *math.* a) (*einer Formel etc*) derivation, deduction, b) differentiation, c) (*abgeleitete Funktion*) derivative, d) differential quotient. – **8.** *ling.* a) (*eines Wortes*) derivation, etymology, b) (*abgeleitete Form*) derivative: durch ~ by derivation. – **9.** *med.* (*z. B. auf den Darm*) revulsion. – **10.** *philos.* derivation, deduction: ~ eines Begriffs aus einem anderen reduction. – **11.** *fig.* (*Folgerung*) inference, derivation, deduction. – **12.** *fig.* (*durch Abstammung*) descent, genealogy.

ˈAbˌlei·tungs|ˌmit·tel *n med.* revulsive. — **~ˌsil·be** *f ling.* a) derivative syllable, b) (derivative) suffix (*od.* affix). — **~ˌstan·ge** *f* (*des Blitzableiters*) lightning rod. — **~taˌbel·le** *f ling.* a) table of derivations, b) etymological table. — **~ˌwort** *n* ⟨-(e)s; ¨er⟩ *ling.* derivative.

ˈAbˌleitˌwi·derˌstand *m* **1.** *electr.* leak(age) resistance. – **2.** (*radio*) *telev.* bleeder resistance.

ˈabˌlenk·bar *adj* **1.** *tech. phys.* a) (*Magnetnadel etc*) deviable, b) (*Strahl*) deflectable. – **2.** *fig.* distractible: sie ist leicht ~ she is easily distracted. — **ˈAbˌlenk·bar·keit** *f* ⟨-; *no pl*⟩ **1.** *tech. phys.* (*einer Magnetnadel*) deviability, b) (*eines Strahls*) deflection, *Br. auch* deflexion. – **2.** *fig.* distractibility.

ˈAbˌlenk|ˌblech *n auto.* baffle plate. — **~e·lek·tro·de** *f electr.* deflecting electrode. — **~empˌfind·lich·keit** *f* diffraction (*od.* deflection, *Br. auch* deflexion, deviation) sensitivity.

ˈabˌlen·ken I *v/t* ⟨*sep*, -ge-, h⟩ **1.** (*von einer bestimmten Richtung*) (von from) divert, *auch* deviate, deflect, diverge: einen Fluß ~ to divert a river; der Ballon wurde vom Kurs abgelenkt the balloon was diverted from its course. – **2.** *fig.* (*von etwas abbringen*) (von from) divert, distract, detract: j-n (von etwas) ~ to divert s.o. (from s.th.); j-s Aufmerksamkeit von etwas ~ to divert s.o.'s attention from s.th., to draw s.o.'s attention (*od.* mind) off s.th.; sich (von etwas) ~ lassen to be diverted (from s.th.); manche Leute lassen sich leicht ~ some people are easily distracted. – **3.** *fig.* (*Verdacht, Gefahr etc*) (von from) avert, divert, ward off: den Verdacht von sich auf j-d anderen ~ to divert suspicion from oneself to another person. – **4.** *fig.* (*unterhalten*) divert, amuse, entertain: Kinder [Kranke] muß man ~ children [sick people] must be diverted. – **5.** *bes.* (*sport*) (*Schlag, Stoß*) avert, ward off, parry. – **6.** (*optics*) *phys.* a) (*Strahlen etc*) deflect, b) (*bes. Lichtstrahlen*) diffract, c) (*Schallwellen*) refract, d) (*Magnetnadel*) deviate (*auch optics*). – **7.** *bes. hunt.* (*Hund*) throw (*od.* put) (*a dog*) off (the scent). – **II** *v/i* **8.** *fig.* (*von etwas anderem sprechen*) change the subject, sidetrack (*colloq.*): er lenkte schnell ab he quickly changed the subject; abzulenken versuchen to draw a red herring across the trail (*od.* track, path). – **9.** *fig.* be a diversion. – **III** *v/reflex* sich ~ **10.** *fig.* (*sich zerstreuen*) divert (oneself), amuse (*od.* entertain) oneself. – **IV A~** *n* ⟨-s⟩ **11.** *verbal noun.* — **ˈabˌlen·kend I** *pres p.* – **II** *adj* **1.** *fig.* distractive, distracting: ~ wirken to have a distractive effect. – **2.** *phys. tech.* a) deflective, b) diffractive.

'Abˌlenkˌfeld n electr. phys. deflection (Br. auch deflexion) field. — **~ˌflä·che** f aer. deflector. — **~freˌquenz** f (radio) sweep (od. deflecting) frequency. — **~ˌke·gel** m (space) deflecting cone. — **~ˌkreis** m electr. sweep circuit. — **~ˌplat·te** f **1.** tech. baffle (plate). – **2.** electr. deflector plate. — **~ˌpris·ma** n (optics) deviation prism. — **~ˌspan·nung** f electr. phys. deflecting voltage (od. potential): symmetrische ~ sweep voltage. — **~ˌspu·le** f electr. tel. deflection (Br. auch deflexion) coil. — **~syˌstem** n electr. deflecting system.

'Abˌlen·kung f ⟨-; -en⟩ **1.** cf. Ablenken. – **2.** (von einer bestimmten Richtung) diversion, deviation, deflection, Br. auch deflexion. – **3.** fig. (Abbringen von etwas) diversion, distraction: durch ~ seiner Aufmerksamkeit by diversion of (od. by diverting) his attention. – **4.** fig. (eines Verdachts, einer Gefahr) aversion, diversion. – **5.** fig. (Zerstreuung) diversion, distraction, amusement, entertainment: ~ brauchen [suchen] (von) to need [to seek] diversion (from); das war eine willkommene ~ that was a welcome diversion; mancherlei ~ bieten to offer all kinds of diversion. – **6.** bes. (sport) (eines Stoßes, Schlags) averting, auch aversion. – **7.** (optics) a) (von Strahlen, einer Magnetnadel etc) deflection Br. auch deflexion, b) (bes. von Lichtstrahlen) diffraction, c) (der Blickrichtung) deviation. – **8.** mil. phys. (eines Geschosses) diversion, (durch den Wind) windage.

'Abˌlen·kungsˌanˌgriff m mil. diversionary (od. feint) attack, diversion. — **~ˌein·heit** f (optics) diopter, auch dioptre, unit of vergence. — **~ˌkraft** f phys. deflecting force. — **~maˌnö·ver** n mil. auch fig. diversionary operation (od. man[o]euver, bes. Br. manœuvre), diversion, demonstration: ein ~ vornehmen (od. durchführen) fig. to draw a red herring across the trail (od. track, path). — **~ˌmit·tel** n fig. distraction. — **~ˌwin·kel** m phys. angle of deflection (Br. auch deflexion).

'abˌler·nen v/t ⟨sep, -ge-, h⟩ j-m etwas ~ rare to learn s.th. from s.o. (by watching od. observing).

'abˌles·bar adj bes. tech. (Instrument etc) readable. — **'Abˌles·bar·keit** f ⟨-; no pl⟩ readability.

'Abˌle·seˌda·tum n date of reading. — **~ˌeinˌrich·tung** f (optics) reading device. — **~ˌfeh·ler** m **1.** (optics) index (od. reading) error. – **2.** tech. reading error. — **~ˌfernˌrohr** n (optics) reading telescope. — **~ˌgeˌnau·ig·keit** f tech. reading accuracy. — **~geˌrät** n direct-reading (od. indicating) instrument, indicator. — **~ˌglas** n **1.** tech. (am Spiegelsextanten) index glass. – **2.** (optics) cf. Meßglas. — **~ˌli·nie** f tech. spider line. — **~ˌlu·pe** f reading glass (od. magnifier), magnifying glass. — **~ˌmar·ke** f pointer, reference point, index line (od. mark).

'abˌle·sen I v/t ⟨irr, sep, -ge-, h⟩ **1.** (pflücken) pick (s.th.) off: Beeren von den Sträuchern ~ to pick berries off the bushes. – **2.** (aufsammeln) (von from) pick (s.th.) up. – **3.** (sammeln) gather, pick. – **4.** (vom Manuskript etc) read off: er las die Rede (vom Blatt) ab he read off his speech. – **5.** bes. tech. (Skala, Uhr etc) read (off): den Zähler [den Barometerstand] ~ to read the meter [the barometer]; das Gas [den Strom] ~ to read the gas [the electricity] meter. – **6.** math. phys. (Winkel etc) read. – **7.** read, lipread: der Taube konnte ihm jedes Wort vom Mund ~ the deaf man could read every word from his lips (od. could lipread his every word). – **8.** fig. (erraten) read, guess, figure out: j-s Gedanken von (od. an) seinem Gesicht ~ to read s.o.'s thoughts in his face, to guess s.o.'s thoughts from the expression of his face; j-m einen Wunsch von den Augen ~ to read s.o.'s wish in his eyes, to anticipate s.o.'s wish. – **II** v/i **9.** read off. – **III A~** n ⟨-s⟩ **10.** verbal noun.

'Abˌle·ser m ⟨-s; -⟩ colloq. (von Strom etc) meter reader.

'Abˌle·seˌröh·re f tech. ga(u)ge glass. — **~ˌska·la** f tech. direct-reading dial. — **~ˌstrich** m tech. graduation mark, reading line. — **~ˌvorˌrich·tung** f reading device. — **~ˌwert** m **1.** bes. tech. reading. – **2.** astr. setting, reading. — **~ˌzahl** f tech. indication.

'Abˌle·sung f ⟨-; -en⟩ **1.** cf. Ablesen. – **2.** bes. tech. (Tätigkeit und Ablesewert) reading: die ~ eintragen to enter (od. record, book) the reading.

'abˌleuch·ten v/t ⟨sep, -ge-, h⟩ (mit Licht absuchen) pass a light over, inspect (s.th.) with a lamp, (bes. mit Scheinwerfern) search, sweep: den Keller ~ to inspect the cellar with a lamp.

'AbˌleuchtˌIam·pe f cf. Handleuchte.

'abˌleug·bar [-ˌlɔʏk-] adj deniable.

'abˌleug·nen I v/t ⟨sep, -ge-, h⟩ **1.** (leugnen, abstreiten) deny, disavow, disclaim, disown: eine Tatsache ~ to deny a fact; ~, etwas getan zu haben to deny having done s.th. – **2.** (von sich weisen) repudiate. – **3.** bes. jur. a) disaffirm, abnegate, b) (bestreiten) traverse. – **II A~** n ⟨-s⟩ **4.** verbal noun. — **'Abˌleug·nung** f ⟨-; -en⟩ **1.** cf. Ableugnen. – **2.** denial, disavowal, disclaimer. – **3.** (Zurückweisung) repudiation. – **4.** bes. jur. a) disaffirmation, disaffirmance, abnegation, b) (Bestreitung) traverse.

'abˌlich·ten v/t ⟨sep, -ge-, h⟩ phot. (Urkunde etc) make a photostatic copy (od. duplicate) of, photostat.

'abˌlie·beln, 'abˌlie·ben v/t ⟨sep, -ge-, h⟩ bes. hunt. (Jagdhund) (streicheln u. loben) pet.

'Abˌlie·fe·rer m ⟨-s; -⟩ bes. econ. **1.** deliverer. – **2.** supplier.

'abˌlie·fern I v/t ⟨sep, -ge-, h⟩ **1.** bes. econ. deliver: Waren (bei j-m) ~ to deliver goods (to s.o.). – **2.** (abgeben) deliver up, turn (od. hand) in: Fundsachen ~ to turn in things found. – **3.** bes. mil. (herausgeben) surrender, hand over. – **4.** colloq. (übergeben) deliver, hand over: den Einbrecher auf der Polizeiwache ~ to deliver the burglar to the police station. – **II A~** n ⟨-s⟩ **5.** verbal noun. — **'Abˌlie·fe·rung** f ⟨-; -en⟩ **1.** cf. Abliefern. – **2.** bes. econ. delivery: verspätete ~ late delivery; bei (od. nach) ~ on delivery; bis zur ~ pending delivery. – **3.** mar. (außenbords) overside delivery. – **4.** bes. mil. (Herausgabe) surrender. – **5.** colloq. (Übergabe) delivery.

'Abˌlie·fe·rungsˌbeˌschei·ni·gung f cf. Ablieferungsschein. — **~ˌfrist** f delivery period, term of delivery. — **~geˌwicht** n weight delivered. — **~konˌtinˌgent** n delivery quota. — **~ˌort** m place of delivery. — **~ˌpflicht** f obligation to deliver. — **~ˌschein** m **1.** (zur Lieferung) certificate of delivery. – **2.** (Quittung) receipt (of delivery). — **~ˌsoll** n delivery quota. — **~ˌtag** m **1.** day of delivery. – **2.** (an der Börse) settling (od. account) day, payday. — **~terˌmin** m date of (od. agreed for) delivery.

'abˌlie·gen I v/i ⟨irr, sep, -ge-, h u. sein⟩ **1.** ⟨auch h⟩ (entfernt sein) (von from) lie at a distance, be (od. lie) far away (od. off): das Dorf liegt (weit) von der Straße ab the village lies far from the road. – **2.** ⟨h⟩ fig. be far-fetched (od. out of the way): das liegt zu weit von unserem Thema ab that's too far-fetched. – **3.** ⟨h⟩ mar. a) (nach See zu liegen) stand off-shore, b) vom Lande (od. einem anderen Schiff) ~ to lie off. – **4.** ⟨sein⟩ gastr. a) bes. Southern G. (vom Fleisch) hang, b) (vom Wein) mature, c) (von Äpfeln) ripen (by storage). – **II A~** n ⟨-s⟩ **5.** verbal noun.

'abˌli·sten[1] [-ˌlɪstən] v/t ⟨sep, -ge-, h⟩ j-m etwas ~ a) (Geld etc) to trick s.o. out of s.th., to get s.th. out of s.o., b) (Versprechen etc) to wangle s.th. out of s.o., c) (Geheimnis, Wahrheit etc) to draw (od. elicit) s.th. from s.o.: er listete mir 5 Mark [meine letzten Zigaretten] ab he tricked me out of 5 marks [my last cigarettes].

'abˌli·sten[2] v/t ⟨sep, -ge-, h⟩ (computer) (beim Programmieren) enter (s.th.) in a list, list.

'abˌlocken (getr. -k·k-) v/t ⟨sep, -ge-, h⟩ j-m etwas ~ a) (Geld, Geheimnis etc) to wheedle s.th. out of s.o., b) (Lächeln etc) to coax s.th. from s.o.: j-m Trümpfe ~ (games) to draw s.o.'s trumps.

'abˌloh·nen, 'abˌlöh·nen v/t ⟨sep, -ge-, h⟩ archaic **1.** (Gepäckträger etc) pay, tip. – **2.** (Dienstboten etc) pay off (and dismiss od. discharge).

'abˌlös·bar adj **1.** (Briefmarke etc) detachable, removable. – **2.** (Tapete etc) removable: diese Tapete ist leicht ~ this wallpaper can be easily taken down (od. removed). – **3.** bes. tech. (Bestandteil etc) detachable. – **4.** econ. a) (Schuld, Anleihe etc) redeemable, repayable, b) (Verpflichtungen) commutable, dischargeable, c) (durch teilweise Zahlung) compoundable. — **'Abˌlös·bar·keit** f ⟨-; no pl⟩ **1.** (von Briefmarken etc) detachability. – **2.** (von Tapeten etc) removability. – **3.** bes. tech. (von Bestandteilen etc) detachability. – **4.** econ. a) redeemability, b) commutability, c) compoundability.

'abˌlö·schen I v/t ⟨sep, -ge-, h⟩ **1.** (Feuer) (ganz auslöschen) extinguish, put out. – **2.** (Tinte, feuchte Schrift etc) blot. – **3.** (Schrift von der Tafel etc) wipe off. – **4.** (Tafel) clean, wipe. – **5.** tech. a) (Guß) chill, b) (Kalk) slake. – **6.** metall. cf. abschrecken 3. – **7.** gastr. (Mehlschwitze etc) pour (cold) water (od. milk) onto. – **II A~** n ⟨-s⟩ **8.** verbal noun. – **9.** (eines Feuers etc) extinction.

'Abˌlö·se [-ˌløːzə] f ⟨-; -n⟩ Austrian for Ablösungssumme.

'abˌlö·sen[1] **I** v/t ⟨sep, -ge-, h⟩ **1.** (Briefmarke, Etikett etc) detach, remove: er löste die Briefmarke von dem Umschlag ab a) he detached the stamp from the envelope, b) he steamed (od. soaked) the stamp off the envelope. – **2.** (Tapeten etc) take off (od. down), remove. – **3.** (Rinde) peel (od. scale) off. – **4.** (Schale) peel off, remove: die Schale von einer Frucht ~ to peel the skin off a fruit. – **5.** (Fleisch) remove: das Fleisch vom Knochen ~ to remove the meat from the bone. – **6.** tech. a) (Teile) detach, loosen, separate, take off, b) (Schicht) scale (od. peel) off, c) (galvanische Schichten vom Träger) strip. – **7.** med. (Haut) remove, strip. – **8.** hort. (Absenker) take (a layer) off a plant. – **9.** hunt. a) (Hund) uncouple, unleash, b) (Wildbretteile) cut off. – **II** v/reflex sich ~ **10.** (von Farbe, Tapeten etc) come off, detach itself, (bes. blättrig od. schuppenartig) peel (od. scale) off. – **11.** (von Schuhsohlen etc) come off. – **12.** med. (von Schorf etc) scale (od. slough) off. – **13.** fig. poet. for entfernen II. – **III A~** n ⟨-s⟩ **14.** verbal noun: das A~ der Tapeten (von der Wand) the taking down (od. removal) of the wallpaper.

'abˌlö·sen[2] **I** v/t ⟨sep, -ge-, h⟩ **1.** (bei der Arbeit, einer Tätigkeit etc) take turns with, relieve, bes. Am. spell: j-n beim Küchendienst ~ to take turns with s.o. in doing kitchen duty, to relieve s.o. of kitchen duty; wir lösten ihn am Krankenbett seines Freundes ab we took turns with (od. took over from) him at the sickbed of his friend; er löste mich beim Rudern ab he took turns rowing with me; sie lösten sich (od. einander) bei der Nachtwache ab they relieved each other (od. took turns) at (od. alternated on) the night watch; sich (od. einander) ~ (bei Schichtarbeit) to work in shifts. – **2.** (ersetzen) replace, take the place of, supersede: abgelöst werden von (od. durch) to be superseded by; er löste seinen Vorgänger ab he replaced (od. took the place of) his predecessor; der Tonfilm löste den Stummfilm ab fig. the sound film replaced the silent film. – **3.** euphem. (entlassen) dismiss. – **4.** fig. (folgen auf) follow, succeed: ein Jahr löst das andere ab one year follows the other; Tag und Nacht lösen sich (od. einander) ab day and night follow each other. – **5.** econ. jur. a) (Schuld, Hypothek etc) pay off, repay, redeem, discharge, settle, b) (Verpflichtung) commute, discharge, c) (durch teilweise Zahlung) compound, d) (Fideikommiß) disentail. – **6.** mil. (Posten, Wache etc) relieve. – **7.** lit. (sein Leben, Gefangene etc) ransom, redeem. – **II A~** n ⟨-s⟩ **8.** verbal noun. – **9.** cf. Ablösung[2].

'abˌlös·lich adj cf. ablösbar.

'Abˌlö·sung[1] f ⟨-; -en⟩ **1.** cf. Ablösen[1]. – **2.** (von Etiketten etc) detachment, removal. – **3.** (von Tapeten, Schale etc) removal. – **4.** tech. (von Bestandteilen) detachment. – **5.** med. (der Netzhaut) retinal detachment.

'Abˌlö·sung[2] f ⟨-; -en⟩ **1.** cf. Ablösen[2]. – **2.** (Wechsel bei der Arbeit etc) relief, change: die ~ erfolgt alle 3 Stunden there is a relief every three hours. – **3.** (ablösende Person[en]) relief: da kommt schon Ihre ~ your relief is coming already. – **4.** (bei Schichtarbeit) (fresh) shift (od. relay). – **5.** (Ersatz) replacement, supersession: die ~ des Ministers durch seinen Nachfolger the replacement of the minister by his successor; die ~ einer alten durch eine neue Methode fig. the replacement of an old method by a new one. – **6.** euphem. (Entlassung) dismissal: seine ~ wurde erst heute bekannt his dismissal became known only today. – **7.** fig. (Aufeinanderfolge) succession, sequence. – **8.** econ. jur. a) (einer Schuld, Hypothek etc) repayment, redemption, discharge, settlement, b) (*einer Verpflichtung*) commutation, c) payment by way of composition, lump-sum payment, d) (*eines Fideikommisses*) disentailment: vorzeitige ~ a) anticipatory redemption (of a loan), b) lump-sum advance payment; ~ der Kredite repayment of the credits (*od.* loans). – **9.** *mil.* a) relief, b) relieving sentry (*od.* guard), relief: ~ vor! sentry, forward! *Am.* guard!

ˈAbˌlö·sungs|ˌanˌlei·he *f econ.* redemption loan. — **~ˌanˌstalt** *f* liquidating institution. — **~beˌrech·tig·te** *m, f* party entitled to commutation. — **~beˌtrag** *m cf.* Ablösungssumme. — **~erˌschei·nung** *f civ.eng.* (*Hydraulik*) separation phenomenon. — **~ˌflä·che** *f geol.* joint. — **~ˌfonds** *m econ.* redemption (*od.* sinking) fund. — **~ka·piˌtal** *n* redemption capital. — **~ˌmann·schaft** *f mil.* relief. — **~ˌpfandˌbrief** *m econ.* redemption (*od.* commutation) bond. — **~ˌrecht** *n jur.* right of redemption. — **~ˌren·te** *f* redemption annuity. — **~ˌschuld** *f econ.* commutation debt. — **~ˌsum·me** *f* amount (*od.* sum) required for redemption. — **~syˌstem** *n* (*bei Schichtarbeit etc*) relay system. — **~ˌurˌkun·de** *f jur.* deed of composition. — **~ˌwert** *m* surrender (*od.* redemption) value. — **~ˌzah·lung** *f econ.* **1.** redemption payment. – **2.** compound payment. — **~ˌzinsˌsatz** *m* discount rate.

ˈabˌlo·ten *v/t* ⟨*sep*, -ge-, h⟩ **1.** *civ.eng.* plumb. – **2.** *mar.* (*Meerestiefe*) sound.

ˈabˌlot·sen *v/t* ⟨*sep*, -ge-, h⟩ j-m etwas ~ *colloq. for* ablisten[1] a.

ˈabˌluch·sen *v/t* ⟨*sep*, -ge-, h⟩ j-m etwas ~ *colloq.* a) (*mit List etc*) to do (*od.* diddle) s.o. out of s.th. (*colloq.*), b) (*durch Beobachtung*) to learn s.th. by careful observation.

ˈAbˌluft *f* ⟨-; *no pl*⟩ **1.** stale air. – **2.** *auto.* exhaust air. – **3.** *tech.* waste air. — **~kaˌnal** *m tech.* exit air duct. — **~ˌschacht** *m* (*eines Dieselmotors*) exhaust air duct. — **~ˌstut·zen** *m* (*eines Dieselmotors*) exhaust air vent.

ˈabˌlü·gen *v/t* ⟨*irr, sep*, -ge-, h⟩ *rare* deny.

Ab·lu·ti·on [ablu'tsĭo:n, aplu-] *f* ⟨-; -en⟩ *relig.* ablution.

ˈabˌlut·schen *v/t* ⟨*sep*, -ge-, h⟩ *colloq.* (*Stielbonbon etc*) suck.

ˈabˌma·chen I *v/t* ⟨*sep*, -ge-, h⟩ *colloq.* **1.** (*entfernen*) take off, remove: den Besatz von einem Kleid ~ to take off the trimming of a dress; j-m den Verband ~ to remove s.o.'s bandage. – **2.** (*Bilder, Plakate etc*) take down: das Schild (von der Tür) ~ a) to take down the sign (from the door), b) to unscrew the sign. – **3.** (*losmachen*) undo, untie, take off: die Schnur vom Paket ~ to undo the string from the parcel; dem Hund die Leine ~ to let the dog off the leash (*od.* lead). – **4.** (*Schmutz etc*) remove, brush off: den Schmutz von den Schuhen ~ to brush (*od.* knock) the dirt off the shoes. – **5.** (*Weintrauben etc*) pick (off). – **6.** *colloq.* (*ableisten*) do, complete, serve: seine Probezeit ~ to serve (*od.* do) one's probationary period. – **7.** *colloq.* (*absitzen*) serve, 'do' (*sl.*): seine Strafe [ein Jahr] (im Gefängnis) ~ to serve one's sentence [a year] (in prison). – **8.** (*regeln, erledigen*) settle: eine Angelegenheit ~ to settle a matter (*od.* an affair); das mußt ihr unter euch ~ you must settle it between yourselves; etwas gütlich (*od.* im Guten) ~ to settle s.th. amicably (*od.* in a friendly manner); das muß er mit sich allein (*od.* für sich) ~ a) he must decide that for himself, b) he has to get over it by himself. – **9.** (*vereinbaren*) arrange, fix, agree upon, settle: (mit j-m) einen Termin (für etwas) ~ to arrange a date (with s.o.) (for s.th.); einen Plan ~ to arrange a plan; etwas vorher ~ to prearrange s.th.; es ist unter (*od.* zwischen) uns noch nichts abgemacht worden we haven't arranged anything so far; das ist so gut wie abgemacht that's as good as settled; abgemacht! a) agreed! all right (*od. colloq.* alright)! okay (*od.* O.K.)! b) (*bes. beim Wetten etc*) it's a deal (*od.* bargain), done! – **10.** *bes. jur. econ.* a) agree (up)on, arrange, b) (*vereinbaren*) settle, c) (*festsetzen*) stipulate: etwas mündlich [schriftlich] ~ to make a verbal [written] agreement on s.th.; etwas vertraglich ~ to settle s.th. by contract, to stipulate (*od.* covenant) s.th.; einen Preis ~ to settle (*od.* fix) a price. – **11.** *gastr. dial.* Speisen mit etwas ~ to mix s.th. into (*od.* add s.th. to) a dish: die Suppe mit einem Ei ~ to mix an egg into the soup, to beat up an egg in the soup. – **II A~** *n* ⟨-s⟩ **12.** *verbal noun*: das A~ der Bilder (von der Wand) the taking down of the pictures (from the wall). — **ˈAbˌma·chung** *f* ⟨-; -en⟩ **1.** *cf.* Abmachen. – **2.** *colloq.* (*Regelung*) settlement: nach ~ der Angelegenheit after settlement of (*od.* having settled) the affair. – **3.** (*Vereinbarung*) arrangement, agreement, understanding, 'deal' (*colloq.*): geheime ~ secret understanding; durch vorherige ~ by prearrangement; (mit j-m) eine ~ (über etwas) treffen to make an arrangement (*od.* agreement) (with s.o.) (about s.th.); eine ~ (ein)halten, sich an eine ~ halten to consider oneself bound by (*od.* to keep to) an agreement. – **4.** *bes. jur. econ.* a) agreement, arrangement, b) settlement, c) stipulation: eine bindende (*od.* verpflichtende) ~ a binding (*od.* obligatory) agreement; gegenseitige [mündliche] ~ mutual [verbal (*od.* unwritten)] agreement; vertragliche ~ stipulation; eine ~ nicht als bindend betrachten to consider an agreement invalid; gegen eine ~ verstoßen to violate an agreement.

ˈabˌma·gern I *v/i* ⟨*sep*, -ge-, sein⟩ **1.** grow thin, lose weight, (*stärker*) waste away (auf *acc*, bis zu to), emaciate (*lit.*): auf 40 kg ~ to waste away (*od.* go down) to 80 pounds; sie ist zum Skelett abgemagert she has wasted away to skin and bones. – **2.** (*durch Kur*) reduce, slim. – **II A~** *n* ⟨-s⟩ **3.** *verbal noun.* — **ˈAbˌma·ge·rung** *f* ⟨-; -en⟩ **1.** *cf.* Abmagern. – **2.** loss of (*od.* reduction in) weight, (*stärker*) emaciation.

ˈAbˌma·ge·rungsˌkur *f* reducing (*od.* slimming) diet: eine ~ machen to reduce, to slim, to be on a reducing diet.

ˈabˌmä·hen *v/t* ⟨*sep*, -ge-, h⟩ **1.** (*Wiese, Feld etc*) mow. – **2.** (*Gras, Getreide etc*) cut (down), mow (off). – **3.** *fig. poet.* (*Köpfe*) cut off.

ˈabˌmah·nen *v/i* ⟨*sep*, -ge-, h⟩ *lit. for* abraten I. — **ˈAbˌmah·nung** *f* ⟨-; *no pl*⟩ *lit. for* Abraten.

ˈabˌmai·schen *v/i* ⟨*sep*, -ge-, h⟩ *brew.* finish mashing. — **ˈAbˌmaisch·tem·pe·raˌtur** *f brew.* final mashing temperature.

ˈabˌma·len I *v/t* ⟨*sep*, -ge-, h⟩ **1.** paint: nach dem Leben (*od.* der Natur) ~ to paint from life. – **2.** (*Person*) portray. – **3.** (*kopieren*) copy, reproduce. – **II** *v/reflex* sich ~ **4.** *fig. lit.* (*sich widerspiegeln*) be reflected: Schrekken malte sich in (*od.* auf) seinem Gesicht ab terror was reflected in his face. – **5.** *fig. lit.* (*sich abheben*) (auf *dat*, gegen against) stand out.

ˈab·maˌra·chen [-maˌraxən] *v/reflex* ⟨*sep, no* -ge-, h⟩ sich ~ *Northern G. colloq. od. dial. for* abquälen I.

ˈabˌmar·ken [-ˌmarkən] *v/t* ⟨*sep*, -ge-, h⟩ **1.** mark, to stake out. – **2.** (*mining*) make a plan of.

ˈabˌmark·ten *v/t* ⟨*sep*, -ge-, h⟩ j-m etwas ~ *bes. Swiss lit.* (*abhandeln*) to bargain with s.o. for s.th., to bargain s.th. out of s.o.

ˈAbˌmarsch *m* **1.** *mil.* a) (*Aufbruch*) marching off, b) (*von Truppen nach beendeter Übung*) dispersal: Befehl zum ~ march (*Br.* marching) order; vor dem ~ stehen to be prepared to march (*od.* depart, start); sich zum ~ rüsten to get ready to march; den ~ antreten to march off; die Truppen sind im ~ the troops are marching off; ~ um 10 Uhr moving off at ten hours (*Br.* ten o'clock). – **2.** (*eines Demonstrationszuges etc*) marching off, start. – **3.** (*nach einer Demonstration etc*) marching off (*od.* away). – **4.** *colloq.* (*zu einer Tour etc*) leaving, start. — **~beˌfehl** *m mil.* march (*Br.* marching) order. — **a~beˌreit** *adj* ready to march (*od.* start): sich ~ machen [halten] to get [to be] ready to march.

ˈab·marˌschie·ren I *v/i* ⟨*sep, no* -ge-, sein⟩ **1.** *mil.* a) (*aufbrechen*) march off, set off on (*od.* start) the march. – **2.** (*von einem Demonstrationszug etc*) march off, start. – **3.** (*nach einer Demonstration etc*) march off (*od.* away). – **4.** *colloq.* (*zu einer Tour etc*) start, leave. – **II** *v/t* **5.** (*Strecke etc*) patrol. – **III A~** *n* ⟨-s⟩ **6.** *verbal noun.* – **7.** *cf.* Abmarsch.

ˈAbˌmarsch|ˌpunkt *m mil.* initial (*od.* starting) point, start, point of departure. — **~ˌzeit** *f* time of departure.

ˈabˌmar·tern *v/reflex* ⟨*sep*, -ge-, h⟩ sich ~ *fig.* torture (*od.* torment) oneself: sich mit einer Vorstellung ~ to torture oneself with (*od.* be tortured by) an idea.

ˈAbˌmaß *n tech.* deviation, variation, allowance.

ˈabˌmat·ten I *v/i* ⟨*sep*, -ge-, sein⟩ **1.** *lit. cf.* ermatten II. – **2.** (*von Metall, Glanz*) grow dull. – **II** *v/t* ⟨h⟩ **3.** *lit. cf.* ermatten I.

ˈabˌmeh·ren *v/i* ⟨*sep*, -ge-, h⟩ *Swiss* vote by show of hands.

ˈabˌmei·ern [-ˌmaɪərn] *v/t* ⟨*sep*, -ge-, h⟩ **1.** *obs.* (*Pächter etc*) turn (*a tenant*) out of his farm, evict, dispossess. – **2.** *fig.* send (*s.o.*) packing.

ˈabˌmei·ßeln *v/t* ⟨*sep*, -ge-, h⟩ **1.** *tech.* a) chisel off, b) (*Oberflächen von Walzgut*) deseam. – **2.** *med.* chisel off (*od.* away).

ˈAbˌmel·de|beˌschei·ni·gung *f* certificate registering (*s.o.'s*) change of address. — **~for·muˌlar** *n* form for notification (*od.* registration) of s.o.'s change of address.

ˈabˌmel·den I *v/t* ⟨*sep*, -ge-, h⟩ **1.** (*bei einer Behörde etc*) j-n ~ to give notice of s.o.'s change of address (*od.* residence): er ist bei mir abgemeldet *colloq.* I am finished (*od.* through) with him (*colloq.*). – **2.** (*bei einem Verein, Klub etc*) j-n ~ to give notice of s.o.'s withdrawal (von from) (*od.* s.o.'s leaving [s.th.]): seinen Freund vom Sportverein ~ to give notice of one's friends's withdrawal from the sports club; seinen Sohn von der Schule ~ to take one's son out of school. – **3.** (*bei einem Vorgesetzten*) j-n ~ to report s.o.'s departure (*od.* leaving). – **4.** (*Radio, Auto*) stop (*od.* terminate, deregister) the licence (*Am.* license) of, cancel the registration of. – **5.** (*Besuch*) cancel, call off. – **6.** (*sport*) *colloq.* (*Gegner etc*) neutralize *Br. auch* -s-. – **II** *v/reflex* sich ~ **7.** (*bei einer Behörde etc*) give notice of (*od.* notify) (one's) change of address (*od.* residence): Sie müssen sich polizeilich ~ you have to notify the police of your change of address. – **8.** (*bei einem Verein etc*) (von) give notice of (*Br. auch* notify) one's withdrawal (from) (*od.* one's leaving [*s.th.*]). – **9.** (*bei einem Vorgesetzten*) report one's departure (*od.* leaving). – **10.** *mil.* sich vom Dienst [zum Urlaub] ~ to report off duty [for leave]. – **III A~** *n* ⟨-s⟩ **11.** *verbal noun.* – **12.** *cf.* Abmeldung.

ˈAbˌmel·deˌschein *m* **1.** *cf.* Abmeldeformular. – **2.** *cf.* Abmeldebescheinigung.

ˈAbˌmel·dung *f* ⟨-; -en⟩ **1.** *cf.* Abmelden. – **2.** (*bei einer Behörde etc*) notice of change of address (*od.* residence): polizeiliche ~ notice to the police of one's (*od.* s.o.'s) change of address. – **3.** (*bei einem Verein, Klub etc*) (von) notice of withdrawal (from) (*od.* leaving [*s.th.*]). – **4.** (*bei einem Vorgesetzten etc*) notice of departure (*od.* leaving). – **5.** (*eines Radios, Autos etc*) cancellation (*od.* termination) of the licence (*Am.* license).

ˈabˌmel·ken *v/t* ⟨*irr, sep*, -ge-, h⟩ *agr.* milk (dry): eine Kuh (vor dem Verkauf) nicht ~ to stock a cow.

ˈAbˌmelkˌwirt·schaft *f agr. milk production with no raising for replacements.*

ˈabˌmer·geln *v/t* ⟨*sep*, -ge-, h⟩ *rare for* entkräften 1.

ˈabˌmer·ken *v/t* ⟨*sep*, -ge-, h⟩ *rare od. lit.* **1.** j-m [einer Sache] etwas ~ to notice (*od.* observe, perceive) s.th. in s.o. [s.th.]. – **2.** *cf.* ablauschen 1, absehen 2.

ˈabˌmeß·bar *adj* **1.** (*meßbar*) measurable. – **2.** *tech.* a) measurable, b) (*mittels Prüflehre*) ga(u)geable. – **3.** *math.* commensurable. — **ˈAbˌmeß·bar·keit** *f* ⟨-; *no pl*⟩ **1.** measurableness (*auch tech.*). – **2.** *math.* commensurability.

ˈabˌmes·sen I *v/t* ⟨*irr, sep*, -ge-, h⟩ **1.** measure: eine Strecke [die Länge von etwas] ~ to measure a distance [the length of s.th.]. – **2.** (*von od. aus einer Menge*) measure off (*od.* out): 1 Liter Bier (von einem Faß) ~ to measure off 1 liter (*bes. Br.* litre) of beer (from a barrel); 3 Meter von einem Stoff ~ to measure out 3 meters (*bes. Br.* metres) from a material. – **3.** *fig.* (*Schaden, Folgen etc*) estimate, measure. – **4.** *fig. lit.* (*Worte*) weigh, measure. – **5.** *tech.* a) measure, b) (*mittels Passungslehre*) ga(u)ge, c) (*mittels eines Strichmaßes*) caliper, *bes. Br.* calliper. – **II A~** *n* ⟨-s⟩ **6.** *verbal noun.* – **7.** *cf.* Abmessung.

ˈAbˌmeßˌpum·pe *f tech.* proportioning pump.

ˈAbˌmes·sung *f* ⟨-; -en⟩ **1.** *cf.* Abmessen. – **2.** (*als Meßvorgang*) measurement: die ~ einer Strecke the measurement of a distance. – **3.** *tech.* a) measurement, b) (*Maß*) dimension, c) (*Größe, Gestalt*) size, d) (*Stärke, Dicke von Blech etc*) ga(u)ge. – **4.** *math.* a) (*einer Figur*) dimension, b) measuring off.

'abˌmil·dern *v/t u.* sich ~ *v/reflex* ⟨*sep*, -ge-, h⟩ *cf.* mildern I *u.* II, abschwächen 2, 9. — **'Abˌmil·de·rung** *f* ⟨-; -en⟩ *cf.* Milderung, Abschwächung 3.

'abˌmin·dern *v/t* ⟨*sep*, -ge-, h⟩ **1.** (*Bedeutung, Wert etc*) diminish, decrease, lessen. – **2.** (*Schmerz etc*) soothe, alleviate, decrease.

'Abˌmin·de·rungsˌstun·de *f DDR ped. a lesson by which the teacher's teaching load is reduced.*

'ab·monˌtier·bar *adj bes. tech.* **1.** removable, *Am. auch* pick-off (*attrib*). – **2.** demountable, dismountable. – **3.** detachable.

'ab·monˌtie·ren I *v/t* ⟨*sep, no* -ge-, h⟩ **1.** (*Autoreifen etc*) remove, take off. – **2.** (*Leitung, Antenne etc*) take down. – **3.** (*Werksanlagen etc*) dismantle, strip. – **4.** *tech.* a) (*zerlegen*) disassemble, demount, dismount, b) (*Teil*) detach. – **5.** *bes. mil.* (*Geschütz etc*) dismount. – **II** *v/i* **6.** *aer. colloq.* (*von Flugzeug etc*) break up in the air. – **III A~** *n* ⟨-s⟩ **7.** *verbal noun.* — **'AbmonˌTie·rung** *f* ⟨-; -en⟩ **1.** *cf.* Abmontieren. – **2.** (*eines Autoreifens etc*) removal. – **3.** (*einer Werksanlage etc*) dismantlement. – **4.** *tech.* a) dismount(ing), disassembly, b) detachment. – **5.** *mil.* (*eines Geschützes etc*) dismount(ing).

'abˌmü·hen *v/reflex* ⟨*sep*, -ge-, h⟩ **sich ~** **1.** (*sich Mühe geben*) take (great) pains (*od.* trouble): **er mühte sich redlich ab, sein Ziel zu erreichen** he took great pains to achieve his aim; **sich mit einem Problem ~** a) to take pains with (*od.* in solving) a problem, b) to struggle (*od.* wrestle) with a problem; **er mühte sich vergeblich mit ihr ab** he took pains (*od.* trouble) with her to no avail, he wasted his time and effort on her. – **2.** (*schwer arbeiten*) toil, labor, *bes. Br.* labour, slave, drudge, plod.

'abˌmurk·sen *v/t* ⟨*sep*, -ge-, h⟩ j-n ~ *sl.* to kill s.o. (off); to do s.o. in, to bump s.o. off (*sl.*).

'abˌmu·stern I *v/t* ⟨*sep*, -ge-, h⟩ **1.** *mar.* (*Seeleute*) pay off, discharge. – **2.** (*textile*) pattern. – **II** *v/i* **3.** *mar.* (*von Seeleuten*) sign off. – **III A~** *n* ⟨-s⟩ **4.** *verbal noun.* — **'Ab-ˌmu·ste·rung** *f* ⟨-; -en⟩ **1.** *cf.* Abmustern. – **2.** *mar.* (*Entlassung*) paying off, payoff, discharge. – **3.** (*textile*) pattern.

'abˌna·beln [-ˌnaːbəln] **I** *v/t* ⟨*sep*, -ge-, h⟩ ein Kind ~ *med.* to cut the (*od.* an infant's) umbilical cord. – **II A~** *n* ⟨-s⟩ *verbal noun.* — **'Abˌna·be·lung** *f* ⟨-; -en⟩ *cf.* Abnabeln.

'abˌna·gen *v/t* ⟨*sep*, -ge-, h⟩ **1.** (von off, from) gnaw: **die Rinde vom Brot ~** to gnaw the crust off the bread. – **2.** (*vom Hund etc*) gnaw (at): **der Hund nagte einen Knochen ab** the dog was gnawing (at) a bone. – **3.** (*beim Essen*) pick.

'abˌnä·hen *v/t* ⟨*sep*, -ge-, h⟩ **1.** (*Stoff*) take in. – **2.** (*Biese*) take in, make. — **'Abˌnä·her** *m* ⟨-s; -⟩ (*Schneiderei*) **1.** dart: **einen ~ machen** to make a dart. – **2.** (*Biese*) tuck: **schmaler ~** (*zur Verzierung*) pin tuck.

'Abˌnah·me[1] *f* ⟨-; *no pl*⟩ **1.** *cf.* Abnehmen[1]. – **2.** removal. – **3.** *econ.* a) (*Kauf*) purchase, b) (*Bestellung*) order, c) (*Entgegennahme*) acceptance, taking delivery: **bei ~ größerer Mengen** on purchase (*od.* ordering) of large quantities. – **4.** *mil.* (*einer Parade*) review. – **5.** *jur.* (*eines Eides*) administration. – **6.** *med.* amputation. – **7.** (*von Neubauten, technischen Geräten*) acceptance. – **8.** *tech.* (*von Spänen*) removal. – **9.** *metall.* (*von Walzen*) draft, *Br.* draught. – **10.** ~ **Christi vom Kreuz** *Bibl.* Descent from the Cross.

'Abˌnah·me[2] *f* ⟨-; *no pl*⟩ **1.** *cf.* Abnehmen[2]. – **2.** (*mengen- od. zahlenmäßige Verringerung*) decrease, diminution, reduction, fall: **eine ~ der Krankheitsfälle [der Bevölkerung]** a decrease in the number of diseases [in the population]. – **3.** (*Gewichtsabnahme*) loss (of weight), reduction (in weight). – **4.** a) (*Schrumpfung*) shrinkage, b) (*der Größe*) decrease, reduction, tapering. – **5.** (*des Mondes*) wane. – **6.** (*von Gefühlen etc, meteor. der Kälte etc*) abatement, decrease. – **7.** (*der Tage*) shortening. – **8.** (*der Flut*) recession, fall. – **9.** *cf.* Geschwindigkeitsabnahme. – **10.** *fig.* (*einer Tendenz etc*) decrease, decline. – **11.** *fig.* (*an Größe, Bedeutung etc*) decrease, decline. – **12.** *bes. med.* a) (*der Kräfte*) loss, decrease, decline, attenuation, b) (*des Fiebers*) abatement, decline, c) (*der Sehkraft etc*) failure, deterioration. – **13.** *tech. metall.* a) (*Querschnittsverminderung des Walzguts*) reduction of area, b) (*eines Walzkalibers*) draft. – **14.** *electr.* (*einer Spannung*) fall. – **15.** *math.* a) reduction, b) (*einer Funktion*) decrement.

'Abˌnah·me|atˌtest *n econ.* certificate of (inspection) acceptance. — **~beˌam·te** *m* quality (*od.* works) inspector, quality control engineer. — **~beˌdin·gun·gen** *pl econ.* terms of acceptance (*od.* for accepting delivery). — **a~beˌreit** *adj* ~ sein to be ready to take delivery. — **~beˌricht** *m tech.* acceptance report. — **~beˌschei·ni·gung** *f econ. cf.* Abnahmeattest. — **~beˌschuß** *m mil.* proof-firing test (*od.* trial). — **~ˌfahrt** *f* **1.** *auto.* test drive. – **2.** *mar.* acceptance trial trip. — **~ˌflie·ger** *m aer.* test pilot. — **~ˌflug** *m* test (*od.* acceptance) flight. — **~ˌfrist** *f econ.* time for accepting delivery. — **~ga·ranˌtie** *f* (*bei Wertpapieremissionen*) underwriting guarantee. — **~in·ge·niˌeur** *m tech.* quality control engineer, quality inspector. — **~kom·mis·siˌon** *f* quality control commission. — **~konˌtrol·le** *f econ.* check on taking delivery. — **~ˌlauf** *m tech.* (*eines Motors etc*) acceptance run. — **~ˌleh·re** *f* inspection ga(u)ge. — **~ˌpflicht** *f* obligation to take (*od.* accept) delivery. — **~ˌprü·fung** *f tech.* **1.** (*werkseigene*) inspection test. – **2.** (*als Auslieferungsprüfung*) acceptance (*od.* specification) test. — **~sta·tiˌon** *f* receiving head end. — **~to·leˌranz** *f* acceptance tolerance. — **~verˌpflich·tung** *f econ.* obligation (*od.* commitment) to take delivery. — **~verˌwei·ge·rung** *f* **1.** *econ.* refusal to take delivery. – **2.** *tech.* rejection. — **~verˌzug** *m econ.* default in taking delivery: **in ~ sein** to be in default with taking delivery. — **~ˌvorˌschrif·ten** *pl tech.* quality specifications. — **~ˌzei·chen** *n* (*Gütegradkennzeichen*) class identification.

Ab·ne·ga·ti·on [apnegaˈtsĭoːn] *f* ⟨-; -en⟩ **1.** (*Ableugnung*) abnegation, denial. – **2.** (*Verweigerung*) refusal. — **ab·neˈgie·ren** [-ˈgiːrən] *v/t* ⟨*insep, no* ge-, h⟩ **1.** (*ableugnen*) abnegate, deny. – **2.** (*verweigern*) refuse.

'abˌnehm·bar *adj* **1.** (*Deckel etc*) removable. – **2.** (*Kragen, Kapuze etc*) detachable. – **3.** *bes. tech.* detachable. — **'Abˌnehm·barkeit** *f* ⟨-; *no pl*⟩ **1.** removability, removableness. – **2.** detachability.

'abˌneh·men[1] **I** *v/t* ⟨*irr, sep*, -ge-, h⟩ **1.** (*Gegenstand, Verband etc*) take off, remove: **den Verband ~** to take off the bandage; **Bilder (von der Wand) ~** to take pictures off the wall, to take down pictures; **den Hut ~** to take off one's hat. – **2.** (*Gerüst etc*) take down, remove: **Gardinen ~** to take down curtains. – **3.** (*Siegel*) remove, break. – **4.** (*abheben*) take off, lift: **den Hörer ~** to lift the receiver. – **5.** (*Kragen, Kapuze etc*) (von from) detach, remove: **der Kragen kann von dem Mantel abgenommen werden** the collar can be detached from the coat. – **6.** *fig.* (*Maske*) take (*od.* throw) off. – **7.** (*Bart*) shave off: **j-m den Bart ~** to shave off s.o.'s beard; **sich** (*dat*) **den Bart ~ lassen** to have one's beard shaved off. – **8.** (j-m) **etwas ~** to take s.th. (from s.o.): **j-m ein Paket [eine Last] ~** to take a parcel [a burden] from s.o., to relieve s.o. of a parcel [a burden]; **darf ich Ihnen den Mantel ~?** a) may I help you out of your coat? b) may I take your coat? **j-m eine Mühe [Verantwortung] ~** *fig.* to take a trouble [responsibility] from s.o. (*od.* off s.o.'s hands *od.* shoulders), to relieve s.o. of his trouble [responsibility]. – **9.** (*beschlagnahmen*) confiscate, take away: **j-m den Paß ~** to confiscate s.o.'s passport. – **10.** (*rauben*) rob, take: **der Gangster nahm ihm sein ganzes Geld ab** the gangster robbed him of all his money. – **11.** *colloq.* (*verlangen*) charge, take: **er hat mir für die Reparatur 50 DM abgenommen** he charged me 50 DM for the repair; **j-m zuviel ~** to overcharge s.o. – **12.** *colloq.* (*abgewinnen*) win, get, take: **j-m beim Kartenspiel 10 DM ~** to win (*od.* take) 10 DM from (*od.* get 10 DM out of) s.o. in a game of cards. – **13.** *fig. colloq.* (*glauben*) believe, *Am. sl.* 'buy': **das nimmt dir niemand ~** nobody will believe that, tell it to the marines (*colloq.*). – **14.** (*games*) a) (*Karte*) pick up, take, b) (*Schachfigur etc*) take. – **15.** *econ.* a) purchase, buy, b) order, c) (*Lieferung*) take, accept. – **16.** *econ.* a) (*Bilanz, Geschäftsbericht*) approve, b) (*verklaren*) record. – **17.** *tech.* (*Neubau, Maschine etc*) a) check, test, b) inspect, c) accept, take off, d) pass. – **18.** *bes. mil.* a) (*Parade etc*) take, hold, pass (*the review*), b) (*Degen*) confiscate. – **19.** *jur.* (*Eid*) administer (*an oath*) to s.o.: → Beichte; Versprechen 1. – **20.** *ped.* (*Prüfung*) hold. – **21.** *med.* a) (*Glied*) take (*od.* cut) off, amputate, b) (*Blut*) draw. – **22.** *tech.* a) (*abmontieren*) demount, detach, b) (*entfernen*) remove, c) (*Industrieerzeugnisse*) accept, d) (*Späne*) cut, remove. – **23.** *bes. tech. print.* (*Abdruck etc*) take. – **24.** *electr.* (*Strom*) collect. – **25.** *agr.* a) (*Eier*) collect, b) (*Obst vom Baum*) gather, pick, pluck. – **26.** (*Maschen*) cast off, decrease, narrow. – **27.** *obs. for* photographieren I. – **28.** *obs. poet. for* folgern I. – **II** *v/i* **29.** (*beim Stricken*) cast off, decrease. – **III A~** *n* ⟨-s⟩ **30.** *verbal noun*: **das A~ der Gardinen** the taking down of the curtains. – **31.** *cf.* Abnahme[1].

'abˌneh·men[2] **I** *v/i* ⟨*irr, sep*, -ge-, h⟩ **1.** (*mengen- od. zahlenmäßig geringer werden*) decrease, diminish, grow less: **die Vorräte nahmen ab** the supplies decreased; **die Zahl der Krankheitsfälle [die Geburtenzahl] hat abgenommen** the number of diseases [the birth rate] has decreased. – **2.** (*an Körpergewicht verlieren*) lose weight, *auch* reduce, slim. – **3.** (*schrumpfen*) shrink. – **4.** (*kürzer werden*) grow shorter, shorten, decrease; **die Tage nehmen wieder ab** days are growing shorter. – **5.** *poet.* (*zu Ende gehen*) decline: **das Jahr nimmt ab** the year is declining. – **6.** (*vom Mond*) (be on the) wane. – **7.** (*vom Wind, von Gefühlen etc*) abate, subside, calm down. – **8.** (*von Kälte etc*) abate. – **9.** (*von der Flut*) recede, ebb, fall. – **10.** (*von Geschwindigkeit*) slow down, decelerate. – **11.** *fig.* (*von einer Tendenz etc*) decrease, fall off, decline. – **12.** *fig.* (*von Größe, Bedeutung etc*) decrease, diminish, wane, fade. – **13.** (*nach einem Ende zu*) taper. – **14.** *econ.* a) (*von Preisen*) drop, fall, b) (*von der Nachfrage*) fall (off), c) (*vom Ertrag*) diminish. – **15.** *bes. med.* a) (*von Kräften*) decrease, decline, attenuate, weaken, b) (*vom Fieber*) abate, decline, c) (*von der Sehkraft etc*) begin to fail, deteriorate, d) (*von einer Geschwulst etc*) go down, e) (*von der Immunität*) wear off. – **16.** *electr.* (*von Spannung*) fall. – **17.** *math.* decrease, be reduced. – **II** *v/t* **18. sie hat 10 Pfund abgenommen** she has lost 10 pounds (in weight). – **III A~** *n* ⟨-s⟩ **19.** *verbal noun*: **im A~ sein** to be (on the) wane. – **20.** *cf.* Abnahme[2].

'abˌneh·mend I *pres p.* – **II** *adj* **1.** (*Mond*) waning, old, on the wane (*nachgestellt*). – **2.** *fig.* (*Tendenz etc*) decreasing: **in ständig ~em Maße** decreasingly. – **3.** *econ.* (*Ertrag*) diminishing. – **4.** *bes. med.* a) (*Sehkraft etc*) failing, deteriorating, b) (*Fieber*) subsiding, falling, abating.

'Abˌneh·mer *m* ⟨-s; -⟩ **1.** *econ.* (*von Waren etc*) buyer, purchaser, *auch* taker, customer: **~ finden** to sell (well), to find a (good) market; **dafür [für Briefmarken] bin ich jederzeit ~** *colloq.* I'll always take that [stamps], I'm always interested in that [stamps]; **für Schokolade ist er jederzeit (dankbarer) ~** *colloq.* you can always tempt him with chocolate. – **2.** (*von Strom, Gas etc*) consumer, user. – **3.** *tech.* (*Kammwalze*) doffer, doffing cylinder. – **4.** *print.* fly, flier. – **5.** (*mining*) banksman. — **~ˌarm** *m electr.* trolley pole (*od.* arm). — **~ˌbür·ste** *f* collector brush. — **~ˌgrup·pe** *f econ.* category of consumers (*od.* buyers).

'Abˌneh·me·rin *f* ⟨-; -nen⟩ *econ. cf.* Abnehmer 1, 2.

'Abˌneh·mer|ˌkreis *m econ.* **1.** customers *pl.* – **2.** (circle of) consumers *pl.* — **~ˌland** *n* (für for) customer (country), importing country. — **~ˌli·ste** *f* list of customers. — **~ˌzahl** *f* number of customers (*od.* buyers).

'Abˌnei·gung *f* ⟨-; -en⟩ **1.** (*Widerwille*) (gegen) dislike (of, for, *auch* to), disinclination (to, for, toward[s]), distaste (for), (*stärker*) aversion (to, for, *auch* from): **natürliche ~ (gegen)** (natural) antipathy (to, toward[s], against); **starke** (*od.* **heftige**) **~ (gegen)** strong dislike (of), repugnance (to, against); **eine ~ gegen etwas [j-n] haben** (*od.* **empfinden**) to feel a dislike of s.th. [s.o.], to dislike s.th. [s.o.]; **eine ~ gegen j-n [etwas] fassen** to take a dislike to s.o. [s.th.]; **sie zeigte ihm ihre ~** she made it obvious (*od.* clear) to him that she did not like him; **gegen Bier hat er eine besondere ~** beer is his pet aversion; **seine Nei-**

gungen und ~en his likes and dislikes. – **2.** *med.* aversion, antipathy.

'abˌnib·beln *v/i* ⟨*sep*, -ge-, h⟩ *Eastern G. dial. for* sterben 1.

'abˌnicken (*getr.* -k·k-) *v/t* ⟨*sep*, -ge-, h⟩ *hunt. cf.* abgenicken.

ab·norm [ap'nɔrm] **I** *adj* ⟨-er; -st⟩ **1.** (*regelwidrig*) abnormal, anomalous, irregular. – **2.** (*außergewöhnlich*) abnormal, exceptional: eine ~e Kälte an abnormal cold. – **3.** *med. psych.* a) (*von der Norm abweichend*) abnormal, deviant, b) (*krankhaft*) pathological, morbid. – **4.** *geol.* abnormal, reverse: ~e Bruchbildung reverse faulting. – **II** *adv* **5.** abnormally, exceptionally: ein ~ kalter Winter an abnormally cold winter.

ab·nor·mal ['apnɔrmaːl; apnɔr'maːl] *adj Swiss and Austrian for* abnorm I, anomal.

Ab·nor·mi·tät [apnɔrmi'tɛːt] *f* ⟨-; -en⟩ **1.** (*Regelwidrigkeit*) abnormality, anomality, anomalousness, irregularity. – **2.** (*Außergewöhnliches*) exceptionality, exceptionalness. – **3.** *med.* a) (*von einzelnen Organen*) anomaly, abnormality, b) (*Mißbildung*) deformity, c) (*mißgebildetes Wesen*) freak, (*stärker*) monstrosity.

Ab·nor·mi'tä·ten·ka·biˌnett *n* **1.** *cf.* Raritätenkabinett. – **2.** freak show.

'abˌnö·ti·gen I *v/t* ⟨*sep*, -ge-, h⟩ **1.** (*Respekt, Ehrfurcht etc*) command, (*stärker*) compel: seine Leistung nötigte uns Respekt ab his work commanded our respect. – **2.** (*Versprechen, Geständnis etc*) force, wring, (*stärker*) extort: j-m ein Versprechen ~ to force (*od.* extort) a promise out of s.o. – **3.** *lit.* (*Lächeln, Tränen*) wring, force: seine Worte nötigten ihr ein Lächeln ab his words wrang a smile from (*od.* out of) her. – **II A~** *n* ⟨-s⟩ **4.** *verbal noun.* — **'Abˌnö·ti·gung** *f* ⟨-; -en⟩ **1.** *cf.* Abnötigen. – **2.** (*eines Versprechens etc*) extortion.

'abˌnut·schen *v/t* ⟨*sep*, -ge-, h⟩ *chem.* (*durchfiltern*) filter (*s.th.*) with suction (*od.* vacuum).

'abˌnutz·bar *adj* (*verschleißfähig*) wearable, (*stärker*) wear-resistant. — **'Abˌnutz·bar·keit** *f* ⟨-; *no pl*⟩ **1.** wearability, wearing property (*od.* capacity, quality). – **2.** *tech.* (*Verschleißwiderstand*) resistance to wear.

'abˌnut·zen, *auch* **'abˌnüt·zen I** *v/t* ⟨*sep*, -ge-, h⟩ **1.** (*Kleidung, Material etc*) wear out. – **2.** (*bes. Kragen, Manschetten*) wear out, fray. – **3.** (*Schuhe, Reifen*) wear out (*od.* down). – **4.** *med.* (*Organismus*) wear out. – **II** *v/reflex* sich ~ **5.** (*von Kleidung, Material etc*) wear (out): sich mit der Zeit (von selbst) ~ to wear out in time. – **6.** (*bes. von Kragen etc*) wear out, fray. – **III A~** *n* ⟨-s⟩ **7.** *verbal noun.* — **'Abˌnut·zung,** *auch* **'Abˌnüt·zung** *f* ⟨-; -en⟩ **1.** *cf.* Abnutzen. – **2.** (*von Kleidung, Material etc*) ~ (und Verschleiß) wear (and tear). – **3.** *tech.* a) (*durch Verschleiß*) wear, b) (*durch Abrieb*) abrasion, c) (*durch Reibung*) attrition, d) (*durch Auswaschung*) cavitation. – **4.** *med.* a) wear(ing), b) attrition. – **5.** *geol.* a) (*Abrieb*) abrasion, b) (*Abtragung der Erdschicht*) erosion. – **6.** *mil.* (*des Geschützrohres*) erosion, erosive wear.

'Abˌnut·zungs|beˌstän·dig·keit *f tech.* resistance to wear, wearability. — **~erˌschei·nung** *f* **1.** sign of wear. – **2.** *med.* a) sign of degeneration, b) sign of overstrain: ~en *auch* degenerative stigmata. — **~ˌflä·che** *f tech.* wearing surface. — **~ˌfonds** *m econ.* depreciation reserve. — **~geˌbühr** *f* charge for wear (and tear), depreciation charge: eine geringe ~ zahlen to pay a slight depreciation charge. — **~ˌkrieg** *m mil.* war of attrition. — **~ˌpro·be** *f tech.* wear test. — **~proˌzeß** *m* wearing process. — **~ˌprüf·ˌdorn** *m* wear-testing plug ga(u)ge. — **~ˌprüf·maˌschi·ne** *f* wear-testing machine. — **~ˌprü·fung** *f* wear test. — **~ˌsatz** *m* (*forestry*) annual amount of timber to be felled, annual yield. — **~stra·teˌgie** *f mil.* strategy of attrition. — **~ˌtak·tik** *f* exhausting tactics *pl.*

ˌAb'ohm *n electr.* abohm.

'abˌölen *v/t* ⟨*sep*, -ge-, h⟩ *tech.* **1.** remove the oil from. – **2.** oil.

abo·lie·ren [abo'liːrən] *v/t* ⟨*no* ge-, h⟩ *obs. for* abschaffen, begnadigen 1.

Abo·li·ti·on [aboli'tsioːn] *f* ⟨-; -en⟩ *jur.* abolition (*quashing of criminal proceedings*).

Abo·li·tio·nis·mus [abolitsio'nɪsmʊs] *m* ⟨-; *no pl*⟩ *hist.* abolitionism. — **Abo·li·tio'nist** [-'nɪst] *m* ⟨-en; -en⟩ *hist.* abolitionist.

abo·mi·na·bel [abomi'naːbəl] *adj u. adv obs. for* abscheulich, scheußlich, widerlich.

Abon·ne·ment [abɔn(ə)'mãː; *Swiss auch* -'mɛnt] *n* ⟨-s; -s, *Swiss auch* -e [-'mɛntə]⟩ **1.** (auf *acc*) (*Zeitung etc*) subscription (to), standing order (for): ein ~ aufgeben (*od.* abbestellen) to cancel (*od.* drop, discontinue) a subscription. – **2.** a) (*Platzmiete im Theater etc*) subscription, b) (*Platzkarte*) subscription (*od.* season) ticket: ein ~ nehmen to buy a book of subscription tickets; ein ~ erneuern to renew a subscription; mit aufgehobenem ~ subscription (*od.* season) tickets not valid. – **3.** (*im Restaurant*) regular meals *pl* at reduced prices.

Abon·ne'ment(s)|beˌdin·gun·gen *pl* terms of subscription. — **~ˌdau·er** *f* length of subscription. — **~erˌneue·rung** *f* renewal of subscription. — **~geˌbühr** *f cf.* Abonnementspreis. — **~ˌkar·te** *f* **1.** (*für Theater etc*) subscription (*od.* season) ticket. – **2.** (*für ein Restaurant*) meal voucher, meal ticket (at reduced price). — **~konˌzert** *n* subscription concert. — **~ˌpreis** *m* subscription price (*od.* rate). — **~taˌrif** *m* subscription rates *pl.* — **~vorˌstel·lung** *f* (*theater*) subscription performance.

Abon·nent [abɔ'nɛnt] *m* ⟨-en; -en⟩ (*gen* to) subscriber: ~en werben to solicit (*od.* win) subscribers.

Abon'nen·ten|ˌkreis *m* circle of subscribers, clientele. — **~ˌli·ste** *f* list of subscribers. — **~ˌstamm** *m* regular subscribers *pl.* — **~-ˌUnˌfall·verˌsi·che·rung** *f* accidence insurance open-policy business. — **~verˌsi·che·rung** *f* subscriber's insurance. — **~ˌzahl** *f* number of subscribers.

Abon'nen·tin *f* ⟨-; -nen⟩ subscriber.

abon·nie·ren [abɔ'niːrən] **I** *v/t* ⟨*no* ge-, h⟩ (*Zeitung, Theaterkarten etc*) subscribe to: eine Zeitschrift abonniert haben to be a subscriber to (*od.* have subscribed to, *colloq.* take in) a magazine. – **II** *v/i* ~ auf (*acc*) to subscribe to. — **abon'niert I** *pp.* – **II** *adj* auf eine Zeitung ~ sein to be a subscriber to (*od.* have subscribed to, *colloq.* take in) a (news)paper; im Theater ~ sein to have subscription (*od.* season) tickets for the theater (*bes. Br.* theatre).

ab·oral [apˀo'raːl; 'apˀoraːl] *adj zo.* opposite to the mouth, aboral (*scient.*).

'abˌord·nen *v/t* ⟨*sep*, -ge-, h⟩ **1.** (*Bevollmächtigten, Gesandten etc*) (zu, nach to) delegate, depute: j-n in einen Ausschuß [zu einer Konferenz] ~ to delegate s.o. to a committee [conference], to send s.o. as a representative to a committee [conference]. – **2.** *bes. mil.* (*zu einer bestimmten Aufgabe*) detail, detach, order: j-n zum Küchendienst ~ to detail s.o. for (*od.* order s.o. to do) kitchen duty. — **'Abˌord·nung** *f* ⟨-; -en⟩ **1.** (*Delegation*) delegation, deputation, delegacy, delegates *pl*: eine ~ zu einer Konferenz schicken to send a delegation to a conference; ~en verschiedener Jugendverbände delegations of various youth associations. – **2.** *bes. mil.* (*zu einer bestimmten Aufgabe*) detachment, detail. – **3.** (*eines Bevollmächtigten etc*) delegation, deputation.

Ab·ort[1] [a'bɔrt; 'apˌˀɔrt] *m* ⟨-(e)s; -e⟩ (*Klosett*) toilet, lavatory.

Ab·ort[2] [a'bɔrt] *m* ⟨-s; -e⟩ **1.** *med.* a) (*Fehlgeburt*) miscarriage, b) (*bes. durch Abtreibung*) abortion: künstlicher [habitueller, krimineller] ~ induced [habitual, criminal] abortion; einen ~ haben to miscarry, to have a miscarriage; einen ~ herbeiführen to procure an abortion. – **2.** *vet.* (*von Tieren*) warping. – **3.** *bot.* abortion.

Ab'ort|ˌanˌla·ge *f* toilet (*od.* lavatory) equipment. — **~ˌbecken** (*getr.* -k·k-) *n* toilet (*od.* lavatory) basin (*od.* bowl). — **~ˌbril·le** *f* toilet (*od.* lavatory) seat. — **~ˌdeckel** (*getr.* -k·k-) *m* toilet (*od.* lavatory) cover. — **~ˌgru·be** *f* cesspool.

ab·or·tie·ren [abɔr'tiːrən] *v/i* ⟨*no* ge-, h⟩ *med.* a) (*fehlgebären*) miscarry, b) (*bes. durch Abtreibung*) abort. — **ab·or'tie·rend I** *pres p.* – **II** *adj med.* abortive.

ab·or·tiv [abɔr'tiːf] *adj biol. med.* abortive. — **A~ˌform** *f* abortive form, *auch* forme fruste. — **A~ˌkur** *f med.* abortive treatment. — **A~ˌmit·tel** *n* abortifacient, aborticide.

Ab'ort|ˌschüs·sel *f* toilet (*bes. Br.* lavatory) bowl. — **~ˌsitz** *m* toilet (*bes. Br.* lavatory) seat.

Ab·or·tus [a'bɔrtʊs] *m* ⟨-; -⟩ *med.* abortion, abortus (*scient.*).

'ab·oxyˌdie·ren *v/t* ⟨*sep*, *no* -ge-, h⟩ *chem.* oxidize (*Br. auch* -s-) (*s.th.*) off, remove (*s.th.*) by oxidation.

'abˌpaa·ren *v/i* ⟨*sep*, -ge-, h⟩ *pol.* pair.

'abˌpach·ten *v/t* ⟨*sep*, -ge-, h⟩ j-m etwas ~ *econ.* to rent (*od.* lease) s.th. from s.o., to take s.th. on lease from s.o.

'Abˌpackˌbeu·tel *m* packaging bag.

'abˌpacken (*getr.* -k·k-) **I** *v/t* ⟨*sep*, -ge-, h⟩ **1.** pack (up), package: je 10 Stück in Schachteln ~ to pack 10 to a box. – **2.** *obs. for* abladen 1. – **II A~** *n* ⟨-s⟩ **3.** *verbal noun.* – **4.** *cf.* Abpackung.

'Abˌpack·maˌschi·ne *f tech.* packing (*od.* packaging) machine.

'Abˌpackung (*getr.* -k·k-) *f* ⟨-; -en⟩ **1.** *cf.* Abpacken. – **2.** package.

'Abˌpad·deln *n* (*sport*) last paddling of the season.

'abˌpas·sen *v/t* ⟨*sep*, -ge-, h⟩ **1.** (*abwarten*) watch (*od.* look out, wait) for: eine günstige Gelegenheit [den geeigneten Augenblick] ~ to watch for a favo(u)rable opportunity [the right moment]; seine Zeit ~ to bide one's time. – **2.** j-n ~ a) (*erwarten*) to wait for s.o., to be on the lookout for s.o., to watch for s.o., b) (*auflauern*) to lie in wait for s.o., to waylay s.o. – **3.** *colloq.* (*Teile etc*) (auf, an *acc* to) square, fix, proportion, fit, adjust. – **4.** (*fashion*) a) (*anpassen*) fit, adjust, b) (*einfassen*) border.

'ab·pa·trouilˌlie·ren *v/t* ⟨*sep*, *no* -ge-, h⟩ (*Straße, Grenze etc*) patrol.

'abˌpau·sen *v/t* ⟨*sep*, -ge-, h⟩ (*Zeichnung etc*) trace, copy.

'abˌpel·len *v/t* ⟨*sep*, -ge-, h⟩ *Northern G.* **1.** (*Kartoffeln, Obst etc*) peel. – **2.** (*Wurst etc*) skin.

'abˌpfäh·len *v/t* ⟨*sep*, -ge-, h⟩ *civ.eng. cf.* abstecken 1.

'abˌpfei·fen I *v/t* ⟨*irr*, *sep*, -ge-, h⟩ **1.** (*Spiel etc*) whistle to stop, stop (*od.* end) (*s.th.*) (by blowing a whistle). – **2.** *hunt.* a) (*Hund*) whistle off, whistle (*a dog*) back, b) (*Jäger*) recall (*s.o.*) by whistling. – **3.** *mar.* pipe (*the hands*) away (*od.* down). – **II** *v/i* **4.** (*vom Schiedsrichter etc*) a) (*bei Spielunterbrechung*) stop the game, b) (*bei Spielende*) blow (*od.* give) the final whistle.

'abˌpfer·chen *v/t* ⟨*sep*, -ge-, h⟩ *agr.* (*Schafe etc*) pen off, put (*s.th.*) in a separate fold.

'Abˌpfiff *m* ⟨-(e)s; -e⟩ (*sport*) final (*od.* closing) whistle.

'abˌpflücken (*getr.* -k·k-) *v/t* ⟨*sep*, -ge-, h⟩ **1.** (*Blumen, Früchte*) pick, pluck, gather. – **2.** (*abernten*) strip (*s.th.*) (of fruit): der Baum war schon abgepflückt the tree had already been stripped of fruit.

'abˌpicken (*getr.* -k·k-) *v/t* ⟨*sep*, -ge-, h⟩ (*durch Vögel*) peck off.

'abˌplacken (*getr.* -k·k-) *v/reflex* ⟨*sep*, -ge-, h⟩ sich ~ *colloq. cf.* abplagen.

'abˌpla·gen *v/reflex* ⟨*sep*, -ge-, h⟩ sich ~ **1.** (mit with) struggle, 'sweat' (*colloq.*): sich mit einem schwierigen Problem [mit den Kindern] ~ to struggle with a difficult problem [the children]. – **2.** *cf.* abarbeiten 1.

'abˌplag·gen *v/t* ⟨*sep*, -ge-, h⟩ *Low G.* (*Torf etc*) cut.

'abˌplat·ten I *v/t* ⟨*sep*, -ge-, h⟩ **1.** *cf.* abflachen 1. – **2.** (*wood*) raise. – **II** *v/reflex* sich ~ **3.** flatten, become (*od.* get) flat. – **III A~** *n* ⟨-s⟩ **4.** *verbal noun.* – **5.** *cf.* Abplattung.

'abˌplät·ten *v/t* ⟨*sep*, -ge-, h⟩ (*Muster etc*) transfer (*s.th.*) by ironing.

'Abˌplättˌmu·ster *n* pattern for transfer printing.

'Abˌplat·tung *f* ⟨-; -en⟩ **1.** *cf.* Abflachung 1, 2, 5. – **2.** *math. astr.* oblateness. – **3.** (*wood*) panel raising cut.

'abˌplat·zen I *v/i* ⟨*sep*, -ge-, sein⟩ **1.** *tech.* a) (*von Zunder*) scale, b) (*von Metallauflagen*) flake, peel (off), chip (off), c) (*von Metallteilen*) break away, split off. – **2.** (*von Knöpfen*) come (*od.* fly) off. – **3.** *civ.eng.* (*von Beton*) spall, *auch* spawl. – **4.** *min.* exfoliate. – **II A~** *n* ⟨-s⟩ **5.** *verbal noun.* – **6.** *civ.eng.* (*von Beton*) spalling, *auch* spawling, freeze-thaw scaling.

'abˌplatzˌsi·cher *adj* chip-proof.

'ab·poˌlie·ren *v/t* ⟨*sep*, *no* -ge-, h⟩ polish off, remove (*s.th.*) by polishing.

'abˌprä·gen I *v/reflex* ⟨*sep*, -ge-, h⟩ sich ~ **1.** (*von Stempel, Muster etc*) (auf *dat* on) leave (*od.* make) an impress(ion) (*od.* imprint). – **2.** *fig.* (auf, in *dat* on) leave a mark (*od.* trace, imprint): es hat sich auf seinem Gesicht abgeprägt it has left its mark(s) on his face. – **II** *v/t* **3.** *cf.* prägen 2.

'Abˌprall *m* ⟨-(e)s; *rare* -e⟩ 1. rebound, bounce. – 2. (*von Geschossen*) ricochet. – 3. *phys.* reverberation. — **'abˌpral·len I** *v/i* ⟨*sep*, -ge-, sein⟩ 1. (*von Ball etc*) rebound, bounce (off): der Ball prallte vom Pfosten ab the ball bounced off the post. – 2. (*von Geschossen*) glance off, ricochet, *Am. auch* carom. – 3. *phys.* be reflected, glance off, reverberate. – 4. *fig.* have no effect, leave no impression: das prallt an ihm ab that just glances (*od.* bounces) off him, it has no effect on him. – **II A~** *n* ⟨-s⟩ 5. *verbal noun.* – 6. *cf.* Abprall.

'Abˌpral·ler *m* ⟨-s; -⟩ 1. *mil.* ricochet. – 2. (*sport*) rebound(ing ball), ball bouncing off.

'Abˌprall|geˌschwin·dig·keit *f mil.* velocity of rebound (*od.* ricochet). — **~ˌwei·te** *f* length of ricochet. — **~ˌwin·kel** *m* 1. angle of rebound (*od.* bounce). – 2. (*eines Geschosses*) angle of ricochet (*od.* rise). – 3. *phys.* angle of reflection.

'abˌpres·sen *v/t* ⟨*sep*, -ge-, h⟩ 1. j-m etwas ~ *fig.* extort (*od.* wring, force) s.th. from s.o., squeeze s.th. out of s.o.: j-m ein Versprechen ~ to extort a promise from s.o. – 2. (*abschnüren*) constrict: Angst preßte ihr den Atem ab fear constricted her breathing. – 3. *chem. tech.* press out, squeeze out, squeeze (*s.th.*) in a press. – 4. *med.* (*Arterie etc*) compress. – 5. *print.* (*Buch*) back. – 6. *tech.* a) (*Behälter*) pressure-test, b) (*Lagerring*) force off.

'Abˌpreß·maˌschi·ne *f print.* 1. press, pressing machine. – 2. backing machine, machine backer. – 3. (*Abtrennmaschine*) nipping press.

'abˌprot·zen I *v/t* ⟨*sep*, -ge-, h⟩ *mil.* (*Geschütz*) unlimber, dismount. – **II** *v/i vulg.* shit (*vulg.*), relieve oneself.

'abˌpum·pen *v/t* ⟨*sep*, -ge-, h⟩ 1. pump out (*od.* off, dry), evacuate. – 2. *colloq. rare for* borgen 1.

'abˌput·zen I *v/t* ⟨*sep*, -ge-, h⟩ 1. (*Schmutz etc*) clean (off), *Am. auch* cleanse, (*mit Lappen etc*) *auch* wipe off: sich (*dat*) die Schuhe (*od.* Füße) ~ to clean one's shoes, to wipe one's feet; bitte die Füße ~! wipe your feet, please! sich an j-m die Stiefel ~ *fig.* to wipe one's boots on s.o. – 2. *civ.eng.* (*Hauswand*) rough-cast, plaster. – 3. (*Nase etc*) clean: einem Kind die Nase ~ to clean a child's nose. – **II** *v/reflex* 4. sich ~ to wipe oneself.

'Abˌput·zer *m* ⟨-s; -⟩ *colloq.* rebuke; telling off, dressing down, *Am.* bawling out (*colloq.*).

'abˌquä·len I *v/reflex* ⟨*sep*, -ge-, h⟩ sich ~ 1. (*ängstigen*) worry (oneself), torment oneself, fret: sich mit trüben Gedanken ~ to torment oneself with depressing thoughts. – 2. (*abplagen*) struggle, wrestle (mit with): ich habe mich mit dieser Aufgabe abgequält I have struggled with this task. – 3. *cf.* abrackern. – **II** *v/t* 4. (*abbetteln*) j-m etwas ~ to pester (*od.* torment) s.o. for s.th. – 5. (*abzwingen*) sich (*dat*) etwas ~ to force oneself to do s.th.: er quälte sich ein Lächeln [eine Antwort] ab he managed (*od.* forced himself) to smile [answer].

'abˌquet·schen *v/t* ⟨*sep*, -ge-, h⟩ 1. squash (*od.* crush) (off): bei dem Unfall wurde ihm ein Finger abgequetscht his finger was squashed (off) in the accident; sich (*dat*) den Fuß ~ to squash (*od.* crush) (off) one's foot; etwas mit den Fingern ~ to pinch s.th. off. – 2. *fig. colloq. cf.* abnötigen 1, 2. – 3. *cf.* abquälen 5.

'Abˌquetschˌwal·ze *f tech.* (*paper*) squeezing roll.

'abˌquir·len *v/t* ⟨*sep*, -ge-, h⟩ *gastr.* beat (up), mix: Milch mit einem Ei ~ to beat an egg into the milk.

'abˌrackern (*getr.* -k·k-) *v/reflex* ⟨*sep*, -ge-, h⟩ sich ~ *colloq.* drudge, slave, toil, work oneself to death: der Vater rackerte sich für seine Kinder ab the father slaved for his children.

'abˌrä·deln *v/t* ⟨*sep*, -ge-, h⟩ *colloq.* 1. (*Teigstreifen*) trim (*paste*) with a pastry wheel. – 2. (*Schnittmuster*) mark out.

'ab·raˌdie·ren *v/t* ⟨*sep*, *no* -ge-, h⟩ erase, rub out.

Abra·ham ['aːbraham] *npr m* ⟨-s; *no pl*⟩ *Bibl.* Abraham: in ~s Schoß (ruhen) *fig.* a) (to rest) in Abraham's bosom, b) (to be) in security: sich wie in ~s Schoß fühlen to feel safe and sound (*od.* secure). — **Abra·ha·mi·den** [abraha'miːdən] *pl Bibl.* Abrahamidae. — **abra·ha·misch** [abra'haːmɪʃ] *adj* Abrahamic, Abrahamitic.

Abra·ha·mit [abraha'miːt] *m* ⟨-en; -en⟩ *relig.* Abrahamite: a) *follower of Abraham from Antioch*, b) *member of a Bohemian sect in the 18th century.*

'Abra·hams|ˌbaum, ~ˌstrauch *m bot.* chaste tree, Abraham's balm (*Vitex agnus-castus*).

'abˌrah·men *v/t* ⟨*sep*, -ge-, h⟩ 1. (*Milch*) skim, cream, take the cream off: die Milch ~ a) to skim the milk, b) *fig.* to take the cream (*od.* best part) of s.th. – 2. *synth.* cream (*od.* skim) off.

'abˌrai·nen *v/t* ⟨*sep*, -ge-, h⟩ *dial.* separate (*fields*) by banks (*od.* ridges).

Abra·ka·da·bra [ˌaːbraka'daːbra] *n* ⟨-s; *no pl*⟩ 1. (*Zauberformel u. Amulett*) abracadabra. – 2. (*leeres Gerede*) drivel, drivel(l)ing (*od.* meaningless) talk.

'abˌran·ken *v/t* ⟨*sep*, -ge-, h⟩ *agr.* (*Weinrebe*) trim, prune.

Abrasch ['a(ː)braʃ] *m* ⟨-; *no pl*⟩ abrash (*variation or deviation of a colo[u]r in Oriental rugs*).

'ab·raˌsie·ren *v/t* ⟨*sep*, *no* -ge-, h⟩ 1. shave (off *od.* away): sich (*dat*) den Bart ~ to shave (off) one's beard. – 2. *fig. colloq.* a) (*Gebäude*) raze (*s.th.*) to the ground, b) (*Baum, Zaun etc*) flatten, clean (*s.th.*) off (*beide colloq.*).

Ab·ra·sio [ap'raːzĭo; a'braːzĭo] *f* ⟨-; -nen [apra'zĭoːnən; abra-]⟩ *med.* (*des Uterus*) (uterine) curettage, dilatation and curettage.

Ab·ra·si·on [apra'zĭoːn; abra-] *f* ⟨-; -en⟩ 1. *geol.* abrasion, (coastal) erosion, attrition. – 2. *med. cf.* Abrasio.

'abˌras·peln *v/t* ⟨*sep*, -ge-, h⟩ *tech.* rasp (*od.* grate, scrape) (off). [(*od.* down).]

'abˌras·seln *v/i* ⟨*sep*, -ge-, sein⟩ rattle off

'abˌra·ten I *v/i* ⟨*irr*, *sep*, -ge-, h⟩ j-m von etwas ~ to advise s.o. against s.th., to dissuade s.o. from s.th.: ich rate dir (davon) ab I advise you against it; ich möchte (dir dringend) davon ~ I would (strongly) advise (you) against it. – **II** *v/t* ich rate dir ab, das zu tun, ich rate es dir ab I advise you against doing (*od.* not to do) that. – **III A~** *n* ⟨-s⟩ *verbal noun*: da half kein A~ there was no dissuading him (*od.* her, them).

'abˌrau·chen *chem.* **I** *v/i* ⟨*sep*, -ge-, sein⟩ 1. go off in smoke (*od.* vapor, *bes. Br.* vapour, fumes). – 2. evaporate. – 3. vaporize *Br. auch* -s-. – **II** *v/t* ⟨h⟩ 4. (*Schwefelsäure etc*) evaporate.

'abˌrau·hen *v/t* ⟨*sep*, -ge-, h⟩ 1. *metall.* dress, trim, rough down. – 2. (*Holz, Leder etc*) dress, smooth, remove the roughness from.

'Abˌraum *m* ⟨-(e)s; *no pl*⟩ 1. (*mining*) a) (*wertlose Schicht über wertvollem Abbaugut*) overburden, *bes. Am.* capping, b) (*das abgeräumte Material*) waste, rubbish, dirt. – 2. (*forestry*) *cf.* Schlagabraum. — **~ˌbag·ger** *m tech.* overburden excavator.

'abˌräu·men I *v/t* ⟨*sep*, -ge-, h⟩ 1. (*Tisch etc*) clear. – 2. (*wegschaffen*) clear away (*od.* off), remove: das Geschirr ~ to clear away the dishes. – 3. (*mining*) clear away, remove, strip (away *od.* off): das Deckgebirge ~ to remove the overburden. – 4. (*forestry*) (*Abfallholz*) clear away, dispose of, remove. – 5. *brew.* (*Darre etc*) unload, discharge. – **II** *v/i* 6. clear away (*od.* off). – 7. (*games*) (*alle Kegel umwerfen*) (make a) strike. – **III A~** *n* ⟨-s⟩ 8. *verbal noun.*

'Abˌräu·mer *m* ⟨-s; -⟩ 1. (*Person*) remover, clearer. – 2. *tech.* (*der Lokomotive*) rail guard, cowcatcher, *Br.* guard iron, *Am.* pilot. – 3. *civ.eng. cf.* Abraumbagger, Abraumgerät.

'Abˌraum|ˌför·derˌbrücke (*getr.* -k·k-) *f civ.eng.* overburden conveying bridge. — **~ˌför·de·rer** *m* overburden transporter (*od.* conveyer, *auch* conveyor). — **~geˌrät** *n* overburden equipment. — **~ˌhal·de** *f* (*mining*) waste dip, *auch* dump, slack heap. — **~ˌluftˌseilˌbahn** *f cf.* Abraum-Seilschwebebahn. — **~ˌsal·ze** *pl chem. geol.* abraum (*od.* alkaline, rubbish) salts. — **~-ˌSeilˌschwe·beˌbahn** *f civ.eng.* overburden (aerial) ropeway (*Am. auch* tramway). — **~ˌspren·gung** *f* overburden blasting. — **~-ˌstandˌseilˌbahn** *f* overburden funicular railway.

'Abˌräu·mung *f* ⟨-; -en⟩ 1. *cf.* Abräumen. – 2. removal.

'abˌrau·schen *v/i* ⟨*sep*, -ge-, sein⟩ *colloq.* 1. (*mit pompöser Gebärde*) sweep off. – 2. (*eilig*) rush off.

Abra·xas [a'braksas] **I** *m* ⟨-; *no pl*⟩ abraxas (*magic word used as charm*). – **II** *npr m* ⟨-; *no pl*⟩ Abraxas (*Gnostic god*). — **~ˌgem·me** *f*, **~ˌstein** *m* abraxas (stone).

'ab·reaˌgie·ren I *v/t* ⟨*sep*, *no* -ge-, h⟩ 1. (*Aufregung etc*) (an *dat* on) work off: seine Wut ~ to let off steam (*colloq.*). – 2. *psych.* abreact. – 3. *chem.* bring (*a reaction*) to completion. – **II** *v/reflex* sich ~ 4. (*sich beruhigen*) calm (*od. colloq.* simmer) down. – **III A~** *n* ⟨-s⟩ 5. *verbal noun.* – 6. *psych.* abreaction, catharsis.

'abˌrech·nen I *v/t* ⟨*sep*, -ge-, h⟩ 1. *econ.* (*abziehen*) a) (*Betrag*) deduct, subtract, discount, b) (*Preisnachlaß etc*) allow, make allowance for, discount, knock off (*colloq.*): seine Unkosten ~ to deduct one's expenses. – 2. *econ.* a) (*ausgleichen, bes. Konto*) settle, balance, clear, b) (*Spesen*) (give an) account for: am Abend wird die Kasse abgerechnet in the evening the cash is balanced. – 3. *fig.* (*nicht berücksichtigen*) discount, leave (*s.th.*) out of account (*od.* consideration): diese Fehler abgerechnet leaving these mistakes out of consideration, apart from (*od.* except for) these mistakes. – **II** *v/i* 4. *econ.* settle (*od.* square, balance, clear) accounts, square up: wir müssen ~ we must settle (*od.* square) accounts; mit j-m auf Heller und Pfennig ~ to settle (accounts) with s.o. down to the last cent (*Br.* penny). – 5. *fig.* (*sich rächen*) settle, square up, get even: mit j-m ~ to settle (accounts) (*od.* get even) with s.o., to get one's own back. – **III A~** *n* ⟨-s⟩ 6. *verbal noun.* — **'Abˌrech·nung** *f* ⟨-; -en⟩ *econ.* 1. *cf.* Abrechnen. – 2. (*Abzug*) allowance (*for losses etc*), deduction: nach ~ von upon (*od.* after) deduction of; nach ~ der Spesen after deduction of expenses; Beträge in ~ bringen (*od.* stellen) to allow for (*od.* deduct) sums paid (in advance). – 3. (*Ausgleich*) a) (*von Konten*) settlement, balance, b) (*im Bankverkehr*) clearing, c) *auch jur.* (*gegenseitige Aufrechnung*) compensation. – 4. (*Rechnungsaufstellung*) (statement of) account, statement, bill: eine endgültige ~ a final statement of account; gefälschte (*od. colloq.* frisierte, geschminkte) ~en falsified (*od. colloq.* cooked) accounts; laut beiliegender ~ as per enclosed account. – 5. *fig.* (*Vergeltung*) requital, retribution: mit j-m ~ halten to settle accounts (*od.* get even) with s.o.; Tag der ~ day of retribution (*od.* reckoning).

'Abˌrech·nungs|beˌleg *m econ.* receipt (for settlement). — **~ˌkurs** *m* rate of settlement, settlement (*od.* clearing) rate. — **~pe·riˌode** *f* accounting period. — **~ˌsal·do** *m* clearing balance. — **~ˌschlüs·sel** *m* settlement formula. — **~ˌstel·le** *f* clearing house, clearing office. — **~ˌtag, ~terˌmin** *m econ.* 1. settlement (*od.* settling, account) day, payday. – 2. (*im Devisenverkehr*) *bes. Br.* value date. — **~- ˌund Fi'nanz·konˌtrol·le** *f* settlement and finance control. — **~ˌun·terˌla·gen** *pl* settlement (*od.* clearing) vouchers. — **~verˌfah·ren** *n* way of settling, clearing (procedure *od.* system). — **~verˌkehr** *m* clearing (business). — **~ˌwe·sen** *n* clearing system.

'Abˌrech·te *f* ⟨-; *no pl*⟩ (*textile*) wrong side, reverse, back (of a material).

'Abˌre·de *f* 1. etwas in ~ stellen a) to deny (*od.* disavow, disclaim, repudiate) s.th., b) to contest (*od.* dispute, question) s.th.: man kann diese Tatsachen nicht in ~ stellen there is no getting away from (*od.* denying) these facts. – 2. (*officialese*) (*Vereinbarung*) agreement, arrangement, contract: das ist wider (*od.* gegen) unsere ~ that is contrary to our agreement. – 3. *bes. jur. cf.* Verabredung 5. — **a~geˌmäß** *adv* 1. as per agreement, as agreed (*od.* arranged). – 2. as stipulated.

'abˌre·den I *v/i* ⟨*sep*, -ge-, h⟩ 1. j-m von etwas ~ to dissuade s.o. from s.th., to talk s.o. out of s.th., to advise s.o. against s.th.; ich kann Ihnen weder zureden noch ~ I cannot advise you either for or against it. – **II** *v/t* 2. j-m ~, etwas zu tun to dissuade s.o. from doing s.th. – 3. *lit.* (*vereinbaren*) agree to, arrange: etwas mit j-m ~ to arrange s.th. with s.o., to come to an agreement with s.o. on s.th.; Tag und Stunde ~ to agree to (*od.* fix) the day and hour.

'abˌre·gen *v/reflex* ⟨*sep*, -ge-, h⟩ sich ~ *colloq. humor.* calm (*od. colloq.* simmer) down.

ˈabˌreg·nen I *v/reflex* ⟨*sep*, -ge-, h⟩ **sich ~** *colloq.* (*sich ausregnen*) rain itself out, stop raining: **die Wolken haben sich im Gebirge abgeregnet** the clouds have rained themselves out over the mountains. – **II** *v/t* (*Chemikalien*) spray (*s.th.*) (from a plane).

ˈAbˌreibˌbür·ste *f* bath brush.

ˈabˌrei·ben I *v/t* ⟨*irr, sep*, -ge-, h⟩ **1.** (*Rost, Schmutz etc*) rub off, (*stärker*) scrape off, scour (off *od.* away): **Schmutz läßt sich ~, wenn er trocken ist** dirt rubs off when (it is) dry; **etwas mit Sandpapier [Bimsstein] ~** to sandpaper [pumice] s.th. – **2.** (*mit einem Reibeisen*) grate (off): **abgeriebene Zitronenschale** grated lemon-peel. – **3.** (*reinigen*) rub (*od.* wipe, clean) (off), (*stärker*) scrub, scrape, scour. – **4.** (*den Körper*) rub down (*od.* over), give (*the body*) a rubdown. – **5.** *tech.* a) (*Verputz*) float, flatten, b) (*Farben*) grind. – **6.** *dial. for* **abrühren.** – **II** *v/reflex* **sich ~ 7.** rub oneself (down), have a rubdown. – **8.** (*von Stoff*) rub off, wear away (*od.* smooth, off). – **9.** *tech.* wear down, abrade. – **10.** (*von Haut*) chafe, rub off. – **III A~** *n* ⟨-s⟩ **11.** *verbal noun.*

ˈAbˌreibˌfe·stig·keit *f tech.* resistance to abrasion.

ˈAbˌrei·bung *f* ⟨-; -en⟩ **1.** *cf.* **Abreiben.** – **2.** *med.* (*der Haut*) rubdown, rubbing down (*od.* off), friction, (*mit Handtuch*) towelling, *bes. Am.* toweling: **der Arzt verordnete eine kalte ~** the doctor prescribed a cold rubdown. – **3.** *tech.* abrasion, friction, attrition. – **4.** *geol.* detrition, (wind) corrasion. – **5.** *fig. colloq.* (*Prügel*) beating, thrashing: **j-m eine ~ geben** to give s.o. a thrashing. – **6.** *fig. colloq.* (*Schelte*) dressing down (*colloq.*), *Am.* bawling out (*colloq.*).

ˈabˌrei·fen *v/t* ⟨*sep*, -ge-, h⟩ (*Fässer*) unhoop.

ˈAbˌreis *n bot.* (vine-)shoot.

ˈAbˌrei·se *f* ⟨-; -n⟩ departure, setting off (*od.* out), starting, going (away): **überstürzte ~** over-hasty departure; **bei meiner ~ nach [von] Berlin** on my departure for (*od.* to) [from] Berlin; **kurz vor meiner ~ nach** shortly before setting out on my journey to.

ˈabˌrei·sen *v/i* ⟨*sep*, -ge-, sein⟩ depart, leave, start, set out, go off (*od.* away): **in aller Frühe ~ nach [von]** to leave at dawn for [from]; **mit dem nächsten Schiff abreisen** to leave (*od.* sail) by (*od.* with) the next boat.

ˈAbˌrei·sen·de *m, f* ⟨-n; -n⟩ person departing, traveller, *bes. Am.* traveler.

ˈAbˌrei·se|ˌtag *m* day of departure. — **~ter·ˌmin** *m* time (*od.* date) of departure.

ˈAbˌreiß|ˌband *n* ⟨-(e)s; -bänder⟩ *print.* breaking band. — **a~bar** *adj* detachable. — **~ˌblock** *m* ⟨-(e)s; -s⟩ **1.** tear-off pad (*od.* block), memorandum block. – **2.** (*Kalenderblock*) tear-off calender block. — **~ˌbrem·se** *f tech.* (*eines Anhängers*) automatic braking device. — **~ˌeinˌrich·tung** *f* (*space*) breakaway assembly.

ˈabˌrei·ßen I *v/t* ⟨*irr, sep*, -ge-, h⟩ **1.** (*losreißen*) tear (off, pull, rip) off: **ein Kalenderblatt ~** to tear a page (*od.* sheet) off the calendar; **er hat sich** (*dat*) **einen Knopf abgerissen** he has torn off (*od.* lost) a button; **man wird dir den Kopf nicht gleich ~!** *colloq.* (don't worry,) they won't eat you! **j-m die Maske ~** *auch fig.* to unmask s.o. – **2.** *civ.eng.* pull (*od.* take) down. – **3.** (*auseinanderreißen*) pull apart, break (off), snap. – **4.** *colloq.* (*Kleidung etc*) wear out. – **5. sich** (*dat*) **etwas ~** *fig. colloq.* to overexert (*od.* hurt) oneself. – **6.** *sl.* (*Zeit*) do (*od.* serve) (*one's time*). – **7.** *archaic for* **umreißen**[1] **1.** – **II** *v/i* ⟨sein⟩ **8.** (*losreißen*) come off, break (off *od.* away, loose), become detached. – **9.** (*auseinanderreißen*) come apart, break, snap: **das Seil wird ~** the rope will break. – **10.** *aer.* (*Luftströmung vom Profil*) break away, separate, stall. – **11.** *fig.* (*unterbrochen werden*) cease (*od.* stop) (abruptly), break off: **die Arbeit reißt nicht ab** there is no end of work; **das Gespräch riß ab** the conversation broke off. – **12.** *tech.* (*von Lichtbogen*) break.

ˈAbˌreiß|ˌfun·ke *m electr.* wipe (*od.* break, contact-breaking) spark. — **~ˌgriff** *m aer.* (*des Fallschirms*) rip-cord handle. — **~ˌka·bel** *n* (*space*) (*Versorgungsleitung bis zum Start*) umbilical (cord). — **~kaˌlen·der** *m* tear-off (*od.* block, *Am.* pad) calendar. — **~ˌknopf** *m* **1.** *mil.* (*der Handgranate*) pull-cord ball. – **2.** *aer.* (*des Fallschirms*) rip-cord button. — **~ˌlei·ne** *f aer.* (*des Fallschirms*) rip (*od.* breaking) cord. — **~ˌschnur** *f mil.* (*der Handgranate*) pull cord. — **~ˌzün·dung** *f auto. cf.* **Abrißzündung.**

ˈabˌrei·ten I *v/t* ⟨*irr, sep*, -ge-, h⟩ **1.** *bes. mil.* a) (*Strecke*) ride along (*od.* down), b) (*Gebiet*) ride over (*od.* across), c) (*zur Kontrolle*) patrol (*od.* survey) (*s.th.*) on horseback. – **2.** (*im Reitsport*) a) (*vor Sprüngen*) supple, b) (*zureiten*) break in, train. – **3.** *mar.* ride out, weather (*a storm*). – **II** *v/i* ⟨sein⟩ **4.** (*wegreiten*) ride away (*od.* off), set out on horseback. – **5.** *hunt.* (*vom Auer- od. Birkhahn*) fly off (*od.* away), rise.

ˈabˌren·nen *colloq.* **I** *v/i* ⟨*irr, sep*, -ge-, sein⟩ **1.** run off, start (running). – **II** *v/t* ⟨h⟩ **2.** (*Stadt etc*) run all over. – **3. sich** (*dat*) **die Beine (nach etwas) ~** *fig.* to run one's legs off (looking for s.th.). – **III** *v/reflex* ⟨h⟩ **4. sich ~** to rush and run, to wear oneself out rushing (about).

ˈAbˌrichtˌanˌschlag *m tech.* surfacing fence.

ˈabˌrich·ten I *v/t* ⟨*sep*, -ge-, h⟩ **1.** (*Tiere*) train, teach, (*bes. Pferde*) break (in): **ein Pferd zum Ziehen ~** to break a horse to harness; **einen Hund auf den Mann ~** to train a dog to attack s.o. on command. – **2.** *hunt.* train, break (in): **einen Jagdhund ~** to train a hound; **einen Falken (zur Beize) ~** to train (*od.* tame) a hawk. – **3.** *fig.* (*j-n*) train, drill, teach. – **4.** *tech.* (*einpassen*) a) adjust, fit, b) true, dress. – **5.** *tech.* (*zurichten, glätten*) a) (*Blech*) plane, straighten, b) (*abziehen*) sharpen, c) (*Holz*) plane, surface, smooth, d) (*starke Hölzer*) size, e) (*Mauer*) true, (make) level. – **II A~** *n* ⟨-s⟩ **6.** *verbal noun.* – **7.** *cf.* **Abrichtung.**

ˈAbˌrich·ter *m* ⟨-s; -⟩ **1.** (*von Tieren*) trainer, (*bes. von Pferden*) horsebreaker, *auch* roughrider. – **2.** *hunt.* (*von Falken*) falconer. – **3.** *tech.* (*Person*) a) adjuster, b) truer(-up), dresser. – **4.** *tech.* (*Werkzeug*) a) dressing tool, wheel dresser, b) (*für Sägeblätter*) jointer.

ˈAbˌricht|ˌfei·le *f tech.* **1.** dressing stick. – **2.** (*für Münzen*) adjusting file. — **~-, ˈFü·geˌund ˈKehl·maˌschi·ne** *f* surfacing, jointing and molding (*bes. Br.* moulding) machine. — **~ˌham·mer** *m* dressing (*od.* planishing) hammer. — **~ˌho·bel** *m* jack plane. — **~ˌho·bel·maˌschi·ne** *f* surfacing machine. — **~li·neˌal** *n* (cast iron) straightedge. — **~ˌplat·te** *f* **1.** surface plate. – **2.** (*große*) surface table. — **~ˌschei·be** *f* abrasive dressing wheel. — **~ˌstock** *m* straightening (*od.* planishing) anvil. — **~ˌtisch** *m* surface table.

ˈAbˌrich·tung *f* ⟨-; -en⟩ **1.** *cf.* **Abrichten.** – **2.** *tech.* (*Einpassung*) adjustment, fit.

ˈAbˌrichtˌwerkˌzeug *n tech.* (*für Schleifscheiben*) wheel dresser.

ˈAbˌrieb [-ˌriːp] *m* ⟨-(e)s; *no pl*⟩ *tech.* **1.** (*Abnutzung*) abrasion, attrition, wear. – **2.** (*Abfallteilchen*) a) rubbings *pl*, b) (*von Kohle*) breeze, c) (*von Metall*) fines *pl*, d) (*von Schleifmaterial*) grit, (abrasive) dust, grindings *pl.* — **a~ˌfest** *adj tech.* wear-resistant, resistant to abrasion (*od.* attrition, wear), abrasion-proof, nonabrasive *Br.* non-. — **~ˌfe·stig·keit** *f* resistance to abrasion (*od.* attrition).

ˈabˌrie·geln I *v/t* ⟨*sep*, -ge-, h⟩ **1.** (*Tür etc*) bolt (up), bar, fasten (with a bolt). – **2.** (*Feuer*) check, localize *Br. auch* -s-. – **3.** *bes. mil.* a) (*taktisch*) block, seal (off), b) interdict, c) (*Gebiet*) cut off, isolate, deny: **eine Straße ~** a) to barricade a street, to block a road, b) (*durch Polizisten*) to cordon off a street. – **II** *v/reflex* **sich ~ 4.** bolt oneself in. – **III A~** *n* ⟨-s⟩ **5.** *verbal noun.* —

ˈAbˌrie·ge·lung *f* ⟨-; -en⟩ **1.** *cf.* **Abriegeln.** – **2.** (*eines Feuers*) localization *Br. auch* -s-. – **3.** (*durch Polizei*) a) (*Handlung*) blocking off, setting up of road blocks, b) (*Hindernis*) cordon. – **4.** *bes. mil.* a) interdiction, b) (*eines Gebietes*) isolation.

ˈAbˌrie·ge·lungsˌfeu·er *n mil.* **1.** interdiction fire. – **2.** (*Fla*) (box) barrage.

ˈabˌrin·den [-ˌrɪndən] *v/t* ⟨*sep*, -ge-, h⟩ *cf.* **entrinden.**

ˈabˌrin·gen *v/t* ⟨*irr, sep*, -ge-, h⟩ **1. j-m etwas ~** to wring (*od.* wrest) s.th. from s.o.: **j-m ein Zugeständnis [die Erlaubnis] ~** to wring a concession [the permission] from s.o. – **2.** (*abgewinnen*) get (*od.* gain) (by effort), wrest: **dem Boden einen Lebensunterhalt ~** to wrest a living from the soil; **dem Meer Land ~** to recover (*od.* reclaim) land from the sea. – **3. sich** (*dat*) **ein Lächeln [eine Entscheidung] ~** to force oneself (*od.* to manage) to smile [to make a decision].

ˈabˌrin·nen *v/i* ⟨*irr, sep*, -ge-, sein⟩ **1.** run off, flow down. – **2.** (*an glatter Fläche*) (von from) trickle down.

ˈAbˌriß[1] *m* **1.** (*kurze Darstellung*) outline, short survey, summary, sketch: **ein ~ der deutschen Geschichte** an outline of German history; **im ~** in outline; **einen ~ von etwas geben** to outline (*od.* sketch) s.th. – **2.** (*Zusammenfassung*) compendium, abstract, abridg(e)ment, epitome, summary. – **3.** *rare for* **Skizze** 1. – **4.** *jur.* a) (*beglaubigter Auszug einer Urkunde*) vidimus, b) (*der Rechtssätze eines Falles*) syllabus. – **5.** *bes. ped.* syllabus. – **6.** *tech.* (*Landvermessung*) layout. – **7.** *auto.* (*einer Zündung*) firing point.

ˈAbˌriß[2] *m civ.eng.* (*eines Gebäudes etc*) pulling down, demolition.

ˈAbˌriß|ˌpunkt *m civ.eng.* (*Festpunkt*) bench mark. — **~ˌzün·dung** *f* (*des Motors*) make-and-break (*od.* touch-spark) ignition.

ˈAbˌritt *m* riding away (*od.* off).

Ab·ro·ga·ti·on [aproɡaˈtsĭoːn; abro-] *f* ⟨-; -en⟩ *jur.* (*eines Gesetzes*) abrogation. — **ab·roˈgie·ren** [-ˈɡiːrən] *v/t* ⟨*insep, no* ge-, h⟩ (*Gesetz*) abrogate.

ˈAbˌrollˌbock *m tech.* tipping bracket.

ˈabˌrol·len I *v/t* ⟨*sep*, -ge-, h⟩ **1.** (*Stoff, Tapete etc*) unroll. – **2.** (*Bindfaden*) unroll, unreel, wind off, reel off. – **3.** (*Draht etc*) uncoil. – **4.** *phot.* a) (*Filmstreifen etc*) unwind, unreel, b) **einen Film ~ lassen** to show (*od.* present) a film. – **5. die Fußsohlen ~** (*Gymnastik*) to roll on one's feet, to roll from heel to toe. – **6.** *econ.* (*Frachtstücke*) cart (*goods*) away, transport, forward. – **7.** *print.* (*Vergolderolle*) roll (over). – **II** *v/i* ⟨sein⟩ **8.** (*von Stoff, Tapete etc*) unroll. – **9.** (*von Bindfaden*) unroll, unreel. – **10.** (*von Draht etc*) (von from) uncoil. – **11.** *fig.* (*von Ereignissen etc*) pass (off): **reibungslos ~** to pass off (*od.* proceed) smoothly; **sein Leben rollte noch einmal vor ihm ab** his life once more passed in retrospect (*od.* in his imagination) before him. – **12.** (*von Wagen, Fuhrwerken etc*) roll off (*od.* away). – **III** *v/reflex* ⟨h⟩ **sich ~ 13.** *fig.* pass (in one's imagination *od.* in retrospect). – **14.** (*sport*) roll over.

ˈAbˌroll|ˌhas·pel *f tech.* uncoiler. — **~ˌko·sten** *pl econ. cf.* **Rollgeld.** — **~ˌwal·ze** *f metall.* pull-off roll.

ˈabˌro·sten *v/i* ⟨*sep*, -ge-, sein⟩ (*von Metallteilen etc*) rust off.

ˈabˌrö·sten *v/t* ⟨*sep*, -ge-, h⟩ **1.** *gastr.* roast (*s.th.*) (well *od.* thoroughly). – **2.** *metall.* roast.

ˈabˌrub·beln *v/t u.* **sich ~** *v/reflex* ⟨*sep*, -ge-, h⟩ *colloq. for* **abreiben** 4, 7.

ˈabˌrücken (*getr.* -k·k-) **I** *v/i* ⟨*sep*, -ge-, sein⟩ **1. von etwas [j-m] ~** to move away (*od.* off) from s.th. [s.o.]. – **2.** *fig.* **von j-m [etwas] ~** to disassociate oneself from s.o. [s.th.], (*stärker*) to break away from s.o. [s.th.]: **von einer Parteilinie [Anschauung] ~** to disassociate oneself from a party line [view]. – **3.** *colloq. cf.* **abhauen** 4. – **4.** *mil.* (*von Truppen etc*) start, march (*od.* move) off, depart: **zum Manöver [an die Front] ~** to start for man(o)euvers (*bes. Br.* manœuvres) [for the front]. – **II** *v/t* ⟨h⟩ **5.** (*Stuhl, Schrank etc*) (von from) move away. – **III A~** *n* ⟨-s⟩ **6.** *verbal noun.* – **7.** *mil.* start, departure.

ˈAbˌru·dern *n* (*sport*) last rowing in the season.

ˈAbˌruf *m* **1.** *econ.* a) recall, calling (up), b) amount(s *pl*) called up: **auf ~** a) at (*od.* on) call, b) *fig.* at short notice; **etwas auf ~ verkaufen** to sell s.th. at call; **die ~e aus den vorhandenen Lagerbeständen bedienen** to meet orders out of stocks. – **2.** *pol.* recall: **auf ~** subject to recall. – **3.** *lit.* calling (*od.* being called) off (*od.* away). – **4.** (*computer*) recall, fetch.

ˈabˌru·fen I *v/t* ⟨*irr, sep*, -ge-, h⟩ **1.** (*fortrufen*) (von from) call away: **j-n aus einer Sitzung ~** to call s.o. away from (*od.* out of) a meeting; **(aus dem Leben) abgerufen werden** *lit.* to depart this life (*lit.*). – **2.** *econ.* a) (*Waren*) call (for), b) (*geliehenes Geld*) call (in), c) (*Bankkonto*) close: **zugesagte Mittel ~** to call funds promised. – **3.** *pol. cf.* **abberufen** 1. – **4.** a) (*Zug*) announce the departure of, b) (*Haltestellen*) call out, announce. – **5.** *aer.* order (*plane*) to land. – **6.** (*computer*) recall, fetch. – **7.** *hunt.* (*Jäger, Hunde*) call off. – **II A~** *n* ⟨-s⟩ **8.** *verbal noun.* – **9.** (*von Zügen etc*) announcement. – **10.** *cf.* **Abruf** 3, 4.

ˈAbˌru·fungsˌschrei·ben *n pol. cf.* **Abberufungsschreiben.**

'abˌrüh·ren *v/t* ⟨*sep*, -ge-, h⟩ *gastr.* beat up, mix, stir.

'abˌrun·den I *v/t* ⟨*sep*, -ge-, h⟩ **1.** (*Kanten etc*) round (off), make (*s.th.*) round. – **2.** (*Zahl, Summe etc*) round (off): etwas nach oben [unten] ~ to bring s.th. up to [down to] round figures, to round off; eine Zahl auf volle Einer ~ *math.* to round off a number to the next unit. – **3.** (*Gebiet, Besitz etc*) round off, enlarge. – **4.** *fig.* (*Schilderung, Eindruck etc*) round (off), complete, perfect: seine Bildung ~ to round off one's education. – **5.** *tech.* a) (*Schleifscheiben*) dress, true, b) (*Zähne*) chamfer, c) (*Gewinde*) radius, round (off). – **II** *v/reflex* sich ~ **6.** (*von Grundbesitz etc*) be rounded off. – **7.** *fig.* (*von einem Bild, Eindruck etc*) round itself off. – **III A~** *n* ⟨-s⟩ **8.** *verbal noun.* – **9.** *cf.* Abrundung.

'AbˌrundˌfräЬser *m tech.* gear-chamfering cutter.

'Abˌrun·dung *f* ⟨-; -en⟩ **1.** *cf.* Abrunden. – **2.** (*abgerundete Stelle*) roundness, rounding. – **3.** (*eines Grundbesitzes etc*) enlargement. – **4.** *fig.* (*eines Eindrucks, des Stils etc*) completion, perfection. – **5.** *tech.* a) (*eines Gewindezahnes*) radius, rounding, b) (*eines Walzkalibers*) bellmouthing, c) quarter circle.

'Abˌrun·dungsˌfeh·ler *m math.* rounding-off error.

'AbˌrundˌwälzˌfräЬser *m tech.* (*als Wälzfräser*) tooth-chamfering hob.

'abˌrup·fen *v/t* ⟨*sep*, -ge-, h⟩ **1.** (*Gras etc*) (*von weidendem Tier*) crop. – **2.** *colloq.* (*Blumen, Früchte etc*) pluck (off). – **3.** *cf.* rupfen 1.

ab·rupt [ap'rupt; a'brupt] **I** *adj* ⟨-er; -est⟩ **1.** (*plötzlich, jäh*) abrupt, sudden, unexpected: ein ~es Ende an abrupt end; eine ~e Wendung *auch fig.* an abrupt (*od.* unexpected) turn. – **2.** (*abgerissen*) abrupt, disconnected, disjointed, broken: seine Art zu sprechen war ~ he had a disjointed way of speaking. – **3.** (*schroff*) brusque, blunt, short. – **II** *adv* **4.** abruptly, suddenly, unexpectedly: sich ~ umdrehen to turn abruptly. — **Ab'rupt·heit** *f* ⟨-; *no pl*⟩ **1.** abruptness, suddenness, unexpectedness. – **2.** abruptness, disconnectedness, disjointedness, brokenness. – **3.** brusqueness, bluntness, shortness.

'abˌrü·sten I *v/i* ⟨*sep*, -ge-, h⟩ *mil. pol.* disarm. – **II** *v/t civ.eng.* (*Lehrgerüst*) dismantle, strip. – **III A~** *n* ⟨-s⟩ *verbal noun.* — **'Abˌrü·stung** *f* ⟨-; -en⟩ **1.** *cf.* Abrüsten. – **2.** *mil. pol.* disarmament: für eine allgemeine kontrollierte ~ eintreten to advocate a general controlled disarmament; atomare ~ nuclear disarmament. – **3.** *civ.eng.* dismantlement.

'Abˌrü·stungsˌabˌkom·men *n pol.* disarmament agreement. — **~ˌausˌschuß** *m* disarmament committee. — **~geˌsprä·che** *pl* disarmament talks. — **~kom·mis·siˌon** *f* disarmament commission. — **~kon·feˌrenz** *f* disarmament conference. — **~ˌmaßˌnah·men** *pl* disarmament measures, steps toward(s) disarmament. — **~ˌplan** *m* plan for disarmament. — **~proˌgramm** *n* disarmament program (*bes. Br.* programme). — **~verˌhand·lung** *f meist pl* disarmament negotiation. — **~ˌwil·le** *m* will to disarm.

'Abˌrutsch *m* **1.** (land)slide. – **2.** *cf.* Abrutschen 10.

'abˌrut·schen I *v/i* ⟨*sep*, -ge-, sein⟩ **1.** (*von Schnee, Erde etc*) (von from) slide (*od.* slip) down. – **2.** (*von Personen*) (von from) slide (*od.* slip) (down *od.* off): er rutschte von der Böschung ab he slipped down (from) the slope; er ist mit dem Fuß abgerutscht his foot slipped (off). – **3.** (*von Werkzeugen etc*) slip: das Messer rutschte ab the knife slipped. – **4.** *fig. colloq.* (*in den Leistungen etc*) slip, decline, deteriorate: er ist künstlerisch abgerutscht he has slipped as an artist, he is no longer the artist he was. – **5.** *aer.* a) (*seitlich*) sideslip, b) (*rückwärts*) tail-slide, c) stall. – **6.** seitlich ~ (*Skisport*) to sideslip. – **II A~** *n* ⟨-s⟩ **7.** *verbal noun.* – **8.** *aer.* a) (*seitliches*) sideslip, b) (*rückwärts*) tail slide. – **9.** *cf.* Abrutsch 1. – **10.** *fig. lit.* (*der Moral, Kultur etc*) decline, deterioration.

'abˌrüt·teln *v/t* ⟨*sep*, -ge-, h⟩ shake off.

'abˌsä·beln *v/t* ⟨*sep*, -ge-, h⟩ *colloq.* **1.** (*Scheibe Brot, Wurst etc*) hack off. – **2.** (*Kopf*) cut off.

'abˌsacken (*getr.* -k·k-) **I** *v/i* ⟨*sep*, -ge-, sein⟩ **1.** (*von Bauten, Straßendecken etc*) sag. – **2.** *colloq.* (*von Boot etc*) sink. – **3.** *aer. colloq.* a) (*über Schwanz*) pitch down (by the tail), b) (*beim Landen*) pancake. – **4.** *fig. colloq. cf.* abrutschen 4. – **5.** *colloq.* (*ohnmächtig werden*) faint, swoon. – **6.** *mus. colloq.* (*von Chor*) lose the pitch, go flat. – **II** *v/t* ⟨h⟩ **7.** (*Getreide, Mehl etc*) pack (*s.th.*) in bags. – **III A~** *n* ⟨-s⟩ **8.** *verbal noun.* – **9.** *civ.eng.* (*einer Straßendecke etc*) sag.

'Abˌsackˌvorˌrich·tung *f tech.* sack-filling facility. — **~ˌwaa·ge** *f* sack-filling balance.

'Abˌsa·ge *f* **1.** (*einer Einladung etc*) refusal, (*höflicher*) declining, declination: du kannst mit ihrer ~ rechnen you can be sure that she will refuse (to accept) your invitation; j-m eine ~ geben (*od.* schicken, erteilen) *cf.* absagen 3. – **2.** (*eines Künstlers, Vortragenden etc*) cancellation (of an appearance). – **3.** *cf.* Absagebrief 1. – **4.** (*Abfuhr*) rebuff: j-m eine unmißverständliche ~ erteilen to give s.o. an unmistakable rebuff; er erhielt eine glatte ~ he met with a definite rebuff, he received a definite (*od.* flat) no. – **5.** (*Zurückweisung*) (an *acc* of) renunciation, rejection, abjuration (*lit.*): eine ~ an den Kommunismus a rejection (*od.* renunciation) of Communism; durch seine ~ an die Welt *lit.* by his renunciation of the world. – **6.** (*einer Sendung, eines Programms etc*) sign-off, concluding words *pl.* — **~ˌbrief** *m* **1.** letter of refusal (*od.* rejection, renunciation). – **2.** *hist.* (*Fehdebrief*) challenge, letter of defiance.

'abˌsa·gen I *v/t* ⟨*sep*, -ge-, h⟩ **1.** (*Veranstaltung, Besuch etc*) call off, cancel: die Sitzung wurde kurzfristig abgesagt the conference was called off at (*od.* on) short notice; er hat seinen Besuch abgesagt he has called off his visit; seinen Auftritt ~ a) to cancel one's appearance, b) (*als Weigerung*) to refuse to appear. – **2.** (*Sendung, Programm etc*) sign off. – **II** *v/i* **3.** refuse an invitation, (*höflicher*) decline an invitation: j-m ~ to refuse s.o.'s invitation; wir müssen leider ~ we regret we are not able to come; er hat ~ lassen he has sent word that he isn't able to come. – **4.** (*von Künstlern etc*) a) cancel one's appearance, b) (*als Weigerung*) refuse to appear. – **5.** *lit.* (*sich lossagen*) renounce, turn away, abjure (*lit.*): seinem Glauben ~ to renounce one's faith; der Sünde [Welt] ~ to turn away from (*od.* to turn one's back [up]on) sin [the world].

'abˌsä·gen *v/t* ⟨*sep*, -ge-, h⟩ **1.** (*Ast, Brett etc*) saw off, cut off: *fig.* → Ast 1. – **2.** *colloq.* dismiss; 'fire', 'sack', 'ax(e)' (*colloq.*), *Am.* give (*s.o.*) the ax(e) (*colloq.*), *Br.* give (*s.o.*) the boot (*sl.*).

'Abˌsa·geˌschrei·ben *n cf.* Absagebrief 1.

'abˌsah·nen *v/t* ⟨*sep*, -ge-, h⟩ *cf.* abrahmen.

Ab·sa·lom ['apsalɔm] *npr m* ⟨-s; *no pl*⟩ *Bibl.* Absalom.

'abˌsam·meln *v/t* ⟨*sep*, -ge-, h⟩ (*Beeren, Ähren etc*) pick (off), gather.

'abˌsan·den *v/t* ⟨*sep*, -ge-, h⟩ **1.** (cover with) sand, spread sand over. – **2.** *tech.* (*sandstrahlen*) sandblast.

'abˌsat·teln *v/t* ⟨*sep*, -ge-, h⟩ **1.** (*Pferd etc*) unsaddle. – **2.** *civ.eng.* (*zum Unterbauen absteifen*) prop.

'abˌsät·ti·gen I *v/t* ⟨*sep*, -ge-, h⟩ *chem.* saturate, neutralize *Br. auch* -s-. – **II A~** *n* ⟨-s⟩ *verbal noun.* — **'Abˌsät·ti·gung** *f* ⟨-; *no pl*⟩ *chem.* **1.** *cf.* Absättigen. – **2.** saturation, neutralization *Br. auch* -s-.

'Abˌsatz *m* **1.** (*vom Schuh*) heel: schiefe (*od.* schiefgelaufene) Absätze worn-down heels; Schuhe mit hohen [niedrigen] Absätzen high-heeled [low-heeled] shoes; Absätze auf die Stiefel machen to heel the boots. – **2.** *econ.* a) (*Verkauf*) sale(s *pl*), market, outlet, b) (*als Tätigkeit*) selling, marketing: langsamer [gesteigerter] ~ slow [increased] sale (*od.* disposal); ~ von Waren sale (*od.* marketing) of goods; guten (*od.* leichten) ~ finden to find a ready market, to sell easily; reißenden ~ finden to sell (*od.* go) fast (*od. colloq.* like hot cakes), to meet with a ready market; keinen ~ finden to find no sale, to be unsal(e)able; dieser Artikel findet keinen ~ there is no market for this merchandise. – **3.** *bes. print.* a) (*Abschnitt*) paragraph, b) (*Einrückung*) indentation, c) break, cut, d) period: neuer ~ new paragraph (*od.* line); in Absätze einteilen to paragraph; einen ~ machen a) to indent (a line), to make a (new) paragraph, b) (*als Korrekturvermerk*) run out; ohne ~ without indentation (*od.* paragraphing); kein ~ (*als Korrekturvermerk*) run on. – **4.** (*einer Tätigkeit etc*) *only in* in Absätzen at intervals, intermittently. – **5.** (*einer Treppe*) landing. – **6.** *civ.eng.* (*Tunnel- u. Stollenbau*) bench. – **7.** *geol.* a) (*im Gelände*) terrace, b) (*an einer Felswand etc*) platform, c) (*im Gestein*) shelf, ledge. – **8.** *geol.* deposit: primärer [litoraler] ~ primary [litoral] deposit. – **9.** *tech.* (*einer Welle, eines Bolzens etc*) shoulder, step. – **10.** *agr.* (*Entwöhnung von Jungvieh*) weaning.

'Abˌsatz|beˌdin·gung *f meist pl econ.* marketing condition. — **~beˌle·bung** *f* increase in sales, revival of sales activity. — **~beˌschrän·kung** *f meist pl* sales (*od.* marketing) restriction. — **~ˌchan·ce** *f meist pl* sales prospect. — **~ˌdrehˌwerkˌzeug** *n tech.* shoulder-turning tool, shouldering tool. — **~ˌei·sen** *n* heel plate. — **a~ˌfä·hig** *adj econ.* marketable, sal(e)able. — **~ˌfä·hig·keit** *f* ⟨-; *no pl*⟩ marketability, sal(e)ability. — **~fi·nanˌzie·rung** *f* financing of sales. — **~ˌflau·te** *f* period of slack sales, dullness in sales, stagnation of trade. — **~ˌfleck** *m* ⟨-(e)s; -e⟩ *tech.* heeltap, heelpiece. — **~ˌför·de·rung** *f* sales promotion: planmäßige ~ sales drive. — **~ˌfor·schung** *f* market(ing) research. — **~geˌbiet** *n* **1.** *econ.* marketing (*od.* trading, distribution) area, market. – **2.** *geol.* area of sedimentation. — **~geˌnos·sen·schaft** *f econ.* marketing (*od.* *agr.* producer's) co(-)operative. — **~geˌstein** *n geol.* sedimentary (*od.* stratified) rocks *pl*, sediment. — **~ho·noˌrar** *n* author's royalty. — **~ˌkalb** *n agr.* calf weaned shortly after birth. — **~konˌtrol·le** *f econ.* sales control. — **~kreˌdit** *m* sales credit. — **~ˌkri·se** *f* sales crisis, slump in sales. — **~ˌla·ge** *f* state of the market, market situation. — **~ˌland** *n* importing country, country of destination. — **~ˌle·der** *n tech.* heel leather, heeling. — **~ˌlen·kung** *f econ.* controlled distribution, sales control, control(ling) of the market. — **a~los** *adj* (*Schuh*) heelless. — **~ˌmarkt** *m econ.* market, outlet (for [export] goods): ausländische Absatzmärkte foreign markets; die Suche nach neuen Absatzmärkten the search for new outlets; neue Absatzmärkte erschließen to open (up) (*od.* find) new outlets. — **~ˌmen·ge** *f* quantity sold, sales volume, sales *pl.* — **~ˌmög·lich·keit** *f meist pl* a) sales prospect (*od.* possibility), sales potential, b) outlet, market: Ware mit sicheren ~en goods that are certain to sell; neue ~en finden to find new potential outlets (*od.* markets). — **~ˌquel·le** *f* market: neue ~n eröffnen to open (up) new markets. — **~ˌquo·te** *f* sales quota (*od.* portion): einheimische ~ proportion of domestic (sales) to total sales. — **~ˌre·ge·lung** *f* sales (*od.* marketing) control. — **~ˌsä·ge** *f tech.* fine-tooth web saw, tenon saw. — **~ˌschwie·rig·keit** *f meist pl econ.* sales (*od.* marketing) difficulty. — **~staˌti·stik** *f* **1.** sales statistics *pl* (*construed as sg or pl*). – **2.** statistics *pl* of security placings. — **~ˌstei·ge·rung** *f* **1.** increase of trade (*od.* in sales): planmäßige ~ sales drive. – **2.** *cf.* Absatzförderung. — **~ˌstift** *m tech.* heel peg (*od.* pin). — **~ˌstockung** (*getr.* -k·k-) *f econ.* stagnation of trade, stagnant market, slowing down (*od.* slump) in sales. — **~ˌtie·fe** *f geol.* depth of sedimentation. — **~ˌvor·beˌrei·tung** *f econ.* preparatory selling arrangements *pl*, sales planning. — **a~ˌwei·se** *adv* **1.** by paragraphs. – **2.** at intervals. – **3.** *tech.* by steps. — **~ˌzei·chen** *n print.* (*Korrekturzeichen*) paragraph (*od.* break) mark. — **~ˌzif·fer** *f meist pl econ.* sales figure.

'Abˌsäue·rungsˌbad *n chem.* acidifying (*od.* acid) bath.

'abˌsau·fen *v/i* ⟨*irr, sep*, -ge-, sein⟩ **1.** *colloq.* (*von Gruben etc*) fill with water. – **2.** *sl.* (*von Personen*) drown, be drowned, go to Davy Jones's locker (*colloq.*). – **3.** *mar. sl. cf.* absacken 2. – **4.** *aer. colloq.* (*vom Segelflugzeug*) lose height (due to lack of upward currents). – **5.** *tech. colloq.* (*vom Motor*) be flooded.

'Abˌsau·geˌkol·ben *m chem. cf.* Absaugkolben.

'abˌsäu·geln [-ˌzɔygəln] *v/t* ⟨*sep*, -ge-, h⟩ *hort. cf.* absäugen 1.

'abˌsau·gen I *v/t* ⟨*sep*, -ge-, h⟩ **1.** suck (up).

– **2.** (*Staub etc*) vacuum(-clean), *bes. Br.* Hoover. – **3.** *bes. tech.* a) (*Flüssigkeit*) draw off (by suction), siphon off, b) (*Gas etc*) exhaust, c) (*Späne etc*) extract, exhaust, suck. – **4.** *bes. chem.* a) (*mit Pipette*) siphon, b) filter by suction, suck off. – **5.** *med.* (*Exsudat etc*) aspirate. – **II A~** *n* ⟨-s⟩ **6.** *verbal noun.* – **7.** *cf.* Absaugung.

ˈabˌsäu·gen *v/t* ⟨*sep*, -ge-, h⟩ **1.** *hort.* inarch. – **2.** (*Kind*) wean.

ˈAbˌsau·geˌpum·pe *f tech. cf.* Absaugpumpe 1.

ˈAbˌsau·ger *m* ⟨-s; -⟩ *tech. cf.* Absauggebläse 1.

ˈAbˌsau·geˌvorˌrich·tung *f* **1.** *tech.* suction apparatus. – **2.** *med.* suction drainage (*od.* apparatus), *Am.* suction machine.

ˈAbˌsaug|geˌblä·se *n* **1.** *tech.* exhaust (*od.* suction) fan, exhauster. – **2.** (*paper*) suction box. — **~ˌkol·ben** *m chem.* filter (*od.* suction) flask. — **~ˌpum·pe** *f* **1.** *tech.* a) exhaust pump, b) vacuum suction pump. – **2.** *auto.* scavenger (*od.* scavenging) pump. — **~ˌschlauch** *m tech.* suction hose.

ˈAbˌsau·gung *f* ⟨-; *no pl*⟩ **1.** *cf.* Absaugen. – **2.** *bes. tech.* a) (*von Flüssigkeit*) suction, b) (*von Gas etc*) exhaust, c) (*von Spänen etc*) extraction, exhaust, suction. – **3.** *med.* (*von Exsudaten*) aspiration.

ˈabˌsau·sen *v/i* ⟨*sep*, -ge-, sein⟩ *colloq.* **1.** (*von Auto, Rennfahrer etc*) zoom off. – **2.** (*von Personen*) dash off. – **3.** (*von Pfeil*) whiz(z) off.

ˈabˌscha·ben I *v/t* ⟨*sep*, -ge-, h⟩ **1.** (*Farbe, Putz etc*) (von from) scrape off. – **2.** (*Wand etc*) scrape. – **3.** (*Fisch*) scale (off). – **4.** *tech.* a) (*Bruchsteine*) chisel the crust off, b) pare. – **5.** (*leather*) (*Häute, Felle*) scrape, flesh. – **6.** *med.* a) (*Knochen*) abrade, b) (*Schuppen*) scrape off. – **II A~** *n* ⟨-s⟩ **7.** *verbal noun.*

ˈAbˌscha·ber *m* ⟨-s; -⟩ *tech.* scraper.

ˈAbˌschab·sel *n* ⟨-s; -⟩ **1.** scrapings *pl.* – **2.** (*leather*) scrapings *pl*, fleshings *pl.*

ˈAbˌscha·bung *f* ⟨-; -en⟩ **1.** *cf.* Abschaben. – **2.** *med.* abrasion.

ˈabˌscha·chern *v/t* ⟨*sep*, -ge-, h⟩ j-m etwas ~ *colloq.* to get s.th. from s.o. by haggling.

ˈabˌschaff·bar *adj* **1.** (*Einrichtung, System etc*) abolishable. – **2.** *jur.* a) (*tilgbar*) abolishable, b) (*aufhebbar*) abrogable, c) (*umstoßbar*) abatable.

ˈabˌschaf·fen I *v/t* ⟨*sep*, -ge-, h⟩ **1.** (*Todesstrafe, Mißstände etc*) abolish, do away with: die Sklaverei ~ to abolish slavery. – **2.** (*Haustier, Auto etc*) get rid of, part with. – **3.** *rare* (*Dienstboten etc*) dismiss, discharge. – **4.** *jur.* a) abolish, b) (*durch neues Gesetz*) abrogate, c) (*umstoßen*) abate, d) (*Gesetz*) repeal, rescind, e) (*Bestimmung*) reverse. – **II A~** *n* ⟨-s⟩ **5.** *verbal noun.* — **ˈAbˌschaf·fung** *f* ⟨-; *no pl*⟩ **1.** *cf.* Abschaffen. – **2.** (*Beseitigung*) abolishment, abolition: die ~ eines Mißstandes the abolishment (*od.* redress) of a grievance; sich für die ~ der Sklaverei einsetzen to urge the abolition of slavery. – **3.** *rare* (*von Dienstboten*) dismissal, discharge. – **4.** *jur.* a) abolishment, abolition, b) (*Ersetzung*) abrogation, c) (*Umstoßen*) abatement, d) (*eines Gesetzes*) repeal, rescission.

ˈabˌschä·len I *v/t* ⟨*sep*, -ge-, h⟩ **1.** (*Früchte, Käse etc*) peel, pare. – **2.** (*Schale, Rinde etc*) peel (*od.* pare) off. – **3.** *gastr.* a) (*Eier*) shell, unshell, b) (*Mandeln*) blanch. – **4.** (*wood*) bark, rind, debark, *Br.* disbark; decorticate, exfoliate (*scient.*). – **5.** *med.* (*Haut*) scale, peel off. – **6.** (*rubber*) skive. – **7.** *agr. cf.* abplaggen. – **8.** *cf.* abkrusten. – **II** *v/reflex* sich ~ **9.** peel off, come off (in peels). – **10.** (*in Schichten*) scale off, shell (off). – **11.** *humor.* (*Mantel ablegen*) peel (off) (*colloq.*). – **12.** (*wood*) lose the bark, exfoliate (*scient.*). – **13.** *med.* (*von Haut*) peel, scale; exfoliate, desquamate (*scient.*). – **14.** *biol.* exfoliate. – **III A~** *n* ⟨-s⟩ **15.** *verbal noun.* – **16.** *cf.* Abschälung. — **ˈAbˌschä·ler** *m* ⟨-s; -⟩ *tech.* peeler.

ˈabˌschal·men *v/t* ⟨*sep*, -ge-, h⟩ (*Bäume*) blaze.

ˈabˌschalt·bar *adj electr.* disconnectible, disengageable.

ˈabˌschal·ten I *v/t* ⟨*sep*, -ge-, h⟩ **1.** (*Licht*) switch (*od.* turn) off (*od.* out). – **2.** (*Radio etc*) switch (*od.* turn) off. – **3.** (*Kontakt*) break, disconnect, disengage, cut off. – **4.** *tel.* disconnect, cut off (*od.* out), switch off. – **5.** *tech.* (*Maschine*) turn off, put (*s.th.*) out of operation. – **6.** *tech.* (*Kupplung*) declutch, uncouple. – **7.** *auto.* (*Motor*) turn (*od.* switch) off, stop. – **II** *v/i* **8.** *electr.* a) turn off the switch, b) break (*od.* cut off) a contact: vergiß nicht abzuschalten! don't forget to turn off the switch. – **9.** *fig. colloq.* turn off one's thoughts, let one's attention wander. – **III A~** *n* ⟨-s⟩ **10.** *verbal noun.*

ˈAbˌschalt|ˌlei·stung *f electr.* breaking capacity. — **~maˌgnet** *m* disconnecting magnet. — **~pe·riˌode** *f* cutoff. — **~reˌlais** *n* **1.** *electr.* cut-off relay. – **2.** *auto.* cut-out relay. — **~ˌstel·lung** *f* off position. — **~ˌstrom** *m* breaking current.

ˈAbˌschal·tung *f* ⟨-; -en⟩ **1.** *cf.* Abschalten. – **2.** (*eines Kontakts*) disconnection, *Br. auch* disconnexion, cutoff. – **3.** *tel.* disconnection, *Br. auch* disconnexion, cutoff. – **4.** (*space*) cutoff.

ˈAbˌschaltˌzeit *f electr.* breaking period, interrupting time.

ˈAbˌschä·lung *f* ⟨-; -en⟩ **1.** *cf.* Abschälen. – **2.** (*wood*) decortication. – **3.** *med.* exfoliation, desquamation (*scient.*). – **4.** *biol.* exfoliation.

ˈabˌschär·fen *v/t* ⟨*sep*, -ge-, h⟩ **1.** *cf.* schärfen 1—6. – **2.** *tech.* a) (*Bucheinband*) pare, b) (*abkanten*) chamfer, bevel. – **3.** (*leather*) pare. – **4.** *hunt.* a) (*Dachs, Bär*) skin, b) cut off.

ˈAbˌschärfˌmes·ser *n* (*leather*) paring knife.

ˈabˌschar·ren *v/t* ⟨*sep*, -ge-, h⟩ *colloq. for* abkratzen 1.

ˈabˌschat·ten I *v/t* ⟨*sep*, -ge-, h⟩ **1.** (*verdunkeln*) shade off. – **2.** (*art*) *cf.* abschattieren I. – **3.** *obs.* (*im Schattenriß abbilden*) silhouette. – **II** *v/reflex* sich ~ *obs.* **4.** silhouette, cast a shadow. – **III A~** *n* ⟨-s⟩ **5.** *verbal noun.*

ˈab·schatˌtie·ren I *v/t* ⟨*sep, no* -ge-, h⟩ (*art*) (*Farben etc*) shade (off), adumbrate (*lit.*). – **II A~** *n* ⟨-s⟩ *verbal noun.* — **ˈAb·schatˌtie·rung** *f* ⟨-; -en⟩ (*art*) **1.** *cf.* Abschattieren. – **2.** adumbration (*lit.*).

ˈAbˌschat·tung *f* ⟨-; -en⟩ **1.** *cf.* Abschatten. – **2.** (*Lichtschutz*) shade, screen. – **3.** *cf.* Abschattierung. – **4.** *fig.* (*Nuance*) shade, nuance. – **5.** (*optics*) (*eines Bildes*) *fading toward(s) the margin of the field of vision.*

ˈabˌschätz·bar *adj* **1.** (*taxierbar*) appraisable, assessable, rat(e)able, appreciable. – **2.** (*vorhersehbar*) foreseeable, calculable. — **ˈAbˌschätz·bar·keit** *f* ⟨-; *no pl*⟩ **1.** appraisability, assessability. – **2.** foreseeability, calculability.

ˈabˌschät·zen I *v/t* ⟨*sep*, -ge-, h⟩ **1.** (*Entfernung etc*) estimate, measure, ga(u)ge: nach dem Augenmaß ~ to measure by the eye. – **2.** (*Schaden etc*) estimate, assess, measure. – **3.** (*Wert etc*) evaluate, value, rate, appraise. – **4.** (*Situation, Fähigkeit etc*) assess, appraise, judge, sum up, size up (*colloq.*). – **5.** *econ. cf.* schätzen 1, 3, veranschlagen 1, 2. – **6.** (*Grundbesitz*) survey. – **7.** *jur.* a) (*Kosten*) tax, b) (*verschuldeten Besitz*) extend. – **8.** *agr.* classify, grade. – **9.** (*wood*) (*am stehenden Stamm*) scale. – **10.** *math.* assess, estimate. – **II A~** *n* ⟨-s⟩ **11.** *verbal noun.* – **12.** *cf.* Abschätzung. — **ˈabˌschät·zend I** *pres p.* – **II** *adj* **1.** (*prüfend*) searching. – **2.** *cf.* abschätzig 1, 2. — **ˈAbˌschät·zer** *m* ⟨-s; -⟩ *cf.* Schätzer.

ˈabˌschät·zig I *adj* **1.** (*Äußerung, Meinung etc*) derogatory, disparaging, slighting: eine ~e Bemerkung machen to make a disparaging remark. – **2.** (*Blicke, Miene etc*) disdainful, scornful. – **II** *adv* **3.** über j-n ~ urteilen to judge s.o. disparagingly; über j-n ~ sprechen to speak slightingly about s.o.

ˈAbˌschät·zung *f* ⟨-; -en⟩ **1.** *cf.* Abschätzen. – **2.** (*einer Entfernung etc*) estimate. – **3.** (*eines Schadens etc*) estimate, estimation, assessment. – **4.** (*eines Wertes etc*) evaluation, appraisal, *auch* appraisement. – **5.** (*einer Situation*) assessment, appraisal, judgment, *bes. Br.* judgement. – **6.** *econ. cf.* Schätzung 2, 3. – **7.** (*eines Grundbesitzes*) survey. – **8.** *jur.* taxation. – **9.** *agr.* classification. – **10.** *math.* assessment, estimate.

ˈAbˌschät·zungs·verˌfah·ren *n* proceedings *pl* of appraisement.

ˈabˌschau·en *v/t* ⟨*sep*, -ge-, h⟩ *Southern G.* **1.** j-m etwas ~ (*in der Schule*) to crib s.th. from s.o. – **2.** *cf.* absehen 2.

ˈabˌschau·feln *v/t* ⟨*sep*, -ge-, h⟩ shovel (*s.th.*) off (*od.* away).

ˈAbˌschaum *m* ⟨-(e)s; *no pl*⟩ **1.** (*auf Flüssigkeiten*) scum, spume, froth, skimmings *pl.* – **2.** *fig.* scum, dregs *pl*, offscourings *pl* (*lit.*): der ~ der Menschheit the scum of the earth, the dregs of mankind; der ~ der Gesellschaft the scum of society. – **3.** *chem. metall.* scum, dross, skimmings *pl.*

ˈabˌschäu·men *v/t* ⟨*sep*, -ge-, h⟩ **1.** *bes. gastr.* skim (off). – **2.** *tech.* skim (off), scum. – **3.** *metall.* dross, remove the dross from.

ˈabˌscheid·bar *adj chem.* separable, isolable, precipitable. — **ˈAbˌscheid·bar·keit** *f* ⟨-; *no pl*⟩ separability, isolability, precipitability.

ˈAbˌschei·de|geˌfäß *n chem.* **1.** separating vessel. – **2.** separatory funnel. — **~ˌkammer** *f* separating (*od.* condensation) chamber.

ˈabˌschei·den I *v/t* ⟨*irr, sep*, -ge-, h⟩ **1.** separate, divide, part. – **2.** *chem.* a) (*Festkörper aus Flüssigkeit*) precipitate, b) (*Gase*) set free, disengage, liberate, c) (*abtrennen*) eliminate, d) (*mittels Flüssigkeit*) extract. – **3.** *metall.* a) (*Raffination*) refine, b) (*Trennung*) separate. – **4.** *med. biol.* a) (*in flüssiger Form*) secrete, b) (*in fester Form*) deposit. – **5.** *jur.* portion off. – **II** *v/i* ⟨sein⟩ **6.** *euphem.* decease, pass away, expire, depart: aus (*od.* von) dieser Welt ~ to depart this world. – **III** *v/reflex* ⟨h⟩ sich ~ **7.** separate, be separated (*od.* divided). – **8.** *chem.* a) precipitate, be precipitated, deposit, be deposited, segregate, b) (*von Gasen*) be set free, disengage, be disengaged, be liberated. – **IV A~** *n* ⟨-s⟩ **9.** *verbal noun.* – **10.** *euphem.* decease, demise, passing (away). – **11.** *cf.* Abscheidung.

ˈAbˌschei·der *m* ⟨-s; -⟩ **1.** *chem. tech.* (*für Dampf-, Gasteilchen*) separator, trap. – **2.** *metall.* refiner, skimmer.

ˈAbˌschei·dung *f* ⟨-; -en⟩ **1.** *cf.* Abscheiden. – **2.** separation. – **3.** *chem.* a) precipitation, segregation, b) (*von Gasen*) liberation, c) (*Niederschlag*) deposit, precipitate. – **4.** *metall.* a) (*Raffination*) refining, b) (*Trennung*) separation, c) (*Niederschlag*) deposition.

ˈAbˌschei·dungs|ˌmit·tel *n chem.* means of separation, separating (*od.* precipitating) agent, precipitant. — **~po·ten·tiˌal** *n* deposition potential. — **~proˌdukt** *n* **1.** *chem.* precipitate. – **2.** *biol.* secretion. — **~verˌfah·ren** *n chem.* separation process. — **~ˌvorˌrich·tung** *f* separator.

ˈAbˌschein *m* ⟨-(e)s; *no pl*⟩ *obs. poet.* (*Abglanz*) reflection, *Br. auch* reflexion.

ˈAbˌscherˌbol·zen *m tech.* shearing bolt, shear pin.

ˈabˌsche·ren[1] I *v/t* ⟨*irr, sep*, -ge-, h⟩ **1.** (*Haar*) cut (off), clip off. – **2.** (*Bart*) shave off. – **3.** *agr.* a) (*Wolle*) shear, b) (*verfilzte Wolle*) tag. – **II A~** *n* ⟨-s⟩ **4.** *verbal noun.*

ˈabˌsche·ren[2] I *v/t* ⟨*sep*, -ge-, h⟩ **1.** *tech.* shear (off). – **2.** (*sport*) (*die Riemen*) feather. – **II** *v/i* ⟨sein⟩ **3.** *mar.* a) sheer off (*od.* away), b) (*vom Kurs*) sheer. – **III A~** *n* ⟨-s⟩ **4.** *verbal noun.*

ˈAbˌscher|ˌfe·stig·keit *f metall.* shear(ing) strength. — **~ˌkupp·lung** *f auto.* shear-pin clutch. — **~ˌsi·che·rung** *f* shear-pin safety device. — **~ˌstift** *m* shear pin.

ˈAbˌsche·rung *f* ⟨-; -en⟩ **1.** *cf.* Abscheren[1] *u.* [2]. – **2.** *geol.* shear(ing), décollement, detachment. – **3.** *tech.* shear.

ˈAbˌsche·rungs|ˌdecke (*getr.* -k·k-) *f geol.* disconnected (*od.* released, detached) sedimentary mantle. — **~ˌflä·che** *f* shear(ing) plane.

ˈAbˌscheu *m* ⟨-(e)s; *no pl*⟩, *rare f* ⟨-; *no pl*⟩ (vor *dat od.* gegen) **1.** (*Ekel*) disgust (for, at), loathing (for, at, of): mit ~ with loathing, loathingly; von ~ erfüllt disgusted; j-m ~ einflößen, j-n mit ~ erfüllen to fill s.o. with disgust, to disgust (*od.* sicken) s.o. – **2.** (*Widerwillen*) aversion (to, for, *auch* from), distaste (for, of), (*stärker*) abhorrence (of, for), horror (of), detestation (of), repugnance (to, toward[s]), execration (of): (einen) ~ haben (*od.* empfinden) vor etwas to detest (*od.* abhor) s.th.; Gegenstand des ~s abomination.

ˈabˌscheu·ern I *v/t* ⟨*sep*, -ge-, h⟩ **1.** (*Tisch, Boden, Topf etc*) scour (off), scrub. – **2.** (*abnutzen*) rub away, wear off (*od.* thin). – **3.** (*Kragen etc*) fray. – **4.** (*Haut*) rub off, chafe, abrade. – **5.** *mar.* (*schamfilen*) chafe. – **6.** *geol.* abrade. – **II** *v/reflex* sich ~ **7.** (*sich abnutzen*) wear off. – **8.** (*von Kragen etc*) fray. – **9.** *geol.* abrade.

ˈabˌscheu·erˌre·gend *adj* (*Tat, Handlung*

etc) revolting, repulsive, repugnant, disgusting, nauseating.

ˌabˈscheu·lich I *adj* **1.** (*ekelhaft*) disgusting, loathsome, repulsive, revolting. – **2.** (*verabscheuenswert*) hateful, detestable, abominable, odious, execrable (*lit.*), shocking (*colloq.*). – **3.** (*unausstehlich*) nasty, horrible, horrid, beastly (*colloq.*): das war ~ von euch that was horrid of you. – **4.** *cf.* greulich. – **II** *adv* **5.** hatefully, abominably: er hat sich ~ benommen he behaved abominably. – **6.** *colloq.* terribly (*colloq.*), awfully (*colloq.*), horribly (*colloq.*): es tut ~ weh it hurts awfully. — **ˌAbˈscheu·lich·keit** *f* ⟨-; -en⟩ **1.** disgustingness, loathsomeness. – **2.** hatefulness, detestability, odiousness. – **3.** nastiness, horribleness, beastliness (*colloq.*). – **4.** *cf.* Greulichkeit. – **5.** (*Untat*) atrocity, atrocious act.

ˈabˌschich·ten I *v/t* ⟨*sep*, -ge-, h⟩ **1.** separate (*od.* arrange) (*s.th.*) in layers, partition off. – **2.** *jur. cf.* abfinden 1. – **II** *v/reflex* sich ~ **3.** separate (*od.* arrange oneself) into layers.

ˈabˌschicken (*getr.* -k·k-) *v/t* ⟨*sep*, -ge-, h⟩ **1.** send (off), dispatch, despatch. – **2.** (*postal service*) *bes. Am.* mail, *bes. Br.* post. – **3.** *econ.* a) (*Waren*) consign, *bes. Am.* ship, b) (*Geld*) remit.

ˈabˌschie·ben I *v/t* ⟨*irr, sep*, -ge-, h⟩ **1.** (von from) push (*od.* shove) away. – **2.** *fig.* (*abwälzen*) shift (*od.* push, shuffle) (*s.th.*) (off), palm (*s.th.*) off: die Schuld auf j-n ~ to shift the blame on to (*Am.* onto) s.o., to lay the blame at s.o.'s door; die Verantwortung auf j-n ~ to shift the responsibility (from one's shoulder *od.* from oneself) on to s.o. else, to pass the buck to s.o. (*sl.*); eine Arbeit auf j-n ~ to push a job off on to s.o. – **3.** j-n ~ *fig.* (*kaltstellen*) to shelve s.o., to put s.o. on the shelf (*od.* into cold storage). – **4.** *jur.* a) (*Ausländer*) deport, b) (*Landstreicher*) expel. – **5.** (*sport*) beat (*s.o.*) in bowling. – **II** *v/i* ⟨sein⟩ **6.** *colloq.* (*weggehen*) push (*od.* clear) off (*colloq.*), shove off (*sl.*). – **7.** *vulg.* (*sterben*) 'peg out' (*sl.*), kick the bucket (*sl.*). – **III A~** *n* ⟨-s⟩ **8.** *verbal noun.* — **ˈAbˌschie·bung** *f* ⟨-; -en⟩ **1.** *cf.* Abschieben. – **2.** *jur.* a) (*von Ausländern*) deportation, b) (*von Landstreichern*) expulsion. – **3.** *geol.* downthrow fault.

ˈAbˌschied *m* ⟨-(e)s; *obs.* -e⟩ **1.** parting, leave-taking, farewell: beim ~, zum ~ at (*od.* on) parting; ~ nehmen (von) to take leave (of), to bid (*s.o.*) farewell, to say good-by(e) (to); französischer ~ French leave; j-m den ~ schwermachen to make parting difficult for s.o.; der ~ von der Bühne (*od.* von den Brettern) *fig.* the farewell from the stage. – **2.** (*Abreise*) departure, leaving: beim ~ on leaving; bei seinem ~ von Berlin on his departure from Berlin; ~ vom Leben *fig.* demise, departure from life. – **3.** (*Entlassung*) dismissal, discharge: seinen ~ bekommen (*od.* erhalten) a) to be dismissed, b) (*strafweise*) to be cashiered. – **4.** (*Rücktritt*) resignation: seinen ~ einreichen a) to tender (*od.* turn in, send in, hand in) one's resignation, to resign, b) (*als Beamter*) to quit the service. – **5.** *mil.* a) discharge, b) (*Ausscheiden*) retirement, c) (*Rücktritt*) resignation: schlichter ~ *hist.* unceremonious discharge; unehrenhafter ~ dishono(u)rable discharge; seinen ~ nehmen a) to retire, to send in one's resignation (*od.* papers), b) (*als Offizier*) to resign one's commission; um seinen ~ einkommen (*od.* ersuchen) to apply for one's discharge; der Offizier erhielt seinen ~ the officer was placed on the retired list. – **6.** *hist.* recess, decree, ordinance.

ˈAbˌschiedˌneh·men *n* leave-taking, parting, saying good-by(e), valediction (*lit.*).

ˈAbˌschieds|ˌabend *m* **1.** farewell party. – **2.** *mus.* (*theater*) farewell evening (*od.* performance). — **~ˌanˌspra·che** *f* farewell address (*od.* speech), valedictory (address) (*lit.*). — **~au·diˌenz** *f pol.* (*eines Diplomaten etc*) farewell audience. — **~beˌsuch** *m* farewell visit: j-m einen ~ machen to pay (*od.* make) s.o. a farewell visit. — **~ˌbrief** *m* farewell letter. — **~ˌes·sen** *n* farewell dinner (*od.* banquet). — **~ˌfei·er** *f*, **~ˌfest** *n* farewell party. — **~geˌsang** *m antiq.* valedictory song, apopemptic (song). — **~geˌschenk** *n* parting gift. — **~geˌsell·schaft** *f* farewell party. — **~geˌsuch** *n* (letter of) resignation: sein ~ einreichen to tender (*od.* turn in, send in, hand in) one's resignation. — **~ˌgruß** *m* farewell (greeting). — **~ˌkuß** *m* parting kiss. — **~ˌmahl** *n lit. cf.* Abschiedsessen. — **~ˌre·de** *f cf.* Abschiedsansprache. — **~ˌschmaus** *m* parting feast. — **~ˌschmerz** *m* pain at (*od.* on) parting. — **~ˌstunde** *f* hour of parting, parting hour. — **~ˌsze·ne** *f* farewell scene. — **~ˌträ·nen** *pl* tears at (*od.* on) parting, parting tears. — **~ˌtrunk** *m lit.* parting cup, one for the road (*colloq.*). — **~ˌvorˌstel·lung** *f* farewell performance. — **~ˌwor·te** *pl* words of farewell, valediction *sg* (*lit.*): er dankte (ihnen) mit bewegten ~n deeply moved he thanked (them) in his farewell speech.

ˈabˌschie·fern I *v/reflex* ⟨*sep*, -ge-, h⟩ sich ~ *geol.* exfoliate, laminate. – **II A~** *n* ⟨-s⟩ *verbal noun.* — **ˈAbˌschie·fe·rung** *f* ⟨-; -en⟩ **1.** *cf.* Abschiefern. – **2.** exfoliation, lamination.

ˈabˌschie·ßen I *v/t* ⟨*irr, sep*, -ge-, h⟩ **1.** (*Geschoß*) shoot (*od.* fire) (off), discharge: eine Kugel (auf j-n) ~ to shoot a bullet (at s.o.), to send off a bullet (after s.o.); einen Pfeil (auf j-n) ~ to let fly (*od.* loose, speed) an arrow (at s.o.). – **2.** (*Schußwaffe*) fire, shoot (off), discharge, let off: eine Pistole ~ to fire a pistol. – **3.** (*Rakete, Torpedo*) launch. – **4.** (*Feuerwerk*) let off, shoot off. – **5.** (*herunterschießen*) bring (*od.* shoot) down, down: j-n ~ *fig. colloq.* to bring s.o. down, to oust s.o.; er hat den Vogel abgeschossen *fig. colloq.* he carried off the prize. – **6.** *cf.* erschießen 1. – **7.** (*Arm, Hand etc*) shoot off: j-m ein Bein ~ to shoot s.o.'s leg off. – **8.** *mil. mar.* (*Panzer, Schiffe etc*) knock out, destroy, kill. – **9.** *hunt.* a) (*Wild*) bring (*od.* shoot) down, drop, b) (*Vogel*) *auch* wing, c) (*Revier*) shoot over, d) (*einzelne Arten*) eradicate. – **10.** (*wood*) *cf.* riesen. – **II** *v/i* ⟨sein⟩ **11.** *geol.* (*von Gelände etc*) fall, drop, sheer. – **12.** *Southern G. dial. for* verschießen 1. – **III A~** *n* ⟨-s⟩ **13.** *verbal noun.* – **14.** *cf.* Abschuß 1, 2, 4, 6 a-c.

ˈabˌschif·fen *mar.* **I** *v/t* ⟨*sep*, -ge-, h⟩ ship (away). – **II** *v/i* (*ableichtern*) lighten.

ˈabˌschil·fern *med.* **I** *v/i u.* sich ~ *v/reflex* ⟨*sep*, -ge-, h⟩ (*von Haut*) peel (off), scale (off), come off in scales; exfoliate, desquamate (*scient.*). – **II A~** *n* ⟨-s⟩ *verbal noun.* — **ˈAbˌschil·fe·rung** *f* ⟨-; -en⟩ **1.** *cf.* Abschilfern. – **2.** exfoliation, desquamation.

ˈabˌschin·den I *v/t* ⟨*irr, sep*, -ge-, h⟩ **1.** *fig.* jade, overwork (and ill-treat). – **2.** *cf.* abschürfen 2. – **II** *v/reflex* sich ~ **3.** *colloq.* drudge, slave, toil (and moil), fag, keep one's nose to the grindstone.

ˈAbˌschirm|ˌbe·cher *m* **1.** (*radio*) screen (hood). – **2.** *tel.* shielding (*od.* screening) can. — **~ˌblech** *n* **1.** *mil.* baffle plate. – **2.** *electr.* screening plate. — **~ˌdienst** *m mil. pol.* counterintelligence.

ˈabˌschir·men I *v/t* ⟨*sep*, -ge-, h⟩ **1.** (*abblenden*) screen, shield, shade: eine offene Flamme ~ to shade an open flame; die Augen gegen die Sonne ~ to shield one's eyes against the sun. – **2.** (*schützen*) protect, guard, shield, screen: j-n gegen Gefahren ~ to protect s.o. from (*od.* guard s.o. against) dangers. – **3.** *electr.* screen, shield. – **4.** *econ.* protect (*s.th.*) by tariff barriers. – **5.** *mil.* a) (*durch eine Nebelwand*) screen, b) (*durch Beschuß*) cover. – **6.** *pol.* (*gegen Spionage*) protect (*s.th.*) against espionage (*od.* by counterespionage). – **7.** *chem.* a) screen, b) shield. – **8.** (*space*) shield (against radiation). – **II** *v/reflex* sich ~ **9.** protect oneself, shield oneself, guard oneself, screen oneself. – **III A~** *n* ⟨-s⟩ **10.** *verbal noun.* – **11.** *cf.* Abschirmung.

ˈAbˌschirm|geˌhäu·se *n* (*radio*) screening box (*od.* housing, case). — **~ˌhau·be, ~ˌkap·pe** *f cf.* Abschirmbecher.

ˈAbˌschir·mung *f* ⟨-; *no pl*⟩ **1.** *cf.* Abschirmen. – **2.** protection. – **3.** *electr.* (electric) screen (*od.* shield). – **4.** *mil.* a) cover(ing), protection, security, b) *aer.* umbrella. – **5.** *aer.* glow screen. – **6.** *pol.* (*gegen Spionage*) counterespionage. – **7.** (*space*) (radiation) shield.

ˈAbˌschir·mungs|efˌfekt *m phys.* screening effect. — **~konˌstan·te** *f* screening constant.

ˈAbˌschirm|ˌvorˌrich·tung *f* (*radio*) *tel.* screening device. — **~ˌwir·kung** *f phys.* screening (*od.* guarding) effect.

ˈabˌschir·ren *v/t* ⟨*sep*, -ge-, h⟩ **1.** (*Zugtiere*) unyoke. – **2.** (*Pferde*) unharness.

ˈabˌschlach·ten I *v/t* ⟨*sep*, -ge-, h⟩ slaughter (*auch fig.*), butcher (*auch fig.*). – **II A~** *n* ⟨-s⟩ *verbal noun.* — **ˈAbˌschlach·tung** *f* ⟨-; -en⟩ **1.** *cf.* Abschlachten. – **2.** slaughter.

ˈabˌschlacken (*getr.* -k·k-) *v/t* ⟨*sep*, -ge-, h⟩ *metall.* (*Schlacke*) slag (off), skim off (*od.* remove) the slag from.

ˈAbˌschlag *m* **1.** *econ.* (*Rabatt*) discount, rebate, reduction, abatement, allowance: ohne Zuschlag und ~ without discount or surcharge; einen ~ gewähren to allow a discount (*od.* rebate); Auktion mit ~ Dutch auction. – **2.** *econ.* (*Preisrückgang bei Aktien*) drop, fall, decline (in price). – **3.** *econ.* (*Teilzahlung*) installment, *bes. Br.* instalment, payment on account. – **4.** *econ.* (*im Bankwesen*) *cf.* Disagio. – **5.** *econ. cf.* Vorschuß 1. – **6.** *civ.eng.* (*beim Sprengen*) round. – **7.** (*mining*) lift. – **8.** *hunt.* a) (*des Hirschgeweihs*) fraying, b) *cf.* Hauptschlag. – **9.** (*sport*) a) (*beim Fußball*) goal kick, (*aus der Hand*) punt, b) (*beim Feldhockey*) free hit. – **10.** (*beim Golf*) a) (*Stelle*) tee, b) (*Schlag*) tee-off, drive. – **11.** (*games*) (*beim Hasardspiel*) turning of a card. – **12.** *mus.* (*beim Dirigieren*) downbeat.

ˈabˌschla·gen I *v/t* ⟨*irr, sep*, -ge-, h⟩ **1.** (*ab-, losbrechen*) knock off: den Henkel (von der Tasse) ~ to knock the handle off (the cup); Nüsse ~ to knock down nuts. – **2.** (*abtrennen*) cut off, hew off: j-m den Kopf ~ to cut off s.o.'s head, to decapitate (*od.* behead) s.o.; ich lasse mir lieber den Kopf ~ als *fig. colloq.* I'd sooner have my head cut off than. – **3.** (*zerlegen*) take down (*od.* apart), dismantle: das Gerüst [ein Bett] ~ to take down the scaffolding [a bed]; das Lager ~ to strike (the tents of the) camp, to break (up) camp. – **4.** *fig.* (*ablehnen*) refuse, reject, turn (*s.th.*) down, deny, (*schwächer*) decline: j-s Bitte rundweg (*colloq.* glatt) ~ to turn s.o. (*od.* s.o.'s request) down flat; j-m etwas ~ to refuse s.o. s.th.; das lasse ich mir nicht ~ I won't be denied. – **5.** *mil.* (*Angriff, Feind etc*) repel, beat off, repulse. – **6.** (*forestry*) *cf.* schlagen 24, fällen 1. – **7.** *civ.eng.* (*gestautes Wasser*) let off, drain off. – **8.** *arch.* (*Raum*) partition off. – **9.** etwas vom Preis ~ *econ.* to grant a reduction. – **10.** *tech.* knock off. – **11.** *metall.* (*Gußformen*) strike off. – **12.** (*sport*) a) (*Fußball*) kick off, b) (*Golfball*) tee off, c) (*Streich*) parry: den Dritten ~ (*Kinderspiel*) to play twos-and-threes. – **13.** *mar.* (*Segel*) unbend, unbind, unlace. – **14.** *print.* a) (*Matrize*) stereotype, dab, b) (*Format*) strip, untie, unlock. – **15.** (*textile*) a) (*Maschen*) knock over, b) (*Faden*) slough, c) (*Farben*) strike off. – **16.** *gastr.* beat. – **17.** *hunt.* a) (*Bast*) rub off, fray, b) (*Hirsch*) drive off, c) (*Hasen, Kaninchen*) kill (*by striking the back of the neck*). – **18.** (*beim Hasardspiel*) eine Taille ~ to turn up all the cards in one hand. – **19.** sein Wasser ~ *colloq.* to urinate, to make (*od.* pass) water. – **II** *v/i* **20.** (*sport*) (*vom Fußballtormann*) take a goal kick: aus der Hand ~ to goal-kick from the hands. – **21.** *mus.* (*beim Dirigieren*) cut off, take off. – **III** *v/reflex* sich ~ **22.** (*vom Wege*) strike out in another direction. – **23.** (*von Feuchtigkeit, Dämpfen*) condense. – **IV A~** *n* ⟨-s⟩ **24.** *verbal noun.* – **25.** *cf.* Abschlagung.

ˈabˌschlä·gig [-ˌʃlɛːgɪç] **I** *adj* (*abweisend*) negative, refusing: eine ~e Antwort a negative answer (*od.* reply), a refusal; einen ~en Bescheid bekommen, eine ~e Antwort erhalten to meet with a refusal. – **II** *adv* negatively: j-s Eingabe ~ bescheiden to refuse (*od.* turn down) s.o.'s request; ~ beschieden werden to be refused; ~ antworten to answer negatively.

ˈabˌschläg·lich [-ˌʃlɛːk-] *adj econ.* (*Zahlung etc*) on account.

ˈAbˌschlag|maˌschi·ne *f tech.* (*bei Zündholzherstellung*) splint-cutting machine. — **~ˌplatz** *m* (*sport*) (*beim Golf*) tee.

ˈAbˌschlags|di·viˌden·de *f econ.* interim dividend, dividend at interim. — **~ˌklau·sel** *f* clause on part payments of wages. — **~ˌsum·me** *f* instal(l)ment, sum paid on account.

ˈAbˌschlagˌstel·le *f* (*sport*) (*beim Golf*) tee: den Ball auf die ~ legen to tee (the ball); den Ball von der ~ schlagen to tee off.

ˈAbˌschlagsˌzah·lung *f econ.* (*Akontozahlung*) payment on account, part payment: ~en leisten to pay on account, to make (*od.* effect) part payment.

ˈAbˌschla·gung *f* ⟨-; *no pl*⟩ **1.** *cf.* Abschlagen. – **2.** (*einer Bitte*) refusal. – **3.** (*eines Angriffs*) repulse.

'**Ab‚schlag‚zah·lung** *f econ. cf.* Abschlagszahlung.
'**ab‚schläm·men I** *v/t* ⟨*sep*, -ge-, h⟩ **1.** *chem.* (*abgießen*) decant, clear (*s.th.*) of mud, elutriate (*scient.*). – **2.** *tech.* a) (*Erze*) wash, b) (*Kreide*) purify. – **3.** *tech.* (*Zucker*) clarify. – **II A~** *n* ⟨-s⟩ **4.** *verbal noun.* – **5.** (*mining*) (*bei Edelmetallgewinnung*) hydraulicking, hydraulic mining, *auch* sluicing. – **6.** *cf.* Abschlämmung.
'**Ab‚schlämm‚hahn** *m tech.* (sludge-)drain cock.
'**Ab‚schläm·mung** *f* ⟨-; -en⟩ **1.** *cf.* Abschlämmen. – **2.** *chem.* decantation, clearance of mud, elutriation (*scient.*). – **3.** *tech.* a) (*von Erz*) wash, b) (*von Kreide*) purification. – **4.** *tech.* (*von Zucker*) clarification.
'**ab‚schlecken** (*getr.* -k·k-) *v/t* ⟨*sep*, -ge-, h⟩ *Southern G. for* ablecken: sich (*dat*) alle (zehn) Finger ~ (nach) *fig. colloq.* to strain hard (to get *s.th.*), to be dead keen (on *s.th.*).
'**ab‚schlei·fen I** *v/t* ⟨*irr, sep*, -ge-, h⟩ **1.** (*Rost, Farbe etc*) rub off: Roststellen mit Schmirgelpapier ~ to rub off (*od.* sand) rust spots with emery paper. – **2.** (*Lack, Boden etc*) polish. – **3.** *tech.* a) grind off, b) (*rauhe Oberfläche*) smooth (off), rub (*od.* cut) down: eine Fläche ~ to grind a surface flat. – **4.** *tech.* (*Holz*) sand(paper). – **5.** (*jewelry*) (*Diamanten etc*) cut, rough-polish, skive. – **6.** *geol.* erode, abrade, corrade, scour. – **7.** *fig.* smooth, polish, refine: j-s Fehler ~ to refine s.o.'s manners. – **II** *v/reflex* sich ~ **8.** *bes. tech.* wear away (*od.* down), abrade. – **9.** *fig.* (*von Eigenarten etc*) wear smooth. – **10.** *fig. colloq.* (*von Personen hinsichtlich der Umgangsformen*) acquire polish. – **III A~** *n* ⟨-s⟩ **11.** *verbal noun.* – **12.** *cf.* Abschleifung. — '**ab‚schlei·fend I** *pres p.* – **II** *adj* abrasive, abradant.
'**Ab‚schlei·fer** *m* ⟨-s; -⟩ **1.** *tech.* grinder. – **2.** (*jewelry*) (*Schleifrad*) skive. – **3.** (*paints*) rubber-down.
'**Ab‚schleif·sel** *pl tech.* (*Schleifabfälle*) grindings.
'**Ab‚schlei·fung** *f* ⟨-; -en⟩ **1.** *cf.* Abschleifen. – **2.** *tech.* (*Abschürfung*) abrasion. – **3.** *geol.* erosion, abrasion, corrasion, scour.
'**ab‚schlei·men** *v/t* ⟨*sep*, -ge-, h⟩ **1.** free (*od.* rid) (*s.th.*) from slime. – **2.** (*Fische*) clean.
'**ab‚schlei·ßen** *v/t* ⟨*irr, sep*, -ge-, h⟩ (*Kleidungsstück*) wear out.
'**Ab‚schlepp‚dienst** *m auto.* towing (*od.* break-down, recovery) service, *bes. Am.* wrecking (*od.* wrecker) service.
'**ab‚schlep·pen I** *v/t* ⟨*sep*, -ge-, h⟩ **1.** *tech.* tow (away *od.* off), take (*s.th.*) in tow: sein Auto ~ lassen to have one's car towed away. – **2.** *mar.* tow (off): ein Schiff ~ to tow off a ship. – **3.** *fig. colloq.* (*einen Betrunkenen*) take (*s.o.*) in tow. – **4.** *agr.* (*Acker*) drag. – **II** *v/reflex* **5.** sich mit etwas ~ to wear oneself out carrying s.th., to struggle under the weight of s.th., to tire oneself (out) carrying s.th.
'**Ab‚schlepp|ge‚rät** *n* towing equipment (*od.* tackle). — **~‚ha·ken** *m* tow hook. — **~kom‚man·do** *n mil.* recovery party (*od.* section), *bes. Am.* wrecker detail. — **~‚kran** *m* salvage (*od.* towing, *bes. Am.* wrecking) crane. — **~-‚Pan·zer** *m mil.* tank recovery vehicle, wrecker. — **~‚seil** *n* towrope, towing rope, towcable. — **~‚stan·ge** *f* tow rod, tow(ing) (*od.* drag) bar. — **~‚vor‚rich·tung** *f* towing attachment. — **~‚wa·gen** *m bes. Am.* tow truck (*od.* car), *Am.* wrecker (truck), *Br.* break-down lorry.
'**ab‚schleu·dern** *v/t* ⟨*sep*, -ge-, h⟩ **1.** (*Schleuderball etc*) hurl (off), throw (off). – **2.** *aer.* (*Flugzeug*) catapult. – **3.** *tech.* (*Weberei*) fly off. – **4.** *tech.* (*Zucker*) centrifuge, spin (off). – **5.** (*textile*) hydroextract.
'**ab‚schlich·ten** *v/t* ⟨*sep*, -ge-, h⟩ **1.** *metall. cf.* schlichten 8. – **2.** (*paints*) (*Tünche*) prime. – **3.** *tech.* (*wood*) clean (*od.* finish) off (*a planed surface*).
'**ab‚schließ·bar** *adj* lockable: die Tür ist nicht ~ the door cannot be locked.
'**ab‚schlie·ßen I** *v/t* ⟨*irr, sep*, -ge-, h⟩ **1.** (*Tür, Schrank*) lock. – **2.** (*Haus, Laden*) lock up. – **3.** (*isolieren*) isolate, cut (*od.* shut) off: der Erdrutsch schloß das Tal von der Außenwelt ab the landslide isolated the valley from the outside world. – **4.** (*beenden*) end, complete, conclude, finish: eine Arbeit [Untersuchung] ~ to complete a work [an investigation]; sein Studium ~ to conclude one's studies; etwas mit Erfolg ~ to bring s.th. to a successful conclusion; er schloß seine Rede mit der Bemerkung ab he concluded (*od.* wound up) by saying; das Essen mit Kaffee ~ to top off the dinner with coffee (*colloq.*). – **5.** (*als Verzierung*) finish off: den Saum mit einer Borte ~ to finish off the hem with a border. – **6.** *jur.* a) (*Vertrag, Waffenstillstand etc*) conclude, effect, enter into, b) (*Fall etc*) conclude, close, complete: einen Vertrag [ein Abkommen] ~ to conclude a treaty [an agreement]. – **7.** eine Wette ~ (lay a) wager. – **8.** *econ.* a) (*Bücher*) close, balance, make up, b) (*Rechnungen*) adjust, settle: ein Konto ~ to close (*od.* balance) an account. – **9.** *econ.* (*Geschäft etc*) conclude, close, settle, clinch: einen Handel ~ to drive (*od.* strike) a bargain. – **10.** *econ.* (*Versicherung, Anleihe etc*) take out, effect: eine Lebensversicherung ~ to take out a life insurance (*Br.* assurance) policy, to take out (a) life insurance. – **11.** *electr.* (*Leitung*) terminate, dead-end: eine Leitung durch ihren Wellenwiderstand ~ to terminate a line in its own impedance; tot ~ to dead-end. – **12.** *tech.* a) close, shut off, b) seal (off): Nahrungsmittel luftdicht ~ to seal off food. – **13.** *rare for* einschließen 2. – **II** *v/i* **14.** (*enden*) end (up), close, finish (off): der Bericht schloß mit der Revolution ab the report ended with an account of the revolution; der Prozeß schloß mit einem gerichtlichen [außergerichtlichen] Vergleich ab *jur.* the law suit ended with a compromise in court [an agreement out of court]; das Rechnungsjahr schließt mit diesem Monat ab *econ.* the financial year closes with this month; aktiv [passiv] ~ *econ.* to close with a credit [debit] balance. – **15.** (*mit einer Leiste, Verzierung etc*) be finished off. – **16.** *fig.* (*Beziehungen abbrechen*) break, finish: er hat mit ihr abgeschlossen he has broken with her. – **17.** *fig.* do, finish: er hat mit dem Leben [der Welt] abgeschlossen he has done with life [the world]. – **18.** *econ.* close (a deal), contract: zu diesem Preis kann ich nicht ~ I can't close the deal at this price; ich habe mit ihm über 20 000 Mark abgeschlossen I closed with him for 20,000 marks. – **19.** (*theater*) (*Engagement eingehen*) sign (a contract): der Schauspieler hat an ein Theater in Hamburg abgeschlossen the actor has signed (a contract) with a theater (*Br.* theatre) in Hamburg. – **III** *v/reflex* sich ~ **20.** *fig.* (*absondern*) isolate oneself, shut (*od.* cut) oneself off: sich von der Umwelt ~ to shut oneself off from one's environment. – **IV A~** *n* ⟨-s⟩ **21.** *verbal noun.* – **22.** *cf.* Abschluß 1, 2, 5-7, 10.
'**ab‚schlie·ßend I** *adj* **1.** (*Urteil*) definitive, definite, final. – **2.** *fig.* (*Worte etc*) concluding, closing, conclusive, final: eine ~e Bemerkung a concluding remark. – **II** *adv* **3.** in conclusion, finally: ~ möchte ich sagen in conclusion I should like to say; ~ bemerken to conclude (by saying); ~ erklärte er he wound up by declaring.
'**Ab‚schlie·ßung** *f* ⟨-; -en⟩ **1.** *cf.* Abschließen. – **2.** *fig.* (*von der Außenwelt etc*) isolation. – **3.** *pol.* isolation: die ~ des Landes von seinen Nachbarn the country's isolation from its neighbo(u)rs.
'**Ab‚schlie·ßungs‚kü·ste** *f geol.* concordant coast.
'**Ab‚schliff** *m tech.* swarf, abraded particles [*pl.*]
'**ab‚schlin·gern** *v/t* ⟨*sep*, -ge-, h⟩ *mar.* (*Mast*) carry (*od.* roll) away.
'**ab‚schlür·fen** *v/t* ⟨*sep*, -ge-, h⟩ (*Schaum etc*) sip off.
'**Ab‚schluß** *m* ⟨-sses; Abschlüsse⟩ **1.** (*Verschluß*) shutting up, closing. – **2.** (*Ende, Beendigung*) conclusion, close, end(ing), completion, termination: nach ~ der Untersuchung after the conclusion of the investigation; eine Sache zum ~ bringen to bring a matter to a conclusion (*od.* close); mit etwas zum ~ kommen to conclude (*od.* close) s.th.; zum ~ hören Sie in conclusion (*od.* finally) you will hear; nach ~ seines Studiums after having finished his studies. – **3.** *colloq.* (*Abschlußprüfung*) final examination: ein Studium ohne ~ a course of study without final examination. – **4.** (*abschließende Verzierung*) border, (*Kante*) *auch* rim. – **5.** *jur.* a) (*eines Vertrages, Plädoyers etc*) conclusion, (*Unterzeichnung*) signing, b) (*eines Falles*) conclusion, completion. – **6.** *econ.* a) (*der Bücher*) closing, balancing, making up, b) (*der Rechnungen*) adjustment, settling, settlement: beim ~ unserer Bücher (on) closing our books; der ~ einer Gesellschaft the annual (*od.* end-of-year) financial statement of a company. – **7.** *econ.* (*einer Versicherung*) taking out, effecting: der ~ einer Krankenversicherung the taking out of a health insurance (policy). – **8.** *econ.* (*Kaufvertrag*) a) transaction, deal, bargain, b) commitment, c) contract: mit j-m zu einem ~ kommen to make a transaction with s.o.; ~ auf lange Sicht long-term transaction; einen ~ tätigen to enter into (*od.* make) a commitment; ein ~ über 1000 Tonnen Weizen a contract for 1,000 tons of wheat. – **9.** *pl econ.* sales, transactions, business *sg*: günstige Abschlüsse in Kaffee satisfactory sales in coffee; es wurden wenige [umfangreiche] Abschlüsse erzielt [gebucht] very few [extensive] sales were achieved [booked]; die erhöhten Abschlüsse der Messen the increase of sales at the trade fairs. – **10.** *pol.* (*einer Debatte etc*) closure, *Am. auch* cloture. – **11.** *tech.* seal: luftdichter ~ airtight seal. – **12.** *electr.* termination. – **13.** (*theater*) contract. – **14.** *ling.* completion, conclusion.
'**Ab‚schluß|‚bau‚werk** *n civ.eng.* closure structure. — **~be‚richt** *m* final report. — **~bi‚lanz** *f econ.* annual (*od.* final) balance sheet. — **~‚block** *m tech.* cinder block. — **~‚bor·te** *f* **1.** (*textile*) seaming lace. – **2.** (*an Tapeten*) frieze. — **~‚bu·chung** *f econ.* entry at the close of the business year. — **~‚damm** *m civ.eng.* closure embankment. — **~‚deckel** (*getr.* -k·k-) *m tech.* cover plate (*od.* strip), sealing cover. — **~‚deich** *m civ.eng. cf.* Abschlußdamm. — **~‚dich·tung** *f tech.* seal, *Am.* shutoff. — **~er‚geb·nis** *n econ.* closed accounts *pl*, final results *pl.* — **~ex‚amen** *n cf.* Abschlußprüfung 1. — **~‚fei·er** *f* (*in der Schule*) *Am.* commencement (day), day of graduation, *Br.* Speech Day, Prizegiving Day. — **~ge‚bühr** *f econ.* fee payable on completion (of agreement *od.* contract). — **~ge‚we·be** *n bot.* epiderm(is). — **~‚hahn** *m tech.* stopcock. — **~‚ka·bel** *n electr.* (*nässesicheres Kabel*) terminal cable. — **~‚kan·te** *f* **1.** (*eines Orientteppichs*) web. – **2.** *cf.* Abschlußborte. — **~‚kap·pe** *f electr.* (*eines Kabels*) end cap. — **~‚klas·se** *f ped.* final-year (*od.* senior, *auch* top) class (*bes. Br.* form), *Am.* (*an höheren Schulen*) *auch* graduating class. — **~‚kund‚ge·bung** *f* final manifestation (*od.* demonstration). — **~‚kurs** *m econ.* **1.** agreed price (*od.* rate). – **2.** closing price (*od.* rate). — **~‚lei·ste** *f tech.* border, cover strip. — **~‚mel·dung** *f* final report. — **~‚muf·fe** *f tech.* pothead (cable), cable head, cable-distribution plug, pothead jointing sleeve, terminal box. — **~‚prä·mie** *f econ.* **1.** final bonus (*od.* commission). – **2.** sales premium. — **~pro·to‚koll** *n* final report, minutes *pl.* — **~pro·vi·si‚on** *f econ.* **1.** signing (*od.* final) commission. – **2.** sales commission. — **~‚prü·fer** *m* auditor (of the annual accounts). — **~‚prü·fung** *f* **1.** *ped.* final examination, finals *pl*, *Br. auch* (school) leaving examination: seine ~ ablegen to take one's final (*Br. auch* leaving) examination. – **2.** *econ.* (*der Bücher*) audit. — **~‚rech·nung** *f econ.* account of settlement, final accounts *pl* (*od.* results *pl*): ~ für das Rechnungsjahr final results of the financial year. — **~‚sit·zung** *f* final session. — **~(‚stich)‚tag** *m econ.* **1.** closing day. – **2.** settlement (*od.* settling, account) day, payday. — **~ter‚min** *m econ.* (*für Abonnements etc*) closing date. — **~ver‚an‚stal·tung** *f* final performance (*od.* event, meeting). — **~ver‚gü·tung** *f econ.* end-of-year bonus. — **~‚wand** *f civ.eng.* end plate. — **~‚wech·sel** *m econ.* remittance for balancing accounts. — **~‚zah·lung** *f* final (*od.* residual, closing) payment, final instal(l)ment. — **~zen‚sur** *f ped.* final mark. — **~‚zeug·nis** *n ped. Am.* (high school) diploma, *Br.* (school) leaving certificate. — **~‚zif·fern** *pl econ.* profit and loss figures.
'**Ab‚schmack** [-‚ʃmak] *m* ⟨-(e)s; *no pl*⟩ *obs. for* Nachgeschmack.
'**ab‚schmat·zen** *v/t* ⟨*sep*, -ge-, h⟩ j-n ~ *colloq.* to smother s.o. with kisses.
'**ab‚schmecken** (*getr.* -k·k-) *v/t* ⟨*sep*, -ge-, h⟩ **1.** (*auf Geschmack prüfen*) taste, test (*s.th.*) by tasting. – **2.** (*würzen*) season, flavor, *bes. Br.* flavour: die Suppe mit Salz und Pfeffer ~ to season the soup with salt and pepper. — '**Ab‚schmecker** (*getr.* -k·k-) *m* ⟨-s; -⟩ *gastr.* taster.

ˈabˌschmei·cheln *v/t* ⟨*sep*, -ge-, h⟩ j-m etwas ~ to coax (*od.* wheedle) s.th. out of s.o., to get s.th. from s.o. by flattery.

ˈabˌschmei·ßen *v/t* ⟨*irr, sep*, -ge-, h⟩ *colloq. for* abwerfen. — **ˈAbˌschmei·ßer** *m* ⟨-s; -⟩ *colloq.* (*Pferd*) bucker, buckjumper.

ˈAbˌschmelz|ˌdau·er *f electr.* (*einer Sicherung*) fusing time. — **~ˌdraht** *m* fuse (*od.* safety) wire, *Am. auch* fuze wire, safety (*od.* cutout) fuse (*Am. auch* fuze).

ˈabˌschmel·zen I *v/i* ⟨*irr, sep*, -ge-, sein⟩ **1.** (*von Gletscher, Schnee*) melt (away). – **2.** *geol.* melt; ablate, dissipate (*scient.*). – **3.** *metall.* smelt, melt off. – **4.** *electr.* (*von Sicherung*) blow (out). – **II** *v/t* ⟨h⟩ **5.** (*Wachs, Schnee etc*) melt (off). – **6.** *electr.* blow: eine Sicherung ~ to blow a fuse (*Am. auch* fuze). – **7.** *metall.* a) melt away (*od.* down), fuse, b) (*bes. Erz*) smelt, separate (*s.th.*) by smelting: das Kupfer ~ to melt down the copper. – **III A~** *n* ⟨-s⟩ **8.** *verbal noun.* – **9.** *geol.* (*eines Gletschers*) melting; ablation, dissipation (*scient.*). – **10.** *metall.* fusion.

ˈAbˌschmelz|konˌstan·te *f tech.* fusion coefficient. — **~ˌschwei·ßung** *f tech.* fusion welding. — **~ˌsi·che·rung** *f electr.* (safety) fuse (*Am. auch* fuze), fusible cutout. — **~ˌstrei·fen** *m* fuse (*Am. auch* fuze) strip. — **~ˌstrom** *m* fusing (*od.* blowing) current.

ˈAbˌschmel·zung *f* ⟨-; -en⟩ *cf.* Abschmelzen.

ˈabˌschmie·gen *v/t* ⟨*sep*, -ge-, h⟩ *tech.* (*Kanten etc*) bevel, chamfer.

ˈAbˌschmierˌdienst *m auto.* lubricating (*od.* lubrication) service.

ˈabˌschmie·ren I *v/t* ⟨*sep*, -ge-, h⟩ **1.** *tech.* (*Auto, Maschine etc*) lubricate, grease. – **2.** *colloq.* (*schlampig abschreiben*) copy (*s.th.*) carelessly. – **3.** *ped. colloq.* (*unerlaubt abschreiben*) crib, copy: er hat die Antwort vom Nachbarn abgeschmiert he cribbed the answer from his neighbo(u)r. – **4.** *colloq. for* verprügeln 1. – **II** *v/i* ⟨sein *u.* h⟩ **5.** ⟨sein⟩ *aer.* (*von Flugzeug*) crash, nose-dive. – **6.** ⟨h⟩ *print.* (*abfärben*) set off, slur: die Druckerschwärze beginnt abzuschmieren the ink begins to smear and set off. – **III A~** *n* ⟨-s⟩ **7.** *verbal noun.* – **8.** *aer.* (*Absturz*) crash, (nose) dive. – **9.** *tech. cf.* Abschmierung.

ˈAbˌschmie·rer *m* ⟨-s; -⟩ *contempt. for* Abschreiber 2.

ˈAbˌschmier|ˌfahrˌzeug *n tech.* greasing and lubricating service vehicle (*od.* rig), *Am.* mobile lube rig. — **~ˌfett** *n* lubricating grease, chassis lubricant. — **~ˌgru·be** *f auto.* greasing (*od.* lubrication) pit. — **~ˌnip·pel** *m tech.* grease nipple. — **~ˌpres·se** *f* grease gun. — **~ˌstand** *m auto. Am.* lube bay, *Br.* lubricating bay. — **~sta·tiˌon** *f* (*für Autos*) greasing (lubrication) station.

ˈAbˌschmie·rung *f* ⟨-; -en⟩ **1.** *cf.* Abschmieren. – **2.** *tech.* lubrication.

ˈAbˌschminkˌcreme *f* (*cosmetics*) cleansing cream.

ˈabˌschmin·ken I *v/t* ⟨*sep*, -ge-, h⟩ take off (*od.* remove) (*s.o.'s*) makeup (*Br.* make-up). – **II** *v/reflex* sich ~ take off (*od.* remove) one's makeup (*Br.* make-up).

ˈabˌschmir·geln *v/t* ⟨*sep*, -ge-, h⟩ *tech.* **1.** rub (*od.* grind, abrade) (*s.th.*) with emery, emery. – **2.** sand(paper).

ˈabˌschnal·len I *v/t* ⟨*sep*, -ge-, h⟩ **1.** (*Gürtel etc*) unbuckle, unstrap, unsling. – **2.** (*Ski, Schlittschuhe etc*) take off. – **3.** *mil.* (*Koppel etc lösen*) unbelt. – **II** *v/reflex* sich ~ **4.** unbuckle: sich vom Sitz ~ to unbuckle one's seat belt.

ˈabˌschnap·pen I *v/t* ⟨*sep*, -ge-, h⟩ *colloq. for* abfangen 1. – **II** *v/i* ⟨sein⟩ *colloq.* 'peg out' (*colloq.*), die. – **III A~** *n* ⟨-s⟩ *verbal noun*: am A~ sein to be on the point of death.

ˈAbˌschnei·de|geˌsenk *n tech.* cutoff. — **~maˌschi·ne** *f* cutting machine, cutter.

ˈabˌschnei·den I *v/t* ⟨*irr, sep*, -ge-, h⟩ **1.** cut (off): ein Stück Kuchen ~ to cut off a piece of cake; etwas mit einer Schere ~ to snip off (*od.* clip) s.th.; den Faden ~ to cut (*od.* snip) the thread; den Rand ~ to cut off the edge; j-m die Haare ~ to cut off s.o.'s hair; j-m den Hals ~ to cut (*od.* slit) s.o.'s throat (*auch fig.*); Rosen ~ to cut roses; Zweige ~ to cut (*od.* lop) off branches. – **2.** (*in Scheiben*) slice off: (sich *dat*) eine Scheibe Brot ~ to slice off a piece of bread (for oneself). – **3.** (*kürzen*) cut down: die Ärmel müssen abgeschnitten werden the sleeves must be cut down. – **4.** (*Nägel*) cut, pare, trim. – **5.** *fig.* (*abkürzen*) take a shortcut on, short-cut: wir können den Weg hier ~ we can take a shortcut here. – **6.** *fig.* (*von der Außenwelt*) cut off, isolate, (*Personen*) *auch* maroon: der Sturm schnitt die Insel vom Festland ab the storm cut the island off from the mainland. – **7.** *fig.* (*Zufuhr, Weg etc*) cut off, stop, intercept: die Lebensmittelzufuhr ~ to cut off food supplies; j-m den Weg ~ to intercept s.o., to bar s.o.'s way; j-m die Flucht [den Rückzug] ~ to cut off s.o.'s (way of) escape [retreat]. – **8.** j-m das Wort ~ *fig.* to cut s.o. short. – **9.** von dem kannst du dir eine Scheibe ~ *fig. colloq.* you can pick up a thing or two from him, you can take a leaf out of his book. – **10.** j-m die Ehre ~ to blacken s.o.'s reputation, to ruin s.o.'s good name, to slander (*od.* libel) s.o., to denigrate s.o. (*lit.*). – **11.** *ling.* (*Silbe etc*) drop. – **12.** *vet.* (*kupieren*) a) crop, b) (*Schwanz*) dock, cut off. – **13.** *tech.* a) cut (off), (*schräg*) bevel, (*rechtwinklig*) square, b) (*Bleche*) shear. – **14.** *metall.* (*Gußgrat*) clip, b) (*Walzenenden*) crop. – **15.** *math.* (*Bogen auf dem Kreisumfang etc*) intercept. – **16.** *med. cf.* amputieren, abtrennen 8 b. – **17.** *econ.* (*Coupons*) detach. – **18.** *hort. bot.* (*Ableger, Blätter*) cut, prune. – **II** *v/i* **19.** (*in Wendungen wie*) gut [schlecht] ~ to do (*od.* perform) well [badly], to come off (*od.* out) well [badly]: er schnitt bei der Prüfung gut [schlecht] ab he did well [badly] in the examination; er schnitt am besten ab he came out on top. – **20.** (*den Weg verkürzen*) take a shortcut, short-cut. – **III A~** *n* ⟨-s⟩ **21.** *verbal noun.* – **22.** *ling.* (*einer Silbe etc*) dropping, abscission (*scient.*). – **23.** (*eines Fluchtweges etc*) interception. – **24.** *zo.* (*Kupieren*) crop. – **25.** (*in Prüfung etc*) performance.

ˈAbˌschnei·der *m* ⟨-s; -⟩ **1.** *tech.* cutter. – **2.** (*Kupierer*) cropper.

ˈAbˌschnei·deˌweg *m* shortcut.

ˈAbˌschneidˌstem·pel *m tech.* cutting(-off) punch.

ˈabˌschnel·len I *v/i* ⟨*sep*, -ge-, sein⟩ **1.** (*von Pfeilen etc*) fly (*od.* shoot) off, dart off. – **II** *v/t* ⟨h⟩ **2.** (*Pfeil etc*) let fly, shoot, loose, launch. – **III** *v/reflex* ⟨h⟩ **3.** sich ~ (*sich abstoßen*) bound (*od.* bounce) off.

ˈabˌschnip·peln, ˈabˌschnip·seln *v/t* ⟨*sep*, -ge-, h⟩ *colloq.* chip (*od.* snip) off (*od.* away).

ˈAbˌschnitt *m* ⟨-(e)s; -e⟩ **1.** (*Abgeschnittenes*) section, cut(ting). – **2.** (*Teilstück*) section, segment, (*größer*) division: in ~e einteilen to divide into sections, to segment. – **3.** *print.* (*eines Buches*) a) section, passage, b) (*Absatz*) paragraph, c) (*Kapitel*) chapter. – **4.** (*Zeitabschnitt*) period, phase, stage, (*Epoche*) epoch. – **5.** (*einer Reise*) stage, leg: in kleinen ~en by easy stages. – **6.** (*bei Rationierung*) coupon, point. – **7.** *econ.* a) (*Wechselabschnitt*) bill of exchange, b) (*Kontrollblatt*) *bes. Br.* counterfoil, *Am.* stub, c) (*Dividendenschein*) dividend warrant, d) (*Zinsschein*) coupon, e) (*Stückelung*) denomination: in fünf ~en ziehen to draw in five bills; ~e auf uns bills on us; Banknoten in großen ~en bank notes in large denominations. – **8.** *mil.* a) (*senkrecht zur Front*) sector, b) (*parallel zur Front*) phase, c) *hist.* (*einer Festung*) entrenchment, *auch* intrenchment, retreat. – **9.** *math.* a) segment, section, b) (*auf einer Achse*) intercept: ~ der Zahlenreihe segment of a set of integers. – **10.** *metr.* caesura, pause, rest. – **11.** *jur.* a) (*eines Gesetzbuchs*) paragraph, section, b) (*eines Dokuments*) clause, particle. – **12.** *mus.* section: ~ in der Grundtonart tonic section. – **13.** (*einer Münze*) exergue. – **14.** *biol.* a) (*von Körpern*) segment, b) (*einer Entwicklung*) stadium, phase. – **15.** *zo.* (*der Insekten etc*) segment, article. – **16.** *med.* (*einer Krankheit*) stadium, phase, period. – **17.** *metall.* (*beim Strangpressen*) slug. – **18.** (*textile*) cutting, fent, remnant, swatch. – **19.** *civ.eng.* (*einer Straße, eines Schienenstranges etc*) section. – **20.** (*theater*) scene.

ˈAbˌschnittˌli·nie *f cf.* Abschnittslinie.

ˈAbˌschnitts|beˌvollˌmäch·tig·te *m DDR jur. police officer responsible for a given residential area.* — **~ˌgren·ze** *f aer. mil.* sector boundary. — **~ˌlei·tung** *f mil.* **1.** sector control. – **2.** *aer.* a) (*in der Flugsicherung*) area control center (*bes. Br.* centre), b) (*durch Radar*) radar area control. — **~ˌli·nie** *f* **1.** *math.* line of section. – **2.** *print.* cutting (*od.* "cut here") line. — **a~ˌwei·se** *adv* **1.** (*in Teilstücken*) in sections, by (*od.* in) sectors. – **2.** (*in Absätzen*) paragraph by paragraph. – **3.** (*in Zeitabschnitten*) in phases (*od.* stages). – **4.** *mil.* by (*od.* in) sectors: ~ vorrücken a) to advance by sectors, b) (*zeitlich*) to move (*od.* advance) by bounds, to leapfrog. — **~ˌwin·kel** *m math.* angle of a segment. — **~ˌzei·chen** *n print.* section mark.

ˈabˌschnitt|ˌwei·se *adv cf.* abschnittsweise. — **A~ˌwin·kel** *m math. cf.* Abschnittswinkel. — **A~ˌzei·chen** *n print. cf.* Abschnittszeichen.

ˈAbˌschnit·zel *n* ⟨-s; -⟩ *Austrian* (*Papier-, Stoffreste etc*) cuttings *pl.*

ˈabˌschnor·ren *v/t* ⟨*sep*, -ge-, h⟩ j-m etwas ~ *colloq.* to sponge (*od.* cadge) s.th. from s.o. (*colloq.*).

ˈabˌschnü·ren I *v/t* ⟨*sep*, -ge-, h⟩ **1.** *med.* (*abbinden*) a) (*Blutgefäß*) tie (up); strangulate, ligature, ligate (*scient.*), b) (*Warze*) tie off, string, c) (*Darm*) strangulate, d) (*ein Glied*) apply a tourniquet to. – **2.** (*abwürgen*) strangle, strangulate: das schnürt mir die Luft ab that chokes me; j-m die Luft ~ *fig. colloq.* to have a stranglehold on s.o. – **3.** *fig.* cut off, strangle: eine Stadt durch eine Blockade ~ to cut off a town by a blockade. – **4.** *tech.* a) (*abmessen*) measure (*s.th.*) with a line (*od.* string), line (out), b) (*vorzeichnen*) line out, chalk. – **II** *v/reflex* sich ~ **5.** *biol.* segment. – **III A~** *n* ⟨-s⟩ **6.** *verbal noun.* – **7.** *cf.* Abschnürung.

ˈabˌschnur·ren I *v/t* ⟨*sep*, -ge-, h⟩ (*ableiern*) rattle (*od.* reel) off. – **II** *v/i* ⟨sein⟩ (*von Spule etc*) whirr (*od.* rattle) off.

ˈAbˌschnü·rung *f* ⟨-; -en⟩ **1.** *cf.* Abschnüren. – **2.** *med.* strangulation. – **3.** *biol.* a) segmentation, b) (*von Sporen*) abstriction, abjunction. – **4.** *tech.* alignment, alinement.

ˈabˌschop·fen [-ˌʃɔpfən] *v/t* ⟨*sep*, -ge-, h⟩ *metall.* (*Gußblöcke*) chop, crop.

ˈabˌschöp·fen I *v/t* ⟨*sep*, -ge-, h⟩ **1.** (*Fett, Rahm etc*) skim (off): den Rahm (von etwas) ~ *auch fig.* to skim (*od.* take) the cream off (s.th.). – **2.** *econ.* a) (*Gewinn etc*) skim (*od.* siphon) off, absorb, b) (*wegsteuern*) tax away. – **3.** *tech.* (*mit einer Kratze*) rabble, skim. – **II A~** *n* ⟨-s⟩ **4.** *verbal noun.* – **5.** *cf.* Abschöpfung.

ˈAbˌschopfˌsche·re *f metall.* crop(ping) shears *pl.*

ˈAbˌschöp·fung *f* ⟨-; -en⟩ **1.** *cf.* Abschöpfen. – **2.** *econ.* absorption.

ˈAbˌschöp·fungs|ˌanˌlei·he *f econ.* absorptive loan. — **~beˌtrag** *m* price-adjustment levy, equalization (*Br. auch* -s-) levy.

ˈabˌschot·ten *v/t* ⟨*sep*, -ge-, h⟩ *mar.* bulkhead (*s.th.*) off, bound (*s.th.*) by bulkheads.

ˈabˌschrä·gen I *v/t* ⟨*sep*, -ge-, h⟩ **1.** slope, slant. – **2.** *tech.* a) (*Kanten*) bevel, chamfer, b) (*Rohre*) taper. – **3.** *tech.* (*Schweißtechnik*) scarf. – **4.** *civ.eng.* a) (*Mauer*) batter, b) (*Böschung*) slope, c) (*Dach, Sims etc*) weather. – **II** *v/reflex* sich ~ **5.** slope, slant, splay. – **III A~** *n* ⟨-s⟩ **6.** *verbal noun.* – **7.** *cf.* Abschrägung.

ˈAbˌschrägˌho·bel *m tech.* shooting plane.

ˈAbˌschrä·gung *f* ⟨-; -en⟩ **1.** *cf.* Abschrägen. – **2.** slope, slant. – **3.** *tech.* a) (*Schrägkante*) chamfer, bevel, b) (*Schrägstellung*) obliquity, obliqueness, c) (*für die Überlappschweißung von Rohren*) scarfing. – **4.** *civ.eng.* a) (*Böschung*) slope, b) (*Rampe*) sloping bench, ramp, c) (*Mauerwerk*) batter. – **5.** *aer.* (*der Tragflächenspitze*) rake.

ˈabˌschrä·men *v/t* ⟨*sep*, -ge-, h⟩ (*mining*) (*Kohlen*) cut, shear.

ˈabˌschram·men I *v/t* ⟨*sep*, -ge-, h⟩ **1.** scratch off: etwas Farbe von einem Wagen ~ to scratch off some paint from a car. – **2.** *cf.* abschürfen 2. – **II** *v/i* ⟨sein⟩ **3.** *Northern G. colloq. for* weggehen 1. – **4.** *Northern G. vulg. for* sterben 1.

ˈabˌschrän·ken *v/t* ⟨*sep*, -ge-, h⟩ *tech.* (*Glas*) chill and cleanse (*s.th.*) in cold water.

ˈabˌschraub·bar *adj* unscrewable.

ˈabˌschrau·ben *v/t* ⟨*sep*, -ge-, h⟩ screw off, unscrew: sich (leicht) ~ lassen to unscrew (easily).

ˈAbˌschreck|ˌal·te·rung *f metall.* quench ag(e)ing, quench-age hardening. — **~ˌbad** *n* quenching bath.

ˈabˌschrecken (*getr.* -k·k-) **I** *v/t* ⟨*sep*, -ge-, h⟩ **1.** (*abhalten*) deter, discourage, put off: du kannst mich nicht ~ you cannot deter me; einen möglichen Gegner ~ to discourage a possible opponent; er läßt sich durch nichts ~ nothing deters him. – **2.** (*ein-

schüchtern) intimidate, frighten, discourage, dishearten: j-n (davon) ~, etwas zu tun to discourage s.o. from doing s.th., to frighten s.o. out of doing s.th. – 3. *metall.* a) (*Stahl*) quench, b) (*Gußeisen*) chill. – 4. *gastr.* a) (*Ei*) dip (*egg*) in cold water, b) (*Kaffee, Suppen etc*) clear (*coffee*) with a dash of cold water, c) (*Nudeln*) rinse (*noodles*) in cold water. – II A~ *n* ⟨-s⟩ 5. *verbal noun.* – 6. *cf.* Abschreckung. — **ˈabˌschreckend** (*getr.* -k·k-) I *pres p.* – II *adj* 1. (*mahnend*) deterrent: als ~es Beispiel dienen to serve as a deterrent (*od.* warning) (example); ~e Strafe exemplary punishment. – 2. (*einschüchternd*) forbidding, stern. – 3. (*abstoßend*) repulsive, repellent, *auch* repellant: ~e Häßlichkeit repulsive ugliness. – III *adv* 4. as a deterrent: ~ wirken to act as a deterrent. – IV A~e, das ⟨-n⟩ 5. er hat nichts A~es an sich his appearance is not forbidding in any way.

ˈAbˌschreck|ˌform *f metall.* chill mold (*bes. Br.* mould). — **~ˌhär·tung** *f* quench hardening. — **~ˌmit·tel** *n* 1. *cf.* Abschreckungsmittel 1. – 2. *metall.* a) (*für Stahl*) quenching agent, b) (*für Gußeisen*) chilling agent. — **~ˌplätt·chen** *n* (*Formerei*) chill plate. — **~tem·pe·raˌtur** *f* quenching temperature.

ˈAbˌschreckung (*getr.* -k·k-) *f* ⟨-; -en⟩ 1. *cf.* Abschrecken. – 2. (*Abhaltung*) deterrence (*auch jur.*), determent, discouragement. – 3. (*Abschreckungsmittel*) deterrent, determent: zur ~ dienen to act (*od.* serve) as a deterrent. – 4. (*Einschüchterung*) intimidation, discouragement.

ˈAbˌschreckungs|ˌklau·sel (*getr.* -k·k-) *f jur.* clausula in terrorem. — **~ˌmacht** *f mil. cf.* Abschreckungsstreitmacht. — **~meˌtho·de** *f* method of deterrence. — **~ˌmit·tel** *n* 1. deterrent, determent. – 2. *tech.* chilling (*od.* cooling) agent. – 3. *metall. cf.* Abschreckmittel 2. — **~po·liˌtik** *f pol.* deterrent policy, policy of determent. — **~prinˌzip** *n jur.* deterrent principle. — **~ˌstra·fe** *f* deterrent (penalty). — **~ˌstreitˌmacht** *f mil.* deterrent (force). — **~syˌstem** *n* system of intimidation. — **~theoˌrie** *f* deterrence theory. — **~ˌwaf·fe** *f mil.* deterrent.

ˈAbˌschreckˌwir·kung *f* 1. deterrent effect. – 2. *metall.* a) (*Wärmebehandlung*) quenching effect, b) (*Gießerei*) chilling effect.

ˈabˌschreib·bar *adj econ.* depreciable.

ˈAbˌschrei·be|ˌfeh·ler *m* error in copying, copying (*od.* copyist's) error. — **~geˌbüh·ren** *pl*, **~ˌgeld** *n jur.* copying fees *pl.*

ˈabˌschrei·ben I *v/t* ⟨*irr, sep*, -ge-, h⟩ 1. copy (out), make a (written) copy of, transcribe: etwas ins reine ~ to make a fair copy of s.th.; etwas von einem Stenogramm ~ to transcribe s.th. – 2. *ped.* copy, crib. – 3. *fig.* (*plagiieren*) plagiarize *Br. auch* -s-, imitate, crib: er hat das von Thomas Mann abgeschrieben he plagiarized that from Thomas Mann. – 4. *fig. colloq.* (*aufgeben*) write (*s.o.*) off (*mil. auch Truppenteile, Flugzeug etc* as lost), regard (*s.o.*) as lost. – 5. sich (*dat*) die Finger ~ *colloq.* to work one's fingers to the bone with writing. – 6. *jur.* a) plagiarize, b) engross. – 7. *econ.* write off: teilweise ~ to write down; eine Forderung [einen Verlust] ~ to write off a debt [a loss]. – 8. *econ.* (*Finanzwesen*) (*einen Wert*) depreciate. – 9. *econ.* (*rückgängig machen*) cancel, countermand, revoke. – 10. (*Bleistift*) wear down, (*Farbband etc*) wear out. – II *v/i* 11. *ped.* copy, crib. – 12. j-m ~ a) to write (to s.o.) cancel(l)ing an arrangement (*od.* invitation), b) to write (to s.o.) declining (*od.* refusing) an invitation: er schrieb uns ab he wrote declining our invitation. – III *v/reflex* 13. sich ~ a) (*vom Bleistift etc*) wear down, b) (*vom Farbband etc*) wear out. – IV A~ *n* ⟨-s⟩ 14. *verbal noun.* – 15. *econ. cf.* Abschreibung 1.

ˈAbˌschrei·be·poˌli·ce *f econ.* open (*od.* floating, depreciating) policy.

ˈAbˌschrei·ber *m* ⟨-s; -⟩ 1. copyist, copier, transcriber. – 2. *ped.* cribber. – 3. plagiarist.

ˌAb·schrei·beˈrei *f* ⟨-; -en⟩ *contempt.* a) *bes. ped.* copying, cribbing, b) plagiarism.

ˈAbˌschrei·bung *f* ⟨-; -en⟩ *econ.* 1. a) (*gänzliche*) writing off, b) (*teilweise*) writing down: nach ~ aller Verluste after writing off all losses. – 2. (*Absetzung*) a) write-off, b) (*einzelner Posten*) item written off, c) (*bei Frachtbriefen*) qualification, note of shortage (*od.* damage): ~en für Devisenverluste write-offs for losses on foreign exchange. – 3. (*für Abnutzung*) depreciation (allowance), allowance for wear and tear: ~ auf Anlagevermögen depreciation on fixed assets; mit ~en belasten to charge depreciations on. – 4. (*für Wertminderung*) depreciation, allowance for wear and tear: Rückstellung für ~ allowance (*od.* reserve) for depreciation; vorzeitige ~en vornehmen to make advance depreciations.

ˈAbˌschrei·bungs|beˌtrag *m econ.* (*Abzug*) depreciation (amount *od.* allowance): jährliche Abschreibungsbeträge annual amounts of depreciation. — **~erˌleich·te·run·gen** *pl* depreciation reliefs. — **~ˌfonds** *m* depreciation fund. — **~ˌkon·to** *n* depreciation account. — **~meˌtho·de** *f* method of (calculating) depreciation. — **~ˌsatz** *m* rate of depreciation. — **~verˌgün·sti·gung** *f* tax privilege in respect of depreciation.

ˈabˌschrei·ten I *v/t* ⟨*irr, sep*, -ge-, h⟩ 1. (*mit Schritten abmessen*) pace (off), step (off *od.* out). – 2. (*entlanggehen*) walk (along), pace: die Grenzen eines Grundstücks ~ to walk along the boundaries of a piece of property. – 3. *mil.* inspect: die Front ~ to inspect the line of troops; die (Front der) Ehrenkompanie ~ to inspect the guard of hono(u)r. – II *v/i* ⟨sein⟩ 4. stride off, stalk off.

ˈAbˌschrift *f* ⟨-; -en⟩ 1. copy, transcript(ion): eine gleichlautende (*od.* wortgetreue) ~ a true copy; eine genaue ~ an exact copy; eine ~ von etwas anfertigen (*od.* machen) [lassen] to make a copy [to have a copy made] of s.th.; etwas in ~ beifügen to enclose a copy of s.th. – 2. (*Duplikat*) duplicate, (*mit Schreibmaschine geschrieben*) *auch* carbon (copy). – 3. *jur.* a) copy, b) (*Zweitschrift*) duplicate, transcript, engrossment: eine beglaubigte ~ a certified (*od.* legally attested *od.* exemplified) copy, an exemplification, a vidimus; für richtige ~ certified as true copy; genaue ~ estreat. – 4. (*eines Stenogramms*) transcript(ion). – 5. *lit. fig.* (*Abbild*) copy, likeness.

ˈabˌschrift·lich (*officialese*) I *adj rare* 1. copied (out), duplicate. – II *adv* 2. (*in Form einer Abschrift*) as a copy, in duplicate. – 3. (*durch eine Abschrift*) by (way of) a copy.

ˈAbˌschrot *m* ⟨-(e)s; -e⟩ *tech.* 1. (*am Amboß*) bottom tool, cutter, hack iron. – 2. (*eines Schmieds*) blacksmith's hardie (*bes. Br.* hardy), anvil chisel. – 3. *cf.* Abfall 3.

ˈabˌschro·ten *v/t* ⟨*sep*, -ge-, h⟩ 1. *metall. tech.* a) (*abhauen*) chop (*od.* cut, clip) off, b) (*abmeißeln*) chisel off, c) (*zurichten*) trim. – 2. *metall.* beard (off). – 3. (*wood*) a) saw off, crosscut, b) rough-work, rough-plane, (rough-)hew, chip. – 4. *brew.* (*Malz*) rough-grind, bruise. – 5. *agr. cf.* schroten 1. – 6. (*Weinfässer*) roll down, shoot.

ˈAbˌschrö·ter *m* ⟨-s; -⟩ *tech. cf.* Abschrot 2.

ˈAbˌschrot|ˌmei·ßel *m tech. cf.* Abschrot 2. — **~ˌmüh·le** *f agr.* mill for rough-grinding grain, kibbling mill.

ˈabˌschrub·ben, ˈabˌschrup·pen *v/t* ⟨*sep*, -ge-, h⟩ 1. (*housekeeping*) *colloq.* scrub, scour. – 2. (*wood*) rough-plane, trim (*s.th.*) with a jack plane.

ˈAbˌschub *m* ⟨-(e)s; *no pl*⟩ 1. *jur.* a) (*eines Ausländers*) deportation, b) (*eines Landstreichers*) expulsion. – 2. *mil.* evacuation, transfer to the rear. – 3. *cf.* Abschieben.

ˈabˌschuf·ten *v/reflex* ⟨*sep*, -ge-, h⟩ sich ~ *colloq.* toil, drudge, (work like a) slave.

ˈabˌschul·tern *v/t* ⟨*sep*, -ge-, h⟩ unshoulder.

ˈabˌschupp·bar *adj* scalable.

ˈabˌschup·pen I *v/t* ⟨*sep*, -ge-, h⟩ 1. *gastr.* (*Fische*) scale, unscale. – II *v/i u.* sich ~ *v/reflex* 2. (*sich in Schuppen ablösen*) spall, peel (off). – 3. *med.* (*von Haut*) scale (off), peel (off), desquamate (*scient.*). – 4. *geol.* exfoliate. – 5. *civ.eng.* (*von Beton*) scale (off). – III A~ *n* ⟨-s⟩ 6. *verbal noun.* — **ˈAbˌschup·pung** *f* ⟨-; -en⟩ 1. *cf.* Abschuppen. – 2. *med.* desquamation (*scient.*). – 3. *geol.* desquamation, exfoliation.

ˈabˌschür·fen I *v/t* ⟨*sep*, -ge-, h⟩ 1. scratch (*od.* scrape) off. – 2. *med.* abrade, scrape, graze; abrase, excoriate (*scient.*): sich (*dat*) das Knie ~ to scrape (*od. colloq.* bark, skin) one's knee. – 3. *hunt. cf.* abschärfen 4. – II *v/reflex* sich ~ 4. *med.* (*von Haut*) abrade, chafe. – III A~ *n* ⟨-s⟩ 5. *verbal noun.* — **ˈAbˌschür·fung** *f* ⟨-; -en⟩ 1. *cf.* Abschürfen. – 2. *med.* abrasion, excoriation (*scient.*). – 3. *geol.* erosion.

ˈAbˌschuß *m* ⟨-sses; Abschüsse⟩ 1. *mil.* a) (*einer Schußwaffe*) firing, discharge, b) (*einer Rakete etc*) launching, firing. – 2. *mil.* a) (*eines Flugzeugs*) bringing down, downing, b) (*eines Panzers*) knocking out, kill. – 3. *mil.* (*Luftsieg*) kill, victory in aerial combat. – 4. (*sport*) (*eines Pfeils*) release, loose. – 5. (*Schuß*) shot. – 6. *hunt.* a) killing, shooting, b) (*von überflüssigem Wild*) shooting (*od.* killing) off, thinning out, c) (*von Vögeln*) shooting (*od.* bringing) down, d) (*Jagdstrecke*) kill(ing), bag. — **~ˌba·se, ~ˌba·sis** *f aer. mil.* (*für Raketen*) launching base. — **~etat** [-ʔeˌtaː] *m hunt.* list (*od.* stock) of game to be killed off. — **~geˌrüst** *n* (*für Raketen*) launching gantry. — **~geˌschwin·dig·keit** *f aer.* (*einer Rakete etc*) launching velocity. — **~ˌhirsch** *m hunt.* stag to be shot (*because of deformed antlers or other defects*).

ˈabˌschüs·sig [-ˌʃʏsɪç] *adj* 1. (*Gelände, Straße etc*) (very) steep, (*stärker*) precipitous, (*schwächer*) sloping, descending: auf die ~e Bahn kommen (*od.* geraten) *fig.* to go downhill, to go to the dogs (*colloq.*). – 2. (*Klippe, Felswand etc*) sheer, abrupt, precipitous. – 3. *geol.* shelving: eine ~e Fläche a shelving. – 4. *vet.* (*Kruppe eines Pferds*) drooping. — **ˈAbˌschüs·sig·keit** *f* ⟨-; *no pl*⟩ 1. steepness, (*stärker*) precipitousness, (*schwächer*) slopingness. – 2. sheerness, abruptness, precipitousness.

ˈAbˌschuß|kan·diˌdat *m colloq.* 1. expected failure (*in an examination*), *Am. colloq.* prospective flunk. – 2. *s.o. who might be fired* (*colloq.*). — **~ˌli·ste** *f* j-n auf die ~ setzen *colloq.* to put s.o. on the spot (*sl.*). — **~ˌplan** *m hunt. cf.* Abschußetat. — **~ˌplattˌform** *f cf.* Abschußrampe. — **~ˌprä·mie** *f hunt.* (für on) bounty. — **~ˌpunkt** *m mil.* (*Fla*) (*eines Flugzeugs*) present position. — **~ˌram·pe** *f* (*für Raketen*) launching platform (*od.* pad). — **~ˌre·ge·lung, ~ˌreg·lung** *f hunt.* regulation for shooting of game. — **a~ˌreif** *adj hunt.* mature enough to be hunted. — **~ˌstel·le** *f* 1. *mil.* a) firing point (*od.* position), b) (*von Raketen*) launching position. – 2. *aer. point where an aircraft is brought down.* — **~verˌbot** *n hunt.* shooting prohibition: es besteht jetzt ~ it is the close season (*od.* close time, *auch* close-time) now. — **~ˌvorˌrich·tung** *f* (*für Raketen etc*) launching device, launcher. — **~ˌzeit** *f hunt.* shooting (*od.* hunting) time (*od.* season), *bes. Br.* open season.

ˈabˌschüt·teln *v/t* ⟨*sep*, -ge-, h⟩ 1. shake off: den Schnee von sich (*od.* von seinem Mantel) ~ to shake the snow off one's coat; j-s Griff ~ to shake off s.o.'s grasp. – 2. (*herunterschütteln*) shake down: die Äpfel vom Baum (*od.* den Apfelbaum) ~ to shake down the apples from the tree. – 3. *cf.* ausschütteln I. – 4. (*abwerfen*) throw (*od.* fling, cast) off: eine Last ~ to throw off a burden. – 5. *fig.* (*sich befreien*) shake (*od.* fling, cast, throw) off: das Joch ~ to throw off the yoke; seine Ketten ~ to cast off one's chains; die Knechtschaft ~ to shake off servitude. – 6. (*sich entledigen*) shake off, get rid of: die Verfolger ~ to shake off one's pursuers. – 7. *fig.* (*nicht mehr empfinden*) shake off, throw off: seine Müdigkeit ~ to throw off one's weariness.

ˈabˌschüt·ten *v/t* ⟨*sep*, -ge-, h⟩ (*teilweise ausschütten*) pour off.

ˈabˌschüt·zen *v/t* ⟨*sep*, -ge-, h⟩ *tech.* (*abschirmen*) shield, screen.

ˈabˌschwä·chen I *v/t* ⟨*sep*, -ge-, h⟩ 1. (*schwächer machen*) weaken, lessen, diminish, reduce: die Explosion [Wirkung] ~ to weaken the explosion [effect]. – 2. (*mildern*) soften (down), temper, mitigate, modify: einen Ausdruck ~ to soften (*od.* qualify) an expression; eine Behauptung ~ to modify a statement. – 3. (*beschönigen*) gloss over, extenuate: seine Äußerungen ~ to gloss over one's remarks. – 4. (*paints*) a) tone down, subdue, b) (*verdünnen*) dilute. – 5. *phot.* (*ein Negativ*) reduce. – 6. *tech.* (*Bretter*) plane away. – 7. (*radio*) (*Ton*) reduce, thin (*od.* tone) down. – 8. *electr.* (*dämpfen*) attenuate. – II *v/reflex* sich ~ 9. become weaker, weaken. – 10. (*abnehmen*) diminish, decrease, grow less. – 11. *meteor.* (*vom Hoch od. Tief*) weaken. – 12. *econ.* (*von

Preis, Kurs etc) weaken, sag, fall off. – **III A~** *n* ⟨-s⟩ **13.** *verbal noun.* – **14.** *cf.* Abschwächung. — **ˈAbˌschwä·cher** *m* ⟨-s; -⟩ **1.** *electr.* attenuator. – **2.** *phot.* reducer: Farmerscher ~ Farmer's reducer. – **3.** *tech.* (*Bremsvorrichtung*) brake. — **ˈAbˌschwä·chung** *f* ⟨-; -en⟩ **1.** *cf.* Abschwächen. – **2.** diminution, reduction, decrease. – **3.** mitigation, modification. – **4.** extenuation. – **5.** (*paints*) dilution. – **6.** (*eines Negativs*) reduction. – **7.** (*radio*) (*des Tons*) reduction. – **8.** *electr.* (*Dämpfung*) attenuation. – **9.** *nucl.* (*von Röntgenstrahlen*) attenuation.

ˈAbˌschwä·chungs|tenˌdenz *f econ.* (*der Börse*) downward (*od.* bearish) tendency (*od.* trend). — **~ˌwi·derˌstand** *m electr.* a) reducing resistance, b) reducing resistor.

ˈabˌschwär·men *v/i* ⟨*sep*, -ge-, h⟩ *agr.* (*von Bienen*) cease swarming.

ˈabˌschwar·ten *v/t* ⟨*sep*, -ge-, h⟩ **1.** *hunt.* (*abhäuten*) (*Schwarzwild*) skin, flay. – **2.** (*wood*) slab, flitch.

ˈabˌschwat·zen, *dial. auch* **ˈabˌschwät·zen** *v/t* ⟨*sep*, -ge-, h⟩ j-m etwas ~ *colloq.* to talk (*od.* coax, wheedle) s.th. out of s.o.; dem Teufel ein Ohr (*od.* der Kuh das Kalb) ~ to talk the hind leg off a donkey (*od.* horse).

ˈabˌschwe·feln *metall.* **I** *v/t* ⟨*sep*, -ge-, h⟩ **1.** (*Erz*) calcine. – **2.** (*eine Schmelze*) desulfurize, *auch* desulfurate, desulfur (*alle bes. Br.* -ph-). – **II A~** *n* ⟨-s⟩ **3.** *verbal noun.* — **ˈAbˌschwe·fe·lung** *f* ⟨-; *no pl*⟩ **1.** *cf.* Abschwefeln. – **2.** desulfurization, *auch* desulfuration (*beide bes. Br.* -ph-).

ˈabˌschwei·fen I *v/i* ⟨*sep*, -ge-, sein⟩ **1.** (*sich entfernen*) (von from) deviate, (*unabsichtlich*) *auch* stray, go astray, wander: vom geraden Weg ~ to deviate from (*od.* leave) the straight way (*od.* route); vom Ziel ~ *fig.* to deviate from one's aim. – **2.** *fig.* (von from) wander, deviate, stray, divagate (*lit.*): er schweift gern vom Thema ab he likes to wander (*od.* digress) from the subject, he likes to go (*od.* fly) off at (*od.* on) a tangent; im Gespräch ~ to ramble (in talking); schweifen Sie nicht ab! keep to the point! mit seinen Gedanken ~ to allow one's thoughts to wander. – **II** *v/t* ⟨h⟩ **3.** *tech.* scallop, *auch* scollop. – **4.** (*textile*) a) (*Garn*) wash, steep, warp, b) (*Seide*) ungum. – **III A~** *n* ⟨-s⟩ **5.** *verbal noun.* – **6.** *cf.* Abschweifung. — **ˈabˌschwei·fend I** *pres p.* – **II** *adj fig.* (*Ausführungen etc*) digressive, desultory, discursive, excursive. — **ˈAbˌschwei·fung** *f* ⟨-; -en⟩ **1.** *cf.* Abschweifen. – **2.** (*vom Weg*) deviation. – **3.** *fig.* (*vom Thema etc*) (von from; in *acc* into) digression, divagation (*lit.*).

ˈAbˌschweiß|ˌofen *m tech.* wash-heating furnace. — **~ˌwär·me** *f* wash (*od.* cinder) heat.

ˈabˌschwe·len *v/t* ⟨*sep*, -ge-, h⟩ *tech.* (*Erz*) calcine.

ˈabˌschwel·ken [-ˌʃvɛlkən] *v/t* ⟨*sep*, -ge-, h⟩ *brew.* wither.

ˈabˌschwel·len I *v/i* ⟨*irr, sep*, -ge-, sein⟩ **1.** *bes. med.* (*von Entzündung, Geschwulst*) shrink, decongest. – **2.** *bes. mus.* (*von Ton etc*) decrease. – **3.** *fig.* (*von Geräusch, Lärm etc*) subside, decrease, die (*od.* ebb) (away). – **4.** *fig.* (*von Sturm etc*) abate, subside. – **5.** (*von Wasserspiegel*) fall. – **II A~** *n* ⟨-s⟩ **6.** *verbal noun.* – **7.** *bes. mus.* (*eines Tons etc*) decrease. – **8.** (*eines Geräusches etc*) subsidence, decrease. – **9.** (*des Sturms etc*) abatement, subsidence. — **ˈAbˌschwel·lung** *f* ⟨-; -en⟩ **1.** *cf.* Abschwellen. – **2.** *med.* decongestion, detumescence.

ˈabˌschwem·men I *v/t* ⟨*sep*, -ge-, h⟩ **1.** (*Erde, Schmutz durch Regen etc*) wash (*od.* carry) off (*od.* away). – **2.** *geol.* (*Ufersand etc*) wash away, erode. – **3.** *tech.* a) (*Abfallprodukte etc*) rinse, flush, b) (*Erze*) wash, elutriate (*scient.*), c) (*beim Färben*) clean(se), scour. – **II A~** *n* ⟨-s⟩ **4.** *verbal noun.* — **ˈAbˌschwem·mung** *f* ⟨-; -en⟩ **1.** *cf.* Abschwemmen. – **2.** a) (*von Erde etc*) erosion, b) (*durch Regen*) rainwash: ~ und Anschwemmung wasting and accretion. – **3.** *tech.* a) (*von Erzen*) elutriation (*scient.*), b) (*beim Färben*) scour.

ˈabˌschwen·den *v/t* ⟨*sep*, -ge-, h⟩ (*forestry*) *cf.* schwenden.

ˈabˌschwen·ken I *v/i* ⟨*sep*, -ge-, sein⟩ **1.** turn off, swerve (off). – **2.** *mil.* (*von Truppe etc*) wheel (off): nach links ~ to wheel to the left. – **3.** *fig.* (von from; zu to) turn (away *od.* aside), switch, change: vom Medizinstudium ~ *colloq.* to switch (*od.* change) from (the study of) medicine to another subject; von einem Vorsatz [der Parteilinie] ~ *colloq.* to deviate (*od.* veer) from an intention [the party line]. – **II** *v/t* ⟨h⟩ **4.** (*Schmutz etc*) rinse (off).

ˈabˌschwim·men I *v/i* ⟨*irr, sep*, -ge-, sein⟩ **1.** swim away (*od.* off) (von from): vom Ufer ~ to swim off (*od.* away) from the shore. – **2.** *fig. colloq.* go away, leave, clear off (*od.* out) (*colloq.*). – **II** *v/t* ⟨h⟩ **3.** (*Strecke etc*) swim.

ˈabˌschwin·deln *v/t* ⟨*sep*, -ge-, h⟩ j-m etwas ~ to swindle (*od.* cheat, trick) s.o. out of s.th.

ˈabˌschwin·gen I *v/i* ⟨*irr, sep*, -ge-, h⟩ (*sport*) (*beim Skifahren*) a) turn, b) check. – **II** *v/reflex* sich ~ (*sport*) (von from) vault (off), swing down: sich vom Barren [Reck] ~ to vault off (*od.* swing down) from the parallel bars [horizontal bar].

ˈabˌschwir·ren *v/i* ⟨*sep*, -ge-, sein⟩ **1.** *poet. for* abfliegen 1. – **2.** *colloq.* 'buzz off' (*colloq.*), go away.

ˈabˌschwit·zen *v/t* ⟨*sep*, -ge-, h⟩ (*Gewicht* [*etc*]) sweat off.

ˈabˌschwö·ren I *v/i* ⟨*irr, sep*, -ge-, h⟩ **1.** (*sich lossagen*) renounce (on oath), forswear, *Am. auch* foreswear, abjure: einer Lehre ~ to renounce a doctrine; seinem Glauben ~ to abjure one's faith; dem Alkohol ~ *colloq.* to swear off drink(ing) (*colloq.*), to take the pledge (*colloq.*); er hat dem Teufel abgeschworen *relig. hist.* he for(e)swore the devil. – **2.** (*öffentlich widerrufen*) recant. – **3.** *rare* (*einem König, System etc*) renounce one's allegiance to. – **II** *v/t* **4.** *bes. jur.* (*Schuld etc*) forswear, *Am. auch* foreswear, deny (*s.th.*) on oath. – **5.** (*Behauptung etc*) renounce. – **III A~** *n* ⟨-s⟩ **6.** *verbal noun.* — **ˈAbˌschwö·rung** *f* ⟨-; *no pl*⟩ **1.** *cf.* Abschwören. – **2.** (*des Glaubens etc*) renunciation, abjuration. – **3.** (*bes. in der Öffentlichkeit*) recantation.

ˈAbˌschwung *m* **1.** (*sport*) (*beim Geräteturnen*) swing down, downswing, dismount: ~ vom Barren dismount from the parallel bars. – **2.** (*sport*) (*im Golf*) follow-through. – **3.** *aer.* (*im Kunstflug*) *bes. Br.* bunt. – **4.** *econ.* downward movement, downswing. — **~ˌpha·se** *f econ.* downward phase.

ˈabˌse·geln I *v/i* ⟨*sep*, -ge-, sein⟩ **1.** *mar.* (nach) sail (away *od.* off) (for, to), set (*od.* make) sail (for). – **2.** *fig. colloq.* 'buzz off' (*colloq.*), 'blow' (*colloq.*), go off (*od.* away). – **3.** ⟨h⟩ (*sport*) close the sailing (*od.* yachting) season with a final cruise. – **II** *v/t* ⟨h⟩ **4.** *mar.* a) (*Strecke etc*) sail (through), b) (*Gebiet, Gewässer etc*) cruise (around). – **III A~** *n* ⟨-s⟩ **5.** *verbal noun.* – **6.** (*sport*) closing (*od.* close) of the sailing season by a yacht club.

ab·seh·bar [ˈapˌzeː-; ˌapˈzeː-] *adj* **1.** (*Zeit*) foreseeable, near: in ~er Zeit in the foreseeable (*od.* near) future, before long. – **2.** (*Folgen etc*) measurable, imaginable, conceivable: nicht (*od.* kaum) ~e Auswirkungen immeasurable (*od.* inconceivable) consequences (*od.* effects); der Schaden ist kaum ~ the damage can hardly be measured. — **Ab·seh·bar·keit** [ˈapˌzeː-; ˌapˈzeː-] *f* ⟨-; *no pl*⟩ **1.** (*eines Zeitpunktes etc*) foreseeability. – **2.** (*der Folgen etc*) measurability, measurableness.

ˈabˌse·hen I *v/t* ⟨*irr, sep*, -ge-, h⟩ **1.** (*voraussehen, erkennen*) (fore)see: das Ende von etwas ~ to foresee the end of s.th.; es ist kein Ende abzusehen there is no end in sight; die Folgen sind schwer abzusehen it is difficult to foresee (*od.* foretell, predict) the consequences; es ist noch gar nicht abzusehen, wie das enden wird it can't be foreseen yet how matters will turn out. – **2.** j-m etwas ~ to learn s.th. from s.o. (by watching): j-m eine Fertigkeit ~ to learn the knack (*od.* trick) of s.th. from s.o. – **3.** (*abschreiben*) (von from) copy, crib (*colloq.*): etwas von j-m ~ to crib s.th. from s.o. – **4.** (*ablesen*) (an *dat*) see (from, by), read (from): man konnte es ihm am Gesicht ~ you could see it from (*od.* tell it by) the expression on his face; j-m jeden Wunsch von den Augen ~ to read every wish in s.o.'s eyes, to anticipate s.o.'s wishes; etwas an einem Test [einer Kurve] ~ to see s.th. by (*od.* from) a test [a graph]. – **5.** *colloq.* es auf etwas [j-n] ~ (*od.* abgesehen haben) to aim at s.th. [s.o.], to be out for s.th. [s.o.], to have s.th. [s.o.] in view; er hat es darauf abgesehen, seine Schwester zu ärgern he is out to (*od.* means to) annoy his sister; das war auf mich abgesehen that was aimed at (*od.* meant for, intended for) me; sie haben es auf dich abgesehen a) they are after (*od.* out for) you, b) they are out to get your hide (*colloq.*); er hat es auf ihr Geld abgesehen he is out for (*od.* after) her money. – **II** *v/i* **6.** (*verzichten auf*) (von from) refrain, desist: von etwas ~ to refrain from doing s.th.; er sah davon ab, sie zu bestrafen he refrained from punishing her; von einem Kauf [einer Klage] ~ to refrain from buying s.th. [from lodging a complaint]; es wird gebeten, von Blumenspenden abzusehen no flowers, please. – **7.** (*nicht in Betracht ziehen*) take no account of, leave (*s.th.*) out of account (*od.* aside), disregard, except: wenn man von den Folgen [dem Schaden] absieht taking no account of the consequences [the damage]. – **8.** (*abschreiben*) (von from) copy, crib (*colloq.*). – **III A~** *n* ⟨-s⟩ **9.** *verbal noun.*

ˈAbˌseh|ˌun·terˌricht *m* (*für Gehörlose*) teaching of lipreading (to the deaf). — **~ˌvorˌrich·tung** *f* (*optics*) sight, diopter, sight vane.

ˈAbˌsei·de *f* (*textile*) floss (*od.* bourette) silk, silk noil(s *pl*) (*od.* waste).

ˈabˌsei·fen I *v/t* ⟨*sep*, -ge-, h⟩ **1.** (*Gegenstände*) (clean [*s.th.*] with) soap. – **2.** (*Kind*) wash (*od.* rub) (*s.o.*) with soap, soap (down). – **3.** *tech.* rinse (*od.* wash) out the soap from. – **II** *v/reflex* sich ~ **4.** soap oneself (down).

ˈabˌsei·gern *v/t* ⟨*sep*, -ge-, h⟩ **1.** *metall.* (*durch Schmelzen trennen*) liquate (out), separate (*s.th.*) by fusion. – **2.** *tech.* (*loten*) plumb. – **3.** (*mining*) (*Schacht*) measure the perpendicular depth of.

ˈAbˌseihˌbeu·tel *m* filtering (*od.* straining) bag.

ˈabˌsei·hen I *v/t* ⟨*sep*, -ge-, h⟩ **1.** (*Milch, Tee etc*) strain (off). – **2.** (*Teigwaren etc*) strain the water off. – **3.** *chem. tech.* strain (off), filter (off). – **II A~** *n* ⟨-s⟩ **4.** *verbal noun.* – **5.** filtration.

ˈabˌsei·len I *v/t* ⟨*sep*, -ge-, h⟩ **1.** (*Bergsteiger, Last etc*) rope down: der Verletzte wurde abgeseilt the injured man was lowered by rope. – **II** *v/reflex* sich ~ **2.** rope down, abseil, rappel. – **III A~** *n* ⟨-s⟩ **3.** *verbal noun.* – **4.** abseil, rappel.

ˈabˌsein *v/i* ⟨*irr, sep*, -ge-, sein⟩ *colloq.* **1.** (*von Knopf, Farbe etc*) be (*od.* have come) off: der Knopf wird bald ~ the button will soon be off; der Henkel ist schon vorher abgewesen the handle had been (broken) off before; → Bart 1. – **2.** 'be played out' (*colloq.*), be exhausted (*colloq.* worn out).

ˈAbˌsei·te *f* ⟨-; -n⟩ **1.** (*textile*) (*eines Gewebes*) wrong (*od.* reverse) side. – **2.** (*einer Münze*) a) reverse side, b) (*Abschnitt*) exergue. – **3.** *arch.* (*Seitenschiff*) apse (*od.* side) aisle.

ˈAbˌsei·tenˌstoff *m* (*textile*) reversible (fabric).

ˈabˌsei·tig *adj lit.* **1.** (*abgelegen*) out-of-the-way, remote, distant: in einem ~en Dorf in an out-of-the-way village. – **2.** *fig.* (*abwegig, ausgefallen*) unusual, odd, eccentric: ein ~er Gedanke [ein ~es Thema] an unusual idea [subject]. – **3.** (*widernatürlich*) perverse: ~e Neigung perverse affection. — **ˈAbˌsei·tig·keit** *f* ⟨-; -en⟩ **1.** out-of-the-way situation, remoteness. – **2.** *fig.* unusuality, oddness, eccentricity. – **3.** perverseness, perversity.

ˈabˌseits I *adv* **1.** (*beiseite*) aside, apart, off: ~ stehen, sich ~ halten a) to stand (*od.* keep) off (*od.* apart), b) *fig.* to keep (*od.* hold) (oneself) aloof (*od.* apart), to stand aloof. – **2.** (*entfernt*) (von) off (*s.th.*), away (from), remote (from): ~ vom Wege off the road; ~ vom Großstadtlärm remote from the bustle of the city; ~ gelegen out-of-the-way, outlying, remote; das Haus lag etwas ~ the house stood somewhat remote (*od.* out of the way). – **3.** (*sport*) off side: ~ stehen (*od.* sein) to stand (*od.* be) off side; nicht ~ on side. – **II** *prep* ⟨*gen*⟩ **4.** *lit.* off: ~ der Straße off (*od.* back from) the road.

ˈAbˌseits *n* ⟨-; -⟩ (*sport*) offside: ins ~ laufen to run off side; im ~ stehen to be off side.

ˈAbˌseits|ˌfal·le *f* (*sport*) offside trap. — **~ˌre·gel** *f* offside rule. — **~ˌstel·lung** *f* offside position. — **~ˌtor** *n* goal scored from an offside position.

Ab·sence [a'psã:s] *f* ⟨-; -n [a'psã:sən]⟩ *med. psych.* absence (state), petit mal seizure.

'ab,sen·den I *v/t* ⟨*bes. irr, sep,* -ge-, h⟩ **1.** (*Brief, Paket etc*) send (off), dispatch, despatch, (*mit der Post*) *auch bes. Am.* mail, *bes. Br.* post: das Schriftstück ist nach X abgesandt worden the document has been sent (off) to X. – **2.** (*Boten etc*) send (out), dispatch, despatch. – **3.** (*Beauftragten*) send, delegate, depute, commission. – **4.** *bes. econ.* a) (*Güter*) dispatch, despatch, forward, consign, ship, b) (*Geld per Post*) send, remit. – **II A~** *n* ⟨-s⟩ **5.** *verbal noun.* – **6.** *cf.* Absendung.

'Ab,sen·de,ort *m econ.* (*von Gütern*) place of dispatch (*od.* despatch).

'Ab,sen·der *m* ⟨-s; -⟩ **1.** (*eines Briefes, Pakets etc*) sender: „zurück an ~!" (*Postvermerk*) "return to sender". – **2.** *econ.* a) (*im Güter- u. Warenverkehr*) sender, consignor, shipper, b) (*einer Überweisung etc*) remitter. — **~,an,ga·be** *f* sender's address. — **~,frei,stemp·ler** *m* franking machine, postage (*od.* postal) meter.

'Ab,sen·de|,tag *m econ.* day (*od.* date) of dispatch (*od.* despatch). — **~ter,min** *m* date of dispatch (*od.* despatch).

'Ab,sen·dung *f* ⟨-; -en⟩ **1.** *cf.* Absenden. – **2.** (*von Briefen etc, auch von Boten etc*) dispatch, despatch. – **3.** (*von Beauftragten etc*) delegation, deputation. – **4.** *bes. econ.* a) (*von Gütern etc*) dispatch, despatch, consignment, shipment, b) (*von Geld*) remittance.

'ab,sen·gen *v/t* ⟨*sep,* -ge-, h⟩ **1.** (*Haare, Gras etc*) singe (off). – **2.** (*Geflügel etc*) singe. – **3.** (*Böschung etc*) burn, scorch. – **4.** *tech.* flame.

'ab,sen·ken *v/t* ⟨*sep,* -ge-, h⟩ **1.** (*Wasserspiegel etc*) lower. – **2.** *civ.eng.* a) (*Talsperre*) draw down, empty, b) (*Schwimmkasten*) sink. – **3.** (*railway*) (*Gleise*) sink. – **4.** *hort.* a) (*Ableger*) set, train, lay, pipe, b) (*Pflanzen*) layer, propagate (*s.th.*) by layering, (*bes. Wein*) provine. – **5.** *bot.* (*Luftwurzeln*) descend. – **6.** (*mining*) (*Schacht*) sink. – **II** *v/reflex* sich ~ **7.** (*von Untergrund etc*) sink, settle. – **8.** *bot.* (*von Luftwurzeln*) descend. – **III A~** *n* ⟨-s⟩ **9.** *verbal noun.* – **10.** *cf.* Absenkung.

'Ab,sen·ker *m* ⟨-s; -⟩ **1.** *hort. cf.* Ableger 1b. – **2.** *obs. for* Nachkomme.

'Ab,senk,form·ma,schi·ne *f metall.* drop-plate-type molding (*bes. Br.* moulding) machine.

'Ab,sen·kung *f* ⟨-; -en⟩ **1.** *cf.* Absenken. – **2.** *hort.* layerage, propagation by layering.

'Ab,sen·kungs|,an,la·ge *f civ.eng.* (*für Grundwasser*) groundwater lowering installation, dewatering installation. — **~,fak·tor** *m* (*mining*) subsidence factor. — **~,trich·ter** *m civ.eng.* cone of depression, draw-down cone.

ab·sent [ap'zɛnt] *adj* (*abwesend*) absent.

Ab'sen·ten,li·ste *f* list of absentees.

ab·sen·tie·ren [apzɛn'ti:rən] *v/reflex* ⟨*no* ge-, h⟩ sich ~ *obs. for* entfernen 15, davonmachen 1, wegstehlen.

Ab·sen·tis·mus [apzɛn'tɪsmʊs] *m* ⟨-; *no pl*⟩ absenteeism.

Ab·senz [ap'zɛnts] *f* ⟨-; -en⟩ **1.** *obs. for* Abwesenheit 1. – **2.** *Swiss and Austrian* absence from school. – **3.** *med. psych. cf.* Absence.

'ab·ser,vie·ren *v/t* ⟨*sep, no* -ge-, h⟩ **1.** (*Geschirr etc*) take away. – **2.** j-n ~ *colloq.* get rid of s.o., kick s.o. out (*sl.*).

'Ab,setz,an,la·ge *f civ.eng.* **1.** (*Bandabsetzer*) stacker. – **2.** *cf.* Absetzbecken.

'ab,setz·bar *adj* **1.** (*Beamter*) removable, dismissible, (*Herrscher etc*) *auch* deposable. – **2.** *econ.* (*Waren etc*) sal(e)able, marketable: leicht ~ sein to be easy to sell; schwer ~ sein to be hard (*od.* difficult) to sell; nicht ~ sein to be unsal(e)able. – **3.** *econ.* (*Ausgaben*) deductible, allowable for deduction: steuerlich ~ sein to be deductible for taxation (purposes), to be subject to (tax) exemption. — **'Ab,setz·bar·keit** *f* ⟨-; *no pl*⟩ **1.** (*eines Beamten*) removability, dismissibility. – **2.** *econ.* (*der Waren etc*) sal(e)ability, marketability. – **3.** *econ.* (*der Ausgaben*) deductibility.

'Ab,setz|,becken (*getr.* -k·k-) *n civ.eng.* (*Abwasserwesen*) settling (*od.* sedimentation, settlement) basin (*od.* tank). — **~be,häl·ter** *m* **1.** *civ.eng.* (*Abwasserwesen*) *cf.* Absetzbecken. – **2.** *tech.* (*Wechselbehälter*) demountable (*od.* detachable) tank. – **3.** (*paper*) draining tank. — **~be,we·gung** *f mil.* withdrawal, disengagement.

'ab,set·zen I *v/t* ⟨*sep,* -ge-, h⟩ **1.** (*Hut, Brille etc*) take off. – **2.** (*Last etc*) put (*od.* set, lay) down: einen Koffer [das Tablett] ~ to put down a suitcase [the tray]. – **3.** (*aussteigen lassen*) drop, let out (*od.* off), set down: j-n an der Ecke [am Bahnhof] ~ to drop s.o. at the corner [station]. – **4.** (*abwerfen*) throw (off): das Pferd setzte den Reiter ab the horse threw (off) the rider. – **5.** (*wegnehmen*) take (away) (von from): das Glas (vom Mund) ~ to take the glass from one's lips; ohne die Feder abzusetzen without lifting the pen; die Flöte ~ a) to take the flute from one's mouth, b) to stop playing (the flute); den Bogen ~ a) to lift the bow, b) to stop playing (the violin). – **6.** (*streichen*) take off, remove, withdraw: ein Stück vom Spielplan ~ to withdraw a play, to take a play off the program (*bes. Br.* programme); einen Punkt von der Tagesordnung ~ to remove (*od.* delete) an item from the agenda. – **7.** (*Termin*) cancel. – **8.** (*des Amtes entheben*) remove (*s.o.*) (from office), dismiss, turn (*s.o.*) out, (*Minister, Regierung etc*) *auch* unseat. – **9.** (*Herrscher*) depose, dethrone. – **10.** (*Geistliche*) deprive, divest. – **11.** (*abheben*) (gegen) set off (against), contrast (with): etwas hell gegen den dunklen Hintergrund ~ to set off s.th. (*od.* to let s.th. stand out bright) against the dark background; eine dunkle Fläche mit hellen Mustern ~ to contrast a dark background with bright patterns; Farben gegeneinander ~ to gradate colo(u)rs. – **12.** *bes. mil.* j-n von der Verpflegung (*od.* vom Essen) ~ to take s.o. off rations (*od.* food). – **13.** *econ.* (*Waren etc*) sell, dispose of, market: etwas billig ~ to sell s.th. cheaply (*od.* at marked-down prices); etwas mit Gewinn [Verlust] ~ to sell s.th. at a profit [loss]; etwas am offenen Markt ~ to sell s.th. in (*od.* on) the open market; sich leicht [schwer] ~ lassen to sell readily [badly], to meet with a ready [slow] market; sich nicht ~ lassen to be unsal(e)able. – **14.** *econ.* (*Ausgaben etc*) strike (*od.* write) off, deduct, allow: einen Betrag von einer Rechnung ~ to deduct an amount from an account (*od.* a bill, an invoice); vom Budget ~ to strike (off) from the budget; etwas steuerlich ~ (können) (to be able) to deduct s.th. from one's taxable income. – **15.** *gastr.* a) (*Hefe, Molke etc*) deposit, b) (*Fett beim Braten*) drip. – **16.** *geol. chem. tech.* deposit. – **17.** *mar.* a) (*Boot vom Land*) push (*od.* shove) (*a boat*) off, b) (*Kurs*) (auf *acc* for) shape, lay down (*od.* off), c) (*Lotsen*) drop. – **18.** *aer.* (*Fallschirmspringer etc*) a) drop, land, parachute, b) dispatch, despatch. – **19.** *mil.* (*Gewehr*) unshoulder. – **20.** *tech.* a) (*Welle*) shoulder, step, b) (*kröpfen*) offset. – **21.** *arch.* (*Mauer etc*) offset. – **22.** *mus.* (*Töne*) play (*od.* sing) (*s.th.*) staccato, separate. – **23.** *print.* a) (*Manuskript*) set (up) (*od.* put) (*s.th.*) in type, set, b) (*Zeile*) start (*od.* begin) (*a new line*). – **24.** *med.* a) amputate, b) (*Glied im Gelenk*) disarticulate, c) (*Patienten von einer Dosis etc*) discontinue giving (*a dose*) to, d) (*Behandlung, Medikament*) discontinue, e) (*Säugling*) wean: der Säugling wurde von der Brustnahrung abgesetzt the baby was weaned. – **25.** *agr.* (*Jungvieh*) wean. – **26.** *jur.* (*Prozeß*) discontinue. – **27.** (*radio*) (*Funkspruch*) transmit. – **28.** *zo.* (*Eier*) deposit. – **II** *v/i* **29.** (*aufhören*) a) stop, break (*od.* leave) off, b) pause, intermit: ohne abzusetzen a) without a break (*od.* halt), without stopping, b) (*beim Trinken*) at a draught, in one gulp, c) (*beim Schreiben*) without lifting the pen. – **30.** *mar.* (*abstoßen*) bear (*od.* push, shove) off: vom Lande ~ to bear off from the land (*od.* the shore). – **31.** *metall.* (*Erzaufbereitung*) thicken. – **III** *v/reflex* sich ~ **32.** (*sich abheben*) (gegen) stand out (against), contrast (with). – **33.** *colloq.* (*sich entfernen*) make off, retreat, withdraw: er hat sich rechtzeitig abgesetzt he has made off in time; sich nach Australien ~ to retreat to Australia. – **34.** *colloq.* (*von Freunden etc*) disassociate oneself. – **35.** *fig.* (*sich distanzieren*) (von) disassociate oneself (from), disavow (*s.th.*): sich von einer Lehre ~ to disassociate oneself from a doctrine. – **36.** *mil.* (*von Truppen etc*) (von from) disengage oneself, disengage, retreat, withdraw: sich vom Feind ~ to break away from the enemy, to disengage. – **37.** *gastr.* (*von Rahm etc*) set, form a deposit. – **38.** *geol.* (form a) deposit. – **39.** *chem. tech.* (form a) deposit, settle (out). – **IV** *v/impers* **40.** *colloq.* es wird etwas ~ a) there will be a row (*od.* scrap) (*colloq.*), b) we are in for s.th.; es wird Hiebe (*od.* Schläge) ~ a) it will come to blows, b) there will be trouble, you (*etc*) will get it (*colloq.*). – **V A~** *n* ⟨-s⟩ **41.** *verbal noun.* – **42.** (*im Reden etc*) pause, break. – **43.** *aer.* (*von Fallschirmtruppen*) parachute drop. – **44.** *cf.* Absetzung.

'Ab,set·zer *m* ⟨-s; -⟩ **1.** *aer.* (*Fallschirmspringer*) jumpmaster, dispatcher, despatcher, dropmaster. – **2.** *civ.eng. cf.* Bandabsetzer.

'Ab,setz|,fer·kel *n agr.* (newly) weaned pig. — **~ge,län·de** *n aer. mil.* (*für Fallschirmtruppen etc*) drop(ping) area (*od.* zone), landing area. — **~ge,rät** *n civ.eng. cf.* Bandabsetzer. — **~,kalb** *n agr.* (newly) weaned calf. — **~,kipp·be,häl·ter** *m civ.eng.* lift-on lift-off (bulk) tipping container. — **~,kip·per** *m* tipping container vehicle.

'Ab,setz·ling *m* ⟨-s; -e⟩ *agr.* newly weaned animal.

'Ab,setz,tisch *m* **1.** side table. – **2.** (*textile*) shearing table.

'Ab,set·zung *f* ⟨-; -en⟩ **1.** *cf.* Absetzen. – **2.** (*Streichung*) removal, withdrawal: ~ eines Theaterstückes vom Spielplan withdrawal of a play from the program(me) (*od.* repertoire); ~ eines Punktes von der Tagesordnung withdrawal of an item from (*od.* deletion of an item in) the agenda. – **3.** (*eines Termins etc*) cancellation. – **4.** (*Amtsenthebung*) removal (from office), dismissal: einstweilige ~ suspension. – **5.** (*eines Herrschers etc*) deposal, deposition, (*eines Königs*) *auch* dethronement. – **6.** (*von Geistlichen*) deprivation, deprival, divestment. – **7.** *econ.* (*abgesetzter Betrag etc*) deduction, write-off: ~ für Abnutzung (*Steuer*) depreciation on account of wear and tear. – **8.** *chem.* (*Niederschlag*) precipitation, sedimentation. – **9.** *print.* (*eines Manuskripts etc*) composition. – **10.** *med.* a) removal, amputation, b) (*des Kindes*) weaning, ablactation. – **11.** *jur.* (*eines Prozesses*) discontinuance, discontinuation.

'Ab,setz,zo·ne *f aer. mil. cf.* Absetzgelände.

'ab,si·cheln *v/t* ⟨*sep,* -ge-, h⟩ **1.** (*Gras etc*) cut (off) (*s.th.*) with a sickle. – **2.** (*Feldrain etc*) cut off the grass from.

'ab,si·chern I *v/t* ⟨*sep,* -ge-, h⟩ **1.** (*baufälliges Dach etc*) support. – **2.** (*Tresor etc*) (gegen from, against) (safe)guard, protect. – **3.** (*Versammlung, Straße etc durch Polizei*) (gegen from, against) guard. – **4.** *fig.* (gegen from, against) (safe)guard, protect, secure: seine Theorie gegen Einwände ~ to guard one's theory against possible objections. – **5.** *electr.* install (*auch* instal) fuses (*Am. auch* fuzes) (*od.* cutouts) in. – **6.** *econ.* a) (*Risiko*) provide (*od.* guard) against, cover, b) (*Wechselkurs*) fix, c) (*Kredite*) provide security for, secure, offer security for: das Risiko kann nicht in allen Fällen abgesichert werden the risk cannot in all cases be guarded against. – **II** *v/reflex* sich ~ **7.** (gegen) to guard oneself (against), protect (*od.* secure) oneself (from, against). – **III A~** *n* ⟨-s⟩ **8.** *verbal noun.* — **'Ab,si·che·rung** *f* ⟨-; -en⟩ **1.** *cf.* Absichern. – **2.** (*für baufällige Dächer etc*) support. – **3.** (*eines Tresors etc*) protection. – **4.** (*einer Versammlung etc durch Polizei*) guard. – **5.** *fig.* (*Schutz*) (safe)guard, protection. – **6.** *electr.* fuse (*Am. auch* fuze) protection. – **7.** *bes. econ.* a) (*eines Risikos etc*) backing, support, b) (*eines Kredits*) security, collateral: ~ von Marktrisiken providing cover against market risks; zur ~ unvorhergesehener Fälle to cover (*od.* guard against) unforeseen contingencies.

'Ab,sicht *f* ⟨-; -en⟩ **1.** (*Wollen*) intention, intent, (*fester Vorsatz*) purpose, design: böse ~ a) evil (*od.* malicious) intent(ion) (*od.* design), b) *bes. jur.* malice; deutliche ~ clear (*od.* obvious) intention; feste ~ firm intention, determination; unlautere ~en dishonest intentions (*od.* motives); verbrecherische ~ *bes. jur.* (criminal) intent; eine ~ äußern [ausführen] to express [carry out (*od.* realize)] an intention; j-s ~en durchkreuzen (*od.* vereiteln) to frustrate s.o.'s intentions (*od.* designs); die ~ haben, etwas zu tun to be planning to do s.th., to have the intention of doing (*od.* to do) s.th., to intend doing (*od.* to do) s.th.; **er hat ~en auf sie** *colloq.* he has his eye on her; **er hat ernste ~en** he has hono(u)rable (*od.* serious) intentions; **die ~ hegen** *lit.* to harbo(u)r the intention (*lit.*); **j-m schlechte ~en unterschieben** to impute base (*od.* ignoble) intentions to s.o.; **j-s ~ verkennen** to mistake s.o.'s intention; **seine wahren ~en verraten** to reveal one's true intentions, to show one's (true) colo(u)rs; **war das ~?** was that intended (*od.* intentional)? **es war nicht meine ~, ihn zu beleidigen** I did not mean to offend him; **an (der Redlichkeit) einer ~ zweifeln** to doubt (the integrity of) an intention; **aus** (*od.* **mit**) **böser ~** a) with (an) evil intention, b) (*stärker*) out of spite (*od.* malice), c) *jur.* with felonious (*auch* dolose) intent; **bei seiner ~ bleiben** to stick to one's intention, (*bes. hartnäckig*) to persist in one's intention; **das war gegen meine ~** that was contrary to my intention; **in betrügerischer ~** a) with intent to deceive, b) *bes. jur.* with intent to defraud; **in böswilliger ~** a) with (a) malicious intent(ion), b) *jur.* with malice aforethought, with (*od.* of) malice prepense, prepensely; **in guter ~** with good intent(ion) (*od.* will), in good faith, bona fide; **in der besten ~** with the best of intentions; **in welcher ~?** with what intent(ion)? **das lag nicht in meiner ~** I didn't intend (*od.* mean) that, that (*od.* such) was not my intention; **in der ~ zu töten** with intent to kill; **in der ~ zu gehen** with the intention of going; **mit ~** intentionally, on purpose, deliberately, by design; **mit der ~, etwas zu tun** with the intention of (*od.* with a view to) doing s.th.; **ob durch Zufall oder mit ~** whether by chance (*od.* accident) or by design; **mit voller ~** with full (*od.* clear) intention; **mit einer bestimmten ~** with an express intention (*od.* purpose); **sich mit der ~ tragen, etwas zu tun** to contemplate (*od.* have thoughts of) doing s.th.; **nach seiner ~** as he intended, in accordance with his intentions; **ohne ~** unintentionally; **nicht ohne ~** a) not without intent(ion) (*od.* design), b) (*vorsätzlich*) *jur.* wil(l)ful(ly), c) *jur.* (*vorbedacht*) premeditated(ly); **j-n von seiner ~ abbringen** to deflect s.o. from his intention (*od.* purpose); **von seiner ~ abstehen** to desist from one's intention. – **2.** (*Plan*) plan, project, scheme: **es besteht die ~ zu** (*officialese*) there are plans to. – **3.** (*Ziel*) aim, object, end. – **4.** *obs. od. poet.* (*Hinsicht*) respect: **in dieser [mancher, anderer] ~** in this [some, another] respect.

ab·sicht·lich ['apˌzɪçt-; ˌap'zɪçt-] **I** *adj* **1.** (*vorsätzlich*) intentional, intended, (*stärker*) deliberate, wilful, *bes. Am.* willful: **eine ~e Täuschung [Kränkung]** a deliberate deception [insult]; **~e Zerstörung** wil(l)ful destruction; **~e Übergehung** *ling.* (*in der Rhetorik*) preterition, paraleipsis. – **2.** *jur.* a) wilful, *bes. Am.* willful, b) (*mutwillig*) malicious, c) (*freiwillig, vorsätzlich*) voluntary, d) (*vorbedacht*) premeditated: **~e Vernachlässigung** a) wil(l)ful neglect, b) (*Vergeudung*) voluntary (*od.* wil[l]ful) waste. – **II** *adv* **3.** on purpose, intentionally, with intent, deliberately, purposely, (*stärker*) wilfully, *bes. Am.* willfully: **das hat er ~ getan** he did that on purpose; **er ließ mich ~ warten** it was his intention (*od.* he meant) to keep me waiting; **etwas ~ übersehen** a) to overlook s.th. intentionally, b) to turn a blind eye to (*od.* on) s.th.; **etwas ~ überhören** to turn a deaf ear to s.th.; **~ Schaden anrichten** to do wil(l)ful damage; **er ist ~ dahin gegangen** he made a point of going there, he went there on purpose. — **Ab·sicht·lich·keit** ['apˌzɪçt-; ˌap'zɪçt-] *f* ⟨-; *no pl*⟩ **1.** (*Vorsätzlichkeit*) intentionality, (*Wohlerwogenheit*) deliberateness, (*stärker*) wilfulness, *bes. Am.* willfulness. – **2.** *jur.* a) wilfulness, *bes. Am.* willfulness, b) (*böse Absicht*) maliciousness, malice, c) (*Vorbedacht*) premeditation.

'abˌsichts·los I *adj* **1.** (*Handlung etc*) unintentional. – **2.** (*Bemerkung etc*) unintentional, casual. – **II** *adv* **3.** unintentionally, without intention. — **'Abˌsichts·lo·sig·keit** *f* ⟨-; *no pl*⟩ **1.** (*einer Handlung etc*) lack of intention (*od.* purpose). – **2.** (*einer Bemerkung etc*) casualness.

'Abˌsichtsˌsatz *m ling. cf.* Finalsatz.

'abˌsichtsˌvoll I *adj* intentional. – **II** *adv* intentionally, on purpose.

'abˌsickern (*getr.* -k·k-) **I** *v/i* ⟨*sep*, -ge-, sein⟩ **1.** (*von Regenwasser etc*) run (*od.* drain) away (slowly). – **2.** (*von Grundwasser etc*) seep away (*od.* off). – **II A~** *n* ⟨-s⟩ **3.** *verbal noun.* – **4.** *civ.eng.* inward (*od.* influent) seepage.

'abˌsie·ben *v/t* ⟨*sep*, -ge-, h⟩ (*Mehl, Getreide etc*) sift, sieve.

'abˌsie·deln *v/t* ⟨*sep*, -ge-, h⟩ *pol. rare* (*Bevölkerung*) evacuate.

'abˌsie·den *v/t* ⟨*bes. irr, sep*, -ge-, h⟩ **1.** *Southern G. gastr.* a) (*Fleisch, Fisch etc*) allow (*s.th.*) to simmer, b) (*Milch*) boil. – **2.** *bes. chem.* (*Extrakte etc*) decoct.

'abˌsie·geln *v/t* ⟨*sep*, -ge-, h⟩ *civ.eng.* (*Straßenbau*) seal. — **'Abˌsie·ge·lung, 'Abˌsieg·lung** *f* ⟨-; -en⟩ (*Porenschluß*) seal.

'abˌsin·gen I *v/t* ⟨*irr, sep*, -ge-, h⟩ **1.** (*Hymne, Lied etc*) sing (through). – **2.** sing (*s.th.*) from the score (*od.* at sight): **die Melodie fehlerlos (vom Blatt) ~** to sing the tune from the score without (making) a mistake. – **II A~** *n* ⟨-s⟩ **3.** *verbal noun*: **das A~ der Nationalhymne** the singing of the national anthem; **unter A~ von Liedern** singing songs.

'abˌsin·ken I *v/i* ⟨*irr, sep*, -ge-, sein⟩ **1.** *cf.* sinken 4, 6, 8, 13. – **2.** (*von Schiff etc*) sink: **auf den Grund ~** to sink to the bottom. – **3.** *fig.* (*von Niveau, Leistung etc*) sink, decline, drop, deteriorate. – **4.** *fig.* (*von Interesse etc*) decrease, abate, subside. – **II A~** *n* ⟨-s⟩ **5.** *verbal noun.* – **6.** (*mining*) shaft-sinking by a drop shaft. – **7.** *fig.* (*des Niveaus etc*) (*gen*) decline (of *od.* in), drop (of), deterioration (of). – **8.** *fig.* (*des Interesses etc*) (*gen* of) decrease, abatement.

Ab·sinth [ap'zɪnt] *m* ⟨-(e)s; -e⟩ **1.** (*Trinkbranntwein aus Wermut*) absinth(e). – **2.** *bot. cf.* Wermut 2. — **a~ˌar·tig** *adj* absinthine.

Ab·sin·this·mus [apzɪn'tɪsmʊs] *m* ⟨-; *no pl*⟩, **Ab'sinth·verˌgif·tung** *f med.* absinthism.

'Abˌsitz|ˌbecken (*getr.* -k·k-) *n civ.eng.* settling basin (*od.* tank). — **~ˌbüt·te** *f brew.* settling tub.

'abˌsit·zen I *v/t* ⟨*irr, sep*, -ge-, h⟩ **1.** *colloq.* (*Strafe etc*) serve, 'do' (*sl.*): **seine Strafe ~** to serve one's time; **seine Jahre ~ (wegen)** to do time (for) (*colloq.*). – **2.** *colloq.* (*Schulstunden, Vorstellung etc*) sit out: **seine Dienststunden ~** a) to sit out one's office hours, b) (*bes. untätig*) to while away one's office hours; **seine Schulzeit ~** to sit out one's time at school. – **II** *v/i* **3.** ⟨sein⟩ (*vom Pferd*) dismount, get down: **~!** *mil.* dismount! **j-n ~ lassen** to order (*od.* tell) s.o. to dismount. – **4.** *colloq.* ⟨h *u.* sein⟩ **(von** from) sit (far) away: **(zu weit) vom Tisch ~** to sit (too far) away from the table. – **5.** *colloq.* **(von** from) live (far) away. – **6.** ⟨sein⟩ *Swiss for* setzen 24, niederlassen 5. – **7.** *chem.* settle, deposit. – **III A~** *n* ⟨-s⟩ **8.** *verbal noun.* – **9.** (*vom Pferd*) dismount.

'abˌsocken (*getr.* -k·k-) *v/i* ⟨*sep*, -ge-, sein⟩ *colloq.* 'buzz off', 'blow' (*colloq.*), go away.

ab·so·lut [apzo'luːt] **I** *adj* **1.** (*uneingeschränkt*) absolute: **~er Herrscher [Monarch]** absolute (*od.* plenipotentiary) ruler [monarch]; **~e Herrschaft [Monarchie]** absolute (*od.* despotic, dictatorial) rule [monarchy]; **~e Mehrheit** *bes. pol.* absolute majority. – **2.** (*vollendet*) absolute, perfect, positive: **~e Schönheit** perfect beauty. – **3.** (*beziehungslos, unabhängig*) absolute: **~e Musik** absolute music; **~es Gehör** absolute (*od.* perfect) (sense of) pitch; **~e Geometrie** *math.* absolute geometry; **~e Kunst** abstract art; **~er Nominativ** *ling.* (absolute) nominative; **~er Ablativ** *ling. cf.* Ablativus absolutus. – **4.** (*auf eine Grundeinheit bezogen*) absolute: **~es Maßsystem** absolute system of measurement (*od.* measures); **~es Minimum** absolute (*od.* irreducible) minimum; **~e Einheit** *math. phys.* absolute unit; **~er Wert** *math.* absolute value (*od.* magnitude); **~er Nullpunkt** *math. phys.* absolute zero; **~e Temperatur** *phys.* absolute temperature; **~e Tonhöhe** *mus.* absolute pitch. – **5.** *colloq.* (*völlig, unbedingt*) absolute, complete: **die ~e Wahrheit** the absolute (*od.* gospel) truth; **mit ~er Sicherheit** with absolute (*od.* dead) certainty; **~er Gehorsam** absolute (*od.* unconditional) obedience; **~er Unsinn** absolute (*od.* utter, sheer) nonsense; **eine ~e Unmöglichkeit** an absolute (*od.* a physical) impossibility; **er ist ein ~er Versager** (*od.* **eine ~e Null**) he is an absolute (*od.* a total) failure; **ein ~er Narr** an absolute (*od.* out-and-out, a positive) fool. – **6.** *chem.* (*Alkohol*) absolute, anhydrous. – **7.** *philos.* absolute, unconditioned. – **II** *adv colloq.* **8.** absolutely, positively: **das ist ~ unmöglich** that's absolutely impossible; **~ zwecklos** absolutely useless; **als ~ zuverlässig gelten** to pass for a person of absolute reliability; **er hat ~ keine Bedenken** he has no scruples whatever; **ich kann ~ nicht verstehen, warum** I can't (for the life of me) understand why; **~ nicht** by no means; **er will ~ recht haben** he wants to be right at all costs; **wenn du ~ gehen willst** if you absolutely must go, if you insist on going. – **9.** *econ.* a) in absolute terms, b) actually: **die Termineinlagen sind ~ zurückgegangen** the time deposits showed an actual fall (*od.* a fall in absolute terms).

Ab·so'lutˌdruck *m* ⟨-(e)s; -drücke⟩ **1.** *phys.* absolute pressure. – **2.** *metall.* (*in der Walztechnik*) work, draft.

Ab·so'lu·te, das ⟨-n; *no pl*⟩ *philos.* (*letzter Seinsgrund*) the Absolute (*od.* Unconditioned); **Lehre vom ~n** absolutism; **Dialektik von ~m und Relativem** dialectic of the absolute and the relative.

Ab·so'lut|ge‚schwin·dig·keit *f aer.* **1.** absolute velocity. – **2.** *cf.* Grundgeschwindigkeit. — **~ˌglied** *n math.* absolute term.

Ab·so'lut·heit *f* ⟨-; *no pl*⟩ **1.** (*Uneingeschränktheit*) absoluteness. – **2.** (*Vollkommenheit*) absoluteness, perfection. – **3.** *colloq.* (*Unbedingtheit*) absoluteness.

Ab·so·lu·ti·on [apzolu'tsĭoːn] *f* ⟨-; -en⟩ *relig.* absolution: **j-m ~ erteilen** a) to give absolution to s.o., b) *fig. humor.* to forgive s.o.; **~ während des (Predigt)Gottesdienstes** predicatory absolution; **ohne ~** unabsolved.

Ab·so·lu·tis·mus [apzolu'tɪsmʊs] *m* ⟨-; *no pl*⟩ *auch hist.* absolutism. — **Ab·so·lu'tist** [-'tɪst] *m* ⟨-en; -en⟩ absolutist. — **ab·so·lu'ti·stisch** *adj* absolutist(ic), absolute.

Ab·so·lu·to·ri·um [apzolu'toːrĭʊm] *n* ⟨-s; -rien⟩ **1.** *obs. jur.* (certificate of) acquittal (*od.* release). – **2.** *Austrian ped.* (*university*) *certificate of formal enrol(l)ment for the required number of terms.*

Ab·so'lutˌwert *m math.* absolute value: **kleinster ~** (*einer Funktion*) minimum.

Ab·sol·vent [apzɔl'vɛnt] *m* ⟨-en; -en⟩, **Ab·sol'ven·tin** *f* ⟨-; -nen⟩ *ped.* **1.** (*einer Schule*) pupil (*od.* student) who has just left (*od.* is going to leave) school (after the final examination), school-leaver, *Am.* graduate. – **2.** (*einer Hochschule*) graduate: **er ist ~ einer technischen Hochschule** he has graduated from an institute of technology.

ab·sol·vie·ren [apzɔl'viːrən] **I** *v/t* ⟨*no* ge-, h⟩ **1.** (*Schule etc*) attend (and complete), *Am.* graduate from. – **2.** (*Hochschule etc*) graduate from, take one's degree at. – **3.** (*Kurs, Studium etc*) do, complete. – **4.** (*Prüfung*) pass. – **5.** *colloq.* (*erledigen*) do, complete, (*bes. mühsam*) go (*od.* get) through: **sein tägliches Pensum ~** to do one's daily stint. – **6.** *relig.* **(von** of) absolve. – **II A~** *n* ⟨-s⟩ **7.** *verbal noun.* — **Ab·sol'vie·rung** *f* ⟨-; -en⟩ **1.** *cf.* Absolvieren. – **2.** (*einer Schule etc*) (*gen*) completion (of), *Am.* graduation (from). – **3.** (*einer Hochschule etc*) (*gen* from) graduation. – **4.** (*des Studiums etc*) completion: **nach ~ seiner Studien** after completing (*od.* [up]on completion of) his studies.

'abˌson·der·bar *adj rare* (*abtrennbar*) separable.

ˌab'son·der·lich I *adj* (*sonderbar*) peculiar, strange, unusual, off (*pred*, *colloq.*): **ein ~er Mensch** a peculiar (*od.* quaint, an eccentric) person, *bes. Am. sl.* a screwball; **eine ~e Angewohnheit** a strange habit. – **II** *adv* (*besonders*) *rare* particularly, especially. – **III A~e, das** ⟨-n⟩ the strange thing, the peculiar (*od.* unusual) feature: **daran war nichts A~es** there was nothing peculiar about it. — **ˌAb'son·der·lich·keit** *f* ⟨-; -en⟩ **1.** (*Eigentümlichkeit*) peculiarity, strangeness, unusualness, oddity. – **2.** peculiar (*od.* strange) phenomenon (*od.* object). – **3.** *psych.* singularity, peculiarity, queerness.

'abˌson·dern I *v/t* ⟨*sep*, -ge-, h⟩ **1.** (*ab- od. ausschließen*) **(von** from) separate, segregate: **die kranken Tiere (von den gesunden) ~** to separate the sick animals from the healthy ones. – **2.** (*Kranke etc*) isolate, segregate. – **3.** (*ausscheiden*) secrete, excrete:

Harz ~ to secrete (*od.* exude) resin; Feuchtigkeit ~ to excrete moisture, to sweat. – **4.** *med. biol.* a) (*Sekret*) secrete, b) (*Eiter etc*) discharge, c) (*Ausscheidungsprodukte*) excrete. – **5.** *chem.* separate, isolate. – **6.** *philos.* abstract. – **7.** *mil.* a) detach, b) (*Kriegsgefangene etc*) segregate. – **II** *v/reflex* sich ~ **8.** (*von der Welt etc*) (von from) seclude (*od.* isolate) oneself, to cut oneself off. – **9.** (*von einer Gruppe, der Familie etc*) (von from) keep (*od.* hold) oneself apart (*od.* aloof): er hat sich völlig von seiner Familie abgesondert he keeps himself completely apart (*od.* he has cut himself off completely) from his family. – **10.** *med. biol.* a) be secreted, b) be discharged, c) be excreted. – **11.** *chem.* be separated. – **III A~** *n* ⟨-s⟩ **12.** *verbal noun.* – **13.** *cf.* Absonderung. — **'abˌson·dernd I** *pres p.* – **II** *adj med. biol.* a) secretory, b) excretory. — **'Abˌson·de·rung** *f* ⟨-; -en⟩ **1.** *cf.* Absondern. – **2.** (*Ab-, Ausschließung*) (von from) separation, segregation. – **3.** (*Isolierung*) isolation, insulation. – **4.** *fig.* (*von der Welt etc*) (von from) seclusion, isolation, insulation. – **5.** (*Ausscheidung*) secretion, excretion: ~ von Feuchtigkeit sweat. – **6.** *med. biol.* a) (*der Drüsen*) secretion, b) (*von Eiter*) discharge, c) (*Ausscheidung*) excretion, d) (*Exsudat*) exudation, e) (*durch Membranen*) transudation: steinige ~ concretion. – **7.** *chem.* a) separation, isolation, b) (*eines H-Atoms*) abstraction. – **8.** *philos. rare* abstraction. – **9.** *jur. econ.* a) separation, b) separate (*od.* special) settlement, c) claim of exemption, d) preferential satisfaction (*od.* treatment) (*of a creditor*). – **10.** *geol.* a) jointing, b) isolation, c) parting: bankförmige [prismatische] ~ sheet [prismatic] jointing.

'Abˌson·de·rungs|ˌanˌspruch *m jur. econ. cf.* Absonderungsrecht. — **a~beˌrech·tigt** *adj* **1.** (*von Dritten*) secured. – **2.** (*eines Gläubigers*) entitled to privileged satisfaction. — **~beˌrech·tig·te** *m, f* ⟨-n; -n⟩ **1.** third party entitled to right of exemption. – **2.** creditor entitled to privileged satisfaction. — **~ˌdrü·se** *f med. biol.* secretory gland. — **~ˌflä·che** *f geol.* divisional plane, joint(ing). — **~ˌflüs·sig·keit** *f med. biol.* secretory fluid, secretion. — **~orˌgan** *n* secretory (*od.* secreting) organ. — **~ˌrecht** *n jur. econ.* **1.** (*eines Dritten*) right of exemption. – **2.** (*eines Gläubigers*) right to privileged satisfaction, preferential claim, right to a separate (*od.* preferential) settlement. — **~ˌstoff** *m med. biol.* secreted matter, secretion. — **~ˌtä·tig·keit** *f* secretory activity.

Ab·sor·bens [ap'zɔrbɛns] *n* ⟨-; -benzien [-'bɛntsiən] *u.* -bentia [-'bɛntsia]⟩ *chem. med.* absorbent.

Ab·sor·ber [ap'zɔrbər] *m* ⟨-s; -⟩ **1.** *cf.* Absorbens. – **2.** *tech. phys.* (*einer Kühlanlage*) absorber. – **3.** *electr.* (*Saugkreis*) absorber.

ab·sor'bier·bar *adj* absorbable. — **Ab·sor'bier·bar·keit** *f* ⟨-; *no pl*⟩ absorbability.

ab·sor·bie·ren [apzɔr'biːrən] **I** *v/t* ⟨*no* ge-, h⟩ **1.** (*Licht etc*) (ab)sorb, (*Gase*) *auch* occlude: wieder ~ to resorb. – **2.** (*Stoß etc*) absorb. – **3.** *biol.* absorb. – **4.** *fig.* (*von Arbeit etc*) absorb, engross, occupy. – **5.** *bes. pol.* (*Staatsgebiet etc*) absorb, incorporate. – **6.** *bes. sociol.* (*Gesellschaftsgruppen etc*) assimilate. – **7.** *bes. econ.* (*vom Markt*) (*Konjunkturschwankungen etc*) absorb. – **II A~** *n* ⟨-s⟩ **8.** *verbal noun.* – **9.** *cf.* Absorption. — **ab·sor'bie·rend I** *pres p.* – **II** *adj* **1.** absorbing, absorptive, absorbent: ~es Mittel absorbent, sorbefacient (*scient.*); ~e Wirkung absorbing effect; ~e Kohle activated carbon, charcoal, gas coal. – **2.** *fig.* (*Tätigkeit*) absorbing.

'abˌsor·gen *v/reflex* ⟨*sep*, -ge-, h⟩ sich ~ (um about) worry, (*stärker*) worry oneself to death.

Ab·sorp·tio·me·ter [apzɔrptsio'meːtər] *n chem. phys.* absorptiometer.

Ab·sorp·ti·on [apzɔrp'tsioːn] *f* ⟨-; -en⟩ **1.** (ab)sorption, (*von Gasen*) *auch* occlusion. – **2.** *biol.* absorption. – **3.** *electr.* absorption. – **4.** *bes. pol.* (*eines Staatsgebietes etc*) absorption, incorporation. – **5.** *bes. sociol.* a) (*von Gesellschaftsgruppen etc*) assimilation, b) *cf.* Absorptionsvermögen. – **6.** *ling.* (*Phonetik*) *cf.* Synkope 1.

ab·sorp·ti'onsˌfä·hig *adj* **1.** *bes. chem. biol. phys.* absorptive: ~er machen *tech.* to activate. – **2.** (*textile*) (*beim Färben*) receptive, absorptive. — **Ab·sorp·ti'ons·ˌfä·hig·keit** *f* ⟨-; -en⟩ **1.** *cf.* Absorptionsvermögen. – **2.** (*textile*) receptivity, absorptive power.

Ab·sorp·ti'ons|ˌfakˌtor *m chem. phys.* absorption factor. — **~ˌfil·ter** *n, m* absorption (*od.* absorbing) filter. — **~ˌflüs·sig·keit** *f chem.* absorbent (*od.* absorption) liquid. — **a~ˌför·dernd** *adj biol.* sorbefacient. — **~geˌwe·be** *n* absorbing tissue. — **~ˌhaar** *n bot.* absorption hair. — **~ko·ef·fi·ziˌent** *m nucl.* (*optics*) absorption coefficient. — **~ˌkraft** *f chem. phys.* absorptive power, absorptivity. — **~ˌkreis** *m* **1.** *electr.* a) absorbing (*od.* absorptive, absorption) circuit, b) resonator. – **2.** (*in der Akustik*) resonator. — **~ˌmit·tel** *n chem. phys.* absorbent, absorber, absorbing agent (*od.* medium), absorbent material. — **~spekˌtralˌli·nie** *f phys.* reversed spectrum line. — **~ˌspek·trum** *n phys. nucl.* absorption spectrum. — **~ˌstrei·fen** *m* (*optics*) absorption band. — **~verˌfah·ren** *n chem. phys.* absorption method. — **~verˌmö·gen** *n* **1.** *chem. biol.* absorbing (*od.* absorptive, absorption) capacity (*od.* power), absorptiveness. – **2.** *phys.* a) opacity, b) suction. – **3.** *econ.* (*eines Marktes*) absorbing capacity (*od.* power). — **~verˌsuch** *m phys.* absorption test. — **~ˌwär·me** *f* heat of absorption.

ab·sorp·tiv [apzɔrp'tiːf] *adj phys.* absorptive.

'abˌspä·hen *v/t* ⟨*sep*, -ge-, h⟩ (*Gegend, Revier etc*) (nach for) scan.

'abˌspal·ten I *v/t* ⟨*irr, sep*, -ge-, h⟩ **1.** (*Holzspäne, -scheite etc*) (von from) split (*od.* cleave) off. – **2.** *fig.* (*Gebiet etc*) (von from) split off. – **3.** *phys. chem.* a) (*Elektronen etc*) split off, b) separate. – **4.** *tech.* a) split off, b) (*Öl*) crack. – **II** *v/reflex* sich ~ **5.** *fig.* (von from) split off, segregate, secede: sich von einer Partei ~ to split off from a party. – **6.** *bes. phys. chem. tech.* (von from) split off. – **III A~** *n* ⟨-s⟩ **7.** *verbal noun.* — **'Abˌspal·tung** *f* ⟨-; -en⟩ **1.** *cf.* Abspalten. – **2.** *fig.* (von from) segregation, secession. – **3.** *pol.* break-away (*od.* splinter) group. – **4.** *phys. chem.* separation. – **5.** *geol.* differentiation.

'abˌspa·nen *v/t* ⟨*sep*, -ge-, h⟩ *tech.* cut, machine.

'abˌspä·nen[1] *v/t* ⟨*sep*, -ge-, h⟩ (*Fußboden*) rub (*od.* clean) (*s.th.*) with steel wool.

'abˌspä·nen[2] *v/t* ⟨*sep*, -ge-, h⟩ *agr.* (*Ferkel*) wean.

'AbˌspannˌdrahtM *m electr. tech.* anchoring (*od.* stay, span) wire.

'abˌspan·nen I *v/t* ⟨*sep*, -ge-, h⟩ **1.** (*Tiere, Wagen etc*) (von from) unhitch. – **2.** (*Geschirr abnehmen*) unharness: die Pferde ~ to unharness the horses; die Ochsen ~ to unyoke the oxen. – **3.** (*Muskeln, Glieder etc*) relax. – **4.** *poet. for* ausspannen 4. – **5.** *civ.eng.* (*Mast etc*) guy, stay, anchor. – **6.** *tech.* a) (*Werkstück etc*) unload, unclamp, b) (*aus einem Futter*) dechuck. – **7.** (*Lokomotive etc*) uncouple, disconnect. – **8.** *electr.* (*Strom*) lower the pressure of, step (*the voltage*) down. – **9.** (*Gewehrhahn*) uncock, halfcock. – **10.** *hunt.* (*Falle*) unset, spring. – **II** *v/reflex* sich ~ **11.** (*sich entspannen*) relax. – **III A~** *n* ⟨-s⟩ **12.** *verbal noun.* – **13.** (*der Muskeln etc*) relaxation. – **14.** *cf.* Abspannung.

'Abˌspan·ner *m* ⟨-s; -⟩ *electr.* step-down transformer.

'Abˌspann|geˌrüst *n civ.eng.* (*Brückenbau*) erection (*od.* erecting) tower. — **~isoˌla·tor** *m electr. tech.* terminal (*od.* tension, shackle-type, strain-type) insulator. — **~ˌklem·me** *f* anchoring clamp. — **~ˌseil** *n tech.* (*eines Mastes etc*) guy (rope *od.* cable).

'Abˌspan·nung *f* ⟨-; -en⟩ **1.** *cf.* Abspannen. – **2.** *fig. cf.* Abgespanntheit. – **3.** *tech.* (*Verspannung*) bracing, span rope(s *pl*). – **4.** *electr.* (*einer Freileitung*) dead ending.

'Abˌspannˌwerk *n electr.* transformer station.

'abˌspa·ren *v/t* ⟨*sep*, -ge-, h⟩ **1.** sich (*dat*) etwas (vom Munde) ~ to stint oneself of s.th. – **2.** sich (*dat*) etwas ~ to put every penny aside for s.th.: das Buch hat er sich vom Taschengeld abgespart he has saved up for the book out of his pocket money.

'ab·spaˌzie·ren *v/i* ⟨*sep, no* -ge-, sein⟩ *humor.* go (*od.* walk) off.

'abˌspei·sen I *v/t* ⟨*sep*, -ge-, h⟩ **1.** *colloq.* (*Personen*) feed. – **2.** *fig. colloq.* (mit with) put (*od.* fob) (*s.o.*) off: j-n mit leeren Versprechungen [Worten] ~ to put s.o. off with empty promises [fine words]; j-n mit einer kleinen Summe ~ to fob s.o. off with a small sum; er läßt sich nicht ohne weiteres ~ he won't be put off easily. – **II** *v/i* **3.** *obs.* finish one's meal. – **III A~** *n* ⟨-s⟩ **4.** *verbal noun.* — **'Abˌspei·sung** *f* ⟨-; -en⟩ *cf.* Abspeisen.

'abˌspen·stig [-ˌʃpɛnstɪç] *adj only in* j-m j-n ~ machen a) to estrange (*od.* alienate) s.o. from s.o., b) to draw (*od.* entice) s.o. away from s.o.; sie haben ihm seine Freundin ~ gemacht they have estranged his girl friend from him; die Konkurrenzfirma hat ihm alle Kunden ~ gemacht the rival firm has drawn away all his customers.

'AbˌsperrˌdienstM *m* (*bei Rennen etc*) cordon service.

'abˌsper·ren I *v/t* ⟨*sep*, -ge-, h⟩ **1.** (*Straße etc*) close (off), block (off). – **2.** (*durch Barrikaden*) barrier off, barricade. – **3.** (*durch ein Seil*) rope off. – **4.** (*Gelände etc, bes. durch Polizei*) cordon off. – **5.** (*Wasser, Gas etc*) shut (*od.* cut) off, stop. – **6.** *fig.* (*Verkehr, Zufuhr etc*) cut off, stop. – **7.** *fig.* (*Land, durch Gebirge etc*) cut (*od.* shut) off. – **8.** *civ.eng.* (*durch Talsperrenbau*) dam. – **9.** *tech.* (*Dampf*) cut (*od.* shut) off, stop. – **10.** *Southern G. for* abschließen 1, 2, zuschließen 1, 2. – **11.** (*wood*) (*Sperrholz*) cross veneer. – **II** *v/reflex* sich ~ **12.** *fig.* (*von der Welt etc*) (von, gegen from) seclude oneself, cut oneself off. – **III A~** *n* ⟨-s⟩ **13.** *verbal noun.* – **14.** *cf.* Absperrung.

'Abˌsperr|geˌrät *n civ.eng.* barrier. — **~ˌhahn** *m tech.* stopcock, *Am.* shutoff cock. — **~ˌke·gel** *m civ.eng.* rubber cone. — **~ˌket·te** *f* (*bes. polizeiliche*) (barring) cordon: die ~n durchbrechen to break through the cordon (of police). — **~ˌklap·pe** *f tech. cf.* Absperrventil. — **~komˌman·do** *n* cordon (of police). — **~ˌli·nie** *f* barrier (line). — **~maßˌnah·me** *f meist pl* **1.** (*der Polizei etc*) (measure for) cordoning off. – **2.** (*der Gesundheitsbehörden*) measure for isolating, isolation procedure. — **~ˌpo·sten** *m meist pl bes. mil.* cordon of sentries. — **~ˌschie·ber** *m tech.* stop valve. — **~ˌschrau·be** *f* plug screw. — **~ˌseil** *n* (barring) rope. — **~syˌstem** *n* (*railway*) block system.

'Abˌsper·rung *f* ⟨-; -en⟩ **1.** *cf.* Absperren. – **2.** (*Barriere*) barricade, barrier. – **3.** *cf.* Absperrkette. – **4.** (*von Strom, Gas etc*) cutoff, stoppage. – **5.** *fig.* (*des Verkehrs, der Zufuhr etc*) stoppage.

'Abˌsper·rungs... *cf.* Absperr...

'Abˌsperr|venˌtil *n tech.* **1.** stop valve, shutoff (valve). – **2.** waste valve. — **~ˌvorˌrich·tung** *f* **1.** *tech.* a) shutoff (device), b) locking device. – **2.** *civ.eng.* (*Schieber*) shutoff valve.

'abˌspie·geln I *v/t* ⟨*sep*, -ge-, h⟩ **1.** *tech.* (*Rohr etc*) inspect (*a tube*) with (the aid of) mirrors. – **2.** *lit.* reflect, mirror (*auch fig.*). – **II** *v/reflex* sich ~ **3.** (in, auf *dat* in) be reflected (*od.* mirrored) (*auch fig.*). – **III A~** *n* ⟨-s⟩ **4.** *verbal noun.* – **5.** *tech.* inspection with (the aid of) mirrors.

'Abˌspiel *n* ⟨-(e)s; *no pl*⟩ (*sport*) pass(ing): genaues ~ accurate pass.

'abˌspie·len I *v/t* ⟨*sep*, -ge-, h⟩ **1.** (*Platte, Tonband etc*) play, (*zur Überprüfung*) *auch* play back. – **2.** (*Lied, Hymne etc*) play. – **3.** *mus.* (*vom Blatt*) play (*s.th.*) at sight (*od.* from the score): er spielte das Stück fehlerlos ab he played the tune at sight without (making) a mistake. – **4.** (*sport*) (*Ball*) pass: den Billardball von der Bande ~ to play off the cushion. – **II** *v/i* **5.** (*sport*) pass the ball. – **III** *v/reflex* sich ~ **6.** (*sich ereignen*) take place, happen: diese Ereignisse haben sich vor etlichen Jahren abgespielt these events took place some years ago; was hat sich während meiner Abwesenheit hier abgespielt? what has been going on here during my absence? der Unfall hat sich folgendermaßen abgespielt the accident happened as follows; wir wissen nicht, was sich hinter den Kulissen abspielt *colloq.* we don't know what is going on behind the scenes; da spielt sich nichts ab *colloq.* a) there is nothing doing here, b) nothing doing (*colloq.*); bei mir spielt sich nichts ab *colloq.* you can't count on me. – **7.** *bes.* (*theater*) a) (*von Szene etc*) take place, be laid, b) (*von Handlung*) proceed, go: die Szene spielt sich in X ab the scene is laid in X; die Handlung (des Theaterstückes) spielt sich folgendermaßen ab the action (of the play) proceeds (*od.* is) as follows. – **IV A~** *n* ⟨-s⟩

8. *verbal noun.* – 9. (*von Tonaufnahmen, zur Überprüfung etc*) playback. – 10. *cf.* Abspiel.

ˈAbˌspiel|geˌrät *n electr. cf.* Tonbandgerät, Plattenspieler. — **~ˌkopf** *m* playback head. — **~ˌtisch** *m* (*für Tonaufnahmen*) transcription turntable.

ˈabˌspit·zen *v/t* ⟨*sep*, -ge-, h⟩ 1. sharpen the point of. – 2. *tech.* (*Steine*) smooth, dress.

ˈabˌsplei·ßen *v/t u. v/i* ⟨*irr, sep*, -ge-, h⟩ (*Tau etc*) unlay.

ˈAbˌspliß *m* ⟨-sses; -sse⟩ 1. (*eines Taus*) unlaying. – 2. (*Faser*) thread.

ˈabˌsplit·ten [-ˌʃplɪtən] *v/t* ⟨*sep*, -ge-, h⟩ *civ.eng.* (*Straße*) grit, spread grit on.

ˈabˌsplit·tern I *v/i* ⟨*sep*, -ge-, sein⟩ 1. (*von Holz etc*) splinter (off), split off. – 2. *tech.* spall, flake, chip off. – **II** *v/t* ⟨h⟩ 3. splinter (*od.* split, chip) off. – **III** *v/reflex* ⟨h⟩ **sich ~** 4. (*von einer Partei etc*) (von from) split off, splinter (off). – **IV A~** *n* ⟨-s⟩ 5. *verbal noun.* — **ˈAbˌsplit·te·rung** *f* ⟨-; -en⟩ 1. *cf.* Absplittern. – 2. *nucl.* spallation.

ˈAbˌspra·che *f* ⟨-; -n⟩ (oral) agreement, (oral) arrangement: **laut** (*od.* **gemäß**) **unserer)** ~ according to (our) agreement, as per agreement (*od.* arrangement); **nach vorheriger ~** according to prior agreement. — **a~geˌmäß** *adv* as per agreement (*od.* arrangement).

ˈabˌspre·chen I *v/t* ⟨*irr, sep*, -ge-, h⟩ 1. (*verabreden*) arrange, agree (upon): **wir müssen unser Vorgehen genau ~** we must arrange the exact steps to be taken; **das war von vornherein abgesprochen** that was agreed upon beforehand; **etwas mit j-m ~** to arrange s.th. with s.o. – 2. (*festsetzen*) settle, fix. – 3. (*Fähigkeit, Verdienst etc*) dispute, question, deny: **j-m sein Talent ~** to deny s.o.'s talent; **j-m seinen guten Willen ~** to question s.o.'s good will; **dieses Gedicht muß ihm abgesprochen werden** this poem cannot be ascribed to him. – 4. **j-m ein Recht ~** *jur.* to dispossess (*od.* deprive) s.o. of a right. – **II** *v/reflex* **sich ~** 5. (**über** *acc* about) agree with s.o., come to an agreement with s.o. – **III A~** *n* ⟨-s⟩ 6. *verbal noun.* – 7. *cf.* Absprache. — **ˈabˌspre·chend I** *pres p.* – **II** *adj rare for* **abfällig** 1—3, **ablehnend** II.

ˈabˌsprei·zen *v/t* ⟨*sep*, -ge-, h⟩ 1. (*Finger etc*) spread (out *od.* apart). – 2. (*mining*) prop, stay (by tie bar *od.* distance piece). – 3. *tech.* (*absteifen*) brace, strut, fasten (*s.th.*) by crossties.

ˈabˌspren·gen[1] *v/t* ⟨*sep*, -ge-, h⟩ 1. (*Felsblock etc*) blast off, blow off. – 2. *mil.* (*Truppenteil*) (disperse and) cut off, separate. – 3. *hunt.* (*Stück Wild*) drive off (from the herd). – 4. (*Glas*) break off, crack. – 5. *aer.* (*Zusatztank etc*) jettison.

ˈabˌspren·gen[2] *v/t* ⟨*sep*, -ge-, h⟩ (*Blumen*) sprinkle.

ˈabˌspren·gen[3] *v/i* ⟨*sep*, -ge-, sein⟩ (*von Reiter*) gallop off.

ˈAbˌspreng·sel *n* ⟨-s; -⟩ chipped-off piece, chip(ping).

ˈabˌsprin·gen I *v/i* ⟨*irr, sep*, -ge-, sein⟩ 1. (*herunterspringen*) jump (*od.* leap) off (*od.* away, down): **vom Pferd ~** to jump off (*od.* alight from, dismount from) a horse; **vom fahrenden Zug ~** to jump (down) from the moving train. – 2. (*von Knopf, von Fahrradkette etc*) come off, jump off: **mir ist ein Knopf abgesprungen** one of my buttons has come off. – 3. (*von Email, Farbe etc*) chip off, come off. – 4. (*von Feder, Saiten*) snap. – 5. (*von Ball, Stein etc*) rebound, bounce off. – 6. (*bes. sport*) jump off, take off: **von der Schanze ~** to take off from the jump. – 7. *aer.* (*mit Fallschirm*) parachute, (make a parachute) jump, (*bei Notabsprung*) bail (*auch* bale) out. – 8. *fig.* (*plötzlich aufgeben*) switch, change: **vom Thema ~** to drop (*od.* leave) a subject abruptly; **von seinem Plan ~** to abandon one's plan; **plötzlich ~** to drop s.th. abruptly, to go (*od.* fly) off at a tangent; **von einem Handel ~** *colloq.* to back out of a bargain. – 9. **und was springt für mich ab?** *fig. colloq.* what's in it for me? – 10. *fig.* (*abtrünnig werden*) leave, desert: **von seiner Partei ~** to desert one's party. – 11. *hunt.* (*vom Hasen*) double. – 12. *phys.* (*von Kompaßnadel*) spin. – 13. *metall.* (*von Zunder*) flake, spall. – 14. (*von Anstrich, Farbe*) peel off. – **II A~** *n* ⟨-s⟩ 15. *verbal noun*: **das A~ während der Fahrt ist verboten** jumping from a moving vehicle (*od.* train) (*od.* from the train while it is in motion) is prohibited. – 16. *cf.* Absprung 1-5, 7, 8.

ˈabˌsprit·zen I *v/t* ⟨*sep*, -ge-, h⟩ 1. (*Auto etc*) hose (*od.* spray, wash) down. – 2. *hort.* (*Pflanzen*) spray, syringe. – 3. (*paints*) spray(coat). – **II** *v/i* ⟨sein⟩ 4. (*von Funken etc*) spirt (*od.* spurt) off (*od.* back), spatter, sputter. – 5. *colloq.* (*von Diener etc*) dash off (*od.* away).

ˈAbˌspritz|ˌring *m aer.* slinger ring. — **~ˌvorˌrich·tung** *f tech.* spraying equipment.

ˈabˌsprü·hen *v/t* ⟨*sep*, -ge-, h⟩ spray.

ˈAbˌsprühˌöl *n tech.* spraying oil.

ˈAbˌsprung *m* ⟨-(e)s; "e⟩ 1. (*von einem Zug etc*) jump, leap. – 2. (*sport*) takeoff: **beidbeiniger ~** takeoff from both feet, double takeoff; **zu später ~** retarded takeoff; **den ~ verfehlen** to miss the takeoff. – 3. (*sport*) (*Abgang*) dismount. – 4. *aer.* (parachute) jump, parachute descent, drop, (*bei Gefahr*) bailout: **~ mit verzögerter Öffnung** delayed jump. – 5. *fig.* (*Rückzug*) back out (*od.* down). – 6. *pl* (*forestry*) shed twigs. – 7. *hunt.* (*eines Wilds*) double. – 8. *phys.* (*von Strahlen*) reflection, *Br. auch* reflexion. — **~ˌbal·ken** *m* (*sport*) takeoff board. — **~ˌba·sis** *f aer.* jump-off base (*od.* airfield). — **~ˌbrett** *n* (*sport*) takeoff board. — **~geˌbiet** *n aer. mil.* (*der Luftlandetruppen*) drop(ping) (*od.* jump) area (*od.* zone), landing area. — **~ˌhö·he** *f aer.* drop altitude. — **~ˌli·nie** *f* (*sport*) takeoff line. — **~ˌmar·ke** *f* takeoff mark. — **~ˌstel·le** *f* takeoff, jumping-off point. — **~ˌtisch** *m* (*einer Schanze*) jumping-off platform, takeoff. — **~ˌwin·kel** *m math.* angle of reflection (*Br. auch* reflexion).

ˈabˌspu·len *v/t* ⟨*sep*, -ge-, h⟩ 1. (*Garn, Faden etc*) unwind, unreel, wind (*od.* spool) off. – 2. (*film*) unreel. – 3. *rare for* **herunterleiern.**

ˈabˌspü·len I *v/t* ⟨*sep*, -ge-, h⟩ 1. (*Schaum, Staub etc*) rinse off, wash off: **etwas gut ~** to give s.th. a good rinse. – 2. (*Geschirr*) wash, do, (*mit Wasser nachspülen*) *auch* rinse: **(das) Geschirr ~** to wash (the) dishes, *bes. Br.* to wash up. – 3. *geol.* (*Ufer etc*) wash away, erode. – 4. *mar.* (*Deck*) wash, swab. – **II A~** *n* ⟨-s⟩ 5. *verbal noun.* – 6. rinse. — **ˈAbˌspü·lung** *f* ⟨-; *no pl*⟩ 1. *cf.* Abspülen. – 2. *geol.* (*von Erde etc*) erosion, rainwash: **flächenhafte ~** sheet erosion.

ˈAbˌspülˌwas·ser *n* dishwater, *Br. auch* washing-up water.

ˈabˌspü·ren *v/t* ⟨*sep*, -ge-, h⟩ 1. *hunt.* (*Weg, Fährte*) search (*s.th.*) for tracks. – 2. *lit. for* **herausfühlen.**

ˈAbˌstamm *m* ⟨-(e)s; *no pl*⟩ *obs. for* Herkunft 1, Nachkommenschaft.

ˈabˌstam·men I *v/i* ⟨*sep*, -ge-, sein; *pp rare*⟩ 1. (**von** from) descend, be descended, stem, spring, come (*auch fig.*), issue (*bes. jur.*): **in gerader Linie von j-m ~** to be in (*od.* of) direct descent from s.o.; **er stammt von einer guten Familie ab** he comes from (*od.* of) a good family. – 2. *ling.* (**von** from) be derived, derive, come. – 3. *chem.* (**von** from) be derived, derive. – **II A~** *n* ⟨-s⟩ 4. *verbal noun.* – 5. *cf.* Abstammung.

ˈAbˌstämm·ling [-ˌʃtɛmlɪŋ] *m* ⟨-s; -e⟩ *obs. for* Nachkomme.

ˈAbˌstam·mung *f* ⟨-; *no pl*⟩ 1. *cf.* Abstammen. – 2. (*Herkunft*) descent, extraction, lineage, origin: **von deutscher ~** of German extraction; **geradlinige ~, ~ in gerader Linie** lineal descent, lineage; **~ von einer Seitenlinie** collateral descent; **von gemischter ~** of mixed blood. – 3. (*Geburt*) birth, parentage: **von adliger ~** of noble birth; **der ~ nach** by blood (*od.* birth). – 4. *biol.* origin, descent: **die ~ des Menschen** the descent of man. – 5. genealogy: **~ von einer jüngeren Linie** cadency; **die ~ erforschen** (*od.* **erklären**) to genealogize *Br. auch* -s-. – 6. *ling.* derivation, origin.

ˈAbˌstam·mungs|ˌach·se *f bot.* (*einer Pflanze*) central (*od.* main) axis. — **~geˌschich·te** *f biol.* (*des Menschen*) (history of) human evolution. — **~ˌgrad** *m zo.* grade of descent. — **~ˌkla·ge** *f jur.* (action for) affiliation. — **~ˌleh·re** *f biol.* theory of the origin of species. — **~ˌnachˌweis** *m agr.* (*Tierzucht*) certificate of origin. — **~ˌta·fel** *f* genealogical table, table of descent, pedigree, family tree. — **a~verˌwandt** *adj biol.* evolutionarily related.

ˈAbˌstand *m* ⟨-(e)s; "e⟩ 1. (*räumliche Entfernung*) (von from) distance: **im ~ von drei Metern** three meters apart, at a distance of three meters; **in einigem ~** at some distance; **in weitem ~** at a considerable distance (apart); **in gleichem ~** at an equal distance; **mit ~** *fig.* by far; **mit ~ besser** far better; **mit ~ der Beste** far and away the best. – 2. (*räumlicher Zwischenraum*) space, distance, interval: **der ~ zwischen den Masten** the space between the posts (*od.* masts); **in gleichen** (*od.* **regelmäßigen**) **Abständen** at regular intervals, spaced equidistantly, equidistant; **die Abstände der Säulen** the spacing of the columns; **regelmäßiger ~** even spacing. – 3. (*zeitlicher Zwischenraum*) interval, space (of time), distance: **in kurzen Abständen** at short intervals; **in regelmäßigen Abständen** at regular intervals, periodically. – 4. *fig.* (*Unterschied*) difference, diversity, disparity: **der qualitätsmäßige ~** the difference in quality; **der große ~ im Fühlen und Denken beider Völker** the great diversity (*od.* discrepancy) in feeling and thought between the two peoples; **der ~ der Jahre** the disparity of years. – 5. *fig.* (*Distanz*) distance, aloofness: **~ halten** (*od.* **wahren**) to keep one's distance, to keep aloof, to stand off (**von** from), to be standoffish; **~ von etwas gewinnen** to get over s.th.; **er hat keinen ~ von den Dingen** he cannot see things in (their proper) perspective. – 6. (*sport*) a) (*Vorsprung*) margin, b) (*beim Fechten*) distance: **mit ~ gewinnen** to win by a wide margin; **im ~ von vier Sekunden** by a margin of four seconds; **j-n mit ~ hinter sich lassen** to outdistance (*od.* distance) s.o. – 7. **von etwas ~ nehmen** to refrain (*od.* desist) from s.th.: **davon ~ nehmen, etwas zu tun** to refrain from doing s.th. – 8. *jur.* a) (*Verzicht*) desistance, *auch* desistence, renunciation, renouncement, abandonment, b) (*Abtretung*) cession: **von einem Anspruch ~ nehmen** to renounce (*od.* for[e]go) a claim. – 9. *econ. colloq. for* Abstandssumme 1. – 10. *econ.* (*Rückstand*) shortfall, lag. – 11. *tech.* (*Spielraum, Bodenabstand*) clearance. – 12. *tech.* a) (*der Gesenke einer Presse*) throat, b) (*von Löchern, Nuten etc*) spacing, c) (*zwischen Werkstück u. Werkzeug*) clearance. – 13. *tel.* (*Pause*) interval. – 14. *mar.* a) distance, b) (*sicherer vom Land*) outing, offing, b) (*von einem Hindernis*) berth, c) ga(u)ge: **das Schiff hält guten ~** the ship keeps a good berth; **reichlicher ~** wide berth. 15. *mil.* (*nach vorn od. hinten*) distance: **nach rechts ~ nehmen!** extend to the right! **mit vergrößertem ~ fahren** to proceed in open order. – 16. *astr.* (angular) distance: **~ von der Sonne** (*in welchem ein Planet erscheint*) elongation; **~ vom Scheitel** zenith distance; **weitester ~ von der Sonne [Erde]** aphelion [apogee]; **geringster ~ von der Sonne [Erde]** perihelion [perigee].

ˈAbˌstän·der *m* ⟨-s; -⟩ (*forestry*) *cf.* Dürrholz.

ˈAbˌstandˌhal·ter *m* ⟨-s; -⟩ (*forestry*) distant-piece, spacer.

ˈabˌstän·dig *adj* 1. (*forestry*) (*Baum*) overmature, decaying. – 2. *obs. for* abgestanden 2, fade 1, 2.

ˈAbˌstandˌnah·me *f* ⟨-; *no pl*⟩ *jur.* 1. desistance, *auch* desistence. – 2. (*Verzicht*) renunciation.

ˈAbˌstandˌschei·be *f tech.* spacer, shim.

ˈAbˌstands|ˌgeld *n* 1. *econ. cf.* Abstandssumme 1. – 2. *jur. hist.* fine. — **a~ˌgleich** *adj* equidistant. — **~ˌlicht** *n aer.* marker light. — **~ˌstre·be** *f aer.* drag strut. — **~ˌstück** *n tech.* spacer. — **~ˌstüt·ze** *f tech.* spreader. — **~ˌsum·me** *f* 1. *econ.* a) compensation, (cash) indemnity, indemnification, forfeit (money), b) (*an der Börse*) option money, c) (*für Arbeitnehmer*) severance pay. – 2. (*für eine Wohnung etc*) key money. – 3. *cf.* Abstandsgeld 2. — **~ˌta·ste** *f tech.* blank (*od.* spacing) key. — **~ˌwin·kel** *m astr.* (angle of) elongation. — **~ˌzah·lung** *f econ. cf.* Abstandssumme 1. — **~ˌzün·der** *m mil.* 1. proximity fuse. – 2. (*Annäherungszünder*) time fuse (*bes. Am.* fuze), VT fuze.

ˈAbˌstandˌwer·fen *n aer. mil.* pattern bombing.

ˈabˌstat·ten [-ˌʃtatən] **I** *v/t* ⟨*sep*, -ge-, h⟩ *lit.* (*in Wendungen wie*) **j-m einen Besuch ~** to call on s.o., to pay s.o. a (formal) call (*od.* visit); **(j-m) einen Bericht ~** to give an account (to s.o.), to make a report (to s.o.); j-m seinen Dank ~ to render thanks to s.o. – **II A~** *n* ⟨-s⟩ *verbal noun.* — **'Ab,stat·tung** *f* ⟨-; *no pl*⟩ *cf.* Abstatten.

'ab,stau·ben I *v/t* ⟨*sep*, -ge-, h⟩ **1.** (*Möbel etc*) dust, remove the dust from. – **2.** *sl. euphem.* 'swipe', 'pinch' (*sl.*), steal. – **II** *v/i* **3.** (*sport*) *colloq.* poach a goal. – **4.** (*leather*) (*von der Farbe*) crock, come off.

'ab,stäu·ben *v/t* ⟨*sep*, -ge-, h⟩ *dial. for* abstauben.

'Ab,stau·ber *m* ⟨-s; -⟩ (*sport*) *colloq.* **1.** (*Spieler*) goalpoacher. – **2.** (*Tor*) poached goal.

'ab,stau·en *v/t* ⟨*sep*, -ge-, h⟩ **1.** dam up. – **2.** *mar.* (*Ladung*) chock (off), block off.

'Ab,stech|au·to,mat *m tech.* cutting-off automatic, automatic cutting-off machine. — **~,dreh·ma,schi·ne** *f* cutting-off lathe.

'ab,ste·chen I *v/t* ⟨*irr*, *sep*, -ge-, h⟩ **1.** cut (off): den Rasen ~ to trim the edges of the lawn; Teig [Torf] ~ to cut dough [peat]. – **2.** (*schlachten*) (*Schwein etc*) stick, butcher, slaughter. – **3.** (*ableiten*) (*Kanal*) cut. – **4.** (*Teich*) drain. – **5.** (*Wein*) rack (off), draw off. – **6.** (*Heu*) pitch (off *od.* down), pitchfork. – **7.** *metall.* a) (*einen Schmelzofen*) tap, b) (*eine Stopfenpfanne im Stahlwerk*) teem. – **8.** *tech.* a) (*Metallbearbeitung*) cut (*od.* part) off, b) (*rechtwinklig*) square. – **9.** *tech.* a) (*Muster*) prick (off), b) (*nachbilden*) (*Kupferstich*) engrave, etch. – **10.** *hist.* a) (*Reiter im Turnier*) bring down, unhorse, unseat, b) (*Ring*) carry off. – **11.** (*sport*) (*beim Fechten*) disable. – **12.** (*games*) (over)trump. – **13.** *bes. hunt.* (*Büchse*) half-cock, unset the hair trigger of. – **II** *v/i* **14.** gegen (*od.* von) etwas ~ to contrast with s.th., to stand out against (*od.* from) s.th.: sie sticht sehr von ihrer Schwester ab she is totally unlike (*od.* different from) her sister; er stach durch seine Schüchternheit von den anderen ab his shyness singled him out from the others. – **15.** (*Maschen abnehmen*) decrease, narrow. – **III A~** *n* ⟨-s⟩ **16.** *verbal noun.* – **17.** *cf.* Abstich.

'Ab,ste·cher *m* ⟨-s; -⟩ **1.** (nach to) excursion, trip, *bes. Am.* side trip, (*Umweg*) *auch* detour: wir machten einen ~ nach München we went on a side trip to Munich, we made a separate trip to Munich. – **2.** *fig.* (*Abschweifung*) digression, discursion.

'Ab,stech|ma,schi·ne *f tech.* cutting-off machine. — **~,mei·ßel** *m* cutoff (*od.* parting) tool. — **~,mes·ser** *n* (*der Schlächter*) sticking (*od.* butchering, slaughtering) knife. — **~,stahl** *m tech. cf.* Abstechmeißel.

'ab,stecken (*getr.* -k·k-) **I** *v/t* ⟨*sep*, -ge-, h⟩ **1.** (*markieren*) (*Land etc*) mark (out), lay out, *Am.* locate: mit Pfählen ~ to stake off (*od.* out); mit Pflöcken ~ to peg out; Grenzen ~ to demarcate (*od.* mark out) boundaries. – **2.** *fig.* (*umreißen*) mark (*od.* lay, map) out, outline, define: seine Ziele waren genau abgesteckt his aims were clearly defined. – **3.** (*losstecken*) (*Nadeln etc*) unpin: sich (*dat*) das Haar ~ to unpin (*od.* undo) one's hair, to let one's hair down. – **4.** (*Kleid etc*) fit, pin out (*od.* up). – **5.** *tech.* (*Linie etc*) trace. – **6.** *mar.* (*Kurs etc*) plot, prick (off). – **7.** *mil.* a) (*Lager etc*) trace, lay out, b) (*Schanze*) mark out. – **II A~** *n* ⟨-s⟩ **8.** *verbal noun.* – **9.** (*Markierung*) location, (*einer Grenze*) *auch* demarcation, delimitation.

'Ab,steck|,fähn·chen *n* surveyor's flag. — **~,lei·ne** *f cf.* Absteckschnur. — **~,pfahl, ~,pflock** *m* (setting-out) peg (*od.* stake). — **~,schnur** *f* tracing cord (*od.* line).

'Ab,steckung (*getr.* -k·k-) *f* ⟨-; -en⟩ *cf.* Abstecken.

'Ab,steckungs,li·nie (*getr.* -k·k-) *f tech.* [alignment.]

'ab,ste·hen I *v/i* ⟨*irr*, *sep*, -ge-, h *u.* sein⟩ **1.** ⟨h⟩ (*entfernt sein*) (von from) be (*od.* stand) off (*od.* away): der Schrank steht zu weit von der Wand ab the cupboard is too far away from the wall; voneinander ~ *auch fig.* to be apart. – **2.** ⟨sein⟩ (*wegstehen*) stick (*od.* stand) out, protrude, project: seine Ohren stehen ab his ears stick out. – **3.** ⟨sein⟩ von etwas ~ *lit.* a) (*von etwas absehen*) refrain (*od.* desist) from s.th., b) (*auf etwas verzichten*) renounce (*od.* for[e]go, waive) s.th., c) (*aufgeben*) abandon s.th., give up s.th.: ich werde nicht davon ~, es zu tun I won't refrain from doing it; von einer Forderung [einem Vorsatz] ~ to renounce a claim [an intention]. – **4.** ⟨sein⟩ (*schal werden*) grow (*od.* become, get) stale, (*von Wein, Bier*) go (*od.* get) flat. – **5.** ⟨sein⟩ *hunt.* a) (*von Wildhühnern etc*) fly off, b) leave the hiding place (*od.* ambush). – **II** *v/t* ⟨h⟩ **6.** *colloq.* (*in Wendungen wie*) er hat seine zwei Stunden Wache abgestanden he did (*od.* stood) his two hours on guard. – **7.** sich (*dat*) die Beine ~ *colloq.* to wear one's legs out standing. – **III A~** *n* ⟨-s⟩ **8.** *verbal noun*: A~ von der Erzwingung eines Rechts *jur.* forbearance. – **9.** *cf.* Abstand 1-3, 8. — **'ab,ste·hend I** *pres p.* – **II** *adj* **1.** distant. – **2.** (*Tasche etc*) projecting, prominent: er hat ~e Ohren his ears stick out. – **3.** *bot.* spreading; patent, patulous (*scient.*). – **4.** *math.* being at a distance: gleich weit ~ equidistant.

'ab,steh·len *v/t* ⟨*irr*, *sep*, -ge-, h⟩ **1.** *cf.* abgucken 1. – **2.** *obs. for* stehlen 1. – **3.** sich (*dat*) etwas ~ *colloq.* to stint oneself of s.th.

'ab,stei·fen I *v/t* ⟨*sep*, -ge-, h⟩ **1.** *civ.eng.* a) support, prop (up), shore (up), stay, b) (*verstreben*) strut (horizontally). – **2.** *tech.* brace (*s.th.*) (diagonally), reinforce. – **3.** (*mining*) (*mit Bohlen*) timber. – **4.** *metall.* (*Schlacke*) scotch. – **5.** (*textile*) (*Kragen etc*) stiffen. – **II A~** *n* ⟨-s⟩ **6.** *verbal noun.* — **'Ab,stei·fung** *f* ⟨-; -en⟩ **1.** *cf.* Absteifen. – **2.** *civ.eng.* a) support, brace(s *pl*), prop(s *pl*), shoring, stays *pl*, b) (*Verstrebung*) struts *pl*.

'Ab,stei·ge *f cf.* Absteigequartier.

'ab,stei·gen I *v/i* ⟨*irr*, *sep*, -ge-, sein⟩ **1.** get off: er stieg vom Rad ab he got off his bike; vom Pferd ~ to dismount (*od.* get down, alight) from one's horse; vom Wagen ~ to alight from the carriage. – **2.** (*niedersteigen*) descend, come down, (*kletternd*) climb down. – **3.** *fig.* (*absinken*) descend, decline. – **4.** (*einkehren*) (in *dat* at) stop, stay, put up: bei Freunden ~ to stay with friends; in welchem Hotel sind Sie abgestiegen? which hotel do (*od.* did) you stay at? – **5.** (*sport*) (*in eine tiefere Klasse*) be relegated, fall back, go (*od.* move) down, drop. – **6.** *astr.* descend. – **7.** *mus.* descend. – **II A~** *n* ⟨-s⟩ **8.** *verbal noun.* – **9.** *cf.* Abstieg.

'ab,stei·gend I *pres p.* – **II** *adj* **1.** *auch fig.* descending, descendant, *auch* descendent: ~e Zeichen *pl astrol.* descending signs; auf dem ~en Ast sein to be on the downgrade, to be going downhill. – **2.** *mus.* (*Tonleiter*) descending. – **3.** *econ.* (*Kurve*) falling, downward, sloping.

'Ab,stei·ge·quar,tier *n* **1.** (*Nachtquartier*) (overnight) accommodation. – **2.** *euphem.* love nest. – **3.** *contempt.* low-class hotel.

'Ab,stei·ger *m* ⟨-s; -⟩ (*sport*) relegated team.

'Ab,stell|,bahn,hof *m* railroad (*bes. Br.* railway) yard. — **a~bar** *adj* **1.** (*Maschine etc*) capable of being stopped. – **2.** (*Fehler etc*) remediable, abolishable.

'ab,stel·len I *v/t* ⟨*sep*, -ge-, h⟩ **1.** (*absetzen*) (*Koffer, Eimer etc*) (auf *dat* on) put (*od.* set) down. – **2.** (*unterstellen*) (bei with) leave: kann ich mein Rad bei euch ~? may I leave my bike with you (*od.* in your care)? – **3.** (*Auto etc*) park: den Wagen in der Garage ~ to garage the car. – **4.** (*railway*) shunt, sidetrack. – **5.** *aer.* a) park, b) (*in einer Reihe*) line up. – **6.** (*Wasser, Gas*) turn off, shut off. – **7.** (*elektrische Geräte, Licht etc*) turn off (*od.* out), switch off, disconnect. – **8.** (*Maschine etc*) stop, switch off. – **9.** *nucl.* (*Reaktor*) shut down. – **10.** *print.* (*Walzen*) throw off. – **11.** *bes. mil.* (*abkommandieren*) detail, assign, *Br.* second. – **12.** *fig.* (*beseitigen*) abolish, eliminate, remove, (*Mißstände etc*) correct: die Korruption ~ to abolish corruption. – **13.** *fig.* (*Gewohnheit etc*) stop, leave off, cut out. – **14.** *fig.* (*ausrichten*) (auf *acc*) devote (to), direct (toward[s]), focus (on): alles auf den äußeren Eindruck ~ to concentrate entirely on the outward impression. – **15.** *fig. cf.* abschieben 3. – **16.** *hunt.* a) das Jagdzeug ~ to take off (*od.* away) the hunting equipment, b) das Jagen ~ to break off the shooting, c) (*Falle*) unset, spring. – **II A~** *n* ⟨-s⟩ **17.** *verbal noun*: das A~ von Fahrrädern ist verboten no bicycles! – **18.** *cf.* Abstellung.

'Ab,stell|,gleis, *auch* **~ge,lei·se** *n* (*railway*) (stabling *od.* storage) siding, sidetrack, *Br.* dock: j-n aufs ~ schieben *fig. colloq.* to shunt (*od.* shelve) s.o. — **~,hahn** *m tech.* stopcock, *Am.* shut-off cock. — **~,he·bel** *m* **1.** stop (*od.* cutoff) lever. – **2.** (*der Schreibmaschine*) releasing device. — **~,kam·mer** *f cf.* Abstellraum. — **~,platz** *m* **1.** *auto.* parking area. – **2.** *aer.* parking area, hardstand. — **~,raum** *m* storeroom, storage room, *bes. Br.* boxroom. — **~,tisch** *m* stand, dumb waiter. — **~,vor,rich·tung** *f tech.* stop(ping) device, stop mechanism.

'Ab,stel·lung *f* **1.** *cf.* Abstellen. – **2.** *electr.* disconnection, *Br. auch* disconnexion. – **3.** *fig.* (*Beseitigung*) abolition, elimination, removal. – **4.** *econ.* delegation, transfer.

'ab,stem·men I *v/t* ⟨*sep*, -ge-, h⟩ (*mit Stemmeisen*) chisel (*od.* chip) (*s.th.*) off. – **II** *v/reflex* sich ~ (von from) push oneself off.

'ab,stem·peln I *v/t* ⟨*sep*, -ge-, h⟩ **1.** (*Ausweis etc*) stamp. – **2.** (*Wertzeichen*) a) postmark, b) cancel: der Brief ist am 1. Dezember abgestempelt the letter is postmarked the 1st of December. – **3.** *fig.* (*kennzeichnen*) stamp, label, mark (out). – **II A~** *n* ⟨-s⟩ **4.** *verbal noun.* — **'Ab,stem·pe·lung, 'Ab,stemp·lung** *f* ⟨-; -en⟩ **1.** *cf.* Abstempeln. – **2.** (*von Wertzeichen etc*) a) postmark, b) cancellation.

'ab,step·pen *v/t* ⟨*sep*, -ge-, h⟩ **1.** (*Saum*) stitch. – **2.** (*Decke etc*) quilt.

'ab,ster·ben I *v/i* ⟨*irr*, *sep*, -ge-, sein⟩ **1.** (*von Pflanzen etc*) die (off), wither: von oben ~ to die down. – **2.** *med.* a) (*von Gliedmaßen*) go (*od.* become, get) numb, go dead, die, b) (*von Geweben*) mortify; necrose, necrotize *Br. auch* -s- (*scient.*). – **3.** *tech.* (*von Motor etc*) stall, peter out. – **4.** (*vom Feuer etc*) die down. – **5.** *fig.* (*von Gefühlen etc*) die. – **II A~** *n* ⟨-s⟩ **6.** *verbal noun.* – **7.** *lit.* death, extinction. – **8.** *med.* a) (*von Gliedmaßen*) numbness, b) (*des Gewebes*) mortification. – **9.** *tech.* (*des Kalkes*) *cf.* Selbstlöschung.

'Ab,stich *m* **1.** *metall.* (*eines Schmelzofens*) tap(ping). – **2.** *agr.* (*von Wein*) racking. – **3.** *brew.* tap. – **4.** (*von Rasen, Torf*) cutting. — **~,öff·nung** *f* taphole. — **~,rin·ne** *f* tap(ping) spout. — **~,schlacke** (*getr.* -k·k-) *f* tapping slag.

'Ab,stieg *m* ⟨-(e)s; -e⟩ **1.** descent, way down: beim ~ on the way down. – **2.** *fig.* (*wirtschaftlicher*) decline, descent, (*gesellschaftlicher*) drop: ~ und Ende decline and fall. – **3.** (*sport*) (*eines Vereins etc*) falling back, drop, relegation (to lower division). – **4.** *aer.* descent.

'Ab,stiegs|,bahn *f* (*space*) trajectory of descent. — **~ge,fahr** *f* (*sport*) danger of relegation. — **~kan·di,dat** *m* (*Fußballverein etc*) candidate for relegation, tailender of the division.

'ab,stie·len *v/t* ⟨*sep*, -ge-, h⟩ (*Obst*) stem, remove the stem from.

'ab,stil·len *v/t* ⟨*sep*, -ge-, h⟩ (*Kind*) wean.

'Ab,stimm,an,zei·ger *m* (*radio*) (visual) tuning indicator, tuning (*od.* magic) eye.

'ab,stim·men I *v/i* ⟨*sep*, -ge-, h⟩ **1.** *pol.* (über *acc* on) vote: über etwas ~ lassen to put s.th. to the vote; durch Erheben von den Sitzen ~ to vote by rising; durch Handaufheben ~ to vote by (a) show of hands; durch Stimmzettel ~ to ballot; in geheimer Wahl (*od.* geheim) ~ to take a secret vote, to ballot; durch Zuruf ~ to vote by acclamation; namentlich ~ to take a roll-call vote. – **II** *v/t* **2.** *mus.* a) (*Instrumente etc*) tune, b) (*Orgelpfeifen*) (re)voice. – **3.** (*Farben etc*) match, harmonize *Br. auch* -s-, tune: das Zimmer war ganz auf Rot abgestimmt the room was a harmony of red. – **4.** *fig.* (*Arbeiten, Interessen etc*) (auf *acc* with) co(-)ordinate, harmonize *Br. auch* -s-: etwas zeitlich aufeinander ~ to time (*od.* synchronize *Br. auch* -s-) s.th. – **5.** *tech.* (*zeitlich*) synchronize *Br. auch* -s-. – **6.** (*radio*) a) (auf *acc* to) tune, b) (*modulieren*) modulate: auf Resonanz ~ to tune to resonance, resonate. – **7.** *econ.* (*Konten etc*) balance, check (off). – **III** *v/reflex* sich ~ **8.** come to an agreement. – **IV A~** *n* ⟨-s⟩ **9.** *verbal noun.* – **10.** *cf.* Abstimmung.

'Ab,stim·men·de *m, f* ⟨-n; -n⟩ *pol.* voter.

'Ab,stimm|,knopf *m* (*radio*) tuning knob. — **~kon·den,sa·tor** *m* tuning capacitor. — **~,kreis** *m* tuned circuit. — **~,schär·fe** *f* tuning sharpness (*od.* resonance), selectivity. — **~,ska·la** *f* tuning dial (*od.* scale), dial. — **~,spu·le** *f* tuning coil.

'Ab,stim·mung *f* ⟨-; -en⟩ **1.** *cf.* Abstimmen. – **2.** *pol.* (über *acc* on) vote, voting: geheime ~ (secret) ballot; ergebnislose ~ inconclusive vote; mündliche ~ vote by acclamation; namentliche ~ vote by roll call; offene ~ vote by open ballot; ~ durch Erheben von den Sitzen voting by rising; ~ durch Erheben der Hand vote by (a) show of hands; ~ durch Zuruf vote by acclamation; ~ nach dem Mehrstimmenwahlrecht plural voting; bei der ~ in the voting; etwas durch ~ beschließen to vote s.th.; eine ~ bestätigen to confirm a vote; aus der ~ mit großer Mehrheit hervorgehen to emerge from the voting with a large majority; zur ~ schreiten a) to proceed to the vote, b) *Br.* (*im Parlament*) to go into division, to divide; etwas zur ~ stellen to put s.th. to the vote; die ~ vornehmen to take the vote; durch ~ wählen to elect. – **2.** (*von Farben etc*) harmonization *Br. auch* -s-. – **3.** (*von Interessen etc*) (auf *acc* with) co(-)ordination, harmonization *Br. auch* -s-: in ~ mit in co(-)ordination with; zeitliche ~ timing, synchronization *Br. auch* -s-. – **4.** *tech.* synchronization *Br. auch* -s-. – **5.** (*radio*) tuning (control), syntonization *Br. auch* -s-, syntony: selbsttätige ~ automatic tuning control.

'Abˌstim·mungs|erˌgeb·nis *n* result of the voting, voting result. — **~ˌzet·tel** *m* ballot (paper), *Br. auch* voting-paper.

'Abˌstimmˌvorˌrich·tung *f* (*radio*) tuning device (*od.* control), tuner.

ab·sti·nent [apsti'nɛnt] *adj* (*enthaltsam*) abstinent, abstemious.

Ab·sti·nenz [apsti'nɛnts] *f* ⟨-; *no pl*⟩ (*Enthaltsamkeit*) abstinence, abstemiousness, (*von Alkohol*) *auch* temperance: völlige ~ (*von Alkohol*) total abstinence, teetotalism. — **~beˌwe·gung** *f* temperance movement. — **~geˌbot** *n relig.* rule (*od.* commandment) of abstinence.

Ab·sti'nenz·ler *m* ⟨-s; -⟩ (total) abstainer, teetotaler, *bes. Br.* teetotaller.

Ab·sti'nenzˌtag *m relig.* day of abstinence.

'abˌstop·peln *v/t* ⟨*sep*, -ge-, h⟩ *agr.* (*Feld*) glean.

'abˌstop·pen I *v/t* ⟨*sep*, -ge-, h⟩ **1.** (*Fahrzeug*) stop. – **2.** *fig.* (*Produktion, Redeschwall etc*) stop, end, put an end to. – **3.** (*mit Stoppuhr*) time, take the time of, clock (*colloq.*). – **4.** (*sport*) a) stop, b) slow down: das Tempo ~ *colloq.* to reduce (*od.* slow down) the speed. – **5.** *mar.* a) (*Ankerkette*) stopper, b) (*Tau*) check. – **II** *v/i* **6.** (*von Auto etc*) stop, pull up.

'abˌstöp·seln *v/t* ⟨*sep*, -ge-, h⟩ (*Flasche*) stopper, stop up.

'Abˌstoß *m* **1.** push-off. – **2.** (*sport*) a) (*beim Fußball*) goal kick, b) (*beim Eislaufen etc*) push-off.

'abˌsto·ßen I *v/t* ⟨*irr, sep*, -ge-, h⟩ **1.** (*Boot etc*) push (*od.* shove) off. – **2.** (*vorwärts stoßen*) push: stoß mich mal ab! give me a push. – **3.** (*durch Stoß abschlagen*) knock (*od.* break) off. – **4.** (*Porzellan*) chip. – **5.** (*Manschetten etc*) fray, wear out. – **6.** (*Schuhe etc*) scuff. – **7.** *fig.* (*anwidern*) repel, revolt, disgust. – **8.** *fig. colloq.* (*loswerden*) rid oneself of, get rid of: er hat seine Schulden rasch abgestoßen he quickly rid(ded) himself of his debts. – **9.** *econ.* (*Waren etc*) push (*od.* work) off, dispose of, (*in größeren Posten*) 'unload' (*colloq.*). – **10.** *print. colloq.* (*Remittenden*) remainder. – **11.** sich (*dat*) die Haut ~ to graze (*od.* chafe) one's skin; → Horn 1. – **12.** *phys.* repel. – **13.** (*textile*) (*Wasser etc*) repel, shed. – **14.** *biol.* (*Federn, Haare etc*) shed, molt, *bes. Br.* moult, cast. – **15.** *med.* a) (*Haut*) shed, desquamate (*scient.*), b) (*totes Gewebe*) slough, c) (*Ei*) discharge. – **16.** *metall.* cut off: die Nase ~ to cut off the slag nose. – **17.** (*jewelry*) (*Rinde des Diamanten*) take off. – **18.** *print.* a) (*Druckfarbe*) scrape off, b) (*Ränder an einer Stereoplatte*) knock (*od.* edge) off. – **19.** (*leather*) (*abnarben*) degrain, peel off. – **20.** (*railway*) (*Wagen*) bump: nicht ~! shunt with care. – **21.** *mus.* a) (*Noten*) detach, b) play (*s.th.*) staccato. – **22.** *geol.* (*Eisstücke*) calve. – **23.** den Ball ~ (*beim Billard*) to bring the ball off the cushion. – **24.** *brew.* (*Hefe*) throw off. – **25.** *agr.* (*Bienen*) drive off, kill. – **26.** *chem.* (*ausscheiden*) separate, exclude. – **27.** *nucl.* (*Atomteilchen*) eject. – **28.** (*space*) jettison. – **II** *v/i* **29.** *mar.* (*vom Schiff*) push (*od.* shove, cast, bear, hold) off, thrust away: vom Pier ~ to bear off. – **30.** *fig.* repel, be repulsive (*od.* revolting, disgusting). – **31.** (*Fußball*) take a goal kick. – **32.** *geol.* (*von Schichten etc*) (gegen [up]on, against) abut. – **33.** *brew.* (*vom Bier*) throw off the dregs. – **III** *v/reflex* sich ~ **34.** (*sich abschnellen*) push off. – **35.** (*sich abnutzen*) wear out. – **IV A~** *n* ⟨-s⟩ **36.** *verbal noun.* – **37.** *mar.* (*vom Ufer*) push-off. – **38.** *mus.* staccato. – **39.** *cf.* Abstoß, Abstoßung.

'abˌsto·ßend I *pres p.* – **II** *adj* **1.** *fig.* (*widerwärtig*) repulsive, repellent, *auch* repellant, revolting, disgusting. – **2.** *phys.* repulsive, repulsory, repellent, *auch* repellant: ~e Kraft force of repulsion; ~es Kernfeld repulsing nuclear field; sich ~e Pole repelling poles. – **3.** *chem.* antibonding. – **III** *adv* **4.** ~ wirken to be repulsive.

'Abˌsto·ßung *f* ⟨-; -en⟩ **1.** *cf.* Abstoßen. – **2.** *econ.* disposal. – **3.** *phys.* (*der Pole*) repulsion. – **4.** *fig.* repellency, *auch* repellancy, repellence, *auch* repellance. – **5.** *biol.* abscission.

'Abˌsto·ßungs|ˌkraft *f*, **~verˌmö·gen** *n phys.* repulsive (*od.* repelling) force (*od.* power).

'abˌstot·tern *v/t* ⟨*sep*, -ge-, h⟩ *colloq.* **1.** (*auf Raten kaufen*) buy (*s.th.*) on time (*Br. colloq.* on tick, on the never-never). – **2.** (*in Raten abzahlen*) pay for (*s.th.*) in (*od.* by) installments (*bes. Br.* instalments).

ab·stra·hie·ren [apstra'hiːrən] **I** *v/i* ⟨*no* ge-, h⟩ **1.** abstract, take (*od.* consider) s.th. in abstraction: von etwas ~ to abstract from s.th. – **II** *v/t* **2.** *philos.* (*Gesetz, Prinzip etc*) (aus from) derive, deduce, generalize *Br. auch* -s-. – **3.** *philos.* a) (*das Wesentliche herausdestillieren*) abstract, epitomize, summarize *Br. auch* -s-, b) (*das Wesentliche an etwas betrachten*) abstract, separate, take (*od.* consider) (*s.th.*) in abstraction, c) (*rein begrifflich machen*) theorize, conceptualize *Br. auch* -s-, formalize, d) (*Logik*) abstract, define (*s.th.*) by abstraction. – **III A~** *n* ⟨-s⟩ **4.** *verbal noun.* – **5.** *cf.* Abstraktion. — **ab·stra'hie·rend I** *pres p.* – **II** *adj philos.* abstractive.

'Abˌstrahl *m phys.* reflected ray (*od.* beam). — **'abˌstrah·len I** *v/t* ⟨*sep*, -ge-, h⟩ **1.** *phys.* (*Energie etc*) radiate, emit, beam. – **2.** *tech.* (*mit Sandstrahlgebläse*) sandblast. – **II** *v/i* ⟨sein⟩ **3.** *phys.* (*optics*) reflect, be reflected, radiate. – **III A~** ⟨-s⟩ **4.** *verbal noun.* — **'Ab·ˌstrah·lung** *f* ⟨-; -en⟩ **1.** *cf.* Abstrahlen. – **2.** *phys.* (*optics*) reflection, *Br. auch* reflexion, radiation. – **3.** *tech.* sandblasting.

ab·strakt [ap'strakt] **I** *adj* ⟨-er; -est⟩ **1.** abstract. – **2.** (*art*) a) abstract, b) (*gegenstandslos*) nonrepresentational, *Br.* non-representational, nonfigurative, *Br.* non-figurative: ~e Komposition abstraction; ~er Künstler abstractionist, abstract artist. – **3.** *philos.* a) abstract, b) (*begrifflich*) conceptual, c) formal, d) (*inhaltlos*) empty, e) (*unanschaulich*) unintuitive, f) (*rein*) pure. – **II** *adv* **4.** in the abstract, abstractly: ~ malen [denken] to paint [to think] abstractly. – **III A~e, das** ⟨-n⟩ **5.** the abstract.

Ab'strak·ten *pl* **1.** (*art*) die ~ the abstract painters. – **2.** *mus.* (*der Orgel*) trackers.

Ab'strakt·heit *f* ⟨-; *no pl*⟩ **1.** (*Schwerverständlichkeit*) abstractness, abstrusity. – **2.** (*art*) *philos. math.* abstractness.

Ab·strak·ti·on [apstrak'tsi̯oːn] *f* ⟨-; -en⟩ **1.** (consideration in) abstraction, ignoration: die Fähigkeit zur ~ the ability to think abstractly (*od.* in abstract terms); durch ~ gewonnen abstractive. – **2.** *philos.* (*von Gesetz, Prinzip etc*) derivation, deduction, generalization *Br. auch* -s-. – **3.** *philos.* a) (*Herausdestillierung des Wesentlichen*) abstraction, summarization *Br. auch* -s-, b) (*Betrachtung des Wesentlichen*) abstraction, separation, consideration in abstraction, c) (*Begrifflichmachen*) theorization, conceptualization *Br. auch* -s-, formalization, d) (*Logik*) abstraction, definition by abstraction.

Ab·strak·ti'ons|ˌfä·hig·keit *f*, **~verˌmö·gen** *n* ⟨-s; *no pl*⟩ abstractive capacity.

Ab·strak·tum [ap'straktʊm] *n* ⟨-s; -ta [-ta]⟩ **1.** *philos.* abstract. – **2.** *ling.* abstract (noun).

'abˌstram·peln *v/reflex* ⟨*sep*, -ge-, h⟩ sich ~ **1.** (*vom Baby*) kick off the covers. – **2.** *fig. colloq.* (*sich abmühen*) (nach for) struggle. – **3.** *colloq.* exhaust oneself cycling.

'ab·stra·paˌzie·ren *colloq.* **I** *v/t* ⟨*sep, no* -ge-, h⟩ wear (*od.* tire) out. – **II** *v/reflex* sich ~ wear (*od.* tire) oneself out.

'abˌstre·ben I *v/t* ⟨*sep*, -ge-, h⟩ **1.** *civ.eng.* strut, brace. – **2.** *aer.* (*Flügel*) brace. – **II A~** *n* ⟨-s⟩ **3.** *verbal noun.* — **'Abˌstre·bung** *f* ⟨-; -en⟩ **1.** *cf.* Abstreben. – **2.** *civ.eng.* struts *pl*, braces *pl.*

'abˌstrecken (*getr.* -k·k-) *v/t* ⟨*sep*, -ge-, h⟩ (*Beine, Arme*) stretch out.

'abˌstrei·chen I *v/t* ⟨*irr, sep*, -ge-, h⟩ **1.** (*entfernen*) scrape off: die Asche von der Zigarre ~ to knock the ash off one's cigar. – **2.** (*säubern*) wipe: (sich *dat*) die Füße an der Matte ~ to wipe one's feet on the mat. – **3.** (*Rasiermesser*) strop, strap. – **4.** (*abhaken*) tick off, *Am.* check off. – **5.** *bes. mil.* (*absuchen*) sweep. – **6.** *fig.* (*abziehen*) deduct, knock off: von dem, was er sagt, kann man viel ~ *fig.* you can disregard a lot of what he says. – **7.** *econ.* a) *colloq.* (*aufheben*) cancel, strike out, b) (*kürzen*) cut, curtail. – **8.** *math.* (*Dezimalen*) point off, reject. – **9.** *agr.* (*Kornmaß etc*) level. – **10.** *metall.* a) (*Schlacken*) skim, b) (*Sand von der Gußform*) off. – **11.** *print.* (*Walze*) scrape down. – **12.** (*leather*) scrape, flesh, skin. – **13.** *med.* (*Belag*) swab. – **14.** *hunt.* (*Gebiet*) (nach for) search, scour. – **15.** *synth.* (*überschüssige Beschichtung*) squeeze out. – **II** *v/i* ⟨sein⟩ **16.** *hunt.* a) (*von Vögeln*) fly off (*od.* away), flush, b) (*von Zugvögeln*) depart, c) (*von flüggen Nestlingen*) leave the nest.

'Abˌstrei·cher *m* ⟨-s; -⟩ **1.** *cf.* Fußabtreter. – **2.** (*textile*) *print.* doctor (blade), ductor (blade). – **3.** *med. cf.* Spachtel 3.

'Abˌstreich|ˌholz *n* **1.** *agr.* (*für Getreide etc*) strickle, strike. – **2.** *metall.* strike. — **~ˌlöf·fel** *m metall.* skimmer, scummer. — **~ˌmes·ser** *n print.* **1.** (*an einer Stahlwalze*) raspatory. – **2.** (*textile*) *cf.* Abstreicher 2.

'abˌstrei·fen I *v/t* ⟨*sep*, -ge-, h⟩ **1.** (*Kleidungsstück, Ring etc*) slip off, take off: den Ring ~ to slip (*od.* pull) off one's ring; sie streifte ihre Kleider ab she slipped (*od.* stripped) off her clothes. – **2.** (*Leine, Zaum etc*) slip: der Hund hat die Leine abgestreift the dog slipped his leash. – **3.** (*Beeren etc*) strip, pick, pluck: Beeren von den Stielen ~ to strip berries from the stalks. – **4.** (*Asche*) knock (*the ash*) off. – **5.** (*säubern*) scrape, wipe: er streifte seine (*od.* sich *dat* die) Schuhe an der Matte ab he wiped his shoes on the mat. – **6.** *fig.* (*ablegen*) free (*od.* rid) oneself of, get rid of, cast off, throw off: seine Hemmungen ~ to free oneself of one's inhibitions; ein Vorurteil ~ to get rid of a prejudice. – **7.** (*Gelände*) (nach for, in search of) scour, beat. – **8.** *mil.* patrol. – **9.** *zo.* (*Haut etc*) slough, cast (off), shed (off). – **10.** *metall.* (*Kokille*) strip. – **11.** *print.* squeegee. – **12.** (*Tiere*) skin, flay: Tieren das Fell (*od.* den Balg) ~ to strip the skin off (*od.* from) animals, to skin animals. – **II** *v/i* ⟨sein⟩ **13.** (*abgehen*) rove (*od.* roam, wander) off. – **14.** (*abgleiten*) glance (off), ricochet.

'Abˌstrei·fer *m* ⟨-s; -⟩ **1.** *cf.* Fußabtreter. – **2.** *metall.* a) (*für Schlacke*) skimmer, scummer, b) (*für Blockformen*) stripper.

'abˌstrei·ten *v/t* ⟨*irr, sep*, -ge-, h⟩ **1.** (*Schuld, Verbrechen etc*) deny: es läßt sich nicht ~, daß there is no denying the fact that; ~, etwas getan zu haben to deny having done s.th.; er stritt seine Autorschaft ab he disclaimed his authorship. – **2.** *jur.* a) (*Rechte etc*) contest, dispute, (*verweigern*) deny, b) (*ableugnen*) deny: j-m ein Recht ~ to dispute s.o.'s legal right; die Schuld ~ to deny the charges; alles vor Gericht ~ to deny everything in court.

'abˌstreu·en *v/t* ⟨*sep*, -ge-, h⟩ *civ.eng.* a) (*mit Splitt*) grit, spread with grit, b) (*mit Salz*) salt, c) (*mit Sand*) sand.

'Abˌstrich *m* **1.** *econ.* (*Kürzung*) (in, an *dat* in) cut, curtailment, reduction, *Am.* cutback: ~e am Etat (*od.* im Haushaltsplan) machen to make cuts in the budget. – **2.** *med.* (an *dat* of) swab: ein ~ an den Mandeln a swab of the tonsils; einen ~ machen bei (*od.* von) to take a swab from. – **3.** (*Schrift*) downstroke, downward stroke: Auf- und ~e machen to make upstrokes and downstrokes. – **4.** *metall.* (*Schlacke*) dross, scum. – **5.** *print.* stem. – **6.** *mus.* down-bow.

'abˌstricken (*getr.* -k·k-) *v/t* ⟨*sep*, -ge-, h⟩ **1.** (*Pullover etc*) knit (*s.th.*) from a pattern. – **2.** (*Maschen*) cast off.

'Abˌstrom *m meteor. phys.* (*der Luft*) downdraft, *bes. Br.* down-draught, down(ward) current.

'abˌströ·men *v/i* ⟨*sep*, -ge-, sein⟩ **1.** (*von Wasser, Elektrizität*) flow off. – **2.** (*von Gas, Luft etc*) escape, pass off. – **3.** *fig.* (*von Menschenmengen*) disperse, stream away. – **4.** *mar.* drift with the current, float (*od.* wash) down a river, flow off (*od.* down).

ab·strus [ap'struːs] *adj* ⟨-er; -est⟩ (*Gedanken etc*) abstruse, recondite.

'abˌstu·fen I *v/t* ⟨*sep*, -ge-, h⟩ **1.** (*in Stufen einteilen*) divide (*s.th.*) into steps, step. – **2.** (*Garten etc*) arrange (*s.th.*) in terraces, terrace. – **3.** *fig.* (*staffeln*) graduate, scale, gradate, grade: die Löhne nach den Leistungen ~ to scale pay to output; Steuern nach dem Einkommen ~ to graduate taxes according to income. – **4.** (*Haare*) taper, layer. – **5.** (*Farben*) shade, gradate, tone, grade. – **6.** *mus.* (*Klangfarbe etc*) shade. – **II** *v/reflex* sich ~ **7.** gradate, graduate, tone. – **III A~** *n* ⟨-s⟩ **8.** *verbal noun.* — '**Abˌstu·fung** *f* ⟨-; -en⟩ **1.** *cf.* Abstufen. – **2.** *fig.* (*Staffelung*) graduation, gradation. – **3.** (*von Farbtönen etc*) gradation, shade, shading, nuance. – **4.** geometrische ~ *math.* geometrical progression. – **5.** *tech.* a) (*einer Welle*) shoulder, b) (*von Geschwindigkeit*) variation.

'**abˌstump·fen I** *v/t* ⟨*sep*, -ge-, h⟩ **1.** (*Schneide etc*) blunt, dull, (*Messer etc*) take the edge off. – **2.** (*Spitze*) blunt, stub (off). – **3.** *fig.* (*Gefühl, Gewissen*) dull, deaden, blunt, stupefy, *auch* hebetate. – **4.** *fig.* (*Person*) make (*s.o.*) unfeeling (*od.* insensible, hard), indurate. – **5.** *bes. med.* obtund. – **6.** *chem.* (*Säure*) neutralize *Br. auch* -s-, saturate, blunt. – **7.** *math.* (*Kegel etc*) truncate. – **8.** *civ.eng.* (*Straßendecke*) skidproof. – **II** *v/reflex* sich ~ *u.* *v/i* ⟨sein⟩ **9.** (*von Schneide etc*) blunt, dull, become blunt (*od.* dull). – **10.** *fig.* (*vom Gefühl, Gewissen*) dull, become dulled (*od.* stupefied). – **11.** *fig.* (*von Person*) become unfeeling (*od.* insensible), harden, indurate: er ist abgestumpft gegen jedes Gefühl he has become hardened to all feeling. – **III A~** *n* ⟨-s⟩ **12.** *verbal noun.* – **13.** *cf.* Abstumpfung. — '**abˌstump·fend I** *pres p.* – **II** *adj fig.* stupefacient. — '**Abˌstump·fung** *f* ⟨-; -en⟩ **1.** *cf.* Abstumpfen. – **2.** (*einer Schneide etc*) bluntness, dullness. – **3.** *fig.* (*von Gefühlen*) stupefaction, *auch* hebetation. – **4.** *bes. med.* obtusion. – **5.** *chem.* (*einer Säure*) neutralization *Br. auch* -s-. – **6.** *math.* (*eines Kegels etc*) truncation. – **7.** *civ.eng.* (*der Straßendecke*) skidproofing.

'**Abˌstump·fungsˌflä·che** *f min.* truncating face.

'**abˌstür·men** *v/i* ⟨*sep*, -ge-, sein⟩ *rare* rush off (*od.* away).

'**Abˌsturz** *m* ⟨-es; ¨e⟩ **1.** *aer.* (*eines Flugzeugs*) crash: ein Flugzeug zum ~ bringen to (shoot) down a plane. – **2.** (*einer Person*) fall, plunge. – **3.** *geol.* (*Steilhang*) precipice, steep (slope). – **4.** *civ.eng.* fixed weir.

'**abˌstür·zen** *v/i* ⟨*sep*, -ge-, sein⟩ **1.** *aer.* (*von Flugzeug etc*) crash: brennend ~ to crash in flames. – **2.** (*von Person*) fall, plunge: der Schlafwandler stürzte (vom Dach) ab the sleepwalker plunged from the roof. – **3.** *geol.* (*von Felswand*) drop (*od.* descend, fall away) steeply. — '**abˌstür·zend I** *pres p.* – **II** *adj* (*Felswand*) precipitous.

'**Abˌsturz|geˌfahr** *f* danger of falling. — **~ˌstel·le** *f* **1.** *aer.* (*eines Flugzeugs*) scene of a crash. – **2.** scene of a climbing accident.

'**Abˌstützˌbock** *m* **1.** *tech.* trestle, *Am. auch* tressel, support. – **2.** *civ.eng.* A-frame.

'**abˌstut·zen I** *v/t* ⟨*sep*, -ge-, h⟩ **1.** (*beschneiden*) (*Hecke etc*) trim, prune, lop. – **2.** (*abschneiden*) clip off. – **3.** *vet.* a) (*Ohren etc*) crop, b) (*Flügel*) clip, c) (*Schwanz etc*) dock. – **4.** *math.* truncate. – **II A~** *n* ⟨-s⟩ **5.** *verbal noun.*

'**abˌstüt·zen I** *v/t* ⟨*sep*, -ge-, h⟩ **1.** *tech.* (*Wand, Decke etc*) a) support, prop (up), b) (*versteifen*) reinforce, c) (*verstreben*) brace, strut: von unten her ~ to underprop; von rückwärts ~ to back (*s.th.*) up. – **2.** (*durch Blöcke*) block up. – **3.** *civ.eng.* shore, (*von unten*) pillar. – **4.** (*mining*) support, prop. – **5.** *mar.* (*Boot etc*) chock. – **II** *v/reflex* sich ~ **6.** (*von einer Wand etc*) push oneself away. – **III A~** *n* ⟨-s⟩ **7.** *verbal noun.* – **8.** *cf.* Abstützung.

'**Abˌstützˌplat·te** *f* supporting plate.

'**Abˌstüt·zung** *f* ⟨-; -en⟩ **1.** *cf.* Abstützen. – **2.** *tech.* (*Arbeitsergebnis*) a) support, b) (*Versteifung*) reinforcement, c) (*Verstrebung*) brace, strut.

'**Abˌstüt·zungs·ma·te·riˌal** *n arch.* underpinning.

'**Abˌstützˌvorˌrich·tung** *f tech.* supporting device.

'**abˌsu·chen I** *v/t* ⟨*sep*, -ge-, h⟩ **1.** (*Gelände etc*) search, scour, comb, (*mit den Augen*) scan, rake: das Gebiet nach dem Vermißten ~ to search (*od.* comb) the area for the missing person; alles ~! hunt high and low! – **2.** (*ableuchten*) sweep: den Himmel mit Scheinwerfern ~ to sweep the sky with searchlights. – **3.** *colloq.* (*Taschen etc*) search, rummage, ransack. – **4.** (*Ungeziefer etc*) pick. – **5.** *mar.* (*mit Schleppnetz etc*) drag. – **6.** *electr.* (*mit Radar*) scan. – **7.** *hunt.* (*Revier*) hunt (with a dog). – **II A~** *n* ⟨-s⟩ **8.** *verbal noun.* – **9.** search.

Ab·sud ['apˌzuːt; ˌap'zuːt] *m* ⟨-(e)s; -e⟩ *med. pharm.* decoction, extract.

'**abˌsüh·nen** *v/t* ⟨*sep*, -ge-, h⟩ (*Schuld etc*) expiate.

ab·surd [ap'zʊrt] **I** *adj* ⟨-er; -est⟩ **1.** (*sinnlos*) absurd, preposterous, nonsensical. – **2.** (*lächerlich*) absurd, ridiculous, ludicrous, foolish, *bes. Am. sl.* screwy. – **II A~e, das** ⟨-n⟩ **3.** the absurdity. – **4.** (*literature*) the absurd: das Theater des A~en the Theatre of the Absurd. — **Ab·sur·di'tät** [-di'tɛːt] *f* ⟨-; -en⟩ absurdity, absurdness, preposterousness.

'**abˌsur·ren** *v/i* ⟨*sep*, -ge-, sein⟩ *colloq.* 'buzz off' (*colloq.*).

'**Abˌsüßˌbot·tich** *m chem.* edulcorating vat.

'**abˌsü·ßen I** *v/t* ⟨*sep*, -ge-, h⟩ **1.** *gastr.* sweeten. – **2.** *pharm.* a) (*Flüssigkeit*) sweeten, purify, remove acid (*od.* salt) from, b) (*Pulver*) edulcorate. – **II A~** *n* ⟨-s⟩ **3.** *verbal noun.* — '**Abˌsü·ßung** *f* ⟨-; *no pl*⟩ *cf.* Absüßen.

'**Abˌsüßˌwas·ser** *n chem.* sweet water.

ab·sze·die·ren [apstse'diːrən] *v/i* ⟨*no* ge-, h⟩ *med.* form an abscess, suppurate. — **ab·sze'diert I** *pp.* – **II** *adj med.* abscessed. — **Ab·sze'die·rung** *f* ⟨-; -en⟩ abscess formation.

Ab·szeß [aps'tsɛs; ap'stsɛs] *m*, *Austrian colloq.* *n* ⟨-sses; -sse⟩ *med.* abscess. — **~ˌbil·dung** *f* abscess formation. — **~ˌhöh·le** *f* abscess cavity.

Ab·szis·se [aps'tsɪsə; ap'stsɪsə] *f* ⟨-; -n⟩ *math.* (*Weitenabstand*) abscissa.

Ab'szis·sen|ˌach·se *f math.* axis of abscissas. — **~dif·feˌrenz** *f* (*zweier Punkte*) run (between two points).

Abt [apt] *m* ⟨-(e)s; ¨e⟩ *relig.* abbot: ~ im Bischofsrang mit(e)red abbot; ~ im Fürstenrang Lord Abbot.

'**abˌta·feln** *v/i* ⟨*sep*, -ge-, h⟩ (*textile*) plait down, take off.

'**abˌta·keln** *v/t* ⟨*sep*, -ge-, h⟩ *mar.* unrig.

'**abˌtan·zen I** *v/t* ⟨*sep*, -ge-, h⟩ (*Sohlen etc*) wear out (*s.th.*) by dancing. – **II** *v/i* ⟨sein⟩ *colloq.* (*weggehen*) shove (*od.* push) off (*colloq.*).

'**Abˌtast|ˌband** *n* ⟨-(e)s; ¨er⟩ *telev.* scanning belt. — **a~bar** *adj* palpable. — **~ˌblen·de** *f* scanning diaphragm (*od.* aperture). — **~ˌdo·se** *f* (*des Plattenspielers*) pickup box. — **~ˌeinˌrich·tung** *f* **1.** *telev.* scanning device (*od.* gear), scanner. – **2.** (*des Plattenspielers*) pickup. — **~elekˌtro·de** *f* exploring electrode.

'**abˌta·sten I** *v/t* ⟨*sep*, -ge-, h⟩ **1.** (*befühlen*) feel, probe, (*bes. nach Waffen*) frisk (*sl.*): die Taschen nach dem Schlüssel ~ to feel one's pockets for the key. – **2.** *bes. med.* palpate. – **3.** *electr.* a) (*mit Lichtstrahl, Radar etc absuchen*) sweep, scan, b) *telev.* scan, explore. – **4.** *econ.* test, try out, sound: den Markt ~ to try out (*od.* sound) the market. – **5.** *tech.* a) (*mit einer Tastlehre*) cal(l)iper, b) (*mittels verstellbarer Lehre*) explore, c) (*mittels Fühlstift*) trace, d) (*Lochkartensteuerung*) sense. – **6.** (*sport*) (*Gegner etc*) feel out. – **II A~** *n* ⟨-s⟩ **7.** *verbal noun.*

'**Abˌta·ster** *m* ⟨-s; -⟩ **1.** *telev.* scanner: elektrooptischer ~ optical (*od.* photographic) sound reproducer. – **2.** (*Radar*) antenna mount, spinner, scanner.

'**Abˌtast|ˌfeld** *n telev.* scanning field (*od.* frame). — **~ˌflä·che** *f* scan area. — **~ˌfleck** *m* scanning spot. — **~ˌfol·ge** *f* scanning sequence. — **~freˌquenz** *f* scanning frequency. — **~geˌrät** *n* **1.** *telev.* scanner, scanning device. – **2.** *tech.* (*Meßwesen*) stylus-type instrument. — **~geˌschwin·dig·keit** *f telev.* scanning speed, pickup velocity. — **~mi·kroˌskop** *n* (*optics*) scanning (*od.* flying spot) microscope. — **~ˌna·del** *f mus.* gram stylus, recording needle. — **~ˌschei·be** *f telev.* scanning (*od.* exploring) disk (*od.* disc). — **~ˌspan·nung** *f* scanning voltage. — **~ˌstel·le** *f* scanning point. — **~ˌstrahl** *m* scanning beam (*od.* ray).

'**Abˌta·stung** *f* ⟨-; -en⟩ **1.** *cf.* Abtasten. – **2.** *bes. med.* palpation. – **3.** *electr.* a) sweep, scanning, b) *telev.* scanning, exploration.

'**Abˌtast|ˌvorˌrich·tung** *f telev.* hunting (*od.* scanning) device, scanner. — **~ˌzei·le** *f* scanning line.

'**Abˌtau·au·toˌma·tik** *f* (*im Kühlschrank*) automatic defroster.

'**abˌtau·en I** *v/i* ⟨*sep*, -ge-, sein⟩ **1.** (*von Eis, Schnee*) thaw. – **2.** (*von Straße etc*) thaw out, defrost. – **II** *v/t* ⟨h⟩ **3.** (*Eis*) thaw (off). – **4.** (*Kühlschrank etc*) defrost.

'**Abˌtausch** *m* ⟨-(e)s; *no pl*⟩ (*Schach*) exchange. — '**abˌtau·schen** *v/t* ⟨*sep*, -ge-, h⟩ (*Schachfiguren*) exchange.

'**ab·taˌxie·ren** *v/t* ⟨*sep*, *no* -ge-, h⟩ **1.** (*Wert etc*) guess at (*od.* estimate) the value of. – **2.** *fig.* (*Person, Fähigkeiten etc*) try to form an exact opinion of, estimate, evaluate.

Ab'tei *f* ⟨-; -en⟩ *relig.* **1.** abbey. – **2.** (*Amt*) abbacy. — **~ˌkir·che** *f* abbey (church).

Ab·teil ['apˌtaɪl; ˌap'taɪl] *n* ⟨-(e)s; -e⟩ **1.** (*railway*) a) compartment, b) (*eines Schlafwagens*) compartment, *Am.* section: ~ für Nichtraucher nonsmoker; ein ~ erster Klasse a first-class compartment. – **2.** (*im Keller, Schrankfach etc*) section.

'**abˌteil·bar** *adj* **1.** (*in Teile zerlegbar*) divisible. – **2.** (*abtrennbar*) separable.

'**abˌtei·len I** *v/t* ⟨*sep*, -ge-, h⟩ **1.** (*aufteilen*) divide (up), partition, subdivide: in Fächer ~ to divide (up) into sections; Land (in Parzellen) ~ to parcel (*od.* plot) out land, to divide land into plots; eine Stadt in Bezirke ~ to district off a town; in Abschnitte ~ to divide into sections, to section. – **2.** (*abtrennen*) divide off, separate, partition off: einen Raum durch einen Vorhang [durch eine Wand] ~ to separate a room by a curtain [wall], to curtain [wall] off a room. – **3.** (*in Klassen, Gruppen etc*) divide up, split up, separate. – **4.** (*Meßgerät*) graduate. – **5.** (*Haar*) part. – **6.** *ling.* (*Wörter nach Silben*) divide (up), split up. – **7.** *civ.eng.* (*durch Längs- oder Mittelpfosten*) mullion. – **II A~** *n* ⟨-s⟩ **8.** *verbal noun.* – **9.** *cf.* Abteilung[1].

'**Abˌteilˌfen·ster** *n* (*railway*) compartment window.

ab'tei·lich *adj relig.* abbatial.

'**Abˌtei·lung**[1] *f* ⟨-; -en⟩ **1.** *cf.* Abteilen. – **2.** (*Aufteilung*) division, partition, partitioning. – **3.** (*Abtrennung*) separation. – **4.** (*in Klassen, Gruppen etc*) division, splitting up, segmentation. – **5.** (*Abschnitt*) section. – **6.** (*eines Meßgeräts*) graduation. – **7.** *ling.* (*eines Worts*) division, splitting up.

Ab·tei·lung[2] [ˌap'taɪlʊŋ; 'apˌtaɪlʊŋ] *f* ⟨-; -en⟩ **1.** (*eines Betriebes, Warenhauses*) department: technische ~ technical department. – **2.** (*einer Behörde, Verwaltung*) section, bureau, *bes. Am.* division. – **3.** (*eines Krankenhauses*) ward, section. – **4.** (*eines Gefängnisses*) ward, *Br. auch* division. – **5.** *ped.* (*einer Fakultät, Schule etc*) department, branch, *Br.* side: humanistische ~ classical side. – **6.** *mil.* a) (*Verband*) detachment, detail, section, b) (*der Artillerie*) battalion, c) (*kleiner*) squad, body, d) (*Zug*) platoon: ~ marsch! squad (*od.* company) quick march! ~ halt! squad (*od.* company) quick halt! ~ kehrt! squad (*od.* company) quick turn! – **7.** (*sport*) (*Mannschaft*) team, *bes. Am.* squad, *bes. Br.* side. – **8.** *jur.* (*Rechtsabteilung*) side, department. – **9.** *print.* (*Spalte*) column, rubric. – **10.** *math.* group, division: ~ von Ziffern group (of figures). – **11.** *bot. zo.* section. – **12.** *geol.* series, formation, group, stage. – **13.** *hunt.* hunting district, *bes. Br.* shoot. – **14.** (*forestry*) (*einer Waldfläche*) district, compartment, logging unit. – **15.** *mar.* (*eines Schiffes*) section, compartment. – **16.** *her.* a) (*des Wappenschilds*) point, compartment, b) (*durch waagerechte Linien*) barrulet. – **17.** (*railway*) section of a line. – **18.** *arch.* a) panel, compartment, b) partition. – **19.** *aer.* (*Zelle*) compartment, bay.

ˌ**Ab'tei·lungs|ˌchef** *m cf.* Abteilungsleiter. — **~diˌrek·tor** *m* departmental manager. — **~kom·manˌdeur** *m mil.* **1.** commander of a detachment, unit commander. – **2.** (*der Artillerie*) battery commander. — **~ˌlei·ter** *m* **1.** (*eines Betriebes*) head of a department, departmental head, (departmental) manager, (*eines Warenhauses*) *auch* floor (*od.* section) manager, *bes. Br.* shopwalker. – **2.** (*einer Behörde*) head of a section. — **~ˌun·terˌricht** *m ped. teaching several groups separately within one class.* — **~ˌvorˌstand, ~ˌvorˌste·her** *m cf.* Abteilungsleiter.

'**Abˌtei·lungsˌzei·chen** *n print.* division mark, hyphen.

'**ab·te·le·foˌnie·ren** *v/i* ⟨*sep*, *no* -ge-, h⟩ *cf.* abtelephonieren.

'ab·te·le·gra,fie·ren *v/i* ⟨*sep, no* -ge-, h⟩ *cf.* abtelegraphieren.

'ab·te·le·gra,phie·ren *v/i* ⟨*sep, no* -ge-, h⟩ *colloq.* (*dat*) **1.** (*einem Gast*) wire (*s.o.*) not to come, send (*s.o.*) a telegram canceling (*bes. Br.* cancelling) an invitation, put (*s.o.*) off by wire. – **2.** (*einem Gastgeber*) wire declining (*od.* cancel[l]ing) an invitation, decline an invitation by wire. – **3.** *econ.* countermand by wire.

'ab·te·le·pho,nie·ren *v/i* ⟨*sep, no* -ge-, h⟩ *colloq.* (*dat*) **1.** (*einem Gast*) telephone (*s.o.*) not to come, phone (*s.o.*) canceling (*bes. Br.* cancelling) an invitation, put (*s.o.*) off by phone. – **2.** (*einem Gastgeber*) phone declining (*od.* cancel[l]ing) an invitation, decline an invitation by phone.

'Ab·te,stat *n ped. professor's* (*od. lecturer's*) *signature certifying that the student has attended the whole course.*

'ab,teu·fen I *v/t* ⟨*sep*, -ge-, h⟩ **1.** (*mining*) *civ.eng.* (*Schacht etc*) drill, sink, put down. – **II A~** *n* ⟨-s⟩ **2.** *verbal noun.* – **3.** shaft sinking.

'Ab,teuf,schacht *m civ.eng.* shaft during sinking.

'Abt,graf *m röm.kath.* secular abbot.

'ab,til·gen *v/t* ⟨*sep*, -ge-, h⟩ *econ. cf.* tilgen 6.

'ab,tip·pen *v/t* ⟨*sep*, -ge-, h⟩ *colloq.* (*Text etc*) type (out).

Äb·tis·sin [ɛp'tɪsɪn] *f* ⟨-; -nen⟩ *relig.* abbess, mother superior.

äbt·lich ['ɛptlɪç] *adj relig.* abbatial.

'ab,tö·nen I *v/t* ⟨*sep*, -ge-, h⟩ **1.** (*paints*) tone (down), tint, shade (off), gradate, grade. – **2.** *electr.* (*gleichschalten*) (*Radar*) synchronize *Br. auch* -s-. – **II** *v/reflex* **sich ~ 3.** (*paints*) tone (down), shade. – **III A~** *n* ⟨-s⟩ **4.** *verbal noun.* — **'Ab,tö·nung** *f* ⟨-; -en⟩ **1.** *cf.* Abtönen. – **2.** shade, tint.

'ab,tö·ten I *v/t* ⟨*sep*, -ge-, h⟩ **1.** *med.* a) (*Bakterien, Würmer etc*) kill, destroy, b) (*Schmerz*) deaden, c) (*Nerv*) kill, (*betäuben*) an(a)esthetize *Br. auch* -s-. – **2.** *fig.* (*Gefühl*) deaden. – **3.** *relig.* (*Leidenschaften*) mortify, crucify. – **II A~** *n* ⟨-s⟩ **4.** *verbal noun.* — **'Ab,tö·tung** *f* ⟨-; -en⟩ **1.** *cf.* Abtöten. – **2.** *relig.* (*des Fleisches etc*) mortification.

'Abt|,prä·ses *m röm.kath.* (*Vorsteher einer monastischen Kongregation*) archabbot, prior (general), father general. — **~,pri·mas** *m* (*Leiter der Vereinigung der Benediktiner*) archabbot.

'ab,tra·ben *v/i* ⟨*sep*, -ge-, sein⟩ *colloq.* trot off (*od.* away), go off at a trot.

'Ab,trag [-,traːk] *m* ⟨-(e)s; ⸚e⟩ **1.** *cf.* Abtragen. – **2.** *civ.eng.* a) (*eines Gebäudes*) demolition (work), b) (*des Bodens*) cut. – **3.** *tech.* (*eines Werkstoffs*) removal. – **4.** *only in* j-m [einer Sache] **~** tun *lit.* to do s.o. [s.th.] harm, to harm (*od.* injure) s.o. [s.th.]. – **5.** *obs. for* Abzahlung, Entschädigung 2.

'Ab,trag|,ar·bei·ten *pl civ.eng.* cut(ting) *sg.* — **~,bö·schung** *f* slope of cutting, cutting (*od.* excavation) slope.

'ab,tra·gen I *v/t* ⟨*irr, sep*, -ge-, h⟩ **1.** (*Geschirr, Reste etc*) clear (*od.* carry, take) away, remove. – **2.** (*Kleidung etc*) wear out. – **3.** *civ.eng.* a) (*Mauer, Haus etc*) demolish, take (*od.* pull) down, b) (*Hügel, Erdmassen etc*) clear away, level, cut. – **4.** *geol.* a) (*Boden etc*) erode, degrade, cut away, denude, wear (away), b) (*stumpf*) remove (*s.th.*) bluntly. – **5.** *med.* (*Geschwulst etc*) take away, cut off, remove. – **6.** *econ.* a) (*Schulden*) pay off, clear (off), discharge, settle, b) (*Hypothek*) redeem, amortize *Br. auch* -s-, extinguish, c) (*Verpflichtung*) discharge, d) (*Aktivsalden*) work off. – **7.** *math.* a) (*Strecke etc*) lay (*od.* mark) off, b) (*Kurve*) plot. – **8.** *obs.* (*Dank*) render, give. – **9.** *dial. bes. Swiss* yield: das Geschäft trägt nicht viel ab this business does not yield much profit (*od.* does not pay). – **10.** *hunt.* a) (*Schweißhund*) take (*a dog*) off the track, b) (*Beizvogel*) train. – **II** *v/i* **11.** *agr.* (*von Obstbaum*) stop producing fruit. – **III** *v/reflex* **sich ~ 12.** (*von Kleidung*) wear out. – **IV A~** *n* ⟨-s⟩ **13.** *verbal noun.* – **14.** *cf.* Abtragung. — **'ab,tra·gend I** *pres p.* – **II** *adj* **~e Frucht** *agr.* final (*od.* last) crop in the rotation.

'Ab,trag·ku·ba,tur *f civ.eng.* volume of cut(ting).

'ab,träg·lich [-,trɛːklɪç] *adj* **1.** (*nachteilig, schädlich*) detrimental, harmful, derogatory, derogative: zuviel Alkohol ist der Gesundheit **~** too much alcohol is detrimental to one's health; dem Ansehen **~** harmful to one's reputation. – **2.** *Swiss dial. for* einträglich. — **'Ab,träg·lich·keit** *f* ⟨-; *no pl*⟩ harmfulness, detrimentalness.

'Ab,trag·ma·te·ri,al *n civ.eng.* spoil, *auch* cut(ting).

'Ab,tra·gung *f* ⟨-; -en⟩ **1.** *cf.* Abtragen. – **2.** *civ.eng.* a) (*von Mauer, Haus etc*) demolition, b) (*von Erdmassen etc*) clearing away, cut. – **3.** *geol.* erosion, denudation, degradation. – **4.** *med.* ablation, removal, resection. – **5.** *econ.* a) (*einer Schuld*) paying off, clearing, acquittance, b) (*einer Hypothek*) redemption, amortization *Br. auch* -s-, extinction. – **6.** *tech.* (*zerspanende Metallbearbeitung*) removal. – **7.** *math.* laying (*od.* marking, measuring) off, plotting. – **8.** *hunt.* (*Abrichtung*) hawk (*od.* falcon) training.

'Ab,tra·gungs|,ebe·ne, ~,flä·che *f geol.* surface of erosion (*od.* denudation). — **~ge,biet** *n* region of denudation. — **~ni,veau** *n* denudation (*od.* erosional) level: unteres **~** baselevel. — **~pro,zeß** *m* cutting (*od.* denudation, gradational) process. — **~,schutt** *m* erosional debris.

'Ab·trans,port *m* **1.** *cf.* Abtransportieren. – **2.** (*einer Ware etc*) transport, transportation. – **3.** (*eines Verletzten etc*) transportation: zum **~** wurde ein Hubschrauber angefordert a helicopter was called in to help with the transportation. – **4.** (*mit Gewalt*) removal. – **5.** *mil.* a) transport, b) *cf.* Evakuierung: sich zum **~** fertigmachen to get ready for the transport. — **~,fahr,zeug** *n civ.eng.* haulaway vehicle.

'ab·trans·por,tie·ren I *v/t* ⟨*sep, no* -ge-, h⟩ **1.** (*Ware etc*) transport away. – **2.** (*Schutt, Müll*) cart off. – **3.** (*Verletzten etc*) transport away (*od.* off): j-n ins Krankenhaus **~** to transport s.o. off to hospital. – **4.** (*mit Gewalt*) remove. – **5.** *mil.* a) transport (off), b) *cf.* evakuieren. – **II A~** *n* ⟨-s⟩ **6.** *verbal noun.*

'Ab,trau·fe *f tech. cf.* Dachrinne 1.

'ab,träu·feln *v/i* ⟨*sep*, -ge-, sein⟩ drip (off), trickle.

'ab,trei·ben I *v/t* ⟨*irr, sep*, -ge-, h⟩ **1.** (*wegtreiben*) carry (*od.* drive, bear) away: vom Wind abgetrieben werden to be borne away by the wind; der Schwimmer wurde vom Ufer abgetrieben the swimmer was carried away from the shore. – **2.** *med.* (*Leibesfrucht*) induce (*od.* cause, procure) abortion of, abort. – **3.** *med.* (*Würmer etc*) expel, purge off. – **4.** *agr.* (*Vieh von der Alm*) drive (*od.* bring) down. – **5.** *tech.* (*Lager von der Welle*) force off. – **6.** *chem.* a) drive off, b) (*destillieren*) distil off, c) (*abziehen*) decant, d) (*Benzol*) debenzolize, e) (*Rauchgase*) expel, f) (*bei der Nebenproduktgewinnung*) separate, g) (*im Rieselturm*) scrub. – **7.** *metall.* cupel. – **8.** (*mining*) *cf.* abräumen 3. – **9.** (*forestry*) (*Wald*) clear, cut clear. – **10.** *hunt.* a) (*Revier*) drive, beat, b) *cf.* abkämpfen 1. – **11.** *Austrian gastr. for* abrühren. – **II** *v/i* ⟨sein⟩ **12.** *mar. aer.* (*von Schiff, Ballon etc*) make lee-way, drift off (*od.* away), go adrift, (*vom Flugzeug*) be driven off its course. – **III A~** *n* ⟨-s⟩ **13.** *verbal noun.* – **14.** *cf.* Abtreibung. – **15.** *agr. cf.* Abtrieb 2. – **16.** *mar.* a) driftage, deflection, *Br. auch* deflexion, b) *cf.* Abtrift 1. – **17.** *aer. cf.* Abtrift 2. — **'ab,trei·bend I** *pres p.* – **II** *adj med.* **1.** abortifacient, abortive. – **2.** (*gegen Würmer etc*) expellent, purgative: **~es Mittel** expellent.

'Ab,trei·be,ofen *m metall.* cupel (*od.* cupeling, *bes. Br.* cupelling) furnace, refining furnace.

'Ab,trei·ber *m* ⟨-s; -⟩, **'Ab,trei·be·rin** *f* ⟨-; -nen⟩ *jur.* (*der Leibesfrucht*) abortionist.

'Ab,treib,gas *n chem.* expelled gas.

'Ab,trei·bung *f* ⟨-; -en⟩ **1.** *cf.* Abtreiben. – **2.** *med.* (*der Leibesfrucht*) abortion, f(o)eticide, aborticide: selbstherbeigeführte **~** self-induced abortion; eine **~** vornehmen (an j-m) to perform an abortion (on s.o.). – **3.** *med.* (*von Würmern etc*) expulsion. – **4.** *chem.* a) distillation, b) (*Benzol*) debenzolation, c) (*Nebenproduktgewinnung*) separation. – **5.** *metall.* (*Bleioxydherstellung*) cupellation. – **6.** *agr. cf.* Abtrieb 2. – **7.** *mar. cf.* Abtrift 1.

'Ab,trei·bungs|,mit·tel *n med. pharm.* abortifacient, abortive. — **~pa·ra,graph** *m jur.* section of the penal code referring to criminal abortion. — **~ver,such** *m* attempted abortion.

'ab,trenn·bar *adj* **1.** (*Raum etc*) separable. – **2.** (*Abschnitt etc*) detachable: nicht **~** nondetachable. – **3.** (*Genähtes*) detachable. – **4.** *jur.* a) (*Rechte etc*) severable, b) (*trennbar, scheidbar*) separable. — **'Ab,trenn·bar·keit** *f* ⟨-; *no pl*⟩ **1.** (*eines Raumes etc*) separability. – **2.** (*eines Abschnitts etc*) detachability. – **3.** (*des Genähten*) detachability. – **4.** *jur.* a) (*von Rechten etc*) severability, b) (*Trennbarkeit*) separability.

'ab,tren·nen I *v/t* ⟨*sep*, -ge-, h⟩ **1.** (*Raum, Fläche etc*) separate, partition off, (*durch Pfähle*) stake off. – **2.** (*Coupon, Briefmarke etc*) detach, tear off: hier **~**! detach here. – **3.** (*abschneiden*) cut off. – **4.** (*Futter, Knöpfe etc*) unstitch, take off, detach, remove. – **5.** (*abreißen*) rip off. – **6.** (*durch Unfall*) (*Bein etc*) sever, cut off. – **7.** *pol.* (*Gebiet etc*) separate, detach. – **8.** *med.* a) separate, b) (*Glied etc*) remove, sever, amputate, resect, cut off, c) (*Haut etc*) detach. – **9.** *chem.* separate. – **10.** *jur.* (*Verfahren*) sever. – **11.** *tech.* detach, disconnect. – **12.** *electr.* a) disconnect, b) (*isolieren*) isolate. – **II** *v/reflex* **sich ~ 13.** separate. – **III A~** *n* ⟨-s⟩ **14.** *verbal noun.* — **'Ab,tren·nung** *f* ⟨-; -en⟩ **1.** *cf.* Abtrennen. – **2.** (*eines Raumes, einer Fläche etc*) separation, partition. – **3.** (*eines Coupons, einer Briefmarke etc*) detachment. – **4.** (*von Futter, Knöpfen etc*) detachment, removal. – **5.** (*durch Unfall*) severance. – **6.** *pol.* separation, detachment: die **~** der besetzten Gebiete the separation of the occupied territories. – **7.** *med.* a) separation, b) (*eines Glieds etc*) removal, amputation, resection, (*im Gelenk*) disarticulation, c) (*der Haut etc*) detachment. – **8.** *chem.* separation. – **9.** *jur.* (*eines Verfahrens*) severance. – **10.** *tech.* detachment, disconnection, *Br. auch* disconnexion. – **11.** *electr.* a) disconnection, *Br. auch* disconnexion, b) isolation.

'Ab,tren·nungs,re·gel *f philos.* rule of detachment (*od. scient.* modus ponens).

'ab,trep·pen [-,trɛpən] *v/t* ⟨*sep*, -ge-, h⟩ *civ.eng.* terrace, bench.

'ab,tret·bar *adj jur. econ.* transferable, assignable: nicht **~** not assignable (*od.* transferable), unassignable, not to be transferred. — **'Ab,tret·bar·keit** *f* ⟨-; *no pl*⟩ transferability, assignability.

'ab,tre·ten I *v/i* ⟨*irr, sep*, -ge-, sein⟩ **1.** (*sich entfernen*) go off (*od.* away), withdraw, retire, leave: vom Schauplatz (*od.* von der Bildfläche) **~** *fig.* to retire from the scene, to make one's exit; dem Minister wurde nahegelegt abzutreten *fig.* it was put (*od.* suggested) to the minister that he should resign (*od.* retire from office); der Richter ließ den Zeugen **~** the judge allowed the witness to stand down. – **2.** *mil.* stand down: **~**lassen to dismiss. – **3.** (*theater*) a) (*von der Bühne*) go off, exit, b) *fig.* (*die Bühnenlaufbahn aufgeben*) retire from (*od.* leave) the stage, make one's exit: Hamlet tritt ab (*Bühnenanweisung*) exit Hamlet; alle treten ab exeunt omnes. – **4.** *fig. colloq.* (*sterben*) make one's exit, go off. – **II** *v/t* ⟨h⟩ **5.** (*überlassen*) j-m etwas **~** to let s.o. have s.th., to yield s.th. (*od.* give s.th. [up], hand s.th. over) to s.o.: er trat dem Freund sein Zimmer ab he let his friend have his room; sie mußte ihren Liebhaber an ihre Freundin **~** she was forced to give up her lover to her friend. – **6.** *jur. econ.* a) (*Ansprüche, Rechte etc*) transfer, assign, surrender, b) (*Grundbesitz*) convey, c) (*überschreiben*) make over, cede, d) (*von Waren und Schiffen an Seeversicherer*) abandon: eine Forderung **~** to transfer a debt; eine Versicherungspolice **~** to surrender an insurance policy. – **7.** *jur. pol.* (*Gebiet*) cede, (*aufgeben*) surrender, yield. – **8.** (*abnutzen*) (*Teppich, Stufen etc*) wear out, (*Absätze*) wear down. – **9.** (*durch Treten abtrennen*) tread off: paß auf, daß du nicht den Saum abtrittst mind (*od.* take care) (that) you don't tread the hem off. – **10.** (*abstreifen*) wipe (*od.* scrape) (off): tritt (dir) die Schuhe auf der Matte ab! wipe your shoes (*od.* feet) on the mat. – **11.** (*markieren*) (*Beet, Weg etc*) step (*od.* pace, tread) out (*od.* off). – **12.** (*leather*) (*Häute*) trample. – **13.** *tech.* (*Töpferei*) (*Ton*) tread, knead. – **III A~** *n* ⟨-s⟩ **14.** *verbal noun.* – **15.** *cf.* Abtretung. — **'Ab,tre·ten·de** *m, f* ⟨-n; -n⟩ *jur.* **1.** (*Übertragender, Zedent*) transferor, assignor, conveyer, conveyor. – **2.** *cf.* Abtreter 3.

'Ab,tre·ter *m* ⟨-s; -⟩ **1.** doormat. – **2.** (*Ab-*

streicher) footscraper. – **3.** *jur.* (*bes. von Gütern etc*) surrenderor.

'Abˌtre·tung *f* ⟨-; -en⟩ **1.** *cf.* Abtreten. – **2.** *jur. econ.* a) surrender, assignment, assignation, transfer, cession, b) (*von Grundbesitz*) conveyance, c) (*Seeversicherung*) abandonment: ~ von Ersatzansprüchen subrogation assignment; ~ der Versicherungspolice surrender of policy. – **3.** *jur. pol.* (*eines Gebiets*) cession, surrender.

'Abˌtre·tungs|ˌanˌzei·ge *f econ. jur.* notice of assignment. — **~erˌklä·rung** *f* **1.** declaration of assignment. – **2.** (*Versicherter an Versicherer*) letter of subrogation. — **~geˌbiet** *n pol.* ceded area. — **~ˌurˌkun·de** *f jur.* (deed of) assignment (*od.* transfer), (*Grundstücksübertragungsurkunde*) (deed of) conveyance, *Am.* quitclaim.

'Abˌtrieb *m* **1.** (*forestry*) (*einer Waldfläche*) clearing, clearance, clear-cutting, clear-felling. – **2.** *agr.* driving (*od.* bringing) down of cattle from the mountain pasture. – **3.** *tech.* (*eines Getriebes*) output drive. – **4.** *phys.* downward pressure. – **5.** *mar. aer. cf.* Abtrift 1, 2. – **6.** *brew.* (*des Branntweins etc*) distillation. – **7.** *tel.* (*eines Kabels etc*) slack.

'Abˌtriebs|ˌal·ter *n* (*forestry*) felling (*od.* final, cutting) age. — **~ˌdrehˌzahl** *f tech.* output speed. — **~erˌtrag** *m* (*forestry*) final crop (*od.* yield). — **~ˌflä·che** *f* cutting (*od.* felling) area, clear-cut area, cutover. — **~ˌnut·zung** *f* final yield. — **~ˌwel·le** *f tech.* output (drive) shaft.

'abˌtrie·fen *v/i* ⟨*auch irr, sep,* -ge-, sein⟩ *cf.* abtropfen 1, abträufeln.

'Abˌtrift *f* **1.** *mar.* drift, leeway: ~ haben to make up leeway. – **2.** *aer.* drift. – **3.** *agr.* a) grazing land (*od.* ground), b) *cf.* Abtrieb 2. — **'abˌtrif·ten** *v/i* ⟨*sep,* -ge-, sein⟩ *aer. cf.* abtreiben 12.

'Abˌtrift|geˌschwin·dig·keit *f aer.* drift (*od.* lateral) velocity. — **~ˌmes·ser** *m* **1.** *aer.* drift indicator (*od.* meter), *auch* driftmeter. – **2.** (*optics*) drift ga(u)ge, ga(u)ge drift meter. — **~viˌsier** *n* (*optics*) drift meter. — **~ˌwin·kel** *m aer. mar.* drift angle, angle of drift.

'abˌtrin·ken *v/t* ⟨*irr, sep,* -ge-, h⟩ drink (*od.* sip) off: den Schaum vom Bier ~ to sip the head off one's beer.

'Abˌtritt *m* **1.** (*theater*) (*von der Bühne*) exit. – **2.** *cf.* Rücktritt 1. – **3.** *dial. colloq. for* Abort[1]. – **4.** *hunt.* (*einer Rothirschfährte*) *trail of stag characterized by bits of trampled grass.* – **5.** *fig. obs. for* Tod 1. — **~ˌdeckel** (*getr.* -k·k-) *m dial. colloq.* toilet (*od.* lavatory) lid. — **~ˌgru·be** *f* cesspit, cesspool.

'Abˌtrockenˌtuch (*getr.* -k·k-) *n colloq.* tea towel, *bes. Am.* dish towel.

'abˌtrock·nen I *v/t* ⟨*sep,* -ge-, h⟩ **1.** (*Geschirr, Hände etc*) dry, wipe. – **2.** (*Tränen, Schweiß etc*) dry, wipe away (*od.* off): sich (*dat*) das Gesicht ~ to dry (*od.* wipe) one's face; sich (*dat*) die Tränen ~ to dry (*od.* wipe away) one's tears. – **II** *v/i* ⟨sein⟩ **3.** *u. v/impers* (*völlig trocknen*) dry (up). – **4.** (*von Boden etc*) dry (off), (*von Geschirr*) *auch* drain. – **5.** *colloq.* dry the dishes. – **III** *v/reflex* ⟨h⟩ sich ~ **6.** to dry (*od.* towel) oneself. – **IV A~** *n* ⟨-s⟩ **7.** *verbal noun*: seiner Frau beim A~ helfen to help one's wife dry the dishes.

'abˌtrol·len *v/i* ⟨*sep,* -ge-, sein⟩ **1.** *hunt.* (*vom Schalenwild*) move off at a trot. – **2.** *colloq.* go away, push off.

'Abˌtropf *m* ⟨-(e)s; *no pl*⟩ drainer, drainboard, *Br.* draining-board. — **~ˌbank** *f* drainer, drain table, drip pan (*od.* table). — **~ˌblech** *n tech.* drip pan. — **~ˌbrett** *n* drainboard, *Br.* draining-board, dish rack.

'abˌtröp·feln *v/i* ⟨*sep,* -ge-, sein⟩ **1.** *cf.* abtropfen. – **2.** (*von Bäumen etc*) drip.

'abˌtrop·fen *v/i* ⟨*sep,* -ge-, sein⟩ **1.** (*von Flüssigkeit*) drip (*od.* trickle) off (*od.* down). – **2.** (*von Gemüse, Geschirr etc*) drain.

'Abˌtropf|geˌfäß *n* drip pan. — **~geˌstell** *n* plate rack, draining stand (*od.* rack). — **~ˌka·sten** *m* (*paper*) draining chest (*od.* tank). — **~ˌscha·le** *f tech.* drip pan, drainer. — **~ˌstän·der** *m* draining stand, drainage hopper. — **~ˌtisch** *m* drip (*od.* drain) table.

'abˌtrot·ten *v/i* ⟨*sep,* -ge-, sein⟩ trot (*od.* jog) off.

'abˌtrot·zen *v/t* ⟨*sep,* -ge-, h⟩ j-m etwas ~ to wrest (*od.* wring) s.th. from s.o.: der See ein Stück Land ~ to wrest a piece of land from the sea; dem Schicksal etwas ~ to wrest s.th. from fate.

'abˌtru·deln *v/i* ⟨*sep,* -ge-, sein⟩ **1.** *aer.* go into (*od.* come down in) a spin. – **2.** *fig. colloq. cf.* abtrollen 2.

'abˌtrump·fen *v/t* ⟨*sep,* -ge-, h⟩ **1.** (*games*) trump: j-m eine Karte ~ to trump s.o.'s card, to take s.o.'s card with a trump. – **2.** *rare* (*abweisen*) snub, rebuff.

'abˌtrün·nig [-ˌtrʏnɪç] *adj* **1.** (*einer Idee, Partei etc*) unfaithful, disloyal, renegade (*attrib*), apostate (*lit.*), recreant (*lit.*): seiner Partei ~ werden to become disloyal (*od.* unfaithful) to one's party. – **2.** *relig.* apostate, faithless: seinem Glauben ~ werden to apostatize, to backslide, to abandon (*od.* renounce) one's faith. — **'Abˌtrün·ni·ge** *m, f* ⟨-n; -n⟩ **1.** (*von einer Idee, Partei etc*) renegade, turncoat, seceder, secessionist, deserter, apostate (*lit.*), recreant (*lit.*). – **2.** *relig.* apostate. — **'Abˌtrün·nig·keit** *f* ⟨-; *no pl*⟩ **1.** unfaithfulness, disloyalty, desertion, apostasy (*lit.*), recreancy (*lit.*). – **2.** *relig.* apostasy, faithlessness.

'Abˌtrün·nigˌwer·den *n* apostatism, desertion.

'Abts|ˌhut *m relig.* abbot's miter (*bes. Br.* mitre). — **~ˌstab** *m* (abbot's) crosier (*od.* crozier, crook). — **~ˌwür·de** *f* abbotship, abbacy.

'abˌtun I *v/t* ⟨*irr, sep,* -ge-, h⟩ **1.** *colloq.* (*Kleidungsstück, Maske etc*) take off. – **2.** *fig.* (*Vorschlag, Argument etc*) discard, put aside, dismiss, dispose of: etwas mit einer Handbewegung ~ to wave s.th. aside, to turn s.th. down with a wave of the hand; er versuchte, meine Einwände als Scherz abzutun he tried to pass off my objections as a joke; das kann nicht leichthin abgetan werden this can't be easily dismissed; etwas als unwichtig ~ to pooh-pooh s.th. – **3.** j-n (geringschätzig) ~ to snub (*od.* rebuff, slight) s.o.: er tat ihn mit einem Lächeln ab he disposed of him with a smile. – **4.** *fig. poet.* (*Laster etc*) discard, put off (*od.* aside), throw off, get rid of: eine Angewohnheit ~ to get out (*od. lit.* divest o.s.) of a habit. – **5.** *colloq. for* töten 1. – **6.** *obs. for* erledigen 1, 7. – **II** *v/reflex* sich ~ **7.** *colloq.* (*sich abplagen*) toil, plod. – **8.** sich einer Sache ~ *obs.* to get rid of s.th., to do away with s.th. – **9.** *hunt.* retire from the herd. – **III A~** *n* ⟨-s⟩ **10.** *verbal noun.* – **11.** *fig.* (*einer Frage etc*) dismissal.

'abˌtup·fen *v/t* ⟨*sep,* -ge-, h⟩ **1.** dab (up): sich (*dat*) die Stirn ~ to dab (at) one's forehead; (sich *dat*) den Schweiß von der Stirn ~ to mop one's brow (mit with). – **2.** *med.* (*Wunde etc*) sponge (*s.th.*) dry, (*mit Jod etc*) swab.

'abˌtu·schen *v/t* ⟨*sep,* -ge-, h⟩ (*paints*) **1.** shade (*od.* copy) (*s.th.*) in India (*Br. auch* Indian) ink. – **2.** *colloq.* copy (*s.th.*) in watercolor (*bes. Br.* water-colour).

'Abtˌwahl *f relig.* election of an abbot.

Abu·kir [abu'kiːr; 'aːbukiːr] *npr n* ⟨-s; *no pl*⟩ *geogr.* Aboukir: die Seeschlacht bei ~ *hist.* the Battle of the Nile.

Abu·lie [abu'liː] *f* ⟨-; -n [-ən]⟩ *psych.* ab(o)ulia.

ab·un·dant [abun'dant] *adj* abundant. — **Ab·un'danz** [-'dants] *f* ⟨-; -en⟩ abundance.

ab·un·die·ren [abun'diːrən] *v/i* ⟨*no* ge-, h⟩ (an *dat* in) abound.

'abˌur·tei·len I *v/t* ⟨*sep,* -ge-, h⟩ **1.** *jur.* sentence, pronounce (*od.* pass) sentence on: j-n als Kriegsverbrecher ~ to sentence s.o. as a war criminal; j-n in absentia ~ to sentence s.o. in absentia (*od.* in his absence). – **2.** *fig.* (*verurteilen*) condemn. – **II A~** *n* ⟨-s⟩ **3.** *verbal noun.* — **'Abˌur·tei·lung** *f* ⟨-; -en⟩ **1.** *cf.* Aburteilen. – **2.** (*Urteil*) sentence: er sieht seiner ~ entgegen he will face his sentence, he will shortly be sentenced. – **3.** (*Gerichtsverfahren*) trial: j-n dem Gericht zur ~ übergeben to commit s.o. for trial. – **4.** *fig.* (*Verurteilung*) condemnation.

ab·us [ap'ʔuːs], **ab·usiv** [apʔu'ziːf] *adj* abusive, improper.

Ab·usus [ap'ʔuːzus] *m* ⟨-; -⟩ abuse.

Abu·ti·lon [a'buːtilɔn; abu'tiːlɔn] *n* ⟨-s; *no pl*⟩ *bot.* abutilon (*Gattg Abutilon*).

'ab·verˌdie·nen *v/t* ⟨*sep, no* -ge-, h⟩ *obs. od. dial. for* abarbeiten 2.

'Ab·verˌkauf *m Austrian econ.* clearance (*od.* close-out) sale, *auch* closeout.

'ab·verˌlan·gen *v/t* ⟨*sep, no* -ge-, h⟩ j-m etwas ~ to demand s.th. of (*od.* from) s.o.: j-m einen überhöhten Preis ~ to overcharge s.o.; sich (*dat*) etwas ~ to demand s.th. of oneself; sich (*dat*) das Äußerste ~ a) to strain (*od.* exert) oneself to the utmost, b) to set oneself the highest standards.

'ab·verˌmie·ten *v/t* ⟨*sep, no* -ge-, h⟩ *colloq.* (*Zimmer etc*) sublet.

'Abˌvers *m metr.* (*in der Langzeile*) second half line.

'abˌvie·ren *v/t* ⟨*sep,* -ge-, h⟩ *civ.eng.* (*Balken etc*) square, timber.

'ab·viˌsie·ren *v/t* ⟨*sep, no* -ge-, h⟩ (*Landvermessung*) sight (*od.* line) out, survey.

ˌAb'volt *n electr. phys.* abvolt.

'ab·voˌtie·ren *v/t* ⟨*sep, no* -ge-, h⟩ **1.** (*Antrag etc*) vote down (*od.* against). – **2.** (*Person*) outvote.

'abˌwa·chen *v/t* ⟨*sep,* -ge-, h⟩ *hunt.* (*Falken*) train (*falcons*) for the hunt.

'Abˌwachs *m* ⟨-es; *no pl*⟩ *zo.* (*Gewichtszunahme von Zuchtfischen*) growth increase. — **~ˌkarp·fen** *m* two-year(-old) carp. — **~ˌteich** *m* pond for two-year carps.

'Abˌwaa·ge *f* ⟨-; *no pl*⟩ (*in der Landvermessung*) difference of altitude.

'abˌwä·gen I *v/t* ⟨*irr, sep,* -ge-, h⟩ **1.** *fig.* (*Worte, Chancen etc*) weigh, balance, consider: das Für und Wider ~ to weigh the pros and cons; die Gründe gegeneinander ~ to balance the reasons one against the other; er hat sein Urteil sorgfältig abgewogen he has carefully weighed (*od.* considered) his judg(e)ment. – **2.** *chem.* a) (*wiegen*) weigh, b) (*ins Gleichgewicht bringen*) balance. – **3.** (*watchmaking*) adjust (*od.* regulate) (*wheels*) with a pair of compasses. – **II A~** *n* ⟨-s⟩ **4.** *verbal noun.* – **5.** balance, scalage, equilibration: kritisches A~ critical attitude (*od.* approach). – **6.** *cf.* Abwägung.

'Abˌwä·ger *m* ⟨-s; -⟩ (*Geometer*) leveler, *bes. Br.* leveller.

'abˌwäg·sam *adj* (*bedächtig*) considerate, careful, judicious, reflecting, circumspect.

'Abˌwä·gung *f* ⟨-; -en⟩ **1.** *cf.* Abwägen. – **2.** consideration, balancing, balance, weighing: bei genauer ~ beider Ansichten on careful consideration of (*od.* on carefully weighing) both points of view; bei ~ aller Umstände on balance.

'Abˌwä·gungs|in·struˌment *n civ.eng.* leveling (*bes. Br.* levelling) instrument. — **~ˌzir·kel** *m* (*watchmaking*) compasses *pl.*

'Abˌwahl *f pol.* voting out (of office).

'abˌwäh·len *v/t* ⟨*sep,* -ge-, h⟩ (*Delegierten etc*) vote (*s.o.*) out (of office).

'abˌwal·ken *v/t* ⟨*sep,* -ge-, h⟩ **1.** (*textile*) (*Tuch*) full, mill. – **2.** *fig. colloq. cf.* durchhauen[2] I.

'abˌwal·len *v/t* ⟨*sep,* -ge-, h⟩ *gastr.* simmer, let (*s.th.*) boil gently, blanch.

'abˌwal·men *v/t* ⟨*sep,* -ge-, h⟩ *civ.eng.* hip.

'abˌwal·zen *v/t* ⟨*sep,* -ge-, h⟩ roll.

'abˌwäl·zen I *v/t* ⟨*sep,* -ge-, h⟩ **1.** *cf.* wegwälzen. – **2.** *fig.* (*Fehler, Verdacht etc*) shift, shuffle off: die Schuld auf andere ~ to shift the blame on to others. – **3.** *econ.* (auf *acc* on to) (*Kosten etc*) pass: Kosten auf Preise ~ to burden prices. – **4.** *tech. cf.* wälzen 4. – **II A~** *n* ⟨-s⟩ **5.** *verbal noun.*

'Abˌwälz|ˌfrä·sen *n tech. cf.* Wälzfräsen. — **~ˌfräs·maˌschi·ne** *f cf.* Wälzfräsmaschine.

'Abˌwäl·zung *f* ⟨-; -en⟩ **1.** *cf.* Abwälzen. – **2.** *tech.* (*von Zahnrädern*) generating motion.

'abˌwan·del·bar *adj* **1.** *cf.* abwandelungsfähig. – **2.** *ling.* a) capable of inflection, b) (*Nomen*) declinable, c) (*Verb*) conjugable.

'abˌwan·deln I *v/t* ⟨*sep,* -ge-, h⟩ **1.** (*abändern*) modify, vary, alter, change. – **2.** *mus.* a) (*Thema*) vary, b) (*Tonhöhe*) inflect: eine Melodie beliebig ~ to ad-lib a melody (*colloq.*). – **3.** *ling.* a) (*Nomen u. Verb*) inflect, b) (*Nomen*) decline, c) (*Verb*) conjugate. – **II** *v/reflex* sich ~ **4.** modify, vary. – **5.** *mus.* vary. – **III A~** *n* ⟨-s⟩ **6.** *verbal noun.* — **'Abˌwan·de·lung** *f* ⟨-; -en⟩ **1.** (*Abänderung einer Methode etc*) modification, variation, alternation, (slight) change: in ~ des bekannten Sprichworts slightly altering (*od.* paraphrasing) the well-known proverb. – **2.** *mus.* a) (*eines Themas*) variation, b) (*der Tonhöhe*) inflection. – **3.** *ling.* a) (*eines Wortes*) inflection, b) (*eines Nomens*) declension, c) (*eines Verbs*) conjugation.

'abˌwan·de·lungsˌfä·hig *adj* **1.** modifiable, variable, alterable, changeable. – **2.** *ling. cf.* abwandelbar 2.

'abˌwan·dern I *v/i* ⟨*sep,* -ge-, sein⟩ **1.** (*aus einem Gebiet etc*) migrate, move: viele Bauern sind in die Städte abgewandert many farmers have migrated to the cities. – **2.** (*loswandern*) wander off (*od.* away). – **3.** *econ.* (*von Kapital etc*) be transferred:

deutsches Kapital ist ins Ausland abgewandert German capital has found its way into foreign countries. – 4. *meteor.* move, drift. – 5. *zo. chem. phys.* migrate. – 6. *pol. fig.* switch, shift, change (over): ein Teil der Wähler wird zur Opposition ~ part of the voters will switch to the opposition. – **II** *v/t* ⟨h⟩ **7.** (*Gegend*) wander through (*od.* over). – **III A~** *n* ⟨-s⟩ **8.** *verbal noun.* — **ˈAbˌwan·de·rung** *f* ⟨-; -en⟩ **1.** *cf.* Abwandern. – **2.** (*von Arbeitskräften, der Landbevölkerung etc*) migration, drift, exodus, shift, flight. – **3.** *econ.* (*des Kapitals etc*) exodus, outflow. – **4.** *meteor.* movement. – **5.** *zo. chem. phys.* migration, diffusion. – **6.** *pol. fig.* switch, shift, change.

ˈAbˌwand·lung *f* ⟨-; -en⟩ *cf.* Abwandelung. — **ˈabˌwand·lungsˌfä·hig** *adj cf.* abwandelungsfähig.

ˈAbˌwand·rung *f* ⟨-; -en⟩ *cf.* Abwanderung.

ˈAbˌwär·me *f tech.* waste heat. — **~ˌka·nal** *m* waste-heat flue. — **~ˌkes·sel** *m* waste-heat boiler. — **~verˌwer·tung** *f* utilization (*Br. auch* -s-) of waste heat. — **~verˌwer·tungsˌanˌla·ge** *f* waste-heat utilization plant.

ˈabˌwar·nen *v/t* ⟨*sep*, -ge-, h⟩ (*sport*) (*Rennplatz*) warn off.

ˈAbˌwart *m* ⟨-(e)s; -e *u.* Abwärte⟩ *Swiss for* Hausmeister 1, 2, Heizer 1.

ˈabˌwar·ten I *v/t* ⟨*sep*, -ge-, h⟩ **1.** (*einen Zeitpunkt, ein Ereignis etc*) wait (for), await: die Gelegenheit ~ to wait one's opportunity, to bide (*od.* watch) one's time; das bleibt abzuwarten that remains to be seen; er ging, ohne eine Antwort abzuwarten he went away without waiting for an answer; wir wollen es ~ let's wait and see. – **2.** (*Gewitter etc*) wait out, await the end of. – **3.** *obs. for* pflegen 1. – **II** *v/i* **4.** (*sich gedulden*) wait: ~ und Tee trinken! *fig. colloq.* wait and see! be patient! mal ~, ob *colloq.* wait and see whether; ~, bis man an die Reihe kommt to (a)wait one's turn. – **5.** *rare for* zögern 1. — **ˈabˌwar·tend I** *pres p.* – **II** *adj* (*Politik, Haltung etc*) temporizing *Br. auch* -s-, cautious, waiting: eine ~e Haltung einnehmen, sich ~ verhalten to take a wait-and-see attitude, to adopt a policy of wait and see.

ˈabˌwärts *adv* (*nach unten*) down, downward(s), downhill: aufwärts und ~ upward(s) and downward(s); der Weg führt ~ the way leads downhill (*od.* descends); den Fluß ~ fahren to go down (*od.* descend) the river, to go downstream; Looping ~ *aer.* outside loop; sich ~ wölben to cope over; etwas ~ bewegen (*od.* richten, drehen) to move (*od.* turn) s.th. downward; alle Offiziere vom Oberst (an) ~ *fig.* all officers from the colonel down.

ˈAbˌwärts|beˌwe·gung *f* **1.** downward movement. – **2.** *econ.* down(ward) trend (*od.* movement), down: ~ der Preise downward price trend, a down in prices. — **~entˌwick·lung** *f econ. cf.* Abwärtsbewegung 2. — **a~ˌfüh·rend** *adj* leading down (*od.* downward[s]), down. — **a~geˌbo·gen** *adj* **1.** bent (*od.* turned, bowed) downward(s), downbent. – **2.** *bot. zo.* inflexed, inflected. – **3.** *bot.* recurved, recurvate, declinate, decurrent. — **a~ˌge·hen** *v/impers* ⟨*irr, sep*, -ge-, sein⟩ *fig. colloq.* (*in Wendungen wie*) es geht abwärts mit j-m [etwas] s.o. [s.th.] is going downhill; mit seiner Gesundheit geht es abwärts his health is failing; mit seinen Geschäften geht es abwärts his business is on the downgrade (*od. Am. colloq.* skids). — **a~ˌge·hend** *I pres p.* – **II** *adj bot.* decurrent: ~e Richtung der Blätter decurrence. — **a~geˌneigt** *adj* sloping downward(s), declivous (*lit.*). — **a~geˌrich·tet** *adj* **1.** directed (*od.* pointing) downward(s). – **2.** (*umgekehrt*) inverted. – **3.** *mil.* (*Feuer*) plunging. — **a~geˌwen·det** *adj* **1.** turned downward(s). – **2.** *biol.* retrorse. — **~ˌhub** *m tech.* (*des Kolbens*) downstroke, downward stroke. — **~ˌnei·gung** *f* inclination, declivity. — **~ˌschwei·ßung** *f tech.* downward (*od.* downhand) welding. — **a~ˌströ·mend** *adj* **1.** streaming (*od.* flowing) downward(s). – **2.** *meteor.* (*Wind*) katabatic. — **~tenˌdenz** *f econ.* downward tendency (*od.* trend). — **~transˌforˌma·tor** *m electr.* step-down transformer. — **a~trans·forˌmie·ren** *v/t* ⟨*sep, no* -ge-, h⟩ *electr.* step (*s.th.*) down, reduce the voltage of.

ˈAbˌwasch[1] *m* ⟨-es; *no pl*⟩ *colloq.* **1.** (*Geschirrspülen*) dishwashing, *Br.* washing-up: den ~ machen to wash the dishes; das ist ein (*od.* das geht in einem) ~ *fig. colloq.* that can be done in (*od.* at) one go. – **2.** dirty dishes *pl.*

ˈAbˌwasch[2] *f* ⟨-; -en⟩ *Austrian for* Abwaschbecken.

ˈabˌwasch|bar *adj* (*Tapete, Tischtuch etc*) wipe-clean, *auch* washable. — **A~ˌbecken** (*getr.* -k·k-) *n* (kitchen) sink.

ˈabˌwa·schen I *v/t* ⟨*irr, sep*, -ge-, h⟩ **1.** (*Schmutz*) wash (off), give (*s.th.*) a wash, *bes. Br.* swill: den Schmutz (von etwas) ~ to wash the dirt off (s.th.); etwas von oben bis unten ~ to sponge s.th. down; sich (*dat*) die Hände [das Gesicht] ~ to wash one's hands [face]. – **2.** (*Flecken, Farbe etc*) wash out (*od.* off): diese Flecken lassen sich leicht ~ these stains wash away easily. – **3.** (*Geschirr*) wash, do. – **4.** *lit. fig.* (*tilgen*) wipe out, expunge (*lit.*): Sünden ~ *Bibl.* to wash away sins. – **5.** j-n ~ *dial.* (*bes. Kinder*) to wash s.o.'s face with snow. – **6.** *tech.* wash (off). – **7.** *geol.* (*Ufer, Erde etc*) wash (*od.* carry) off (*od.* away). – **8.** *chem.* a) wash (off), b) (*säubern*) cleanse, (*abspülen*) rinse. – **9.** (*paints*) dilute. – **II** *v/i* **10.** (*Geschirr spülen*) wash (*od.* do) the dishes, *bes. Br.* wash up. – **III A~** *n* ⟨-s⟩ **11.** *verbal noun*: das ist ein A~ *fig. colloq.* that can all be done in (*od.* at) one go. – **12.** *cf.* Abwaschung.

ˈAbˌwasch|ˌkü·che *f* scullery. — **~ˌlap·pen** *m* dishcloth, dishrag, *Br. auch* dish-clout. — **~ˌmit·tel** *n* dishwashing (*Br.* washing-up) liquid (*od.* powder), cleanser, cleaning agent. — **~ˌschüs·sel** *f Am.* dishpan, *Br.* washing-up bowl. — **~ˌtisch** *m* dishwashing (*Br.* washing-up) table. — **~ˌtuch** *n cf.* Abwaschlappen.

ˈAbˌwa·schung *f* ⟨-; -en⟩ **1.** *cf.* Abwaschen. – **2.** *med.* sponge bath. – **3.** *chem. pharm.* lotion.

ˈAbˌwaschˌwas·ser *n* dishwater: wie ~ schmecken *colloq.* to taste like dishwater (*colloq.*).

ˈAbˌwas·ser *n* ⟨-s; Abwässer⟩ **1.** *tech.* a) waste (water), b) (*Kanalwasser*) sewage, sullage, effluent: gewerbliche [städtische] Abwässer industrial [municipal] sewage *sg*; ein Feld mit Abwässern berieseln *agr.* to sewage a field. – **2.** (*papermaking*) backwater, white water. — **~ˌanˌla·ge** *f tech.* sewage (*od.* waste-water) disposal plant. — **~beˌsei·ti·gung** *f* sewage disposal, sewerage. — **~ˌchlo·rung** *f* sewage chlorination. — **~ˌfüh·rung** *f* sewage engineering. — **~kaˌnal** *m* sewer: Abwasserkanäle anlegen in (*dat*) to sewer. — **~ˌklärˌanˌla·ge** *f* (sewage) clarification plant, waste-water purification plant. — **~ˌklä·rung** *f* sewage clarification (*od.* purification), waste-water clarifying. — **~ˌlei·tung** *f* sewer pipe, waste-water disposal line.

ˈabˌwas·sern *v/i* ⟨*sep*, -ge-, h⟩ *aer.* (*von Flugzeug etc*) take off (from water).

ˈabˌwäs·sern I *v/t* ⟨*sep*, -ge-, h⟩ **1.** (*Feld etc*) drain. – **2.** *gastr. cf.* wässern 1. – **3.** *chem.* wash out, purify (*s.th.*) by the affusion of water. – **II A~** *n* ⟨-s⟩ **4.** *verbal noun.*

ˈAbˌwas·serˌrei·ni·gung *f* purification of sewage, waste-water purification.

ˈAbˌwäs·se·rung *f* ⟨-; *no pl*⟩ **1.** *cf.* Abwässern. – **2.** (*eines Feldes etc*) drainage. – **3.** *gastr. cf.* Wässerung 1.

ˈAbˌwäs·se·rungs·geˌbiet *n geol.* drainage area (*od.* basin).

ˈAbˌwas·ser·verˌwer·tung *f tech.* utilization (*Br. auch* -s-) of waste water.

ˈabˌwech·seln I *v/i* ⟨*sep*, -ge-, h⟩ **1.** (*von zwei Dingen*) alternate: Ebbe und Flut wechseln miteinander ab ebb and flow alternate. – **2.** (*von zwei Personen, im Dienst etc*) alternate, take turns: miteinander (bei *od.* in *dat* etwas) ~ to alternate with each other (in doing s.th.), to take turns (in doing s.th.); mit j-m am Lenkrad ~ to take turns at the wheel; sie wechselten sich (*od.* einander) beim Fahren ab they took turns in driving; im Dienst ~ to take turns going on duty, to go on duty alternately; wollen wir mal ~? *colloq.* shall I relieve you? – **3.** *bes. jur. pol.* (*turnusgemäß wechseln*) rotate: der Vorsitz wechselt jährlich ab the chair(manship) changes (*od.* rotates) every year. – **II** *v/t* **4.** (*ablösen*) relieve, take over from: ich lasse mich von ihm ~ I have him take over from me. – **5.** *mil.* (*Wache etc*) change, relieve. – **6.** (*abwechselnd gestalten*) vary, variegate, give variety to: das Programm etwas ~ to give some variety to the program(me). – **III** *v/reflex* sich ~ **7.** (*in Abständen wechseln*) alternate: Glück und Unglück wechselten sich ab luck and misfortune came alternately. – **IV A~** *n* ⟨-s⟩ **8.** *verbal noun.* – **9.** (*Wechsel*) alternation. – **10.** *cf.* Abwechs(e)lung. — **ˈabˌwech·selnd I** *pres p.* – **II** *adj* **1.** (*in Abständen wechselnd*) alternate, alternating. – **2.** (*mannigfaltig*) varying, varied. – **3.** *math.* a) (*periodisch*) periodic(al), b) alternant. – **4.** *bes. jur. pol.* (*turnusgemäß wechselnd*) rotating, rotatory. – **5.** *med. meteor.* intermittent. – **6.** *metr.* caudate, tailed: ~er Reim tail rhyme. – **III** *adv* **7.** *bot.* (*wechselständig*) alternately: ~ gefiedert alternately pinnate(d); ~ pflanzen to rotate. – **8.** (*der Reihe nach*) by turns, in turn: ~ rot und blaß werden to grow red and pale by turns. – **9.** *meteor.* intermittently: ~ heiter und regnerisch intermittent(ly) rain and sunshine. — **ˈAbˌwech·se·lung, ˈAbˌwechs·lung** *f* ⟨-; -en⟩ **1.** *cf.* Abwechseln. – **2.** (*regelmäßige*) alternation, succession: zyklusmäßige ~ rotation; in regelmäßiger ~ aufeinander folgend alternate. – **3.** (*Unterbrechung*) change, variety, diversity, relief: eine willkommene ~ a welcome change; zur ~, um der ~ willen, der ~ halber for a change, for variety's sake; ~ in das tägliche Einerlei bringen to relieve the monotony of everyday life; der Reiz der ~ the charm of variety; die ~ lieben to like change (*od.* variety); ~ nötig haben (*od.* brauchen) to need a change; ~ in (*acc*) etwas bringen to diversify s.th., to provide for variety in s.th.; diese Tätigkeit bietet nicht viel ~ this is rather a monotonous occupation. – **4.** (*Zerstreuung*) diversion, change: eine willkommene ~ bieten to provide a welcome diversion (*od.* change). – **5.** *bes. jur. pol.* (*turnusmäßiger Wechsel*) rotation.

ˈabˌwechs·lungs|ˌhal·ber *adv colloq.* for a change, for variety's sake. — **~los** *adj* **1.** (*eintönig*) monotonous, without change (*od.* variety). – **2.** (*ereignislos*) uneventful. — **~ˌreich, ~ˌvoll I** *adj* **1.** diversified, varied, variegated: ein ~es Programm a varied program(me); ~e Gestaltung diversification. – **2.** (*ereignisreich*) eventful: ein ~es Leben an eventful life; eine ~e Karriere a checkered (*bes. Br.* chequered) career. – **II** *adv* **3.** in a diversified (*od.* varied) manner: ~ gestalten to diversify, to variegate, to give variety to. — **~ˌwei·se** *adv cf.* abwechselnd III.

ˈabˌwe·deln *v/t* ⟨*sep*, -ge-, h⟩ **1.** (*Staub etc*) fan away. – **2.** *phot.* adjust (*exposure*) by local shading, dodge.

ˈAbˌweg *m* ⟨-(e)s; -e⟩ *meist pl fig.* wrong way: auf ~e geraten (*od.* kommen) a) to be on the wrong track, to be mistaken, b) to go astray (*od.* wrong), to stray from the path of virtue; j-n auf ~e führen a) to mislead s.o., to lead s.o. astray, to put s.o. on the wrong track, b) to lead s.o. astray (morally), to seduce s.o. from virtue.

ˈabˌwe·gig [-ˌveːgɪç] **I** *adj* **1.** (*irrig, falsch*) wrong, mistaken, false, incorrect, erroneous: der Gedanke ist ganz ~ the idea is entirely mistaken; diese Folgerung [dieser Vergleich] erscheint mir ~ this conclusion [this comparison] seems erroneous to me; das ist gänzlich ~ (*undenkbar*) that's unthinkable. – **2.** (*irreführend*) misleading, devious. – **3.** (*nicht zur Sache gehörig*) irrelevant, out-of-the-way, beside the point. – **4.** (*weithergeholt*) far-fetched. – **5.** (*unangebracht*) inappropriate, out of place. – **6.** *med.* (*Diagnose*) remote. – **II A~e, das** ⟨-n⟩ **7.** irrelevance, irrelevancy: sich in A~es verlieren to lapse into irrelevancies. — **ˈAbˌwe·gig·keit** *f* ⟨-; -en⟩ **1.** wrongness, mistakenness, falseness, incorrectness, erroneousness. – **2.** deviousness. – **3.** irrelevance, irrelevancy. – **4.** far-fetchedness. – **5.** inappropriateness.

ˈAbˌwehr *f* ⟨-; *no pl*⟩ **1.** (*eines Angriffs, Feinds etc*) repelling, repulse. – **2.** (*eines Schlages etc*) warding (*od.* fending) off, parrying. – **3.** (*Verteidigung*) *Br.* defence, *Am.* defense: sich zur ~ bereithalten to be ready to defend; zur ~ gerüstet sein to be armed for defence; sich in ~ befinden to be on the defensive; Abwehr... defensive. – **4.** (*Widerstand*) resistance: auf ~ stoßen to meet with resistance. – **5.** (*Ab-*

wendung) averting, warding (*od.* keeping, staving, heading) off: Maßnahmen zur ~ von Epidemien measures to ward off epidemics. – **6.** (*starke Ablehnung*) rebuff, repulse, (*schwächer*) refusal, rejection: eine Gebärde der ~ a gesture of rejection. – **7.** (*sport*) (*beim Boxen, Fechten*) parrying: ~ durch Parade (*Fechten*) defence (*Am.* defense) by parrying. – **8.** (*sport*) (*Ballabwehr*) save, clearance. – **9.** (*sport*) (*Hintermannschaft*) defence, *Am.* defense: die ~ aufreißen to split up the defence. – **10.** *mil. cf.* Abwehrdienst. – **11.** *psych.* defence, *Am.* defense. — **~ˌan·geˌle·gen·hei·ten** *pl mil.* counterintelligence matters. — **a~beˌreit** *adj* **1.** *mil.* ready (*od.* prepared) for defence (*Am.* defense). – **2.** (*sport*) a) ready to defend, b) (*zur Ballabwehr*) ready to clear. — **~beˌreit·schaft** *f* **1.** *mil.* readiness (*od.* preparedness) for defence (*Am.* defense). – **2.** (*sport*) a) readiness to defend, b) (*zur Ballabwehr*) readiness to clear. — **~beˌwe·gung** *f* **1.** movement of warding off, parry. – **2.** *aer. mil.* evasive movement. – **3.** *mil.* (*taktisch*) defensive movement. — **~ˌblock** *m* (*sport*) defensive block. — **~ˌdienst** *m mil.* military intelligence, counterespionage, *Br.* counter-espionage.

'abˌweh·ren I *v/t* ⟨*sep*, -ge-, h⟩ **1.** (*Angriff, Feind etc*) repel, repulse, ward off. – **2.** (*Schlag, Stoß etc*) ward (*od.* fend) off, parry. – **3.** *fig.* (*drohende Gefahr, Unglück etc*) avert, ward (*od.* keep, stave, head) off: eine Katastrophe ~ to avert disaster; den Tod von j-m abzuwehren suchen to try to hold off death from s.o. – **4.** (*abweisen*) repulse, repel, rebuff, (*schwächer*) refuse, reject: einen Vorwurf energisch [kühl] ~ to reject a reproach emphatically [coolly]. – **5.** (*Besucher etc*) keep (*od.* fend) off. – **6.** (*Fliegen etc*) chase (*od.* drive) away. – **7.** (*sport*) (*beim Fechten, Boxen*) ward off, parry, fend off. – **8.** (*sport*) a) (*parieren*) parry, b) (*ablenken*) turn away (*od.* off, aside), divert. – **9.** *mil.* repel, counter. – **II A~** *n* ⟨-s⟩ **10.** *verbal noun.* – **11.** *cf.* Abwehr 1-8. — **'abˌweh·rend I** *pres p.* – **II** *adj* defensive: eine ~e Haltung einnehmen to take up a defensive attitude.

'Abˌwehr|ˌfeh·ler *m* (*bes. sport*) defensive error. — **~ˌfeu·er** *n mil.* defensive fire. — **~ˌfront** *f* defensive front. — **~geˌrät** *n* protective device: ~ gegen Minen *mar.* paravane, otter. — **~ˌgriff** *m* (*sport*) (*Ringen etc*) counterhold. — **~ˌkampf** *m mil.* a) defensive action (*od.* combat), b) (*Kampfart*) defensive operation: in schwerem ~ stehen to be heavily engaged in defensive combat. — **~ˌkör·per** *m biol.* antibody. — **~ˌkraft** *f* **1.** (power of) defence (*Am.* defense), power of resistance: die Abwehrkräfte des Körpers the body's defences; die ~ steigern to build up resistance. – **2.** *mil.* defensive power (*od.* strength). — **~maˌnö·ver** *n mil.* evasive action (*od.* man[o]euver, *bes. Br.* manœuvre). — **~ˌmaßˌnah·me** *f meist pl* (gegen against) **1.** precautionary (*od.* preventive, protective) measure. – **2.** *mil.* a) (*Taktik*) defensive measure, b) (*Spionageabwehr*) security measure. – **3.** *biol.* (*des Körpers*) defence (*Am.* defense) mechanism (*od.* reaction). — **~mechaˌnis·mus** *m biol. med. psych.* defence (*Am.* defense) mechanism. — **~ˌmit·tel** *n* (gegen against) **1.** means of defence (*Am.* defense), protection, preventive. – **2.** *med.* prophylactic, preventive. – **3.** *pharm.* repellent, *auch* repellant. — **~paˌtent** *n jur. econ.* defensive patent. — **~re·ak·tiˌon** *f biol. med.* defence (*Am.* defense) reaction. — **~ˌrei·he** *f* (*sport*) defence, *Am.* defense. — **~ˌschlacht** *f mil.* defensive battle. — **~ˌschwä·che** *f med.* (*des Körpers*) lowered resistance. — **~ˌspiel** *n* (*sport*) defensive play. — **~ˌspie·ler** *m* (*sport*) (*Fußball etc*) defending player, defender. — **~ˌstel·lung** *f* **1.** *mil.* defensive position, defences *pl*, *Am.* defenses *pl.* – **2.** (*sport*) (*beim Fechten, Boxen*) guard. — **~ˌstoff** *m meist pl biol. med.* antibody, antitoxin. — **~ˌstreik** *m econ.* defensive strike.

'Abˌweh·rung *f* ⟨-; *no pl*⟩ *cf.* Abwehren.

'Abˌwehr|ˌwaf·fe *f mil.* defensive weapon. — **~ˌzau·ber** *m relig.* protective magic, amulet.

'Abˌwe·hung *f* ⟨-; -en⟩ *geol.* deflation.

'abˌwei·chen¹ I *v/i* ⟨*irr, sep*, -ge-, sein⟩ **1.** (*abgehen*) (von from) deviate, diverge, stray, swerve, depart, wander: vom Kurs ~ to deviate from the course; nach rechts ~ to deviate to the right; von der rechten Bahn (*od.* vom Pfad der Tugend) ~ *fig. lit.* to stray (*od.* swerve) from the straight path (*od.* from the path of virtue); von der Norm [Parteilinie] ~ *fig.* to deviate (*od.* diverge) from the norm [party line]; vom Thema ~ *fig.* to digress from the subject; von der Pflicht ~ *fig.* to swerve from one's duty; von seiner gewohnten Art ~ *fig.* to go out of one's way; um kein Jota von etwas ~ *fig.* not to swerve a jot (*od.* an iota) from s.th.; vom Gegenstand der Klage ~ *jur.* to depart. – **2.** (*differieren*) differ, vary: von j-s Ansicht ~ to differ from s.o., to dissent from s.o.'s opinion; im Text [Wortlaut] voneinander ~ to differ in the text [wording]; weit (*od.* stark) voneinander ~ to differ widely. – **3.** *euphem.* (von etwas) transgress (s.th.), violate (s.th.): vom Gesetz ~ to transgress the law. – **4.** *phys.* a) (*von Kompaßnadeln vom Kurs*) deviate, (*nach unten*) decline, b) (*von Lichtstrahlen*) deviate, aberrate: die Magnetnadel weicht um 1° ab the magnetic needle deviates by (*od.* has a deviation [*od.* variation] of) 1 degree; vertikal ~ to dip. – **5.** (*von Flugzeug, Rakete, Schiff*) deviate, go off course, depart from its course, (*von Rakete etc*) *auch* be deflected: vom gesteuerten Kurs ~ *mar.* to sheer. – **6.** von der Fährte ~ *hunt.* to lose the scent (*od.* track). – **7.** *geol.* deviate: von der Vertikallinie ~ to hade. – **8.** *relig.* (*von der Staatskirche*) dissent. – **II A~** *n* ⟨-s⟩ **9.** *verbal noun*: A~ des Balles (aus seiner Richtung) (*Baseball etc*) break. – **10.** (*von der Regel*) abnormality. – **11.** *cf.* Abweichung. – **12.** *Southern G. for* Durchfall 1.

'abˌwei·chen² I *v/t* ⟨*sep*, -ge-, h⟩ (*Briefmarke etc*) soak off. – **II** *v/i* ⟨sein⟩ (*von Etikett etc*) soften and come off. – **III A~** *n* ⟨-s⟩ *verbal noun.*

'abˌwei·chend I *pres p of* abweichen¹. – **II** *adj* **1.** (von from) divergent, diverging, deviating, deviatory: von der Norm ~ abnormal, atypical, *auch* atypic: nicht ~ undeviating. – **2.** (*verschieden*) (von from) different, differing, varying, variant. – **3.** (*Meinung etc*) dissident, dissentient: ~e Rechtsmeinung dissentient opinion. – **4.** *ling.* irregular, aberrant, anomalous. – **5.** *jur.* ~ von etwas a) (*unbeschadet*) notwithstanding s.th., b) unlike s.th.: ~ von § 17 notwithstanding article 17; ~ von der früheren Regelung unlike the former regulation. – **6.** *math.* divergent. – **7.** *biol.* variable: ~es Exemplar variate; von der Regel ~ aberrant.

'Abˌwei·cher *m* ⟨-s; -⟩ deviator.

'Abˌweich·ler *m* ⟨-s; -⟩ *pol.* deviationist.

'Abˌwei·chung *f* ⟨-; -en⟩ **1.** *cf.* Abweichen¹. – **2.** *auch fig.* (*Abgehen*) (von from) deviation, divergence, divergency, swerve, departure: ~ von der Norm (*od.* Regel) abnormity, abnormality, anomaly, anomalism, aberration; ~ von einer Regel exception to a rule; ~ vom Thema digression (from the subject). – **3.** (*Differenz*) difference, variation, (*stärker*) discrepancy: ~en in den Auffassungen differences of opinion, varying opinions. – **4.** *euphem.* (von of) transgression, violation. – **5.** *phys. mar.* a) (*einer Magnetnadel*) deviation, declination, divergence, variation, b) (*Berechnungsabweichung*) aberration: ~ des Kompasses compass variation; ~ des Nullpunktes zero error; vertikale ~ (*der Inklinationsnadel*) dip. – **6.** (*eines Projektils etc*) deviation: seitliche ~ lateral deviation; ~ durch den Wind *aer.* windage, drift. – **7.** *mar.* deviation (from normal course). – **8.** *tech. math.* (*bei Prüfwerten*) deviation, variation, tolerance, allowance: zulässige ~ allowable tolerance, permissible variation. – **9.** *math.* (*bes. in der Statistik*) deviation, variation: mittlere [mittlere quadratische] ~ average (*od.* mean) [standard *od.* mean square] deviation; ~ nach oben [unten] positive [negative] skewness. – **10.** (*optics*) deviation, declination, aberration, deflection, *Br. auch* deflexion: konjugierte ~ der Augen conjugate deviation; ohne sphärische ~ (*Linse*) aplanatic. – **11.** *biol.* variation. – **12.** *astr. med.* deviation. – **13.** *jur.* variance. – **14.** (*watchmaking*) rate. – **15.** *ling.* irregularity, anomaly.

'Abˌwei·chungs|in·struˌment *n phys.* declinator. — **~ˌklau·sel** *f jur.* deviation clause. — **~ˌkreis** *m astr.* circle of declination, declination circle. — **~ˌli·nie** *f phys.* isogonic (line), isogonal. — **~ˌmaß** *n math.* measure of variation. — **~ˌrecht** *n jur.* right of deviation. — **~ˌwin·kel** *m* **1.** *phys.* angle of deflection (*Br. auch* deflexion) (*od.* divergence, deviation, aberration). – **2.** *phys.* (*der Magnetnadel*) magnetic azimuth. – **3.** *mar.* angle of magnetic variation.

'abˌweid·bar *adj agr.* pasturable.

'abˌwei·den *v/t* ⟨*sep*, -ge-, h⟩ **1.** graze, crop: ein Feld ~ to pasture a field. – **2.** feed down, *auch* feed close (*od.* off): die Schafe haben die Wiese abgeweidet the sheep have fed the meadow down. – **3.** *fig. lit. for* a) abernten 1, 2, b) absuchen 1.

'abˌwei·fen *v/t* ⟨*sep*, -ge-, h⟩ (*textile*) (*Garn etc*) wind off, reel off, spool off, unwind.

'abˌweis·bar *adj* **1.** refusable. – **2.** *jur.* (*Berufung*) dismissible.

'Abˌweisˌblech, 'Abˌwei·seˌblech *n tech.* **1.** baffle plate. – **2.** (*Ablenkblech*) deflector plate.

'abˌwei·sen I *v/t* ⟨*irr, sep*, -ge-, h⟩ **1.** (*Person*) refuse, reject, repel: einen Besucher ~ to refuse to see a visitor; einen Prüfling [Freier] ~ to reject a candidate [suitor]; er wurde höflich abgewiesen he met with a polite refusal; j-n grob (*od.* schroff) ~ to rebuff s.o.; sich nicht ~ lassen to take no refusal (*od.* denial). – **2.** (*Bitte, Gesuch*) reject, refuse, turn down, (*schwächer*) decline: meine Bitte wurde abgewiesen, ich wurde mit meiner Bitte abgewiesen my request was turned down; einen Vorschlag ~ to reject a proposal. – **3.** (*von sich weisen*) refuse, reject: jede Verantwortung von sich ~ to refuse to take any responsibility; etwas von sich ~ to deny s.th. emphatically. – **4.** (*fortschicken*) send (*od.* turn) (*s.o.*) away: der Bettler wurde abgewiesen the beggar was sent away. – **5.** (*abwehren*) repel, repulse, beat back (*od.* off): einen Angreifer [Angriff] ~ to repulse an assailant [attack]. – **6.** *fig.* (*fernhalten*) repel, keep off: Stoff, der Wasser abweist water-repellent fabric. – **7.** *jur.* (*Klage*) dismiss, quash: eine Klage als unbegründet ~ to ignore a writ; eine Klage wegen Versäumnis des Klägers ~ to nonsuit the plaintiff. – **8.** *econ.* (*Wechsel*) dishonor, *bes. Br.* dishonour, protest. – **II A~** *n* ⟨-s⟩ **9.** *verbal noun.* – **10.** *cf.* Abweisung. — **'abˌwei·send I** *pres p.* – **II** *adj* **1.** (*Haltung, Miene etc*) unfriendly, cold, cool, chilly, distant. – **2.** (*Antwort, Gebärde etc*) rejecting, of rejection, of refusal: etwas in ~em Ton sagen to say s.th. in a tone of rejection. — **'Abˌwei·ser** *m* ⟨-s; -⟩ *mil. tech.* guard, deflector.

'AbˌweisˌStein *m civ.eng. cf.* Prellstein, Leitstein.

'Abˌwei·sung *f* ⟨-; -en⟩ **1.** *cf.* Abweisen. – **2.** (*einer Person*) refusal, rejection: grobe ~ rebuff. – **3.** (*einer Bitte etc*) rejection, refusal, turning down, (*schwächer*) declining. – **4.** (*Wegschicken*) sending (*od.* turning) away. – **5.** *jur.* (*einer Klage*) dismissal, quashing: ~ einer Klage wegen Versäumnis des Klägers nonsuit; ~ einer Berufung dismissal of appeal. – **6.** *econ.* (*eines Wechsels*) dishonoring, *bes. Br.* dishonouring, nonacceptance, *Br.* non-acceptance. – **7.** *phys. mar. cf.* Abweichung 5 a.

'Abˌwei·sungs|beˌscheid *m jur.* (judg[e]ment of) nonsuit. — **~beˌschluß** *m* (judg[e]ment of) nonsuit. — **~ˌur·teil** *n* dismissal (of the action).

'Abˌwei·tung *f* ⟨-; -en⟩ *mar.* departure (eastwards *od.* westwards): östliche ~ easting.

'abˌwel·ken I *v/i* ⟨*sep*, -ge-, sein⟩ *auch fig.* wither, fade. – **II** *v/t* ⟨h⟩ (*leather*) sam.

'Abˌwelk|maˌschi·ne *f* (*leather*) samming machine. — **~ˌpres·se** *f* samming (*od.* drying) press.

'abˌwend·bar *adj* (*Gefahr etc*) preventable, *auch* preventible, avertible, *auch* avertable, avoidable. — **'Abˌwend·bar·keit** *f* ⟨-; *no pl*⟩ preventability, avertability, avoidability.

'abˌwen·den I *v/t* ⟨*bes. irr, sep*, -ge-, h⟩ **1.** (*Blick etc*) avert, turn away (*od.* aside): ich konnte den Blick nicht von ihr ~ I couldn't take my eyes off her; j-s Zorn ~ *fig.* to turn aside s.o.'s wrath; seine Gedanken von etwas ~ *fig.* to avert one's thoughts from s.th. – **2.** (*Hieb, Stoß etc*) parry, ward off, turn aside. – **3.** *fig.* (*Gefahr, Unheil etc*) avert, prevent, ward (*od.* stave, head) off: eine Katastrophe ~ to avert a catastrophe. – **II** *v/reflex* sich ~ **4.** (*sich abkehren*) (von from) turn away (*od.* aside): **sich mit Verachtung von j-m ~** to turn away from s.o. in contempt; **sich schaudernd ~** to shudder away; **sich von der Welt ~** *fig.* to turn one's back (up)on the world; **das Glück wandte sich von ihm ab** *fig.* fortune forsook him; **sich (innerlich) von j-m ~** to withdraw one's affection from s.o., to become alienated (*od.* estranged) from s.o. – **III A~** *n* ⟨-s⟩ **5.** *verbal noun.* – **6.** *cf.* **Abwendung.**

'ab,wen·dig *adj lit.* (*in Wendungen wie*) **j-m j-n ~ machen** a) to alienate (*od.* estrange) s.o. from s.o., b) (*Kunden etc*) to draw (*od.* entice) s.o. away from s.o.; **j-n von etwas ~ machen** to dissuade s.o. from s.th.

'Ab,wen·dung *f* ⟨-; *no pl*⟩ **1.** *cf.* **Abwenden.** – **2.** *fig.* (*einer Gefahr etc*) prevention. – **3.** *cf.* **Abkehr 1.** – **4.** alienation, estrangement.

'ab,wer·ben I *v/t* ⟨*irr, sep,* -ge-, h⟩ **1.** (*Kunden*) entice (*od.* draw) (*s.o.*) away. – **2.** *econ.* (*Arbeitskräfte*) attract (*od.* bid) (*s.o.*) away (from his job), lure (*s.o.*) from his job. – **3.** *pol.* entice (*s.o.*) to defect from his party. – **4.** *DDR pol.* entice (*s.o.*) to defect (to the West). – **II A~** *n* ⟨-s⟩ **5.** *verbal noun.* — **'Ab,wer·ber** *m* ⟨-s; -⟩ *econ. s.o. enticing employees away from their jobs.* — **'Ab,wer·bung** *f* ⟨-; -en⟩ **1.** *cf.* **Abwerben.** – **2.** (*eines Arbeiters etc*) enticement (*of workers*) to leave their employers. – **3.** *DDR pol.* enticement to defect (to the West).

'ab,werf·bar *adj* **1.** capable of being cast (*od.* thrown) off. – **2.** *aer.* jettisonable: **~er Brennstoffbehälter** jettisonable (*od.* drop) fuel tank; **~es Gewicht** dischargeable weight.

'ab,wer·fen I *v/t* ⟨*irr, sep,* -ge-, h⟩ **1.** throw (*od.* cast, fling) off: **er warf seinen Mantel ab** he threw off his coat; **die Fesseln ~** *fig.* to throw (*od.* shake, slough) off one's bonds. – **2.** *econ.* a) (*Gewinn*) yield, bring in, produce, b) (*Zinsen*) bear, earn: **Gewinn** (*od.* **Nutzen**) **~** to yield (*od.* return) a profit; **Zinsen ~** to bear interest; **einen Ertrag von ... ~** to yield a return of ...; **das Geschäft wirft nichts [zu wenig] ab** the business does not pay [enough]. – **3.** *aer. mil.* a) (*Bomben etc*) drop, release, b) (*Ballast*) drop, discharge, (*bei Gefahr*) jettison, c) (*mit Fallschirm*) parachute, paradrop, air-drop. – **4.** *bot.* (*Blätter*) shed, drop. – **5.** *zo.* shed, cast off, molt, *bes. Br.* moult, exuviate (*scient.*), (*Haut*) *auch* slough (off). – **6.** *hunt.* (*Geweih*) cast, shed. – **7.** (*Reiter*) throw, unseat, 'spill' (*colloq.*). – **8.** (*sport*) a) (*Spieler, mit dem Ball*) throw (*od.* get) out, b) (*Latte beim Hochsprung, Hindernis beim Rennen*) knock down, dislodge. – **9.** (*games*) (*Kartenspiel*) discard, throw away, *auch* slough: **er hat Herz abgeworfen** he discarded his hearts. – **10.** *cf.* **herunterwerfen.** – **II A~** *n* ⟨-s⟩ **11.** *verbal noun.* – **12.** *zo.* (*des Hochzeitskleides bei bestimmten Vogelmännchen*) eclipse. – **13.** *cf.* **Abwurf 2-4.**

'ab,wer·ten I *v/t* ⟨*sep,* -ge-, h⟩ **1.** *econ.* (*Währung*) devalue, devaluate. – **2.** *fig.* (*Begriff, Ideal etc*) depreciate, disparage, derogate. – **II A~** *n* ⟨-s⟩ **3.** *verbal noun.* — **'ab,wer·tend I** *pres p.* – **II** *adj* (*abfällig*) depreciative, depreciatory, derogatory: **eine ~e Stellungnahme** a depreciative comment. — **'Ab,wer·tung** *f* ⟨-; -en⟩ **1.** *cf.* **Abwerten.** – **2.** *econ.* (*Währung*) devaluation, downward adjustment: **~ des Geldes** currency (*od.* monetary) devaluation; **die ~ der Mark** the devaluation of the mark. – **3.** *fig.* depreciation, derogation.

'Ab,wer·tungs|,klau·sel *f econ.* devaluation clause. — **~po·li,tik** *f* devaluation policy.

'ab,we·send *adj* **1.** (*nicht anwesend*) absent, away (*pred*): **er war mehrere Wochen ~** he was absent (for) several weeks; **der ~e Besitzer** the absent owner. – **2.** (*nicht im Hause*) out (*pred*), away (*pred*). – **3.** (*fehlend*) missing, absent. – **4.** *fig.* absent(minded), lost in thought, abstracted: **sie saß still und ~ da** she sat there silent and absentminded; **mit ~em Blick** with a faraway look. — **'Ab,we·sen·de** *m, f* ⟨-n; -n⟩ absentee: **die ~n** the absentees, those absent.

'Ab,we·sen·heit *f* ⟨-; *no pl*⟩ **1.** absence: **in [während] meiner ~** in [during] my absence; **durch ~ glänzen** *colloq.* to be conspicuous by one's absence. – **2.** *jur.* (*Nichterscheinen*) nonappearance *Br.* non-, failure to appear, contumacy: **in ~ verurteilt werden** a) (*im Strafrecht*) to be sentenced in absence, b) (*im Zivilrecht*) to be sentenced in (*od.* by) default; **Verfahren in ~** *cf.* **Abwesenheitsverfahren.** – **3.** *fig.* (*geistige Abwesenheit*) absentmindedness, abstraction, abstractedness.

'Ab,we·sen·heits|er,klä·rung *f jur.* declaration of absence. — **~ku,ra·tor, ~,pfle·ger** *m* curator absentis. — **~,pfleg·schaft** *f* guardianship for managing the affairs of an absent person, cura absentis. — **~,ur·teil** *n* **1.** (*im Zivilrecht*) judg(e)ment by default. – **2.** (*im Strafrecht*) sentence in absentia (*od.* absence). — **~ver,fah·ren** *n* proceedings *pl* in contumacy: **Verurteilung im ~** sentence in absentia (*od.* absence). — **~ver,mu·tung** *f* presumption of absence.

'Ab,wet·ter *n* ⟨-s; -⟩ (*mining*) exhaust (*od.* return) air.

'ab,wet·tern *v/t* ⟨*sep,* -ge-, h⟩ *mar.* (*Sturm*) weather (out).

'ab,wet·zen *v/t* ⟨*sep,* -ge-, h⟩ **1.** *cf.* **schärfen 1, 2, 4.** – **2.** *fig.* (*Kleidung*) wear smooth (*od.* off). – **3.** (*Schnabel*) whet.

'ab,wickel·bar (*getr.* -k·k-) *adj math.* (*Fläche*) developable.

'Ab,wickel·ma,schi·ne (*getr.* -k·k-) *f* **1.** *tech.* (un)winding machine. – **2.** *metall.* (*Abhaspelmaschine*) uncoiler, pay-off reel.

'ab,wickeln (*getr.* -k·k-) **I** *v/t* ⟨*sep,* -ge-, h⟩ **1.** (*Faden etc*) unwind, unroll, unreel, wind (*od.* reel) off. – **2.** *tech.* a) (*Kabel*) unwind, uncoil, b) (*Fläche*) develop, c) (*Zahnräder*) lay out. – **3.** *med.* (*Verband*) unwind, take off. – **4.** *fig.* (*Angelegenheit*) a) (*durchführen*) handle, manage, b) (*zu Ende führen*) settle, conclude. – **5.** (*Programm*) carry out. – **6.** (*Straßenverkehr*) regulate, direct. – **7.** *econ.* (*Geschäft etc*) a) (*durchführen*) transact, conduct, attend to, deal with, b) (*zu Ende führen*) settle, fulfil, *bes. Am.* fulfill. – **8.** *econ.* (*Zahlungsverkehr*) effect, settle, complete arrangements for. – **9.** *econ.* (*Kredit*) put (*od.* carry) through, complete. – **10.** *econ.* (*Schulden*) clear (up), settle. – **11.** *jur. econ.* (*Unternehmen*) wind up, liquidate. – **12.** *math.* a) (*Fläche*) develop, b) (*Kurve*) unwind. – **II** *v/reflex* **sich ~ 13.** (*von Draht etc*) unwind, unreel, uncoil. – **14.** *fig.* (*von Ereignissen*) pass (*od.* go) off. – **15.** (*vom Verkehr*) run: **sich reibungslos ~** to run smoothly. – **III A~** *n* ⟨-s⟩ **16.** *verbal noun.* – **17.** *cf.* **Abwicklung.**

'Ab,wickel,spu·le (*getr.* -k·k-) *f* **1.** *tech.* (*Abrollhaspel*) pay-off reel. – **2.** *phot.* (*in Kamera etc*) spool, feed reel.

'Ab,wicke·lung (*getr.* -k·k-) *f cf.* **Abwicklung.**

'Ab,wick·ler *m* ⟨-s; -⟩ *jur. econ.* **1.** liquidator. – **2.** (*bei Schadensfällen etc*) adjuster.

'Ab,wick·lung *f* ⟨-; -en⟩ **1.** *cf.* **Abwickeln.** – **2.** *fig.* arrangement, management: **reibungslose ~ einer Angelegenheit** smooth handling of a matter. – **3.** (*des Verkehrs*) regulation. – **4.** *econ.* (*eines Geschäfts*) a) transaction, b) settlement, windup, completion. – **5.** *econ.* (*der Ausfuhr*) handling. – **6.** *jur. econ.* (*Liquidation*) winding up, liquidation. – **7.** *math.* a) (*einer Fläche*) development, b) (*einer Kurve*) unwinding. – **8.** *tech.* (*eines Getriebes*) layout.

'Ab,wick·lungs|,amt *n econ.* settling office, competent authority. — **~,bank** *f* liquidating (*od.* settling) bank. — **~ge,schäft** *n* winding-up transaction. — **~in,stanz** *f* liquidating institution (*od.* board, authority). — **~,kur·ve** *f math.* involute, evolvent. — **~,li·nie** *f cf.* **Abwicklungskurve.** — **~,stel·le** *f econ.* **1.** liquidation office. – **2.** (*für Verschuldung*) clearing-up office. – **3.** (*Zahlstelle*) settling bank. — **~ver,fah·ren** *n* winding-up (*od.* liquidation) proceedings *pl.* — **~,zeit,raum** *m* winding-up period.

'Ab,wie·ge·ma,schi·ne *f tech.* weighing machine.

'ab,wie·gen *v/t* ⟨*irr, sep,* -ge-, h⟩ **1.** (*Ware etc*) weigh (out), *bes. Am.* weight. – **2.** *aer.* (*Ballon*) trim, ballast up. – **3.** *fig. obs. for* **abwägen 1.**

'ab,wim·meln *v/t* ⟨*sep,* -ge-, h⟩ *colloq.* **1.** (*Person*) get rid of, *Am. colloq.* shake. – **2.** (*Sachen*) get rid of, get out of: **die Arbeit habe ich (mir) abgewimmelt** I got out of doing the work.

'Ab,wind *m meteor. aer.* descending (*od.* downward, katabatic) wind (*od.* current), downdraft, *bes. Br.* down draught.

'ab,win·den *v/t* ⟨*irr, sep,* -ge-, h⟩ *cf.* **abwickeln 1, 2.**

'Ab,win·der *m* ⟨-s; -⟩ (*textile*) knocking-over cam.

'Ab,wind,zo·ne *f meteor.* downdraft (*bes. Br.* down-draught) zone (*od.* field).

'ab,win·keln *v/t* ⟨*sep,* -ge-, h⟩ **1.** (*Arme etc*) bend, flex. – **2.** *colloq.* (*Körper*) jackknife, pike.

'ab,win·ken *v/i* ⟨*sep,* -ge-, h⟩ **1.** make a sign of refusal, gesture refusal, decline: **als ich ihm helfen wollte, winkte er (mir) ab** when I offered my help he declined; **er wollte zu mir kommen, aber ich habe gleich abgewinkt** (*od. humor.* **abgewunken**) *fig. colloq.* he wanted to come to visit me but I put him off politely. – **2.** (*Fahrtrichtung angeben*) signal: **nach links [rechts] ~** to signal for a left [right] turn. – **3.** (*sport*) (*mit Flaggensignal*) flag off. – **4.** *mus.* (*vom Dirigenten*) stop the orchestra.

'ab,wip·feln *v/t* ⟨*sep,* -ge-, h⟩ (*forestry*) (*Baum*) top, poll.

'ab,wir·ken *v/t* ⟨*sep,* -ge-, h⟩ **1.** *hunt.* (*Haut*) skin, strip. – **2.** *tech.* (*Bäckerei*) knead, work up (*s.th.*) thoroughly. – **3.** (*textile*) (*Webstück*) work off.

'ab,wirt·schaf·ten I *v/i auch* **sich ~** *v/reflex* ⟨*sep,* -ge-, h⟩ **1.** (*von Firma etc*) be ruined by mismanagement, go bankrupt. – **2.** (*von Regierung, Partei etc*) be ruined by misgovernment, collapse: **die Regierung wird bald ~** the government is on the point of collapse; **die Regierung hat abgewirtschaftet** the government has collapsed. – **3.** *fig. colloq.* (*von Person*) ruin oneself, bring oneself to ruin: **er hat abgewirtschaftet** he ruined himself. – **II** *v/t* **4.** ruin (*s.th.*) by bad management.

'ab,wi·schen *v/t* ⟨*sep,* -ge-, h⟩ **1.** (*sauberwischen*) wipe (off), wipe (*s.th.*) clean, give (*s.th.*) a wipe: **den Tisch ~** to wipe the table; **die Tafel ~** to wipe (*od.* clean) the blackboard. – **2.** (*wegwischen*) wipe (*s.th.*) off (*od.* away): **den Schmutz ~** to wipe the dirt away. – **3.** *only in* **(sich** *dat***) die Hände [das Gesicht] ~** to wipe one's hands [face]; **(sich** *dat***) den Mund ~** to wipe one's mouth; **(sich** *dat***) die Tränen ~** to wipe away (*od.* dry) one's tears.

'Ab,wisch|,lap·pen *m,* **~,tuch** *n* dustcloth, duster.

'ab,woh·nen *v/t* ⟨*sep,* -ge-, h⟩ *econ.* (*Baukostenzuschuß etc*) exhaust, use up.

'ab,wracken (*getr.* -k·k-) [-,vrakən] *v/t* ⟨*sep,* -ge-, h⟩ **1.** *mar.* (*Schiff*) scrap, dismantle. – **2.** *tech.* (*Auto, Panzer etc*) wreck, break up.

'Ab,wrack,fir·ma *f mar.* firm of shipbreakers, scrapping firm.

'Ab,wurf *m* **1.** *cf.* **Abwerfen.** – **2.** *aer. mil.* a) (*von Bomben etc*) release, b) (*einer Last*) discharge, (*bei Gefahr*) jettisoning, c) (*mit Fallschirm*) paradrop, airdrop: **~ von Versorgungsgütern** supply dropping. – **3.** (*sport*) (*Handball, Wasserball*) goal-throw. – **4.** *civ.eng.* rough-cast. – **5.** *hunt.* shed antlers *pl.* — **~,bahn** *f aer. mil.* (*von Bomben*) (air-to-ground) trajectory. — **~be,häl·ter** *m* **1.** (*für Kraftstoff*) slip (*od.* jettisonable) tank, drop-tank, droppable tank, (*unter dem Flugzeugrumpf*) belly tank. – **2.** (*für Versorgungsgüter*) supply dropping container, aerial-delivery container (*od.* unit). – **3.** (*mit Fallschirm*) paracrate. — **~ge,rät** *n* a) aerial unloading kit, b) (*für Bomben*) bomb-release unit. — **~,hö·he** *f* drop (*od.* release, bombing, bomb release) altitude, dropping height. — **~,kör·per** *m* droppable object. — **~,li·nie** *f* (*sport*) (*beim Speerwerfen etc*) scratch line. — **~,ram·pe** *f tech.* (*in der Kokerei*) sloping bench. — **~,rut·sche** *f* chute. — **~,stan·gen** *pl hunt.* shed antlers. — **~,stel·le** *f aer. mil.* **1.** (*für Meldungen*) message-dropping ground. – **2.** (*für Versorgungsgüter*) drop point. – **3.** (*sport*) (*beim Baseball*) mound. — **~ver,such** *m* drop test. — **~,vor,rich·tung** *f* **1.** (*für Bomben*) bomb-release mechanism. – **2.** (*für Lasten*) dropping device. – **3.** (*für Notabwurf*) jettisoning device. — **~,ziel·ge,rät** *n* bombsight.

'ab,wür·gen I *v/t* ⟨*sep,* -ge-, h⟩ **1.** (*erdrosseln*) strangle, throttle, choke. – **2.** *tech.* a) (*Motor*) stall, kill, b) (*Gewinde*) strip. – **3.** *fig. colloq.* (*vernichten*) throttle, strangle: **es gelang der Partei, die Opposition abzuwürgen** the party succeeded in throttling the opposition. – **4.** *fig. colloq.* (*ersticken*) throttle, strangle: **eine Diskussion ~** to throttle a discussion. – **5.** *hunt.* (*Tier*) pull down, bite (*s.th.*) to death. – **II** *v/impers* **6.** strangle, throttle, choke: **es hat mich fast abgewürgt** it almost strangled me. – **III A~** *n* ⟨-s⟩ **7.** *verbal noun.* — **'Ab-**

ˌwür·gung f ⟨-; -en⟩ 1. cf. Abwürgen. – 2. (eines Lebewesens) strangulation.

abys·sal [abʏˈsaːl] adj cf. abyssisch.

abys·sisch [aˈbʏsɪʃ] adj geol. zo. abyssal, abyssic, abysmal: ~e Fauna abyssal fauna; ~es Gestein abyssal (od. abysmal) rocks pl; ~e Region abyssal zone.

Abys·so·lith [abʏsoˈliːt; -ˈlɪt] m ⟨-en; -en⟩ geol. abyssolith.

Abys·sus [aˈbʏsʊs] m ⟨-; no pl⟩ abyss.

ˈabˌzahl·bar adj econ. 1. (in Raten) payable by installments (bes. Br. instalments). – 2. (tilgbar) redeemable.

ˈabˌzähl·bar adj 1. countable. – 2. math. philos. denumerable, enumerable, auch countable: nicht ~ nondenumerable Br. non-. — **ˈAbˌzähl·bar·keit** f ⟨-; no pl⟩ 1. countability. – 2. math. (Logik) denumerability.

ˈabˌzah·len I v/t ⟨sep, -ge-, h⟩ econ. 1. (in Raten) pay (s.th.) (off) (by installments [bes. Br. instalments]): eine Schuld in Raten ~ to pay off a debt by instal(l)ments; monatlich 100 Mark ~ to pay off 100 marks a month; etwas wöchentlich ~ to pay s.th. off by (od. in) weekly instal(l)ments. – 2. (tilgen) a) pay (od. clear) off, settle, b) (Hypotheken etc) redeem, c) (Verbindlichkeiten) amortize Br. auch -s-: er hat seine Schulden abgezahlt he has paid off (od. settled) his debts; damit ist (od. habe ich) alles abbezahlt by this I have paid it all off. – II A~ n ⟨-s⟩ 3. verbal noun. – 4. cf. Abzahlung.

ˈabˌzäh·len I v/t ⟨sep, -ge-, h⟩ 1. (Personen, Gegenstände) count (up): Flaschen ~ to count up bottles; → Finger Bes. Redewendungen; Knopf 1. – 2. (Geld etc) count (out). – 3. pol. (Stimmen etc) count, tell. – II v/i 4. (sport) mil. Am. count off, Br. number off: ~! count off! zu zweien ~ to count off in twos, to pair off. – 5. (games) count out (in children's games). – III A~ n ⟨-s⟩ 6. verbal noun. – 7. cf. Abzählung.

ˈAbˌzähl|ˌreim m (games) counting (od. counting-out) rhyme. — **~ˌspiel** n counting game.

ˈAbˌzah·lung f ⟨-; -en⟩ econ. 1. cf. Abzahlen. – 2. (in Raten) payment by installments (bes. Br. instalments), Am. auch time payment: die monatliche ~ the monthly instal(l)ment; etwas auf ~ kaufen to buy s.th. by instal(l)ments, to buy s.th. on the instal(l)ment plan (od. system), Am. auch to buy s.th. on time (payments); Verkauf auf ~ sale on deferred terms. – 3. (Abschlagszahlung) payment on account. – 4. (Tilgung) redemption: nach ~ der Hypothek after the redemption of the mortgage.

ˈAbˌzäh·lung f ⟨-; -en⟩ 1. cf. Abzählen. – 2. count.

ˈAbˌzah·lungs|geˌschäft n econ. 1. a) part payment transaction, b) (Kauf, Verkauf) sale on the instal(l)ment plan (od. system), sale on instal(l)ment (od. deferred) terms, c) (Mietkauf) hire-purchase transaction, d) (Zielkauf) deferred payment transaction, e) instal(l)ment selling (od. sale). – 2. (Firma) instal(l)ment (Br. auch hire-purchase) shop (bes. Am. store). — **~ˌkauf** m purchase by instal(l)ments (od. on the instal[l]ment plan). — **~kreˌdit** m instal(l)ment credit. — **~ˌplan** m instal(l)ment plan. — **~ˌra·te** f installment, bes. Br. instalment. — **~verˌpflich·tung** f 1. instal(l)ment commitment. – 2. (beim Mietkauf) hire-purchase commitment(s pl). – 3. (beim Zielkauf) deferred payment commitment(s pl). — **~verˌtrag** m 1. instal(l)ment contract (od. agreement). – 2. (Mietkauf) hire-purchase contract (od. agreement). – 3. (Zielkauf) deferred payment(s) agreement.

ˈAbˌzählˌvers m (games) cf. Abzählreim.

ˈabˌzap·fen v/t ⟨sep, -ge-, h⟩ 1. (Bier, Wein) tap, broach, draw (off): j-m Geld ~ fig. colloq. to milk (od. bleed) s.o. (colloq.). – 2. (Faß) tap, broach, – 3. tech. (Dampf, Flüssigkeiten) draw off, bleed. – 4. electr. (Leitung) tap. – 5. med. a) puncture, tap, aspirate, b) (Blut) bleed. – 6. agr. (Harz, Saft) bleed: Harz von einem Baum ~ to bleed a tree.

ˈAbˌzapfˌhahn m tech. 1. drain valve, draw-off cock. – 2. (Zapfhahn) faucet.

ˈabˌzap·peln v/reflex ⟨sep, -ge-, h⟩ sich ~ colloq. rush around (doing s.th.).

ˈabˌzäu·men v/t ⟨sep, -ge-, h⟩ (Pferd) unbridle.

ˈabˌzäu·nen I v/t ⟨sep, -ge-, h⟩ 1. (abgrenzen) fence off, mark (s.th.) off by a fence: das Grundstück muß gegen die anderen abgezäunt werden the plot of land must be fenced off from the others. – 2. (einzäunen) fence in: die Weide ~ to fence in the pasture. – II A~ n ⟨-s⟩ 3. verbal noun. — **ˈAbˌzäu·nung** f ⟨-; -en⟩ 1. cf. Abzäunen. – 2. (Zaun) fence.

ˈabˌzeh·ren I v/t ⟨sep, -ge-, h⟩ 1. waste (away), emaciate, macerate (lit.): Fieber hatte ihn abgezehrt fever had emaciated him. – 2. med. waste, consume, emaciate. – II v/i ⟨sein⟩ 3. waste away, grow thin, lose flesh: er war zum Skelett abgezehrt he had wasted away to a skeleton. – III v/reflex ⟨h⟩ sich ~ 4. pine away: sich vor Kummer ~ to pine away with grief. – 5. poet. emaciate (oneself), macerate (oneself) (lit.). – IV A~ n ⟨-s⟩ 6. verbal noun. — **ˈAbˌzeh·rung** f ⟨-; -en⟩ 1. cf. Abzehren. – 2. emaciation, maceration (lit.). – 3. med. a) (Abmagerung) wasting, emaciation, b) (Entkräftung) marasmus, c) (Schrumpfung) atrophy.

ˈAbˌzei·chen n 1. (eines Vereins, einer Partei etc) badge, (im weiteren Sinne) color, bes. Br. colour: sich (dat) ein ~ anstecken to pin on a badge. – 2. mil. a) (Rangabzeichen) badge (od. insignia) (of grade od. rank), ensign (auch mar.), b) (Streifen) stripe. – 3. (Ehrenabzeichen) decoration. – 4. (Merkmal) mark (od. sign) (of distinction). – 5. aer. (Flugkennzeichen) marking, Am. auch insignia. – 6. her. cognizance Br. auch -s-. – 7. zo. (Farbfleck) mark (of different colo[u]r), macula (scient.): er hat ein braunes Fell mit weißem ~ he has a brown fur with a white mark.

ˈabˌzeich·nen I v/t ⟨sep, -ge-, h⟩ 1. (nachzeichnen) draw, sketch, copy: von einer Vorlage ~ to copy (od. draw from) an original. – 2. (mit Unterschrift versehen) initial, sign: etwas am Rande ~ to initial s.th. in the margin. – 3. (abgrenzen) mark off, (mit Kreide) chalk off. – II v/reflex sich ~ 4. (sich abheben) stand out, contrast, be contrasted: die Bäume zeichnen sich klar gegen den Himmel ab the trees stand out clearly against the sky. – 5. (von Krise, Möglichkeit etc) appear (on the horizon), emerge, loom (up). – III A~ n ⟨-s⟩ 6. verbal noun. — **ˈAbˌzeich·nung** f ⟨-; rare -en⟩ 1. cf. Abzeichnen. – 2. (eines Bildes, einer Vorlage etc) copy, reproduction. – 3. (des Umrisses etc) contour, outline.

ˈAbˌzieh|ap·paˌrat m 1. tech. mimeograph. – 2. print. proof press, Am. galley press. – 3. brew. bottling (od. racking) apparatus. — **a~bar** adj 1. deductible, allowable (for deduction). – 2. jur. abatable.

ˈAbˌziehˌbild n transfer (picture), Am. auch decal; metachromotype, decalcomania (scient.): einbrennbares ~ ceramic decal.

ˈAbˌziehˌbil·der|ˌdruck m ⟨-(e)s; -e⟩ tech. (bes. Keramik) transfer printing. — **~paˌpier** n print. transfer paper, decalcomania. — **~verˌfah·ren** n metachromotype process.

ˈAbˌzieh|ˌbla·se f chem. still, cucurbit. — **~ˌbo·gen** m print. (beim Widerdruck) proof paper, tympan sheet. — **~ˌbür·ste** f beating (od. letter) brush.

ˈabˌzie·hen I v/t ⟨irr, sep, -ge-, h⟩ 1. (herunterziehen) pull (od. draw, strip, take) off, remove: die Handschuhe ~ to strip off one's gloves; den Ring (vom Finger) ~ to slip the ring from one's finger; den Hut ~ to take off one's hat. – 2. a) (Bett) strip, b) (Kopfkissen) take off. – 3. (Obst, Frucht etc) strip (s.th.) of its outer cover, skin, peel, rind. – 4. (Tier) skin (out), flay: einen Hasen ~, einem Hasen das Fell ~ to skin a hare; einen Wal [eine Robbe] ~ to flense (auch flench, flinch) a whale [seal]. – 5. gastr. (Bohnen) string. – 6. (Saiten) remove: die Saiten einer Geige ~ to unstring a violin. – 7. (herausziehen) withdraw, take out: den Schlüssel ~ to withdraw the key (from the lock). – 8. (wegziehen) (aus, von from) withdraw, draw off: Truppen ~ to withdraw troops; die Hand von j-m ~ fig. lit. to withdraw one's protection from s.o. – 9. (Pistole etc) press (od. pull) the trigger of, fire, let off. – 10. fig. (ablenken) (von from) divert, distract, draw away: j-s Aufmerksamkeit von j-m ~ to draw away s.o.'s attention from s.o.; j-n von seinen Betrachtungen ~ to distract s.o. from his thoughts. – 11. lit. (weglocken) (von from) lure away. – 12. fig. colloq. make: eine Schau (od. eine Nummer) ~ to make (od. perform) a big show (colloq.). – 13. math. (von from) a) (eine Zahl) subtract, take, subduct, b) (eine Summe) deduct. – 14. econ. (Skonto, Rabatt etc) take (od. colloq. knock) (s.th.) off, discount, deduct: 20 Prozent vom Preis ~ to take 20 percent off the price. – 15. jur. econ. (einbehalten) recoup: etwas vom Gehalt ~ to recoup s.th. from the salary. – 16. (Bier, Wein etc) auf Flaschen ~ to bottle. – 17. bes. chem. a) (destillieren) distil, bes. Am. destill, redify, b) (Flüssigkeiten) decant, siphon off. – 18. (Abziehbild, Lithographien) transfer. – 19. (vervielfältigen) mimeograph, photostat: eine Matrize ~ to run off a stencil; einen Text ~ to duplicate a text. – 20. print. (Abzug, Bogen) pull (od. print, strike) off: einen Korrekturbogen ~ to pull a proof; in Fahnen ~ to take a rough proof (od. galley); unsauber ~ to smut, to blot. – 21. (Häute) flay, skin. – 22. tech. a) (Messer) sharpen, smooth, b) (Rasiermesser) strop, hone, c) (Schleifkörper) dress: ein Messer auf dem Riemen ~ to strop a knife. – 23. metall. a) (Blockformen) strip, b) (Schlacke) slag off, tap, draw off. – 24. (Parkett) surface. – 25. phot. (Fotos vom Negativ) print. – 26. (textile) a) (Maschen) remove, b) (Farbe) strip, c) (Glanz) delustre, d) (Garn) draw, e) (Seide) degum, boil off. – 27. med. a) (Eiter etc) aspirate, remove (s.th.) by aspiration, b) (Haut) excoriate, (Aszites etc) puncture, tap, d) (von der Mittellinie wegbewegen) abduct. – 28. gastr. (abquirlen) beat up: Suppe mit einem Ei ~ to mix an egg into the soup, to add beaten egg to a hot soup. – 29. (mining) take (mine cars) from cage, replace (cars) at pit top. – 30. hort. cf. absenken 4. – 31. hunt. a) (Schweißhund von der falschen Fährte) take off (the false scent od. trail), b) (Fangvorrichtung losschlagen lassen) spring (a trap). – 32. lit. philos. a) (ableiten) (aus from) educe, b) (Regeln etc) abstract. – II v/i ⟨sein⟩ 33. (von Gas, Rauch etc) escape, go out, find a way out: ~ lassen a) (Rauch etc) let (s.th.) escape (od. out), b) (Wasser) drain off. – 34. (von Wolken, Nebel etc) move off (od. away), disperse: das Gewitter ist abgezogen the thunderstorm has moved away. – 35. (von Zugvögeln) depart. – 36. colloq. (weggehen) go off (od. away), leave, clear off (od. out) (colloq.): mit leeren Händen ~ to come away empty-handed; enttäuscht [unverrichteter Dinge] ~ to come away disappointed [without accomplishing anything]; mit Schimpf und Schande ~ to go away in disgrace; zieh endlich ab! for Heaven's sake, clear off (od. out) (colloq.). – 37. mil. a) (abrücken) march (od. draw) off, withdraw, b) (Lager abbrechen) decamp: von einer belagerten Stadt ~ to raise the siege. – 38. mil. (von der Wache) be relieved, come off duty. – 39. ⟨h⟩ bes. mil. pull (od. press) the trigger. – III A~ n ⟨-s⟩ 40. verbal noun. – 41. print. offset. – 42. print. transfer. – 43. cf. Abzug 1, 8, 15.

ˈAbˌzie·her m ⟨-s; -⟩ 1. print. proofer, prover. – 2. brew. (Abfüller) racker. – 3. (mining) (Anschläger am Schacht) banksman, auch hitcher. – 4. (für Rasierklingen) (razor) strop (od. strap). – 5. ⟨only sg⟩ med. cf. Abziehmuskel.

ˈAbˌzieh|ˌformˌka·sten m metall. snap flask. — **~ˌhül·se** f tech. withdrawal sleeve. — **~ˌklin·ge** f knife sharpener. — **~ˌlack** m print. stripping varnish. — **~maˌschi·ne** f brew. bottling (od. racking) machine. — **~ˌmes·ser** n tech. (für Holzbearbeitung) drawknife, drawing knife, auch drawshave. — **~ˌmit·tel** n (textile) stripping agent. — **~ˌmus·kel** m med. abductor (muscle). — **~ˌmut·ter** f tech. withdrawal nut. — **~paˌpier** n print. proof(ing) paper. — **~ˌpflug** m agr. drain(ing) plough (bes. Am. plow). — **~plaˌkat** n print. transfer poster. — **~ˌpres·se** f proof (od. galley) press. — **~ˌrie·men** m cf. Abzieher 4. — **~ˌstein** m tech. 1. sharpening stone, bench stone. – 2. (Wetzstein) whetstone. – 3. (Ölstein) oilstone, (Honstein) hone.

ˈAbˌzie·hung f ⟨-; no pl⟩ 1. cf. Abziehen. – [2. cf. Abzug 1, 8, 15.]

ˈAbˌzieh|vorˌrich·tung f tech. 1. (als Ausbauwerkzeug) dismantling device. – 2. (für Lager) extractor, withdrawing tool. – 3. (für Zahnräder) (gear) puller. – 4. (für Schleifscheiben) wheel dresser. — **~ˌwerk-**

ˌzeug *n* **1.** (*zum Ausbau*) dismantling tool. – **2.** (*für Schleifscheiben*) wheel dresser. — **~ˌzahl** *f math.* subtrahend. — **~ˌzün·der** *m* **1.** *tech.* friction igniter (*od.* ignitor). – **2.** *mil.* (*an der Handgranate*) pull igniter (*od.* ignitor).

ˈabˌzie·len *v/i* ⟨*sep*, -ge-, h⟩ (*von Maßnahme, Bemerkung etc*) auf (*acc*) etwas ~ to aim at s.th., to be aimed (*od.* directed) at (doing) s.th., to be designed (*od.* meant, intended) to do s.th.: die Maßnahmen zielen auf denselben Zweck ab the measures taken are designed to serve the same purpose; wir wissen nicht, worauf er abzielt we do not know what he is driving at; das war auf ihn abgezielt that was aimed at (*od.* meant for) him.

ˈAbˌzin·sung *f* ⟨-; *no pl*⟩ *econ.* deduction of unaccrued interest. — **ˈAbˌzin·sungs·beˌtrag** *m* adjustment in respect of unaccrued interest.

ˈabˌzir·keln *v/t* ⟨*sep*, -ge-, h⟩ **1.** measure (*od.* mark) (*s.th.*) (out) with compasses. – **2.** *fig.* measure (*s.th.*) very exactly. – **3.** *fig.* (*abwägen*) weigh: seine Worte genau ~ to weigh one's words carefully.

ˈabˌzi·schen *v/i* ⟨*sep*, -ge-, sein⟩ **1.** (*von Dampf etc*) escape with a hissing noise. – **2.** *colloq.* dash off.

ˈabˌzit·tern *v/i* ⟨*sep*, -ge-, sein⟩ *colloq.* make off, clear off (*od.* out) (*colloq.*): zittre bloß ab! clear off! make yourself scarce!

ˈabˌzot·teln *v/i* ⟨*sep*, -ge-, sein⟩ *colloq.* toddle off.

ˈAbˌzug *m* ⟨-(e)s; ⸚e⟩ **1.** *bes. econ.* (*Abrechnung*) deduction, subtraction: nach ~ aller Kosten all expenses (*od.* charges) deducted, clear of all expenses; nach ~ der Steuer(n) tax deducted, after taxation; ohne ~ von Steuern free of tax(es), tax-free; nach ~ von after deduction of, after deducting; etwas in ~ bringen to deduct s.th.; vor ~ der Steuern before taxation (*od.* taxes); ~ vom steuerpflichtigen Einkommen deduction from taxable income. – **2.** *econ.* a) (*Rabatt*) discount, rebate, b) (*Nachlaß*) reduction, abatement, c) (*für Spesen*) allowance: in ~ bringen to allow; bei allen Barkäufen kommen 3% in ~ less 3 percent (*od.* 3 percent off) on all cash purchases; (bar) ohne ~ net(t) cash; einen ~ von 3% gewähren to allow a discount of 3 percent; einen ~ auf einen Artikel gewähren to discount an article; ~ für Ausgaben allowance for expenses. – **3.** *econ. jur.* (*Einbehaltung*) recoupment: Abzüge machen to recoup. – **4.** *econ.* (*Gewichtsabzug*) weight deducted, tare. – **5.** *print.* proof, pull: letzter ~ foundry proof; endgültiger [korrigierter, unkorrigierter] ~ final [clean, foul] proof; ~ in Fahnen slip proof, galley (proof); photographischer ~ photoprint; reproduktionsfähiger ~ repro proof; einen ~ von etwas machen to proof s.th.; Abzüge machen (*von einer Platte etc*) to print; schlechte Abzüge liefern to print badly. – **6.** *print.* a) (*Abklatsch*) impression, b) (*von Lithographien*) transfer, offset, c) (*Abdruck*) copy: hektographischer ~ manifold, mimeographed copy. – **7.** *phot.* (*vom Negativ*) (contact) print, copy, positive, reproduction: einen ~ von etwas machen to copy (*od.* take) s.th.; Entwickeln und Abzüge machen (*im Großlabor*) photofinishing. – **8.** ⟨*only sg*⟩ *mil.* a) (*Abmarsch*) marching off, b) (*Rückzug*) withdrawal, retreat, c) (*heimlicher Aufbruch*) decampment: der ~ von Truppen aus einem Land the withdrawal of troops from a country; zum ~ blasen to sound (*od.* beat) the retreat; freier, ehrenvoller ~ orderly retreat with the hono(u)rs of war. – **9.** ⟨*only sg*⟩ *poet. for* Abgang 1, Weggang 2. – **10.** *mil.* a) trigger, b) (*Abzugswiderstand*) pull-off: den Finger am ~ halten to have one's finger on (*od.* at) the trigger; dieses Gewehr hat einen leichten ~ this rifle has an easy pull-off. – **11.** *tech.* a) (*Kamin etc*) vent, outlet, port, hood, b) (*Kanal etc*) channel, sewer, conduit: ohne ~ ventless. – **12.** *tech.* a) fume cupboard, (fume) hood, hood (for gases), offtake, b) issue, escape (of gases). – **13.** *pl metall.* (*in der Bleiraffination*) sharp slags. – **14.** *chem.* (*bei Zuckerherstellung*) draft. – **15.** *math.* deduction, subtraction. – **16.** *agr.* (*einer Rebe*) layer. – **17.** *mus.* (*Umstimmung bei Saiteninstrumenten*) scordatura.

ˈAbˌzug|ˌbo·gen *m print.* proof (sheet). — **~ˌgra·ben** *m* drainage (*od.* field) ditch. — **~ˌkaˌnal** *m civ.eng.* culvert.

ˈabˌzüg·lich [-ˌtsyːklɪç] *prep* ⟨*gen*⟩ *econ.* **1.** less, deducting, minus: ~ der Spesen less charges, charges deducted; ~ Diskont less discount. – **2.** (*bes. im Börsenverkehr*) ex: ~ Dividende ex dividend.

ˈAbˌzug·paˌpier *n print.* **1.** proof paper. – **2.** (*für Büromaschinen*) duplicating paper.

ˈAbˌzugs|ˌbol·zen *m mil.* (*des Maschinengewehrs*) trigger pin. — **~ˌbü·gel** *m* (*des Gewehrs*) trigger guard. — **a~ˌfä·hig** *adj econ.* (*Ausgaben, Unkosten etc*) deductible. — **~ˌfrei·heit** *f pol.* right of (free) emigration. — **~ˌfur·che** *f agr.* water furrow. — **~ˌgriff** *m mil.* (*am Geschütz*) lanyard (*auch* laniard) handle. — **~ˌhau·be** *f tech.* hood. — **~ˌhe·bel** *m mil.* **1.** (*des Maschinengewehrs*) trigger lever (*od.* arm). – **2.** (*des Granatwerfers*) firing lever. — **~ˌkaˌnal** *m tech.* **1.** offtake. – **2.** (*in der Feuerungstechnik*) chimney flue. – **3.** (*für Abwässer*) sewer, culvert. — **~ˌlei·ne** *f mil.* **1.** (*eines Sprengkörpers*) firing line. – **2.** (*eines Geschützes*) lanyard, *auch* laniard. — **~ˌloch** *n* **1.** drain hole. – **2.** *civ.eng.* (*im Brückenbau*) weeper, draining channel. – **3.** ventilation hole. — **~ˌöff·nung** *f tech.* discharge opening, outlet, vent. — **~ˌrecht** *n pol. cf.* Abzugsfreiheit. — **~ˌrohr** *n tech.* **1.** outlet (*od.* discharge) pipe. – **2.** (*in der Kokerei*) ascension pipe. — **~ˌschach** *n* (*games*) discovered check. — **~ˌschnur** *f mil. cf.* Abzugsleine. — **~ˌstift** *m* (*am Gewehr*) trigger pin. — **~ˌstol·len** *m* (*an Handfeuerwaffen*) sear (*bes. Br.* sere) (nose). — **~ˌstück** *n* trigger piece, firing lever. — **~venˌtil** *n tech.* outlet (*od.* eduction) valve. — **~ˌzahl** *f math.* subtrahend.

ˈAbˌzugˌvorˌrich·tung *f* **1.** *mil.* firing (*od.* trigger) mechanism. – **2.** *tech.* (*für Gase, Rauch etc*) outlet, exhaust facility.

ˈabˌzup·fen *v/t* ⟨*sep*, -ge-, h⟩ **1.** (*Beeren*) pick. – **2.** (*Blätter*) pluck (*od.* pull) off. – **3.** (*Haare*) pluck out. – **4.** (*textile*) unravel, ravel out.

ˈab·zuˌzie·hend [-tsu-] *adj* **1.** *math.* subtractive: ~e Zahl subtrahend. – **2.** to be subtracted (*od.* deducted): die ~e Summe the sum to be deducted.

ˈabˌzwacken (*getr.* -k·k-) *colloq.* *v/t* ⟨*sep*, -ge-, h⟩ **1.** *colloq. for* abzwicken. – **2.** j-m etwas ~ *fig. colloq.* to squeeze s.th. out of s.o. – **3.** sich (*dat*) etwas ~ to stint oneself of s.th.

ˈAbˌzweig *m* **1.** *electr.* a) branch (line), b) (*eines Stromkreises*) subcircuit. – **2.** *tech.* connection, *Br. auch* connexion. – **3.** *colloq. for* Abzweigung. — **~ˌdo·se** *f electr.* junction (*od.* branch, distribution, conduit) box.

ˈabˌzwei·gen I *v/t* ⟨*sep*, -ge-, h⟩ **1.** (*Baum*) lop, prune. – **2.** *colloq.* (*Geld etc*) put aside: etwas für sich ~, sich (*dat*) etwas ~ to put s.th. aside for oneself. – **3.** *electr.* shunt. – **4.** *tech.* (*Straße, Rohrleitung*) branch off. – **5.** *econ.* (*Kapital etc*) (von etwas) divert (from s.th.), take out (of s.th.): Mittel für etwas ~ to divert (*od.* set aside, earmark) funds for s.th. – **II** *v/i* ⟨sein⟩ **6.** (*von Weg, Fluß etc*) branch off (*od.* away). – **III** *v/reflex* ⟨h⟩ sich ~ **7.** (*von Weg etc*) a) branch (off), turn off, b) fork, bifurcate (*lit.*). – **IV A~** *n* ⟨-s⟩ **8.** *verbal noun.* – **9.** *cf.* Abzweigung. — **ˈabˌzwei·gend I** *pres p.* – **II** *adj* **1.** branching off: eine von der Hauptstraße ~e Straße a street off the main street: ~er Flußarm *geogr.* distributary. – **2.** *med.* (*Bronchien, Gefäße, Nerven*) emissary.

ˈAbˌzwei·ger *m* ⟨-s; -⟩ *civ.eng.* junction.

ˈAbˌzweig|ˌgleis *n* (*railway*) branch line (*od.* track). — **~ˌka·sten** *m electr.* junction (*od.* distributing) box. — **~ˌklem·me** *f* branch terminal. — **~ˌlei·tung** *f* branch conductor (*od.* line). — **~ˌmuf·fe** *f* **1.** *tech.* branch-T, branch socket (*od.* sleeve). – **2.** *electr.* branch point. — **~ˌpunkt** *m phys. electr.* branch point. — **~ˌrohr** *n tech.* branch pipe. — **~ˌsam·melˌschie·ne** *f electr.* branch bar. — **~ˌschal·ter** *m* tapping switch. — **~ˌspu·le** *f* tapped coil. — **~ˌstecker** (*getr.* -k·k-) *m* distribution plug. — **~ˌstel·le** *f* branching-off point. — **~ˌstrom** *m electr.* derived (*od.* shunted) current. — **~ˌstromˌkreis** *m* derived circuit.

ˈAbˌzwei·gung *f* ⟨-; -en⟩ **1.** *cf.* Abzweigen. – **2.** (*einer Straße etc*) a) junction, bifurcation, branching off, b) branch, turning, *bes. Am.* turnoff. – **3.** *electr.* a) branch connection (*Br. auch* connexion), b) *cf.* Abzweigleitung. – **4.** (*einer Rohrleitung*) branch line. – **5.** *econ.* (*von Kapital etc*) diversion. – **6.** *med.* (*von Nerven, Aderzweig etc*) branch, ramification. – **7.** (*railway*) a) junction, b) (*Gabelung*) bifurcation.

ˈAbˌzwei·gungsˌpunkt *m cf.* Abzweigstelle.

ˈabˌzwicken (*getr.* -k·k-) *v/t* ⟨*sep*, -ge-, h⟩ (*Draht etc*) nip off, pinch off.

ˈabˌzwin·gen *v/t* ⟨*irr, sep*, -ge-, h⟩ **1.** j-m etwas ~ to wring (*od.* wrest, *stärker* extort) s.th. from s.o., to force s.th. out of s.o.: sie zwangen dem Häftling ein Geständnis ab they wrung (*od.* extorted) a confession from the prisoner; j-m ein Zugeständnis ~ to force s.o. to make a concession; das zwang ihm ein Lächeln ab it made him smile. – **2.** sich (*dat*) etwas ~ to force oneself to do s.th.: ich mußte mir ein Lächeln ~ I had to force myself to (put on a) smile.

ˈabˌzwir·nen *v/t* ⟨*sep*, -ge-, h⟩ (*Garn etc*) unwind, wind off.

ˈabˌzwit·schern *v/i* ⟨*sep*, -ge-, sein⟩ *colloq.* **1.** clear off (*od.* out) (*colloq.*). – **2.** speed (*od.* *colloq.* zoom) off.

Aca·cia·ner [akaˈtsi̯aːnər] *m* ⟨-s; -⟩ *relig. hist.* Acacian. — **aca·cia·nisch** [-ˈtsi̯aːnɪʃ] *adj* Acacian.

Aca·cin [akaˈtsiːn] *n* ⟨-s; *no pl*⟩ *chem.* gum arabic, *auch* gum acacia, acacia gum.

Aca·jou [akaˈʒuː] *m* ⟨-s; -s⟩, **~ˌbaum** *m bot.* cashew (tree), acajou (*Anacardium occidentale u. A. orientale*). — **~ˌholz** *n* white cedar, Chittagong wood (*Chukrasia tabularis*). — **~ˌnuß** *f* cashew nut.

Acan·tha·ce·en [akantaˈtseːən] *pl bot.* Acanthaceae.

a cap·pel·la [akaˈpɛla] *adv mus.* a cappella, *auch* a capella.

A-capˈpel·la|-ˌChor *m mus.* a cappella choir. — **~-Muˌsik** *f* a cappella music.

a ca·pric·cio [akaˈprɪtʃo] *adv mus.* a capriccio.

ac·ce·le·ran·do [atʃeleˈrando] *mus.* **I** *adv u. adj* accelerando. – **II A~** *n* ⟨-s; -di [-di]⟩ accelerando.

Ac·cent| ai·gu [aksɑ̃tɛˈgy] (*Fr.*) *m* ⟨- -; -s -s [aksɑ̃zɛˈgy]⟩ *ling.* acute (accent). — **~ cir·con·flexe** [aksɑ̃sirkõˈflɛks] (*Fr.*) *m* ⟨- -; -s -s [aksɑ̃sirkõˈflɛks]⟩ circumflex (accent). — **~ grave** [aksɑ̃ˈgraːv] (*Fr.*) *m* ⟨- -; -s -s [aksɑ̃ˈgraːv]⟩ grave (accent).

Ac·cen·tus [akˈtsɛntus] *m* ⟨-; -⟩ *relig. mus.* accent.

Ac·cess [akˈtsɛs] *m* ⟨-sses; -sse⟩ *relig.* approach.

Ac·ces·soires [aksɛˈsõaːr(s); aksɛˈswaːr] (*Fr.*) *pl* (*fashion*) accessories.

ac·ces·so·risch [aktsɛˈsoːrɪʃ] *adj med.* accessory.

Ac·ciac·ca·tu·ra [atʃakaˈtuːra] *f* ⟨-; -ren⟩ *mus.* acciaccatura.

Ac·ci·dent [aksiˈdɑ̃] (*Fr.*) *m* ⟨-s; -s⟩ *Swiss for* Unfall 1.

Ac·com·pa·gna·to [akɔmpanˈjaːto] *n* ⟨-s; -s *u.* -ti [-ti]⟩ *mus.* accompagnato.

Acer [ˈaːtsər] *m* ⟨-s; *no pl*⟩ *bot. cf.* Ahorn.

Ace·tal [atseˈtaːl] *n* ⟨-s; *no pl*⟩ *chem.* acetal: in ein ~ verwandeln to acetalize. — **Acet·al·deˌhyd** [aˈtseːt-] *n* acetaldehyde (CH_3CHO).

ace·ta·li·sie·ren [atsetaliˈziːrən] *v/t* ⟨*no* ge-, h⟩ *chem.* acetalize. — **Ace·ta·liˈsie·rung** *f* ⟨-; *no pl*⟩ acetalization.

Ace·tat [atseˈtaːt] *n* ⟨-s; -e⟩ *chem.* acetate. — **~ˌfa·den** *m* acetate rayon (*od.* filament). — **~ˌfa·ser** *f* acetate fiber (*bes. Br.* fibre). — **~ˌsei·de** *f* acetate rayon (*od.* silk). — **~ˌwol·le** *f* acetate wool (*od.* staple fiber [*bes. Br.* fibre]). — **~ˌzellˌwol·le** *f* acetate staple fibers *pl* (*bes. Br.* fibres *pl*).

Acetˌes·sigˌester [aˈtseːt-] *m chem.* ethyl acetoacetate, acetoacetic ester.

Ace·tin [atseˈtiːn] *n* ⟨-s; *no pl*⟩ *chem.* acetin.

Ace·to·ly·se [atsetoˈlyːzə] *f* ⟨-; -n⟩ *chem.* acetolysis.

Ace·ton [atseˈtoːn] *n* ⟨-s; *no pl*⟩ *chem.* acetone, dimethyl ketone, propanone (C_3H_6O).

Ace·ton·ämie [atsetonɛˈmiː] *f* ⟨-; *no pl*⟩ **1.** *med.* aceton(a)emia, keton(a)emia. – **2.** *vet.* ketosis, acetonemy.

aceˈtonˌlös·lich *adj chem.* acetone-soluble.

Ace·ton·urie [atsetonuˈriː] *f* ⟨-; -n [-ən]⟩ *med.* acetonuria.

Ace·tum [aˈtseːtum] *n* ⟨-s; *no pl*⟩ *chem. for* Essig 1.

Ace·tyl [atseˈtyːl] *n* ⟨-s; *no pl*⟩ *chem.* acetyl (*radical* CH_3CO–). — **~cel·luˌlo·se** *f* acetylated cellulose, cellulose acetate. — **~chloˌrid** *n* acetyl chloride (CH_3COCl).

Ace·ty·len [atsety'le:n] *n* ⟨-s; *no pl*⟩ *chem.* acetylene, ethyne, *auch* ethine (C_2H_2). — **~entˌwick·ler** *m chem. tech.* acetylene generator. — **~ˌgas** *n chem.* acetylene gas. — **~ˌruß** *m* acetylene black.

Ace·ty'len-ˌSau·er·ˌstoffǀˌbren·ner *m chem. tech.* oxy-acetylene blow pipe. — **~ˌschwei·ßung** *f tech.* oxy-acetylene welding.

Ace·ty·lid [atsety'li:t] *n* ⟨-s; -e⟩ *chem.* acetylide.

ace·ty·lie·ren [atsety'li:rən] *v/t* ⟨*no* ge-, h⟩ *chem.* acetylate. — **Ace·ty'lie·rung** *f* ⟨-; *no pl*⟩ acetylation.

Ace'tyl·sa·liˌcylˌsäu·re *f med.* acetylsalicylic acid, aspirin.

ach [ax] *interj* **1.** oh! O! ah! alas! (*lit.*): ~ **je!** oh dear (me)! ~ **so!** I see! ~, **du lieber Gott!** oh God! my God! good God! **das ~ so kurze Glück** *lit.* happiness alas so brief; ~, **daß er nur hier wäre** (oh) if only (*od.* I wish) he were here; ~, **ist das ein armer Mensch!** oh, what a poor creature he is! ~, **ist das schön!** oh, isn't that beautiful! ~, **welche Überraschung!** oh, what a surprise! ~, **Sie sind es!** oh, it is you! ~ **was!** so what! pooh! ~ **was (Sie nicht sagen)!** you don't say (so)! oh, is that (really) so? ~ **nein?** ~ **wirklich?** (is that) really (so)? ~, **du lieber Himmel!** heavens above! ~, **du Schreck!** *colloq.* oh heck! ~, **du heiliger Strohsack!** *colloq.* good gracious! ~ **und weh schreien** to raise a pitiful cry. – **2. der ~ so liebe Besuch!** *iron.* the oh so welcome visitor(s)! – **3.** (*als Füllwort*) oh! O! ah!: ~ **ja!** why, yes! yes indeed! ~ **nein!** oh no! ~ **was!** ~ **wo!** certainly not! of course not! not a bit of it! ~ **komm!** come on! ~, **da fällt mir ein** oh, I've just remembered; ~ **Unsinn!** oh rubbish! why, nonsense!

Ach *n* ⟨-s; -⟩ lament(ation), wail(ing): **das ewige ~ und Weh** the continual lamentations; **mit ~ und Krach** *colloq.* (only) with the greatest trouble (*od.* difficulty); **wir entkamen mit ~ und Krach** *colloq.* we escaped by the skin of our teeth, our escape was a close shave; **ein Examen mit ~ und Krach bestehen** *colloq.* to scrape through an exam.

Achä·er [a'xɛ:ər] *m* ⟨-s; -⟩ **1.** *antiq.* Achaean, *auch* Achaian. – **2.** (*literature*) (*bei Homer*) Greek.

Achaia [a'xa:ja; a'xaɪa] *npr n* ⟨-s; *no pl*⟩ *antiq.* Achaea, *auch* Achaia. — **achä·isch** [a'xɛ:ɪʃ] *adj* Achaean, *auch* Achaian: **der ~e Bund** the Achaean League.

Achä·me·ni·den [axɛme'ni:dən] *pl hist.* Achaemenides, *auch* Achaemenids, Achaemenidae.

Achä·ne [a'xɛ:nə] *f* ⟨-; -n⟩ *bot.* achene: **~n des Zweizahns** Spanish needles.

Achat [a'xa:t] *m* ⟨-(e)s; -e⟩ *min.* agate, *auch* achate(s): **roter ~** carnelian, cornelian; **rotbrauner ~** sard, *auch* sardine, sardius. — **a~ˌähn·lich, ~ˌar·tig** *adj min.* agatiform, agatine, agaty.

acha·ten [a'xa:tən] *adj* (made of) agate, agaty.

achatǀˌfar·ben [a'xa:t-] *adj* agate: **~es Steingut** agate. — **~ˌför·mig** *adj* agatiform. — **~ˌfüh·rend** *adj min.* agatiferous, bearing agate. — **A~ˌglas** *n tech.* agate glass. — **A~ˌjas·pis** *m min.* agate jasper. — **A~ˌke·gelˌschnecke** (*getr.* -k·k-) *f zo.* marbled cone (*Conus tulipa*). — **A~ˌkie·sel** *m min.* Egyptian pebble. — **A~ˌman·del** *f* agate pebble, amygdale. — **A~ˌpaˌpier** *n tech.* agate paper. — **A~ˌschlei·fer** *m* agate grinder. — **A~schlei·feˌrei** *f* agate mill. — **A~ˌschnecke** (*getr.* -k·k-) *f zo.* agate shell (*od.* snail) (*Gattg Achatina*). — **A~ˌschrift** *f print. Am.* agate, *Br.* ruby. — **A~ˌsei·den·paˌpier** *n* agate tissue paper.

Ache ['a(:)xə] *f* ⟨-; -n⟩ *Southern G. obs.* brook, (small) stream.

Achel ['axəl] *f* ⟨-; -n⟩ *dial. for* Granne.

acheln ['axəln] *v/i u. v/t* ⟨h⟩ *Rotwelsch for* essen[1].

Ache·ne [a'xe:nə] *f* ⟨-; -n⟩ *bot. rare for* Achäne.

Ache·ron ['axerɔn] *m* ⟨-(s); *no pl*⟩ *myth.* Acheron (*one of the five rivers surrounding Hades*): **den ~ überqueren** *fig. poet.* to pass the Acheron, to enter the realm of the dead; **den ~ entfesseln** *fig.* to stir up passions. — **ache'ron·tisch** [-tɪʃ] *adj* Acheronian, *auch* Acherontic.

Acheu·lé·en [aʃøle'ɛ̃:] *n* ⟨-(s); *no pl*⟩ *geol. hist.* Acheulean, *auch* Acheulian (*Lower Paleolithic period*).

Achill [a'xɪl] *npr m* ⟨-s; *no pl*⟩ *cf.* Achilles. — **Achil·lei·de** [axɪle'i:də] *m* ⟨-n; -n⟩ *myth.* son of Achilles.

Achil·le·is [axɪ'le:ɪs] *f* ⟨-; *no pl*⟩ (*literature*) Achilleid (*books 1, 8, 11-22 of the Iliad*). — **achil'le·isch** [-'le:ɪʃ] *adj* **1.** *myth.* of (*od.* relating to) Achilles. – **2.** *fig.* Achillean.

Achil·lenˌkraut [a'xɪlən-] *n bot.* achillea, milfoil, yarrow (*Achillea millefolium*).

Achil·les [a'xɪlɛs] *npr m* ⟨-; *no pl*⟩ *myth.* Achilles. — **~ˌfer·se** *f fig.* Achilles (*od.* Achilles') heel, heel of Achilles, vulnerable (*od.* weak) spot. — **~ˌseh·ne** *f* **1.** *med.* Achilles' (*od.* Achilles) tendon, tendon of Achilles. – **2.** *zo.* hamstring.

Achil·leus [a'xɪləys] *npr m* ⟨-; *no pl*⟩ *myth. cf.* Achilles.

Achi·ver [a'xi:vər] *m* ⟨-s; -⟩ *antiq. cf.* Achäer.

'Ach-ˌLaut *m ling.* ach-laut, ach-sound (*voiceless velar fricative*).

Achlor·hy·drie [aklorhy'dri:] *f* ⟨-; *no pl*⟩ *med.* achlorhydria.

Acho·lie [axo'li:] *f* ⟨-; *no pl*⟩ *med.* acholia. — **acho·lisch** [a'xo:lɪʃ] *adj* acholic, acholous.

Achro·it [akro'i:t; -'ɪt] *m* ⟨-s; -e⟩ *min.* achroite.

Achro·ma·sie [akroma'zi:] *f* ⟨-; *no pl*⟩ *phys.* achromatism, achromatization *Br. auch* -s-, degree of achromatic correction.

Achro·mat [akro'ma:t] *m* ⟨-(e)s; -e⟩ *phot. phys.* achromat, achromatic lens (*od.* objective).

Achro·ma·tin [akroma'ti:n] *n* ⟨-s; *no pl*⟩ *biol.* achromatin.

achro·ma·tisch [akro'ma:tɪʃ] *adj* **1.** *phys.* achromatic: **~e Linse** *cf.* Achromat. – **2.** *biol.* achromatic, uncolored, *bes. Br.* uncoloured. – **3.** (*paints*) achromatic, neutral.

achro·ma·ti·sie·ren [akromati'zi:rən] *v/t* ⟨*no* ge-, h⟩ *phys.* achromatize *Br. auch* -s-. — **Achro·ma·ti'sie·rung** *f* ⟨-; *no pl*⟩ achromatization *Br. auch* -s-.

Achro·ma·tis·mus [akroma'tɪsmʊs] *m* ⟨-; *no pl*⟩ *phys. cf.* Achromasie.

Achro·mat·op·sie [akromatɔ'psi:] *f* ⟨-; -n [-ən]⟩ (*optics*) achromatopsia, *auch* achromatopsy.

'Achsǀˌabˌstand *m* **1.** *tech. auto.* wheel (*od.* axle) base. – **2.** *math. phys.* (*Mittenabstand*) distance between axes, center (*bes. Br.* centre) distance. — **~ˌanˌhe·ber** *m auto.* axle-lifting jack. — **~ˌanˌtrieb** *m* final drive: **Übersetzung des ~s** ratio of final drive. — **~ˌaufˌhän·gung** *f* axle suspension. — **~ˌband** *n* ⟨-(e)s; ⸚er⟩ axle clip. — **~beˌla·stung** *f* axle load (*od.* weight). — **~ˌbruch** *m cf.* Achsenbruch. — **~ˌbrücke** (*getr.* -k·k-) *f* axle housing. — **~ˌbüch·se** *f* axle (tree) box.

'Achsˌdruck *m* ⟨-(e)s; ⸚e⟩ *tech.* axle load (*od.* pressure). — **~ˌmes·ser** *m* axle-load meter.

Ach·se ['aksə] *f* ⟨-; -n⟩ **1.** *tech.* (*Tragachse*) axle: **durchgehende [feststehende, geteilte] ~** passing [dead, divided] axle; **gestürzte [gezogene, kurvenbewegliche] ~** cambered [solid, radial] axle; **halbfliegende [vollfliegende] ~** semifloating [full-floating] axle; **Fahrgestell mit durchgehender ~** cross-axle undercarriage. – **2.** *tech.* a) (*Tragachse*) axle, b) (*eines Ankers*) shaft, c) (*einer Pumpe*) spindle, d) (*eines Fahrrads*) hub spindle. – **3.** *math.* axis, center (*bes. Br.* centre) line. – **4.** *only in* **per** (*od.* **auf**) **~** *econ.* a) by road, b) by rail: **die Güter sind auf (der) ~** the goods are on track. – **5.** *only in* **auf (der) ~ sein** *colloq.* to be on the move (*od.* go, road). – **6.** (*geometrische*) axis: **optische ~** a) (*eines Linsensystems*) optical axis, *auch* line of sight, b) (*eines Fernrohrs*) axis; **die Erde dreht sich um ihre eigene ~** the earth rotates about its own axis; **~ einer Waage** axis (*od.* pivot) of a balance; **sich wie um eine ~ drehen** to pivot; **der ~ zustrebend** axipetal; **sich um die eigene ~ drehen** *aer.* to roll. – **7.** *math.* (*Mittellinie*) axis: **x-~** axis of abscissas; **y-~** axis of ordinates; **mit der ~ zusammenfallend** axile. – **8.** *math.* (*Symmetrieachse*) axile: **große ~** major (*od.* transverse) axis, transverse; **kleine [konjugierte] ~** minor [conjugate] axis; **Kreis über der großen ~ der Ellipse** auxiliary circle of the ellipse; **~ der natürlichen Zahlen** natural scale; **in Richtung der ~** axial. – **9.** *min.* axis: **in Richtung der ~ spaltbar** axotomous; **mit drei senkrecht aufeinanderstehenden ~n** trimetric. – **10.** *arch.* (*Mittellinie*) axis, center (*bes. Br.* centre) line. – **11.** *med. zo.* axis. – **12.** *bot.* axis: **blättertreibende ~** caulome; **nur eine ~ treibend** uniramous. – **13.** *biol.* axis: **ohne festgelegte ~** isotropic, isotropous; **der ~ entlang (gelegen)** vertical. – **14.** *pol.* axis: **die ~ Berlin—Rom** *hist.* the Rome—Berlin Axis.

'Achsˌebe·ne *f min.* (*der Kristalle*) axial plane.

Ach·sel ['aksəl] *f* ⟨-; -n⟩ **1.** shoulder: **die ~n** (*od.* **mit den ~n**) **zucken** to shrug one's shoulders; **etwas auf beiden ~n tragen** to carry s.th. on both shoulders; **j-n über die ~ ansehen** *fig.* to look down upon s.o.; **er nimmt es auf die leichte ~** *fig.* he makes light of it; **etwas auf seine ~n nehmen** *fig.* to shoulder the responsibility for s.th.; **auf beiden ~n tragen** *fig.* to sit on the fence, to be a double-dealer. – **2.** *med. zo.* shoulder, axilla (*scient.*). – **3.** *bot.* axil(la). – **4.** *tech.* (*einer Böschung*) shoulder. – **5.** *arch.* (*eines Bogens, Gewölbes*) haunch. — **~ˌband** *n* ⟨-(e)s; ⸚er⟩ **1.** (*fashion*) shoulder strap (*od.* piece). – **2.** *bes. mil. hist.* shoulder knot, aiguillette, *auch* a(i)glet. – **3.** (*in der Zimmerei*) brace, strut. — **~ˌbruch** *m med.* fractured (*od.* broken) shoulder. — **~ˌdrü·se** *f* axillary (*auch* axillar) gland. — **~ˌflä·che** *f print.* (*einer Type*) shoulder. — **~geˌlenk** *n med.* shoulder joint. — **~ˌgriff** *m* (*beim Rettungsschwimmen*) hold under the armpits. — **~ˌgru·be** *f med. cf.* Achselhöhle. — **~ˌhaar** *n* axillary hair. — **~ˌhemd** *n* (*fashion*) **1.** (*für Männer*) sleeveless (under)shirt. – **2.** (*für Frauen*) sleeveless vest. — **~ˌhöh·le** *f* armpit, axilla (*scient.*): **unter der ~ gelegen** *med.* subaxillary, *auch* subaxillar. — **~ˌklap·pe** *f mil.* (*Schulterstück*) shoulder strap. — **~ˌlymphˌdrü·se** *f med.* axillary (*auch* axillar) lymph node.

ach·seln ['aksəln] *v/t* ⟨h⟩ shoulder, take (*s.th.*) on one's shoulder(s).

äch·seln ['ɛksəln] *v/t* ⟨h⟩ *tech.* (*mit Zapfen verbinden*) tenon, join (*s.th.*) by a tenon.

'Ach·selǀˌpol·ster *n* (*fashion*) shoulder pad(ding). — **~ˌran·ke** *f bot.* axillary tendril (*od.* clasper). — **~ˌschnur** *f meist pl* (ornamental) shoulder cord, a(i)glet. — **~ˌschweiß** *m* sweat (*od.* perspiration) under the arms, *Am.* under-arm perspiration, subaxillary (*auch* subaxillar) perspiration (*scient.*). — **~ˌsproß** *m bot.* axillary (*auch* axillar) shoot, axillar branch. — **a~ˌstän·dig** *adj bot.* axillary, *auch* axillar, axile: **nicht ~** extra-axillar(y); **fast ~** subaxillar(y). — **~ˌstück** *n* **1.** *mil.* shoulder strap, (*auf Ausgehuniform*) epaulet, *auch* epaulette. – **2.** (*fashion*) shoulder piece. — **~ˌträ·ger** *m* **1.** *cf.* Achselband 1. – **2.** *obs.* double-dealer. — **~ˌtuch** *n relig.* amice (*liturgical vestment*). — **~ˌzucken** (*getr.* -k·k-) *n* shrug (of the shoulders): **mit einem ~** with a shrug; **etwas mit einem ~ abtun** to shrug s.th. off. — **a~ˌzuckend** (*getr.* -k·k-) **I** *adj* shrugging. – **II** *adv* with a shrug (of the shoulders), shruggingly.

'Ach·senǀˌabˌschnitt *m math.* axis intercept. — **~ˌabˌstand** *m tech. cf.* Achsabstand. — **~ˌanˌtrieb** *m tech. cf.* Achsantrieb. — **~ˌanˌzei·ger** *m* (*optics*) (*für Brillengläser*) axis indicator (*od.* finder). — **~ˌaufˌhän·gung** *f tech.* axle suspension. — **~ˌbruch** *m tech.* **1.** breaking (*od.* failure) of an axle: **bei ~** if an axle breaks. – **2.** broken axle: **das Auto hat einen ~** the car has a broken axle. — **~ˌdre·hung** *f phys. math. tech.* a) rotation of axes, b) (*Drehung um eine Achse*) axial rotation (*od.* revolution). — **~ˌdruck** *m* ⟨-(e)s; ⸚e⟩ *tech. cf.* Achsdruck. — **a~entˌfernt** *adj phys.* abaxial. — **~ˌfe·de·rung** *f tech.* axle spring suspension. — **a~ˌgleich** *adj math. phys.* coaxial. — **~ˌglied** *n bot.* internode, internodium (*scient.*). — **~ˌkreuz** *n math. phys.* (coordinate) system of axes, system of coordinates (*od.* coordinate axes). — **~ˌla·ger** *n tech. cf.* Achslager. — **~ˌlast** *f* (*railway*) *cf.* Achslast. — **~ˌmäch·te** *pl hist.* Axis powers (*Germany, Italy and Japan in World War II*). — **~ˌmes·ser** *m phys.* (*optics*) (*für Brillengläser*) axometer, axonometer. — **~ˌmes·sung** *f* axonometry. — **~ˌnei·gung** *f* **1.** *math. astr. phys.* axial inclination, inclination of an (*od.* the) axis. – **2.** *astr. phys.* obliquity of the ecliptic. — **a~par·alˌlel** *adj math. phys.* axially parallel. — **~ˌrie·gel** *m tech.* transom, *Am. auch* transome, crosspiece. — **~ˌschmie·re** *f* axle grease. — **~ˌschnitt** *m* *math. phys.* axial section. — **~ˌschnitt·ˌpunkt** *m* intersection. — **~ˌschruppˌbank** *f tech.* axle-roughing lathe. — **~ˌstab** *m zo.* notochord, chorda dorsalis. — **~ˌstrahl** *m phys.* (*der Linse*) axial ray. — **~ˌstumpf** *m tech.* extension shaft. — **~sym·meˌtrie** *f math.* axial symmetry. — **a~symˌme·trisch** *adj* **1.** *math.* axially symmetric(al). – **2.** (*optics*) symmetric(al) about an axis. — **~ˌwin·kel** *m phys.* axial angle. — **~zyˌlin·der** *m med. zo.* axis cylinder, neurite; neuraxon, *auch* neuraxone (*scient.*).

ˈAchs|ˌfe·der *f tech.* axle spring. — **a~ˌflie·hend** *adj phys.* axifugal. — **~geˌhäu·se** *n tech.* axle housing (*od.* casing, box). — **a~geˌrecht** *adj* endwise. — **~ˌhe·ber** *m auto.* axle jack. — **~ˌholz** *n tech.* (*an Pferdewagen*) splinter bar.

ach·si·al [aˈksi̯aːl] *adj wrongly used for* **axial.** — **A~verˌset·zung** *f aer.* axial displacement.

ˈach·sig *adj cf.* **axial.**

...ˌach·sig *adj combining form denoting* a) ...axial, b) *tech.* -axled: **zwei~** biaxial, two-axled.

ˈAch·sig·keit *f* ⟨-; *no pl*⟩ axiality.

ˈAchs|ˌkap·pe *f auto.* axle (*od.* hub) cap. — **~ˌke·gelˌrad** *n* differential side gear. — **~ki·loˌme·ter** *m* (*railway*) *econ.* mileage covered. — **~ˌkopf** *m tech.* universal joint housing. — **~ˌla·ge** *f* axial position. — **~ˌla·ger** *n tech.* **1.** (axle *od.* journal) bearing: **doppeltes ~** yoke. — **2.** (*der Lokomotive*) axle (*od.* driving) box. — **~ˌlast** *f auto.* (*railway*) axle load: **zulässige ~** (*Höchstlast*) axle weight limit. — **~ˌmo·tor** *m tech.* gearless motor. — **~ˌmut·ter** *f* (*eines Fahrrads*) hub spindle nut. — **a~par·alˌlel** *adj math. phys. cf.* achsenparallel. — **~ˌpro·be** *f tech.* axle test. — **a~ˌrecht** *adj* **1.** *tech.* axial, endwise. – **2.** (*optics*) axial, in the direction of the (optical) axis. — **~ˌring** *m tech.* hurter.

ˈAchsˌschen·kel *m* **1.** *tech.* (axle) journal, axle swivel (*od.* neck). – **2.** *auto.* (steering) stub axle, axle (*od.* steering) stub, *Am.* steering knuckle: **Neigung des ~s** axle camber (*od.* dip). — **~ˌbol·zen** *m auto.* (*Lenkzapfen*) steering pivot pin, kingpin, steering swivel kingpin, *Am.* steering knuckle pin. — **~ˌlen·kung** *f* **1.** axle pivot steering. – **2.** (*als Bauteil*) king pin steering assembly. — **~ˌzap·fen** *m* pivot (*od.* swivel, *Am.* knuckle) pin.

ˈAchs|ˌschmierˌbüch·se *f tech.* axle grease box. — **~ˌschnitt** *m cf.* Achsenschnitt. — **~ˌstand** *m* wheel (*od.* axle) base. — **~ˌstift** *m* (*Vorstechstift*) (axle) pin, pintle, linchpin, *auch* lynchpin. — **~ˌstre·be** *f* torque rod (*od.* arm), axle tie rod. — **~ˌstum·mel** *m* axle stub (*od.* end), stub axle. — **~ˌüber·ˌset·zung** *f* rear axle ratio. — **~ˌun·terˌset·zung** *f* axle reduction. — **a~verˌsetzt** *adj* hypoid: **~es Getriebe** hypoid, gears *pl* with offset axes. — **~ˌwel·le** *f* axle (driving) shaft, half-axle, wheel (*od.* drive, live) shaft. — **~ˌwel·lenˌla·ger** *n* axle shaft bearing. — **~ˌwir·bel** *m phys. aer.* axial vortex (*od.* eddy). — **~ˌzap·fen** *m auto. cf.* Achsschenkelbolzen.

acht [axt] *adj* ⟨*cardinal number*⟩ eight: **wir sind zu ~** there are eight of us; **~ und vier macht zwölf** eight and four is (*od.* are, make[s]) twelve; **es ist ~** (**Uhr**) it is eight o'clock; **um ~** at eight (o'clock); **ein Viertel vor** [**nach**] **~** a quarter to [past] eight; **halb acht** half past seven; **Punkt ~** at eight o'clock sharp; **Schlag ~** on the stroke of eight; **alle ~ Tage** once a week; **auf ~ Tage** for a week; **in** (*od.* **binnen**) **~ Tagen** within a week; **heute in ~ Tagen** a week from today, *bes. Br.* today week; **über ~ Tage** a week from today, *bes. Br.* today week, a week hence (*lit.*); **vor ~ Tagen** a week ago; **heute** [**gestern**] **vor ~ Tagen** a week ago today [yesterday].

Acht[1] *f* ⟨-; -en, *auch* -er⟩ **1.** (*Ziffer, Spielkarte etc*) eight: **eine arabische** [**römische**] **~** an arabic [a Roman] eight; **die Herz ~** the eight of hearts. – **2.** (*sport*) (*Achtermannschaft*) eight. – **3.** (*sport*) (*im Eiskunstlauf*) figure eight, *auch* figure of eight: **eine ~ fahren** to cut a figure eight. – **4.** *aer.* eight: **faule ~** lazy eight; **~ in der Querlage** four-bank eight; **~ um den Wendeturm** eight on pylon. – **5.** *colloq.* (*Am.* streetcar, *bes. Br.* tram) number eight. – **6.** *colloq.* (*an der Fahrradfelge*) twisted rim. – **7. Goldene ~** *zo.* sulphur (butterfly) (*Colias hyale*).

Acht[2] *f* ⟨-; *no pl*⟩ **1.** *jur. hist.* a) (*Verbannung*) outlawry, proscription, b) *antiq.* (*Scherbengericht*) ostracism: **j-n in die ~ erklären, j-n in ~ und Bann tun, die ~ über j-n aussprechen** to outlaw (*od.* proscribe) s.o., to lay (*od.* place) s.o. under the ban; **j-n von der ~ befreien** to inlaw s.o., to clear s.o. of outlawry. – **2.** *fig.* (*gesellschaftliche Ächtung*) ostracism: **in ~ und Bann stehen** to suffer ostracism; **er wurde in ~ und Bann getan** he was ostracized. – **3.** *pol.* boycott: **j-n in ~ und Bann tun** to boycott s.o.

Acht[3] *f* ⟨-; *no pl*⟩ **1.** *obs. for* **Aufmerksamkeit** *except in* **etwas aus der** (*od.* **aus aller**) **~ lassen** *cf.* **etwas außer a~ lassen**; **du mußt die größte ~ geben** you have to be extremely careful. – **2.** (*mit Kleinschreibung*) **etwas außer a~ lassen** to disregard (*od.* ignore) s.th., to pay no attention (*od.* heed) to s.th.; **wir dürfen nicht außer a~ lassen, daß** it should be borne in mind that; **etwas in a~ nehmen** to take care of s.th., to look after s.th., to be careful about s.th.; **wir müssen unsere Gesundheit in a~ nehmen** we must look after our health; **etwas nicht in a~ nehmen** to neglect s.th.; **sich vor j-m** [**etwas**] **in a~ nehmen** to beware of s.o. [s.th.], to guard oneself against s.o. [s.th.]; **nimm dich in a~!** be careful! watch your step! **nimm dich in a~, daß du nicht** be careful not to, mind you don't.

ˈacht|ˌar·mig [-ˌʔarmɪç] *adj* **1.** *bes. zo.* eight-armed; octopod(ous), octobrachiate (*scient.*). – **2.** (*Leuchter etc*) eight-armed (*od.* -branched). — **~ˌäu·gig** *adj bes. zo.* eight-eyed, octonocular (*scient.*). — **~ˌbän·dig** [-ˌbɛndɪç] *adj* eight-volumed: **ein ~es Lexikon** an eight-volume encyclop(a)edia, an encyclop(a)edia in eight volumes.

ˈacht·bar *adj lit.* **1.** (*ehrbar*) respectable, estimable, honorable, *bes. Br.* honourable. – **2.** (*von gutem Ruf*) reputable, creditable: **eine ~e Firma** a reputable firm, a firm of good standing. — **ˈAcht·bar·keit** *f* ⟨-; *no pl*⟩ *lit.* **1.** respectability, honorableness, *bes. Br.* honourableness. – **2.** reputability, creditableness.

ˈacht|ˌbäs·sig [-ˌbɛsɪç] *adj mus.* (*Akkordeon etc*) with eight bass buttons. — **~ˌbei·nig** *adj zo.* (*Spinnentiere*) eight-legged, octopod(ous) (*scient.*). — **~ˌblät·te·rig, ~ˌblätt·rig** *adj bot.* eight-leaved; octophyllous, (*von Blumenkronen*) octopetalous (*scient.*).

ˈAchtˌbrief *m jur. hist.* writ (*od.* letter) of outlawry, *auch* letter of proscription.

ˈach·te I *adj* ⟨*ordinal number*⟩ **1.** eighth: **der ~ Teil** the eighth part; **~s Kapitel** eighth chapter; **das ~ Kind** the eighth child; **er ist der ~** (*der Reihenfolge nach*) he is (the) eighth; **am ~n Mai** on the eighth of May; **den ~n Mai** (on) May the eighth, (on) the eighth of May. – **II A~** *m, f* ⟨-n⟩ **2.** (*Rangordnung*) (the) eighth: **er ist der** [**sie ist die**] **A~** he [she] is the eighth. – **3.** (*zeitlich*) the eighth: **heute ist der A~** today is the eighth; **bis zum A~n des Monats** by the eighth of this month. – **4.** *hist.* the eighth: **Heinrich der A~** Henry the Eighth, Henry VIII.

ˈAcht|ˌeck *n math.* octagon. — **a~ˌeckig** (*getr.* -k·k-) *adj* eight-sided, octagonal, octangular. — **a~ˌeinˈhalb** [ˌaxt-] *adj* eight and a half.

ˈAch·tel I *n, Swiss usually m* ⟨-s; -⟩ **1.** eighth (part): **ein ~ der Summe** an eighth of the sum. – **2.** *colloq. for* **Achtelliter, Achtelpfund.** – **3.** *mus. cf.* **Achtelnote.** – **4.** *econ.* (*der Aktien*) eighth share. – **II a~** *adj* ⟨*attrib*⟩ **5.** eighth: **ein a~ Zentner** an eighth of a centner.

ˈAch·tel|ˌci·ce·ro *f print.* (*Durchschuß*) eight to pica. — **~fiˌna·le** *n* (*sport*) round of the last sixteen, eighth-final(s *pl*) (*rare*). — **~forˌmat** *n, auch* **~ˌgrö·ße** *f* octavo volume (*od.* size). — **~ˌki·lo** *n* eighth of a kilogram(me). — **~ˌkreis** *m math.* octant (of a circle). — **~ˌli·ter** *n, auch m* eighth of a liter (*bes. Br.* litre). — **~ˌmei·le** *f* eighth of a mile, furlong.

ach·teln [ˈaxtəln] *v/t* ⟨h⟩ divide (*s.th.*) into eight (equal) parts.

ˈAch·tel|ˌno·te *f mus.* eighth note, quaver. — **~ˌpau·se** *f* eighth-note (*od.* quaver) rest. — **~peˌtit** *f print.* twelve to pica, one point, hairspace. — **~ˌpfund** *n* eighth of a (German) pound. — **~ˌtakt** *m mus.* eighth-note (*od.* quaver) time. — **~ˌton** *m mus.* eighth-tone. — **~ˌton·ne** *f* eighth of a ton. — **~ˌzent·ner** *m* eighth of a centner.

ach·ten [ˈaxtən] **I** *v/t* ⟨h⟩ **1.** (*schätzen*) esteem, hold (*s.o.*) in (high) esteem, respect: **j-n ~** to hold s.o. in (high) esteem, to have a high opinion of s.o., to think highly of s.o.; **ehren und ~** to hono(u)r and respect; **sehr geachtet werden** to be highly esteemed; **von j-m sehr geachtet werden** to stand high in s.o.'s esteem (*od.* regard); **allgemein geachtet werden** to be held in general esteem; **j-n** (*od. obs.* **j-s**) **nicht ~** to disrespect s.o., to show little respect for s.o.; **ich achte ihn wenig** I have little regard for him; **einer acht's, der andere verlacht's, was macht's?** (*Sprichwort*) whether you respect it or scorn it, the world will go on just the same. – **2.** (*respektieren*) respect, value, (pay) regard (to): **j-s Gefühle ~** to respect s.o.'s feelings; **wir ~ seine Grundsätze** we respect his principles; **eine Mahnung nicht ~** to disregard a warning; **sein Leben nicht ~** to hold one's life cheap; **kein Ansehen der Person ~** to be no respecter of persons. – **3.** (*beachten*) observe, respect: **die Gesetze ~** to observe (*od.* abide by) the laws; **wer's nicht achtet, dem tut's nicht weh** (*Sprichwort*) don't pay too much attention to it and you won't get hurt. – **4.** *lit.* (*erachten*) believe, consider, deem (*lit.*): **es für richtig ~** to think it right (*od.* proper); **es für seine Pflicht ~** to consider it (to be) one's duty; **es für eine Schande ~** to consider it (to be) a disgrace; **j-n einer Sache würdig ~** *archaic* to deem s.o. worthy of s.th. – **II** *v/i* **5. auf** (*acc*) **etwas ~** a) (*Aufmerksamkeit richten*) to pay attention (*od.* regard) to s.th., to take notice of s.th., to heed s.th. (*lit.*), b) (*aufpassen*) to look (*od.* watch) out for s.th., to mind s.th., c) (*im Auge behalten*) to watch s.th., to keep an eye on s.th., d) (*Wert legen*) to attach importance to s.th., to set store by s.th., e) (*schonend behandeln*) to be careful with s.th.: **er achtet auf alles** nothing escapes his notice; **er achtete auf ihre Warnung** [**auf ihre Worte**] he heeded her warning [her words]; **nicht auf j-s Rat ~** to disregard (*od.* pay no regard to) s.o.'s advice; **achte nicht darauf!** take no notice of it! **auf etwas besonders ~** to pay special attention to s.th.; **achte auf meine Worte!** mark my words! **~ Sie darauf, daß** see to it that; **ich achtete darauf, daß ich** [**nicht**] I was careful [not] to; **ohne auf** (*acc*) **zu ~** irrespective of; **~ Sie auf die Stufen!** mind the steps! **auf den Verkehr ~** to look out for (*od.* watch) the traffic; **er achtet sehr auf gutes Benehmen** he attaches great importance to good manners; **sie achtet nicht auf ihr Äußeres** she doesn't bother about her appearance; **er achtet sehr auf seine Kleider** he is very careful with his clothes. – **6. auf j-n ~** a) (*Aufmerksamkeit richten*) to pay attention to s.o., to take notice of s.o., b) (*aufpassen*) to look out (*od.* watch) for s.o., c) (*behüten*) to take care of s.o., to look after s.o., d) (*im Auge behalten*) to watch s.o., to keep an eye on s.o.: **~ Sie nicht auf ihn!** take no notice of him; **achte bitte auf das Kind!** please look after the baby! **~ Sie auf diesen Mann!** keep an eye on this man! – **7.** *obs. for* **denken** 11, **meinen** 4. – **III A~** *n* ⟨-s⟩ **8.** *verbal noun.* – **9.** *cf.* **Achtung** 1. – **10.** *obs. for* **Erachten.**

äch·ten [ˈɛçtən] **I** *v/t* ⟨h⟩ **1.** *jur. hist.* a) outlaw, ban, proscribe, b) *antiq.* ostracize *Br. auch* -s-. – **2.** *fig.* ban, proscribe (*lit.*): **ächtet die Atomwaffen!** ban nuclear arms! "Ban the Bomb!" – **3.** *fig.* (*aus der Gesellschaft ausstoßen*) ostracize *Br. auch* -s-, send (*s.o.*) to Coventry. – **II Ä~** *n* ⟨-s⟩ **4.** *verbal noun.* – **5.** *cf.* **Ächtung.**

ˈach·tend I *pres p.* – **II** *adj* (**auf** *acc* of) regardful, heedful, mindful: **nicht auf etwas ~** disregardful (*od.* unheedful, unmindful, unthoughtful) of s.th.; **sich selbst ~** self-regarding (*od.* -respecting); **ein die Gesetze ~er Bürger** a law-abiding citizen.

ˈäch·tend I *pres p.* – **II** *adj* proscriptive.

ˈAchtˌen·der [-ˌʔɛndər] *m* ⟨-s; -⟩ *hunt.* stag (*od.* deer) with eight tines, four-pronger.

ˈach·tens *adv* eighth(ly), in (the) eighth place.

ˈach·tens|ˌwert, *auch* **~ˌwür·dig** *adj* **1.** (*achtbar*) respectable, estimable, honorable, *bes. Br.* honourable. – **2.** (*ehrenwert*) honest, sincere.

ˈAch·ter I *m* ⟨-s; -⟩ **1.** (*sport*) (*Ruderboot*) eight, eight-oar: **der Deutschlandachter** the German eight. – **2.** (*sport*) (*im Eiskunstlauf*) figure eight, *auch* figure of eight: **~ auf einem Fuß** one-foot figure eight. – **3.** *dial. od. colloq. for* **Acht**[1] 2, 5, 6. – **4.** *hunt.*

cf. Achtender. – **5.** *mil. colloq.* member of regiment number eight. – **6.** *colloq.* wine from the year 08 (of a century). – **7.** *colloq. cf.* Acht[1] 6.

ˈach·ter *prep mar.* (*hinter*) abaft.

ˈÄch·ter *m* ⟨-s; -⟩ *jur. hist.* **1.** (*Geächteter*) outlaw(ed person). – **2.** proscriber.

ˈach·terˌaus *adv mar.* astern, sternward(s): ~ gehen to go astern, to have sternway; ~ sacken to fall (*od.* drop) astern; Bewegung ~ sternway; ~ laufen, Fahrt ~ machen to make sternway; ~! (*Richtungsangabe*) right astern!

ˈAch·ter|ˌausˌschuß *m pol.* committee of eight. — **~ˌbahn** *f* (*am Rummelplatz*) *Am.* roller coaster, *Br.* big dipper, *Br.* switchback (railway). — **~beˌwe·gung** *f* figure-of-eight motion. — **~ˌboot** *n* **1.** (*Rennboot*) eight. – **2.** (*Trainingsboot*) tub-eight. — **~ˌbrücke** (*getr.* -k·k-) *f mar.* warping (*od.* docking) bridge, after bridge. — **~ˌdeck** *n mar.* quarterdeck, afterdeck: erhöhtes ~ poop deck; Kajüte unter dem ~ poop cabin. — **~ˌeinˌmalˌeins** *n* eight times table. — **~ˌen·de** *n mar.* aft (*od.* rear) end, afterend. — **~ˌflicken** (*getr.* -k·k-) *m Northern G. dial.* (*Schuhabsatz*) heel. — **~ˌgä·ste** *pl mar.* afterguard *sg.* — **~ˌgrup·pe** *f* group of eight, octet(te), octad (*scient.*). — **~ˌho·ler** *m mar.* (*beim Spinnaker*) backhaul. — **~kaˌstell** *n mar. hist.* (*von Koggen etc*) aftercastle, *auch* sterncastle.

ˈAcht·erˌklä·rung *f jur. hist.* sentence of outlawry (*od.* proscription).

ˈAch·ter|ˌkno·ten *m mar. cf.* Achtknoten. — **~ˌkrei·sen** *n* ⟨-s⟩ (*beim Turnen*) movement in the form of a figure eight. — **~ˌla·deˌraum** *m mar.* afterhold.

ˈach·terˌla·stig [-ˌlastɪç] *adj mar.* (*Schiff*) (down) by the stern, stern-heavy: ~ trimmen to trim by the stern. — **ˈAch·terˌla·stig·keit** *f* ⟨-; *no pl*⟩ trim (down) by the stern.

ˈAch·ter·laˌter·ne *f mar.* stern light.

ˈach·terˈlei *adj* ⟨*invariable*⟩ of eight (different) kinds (*od.* sorts, types): ~ Gewürze eight kinds of spice.

ˈAch·terˌlei·ne *f mar.* stern fast (*od.* line, rope).

ˈach·ter·lich *mar.* **I** *adj* stern, sternward(s): ~er Wind free (*od.* following) wind; ~e See stern (*od.* following) sea; ~er als quer(ab) abaft the beam; ~st sternmost. – **II** *adv* sternward(s).

ˈAch·ter|ˌliek *n mar.* (*bei Schratsegeln*) after leech. — **~ˌlu·ke** *f* after hatch(way). — **~ˌmann·schaft** *f* (*im Rudersport etc*) eight. — **~ˌmast** *m mar.* **1.** (*eines Segelschiffs*) aftermast, miz(z)enmast, miz(z)en. — **2.** (*eines Viermasters*) jigger(mast).

ach·tern[1] [ˈaxtərn] *adv mar.* aft, astern, apoop: nach ~ zu abaft, astern; nach ~ kommen to come aft; nach ~ treiben to make sternway; von vorn bis ~ from stem to stern; Fahrt nach ~ sternway; alle Mann nach ~! lay aft! Backbord ~ on the port quarter.

ˈach·tern[2] *v/i* ⟨h⟩ *colloq.* (*vom Rad*) wobble, *auch* wabble.

ˈAch·ter|ˌpiek *f mar.* afterpeak. — **~ˌrei·he** *f* row of eight: in ~n marschieren to march in rows of eight. — **~ˌren·nen** *n* (*im Rudersport*) eights race. — **~ˌrie·men** *m* (*sport*) (*Boot mit 8 Riemen*) eight, shell. — **~ˌscha·le** *f nucl.* octet shell. — **~ˌschal·tung** *f electr.* superphantom circuit. — **~ˌschiff** *n mar.* afterbody, after ship: am (*od.* im) ~ liegend (*od.* gelegen) astern; gegen das ~ stoßen (*od.* anstürmen) (*von Wind etc*) to quarter.

ˈach·terst *adj mar.* sternmost.

ˈAch·ter|ˌstag *n mar.* (permanent [*od.* standing]) backstay. — **~ˌste·ven** *m* **1.** *mar.* sternpost: über den ~ auslaufen to go out stern first. – **2.** *fig. colloq. for* Gesäß 1. — **~ˌtour** *f*, **~ˌtou·ren·verˌband** *m*, **~verˌband** *m med.* figure of eight, figure-of-eight bandage. — **~ˌwick·lung** *f electr.* figure-eight winding. — **~ˌzelt** *n* eight-man tent.

ˈachtˌfach I *adj* eightfold, octuple: die ~e Stärke von etwas haben to be eight times bigger than s.th.; ~e Vergrößerung an enlargement eight times the size. – **II** *adv* eightfold, eight times: sich ~ vermehren to increase eightfold. – **III A~e, das** ⟨-n⟩ the eightfold (amount): vierundzwanzig ist das A~e von drei twenty-four is eight times three; der Preis hat sich um das A~e erhöht the price has risen eightfold, the price has gone up eight times as high.

ˈachtˌfal·tig *adj* having eight pleats.

ˈachtˌfäl·tig [-ˌfɛltɪç] **I** *adj* eightfold, octuple. – **II** *adv* eightfold.

ˈAcht|ˌflach *n math. min.* octahedron. — **a~ˌflä·chig** *adj* octahedral. — **~ˌfläch·ner** [-ˌflɛçnər] *m* ⟨-s; -⟩ *cf.* Achtflach. — **a~ˌför·mig** *adj* shaped like a figure eight, figure-eight (*attrib*). — **a~ˌfü·ßig** [-ˌfyːsɪç] *adj* **1.** *zo.* having eight feet, octopod(ous) (*scient.*). – **2.** *metr.* octonarian, octameter (*attrib*): ~er Vers octameter, octonarian. — **~ˌfußˌton** *m mus.* eight-foot note. — **~ˌgang·geˌtrie·be** *n tech.* eight-speed transmission.

ˈachtˌge·ben *v/i* ⟨*irr, sep,* -ge-, h⟩ **1.** (*aufpassen*) watch (*od.* look) out, be careful, take care: gebt acht, da kommt ein Auto! look out, there is a car coming! geben Sie bitte acht auf die Stufen! mind the steps, please! auf den Verkehr ~ to look out for the traffic; gebt acht! look (*od.* watch) out! gib acht, daß dir nichts zustößt! be careful that nothing happens to you! ich hätte besser ~ sollen I should have been more careful; gib acht, morgen wird es schön! *colloq.* we shall have fine weather tomorrow, you'll see. – **2.** (*Aufmerksamkeit richten*) (auf *acc* etwas) pay attention (*od.* regard, heed) (to s.th.), take notice (of s.th.), heed (s.th.) (*lit.*): genau ~ to pay close attention; gib acht auf meine Warnung! heed my warning! gib acht auf seine Worte! mark his words! – **3.** auf j-n ~ (*sich kümmern*) take care of s.o., look after s.o.

ˈacht|ˌglie·de·rig, ~ˌglied·rig *adj* eight-membered, having eight members.

ˈachtˌha·ben *v/i* ⟨*irr, sep,* -ge-, h⟩ **1.** *lit. for* achtgeben. – **2.** *only in* einer Sache ~ *obs.* to pay attention (*od.* heed) to s.th., to take notice of s.th. – **3.** *bes. Austrian mil.* habt acht! (*Kommando*) attention!

ˈachtˈhun·dert *adj* ⟨*invariable*⟩ eight hundred. — **A~ˌjahrˌfei·er** *f* eighth centenary.

ˈachtˌjäh·rig *adj* **1.** of eight years, eight-year-old (*attrib*), eight years old (*pred*): ein ~es Kind an eight-year-old child, a child of eight. – **2.** of eight years, octennial (*scient.*): nach ~er Pause after an interval of eight years; nach ~er Amtszeit after eight years in office.

ˈacht|ˌjähr·lich *adj* every eighth year, octennial (*scient.*). — **~ˌkan·tig** *adj bes. tech.* octagonal. — **A~ˌkant·ma·te·riˌal** *n metall.* octagon stock. — **~ˌklap·pig** [-ˌklapɪç] *adj bot.* octovalve, octovalvous, octovalvular. — **A~ˌkno·ten** *m mar.* figure(-of)-eight knot, figure (of) eight.

ˈacht·los I *adj* **1.** (*unaufmerksam*) inattentive, heedless, unheeding. – **2.** (*unbesonnen*) careless, heedless: eine ~e Bemerkung a careless remark. – **3.** (*respektlos*) disrespectful, discourteous: ein ~es Benehmen disrespectful behavio(u)r. – **II** *adv* **4.** heedlessly, unheeding(ly): er ging ~ vorüber he walked past unheeding; etwas ~ fallen lassen to drop s.th. heedlessly, to let s.th. flop. — **ˈAcht·lo·sig·keit** *f* ⟨-; *no pl*⟩ **1.** inattention, heedlessness: aus ~ through inattention. – **2.** carelessness, heedlessness. – **3.** disrespect, discourtesy.

ˈacht|ˌmal *adv* eight times. — **~ˌma·lig** *adj* repeated eight times: mit ~er Wiederholung with eight repetitions. — **~ˌmo·na·tig** *adj* **1.** of eight months, eight-month-old (*attrib*), eight months old (*pred*): ein ~es Kind an eight-month-old child. – **2.** of eight months, eight-month (*attrib*): ein ~er Aufenthalt a stay of eight months. — **~ˌmo·nat·lich I** *adj* (arriving *etc*) every eighth month. – **II** *adv* every eight months.

ˌAchtˈmo·natsˌkind *n med.* eight-month baby.

ˈAcht|ˌpfün·der [-ˌpfʏndər] *m* ⟨-s; -⟩ eight pounder. — **a~ˌpfün·dig** [-ˌpfʏndɪç] *adj* weighing eight pounds. — **a~ˌpo·lig** [-ˌpoːlɪç] *adj tech.* (*Generator etc*) eight-pole (*attrib*), octopolar. — **~ˌpolˌröh·re** *f tech.* eight-electrode tube (*bes. Br.* valve), hexagrid valve, hectode. — **~ˌpunktˌschrift** *f print.* eight-point type, brevier. — **a~ˌrä·de·rig** [-ˌrɛːdərɪç], **a~ˌräd·rig** [-ˌrɛːdrɪç] *adj* eight-wheel(ed), with eight wheels.

ˈacht·sam *adj* **1.** (*aufmerksam*) attentive, observant, heedful, circumspect, mindful, watchful: seinem ~en Auge entgeht nichts nothing escapes him (*od.* his watchful eye). – **2.** (*behutsam*) careful, cautious. — **ˈAcht·sam·keit** *f* ⟨-; *no pl*⟩ **1.** attention, heedfulness, heed, circumspection, circumspectness, mindfulness, watchfulness. – **2.** carefulness, care, caution.

ˈacht|ˌsäu·lig [-ˌzɔʏlɪç] *adj arch.* with (*od.* having) eight columns; octastyle, octostyle (*scient.*). — **~ˌschil·dig** [-ˌʃɪldɪç] *adj her.* having eight quarterings on the shield. — **~ˌsei·tig** *adj* **1.** octagonal. – **2.** (*Broschüre etc*) of eight pages, eight-paged. — **~ˌsil·big** [-ˌzɪlbɪç] *adj ling. metr.* octosyllabic: ~es Wort octosyllable, octosyllabic word; ~er Vers octosyllabic verse, octosyllabic. — **~ˌspal·tig** *adj* eight-columned, with eight columns. — **A~ˌspän·ner** [-ˌʃpɛnər] *m* eight-horse coach, carriage and eight. — **~ˌspän·nig** [-ˌʃpɛnɪç] *adj* eight-horse (*attrib*). — **A~ˌstek** *m mar. cf.* Achtknoten. — **~ˌstel·lig** [-ˌʃtɛlɪç] *adj* (*Zahl*) eight-figure (*attrib*). — **~ˌstöckig** (*getr.* -k·k-) [-ˌʃtœkɪç] *adj* eight-storeyed (*bes. Am.* -storied). — **~ˌstro·phig** [-ˌʃtroːfɪç] *adj* consisting of eight stanzas, eight-stanza (*attrib*): das Gedicht ist ~ the poem consists of (*od.* has) eight stanzas. — **A~ˈstun·denˌtag** [ˌaxt-] *m* eight-hour day. — **~ˌstün·dig** [-ˌʃtʏndɪç] *adj* eight-hour (*attrib*), of eight hours. — **~ˌstünd·lich** *adj u. adv* every eight hours. — **~ˌtä·gig** *adj* eight-day (*attrib*), of eight days (*od.* a week). — **~ˌtäg·lich I** *adj* **1.** (*wöchentlich*) weekly. – **2.** once in eight days. – **II** *adv* **3.** every eight days, weekly. — **~ˌtak·tig** [-ˌtaktɪç] *adj metr.* octameter, octometer (*beide attrib*). — **~ˈtau·send** *adj* ⟨*invariable*⟩ eight thousand. — **A~ˈtau·sen·der** *m* ⟨-s; -⟩ mountain of eight thousand meters (*bes. Br.* metres). — **~ˌtei·lig** *adj* **1.** of eight parts, eight-piece (*attrib*). – **2.** *bot. zo.* octamerous, octomerous. — **~ˌundˈacht·zig** *adj* ⟨*invariable*⟩ eighty-eight. — **A~ˌundˈvier·zi·ger** *m hist.* revolutionary of (the year) 1848, forty-eighter. — **~ˌundˈzwan·zig** *adj* ⟨*invariable*⟩ twenty-eight.

ˈAch·tung *f* ⟨-; *no pl*⟩ **1.** (*Respekt, Wertschätzung*) respect, regard, esteem, estimation: vor j-m ~ haben to have respect for s.o.; ~ vor dem Gesetz [dem Menschen] respect for the law [the individual]; aus ~ vor j-m in (*od.* out of) deference to s.o.; ~ vor sich selbst self-respect; j-m ~ erweisen (*od.* zollen) to show regard for s.o.; j-m ~ einflößen to fill s.o. with respect, to instil(l) respect in s.o.; ~ gebieten to command respect; j-s ~ verdienen to earn s.o.'s respect; j-m [einer Sache] ~ verschaffen to compel respect for s.o. [s.th.]; j-s ~ verlieren to lose s.o.'s respect; j-m [einer Sache] seine ~ versagen to withhold respect from s.o. [s.th.]; alle ~! *colloq.* hats off! mit ~ with respect, respectfully; bei aller ~ vor j-m [etwas] with all respect for s.o. [s.th.]; große ~ genießen to be highly regarded; sich allgemeiner ~ erfreuen to be held in general esteem; bei j-m in hoher ~ stehen to stand high in s.o.'s regard; in j-s ~ sinken to sink in s.o.'s estimation; er stieg etwas in meiner ~ he rose somewhat in my opinion; geringe [große, hohe] ~ vor j-m haben to have little [a great, high] regard for s.o. – **2.** (*Warnruf*) ~! a) look (*od.* watch) out! b) *bes. mil.* attention! ~, Stufen! mind the steps; ~, bissiger Hund beware of the dog; ~, Bauarbeiten! (*Warnzeichen*) danger (*od.* caution), men at work! ~, Hochspannung! danger! high voltage! ~! Präsentiert das Gewehr! *mil.* present arms! ~! Aufnahme! (*film*) quiet! action! ~! Fertig! Los! (*sport*) on your mark(s)! get set! go! *bes. Am.* ready! set! go! *Br.* ready, steady, go! – **3.** ~! *hunt. Br.* ware!

ˈÄch·tung *f* ⟨-; -en⟩ **1.** *cf.* Ächten. – **2.** *jur. hist.* a) outlawry, proscription, b) *antiq.* ostracism. – **3.** *fig.* (*politische, wirtschaftliche*) ban, outlawry. – **4.** *fig.* (*gesellschaftliche*) ostracism.

ˈach·tung·geˌbie·tend *adj* commanding (respect), (*stärker*) imposing (respect): eine ~e Gestalt an imposing figure.

ˈAch·tungs|apˌplaus *m* respectful applause. — **~beˌzei·gung, ~beˌzeu·gung** *f* mark (*od.* token) of esteem. — **~erˌfolg** *m* succès d'estime.

ˈÄch·tungs·geˌsetz *n jur. hist.* proscriptive law.

ˈach·tungs|los *adj* disrespectful, respectless. — **~ˌvoll I** *adj* respectful, deferential. – **II** *adv* respectfully, with respect. — **~ˌwid·rig** *adj* disrespectful, irreverent. — **A~ˌwid·rig·keit** *f* disrespectfulness, irreverence. — **~ˌwür·dig** *adj cf.* achtenswert.

ˈacht|ˌwer·tig *adj* **1.** *chem.* octavalent. – **2.** *math.* eight-valued. — **~ˌwin·ke·lig, ~ˌwink·lig** *adj math.* octangular. — **~ˌwö-**

chent·lich I *adj* every eighth week. – **II** *adv* every eight weeks. — **~ˌwö·chig** [-ˌvœçɪç] *adj* **1.** of eight weeks, eight-week-old (*attrib*), eight weeks old (*pred*). – **2.** of eight weeks, eight-week (*attrib*): eine **~e** Seereise a voyage of eight weeks.

acht·zehn ['axtseːn] **I** *adj* ⟨*invariable*⟩ eighteen: ~ Uhr six p.m.; er ist ~ (Jahre alt) he is eighteen (years old). – **II A~** *f* ⟨-; *no pl*⟩ (*Zahl etc*) eighteen. — **A~ˌen·der** [-ˌʔɛndər] *m* ⟨-s; -⟩ *hunt.* stag of eighteen points, head of eighteen points, nine-pronger. —**~ˌflä·chig** *adj min.* octodecimal. — **~ˌjäh·rig I** *adj* eighteen-year-old (*attrib*), eighteen years old (*pred*). – **II A~e** *m, f* ⟨-n; -n⟩ eighteen-year-old.

'**acht|zehn·te I** *adj* eighteenth. – **II A~** *m, f, n* ⟨-n⟩ eighteenth. — **~zehn·tel I** *adj* eighteenth. – **II A~** *n* ⟨-s; -⟩ eighteenth (part).

'**acht|zehn·tens** *adv* in the eighteenth place, eighteenthly. — **A~ˌzei·ler** [-ˌtsaɪlər] *m* ⟨-s; -⟩ *metr.* stanza of eight verses, octonary. — **~ˌzei·lig** [-ˌtsaɪlɪç] *adj* eight-line (*attrib*), of eight lines: eine **~e** Strophe a stanza of eight lines, an eight-line stanza (*od.* verse), an octave. — **~ˌzif·fe·rig** [-ˌtsɪfərɪç], **~ˌziff·rig** [-ˌtsɪfrɪç] *adj* eight-figure (*attrib*).

acht·zig ['axtsɪç] **I** *adj* ⟨*invariable*⟩ eighty: ~ (Jahre alt) sein to be eighty (years old); mit ~ Sachen fahren *colloq.* to drive at eighty (kilometers [*bes. Br.* kilometres] an hour). – **II A~** *f* ⟨-; *no pl*⟩ (*Zahl, Alter*) eighty: sie ist Mitte (der) A~ she is in the mid eighties, she is halfway between eighty and ninety; er muß über A~ sein he must be over eighty.

'**acht·zi·ger I** *adj* ⟨*invariable*⟩ **1.** in den ~ Jahren des 19. Jahrhunderts in the eighties of the 19th century. – **II A~** *m* ⟨-s; -⟩ **2.** octogenarian, octogenary. – **3.** wine of the 1880 vintage. – **4.** *pl* die A~ (*Lebensjahre*) the eighties: in den A~n sein to be in the (*od.* one's) eighties; er ist hoch in den A~n he is in his late eighties, he is nearly ninety.

'**Acht·zi·ge·rin** *f* ⟨-; -nen⟩ *cf.* Achtziger 2.

'**Acht·zi·gerˌjah·re, die** *pl* the eighties.

'**acht·zi·ger'lei** *adj* of eighty kinds, of eighty different sorts.

'**acht·zig|ˌfach** *adj* eightyfold. — **~ˌjäh·rig I** *adj* octogenarian, eighty-year-old (*attrib*), eighty years old (*pred*). – **II A~e** *m, f* ⟨-n; -n⟩ octogenarian. — **~ˌmal** *adv* eighty times.

'**acht·zig·ste I** *adj* eightieth. – **II A~** *m, f, n* ⟨-n⟩ eightieth.

'**acht·zig·stel I** *adj* eightieth. – **II A~** *n* ⟨-s; -⟩ eightieth (part).

'**acht·zig·stens** *adv* in the eightieth place.

'**acht|ˌzöl·lig** [-ˌtsœlɪç], *auch* **~ˌzol·lig** [-ˌtsɔlɪç] *adj* eight-inch (*attrib*), of eight inches.

'**Acht·zyˌlin·der** *m* **1.** *cf.* Achtzylindermotor. – **2.** *colloq.* eight-cylinder (car). — **~ˌmo·tor** *m tech.* eight-cylinder engine: ~ in V-Anordnung eight-cylinder V-engine, *auch* V-eight engine; ~ in Reihenanordnung straight eight engine, eight-in-line engine.

'**acht·zyˌlin·drig** [-tsyˌlɪndrɪç] *adj* eight-cylinder (*attrib*), of eight cylinders.

Achy·lie [axy'liː] *f* ⟨-; -n [-ən]⟩ *med.* achylia (gastrica).

äch·zen ['ɛçtsən] **I** *v/i* ⟨h⟩ **1.** groan, moan: vor Schmerzen ~ to groan with pain; der Wagen ächzte unter der Last *fig.* the cart groaned under the load; der Wind ächzt in den Zweigen *poet.* the wind moans (*od.* sighs) in the branches. – **2.** *fig. cf.* knarren 1. – **II Ä~** *n* ⟨-s⟩ **3.** *verbal noun.* – **4.** groan, moan (*auch fig.*).

'**Äch·zer** *m* ⟨-s; -⟩ groan, moan.

Acid [a'tsiːt] *n* ⟨-s; -e⟩ *chem.* acid.

Aci·di·me·ter [atsidi'meːtər] *n chem.* acidity meter, acidimeter, pH-meter. — **Aci·di·me'trie** [-me'triː] *f* ⟨-; *no pl*⟩ acidimetry. — **aci·di'me·trisch** [-'meːtrɪʃ] *adj* acidimetric.

Aci·di·tät [atsidi'tɛːt] *f* ⟨-; *no pl*⟩ *chem.* acidity.

Aci·do·se [atsi'doːzə] *f* ⟨-; -n⟩ *biol. med.* acidosis.

Aci·dum ['aːtsidum] *n* ⟨-s; -da [-da]⟩ *chem. obs.* acid.

aci·nös [atsi'nøːs] *adj* acinar, acinic, acinose, acinous.

Acker (*getr.* -k·k-) ['akər] *m* ⟨-s; ¨⟩ *agr.* **1.** (ploughed, *bes. Am.* plowed) field: auf dem ~ arbeiten to work in the field. – **2.** (*Ackerland*) farmland, arable land. – **3.** (*Ackerboden*) soil, land: den ~ bestellen to till (*od.* cultivate) the soil; fetter [schlechter] ~ rich [poor] soil; der ~ des Herrn *obs.* the cemetery; das ist nicht auf seinem ~ gewachsen *fig.* that is not his own product; man soll nicht fremde Äcker pflügen, wenn die eigenen brachliegen (*Sprichwort*) do not meddle in other people's affairs whilst your own are left unattended. – **4.** ⟨*pl* Acker⟩ *obs.* (*Flächenmaß*) acre: zwanzig ~ Land twenty acres of land. — **~ˌamp·fer** *m bot.* sheep sorrel (*Rumex acetosella*). — **~ˌar·beit** *f* work in the fields. — **~ˌbal·dri·an** *m bot. cf.* Feldsalat.

'**acker·bar** (*getr.* -k·k-) *adj* arable, cultivable, tillable.

'**Acker|ˌbau** (*getr.* -k·k-) *m* ⟨-(e)s; *no pl*⟩ **1.** (*Landwirtschaft*) agriculture, (arable) farming, *auch* husbandry: ~ und Viehzucht farming and stockbreeding. – **2.** (*Feldbau*) cultivation (of land), tillage, culture: ~ treiben to till the soil. — **a~ˌbau·end** *adj* agricultural. — **~ˌbau·er** *m obs. for* Bauer[1] 1, Landmann.

'**AckerˌbauˌgeˌbIet** (*getr.* -k·k-) *n* area of cultivation (*od.* tillage). — **~geˌrät** *n meist pl cf.* Ackergerät. — **~ˌkun·de, ~ˌleh·re** *f* agronomy, agronomics *pl* (*usually construed as sg*). — **~ˌschu·le** *f* agricultural college. — **a~ˌtrei·bend** *adj* (*Volk etc*) agricultural. — **~ˌwis·sen·schaft** *f cf.* Ackerbaukunde.

'**Acker|ˌbee·re** (*getr.* -k·k-) *f bot.* dewberry (*Rubus caesius*). — **~ˌbeet** *n agr.* ridge between two furrows. — **~beˌstel·lung** *f* tillage, cultivation of the soil. — **~beˌto·nie** *f bot.* hedge nettle (*Stachys annua*). — **~ˌbo·den** *m agr.* arable (*od.* tillable) soil (*od.* land), ploughland, *bes. Am.* plowland. — **~ˌboh·ne** *f bot.* horse bean (*Vicia faba*). — **~ˌbrachˌwei·de** *f agr.* fallow pasture. — **~ˌbromˌbee·re** *f bot. cf.* Ackerbeere. — **~ˌbür·ger** *m hist.* townsman who cultivates some land. — **~ˌbut·terˌblu·me** *f bot. cf.* Ackerhahnenfuß. — **~ˌdi·stel** *f* creeping thistle, way (*od. in USA* Canada) thistle (*Cirsium arvense*). — **~ˌeh·renˌpreis** *m* field speedwell (*Veronica agrestis*).

'**Acke·rer** (*getr.* -k·k-) *m* ⟨-s; -⟩ plougher, *bes. Am.* plower, ploughman, *bes. Am.* plowman.

'**Acker|ˌerb·se** (*getr.* -k·k-) *f bot.* field pea (*Pisum sativum var. arvense*). — **~ˌer·de** *f cf.* Ackerkrume. — **~ˌeu·le** *f zo. cf.* Frostspanner. — **~ˌfa·denˌkraut** *n bot.* field cudweed (*Filago arvensis*). — **a~ˌfä·hig** *adj* arable, suitable for cultivation, fit for tillage. — **~ˌfeld** *n* field in (*od.* under) cultivation, tilled field. — **~ˌfilzˌkraut** *n bot. cf.* Ackerfadenkraut. — **~ˌflä·che** *f agr.* area of arable land. — **~ˌfrä·se** *f* tiller. — **~ˌfrau·enˌman·tel** *m bot.* field lady's-smock (*auch* lady smock) (*Alchemilla arvensis*). — **~ˌfrucht** *f agr. cf.* Feldfrucht 1. — **~ˌfuchs·ˌgras** *n bot. rare for* Quecke. — **~ˌfuchs·ˌschwanz** *m* hunger grass, slender foxtail, foxtail (grass) (*Alopecurus pratensis*). — **~ˌfur·che** *f agr.* furrow. — **~ˌfut·terˌbau** *m* cultivation of forage (*od.* fodder) plants. — **~ˌgän·seˌdi·stel** *f bot.* corn sow thistle (*Sonchus arvensis*). — **~ˌga·re** *f cf.* Bodengare. — **~ˌgauchˌheil** *m bot.* (scarlet) pimpernel, red chickweed, bird's-tongue (*Anagallis arvensis*). — **~ˌgaul** *m* farm horse, plough (*bes. Am.* plow) horse. — **~geˌrät** *n meist pl* agricultural (*od.* farm[ing]) implement (*od.* equipment). — **~geˌsetz** *n hist.* agrarian law. — **~ˌgren·ze** *f* field boundary. — **~ˌgrund** *m cf.* Ackerboden. — **~ˌgün·sel** *m bot.* ground pine (*Ajuga chamaepitys*). — **~ˌhah·nenˌfuß** *m* corn buttercup, corn crowfoot (*Ranunculus arvensis*). — **~ˌhalm** *m cf.* Ackerschachtelhalm. — **~ˌhauˌhe·chel** *f* restharrow (*Ononis repens*). — **~ˌhe·de·rich** *m cf.* Ackerrettich. — **~ˌhel·lerˌkraut** *n* (field) pennycress, fanweed, French weed, penny grass (*Thlaspi arvense*). — **~ˌhir·tenˌta·sche** *f cf.* Hirtentäschelkraut. — **~ˌhohlˌzahn** *m* red hemp nettle (*Galeopsis ladanum*). — **~hoˌlun·der** *m* dwarf elder, Danewort (*Sambucus ebulus*). — **~ˌhornˌkraut** *n* chickweed (*Cerastium arvense*). — **~(ˌhunds)kaˌmil·le** *f* corn (*od.* field) camomile (*od.* chamomile), corn mayweed (*Anthemis arvensis*). — **~ˌklee, 'Gel·ber** *m* hop trefoil, hop clover (*Trifolium campestre, T. procumbens*). — **~ˌknau·tie** *f* field knautia (*Knautia arvensis*). — **~ˌknecht** *m obs.* field laborer (*bes. Br.* labourer), ploughman, *bes. Am.* plowman, farmhand. — **~ˌknobˌlauch** *m bot.* a) wild (*od.* crow) garlic (*Allium vineale*), b) rocambole (*A. scorodoprasum*). — **~ˌkohl, 'Wei·ßer** *m* hare's-ear (*Conringia orientalis*). — **~ˌkratzˌdi·stel** *f cf.* Ackerdistel. — **~ˌkrebs** *m zo.* mole cricket (*Fam. Gryllotalpidae*). — **~ˌkres·se** *f bot. cf.* Schmalwand. — **~ˌkru·me** *f* surface (*od.* upper, tilled) soil, topsoil. — **~ˌkrummˌhals** *m bot.* wild (*od.* small) bugloss (*Lycopsis arvensis*). — **~kulˌtur** *f cf.* Ackerbau. — **~ˌland** *n* ⟨-(e)s; *no pl*⟩ arable (*od.* tilled) land, farmland, ploughland, *bes. Am.* plowland. — **~ˌleinˌkraut** *n bot.* flaxweed, toadflax, *Am.* butter-and-eggs (*Linaria vulgaris*). — **~ˌlö·wenˌmaul** *n cf.* Ackermaul. — **~ˌmann** *m* ⟨-(e)s; Ackerleute⟩ *obs. for* Bauer[1] 1. — **~ˌmänn·chen** *n zo.* **1.** *cf.* Bachstelze. – **2.** *cf.* Herbstmilbe. — **~ˌmaul** *n bot.* corn snapdragon (*Antirrhinum orontium*). — **~ˌmen·nig** *m cf.* Odermennig. — **~ˌmin·ze** *f* corn (*od.* field) mint, lamb's-tongue (*Mentha arvensis*). — **~ˌmohn** *m cf.* Klatschmohn. — **~ˌmüt·ter·chen** *n* love-in-idleness, heartsease, *Br. auch* heart's-ease, wild pansy, Johnny-jump-up (*Viola tricolor*).

ackern (*getr.* -k·k-) ['akərn] **I** *v/t* ⟨h⟩ **1.** *agr.* (*pflügen*) plough, *bes. Am.* plow, till, cultivate. – **II** *v/i* **2.** *agr.* plough, *bes. Am.* plow, till. – **3.** *fig. colloq.* work hard, toil, drudge. – **III A~** *n* ⟨-s⟩ **4.** *verbal noun.* – **5.** *agr.* tillage.

'**Acker|ˌnah·rung** (*getr.* -k·k-) *f* land sufficient to support a family. — **~ˌnes·sel** *f bot.* **1.** a) bee (*od.* hemp) nettle (*Galeopsis tetrahit*), b) hemp nettle (*G. ladanum*). – **2.** hedge (*od.* dead) nettle (*Lamium purpureum u. L. album*). — **~ˌnuß** *f cf.* a) Platterbse, b) Erdkastanie 1. — **~ˌpacht** *f cf.* Ackerzins. — **~parˌzel·le** *f* small plot (*od.* patch, parcel) of (arable) land, allotment. — **~ˌpferd** *n cf.* Ackergaul. — **~ˌpflug** *m* plough, *bes. Am.* plow. — **~ˌpfrie·men** *m bot.* dyer's green weed (*Genista tinctoria*). — **~ˌquecke** (*getr.* -k·k-) *f* quack (grass), couch (grass), quick (*od.* twitch, scutch) grass, witchgrass (*Agropyron repens*). — **~ˌra·de** *f* corn cockle (*od.* campion) (*Agrostemma githago*). — **~ˌrain** *m* ba(u)lk, ridge, bank. — **~ˌrauch** *m,* **~ˌrau·te** *f bot. cf.* Erdrauch 1. — **a~ˌreich** *adj* rich in arable land. — **~ˌret·tich** *m bot.* wild radish (*od.* rape), runch, jointed charlock (*Raphanus raphanistrum*). — **~ˌrin·gelˌblu·me** *f* field marigold (*Calendula arvensis*). — **~ˌrit·terˌsporn** *m* consound (*Delphinium consolida*). — **~ˌrö·te** *f* (blue) field madder (*Sherardia arvensis*). — **~saˌlat** *m cf.* Feldsalat. — **~ˌsauˌdi·stel** *f* corn sow thistle (*Sonchus arvensis*). — **~ˌschach·telˌhalm** *m* field horsetail, toadpipe, colt's-tail (*Equisetum arvense*). — **~ˌschäd·ling** *m agr.* field (*od.* garden) pest. — **~ˌschie·ne** *f* field rail, toolbar, implement bar (*od.* drawbar). — **~ˌschlei·fe,** **~ˌschlep·pe** *f* (*Bodenbearbeitungsgerät*) field drag, clod crusher (*od.* smasher, leveler, *bes. Br.* leveller). — **~ˌschlep·per** *m tech.* agricultural (*od.* farm) tractor. — **~ˌschna·belˌklee** *m bot.* bird's-foot trefoil (*Lotus corniculatus*). — **~ˌschna·belˌkraut** *n* storksbill (*Erodium cicutarium*). — **~ˌschnecke** (*getr.* -k·k-) *f zo.* gray (*bes. Br.* grey) field slug (*Agriolimax agrestis*). — **~ˌschol·le** *f agr.* clod, lump (of earth). — **~ˌsenf** *m bot.* charlock, chadlock, field (*od.* wild) mustard, kedlock (*Sinapis arvensis*). — **~ska·bio·se** [-skaˌbĭoːzə] *f* field scabious (*Knautia arvensis*).

'**AckersˌMann** (*getr.* -k·k-) *m* ⟨-(e)s; -leute⟩ *obs. for* Bauer[1] 1.

'**Acker|ˌspar·gel** (*getr.* -k·k-), **~ˌspark,** **~ˌsper·gel** *m bot.* (corn) spurr(e)y (*Spergula arvensis*). — **~ˌsporn** *m cf.* Ackerrittersporn. — **~ˌsteinˌsa·me** *m* corn (*od.* field) gromwell. bastard alkanet, wheat thief (*Lithospermum arvense*). — **~ˌstiefˌmüt·ter·chen** *n cf.* Ackermütterchen. — **~ˌstrehl** *m* lady's-comb (*Scandix pectenveneris*). — **~ˌstrei·fen** *m,* **~ˌstück** *n cf.* Ackerparzelle. — **~ˌtä·schel** [-ˌtɛʃəl] *n* ⟨-s; -⟩ *bot. cf.* Hirtentäschelkraut. — **~ˌtres·pe** *f* brome(grass) (*Bromus arvensis*). — **~ˌveil·chen** *n* corn bellflower, heartsease, *Br.* heart's ease (*Viola arvenis*). — **~verˌgiß·ˌmeinˌnicht** *n* forget-me-not, mouse-ear (*Myosotis arvensis*). — **~ˌvio·le** [-ˌvĭoːlə] *f cf.* Ackerveilchen. — **~ˌvogt** *m hist.* field guard. — **~ˌwach·telˌwei·zen** *m bot.* cow-wheat (*Melampyrum arvense*). — **~ˌwa·gen** *m* farm cart. — **~ˌwal·ze** *f* (field) roller. — **~ˌweg** *m cf.* Feldweg 2. — **~ˌwei·de** *f bot.* sand willow (*Salix arenaria*). — **~ˌwerkˌzeug** *n cf.* Ackergerät. — **~ˌwicke** (*getr.* -k·k-) *f* *bot.* common vetch (*Vicia sativa*). — ~ˌ**wie·se** *f* meadow formerly under cultivation. — ~ˌ**win·de** *f bot.* bindweed, bearbine (*Convolvulus arvensis*). — ~ˌ**windˌhalm** *m* windlestraw, *auch* windlestrae (*Apera spica-venti*). — ~ˌ**wirt·schaft** *f* farming, agriculture. — ~ˌ**wit·wenˌblu·me** *f bot. cf.* Ackerknautie. — ~ˌ**wu·cherˌblu·me** *f* corn marigold (*Chrysanthemum segetum*). — ~ˌ**zei·le** *f cf.* Ackerfurche. — ~ˌ**zeit** *f* ploughing (*bes. Am.* plowing) season. — ~ˌ**zeug** *n cf.* Ackergerät. — ~ˌ**zins** *m hist.* farm rent. — ~ˌ**zwie·bel** *f bot.* star of Bethlehem (*Ornitho galum*).

Ac·ne ['aknə] *f* ⟨-; *no pl*⟩ *med.* acne.

Aco·nin [ako'niːn] *n* ⟨-s; *no pl*⟩ *chem.* aconine ($C_{25}H_{41}NO_9$).

Aco·ni·tin [akoni'tiːn] *n* ⟨-s; -e⟩ *chem.* aconitine ($C_{34}H_{47}NO_{11}$).

Aco'nitˌsäu·re [ako'niːt-; ako'nɪt-] *f chem.* aconitic acid ($C_3H_3(COOH)_3$).

a con·to [a 'kɔnto] *adj econ.* on account: Zahlung ~ payment on account.

Ac·quit [a'kiː] *n* ⟨-s; -s⟩ (*games*) (*Billard*) *only in* ~ **geben** to lead off; **wer gibt** ~? who is to lead?

Acri·din [akri'diːn] *n* ⟨-s; *no pl*⟩ *chem.* acridine ($C_{13}H_9N$). — ~ˌ**gelb** *n* acridine yellow.

Acro·cya·no·se [akrotsya'noːzə] *f* ⟨-; -n⟩ *med.* acrocyanosis.

Acro·co·mie [akro'koːmĭə] *f* ⟨-; -n⟩ *bot.* corozo, corojo, coroso (*Gattg Acrocomia*).

Acro·le·in [akrole'iːn] *n* ⟨-s; *no pl*⟩ *chem.* acrolein, acrylaldehyde, propenal ($CH_2=CHCHO$).

Acryl [a'kryːl] *n* ⟨-s; *no pl*⟩ *chem.* acryl (CH_2:CHCO). — **Acry·lat** [akry'laːt] *n* ⟨-s; -e⟩ *chem.* acrylate.

Acryl|ˌharz [a'kryːl-] *n chem.* acrylic resin. — ~**niˌtril** *n* acrylonitrile ($CH_2=CHCN$). — **a**~ˌ**säu·er** *adj* acrylic. — ~ˌ**säu·re** *f* acrylic acid (CH_2:CHCOOH).

Ac·tin [ak'tiːn] *n* ⟨-s; *no pl*⟩ actin (*protein of muscle*).

Ac·ti·nid [akti'niːt] *n* ⟨-s; -e⟩ *meist pl chem.* actinide. — **Ac·ti'ni·denˌrei·he** *f* actinide series.

Ac·ti·ni·um [ak'tiːnĭum] *n* ⟨-s; *no pl*⟩ *chem.* (*Element*) actinium (Ac).

Ac·ti·no..., ac·ti·no... *combining form denoting* actin(o)-.

Ac·ti·no·my·co·sis [aktinomy'koːzɪs] *f* ⟨-; *no pl*⟩ *med.* actinomycosis.

Acu·men [a'kuːmən] *n* ⟨-s; *no pl*⟩ acumen, keenness, acuity.

acyc·lisch ['a(ː)tsyːklɪʃ; a'tsyːklɪʃ] *adj chem.* acyclic.

ada-ada ['ada'ˀada] *interj* (*child's language*) bye-bye, *Am. auch* by-by, ta-ta.

ad ab·sur·dum [at ap'zurdum] *adv* ad absurdum, to absurdity: **etwas** ~ **führen** to reduce s.th. to absurdity, to show the absurdity of s.th. — **Ad-ab'sur·dum-ˌFüh·ren** *n* ⟨-s⟩ **1.** reduction to absurdity. – **2.** (*in der Logik*) reductio (*od.* argumentum) ad absurdum, indirect proof.

ad ac·ta [at 'akta] *adv only in* **etwas** ~ **legen** a) to file s.th., to put (*od.* lay) s.th. on (the) file, b) *fig.* to shelve (*od.* pigeonhole) s.th.

ada·gio [a'daːdʒo] *mus.* **I** *adv u. adj* adagio. – **II A**~ *n* ⟨-s; -s⟩ adagio: **kurzes** ~ short adagio, adagietto.

Adak·ty·lie [adakty'liː] *f* ⟨-; *no pl*⟩ *med.* adactylia.

Adam ['aːdam] *npr m* ⟨-s; *no pl*⟩ **1.** *Bibl.* Adam: **bei** ~ **und Eva anfangen** *humor.* to start from Adam and Eve; **seit** ~**s Zeiten** *colloq.* from the beginning of time. – **2.** *fig.* Adam: **der alte** ~ the old Adam (*od.* man); **den alten** ~ **ausziehen** *fig.* to shake off the old Adam, to turn over a new leaf; **der alte** ~ **im neuen Rock** *humor.* the old Adam in a new coat; **der äußere** ~ *humor.* the outer (*od.* outward) man; **der sündige** ~ man in all his sinfulness. — **ada·misch** [a'daːmɪʃ] *adj* Adamic(al), Adamite.

Ada·mit[1] [ada'miːt] *m* ⟨-en; -en⟩ *relig.* Adamite.

Ada·mit[2] [ada'miːt; -'mɪt] *m* ⟨-s; -e⟩ *min.* adamite, adamine.

ada·mi·tisch [ada'miːtɪʃ] *adj relig.* Adamitic.

'Adam 'Rie·se *npr* (*deutscher Rechenmeister des 16. Jahrhunderts*) *only in* **nach** ~ according to the rules of arithmetic, *bes. Br.* according to Cocker.

'Adams|ˌap·fel *m* **1.** *med.* Adam's apple. – **2.** *bot.* Adam's apple, plantain (*Musa paradisiaca*). — ~ˌ**fei·genˌbaum** *m bot.* fig banana (*Musa sapientum*).

Adam·sit [adam'ziːt; -'zɪt] *n* ⟨-s; *no pl*⟩ *chem.* Adamsite, diphenylaminechlorarsine ($C_{12}H_9AsClN$).

'Adams|ˌkind *n* child (*od.* descendant) of Adam. — ~**koˌstüm** *n colloq. humor.* birthday suit: **im** ~ **sein** to be in one's birthday suit, to be in one's buff. — ~ˌ**na·del** *f bot.* Adam's needle, Adam's needle-and-thread (*Gattg Yucca*).

Adan·so·nia [adan'zoːnĭa] *f* ⟨-; *no pl*⟩ *bot. cf.* Affenbrotbaum.

Ad·ap·ta·bi·li·tät [adaptabili'tɛːt] *f* ⟨-; *no pl*⟩ adaptability.

Ad·ap·ta·ti·on [adapta'tsĭoːn] *f* ⟨-; *no pl*⟩ **1.** (*optics*) a) ocular adaptation, b) (*gegenüber Lichtreizen*) light adaptation. – **2.** *biol.* adaptation.

Ad·ap·ta·ti'ons|ˌbrei·te *f* (*optics*) amplitude of adaptation. — ~ˌ**bril·le** *f* light adaptation spectacles *pl* (*od.* glasses *pl*). — ~ˌ**fä·hig·keit** *f* adaptability, adaptableness, adaptiveness. — ~ˌ**zeit** *f* period of adaptation, process of adaptation.

Ad·ap·ter [a'daptər] *m* ⟨-s; -⟩ *phys. phot. tech.* adapter, *Am. auch* adaptor.

ad·ap·tie·ren [adap'tiːrən] **I** *v/t* ⟨*no* ge-, h⟩ **1.** *phys. med.* adapt, accustom. – **2.** *Austrian* (*officialese*) (*Wohnung*) renovate. – **II A**~ *n* ⟨-s⟩ **3.** *verbal noun.* — **Ad·ap'tie·rung** *f* ⟨-; -en⟩ **1.** *cf.* Adaptieren. – **2.** adaption. – **3.** (*soziale*) adaptation, adjustment. – **4.** (*optics*) (*Akkommodierung*) accommodation.

Ad·ap·ti·on [adap'tsĭoːn] *f* ⟨-; *no pl*⟩ *cf.* Adaptation.

Ad·ap·ti'onsˌbril·le *f* adaption goggles *pl*, dark spectacles *pl.*

ad·ap·tiv [adap'tiːf] *adj* adaptive: ~**es Enzym** *biol.* adaptive (*od.* inducible) enzyme.

Ad·ap·to·me·ter [adapto'meːtər] *n* ⟨-s; -⟩ (*optics*) adaptometer.

ad·äquat [adɛ'kvaːt; atˀɛ-] *adj* (*angemessen*) adequate: **eine** ~**e Lösung finden** to find an adequate solution. — **ad·äquie·ren** [-'kviːrən] *v/t* ⟨*no* ge-, h⟩ equalize *Br. auch* -s-, equate.

ad ca·len·das grae·cas [at ka'lɛndas 'grɛːkas] *adv* at the Greek calends (*od.* kalends), never: ~ **zahlen** to pay at the Greek calends.

Ad·del ['adəl] *m* ⟨-s; *no pl*⟩ *Northern G. for* Jauche 1.

Ad·dend [a'dɛnt] *m* ⟨-en; -en⟩ *math.* addend(um).

Ad·den·da [a'dɛnda] *pl* (*Zusätze*) addenda, supplements, additions.

ad·die·ren [a'diːrən] **I** *v/t* ⟨*no* ge-, h⟩ **1.** add (up), sum (up), *auch* cast (up): **zwei Zahlen** ~ to add two figures; **alles** ~ to total (up). – **II A**~ *n* ⟨-s⟩ **2.** *verbal noun.* – **3.** *cf.* Addition.

Ad'dier|maˌschi·ne *f tech.* adding machine. — ~ˌ**werk** *n* adding device.

Ad·di·so·nis·mus [adizo'nɪsmus] *m* ⟨-; *no pl*⟩ *med. cf.* Addisonsche Krankheit.

Ad·di·son·sche 'Krank·heit ['ædɪsnʃə] (*Engl.*) *f med.* Addison's disease, addisonism.

Ad·di·ti·on [adi'tsĭoːn] *f* ⟨-; -en⟩ addition, adding up, summation. — **ad·di·tio'nal** [-tsĭo'naːl] *adj* (*zusätzlich*) additional.

Ad·di·ti'ons|ˌfeh·ler *m* mistake (*od.* error) in addition (*od.* in adding up). — ~**ma·ˌschi·ne** *f tech. cf.* Addiermaschine. — ~**re·ak·tiˌon** *f chem.* addition (*od.* additive) reaction, addition. — ~ˌ**rei·he** *f math.* sum. — ~**verˌbin·dung** *f chem.* addition (*od.* additive) compound, adduct. — ~ˌ**zei·chen** *n math.* plus (sign).

ad·di·tiv [adi'tiːf] **I** *adj* additive. – **II A**~ *n* ⟨-s; -e⟩ *chem.* additive.

Ad·di·ti·vi·tät [aditivi'tɛːt] *f* ⟨-; *no pl*⟩ *chem.* (*der Drehwinkel*) additivity.

ad·di·zie·ren [adi'tsiːrən] *v/t* ⟨*no* ge-, h⟩ **j-m etwas** ~ *cf.* adjudizieren.

Ad·dukt [a'dukt] *n* ⟨-s; -e⟩ *chem.* adduct (*a chemical addition product*).

Ad·duk·ti·on [aduk'tsĭoːn] *f* ⟨-; -en⟩ *med.* (*optics*) adduction. — **Ad·duk·tor** [a'duktər] *m* ⟨-s; -en [-'toːrən]⟩ *med.* adductor (muscle). — **ad·du·zie·ren** [adu'tsiːrən] *v/t* ⟨*no* ge-, h⟩ *med.* adduct. — **ad·du'zie·rend** I *pres p.* – **II** *adj med.* adducent.

ade [a'deː] **I** *interj* adieu, farewell: ~! adieu! **j-m** ~ **sagen** to bid s.o. farewell; **der Welt** ~ **sagen** a) to retire from the world, b) to die, to depart this life. – **II A**~ *n* ⟨-s; -s⟩ adieu, farewell.

Ade·bar ['aːdəbar] *m* ⟨-(e)s; -e⟩ *dial. od. poet. for* Storch.

'Ade·bars|ˌblu·me *f bot.* a) *cf.* Storchblume, b) yellow iris (*Iris pseudacorus*). — ~ˌ**brot** *n cf.* Iris 2. — ~ˌ**schna·bel** *m cf.* Storchschnabel 2.

'A-ˌDeck *n* (*eines Schiffes*) A-deck.

Adel ['aːdəl] *m* ⟨-s; *no pl*⟩ **1.** (*Adelsstand*) nobility: **der hohe** ~ the higher nobility, *Br.* the nobility, the peerage; **der niedere** ~ the lower (*od.* lesser) nobility, *Br.* the gentry; **verarmter** ~ impoverished nobility; ~ **verpflichtet** noblesse oblige, the nobly born must nobly do. – **2.** *hist. collect.* aristocracy, nobility: **der** ~ **stürzte den König** the king was dethroned by the aristocracy. – **3.** (*adlige Abkunft*) noble birth (*od.* lineage), nobility: **von** ~ of noble birth, noble; **von altem** ~ of ancient lineage (*od.* stock), blue-blooded; **ein Franzose von** ~ a titled Frenchman, a French nobleman; **Leute von** ~ persons of rank. – **4.** (*Adelstitel*) title: **erblicher** [**gekaufter**] ~ a hereditary [bought] title; **j-m den** ~ **verleihen** to bestow a title (up)on s.o., to ennoble s.o., *Br.* to raise s.o. to the peerage. – **5.** *fig.* (*Vornehmheit*) nobility, nobleness, dignity: ~ **der Gesinnung** nobleness of mind; **geistiger** ~ spiritual nobility; ~ **der Arbeit** dignity of labo(u)r; ~ **sitzt im Gemüt, nicht im Geblüt** (*Sprichwort*) handsome is that (*od.* as) handsome does (*proverb*).

'Adelˌgras *n bot.* alpine poa (*Poa alpina*).

'ade·lig I *adj cf.* adlig. – **II A**~**e** *m, f* ⟨-n; -n⟩ *cf.* Adlige[1] *u.*[2].

Ade·lit [ade'liːt; -'lɪt] *m* ⟨-s; -e⟩ *min.* adelite.

adeln ['aːdəln] **I** *v/t* ⟨h⟩ **1.** ennoble, raise (*s.o.*) to nobility (*od.* noble rank), *Br.* raise (*s.o.*) to the peerage: **er wurde wegen seiner Verdienste geadelt** he was raised to the peerage (*od.* made a peer) on account of his merits. – **2.** *fig. lit.* ennoble: **der Schmerz adelte ihre Züge** pain ennobled her features; **Tugend adelt** (*Sprichwort*) virtue is the only true nobility (*proverb*). – **II A**~ *n* ⟨-s⟩ **3.** *verbal noun.* – **4.** ennoblement.

'Adels|ˌanˌma·ßung *f jur.* assumption of a spurious title (of nobility). — ~ˌ**brief** *m* patent of nobility. — ~ˌ**buch** *n* (*in Großbritannien*) peerage (book).

'Adel·schaft *f* ⟨-; *no pl*⟩ *rare* **1.** (the) nobility, (*bes. in England*) (the) peerage. – **2.** *cf.* Aristokratie.

'Adels|diˌplom *n cf.* Adelsbrief. — ~**erˌhe·bung** *f cf.* Adeln. — ~**geˌschlecht** *n* noble lineage (*od.* family, stock): **er stammt aus einem alten** ~ he is descended from an ancient family of noble lineage. — ~ˌ**herr·schaft** *f hist.* (rule of the) aristocracy. — ~ˌ**hof** *m hist.* **1.** domain. – **2.** (*Landbesitz, Besitz*) manor. — ~**kaˌlen·der** *m* **1.** *cf.* Adelsbuch. – **2.** (*Hofkalender*) court guide. — ~ˌ**krei·se** *pl* noble (*od.* aristocratic) circles. — ~ˌ**kro·ne** *f* coronet. — ~ˌ**le·xi·kon** *n cf.* Adelsbuch. — ~**parˌti·kel** *f ling.* nobiliary particle (*preposition in title of nobility*). — ~**paˌtent** *n cf.* Adelsbrief. — ~**präˌdiˌkat** *n cf.* Adelstitel. — ~**priˌviˌleg** *n* privilege of nobility. — ~ˌ**pro·be** *f* proof(s *pl*) of nobility. — ~ˌ**rang** *m* noble rank: **ohne** ~ untitled. — ~**reˌgi·ster** *n cf.* Adelsbuch. — ~ˌ**stand** *m* nobility: **j-n in den** ~ **erheben** to elevate s.o. to the nobility, to ennoble s.o., *Br.* to raise s.o. to the peerage; **Erhebung in den** ~ ennoblement. — ~ˌ**stolz I** *m* pride in one's noble birth (*od.* in one's nobility), aristocratic pride. – **II a**~ *adj* proud of one's noble birth (*od.* rank). — ~ˌ**ti·tel** *m* noble title, title (of nobility): **mit einem** ~ titled, with a handle to one's name (*colloq.*). — ~**verˌzeich·nis** *n cf.* Adelsbuch.

'Ade·lung *f* ⟨-; -en⟩ *cf.* Adeln.

Ade·nin [ade'niːn] *n* ⟨-s; *no pl*⟩ *chem.* adenine, 6-aminopurine ($C_5H_5N_5$).

Ade·ni·tis [ade'niːtɪs] *f* ⟨-; *no pl*⟩ *med.* adenitis, inflammation of a gland.

ade·no·id [adeno'iːt] *med.* **I** *adj* adenoid: ~**e Wucherungen** adenoid growth *sg*, enlarged adenoids. – **II A**~ *n* ⟨-(e)s; -e⟩ enlarged adenoid.

Ade·nom [ade'noːm] *n* ⟨-s; -e⟩, **Ade'no·ma** [-ma] ⟨-s; -ta [-ta]⟩ *med.* adenoma, glandular tumor. — **ade·no·ma'tös** [-noma'tøːs] *adj* adenomatous.

ade·nös [ade'nøːs] *adj med. cf.* adenoid.

Ade·no·to·mie [adenoto'miː] *f* ⟨-; -n [-ən]⟩ *med.* adenotomy, adenoidectomy.

Ade·nyl [ade'nyːl] *n* ⟨-s; *no pl*⟩ *chem.* adenyl ($C_5H_4N_5$). — **~ˌsäu·re** *f* adenylic acid.

Ad·ept [a'dɛpt] *m* ⟨-en; -en⟩ adept.

Ader ['aːdər] *f* ⟨-; -n⟩ **1.** *bes. med.* a) blood vessel, *auch* vein, b) (*Schlagader*) artery: j-n zur ~ lassen a) to venesect (*od.* bleed) s.o., to phlebotomize (*Br. auch* -s-) s.o. (*scient.*), b) *fig.* to extort money from s.o.; goldene ~n bleeding piles, h(a)emorrhoids. – **2.** *fig.* vein: er hat Indianerblut in den ~n he has Indian blood in his vein; es ließ einem das Blut in den ~n erstarren it curdled one's blood, it made one's blood run cold. – **3.** *bot.* nerve, rib: ohne ~n nerveless; ein Blatt mit fächerförmig verlaufenden ~n a fan-nerved leaf. – **4.** *zo.* (*des Insektenflügels*) vein, rib; nervure, costa (*scient.*). – **5.** *min. geol.* vein: ein mit dunklen ~n durchzogenes Gestein a darkly veined rock. – **6.** (*wood*) vein, grain, streak. – **7.** (*mining*) *geol.* vein, lode, (*bes. von Gold*) reef. – **8.** *electr.* core, conductor, lead. – **9.** ⟨*only sg*⟩ *fig.* (*Begabung*) vein, bent: er hat eine künstlerische [dichterische, musikalische] ~ he has an artistic [a poetical, musical] vein. – **10.** ⟨*only sg*⟩ *fig.* (*Wesenszug*) vein, streak, side: er hat eine leichte ~ he has a frivolous streak, he is a happy-go--lucky fellow; er hat eine witzige ~ he is a witty person; es ist keine falsche ~ an ihm *poet.* there is no false streak in him, there is no dishonest side to him. – **11.** *poet. for* Wasserlauf. – **12.** *cf.* Verkehrsader. — **~ˌbin·de** *f med. cf.* Staubinde.

Äder·chen ['ɛːdərçən] *n* ⟨-s; -⟩ **1.** *dim. of* Ader. – **2.** *med.* small blood vessel, veinlet; venule, venula (*scient.*).

'**Ader|entˌzün·dung** *f med.* inflammation of a vein, (*der Arterie*) arteritis, (*der Vene*) phlebitis. — **~erˌwei·te·rung** *f* aneurysm, *auch* aneurism. — **a~ˌför·mig** *adj* veinlike, vein-shaped. — **~geˌflecht** *n* **1.** *med.* choroid (*od.* vascular) plexus, plexus of veins. – **2.** *zo.* (*der Insektenflügel*) nervure. — **~geˌschwulst** *f med. vet.* angioma. — **~ˌhaut** *f med.* (*des Auges*) choroid (*Am. auch* chorioid) (coat [*od.* membrane]). — **~ˌhäut·chen** *n biol.* (*des Fötus*) chorion.

'**Aderˌholz** *n* (*wood*) **1.** veined wood. – **2.** wood cut along (*od.* with) the grain.

'**ade·rig, äde·rig** ['ɛːdərɪç] *adj cf.* adrig, ädrig.

'**Ader|ˌkno·ten, ~ˌkropf** *m med.* (*bei Krampfadern*) varix, varicosity, knotted (*od.* varicose) vein.

'**Aderˌlaß** *m* ⟨-sses; Aderlässe⟩ *med.* bleeding, bloodletting; venesection, *Am. auch* venisection, venepuncture, *Am. auch* venipuncture, phlebotomy (*scient.*): einen ~ machen to venesect, to do a venesection, to bleed; es war ein schwerer ~ für die Armee *fig.* it was a severe bloodletting for the army. — **~ˌbin·de** *f* tourniquet.

'**Aderˌlas·sen** *n* ⟨-s⟩ *med.* bleeding.

Ader·min [adɛr'miːn] *n* ⟨-s; *no pl*⟩ *chem. biol.* adermin(e), pyridoxine, *auch* pyridoxin ($C_8H_{11}NO_3$).

adern ['aːdərn], **ädern** ['ɛːdərn] *v/t* ⟨h⟩ (*wood*) (*Holz, Marmor etc*) vein, streak, marble, grain.

'**Adern|ˌfrä·sen** *n* ⟨-s⟩ (*wood*) veining. — **~ˌpaar** *n electr.* pair of cores.

'**ader|ˌreich** *adj* full of veins, veined, veiny. — **A~ˌriß** *m med.* venous (*od.* vascular) tear, phleborrhage (*scient.*). — **A~ˌschwamm** *m bot.* **1.** *a species of* dry rot (*Merulius lacrymans*). – **2.** *cf.* Pfifferling 1.

'**Ade·rung,** '**Äde·rung** *f* ⟨-; -en⟩ **1.** a) (*Maserung des Holzes*) veining, b) (*Geäder des Marmors*) marbling, marmoration. – **2.** *zo.* (*eines Flügels etc*) venation, wing-vane venosity. – **3.** *bot.* (*eines Blattes*) nervation.

'**Ader|ˌun·terˌbin·dung** *f med.* tying (up) of a vein, vascular (*od.* veinous) ligation. — **~verˌkal·kung** *f cf.* Arterienverkalkung. — **~ˌvie·rer** *m electr.* quad. — **~ˌwerk** *n bot.* nerves *pl*, nervation, ribbing, ribs *pl.*

Ades·po·ta [a'dɛspota] *pl* (*literature*) works of unknown authors, adespota.

à deux mains [adø'mɛ̃] (*Fr.*) *adv mus. cf.* zweihändig 3.

Ad·hä·rens [at'hɛːrɛns] *n* ⟨-; -renzien [-hɛ'rɛntsĭən]⟩ *obs. for* Zubehör 1. — **ad·hä'rent** [-hɛ'rɛnt] *adj* (*festsitzend*) adherent. — **Ad·hä'renz** [-hɛ'rɛnts] *f* ⟨-; -en⟩ **1.** *philos.* adherence. – **2.** *med. cf.* Adhäsion 2.

ad·hä·rie·ren [athɛ'riːrən] *v/i* ⟨*no* ge-, h⟩ *phys.* adhere.

Ad·hä·si·on [athɛ'zĭoːn] *f* ⟨-; -en⟩ **1.** adhesion, adherence, sticking. – **2.** *med.* adhesion.

Ad·hä·si'ons|ˌbahn *f* (*railway*) adhesion railroad (*Br.* railway). — **~ˌfett** *n tech.* adhesive grease. — **~ˌklau·sel** *f jur. pol.* clause of adhesion. — **~ˌkraft** *f*, **~verˌmö·gen** *n phys.* (*der Moleküle*) adhesive power (*od.* force), adhesiveness.

ad·hä·siv [athɛ'ziːf] *adj* adhesive.

ad hoc [at 'hoːk; at 'hɔk] *adv bes. philos.* ad hoc, to the occasion: Argumentum ~ casuistic (*od.* ad hoc) argument.

ad·hor·ta·tiv [athɔrta'tiːf] *adj obs. for* ermahnend II.

Adia·ba·te [adia'baːtə] *f* ⟨-; -n⟩ *phys.* adiabatic (curve *od.* line). — **adia'ba·tisch** *adj phys. meteor.* (*ohne Wärmeaustausch*) adiabatic: ~e Kurve *cf.* Adiabate.

Adi·an·tum [a'dĭantʊm] *n* ⟨-s; -ten⟩ *bot. cf.* Haarfarn, Frauenhaarfarn.

Adia·pho·ron [adi'a(ː)forɔn] *n* ⟨-s; -ra [-ra]⟩ **1.** *philos. relig.* adiaphoron. – **2.** *pl* (*allgemein*) nonessential things.

adi·eu [a'dĭøː] **I** *interj* adieu, farewell. – **II A~** *n* ⟨-s; -s⟩ adieu, farewell.

Ädi·ku·la [ɛ'diːkula] *f* ⟨-; -lä [-lɛ]⟩ *arch.* aedicula, (a)edicule.

Ädil [ɛ'diːl] *m* ⟨-en; -en⟩ *antiq.* aedile, *Am. auch* edile (*Roman magistrate*). —**Ädi·lenˌamt** [ɛ'diːlən-] *n cf.* Ädilität. — **ädi·lisch** [ɛ'diːlɪʃ] *adj* aedilitian, *Am. auch* edilitian. — **Ädi·li·tät** [ɛdili'tɛːt] *f* ⟨-; *no pl*⟩ aedileship, *Am. auch* edileship.

ad in·fi·ni·tum [at ɪnfi'niːtʊm] *adv* ad infinitum, to infinity.

Adi'pinˌsäu·re [adi'piːn-] *f chem.* adipic acid ($HOOC(CH_2)_4COOH$): Salz (*od.* Ester) der ~ adipate.

adi·pös [adi'pøːs] *adj med.* obese, adipose.

Ad·itus ['a(ː)ditʊs] *m* ⟨-; *no pl*⟩ aditus.

Ad·jek·tiv ['atjɛktiːf; -'tiːf] **I** *n* ⟨-s; -e⟩ *ling.* adjective: attributives [prädikatives] ~ attributive [predicative] adjective; einschränkendes ~ limiting adjective. – **II a~** *adj* adjective. — **ad·jek·ti·visch** ['atjɛktiːvɪʃ; -'tiː-] **I** *adj* adjective, adjectival. – **II** *adv* adjectively, adjectivally.

'**Ad·jek·tiv|ˌsatz** *m ling.* adjective (*od.* adjectival) clause (*od.* sentence). — **~sufˌfix** *n* adjective (*od.* adjectival) suffix.

Ad·jek·ti·vum ['atjɛktiːvʊm; -'tiː-] *n* ⟨-s; -va [-va]⟩ *ling. rare for* Adjektiv.

ad·jes [a'djeːs] *interj dial. for* ade I.

Ad·ju·di·ka·ti·on [atjudika'tsĭoːn] *f* ⟨-; -en⟩ *jur. obs.* adjudication, award. — **ad·ju·di'zie·ren** [-'tsiːrən] *v/t* ⟨*no* ge-, h⟩ j-m etwas ~ a) (*zuerkennen*) to adjudicate (*od.* adjudge) s.th. to s.o., b) (*zusprechen*) to award s.th. to s.o.

Ad·junkt [at'jʊŋkt] *m* ⟨-en; -en⟩ **1.** *Swiss* deputy head of a department. – **2.** *Austrian* junior civil servant. – **3.** *obs.* adjunct.

Ad'junk·te *f* ⟨-; -n⟩ *math.* cofactor.

Ad·junk·ti·on [atjʊŋk'tsĭoːn] *f* ⟨-; -en⟩ **1.** *math.* adjunction. – **2.** *philos.* (*in der Logik*) (inclusive) disjunction, alternation, vel.

ad·jüs [a'djʏs] *interj dial. for* ade I.

Ad·ju·sta·ge [atjʊs'taːʒə] *f* ⟨-; -n⟩ **1.** *cf.* Adjustieren. – **2.** *metall.* (*im Walzwerk*) finishing (*od.* conditioning) department.

Ad·ju'stierˌamt *n rare for* Eichamt.

ad·ju·stie·ren [atjʊs'tiːrən] **I** *v/t* ⟨*no* ge-, h⟩ **1.** *tech.* adjust, set. – **2.** *phys,* (*eichen*) ga(u)ge, stamp. – **3.** *Austrian* (*ausrüsten*) equip. – **II A~** *n* ⟨-s⟩ **4.** *verbal noun.* — **Ad·ju'stie·rung** *f* ⟨-; -en⟩ **1.** *cf.* Adjustieren. – **2.** *auch phys. tech.* adjustment. – **3.** *Austrian* (*Dienstkleidung*) service dress.

Ad·ju'stier|ˌwaa·ge *f tech.* adjusting balance. — **~ˌwerk** *n* drawing bench.

Ad·ju·tant [atju'tant] *m* ⟨-en; -en⟩ **1.** *mil. mar.* adjutant, (*eines Generals*) aide-de--camp, *Am. auch* aid-de-camp, aide: zweiter ~ assistant adjutant. – **2.** *zo.* adjutant, argala, argil (*Leptoptilus dubius*). — **Ad·ju·tan'tur** [-'tuːr] *f* ⟨-; -en⟩ *mil.* **1.** adjutancy. – **2.** adjutant's office.

Ad·ju·tor [at'juːtər] *m* ⟨-s; -en [-ju'toːrən]⟩ *rare for* Helfer 2, Gehilfe 1.

Ad·ju·tum [at'juːtʊm] *n* ⟨-s; -ten⟩ *obs. for* Hilfe 2, 3, 9.

Ad·la·tus [at'laːtʊs; a'dlaːtʊs] *m* ⟨-; -ten *u.* -ti [-ti]⟩ *obs.* assistant, helper.

Ad·ler ['aːdlər] *m* ⟨-s; -⟩ **1.** *zo.* eagle: der ~ stieß auf seine Beute herab the eagle pounced on its prey; junger ~ eaglet; kühn wie ein ~ as bold as a lion. – **2.** *antiq.* (*der Römer*) eagle, aquila, standard. – **3.** (*auf Münzen*) eagle: Kopf oder ~? heads or tails? – **4.** *her.* eagle: ~ mit ausgebreiteten Flügeln displayed (*od.* spread) eagle; verstümmelter ~ al(l)erion; kleiner ~ eaglet. – **5.** (*Orden*) Eagle: der Schwarze ~ Preußens the Black Eagle of Prussia. — **a~ˌähn·lich, a~ˌar·tig** *adj* aquiline. — **~ˌau·ge** *n* eagle eye (*auch fig.*). — **a~ˌäu·gig** *adj fig.* eagle- (*od.* keen-)eyed. — **~ˌbaum** *m bot.* Aquilaria (*Aquilaria agallocha*): Holz des ~es agalloch(um), *auch* agalwood, eaglewood, agilawood, aloeswood. — **~ˌbee·re** *f* serviceberry (*Sorbus torminalis*). — **~ˌblick** *m fig.* eagle eye: mit einem ~ eagle-eyed. — **~ˌfarn** *m bot.* brake (fern), bracken, eagle-like brake (*Pteridium aquilinum*). — **~ˌfisch** *m zo.* bar, maigre, meagre (*Sciaena aquila*). — **~ˌfit·ti·che** *pl poet.* eagle's pinions. — **~ˌflü·gel** *m* eagle's wing, wing of an eagle. — **~geˌsicht** *n* hatchet face. — **~ˌhorst** *m* aerie, *auch* aery, eyrie. — **~ˌjun·ge** *n* eaglet. — **~ˌkopf** *m* eagle's head: mit Adlerköpfen *her.* aquilated. — **~ˌna·se** *f* aquiline (*od.* hawk, Roman) nose. — **~ˌor·den** *m hist.* Order of the Eagle: Roter [Schwarzer] ~ the Red [Black] Eagle. — **~ˌpult** *n arch.* (*in Kirchen*) eagle (lectern). — **~ˌro·chen** *m zo.* eagle ray (*Myliobatis aquila*). — **~ˌschild** *m hist.* (the) shield of the German Eagle. — **~ˌstein** *m min.* eaglestone, aetites. — **~ˌweib·chen** *n zo.* female eagle. — **~ˌwurz** *f bot. cf.* Adlerfarn.

ad li·bi·tum [at 'liːbitʊm] *adv* ad lib(itum), at will (*od.* pleasure).

ad·lig ['aːdlɪç] *adj* **1.** noble, titled, aristocratic, *auch* aristocratical: eine ~e Familie a noble family; er stammt aus einem ~en Geschlecht he is of noble descent; er ist nicht ~ he is a commoner; von ~em Blut blue-blooded. – **2.** *fig.* (*edel*) noble, aristocratic, *auch* aristocratical: ein Mann von ~er Gesinnung a man of noble mind.

'**Ad·li·ge**[1] *m* ⟨-n; -n⟩ man of noble birth (*od.* rank), man of title, aristocrat, nobleman, noble, *bes. Br.* peer: die ~n the nobles, the nobility *sg*, *Br.* the peerage *sg.*

'**Ad·li·ge**[2] *f* ⟨-n; -n⟩ lady of noble birth (*od.* rank), lady of title, noblewoman, *bes. Br.* peeress.

Ad·mi·ni·stra·ti·on [atminɪstra'tsĭoːn] *f* ⟨-; -en⟩ **1.** (*eines Geschäfts etc*) management, administration. – **2.** (*eines Landes*) administration, government. – **3.** *jur.* administration, trusteeship. — **ad·mi·ni·stra'tiv** [-'tiːf] *adj* administrative. — **Ad·mi·ni'stra·tor** [-'traːtər] *m* ⟨-s; -en [-tra'toːrən]⟩ **1.** administrator, manager. – **2.** *jur. obs.* administrator, trustee. — **ad·mi·ni'strie·ren** [-'triːrən] *v/t* ⟨*no* ge-, h⟩ **1.** (*Geschäft*) administer, manage. – **2.** (*Land*) administer, govern. – **3.** *jur.* (*Nachlaß verwalten*) administer, (act as) trustee.

ad·mi·ra·bel [atmi'raːbəl] *adj rare for* bewundernswert.

Ad·mi·ral [atmi'raːl] *m* ⟨-s; -e, *auch* Admiräle⟩ **1.** *mar. mil.* admiral, flag officer. – **2.** *mar.* (*Segeltucheimer*) canvas bucket. – **3.** *zo.* red admiral (*Vanessa atalanta; butterfly*). – **4.** *zo.* admiral shell (*Conus admiralis*). – **5.** (*Getränk*) eggflip, eggnog.

Ad·mi·ra·li·tät [atmirali'tɛːt] *f* ⟨-; -en⟩ *mar. mil. Br.* Admiralty.

Ad·mi·ra·li'täts|ˌan·ker *m mar.* stock(ed) (*od.* admiralty) anchor. — **~geˌbäu·de, das** (*in London*) the Admiralty. — **~ˌkar·te** *f meist pl* admiralty chart. — **~meˌtall** *n chem.* admiralty brass (*od.* metal).

Ad·mi'rals|ˌflag·ge *f mar.* (admiral's) flag. — **~ˌschiff** *n* flagship.

Ad·mi'ralˌstab *m mar.* naval staff.

Ad·mi·ra·ti·on [atmira'tsĭoːn] *f* ⟨-; -en⟩ *rare for* Bewunderung.

Ad·mis·si·on [atmɪ'sĭoːn] *f* ⟨-; -en⟩ **1.** *bes. relig.* admission. – **2.** *phys. tech.* admission.

Ad·mit·tanz [atmɪ'tants] *f* ⟨-; *no pl*⟩ (*radio*) admittance.

ad·mo·nie·ren [atmo'niːrən] *v/t* ⟨*no* ge-, h⟩ *obs. for* erinnern 1, ermahnen, verwarnen 1.

Ad·mo·ni·ti·on [atmoni'tsĭoːn] *f* ⟨-; -en⟩ [*relig.* admonition.]

Ad·nex [at'nɛks] *m* ⟨-es; -e⟩ **1.** *cf.* Anhang 1—3. – **2.** *pl med.* adnexa, *auch* annexa.

Ad'nex·orˌgan *n meist pl med. cf.* Adnex 2.

ad·no·mi·nal [atnomi'naːl] *adj ling.* (*Attribut*) adnominal.

ad no·tam [at 'noːtam] *adv only in* etwas ~ nehmen to take notice (*od.* note) of s.th.

ad ocu·los [at 'oːkuləs] *adv* ad oculos, visible: eine Demonstration ~ a visible demonstration.
ad·oles·zent [adolɛs'tsɛnt] *adj* adolescent. — **Ad·oles'zenz** [-'tsɛnts] *f* ⟨-; *no pl*⟩ adolescence, youth.
Ado·nai [ado'naːi] *npr m* ⟨-; *no pl*⟩ *relig.* Adonai, *auch* Adonay (*Hebrew* [*word for*] *God*).
Ado·nis[1] [a'doːnɪs] **I** *npr m* ⟨-; *no pl*⟩ **1.** *myth.* Adonis. – **II** *m* ⟨-; -se⟩ **2.** *fig.* Adonis, handsome (*od.* good-looking) man: er ist kein ~ he is no Adonis, he is no oil(-painting) (*colloq.*). – **3.** *zo. cf.* Adonisfalter.
Ado·nis[2] [a'doːnɪs] *f* ⟨-; -⟩ *bot. cf.* Adonisröschen 1.
ado·nisch [a'doːnɪʃ] *adj* Adonic, Adonian: eine ~e Gestalt an Adonic figure: ein ~er Vers *metr.* an Adonic verse, an Adonic.
Ado·nis|,fal·ter [a'doːnɪs-] *m zo.* Adonis copper (*Lycaena adonis*). — **~,gar·ten** *m* **1.** *myth.* Adonis garden. – **2.** miniature flower garden. – **3.** *fig.* s.th. quickly decaying. — **~,rös·chen** *n* **1.** *bot.* a) Adonis, pheasant's-eye (*Gattg Adonis*), b) helleboraster (*A. vernalis*), c) red morocco (*A. annuus*). – **2.** *pharm.* Adonis.
Ad·op·tia·ner [adɔp'tsi̯aːnər] *m* ⟨-s; -⟩ *relig.* Adoptionist, Adoptianist. — **Ad·op·tia'nis·mus** [-tsi̯a'nɪsmʊs] *m* ⟨-; *no pl*⟩ Adoptionism, Adoptianism. — **ad·op·tia·nisch** [-'tsi̯aːnɪʃ] *adj* Adoptian.
ad·op'tier·bar *adj* adoptable.
ad·op·tie·ren [adɔp'tiːrən] *v/t* ⟨*no* ge-, h⟩ (*Kind*) adopt, *auch* affiliate. — **Ad·op'tier·te** *m, f* ⟨-n; -n⟩ adopted (*od.* adoptive) child, *Am. auch* adoptee. — **Ad·op·ti'on** [-'tsi̯oːn], *auch* **Ad·op'tie·rung** *f* ⟨-; -en⟩ adoption, *auch* affiliation.
Ad·op·ti'ons|be,schluß *m jur.* adoption order. — **~ver,trag** *m* deed (*od.* contract) of adoption.
ad·op·tiv [adɔp'tiːf] *adj* adoptive. — **A~,bru·der** *m* adoptive brother, brother by adoption. — **A~,el·tern** *pl* adoptive parents. — **A~,hei·mat** *f cf.* Wahlheimat. — **A~,kind** *n* adoptive (*od.* adopted) child. — **A~,mut·ter** *f* adoptive mother. — **A~,schwe·ster** *f* adoptive sister, sister by adoption. — **A~,sohn** *m* adopted (*od.* adoptive) son. — **A~,toch·ter** *f* adopted (*od.* adoptive) daughter. — **A~,va·ter** *m* adoptive father.
ad·ora·bel [ado'raːbəl] *adj obs. for* anbetungswert, verehrungswürdig 1.
Ad·orant [ado'rant] *m* ⟨-en; -en⟩ (*art*) praying figure. — **Ad·ora·ti·on** [adora'tsi̯oːn] *f* ⟨-; -en⟩ *relig.* **1.** adoration, worship. – **2.** adoration of the pope. — **ad·orie·ren** [-'riːrən] *v/t* ⟨*no* ge-, h⟩ adore, worship.
Ados·se·ment [adɔs(ə)'mãː] *n* ⟨-s; -s⟩ *obs. for* Böschung 1, Abdachung 2. — **ados'sie·ren** [-'siːrən] *v/t* ⟨*no* ge-, h⟩ *obs. for* abböschen, abdachen 1.
adou·cie·ren [adu'siːrən] *v/t* ⟨*no* ge-, h⟩ **1.** *chem.* sweeten, *Br. auch* edulcorate. – **2.** (*paints*) soften, tone down.
ad·re·nal [atre'naːl; adre-] *adj med.* adrenal, suprarenal.
Ad·re·nal·ek·to·mie [atre'naːlʔɛkto,miː; adre-] *f* ⟨-; *no pl*⟩ *med.* adrenalectomy, suprarenalectomy.
Ad·re·na·lin [atrena'liːn; adre-] *n* ⟨-s; *no pl*⟩ *chem. med.* adrenaline, *bes. Br.* adrenalin, epinephrine, adrenin(e), suprarenine ($C_{10}H_{15}NO$): mit ~ behandeln to give (*od.* administer) adrenalin(e); ~ absondern to secrete adrenalin(e); auf ~ reagierend adrenergic.
Adres·sant [adrɛ'sant] *m* ⟨-en; -en⟩ **1.** *obs. for* Absender 1. – **2.** *econ.* (*von Waren*) consignor, *auch* consigner.
Adres·sat [adrɛ'saːt] *m* ⟨-en; -en⟩ **1.** *obs. for* Empfänger 2. – **2.** *econ.* (*von Waren*) consignee. – **3.** (*einer Geldsendung*) payee.
Adreß|,buch [a'drɛs-] *n* **1.** (city) directory. – **2.** *econ.* (*im Handel*) classified (*od.* trade) directory: ~ des deutschen Buchhandels German Book Trade Directory. — **~bü,ro** *n* address (*od.* information) bureau.
Adres·se [a'drɛsə] *f* ⟨-; -n⟩ **1.** (*Anschrift*) address: j-m seine ~ geben to give s.o. one's address; j-s Namen und ~ aufschreiben to take down s.o.'s name and address; der Brief ist an meine ~ gerichtet the letter is addressed (*od.* directed) to me; per ~, unter der ~ von *econ.* care of, c/o; ich werde ihn an Ihre ~ verweisen I shall refer him to your address; an die falsche (*od.* verkehrte) ~ kommen *fig.* to come (*od.* go) to the wrong address. – **2.** (*Bestimmungsort*) destination. – **3.** (*formelles Schreiben*) (formal) address, formal note: j-m eine ~ überreichen to convey an address to s.o. – **4.** *pl econ.* house *sg*, firm *sg*, finance-house *sg*: Bankakzepte erster ~n first-class (*od.* fine) papers (*od.* acceptances); Anlagen bei ersten ~n papers placed at first-class bankers; Zuteilung an zweite ~n allocation to second-class houses.
Adres·sen|,än·de·rung [a'drɛsən-] *f* change of address. — **~bü,ro** *n cf.* Adreßbüro. — **~,samm·lung** *f* collection of addresses. — **~,schrei·ber** *m tech. cf.* Adressiermaschine.
adres·sie·ren [adrɛ'siːrən] *v/t* ⟨*no* ge-, h⟩ **1.** (*Briefe etc*) address, *auch* direct: Pakete ~ to address parcels; einen Brief falsch ~ to misdirect a letter; den Brief neu ~ to readdress the letter; Briefe mit einer Maschine ~ to adressograph letters. – **2.** *econ.* (*Waren*) consign.
Adres'sier·ma,schi·ne *f tech.* addressing machine, *Am. auch* mailer.
Adreß|,um,schlag [a'drɛs-] *m* (addressed) envelope. — **~,zet·tel** *m* (*auf Waren*) destination (*od.* address) label, ticket.
adrett [a'drɛt] **I** *adj* ⟨-er; -est⟩ *colloq.* **1.** (*Kleid*) smart, neat. – **2.** (*Person*) smart, neat, trim, well-groomed (*attrib*). – **II** *adv* **3.** smartly, neatly: sie ist ~ gekleidet she is smartly dressed. — **Adrett·heit** [a'drɛt-] *f* ⟨-; *no pl*⟩ (*eines Kleides, einer Person*) smartness, neatness.
Adria ['aːdria] *npr f* ⟨-; *no pl*⟩ *geogr.* Adriatic (Sea): Königin der ~ (*Venedig*) queen of the Adriatic. — **~-,Krebs** *m gastr.* Adriatic crayfish.
Adria'no·pel,rot [adria'noːpəl-] *n* (*paints*) Adrianople (*od.* Turkey) red.
adria·tisch [adri'aːtɪʃ] *adj geogr.* Adriatic.
ad·rig ['aːdrɪç], **äd·rig** ['ɛːdrɪç] *adj* **1.** (*Hände etc*) veiny, veined, veinous. – **2.** (*wood*) streaked, streaky, veined.
Ad·sor·bat [atzɔr'baːt] *n* ⟨-s; -e⟩ *chem. phys.* adsorbate, adsorbed substance. — **ad·sor'bier·bar** *adj* adsorbable. — **ad·sor'bie·ren** [-'biːrən] *v/t* ⟨*no* ge-, h⟩ adsorb. — **ad·sor'bie·rend I** *pres p.* – **II** *adj* adsorbent: ~e Substanz adsorbent.
Ad·sorp·ti·on [atzɔrp'tsi̯oːn] *f* ⟨-; -en⟩ **1.** adsorption. – **2.** (*Einschließung*) occlusion.
Ad·sorp·ti'ons|chro·ma·to·gra,phie *f chem.* adsorption chromatography. — **~,fä·hig·keit** *f* adsorbing (*od.* adsorptive) capacity, adsorbability. — **~,koh·le** *f* activated charcoal. — **~,mit·tel** *n* adsorbent. — **~ver,mö·gen** *n* adsorbing (*od.* adsorptive) capacity (*od.* power).
Ad·sorp·tiv [atzɔrp'tiːf] *n* ⟨-s; -e⟩ *chem. phys. cf.* Adsorbat.
Ad·strin·gens [at'strɪŋgɛns] *n* ⟨-; -genzien [-'gɛntsi̯ən], *auch* -gentia [-'gɛntsi̯a]⟩ *med.* astringent: mildes ~ subastringent. — **ad·strin'gie·ren** [-'giːrən] *med.* **I** *v/t* ⟨*no* ge-, h⟩ astringe. – **II** *v/i* have an astringent effect. — **ad·strin'gie·rend I** *pres p.* – **II** *adj med.* astringent, astrictive: leicht ~ mildly astringent, subastringent; ~es Mittel astringent, astrictive; ~e Wirkung adstringent effect.
a due [a 'duːe] *adv mus.* a due, together.
Ädu·er ['ɛːduər] *m* ⟨-s; -⟩ *hist.* Aeduan.
Adu·lar [adu'laːr] *m* ⟨-s; -e⟩ *min.* (*Halbedelstein*) adularia, *auch* adular, moonstone.
'A-,Dur *n* ⟨-; *no pl*⟩ *mus.* A major.
Ad·van·tage [əd'vaːntɪdʒ] (*Engl.*) *m* ⟨-s [-tɪdʒ]; -s [-tɪdʒɪz]⟩ (*sport*) (*Tennis*) advantage.
Ad·vent [at'vɛnt] *m* ⟨-(e)s; *rare* -e⟩ *relig.* **1.** (*Vorweihnachtszeit*) Advent. – **2.** *cf.* Adventssonntag. — **Ad·ven'tis·mus** [-'tɪsmʊs] *m* ⟨-; *no pl*⟩ *relig.* Adventism (*doctrine of the imminent Second Coming of Christ*). — **Ad·ven'tist** [-'tɪst] *m* ⟨-en; -en⟩ *relig.* Adventist, *auch* Second Adventist: ~en vom Siebenten Tag Seventh-day Adventists. — **Ad·ven'ti·sten·be,we·gung** *f relig.* Second Adventism, Adventist movement.
Ad·ven·ti·tia [atvɛn'tiːtsi̯a] *f* ⟨-; *no pl*⟩ *med.* adventitia.
ad·ven·tiv [atvɛn'tiːf] *adj bot.* adventitious, adventive. — **A~,knos·pe** *f bot.* adventitious bud. — **A~,pflan·ze** *f* adventitious plant. — **A~,sproß** *m* adventitious shoot. — **A~,wur·zel** *f* adventitious root.
Ad'vents|,brauch *m* Advent custom. — **~ka,len·der** *m* Advent calendar. — **~,ker·ze** *f* Advent candle. — **~,kranz** *m* Advent wreath. — **~,sonn,tag** *m* Advent Sunday. — **~,zeit** *f* Advent (season).
Ad·verb [at'vɛrp] *n* ⟨-s; -verbien [-bi̯ən]⟩ *ling.* adverb: als ~ gebraucht used adverbially; als ~ gebrauchen to use as an adverb, to adverbialize *Br. auch* -s-.
ad·ver·bi·al [atvɛr'bi̯aːl] *adj ling.* adverbial, adverb (*attrib*): ~e Bestimmung adverbial qualification; ~er Ausdruck adverbial phrase (*od.* expression). — **A~,satz** *m* adverb(ial) clause. — **A~suf,fix** *n* adverb(ial) suffix.
ad·ver·bi·ell [atvɛr'bi̯ɛl] *adj ling. cf.* adverbial.
Ad·ver·bi·um [at'vɛrbi̯ʊm] *n* ⟨-s; -bien⟩ *ling. rare for* Adverb.
Ad·ver·sa·ria [atvɛr'zaːri̯a], **Ad·ver'sa·ri·en** [-ri̯ən] *pl* adversaria *pl* (*construed as sg or pl*) ([*collection of*] *miscellaneous notes and remarks*).
ad·ver·sa·tiv [atvɛrza'tiːf] *adj ling.* (*Konjunktion etc*) adversative: ~er Satz adversative clause, adversative.
Ad·vo·ca·tus| Dei [atvo'kaːtʊs 'deːi] *m* ⟨-; -ti -⟩ *röm.kath.* (*im Kanonisationsprozeß*) advocatus Dei, God's advocate. — **~ Dia·bo·li** [di'aːboli] *m* ⟨-; -ti -⟩ **1.** *röm.kath.* (*im Kanonisationsprozeß*) advocatus diaboli, devil's advocate, *auch* Promoter of the Faith. – **2.** *fig.* devil's advocate, advocatus diaboli: den ~ spielen to play the devil's advocate.
Ad·vo·kat [atvo'kaːt] *m* ⟨-en; -en⟩ **1.** *obs. or dial. for* Rechtsanwalt. – **2.** *fig. lit.* (*Fürsprecher*) advocate, champion, protagonist: er machte sich zum ~en dieser guten Sache he made himself the champion of this good cause.
Ad·vo'ka·ten|,bir·ne *f bot.* avocado (pear), alligator pear. — **~,kniff** *m colloq.* lawyer's trick, legal quibble.
Ady·na·mie [adyna'miː] *f* ⟨-; *no pl*⟩ *med.* adynamia, debility. — **ady·na·misch** ['a(ː)dynaːmɪʃ; ady'naːmɪʃ] *adj* adynamic.
Ady·ton ['a(ː)dytɔn] *n* ⟨-s; -ta [-ta]⟩ *antiq.* adytum, *auch* sekos (*innermost sanctuary*).
Ae·ci·di·um [ɛ'tsiːdi̯ʊm] *n* ⟨-s; -dien⟩ *bot.* aecidium.
Ae·des [a'eːdɛs] *f* ⟨-; *no pl*⟩ *zo.* **1.** Aedes (*genus of mosquitoes*). – **2.** (*Gelbfiebermücke*) Aedes, yellow-fever mosquito (*Aedes aegypti*).
Ae·ri·al [ae'ri̯aːl] *n* ⟨-s; *no pl*⟩ *zo.* aerial habitat, atmobios.
ae·ri·form [aeri'fɔrm] *adj* aeriform.
ae·risch [a'eːrɪʃ] *adj geol.* aerial.
ae·ro..., Ae·ro... *combining form denoting* aero..., air, gas.
ae·rob [ae'roːp] *adj biol.* aerobic.
Ae·ro·bal·li·stik [aeroba'lɪstɪk] *f* (*space*) aeroballistics *pl* (*construed as sg*).
Ae·ro·be [ae'roːbə] *f* ⟨-; -n⟩ *biol.* aerobe, aerobian: ~n betreffend aerobian; durch ~n hervorgebracht aerobic.
Ae·ro·bi·er [ae'roːbi̯ər] *m* ⟨-s; -⟩ *biol.* aerobe, aerobian.
Ae·ro·bio·lo·gie [aerobiolo'giː] *f* ⟨-; *no pl*⟩ aerobiology.
Ae·ro·bi·ont [aerobi'ɔnt] *m* ⟨-en; -en⟩ *biol.* aerobic organism.
Ae·ro,bus [a'eːro-] *m* ⟨-ses; -se⟩ *aer.* air bus.
Ae·ro|drom [aero'droːm] *n* ⟨-s; -e⟩ *obs. for* Flugplatz. — **~dy'na·mik** [-dy'naːmɪk] *f phys.* aerodynamics *pl* (*construed as sg*). — **a~dy'na·misch** [-dy'naːmɪʃ] *adj* aerodynamic: ~e Aufheizung (*space*) aerodynamic heating.
Ae·ro·flot [aero'flɔt] *f* ⟨-; *no pl*⟩ *aer.* Aeroflot (*the Soviet state airline*).
ae·ro·gen [aero'geːn] *adj phys.* aerogenic, aerogenous. — **A~,gas** *n* aerogene gas.
Ae·ro|gramm [aero'gram] *n* (*postal service*) aerogram, *bes. Br.* aerogramme. — **~kar·to'graph** [-karto'graːf] *m* aerocartograph.
Ae·ro,klub [a'eːro-] *m* (*sport*) flying club.
Ae·ro·lith [aero'liːt; -'lɪt] *m* ⟨-en *u.* -s; -e(n)⟩ *min.* aerolite, *auch* aerolith (*a stony meteorite*).
Ae·ro·lo·ga·ti·on [aerologa'tsi̯oːn] *f* ⟨-; -en⟩ *aer.* pressure-pattern flying.
Ae·ro·lo·gie [aerolo'giː] *f* ⟨-; *no pl*⟩ *meteor.* aerology.
Ae·ro|man·tie [aeroman'tiː] *f* ⟨-; *no pl*⟩ aeromancy. — **~me'cha·nik** [-me'çaːnɪk] *f aer.* aeromechanics *pl* (*construed as sg*). — **~me·di'zin** [-medi'tsiːn] *f med.* aviation medicine. — **~'me·ter** [-'meːtər] *n phys.* aerometer.

Ae·ro·naut [aeroˈnaut] *m* ⟨-en; -en⟩ *obs.* aeronaut. — **Ae·roˈnau·tik** [-tɪk] *f* ⟨-; *no pl*⟩ aeronautics *pl* (*construed as sg*). — **ae·roˈnau·tisch** *adj* aeronautic(al).

Ae·ro·no·mie [aeronoˈmiː] *f* ⟨-; *no pl*⟩ *meteor.* aeronomy.

Ae·ro·pha·gie [aerofaˈgiː] *f* ⟨-; *no pl*⟩ *med.* aerophagia, *auch* aerophagy.

Ae·ro·pho·bie [aerofoˈbiː] *f* ⟨-; *no pl*⟩ *med. psych.* aerophobia, fear of fresh air (*od.* drafts, *bes. Br.* draughts).

Ae·ro·phon [aeroˈfoːn] *n* ⟨-s; -e⟩ *mus.* aerophonic instrument.

Ae·ro|pho·to·gra·phie [aerofotograˈfiː] *f* aerial photography, aerophotography. — **~phyˈsik** [-fyˈziːk] *f aer. phys.* aerophysics *pl* (*construed as sg*). — **a~phy·siˈka·lisch** [-fyziˈkaːlɪʃ] *adj* aerophysical.

Ae·ro·phyt [aeroˈfyːt] *m* ⟨-en; -en⟩ *bot.* epiphyte.

Ae·ro·plan [aeroˈplaːn] *m* ⟨-(e)s; -e⟩ *obs.* [*for* Flugzeug.]

Ae·ro·sol [aeroˈzoːl] *n* ⟨-s; -e⟩ **1.** *chem. phys.* aerosol (*dispersion of colloidal particles in a gas*). – **2.** *med.* (*Inhalationsdampf*) vapor, *bes. Br.* vapour, aerosol. — **~ˌbom·be** *f* aerosol bomb.

Ae·ro·sphä·re [aeroˈsfɛːrə] *f* ⟨-; *no pl*⟩ *aer.* aerosphere.

Ae·ro|sta·tik [aeroˈstaːtɪk] *f* ⟨-; *no pl*⟩ *phys.* aerostatics *pl* (*construed as sg*). — **a~ˈsta·tisch** *adj* aerostatic, *auch* aerostatical.

Ae·ro·the·ra·pie [aeroteraˈpiː] *f med.* aerotherapeutics *pl* (*construed as sg*).

Ae·ro·tro·pis·mus [aerotroˈpɪsmus] *m* ⟨-; *no pl*⟩ *biol.* aerotropism.

Ae·ro·zin [aeroˈtsiːn] *n* ⟨-s; *no pl*⟩ (*space*) aerozine.

Aes·chyn·an·thus [ɛsçyˈnantus] *m* ⟨-; *no pl*⟩ *bot.* blushwort (*Gattg Aeschynanthus*).

Aet·it [aeˈtiːt; aeˈtɪt] *m* ⟨-s; -e⟩ *min.* aetites, eaglestone.

Ae·tos [aeˈtɔs; ˈaːetɔs] *m* ⟨-; *no pl*⟩ *antiq.* (*Giebelfeld*) tympanum.

afe·bril [ˈa(ː)febriːl; afeˈbriːl] *adj med.* afebrile.

Af·fä·re [aˈfɛːrə] *f* ⟨-; -n⟩ **1.** (*Angelegenheit*) affair, business: er hat sich mit Anstand aus der ~ gezogen he emerged from the affair with credit; er zog sich geschickt aus der ~ he skilfully got out of the business; das ist keine ~ *colloq.* that's no problem. – **2.** ([*peinlicher*] *Vorfall*) incident, occurrence: diese ~ kostete ihn seine Karriere this incident cost him his career. – **3.** (*Skandalgeschichte*) affair(e), case. – **4.** (*Streitsache*) quarrel, dispute: die ~ ist beigelegt (*od.* aus der Welt geschafft) the dispute is settled. – **5.** (*Liebesaffäre*) (love) affair, *auch* affaire: eine ~ mit einem Mädchen haben to have an affair with a girl.

Äff·chen [ˈɛfçən] *n* ⟨-s; -⟩ **1.** *dim. of* Affe. – **2.** *fig. colloq.* slight tipsiness. – **3.** (*Kosewort*) little monkey.

Af·fe [ˈafə] *m* ⟨-n; -n⟩ **1.** *zo.* a) (*schwanzloser*) ape, b) (*geschwänzter*) monkey (*Ordng Simiae*): zu den (echten) ~n gehörig pithecoid; er schoß davon wie ein vergifteter ~ *colloq.* he dashed off like a scalded cat (*od.* a stuck pig); er benahm sich wie ein wildgewordener ~ *colloq.* he acted like a madman; er saß da wie 'n ~ auf'm Schleifstein *colloq.* he sat there like a monkey on a stick; der ist wohl vom wilden ~ gebissen *fig. sl.* you'd think he'd been bitten by a wild dog; ich denke, mich laust der ~ *fig. sl.* well, I'll be hanged (*od.* darned) (*colloq.*), would you believe it; einen ~n an j-m gefressen haben *fig. colloq.* to be infatuated with (*od.* by) s.o., to be nuts about s.o. (*sl.*), to have a crush on s.o. (*sl.*); seinem ~n Zucker geben *colloq.* to indulge one's pet whim, to pander to one's weaknesses. – **2.** *fig. contempt.* (*Geck*) dandy, fop, coxcomb (*lit.*): eingebildeter (*od. colloq.* lackierter) ~ stuck-up person, conceited ass (*colloq.*). – **3.** *fig. contempt.* (*dummer Kerl*) fool, idiot: so ein blöder ~ *sl.* what a silly fool. – **4.** ⟨*only sg*⟩ *fig. colloq.* (*Rausch*) tipsiness, intoxication: einen ~n (sitzen) haben to be tipsy (*od. colloq.* tight); sich (*dat*) einen ~n kaufen to get tipsy. – **5.** *bes. mil. sl.* (*Tornister*) knapsack, pack.

Af·fekt [aˈfɛkt] *m* ⟨-(e)s; -e⟩ *bes. psych.* affect, emotion: im ~ handeln to act in the heat (*od.* under the impulse) of passion; ein im ~ begangenes Verbrechen *jur.* a crime committed under the impulse of the moment (*od.* in the heat of passion).

Af·fek·ta·ti·on [afɛktaˈtsi̯oːn] *f* ⟨-; -en⟩ *obs. for* Affektiertheit.

Afˈfekt|ˌausˌbruch *m psych.* affective crisis. — **~ˌhand·lung** *f psych. jur.* act committed in the heat of passion.

af·fek·tie·ren [afɛkˈtiːrən] *obs.* **I** *v/t* ⟨*no* ge-, h⟩ *cf.* erkünsteln. – **II** *v/reflex* sich ~ *cf.* zieren 8.

af·fekˈtiert I *pp.* – **II** *adj* **1.** (*geziert*) affected, artificial: ein ~es Mädchen an affected girl; ~es Getue airs and graces *pl*; er ist nicht ~ he is unaffected. – **2.** (*gekünstelt*) precious, stilted, affected, artificial, unnatural: ~er Stil precious style. – **3.** (*gespreizt*) pompous, affected: ~er Dandy foppish dandy, fop. – **4.** (*eingebildet*) conceited, priggish. – **III** *adv* **5.** (*geziert*) affectedly, artificially: sich ~ benehmen to behave affectedly, to put on frills. — **Af·fekˈtiert·heit** *f* ⟨-; *no pl*⟩ **1.** (*Geziertheit*) affectation, affectedness, artificiality. – **2.** (*gekünstelte Art*) preciosity, stiltedness, affectation, artificiality. – **3.** (*Gespreiztheit*) pompousness, affectation. – **4.** (*Einbildung*) conceit(edness), priggishness.

Af·fek·ti·on [afɛkˈtsi̯oːn] *f* ⟨-; -en⟩ **1.** *med.* affection, disease: schmerzhafte ~ affliction. – **2.** *obs. for* a) Wohlwollen, b) Neigung 13.

af·fek·tio·niert [afɛktsi̯oˈniːrt] *adj archaic* affectionate, devoted.

Af·fek·tiˈons|in·terˌes·se *n*, **~ˌwert** *m obs. for* Liebhaberwert.

af·fek·tiv [afɛkˈtiːf] *adj psych.* affective, emotive, emotional. — **Af·fek·ti·viˈtät** [-tiviˈtɛːt] *f* ⟨-; *no pl*⟩ **1.** *psych.* affectivity, emotion. – **2.** *psych.* (*Gefühlsansprechbarkeit*) affectivity, ability to feel emotion, emotionality.

afˈfekt·los *adj* **1.** dispassionate, unimpassioned. – **2.** *ling.* (*Wort*) without emotive connotations. — **Afˈfekt·lo·sig·keit** *f* ⟨-; *no pl*⟩ **1.** dispassionateness. – **2.** *ling.* (*eines Wortes*) lack of emotive connotations.

Afˈfekt·psyˌcho·se *f med. psych.* affective disorder (*od.* psychosis).

äf·fen [ˈɛfən] *v/t* ⟨h⟩ **1.** *rare for* narren. – **2.** *lit. for* nachäffen 1.

ˈAf·fen|ˌart *f zo.* **1.** species of ape (*od.* monkey). – **2.** (*Verhalten der Affen*) behavior (*bes. Br.* behaviour) of apes (*od.* monkeys): nach ~ monkeylike, in monkey fashion. — **a~ˌar·tig** *adj* apelike, monkeylike; simian, simioid, simious, pithecoid (*scient.*): mit ~er Geschwindigkeit *fig. colloq.* with the agility of a monkey, like greased lightning (*colloq.*). — **~be·zoˌar** *m cf.* Affenstein. — **~ˌblu·me** *f bot.* monkey flower, mimulus, maiden-wort (*Gattg Mimulus*). — **~ˌbrotˌbaum** *m bot.* adansonia, baobab, abavi, abavo, monkey bread (tree) (*Adansonia digitata*): Frucht des ~s monkey bread. — **~ˌdorn** *m bot.* prickly pole (*od.* palm), prickle palm (*Gattg Bactris*; *several species*). — **~ˌgriff** *m* (*sport*) (*beim Turnen*) monkey grip (*od.* grasp). — **~ˌhaus** *n* (*im Zoo*) monkey (*od.* ape) house. — **~ˌhit·ze** *f colloq.* scorching (*od.* baking) heat. — **~ˌjäck·chen** *n mil. hist.* (*Husarenrock*) monkey jacket. — **~ˌkä·fig** *m* (*im Zoo*) monkey cage: es ging zu wie in einem ~ *colloq.* it was like the monkey house at the zoo. — **~ˌkna·benˌkraut** *n bot.* buffoon (*od.* rose) orchis (*Orchis simia*). — **~koˌmö·die** *f colloq. cf.* Affentheater. — **~ˌlie·be** *f fig.* foolish affection, doting love: sie hatte eine ~ zu dem Kind she doted on the child. — **~ˌmensch** *m* **1.** ape-man (*bes. Pithecanthropus erectus*). – **2.** *anthrop.* alalus (*hypothetical connecting link between ape and man*). — **~ˌpin·scher** *m zo.* miniature schnauzer. — **~ˌschan·de** *f colloq.* (*große Schande*) crying (*od.* beastly) shame (*colloq.*). — **~ˌschau·kel** *f mil. sl.* fourragère. — **~ˌschwanz** *m* tail of a monkey, monkey's tail. — **~spekˌta·kel** *m colloq.* devil of a noise; row, shindy (*colloq.*). — **~ˌstall** *m* **1.** *contempt.* madhouse. – **2.** *only in* hier stinkt's wie in einem ~ *sl.* it stinks like a pigsty in here. — **~ˌstein** *m* monkey bezoar. — **~ˌtem·po** *n colloq. cf.* Affenzahn. — **~thea·ter** [-teˌaːtər] *n colloq.* complete farce, (stuff and) nonsense, tomfoolery: ich mache das ~ nicht länger mit I can't stand much more of this stuff and nonsense; es war das reinste ~ it was a real farce. — **~ˌtopfˌbaum** *m bot.* monkeypot (*Gattg Lecythis*). — **~ˌvolk** *n zo.* apes *pl*, monkeys *pl.* — **~ˌweib·chen** *n cf.* Äffin. — **~ˌzahn** *m sl.* breakneck speed: einen ~ draufhaben to go at (a) breakneck speed.

ˈÄf·fer *m* ⟨-s; -⟩ **1.** *lit. for* Nachäffer 1. – **2.** *dial.* (*Fopper*) mocker, teaser.

Af·feˈrei, Äf·feˈrei *f* ⟨-; -en⟩ **1.** *lit. for* Nachäfferei 1. – **2.** *dial.* (*Fopperei*) mockery, teasing. – **3.** (*närrische Posse*) baboonery, tomfoolery.

af·fet·tuo·so [afɛˈtŭoːzo] *adv u. adj mus.* [affettuoso.]

Af·fi·che [aˈfiːʃə; aˈfɪʃə] *f* ⟨-; -n⟩ *obs. for* Anschlagzettel, Aushang 1, Plakat. — **af·fi·chie·ren** [afiˈʃiːrən; afɪ-] *v/t* ⟨*no* ge-, h⟩ *rare for* anschlagen 2, aushängen, ankleben 1.

Af·fi·dat [afiˈdaːt] *m* ⟨-en; -en⟩ *hist. cf.* Lehensmann.

Af·fi·da·vie·rung [afidaˈviːrʊŋ] *f* ⟨-; -en⟩ *econ.* certification.

Af·fi·da·vit [afiˈdaːvɪt] *n* ⟨-s; -s⟩ **1.** *jur.* affidavit, *auch* statutory declaration. – **2.** *pol.* (*bei Einwanderung*) affidavit, *bes. Br., Austral.* sponsor's guarantee.

ˈaf·fig *adj colloq. contempt.* **1.** (*blasiert*) stuck-up (*colloq.*), uppish (*colloq.*). – **2.** (*gefallsüchtig*) coquettish, flirtatious. – **3.** (*gekkenhaft*) foppish, dandyish. — **ˈAf·fig·keit** *f* ⟨-; -en⟩ *colloq. contempt.* **1.** (*Blasiertheit*) uppishness (*colloq.*). – **2.** (*Gefallsucht*) coquetry, flirtatiousness. – **3.** (*Geckenhaftigkeit*) foppishness, dandyism.

Af·fi·lia·ti·on [afiliaˈtsi̯oːn] *f* ⟨-; -en⟩ **1.** (an *acc* to, with) affiliation. – **2.** *jur. obs. for* Adoption. — **af·fi·liˈie·ren** [-liˈiːrən] *v/t* ⟨*no* ge-, h⟩ **1.** *bes. econ.* (*eingliedern*) affiliate. – **2.** (*aufnehmen*) affiliate, associate. – **3.** *jur. obs. for* adoptieren.

af·fin [aˈfiːn] *adj math.* affine.

Äf·fin [ˈɛfɪn] *f* ⟨-; -nen⟩ *zo.* **1.** (*schwanzlose*) she-ape, female ape. – **2.** (*geschwänzte*) she-monkey, female monkey.

Af·fi·na·ge [afiˈnaːʒə] *f* ⟨-; -n⟩, **Af·fi·naˈti·on** [-naˈtsi̯oːn] *f* ⟨-; -en⟩ *metall. chem. cf.* Affinierung.

af·fi·nie·ren [afiˈniːrən] *v/t* ⟨*no* ge-, h⟩ **1.** *metall.* (*scheiden*) (*Edelmetalle*) (re)fine. – **2.** *chem.* (*Rohzucker*) affine. — **Af·fiˈnie·rung** *f* ⟨-; *no pl*⟩ **1.** *metall.* (*Scheidung von Edelmetallen*) (re)fining. – **2.** *chem.* (*von Rohzucker*) affination, (first) refining.

Af·fi·ni·tät [afiniˈtɛːt] *f* ⟨-; -en⟩ **1.** *philos.* (*Wesensverwandtschaft*) (mit with; zwischen *dat* between) affinity. – **2.** *chem.* (für for) affinity. – **3.** *math.* affinity. – **4.** *jur.* (*Schwägerschaft, Verschwägerung*) affinity, relation(ship) by marriage.

Af·fir·ma·ti·on [afɪrmaˈtsi̯oːn] *f* ⟨-; -en⟩ *rare* **1.** affirmation. – **2.** assurance. — **af·fir·maˈtiv** [-ˈtiːf] *adj* affirmative.

Af·fir·ma·ti·va [afɪrmaˈtiːva] *pl ling.* affirmative forms.

Af·fir·maˈti·ve *f* ⟨-; -n⟩ *rare* affirmative (opinion), assent. — **af·firˈmie·ren** [-ˈmiːrən] *v/t* ⟨*no* ge-, h⟩ *rare* affirm, assent to.

äf·fisch [ˈɛfɪʃ] *adj* **1.** *fig.* apelike, monkeylike. – **2.** (*albern*) apish, foolish, silly.

Af·fix [aˈfɪks] *n* ⟨-es; -e⟩ *ling.* (*Anfügeelement*) affix.

af·fi·zie·ren [afiˈtsiːrən] *v/t* ⟨*no* ge-, h⟩ **1.** *med.* (*reizen*) excite, impress. – **2.** *med.* (*krankhaft verändern*) affect. — **af·fiˈziert I** *pp.* – **II** *adj* **1.** *med.* (*befallen*) affected. – **2.** *ling.* (*Objekt*) direct, accusative.

Äff·lein [ˈɛflaɪn] *n* ⟨-s; -⟩ *dim. of* Affe.

Af·fo·dill [afoˈdɪl] *m* ⟨-s; -e⟩ *bot. cf.* Asphodill. — **Af·foˈdil·li·lie** (*getr.* -ll,l-) *f* day lily (*Gattg Hemerocallis*).

af·fret·tan·do [afrɛˈtando] *adv u. adj mus.* (*beschleunigt*) affrettando.

Af·fri·ka·ta [afriˈkaːta] *f* ⟨-; -katen⟩, **Af·friˈka·te** [-tə] *f* ⟨-; -n⟩ *ling.* (*Phonetik*) affricate.

Af·front [aˈfrõː; aˈfrɔnt] *m* ⟨-; -s [aˈfrõːs], *auch* -e [aˈfrɔntə]⟩ *lit.* (*schwere Beleidigung*) (gegen) affront (to, [up]on), insult (to), outrage ([up]on): das ist ein ~! it's an insult; j-m einen ~ antun to insult s.o., to offer an affront to s.o. — **af·fron·tie·ren** [afrɔnˈtiːrən] *v/t* ⟨*no* ge-, h⟩ *obs. for* beleidigen 1, schmähen 1.

af·frös [aˈfrøːs] *adj obs. for* abscheulich, [häßlich 6.]

Af·ghan [ˈafga(ː)n; afˈgaːn] *m* ⟨-(s); -s⟩ afghan (carpet).

Af·gha·ne [afˈgaːnə] *m* ⟨-n; -n⟩ **1.** Afghan. – **2.** *zo.* (*Hunderasse*) Afghan (hound). — **afˈgha·nisch I** *adj* Afghan. – **II** *ling* **A~** ⟨*generally undeclined*⟩, **das A~e** ⟨-n⟩ Afghan(i), the Afghan language.

à fonds per·du [afõpɛrˈdy] *adv econ.* without repayment of capital.

à for·fait [afɔr'fɛ] *(Fr.) adv econ.* for a lump sum.

a fres·co [a 'frɛsko] *adj u. adv (bes. art)* alfresco.

Afri·kaan·der [afri'kaːndər] *m* ⟨-s; -⟩ Boer, Afrikaner, Afrikander *(settler in S. Africa of European descent).*

Afri·kaans [afri'kaːns] *n* ⟨-; *no pl*⟩ *ling.* Afrikaans, *auch* Cape Dutch, (the) Taal.

'Afri·ka|ˌfeldˌzug *m mil. hist.* African campaign *(1940-43).* — **~ˌfor·scher** *m* African explorer, explorer of Africa. — **~ˌkorps** *n mil. hist.* Africa Corps *(German troops in North Africa during World War II).*

Afri·kan·der [afri'kandər] *m* ⟨-s; -⟩ *cf.* Afrikaander.

Afri·ka·ner [afri'kaːnər] *m* ⟨-s; -⟩, **Afri·'ka·ne·rin** *f* ⟨-; -nen⟩ **1.** *(Eingeborene[r] Afrikas)* African. **– 2.** *(weißer Siedler in Afrika)* African settler. — **afri'ka·nisch** *adj geogr.* African.

afri·ka·ni·sie·ren [afrikani'ziːrən] *v/t* ⟨*no* ge-, h⟩ africanize *Br. auch* -s-. — **Afri·ka·ni'sie·rung** *f* ⟨-; *no pl*⟩ africanization *Br. auch* -s-.

afro-asia·tisch ['aːfroˀa'zĭaːtɪʃ] *adj* Afro-Asian.

Af·ter ['aftər] *m* ⟨-s; -⟩ **1.** *med. zo.* anus, anal aperture: **künstlicher ~** artificial anus, *auch* colostomy; **Anlegen eines künstlichen ~s** colostomy. **– 2.** *zo. (der Fische, Vögel etc)* vent. **– 3.** *tech. (des Sattels)* cantle, back. — **~ˌanˌhang** *m zo. (der Insekten)* style, stylus *(scient.).* — **~beˌleh·nung** *f jur. hist.* subinfeudation. — **~ˌblech** *n tech. (in Sattlerei)* hind-witherband. — **~ˌbür·ge** *m jur. cf.* Nachbürge. — **~ˌbürg·schaft** *f jur. cf.* Nachbürgschaft. — **~ˌdrü·se** *f zo. (des Stinktiers etc)* anal gland. — **~entˌzün·dung** *f med.* inflammation of the anus, anusitis. — **~ˌer·be** *m jur. cf.* Nacherbe. — **~ˌerz** *n metall.* tailings *pl.* — **~ˌfeld** *n zo. (bei Seeigeln)* periproct. — **~ˌflos·se** *f zo.* anal (fin). — **~ˌflü·gel** *m zo.* **1.** *(der Vögel)* bastard wing, alula *(scient.).* **– 2.** *(der Käfer und Fliegen)* alula, alulet, squama, calypter. — **~ˌfrüh·lingsˌflie·ge** *f zo.* willow fly perlid *(Fam. Perlidae).* — **~ˌfü·ße** *m pl zo.* **1.** *(der Insektenlarven)* spurious legs, prolegs: **Würmer mit ~n** entomoids. **– 2.** *(der Krebse)* uropods. — **~ˌge·gend** *f med. zo.* anal region. — **~geˌlehr·sam·keit** *f* pseudo-learning, *Br.* pseudo-learning, pseudo-scholarship, *Br.* pseudo-scholarship. — **~geˌlehr·te** *m* pseudoscholar, *Br.* pseudo-scholar. — **~ˌglau·be** *m rare for* Aberglaube. — **a~ˌhu·fig** [-ˌhuːfɪç] *adj zo.* false-hoofed. — **~ˌjucken** *(getr. -k·k-) n med.* pruritus ani. — **~ˌke·gel** *m math.* conoid. — **~ˌklaue** *f zo. (bei Säugern)* dewclaw, false hoof, pseudoclaw, *Br.* pseudo-claw. — **~ˌkorn** *n agr.* grain left after winnowing. — **~ˌkral·le** *f zo. (bei Insekten)* arolium. — **~ˌkreuzˌkraut, Ame·ri'ka·ni·sches** *n bot.* fireweed *(Erechthites hieracifolius; North American composite).* — **~ˌku·gel** *f math.* spheroid. — **~ˌle·der** *n* **1.** *(des Schuhs)* counter, heelpiece inside. **– 2.** chips *pl* of leather. — **~ˌle·hen** *n hist.* arriere fee *(od.* fief). — **~ˌle·hensˌmann** *m cf.* Aftervasall. — **~ˌlehnsˌherr** *m* mesne lord, vavasor, *bes. Br.* vavasour. — **~ˌlehnsˌherr·lich·keit** *f* mesnal(i)ty. — **~ˌleh·re** *f rare for* Irrlehre. — **a~los** *adj zo.* aproctous. — **~ˌmie·te** *f cf.* Untermiete. — **~ˌmie·ter** *m cf.* Untermieter. — **~ˌmün·dung** *f med. zo.* anal aperture *(od.* orifice), anus. — **~ˌmu·se** *f obs. (Scheinkunst)* false art.

af·tern ['aftərn], **äf·tern** ['ɛftərn] *v/i* ⟨h⟩ *hunt.* impress the dewclaws.

'Af·ter|ˌöff·nung *f med. zo. cf.* Aftermündung. — **~ˌpacht** *f jur. cf.* Unterpacht. — **~ˌpäch·ter** *m jur. cf.* Unterpächter. — **~ˌrau·pe** *f zo.* pseudocaterpillar, *Br.* pseudo-caterpillar *(Fam. Tenthredinidae).* — **~ˌreif** *m (des Zugtiergeschirrs)* tail case. — **~ˌrie·men** *m (des Zugtiergeschirrs)* tail leather. — **~ˌschließˌmus·kel** *m med. zo.* anal sphincter, sphincter ani. — **~ˌschmerz** *m med.* proctalgia: **gichtischer ~** proctagra. — **~ˌschörl** *m min.* axinite. — **~ˌschrun·de** *f med.* anal fissure. — **~skor·piˌon** *m zo.* pseudoscorpion, *Br.* pseudo-scorpion, false scorpion *(Ordng Pseudoscorpionida).* — **~ˌspin·ne** *f zo. cf.* Weberknecht. — **~vaˌsall** *m jur. hist.* subinfeudatory, rear *(od.* arriere) vassal. — **~ˌweis·heit** *f obs.* spurious *(od.* sham) wisdom. — **~ˌwelt** *f obs. for* Nachwelt. — **~ˌzahn** *m hort.* small sideshoot of the vine. — **~ˌze·he** *f zo. cf.* Afterklaue.

Aga ['aːga] *m* ⟨-s; -s⟩ **1.** aga, *auch* agha *(title of a Turkish commander, also a title of hono[u]r in the Near and Middle East).* **– 2.** *zo.* agua toad *(Bufo marinus).*

ägä·isch [ɛ'gɛːɪʃ] *adj geogr.* Aegean: **die Ä~e Kultur** *antiq.* Aegean civilization; **das Ä~e Meer** the Aegean (Sea).

Aga·lak·tie [agalak'tiː] *f* ⟨-; -n [-ən]⟩ *med.* agalactia, agalaxia, agalaxy.

Aga·me [a'gaːmə] *f* ⟨-; -n⟩ *zo.* agama, agamid *(Fam. Agamidae; a lizard).*

Aga·mem·non [aga'mɛmnɔn] *npr m* ⟨-; *no pl*⟩ *myth.* Agamemnon.

Aga·mie [aga'miː] *f* ⟨-; *no pl*⟩ *rare for* Ehelosigkeit 1.

Agap·an·thus [aga'pantus] *m* ⟨-; -thi [-ti]⟩ *bot.* agapanthus, *auch* African lily *(od.* tulip) *(Gattg Agapanthus, bes. A. africanus).*

Aga·pe [a'gaːpe; -pə] *f* ⟨-; -n [-pən]⟩ *relig.* agape.

Agar(-Agar) ['a(ː)gar ('ˀa(ː)gar)] *m, n* ⟨-s; *no pl*⟩ *biol. med.* agar(-agar).

Agate Line ['ægət 'laɪn] *(Engl.) f* ⟨- -; - -⟩ *print.* agate line.

Aga·thin [aga'tiːn] *n* ⟨-s; *no pl*⟩ *pharm.* agathin ($C_{14}H_{14}N_2O$).

Aga·tho·dä·mon [agato'dɛːmɔn] *npr m myth. (gütiger Schutzgeist)* Agathod(a)emon.

Aga·ve [a'gaːvə] *f* ⟨-; -n⟩ *bot.* agave, pita *(Gattg Agave):* **Amerikanische ~** century plant, maguey *(A. americana);* **Mexikanische ~** maguey *(A. atrovirens).*

Agaven|ˌbranntˌwein [a'gaːvən-] *m* mescal, *auch* mezcal. — **~ˌfa·ser** *f* agave fiber *(bes. Br.* fibre), istle, ixtle, pita *(of Agave americana).* — **~ˌwein** *m* pulque.

Agen·da [a'gɛnda] *f* ⟨-; -den⟩ **1.** *meist pl (Tagesordnung)* agenda. **– 2.** *(Merkbuch)* agenda (book), memorandum book. **– 3.** *pl Austrian for* Aufgabenbereich, Wirkungskreis.

Agen·de [a'gɛndə] *f* ⟨-; -n⟩ *relig.* ritual.

Age·ne·sie [agene'ziː] *f* ⟨-; *no pl*⟩ *biol.* agenesis, *auch* agenesia.

Agens ['aːgɛns] *n* ⟨-; -zien [a'gɛntsĭən]⟩ **1.** *chem. med.* agent, reagent: **oxydierendes ~** *chem.* oxidant. **– 2.** *fig. bes. philos.* agent, driving *(od.* moving) force. **– 3.** *ling.* agent.

Agent [a'gɛnt] *m* ⟨-en; -en⟩ **1.** *pol.* (diplomatic) agent. **– 2.** *(mit Geheimauftrag)* secret *(od.* foreign) agent, *(im weiteren Sinn)* spy, emissary: **~en einschleusen** to smuggle secret agents *(od.* spies) (nach into). **– 3.** *econ.* agent: **bestimmte Erzeugnisse durch ~en vertreiben lassen** to have agents sell certain products; **~ für Anzeigenwerbung** advertising agent. **– 4.** *econ. cf.* Kommissionär 1, Makler 1, 2, Werbeagent. **– 5.** *mar.* (shipping) agent.

Agen·ten|ˌdienst [a'gɛntən-] *m* espionage. — **~ˌnest** *n* nest of foreign agents *(od.* spies). — **~ˌnetz** *n* network of foreign agents *(od.* spies). — **~pro·vi·siˌon** *f econ.* agent's commission. — **~ˌring** *m* spy ring. — **~ˌtä·tig·keit** *f* (subversive) activity of foreign agents, espionage. — **~zenˌtra·le** *f* headquarters *pl (construed as sg or pl)* of foreign agents *(od.* spies).

Agen·tie [agɛn'tsiː] *f* ⟨-; -n [-ən]⟩ *Austrian econ.* office of the Danube Steamship Company.

agen·tie·ren [agɛn'tiːrən] *v/i* ⟨*no* ge-, h⟩ *Austrian econ.* work as a representative *(od.* salesman).

Agen·tin [a'gɛntɪn] *f* ⟨-; -nen⟩ **1.** *(mit Geheimauftrag)* (woman) agent, agentess *(rare).* **– 2.** *cf.* Agent 3.

Agent pro·vo·ca·teur [aʒɑ̃prɔvɔka'tœːr] *(Fr.) m* ⟨- -; -s -s [-'tœːr]⟩ *(politischer Aufwiegler)* agent provocateur.

Agen·tur [agɛn'tuːr] *f* ⟨-; -en⟩ *econ.* **1.** *(Vertretung, Geschäftsnebenstelle)* agency, agents *pl:* **~ einer Versicherung** insurance agency *(od.* agents); **j-m eine ~ übertragen** to entrust s.o. with an agency, to confer an agency upon s.o. **– 2.** *(Bezirk)* agency (area). **– 3.** *(Zeitung)* news *(od.* advertising) agency. — **~geˌschäft** *n econ.* agent's transaction, agency business. — **~ˌmel·dung** *f (in Zeitung)* news agency report. — **~verˌtrag** *m econ.* agency agreement. — **~ˌzug** *m meist pl bes. Swiss (railway)* special train *(arranged by travel bureaus).*

Ag·glo·me·rat [aglome'raːt] *n* ⟨-(e)s; -e⟩ **1.** *geol.* agglomerate. **– 2.** *metall. tech.* agglomerate, sinter *(od.* agglomerated) cake. — **a~ˌar·tig** *adj* agglomeratic.

Ag·glo·me·ra·ti·on [aglomera'tsĭoːn] *f* ⟨-; -en⟩ **1.** *(von Erz)* agglomeration. **– 2.** *econ. (Zusammenballung von Betrieben etc)* aggregation, assemblage. — **ag·glo·me'rie·ren** [-'riːrən] *v/t* ⟨*no* ge-, h⟩ *bes. metall.* agglomerate.

Ag·glu·ti·na·ti·on [aglutina'tsĭoːn] *f* ⟨-; -en⟩ *med. ling.* agglutination. — **ag·glu·ti·'nie·ren** [-'niːrən] *v/t* ⟨*no* ge-, h⟩ agglutinate. — **ag·glu·ti'nie·rend I** *pres p.* **– II** *adj med. ling.* agglutinative: **~e Sprachen** *ling.* agglutinative languages.

Ag·glu·ti·nin [agluti'niːn] *n* ⟨-s; -e⟩ *meist pl med.* agglutinin. — **a~ˌfrei** *adj* agglutinin-free.

Ag·gra·va·ti·on [agrava'tsĭoːn] *f* ⟨-; -en⟩ **1.** *rare for* Erschwerung, Verschlimmerung 1, 2. **– 2.** *med.* a) *(Übertreibung von Krankheitserscheinungen)* exaggeration, b) *(Verschlimmerung einer Krankheit)* aggravation. — **ag·gra'vie·ren** [-'viːrən] *v/t* ⟨*no* ge-, h⟩ **1.** *rare for* erschweren, verschlimmern 1. **– 2.** *med.* a) *(Krankheitserscheinungen)* exaggerate, b) *(eine Krankheit)* aggravate.

Ag·gre·gat [agre'gaːt] *n* ⟨-(e)s; -e⟩ **1.** *tech.* aggregate, set of machines, unit. **– 2.** *phys.* aggregate. **– 3.** *math.* class, aggregate, ensemble. **– 4.** *biol.* aggregate. — **~ˌform** *f phys.* physical form.

Ag·gre·ga·ti·on [agrega'tsĭoːn] *f* ⟨-; -en⟩ *biol. chem.* aggregation.

Ag·gre'gat|zuˌstand *m phys.* (aggregate) state, state of aggregation, (physical) condition: **fester [flüssiger, gasförmiger] ~** solid [liquid, gaseous] state.

Ag·gres·si·on [agrɛ'sĭoːn] *f* ⟨-; -en⟩ *bes. pol. psych.* (gegen upon) aggression.

Ag·gres·si'ons|ˌkrieg *m mil. cf.* Angriffskrieg 2. — **~po·liˌtik** *f* policy of aggression. — **~ˌtrieb** *m psych.* aggression, aggressiveness.

ag·gres·siv [agrɛ'siːf] *adj* **1.** *bes. pol.* aggressive, militant, *(stärker)* bellicose: **ein ~er Akt** an act of aggression; **nicht ~** non-(-)aggressive. **– 2.** *fig. (Ton etc)* aggressive, provocative, provocatory. **– 3.** *psych.* aggressive. — **Ag·gres·si·vi'tät** [-sivi'tɛːt] *f* ⟨-; *no pl*⟩ **1.** *bes. pol.* aggressiveness, aggressivity, *(stärker)* bellicosity. **– 2.** *fig.* aggressiveness, provocativeness. **– 3.** *psych.* aggressiveness.

Ag·gres·sor [a'grɛsɔr] *m* ⟨-s; -en [-'soːrən]⟩ *bes. pol.* aggressor.

Ägi·de [ɛ'giːdə] *f* ⟨-; *no pl*⟩ **1.** *myth. cf.* Ägis. **– 2.** *fig. lit.* aegis, *auch* egis, auspices *pl,* protection, shield: **unter j-s ~, unter der ~ von j-m** under the aegis *(od.* auspices, protection) of s.o.

agie·ren [a'giːrən] **I** *v/i* ⟨*no* ge-, h⟩ **1.** *(handeln)* act, operate. **– 2.** *(theater)* perform, play, act. **– 3.** *(gestikulieren)* gesticulate, gesture: **mit den Händen ~** to talk with one's hands. **– II** *v/t* **4.** *(theater) (Rolle etc)* play, act.

agil [a'giːl] *adj* ⟨-er; -st⟩ **1.** *(flink, gewandt)* agile, nimble, lissome, *auch* lissom. **– 2.** *(regsam)* agile, active. — **Agi·li·tät** [agili'tɛːt] *f* ⟨-; *no pl*⟩ **1.** *(Flinkheit, Gewandtheit)* agility, nimbleness, lissomeness. **– 2.** *(Regsamkeit)* agility.

Ägi·ne·te [ɛgi'neːtə] *m* ⟨-n; -n⟩ **1.** Aeginetan *(inhabitant or native of Aegina).* **– 2.** *pl antiq.* Aeginetan Marbles. — **ägi'ne·tisch** *adj antiq. geogr.* Aeginetan.

Agio ['aːʒĭo] *n* ⟨-s; *no pl*⟩ *econ.* agio, premium: **stehendes [veränderliches] ~** constant [fluctuating] premium; **das Papier konnte mit einem ~ von 25 (Punkten) verkauft werden** this stock could be sold at a premium of 25 (points). — **~paˌpie·re** *pl* bonds which carry a premium, premium bonds.

Agio·ta·ge [aʒĭo'taːʒə] *f* ⟨-; -n⟩ *econ.* [agiotage, stockjobbing.]

Ägir ['ɛːgɪr] *npr m* ⟨-s; *no pl*⟩ *myth.* Aegir *(Old Norse god of the sea).*

Ägis ['ɛːgɪs] *f* ⟨-; *no pl*⟩ *myth.* aegis, *auch* egis *(shield of Zeus and Athena).*

Agi·ta·ti·on [agita'tsĭoːn] *f* ⟨-; -en⟩ *pol.* political agitation, *(in kommunistischen Ländern)* agitprop.

Agi·ta·ti'ons|ˌfilm *m pol.* agitational film. — **~ma·te·riˌal** *n* agitprop material. — **~ˌred·ner** *m* rabble-rouser.

agi·ta·to [adʒi'taːto] *adv u. adj mus.* agitato.

Agi·ta·tor [agi'taːtɔr] *m* ⟨-s; -en [-ta'toːrən]⟩ **1.** *pol.* (political) agitator, rabble-rouser *(contempt.).* **– 2.** *chem. tech. (Mischmaschine)* agitator. — **agi·ta'to·risch**

[-taˈtoːrɪʃ] *adj pol.* agitating, agitatorial, rabble-rousing (*contempt.*).

agi·tie·ren [agiˈtiːrən] *v/i* ⟨*no* ge-, h⟩ **1.** *pol.* agitate, rabble-rouse (*contempt.*). – **2.** *fig.* (*werben*) (für for) agitate, canvass, solicit: er agitierte unermüdlich für seine Reformideen he agitated tirelessly for his reform ideas. – **3.** *fig.* (*hetzen*) agitate: gegen j-n ~ to agitate against s.o.

Agit'prop,grup·pen [agɪtˈprɔp-] *pl DDR pol.* political agitation groups.

Aglaia [aˈglaɪa; aˈglaːja] *npr f* ⟨-; *no pl*⟩ *myth.* Aglaia (*one of the three Graces*).

Ägle [ˈɛːgle] *npr f* ⟨-; *no pl*⟩ *myth.* Aegle (*a*) *one of the Hesperides*, b) *a naiad, mother of the Graces*).

Aglei [aˈglaɪ; ˈaːglaɪ] *f* ⟨-; -en⟩ *bot. cf.* Akelei.

Agnat [aˈgnaːt] *m* ⟨-en; -en⟩ *antiq. jur.* agnate. — **Agna·ti·on** [agnaˈtsioːn] *f* ⟨-; -en⟩ agnation. — **agna·tisch** [aˈgnaːtɪʃ] *adj* agnate, agnatic(al): ~er Erbe male heir.

Agni [ˈagni] *npr m* ⟨-; *no pl*⟩ *relig.* Agni (*in Hindu mythology the god of fire*).

Agni·ti·on [agniˈtsioːn] *f* ⟨-; -en⟩ *obs. for* Anerkennung.

Agno·sie [agnoˈziː] *f* ⟨-; -n [-ən]⟩ **1.** *psych. med.* agnosia, agnosis: akustische ~ psychic (*od.* auditory) deafness; visuelle ~ psychic blindness, visual agnosia. – **2.** *philos.* ignorance (*condition of pretended* [*Socratic*] *or convinced* [*Sceptic*] *agnosticism*).

Agno·sti·ker [aˈgnɔstikər] *m* ⟨-s; -⟩ *philos.* agnostic. — **agno·stisch** [aˈgnɔstɪʃ] *adj* agnostic, *auch* agnostical. — **Agno·sti'zis·mus** [-ˈtsɪsmʊs] *m* ⟨-; *no pl*⟩ agnosticism, *auch* negativism.

agnos·zie·ren [agnɔsˈtsiːrən] *v/t* ⟨*no* ge-, h⟩ **1.** *Austrian* (*einen Toten*) identify. – **2.** *obs. for* anerkennen.

Agnus Dei [ˈagnʊs ˈdeːi] *n* ⟨- -; - -⟩ *relig.* Agnus Dei (a) *part of Roman Catholic Mass and of Communion Service in Anglican and other churches*, b) *image of the lamb symbolizing Christ*, c) *wax disk with figure of lamb, blessed by Pope*).

Ago·gik [aˈgoːgɪk] *f* ⟨-; *no pl*⟩ *mus.* agogics *pl* (*usually construed as sg*). — **ago·gisch** [aˈgoːgɪʃ] *adj* agogic.

Agon [aˈgoːn] *m* ⟨-s; -e⟩ **1.** *antiq. hist.* agon, athletic (*od.* musical) contest. – **2.** (*literature*) agon (*conflict between chief characters in Greek drama*). — **ago·nal** [agoˈnaːl] *adj* **1.** *med.* agonal. – **2.** *antiq.* agonistic.

Ago·ne [aˈgoːnə] *f* ⟨-; -n⟩ *phys.* agonic line (*od.* curve).

Ago·nie [agoˈniː] *f* ⟨-; -n [-ən]⟩ *med.* death struggle, agony, (death) throes *pl.*

Ago·nist [agoˈnɪst] *m* ⟨-en; -en⟩ *antiq.* contestant. — **Ago'ni·stik** [-tɪk] *f* ⟨-; *no pl*⟩ *antiq.* agonistics *pl* (*construed as sg*) (*science of athletic contests*). — **Ago'ni·sti·ker** [-tikər] *m* ⟨-s; -⟩ *antiq.* Agonist.

Ago·ra [agoˈraː] *f* ⟨-; *no pl*⟩ *antiq.* agora (*the market place in ancient Greek cities*).

Ago·ra·pho·bie [agorafoˈbiː] *f* ⟨-; *no pl*⟩ *med.* (*Platzangst*) agoraphobia, fear of open spaces.

Agraf·fe [aˈgrafə] *f* ⟨-; -n⟩ (*Spange*) clasp, brooch, agraf(f)e.

Agram·ma·tis·mus [agramaˈtɪsmʊs] *m* ⟨-; -tismen⟩ *med. psych.* agrammatism.

Agra·phie [agraˈfiː] *f* ⟨-; *no pl*⟩ *med. psych.* agraphia.

Agrar|,bank [aˈgraːr-] *f agr. econ.* farmers' (*od.* country) bank. — **~be,we·gung** *f pol. hist.* agrarian movement. — **~er,zeug·nis** *n meist pl* agricultural produce — **~,for·schung** *f* agricultural research. — **~,fra·ge** *f* agrarian question. — **~ge,nos·sen·schaft** *f* farmers' (*od.* agricultural) co(-)operative. — **~ge,setz** *n* agricultural act, agrarian law, farm law.

Agra·ri·er [aˈgraːriər] *m* ⟨-s; -⟩ **1.** (big) landowner. – **2.** agriculturist, farmer. – **3.** *pol.* agrarian, Agrarian. — **~par,tei** *f pol.* agrarian (*od.* country) party.

Agra·ri·er·tum [aˈgraːriər-] *n* ⟨-s; *no pl*⟩ the (big) landowners *pl*, (*in England*) the landed nobility and gentry.

agra·risch [aˈgraːrɪʃ] *adj* agrarian.

Agrar|kom·mu,nis·mus [aˈgraːr-] *m pol.* **1.** *hist.* agrarian communism. – **2.** collective farming. — **~kre,dit** *m econ.* agricultural (*od.* farm) credit. — **~,kri·se** *f* agricultural crisis. — **~,land** *n* **1.** agricultural land. – **2.** *pl pol.* agrarian countries. — **~,markt** *m econ.* agricultural commodities market. — **~po·li,tik** *f* agrarian (*od.* agricultural, farm) policy. — **~,prei·se** *pl* prices of farm products, agricultural (*od.* farm) prices. — **~pro,dukt** *n meist pl cf.* Agrarerzeugnis. — **~pro·duk·ti,on** *f* agricultural production. — **~re,form** *f pol.* land (*od.* agrarian) reform. — **~so·zia,lis·mus** *m* agrarian socialism. — **~,staat** *m* agrarian (*od.* agricultural) state. — **~struk,tur** *f* agrarian structure. — **~sub·ven·ti,on** *f meist pl* agricultural (*bes. Br.* farming) subsidy. — **~ver,fas·sung** *f cf.* Agrarstruktur. — **~,volk** *n* agrarian people. — **~,wirt·schaft** *f* rural economy. — **~,wis·sen·schaft** *f* agronomy, agricultural science. — **~,wis·sen·schaft·ler** *m* agronomist. — **~,zoll** *m meist pl econ.* agricultural tariff.

Agree·ment [əˈgriːmənt] (*Engl.*) *n* ⟨-s; -s⟩ *lit.* agreement: Gentlemen's ~ (*formloses Abkommen*) gentlemen's agreement.

agre·ie·ren [agreˈiːrən] *v/t* ⟨*no* ge-, h⟩ *rare for* genehmigen.

Agré·ment [agreˈmãː] *n* ⟨-s; -s⟩ *jur. pol.* agrément (*approval of a diplomatic representative*): das ~ erteilen to give agrément; das ~ erhalten to be granted agrément.

ägrie·ren [ɛˈgriːrən] *v/t* ⟨*no* ge-, h⟩ *obs. for* erbittern.

Agri·kul·tur [agrikʊlˈtuːr] *f* ⟨-; -en⟩ agriculture, farming. — **~che,mie** *f* agricultural chemistry, chemurgy.

Agrip'pi·na,eu·le [agrɪˈpiːna-] *f zo.* owl moth (*Erebus agrippina*).

Agro·nom [agroˈnoːm] *m* ⟨-en; -en⟩ agronomist. — **Agro·no'mie** [-noˈmiː] *f* ⟨-; *no pl*⟩ agronomy. — **agro'no·misch** *adj* agronomic(al).

'Agro,stadt [ˈaːgro-] *f meist pl pol.* agro-town, agrarian city (*especially in USSR*).

Agru·men [aˈgruːmən], **Agru·mi** [aˈgruːmi] (*Ital.*) *pl bot.* citrus fruits.

Agu·ti [aˈguːti] *m, n* ⟨-s; -s⟩ *zo.* golden agouti (*auch* agouty) (*Dasyprocta aguti*). — **~,far·be** *f* agouti, *auch* agouty. — **a~,far·ben**, **a~,far·big** *adj* agouti, *auch* agouty.

Ägyp·ten [ɛˈgʏptən] *n* ⟨-s; *no pl*⟩ **1.** *geogr.* Egypt: Mittleres Königreich ~ *antiq. hist.* Middle Kingdom. – **2.** *Bibl.* Mizraim. — **~,for·scher** *m cf.* Ägyptologe. — **~,for·schung** *f cf.* Ägyptologie. — **~,land** *n Bibl.* land of Egypt.

Ägyp·ter [ɛˈgʏptər] *m* ⟨-s; -⟩, **Ägyp·te·rin** [ɛˈgʏp-] *f* ⟨-; -nen⟩ Egyptian.

ägyp·tisch [ɛˈgʏptɪʃ] **I** *adj* Egyptian: ~es Pfund *econ.* Egyptian pound; ~e Augenkrankheit *med.* Egyptian ophthalmia, trachoma, granular conjunctivitis; → Finsternis 1. — **II** *ling.* **Ä~** ⟨*generally undeclined*⟩, **das Ä~e** ⟨-n⟩ Egyptian.

Ägyp·to·lo·ge [ɛgʏptoˈloːgə] *m* ⟨-n; -n⟩ Egyptologist. — **Ägyp·to·lo'gie** [-loˈgiː] *f* ⟨-; *no pl*⟩ Egyptology. — **ägyp·to'lo·gisch** *adj* Egyptological.

ah [aː; a] **I** *interj* (*Ausruf der Freude, des Erstaunens etc*) oh! ah! ~, wie schön! oh, isn't it lovely! ~ so! (*als Antwort*) oh I see, ah ha! ~ was! *colloq.* ah go on! not in the least! – **II Ah** *n* ⟨-s; -s⟩ oh, ah: ein lautes Ah ertönte loud ahs (of delight) could be heard.

äh [ɛː; ɛ] **I** *interj* **1.** (*Ausruf des Ekels etc*) ugh! – **2.** (*Ausruf des Zweifels etc*) h'm! hem! – **II Äh** *n* ⟨-s; -s⟩ **3.** ugh. – **4.** h'm, hem.

aha [aˈha(ː)] *interj* **1.** (*Ausruf des Verstehens*) aha! (oh) I see! – **2.** (*Ausruf der Genugtuung*) aha! there you are!

Aha-Er,leb·nis [aˈha(ː)-] *n psych.* aha experience.

Ahas·ver [ahasˈveːr] *m* ⟨-; *no pl*⟩ **I** *npr Bibl.* Ahasuerus (*a Persian shah*). – **II** *obs.* the Wandering Jew. — **ahas've·risch** *adj* (*ruhelos umherirrend*) roaming, wandering.

Ahas·ve·rus [ahasˈveːrʊs] *npr m* ⟨-; *no pl*⟩ *cf.* Ahasver I.

'Ahl|,baum *m bot.* **1.** upright honeysuckle (*Lonicera xylosteum*). – **2.** bird cherry (tree), black wild serviceberry (*Prunus padus*). — **~,bee·re** *f cf.* Aalbeere.

Ah·le [ˈaːlə] *f* ⟨-; -n⟩ **1.** *tech.* a) (*Schusterahle*) awl, prick(er), bodkin, b) (*Honahle*) hone, c) (*Reibahle*) reamer: flache ~ bradawl. – **2.** *print.* bodkin, point.

'Ahl,kir·sche *f bot. cf.* Traubenkirsche.

Ah·ming [ˈaːmɪŋ] *f* ⟨-; -e *u.* -s⟩ *mar.* (*Tiefgangsmarke*) draft (*bes. Br.* draught) marks *pl.*

Ahn [aːn] *m* ⟨-(e)s *u.* -en; -en⟩ **1.** (*Vorfahre*) ancestor, forefather, for(e)bear (*meist pl*), primogenitor, progenitor (*lit.*): seine ~en his ancestors (*od.* ancestry *sg*); unsere ~en our forefathers; das Haus seiner ~en his ancestral home. – **2.** (*Stammvater*) progenitor, primogenitor. – **3.** ⟨*only sg*⟩ *Southern G. and Austrian* grandfather.

ahn·den [ˈaːndən] **I** *v/t* ⟨h⟩ *lit.* **1.** (*bestrafen*) punish: das Vergehen wird mit aller Strenge des Gesetzes geahndet the offence (*Am.* offense) will be punished with the full vigo(u)r of the law. – **2.** (*rächen*) avenge: ein Unrecht ~ to avenge a wrong; etwas an j-m ~ to take vengeance on (*od.* upon) s.o. for s.th. – **3.** *Bibl.* (an *dat* on, upon) (*Sünden etc*) visit. – **4.** *obs. for* ahnen I. – **II A~** *n* ⟨-s⟩ **5.** *verbal noun.*

Ahndl[1] [ˈaːndəl] *f* ⟨-; *no pl*⟩ *Bavarian and Austrian dial.* grandmother.

'Ahndl[2], **Ähndl** [ˈɛːndəl] *m* ⟨-s; *no pl*⟩ *Bavarian and Austrian dial.* grandfather.

'Ahn·dung *f* ⟨-; -en⟩ **1.** *cf.* Ahnden. – **2.** (*Bestrafung*) punishment: disziplinäre ~ disciplinary action. – **3.** (*Vergeltung*) vengeance, retribution.

Ah·ne[1] [ˈaːnə] *f* ⟨-; -n⟩ **1.** (*Vorfahrin*) ancestress; progenitrix, *auch* progenitress (*lit.*). – **2.** (*Stammutter*) progenitrix, *auch* progenitress. – **3.** *Southern G. and Austrian* grandmother.

'Ah·ne[2] *m* ⟨-n; -n⟩ **1.** *cf.* Ahn. – **2.** *philos.* (*Logik*) ancestor, predecessor (*in a progression or inductive class*).

äh·neln [ˈɛːnəln] *v/i* ⟨h⟩ resemble, bear (*od.* show, have) a likeness (*od.* resemblance) to, be like, (*bes. von Kindern*) take after: j-m ~ to resemble s.o.; j-m sehr [ein wenig] ~ to bear a strong [a slight] resemblance to s.o.; sich ~ to resemble each other (*od.* one another), to be alike.

ah·nen [ˈaːnən] **I** *v/t* ⟨h⟩ **1.** (*vorausfühlen*) have a presentiment of, presage, (*meist Unheil etc*) forebode: seinen nahen Tod ~ to have a presentiment (*od.* foreboding) of impending death; etwas ~ lassen to foreshadow, presage, portend. – **2.** (*vermuten*) suspect, know: ohne etwas zu ~ von unsuspecting of; ohne zu ~, daß without dreaming that; er ahnte nicht, daß he had no idea that; als ob er es geahnt hätte as though he had known; ich habe es geahnt I knew it. – **3.** (*erraten*) guess, surmise, divine: ich ahne, was in dir vorgeht I can guess what is going through your mind; du ahnst nicht, wie unglücklich ich bin you have no idea (*od.* you can't imagine) how unhappy I am; etwas ~ lassen to give an idea of s.th.; (ach,) du ahnst es nicht! *colloq.* goodness gracious! – **II** *v/i* **4.** *lit.* have misgivings (*od.* forebodings), misgive (*lit.*): mir ahnt (*od.* es ahnt mir) Böses (*od. colloq.* nichts Gutes) I have misgivings, (*stärker*) I expect the worst. – **III A~** *n* ⟨-s⟩ **5.** *verbal noun.* – **6.** *cf.* Ahnung.

'Ah·nen,bild *n* portrait of an ancestor.

'ah·nend I *pres p.* – **II** *adj* suspecting: nichts ~ unsuspecting, unaware; nichts ~ ging er suspecting nothing he went.

'Ah·nen|,for·schung *f* genealogical research, genealogy. — **~ga·le,rie** *f* gallery of ancestral portraits. — **~,ket·te** *f cf.* Ahnenreihe. — **~,kult** *m* ancestor cult (*od.* worship). — **~,mas·ke** *f antiq.* (*Roman*) ancestral mask. — **~,paß** *m pol. hist.* certificate of Aryan descent. — **~,pro·be** *f* **1.** proof of descent. – **2.** proof of nobility. — **~,rei·he** *f* line of ancestors, pedigree. — **~re·la·ti,on** *f philos.* (*Logik*) ancestral (*od.* ancestor) relation. — **~,saal** *m* ancestral hall. — **~,stolz** *m* pride in one's ancestry. — **~,ta·fel** *f* family tree, pedigree, genealogical table. — **~ver,eh·rung** *f cf.* Ahnenkult.

'Ahn|,frau *f cf.* Ahne[1] 1, 2. — **~,herr** *m* **1.** *cf.* Ahn 1, 2. – **2.** *fig. obs.* (*Wegbereiter*) primogenitor, precursor.

'Ah·nin *f* ⟨-; -nen⟩ *cf.* Ahne[1] 1, 2.

ähn·lich [ˈɛːnlɪç] **I** *adj* **1.** similar, like, alike (*pred*): j-m ~ sein to resemble s.o., to bear (*od.* have) (a) resemblance to s.o.; das Kind ist der Mutter ~er als dem Vater the child favo(u)rs its mother; er sieht Ihnen sehr ~ he looks very much like you; ~ wie ein Ei dem andern as like as two peas (in a pod); das sieht ihm gar nicht ~ *fig.* it isn't like him at all; das sieht ihm ~! *fig. colloq.* that's just like him, that's him all over (*colloq.*); ein sprechend (*od.* täuschend) ~es Bild a lifelike portrait. –

2. (*vergleichbar*) similar, like, alike (*pred*), analogous: **~e Anschauungen** similar views; **in einer ~en Lage** in a similar situation; **eine Methode ~ wie die, welche** a method similar to the one that; **~ machen** (*dat* to, with) to make similar, to assimilate. – **3.** *math.* (*Dreieck etc*) similar. – **4.** *min.* (*Kristallform etc*) vicinal. – **5.** *chem.* (*strukturell*) resembling, homologous. – **6.** *biol.* a) similar, b) (*von ähnlicher Funktion*) analogous, c) (*entwicklungsgeschichtlich verwandt*) homologous: **einander ~ werden** to converge. – **7.** *meteor.* similar. – **8.** *philat.* similar. – **II** *adv* **9.** similarly, likewise, in like manner: **in dieser Situation hätte ich ~ gehandelt** I should have done much the same in this situation; **~ gelegene** (*od.* **liegende**) **Figuren** *math.* homothetic figures. – **III Ä~e, das** ⟨-n⟩ **10.** the like: **haben Sie jemals etwas Ä~es gesehen?** have you ever seen the like? **es gibt nichts Ä~es** there's nothing like it. – **11.** (*substantivierte Kleinschreibung*) **und ä~e(s)** and the like, and things like that; **und dem ä~es** and such like.

ähn·li·chen ['ɛːnlɪçən] *v/i* ⟨h⟩ *obs. for* [ähneln.]

'Ähn·lich·keit *f* ⟨-; -en⟩ **1.** similarity, likeness, resemblance: **eine frappante** (*od.* **verblüffende**) **~** a striking (*od.* speaking) likeness; **viel ~ mit j-m [etwas] haben** to be very much like s.o. [s.th.], to bear a strong resemblance to s.o. [s.th.], to resemble s.o. [s.th.] strongly; **das Bild hat keine ~ mit ihm** the picture does not resemble him in the least; **ich kann nicht viel ~ zwischen ihnen feststellen** I cannot see much likeness between them. – **2.** (*Vergleichbarkeit*) similarity, similitude, likeness, analogy: **die ~ der Methoden** the similitude of methods; **~en des Stils** conformities in style. – **3.** *math.* analogy, similitude, similarity. – **4.** *min.* (*der Kristallformen*) plesiomorphism. – **5.** *chem.* (*strukturelle*) homology. – **6.** *phys.* similarity: **Prinzip der dynamischen ~** dynamic similarity. – **7.** *biol.* a) similarity, b) homology. – **8.** *philos.* similarity.

'Ähn·lich·keits|ˌach·se *f math.* (*von Kreisen, Kugeln*) axis of similitude. — **~beˌweis** *m philos.* proof (*od.* argument) by analogy. — **~geˌsetz** *n math. phys.* law of similarity (*od.* similitude). — **~ˌkreis** *m philos.* (*Logik*) similarity circle (*od.* ring). — **~ˌpunkt** *m math.* (*zweier Konfigurationen*) point (*od.* center, *bes. Br.* centre) of similarity (*od.* similitude). — **~ˌsatz** *m math.* law of similitude (*od.* similarity). — **~ˌschluß** *m philos.* argument by analogy. — **~verˌhält·nis** *n* **1.** *math.* ratio of similitude. – **2.** *philos.* a) analogy, b) (*Ähnlichkeitsbeziehung*) equivalence relation. — **~ˌzei·chen** *n math.* sign of analogy.

'Ah·nung *f* ⟨-; -en⟩ **1.** (*Vorgefühl*) presentiment, premonition, (*von Unheil etc*) foreboding, presage: **bange ~en** dire forebodings; **eine ~ von dem kommenden Unheil haben** to have a premonition of the impending disaster; **meine dunklen ~en haben mich nicht getrogen** my apprehensions were justified. – **2.** (*Vermutung*) suspicion, *Am. colloq.* hunch: **ich habe so eine ~, als ob** I have a suspicion (*od.* a feeling) that. – **3.** (*Vorstellung*) idea, notion: **eine schwache ~** an inkling, a glimpse; **ich habe keine ~, wann er kommen wird** I have no idea (*od.* I can't guess) when he will come; **keine blasse ~ von etwas haben, nicht die geringste** (*od.* **leiseste**) **~ von etwas haben** to have not the faintest (*od.* foggiest, least, remotest) idea of s.th., to have not the vaguest notion of s.th.; **ich habe keine ~, wer er ist** I have not the faintest idea who he is, I don't know him from Adam (*sl.*); **er hatte keine ~ von Tuten und Blasen** *colloq. humor.* he didn't know the first thing (*Am. colloq.* beans) about it; **keine ~!** I haven't the faintest idea! (*colloq.*), search me! (*colloq.*), *bes. Br.* I haven't a clue! (*colloq.*); **j-m eine ~ von etwas vermitteln** to give s.o. a taste of s.th.; **er hat keine ~, was ihm bervorsteht** little does he know (*od.* he little knows) what awaits him; **hast du eine ~!** *colloq. iron.* that's what you think! (*colloq.*), *bes. Br.* a (fat) lot you know about it! (*colloq.*). – **4.** *poet.* (*Anzeichen*) touch, suggestion, trace: **es lag eine ~ von Frühling in der Luft** there was a touch (*od.* suggestion) of spring in the air.

'ah·nungsˌbang *adj poet. obs. for* **ahnungsvoll.**

'ah·nungs·los I *adj* **1.** (*nichts ahnend*) unsuspecting, unsuspicious, suspicionless, unaware (*pred*): **oh, du ~er Engel!** *colloq.* a) you little innocent, b) *interj* good heavens! **ich bin (ja) völlig ~** I have no idea, *bes. Br. colloq.* I haven't a clue. – **2.** (*unwissend*) ignorant, uninformed: **in Chemie ist er völlig ~** he has no idea of chemistry; **sich ~ stellen** to play the innocent. – **II** *adv* **3.** unsuspectingly, unsuspiciously: **~ ging er in die Falle** unsuspectingly he walked into the trap. — **'Ah·nungs·lo·sig·keit** *f* ⟨-; *no pl*⟩ **1.** lack of suspicion, unsuspicion, unsuspiciousness. – **2.** (*Unwissenheit*) ignorance.

'Ah·nungs|verˌmö·gen *n* **1.** foresight, prescience. – **2.** *psych.* intuition, intuitive perception, divination. — **a~ˌvoll** *adj* **1.** full of presentiment(s), presentient. – **2.** (*Böses ahnend*) full of foreboding(s), presageful: **eine ~e Stimmung** an atmosphere full of foreboding(s).

ahoi [a'hɔʏ] *interj mar.* ahoy! hoy!: **Schiff ~!** ship ahoy! **~ rufen** to (shout) ahoy.

Ahorn ['aːhɔrn] *m* ⟨-s; -e⟩ *bot.* maple (tree), acer (*scient.*) (*Gattg Acer*): **Deutscher ~** (*Spitzahorn*) Norwegian maple (*A. platanoides*); **Eisen-** (*od.* **Eschenblättriger**) **~** box elder, negundo (*scient.*) (*A. negundo*); **Französischer ~** French maple (*A. monspessulanum*); **Gemeiner kleinblättriger ~** (*Feldahorn*) common maple (*A. campestre*); **Gemeiner großblättriger ~** (*Bergahorn*) sycamore (maple) (*A. pseudoplatanus*); **Nordamerikanischer ~** red (*od.* swamp) maple (*A. rubrum*); **Pennsylvanischer ~** striped maple (*od.* dogwood), moosewood, *Am.* whistlewood (*A. pennsylvanicum*). — **~ˌbaum** *m cf.* **Ahorn.** — **~ˌbock(ˌkä·fer)** *m zo.* sugar-maple borer (*Glycobius speciosus*).

'ahor·nen *adj* (*Möbel etc*) maple(-wood) (*attrib*).

'Ahorn|geˌwäch·se *pl bot.* Aceraceae. — **~ˌglasˌflüg·ler** *m zo.* maple clearwing (*Sesia aceris*). — **~ˌholz** *n* maple (wood): **ein Tisch aus ~** a maple(-wood) table. — **~ˌsi·rup** *m gastr.* maple syrup (*Am. auch* sirup). — **~ˌzucker** (*getr.* -k·k-) *m* maple sugar.

Ähr·chen ['ɛːrçən] *n* ⟨-s; -⟩ **1.** *dim. of* **Ähre.** – **2.** *bot.* spikelet; spicula, spicule (*scient.*). — **ä~ˌför·mig** *adj* spiculiform.

Äh·re ['ɛːrə] *f* ⟨-; -n⟩ *bot.* **1.** (*am Getreide*) ear, head: **~n ansetzen** to come into ear, to ear; **in ~n schießen** to shoot into ear; **~n lesen** to glean; **gesammelte ~n** gleanings; **magere [fette, taube] ~n** thin [plump, empty] ears of corn; **mit ~n** eared. – **2.** (*von Gras, Blüten*) spike: **mit ~n** spiked.

'Äh·ren|ˌaloe *f bot.* spiked aloe (*Aloe spicata*). — **~ˌbil·dung** *f* (*beim Getreide*) coming into ear, forming of ears, earing. — **~ˌbund** *n* sheaf. — **~ˌfeld** *n* field in ear. — **~ˌfisch** *m zo.* atherine, silverfish, silversides (*Fam. Atherinidae*): **Kalifornischer ~** California grunion (*Leuresthes tenuis*). — **ä~ˌför·mig** *adj bot.* spicate(d), spiculiform (*scient.*). — **~ˌfrucht** *f bot.* (*Getreide*) cereal. — **~ˌgras** *n meist pl* cereal grass, grain, cereals *pl.* — **~ˌhe·ber** *m agr. tech.* grain (*od.* ear) lifter. — **~ˌkranz** *m* garland (*od.* wreath) of (wheat) ears. — **~ˌle·se** *f* **1.** (*das Gelesene*) glean(ings *pl*) (*auch fig.*). – **2.** *cf.* **Ährenlesen.** — **~ˌle·sen** *n* (act of) gleaning. — **~ˌle·ser** *m*, **~ˌle·se·rin** *f* gleaner. — **~ˌli·lie** *f bot.* bog asphodel (*Narthecium ossifragum u. americanum*). — **ä~los** *adj* **1.** (*Getreide*) earless. – **2.** without spikes. — **ä~ˌreich** *adj* full of (*od.* rich in) ears. — **ä~ˌtra·gend** *adj bot.* spicate(d), spicose, spicous.

'äh·rig *adj bot.* eared, spicate(d), spiked, spiciferous (*scient.*).

Ah·ri·man ['aːriman; ari'maːn] *npr m* ⟨-s; *no pl*⟩ *relig.* Ahriman.

Ahu·ra Mas·da ['ahura 'masda] *npr m* ⟨-; *no pl*⟩ *relig.* Ahura Mazda, Ormazd.

Ai ['aːi] *n* ⟨-s; -s⟩ *zo.* ai, three-toed sloth (*Bradypus tridactylus*).

„**Ai·da**" [a'iːda] *f mus.* "Aida" (*opera by Verdi*).

Aide [ɛːt] *m* ⟨-n ['ɛːdən]; -n ['ɛːdən]⟩ **1.** *obs. for* **Helfer 2, Gehilfe 1.** – **2.** (*games*) partner.

Aide-mé·moire [ɛːtme'mŏaːr] *n* ⟨-; -⟩ *bes. pol.* aide-mémoire.

Ai·gret·te [ɛ'grɛtə] *f* ⟨-; -n⟩ **1.** aigrette, egret. – **2.** *zo. cf.* **Seidenreiher.**

Ai·ki·nit [aɪki'niːt; -'nɪt] *m* ⟨-s; -e⟩ *min.* aikinite.

Ai·lan·t(h)us [aɪ'lantʊs] *m* ⟨-; -⟩ *bot.* ailanthus (*Gattg Ailanthus*). — **~(ˌsei·den)ˌrau·pe** *f zo.* ailanthus silkworm (*Samia cynthia*). — **~ˌspin·ner** *m* ailanthus silkworm, cynthia moth (*Philosamia cynthia*): **Seide des ~s** pongee.

Ai·ma·ra [aɪma'ra(ː)] *m* ⟨-s; -s⟩ *anthrop.* (*Indianerstamm*) Aymara, *auch* Aimara.

Ai·nu ['aɪnu] *m* ⟨-s; -s⟩ *anthrop.* (*ostasiat. Volksstamm*) Ainu, *auch* Aino.

Air[1] [ɛːr] *n* ⟨-(s); *no pl*⟩ *archaic* (*Aussehen, Benehmen*) air(s *pl*): **sich** (*dat*) **ein ~ geben** (*vornehm tun*) to give oneself airs, to put on airs.

Air[2] *n* ⟨-; -s⟩ *mus.* air.

'Airˌbus *m* ⟨-ses; -se⟩ *aer.* air bus.

'Aireˌdaleˌter·ri·er ['ɛːrˌdeːl-] *m zo.* Airedale (terrier).

Air Ho·stess ['ɛːr 'hɔstɛs] *f* ⟨- -; - -en [hɔs'tɛsən]⟩ *Austrian* air hostess, stewardess.

ais, Ais ['aːɪs] *n* ⟨-; -⟩ *mus.* A sharp: **ais, ais-Moll** A sharp minor; **Ais, Ais-Dur** A sharp major.

ais·is, Ais·is ['aːɪs'ʔɪs] *n* ⟨-; -⟩ *mus.* A double sharp.

Ai·tel ['aɪtəl] *m* ⟨-s; -⟩ *zo.* chub (*Squalius cephalus*; *fish*).

Aja ['aːja] *npr f* ⟨-; *no pl*⟩ **Frau ~** *nickname for Goethe's mother.*

Ajax ['aːjaks] *npr m* ⟨-; *no pl*⟩ *myth.* Ajax (*Greek hero*).

à jour [a'ʒuːr] **I** *adj* ⟨*pred*⟩ **1.** (*auf dem laufenden*) up-to-date. – **II** *adv* **2.** up to date: **~ bringen** to bring up to date. – **3.** (*textile*) (*Spitzen etc*) à jour, ajouré, in openwork. – **4.** (*jewelry*) **~ gefaßt** (*Schmuck*) in an à jour setting.

Ajourˌar·beit [a'ʒuːr-] *f* (*textile*) à jour (*od.* ajouré) work, openwork (embroidery).

Ajourˌfas·sung [a'ʒuːr-] *f* (*für einen Edelstein*) à jour setting.

ajou·rie·ren [aʒu'riːrən] *v/i* ⟨*no* ge-, h⟩ (*textile*) *Austrian* do à jour (*od.* ajouré) work.

aju·stie·ren [ajʊs'tiːrən] *v/t* ⟨*no* ge-, h⟩ adjust.

Aka·de·mie [akade'miː] *f* ⟨-; -n [-ən]⟩ **1.** *ped.* (*Fachhochschule*) academy, college, academe (*poet.*): **Pädagogische ~** teachers' college, teacher training college, college of education; **~ für Musik** Academy of Music. – **2.** (*gelehrte Gesellschaft*) academy, learned society: **die Französische ~** the French Academy; **Mitglied der Preußischen ~ der Wissenschaften** Member of the Prussian Academy of Sciences; **Mitglied einer ~** academician. – **3.** *antiq. philos.* (the) Academy (*of Plato*). — **~ˌmitˌglied** *n* member of an (*od.* the) academy, academician. — **~ˌstück** *n* (*art*) academy study (*od.* painting, figure).

Aka·de·mi·ker [aka'deːmikər] *m* ⟨-s; -⟩ **1.** (*Universitätsabsolvent*) (university) graduate, university(-trained) man, *auch* professional (man). – **2.** (*Student*) university man (*od.* student), academic. – **3.** *cf.* **Akademiemitglied.** – **4.** (*art*) academic (painter). — **Aka'de·mi·ke·rin** *f* ⟨-; -nen⟩ **1.** (*Universitätsabsolventin*) (university) graduate, university(-trained) woman. – **2.** (*Studentin*) university woman (*od.* student), academic.

Aka'de·mi·ker·verˌband *m* association of university (*od.* professional) men.

aka·de·misch [aka'deːmɪʃ] **I** *adj* **1.** academic, *auch* academical, university (*attrib*), college (*attrib*): **~e Bildung** university (*od.* college) education; **die ~en Berufe** the professions; **~er Bürger** academic citizen, member of the university community; **~ Freiheit** academic freedom; **~e Tracht** academicals *pl*, *bes. Am.* academic costume (*od.* gown), *bes. Br.* academic dress; **~er Grad** academic degree; **einen ~en Grad erlangen** to take one's degree, to graduate; **einen ~en Grad besitzen** to hold a degree; **j-m einen ~en Grad verleihen** to graduate s.o., to award s.o. a degree, *Br.* to cap s.o. (*colloq.*); **Verleihung eines ~en Grades** graduation; **Feier der Verleihung ~er Grade** *Am.* commencement, *Br.* degree ceremony; **~es Jahr** academic year, *Br.* session; **~er Nachwuchs** younger generation of academics (*od.* professionals); **~es Viertel** quarter of an hour's allowance (*previous to a lecture*). – **2.** (*Forschung etc*) scholarly, scholastic. – **3.** (*studentisch*) student (*attrib*), academic: **~e Jugend** university students *pl*; ~e Verbindung *Am.* student (*od.* academic) fraternity, *Br.* student society. – **4.** *fig.* (*weltfern*) academic, scholastic: das ist eine ~e Frage that is an academic question. – **5.** *antiq. philos.* (*Lehre u. Schule Platos betreffend*) Academic. – **II** *adv* **6.** academically: ~ (aus)gebildet sein to have a university education.

Aka·de·mis·mus [akade'mɪsmʊs] *m* ⟨-; *no pl*⟩ academicism, *Am. auch* academism.

Aka·di·er [a'kaːdiər] *m* ⟨-s; -⟩ *hist.* Acadian.

aka·disch [a'kaːdɪʃ] *adj* Acadian (*auch geol.*): A~e Faltung *geol.* Acadian disturbance.

Aka·jou [aka'ʒuː] *m* ⟨-s; -s⟩ *bot. cf.* Acajou.

'**Aka·na,holz** ['a(ː)kana-] *n* (*wood*) acana.

Akan·thit [akan'tiːt; -'tɪt] *m* ⟨-s; *no pl*⟩ *min.* acanthite.

Akan·thus [a'kantʊs] *m* ⟨-; -⟩ **1.** *bot.* acanthus (*Gattg Acanthus*). – **2.** *arch.* (*Säulenlaubwerk*) acanthus. — ~,**blatt** *n bes. arch.* acanthus leaf.

Aka·ri·de [aka'riːdə] *f* ⟨-; -n⟩ *zo.* acarid, mite (*Ordng Acari*).

'**Aka·rus,räu·de** ['a(ː)karʊs-] *f zo.* follicular mange.

aka·ta·lek·tisch [akata'lɛktɪʃ; 'a(ː)-] *adj metr.* (*Vers*) acatalectic.

Aka·ta·lep·sie [akatalɛ'psiː] *f* ⟨-; *no pl*⟩ *philos.* acatalepsy (*inability to comprehend*).

Aka·tho·lik ['a(ː)katoliːk; akato'liːk] *m* ⟨-en; -en⟩ *relig.* non-Catholic Christian. — **aka·tho·lisch** ['a(ː)katoːlɪʃ; aka'toː-] *adj* non-Catholic.

akau·sal ['a(ː)kauzaːl; akaʊ'zaːl] *adj* (*zufällig*) acausal, noncausal *Br.* non-, uncaused, chance (*attrib*).

akau·stisch ['a(ː)kaustɪʃ; a'kaus-] *adj chem.* noncaustic *Br.* non-.

Aka·zie [a'kaːtsiə] *f* ⟨-; -n⟩ **1.** *bot.* acacia (*Gattg Acacia*): Arabische ~ babul, babool, sunt, sant, bablah, kikar (*A. arabica*); Echte ~ prairie acacia (*A. angustissima*); Australische ~ sharp cedar (*A. oxycedrus*); Farnesische ~ huisache, cassie (*A. farnesiana*). – **2.** *bot.* a) robinia (*Gattg Robinia*), b) *auch* Falsche ~ false (*od.* bastard) acacia, locust (tree) (*R. pseudoacacia*): Rote ~ rose acacia, bristly locust (*R. hispida u. R. viscosa*). – **3.** *Bibl.* shittah (tree) (*vermutlich Acacia seyal*). – **4.** *fig. colloq. only in* es ist, um auf die ~n zu klettern it's enough to drive one round the bend (*od.* up the wall) (*colloq.*); j-n auf die ~ bringen to drive s.o. up the wall (*od.* mad) (*colloq.*).

Aka·zi·en|,gum·mi [a'kaːtsiən-] *n, auch m* acacia (gum), acacine, wattle gum, gum arabic. — ~,**holz** *n* **1.** acacia (wood). – **2.** *Bibl.* shittimwood, shittim.

Ake·lei [akə'laɪ; 'aːkəlaɪ] *f* ⟨-; -en⟩ *bot.* aquilegia, aquilege, akeley, honeysuckle, columbine (*Gattg Aquilegia*): Gemeine ~ garden columbine, culverwort, capon's-feather (*od.* -tail), bluebell (*A. vulgaris*).

'**Aki-,Baum** ['aːki-] *m bot.* a(c)kee (*Blighia sapida*).

Aki·ne·sie [akine'ziː] *f* ⟨-; *no pl*⟩ *med.* akinesia, *auch* akinesis. — **aki·ne·tisch** ['a(ː)kineːtɪʃ; aki'neː-] *adj* akinetic, *auch* akinesic.

Ak·ja ['akja] *f* ⟨-; -s⟩ akia, rescue-sled of mountain guards.

ak·ka·disch [a'kaːdɪʃ] **I** *adj* Akkadian, Accadian, Akkad, Nova Scotian. – **II** *ling.* **A~** ⟨*generally undeclined*⟩, **das A~e** ⟨-n⟩ Akkadian, *auch* Nova Scotian.

Ak·kla·ma·ti·on [aklama'tsioːn] *f* ⟨-; -en⟩ acclamation: durch ~ abstimmen to vote by acclamation; j-n durch ~ wählen to elect s.o. by acclamation. — **ak·kla·'mie·ren** [-'miːrən] **I** *v/t* ⟨*no* ge-, h⟩ elect (*s.o.*) by acclamation. – **II** *v/i* acclaim, applaud, cheer.

Ak·kli·ma·ti·sa·ti·on [aklimatiza'tsioːn] *f* ⟨-; -en⟩ acclimatization *Br. auch* -s-, *bes. Am.* acclimatation, acclimation, naturalization *Br. auch* -s-. — **ak·kli·ma·ti·'sie·ren** [-'ziːrən] **I** *v/t* ⟨*no* ge-, h⟩ (*Pflanze etc*) acclimatize *Br. auch* -s-, *bes. Am.* acclimate, naturalize *Br. auch* -s-. – **II** *v/reflex* sich ~ acclimatize *Br. auch* -s-, *bes. Am.* acclimate, become acclimatized: sie hat sich in London rasch akklimatisiert she soon felt at home in London. – **III A~** *n* ⟨-s⟩ *verbal noun.* — **Ak·kli·ma·ti'sie·rung** *f* ⟨-; *no pl*⟩ **1.** *cf.* Akklimatisieren. – **2.** *cf.* Akklimatisation.

Ak·ko·la·de [ako'laːdə] *f* ⟨-; -n⟩ **1.** (*zeremonielle Umarmung*) accolade. – **2.** *mus. print.* accolade, brace. — **ak·ko'lie·ren** [-'liːrən] *v/t* ⟨*no* ge-, h⟩ *mus. print.* brace.

ak·kom·mo·da·bel [akɔmo'daːbəl] *adj* **1.** *biol. med. phys.* accommodable, adaptable: akkommodable Organe adaptable organs. – **2.** *obs. for* zweckmäßig 1—3.

Ak·kom·mo·da·ti·on [akɔmoda'tsioːn] *f* ⟨-; *no pl*⟩ **1.** *obs. for* Angleichung 2, Anpassung 2. – **2.** *med.* (*des Auges*) accommodation.

Ak·kom·mo·da·ti'ons|ap·pa,rat *m* **1.** *phys.* accommodator. – **2.** *med.* organs *pl* of focal vision. — **a~,fä·hig** *adj* capable of accommodation (*od.* adaptation). — ~,**fä·hig·keit** *f* faculty (*od.* power) of accommodation. — ~,**läh·mung** *f med.* paralysis of accommodation. — ~,**mus·kel** *m* ciliary (*od.* focus[s]ing) muscle. — ~,**stö·rung** *f* disturbance of accommodation, inability to focus.

ak·kom·mo·da·tiv [akɔmoda'tiːf] *adj med.* accommodative.

ak·kom·mo·die·ren [akɔmo'diːrən] **I** *v/t* ⟨*no* ge-, h⟩ **1.** *obs. for* angleichen 1, anpassen 2. – **2.** *phys. med.* accommodate, adapt, focus. – **3.** *tech.* fit, adjust. – **II** *v/reflex* sich ~ **4.** (*sich anpassen*) accommodate (*od.* adapt) (oneself). – **5.** (*sich einigen*) come to an agreement. – **III A~** *n* ⟨-s⟩ **6.** *verbal noun.* – **7.** *cf.* Akkommodation.

Ak·kom·mo·do·me·ter [akɔmodo'meːtər] *n* ⟨-s; -⟩ (*optics*) (*Nahsehprüfgerät*) accommodometer.

Ak·kom·pa·gne·ment [akɔmpanjə'mãː] *n* ⟨-s; -s⟩ *mus. obs.* accompaniment. — **ak·kom·pa'gnie·ren** [-'jiːrən] *v/t* ⟨*no* ge-, h⟩ *obs.* accompany, play (*od.* sing) an accompaniment to (*od.* for). — **Ak·kom·pa·'gnist** [-'jɪst] *m* ⟨-en; -en⟩ *obs.* accompanist.

Ak·kord [a'kɔrt] *m* ⟨-(e)s; -e⟩ **1.** *mus.* chord: alterierter [übermäßiger, verminderter] ~ altered [augmented, diminished] chord. – **2.** *econ.* piecework, *Br.* piece-work, job work, *Br.* job-work: in (*od.* im, auf) ~ arbeiten to do piece(-)work (*od.* job[-]work), to work by the piece (*od.* job); j-n im ~ bezahlen to pay s.o. by the piece (*od.* at a piece rate); eine Arbeit in ~ geben (*od.* auf ~ vergeben) to give out work by the job (*od.* on contract). – **3.** *jur. cf.* Vergleich 3, Vereinbarung 2. — ~,**ar·beit** *f econ.* piecework, *Br.* piece-work, *auch* job work, *Br.* job-work. — ~,**ar·bei·ter** *m* pieceworker, *Br.* piece-worker, piece-rate worker, job worker, *Br.* job-worker. — ~**be·,stim·mung** *f mus.* chord analysis.

Ak·kor·de·on [a'kɔrdeɔn] *n* ⟨-s; -s⟩ *mus.* accordion, *Am. auch* accordeon, accordian.

ak·kor·die·ren [akɔr'diːrən] **I** *v/t* ⟨*no* ge-, h⟩ **1.** (*vereinbaren*) arrange: etwas mit j-m ~ to arrange s.th. with s.o., to agree with s.o. (up)on s.th. – **II** *v/i* mit j-m ~ to come to a settlement (*od.* an agreement, a compromise) with s.o.

Ak'kord|in·stru,ment *n mus.* polyphonic instrument. — ~,**lohn** *m econ.* piece wages *pl*, piecework (*Br.* piece-work) pay: Arbeit gegen ~ piecework, *Br.* piece-work, job work, *Br.* job-work. — ~,**satz** *m* piece rate (*od.* price). — ~**sy,stem** *n* piecework (*Br.* piece-work) system, piece-rate scheme. — ~**ver,trag** *m* piecework (*Br.* piece-work) contract.

ak·kre·di·tie·ren [akredi'tiːrən] **I** *v/t* ⟨*no* ge-, h⟩ **1.** *pol.* (*Botschafter etc*) (bei to, *auch* at) accredit. – **2.** *econ.* open a credit (account) in favor (*bes. Br.* favour) of. – **II A~** *n* ⟨-s⟩ **3.** *verbal noun.* – **4.** *cf.* Akkreditierung. — **ak·kre·di'tiert I** *pp.* – **II** *adj jur. pol.* accredited. — **Ak·kre·di'tie·rung** *f* ⟨-; *no pl*⟩ **1.** *pol.* accreditation. – **2.** *econ.* opening of a credit (account).

Ak·kre·di·tiv [akredi'tiːf] *n* ⟨-s; -e⟩ **1.** *jur. pol.* (*Beglaubigungsschreiben*) credentials *pl*, letter of credence. – **2.** *econ.* (commercial) letter of credit, credit: ein ~ bestätigen to confirm a (letter of) credit; unbestätigtes [unwiderrufliches] ~ unconfirmed [irrevocable] credit; das normale ~ the straight credit; ein ~ eröffnen [stellen] to open [to establish] a credit (account); dokumentäres ~, ~ mit Dokumentenaufnahme documentary (letter of) credit. — ~**auf,trag** *m econ.* order to open a credit (account). — ~,**zwang** *m* obligation to open a letter of credit.

Ak·kres·zenz [akrɛs'tsɛnts] *f* ⟨-; -en⟩ **1.** (*Zuwachs*) accrescence. – **2.** *jur.* (*eines Erbteils, Landzuwachs*) accretion.

Ak·ku ['aku] *m* ⟨-s; -s⟩ *electr. short for* Akkumulator.

Ak·kul·tu·ra·ti·on [akʊltura'tsioːn] *f* ⟨-; -en⟩ *sociol.* acculturation.

Ak·ku·mu·la·ti·on [akumula'tsioːn] *f* ⟨-; -en⟩ **1.** accumulation. – **2.** *electr.* storage.

Ak·ku·mu·la·ti'ons|,fonds *m econ.* accumulation fund. — ~**hy·po,the·se** *f geol.* accumulation hypothesis. — ~**theo,rie** *f econ.* theory of accumulation (*in the Marxian doctrine*).

Ak·ku·mu·la·tor [akumu'laːtɔr] *m* ⟨-s; -en [-la'toːrən]⟩ **1.** *tech.* accumulator: ~ mit Säurefüllung accumulator with liquid electrolyte; einen ~ aufladen to charge an accumulator; hydraulischer ~ hydraulic accumulator. – **2.** *electr.* storage (*od.* secondary) battery.

Ak·ku·mu·la'to·ren|bat·te,rie *f electr.* accumulator (*od.* storage) battery. — ~,**fahr,zeug** *n* accumulator (*od.* battery) car, electrical vehicle, *Am.* battery truck, battery-powered vehicle. — ~,**la·dung** *f* accumulator charge. — ~,**plat·te** *f* battery (*od.* accumulator) plate. — ~,**raum** *m mar. tech.* battery compartment, storage battery room. — ~,**säu·re** *f* accumulator (*od.* battery) acid. — ~,**span·nung** *f* storage battery voltage. — ~,**zel·le** *f* accumulator (*od.* storage, secondary) cell.

ak·ku·mu·lie·ren [akumu'liːrən] *v/t* ⟨*no* ge-, h⟩ accumulate, pile up.

ak·ku·rat [aku'raːt] **I** *adj* **1.** (*sorgfältig, genau*) accurate, exact, precise: eine ~e Handschrift a neat handwriting; er ist stets ~ he is always accurate. – **II** *adv* **2.** accurately, exactly: ~ arbeiten to work accurately. – **3.** *Southern G. and Austrian* exactly, precisely: ~ so mußt du es machen you'll have to do it exactly like this. — **Ak·ku·ra'tes·se** [-ra'tɛsə] *f* ⟨-; *no pl*⟩ accurateness, exactness, precision.

Ak·ku·sa·ti·ons·prin,zip [akuza'tsioːns-] *n jur.* principle of indictment.

Ak·ku·sa·tiv ['akuzatiːf; -'tiːf] *m* ⟨-s; -e⟩ *ling.* accusative (case): den ~ regieren to govern the accusative (case); im ~ stehen to be in the accusative; ~ mit Infinitiv accusative with infinitive. — **ak·ku·sa·ti·visch** ['akuzatiːvɪʃ; -'tiː-] *adj* accusative.

'**Ak·ku·sa·tiv·ob,jekt** *n ling.* accusative (*od.* direct) object.

'**Ak·ku,säu·re** *f electr. short for* Akkumulatorensäure.

akla·stisch ['a(ː)klastɪʃ; a'klas-] *adj phys.* aclastic.

akli·nisch [a'kliːnɪʃ] *adj geogr.* aclinic, aclinal.

Ak·me [ak'meː] *f* ⟨-; *no pl*⟩ **1.** acme. – **2.** *med.* (*einer Krankheit*) crisis.

Ak·mit [ak'miːt; -'mɪt] *m* ⟨-s; *no pl*⟩ *min.* acmite.

Ak·ne ['aknə] *f* ⟨-; -n⟩ *med.* acne. — **a~,ähn·lich** *adj* acne(i)form.

Ako·luth [ako'luːt] *m* ⟨-en *u.* -s; -en⟩ *relig.* acolyte.

Ako·nit [ako'niːt; -'nɪt] *n* ⟨-s; -e⟩ *bot. pharm.* aconite (*Aconitum napellus*).

Ako·ni·tin [akoni'tiːn] *n* ⟨-s; -e⟩ *chem. cf.* Aconitin.

Akon·to [a'kɔnto] *n* ⟨-s; Akonten *u.* -s⟩ *Austrian for* Anzahlung. — ~,**zah·lung** *f* **1.** payment on account: als ~ erhalten received on account. – **2.** (*Rate*) installment, *bes. Br.* instalment.

Akos·mis·mus [akɔs'mɪsmʊs] *m* ⟨-; *no pl*⟩ *philos.* acosmism, akosmism.

Ako·ty·le·do·ne [akotyle'doːnə] *f* ⟨-; -n⟩ *bot.* acotyledon.

ak·qui·rie·ren [akvi'riːrən] *v/t* ⟨*no* ge-, h⟩ acquire.

Ak·qui·si·teur [akvizi'tøːr] *m* ⟨-s; -e⟩ *econ.* **1.** (*Kundenwerber*) canvasser. – **2.** (*Anzeigenwerber*) advertising canvasser.

Ak·qui·si·ti·on [akvizi'tsioːn] *f* ⟨-; -en⟩ **1.** *econ.* a) (*Kundenwerbung*) canvassing, b) (*Hereinnahme von Aufträgen*) acceptance. – **2.** *obs. for* Anschaffung. — **Ak·qui·si·ti'ons,ko·sten** *pl econ.* sales development costs.

Akra·nie [akra'niː] *f* ⟨-; *no pl*⟩ *med.* acrania.

Akra·ni·er [a'kraːniər] *pl zo.* acraniates, acrania (*Unterstamm Acrania*).

Akri·bie [akri'biː] *f* ⟨-; *no pl*⟩ meticulousness, scrupulous accuracy, (extreme) precision.

Akri·din [akri'diːn] *n* ⟨-s; *no pl*⟩ *chem. cf.* Acridin.

akri·tisch ['a(ː)kriːtɪʃ; a'kriː-] *adj* acritical (*auch med.*).

Akro·bat [akro'baːt] *m* ⟨-en; -en⟩ acrobat (*auch fig.*), tumbler (*archaic*): ein politischer ~ *fig.* a political acrobat.
Akro'ba·ten|ˌstück *n* acrobatic trick (*od.* performance) (*auch fig.*). — ~ˌ**trup·pe** *f* troupe of acrobats.
Akro'ba·ten·tum *n* ⟨-s; *no pl*⟩ acrobatics *pl* (*often construed as sg*), acrobatism.
Akro·ba·tik [akro'baːtɪk] *f* ⟨-; *no pl*⟩ acrobatics *pl* (*often construed as sg*): geistige ~ *fig.* mental acrobatics. — **Akro'ba·tin** *f* ⟨-; -nen⟩ (female) acrobat. — **akro'ba·tisch** *adj* acrobatic.
Akro·ce·pha·le [akrotse'faːlə] *m* ⟨-n; -n⟩ *med. cf.* Akrozephale. — **Akro·ce·pha'lie** [-fa'liː] *f* ⟨-; *no pl*⟩ *med. cf.* Akrozephalie.
akro·karp [akro'karp] *adj bot.* acrocarpous.
Akro·ke·pha·le [akroke'faːlə] *m* ⟨-n; -n⟩ *med. cf.* Akrozephale. — **Akro·ke·pha'lie** [-fa'liː] *f* ⟨-; *no pl*⟩ *cf.* Akrozephalie.
Akro·me·ga·lie [akromega'liː] *f* ⟨-; *no pl*⟩ *med.* acromegaly, *auch* acromegalia.
akro·mi·al [akro'mĭaːl] *adj med.* acromial.
Akro·mi·on [a'kroːmĭɔn] *n* ⟨-s; -mien *u.* -mia [-mĭa]⟩ *med.* acromion (process).
Akro·nym [akro'nyːm] *n* ⟨-s; -e⟩ *ling.* acronym.
akro·pe·tal [akrope'taːl] *adj bot.* acropetal.
Akro·pho·bie [akrofo'biː] *f* ⟨-; *no pl*⟩ *psych.* acrophobia.
Akro·po·lis [a'kroːpolɪs] **I** *npr f* ⟨-; *no pl*⟩ Acropolis (*citadel of Athens*). – **II** *f* ⟨-; -polen [akro'poːlən]⟩ *antiq.* (*Stadtburg*) acropolis.
Akro·sti·chon [a'krɔstɪçɔn] *n* ⟨-s; -chen *u.* -cha [-ça]⟩ (*literature*) acrostic. — **akro'sti·chisch** [-'tɪçɪʃ] *adj* acrostic, *auch* acrostical.
Akro·te·rie [akro'teːrĭə] *f* ⟨-; -n⟩, **Akro'te·ri·on** [-rĭɔn], **Akro'te·ri·um** [-rĭum] *n* ⟨-s; -rien⟩ *arch.* acroterium, acroterion, akroterion, acroter, *auch* akroter.
Akro·ze·pha·le [akrotse'faːlə] *m* ⟨-n; -n⟩ *med.* acrocephalus, oxycephalus. — **Akro·ze·pha'lie** [-fa'liː] *f* ⟨-; *no pl*⟩ acrocephalia, acrocephaly, oxycephaly.
Akryl... *chem. cf.* Acryl...
äks [ɛːks] *interj* ugh!
Akt [akt] *m* ⟨-(e)s; -e⟩ **1.** act, action, deed: ein symbolischer ~ a symbolic act; ein spontaner ~ der Nächstenliebe a spontaneous act of charity; ein ~ der Verzweiflung [Höflichkeit, Gerechtigkeit] an act of despair [courtesy, justice]; feindlicher (*od.* feindseliger) ~ *pol.* hostile act, act of war; ~ der Gnade *relig.* free grace. – **2.** (*Zeremonie*) act: der feierliche ~ der Einweihung the solemn act of the inauguration. – **3.** *med.* sexual act, coitus. – **4.** *philos.* a) act, actual event, b) (*Phänomenologie*) intentional experience (*od.* act), act. – **5.** *jur.* (*Rechtsvorgang*) act, deed: notarieller ~ notarial deed. – **6.** (*theater*) act: ein Stück in drei ~en a three-act play; letzter ~ last act. – **7.** (*Zirkus-, Varieténummer*) act, number. – **8.** (*art*) *phot.* nude: einen ~ malen to paint a nude; für einen ~ Modell stehen to pose in the nude. – **9.** *Southern G. for* Akte 1 *u.* 2.
Ak·tä·on [ak'tɛːɔn] *npr m* ⟨-s; *no pl*⟩ *myth.* Actaeon.
'**Aktˌaufˌnah·me** *f phot. cf.* Aktphoto.
Ak·te ['aktə] *f* ⟨-; -n⟩ **1.** *oft pl* file, record, dossier: geben Sie mir bitte die ~ Müller hand me the Miller file, please; über den Fall wurde eine ~ angelegt a file was opened (*od.* made up) on the case; das kommt in die ~n this goes on file; in den ~n on record; über (*acc*) etwas [j-n] die ~n schließen to close the file(s) on s.th. [s.o.]; zu den ~n legen a) to file, to place on file, b) *bes. fig.* to shelve, to pigeonhole, c) *fig.* (*als erledigt betrachten*) to drop (*a subject*). – **2.** *jur.* (*Urkunde*) (legal *od.* official) document (*od.* instrument), deed. – **3.** *hist. jur.* act: Habeas Corpus ~ Habeas Corpus Act.
Ak'tei *f* ⟨-; -en⟩ *obs. for* Aktensammlung.
'**Ak·ten|ˌanˌfor·de·rung** *f jur.* (writ of) certiorari. — ~ˌ**bock** *m cf.* Aktenständer. — ~ˌ**bün·del** *n* bundle of documents (*od.* files), file (of documents), dossier. — ~ˌ**deckel** (*getr.* -k·k-) *m* (file) folder. — ~ˌ**dop·pel** *n* file copy. — ~ˌ**durchˌsicht** *f* checking (*od.* inspection, examination) of (the) files. — ~ˌ**einˌsicht** *f* inspection of records (*od.* of the files). — ~ˌ**heft** *n* file. — ~ˌ**hef·ter** *m* document file, file folder. — ~ˌ**ka·sten** *m* document (*od.* deed) box. — ~ˌ**klam·mer** *f* paper clip. — ~ˌ**kof·fer** *m* attaché (*od.* file) case. — ~ˌ**krä·mer** *m contempt. cf.* Aktenmensch. — **a~ˌkun·dig** *adj u. adv jur.* on (the) record: ~ sein to be on record; etwas ~ machen to place (*od.* take) s.th. on record, to record s.th. — ~ˌ**map·pe** *f* **1.** (*Ordner*) file (folder). – **2.** (*Tasche*) briefcase, portfolio. — **a~ˌmä·ßig I** *adj* documentary. – **II** *adv* on record: etwas ~ festhalten to place (*od.* take) s.th. on record. — ~ˌ**mensch** *m contempt.* bureaucrat, red-tapist. — ~**noˌtiz** *f* **1.** (file) memorandum, memo, note (for the records). – **2.** *bes. pol.* statement for the record. — ~ˌ**num·mer** *f* file number. — ~ˌ**ord·ner** *m* file (of documents), binder. — ~ˌ**rei·ter** *m contempt. cf.* Aktenmensch. — ~ˌ**rol·le** *f jur.* rotulus. — ~ˌ**samm·lung** *f* records and files *pl*, reports *pl*, collection of documents. — ~ˌ**schrank** *m* filing cabinet. — ~ˌ**stän·der** *m* filing shelf, set of pigeonholes. — ~ˌ**staub** *m* **1.** file dust. – **2.** *fig.* red tape. — ~ˌ**stoß** *m* pile of documents (*od.* records, files). — ~ˌ**stück** *n* **1.** document, paper, record. – **2.** (*Urkunde*) deed, instrument. — ~ˌ**stu·di·um** *n* examination of (the) files. — ~ˌ**ta·sche** *f cf.* Aktenmappe 2. — ~**verˌmerk** *m* **1.** (file) note. – **2.** memorandum (for file). — ~**verˌnich·tungs·maˌschi·ne** *f* **1.** (*durch Zerreißen*) *cf.* Aktenwolf. – **2.** (*durch Verbrennen*) incinerator for files. — ~**verˌsen·dung** *f jur.* forwarding (*od.* dispatch) of records: Aufforderung zur ~ mittimus. — **a~ˌwid·rig** *adj* contrary to the documents (*od.* authentic records). — ~ˌ**wolf** *m* paper shredder (*od.* shredding machine). — ~ˌ**wurm** *m contempt. cf.* Aktenmensch. — ~ˌ**zei·chen** *n jur. econ.* file reference (*od.* number), reference (number). — ~ˌ**zim·mer** *n* filing room.
Ak·teur [ak'tøːr] *m* ⟨-s; -e⟩ *lit.* actor.
'**Akt|fiˌgur** *f* (*art*) nude. — ~ˌ**fo·to** *n cf.* Aktphoto. — ~**fo·to·graˌfie** *f cf.* Aktphotographie. — ~**geˌmäl·de** *n* (*art*) (painting of a) nude.
Ak·tie ['aktsĭə] *f* ⟨-; -n⟩ *econ.* (*Anteil*) share, *bes. Am.* stock: börsenfähige [notierte, gebundene] ~n marketable [listed, restricted] shares; gewinnberechtigte ~n participating shares, *bes. Am.* profit-sharing stock *sg*; konsolidierte ~n *Br.* consols; auf den Inhaber lautende ~n bearer shares; auf den Namen lautende ~n registered shares; ~n ohne Nennwert no-par-value shares; unsichere ~n wildcat shares; ~n abstoßen (*od.* realisieren, verkaufen) to sell (*od.* dispose of) shares; ~n ausgeben (*od.* begeben) to issue shares; ~n einer Gesellschaft besitzen to hold shares in (*od.* of) a company; ~n an der Börse einführen to introduce shares on the stock exchange; ~n einziehen to withdraw shares; ~n zeichnen to subscribe for (*od.* take up) shares; mit ~n spekulieren to gamble (*od.* speculate) in shares; wie stehen die ~n? a) how are the shares? b) *fig. colloq.* how are things (getting on)? die ~n stehen gut a) shares are doing well, b) *fig. colloq.* prospects are fine; seine ~n sind gestiegen *auch fig.* his stock has gone up.
'**Ak·ti·en|ˌbank** *f* ⟨-; -en⟩ *econ.* joint-stock (*Am.* incorporated) bank. — ~**beˌsitz** *m* shareholdings *pl*, *bes. Am.* stockholdings *pl.* — ~**beˌsit·zer** *m*, ~**beˌsit·ze·rin** *f* shareholder, *bes. Am.* stockholder. — ~**beˌtei·li·gun·gen** *pl* shareholding *sg*, *bes. Am.* stockholding *sg.* — ~**beˌzugsˌrecht** *n* stock option. — ~ˌ**bör·se** *f* stock exchange (*od.* market). — ~**emis·siˌon** *f* issue of shares. — ~**geˌsell·schaft** *f* (*abbr.* AG) company limited by shares, *bes. Am.* (stock) corporation. — ~**geˌsetz** *n econ. jur.* law on limited companies. — ~ˌ**inˌha·ber** *m* shareholder, *bes. Am.* stockholder. — ~**ka·piˌtal** *n* share capital, (joint) stock, *bes. Am.* capital stock: autorisiertes ~ nominal (*od.* authorized *Br. auch* -s-, registered) capital. — ~ˌ**kurs** *m meist pl* share (*bes. Am.* stock) price, *auch* quotation. — ~ˌ**mak·ler** *m* **1.** stockbroker. – **2.** stockjobber. — ~ˌ**markt** *m* stock market, *Br. auch* market for shares. — ~ˌ**mehr·heit** *f* majority of stock, majority interest: die ~ besitzen to hold the controlling interest. — ~**noˌtie·rung** *f* quotation (of shares, *bes. Am.* of stocks). — ~**paˌket** *n* parcel (*od.* block, portfolio) of shares (*bes. Am.* of stocks). — ~ˌ**schein** *m* share (*bes. Am.* stock) certificate, *Br.* share warrant. — ~**spe·kuˌlant** *m* stockjobber, speculator. — ~**spe·ku·la·tiˌon** *f* stockjobbing, (stock) speculation, speculation in stocks. — ~ˌ**zeich·nung** *f* subscription for shares (*bes. Am.* stocks). — ~**zer·ti·fiˌkat** *n cf.* Aktienschein.
Ak·ti·nie [ak'tiːnĭə] *f* ⟨-; -n⟩ *zo.* actinia, sea anemone (*Ordng Actiniaria*).
ak·ti·nisch [ak'tiːnɪʃ] *adj chem. phys.* (*Strahlung etc*) actinic.
Ak·ti·ni·um [ak'tiːnĭum] *n* ⟨-s; *no pl*⟩ *chem. cf.* Actinium.
Ak·ti·no·me·ter [aktino'meːtər] *n* ⟨-s; -⟩ *bes. meteor.* actinometer.
ak·ti·no·morph [aktino'mɔrf] *adj biol.* (*strahlenförmig*) actinomorphic, *auch* actinomorphous, ray-shaped, radial.
Ak·ti·no·my·ko·se [aktinomy'koːzə] *f* ⟨-; -n⟩ *med. vet.* actinomycosis.
Ak·ti·on [ak'tsĭoːn] *f* ⟨-; -en⟩ **1.** (*Handlung, Vorgehen*) action: gemeinsame ~ joint action; in ~ treten a) (*von Ausschuß etc*) to take action, b) (*von Maschine*) to be put in action, to start working. – **2.** (*Unternehmung, Werbefeldzug etc*) campaign, drive: eine politische ~ unterstützen to support a political campaign. – **3.** (*Maßnahme*) measure. – **4.** (*Plan, Hilfsaktion*) scheme, project: eine großangelegte ~ zugunsten der Flüchtlinge a major project in aid of (the) refugees. – **5.** (*Tat*) deed, act, action. – **6.** *colloq.* (*Ereignis*) event, occurrence: das ist eine ~! it's quite an event! – **7.** *mil.* operation, action. **8.** *pol.* (*Gewaltanwendung*) action. – **9.** *math.* action: Gesetz der gleichen ~ und Reaktion law of action and reaction. – **10.** *econ.* a) (*Tätigkeit*) action, activity, b) (*Programm*) scheme, program, *bes. Br.* programme, c) (*in der Werbung*) campaign, d) (*bei Umschuldung*) process, e) (*bei Entschädigung*) arrangement. – **11.** (*sport*) (*eines Pferds*) action, movement.
Ak·tio·när [aktsĭo'nɛːr] *m* ⟨-s; -e⟩ *econ.* shareholder, *bes. Am.* stockholder, *auch* fundholder: ~ einer Gesellschaft sein to hold shares in (*od.* of) a company. — ~**verˌsamm·lung** *f* meeting of shareholders (*bes. Am.* stockholders), shareholders' (*bes. Am.* stockholders') meeting.
Ak·ti'ons|ˌart *f ling.* (*des Verbums*) aspect. — ~**beˌreich** *m* **1.** (*Wirkungsbereich*) radius (*od.* zone) of action. – **2.** (*Fahrbereich*) (driving) range. – **3.** *aer. mar.* cruising (*od.* endurance) range, cruising radius. – **4.** *mil.* (*Reichweite*) maximum (firing) range, covered area. — ~ˌ**form** *f ling.* (*Aktiv, Passiv*) voice. — ~ˌ**frei·heit** *f* **1.** freedom (*od.* liberty) of action. – **2.** *mil.* freedom of action (*od.* man[o]euver, *bes. Br.* manœuvre). — ~ˌ**ra·di·us** *m* **1.** *aer. mar. mil.* radius of action: ein Flugzeug mit begrenztem ~ a plane with a limited radius of action. – **2.** *fig.* (*Wirkungsbereich*) range (*od.* radius) (of action). — ~ˌ**raum** *m zo.* (*eines Tieres*) home range, area of discovery. — ~**turˌbi·ne** *f tech.* action (*od.* impulse) turbine.
ak·tiv [ak'tiːf; 'aktiːf] **I** *adj* ⟨-er; -st⟩ **1.** (*Mitglied, Sportler, Mitwirkung etc*) active: in einer Organisation ~ sein to be active in an organization. – **2.** (*tätig u. zielstrebig*) active, energetic, vigorous, dynamic, *auch* strenuous. – **3.** (*rege*) agile, sprightly, (*geistig*) quick. – **4.** (*wirksam*) effective. – **5.** *mil.* active, regular: im ~en Dienst on active duty (*od.* service); ~er Offizier [Soldat] regular officer [soldier]; ~e Truppe regular troop. – **6.** (*Verbindungsstudent*) active: ~ sein to be an active member of a fraternity (*Br.* students' society). – **7.** *econ.* (*Bilanz*) active, favorable, *bes. Br.* favourable, on the assets side: ~e Handelsbilanz favo(u)rable (*od.* surplus) balance (of trade); ~er Transithandel international jobbing where the jobber is resident in the home country. – **8.** *pol.* active: ~es Wahlrecht right to vote, (elective) franchise, suffrage. – **9.** *chem.* active, activated. – **10.** *electr.* active: ~e Materialien (*bei Batterien*) active materials. – **11.** *ling.* (*Verbum, Wortschatz*) active. – **12.** *phys. biol. med.* active. – **13.** *colloq.* (*Zigaretten*) 'tailor-made' (*colloq.*). – **II** *adv* **14.** actively: sich ~ für eine Sache einsetzen to support a cause actively; ~ dienen *mil.* to be on active service; er ist seit Jahren ~ dabei

colloq. he's been active in this movement for years.

Ak·tiv[1] ['akti:f; ak'ti:f] *n* ⟨-s; *rare* -e⟩ *ling.* (*Grammatik*) active (voice).

Ak·tiv[2] [ak'ti:f] *n* ⟨-s; -s, *auch* -e⟩ **1.** *econ. cf.* Aktiva. – **2.** *pol.* (*Arbeitskollektiv*) group (*od.* collective) of activists.

Ak·ti·va [ak'ti:va] *pl econ.* (*Bilanz*) assets, effects, active capital (*od.* property) *sg,* resources: ~ und Passiva assets and liabilities, debts due and owing.

Ak'tiv|ˌau·ßenˌstän·de *pl econ. cf.* Aktivforderungen. — **~beˌstand** *m* **1.** *mil.* (*des Heeres*) effective (*od.* actual) strength. – **2.** *econ. cf.* Aktivkapital. — **~biˌlanz** *f* **1.** (*aktive Handelsbilanz*) active (*od.* favorable, *bes. Br.* favourable) balance (of trade). – **2.** (*Gewinnbilanz*) balance sheet showing a profit.

Ak·ti·ve [ak'ti:və] *m* ⟨-n; -n⟩ **1.** active member. - **2.** (*in einer Studentenverbindung*) active member of a fraternity (*Br.* students' society). – **3.** *mil.* regular.

Ak·ti·ven [ak'ti:vən] *pl econ. cf.* Aktiva.

Ak'tiv|ˌfor·de·run·gen *pl econ.* active (*od.* outstanding) debts, accounts receivable. — **~geˌschäft** *n* (*der Banken*) credit transaction.

ak·ti·vie·ren [akti'vi:rən] **I** *v/t* ⟨*no* ge-, h⟩ **1.** (*in Tätigkeit setzen*) put (*s.th.*) into action. – **2.** (*wirksam machen*) make (*s.th.*) active (*od.* effective), activate: die Massen politisch ~ to make the masses politically active. – **3.** (*verstärken*) intensify. – **4.** (*anspornen*) stimulate. – **5.** *chem. phys.* (*reaktionsfähig machen*) activate. – **6.** *econ.* enter (*s.th.*) on the active (*od.* assets) side. – **7.** *mil.* activate. – **II A~** *n* ⟨-s⟩ **8.** *verbal noun.* – **9.** *cf.* Aktivierung. — **ak·ti'viert I** *pp.* – **II** *adj chem. phys.* activated, active: nicht ~ latent. — **Ak·ti'vie·rung** *f* ⟨-; -en⟩ **1.** activation: ~ der Außenpolitik activation of foreign policy; ~ aller Kräfte activation (*od.* mobilization *Br. auch* -s-) of all forces. – **2.** *econ.* a) entry on the active (*od.* assets) side, b) (*der Bilanz*) improvement of the balance, c) (*des Außenhandels*) achievement of an export surplus. – **3.** (*radio*) activation, *Br. auch* sensitization *od.* -s-. – **4.** *chem. nucl.* activation.

Ak·ti'vie·rungs|ener·gie *f chem. phys.* **1.** activation energy. – **2.** activation enthalpy. – **3.** free energy of activation. — **~ˌwär·me** *f nucl.* activation heat.

ak·ti·visch ['akti:vɪʃ; ak'ti:vɪʃ] *adj ling.* (*Verbform etc*) active.

Ak·ti·vis·mus [akti'vɪsmʊs] *m* ⟨-; *no pl*⟩ **1.** *philos.* a) activism, b) voluntarism. – **2.** *pol.* activism.

Ak·ti·vist [akti'vɪst] *m* ⟨-en; -en⟩, **Ak·ti'vi·stin** *f* ⟨-; -nen⟩ **1.** *DDR pol.* activist: Verdienter ~ stakhanovite. – **2.** *philos.* a) activist, b) voluntarist. — **ak·ti'vi·stisch** *adj* **1.** activist, *auch* activistic. – **2.** *philos.* a) activist, *auch* activistic, b) voluntaristic.

Ak·ti·vi·tas [ak'ti:vitas] *f* ⟨-; *no pl*⟩ active members *pl* (*of a fraternity or students' society*).

Ak·ti·vi·tät [aktivi'tɛ:t] *f* ⟨-; *no pl*⟩ **1.** *auch econ.* activity: eine große ~ entwickeln to become very active; Nachlassen der wirtschaftlichen ~ falling off (*od.* slackening) of economic activity. – **2.** (*Unternehmungsgeist*) activity, vigor, *bes. Br.* vigour, vitality: ein Mann von großer ~ a man full of vigo(u)r (*od.* vitality).

Ak'tiv|ka·piˌtal *n econ.* active capital, (trading) assets *pl.* — **~ˌkoh·le** *f chem.* activated (*od.* active) (char)coal (*od.* carbon), gas-absorbing coal. — **~ˌkon·to** *n econ.* assets account. — **~le·gi·ti·ma·tiˌon** *f jur.* **1.** right (*od.* power, title) to sue. – **2.** (*Klagerecht*) right of action. – **3.** (*Rechtsfähigkeit*) status. — **~ˌpo·sten** *m econ.* asset (item). — **~ˌsal·do** *m* credit balance. — **~ˌsei·te** *f* assets (*od.* credit, receipts) side: ein Posten auf der ~ an asset.

Ak·ti·vum [ak'ti:vʊm] *n* ⟨-s; -tiva [-va]⟩ **1.** *ling. obs. for* Aktiv[1]. – **2.** *pl econ. cf.* Aktiva.

Ak'tiv|verˌmö·gen *n econ.* active property, (total) assets *pl.* — **~ˌzin·sen** *pl* interest *sg* receivable.

'Akt|moˌdell *n* life (*od.* nude) model. — **~ˌpho·to** *n* (photograph of a) nude. — **~pho·to·graˌphie** *f* nude photography, (*als Thema*) *auch* nudes *pl.*

Ak·tri·ce [ak'tri:sə] *f* ⟨-; -n⟩ (*theater*) *obs.* actress.

'Akt|ˌschluß *m* (*theater*) end of an act. — **~ˌstu·die** *f* (*art*) nude (*od.* life) study, study from the nude.

Ak·tu'al·geˌne·se [ak'tŭa:l-] *f philos. psych.* microgenesis.

ak·tua·li·sie·ren [aktŭali'zi:rən] *v/t* ⟨*no* ge-, h⟩ actualize *Br. auch* -s-. — **Ak·tua·li'sie·rung** *f* ⟨-; -en⟩ actualization *Br. auch* -s-, realization *Br. auch* -s-.

Ak·tua·lis·mus [aktŭa'lɪsmʊs] *m* ⟨-; *no pl*⟩ *philos.* **1.** actualism. – **2.** *cf.* Aktualitätstheorie.

Ak·tua·li·tät [aktŭali'tɛ:t] *f* ⟨-; -en⟩ **1.** ⟨*only sg*⟩ (*Wirklichkeitsnähe*) topicality, *auch* actuality, relevance: an ~ gewinnen to gain in topicality; von brennender ~ of utmost (*od.* burning) topical importance. – **2.** ⟨*only sg*⟩ (*Modernität*) up-to-dateness. – **3.** matter (*od.* question) of topical interest, topicality.

Ak·tua·li'täts·theoˌrie *f philos.* dynamism.

ak·tu·ell [ak'tŭɛl] **I** *adj* ⟨-er; -st⟩ **1.** (*gegenwärtig wichtig, zeitnah*) topical, relevant, current, actual, present: er schrieb einen ~en Artikel he wrote an article on current affairs (*od.* events); eine Frage von ~er Bedeutung (*od.* ~em Interesse) a question of immediate (*od.* topical) interest, a front-page question; wieder ~ werden (*von Frage, Buch etc*) to regain topicality; ein ~er Film a topical film; ~e Sendungen (*radio*) live (*od.* actuality) broadcasts, broadcasts on topics of the moment. – **2.** (*modern*) up-to-date, modern. – **3.** *econ.* a) (*Bedarf*) present, b) (*Kaufkraft*) effective. – **4.** *math. phys.* actual: ~e Energie kinetic (*od.* actual) energy, energy of motion. – **II A~e, das** ⟨-n⟩ **5.** the matter (*od.* question) of actual (*od.* topical) interest, the actuality, the topicality: A~es topical items (*od.* questions) *pl;* das Aktuellste the latest news, the topics of the day.

Ak·tus ['aktʊs] *m* ⟨-; -⟩ *obs. for* Schulfeier.

'Aktˌzeich·nen *n* life (*od.* nude) drawing.

Aku·punk·tur [akupʊŋk'tu:r] *f med.* acupuncture.

'Aküˌspra·che ['aky-] *f short for* Abkürzungssprache.

Aku·stik [a'kʊstɪk] *f* ⟨-; *no pl*⟩ **1.** *phys.* (*Lehre*) acoustics *pl* (*construed as sg*), *Am. auch* phonics *pl* (*construed as sg*): ~ ist eine Wissenschaft acoustics is a science; ~ der Funkübertragung radioacoustics. – **2.** *arch.* acoustics *pl* (*construed as pl*): die ~ des Konzertsaales ist gut the acoustics of the concert hall are good. — **Aku·sti·ker** [a'kʊstɪkər] *m* ⟨-s; -⟩ *phys.* acoustician.

aku·stisch [a'kʊstɪʃ] *adj* acoustic(al): ~es Signal sound (*od.* audio) signal; ~es Echolot echo sounder.

akut [a'ku:t] *adj* ⟨-er; -est⟩ **1.** *med.* a) (*Krankheit*) acute, active, b) (*Schmerz*) acute, intense. – **2.** *fig.* (*Problem, Frage etc*) acute, critical, crucial: ~er Lehrermangel an acute (*od.* serious) shortage of teachers.

Akut [a'ku:t] *m* ⟨-(e)s; -e⟩ *ling.* acute (accent).

ak·ze·die·ren [aktse'di:rən] *v/i* ⟨*no* ge-, h⟩ *rare for* beistimmen 1.

Ak·ze·le·ra·ti·on [aktselera'tsĭo:n] *f* ⟨-; -en⟩ *bes. psych.* acceleration.

Ak·ze·le·ra·tor [aktsele'ra:tər] *m* ⟨-s; -en [-ra'to:rən]⟩ *tech. chem. econ.* accelerator.

ak·ze·le·rie·ren [aktsele'ri:rən] *v/t* ⟨*no* ge-, h⟩ (*beschleunigen*) accelerate.

Ak·zent [ak'tsɛnt] *m* ⟨-(e)s; -e⟩ **1.** *ling. metr. mus.* (*Betonung, Ton*) accent, stress: den ~ bekommen to take the accent (*od.* stress); den ~ legen auf (*acc*) to stress, to accent, to put (*od.* place) the accent on; der ~ liegt auf der zweiten Silbe the accent (*od.* stress) is on the second syllable, the second syllable is stressed; musikalischer ~ musical accent, pitch (accent). – **2.** *ling.* (*Betonungszeichen*) accent (mark), graphic accent: fallender ~ grave (accent); steigender ~ acute (accent); einen ~ auf einen Buchstaben setzen to accent (*od.* put an accent on) a letter. – **3.** (*Aussprache*) accent: mit bayerischem ~ sprechen to speak with a Bavarian accent. – **4.** *fig.* (*Betonung, Nachdruck*) accent, emphasis, stress: den ~ auf (*acc*) etwas legen to emphasize (*Br. auch* -s-) (*od.* stress) s.th. – **5.** ~e setzen (*in einem politischen Programm etc*) to emphasize certain features: der Minister versuchte, in seiner Politik neue ~e zu setzen the minister tried to focus his policy on new lines. – **6.** *math.* accent.

ak'zent|ˌfrei *adj u. adv* without (*od.* free from) (foreign) accent. — **~los** *adj ling.* unaccented, unstressed.

Ak·zen·tua·ti·on [aktsɛntŭa'tsĭo:n] *f* ⟨-; -en⟩ accentuation.

ak·zen·tu·ie·ren [aktsɛntu'i:rən] **I** *v/t* ⟨*no* ge-, h⟩ **1.** *ling.* accent, stress, accentuate. – **2.** *fig.* (*nachdrücklich betonen*) accentuate, emphasize *Br. auch* -s-, stress. – **II A~** *n* ⟨-s⟩ **3.** *verbal noun.* — **Ak·zen·tu'ie·rung** *f* ⟨-; -en⟩ **1.** *cf.* Akzentuieren. – **2.** *ling.* (*Betonung*) accentuation, stress. – **3.** *fig.* accentuation, emphasis.

Ak'zent·verˌschie·bung *f ling.* shift of accent (*od.* stress), stress shift.

Ak·zept [ak'tsɛpt] *n* ⟨-(e)s; -e⟩ *econ.* **1.** (*Annahmeerklärung*) (letter of) acceptance: mangels ~ in default of acceptance; mit ~ versehen to accept. – **2.** accepted bill, acceptance: bedingtes ~ qualified (*od.* conditional) acceptance.

ak·zep·ta·bel [aktsɛp'ta:bəl] *adj* acceptable: das ist ein akzeptabler Vorschlag that's an acceptable proposal.

Ak·zep·tant [aktsɛp'tant] *m* ⟨-en; -en⟩ **1.** *econ.* acceptor, *auch* accepter. – **2.** *phys.* acceptor.

Ak'zept|ˌbank *f econ.* acceptance (*od.* accepting) house, *auch* merchant banker. — **a~ˌfä·hig** *adj* negotiable, bankable. — **~geˌschäft** *n* **1.** (*einer Bank*) acceptance business. – **2.** (*eines Maklers*) bill broking. — **~ˌhaus** *n cf.* Akzeptbank.

ak·zep·tie·ren [aktsɛp'ti:rən] **I** *v/t* ⟨*no* ge-, h⟩ **1.** (*Vorschlag etc*) accept. – **2.** *econ.* (*Wechsel etc*) accept, honor, *bes. Br.* honour: einen Wechsel nicht ~ to dishono(u)r (*od.* refuse to hono[u]r) a draft, to refuse acceptance of a bill. – **3.** *cf.* billigen. – **II A~** *n* ⟨-s⟩ **4.** *verbal noun.* — **Ak·zep'tie·rung** *f* ⟨-; *no pl*⟩ **1.** *cf.* Akzeptieren. – **2.** *auch econ.* (*Annahme*) acceptance.

Ak'zept|kreˌdit *m econ.* acceptance credit. — **~pro·vi·siˌon** *f* acceptance commission. — **~verˌmerk** *m* acceptance.

Ak·zeß [ak'tsɛs] *m* ⟨-sses; -sse⟩ (*Zutritt*) access.

Ak·zes·si·on [aktsɛ'sĭo:n] *f* ⟨-; -en⟩ *bes. jur. pol.* accession.

Ak·zes·si'ons|ˌli·ste *f* (*einer Bibliothek*) accession list. — **~verˌtrag** *m jur. pol.* treaty of accession.

Ak·zes·sit [ak'tsɛsɪt] *n* ⟨-s; -s⟩ *obs.* (*zweiter Preis, Nebenpreis*) accessit.

ak·zes·so·risch [aktsɛ'so:rɪʃ] *adj* (*hinzutretend, nebensächlich*) accessory.

Ak·zi·dens ['aktsidɛns] *n* ⟨-; -denzien [-'dɛntsĭən], -dentia [-'dɛntsĭa]⟩ *philos.* (*das Zufällige, das Wechselnde*) accidental (property), accident, attribute.

Ak·zi·den·ta·li·en [aktsidɛn'ta:lĭən] *pl jur.* (*eines Vertrags etc*) non-essential clauses.

ak·zi·den·tell [aktsidɛn'tɛl] *adj* **1.** (*zufällig, unwesentlich*) accidental. – **2.** *med.* accidental. – **3.** *philos. cf.* akzidentiell.

ak·zi·den·ti·ell [aktsidɛn'tsĭɛl] *adj bes. philos.* accidental, casual, chance (*attrib*).

Ak·zi·denz [aktsi'dɛnts] *f* ⟨-; -en⟩ *meist pl print.* job printing, job(bing) work. — **~ˌar·beit** *f* job(bing) work. — **~ˌdruck** *m* ⟨-(e)s; -e⟩ job printing. — **~ˌdrucker** (*getr.* -k·k-) *m* job printer. — **~druckeˌrei** (*getr.* -k·k-) *f* jobbing house.

Ak·zi·se [ak'tsi:zə] *f* ⟨-; -n⟩ *econ. hist.* (*Verbrauchs- u. Verkehrssteuer*) excise (duty).

à la [a la; ala] (*Fr.*) *adv* (*auf, nach Art von*) à la, after, in the manner (*od.* style) of.

à la baisse [a la 'bɛ:s] *adv econ.* (*an der Börse*) ~ spekulieren to speculate for a fall (in price), to engage in bearish speculations.

Ala·ba·ster [ala'bastər] *m* ⟨-s; *rare* -⟩ *min.* alabaster: weiß wie ~ *auch fig.* (as) white as alabaster; Gegenstand aus ~ alabaster.

ala'ba·stern *adj* (made of) alabaster.

ala'ba·sterˌweiß *adj* ([as] white as) alabaster.

à la carte [ala'kart] (*Fr.*) *adv gastr.* à la carte, *Am. auch* a la carte.

Ala·din ['aladi:n] *npr m* ⟨-s; *no pl*⟩ Aladdin: ~s Wunderlampe Aladdin's lamp.

à la hausse [a la 'o:s] *adv econ.* (*an der Börse*) ~ spekulieren to speculate for a rise (in price), to engage in bullish speculations.

à la mode [a la 'mo:t; ala'mɔd] (*Fr.*) *adv* (*fashion*) à la mode, *Am. auch* a la mode, alamode; sich ~ kleiden to dress à la mode (*od.* in the height of fashion).

Aland ['a:lant] *m* ⟨-(e)s; -e⟩ *zo.* ide, *auch* orfe (*Idus idus; fish*).
Alant [a'lant] *m* ⟨-(e)s; -e⟩ *bot.* inula (*Gattg Inula*): Echter (*od.* Wahrer) ~ elecampane, horseheal, horseheel (*I. helenium*); Wilder ~ Christ's eye (*I. oculus christi*).
Alarm [a'larm] *m* ⟨-(e)s; -e⟩ **1.** *auch fig.* alarm, *auch* alarum, alert: blinder (*od.* falscher) ~ *meist fig.* false alarm; ~ blasen [schlagen] *auch fig.* to sound [to give] the alarm, to sound the alert. – **2.** *mil.* (*Fliegeralarm*) air-raid warning, alert. — **~ˌanˌla·ge** *f* alarm (system), alerting (*od.* warning) system. — **a~beˌreit** *adj mil. auch fig.* on the alert. — **~beˌreit·schaft** *f* **1.** *bes. mil.* (*von Truppen etc*) alert: sich in ~ befinden to be on the alert, to stand by for an emergency; in ~ versetzen to put on the alert. – **2.** *aer.* air (*od.* ground) alert, ground readiness. — **~geˌrät** *n tech.* alarm (apparatus): selbsttätiges ~ (*Radar*) autoalarm device. — **~ˌglocke** (*getr.* -k·k-) *f* alarm bell, tocsin.
alar·mie·ren [alar'mi:rən] **I** *v/t* ⟨*no* ge-, h⟩ **1.** (*warnen*) alarm, alert, put (*s.o.*) on the alert: das Geräusch alarmierte ihn the noise put him on the alert; ~ Sie sofort die Polizei! alert (*od.* inform) the police at once! – **2.** (*herbeirufen*) (*Feuerwehr etc*) call (out). – **3.** (*beunruhigen*) alarm, startle. – **4.** *mil.* (*Truppen etc*) alarm, alert. – **II A~** *n* ⟨-s⟩ **5.** *verbal noun.* — **alar'mie·rend** **I** *pres p.* – **II** *adj* (*Nachricht etc*) alarming, startling. — **Alar'mie·rung** *f* ⟨-; *no pl*⟩ *cf.* Alarmieren.
Alarm|ˌruf [a'larm-] *m* alarm. — **~siˌgnal** *n* alarm (*bes. aer.* alert) signal. — **~siˌre·ne** *f* **1.** warning (*od.* alarm) siren. – **2.** (*für Fliegeralarm*) air-raid siren. — **~ˌstu·fe** *f bes. mil.* alert phase (*od.* stage). — **~ˌvor·ˌrich·tung** *f tech.* alarm (device). — **~ˌzei·chen** *n cf.* Alarmsignal. — **~ˌzuˌstand** *m mil. auch fig.* alert: im ~ on the alert.
Alas·ka-ˌLachs ['alaska-] *m zo.* blueback (*od.* sockeye) salmon (*Oncorhynchus nerka*).
Alaun [a'laun] *m* ⟨-(e)s; -e⟩ **1.** *chem.* a) alum, b) *pl* (*Sammelbezeichnung*) alums: ~ enthaltend aluminous; mit ~ behandeln (*od.* versetzen) to aluminate, *auch* to aluminize *Br. auch* -s-. – **2.** (*paper*) aluminium (*Am.* aluminum) sulfate (*bes. Br.* -ph-), (papermakers') alum. — **a~ˌar·tig** *adj* aluminous. — **~ˌbad** *n chem.* alum bath. — **~ˌer·de** *f* **1.** alumina, alum earth. – **2.** *cf.* Tonerde 1. — **a~ˌgar** *adj* (*leather*) alum-tanned. — **~ˌger·ber** *m* (*Weißgerber*) tawer. — **a~ˌhal·tig** *adj chem.* aluminiferous, aluminous. — **~ˌkies** *m* aluminous pyrites *pl.* — **a~ˌsau·er** *adj chem.* aluminous: alaunsaures Salz aluminate. — **~ˌschie·fer** *m min.* alum shale (*od.* slate, schist). — **~ˌstein** *m min.* alunite, alum stone (*od.* rock). — **~ˌstift** *m med. pharm.* styptic pencil. — **~ˌwur·zel** *f bot.* **1.** American sanicle (*Gattg Heuchera*). – **2.** alumroot (*Heuchera americana*). – **3.** alumroot, cranesbill, dovefoot (*Geranium maculatum*).
Alb[1] [alp] *f* ⟨-; -en⟩ *dial. for* Alm[1].
Alb[2] *m* ⟨-(e)s; -e⟩ *cf.* Alp[1].
Al·ba[1] ['alba] *f* ⟨-; -ben⟩ *cf.* Albe[1].
'Al·ba[2] *f* ⟨-; -s⟩ (*literature*) alba, dawn song (*in Provençal love lyric*).
Al'ba·ner [al'ba:nər] *m* ⟨-s; -⟩, **Al'ba·ne·rin** *f* ⟨-; -nen⟩ Albanian. — **Al·ba'ne·se** [-ba'ne:zə] *m* ⟨-n; -n⟩, **Al·ba'ne·sin** *f* ⟨-; -nen⟩ *obs. for* Albaner(in). — **al·ba'ne·sisch** [-ba'ne:zɪʃ] *adj obs. for* albanisch.
Al·ba·ni·er [al'ba:nĭər], **Al'ba·nie·rin** *cf.* Albaner(in). — **al'ba·nisch** [-nɪʃ] **I** *adj* Albanian. – **II** *ling.* **A~** ⟨*generally undeclined*⟩, **das A~e** ⟨-n⟩ Albanian, the Albanian language.
Al·ba·rel·lo [alba'rɛlo] *n* ⟨-s; -lli [-li]⟩ *chem. pharm.* albarello.
Al·ba·tros ['albatrɔs] *m* ⟨-; -se⟩ *zo.* albatross (*Gattgn Diomedea u. Phoebetria*).
Al·be[1] ['albə] *f* ⟨-; -n⟩ *relig.* alb (*liturgical vestment*).
'Al·be[2] *f* ⟨-; -n⟩ **1.** *bot.* white poplar, abele (*Populus alba*). – **2.** *zo. cf.* Ukelei. – **3.** *dial.* white cow.
Al·be·do [al'be:do] *f* ⟨-; *no pl*⟩ *astr. phys.* albedo.
'Alˌbee·re ['al-] *f bot. cf.* Aalbeere.
Al·ber ['albər] *f* ⟨-; -n⟩ *bot. cf.* Albe[2] 1.
Al·be'rei *f* ⟨-; -en⟩ *colloq.* fooling (*od.* playing) about (*Am.* around), foolery, capering.
al·bern[1] ['albərn] **I** *adj* ⟨-er; -st⟩ **1.** (*einfältig*) silly, foolish, stupid, daft (*colloq.*): ~es Zeug reden to talk nonsense, to make silly remarks; sie ist eine ~e Gans *fig. colloq.* she is a silly thing (*od. colloq.* a ninny); etwas ~ finden to think s.th. silly. – **2.** (*lächerlich*) ridiculous, ludicrous, absurd, silly: das ist doch ~ that's ridiculous; sich (*dat*) ~ vorkommen a) to feel silly (*od.* ridiculous), b) to feel out of place. – **3.** (*übertrieben lustig*) giggly, giggling, tittering. – **4.** (*geziert*) affected, silly. – **II** *adv* **5.** sich ~ benehmen to behave silly (*od.* childishly).
'al·bern[2] *v/i* ⟨h⟩ **1.** fool (*od.* play) about (*Am.* around). – **2.** talk nonsense.
'Al·bern·heit *f* ⟨-; -en⟩ **1.** ⟨*only sg*⟩ (*Einfalt*) silliness, foolishness, stupidity, stupidness, daftness (*colloq.*). – **2.** ⟨*only sg*⟩ (*Lächerlichkeit*) ridiculousness, absurdity, absurdness. – **3.** ⟨*only sg*⟩ (*übertriebene Lustigkeit*) giggling, tittering. – **4.** ⟨*only sg*⟩ (*Geziertheit*) affectedness. – **5.** (*unsinnige Handlung etc*) silliness, tomfoolery, fatuity: ich kann seine ~en nicht mehr ertragen I can no longer stand his tomfoolery.
al·ber·ti·nisch [albɛr'ti:nɪʃ] *adj hist.* Albertine: die A~e Linie the Albertine branch (*of the house of Frederick of Saxony*).
Al·bi·gen·ser [albi'gɛnzər] *pl relig. hist.* Albigenses. — **~ˌkrie·ge** *pl hist.* Albigensian Wars.
Al·bi·nis·mus [albi'nɪsmʊs] *m* ⟨-; *no pl*⟩ *biol. med.* albinism, *auch* albinoism.
Al·bi·no [al'bi:no] *m* ⟨-s; -s⟩ *biol.* albino. — **al·bi'no·tisch** [-bi'no:tɪʃ] *adj* albinic, albinotic.
Al·bi·on ['albĭɔn] *npr n* ⟨-s; *no pl*⟩ *poet.* (*Großbritannien*) Albion: ein Sohn ~s a son of Albion, an Englishman.
Al·bit [al'bi:t; -'bɪt] *m* ⟨-s; *no pl*⟩ *min.* albite.
Al·bum ['albʊm] *n* ⟨-s; -ben⟩ album: Briefmarken [ein Foto] in ein ~ kleben (*od.* einstecken) to mount stamps [a photograph]. — **~ˌblatt** *n* **1.** album page. – **2.** *mus.* Albumblatt (*instrumental composition*).
Al·bu·men [al'bu:mən] *n* ⟨-s; *no pl*⟩ *biol.* albumen.
Al·bu·min [albu'mi:n] *n* ⟨-s; -e⟩ *chem.* albumin. — **a~ˌar·tig** *adj* albuminoid, albuminous.
Al·bu·mi·nat [albumi'na:t] *n* ⟨-(e)s; -e⟩ *chem.* albuminate.
al·bu'minˌhal·tig *adj chem.* albuminous.
al·bu·mi·no·id [albumino'i:t] *biol. chem.* **I** *adj* albuminoid, protein. – **II A~** *n* ⟨-s; -e⟩ albuminoid, protein.
al·bu·mi·nös [albumi'nø:s] *adj biol. chem.* albuminous.
Al·bu'min·paˌpier *n phot.* albuminized (*Br. auch* -s-) (*od.* albumenized *Br. auch* -s-) paper.
Al·bu·min·urie [albuminu'ri:] *f* ⟨-; -n [-ən]⟩ *med.* albuminuria.
Al·bu·mo·se [albu'mo:zə] *f* ⟨-; -n⟩ *biol. chem.* a) albumose, b) proteose.
Al·che·mie [alçe'mi:] *f* ⟨-; *no pl*⟩ *cf.* Alchimie. — **Al·che'mist** [-'mɪst] *m* ⟨-en; -en⟩ *cf.* Alchimist. — **al·che'mi·stisch** *adj cf.* alchimistisch.
Äl·chen ['ɛ:lçən] *n* ⟨-s; -⟩ **1.** *dim. of* Aal. – **2.** *zo.* eelworm (*Fam. Anguillulidae*).
Al·chi·mie [alçi'mi:] *f* ⟨-; *no pl*⟩ alchemy. — **Al·chi'mist** [-'mɪst] *m* ⟨-en; -en⟩ alchemist. — **al·chi'mi·stisch** [-'mɪstɪʃ] *adj* alchemic(al), alchemistic(al).
Al·cyo·ne [altsy'o:nə] *npr f* ⟨-; *no pl*⟩ *myth. cf.* Alkyone.
Al·de·hyd [alde'hy:t] *m* ⟨-s; -e⟩ *chem.* **1.** (acet)aldehyde (CH_3CHO). – **2.** aldehyde (R-CHO).
Al·der·man ['ɔ:ldəmən] (*Engl.*) *m* ⟨-s; Aldermen [-mən]⟩ (*in angelsächsischen Ländern*) alderman.
Al·di·ne [al'di:nə] *f* ⟨-; -n⟩ *print.* **1.** ⟨*only sg*⟩ Aldine (type). – **2.** Aldine (book *od.* edition) (*1494—1597*).
Al·dol [al'do:l] *n* ⟨-s; *no pl*⟩ *chem.* aldol.
Ale [eɪl] (*Engl.*) *n* ⟨-s; *no pl*⟩ *brew.* ale.
Alea·to·rik [alea'to:rɪk] ⟨-; *no pl*⟩ *mus.* aleatory music.
alea·to·risch [alea'to:rɪʃ] *adj* **1.** *jur.* (*Vertrag etc*) aleatory, hazardous. – **2.** (*Musik*) aleatory.
Alef ['a:lɛf] *n* ⟨-; -⟩ *ling.* aleph, *auch* alef (*first letter of the Hebrew alphabet*).
Ale·man·ne [alə'manə] *m* ⟨-n; -n⟩ *meist pl hist.* Alemannian, *auch* Alamannian: die ~n the Alemannians (*auch* Alamannians, Alemanni, Alamanni). — **ale'man·nisch** **I** *adj hist. ling.* Alemannic, Alamannic, *auch* Alemannian, Alamannian. – **II** *ling.* **A~** ⟨*generally undeclined*⟩, **das A~e** ⟨-n⟩ Alemannic, Alamannic, *auch* Alemannian, Alamannian, the Alemannic dialect.
Alen'çonˌspit·ze [alã'sõ:-] *f meist pl* (*textile*) Alençon (lace).
Alep·po|ˌbeu·le [a'lɛpo-] *f med.* oriental sore, Aleppo boil. — **~ˌkie·fer** *f bot.* Aleppo pine (*Pinus halepensis*). — **~ˌnuß** *f* pistachio nut.
Aleu·ron ['a(:)ləʏrən; a'ləʏrən] *n* ⟨-s; *no pl*⟩ *biol.* aleurone, *auch* aleuron.
Aleu·ten [ale'u:tən] *pl geogr.* Aleuts, Aleutians (*inhabitants of the Aleutian Islands*): Sprache der ~ *ling.* Aleut, Aleutian. — **aleu·tisch** [-'u:tɪʃ] *adj* Aleutian.
Alex'an·der|ˌlied [alɛ'ksandər-] *n*, **~roˌman** *m* (*literature*) Alexander romance. — **~ˌsa·ge** *f* Alexander legend (*od.* romance).
Alex·an·dri·ner [alɛksan'dri:nər] *m* ⟨-s; -⟩ **1.** *geogr.* Alexandrian. – **2.** *philos.* Alexandrian (philosopher). – **3.** *metr.* Alexandrine, *auch* Alexandrian. — **alex·an'dri·nisch** *adj* Alexandrian.
Alex·an·dri·nis·mus [alɛksandri'nɪsmʊs] *m* ⟨-; *no pl*⟩ *philos. relig.* Alexandrian philosophy.
Alex·an·drit [alɛksan'dri:t; -'drɪt] *m* ⟨-s; -e⟩ *min.* alexandrite.
Ale·xie [alɛ'ksi:] *f* ⟨-; -n [-ən]⟩ *med.* (*Buchstabenblindheit*) alexia.
Al·fa ['alfa] *f* ⟨-; *no pl*⟩, **~ˌgras** *n bot.* alfa (grass), esparto (grass) (*Stipa tenacissima*).
Al·fan·ze·rei [alfantsə'raɪ] *f* ⟨-; -en⟩ *obs. for* Gaukelspiel.
'Al·fa·paˌpier *n print.* esparto paper.
Al·fe·nid [alfe'ni:t] *n* ⟨-(e)s; *no pl*⟩ *tech.* alfenide (*variety of German silver*).
al·fon·si·nisch [alfɔn'zi:nɪʃ], **al·fon·sisch** [al'fɔnzɪʃ] *adj* Alphonsine: ~e Sterntafeln *astr. hist.* Alphonsine tables.
Al·ga·ro·ba [alga'ro:ba] *f* ⟨-; -ben⟩ *bot.* algar(r)oba, algar(r)obo, algeroba, carob (tree) (*Ceratonia siliqua*).
Al·ge ['algə] *f* ⟨-; -n⟩ *bot.* alga: Familie der ~n Algae *pl*; voll ~n algous.
Al·ge·bra ['algebra] *f* ⟨-; *no pl*⟩ *math.* algebra, algebraic calculus: Höhere ~ higher algebra. — **Al·ge'brai·ker** [-'bra:ikər] *m* ⟨-s; -⟩ algebraist. — **al·ge'bra·isch** [-'bra:ɪʃ] **I** *adj* algebraic, *auch* algebraical: ~e Funktion vierten Grades quartic; ~e Gleichung algebraic (*od.* literal) equation; auf eine ~e Formel bringen to algebraize. – **II** *adv* algebraically: ~ berechnen to algebraize.
'al·gen|ˌähn·lich, **~ˌar·tig** *adj bot.* algalike; algous, algoid (*scient.*).
'Al·gen|ˌkun·de *f* ⟨-; *no pl*⟩ *cf.* Algologie. — **~ˌpilz** *m bot.* algalike fungus, phycomycete (*scient.*). — **~ˌspo·re** *f* spore of algae.
Al·ge·ri·er [al'ge:rĭər] *m* ⟨-s; -⟩, **Al'ge·rie·rin** *f* ⟨-; -nen⟩ *geogr.* Algerian. — **al'ge·risch** [-rɪʃ] *adj* Algerian.
Al·ge·sie [alge'zi:] *f* ⟨-; -n [-ən]⟩ *med.* algesia. — **al'ge·tisch** [-'ge:tɪʃ] *adj* algesic, algetic.
Al·gin [al'gi:n] *n* ⟨-s; *no pl*⟩ *chem.* algin, *auch* algine.
Al·gi·nat [algi'na:t] *n* ⟨-s; -e⟩ *chem.* alginate.
Al'ginˌsäu·re *f chem.* alginic acid.
Al·gol [al'go:l, 'algo:l] *m* ⟨-s; *no pl*⟩ *astr.* (*Stern*) Algol.
Al·go·lo·ge [algo'lo:gə] *m* ⟨-n; -n⟩ algologist. — **Al·go·lo'gie** [-lo'gi:] *f* ⟨-; *no pl*⟩ algology. — **al·go'lo·gisch** *adj* algological.
Al·gon·kin [al'gɔŋkɪn] *m* ⟨-s; -⟩, **~in·dia·ner** [-ˀɪnˌdĭa:nər] *m* Algonkian, Algonkin, Algonqui(a)n.
al·gon·ki·nisch [algɔŋ'ki:nɪʃ], **al'gon·kisch** [-'gɔŋkɪʃ] **I** *adj* **1.** Algonqui(a)n. – **2.** *geol.* Algonkian. – **II** *ling.* **A~** *n* ⟨*generally undeclined*⟩, **das A~e** ⟨-n⟩ **3.** Algonquian, the Algonquian language.
Al·gon·ki·um [al'gɔŋkĭʊm] *n* ⟨-s; *no pl*⟩ *geol. hist.* Algonkian period.
Al·go·rith·mus [algo'rɪtmʊs] *m* ⟨-; -men⟩ *math.* (*Rechenschema*) algorism, algorithm.
Al·gra·phie [algra'fi:] *f* ⟨-; -n [-ən]⟩ *print.* **1.** ⟨*only sg*⟩ algraphy, aluminography. – **2.** aluminographic (art) print.
Al·ham·bra [al'hambra] *npr f* ⟨-; *no pl*⟩ Alhambra: im Stil der ~ Alhambraic, Alhambresque.

Al·hi·da·de [alhi'daːdə] f ⟨-; -n⟩ astr. phys. (am Winkelmesser) alidade, auch alidad, sight rule.

ali·as ['aːlias] adv bes. jur. alias, also (od. otherwise) known as, otherwise (called): X ~ Y X alias Y.

Ali·bi ['aːlibi] n ⟨-s; -s⟩ jur. alibi: ein ~ beibringen (od. erbringen) to produce an alibi; sein ~ nachweisen to establish (od. prove) one's alibi.

Ali'can·teˌwein [ali'kante-] m Alicant(e) (wine).

ali·cy·clisch [ali'tsyːklɪʃ] adj chem. alicyclic, auch cycloaliphatic.

Alie·na·ti·on [aliena'tsioːn] f ⟨-; -en⟩ **1.** obs. for Entfremdung, Verkauf 2, 4. – **2.** med. psych. a) (mental) alienation, derangement of the mental faculties, b) (Alienationskoeffizient) coefficient of alienation. — **alie'nie·ren** [-'niːrən] v/t ⟨no ge-, h⟩ obs. for entfremden, verkaufen 1, 2.

Ali·ment [ali'mɛnt] n ⟨-(e)s; -e⟩ meist pl jur. **1.** (für uneheliches Kind) maintenance, support: er muß ~e zahlen he has to pay maintenance. – **2.** (für getrennt lebende od. geschiedene Ehefrau) alimony, separate maintenance.

ali·men·tär [alimɛn'tɛːr] adj bes. med. alimentary, alimental.

Ali·men·ta·ti·on [alimɛnta'tsioːn] f ⟨-; -en⟩ jur. **1.** (Lebensunterhalt) maintenance, support. – **2.** (Unterhaltsbeitrag) alimony.

ali·men·ta·ti'ons|beˌrech·tigt adj jur. **1.** (bei Unterhaltsberechtigten) entitled to maintenance (od. support). – **2.** (bei Ehegatten) entitled to alimony. — **A~ˌkla·ge** f **1.** action for maintenance. – **2.** action for alimony. — **~ˌpflich·tig** adj **1.** liable to pay maintenance (od. support). – **2.** liable to pay alimony.

Ali'men·ten|ˌfor·de·rung f jur. **1.** claim for maintenance. – **2.** (bei Ehegatten) claim for alimony. — **~ˌkla·ge** f cf. Alimentationsklage. — **a~ˌpflich·tig** adj cf. alimentationspflichtig.

ali·men·tie·ren [alimɛn'tiːrən] v/t ⟨no ge-, h⟩ **1.** jur. a) (Kind) maintain, support, b) (Frau) pay alimony to. – **2.** econ. provide resources (od. funds) for.

Ali·nea [a'liːnea] n ⟨-s; -s⟩ print. (new) paragraph, para (colloq.). — **ali·ne·ie·ren** [aline'iːrən] v/i ⟨no ge-, h⟩ print. begin a new paragraph.

ali·pha·tisch [ali'faːtɪʃ] adj chem. (Verbindung) aliphatic.

ali·quant [ali'kvant] adj math. aliquant: ~er Teil aliquant (part). — **Ali'quan·te** f ⟨-; -n⟩ aliquant (part).

ali·quot [ali'kvɔt; ali'kvoːt] adj math. aliquot: ~er Teil aliquot (part). — **Ali'quo·te** [-'kvoːtə] f ⟨-; -n⟩ aliquot (part).

Alis·ma [a'lɪsma] n ⟨-s; -men⟩ bot. cf. Froschkraut 1.

Alit [a'liːt; a'lɪt] m ⟨-s; -e⟩ min. alite.

ali·tie·ren [ali'tiːrən] metall. **I** v/t ⟨no ge-, h⟩ **1.** aluminize Br. auch -s-, impregnate (s.th.) with aluminium (Am. aluminum). – **2.** (pulveralitieren) alitize Br. auch -s-, calorize Br. auch -s-. – **II A~** n ⟨-s⟩ **3.** verbal noun. – **4.** aluminium (Am. aluminum) impregnation.

Ali·za·rin [alitsa'riːn] n ⟨-s; no pl⟩ alizarin, auch alizarine.

ali·zy·klisch [ali'tsyːklɪʃ] adj chem. cf. alicyclisch.

Alk [alk] m ⟨-(e)s; -e⟩ zo. cf. Tordalk, Riesenalk.

Al·ka·hest [alka'hɛst] m, n ⟨-(e)s; no pl⟩ chem. hist. alkahest, alcahest, Br. auch alchahest.

al·kä·isch [al'kɛːɪʃ] adj metr. (Strophe) alcaic: in ~en Strophen in alcaics.

Al·kal·de [al'kaldə] m ⟨-n; -n⟩ alcalde, auch Alcalde (administrative officer in Spain and Spanish-influenced regions).

Al·ka·li [al'kaːli; 'alkali] n ⟨-s; -en [al'kaːliən]⟩ chem. alkali: mit ~ versetzen to alkalify, to alkal(in)ize Br. auch -s-, to treat with an alkali. — **a~ˌarm** adj containing little alkali. — **a~beˌstän·dig** adj alkali-proof (od. -resistant). — **~ˌbo·den** m agr. alkaline (od. alkali) soil. — **a~ˌecht** adj cf. alkalibeständig. — **~ˌgras** n bot. a) alkali (od. salt) grass (Distichlis maritima), b) salt grass (D. spicata). — **a~ˌhal·tig** adj chem. alkaline. — **~ˌlö·sung** f alkaline solution, solution of alkali. — **~meˌtall** n alkali metal.

Al·ka·li·me·trie [alkalime'triː] f ⟨-; no pl⟩ chem. alkalimetry.

al·ka·li·nisch [alka'liːnɪʃ] adj chem. cf. alkalisch 1.

Al·ka·li·ni·tät [alkalini'tɛːt] f ⟨-; no pl⟩ chem. alkalinity.

al·ka·lisch [al'kaːlɪʃ] adj **1.** chem. alkali(ne): ~e Erden alkaline-earth metals, alkaline earths; leicht ~ alkalescent; ~e Beschaffenheit (od. Eigenschaft) alkalinity; ~er Stoff alkali. – **2.** agr. (Boden) alkaline, basoid.

al·ka·li·sie·ren [alkali'ziːrən] v/t ⟨no ge-, h⟩ make (s.th.) alkaline, alkali(ni)ze Br. auch -s-, alkalify.

Al·ka·li·tät [alkali'tɛːt] f ⟨-; no pl⟩ chem. cf. Alkalinität.

Al·ka·lo·id [alkalo'iːt] n ⟨-(e)s; -e⟩ chem. alkaloid: pflanzliches ~ vegetoalkaloid.

Al·kan·na [al'kana] f ⟨-; no pl⟩ bot. alkanet (Gattg Alkanna): Wurzel der ~ alkanet; Farbstoff aus ~ alkanet. — **~ˌrot** n chem. alkanet. — **~ˌwur·zel** f bot. alkanet.

Al·kan·nin [alka'niːn] n ⟨-s; no pl⟩ chem. alkannin.

Al·ken [al'keːn] n ⟨-s; -e⟩ meist pl chem. cf. Olefin.

Al·ke·ste [al'kɛste] npr f ⟨-; no pl⟩ myth. Alcestis (daughter of Pelias and wife of Admetus).

alk·ma·nisch [alk'maːnɪʃ] adj metr. antiq. (Vers) Alcmanian, Alcmanic.

Alk·me·ne [alk'meːne] npr f ⟨-; no pl⟩ myth. Alcmene (mother of Hercules).

Al·ko·hol ['alkohoːl, -hɔl; alko'hoːl] m ⟨-s; -e [-hoːlə]⟩ **1.** ⟨only sg⟩ alcohol: j-n unter ~ setzen to get (od. make) s.o. drunk; sich unter ~ setzen to get drunk; unter ~ sein to be under (the influence of) alcohol: ich trinke keinen ~ I never drink alcohol, I don't drink; dem ~ verfallen addicted to alcohol; eine Menge ~ vertragen (können) to be able to take (od. drink) a lot (of alcohol). – **2.** chem. a) ⟨only sg⟩ (Weingeist) alcohol, auch ethanol, ethyl (od. grain) alcohol, spirits pl of wine, spirit(s pl), b) (im weiteren Sinn) alcohol: absoluter (od. wasserfreier) ~ absolute alcohol.

'Al·ko·hol|ˌabˌrei·bung f med. alcohol rub (od. sponging). — **a~ˌarm** adj containing little alcohol, low in alcohol.

Al·ko·ho·lat [alkoho'laːt] n ⟨-(e)s; -e⟩ chem. alcoholate.

'Al·ko·hol|ˌausˌschank m sale of alcohol(ic drinks). — **~beˌstim·mung** f med. (im Blut) determination of alcohol content. — **~ˌblutˌpro·be** f blood test for alcohol. — **~ˌdampfˌmo·tor** m tech. alcohol engine. — **~ˌeinˌfluß** m influence of alcohol: er stand unter ~ he was under (the influence of) alcohol; Verbrechen unter ~ jur. crime(s pl) due to influence of alcohol. — **~exˌzeß** m med. excessive consumption of alcohol. — **a~ˌfeind·lich** adj against (od. opposed to) alcohol, anti-alcohol, Br. anti-alcoholic. — **a~ˌfrei** adj **1.** (Getränk) nonalcoholic, Br. non-, 'soft' (colloq.): ~e Getränke soft drinks. – **2.** (Gaststätte) selling no alcoholic drinks: ~e Gaststätte temperance restaurant. — **~ˌgeg·ner** m, **~ˌgeg·ne·rin** f **1.** (Abstinenzler) teetotaler, bes. Br. teetotaller. – **2.** prohibitionist. — **~geˌhalt** m **1.** alcoholic content (od. strength): von geringem [starkem] ~ light [strong]. – **2.** med. percentage of alcohol. — **~geˌnuß** m consumption of alcohol: Mäßigkeit im ~ temperance; übermäßiger ~ over(-)indulgence in spirits. — **a~ˌhal·tig** adj alcoholic: stark ~e Getränke strong alcoholic drinks.

Al·ko·ho·li·ka [alko'hoːlika] pl alcoholic drinks.

Al·ko·ho·li·ker [alko'hoːlikər] m ⟨-s; -⟩ alcoholic, drunkard, dipsomaniac (scient.). — **~ˌfürˌsor·ge** f care for alcoholics (and their families).

Al·ko'ho·li·ke·rin f ⟨-; -nen⟩ cf. Alkoholiker.

al·ko·ho·lisch [alko'hoːlɪʃ] adj alcoholic, auch spirituous: ~er Auszug med. tincture; ~e Gärung alcoholic fermentation; stark ~ high-proof; ~e Getränke a) alcoholic drinks (od. beverages), b) (hochprozentige) high-proof liquors.

al·ko·ho·li·sie·ren [alkoholi'ziːrən] v/t ⟨no ge-, h⟩ **1.** chem. alcoholize Br. auch -s-. – **2.** j-n ~ colloq. to get (od. make) s.o. drunk. — **al·ko·ho·li'siert I** pp. – **II** adj **1.** alcoholized Br. auch -s-: ~er Wein fortified wine. – **2.** jur. under (the influence of) alcohol. — **Al·ko·ho·li'sie·rung** f ⟨-; -en⟩ **1.** chem. alcoholization Br. auch -s-. – **2.** (state of being under the) influence of alcohol.

Al·ko·ho·lis·mus [alkoho'lɪsmus] m ⟨-; no pl⟩ med. alcoholism: Bekämpfung des ~ fight against alcoholism.

'al·ko·holˌlös·lich adj soluble in alcohol.

'Al·ko·hol·mo·noˌpol n econ. jur. (state) monopoly on liquor.

Al·ko·ho·lo·me·ter [alkoholo'meːtər] n ⟨-s; -⟩ chem. tech. alcoholometer, auch alcoholmeter, alcoholimeter, ebulliscope. — **Al·ko·ho·lo·me'trie** [-me'triː] f ⟨-; no pl⟩ alcoholometry.

'Al·ko·hol|ˌpro·be f (bei Kraftfahrern) alcohol (od. colloq. breath) test. — **~ˌpro·beˌmahlˌzeit** f med. alcoholic test meal. — **a~ˌreich** adj rich in alcohol. — **~ˌschmug·gel** m liquor smuggling; Am. colloq. bootlegging, rumrunning. — **~ˌschmugg·ler** m liquor smuggler; Am. colloq. bootlegger, rumrunner. — **~ˌspie·gel** m alcohol content. — **~ˌtest** m cf. Alkoholprobe. — **~ˌtreibˌstoff** m tech. alcohol-blended fuel. — **~ˌtup·fer** m med. alcohol sponge. — **~verˌbot** n **1.** jur. prohibition: das ~ einführen to introduce prohibition, Am. colloq. to go dry: Bundesstaat mit [ohne] ~ Am. colloq. dry [wet] state; Anhänger des ~s prohibitionist. – **2.** med. order to abstain from alcohol: j-m ~ verordnen to order s.o. to abstain from alcohol. — **~verˌgif·tung** f med. alcoholic poisoning, poisoning by alcohol.

Al·ko·ven [al'koːvən; 'al-] m ⟨-s; -⟩ arch. alcove (recess in a room).

Al'kydˌharz [al'kyːt-] n chem. alkyd (resin).

Al·kyl [al'kyːl] n ⟨-s; -e⟩ chem. alkyl (C_nH_{2n+1}).

al·ky·lie·ren [alky'liːrən] v/t ⟨no ge-, h⟩ chem. alkylate.

Al·kyo·ne [alky'oːnə] npr f ⟨-; no pl⟩ myth. Alcyone (daughter of Aeolus). — **al·kyo·nisch** [-'oːnɪʃ] adj lit. (friedlich, ruhig) halcyon: ~e Tage halcyon days.

All [al] n ⟨-s; no pl⟩ **1.** (Weltall) universe, All: das weite [unerforschte] ~ the immense [unknown] universe; die Tiefen des ~s the depths of the universe. – **2.** (space) a) (outer) space, b) (ferner Weltraum) deep space: ins ~ vorstoßen a) (von Raketen) to advance into space, b) (von Menschen) to conquer space; Spaziergang im ~ walk in space, space walk.

all indef pron **1.** (adjektivisch) all, (vor Pluralformen) auch all the: ~e Anwesende(n) all persons present: ~e Beteiligte(n) all (the) participants; ~e Bekannten waren von uns eingeladen we had invited all our friends; ~e Damen trugen Hüte all the ladies wore hats, every lady was wearing a hat; vor ~en Dingen a) above (od. first of) all, b) in the first place; auf ~e Fälle at all events, in any case; für ~e Fälle just in case; ~es Gute! all the best! best wishes! j-m ~es Gute wünschen to wish s.o. all the best; in ~er Form fig. in good and due form; vor ~en Leuten, vor ~er (Leute) Augen, vor den Augen ~er Leute before everybody's eyes, in public, publicly; über ~e Maßen beyond all measure, out of all proportion; ~e Menschen all mankind; ~er Sorgen enthoben sein to be relieved (od. out) of all trouble; auf ~en vieren on all fours; ~er Wahrscheinlichkeit nach in all probability; ~e Welt all the world, everybody, everyone: ~e guten Staatsbürger all good citizens, every good citizen; ~(e) seine Hoffnungen all his hopes; trotz ~(er) seiner Bemühungen in spite of all his efforts; mit ~(er) seiner Habe with all his belongings; ~ das all that; ich habe ~ mein Geld verloren I lost all my money; ~es erforderliche Material all the necessary material; ~en Ernstes in all seriousness, in full earnest; trotz ~en Eifers in spite of all zeal; in ~er Eile with all possible speed, in a great hurry; in ~er Frühe (very) early in the morning; mit ~er Kraft with all one's force; in ~er Stille very quietly; zu ~em Unglück as a crowning misfortune; was [wer] in ~er Welt colloq. what [who] on earth; ~er guten Dinge sind drei (Sprichwort) all good things come in threes (proverb); ~er Anfang ist schwer (Sprichwort) every beginning is difficult; → Achtung 1; Berg 2; Geist[1] 16; Hand Verbindungen mit adj; Mann 5, 7; Mund 3; neun 1; Wasser 4; Wind 2. – **2.** (jeglich) every, (nach ohne) any: Sachen ~er Art things of every sort; ~e Augenblicke every moment; ohne ~en Zweifel [Grund] without any doubt [reason]; ohne ~e Mühe without any effort, quite without effort; aus ~er Herren Ländern from all over the world; die Wurzel ~en (*od.* ~es) Übels the root of all evil. – 3. alle (*Mengen- und Zeitbestimmung*) every: ~e Tage every day, daily; ~e drei Tage every three days; ~e acht Tage every week, weekly; ~e vierzehn Tage every two weeks, *bes. Br.* fortnightly; ~e halbe Stunde every half hour; ~e Jahre every year, yearly; ~e zwei Jahre every two years, biennially: ~e Jahre wieder year after year; ~e paar Meter (*od.* Schritte) *colloq.* every few (*od. colloq.* couple of) meters (*od.* steps); ~e zwanzig Kilometer every twenty kilometers; ~e naselang *colloq.* every other minute. – 4. alle (*substantivisch*) all, everybody, everyone: ~e beide both (of them); ~e vier all four; wir ~e all of us; sie kamen ~e they all came; ~e für einen und einer für ~e all for each and each for all, all for one and one for all; er kennt sie ~e nicht he doesn't know any of them; er kennt sie nicht ~e he doesn't know them all; ~e ab! (*Bühnenanweisung*) (omnes) exeunt; ~e außer ihm all but him; ~e zusammen all together; ~e auf einmal all at once; fast ~e almost everyone; wir mögen ihn ~e we all like him; ~(e) und jeder all and sundry, everybody; es ~en recht machen wollen to try to please everybody.

ˌall|'abend·lich I *adj lit.* occurring every evening: sein ~er Besuch his regular evening visit. – II *adv cf.* allabends. — **~'abends** *adv* every evening.

al·la bre·ve ['ala 'bre:ve] *adv u. adj mus.* alla breve. — **'Al·la-'bre·ve-ˌTakt** *m* alla breve time.

Al·lah ['ala] *npr m* ⟨-s; *no pl*⟩ *relig.* Allah.

al·la mar·cia ['ala 'martʃa] *adv u. adj mus.* alla marcia.

Al·lan·to·is [a'lantoɪs] *f* ⟨-; *no pl*⟩ *med. zo.* allantois, allantoid: zur ~ gehörig allantoic; die ~ betreffend allantoid. — **~ˌbla·se** *f* allantoic vesicle. — **~ˌgang** *m* allantoic duct.

al·la po·lac·ca ['ala po'laka] *adv u. adj mus.* alla polacca.

al·la pri·ma ['ala 'pri:ma] (*art*) alla prima.

Al·lasch ['alaʃ] *m* ⟨-(e)s; -e⟩ *gastr.* Allasch (*sweet kümmel liqueur*).

Al·la·tiv ['alati:f; ala'ti:f] *m* ⟨-s; -e⟩ *ling.* allative (case).

'AllˌausˌsA·ge *f philos.* universal(ly quantified) proposition (*od.* sentence).

ˌallˌbarm'her·zig *adj bes. Bibl.* all-merciful.

'All|beˌgriff *m* ⟨-(e)s; *no pl*⟩ *philos.* 1. concept(ion) of the universe, universal concept. – 2. (*weltweite Vorstellung*) universal conception. — **a~beˌkannt** *adj* universally (*od.* widely, generally, well-)known, *auch* notorious: es ist ~, daß it is (a matter of) common knowledge that, it is notorious that; das ist ~ everybody knows that; eine ~e Tatsache a well-known fact. — **a~beˌliebt** *adj* universally (*od.* generally) liked (*od.* popular), liked by all (*od.* everybody). — **~beˌsa·mung** *f biol. cf.* Panspermie. — **a~beˌwun·dert** *adj* universally admired, admired by all. — **~ˌbuch** *n* encyclop(a)edia.

ˌall'da *adv obs. for* da 1.

'allˌdeutsch *pol. hist.* I *adj* Pan-German: der ~e Verband the Pan-German League. – II **A~e** *m, f* Pan-German.

'al·le I *adj* 1. *cf.* all. – II *adj* ⟨*pred*⟩ *colloq.* 2. at an end, all gone, finished: das Brot ist ~ the bread is all gone; unser Geld ist ~ our money ist at an end (*od.* spent); (*Essen*) ~ machen to finish (*s.th.*) up; ~ werden to run out (*od.* short), to get (*od.* run) low; das wird und wird nicht ~ we just can't get rid of it. – 3. (*erschöpft*) exhausted, 'done' (*colloq.*), all in (*sl.*): ich bin ganz ~ I am all in.

'alle'ben·dig (*getr.* -ll·l-) *adj* 1. *philos.* (*Natur*) alive in everything. – 2. *relig.* (*Gott*) all-living.

al·le·dem ['alə'de:m] *adv* bei (*od.* trotz) ~ for all that, in spite of all that, after all, nevertheless; die Sache ist bei ~ doch wahr it is true nevertheless (*od.* for all that); nichts von ~ ist wahr nothing of it is true; ich verstehe nichts von ~ I don't understand anything of all that; zu ~ kommt noch hinzu added to all this.

Al·lee [a'le:] *f* ⟨-; -n [-ən]⟩ avenue.

Al·le·gat [ale'ga:t] *n* ⟨-(e)s; -e⟩, **Al·le·ga·ti'on** [-ga'tsi̯o:n] *f* ⟨-; -en⟩ citation, quotation.

Al·le·go·re·se [alego're:zə] *f* ⟨-; -n⟩ allegorism.

Al·le·go·rie [alego'ri:] *f* ⟨-; -n [-ən]⟩ allegory: in ~n reden to allegorize *Br. auch* -s-. — **al·le'go·risch** [-'go:rɪʃ] I *adj* allegorical, *auch* allegoric: ~es Gemälde allegorical painting, allegory; ~e Behandlung allegorization *Br. auch* -s-. – II *adv* allegorically: ~ darstellen to allegorize *Br. auch* -s-; eine Lebensregel ~ verkleiden to cloak a maxim in allegory. — **al·le·go·ri'sie·ren** [-ri'zi:rən] *v/t u. v/i* ⟨*no* ge-, h⟩ allegorize *Br. auch* -s-. — **Al·le·go·ri'sie·rung** *f* ⟨-; -en⟩ allegorization *Br. auch* -s-. — **Al·le·go'rist** [-'rɪst] *m* ⟨-en; -en⟩ allegorist.

al·le·gret·to [ale'grɛto] *mus.* I *adv u. adj* allegretto. – II **A~** *n* ⟨-s; -s *u.* -ti [-ti]⟩ allegretto.

al·le·gro [a'le:gro] *mus.* I *adv u. adj* allegro. – II **A~** *n* ⟨-s; -s *u.* -gri [-gri]⟩ allegro.

al·lein[1] [a'laɪn] I *adj* ⟨*pred*⟩ *u. adv* 1. (*einsam*) alone, by oneself: laß(t) mich ~! leave me alone; ~ sein to be alone; den Wunsch haben, ~ zu sein to wish to be alone; ~ reisen to travel alone; ~ leben to live alone; er war ~ im Zimmer he was alone (*od.* the only person) in the room; er war ~ da he was the only person present; ich bin heute ganz ~ I am all alone (*od.* by myself) today, I am all on my own today (*colloq.*); Sie stehen nicht ~ mit dieser Ansicht you are not alone in (holding) that opinion; warum sitzt du ~? why are you sitting by yourself? → Flur[1] 1; Unglück 1. – 2. (*ohne Unterstützung*) by oneself, alone, *auch* single-handed: ich habe das ~ getan I did it (by) myself; alles ~ erledigen to do everything by oneself; sie wird mit der Arbeit ~ nicht fertig she cannot manage the work by herself; sie muß alles ~ tun she has to do everything herself; können Sie den Koffer ~ tragen? can you carry the suitcase by yourself? das schafft er (ganz) ~(e) he can do it single-handed; er führte ~ das Wort he did all the talking; er hat alles ~ geschrieben he did all the writing himself; du stehst ~ gegen alle anderen you are (*od.* stand) alone against everyone else; das Kind kann jetzt ~(e) gehen the child can now walk by itself; sich ~ durchschlagen *fig.* to fight one's own battle, to fend for oneself; er steht (*od.* kämpft) ~ he is fighting a lone battle; seinen Weg ~ gehen to go one's own way, to plough a lonely furrow (*lit.*); der Starke ist am mächtigsten ~ (*Sprichwort*) the strong man is strongest when he is alone. – 3. *cf.* alleinstehend 1, 2. – 4. (*entlegen*) alone, apart, by itself: das Haus steht ~ a) the house stands alone (*od.* is detached), b) the house is isolated. – 5. (*ohne Zeugen*) privately, in private, alone: ich möchte mit dir ~ sprechen I should like to speak to you in private. – 6. (*einzig*) only, solely, exclusively: die ~ gültige Fassung the solely valid version. – 7. (*nur*) alone, only: das ~ genügt nicht this alone won't do; er ~ kam he alone came, only he came; du ~ bist schuld it is all your fault; Gott ~ kann uns helfen God alone (*od.* only God) can help us; er ~ ermutigte uns he was the only one who encouraged us; das Haus gehört ihm (ganz) ~ the house is his very own; sie ist auf sich ~ angewiesen she has to shift for herself; das muß er mit sich ~ abmachen he has to cope with that by himself; mit schönen Worten ~ ist nicht geholfen words alone don't help, soft words butter no parsnips (*proverb*); das hängt von dir ~ ab that depends on you alone; Mut ~ genügt nicht mere courage is not enough; der Mensch lebt nicht vom Brot ~ *Bibl.* man doth not live by bread alone (*Bibl.*); nicht ~ sondern auch not only but also. – 8. einzig und ~ (simply and) solely, entirely: sie lebt einzig und ~ für ihre Kinder she lives solely for her children; er denkt einzig und ~ an sich he thinks entirely of himself. – 9. (*schon*) very, mere, bare: (schon) ~ der Gedanke macht mich wütend the very (*od.* mere) thought (of it) makes me furious; schon ~ daß er kommt, will viel heißen the (mere) fact that he's coming means a lot. – 10. von ~ *colloq.*: du brauchst es mir nicht zu sagen, ich gehe schon von ~(e) you need not tell me, I'll go (by) myself; die Schmerzen gehen von ~ zurück the pains are disappearing on their own; sie hat es von ~ getan she did it of her own accord; die Tür schließt (sich) von ~ the door shuts by itself (*od.* automatically); das versteht sich von ~ that goes without saying, that is (self-)evident. – 11. (*abgesehen von allem übrigen*) alone: ~ im Monat März in (the month of) March alone; ~ 125 Mill. DM no less than DM 125 million. – II *conj* 12. (*aber, jedoch*) but, however, yet, nevertheless: ich möchte es gern tun, ~ es fehlen mir die nötigen Mittel I should like to do it but I lack the necessary means.

'all'ein[2] *adj* ⟨*attrib*⟩ *relig. philos. only in* der ~e Geist the spirit comprehending the universe, the universal spirit uniting everything in himself.

Al'lein|ˌausˌlie·fe·rer *m econ.* sole distributor. — **~ˌausˌlie·fe·rung** *f* 1. sole supplying agency. – 2. sole supplying right. — **a~beˌrech·tigt** *adj jur.* having the exclusive (*od.* sole) right. — **~beˌrech·ti·gung** *f* exclusive (*od.* sole) right. — **~beˌsitz** *m jur.* exclusive (*od.* sole) possession: er hat die Firma im ~ the firm belongs exclusively to him.

al'lei·ne *adj* ⟨*pred*⟩ *colloq. cf.* allein[1] 1, 2, 10.

Al'lein|ˌer·be *m jur.* sole heir. — **~ˌer·bin** *f* sole heiress. — **~ˌflug** *m aer.* solo (flight): einen ~ machen to (fly) solo. — **~ˌgang** *m* single-handed (*od.* solo) attempt: einen ~ machen *fig.* to go it alone (*colloq.*); eine Wand im ~ bezwingen to conquer a mountain wall alone; monetäre Alleingänge *econ.* going it alone in monetary matters. — **~ˌgän·ger** *m* ⟨-s; -⟩ *s.o.* (*going it*) *alone.* — **~geˌspräch** *n cf.* Selbstgespräch 1. — **~ˌhaft** *f jur. cf.* Einzelhaft. — **~ˌhan·del** *m econ.* monopoly: ~ treiben mit etwas to monopolize (*Br. auch* -s-) s.th.; den ~ haben für etwas to have the monopoly of s.th. — **~ˌhänd·ler** *m econ.* monopolist, sole agent (*od.* trader).

Al'lein·heit[1] *f* ⟨-; *no pl*⟩ *cf.* Alleinsein.

'All'ein·heit[2] *f* ⟨-; *no pl*⟩ *philos.* oneness, universal unity, (the) being all in one.

'All'ein·heitsˌleh·re *f philos.* monism.

Al'lein|ˌherr·schaft *f pol.* 1. autocratic rule, autocracy, *auch* monocracy. – 2. dictatorship. — **a~ˌherr·schend** *adj* 1. autocratic, *auch* monocratic. – 2. dictatorial. — **~ˌherr·scher** *m*, **~ˌherr·sche·rin** *f pol.* 1. autocrat, *auch* monocrat. – 2. dictator: in einem Gebiet ~ sein to reign supreme in a region. — **~ˌherˌstel·ler** *m econ.* sole maker (*od.* manufacturer). — **~ˌherˌstel·lungsˌrecht** *n* monopoly.

al'lei·nig *adj* 1. (*Erbe, Verkauf etc*) exclusive, sole. – 2. (*Ausnahme etc*) only, sole, single, one. – 3. (*Gott*) one, only. – 4. *Austrian cf.* alleinstehend.

Al'lein|ˌinˌha·ber *m*, **~ˌinˌha·be·rin** *f econ.* exclusive (*od.* sole) owner. — **~ˌmäd·chen** *n* general maid. — **~ˌrecht** *n jur.* 1. exclusive (*od.* sole) right. – 2. monopoly. — **~ˌschuld** *f* exclusive guilt (*od.* responsibility), sole responsibility. — **~ˌsein** *n* 1. (*Einsamkeit*) loneliness, solitude, solitariness, aloneness: des ~s müde tired of being alone; Angst vor dem ~ fear of being alone. – 2. (*Getrenntsein*) isolation. — **a~'seligˌma·chend** *adj relig.* only saving: die ~e Kirche the only saving (*od.* true) church, the one and only redeeming church.

al'leinˌste·hend *adj* 1. single, unmarried: ~e Frau single woman; ~er Herr single gentleman. – 2. unattached, without dependents, living alone: ~e Witwe widow without dependents; ~er Junggeselle unattached bachelor. – 3. (*von Dingen*) isolated, standing apart, (*Gebäude*) *auch* detached: ein ~es Doppelhaus two semi(-)detached houses.

Al'leinˌste·hen·de[1] *m* ⟨-n; -n⟩ single man, bachelor: Wohnung für ~ bachelor apartment (*bes. Br.* flat).

Al'leinˌste·hen·de[2] *f* ⟨-n; -n⟩ single woman, spinster.

Al'lein|ˌun·terˌhal·ter *m* (sole) provider. — **~verˌkauf** *m econ.* exclusive sale, monopoly, sole selling right. — **~verˌkaufsˌrecht** *n* (sales) monopoly, exclusive (*od.* sole) right of sale (*od.* selling rights). — **~verˌsand** *m* 1. exclusive (right of) distribution. – 2. (*Geschäft*) sole distributor. — **~verˌtre·ter** *m* exclusive (*od.* sole) agent (*od.* distributor). — **~verˌtre·tung** *f* sole agency. — **~verˌtre·tungsˌanˌspruch** *m* *pol.* claim to sole (right of) representation, claim to be the only legitimate representative. — **~ver,trieb** *m econ.* a) exclusive distribution, b) (*Firma*) sole distributors *pl*: den ~ für etwas haben to be the sole distributors of s.th.; j-m den ~ übertragen to appoint s.o. (the) sole distributor; wir sind zum ~ dieser Ware berechtigt we are the sole distributors of this article. — **~ver,triebs,recht** *n cf.* Alleinverkaufsrecht.

al·lel [a'le:l] *biol.* **I** *adj* allelic, allelomorphic. – **II A~** *n* ⟨-s; -e⟩ *meist pl* allele, *auch* allel, allelomorph. — **Al·le·lie** [ale'li:] *f* ⟨-; *no pl*⟩ *biol.* allelism, allelomorphism.

Al·le·lo·gen [alelo'ge:n] *n* ⟨-s; -e⟩ *cf.* Allel.

al·le·lo·morph [alelo'mɔrf] *adj biol. cf.* allel. — **Al·le·lo·mor'phis·mus** [-'fɪsmʊs] *m* ⟨-; *no pl*⟩ *cf.* Allelie.

al·le·lu·ja(h) [ale'lu:ja] **I** *interj cf.* halleluja(h). – **II A~** *n* ⟨-s; -s⟩ *cf.* Halleluja(h).

'al·le'mal *adv* **1.** always, every time: das kannst du ~ noch tun *colloq.* you can always do that; dazu ist ~ noch Zeit *colloq.* there is plenty of time for this, there is no hurry about that; ein für ~ once (and) for all; ~ wenn whenever, as often as. – **2.** *colloq.* in any case, at all events: das schaffen wir noch ~ we shall manage (*od.* accomplish) it in any case. – **3.** *colloq.* (*wirklich*) indeed, certainly: es ist ~ wahr indeed it's true; ~! a) certainly, *Am. colloq.* you bet! b) any time (*colloq.*).

Al·le·man·de [alə'mã:də] *f* ⟨-; -n⟩ *mus.* allemande, *auch* Allemande.

Al·le·man·ne [alə'manə] *m* ⟨-n; -n⟩ *cf.* Alemanne.

'al·len'falls *adv* **1.** (*notfalls*) if necessary, if need be, if the worst comes to the worst: zwei könnten ~ noch unterkommen two can be accommodated if need be (*od.* at [*Am.* in] a pinch); ich weiß, wie weit ich ~ gehen darf I know how far I may go if need be. – **2.** (*höchstens, bestenfalls*) at (the) most, at the outside, *bes. Am.* at best: es waren ~ 30 Leute in der Versammlung there were only 30 people at the meeting at (the) most. – **3.** (*vielleicht*) possibly, perhaps: das mag ~ reichen this may possibly be sufficient.

'al·lent'hal·ben *adv rare for* überall 1.

'al·ler|'ärgst I *adj rare* worst of all, very worst: mein ~er Feind my very worst enemy. – **II** *adv* am ~en worst of all. — **~'art** *adj* ⟨*invariable*⟩ *rare for* allerlei 1. — **~'äu·ßerst I** *adj* ⟨*attrib*⟩ **1.** outermost, farthest outward. – **2.** *fig.* ut(ter)most, (most) extreme: ~er Preis (rock-)bottom (*Br. auch* keenest) price. – **II** *adv* **3.** am ~en a) in the highest degree, b) at (the) worst, c) at best. – **III A~e, das** ⟨-n⟩ **4.** the utmost.

'All·er'bar·mer *m* ⟨-s; *no pl*⟩ *relig.* God of mercy.

'al·ler'best I *adj* ⟨*attrib*⟩ best of all, very best: der ~e Pianist the best pianist of all; die ~en Empfehlungen the very best references; es ist das ~e, daß du sofort gehst the very best thing for you would be to go at once. – **II** *adv* am ~en best of all; aufs ~e in the best manner (*od.* way) possible. – **III A~e, der, die, das** ⟨-n; -n⟩ the best of all, the very best: ich wünsche Ihnen das A~e I wish you all the best; das ist das A~e, was du tun kannst that's the very best thing you can do; sie ist meine A~e she is my darling; mein A~er *colloq.* my dear fellow (*od.* chap) (*colloq.*).

'al·ler'christ·lichst *adj* most Christian: Seine A~e Majestät *hist.* His Most Christian Majesty (*title of French kings*).

'al·ler'dings I *adv* **1.** (*einschränkend*) though, however, of course: ich mag ~ unrecht haben I may be wrong though; ich muß ~ zugeben, daß I must admit though that; das hätten Sie ~ wissen müssen you ought to have known that, to be sure; dies ist ~ wahr this is true enough; ich habe ihr ~ nie geschrieben I have never written (to) her though (*od.* admittedly); es würde ~ mehr kosten (it is) true it would cost more; das ist ~ nicht ganz richtig this is not quite correct though. – **2.** *colloq.* (*in Bejahung verstärkend*) certainly, indeed, of course, *bes. Am.* sure: kennst du diesen Menschen? A~! do you know this man? (I) certainly (do)! – **II** *conj* **3.** but, however: er darf zurückkehren; ~ darf er sich nicht politisch betätigen he may return but he is not allowed to take an active part in politics.

'al·ler|'dring·lichst *adj* most urgent. — **~,durch'lauch·tigst** *adj hist.* Most Serene. — **~'en·den** *adv obs. for* überall 1. — **~'erst** *adj* very first, first of all. — **~'feinst** *adj* finest of all, very finest.

All·er·gen [alɛr'ge:n] *n* ⟨-s; -e⟩ *meist pl* [*med.* allergen.]

'al·ler·ge'ringst I *adj* **1.** (*Kosten etc*) very lowest. – **2.** (*Hoffnung etc*) very least, least possible. – **II** *adv* **3.** nicht im ~en not in the (very) least, not at all.

All·er·gie [alɛr'gi:] *f* ⟨-; -n [-ən]⟩ *med.* allergy: ~ herbeiführend allergenic; ~ gegen etwas allergy to s.th. — **~,stoff** *m cf.* Allergen.

All·er·gi·ker [a'lɛrgikər] *m* ⟨-s; -⟩ *med.* allergic person: er ist ~ he is suffering from an allergy. — **all·er·gisch** [a'lɛrgɪʃ] *adj* (gegen to) allergic: ~e Erscheinungen allergic manifestations.

'al·ler'gnä·digst *adj hist.* most gracious: ~er König und Herr your most gracious Majesty, Sire.

'al·ler'größt *adj* greatest of all, very greatest: mit ~er Eile with the utmost speed; von ~er Bedeutung of paramount importance.

'All·er,hal·ter *m* ⟨-s; *no pl*⟩ *relig.* Preserver of all things.

'al·ler'hand *adj* ⟨*invariable*⟩ *colloq.* **1.** (*sehr viel*) a great (*od.* good) deal, a lot: er weiß ~ he knows a good deal (*od. colloq.* a thing or two); 1000 Mark sind ~ Geld 1,000 marks is a great deal (*od.* a lot) of money; ~ Geld a pretty penny, quite a pile of money (*colloq.*); er hat ~ los there's a lot to him, he is up to the mark; es gehört (schon) ~ dazu it takes a lot of doing. – **2.** *cf.* allerlei 1, 2. – **3.** *only in* das ist (ja *od.* doch) ~! a) (*anerkennend*) not bad! (*colloq.*), that's quite something! (*colloq.*), b) (*ablehnend*) that's a bit too much! that's a bit thick! (*colloq.*), that's the limit! *bes. Br.* I say!

'Al·ler'hei·li·gen *n* ⟨-; *no pl*⟩ *relig.* (*röm.kath.*) All Saints' Day, Allhallows, *auch* Allhallow, All Hallows' Day, Hallowmas. — **~,fest** *n cf.* Allerheiligen. — **~,tag** *m cf.* Allerheiligen.

'al·ler'hei·ligst *relig.* **I** *adj* **1.** most holy: die ~e Jungfrau *röm.kath.* the Blessed Virgin. – **II A~e, das** ⟨-n⟩ **2.** *röm.kath.* a) (*Hostie*) the Most Holy Sacrament, b) the sanctuary. – **3.** (*in jüdischen Tempeln*) sanctuary, oracle, sanctum sanctorum, the holy of holies (*bes. Bibl.*). – **4.** (*in antiken Tempeln*) adyton, *auch* adytum. – **5.** *fig. humor.* holy of holies, sanctum (sanctorum): das A~e meines Vaters my father's sanctum.

'al·ler|'herz·lichst *adj* most cordial: der ~e Empfang the most cordial reception (*od.* welcome). — **~'höchst I** *adj* very highest, highest of all: der ~e Gipfel the highest peak of all, the topmost peak; an der ~en Spitze (stehend) *fig.* top-ranking; es ist ~e Zeit *fig.* it is high time; in der ~en Not *fig.* in extreme distress; die ~en Eide *fig.* the most sacred oaths; auf A~en Befehl (Seiner Majestät) *hist.* by command (*od.* order) of His Majesty. – **II** *adv* am ~en highest of all. – **III A~e, der** ⟨-n⟩ the Most High, the Supreme. — **~'höch·stens** *adv* at the very most, at the outside. — **~ka'tho·lischst** *adj hist.* Seine A~e Majestät his Catholic Majesty (of Spain) (*title of Spanish kings*).

'al·ler'lei *adj* ⟨*attrib*⟩ **1.** (*vielerlei*) all kinds (*od.* sorts) of, various, diverse, sundry, omnifarious (*lit.*): er stellte ~ Fragen he asked all kinds (*od.* sorts) of questions; ~ Bücher all kinds of books; auf ~ Arten in all sorts of ways; ich habe dir ~ Unangenehmes zu erzählen I have (got) a lot of unpleasant things to tell you; sie machte sich ~ Hoffnungen she cherished all manner of hopes. – **2.** (*substantiviert mit Kleinschreibung*) sich über ~ unterhalten to converse about this and that; er weiß ~ he knows all sorts of ways. – **3.** *colloq. cf.* allerhand 1.

'Al·ler'lei *n* ⟨-s; -s⟩ **1.** miscellany, medley, potpourri, *Br. auch* pot-pourri. – **2.** *gastr.* hotchpotch, hotchpot, *bes. Am.* hodgepodge (*various vegetables cooked together*): Leipziger ~ mixed vegetables *pl* (*asparagus, peas and carrots*).

'al·ler|'letzt *adj* very last, last of all, final: dies ist die ~e Gelegenheit this is the very last chance; im ~en Augenblick at the very last moment; der ~e Tropfen the very last drop; die ~n Neuheiten [Neuigkeiten] the latest novelties [news]; er war der ~e he was the last of all; das ~e Wort the latest word. — **~'liebst I** *adj* **1.** dearest of all: er ist mir der ~e von allen I like him best of all; meine ~e Freundin my dearest friend; Klavierspielen ist mir das ~e I like piano playing best of all. – **2.** (*reizend*) (most) charming (*od.* delightful), (very) lovely: was für ~e Tassen! what lovely cups! das ist ja ~! *iron.* that's a nice state of affairs! – **II** *adv* **3.** das kleine Mädchen sieht ~ aus the little girl looks lovely (*od. colloq.* adorable). – **4.** am ~en most of all; ich habe ihn am ~en I like him best of all; am ~en möchte ich gleich hingehen most of all I should like to go there at once. – **III A~e, der, die, das** ⟨-n; -n⟩ **5.** sweetheart: mein A~er my sweetheart.

'Al·ler,manns,har·nisch *m bot.* spotted ramson, serpent's garlic (*Allium victorialis*).

'al·ler|'meist I *adj* (very) most: die ~en Menschen most people; das ~e, was ich tun kann the very most (*od.* the utmost) I can do; die ~e Zeit war der Musik gewidmet most of the time was devoted to music; die ~en von ihnen most (*od.* the greater part) of them. – **II** *adv* am ~en most (of all), for the most part, mostly, chiefly. — **~'min·dest** *adj* least (of all). — **~'nächst I** *adj* **1.** (*räumliche Reihenfolge, zeitlich*) next of all, very next: in ~er Zeit in the very near future, in the immediate future, very soon. – **2.** (*räumliche Entfernung, Beziehung*) nearest of all, very nearest: die ~en Verwandten the very nearest relatives, the next of kin; aus ~er Entfernung at (very) close range; in ~er Nähe in close proximity; wir sahen ihn aus ~er Nähe we saw him at close quarters. – **II** *adv* am ~en **3.** next of all. – **4.** nearest of all. — **~'näch·stens** *adv* in the very near future, in the immediate future, very soon (*od.* shortly). — **~'neu·est, ~'neust I** *adj* very latest, most recent: ~e Nachrichten very latest news, red-hot news (*colloq.*); die ~en Methoden der Bodenbearbeitung the most recent methods of cultivation; die ~e Mode the very latest (*od.* newest) fashion. – **II A~e, das** ⟨-n⟩ the very latest: wissen Sie schon das A~e? do you know the very latest (news)? — **~'nö·tigst, ~'not,wen·digst I** *adj* **1.** most necessary, indispensable: die ~en Lebensbedürfnisse the bare necessities of life; er hatte nur das ~e Geld he had just enough money to live on. – **2.** (*dringlichst*) most urgent. – **II A~e, das** ⟨-n⟩ **3.** (the) bare necessities *pl*: ich habe mich auf das A~e beschränkt I confined myself to (the) bare necessities. — **~'or·ten,** *auch* **~'orts** *adv* everywhere.

'all·er,schaf·fend *adj* all-creating, all-creative. — **'All·er,schaf·fer** *m* ⟨-s; *no pl*⟩ *relig.* Creator (*od.* Maker) of all things.

'al·ler|'schlimmst I *adj* worst of all, very worst. – **II** *adv* am ~en worst of all; aufs ~e in the worst manner (*od.* way) possible. — **~'schönst I** *adj* very finest, most beautiful of all. – **II** *adv* am ~en most beautiful of all, most beautifully. – **III A~e, das** ⟨-n⟩ the very finest thing, the most beautiful thing of all.

'Al·ler'see·len *n* ⟨-; *no pl*⟩ *relig.* (*röm.kath.*) All Souls' Day. — **~,fest** *n cf.* Allerseelen. — **~,tag** *m cf.* Allerseelen.

'all·er,sehnt *adj lit.* desired by all.

'al·ler|'seits *adv* **1.** on (*od.* from) all sides, on (*od.* from) every side. – **2.** *only in* guten Abend ~! *colloq.* good night (*od.* evening) everybody (*od.* everyone)! ich empfehle mich ~ I wish you all good-bye. — **~'un·ter,tä·nigst** *adj hist.* most obedient (*od.* humble). — **~'wärts** *adv* everywhere, all round. — **~'we·ge(n), ~'wegs** *adv obs. for* überall 1, immer 1.

'Al·ler,welts,bür·ger *m* citizen of the world, cosmopolite.

'Al·ler'welts|'kerl *m colloq.* **1.** devil of a fellow, *bes. Am. colloq.* crackerjack. – **2.** Jack-of-all-trades, *Br. auch* Jack of all trades. — **~'wort** *n* ⟨-(e)s; ⸗er⟩ *colloq.* household (*od.* hackneyed) word.

'al·ler|'we·nigst I *adj* very few: das wissen die ~en (Leute) only very few people know it. – **II** *adv* am ~en least of all, at the very least. – **III A~e, das** ⟨-n⟩ the very least. — **~'we·nig·stens** *adv* least of all, at the very least.

'Al·ler'wer·te·ste *m* ⟨-n; -n⟩ *colloq. humor.*

euphem. bottom, posterior; backside, 'rear' (*colloq.*): setz dich auf deinen ~n! *fig.* put (*od.* keep, hold) your nose to the grindstone.

ˈal·les *indef pron* **1.** all, everything, all things, (*alles beliebige*) anything: ~ in allem (taken) all in all, all together, on the whole; ~ das, das ~ all that; was soll das ~? what's the point of all this? what's all this about? das ist ~ nur Pose (*od.* Theater) that is a mere pose, that's all just an act; es ist mir ~ gleich *colloq.* it's all the same to me, I couldn't give a damn (*colloq.*); er kann ~ he can do anything; sie ist mein ein und (mein) ~ she is my (one and) all, she is my everything; ~ hat seine zwei Seiten there are two sides to everything; ~, was dazu gehört everything belonging to it; ~, was drum und dran ist *colloq.* everything connected with it, all the rest; da hört sich doch ~ auf! *colloq.* that's the end (*od.* limit)! ~ inbegriffen everything included, *bes. Br.* all-in; er ist ~, nur kein Kaufmann he is anything but a businessman; ~, was all (*od.* everything) that; ~ oder nichts all or nothing; er hat ein Auto und wer weiß was ~ *colloq.* he has a car and heaven knows what else; ~ zu seiner Zeit all in good time, all at its proper time; auf ~ gefaßt sein to be prepared for anything (*od.* the worst); bei allem, was er tut in all (*od.* everything) he does; in allem in all, all told; Mädchen für ~ a) general maid, b) *colloq.* factotum; nach allem, was geschehen ist after all that happened; trotz allem, was man ihm sagte in spite of all he was told; über ~ above all (things); j-n über ~ lieben to love s.o. more than anything; um ~ in der Welt! *colloq.* for heaven's sake; nicht um ~ in der Welt not for anything in the world; vor allem above all (things), first of all, first and foremost; zu allem fähig sein to be capable of anything; Ende gut, ~ gut (*Sprichwort*) all's well that ends well (*proverb*); → Gold 4. – **2.** *colloq.* everybody, everyone, all: ~ aussteigen! everybody get out, please! ~ mal herhören! listen everybody! ~ hört auf mein Kommando! *mil.* I am in command here! wer kommt denn ~? how many people will be coming? wen habt ihr ~ eingeladen? whom have you invited? *Am. colloq.* whom all have you invited? ~ rannte davon everybody was running away; ~ wohl! *mar.* all's well! ay! ay!

ˈal·leˈsamt *adv* all together, all (without exception): sie ertranken ~ they were all drowned.

ˈAl·les|ˈbes·serˌwis·ser *m* ⟨-s; -⟩ *colloq. contempt. cf.* Alleswisser. — **~ˌbren·ner** *m* (*Ofen*) multi-fuel furnace. — **a~ˌfres·send** *adj zo.* omnivorous. — **~ˌfres·ser** *m* a) omnivorous animal, b) *pl* omnivora. — **~ˌkle·ber** *m* all-purpose cement (*od.* glue), general-purpose adhesive. — **~ˌkön·ner** *m colloq. cf.* Allerweltskerl 2. — **~ˌwis·ser** *m* ⟨-s; -⟩ *colloq. contempt. bes. Am.* know-it-all, *bes. Br.* know-all.

ˈal·leˈwe·ge *adv obs. for* immer 1.

ˈal·leˈweil *adv bes. Southern G. and Austrian dial. for* immer 1, 3, 4, 6.

ˈal·leˈzeit *adv dial. for* immer 1, 4, 6.

ˈallˌfäl·lig *adj u. adv Swiss and Austrian dial. for* eventuell.

ˈAll|ˈge·genˌwart *f bes. relig.* omnipresence, ubiquity. — **a~ˈge·genˌwär·tig** *adj* omnipresent, ubiquitous.

ˈall·geˈmach *adv archaic for* allmählich II.

ˈall·geˈmein I *adj* **1.** (*allseitig*) general, common: mit ~er Zustimmung by common consent; auf ~en Wunsch by popular request; von ~em Interesse of general interest; der ~e Sprachgebrauch general usage; ~e Unzufriedenheit herrschte im Land there was nationwide discontent. – **2.** (*generell, nicht spezifisch*) general, generic, (*stärker*) universal: im ~en a) in general, generally (speaking), in principle, b) on the whole, c) commonly; ~e Anwendung eines Prinzips general application of a principle; ~e Äußerungen (*od.* Redensarten) generalities; ~e Feststellungen (*od.* Äußerungen) machen to generalize *Br. auch* -s-; ~e Schlüsse ziehen to draw universal conclusions; ~er Ausdruck general term; ~e Naturwissenschaften *ped.* (*Schulfach*) general science *sg.* – **3.** (*alle betreffend*) universal, general: ~es Wahlrecht universal suffrage (*od.* franchise); ~e Wehrpflicht universal conscription (*od.* military training), compulsory military service; ~e Wahlen general elections. – **4.** (*öffentlich*) public: ~er Feiertag public holiday; gegen die ~e Meinung contrary to public opinion; das ~e Wohl public welfare. – **5.** *philos.* (*Logik*) universal: ~e Aussage universal. – **6.** *relig.* (o)ecumenic(al): ~e Kirchenversammlung ecumenical council. – **7.** *econ.* (*Kosten etc*) indirect, overhead: ~e Unkosten indirect expenses, overhead. – **8.** *med.* a) (*weitverbreitet*) pandemic, b) (*auf den ganzen Körper bezogen*) systemic, c) (*nicht örtlich*) generalized *Br. auch* -s-: ~e Seuche pandemic disease. – **II** *adv* **9.** generally, commonly, (*stärker*) universally: ~ anerkannt generally accepted; ~ beliebt sein to be popular with everyone; es ist ~ bekannt it is (a matter of) common knowledge; ~ gebräuchlich (*od.* üblich) in common (*od.* general) use; wie es ~ üblich ist as is the (general) rule; ~ verbreitet current, prevailing, widespread; das Wort ist nicht ~ geläufig this word is not in current use; es wird ~ geglaubt it is a common belief; man sagt ~, daß it is generally said that; ~ gesprochen generally (*od.* roughly) speaking; ~ anwenden to generalize *Br. auch* -s-. – **III A~e, das** ⟨-n⟩ **10.** the general, (*stärker*) the universal: das A~e und das Besondere the general and the particular; vom A~en auf das Besondere schließen *bes. philos.* to argue from the general to the particular, to instantiate; er bewegt sich stets im A~en he always generalizes (*Br. auch* -s-).

ˈAll·geˈmein|beˌfin·den *n* general condition, general (state of) health. — **~beˌgriff** *m* **1.** general term. – **2.** *philos.* universal (concept): ~e (des Aristoteles) predicables. — **~beˌsitz** *m cf.* Allgemeingut. — **a~ˌbil·dend** *adj* **1.** (*Tätigkeit*) of general knowledge value, educational. – **2.** (*Schule*) providing general education. – **3.** (*Erziehung*) liberal. — **~ˌbil·dung** *f* **1.** general (*od.* all-round) education. – **2.** *cf.* Allgemeinwissen. — **a~ˌgül·tig** *adj* ⟨*attrib*⟩ universally valid, general, universal. — **~ˌgül·tig·keit** *f* universal validity, generality, universality. — **~ˌgut** *n* **1.** *jur.* common property. – **2.** *fig.* common property (*od.* knowledge).

ˈAll·geˈmein·heit *f* ⟨-; -en⟩ **1.** ⟨*only sg*⟩ (general) public, public (*od.* people) at large, (*Volk*) nation, people, (*Gemeinschaft*) community (as a whole): im Interesse der ~ liegen to be in the public interest; der ~ gehören to be common (*od.* public) property. – **2.** ⟨*only sg*⟩ (*allgemeiner Charakter*) generality, universality. – **3.** *pl cf.* Allgemeinplatz.

ˈAll·geˈmeinˌplatz *m bes. pl* commonplace.

ˈall·geˈmein|verˌbind·lich *adj* ⟨*attrib*⟩ generally binding, binding on everyone. — **A~verˌsor·gung** *f Swiss econ.* supply for general consumption: Werke der ~ general electricity supply stations, public utilities, *bes. Br.* public utility enterprises. — **~verˌständ·lich** *adj* ⟨*attrib*⟩ intelligible to all (*od.* to the man in the street), easily intelligible (*od.* understandable), popular. — **A~ˌwis·sen** *n* general knowledge. — **A~ˌwohl** *n* public (*od.* general) welfare (*od.* good); public (*od.* general) weal, commonweal (*lit.*). — **A~ˌzuˌstand** *m* general condition (*od.* state): schlechter ~ *med.* poor general condition.

ˈAll|geˌwalt *f* omnipotence, supreme power. — **a~geˌwal·tig I** *adj* all-powerful, omnipotent, almighty. – **II A~e, der** ⟨-n; -n⟩ *colloq.* (*Chef*) the big boss (*colloq.*). — **a~ˌgü·tig** *adj relig.* all-bountiful. — **~ˈheilˌmit·tel** *n bes. fig.* panacea, universal remedy, cure-all, heal-all.

ˌallˈhier *adv obs. for* hier 1, 2.

Al·li·anz [aˈlĭants] *f* ⟨-; -en⟩ **1.** *bes. pol.* alliance: die Heilige ~ *hist.* the Holy Alliance (*1815—1830*). – **2.** *econ. cf.* Interessengemeinschaft 2. – **3.** *obs. for* Heirat.

Al·li·ga·ti·on [aligaˈtsĭoːn] *f* ⟨-; -en⟩ *math.* alligation.

Al·li·ga·tor [aliˈgaːtɔr] *m* ⟨-s; -en [-gaˈtoːrən]⟩ *zo.* alligator (*Gattg Alligator*). — **~ˌhai** *m* alligator shark (*Echinorhinus brucus*). — **~sa·laˌman·der** *m* woodland salamander (*Gattg Plethodon*).

al·li·ie·ren [aliˈiːrən] *v/reflex* ⟨*no* ge-, h⟩ sich ~ (mit to, with) ally (oneself). — **al·liˈiert I** *pp.* – **II** *adj* allied: ~e Streitkräfte allied forces; der A~e Kontrollrat *hist.* the Allied Control Commission (*1945—1948*). — **Al·liˈier·te** *m, f* ⟨-n; -n⟩ ally: die ~n the Allies; auf Seiten der ~n (stehend) pro-Ally.

Al·li·te·ra·ti·on [alıteraˈtsĭoːn] *f* ⟨-; -en⟩ *metr.* alliteration. — **al·li·teˈrie·ren** [-ˈriːrən] *v/i* ⟨*no* ge-, h⟩ alliterate. — **al·li·teˈrie·rend I** *pres p.* – **II** *adj* (*Dichtung etc*) alliterative, alliterating.

ˈallˈjähr·lich I *adj* annual, yearly. – **II** *adv* annually, every year, yearly.

ˈAllˌmacht *f* ⟨-; *no pl*⟩ omnipotence, (*bes. Gottes*) almightiness: die ~ des Geldes the almighty dollar. — **ˌallˈmäch·tig** *adj* all-powerful, omnipotent, (*bes. Gott*) almighty: ~er Gott (*od.* Himmel)! *colloq.* good heavens! good(ness) gracious! — **ˌAllˈmäch·ti·ge** *m* ⟨-n⟩ *auch* Gott der ~ Almighty God, God Almighty: ~r! *colloq.* good heavens! good(ness) gracious!

ˌallˈmäh·lich I *adj* (*Besserung, Preisanstieg etc*) gradual, progressive: nur ~e Fortschritte machen to make slow progress. – **II** *adv* gradually, progressively, by degrees, bit by bit, in time, by inches: ganz ~ little by little; ~ eine Gewohnheit annehmen to get into a habit; es wird ~ Zeit *colloq.* it's about time; ich habe es ~ satt *colloq.* I'm beginning to get sick of it.

All·men·de [alˈmɛndə] *f* ⟨-; -n⟩, *auch* **Allˈmend** [-ˈmɛnt] *f* ⟨-; -en⟩ *Southwestern G., Austrian, and Swiss jur.* common land (*od.* property).

ˈall|ˈmo·nat·lich I *adj* monthly. – **II** *adv* monthly, every month. — **~ˈmor·gend·lich I** *adj* occurring every morning: sein ~er Spaziergang his daily (*od.* regular) morning walk. – **II** *adv* every morning. — **A~ˌmut·ter** *f poet.* (*Natur*) mother of all: ~ Erde mother earth. — **~ˈnächt·lich I** *adj* nightly. – **II** *adv* nightly, every night.

al·lo·chthon [alɔxˈtoːn] *adj geol.* alloc(h)thonous.

Al·lod [aˈloːt] *n* ⟨-(e)s; -e⟩ *hist.* (*lehnfreies Gut*) al(l)od, al(l)odium, freehold, *auch* udal.

al·lo·di·al [aloˈdĭaːl] *adj hist.* al(l)odial, al(l)odian. — **A~ˌgut** *n* allodial (*Br.* court) land, udal tenure.

Al·lo·di·um [aˈloːdĭum] *n* ⟨-s; -dien⟩ *hist. cf.* Allod.

al·lo·gam [aloˈgaːm] *adj bot.* allogamous. — **Al·lo·gaˈmie** [-gaˈmiː] *f* ⟨-; -n [-ən]⟩ allogamy, cross-fertilization *Br. auch* -s-. — **al·loˈga·misch** *adj cf.* allogam.

al·lo·gen [aloˈgeːn] *adj geol.* allogenic, allothogenic, allothogenous.

Al·lo·ku·ti·on [alokuˈtsĭoːn] *f* ⟨-; -en⟩ *relig.* (*röm.kath.*) allocution.

al·lo·morph [aloˈmɔrf] **I** *adj min.* allomorphic. – **II A~** *n* ⟨-s; -e(n)⟩ *ling.* allomorph (*variation of a morpheme*).

Al·lon·ge [aˈlõːʒə] *f* ⟨-; -n⟩ **1.** *econ.* (*an Wechseln, Frachtbriefen etc*) allonge, extension slip. – **2.** *print.* fly leaf. — **~peˌrü·cke** (*getr.* -k·k-) *f hist.* full-bottomed wig, full bottom.

all·onym [aloˈnyːm] **I** *adj* allonymous. – **II A~** *n* ⟨-s; -e⟩ allonym.

Al·lo·path [aloˈpaːt] *m* ⟨-en; -en⟩ *med.* allopath, allopathist. — **Al·lo·paˈthie** [-paˈtiː] *f* ⟨-; *no pl*⟩ allopathy. — **al·loˈpa·thisch** *adj* allopathic, *auch* allopathical.

Al·lo·phan [aloˈfaːn] *n* ⟨-s; -e⟩ *min.* allophane.

Al·lo·phon [aloˈfoːn] *n* ⟨-s; -e⟩ *ling.* allophone (*variation of a phoneme*).

Al·lo·pla·stik [aloˈplastık] *f med.* alloplasty.

al·lo·thi·gen [alotiˈgeːn] *adj geol. cf.* allogen.

Al·lo·tria [aˈloːtria] *pl u. n* ⟨-(s)⟩ (*Unfug, Narretei*) tomfoolery *sg*: ~ treiben to fool about (*Am.* around), to skylark, to lark about, to play pranks.

al·lo·trop [aloˈtroːp] *adj chem.* (*Form etc*) allotropic. — **Al·lo·troˈpie** [-troˈpiː] *f* ⟨-; *no pl*⟩ allotropy, *auch* allotropism. — **al·loˈtro·pisch** *adj cf.* allotrop.

ˈAllˌrad|ˌanˌtrieb *m tech.* all-wheel drive. — **~ˌbrem·se** *f* all-wheel brake. — **~ˌlen·kung** *f* all-wheel steering.

ˌAllˈroundˌsport·ler [ˌɔːlˈraunt-] *m* all-round (*Am. auch* all-around) athlete, *bes. Br.* all-rounder.

ˈallˌsei·tig I *adj* **1.** (*vielseitig*) all-round, *Am. auch* all-around (*attrib*), many-sided: ~e Ausbildung all-round training. – **2.** (*allgemein*) general, (*stärker*) universal: zur ~en Zufriedenheit to the satisfaction of everybody. – **II** *adv* **3.** generally, universally: **er war ~ geschätzt** he was held in general esteem; **etwas ~ betrachten** to consider s.th. from every angle (*od.* point of view); **~ bearbeitet** *tech.* machined all over; **~ gebildet sein** to have an all-round education. — **'Allˌsei·tig·keit** *f* ⟨-; *no pl*⟩ **1.** universality. – **2.** many-sidedness.

'allˌseits *adv cf.* allerseits.

'all|'som·mer·lich *adj u. adv* every summer. — **~'sonnˌtäg·lich I** *adj* Sunday (*attrib*). – **II** *adv* every Sunday, *Am.* Sundays.

'AllˌStrom *m electr.* universal current, AC/DC current. — **~empˌfän·ger** *m* (*radio*) AC/DC (*od.* all-mains) receiver, all-mains set. — **~geˌrät** *n* **1.** (*radio*) *cf.* Allstromempfänger. – **2.** *electr.* universal current device, all-mains set.

'all'stünd·lich I *adj* hourly. – **II** *adv* hourly, every hour.

'Allˌtag *m* ⟨-(e)s; -e⟩ **1.** ⟨*only sg*⟩ *fig.* everyday life, work(a)day routine, daily round: **grauer ~** monotony of the daily round, monotonous routine; **dem ~ entfliehen** (*od.* **entrinnen**) to escape the daily round; **etwas mit in den ~ nehmen** to retain a pleasant memory of s.th.; **jetzt beginnt der ~ wieder** now the work(a)day routine starts again. – **2.** (*Werk-, Wochentag*) weekday, workday, working day. — **all·täg·lich I** *adj* **1.** ['alˌtɛːklɪç] daily, everyday (*attrib*): **~e Erfahrung** daily experience. – **2.** [ˌal'tɛːklɪç] *fig.* (*üblich*) customary, usual, routine, work(a)day: **ein ~es Ereignis** a) a daily event, b) a customary event; **eine nicht ganz ~e Geschichte** a somewhat unusual story. – **3.** [ˌal'tɛːklɪç] *fig.* (*durchschnittlich*) ordinary, average, everyday (*attrib*), humdrum, common: **er ist ein ganz ~er Mensch** he is a very average person; **ein ~es Gesicht** an ordinary face; **eine ~e Art von** a garden variety of. – **4.** [ˌal'tɛːklɪç] *fig.* (*abgegriffen*) trite, prosaic, hackneyed, (*nichtssagend*) trivial, banal, commonplace: **~e Redensarten** trivialities. – **II A~e, das** [ˌal'tɛːklɪçə] ⟨-n⟩ **5. etwas A~es** something ordinary (*od.* usual): **etwas nicht A~es** something out of the ordinary (*od.* usual). — **ˌAll'täg·lich·keit** *f* ⟨-; -en⟩ *fig.* **1.** (*Üblichkeit*) customariness, usualness. – **2.** (*Durchschnittlichkeit*) ordinariness, commonness. – **3.** (*übliches Vorkommnis*) everyday occurrence. – **4.** (*Abgegriffenheit*) triteness, (*Plattheit*) triviality, banality.

'allˌtags *adv* (*werktags*) on weekdays (*od.* workdays): **~ wie feiertags** on workdays and holidays (alike).

'Allˌtags|ˌanˌzug *m* everyday suit. — **~beˌschäf·ti·gung** *f* daily (*od.* everyday) work (*od.* occupation), daily routine (*bes. contempt.*). — **~ˌes·sen** *n* ordinary meal. — **~geˌre·de** *n* idle talk, gossip. — **~geˌricht** *n* ordinary dish. — **~geˌsicht** *n* ordinary (*od.* everyday) face. — **~ˌkleid** *n* everyday dress; *pl* everyday (*od.* work[a]day) clothes, habiliments (*humor.*). — **~ˌklei·dung** *f* everyday (*od.* work[a]day) clothes *pl.* — **~ˌkost** *f* ordinary fare (*od.* meal[s *pl*]), everyday food. — **~ˌle·ben** *n* everyday (*od.* ordinary, work[a]day) life. — **~ˌmensch** *m* ordinary (*od.* average) person: **den ~en abstreifen** (*od.* **ablegen**) *fig.* to leave one's work(a)day self behind one. — **~ˌpflich·ten** *pl* everyday duties. — **~ˌsor·gen** *pl* everyday cares (*od.* worries). — **~ˌwort** *n* ⟨-(e)s; =er⟩ household (*od.* everyday) word.

'all|ˌüber'all *adv poet.* everywhere. — **~'um** [ˌal-] *adv cf.* rundumher.

'allˌumˌfas·send *adj lit.* **1.** (*Geist etc*) universal, all-embracing, catholic (*lit.*). – **2.** (*Bildung*) all-round, *Am. auch* all-around (*attrib*), general. – **3.** (*Wissen*) comprehensive, encyclopa(e)dic. – **4.** *jur.* (*im Patentrecht*) (*Anspruch*) overbroad.

Al·lü·re [a'lyːrə] *f* ⟨-; -n⟩ **1.** *pl* mannerisms, airs, bearing *sg*, *auch* manners: **die ~n eines Filmstars** the mannerisms of a film star; **vornehme** (*od.* **feine**) **~n** airs and graces; **er hat unmögliche ~n** he has impossible mannerisms. – **2.** (*sport*) (*Pferdegangart*) gait.

Al·lu·si·on [aluˈzĭoːn] *f* ⟨-; -en⟩ (*Anspielung*) (auf *acc* to) allusion.

al·lu·vi·al [aluˈvĭaːl] *adj geol.* (*angeschwemmt*) alluvial: **~es Erdreich** geest. — **A~ˌland** *n* alluvial soil. — **A~ˌland·schaft** *f* alluvial flat (*od.* plain). — **A~ˌschutt** *m geol.* wash.

Al·lu·vi·on [aluˈvĭoːn] *f* ⟨-; -en⟩ *geol. jur.* alluvion.

Al·lu·vi·um [a'luːvĭum] *n* ⟨-s; *no pl*⟩ *geol. hist.* **1.** alluvial age, Holocene (*od.* Recent) epoch. – **2.** alluvium, alluvial deposit(s *pl*) (*od.* soil).

'All|ˌva·ter *m relig.* (*Gott*) All-father, Father (of All). — **a~ver'ehrt** *adj* universally revered. — **~ˌwel·len·empˌfän·ger** *m* (*radio*) all-wave receiver, multirange receiver, multiple-band receiver.

'all'wis·send I *adj* all-knowing, omniscient (*lit. od. relig.*). – **II A~e, der** ⟨-n⟩ (God) the Omniscient. — **'All'wis·sen·heit** *f* ⟨-; *no pl*⟩ omniscience.

ˌall'wo *adv obs.* where.

'all'wö·chent·lich I *adj* weekly, hebdomadal (*lit.*). – **II** *adv* weekly, every week.

Al·lyl [a'lyːl] *n* ⟨-s; *no pl*⟩ *chem.* allyl ($CH_2 = CH\text{-}CH_2\text{-}$). — **~ˌal·ko·hol** *m* allyl alcohol ($CH_2 = CH\text{-}CH_2OH$).

'allˌzeit *adv dial. for* immer 1, 4, 6.

'allˌzu *adv* (far *od.* much) too: **~ ängstlich** over(-)anxious; **~ kritisch** hypercritical; **er ist ~ ehrgeizig** he is ambitious to a fault. — **~'bald** [-tsu-] *adv* much too soon. — **~'früh** [-tsu-] *adv* far too early. — **~ge'nau** [-tsu-] *adj* overparticular, *Br.* over-particular. — **~'gern** [-tsu-] *adv* very gladly (*od.* willingly): **ich wäre ~ gekommen** I should have been only too pleased to come. — **~'gut** [-tsu-] *adv* only too well. — **~'hauf** [-tsu-] *adv obs.* all together. — **~'lang** [-tsu-], **~'lan·ge** [-tsu-] *adv* much too long. — **~'mal** [-tsu-] *adv* **1.** *poet. for* allzusammen. – **2.** *cf.* zumal I.

'all·zu'sam·men *adv* altogether.

'allˌzu|'sehr [-tsu-] *adv* all too much, overmuch, excessively: **er ergeht sich ~ in seinen Träumen** he over(-)indulges in his dreams. — **~'viel** [-tsu-] *adv* too much: **~ ist ungesund** (*Sprichwort*) enough is as good as a feast (*proverb*).

'Allˌzweck|ˌbauˌart *f* all-purpose design. — **~ˌfahrˌzeug** *n tech.* all-purpose (*od.* general-purpose, utility) vehicle.

Alm[1] [alm] *f* ⟨-; -en⟩ **1.** alpine (*od.* Alpine, mountain) pasture, alp. – **2.** *cf.* Almhütte.

Alm[2] [alm] *m* ⟨-(e)s; *no pl*⟩ *agr.* (*Seekreide*) marl.

'Alm|ˌabˌtrieb *m*, *auch* **~ˌabˌfahrt** *f* driving of cattle from alpine (*od.* Alpine) pastures.

Al·ma·gest [alma'gɛst] *m* ⟨-; *no pl*⟩ *astr.* Almagest (*Ptolemy's work on astronomy*).

Al·ma ma·ter ['alma 'maːtər] *f* ⟨- -; *no pl*⟩ *lit.* alma mater, university.

Al·ma·nach ['almanax] *m* ⟨-s; -e⟩ (*Jahrbuch*) almanac, *auch* almanack, yearbook, annual: **astronomischer ~** ephemeris.

Al·man·din [alman'diːn] *m* ⟨-s; -e⟩ *min.* almandine.

'AlmˌaufˌTrieb *m* driving of cattle to alpine (*od.* Alpine) pastures.

Al·me·mar [alme'maːr], **Al·me'mor** [-'moːr] *m* ⟨-(s); *no pl*⟩ almemar, almemor, *auch* bema, bima(h) (*platform in a Jewish synagogue*).

'Al·menˌrausch *m* ⟨-es; *no pl*⟩ *bot. cf.* Alpenrose.

Al·mer ['almər] *m* ⟨-s; -⟩, **'Al·me·rin** *f* ⟨-; -nen⟩ *Austrian for* Senn(erin).

'Alm|ˌfahrt *f cf.* Almauftrieb. — **~ˌhüt·te** *f* alpine (*od.* Alpine) dairy farm.

Al·mi·zi·le·ro [almitsi'leːro] *m* ⟨-s; -s⟩ *zo.* Pyrenean desman (*Desmana pyrenaica*).

Al·mo·sen ['almoːzən] *n* ⟨-s; -⟩ **1.** (*milde Gabe*) alms, *pl* alms *pl*, charity *sg*: **auf ~ angewiesen sein** to be reduced to begging; **j-n um ein ~ bitten** to ask an alms of s.o.; **von ~ leben** *fig.* to live on charity. – **2.** *contempt.* (*zu geringe Spende etc*) pittance, *Am. colloq.* handout. — **~ˌbüch·se** *f* (*in der Kirche*) poor box. — **~empˌfän·ger** *m* receiver of alms, pauper, almsman, *pl* almsfolk (*collect.*).— **~empˌfän·ge·rin** *f* almswoman, pauper. — **~ˌge·ber** *m*, **~ˌge·be·rin** *f* almsgiver.

Al·mo·se·nier [almozə'niːr] *m* ⟨-s; -e⟩ *relig. hist.* almoner.

'Almˌrausch *m* ⟨-es; *no pl*⟩ *Southern G. and Austrian for* Alpenrose.

'Almˌwirt·schaft *f* **1.** *agr.* alpine (*od.* Alpine) (dairy) farming. – **2.** (*kleine Berggaststätte*) alpine (*od.* Alpine) inn.

Aloe ['aːloe] *f* ⟨-; -n ['aːloən]⟩ **1.** *bot.* aloe (*Gattg Aloe*): **Ährige ~** spiked aloe (*A. spicata*). – **2.** *med.* (*Saft aus Aloe*) aloes *pl* (*construed as sg*): **mit ~ gemischt** aloed; **mit ~ versetzt** aloetic. — **a~ˌar·tig** *adj bot.* aloid. — **~exˌtrakt** *m med.* extract of aloes. — **~ˌhanf** *m* aloe hemp. — **~ˌholz** *n bot.* agalloch(um), *auch* agal(a)wood, ag(u)ilawood, aloeswood, eaglewood (*wood of Aquilaria agallocha*).

aloe·tisch [alo'eːtɪʃ] *adj chem. med.* aloetic.

Alo·gie [alo'giː] *f* ⟨-; *no pl*⟩ *med. psych.* alogia. — **alo·gisch** ['a(ː)loːgɪʃ; a'loːgɪʃ] *adj* **1.** (*vernunftwidrig*) illogical. – **2.** *philos.* alogical.

Alo·pe·cia [alope'tsiːa] *f*, **Alo·pe'zie** [-'tsiː] *f* ⟨-; *no pl*⟩ *med.* baldness, alopecia (*scient.*).

Alp[1] [alp] *m* ⟨-(e)s; -e⟩ **1.** ⟨*only sg*⟩ nightmare: **es lag ihm wie ein ~ auf der Brust** it haunted him (*od.* weighed on him) like a nightmare. – **2.** (*Kobold*) (hob)goblin, incubus (*scient.*).

Alp[2] *f* ⟨-; -en⟩ *cf.* Alm[1].

Al·pa·ka [al'paka] *n* ⟨-s; -s⟩ **1.** *zo.* alpaca (*Lama vicugna pacos*). – **2.** ⟨*only sg*⟩ (*Alpakastoff*) alpaca. – **3.** (*TM*) ⟨*only sg*⟩ (*Neusilber*) alpaca (*a nickel silver alloy*). — **~ˌsil·ber** *n cf.* Alpaka 3. — **~ˌstoff** *m* alpaca. — **~ˌwol·le** *f* alpaca (wool).

al pa·ri [al 'paːri] *adv econ.* (*zum Nennwert*) at par.

'AlpˌDruck *m* ⟨-(e)s; =e⟩ *med.* nightmare, *auch* night terror, incubus (*scient.*): **gegen ~ dienendes Mittel** antephialtic.

'AlpˌDrücken (*getr.* **-k·k-**) *n* ⟨-s; *no pl*⟩ *cf.* Alpdruck.

Al·pe ['alpə] *f* ⟨-; -n⟩ *Austrian for* Alm[1].

al·pen ['alpən] *v/i* ⟨h⟩ *Swiss* pasture cattle on an alpine (*od.* Alpine) meadow.

'Al·pen *pl geogr.* Alps: **diesseits [jenseits] der ~** (*von Rom aus gesehen*) on this side of the Alps, cisalpine, cismontane [transalpine, transmontane, (ul)tramontane]; **Rätische ~** Rhaetian Alps; **die Berner ~** the Bernese Alps. — **~ˌamp·fer** *m bot.* alpine dock, bastard rhubarb, butter leaves *pl* (*Rumex alpinus*). — **a~ˌar·tig** *adj* Alplike, alpine, Alpine. — **~ˌaster** *f bot.* blue alpine daisy (*Aster alpinus*). — **~auˌri·kel** *f* auricula, bear's-ear (*Primula auricula*). — **~ˌbahn** *f* alpine (*od.* Alpine, mountain) railroad (*bes. Br.* railway). — **~ˌbä·renˌtrau·be** *f bot.* alpine bearberry (*Arctostaphylos alpina*). — **~ˌbärˌlapp** *m* cypress moss (*Lycopodium alpinum*). — **~beˌwoh·ner** *m* inhabitant (*od.* native) of the Alps. — **~ˌbock** *m zo.* Alpine sawyer (*Rosalia alpina*). — **~brauˌnel·le** *f* Alpine accentor (*Prunella collaris*; *bird*). — **~ˌdoh·le** *f* Alpine chough (*Pyrrhocorax graculus*). — **~ˌdost** *m* ⟨-s; *no pl*⟩ *bot. cf.* Alpenlattich. — **~ˌfle·derˌmaus** *f zo.* Alpine pipistrelle (*Pipistrellus savii*). — **~ˌflo·ra** *f bot.* alpine (*od.* Alpine) flora. — **~ˌflü(h)ˌvo·gel** *m zo.* alpine accentor (*Prunella collaris*). — **~ˌfrau·enˌfarn** *m bot. cf.* Alpenwaldfarn. — **~ˌfüh·rer** *m* guide to the Alps. — **~ˌgän·seˌkres·se** *f bot.* alpine rock cress, dusty husband (*Arabis alpina*). — **~ˌgar·ten** *m hort. cf.* Alpinum. — **~ˌge·gend** *f* alpine (*od.* Alpine) region. — **~ˌglöck·chen** *n bot.* alpine soldanel, soldanella (*Gattg Soldanella*). — **~ˌglü·hen** *n* alpenglow. — **~ˌgras** *n bot.* alpine carex (*Carex brizoides*). — **~ˌhei·de** *f* alpine azalea (*Loiseleuria procumbens*). — **~ˌhelm** *m* alpine bartsia (*Bartsia alpina*). — **~ˌhorn** *n mus. cf.* Alphorn. — **~ˌjä·ger** *m* **1.** hunter in the Alps. – **2.** *mil. cf.* Gebirgsjäger. — **~ˌket·te** *f* alpine (*od.* Alpine) mountain range (*od.* chain). — **~ˌkie·fer** *f bot.* dwarf pine (*Pinus mugo*, *P. montana*). — **~ˌklee** *m* alpine clover (*Trifolium alpinum*). — **~ˌkrä·he** *f zo.* Cornish chough (*Pyrrhocorax pyrrhocorax*). — **~ˌland** *n meist pl* alpine (*od.* Alpine) country (*od.* region). — **~ˌland·schaft** *f* alpine (*od.* Alpine) scenery. — **~ˌlat·tich** *m bot.* purple-flowered wild lettuce (*Gattg Homogyne*). — **~ˌmau·erˌläu·fer** *m zo. cf.* Mauerläufer. — **~ˌmolch** *m* Alpine newt (*Triturus alpestris*). — **~ˌmur·melˌtier** *n* Alpine marmot, rock whistler (*Marmota marmota*). — **~ˌor·chis** *f bot. cf.* Knabenkraut. — **~ˌpaß** *m* alpine (*od.* Alpine) pass. — **~-ˌPechˌnel·ke** *f bot.* alpine campion (*Viscaria alpina*). — **~ˌpfeifˌha·se** *m zo.* Siberian pika (*Ochotona alpina*). — **~ˌpflan·ze** *f bot.* alpine (*od.* Alpine) plant, rock plant. — **~ˌra·be** *m zo. cf.* Kolkrabe. — **~ˌre·be** *f bot.* alpine clematis (*Clematis alpina*). — **~ˌro·se** *f* a) alpine rose, rhododendron (*Gattg Rhododendron*), b) mountain rose (*Rosa alpina*): **Behaarte [Rostblättrige] ~** hairy-[rusty-]leaved rhododendron; **Große (Amerikanische) ~** big (*od.* great, rose, deer) laurel (*R. maximum*); Kalifornische ~ pink rhododendron (*R. californicum*); Kanadische ~ rhodora (*R. canadense*). — **~sa·laˌman·der** *m zo.* Alpine salamander (*Salamandra atra*). — **~ˌschaumˌkraut** *n bot.* alpine cress (*Cardamine alpina*). — **~ˌschneeˌha·se** *m zo.* Alpine white hare (*Lepus timidus varronis*). — **~ˌschneeˌhuhn** *n* rock ptarmigan (*Lagopus mutus*). — **~ˌseg·ler** *m* Alpine swift (*Micropus melba*). — **~ˌsockenˌblu·me** (*getr.* -k·k-) *bot.* bishop's-hat (*Epimedium alpinum*). — **~-ˌspitzˌmaus** *f zo.* Alpine shrew (*Sorex alpinus*). — **~ˌsteinˌbock** *m* Alpine ibex, steinbock (of the Alps) (*Capra ibex*). — **~ˌstock** *m* alpenstock. — **~ˌstrah·len·ˌsa·me** *m bot.* alpine catchfly (*Heliosperma alpestre*). — **~ˌstrandˌläu·fer** *m zo.* dunlin (*Calidris alpina*). — **~ˌstra·ße** *f* alpine (*od.* Alpine) road, road in (*od.* across) the Alps. — **~ˌtier** *n* alpine (*od.* Alpine) animal. — **~ˌveil·chen** *n bot.* cyclamen, sowbread (*Cyclamen europaeum u. C. persicum*). — **~verˌein** *m* alpine (*od.* Alpine) mountaineering (*od.* climbing) club, club of Alpinists. — **~ˌvorˌland** *n geogr.* foothills *pl* of the Alps, alpine (*od.* Alpine) foothills *pl.* — **~ˌwaldˌfarn** *m bot.* alpine lady fern (*Athyrium alpestre*). — **~ˌwelt** *f* alpine (*od.* Alpine) regions *pl*, Alps *pl.* — **~-ˌWim·perˌfarn** *m cf.* Alpen-Woodsie. — **~ˌwirt·schaft** *f* alpine (*od.* Alpine) inn (*od.* restaurant). — **~-ˌWood·sie** *f bot.* alpine woodsia (*Woodsia iloensis, esp. alpina; fern*).

'Alp|ˌfahrt *f Swiss for* Almauftrieb. — **~geˌnos·sen·schaft** *f* alpine (*od.* Alpine) grazing association.

Al·pha ['alfa] *n* ⟨-(s); -s⟩ **1.** *ling.* alpha (*first letter of the Greek alphabet*): das ~ und (das) Omega *fig.* (the) alpha and omega, the beginning and (the) end. – **2.** *astr. the brightest star of any constellation*: ~ im Orion Alpha Orionis, Betelgeuse, Betelgeux.

Al·pha·bet [alfa'beːt] *n* ⟨-(e)s; -e⟩ alphabet: großes [kleines] ~ capital [small] letters *pl* (of the alphabet); das lateinische ~ the Latin alphabet; nach dem ~ ordnen to arrange alphabetically (*od.* in alphabetical order). — **al·pha'be·tisch I** *adj* alphabetical, *auch* alphabetic: ~es Wörterbuch alphabetical dictionary: ~e Bezeichnung (*eines Tones*) letter name. – **II** *adv* alphabetically, in alphabetical (*auch* alphabetic) order: ~ geordnet arranged alphabetically, abecedarian. — **al·pha·be·ti'sie·ren** [-beti'ziːrən] *v/t* ⟨*no* ge-, h⟩ arrange (*s.th.*) alphabetically (*od.* in alphabetical order), alphabetize. — **Al·pha·be·ti'sie·rung** *f* ⟨-; *no pl*⟩ alphabetization.

Al·pha'bet|ˌschloß *n tech.* combination (*od.* letter, puzzle) lock. — **~syˌstem** *n* alphabetical system. — **~ˌta·fel** *f* **1.** board with the alphabet. – **2.** (*spiritistische*) ouija (board).

al·pha·nu·me·risch [alfanu'meːrɪʃ] *adj* (*computer*) alphameric(al), alphanumeric.

'Al·pha pri·va'ti·vum [priva'tiːvʊm] *n* ⟨--; *no pl*⟩ *bes. ling.* alpha privative.

'Al·pha|ˌstrahl *m meist pl phys.* alpha ray. — **~ˌstrah·ler** *m* alpha radiator. — **~ˌstrah·lung** *f* alpha radiation. — **~ˌteil·chen** *n* alpha particle. — **~zerˌfall** *m* alpha decay (*od.* disintegration).

'AlpˌHorn *n mus.* alpenhorn, alphorn, alpine horn. — **~ˌblä·ser** *m* alp(en)horn player.

Al·phyl [al'fyːl] *n* ⟨-s; *no pl*⟩ *chem.* alphyl.

al·pin [al'piːn] *adj* **1.** alpine, Alpine, of (*od.* relating to) the Alps: ~e Rasse Alpine race. – **2.** alpine, Alpine, mountainous: ~e Landschaft alpine landscape. – **3.** (*sport*) Alpine, alpine: A~e Disziplin Alpine event; A~e (Dreier-, Zweier)Kombination Alpine combined (*slalom,* [*giant slalom,*] *downhill*).

Al·pi·ni [al'piːni] (*Ital.*) *pl mil.* Alpini.

Al·pi·nie [al'piːnĭə] *f* ⟨-; -n⟩ *bot.* alpinia (*Alpinia officinarum*).

al'pi·nisch *adj* alpine.

Al·pi·nis·mus [alpi'nɪsmʊs] *m* ⟨-; *no pl*⟩ alpinism, Alpinism, (alpine) mountaineering, alpine (*od.* mountain) climbing. — **Al·pi'nist** [-'nɪst] *m* ⟨-en; -en⟩ alpinist, Alpinist, mountaineer, alpine (*od.* mountain) climber. — **Al·pi'ni·stik** [-tɪk] *f* ⟨-; *no pl*⟩ *cf.* Alpinismus. — **Al·pi'ni·stin** *f* ⟨-; -nen⟩ alpinist, Alpinist, (woman) mountaineer, (woman) alpine (*od.* mountain) climber.

Al·pi·num [al'piːnʊm] *n* ⟨-s; -nen *u.* -na [-na]⟩ alpine (*od.* Alpine) garden.

Älp·ler ['ɛlplər] *m* ⟨-s; -⟩ *cf.* Alpenbewohner.

'Alp|ˌtraum *m* nightmare (*auch fig.*), nightmarish dream. — **~ˌwirt·schaft** *f cf.* Almwirtschaft.

Al·raun [al'raʊn] *m* ⟨-(e)s; -e⟩, **Al'rau·ne** *f* ⟨-; -n⟩ **1.** *bot.* mandrake, mandragora, alraun (*Mandragora officinarum; root*). – **2.** *fig.* (*Zauberwesen*) alraun, alruna. — **al'rau·nen·haft** *adj fig.* like (*od.* resembling) a mandrake, mandrakelike. — **Al'raunˌwur·zel** *f bot. cf.* Alraun(e) 1.

als [als] *conj* **1.** (*zeitlich, Temporalsatz einleitend*) when, as, (*während*) while: damals ~ at the time when; ~ er ankam when he arrived; gerade ~ ich einschlafen wollte just when I was falling asleep; ~ das Gewitter anfing, waren wir schon zu Hause when the storm broke we were already at home; ~ ich im Garten arbeitete, begann es zu regnen while I was working in the garden, it began to rain; zu der Zeit ~ ich geboren wurde at the time that I was born. – **2.** (*meist mit Substantiv zur Bezeichnung einer Eigenschaft*) as (*auch oft unübersetzt*), *auch* qua, in the capacity of: ~ Arbeiter sein Brot verdienen to earn one's daily bread as a workman (*od.* labo[u]rer); ~ Antwort auf as an answer to, in reply to; er starb ~ Bettler he died (as) a beggar; ~ Drucksache schicken to send as printed matter; ~ Ehrenmann handeln to act as (*od.* like) a gentleman; 200 Mark ~ Entschädigung zahlen to pay 200 marks as (*od.* by way of) damages (*od.* compensation); ~ Entschuldigung as (*od.* by way of) an excuse; sein Urteil ~ das eines Fachmannes his opinion as that of an expert; er behandelte mich ~ Freund he treated me as a friend; j-n ~ Hamlet sehen to see s.o. as (*od.* in the role of) Hamlet; die Idee ~ solche the idea as such; ~ Junge as (*od.* when, while) a boy; ~ Mädchen benahm sie sich recht tapfer she behaved very bravely for a girl; etwas ~ Medizin nehmen to take s.th. as (a) medicine; ~ Sieger heimkehren to return victorious; ~ Staatsbürger handeln to act as a citizen; er tat dies ~ (Testaments)Vollstrecker he acted qua executor; der Mensch ~ solcher man as such; sich ~ tauglich erweisen to prove (oneself) to be qualified, to qualify; sich ~ Tyrann entpuppen to turn out (to be) a tyrant; ~ Vorwand dienen to serve as a pretext; das sollte ihm ~ Warnung dienen this ought to be a warning to him; es hat sich ~ wahr erwiesen it proved to be true; ~ nächstes Ziel as the next goal. – **3.** (*nach Komparativen*) than: er ist älter ~ ich he is older than I (am); leichter gesagt ~ getan easier said than done; mehr ~ genug more than enough; nichts weniger ~ no less (*od.* no fewer) than; er ist schneller ~ du denkst he is faster than you think; ich möchte lieber verhungern ~ stehlen I would rather starve than steal. – **4.** (*im Vergleich*) as, (*bes. bei Negationen*) but: so bald ~ möglich as soon as possible; alles andere ~ hübsch [zufrieden] anything but pretty [satisfied]; nichts ~ Gutes tun to do nothing but good; kein anderer ~ du no one but you; niemand sah es ~ (nur) mein Vater no one but my father saw it; nichts ~ leere Worte nothing but empty words; sowohl der Vater ~ auch die Mutter father as well as mother, both father and mother. – **5.** (*zur Bezeichnung einer Annahme*) as: er tat, ~ ob er schliefe (*od.* ~ schliefe er) he pretended to be asleep; es sieht aus, ~ wolle es regnen it looks like rain; ~ ob (*od.* wenn) ich das nicht wüßte! as if I didn't (*od.* wouldn't) know! – **6.** ~ daß to: die Zeit war zu kurz, ~ daß the time was too short to; er ist zu jung, ~ daß er das verstehen könnte he is too young to understand that; er ist zu gut erzogen, ~ daß er so etwas tun könnte he is too well bred to do such a thing; er bot zu wenig, ~ daß ich es hätte annehmen können he offered too little for me to accept it. – **7.** *archaic* (*zur Aufzählung*) as (for example *od.* for instance): ~ da sind (Goethe, Schiller ...) such as (Goethe, Schiller ...). – **8.** *obs. for* also I.

ˌals|'bald *adv archaic* **1.** immediately, at once, presently, forthwith. – **2.** as soon as possible. — **~'bal·dig** *adj* immediate: „zum ~en Verbrauch (bestimmt)" (*Lebensmittelaufschrift*) "for immediate consumption". — **~'dann** *adv archaic* **I** afterwards, then, thereupon. – **II** *interj colloq.* now (*od.* well) then!

Al·se ['alzə] *f* ⟨-; -n⟩ *zo.* allice (shad), allis, alose (*Alosa alosa; fish*).

al·so I ['alzo] *conj* **1.** *colloq.* (*nun*) then, so: ~ gut (, ich bin einverstanden)! very well (then) (I agree)! all right (*colloq.* alright, okay) (I agree)! ~ bis morgen! see you tomorrow! (*colloq.*); ~ fangen wir an! so let's begin! ~ du hast dich verspätet! and (*od.* so) you're late! ~ los! a) come on then! let's go! b) get cracking! (*colloq.*); Sie haben sich ~ doch entschlossen (so) you have decided then (*od.* after all); ~ es bleibt dabei! as agreed then! welches Buch willst du ~? which book do you want then? ~ wie gesagt well then, as we (*od.* I) said; na (*od.* nun) ~! now (*od.* well) then! there you are! see! – **2.** (*folglich*) therefore, hence, consequently, accordingly, so: ich denke, ~ bin ich I think therefore I am; niemand öffnete ihm, ~ kehrte er wieder um nobody opened up for him, therefore he came back again. – **II** ['alˌzoː] *adv obs.* **3.** (*so*) so, thus: sei es ~ so be it; ~ steht geschrieben thus it is written; „A~ sprach Zarathustra" "Thus spoke (*od.* spake) Zarathustra" (*by Nietzsche*).

ˌAls-'ob *n* ⟨-; *no pl*⟩ **1.** *jur.* legal fiction, assumption. – **2.** *philos.* als ob, fiction, assumption, contingency: die Philosophie des ~ fictionalism, the philosophy of "as if".

ˌal·so'bald [-zo-] *adv obs. for* alsbald.

ˌAls-'ob-ˌGoldˌwäh·rung *f econ.* quasi-gold standard.

ˌal·so'gleich [-zo-] *adv obs. for* sofort.

alt [alt] **I** *adj* ⟨"er; "est⟩ **1.** (*das Alter betonend*) old: er ist zwanzig Jahre ~ he is twenty (years old); ein sechs Jahre ~er Junge a six-year-old boy; wie ~ bist du? how old are you? für wie ~ halten Sie ihn? how old do you take him for (*od.* to be)? nächste Woche werde ich zwanzig Jahre ~ next week I'll be twenty (years old); über siebzig Jahre ~ sein to be over seventy (years old); er ist doppelt so ~ wie ich he is twice my age; er sieht nicht so ~ aus wie er ist he does not look his age. – **2.** (*bejahrt*) old, aged: ein ~er Mann an old man, a man old in years; eine ~e Jungfer an old maid, a spinster; eine ~e Schachtel *sl.* an old hen (*colloq.*), an old bag (*vulg.*); auf meine ~en Tage muß ich so etwas erleben! to experience (*od.* go through) such a thing at my age! so ~ wie Methusalem as old as Methuselah; der ~e Goethe the older Goethe; ein ~es Semester *colloq.* an older student; ~ werden to grow old, to age, to live to be old; es hat ihn ~ gemacht it has aged him (very much); auf seine ~en Tage in his old age; ~ genug sein, um zu to be old enough to; zu ~ sein für (*od.* zu) etwas [, etwas zu tun] to be too old for s.th. [to do s.th.]; hier werde ich nicht ~ *fig. colloq.* I won't be here for ever, this place won't hold me (*colloq.*); jung gewohnt, ~ getan (*Sprichwort*) once learnt, never forgotten (*proverb*), as the twig is bent the tree inclines (*proverb*). – **3.** (*nicht frisch*) old, stale: ~es Brot stale bread; ~er Käse a) old cheese, b) *fig. colloq.* stale news, old hat (*colloq.*). – **4.** (*nicht neu*) old: ~es Eisen scrap iron; etwas zum ~en Eisen werfen *fig.* to scrap s.th.; ~er Schlager old hit; ~er Witz old (*od.* standing, stale) joke, 'chestnut' (*colloq.*); der ~e Mann (*mining*) goaf, gob, waste (area). – **5.** (*gebraucht*) old, second(-)hand, used: ~e Bücher [Möbel] second(-)hand books [furniture]; ~e Kleider old (*od.* used) clothes; das kannst du zum ~en Eisen werfen you can junk this. – **6.** (*zurückliegend*) old, old-time (*attrib*): das ~e Jahr the old year; die ~en Meister the old masters; das ist ein ~er Meister that (picture) is an old master; das A~e Testament the Old Testament; die A~e Welt the Old World; in ~en Zeiten (*od.* Tagen) in former times, in olden days (*lit.*); die gute ~e Zeit the good old times (*od.* days); ein Kavalier der ~en Schule a gentleman of the old school. – **7.** (*geschichtlich alt*) old, ancient: die ~en Germanen the ancient Germans (*od.* Teutons); **A~e Geschichte** ancient history; **~e Sprachen** ancient languages. – **8.** (*unverändert*) (same) old, unchanged, unchanging: **in ~er Anhänglichkeit** in unchanging affection; **die ~e Geschichte** (*od.* **Leier**), **das ~e Lied** *fig.* the same old story (*od.* song); **eine ~e Gewohnheit** an old habit; **die ~e Sorte** the same old kind; **~er Sünder** old sinner; **im ~en Trott weitermachen** to continue in the same old rut; **den ~en Trott aufgeben** *fig.* to leave the beaten track. – **9.** (*erfahren*) old, experienced, seasoned: **~er Hase** *colloq.* a) old hand (*od.* stager), b) old soldier; **~er Seebär** old sea dog (*od.* sailor, salt); **~er Fuchs** *fig.* (sly) old fox; → **Schrot** 3. – **10.** (*seit langem bestehend*) old, long-standing: **~er Bekannter [Freund]** old acquaintance [friend]; **eine ~e Familie [Freundschaft]** an old family [friendship]; **eine ~e Firma** a long-established firm; **eine ~e Fehde [Tradition]** a long-standing feud [tradition]; **~es Mitglied** long-standing member; **~e Liebe rostet nicht** (*Sprichwort*) old love never dies (*proverb*). – **11.** *cf.* **altmodisch** I. – **12.** (*ehemalig*) old, former: **~er Schüler** former pupil, *Am.* alumnus, *Br.* old boy; **A~er Herr** a) (*einer Studentenverbindung*) *Am.* old fraternity brother, b) *colloq.* (my) old man (*colloq.*), (my) governor (*sl.*); **der ~e Oberbürgermeister von London** the former (*od.* retired) Lord Mayor of London. – **13.** *fig. colloq.* (*meist als Anrede*) old: **na, ~er Freund [Kerl, Knabe]!** well, (my dear) old friend [fellow, boy]! (*colloq.*); **~es Haus** old man (*od.* boy, thing) (*colloq.*), *Br. sl.* old top; **~er Sünder** old devil (*od.* rascal) (*colloq.*). – **14.** (*substantiviert mit Kleinschreibung*) **es bleibt alles beim ~en** everything remains as it was (before); **am ~en hängen** to stick (*od.* keep, cling) to old (*od.* tried) ways; **am ~en rütteln** to shake the accepted methods; **es** (*od.* **alles**) **beim ~en lassen** to leave things as they are; **aus ~ mach neu** make s.th. new out of the old. – **II A~e, das** ⟨-n⟩ **15.** a) the old, the past, b) old things *pl*, c) the customary: **etwas A~es** s.th. old; **A~es und Neues** (the) old and (the) new, things both old and new; **an das A~e denken** to think of the past. – **16.** *cf.* **Alte**[1], [2].

Alt *m* ⟨-s; -e⟩ *mus.* a) (*höchste männliche Stimmlage*) alto, countertenor, b) (*tiefste weibliche Stimmlage*) alto, contralto: **ein Duett für Sopran und ~** a duet for soprano and alto; **das Lied ist für ~ geschrieben** the song is written for (an) alto voice.

'alt'ad(e)·lig *adj* (*Geschlecht etc*) of (*od.* belonging to) the old (*od.* ancient) nobility.

al·ta·isch [al'taːɪʃ] **I** *adj geogr.* Altaic, Altaian. – **II** *ling.* **A~** ⟨*generally undeclined*⟩, **das A~e** ⟨-n⟩ Altaic, the Altaic language.

Al·ta·it [alta'iːt; -'ɪt] *m* ⟨-s; *no pl*⟩ *min.* altaite.

Al·tan [al'taːn] *m* ⟨-(e)s; -e⟩ *Southern G. for* Altane. — **Al'ta·ne** *f* ⟨-; -n⟩ balcony, gallery, terrace.

'alt|'an·geˌse·hen *adj* **1.** (*Firma*) old-established. – **2.** (*Familie, Geschlecht*) old illustrious. — **~'an·geˌses·sen, ~'anˌsäs·sig** *adj cf.* alteingesessen.

Al·tar [al'taːr] *m* ⟨-(e)s; Altäre⟩ *relig.* altar, (*der christlichen Kirchen*) *auch* communion (*od.* Lord's, chancel) table: **vor dem ~ knien** to kneel in front of the altar; **das Sakrament des ~es** *cf.* Altarssakrament; **die Braut zum ~ führen** *lit.* to lead the bride to the altar; **mit j-m vor den ~ treten** *lit.* to marry s.o.; **etwas auf dem ~ der Liebe [Freundschaft] opfern** *lit.* to sacrifice s.th. on the altar of love [friendship]; **die Stützen von Thron und ~** *hist.* the pillars of throne and altar (*od.* of Crown and Church). — **~ˌauf·satz** *m* retable, altar furniture: **Bild auf einem ~, Sockel eines ~es** predella. — **~beˌklei·dung** *f* **1.** altar cloth. – **2.** antependium, frontal. — **~ˌbild** *n* altarpiece: **dreiteiliges ~** triptych. — **~ˌblatt** *n cf.* Altarbild. — **~ˌdecke** (*getr.* -k·k-) *f* altar cloth, vesperal(e): (**schmales**) **Tuch über der ~** frontlet. — **~ˌdie·ner** *m cf.* Meßdiener. — **~ˌflü·gel** *m* altar wing. — **~ˌgeld** *n* altarage. — **~geˌmäl·de** *n cf.* Altarbild. — **~geˌrät** *n* liturgical vessels *pl*, altar equipment. — **~geˌschenk** *n* altarage. — **~ˌgit·ter** *n* altar rail. — **~ˌglocke** (*getr.* -k·k-) *f* altar bell: (*Satz von zwei oder mehr*) **~n** altar chime *sg*, Sanctus (*od.* altar) bells.

Al·ta·rist [alta'rɪst] *m* ⟨-en; -en⟩ *röm.kath.* celebrant.

Al'tar|ˌker·ze *f* altar candle. — **~ˌkreuz** *n* altar crucifix. — **~ˌleuch·ter** *m* altar candelabra. — **~ˌraum** *m* chancel, sanctuary. — **~sa·kraˌment** *n cf.* Altarssakrament. — **~ˌschmuck** *m* altar decorations *pl.*

Al'tars·sa·kraˌment *n relig.* (*röm.kath.*) Blessed (*od.* Holy) sacrament, sacrament of the altar (*od.* Eucharist).

Al'tar|ˌstu·fe *f* altar step. — **~ˌta·fel** *f cf.* Altarbild. — **~ˌtisch** *m* altar, communion table, mensa. — **~ˌtuch** *n cf.* Altardecke.

Alt·azi·mut [altatsi'muːt] *n, auch m* ⟨-s; -e⟩ *astr.* (*Instrument*) altazimuth.

'altˌbacken (*getr.* -k·k-) *adj* **1.** (*Brot etc*) stale. – **2.** *fig. colloq.* old-fashioned, out-of-date (*attrib*), traditional(ist).

'Altˌbau *m* ⟨-(e)s; -ten⟩ **1.** old building (*in Germany, completed before 1948*). – **2.** old part of a building.

'Altˌbau·er *m* **1.** old-established farmer. – **2.** (*retired*) *farmer who has handed over* (*Am. deeded over*) *his farm usually without vacating the premises.*

'Altˌbau|ˌmie·ten *pl* rents for old dwellings. — **~ˌwoh·nung** *f* apartment (*Br.* flat) in an old building (*esp. one built before 1948*).

'alt|be'grün·det *adj* (*Recht, Firma etc*) old-established. — **~be'kannt** *adj* long- (*od.* well-)known (*attrib*), old: **eine ~e Tatsache** a generally known fact. — **~be'rühmt** *adj* renowned (of old), of ancient fame (*od.* renown), famous. — **A~beˌsitz** *m jur.* old holding, old-established property (*od.* possession): **etwas im ~ haben** to have an old holding. — **A~beˌstand** *m* (*forestry*) *cf.* Altholz. — **~be'währt** *adj* **1.** (*Rezept, Mittel etc*) well-tried (*attrib*), (well-)proven. – **2.** (*Freundschaft etc*) of long standing, long-standing, old(-established). — **~bulˌga·risch I** *adj* **1.** old Bulgarian. – **2.** *ling.* a) Old Bulgarian, b) Old Church Slavic (*od.* Slavonic). – **II** *ling.* **A~** ⟨*generally undeclined*⟩, **das A~e** ⟨-n⟩ **3.** a) Old Bulgarian, the Old Bulgarian language, b) Old Church Slavic (*od.* Slavonic), the Old Church Slavic (*od.* Slavonic) language.

'Altˌbun·des|ˌkanz·ler *m pol.* former chancellor, ex-chancellor. — **~prä·siˌdent** *m* former president, ex-president. — **~ˌrat** *m Swiss and Austrian pol.* former member (*od.* ex-member) of the federal council.

'alt|'bür·ger·lich *adj* old-bourgeois (style). — **A~'bür·gerˌmei·ster** *m* former mayor, ex-mayor. — **~ˌchrist·lich** *adj* early Christian.

'altˌdeutsch *adj* **1.** old (*od.* ancient, medi[a]eval) German: **~es Dach** high (*od.* pointed) roof. – **2.** (*art*) (*im Renaissancestil*) old German (style), German Renaissance: **~es Bierlokal** beerhall in the old German style; **~e Möbel** a) German Renaissance furniture, b) furniture in the German Renaissance style. – **3.** *philat.* former(ly) German: **~e Staaten** former German states.

'Al·te[1] *m* ⟨-n; -n⟩ **1.** old man: **die ~n** the aged, the old people (*od. Am. colloq.* folks); **~ und Junge** young and old; **er spricht wie ein ~r** he speaks like a patriarch; **wie die ~n sungen, so zwitschern auch die Jungen** (*Sprichwort*) like father like son (*proverb*), as the old cock crows the young cock learns (*proverb*); **der ~** *vulg.* (*Vater, Ehemann*) the old man (*colloq.*), (*für Chef*) *auch* the boss (*colloq.*). – **2.** (*substantiviert mit Kleinschreibung*) (*der gleiche*) the same: **er ist immer noch der a~** he is the same as ever; **er ist nicht mehr der a~** he is not what he used to be, he is no longer the man he was; **er ist wieder ganz der a~** he is quite himself again; **wir bleiben die a~n** we are still the same, we haven't changed. – **3. die ~n** *hist.* the ancients: **Rat der ~n** council (*od.* assembly) of (the) Ancients (*od.* Elders), senate.

'Al·te[2] *f* ⟨-n; -n⟩ **1.** (*alte Frau*) old woman, old girl (*colloq.*): **böse** (*od.* **häßliche**) **~** witch; **komische ~** a) peculiar old woman, b) (*theater*) comic old woman; **eine auf jung herausgeputzte ~** mutton dressed as lamb (*colloq.*); **die ~** *vulg.* (*Mutter, Ehefrau*) the old lady (*od.* woman) (*colloq.*), (*Ehefrau*) the missus (*vulg.*), (*für Chefin*) *auch* the madam, the boss. – **2.** (*Muttertier*) (the) old one, mother.

'alt|'ehrˌwür·dig *adj lit.* time-honored (*bes. Br.* -honoured), venerable. — **~'ein·geˌführt** *adj* (*Geschäft, Ware etc*) old- (*od.* firmly) established. — **~'ein·geˌses·sen** *adj* (*Familie, Geschäft etc*) old-established. — **~'ein·geˌwur·zelt** *adj* (*Gewohnheiten etc*) old-established, rooted.

'Altˌei·sen *n* scrap iron (*od.* metal): **ich bin noch kein ~** *fig. colloq.* I'm not ready for the scrap heap yet, there's life in the old dog yet. — **~ˌhänd·ler** *m* dealer in scrap iron, *bes. Am.* junk dealer.

Al·te·klä·re [altə'klɛːrə] *npr f* ⟨-; *no pl*⟩ (*literature*) Halteclere (*Olivier's sword*).

äl·teln ['ɛltəln] *v/i* ⟨sein⟩ *rare for* **altern** I.

'Alt'engˌland *npr n hist.* Old England.

'alt'eng·lisch I *adj* **1.** old English. – **2.** *ling.* Old English, Anglo-Saxon. – **II** *ling.* **A~** ⟨*generally undeclined*⟩, **das A~e** ⟨-n⟩ **3.** Old English, Anglo-Saxon (*about 450—1150*).

'Al·ten|ˌheim *n dial. for* Altersheim. — **~ˌteil** *n agr. jur.* a) *share of property reserved by a farmer on his retirement*, b) *annuity charged on a farm upon transfer to a descendant*: **sich auf das ~ zurückziehen** to retire to one's reserved property. — **~ˌtei·ler** *m* ⟨-s; -⟩ retired farmer (*living on property reserved for himself*).

Al·ter ['altər] *n* ⟨-s; *rare* -⟩ **1.** age: **in arbeitsfähigem ~** of working age; **im besten** (*od.* **blühend[st]en**) **~** in the prime of life, in one's prime (*od.* best years); **im fortgeschrittenen** (*od.* **hohen**) **~** well advanced in years, at an advanced age; **im frühen ~** at an early age; **geistiges ~** *psych.* mental age; **er ist im gesetzten ~** a) he is of mature age, b) *fig.* he has reached the years of discretion; **im heiratsfähigen ~** of marriageable age, (*von Mädchen*) *auch* nubile; **im jugendlichen ~** of juvenile age; **im kindlichen ~** while still a child; **im kritischen ~** a) in the critical age, b) *med.* (*Frauen*) in menopause, in the change of life, c) *med.* (*Männer*) in the climacteric; **mittleres ~** middle age; **im mittleren ~** middle-aged; **im pensionsfähigen ~** of retirement age; **im reifen ~** at a mature age; **im schulpflichtigen ~** of school age, school-age (*attrib*); **im wehrpflichtigen ~** liable for military service, *Am.* of draft age; **im zarten ~ von** at the tender age of; **unter Berücksichtigung seines ~s** with regard to (*od.* for) his age; **er ist in meinem ~** he is (about) my age; **im ~ von 20 Jahren** at (the age of) 20; **Mädchen ihres ~s** girls of her own age; **er sieht für sein ~ jung aus, man sieht ihm sein ~ nicht an** he looks young for his age (*od.* years), he does not look his age; **sie ist klug für ihr ~** she is clever for her age (*od.* years). – **2.** (*Bejahrtheit*) (old) age: **vom ~ gebeugt** bent with age; **etwas für sein ~ sparen** to put s.th. by for one's old age; **die Beschwerden** (*od.* **Gebrechen**) **des ~s** the infirmities of old age; **ein schönes** (*od.* **hohes**) **~ erreichen** to live to a ripe (*od.* good) old age; **das ist doch kein ~!** *colloq.* that's not old! that's no age at all! (*colloq.*); **Münzen von hohem ~** coins of great antiquity; **man merkt dem Wein sein ~ an** you can tell the age of the wine from (*od.* by) its taste; **~ schützt vor Torheit nicht** (*Sprichwort*) there is no fool like an old fool (*proverb*). – **3.** ⟨*only sg*⟩ *fig.* (*alte Leute*) the aged (*collect.*), old people (*collect.*): **das ~ hat den Vortritt!** one must defer to age! **das ~ muß man ehren** (old) age must be respected (*od.* hono[u]red); **zuerst das ~!** a) (*erziehend*) grown(-)ups first! b) *humor. colloq.* age before beauty! – **4.** *obs. od. lit. for* Zeitalter 1. – **5.** *cf.* Dienstalter.

äl·ter ['ɛltər] *adj* ⟨*comp of* alt⟩ **1.** older, (*innerhalb der Familie*) elder (*attrib*): **mein ~er Bruder** my elder brother; **die ~en Söhne der Bauern** the older (*od.* elder) sons of the farmers; **~ als ich** older than I (am) (*od. colloq.* me); **er ist ein Jahr ~ als ich** he is a year senior to me, he is my senior by one year; **~ werden** to get older. – **2.** (*mit Eigennamen*) the elder (*od.* older); senior, major, père (*nachgestellt*): **der ~e Schmidt** Schmidt senior; **der ~e Cato** Cato Major; **die ~e Edda** the Elder Edda. – **3.** (*ältlich*) elderly, oldish, old: **ein ~er Herr** an elderly gentleman; **ein ~es Fräulein** a spinster, *bes. contempt.* an old maid. – **4.** *jur.* prior: **sein Anrecht ist ~** his is the prior claim.

Al·te·ra·ti·on [altera'tsĭoːn] *f* ⟨-; -en⟩ **1.** *mus.* alteration. – **2.** *psych.* excitement.

'Al·ter·chen *n* ⟨-s; -⟩ *colloq.* **1.** *humor.* (*als Anrede*) my dear old boy (*od.* girl). – **2.** old man (*od.* woman).

'Al·ter 'ego ['altər] *n* ⟨- -; *no pl*⟩ **1.** alter ego, one's second self. – **2.** alter ego, best (*od.* bosom) friend.

'alt|er'erbt *adj* ancestral: ~es Besitzstück heirloom. — **~er'fah·ren** *adj* experienced, skilled: er ist ein ~er Politiker he is an experienced politician, he is an old hand at politics.

al·te·rie·ren [alte'ri:rən] **I** *v/t* ⟨*no* ge-, h⟩ **1.** *mus.* alter (*augment or diminish a note or chord*). – **2.** *obs. for* aufregen I, ärgern II. – **II** *v/reflex* sich ~ **3.** *Southern G. and Austrian* (über *acc*) be annoyed (*od.* vexed) (at), be upset (by). — **al·te'riert I** *pp.* – **II** *adj mus.* (*Akkord*) altered.

'Äl·ter|ˌmann *m obs.* head (*od.* master) of a guild.

al·tern ['altərn] **I** *v/i* ⟨sein *u.* h⟩ **1.** grow old, age: in letzter Zeit ist (*od.* hat) er beträchtlich gealtert he has aged considerably lately. – **2.** (*von Wein, Käse etc*) mature, ripen. – **3.** *metall. tech. cf.* altern 6, 7. – **II** *v/t* ⟨h⟩ **4.** (*alt machen*) age: der Kummer hat ihn gealtert worry has aged him. – **5.** *chem.* age, ripen. – **6.** *tech.* a) (*künstlich*) quench-age, b) (*Meßzeuge*) season. – **7.** *metall.* age, age-harden. – **III A~** *n* ⟨-s⟩ **8.** *verbal noun.* – **9.** *bes. med.* senescence.

Al·ter·nanz [altɛr'nants] *f* ⟨-; -en⟩ **1.** *auch metr. cf.* Alternation 1. – **2.** *bot.* alternation (of leaves).

Al·ter·nat [altɛr'na:t] *n* ⟨-(e)s; -e⟩ *pol.* [alternat.]

Al·ter·na·ti·on [altɛrna'tsĭo:n] *f* ⟨-; -en⟩ **1.** *auch metr.* alternation. – **2.** *bot. cf.* Alternanz 2. – **3.** *philos.* (*in der Logik*) alternation, disjunction, vel.

al·ter·na·tiv [altɛrna'ti:f] *adj* **1.** (*wahlweise*) alternative. – **2.** (*wechselweise*) alternate. — **A~ˌanˌkla·ge** *f jur.* alternative charge.

Al·ter·na'ti·ve *f* ⟨-; -n⟩ alternative, choice: keine ~ haben to have no alternative; es bleibt uns keine andere ~ we have no other alternative; vor der ~ stehen zu gehen oder zu bleiben to be confronted (*od.* faced) with (*od.* by) the alternative to go or to stay; sich vor eine ~ gestellt sehen to see oneself faced with a choice.

Al·ter·na·tor [altɛr'na:tər] *m* ⟨-s; -en [-na'to:rən]⟩ *electr.* alternator, alternating-current generator.

'al·ternd I *pres p.* – **II** *adj* ag(e)ing, senescent (*lit.*): nicht ~ ageless.

al·ter·nie·ren [altɛr'ni:rən] *v/i* ⟨*no* ge-, h⟩ (mit with) alternate. — **al·ter'nie·rend I** *pres p.* – **II** *adj* **1.** *math. electr.* alternate, alternating: ~e Größe *math.* alternant. – **2.** *metr.* (*Vers*) accentual. – **3.** *bot.* (*Blattstellung*) alternate(-leaved).

'alt·er'probt *adj* well-tried (*od.* -tested) (*attrib*).

'al·ters *adv lit.* (*in Wendungen wie*) **1.** von ~ her from ancient times, from time out of mind (*od.* immemorial): etwas ist von ~ her gestattet s.th. has been permitted from time out of mind; seit ~ war es der Brauch it had been the custom from ancient time. – **2.** vor ~ *obs.* in times past, in (the) days of old, in former times.

'Al·ters|ˌabˌbau *m med.* physiological decline of physical and mental qualities (due to old age), senile degeneration. — **~ˌabˌstand** *m* difference in age, age difference. — **~ˌanˌga·be** *f* declaration (*od.* statement) of age: eine falsche ~ machen to give (*od.* state) one's age falsely. — **~ˌaufˌbau** *m sociol.* age structure (of a population), *auch* age pyramid. — **a~be·ˌdingt** *adj* **1.** determined (*od.* limited) by age. – **2.** *med.* caused by old age. — **~be·ˌschwer·den** *pl* infirmities of old age, aches and pains of old age, geriatric complaints (*scient.*). — **~beˌstim·mung** *f* age determination. — **~ˌblödˌsinn** *m med.* senile dementia. — **~deˌmenz** *f* senile dementia. — **~ˌdurchˌschnitt** *m* average age. — **~erˌschei·nung** *f meist pl* **1.** symptom (*od.* sign) of old age. – **2.** *med.* manifestation of senility, senile phenomenon. — **~ˌfürˌsor·ge** *f* old-age assistance. — **~ge·ˌnos·se** *m*, **~geˌnos·sin** *f* person of one's own age, contemporary: wir sind Altersgenossen we are of the same age, we are contemporaries. — **a~geˌschwächt** *adj* weakened by age. — **~ˌglie·de·rung** *f sociol.* age composition. — **a~ˌgrau** *adj* **1.** gray (*bes. Br.* grey) (with age). – **2.** *fig.* hoary. — **~ˌgren·ze** *f* age limit: die ~ erreichen to reach (*od.* attain) the age limit; über der ~ past the age limit; ~ für die Pensionierung retirement age. — **~ˌgrün·de** *pl* reasons of age: ein Amt aus ~n aufgeben to relinquish a post for age reasons. — **~ˌgrup·pe** *f* age group: Einstufung nach ~n age grouping; ~ von 7 bis 15 (Jahren) the seven to fifteen age group; sie gehören alle der gleichen ~ an they all belong to the same age group. — **~ˌhär·tung** *f metall. cf.* Alterungshärtung. — **~ˌheilˌkun·de** *f med.* geriatrics *pl* (*construed as sg*). — **~ˌheim** *n* old people's home, home for the aged, old-age home. — **~ˌhil·fe** *f* old-age assistance. — **~ˌjahr** *n Swiss for* Lebensjahr.

'Al·tersˌklas·se *f* age group (*od.* category).

'Al·tersˌklas·sen|ˌeinˌstu·fung, ~ˌeinˌtei·lung *f* age grouping, age groups *pl.*

'Al·ters|ˌkleid *n hunt.* adult plumage (of wild fowl). — **~ˌkrank·heit** *f meist pl med.* disease (*od.* ailment, complaint) of old age, geriatric disorder (*scient.*): Facharzt für ~en geriatrician. — **~ˌkun·de** *f sociol.* social gerontology. — **a~los** *adj poet.* (*Gesicht etc*) ageless, without a sign of (old) age. — **a~ˌmä·ßig** *adj* according to age. — **a~ˌmü·de** *adj* weakened by age. — **~pen·siˌon** *f* (*für Beamte*) (state) superannuation. — **~ˌpfen·nig** *m colloq. sum of money put aside for one's old age.* — **~prä·siˌdent** *m*, **~prä·siˌden·tin** *f pol.* chairman (*od.* president) by age (*od.* seniority). — **~py·ra·ˌmi·de** *f sociol. cf.* Altersaufbau. — **~ˌren·te** *f econ.* (*für Arbeiter, Angestellte*) old-age pension, (*bes. private*) retirement allowance (*od.* benefit). — **~ˌren·ten·empˌfän·ger** *m* old-age pensioner, receiver of an old-age pension. — **~ˌring** *m bot. cf.* Jahresring. — **~roˌman** *m* (*literature*) novel written in an author's later years (*od.* late period), late novel: Thomas Manns ~e Thomas Mann's late novels. — **~ˌrück·ˌbil·dung** *f med.* senile involution. — **~ˌru·heˌgeld** *n cf.* Altersrente. — **~·ˌschicht** *f* age group. — **a~ˌschwach** *adj* **1.** (*Personen etc*) infirm, decrepit, (*stärker*) senile. – **2.** *colloq.* (*Dinge*) old, dilapidated. — **~ˌschwä·che** *f* old-age infirmity, decrepitude, (*stärker*) senility, *bes. med.* senile decay: an ~ sterben to die of old age; geistige ~ dotage. — **~ˌschwachˌsinn** *m* dotage, dementia senilis (*scient.*). — **a~ˌschwachˌsin·nig** *adj* (*kindisch*) senile. — **~ˌschwerˌhö·rig·keit** *f* presbyac(o)usia, presbyc(o)usis. — **a~ˌsich·tig** *adj* farsighted, presbyopic (*scient.*). — **~ˌsich·tig·keit** *f* presbyopia. — **~ˌsitz** *m lit.* residence for old age. — **~ˌstar** *m med.* senile cataract. — **~·ˌstu·fe** *f* **1.** (*Lebensabschnitt*) stage of life. – **2.** *cf.* Altersgruppe. — **~- ˌund ˌHin·ter'blie·be·nen·verˌsor·gung** *f* old-age and surviving dependents' pensions *pl.* — **~- ˌund In·va'li·den·verˌsi·che·rung** *f* old-age and invalids' insurance. — **~ˌun·terˌschied** *m* age difference, disparity in age. — **~ˌun·ter·ˌstüt·zung** *f* old-age relief (*od.* assistance), relief for the aged. — **~verˌän·de·rung** *f med.* senile change, decrepitude. — **~ver·ˌfall** *m* senile deterioration (*od.* decline), decrepitude. — **~verˌsi·che·rung** *f econ.* **1.** old-age (pension) insurance. – **2.** (*Kasse*) old-age pension fund. — **~verˌsor·gung** *f* old-age pension (scheme, *Am. auch* plan). — **~vorˌausˌset·zung** *f meist pl* condition with regard to age. — **~ˌweis·heit** *f lit.* wisdom of old age. — **~ˌwerk** *n* (*eines Künstlers etc*) work produced in s.o.'s later years (*od.* late period), late work. — **~ˌzuˌla·ge** *f econ.* age bonus, seniority allowance (*od.* increment).

'Al·ter·tum *n* ⟨-(e)s; *no pl*⟩ **1.** (*Vorzeit*) antiquity, ancient times *pl*: das graue ~ remote antiquity, the remote past; ~ der Erde Pal(a)eozoic (period). – **2.** *hist.* a) (*Antike*) (classical) antiquity, b) (*eines Volkes*) early history: Sagen aus dem ~ legends of (classical) antiquity; das germanische ~ the early history of the Germanic peoples.

ˌAl·ter·tü·me'lei *f* ⟨-; -en⟩ **1.** *ling.* archaizing *Br. auch* -s-, archaism, preference for (the use of) archaisms. – **2.** archaism, antiquarianism, passion for antiquities. — **al·ter·tü·meln** ['altərty:məln] *v/i* ⟨h⟩ **1.** archaize *Br. auch* -s-, have a preference for archaisms. – **2.** dabble in antiquities. — **'al·ter·tü·melnd I** *pres p.* – **II** *adj* (*Redewendung, Stil*) archaizing *Br. auch* -s-, pseudoarchaic, antiquarian.

'Al·ter·tü·mer *pl* (*alte Gegenstände etc*) antiquities, antiques, relics of the past: ~ sammeln to collect antiquities; Liebhaberei für ~ antiquarianism.

'Al·ter·tüm·ler *m* ⟨-s; -⟩ antiquary, anti-[quarian.]

al·ter·tüm·lich ['altərty:mlɪç] *adj* **1.** (*aus alter Zeit*) ancient, antique: ein ~er Turm an ancient tower. – **2.** (*von alter Form*) old-fashioned, antiquated, antique: eine ~e Handschrift an old-fashioned handwriting. – **3.** (*Stil etc*) archaic. — **'Al·ter·tüm·lich·keit** *f* ⟨-; -en⟩ **1.** ⟨*only sg*⟩ antiquity, antiqueness, ancientness. – **2.** ⟨*only sg*⟩ (*der Formen*) old-fashionedness, antiqueness. – **3.** (*der Sprache etc*) archaism. – **4.** *rare* ancient (*od.* antique) object.

'Al·ter·tums|ˌfor·scher *m* **1.** arch(a)eologist. – **2.** *antiq.* (*des klassischen Altertums*) classical scholar, student of classical antiquity. — **~ˌfor·schung** *f* **1.** arch(a)eology. – **2.** (*klassische*) study of classical antiquity. — **~ˌkun·de** *f* **1.** arch(a)eology. – **2.** classical studies *pl.* — **~ˌsamm·ler** *m* collector of antiques, antiquary. — **~ˌwert** *m* value as an antique. — **~ˌwis·sen·schaft** *f cf.* Altertumskunde.

'Al·te·rung *f* ⟨-; *no pl*⟩ **1.** ag(e)ing, growing old. – **2.** *metall. tech.* ag(e)ing.

'al·te·rungs|beˌstän·dig *adj metall. tech.* nonag(e)ing *Br.* non-, insusceptible to ag(e)ing. — **A~ˌhär·tung** *f metall.* ag(e)ing, age-hardening. — **A~proˌzeß** *m* ag(e)ing process. — **A~ˌriß** *m tech.* **1.** (*in Stahl*) ag(e)ing crack. – **2.** (*in Holz etc*) season crack. — **A~ˌsprö·dig·keit** *f* precipitation brittleness, ag(e)ing (*od.* age) brittleness.

äl·test ['ɛltəst] *adj* ⟨*sup of* alt⟩ oldest, (*innerhalb der Familie*) eldest (*attrib*): die ~e Schwester the eldest sister; das ~e Bauwerk der Stadt the oldest building in the city; bei weitem der ~e by far the oldest; der ~e dem Range nach the senior in rank, the person of the highest seniority; das (an Jahren) ~e Mitglied the oldest member.

'Äl·te·ste *m, f* ⟨-n; -n⟩ **1.** oldest, eldest: mein ~r my eldest (son); meine ~ my eldest (daughter). – **2.** *bes. relig. hist.* elder, presbyter.

'Äl·te·sten|ˌrat *m pol.* council of elders. — **~ˌrecht** *n* (right of) primogeniture.

'Alt|ˌflö·te *f mus.* alto (*od.* bass) flute. — **a~'frän·kisch I** *adj* **1.** old Franconian. – **2.** *ling.* Old Frankish, Old Franconian. – **3.** *fig. archaic for* altertümlich 2. – **II** *ling.* **A~** ⟨*generally undeclined*⟩, **das A~e** ⟨-n⟩ **4.** Old Frankish, Old Franconian, the Old Frankish (*od.* Old Franconian) language. — **a~fran'zö·sisch I** *adj* **1.** old French. – **2.** *ling.* Old French. – **II** *ling.* **A~** ⟨*generally undeclined*⟩, **das A~e** ⟨-n⟩ **3.** Old French, the Old French language. — **a~ge'dient** *adj* (*Soldat, Parteimitglied etc*) veteran, (of) long service: er ist ein ~er Lehrer he is a veteran teacher. — **~geˌdin·ge** *n archaic for* Altenteil. — **~geˌsel·le** *m* senior journeyman (*with privileges of a foreman*). — **a~ge'wohnt** *adj* (long-)accustomed, (long)-familiar: ein ~er Anblick a familiar sight. — **a~ˌgläu·big** *adj relig.* orthodox. — **~ˌgläu·bi·ge** *m relig.* **1.** Raskolnik, Old Believer, Old Ritualist (*a dissenter from the Russian Orthodox Church*). – **2.** orthodox believer. — **~ˌgläu·big·keit** *f* ⟨-; *no pl*⟩ *relig.* orthodoxy. — **~ˌgold** *n* Old gold. — **~ˌgo·tisch** *f* ⟨-; *no pl*⟩ *print.* Old Black (*od.* Gothic). — **a~ˌgrie·chisch I** *adj antiq. ling.* ancient (*od.* classical) Greek, Hellenic. – **II** *ling.* **A~** ⟨*generally undeclined*⟩, **das A~e** ⟨-n⟩ ancient (*od.* classical) Greek, the ancient (*od.* classical) Greek language.

'Altˌgum·mi *n, auch m* (*rubber*) scrap (*od.* salvaged) rubber, (vulcanized *Br. auch* -s-) rubber waste: regenerierter ~ reclaimed rubber. — **~ˌmehl** *n* rubber crumb.

'Altˌhänd·ler *m cf.* Altwarenhändler.

Al·thee [al'te:(ə)] *f* ⟨-; -n [-'te:ən]⟩ *bot.* alth(a)ea (*Gattg Althaea*): Gebräuchliche ~ marshmallow (*A. officinalis*); Gemeine ~ hollyhock (*A. rosea*). — **~ˌsaft** *m* marshmallow juice.

'alt|'her·geˌbracht *adj* **~'herˌkömm·lich** *adj* (*Brauch etc*) traditional, long-standing.

ˌAlt'her·ren·schaft *f* inactive members *pl* of a students' society (*who have finished their university studies*), *Am.* alumni *pl* of a fraternity.

'altˌhochˌdeutsch *ling.* **I** *adj* Old High German. – **II A∼** ⟨*generally undeclined*⟩, **das A∼e** ⟨-n⟩ Old High German, the Old High German language.
'Alt|ˌholz *n* (*forestry*) mature timber (stand), mature forest. — **∼ˌhorn** *n mus.* althorn.
Al·ti·graph [alti'gra:f] *m* ⟨-en; -en⟩ *meteor.* altigraph. — **Al·ti'me·ter** [-'me:tər] *n* altimeter, height indicator.
'alt|'in·disch I *adj* **1.** old Indic, old Indian. – **2.** *ling.* Old Indic (*od.* Indian). – **II** *ling.* **A∼** ⟨*generally undeclined*⟩, **das A∼e** ⟨-n⟩ **3.** Old Indic (*od.* Indian), the Old Indic language, *auch* Vedic, Sanskrit. — **∼'is·ˌlän·disch I** *adj* old Icelandic. – **II** *ling.* **A∼** ⟨*generally undeclined*⟩, **das A∼e** ⟨-n⟩ Old Icelandic, *auch* Old Norse, the Old Icelandic (*od.* Old Norse) language.
Al·tist [al'tɪst] *m* ⟨-en; -en⟩ *mus.* male alto singer, *bes. Br.* alto, countertenor. — **Al'ti·stin** *f* ⟨-; -nen⟩ *mus.* contralto, alto (singer).
'Alt'jah·resˌabend, 'Alt'jahr(s)ˌabend *m dial.* New Year's Eve.
'Alt'jahrsˌtag *m Austrian for* Silvester.
'alt|'jüng·fer·lich, ∼'jung·fern·haft *adj* spinsterish, spinsterly, old-maidish: **∼e Person** old maid. — **'Alt'jung·fernˌstand** *m* spinsterhood.
'Alt|ka·tho'lik *m*, **∼ka·tho'li·kin** *f relig.* Old Catholic. — **a∼ka'tho·lisch** *adj* Old Catholic. — **∼ka·tho·li'zis·mus** *m* Old Catholicism. — **a∼ˌkirch·lich** *adj* orthodox. — **a∼ˌklug** *adj* (*Kind*) precocious, *Br. auch* old-fashioned: **er ist ∼** *colloq.* he has an old head on young shoulders. — **∼ˌklug·heit** *f* precociousness, precocity. — **∼ˌknecht** *m archaic* male head-servant on a farm. — **∼korˌnett** *n mus. cf.* Althorn. — **∼ˌla·ge** *f mus.* alto (*od.* contralto) (range *od.* register). — **∼ˌland** *n geol.* oldland.
ält·lich ['ɛltlɪç] *adj* elderly, oldish: **ein ∼er Herr** an elderly gentleman, an oldster (*colloq.*).
'Alt|lu·theˌra·ner *m relig.* Old Lutheran. — **∼ˌmagd** *f archaic* female head-servant on a farm. — **∼ˌmannsˌkraut** *n bot. cf.* Berufkraut.
'Alt·ma·te·riˌal *n* **1.** junk, scrap (material). – **2.** (*verwertbares*) salvage. — **∼ˌhänd·ler** *m* junk dealer, *bes. Am.* junkman. — **∼ˌsamm·lung** *f* **1.** salvage campaign, salvaging. – **2.** collection (*od.* accumulation) of junk.
'Alt|ˌmei·ster *m* **1.** (*sport*) ex-champion, former champion. – **2.** *hist.* (past) master, master of a guild. – **3.** (*art*) a) greatest living representative (*od.* authority), (past) master, doyen, Grand Old Man (*colloq.*), b) (*in der Malerei*) old master. — **∼ˌmensch** *m anthrop.* prehistoric (*od.* early, primitive) man.
'Alt·meˌtall *n metall.* scrap (metal), old metal.
'Alt·meˌtalleˌgie·rung (*getr.* -ll·l-) *f* secondary (*od.* remelted) alloy.
'Alt·meˌtall·verˌhüt·tung *f* smelting of scrap metal.
'altˌmo·disch I *adj* **1.** (*Idee, Kleid etc*) old-fashioned, outmoded, unfashionable. – **2.** ⟨*bes. pred*⟩ (*Person*) old-fashioned. – **II** *adv* **3.** **∼ gekleidet sein** to be unfashionably dressed.
'alt|ˌnie·derˌdeutsch *ling.* **I** *adj* Old Low German. – **II A∼** ⟨*generally undeclined*⟩, **das A∼e** ⟨-n⟩ Old Low German, the Old Low German language. — **∼'nor·disch I** *adj* **1.** (old) Norse, old Scandinavian. – **2.** *ling.* (Old) Norse. – **II** *ling.* **A∼** ⟨*generally undeclined*⟩, **das A∼e** ⟨-n⟩ **3.** (Old) Norse, Old Scandinavian. — **∼'nor·we·gisch I** *adj* **1.** old Norwegian, (old) Norse. – **2.** *ling.* Old Norwegian, (Old) Norse. – **II** *ling.* **A∼** ⟨*generally undeclined*⟩, **das A∼e** ⟨-n⟩ **3.** Old Norwegian, (Old) Norse.
'Altˌöl *n tech.* used (*od.* waste) oil.
'Alt·paˌpier *n* waste (*od.* used, old) paper. — **∼ˌsamm·lung** *f* waste-paper salvage campaign (*od.* drive). — **∼verˌwer·tung** *f* waste-paper salvage.
'Alt·parˌtie *f mus.* alto (*od.* contralto) part.
'alt'per·sisch *ling.* **I** *adj* Old Persian. – **II A∼** ⟨*generally undeclined*⟩, **das A∼e** ⟨-n⟩ Old Persian, the Old Persian language.
'Alt|phi·loˌlo·ge *m* **1.** classical philologist (*od.* scholar). – **2.** student of the classics, classics student. — **∼phi·lo·loˌgie** *f* classical philology, (study of) the classics *pl.* — **a∼phi·loˌlo·gisch** *adj* classical, referring to classical philology. — **a∼'preu·ßisch** *hist.* **I** *adj* **1.** 'a∼ˌpreußisch old Prussian. – **2.** *ling.* Old Prussian. – **II** *ling.* **A∼** ⟨*generally undeclined*⟩, **das A∼e** ⟨-n⟩ **3.** Old Prussian, the Old Prussian language. — **∼'reichs·ˌkanz·ler** *m pol. hist.* ex- (*od.* former) chancellor of the German Reich.
ˌAlt'rom *n antiq.* ancient Rome. — **'alt·ˌrö·misch** *adj antiq.* ancient Roman.
Al·tro·se [al'tro:zə] *f* ⟨-; *no pl*⟩ *chem.* altrose ($C_6H_{12}O_6$).
'Altˌrot I *n* old (*od.* burnt) rose, *auch* old red. – **II a∼** *adj* old- (*od.* burnt-)rose, *auch* old red.
Al·tru·is·mus [altru'ɪsmus] *m* ⟨-; *no pl*⟩ altruism, unselfishness. — **Al·tru'ist** [-'ɪst] *m* ⟨-en; -en⟩, **Al·trui·stin** [-'ɪstɪn] *f* ⟨-; -nen⟩ altruist, unselfish person. — **al·trui·stisch** [-'ɪstɪʃ] *adj* altruistic, unselfish.
'altˌsäch·sisch *ling.* **I** *adj* Old Saxon. – **II A∼** ⟨*generally undeclined*⟩, **das A∼** ⟨-n⟩ Old Saxon, the Old Saxon language.
'Alt|ˌsän·ger *m*, **∼ˌsän·ge·rin** *f cf.* Altist(in). — **∼sa·xoˌphon** *n* alto saxophone.
Alt·sche ['altʃə] *f* ⟨-n; -n⟩ **1.** *colloq.* old woman. – **2.** *contempt.* old hag (*od.* woman).
'Alt|ˌschlüs·sel *m mus.* alto clef. — **∼ˌschnee** *m* old snow. — **∼ˌschrift** *f print. cf.* Antiqua. — **∼ˌsil·ber** *n* **1.** old silver(ware). – **2.** *chem.* a) artificially darkened silver, b) oxidized (*Br. auch* oxidised, oxydised) silver. — **∼ˌsitz** *m cf.* Altenteil. — **∼ˌspa·rer** *m econ.* holder of old savings. — **∼ˌsprach·ler** [-ˌʃpra:xlər] *m cf.* Altphilologe. — **a∼ˌsprach·lich** *adj* **1.** **∼es Gymnasium** *ped.* secondary school (teaching Latin and Greek), *Br.* grammar school. – **2.** *cf.* altphilologisch.
'Altˌstadt *f* original (*od.* old[est] part of a) town, old town: **die engen Straßen der ∼** the narrow streets of the old part of the town. — **∼saˌnie·rung** *f* town-center (*bes. Br.* -centre) rehabilitation (*od.* renewal, clearance).
'Alt|ˌsteinˌzeit *f geol. hist.* Pal(a)eolithic age (*od.* era, period). — **a∼ˌsteinˌzeit·lich** *adj* pal(a)eolithic.
'Altˌstim·me *f mus.* **1.** *cf.* Alt. – **2.** (*Notenvorlage*) alto part.
'Altˌstoff *m*, **∼ˌsamm·lung** *f cf.* Altmaterial(sammlung).
'alt|'sy·risch I *adj* Syriac. – **II** *ling.* **A∼** ⟨*generally undeclined*⟩, **das A∼e** ⟨-n⟩ Syriac, the Syriac language. — **A∼ter·tiˌär** *n geol. hist.* Paleocene, Paleogene. — **∼te·sta·menˌta·risch** *adj relig. cf.* alttestamentlich. — **A∼te·staˌment·ler** [-tɛsta-ˌmɛntlər] *m* ⟨-s; -⟩ Old Testament scholar, student of the Old Testament. — **∼te·sta·ˌment·lich** *adj* (of the) Old Testament. — **A∼ˌtier** *n hunt.* female deer too old to reproduce. — **∼ˌüber'kom·men** *lit.*, **∼·ˌüber'lie·fert** *adj* traditional: **nach ∼em Ritus** according to old rites.
'Alt|ˌva·ter *m* **1.** *relig.* patriarch. – **2.** *poet. for* Ahn 1, 2. — **a∼ˌvä·te·risch** [-ˌfɛ:tərɪʃ] *adj cf.* altmodisch I, altertümelnd II. — **a∼ˌvä·ter·lich** *adj* (*ehrwürdig*) patriarchal: **∼e Sitte** venerable (old) custom. — **a∼ver·'traut** *adj* (*Klänge, Gegend, Worte etc*) (long-)familiar. — **∼ˌvor·de·ren, ∼ˌvor·dern** *pl poet.* ancestors, forefathers, forbears. — **a∼vulˌka·nisch** *adj geol.* pal(a)eovolcanic. — **∼ˌwa·gen** *m econ.* secondhand (*Br.* second-hand) (*od.* used) car.
'Altˌwa·ren *pl* secondhand (*Br.* second-hand) (*od.* used) goods (*od.* articles). — **∼·ˌhänd·ler** *m* second(-)hand dealer. — **∼·ˌhand·lung** *f* second(-)hand store (*bes. Br.* shop).
'Altˌwas·ser *n* ⟨-s; -⟩ *geogr.* backwater, stagnant water, dead (*od.* abandoned) channel, (*in USA*) *auch* bayou, oxbow (lake).
ˌAlt'wei·ber|geˌschwätz *n*, *auch* **∼ge·ˌwäsch** *n colloq.* (old wives') gossip, tittle-tattle. — **∼ˌmär·chen** *n* old wives' tale. — **∼ˌsom·mer** *m* ⟨-s; *no pl*⟩ **1.** (*Nachsommer*) Indian summer, *auch* St. Martin's (*od.* St. Luke's) summer. – **2.** (*Spinnenfäden*) gossamer.
'Altˌwelt|ˌaf·fen *pl zo.* Old World monkeys, gibbons, Catarrhina (*scient.*). — **∼ˌgei·er** *m* (Old World) vulture (*Fam. Vulturidae*).
'altˌwelt·lich *adj* old-world, old-fashioned.
'Alt|ˌwer·den *n* ag(e)ing, growing old, senescence (*lit.*): **gleichzeitiges ∼** consenescence; **die Kunst des ∼s** the art of growing old gracefully. — **∼ˌwert** *m tech.* scrap value. — **∼ˌwoh·nung** *f cf.* Altbauwohnung. — **∼ˌzeit** *f* **1.** prim(a)eval times *pl.* – **2.** *geol. hist.* Pal(a)eozoic (age *od.* era).
Alu ['alu] *n* ⟨-s; *no pl*⟩ *short for* Aluminium.
Alu·men [a'lu:mən] *n* ⟨-s; *no pl*⟩ *chem. cf.* Alaun 1.
alu·me·tie·ren [alume'ti:rən] *v/t* ⟨*no* ge-, h⟩ *tech. cf.* spritzalitieren.
Alu·mi·nat [alumi'na:t] *n* ⟨-(e)s; -e⟩ *chem.* aluminate.
alu·mi·nie·ren [alumi'ni:rən] *v/t* ⟨*no* ge-, h⟩ *tech.* aluminium (*Am.* aluminum) coat.
Alu·mi·nit [alumi'ni:t; -'nɪt] *m* ⟨-s; *no pl*⟩ *min.* aluminite, websterite.
Alu·mi·ni·um [alu'mi:nĭum] *n* ⟨-s; *no pl*⟩ *chem. Br.* aluminium, *Am.* aluminum (Al): **∼ enthaltend** (*od.* **betreffend**) aluminous, aluminose, aluminic. — **∼ˌblech** *n* alumin(i)um sheet (*od.* plate). — **∼ˌbron·ze** *f* alumin(i)um bronze, Abyssinian gold. — **∼·ˌfo·lie** *f* alumin(i)um foil. — **a∼ˌhal·tig** *adj* aluminous, aluminiferous: **∼e Legierung** alumin(i)um-bearing alloy. — **∼ˌka·bel** *n* alumin(i)um cable: **∼ mit Stahlseele** steel-cored alumin(i)um cable. — **∼ˌlackˌfar·be** *f* alumin(i)um enamel. — **∼leˌgie·rung** *f metall.* alumin(i)um alloy. — **∼ˌspritzˌguß** *m* die-cast alumin(i)um. — **∼sulˌfat** *n* alumin(i)um sulphate (*od.* sulfate) ($Al_2(SO_4)_3$). — **∼ˌtopf** *m* alumin(i)um pan (*od.* saucepan, pot). — **∼ˌtragˌwerk** *n civ.eng.* alumin(i)um assembly. — **∼ˌwalzˌwerk** *n* alumin(i)um rolling mill.
Alu'mi·noˌdruck [alu'mi:no-] *m* ⟨-(e)s; -e⟩ *print. cf.* Algraphie.
Alu·mi·no|ther·mie [aluminotɛr'mi:] *f* ⟨-; -n [-ən]⟩ *phys.* aluminothermy, aluminothermics *pl* (*construed as sg*). — **a∼'ther·misch** [-'tɛrmɪʃ] *adj* aluminothermic: **∼es Preßschweißen [Schmelzschweißen]** thermic pressure [fusion] welding; **∼er Prozeß** *chem.* aluminothermic process, thermite process.
Alum·nat [alum'na:t] *n* ⟨-(e)s; -e⟩ **1.** *ped.* (free) boarding school. – **2.** *Austrian relig.* (theological) seminary. — **Alum·ne** [a'lumnə] *m* ⟨-n; -n⟩, **Alum·nus** [a'lumnus] *m* ⟨-; Alumnen⟩ **1.** *ped.* boarder, resident pupil. – **2.** *Austrian relig.* seminarian, seminarist, student of a (theological) seminary.
Alun·dum [a'lundum] (*TM*) *n* ⟨-s; *no pl*⟩ *chem.* alundum.
Alu·nit [alu'ni:t; -'nɪt] *m* ⟨-s; *no pl*⟩ *min.* alunite, *auch* alumite, alum rock.
Alu·no·gen [aluno'ge:n] *n* ⟨-s; *no pl*⟩ *chem. min.* alunogen, *auch* feather alum, hair salt.
al·veo·lar [alveo'la:r] **I** *adj* **1.** *ling.* alveolar: **∼er Laut** alveolar, *auch* gingival (sound). – **II A∼** *m* ⟨-s; -e⟩ **2.** *ling.* alveolar (sound). – **3.** *med.* alveolar.
al·veo·lär [alveo'lɛ:r] *adj med.* alveolar.
Al·veo'lar|ˌfortˌsatz *m med.* alveolar process. — **∼ˌgang** *m* alveolar duct (*od.* passage). — **∼geˌwe·be** *n* alveolar (*od.* spongy) tissue. — **∼ˌlaut** *m ling.* alveolar (sound *od.* consonant), *auch* gingival (sound). — **∼py·orˌrhöe** *f med.* alveolar pyorrh(o)ea, pyorrhea alveolaris (*od.* paradentosis). — **∼ˌrand** *m* alveolar margin. — **∼ˌta·sche** *f cf.* Zahnfleischtasche.
Al·veo·le [alve'o:lə] *f* ⟨-; -n⟩ **1.** *med.* alveolus, alveole, (*der Lunge*) *auch* air cell, (*der Zähne*) *auch* tooth socket. – **2.** *pl ling.* (*Zahndamm*) teethridge *sg.*
'Al·wegˌbahn ['alve:k-] (*TM*) *f tech.* monorail.
'Alzˌbee·re ['alts-] *f bot. cf.* Mehldorn.
am [am] *prep* **1.** (*räumlich*) a) on the, b) at the: **Frankfurt ∼ Main** Frankfurt (*od.* Frankfort) on (the) Main; **er stand ∼ Fenster** he stood at the window; **∼ Rande** *auch fig.* on the edge; **∼ Anfang der Straße** at the beginning of the street. – **2.** (*zeitlich*) a) in the, b) at the, c) on the: **∼ Anfang** in (*od.* at) the beginning, at the start; **∼ Ende** a) in (*od.* at) the end, finally, b) (*nach allem, was geschehen ist*) after all, c) (*vielleicht*) perhaps, *Am.* maybe; **ich bin ∼ Ende** a) I have finished, b) *fig.* I am finished; **er war mit seiner Kraft ∼ Ende** he had reached the end of his strength; **∼ 1. Mai** (on) the first of May, (on) May 1st; **∼ Abend [Morgen]** in the evening [morning]; **∼ Tage** a) during the day, b) (*ein bestimmter*) on the day (of); **∼ Sonntag** (on) Sunday; **∼ nächsten Sonntag** next Sunday, Sunday next. – **3.** *fig.* (*unübersetzt*) **das liegt mir ∼ Herzen** I have my heart set on it, I have that very much at

heart; noch ~ Leben sein to be still alive. – **4.** (*vor sup; bleibt oft unübersetzt*) ~ besten best; ~ tapfersten most brave(ly); er hielt ~ längsten aus he held out (the) longest; sie sang ~ schönsten her singing was the most beautiful of all; es ist ~ einfachsten it is the easiest. – **5.** *colloq.* (*vor substantiviertem inf*) er ist ~ Schreiben he is (busy) writing; die Stadt war ~ Verhungern the town was on the point of starvation.

ama·bi·le [a'ma:bile] *adj u. adv mus.* amabile.

Ama·le·ki·ter [amale'ki:tər] *m* ⟨-s; -⟩ *Bibl.* [Amalekite.]

Amal·gam [amal'ga:m] *n* ⟨-s; -e⟩ *chem. techn.* amalgam, alloy of mercury: mit ~ überziehen to amalgam. — **~elek,tro·de** *f chem.* amalgam electrode. — **~,fül·lung** *f med.* (*des Zahns*) amalgam filling.

Amal·ga·ma·ti·on [amalgama'tsĭo:n] *f* ⟨-; -en⟩ *chem. tech.* amalgamation (process).

amal·ga·mie·ren [amalga'mi:rən] **I** *v/t* ⟨*no* ge-, h⟩ *chem. tech.* amalgamate, amalgam, *auch* amalgamize (*alle auch fig.*). – **II** *v/reflex* sich ~ *fig. lit.* amalgamate. — **Amal·ga'mie·rung** *f* ⟨-; -en⟩ *cf.* Amalgamation.

Amal·ga'mier,werk *n tech.* amalgamating works *pl* (*construed as sg or pl*) (*od.* mill).

Aman·din [aman'di:n] *n* ⟨-s; *no pl*⟩ *chem.* amandin.

Amant [a'mã:] *m* ⟨-s; -s⟩ *obs.* lover.

Ama·nu·en·sis [ama'nŭɛnzɪs] *m* ⟨-; -enses [-zɛs]⟩ *obs. for* Gehilfe 6.

Ama·rant[1] [ama'rant] *m* ⟨-s; -e⟩ **1.** *bot.* amaranth, *Br. auch* amarant, amaranthus (*Gattg Amaranthus*): Purpurner ~ prince's feather (*A. tricolor, A. melancholicus*). – **2.** Kleiner ~ *zo.* senegal firefinch, amarant(h), (*Estrilda, Lagonostica senegale*).

Ama'rant[2] **I** *n* ⟨-s; *no pl*⟩ (*paints*) amaranth, *Br. auch* amarant. – **II a~** *adj* amaranthine, *Br. auch* amarantine.

ama'ran·ten *adj cf.* amarant[2] II.

Ama'rant|,far·be *f* (*paints*) *cf.* Amarant[2] I. — **~ge,wäch·se** *pl bot.* amaranthaceae. — **~,holz** *n* amaranth (*Br. auch* amarant) wood. — **a~,rot** *adj* (*paints*) *cf.* amarant[2] II.

Ama·rel·le [ama'rɛlə] *f* ⟨-; -n⟩ *bot.* **1.** amarelle, sour cherry. – **2.** morello (cherry), *auch* morel.

Ama·rum [a'ma:rum] *n* ⟨-s; Amara [-ra]⟩ *pharm.* bitter.

Ama·ryl [ama'ryl] *m* ⟨-s; -e⟩ *min.* artificial (light) green sapphire.

Ama·ryl·lis [ama'rʏlɪs] *f* ⟨-; -ryllen⟩ *bot.* amaryllis (*Amaryllis belladonna*). — **a~,ar·tig** *adj* amaryllideous: ~e Pflanze amaryllid.

Ama·teur [ama'tø:r] *m* ⟨-s; -e⟩ amateur. — **~,band** *n* (*radio*) amateur (frequency-)band. — **~be,stim·mun·gen** *pl* (*sport*) amateur rules. — **~,bo·xer** *m* amateur boxer. — **~emp,fän·ger** *m* (*radio*) amateur receiver. — **~,film** *m* amateur film. — **~,funk** *m* amateur telecommunication. — **~,fun·ker** *m* radio amateur, (radio) 'ham' (*colloq.*). — **a~haft** *adj* amateurish. — **~,klas·se** *f* (*sport*) amateur class (*od.* league). — **~pho·to,graph** *m* amateur photographer. — **~,sen·der** *m* (*radio*) amateur transmitter. — **~,sport** *m* amateur sport. — **~sta,tuten** *pl* amateur regulations.

Amau·ro·se [amau'ro:zə] *f* ⟨-; -n⟩ *med.* amaurosis, blindness. — **amau'ro·tisch** [-tɪʃ] *adj* amaurotic.

Ama·zo·ne [ama'tso:nə] **I** *npr f* ⟨-; -n⟩ **1.** *myth.* Amazon. – **II** *f* ⟨-; -n⟩ **2.** *colloq.* (*sport*) equestrienne, horsewoman. – **3.** *fig.* amazon, virago. – **4.** *zo.* amazon (*Gattg Amazona; parrot*).

Ama'zo·nen|,amei·se *f zo.* shining amazon, amazon (ant) (*Polyergus lucidus*). — **a~haft** *adj* Amazon-like, Amazonian. — **~,man·del** *f bot. cf.* Paranuß. — **~pa·pa,gei** *m zo.* amazon (*Gattg Amazona*). — **~,stein** *m min.* amazonite, amazonstone.

Am·batsch ['ambatʃ] *m* ⟨-es; *no pl*⟩ *bot.* ambatch, ambach (*Aeschynomene elaphroxylon*).

Am·be ['ambə] *f* ⟨-; -n⟩ **1.** (*Doppeltreffer in der Lotterie*) double prize. – **2.** *math.* combination of two numbers (*od.* things).

Am·ber ['ambər] *m* ⟨-s; -(n)⟩ **1.** *cf.* Ambra. – **2.** *obs. for* Bernstein. — **~,ahorn, ~,baum** *m bot.* sweet gum, American amber (*Liquidambar styraciflua*). — **~,fett** *n chem.* ambrein, ambrain ($C_{30}H_{51}OH$). — **~,fisch** *m zo.* amber jack (*Seriola dumerili*). — **~,schnecke** (*getr.* -k·k-) *f* lamp anomia, jingle shell (*Gattg Anomia*). — **~,strauch** *m bot.* sweet fern (*Comptonia asplenifolia*).

Am·bi..., am·bi... *combining form denoting* ambi..., both.

am·bi·dex·ter [ambi'dɛkstər] *med.* **I** *adj* ambidextrous. – **II A~** *m* ⟨-s; -⟩ ambidextrous person, ambidexter. — **Am·bi·dex'trie** [-'tri:] *f* ⟨-; -n [-ən]⟩ ambidexterity, ambidextrousness.

Am·bi·gui·tät [ambigui'tɛ:t] *f* ⟨-; -en⟩ ambiguity.

Am·bi·ten·denz [ambitɛn'dɛnts] *f psych.* ambitendency.

Am·bi·ti·on [ambi'tsĭo:n] *f* ⟨-; -en⟩ ambition, aspiration: literarische ~en haben to have literary ambitions; nach (*od.* auf *acc*) etwas ~en haben to be ambitious of (*Am. auch* for) s.th.; danach habe ich keine ~en *colloq.* I have no ambitions in that line, I don't ambition it.

am·bi·tio·nie·ren [ambitsĭo'ni:rən] *v/t* ⟨*no* ge-, h⟩ be ambitious of (*Am. auch* for), be eager for, aspire to, *auch* ambition. — **am·bi·tio'niert I** *pp.* – **II** *adj bes. Austrian* (*Sportler, Sammler etc*) ambitious: er ist sehr ~ he is very ambitious.

am·bi·ti·ös [ambi'tsĭø:s] *adj cf.* ehrgeizig.

Amb·itus ['ambitus] *m* ⟨-; *no pl*⟩ *mus.* ambitus, compass, range.

am·bi·va·lent [ambiva'lɛnt] *adj bes. psych.* ambivalent. — **Am·bi·va'lenz** [-'lɛnts] *f* ⟨-; *no pl*⟩ ambivalence, ambivalency.

Am·bo..., am·bo... *combining form denoting* ambo...

Am·bo[1] ['ambo] *m* ⟨-s; -s *u.* Amben⟩ *Austrian for* Ambe 1.

Am·bo[2] ['ambo], **Am·bon** ['ambən] *m* ⟨-s; Ambonen [-'bo:nən]⟩ *arch. relig.* ambo.

Am·boß ['ambəs] *m* ⟨-sses; -sse⟩ **1.** *tech.* anvil: zweihörniger (*od.* zweispitziger) ~ rising anvil, two-horned anvil, (double) beakhorn stake; Hammer oder ~ sein *fig.* to either do or suffer, to strike or be struck; zwischen ~ und Hammer a) between hammer and anvil, b) *fig.* between the devil and the deep blue sea. – **2.** *med.* anvil, incus. – **3.** *tech. mil.* (*an Patronen*) anvil. — **~,bahn** *f tech.* anvil face. — **~,fut·ter** *n* anvil bed. — **~ge,senk** *n* swage, anvil tool. — **~,horn** *n* anvil beak (*od.* horn). — **~,klotz** *m cf.* Amboßstock. — **~,stock** *m*, **~,stöckel** (*getr.* -k·k-) *n* anvil stake. — **~,un·ter,satz** *m* anvil base. — **~,wol·ke** *f meteor.* anvil cloud.

Am·bo·zep·tor [ambo'tsɛptər] *m* ⟨-s; -en [-'to:rən]⟩ *med.* amboceptor, copula, mediator.

Am·bra ['ambra] *f* ⟨-; -s⟩ ambergris. — **a~,duf·tend** *adj* ambergris-scented, redolent of (*od.* fragrant with) ambergris.

Am'bret·te,kör·ner [am'brɛtə-] *pl bot.* amber (*od.* musk) seed *sg*, ambrette *sg*.

Am·bro·sia [am'bro:zia] *f* ⟨-; *no pl*⟩ **1.** *myth.* ambrosia (*food of the gods*). – **2.** *gastr.* (*Obstdessert*) *Am.* ambrosia, *Br.* fruit salad topped with shredded coconut. – **3.** *bot.* a) ambrosia, ambrose, goosefoot (*Chenopodium ambrosioides*), b) ragweed, hogweed (*Ambrosia elatior = A. artemisaefolia*). — **~,kä·fer** *m zo.* ambrosia (beetle), timber beetle (*Xyleborus xylographus etc; Fam. Scolytidae*). — **~,man·del** *f meist pl bot.* ambrosine almond.

am·bro·sia·nisch [ambro'zĭa:nɪʃ] *adj mus. relig.* **1.** (*in der Art des Ambrosius*) Ambrosian. – **2. A~** (*von Ambrosius*) Ambrosian, of St. Ambrose: A~er Gesang Ambrosian chant; A~er Lobgesang Ambrosian hymn.

am·bro·sisch [am'bro:zɪʃ] *adj poet.* ambrosial, ambrosian.

am·bu·la·kral [ambula'kra:l] *adj zo.* ambulacral. — **A~,füß·chen** *n* sucker (*od.* tube) foot, (ambulacral) pedicle.

Am·bu·la·krum [ambu'la:krum] *n* ⟨-s; -lakra [-kra] *u.* -lakren⟩ *zo.* ambulacrum: blattförmiges ~ petal(-shaped ambulacrum).

am·bu·lant [ambu'lant] *adj* **1.** (*Gewerbe etc*) mobile, traveling, *bes. Br.* travelling, itinerant, ambulatory: ~e Verkaufseinrichtung mobile selling unit, *Br.* mobile shop, shop on wheels. – **2.** *med.* ambulatory, ambulant: ~er Patient outpatient, *bes. Am.* ambulatory (clinic) patient; in ~er Behandlung sein to get outpatient (*od.* ambulatory) treatment.

Am·bu·lanz [ambu'lants] *f* ⟨-; -en⟩ *med.* **1.** (*Krankenwagen*) ambulance. – **2.** (*Klinikabteilung*) outpatients' department, *Am.* outpatient clinic: zahnärztliche ~ dental outpatient clinic. – **3.** *archaic od. mil.* (*Feldlazarett*) ambulance, field hospital. — **~sta·ti,on** *f cf.* Ambulanz 2. — **~,wa·gen** *m* ambulance.

am·bu·la·to·risch [ambula'to:rɪʃ] *adj med. cf.* ambulant 2.

Amei·se ['a:maɪzə] *f* ⟨-; -n⟩ *zo.* ant (*Gattg Formica*): geschlechtslose ~ worker (ant), working ant; geflügelte ~ flying (*od.* winged) ant, ant fly; Sklaven haltende ~ slave-making ant; Wandernde ~ visiting (*od.* legionary) ant (*Gattg Eciton*); Weiße ~ white ant, termite (*Ordng Isoptera*); zeugungsfähige männliche ~ king (ant); fleißig wie eine ~ *fig.* as busy as a bee.

'Amei·sen|,bär *m zo.* ant bear, anteater (*Fam. Myrmecophagidae*): Großer ~ great anteater, yurumi (*Myrmecophaga tridactyla*); Mittlerer ~ tamandua, caguare (*Tamandua tetradactyla*). — **~,baum** *m bot.* ant tree, imbauba tree (*Cecropia betata*). — **~,beut·ler** *m zo.* numbat, banded anteater (*Fam. Myrmecobiinae*). — **~,dros·sel** *f* ant thrush (*Gattgen Formicarius u. Chamaeza*). — **~,ei** *n cf.* Ameisenpuppe. — **~,fleiß** *m* assiduity, sedulousness. — **~,flie·ge** *f zo.* ant fly (*Leptis vermillo*). — **~,fres·ser** *m* **1.** *cf.* Ameisenbär. – **2.** *one of several other mammals that feed partly on ants.* – **3.** ant bird (*Fam. Formicariidae*). — **~,gast** *m* **1.** (*Blattlaus*) aphis, ant cow. – **2.** (*Gliederfüßler im Ameisenhaufen*) myrmecophile. — **~,geist** *m chem. cf.* Ameisenspiritus. — **~,hau·fen, ~,hü·gel** *m* anthill, ant heap (*od.* nest); formicary, formicarium (*scient.*). — **~,igel** *m* spiny anteater, spiny echidna (*scient.*) (*Fam. Tachyglossidae*): Papuanischer ~ nodiak, long-beaked echidna (*Zaglossus bruijnii*); zu den ~n gehörig tachyglossate. — **~,jung·fer** *f* ant lion, myrmeleon (*scient.*) (*Fam. Myrmeleontidae; insect*). — **~,kö·ni·gin** *f* queen ant. — **~,krie·chen, ~,lau·fen** *n med.* formication. — **~,lö·we** *m zo.* ant lion, *Am.* doodlebug (*Gattg Myrmeleon*). — **~,pflan·ze** *f bot.* ant plant; myrmecophyte, myrmecophilous plant (*scient.*). — **~,pup·pe** *f* ant cocoon (*od.* pupa, egg). — **a~,sau·er** *adj chem.* formic. — **~,säu·re** *f* formic acid (HCO_2H). — **~,spi·ri·tus** *m* spirit of ants. — **~,staat** *m zo.* ants colony. — **~,vo·gel** *m meist pl* ant bird (*od.* thrush, catcher), anteater (*Fam. Formicariidae*).

Ame·lio·ra·ti·on [amelĭora'tsĭo:n] *f* ⟨-; -en⟩ *agr.* (*des Bodens*) amelioration. — **ame·lio'rie·ren** [-'ri:rən] *v/t* ⟨*no* ge-, h⟩ *bes. agr.* ameliorate, improve.

'Amel,korn ['a:məl-] *n bot.* amelcorn, emmer, two-grained spelt (*Triticum dicoccum*).

amen ['a:mɛn] **I** *interj bes. relig.* amen, so be it: ja und ~ zu etwas sagen *fig.* to consent (*od.* agree) to s.th.; alle sagten dazu ja und ~ *fig.* everybody said amen to that (*colloq.*). – **II A~** *n* ⟨-s; -⟩ amen: der Pfarrer sang das A~ the minister sang the amen; so sicher wie das A~ in der Kirche as sure as fate (*od.* death); sein A~ zu etwas geben *fig.* to give one's consent to s.th.

Amen·de·ment [amãdə'mã:] *n* ⟨-s; -s⟩ *pol.* amendment: ein ~ stellen to move (*od.* put) an amendment. — **amen·die·ren** [amɛn'di:rən] *v/t* ⟨*no* ge-, h⟩ *pol. obs.* amend. — **Amend·ment** [ə'mɛndmənt] (*Engl.*) *n* ⟨-s; -s⟩ *cf.* Amendement.

Amen·tia [a'mɛntsĭa] *f* ⟨-; -tiae [-tsĭɛ]⟩ *med.* amentia.

Ame·ri·ci·um [ame'ri:tsĭum] *n* ⟨-s; *no pl*⟩ *chem.* (*künstliches Element*) americium (Am).

Ame·ri·ka|,deut·sche [a'me:rika-] *m, f* German-American, German living in America. — **a~,feind·lich** *adj* anti-American. — **a~,freund·lich** *adj* pro-American.

Ame·ri·ka·ner [ameri'ka:nər] *m* ⟨-s; -⟩ **1.** American (*inhabitant of* a) *the United States*, b) *North America*): gebürtiger ~ born American; ~ werden, zum ~ machen to Americanize *Br. auch* -s-. – **2.** *gastr. very light iced cake.* — **Ame·ri'ka·ne·rin** *f* ⟨-; -nen⟩ American (girl *od.* woman, lady).

ame·ri·ka·nisch [ameri'ka:nɪʃ] **I** *adj* **1.** *geogr.* American: ~e Art (und Lebensweise) American way (of life). – **2.** *ling.* American (English). – **II** *ling.* **A~** ⟨*generally undeclined*⟩, **das A~e** ⟨-n⟩ **3.** American (English), the American (English) language.

ame·ri·ka·ni·sie·ren [amerikani'zi:rən] *v/t u.* sich ~ *v/reflex* ⟨*no* ge-, h⟩ Americanize

Br. auch -s-. — **Ame·ri·ka·ni'sie·rung** *f* ⟨-; *no pl*⟩ Americanization *Br. auch* -s-.

Ame·ri·ka·nis·mus [amerika'nɪsmʊs] *m* ⟨-; -nismen⟩ **1.** ⟨*only sg*⟩ (*des Lebensstils*) Americanism, characteristic of American life (*od.* culture). – **2.** *ling.* Americanism, American usage.

Ame·ri·ka·nist [amerika'nɪst] *m* ⟨-en; -en⟩ **1.** Americanist. – **2.** specialist in (North) American language and literature. — **Ame·ri·ka'ni·stik** [-tɪk] *f* ⟨-; *no pl*⟩ **1.** Americanistics *pl* (*construed as sg*), (study of) American anthropology, archaeology and ethnology. – **2.** American studies *pl*, study of (North) American language and literature.

Ame·thyst [ame'tʏst] *m* ⟨-(e)s; -e⟩ **1.** *min.* amethyst (*violet quartz*). – **2.** *zo.* amethyst (*Calliphlox amethystina; kind of hummingbird*). — **a~ˌar·tig** *adj* amethystine. — **a~ˌfar·ben** *adj* amethyst (violet), amethystine. — **~ˌschnecke** (*getr.* -k·k-) *f zo.* violet snail (*od.* shell) (*Gattg Janthina*).

Ame·trie [ame'triː] *f* ⟨-; -n [-ən]⟩ disproportion. — **ame·trisch** [a'meːtrɪʃ] *adj* disproportionate.

Ame·trop [ame'troːp] *m* ⟨-en; -en⟩ *med.* ametrope. — **Ame·tro'pie** [-tro'piː] *f* ⟨-; -n [-ən]⟩ *med.* ametropia. — **ame'tro·pisch** *adj* ametropic.

am·ha·risch [am'haːrɪʃ] **I** *adj* Amharic. – **II** *ling* **A~** ⟨*generally undeclined*⟩, **das A~e** ⟨-n⟩ Amharic, the Amharic language (*language of Ethiopia*).

Ami[1] ['ami] *m* ⟨-(s); -(s)⟩ *colloq.* American; Yankee, Yank (*colloq.*).

'Ami[2] *f* ⟨-; -s⟩ *colloq.* American cigarette.

Ami·ant [a'mɪ̆ant] *m* ⟨-s; *no pl*⟩ *min.* amiant(h)us, asbestos, mountain flax.

Amid [a'miːt] *n* ⟨-(e)s; -e⟩ *chem.* **1.** (acid) amide. – **2.** (metallic) amide ($MeNH_2$): **ein ~ bilden** amidate. — **~ˌbil·dung** *f* amidation.

ami·die·ren [ami'diːrən] *v/t* ⟨*no* ge-, h⟩ *chem.* amidate. — **Ami'die·rung** *f* ⟨-; *no pl*⟩ amidation.

Ami·din [ami'diːn] *n* ⟨-s; -e⟩ *chem.* amidin(e) ($RC(=NH)NH_2$).

Ami·do..., ami·do... *combining form denoting* amido...

Ami·dol [ami'doːl] (*TM*) *n* ⟨-s; *no pl*⟩ *chem. phot.* amidol ($C_6H_3(NH_2)_2OH.2HCl$; *photographic developer*).

ami·kro·sko·pisch [amikro'skoːpɪʃ; 'a(ː)-] *adj* amicroscopic(al).

Amikt [a'mɪkt] *m* ⟨-(e)s; -e⟩ *relig.* amice.

Amin [a'miːn] *n* ⟨-s; -e⟩ *chem.* amine, *auch* amin: **cyclisches ~** cyclamine. — **ami·nie·ren** [ami'niːrən] *v/t* ⟨*no* ge-, h⟩ *chem.* aminate. — **Ami'nie·rung** *f* ⟨-; -en⟩ amination, amidation.

Ami·no..., ami·no... *combining form denoting* amino...

Ami·no|ˌgrup·pe [a'miːno-] *f chem.* amino group. — **~pla·ste** [amino'plastə] *pl* aminoplastics. — **a~pla·stisch** [amino'plastɪʃ] *adj* aminoplastic: **~es Kunstharz** aminoplastic synthetic resin. — **~ˌsäu·re** *f* amino acid. — **~ˌzucker** (*getr.* -k·k-) *m* amino sugar.

Ami·to·se [ami'toːzə] *f* ⟨-; -n⟩ *med. bot. zo.* amitosis, fragmentation, direct cell division. — **ami'to·tisch** [-tɪʃ] *adj* amitotic.

Am·mann ['aman] *m* ⟨-(e)s; ⸚er ['amɛnər]⟩ *Swiss* amman, bailiff, district magistrate.

Am·me ['amə] *f* ⟨-; -n⟩ **1.** wet nurse, (*im weiteren Sinne*) nurse (*auch fig.*). – **2.** *biol.* nurse, asexual organism. – **3.** *cf.* **Hebamme.**

'Am·men|ˌbie·ne *f zo.* nurse bee. — **~ge·ne·ra·tiˌon** *f biol.* asexual generation. — **~ˌmär·chen** *n auch fig.* old wives' tale, fairy tale. — **~ˌzeu·gung** *f biol.* asexual reproduction.

Am·mer ['amər] *f* ⟨-; -n⟩ *zo.* bunting [(*Gattg Emberiza*).]

Am·me·ral ['amərаːl] *m* ⟨-s; -e⟩ *mar.* canvas bucket.

'Am·merˌfink *m zo.* crown sparrow (*Gattg Zonotrichia*).

Äm·mer·ling ['ɛmərlɪŋ] *m* ⟨-s; -e⟩ *zo. cf.* **Ammer.**

Am·mon[1] ['amɔn] *npr m* ⟨-s; *no pl*⟩ **1.** *relig. antiq.* Ammon. – **2.** *Bibl.* Ammon: **die Kinder ~s** the children of Ammon, the Ammonites.

Am·mon[2] [a'moːn] *n* ⟨-s; -e⟩ *chem. cf.* **Ammonium.**

Am·mo·nal [amo'naːl] *n* ⟨-s; *no pl*⟩ *chem.* (*Sprengstoff*) ammonal.

Am·mo·ni·ak [amo'nɪ̆ak] *n* ⟨-s; *no pl*⟩ *chem.* ammonia (NH_3): **doppeltkohlensaures ~** ammonium bicarbonate; **mit ~ versetzen** (*od.* **verbinden**) to ammonify.

am·mo·nia·ka·lisch [amonɪ̆a'kaːlɪʃ] *adj chem.* ammoniac(al).

Am·mo·nia·kat [amonɪ̆a'kaːt] *n* ⟨-(e)s; -e⟩ *chem.* ammine, ammoniate.

Am·mo·ni'ak|ˌdämp·fe *pl chem.* ammonia vapors (*bes. Br.* vapours). — **~ˌdün·ger** *m* ammonia fertilizer (*Br. auch* -s-). — **~ˌdün·gung** *f* ammonia fertilizing (*Br. auch* -s-). — **~ˌfla·sche** *f* ammonia bottle (*od.* tank). — **~ˌflüs·sig·keit** *f* liquid ammonia. — **~ˌgum·mi** *n* ammoniac(um), *auch* gum (*od.* Persian) ammoniac. — **a~ˌhal·tig** *adj* ammoniac(al), ammoniated: **~es Komplexsalz** ammine. — **~ˌharz** *n cf.* **Ammoniakgummi.** — **~ˌlö·sung** *f* solution of ammonia, ammonia solution, dilute ammonia. — **~ˌmes·ser** *m* ammonia meter. — **~salˌpe·ter** *m* ammonium nitrate (NH_4NO_3). — **~verˌgif·tung** *f med.* ammonia (gas) poisoning. — **~ˌwä·sche** *f metall.* ammonia washing process. — **~ˌwä·scher** *m* ammonia washer (*od.* scrubber). — **~ˌwas·ser** *n* **1.** *chem. med.* ammonia water (*od.* solution), aqueous ammonia. – **2.** *tech.* ammonia(cal) (*od.* gas) liquor.

Am·mo·nit[1] [amo'niːt; -'nɪt] *m* ⟨-en; -en⟩ *geol.* ammonite, horn of ammon: **~en enthaltend** ammonitiferous.

Am·mo'nit[2] *n* ⟨-(e)s; -e⟩ *chem.* ammonium nitrate explosive.

Am·mo·ni·ter [amo'niːtər] *m* ⟨-s; -⟩, **Am·mo'ni·te·rin** *f* ⟨-; -nen⟩ *Bibl.* Ammonite.

Am·mo·ni·um [a'moːnɪ̆ʊm] *n* ⟨-s; *no pl*⟩ *chem.* ammonium (*an ion* NH_4). — **~alaun** [-ˀaˌlaʊn] *n* alum, *auch* ammonia (*od.* ammonium) alum, ammonium aluminum sulfate, *bes. Br.* aluminium sulphate. — **~chloˌrid** *n* ammonium chloride, *auch* sal ammoniac (NH_4Cl). — **~hy·droˌxyd** *n* ammonium hydroxide (NH_4OH). — **~niˌtrat** *n cf.* **Ammoniaksalpeter.** — **~phosˌphat** *n* ammonium phosphate ($NH_4H_2PO_4$). — **~ˌsalz** *n* ammonium salt. — **~sulˌfat** *n chem. min.* ammonium sulfate (*bes. Br.* sulphate), mascagnite, *auch* mascagnine [$(NH_4)_2SO_4$]. — **~sulˌfid** *n chem.* ammonium sulfide (*bes. Br.* sulphide) [$(NH_4)_2S$]. — **~verˌbindung** *f* ammonium compound. — **~ˌzinn·chloˌrid** *n* ammonium chloro-stannide, pink salt [$(NH_4)_2SnCl_6$].

'Am·monsˌhorn *n* **1.** *geol. cf.* **Ammonit**[1]. – **2.** *med.* cornu ammonis, hippocampus (major).

Amne·sie [amne'ziː] *f* ⟨-; -n [-ən]⟩ *med.* amnesia.

Amne·stie [amnɛs'tiː] *f* ⟨-; -n [-ən]⟩ *jur.* a) amnesty, (general) pardon, b) act of grace, *hist.* (act of) oblivion: **eine ~ erlassen für j-n** to amnesty s.o.; **eine ~ verkünden** to proclaim an amnesty. — **~erˌlaß** *m* amnesty decree. — **~geˌsetz** *n* amnesty law.

amne·stie·ren [amnɛs'tiːrən] *v/t* ⟨*no* ge-, h⟩ *jur.* amnesty, grant amnesty to. — **Amne'stier·te** *m, f* ⟨-n; -n⟩ amnestied person. — **Amne'stie·rung** *f* ⟨-; -en⟩ grant(ing) of an amnesty.

amne·stisch [am'nɛstɪʃ] *adj med.* amnestic, amnesic, *auch* amnesiac.

Am·ni·on ['amnɪ̆ɔn] *n* ⟨-s; *no pl*⟩ *med. zo.* amnion, amnios: **das ~ betreffend** amniotic, amnionic, *auch* amnic. — **~ˌflüs·sig·keit** *f* amniotic fluid, liquor amnii (*scient.*).

Amö·be [a'møːbə] *f* ⟨-; -n⟩ *biol.* am(o)eba, *auch* proteus.

amö·ben|ˌar·tig [a'møːbən-] *adj biol.* am(o)ebiform, am(o)eboid, protean, proteiform. — **A~ˌkrank·heit** *f* **1.** *med.* am(o)ebiasis. – **2.** *vet.* (*der Bienen*) am(o)eba disease. — **A~ˌruhr** *f* am(o)ebic dysentery, am(o)ebiasis (*scient.*).

amö·bisch [a'møːbɪʃ] *adj biol.* am(o)ebic, am(o)eban, am(o)ebous.

amö·bo·id [amøbo'iːt] *adj biol.* am(o)eboid.

Amok ['aːmɔk; a'mɔk] **I** *m* ⟨-s; *no pl*⟩ *med. psych.* amok, amuck. – **II** *adv only in* **~ laufen** to run amok. — **~ˌlauf** *m*, **~ˌlau·fen** *n* running amok (*od.* amuck). — **~ˌläu·fer** *m* person running amok (*od.* amuck).

'a-ˌMoll ['aː-] *n* ⟨-; *no pl*⟩ *mus.* A minor.

Amom [a'moːm] *n* ⟨-s; -e⟩ *bot.* amomum (*Amomum cardamomum*).

Amöm·lein [a'møːmlaɪn] *n* ⟨-s; -⟩ *bot.* (bastard) stone parsley, honewort, *auch* hedge sison (*Sison amomum*).

Amor ['aːmɔr] *npr m* ⟨-s; *no pl*⟩ *myth.* Cupid, *auch* Amor: **von ~s Pfeil getroffen sein** *fig.* to be struck by Cupid's dart.

Amo·ral ['a(ː)moraːl] *f* ⟨-; *no pl*⟩ amorality. — **amo·ra·lisch** ['a(ː)moraːlɪʃ; amo'raːlɪʃ] *adj* amoral, nonmoral *Br.* non-.

Amo·ra·lis·mus [amora'lɪsmʊs] *m* ⟨-; *no pl*⟩ *philos.* amoralism. — **amo·ra·li·stisch** [amora'lɪstɪʃ; 'a(ː)-] *adj* amoralistic.

Amo·ra·li·tät [amorali'tɛːt; 'a(ː)-] *f* ⟨-; *no pl*⟩ amorality, amoralism.

Amor·ces [a'mɔrs] *pl* (*Zündblättchen*) caps, *bes. Br.* snap caps.

Amo·ret·te [amo'rɛtə] *f* ⟨-; -n⟩ (*art*) **1.** amoretto, cupid, amor, cherub. – **2.** *pl* putti, *auch* Loves.

Amo·ri·ter [amo'riːtər] *m* ⟨-s; -⟩, **Amo'ri·te·rin** *f* ⟨-; -nen⟩ *Bibl.* Amorite.

amo·ro·so [amo'roːzo] *adv u. adj mus.* amoroso.

amorph [a'mɔrf] *adj* **1.** amorphous, *auch* amorphose, formless: **eine ~e Masse** an amorphous mass. – **2.** *min. chem. phys.* amorphous, amorphic, uncrystallized *Br. auch* -s-. — **Amor'phie** [-'fiː] *f* ⟨-; -n [-ən]⟩ amorphism, amorphy, amorphousness. — **amor·phisch** [a'mɔrfɪʃ] *adj obs. for* amorph. — **Amor'phis·mus** [-'fɪsmʊs] *m* ⟨-; *no pl*⟩ *cf.* **Amorphie.**

'AmorsˌPfeil *m fig.* Cupid's dart (*od.* arrow).

Amor·ti·sa·ti·on [amɔrtiza'tsɪ̆oːn] *f* ⟨-; -en⟩ **1.** *econ.* a) (*einer Schuld*) amortization *Br. auch* -s-, amortizement *Br. auch* -s-, liquidation, b) (*einer Anleihe etc*) redemption, amortizement, c) (*eines Dokuments etc*) cancellation, extinction. – **2.** *econ.* (*Anlageabschreibung*) amortization *Br. auch* -s-, depreciation, writing off. – **3.** *hist.* alienation in mortmain, amortization *Br. auch* -s-, amortizement *Br. auch* -s-. – **4.** *jur.* (*von Urkunde, Wechsel etc*) invalidation.

Amor·ti·sa·ti'ons|ˌfonds *m* sinking (*od.* redemption) fund. — **~hy·poˌthek** *f* sinking-fund mortgage loan. — **~ˌplan** *m* redemption plan (*od.* table).

amor·ti'sier·bar *adj econ.* amortizable *Br. auch* -s-, redeemable.

amor·ti'sie·ren *v/t* ⟨*no* ge-, h⟩ **1.** *econ.* a) (*Schuld*) amortize *Br. auch* -s-, liquidate, pay off, b) (*Anleihe etc*) redeem, c) (*Dokument etc*) cancel. – **2.** *econ.* (*abschreiben*) amortize *Br. auch* -s-, depreciate, write off. – **3.** *hist.* alienate (*s.th.*) in mortmain, amortize *Br. auch* -s-. – **4.** *jur.* (*für ungültig erklären*) invalidate. — **Amor·ti'sie·rung** *f* ⟨-; *no pl*⟩ *cf.* **Amortisation.**

Amos ['aːmɔs] *npr m* ⟨-; *no pl*⟩ *Bibl.* (*Prophet*) Amos.

Amou·ren [a'muːrən] *pl iron.* amours, love affairs.

amou·rös [amu'røːs] *adj* (*Abenteuer etc*) [amorous.]

Am·pel ['ampəl] *f* ⟨-; -n⟩ **1.** (*im Verkehr*) traffic signal (*od.* light): **die ~ zeigt grün** the traffic light has turned green. – **2.** hanging lamp. – **3.** hanging flowerpot.

'Am·pelˌkraut, 'Hän·gen·des *n bot.* wandering Jew (*Zebrina pendula*).

Am·pe·lo·gra·phie [ampelogra'fiː] *f* ⟨-; *no pl*⟩ *agr.* ampelography.

'Am·pelˌpflan·ze, ~ˌran·ke *f meist pl hort. plant especially suited for hanging flowerpots, hanging plant.*

Am·pere [am'pɛːr] *n* ⟨-(s); -⟩ *electr.* ampere, *auch* ampère. — **~ˌfuß** *m* ampere-foot. — **~me·ter** [ampɛr'meːtər] *n* ammeter, amperemeter, amperometer. — **~ˌne·benˌwi·derˌstand** *m* ammeter shunt. — **~seˌkun·de** *f* ampere-second. — **~ˌstun·de** *f* ampere-hour.

Am'pereˌstun·den|ˌlei·stung *f electr.* (*von Batterien etc*) ampere-hour capacity. — **~ˌzäh·ler** *m* ampere-hour meter.

Am'pere|ˌwin·dung, ~ˌwin·dungsˌzahl *f electr.* ampere-turn. — **~ˌzahl** *f* amperage.

Amp·fer ['ampfər] *m* ⟨-s; *rare* -⟩ *bot.* dock, sorrel, *auch* parella (*Gattg Rumex*): **Kleiner ~** sheep (*auch* sheep's) sorrel (*R. acetosella*); **Krauser ~** curled (*od.* butter) dock (*R. crispus*); **Stumpfblättriger ~** bitter dock, *auch* broad-leaved dock (*R. obtusifolius*).

Am·phi..., am·phi... *combining form denoting* amphi..., amph...

Am·phi·bie [am'fiːbɪ̆ə] *f* ⟨-; -n⟩ *meist pl zo.* amphibian, amphibious animal: **die ~n** the amphibians; the Amphibia, the Batrachia (*scient.*).

am'phi·bi·en|ˌar·tig *adj zo.* amphibian, amphibious. — **A~ˌfahrˌzeug** *n tech.* amphibian (vehicle). — **A~ˌflugˌzeug** *n aer.* amphibian (plane). — **A~ˌpan·zerˌwa·gen** *m mil.* amphibious tank.

Am·phi·bi·er [am'fiːbiər] *m* ⟨-s; -⟩ *meist pl zo. cf.* Amphibie.
am·phi·bisch [am'fiːbɪʃ] *adj* amphibian, amphibious.
Am·phi·bi·um [am'fiːbium] *n* ⟨-s; -bien⟩ *zo. cf.* Amphibie.
Am·phi·bol [amfi'boːl] *m* ⟨-s; -e⟩ *min.* **1.** amphibole: grüner ~ actinolite. – **2.** *cf.* Hornblende. — **~as,best** *m min.* amianthus.
Am·phi·bo·lie [amfibo'liː] *f* ⟨-; -n [-ən]⟩ *ling. philos.* amphibology, amphiboly, amphibolia. — **am·phi'bo·lisch** [-'boːlɪʃ] *adj* amphibological, amphibolic.
Am·phi·bo·lit [amfibo'liːt; -'lɪt] *m* ⟨-s; -e⟩ *min.* amphibolite.
am·phi·di·plo·id [amfidiplo'iːt] *adj bot. zo.* amphidiploid. — **Am·phi·di·ploi'die** [-i'diː] *f* ⟨-; *no pl*⟩ amphidiploidy.
am·phi·gam [amfi'gaːm] *adj bot.* amphigamous: ~e Pflanze amphigam.
Am·phi·go·nie [amfigo'niː] *f* ⟨-; *no pl*⟩ *biol.* sexual reproduction, amphigony, amphigenesis. — **am·phi'go·nisch** [-'goːnɪʃ] *adj* amphigonic, amphigonous.
Am·phi·gu·rie [amfigu'riː] *f* ⟨-; -n [-ən]⟩ (*literature*) amphigory, *auch* amphigouri, amphigoury, nonsense verse. — **am·phi'gu·risch** [-'guːrɪʃ] *adj* amphigoric.
am·phi·karp [amfi'karp] *adj bot.* amphicarpic, amphicarpous. — **Am·phi·kar'pie** [-'piː] *f* ⟨-; *no pl*⟩ amphicarpism.
Am·phi·ktyo·ne [amfikty'oːnə] *m* ⟨-n; -n⟩ *antiq. hist.* amphictyon. — **Am·phi·ktyo'nie** [-o'niː] *f* ⟨-; -n [-ən]⟩ amphictyony. — **am·phi·ktyo·nisch** [-'oːnɪʃ] *adj* amphictyonic.
Am·phi·oxus [amfi'ɔksus] *m* ⟨-; *no pl*⟩ *zo.* amphioxus (*Branchiostoma lanceolatum*).
Am·phi·po·de [amfi'poːdə] *m* ⟨-n; -n⟩ *zo.* amphipod, amphipodan (*Unterordng Amphipoda*): zu den ~n gehörig amphipod, amphipodal, amphipodan, amphipodous.
Am·phi·thea·ter [am'fiːteaːtər] *n* **1.** *bes. antiq.* amphitheater, *bes. Br.* amphitheatre. – **2.** *geol.* cirque, circus. – **3.** *fig.* arena. — **am·phi·thea'tra·lisch** [-fitea'traːlɪʃ] *adj* amphitheatric(al), amphitheatral.
Am·phi·tri·te [amfi'triːte] *npr f* ⟨-; *no pl*⟩ *myth.* Amphitrite.
am·phi·trop [amfi'troːp] *adj bot.* amphitropal, amphitropous.
Am·phi·try·on [am'fiːtryən] *npr m* ⟨-s; *no pl*⟩ *myth.* Amphitryon.
am·phi·zöl [amfi'tsøːl] *adj zo.* amphicoelous, *auch* amphicelous, amphicoelian.
Am·pho·de·lit [amfode'liːt; -'lɪt] *m* ⟨-s; -e⟩ *min.* amphodelite.
Am·pho·ra ['amfora], **Am'pho·re** [-'foːrə] *f* ⟨-; Amphoren [-'foːrən]⟩ *antiq.* amphora.
am·pho·risch [am'foːrɪʃ] *adj med.* amphoric.
am·pho·ter [amfo'teːr] *adj chem.* amphoteric: ~er Elektrolyt ampholyte.
Am·pli·fi·ka·ti·on [amplifika'tsioːn] *f* ⟨-; -en⟩ (*Rhetorik*) amplification, expansion. — **am·pli·fi·zie·ren** [amplifi'tsiːrən] *v/t* ⟨*no* ge-, h⟩ amplify, expand.
Am·pli·tu·de [ampli'tuːdə] *f* ⟨-; -n⟩ *astr. phys.* amplitude.
Am·pli'tu·den|be,gren·zer *m electr.* (amplitude *od.* peak) limiter. — **~mo·du·la·ti,on** *f electr.* amplitude modulation. — **~se·pa,ra·tor** *m telev.* clipper circuit. — **~,stö·rung, ~ver,zer·rung** *f* amplitude distortion. — **~ver,lauf** *m mus.* amplitude curve. — **~,wei·te** *f* amplitude.
Am·pul·le [am'pulə] *f* ⟨-; -n⟩ **1.** *med.* ampul, *auch* ampule, *bes. Br.* ampoule. – **2.** *antiq.* (*Ölflasche*) ampulla. – **3.** *relig.* (*Weihölgefäß*) ampulla, oilstock. — **am'pul·len,mä·ßig** *adv* in amp(o)ules. — **Am'pul·len,sä·ge** *f* amp(o)ule saw.
Am·pu·ta·ti·on [amputa'tsioːn] *f* ⟨-; -en⟩ *med.* amputation, *auch* ablation.
Am·pu·ta·ti'ons|be,steck *n med.* amputation kit. — **~,stumpf** *m* (amputation) stump.
am·pu·tie·ren [ampu'tiːrən] *v/t* ⟨*no* ge-, h⟩ *med.* amputate. — **Am·pu'tier·te** *m, f* ⟨-n; -n⟩ amputee. — **Am·pu'tie·rung** *f* ⟨-; -en⟩ *cf.* Amputation.
Am·ra·mi·ten [amra'miːtən] *pl Bibl.* Amramites.
Am·ri·ta ['amrita] *n* ⟨-; *no pl*⟩ *relig.* amrit(a), *auch* amreeta.
Am·sel ['amzəl] *f* ⟨-; -n⟩ **1.** *zo.* (European) thrush, ouzel, *auch* ousel, merl(e), *Br.* blackbird (*Turdus merula*). – **2.** *her.* martlet.
'am·sel|,ar·tig *adj zo.* thrushlike. — **A~,feld** *n hist. only in* die Schlacht auf dem ~ the Battle of Kos(s)ovo (*1389*). — **A~,mö·ve** *f zo.* black tern (*Chlidonias nigra*).
Amt [amt] *n* ⟨-(e)s; =er⟩ **1.** (*Dienststelle*) office, bureau: ein ~ leiten to be in charge of (*od.* to run) an office; Auswärtiges ~ *pol. Br.* Foreign Office, *Am.* State Department; auf einem ~ vorsprechen (*od.* vorstellig werden) to call at an office; die städtischen Ämter a) the municipal offices, b) the municipal authorities; statistisches ~ statistical bureau (*od.* office); ~ für Wetterdienst meteorological office, *bes. Am.* weather bureau. – **2.** (*amtliche Tätigkeit*) office, position, post, *auch* function, appointment: in Ausübung seines ~es a) in carrying out the functions of his office, b) in the execution of his duty, c) while on duty; Enthebung aus dem ~ a) removal from office, b) (*Suspendierung*) suspension from office; Nachfolge in einem ~ succession to an office; Übernahme eines ~es a) assumption of an office, b) succession to an office; Verleihung eines ~es *jur.* dation of an office; Vorgänger im ~ predecessor in office; öffentliches (*od.* staatliches) ~ public appointment (*od.* office); unfähig, ein öffentliches ~ zu bekleiden incapable of holding public office; einträgliches, müheloses ~ (*Pfründe*) sinecure; hohes ~ high position (*od.* post); ~ eines Staatsbeamten (*Dienst*) (civil) service; ~ eines Kanzlers office of chancellor, chancellorship: ~ eines Ministerpräsidenten (*od.* Premierministers) office of prime minister (*od.* premier), prime ministership, premiership; ein ~ antreten a) to enter on (*od.* upon) (*od.* to accede to) an office, b) (*von Ministern etc*) to take office, c) to take up one's (official) duties; ein ~ antretend *pol.* ingoing; j-n im ~ ablösen to supersede s.o.; sein ~ behalten, im ~ bleiben to continue in office, to keep (*od.* retain) one's office (*od.* position); ein ~ bekleiden (*od.* innehaben) a) to hold an office (*od.* position), to fill a post, b) (*von Ministern etc*) to hold office; das ~ des Schatzmeisters bekleiden a) to hold (*od.* fill) the office of treasurer, b) to discharge the duties of treasurer; sich um ein ~ bewerben to apply for a position (*od.* post); j-n in sein ~ einführen (*od.* einsetzen, einweisen) a) to instal(l) s.o. (in an office), b) *pol.* to induct s.o., to inaugurate s.o.; j-n in ein ~ einschwören to swear s.o. into (an) office; j-n aus seinem ~ entfernen, j-n seines ~es entheben (*od.* entsetzen) a) to remove s.o. from office, to relieve s.o. of his post (*od.* position), (*stärker*) to eject (*od.* oust) s.o. from (an) office, b) (*suspendieren*) to suspend s.o. from office; sein ~ niederlegen, aus dem ~ scheiden a) to leave (*od.* resign) one's office, to give up (*od.* resign) one's appointment (*od.* position), b) (*von Kabinettsmitgliedern etc*) to leave (*od.* resign) office; ein ~ übernehmen to take over an office; j-s ~ übernehmen to succeed to s.o.'s office, to succeed s.o. in office; j-m ein ~ übertragen a) to give s.o. an appointment (*od.* post), b) to hand over an office to s.o., c) to commission s.o.; er kann dieses ~ nicht vergeben *jur.* this office is not in his gift; ein auf zwei Jahre verliehenes ~ an office tenable for two years; ein ~ versehen a) to administer an office, b) to discharge one's duties; j-n aus dem ~ verdrängen to oust s.o. from office; j-n für ein ~ wählen to elect s.o. to an office; im ~ sein a) *pol.* to be in office, b) to be on duty; kraft seines ~es by virtue of his office; von ~s wegen officially, ex officio, *auch* ex officiis; Richter von ~s wegen *jur.* judge in ordinary; Untersuchung (*od.* Anklage) von ~s wegen *jur.* presentment; in ~ und Würden sein to hold office; wem Gott ein ~ gibt, dem gibt er auch Verstand (*Sprichwort*) skill comes with office. – **3.** *fig.* (*Aufgabenbereich*) province, (sphere of) responsibility: das ist nicht meines ~es *lit.* this is not in (*od.* is beyond) my province; es ist nicht meines ~es, das zu tun it is not my place (*od.* business) to do that. – **4.** *lit.* (*Pflicht*) duty, duties *pl*, function(s *pl*): seines ~es walten to perform one's functions, to discharge the duties of one's office; walte deines ~es! *colloq.* that's your job, you do your job. – **5.** *tel.* (telephone) exchange, *bes. Am.* central: (das) ~, bitte! exchange, please! Fräulein vom ~ (telephone) operator. – **6.** *relig.* office: geistliches (*od.* priesterliches) ~ ecclesiastical office, ministry: erzbischöfliches [päpstliches] ~ archiepiscopate [papacy]; ~ eines Pfarrers rectorate; ~ Christi office of Christ; j-n mit einem geistlichen ~ bekleiden to invest s.o. with an ecclesiastical office (*Br. auch* a living), to frock s.o.; j-n für ein geistliches ~ (*dem Bischof*) vorschlagen *Br.* to present s.o.; Besitz mehrerer Ämter plurality of benefices, pluralism; Handel mit geistlichen Ämtern simony; das ~ der Schlüssel the power of the keys. – **7.** *relig.* a) (divine) service, b) *röm.kath.* (sung) mass: ein ~ halten to hold (*od.* perform) a service.
Ämt·chen ['ɛmtçən] *n* ⟨-s; -⟩ *iron.* unimportant (*od.* minor, inferior) post (*od.* position).
am·ten ['amtən] *v/i* ⟨h⟩ *Southern G. and Swiss obs. for* amtieren 1.
'Äm·ter|,han·del *m* **1.** *contempt.* (purchase and) sale of offices, office jobbing, barratry. – **2.** *relig.* simony. — **~,häu·fung** *f* accumulation of offices. — **~,jagd** *f contempt.* office (*od.* position) hunting (*od.* seeking).
am·tie·ren [am'tiːrən] *v/i* ⟨*no* ge-, h⟩ **1.** hold (*od.* be in) office, officiate (*auch fig.*): ~ als to act (*od.* serve, function, officiate) as, to perform the duties of; als Richter ~ *jur.* to exercise judicial functions, to officiate (*od.* sit) as judge. – **2.** *relig.* (*bei der Messe etc*) officiate: als Bischof ~ to pontificate. — **am'tie·rend I** *pres p.* – **II** *adj* **1.** officiating, *Am.* incumbent (*bes. pol.*). – **2.** (*stellvertretend*) acting.
'amt·lich I *adj* **1.** official, authorized *Br. auch* -s-: ~e Abkürzung (officially) recognized abbreviation; ~e Beglaubigung *jur.* official confirmation, legalization; ~er Bericht official report, *bes. pol.* communiqué; ~e Bescheinigung *jur.* certificate; in ~er Eigenschaft in one's official capacity; ~e Kreise official circles (*od.* quarters); nicht ~ unofficial, private; aus ~er Quelle, von ~er Seite from official sources (*od.* quarters); ~e Stelle government (*od.* public) office; sich widerrechtlich ~e Befugnisse anmaßen to usurp authority; etwas ~ machen to make s.th. official, to officialize s.th.; mit ~en Papieren ausstatten *econ.* to document; das ist ~! *colloq.* there's no doubt about it! that's official! – **2.** (*Titel etc*) official, officiary. – **3.** (*von Amts wegen*) official, ex officio, *auch* ex officiis. – **II** *adv* **4.** officially, ex officio, *auch* ex officiis: etwas ~ ankündigen to announce s.th. officially; etwas ~ anbringen *jur.* to exhibit s.th.; etwas ~ aufzeichnen *jur.* to enrol(l) s.th.; etwas ~ beglaubigen *jur.* to legalize s.th.; ~ bescheinigt signed on authority, certified; ~ notiert *econ.* officially quoted; ~ zugelassen *jur. econ. Am.* licensed.
'amt·li·cher'seits *adv* officially.
'amt·los *adj* **1.** without office (*od.* a position). – **2.** *pol.* out of office.
'Amt|,mann *m* ⟨-(e)s; -männer *u.* -leute⟩ **1.** *jur. senior clerk in the middle grade of the German civil service.* – **2.** *hist.* bailiff. — **~,mann·schaft** *f hist.* bailiwick.
'Amts|,adel *m hist.* nobility of office. — **~,al·ter** *n archaic for* Dienstalter. — **~,an·,ma·ßung** *f jur.* **1.** (false) assumption (*od.* usurpation) of authority, unauthorized assumption of official functions. – **2.** overstepping of official powers: Verfahren wegen ~ quo warranto. — **~,an,ruf** *m tel.* exchange call. — **~,an,tritt** *m* **1.** assumption of office: bei ~ on assuming office. – **2.** *bes. pol.* accession to office. — **~,an,walt** *m jur. public officer officiating as prosecutor at an 'Amtsgericht'.* — **~,an,wär·ter** *m* applicant (*od.* candidate) for an office, candidate for office. — **~,arzt** *m med.* **1.** public health (*od.* medical) officer, *Am.* medical examiner, *Br.* medical officer of health. – **2.** (*Polizeiarzt*) police surgeon. – **3.** (*Schularzt*) school physician. — **a~,ärzt·lich I** *adj* issued by the public health officer: ~e Bescheinigung (official) medical certificate. – **II** *adv* by (*od.* through) the public health officer. — **~,aus,übung** *f* exercise (*od.* execution) of office. — **~be,fug·nis** *f* competence, competency, (official) authority: Mißbrauch der ~ *jur.* abuse of (official) authority (*od.* power). — **~be,lei·di·gung** *f jur.* insult to (*od.* insulting of) an official. — **~be,reich** *m bes. jur. pol.* (sphere of) competence. — **~be,wer·ber** *m* applicant (*od.* candidate) for an office. —

~beˌwer·bung *f* application for an office. — **~beˌzeich·nung** *f* official title. — **~beˌzirk** *m* **1.** administrative district. – **2.** *obs.* bailiwick. — **~ˌblatt** *n* (official) gazette: etwas im ~ bekanntmachen (*od.* veröffentlichen) to publish (*od.* announce) s.th. in a gazette, *bes. Br.* to gazette s.th. — **~ˌbo·te** *m obs.* usher, official (*od.* court) messenger. — **~ˌbru·der** *m bes. relig.* colleague, fellow clergyman, brother minister. — **~chaˌrak·ter** *m* official nature (*od.* character). — **~ˌdau·er** *f* term (*od.* period, tenure) of office; *bes. Am.* term, incumbency: ~ eines Präsidenten presidential term, presidency, *Am.* administration. — **~deˌlikt** *n jur.* malfeasance (*od.* malpractice) in office. — **~ˌdeutsch** *n* ⟨-(s)⟩ (German) officialese. — **~ˌdie·ner** *m* **1.** (*Amtsgehilfe*) usher. – **2.** messenger of a municipal court, beadle. — **~ˌeh·ren·beˌlei·di·gung** *f cf.* Amtsbeleidigung. — **~ˌeid** *m jur.* oath of office, official oath: den ~ ablegen to take the oath of office, to be sworn in; j-m den ~ abnehmen to swear s.o. in, to administer the oath of office to s.o.; ~ eines neuen Abgeordneten *pol.* affirmation. — **~ˌeinˌfüh·rung** *f* installation, installment, *bes. Br.* instalment, induction: feierliche ~ investiture, inauguration. — **~entˌhe·bung, ~entˌset·zung** *f* **1.** removal (*od.* discharge) from office, dismissal: vorläufige (*od.* zeitweilige) ~ suspension (from office). – **2.** *relig.* suspension. — **~erˌschlei·chung** *f jur.* accession to office by illegal (*od.* surreptitious) means. — **a~ˌfä·hig** *adj* qualified for (an) office: j-n für ~ erklären *jur.* to admit s.o. (to an office). — **~ˌfreiˌzei·chen** *n tel.* dial (*Br.* dialling) tone. — **~ˌfüh·rung** *f* administration (of [an] office). — **~geˌbäu·de** *n* office (building). — **~geˌbüh·ren** *pl* official fees (*od.* charges, duties). — **~geˌheim·nis** *n* **1.** official secret. – **2.** (*Geheimhaltung*) official secrecy. — **~geˌhil·fe** *m* **1.** (*Assistent*) assistant, adjunct. – **2.** *jur.* usher, messenger (*in the civil service*). — **~geˌnos·se** *m* colleague, fellow official, associate.

ˈAmts·geˌricht *n jur.* court of first instance, municipal court, *Am. etwa* district court, *Br. etwa* county court, petty sessions court. — **ˈamts·geˌricht·lich** *adj* of an 'Amtsgericht': ~es Verfahren municipal court procedure.

ˈAmts·geˌrichtsˌrat *m jur.* judge of an 'Amtsgericht'.

ˈAmts|geˌschäf·te *pl* **1.** official business *sg* (*od.* matters). – **2.** (*Amtspflichten*) (official) duties (*od.* functions): seine ~ aufnehmen to take up one's (official) duties. — **~geˌwalt** *f jur.* (official) authority (*od.* power[s *pl*]), competence. — **~ˌgna·de** *f relig.* sacramental grace (*which enables even an unworthy priest to perform his official acts efficaciously*). — **~ˌhaf·tung** *f jur.* **1.** responsibility of an official for the legality of his actions. – **2.** liability of an authority (*od.* official) for damages. — **a~ˌhal·ber** *adv* (*von Amts wegen*) officially, ex officio, *auch* ex officiis. — **~ˌhand·lung** *f* **1.** *pol.* official act (*od.* function): eine ~ vornehmen a) to perform an official function, b) (*ein Amt versehen*) to officiate. – **2.** *relig.* ministration. – **3.** *jur.* (*Verfahren, Prozeß*) action. — **~ˌhauptˌmann** *m hist. district administrator in Saxony.* — **~ˌhauptˌmann·schaft** *f hist. administrative district in Saxony.* — **~ˌhil·fe** *f cf.* Rechtshilfe. — **~ˌho·heit** *f* **1.** (*Amtsgewalt*) (official) authority. – **2.** (*Amtswürde*) official dignity. – **3.** *pol.* sovereignty. — **~ˌinˌha·ber** *m* **1.** office-holder, *bes. Br.* office-bearer, *bes. Am.* incumbent. – **2.** *relig.* incumbent. — **~ˌinˌha·be·rin** *f cf.* Amtsinhaber 1. — **~ˌkas·se** *f* cash office (of a public department), *bes. Br.* treasurer's office, finance office. — **~ˌket·te** *f* (*eines Bürgermeisters etc*) chain of office. — **~ˌklei·dung** *f* official dress (*od.* robe, gown). — **~ˌlei·tung** *f* **1.** management of an office. – **2.** head of an office, official in charge. – **3.** *tel.* exchange line. — **~loˌkal** *n* office. — **a~ˌmä·ßig** **I** *adj* official. – **II** *adv* officially. — **~ˌmie·ne** *f fig. iron.* solemn (*od.* magisterial, official) air (*od.* look): eine ~ annehmen (*od.* aufstecken, aufsetzen) to put on an air of gravity, to look as solemn as a judge. — **~ˌmißˌbrauch** *m jur.* **1.** abuse of (official) authority (*od.* power). – **2.** malpractice, malfeasance, malversation. — **a~ˌmü·de** *adj* ⟨*meist pred*⟩ weary (*od.* tired) of office. — **~ˌnachˌfol·ger** *m* successor (in office). — **~ˌnie·derˌle·gung** *f* resignation, laying down of an office. — **~ˌort** *m* official residence: am ~ ansässig sein to be in residence; am ~ wohnend residentiary. — **~pe·riˌode** *f* term (*od.* period, tenure) of office, *bes. Am.* term: ~ des Präsidenten presidential term, presidency; ~ eines Richters judicature. — **~perˌson** *f* official, official person (*od.* personage), functionary: gewichtige ~ *humor.* bigwig.

ˈAmtsˌpflicht *f* official duty: Verletzung der ~ *cf.* Amtspflichtverletzung. — **~verˌlet·zung** *f jur.* violation (*od.* breach) of official duty.

ˈAmts|ˌrat *m jur. Br. etwa* principal (*administrative officer in the civil service*), *Am. etwa* senior (*administrative official in the civil service*). — **~ˌrich·ter** *m jur.* **1.** district (*od.* municipal) court judge (*judge at a German court of first instance*). – **2.** (*in USA*) district judge, (*in England*) county court judge, magistrate. — **~ˌro·be** *f* official robe, robe (of office). — **~ˌsa·che** *f* official business (*od.* matter). — **~ˌsas·se** *m jur. person under the jurisdiction of a bailiff* (*od. of a district court*). — **a~ˌsäs·sig** *adj jur. hist.* subject to (*od.* within) a bailiff's jurisdiction. — **~ˌschal·ter** *m tel.* exchange switch. — **~ˌschim·mel** *m* ⟨-s; *no pl*⟩ *fig. colloq.* red tape, red-tap(e)ism, officialism, bureaucracy: hier wiehert der ~ this place is buried in red tape (*colloq.*). — **~ˌschrei·ber** *m* **1.** *jur.* (*bei Gericht*) clerk. – **2.** *obs.* official scribe, scrivener. — **~ˌsie·gel** *n* (kicks) seal, seal of office. — **~ˌsitz** *m* **1.** (official) residence: ~ eines Präsidenten presidency. – **2.** (*einer Behörde*) (location of) office, (official) seat. — **~ˌspra·che** *f* **1.** (*eines Landes*) official language. – **2.** (*Kanzleisprache*) officialese, *Am. colloq. auch* gobbledygook, gobbledegook, *Br.* civil service jargon. — **~ˌstel·le** *f* **1.** government(al) office. – **2.** official position. — **~ˌstem·pel** *m* official stamp (*od.* seal). — **~ˌstu·be** *f rare for* Amtszimmer. — **~ˌstun·den** *pl* office hours. — **~sus·penˌsiˌon** *f jur.* suspension from office. — **~ˌtä·tig·keit** *f* official activity, exercise of official functions: während seiner ~ during his tenure (of office). — **~ˌti·tel** *m rare for* Amtsbezeichnung. — **~ˌton** *m* official tone. — **~ˌtracht** *f* **1.** official attire (*od.* dress, robe), vestment. – **2.** *jur.* (*eines Richters*) court dress, gown: in voller ~ (fully) gowned. – **3.** *relig.* a) canonicals *pl*, b) (*eines Bischofs*) pontificals *pl*, *auch* pontificalia *pl.* — **~ˌträ·ger** *m* office-holder, *bes. Br.* office-bearer. — **~ˌüberˌga·be** *f* handing over of an office (*od.* one's duties). — **~ˌüberˌnah·me** *f* **1.** assumption of office. – **2.** *bes. pol.* accession to office, coming into power: seit seiner ~ since he came into office (*od.* power), since he took office. — **~ˌüberˌschrei·tung** *f jur.* misuse of authority. — **a~ˌüb·lich** *adj* **1.** official. – **2.** of official character, official in character. — **~ˌunˌterˌschla·gung** *f* misappropriation (*od.* malversation, fraudulent conversion) of public funds, peculation. — **~verˌbre·chen** *n* malversation. — **~verˌge·hen** *n* **1.** malpractice, malfeasance, malversation. – **2.** (*geringer Schwere*) misdemeanor (*bes. Br.* misdemeanour) in office. – **3.** (*Dienstvergehen*) prevarication. — **~verˌlet·zung** *f* misconduct in office. — **~verˌlust** *m* loss of (one's) official position (*od.* office). — **~verˌmitt·lung** *f tel.* (telephone) exchange. — **~verˌrich·tung** *f* official function, exercise (*od.* performance) of official functions. — **~verˌschwie·gen·heit** *f jur.* (official) secrecy: zur ~ verpflichtet werden to be sworn to secrecy. — **~verˌtre·ter** *m* **1.** deputy, substitute (of an official). – **2.** *relig.* locum tenens, locum (*colloq.*). — **~verˌwe·ser** *m* **1.** (deputy) administrator of an office. – **2.** deputy, substitute. – **3.** (*Landes-, Reichsverweser*) regent. — **~ˌvogt** *m hist.* bailiff. — **~vogˌtei** *f hist.* **1.** bailiwick. – **2.** office of a bailiff. — **~ˌvollˌmacht** *f* authority. — **~ˌvorˌgän·ger** *m*, **~ˌvorˌgän·ge·rin** *f* predecessor (*od.* precursor) (in office). — **~ˌvorˌmund** *m jur.* statutory (*od.* public) guardian. — **~ˌvorˌmund·schaft** *f jur.* a) statutory (*od.* public) guardianship, b) (*kollektive*) board of guardians: Mündel unter ~ *Br.* ward in chancery (*od.* of court). — **~ˌvorˌstand** *m cf.* Amtsvorsteher 1. — **~ˌvorˌste·her** *m* **1.** head official, chief (*od.* head) of an office (*od.* a bureau). – **2.** *hist.* a) chief official of a district, b) (*in Preußen*) police superintendent. — **~ˌwech·sel** *m* change in (*od.* of) office: turnusmäßiger ~ rotation in office. — **~ˌweg** *m* (*Dienstweg*) official channel: auf dem ~ officially, through official channels; den ~ einhalten to act through the proper (*od.* usual) channels; etwas auf dem ~ weiterleiten to route s.th. through official channels. — **a~ˌwid·rig** *adj cf.* dienstwidrig. — **~ˌwid·rig·keit** *f cf.* Dienstvergehen 1. — **~ˌwoh·nung** *f rare for* Dienstwohnung 1, 2. — **~ˌwür·de** *f* dignity of office: j-n mit den Zeichen der ~ ausstatten (*od.* bekleiden) to invest s.o. (with the insignia of office). — **~ˌzei·chen** *n* **1.** official mark (*od.* stamp). – **2.** (*Dienstabzeichen*) badge. – **3.** *tel.* dial (*Br.* dialling) tone. — **~ˌzeit** *f cf.* Amtsperiode, Amtsdauer. — **~ˌzim·mer** *n* office (room).

Amu·lett [amuˈlɛt] *n* ⟨-(e)s; -e⟩ amulet, charm, talisman: als ~ wirken (*od.* dienen) to work (*od.* serve) as a charm, to charm.

amü·sant [amyˈzant] *adj* amusing, entertaining, diverting: ~er Plauderer entertaining talker; er ist sehr ~ *colloq.* he is great fun (*colloq.*); ganz ~ *colloq.* quite entertaining, not bad fun (*colloq*); es war sehr ~ it was very amusing, it was great fun (*colloq.*).

Amü·se·ment [amyzəˈmãː] *n* ⟨-s; -s⟩ amusement, entertainment, diversion: etwas nur zu seinem ~ tun to do s.th. only for amusement (*od.* just for kicks *sl.*). [amusette.]

Amü·set·te [amyˈzɛtə] *f* ⟨-; -n⟩ *mil. hist.*

Amu·sie [amuˈziː] *f* ⟨-; *no pl*⟩ **1.** lack of understanding (*od.* appreciation) of art. – **2.** *med.* amusia.

Amüˈsier·beˌtrieb *m contempt.* **1.** cheap entertainment. – **2.** *cf.* Amüsierlokal.

amü·sie·ren [amyˈziːrən] **I** *v/reflex* ⟨*no* ge-, h⟩ sich ~ **1.** (*sich unterhalten*) enjoy (*od.* amuse) oneself, have a good time, have fun: sich königlich ~ *colloq.* to have the time of one's life (*colloq.*); wir haben uns köstlich (*od.* prächtig) amüsiert *colloq.* we enjoyed ourselves immensely, we had a grand (*od.* great) time (*colloq.*); sich in feuchtfröhlicher Gesellschaft ~ *colloq.* to go on a spree, *bes. Am. colloq.* to make whoopee, *rare* to spree. – **2.** *iron.* (*sich die Zeit vertreiben*) amuse oneself, while away one's (*od.* the) time. – **3.** (*sich lustig machen*) (über *acc* at, by) be amused. – **II** *v/t* **4.** (*unterhalten*) amuse, entertain, divert. – **5.** (*erheitern*) amuse, give amusement to: es amüsierte uns sehr it was much to our amusement.

Amüˈsier·loˌkal *n contempt.* place of cheap entertainment, *Am. colloq. auch* dive.

amu·sisch [ˈa(ː)muːzɪʃ; aˈmuːzɪʃ] *adj* (*Mensch*) without understanding (*od.* appreciation) of art.

Amyg·da·lin [amykdaˈliːn] *n* ⟨-s; *no pl*⟩ *chem.* amygdalin ($C_6H_5CH(CN)OC_{12}H_{21}O_{10}$).

Amyg·da·lo·id [amykdaloˈiːt] **I** *n* ⟨-(e)s; -e⟩ *geol.* amygdaloid. – **II** *adj* amygdaloidal, *auch* amygdaloid.

Amyl [aˈmyːl] *n* ⟨-s; *no pl*⟩ *chem.* amyl (C_5H_{11}). — **~aceˌtat** *n* amyl acetate, *auch* banana (*od.* pear) oil (CH_3-$COOC_5H_{11}$). — **~ˌal·ko·hol** *m* amyl alcohol ($C_5H_{11}OH$).

Amy·la·se [amyˈlaːzə] *f* ⟨-; -n⟩ *chem.* amylase, diastase: feine ~ amylopsin.

Amyl|ˌäther [aˈmyːl-] *m chem.* amyl ether [$(C_5H_{11})_2O$]. — **~azeˌtat** *n cf.* Amylacetat.

Amy·len [amyˈleːn] *n* ⟨-s; -e⟩ *chem.* amylene, pentene (C_5H_{10}).

amy·lo·id [amyloˈiːt] *biol. chem.* **I** *adj* **1.** (*stärkeähnlich*) amyloid(al). – **II A~** *n* ⟨-(e)s; -e⟩ **2.** amyloid. – **3.** *med. cf.* Amyloidose. — **A~ˌbil·dung** *f med. cf.* Amyloidose. — **A~ˌle·ber** *f med.* waxy liver, amyloid disease of the liver.

Amy·loi·do·se [amyloiˈdoːzə] *f* ⟨-; -n⟩ *med.* amyloidosis, amyloid degeneration.

Amy·lo·ly·se [amyloˈlyːzə] *f* ⟨-; -n⟩ *chem.* amylolysis.

Amy·lo·pek·tin [amylopɛkˈtiːn] *n* ⟨-s; *no pl*⟩ *chem.* amylopectin. [amylose.]

Amy·lo·se [amyˈloːzə] *f* ⟨-; *no pl*⟩ *chem.*

Amy·lum [ˈa(ː)mylʊm] *n* ⟨-s; *no pl*⟩ *chem.* (*pflanzliche Stärke*) amylum, starch.

amy·thisch [ˈa(ː)myːtɪʃ; aˈmyːtɪʃ] *adj* without myths (*od.* legends).

an [an] **I** *prep* ⟨*dat*⟩ **1.** (*zeitlich*) on: ~ einem

Sonntagmorgen on a Sunday morning; ~ jedem Mittwoch every Wednesday; ~ deinem Geburtstag on your birthday; ~ dem Tag, ~ dem du abreist (on) the day you leave; ~ Ostern [Weihnachten] *Southern G.* at Easter [Christmas]; ~ einem Tag wie jeder andere (*od.* jedem anderen) on a day like every other; es ist ~ der Zeit it is about time. – **2.** (*örtlich*) a) on, b) at: London liegt ~ der Themse London lies on the Thames; ~ dem (*od.* am) Ufer on the shore; ~ der Küste on the coast; ~ Bord on board, aboard; das Bild ~ der Wand the picture on the wall; der Knopf ~ meiner Jacke the button on my jacket; ein Muttermal ~ der Wange a mole on the cheek; eine Verletzung ~ der Schulter a wound on the shoulder; ~ der See at the seaside; ~ einem Ort ankommen to arrive at a place; ~ einer Kreuzung halten to stop at a crossing; ~ einer Blume riechen to smell at a flower; der Hund springt an seinem Herrn hoch the dog jumps up at his master; ~ Ort und Stelle on the spot; ~ dieser Stelle (*od.* diesem Punkt) there; Bord ~ Bord *mar.* alongside (one another); Haus ~ Haus *fig.* house to house; Kopf ~ Kopf *fig.* neck and neck; Rücken ~ Rücken *fig.* back to back; Schulter ~ Schulter *fig.* shoulder to shoulder; Seite ~ Seite *fig.* side by side; Tür ~ Tür *fig.* door to door. – **3.** *bes. fig.* in: ~ erster Stelle in the first place; alles ist ~ seinem Platz everything is in its place; ein Platz ~ der Sonne a place in the sun; ~ verschiedenen Punkten in various points; ~ allen Gliedern zittern to tremble in every limb. – **4.** (*nahe, neben*) by, near, close to, at: ~ der Grenze wohnen to live near the border; ~ dem (*od.* am) Feuer (*od.* am Kamin) sitzen to sit by the fireside; ~ dem (*od.* am) Tisch sitzen to sit at the table; ~ dem (*od.* am) Wege by the wayside; dicht (*od.* nahe) ~ next to; vorbei ~ j-m [etwas] past s.o. [s.th.]; ~ j-m vorbeigehen to pass by s.o.; ~ dem (*od.* am) Haus entlang along the house. – **5.** (*bei*) by: j-n ~ dem (*od.* am) Arm nehmen to take s.o. by the arm; j-n ~ der Hand führen to lead s.o. by the hand; j-n ~ den Ohren ziehen to pull s.o. by the ears; j-n ~ der Nase herumführen *fig.* to lead s.o. up the garden (path) (*colloq.*); ~ einem Faden hängen a) to hang on a thread, b) *fig.* to hang by a thread; einen Hund ~ der Leine führen to keep a dog on the leash (*od.* lead). – **6.** (*zur Bezeichnung einer Tätigkeit*) at: ~ der Arbeit at work; ~ einem Buch schreiben to write (*od.* to be writing) a book; ~ seinen Schularbeiten sitzen to sit at (*od.* over) one's homework; ~ einem Stück Brot kauen to chew at a piece of bread; Lehrer ~ einer Schule sein to be a teacher at a school; Dozent ~ der Universität lecturer at the university. – **7.** (*Grad, Maß*) in: [noch] jung ~ Jahren sein to be [still] young in years; reich [arm] ~ Erfahrung rich [poor] in experience; gleich ~ Wert equal in value; fünf ~ der Zahl five in number. – **8.** (*hinsichtlich*) with respect (*od.* regard) to, in the way of, in: unerreicht ~ Schönheit [Größe, Stärke] unparalleled in beauty [greatness, strength]; was sie ~ Lebensmitteln erwischen konnten what food they could lay their hands on; haben Sie etwas ~ Mänteln da? *colloq.* have you anything in the way of coats? ist das alles, was Sie ~ Gepäck haben? is that all you have in the way of luggage (*bes. Am.* baggage)? – **9.** (*mit Hilfe von*) by, from: j-n ~ der Stimme erkennen to recognize s.o. from (*od.* by) his voice. – **10.** (*losgelöst von einer bestimmten Bedeutung*): wir loben ~ ihm seinen Fleiß we praise his diligence; er hat etwas Sonderbares ~ sich he has something strange about him; es ist nichts ~ der Sache there is nothing to it; ich weiß nicht, was ~ der Geschichte wahr ist I don't know how much of the story is true; ich weiß, was ~ ihm ist I know what he is made of; es ist nichts ~ ihm he is not worth much; es ist ~ ihm a) it is his turn, b) it is up to him; es ist nicht ~ mir zu sagen it is not for (*od.* up to) me to say; was ~ mir ist, soll geschehen I'll do what I can (*od.* what lies in my power); soviel ~ mir liegt for my part; es liegt ~ mir a) it is my fault, b) it is up to me; arm ~ Geist sein to lack wit; die Schuld liegt ~ mir the fault lies with me; Vergnügen ~ etwas finden to find pleasure in s.th.; Anteil ~ etwas haben to have a share in s.th.; ~ seiner Stelle in his place; ~ etwas glauben [teilnehmen] to believe [to participate] in s.th.; kein gutes Haar ~ j-m lassen *colloq.* to pick (*od.* pull) s.o. to pieces; ~ Krebs leiden to suffer from cancer; ~ einer Krankheit sterben to die of a disease; ~ Grippe erkrankt ill with influenza; ~ einem Irrtum zugrunde gehen *fig.* to be fatally lost in an error; gut ~ j-m handeln to be kind to s.o.; sich ~ j-m versündigen to sin against s.o.; Rache ~ j-m üben to take revenge on s.o.; es ist schmählich ~ ihm gehandelt worden he was shamefully done by; Mangel [Bedarf] ~ lack [need] of; → Hand *Verbindungen mit Präpositionen*; Herz *Bes. Redewendungen.* – **11.** *colloq.* with: ich habe ~ zweien genug I have enough with two. – **12.** *Swiss and Austrian dial. for* auf 3. – **13.** ~ (und für) sich a) in itself, as such, per se, b) (*im Grunde*) in principle (*od.* theory), c) (*im allgemeinen*) in general, d) (*genaugenommen*) properly speaking, actually, e) (*von Natur aus*) inherently, by nature: eine ~ (und für) sich gute Idee an idea (which is) sound in itself, a good idea in itself; ~ sich existent *philos.* absolute; die Wirklichkeit ~ sich *philos.* the absolute; das Ding ~ sich *philos.* the thing in itself. – **14.** *econ.* ~ (*od.* am) Lager in stock; etwas ist nicht ~ (*od.* am) Lager s.th. is out of stock. – **II** *prep* ⟨*acc*⟩ **15.** (*nahe, neben*) to: grenzend ~ adjacent to; anstoßend ~ contiguous to. – **16.** (*bestimmt für*) to, for: einen Brief ~ j-n schreiben to write a letter to s.o.; es ist ein Brief ~ Sie da there is a letter for you; eine Bitte ~ j-n richten to ask s.o. a favo(u)r; ich habe eine Bitte ~ Sie I would like to ask you a favo(u)r; Zeugnisse ~ Schüler verteilen to hand out certificates (*od.* school reports) to students (*od.* pupils); einen Anspruch ~ j-n haben to have a claim on s.o.; etwas ~ die falsche Adresse richten to direct s.th. to the wrong address; ein Rat [eine Botschaft, eine Gabe] ~ j-n advice [a message, a gift] to s.o. – **17.** (*in Richtung auf, zu*) to, toward(s): ~ den Eingang gehen to go to the entrance; j-n ~ das Telefon rufen to call s.o. to the telephone; j-n ~ sich ziehen to draw s.o. to oneself; sich ~ j-n [etwas] lehnen to lean against s.o. [s.th.]; ~ Land [Bord] gehen to go ashore [aboard (*od.* on board)]; ein Glas ~ die Lippen setzen to raise a glass to one's lips. – **18.** (*auf*) on: den Hut ~ einen Haken hängen to hang one's hat on a peg; er steckte sich eine Feder ~ den Hut he stuck a feather in (*od.* on) his hat; steck dir den Ring ~ den Finger slip the ring on your finger. – **19.** (*gegen*) at, (*meist stärker*) against: ~ die Tür klopfen to knock at the door; der Regen prasselt ~ die Scheiben the rain is beating against the windowpanes. – **20.** bis ~ *cf.* bis 8. – **21.** (*losgelöst von einer bestimmten Bedeutung*): ~ sich halten to restrain oneself; ~ den Tag kommen to come to light; etwas ~ den Tag legen to display s.th.; ~ einen wunden Punkt rühren *fig.* to touch a sore spot. – **III** *adv* **22.** (*zeitlich und räumlich*) von ... an from ... on (*od.* onward[s]): von jetzt (*od.* nun) ~ from now on, henceforth; von heute ~ from today (on); von da ~, von der Zeit ~, von Stund ~ *lit.* from that time (on), ever since (then); vom 13. Jahrhundert ~ from the 13th century onward(s); von Anfang ~ from the beginning; von München ~ from Munich on(ward[s]); von hier ~ from here on; ab und ~ *cf.* ab 5. – **23.** (*railway*) arrival: München ~ arrival Munich; ~ Hauptbahnhof arrival central station. – **24.** (*am Körper tragend*) on: er trat ein mit dem Mantel ~ he entered with his coat on. – **25.** *colloq.* (*eingeschaltet*) on: das Gas [Licht] ist ~ the gas [light] is on; an — aus (*Bedienungsanweisung*) on — off. **26.** gegen etwas ~ wollen *colloq.* to kick against s.th. (*colloq.*). – **27.** *colloq.* ~ die (*ungefähr*) about, approximately; ~ die zwei Wochen two weeks or so; es kostet ~ die hundert Mark it costs s.th. like (*od.* somewhere about) a hundred marks; sie ist ~ die vierzig (Jahre alt) she is about forty (years old).

An..., an... *combining form denoting* an..., in...

Ana ['a:na] *f* ⟨-; -s⟩ *obs.* ana (*collection of a person's memorable sayings*).

ana ['ana] *adv med.* (*auf Rezepten*) ana, of each an equal quantity.

Ana..., ana... *combining form denoting* ana...

Ana·bap·tis·mus [anabap'tɪsmʊs] *m* ⟨-; *no pl*⟩ *relig.* Anabaptism. — **Ana·bap'tist** [-'tɪst] *m* ⟨-en; -en⟩ Anabaptist. — **ana·bap'ti·stisch** *adj* Anabaptist, Anabaptistic.

Ana·ba·sis [a'na(:)bazɪs] *f* ⟨-; *no pl*⟩ *antiq. hist.* anabasis.

ana·ba·tisch [ana'ba:tɪʃ] *adj meteor.* (*Winde*) anabatic, upward-moving (*attrib*).

Ana·bio·se [anabi'o:zə] *f* ⟨-; *no pl*⟩ *biol.* anabiosis. — **ana·bio·tisch** [-bi'o:tɪʃ] *adj* anabiotic.

Ana·bo·lis·mus [anabo'lɪsmʊs] *m* ⟨-; *no pl*⟩ *zo.* anabolism, constructive metabolism.

Ana·cho·ret [anaço're:t; -xo-] *m* ⟨-en; -en⟩ *lit.* anchorite, *auch* anchoret, hermit, recluse. — **Ana·cho're·ten·tum** *n* ⟨-s; *no pl*⟩ anchoritism. — **ana·cho're·tisch** *adj* anchoritic, *auch* anchoretic.

Ana·chro·nis·mus [anakro'nɪsmʊs] *m* ⟨-; -nismen⟩ anachronism. — **ana·chro·'ni·stisch** [-tɪʃ] *adj* anachronistic, *auch* anachronistical, anachronic(al), anachronous.

an·acid [an(ˀ)a'tsi:t] *adj med.* anacid, lacking acid. — **An·aci·di'tät** [-tsidi'tɛ:t] *f* ⟨-; *no pl*⟩ anacidity, achlorhydria.

Ana·dyo·me·ne [anady'o:mene; -o'me:ne] *npr f* ⟨-; *no pl*⟩ *myth.* Anadyomene (*an epithet of Aphrodite*).

an·ae·rob [an(ˀ)ae'ro:p; 'an-] *adj biol.* anaerobic, *auch* anerobic, anaerobiotic, anaerobian. — **An·ae·ro·bi·er** [an(ˀ)ae'ro:bɪər] *m* ⟨-s; -⟩ anaerobe, *auch* anaerobion, anaerobiont, anaerobium. — **An·ae·ro·bi·ont** [an(ˀ)aerobi'ɔnt] *m* ⟨-en; -en⟩ *cf.* Anaerobier. — **An·ae·ro·bio·se** [an(ˀ)aerobi'o:zə] *f* ⟨-; *no pl*⟩ anaerobiosis.

an·ae·ro·bisch *adj* [an(ˀ)ae'ro:bɪʃ] *cf.* anaerob: ~e Gärung *chem.* anaerobation.

Ana·gly·phe [ana'gly:fə] *f phot.* (*art*) anaglyph, anaglypton.

Ana·glyp·tik [ana'glʏptɪk] *f* ⟨-; *no pl*⟩ (*art*) anaglyphy, anaglyptics *pl* (*construed as sg*).

Ana·gno·ri·sis [ana'gno:rizɪs] *f* ⟨-; *no pl*⟩ *antiq.* anagnorisis, recognition (*in Greek tragedy*).

An·ago·gie [anago'gi:] *f* ⟨-; *no pl*⟩ *relig.* anagogy, anagoge. — **an·ago·gisch** [-'go:gɪʃ] *adj* anagogic(al).

Ana·gramm [ana'gram] *n* ⟨-s; -e⟩ anagram: ~e bilden (*od.* machen) to anagrammatize *Br. auch* -s-, to anagram. — **ana·gram'ma·tisch** [-'ma(:)tɪʃ] *adj* anagrammatic(al).

Ana·kar·de [ana'kardə] *f* ⟨-; -n⟩ *bot. cf.* Acajou.

Ana·kla·sis [a'na(:)klazɪs] *f* ⟨-; *no pl*⟩ *metr.* anaclasis. — **ana·kla·stisch** [ana'klastɪʃ] *adj* anaclastic.

ana·kli·tisch [ana'kli:tɪʃ] *adj psych.* anaclitic.

An·ako·luth [anako'lu:t] *n* ⟨-s; -e⟩, *auch* **An·ako·lu·thie** [-lu'ti:] *f* ⟨-; -n [-ən]⟩ *ling.* anacoluthon, anacoluthia. — **an·ako·'lu·thisch** *adj* anacoluthic.

Ana·kon·da [ana'kɔnda] *f* ⟨-; -s⟩ *zo.* anaconda (*Eunectes murinus*).

Ana·kre·on·tea [anakreɔn'te:a] *f* ⟨-; *no pl*⟩ (*literature*) Anacreontics *pl*, Anacreontic literature (*od.* poetry). — **Ana·kre'on·tik** [-tɪk] *f* ⟨-; *no pl*⟩ **1.** Anacreontic poetry (*genre of eighteenth-century literature*). – **2.** Anacreontic period. — **Ana·kre'on·ti·ker** [-tikər] *m* ⟨-s; -⟩ Anacreontic (poet). — **ana·kre'on·tisch** [-tɪʃ] *adj* (*Vers, Dichtung*) Anacreontic.

Ana·kru·sis [a'na(:)kruzɪs; ana'kru:zɪs] *f* ⟨-; -krusen [ana'kru:zən]⟩ *ling. mus. obs.* anacrusis, *auch* anakrousis.

anal [a'na:l] *adj med.* anal: ~e Phase (*in der Psychoanalyse*) anal phase.

Anal|,beu·tel [a'na:l-] *m zo.* **1.** (*der Schlangen*) anal sac. – **2.** (*der Schildkröten*) cloacal bursa. — ~,**drü·se** *f* anal gland.

Ana·lek·ten [ana'lɛktən] *pl* (*literature*) analects, *auch* analecta, collectanea, gleanings. — **ana'lek·tisch** *adj* analectic.

Ana·lep·ti·kon [ana'lɛptikɔn] *n*, **Ana'lep·ti·kum** [-kʊm] *n* ⟨-s; -tika [-ka]⟩ *med.* analeptic. — **ana'lep·tisch** [-tɪʃ] *adj* analeptic, restorative.

Anal|fis,sur [a'na:l-] *f med.* fissure of the

anus, anal fissure. — **~ˌfi·stel** *f* anal fistula, fistula in ano (*scient.*). — **~ˌge·gend** *f* anal region.

An·al·ge·sie [an(ʔ)alge'ziː] *f* ⟨-; -n [-ən]⟩ *med.* analgesia, analgesis. — **An·al·ge·ti·kum** [an(ʔ)al'geːtikʊm] *n* ⟨-s; -tika [-ka]⟩ *med. pharm.* analgesic, analgetic. — **an·al'ge·tisch** [-'geːtɪʃ] *adj* analgesic, analgetic.

An·al·gie [an(ʔ)al'giː] *f* ⟨-; -n [-ən]⟩ *med. cf.* Analgesie.

an·al·lag·ma·tisch [an(ʔ)ala'gmaːtɪʃ] *adj math.* (*Kurve, Fläche*) anallagmatic.

an·al·lak·tisch [an(ʔ)a'laktɪʃ] *adj rare* invariable.

ana·log [ana'loːk] **I** *adj* (*ähnlich, gleichartig*) (*dat od.* zu etwas, mit etwas) analogous (to s.th., with s.th.), similar (to s.th.), corresponding (to s.th.), parallel (to s.th.): ein ~er Rechtsfall *jur.* a precedent; mit etwas ~ sein to analogize with (*od.* to) s.th., *auch* to be on all fours with s.th.; zu etwas ~ sein to correspond to s.th.; einander ~ sein (*od.* werden) *biol.* to converge. – **II** *adv* analogously, by analogy, analogically: etwas ~ anwenden to apply s.th. analogically.

Ana·lo·gie [analo'giː] *f* ⟨-; -n [-ən]⟩ **1.** (zu) analogy (to, with), similarity (to), correspondence (to), parallelism (to): in ~ zu in analogy to; nach ~ verfahren to analogize *Br. auch* -s-. – **2.** *biol.* analogy, homoplasy. – **3.** *ling. cf.* Analogiebildung. – **4.** *jur.* a) (*Analogieschluß*) analogy, b) (*analoge Anwendung*) analogous application. — **~beˌweis** *m jur.* proof by analogy. — **~ˌbil·dung** *f ling.* **1.** analogical form, formation by analogy, analogy form. – **2.** (*Vorgang der Angleichung*) leveling, *bes. Br.* levelling: auf ~ beruhend based on analogy, mimetic. — **~ˌschluß** *m philos.* **1.** argument by analogy, analogism. – **2.** (*induktive Logik*) inference by analogy: Analogieschlüsse ziehen to analogize, to reason by analogy. — **~ˌzau·ber** *m* hom(o)eopathic (*od.* imitative) magic.

ana·lo·gisch [ana'loːgɪʃ] *adj u. adv rare for* analog.

Ana·lo·gis·mus [analo'gɪsmʊs] *m* ⟨-; -gismen⟩ *philos.* analogism. — **ana·lo'gi·stisch** [-tɪʃ] *adj* analogistic.

Ana·lo·gon [a'na(ː)logɔn] *n* ⟨-s; -loga [-ga]⟩ *bes. philos.* analogue, *Am. auch* analog, analogon, analogy.

Ana'logˌrech·ner *m math.* analogue (*Am. auch* analog) computer.

An·al·pha·bet [an(ʔ)alfa'beːt; 'an(ʔ)al-] *m* ⟨-en; -en⟩ **1.** illiterate (person), analphabet, analphabetic. – **2.** *jur.* marksman. — **An·al·pha'be·ten·tum** *n* ⟨-s; *no pl*⟩ illiteracy. — **an·al·pha'be·tisch** *adj* illiterate, analphabetic. — **An·al·pha·be'tis·mus** [-be'tɪsmʊs] *m* ⟨-; *no pl*⟩ *cf.* Analphabetentum.

Ana·ly·sa·tor [analy'zaːtɔr] *m* ⟨-s; -en [-za'toːrən]⟩ **1.** *bes. chem. psych.* analyst, analyzer *Br. auch* -s-. – **2.** *phys.* (*des Polariskops*) analyzer *Br. auch* -s-.

Ana·ly·se [ana'lyːzə] *f* ⟨-; -n⟩ **1.** analysis (*auch chem. phys.*): eine ~ vornehmen to make an analysis; etwas durch ~ finden to find s.th. out by analysis; qualitative [quantitative] ~ *chem.* qualitative [quantitative] analysis; ~ auf nassem [trockenem] Wege *chem.* wet [dry] analysis. – **2.** *bes. metall.* assay, test. – **3.** *ling.* (*eines Satzes*) a) analysis, b) parsing. – **4.** *philos.* a) analysis, b) inquiry, *auch* enquiry, investigation, c) (*Zurückführung*) reduction.

Ana'ly·senˌ|pro·be *f chem.* analytic(al) sample. — **a~ˌrein** *adj* analytically pure. — **~ˌwaa·ge** *f* analytic(al) balance.

ana·ly'sier·bar *adj* analyzable *Br. auch* -s-.

ana·ly·sie·ren [analyziːrən] **I** *v/t* ⟨*no* ge-, h⟩ **1.** analyze *Br. auch* -s-: etwas genau ~ a) to analyze s.th. carefully, b) to dissect s.th.; ein Salz auf Kalk ~ *chem.* to test a salt for calcium. – **2.** *bes. metall.* assay, test. – **3.** *ling.* (*Satzteil*) a) analyze *Br. auch* -s-, construe, b) parse. – **4.** *math. psych.* analyze *Br. auch* -s-. – **II A~** *n* ⟨-s⟩ **5.** *verbal noun.* – **6.** *cf.* Analyse.

Ana·ly·sis [a'na(ː)lyzɪs] *f* ⟨-; *no pl*⟩ *math.* analysis.

Ana·ly·tik [ana'lyːtɪk] *f* ⟨-; *no pl*⟩ **1.** analytics *pl* (*construed as sg*). – **2.** (*bei Aristoteles*) logic. — **Ana'ly·ti·ker** [-tikər] *m* ⟨-s; -⟩ **1.** analyst. – **2.** *chem.* analytic chemist. – **3.** *philos.* analytic philosopher. — **ana'ly·tisch** [-tɪʃ] **I** *adj* analytic(al): ~e Geometrie *math.* analytic (*od.* coordinate) geometry; ~e Sprachen *ling.* analytic languages. – **II** *adv* analytically.

Analˌzel·le [a'naːl-] *f zo.* (*im Insektenflügel*) anal cell.

An·ämie [anɛ'miː] *f* ⟨-; -n [-ən]⟩ *med.* an(a)emia: perniziöse [toxische] ~ pernicious [toxic] an(a)emia. — **an·ämisch** [a'nɛːmɪʃ] *adj* an(a)emic.

Ana·mne·se [anam'neːzə; ana'mneːzə] *f* ⟨-; -n⟩ **1.** *philos.* a) anamnesis, reminiscence, b) (*bei Platon*) recollection. – **2.** *relig.* Anamnesis. – **3.** *med.* (*eines Patienten*) anamnesis, past-medical (*od.* previous) history.

An·am·ni·er [a'namnĭər] *pl zo.* Anamniota, *auch* Anamnia.

ana·morph [ana'mɔrf], **ana'mor·phisch** *adj phys.* anamorphic, anamorphotic. — **Ana·mor'pho·se** [-'foːzə] *f* ⟨-; -n⟩ anamorphosis, anamorphism.

Ana·mor·phot [anamɔr'foːt] *m* ⟨-en; -en⟩ *phys.* anamorphote lens. — **ana·mor'pho·tisch** *adj* anamorphotic.

Ana·nas ['ananas] *f* ⟨-; - *u.* -se⟩ **1.** *bot.* (*Frucht u. Pflanze*) pineapple, *auch* anana(s) (*Ananas sativus*): ~ auf Reissockel *gastr.* pineapple on rice pudding. – **2.** *Bavarian and Austrian for* Gartenerdbeere. — **~baˌtist** *m* (*textile*) pineapple (*od.* piña) cloth. — **~ˌbow·le** *f gastr.* pineapple punch. — **~ˌeis** *n gastr.* pineapple ice cream. — **~ˌerdˌbee·re** *f bot.* pine(apple) strawberry (*Fragaria ananassa*). — **~ˌfa·ser** *f* (*textile*) pineapple fiber (*bes. Br.* fibre). — **~ˌfeld** *n* pinery. — **~geˌwäch·se** *pl bot.* Bromeliaceae (*Fam. Bromeliaceae*): zu den ~n gehörig bromeliaceous. — **~ˌhanf** *m* (*textile*) *cf.* Ananasfaser. — **~ˌkir·sche** *f bot. cf.* Judenkirsche 1.

an·an·drisch [a'nandrɪʃ] *adj bot.* anandrous, anandrarious.

Ana·ni·as [ana'niːas] *npr m* ⟨-; *no pl*⟩ *Bibl.* Ananias.

Anan·ke [a'naŋke] *npr f* ⟨-; *no pl*⟩ *myth.* Ananke.

Ana·päst [ana'pɛːst] *m* ⟨-(e)s; -e⟩ *metr.* anapaest, *Am. auch* anapest, antidactyl. — **ana'pä·stisch** *adj* anapaestic, *Am. auch* anapestic: ~er Vers anap(a)est(ic).

Ana·pha·se [ana'faːzə] *f* ⟨-; -n⟩ *biol.* anaphase (*stage in cell division*).

Ana·pher [a'na(ː)fər] *f* ⟨-; -n⟩ *ling.* anaphora.

Ana·pho·ra [a'na(ː)fora] *f* ⟨-; -phorä [-rɛ]⟩ **1.** *ling. cf.* Anapher. – **2.** *relig.* anaphora (*eucharistic prayer*). — **ana·pho·risch** [ana'foːrɪʃ] *adj ling.* anaphoric.

An·aphro·di·sia·kum [an(ʔ)afrodi'ziːakʊm] *n* ⟨-s; -siaka [-ka]⟩ *med.* anaphrodisiac.

An·aphro·di·sie [an(ʔ)afrodi'ziː] *f* ⟨-; -n [-ən]⟩ *med.* anaphrodisia.

ana·phy·lak·tisch [anafy'laktɪʃ] *adj med.* anaphylactic. — **Ana·phy·la'xie** [-'ksiː] *f* ⟨-; -n [-ən]⟩ anaphylaxis.

Ana·pla·stik [ana'plastɪk] *f* ⟨-; *no pl*⟩ *med.* plastic surgery, anaplasty. — **ana'pla·stisch** *adj* anaplastic.

an·apo·dik·tisch [an(ʔ)apo'dɪktɪʃ] *adj philos.* anapodeictic (*logically not provable*).

'anˌar·bei·ten I *v/t* ⟨*sep*, -ge-, h⟩ (*Ärmel etc*) (an *acc* etwas to s.th.) join, fix. – **II** *v/i* gegen etwas ~ *fig.* to (try to) counteract (*od.* act against) s.th.

An·ar·chie [anar'çiː] *f* ⟨-; -n [-ən]⟩ anarchy: es herrschte (eine) vollkommene ~ in X X was in a state of complete anarchy. — **an·ar·chisch** [a'narçɪʃ] **I** *adj* anarchic, *auch* anarchical, anarchial. – **II** *adv* anarchically. — **An·ar'chis·mus** [-'çɪsmʊs] *m* ⟨-; *no pl*⟩ *pol.* anarchism. — **An·ar'chist** [-'çɪst] *m* ⟨-en; -en⟩, **An·ar'chi·stin** *f* ⟨-; -nen⟩ anarchist, *auch* anarch. — **an·ar'chi·stisch** *adj* anarchistic, anarchist, anarchic, *auch* anarchical, anarchial.

An·ar·thrie [an(ʔ)ar'triː] *f* ⟨-; -n [-ən]⟩ *med.* anarthria.

Ana·sar·ka [ana'zarka] *f* ⟨-; *no pl*⟩ *med.* anasarca, *auch* dropsy.

ana·stal·tisch [ana'staltɪʃ] *adj med.* anastaltic.

ana·sta·tisch [ana'staːtɪʃ] *adj* anastatic.

An·äs·the·sie [an(ʔ)ɛste'ziː] *f* ⟨-; -n [-ən]⟩ *med.* an(a)esthesia: lokale [totale] ~ local [general] an(a)esthesia; ~ herbeiführen to induce an(a)esthesia; nach der ~ auftretend postan(a)esthetic. — **an·äs·the'sie·ren** [-'ziːrən] *v/t* ⟨*no* ge-, h⟩ an(a)esthetize *Br. auch* -s-. — **An·äs·the'sie·rung** *f* ⟨-; *no pl*⟩ an(a)esthetization *Br. auch* -s-.

An·äs·the·sist [an(ʔ)ɛste'zɪst] *m* ⟨-en; -en⟩ *med.* an(a)esthetist, anesthesiologist. — **An·äs'the·ti·kum** [-'teːtikʊm] *n* ⟨-s; -tika [-ka]⟩ an(a)esthetic: lokales [totales] ~ local [general] an(a)esthetic; ein ~ anwenden to administer (*od.* give) an an(a)esthetic. — **an·äs'the·tisch** [-'teːtɪʃ] *adj* an(a)esthetic: ~es Mittel an(a)esthetic. — **an·äs·the·ti'sie·ren** [-ti'ziːrən] *v/t* ⟨*no* ge-, h⟩ *cf.* anästhesieren.

An·astig·mat [an(ʔ)astɪ'gmaːt] *m* ⟨-s; -e⟩ *phot.* (*Objektiv*) anastigmat. — **an·astig'ma·tisch** *adj* anastigmatic, *auch* anastigmat, stigmatic: ~e Lupe anastigmatic magnifier.

Ana·sto·mo·se [anasto'moːzə] *f* ⟨-; -n⟩ *med.* anastomosis. — **ana·sto·mo'sie·ren** [-mo'ziːrən] *v/i u. v/t* ⟨*no* ge-, h⟩ anastomose.

Ana·stro·phe [a'nastrofe] *f* ⟨-; -n [ana'stroːfən]⟩ *ling.* anastrophe.

Ana·te·xis [ana'tɛksɪs] *f* ⟨-; *no pl*⟩ *geol.* anatexis.

Ana·them [ana'teːm] *n* ⟨-s; -e⟩, **Ana·the·ma** [a'na(ː)tema] *n* ⟨-s; -mata [ana'teːmata]⟩ *relig.* anathema, ban, curse: das ~ über j-n aussprechen to anathematize (*Br. auch* -s-) s.o. — **ana·the·ma·ti·sie·ren** [anatemati'ziːrən] *v/t* ⟨*no* ge-, h⟩ anathematize *Br. auch* -s-, curse, denounce.

ana·tio·nal ['a(ː)natsĭonaːl; anatsĭo'naːl] *adj* nonnational(istic) *Br.* non-.

'anˌat·men *v/t* ⟨*sep*, -ge-, h⟩ j-n [etwas] ~ to breathe on s.o. [s.th.].

Ana·tol [ana'toːl] *m* ⟨-(s); -(s)⟩ Anatolian (rug *od.* carpet).

ana'to·lisch *adj geogr.* Anatolian.

Ana·tom [ana'toːm] *m* ⟨-en; -en⟩ *med.* anatomist.

Ana·to·mie [anato'miː] *f* ⟨-; -n [-ən]⟩ *med.* **1.** ⟨*only sg*⟩ anatomy: angewandte [beschreibende, vergleichende, operative] ~ applied [descriptive, comparative, surgical] anatomy; topographische ~ topographic anatomy, topology; menschliche ~, ~ des Menschen human anatomy, anthropotomy; ~ des Mannes male anatomy. – **2.** (*anatomisches Institut*) anatomical institute, institute of anatomy. – **3.** *cf.* Anatomiesaal. — **ana·to'mie·ren** [-to'miːrən] *v/t* ⟨*no* ge-, h⟩ anatomize *Br. auch* -s-, dissect.

Ana·to'mieˌsaal *m* anatomical theater (*bes. Br.* theatre), dissecting room.

ana'to·misch I *adj med.* anatomic(al): ~er Hörsaal *cf.* Anatomiesaal; ~es Institut *cf.* Anatomie 2; ~e Zerlegung anatomy; ~es Modell manikin, *Am. auch* manakin; Darstellung ~er Verhältnisse anatomism; in ~er Hinsicht anatomically; vom ~en Standpunkt aus anatomically speaking, from an anatomical point of view; ~e Vorlesung anatomy lecture; ~e Pinzette dissecting forceps. – **II** *adv* anatomically.

Ana·to·mis·mus [anato'mɪsmʊs] *m* ⟨-; *no pl*⟩ (*art*) anatomism.

Ana·to·zis·mus [anato'tsɪsmʊs] *m* ⟨-; -zismen⟩ *econ.* anatocism (*taking of compound interest*).

ana·trop [ana'troːp] *adj bot.* anatropous.

Anat·to [a'nato] *m* ⟨-s; *no pl*⟩ **1.** (*paints*) annatto, *auch* anat(t)o, a(r)natta, arnatto, arnotta, arnotto. – **2.** *bot. cf.* Anattostrauch. — **~ˌstrauch** *m bot.* annatto tree, roucou, *auch* rocou (*Bixa orellana*).

'anˌäu·gen *v/t* ⟨*sep*, -ge-, h⟩ *bes. hunt.* eye.

An·azi·di·tät [an(ʔ)atsidi'tɛːt] *f* ⟨-; *no pl*⟩ *med.* anacidity, achlorhydria.

'anˌbacken[1] (*getr.* -k·k-) **I** *v/t* ⟨*irr, sep*, -ge-, h⟩ **1.** bake (*s.th.*) gently (*od.* slowly, lightly). – **2.** *dial. for* ankleben I. – **II** *v/i* ⟨sein⟩ **3.** an (*dat*) etwas ~ to stick to s.th., to cake on (*od.* to) s.th.

'anˌbacken[2] (*getr.* -k·k-) *v/t* ⟨*sep*, -ge-, h⟩ *hunt. cf.* anlegen 12.

'anˌbah·nen I *v/t* ⟨*sep*, -ge-, h⟩ **1.** (*Beziehungen, Verhandlungen etc*) pave (*od.* prepare) the way for, prepare the ground for. – **2.** (*Gespräche etc*) open (up). – **3.** (*Ehe*) bring about, procure. – **II** *v/reflex* sich ~ **4.** (*von Entwicklung, Möglichkeiten etc*) be at hand, be in the offing: es bahnt sich eine Krise an there is a crisis at hand; eine Verständigung [Wende] bahnt sich an an agreement [a change] is in the offing; ein Unheil bahnt sich an a disaster is impending (*od.* imminent, in store). – **III A~** *n* ⟨-s⟩ **5.** *verbal noun.* — **'Anˌbah·nung** *f* ⟨-; -en⟩ *cf.* Anbahnen.

ˌAn·ban·de'lei, ˌAn·bän·de'lei *f* ⟨-; -en⟩ *colloq. cf.* Anbändelung. — **'anˌban·deln** [-ˌbandəln] *v/i* ⟨*sep*, -ge-, h⟩ *dial. for* anbändeln. — **'anˌbän·deln** [-ˌbɛndəln] *v/i*

⟨*sep*, -ge-, h⟩ *colloq*. **1.** make advances, (try to) make pickups (*colloq*.): mit j-m ~ to try to pick s.o. up, to make up to s.o., *Br. colloq*. to try to get off with s.o.; er möchte gerne mit ihr ~ he would like to pick her up (*od*. scrape an acquaintance with her, make a pass at her). – **2.** (*Streit suchen*) pick (*od*. start) a quarrel. — **'An,bän·de·lung** *f* ⟨-; -en⟩ *colloq*. flirtatious approach, attempt to pick s.o. up.

'an,ban·den [-,bandən] *v/t* ⟨*sep*, -ge-, h⟩ (*Billardball*) cushion. [bändelung.]

'An,bänd·lung *f* ⟨-; -en⟩ *colloq*. *cf*. An-

'An,bau¹ *m* ⟨-(e)s; *no pl*⟩ *agr*. **1.** *cf*. Anbauen¹. – **2.** a) (*von Getreide*) cultivation, b) (*von Früchten*) (crop) growing, culture: ~ von Zitrusfrüchten citriculture. – **3.** (*von Land*) cultivation, tillage.

'An,bau² ⟨-(e)s; -ten⟩ **1.** *civ.eng*. a) (*Erweiterungsbau*) annex, *Br. auch* annexe, addition, extension, b) (*Flügel*) wing, c) (*Nebengebäude*) outbuilding, *bes. Br*. outhouse. – **2.** (*Anbauen*) construction of an annex(e), extension, enlarging, enlargement. – **3.** *tech*. (*Anbauteil*) attachment.

'an,bau·bar *adj* **1.** *cf*. anbaufähig. – **2.** *tech*. sectional-type (*attrib*).

'An,bau·be,schrän·kung *f agr*. **1.** restriction on (*od*. of) cultivation. – **2.** reduction of the area under cultivation, acreage restriction.

'an,bau·en¹ **I** *v/t* ⟨*sep*, -ge-, h⟩ *agr*. **1.** (*Pflanzen, Früchte*) cultivate, grow, raise. – **2.** (*Land*) cultivate, till, bring (*land*) into cultivation. – **II** *v/i* **3.** im Fruchtwechsel ~ to rotate crops. – **III A~** *n* ⟨-s⟩ **4.** *verbal noun*. – **5.** *cf*. Anbau¹.

'an,bau·en² **I** *v/t* ⟨*sep*, -ge-, h⟩ **1.** *civ.eng*. (*Erweiterungsbau*) (an *acc* to) build on, add, annex: eine Garage an das Haus ~ to build a garage on to the house, to add a garage to the house. – **2.** *tech*. a) (an *acc* to) attach, fit, b) (*anflanschen*) flange(-mount). – **3.** (*games*) Dominosteine ~ to add one domino to another. – **II** *v/i* **4.** build an annex (*Br. auch* annexe). – **5.** *only in* es kommen noch Gäste, wir müssen ~ *colloq*. as more guests are coming we have to extend the table. – **III** *v/reflex* sich ~ **6.** *obs. for* ansiedeln 3. – **IV A~** *n* ⟨-s⟩ **7.** *verbal noun*: Regale zum A~ shelf units, sectional bookcases. – **8.** *cf*. Anbau² 2.

'An,bau·er *m* ⟨-s; -⟩ **1.** *hort*. cultivator, grower. – **2.** *obs. for* Ansiedler.

'an,bau,fä·hig *adj* **1.** *hort*. (*Pflanzen*) cultivable. – **2.** *agr*. (*Boden*) cultivable, arable, tillable. – **3.** *civ.eng*. (*Straße*) subject to further development. – **4.** *tech*. suitable for attachment.

'An,bau|,flä·che *f agr*. **1.** arable area (*od*. acreage). – **2.** area under cultivation (*od*. crop), cultivated area (*od*. acreage). — **~,flansch** *m tech*. mounting flange. — **~ge,biet** *n agr*. *area in which a certain crop* (*od*. *cultivated plant*) *is grown*. — **~ge,rät** *n tech*. attachment (implement). — **~,kü·che** *f* unit kitchen. — **~,land** *n agr*. cultivated areas *pl*. — **~me,tho·de** *f meist pl* method of cultivation. — **~,mö·bel** *pl* unit (*od*. sectional) furniture *sg*. — **~,mo·tor** *m tech*. flanged motor. — **~,plan** *m agr*. plan of cultivation. — **~re,gal** *n* (*für Bücher etc*) sectional bookcase, bookcase unit. — **~,schrank** *m* cupboard unit. — **~,stoff,wech·sel** *m med*. anabolism. — **~,tech·nik** *f* **1.** *agr*. *cf*. Anbaumethode. – **2.** *tech*. technique of mounting (*od*. fitting). — **a~,tech·nisch** *adj* **1.** *agr*. relating to methods of cultivation. – **2.** *tech*. relating to the technique of mounting (*od*. fitting). — **~,teil** *m, n* **1.** (*Möbel*) unit. – **2.** *tech*. attachment. — **~,vor,schrif·ten** *pl* mounting instructions. — **~,wand** *f* wall lined with unit furniture. — **~,wert** *m* ⟨-(e)s; *no pl*⟩, **~,wür·dig·keit** *f* ⟨-; *no pl*⟩ *agr*. agronomical value.

'an·be,feh·len *v/t* ⟨*irr, sep, no* -ge-, h⟩ **1.** j-m etwas ~ to order (*od*. enjoin, direct) s.o. to do s.th. – **2.** etwas j-s Obhut (*od*. j-m) ~ to commit s.th. to s.o.'s charge.

'An·be,ginn *m* ⟨-s; *no pl*⟩ *poet*. (earliest) beginning, outset: von ~ (an) *lit*. a) from the (very) beginning, from the outset, b) (*seit Urzeiten*) since time began; der ~ *Bibl*. the beginning of time.

'an·be,hal·ten *v/t* ⟨*irr, sep, no* -ge-, h⟩ keep on: bitte behalten Sie den Mantel an! please keep your coat on!

an·bei [,an'baɪ; 'an,baɪ] *adv bes. econ*. enclosed, herewith: ~ erhalten Sie enclosed please find; ~ schicke ich I am enclosing.

'an,bei·ßen I *v/t* ⟨*irr, sep*, -ge-, h⟩ **1.** (*Apfel, Stück Kuchen etc*) bite into, take a bite of. – **II** *v/i* **2.** (*von Fisch*) bite: die Fische beißen gut an the fish are biting well; vorsichtig ~ to nibble. – **3.** *fig. colloq*. (*sich verlocken lassen*) bite, rise, take (*od*. swallow) the bait: er biß an he jumped at the offer. – **III A~** *n* ⟨-s⟩ **4.** *verbal noun*: sie ist zum A~ (schön) *fig. colloq*. she looks nice enough to eat (*colloq*.), I could eat her, *Am. colloq*. she's yummy.

'an·be,kom·men *v/t* ⟨*irr, sep, no* -ge-, h⟩ *colloq*. (*Stiefel etc*) get on.

'an·be,lan·gen *v/t* ⟨*sep, no* -ge-, h⟩ *cf*. anlangen II.

'an,bel·fern *v/t* ⟨*sep*, -ge-, h⟩ *colloq*. *cf*. anbellen 2.

'an,bel·len *v/t* ⟨*sep*, -ge-, h⟩ **1.** j-n ~ to bark (*od*. bay) at s.o.: den Mond ~ *fig*. to bark (*od*. bay) at the moon. – **2.** *colloq*. j-n ~ *fig*. (*barsch anfahren*) to bark (*od*. snarl) at s.o.

'an·be,que·men *v/reflex* ⟨*sep, no* -ge-, h⟩ sich ~ to accommodate (*od*. adapt) oneself: sich den Verhältnissen ~ to accommodate oneself to (the) circumstances.

'an·be,rau·men [-,raʊmən] **I** *v/t* ⟨*sep, no* -ge-, h⟩ (*officialese*) (*Termine etc*) fix, appoint, *bes. Am*. schedule: eine Sitzung auf Montag ~ to fix (*od*. call, schedule) a meeting for Monday; einen Tag [Termin] für etwas ~ to fix (*od*. set) a day [date] for s.th.; einen Verhandlungstermin ~ *jur*. to fix a hearing (*od*. a date for hearing a case). – **II A~** *n* ⟨-s⟩ *verbal noun*. — **'An·be,rau·mung** *f* ⟨-; *no pl*⟩ **1.** *cf*. Anberaumen. – **2.** appointment: ~ eines Termins appointment (*od*. fixing) of a date (*od*. term).

'an,be·ten I *v/t* ⟨*sep*, -ge-, h⟩ **1.** *relig*. worship, adore, give (*od*. offer, render) worship to: fremde Götter ~ to worship strange gods; Götzen ~ to idolatrize *Br. auch* -s-; die Sonne ~ to worship (*od*. adore) the sun. – **2.** *fig*. (*sehr verehren*) worship, adore, (*stärker*) idolize *Br. auch* -s-, idolatrize *Br. auch* -s-: er betete sie an he worshiped (*bes. Br*. worshipped) her; den Mammon ~ to worship Mammon (*od*. the golden calf). – **II A~** *n* ⟨-s⟩ **3.** *verbal noun*. — **'An,be·ter** *m* ⟨-s; -⟩, **'An,be·te·rin** *f* ⟨-; -nen⟩ **1.** *relig*. worshiper, *bes. Br*. worshipper, adorer: ~ von Götzen worship(p)er (*od*. votary) of idols. – **2.** *fig*. (*Verehrer*) ardent admirer, worship(p)er, adorer, (*stärker*) idolater, idolizer, *Br. auch* idoliser.

'An·be,tracht *m* ⟨*undeclined*⟩ *only in* in ~ (*gen*) considering, in consideration (*od*. in view) of: in ~ dieser Tatsachen [Umstände] in view of these facts [circumstances]; in ~ seines hohen Alters in consideration of his advanced age; in ~ (dessen), daß a) considering (*od*. seeing) that, taking into consideration (*od*. account) that, in view of the fact that, inasmuch as, b) *jur*. whereas; du kannst nicht weggehen in ~ dessen, daß deine Mutter so krank ist you can't leave considering that your mother is so ill, you can't leave with your mother so ill.

'An·be,treff *m* ⟨*undeclined*⟩ *obs. for* Anbetracht.

'an·be,tref·fen *v/t* ⟨*irr, sep, no* -ge-, h⟩ *cf*. anlangen II.

,An·bet·te'lei *f* ⟨-; -en⟩ *colloq*. obtrusive begging, cadging. — **'an,bet·teln** *v/t* ⟨*sep*, -ge-, h⟩ j-n ~ (um etwas for s.th.) to beg s.o., to importune s.o. by begging, to pester s.o. with requests.

'An,be·tung *f* ⟨-; *no pl*⟩ **1.** *cf*. Anbeten. – **2.** *relig*. worship, adoration: die ~ der Heiligen Drei Könige the adoration of the (three) Magi; ~ fremder Götter worship of strange gods; ~ von Götzen idolatry. – **3.** *fig*. (*Verehrung*) worship, adoration, (*stärker*) devotion, idolization *Br. auch* -s-: ~ des Reichtums worship of wealth; ~ des Geldes (*od*. Mammons, Goldenen Kalbes) worship of Mammon (*od*. the golden calf), plutolatry (*lit*.); ~ der Macht worship of power.

'An,be·tungs|,sze·ne *f* (*art*) adoration. — **a~,voll** *adj* full of worship (*od*. adoration, devotion), worshipful. — **a~,wert, a~,wür·dig** *adj* **1.** worthy of adoration, adorable, holy. – **2.** *fig*. adorable.

'an·be,zah·len *v/t* ⟨*sep, no* -ge-, h⟩ *colloq*. *for* anzahlen I.

'an,bie·dern [-,biːdərn] *v/reflex* ⟨*sep*, -ge-, h⟩ sich bei (*od*. mit) j-m ~ a) (*plump*) to intrude upon s.o., to presume upon s.o.'s acquaintance, b) (*einschmeichelnd*) to ingratiate oneself with s.o., to fawn on s.o., to make up to s.o. (*colloq*.): er biedert sich überall an he makes up to everyone.

'An,bie·de·rung *f* ⟨-; -en⟩ **1.** (*plumpe*) (bei on) intrusion. – **2.** (*einschmeichelnde*) (bei) ingratiation (with), making up (to) (*colloq*.). — **'An,bie·de·rungs·ver,such** *m* **1.** attempt at intrusion (*od*. intruding). – **2.** (*einschmeichelnder*) attempt at ingratiation.

'an,bie·ten I *v/t* ⟨*irr, sep*, -ge-, h⟩ **1.** (*Stuhl, Zigarette etc*) offer: j-m etwas ~ to offer s.o. s.th., to offer s.th. to s.o.; darf ich Ihnen noch etwas Fleisch ~? may I help you to some more meat? – **2.** *fig*. (*Hilfe etc*) offer, (*formell*) proffer, tender: er bot mir seine Hilfe an, er bot mir an zu helfen he offered to help me, he offered me his help; j-m seine Dienste ~ to offer s.o. one's services (*od*. one's services to s.o.). – **3.** *econ*. (*Waren*) offer: etwas zum Kauf (*od*. Verkauf) ~ to offer (*od*. put up) s.th. for sale. – **4.** *bes. jur*. offer, tender: j-m seinen Rücktritt ~ to tender one's resignation to s.o.; einen Beweis ~ to tender evidence (*od*. an averment). – **II** *v/reflex* sich ~ **5.** (*von Personen*) offer (*od*. tender) one's services, make an offer (*od*. tender) of one's services: sich j-m ~ to offer s.o. one's services (*od*. one's services to s.o.); sich ~, etwas zu tun to offer to do s.th.; ich bot mich an, selbst zu gehen I offered to go myself; er bot sich freiwillig (*od*. aus freien Stücken) an zu gehen he volunteered to go. – **6.** (*von Gelegenheiten etc*) offer (itself), present itself: eine Gelegenheit bietet sich an an opportunity offers (*od*. presents) itself. – **7.** (*von Dirnen*) solicit. – **III A~** *n* ⟨-s⟩ **8.** *verbal noun*. – **9.** offer, tender. — **'An,bie·ter** *m* ⟨-s; -⟩ **1.** offerer. – **2.** *econ*. a) tenderer, bidder, b) supplier. — **'An,bie·tung** *f* ⟨-; *no pl*⟩ *cf*. Anbieten.

'an,bin·den I *v/t* ⟨*irr, sep*, -ge-, h⟩ **1.** (*festmachen*) bind, tie (up *od*. down), fasten, fix: etwas an (*dat od. acc*) etwas ~ to bind s.th. to s.th.; (*Pflanzen*) an Pfähle ~ *hort*. to stake; einen Hund ~ to tie up a dog; etwas mit einem Seil ~ to rope (*od*. lash) s.th.; j-n kurz ~ *fig. colloq*. to keep s.o. in hand, to keep a tight hold on s.o., to be strict (*od*. severe) with s.o.; bissige Hunde muß man kurz ~ (*Sprichwort*) a biting dog must be kept short (*proverb*). – **2.** (*weidende Tiere*) tether. – **3.** *mar*. (*Boot*) tie up, moor. – **4.** *agr. dial*. (*Kalb*) raise. – **5.** *print*. (*Buch etc*) bind (*s.th.*) (together). – **II** *v/i* **6.** mit j-m ~ *colloq*. *cf*. anbändeln.

'an,blaf·fen *v/t* ⟨*sep*, -ge-, h⟩ *dial. for* anbellen.

'an,bla·sen *v/t* ⟨*irr, sep*, -ge-, h⟩ **1.** j-n ~ to blow on (*od*. at) s.o.: der Wind bläst mich an the wind is blowing on me. – **2.** (*Feuer, Glut*) blow (up), fan. – **3.** *metall*. (*Schachtofen*) blow (*s.th.*) in (*od*. on), put (*s.th.*) on the blast. – **4.** *mus*. (*Blasinstrumente*) (begin to) blow (*od*. sound). – **5.** *bes. hunt*. die Jagd ~ to blow (*od*. sound) the horn for the hunt (to begin). – **6.** *fig. colloq*. *cf*. anschnauzen.

'an,blecken (*getr*. -k·k-) *v/t* ⟨*sep*, -ge-, h⟩ *only in* der Hund bleckte mich an *dial*. the dog bared its teeth at me.

'an,blei·ben *v/i* ⟨*irr, sep*, -ge-, sein⟩ (*von Licht, Lampe etc*) remain on: das Licht kann ~ you may leave the light on.

'An,blick *m* **1.** (*Anblicken*) sight: beim ~ von at the sight of; beim ersten ~ at first sight, at (*od*. on, upon) sight; beim ~ des Bildes at the sight of the picture; in den ~ eines Bildes versunken sein *lit*. to be absorbed (*od*. lost) in contemplation of a picture. – **2.** (*Bild*) sight, aspect: ein gewohnter (*od*. vertrauter) ~ a familiar sight; ein trauriger ~ a sad (*od*. sorry) sight; ein großartiger ~ a grand show; ein prächtiger [erhebender] ~ a gorgeous [majestic] spectacle (*od*. vision); welch herrlicher ~! what a splendid sight (*od*. view)! ein ~ für (die) Götter *colloq. iron*. a sight for the gods (*iron*.); einen traurigen ~ bieten to offer (*od*. present) a sad (*od*. sorry) sight; einen lächerlichen ~ bieten to be (*od*. look) a sight (*colloq*.); sein ~ ließ mich schaudern his appearance made me shudder; bei diesem ~ dreht sich mir der Magen um (*od.* wird mir übel) my stomach turns at the sight of it.

'an,bli·cken (*getr.* -k·k-) *v/t* ⟨*sep*, -ge-, h⟩ look at: j-n flüchtig ~ to glance at s.o.; j-n prüfend (*od.* musternd) ~ to look searchingly at s.o.; j-n starr ~ *cf.* anstarren; j-n mißbilligend (*od.* finster) ~ to frown at s.o.; j-n drohend ~ to glare at s.o.; j-n liebevoll [verächtlich] ~ to look fondly [contemptuously] at s.o. — **'an,blickend** (*getr.* -k·k-) **I** *pres p.* – **II** *adj her.* (*Tier*) aspectant.

'an,blin·ken *v/t* ⟨*sep*, -ge-, h⟩ flash at.

'an,blin·zeln *v/t* ⟨*sep*, -ge-, h⟩ j-n ~ *colloq.* to blink (*od.* wink) at s.o.: j-n verschlafen ~ to blink drowsily (*od.* sleepily) at s.o.; j-n keck ~ to give s.o. a saucy wink.

'an,blit·zen *v/t* ⟨*sep*, -ge-, h⟩ **1.** (*grell bestrahlen*) flash at. – **2.** j-n (wütend) ~ *fig. colloq.* to give s.o. a furious look (*od.* glance), to look angrily (*od.* furiously) at s.o., to dart fiery glances at s.o., to look daggers at s.o.

'an,blö·deln *v/t* ⟨*sep*, -ge-, h⟩ j-n ~ *colloq.* to talk nonsense (*od.* rubbish) to s.o.

'an,blö·ken *v/t* ⟨*sep*, -ge-, h⟩ **1.** bleat at. – **2.** *colloq. cf.* anbellen 2.

'an,boh·ren I *v/t* ⟨*sep*, -ge-, h⟩ **1.** drill (*od.* bore) a hole (*od.* holes) into. – **2.** (*Fässer*) tap. – **3.** *tech.* a) (*Werkstücke*) spot-drill, b) (*für Zentrierzwecke*) center, *bes. Br.* centre(-drill). – **4.** (*Baum*) tap, bore. – **5.** (*Boot*) scuttle. – **6.** *med.* (*Zahn*) drill (*s.th.*) (open). – **7.** j-n wegen (*od.* um) etwas ~ *fig. colloq.* to pump s.o. for s.th., to pump s.th. out of s.o., to sound s.o. about (*od.* on) s.th. – **II** *v/i* **8.** bei j-m ~ *fig. colloq. cf.* anbohren 7.

'An,boh·rer *m* ⟨-s; -⟩ *tech.* center (*bes. Br.* centre) bit (*od.* drill).

'An,bohr|ma,schi·ne *f tech.* centering (*bes. Br.* centr[e]ing) machine. — **~,werk,zeug** *n cf.* Anbohrer.

'an,bor·gen *v/t* ⟨*sep*, -ge-, h⟩ j-n ~ *rare* to borrow money from (*od.* of) s.o.

'an,bra·chen *v/t* ⟨*sep*, -ge-, h⟩ (*schadhafte Felle*) repair.

'an,bran·den I *v/i* ⟨*sep*, -ge-, sein⟩ **1.** (*von Wellen*) (gegen against) surge (*auch fig.*). – **II A~** *n* ⟨-s⟩ **2.** *verbal noun.* – **3.** surge.

'an,bras·sen *v/t* ⟨*sep*, -ge-, h⟩ *mar.* brace up (*od.* by, forward), square away: die Rahen scharf ~ to point the yards, to brace the yards up sharp.

'an,bra·ten *v/t* ⟨*irr*, *sep*, -ge-, h⟩ *gastr.* sear.

'an,bräu·nen *v/t* ⟨*sep*, -ge-, h⟩ *gastr.* **1.** (*Mehl, Zwiebel etc*) brown (*s.th.*) (gently). – **2.** *cf.* anbraten.

'an,brau·sen *v/i* ⟨*only pp*⟩ angebraust kommen *colloq.* to come dashing along (*od.* up).

'an,bre·chen I *v/t* ⟨*irr*, *sep*, -ge-, h⟩ **1.** (*Vorräte etc*) break into, start (on), open: wir mußten eine zweite Schachtel ~ we had to start on a second box. – **2.** (*Flasche*) open, (*Faß*) broach. – **3.** (*knicken*) (*Zweige etc*) crack, break (*s.th.*) partially. – **4.** *med.* (*Knochen*) crack. – **5.** *mar.* (*Ladung*) break. – **II** *v/i* ⟨sein⟩ **6.** (*beginnen*) begin: der Tag bricht an (the) day breaks; die Nacht brach an night fell; eine neue Zeit bricht an a new era is dawning; die Regenzeit brach an the rains (*od.* rainy season) set in. – **7.** *obs. for* verderben 11. – **III A~** *n* ⟨-s⟩ **8.** *verbal noun.* – **9.** (*einer Epoche etc*) dawn. – **10.** *cf.* Anbruch 1. — **'an,bre·chend I** *pres p.* – **II** *adj* bei ~er Dunkelheit (*od.* Nacht) at the fall of night, at nightfall (*od.* dusk); mit dem ~en Tag at daybreak (*od.* dawn).

'an,bren·nen I *v/i* ⟨*irr*, *sep*, -ge-, sein⟩ **1.** catch fire, begin to burn, ignite: das Holz will nicht ~ the wood won't catch fire. – **2.** *gastr.* burn: die Kartoffeln sind angebrannt the potatoes are burnt; etwas ~ lassen to burn s.th. – **3.** (*versengen*) burn, char, sear. – **II** *v/t* ⟨h⟩ **4.** *cf.* anzünden 1, 2.

'An,brenn,holz *n* kindling (wood).

'an,brin·gen I *v/t* ⟨*irr*, *sep*, -ge-, h⟩ **1.** (*Schild, Lampe, Kästchen etc*) put up, fasten (*od.* fix) (*s.th.*) in position: etwas an (*dat*) etwas ~ to fix (*od.* fasten, attach, affix) s.th. to s.th.; ein Schild an einem Haus ~ to fix (*od.* attach) a sign to a house. – **2.** (*Plakat, Anschlag etc*) put up, post up: Plakate an den Wänden ~ to put up placards on the walls. – **3.** (*Siegel etc*) affix, set. – **4.** (*Zaun etc*) put up. – **5.** *fig.* (*machen*) make, effect, introduce: Änderungen ~ to make alterations. – **6.** *fig.* (*hinzufügen*) add, put (in), *bes. jur.* insert, include: eine Klausel ~ (in *dat* into) to insert (*od.* include) a clause. – **7.** *fig.* (*vorbringen*) present, bring (*od.* put) forward, advance: etwas gesprächsweise ~ to mention s.th. in conversation; eine Bitte ~ to make a request; eine Beschwerde ~ *cf.* beschweren[2] 1; Kritik ~ to criticize *Br. auch* -s-; sein Wissen ~ to display (*od.* show) one's knowledge; das kannst du bei uns nicht ~ *colloq.* that won't go down with us; etwas falsch ~ to misplace (*od.* misdirect) s.th. – **8.** *fig. colloq.* (*herbeibringen*) bring: was bringst du da an? *iron.* what have you got there? – **9.** *colloq. for* verheiraten I. – **10.** *colloq.* (*unterbringen*) place, find (*od.* get) a place for: er hat seinen Sohn bei der Firma angebracht he found (*od.* got) a place for his son in the firm. – **11.** *econ.* a) (*Waren*) dispose of, sell, market, b) (*Geld*) spend: die Ware ist gut anzubringen the goods sell well; er brachte viel Geld an he spent (*od.* went through) a lot of money. – **12.** *tech.* a) fit, b) (*befestigen*) mount, secure, c) (*anbauen*) attach, d) (*installieren*) install, *auch* instal, e) (*versehen*) provide: leicht anzubringen easily fitted; eine Abzugsöffnung an (*dat*) etwas ~ to vent s.th.; ein Visier an einer Waffe ~ *mil.* to sight a weapon. – **13.** *mar.* (*Kurse etc*) correct. – **14.** (*sport*) (*Schlag*) get in, bring home, 'land' (*colloq.*). – **15.** *hunt.* a) set (*a dog*) on the scent (*od.* trail), b) get a shot at. – **16.** *dial. for* anzeigen 4. – **II A~** *n* ⟨-s⟩ **17.** *verbal noun.* — **'An,brin·gung** *f* ⟨-; *no pl*⟩ **1.** *cf.* Anbringen. – **2.** (*einer Klausel etc*) insertion, inclusion. – **3.** *tech.* a) (*Anbau*) attachment, external mounting, b) (*Einbau*) installation, c) (*Befestigung*) fitting, mounting, d) (*richtige Lagerung*) location, positioning.

'An,bruch *m* ⟨-(e)s; =e⟩ **1.** ⟨*only sg*⟩ (*erstes Erscheinen*) beginning: bei ~ des Tages at daybreak (*od.* dawn); bei ~ der Nacht at nightfall (*od.* dusk); der ~ einer neuen Epoche the beginning (*od.* dawn) of a new era. – **2.** (*Anriß*) incipient crack. – **3.** (*Bruchfläche*) fracture. – **4.** *econ.* broken lot (*od.* parcel): im ~ verkaufen to sell by odd lots. – **5.** (*forestry*) decayed (*od.* rotten) wood. – **6.** (*mining*) open lode.

'An,bruch,holz *n* ⟨-es; *no pl*⟩ (*forestry*) decayed (*od.* rotten) wood.

'an,brü·chig *adj* **1.** (*forestry*) (*Holz*) decayed, rotten, (*bes. Anmachholz*) *bes. Am.* punky. – **2.** ~es Wildbret *hunt.* game which has begun to decay. – **3.** *dial. for* angefault II. – **4.** *Southern G. for* brüchig 1, 8. — **'An,brü·chig·keit** *f* ⟨-; *no pl*⟩ (*forestry*) decay, rot, rottenness.

'an,brü·hen *v/t* ⟨*sep*, -ge-, h⟩ *gastr.* (*beim Teeaufguß*) infuse.

'an,brül·len *v/t* ⟨*sep*, -ge-, h⟩ j-n ~ to bawl (*od.* bellow, roar) at s.o.

'an,brum·men *v/t* ⟨*sep*, -ge-, h⟩ j-n ~ *colloq.* to growl (*od.* grumble) at s.o.

'an,brü·ten *v/t* ⟨*sep*, -ge-, h⟩ begin to hatch (*od.* brood, incubate).

'an,bum·pern, 'an,bum·sen *v/i* ⟨*sep*, -ge-, sein⟩ *colloq.* (an *dat od. acc* against) bump.

An·chi·the·ri·um [ançi'te:rĭum] *n* ⟨-s; -ria [-rĭa] *u.* -rien⟩ *zo.* anchithere (*Gattg Anchitherium*).

An·cho·ve [an'ʃo:və] *f* ⟨-; -n⟩, **An'cho·vis** [-vɪs] *f* ⟨-; -⟩ *gastr. cf.* Anschovis.

An·chu·sa [an'çu:za] *f* ⟨-; *no pl*⟩ *bot.* anchusa, bugloss (*Gattg Anchusa*).

An·ci·en·ni·tät [ãsĭɛni'tɛ:t] *f* ⟨-; -en⟩ *obs. mil. pol.* seniority.

An·ci·en·ni'täts·prin,zip *n mil. pol.* seniority principle (*od.* rule).

An·ci·en ré·gime [ãsjẽre'ʒim] (*Fr.*) *n* ⟨--; *no pl*⟩ *hist.* ancien régime.

An·cy·lus ['antsylʊs] *m* ⟨-; *no pl*⟩ *zo.* Ancylus, shield snail (*Fam. Ancylidae*). — **~,zeit** *f geol.* Ancylus stage.

'An,dacht [-,daxt] *f* ⟨-; -en⟩ **1.** ⟨*only sg*⟩ *relig.* devotion, devoutness: in ~ versunken sein to be lost (*od.* rapt) in devotion; mit ~ devoutly. – **2.** *relig.* (short) service, devotional. – **3.** *relig.* (*Gebet*) devotions *pl*, prayers *pl*: seine ~ halten (*od.* verrichten) to be at (*od.* attend to) one's devotions, to say one's prayers. – **4.** ⟨*only sg*⟩ *fig.* rapt attention: mit ~ zuhören to listen with rapt attention.

,An·däch·te'lei [-dɛçtə'laɪ] *f* ⟨-; -en⟩ *contempt.* outward (*od.* assumed, feigned) devotion, sanctimoniousness.

'an,däch·tig [-,dɛçtɪç] **I** *adj* **1.** *relig.* devout, pious, *auch* devotional: eine ~e Gemeinde a devout congregation. – **2.** *fig.* (*aufmerksam*) attentive, (*stärker*) absorbed, rapt. – **II** *adv* **3.** *relig.* devoutly: ~ beten to pray devoutly. – **4.** *fig.* attentively, (*stärker*) absorbedly, raptly: ~ zuhören to listen attentively. — **'An,däch·ti·ge** *m, f* ⟨-n; -n⟩ devout person, person rapt in devotion. — **'An,däch·tig·keit** *f* ⟨-; *no pl*⟩ **1.** *relig.* devoutness, devotion. – **2.** *fig. cf.* Andacht 4.

'An,dachts|,bild *n relig.* devotional picture (*od.* image). — **~,buch** *n relig.* **1.** manual of devotion, book of meditation. – **2.** prayer book. – **3.** (*Erbauungsbuch*) devotional book.

'an,dachts·los *adj* undevout, indevout, irreverent. — **'An,dachts·lo·sig·keit** *f* ⟨-; *no pl*⟩ lack of devotion.

'An,dachts|,stun·de *f* hour of devotion (*od.* prayer). — **~,übung** *f meist pl* (devotional) exercise. — **a~,voll** *adj cf.* andächtig I.

An·da·lu·si·er [anda'lu:zĭər] *m* ⟨-s; -⟩ **1.** *geogr.* Andalusian. – **2.** *zo.* a) Andalusian (horse), b) Andalusian (fowl). — **An·da'lu·sie·rin** *f* ⟨-; -nen⟩ Andalusian (woman). — **an·da'lu·sisch** [-zɪʃ] *adj* Andalusian.

An·da·lu·sit [andalu'zi:t; -'zɪt] *m* ⟨-s; -e⟩ *min.* andalusite, chiastolite.

An·da'ma·nen-,Eben,holz,baum [anda'ma:nən-] *m bot.* marblewood, Andaman marble (*Diospyros kurzii*).

'an,damp·fen *v/i* ⟨*only pp*⟩ angedampft kommen *colloq.* a) (*von Schiffen, Zügen*) to come steaming along (*od.* up), b) *fig.* to rush up, to steam up (*colloq.*).

an·dan·te [an'dante] (*Ital.*) *mus.* **I** *adv u. adj* andante. – **II A~** *n* ⟨-(s); -s⟩ andante.

an·dan·ti·no [andan'ti:no] (*Ital.*) *mus.* **I** *adv u. adj* andantino. – **II A~** *n* ⟨-s; -s *u.* Andantini [-ni]⟩ andantino.

'an,dau·en *v/t* ⟨*sep*, -ge-, h⟩ *med.* digest partially.

'an,dau·ern I *v/i* ⟨*sep*, -ge-, h⟩ **1.** last, continue, go on, persist, (*von Wetter*) *auch* hold: wenn das Schönwetter noch andauert if the fine weather still lasts (*od.* holds); der Krieg dauert an the war is going on; solange die Konjunktur andauert as long as the boom (*od.* prosperity) lasts (*od.* continues); das Fieber dauert noch an the fever still persists; dieser Zustand kann (doch) nicht ~ this state of affairs can't last (*od.* go on). – **II A~** *n* ⟨-s⟩ **2.** *verbal noun.* – **3.** continuance, persistence. — **'an,dau·ernd I** *pres p.* – **II** *adj* **1.** (*fortwährend*) continual, continuous, constant, persistent: eine Zeit ~er Kriege a time of continual war; ~e Angst constant (*od.* persistent) fear; ~e Bemühungen persistent (*od.* sustained) efforts. – **2.** (*unaufhörlich*) incessant, ceaseless. – **III** *adv* **3.** *colloq.* continually, constantly; es regnet ~ it is continually raining; er störte uns ~ he kept interrupting us.

'An,dau·ung *f* ⟨-; *no pl*⟩ *med.* partial digestion.

'An·den,bär ['andən-] *m zo. cf.* Brillenbär.

'An,den·ken *n* ⟨-s; -⟩ **1.** ⟨*only sg*⟩ memory, remembrance: zum ~ an (*acc*) in memory (*od.* remembrance) of; j-n in gutem ~ behalten, j-m ein freundliches (*od.* gutes) ~ bewahren to have a pleasant memory of s.o., to keep s.o. in kind remembrance (*lit.*); wir werden ihm ein ehrendes ~ bewahren we shall hono(u)r his memory; behalte es zum ~ an mich keep it in remembrance of me; das ~ an etwas [j-n] feiern to commemorate s.th. [s.o.]; bei j-m noch in frischem ~ sein to be still fresh in s.o.'s mind; dem ~ an den Dichter geweiht sacred to the memory of the poet; j-s ~ pflegen to cherish (*od.* treasure) s.o.'s memory; sein ~ wird uns immer teuer sein his memory will always be dear to us. – **2.** (*Geschenke etc*) keepsake, memento, token: etwas als ~ hinterlassen to leave s.th. as a keepsake. – **3.** (*Reiseandenken*) souvenir: ein ~ von der Reise zurückbringen to bring back a souvenir of (*od.* from) the journey; ein ~ an London a souvenir of London.

'An,den·ken|ge,schäft *n* **1.** souvenir shop. – **2.** *econ.* trade in souvenirs, souvenir business. — **~,jä·ger** *m*, **~,jä·ge·rin** *f fig. contempt.* souvenir hunter. — **~,la·den** *m cf.* Andenkengeschäft 1. — **~,samm·ler** *m* collector of souvenirs.

'An·den,tan·ne *f bot. cf.* Araukarie.

an·der ['andər] **I** *adj* **1.** other, (*mit dem unbestimmten Artikel*) another: ⁓e Leute (*od.* Menschen) other people, others; ein ⁓es Buch another book; ⁓e Bücher other books; die ⁓en beiden the other two; viele ⁓e Dinge many other things; auf die eine oder ⁓e Weise some way (*od.* somehow) or other, (in) one way or the other, by some means or other; in dem einen oder ⁓en Fall in one case or the other; den einen oder ⁓en Fehler haben to have one fault or the other; das Geschäft ging in ⁓e Hände über the firm passed over to s.o. else; ich hatte keine ⁓e Wahl I had no (other) choice (*od.* no option); mit ⁓em Namen alias, otherwise called; ⁓e derartige Probleme other like problems; an einem ⁓en Ort a) in another place, b) *jur.* alibi (*jur.*); ⁓e Kräfte beginnen mitzuspielen other forces come into play. – **2.** (*weitere*) other, further, more: gibt es noch ⁓e Fragen? are there any more questions? haben Sie noch ⁓e Krawatten? have you got any more ties? man braucht noch ⁓e Werkzeuge you need other (*od.* some more) tools; ⁓e Gründe further reasons; kein ⁓er Beweis seiner Schuld no further evidence of his guilt. – **3.** (*übrig*) other: die ⁓en Gäste the other (*od.* the rest of the) guests; die ⁓en Bücher folgen demnächst the rest of the books will soon follow; seine ⁓en Dramen the rest of his plays, his other plays. – **4.** (*nächste*) next, other: am ⁓en Morgen (on) the next (*od.* following) morning; der ⁓e Tag the next day; ein um das ⁓e Mal, einmal ums (*od.* über das) ⁓e time and again, time after time; auf der ⁓en Seite (*im Buch etc*) on the next page. – **5.** (*zweite*) second, other, (*von einem Paar*) pair: wo ist der ⁓e Schuh? where is the pair (*od.* mate) to this shoe? ich habe den ⁓en Handschuh verloren I have lost the pair to this glove (*od.* the other glove); gib mir die ⁓e Hand give me your other hand; der ⁓e Teil des Werkes the second part of the work; sein ⁓es Ich (*od.* Selbst) his other self. – **6.** (*entgegengesetzt, von zweien*) opposite, other: das ⁓e Geschlecht the opposite sex; auch die ⁓e Seite hören to hear the other side as well; auf der ⁓en Seite *fig. lit.* on the other hand; auf der ⁓en Straßenseite on the opposite (*od.* other) side of the street; bis zum ⁓en Ende to the other end; die ⁓e Seite des Stoffs the reverse side of the cloth; zur ⁓en Seite übergehen to go over to the other side. – **7.** (*verschieden*) different, other: jeder von ihnen ging einen ⁓en Weg they went their different ways; ich bin ganz ⁓er Meinung I am of an entirely different opinion; einen ⁓en Entschluß fassen, ⁓en Sinnes werden to change one's mind; ein ⁓es Thema anschlagen to change the subject; mit ⁓en Worten in other words; hier herrscht ein ⁓er Ton the atmosphere is quite diffent here; ein ganz ⁓er Mensch quite a different (sort of) person; in ⁓en Umständen sein to be pregnant (*od.* expecting), to be in the family way (*colloq.*); das ist eine ganz ⁓e Sache that's another thing altogether (*od.* quite a different matter); in ⁓er Hinsicht in another respect; unter ⁓en Umständen under different (*od.* other) conditions; wir bekommen ⁓es Wetter the weather is going to change; ⁓e Schuhe anziehen to change one's shoes; ⁓e Länder, ⁓e Sitten (*Sprichwort*) other countries other customs, customs vary in different countries. – **8.** (*neu, frisch*) new, other: er ist ein ⁓er Mensch geworden he's become a new man; ein ⁓es Hemd anziehen to put on a new (*od.* fresh) shirt; ⁓e Zeile new line; ein ⁓es Leben führen to lead a new life. – **II** andere(r), andre(r) *m*, and(e)re *f*, andere(s), andre(s) *n indef pron* **9.** (*nicht dieselbe Person od. Sache*) other: ein ⁓er, eine ⁓e another (person), someone else; etwas ⁓es something else; die [alle] ⁓en the [all] others; unter ⁓en among others; vor allen ⁓en before all others; kein ⁓er als a) (*niemand anders als*) no one else but, none other than, b) (*kein geringerer als*) no lesser than, c) (*niemand außer, nur*) none but; manch ⁓er many another; das machst du einem ⁓en weis *colloq.* tell that to the marines (*colloq.*); unter ander(e)m a) among other things, b) including; alles ⁓e everything else; alles ⁓e als tapfer anything but brave; und ⁓es mehr and the like; ich und mehrere ⁓e myself and several others; ⁓e sagen others (*od.* other people) say; Sache eines ⁓en somebody else's business; nichts ⁓es nothing else; wenn du nichts ⁓es vorhast unless you are otherwise engaged; es blieb ihm nichts ⁓es übrig als he had no choice but, he could not choose but; wünschen Sie (noch) etwas ⁓es? do you want something else? von sich auf ⁓e schließen to judge others by oneself; den ⁓en voraus sein to be a cut above others; sich nach den ⁓en richten to be guided by what (the) others say or do; es läßt sich nichts ⁓es machen als there is nothing for it but; jeder ⁓e eher als du anybody but you; wir ⁓en the remainder of us; der eine oder ⁓e someone or other; alle ⁓en waren da everybody else was there; des einen Tod ist des ⁓en Brot (*Sprichwort*) one man's meat is another man's poison (*proverb*). – **10.** (*nächste*) other: einer folgte dem ⁓en one followed the other; einer nach dem ⁓en a) one by one, b) one after another (*od.* the other); einer um den ⁓(e)n a) (*nacheinander*) one by one, b) (*abwechselnd*) by turns, alternately, c) (*jeder zweite*) every other (*od.* second) one; eins nach dem ⁓(e)n one thing after the other; eins brachte das ⁓e (mit sich), eins gab das ⁓e one thing led to another; eins kommt zum ⁓en one thing comes on top of another; ein Jahr um das ⁓e a) year by year, one year after the other, b) every other (*od.* second) year; von einem Tag zum ⁓en a) from day to day, b) overnight; er macht eine Dummheit nach der ⁓en (*od.* über die ⁓e) he makes one blunder after the other; ein Wagen hinter dem ⁓en one car after the other; j-n von einem Amt zum ⁓en schicken to send s.o. from one office to another, *Am. colloq.* to give s.o. the runaround. – **11.** (*zweite*) other, second: zum ⁓(e)n secondly; der eine ... der ⁓e one ... another (*od.* the other); die einen ... die ⁓en some ... some (*od.* [the] others); der eine kannte den ⁓en nicht neither (of them) knew the other; einen für den ⁓en halten to (mis)take one for the other; weder der eine noch der ⁓e neither (the) one nor the other; sie hörten jeder des ⁓en Stimme they heard each other's voices; es ist eins wie das ⁓e it is as broad as it is long. – **12.** (*etwas Verschiedenes*) something different (*od.* else), another thing: das ist etwas ⁓es that is (something) different, that is another thing; man hat mich eines ⁓(e)n belehrt I have learnt differently; ich habe mich eines ⁓(e)n besonnen I have changed my mind; sofern nichts ⁓es bestimmt ist a) unless otherwise decided, b) *jur.* unless otherwise provided; ich hätte beinahe etwas ⁓es gesagt *colloq.* I nearly let s.th. slip; das eine tun, und das ⁓e nicht lassen to do one thing and another as well; von etwas ⁓em sprechen to change the subject; ein ⁓es ist versprechen, ein ⁓es halten (*Sprichwort*) it is one thing to make a promise and another to carry it out, it is one thing to promise and another to perform.

'an·der,ar·tig *adj cf.* andersartig.

'än·der·bar *adj* changeable, alterable.

Än·de'rei *f* ⟨-; -en⟩ *colloq.* (constant) changing, *bes. Br.* constant chopping and changing.

'an·de·ren|'falls *adv* **1.** otherwise, else: ⁓ müssen wir mit dem Zug fahren otherwise we'll have to go by train. – **2.** (*widrigenfalls*) failing this (*od.* which). – **3.** (*im entgegengesetzten Falle*) in the contrary case. — **⁓'orts** *adv* in another place. — **⁓'tags** *adv* (on) the following day, (on) the day after. — **⁓'teils** *adv* on the other hand.

'an·de·rer'seits *adv* on the other hand.

'An·der,kon·to *n econ.* **1.** (*Treuhänderkonto*) trust account. – **2.** (*Separatkonto*) separate account.

'an·der'lei *adj* ⟨*invariable*⟩ of another (*od.* a different) kind, of other kinds.

'an·der|'mal *adv only in* ein ⁓ (at) another time, (at) some other time. — **⁓'ma·lig** *adj* happening another time.

än·dern ['ɛndərn] **I** *v/t* ⟨h⟩ **1.** change, alter, (*teilweise*) modify: einige Kleinigkeiten müssen geändert werden some minor details have to be altered; seine Meinung ⁓ *fig.* to change (*od.* revise) one's opinion; seine Pläne ⁓ to alter (*od.* depart from) one's plans; seinen Standpunkt ⁓ to modify one's standpoint, to shift one's ground; das ändert die Sache that changes the matter, that puts a new (*od.* different) face on (*od.* angle to) the matter; es ändert nichts an der Tatsache it does not alter the fact; er hat seine Politik völlig geändert he has completely changed (*od.* reversed) his policy; das Testament ⁓ to alter one's will; Dinge, die nicht mehr geändert werden können things beyond (*od.* past) recall; ich kann es nicht ⁓ I can't help it; das ist nicht zu ⁓ that cannot be helped (*od.* remedied); es läßt sich nicht ⁓ there is no remedy for it; was geschehen ist, ist nicht zu ⁓ what is done cannot be undone, it is no use crying over spilt milk (*proverb*). – **2.** (*Kleider etc*) alter, *Am. auch* make over: sie läßt ihr Kleid ⁓ she is having her dress altered. – **3.** *cf.* verbessern 3, 4. – **4.** *pol. jur.* (*Verfassung etc*) amend. – **5.** *mar.* (*Kurs, Schiffsrichtung*) alter, change. – **II** *v/reflex* sich ⁓ **6.** change, alter: sich zum Vorteil [Nachteil] ⁓ to change for the better [worse]; er hat sich sehr geändert he has greatly changed; sich von Grund auf ⁓ to undergo a radical change; daran hat sich bis heute nichts geändert that is still the same today; die Zeiten ⁓ sich times are changing; Ansichten und Sitten ⁓ sich mit den Zeiten opinions and customs vary with the times. – **7.** *meteor.* a) (*von Wetter*) change, break, b) (*von Wind*) change, shift: das Wetter ändert sich there is a change in the weather. – **8.** *econ.* (*von Preisen etc*) vary, fluctuate: die Preise haben sich inzwischen mehrfach geändert in the meantime prices have varied repeatedly. – **9.** *math.* vary: sich umgekehrt proportional ⁓ to vary inversely. – **III Ä⁓** *n* ⟨-s⟩ **10.** *verbal noun.* – **11.** *cf.* Änderung.

'an·dern|'falls *adv cf.* anderenfalls. — **⁓'tags** *adv cf.* anderentags. — **⁓'teils** *adv cf.* anderenteils.

'an·ders *adv* **1.** (*auf andere Art*) differently, in another (*od.* different) way, otherwise: ich sehe die Dinge ⁓ I see things otherwise (*od.* differently); wir denken ⁓ we think otherwise; ich kann nicht ⁓ I cannot do otherwise, I have no choice; es geht nicht ⁓ there is no alternative; könnte es ⁓ sein? could it be otherwise? falls nicht ⁓ bestimmt ist unless otherwise provided; so und nicht ⁓ thus and in no other way; die Sache ging ⁓ aus als erwartet the matter turned out differently from what was expected; wir müssen es ⁓ versuchen we must try another course; können wir es nicht irgendwie ⁓ einrichten? can't we arrange that in some other way? ⁓ gesagt (*od.* ausgedrückt) put another way, in other words; das ist nun einmal nicht ⁓ that is how things are; ⁓ (verhielt sich) Herr X not so Mr. X; ich konnte nicht ⁓, ich mußte lachen I could not help laughing; du wirst nicht ⁓ können you'll jolly (*Am.* pretty) well have to; ich kann aber auch ⁓! *colloq.* I can rapidly change my tune, I can change my approach if necessary; mir wird ganz ⁓ *colloq.* I am not feeling well, I feel funny. – **2.** (*nicht so*) different: die Sache ist ⁓ it is a different matter; ⁓ als different from (*od.* than, to), other than; das scheint ⁓ zu sein this seems to be different; die Wirklichkeit sieht ganz ⁓ aus in reality things look completely different; es war nicht ⁓ zu erwarten I did not expect anything different; er spricht ⁓, als er denkt he says one thing and means another; ich möchte ihn nicht ⁓ haben, als er ist I would not have him other than he is (*od.* any other way). – **3.** (*verändert*) changed, different: er ist ⁓ geworden he has changed; ⁓ werden to change, to alter; du bist heute ganz ⁓ als sonst you are not yourself today. – **4.** (*besser*) better: ich weiß es ⁓ I know better; ich habe es mir ⁓ überlegt I have changed my mind. – **5.** (*bei Pronomen*) else: jemand ⁓ somebody else; geht jemand ⁓ mit? is anyone else going? niemand ⁓ als nobody else but; ich habe niemand ⁓ gesehen I have seen nobody (*od.* no one) else; wer ⁓? who else? wer könnte das ⁓ sein als? who could it be but? wo ⁓? where else? irgendwo ⁓ somewhere else; nirgendwo ⁓ nowhere else. – **6.** *obs.* wenn ⁓, wofern ⁓ if indeed, provided that.

'an·dersˌar·tig *adj* **1.** (*verschieden*) different, of a different (*od.* another) kind. – **2.** (*fremd*) alien.

'an·dersˌden·kend *adj* of a different opinion, dissenting, dissident, dissentient. — **'An·dersˌden·ken·de** *m, f* ⟨-n; -n⟩ person of a different opinion, dissenter, dissident, dissentient.

'an·der|'sei·tig *adj* **1.** (*verschieden*) different. – **2.** (*gegenüberliegend*) opposite. — **~'seits** *adv cf.* andererseits.

'an·ders|ˌfar·big *adj* of (a) different (*od.* another) color (*bes. Br.* colour). — **~ge·ˌar·tet** *adj* **1.** (*Problem etc*) of another (*od.* different) kind, of a different character. – **2.** (*fremd*) alien.

'an·ders·geˌsinnt *adj* differently minded, otherwise-minded, of a different opinion. — **'An·ders·geˌsinn·te** *m, f* ⟨-n; -n⟩ differently minded (*od.* otherwise-minded) person, person of a different opinion.

'an·ders·geˌstal·tet *adj* formed another way, differently shaped; heteromorphic, heteromorphous (*scient.*).

'an·dersˌgläu·big *adj relig.* **1.** of a different faith. – **2.** (*irrgläubig*) heterodox, heretical. – **3.** (*nicht zur Staatskirche gehörig*) dissenting. — **'An·dersˌgläu·bi·ge** *m, f* ⟨-n; -n⟩ **1.** person of a different faith. – **2.** (*Ketzer*) heretic. – **3.** (*Dissident*) dissenter, dissident.

'An·dersˌgläu·big·keit *f* ⟨-; *no pl*⟩ **1.** heterodoxy. – **2.** heresy.

'an·ders|herˌum I *adv* the other way round. – **II** *adj sl.* (*homosexuell*) 'queer' (*sl.*). — **~ˌlau·tend** *adj* **1.** differently sounding. – **2.** differently phrased (*od.* worded): **entgegen ~en Meldungen** contrary to different reports. — **~ˌmei·nend** *adj cf.* andersdenkend. — **~ˌrum** *adv u. adj colloq. for* andersherum. — **A~ˌsein** *n* otherness, alterity (*lit.*). — **~ˌspra·chig** [-ˌʃpraːxɪç] *adj* **1.** *cf.* **fremdsprachig.** – **2.** *cf.* **fremdsprachlich.** — **~'wie** *adv colloq.* (in) some other way, in some other manner. — **~'wo** *adv* elsewhere, somewhere else: **er kann auch ~ sein** he may be somewhere else. — **~wo'her** *adv* from elsewhere, from somewhere else. — **~wo'hin** *adv* to another place, elsewhere.

'an·dert'halb ['andərt-] *adj* ⟨*undeclined*⟩ one and a half: **~ Pfund** a pound and a half; **~ Jahre** one and a half years, eighteen months. — **A~ˌdecker** (*getr.* -k·k-) *m aer.* sesquiplane.

'an·dert'halb·fach I *adj* **1.** one and a half times: **die ~e Länge** one and a half times the length. – **2.** *chem.* sesqui...: **~es Chlorid** sesquichloride; **~es Oxyd** sesquioxide. – **II A~e, das** ⟨-n⟩ **3.** one and a half times the amount. [alter(al).]

'an·dert'hal·big [-'halbɪç] *adj math.* sesqui-

'an·dert'halb|ˌjäh·rig *adj* **1.** a year and a half old, eighteen-month-old (*attrib*). – **2.** of a year and a half, of eighteen months. — **~ˌmal** *adv* one and a half times: **~ soviel** one and a half time as much. — **A~ˌma·ster** [-ˌmastər] *m* ⟨-s; -⟩ *mar.* one-and-a-half master. — **A~ˌton** *m mus.* sesquitone.

'Än·de·rung *f* ⟨-; -en⟩ **1.** *cf.* **Ändern.** – **2.** change, alteration, (*teilweise*) modification: **eine ~ vornehmen** (*od.* **treffen**) to make an alteration; **eine ~ erfahren [herbeiführen]** to undergo [to bring about] a change; **eine ~ trat ein** a change came about; **nur eine geringfügige ~** only a slight modification; **eine grundlegende ~** a fundamental change; **eine ~ zum Besseren** a change for the better, an improvement; **technische ~en** *tech.* engineering changes; **~en vorbehalten** subject to alteration(s). – **3.** (*von Kleidung*) alteration: **~en werden kostenlos ausgeführt** there is no charge for alterations. – **4.** *cf.* **Verbesserung** 4, 5. – **5.** *pol. jur.* (*der Verfassung, Gesetze etc*) amendment. – **6.** *meteor.* a) (*des Wetters*) change, break, b) (*des Windes*) change, shift. – **7.** *mar.* (*des Kurses etc*) alteration, change. – **8.** *med.* (*des Krankheitsverlaufes*) change: **eine ~ zum Besseren [Schlechteren]** a change for the better [worse].

'Än·de·rungs|ˌanˌtrag *m pol.* (*zu einem Gesetz etc*) amendment. — **~beˌscheid** *m* amending decision. — **ä~ˌfä·hig** *adj* changeable, alterable, modifiable. — **~geˌsetz** *n pol.* amending law: **~ zum Emissionsgesetz** law to amend the issue law. — **~ˌvorˌschlag** *m* **1.** suggestion for change. – **2.** *pol.* (*im Parlament*) amendment. — **~ˌwunsch** *m* wish for a change.

'an·der|'wär·tig [-'vɛrtɪç] *adj cf.* anderweitig I. — **~'wärts** *adv* elsewhere, somewhere else. — **~'weit** *adv cf.* anderweitig II. — **~'wei·tig** [-'vaɪtɪç] **I** *adj* **1.** (*sonstig*) other, further: **mangels ~er Unterkunft** for want of other (*od.* alternative) accommodation; **zur ~en Verwendung** for use elsewhere. – **II** *adv* **2.** (*auf andere Weise*) otherwise, in another way: **~ verfügen** to dispose of otherwise; **~ beschäftigt** otherwise occupied; **kann ich Ihnen ~ behilflich sein?** may I assist you in some (*od.* any) other way? – **3.** (*anderswo*) elsewhere: **etwas ~ unterbringen** to place s.th. elsewhere; **j-n ~ verwenden** to employ s.o. in another capacity; **~ verkaufen** to sell to someone else. – **4.** *bot. zo.* (*von Bezeichnungen*) **bereits ~ verwendet** preoccupied. [andesine.]

An·de·sin [ande'ziːn] *m* ⟨-s; *no pl*⟩ *min.*

An·de·sit [ande'ziːt; -'zɪt] *m* ⟨-s; *no pl*⟩ *min.* andesite.

'anˌdeu·ten I *v/t* ⟨*sep*, -ge-, h⟩ **1.** (*zu verstehen geben*) hint, intimate, suggest, insinuate, imply: **etwas vorsichtig ~** to imply s.th. cautiously; **wollen Sie damit ~** are you insinuating; **ich deutete ihm an, er könne gehen** I gave him to understand that he could go. – **2.** (*kurz erwähnen*) indicate, mention (*od.* point out) (*s.th.*) briefly: **ich kann das Wichtigste nur ~** I can only indicate the most important things; **wie schon oben angedeutet wurde** as (was) previously indicated; **ich versuchte ihm anzudeuten** I tried to convey to him. – **3.** (*ankündigen*) indicate, signify: **das deutet einen Wechsel in der Regierungspolitik an** that indicates a change in government policy. – **4.** (*art*) (*Hintergrund etc*) sketch (out), outline, trace: **die Konturen ~** (**von**) to contour (*acc*). – **II** *v/i* **5.** *mus.* (*von Sänger*) sing with half voice, sing sotto voce. – **III** *v/reflex* **sich ~ 6.** (*von Krise etc*) become apparent. – **IV A~** *n* ⟨-s⟩ **7.** *verbal noun.* – **8.** *cf.* **Andeutung.** — **'anˌdeu·tend I** *pres p.* – **II** *adj* **1.** insinuative, suggestive. – **2.** indicative, indicatory. — **'Anˌdeu·tung** *f* ⟨-; -en⟩ **1.** *cf.* **Andeuten.** – **2.** (*Wink, Anspielung*) hint, intimation, suggestion, inkling, allusion, (*bes. versteckte*) insinuation, innuendo: **aus j-s ~en etwas schließen** to draw conclusions from s.o.'s insinuations; **j-m eine ~ machen** to give s.o. a hint; **eine leise ~ machen** to drop a slight hint. – **3.** (*Erwähnung*) indication, mention. – **4.** (*Ankündigung*) indication, signification, adumbration. – **5.** (*art*) sketch, outline. – **6.** (*Spur*) hint, trace, suggestion, ghost: **die ~ eines Lächelns** a ghost of a smile.

'anˌdeu·tungsˌwei·se *adv* **1.** by way of hints (*od.* allusion), insinuatingly, insinuatively: **sie gab ihm ~ zu verstehen, daß** she hinted that. – **2.** (*in Umrissen*) in outlines, sketchily: **etwas ~ wahrnehmen** to barely make s.th. out.

'anˌdich·ten *v/t* ⟨*sep*, -ge-, h⟩ **1. j-m etwas ~** *fig.* to ascribe (*od.* attribute, impute) s.th. to s.o.: **man dichtete ihm viele schlechte Eigenschaften an** many bad qualities were ascribed to him, he was accused of many bad qualities; **ihm wurden Absichten angedichtet, deren er sich völlig unbewußt war** motives were imputed to him of which he was totally unaware. – **2. j-n ~** to address verses to s.o.

'anˌdicken (*getr.* -k·k-) *v/t* ⟨*sep*, -ge-, h⟩ *gastr.* (*Soßen, Säfte etc*) thicken.

'anˌdie·nen I *v/t* ⟨*sep*, -ge-, h⟩ *econ.* **1.** tender, offer (for sale), make (*s.th.*) available, (*Aktien*) sell. – **2.** (*liefern*) deliver. – **3.** (*Zahlungsmittel*) pay: **einer Bank Devisenüberschüsse ~** to pay foreign exchange surpluses into a bank. – **4.** *mar.* a) (*Waren*) ship, b) (*Verladung, Havarie etc*) notify, announce. – **II A~** *n* ⟨-s⟩ **5.** *verbal noun.* — **'Anˌdie·nung** *f* ⟨-; *no pl*⟩ *econ.* **1.** *cf.* **Andienen.** – **2.** (*Angebot*) tender, offer, (*von Aktien*) sale: **~ eines Schadens** claim for damages. – **3.** (*Lieferung*) delivery. – **4.** notification of arrival of goods. – **5.** *mar.* a) (*von Waren*) shipment, b) (*von Verladung, Havarie etc*) notification, announcement.

'Anˌdie·nungsˌpflicht *f econ.* **1.** obligation to tender (*goods or documents*). – **2.** obligation to carry s.th. to a certain place (*od.* to hand s.th. over).

'anˌdon·nern I *v/t* ⟨*sep*, -ge-, h⟩ **j-n ~** *fig. colloq.* to roar (*od.* thunder, fulminate) at s.o. – **II** *v/i* ⟨*only pp*⟩ **angedonnert kommen** *colloq.* to come thundering up (*od.* along).

'Anˌdorn *m* ⟨-(e)s; -e⟩ *bot.* horehound, hoarhound, marrube, *auch* marrub (*Gattg Marrubium*): **Weißer ~** (white) horehound (*M. vulgare*).

An·dor·ra·ner [andɔ'raːnər] *m* ⟨-s; -⟩, **An·dor'ra·ne·rin** *f* ⟨-; -nen⟩ Andorran. — **an·dor'ra·nisch** *adj* Andorran, pertaining to Andorra.

An·dra·dit [andra'diːt; -'dɪt] *m* ⟨-s; -e⟩ *min.* andradite.

An·dra·go·gik [andra'goːgɪk] *f* ⟨-; *no pl*⟩ *rare for* **Erwachsenenbildung.**

'Anˌdrang *m* ⟨-(e)s; *no pl*⟩ **1.** crush, press, throng, (*Ansturm*) rush: **es herrschte großer ~ an der Kasse** there was a great crush at the box office; **der ~ zu diesem Stück ist groß** this play draws large crowds. – **2.** *econ.* (**auf** *acc* on) run. – **3.** *med.* (*des Blutes etc*) congestion.

'anˌdrän·gen I *v/i* ⟨*sep*, -ge-, h⟩ crowd, press, push. – **II** *v/reflex* **sich an** (*acc*) **etwas ~** to press close to s.th.

'and·re *adj u. indef pron cf.* **ander.**

An·dre·ää·zee [andreɛa'tseːə] *f* ⟨-; -n⟩ *bot.* split moss (*Fam. Andreaeaceae*).

An·dre·as [an'dreːas] *npr m* ⟨-; *no pl*⟩ Andrew: **der heilige ~** St. Andrew. — **~ˌfest** *n cf.* **Andreastag.** — **~ˌkraut** *n bot.* St.-Andrew's-cross (*Ascyrum hypericoides*). — **~ˌkreuz** *n* **1.** St. Andrew's cross (*auch tech.*). – **2.** *her.* saltire (cross): **in Form eines ~es** in (*od.* per) saltire. — **~ˌorden** *m hist.* **1.** (*in Schottland*) Order of the Thistle. – **2.** (*bis 1917 in Rußland*) Order of St. Andrew. — **~ˌtag** *m relig.* St. Andrew's Day.

'anˌdre·hen *v/t* ⟨*sep*, -ge-, h⟩ **1.** (*Gas, Wasser etc*) turn on. – **2.** (*Licht, Radio*) turn on, switch on. – **3.** *tech.* a) (*Drehbank, Rad etc*) start (*s.th.*) turning, b) (*Schrauben*) tighten. – **4.** *auto.* (*ankurbeln*) crank, start (up). – **5.** (*textile*) (*Faden*) join, attach, piece. – **6. j-m etwas ~** *fig. colloq.* to palm (*od.* fob) s.th. off on(to) s.o.

'Anˌdre·her *m* ⟨-s; -⟩ (*textile*) piecer.

'Anˌdreh|ˌklaue *f auto.* cranking (*od.* starting) jaw. — **~ˌkur·bel** *f* starting crank (*od.* handle), crank handle.

'and·rer *adj u. indef pron cf.* **ander.** — **'and·res** *adj u. indef pron cf.* **ander.**

'anˌdrin·gen *v/i* ⟨*irr, sep*, -ge-, sein⟩ *cf.* **andrängen I.**

An·dro..., an·dro... *combining form denoting* andro..., male.

An·dro·cli·ni·um [andro'kliːnium] *n* ⟨-s; *no pl*⟩ *bot.* androclinium, clinandrium.

An·dro·di·özie [androdiø'tsiː] *f* ⟨-; *no pl*⟩ *bot.* androdi(o)ecism. — **an·dro·di'özisch** [-'øːtsɪʃ] *adj* androdi(o)ecious.

An·dro·ga·met [androga'meːt] *m* ⟨-en; -en⟩ *biol. cf.* **Mikrogamet.**

An·dro·ga·mon [androga'moːn] *n* ⟨-s; -e⟩ *biol.* androgamone.

An·dro·gen [andro'geːn] *n* ⟨-s; -e⟩ *chem.* androgen. — **An·dro·ge'ne·se** [-ge'neːzə] *f* ⟨-; -n⟩ *biol.* androgenesis.

an·dro·gyn [andro'gyːn] *bot. zo.* **I** *adj* (*zwittrig*) androgynous, hermaphroditic. – **II A~** *m* ⟨-s; -e⟩ androgyne, *auch* androgyn, hermaphrodite. — **An·dro·gy'nie** [-gy'niː] *f* ⟨-; *no pl*⟩ androgyny, androgynism, hermaphroditism. — **an·dro'gy·nisch** *adj cf.* **androgyn I.**

'anˌdro·hen I *v/t* ⟨*sep*, -ge-, h⟩ **j-m etwas ~** to threaten (*od.* menace) s.o. with s.th.; **j-m eine Strafe ~** to threaten s.o. with punishment; **j-m gerichtliche Schritte ~** *jur.* to threaten s.o. with legal proceedings. – **II A~** ⟨-s⟩ *verbal noun.* — **'Anˌdro·hung** *f* ⟨-; -en⟩ **1.** *cf.* **Androhen.** – **2.** threat, menace, (*Einspruch, Verwahrung*) caveat: **~ der Entlassung** threat of dismissal; **~ der Anwendung von Gewalt** *jur.* threat of force.

an·dro·id [andro'iːt] *adj med.* (*mannähnlich*) android.

An·dro·ma·che [an'droːmaxe] *npr f* ⟨-; *no pl*⟩ *myth.* Andromache (*wife of Hector*).

An·dro·ma·nie [androma'niː] *f* ⟨-; *no pl*⟩ *psych.* nymphomania, *auch* andromania.

An·dro·me·da [an'droːmeda] *f* ⟨-; *no pl*⟩ **I** *npr* **1.** *myth.* Andromeda (*wife of Perseus*). – **II 2.** *astr.* Andromeda. – **3.** *bot.* andromeda (*Gattg Andromeda*). — **~ˌne·bel** *m astr.* Andromeda galaxy.

An·dro·mon·özie [andromonø'tsiː] *f* ⟨-; *no pl*⟩ *bot.* andromon(o)ecism. — **an·dro·mon'özisch** [-'nøːtsɪʃ] *adj* andromon(o)ecious.

An·dro·phor [andro'foːr] *n* ⟨-s; -en⟩ *bot. zo.* androphore.
An·dro·ste·ron [androste'roːn] *n* ⟨-s; *no pl*⟩ *biol.* androsterone.
An·drö·ze·um [andrø'tseːum] *n* ⟨-s; *no pl*⟩ *bot.* androecium.
'Anˌdruck *m* ⟨-(e)s; -e⟩ **1.** *print.* a) proof pull, proof print, b) start (*od.* beginning) of printing. – **2.** ⟨*only sg*⟩ (*space*) inertial force. — **'anˌdrucken** (*getr.* -k·k-) **I** *v/t* ⟨*sep*, -ge-, h⟩ proof, pull first proofs of. – **II** *v/i* start printing.
'anˌdrücken (*getr.* -k·k-) **I** *v/t* ⟨*sep*, -ge-, h⟩ **1.** etwas an (*acc*) etwas ~ to press s.th. against s.th. – **2.** *hort.* (*Obst*) damage (*fruit*) slightly by pressing. – **II** *v/i* **3.** *aer.* a) put on speed, b) push the nose down. – **III** *v/reflex* sich ~ **4.** (*sich anschmiegen*) nestle, cuddle up.
'Anˌdruck|maˌschi·ne *f print.* proof press, proofing machine. — **~ˌplat·te** *f phot.* (*des Filmprojektors*) pressure plate.
'Anˌdrück,wal·ze *f tech.* (*einer Schreibmaschine*) feed roll(er).
'anˌdu·deln *v/t* ⟨*sep*, -ge-, h⟩ sich (*dat*) einen ~ *colloq.* to get merry (*colloq.*).
Äne·as [ɛ'neːas] *npr m* ⟨-; *no pl*⟩ *myth.* Aeneas. — **~ˌrat·te** *f zo.* murine oppossum (*Marmosa murina*).
'anˌecken (*getr.* -k·k-) *v/i* ⟨*sep*, -ge-, sein⟩ *colloq.* **1.** hit (*od.* bump into) a corner. – **2.** *fig. colloq.* (bei to) give offence (*Am.* offense): er eckt überall an he rubs everyone (up) the wrong way; bei j-m ~ to put s.o.'s back up, to rub s.o. (up) the wrong way. – **3.** (*beim Kegelspiel*) hit the side of the alley.
Änei·de [ɛne'iːdə] *f* ⟨-; -n⟩ *cf.* Äneis.
'anˌei·fern *v/t* ⟨*sep*, -ge-, h⟩ *Austrian for* anspornen I.
'anˌeig·nen I *v/t* ⟨*sep*, -ge-, h⟩ **1.** sich (*dat*) etwas ~ (*Sache*) to appropriate s.th., to take possession of s.th., to occupy s.th.: sich etwas widerrechtlich ~ *jur.* to appropriate s.th. unlawfully, to misappropriate (*od.* arrogate, usurp) s.th., to convert s.th. to one's own use; sich etwas gewaltsam ~ to seize s.th. (by force), *auch* to annex s.th. – **2.** sich (*dat*) etwas ~ a) (*Kenntnisse, Fremdsprache etc*) to acquire s.th., to learn s.th., b) (*Gewohnheiten etc*) to acquire s.th., to contract s.th., c) (*Meinung*) to adopt s.th. – **II A~** *n* ⟨-s⟩ **3.** *verbal noun.* — **'Anˌeig·nung** *f* ⟨-; *no pl*⟩ **1.** *cf.* Aneignen. – **2.** *auch jur.* (*von Besitz*) appropriation: gewaltsame ~ seizure, usurpation; widerrechtliche ~ *jur.* a) misappropriation, b) (*betrügerische*) (fraudulent) conversion (to one's own use); widerrechtliche ~ von Geldern misappropriation of funds. – **3.** (*von Kenntnissen etc*) acquisition. – **4.** (*von Gewohnheiten*) acquisition, contraction. – **5.** (*einer Meinung*) adoption. – **6.** *sociol.* (*Aufnahme*) assimilation. – **7.** *biol.* (*von Nährstoffen*) assimilation. – **8.** *econ.* (*von Besitzwerten*) acquisition.
'Anˌeig·nungsˌrecht *n* right of appropriation.
ˌanˌein'an·der *adv* together, to one another: ~ anschließen to link together; ~ denken to think of one another; ~ vorbeigehen to walk past (*od.* by) one another; ~ festhalten to hold to one another; sich ~ gewöhnen to get used to one another; sie hängen sehr ~ they are very fond of one another; ~ vorbeireden to talk at cross-purposes; ~ vorbeileben to live separate lives. — **~ˌbin·den** *v/t* ⟨*irr, sep*, -ge-, h⟩ bind (*od.* tie, fasten) together. — **~ˌflech·ten** *v/t* ⟨*irr, sep*, -ge-, h⟩ **1.** (*Blumen etc*) wreathe, plait, twist. – **2.** *tech.* (*spleißen*) splice. — **~ˌfü·gen I** *v/t* ⟨*sep*, -ge-, h⟩ **1.** join (together). – **2.** *tech.* a) (*Einzelteile*) join together, b) (*Bauteilenden*) butt: stumpf ~ to butt-joint. – **3.** *med.* (*Knochenfragmente*) align. – **II A~** *n* ⟨-s⟩ **4.** *verbal noun.* — **A~ˌfü·gung** *f* **1.** *cf.* Aneinanderfügen. – **2.** joining, junction (*auch tech.*). – **3.** *med.* alignment. — **~geˌra·ten** *v/i* ⟨*irr, sep, pp* aneinandergeraten, sein⟩ **1.** (*in Streit kommen*) clash, conflict: sie sind heftig aneinandergeraten they clashed fiercely. – **2.** (*handgemein werden*) come to blows (*od.* grips), be at grips. — **~ˌgren·zen I** *v/i* ⟨*sep*, -ge-, h *u.* sein⟩ **1.** adjoin each other, be adjacent (*od.* contiguous), border on each other (*auch geogr.*). – **II A~** *n* ⟨-s⟩ **2.** *verbal noun.* – **3.** adjacency, adjacence, contiguity. — **~ˌgren·zend I** *pres p.* – **II** *adj* adjacent, contiguous. — **~ˌhaf·ten** *v/i* ⟨*sep*, -ge-, h⟩ cling (*od.* stick) together, cohere. — **~ˌhän·gen I** *v/i* ⟨*irr, sep*, -ge-, h⟩ hang (*od.* stick) together, cohere. – **II** *v/t* ⟨*sep*, -ge-, h⟩ *cf.* aneinanderreihen. — **~ˌhän·gend I** *pres p.* – **II** *adj* coherent. — **~ˌket·ten** *v/t* ⟨*sep*, -ge-, h⟩ chain together (*od.* up), link. — **~ˌkle·ben I** *v/t* ⟨*sep*, -ge-, h⟩ stick (*od.* glue, paste) together. – **II** *v/i* stick together. — **~ˌkno·ten, ~ˌknüp·fen** *v/t* ⟨*sep*, -ge-, h⟩ tie (*od.* knot) together. — **A~ˌla·ge·rung** *f biol. med.* apposition. — **~ˌle·gen** *v/t* ⟨*sep*, -ge-, h⟩ lay (*od.* place) (*s.th.*) together. — **~ˌleh·nen** *v/t* ⟨*sep*, -ge-, h⟩ sich ~ lean on (*od.* against) each other (*od.* one another). — **~ˌnä·hen** *v/t* ⟨*sep*, -ge-, h⟩ stitch (*od.* sew) together. — **~ˌpral·len I** *v/i* ⟨*sep*, -ge-, sein⟩ **1.** collide, crash into one another. – **II A~** *n* ⟨-s⟩ **2.** *verbal noun.* – **3.** collision, impact. — **~ˌrei·ben I** *v/t u. v/i* ⟨*irr, sep*, -ge-, h⟩ **1.** rub against each other. – **II A~** *n* ⟨-s⟩ **2.** *verbal noun.* – **3.** friction, attrition. — **~ˌrei·hen** *v/t* ⟨*sep*, -ge-, h⟩ **1.** (*Gegenstände*) set (*od.* arrange) (*s.th.*) in a row (*od.* side by side), line up. – **2.** (*Perlen*) string. – **3.** (*Zahlen*) put (*od.* line up) (*s.th.*) in a row. – **4.** *print.* (*Typen*) stick. – **5.** *fig.* (*Gedanken, Wörter*) string (*s.th.*) together, connect (*od.* join) (*s.th.*) together (loosely), *auch* juxtapose. – **6.** (*aufzählen*) line up. — **~ˌrücken** (*getr.* -k·k-) *v/t* ⟨*sep*, -ge-, h⟩ *u. v/i* ⟨sein⟩ move (*s.th.*) close(r) together. — **~ˌschla·gen** *v/i* ⟨*irr, sep*, -ge-, sein⟩ *u. v/t* ⟨h⟩ strike (*od.* knock) together. — **~ˌschlie·ßen** *v/t* ⟨*irr, sep*, -ge-, h⟩ connect, join (together). — **~ˌschwei·ßen** *v/t* ⟨*sep*, -ge-, h⟩ *tech.* weld together. — **~ˌset·zen** *v/t* ⟨*sep*, -ge-, h⟩ (*Bauteile etc*) set (*od.* put) (*s.th.*) together, join: die Räder eng ~ to set the wheels close together. — **~ˌste·hen** *v/i* ⟨*irr, sep*, -ge-, h *u.* sein⟩ stand side by side. — **~ˌsto·ßen I** *v/i* ⟨*irr, sep*, -ge-, sein⟩ **1.** (*aneinanderprallen*) collide, crash into each other. – **2.** *cf.* aneinandergrenzen I. – **II** *v/t* ⟨h⟩ **3.** *cf.* zusammenstoßen 1. – **III A~** *n* ⟨-s⟩ **4.** *verbal noun.* – **5.** (*Zusammenprall*) collision, crash. — **~ˌwach·sen I** *v/i* ⟨*irr, sep*, -ge-, sein⟩ **1.** grow together, coalesce (*auch med.*). – **II A~** *n* ⟨-s⟩ **2.** *verbal noun.* – **3.** *auch med.* coalescence. — **~ˌwach·send I** *pres p.* – **II** *adj* coalescent: eng ~ *biol.* approximate.
Äne·is [ɛ'neːɪs] *f* ⟨-; *no pl*⟩ Aeneid (*epic poem by Vergil*).
An·ek·do·te [anɛk'doːtə] *f* ⟨-; -n⟩ anecdote: ~n austauschen to exchange (*od. colloq.* swap) anecdotes (*od.* stories).
an·ek'do·ten|ˌar·tig *adj cf.* anekdotisch. — **A~ˌbuch** *n cf.* Anekdotensammlung. — **A~erˌzäh·ler** *m* anecdotist, storyteller. — **~haft** *adj cf.* anekdotisch. — **A~ˌsamm·lung** *f* collection of anecdotes, anecdotage.
an·ek'do·tisch *adj* anecdotal, anecdotic, *auch* anecdotical.
'anˌekeln *v/t* ⟨*sep*, -ge-, h⟩ disgust, nauseate, sicken: diese Speise ekelt mich an this dish nauseates me; schon der Anblick ekelte mich an the mere sight of it disgusted me; die ganze Sache ekelte ihn an he was disgusted with the whole business.
an·elek·trisch ['an(ʔ)eˌlɛktrɪʃ; an(ʔ)e'lɛktrɪʃ] *adj phys.* anelectric.
Ane·mo..., ane·mo... *combining form denoting* anemo..., wind.
ane·mo·gam [anemo'gaːm] *adj bot.* anemophilous.
Ane·mo·gramm [anemo'gram] *n* ⟨-s; -e⟩ *meteor.* anemogram.
Ane·mo·graph [anemo'graːf] *m* ⟨-en; -en⟩ *meteor.* anemograph. — **Ane·mo·gra'phie** [-gra'fiː] *f* ⟨-; *no pl*⟩ anemography. — **ane·mo'gra·phisch** *adj* anemographic.
Ane·mo·me·ter [anemo'meːtər] *n* ⟨-s; -⟩ *meteor.* anemometer, air meter. — **Ane·mo·me'trie** [-me'triː] *f* ⟨-; *no pl*⟩ anemometry. — **ane·mo'me·trisch** [-'meːtrɪʃ] *adj* anemometric, *auch* anemometrical.
Ane·mo·ne [ane'moːnə] *f* ⟨-; -n⟩ **1.** *bot.* anemone, windflower (*Gattg Anemone*). – **2.** *zo. cf.* Seeanemone.
Ane·mo·nin [anemo'niːn] *n* ⟨-s; *no pl*⟩ *chem.* anemonin ($C_{10}H_8O_4$).
ane·mo·phil [anemo'fiːl] *adj bot. cf.* anemogam.
Ane·mo·skop [anemo'skoːp] *n* ⟨-s; -e⟩ *meteor.* anemoscope.
'an·empˌfeh·len I *v/t* ⟨*irr, sep, no* -ge-, h⟩ recommend, advise, counsel: j-m etwas wärmstens ~ to recommend s.th. warmly to s.o.; j-m dringend ~, etwas zu tun to urge s.o. to do s.th.; es wurde ihm der Rücktritt anempfohlen he was recommended to resign; er hat äußerste Vorsicht anempfohlen he counsel(l)ed the utmost prudence. – **II A~** *n* ⟨-s⟩ *verbal noun.* — **'Anˌempˌfeh·lung** *f* ⟨-; -en⟩ **1.** *cf.* Anempfehlen. – **2.** recommendation, advice, counsel.
'an·empˌfun·den *adj* spurious, not genuine.
An·en·ze·pha·lie [an(ʔ)ɛntsefa'liː] *f* ⟨-; -n [-ən]⟩ *med.* anencephalia, anencephaly.
'Anˌer·be *m jur.* principal heir, heir to entailed property.
'Anˌer·ben|geˌricht *n jur. hist.* local hereditary court. — **~ˌrecht** *n* right of succession to undivided farm estate.
'An·erˌbie·ten *n* ⟨-s; -⟩ **1.** *auch econ.* (*Angebot*) offer, tender: ein ~ ablehnen [annehmen] to decline [to accept] an offer; von Ihrem freundlichen ~ nehme ich Kenntnis I note your kind offer. – **2.** (*Vorschlag*) proposal, proposition.
'an·erˌbie·ten *v/reflex* ⟨*irr, mostly sep, no* -ge-, h⟩ sich ~ *obs.* offer (one's services).
An·er·gie [an(ʔ)ɛr'giː] *f* ⟨-; *no pl*⟩ *med. psych.* anergy, anergia. — **an·er·gisch** [a'nɛrgɪʃ; an'ʔɛrgɪʃ] *adj* **1.** (*energielos*) anergic, lacking energy. – **2.** (*gefühllos, stumpf*) anergic, apathetic. – **3.** (*gegen Allergene*) anergic.
'an·erˌkannt I *pp of* anerkennen. – **II** *adj* **1.** *auch jur. econ.* (*bestätigt*) acknowledged, recognized *Br. auch* -s-, admitted: allgemein ~ generally acknowledged; eine ~e Forderung an acknowledged (*od.* admitted) claim; eine ~e Schuld an admitted debt; die Echtheit des Textes ist ~ the authenticity of the text is recognized (*od.* warranted); nicht ~ unacknowledged, unrecognized; ein vom Vater nicht ~es Kind an unowned child. – **2.** (*allgemeingültig*) accepted, established: eine ~e Tatsache an accepted fact; die ~e Bedeutung des Wortes the established meaning of the word; ein ~es Werk über moderne Malerei a standard work on modern painting. – **3.** *econ.* (*Wechsel etc*) approved. – **4.** *jur.* (*gesetzlich*) a) lawful, b) legal: gesetzlich ~er Feiertag holiday recognized (*Br. auch* -s-) by law. – **5.** (*allgemein geschätzt*) recognized *Br. auch* -s-, accepted, acknowledged: ein ~er Fachmann a recognized expert; er ist eine ~e Größe auf dem Gebiet des Völkerrechts he is a recognized authority in international law; ~ werden to gain (*od.* receive) recognition.
'an·erˌkann·ter'ma·ßen *adv* admittedly, *Am. auch* concededly.
'An·erˌkannt·heit *f* ⟨-; *no pl*⟩ (*einer Person, Sache*) established (*od.* recognized, acknowledged) reputation.
'an·erˌkenn·bar *adj* **1.** acknowledgeable, recognizable *Br. auch* -s-, avowable (*jur.*). – **2.** (*annehmbar*) acceptable. – **3.** (*zulässig*) admissible. — **'An·erˌkenn·bar·keit** *f* ⟨-; *no pl*⟩ **1.** recognizability *Br. auch* -s-. – **2.** acceptability. – **3.** admissibility.
an·er·ken·nen I *v/t* ⟨*irr, sep* ['anʔɛrˌkɛnən] *od. insep* [ˌanʔɛr'kɛnən], *no* -ge-, h⟩ **1.** *auch jur. econ.* (*bestätigen*) acknowledge, recognize *Br. auch* -s-, admit: ich erkenne es als richtig an, ich anerkenne es als richtig I acknowledge it as correct; seine Unterschrift [nicht] ~ to recognize [to deny] one's signature; einen Vertrag nicht ~ to refuse to recognize a treaty; einen Anspruch (*od.* eine Forderung) ~ *jur.* to admit (*od.* allow) a claim; j-s Rechte [nicht] ~ *jur.* to recognize (*od.* allow) [to disallow] s.o.'s rights; eine Schuld [nicht] ~ *econ.* to acknowledge [to repudiate] a debt; eine Lehre ~ to receive a doctrine; einen Staat ~ to recognize a state; etwas als rechtsgültig ~ to sustain s.th.; j-n als seinen Erben ~ *jur.* to recognize s.o. as one's heir; ein Kind [nicht] als sein eigenes ~ *jur.* to own [to disown] a child; die Verantwortung für etwas [nicht] ~ to admit [to disclaim *od.* refuse] responsibility for s.th.; einen Wechsel ~ *econ.* to acknowledge (*od.* honor, *bes. Br.* honour, accept) a bill; ein Tor [nicht] ~ (*sport*) to allow [to disallow] a goal. – **2.** (*billigen*) approve, accept: etwas ausdrücklich ~ to accept s.th. expressly; j-s Meinung ~ to approve s.o.'s opinion. –

3. (*würdigen*) appreciate, recognize *Br. auch* -s-, acknowledge: **etwas hoch ~** to appreciate s.th. greatly; **j-s Verdienste um etwas ~** to appreciate what s.o. has done for s.th.; **es ist ihm hoch anzuerkennen** it is very much to his credit. – **II A~** *n* ⟨-s⟩ 4. *verbal noun.* – 5. *cf.* Anerkennung. — **ˈan·erˌken·nend I** *pres p.* – **II** *adj* appreciative, appreciatory, commendatory: **~e Worte** appreciative words, words of appreciation.

ˈan·erˌken·nensˌwert *adj* (*lobenswert*) commendable, laudable, creditable, praiseworthy: **eine ~e Leistung** a commendable achievement.

ˈAn·erˌkennt·nis *f* ⟨-; -se⟩, *bes. jur. n* ⟨-ses; -se⟩ 1. *jur. econ.* a) acknowledg(e)ment, b) (*Geltenlassen*) acceptance, c) (*Zugeständnis*) admission, confession, d) (*verpflichtende Anerkennung*) recognizance *Br. auch* -s-: **beurkundetes ~ eines Beklagten** consent rule. – 2. *jur.* deed of acknowledg(e)ment. – 3. *obs. for* Anerkennung 3. — **~ˌur·teil** *n jur.* (*im Zivilprozeß*) judg(e)ment (*od.* decree) by consent, consent decree (*od.* judg[e]ment).

ˈAn·erˌken·nung *f* ⟨-; *no pl*⟩ 1. *cf.* Anerkennen. – 2. *bes. jur. econ.* acknowledg(e)ment, recognition, admission: **~ einer Urkunde** acknowledg(e)ment (*od.* legalization) of a document; **~ einer Schuld** *econ.* acknowledg(e)ment of a debt; **~ eines Wechsels** *econ.* admission (*od.* acceptance) of a bill; **~ eines Staates [einer Regierung]** recognition of a state [a government]; **~ de facto [de jure]** de facto [de jure] recognition; **~ eines Anspruches** admission (*od.* allowance) of a claim; **auf ~ eines Testaments klagen** *jur.* to propound a will; **~ eines Kindes, ~ der Vaterschaft** acknowledg(e)ment of paternity; **Klage auf ~ der Vaterschaft** application for an affiliation order; **~ der Klage** *jur.* cognizance; **~ des Rechts** *jur.* confession; **~ einer klägerischen Forderung seitens des Beklagten** cognovit; **~ mit gleichzeitiger Einrede** *jur.* confession and avoidance. – 3. (*Billigung*) acceptance, approval, approbation. – 4. (*Würdigung*) appreciation, recognition, acknowledg(e)ment: **in ~ seiner Verdienste** in recognition of his merits (*od.* services); **~ finden** to find (*od.* win) recognition; **j-m seine ~ ausdrücken** to express one's appreciation to s.o.; **als ~ für** in recognition of; **j-m ~ zollen** to pay tribute to s.o.; **~ verdienen** to deserve credit; **j-m hohe ~ einbringen** to reflect great credit on s.o.; **dem Schriftsteller wurde viel ~ zuteil** the writer was greatly acclaimed (*od.* received great applause); **das Buch fand ~ auf der Messe** the book received an hono(u)rable mention at the book fair.

ˈAn·erˌken·nungs|beˌscheid *m econ.* decision to recognize (*Br. auch* -s-). — **~ˌschrei·ben** *n* 1. letter of acknowledg(e)ment. – 2. letter of commendation. — **~ˌur·teil** *n jur. cf.* Anerkenntnisurteil.

Ane·ro·id [aneroˈiːt] *n* ⟨-(e)s; -e⟩, **~ba·roˌme·ter** *n meteor.* aneroid (barometer).

ˈan·erˌschaf·fen *adj obs. for* angeboren 1.

ˈan·erˌzie·hen I *v/t* ⟨*irr, sep, no* -ge-, h⟩ **j-m etwas ~** to instil(l) s.th. into s.o., to inculcate s.th. on s.o. (*od.* in s.o.'s mind): **diese Gewohnheit ist den Kindern anerzogen worden** this habit has been instilled into the children. – **II A~** *n* ⟨-s⟩ *verbal noun.* — **ˈAn·erˌzie·hung** *f* ⟨-; *no pl*⟩ 1. *cf.* Anerziehen. – 2. instillation, inculcation.

ˈanˌes·sen *v/t* ⟨*irr, sep, pp* angegessen, h⟩ (*in Wendungen wie*) **sich** (*dat*) **einen Bauch ~** to grow pot-bellied with eating.

Ane·thol [aneˈtoːl] *n* ⟨-s; *no pl*⟩ *chem.* anethol(e), anise camphor ($CH_3OC_6H_4C_3H_5$).

Aneu·rin [anɔʏˈriːn] *n* ⟨-s; *no pl*⟩ *chem. med.* (*Vitamin B_1*) aneurin(e), thiamin(e).

An·eu·rys·ma [anɔʏˈrʏsma] *n* ⟨-s; -rysmen⟩ *med.* aneurysm, aneurism. — **an·eu·rys·ˈma·tisch** [-ˈmaːtɪʃ] *adj* aneurysmatic, aneurismatic.

ˈanˌfä·cheln *v/t* ⟨*sep*, -ge-, h⟩ fan.

ˈanˌfa·chen I *v/t* ⟨*sep*, -ge-, h⟩ 1. (*Feuer, Glut*) fan, blow (up). – 2. *fig.* (*entzünden, wecken*) rouse, fan, stir up, incite, (*Haß etc*) *auch* inflame. – **II A~** *n* ⟨-s⟩ 3. *verbal noun.* – 4. *fig.* incitement, (*von Haß etc*) *auch* inflammation.

ˈanˌfä·deln *v/t* ⟨*sep*, -ge-, h⟩ 1. (*Perlen etc*) string, thread. – 2. *fig. cf.* anknüpfen 3.

ˈanˌfahr·bar *adj* 1. accessible (by car). – 2. *mar.* navigable.

ˈAnˌfahr·beˌschleu·ni·gung *f auto.* starting acceleration, *bes. Am.* acceleration from dead stop.

ˈanˌfah·ren I *v/t* ⟨*irr, sep*, -ge-, h⟩ 1. (*herbeischaffen*) carry, convey: **Erde ~** to carry earth; **große Mengen Kuchen ~ (lassen)** *fig. colloq.* to bring on (*od.* produce) a lot of cakes. – 2. (*rammen*) run into (*od.* against), collide with: **er hat ein anderes Auto angefahren** he ran into another car; **einen Fußgänger ~** to hit a pedestrian. – 3. *mar.* (*Schiff*) run foul of. – 4. *mar. cf.* anlaufen 20. – 5. (*zum Ziel nehmen*) make for: **Hamburg ~** to make for Hamburg. – 6. **j-n ~** *fig. colloq.* to jump on (*od.* snap at) s.o., to go for s.o., to let fly at s.o.: **j-n heftig ~** to jump down s.o.'s throat. – 7. **j-n ~** (*von Hund*) to rush at s.o., to go for s.o. – 8. *tech.* (*neue Maschine etc*) start. – 9. **das Wild ~** *hunt.* to stalk game in a cart (*od.* boat). – **II** *v/i* ⟨sein⟩ 10. (*zu fahren beginnen*) start (*od.* drive) off, start (driving): **der Wagen fuhr mit einem Ruck an** the car started with a jerk. – 11. (*herangefahren kommen*) drive up: **sie fuhren in einem großen Wagen an, sie kamen in einem großen Wagen angefahren** they drove (*od.* rolled) up in a big car. – 12. drive against: **er fuhr an die Bordsteinkante an** he drove against the curb. – 13. (*mining*) *cf.* einfahren 13. – 14. *tech.* (*von Reaktor etc*) start up. – **III A~** *n* ⟨-s⟩ 15. *verbal noun.* – 16. *cf.* Anfahrt 1, 3—5.

ˈAnˌfahr|ˌkraft *f auto.* getaway power. — **~moˌment** *n tech.* starting (torque) moment.

ˈAnˌfahrt *f* 1. (*Fahrt*) journey, ride: **eine weite ~ zum Arbeitsplatz** a long journey to work. – 2. (*Zufahrtsweg*) approach, (*vor einem Privathaus*) drive. – 3. (*Herbeischaffen*) conveyance, transport: **die ~ des Holzes** the transport of the timber. – 4. (*Fahrtbeginn*) start(ing). – 5. (*Heranfahren*) approach.

ˈAnˌfahrts|ˌstra·ße *f* approach road. — **~ˌweg** *m cf.* Anfahrt 1, 2.

ˈAnˌfall *m* 1. *med.* attack, fit, paroxysm, seizure, (*leichter*) touch, bout: **ein epileptischer ~** an epileptic fit (*od.* seizure), a fit of epilepsy; **ein schwerer ~ von Malaria** a severe attack (*od.* access) of malaria; **einen ~ bekommen** to have an attack; **ein ~ von Grippe** a fit (*od.* bout) of influenza; **ein leichter ~ von Gicht** a touch of gout; **der erste ~ einer Krankheit** the onset of an illness; **ein neuer ~** a relapse; **ein hysterischer ~** a hysterical fit, hysterics; **ein krampfartiger ~** a cramp (*od.* spasm); **ein ~ von Schwermut** a fit of depression (*od.* melancholy); **in einem ~ von Geistesstörung** in a fit of mental derangement; **vorzeitiges Eintreten eines ~s** prolepsis. – 2. *fig.* fit, attack: **ein ~ von Wut** a fit (*od.* access) of rage; **ein ~ von Lachen** a paroxysm of laughter; **in einem ~ von Großzügigkeit** in a burst of generosity. – 3. *archaic for* Angriff 1, Überfall[1] 1, 2. – 4. (*Häufung*) accumulation: **der verstärkte ~ von Einzahlungen am Wochenende** the increase (*od.* increased number) of payments at the weekend. – 5. *econ.* a) (*anfallende Menge, Ertrag*) amount produced, yield, b) *meist pl* (*Einkünfte aus Gütern etc*) revenue: **der ~ von Zinsen** the accrual of interest. – 6. *jur.* a) (*von Erbschaft*) devolution, b) (*von Gütern*) reversion, succession: **~ der Erbschaft** devolution (*od.* accrual) of the inheritance. – 7. (*mining*) (percentage of) stone (*od.* dirt) produced. – 8. *hunt.* a) taking up the scent, b) alighting.

ˈAnˌfall·beˌrech·tig·te *m, f* ⟨-n; -n⟩ *jur.* allottee.

ˈanˌfal·len I *v/t* ⟨*irr, sep*, -ge-, h⟩ 1. (*angreifen*) attack, assault, assail, fall on: **j-n aus dem Hinterhalt ~** to ambush s.o.; **er wurde von Räubern angefallen** he was set on by robbers; **der Hund fällt alle Leute an** the dog goes for everyone. – 2. *fig. lit.* (*von Krankheit etc*) attack: **die Pest fiel ihn an** he was attacked by the plague; **Zweifel fielen ihn an** he had misgivings. – 3. *hunt.* a) take up, track, b) (*angreifen*) (*Person*) attack: **der Hund fiel die Fährte an** the dog took up the scent. – **II** *v/i* ⟨sein⟩ 4. (*von Arbeit etc*) a) come in, b) turn up. – 5. *chem. tech.* (*sich ergeben*) result, be obtained: **folgende Stoffe fallen als Nebenprodukte an** the following by-products are obtained. – 6. *econ.* a) (*von Zinsen*) accrue, fall due, b) (*von Steuern etc*) arise: **eine Vermögenssteuer fällt für diese Beträge nicht an** no property tax arises (*od.* is payable) on these amounts. – 7. *jur.* (*auf j-n übergehen*) devolve: **j-m durch Erbschaft (*od.* im Erbweg) ~** to devolve upon s.o. – 8. *geol.* (*von Erdöl etc*) occur. – 9. **j-m ~** *obs.* (*zufallen*) to fall to s.o.'s share (*od.* lot). – 10. *hunt.* (*von Federwild*) (come to) roost (on a tree).

ˈanˌfäl·lig *adj* 1. susceptible, predisposed, prone: **~ für (*od.* gegen) Infektionen sein** to be susceptible to infections; **er ist sehr ~** his health is very delicate; **~ gegen die Versuchung** *fig.* open to temptation. – 2. *econ.* prone, sensitive: **~ gegenüber Konjunkturschwankungen** sensitive to cyclical influences. — **ˈAnˌfäl·lig·keit** *f* ⟨-; *no pl*⟩ 1. *med.* predisposition, susceptibility, proneness: **~ für (*od.* gegen) Erkältungen** susceptibility to colds. – 2. *econ.* proneness, sensitiveness: **~ für Krisen** proneness to crises; **~ gegen Liquiditätsanspannungen** sensitivity to strains on liquidity.

ˈAnˌfallsˌrecht *n jur.* 1. (*Heimfallsrecht*) reversionary interest. – 2. right to succeed.

ˈanˌfal·zen *v/t* ⟨*sep*, -ge-, h⟩ *tech.* (*in der Zimmerei*) rabbet.

ˈAnˌfang *m* ⟨-(e)s; Anfänge⟩ 1. beginning, start, outset, (*förmlicher*) commencement: **am (*od.* im) ~** at (*lit. od. Bibl.* in) the beginning, at the start (*od.* outset); **am (*od.* zu) ~ sah es so aus, als ob** initially it looked as if; **zu ~** at first; **gleich am (*od.* zu) ~ möchte ich darauf hinweisen** to begin with I want to point out; **am (*od.* zu) ~ waren wir nur zu viert** we were only four to start with; **am ~ einer neuen Epoche** at the beginning (*od.* dawn) of a new epoch; **im ~ war das Wort** *Bibl.* in the beginning was the Word; **~ 1972 [März]** early in 1972 [March]; **~ nächsten Jahres [dieser Woche]** early next year [this week]; **~ der fünfziger Jahre** in the early fifties; **er ist ~ der Dreißiger** he is in his early thirties; **(ganz *od.* gleich) von ~ an** from the (very) beginning (*od.* start, first), from the outset, ab initio; **es war von ~ an so** it has always been like this, this is how things have been from the very beginning; **von ~ bis zu Ende** from beginning to end, from start to finish; **die Geschichte ist von ~ bis Ende erlogen** the story is a lie from beginning to end; **Baumwolle war von ~ an gut gefragt** *econ.* cotton opened active; **der ~ und das Ende** the alpha and the omega; **ganz gut für den ~** quite good for a beginning (*od.* start); **ein vielversprechender ~** a promising start; **der ~ einer großen Karriere** the commencement of a great career; **den ~ machen** to begin, to start, to lead off (*auch sport*); **den ~ machen mit** to begin (*od.* start) with; **einen neuen ~ machen** to make a fresh (*od.* new) start; **das Spiel nahm seinen ~** the game began; **keinen ~ finden** not to know where to begin; **eine Plackerei ohne ~ und Ende** an eternal drudgery; **das ist erst der ~** that is only the beginning; **jetzt bin ich wieder genausoweit wie am ~** now I am just as far (ahead) as I was at the beginning; **sich aus kleinen Anfängen emporarbeiten** to start small and work up; **das ist der ~ vom Ende** that is the beginning of the end; **aller ~ ist schwer** (*Sprichwort*) all beginnings are difficult, nothing so hard as the beginning. – 2. (*Einleitung*) beginning, introduction, opening: **der ~ seiner Rede** the introduction of his speech; **der ~ einer Abhandlung** the exordium of a treatise. – 3. (*Kopf*) beginning, head, top: **am ~ der Seite** at the top of the page; **am ~ des Festzuges** at the head of the procession. – 4. *meist pl* (*Ursprung*) beginning(s *pl*), origin(s *pl*), (*Uranfang*) primordium: **die Anfänge des Lebens** the origins of life; **die Anfänge der Geschichte** earliest history; **diese Entwicklung hatte ihren ~ in** this development had its rise in. – 5. *pl* (*Anfangsgründe*) beginnings, rudiments, (first) elements: **die Anfänge der Wissenschaft** the rudiments of science; **ich bin über die Anfänge nicht hinausgekommen (*od.* in den Anfängen steckengeblieben)** I never got past the rudiments; **noch in den Anfängen stecken** to be still in one's swaddling clothes. – 6. *tech.* (*Weberei*) warp end. – 7. (*einer Handarbeit, Bastelei*) beginning, foundation. – 8. *print.* (*einer*

Annonce etc) cross heading. – **9.** *mus.* a) beginning, b) (*Anfangsnoten in Verzeichnissen*) incipit, c) (*Intonation*) intonation.

'anˌfan·gen I *v/i* ⟨*irr, sep,* -ge-, h⟩ **1.** begin, start, (*förmlicher*) commence: die Schule fängt am Montag an school begins on Monday; die Vorstellung hat schon angefangen the performance has already started; wieder (*od.* von neuem) ~ to begin anew (*od.* afresh), to recommence; (wieder) von vorne ~ to start all over again, to make a fresh start; nun fängst du schon wieder (damit) an! *colloq.* there you go again! fang doch nicht schon wieder damit an! *colloq.* don't bring that up again, for heaven's sake! das fängt ja gut (*od.* schön) an! *colloq.* that's a fine start! du fängst ja gut an! *colloq.* that's a fine start you've made! er hat klein (*od.* von unten her, fast mit nichts) angefangen he started from nothing (*od. colloq.* from scratch, *Am.* from a shoestring), he started out with very little; du hast damit angefangen *colloq.* you started it, you set the whole thing going; mit etwas ~ a) to begin with s.th., to begin to do (*od.* doing) s.th., b) to begin by (doing) s.th.; mit der Arbeit ~ to start (to) work; bei etwas ~ to begin with s.th.; bei einer Firma ~ to start work at a firm; wir fingen auf Seite 30 an we started on (*od.* at) page 30; mit Gott fang an, mit Gott hör auf (*Sprichwort*) let God be your be-all and end-all. – **II** *v/t* **2.** begin, start, (*förmlicher*) commence, enter into, initiate, embark (up)on: er fing seine Rede mit den Worten an he began his speech with the words; ein neues (*od.* andres) Leben ~ *fig.* to begin a new life, to turn over a new leaf; einen Krieg ~ to start a war; ~, etwas zu tun a) to begin to do (*od.* doing) s.th., b) to take up s.th., to take to s.th.; sie fing an zu singen, sie fing zu singen an a) she began to sing, b) she took up singing; sie fingen an zu streiten, sie fingen zu streiten an they started to quarrel; sie fingen an zu schwatzen *colloq.* they started (*od. colloq.* got to) talking; zu rauchen (*od.* das Rauchen) ~ to take up smoking; zu trinken (*od.* das Trinken) ~ to take to drinking; darauf(hin) fing er an, mich zu beschimpfen he went on to insult me; von etwas zu sprechen ~ to start talking about s.th.; hätte ich das doch nie angefangen! I wish I had never started all this! → Geschäft 8; Prozeß 1; Streit 1. – **3.** (*zustande bringen*) set (*od.* go) about: etwas schlau ~ to set about s.th. cleverly; etwas verkehrt (*od.* am falschen Ende) ~ to begin s.th. at the wrong end, to put the cart before the horse; ich weiß nicht, wie ich es ~ soll I don't know how to go (*od.* set) about it; du mußt es anders ~ you must do it in a different way. – **4.** (*tun, machen*) do: was wirst du heute ~? what will you do with yourself today? was hast du die ganze Zeit angefangen? what have you been doing all the time? er weiß nicht, was er ~ soll he doesn't know what to do with himself; er weiß nicht, was er mit seiner Zeit [mit seinem Geld] ~ soll he doesn't know what to do with (*od.* how to spend) his time [his money]; mit diesem Wörterbuch ist nichts anzufangen *fig.* this dictionary is of no use to anyone; mit ihm ist nichts anzufangen *fig.* one can't get anywhere with him, he's hopeless (*colloq.*); wir können mit ihm nichts ~ *fig.* a) we cannot do anything with him, he is of no use to us, b) we can't make anything of him; mit solchen Leuten kann ich nichts ~ I have no use for such people. – **III** *v/impers* **5.** es fängt an it begins, it is beginning. – **IV A~** *n* ⟨-s⟩ **6.** *verbal noun.* – **7.** *cf.* Anfang 1.

'Anˌfän·ger *m* ⟨-s; -⟩ **1.** novice, beginner, initiate, rookie, freshman, tenderfoot (*colloq.*), *Am. sl.* 'punk', tyro, tiro, neophyte: er ist ein blutiger ~ *colloq.* he is a complete novice (*od.* a raw recruit). – **2.** *ped.* beginner, freshman: Kurse für ~ courses for beginners; Englisch für ~ English for beginners. – **3.** *auto.* a) learner-driver, b) *contempt.* amateur driver. – **4.** *civ.eng.* (*eines Bogens*) impost. — **'Anˌfän·ge·rin** *f* ⟨-; -nen⟩ *cf.* Anfänger 1, 2, 3.

'Anˌfän·ger|ˌkurs, ~ˌkur·sus *m* course for beginners, elementary course. — **~ˌstein** *m civ.eng.* (*beim Pflaster*) starter.

'anˌfäng·lich [-ˌfɛŋlɪç] **I** *adj* **1.** (*erst*) initial, first; incipient, inceptive, primary (*lit.*): ~e Scheu initial shyness. – **2.** (*früh*) initial, early. – **3.** (*ursprünglich*) original. – **4.** *hist.* (*Kulturen*) primitive, rudimentary. – **II** *adv* **5.** *cf.* anfangs I.

'anˌfangs I *adv* **1.** (at) first, in the beginning, at the start: ~ wollte er ihm nicht glauben at first he would not believe him; ~ hätte ich es nicht für möglich gehalten I wouldn't have thought it possible at first. – **2.** (*ursprünglich*) originally: ~ hatte es manche Zweifel gegeben originally there had been some doubts. – **II** *prep* ⟨*gen*⟩ **3.** at the beginning: ~ des Jahres at the beginning of the year.

'Anˌfangs|beˌstand *m econ.* **1.** initial (*od.* original) stock. – **2.** (*in der Buchhaltung*) initial inventory. — **~ˌbuchˌsta·be** *m* **1.** initial letter: großer ~ capital letter, *Am. colloq.* cap; kleiner ~ small (initial) letter; mit großen ~n schreiben (*od.* drucken) to capitalize. – **2.** *pl* (*eines Namens*) initials: etwas mit seinen ~n versehen to initial s.th. — **~ˌdo·sis** *f med.* initial dose. — **~ˌdrehˌzahl** *f tech.* initial speed. — **~ˌdruck** *m* ⟨-(e)s; ⸗e⟩ *tech.* initial pressure. — **~ˌeinˌsatz** *m geol.* first arrival (*of seismic energy*). — **~enerˌgie** *f phys.* initial energy. — **~erˌfolg** *m* initial success. — **~ˌför·de·rung** *f* **1.** *econ.* initial production (*od.* output). – **2.** *ped. support granted to a student in the early stages of his* (*od. her*) *career.* — **~geˌhalt** *n econ.* starting (*od.* initial) salary, starting pay (*colloq.*). — **~geˌschwin·dig·keit** *f phys. tech. mil.* initial velocity (*od.* speed), (*von Geschossen*) *auch* muzzle velocity. — **~ˌglei·chung** *f math.* first equation. — **~ˌglied** *n* **1.** (*einer Kette etc*) first link. – **2.** *math.* leading term. — **~ˌgrün·de** *pl* rudiments, elements, fundamentals: j-m die ~ von etwas beibringen to instruct s.o. in the elements of s.th. — **~ˌgutˌha·ben** *n econ.* initial credit balance. — **~ˌhal·tung** *f* (*sport*) **1.** (*beim Eiskunstlauf*) starting position. – **2.** (*beim Boxen*) starting stance. – **3.** (*beim Ringen*) a) (*Ausgangshaltung*) wrestling stance, b) (*erster Kontakt mit dem Gegner*) initial hold. — **~ˌhö·he** *f* (*beim Hochsprung etc*) starting height. — **~in·venˌtar** *n econ.* opening inventory. — **~ka·piˌtal** *n* **1.** opening (*od.* original, initial) capital (*od.* fund). – **2.** (*als Anlage*) original investment. — **~koˌlum·ne** *f print.* opening column. — **~ˌko·sten** *pl econ.* initial costs (*od.* expense *sg*). — **~ˌkurs** *m* **1.** *econ.* (*eines Wertpapiers*) opening price (*od.* quotation, rate), starting price. – **2.** *cf.* Anfängerkurs(us). — **~ˌla·deˌspan·nung** *f electr.* (*einer Batterie*) initial charging voltage. — **~ˌlehrˌbuch** *n ped.* elementary textbook, primer. — **~ˌlohn** *m econ.* starting wage (*od. colloq.* pay). — **~ˌno·te** *f mus.* initial (note). — **~or·diˌna·te** *f math.* initial ordinate. — **~ˌpha·se** *f* initial phase (*od.* stage). — **~proˌdukt** *n* initial (*od.* first) product (*auch chem.*). — **~ˌpunkt** *m* **1.** starting point. – **2.** *math.* (*der Koordinaten*) origin. — **~ˌrei·he** *f* (*textile*) first course. — **~ˌsatz** *m econ.* (*einer Prämie*) initial rate. — **~ˌschuld** *f econ.* initial debit balance. — **~ˌschwie·rig·kei·ten** *pl* initial (*od.* original) difficulties, 'teething troubles' (*colloq.*). — **~ˌspan·nung** *f* **1.** *electr.* initial voltage. – **2.** *tech.* initial stress. — **~ˌsta·di·um** *n* initial (*od.* primary) stage, (*frühes Stadium*) early stage(s *pl*): im ~ sein to be in a primary stage; der ganze Plan ist noch im ~ *fig.* the whole project is still in the embryo stage (*od.* undeveloped); im ~ steckenbleiben *fig.* to get stuck in the early stages. — **~ˌstel·lung** *f* **1.** initial position, first job (*od.* post): er sucht eine ~ he is looking for a first job. – **2.** *mil.* initial position. – **3.** (*sport*) a) initial position, b) initial stance. — **~ˌstu·fe** *f* primary (*od.* initial) stage. — **~symˌptom** *n meist pl med.* initial (*od.* early) symptom. — **~ˌtem·po** *n* initial speed. — **~terˌmin** *m jur.* **1.** (*eines Prozesses etc*) starting (*od.* commencing) date. – **2.** (*Tag des Inkrafttretens*) date on which a law or regulation takes legal effect. — **~ˌun·terˌricht** *m* elementary instruction. — **~verˌmö·gen** *n econ.* original assets *pl* (*od.* property). — **~ˌwa·ren·beˌstand** *m* original inventory. — **~ˌwert** *m* initial (*od.* original) value. — **~ˌzei·le** *f* **1.** *print.* first (*od.* opening) line. – **2.** *mus.* (*eines Schlagers etc*) first line. — **~ˌzeit** *f* (*einer Veranstaltung etc*) time of commencement, starting time: beachten Sie die geänderten ~en please note the new times of commencement; die ~en der Sendungen haben sich wie folgt geändert times of broadcasting have been changed as follows; was hat das Kino für ~en? when do the performances start? — **~ˌzuˌstand** *m* original (*od.* initial) condition (*od.* state).

'anˌfär·ben *v/t* ⟨*sep,* -ge-, h⟩ **1.** (*Stoffteile etc*) dye (*s.th.*) slightly, tinge, tint. – **2.** *med. biol.* (*Zellen etc*) stain.

'anˌfa·sen *v/t* ⟨*sep,* -ge-, h⟩ *tech.* chamfer, bevel.

'anˌfas·sen I *v/t* ⟨*sep,* -ge-, h⟩ **1.** (*berühren*) touch: faß mich nicht an! don't touch me! mit schmutzigen Händen sollst du keine Bücher ~ don't touch books with dirty hands; faß mir ja nicht den Kuchen an! *colloq.* keep your hands off the cake! ich fasse nie wieder eine Spielkarte an *fig.* I will never touch a pack of cards again; → Eisen 3. – **2.** (*ergreifen*) (an *dat,* bei by) take (hold of), catch hold of, (*stärker*) seize, grasp: eine Axt am Stiel ~ to take an ax(e) by the handle; die Mutter faßte das Kind bei der Hand an the mother took the child by the hand; er faßte mich bei den Schultern an he seized me by the shoulders; der Polizist faßte den Dieb fester an the policeman tightened his grip on the thief. – **3.** *fig.* (*behandeln*) treat, handle: j-n rücksichtsvoll ~ to treat s.o. with consideration; j-n mit Glacéhandschuhen (*od.* Samthandschuhen) ~ *colloq.* to handle s.o. with kid (*od.* velvet) gloves, to give s.o. kid-glove(d) treatment; fasse den Jungen nicht zu hart an! don't be too hard on the boy! du mußt ihn härter ~ you must be stricter with him; grob ~ to manhandle, to rough; der Lehrer verstand, den schwierigen Jungen richtig anzufassen the teacher understood how to handle the difficult boy. – **4.** *fig.* (*anpacken, in Angriff nehmen*) tackle, go (*od.* set) about: ein Problem richtig ~ to go about a problem the right way, to set about a problem properly; er weiß nicht, wie er das Thema ~ soll he doesn't know how to tackle the subject; es verkehrt ~ to go about it the wrong way, to get hold of the wrong end of the stick; etwas beim rechten Zipfel (*od.* am rechten Ende) ~ *colloq.* to tackle s.th. the right way. – **5.** *lit. for* ergreifen 8, 9. – **II** *v/i* **6.** *colloq.* mit ~ (helfen) to help, to lend a hand: ein jeder muß mit ~ everybody has (got) to help; faß einmal mit an! please lend a hand! bei der Arbeit mit ~ to take a hand in the work oneself. – **III** *v/reflex* **7.** sich ~ *cf.* anfühlen 3. – **IV A~** ⟨-s⟩ **8.** *verbal noun:* das A~ der Waren ist verboten! don't touch goods!

'AnˌfasˌwerkˌZeug *n tech.* chamfering tool.

'anˌfau·chen *v/t* ⟨*sep,* -ge-, h⟩ **1.** spit at: die Katze fauchte den Hund an the cat spat at the dog. – **2.** *fig. colloq. cf.* anfahren 6.

'anˌfau·len *v/i* ⟨*sep,* -ge-, sein⟩ **1.** (*von Obst etc*) begin to decompose (*od.* rot), go (*od.* turn) bad: die Äpfel faulen an the apples are beginning to turn bad; die Äpfel sind angefault the apples have gone bad. – **2.** *med.* (*von Zähnen*) begin to decay (*od.* rot): die Wurzel ist angefault the root is decaying. – **3.** *fig.* (*von Moral etc*) deteriorate.

'anˌfecht·bar *adj* **1.** *jur.* a) (*Testament*) voidable, contestable, disputable, b) (*Urteil*) appealable, rescindable, voidable, c) (*Zeuge*) challengeable, impeachable, d) (*Vertrag*) voidable, contestable: durch Revision ~ reviewable; nicht durch Revision ~ not subject to review. – **2.** (*Auffassung, Maßnahme etc*) disputable, contestable, (*stärker*) impugnable. — **'Anˌfecht·bar·keit** *f* ⟨-; *no pl*⟩ **1.** *jur.* a) (*eines Testaments*) contestability, voidability, b) (*eines Urteils*) appealability, voidableness, c) (*eines Zeugen*) challengeability, impeachability, d) (*eines Vertrags*) voidability, contestableness. – **2.** disputability, contestableness.

'anˌfech·ten I *v/t* ⟨*irr, sep,* -ge-, h⟩ **1.** *jur.* a) (*Testament, Patent, Vertrag*) contest, dispute, *auch* oppose, b) (*Urteil*) appeal against, c) (*Zeugen*) challenge, impeach, object to: ein Wahlergebnis ~ *pol.* to contest an election; eine Ehe ~ to contest the validity of a marriage; die Ehelichkeit ~ to contest the legitimacy; die Echtheit einer Unterschrift ~ to dispute the authenticity of a signature; ein Patent ~ to avoid a patent. – **2.** (*Auffassung, Maßnahme etc*) dispute, contest, challenge, (*stärker*) attack, impugn. – **3.** *lit.* (*beunruhigen*) disturb, worry: **das ficht mich wenig an** I am not much disturbed by it; **laß dich das nicht ~!** don't be concerned about that! **was ficht dich an?** what's the matter with you? – **II A~** *n* ⟨-s⟩ **4.** *verbal noun.* — **'Anˌfech·tung** *f* ⟨-; -en⟩ **1.** *cf.* Anfechten. – **2.** *jur.* a) (*eines Testaments, Patents, Vertrags*) contestation, opposition (to), b) (*eines Urteils*) appeal (against), c) (*eines Zeugen*) impeachment (of), challenge, (*Ablehnung*) objection (to): **~ der Berechtigung eines Wählers** (*od.* **der Gültigkeit einer Stimme**) challenge. – **3.** (*einer Auffassung, Maßnahme etc*) contestation, challenge, (*stärker*) attack, impugnment. – **4.** *lit.* trial, tribulation: **allen ~en standhalten** to withstand all trials. – **5.** *lit. od. relig.* temptation: **in ~ fallen** *Bibl.* to enter into temptation.

'Anˌfech·tungs|ˌgrund *m jur.* **1.** (*bei einem Vertrag*) ground for voidance. – **2.** (*bei einem Zeugen*) cause for impeachment. – **3.** (*im Eherecht*) ground for annulment. — **~ˌkla·ge** *f* **1.** (*gegen ein Urteil*) action to set aside. – **2.** (*gegen einen Vertrag*) action of voidance. – **3.** (*im Eherecht*) action for annulment. — **~ˌklä·ger** *m* plaintiff in an action of voidance (*od.* action to set aside). — **~proˌzeß** *m* **1.** avoidance proceedings *pl*, proceedings *pl* to set aside. – **2.** (*im Eherecht*) annulment proceedings *pl.* — **~ˌrecht** *n* **1.** (*beim Vertrag*) right of avoidance. – **2.** (*beim Testament*) right to void (*od.* contest). – **3.** (*beim Urteil*) right to appeal.

'anˌfei·len *v/t* ⟨*sep*, -ge-, h⟩ *tech.* **1.** file (*s.th.*) slightly. – **2.** (*spitz feilen*) file (*s.th.*) to a point. – **3.** mark (*s.th.*) with a file.

'anˌfein·den [-ˌfaındən] **I** *v/t* ⟨*sep*, -ge-, h⟩ **1. j-n ~** to bear (*od.* show) ill will toward(s) (*od.* against) s.o.: **er wurde wegen seiner Politik angefeindet** he met with hostility because of his policy; **deswegen wurde er angefeindet** for that reason he was disliked. – **2. etwas ~** to show hostility toward(s) s.th. – **II A~** *n* ⟨-s⟩ **3.** *verbal noun.* — **'Anˌfein·dung** *f* ⟨-; -en⟩ **1.** *cf.* Anfeinden. – **2.** ill will, hostility, animosity: **vielen ~en ausgesetzt sein** to be faced with hostility on all sides.

'anˌfei·xen *v/t* ⟨*sep*, -ge-, h⟩ **j-n ~** *colloq. cf.* angrinsen.

'anˌfer·sen [-ˌfɛrzən] *v/t* ⟨*sep*, -ge-, h⟩ (*Strümpfe*) knit a new heel on, heel.

'anˌfer·ti·gen I *v/t* ⟨*sep*, -ge-, h⟩ **1.** (*Kleid, Schmuck etc*) make: **dieses Kleid habe ich nach Maß ~ lassen** I had this dress made to order; **der Schrank ist eigens angefertigt worden** the wardrobe was made to special order; **etwas nach einem Modell ~ lassen** to have s.th. made after a model. – **2.** (*Übersetzung, Zeichnung etc*) do, make: **ich ließ mir eine Übersetzung davon ~** I had it translated; **ein Porträt von j-m ~** to portray s.o., to do a portrait of s.o.; **eine Kopie von etwas ~** to copy s.th. – **3.** (*Protokoll*) draw up. – **4.** (*Hausaufgaben*) do. – **5.** *econ.* produce, make, manufacture. – **6.** *chem.* prepare. – **II A~** *n* ⟨-s⟩ **7.** *verbal noun.* – **8.** *cf.* Anfertigung. — **'Anˌfer·ti·ger** *m* ⟨-s; -⟩ *bes. econ. cf.* Hersteller 1. — **'Anˌfer·ti·gung** *f* ⟨-; -en⟩ **1.** *cf.* Anfertigen. – **2.** *econ.* production, manufacture. – **3.** *chem.* preparation.

'anˌfes·seln *v/t* ⟨*sep*, -ge-, h⟩ **j-n an** (*acc*) **etwas ~** *obs.* to tie (*od.* bind) s.o. to s.th.

'anˌfet·ten *v/t* ⟨*sep*, -ge-, h⟩ **1.** *cf.* einfetten 3. – **2.** *gastr.* grease.

'anˌfeuch·ten I *v/t* ⟨*sep*, -ge-, h⟩ **1.** (*Schwamm etc*) moisten, damp, *bes. Am.* dampen, wet (*s.th.*) slightly: **den Finger ~** to wet one's finger; **die Lippen ~** to lick one's lips; → Kehle 1. – **2.** (*Wäsche*) sprinkle, damp, *Am.* damp down. – **3.** *metall.* a) wet, dampen, moisten, b) (*Formsand*) temper. – **4.** (*paper*) (*mit Dampf*) steam-finish. – **II A~** *n* ⟨-s⟩ **5.** *verbal noun.* — **'Anˌfeuch·ter** *m* ⟨-s; -⟩ **1.** moistener, (*als Schwamm*) moistening sponge. – **2.** *tech.* wetter. – **3.** (*paper*) moistener, damper, damping roll, *Am.* dampener.

'Anˌfeucht|ˌgru·be *f* (*paper*) sizing vat (*od.* trough). — **~maˌschi·ne** *f tech.* (*paper*) a) damping rolls *pl*, b) (*Druckluftzerstäuber*) spray damper, c) (*Bürstenfeuchter*) brush damper.

'Anˌfeuch·tung *f* ⟨-; *no pl*⟩ *cf.* Anfeuchten.

'anˌfeu·ern I *v/t* ⟨*sep*, -ge-, h⟩ **1.** (*Ofen, Lokomotive etc*) fire. – **2.** (*Kessel*) heat. – **3.** *fig.* encourage, inspire, rouse, fire, (*durch Zurufe*) cheer (on): **der Offizier feuerte seine Truppen an** the officer encouraged his troops; **j-n zu etwas ~** to inspire s.o. to do s.th.; **sie feuerten einander zu größeren Leistungen an** they encouraged each other to greater efforts. – **4.** *hunt.* (*sport*) a) (*Pferd*) spur (*od.* urge) on, b) (*Hunde*) encourage, excite. – **5.** *mil. tech.* prime. – **II** *v/i* **6.** (*anheizen*) make fire. – **III A~** *n* ⟨-s⟩ **7.** *verbal noun.* — **'Anˌfeue·rung** *f* ⟨-; -en⟩ **1.** *cf.* Anfeuern. – **2.** *fig.* encouragement, inspiration: **j-m zur ~ dienen** to encourage (*od.* inspire) s.o. – **3.** *mil. tech.* (*für Munition etc*) priming (*od.* primer) charge, booster charge.

'Anˌfeue·rungs|ˌre·de *f* rousing speech. — **~ˌruf** *m meist pl* cheer (of encouragement).

'an·fi·nanˌzie·ren *v/t* ⟨*sep*, *no* -ge-, h⟩ *econ.* grant initial credit for financing, start financing.

'anˌfin·den *v/reflex* ⟨*irr*, *sep*, -ge-, h⟩ **sich ~** *dial.* to be found again, to turn up again.

'anˌflach·sen *v/t* ⟨*sep*, -ge-, h⟩ **j-n ~** *colloq.* to tease s.o., to kid s.o., to rib s.o. (*sl.*).

'anˌflan·schen [-ˌflanʃən] *v/t* ⟨*sep*, -ge-, h⟩ *tech.* flange, flange-mount.

'anˌflat·tern *v/i* ⟨*only pp*⟩ **angeflattert kommen** to come fluttering along.

'anˌflech·ten *v/t* ⟨*irr*, *sep*, -ge-, h⟩ **1.** join (*s.th.*) by plaiting. – **2.** *fig. cf.* anknüpfen 4.

'anˌfle·hen I *v/t* ⟨*sep*, -ge-, h⟩ **1.** (*inständig bitten*) implore, beseech, entreat, (*stärker*) supplicate: **j-n auf den Knien ~** to fall on one's knees before s.o., to throw oneself at s.o.'s feet; **ich flehe dich an, es nicht zu tun** I beseech you not to do it; **den Richter um Gnade ~** to implore the judge for mercy; **j-n um Verzeihung ~** to implore s.o.'s pardon. – **2.** (*Gott, Heilige etc*) supplicate, invoke, appeal to: **die Heiligen um Fürbitte ~** to appeal to the saints for intercession; **Gott um Hilfe ~** to supplicate God for assistance. – **II A~** *n* ⟨-s⟩ **3.** *verbal noun.* — **'Anˌfle·hung** *f* ⟨-; *no pl*⟩ **1.** *cf.* Anflehen. – **2.** imploration, beseechment, entreaty, (*stärker*) supplication. – **3.** (*eines Heiligen etc*) supplication, invocation, appeal (to).

'anˌflet·schen *v/t* ⟨*sep*, -ge-, h⟩ **j-n ~** to bare one's teeth at s.o.

'anˌflicken (*getr.* -k·k-) *v/t* ⟨*sep*, -ge-, h⟩ **1.** *colloq.* (*Stück Stoff etc*) patch (*od.* sew) on. – **2. j-m etwas ~** *fig. colloq.* to find fault with s.o. – **3.** *fig. colloq. for* anfügen 1.

'anˌflie·gen I *v/t* ⟨*irr*, *sep*, -ge-, h⟩ **1.** *aer.* a) (*ansteuern*) make (*od.* head) for, fly toward(s), b) (*linienmäßig*) fly (*od.* provide regular services) to, c) (*landen*) land (*od.* make a stop, call) at, d) (*zur Landung ansetzen*) approach: **die Lufthansa fliegt viele Städte direkt an** Lufthansa has (*od.* offers) nonstop (*Br.* non-stop) flights to many cities; **wir fliegen jetzt Berlin an** we are now approaching Berlin (airport). – **2.** *mil.* (*Ziel*) approach, (*im Scheinangriff*) buzz. – **3.** *fig.* (*erfassen*) catch: **ihn fliegt jede Krankheit an** he catches everything that's going around. – **4.** (*rare*) fly toward(s): **der Fink fliegt die Buche an** the finch is flying toward(s) the beech(-tree). – **5.** *archaic for* überkommen[1]. – **II** *v/i* ⟨sein⟩ **6.** (*von Flugzeug*) approach: **zu tief ~** to approach too low. – **7.** ⟨*only pp*⟩ **angeflogen kommen** to come flying along: **die Vögel kamen in Scharen angeflogen** the birds came flying in flocks. – **8.** *fig.* (*von Wissen etc*) **etwas fliegt j-m (nur so) an** s.th. comes easily to s.o.; **die Kenntnisse sind ihm von selbst** (*od. colloq.* **nur so**) **angeflogen** he acquired his knowledge without effort. – **9.** *tech.* effloresce. – **10.** (*forestry*) (*von Sämlingen*) spring up naturally. – **11.** *bot.* (*von Samen*) be scattered by the wind, be wind-borne. – **III A~** *n* ⟨-s⟩ **12.** *verbal noun.* – **13.** *cf.* Anflug 1, 4, 5.

'anˌflit·zen *v/i* ⟨*only pp*⟩ **angeflitzt kommen** *colloq.* to come dashing along.

'anˌflö·ßen I *v/t* ⟨*sep*, -ge-, h⟩ **1.** (*Holz*) raft. – **2.** *geol.* a) (*Sand*) drift, carry down, b) (*Land*) deposit, accrete. – **II A~** *n* ⟨-s⟩ **3.** *verbal noun.* — **'Anˌflö·ßung** *f* ⟨-; *no pl*⟩ **1.** *cf.* Anflößen. – **2.** *geol.* a) accretion, b) alluvial soil (*od.* deposit), alluvion, alluvium.

'Anˌflug *m* **1.** *aer.* (*zur Landung*) approach: **im ~ auf** (*acc*) **etwas sein** to approach s.th.; **hindernisfreier ~** unobstructed approach; **~ mit Leitstrahl** beam(ed) approach. – **2.** *fig.* (*leise Spur*) touch, trace, hint: **ein leichter ~ von Grippe** a slight touch of influenza; **ein ~ von Ironie** a touch of irony; **mit einem ~ von Spott** with a hint of mockery; **ein ~ von Rosa** a touch (*od.* tinge) of pink; **ein ~ von einem Bart** first signs *pl* of a beard. – **3.** *fig.* (*Anfall*) fit, burst: **in einem ~ von Großmut** in a (sudden) burst of generosity; **in einem ~ von Eifersucht** in a fit of jealousy; **in einem ~ von Mitleid** in a wave of compassion. – **4. Verband im ~** *mil. aer.* formation approaching. – **5.** *bot.* a) (*der Samen*) dispersion by the wind, b) (*bei Früchten*) bloom, gloss. – **6.** (*forestry*) *young forest stand derived from seed dispersal by wind.* – **7.** *min.* efflorescence. – **8.** *tech.* film, thin layer. – **9.** *rare* (gegen with) collision. — **~ˌanˌzei·ge·geˌrät** *n aer.* approach (*od.* glide) path indicator. — **~ˌfeu·er** *pl* approach lights. — **~ˌflä·che** *f* approach surface. — **~geˌschwin·dig·keit** *f* approach speed. — **~(konˌtroll·)raˌdar** *n* approach control radar. — **~ˌraum** *m* approach area. — **~ˌschlei·fe** *f* procedure turn. — **~ˌschnei·se** *f* approach lane (*od.* sector). — **~-ˌSink·verˌfah·ren** *n* letdown procedure. — **~ˌwald** *m* (*forestry*) stand (*od.* forest) reproduced naturally (*od.* of wild seedlings). — **~ˌweg** *m aer.* approach route (*od.* path).

'anˌflun·kern *v/t* ⟨*sep*, -ge-, h⟩ **j-n ~** *colloq. for* anlügen.

'Anˌfluß *m* **1.** (*des Wassers*) inflow(ing), influx. – **2.** *geol.* alluvial soil (*od.* deposit), alluvium, alluvion.

'anˌflu·ten *v/i* ⟨*sep*, -ge-, sein⟩ **1.** (*von Wellen*) come surging on. – **2.** *fig.* (*von Menschenmassen*) come crowding (*od.* surging) on.

'anˌfor·dern I *v/t* ⟨*sep*, -ge-, h⟩ **1.** ask (*od.* call) for, (*dringend*) demand, (*höflich*) request: **etwas von j-m ~** to ask s.o. for s.th., to demand s.th. from s.o.; **er forderte noch zehn Arbeiter an** he demanded ten more workmen; **der Wirt mußte polizeiliche Hilfe ~** the innkeeper had to call the police; **weitere Geldmittel ~** to ask for more funds. – **2.** *econ.* a) (*bestellen*) order, b) request delivery of. – **3.** *bes. mil.* (*Bereitstellung verlangen*) requisition: **etwas von** (*od.* **bei**) **j-m ~** to requisition s.th. from s.o., to indent on (*od.* upon) s.o. for s.th. – **II A~** *n* ⟨-s⟩ **4.** *verbal noun.* — **'Anˌfor·de·rung** *f* ⟨-; -en⟩ **1.** *cf.* Anfordern. – **2.** (*von Arbeitskräften, Akten*) demand, (*höflicher*) request. – **3.** *econ.* a) (*Bestellung*) order, b) request for delivery. – **4.** *mil.* indent(ation), requisition, request. – **5.** *pl* requirements, demands, (*spezifische*) qualifications: **hohe** (*od.* **große**) **~en an j-n stellen** to make great demands on s.o.; **die gestellten ~en sind sehr hoch** the requirements to be met are very high; **den ~en nicht genügen** not to fulfil(l) the requirements, to be below standard; **seine Arbeit genügt unseren ~en nicht** his work does not meet with (*od.* satisfy) our requirements; **es genügt auch den höchsten ~en** it meets the most exacting demands; **sie ist den ~en nicht gewachsen** she is not up to (the required) standard; **diese Arbeit stellt große** (*od.* **hohe**) **~en** this is an exacting task; **er stellt hohe ~en an seine Untergebenen** he expects a great deal of (*od.* high standards from) his subordinates; **den gesetzlichen ~en der Wahl genügen** *pol.* to be qualified for the vote.

'Anˌfor·de·rungsˌschein *m* requisition blank (*od.* form), *Am.* request slip.

'Anˌfra·ge *f* **1.** (wegen, bezüglich about) inquiry, enquiry, query, question: **eine ~ an j-n richten** to address an inquiry to s.o.; **auf zahlreiche ~n hin** following numerous inquiries; **eine ~ erledigen** to answer an inquiry; **briefliche ~** inquiry by letter. – **2.** *econ.* (nach for) inquiry, enquiry: **auf Ihre ~ teilen wir Ihnen mit** in reply to your inquiry we should like to state; **Preise auf ~** prices on demand (*od.* request). – **3.** *pol.* **kleine ~** *etwa* question raised in Parliament (by a private member); **große ~** *etwa* interpellation (raised by the opposition); **eine ~ im Parlament einbringen** to bring up (*od.* raise) a question in Parliament; **eine ~ an die Regierung richten** to address an interpellation to the government.

'anˌfra·gen *v/i* ⟨*sep*, -ge-, h⟩ inquire, enquire, ask: **bei j-m wegen etwas ~** to inquire of s.o. about s.th.; **ich möchte ~, ob** I should like to ask whether; **höflich ~** to inquire politely; **um Erlaubnis ~** to ask for permission; schriftlich [telefonisch] ~ to inquire in writing [by telephone].

ˈanˌfres·sen I *v/t* ⟨*irr, sep,* -ge-, h⟩ **1.** gnaw (*od.* nibble) at: **die Mäuse haben den Käse angefressen** mice have nibbled at the cheese. – **2.** (*von Vögeln*) peck at. – **3.** *tech.* a) (*Metall*) corrode, b) (*Gestein*) pit, score, c) (*Ofenfutter*) attack, erode: **Rost frißt Eisen an** rust corrodes iron. – **4.** *med.* a) (*Knochen etc*) erode, corrode, attack, b) (*Fleisch*) eat away. – **5.** *lit. for* zerrütten 1, 3, erschüttern 2, 3. – **6. sich** (*dat*) **einen** (**dicken**) **Bauch** (*od.* **Wanst**) ~ *vulg.* to gorge one's fill (*od. vulg.* one's guts full), to rat oneself fat (*colloq.*). – **II** *v/reflex* **sich** ~ **7.** *vulg.* stuff oneself. – **III A~** *n* ⟨-s⟩ **8.** *verbal noun.* — **ˈAnˌfres·sung** *f* ⟨-; *no pl*⟩ **1.** *cf.* Anfressen. – **2.** *tech. med.* corrosion, erosion, corrosive attack.

ˈanˌfreun·den [-ˌfrɔʏndən] **I** *v/reflex* ⟨*sep,* -ge-, h⟩ **sich** ~ **1.** to make (*od.* become) friends: **die Kinder haben sich schnell angefreundet** the children soon became friends; **sich mit j-m** ~ to make friends with s.o.; to chum up with s.o., to cotton on to s.o. (*colloq.*). – **2. sich mit j-m** [**etwas**] ~ (*einverstanden sein*) to come (*od.* begin) to like s.o. [s.th.]: **ich kann mich mit dem Gedanken nicht** ~ I cannot bring myself to like the idea. – **II A~** *n* ⟨-s⟩ **3.** *verbal noun.* — **ˈAnˌfreun·dung** *f* ⟨-; -en⟩ **1.** *cf.* Anfreunden. – **2.** making (*od.* becoming) friends, familiarization *Br. auch* -s-, fraternization *Br. auch* -s-.

ˈanˌfrie·ren *v/i* ⟨*irr, sep,* -ge-, sein⟩ (*festfrieren*) (an *acc*, auf *dat* to) freeze on.

ˈanˌfri·schen *v/t* ⟨*sep,* -ge-, h⟩ **1.** *med.* (*Wundränder*) freshen, trim. – **2.** *hunt.* (*Hunde*) encourage, excite (*by voice*).

ˈanˌfu·gen *v/t* ⟨*sep,* -ge-, h⟩ *tech.* joint (*od.* fit) (on *od.* together): **etwas an** (*acc*) **etwas** ~ to joint (*od.* fit) s.th. (on) to s.th.

ˈanˌfü·gen I *v/t* ⟨*sep,* -ge-, h⟩ **1.** (*hinzufügen*) (an *acc* to) join, attach, add, affix. – **2.** (*bes. an Schriftstück etc*) append, subjoin, annex: **dem Testament einen Nachtrag** ~ *jur.* to annex a codicil to the will; **dem Brief eine Nachschrift** ~ to subjoin a postscript to the letter. – **3.** (*Unterschrift*) affix. – **4.** (*beilegen*) enclose: **dem Brief einen Scheck** ~ to enclose a check (*Br.* cheque) with the letter. – **5.** *tech.* (*anstücken*) (an *acc* to) piece, attach. – **6.** *tech.* (*anfalzen*) (an *acc* on) join, join (*s.th.*) end to end. – **II A~** *n* ⟨-s⟩ **7.** *verbal noun.* — **ˈAnˌfü·gung** *f* ⟨-; -en⟩ **1.** *cf.* Anfügen. – **2.** attachment, addition, affixation. – **3.** (*bes. an Schriftstück*) appendage, subjunction, annexation. – **4.** (*einer Unterschrift*) affixation. – **5.** (*Beilage*) enclosure: **unter** ~ **der Dokumente** enclosing the documents. – **6.** *tech.* joint, junction, flushing, flush joint.

ˈanˌfüh·len I *v/t* ⟨*sep,* -ge-, h⟩ **1.** feel, (*berühren*) touch: **fühl nur meine Hände an, wie kalt sie sind!** just feel how cold my hands are! **man kann es dem Stoff** ~, **daß er gut ist** you can feel that it is (a) good material. – **2.** *fig. rare for* anmerken 4. – **II** *v/reflex* **sich** ~ **3.** (*von Stoff, Haut etc*) feel: **es fühlt sich weich an** it is soft to the touch; **sich wie Wolle** ~ to feel like wool.

ˈAnˌfuhr *f* ⟨-; -en⟩ **1.** (*Transport*) transport, transportation, carriage, (*Lieferung*) delivery: ~ **zum Bauplatz** transport to the building site. – **2.** (*Anfuhrkosten*) cartage, carriage.

ˈanˌführ·bar *adj* **1.** (*Zitat etc*) quotable, citable. – **2.** (*bes. Beispiel*) adducible, *auch* adduceable, citable.

ˈanˌfüh·ren I *v/t* ⟨*sep,* -ge-, h⟩ **1.** (*führen*) lead: **den Tanz** ~ to lead the dance; **eine Mannschaft** ~ to lead a team. – **2.** (*an der Spitze stehen*) lead, be at the head of: **die Revolte wurde von Generälen angeführt** generals were the leaders of the revolt. – **3.** (*befehligen*) command, be in command of: **eine Truppe** ~ to command a troop. – **4.** (*Gründe etc*) put (*od.* bring) forward, state, give: **die Tatsachen** ~ to state the facts; **was können Sie zu Ihrer Entschuldigung** ~? what have you got to say for yourself? **etwas zur Entschuldigung** ~ to give s.th. (*od.* put s.th. forward) as an excuse. – **5.** (*Beispiel, Textstelle, Zitat*) quote, cite: **etwas falsch** ~ to misquote s.th. – **6.** (*Buch, Quelle*) state, quote, give. – **7.** *jur.* a) tender, cite, state, b) (*beibringen*) (*auch Zeugen*) adduce, c) (*unterbreiten*) submit, d) (*zitieren*) quote: **etwas zu j-s Verteidigung** ~ to state s.th. in s.o.'s defence (*Am.* defense); **einen Zeugen namentlich** ~ to name a witness. – **8. j-n** ~ *colloq.* to dupe (*od.* deceive, trick) s.o., to take s.o. in (*od.* for a ride) (*colloq.*): **man hat uns schändlich angeführt** we have been awfully deceived; **sie hat ihn angeführt** she has led him up the garden path; **da habt ihr ihn aber angeführt!** you have made a proper fool of him; **von j-m mit etwas angeführt werden** to be deceived by s.o. with s.th. – **9.** *obs. for* anleiten 1. – **II A~** *n* ⟨-s⟩ **10.** *verbal noun.* – **11.** *cf.* Anführung.

ˈAnˌfüh·rer *m* **1.** leader, head, boss (*colloq.*): **der** ~ **einer Bande** the leader of a gang, the gangleader. – **2.** (*Rädelsführer*) ringleader, instigator: **der** ~ **einer Verschwörung** the ringleader of a plot; **der** ~ **eines Aufruhrs** the instigator of a riot. – **3.** *mil.* commander.

ˈAnˌfuhrˌko·sten *pl cf.* Anfuhr 2.

ˈAnˌfüh·rung *f* ⟨-; *no pl*⟩ **1.** *cf.* Anführen. – **2.** (*Leitung*) leadership, lead. – **3.** *bes. mil.* command: **unter** ~ **des Generals** under the command of the general. – **4.** (*eines Grundes etc*) statement. – **5.** (*eines Beispiels, Zitats*) quotation, citation. – **6.** (*eines Buches, einer Quelle*) statement, quotation. – **7.** *jur.* a) tendering, citation, statement, b) (*Beibringung*) adduction, c) (*Unterbreitung*) submission, d) (*Zitieren*) quotation.

ˈAnˌfüh·rungsˌ|ˌstri·che *pl,* **~ˌzei·chen** *pl* quotation marks, *bes. Br.* inverted commas, quotes (*colloq.*): **etwas in** ~ **setzen** to put s.th. in quotation marks; ~ (**setzen**)! quote! ~ **schließen!** unquote! **in Anführungszeichen** (**gesprochen**) *fig.* in quotation marks, in inverted commas.

ˈanˌfül·len I *v/t* ⟨*sep,* -ge-, h⟩ **1.** fill (up): **ein Glas mit Wasser** ~ to fill a glass with water; **etwas wieder** ~ to fill s.th. up again, to refill (*od.* replenish) s.th.; **etwas ganz** ~ to fill s.th. to capacity. – **2.** *fig.* (mit with) store, cram, stuff: **seinen Kopf mit Wissen** ~ to cram one's mind with knowledge. – **3.** *lit. for* erfüllen 1. – **4.** *tech. chem.* fill up, charge. – **II** *v/reflex* **sich** ~ **5.** fill (up), fill itself: **ihre Augen füllten sich mit Tränen an** *lit.* her eyes filled with tears. – **6.** fill oneself: **sich mit Wissen** ~ *fig.* to cram oneself with knowledge.

ˈanˌfun·keln *v/t* ⟨*sep,* -ge-, h⟩ **j-n** ~ to glare at s.o.: **sie funkelte mich zornig an** she glared angrily at me.

ˈanˌfun·ken *v/t* ⟨*sep,* -ge-, h⟩ (*Taxi, Streifenwagen etc*) radio, call, transmit to, take up telecommunication with.

ˈanˌfut·tern *v/reflex* ⟨*sep,* -ge-, h⟩ **sich** ~ *colloq.* stuff oneself.

ˈAnˌga·be *f* ⟨-; -n⟩ **1.** *cf.* Angeben. – **2.** (*nähere Bezeichnung*) indication: **ohne** ~ **des Erscheinungsjahres** with no indication of the year of publication; **genaue** ~ **des Standorts** exact indication of the position. – **3.** (*Mitteilung, Aussage*) statement, (*formeller*) declaration: **laut** ~ **des Herrn X** according to (the statement made by) Mr. X; ~ **von Gründen** statement of reasons; **ohne** ~ **von Gründen** without giving reasons; **nach** ~ **der Sachverständigen** according to (the statements of) the experts; **~n faktischer Natur** statements of fact; **falsche ~n** false statements, misrepresentations; (**wissentlich**) **falsche ~n machen** to (wilfully) misrepresent; **rechtserhebliche ~n** *jur.* relevant statements. – **4.** (*Darstellung*) representation, account: **nach seinen eigenen ~n** by his own account. – **5.** *pl* information *sg*, data: **ausführliche** ~ details, particulars; **nähere ~n machen** to give details; **ergänzende** (*od.* **zusätzliche**) **~n** further details; **sachdienliche ~n** useful (*od.* pertinent) information; **statistische ~n** statistical data; **vollständige ~n** full particulars; **zuverlässige ~n** reliable data; **die Polizei erbat nähere ~n** the police asked for more detailed information; **ohne nähere ~n zu machen** without going into details. – **6.** *bes. econ.* a) (*Erklärung, Darlegung*) declaration, b) (*Ausführung*) specification, c) (*Nennung*) quotation: ~ **des Inhalts einer Sendung** declaration of the contents of a consignment; **wir bitten um** ~ **von Referenzen** please quote references. – **7.** (*Behauptung*) allegation, assertion. – **8.** (*Zitierung*) quotation, citation. – **9.** (*Weisung*) direction(s *pl*), (*formeller*) instruction(s *pl*), (*stärker*) order(s *pl*): **ein Kleidungsstück nach ~n des Kunden anfertigen** to make a garment to the orders of the customer. – **10.** *colloq.* showing off, boasting, bragging: **das ist ja alles nur** ~! that's nothing but hot air (*colloq.*). – **11.** (*sport*) (*im Tennis*) service. – **12.** *math.* datum, specification.

ˈanˌgaf·fen *v/t* ⟨*sep,* -ge-, h⟩ **j-n** [**etwas**] ~ *colloq.* to gape (*od.* stare) at s.o. [s.th.].

ˈanˌgäh·nen *v/t* ⟨*sep,* -ge-, h⟩ **j-n** ~ to yawn at s.o.: **ein Abgrund gähnte ihn an** *fig.* an abyss yawned before him.

ˈan·ga·lopˌpie·ren *v/i* ⟨*only pp*⟩ **angaloppiert kommen** *colloq.* (*von Pferd, auch Kind*) to come galloping along (*od.* up).

ˈAnˌgang *m form of superstition attaching specific significance or omens to first encounters with certain people, animals, or things.*

ˈanˌgän·gig *adj lit.* **1.** (*möglich*) possible, feasible: **wenn** ~ if possible. – **2.** (*zulässig*) permissible: **das ist in diesem Fall nicht** ~ that is not permissible in this case. – **3.** (*schicklich*) proper.

An·gaˈri·enˌrecht [aŋgaˈriːən-] *n jur. pol.* right of angary (*od.* angaria).

ˈAnˌgä·rung *f* ⟨-; *no pl*⟩ *chem.* preliminary fermentation.

ˈan·geˌal·tert *adj rare* elderly.

ˈan·geˌbaut I *pp.* – **II** *adj* **1.** (*Haus*) semidetached, *Br.* semi-detached. – **2.** *tech.* (an *acc* to) attached, fitted. – **3.** *tech.* (*angeflanscht*) flanged, flange-mounted.

ˈanˌge·ben I *v/t* ⟨*irr, sep,* -ge-, h⟩ **1.** (*bezeichnen, nennen*) give, state, indicate: **Namen und Adresse** ~ to give one's name and address; **einen Grund** ~ to give a reason; **den Grund** ~, **weshalb** to state the reason why; **etwas falsch** ~ to mis(-)state s.th.; **Referenzen** ~ to give references; **kurz den Inhalt eines Buches** ~ to sum up a book; **die Todesursache** ~ *med.* to state the cause of death; **die Zeit** ~ (*radio*) to announce the time; **den Ton** ~ a) *mus.* to give the pitch, b) *fig.* to set the tone (*od.* fashion, pace), to call the tune; → Takt[1] 1; Tempo 2. – **2.** *bes. econ.* a) (*darlegen*) declare, b) (*näher ausführen*) specify, c) (*nennen*) quote: **den Wert** ~ to declare the value, to make a declaration of value; **sein Vermögen** ~ to declare one's fortune; **sein Einkommen** ~ to make a return of one's income. – **3.** (*namhaft machen*) name: **er konnte keinen einzigen Zeugen** ~ he could not name a single witness. – **4.** (*andeuten, zeigen*) indicate, point out, show: **die Richtung** ~ to indicate the direction. – **5.** (*festsetzen*) (*Datum, Stunde*) appoint, fix, set. – **6.** (*zitieren*) (*Wortlaut etc*) quote, cite. – **7.** (*behaupten*) allege, claim: **er gab an, in München zu wohnen** he alleged to reside in Munich. – **8.** (*vorgeben*) pretend, feign: **er gab an, krank zu sein** he pretended to be ill. – **9.** (*verraten*) tell on, *Br. sl.* sneak on: **einen Mitschüler** ~ to tell on a fellow pupil. – **II** *v/i* **10.** *colloq.* (*aufschneiden*) show off, brag, boast, swagger: **gib doch nicht so an!** don't show off (*od.* brag) like that! **der gibt aber an!** what a show-off! – **11.** (*sport*) (*Tennis etc*) serve. – **12.** (*games*) (*beim Kartenspiel*) deal first. – **III A~** *n* ⟨-s⟩ **13.** *verbal noun.* – **14.** *cf.* Angabe 1—4, 6—10.

ˈAnˌge·ber *m* ⟨-s; -⟩ **1.** *colloq.* show-off (*colloq.*), braggart, boaster, swaggerer. – **2.** *rare for* Denunziant.

ˌAn·ge·beˈrei *f* ⟨-; -en⟩ **1.** *colloq.* showing off, bragging, boasting, swagger, pretentiousness: **das ist doch reine** ~ it's mere showing off. – **2.** *rare for* Denunziation.

ˈAnˌge·be·rin *f* ⟨-; -nen⟩ **1.** *colloq.* show-off (*colloq.*), braggart, boaster, swaggerer. – **2.** *rare for* Denunziant.

ˈanˌge·be·risch *adj colloq.* **1.** (*prahlerisch*) boastful, bragging, show-offish (*colloq.*): **ein ~er Mensch** a show-off; **sie ist** ~ she likes to show off. – **2.** (*protzig*) showy, pretentious, ostentatious: **es war eine ~e Aufmachung** it was a pretentions lay(-)out.

ˈAn·geˌbe·te·te *m, f* ⟨-n; -n⟩ adored one, idol.

ˈAn·geˌbin·de *n* ⟨-s; -⟩ *lit.* gift, present.

ˈanˌgeb·lich [-ˌgeːplɪç] **I** *adj* ⟨*attrib*⟩ **1.** (*vermeintlich*) alleged, reputed, supposed: **der ~e Kellner war ein Spion** the supposed waiter was a spy; **der ~e Vater** *jur.* the reputed (*od.* putative) father; **der ~e Täter** the alleged culprit. – **2.** (*vorgeblich*) professed, alleged, ostensible, would-be: **~e Neutralität** professed neutrality; **der ~e Graf** the self-styled count. – **II** *adv*

3. allegedly, reputedly, supposedly, reportedly: **er ist ~ krank** he is reputed to be ill; **~ sind Regierungsmitglieder in die Affäre verwickelt** members of the government are rumo(u)red to be involved in the affair. – **4.** professedly, allegedly, ostensibly: **er war ~ die ganze Nacht daheim** he alleges that he was (at) home all night; **eine ~ neue Erfindung** an allegedly new invention; **es fehlen ~ 50 DM** 50 DM are alleged to be missing.

'an·geˌbo·ren *adj* **1.** innate, inborn, natural, inherent, ingrained: **~e Lebhaftigkeit** inborn vitality; **~e Fähigkeit** a) innate ability, b) instinct; **das ist ihm ~** that is innate in him, that is part and parcel of him; **~e Rechte** *jur.* inherent rights. – **2.** *med.* innate, inborn, congenital: **~er Schwachsinn** congenital imbecility; **~e Schwäche** constitutional weakness. – **3.** *philos.* (*Begriff etc*) innate, connate. — **'An·geˌbo·ren·heit** *f* ⟨-; *no pl*⟩, *auch* **'An·geˌbo·renˌsein** *n* ⟨-s; *no pl*⟩ **1.** innateness, naturalness, inherence, inherency. – **2.** *philos.* innateness, connateness.

'An·geˌbot *n* ⟨-(e)s; -e⟩ **1.** offer, proposition, proposal: **ein festes ~** a firm (*od.* positive) offer; **ein ~ ausschlagen** to reject (*od.* decline) an offer; **ein ~ unterbreiten** to submit a proposal; **ich bin an das ~ gebunden** I am bound by that offer; **freibleibendes** (*od.* **unverbindliches**) **~** non(-)binding offer; **~e von Filmproduzenten** offers (*od.* overtures) from film producers. – **2.** *econ.* a) *cf.* **Gebot** 7, b) (*bei Ausschreibungen*) tender, *auch* bid: **sie machten ein ~ für die Ausbaggerung des Hafens** they tendered for the dredging of the harbo(u)r. – **3.** *econ.* (*von Waren, Geld etc*) supply: **Gleichgewicht von ~ und Nachfrage** equilibrium (*od.* balance) of supply and demand; **laufendes ~** floating (*od.* current) supply. – **4.** (*games*) (*beim Kartenspiel*) bid.

'an·geˌbo·ten I *pp of* **anbieten.** – **II** *adj econ.* **1.** (*zum Verkauf stehend*) offered, for sale: **die ~e Menge** the quantity offered. – **2.** (*verfügbar*) available: **~e Tonnenkilometer** *aer.* ton-kilometers (*Br.* ton-kilometres) available.

'An·geˌbot·po·ten·tiˌal *n econ.* potential supply.

'An·geˌbots|ˌla·ge *f econ.* supply situation. — **~ˌmu·ster** *n* offer sample. — **~re|ser·ve** *f* reserve of supplies.

'an·geˌbracht I *pp of* **anbringen.** – **II** *adj* **1.** (*den Umständen angemessen*) appropriate, proper, suitable, apt, (be)fitting: **~ sein** to be called for, to be in place (*od.* order); **nicht ~ sein** to be uncalled for, to be out of place, to be misplaced (*od.* misdirected); **etwas mehr Zurückhaltung wäre ~** a little more reserve would be appropriate; **Vertrauen ist da nicht ~** confidence is not appropriate there; **die ~e Reaktion** the suitable reaction; **es wäre ~ zu schweigen** it would be well (*od.* advisable) to be silent; **solche Worte sind kaum ~** such words are hardly suitable; **das ist bei ihm nicht ~** that won't do (*od.* work) with him. – **2.** (*dem Zeitpunkt angemessen*) opportune, timely, well-timed (*attrib*), convenient: **es ist noch nicht ~, darauf zu sprechen zu kommen** it's not yet opportune to touch on this matter; **übel ~** ill-timed (*attrib*), misplaced.

'an·geˌbrach·ter'ma·ßen *adv* **1.** (*den Umständen angemessen*) appropriately, suitably, aptly: **~ wies er auf die Gefahren hin** appropriately he pointed out the dangers. – **2.** (*dem Zeitpunkt angemessen*) opportunely, timely, conveniently.

'an·geˌbrannt I *pp of* **anbrennen.** – **II** *adj* burnt, burned: **~e Erbsensuppe** burnt pea soup. – **III** *adv* **das Gemüse schmeckt ein wenig ~** the vegetables taste a bit burnt.

'an·geˌbraucht *adj Southern G. od. colloq.* **1.** (*Seife etc*) already used. – **2.** *cf.* **angebrochen** 2.

'an·geˌbro·chen I *pp of* **anbrechen.** – **II** *adj* **1.** (*Tasse etc*) cracked. – **2.** (*Glas, Dose etc*) (already) opened (*od.* started). – **3.** *fig.* (*Abend, Tag etc*) half-started, (already) broken into: **was machen wir mit dem ~en Abend?** what are we doing with the rest of the evening? – **4.** *med.* (*Knochen*) cracked.

'an·geˌbröckelt (*getr.* **-k·k-**) *adj* (*Mauer etc*) crumbling.

'an·geˌbun·den I *pp of* **anbinden.** – **II** *adj only in* **kurz ~** *fig. colloq.* short, curt, abrupt, brusque, brief: **mit j-m kurz ~ sein** to be short with s.o. – **III** *adv only in* **kurz ~** *fig. colloq.* shortly, short, curtly, abruptly: **er antwortete kurz ~** he gave a short answer, he answered curtly.

'an·geˌdaut I *pp.* – **II** *adj med.* (*Magenwandstellen*) partially digested.

'an·geˌdei·hen *v/i* ⟨*irr, sep. pp* **angediehen, sein**⟩ *only in* **j-m etwas ~ lassen** to give (*od.* grant) s.th. to s.o., to give (*od.* grant) s.o. s.th., to bestow (*od.* confer) s.th. on s.o.: **j-m eine gute Erziehung ~ lassen** to give s.o. a good education; **j-m Unterstützung ~ lassen** to provide s.o. with support.

'An·geˌden·ken *n* ⟨-s; *no pl*⟩ *obs. od. poet.* memory: **seligen ~s** *auch colloq.* of blessed memory.

'angeˌdu·delt, 'an·geˌdu·selt *adj colloq. for* **angeheitert.**

'an·geˌekelt I *pp.* – **II** *adj* **1.** (von by) disgusted, nauseated. – **2.** *colloq.* (von of) sick (*colloq.*).

'an·geˌerbt *adj rare* **1.** (*ererbt*) inherited. – **2.** *med.* (*von Anlagen etc*) hereditary, inherited.

'An·geˌfäl·le *n* ⟨-s; -⟩ *jur. rare for* **Erbschaft.**

'an·geˌfault I *pp.* – **II** *adj* **1.** (*Obst etc*) partly rotten (*od.* spoiled). – **2.** (*Holz*) partially rotten (*od.* decayed).

'an·geˌflo·gen I *pp of* **anfliegen.** – **II** *adj* **1. wie ~** *colloq.* as if on wings, flying, suddenly. – **2.** *aer.* approached: **das ~e Ziel** the destination approached; **ein häufig ~er Flughafen** an airport with a high frequency of services.

'an·geˌfres·sen I *pp of* **anfressen.** – **II** *adj* **1.** *chem.* corroded. – **2.** *med.* a) (*Knochen, Zahn*) carious, decayed, *auch* corroded, b) (*von Krebs etc*) cancerous.

'an·geˌführt I *pp.* – **II** *adj* **1.** (*erwähnt*) mentioned, cited, quoted, instanced: **das ~e Beispiel** the example mentioned; **am ~en Ort** at the place mentioned, loco citato. – **2.** *colloq.* (*betrogen*) duped, cheated, taken in (*colloq.*).

'an·geˌgan·gen I *pp of* **angehen.** – **II** *adj gastr.* **1.** (*Fleisch etc*) tainted. – **2.** (*bes. Wild*) high.

'an·geˌge·ben I *pp of* **angeben.** – **II** *adj* stated, given, named: **die ~e Adresse war falsch** the address given was false.

'an·geˌgilbt *adj* (leicht) **~** (*Papier*) slightly yellowed.

'an·geˌgos·sen I *pp of* **angießen.** – **II** *adj only in* **wie ~ sitzen** (*od.* **passen**) (*Kleidung*) to fit like a glove, to be a perfect fit.

'an·geˌgraut *adj* (*Bart, Haar*) graying, *bes. Br.* greying, grayish, *bes. Br.* greyish: **ein Herr mit ~en Schläfen** a gentleman with graying temples.

'an·geˌgrif·fen I *pp of* **angreifen.** – **II** *adj* **1.** (*müde, abgespannt*) weary, tired (*od.* worn) out, (*stärker*) exhausted: **~ aussehen** to look exhausted; **sie fühlte sich sehr ~ nach der Reise** she felt very weary after the journey. – **2.** (*Gesundheit etc*) affected, (*stärker*) shaken, bad, weakened. – **3.** (*Nerven*) unstrung. – **4.** *med.* (*Organe*) affected, involved.

'An·geˌgrif·fe·ne *m, f* ⟨-n; -n⟩ *bes. mil.* **1.** person attacked. – **2.** nation attacked.

'An·geˌgrif·fen·heit *f* ⟨-; *no pl*⟩ **1.** weariness, (*stärker*) exhaustion. – **2.** (*der Gesundheit etc*) poor state (of health).

'an·geˌhaucht I *pp.* – **II** *adj* **1.** (*leichtgetönt*) tinted, tinged: **rosig ~e Wangen** rosy-tinted cheeks. – **2.** *pol.* (*beeinflußt*) (von by) influenced: **er ist kommunistisch** (*od.* **rot**) **~** *colloq.* he is pink (*colloq.*).

'an·geˌhei·ra·tet I *pp.* – **II** *adj* (related) by marriage: **~e Tante** aunt by marriage; **die ~en Verwandten** the in-laws.

'an·geˌhei·tert *adj* (slightly) tipsy, merry; 'high' (*colloq.*), (slightly) lit (*sl.*) (*beide pred*): **in ~em Zustand** in a tipsy state; **er war leicht** [**stark**] **~** he was slightly [pretty] high.

'anˌge·hen I *v/i* ⟨*irr, sep,* **-ge-, sein**⟩ **1.** *colloq.* (*vom Licht etc*) go on. – **2.** (*vom Feuerzeug, Ofen etc*) work, light. – **3.** (*vom Feuer etc*) (begin to) burn, catch fire: **das Holz will nicht ~** the wood won't burn (*od.* refuses to burn); **das Streichholz geht nicht an** the match won't strike (*od.* light). – **4.** *fig. colloq.* (*von Kino, Schule etc*) begin, start, commence: **die Vorstellung geht um 8 an** the performance begins at 8 (o'clock); **der Streit ging von neuem an** the quarrel started anew; **jetzt geht's aber an** here we go again. – **5.** (*von Pflanzen*) take (*od.* strike) root. – **6. gegen etwas** [**j-n**] **~** *fig. colloq.* to fight (*od.* take measures) against (*od.* oppose) s.th. [s.o.]: **gegen diesen Beschluß werde ich ~** I'll fight against this decision; **du mußt dagegen ~** you'll have to take measures against it. – **II** *v/t* ⟨h⟩ **7.** *fig.* (*betreffen*) concern, interest, regard: **das geht mich nichts an** that does not concern me, that is no concern of mine; **es geht mich nichts mehr an** it no longer concerns me; **das geht niemanden etwas an** that's nobody's business; **was geht's mich an?** what have I to do with it? what's that to me? **das geht dich an** that concerns you, that's meant for you; **was ihn angeht** as far as he is concerned, with regard to him; **was diesen Fall angeht** as far as this matter is concerned, as regards this case. – **8.** *fig. lit.* (*bitten*) ask, solicit, approach: **j-n um Geld ~** to ask s.o. for money; **wir sind von ihnen um Unterstützung angegangen worden** we have been approached by them for aid. – **9.** (*Feind etc*) attack, assail. – **10.** *fig.* (*Problem etc*) tackle, attack. – **11.** (*sport*) a) (*Gegner*) attack, b) (*Berg etc*) ascend, climb, *bes. Br.* breast, c) (*Kurve*) take. – **12.** *hunt.* attack, rush at. – **III** *v/impers* ⟨**sein**⟩ **13. es geht zur Not an** a) it will pass (*od.* do) (if need be), b) it's just passable (*od.* tolerable), c) it's not too bad (in [*Br.* at] a pinch), d) it may pass; **es mag (noch) ~** it may (just) do; **es geht nicht an, daß er mitkommt** we can't let him come with us; **es kann doch nicht ~** *colloq.* it's impossible, it can't be true; **es könnte schon ~** *colloq.* it might be.

'anˌge·hend I *pres p.* – **II** *adj* ⟨*attrib*⟩ **1.** beginning. – **2.** (*Künstler etc*) budding, in the bud, in the making: **sie ist eine ~e junge Dame (geworden)** she is getting to be a young lady; **ein ~er Star** a star in the making. – **3.** (*Arzt, Anwalt etc*) just beginning (*nachgestellt*), future, intending: **er ist ein ~er Arzt** he is a future doctor. – **4.** (*Vater etc*) expectant, to be (*nachgestellt*). – **5. ein ~er Vierziger** *colloq.* a) a man going on for (*od.* verging on) forty, b) a man of about forty. – **6.** *hunt.* almost fully grown: **~es Schwein** wild boar of four years.

'an·geˌhö·ren *v/i* ⟨*sep, pp* **angehört, h**⟩ **1.** (*einem Verein etc*) belong (to), be a member (of), be (in): **er gehört der Kirche an** he is a member of (*od.* belongs to) the church; **dem geistlichen Stande ~** *relig.* to be in (holy) orders. – **2.** (*einem Zeitalter*) belong (to): **dieser Dichter gehört dem elisabethanischen Zeitalter an** this poet belongs to the Elizabethan Age; **der Vergangenheit ~** to belong to the past, to be past history (*od.* a matter of the past). — **'an·geˌhö·rend I** *pres p.* – **II** *adj cf.* **zugehörig** 4.

'an·geˌhö·rig *adj rare for* **zugehörig** 4.

'An·geˌhö·ri·ge *m, f* ⟨-n; -n⟩ **1.** (*Verwandte*) relative, relation: **die nächsten ~n benachrichtigen** to notify the next of kin; **meine ~n** my relatives, my people, my family *sg*, my folks (*colloq.*); **liebe Grüße an alle deine ~n** my love to all your family; **er mußte erst seine ~n benachrichtigen** he had to inform his relatives first. – **2.** (*Mitglied*) member: **ein ~r des Mittelstandes** a member of the middle class.

'An·geˌhö·rig·keit *f* ⟨-; *no pl*⟩ *cf.* **Zugehörigkeit** 1, 2.

'anˌgeh·ren *v/t* ⟨*sep,* **-ge-, h**⟩ *tech. cf.* **gehren.**

'an·geˌjahrt [-ˌjaːrt] *adj rare colloq.* somewhat aged.

'An·geˌklag·te *m, f* ⟨-n; -n⟩ *jur.* accused, defendant, indictee: **der ~ im Revisionsverfahren** the defendant in error; **das Gericht sprach den ~n frei** the court found for the defendant; **der ~ vor Gericht** the prisoner at the bar.

'an·geˌknackst I *pp.* – **II** *adj colloq.* **1.** (*Ei etc*) cracked, slightly damaged. – **2.** *fig.* slightly damaged, impaired, shaky: **~e Gesundheit** impaired health; **ihre Freundschaft war seitdem ~** their friendship wasn't as solid (*od.* the same) after that; **er ist leicht ~** (*verrückt*) he's slightly cracked (*colloq.*). – **3.** *fig.* (*nicht unbescholten*) blemished.

An·ge·kok ['aŋgekɔk] *m* ⟨-; -s⟩ *relig.* angakok, *auch* angekok (*medicine man of the Eskimos*).

'an·geˌkrän·kelt *adj* **1.** (*kränklich*) sickly, ailing. – **2.** *fig.* afflicted, sicklied (*lit.*): **„von des Gedankens Blässe ~"** "sicklied o'er with the pale cast of thought" (*Shakespeare*).

'an·geˌkratzt I *pp.* – **II** *adj* scratched, scraped.

An·gel ['aŋəl] *f* ⟨-; -n⟩ **1.** (*sport*) a) (fishing) rod (and line), fishing tackle, *bes. Am.* fish(ing) pole, b) (fish)hook: **an die ~ gehen** (*vom Fisch*) to bite; **die ~ auswerfen nach j-m** *fig. colloq.* to fish (*od.* angle) for s.o., to try to hook s.o.; **den Köder an die ~ stekken** to bait one's hook; **der Fisch sitzt** (*od.* **zappelt**) **schon an der ~** *auch fig.* the fish has already been caught. – **2.** *tech.* a) (*einer Tür etc*) hinge, b) pivot, axle: **aus den ~n heben** a) to unhinge, b) *fig.* to unhinge, to unsettle, (*stärker*) to revolutionize *Br. auch* -s-; **die Welt aus den ~n heben** *fig.* to shake the world to its foundations; **aus den ~n geraten** *auch fig.* to come off the hinges; **die Tür kreischt** (*od.* **quietscht**) **in den ~n** the door creaks (*od.* grates) on its hinges; **j-n zwischen Tür und ~ abfertigen** *fig.* to deal with s.o. in passing (*od.* by the way); **zwischen Tür und ~** *fig.* in a hurry. – **3.** *tech.* (*Haspe*) clamp. – **4.** *tech.* a) (*einer Feile, Säge*) tang, b) (*einer Gattersäge*) buckle, c) (*Heftangel*) spike tang. – **5.** *cf.* **Fußangel 1.** – **6.** *zo.* (*eines Anglerfisches*) lure. – **7.** *dial.* (*einer Biene etc*) sting.

'an·geˌla·gert I *pp.* – **II** *adj phys.* added, attached, adjoining.

'an·geˌlan·gen *v/i* ⟨*sep, pp* **angelangt**, *sein*⟩ arrive.

'an·geˌlau·fen I *pp of* **anlaufen.** – **II** *adj* **1.** (*Spiegel, Scheibe*) clouded, blurred. – **2.** (*Metall*) tarnished. – **3. rot ~** (*Gesicht etc*) crimson.

'An·gel|ˌausˌrü·stung *f cf.* **Angelgerät.** — **~ˌband** *n* ⟨-(e)s; ⸗er⟩ *tech.* butt (hinge), hinge-hook, socket. — **~ˌbis·sen** *m* (*sport*) bait. — **~ˌblei** *n* **1.** *tech.* plummet sinkers *pl.* – **2.** (*beim Fischen*) sinker. — **a~ˌbor·stig** *adj bot.* glochidiate, *Br. auch* glochidate.

'AnˌGeld *n cf.* **Handgeld 1.**

'an·geˌle·gen I *pp of* **anliegen.** – **II** *adj* ⟨*invariable*⟩ **sich** (*dat*) **etwas ~ sein lassen** a) to make s.th. one's business (*od.* concern), to take a matter in hand, to be concerned with s.th., b) to make a point of (doing) s.th.: **er wird sich die Sache ~ sein lassen** he will take care of (*od.* look after) the matter.

'An·geˌle·gen·heit *f* ⟨-; -en⟩ **1.** matter, affair, concern, business: **eine ernste ~** a serious matter; **persönliche ~en** personal matters; **geschäftliche ~en** business affairs (*od.* matters); **auswärtige** [**innere**] **~en** *pol.* foreign [domestic *od.* home] affairs; **öffentliche ~en** public affairs, matters of public concern; **politische ~en** things political; **weltliche ~en** secularities, temporals; **eine kitzlige ~** a delicate affair, a ticklish business, a tickler (*colloq.*); **das ist eine ernste ~** that is no laughing matter; **eine ~ von großer Bedeutung** (*od.* **Wichtigkeit**) a matter of great importance; **was die fragliche ~ betrifft** as to the matter in question; **kann ich Sie in geschäftlicher ~ sprechen?** can I see you on business? **er wurde in der ~ befragt** he was consulted on the question; **die ~ wird erwogen** the matter is under consideration; **diese ~ hat Zeit** (*od.* **eilt nicht**) the matter can wait (*od.* will keep); **in eine ~ verwickelt sein** to be connected with an affair; **kümmere dich um deine eigenen ~en!** mind your own business! **bring erst deine eigenen ~en in Ordnung!** settle your own affairs first! **das ist seine ~** that is his business (*od.* concern); **mische dich nicht in fremde ~en (ein)!** don't meddle in other people's affairs! **seine Nase in anderer Leute ~en stecken** *colloq.* to poke one's nose into other people's business (*colloq.*), to pry into other people's affairs. – **2.** *jur.* cause.

'an·geˌle·gent·lich I *adj* **1.** *lit.* (*Bitte, Frage etc*) urgent, pressing. – **II** *adv* **2.** (*eingehend*) particularly, in detail: **er erkundigte sich ~** (*od.* **auf das ~ste**) **nach ihren Kindern** he inquired (most) particularly about her children. – **3.** (*eifrig*) intently, earnestly, absorbedly, immersedly: **er vertiefte sich ~ in sein Buch** he immersed himself in his book. – **4.** (*dringend*) urgently, pressingly.

'an·geˌlehnt I *pp.* – **II** *adj* **1.** (*Tür etc*) ajar (*pred.*). – **2.** *mil.* (**an** *acc by*) supported, covered: **~er Flügel** supported flank.

An·ge'lei *f* ⟨-; *no pl*⟩ *colloq.* fishing, angling.

'an·geˌlernt I *pp.* – **II** *adj* **1.** *econ.* (*Arbeiter etc*) semiskilled, *Br.* semi-skilled. – **2.** *psych.* (*durch Lernen erworben*) acquired: **~e Eigenschaften** acquired characteristics; **nicht ~** unschooled.

'an·geˌle·sen I *pp of* **anlesen.** – **II** *adj* (*Wissen*) acquired by reading.

'an·gelˌfest *adj* well-fastened, well-attached (*beide attrib*).

'An·gel|ˌfi·scher *m cf.* **Angler 1.** — **~fi·scheˌrei** *f* (rod and) line fishing, angling. — **~ˌflie·ge** *f* (*sport*) (fishing) fly. — **a~ˌför·mig** [-ˌfœrmɪç] *adj cf.* **angelhakenförmig.** — **~geˌrät** *n* (*sport*) fishing tackle (*od.* gear). — **~ˌglied** *n zo.* hinge, cardo (*scient.*).

'An·gelˌha·ken *m* (*sport*) fishhook, (fishing) hook: **~ mit Blinker** spoon hook; **den ~ wieder aufrichten** to raise the barb (of a hook). — **~ˌform** *f med.* (*des Magens*) fishhook form. — **a~ˌför·mig** *adj bot. zo.* hooked; hamate(d), hamiform, uncinate, unciform (*scient.*).

An·ge·li·ca [aŋ'geːlika] *f* ⟨-; *no pl*⟩ **1.** *mus.* a) (*Laute*) angelica, angelique, b) (*Orgelregister*) (vox) angelica. – **2.** *bot. cf.* **Angelika.**

An·ge·li·ka [aŋ'geːlika] *f* ⟨-; -s⟩ *bot.* angelica, *auch* angelique, archangel (*Gattg Angelica, bes. A. archangelica, Archangelica officinalis*). — **~ˌbaum** *m* angelica tree, Hercules'-club (*Aralia spinosa*). — **~ˌöl** *n chem.* angelica oil. — **~ˌsäu·re** *f chem.* angelic acid ($CH_3CH = C(CH_3)COOH$). — **~ˌwur·zel** *f med.* angelica root.

'An·gel|ˌkar·te *f* (*sport*) angling licence (*Am.* license) (*od.* permit). — **~ˌkö·der** *m* **1.** lure, bait. – **2.** (*Fliege*) fly. – **3.** (*Rollangel*) jig (hook). — **~ˌkork** *m* float, cork, bob. — **~ˌlei·ne** *f cf.* **Angelschnur.** — **a~los** *adj tech.* hingeless, without a hinge.

an·geln ['aŋəln] **I** *v/i* ⟨h⟩ **1.** (**mit** with; **nach** for) fish, angle (*auch fig.*): **mit der Fliege ~** to fly-fish; **mit künstlichem Köder ~** to spin; **mit dem Blinker ~** to spoon; **der Torwart angelte nach dem Ball** (*sport*) *sl.* the goalkeeper fished for the ball. – **II** *v/t* **2.** catch, hook (*auch fig.*): **sich** (*dat*) **etwas** [**j-n**] **~** *fig. colloq.* to catch (*od.* hook) s.th. [s.o.]; **wie ang(e)le ich einen Millionär** *fig.* how to catch a millionaire; **sie angelte sich einen Mann** she hooked (herself) a husband. – **3.** *fig. colloq.* (*herausfischen*) fish: **er angelte den Schlüssel aus seiner Tasche** he fished the key out of his pocket. – **III A~** *n* ⟨-s⟩ **4.** *verbal noun*: **A~ verboten!** fishing prohibited! – **5.** *cf.* **Angelsport.**

'An·geln *pl hist.* Angles.

'an·geˌlo·ben I *v/t* ⟨*sep, pp* **angelobt**, h⟩ **1.** *lit.* promise (solemnly), vow: **j-m Verschwiegenheit ~** to vow s.o. discretion. – **2.** *Austrian for* **verpflichten 1, vereidigen.** – **II** *v/reflex* **3. sich j-m ~** a) to (promise to) marry s.o., b) *röm.kath.* to vow oneself to s.o. — **'An·geˌlo·bung** *f* ⟨-; -en⟩ **1.** *lit.* solemn promise, vow. – **2.** *Austrian for* **Verpflichtung 4, Vereidigung.**

An·ge·lo·la·trie [aŋgelola'triː] *f* ⟨-; *no pl*⟩ *relig.* angelolatry.

An·ge·lo·lo·gie [aŋgelolo'giː] *f* ⟨-; *no pl*⟩ *relig.* angelology.

An·ge·lo·pha·nie [aŋgelofa'niː] *f* ⟨-; *no pl*⟩ *relig.* angelophany.

'An·gel|ˌplatz *m* fishing ground (*od.* nook, water), *auch* fishery. — **~ˌpunkt** *m* **1.** (*Drehpunkt*) pivot, hub, standfast. – **2.** *fig.* (*eines Problems etc*) cardinal (*od.* crucial, pivotal) point, hinge. – **3.** *fig.* (*Mittelpunkt*) central point, heart, hub. – **4.** *fig.* (*Kernfrage*) (basic) issue. — **~ˌru·te** *f* (fishing) rod, *Am. auch* fish(ing) pole.

'An·gel|ˌsach·se *m* ⟨-n; -n⟩, **~ˌsäch·sin** *f* ⟨-; -nen⟩ Anglo-Saxon. — **a~ˌsäch·sisch I** *adj* Anglo-Saxon: **eine ~e Spracheigenheit** an Anglo-Saxonism. – **II A~** *f* ⟨-; *no pl*⟩ *print.* church text. – **III** *ling.* **A~** ⟨*generally undeclined*⟩, **das A~e** ⟨-n⟩ Anglo-Saxon, the Anglo-Saxon language, *auch* Old English.

'An·gelˌschein *m* (*sport*) *cf.* **Angelkarte.**

'An·gelˌschnur *f* (fishing) line, fishline: **~ mit Fliege** fly line. — **~ˌrol·le, ~ˌwin·de** *f* angler's reel, winch.

'An·gel|ˌseil *n tech.* master string. — **~ˌsport** *m* angling, fishing. — **~ˌstan·ge** *f cf.* **Angelrute.** — **~ˌstock** *m cf.* **Angelrute.**

An·ge·lus ['aŋgelʊs] *m* ⟨-; -⟩ *relig.* Angelus: **beim ~** at the sound of the Angelus. — **~geˌbet** *n* Angelus. — **~ˌglocke** (*getr.* -k·k-) *f* Angelus (bell). — **~ˌläu·ten** *n* Angelus.

'an·gelˌweit *adv only in* **~ offen** (*Tür*) wide open.

'An·gel|ˌwurm *m* (*zum Fischen*) (fish)worm. — **~ˌzap·fen** *m tech.* (*einer Türangel*) pivot, axle, axis, pin. — **~ˌzeug** *n* (*sport*) *cf.* **Angelgerät.**

'an·geˌmes·sen I *pp of* **anmessen.** – **II** *adj* **1.** (*Belohnung, Preis etc*) appropriate, suitable, proper, fit, (be)fitting, adequate, *auch* apropos: **in ~er Form** in appropriate form; **~es Vorgehen** appropriate action; **in ~er Weise** in a suitable way; **sich in ~er Entfernung halten** to keep (at) a suitable distance; **einen ~en Preis verlangen** to demand a suitable (*od.* reasonable, fair) price; **in ~er Frist** *jur.* within a reasonable length of time; **eine ~e Bemerkung** an appropriate (*od.* pertinent, apt) remark; **etwas für ~ halten, etwas ~ finden** to think s.th. right (*od.* appropriate), to think (*od.* deem) s.th. fitting. – **2. einer Sache ~ sein** to be adequate to (*od.* suited to, proportionate to, commensurate with *od.* to) s.th., to be in keeping with s.th.: **die Bezahlung ist der Arbeit ~** the pay is adequate to (*od.* for) the work; **den Bedürfnissen der Bewohner ~** suited to the requirements of the inhabitants; **diese Wohnung ist meinem Geldbeutel ~** this flat suits my purse. – **III** *adv* **3.** appropriately, suitably, properly: **sich ~ betragen** to behave properly. – **4.** (*entsprechend*) adequately, commensurately: **~ bezahlt** adequately paid. — **'An·geˌmes·sen·heit** *f* ⟨-; *no pl*⟩ **1.** appropriateness, suitability, suitableness, fitness, propriety. – **2.** (*der Bezahlung etc*) adequateness, adequacy, commensurateness.

'an·geˌnä·hert I *pp.* – **II** *adj bes. math.* (*Wert, Resultat etc*) approximate.

'an·geˌnehm I *adj* **1.** pleasant, pleasing, agreeable, nice: **eine ~e Nachricht** pleasant (*od.* good) news; **~e Erinnerungen** pleasant memories; **eine ~e Zeit verbringen** to spend (*od.* have) a pleasant time; **einen ~en Eindruck hinterlassen** to leave a good (*od.* favo[u]rable) impression; **ein ~es Fahren** a pleasant (*od.* smooth) drive; **~ für das Ohr** pleasing to the ear; **~ im Geschmack** pleasant (*od.* agreeable) to the palate, palatable; **j-m etwas ~ machen** to make s.th. pleasant for s.o.; **sich ein ~es Leben machen** to make life pleasant (*od.* comfortable) for oneself, to take life easy; **er macht sich bei ihr ~** he goes out of his way to be pleasant (*od.* agreeable) to her, he ingratiates himself with her; **es ist ~ zu hören** it is pleasant (*od.* gratifying) to hear, I am pleased (*od.* gratified) to hear it; **du wirst mehr davon erfahren als dir ~ sein wird** you will learn more about it than you will wish to (*od.* will appreciate); **was dir ~ ist** as you please (*od.* like); **~e Reise!** pleasant journey! have a good trip! **~es Wochenende!** have a pleasant (*od.* good) weekend! **~e Unterhaltung!** enjoy yourself (*od.* yourselves)! (**sehr**) **~!** *obs.* (*beim Vorstellen*) pleased (*od.* glad) to meet you. – **2.** (*sympathisch*) lik(e)able, pleasant, pleasing, *auch* pleasurable, (*stärker*) engaging: **ein ~er Mensch** a lik(e)able person; **ein ~es Äußeres** [**Wesen**] a pleasing appearance [engaging manners *pl*]. – **3.** (*willkommen*) welcome: **du bist mir immer ~** you are always welcome; **dein Vorschlag ist mir sehr ~** your suggestion is welcome (*od.* acceptable) to me; **es wäre mir sehr ~, wenn** I would greatly welcome (*od.* appreciate) it if. – **II** *adv* **4.** pleasantly, agreeably: (**von etwas**) **~ überrascht sein** to be agreeably surprised (by s.th.); **er war ~ enttäuscht** he was agreeably disappointed; **es ist mir ~ aufgefallen** (*od.* **es berührte mich ~**), **daß** I was pleased to notice that; **sich ~ unterhalten** to have a pleasant conversation; **~ riechen** to have a pleasant (*od.* pleasing) smell; **~ erregen** to titillate; **~ warm** nice and warm. – **III A~e, das** ⟨-n⟩ **5.** the pleasant (*od.* agreeable) thing: **das A~e im Leben** the pleasant things of (*od.* in) life; **das A~e daran ist** the pleasant thing about it is; **er hat etwas A~es, das uns gefällt** there is s.th. agreeable about him that we like; **das A~e mit dem Nützlichen verbinden** a) to combine business with pleasure, b) to combine pleasure with advantage.

'an·geˌnom·men I *pp of* **annehmen.** – **II** *adj* **1.** (*Wert etc*) assumed: **das ~e Dreieck** *math.* the triangle assumed (*od.* postulated). – **2.** (*Kind etc*) adopted, adoptive. – **3.** (*Name*) adopted, assumed, false, fictitious: **unter einem ~en Namen reisen** to travel incognito; Bücher unter einem ~en Namen veröffentlichen to publish books under a pseudonym. – 4. *econ.* (*Wechsel*) accepted. – **III** *conj* 5. supposing, assuming: ~, es ist (*od.* sei) wahr supposing (*od.* suppose, granted that) it is true; ~, er kommt assuming he comes, say (that) he comes (*colloq.*).

'an·ge,nom·me·ner'ma·ßen *adv rare* assumedly.

'an·ge,paßt I *pp.* – **II** *adj* **1.** (*dat*, an *acc* to) adapted: eine den jeweiligen Bedingungen ~e Lebensweise a way of living adapted to the respective conditions. – **2.** *psych. sociol.* adjusted. — **'An·ge,paßt·heit** *f* ⟨-; *no pl*⟩ (*an die Umwelt etc*) adaptation. – **2.** *psych. sociol.* adjustment: mangelnde (*od.* schlechte) ~ maladjustment.

An·ger ['aŋər] *m* ⟨-s; -⟩ **1.** (small) meadow (*od.* pasture). – **2.** (*Dorfplatz*) (village) green, *bes. Br.* (village) common. — **~,blu·me** *f bot. cf.* Gänseblümchen.

'an·ge,räu·chert I *pp.* – **II** *adj* **1.** (*Decke, Wand etc*) smoky. – **2.** (*Speck etc*) (partially) smoked.

'an·ge,raucht I *pp.* – **II** *adj obs. od. poet. for* angeräuchert II.

'an·ge,rauht I *pp.* – **II** *adj* (*Stoff, Material etc*) roughened: leicht ~es Kammgarn unfinished worsted.

'an·ge,regt I *pp.* – **II** *adj* (*Unterhaltung etc*) animated, lively: in ~er Stimmung sein to be in a lively mood, to be in high spirits. – **III** *adv* animatedly, lively: sich ~ unterhalten to carry on a lively conversation. — **'an·ge,reg·ter'ma·ßen** *adv rare* as suggested.

'An·ge,regt·heit *f* ⟨-; *no pl*⟩ (*einer Diskussion etc*) animation, liveliness.

'an·ge,rei·chert I *pp.* – **II** *adj* (*Uran etc*) enriched: ~e Luft (oxygen-)enriched air.

'An·ger,gras *n bot. cf.* Rispengras.

'an·ge,ro·stet I *pp.* – **II** *adj* (*Metallteil etc*) (slightly) rusty.

'an·ge,säu·selt I *pp.* – **II** *adj colloq. humor. for* angeheitert.

'an·ge,schim·melt I *pp.* – **II** *adj* (*Käse, Brot etc*) (slightly) moldy (*bes. Br.* mouldy).

'an·ge,schla·gen I *pp of* anschlagen. – **II** *adj* groggy (*auch fig.*): er macht einen ziemlich ~en Eindruck *fig.* he seems to be rather groggy; der Gegner war stark ~ (*Boxsport*) the opponent was quite groggy.

'an·ge,schlos·sen I *pp of* anschließen. – **II** *adj* **1.** (*radio*) (*Sender etc*) connected, linked-up (*attrib*). – **2.** *econ.* associated, integrated: ~e Firmen member firms.

'an·ge,schmutzt I *pp.* – **II** *adj* (*Wäsche, Waren etc*) slightly dirty, soiled.

'an·ge,schnit·ten I *pp of* anschneiden. – **II** *adj* **1.** (*fashion*) (*Ärmel etc*) cut in one piece with the garment. – **2.** *print. only in* ~e Seite bled (*od.* indented) page.

'an·ge,schrie·ben I *pp of* anschreiben. – **II** *adj* bei j-m gut [schlecht] ~ sein *colloq.* to be in s.o.'s good [bad] books (*colloq.*): er ist bei ihm gut ~ *colloq.* he is (*od.* stands) high in his favo(u)r.

'An·ge,schul·dig·te *m, f* ⟨-n; -n⟩ *jur.* accused, defendant, culprit.

'an·ge,schwemmt I *pp.* – **II** *adj bes. geol.* alluvial.

'an·ge,schwol·len I *pp of* anschwellen. – **II** *adj* swollen.

'an·ge,se·hen I *pp of* ansehen. – **II** *adj* **1.** (*Person, Firma etc*) respected, respectable, reputable: ein ~er Bürger a respected (*od.* hono[u]rable, esteemed) citizen; ~e Leute respected people, people of position; eine ~e Firma a respectable firm, a firm of good standing (*od.* repute); nicht ~ looked down upon, disrespectable. – **2.** (*Persönlichkeit*) distinguished, notable. — **'An·ge,se·hen·heit** *f* ⟨-; *no pl*⟩ *rare for* Ansehen 1.

'an·ge,ses·sen I *pp of* ansitzen. – **II** *adj* **1.** (*Bevölkerung etc*) resident. – **2.** settled.

'An·ge,sicht *n* ⟨-(e)s; -er *u.* -e⟩ *poet.* **1.** face, countenance, visage (*lit.*): schön von ~ with a beautiful face; j-n von ~ kennen to know s.o. by sight; von ~ zu ~ face to face; dem Tod [der Gefahr] ins ~ sehen *fig.* to look death [danger] in the face; im Schweiße seines ~s *fig.* by the sweat of one's brow. – **2.** (*Anblick*) *only in* im ~ *cf.* angesichts 2.

'an·ge,sichts *prep* ⟨*gen*⟩ **1.** at the sight of: ~ der Stadt at the sight of the town. – **2.** *fig.* faced with, *auch* in the teeth of: ~ der Gefahr faced with (the) danger, in the face (*od.* presence) of danger; ~ der Tatsache faced with (*od.* in view of) the fact.

'an·ge,spannt I *pp.* – **II** *adj* **1.** (*Aufmerksamkeit*) close, sharp: mit ~er Aufmerksamkeit with close attention. – **2.** (*Nerven, Lage etc*) strained, tense, taut: aufs äußerste ~ sein to be under great strain; nicht ~ unstrained, relaxed; eine ~e Lage auf dem Geldmarkt *econ.* a tight money market. – **3.** (*Tätigkeit etc*) intense. – **III** *adv* **4.** closely: einer Rede ~ folgen to follow a speech closely. – **5.** intensely: ~ arbeiten to work intensely.

'an·ge,spült I *pp.* – **II** *adj geol.* alluvial.

'an·ge,stammt *adj* **1.** (*Recht*) ancestral, hereditary. – **2.** *humor.* (*Platz etc*) accustomed, usual.

'an·ge,staubt *adj* **1.** (*Stoffe, Waren etc*) slightly dusty, (*durch langes Liegen im Laden*) shopworn, *Br.* shop-worn. – **2.** *fig.* (*Ansicht etc*) dusty, antiquated.

'an·ge,steckt I *pp.* – **II** *adj med.* (*infiziert*) (durch by; mit with) infected: nicht ~ uninfected, noninfected *Br.* non-; ~ werden to be (*od.* become) infected.

'An·ge,stell·te *m, f* ⟨-n; -n⟩ **1.** (salaried) employee, (*im Büro etc*) *auch* clerk, office worker, white-collar worker (*colloq.*): kaufmännischer ~r clerk, (business) employee; die ~n the employees, the staff *sg*, the salaried personnel *sg*; leitender ~r a) managing clerk, b) chief (*od.* head) clerk; städtischer ~r municipal employee; technischer ~r engineering employee; ~r im öffentlichen Dienst, öffentlicher ~r public (*od.* civil) servant, *Am.* government employee. – **2.** (*im Haushalt*) (domestic) servant, domestic.

'An·ge,stell·ten|be,ru·fe *pl econ.* salaried occupations. — **~ge,werk·schaft** *f* employees' federation, *Br.* salaried staff association. — **~-,Kran·ken,kas·se** *f* salaried employees' sick fund (*bes. Br.* health insurance).

'An·ge,stell·ten·schaft *f* ⟨-; *no pl*⟩ **1.** *collect.* employees *pl.* – **2.** (*eines Betriebes*) staff, salaried personnel.

'An·ge,stell·ten|ver,hält·nis *n* (salaried) employment: im ~ stehen a) to be employed (*od.* in salaried employment), b) (*bei einer Firma*) to be a member of the staff, c) (*im öffentlichen Dienst*) to be a civil servant (*od.* in the civil service). — **~ver,si·che·rung** *f* (salaried) employees' insurance (fund). — **~ver,si·che·rungs·ge,setz** *n* (salaried) employees' insurance law, law regarding (salaried) employees' insurance.

'an·ge,sto·chen I *pp of* anstechen. – **II** *adj* **1.** *colloq. for* angetrunken 1. – **2.** *colloq.* crazy, 'cracked' (*colloq.*). – **3.** *hort.* (*Obst etc*) worm-eaten.

'an·ge,sto·ßen I *pp of* anstoßen. – **II** *adj mar.* (*Ladung*) dented.

'an·ge,strengt I *pp.* – **II** *adj* strenuous, hard: nach ~er Arbeit after working strenuously. – **III** *adv* strenuously, hard: ~ arbeiten to work hard.

'an·ge,tan I *pp of* antun. – **II** *adj* **1.** von j-m [etwas] ~ sein to be fond of (*od.* pleased with) s.o. [s.th.]: er ist sehr von ihr ~ he is very fond of her, (*stärker*) he is infatuated with her; er war von der Idee sofort ~ he took to the idea at once, the idea appealed to him at once. – **2.** *lit.* apt, calculated: die Lage ist dazu (*od.* danach) ~, uns Schwierigkeiten zu bereiten the situation is apt (*od.* likely) to get us into trouble; nicht danach ~ sein zu not to be calculated to, not to be such as to. – **3.** *lit.* (*gekleidet*) (mit in) dressed, attired, clad.

'an·ge,trun·ken I *pp of* antrinken. – **II** *adj* **1.** slightly drunk (*od.* intoxicated), tipsy (*colloq.*): in ~em Zustand under the influence of alcohol. – **2.** (*Flasche etc*) opened, started, begun. – **3.** (*Glas etc*) partly emptied. — **'An·ge,trun·ken·heit** *f* ⟨-; *no pl*⟩ slight drunkenness (*od.* intoxication), tipsiness (*colloq.*).

'an·ge,wach·sen I *pp of* anwachsen. – **II** *adj med.* **1.** adherent. – **2.** (*Narbe, Haut auf Knochen*) hidebound.

'an·ge,wandt I *pp of* anwenden. – **II** *adj* (*Wissenschaften, Künste etc*) applied: Akademie für ~e Kunst School of Applied Art.

'An·ge,wen·de *n* ⟨-s; -⟩ *agr.* ridge (*od.* balk) (between two fields).

'an·ge,wie·sen I *pp of* anweisen. – **II** *adj* (*abhängig*) dependent: auf (*acc*) etwas [j-n] ~ sein to depend (*od.* be dependent) (up)on s.th. [s.o.], to be unable to get along without s.th. [s.o.]; auf fremde Hilfe ~ sein to be dependent on the help of others; er ist auf sich (selbst) ~ he is left to his own resources, he is thrown (back) upon himself, he is on his own; ich bin nicht auf dich ~ I can get along without you. — **'An·ge,wie·sen,sein** *n* (auf *acc* [up]on) dependence, *auch* dependance.

'an·ge,wöh·nen I *v/t* ⟨*sep, pp* angewöhnt, h⟩ **1.** j-m etwas ~ *colloq.* to accustom (*od.* habituate) s.o. to s.th., to get s.o. used to s.th. – **2.** sich (*dat*) etwas ~ a) (*im negativen Sinn*) to get into (*od.* contract, pick up) the habit of s.th., to take to s.th., b) (*im positiven Sinn*) to make a habit of doing (*od.* to do) s.th.: sich das Rauchen ~ to get into the habit of (*od.* to take to) smoking; du solltest dir das Trinken nicht ~ you shouldn't make drinking a habit; ich habe mir angewöhnt, zu Fuß zu gehen I have made it a habit to walk. – **II A~** *n* ⟨-s⟩ **3.** *verbal noun.* – **4.** *cf.* Angewöhnung.

'An·ge,wohn·heit *f* ⟨-; -en⟩ habit: schlechte [eigentümliche] ~ bad [strange] habit; aus ~ from habit, habitually; kleine ~en little ways; die ~ haben, spät aufzustehen to be in the habit of getting up late; das ist bei ihm ~ that's a matter of habit with him.

'An·ge,wöh·nung *f* ⟨-; *no pl*⟩ **1.** *cf.* Angewöhnen. – **2.** (an *acc* to) habituation.

'an·ge,wor·fen I *pp of* anwerfen. – **II** *adj civ.eng.* roughcast.

'an·ge,wur·zelt I *pp.* – **II** *adj* rooted to the spot (*od.* ground): wie ~ stehen(bleiben) to stand rooted (*od.* riveted) to the spot; er stand vor Furcht wie ~ fear rooted (*od.* riveted) him to the ground.

'an·ge,zeigt I *pp.* – **II** *adj* **1.** appropriate: etwas für ~ halten, etwas ~ finden to consider s.th. appropriate (*od.* advisable), to see fit to do s.th. – **2.** *med.* (*Behandlung etc*) indicated, advisable.

'an,gie·ren *v/i* ⟨*sep*, -ge-, h⟩ *mar.* sheer up.

'an,gie·ßen *v/t* ⟨*irr, sep*, -ge-, h⟩ **1.** (*junge Pflanzen etc*) water, puddle. – **2.** *gastr.* (*Braten*) pour water (*od.* stock) on(to). – **3.** *metall.* melt (*od.* cast) on, cast (*s.th.*) integral (with): etwas an (*acc*) etwas ~ to cast s.th. integral (*od.* in one piece) with s.th.

'an,gif·ten *v/t* ⟨*sep*, -ge-, h⟩ j-n ~ *colloq.* to be catty to s.o.

An·gi·itis [aŋgi'iːtɪs] *f* ⟨-; -itiden [-i'tiːdən]⟩ *med.* angiitis, inflammation of a blood (*od.* lymph) vessel.

An·gi·na [aŋ'giːna] *f* ⟨-; -nen⟩ *med.* **1.** angina: eine leichte [schwere] ~ a slight [serious] angina; Plaut-Vincentsche ~ Vincent's (*od.* ulceromembranous) angina. – **2.** *cf.* Angina pectoris. — **a~,ähn·lich, a~,ar·tig** *adj* anginoid.

An'gi·na'pec·to·ris ['pɛktɔrɪs] *f* ⟨- -; -nen -⟩ *med.* angina (pectoris), stenocardia.

an·gi·nös [aŋgi'nøːs] *adj med.* anginal, anginose, anginous: ~e Beschwerden anginal pain *sg.*

An·gio..., an·gio... *combining form denoting med.* angi(o)..., (blood *od.* lymph) vessel.

An·gio·gra·phie [aŋgĭogra'fiː] *f* ⟨-; *no pl*⟩ *med.* angiography.

an·gio·karp [aŋgĭo'karp] *adj bot.* (*Flechten*) angiocarpous, angiocarpic.

An·gio·lo·gie [aŋgĭolo'giː] *f* ⟨-; *no pl*⟩ *med.* angiology.

An·gi·om [aŋ'gioːm] *n* ⟨-s; -e⟩ *med.* **1.** angioma. – **2.** (*Feuermal*) vascular nevus. — **an·gio·ma·tös** [aŋgĭoma'tøːs] *adj* angiomatous.

An·gio·neu·ro·se [aŋgĭonɔy'roːzə] *f med.* angioneurosis.—**an·gio·neu'ro·tisch** [-'roːtɪʃ] *adj* angioneurotic: ~es Ödem angioneurotic (o)edema.

An·gio·sar·kom [aŋgĭozar'koːm] *n med.* angiosarcoma.

An·gio·spas·mus [aŋgĭo'spasmus] *m med.* angiospasm. — **an·gio'spa·stisch** [-tɪʃ] *adj* angiospastic.

An·gio·sper·me [aŋgĭo'spɛrmə] *f bot.* angiosperm.

'an,gir·ren *v/t* ⟨*sep*, -ge-, h⟩ coo at (*auch fig.*).

An·glai·se [ã'glɛːzə] *f* ⟨-; -n⟩ *mus.* anglaise.

'an,glei·chen I *v/t* ⟨*irr, sep*, -ge-, h⟩ **1.** (*dat od.* an *acc* to) adjust, adapt: seine Lebensweise den (gegebenen) Umständen ~ to adapt one's way of living to the circumstances; die Mittel dem Zweck ~ to adapt the means to the end; die Produktion der Nachfrage ~ *econ.* to adjust (*od.*

gear) production to demand; die Löhne den Preisen ~ *econ.* to correlate wages with prices. – **2.** *ling.* a) (*in der Phonetik*) assimilate, b) (*Lehnwort*) modify, adapt. – **II** *v/reflex* sich ~ **3.** (*dat od.* an *acc* to) adjust, adapt, conform: sich seiner Umgebung ~ to adjust to one's environment. – **4.** *ling.* (*dat od.* an *acc* to) assimilate. – **5.** *biol.* (*dat od.* an *acc*) imitate (*acc*). – **6.** *bes. psych. sociol.* (*dat od.* an *acc* to) assimilate. – **III A~** *n* ⟨-s⟩ **7.** *verbal noun.* – **8.** *cf.* Angleichung. — **'an,glei·chend I** *pres p.* – **II** *adj biol.* sich ~ imitative.

'An,gleich,fe·der *f tech.* adapter spring.

'An,glei·chung *f* ⟨-; -en⟩ **1.** *cf.* Angleichen. – **2.** (an *acc* to) adjustment, adaptation, adaption, conformation: ~ an die Umgebung adjustment to one's environment; ~ an die Verhältnisse des Auslandes adjustment (*od.* approach) to conditions in other countries; schlechte ~ maladjustment. – **3.** *ling.* a) (*in der Phonetik*) assimilation, b) (*eines Lehnwortes*) modification, adaptation. – **4.** *biol.* imitation. – **5.** *bes. psych. sociol.* assimilation.

'Ang·ler *m* ⟨-s; -⟩ **1.** angler. – **2.** *zo. cf.* Anglerfisch. — **~,fisch** *m zo.* angler, allmouth, monkfish, frogfish (*Lophius piscatorius*).

'Ang·le·rin *f* ⟨-; -nen⟩ *cf.* Angler 1.

An·gle·sit [aŋgle'ziːt; -'zɪt] *m* ⟨-s; -e⟩ *min.* anglesite.

'an,glie·dern I *v/t* ⟨*sep*, -ge-, h⟩ **1.** (*Organisation, Verein etc*) affiliate, incorporate: der Verein wurde dieser Körperschaft angegliedert the society became affiliated with this body. – **2.** (*gesonderte Abteilung etc*) join, attach: der Technischen Hochschule soll eine medizinische Fakultät angegliedert werden there are plans of joining a medical faculty to the institute of technology. – **3.** *bes. pol.* (*Gebiet etc*) annex. – **II A~** *n* ⟨-s⟩ **4.** *verbal noun.* — **'An,glie·de·rung** *f* ⟨-; -en⟩ **1.** *cf.* Angliedern. – **2.** (*einer Organisation, eines Vereins etc*) affiliation, incorporation: wirtschaftliche ~ economic incorporation (*od.* integration). – **3.** (*einer Abteilung etc*) attachment. – **4.** *bes. pol.* (*eines Gebietes*) annexation.

An·gli·ka·ner [aŋgli'kaːnər] *m* ⟨-s; -⟩, **An·gli'ka·ne·rin** *f* ⟨-; -nen⟩ *relig.* Anglican. — **an·gli'ka·nisch** *adj* Anglican: die A~e Kirche the Anglican Church, the Church of England; ~er Ritus Anglican rite; Liturgie [Gebetbuch] der A~en Kirche Common Prayer [Book of Common Prayer]. — **an·gli·ka·ni'sie·ren** [-kani'ziːrən] *v/t* ⟨*no* ge-, h⟩ *relig.* Anglicanize *Br. auch* -s-. — **An·gli·ka'nis·mus** [-ka'nɪsmʊs] *m* ⟨-; *no pl*⟩ *relig.* Anglicanism.

'an,glim·men *v/i* ⟨*irr, sep*, -ge-, sein⟩ begin to glow.

an·glisch ['aŋ(g)lɪʃ] **I** *adj* Anglian, Anglic. – **II** *ling.* **A~** ⟨*generally undeclined*⟩, **das A~e** ⟨-n⟩ Anglian, the Anglian (*od.* Anglic) language.

an·gli·sie·ren [aŋgli'ziːrən] **I** *v/t* ⟨*no* ge-, h⟩ **1.** Anglicize *Br. auch* -s-, anglicize *Br. auch* -s-. – **2.** *vet. obs. for* englisieren. – **II** *v/reflex* sich ~ **3.** become anglicized (*Br. auch* -s-), adopt English manners. – **III A~** *n* ⟨-s⟩ **4.** *verbal noun.* — **An·gli·sie·rung** *f* ⟨-; *no pl*⟩ **1.** *cf.* Anglisieren. – **2.** Anglicization *Br. auch* -s-, anglicization *Br. auch* -s-.

An·glist [aŋ'glɪst] *m* ⟨-en; -en⟩ Angli(ci)st (*specialist in the English language or in English literature*). — **An'gli·stik** [-tɪk] *f* ⟨-; *no pl*⟩ study of the English language or of English literature, *bes. Am.* Anglistics *pl* (*construed as sg*): ~ studieren to study English language and literature. — **An'gli·stin** *f* ⟨-; -nen⟩ Angli(ci)st. — **an'gli·stisch** *adj* English: ~e Studien study of the English language and of English literature.

An·gli·zis·mus [aŋgli'tsɪsmʊs] *m* ⟨-; -men⟩ *ling.* Anglicism.

An·glo|ame·ri·ka [aŋglo?a'meːrika] *n pol.* Anglo-America. — **~ame·ri'ka·ner** [-meri'kaːnər] *m*, **~ame·ri'ka·ne·rin** *f* **1.** Anglo-American. – **2.** *pl collect.* die Anglo-Amerikaner ['aŋglo?ameri'kaːnər] the English and Americans. — **a~ame·ri'ka·nisch** [-meri'kaːnɪʃ] *adj* Anglo-American.

an·glo·fran·zö·sisch [aŋglofran'tsøːzɪʃ] *hist.* **I** *adj* Anglo-French, Anglo-Norman, Norman-French. – **II** *ling.* **A~** ⟨*generally undeclined*⟩, **das A~e** ⟨-n⟩ Anglo-French, Anglo-Norman, Norman-French.

An·glo|in·der [aŋglo'?ɪndər] *m*, **~'in·de·rin** *f* Anglo-Indian. — **a~'in·disch** *adj* Anglo-Indian.

an·glo·irisch [aŋglo'?iːrɪʃ] **I** *adj* Anglo-Irish. – **II** *ling.* **A~** ⟨*generally undeclined*⟩, **das A~e** ⟨-n⟩ Anglo-Irish.

An·glo|ka·tho·lik [aŋglokato'liːk] *m*, **~ka·tho'li·kin** *f relig.* Anglo-Catholic. — **a~ka'tho·lisch** [-'toːlɪʃ] *adj* Anglo-Catholic. — **~ka·tho·li'zis·mus** [-li'tsɪsmʊs] *m* Anglo-Catholicism.

An·glo|ma·ne [aŋglo'maːnə] *m* ⟨-n; -n⟩ Anglomaniac. — **~ma'nie** [-ma'niː] *f* Anglomania.

An·glo|nor·man·ne [aŋglonər'manə] *m hist.* Anglo-Norman. — **a~nor'man·nisch I** *adj* Anglo-Norman, Anglo-French. – **II** *ling.* **A~** ⟨*generally undeclined*⟩, **das A~e** ⟨-n⟩ Anglo-Norman, Anglo-French, Norman-French.

an·glo·phil [aŋglo'fiːl] *adj* Anglophile, *auch* Anglophil, Anglophili(a)c. — **An·glo'phi·le** *m, f* ⟨-n; -n⟩ Anglophile, *auch* Anglophil. — **An·glo·phi'lie** [-fi'liː] *f* ⟨-; *no pl*⟩ Anglophilia.

an·glo·phob [aŋglo'foːp] *adj* Anglophobe, Anglophobi(a)c. — **An·glo'pho·be** *m, f* ⟨-n; -n⟩ Anglophobe. — **An·glo·pho'bie** [-fo'biː] *f* ⟨-; *no pl*⟩ Anglophobia.

'an,glot·zen *v/t* ⟨*sep*, -ge-, h⟩ j-n [etwas] ~ *colloq.* to stare (*od.* gape, goggle) at s.o. [s.th.].

'an,glü·hen *v/t* ⟨*sep*, -ge-, h⟩ j-n ~ *poet.* a) (*von Morgenröte etc*) to bathe s.o. in a radiant glow, b) to look at s.o. with glowing eyes.

'an,glup·schen *v/t* ⟨*sep*, -ge-, h⟩ *colloq. contempt. cf.* anglotzen.

An·go·ra [aŋ'goːra] *n* ⟨-s; *no pl*⟩ (*textile*) *cf.* Angorawolle. — **~,garn** *n* **1.** (*aus dem Haar der Angoraziege*) mohair (yarn). – **2.** (*aus dem Haar des Angorakaninchens*) angora (yarn). — **~,haar** *n* **1.** (*der Angoraziege*) angora (wool), mohair. – **2.** (*des Angorakaninchens*) angora (wool). — **~ka,nin·chen** *n zo.* Angora (rabbit) (*Lepus cuniculus angorensis*). — **~,kat·ze** *f* Angora (cat) (*Felis domestica angorensis*). — **~,wol·le** *f* (*textile*) **1.** angora (wool). – **2.** mohair. — **~,zie·ge** *f zo.* Angora (goat) (*Capra hircus angorensis*).

An·go·stu·ra [aŋgəs'tuːra] (*TM*) *m* ⟨-s; -s⟩ *gastr.* Angostura (liqueur). — **~,baum** *m bot.* angostura tree (*Cusparia trifoliata*) — **~,bit·ter** *m* (*als Zusatz zu Likören etc*) Angostura bitters *pl.* — **~,rin·de** *f bot.* angostura (*od.* cusparia) bark, angostura (*from the tree Cusparia trifoliata*).

'an,greif·bar *adj* **1.** *mil.* attackable, assailable, open to attack (*alle auch fig.*): die Festung ist nur vom Meer her ~ the fortress can only be attacked from the sea. – **2.** *fig.* vulnerable. – **3.** *chem. tech.* (*Metall*) corrodible. – **4.** *jur. cf.* anfechtbar 1. — **'An,greif·bar·keit** *f* ⟨-; *no pl*⟩ **1.** *mil.* attackability, openness to attack (*beide auch fig.*). – **2.** *fig.* vulnerability. – **3.** *chem. tech.* corrodibility. – **4.** *jur. cf.* Anfechtbarkeit 1.

'an,grei·fen I *v/t* ⟨*irr, sep*, -ge-, h⟩ **1.** (*Person, Feind etc*) attack, (*stärker*) assail, assault: j-n (tätlich) ~ to attack s.o. (bodily); er griff ihn mit der Axt an he attacked him with the ax(e); ein Land ~ to attack (*od.* invade) a country; im Sturm(schritt) ~ *mil.* to charge, to assault. – **2.** *fig.* (*Meinung, Ansicht etc*) attack, (*stärker*) assail, assault: j-s Ehre ~ to attack (*od.* impeach) s.o.'s hono(u)r; seine Rede wurde scharf angegriffen his speech was sharply attacked (*od.* criticized); sie griffen ihn heftig an they went for (*od.* fell upon) him. – **3.** (*schaden*) affect, impair, (*stärker*) attack, injure: zu vieles Lesen greift die Augen an too much reading affects (*od.* tries, strains) the eyes; übertriebenes Rauchen greift die Gesundheit an excessive smoking affects (*od.* undermines) the health; die Nerven ~ to affect (*od.* irritate) the nerves. – **4.** *rare for* anfassen 1, berühren 1. – **5.** (*zurückgelegtes Kapital, Vorräte etc*) touch, draw on, break into. – **6.** (*anvertraute Gelder*) embezzle. – **7.** (*sport*) (*Gegner*) attack: den Gegner regelwidrig ~ to foul one's opponent. – **8.** (*games*) attack: zwei Schachfiguren gleichzeitig ~ to fork two chessmen. – **9.** *tech.* a) (*von Rost*) (*Metalle*) attack, corrode, b) (*von Bohrer, Feile*) bite. – **10.** *chem.* attack. – **11.** (*textile*) (*Faserstoffe*) attack, tender, weaken. – **12.** *hunt.* (*Wild*) sick. – **II** *v/i* **13.** attack: unerwartet ~ to attack without any warning; von vorne ~ to make a frontal attack. – **14.** (mit) ~ *colloq.* to lend a hand. – **15.** *phys.* act: die Kraft greift in einem Punkt an the force acts on a point. – **16.** *tech.* (*eingreifen, fassen*) take, hold. – **III** *v/reflex* **17.** *only in* der Stoff greift sich weich [rauh] an the material feels soft [rough], the material is soft [rough] to the touch. – **IV A~** *n* ⟨-s⟩ **18.** *verbal noun.* – **19.** *cf.* Angriff 1. — **'an,grei·fend I** *pres p.* – **II** *adj* **1.** attacking, aggressive, offensive: der ~e Teil the attacker (*od.* aggressor); ~es (feindliches) Flugzeug *aer.* attacking aircraft. – **2.** *chem. tech.* corrosive, *auch* aggressive. — **'An,grei·fen·de** *m, f* ⟨-n; -n⟩ *cf.* Angreifer(in).

'An,grei·fer *m* ⟨-s; -⟩, **'An,grei·fe·rin** *f* ⟨-; -nen⟩ **1.** attacker, (*stärker*) assailant (*beide auch fig.*). – **2.** *bes. pol.* aggressor. — **'an,grei·fe·risch** *adj* (*Artikel, Rede etc*) aggressive, provocative.

'An,grei·fer,staat *m pol.* aggressor (nation).

'an,gren·zen I *v/i* ⟨*sep*, -ge-, h⟩ **1.** an (*acc*) etwas ~ to border (*od.* bound) (up)on s.th., to adjoin s.th., to abut s.th., to be adjacent (*od.* contiguous) to s.th. – **II A~** *n* ⟨-s⟩ **2.** *verbal noun.* – **3.** *cf.* Angrenzung. — **'an,gren·zend I** *pres p.* – **II** *adj* (an *acc* to) contiguous, adjacent: die ~en Felder [Länder] the bordering (*od.* neighboring [*bes. Br.* neighbouring]) fields [countries]; an die Straße ~ adjoining the road; (*an Fluß od. Straße*) ~es Land frontage; die ~en Räume the adjacent rooms; einige ~e Gebiete *fig.* some (closely) related subjects.

'An,gren·zer *m* ⟨-s; -⟩ neighboring (*bes. Br.* neighbouring) (*od.* abutting) owner, abutter. — **~,recht** *n jur.* right of contiguity.

'An,gren·zung *f* ⟨-; -en⟩ **1.** *cf.* Angrenzen. – **2.** adjacency, contiguity, abutment.

'An,griff *m* ⟨-(e)s; -e⟩ **1.** attack, (*stärker*) assault, charge, onslaught, aggression: ein bewaffneter ~ *mil.* an armed attack (*od.* aggression); ein persönlicher ~ a personal attack; leidenschaftliche ~e vehement attacks; mutwilliger ~ *jur.* wanton aggression; ein plötzlicher ~ auf das Lager *mil.* a sudden raid on the camp; ein tätlicher ~ *jur.* assault (and battery); einen ~ auf (*acc*) etwas machen to make (*od.* launch) an attack (up)on s.th.; zum ~ übergehen (*od.* vorgehen) to assume (*od.* take) the offensive; einen ~ abfangen [abschlagen] to counter [to repulse] an attack; einem ~ standhalten to resist an attack; wir sind gegen einen ~ gerüstet we are ready (*od.* prepared) for an attack; das Signal zum ~ geben *mil.* to beat (*od.* sound) the charge; heftige ~e gegen die Regierung richten to make violent attacks on the government; sich ~en aussetzen to leave oneself open to attack; zum ~ blasen to sound the attack; ~ ist die beste Verteidigung (*Sprichwort*) attack is the best defence (*Am.* defense); etwas in ~ nehmen *fig.* a) (*Problem, Aufgabe*) to tackle (*od.* attack) s.th., b) (*Bau etc*) to start on s.th.; das Dringendste zuerst in ~ nehmen *fig.* to attend to the most urgent business first; eine Sache in ~ nehmen *fig.* to set about doing s.th., to set one's hand to s.th. – **2.** (*sport*) attack: zum ~ übergehen to take the offensive, to attack; ~ ins Tempo (*beim Fechten*) attack in time (*od.* into tempo). – **3.** *chem.* (*von Säure*) corrosion. – **4.** *tech.* bolt toe, front, ward. – **5.** (*textile*) (*Weberei*) upper end of the web. – **6.** *print.* thumbpiece.

'an,grif·fig *adj Swiss* **1.** *cf.* anriffslustig. – **2.** energetic.

'An,griffs|,ab,schnitt *m mil.* attack sector. — **~ak·ti,on** *f* (*sport*) (*beim Fechten*) a) attack, attacking action, development, b) (*Pfeil- od. Sturzangriff*) flèche, arrow, c) (*Ausfall*) lunge. — **~be,fehl** *m* order to attack. — **~,bünd·nis** *n pol.* offensive alliance. — **~,drit·tel** *n* (*beim Eishockey*) attacking (*od.* forward) zone. — **~,flä·che** *f* **1.** *tech.* a) working surface, b) (*einer Schleifscheibe*) contact surface. – **2.** *chem.* corroding surface. – **3.** *fig. cf.* Angriffspunkt 1. — **~,flug** *m aer. mil.* raid, attack flight, *auch* attack mission, sortie. — **~,geist** *m* fighting spirit, militancy: er

zeigte nicht viel ~ he didn't show much fighting spirit. — **~ˌhand·lung** *f* **1.** *pol.* aggressive act. – **2.** (*sport*) (*beim Fechten*) attack lunge. — **~ˌkrieg** *m* **1.** *pol.* war of aggression. – **2.** *mil.* offensive war. — **~ˌli·nie** *f* **1.** (*sport*) (*beim Fechten*) center (*bes. Br.* centre) line. – **2.** *mil.* line of attack. — **~ˌlust** *f* aggressiveness, (*stärker*) belligerence, bellicosity. — **a~ˌlu·stig** *adj* aggressive, (*stärker*) belligerent, bellicose: **in ~er Stimmung sein** to be in an aggressive mood. — **~ˌmit·tel** *n* **1.** means of attack. – **2.** *jur.* (*Parteivorbringen im Zivilprozeß*) pleading, allegation. – **3.** *chem. tech.* corrosive (*od.* corroding) medium, attacking agent. – **4.** *mil.* offensive weapon. — **~ˌplan** *m mil.* plan of attack. — **~ˌpunkt** *m* **1.** *fig.* point of attack, weak point: **der Plan bietet der Opposition zu viele ~e** the plan is too vulnerable to attack by the opposition. – **2.** *tech.* a) point of application (*od.* contact), application (*od.* working) point, b) (*der Abnutzung*) point of wear, c) (*der Reibung*) (frictional) contact point, d) (*eines Werkzeugs etc*) point of tool contact. – **3.** *phys.* (*einer Kraft*) point of impact. — **~ˌrei·he** *f* (*sport*) *cf.* Sturm 6a. — **~ˌschacht** *m civ.eng.* (*im Tunnel- u. Stollenbau*) working shaft. — **~siˌgnal** *n mil.* signal for the attack. — **~ˌspiel** *n* (*sport*) attack play. — **~ˌspie·ler** *m* forward. — **~ˌspit·ze** *f mil.* spearhead. — **~ˌstoß** *m* (*sport*) (*beim Fechten*) attacking stroke. — **~ˌvor·beˌrei·tun·gen** *pl mil.* preparations for an attack, (*mit Amphibienfahrzeugen*) prelanding operations. — **~ˌwaf·fe** *f mil.* weapon of attack, offensive weapon. — **~ˌziel** *n* objective. — **~ˌzo·ne** *f* (*beim Eishockey*) *cf.* Angriffsdrittel.

'anˌgrin·sen *v/t* ⟨*sep*, -ge-, h⟩ j-n ~ *colloq.* to grin at s.o., to smile broadly at s.o.

Angst [aŋst] *f* ⟨-; ⸗e⟩ **1.** (vor *dat* of) fear, (*stärker*) dread, terror: **schreckliche** (*od.* **höllische**) ~ terrible (*od.* dreadful) fear; **sinnlose [lähmende]** ~ irrational [paralyzing] fear; **tödliche** ~ deadly fear; **panische** ~ panic; **voll(er)** ~ full of fear, fearful; **aus** ~ **lügen** to lie out of fear; **aus** ~**, bestraft zu werden** for fear of being punished; **in höchster** ~ in extreme fear; **j-n in** ~ **und Schrecken versetzen** to frighten s.o., (*stärker*) to terrify s.o.; **er lebt in ewiger** ~ he lives in constant fear (*od.* anguish of mind); **in tausend Ängsten schweben** to die a thousand deaths; **ich bekam es mit der** ~ **zu tun** I got scared, I got the wind up (*colloq.*); **nicht ohne** ~ with trepidation; **von** ~ **geplagt** (*od.* **gepeinigt**) racked (*od.* ridden) by fear; **vor** ~ **zittern** to tremble with fear; ~ **haben (vor)** to be afraid (of), to be in fear (of), to fear; **vor** ~ **vergehen** (*od.* **ganz außer sich sein**) to be frightened to death, to be beside oneself with fear; **vor** ~ **wie von Sinnen sein** to be scared out of one's senses (*od.* wits); **vor** ~ **in die Hosen machen** *vulg.* to be scared to death, to be in a blue funk (*sl.*); **er hat** ~ **vor der eigenen Courage** he is afraid of having gone too far; ~ **bekommen** to get frightened; ~ **ausstehen** to go through agonies of fear; ~ **beschlich** (*od.* **ergriff, packte, befiel**) **mich** fear gripped (*od.* seized) me; **j-m** ~ **machen** (*od.* **einjagen**) to frighten s.o.; **die** ~ **sitzt mir im Nacken** I'm scared stiff; **wahnsinnige** ~ **haben** to be in a blue funk (*sl.*); **du brauchst keine** ~ **zu haben** you need not be afraid; **nur keine** ~! *colloq.* don't be afraid (*od.* scared), no need to be frightened. – **2.** *auch psych.* (*Sorge*) anxiety: **in** ~ **um j-n sein, um j-n** ~ **haben** to be anxious for (*od.* about) s.o. – **3.** (*Schrecken*) fright. – **4.** *psych.* phobia: **krankhafte** ~ **vor Schmutz** mysophobia, misophobia.

angst *adj* ⟨*pred*⟩ (*in Wendungen wie*) **mir ist** ~ (vor *dat* of) I am afraid; **mir wird** ~ **und bange** I am getting terribly frightened; **mir ist doch etwas** ~**, ob wir nicht einen Fehler gemacht haben** I am rather afraid we may have made a mistake; **j-m** ~ **und bange machen** to put the fear of God into s.o.

'angst|ˌbe·bend *adj* trembling (*od.* shivering) with fear. — **~beˌklom·men** *adj* oppressed by fear.

äng·sten ['ɛŋstən] *v/reflex* ⟨h⟩ **sich** ~ *poet. cf.* ängstigen 3, 4.

'angst|erˌfüllt *adj lit.* stricken (*od.* filled) with fear, fearful. — **A~geˌfühl** *n* (feeling of) anxiety, (*schwächer*) uneasiness. — **A~ˌgeg·ner** *m* (*sport*) scaring opponent (*od.* team), fear-inspiring adversary. — **~geˌpeitscht** *adj* shaken by fear. — **~geˌquält** *adj* tormented by fear. — **A~geˌschrei** *n* **1.** screams *pl* (*od.* cries *pl*) of alarm (*stärker* terror, anguish). – **2.** *hunt.* (*vom Rehwild*) cries *pl* of alarm (*od.* terror). — **~geˌtrieben** *adj* driven (*od.* propelled) by fear. — **A~ˌha·se** *m colloq. humor.* scaredy-cat (*humor.*), *Am. auch* fraidycat (*humor.*), 'mouse', (*stärker*) funk (*sl.*).

äng·stig ['ɛŋstɪç] *adj rare for* ängstlich I.

äng·sti·gen ['ɛŋstɪgən] **I** *v/t* ⟨h⟩ **1.** alarm, frighten, (*stärker*) terrify. – **2.** (*besorgt machen*) worry. – **II** *v/reflex* **sich** ~ **3.** (vor *dat*) be afraid (of), be frightened (by, at), be alarmed (by, at): **Sie brauchen sich nicht zu** ~ you need not be alarmed. – **4.** (*sich sorgen*) be worried (*od.* anxious, troubled): **sich um j-n [etwas]** ~ to be worried about s.o. [s.th.]; **sich zu Tode** ~ to worry oneself to death.

'Äng·sti·gung *f* ⟨-; -en⟩ **1.** (*Beunruhigung*) alarm. – **2.** (*Sorge*) worry.

'Angst|ˌkauf *m meist pl* panic (*od.* scare) buying, funk buying (*sl.*). — **~ˌlaut** *m* exclamation of fear.

ängst·lich ['ɛŋstlɪç] **I** *adj* **1.** (*furchtsam*) timid, nervous, fearful, *auch* fearsome, timorous: **sei nicht so** ~! don't be so frigthtened! **sie ist sehr** ~ she is afraid of her own shadow. – **2.** (*besorgt*) anxious, apprehensive, afraid (*pred*): **mir wurde** ~ **zumute** I began to feel apprehensive (*od.* uneasy, alarmed). – **3.** *colloq.* (*eilig*) urgent: **mit dem Bezahlen ist es nicht so** ~ you need not hurry with the payment. – **II** *adv* **4.** anxiously: **er ist** ~ **auf seinen guten Ruf bedacht** he is anxious about his reputation; **um j-n** ~ **besorgt sein** to be worried about s.o.; **er war** ~ **bemüht** (*od.* **bestrebt, darauf bedacht**)**, nicht aufzufallen** he anxiously tried to stay in the background. – **5.** (*peinlich genau*) scrupulously, meticulously, minutely: **sich** ~ **an die Vorschriften halten** to stick scrupulously to the rules. — **'Ängst·lich·keit** *f* ⟨-; *no pl*⟩ **1.** timidity, timidness, nervousness, fearfulness. – **2.** anxiousness, anxiety, apprehensiveness: **übergroße** ~ over(-)anxiety. – **3.** (*peinliche Genauigkeit*) scrupulousness, meticulousness, minuteness.

'Angst|ˌma·cher *m* ⟨-s; -⟩ *contempt.* panic-monger. — **~ˌmei·er** *m* ⟨-s; -⟩ *colloq. cf.* Angsthase. — **~neuˌro·se** *f psych.* anxiety neurosis. — **~ˌpe·ter** *m* ⟨-s; -⟩ *colloq. humor. cf.* Angsthase. — **~psyˌcho·se** *f psych.* anxiety psychosis. — **~ˌröh·re** *f humor. for* Zylinder 1.

Ång·ström ['ɔŋstrøːm; 'aŋ-] *n* ⟨-(s); -⟩, **~ˌein·heit** *f phys.* angstrom (unit).

'Angst|ˌruf *m* cry of terror: **ein schriller** ~ a shriek. — **a~ˌschlot·ternd** *adj colloq.* trembling (*od.* shivering) with fear. — **~-ˌschrei** *m cf.* Angstruf. — **~ˌschweiß** *m* cold sweat. — **~ˌtraum** *m* **1.** frightening dream, nightmare (*auch fig.*): **davon bekomme ich Angstträume** it gives me nightmares. – **2.** *psych.* anxiety dream. — **~verˌkauf** *m econ.* panic sale. — **a~verˌzerrt** *adj* distorted with fear. — **a~ˌvoll** *adj* fearful, frightened, (*stärker*) terrified. — **a~ˌzit·ternd** *adj* trembling (*od.* shivering) with fear. — **~ˌzuˌstand** *m psych.* anxiety state, phobia: **beim bloßen Gedanken daran bekomme ich Angstzustände** the mere thought of it makes me feel sick with fear.

'anˌgucken (*getr.* -k·k-) *colloq.* *v/t* ⟨*sep*, -ge-, h⟩ look at: **guck mal einer (das) an!** just take a look at that! (*colloq.*); **sich** (*dat*) **j-n [etwas]** ~ to take a look at s.o. [s.th.].

An·guil·lot·te [aŋgŭi'lɔtə] *f* ⟨-; -n⟩ *gastr.* cured eel.

an·gu·lar [aŋgu'laːr] *adj math. tech.* angular.

An·gu·rie [aŋ'guːrĭə] *f* ⟨-; -n⟩ *bot.* anguria (*Cucumis anguria*).

An'gu·ri·enˌgur·ke *f bot.* g(h)erkin (*Cucumis anguria*).

'anˌgür·ten *v/t* ⟨*sep*, -ge-, h⟩ (*Schwert etc*) strap (*od.* belt) on.

'An·gusˌrind ['aŋgus-] *n zo.* Aberdeen Angus.

'AnˌguB *m* **1.** *metall.* lug. – **2.** *print.* a) jet, break of a letter (*od.* type), b) groove. — **~ˌfar·be** *f* (*in der Keramik*) colored (*bes. Br.* coloured) clay.

'anˌha·ben *v/t* ⟨*irr, sep*, -ge-, h⟩ **1.** *colloq.* (*Kleidung etc*) wear, have on, be dressed in: **sie hatte einen neuen Mantel an** she wore a new coat; → Hose 1. – **2. j-m nichts** ~ **können** a) to be unable to harm (*od.* damage, get at) s.o., b) to have nothing on s.o. (*colloq.*); **er [so ein Wetter] kann uns nichts** ~ he [weather like this] can't do us any harm; **j-m etwas** ~ **wollen** to mean harm to s.o.

'anˌhacken (*getr.* -k·k-) *v/t* ⟨*sep*, -ge-, h⟩ **1.** (*Baum, Pfahl etc*) hack into. – **2.** damage (*s.th.*) by hacking, hack at. – **3.** *cf.* anpicken 1. – **4.** (*forestry*) begin to cut (*od.* chop).

'anˌhaf·ten *v/i* ⟨*sep*, -ge-, h⟩ **1.** (*von Schmutz, Geruch etc*) (*dat* to) stick, cling, adhere (*auch biol. med.*): **ihm haftet etwas Eigentümliches an** *fig.* there is s.th. peculiar about him; **seine Vergangenheit wird ihm immer** ~ his past will always cling to him. – **2.** *fig.* (*von Mangel, Makel etc*) (*dat* in) be inherent, inhere, exist: **jedem Kompromiß haften Mängel an** imperfections are inherent in any compromise. — **'anˌhaf·tend I** *pres p.* – **II** *adj* **1.** sticky, adhesive, adherent (*auch biol. med.*): **eng** ~ adhering closely, osculant (*scient.*); **nicht** ~ inadhesive. – **2.** (*innewohnend*) inherent, immanent. – **3.** *jur.* appurtenant.

'anˌhä·keln *v/t* ⟨*sep*, -ge-, h⟩ crochet on.

'anˌha·ken *v/t* ⟨*sep*, -ge-, h⟩ **1.** (*Fensterladen etc*) (an *acc* to) hook (*od.* hitch) (*s.th.*) on. – **2.** (*auf einer Liste etc*) tick (*Am.* check) (*s.th.*) off. – **3.** *mar.* a) (*anholen*) (seize [*s.th.*] with a) hook, b) (*mit Enterhaken*) grapple.

'anˌhalf·tern *v/t* ⟨*sep*, -ge-, h⟩ (*Pferd*) halter (up).

'anˌhal·sen *v/t* ⟨*sep*, -ge-, h⟩ *hunt.* (*Hund*) put (*dog*) on the leash (*od.* lead).

'AnˌhaIt *m* ⟨-(e)s; *no pl*⟩ **1.** *fig.* clue, clew, idea: **einen** ~ **gewähren [suchen]** to give [to look for] a clue; **einen ungefähren** ~ **geben** to give a rough idea (*od.* indication); **als** ~ **dienen** to serve as a guide; **es gibt keinen** ~ **für diesen Verdacht** there are no grounds for this suspicion. – **2.** *rare for* Halt 7, Stütze 6, 7.

'Anˌhal·te|ˌket·te *f tech.* **1.** *cf.* Hemmkette. – **2.** (*in Weberei*) temple(t), stretcher. — **~ˌla·ger** *n Austrian* **1.** detention camp. – **2.** *hist.* concentration camp.

'anˌhal·ten I *v/t* ⟨*irr, sep*, -ge-, h⟩ **1.** (*zum Stehen bringen*) stop, bring (*s.th.*) to a stop (*od.* halt, standstill), halt: **einen Wagen** ~ to stop a car; **die Pferde** ~ to pull up (*od.* rein back, draw bit) the horses. – **2.** *tech.* (*Maschine etc*) a) stop, bring (*s.th.*) to rest, b) (*drosseln*) arrest, kill: **eine Uhr** ~ to stop a clock. – **3.** (*Atem*) hold, retain, (*vor Schreck etc*) check, catch: **er hielt vor Entsetzen den Atem an** he caught his breath with terror; → Luft 3. – **4.** (*veranlassen*) urge: **j-n zur Arbeit** ~ to keep s.o. at his work; **j-n zur Pünktlichkeit** ~ to get s.o. into the way of being punctual. – **5.** (*prüfend*) hold (*s.th.*) up (against): **sich** (*dat*) **etwas** ~ to hold s.th. (up) to oneself. – **6.** *mus.* (*Ton*) hold, sustain. – **7.** *jur.* a) (*Verfahren*) arrest, b) *bes. Austrian* (*Person*) detain. – **8.** (*sport*) (*Ball*) stop, (*Mann*) block. – **II** *v/i* **9.** stop, come to a stop (*od.* halt, standstill): **das Auto hielt neben mir an** the car drew (*od.* pulled) up beside me; **er hielt kurz vor dem Ziel an** he stopped short of the goal; **plötzlich** ~ to stop (*od.* pull up) short, to come to a dead stop. – **10.** (*andauern*) last, continue, go on: **der Regen hielt an** the rain continued; **wenn das schöne Wetter anhält** if the weather holds. – **11.** (*fragen, bitten*) ask, apply: **bei j-m um etwas** ~ to apply to s.o. for s.th.; **ich hielt um die Hand seiner Tochter an, ich hielt um seine Tochter an** I asked for the hand of his daughter. – **12.** *tech.* (*von Maschinentisch*) dwell. – **III** *v/reflex* **sich** ~ **13.** (an *dat* to) hold on (*od.* tight): **halte dich an mir [dem Geländer] an** hold on to me [the railing]. – **IV A~** *n* ⟨-s⟩ **14.** *verbal noun.* – **15.** (*eines Fahrzeugs*) stop(ping), stoppage, halt, standstill: **etwas zum A~ bringen** to bring to stop (*od.* halt) s.th. – **16.** *tech.* a) (*von Maschinen etc*) stop(ping), stoppage, rest, b) (*Drosselung*) arrest. – **17.** retention, (*vor Schreck*) check, catch. – **18.** continuance. – **19.** application. – **20.** (*um ein Mädchen*) offer of marriage. – **21.** *jur.* arrest.

'anˌhal·tend I *pres p.* – **II** *adj* **1.** (*ununterbrochen, andauernd*) continuous, continual, incessant, unabating, uninterrupted: ~e Regenfälle *meteor.* continuous rainfall *sg*; ~er Applaus prolonged applause; ~es Fieber *med.* continued fever. – 2. (*stetig*) constant, sustained, assiduous: ~es Interesse sustained interest; ~er Fleiß assiduity; ~e Nachfrage *econ.* persistent demand. – 3. *psych.* (*nachhaltig*) massive.

ˈAnˌhal·teˌpunkt *m* 1. *cf.* Haltepunkt 1. – 2. (*Landvermessung*) fixed point.

ˈAnˌhal·ter *m* ⟨-s; -⟩ *colloq.* hitchhiker: per ~ fahren *colloq.* to hitchhike, to thumb a lift (*od.* ride).

ˈAnˌhal·te|ˌstel·le *f cf.* Haltestelle. — **~ˌstift** *m tech. cf.* Sperrklinke. — **~ˌweg** *m auto.* stopping distance.

ˈanˌhal·tisch *adj hist.* (of) Anhalt.

ˈAnˌhaltsˌpunkt *m* 1. clue, clew, lead: j-m einen ~ geben to give s.o. a clue, to put s.o. on the track; keinerlei ~(e) haben to have nothing to go on (*od.* by). – 2. (*Grundlage*) basis: es gibt keinen ~ für die Annahme, daß there is no basis for the assumption that. – 3. *tech.* reference point.

ˈAnˌhal·tung *f* ⟨-; -en⟩ *Austrian jur.* (*Festnahme*) arrest, detention.

ˈanˌhäm·mern *v/t* ⟨*sep*, -ge-, h⟩ *tech.* (*Spenglerei*) hammer on.

ˌanˈhand *prep* ⟨*gen od.* von⟩ by means of, on the basis of, in the light of: ~ einiger Beispiele etwas zeigen to illustrate s.th. by means of a few examples; ~ von neuen Entdeckungen in the light of recent discoveries.

ˈAnˌhang *m* ⟨-(e)s; Anhänge⟩ 1. (*eines Buches*) a) appendix, b) (*Ergänzung*) supplement: im ~ des Buches findet sich ein Literaturverzeichnis the appendix of the book contains a bibliography. – 2. (*eines Schriftstücks etc*) addition, addendum, (*Zusatz*) annex, adjunct. – 3. *jur.* a) (*eines Gesetzes*) schedule, b) (*eines Testaments*) codicil. – 4. *econ.* (*eines Wechsels*) slip, rider. – 5. *biol.* appendage(s *pl*): kleiner ~ appendicle. – 6. *med.* a) appendix, b) *pl* adnexa. – 7. ⟨*only sg*⟩ (*Anhängerschaft*) following, followers *pl*, adherents *pl*: er hat einen großen ~ he has many followers. – 8. ⟨*only sg*⟩ (*Angehörige*) relations *pl*, dependents *pl*, *auch* dependants *pl*, family: eine Witwe ohne ~ a widow without dependents; er kam ohne ~ *humor.* he came alone.

ˈAnˌhän·ge|adres·se [-ˀaˌdrɛsə] *f* 1. (*postal service*) (tie-on) label. – 2. (*railway*) luggage label, *bes. Am.* baggage tag. — **~ˌbag·ger** *m civ.eng.* trailer excavator. — **~etiˌkett** *n cf.* Anhängeadresse. — **~geˌrät** *n agr.* implement. — **~ˌlast** *f auto.* towed (*od.* trailer) load. — **~ˌmi·scher** *m civ.eng.* trailer mixer.

ˈanˌhan·gen *v/i* ⟨*irr*, *sep*, -ge-, h⟩ *obs. for* anhängen II.

ˈanˌhän·gen I *v/t* ⟨*sep*, -ge-, h⟩ 1. (*Schild etc*) hang up. – 2. (*Telefonhörer*) hang up, replace. – 3. (*Anhänger etc*) (an *acc* to) couple, connect, attach, tag. – 4. (*hinzufügen*) (an *acc* to) add: noch ein paar Sätze (an seine Rede) ~ to add a few more sentences (to one's speech); eine Klausel ~ to add (*od.* append) a rider (*od.* clause). – 5. *ling.* (an *acc* to) a) (*Buchstaben etc*) add, affix, b) (*Silben etc*) suffix, postfix: ein s an ein Wort ~ to add (*od.* affix) an s to a word. – 6. j-m etwas ~ *colloq.* a) to fasten (*od. colloq.* pin) s.th. on s.o., b) to cast s.th. on s.o.: j-m etwas Übles ~ to cast aspersions (*od.* a slur) on s.o.; j-m einen Verdacht ~ to cast suspicion on s.o.; sie wollten ihm den Diebstahl ~ they wanted to pin the theft on him; j-m eine Krankheit ~ to pass a disease on to s.o.; j-m einen Spitznamen ~ to fasten a nickname on s.o., to saddle s.o. with a nickname; → Maul 4; Prozeß 1; Rausch 1. – 7. *colloq. cf.* andrehen 6, aufhängen 5. – 8. *tech.* (*Last*) suspend. – 9. *hort.* insert (*s.th.*) in the cleft. – II *v/i* ⟨*irr*, *sep*, -ge-, h⟩ 10. *lit.* (*einer Idee, Partei etc*) be an adherent (*od.* follower) (of), adhere (to), follow (*acc*): einer Lehre ~ to adhere to a doctrine. – 11. j-m ~ *colloq.* (*von Ruf, Vergangenem*) to cling to s.o.: seine Vergangenheit hängt ihm noch an his past still clings to him; die Krankheit wird ihm noch lange ~ he will feel the after(-)effects of the illness for a long time. – 12. *colloq.* (*von Faden etc*) (an *dat* to) stick, cling. – III *v/reflex* ⟨*sep*, -ge-, h⟩ sich ~ 13. (an *acc* to) hold on, (*stärker*) cling: das Kind hängte sich an seine Mutter an the child clung to its mother; er hängte sich an das fahrende Auto an he hung on to the moving car; sich an j-n ~ *fig. colloq.* to force one's company on s.o., to inflict oneself (up)on s.o.

ˈAnˌhän·ger *m* ⟨-s; -⟩ 1. (*einer Partei etc*) adherent, follower, supporter: ~ gewinnen to win supporters, to proselyte; begeisterter (*od.* eifriger) ~ enthusiastic adherent, devotee; blinder ~ a) fanatical adherent (*od.* supporter), b) *bes. relig.* bigot; (ge)treuer ~ a) faithful adherent, b) *bes. pol.* stalwart (supporter), henchman; ein ~ der Sozialistischen Partei a Socialist; ~ des Absolutismus adherent of absolutism, absolutist; er hat nicht viele ~ he does not have many adherents. – 2. (*Jünger*) disciple. – 3. (*von Film, Sport etc*) devotee, fan (*colloq.*). – 4. (*eines Lastwagens etc*) trailer. – 5. (*railway*) (*an der Lokomotive*) tender. – 6. (*Schmuckstück*) pendant, *auch* pendent, (*bes. medaillonartiger*) locket. – 7. (*an Gepäckstücken, Koffern etc*) (tie-on) label, tag. – 8. (*am Mantel etc*) tab. – 9. *hort.* (*Pfropfreis*) scion, graft.

ˈAnˌhän·ger|ˌbrem·se *f auto.* trailer brake. — **~ˌfahr·geˌstell** *n* trailer chassis.

ˈAnˌhän·ge·rin *f* ⟨-; -nen⟩ *cf.* Anhänger 1, 2, 3.

ˈAnˌhän·ger|ˌkippˌvorˌrich·tung *f auto.* trailer-tipping gear. — **~ˌkupp·lung** *f* trailer coupling.

ˈAnˌhän·ger·schaft *f* ⟨-; *no pl*⟩ 1. (*einer Partei etc*) adherents *pl*, followers *pl*, following, supporters *pl*. – 2. (*bes. in der Philosophie, Kunst etc*) disciples *pl*, *auch* school. – 3. (*von Film, Sport etc*) devotees *pl*, following, fans *pl* (*colloq.*). – 4. (*Ergebenheit*) discipleship.

ˈAnˌhän·ge|ˌschie·ne *f tech. agr.* (*an Traktoren etc*) attachment bar, drawbar, hitch rail, trailer (*od.* coupling) bar. — **~ˌschild** *n cf.* Anhänger 7. — **~ˌschloß** *n* padlock. — **~ˌsil·be** *f ling.* (monosyllabic) suffix. — **~ˌvorˌrich·tung** *f tech.* implement coupling.

ˈanˌhän·gig *adj jur.* (*Prozeß etc*) pending, pendent, pendant: ~er Rechtsstreit pending litigation, lis pendens; bei Gericht ~ pending at law (*od.* in court); eine Klage (*od.* einen Prozeß) gegen j-n ~ machen to enter (*od.* raise, bring, file) an action against s.o., to take (*od.* institute) legal proceedings against s.o.; gegen ihn ist ein Prozeß ~ (gemacht worden) a lawsuit is pending against him. — **ˈAnˌhän·gig·keit** *f* ⟨-; *no pl*⟩, **ˈAnˌhän·gigˌsein** *n jur.* (*eines Prozesses etc*) pendency, dependence, dependance.

ˈanˌhäng·lich [-ˌhɛŋlɪç] *adj* 1. (*Freund etc*) devoted, faithful: er ist schon immer sehr ~ gewesen he has always been a very devoted friend; an j-n ~ sein to be devoted (*od.* attached) to s.o. – 2. (*Kind, Tier*) affectionate. — **ˈAnˌhäng·lich·keit** *f* ⟨-; *no pl*⟩ 1. (*eines Freundes etc*) (an *acc* to) devotion, devotedness, faithfulness. – 2. (*von Kindern, Tieren etc*) (an *acc* for) affection.

ˈAnˌhäng·ling [-ˌhɛŋlɪŋ] *m* ⟨-s; -e⟩ *arch.* pendant, *auch* pendent.

ˈAnˌhäng·sel *n* ⟨-s; -⟩ 1. *fig.* appendage, appendix, attachment, appendant, *Br. auch* appendent. – 2. *colloq.* (*geduldete Person*) appendage, hanger-on. – 3. *cf.* Anhänger 7. – 4. *med. biol.* appendage. – 5. *philat.* tablet. – 6. *math.* (*in der Logarithmenrechnung*) suffix.

ˈAnˌhangs|geˌbil·de *n biol.* appendage. — **~reˌgi·ster** *n* (*zu einem Buch*) index. — **a~ˌwei·se** *adv* 1. as an appendix. – 2. as an afterthought: etwas ~ bemerken to mention s.th. as an afterthought.

ˈAnˌhauch *m* ⟨-(e)s; *no pl*⟩ *poet.* 1. breath: der ~ des Todes the breath of death. – 2. faint odor (*bes. Br.* odour). – 3. tinge, faint color (*bes. Br.* colour): Wolken mit purpurnem ~ clouds tinged with purple. – 4. *fig.* (*Anflug*) touch, tinge, trace: ein ~ von Romantik a touch of romance. – 5. *ling.* breathing, aspiration: rauher ~ rough breathing.

ˈanˌhau·chen I *v/t* ⟨*sep*, -ge-, h⟩ 1. (*Hände etc*) breathe on, (*stärker*) blow on. – 2. (*Spiegel, Fensterscheibe etc*) breathe on. – 3. *fig. poet.* tinge. – 4. *fig. colloq. cf.* anfahren 6. – 5. *relig.* (*bei der Taufe etc*) insufflate. – II A~ *n* ⟨-s⟩ 6. *verbal noun.* — **ˈAnˌhau·chung** *f* ⟨-; *no pl*⟩ 1. *cf.* Anhauchen. – 2. *relig.* (*bei der Taufe*) insufflation.

ˈanˌhau·en *v/t* ⟨*irr*, *sep*, -ge-, h⟩ 1. (*forestry*) (*Bäume*) a) *cf.* anhacken 4, b) (*anschalmen*) blaze, mark. – 2. *agr.* (*Getreidefeld etc*) begin to cut. – 3. j-n um etwas ~ *sl.* to touch (*od.* tap) s.o. for s.th. (*sl.*); j-n um 20 Mark ~ to touch s.o. for 20 marks. – 4. *sl.* (*Mädchen, auf der Straße etc*) accost, (try to) pick up (*colloq.*).

ˈanˌhäu·feln *v/t* ⟨*sep*, -ge-, h⟩ *agr.* (*Kartoffeln etc*) earth up, hill.

ˈanˌhäu·fen I *v/t* ⟨*sep*, -ge-, h⟩ 1. (*Vermögen, Wissen etc*) accumulate, heap up, pile up, amass. – 2. (*hamstern*) hoard up, stock-pile. – 3. (*Erde etc*) mound. – II *v/reflex* sich ~ 4. (*von Geld, Arbeit etc*) accumulate, pile up. – 5. *econ.* a) (*von Kapital*) accumulate, b) (*von Zinsen*) accrue. – 6. *phys.* aggregate. – 7. *chem.* agglomerate. – 8. *math.* conglomerate. – III A~ *n* ⟨-s⟩ 9. *verbal noun.* — **ˈAnˌhäu·fung** *f* ⟨-; -en⟩ 1. *cf.* Anhäufen. – 2. (*von Vermögen, Arbeit etc*) accumulation, pile, (*als Bestand*) hoard, stock pile: infolge ~ von Arbeit owing to pressure of work. – 3. (*von Erde, Kohle etc*) heap, pile, *auch* congeries, agglomerate, conglomerate. – 4. *cf.* Häufung. 2. – 5. *econ.* a) (*von Kapital*) accumulation, b) (*von Zinsen*) accrual. – 6. *phys.* aggregation. – 7. *chem.* agglomeration. – 8. *math.* conglomeration.

ˈanˌhe·ben I *v/t* ⟨*irr*, *sep*, -ge-, h⟩ 1. ([*auf*]*heben*) lift (up), raise: einen Schrank leicht ~ to lift a cupboard slightly; seine Arme ~ to raise one's arms. – 2. *econ.* (*Löhne, Preise etc*) raise, mark up. – 3. *tech.* (*Auto etc*) jack up. – 4. *auto.* (*Geschwindigkeit*) increase. – 5. *phys. electr.* (*Frequenzkurve*) accentuate. – 6. *mar.* lift. – 7. *mus.* (*Frequenz*) boost. – II *v/i* 8. *obs. od. poet.* begin, start, commence: zu sprechen ~ to begin to speak; er hob (*od.* hub) (also) an he began (to speak) thus; zu singen ~ to raise a song, to strike up (a tune). – III A~ *n* ⟨-s⟩ 9. *verbal noun.* — **ˈAnˌhe·bung** *f* ⟨-; -en⟩ 1. *cf.* Anheben. – 2. *bes. econ.* (*der Preise, Löhne etc*) increase, rise (in *od.* of), *Am. auch* raise, upward adjustment. – 3. *auto.* (*der Geschwindigkeit*) increase. – 4. *phys. electr.* (*der Frequenzkurve*) accentuation. – 5. *mar.* lift.

ˈanˌhef·teln *v/t* ⟨*sep*, -ge-, h⟩ pin.

ˈanˌhef·ten I *v/t* ⟨*sep*, -ge-, h⟩ 1. (an *acc od. dat*) attach (to), affix (to), fasten (to), (*mit Nägeln etc*) *Br.* pin (to), *Am.* tack (on): Bekanntmachungen an ein(em) Anschlagbrett ~ to attach announcements to a bulletin (*bes. Br.* notice) board, to put (*od.* post) announcements (up)on a bulletin (*bes. Br.* notice) board; Preisschilder an Waren ~ to attach price tags to goods; etwas mit Büroklammern ~ to clip (on) s.th. – 2. (*mit losen Stichen*) (an *acc od. dat* [on] to) baste, tack, stitch: das Futter an den (*od.* am) Stoff ~ to baste (on) the lining to the material; eine Blume an das (*od.* an dem) Kleid ~ to tack a flower on to the dress. – 3. j-m etwas ~ (*Orden etc*) to pin s.th. on s.o., to decorate s.o. with s.th.; → Makel 1. – II A~ *n* ⟨-s⟩ 4. *verbal noun.* – 5. *cf.* Anheftung.

ˈAnˌheftˌstel·le *f med.* 1. place of attachment. – 2. (*eines Muskels*) insertion.

ˈAnˌhef·tung *f* ⟨-; *no pl*⟩ 1. *cf.* Anheften. – 2. attachment, affixture.

ˈanˌhei·len I *v/i* ⟨*sep*, -ge-, sein⟩ 1. *med.* (*von Hautstück etc*) heal (up): aneinander ~ to heal (*od.* grow) together, to join by healing. – II *v/t* ⟨h⟩ 2. *med.* heal (up), make (*s.th.*) heal (*od.* grow) together. – 3. *humor.* (*abgerissenen Puppenarm etc*) stick on, join.

ˈanˌhei·meln *v/t* ⟨*sep*, -ge-, h⟩ j-n ~ to make s.o. feel at home, to remind s.o. of home: die vertrauten Lieder heimelten sie an the familiar songs made her feel at home; alles heimelt mich hier an I feel quite at home here. — **ˈanˌhei·melnd I** *pres p.* – II *adj* 1. (*Zimmer, Atmosphäre etc*) cosy, *auch* cozy, *bes. Br.* homely. – 2. (*Lieder, Weisen etc*) familiar.

ˌAnˈheimˌfall *m jur.* (*durch Erbschaften etc*) reversion.

ˌanˈheim|ˌfal·len *v/i* ⟨*irr*, *sep*, -ge-, sein⟩ *lit.* 1. (*von Vermögen etc*) (*dat* to) fall, pass: nach seinem Tode fällt sein Besitz dem Staat anheim after his death his property will pass to the state. – 2. (*von*

Erbschaft, Krone etc) (*dat*) devolve (on *od.* to), revert (to). – **3.** *fig.* (*dat*) fall a victim (to), fall (into): **der Sünde ~** to fall into sin; **der Vergessenheit ~** to fall (*od.* pass, sink) into oblivion. — **~ˌge·ben I** *v/t* ⟨*irr, sep*, -ge-, h⟩ **1.** *cf.* **anheimstellen.** – **II** *v/reflex* **sich j-m [etwas] ~** *lit.* **2.** trust (*od.* confide) in s.o. [s.th.]: **sich j-s Führung ~** to trust in s.o.'s leadership; **sich Gottes Gnade ~** to trust in the mercy of God. – **3.** (*der Kunst etc*) give oneself up (*od.* devote oneself) (to). — **~ˌstel·len** *v/t* ⟨*sep*, -ge-, h⟩ **1.** *lit.* (es) **j-m ~(, etwas zu tun)** to leave it to s.o. (to do s.th.); **ich stelle es Ihnen anheim** I leave it to you, I leave it in your hands; **es ist Ihrem Ermessen anheimgestellt** it is at your discretion; **sie stellten es dem Schicksal [Zufall] anheim** *fig.* they left it to fate [chance]. – **2. j-m etwas ~** *bes. jur.* to submit s.th. to s.o.'s judg(e)ment (*od.* discretion).

'Anˌhei·rat *f* ⟨-; *no pl*⟩ *only in* **durch ~** by marriage. — **'anˌhei·ra·ten** *v/t* ⟨*sep*, -ge-, h⟩ **1.** (*Besitz, Vermögen etc*) acquire (*s.th.*) by marriage. – **2.** (*Verwandtschaft etc*) become related to (*s.o.*) by marriage.

'anˌhei·schig [-ˌhaɪʃɪç] *adj lit. only in* **sich ~ machen, etwas zu tun** to offer (*od.* volunteer, undertake) to do s.th.; **er machte sich ~, mir in dieser Sache zu helfen** he undertook (*od.* offered, pledged himself) to help me in this matter; **er macht sich ~, dieses schwierige Problem lösen zu können** he thinks himself capable of solving (*od.* he offers to solve) this difficult problem.

'anˌhei·zen I *v/t* ⟨*sep*, -ge-, h⟩ **1.** (*Ofen etc*) heat (up). – **2.** (*Kessel*) fire. – **3.** *fig. bes. econ.* (*Konjunktur etc*) kindle: **j-s Interesse ~** *fig.* to kindle s.o.'s interest. – **II** *v/i* **4.** light a fire. – **III A~** *n* ⟨-s⟩ **5.** *verbal noun*: **beim A~** when lighting a fire.

'AnˌheizǀˌKer·ze *f auto.* heating plug. — **~ˌzeit** *f* **1.** *tech.* (*eines Ofens etc*) heating-up period. – **2.** *electr.* cathode heating time.

ˌan'her *adv obs. for* **hierher** 1 b. — **ˌan'he·rig** *adj obs. for* **bisherig.**

'anˌherr·schen *v/t* ⟨*sep*, -ge-, h⟩ **j-n ~** *lit.* to address s.o. gruffly, to bark at s.o.

'anˌhet·zen I *v/t* ⟨*sep*, -ge-, h⟩ *hunt.* **1.** (*Hund*) a) hie on, b) (gegen on) set. – **2.** (*Hirsch etc*) a) begin to hunt (*od.* chase), b) start. – **II** *v/i* ⟨*only pp*⟩ **3. angehetzt kommen** *colloq.* to come rushing along.

'anˌheu·ern *mar.* **I** *v/t* ⟨*sep*, -ge-, h⟩ (*Seeleute etc*) hire, sign on, *bes. Am.* sign up: **Matrosen gewaltsam ~** to press (*od.* shanghai) sailors; **sich ~ lassen** to sign on (*od.* up). – **II** *v/i* (*von Matrosen etc*) sign on, *bes. Am.* sign up: **er heuerte auf einem Frachter an** he signed (up) on a freighter. – **III A~** *n* ⟨-s⟩ *verbal noun.* — **'Anˌheue·rung** *f* ⟨-; -en⟩ *mar.* **1.** *cf.* **Anheuern.** – **2.** hire.

'anˌheu·len *v/i* ⟨*only pp*⟩ **angeheult kommen** *colloq.* (*von Kind, Geschoß etc*) to come screaming.

'anˌhe·xen *v/t* ⟨*sep*, -ge-, h⟩ **j-m etwas ~** to inflict s.th. on s.o. by witchcraft (*od.* by a spell).

An·hi·dro·se [anhi'droːzə], **An·hi'dro·sis** [-zɪs] *f* ⟨-; *no pl*⟩ *med.* anhidrosis, *auch* anhydrosis, anidrosis.

'Anˌhieb *m* **1.** *only in* **auf (den ersten) ~** *colloq.* a) at (*od.* on) the first attempt, at the first go (*colloq.*), *Am. colloq.* right off the bat, b) (*sofort, ohne zu zögern*) right away (*od.* off): **es gelang ihm auf ~** he succeeded at the first go; **er konnte die Frage auf ~ nicht beantworten** he couldn't answer the question on the spur of the moment (*od.* right away, offhand, at once). – **2.** (*forestry*) first felling (*od.* cutting), begin(ning) of cut.

ˌAn·him·me'lei *f* ⟨-; -en⟩ *colloq.* idolization. — **'anˌhim·meln** *v/t* ⟨*sep*, -ge-, h⟩ **j-n ~** *colloq.* a) to idolize s.o., to worship s.o., b) to gaze lovingly at s.o.

An·hin·ga [an'hɪŋga] *m* ⟨-s; -s⟩ *zo.* anhinga, snakebird (*Anhinga rufa*).

'anˌhocken (*getr.* -k·k-) *v/t* ⟨*sep*, -ge-, h⟩ **die Beine ~** (*in Gymnastik*) to draw one's knees up to the body, to get in squat position.

'Anˌhö·he *f* **1.** (*Bodenerhebung*) rise, rising (ground), elevation, acclivity. – **2.** (*Hügel*) hill, (*kleiner*) hillock.

'anˌho·len *v/t* ⟨*sep*, -ge-, h⟩ *mar.* **1.** haul (in), heave in. – **2.** (*Schot*) haul up (*od.* tight). — **'Anˌholˌtau** *n* hawser, messenger.

'anˌhö·ren I *v/t* ⟨*sep*, -ge-, h⟩ **1.** (*Bericht, Vortrag etc*) listen to, hear: **j-n ~** a) to listen to s.o., b) (*Gehör schenken*) to hear s.o., to give an ear to s.o., c) (*formeller*) to give an audience to s.o.; **ein Konzert [bis zu Ende] ~** to listen to a concert [to sit out a concert]; **j-n bis zu Ende ~** to hear s.o. out; **j-n nicht ~ wollen** a) to refuse to listen to s.o., b) (*formeller*) to refuse to give (*od.* grant) s.o. a hearing; **das kann ich einfach nicht länger mit ~** *colloq.* a) I can't bear to hear that any longer, b) I can't bear that any longer; **sich** (*dat*) **etwas ~** to listen to (*od.* to hear) s.th.; **hör dir seine Meinung doch erst einmal an** first listen to what his opinion is (*od.* what he has to say); **habt ihr euch die Sendung auch angehört?** did you listen to that program(me) too? **hör dir (nur) diesen Unsinn an!** *colloq.* (just) listen to that nonsense! – **2.** (*mithören*) overhear: **einen Streit mit ~** to overhear an argument. – **3.** (*befragen*) consult. – **4. j-m etwas ~** to be able to tell s.th. by listening to s.o.: **man hört ihm den Ausländer an** one can hear he is a foreigner; **man hört dir die Erkältung noch an, daß du erkältet bist** one still can hear that you've got a cold. – **II** *v/reflex* **sich ~ 5.** sound: **das hört sich gut an** that sounds good; **das hört sich an, als ob** that sounds as though. – **6.** *jur.* hear. – **III A~** *n* ⟨-s⟩ **7.** *verbal noun*: **beim A~ einer Symphonie** when (*od.* while) listening to a symphony. — **'Anˌhö·rung** *f* ⟨-; *no pl*⟩ **1.** *cf.* **Anhören.** – **2.** *jur.* (*von Zeugen etc*) hearing: **nach ~ der Parteien** after hearing the parties.

'Anˌhub *m tech.* lift, lifting, raising. — **~mo·ˌment** *n* initial power.

'anˌhum·peln *v/i* ⟨*only pp*⟩ **angehumpelt kommen** *colloq.* to come limping along.

'anˌhüp·fen *v/i* ⟨*only pp*⟩ **angehüpft kommen** *colloq.* to come hopping along.

'anˌhu·sten *v/t* ⟨*sep*, -ge-, h⟩ **j-n ~** a) to cough on s.o., b) *fig. colloq. cf.* **anfahren** 6.

An·hy·drä·mie [anhydrɛ'miː] *f* ⟨-; *no pl*⟩ *med.* (*Wassermangel im Blut*) anhydr(a)emia. — **an·hy'drä·misch** [-'drɛːmɪʃ] *adj* anhydr(a)emic.

An·hy·drid [anhy'driːt] *n* ⟨-s; -e⟩ *chem.* anhydride. — **an·hy·drisch** [an'hyːdrɪʃ] *adj* anhydrous, *Br. auch* anhydric. — **An·hy'drit** [-'driːt; -'drɪt] *m* ⟨-s; -e⟩ *min. chem.* anhydrite, anhydrous gypsum ($CaSO_4$).

Ani ['aːni] *m* ⟨-s; -s⟩ *zo.* ani (*Gattg Crotophaga*): **Furchenschnäb(e)liger ~** groove-billed ani (*C. sulcirostris*); **Schwarzer ~** common ani (*C. ani*).

Änig·ma [ɛ'nɪgma] *n* ⟨-s; -ta *u.* -men⟩ *obs. for* **Rätsel** 1, 3.

Anil [a'niːl] *n* ⟨-(e)s; *no pl*⟩ *chem.* anil.

Ani·lid [ani'liːt] *n* ⟨-(e)s; -e⟩ *chem.* anilid(e).

Ani·lin [ani'liːn] *n* ⟨-s; *no pl*⟩ *chem.* anilin(e) ($C_6H_5NH_2$). — **~ˌdruck** *m* ⟨-(e)s; -e⟩ *print.* anilin(e) printing. — **~faˌbrik** *f* anilin(e) works *pl* (*construed as sg or pl*). — **~ˌfar·be** *f* anilin(e) color (*bes. Br.* colour). — **~ˌfarbˌstoff** *m chem.* anilin(e) (*od.* coal-tar) dye. — **~ˌrot** *n* anilin(e) red. — **~ˌsalz** *n* anilin(e) salt. — **~ˌschwarz** *n* anilin(e) black. — **~sulˌfat** *n* (*paper*) anilin(e) sulfate (*bes. Br.* sulphate) [$(C_6H_5NH_3)_2SO_4$]. — **~verˌgif·tung** *f med.* anilin(e) poisoning, poisoning by anilin(e), anilinism.

Ani·lis·mus [ani'lɪsmʊs] *m* ⟨-; *no pl*⟩ *med. cf.* **Anilinvergiftung.**

Ani·ma ['a(ː)nima] *f* ⟨-; *no pl*⟩ *psych.* anima.

ani·mal [ani'maːl] *adj biol. cf.* **animalisch** 1. — **ani'ma·lisch** *adj* **1.** *biol. med. psych.* animal: **~e Überreste** *biol.* animal residues; **~er Magnetismus** *psych.* animal magnetism, Mesmerism; **~e Wärme** animal heat. — **2.** *fig.* (*triebhaft*) animal, brutish.

ani·ma·li·sie·ren [animali'ziːrən] *v/t* ⟨*no* ge-, h⟩ *chem.* (*Zellulosefasern etc*) animalize. — **Ani·ma·li'sie·rung** *f* ⟨-; *no pl*⟩ *chem.* animalization.

Ani·ma·lis·mus [anima'lɪsmʊs] *m* ⟨-; *no pl*⟩ **1.** *cf.* **Animalität.** – **2.** *relig.* veneration of sacred animals.

Ani·ma·li·tät [animali'tɛːt] *f* ⟨-; *no pl*⟩ animality.

Ani·ma·tis·mus [anima'tɪsmʊs] *m* ⟨-; *no pl*⟩ *relig.* animatism.

ani·ma·to [ani'maːto] *adv u. adj mus.* animato.

Ani·meˌbaum ['aniːmə-] *m bot.* courbaril (tree) (*Hymenaea courbaril*). — **~ˌharz** *n* animé (resin), courbaril copal.

Ani'mierˌda·me *f* nightclub hostess, *Am. sl.* B-girl, sitter.

ani·mie·ren [ani'miːrən] *v/t* ⟨*no* ge-, h⟩ **1.** (*ermuntern*) encourage, animate, (*stärker*) incite: **j-n zum Trinken ~** to incite s.o. to drink; **er hat mich dazu animiert** he encouraged me to do it. – **2.** (*anregen*) (*von Alkohol etc*) stimulate, animate: **der Wein hatte ihn animiert** the wine had stimulated him. – **3.** (*film*) animate.

Ani'mierǀˌknei·pe *f colloq.*, **~loˌkal** *n* bar (*od. sl.* dive) with hostesses (*od. Am. sl.* B-girls). — **~ˌmäd·chen** *n cf.* **Animierdame.**

ani'miert I *pp.* – **II** *adj* animated: **in ~er Stimmung sein** to be in animated (*od.* high) spirits.

Ani·mis·mus [ani'mɪsmʊs] *m* ⟨-; *no pl*⟩ *philos. relig.* animism. — **Ani'mist** [-'mɪst] *m* ⟨-en; -en⟩ animist. — **ani'mi·stisch** *adj* animistic.

Ani·mo ['a(ː)nimo] *n* ⟨-s; *no pl*⟩ *Austrian colloq. for* **Lust** 1, **Vorliebe.**

Ani·mo·si·tät [animozi'tɛːt] *f* ⟨-; -en⟩ (**gegen** toward[s], against; **zwischen** *dat* between) animosity.

ani·mo·so [ani'moːzo] *adv u. adj mus.* animoso.

Ani·mus ['a(ː)nimʊs] *m* ⟨-; *no pl*⟩ **1.** *humor. for* **Ahnung** 1—3. – **2.** (*rare*) (*Vorsatz*) intention, purpose. – **3.** *psych.* animus.

An·ion ['an(ˀ)ioːn; -ən] *n* ⟨-s; -en [an(ˀ)i'oːnən]⟩ *phys. chem.* anion. — **an·io·nen·akˌtiv** [an(ˀ)i'oːnən-] *adj chem.* anion-active: **~es Mittel** anion-active agent. — **An·io·nenˌausˌtau·scher** [an(ˀ)i'oːnən-] *m* anion exchanger.

an·io·nisch [an(ˀ)i'oːnɪʃ; 'an(ˀ)ioːnɪʃ] *adj* anionic.

An·iri·die [an(ˀ)iri'diː] *f* ⟨-; *no pl*⟩ *med.* (*Fehlen der Iris*) aniridia.

Anis [a'niːs; 'aːnɪs] *m* ⟨-es; -e⟩ **1.** *bot.* anise (*Pimpinella anisum*). – **2.** ⟨*only sg*⟩ (*Gewürz*) aniseed, *Am. auch* aniseseed, anis: **mit ~ durchsetzen** (*od.* **tränken**) to anisate. — **~al·deˌhyd** *n* **1.** *chem.* anisic aldehyde, anisaldehyde (p-$CH_3OC_6H_4CHO$). – **2.** (*in der Parfümindustrie*) aubepine. — **~ˌbranntˌwein** *m gastr. cf.* **Anislikör.** — **~ˌbrot** *n* aniseed biscuit (*Am.* cookie).

Ani·sett [ani'zɛt] *m* ⟨-(e)s; -e⟩ *gastr. cf.* **Anislikör.**

Anis·geˌschmack [a'niːs-] *m* aniseed flavor (*bes. Br.* flavour).

Ani·si·din [anizi'diːn] *n* ⟨-s; *no pl*⟩ *chem.* anisidine, amino-anisol(e), methoxy-anilin(e) ($CH_3OC_6H_4NH_2$).

AnisǀˌKamp·fer [a'niːs-] *m chem.* anise camphor, anethol(e) ($CH_3OC_6H_4C_3H_5$). — **~ˌker·bel** *m bot.* sweet cicely (*Myrrhis odorata*). — **~ˌku·chen** *m* aniseed cake. — **~liˌkör** *m* anisette, anise liqueur. — **~ˌmot·te** *f zo. cf.* **Kümmelmotte.**

an·iso·ela·stisch [an(ˀ)izoˀe'lastɪʃ] *adj* (*space*) anisoelastic.

Ani·sol [ani'zoːl] *n* ⟨-s; *no pl*⟩ *chem.* anisole, methyl phenyl ether ($C_6H_5OCH_3$).

Anisˌöl [a'niːs-] *n* anise (*od.* aniseed) oil.

an·iso·mer [an(ˀ)izo'meːr] *adj* **1.** *bot.* anisomerous. – **2.** *phys.* anisomeric.

an·iso·me·trisch [an(ˀ)izo'meːtrɪʃ] *adj phys.* anisometric.

an·iso·me·trop [an(ˀ)izome'troːp] *adj med.* anisometropic. — **An·iso·me·tro'pie** [-tro'piː] *f* ⟨-; *no pl*⟩ *med.* anisometropia.

An·iso·phyl·lie [an(ˀ)izofʏ'liː] *f* ⟨-; *no pl*⟩ *bot.* anisophylly.

an·iso·trop [an(ˀ)izo'troːp] *adj biol. phys.* anisotropic, *auch* anisotropous: **~er Körper** *phys.* anisotrope. — **An·iso·tro'pie** [-tro'piː] *f* ⟨-; *no pl*⟩ anisotropy, anisotropism. — **an·iso'tro·pisch** *adj cf.* **anisotrop.**

AnisǀˌPilz [a'niːs-] *m bot.* sweet-scented boletus (*Boletus suaveolence*). — **~ˌplätz·chen** *n gastr.* aniseed biscuit (*Am.* cookie). — **~ˌsa·men** *m* aniseed, *Am. auch* aniseseed, anise. — **a~ˌsau·er** *adj chem.* anisic: **anissaures Salz** anisate. — **~ˌsäu·re** *f chem.* anisic acid ($CH_3OC_6H_4COOH$). — **~ˌwur·zel** *f bot.* **1.** aniseroot (*Collinsonia anisata*). – **2.** sweet chervil (*Osmorhiza longistylis*).

'Anˌjagd *f hunt.* start of the meet (*the place where the hunt begins*).

'anˌja·gen *v/i* ⟨*only pp*⟩ **angejagt kommen** *colloq.* to come rushing (*od.* galloping) along.

'anˌjam·mern *v/t* ⟨*sep*, -ge-, h⟩ **j-n ~** *colloq.* to weep (*od.* cry) on s.o.'s shoulder (*colloq.*).

'anˌjo·chen *v/t* ⟨*sep*, -ge-, h⟩ (*Ochsen*) (an *acc* to) yoke.

'anˌkämp·fen *v/i* ⟨*sep*, -ge-, h⟩ gegen etwas ~ to struggle (*od.* fight, battle) against (*od.* with) s.th., to fight s.th.: er mußte gegen Wind und Wellen ~ he had to struggle against (*od.* to battle with) wind and waves; das Schiff kämpfte gegen den hohen Seegang an the ship struggled against (*od.* stemmed) the high waves; gegen Müdigkeit ~ *fig.* to struggle against fatigue; gegen Schwierigkeiten ~ *fig.* to struggle against difficulties, to row against the tide; er kämpfte gegen sein Schicksal an *fig.* he struggled against (*od.* battled with) his fate; → Strom 2; Sturm 1.

'AnˌKauf *m econ.* **1.** purchase, buying: ~ und Verkauf buying and selling. – **2.** (*Erwerb*) acquisition, buy: ein günstiger ~ a good buy.

'anˌkau·fen I *v/t* ⟨*sep*, -ge-, h⟩ *econ.* buy, purchase: Waren (von j-m) ~ to buy goods (from s.o.). – **II** *v/reflex* sich ~ buy land: er wird sich in X ~ he is going to buy a property (*od.* to settle) in X. — **'Anˌkäu·fer** *m* buyer, purchaser.

'Anˌkaufˌsätze *pl econ.* (*von Wertpapieren*) buying rates.

'Anˌkaufs|etat [-ˀeˌtaː] *m econ.* purchase fund. — **a~ˌfä·hig** *adj econ.* a) purchasable, *auch* purchaseable, b) (*Wechsel*) discountable. — **~geˌneh·mi·gung** *f* approval of purchase. — **~ˌpreis** *m* purchase price, cost price: zum ~ at cost. — **~ˌrecht** *n* purchase (*od.* buying) right. — **~ˌstel·le** *f* place of purchase.

An·ke[1] ['aŋkə] *m* ⟨-n; -n⟩ *zo. cf.* Lachsforelle.

'An·ke[2] *m* ⟨-n; *no pl*⟩ *Swiss dial. for* Butter.

'anˌkeh·ren *v/i* ⟨*sep*, -ge-, sein⟩ *Swiss dial. for* einkehren 1.

'anˌkeh·rig [-ˌkeːrɪç] *adj Swiss for* anstellig.

'anˌkei·len *v/t* ⟨*sep*, -ge-, h⟩ **1.** *tech.* fasten (*s.th.*) with a wedge. – **2.** *print.* wedge (*od.* lock) up (*the form*) within the chase. – **3.** *sl. for* anhauen 3, 4.

'anˌkei·men *v/i* ⟨*sep*, -ge-, sein⟩ *bot.* begin to germinate (*by artificial influence*).

An·ken ['aŋkən] *m* ⟨-s; *no pl*⟩ *Swiss dial. for* Butter. — **'an·ken** *v/i* ⟨h⟩ *Swiss dial. for* buttern 3, 4.

'anˌken·nen *v/t* ⟨*irr*, *sep*, -ge-, h⟩ *Southern G. dial. for* anmerken 4.

An·ker[1] ['aŋkər] *m* ⟨-s; -⟩ **1.** *mar.* anchor: den ~ fallen lassen to let go the (*od.* to drop) anchor; den ~ lichten (*od.* hieven) to weigh anchor; der ~ ist gelichtet the anchor is weighed; ~ gelichtet! heave ahead! ~ werfen, vor ~ gehen a) to cast (*od.* drop) anchor, to anchor (*od.* moor), b) *fig. colloq.* to settle (down); der ~ ist aus dem Grund the anchor is atrip; der ~ ist los the anchor is aweigh; klar bei ~! stand by the anchor! vor ~ liegen to lie (*od.* ride) at anchor, to be moored; im Hafen der Ehe vor ~ gehen *fig. colloq.* to land in the haven of wedlock, to get (oneself) hitched (up) (*colloq.*). – **2.** *civ.eng.* a) (*Verankerung*) anchor, b) (*eines Mastes*) guy, stay, tie. – **3.** *electr. tech.* a) (*einer Gleichstrommaschine*) armature, b) (*einer Synchronmaschine*) stator: umlaufender ~ (*Läufer*) rotor; zweipoliger ~ shuttle armature; Dynamoblech für den ~ armature sheet. – **4.** *tech.* (*einer Uhr*) anchor, lever. – **5.** *metall.* (*eines Hochofens*) belt. – **6.** *phys.* (*eines Magneten*) a) armature, b) keeper. – **7.** *zo.* (*der Holothurien*) anchor. – **8.** *poet.* (*Halt, Stütze*) anchor, mainstay: sein Glaube war ihm ein fester ~ in seinem Leben his faith was the anchor of his life.

'An·ker[2] *m* ⟨-s; -⟩ *obs.* (*Flüssigkeitsmaß*) anker, *Br. auch* ankor, anchor.

'An·ker|ˌaufˌge·hen *n mar.* weighing anchor. — **~ˌausˌbau** *m civ.eng.* (*Tunnel- u. Stollenbau*) strata (*od.* roof) bolting, bolted supports *pl.* — **~ˌbal·ken** *m* anchor beam. — **~ˌball** *m mar.* anchor (*od.* black) ball. — **~banˌda·ge** *f electr.* armature binding.

'anˌker·ben *v/t* ⟨*sep*, -ge-, h⟩ **1.** notch, mark (*s.th.*) with notches (*od.* a notch). – **2.** (*forestry*) *cf.* anreißen 9.

'An·ker|ˌbett *n mar.* anchor bed. — **~ˌblech** *n electr.* armature lamination (*od.* core disc). — **~ˌboh·rung** *f* armature gap. — **~ˌbo·je** *f mar.* (anchor) buoy. — **~ˌbol·zen** *m tech.* **1.** foundation bolt. – **2.** tie (*od.* stay) bolt, tie rod (*od.* bar), truss rod, stay. — **~ˌbüch·se** *f electr.* armature spider. — **~ˌda·vit** *m mar.* (fish) davit, anchor davit. — **~ˌfe·der** *f electr.* (*einer Klingel*) inductor spring. — **~ˌfeld** *n electr.* armature field. — **a~ˌfest** *adj mar.* (well-)anchored, (well-)moored, at anchor. — **~ˌflü·gel** *m* fluke (*od.* palm) of an anchor. — **a~ˌför·mig** *adj* anchor-shaped: mit ~en Verzierungen *bes. her.* anchored; ~es Kreuz *bes. her.* anchored cross. — **~ˌfüt·te·rung** *f mar.* lining of the bow, billboard. — **~ˌgang** *m tech.* (*des Uhrwerks*) recoil anchor, lever (*od.* anchor) escapement. — **~geˌbühr** *f meist pl*, **~ˌgeld** *n mar.* anchorage dues *pl.* — **~geˌschirr** *n* anchor gear, ground tackle. — **~ˌgrund** *m* anchorage (bottom *od.* ground), anchoring (*od.* holding) bottom (*od.* ground): vom ~ losbringen to unmoor. — **~ˌhals** *m* trend (*od.* throat) of the anchor. — **~ˌhem·mung** *f* (*watchmaking*) *cf.* Ankergang.

An·ke·rit [aŋkəˈriːt; -ˈrɪt] *m* ⟨-s; -e⟩ *min.* ankerite.

'An·ker|ˌkeil *m electr.* armature key. — **~ˌket·te** *f* **1.** *mar.* a) anchor chain, (chain) cable, b) hawse: klare [unklare] ~n clear (*od.* open) [foul] hawse. – **2.** *civ.eng.* (*einer Hängebrücke*) tension (*od.* tightening, anchorage) chain. — **~ˌket·tenˌstop·per** *m mar.* cable (*od.* chain) stopper, controller. — **~ˌklem·me** *f electr.* **1.** armature end connection. – **2.** (*eines Motors*) armature terminal. — **~ˌklü·se** *f mar.* hawsepipe, hawsehole: ~n voll Wasser [hoch aus dem Wasser] hawse full [bold hawse]. — **~ˌkör·per** *m civ.eng.* cylindrical block. — **~ˌkran** *m mar. cf.* Ankerdavit. — **~ˌkreisˌwi·derˌstand** *m electr.* armature resistance. — **~ˌkreuz** *n* **1.** *mar.* crown (of the anchor), anchor crown. – **2.** *her.* a) anchored cross, cross ancrée, b) cross moline. – **3.** *tech.* a) (*im Mühlenbau*) gimbal ring, b) rind, *auch* rynd. — **~laˌter·ne** *f*, **~ˌlicht** *n mar.* anchor (*od.* riding) light (*od.* lantern, lamp). — **~ˌmast** *m aer.* (*für Luftschiffe*) (mooring) mast, anchor tower. — **~ˌmi·ne** *f mil. mar.* anchored (*od.* moored) mine.

an·kern ['aŋkərn] *mar.* **I** *v/i* ⟨h⟩ **1.** anchor, cast (*od.* drop) anchor, come to (anchor): im Hafen ~ to harbo(u)r. – **2.** lie at anchor, be moored, moor. – **II** *v/t* **3.** (*Schiff*) anchor, moor. – **III A~** *n* ⟨-s⟩ **4.** *verbal noun*: zum A~ tauglich anchorable. – **5.** anchorage.

'An·ker|ˌnut *f electr.* armature slot. — **~ˌpei·lung** *f mar.* anchor bearing. — **~ˌpfei·ler** *m civ.eng.* anchorage pin. — **~ˌplat·te** *f* (*im Brückenbau*) anchor (*od.* tie) plate. — **~ˌplatz** *m* **1.** *mar.* anchoring place (*od.* ground), anchorage (ground), berth(age), place of mooring. – **2.** *fig.* anchorage. — **~ˌpol** *m electr.* armature tooth. — **~ˌrad** *n* (*einer Uhr*) escape wheel. — **~raˌke·te** *f mar.* anchor rocket, projectile anchor. — **~ˌring** *m* (*für Tau od. Kette*) anchor ring. — **~ˌrohr** *n* **1.** *tech.* stay tube. – **2.** *civ.eng.* surface casing. — **~ˌsäu·le** *f metall.* (*eines Siemens-Martin-Ofens*) buckstay. — **~ˌschaft** *m mar.* (anchor) shank. — **~ˌschä·kel** *m* (anchor) shackle, bending shackle. — **~ˌschlei·fe** *f electr.* armature turn. — **~ˌschlupf** *m*, **~ˌschlüp·fung** *f electr.* armature slip. — **~ˌschrau·be** *f tech.* anchor (*od.* foundation) bolt, tie bolt, holding-down bolt. — **~ˌseil** *n* **1.** *mar. cf.* Trosse 1, Abspannseil. – **2.** *civ.eng.* (*zum Abfangen*) guy (*od.* stay) rope (*od.* cable), standing rope, (rope) guy, (back)-stay cable. — **~ˌspan·nung** *f electr.* armature voltage. — **~ˌspill** *n mar.* **1.** (*mit senkrechter Achse*) (anchor) capstan. – **2.** (*mit waagerechter Achse*) windlass. — **~ˌspit·ze** *f* (anchor) bill. — **~ˌspu·le** *f electr.* armature coil. — **~ˌstab** *m* **1.** *electr.* armature bar (*od.* conductor). – **2.** *tech. civ.eng.* anchor bar (*od.* tie), holding-down rod. — **~ˌstein** *m civ.eng.* wall-tie closer, through-stone. — **~ˌstel·le** *f mar. cf.* Ankerplatz 1. — **~ˌstock** *m* (anchor) stick (*od.* stock). — **~ˌstreu·ung** *f electr.* armature leakage. — **~ˌstrom** *m* armature current. — **~ˌtau** *n mar.* **1.** (anchor *od.* wire) cable. – **2.** (*eines kleinen Bootsankers*) (anchor) rode. — **~ˌuhr** *f* (*watchmaking*) anchor (escapement) watch, lever watch. — **~ˌunˌru·he** *f cf.* Ankergang. — **~ˌwa·che** *f mar.* anchor watch. — **~ˌwel·le** *f tech.* (*eines Motors*) armature shaft. — **~ˌwick·lung** *f electr. tech.* armature winding. — **~ˌwin·de** *f mar.* windlass, winch: mit einer ~ hochwinden to windlass.

'anˌket·teln *v/t* ⟨*sep*, -ge-, h⟩ (*textile*) (*Maschen*) loop (*s.th.*) on, chain, link, stitch.

'anˌket·ten *v/t* ⟨*sep*, -ge-, h⟩ **1.** (*Hund, Gefangene etc*) (an *acc od. dat* to) chain (up): ich bin zu Hause angekettet *fig. colloq.* I'm tied up at home. – **2.** (*Boot etc*) (an *acc od. dat* to) chain, fasten (*s.th.*) with a chain.

'anˌkeu·chen *v/i* ⟨*only pp*⟩ angekeucht kommen *colloq.* to come panting along (*od.* up).

'anˌki·chern *v/t* ⟨*sep*, -ge-, h⟩ j-n ~ to giggle at s.o.

'anˌkip·pen *v/t* ⟨*sep*, -ge-, h⟩ (*Kiste, Schrank etc*) tilt (*s.th.*) (slightly).

'anˌkir·ren *v/t* ⟨*sep*, -ge-, h⟩ *hunt. for* anködern 1.

'anˌkit·ten *v/t* ⟨*sep*, -ge-, h⟩ (an *acc* to) cement.

'anˌkläf·fen *v/t* ⟨*sep*, -ge-, h⟩ *cf.* anbellen 1, 2.

'anˌklag·bar *adj jur.* **1.** accusable. – **2.** (*im Schwurgerichtsverfahren*) indictable. – **3.** (*anklagefähig*) chargeable. – **4.** (*bes. bei Amtsmißbrauch*) impeachable.

'AnˌKla·ge *f jur.* **1.** a) accusation (*auch fig.*), charge, crimination, b) (*im Schwurgerichtsverfahren*) indictment: öffentliche ~ a) criminal action, b) (*wegen Amtsmißbrauch etc*) impeachment; schwebende ~n pending charges; ~ wegen Betruges charge of fraud; eine ~ begründen [erhärten] to substantiate [to support] a charge; eine ~ einreichen to lodge an indictment; eine ~ annehmen to find a true bill; die ~ fallenlassen (*od.* zurückziehen) to dismiss (*od.* quash) the indictment; gegen j-n ~ erheben, j-n unter ~ stellen a) to accuse (*od.* charge, indict) s.o., to bring in (*od.* lay) an indictment against s.o., b) to commit s.o. for (*od.* place s.o. on) trial; unter ~ stehen (wegen) a) to be accused (of) (*od.* charged [with]), b) (*vor Gericht stehen*) to be on trial (for); j-n von einer ~ freisprechen to acquit s.o. of a charge; einer ~ für schuldig befunden werden to be found guilty on a charge; die ~ lautet auf the charge is; leidenschaftliche [stumme] ~ *fig.* passionate [silent] accusation. – **2.** die ~ the prosecution: die ~ vertreten to be counsel for the prosecution (*Br. auch* Crown); Herr N., der Vertreter der ~, sagte Mr. N. prosecuting said. – **3.** *cf.* Anklageschrift.

'AnˌKla·ge|ˌbank *f jur.* a) (prisoner's) dock, b) (*Schranke*) bar: auf der ~ sitzen to be in the dock. — **~beˌhör·de** *f* (the) prosecution, *Br. auch* the Crown. — **~beˌschluß** *m* indictment. — **a~ˌfä·hig** *adj.* chargeable. — **~ˌgrund** *m cf.* Anklagepunkt.

'anˌkla·gen I *v/t* ⟨*sep*, -ge-, h⟩ **1.** *jur.* a) accuse (*auch fig.*), charge, b) (*strafrechtlich verfolgen*) prosecute, inculpate, c) (*bei Schwurgerichtsverfahren*) indict: j-n eines Verbrechens ~ to accuse s.o. of (*od.* charge s.o. with) a crime; j-n wegen Amtsmißbrauchs ~ to accuse s.o. of malfeasance (in office), to impeach s.o.; erneut (*od.* wieder) ~ to reaccuse, to recharge; die Menschheit ~ *fig.* to accuse mankind; das Schicksal (der Ungerechtigkeit) ~ *fig.* to accuse fate (of injustice); sein Gewissen klagt ihn an *fig.* his conscience accuses him. – **II** *v/i* **2.** accuse, make an accusation: die junge Generation klagt an the young generation accuses. – **III** *v/reflex* sich ~ **3.** accuse oneself: sich eines Fehlers [einer Schwäche] ~ *lit.* to accuse oneself of a fault [weakness]; wer sich entschuldigt, klagt sich an (*Sprichwort*) he who excuses himself accuses himself. – **IV A~** *n* ⟨-s⟩ **4.** *verbal noun.* – **5.** *cf.* Anklage 1. — **'anˌkla·gend I** *pres p.* – **II** *adj jur.* a) accusing, accusatory (*beide auch fig.*), b) inculpatory.

'AnˌKla·geˌpunkt *m jur.* charge, count (of an indictment): in allen ~en schuldig guilty on all charges.

'AnˌKlä·ger *m jur.* a) accuser (*auch fig.*), b) (*im Schwurgerichtsverfahren*) indicter, *Am. auch* indictor, c) (*bes. bei Hochverrat etc*) impeacher, d) prosecutor: öffentlicher ~ public prosecutor; als ~ der Menschheit auftreten *fig.* to appear as an accuser of mankind; ein unerbittlicher ~ *fig.* a pitiless accuser.

'AnˌKla·geˌre·de *f jur.* address of the public prosecutor, public prosecutor's speech.

'AnˌKlä·ge·rin *f jur. cf.* Ankläger. — **'anˌklä·ge·risch** *adj* (*Rede, Schrift etc*) accusing, accusatory.

'AnˌKla·ge|ˌschrift *f* **1.** *jur.* (bill of) indictment, bill, charge sheet: eine ~ verfassen [verlesen] to draw up [to read] an indictment. – **2.** *mil. jur.* charge sheet. — **~ˌstand**

m cf. Anklagezustand. — **~ver,fah·ren** *n* accusatory procedure. — **~ver,fü·gung** *f* indictment. — **~ver,le·sung** *f* reading of the indictment. — **~ver,tre·ter** *m* counsel for the prosecution, public prosecutor, *Am.* prosecuting attorney, *Br.* prosecuting counsel. — **~,zu,stand** *m only in* j-n in den ~ versetzen a) to commit s.o. for trial, b) to indict (*od.* arraign) s.o.; Versetzung in den ~ indictment, arraignment.

'an,klam·mern I *v/t* ⟨*sep*, -ge-, h⟩ **1.** (*Wäsche etc*) *Am.* pin, *Br.* peg, fasten (*s.th.*) with clothespins (*Br.* clothes-pegs). – **2.** (*mit Büroklammern*) (an *acc* to) clip. – **3.** *tech.* cramp, fasten (*s.th.*) with cramps. – **4.** *med.* clamp (*s.th.*) on. – **II** *v/reflex* **5.** sich an j-n (*od.* j-m) [etwas] ~ *auch fig.* to cling (*od.* to adhere) to s.o. [s.th.]; das Kind klammerte sich an seine Mutter an the child clung to its mother; sich an eine Hoffnung ~ *fig.* to cling to a hope.

'An,klang *m* **1.** *only in* (großen) ~ finden to meet with approval, to be well received, to gain a favorable (*bes. Br.* favourable) reception; seine Ideen finden großen ~ bei der Jugend his ideas are very much approved of by (*od.* appeal greatly to) young people; das neue Theaterstück hat beim Publikum ~ gefunden the play went down (*bes. Am.* over) very well with the audiences. – **2.** (*leichte Ähnlichkeit*) reminiscence, suggestion: Anklänge an Schubert reminiscences of Schubert. – **3.** *ling.* a) assonance, b) alliteration.

'an,kle·ben I *v/t* ⟨*sep*, -ge-, h⟩ **1.** (an *acc* to) stick (*s.th.*) on: Plakate ~ to stick (*od.* post) (up) bills; Tapeten ~ to hang wallpapers; sich (*dat*) einen (falschen) Bart ~ to stick on a false beard. – **2.** (*ankleistern*) paste (*s.th.*) on. – **3.** (*anleimen*) glue (*s.th.*) on: eine Schuhsohle ~ to stick (*od.* glue) on the sole of a shoe. – **II** *v/i* ⟨sein⟩ **4.** (an *dat* to) stick (fast): der Teig ist an der Schüssel angeklebt the paste sticks to the dish. – **III A~** *n* ⟨-s⟩ **5.** *verbal noun.*

'an,kleckern (*getr.* -k·k-) *v/i* ⟨*only pp*⟩ angekleckert kommen *colloq. humor.* (*von Personen*) to trickle in.

'An,klei·de|,frau *f* (*theater*) dresser. — **~ka,bi·ne** *f* **1.** (*in einer Badeanstalt etc*) (dressing *od.* changing) cubicle (*od.* cabin). – **2.** (*im Textilgeschäft*) fitting room.

'an,klei·den I *v/t* ⟨*sep*, -ge-, h⟩ j-n ~ a) to dress (*od.* clothe, *lit.* attire) s.o., b) (*feierlich*) to robe s.o. – **II** *v/reflex* sich ~ dress (oneself), put on one's clothes: sie kleidete sich zum Abendessen an she dressed for dinner. – **III A~** *n* ⟨-s⟩ *verbal noun*: beim A~ while dressing; j-m beim A~ helfen to help s.o. dress; sind Sie mit (dem) A~ fertig? have you finished dressing?

'An,klei·de,pup·pe *f* **1.** (*textile*) tailor's dummy. – **2.** (*Spielzeug*) dressable doll.

'An,klei·der *m* ⟨-s; -⟩ (*theater*) dresser.

'An,klei·de,raum *m* **1.** dressing (*od.* changing) room, *Am.* changeroom. – **2.** (*theater*) dressing room.

'An,klei·de·rin *f* ⟨-; -nen⟩ (*theater*) dresser.

'An,klei·de|,spie·gel *m* **1.** dressing mirror. – **2.** (*Drehspiegel*) cheval glass. — **~,zim·mer** *n cf.* Ankleideraum.

'an,klei·stern *v/t* ⟨*sep*, -ge-, h⟩ paste (*s.th.*) on.

'an,klem·men *v/t* ⟨*sep*, -ge-, h⟩ *electr.* **1.** secure (*s.th.*) under terminals. – **2.** (*Leitung*) reconnect.

'an,klin·geln *v/t u. v/i* ⟨*sep*, -ge-, h⟩ *colloq. for* anläuten 1, 3.

'an,klin·gen *v/i* ⟨*irr*, *sep*, -ge-, h⟩ **1.** an (*acc*) etwas ~ to be reminiscent (*od.* suggestive) of s.th., to suggest s.th., to remind s.o. of s.th.: sein Stil klingt an die Dichter der Romantik an his style is reminiscent of the Romantic School; die Melodie klingt an eine bekannte Volksweise an the tune reminds one of a popular folksong. – **2.** (*zu hören sein*) be heard: das Thema klingt in jedem Satz an *mus.* the theme is heard (*od.* appears) in every movement; immer wieder klang die gleiche Frage an again and again the same question was heard; ein deutlicher Optimismus klang in seinen Ausführungen an a clear optimism could be heard from (*od.* was recognizable in) his speech. – **3.** *obs. for* anstoßen 8. — **'an,klin·gend I** *pres p.* – **II** *adj* (*erinnernd*) (an *acc* of) reminiscent.

'an,klop·fen I *v/i* ⟨*sep*, -ge-, h⟩ **1.** (an *acc od. dat* at) knock, rap: er trat ein, ohne anzuklopfen he entered without knocking; bei j-m kurz ~ *fig. colloq.* to pay s.o. a short visit, to look in on s.o.; klopfet an, so wird euch aufgetan *Bibl.* knock and it shall be opened unto you; der Tod hat bei ihr angeklopft *fig. lit.* death is (knocking) at her door. – **2.** bei j-m um (*od.* wegen) etwas ~ *fig. colloq.* to sound s.o. (out) about (*od.* on) s.th.; wir können ja einmal vorsichtig ~ let's put out a feeler, let's sound (out) the situation. – **II A~** *n* ⟨-s⟩ **3.** *verbal noun.* – **4.** knock, rap: nach dreimaligem A~ (an die Tür) after three raps (on the door).

'An,klop·fer *m* (door)knocker.

'An,klopf,ring *m* ring-shaped knocker.

'an,knab·bern *v/t* ⟨*sep*, -ge-, h⟩ *colloq.* **1.** (*Brot, Apfel etc*) nibble (at). – **2.** *fig.* (*Reichtum, Ruf etc*) impair.

'an,knack·sen *v/t* ⟨*sep*, -ge-, h⟩ **1.** (*Ei, Porzellan etc*) crack, damage. – **2.** sich (*dat*) den Arm [Knöchel] ~ to fracture (*od.* crack) one's arm [ankle].

'an,knip·sen *v/t* ⟨*sep*, -ge-, h⟩ *colloq.* (*Licht, Taschenlampe etc*) switch on: knips bitte das Licht an switch (*od.* turn) on the light, please.

'an,knöpf·bar *adj* (*Kragen, Kapuze etc*) button-on (*attrib*). — **'an,knöp·fen** *v/t* ⟨*sep*, -ge-, h⟩ (an *acc* to) button (*s.th.*) on.

'an,kno·ten I *v/t* ⟨*sep*, -ge-, h⟩ **1.** *cf.* anknüpfen 1, 2. – **2.** (*Ketten*) knot, tie.

'an,knüp·fen I *v/t* ⟨*sep*, -ge-, h⟩ **1.** (*Schnur, Band etc*) (an *acc* to) tie, fasten, knot: ein Stück Schnur an ein anderes ~ to tie two pieces of string together. – **2.** (*verlängern*) lengthen. – **3.** *fig.* (*Gespräch, Unterhaltung etc*) begin, start, enter into. – **4.** *fig.* (*Verbindungen etc*) establish, form, enter into: Beziehungen ~ (mit) to establish contacts (with), to enter into relations (with); Verhandlungen [Gespräche] ~ to enter into negotiations [discussions]; eine Bekanntschaft mit j-m ~ to make s.o.'s acquaintance, to strike up an acquaintance with s.o.; zarte Bande ~ to form an attachment (*od.* engagement). – **II** *v/i* **5.** an (*acc*) etwas ~ *fig.* a) to go on from s.th., b) (*Bezug nehmen auf*) to refer to s.th.: ich knüpfe an das eben Gesagte an I am going on from what was said before; an eine Erzählung ~ to pick up the thread of a story; an alte Traditionen ~ to continue old traditions. – **6.** mit j-m ~ *fig.* to get into contact with s.o. – **III** *v/reflex* sich ~ **7.** *fig.* (*von Gesprächen, Beziehungen etc*) ensue, follow. – **IV A~** *n* ⟨-s⟩ **8.** *verbal noun.* – **9.** *cf.* Anknüpfung. — **'An,knüp·fer** *m* ⟨-s; -⟩ (*textile*) piecer.

'An,knüp·fung *f* ⟨-; *no pl*⟩ **1.** *cf.* Anknüpfen. – **2.** *fig.* (*von Beziehungen*) establishment. – **3.** *fig.* (*Bezugnahme*) reference: in ~ an unser Gespräch with reference (*od.* referring) to our talk.

'An,knüp·fungs,punkt *m* **1.** *fig.* (*für persönliche Beziehungen etc*) point of contact, connecting link: einen ~ suchen to seek a point of contact; es boten sich keinerlei ~e there were no points of contact. – **2.** *fig.* (*Ausgangspunkt*) starting point.

'an,knur·ren *v/t* ⟨*sep*, -ge-, h⟩ j-n ~ *auch fig. colloq.* to growl (*od.* snarl) at s.o.

'an,ko·chen *v/t* ⟨*sep*, -ge-, h⟩ *gastr.* (*Gemüse, Fleisch etc*) partly boil, parboil.

'an,kö·dern *v/t* ⟨*sep*, -ge-, h⟩ **1.** *hunt.* (*Wild*) lure (*game*) (by means of bait). – **2.** *fig.* bait, lure: j-n durch Versprechungen ~ to bait s.o. by promises.

'an,koh·len *v/t* ⟨*sep*, -ge-, h⟩ j-n ~ *colloq.* (*anführen, veralbern*) to pull s.o.'s leg (*colloq.*), to kid s.o. (*colloq.*): du willst mich wohl ~ you're kidding me, you're pulling my leg.

'an,kom·men I *v/i* ⟨*irr*, *sep*, -ge-, sein⟩ **1.** (in *dat* at *od.* in) arrive: pünktlich ~ to arrive punctually; er kam mit dem 8-Uhr-Zug an he arrived on (*od.* with) the 8-o'clock train; der Zug kommt um 9 Uhr an the train arrives (*od.* is due) at 9 o'clock; zu Hause ~ to arrive (*od.* get) home; sie kam als erste dort an she arrived there first (*od.* was first on the spot); mit dem Flugzeug [Schiff] ~ to arrive by plane [ship]; im Hafen ~ *mar.* to arrive at the port (*od.* in port, in harbo[u]r), to make (*od.* reach) port; bei uns ist ein Baby angekommen *fig. colloq.* there has been a new arrival in our family, we have just had a baby. – **2.** (*herankommen*) approach, come near: wir sahen sie ~ we saw them approach(ing). – **3.** *colloq.* (*angestellt werden*) (bei) be engaged (*od.* employed) (by), get a job (with), get employment (at): bei einer Firma (*od.* einem Betrieb) (als Buchhalter) ~ to be employed by a firm (as [a] bookkeeper). – **4.** bei j-m [nicht] ~ *fig. colloq.* [to fail] to succeed with s.o., to get somewhere [nowhere] with s.o.: damit kommt er bei mir nicht an he won't get anywhere with me with that, that cuts no ice with me (*colloq.*); er ist mit seiner Beschwerde bei ihm übel angekommen he went to the wrong address (*od.* shop) with his complaint; da ist er übel (*od. iron.* schön) angekommen a) he went (*od.* came) to the wrong address (*od.* shop), b) a fine reception he had (*iron.*). – **5.** *colloq.* (*Anklang finden*) (bei) be well received (by); go over (with), catch on (with) (*colloq.*): der neue Film ist beim Publikum angekommen the new film caught on (*od.* went over well) with the public; das Stück kommt an a) the play goes down very well, b) the play sells; das Buch ist nicht angekommen the book didn't take; die neue Mode ist auch in Deutschland angekommen the new fashion has caught on in Germany too; dein Witz ist nicht angekommen your joke didn't catch on. – **6.** gegen j-n [etwas] ~ *fig. colloq.* to cope with s.o. [s.th.], to get the better of s.o. [s.th.]: er kann gegen seine Gefühle nicht ~ he can't cope with his feelings; man kann gegen ihn (einfach) nicht ~ there's no getting at him, you can't get the better of him. – **7.** j-m (*od.* j-n) ~ *poet. od. lit.* to come over (*od.* upon) s.o., to befall s.o. (*lit.*): eine Laune kam ihn (*od.* ihm) an a mood came over him; ihn (*od.* ihm) kam die Lust an zu arbeiten (suddenly) he felt like working. – **II** *v/impers* **8.** (auf *acc* on) depend, be dependent: es kommt auf das Wetter [die Umstände] an it depends on the weather [the circumstances]; es kommt (nur) auf dich an it depends (entirely) on you; es käme auf einen Versuch an it would depend on a trial; es kommt (ganz) darauf an it (all) depends; es kommt darauf an, ob it depends on (*od.* the question is) whether. – **9.** (*von Bedeutung sein*) matter, be important: worauf es ankommt, ist what matters is; es kommt (uns) weniger auf die Quantität als auf die Qualität an what matters (to us) is not the quantity but the quality; es kommt nicht so sehr darauf an it doesn't matter so much; es kommt mir (sehr) darauf an zu wissen it is (very) important to me to know, what I want is to know; wenn es darauf ankommt, ist er da when it matters (*od.* when it is important) he is there; auf den Preis kommt es nicht an it is not the price that matters, money is no object; darauf kommt es an that's what matters, that is (just) the point; darauf soll es nicht ~ a) never mind that, that need not matter, b) (*von Kosten*) it's not a matter of price, money is no object; es kommt auf einen Tag mehr oder weniger nicht an one day more or less doesn't matter (*od.* makes no difference); es kam auf jede Minute an every minute was precious; als es darauf ankam when it was important, when it came to the point. – **10.** es auf etwas ~ lassen to take the risk (*od.* chance) of (doing) s.th., to risk (*od.* chance) s.th.: ich lasse es darauf ~ I'll take the risk (*od.* a chance); ich möchte es nicht auf einen Prozeß ~ lassen I would not like to take the risk of a lawsuit; er hat es aufs Äußerste ~ lassen he risked everything. – **11.** es kommt mich (*od.* mir) schwer [leicht] an *lit.* I find it difficult (*od.* hard) [easy]. – **III** *v/t* ⟨h⟩ **12.** *cf.* ergreifen 8, 9. – **IV A~** *n* ⟨-s⟩ **13.** *verbal noun.* – **14.** *colloq.* (*eines Theaterstückes etc*) favorable (*bes. Br.* favourable) reception. – **15.** *cf.* Ankunft. — **'an,kom·mend I** *pres p.* – **II** *adj* **1.** *tel.* incoming. – **2.** *econ.* arriving.

'An,kömm·ling [-,kœmlɪŋ] *m* ⟨-s; -e⟩ **1.** newcomer, (new) arrival: den ~ mustern to eye the newcomer up and down. – **2.** newborn infant, 'arrival' (*colloq.*).

'an,kön·nen *v/i* ⟨*irr*, *sep*, -ge-, h⟩ *colloq.* *only in* gegen etwas [j-n] nicht ~ to be unable to cope with (*od.* hold one's own against) s.th. [s.o.]; man kann gegen ihn (einfach) nicht an there's no getting at him; er konnte gegen seinen Haß nicht an he couldn't fight his hatred.

ˈan·kon·traˌhie·ren *v/t* ⟨*sep, no* -ge-, h⟩ (*beim Fechten*) challenge.

ˈanˌköp·fen *v/t* ⟨*sep*, -ge-, h⟩ *tech.* (*Stecknadeln, Nägel etc*) head.

ˈAnˌkop·pelˌkreis *m* (*radio*) coupling circuit.

ˈanˌkop·peln I *v/t* ⟨*sep*, -ge-, h⟩ **1.** *bes. hunt.* (*Hunde etc*) leash, couple. – **2.** *electr.* couple. – **3.** *cf.* ankuppeln. – **II A~** *n* ⟨-s⟩ **4.** *verbal noun.* — **ˈAnˌkop·pe·lung, ˈAnˌkopp·lung** *f* ⟨-; -en⟩ **1.** *cf.* Ankoppeln. – **2.** *cf.* Ankupp(e)lung.

ˈanˌkö·ren *v/t* ⟨*sep*, -ge-, h⟩ *agr. cf.* kören.

ˈanˌkör·nen *v/t* ⟨*sep*, -ge-, h⟩ **1.** *tech.* mark (*s.th.*) with a center (*bes. Br.* centre) punch, center, *bes. Br.* centre. – **2.** *hunt. cf.* anködern 1. — **ˈAnˌkör·ner** *m* ⟨-s; -⟩ *tech.* center (*bes. Br.* centre) punch.

ˈAnˌkörnˌwerkˌzeug *n* center (*bes. Br.* centre) punch, prick punch, centering (*bes. Br.* centr[e]ing) tool.

ˈAnˌkö·rung *f* ⟨-; -en⟩ *agr. cf.* Körung.

ˈanˌkot·zen *v/t* ⟨*sep*, -ge-, h⟩ *vulg.* **1.** (*anwidern*) **es kotzt mich an** it makes me puke (*vulg.*), I hate it; **der ganze Laden kotzt mich an** I'm sick to the teeth of this lousy hole (*od.* dump) (*sl.*). – **2.** **j-n ~** (*grob anfahren*) to bellow at s.o.

ˈanˌkral·len *v/reflex* ⟨*sep*, -ge-, h⟩ **sich ~** (**an** *dat od. acc* **etwas**) cling (to s.th.), clutch (s.th.): **verzweifelt krallte sie sich an ihm** (*od.* **ihn**) **an** *fig.* she clung (*od.* hung on) to him desperately.

ˈAnˌkratz *m* ⟨-es; *no pl*⟩ *Northern G. bes. Berlin dial. only in* **~ haben** (**bei j-m**) be liked (by s.o.).

ˈanˌkrat·zen *v/t* ⟨*sep*, -ge-, h⟩ **1.** scratch: **die Politur wurde angekratzt** the finish was scratched; **sich** (*dat*) **j-n ~** *Northern G. bes. Berlin dial.* to try to pick s.o. up, *Br. colloq.* to try to get off with s.o.

ˈanˌkrau·sen *v/t* ⟨*sep*, -ge-, h⟩ (*textile*) gather.

ˈanˌkrei·den *v/t* ⟨*sep*, -ge-, h⟩ *colloq.* **1.** **j-m etwas ~** a) (*zur Last legen*) to hold (*od.* count) s.th. against s.o., b) (*übel vermerken*) to chalk s.th. up against s.o., to give s.o. a bad mark for (doing) s.th., to enter s.th. on s.o.'s debit side: **das wurde mir übel angekreidet** that was seriously held against me. – **2.** (*rare*) (*Zeche etc*) chalk (up), score (up): (**etwas**) **~ lassen** to buy (s.th.) on credit (*bes. Br. colloq.* on tick).

ˈAnˌkreis *m math.* (*eines Dreiecks*) excircle, escribed circle. — **~ˌmit·telˌpunkt** *m* excenter, *bes. Br.* excentre.

ˈanˌkreu·zen I *v/t* ⟨*sep*, -ge-, h⟩ **1.** (*Namen auf der Liste etc*) check (*od.* tick) (*s.th.*) off. – **2.** (*Fehler im Diktat etc*) mark (*s.th.*) (with a cross). – **II** *v/i* ⟨h, sein⟩ **3.** *mar.* **gegen den Wind ~** to sail (*od.* beat) against the wind.

ˈanˌkrie·chen I *v/i* ⟨*only pp*⟩ **angekrochen kommen** *colloq.* a) (*von Hund etc*) come crawling (along), b) *fig. contempt.* (*von Person*) come crawling back. – **II** *v/t* ⟨*irr, sep*, -ge-, h⟩ *lit.* (*von Angst, Kälte etc*) creep over.

ˈanˌkrie·gen *v/t* ⟨*sep*, -ge-, h⟩ **1.** *colloq.* (*Schuhe etc*) get (*s.th.*) on. – **2.** **j-n um Geld ~** *dial. colloq.* to tap s.o. for money.

ˈanˌküm·meln *v/t* ⟨*sep*, -ge-, h⟩ **sich** (*dat*) **einen ~** *colloq.* to have a few (drinks) (*colloq.*).

ˈanˌkün·den *v/t u.* **sich ~** *v/reflex* ⟨*sep*, -ge-, h⟩ *lit. for* **ankündigen.**

ˈanˌkün·di·gen I *v/t* ⟨*sep*, -ge-, h⟩ **1.** (*Ereignis, Besuch, Personen etc*) announce: **j-m etwas ~** a) to announce s.th. (*od.* make s.th. known) to s.o., *auch* to signify (*od.* signalize *Br. auch* -s-) s.th. to s.o., b) (*formell*) to give s.o. (formal) notice of s.th., to notify s.o. of s.th.; **etwas durch Plakate ~** to announce s.th. by posters; **er hat sein Kommen für morgen angekündigt** he has announced that he will come (*od.* arrive) tomorrow; **ein Buch ~** to announce the appearance (*od.* publication) of a book; **etwas ordnungsgemäß ~** to give due (*od.* proper) notice of s.th.; **gerichtliche Schritte ~** to announce (*od.* intimate) legal proceedings. – **2.** *bes. econ.* (*in der Zeitung etc*) advertise (*seltener* -z-), publicize *Br. auch* -s-. – **3.** *cf.* proklamieren. – **4.** *fig.* announce, promise, herald, harbinger (*lit.*): **die dunklen Wolken kündigen einen Sturm an** the black clouds announce (*od.* forebode) a storm; **das kündigt eine neue Entwicklung an** that heralds a new development. – **II** *v/reflex* **sich ~** **5.** (*von Personen*) announce one's visit. – **6.** *fig.* (*von Ereignissen etc*) (**durch** by) announce itself, be heralded: **der Frühling kündigt sich an** spring is announcing its arrival. – **III A~** *n* ⟨-s⟩ **7.** *verbal noun.* — **ˈAnˌkün·di·gung** *f* ⟨-; -en⟩ **1.** *cf.* Ankündigen. – **2.** (*eines Ereignisses, einer Veranstaltung etc*) announcement: **amtliche** (*od.* **offizielle**) **~** official announcement (*od.* notice); **öffentliche ~** public announcement; **schriftliche ~** written announcement (*od.* notice), notification; **ohne vorherige ~** without previous notice. – **3.** *bes. econ.* (*in der Zeitung etc*) advertisement (*seltener* -z-). – **4.** *cf.* Proklamation. – **5.** *fig.* announcement. – **6.** *print.* (*eines Buches*) prospectus.

ˈAnˌkün·di·gungs|komˌman·do *n mil.* cautionary (*Am.* preparatory) command. — **~ˌschrei·ben** *n econ.* letter of advice. — **~siˌgnal** *n mil.* first call.

ˈAnˌkunft *f* ⟨-; *no pl*⟩ **1.** arrival: **planmäßige ~** (**eines Zuges**) scheduled arrival (of a train); **j-s ~ melden** (*od.* **mitteilen**) to announce s.o.'s arrival; **am Tage ihrer ~** on the day of her arrival; **bei** (*od.* **nach**) **seiner ~** on his arrival; **~ zu Hause** return (*od.* coming) home. – **2.** *poet.* (*des Frühlings etc*) arrival, advent. – **3.** **~ Christi** *relig.* Advent of Christ.

ˈAnˌkunfts|ˌanˌzei·ge *f econ.* (*im Güterverkehr*) notice of arrival. — **~ˌbahnˌsteig** *m* arrival platform, platform of arrival. — **~ˌgleis** *n* arrival track. — **~ˌha·fen** *m mar.* port of arrival. — **~ˌschiff** *n* incoming ship: **franko ~ London** *econ.* f.o.b. incoming ship at London. — **~ˌta·fel** *f* (*der Züge*) arrival board. — **~ˌtag** *m* day of arrival. — **~verˌkehr** *m* incoming traffic. — **~ˌzeit** *f* (time of) arrival, arrival time: **Ankunfts- und Abfahrtszeiten** arrivals and departures.

ˈanˌkup·peln *v/t* ⟨*sep*, -ge-, h⟩ (*Waggon, Anhänger etc*) couple, connect. — **ˈAnˌkup·pe·lung, ˈAnˌkupp·lung** *f* ⟨-; -en⟩ coupling.

ˈanˌkur·beln I *v/t* ⟨*sep*, -ge-, h⟩ *colloq.* **1.** (*Motor etc*) crank (up), start (up). – **2.** *fig.* (*Verhandlungen etc*) set (*s.th.*) moving (*od.* in motion), get (*s.th.*) going (*od.* under way). – **3.** *bes. econ.* (*Produktion, Wirtschaft etc*) stimulate, boost, step up: **das Arbeitstempo ~** to step up the working tempo. – **II A~** *n* ⟨-s⟩ **4.** *verbal noun.* — **ˈAnˌkur·be·lung, ˈAnˌkurb·lung** *f* ⟨-; *no pl*⟩ **1.** *cf.* Ankurbeln. – **2.** (*eines Motors etc*) start. – **3.** *bes. econ.* (*der Wirtschaft etc*) stimulation, boost.

ˈAnˌkurb·lungs·kreˌdit *m econ.* starting credit.

ˈan·kutˌschie·ren *v/i* ⟨*only pp*⟩ **ankutschiert kommen** *colloq.* to drive up.

An·ky·lo·se [aŋkyˈloːzə] *f* ⟨-; -n⟩ *med.* ankylosis, *auch* anc(h)ylosis.

An·ky·lo·sto·ma [aŋkyˈlɔstoma] *m* ⟨-; -men [-loˈstoːmən]⟩ *zo.* ancylostome, hookworm (*Gattg Ancylostoma, bes. A. duodenale*).

an·ky·lo·tisch [aŋkyˈloːtɪʃ] *adj med.* ankylotic, *auch* anc(h)ylotic, ankylosed, anc(h)ylosed.

ˈanˌlä·cheln *v/t* ⟨*sep*, -ge-, h⟩ **j-n ~** to smile at s.o., to give s.o. a smile: **j-n freundlich** [**liebevoll**] **~** to give s.o. a kind [loving] smile; **sich** (*od.* **einander**) **~** to smile at one another (*od.* each other).

ˈanˌla·chen *v/t* ⟨*sep*, -ge-, h⟩ **1.** **j-n ~** to smile at s.o., (*stärker*) to laugh (happily) at s.o. – **2.** **j-n ~** *fig. poet. od. lit.* to smile at s.o.: **die schönsten Früchte lachten mich an** the most delicious fruit smiled at (*od.* tempted) me. – **3.** **sich** (*dat*) **j-n ~** *colloq.* to make up to s.o., to try to pick s.o. up, *Br. colloq.* to try to get off with s.o.

ˈAnˌla·ge *f* ⟨-; -n⟩ **1.** *cf.* Anlegen. – **2.** ⟨*only sg*⟩ (*von Gärten, Straßen etc*) arrangement, disposition, layout, *Br.* lay-out. – **3.** ⟨*only sg*⟩ (*Bau*) construction. – **4.** *meist pl* (*Grünfläche*) green area, gardens *pl*, grounds *pl*, park: **öffentliche ~n** public gardens (*od.* grounds). – **5.** *meist pl* (*Gebäudekomplex*) plant. – **6.** *cf.* Sportanlage. – **7.** (*Fabrikanlage*) plant, factory, works *pl* (*construed as sg or pl*). – **8.** *tech.* (*in sich geschlossenes System*) plant. – **9.** ⟨*only sg*⟩ (*Entwurf*) design, draft, outline: **das Projekt ist in der ~ bereits festgelegt** there's already a fixed design of the project, the project is already fixed in its outlines. – **10.** ⟨*only sg*⟩ (*eines Romans etc*) structure, conception: **das Werk ist in der ~ verfehlt** the structure of the work is faulty. – **11.** *meist pl fig.* (*Begabung, Fähigkeit*) gift, talent, aptitude, ability: **er hat eine ~ zum Zeichnen** he has a talent for drawing; **er hat keine ~ dazu** he is not gifted that way, his talent does not lie in that direction; **er hat die ~n dazu, Schauspieler zu werden** he has the talent for becoming an actor, he has the makings of an actor. – **12.** *fig.* (*Veranlagung*) character, disposition, *auch* constitution, temperament: **trotz allem hat er gute ~n** for (*od.* in spite of) all that he has a good character. – **13.** *med. psych.* a) (*Neigung*) tendency, (pre)disposition, b) (*vererbte Neigung*) heredity, *auch* anlage, c) (*Anfälligkeit*) susceptibility: **~ zu etwas haben** (*od.* **zeigen**) to have the tendency (*od.* disposition) to s.th., to be predisposed to s.th. – **14.** *econ.* a) (*von Geld, Kapital etc*) investment, b) invested capital, c) *pl* assets: **feste ~** a) fixed investment, b) (*zinslose*) lockup; **flüssige** [**feste**] **~n** floating [fixed] assets; **festverzinsliche ~** fixed-yield investment; **kurzfristige ~** short-term investment, funds *pl* employed at short term; **unproduktive ~n** dead assets; **vorteilhafte ~** remunerative investment; **~ in Aktien** investment in shares (*bes. Am.* stocks); **~ von Kapital** [**in Grundvermögen**] investment of money (*od.* capital, funds) [in fixed assets]; **~ überschüssiger Mittel** employment of surplus funds. – **15.** *econ.* a) (*Beilage*) enclosure, *auch* inclosure, b) (*Anhang*) annex, attachment, appendix: **etwas als ~ beifügen** to enclose (*od.* inclose, attach) s.th.; **in der** (*od.* **als**) **~** enclosed (*od.* attached) herewith; **laut ~** as annexed. – **16.** *econ. obs. for* **Steuerveranlagung, Besteuerung.** – **17.** *biol.* a) (*eines Organs etc*) rudiment, rudimentary form, primordium, b) (*im Embryo*) heredity, *auch* anlage, c) (*Keim*) germ, d) (*Erbanlage*) hereditary factor, gene: **in der ~ vorhanden** rudimentary, *auch* rudimental. – **18.** *bot. cf.* Samenanlage.

ˈAnˌla·ge|ˌak·ti·en *pl econ.* investment stocks. — **~ˌbank** *f* ⟨-; -en⟩ investment bank. — **~ˌbeˌdarf** *m* demand for investment purposes. — **a~beˌdingt** *adj* **1.** (*Charaktereigenschaft*) due to s.o.'s character (*od.* disposition). – **2.** (*Krankheit etc*) due to s.o.'s predisposition (*od.* tendency), constitutional. – **3.** *biol.* (*angeboren*) inherent, protonic (*scient.*). — **~beˌdin·gun·gen** *pl econ.* terms of investment. — **a~beˌreit** *adj* (*Gelder etc*) investable. — **~ˌblatt** *n print.* (*des Korrekturbogens*) rider. — **~dis·po·si·tio·nen** [-dɪspoziˌtsi̯oːnən] *pl econ.* **1.** investment *sg* of moneys (*od.* monies). – **2.** arrangements for investing. — **~ˌfonds** *m* investment fund. — **~geˌsell·schaft** *f* investment company. — **~ˌgü·ter** *pl* **1.** *econ.* capital goods (*od.* equipment *sg*), investment goods. – **2.** *bes. tech.* items of (plant and) equipment: **bewegliche ~** movable items of equipment. — **~in·ve·stiˌtiˌon** *f econ.* investment in fixed assets, fixed investment. — **~ka·piˌtal** *n* a) invested capital, b) (*Fonds*) capital (funds *pl*) (provided for investment): **Zurückziehung von ~** disinvestment. — **~ˌkäu·fe** *pl* (*der Investmentgesellschaften*) portfolio buying *sg*. — **~ˌkli·ma** *n* prevailing conditions *pl* for investment, investment climate. — **~ˌkon·to** *n* capital (*od.* investment) account. — **~ˌko·sten** *pl* **1.** (*Baukosten*) cost *sg* of construction, building (*od.* construction) cost *sg*. – **2.** (*Gründungskosten*) promotion money *sg*, initial outlay *sg*. — **~kreˌdit** *m econ.* investment credit. — **~ˌkund·schaft** *f* investing customers *pl*. — **~ˌmarkt** *m* investment market. — **~ˌmit·tel** *pl* investment resources.

ˈAnˌla·gen|ˌabˌgän·ge *pl econ.* disposals of fixed assets. — **~fi·nanˌzie·rung** *f* fixed-assets financing. — **~in·ten·siˌtät** *f* volume of investment. — **~ˌschwund** *m* dwindling of assets.

ˈAnˌla·ge|paˌpier *n econ.* investment stock (*od.* security): **festverzinsliche ~e** investment bonds.

ˈanˌla·gern I *v/t* ⟨*sep*, -ge-, h⟩ **1.** *chem.* a) (*chemisch addieren*) add (on), take up, combine, unite (with), b) adsorb. – **2.** *med.* (*Kalksalze etc*) deposit, accumulate. – **3.** *biol. bot.* apposit. – **II** *v/reflex* **sich ~** **4.** *chem.* (**an** *acc*) a) add (to), be taken up (by), b) be adsorbed (by). – **5.** *geol.* accrete. – **III A~** *n* ⟨-s⟩ **6.** *verbal noun.* — **ˈAnˌla·ge·rung** *f* ⟨-; -en⟩ **1.** *cf.* Anlagern. – **2.** *chem.* a) addition, b) adsorption. – **3.** *med.* accumulation, deposit. – 4. *biol. bot.* apposition. – 5. *geol.* accretion.

'An͵la·ge·rungs·re·ak·ti͵on *f chem.* addition reaction.

'An͵la·ge|ver͵mö·gen *n econ.* 1. fixed assets *pl.* – 2. (*eines Investment-Trusts*) invested assets *pl.* — **~͵wert** *m* 1. value of fixed assets. – 2. *pl* investment securities: Markt für ~e investment market. — **~͵zin·sen** *pl* interest *sg* on capital investment(s). — **~͵zu͵wachs** *m* 1. addition to plant or equipment. – 2. growth in capital assets.

'An͵län·de *f* ⟨-; -n⟩ *mar.* landing place, quay, wharf.

'An͵lan·de͵brücke (*getr.* -k·k-) *f mar.* landing stage.

'an͵lan·den *v/t* ⟨*sep*, -ge-, h⟩ 1. (*an Land bringen*) land. – II *v/i* 2. *geol.* (*von Fluß etc*) accrete, aggrade, increase through alluvion. – 3. *mar. obs. for* anlegen 30. – III A~ *n* ⟨-s⟩ 4. *verbal noun.* — **'An͵lan·dung** *f* ⟨-; -en⟩ 1. *cf.* Anlanden. – 2. *geol.* accretion, aggradation, (increase through) alluvion, lateral spread, outward growth.

'an͵lan·gen I *v/i* ⟨*sep*, -ge-, sein⟩ (in, an, auf *alle dat*, bei) 1. arrive (in *od.* at), reach (*acc*): sie sind gut in München angelangt they have arrived safely in (*od.* at) Munich, they have reached Munich safely; zu Hause ~ to arrive home; auf dem Gipfel [am Ziel] ~ to arrive at (*od.* reach) the top [one's goal]; wir sind bei seinen Eltern angelangt we arrived at his parents'. – 2. reach (*acc*), come (to): beim letzten Abschnitt eines Textes ~ to reach (*od.* come to) the last passage of a text; die Verhandlungen sind an einem toten Punkt angelangt the negotiations have reached a deadlock; er war auf der Höhe seines Ruhmes angelangt he had reached the height (*od.* peak) of his fame. – II *v/impers* ⟨h⟩ 3. was diese Sache anlangt as regards this matter; was mich anlangt as far as I am concerned, as for me (*od.* my part). – III *v/t* ⟨h⟩ 4. *Southern G. dial. for* anfassen 1, berühren 1.

'an͵la·schen *v/t* ⟨*sep*, -ge-, h⟩ (*forestry*) *cf.* anreißen 9.

'An͵laß [-͵las] *m* ⟨-sses; Anlässe⟩ 1. (*Gelegenheit, Ereignis*) occasion: aus ~ *cf.* anläßlich; aus diesem ~ to mark the occasion; bei diesem ~ on this occasion; ein besonderer ~ a special occasion; dem ~ entsprechend to fit the occasion; festlicher ~ festive occasion. – 2. (*Beweggrund, Ursache*) reason, cause, motive, ground(s *pl*), inducement, occasion: allen ~ haben, etwas zu tun to have every reason for doing s.th.; das ist kein ~ für dich aufzubrausen that is no reason for you to lose your temper; ~ zur Besorgnis cause for concern; ~ zur Klage geben to give grounds (*od.* room) for complaint; er gibt ~ zur Kritik he lays himself open to criticism; j-m ~ geben zu to give s.o. reason (*od.* a motive, grounds) for; den ~ dazu gab the occasion was; den ~ zu etwas geben to occasion s.th., to give rise to s.th.; beim geringsten ~ on (*od.* at) the slightest provocation; aus diesem ~ for this reason; aus nichtigem ~ for a trivial reason; ohne jeden (*od.* allen) ~ for no reason at all.

'An͵laß|be͵stän·dig·keit *f metall.* retention of hardness, resistance to temper embrittlement. — **~͵dreh·mo͵ment** *n tech.* starting torque. — **~͵dreh͵zahl** *f auto.* starting speed. — **~͵druck͵knopf** *m* starter button. — **~͵ein͵spritz͵an͵la·ge** *f* starting fuel injector, engine primer. — **~͵ein͵spritz·͵pum·pe** *f tech.* primer pump. — **~͵ein·͵sprit·zung** *f* (*beim Motor*) priming.

'an͵las·sen I *v/t* ⟨*irr, sep*, -ge-, h⟩ 1. *colloq.* keep (*od.* leave) (*s.th.*) on: du kannst deinen Mantel ~ you can keep your coat on; sie ließen ihm nicht einmal das Hemd an *fig.* they took the (very) shirt off his back. – 2. *colloq.* (*Radio, Licht etc*) leave on. – 3. *colloq.* (*Motor*) leave (*s.th.*) running (*od.* on). – 4. *auto.* (*starten*) start (up). – 5. *tech.* a) (*Maschine etc*) start (up), put (*s.th.*) into operation, b) (*Dampf, Wasser*) turn on, c) (*Pumpe*) prime. – 6. *metall.* (*Stahl*) temper: blau ~ to heat-tint. – 7. *rare for* anfahren 6, anreden 1. – 8. *hunt.* (*Hunde*) *cf.* hetzen 4. – II *v/reflex* sich ~ 9. *colloq.* start, begin: sich gut ~ to make a good start, to promise (*od.* shape) well; das Geschäft läßt sich gut an business promises well; wie läßt er sich an? how is he getting along? er läßt sich gut an he is doing (*od.* getting along) well, he is quite a success. – 10. *obs. for* hindeuten 2, anschicken. – III A~ *n* ⟨-s⟩ 11. *verbal noun.*

'An͵las·ser *m* ⟨-s; -⟩ 1. *auto.* a) starter, b) (*Motor*) starter (*od.* starting) motor: den ~ betätigen to switch on (*od.* press) the starter. – 2. *electr.* (motor) starter. – 3. *tech.* starter button. — **~-͵Fuß͵schal·ter** *m auto.* foot starter, starter pedal. — **~͵ka·bel** *n cf.* Anlasserleitung. — **~͵knopf** *m tech. cf.* Anlasser 3. — **~͵lei·tung** *f auto.* starting motor cable, starter cable. — **~͵licht·ma͵schi·ne** *f* (combined lighting and) starting generator. — **~͵rit·zel** *n* starter pinion. — **~͵schal·ter** *m* starter switch. — **~͵wel·le** *f* starter shaft. — **~͵zahn͵kranz** *m* starter ring (*od.* rim) gear. — **~͵zug** *m* choke (control).

'An͵laß|͵far·be *f metall. cf.* Anlauffarbe. — **~͵freu·dig·keit** *f auto.* easy starting. — **~͵he·bel** *m* 1. starting lever. – 2. (*eines Motorrads*) kick starter. — **~kon͵takt** *m cf.* Anlasser 3.

'an͵läß·lich [-͵lɛslɪç] *prep* ⟨*gen*⟩ on the occasion of.

'An͵laß|ma͵gnet(͵zün·der) *m auto.* starting (*Am.* booster) magneto. — **~͵mo·tor** *m* starter (*od.* starting) motor, starter. — **~͵ofen** *m metall.* tempering furnace. — **~͵öl** *n* tempering oil. — **~͵schal·ter** *m tech.* starting (*od.* starter) switch. — **~͵schwie·rig·keit** *f auto.* difficulty in starting. — **~͵sprö·dig·keit** *f metall.* temper brittleness. — **~trans·for͵ma·tor** *m electr.* starting transformer. — **~ven͵til** *n tech.* a) starting (*od.* auxiliary) valve, b) (*Diesel*) starting-air valve. — **~ver͵ga·ser** *m auto. Am.* starting carburetor (*auch* carbureter), *Br.* starting carburetter (*od.* carburettor). — **~͵vor·͵rich·tung** *f* starting gear. — **~͵wa·gen** *m aer.* (*für Flugzeuge*) starting (*od.* starter) truck, ground-power supply truck. — **~-͵wi·der͵stand** *m electr.* starting resistance (*od.* rheostat). — **~͵wil·lig·keit** *f auto.* startability. — **~͵zeit** *f metall.* tempering period. — **~͵zünd͵ker·ze** *f auto.* starting ignition plug. — **~͵zünd͵spu·le** *f* starting ignition (*Am.* booster) coil. — **~͵zün·dung** *f* starting ignition, ignition during starting.

'an͵la·sten *v/t* ⟨*sep*, -ge-, h⟩ j-m etwas ~ to accuse s.o. of s.th., to charge s.o. with s.th.

'an͵lat·schen *v/i* ⟨*only pp*⟩ angelatscht kommen *colloq.* to come shuffling along (*od.* up).

'An͵lauf *m* 1. (*sport*) a) run-up, run, (running) approach, b) (*beim Skispringen*) approach, inrun, c) (*Anlaufstrecke*) runway, run-up: einen ~ nehmen to take a run; Sprung mit ~ a) running jump, b) (*beim Wasserspringen*) running dive; Sprung ohne ~ standing jump. – 2. *fig.* start, attempt, try: beim (*od.* im) ersten ~ at the first attempt; einen ~ nehmen zu etwas to make a start toward(s) doing s.th. – 3. (*des Wassers*) rise, rising, swelling. – 4. (*eines Motors etc*) start(ing). – 5. *aer.* take-off run. – 6. *mil. obs.* onset, attack, charge: gleich beim ersten ~ at the first onset. – 7. *arch.* (*einer Säulenbasis etc*) apophyge, escape, cavetto, conge. – 8. (*watchmaking*) striking train (*od.* part). – 9. *hunt. only in* er hat keinen ~ he sees no game; guten [schlechten] ~ haben to have good [bad] luck.

'An͵lauf|͵bahn *f* (*sport*) a) runway, run-up, b) (*Schanzenbahn*) approach, inrun. — **~be·͵stän·dig·keit** *f metall.* resistance to heat-tinting. — **~be͵trag** *m econ.* launching (*od.* pump-priming) costs *pl.* — **~͵dreh·mo͵ment** *n tech.* (*des Motors*) starting torque.

'an͵lau·fen I *v/i* ⟨*irr, sep*, -ge-, sein⟩ 1. (*von Motor etc*) start (up): eine Maschine ~ lassen to start (up) a machine, to set a machine going (*od.* in motion). – 2. *fig.* (*beginnen*) start (up), get under way: die Produktion läuft an production is getting under way; die Produktion ist voll angelaufen production is running to capacity. – 3. *colloq.* (*von Filmen*) come on, be shown, run. – 4. (*von Glas etc*) steam up, fog (up *od.* over), mist (up), cloud (up). – 5. (*von Silber etc*) tarnish, oxidize. – 6. (*von Personen*) *only in* rot ~ a) to turn red, to flush, b) (*aus Scham*) to blush; blau ~ (vor Kälte) to turn blue (with cold). – 7. ⟨*only pp*⟩ angelaufen kommen to come running up (*od.* along). – 8. gegen etwas ~ to run (*od.* bump) against (*od.* into) s.th., to collide with s.th.: mit dem Kopf gegen die Wand ~ to run (*od.* knock) one's head against the wall; heftig ~ gegen to run full tilt against. – 9. bei j-m (übel) ~ *fig. colloq.* a) to meet with a rebuff, b) to offend s.o. – 10. *fig.* (*ankämpfen*) (gegen against) struggle, battle. – 11. (*sanft ansteigen*) rise (*od.* slope) gently. – 12. (*vom Wasser*) rise, swell. – 13. *med.* a) swell, intumesce (*scient.*), b) (*sich verfärben*) discolor, *bes. Br.* discolour: das Bein ist blaurot angelaufen the leg has a bluish-red discolo(u)ration. – 14. *econ.* a) (*von Schulden etc*) mount up, add up, b) (*von Zinsen etc*) accrue, accumulate: auf 400 Mark ~ to amount (*od.* add up) to 400 marks. – 15. *gastr.* (*von Marmelade etc*) turn moldy (*bes. Br.* mouldy), go musty. – 16. (*sport*) (*zum Sprung*) run up (for a jump). – 17. *nucl.* (*von Kernreaktor*) go critical. – 18. (*von Bergleuten*) work upward(s). – 19. *hunt.* (*Wild*) ~ lassen to let (*game*) approach within range. – II *v/t* ⟨h⟩ 20. *mar.* (*Hafen etc*) call at, touch at. – III A~ *n* ⟨-s⟩ 21. *verbal noun.* – 22. *mar.* (*eines Hafens*) call. – 23. *tech.* (*von Maschinen etc*) start. – 24. *metall.* tarnish, oxidation. – 25. *econ.* a) (*von Schulden*) mounting (*od.* adding) up, b) (*von Zinsen etc*) accrual, accumulation.

'An͵lau·fen͵las·sen *n* 1. *tech.* (*von Maschinen etc*) starting (up). – 2. *metall.* (*des Blechs*) air blu(e)ing.

'An͵lauf|͵far·be *f metall.* (*von Stahl*) temper(ing) (*od.* annealing) color (*bes. Br.* colour). — **~ge͵schwin·dig·keit** *f* (*sport*) run-up speed. — **~͵ha·fen** *m mar.* port (*od.* place) of call. — **~kon·den͵sa·tor** *m electr.* starting capacitor. — **~͵ko·sten** *pl econ.* starting (*od.* opening) expenses. — **~kre·͵dit** *m* opening (*od.* launching) credit. — **~mo͵ment** *n tech.* starting torque. — **~͵schritt** *m* (*sport*) approach stride.

'An͵laufs|͵frist *f cf.* Anlaufzeit 1, 2. — **~ge·͵fäl·le** *n* (*einer Lokomotive*) momentum grade.

'An͵lauf|͵strecke (*getr.* -k·k-) *f* (*sport*) runway, run-up. — **~͵strom** *m electr.* starting current. — **~͵zeit** *f* 1. *fig.* starting time, initial period. – 2. *tech.* (*Regelungstechnik*) reaction value. – 3. *chem.* starting (*od.* induction) period.

'An͵laut *m ling.* (*eines Wortes*) initial sound, anlaut: im ~ at the beginning of a word, (when) initial; mit einem Vokal im ~ with an initial vowel, beginning with a vowel. — **'an͵lau·ten** *v/i* ⟨*sep*, -ge-, h⟩ *ling.* begin: mit einem Vokal ~ to begin with a vowel.

'an͵läu·ten I *v/t* ⟨*sep*, -ge-, h⟩ 1. *colloq.* (*telefonieren*) phone, *bes. Br.* ring (*s.o.*) up. – 2. (*sport*) (*Runde etc*) ring in. – 3. *obs. for* läuten 5. – II *v/i* 4. j-m ~ *Southern G. dial. and Swiss colloq.* to phone s.o.

'an͵lau·tend I *pres p.* – II *adj ling.* (*Laut*) initial.

'an͵lecken (*getr.* -k·k-) *v/t* ⟨*sep*, -ge-, h⟩ *colloq.* (*Briefmarke etc*) lick.

'An͵le·ge|ap·pa͵rat *m print.* feeder: abschwenkbarer ~ swing feeder. — **~͵brett** *n* feedboard. — **~͵brücke** (*getr.* -k·k-) *f mar.* wharf, quay, pier, jetty. — **~ge͵büh·ren** *pl econ. mar.* quayage *sg*, quay dues, dockage *sg*. — **~go·nio͵me·ter** *n min.* contact goniometer. — **~͵ha·fen** *m mar. cf.* Anlaufhafen. — **~͵mar·ke** *f* 1. *print.* ga(u)ge pin, lay mark. – 2. (*games*) *cf.* Whistmarke. — **~ma͵schi·ne** *f tech.* spreader, spreading machine, sliver box. — **~͵maß͵stab** *m* contact rule.

'an͵le·gen I *v/t* ⟨*sep*, -ge-, h⟩ 1. (*Kleid, Schmuck etc*) put on, (*formeller*) don: sie legte Trauer an she put on mourning, she went into mourning; seinen Sonntagsstaat ~ to dress oneself in one's Sunday best; j-m die Robe ~ to robe s.o.; seinen Degen ~ to put on one's sword; j-m Handschellen ~ to put handcuffs on s.o., to handcuff (*od.* manacle) s.o.; → Axt 1; Hand *Verbindungen mit Verben*; Maulkorb; Zügel 2. – 2. (*Lineal, Winkel*) set. – 3. *bes. fig.* (*Maßstab*) apply. – 4. (*Leiter*) (an *acc* against) lean, place, set. – 5. (*Akte, Sammlung etc*) make, start, (*Kartei*) *auch* set up: er legte sich (*dat*) eine Liste über die Bestellungen an he made up a list of the orders; eine Kartei von etwas ~ to card-index s.th. – 6. (*Stadt, Straße etc*) build, construct: planmäßig ~ to plan, to lay out; → Garten. – 7. *fig.* (*Erzählung etc*) plan, lay out. – **8.** *econ.* a) (*Kapital etc*) invest, place, b) (*Konto*) open, c) (*Geld*) (für for) spend, pay: **Geld kurzfristig** ~ to invest money on short term; **Kapital langfristig** ~ to make a long-term investment; **Geld verzinslich** ~ to invest (*od.* put out) money at interest; **das Geld ist fest angelegt** the money is permanently invested; **zu fünf Prozent** ~ to invest (*od.* put out) at five percent; **er legte Geld in Häusern an** he invested money in houses, he put money into houses; **sein Geld in Staatspapieren** ~ to invest one's money in government bonds, *bes. Br.* to fund one's money; **wieviel wollen Sie** ~? how much are you prepared to pay? how much do you want to spend? – **9.** (*Vorrat*) get in, lay in: **sich** (*dat*) **einen Vorrat von Kartoffeln** ~ to lay in a stock of potatoes; **Reserven von Gummi anlegen** to stock-pile rubber. – **10.** (*Brand*) lay, set. – **11.** *cf.* nachlegen I. – **12.** (*Gewehr*) (auf *acc* at) level, point, aim. – **13.** *fig.* (*in Wendungen wie*) **es auf j-n angelegt haben** to be out for (*od.* to get) s.o., to be gunning for s.o.; **es auf etwas** ~ to aim at s.th., to be out for s.th.; **er hatte es darauf angelegt, ihm zu schaden** he was out to harm him; **es war alles darauf angelegt, ihn zu verblenden** everything was so arranged as to dazzle him; **sie hat es auf ihn angelegt** she has an eye on him. – **14.** (*Hund*) chain up, tie up. – **15.** (*Ohren*) put (*od.* lay) back: **der Hund legt die Ohren an** the dog puts back its ears. – **16.** (*Faden*) join on. – **17.** *med.* (*Verband etc*) apply. – **18. einen Säugling** ~ to give a baby (*od.* an infant) the breast, to put a baby to the breast, to suckle (*od.* nurse) a baby. – **19.** *math.* (*Kurve etc*) plot. – **20. einem Faß die Reifen** ~ *tech.* to hoop a barrel. – **21.** *electr.* (*Spannung*) apply. – **22.** *mil.* a) (*Lager*) pitch, make, b) (*Schanze*) throw up, construct. – **23.** (*games*) a) (*Spielkarte*) lay (*a card*) on top (of another), b) (*Dominostein*) add. – **24.** (*art*) (*Gemälde*) sketch (out): **etwas in Grün** ~ to sketch s.th. in green. – **25.** *print.* a) (*Bogen*) mark (*s.th.*) sheetwise, b) (*Formatstege*) dress. –**26.** *hunt. only in* **Hunde auf die Fährte** ~ to put (*od.* lay) dogs upon the scent. – **27.** (*mining*) (*Arbeitskräfte*) employ, take on, hire, recruit. – **28.** *obs. for* beilegen 1, 2. – **II** *v/i* **29.** *dial. for* nachlegen II. – **30.** *mar.* (*vom Schiff etc*) land, berth, harbor, *bes. Br.* harbour, put in: **in einem Hafen** ~ to call (*od.* touch) at a port; **im Hafen** (*od.* **am Kai**) ~ to dock; **längsseits** ~ to come alongside; **am Ufer** ~ to land at shore, to put ashore; **an ein Schiff** ~ to board a ship. – **31.** (*vom Schützen*) (auf *acc* at) (take) aim: **legt an! Feuer!** *mil.* aim! fire! – **32.** (*games*) a) lay a card on top (of another), b) add a domino. – **33.** *print.* feed, lay on. – **III** *v/reflex* **sich** ~ **34.** *colloq.* (mit j-m with s.o.) get into a fight. – **35.** *phys.* (*von Niederschlag etc*) be (*od.* become) deposited. – **36.** *gastr. cf.* ansetzen 35. – **IV A~** *n* ⟨-s⟩ **37.** *verbal noun.* – **38.** *med.* (*eines Verbandes etc*) application. – **39.** *cf.* Anlegung.

'Anˌle·geˌpfahl *m mar.* mooring pile. — **~ˌplatz** *m* landing place, wharf, berth.

'Anˌle·ger *m* ⟨-s; -⟩ **1.** *econ.* (*Börse*) (capital) investor. – **2.** *print.* feeder.

'Anˌle·geˌschloß *n tech.* padlock. — **~ˌsteg** *m* **1.** *mar. cf.* Anlegebrücke. – **2.** *print.* sidestick. — **~ˌstel·le** *f mar. cf.* Landeplatz 2, Anlegebrücke. — **~ˌtisch** *m print.* feed table, horse. — **~ˌvorˌrich·tung** *f* feeding device.

'Anˌle·gung *f* ⟨-; *no pl*⟩ **1.** *cf.* Anlegen. – **2.** *econ.* investment, placement: ~ **von Kapital** investment of capital (*od.* funds); ~ **von Mündelgeldern** investment of trust money, trusteeship investment. – **3.** *cf.* Anlage 1—3.

'anˌleh·nen I *v/t* ⟨*sep*, -ge-, h⟩ **1.** (an *acc od. dat* against) lean, rest: **die Leiter an die** (*od.* **der**) **Wand** ~ to lean the ladder against the wall. – **2.** (*Türen, Fenster etc*) leave (*s.th.*) ajar: **die Tür angelehnt lassen** to leave the door ajar. – **II** *v/reflex* **sich** ~ **3.** (an *acc od. dat* against, [up]on) lean: **sich mit dem Rücken an der Wand** ~ to lean (one's back) against the wall; **das Haus lehnt sich an den Berg an** *fig.* the house nestles against the mountain. – **4.** *fig.* (an *acc* [up]on) lean, rely, be dependent, depend: **der Autor lehnt sich stark an frühere Werke an** the author leans heavily on earlier works. – **5.** *fig.* follow, copy, imitate: **sich im Stil** ~ **an** to follow (*od.* copy) the style of. – **6.** *fig.* (an *acc* [up]on) be based, be modeled (*bes. Br.* modelled): **der Roman lehnt sich an eine wahre Begebenheit an** the novel is based (*od.* model[l]ed) on a real event. – **7.** (*von Flanke etc*) (an *acc* [up]on) lean. – **III A~** *n* ⟨-s⟩ **8.** *verbal noun.* — **'Anˌleh·nung** *f* ⟨-; *rare* -en⟩ **1.** *cf.* Anlehnen. – **2.** *bes. pol.* a) (an *acc* [up]on) dependence, b) support, backing, (*stärker*) protection: ~ **an j-n suchen** to seek the support of s.o., to look for support from s.o. – **3.** imitation: **die Anlehnung an einen Autor** the imitation of (*od.* borrowing from) an author; **in** (*od.* **unter**) ~ **an** a) in imitation of, following, b) under the influence of, c) *bes. econ.* on the basis of, in accordance (*od.* conformity) with, by analogy with.

'anˌleh·nungs·beˌdürf·tig *adj* **1.** in need of (moral) support, needing to lean on s.o. – **2.** *colloq. humor.* needing (*od.* in need of) company.

'Anˌlei·he *f* ⟨-; -n⟩ **1.** *econ.* a) loan, b) loan issue: **eine** ~ **bei j-m machen** to borrow money from (*od.* of) s.o.; **eine** ~ (**zur Zeichnung**) **auflegen** to issue a loan; **Zeichnung einer** ~ subscription to a loan; **eine** ~ **auf eine Sache aufnehmen** to take up (*od.* raise) a loan on s.th.; **kurzfristige** ~ short(-term) loan; **öffentliche** ~ public loan; **~n und sonstige Darlehen** bonded and other loans. – **2.** *fig. contempt.* borrowing: **eine** ~ **bei Schiller machen** to borrow s.th. from Schiller.

'Anˌlei·heˌabˌlö·sung *f econ.* redemption (*od.* repayment) of a loan. — **~erˌmäch·ti·gun·gen** *pl* authorized borrowing *sg.* — **~geˌschäft** *n* loan transaction. — **~ˌgläu·bi·ger** *m* bonded loan holder, bondholder. — **~ka·piˌtal** *n* loan capital, bonded debt. — **~ˌmarkt** *m* loan market. — **~ˌmit·tel** *pl* resources from loan issues. — **~ˌneh·mer** *m* borrower. — **~pa·pie·re** *pl* bonds. — **~ˌschuld** *f* funded (*od.* bonded) debt. — **~ˌschuld·ner** *m* (bonded) loan debtor. — **~ˌtil·gung** *f cf.* Anleiheablösung. — **~verˌtrag** *m* loan contract. — **~ˌzeich·nung** *f* subscription to a loan. — **~ˌzins** *m* loan interest (rate).

'anˌlei·men *v/t* ⟨*sep*, -ge-, h⟩ **etwas an** (*acc od. dat*) **etwas** ~ to glue (*od.* stick) s.th. on to s.th.

'anˌlei·nen *v/t* ⟨*sep*, -ge-, h⟩ (*Hund*) put (*a dog*) on the leash (*od.* lead), leash.

'anˌlei·ten *v/t* ⟨*sep*, -ge-, h⟩ **1.** (*unterweisen*) instruct, *auch* train, guide: **j-n in der Philologie** ~ a) to instruct s.o. in philology, b) to introduce s.o. to philology. – **2. j-n zu etwas** ~ to direct (*od.* lead, guide) s.o. to s.th. – **3.** (*leiten*) direct: **die Arbeit** ~ to direct the work. – **4.** *hort. agr.* (*Pflanze*) train, tie up. — **'Anˌlei·tung** *f* ⟨-; -en⟩ **1.** (*Unterweisung*) instruction, *auch* training, guidance: ~ **in Mathematik** a) instruction in mathematics, b) introduction to mathematics. – **2.** direction, lead, guidance: **unter der** ~ **des Lehrers** under the direction of the teacher. – **3.** (*Gebrauchsanweisung*) directions *pl*, instructions *pl*. – **4.** (*als Handbuch*) manual.

'Anˌlenkˌbol·zen *m aer. tech.* wrist pin.

'anˌlen·ken *v/t* ⟨*sep*, -ge-, h⟩ *tech.* **1.** link, couple. – **2.** (*drehbar*) pivot.

'Anˌlern·beˌruf *m* semiskilled (*Br.* semi-skilled) occupation.

'anˌler·nen *v/t* ⟨*sep*, -ge-, h⟩ **1.** give initial instruction to, initiate, break (*s.o.*) in. – **2.** train, instruct, teach: **j-n zu etwas** ~ to train s.o. in s.th.

'Anˌlern·ling [-ˌlɛrnlɪŋ] *m* ⟨-s; -e⟩ *econ.* trainee, learner.

'Anˌlern|verˌhält·nis *n econ.* trainee status. — **~ˌzeit** *f* training period.

'anˌle·sen *v/t* ⟨*irr, sep*, -ge-, h⟩ **1. sich** (*dat*) **etwas** ~ (*Kenntnisse etc*) to acquire s.th. (*od.* pick s.th. up) by reading. – **2.** (*Buch*) read a few pages of.

'anˌleuch·ten *v/t* ⟨*sep*, -ge-, h⟩ direct a beam of light on to, light up: **j-n mit der Taschenlampe** ~ to turn the flashlight (*Br.* torch) on s.o.

'Anˌlie·fe·rer *m* deliverer. — **'anˌlie·fern** *v/t* ⟨*sep*, -ge-, h⟩ (*Waren*) deliver: **Kohlen frei Haus** ~ to deliver coal free to the door. — **'Anˌlie·fe·rung** *f* delivery.

'Anˌlie·fe·rungsˌzuˌstand *tech.* 'as delivered' condition.

'anˌlie·gen *v/i* ⟨*irr, sep*, -ge-, h⟩ **1.** (*von Kleidern*) fit, sit: **eng** ~ to fit close(ly) (*od.* tight[ly], snug[ly]). – **2. an** (*dat*) **etwas** ~ a) to lie close (*od.* near) to s.th., b) (*angrenzen*) to border on s.th., to be adjacent to s.th., to abut on (*od.* upon, against) s.th., to adjoin s.th., c) to be in contact with s.th., to contact s.th., to rest against s.th. – **3. etwas liegt j-m an** *lit.* s.th. is a matter of concern to s.o. – **4.** *mar.* (*steuern*) head: **was liegt an?** how is the head? **Kurs** ~ to stand the course; **Nord** ~ to lie to the north. – **5.** *math.* (an *dat* to) be adjoining. – **6. j-m** ~ *obs.* to entreat s.o. earnestly: **j-m unablässig** ~ to bother s.o. constantly with requests.

'Anˌlie·gen *n* ⟨-s; -⟩ **1.** (*Bitte*) request: **ein** (**dringendes**) ~ **an j-n haben** to have a(n urgent) request to make of s.o.; **ein** ~ **vorbringen** (*od.* **vortragen**) to put forward (*od.* to make) a request (*od.* plea); **mit einem** ~ **herauskommen** (*od.* **herausrücken**) *colloq.* to come forward (*od.* out) with a request. – **2.** (*Wunsch*) desire, wish. – **3.** concern, (*stärker*) preoccupation: **es ist mir ein wichtiges** ~ it is a real concern (*od.* a matter of importance) to me. – **4.** (*eines Schriftstellers etc*) intent, message. – **5.** (*Angelegenheit*) matter, affair, case, *auch* business.

'anˌlie·gend I *pres p.* – **II** *adj* **1.** (*Kleider*) tight(-fitting), close(-fitting), snug. – **2.** *cf.* angrenzend II. – **3.** *bes. econ.* (*beigelegt*) enclosed, inclosed, attached: ~ **senden wir Ihnen ein Muster** enclosed please find a sample. – **4.** *math.* (*Winkel*) (an *dat* to) adjacent, contiguous. – **5.** *mar.* (*Kurs*) heading. – **6.** *zo.* (*Haare, Borsten etc*) decumbent, recumbent. – **7.** *bot.* accumbent, appressed.

'Anˌlie·ger *m* ⟨-s; -⟩ adjoining owner, abutter (*jur.*): ~ **einer Straße** wayside owner, frontager; ~ **eines Kanals** (*od.* **Flusses**) riverside (*od. jur.* riparian) owner; „**keine Durchfahrt — ausgenommen** ~" (*Verkehrsschild*) "no public thoroughfare — residents only". — **~beiˌträ·ge** *pl cf.* Anliegerkosten. — **~ˌgrundˌstück** *n* **1.** adjoining (*od.* abutting, neighbo[u]ring, adjacent) property (*od.* estate). – **2.** (*Straßenanlieger*) wayside property. – **3.** (*Ufergrundstück*) riverside (*od.* waterside, *jur.* riparian) property. — **~ˌkosten** *pl* (wayside owner's) road charges. — **~ˌstaat** *m pol.* **1.** border state, neighbo(u)ring (*od.* bordering) state (*od.* country). – **2.** (*an einem Gewässer etc*) riparian state (*od.* nation). — **~verˌkehr** *m* resident (*od.* private thoroughfare) traffic.

'anˌlie·ken [-ˌliːkən] *v/t* ⟨*sep*, -ge- h⟩ *mar.* (*Segel*) rope.

'anˌlocken (*getr.* -k·k-) **I** *v/t* ⟨*sep*, -ge-, h⟩ **1.** (*anziehen*) attract, draw, (al)lure, entice. – **2.** *hunt.* a) lure, b) (*mit Köder*) bait, c) (*Vögel*) decoy, d) (*durch Rufe*) call. – **II A~** *n* ⟨-s⟩ **3.** *verbal noun.* — **'Anˌlockung** (*getr.* -k·k-) *f* ⟨-; -en⟩ **1.** *cf.* Anlocken. – **2.** attraction, allurement, enticement.

'Anˌlockungsˌmit·tel (*getr.* -k·k-) *n cf.* Lockmittel.

'anˌlö·ten *v/t* ⟨*sep*, -ge-, h⟩ *tech.* (an *acc* to) **1.** (*weich*) solder on. – **2.** (*hart*) braze on.

'anˌlü·gen *v/t* ⟨*irr, sep*, -ge-, h⟩ **j-n** ~ to lie to s.o., to tell s.o. a lie: **j-n frech** (*od.* **unverschämt**) ~ to lie into s.o.'s face, to tell s.o. a barefaced lie; **sich** (**gegenseitig**) ~ to lie to one another (*od.* to each other), to tell each other lies.

'anˌlu·ven *v/i* ⟨*sep*, -ge-, h⟩ *mar.* luff up, go to windward, haul (up), come round (*od.* to the wind).

'AnˌmachˌholZ *n* ⟨-es; *no pl*⟩ kindling (wood).

'anˌma·chen I *v/t* ⟨*sep*, -ge-, h⟩ *colloq.* **1.** (*Licht*) switch (*od.* turn, put) on. – **2.** (*anzünden*) light, (*Feuer*) *auch* make, kindle: **den Ofen** ~ to light the stove. – **3.** (*befestigen*) (an *dat* to) attach, fasten: **ein Bild an der Wand** ~ to fasten a picture to the wall. – **4.** *gastr.* a) (*Salat etc*) dress, b) (*Teig etc*) mix, c) (*zubereiten*) prepare. – **5.** *tech.* (*Mörtel, Farben etc*) temper, mix, dilute, (*Kalk*) *auch* slake, hydrate. – **II A~** *n* ⟨-s⟩ **6.** *verbal noun.*

'anˌmä·hen *v/t* ⟨*sep*, -ge-, h⟩ *agr.* mow off one outer strip of (*a field*).

'anˌmah·nen I *v/t* ⟨*sep*, -ge-, h⟩ **1. j-n** ~ *econ.* to send a reminder (note) to s.o.: **etwas bei j-m** ~ to notify (*od.* warn) s.o. that s.th. is due (for payment); **Raten** ~ to send a reminder (*od.* notification) that instal(l)ments are due. – **2.** *obs. for* ermahnen 1. – **II** *v/i* **3.** *econ.* send a reminder (note) (*od.* a notification). – **III A~** *n* ⟨-s⟩ **4.** *verbal noun.* — **'Anˌmah·nung** *f* **1.** *cf.* Anmahnen. – **2.** *econ.* reminder (note), notification, warning: ~

säumiger Schuldner sending of reminders to dilatory debtors.

ˈanˌma·len I *v/t* ⟨*sep*, -ge-, h⟩ paint: etwas an die Wand ~ to paint s.th. on the wall; eine Tür ~ to paint a door; etwas grün ~ to paint (*od.* colo[u]r) s.th. green; sich (*dat*) einen Schnurrbart ~ to paint on a moustache; sich (*dat*) die Fingernägel [Lippen] ~ to paint one's fingernails [lips]. – **II** *v/reflex* sich ~ *colloq.* paint one's face, put on (one's) makeup.

ˈAnˌmarsch *m* **1.** *mil.* advance: im ~ auf eine Stadt sein to be advancing toward(s) a town; der Feind ist im ~ the enemy is advancing; unser Besuch ist bereits im ~ *fig. colloq.* our visitors are already on the way. – **2.** *cf.* Anmarschweg.

ˈan|marˌschie·ren *v/i* ⟨*sep*, *no* -ge-, sein⟩ **1.** march up, approach. – **2.** ⟨*only pp*⟩ anmarschiert kommen *colloq.* to come marching along (*od.* up).

ˈAnˌmarschˌweg *m* **1.** *mil.* route of advance. – **2.** (*zur Arbeit etc*) way (to go): einen weiten ~ zur Schule haben to have a long way to school.

ˈanˌma·ßen [-ˌmaːsən] *v/t* ⟨*sep*, -ge-, h⟩ sich (*dat*) etwas ~ (*Rechte, Macht etc*) to arrogate (*od.* assume) s.th. to oneself, to claim s.th. (unduly) for oneself, (*stärker*) to usurp s.th.: ich maße mir kein Urteil darüber an I don't presume to have an opinion on it; sich (*dat*) ~, etwas zu sein to pretend (*od.* claim) to be s.th.; sich (*dat*) ~, etwas zu tun to take upon oneself the right to do s.th., to presume to do s.th.; wieso maßen Sie sich an, mein Benehmen zu tadeln? what gives you the right to criticize my conduct? — **ˈanˌma·ßend** *adj* **1.** (*überheblich*) presumptuous, arrogant, assertive, overweening: ~es Wesen presumptuousness, presumption, arrogance; eine ~e Sprache führen *lit.* to use pretentious language; nicht ~ unassuming, unpresuming, unpresumptuous. – **2.** (*herrisch*) overbearing. – **3.** (*frech*) impudent, (*stärker*) insolent. — **ˈAnˌma·ßung** *f* ⟨-; -en⟩ **1.** (*eines Rechts etc*) arrogation, assumption, (*stärker*) usurpation, assertiveness. – **2.** (*eines Urteils*) presumption. – **3.** (*anmaßendes Verhalten*) presumptuousness, presumption, arrogance. – **4.** (*herrisches Wesen*) overbearing manner, overbearance, overbearingness. – **5.** (*Frechheit*) impudence, (*stärker*) insolence.

ˈanˌmä·sten *v/t* ⟨*sep*, -ge-, h⟩ **1.** fatten. – **2.** sich (*dat*) ein Bäuchlein ~ *colloq.* to acquire a corporation (*colloq.*), to put on a pot (*colloq.*).

ˈanˌmau·len *v/t* ⟨*sep*, -ge-, h⟩ j-n ~ *colloq.* to talk fresh (*Br.* cheekily) with (*od.* to) s.o.

ˈanˌmeckern (*getr.* -k·k-) *v/t* ⟨*sep*, -ge-, h⟩ j-n ~ *colloq.* to carp at s.o.

ˈanˌmei·ern [-ˌmaɪərn] *v/t* ⟨*sep*, -ge-, h⟩ j-n ~ *dial.* to take s.o. in, to take s.o. for a ride (*colloq.*).

ˈAnˌmel·de|be,stim·mung *f* (*patents*) instructions *pl* to applicants. — **~ˌda·tum** *n* **1.** date of registration. – **2.** (*patents*) date of application. — **~for·muˌlar** *n* **1.** registration form. – **2.** (*Antrag etc*) application form (*od.* blank). — **~ˌfrist** *f* **1.** period (*od.* deadline) for registration (*od.* application). – **2.** declaration period. — **~geˌbühr** *f* **1.** registration (*od.* application) fee. – **2.** (*patents*) application (*od.* filing) fee.

ˈanˌmel·den I *v/t* ⟨*sep*, -ge-, h⟩ **1.** (*Besuch etc*) announce, give notice of: sich ~ lassen a) (*als Besucher*) to have oneself announced, b) (*beim Arzt etc*) to have an appointment made; j-n (polizeilich) ~ to register s.o. (with the police). – **2.** (*zur Teilnahme etc*) enter (*s.o.'s*) name (for). – **3.** (*Anspruch, Forderung*) put (*od.* bring) forward, advance, lodge, submit, file. – **4.** *jur.* a) (*Patent*) apply for, file, b) (*Berufung*) give notice of, lodge, c) (*Gewerbe etc*) register: → Konkurs. – **5.** *econ.* a) (*Sendung*) advise, b) (*Vermögen, Zollgut*) declare. – **6.** *tel.* (*Gespräch*) book, *Am.* place, put in: ein Ferngespräch ~ nach *Am.* to put a long-distance call through to, *Br.* to book a trunk-call to. – **7.** (*games*) (*Skat*) bid. – **II** *v/reflex* sich ~ **8.** (*als Besucher*) announce oneself, have oneself announced. – **9.** (*beim Arzt etc*) (bei with) make (*od.* arrange, fix) an appointment. – **10.** (*zur Teilnahme*) (zu for) enrol(l). – **11.** sich (polizeilich) ~ to register (with the police). – **12.** *fig.* announce oneself: ein Baby meldet sich an a baby is on the way (*od.* announces its coming). – **III A~** *n* ⟨-s⟩ **13.** *verbal noun.*

ˈAnˌmel·de|ˌpflicht *f* **1.** *jur.* obligation to notify. – **2.** *jur. pol.* compulsory registration. — **a~ˌpflich·tig** *adj* subject to registration.

ˈAnˌmel·der *m* **1.** (*eines Patents etc*) applicant. – **2.** *econ.* declarer, registrant.

ˈAnˌmel·de|ˌraum *m* reception (room). — **~ˌschein** *m cf.* Anmeldeformular. — **~ˌschluß** *m* closing date, deadline. — **~ˌstel·le** *f* **1.** registration (office). – **2.** (*patents*) filing office. – **3.** *tel.* originating exchange. – **4.** *econ.* declaration agency. — **~terˌmin** *m cf.* Anmeldefrist. — **~ˌun·terˌla·gen** *pl* **1.** registration documents (*od.* papers). – **2.** (*patents*) application documents (*od.* papers). — **~verˌfah·ren** *n* **1.** application (*od.* registration) proceedings *pl.* – **2.** (*patents*) (patent) application proceedings *pl*, procedure on the granting of letters patent. — **~ˌzeit** *f tel.* request time.

ˈAnˌmel·dung *f* ⟨-; -en⟩ **1.** *cf.* Anmelden. – **2.** (*eines Besuchers etc*) announcement. – **3.** (*beim Arzt etc*) appointment: nur nach vorheriger ~ by appointment only. – **4.** (polizeiliche) ~ registration (with the police). – **5.** (*zur Teilnahme*) (zu etwas for s.th.) entry, enrol(l)ment. – **6.** (*eines Anspruchs etc*) submission. – **7.** *jur.* a) (*eines Patents*) (*gen* for) application b) (*eines Gewerbes etc*) registration. – **8.** *econ.* (*des Vermögens, Zollguts*) declaration. – **9.** *cf.* Anmelderaum.

ˈAnˌmel·dungs|for·muˌlar *n cf.* Anmeldeformular. — **~ˌfrist** *f cf.* Anmeldefrist. — **~ˌge·genˌstand** *m* (*für Patent*) invention. — **a~ˌpflich·tig** *adj cf.* anmeldepflichtig. — **~terˌmin** *m cf.* Anmeldefrist. — **~ˌvorˌdruck** *m* registration form.

ˈanˌmen·gen *v/t* ⟨*sep*, -ge-, h⟩ *colloq.* (*Mörtel etc*) mix.

ˈanˌmer·ken I *v/t* ⟨*sep*, -ge-, h⟩ **1.** (*anstreichen, kennzeichnen*) mark: eine Stelle in einem Buch ~ to mark a passage in a book. – **2.** (*notieren*) note (down), mark (*od.* jot) (*s.th.*) down: etwas als Fußnote ~ to make an annotation (*od.* footnote) of s.th.; einen Tag (*od.* ein Datum) ~ to put down a date; sich (*dat*) etwas ~ to make a note of s.th. – **3.** (*bemerken*) remark, observe, comment. – **4.** j-m etwas ~ to notice (*od.* perceive, observe) s.th. in s.o.: ich merkte ihm seine schlechte Laune sofort an I perceived his bad humo(u)r at once; er läßt sich (*dat*) nichts ~ he doesn't betray his emotion, he doesn't show anything, he keeps a stiff upper lip (*colloq.*); man merkt es ihm sofort an, daß er Junggeselle ist one has only to look at him to see that he is a bachelor; man merkt es dir sofort an, wenn du lügst it's always obvious when you aren't telling the truth; laß dir nichts ~! don't let on! (*colloq.*); man merkt es ihm an seinem Aussehen an, daß er krank ist one can tell by his appearance that he is ill. — **ˈAnˌmer·kung** *f* ⟨-; -en⟩ **1.** note. – **2.** (*erklärende*) annotation: etwas mit ~en versehen to annotate s.th.; Ausgabe mit ~en annotated edition. – **3.** (*Fußnote*) footnote. – **4.** *archaic* (*Bemerkung*) (über *acc* on) remark, observation: kritische ~ comment. – **5.** *print.* (*im Text*) (cut-in) note.

ˈAnˌmer·kungsˌzei·chen, ˈAnˌmerkˌzei·chen *n* **1.** reference mark. – **2.** *print.* a) (*für Randbemerkungen*) obelisk, b) (*Sternchen*) asterisk.

ˈanˌmes·sen *v/t* ⟨*irr, sep*, -ge-, h⟩ j-m etwas ~ to measure s.o. for s.th., to take s.o.'s measurements for s.th.

ˈanˌmi·schen *v/t* ⟨*sep*, -ge-, h⟩ *cf.* anmengen.

ˈanˌmur·ren *v/t* ⟨*sep*, -ge-, h⟩ j-n ~ to grumble at s.o.

ˈanˌmu·stern *v/t u. v/i* ⟨*sep*, -ge-, h⟩ *mar. cf.* anheuern. — **ˈAnˌmu·ste·rung** *f cf.* Anheuern.

ˈAnˌmut *f* ⟨-; *no pl*⟩ *lit.* **1.** (*einer Person etc*) grace(fulness), charm: natürliche [bestrikkende] ~ natural [captivating] charm; ~ haben to be charming; j-m ~ verleihen to add (*od.* lend) charm to s.o.; ~ der Erscheinung graceful (*od.* attractive) appearance; ~ und Würde grace and dignity; mit ~ gracefully; ohne ~ graceless, ungraceful(ly); voll(er) ~ *cf.* anmutig; Mangel an ~ gracelessness. – **2.** (*einer Landschaft etc*) charm, loveliness.

ˈanˌmu·ten I *v/t* ⟨*sep*, -ge-, h⟩ **1.** strike, give a feeling (*od.* sense) of: sein Benehmen mutet (mich) seltsam an his behavio(u)r strikes me as (being) strange; es mutet mich heimatlich an it reminds me of home, it makes me feel at home; es mutet mich an, als ob I feel as if (*od.* though), I have a feeling of. – **2.** *obs. for* zumuten I. – **II** *v/i* **3.** strike.

ˈanˌmu·tig I *adj* **1.** (*Person etc*) graceful, charming: ~es Äußeres, ~e Erscheinung graceful (*od.* attractive) appearance. – **2.** (*Landschaft etc*) charming, lovely, pleasant. – **II** *adv* **3.** gracefully, with grace: ~ schreiten to step gracefully. — **ˈAnˌmu·tig·keit** *f* ⟨-; *no pl*⟩ *cf.* Anmut.

ˈanˌmut(s)·los *adj* lacking grace (*od.* charm). — **ˈAnˌmut(s)·lo·sig·keit** *f* ⟨-; *no pl*⟩ lack of grace (*od.* charm).

ˈanˌmutsˌvoll *adj u. adv cf.* anmutig.

ˈAnˌmu·tung *f* ⟨-; *no pl*⟩ *obs. for* Verlangen 7, Zumutung.

ˈanˌmutˌvoll *adj u. adv cf.* anmutig.

An·na·ber·git [anabɛrˈgiːt; -ˈgɪt] *m* ⟨-s; *no pl*⟩ *min. cf.* Nickelblüte.

ˈanˌna·geln *v/t* ⟨*sep*, -ge-, h⟩ (an *acc* to) fasten (*s.th.*) with nails, nail (*s.th.*) on: ein Bild an die Wand ~ to nail up a picture.

ˈanˌna·gen *v/t* ⟨*sep*, -ge-, h⟩ gnaw (*od.* nibble) at.

ˈanˌnä·hen *v/t* ⟨*sep*, -ge-, h⟩ (an *acc od. dat* to) sew (*s.th.*) on.

ˈanˌnä·hern I *v/t* ⟨*sep*, -ge-, h⟩ **1.** etwas an (*acc*) etwas ~, etwas etwas (*dat*) ~ to bring (*od.* draw) s.th. nearer (*od.* closer) to s.th., to approximate s.th. to s.th.: verschiedene Standpunkte einander ~ *fig.* to reconcile different points of view. – **2.** sich ~ *fig.* (*menschlich*) get closer to each other. – **3.** *math.* (*Werte*) approximate. – **4.** *econ.* (*Zolltarife*) approximate, harmonize. – **II** *v/reflex* sich **5.** *cf.* nähern 1. – **III A~** *n* ⟨-s⟩ **6.** *verbal noun.* – **7.** *cf.* Annäherung. — **ˈanˌnä·hernd I** *pres p.* – **II** *adj* **1.** approximate, approximative, rough. – **2.** *math.* approximate: ~e Berechnung approximation, extrapolation. – **III** *adv* **3.** approximately: er ist ~ fertig he is about (*od.* almost) finished; ~ 10 Mann roughly (speaking) 10 men; in ~ einer Woche in about a week; ~ richtiges Resultat *math.* approximate result. – **4.** nicht ~ not nearly (*od.* half), far from, nowhere near, nothing like: er ist nicht ~ so intelligent wie du he is nowhere near (*od.* nothing like) as intelligent as you; er ist der Sache nicht ~ gerecht geworden he didn't (*od.* failed to) do justice to it at all. — **ˈAnˌnä·he·rung** *f* ⟨-; -en⟩ **1.** *cf.* Annähern. – **2.** (*Näherkommen*) (an *acc* to, toward[s]) approach: bei ~ des Flugzeugs on the approach of the plane. – **3.** *fig.* (*Verständigung*) reconciliation, *bes. pol.* rapprochement: eine ~ zustande bringen to bring about a reconciliation. – **4.** *fig.* (*von Meinungen, Standpunkten etc*) approximation. – **5.** *math.* a) (*eines Werts*) approximation, b) (*von Linien*) (an *acc* toward[s]) convergence: ~ an den genauen Wert approximation to the exact value; ~ an einen Grenzwert convergence toward(s) a limit. – **6.** *mil.* (*des Feindes*) approach. – **7.** *astr.* (*eines Planeten*) application. – **8.** *econ.* (*der Zolltarife*) approximation, harmonization.

ˈAnˌnä·he·rungs|ˌbahn *f* (*space*) rendezvous (*od.* approach) flight path. — **~ˌfor·mel** *f math.* approximate (*od.* approximation) formula. — **~geˌschwin·dig·keit** *f* **1.** *aer.* (*space*) approach (*od.* closing) velocity. – **2.** *mil.* rate of approach, closing speed. — **~ˌgra·ben** *m mil.* approach trench. — **~maˌnö·ver** *n* (*space*) rendezvous man(o)euver (*bes. Br.* manœuvre). — **~meˌtho·de** *f phys. cf.* Annäherungsverfahren. — **~po·liˌtik** *f pol.* policy of rapprochement. — **~ˌrech·nung** *f math. phys.* approximate calculation, approximation. — **~ˌschlag** *m* (*beim Golf*) approach shot: einen ~ machen to approach. — **~verˌfah·ren** *n phys. math.* method of approximation. — **~verˌsuch** *m* **1.** *meist pl* (*des Mannes, der Frau*) advances *pl*, approaches *pl*, overtures *pl*: er machte dauernd ~e he was always making advances. – **2.** attempt at understanding, *bes. pol.* attempt at rapprochement: bei j-m ~e machen to seek to reach an understanding with s.o. — **a~ˌwei·se** *adv* approximately. — **~ˌwert** *m math.* approximate value, approximation. — **~ˌwin·kel** *m phys.* angle of approach. — **~ˌzün·der** *m mil. tech.* proximity fuse (*bes. Am.* fuze), variable time (*od.* VT) fuse.

ˈAnˌnah·me *f* ⟨-; -n⟩ **1.** *cf.* Annehmen. – **2.** (*von Geschenken, Vorschlägen etc*) acceptance: die ~ von etwas verweigern to refuse to accept s.th. – **3.** (*von Namen, Bräuchen etc*) adoption: ~ eines anderen Namens adoption of a new name, change of name; ~ eines neuen Glaubens adoption (*od.* embracement) of a new faith; ~ an Kindes Statt *jur.* adoption. – **4.** (*von Bediensteten, Mitarbeitern etc*) engagement, employment. – **5.** (*von Schülern etc*) admission. – **6.** *pol.* a) (*von Anträgen, Entschließungen*) carrying, adoption, b) (*von Gesetzesvorlagen*) passing, *Am.* passage. – **7.** (*Vermutung, Voraussetzung*) supposition, assumption, presumption: die ~ liegt nahe, daß it is an obvious supposition that, the obvious supposition is that; ich habe (allen) Grund zu der ~, daß I have (solid) grounds for supposing that, I have (good) reason to assume (*od.* for assuming, for the assumption) that; auf einer (bloßen) ~ beruhend hypothetical, suppositive, suppositional; in der ~, daß assuming (*od.* on the assumption) that. – **8.** *econ.* a) (*von Waren, Wechsel etc*) acceptance, b) (*von Aufträgen etc*) undertaking, c) (*Quittung*) receipt: die ~ einer Sendung verweigern to refuse acceptance of (*od.* to refuse to accept) a consignment; wegen nicht erfolgter ~ for nonacceptance (*Br.* non-); vorbehaltlose ~ clean (*od.* outright) acceptance; ~ unter Vorbehalt, bedingte ~ (von Waren) conditional acceptance. – **9.** (*postal service*) acceptance: die ~ des Briefes verweigern to refuse to accept the letter; „~ verweigert!" „refused". – **10.** (*sport*) (*eines Balls etc*) receiving.

'An,nah·me|be,am·te *m* acceptance clerk. — **~be,stä·ti·gung** *f econ.* acknowledg(e)ment of receipt. — **~er,klä·rung** *f econ.* declaration (*od.* notice, letter) of acceptance. — **~,frist** *f econ.* term of (*od.* for) (*od.* period of) acceptance. — **~,pflicht** *f* **1.** *econ. cf.* Abnahmepflicht. – **2.** *jur.* (*von gesetzlichem Zahlungsmittel*) obligation of acceptance. — **~,stel·le** *f* **1.** (*postal service*) posting office. – **2.** *mil.* recruiting office. — **~ver,merk** *m econ.* (note of) acceptance. — **~ver,wei·ge·rung** *f* **1.** *econ.* refusal of acceptance, nonacceptance *Br.* non-. – **2.** (*postal service*) refusal to accept (the letter *etc*).

An·na·len [a'naːlən] *pl hist.* annals, records: in den ~ der Geschichte verzeichnet sein to be on (*od.* part of the) historic record.

an·na·mi·tisch [ana'miːtɪʃ] **I** *adj* Annamese, Annamite, Vietnamese. – **II** *ling.* **A~** ⟨*generally undeclined*⟩, **das A~e** ⟨-n⟩ Annamese, Vietnamese.

An·na·ten [a'naːtən] *pl relig.* (*röm.kath.*) (*einer Pfründe*) annates.

'an,nehm·bar I *adj* **1.** (*brauchbar*) acceptable: der Vorschlag ist für uns nicht ~ the proposal is not acceptable to us. – **2.** (*angemessen*) acceptable, reasonable. – **3.** (*ausreichend*) sufficient, adequate, enough (*nachgestellt*). – **4.** (*zulässig*) admissible. – **5.** *colloq.* (*tragbar*) passable, tolerable, fair. – **II** *adv* **6.** acceptably, tolerably: sie spielt ganz ~ Klavier she plays the piano quite tolerably. — **'An,nehm·bar·keit** *f* ⟨-; *no pl*⟩ **1.** acceptability. – **2.** reasonableness. – **3.** sufficiency. – **4.** admissibility. – **5.** passableness, tolerableness.

'an,neh·men I *v/t* ⟨*irr, sep,* -ge-, h⟩ **1.** (*Geschenk, Vorschlag etc*) accept: eine Wette ~ to accept (*od.* take on) a bet; eine Herausforderung ~ to accept (*od.* take up) a challenge, to pick up the ga(u)ntlet; einen Vorschlag ~ to accept (*od.* agree to) a proposal; eine Dissertation ~ to accept a dissertation; gerne ~ to welcome; ein Amt ~ to accept (*od.* take up [over, on]) an office; eine Einladung nicht ~ not to accept (*od.* to decline) an invitation; bei j-m eine Stellung ~ to take a job with s.o. – **2.** (*Namen, Brauch etc*) adopt: einen anderen Namen ~ to adopt (*od.* assume) a new name, to change one's name (by deed poll); j-n an Kindes Statt ~ *jur.* to adopt s.o.; einen neuen Glauben ~ to adopt (*od.* embrace) a new faith; ein schroffes Wesen ~ to assume brusque manners. – **3.** (*Gewohnheit etc*) contract, acquire, fall into. – **4.** *pol.* a) (*Antrag, Entschließung*) carry, adopt, b) (*Gesetzesvorlagen*) pass: die Gesetzesvorlage wurde nicht angenommen the bill was rejected (*od. colloq.* thrown out); eine Entschließung ~, daß to resolve (*od.* pass a resolution) that. – **5.** *fig.* (*Aussehen, Form, Gestalt etc*) assume, take on: einen beschwörenden Ton ~ to assume (*od.* put on) an imploring tone; einen besorgten Ausdruck ~ to assume an anxious expression; eine neue Bedeutung ~ to take (on) a new meaning; → Haltung 8; Vernunft 2. – **6.** (*Besuch[er], Patienten etc*) receive, see: j-s Besuch ~ to receive s.o.; keinen Besuch ~ to refuse to see s.o. – **7.** (*Bedienstete, Mitarbeiter etc*) engage, hire, employ, take on: einen Bewerber ~ to take on (*od.* accept) an applicant; j-n (wieder) in Gnaden ~ *hist. auch humor.* to restore s.o. to favo(u)r. – **8.** (*Schüler*) admit, take. – **9.** (*Farbe, Geruch etc*) take (on): das Tuch nimmt (die) Farbe gut an the cloth takes (the) dye well, the cloth dyes well; dieses Papier nimmt keine Tinte an this paper will not take ink; der Stoff nimmt leicht Schmutz an the fabric soils easily (*od.* quickly). – **10.** (*vermuten, voraussetzen*) suppose, assume, presume, *bes. Am.* guess; posit, postulate, hypothesize (*scient.*): ich nehme an, daß er morgen kommt I suppose that he will come tomorrow; man nimmt an (*od.* es wird angenommen), daß er abgereist ist he is supposed to have left, it is assumed that he has left; man nimmt allgemein an (*od.* es wird allgemein angenommen), daß it is generally assumed (*od.* believed) that, it is a common assumption that; es ist anzunehmen (*od.* man darf ~), daß it is to be supposed (*od.* it must be assumed) that; das ist nicht anzunehmen that is improbable (*od.* not likely); irrtümlich ~, daß to assume erroneously that; wird er kommen? — Ich nehme (es) an will he come? — I suppose (*od.* think, believe) so; nehmen wir an (*od.* angenommen), er kommt suppose (*od.* supposing, assuming) (that) he comes, let us suppose that he comes; etwas mit Bestimmtheit (*od.* Sicherheit) ~ to take s.th. for granted; es als erwiesen (*od.* ausgemacht) ~, daß to take it for granted that; eine Entfernung von 500 m ~ *auch math.* to assume a distance of 500 m. – **11.** *econ.* (*Waren etc*) a) accept (delivery of), b) (*übernehmen*) take delivery of: eine Sendung nicht ~ to refuse to accept a consignment; eine Bestellung ~ to take an order; einen Wechsel ~ to accept (*od.* hono[u]r) a bill; einen Wechsel nicht ~ to dishono(u)r a bill. – **12.** *jur.* (*Urteil*) submit to. – **13.** (*sport*) (*Ball etc*) receive. – **14.** *hunt.* a) (*Fährte*) take (*od.* pick) up, get on, b) (*Jäger, Jagdhund*) attack, charge, make a rush at, c) (*Futterplatz, Wechsel etc*) enter. – **15.** (*bei Viehzucht*) accept. – **16.** (*Reitsport*) eine andere Gangart ~ to change gait; das Pferd nimmt das Hindernis nicht an the horse refuses the obstacle. – **17.** *math.* assume: den Wert x = a ~ to assume the value x = a. – **18.** Haltung ~ *mil.* stand at (*od.* come to) attention. – **19.** *tech.* take: ein kalter Motor nimmt kein Gas an a cold engine will not take the mixture. – **II** *v/i* **20.** accept: er nahm dankend an he accepted with thanks. – **III** *v/reflex* **21.** sich j-s [einer Sache] ~, *dial. auch* sich um j-n [etwas] ~ to take care of (*od.* to attend to, look after) s.o. [s.th.]: er nahm sich der Sache der Unterdrückten an he took up (*od.* espoused, adopted, championed) the cause of the oppressed; ich werde mich der Sache ~ I will see to (*od.* about) it. – **IV A~** *n* ⟨-s⟩ **22.** *verbal noun.* – **23.** *cf.* Annahme. — **'An,neh·mer** *m* ⟨-s; -⟩ **1.** accepter, acceptor: ~ eines Geschenks accepter (*od.* receiver) of a present. – **2.** *econ. cf.* Akzeptant 1.

'an,nehm·lich *adj obs. for* angenehm 1, annehmbar 1. — **'An,nehm·lich·keit** *f* ⟨-; -en⟩ **1.** (*Bequemlichkeit*) convenience, amenity: es bietet manche ~, hier zu wohnen it is a great convenience to live here; das Haus bietet jede ~ the house affords every convenience (*od.* comfort); die ~en des Lebens the amenities (*od.* comforts, sweets) of life. – **2.** ⟨*only sg*⟩ *obs. for* Annehmbarkeit 1.

'an,nei·gen *v/t u.* sich ~ *v/reflex* ⟨*sep,* -ge-, h⟩ **1.** incline (*od.* lean) toward(s). – **2.** *math.* converge.

an·nek'tier·bar *adj* annexable. — **an·nek·tie·ren** [anɛk'tiːrən] *pol.* **I** *v/t* ⟨*no* ge-, h⟩ (*Land etc*) annex. – **II A~** *n* ⟨-s⟩ *verbal noun.* — **An·nek'tie·rung** *f* ⟨-; -en⟩ **1.** *cf.* Annektieren. – **2.** annexation.

An·ne·li·den [ane'liːdən] *pl zo.* (*Ringelwürmer*) Annelida, annelids (*Unterordnung Annelida*).

An·nex [a'nɛks] *m* ⟨-es; -e⟩ **1.** (*Anhang*) annex, *bes. Br.* annexe, appendix. – **2.** (*Zubehör*) accessories *pl.* – **3.** (*Beilage*) enclosure, inclosure. – **4.** *civ.eng.* annex, *bes. Br.* annexe, outbuilding.

An·ne·xi·on [anɛ'ksĭoːn] *f* ⟨-; -en⟩ *pol.* annexation. — **An·ne·xio'nis·mus** [-ksĭo'nɪsmʊs] *m* ⟨-; *no pl*⟩ annexationism. — **An·ne·xio'nist** [-ksĭo'nɪst] *m* ⟨-en; -en⟩ annexationist.

An·ne·xi'ons·po·li,tik *f pol.* policy of annexing territory, annexationism.

'an,nie·sen *v/t* ⟨*sep,* -ge-, h⟩ **1.** j-n ~ to sneeze in s.o.'s face. – **2.** *fig. colloq. cf.* anschnauzen.

'an,nie·ten *v/t* ⟨*sep,* -ge-, h⟩ *tech.* (an *acc* to) to rivet (*s.th.*) on, to fasten (*s.th.*) with rivets.

An·ni·hi·la·ti·on [anihila'tsĭoːn] *f* ⟨-; -en⟩ *nucl.* annihilation. — **An·ni·hi·la·ti'ons,strah·lung** *f* annihilation radiation. — **an·ni·hi'lie·ren** [-'liːrən] *v/t* ⟨*no* ge-, h⟩ annihilate.

An·no, *auch, od. Austrian,* **a~** ['ano] *adv* (*im Jahre*) ~ 1870 *rare* in (the year) 1870; a~ dazumal *colloq.* a long time ago, long ago; von a~ dazumal sein *colloq.* to be as old as the hills (*colloq.*); ein Hut von a~ dazumal (*od.* von a~ Tobak) *colloq. humor. Am.* a hat from way back when, *Br.* a hat from the year dot.

'An·no 'Do·mi·ni ['doːmini] *hist.* anno Domini, in the year of our Lord, in the year of grace: Anno Domini 1500 (*abgekürzt* A.D. 1500) A.D. 1500.

An·non·ce [a'nõːsə] *f* ⟨-; -n⟩ *print.* (*Anzeige*) advertisement (*seltener* -z-), ad (*colloq.*): eine ~ aufgeben, eine ~ in eine Zeitung setzen to put an advertisement in a newspaper, to advertise (*seltener* -z-).

An'non·cen|ak·qui·si,teur *m* advertising (*seltener* -z-) agent (*od.* canvasser), *bes. Am.* adman. — **~,blatt** *n* advertising paper, advertiser. — **~bü,ro** *n,* **~ex·pe·di·ti,on** *f print.* advertising agency (*od.* office). — **~,teil** *m* (*einer Zeitung*) advertisement section (*od.* columns *pl*). — **~,we·sen** *n print.* advertising.

an·non·cie·ren [anõ'siːrən] **I** *v/i* ⟨*no* ge-, h⟩ advertise (*seltener* -z-), put in an advertisement (*seltener* -z-). – **II** *v/t* advertise (*seltener* -z-).

An·no·ta·ti·on [anota'tsĭoːn] *f* ⟨-; -en⟩ **1.** *obs. for* Aufzeichnung 5, Vermerk 1. – **2.** *print.* list of new publications.

An·nua·le [a'nŭaːlə] *n* ⟨-; -n⟩ *röm.kath.* annual.

an·nu·ell [a'nŭɛl] *adj bot.* annual.

An·nui·tät [anui'tɛːt] *f* ⟨-; -en⟩ *econ.* annual repayment (of principal and interest), annuity.

an·nu·lar [anu'laːr] *adj med. bot.* (*ringförmig*) annular, annulate(d).

An·nul·la·ti·on [anʊla'tsĭoːn] *f* ⟨-; -en⟩ *jur. cf.* Annullierung 3.

an·nul'lier·bar *adj* defeasible, voidable, annullable. — **An·nul'lier·bar·keit** *f* ⟨-; *no pl*⟩ defeasibility, voidableness.

an·nul·lie·ren [anʊ'liːrən] **I** *v/t* ⟨*no* ge-, h⟩ **1.** annul, nullify. – **2.** *jur.* (*Gesetz, Urteil etc*) a) (render) (*s.th.*) void, repeal, quash, set aside, rescind, b) declare null and void, c) (*Verordnung etc*) abate, revoke. – **3.** *econ.* (*Bestellung etc*) cancel, revoke, countermand, withdraw. – **4.** (*sport*) (*Treffer*) disallow. – **II A~** *n* ⟨-s⟩ **5.** *verbal noun.* — **An·nul'lie·rung** *f* ⟨-; -en⟩ **1.** *cf.* Annullieren. – **2.** annulment, nullification. – **3.** *jur.* a) (*Aufhebung*) repeal, rescission, b) (*Abschaffung*) abatement, c) (*Zurücknahme*) revocation: ~ einer Ehe decree of nullity (of a marriage). – **4.** *econ.* (*einer Bestellung etc*) cancellation, revocation, countermand, withdrawal.

An·nul'lie·rungs,klau·sel *f jur.* nullifying (*od.* cancellation, escape) clause.

An·nu·lus ['anulʊs] *m* ⟨-; -li [-li]⟩ *bot.* annulus, (*bes. der Farnkräuter*) gyroma.

Anoa [a'noːa] *f* ⟨-; -s⟩, **~,büf·fel** *m zo.* anoa, asiatic buffalo (*Anoa depressicornis*).

An·ode [a'noːdə] *f* ⟨-; -n⟩ *electr.* anode, plate, positive pole (*od.* electrode): massive ~ heavy (*od.* solid) anode.

'an,öden *v/t* ⟨*sep,* -ge-, h⟩ *colloq.* **1.** *cf.* langweilen I. – **2.** *cf.* belästigen I.

An'oden|bat·te,rie *f electr.* anode (*od.* high-tension, high-voltage, dry) battery, plate (*od.* B) battery. — **~ˌfall** *m* anode drop (*od.* fall), potential fall. — **~ˌgleichˌrich·ter** *m* anode rectifier. — **~ˌgleichˌrich·tung** *f* anode (bend) rectification, anode (*od.* plate) detection. — **~ion** [-ˀiˌo:n] *n* anion. — **~ˌklem·me** *f* anode (*od.* plate) terminal. — **~ˌkreis** *m* anode (*od.* plate) circuit. — **~ˌplat·te** *f* anode plate. — **~ˌschlamm** *m tech.* (*auf Kupfer*) anode slime (*od.* mud). — **~ˌschutzˌnetz** *n electr.* anode screen. — **~ˌschwamm** *m tech.* (*bei Blei*) anode sponge. — **~ˌspan·nung** *f electr.* anode (*od.* plate) voltage (*od.* potential), discharge voltage. — **~ˌstecker** (*getr.* -k·k-) *m* anode plug. — **~ˌstrahl** *m meist pl* anode ray. — **~ˌstrom** *m* anode (*od.* plate) current. — **~verˌlust** *m* plate (*od.* anode) dissipation (*od.* loss). — **~ˌwi·derˌstand** *m* anode resistor (*od.* load), plate resistance (*od.* load).

an·odisch [a'no:dɪʃ] *electr.* **I** *adj* anodic, anodal. – **II** *adv* anodically: ~ behandeln to anodize.

An·ody·nie [an(ˀ)ody'ni:] *f* ⟨-; *no pl*⟩ *med.* anodynia, absence of pain.

An·ody·num [an'ˀo:dynum; a'no:-] *n* ⟨-s; -na [-na]⟩ *med. pharm.* anodyne.

ano·gen [ano'ge:n] *adj geol.* anogenic.

'anˌölen *v/t* ⟨*sep*, -ge-, h⟩ oil, coat (*s.th.*) with oil.

Ano·li [a'no:li] *m* ⟨-s; -s⟩, **Ano·lis** [-lɪs] *m* ⟨-; -⟩ *zo.* anolis, anole, *auch* anoli (*Gattg Anolis*; *lizard*): Grüner ~ American chameleon (*A. carolinensis*).

an·omal [ano'ma:l; 'a(:)noma:l] *adj* **1.** *bes. med.* anomalous, abnormal. – **2.** *rare for* anormal 1. — **An·oma·lie** [anoma'li:] *f* ⟨-; -n [-ən]⟩ **1.** *med.* anomaly, abnormality. – **2.** *astr.* anomaly. — **an·oma·lisch** [ano'ma:lɪʃ; 'a(:)noma:lɪʃ] *adj cf.* anomal 1. — **An·oma·list** [anoma'lɪst] *m* ⟨-en; -en⟩ *ling. philos.* anomalist. — **an·oma'li·stisch** *adj astr. philos.* anomalistic, *auch* anomalistical.

An·oma·lo·skop [anomalo'sko:p] *n* ⟨-s; -e⟩ *phys.* anomaloscope.

Ano·mie [ano'mi:] *f* ⟨-; -n [-ən]⟩ *psych. sociol.* anomie, auch anomia, anomy. — **ano·misch** [a'no:mɪʃ] *adj* anomic.

Ano·mit [ano'mi:t; -'mɪt] *m* ⟨-s; -e⟩ *min.* anomite.

An·omö·er [ano'mø:ər] *m* ⟨-s; -⟩ *relig. hist.* Anomoean, *auch* Anomoian.

Anon [a'no:n] *n* ⟨-s; *no pl*⟩ *chem.* Anon (cyclohexanone) ($C_6H_{10}O$).

Ano·na [a'no:na] *f* ⟨-; -nen⟩, **Ano·ne** [a'no:nə] *f* ⟨-; -n⟩ *bot.* anon, sweetsop, custard apple, sugar apple (*Annona squamosa*).

Ano·nol [ano'no:l] *n* ⟨-s; *no pl*⟩ *chem.* anonol ($C_{23}H_{38}O_4$).

An·ony·chie [an(ˀ)ony'çi:] *f* ⟨-; *no pl*⟩ *med.* anonychia, loss (*od.* absence) of nails.

an·onym [ano'ny:m] **I** *adj* **1.** (*Brief, Schreiber etc*) anonymous, nameless: ~ bleiben to remain anonymous. – **2.** *econ.* not bearing a (trade) name. – **II** *adv* **3.** ~ erscheinen to come out (*od.* to be published) anonymously.

An·ony·ma [a'no:nyma] *f* ⟨-; *no pl*⟩ *med.* innominate artery (*od.* vein), anonyma.

An·ony·menˌle·xi·kon [ano'ny:mən-] *n* dictionary of anonymous literature, index of anonymous publications.

An·ony·mi·tät [anonymi'tɛ:t] *f* ⟨-; -en⟩ anonymity, namelessness: sich in ~ hüllen to hide behind anonymity; die ~ wahren to keep (up) anonymity.

An·ony·mus [a'no:nymus] *m* ⟨-; -mi [-mi] *u.* -men [ano'ny:mən]⟩ anonymous writer (*od.* author, person), anonym, *Am. auch* anonyme.

An·ophe·les [a'no:felɛs] *f* ⟨-; -⟩, **~ˌmücke** (*getr.* -k·k-) *f zo.* anopheles (*Gattg Anopheles, bes. A. gambiae*).

An·oph·thal·mie [an(ˀ)ɔftal'mi:] *f* ⟨-; *no pl*⟩ *med.* anophthalmia, congenital absence of the eyes.

An·opie [an(ˀ)o'pi:], **An·op·sie** [an(ˀ)ɔ'psi:] *f* ⟨-; *no pl*⟩ *med.* ano(o)psia, *auch* anopia.

Ano·rak ['anorak] *m* ⟨-s; -s⟩ (*fashion*) *bes. Br.* anorak, *bes. Am.* parka.

An·or·chi·die [an(ˀ)ɔrçi'di:], **An·or'chie** [-'çi:] *f* ⟨-; *no pl*⟩ *med.* anorchism, *auch* anorchia, anorchidism.

'anˌord·nen I *v/t* ⟨*sep*, -ge-, h⟩ **1.** etwas ~ to order (*od.* give orders) to do s.th.: wer hat das angeordnet? who ordered that? who gave orders to do that? etwas ausdrücklich [dienstlich] ~ to give express [official] orders to do s.th. (*od.* that s.th. should be done); der Vorsitzende ordnete Ruhe an the chairman ordered (*od.* commanded) silence. – **2.** *jur.* a) order, direct, b) (*gesetzlich*) enact, provide (*s.th.*) by law: testamentarisch ~ to dispose by will; durch Dekret ~ to decree. – **3.** *mil. cf.* befehlen 1. – **4.** *med.* (*verordnen*) order: der Arzt ordnete strenge Bettruhe an the doctor ordered complete bed rest. – **5.** (*ordnen*) arrange, (set in) order: nach Sachgebieten ~ to arrange according to subjects; falsch ~ to put in the wrong order, to misarrange; neu ~ to rearrange; planmäßig ~ to organize; richtig ~ to arrange in the proper order; Truppen nach der Tiefe ~ *mil.* to dispose troops in depth. – **6.** *tech.* arrange, group: rechtwinklig ~ to quarter. – **II A~** *n* ⟨-s⟩ **7.** *verbal noun.* — **'Anˌord·nung** *f* ⟨-; -en⟩ **1.** *cf.* Anordnen. – **2.** order, instruction, direction: dienstliche ~ official order; polizeiliche ~ police order, order of the police; ~en treffen (*od.* erlassen) to give (*od.* issue) orders (*od.* instructions); ~en treffen, daß etwas geschieht to give orders (*od.* instructions, directions) for s.th. to be done (*od.* that s.th. should be done); sich an die ~en halten to conform to the rules; einer ~ folgen (*od.* nachkommen) to follow (*od.* conform to, comply with) an order; sich einer ~ fügen [widersetzen] to submit to [to oppose (*od.* resist)] an order; auf ~ von by order (*od.* direction, command) of; auf j-s ~ hin following (*od.* in response to) s.o.'s order; Ihren ~en gemäß (*od.* entsprechend) according to your directions (*od.* instructions); laut behördlicher ~ by order of the authorities. – **3.** (*Anweisung*) directive. – **4.** *jur.* order, (*gesetzlich*) enactment: auf gerichtliche ~, laut gerichtlicher ~ by order of the court, according to the ruling of the court; ~ einer Untersuchung institution of an inquiry. – **5.** *mil. cf.* Befehl 1. – **6.** *med.* (*Verordnung*) order: ärztliche ~en befolgen to follow the doctor's orders; auf ~ des Arztes on doctor's orders. – **7.** (*Ordnung*) arrangement, placement: übersichtliche ~ clear arrangement; planmäßige ~ system; richtige (*od.* gute) ~ proper arrangement; falsche (*od.* schlechte) ~ misarrangement; ~ in einer Linie alignment. – **8.** (*Reihenfolge*) order: alphabetische ~ alphabetical order. – **9.** *mil.* a) (*von Truppen*) disposition, b) (*von Versorgungsgütern*) arrangement, c) (*von Minen*) array. – **10.** *tech.* a) arrangement, b) (*einer Anlage*) design, layout. – **11.** (*sport*) line-up. – **12.** (*art*) grouping, combination. – **13.** *ling.* (*Rhetorik, Grammatik*) order, arrangement, taxis (*rare*).

An·ore·xie [an(ˀ)orɛ'ksi:] *f* ⟨-; *no pl*⟩ *med.* absence of appetite, anorexia, anorexy (*scient.*).

An·or·ga·ni·ker [an(ˀ)ɔr'ga:nikər] *m* ⟨-s; -⟩ inorganic chemist. — **'an·or·ga·nisch** [-nɪʃ] *adj bes. chem.* inorganic: ~e Chemie inorganic chemistry.

anor·mal ['a(:)nɔrma:l; anɔr'ma:l] **1.** *adj* anomalous, abnormal, *Am. auch* anormal: ein ~er Zustand an anomalous state (of affairs); unter ~en Verhältnissen leben to live in abnormal circumstances. – **2.** *med. cf.* anomal 1.

An·or·thit [an(ˀ)ɔr'ti:t; -'tɪt] *m* ⟨-s; *no pl*⟩ *min.* anorthite: ~ enthaltend anorthitic.

An·or·tho·sit [an(ˀ)ɔrto'zi:t; -'zɪt] *m* ⟨-s; *no pl*⟩ *min.* anorthosite.

An·or·tho·skop [an(ˀ)ɔrto'sko:p] *n* ⟨-s; -e⟩ *phys.* anorthoscope.

An·os·mie [an(ˀ)ɔs'mi:] *f* ⟨-; *no pl*⟩ *med.* anosmia. — **an·os·misch** [an'ˀɔsmɪʃ; a'nɔsmɪʃ] *adj* anosmic.

An·ox·ämie [an(ˀ)ɔksɛ'mi:] *f* ⟨-; *no pl*⟩ *med. bes. Am.* anoxemia, *bes. Br.* anoxaemia. — **an·ox'ämisch** [-'ksɛ:mɪʃ] *adj bes. Am.* anoxemic, *bes. Br.* anoxaemic.

An·oxie [an(ˀ)ɔ'ksi:] *f* ⟨-; *no pl*⟩ *med.* anoxia.

'an·oxyˌdie·ren *v/t* ⟨*sep*, *no* ge-, h⟩ *chem.* oxidize.

'Anˌpaa·rung *f* ⟨-; *no pl*⟩ pairing (of different breeds).

'anˌpacken (*getr.* -k·k-) **I** *v/t* ⟨*sep*, -ge-, h⟩ **1.** *fig. colloq.* (*behandeln*) treat, handle: j-n hart ~ to handle s.o. harshly; er packte ihn nicht gerade sanft an he didn't exactly treat him gently. – **2.** *colloq. for* anfassen 1 *u.* 2. – **3.** *fig. colloq.* (*Aufgabe, Problem etc*) tackle, set about, attack: die Sache falsch [richtig] ~ to tackle the matter the wrong [right] way; eine Sache anders ~ to set about s.th. differently; eine Sache energisch ~ to tackle s.th. energetically, to go at s.th., to put one's shoulder to the wheel; ein Übel an der Wurzel ~ to strike at the root of an evil; → Eisen 3; Stier 1. – **II** *v/i* **4.** (*bei etwas*) mit ~ *colloq.* to lend a helping hand with s.th.: er packte kräftig mit an he lent a willing hand. – **5.** (*von Hund*) snap, bite.

'anˌpad·deln I *v/i* ⟨*only pp*⟩ angepaddelt kommen *colloq.* to come paddling along. – **II A~** *n* ⟨-s⟩ (*sport*) opening of the paddling season.

'anˌpap·pen *v/t* ⟨*sep*, -ge-, h⟩ *u.* *v/i* ⟨sein⟩ *Southern G. for* ankleben.

'anˌpaß·bar *adj* adaptable: nicht ~ unadaptable, inadaptable.

'anˌpas·sen I *v/t* ⟨*sep*, -ge-, h⟩ **1.** (*Kleid, Anzug etc*) fit (on): j-m einen Anzug ~ to fit a suit on s.o.; ein Kleid der Figur ~ to fit (*od.* adjust) a dress to the body measurements, to fit on a dress. – **2.** *fig.* (*aufeinander abstimmen*) adapt, adjust, suit, *auch* accord: etwas an (*acc*) etwas ~ to adapt s.th. to s.th.; etwas der kindlichen Fassungskraft ~ to adapt s.th. to a child's (power of) comprehension; seinen Stil den Zuhörern ~ to suit one's style to one's audience; sein Leben den (veränderten) Verhältnissen ~ to adjust oneself to (changed) conditions; die Mittel dem Zweck ~ to adapt the means to the end. – **3.** (*in Farbe, Muster*) (an *acc* to, with) match. – **4.** *tech.* (*Bauteile*) (an *acc*) (make) fit (to), adapt (to), adjust (to), align (with). – **5.** *electr.* (an *acc* to) match. – **6.** *econ.* (*Löhne etc*) (an *acc* to) adjust, adapt. – **7.** *med. phys.* (*Auge*) (an *acc* to) adapt, accommodate. – **8.** *ling.* assimilate. – **II** *v/reflex* sich ~ **9.** (*dat od.* an *acc* to) adapt (*od.* adjust) oneself, conform: sich an j-n ~, sich j-m ~ to adapt (*od.* adjust) oneself to s.o.; sich den Verhältnissen ~ to adapt oneself to the circumstances; sich den modernen Lebensbedingungen ~ to conform to modern conditions of life; sich äußerlich (*od.* der Zeit) ~ to serve time, to temporize; sich den Zeiten ~ to trim one's sails to the prevailing wind (*auch pol.*); sich j-s Meinung ~ to fall in with s.o.'s opinion; sich ~ können to be adaptable, to show adaptability; er kann sich schlecht ~ he is unadaptable (*od.* inelastic). – **10.** *sociol.* (an *acc* to) assimilate. – **11.** *biol.* (an *acc* etwas) a) adapt oneself (to s.th.), b) imitate (s.th.). – **12.** *cf.* akklimatisieren II. – **III A~** *n* ⟨-s⟩ **13.** *verbal noun.* – **14.** *cf.* Anpassung.

'AnˌpaßˌRaum *m* fitting room.

'Anˌpas·sung *f* ⟨-; *no pl*⟩ **1.** *cf.* Anpassen. – **2.** (an *acc*) adaptation (to), adjustment (to), accommodation, conformation (to), conformity (to, with): schlechte (*od.* ungenügende) ~ maladaptation, maladjustment; Mangel an ~ inadaptation; äußerliche (*od.* vorübergehende) ~ temporization; ~ an neuzeitliche Verhältnisse modernization; ~ an die menschliche Natur humanization. – **3.** *tech.* (an *acc* to) adaptation. – **4.** *electr.* (an *acc* to) matching. – **5.** *econ.* (*von Löhnen etc*) (an *acc* to) adjustment, adaptation. – **6.** *sociol.* (an *acc* to) assimilation. – **7.** *biol.* (an *acc*) a) adaptation (to), b) imitation (of). – **8.** *med.* adaptation. – **9.** (*optics*) accommodation. – **10.** *ling. cf.* Assimilation. – **11.** *cf.* Akklimatisation.

'Anˌpas·sungs|ˌbeiˌhil·fe *f econ.* financial aid for adjustment projects. — **~erˌschei·nung** *f* phenomenon of adaptation. — **a~ˌfä·hig** *adj* adaptable, adaptive: nicht ~ inadaptable, unadaptable, inelastic; geistig ~ flexible, versatile. — **~ˌfä·hig·keit** *f* ⟨-; -en⟩ **1.** (an *acc* to) adaptability (*auch tech.*), adaptiveness. – **2.** *auch psych.* flexibility. – **3.** *med.* a) adaptability, b) (*des Auges*) accommodation. – **4.** *sociol.* adjustment. — **~ˌform** *f* adaptation. — **~geˌrät** *n mil. tech.* adapter (*Am. auch* adaptor) (*od.* matching) unit. — **~geˌsetz** *n econ.* amending law. — **~geˌtrie·be** *n tech.* adapter, *Am. auch* adaptor. — **~ˌklau·sel** *f* adaptation clause. — **~ko·ef·fi·ziˌent** *m tel.* return-current coefficient. — **~ˌkreis** *m electr.* matching circuit. — **~ˌmerkˌmal** *n biol.* adaptive character. — **~ˌmus·kel** *m zo.* (*der Brachiopoden*) adjuster, *Am. auch* adjustor. — **~ˌplan** *m econ.* adaptation (*od.* adjustment, *auch* adaption) plan. — **~po·liˌtik** *f pol.* opportunism, *bes. Am.* timeserving. — **~ˌschal·tung** *f tel.* accommodating connection (*Br. auch* connexion). — **~ˌschwie·rig·kei·ten** *pl* adaptive difficulties. — **~trans·forˌma·tor**

m electr. matching transformer. — **~ver,mö·gen** *n cf.* Anpassungsfähigkeit. — **~,zeit,raum** *m* period of adaptation.

'an,pa·sten *v/t* ⟨*sep*, -ge-, h⟩ *med. pharm.* (*Salbe etc*) work up.

'an,pei·len I *v/t* ⟨*sep*, -ge-, h⟩ **1.** *aer. mar.* take bearings (*od.* a bearing) of. – **2.** j-n [etwas] ~ *fig. colloq.* to fix one's eyes on s.o. [s.th.]. – **II A~** *n* ⟨-s⟩ **3.** *verbal noun.* — **'An,pei·lung** *f* ⟨-; -en⟩ **1.** *cf.* Anpeilen. – **2.** (*radio*) direction finding, DF: ~ von Flugzeugen locating of aircraft.

'an,peit·schen *v/t* ⟨*sep*, -ge-, h⟩ *fig.* (*zur Arbeit etc*) whip on.

'an,pfäh·len *v/t* ⟨*sep*, -ge-, h⟩ **1.** fasten (*s.th.*) to a stake (*od.* stakes). – **2.** (*Pflanzen, bes. Weinreben*) stake, prop.

'an,pfei·fen I *v/t* ⟨*irr, sep*, -ge-, h⟩ **1.** (*sport*) das Spiel ~ to give the starting whistle (*od.* signal), to whistle for the start of play, (*Fußballspiel*) to whistle for the kick(-)off. – **2.** j-n ~ *fig. colloq.* to tick (*od.* tell) s.o. off (*colloq.*), to dress s.o. down (*colloq.*). – **II** *v/i* **3.** *cf.* anpfeifen 1.

'An,pfiff *m* ⟨-(e)s; -e⟩ **1.** ⟨*only sg*⟩ (*sport*) (*eines Spiels*) whistle to start (*od.* for the start of play), starting whistle. – **2.** *fig. colloq.* (*scharfe Zurechtweisung*) ticking (*od.* telling) off (*colloq.*), dressing down (*colloq.*): einen ~ bekommen to get a ticking off.

'an,pflan·zen I *v/t* ⟨*sep*, -ge-, h⟩ **1.** (*pflanzen*) plant. – **2.** (*anbauen*) cultivate, grow: Tabak ~ to cultivate tobacco. – **3.** (*bepflanzen*) lay out: einen Garten ~ to lay out a garden. – **II** *v/reflex* sich ~ **4.** *obs. hist.* settle (down). – **III A~** *n* ⟨-s⟩ **5.** *verbal noun.* – **6.** *cf.* Anpflanzung. — **'An,pflan·zer** *m* ⟨-s; -⟩ **1.** planter. – **2.** cultivator, grower. – **3.** *obs. hist.* settler, colonist. — **'An,pflan·zung** *f* ⟨-; -en⟩ **1.** *cf.* Anpflanzen. – **2.** cultivation. – **3.** *obs. hist.* settlement, (new) colony.

'an,pflau·men *v/t* ⟨*sep*, -ge-, h⟩ j-n ~ *colloq. humor.* to poke fun at s.o. (*colloq.*).

'an,pflocken (*getr.* -k·k-), **'an,pflöcken** (*getr.* -k·k-) *v/t* ⟨*sep*, -ge-, h⟩ **1.** (*Zelt etc*) peg (down). – **2.** (*Ziege etc*) tether, picket.

'an,pfrop·fen *v/t* ⟨*sep*, -ge-, h⟩ **1.** *hort.* graft: einem Baum ein Reis ~ to graft a scion on a tree. – **2.** *tech.* (*Tischlerei*) lengthen, join a lengthening piece to.

'an,picken (*getr.* -k·k-) *v/t* ⟨*sep*, -ge-, h⟩ **1.** peck (at). – **2.** *Austrian for* ankleben I.

'an,pin·seln *v/t* ⟨*sep*, -ge-, h⟩ **1.** *colloq.* paint (over). – **2.** *med.* daub, paint, swab.

'an,pir·schen *v/reflex* ⟨*sep*, -ge-, h⟩ sich ~ *hunt.* stalk.

'an,plät·zen *v/t* ⟨*sep*, -ge-, h⟩ (*forestry*) *cf.* anreißen 9.

'an,pö·beln *colloq.* **I** *v/t* ⟨*sep*, -ge-, h⟩ abuse (grossly), use abusive language to, vilify: j-n auf der Straße ~ to abuse s.o. in the street. – **II A~** *n* ⟨-s⟩ *verbal noun.* — **'An,pö·be·lung** *f* ⟨-; -en⟩ *colloq.* **1.** *cf.* Anpöbeln. – **2.** (gross) abuse.

'an,pol·tern *v/i* ⟨*sep*, -ge-, h⟩ **1.** (*an die Tür*) give a loud rap (*od.* knock). – **2.** ⟨*only pp*⟩ angepoltert kommen *colloq.* to come up making an awful racket (*od.* noise).

'An,prall *m* **1.** (an *acc*, gegen) impact (upon, on), impingement (upon, on) (*beide auch tech.*), collision (with). – **2.** *mil.* brunt, shock: den ersten ~ aushalten to bear the brunt (of an attack).

'an,pral·len *v/i* ⟨*sep*, -ge-, sein⟩ (an *acc*, gegen) strike (forcibly) (against), bounce (on, at), impact (upon, on) (*beide auch tech.*), collide (with).

'An,prall|,punkt *m* point of impact. — **~ver,let·zung** *f med.* contusion, bruise.

'an,pran·gern [-,praŋərn] **I** *v/t* ⟨*sep*, -ge-, h⟩ *fig.* (*unhaltbare Zustände*) denounce, pillory. – **II A~** *n* ⟨-s⟩ *verbal noun.* — **'An,pran·ge·rung** *f* ⟨-; -en⟩ **1.** *cf.* Anprangern. – **2.** (public) denunciation.

'an,prei·en *v/t* ⟨*sep*, -ge-, h⟩ *mar.* (*Schiff*) hail.

'an,prei·sen I *v/t* ⟨*irr, sep*, -ge-, h⟩ **1.** (*bes. Waren*) praise, (re)commend, (*durch Reklame*) boost, promote, crack up (*colloq.*), *bes. Am.* talk up: etwas marktschreierisch (*od.* aufdringlich) ~ to push (*od.* puff, *colloq.* ballyhoo) s.th.; j-n ~ to eulogize s.o.; etwas wie sauer Bier ~ *colloq.* to offer s.th. for sale dirt cheap (*od.* at a knockdown price). – **II A~** *n* ⟨-s⟩ **2.** *verbal noun.* – **3.** *cf.* Anpreisung. — **'An,prei·ser** *m* ⟨-s; -⟩ eulogist, praiser. — **'An,prei·sung** *f* ⟨-; -en⟩ **1.** *cf.* Anpreisen. – **2.** praise, recommendation, boost: marktschreierische ~ puff, claptrap, ballyhoo (*colloq.*).

'an,pre·schen *v/i* ⟨*only pp*⟩ angeprescht kommen *colloq.* to come hurrying (*od.* rushing) up.

'an,pres·sen *v/t* ⟨*sep*, -ge-, h⟩ etwas an (*acc*) etwas ~ to press (*od.* force) s.th. against (*od.* on) s.th.

'An,pro·be *f* ⟨-; -n⟩ (*von Kleidern*) fitting, trying on, try-on: sie kommt zur ~ she comes to be fitted, she comes for a fitting; zur ~ bestellt sein to be asked to come for a fitting.

'an,pro·ben *v/t u. v/i* ⟨*sep*, -ge-, h⟩ *rare for* anprobieren.

'an·pro,bie·ren I *v/t u. v/i* ⟨*sep, no* -ge-, h⟩ **1.** (*Kleider*) try (*od.* fit) on: einen Anzug ~ to try on a suit; wann kann ich ~ kommen? *colloq.* when can I come for a fitting? – **II A~** *n* ⟨-s⟩ **2.** *verbal noun.* – **3.** *cf.* Anprobe.

'an,pu·dern *v/t* ⟨*sep*, -ge-, h⟩ powder (*s.th.*) (slightly).

'an,pum·meln [-,puməln] *v/t u.* sich ~ *v/reflex* ⟨*sep*, -ge-, h⟩ *dial.* dress (oneself) too warmly, overdress.

'an,pum·pen *colloq.* **I** *v/t* ⟨*sep*, -ge-, h⟩ **1.** j-n (um Geld) ~ to pump (*od.* touch, milk, tap) s.o. for money (*colloq.*). – **II A~** *n* ⟨-s⟩ **2.** *verbal noun.* – **3.** 'touch' (*colloq.*).

'an,pur·zeln *v/i* ⟨*only pp*⟩ angepurzelt kommen to come tumbling along.

'an,pu·sten *v/t* ⟨*sep*, -ge-, h⟩ *colloq.* blow on, breathe on: man braucht ihn nur anzupusten und schon fällt er um *colloq. iron.* you only have to breathe on him and he will fall over.

'An,putz *m* ⟨-es; *no pl*⟩ *dial.* gaudy (*od.* showy) dress. — **'an,put·zen** *v/t* ⟨*sep*, -ge-, h⟩ *dial. for* herausputzen 3, schmücken 1.

'an,qual·men *v/t* ⟨*sep*, -ge-, h⟩ j-n ~ *colloq. for* anrauchen 3.

'an,quas·seln *v/t* ⟨*sep*, -ge-, h⟩ j-n ~ *colloq. cf.* anquatschen.

'an,quat·schen *v/t* ⟨*sep*, -ge-, h⟩ j-n ~ *colloq.* to accost s.o.: er hat mich dumm angequatscht he spoke to me in a stupid way.

'an,quel·len I *v/i* ⟨*irr, sep*, -ge-, sein⟩ (*von Samenkörnern etc*) sprout, swell. – **II** *v/t* ⟨h⟩ make (*s.th.*) sprout, swell (*s.th.*) (up *od.* out).

'an,quir·len *v/t* ⟨*sep*, -ge-, h⟩ *gastr.* whisk, beat.

'an,ra·deln *v/i* ⟨*only pp*⟩ angeradelt kommen *colloq.* to come cycling (*od.* pedaling, *bes. Br.* pedalling) along.

'an,rai·nen *v/i* ⟨*sep*, -ge-, h⟩ *Southern G. and Austrian for* angrenzen 1. — **'An,rai·ner** *m* ⟨-s; -⟩ *Southern G. and Austrian for* Anlieger, Grenznachbar.

'an,ran·zen *v/t* ⟨*sep*, -ge-, h⟩ *colloq. cf.* anschnauzen. — **'An,ran·zer** *m* ⟨-s; -⟩ *colloq. cf.* Anschnauzer.

'an,ra·sen *v/i* ⟨*only pp*⟩ angerast kommen *colloq.* to come racing along.

'an,ras·seln *v/i* ⟨*only pp*⟩ angerasselt kommen *colloq.* to come rattling along.

'an,ra·ten I *v/t* ⟨*irr, sep*, -ge-, h⟩ **1.** j-m etwas ~ to advise s.o. to do s.th., to recommend s.th. to s.o.: j-m Vorsicht ~ to advise s.o. to be cautious; j-m etwas dringend ~ to urge s.o. to do s.th. – **II A~** *n* ⟨-s⟩ **2.** *verbal noun.* – **3.** advice, recommendation: auf A~ des Arztes at the recommendation of the doctor.

'an,rau·chen *v/t* ⟨*sep*, -ge-, h⟩ **1.** (*Zigarre etc*) begin to smoke. – **2.** (*neue Pfeife*) break in, season, color, *bes. Br.* colour. – **3.** j-n ~ to blow (*od.* puff) smoke at s.o. (*od.* in s.o.'s face). – **4.** *bes. tech.* smoke, blacken (*s.th.*) with smoke.

'an,räu·chern I *v/t* ⟨*sep*, -ge-, h⟩ **1.** (*Schinken etc*) smoke (*s.th.*) slightly. – **2.** (*bes. Pflanzen*) fumigate, smoke. – **3.** (*mit Weihrauch*) perfume (*s.th.*) with incense. – **II A~** *n* ⟨-s⟩ **4.** *verbal noun.* — **'An,räu·che·rung** *f* ⟨-; *no pl*⟩ **1.** *cf.* Anräuchern. – **2.** fumigation.

'an,rau·hen *v/t* ⟨*sep*, -ge-, h⟩ (*textile*) (*Tuch etc*) **1.** nap, raise. – **2.** (*mit Kardendistel*) teasel.

'an,raun·zen *v/t* ⟨*sep*, -ge-, h⟩ j-n ~ *colloq. cf.* anschnauzen.

'an,rau·schen *v/i* ⟨*only pp*⟩ angerauscht kommen *colloq.* a) to come roaring (*od.* rushing) up (*od.* along), b) *fig.* (*von Frauen*) to come sweeping up (*od.* in), to come rustling up.

'an,re·chen·bar *adj cf.* anrechnungsfähig.

'an,rech·nen I *v/t* ⟨*sep*, -ge-, h⟩ **1.** (*gutschreiben*) allow, credit: j-m einen Betrag (für etwas) ~ to allow s.o. (*od.* to make s.o. an allowance of) a sum (for s.th.), to credit a sum of money to s.o. (for s.th.); wieviel rechnen Sie mir dafür an? how much will you allow me for (*od.* on) it? – **2.** (*berechnen*) charge: j-m einen niedrigen Preis für etwas ~ to charge s.o. a low price for s.th., to let s.o. have s.th. cheap; er rechnet nichts dafür an he makes no charge for it; j-m zuviel [zuwenig] ~ to overcharge [undercharge] s.o. – **3.** *cf.* abziehen 14. – **4.** (*Dienstjahre, Ausbildungszeit etc*) take into account, count, credit: die Untersuchungshaft ~ *jur.* to take into account the time already served while awaiting trial; etwas aufs Erbteil ~ *jur.* to bring s.th. into hotchpot (*auch rare* hotchpotch); die Ausbildungszeit auf die Dienstzeit ~ to count the period of training toward(s) the time of service; seine Dienstjahre wurden ihm angerechnet he was credited for his years of service, they allowed him his years of service. – **5.** *fig.* (*werten, bewerten*) j-m etwas als Verdienst ~ to credit s.o. for s.th., to give s.o. (full) credit for s.th., to count s.th. to s.o.'s credit; j-m etwas hoch ~ to think highly of s.o. for s.th.; j-m seine Verdienste hoch ~ to value s.o.'s services highly (*od.* greatly); j-m etwas als Schuld ~ to lay s.th. to s.o.'s charge, to impute a guilt to s.o.; sich (*dat*) es zur Ehre ~ *fig.* to consider it an hono(u)r; sich (*dat*) etwas zum Ruhme [als Verdienst] ~ to take the credit [merit] for s.th. – **II A~** *n* ⟨-s⟩ **6.** *verbal noun.* — **'An,rech·nung** *f* ⟨-; *no pl*⟩ **1.** *cf.* Anrechnen: etwas in ~ bringen *bes. econ. cf.* anrechnen. – **2.** (*Berechnung*) charge: unter ~ der Lieferkosten with delivery charges, charging the cost of transport(ation). – **3.** *cf.* Abzug 1, 2.

'an,rech·nungs,fä·hig *adj* **1.** chargeable. – **2.** countable: ~e Dienstjahre years of service counting for pension rights. – **3.** *econ.* deductible.

'An,recht *n* ⟨-(e)s; -e⟩ **1.** *jur.* (auf *acc* to) a) right, title, b) (*Forderung*) claim, c) (*durch Befähigung*) qualification, eligibility: ein ~ auf etwas haben to be entitled to s.th., to have a claim to s.th.; er hat auf diese Vergütung kein ~ he has no call on this allowance; er hat das erste ~ darauf he has a prior claim to it; sicher begründetes ~ vested interest; auf sein ~ auf etwas verzichten to give up (*od.* renounce) one's claim to s.th.; sein ~ auf (*acc*) etwas geltend machen to assert (*od.* enforce) one's claim to s.th. – **2.** (*theater*) (*Abonnement*) subscription.

'An,rechts,schein *m econ.* scrip (certificate).

'An,re·de *f* ⟨-; -n⟩ **1.** (form of) address: eine höfliche [steife] ~ a polite [formal] address; bei dieser ~ blieb er stehen hearing himself thus addressed he stopped; die offizielle ~ gebrauchen to address (*od.* call) s.o. by title, to address s.o. by his full title; die ~ für Könige ist „Majestät" kings are addressed as (*od.* the form of address to kings is) 'Majesty'; die ~ Du verwenden to use the familiar form of address, to use the form of address 'Du'; rhetorische ~ rhetorical form of address, apostrophe. – **2.** (*im Brief etc*) salutation. – **3.** *obs. for* Ansprache 1. — **~,fall** *m ling.* vocative (case). — **~,form** *f* form of address, manner of address(ing).

'an,re·den *v/t* ⟨*sep*, -ge-, h⟩ **1.** j-n ~ to address s.o., to speak (*od.* talk) to s.o.: j-n freundlich ~ to address s.o. in a friendly (*od.* kindly) way; sie redete mich (auf) deutsch an she spoke to me in German. – **2.** (*eine Anrede wählen*) address: j-n mit Sie [Du] ~ to address s.o. as (*od.* call s.o.) 'Sie' ['Du'], to use the polite (*od.* conventional) [familiar] form of address to s.o.; j-n mit Namen [mit seinem Titel] ~ to address s.o. by name [by his title]. – **3.** *dial. for* bitten 1.

'An,re·de,wei·se *f cf.* Anredeform.

'an,re·gen I *v/t* ⟨*sep*, -ge-, h⟩ **1.** (*vorschlagen*) suggest, propose: können Sie nicht ~, daß couldn't you suggest that. – **2.** (*beleben*) stimulate: Wein regt mich [die Lebensgeister] an wine stimulates me [the vital spirits]; Kaffee regt das Herz an coffee stimulates (*od.* excites) the heart. – **3.** (*Appetit*) stimulate, sharpen, whet. – **4.** (*Phantasie, Interesse etc*) stimulate, stir up, animate, rouse, jog: die Arbeitslust ~ to stimulate (*od.* increase) the keenness to work. – **5.** j-n zu etwas ~ (*veranlassen*) to stimulate (*od.* prompt, encourage, inspire) s.o. to do s.th.: das Buch regte mich zum Nachdenken an the book prompted me to (*od.* made me) think. – 6. (*Thema etc*) bring up, raise. – 7. *med.* stimulate, incite. – 8. *chem. electr. nucl.* excite. – 9. *hunt.* (*Wild*) start, beat up, (*Vögel*) flush. – II *v/i* 10. stimulate, have a stimulating effect, act as a stimulant: seine Gesellschaft regt an his company is stimulating. – III A~ *n* ⟨-s⟩ 11. *verbal noun.* – 12. *cf.* Anregung. — **'anˌre·gend** I *pres p.* – II *adj* stimulating, provocative, suggestive, stimulative, *bes. med.* stimulant: ~es Mittel *med.* stimulant; eine anregende Unterhaltung [Gesellschaft] a stimulating conversation [party]. – III *adv* stimulatingly: ~ wirken to stimulate, to have a stimulating effect, to act as a stimulant. — **'Anˌre·ger** *m* ⟨-s; -⟩ 1. (*einer Maßnahme etc*) suggester, proposer. – 2. (*anregender Geist*) stimulator, mover. — **'Anˌre·gung** *f* ⟨-; -en⟩ 1. *cf.* Anregen. – 2. (*Vorschlag*) suggestion, proposal: auf ~ von at (*od.* on) the suggestion of; für die ~ dankbar sein to appreciate s.o.'s suggestion; in ~ bringen to suggest. – 3. (*Idee*) idea: neue ~en zu etwas geben to furnish new ideas for s.th.; das Buch bietet wertvolle ~en the book provides valuable ideas; ~en erhalten to get ideas. – 4. (*Belebung*) stimulation: Kaffee zur ~ trinken to stimulate oneself with coffee. – 5. (*der Phantasie, des Interesses etc*) stimulation, animation. – 6. (*Veranlassung*) (zu etwas to [do] s.th.) stimulation, encouragement, initiative, (*stärker*) incitement. – 7. *med.* stimulation, stimulus, impulse. – 8. *chem. electr. nucl.* excitation.

'Anˌre·gungs|enerˌgie *f nucl.* excitation energy. — **~ˌmit·tel** *n med. pharm. auch fig.* stimulant: zentralnervöses ~ analeptic. — **~ˌspan·nung** *f electr.* excitation voltage (*od.* potential). — **~ˌstrom** *m* excitation current. — **~ˌzuˌstand** *m nucl.* excited state.

'Anˌrei·be·maˌschi·ne *f print.* 1. (*in der Buchbinderei*) roughening machine. – 2. (*Farbanreibemaschine*) ink mill.

'anˌrei·ben *v/t* ⟨*irr, sep,* -ge-, h⟩ 1. etwas an (*dat*) etwas ~ to rub s.th. against s.th. – 2. *print.* paste on, roughen. – 3. (*paints*) (*Farbe*) grind: Farben mit Wasser ~ to dilute colo(u)rs. – 4. *dial.* (*Streichholz*) strike.

'anˌrei·chern I *v/t* ⟨*sep,* -ge-, h⟩ 1. (mit with) enrich. – 2. *chem. metall.* enrich, concentrate: etwas mit Vitaminen ~ *chem.* to enrich s.th. with vitamins, to vitaminize s.th.; etwas mit Kohlenstoff ~ *metall.* to carburize s.th. – 3. *econ.* (*Guthaben etc*) amplify, augment. – II A~ *n* ⟨-s⟩ 4. *verbal noun.* — **'Anˌrei·che·rung** *f* ⟨-; -en⟩ 1. *cf.* Anreichern. – 2. (mit with) enrichment. – 3. *chem. metall.* enrichment, concentration: ~ mit Vitaminen *chem.* vitaminizing; ~ mit Kohlenstoff *chem.* carburization. – 4. *econ.* (*eines Guthabens etc*) (*gen*) amplification (of), augmentation (of), addition (to).

'Anˌrei·che·rungs|ˌanˌla·ge *f nucl.* enrichment plant. — **~ˌfak·tor** *m phys.* enrichment factor. — **~proˌzeß** *m* enrichment, concentration.

'anˌrei·hen I *v/t* ⟨*sep,* -ge-, h⟩ 1. (*anfügen*) (an *acc* to) add, join: etwas aneinander ~ to join s.th. together. – 2. (*Perlen*) string. – 3. (*anheften*) baste (on), tack on: das Futter ~ to baste the lining. – 4. *tech.* arrange (*od.* attach) (*s.th.*) in a series, align. – 5. *mar.* (*Segel etc*) marl. – 6. *ling.* (*Sätze*) coordinate. – II *v/reflex* sich ~ 7. (*sich anschließen*) follow on: sich würdig ~ *fig.* to be a worthy successor. – 8. *cf.* anstellen 16. – III A~ *n* ⟨-s⟩ 9. *verbal noun.* – 10. *cf.* Anreihung. — **'anˌrei·hend** I *pres p.* – II *adj ling. cf.* kopulativ.

'AnˌreihˌKlem·me *f electr.* series terminal.

'Anˌrei·hung *f* ⟨-; *no pl*⟩ 1. *cf.* Anreihen. – 2. series, sequence. – 3. *ling.* coordination.

'Anˌreim *m metr.* alliteration. — **'anˌrei·men** *v/i* ⟨*sep,* -ge-, h⟩ alliterate.

'Anˌrei·se *f* 1. journey (to one's destination): die Kosten der ~ erstatten to refund the cost of the one-way journey. – 2. *rare for* Ankunft 1. — **'anˌrei·sen** *v/i* ⟨*sep,* -ge-, sein⟩ travel (to one's destination): angereist kommen *colloq.* to arrive.

'Anˌrei·se|ˌtag *m* 1. day of the journey: der ~ wird bezahlt the day of the journey will be paid for. – 2. (*Ankunftstag*) day of arrival. — **~terˌmin** *m* date of arrival.

'anˌrei·ßen I *v/t* ⟨*irr, sep,* -ge-, h⟩ 1. (*Stoff, Papier etc*) tear (*s.th.*) slightly, make a (small) tear in. – 2. *colloq.* (*Geld, Vorräte etc*) break into: einen Hunderter ~ to break into a hundred(-mark note). – 3. (*Arme etc*) pull in. – 4. (*Außenbordmotor*) pull the cord on (*a motor*). – 5. *fig.* (*Frage etc*) raise, bring up. – 6. *tech.* (*vorzeichnen*) trace, mark (*od.* lay, set) out, plot, delineate, (*mittels Reißnadel*) scribe: eine Linie auf Holz ~ to trace a line on wood. – 7. *mus.* (*Saite*) pluck. – 8. (*textile*) trace. – 9. (*forestry*) (*Bäume*) notch, mark (*tree*) with notches, blaze, lash, spot. – 10. *dial.* (*Streichholz*) strike. – II *v/i* ⟨sein⟩ 11. *tech.* crack superficially.

'Anˌrei·ßer *m* ⟨-s; -⟩ 1. *tech.* (*Werkzeug*) tracing (*od.* marking, scraping) tool, scraper. – 2. (*Vorzeichner in Schlosserei etc*) tracer, marker. – 3. *econ. colloq.* a) (*Kundenwerber*) tout, b) *cf.* Marktschreier 2, 3. — **'anˌrei·ße·risch** *adj colloq.* (*Reklame etc*) gaudy, loud.

'Anˌreiß|ˌleh·re *f tech.* (marking) ga(u)ge. — **~maˌschi·ne** *f* scorer. — **~ˌna·del** *f* marking tool, scriber. — **~ˌplat·te** *f* 1. surface (*od.* bench) plate. – 2. (*große*) *Am.* layout plate, *Br.* marking-out (*od.* marking-off) table. — **~ˌpris·ma** *n* V-block. — **~schaˌblo·ne** *f* stencil, template, templet. — **~ˌspit·ze** *f* scriber point. — **~ˌvorˌrich·tung** *f* scorer. — **~(ˌwerk)ˌzeug** *n Am.* layout (*Br.* marking-out) tool. — **~ˌzir·kel** *m* beam compasses *pl* (*od.* trammels *pl*).

'anˌrei·ten I *v/t* ⟨*irr, sep,* -ge-, h⟩ 1. (*Hindernis etc*) approach (on horseback). – II *v/i* ⟨sein⟩ 2. ⟨*only pp*⟩ angeritten kommen *colloq.* to come riding up (*od.* along). – 3. *only in* gegen den Feind ~ *mil. hist.* to make a cavalry charge against the enemy.

'Anˌreiz *m* ⟨-es; -e⟩ 1. incentive, stimulus, encouragement, inducement, (*stärker*) provocation: innerer ~ impulse; ein materieller ~ a material incentive; j-m einen ~ bieten (*od.* geben) to give s.o. an incentive (*od.* act as an incentive to s.o.). – 2. *lit. for* Verlockung 2. — **'anˌrei·zen** *v/t* ⟨*sep,* -ge-, h⟩ 1. (*Sinne, Begierde etc*) stimulate, (*stärker*) excite. – 2. j-n (zu etwas) ~ to stimulate (*od.* spur [on], encourage) s.o. (to do s.th.), (*stärker*) to egg s.o. on (to do s.th.): j-n zur Sparsamkeit ~ to encourage s.o. to economize. – 3. *jur. cf.* anstiften 4. – 4. *electr.* energize, excite. — **'anˌrei·zend** I *pres p.* – II *adj bes. med.* stimulative.

'Anˌreiz|ˌmaßˌnah·me *f econ.* incentive scheme. — **~ˌprä·mie** *f* incentive bonus.

ˌAn·rem·pe'lei *f* ⟨-; -en⟩ 1. *colloq.* bumping into, jostling against. – 2. *fig. colloq. for* Beschimpfung 1, 2, Belästigung. — **'anˌrem·peln** I *v/t* ⟨*sep,* -ge-, h⟩ *colloq.* 1. j-n (absichtlich) ~ to bump into s.o., to jostle (against) s.o.: sie wurde von einem Betrunkenen angerempelt a drunk (man) bumped into her. – 2. *fig. colloq. for* beschimpfen, belästigen. – II A~ *n* ⟨-s⟩ 3. *verbal noun.* — **'Anˌrem·pe·lung**, *auch* **'Anˌremp·lung** *f* ⟨-; -en⟩ 1. *cf.* Anrempeln. 2. *fig. colloq. for* Beschimpfung 1, 2, Belästigung.

'anˌren·nen I *v/i* ⟨*irr, sep,* -ge-, sein⟩ 1. gegen (*od.* an) j-n [etwas] ~ to bump (*od.* run) against (*od.* into) s.o. [s.th.]: ich bin mit dem Knie angerannt I bumped my knee. – 2. gegen etwas (*Vorurteil, Schicksal*) ~ *fig. colloq.* to fight against s.th. – 3. *mil.* (*vom Feind*) assault, attack. – 4. ⟨*only pp*⟩ angerannt kommen *colloq.* to come running (along). – 5. *hist.* (gegen at) tilt. – II *v/t* ⟨h⟩ 6. j-n ~ *colloq.* to run into s.o. – 7. sich (*dat*) etwas (an etwas) ~ *colloq.* to bump s.th. (against s.th.): ich habe mir den Kopf angerannt I bumped my head.

'Anˌrich·te *f* ⟨-; -n⟩ 1. (*housekeeping*) a) (*im Speisezimmer*) sideboard, buffet, serving table, b) (*in der Küche*) (kitchen) cupboard, *bes. Br.* dresser. – 2. *cf.* Anrichteraum. — **~ˌlöf·fel** *m* (*housekeeping*) serving spoon, tablespoon.

'anˌrich·ten *v/t* ⟨*sep,* -ge-, h⟩ 1. (*Verwirrung etc*) cause, bring about: Schaden [Unheil] ~ to cause (*od.* do) damage [mischief]; Verwüstung ~ to ravage; da hast du ja was Schönes (*od.* Nettes) angerichtet! *colloq. iron.* that's a fine mess you've made of it! now you've put your foot in it! – 2. *gastr.* a) (*zubereiten*) prepare, dress, b) (*anordnen*) arrange, c) (*auftragen*) serve, dish up: einen Salat mit Öl ~ to dress a salad with oil; etwas mit Gewürz ~ to spice (*od.* season) s.th.; es ist angerichtet! the meal is served (*od.* on the table); eine Platte mit Salat ~ to arrange salad on a plate. – 3. *mil. cf.* anvisieren 1. – 4. (*paints*) (*Farben*) mix.

'Anˌrich·ter *m* ⟨-s; -⟩ *tech.* preparer, dresser.

'Anˌrich·te|ˌraum *m* (*housekeeping*) (butler's) pantry. — **~ˌtisch** *m cf.* Anrichte 1. — **~ˌzim·mer** *n cf.* Anrichteraum.

'anˌrie·chen *v/t* ⟨*irr, sep,* -ge-, h⟩ 1. etwas ~ to sniff at s.th. – 2. j-m etwas ~ to smell s.th. on s.o.: man riecht ihm an, daß er getrunken hat one can smell that he has been drinking.

'Anˌriß *m* 1. *bes. tech.* incipient (*od.* hairline, minute) crack. – 2. *tech.* (*Vorzeichnung*) tracing, marking, scribing: nach ~ zuschneiden to cut according to scribing.

'Anˌritt *m* 1. approach (on horseback). – 2. *mil. hist.* cavalry charge (*od.* attack). – 3. (*sport*) first exercises *pl* in equitation.

'anˌrit·zen *v/t* ⟨*sep,* -ge-, h⟩ 1. (*Haut etc*) scratch (*s.th.*) slightly. – 2. *agr.* (*Samen, Baumrinde*) scarify.

'anˌrol·len I *v/i* ⟨*sep,* -ge-, sein⟩ 1. (*von Zug, Lastwagen etc*) roll up: angerollt kommen *auch fig. colloq.* to roll up. – 2. (*zu rollen beginnen*) start moving. – 3. *colloq.* (*von Aufträgen, Lieferungen etc*) roll (*od.* come) in: Geld rollt an *colloq.* money comes rolling in. – 4. *econ.* be on track. – 5. *aer.* taxi (up). – II *v/t* ⟨h⟩ 6. etwas ~ to roll s.th. up (*od.* along). – 7. *econ.* (*Ware*) carry. – III A~ *n* ⟨-s⟩ 8. *verbal noun*: im A~ sein *auch fig.* to be on one's way.

'anˌro·sten *v/i* ⟨*sep,* -ge-, sein⟩ 1. get rusty, (begin to) rust. – 2. an (*acc*) etwas ~ to rust on to s.th.: die Mutter ist an die Schraube angerostet the nut has rusted on to the bolt.

'anˌrö·sten *v/t* ⟨*sep,* -ge-, h⟩ *gastr.* 1. roast (*s.th.*) slightly. – 2. (*Brot*) toast (*s.th.*) lightly.

'anˌrü·chig [-ˌryçɪç] *adj contempt.* disreputable, of bad (*od.* ill) repute (*od.* reputation), ill-reputed, 'shady' (*colloq.*): ein ~er Lebenswandel a disreputable conduct; ein ~es Hotel an ill-reputed hotel; man sagt, er sei ~ he is said to be a disreputable character. — **'Anˌrü·chig·keit** *f* ⟨-; *no pl*⟩ *contempt.* bad reputation, ill repute, 'shadiness' (*colloq.*).

'AnˌrückˌabˌSchnitt *m aer.* approach section.

'anˌrucken (*getr.* -k·k-) *v/i* ⟨*sep,* -ge-, sein⟩ (*von Zug, Wagen etc*) start with a jerk.

'anˌrücken (*getr.* -k·k-) I *v/t* ⟨*sep,* -ge-, h⟩ 1. etwas an (*acc*) etwas ~ to push s.th. against s.th.: den Tisch an die Wand ~ to push the table against the wall. – II *v/i* ⟨sein⟩ 2. *bes. mil.* advance, move forward (*od.* up): die Truppen rücken gegen den Feind an the troops are advancing on the enemy; j-n ~ lassen to bring (*od.* draw) s.o. up; wir kamen mit Sack und Pack angerückt *fig. colloq.* we showed up with all our belongings. – III A~ *n* ⟨-s⟩ 3. *verbal noun.* – 4. *mil.* advance.

'anˌru·dern I *v/i* ⟨*only pp*⟩ angerudert kommen *colloq.* to come rowing up. – II A~ *n* ⟨-s⟩ (*sport*) opening of the rowing season.

'Anˌruf *m* 1. (telephone, *colloq.* phone) call, 'buzz' (*colloq.*): auf einen ~ warten to wait for a call; danke für den ~! thanks for calling (*bes. Br.* ringing [up])! – 2. (*Zuruf*) call: der Hund kam auf ~ zurück the dog came back when called. – 3. *mil.* (*Warnruf*) challenge: ~ und Antwortkennung challenge and reply authentication; ohne ~ schießen to shoot without warning. – 4. *mar.* hail. — **'anˌru·fen** I *v/t* ⟨*irr, sep,* -ge-, h⟩ 1. j-n ~ (*telephonisch*) to call s.o. (up), *bes. Br.* to ring s.o. (up), to give s.o. a call (*od. colloq.* a buzz), to telephone s.o., to phone s.o. (*colloq.*): er ruft mich morgen an he will call (*od.* is calling) me tomorrow; rufen Sie ihn an give him a call (*bes. Br.* ring), call him on the phone (*colloq.*). – 2. (*durch Rufen*) call, shout to. – 3. j-n ~ *mil.* (*von Posten*) to challenge s.o. – 4. *mar.* (*Schiff*) hail. – 5. j-n (um etwas) ~ *lit.* to appeal to (*od.* call upon) s.o. for s.th.: j-n um Hilfe [Schutz] ~ to appeal to s.o. for help [protection]; ein Gericht [eine höhere Instanz] ~ *jur.* to appeal to (the) law [a higher court]. – 6. j-n ~ *lit. od. relig.* to call upon (*od.* invoke) s.o.: Gott zum Zeugen ~ to invoke God as witness. – II *v/i* 7. (*telephonisch*) call (up), *bes. Br.* ring up, telephone: bei j-m ~ to call s.o.; funktelephonisch ~ *tel.* to radiotelephone. – III A~ *n* ⟨-s⟩ 8. *verbal noun.* – 9. *mil.* challenge. – 10. *mar.* hail. –

11. *cf.* Anrufung. – 12. *cf.* Anruf. — **'An-ˌru·fer** *m* ⟨-s; -⟩ 1. *tel.* caller. – 2. *jur.* appellant.

'AnˌrufˌklaP·pe *f* call-indicator, calling (*od.* indicator) trap, indicator shutter.

'Anˌru·fung *f* ⟨-; *no pl*⟩ 1. *cf.* Anrufen. – 2. *jur.* (*eines Gerichtes*) (*gen* to) appeal. – 3. *relig.* (*eines Heiligen, Gottes etc*) invocation.

'anˌrüh·men *v/t* ⟨*sep*, -ge-, h⟩ *rare for* anpreisen 1.

'anˌrüh·ren *v/t* ⟨*sep*, -ge-, h⟩ 1. touch: **rühr mich nicht an!** don't touch me! **keinen Alkohol [Bissen]** ~ *fig colloq.* not to touch alcohol [one's food, a bite]; **ein Thema** ~ *fig.* to touch on a subject. – 2. *fig. lit.* (*rühren*) move, touch: **das Unglück seines Freundes rührte ihn an** his friend's misfortune moved him. – 3. (*Zement, Farbe etc*) mix, temper. – 4. *gastr.* a) (*Sauce etc*) mix (up), b) (*Teig*) beat, stir: **Kakao (mit Milch)** ~ to mix cocoa (up) with milk; **j-m eine (schöne) Suppe** ~ *fig. colloq.* to get s.o. into a nice mess (*colloq.*).

'anˌru·ßen *v/t* ⟨*sep*, -ge-, h⟩ (coat [*s.th.*] with) soot.

'anˌrü·sten *v/t* ⟨*sep*, -ge-, h⟩ *civ.eng.* (*Haus etc*) scaffold.

'anˌrut·schen *v/i* ⟨*only pp*⟩ **angerutscht kommen** to come sliding along.

ans [ans] *short for* **an das**: **bis** ~ **Ende** up to the end; **sich** ~ **Werk machen** to set to work; **bis** ~ **äußerste** to the uttermost.

'Anˌsa·ge *f* ⟨-; -n⟩ 1. *cf.* Ansagen. – 2. (*im Radio, Fernsehen etc*) announcement. – 3. (*eines Künstlers etc*) announcement, presentation, introduction: **die** ~ **machen** to announce. – 4. (*Diktat*) dictation. – 5. (*games*) bid(ding). – 6. *archaic* (*Mitteilung*) notification. — **'anˌsa·gen I** *v/t* ⟨*sep*, -ge-, h⟩ 1. (*Besuch, Programm etc*) announce: **die Zeit** ~ to give the time; **j-m den Kampf** ~ *fig.* to challenge (*od.* declare war upon) s.o.; **den Konkurs** ~ *jur.* to declare oneself bankrupt. – 2. (*Künstler etc*) announce, present, introduce: **einen Sänger** ~ to present a singer. – 3. (*diktieren*) dictate. – 4. (*games*) bid: **eine Farbe [einen Schlemm]** ~ to bid a suit [slam]. – 5. *archaic* (*mitteilen*) notify. – **II** *v/i* 6. announce: **er sagt im Rundfunk an** he is an announcer with the radio. – 7. (*games*) bid. – **III** *v/reflex* **sich** ~ 8. (*als Gast*) announce one's visit: **sie haben sich bei uns (zum Besuch) angesagt** they have said they're coming to visit us. – 9. (*als Kunde etc*) make an appointment: **ich habe mich beim Zahnarzt angesagt** I have made (*od.* have) an appointment with my dentist. – **IV A~** *n* ⟨-s⟩ 10. *verbal noun.* – 11. *cf.* Ansage.

'anˌsä·gen *v/t* ⟨*sep*, -ge-, h⟩ **etwas** ~ to saw into s.th.

'Anˌsa·ger *m* ⟨-s; -⟩, **'Anˌsa·ge·rin** *f* ⟨-; -nen⟩ 1. announcer. – 2. *telev.* presenter. – 3. (*im Variété*) compère. – 4. (*bei Festlichkeiten*) master of ceremonies, emcee (*colloq.*).

'anˌsam·meln I *v/t* ⟨*sep*, -ge-, h⟩ 1. (*Reichtümer etc*) amass, pile (*od.* heap) up, accumulate, gather (together). – 2. *mil.* (*Truppen*) concentrate. – 3. *econ.* (*Reserven*) build up. – **II** *v/reflex* **sich** ~ 4. (*von Menschen*) gather, collect, assemble: **eine Menschenmenge sammelte sich am Unfallort an** a crowd gathered at the site of the accident. – 5. (*von Post, Reichtümern etc*) pile up, accumulate. – 6. (*von Staub, Wasser etc*) gather, collect, accumulate. – 7. *fig.* (*von Wut, Ärger*) gather, collect, build up: **Wut hat sich in ihm angesammelt** anger has built up inside him. – 8. *econ.* (*von Zinsen*) accrue. – 9. *med.* (*von Blut, Eiter*) collect, accumulate, *auch* pool. – **III A~** *n* ⟨-s⟩ 10. *verbal noun.* — **'An-ˌsamm·lung** *f* ⟨-; -en⟩ 1. *cf.* Ansammeln. – 2. (*von Reichtümern etc*) amassment, accumulation. – 3. (*von Schutt etc*) accumulation, pile. – 4. (*von Menschen*) crowd, gathering, assemblage, concourse, *auch* congregation. – 5. *mil.* (*von Truppen*) concentration. – 6. *med.* (*des Blutes, Eiters etc*) collection, accumulation, *auch* pool.

'Anˌsan·dung *f* ⟨-; -en⟩ *cf.* Anschwemmung.

'anˌsäs·sig *adj* (in *dat* in, at) resident, residing, domiciled, *auch* domiciliated: **nicht** ~ nonresident, *Br.* non-; **im Ausland** ~ **sein** to reside abroad; **in Deutschland** ~ **werden** to take up (one's) residence (*od.* to settle) in Germany; **die Familie ist hier seit Generationen** ~ the family has lived here for generations. — **'Anˌsäs·si·ge** *m, f* ⟨-n; -n⟩ resident, inhabitant: **die am Ort** ~**n** the local residents. — **'Anˌsäs·sig·keit** *f* ⟨-; *no pl*⟩ residence, status of resident.

'Anˌsatz *m* ⟨-es; Ansätze⟩ 1. (*Versuch*) attempt: **einen schüchternen** ~ **zu etwas machen** to make a weak attempt at s.th. – 2. (*Anzeichen*) first sign(s *pl*), beginning(s *pl*), start, inception, germ: **den** ~ **zu einem Bauch [Kropf] haben** to show the first sign of a stomach [goiter, *bes. Br.* goitre]; **die Ansätze einer frühen Kultur** the beginnings (*od.* rudiments) of an early civilization; **der** ~ **eines Lächelns** *fig.* the trace of a smile; **ein** ~ **zur Besserung** *fig.* a first sign of an improvement; **in den Ansätzen steckenbleiben** *fig.* to get stuck at the very beginning; **gute Ansätze zeigen** *fig.* to show good promise, to promise well. – 3. (*des Haares, Halses etc*) *place where hair, neck etc begins*: **der** ~ **der Nase** the base of the nose; **der** ~ **des Haars** the hairline. – 4. *med.* (*eines Muskels*) insertion, attachment. – 5. (*Anlage, Neigung*) tendency, disposition. – 6. (*Schicht*) layer, coating, crust: **das Messer hatte einen** ~ **von Rost** the knife was coated with rust; **den** ~ **von Schmutz entfernen** to remove the layer of dirt. – 7. *math.* statement, formulation, arrangement: **in** ~ **bringen** to reckon; **der** ~ **ist falsch** the statement is wrong. – 8. *econ.* a) (*im Budget*) appropriation, amount budgeted, vote, b) (*der Kosten*) estimate, evaluation, c) (*eines Preises*) quotation, fixing: **etwas mit 2 Millionen in** ~ **bringen** to evaluate s.th. at two millions; **außer** ~ **bleiben** to be left out of account; **j-m etwas in** ~ **bringen** to charge (*od.* debit) s.o. with s.th. – 9. *mus.* a) *cf.* Ansatzstück 2, b) (*Mundstück*) mouthpiece, embouchure, c) (*eines Bläsers*) embouchure, lip(ping), d) (*eines Instruments etc*) onset (of the speech): **einen guten** ~ **haben** to lip well; **ein langsamer [schneller, sicherer]** ~ a slow [prompt, firm] speech. – 10. *mus.* (*eines Sängers*) intonation, phonation: **der Sänger hat einen weichen** ~ the singer has a smooth intonation. – 11. *chem.* a) (*Niederschlag*) deposit, sediment, accretion, b) (*eines Versuches*) arrangement, setup, *Br.* set-up, c) starting material: **einmolarer** ~ one-mole starting material. – 12. *tech.* a) *cf.* Ansatzstück 1, b) (*Schaltorgan*) nose, lug, projection, c) (*einer Welle*) shoulder, d) (*einer Schraube*) neck, e) (*einer Sprengringnute*) lip. – 13. *metall.* a) (*im Hochofen*) scaffold, b) *pl* (*am Konverter*) kidneys, c) *pl* (*im Hochofen*) accretions. – 14. *arch.* projection: **hakenförmiger** ~ nosing. – 15. *zo.* (*eines Organs*) rudiment. – 16. *bot.* stipula. – 17. *mil.* (*von Kräften*) employment.

'Anˌsatz|ˌdre·hen *n tech.* shoulder turning. — ~**fei·le** *f* flat file. — ~**ˌgrö·ße** *f math.* differential value. — ~**ˌpunkt** *m* 1. (*Verbindungsstelle*) point of attachment. – 2. *fig.* (*Ausgangspunkt*) starting point, point of departure. – 3. (*mining*) starting point (for new work). — ~**ˌring** *m tech.* check ring. — ~**rohr** *n* 1. *tech.* a) connecting (*od.* additional) pipe (*od.* tube), extension pipe, b) nozzle. – 2. *med.* (*des Kehlkopfes*) supraglottic air passages *pl.* — ~**ˌsä·ge** *f tech. cf.* Zapfenschneidsäge. — ~**ˌschlei·fen** *n* shoulder grinding, shouldered work grinding. — ~**ˌschrau·be** *f* shoulder screw. — ~**ˌstel·le** *f med. bot. zo.* attachment, insertion. — ~**ˌstück** *n* 1. *tech.* a) attachment, attached (*od.* added) piece, b) (*Verlängerung*) extension, lengthening piece. – 2. *mus.* (*eines Blechblasinstruments*) crook. — ~**ˌwin·kel** *m tech.* (*eines Werkzeugs*) clearance angle.

'anˌsäu·ern I *v/t* ⟨*sep*, -ge-, h⟩ 1. *chem.* acidify, acidulate. – 2. *gastr.* a) sour, sharpen, make (*s.th.*) sour (*od.* sharp), b) (*Teig*) leaven. – **II A~** *n* ⟨-s⟩ 3. *verbal noun.* — **'Anˌsäue·rung** *f* ⟨-; *no pl*⟩ 1. *cf.* Ansäuern. – 2. *chem.* acidification, acidulation.

'anˌsau·fen *v/t* ⟨*irr, sep*, -ge-, h⟩ **sich** (*dat*) **einen** ~ *vulg.* to get sloshed (*od.* plastered) (*sl.*).

'AnˌsaugˌDruck *m* ⟨-(e)s; ⸚e⟩ *auto.* intake pressure.

'anˌsau·gen I *v/t* ⟨*meist irr, sep*, -ge-, h⟩ 1. *tech.* (*Luft, Flüssigkeiten etc*) suck in (*od.* up), draw (*od.* take) in, aspirate: **der Ventilator saugt Luft an** the fan sucks in air. – 2. ⟨*auch irr*⟩ (*Schlauch*) siphon, syphon. – 3. *med.* (*mit einer Spritze etc*) aspirate. – 4. ⟨*auch irr*⟩ *fig.* draw, attract. – **II** *v/i* ⟨*irr*⟩ 5. *tech.* (*von Pumpe*) draw: **eine Pumpe** ~ **lassen** to prime (*od.* fetch) a pump. – 6. (*von Kindern*) (begin to) suck: **das Kind will nicht** ~ the baby won't suck (*od.* take the breast). – **III** *v/reflex* ⟨*irr*⟩ **sich** ~ 7. (*von Blutegel etc*) attach itself by suction. – **IV A~** *n* ⟨-s⟩ 8. *verbal noun.* – 9. *cf.* Ansaugung.

'Anˌsaug|geˌblä·se *n tech.* suction fan. — ~**ˌhub** *m* suction (*od.* intake, induction) stroke. — ~**ˌkopfˌdich·tung** *f auto.* induction manifold gasket. — ~**ˌkrüm·mer** *m* intake (*od.* induction) manifold. — ~**ˌlei·stung** *f tech.* (*eines Ventilators, einer Gasmaschine*) suction capacity. — ~**ˌlei·tung** *f* 1. *tech.* suction pipe(s *pl*). – 2. *auto.* a) intake manifold, b) (*einer Handeinspritzpumpe*) inlet line (*od.* duct). — ~**ˌluft** *f* induction (*od.* intake) air. — ~**ˌluftˌvorˌwär·mer** *m auto.* carburetor (*od.* carbureter) (*bes. Br.* carburetter *od.* carburettor) air heater. — ~**ˌpum·pe** *f tech.* priming pump. — ~**ˌraum** *m* (*eines Gebläses*) suction valve chamber. — ~**ˌrohr** *n* 1. *tech. auto.* induction (*od.* intake) pipe. – 2. *med.* suction tube. — ~**ˌschlauch** *m tech.* suction hose. — ~**ˌstut·zen** *m* 1. intake socket (*od.* adapter, *auch* adaptor). – 2. (*eines Motors*) intake manifold. — ~**ˌtakt** *m auto.* suction (*od.* induction, intake) stroke.

'Anˌsau·gung *f* ⟨-; *no pl*⟩ 1. *cf.* Ansaugen. – 2. *tech.* (*von Luft, Flüssigkeiten etc*) suction, intake, forced induction, aspiration. – 3. *med.* (*mit einer Spritze*) aspiration.

'Anˌsaug|venˌtil *n auto.* suction (*od.* intake) valve. — ~**ˌvorˌrich·tung** *f* suction apparatus (*od.* device), aspirator. — ~**zyˌlin·der** *m* aspirating cylinder.

'anˌsäu·seln *v/t* ⟨*sep*, -ge-, h⟩ **sich** (*dat*) **einen** ~ *colloq.* to get tipsy (*od.* a bit high) (*colloq.*).

'anˌsau·sen *v/i* ⟨*only pp*⟩ **angesaust kommen** *colloq.* a) (*von Menschen*) to come rushing up (*od.* along), b) (*von Zügen etc*) to come roaring up (*od.* along).

'An·sa-Verˌbin·dung ['anza-] *f chem.* ansa-compound.

'anˌscha·ben *v/t* ⟨*sep*, -ge-, h⟩ (begin to) scrape.

'anˌschaf·fen I *v/t* ⟨*sep*, -ge-, h⟩ 1. (*kaufen*) purchase, buy, acquire: **Möbel [Bücher für die Bibliothek]** ~ to purchase furniture [books for the library]; **sich** (*dat*) **etwas** ~ a) to purchase (*od.* buy oneself) s.th., b) (*zulegen*) to get oneself s.th.; **sich ein Auto** ~ to buy oneself a car; **sich einen Hund** ~ to get oneself a dog; **sie wollen sich noch keine Kinder** ~ *fig. colloq.* they don't want (to have) children yet. – 2. *econ.* a) (*beschaffen*) provide, procure, b) (*einzahlen*) pay (*s.th.*) into an account. – 3. **[j-m] etwas** ~ *Bavarian and Austrian* a) (*anordnen*) to order s.th. to be done [s.o. to do s.th.], b) (*bestellen*) to order [s.o. to bring] s.th. – **II** *v/i* 4. *Bavarian and Austrian* give orders, order: **wer schafft hier an?** who gives the orders (*od.* is in charge) here? **wer zahlt, schafft an** (*Sprichwort*) he who pays the piper calls the tune (*proverb*). – **III A~** *n* ⟨-s⟩ 5. *verbal noun.* — **'Anˌschaf·fung** *f* ⟨-; -en⟩ 1. *cf.* Anschaffen. – 2. (*Kauf*) purchase, buy, acquisition: **wichtige [keine]** ~**en machen** to make important [no] purchases. – 3. *econ.* (*Beschaffung*) provision, procurement.

'Anˌschaf·fungs|ˌko·sten *pl econ.* cost *sg* of acquisition. — ~**ˌpreis** *m* purchase price. — ~**ˌwert** *m* acquisition (*od.* original, initial) value.

'anˌschäf·ten *v/t* ⟨*sep*, -ge-, h⟩ 1. (*Werkzeuge etc*) helve, haft, fix a handle to: **Gewehre** ~ to stock rifles. – 2. (*Stiefel*) top, put tops to. – 3. (*Ski*) attach new tips to. – 4. *hort.* (*veredeln*) graft.

'anˌschal·men *v/t* ⟨*sep*, -ge-, h⟩ (*forestry*) *cf.* anreißen 9.

'anˌschal·ten *v/t* ⟨*sep*, -ge-, h⟩ 1. (*Licht etc*) switch (*od.* turn, put) on. – 2. **etwas an** (*acc*) **etwas** ~ (*anschließen*) to connect s.th. to s.th.

'anˌschä·ren *v/t* ⟨*sep*, -ge-, h⟩ (*textile*) warp.

'anˌschau·en *Southern G.* **I** *v/t* ⟨*sep*, -ge-, h⟩ 1. look at: **j-n verwundert [vielsagend]** ~ to give s.o. a startled [an eloquent] look;

sie schaute mich unverwandt(en Blickes) an she kept looking at me, she stared at me; sich (gegenseitig) (*od.* einander) ~ to look at each other (*od.* one another); Wohnungen ~ to look at (*od.* view) apartments (*bes. Br.* flats); es war komisch anzuschauen it looked funny; wenn man es [das Problem] so anschaut *fig.* if you look at it [the problem] that way. – **2.** sich (*dat*) etwas ~ a) (*Photos etc*) to (have a) look at s.th., b) (*Film etc*) to see s.th. – **3.** sich (*dat*) j-n [etwas] ~ (*eingehend prüfen*) to take a (close) look at (*od.* to examine) s.o. [s.th.]: das muß ich mir noch genau ~ I'll have to take a closer look at it; der Arzt schaute sich den Patienten genau an the doctor examined the patient carefully. – **II A~** *n* ⟨-s⟩ **4.** *verbal noun.*

ˈanˌschau·lich *adj* **1.** (*Stil etc*) descriptive, graphic, visual, vivid, plastic: eine ~e Darstellung (*od.* Schilderung) a graphic description; etwas durch Beispiele ~ machen to illustrate s.th. by examples. – **2.** (*Gesten etc*) descriptive, expressive: seine Worte durch ~e Gebärden unterstreichen to underline one's words by descriptive gestures. — **ˈAnˌschau·lich·keit** *f* ⟨-; *no pl*⟩ **1.** (*des Stils etc*) descriptiveness, graphicness, vividness, plasticity. – **2.** (*einer Geste etc*) descriptiveness, expressiveness.

ˈAnˌschau·ung *f* ⟨-; -en⟩ **1.** (*Ansicht*) view, opinion: fortschrittliche [überholte] ~en haben (*od.* vertreten) to hold progressive [antiquated] views; j-s politische ~ teilen to share s.o.'s political opinion; an seinen ~en festhalten to adhere to one's views; darüber sind wir verschiedener ~ our views differ on this point; nach meiner ~ in my view. – **2.** (*Vorstellung*) idea, notion, concept, conception: eine falsche ~ von (*od.* über *acc*) etwas haben to have a false idea of s.th. – **3.** ⟨*only sg*⟩ (*Erfahrung*) experience: etwas aus eigener ~ kennen to know s.th. from experience. – **4.** ⟨*only sg*⟩ *lit. for* Betrachtung 2. – **5.** *philos. relig.* intuition, anschauung: durch unmittelbare ~ by (immediate) intuition, intuitively. – **6.** *psych.* view, perception.

ˈAnˌschau·ungs|beˌgriff *m philos.* intuitive notion (*od.* concept), concept of intuition. — **~ˌbild** *n* **1.** *psych.* mental image. – **2.** (*optics*) visual image. — **~erˌkennt·nis** *f philos.* intuitive science (*od.* faculty). — **~ˌform** *f* form of intuition. — **~ˌkraft** *f cf.* Anschauungsvermögen. — **~ma·te·riˌal** *n ped.* **1.** illustrative material, visual aid. – **2.** (*Ton- u. Bildgerät*) audiovisual aids *pl.* — **~ˌmit·tel** *n* means *pl* (*construed as sg*) of demonstration. — **~ˌun·terˌricht** *m* visual instruction (*od.* education), object lesson: dieses Ereignis war für ihn der beste ~ *fig.* this event was an object lesson for him. — **~verˌmö·gen** *n psych.* intuitive faculty, vision. — **~ˌwei·se** *f* approach, point of view, viewpoint.

ˈAnˌschein *m* ⟨-(e)s; *no pl*⟩ appearance, semblance: dem (*od.* allem) ~ nach to all appearances, apparently; den ~ wahren to keep up appearances; den ~ wahrend face-saving; der (äußere) ~ trügt (outward) appearances are deceptive; es hat (*od.* bekommt, gewinnt) den ~, als ob it looks (*od.* seems) as if; falscher ~ make-believe; den [falschen] ~ erwecken to give the [wrong] impression; er gibt sich den ~, sehr reich zu sein he pretends to be very rich; etwas (*dat*) den ~ der Feierlichkeit geben *lit.* to give s.th. an air of solemnity.

ˈanˌschei·nen *v/t* ⟨*irr, sep,* -ge-, h⟩ shine on.

ˈanˌschei·nend I *adj* apparent, seeming: ein ~er Zufall an apparent coincidence. – **II** *adv* apparently, seemingly, to (*od.* in) all appearances: ~ ist niemand zu Hause no one seems to be (at) home; er ist ~ krank he seems to be ill.

ˈanˌschei·ßen *fig. vulg.* **I** *v/t* ⟨*irr, sep,* -ge-, h⟩ **1.** j-n ~ to tell s.o. off, to give s.o. hell (*vulg.*). – **2.** *cf.* bescheißen 1. – **II** *v/i* ⟨*only pp*⟩ **3.** angeschissen kommen (*ungelegen kommen*) to make oneself a nuisance.

ˈanˌschicken (*getr.* -k·k-) *v/reflex* ⟨*sep,* -ge-, h⟩ sich zu etwas ~ to get ready (*od.* to prepare) to do s.th., to set about doing s.th.: sich ~, zu Bett zu gehen to get ready to go to bed; er schickte sich gerade zum Ausgehen an, als he was just getting ready (*od.* about) to go out when.

ˈanˌschie·ben I *v/t* ⟨*irr, sep,* -ge-, h⟩ **1.** (*Auto etc*) push, shove, give (*s.th.*) a push. – **II** *v/i* **2.** ⟨*only pp*⟩ angeschoben kommen *colloq.* to come slouching (*od.* shuffling) along (*od.* up). – **3.** (*sport*) bowl first, have the first bowl.

ˈAnˌschie·ber *m cf.* Anschiebestück.

ˈAnˌschie·be|ˌring *m* (*eines Regenschirms*) runner. — **~ˌstück** *n* (*eines Tisches*) (extra) leaf, extension leaf. — **~ˌtisch** *m* extending table, table with an extra leaf.

ˈanˌschie·len *v/t* ⟨*sep,* -ge-, h⟩ j-n ~ to squint at s.o.: j-n von der Seite ~ *fig.* to cast a sidelong glance at s.o.; sie schielte mich mißtrauisch an she gave me a distrustful look from the corner of her eye.

ˈanˌschie·nen *v/t* ⟨*sep,* -ge-, h⟩ **1.** *med.* (*Bein etc*) splint, put (*s.th.*) in splints. – **2.** *tech.* fasten (*s.th.*) with metal bands.

ˈanˌschie·ßen *v/t* ⟨*irr, sep,* -ge-, h⟩ **1.** wound (by a shot), shoot at and wound: einen Vogel ~ *hunt.* to wing (*od.* feather) a bird; der Flüchtende wurde von einem Polizisten angeschossen a policeman shot at and wounded the fugitive. – **2.** *mil.* (*Waffen*) test-fire. – **3.** (*j-n, das neue Jahr*) fire off a gun to celebrate. – **4.** *print.* (*Seiten*) add. – **5.** j-n (mit dem Ball) ~ (*sport*) to hit s.o. with the ball. – **6.** j-n ~ *fig. colloq.* to throw mud at s.o. – **II** *v/i* **7.** ⟨*only pp*⟩ angeschossen kommen *colloq.* to come shooting (*od.* darting) along (*od.* up). – **8.** (*sport*) shoot first, have the first shot. – **III A~** *n* ⟨-s⟩ **9.** *verbal noun.*

ˈanˌschif·ten *v/t* ⟨*sep,* -ge-, h⟩ *tech.* (*Zimmerei*) *cf.* schiften 2.

ˈanˌschim·meln *v/i* ⟨*sep,* -ge-, sein⟩ mold, *bes. Br.* mould, grow mo(u)ldy, mildew.

ˈanˌschir·ren I *v/t* ⟨*sep,* -ge-, h⟩ (*Zugtiere*) harness, *auch* hitch up, tackle (up), gear (up). – **II A~** *n* ⟨-s⟩ *verbal noun.* — **ˈAnˌschir·rer** *m* ⟨-s; -⟩ harnesser, strapper. — **ˈAnˌschir·rung** *f* ⟨-; -en⟩ *cf.* Anschirren.

ˈAnˌschiß *m* ⟨-sses; -sse⟩ *fig. vulg.* dressing down, telling off, giving hell.

ˈAnˌschlag *m* ⟨-(e)s; Anschläge⟩ **1.** (*Aushang*) placard, poster, bill: etwas durch ~ bekanntmachen to announce s.th. by placard, to bill s.th. – **2.** (*Bekanntmachung*) notice: einen ~ am Schwarzen Brett machen to post (*od.* put up) a notice on the bulletin board (*Br.* notice-board). – **3.** (*gewaltsamer Überfall*) attack, assault: ein ~ auf das Botschaftsgebäude an attack on the embassy; einen ~ auf j-s Leben verüben (*od.* machen) to make an attempt on s.o.'s life. – **4.** (*Verschwörung*) plot, conspiracy: tückischer ~ machination; einen ~ auf j-n vorhaben *fig. colloq.* to have designs on (*od.* against) s.o. – **5.** (*einer Schreibmaschinentaste etc*) stroke: sie schreibt 250 Anschläge in der Minute she types 250 strokes per minute. – **6.** (*Weise des Anschlagens*) touch, action: die Schreibmaschine hat einen leichten ~ the typewriter has a light touch. – **7.** (*Anprall*) impact: der ~ der Wellen the breaking (*od.* beating) of the waves. – **8.** *rare* (*eines Hundes*) (challenging) bark. – **9.** *mil.* aiming (*od.* firing) position, present: ~ stehend [liegend] standing [prone] position, present standing [prone]; das Gewehr in ~ bringen to bring the rifle down to the present, to present. – **10.** *econ.* estimate, assessment, (e)valuation, calculation, *auch* computation: einen ~ der Reparaturkosten einreichen to hand in an estimate of the repair costs; etwas in ~ bringen *fig.* to take s.th. into account, to make allowance for s.th. – **11.** ~ einer Tür door stop. – **12.** *tech.* a) (*Sperre*) (limit) stop, block, b) (*Begrenzungsanschlag*) (stop) dog, stop (pin), c) (*einer Werkzeugmaschine*) trip dog (*od.* pin), d) (*Holzbearbeitung*) fence, e) (*Falz*) rebate, rabbet, f) (*einer Reißschiene etc*) stock. – **13.** *tech.* (*einer Mühle*) mill(clapper), millclack. – **14.** (*mining*) (shaft) landing. – **15.** *mus.* a) (*eines Klaviers etc*) touch, action, b) (*eines Pianisten etc*) touch, attack, c) (*einer Orgel*) specification, d) (*Ornamentik*) double appoggiatura, e) (*Spielen*) stroke, striking. – **16.** (*sport*) (*Schwimmen*) (*am Ziel etc*) touch. – **17.** ⟨*only sg*⟩ (*beim Stricken etc*) casting on.

ˈAnˌschlag|ˌbol·zen *m tech.* (stop) dog, stop (pin). — **~ˌbrett** *n bes. Am.* bulletin board, *auch* billboard, *bes. Br.* notice-board.

ˈanˌschla·gen I *v/t* ⟨*irr, sep,* -ge-, h⟩ **1.** (*Leiste etc*) fasten, fix: etwas mit Nägeln an (*acc*) etwas ~ to nail s.th. to s.th. – **2.** (*Bekanntmachung, Plakat etc*) post, put up, placard: etwas am Schwarzen Brett ~ to post s.th. on the bulletin board (*Br.* notice-board). – **3.** (*Taste, Ton etc*) strike, hit: eine Glocke ~ to strike (*od.* ring, chime) a bell; einen Akkord ~ to strike a chord; eine Saite (leicht) ~ to touch a string; den richtigen Ton ~ to strike (*od.* hit) the right note (*auch fig.*); einen ironischen Ton ~ *fig. colloq.* to adopt an ironical tone; einen falschen Ton ~ *fig. colloq.* to strike (*od.* sound) a false note; einen anderen Ton ~ *fig. colloq.* to change one's tune, to sing another tune; ein neues Gesprächsthema ~ *fig. colloq.* to change the subject, to broach (*od.* strike into) another subject; ein schnelleres Tempo ~ (*beim Gehen*) *colloq.* to strike (up) a faster pace, to quicken one's pace, to put on (greater) speed. – **4.** (*anstoßen*) strike, hit, knock: sie schlug ihr Knie an der Tischkante an she struck her knee against (*od.* on) the edge of the table. – **5.** (*Tassen etc*) chip. – **6.** (*einschätzen*) estimate, assess, value, rate: etwas niedrig ~ to rate s.th. low, to make a low estimate of s.th.; man kann seine Verdienste nicht hoch genug ~ his merits cannot be overestimated. – **7.** *Austrian for* anstechen 2. – **8.** *mil.* aim, level: das Gewehr auf j-n ~ to (take) aim at s.o. – **9.** (*Maschen*) cast on. – **10.** *mar.* a) (*Segel*) bend (*a sail*) (to its yard), bring to, b) (*Last*) sling, c) (*Pumpe*) prime, fetch. – **11.** (*textile*) a) baste, tack, b) (*Weberei*) die Lade ~ to beat the lathe, c) (*Tuch*) tenter. – **12.** (*mining*) (*Förderkorb etc*) fasten (*od.* secure) (*s.th.*) before hoisting. – **13.** Junge ~ *agr.* (*von Bienen*) to deposit eggs in the cells. – **14.** *print.* blank. – **II** *v/i* **15.** (gegen, an *acc* against) strike, hit, knock: (mit dem Kopf) an die Wand ~ to strike (one's head) against the wall; Wellen schlagen an die Felsen an waves are breaking (*od.* beating) against the rocks. – **16.** (*von Klingel, Uhr etc*) (begin to) ring. – **17.** (*von Hund*) bark, challenge. – **18.** (*von Vogel*) (begin to) sing. – **19.** (*von Pflanze*) take (*od.* strike) root. – **20.** bei ihm schlägt nichts an *colloq.* he doesn't put on any weight, nothing he eats sticks to his ribs (*colloq.*). – **21.** *med.* a) (*von Medizin etc*) take (effect), have the required effect, b) (*von Impfung*) take: die Kur hat (bei ihm) gut angeschlagen the course of treatment has had a good effect (on him). – **22.** (*sport*) a) (*beim Schwimmen*) (*am Ziel etc*) touch, b) (*beim Reiten*) (*am Hindernis*) rap. – **II A~** *n* ⟨-s⟩ **23.** *verbal noun.* – **24.** (*eines Hundes*) bark, challenge.

ˈAnˌschlä·ger *m* ⟨-s; -⟩ **1.** (*mining*) (*Signalgeber am Grubenschacht*) a) (*über Tage*) banksman, b) (*unter Tage*) hitcher, cageman, *auch* onsetter. – **2.** *mus.* (*eines Klaviers etc*) jack, hammer, fly-finisher. – **3.** (*watchmaking*) (e)scapement.

ˈAnˌschlag|ˌfa·den *m* (*textile*) basting (thread *od.* cotton). — **~ˌfalz** *m tech.* (*einer Tür*) tongue. — **~ˌflä·che** *f* stop(ping) face. — **~ˌham·mer** *m* (*wood*) marking hammer.

ˈanˌschlä·gig [-ˌʃlɛːgɪç] *adj obs. for* schlau 1, 2, geschickt 2, 3.

ˈAnˌschlag|ˌlei·ste *f* (*wood*) fence, guide (*od.* stop) bar. — **~li·neˌal** *n* T-square. — **~paˌpier** *n* poster (paper). — **~ˌrad** *n* (*watchmaking*) warning (*od.* striking, pin) wheel. — **~ˌrandˌstel·ler** *m* (*von Schreibmaschinen*) margin stop. — **~ˌra·ste** *f tech.* quantity stop. — **~ˌsäu·le** *f* **1.** advertisement (*seltener* -z-) (*od.* advertising, poster) pillar. – **2.** *tech.* (*der Schleuse*) miter (*bes. Br.* mitre) post. — **~ˌschie·ne** *f* **1.** (*railway*) adjoining (*od.* rigid, stock) rail. – **2.** (*an Türen*) stop rail. – **3.** *tech. cf.* Anschlaglineal. — **~ˌschlei·fen** *n tech.* shoulder grinding. — **~ˌschrau·be** *f* stop screw. — **~ˌspiel** *n* (*games*) *a kind of hide-and-seek.*

ˈAnˌschlagsˌtech·nik *f mus.* touch (technique).

ˈAnˌschlag|ˌstel·lung *f mil.* firing position. — **~ˌstift** *m* **1.** (*watchmaking*) striking peg, banking pin, warning piece. – **2.** *tech.* stop pin. — **~ˌta·fel** *f cf.* Anschlagbrett. — **~ˌtour** *f* (*beim Stricken etc*) first row of stitches, casting-on row. — **~ˌwin·kel** *m tech.* **1.** (try *od.* back) square. – **2.** (*aus Stahl*) steel square. — **~ˌzet·tel** *m* bill, placard, poster.

ˈanˌschläm·men I *v/t* ⟨*sep,* -ge-, h⟩ **1.** (*Hafen etc*) silt up, choke (*s.th.*) up with mud. – **2.** *agr.* (*Pflanzloch*) fill (*s.th.*) with mud. – **3.** *chem.* elutriate. – **II** *v/reflex* sich ~ **4.** (*von Hafen etc*) silt up, choke up with mud. – **III A~** *n* ⟨-s⟩ **5.** *verbal noun.* — **ˈAnˌschläm·mung** *f* ⟨-; -en⟩ **1.** *cf.* Anschlämmen. – **2.** *chem.* elutriation.

ˈanˌschlei·chen I *v/t* ⟨*irr, sep,* -ge-, h⟩ (*Wild, Feind*) stalk, sneak (*od.* creep) up on. – **II** *v/reflex* **sich ~** sneak (*od.* creep, steal) up: **sich an die gegnerische Stellung ~** to sneak (*od.* creep) up on the enemy's position. – **III** *v/i* ⟨*only pp*⟩ **angeschlichen kommen** *colloq.* to come sneaking along (*od.* up).

ˈanˌschlei·fen¹ *v/t* ⟨*irr, sep,* -ge-, h⟩ *tech.* **1.** grind, first-grind. – **2.** (*Werkzeugschneide*) sharpen. – **3.** begin to grind. – **4.** (*Edelstein*) begin to cut.

ˈanˌschlei·fen² *v/t* ⟨*sep,* -ge-, h⟩ **j-n [etwas] ~** *colloq.* to drag s.o. [s.th.] along (*od.* up): **etwas angeschleift bringen** *colloq.* to come along dragging (*od.* trailing) s.th.

ˈanˌschlen·dern *v/i* ⟨*only pp*⟩ **angeschlendert kommen** *colloq.* to come lounging (*od.* sauntering, trailing) along (*od.* up).

ˈanˌschlep·pen *v/t* ⟨*sep,* -ge, h⟩ **etwas [j-n] ~** to drag (*od.* haul) s.th. [s.o.] along (*od.* up): **etwas angeschleppt bringen** *colloq.* to come along dragging s.th.

ˈAnˌschlich *m hunt.* stalk.

ˈanˌschlie·ßen I *v/t* ⟨*irr, sep,* -ge-, h⟩ **1.** (*Fahrrad, Boot etc*) padlock. – **2.** (*mit Kette*) chain (up). – **3.** (*anfügen*) add, join, attach: **einer Fabrik ein Forschungsinstitut ~** to add (*od.* affiliate) a research institute to a factory; **hier möchte ich folgende Überlegung ~** here I should like to add the following consideration. – **4.** *tech.* a) connect (up), link up, b) (*Schlauch etc*) attach: **eine Maschine an die Kraftquelle ~** to connect a machine to the mains; **ein Haus ans Gasversorgungsnetz ~** to connect (up) a house to the gas mains, to lay on gas to a house. – **5.** *electr.* a) connect (up), b) (*koppeln*) couple: **an eine Leitung ~** to connect (*od.* wire) up; **einen Elektroherd ~** to connect up an electric stove; **ans Stromnetz ~** to connect to the mains. – **6.** *archaic for* **beifügen** 2. – **II** *v/reflex* **sich ~ 7.** (*grenzen*) be adjacent, lie contiguous: **an den Park schließen sich Wiesen an** meadows are adjacent to (*od.* border on, adjoin) the park. – **8.** (*folgen*) follow: **an den Vortrag schloß sich eine Diskussion an** the lecture was followed by a discussion. – **9. sich j-m [einer Sache] ~** a) to fall in (*od.* associate) with s.o. [s.th.], b) to side with (*od.* rally to) s.o. [s.th.], c) to join s.o. [(in) s.th.]; **darf ich mich Ihnen (auf dem Weg) ~?** may I join (*od.* accompany) you (on the way)? **viele Anhänger schlossen sich ihm an** many supporters rallied to him (*od.* sided with him); **sich j-s Ansicht** (*od.* **Meinung**) **~** to fall in with (*od.* endorse) s.o.'s views (*od.* opinion); **er schließt sich meiner Bitte an** he joins in my request; **ich werde mich euch später ~** I'll join you later; **sich einer politischen Bewegung ~** to associate (*od.* affiliate) (oneself) with a political movement; **sich einem Sportverein ~** to join a sports club; **wollen Sie sich der Gesellschaft ~?** will you make one of the party? **sich einem Urteil ~** *jur.* to concur with a verdict. – **10. sich an j-n ~** to attach oneself to s.o.: **sie hat sich niemals an eine Kameradin angeschlossen** she has never attached herself to one of her classmates; **er schließt sich leicht** (*od.* **schnell**) **an** he is sociable (*od.* companionable), he makes contacts (*od.* friends) easily (*od.* quickly). – **III** *v/i* **11.** (*von Kleid etc*) fit (closely), be a close fit: **die Jacke schließt in der Taille an** the jacket fits closely at the waist. – **12.** *mil.* close ranks (*od.* up). – **IV A~** *n* ⟨-s⟩ **13.** *verbal noun.* – **14.** *cf.* **Anschluß.** — **ˈanˌschlie·ßend I** *pres p.* – **II** *adj* **1.** (*angrenzend*) (an *acc* to) adjacent, contiguous: **eine Schule mit ~em Sportplatz** a school with adjacent sports grounds. – **2.** (*folgend*) following, subsequent, ensuing. – **3.** (*anliegend*) tight-fitting, close-fitting: **eine sehr eng ~e Hose** tight-fitting trousers *pl.* – **III** *adv* **4.** adjacently, contiguously. – **5.** subsequently, afterward(s), then: **~ gab es Eis** afterward(s) they had ice cream; **~ an die Vorstellung besuchten sie eine Bar** following (*od.* subsequent to, after) the performance they went to a bar. — **ˈAnˌschlie·ßung** *f* ⟨-; *no pl*⟩ **1.** *cf.* **Anschließen.** – **2.** (*Anfügung*) addition, attachment. – **3.** *tech.* (*eines Schlauches etc*) attachment. – **4.** *archaic for* **Beifügung** 2.

ˈAnˌschliff *m tech.* **1.** first grind. – **2.** (*eines Bohrers*) drill-point grinding. – **3.** (*eines Meißels*) lip (*od.* grinding) angle. – **4.** polished and edged surface.

ˈanˌschlit·zen *v/t* ⟨*sep,* -ge-, h⟩ *tech. cf.* **schlitzen** 4.

ˈanˌschlur·fen *v/i* ⟨*only pp*⟩ **angeschlurft kommen** *colloq.* to come shuffling along (*od.* up).

ˈAnˌschluß *m* ⟨-sses; Anschlüsse⟩ **1.** (*im Verkehr*) connection, *Br. auch* connexion: **dieser Zug hat ~ nach X** this train has a (*od.* makes) connection with (*od.* to) X; **die Fähre hat ~ an den Zug** the ferry meets the train; **er hat den ~ erreicht** he has caught (*Am.* made) his connection; **sie hat den ~ verpaßt** *fig. colloq.* she has missed the bus (*od.* boat) (*colloq.*). – **2.** (*Verbindung*) connection, *Br. auch* connexion: **elektrischer ~** connection to the electric main(s *pl*); **~ an das Rohrleitungsnetz** plumbing connections *pl*, connection to the pipe system; **dieses Haus hat noch keinen ~** (**an das Fernsprechnetz**) this house has no telephone (connection *od.* line) as yet; **ich wollte anrufen, aber ich bekam keinen ~** I intended to phone but I got no connection (*od.* could not get through); **sie hat ~ an die Weltklasse erreicht** *fig.* (*sport*) she has joined the top class; **~ an den modernen Stand der Technik finden** *fig.* to catch up with modern technical standards; **~ einer Privatklage an ein Strafverfahren** *jur.* joining of a civil action to criminal proceedings. – **3.** (*an eine Partei etc*) association, affiliation. – **4.** *colloq.* (*Bekanntschaft*) contact, acquaintance: **er sucht ~** a) he is trying to make friends, b) he seeks company; **~ bei j-m finden** to find a friend in s.o. – **5. im ~ an** (*acc*) a) (*nach*) following, subsequent to, b) (*mit Bezug auf*) in connection with, referring to: **im ~ an den Vortrag fand eine Führung statt** subsequent to the lecture there was a tour of inspection; **im ~ an unser Schreiben** further (*od.* reverting) to our letter. – **6.** *obs.* (*Anlage*) enclosure: **im ~** enclosed. – **7.** *hist. pol.* union, anschluss. – **8.** *tech.* a) *cf.* **Anschließung,** b) junction, joining, connection, *Br. auch* connexion. – **9.** *electr.* connection, *Br. auch* connexion, contact: **~ für eine Leitung nach außen** wiring point.

ˈAnˌschluß|arˌmie·rung *f civ.eng. cf.* **Anschlußbewehrung.** — **~ˌbahn** *f* (*railway*) branch (*od.* feeder) line, connecting railway. — **~ˌbahnˌhof** *m* junction (station). — **~beˌreich** *m tel.* service (*od.* exchange) area. — **~beˌstre·bung** *f meist pl,* **~beˌwe·gung** *f econ. pol.* tendency (*od.* movement) toward(s) incorporation (*od.* affiliation). — **~beˌweh·rung** *f civ.eng.* projecting reinforcement, *Am.* connection rebars *pl.* — **~ˌbuch·se** *f electr.* connection sleeve, socket. — **~ˌdo·se** *f* **1.** junction (*od.* connection) box. – **2.** wall socket. — **~ˌdraht** *m* connecting (*od.* terminal) wire. — **~ˌei·sen** *n meist pl civ.eng. cf.* **Anschlußbewehrung.** — **~ˌfahrˌkar·te** *f* transfer ticket. — **a~ˌfer·tig** *adj electr.* wired ready for connection, fully wired. — **~fiˌnanˌzie·rung** *f econ.* follow-up financing. — **~ˌflug** *m aer.* connecting flight. — **~geˌbühr** *f tel.* charge(s *pl*) for being connected. — **~geˌlei·se** *n cf.* **Anschlußgleis.** — **~geˌrät** *n electr.* connector set. — **~ˌgleis** *n* (*railway*) **1.** branch (*od.* junction) line. – **2.** siding. — **~ˌka·bel** *n tel.* subscriber's cable. — **~ˌkar·te** *f* (*im Atlas*) connecting map. — **~ˌklem·me** *f electr.* (connecting) terminal, binding post. — **~ˌlei·ter** *m* lead (terminal). — **~ˌlei·tung** *f* **1.** *tech.* connecting line. – **2.** *electr.* a) (*Netzanschlußkabel*) mains cable, b) (*Zuführungsleitung*) lead (wire). – **3.** *tel.* subscriber's line. — **~ˌli·nie** *f* **1.** (*der Straßenbahn etc*) feeder (line), branch line. – **2.** *aer.* feeder (services *pl od.* airline). — **~ˌmaß** *n* **1.** *tech.* mounting dimension. – **2.** *civ.eng.* connection dimension. — **~ˌnum·mer** *f tel.* subscriber's (*od.* call) number. — **~ˌplan** *m electr.* wiring (*od.* connection) diagram. — **~ˌpunkt** *m* junction point. — **~ˌrohr** *n civ.eng.* service pipe. — **~ˌschnur** *f electr.* flexible cord (*od.* lead), *bes. Br.* flex. — **~sta·tiˌon** *f* (*railway*) junction (station). — **~ˌstecker** (*getr.* -k·k-) *m electr.* (wall *od.* wander) plug. — **~ˌstel·le** *f* **1.** *electr.* wiring point. – **2.** *auto.* (*der Autobahn*) a) junction (point), b) access point. — **~ˌstöp·sel** *m electr.* (connection *od.* attachment) plug. — **~ˌstrecke** (*getr.* -k·k-) *f* (*railway*) branch (*od.* feeder) line. — **~ˌstück** *n* **1.** *auch tech.* joining (*od.* connecting) piece. – **2.** (*einer Autobahn*) joining (*od.* connecting) stretch. — **~ˌstut·zen** *m tech.* connecting piece. — **~ˌtor** *n,* **~ˌtref·fer** *m* (*sport*) *goal that leaves the side only one down.* — **~verˌtrag** *m econ.* contract of adherence. — **~ˌwei·che** *f* (*railway*) junction points *pl,* switches *pl.* — **~ˌzap·fen** *m tech.* male connection. — **~ˌzug** *m* (*railway*) connecting train, connection, *Br. auch* connexion.

ˈanˌschmach·ten *v/t* ⟨*sep,* -ge-, h⟩ **j-n ~** *colloq.* to cast amorous glances at s.o., to make sheep's eyes at s.o.

ˈanˌschmie·den *v/t* ⟨*sep,* -ge-, h⟩ **1. etwas an** (*acc*) **etwas ~** to forge s.th. onto s.th. – **2. j-n ~** *hist.* to chain up s.o., to fetter s.o., to put s.o. in irons.

ˈanˌschmie·gen I *v/t* ⟨*sep,* -ge-, h⟩ **1.** (an *acc* up to, against) (*Kopf, Körper*) snuggle, nestle. – **II** *v/reflex* **sich ~ 2. sich an j-n ~** to snuggle (*od.* cuddle) up to s.o., to nestle against s.o.: **das Kind schmiegte sich an die Mutter an** the child snuggled up to its mother. – **3. sich an** (*acc*) **etwas ~** to cling to s.th., to hug s.th.: **die Häuser schmiegen sich dicht an den Berg an** *fig.* the houses cling to the mountain. – **4.** (*von Kleidern*) cling, sit (*od.* fit) closely. – **5.** *math.* (an *acc* with) osculate.

ˈanˌschmieg·sam *adj* **1.** (*anpassungsfähig*) adaptable, supple, pliant. – **2.** *fig.* (*zärtlich*) affectionate: **sie ist ein ~es Wesen** she is an affectionate person. — **ˈAnˌschmieg·sam·keit** *f* ⟨-; *no pl*⟩ **1.** adaptability, suppleness, pliancy. – **2.** *fig.* affectionateness.

ˈanˌschmie·ren I *v/t* ⟨*sep,* -ge-, h⟩ **1. j-n [etwas] ~** to make s.o. [s.th.] dirty, to smear (*od.* daub) s.o. [s.th.]. – **2. j-n ~** *fig. colloq.* to cheat s.o.; to bamboozle s.o., to take s.o. in (*colloq.*): **j-n mit etwas ~** to fob (*od.* palm) s.th. off on s.o., *Am. colloq.* to stick s.o. with s.th.; **man hat dich (schön) angeschmiert** you have been taken in (*od.* had) (*colloq.*). – **II** *v/reflex* **sich ~ 3.** *colloq.* (*an der Wand etc*) make oneself dirty, dirty oneself: **sich mit etwas ~** to daub oneself with s.th. – **4.** *contempt.* (*mit Schminke etc*) daub oneself (with make-up).

ˈAnˌschmier·maˌschi·ne *f* (*in Buchbinderei*) glu(e)ing machine.

ˈanˌschmo·ren *v/t* ⟨*sep,* -ge-, h⟩ *gastr.* (*Fleisch*) braise (*meat*) slightly.

ˈanˌschmun·zeln *v/t* ⟨*sep,* -ge-, h⟩ **j-n ~** to smile at s.o. (*in a knowing, amused or self-satisfied manner*), to smirk at s.o.

ˈanˌschmu·sen *v/reflex* ⟨*sep,* -ge-, h⟩ **sich bei j-m ~** *colloq.* to play up to s.o. (*colloq.*).

ˈanˌschmut·zen *v/t* ⟨*sep,* -ge-, h⟩ soil.

ˈanˌschnal·len I *v/t* ⟨*sep,* -ge-, h⟩ **1.** (*Gürtel etc*) (an *acc* to) buckle (*od.* strap) on: **die Sporen an die Stiefel ~** to spur one's boots; **etwas mit Riemen ~** to strap s.th. on. – **2.** (*sport*) (*Ski etc*) put on. – **II** *v/reflex* **sich ~ 3.** (*im Auto, Flugzeug etc*) fasten one's seat belt, strap oneself in (*od.* into the seat): **bitte ~!** *aer.* fasten your seat belts, please!

ˈAnˌschnall|ˌgurt *m* safety belt (*od.* strap), seat belt. — **~ˌspo·ren** *pl* buckled spurs. — **~ˌvorˌrich·tung** *f* safety-belt mechanism.

ˈanˌschnau·ben I *v/t* ⟨*sep,* -ge-, h⟩ **j-n ~** *fig. colloq.* to snort (*od.* snarl) at s.o. – **II** *v/i* ⟨*only pp*⟩ **angeschnaubt kommen** *colloq.* to come along (*od.* up) puffing (and blowing).

ˈanˌschnau·fen *v/i* ⟨*only pp*⟩ **angeschnauft kommen** *colloq.* to come along (*od.* up) puffing (*od.* panting).

ˈanˌschnau·zen *v/t* ⟨*sep,* -ge-, h⟩ **j-n ~** *colloq.* to give s.o. a dressing down, to tell (*od.* tick) s.o. off, to haul s.o. over the coals, *bes. Am. colloq.* to bawl s.o. out. — **ˈAnˌschnau·zer** *m* ⟨-s; -⟩ *colloq.* dressing down, telling (*od.* ticking) off, *bes. Am. colloq.* bawling out: **einen ~ bekommen** (*od.* **einstecken müssen**) to be hauled over the coals, to get told off.

ˈAnˌschnei·deˌmes·ser *n* carving knife, carver.

ˈanˌschnei·den *v/t* ⟨*irr, sep,* -ge-, h⟩ **1.** (*Brot, Wurst etc*) (make the first) cut into, begin to cut. – **2.** *fig.* (*Frage, Thema etc*) raise, bring up, broach, introduce: **ein Thema am Rande ~** to touch on a subject; **ein anderes Thema ~** to change to another subject, to change the subject. – **3.** (*forestry*) *cf.* **einkerben** 1. – **4.** *tech.* a) (*in der Metallbearbeitung*) start the cut in, b) (*Naben*) spot-

-face. – **5.** *metall.* gate. – **6.** *mar. mil.* get a bearing on. – **7.** (*optics*) a) (*anzielen*) aim at, b) (*anvisieren*) sight, c) (*scharf einstellen*) focus. – **8.** *hunt. cf.* anfressen 1. – **9.** *print.* (*Satzspiegel*) cut, bleed. – **10.** (*sport*) a) (*Slalomtor, Kurve etc*) cut, b) (*beim Tennis*) cut, slice: **einen Ball ~** to cut a ball, to put spin on a ball. – **11.** *agr. dial.* (*Getreide*) start to mow.

ˈAnˌschnei·de·theo·doˌlit *m* (*optics*) transit theodolite.

ˈanˌschnei·en *v/i* ⟨*only pp*⟩ **angeschneit kommen** *fig. colloq.* to come blowing in: **er kam erst zwei Stunden später angeschneit** he did not blow in (*od.* turn up) until two hours later.

ˈAnˌschnitt *m* **1.** (*eines Brotes etc*) first cut (*od.* slice), outside piece (*od.* slice): **etwas im ~ verkaufen** *econ.* to sell s.th. by the piece (*od.* by retail). – **2.** (*Schnittfläche*) cutting face. – **3.** (*forestry*) *cf.* Kerbe 1. – **4.** *tech.* a) (*erster Schnitt*) starting (*od.* first) cut, b) (*eines Bohrers*) chamfer, pointing, c) (*eines Gewindes*) start(ing end), d) (*eines Gewindeschneideisens*) lead angle. – **5.** *metall.* gate, gating. – **6.** *civ.eng.* (*Straßenbau*) hillside cut and fill.

ˈanˌschnor·ren *v/t* ⟨*sep*, -ge-, h⟩ **j-n (um etwas) ~** *colloq.* to cadge s.th. from s.o.

ˈanˌschnüf·feln *v/t* ⟨*sep*, -ge-, h⟩ sniff at.

ˈanˌschnü·ren *v/t* ⟨*sep*, -ge-, h⟩ **1.** (**an** *acc* to) tie (*od.* lace, string) on. – **2.** (*textile*) tie up, fasten on, cord.

ˈanˌschnur·ren *v/t* ⟨*sep*, -ge-, h⟩ **j-n ~** (*von Katze*) to purr at s.o.

ˈanˌschop·pen I *v/t* ⟨*sep*, -ge-, h⟩ *med.* a) (*Ödem etc*) (en)gorge, choke, b) (*Kapillargefäße*) congest. – **II** *v/reflex* **sich ~** *med.* a) gorge (*od.* choke) itself, b) become congested, congest, form an infarct. – **III A~** *n* ⟨-s⟩ *verbal noun.* — **ˈAnˌschop·pung** *f* ⟨-; -en⟩ *med.* **1.** *cf.* Anschoppen. – **2.** (*von Ödem etc*) engorgement. – **3.** (*der Lunge, Kapillargefäße etc*) congestion.

An·scho·ve [anˈʃoːvə] *f* ⟨-; -n⟩ *zo. cf.* Anschovis.

An·scho·vis [anˈʃoːvɪs] *f* ⟨-; -⟩ **1.** *zo.* anchovy (*Engraulis encrasicholus*). – **2.** *gastr.* anchovy. — **~ˌbir·ne** *f* anchovy pear (*Grias cauliflora*). — **~ˌpa·ste** *f gastr.* anchovy paste.

ˈanˌschram·men *v/t* ⟨*sep*, -ge-, h⟩ (*Auto etc*) scrape, scratch, graze.

ˈanˌschraub·bar *adj tech.* that can be screwed on, screw-on (*attrib*).

ˈanˌschrau·ben *v/t* ⟨*sep*, -ge-, h⟩ *tech.* (**an** *acc* to) **1.** screw (*s.th.*) on. – **2.** (*mittels Durchsteckschraube*) bolt (*s.th.*) on.

ˈAnˌschraub|geˌwin·de *n tech.* screw(-on) thread. — **~ˌspo·ren** *pl* (*sport*) screw (*od.* cavalry) spurs.

ˈAnˌschrei·be|ˌblatt *n* (*sport*) *Am.* scorecard, *Br.* score-card, tally (sheet *od.* card). — **~ˌblock** *m Am.* scorebook, *Br.* score-book.

anˌschrei·ben I *v/t* ⟨*irr, sep*, -ge-, h⟩ **1.** (**an** *dat od. acc* on) write (*od.* note, put) (*s.th.*) down: **etwas an der** (*od.* **die**) **Tafel ~** to write s.th. (down) on the blackboard; **etwas mit Kreide ~** to chalk s.th. up. – **2.** (*Feder, Kugelschreiber etc*) break in. – **3. j-n ~** to write to s.o. – **4.** *econ.* charge, debit: **etwas für j-n ~** to charge (*od.* debit) s.o. with s.th., to put s.th. (down) to s.o.'s account (*od.* debit); **etwas ~ lassen** to buy s.th. on credit (*od. colloq.* on tick). – **5.** *math.* (*Kreis*) escribe. – **6.** (*games*) (*Punkte etc*) mark (*od.* score) up: **die Punktzahl ~** to keep (the) score. – **7.** *mar.* tally. – **II** *v/i* **8. ~ lassen** to buy on credit (*od. colloq.* on tick). – **9.** (*games*) keep (the) score, score. – **III A~** *n* ⟨-s⟩ **10.** *verbal noun.* – **11.** *econ.* covering (*od.* accompanying) letter.

ˈAnˌschrei·ber *m* ⟨-s; -⟩ **1.** (*games*) scorer, marker. – **2.** *mar.* tallyman, checker.

ˈAnˌschrei·beˌta·fel *f* (*games*) scoreboard.

ˈanˌschrei·en *v/t* ⟨*irr, sep*, -ge-, h⟩ **j-n ~** to shout (*od.* yell, scream) at (*od.* to) s.o.

ˈAnˌschrift *f* ⟨-; -en⟩ address: **ohne ~** unaddressed; **genaue ~ angeben!** give exact postal address.

ˈAnˌschrif·ten|ˌän·de·rung *f* change of address. — **~ˌbuch** *n cf.* Adreßbuch. — **~maˌschi·ne** *f tech.* addressing machine. — **~schaˌblo·ne** *f tech.* addressograph stencil. — **~verˌzeich·nis** *n* list of addresses.

ˈAnˌschrot *n* ⟨-(e)s; *no pl*⟩, **ˈAnˌschro·te** *f* ⟨-; *no pl*⟩ (*textile*) selvage, selvedge, list, wale, heading. — **ˈanˌschro·ten** *v/t* ⟨*sep*, -ge-, h⟩ **1.** (*textile*) form the selvedge (*od.* list, wale) on. – **2.** (*Faß*) roll up.

ˈAnˌschub *m* (*sport*) first bowl (*od.* throw): **wer hat den ~?** who is to bowl first?

ˈanˌschu·hen *v/t* ⟨*sep*, -ge-, h⟩ *tech.* **1.** (*Pfahl etc*) shoe, tip (*s.th.*) with iron. – **2.** lengthen.

ˈanˌschul·di·gen [-ˌʃʊldɪgən] *jur.* **I** *v/t* ⟨*sep*, -ge-, h⟩ charge, accuse: **j-n des Mordes ~** to charge s.o. with (*od.* accuse s.o. of) (a) murder, to impute a murder to s.o. (*lit.*); **j-n fälschlich ~** to accuse s.o. falsely. – **II A~** *n* ⟨-s⟩ *verbal noun.* — **ˈanˌschul·di·gend I** *pres p.* – **II** *adj* accusatory, *auch* accusative. — **ˈAnˌschul·di·gung** *f* ⟨-; -en⟩ **1.** *cf.* Anschuldigen. – **2.** charge, accusation; incrimination, imputation (*lit.*): **falsche ~** a) false accusation, b) (*Verleumdung*) calumny; **versteckte ~** oblique accusation; **schwere ~en gegen j-n erheben** to bring (*od.* prefer) heavy charges against s.o.; **sich gegen ~en verwahren** to protest against charges.

ˈanˌschü·ren *v/t* ⟨*sep*, -ge-, h⟩ **1.** (*Feuer*) stir (*od.* poke) (up). – **2.** *fig.* (*j-s Eifersucht etc*) kindle, inflame, stir up.

ˈAnˌschuß *m* ⟨-sses; Anschüsse⟩ **1.** first (*od.* opening) shot: **den ~ haben** to have the first shot, to shoot (*od.* fire) first. – **2.** (*des Wassers*) shooting, rushing (in). – **3.** *hunt.* a) (gun)shot wound, b) *spot where the game stood when shot.* – **4.** *mil.* sighting shot. – **5.** *chem.* (*in Kristallographie*) a) (*Vorgang*) crystalline growth, b) (*Ergebnis*) crop of crystals.

ˈanˌschüt·ten I *v/t* ⟨*sep*, -ge-, h⟩ **1.** pour (*s.th.*) on. – **2.** *civ.eng.* a) fill up, b) place (*od.* deposit) filling in (*od.* on). – **3.** *agr.* (*Getreide*) store up. – **II A~** *n* ⟨-s⟩ **4.** *verbal noun.* — **ˈAnˌschüt·tung** *f* ⟨-; *no pl*⟩ **1.** *cf.* Anschütten. – **2.** *civ.eng.* fill(ing).

ˈanˌschwan·ken *v/i* ⟨*only pp*⟩ **angeschwankt kommen** *colloq.* to come staggering along (*od.* up).

ˈanˌschwän·zeln *v/i* ⟨*only pp*⟩ **angeschwänzelt kommen** *colloq.* a) (*vom Hund*) to come (along) wagging its tail, b) *fig.* (*von Personen*) to approach ingratiatingly.

ˈanˌschwän·zen *v/t* ⟨*sep*, -ge-, h⟩ *brew.* sprinkle, sparge.

ˈAnˌschwänzˌkreuz *n brew.* over-sprinkler, Scotch cross, sprinkling pipe.

ˈanˌschwär·men I *v/t* ⟨*sep*, -ge-, h⟩ **1.** *colloq.* (*Filmstar etc*) adore, idolize, adulate, carry a torch for (*colloq.*). – **II** *v/i* **2.** *agr.* (*von Bienen*) begin to swarm. – **3.** ⟨*only pp*⟩ **angeschwärmt kommen** *colloq.* to come in swarms, to swarm up (*od.* in).

ˈanˌschwär·zen *v/t* ⟨*sep*, -ge-, h⟩ **1.** blacken, make (*s.th.*) black. – **2. j-n (bei j-m) ~** *fig. colloq.* to run s.o. down (to s.o.) (*colloq.*), to blacken s.o.'s name (with s.o.), to backbite s.o. (to s.o.). – **3.** *metall. cf.* anrauchen 4. — **ˌAn·schwär·zeˈrei** *f* ⟨-; -en⟩ *fig. colloq.* backbiting, blackening of s.o.'s name.

ˈanˌschwat·zen *v/t* ⟨*sep*, -ge-, h⟩ *cf.* aufschwatzen.

ˈanˌschwe·ben *v/i* ⟨*sep*, -ge-, sein⟩ *aer.* approach (*od.* come in) for a landing.

ˈanˌschwe·feln *v/t* ⟨*sep*, -ge-, h⟩ *chem.* sulfurize *bes. Br.* -ph-, treat (*od.* fumigate) (*s.th.*) with sulfur (*bes. Br.* -ph-).

ˈAnˌschweifˌhas·pel *f* (*textile*) warping reel.

ˈanˌschwei·ßen[1] *v/t* ⟨*sep*, -ge-, h⟩ *tech.* (**an** *acc* to) weld (on).

ˈanˌschwei·ßen[2] *v/t* ⟨*sep*, -ge-, h⟩ *hunt.* (*Hochwild*) wound.

ˈanˌschwel·len I *v/i* ⟨*irr, sep*, -ge-, sein⟩ **1.** (*von Flüssen etc*) swell, rise: **starker Regen ließ die Flüsse ~** heavy rain caused the rivers to swell. – **2.** (*von Ballonen etc*) become inflated. – **3.** (*von Segeln*) swell, fill out. – **4.** *fig.* (*von Lärm, Beifall etc*) rise, swell, increase. – **5.** *fig.* (*von Arbeit etc*) increase, swell, (*von Kosten*) *auch* rise. – **6.** *med.* a) swell (up), tumefy (*scient.*), b) (*von Gefäßen etc*) swell (out), distend, c) (*von Drüsen*) enlarge, d) (*vom Gesicht*) grow puffy: **sein Arm ist angeschwollen** his arm is swollen; **die Adern auf seiner Stirn schwellen an** the veins on his forehead are swollen (*od.* stand out). – **7.** *mus.* (*von Ton, Orgel etc*) rise in a crescendo, swell, get louder. – **8.** *bot.* (*von Knospen*) swell. – **II** *v/t* ⟨*sep*, -ge-, h⟩ **9.** (*Flüsse etc*) swell, cause (*s.th.*) to swell (*od.* rise). – **10.** *fig.* increase, swell. – **11.** (*Segel*) swell, fill out: **der Wind hat die Segel angeschwellt** the wind has swelled the sails. – **12.** *lit.* (*Fall, Geschehen etc*) puff up. – **III A~** ⟨-s⟩ **13.** *verbal noun.* – **14.** (*des Flusses*) rise. – **15.** *fig.* increase, rise. – **16.** *med. cf.* Anschwellung 2. – **17.** *mus.* crescendo, increase in loudness. — **ˈanˌschwel·lend I** *pres p.* – **II** *adj* **1.** *med.* (in)tumescent, tumefacient. – **2.** *mus.* crescendo. – **III** *adv* **3.** *mus.* crescendo. — **ˈAnˌschwel·lung** *f* ⟨-; -en⟩ **1.** *cf.* Anschwellen. – **2.** *med.* a) intumescence, tumefaction (*scient.*), b) (*Geschwulst*) tumor, *bes. Br.* tumour, c) (*der Gefäße*) distention, turgescence, d) (*der Drüsen*) glandular enlargement: **zur ~ bringen** to tumefy. – **3.** *geol.* swell. – **4.** (*eines Gewässers*) rise (in the water level).

ˈanˌschwem·men I *v/t* ⟨*sep*, -ge-, h⟩ **1.** wash (*s.th.*) ashore (*od.* up), strand. – **2.** *geol. cf.* auflanden. – **3.** *med.* deposit, accumulate, aggregate. – **II A~** *n* ⟨-s⟩ **4.** *verbal noun.* – **5.** *cf.* Anschwemmung.

ˈAnˌschwemm|ˌfil·ter *m, n tech.* settling filter. — **~ˌke·gel** *m geol.* alluvial cone. — **~ˌland** *n cf.* Anschwemmung 4.

ˈAnˌschwem·mung *f* ⟨-; -en⟩ **1.** *cf.* Anschwemmen. – **2.** wash. – **3.** *geol. cf.* Auflandung. – **4.** (*neugewonnenes Land*) alluvial (*od.* reclaimed) soil, accretion, alluvion.

ˈanˌschwim·men I *v/i* ⟨*irr, sep*, -ge-, *sein*⟩ **1.** ⟨*only pp*⟩ **angeschwommen kommen** *colloq.* a) (*von Dingen*) to come swimming (*od.* floating) along (*od.* up), b) (*von Personen*) to come swimming along. – **2. gegen den Strom ~** *auch fig.* to swim against the stream (*od.* tide, current). – **II** *v/t* ⟨h⟩ **3.** (*Ufer etc*) swim toward(s).

ˈanˌschwin·deln *v/t* ⟨*sep*, -ge-, h⟩ **j-n ~** a) to deceive (*od.* cheat, swindle) s.o., b) to tell s.o. a (white) lie.

ˈanˌschwin·gen *v/i* ⟨*irr, sep*, -ge-, h⟩ **1.** begin to swing. – **2.** *mus.* (*Saite, Ton*) begin to vibrate.

ˈAnˌschwing|ˌstrom *m electr.* starting (*od.* preoscillation) current. — **~ˌzeit** *f tech.* build-up period (*od.* time).

ˈanˌschwir·ren *v/i* ⟨*meist pp*⟩ **angeschwirrt kommen** *colloq.* a) (*von Pfeil etc*) to come flying (*od.* whizzing, whirring), b) *fig.* (*von Personen*) to come whizzing (*od.* buzzing) along (*od.* up).

ˈanˌschwit·zen *v/t* ⟨*sep*, -ge-, h⟩ *gastr.* (*Mehl*) brown.

ˈanˌschwö·den *v/t* ⟨*sep*, -ge-, h⟩ (*leather*) (*Häute*) lime, treat (*hides*) with limewater, daub (*hides*) with ashes and lime.

ˈAnˌschwung *m* initial impetus (*od.* impulse), push-off.

An·se [ˈanzə] *f* ⟨-; -n⟩ **1.** *tech.* forked shaft (*od.* thill). – **2.** *astr.* ansa. – **3.** small bay, *bes. Br.* creek.

ˈanˌse·geln I *v/t* ⟨*sep*, -ge-, h⟩ *mar.* **1.** (*Land etc*) sail toward(s), make for: **einen Hafen ~** to put (*od.* run) into a port; **eine Marke ~** to make (*od.* head) for a mark. – **2.** (*Schiff, Riff etc*) run (*od.* fall) foul of. – **II** *v/i* ⟨*only pp*⟩ **3. angesegelt kommen** *colloq.* to come sailing along (*od.* up), to sail up. – **III A~** *n* ⟨-s⟩ **4.** *verbal noun.* – **5.** (*sport*) opening of the sailing (*od.* yachting) season.

ˈAnˌse·ge·lungs|ˌfeu·er *n mar.* landfall light, (*an Hafeneinfahrt*) entrance light. — **~ˌmar·ke** *f* landmark. — **~ˌton·ne** *f* landfall buoy, (*in Hafeneinfahrt*) entrance buoy.

ˈanˌse·hen I *v/t* ⟨*irr, sep*, -ge-, h⟩ **1.** look at: **ein Foto ~** to look at a photograph; **sieh mich nicht so an** don't look at me like that; **j-n ärgerlich [bittend] ~** to look at s.o. angrily [pleadingly]; **er sah sie forschend [verständnislos] an** he looked at her searchingly [blankly], he gave her a searching [blank] look; **etwas flüchtig ~** to look (*od.* glance) at s.th. cursorily, to give s.th. a cursory glance; **etwas finster** (*od.* **mißbilligend**) **~** to frown (*od.* scowl) at s.th.; **j-n von der Seite ~** to look at s.o. out of the corner of one's eye(s); **j-n scharf ~** a) (*streng*) to look sternly at s.o., b) (*intensiv*) to look hard at s.o.; **j-n von Kopf bis Fuß ~** to eye (*od.* examine) s.o. from head to foot (*od.* from top to toe), to look s.o. up and down; **er sah ihn groß an** *colloq.* he looked at him wide-eyed, he stared at him; **j-n nicht ~** to avoid s.o.'s eyes; **er sah es nochmals an** he gave it a second look; **er sah den Vertrag genau an** he scanned (*od.* examined) the contract closely; **Waren (prüfend) ~** to inspect (*od.* examine, look at) goods; **etwas auf seinen Wert hin ~** to look at s.th. with an eye to its value; **wir**

gehen Schaufenster ~ we are going window-shopping; hübsch anzusehen pretty to look at (*od.* upon); j-n von oben herab ~ *fig.* to turn up one's nose at s.o., to look down one's nose at s.o.; j-n scheel ~ *fig.* to look askance at s.o.; alles durch die rosarote Brille ~ *fig.* to look at (*od.* see) everything through rose-colo(u)red glasses; j-n über die Schulter (*od.* Achsel) ~ *fig.* to look down on s.o., to sniff at s.o.; sieh mal einer den Faulpelz an! *colloq.* just look at this lazybones! sieh mal einer (das) an! *colloq.* fancy (*od.* imagine) that! well, did you ever! etwas mit dem Rücken ~ *fig.* to turn one's back (up)on s.th. – **2.** sich (*dat*) etwas [j-n] ~ to look at s.th. [s.o.], to see s.th. [s.o.]: sich einen Film ~ to see a film; sich ein Rennen ~ to watch a race; sich eine Ausstellung ~ gehen to go and see an exhibition; das muß ich mir (einmal) ~ I must have (*od.* take) a look at it; er sah sich die Sache näher an he examined (*od.* looked into) the matter more closely; sich eine Wohnung ~ to look at (*od.* view) an apartment (*bes. Br.* a flat); wir sahen uns die Fabrik an we saw (*od.* looked over) the factory; der Arzt sah ihn sich an the doctor took a close look at (*od.* examined) him; sich ein Theaterstück bis zu Ende ~ to see (*od.* sit) out a play; sich die Sehenswürdigkeiten ~ to go sightseeing; sieh dir das mal an! *colloq.* look at that now! sieh dir das nur an! *colloq.* just look at it! – **3.** (*einschätzen*) look (up)on, see, regard: wie wir die Sache ~ as we see the matter, to our way of thinking; man kann den Fall ~, wie man will one may look upon the case as one likes; jetzt sehe ich den Vorschlag mit anderen Augen (*od.* ganz anders) an now I see the proposal with different eyes (*od.* in a different light); wenn Sie es so ~ if you feel that way. – **4.** j-n [etwas] als (*od.* für) etwas ~ (*erachten*) to look (up)on (*od.* regard, consider, rate) s.o. [s.th.] as s.th.: sie sahen ihn als (*od.* für einen) großen Künstler an they regarded him as (*od.* considered him) a great artist; etwas als selbstverständlich ~ to regard s.th. as a matter of course; j-n als Schwindler ~ to regard s.o. as a swindler, to consider s.o. (to be) a swindler; wir müssen dies als (eine) Tatsache ~ we must regard this as a fact; etwas als gegeben ~ to take s.th. for granted; ich sehe das für wichtig an I regard (*od.* rate) that as important. – **5.** j-n [etwas] für etwas ~ (*halten*) to take s.o. [s.th.] for s.th.: ich sah ihn (irrtümlicherweise) für seinen Bruder an I (mis)took him for his brother; wofür sieht er mich an? what does he take me for? ich sehe ihn für den Dieb an I take him to be the thief – **6.** j-m [einer Sache] etwas ~ to notice s.th. about s.o. [s.th.]: j-m seine Krankheit ~ to see that s.o. is ill, to recognize by s.o.'s appearance that he is ill; man sieht es dir an der Nasenspitze an *colloq.* one can tell by your face; man sah ihm seine Überraschung an his surprise was visible; man sieht ihm den Engländer auf hundert Meter an you can tell he is an Englishman from a hundred yards off; man sieht ihm sein Alter nicht an he does not look his age. – **7.** etwas mit ~ to watch (*od.* observe, witness, see) s.th.: das Kind hat alles mit angesehen the child watched the whole scene (*od.* saw it all happen); ich kann das nicht mehr (*od.* länger) mit ~ I cannot face any more of it. – **8.** (*berücksichtigen*) pay regard to, respect: die Person ~ *Bibl.* to be a respecter of persons; er sieht das Geld nicht an *colloq.* he does not care a pin about money. – **9.** sich (*dat*) etwas mit ~ *colloq.* to tolerate (*od. colloq.* stand) s.th.: ich sehe mir das nicht länger mit an I am not going to stand that any longer. – **II** *v/reflex* **10.** es sieht sich gut an *colloq.* it looks good. – **III A~** *n* ⟨-s⟩ **11.** *verbal noun*: nicht des A~s wert not worth looking at; A~ kostet nichts looking costs nothing; vom bloßen A~ wird man nicht satt *colloq. etwa* you can't get fat by watching others eat, better fill one's belly than one's eye. – **12.** look, sight: bei flüchtigem A~ at the first glance; j-n vom A~ kennen to know s.o. by sight.

'An,se·hen *n* ⟨-s; *no pl*⟩ **1.** (*Achtung*) (high) standing (*od.* reputation, repute), renown, credit: ein Mann von hohem ~ a man of high standing (*od.* renown); bei j-m in hohem ~ stehen to be (held) in high regard (*od.* repute) with s.o.; öffentliches ~ genießen to enjoy public esteem, to figure in public opinion; politisches ~ erwerben to acquire political prestige (*od.* credit), to gain a political reputation; in keinem guten ~ stehen to be in bad repute; er ist in ihrem ~ gestiegen he has risen in her esteem (*od.* credit); sich (*dat*) ~ verschaffen to win renown; an ~ verlieren to lose credit (*od.* face, respect), to come down; zu Macht und ~ gelangen to come to power and prestige; das hebt sein ~ that increases his reputation, that adds to his credit; seine Erfindungen haben ihn zu ~ gebracht (*od.* ihm ~ verschafft) his inventions have made him renowned; das brachte ihn um sein ~ that discredited him. – **2.** (*Berücksichtigung*) respect, consideration, regard: ohne ~ (der Person) entscheiden to decide without respect of person. – **3.** *obs. for* Aussehen 1.

'an,sehn·lich *adj* **1.** (*beträchtlich*) considerable, handsome, respectable, siz(e)able, large: eine ~e Summe a considerable (*od.* handsome) sum; ~e Mittel large means (*od.* funds). – **2.** (*stattlich*) good-looking, handsome, sightly: ein ~es Paar a handsome couple. – **3.** *obs. for* angesehen II, geachtet II. — **'An,sehn·lich·keit** *f* ⟨-; *no pl*⟩ **1.** respectableness, considerableness. – **2.** handsomeness, sightliness.

'An,se·hung *f* ⟨-; *no pl*⟩ (*officialese*) in ~ (*gen*) with regard to, in respect (*od.* consideration, view) of, considering: ohne ~ der Person without respect of person.

'an,sei·len I *v/t* ⟨*sep*, -ge-, h⟩ **1.** (fasten [*s.th.*] with a) rope, tie up. – **2.** (*sport*) (*in Alpinistik*) rope (*s.o.*) (up), tie on. – **II** *v/reflex* **3.** sich ~ (*sport*) (*in Alpinistik*) to rope (up).

'an,sen·gen I *v/t* ⟨*sep*, -ge-, h⟩ **1.** singe, burn (*s.th.*) slightly, scorch. – **II A~** *n* ⟨-s⟩ **2.** *verbal noun*. – **3.** singe, scorch.

'an,sen·ken *v/t* ⟨*sep*, -ge-, h⟩ *tech.* **1.** (*mittels Spitzsenker*) countersink. – **2.** (*mittels Halssenker*) counterbore. – **3.** (*Nabenflächen*) spot-face.

An·se·rin [anze'riːn] *n* ⟨-s; *no pl*⟩ *chem.* anserine, *auch* anserin ($C_{10}H_{16}N_4O_3$).

'an,setz·bar *adj* capable of being put on (*od.* applied), applicable, appliable.

'An,setz\|,blatt *n print.* fly leaf. — **~,blech** *n tech.* **1.** (*am Schmelzofen*) shutter, cheek. – **2.** (*einer Feile*) plain edge.

'an,set·zen I *v/t* ⟨*sep*, -ge-, h⟩ **1.** apply: etwas an (*dat*) etwas ~ to apply s.th. to s.th., to put s.th. on (*od.* to) s.th.; einen Meißel ~ to apply a chisel; den Pinsel ~ to apply the brush, to start painting; die Feder ~ to put (*od.* set) pen to paper, to start writing; den Becher ~ to put (*od.* set, raise, lift) the cup to one's lips; an (*dat*) etwas den Hebel ~ to apply (*od.* place) a lever to s.th., to get leverage on s.th. (*auch fig.*); dem Pferd die Sporen ~ to apply (*od.* put, set, clap) spurs to the horse; j-m Blutegel ~ to apply (*od.* put) leeches to s.o. – **2.** put (*od.* place, set) (*s.th.*) in(to) position: eine Leiter ~ to put a ladder in position, to put (*od.* set) up a ladder. – **3.** (*anfügen*) put (*s.th.*) on, add, join: einen falschen Saum ~ to put (*od.* sew) on a false hem; die Ärmel ~ to add the sleeves; eine Silbe ~ to add a syllable; den Faden ~ (*textile*) to piece (*od.* join) the thread. – **4.** (*Termin etc*) fix, set, assign, appoint, designate, *Am.* schedule: die Vorstellung wurde für Freitag angesetzt the performance was set for Friday; Tag und Stunde ~ to name the day and hour; ein geschichtliches Ereignis ~ to date a(n) historical event. – **5.** (*Rost, Schimmel etc*) put (*od.* lay) on, become covered with: Grünspan ~ to get (*od.* become) covered with verdigris; Fett ~ *colloq.* to put on weight (*od.* flesh); Kristalle ~ *chem.* to effloresce; Zahnstein ~ *med.* to scale. – **6.** (*einsetzen*) put (*od.* bring) in: Arbeiter ~ to bring in workers. – **7.** *dial. for* aufsetzen 3. – **8.** *obs. for* ansiedeln 1. – **9.** *tech.* (*anbauen*) attach, fit: einen Hahn an ein Rohr ~ to fit a tap to a pipe. – **10.** *gastr.* (*Bowle, Suppe etc*) prepare, mix, make. – **11.** *econ.* a) (*Preis*) fix, quote, b) (*Kosten etc*) rate, assess, value, c) (*in Ansatz bringen*) place (*od.* put) (*s.th.*) into account: zu gering ~ to undervalue, to understate. – **12.** *bot.* put forth, develop, produce, form: Blätter ~ to put forth leaves, to (come into) leaf; Frucht ~ to form fruit; Kohlköpfe ~ to head. – **13.** *chem.* (*Lösung etc*) prepare. – **14.** *math.* (*Gleichung*) set up, arrange. – **15.** *mil.* a) (*Truppen*) commit, b) (*Geschoß etc*) ram. – **16.** einen Hund (auf die Fährte) ~ *hunt.* to set a dog on the trail. – **17.** (*sport*) a) (*Griff*) secure, b) (*Schlag*) deliver. – **18.** *med.* a) (*Darm etc*) join, sew, b) (*Muskel, Sehne*) (an *acc* to) insert, attach. – **19.** *electr.* (*Bogen zwischen Elektroden*) strike. – **20.** (*textile*) a) (*anstoßen*) join, b) die Ketten ~ (*in Seidenwirkerei*) to undo the meshes, to settle the threads. – **21.** eine Bruthenne ~ to set a hen on eggs. – **22.** *tech.* den Satz ~ (*in Feuerwerkerei*) to mix the composition. – **23.** ein Geweih ~ (*von Hirsch*) to put on antlers. – **24.** (*games*) (*Domino etc*) *cf.* anlegen 23b. – **II** *v/i* **25.** (*sich anschicken*) begin, (make a) start: noch einmal ~ to begin again, to start anew; er setzte zum Sprechen an, wurde aber gleich unterbrochen he started to speak but was at once interrupted; zur Landung ~ *aer.* to come in to land, to prepare (the aircraft) for approach (*od.* landing); zum Sprung ~ to get ready to jump; zum Endspurt ~ a) (*sport*) to make a final spurt, b) *fig.* to smell one's oats (*colloq.*). – **26.** (*von Kritik etc*) set in: hier setzen seine Reformen an this is where his reforms set in. – **27.** *colloq.* (*dick werden*) put on weight (*od.* flesh), pick up flesh. – **28.** *rare* (*von Brei etc*) catch. – **29.** (*zum Trinken*) put (*od.* set, raise) one's glass to one's lips. – **30.** ⟨*only pp*⟩ angesetzt kommen *colloq.* (*von Hund etc*) to come leaping along (*od.* up). – **31.** *bot.* (*von Pflanzen etc*) set: die Kartoffeln haben gut angesetzt the potatoes have set (*od.* promise) well. – **32.** *phys.* (an *dat* on) act: die Kraft setzt am längeren Hebelarm an the force acts on the longer lever arm. – **33.** *med.* (*von Muskel*) insert. – **III** *v/reflex* sich ~ **34.** (*von Schmutz etc*) deposit, accumulate, accrete (*alle auch chem.*): Kesselstein setzt sich an scale deposits. – **35.** *gastr.* (*von Brei etc*) catch. – **36.** *med.* a) attach, become attached, b) (*von Leukozyten*) cling. – **37.** *hunt. cf.* ansitzen. – **IV A~** *n* ⟨-s⟩ **38.** *verbal noun*. – **39.** *chem.* a) (*einer Lösung etc*) preparation, b) (*von Ablagerungen etc*) accretion. – **40.** *cf.* Ansatz. – **41.** *cf.* Ansetzung.

'An,set·zer *m* ⟨-s; -⟩ *mil.* (*bei Kanonen*) rammer.

'An,setz\|,punkt *m cf.* Ansatzpunkt. — **~,stück** *n tech.* attached piece (*od.* part).

'An,set·zung *f* ⟨-; *no pl*⟩ **1.** *cf.* Ansetzen. – **2.** (*eines Werkzeugs etc*) application. – **3.** (*Anfügung*) addition. – **4.** (*eines Termins etc*) fixture, assignment, appointment, designation. – **5.** (*von Rost etc*) accretion, deposition, accumulation. – **6.** *gastr.* (*einer Bowle etc*) preparation. – **7.** *econ.* a) (*eines Preises*) quotation, b) (*von Kosten etc*) assessment, valuation. – **8.** *bot.* (*von Blättern etc*) development, production. – **9.** *chem.* (*einer Lösung*) preparation.

'An,sich,hal·ten *n* self-control, self-discipline, temperance.

'An,sich,rei·ßen *n* grabbing, snatching: unrechtmäßiges (*od.* gieriges) ~ grabbing (*auch fig.*).

,An'sich,sein *n philos.* **1.** being in itself, perseity, objective being. – **2.** (*bei Hegel*) potency.

'An,sicht *f* ⟨-; -en⟩ **1.** (*Meinung, Anschauung*) opinion, (point of) view, notion: gegenteilige ~ contrary view, counterview; irrige ~ erroneous impression, fallacy; abweichende (*od.* auseinandergehende) ~en divergent (*od.* different) opinions, divergence (*od.* difference) of opinions (*od.* views); moderne ~ modernism; weitverbreitete falsche ~ popular (*od.* widely held) fallacy; unorthodoxe ~ a) *relig.* misbelief, b) *fig.* unorthodox view; meiner ~ nach in my opinion, to my mind, to my way of thinking; nach ~ der Sachverständigen in the opinion of the experts, according to the experts; nach reiflicher Überlegung gewonnene ~ considered opinion; anderer ~ sein to be of a different opinion, to disagree (with s.o.'s opinion); über (*acc*) etwas anderer ~ sein to take a different view of s.th.; er hat vernünftige ~en darüber he has sound views on it; nach allgemeiner ~ in the opinion (*od.* judg[e]ment) of all; nach der ~ aller by general consent; mit j-m gleicher ~ sein, j-s ~ **beipflichten** to share (*od.* agree with, endorse) s.o.'s opinion (*od.* views); **die ~en sind geteilt** opinions (*od.* views) differ; **zu der ~ kommen, daß** to arrive at the opinion that, to decide that; **seine ~ aussprechen** to speak one's mind; **die ~ äußern, daß** to express (*od.* give, advance) the opinion that, to opine that (*lit.*); **sich einer ~ anschließen** to adopt a view; **es herrscht allgemein die ~, daß** it is generally held that; **wir sind der ~, daß** it is our opinion (*od.* we feel) that; **ich bin ganz Ihrer ~** I quite agree with you; **er vertritt die ~, daß** he is of (*od.* advocates) the opinion that, he takes the line that. – **2.** (*Anblick*) view, prospect, aspect. – **3.** (*Bild*) view: **~en berühmter Städte** views of famous towns. – **4.** *econ.* inspection, view, sight: **zur ~** for inspection, on approval, on approbation; **zur gefälligen ~** for your kind inspection (*od.* perusal). – **5.** *print.* (*aus der Maschine*) clean proof. – **6.** *tech.* a) view, illustration, picture, b) (*Schaubild*) diagram, c) (*Skizze*) sketch, d) (*Zeichnung*) drawing, e) (*Riß*) sectional drawing, section, f) (*Schema*) schematic diagram: **~ von oben** top view; **~ von unten** bottom view; **~ von der Seite** side view; **~ von hinten** rear view; **~ in natürlichem Maßstab** full-scale view; **~ von vorn** front view. — **~,ebe·ne** *f math. cf.* Projektionsebene.

'an,sich·tig *adj only in* j-s [*rare* einer Sache] **~ werden** *lit.* to catch (*od.* get) sight of s.o. [s.th.], to set eyes on s.o. [s.th.].

'An,sichts|(,post),kar·te *f* picture postcard. — **~,sa·che** *f* matter of opinion: **das ist ~** that's a matter of opinion. — **~,sei·te** *f* front, face. — **~,sen·dung** *f econ.* consignment (*od.* article[s *pl*]) (sent) for inspection (*od.* on approval), sample consignment. — **~,skiz·ze** *f* (*art*) sketch, view.

'an,sie·deln I *v/t* ⟨*sep*, -ge-, h⟩ **1.** (*Bauern, Einwanderer etc*) settle. – **2.** *fig.* (*Handlung eines Romans etc*) (in *dat* in) place, set. – **II** *v/reflex* **sich ~ 3.** settle, colonize: **sie siedelten sich in Australien an** they settled in Australia; **sich wieder ~** to resettle, *auch* to relocate. – **III A~** *n* ⟨-s⟩ **4.** *verbal noun.* — **'An,sie·de·lung** *f* ⟨-; -en⟩ *cf.* Ansiedlung.

'an,sie·den *v/t* ⟨*meist irr, sep*, -ge-, h⟩ *chem.* boil (on).

'An,sie·de|,pro·be *f chem.* scorification assay. — **~,scher·be** *f*, **~,scher·ben** *m* scorifier.

'An,sied·ler *m*, **'An,sied·le·rin** *f* settler, colonist: **erster ~** *hist.* founder.

'An,sied·lung *f* ⟨-; -en⟩ **1.** *cf.* Ansiedeln. – **2.** settlement, colonization: **Maßnahmen zur ~ von Bauern** measures for the settlement of farmers. – **3.** (*Siedlung, Kolonie*) settlement, colony, plantation (*hist.*): **eine ~ gründen** to found a settlement; **überseeische ~en** overseas settlements.

'an,sin·gen I *v/t* ⟨*irr, sep*, -ge-, h⟩ **1.** sing to, address a song to. – **2.** *mus.* (*Ton*) attack. – **3.** *colloq. cf.* anschnauzen. – **II** *v/i* **4.** *mus.* begin to sing. – **III A~** *n* ⟨-s⟩ **5.** *verbal noun.* – **6.** *mus.* (*eines Tons*) attack.

'An,sin·nen I *n* ⟨-s; -⟩ unjustified (*od.* strange) demand, unreasonable request (*od.* suggestion): **an j-n ein ~ stellen** to put an unreasonable request to s.o.; **welch ein ~!** what a suggestion! – **II a~** *v/t* ⟨*irr, sep*, -ge-, h⟩ *rare only in* **j-m etwas ~** *lit.* to expect (*od.* demand) s.th. (unreasonable *od.* unpleasant) of s.o.

'an,sin·tern *v/i* ⟨*sep*, -ge-, sein⟩ *geol. min.* sinter, form sinter (*od.* stalactites).

'An,sitz *m hunt.* **1.** screened (*od.* concealed) shooting stand. – **2.** ⟨*only sg*⟩ waiting (*od.* lying in wait) for (the) game: **auf den ~ gehen** a) to go to watch the game, b) to go shooting from a stand. — **'an,sit·zen** *v/i* ⟨*irr, sep*, -ge-, h *u.* sein⟩ *hunt.* lie in wait (*od.* concealment).

'An,sitz,jagd *f hunt.* shooting from a stand.

'an,socken (*getr.* -k·k-) *v/i* ⟨*only pp*⟩ **angesockt kommen** *colloq.* to come hurrying along.

'an,soh·len *v/t* ⟨*sep*, -ge-, h⟩ **1.** (*Strumpf etc*) put a (new) sole on, provide (*s.th.*) with a (new) sole. – **2.** *colloq. for* anlügen.

,an'sonst *adv bes. Swiss and Austrian for* anderenfalls.

,an'son·sten *adv colloq.* **1.** otherwise, apart from that: **~ gibt es hier nichts Neues** apart from that nothing else has happened. – **2.** *cf.* anderenfalls.

'An,spann *m* ⟨-s; *no pl*⟩ *obs. for* Gespann 1, 2.

'an,span·nen I *v/t* ⟨*sep*, -ge-, h⟩ **1.** (*Zugtier*) harness, hitch, yoke, put (*s.th.*) to: **~ lassen** to order the carriage; **den Wagen ~** to harness (*od.* put) the horses to the carriage. – **2.** (*Seil etc*) tighten, draw (*s.th.*) tight, tauten, stretch: **eine Saite ~** to tighten (*od.* wind up) a string; **einen Bogen ~** to bend a bow. – **3.** *fig.* (*Kräfte etc*) strain, tax, exert: **seinen Geist aufs** (*od.* **auf das**) **äußerste ~** to exert (*od.* rack) one's brains to the utmost; **j-n ~** to make s.o. work (hard). – **4.** *med.* (*Muskeln*) tense, brace (up), strain. – **5.** (*textile*) (*Weberei*) *only in* **den Aufzug ~** to put the warps on the staff. – **II A~** *n* ⟨-s⟩ **6.** *verbal noun.* – **7.** *cf.* Anspannung.

'An,span·ner *m* ⟨-s; -⟩ *med.* tensor, tensor muscle.

'An,spann,gut *n hist.* (*agricultural*) *holding of a certain class of socagers.*

'An,span·nung *f* ⟨-; -en⟩ **1.** *cf.* Anspannen. – **2.** *fig.* (*Anstrengung*) strain, exertion, intensity, tax. – **3.** *econ.* strain: **~ der Finanzlage** strain on the financial situation; **~ des Geldmarktes** monetary strain, tightness of the money market; **~ der Reserven** drain on reserves. – **4.** *med.* (*der Muskeln*) tension.

'An,span·nungs,zeit *f med.* (*des Herzens*) isometric phase of systole.

'an,spa·ren *v/t* ⟨*sep*, -ge-, h⟩ *econ.* save, put by: **einen Teil einer Sparvertragssumme ~** to save a certain sum up to a qualifying balance.

'An,spar,ra·te *f econ.* qualifying balance, balance qualifying for contractual loans.

'an·spa,zie·ren *v/i* ⟨*only pp*⟩ **anspaziert kommen** to come strolling up (*od.* along).

'an,spei·chern *v/t* ⟨*sep*, -ge-, h⟩ (*sammeln*) store up, accumulate.

'an,spei·en *v/t* ⟨*irr, sep*, -ge-, h⟩ **j-n ~** to spit at (*od.* [up]on) s.o., to spit in s.o.'s face.

'an,spei·le(r)n *v/t* ⟨*sep*, -ge-, h⟩ *gastr.* skewer, fasten (*od.* fix) (*s.th.*) with skewers.

'An,spiel *n* ⟨-(e)s; *no pl*⟩ **1.** (*games*) (*beim Kartenspiel*) lead: **das ~ haben** to (have the) lead. – **2.** (*sport*) a) start of play, b) (*Fußball*) kickoff. — **'an,spie·len I** *v/i* ⟨*sep*, -ge-, h⟩ **1.** (*games*) (*beim Kartenspiel*) (have the) lead, play first: **klein ~** to underplay. – **2.** **auf** (*acc*) **etwas ~** *fig.* to allude to (*od.* hint at, insinuate) s.th.: **worauf will er ~?** what is he driving (*od.* hinting) at? – **II** *v/t* **3.** (*sport*) (*Spieler, Stürmer etc*) pass to. – **4.** (*games*) a) (*Spielkartenfarbe*) lead, open, b) (*Billardball*) put on. – **5.** *mus.* a) (*Instrument*) try (out), b) (*Ton*) strike, attack, c) (*Stück*) begin to play. – **III A~** *n* ⟨-s⟩ **6.** *verbal noun.* – **7.** *cf.* Anspiel. – **8.** *fig. cf.* Anspielung. — **'an,spie·lend I** *pres p.* – **II** *adj fig.* allusive, insinuating. — **'An,spie·lung** *f* ⟨-; -en⟩ **1.** *cf.* Anspielen. – **2.** *fig.* allusion, hint, insinuation, innuendo: **aktuelle ~en** topical allusions; **~en machen** to make allusions, to insinuate; **die ~ verstehen** to catch the hint, to take the cue; **sich in ~en ergehen** (*od.* **gefallen**) to indulge in allusions; **soll das eine ~ sein?** are you trying to insinuate s.th.? is that supposed to be a hint? **mit ~ auf** in allusion to, alluding to.

'an,spie·ßen *v/t* ⟨*sep*, -ge-, h⟩ *gastr.* (*aufspießen*) spit, put (*s.th.*) on a spit.

'an,spin·nen I *v/t* ⟨*irr, sep*, -ge-, h⟩ **1.** (*textile*) (*Faden*) join, piece, attach. – **2.** *fig.* (*Unterhaltung etc*) start, enter (*od.* embark) upon. – **3.** *fig.* (*Ränke etc*) scheme, hatch. – **II** *v/reflex* **sich ~ 4.** (*von Unterhaltung etc*) start up, arise, develop: **eine Freundschaft spinnt sich an** a friendship develops; **zwischen den beiden spinnt sich etwas an** *colloq.* there is s.th. going on between those two (*colloq.*). – **5.** *zo.* (*von Raupe*) attach the cocoon. — **'An,spin·ner** *m* (*textile*) piecer.

'an,spit·zen I *v/t* ⟨*sep*, -ge-, h⟩ **1.** (*Pfahl, Bleistift etc*) sharpen, point. – **2.** *tech.* a) taper, point, b) (*im Gesenk*) swage, c) splice. – **3.** **j-n ~** *fig. colloq.* to give s.o. a push. – **II A~** *n* ⟨-s⟩ **4.** *verbal noun.* — **'An,spit·zer** *m* (pencil) sharpener.

'An,spitz·ma,schi·ne *f* bar-pointing machine, pointer.

'An,spit·zung *f* ⟨-; *no pl*⟩ *tech. cf.* Anspitzen.

'an,splei·ßen *v/t* ⟨*irr, sep*, -ge-, h⟩, *auch* **'an,splis·sen** *v/t* ⟨*sep*, -ge-, h⟩ (*Seil, Tau etc*) splice on.

'an,split·tern *v/i* ⟨*sep*, -ge-, sein⟩ splinter.

'An,sporn *m* ⟨-(e)s; *no pl*⟩ stimulus, incentive, incitement, spur: **j-m einen ~ geben** to offer s.o. an incentive, to give s.o. a stimulus; **das war ihm** (*od.* **für ihn**) **ein großer ~** that was a great spur to him. —

'an,spor·nen I *v/t* ⟨*sep*, -ge-, h⟩ **1.** (*Pferd*) spur, set (*od.* give, put) spurs to. – **2.** *fig.* (*Eifer etc*) spur (on), stimulate, incite, wake: **den Ehrgeiz ~** to wake ambition. – **3.** **j-n ~** *fig.* to spur s.o. (on), to prod s.o., to stimulate s.o., to goad s.o., to needle s.o., to egg s.o. on: **j-n zur Arbeit ~** to spur s.o. on to work. – **II A~** *n* ⟨-s⟩ **4.** *verbal noun.* — **'An,spor·nung** *f* ⟨-; -en⟩ **1.** *cf.* Anspornen. – **2.** *fig.* stimulation, incitement.

'An,spra·che *f* ⟨-; -n⟩ **1.** address, speech, (*feierlich*) harangue, allocution (*lit.*): **eine ~ des Präsidenten** a presidential address; **eine ~ halten** to deliver an address; **eine ~ an eine Versammlung halten** to address a meeting; **informelle ~** causerie. – **2.** *mus.* a) (*Tongebung*) intonation, b) (*Reaktion eines Instruments*) speech, response, c) (*Spielbarkeit*) play: **langsame [schnelle, sichere] ~** slow [prompt, firm] speech; **leichte ~** ease of response (*od.* play). – **3.** *mil.* (*eines Ziels etc*) designation. – **4.** *Southern G. and Austrian* **keine ~ haben** to have no one to talk to; **eine ~ suchen** to look for s.o. to talk to.

'an,sprech·bar *adj* **1.** susceptible, accessible. – **2.** *med.* a) responsive, b) conscious: **der Patient war nicht ~** the patient was not responsive. — **'An,sprech·bar·keit** *f* ⟨-; *no pl*⟩ **1.** susceptibility, accessibility. – **2.** *med.* a) (*bes. von Reflexen*) responsiveness, b) consciousness. – **3.** *electr.* response.

'An,sprech,druck *m* ⟨-(e)s; =e⟩ **1.** *tech.* (*eines Schaltgeräts*) minimum pressure of response. – **2.** *auto.* reaction pressure.

'an,spre·chen I *v/t* ⟨*irr, sep*, -ge-, h⟩ **1.** **j-n ~** to address s.o., to speak (*od.* talk) to s.o.: **j-n auf der Straße ~** a) (*Fremden*) to accost s.o. in the street, b) (*von Dirnen*) to solicit (*od.* accost) s.o. in the street; **ich habe ihn darauf(hin) angesprochen** I have spoken to him about it; **er hat niemanden speziell angesprochen** he addressed nobody in particular. – **2.** (*bitten*) approach, ask: **j-n um Hilfe ~** to approach (*od.* apply to) s.o. for help. – **3.** (*sich wenden an*) appeal to. – **4.** (*Fragen etc*) talk about, touch. – **5.** (*gefallen*) please, appeal to, interest: **die Werbung sollte besonders Teenager ~** the advertising should particularly appeal to (*od.* reach) teenagers; **das Stück spricht die Menge an** the play appeals to the crowd. – **6.** (*bezeichnen*) pronounce, declare, (*schwächer*) consider, regard: **etwas als** (*od.* **für**) **gut ~** to declare (*od.* consider) s.th. (to be) good; **das Bild wurde als Fälschung angesprochen** the picture was pronounced (to be) a forgery; **er ist als labil anzusprechen** he has to be considered as unstable. – **7.** *obs. for* beanspruchen 1. – **8.** *hunt.* (*Wild*) recognize and judge the quality of, call, pronounce: **Wild aus der Spur ~** to know game by the track. – **9.** *mar.* (*Schiff*) speak to, hail. – **10.** *mil.* (*Ziel etc*) designate. – **11.** (*sport*) (*Golfball*) address. – **II** *v/i* **12.** (*reagieren*) (auf *acc* to) respond, be susceptible, react: **sofort ~** to give instant response; **nur langsam ~** to be sluggish in response. – **13.** (*gefallen*) meet with approval (*od.* a good response): **die Sendung sprach bei den Zuschauern an** the program(me) met with a good response from the audience. – **14.** *mus.* a) (*klingen*) speak, b) play: **das Instrument spricht leicht an** the instrument plays easily. – **15.** *electr.* a) (*von Schaltgerät*) (auf *acc* to) respond, be responsive, b) (*von Sicherung*) blow. – **16.** *phys.* (*von Magnet*) operate. – **17.** *tech.* (*von Bremse, Motor*) respond. – **II A~** *n* ⟨-s⟩ **18.** *verbal noun*: **zum A~ bringen** to cause to operate (*od.* respond, react). – **19.** *tech.* (*des Motors*) engine response. – **20.** *aer.* response to control(s), control response, controllability. – **21.** *mil.* (*eines Ziels*) address. designation. – **22.** (*sport*) (*des Golfballs*) address. — **'an,spre·chend I** *pres p.* – **II** *adj* **1.** (*gefällig*) pleasing, appealing, attractive: **~es Äußeres** attractive appearance. – **2.** (*gewinnend*) engaging, winning: **eine ~e Art** winning ways *pl.* –

3. (*beachtlich*) (*Leistung*) considerable. – **4.** *tech. electr.* (auf *acc* to) responsive.

'An,spre·cher *m econ. Swiss* claimant.

'An,sprech|,funk,feu·er *n aer.* responder beacon. — **~ge,nau·ig·keit** *f* (*eines Geräts*) accuracy of response. — **~,kraft** *f auto.* (*von Bremsen*) grip(ping) power. — **~,strom** *m electr.* **1.** (*für Schaltgeräte*) actuating current. – **2.** (*für Sicherungen*) fusing current. — **~ver,mö·gen** *n* (*eines Mikrophons*) responsivity. — **~,zeit** *f* **1.** *electr.* time of response. – **2.** *phys.* reaction time.

'an,spren·gen[1] *v/t* ⟨*sep*, -ge-, h⟩ (*Blumen etc*) sprinkle, spray.

'an,spren·gen[2] *v/t* ⟨*sep*, -ge-, h⟩ **1.** *tech.* (*Endmaße*) wring (together). – **2.** (*mining*) blow up, blast.

'an,spren·gen[3] *v/i* ⟨*only pp*⟩ **angesprengt kommen** *colloq.* to come galloping along.

'an,sprin·gen I *v/i* ⟨*irr, sep*, -ge-, sein⟩ **1.** *tech.* (*von Motor*) start (up), start running, fire. – **2.** *aer.* (*von Turbo-Strahltriebwerk*) light. – **3.** *rare* **gegen etwas ~** (*von Hund*) to jump against s.th. – **4.** ⟨*only pp*⟩ **angesprungen kommen** *colloq.* to come bounding (*od.* skipping) along. – **II** *v/t* ⟨h⟩ **5.** (*angreifen*) pounce (up)on: **der Löwe sprang den Jäger an** the lion pounced on the hunter. – **6.** (*vor Freude, von Hund*) jump up at. – **7.** *fig. poet.* (*überfallen*) seize: **Furcht sprang ihn an** fear seized him, he was overcome by fear, fear fell upon him.

'an,sprit·zen I *v/t* ⟨*sep*, -ge-, h⟩ **1.** (*Pflanzen etc*) sprinkle, spray, (*mit Schutzmittel etc*) syringe. – **2.** (*mit Strahl*) squirt. – **3.** (*bespritzen*) splash: **das vorbeifahrende Auto spritzte sie (mit Schmutz) an** the passing car splashed them with mud. – **II** *v/i* ⟨*only pp*⟩ **4. angespritzt kommen** *colloq.* to come dashing along.

'An,spruch *m* ⟨-(e)s; Ansprüche⟩ **1.** *bes. jur.* title, claim, right: **älterer ~** elder title, prior claim; **befristeter** (*od.* **betagter**) **~** deferred claim; **dinglicher ~** real claim (*od.* right), title; **gesetzlicher ~** legal claim, title; **klagbare Ansprüche** a) enforceable claims, b) (*römisches Recht*) bona activa; **obligatorischer ~** chose in action; **rechtmäßiger ~** just title; **rechtsgültiger** (*od.* **vollgültiger**) **~ auf** (*acc*) good title to; **späterer ~** subsequent claim; **verjährter ~** stale (*od.* statute-barred) claim; **vermögensrechtlicher ~** pecuniary claim; **vertraglicher ~** contractual claim; **widerstreitende Ansprüche** contending claims; **zivilrechtlicher ~** claim under civil law; **billiger ~** claim in equity; **erster ~** *econ.* first claim; **~ auf Land** land claim; **j-s rechtmäßiger ~** s.o.'s due; **~ auf Pension** right to a pension; **~ auf Schadensersatz** claim for damages (*od.* indemnity); **Ansprüche gegen** rights of action against; **j-m einen ~ abtreten** to assign (*od.* cede, transfer) a claim to s.o.; **einen ~ anerkennen** to admit a claim, to acknowledge a right; **einen ~ aufgeben** to give up (*od.* abandon, waive, renounce) a claim; **einen ~ begründen** a) to constitute a claim, b) to support a claim; **j-n eines ~s für verlustig erklären** to declare s.o.'s claim to be forfeited; **j-m einen ~ auf** (*acc*) **etwas geben** to entitle s.o. to s.th.; **einen ~ auf** (*acc*) **etwas (gerichtlich) geltend machen** to assert a claim to (*od.* enforce a claim for) s.th. (in court); **einen ~ auf** (*acc*) **etwas haben** to have a title to s.th., to be entitled to s.th. – **2.** (*Forderung*) claim, demand, pretension: **berechtigter ~** legitimate (*od.* rightful, justifiable) claim; **begründeter ~** substantiated claim; **~ auf** (*acc*) **etwas erheben** to claim (*od.* demand) s.th., to lay claim to s.th.; **seine Ansprüche vorbringen** to advance (*od.* set out) one's claims; **einen ~ beschränken auf** (*acc*) to confine (*od.* restrict) a claim to; **ein ~ gegen j-n** a claim on (*od.* against) s.o.; **keinen ~ auf** (*acc*) **etwas erheben** *jur.* to disclaim s.th.; **aus einer Sache als ~ erwachsen** *jur.* to accrue as a claim from (*od.* out of) s.th.; **einem ~ entsprechen** (*od.* **stattgeben**) to admit (*od.* allow) a claim; **seinen ~ zurückziehen** to withdraw one's claim; **einen ~ abweisen** to reject a claim; **einen ~ befriedigen** to satisfy (*od.* meet) a claim. – **3.** *meist pl* (*Anforderung*) demand, pretension: **ein Mensch mit bescheidenen Ansprüchen** a person of moderate pretensions, a man of few wants; **den Ansprüchen gerecht werden** to meet the demands; **er stellt große Ansprüche** *colloq.* he is exacting (*od.* hard to please); **das stellt starke** (*od.* **hohe**) **Ansprüche an seine Geduld** this makes heavy demands on his patience, this taxes his patience severely; **er schraubt seine Ansprüche höher** his demands are getting more exacting; **den neuesten Ansprüchen entsprechend** a) meeting (*od.* coming up to) the latest requirements, b) (*von Häusern*) with all modern conveniences; **hohe Ansprüche (an Lebenshaltung und Geschmack) stellen** to have (*od.* set) high standards (of living and taste). – **4.** (*Behauptung*) pretension, pretence, *Am.* pretense, claim: **das Buch erhebt keinen ~ auf Vollständigkeit** this book does not claim to be complete; **kein leerer ~** no idle boast. – **5. etwas in ~ nehmen** to call upon (*od.* draw on) s.th.: **j-s Dienste in ~ nehmen** to enlist s.o.'s services; **j-s Freundschaft in ~ nehmen** to make demands on s.o.'s friendship; **ich nehme Ihre Hilfe gerne in ~** I readily call upon you for help; **das nimmt viel Zeit in ~** that takes up much time; **j-s Zeit über Gebühr in ~ nehmen** to trespass (*od.* encroach) upon s.o.'s time; **ärztlichen Rat in ~ nehmen** to take medical advice; **das nimmt viel Platz in ~** that takes up (*od.* occupies) much space. – **6. j-n in ~ nehmen** to engage (*od.* absorb, preoccupy) s.o., to keep s.o. engaged (*od.* busy): **seine Arbeit nimmt ihn völlig in ~** his work absorbs (*od.* preoccupies) him completely; **er ist von dem Problem so in ~ genommen, daß** he is so preoccupied with (*od.* engrossed in, bound up in) this problem that.

'An,spruchs|,ab,tre·tung *f jur.* cession (*od.* assignment, transfer) of a claim. — **a~be,rech·tigt** *adj* (auf *acc* to) entitled. — **~be,rech·tig·te** *m, f* ⟨-n; -n⟩ rightful claimant, party (*od.* person) entitled to claim.

'an,spruchs·los I *adj* **1.** (*genügsam*) modest, unassuming, unpretentious: **ein ~er Esser** a modest (*od.* moderate) eater; **ein ~er Gast** an easily satisfied guest. – **2.** (*schlicht*) plain, simple, unpretentious: **~e Kleidung** plain (*od.* unostentatious) clothes; **ein ~er Stil** a simple (*od.* straightforward) style. – **3.** (*Roman etc*) light, lowbrow (*colloq.*). – **4.** *jur. rare* forbearing. – **II** *adv* **5. ~ leben** to live modestly. — **'An,spruchs·lo·sig·keit** *f* ⟨-; *no pl*⟩ **1.** (*Genügsamkeit*) modesty, unassumingness, unpretentiousness. – **2.** (*Schlichtheit*) plainness, simplicity, unpretentiousness. – **3.** (*eines Romans etc*) lightness, lowbrowism (*colloq.*): **geistige ~** lack of intellectual niveau. – **4.** *jur. rare* forbearance.

'An,spruchs·ni,veau *n psych.* level of aspiration.

'an,spruchs,voll *adj* **1.** hard to please (*od.* satisfy), fastidious, fussy: **er ist reichlich ~** he is rather hard to please. – **2.** (*eigen*) particular: **sie ist sehr ~ in ihrer Kleidung** she is very particular about her clothes. – **3.** (*kritisch*) critical, exacting: **ein Buch für ~e Leser** a book for critical readers; **geistig ~ sein** to demand high intellectual standards. – **4.** (*Stil etc*) highbrow (*colloq.*), ambitious: **eine ~e Unterhaltung** a highbrow conversation.

'An,spruchs,wap·pen *n her. coat of arms designating claims to a district or an estate.*

'an,sprü·hen *v/t* ⟨*sep*, -ge-, h⟩ spray.

'An,sprung *m* **1.** (*von Raubkatze etc*) leap, pounce. – **2.** (*sport*) leap, spring, bound.

'an,spucken (*getr.* -k·k-) *v/t* ⟨*sep*, -ge-, h⟩ spit at (*od.* on).

'an,spu·len *v/t* ⟨*sep*, -ge-, h⟩ (*textile*) (*Fäden*) fix (*s.th.*) to the spool, reel.

'an,spü·len I *v/t* ⟨*sep*, -ge-, h⟩ **1.** wash (*s.th.*) ashore, wash up. – **2.** *geol.* (*Sand etc*) deposit, accrete. – **II A~** *n* ⟨-s⟩ **3.** *verbal noun.* — **'An,spü·lung** *f* ⟨-; -en⟩ **1.** *cf.* Anspülen. – **2.** *geol.* a) alluvion, b) (alluvial) deposit, alluvium, accretion.

'an,spü·ren *v/t* ⟨*sep*, -ge-, h⟩ **j-m etwas ~** *colloq.* to feel (*od.* be aware of) s.th. in s.o., to notice (*od.* sense) s.th. about s.o.: **man spürte ihr die Aufregung an** one could tell that she was excited.

'an,sta·cheln I *v/t* ⟨*sep*, -ge-, h⟩ **1.** (*j-s Ehrgeiz, Eifer etc*) stimulate. – **2.** (*zu größerer Leistung*) spur, (*stärker*) goad, prod: **der Erfolg seines Bruders hat ihn zu größeren Anstrengungen angestachelt** his brother's success has spurred him to greater efforts. – **3.** (*aufreizen*) incite, provoke. – **II A~** *n* ⟨-s⟩ **4.** *verbal noun.* — **'An,sta·che·lung** *f* ⟨-; *no pl*⟩ **1.** *cf.* Anstacheln. – **2.** (*des Ehrgeizes etc*) stimulation. – **3.** spur, (*stärker*) goad, prod. – **4.** (*Aufreizung*) incitement, provocation.

'an,stäh·len *v/t* ⟨*sep*, -ge-, h⟩ *tech.* steel, steel-face.

'An,stalt [-,ʃtalt] *f* ⟨-; -en⟩ **1.** institution, establishment, institute: **öffentliche ~** public institution; **~ des öffentlichen Rechts** *jur.* institution incorporated under public law. – **2.** (*Heilstätte*) sanatorium; *Am. auch* sanitarium, sanatarium. – **3.** *colloq.* (*Nervenheilanstalt*) mental home, asylum: **j-n in einer ~ unterbringen, j-n in eine ~ verbringen** to institutionalize s.o., to put s.o. in an institution, to put s.o. away (*colloq.*). – **4.** *ped.* a) (*Schule*) educational establishment, institute, b) (*Internat*) boarding school. – **5.** *econ.* (*Unternehmen*) establishment, office: **lithographische ~** lithographic printing office. – **6.** *pl fig. archaic* (*Vorbereitungen*) preparations, provisions, arrangements: **~en zu etwas machen** to get ready (*od.* prepare) for s.th.; **er machte keine ~en zu gehen** he showed no sign of going, he would not budge; **er traf seine ~en mit größter Sorgfalt** he made his provisions (*od.* arrangements) with utmost care.

'An,stalts|,arzt *m med.* resident (*od.* house) physician. — **~be,hand·lung** *f* institutional (*od.* residential) treatment. — **~be,treu·ung** *f cf.* Anstaltsfürsorge. — **~er,zie·hung** *f* **1.** upbringing in an educational institution (*od.* establishment). – **2.** *ped. jur.* education (*od.* training) in a reformatory (*Br.* an approved school). — **~,für,sor·ge** *f sociol. med.* institutional care. — **~,geist·li·che** *m relig.* (*eines Krankenhauses, Gefängnisses*) chaplain. — **~,lei·ter** *m* **1.** head (*od.* chief, *Am. auch* executive) of an institution. – **2.** (*einer Schule*) *bes. Br.* headmaster, *bes. Am.* principal. — **~,lei·te·rin** *f* **1.** *cf.* Anstaltsleiter 1. – **2.** (*einer Schule*) *bes. Br.* headmistress, *bes. Am.* principal. — **~,pfle·ge** *f cf.* Anstaltsfürsorge. — **~,un·ter,brin·gung** *f* institutionalization. — **~,vor,mund** *m jur.* institutional guardian. — **~,zög·ling** *m ped.* boarding-school pupil.

'An,stand[1] *m* ⟨-(e)s; Anstände⟩ **1.** ⟨*only sg*⟩ (sense of) decency (*od.* propriety, decorum): **keinen ~ haben** to have no sense of decency; **den ~ wahren** to preserve a sense of decency; **den ~ verletzen, gegen den ~ verstoßen** to offend against decency; **er kann mit ~ verlieren** he is a good loser. – **2.** ⟨*only sg*⟩ (*Benehmen*) (good) behavior (*bes. Br.* behaviour), (good) breeding (*od.* manners *pl*): **er hat keinen ~** he has no manners; **j-n ~ lehren** to teach s.o. manners. – **3.** (*Bedenken*) objection, hesitation, demur (*lit.*): **ohne ~** without hesitation (*od.* demur), readily; **Anstände machen** to demur, to raise objections; **er nahm ~, es zu tun** he hesitated to do it. – **4.** *Southern G. and Austrian* (*Schwierigkeit*) trouble, difficulty, bother: **ich will beim [mit dem] Zoll keine Anstände haben** I don't want to have (any) trouble at [with] the customs.

'An,stand[2] *m* ⟨-(e)s; Anstände⟩ *hunt.* **1.** *cf.* Ansitz 1. – **2.** ⟨*only sg*⟩ *cf.* Ansitz 2.

'an,stän·dig I *adj* **1.** (*schicklich*) proper, decent, seemly, correct: **~es Benehmen** proper behavio(u)r; **~e Kleidung** correct clothes *pl*; **das ist nicht ~** that's not seemly (*od.* ladylike, gentlemanlike). – **2.** (*ehrbar, achtbar*) respectable: **sie ist ein ~es Mädchen** she is a respectable girl. – **3.** *colloq.* (*gut, richtig*) decent: **ein ~er Kerl** a decent fellow; **du brauchst einen ~en Mantel** you need a decent coat; **das ist ein ganz ~es Buch** quite a decent book; **das ist nicht ~ von ihm** that is not decent of him; **wenigstens einer, der ~ ist** at least (there is) one who is honest. – **4.** *colloq.* (*beachtlich*) handsome, fair, respectable: **eine ganz ~e Leistung** quite a handsome achievement. – **5.** (*angemessen*) reasonable, fair: **~e Preise** reasonable prices. – **6.** *colloq.* (*gründlich*) 'proper' (*colloq.*), thorough, good: **eine ~e Tracht Prügel** a proper hiding (*od.* thrashing). – **7.** (*Witz etc*) clean, decent. – **II** *adv* **8.** properly, decently, correctly: **stets ~ angezogen** always correctly dressed; **benimm**

dich ~! behave yourself (properly)! – **9.** *colloq.* (*gut, richtig*) decently, right, fair, well: **er wurde sehr ~ behandelt** he was treated very decently. – **10.** *colloq.* (*tüchtig*) properly, thoroughly: **er hat ihm ~ seine Meinung gesagt** he really gave him a piece of his mind; **es regnet ganz ~** it is raining pretty hard. — **ˈAnˌstän·dig·keit** *f* ⟨-; *no pl*⟩ **1.** (*Schicklichkeit*) propriety, decency, seemliness, correctness. – **2.** (*Ehrbarkeit*) respectability. – **3.** (*von Behandlung etc*) decency, rightness. – **4.** (*von Witzen etc*) cleanness.

ˈAnˌstands|beˌsuch *m* formal (*od.* duty) call. — **~ˌbis·sen** *m colloq. cf.* **Anstandsstück.** — **~ˌda·me** *f* chaperon, *Am. auch* chaperone: **als ~ mitgehen** to accompany s.o. as (a) chaperon; **die ~ spielen** to play (the) chaperon, *Br. auch* to play gooseberry. — **~ˌfor·men** *pl* proprieties, decencies. — **~geˌfühl** *n* **1.** sense of decency (*od.* propriety, decorum). – **2.** (*im weiteren Sinne*) tact. — **~geˌschenk** *n* formal gift.

ˈanˌstands·hal·ber *adv colloq.* for decency's (*od.* propriety's, politeness') sake: **~ verpflichtet sein, etwas zu tun** to be bound for the sake of appearances to do s.th.; **ich muß ihn ~ einladen** I'll have to invite him for politeness' sake.

ˈanˌstands·los I *adv* **1.** (*ohne Bedenken*) without hesitation (*od.* objection), readily, unhesitatingly, promptly: **die Genehmigung wurde ~ erteilt** the permit was readily granted; **sie haben die Ware ~ zurückgenommen** they have taken the article back without objection. – **2.** (*ungehindert*) freely, without restriction: **er konnte ~ die Grenze überschreiten** he was allowed to cross the frontier freely. – **II** *adj* **3.** unhesitating.

ˈAnˌstands|ˌpflicht *f* requirement of decency (*od.* propriety). — **~ˌre·gel** *f meist pl* (rule of) etiquette (*od.* decorum), social convention. — **~ˌstück** *n colloq. piece of food left on the plate for propriety's sake.* — **~ˌun·terˌricht** *m* lessons *pl* in deportment (*od.* manners). — **~ˌvi·si·te** *f cf.* **Anstandsbesuch.** — **~ˌwauˌwau** *m colloq.* chaperon.

ˈanˌstän·kern *v/t* ⟨*sep*, -ge-, h⟩ **j-n ~** *colloq.* to nag (at) s.o., to pick on (*od.* at) s.o.

ˈanˌsta·peln *v/t* ⟨*sep*, -ge-, h⟩ (*Holz etc*) pile (*od.* store) up.

ˈanˌstap·fen *v/i* ⟨*only pp*⟩ **angestapft kommen** *colloq.* to come trudging (*od.* plodding) along.

ˈanˌstar·ren *v/t* ⟨*sep*, -ge-, h⟩ **1.** stare (*od.* gaze) at: **sie starrte ihn voller Verwunderung an** she gazed at him in amazement. – **2.** (*mit offenem Mund*) gape at.

ˌanˈstatt I *prep* ⟨*gen*⟩ instead of, in lieu of, in (the) place of: **ich werde ~ deiner gehen** I will go instead of you. – **II** *conj* **~ zu, ~ daß** instead of: **er spielte, ~ zu arbeiten** he played instead of working; **er lobte ihn, ~ daß er ihn tadelte** he praised him instead of criticizing him.

ˈAnˌstau *m* damming up, flooding.

ˈanˌstau·chen *v/t* ⟨*sep*, -ge-, h⟩ *tech.* **1.** upset. – **2.** (*Schraubenköpfe etc*) head.

ˈanˌstau·en I *v/t* ⟨*sep*, -ge-, h⟩ **1.** (*Fluß etc*) dam (*od.* pen) up, impound, stem. – **2.** *civ.eng.* pound. – **II** *v/reflex* **sich ~ 3.** (*von Wasser etc*) accumulate, swell. – **4.** *fig.* (*von Wut etc*) be bottled (*od.* pent) up. – **5.** *med.* a) (*von Eiweiß, Zucker etc*) accumulate, aggregate, store up, b) (*von Blut in Organen*) congest, c) (*von Exsudat*) be dammed up. – **III A~** *n* ⟨-s⟩ **6.** *verbal noun.* – **7.** *cf.* **Anstauung.**

ˈanˌstau·nen *v/t* ⟨*sep*, -ge-, h⟩ **1.** gaze (*od.* stare) at (*s.o., s.th.*) (in wonder). – **2.** (*mit offenem Mund*) gape at.

ˈAnˌstau·ung *f* ⟨-; *no pl*⟩ **1.** *cf.* **Anstauen.** – **2.** *civ.eng.* (*Spiegelerhebung*) pondage. – **3.** (*Stauwasser*) slack water. – **4.** *med.* a) (*von Eiweiß, Zucker etc*) aggregation, accumulation, b) (*von Blut*) congestion.

ˈanˌste·chen I *v/t* ⟨*irr, sep*, -ge-, h⟩ **1.** (*mit einer Nadel etc*) prick. – **2.** (*Faß*) tap, broach: **frisch angestochen** fresh on tap. – **3.** (*schneidbares Material*) take (*od.* make) the first cut into. – **4.** *metall. cf.* **abstechen 7.** – **5.** *tech.* (*Pumpe etc*) prime. – **6.** (*wood*) notch. – **7.** *med.* (*Geschwür*) pierce, puncture, open, tap. – **II A~** *n* ⟨-s⟩ **8.** *verbal noun.* – **9.** *cf.* **Anstich.**

ˈAnˌstechˌhahn *m brew.* (*für Fässer*) tap, spigot, *Am. auch* spiggot.

ˈAnˌsteck|ˌär·mel *m* (*fashion*) *rare* sham sleeve. — **~ˌblu·me** *f* boutonniere, *bes. Br.* buttonhole (flower).

ˈanˌstecken (*getr.* -k·k-) **I** *v/t* ⟨*sep*, -ge-, h⟩ **1.** stick (*od.* fasten) on. – **2.** (*mit Nadel*) pin on: **(sich** *dat*) **ein Abzeichen ~** to pin on a badge. – **3.** (*Ring etc*) put on. – **4.** *bes. Northern G.* light: **sich** (*dat*) **eine Zigarette ~** to light a cigarette. – **5.** *med.* infect (*auch fig.*), give (*s.o.*) one's illness: **er hat mich mit seiner Erkältung angesteckt** he has given me his cold; **seine Fröhlichkeit steckte bald die ganze Gesellschaft an** *fig.* his good humo(u)r soon infected the whole company; **ein räudiges Schaf steckt die ganze Herde an** (*Sprichwort*) one scabbed sheep will mar a whole flock. – **6.** *dial. for* **anstechen 2.** – **7.** *mar.* a) (*Tau etc*) bend, hitch, b) (*anspleißen*) splice. – **8.** (*mining*) forepole, *auch* forepale. – **II** *v/i* **9.** *colloq.* (*von Krankheit, Lachen etc*) be infectious, be contagious, be catching: **Gähnen steckt an** yawning is infectious. – **III** *v/reflex* **10. sich ~** infect oneself, be infected, catch (a disease): **er hat sich bei seinem Bruder angesteckt** he caught what his brother had, he caught it from (*od.* off) his brother. – **IV A~** *n* ⟨-s⟩ **11.** *verbal noun.* – **12.** *cf.* **Ansteckung.** — **ˈanˌsteckend** (*getr.* -k·k-) **I** *pres p.* – **II** *adj med.* a) (*indirekt*) infectious, b) (*direkt*) contagious, catching (*colloq.*): **~e Krankheiten** infectious diseases; **ein ~es Lachen** *fig.* an infectious laugh.

ˈAnˌstecker (*getr.* -k·k-) *m* ⟨-s; -⟩ **1.** (*textile*) (*Weberei*) bobbin setter. – **2.** *obs. for* **Anzünder 1.**

ˈAnˌsteck|ˌhahn *m dial. for* **Anstechhahn.** — **~ma·gaˌzin** *n mil.* detachable magazine. — **~ˌna·del** *f* **1.** (*Abzeichen*) pin, badge. – **2.** (*Brosche*) brooch. – **3.** *tech.* (*Sattlerei*) pin, skewer.

ˈAnˌsteckung (*getr.* -k·k-) *f* ⟨-; -en⟩ **1.** *cf.* **Anstecken.** – **2.** *bes. med.* a) infection, b) contagion.

ˈanˌsteckungsˌfä·hig (*getr.* -k·k-) *adj med.* a) infectious, b) contagious, transmissible. — **ˈAnˌsteckungsˌfä·hig·keit** (*getr.* -k·k-) *f* a) infectiousness, infectivity, b) contagiousness, transmissibility.

ˈanˌsteckungsˌfrei (*getr.* -k·k-) *adj med.* free from infection, not infected.

ˈAnˌsteckungs|geˌfahr (*getr.* -k·k-) *f med.* danger (*od.* risk) of infection. — **~ˌgift** *n cf.* **Ansteckungsstoff.** — **~ˌherd** *m* center (*bes. Br.* centre) (*od. scient.* nidus) of infection. — **~ˌkeim** *m* germ. — **~ˌkraft** *f* virulence, virulency. — **~ˌmög·lich·keit** *f* chance (*od.* possibility) of infection (*od.* contagion). — **~ˌquel·le** *f* **1.** source of infection. – **2.** (*bes. bei Geschlechtskrankheit*) contact(s *pl*). — **~ˌstoff** *m* infectious agent; contagion, contagium (*scient.*). — **~verˌdacht** *m* suspicion of infection. — **a~verˌdäch·tig** *adj* under suspicion of infection. — **~verˌmö·gen** *n* **1.** infectiousness. – **2.** contagiousness.

ˈanˌste·hen I *v/i* ⟨*irr, sep*, -ge-, h⟩ **1.** *colloq.* (*Schlange stehen*) queue (up), stand (*od.* wait) in a queue (*od.* line), *bes. Am.* line up: **in Reihen nach etwas ~** to queue up for s.th.; **sie standen um Brot an** they queued up for bread. – **2.** (*zukommen, sich ziemen*) be becoming (*od.* fitting, seemly), suit: **es steht dir nicht an, dich zu beklagen** it does not become you to complain; **Zurückhaltung stünde ihr besser an** discretion would befit her better. – **3.** *obs.* **j-m ~** to suit (*od.* please) s.o. – **4.** (*zögern*) hesitate, waver, scruple: **ich stehe nicht an, das zu behaupten** I do not hesitate to assert that. – **5.** (*sich verzögern*) be delayed (*od.* deferred, put off), stand over: **die Beschlußfassung steht schon lange an** the passing of the resolution has been delayed a long time; **etwas ~ lassen** to delay (*od.* defer, postpone) s.th., to put s.th. off; **man sollte das nicht ~ lassen** this should not be put off; **eine Schuld ~ lassen** to leave a debt unpaid. – **6.** *econ. jur.* (*angesetzt sein*) be up (*od.* in hand, pending, under consideration): **zur Entscheidung ~** to be up for decision; **was steht (zur Beratung) an?** what is awaiting discussion? what is under consideration? **der Termin steht morgen an** the (day of the) hearing is fixed for tomorrow. – **7.** *geol.* (*von Gestein etc*) crop out, outcrop, be exposed. – **8.** (*mining*) (*von Mineralvorkommen*) exist in a natural deposit, remain unworked (*od.* as reserve). – **9.** *hunt.* be at the stand, be in one's hide (*bes. Am.* blind): **auf das Wild ~** to be waiting (*od.* to lie in wait) for (the) game. – **10.** *rare* (*nahe stehen*) stand close. – **11.** *Austrian* (**auf** *acc* on) be dependent. – **II A~** *n* ⟨-s⟩ **12.** *verbal noun.* – **13.** hesitation. – **14.** delay. – **15.** *geol.* exposure, outcropping. — **ˈanˌste·hend I** *pres p.* – **II** *adj* **1.** *econ. jur.* (*Entscheidung etc*) in hand, pending, under consideration. – **2.** *econ.* (*Schuld etc*) outstanding, unpaid, owing. – **3.** *jur.* (*Verhandlung*) being (*od.* coming) up for trial. – **4.** (*mining*) **~e Kohle** unworked coal; **~es Erz** outcrop. – **5.** *bot.* contiguous.

ˈanˌstei·gen I *v/i* ⟨*irr, sep*, -ge-, sein⟩ **1.** (*von Straße, Ufer etc*) rise, ascend, slope up. – **2.** (*steil*) soar (*od.* tower) up. – **3.** *fig.* (*von Preisen etc*) rise, increase, mount (up): **jäh ~** to skyrocket; **die Produktion stieg weiter an** *econ.* production continued to increase. – **4.** *auch med.* (*von Temperatur*) rise, go up, increase. – **5.** *math.* a) (*von Kurve*) ascend, b) (*von Werten*) increase. – **6.** *civ.eng.* (*von Wasserstand etc*) rise. – **7.** (*mining*) (*von Flöz*) rise, be inclined. – **8.** *mus.* ascend, rise, *Am.* mount. – **9.** ⟨*only pp*⟩ **angestiegen kommen** to come (stalking) along. – **II A~** *n* **10.** *verbal noun.* – **11.** (*der Preise etc*) rise, increase. – **12.** *auch med.* (*der Temperatur*) rise, increase. – **13.** *math.* a) (*der Kurve*) ascent, b) (*der Werte*) increase. – **14.** *cf.* **Anstieg.**

ˈanˌstell·bar *adj* **1.** qualified for a post. – **2.** *tech.* (*Lager etc*) adjustable.

ˈAnˌstellˌbot·tich *m brew.* pitching vessel.

ˌanˈstel·le, ˌan ˈStel·le *prep* ⟨*gen od.* **von**⟩ **1.** in place of, instead of, in lieu of, vice (*lit.*): **~ von Herrn X** in place (*od.* instead) of Mr. X; **~ von Worten, ~ der Worte** instead (*od.* in lieu) of words. – **2.** (*als Ersatz*) as a substitute for: **~ von Zucker** as a substitute for sugar.

ˈanˌstel·len I *v/t* ⟨*sep*, -ge-, h⟩ **1.** (*Heizung, Radio etc*) turn on, switch on: **die Maschinen ~** to start (up) the machines. – **2.** (*Arbeiter etc*) employ, engage, take on, place, *bes. Am.* hire, (*bes. Beamte*) appoint: **j-n als Sekretärin ~** to engage s.o. as a secretary; **vorübergehend ~** to employ temporarily, to (take on) hire; **diese Firma stellt nur Fachkräfte an** this firm only employs skilled workers; **j-n fest ~** to give s.o. a permanent position; **wieder ~** to re(-)engage. – **3. j-n zu etwas ~** *colloq.* to get s.o. to do s.th., to have s.o. do s.th.: **j-n zum Schneeschippen ~** to get s.o. to shovel away the snow. – **4.** *fig.* (*durchführen*) make, carry out, pursue, conduct: **Untersuchungen ~** to carry out (*od.* conduct) investigations (*od.* research), to investigate; **an einer Sache Versuche ~** to make tests (*od.* to experiment) on s.th.; **Nachforschungen ~** to make (*od.* effect, institute) inquiries; **Berechnungen ~** to calculate; **er hat alles mögliche mit ihm angestellt** *colloq.* he's tried (out) all sorts of things on him. – **5.** *fig.* (*Überlegungen etc*) make: **Vergleiche ~** to make (*od.* draw) comparisons, to compare; **Betrachtungen ~ über** (*acc*) **etwas** to consider s.th., to contemplate s.th.; **moralische Betrachtungen ~** to moralize; **Mutmaßungen ~** to conjecture. – **6.** *colloq.* (*Dummheiten etc*) do, be up to: **etwas ~** to get into (*od.* to be up to) mischief; **was hast du (da) wieder angestellt?** what have you done (*od.* been up to) again? **was haben sie mit dir angestellt?** what have they done to you? – **7.** (*bewerkstelligen*) do, manage: **er stellte es geschickt an** he did it skil(l)fully; **wie hat er es angestellt hereinzukommen?** how did he manage to get in? **er wußte nicht, wie er es ~ sollte** he didn't know how to do it. – **8.** (*anlehnen*) (**an** *acc* against) lean, place, put: **eine Leiter ~** to put a ladder in position, to raise a ladder; **dein Fahrrad kannst du dort ~** you can lean your bicycle there. – **9.** (*an eine Reihe*) add: **wir müssen noch einen Tisch ~** we'll have to add another table. – **10.** *tech.* a) (*Druckschraube etc*) adjust, b) (*Meißel*) set, position: **auf Mitte ~** to set on center (*Br.* centre). – **11.** *hunt.* place: **die Jäger und Treiber ~** to place the guns and beaters. – **12.** *jur.* bring, enter, institute, lay: **Ermitt(e)lungen ~ (gegen)** to make inquiries (against). – **13.** *jur.* (*dingen*) hire, engage.

– 14. *brew.* pitch. – 15. *colloq.* (*unternehmen*) do. – II *v/reflex* sich ~ 16. (*Schlange stehen*) queue (up), *bes. Am.* line up: sich am Fahrkartenschalter ~ to queue up at the ticket office. – 17. *colloq.* (*sich verhalten*) act, behave: er stellte sich an, als wüßte er von nichts he acted (*od.* behaved) as if he knew nothing about it, he pretended to know nothing about it; sich bei einer Arbeit ungeschickt ~ to go about (*od.* do) a job clumsily; sich feige ~ to act in a frightened manner, *bes. Am.* to be chicken (*sl.*); sich dumm ~ to behave stupidly; stell dich nicht so an! a) don't make such a fuss! b) don't be so silly! er stellt sich an, als ob er nicht bis drei zählen könnte you'd think he couldn't count up to three. – 18. *hunt.* take one's position. – III A~ *n* ⟨-s⟩ 19. *verbal noun.* – 20. *cf.* Anstellung.

ˌAn·stel·leˈrei *f* ⟨-; *no pl*⟩ *colloq.* 1. (*Wehleidigkeit*) whininess, plaintiveness. – 2. (*Ziererei*) fuss, ado: laß die ~! don't make such a fuss! – 3. (*Schlangestehen*) (tiresome) queu(e)ing up.

ˈAnˌstellˌhe·fe *f brew.* pitching yeast.

ˈanˌstel·lig *adj lit.* clever, handy, deft: das Mädchen zeigte sich ~ the girl proved (to be) clever; er ist sehr ~ he is (very) handy, he can turn his hand to anything. — **ˈAnˌstel·lig·keit** *f* ⟨-; *no pl*⟩ cleverness, handiness, deftness.

ˈAnˌstell|ˌschrau·be *f tech.* positioning (*od.* locating) bolt. — **~tem·pe·raˌtur** *f brew.* (yeast) pitching temperature.

ˈAnˌstel·lung *f* ⟨-; -en⟩ 1. *cf.* Anstellen. – 2. (*Einstellung*) employment, engagement, (*bes. von Beamten*) appointment: ~ unnötiger Arbeitskräfte *econ.* employment of unnecessary labo(u)r, *Am. colloq.* featherbedding; bei seiner ~ mußte er einen Vertrag unterschreiben on being employed he had to sign a contract. – 3. (*Stellung, Stelle*) position, situation, post, employment, job (*colloq.*): feste ~ permanent position (*od.* situation); in bezahlter ~ gainfully employed; j-m eine ~ als Kellner verschaffen to secure employment for s.o. as a waiter, to place s.o. as a waiter; eine ~ finden to find employment. – 4. *tech.* (*einer Druckschraube etc*) adjustment.

ˈAnˌstel·lungs|beˌdin·gun·gen *pl econ.* terms of employment. — **a~beˌrech·tigt** *adj* (*als Beamter*) entitled to (*od.* qualified for) an office. — **~beˌrech·ti·gung** *f* entitlement to an office. — **~ˌprü·fung** *f* qualification (*od.* qualifying) test, (*der Beamten*) competitive examination. — **~ˌschrei·ben** *n* (preliminary) letter of employment (*od.* appointment). — **~verˌhält·nis** *n econ.* contractual employment (relation): das ~ kündigen to cancel the employment contract. — **~verˌtrag** *m* employment contract, *bes. Br.* service agreement.

ˈAnˌstell|ˌvorˌrich·tung *f* 1. *tech.* adjusting equipment. – 2. *metall.* (*eines Walzgerüstes*) housing screw. — **~ˌwin·kel** *m* 1. *bes. aer.* angle of incidence (*Am.* attack). – 2. (*einer Luftschraube*) angle of pitch. – 3. *tech.* (*eines Meißels*) setting angle.

ˈanˌstem·men *v/reflex* ⟨*sep*, -ge-, h⟩ sich gegen etwas ~ a) to stem (*od.* lean firmly) against s.th., b) *fig.* (*gegen Plan etc*) to oppose s.th., to set one's face against s.th.

ˈanˌsteu·ern I *v/t* ⟨*sep*, -ge-, h⟩ 1. *mar.* make (*od.* steer, head) for: Land ~ to make the land; einen Punkt ~ to make a point. – 2. *aer.* a) head (*od.* make, steer) for, set (*od.* select) (the) course for, b) (*Zielpunkt*) home in on. – II A~ *n* ⟨-s⟩ 3. *verbal noun.* — **ˈAnˌsteue·rung** *f* ⟨-; *no pl*⟩ 1. *cf.* Ansteuern. – 2. *mar.* approach. – 3. *aer.* course selection.

ˈAnˌsteue·rungs|ˌfeu·er *n* 1. *mar.* making light, (*an Hafeneinfahrt*) entrance light. – 2. *aer.* homing (*od.* directional) beacon, homing light. — **~ˌton·ne** *f mar.* 1. landfall buoy, (*an Hafeneinfahrt*) entrance buoy. – 2. (*Mittelfahrwassertonne*) fairway buoy.

ˈAnˌstich *m* 1. *cf.* Anstechen. – 2. *brew.* tap: frischer ~ new draught (*bes. Am.* draft, tap); Bier im ~ beer on tap. – 3. *metall.* (*im Walzwerk*) initial pass. – 4. turning the first sod. – 5. *hort.* (*des Obstes durch Würmer*) wormbite, wormhole, canker. — **~ˌfaß** *n brew.* cask on tap. — **~ˌhahn** *m* broaching tap.

ˈanˌsticken (*getr.* -k·k-) *v/t* ⟨*sep*, -ge-, h⟩ embroider on.

ˈanˌstie·ben *v/i* ⟨*only pp*⟩ angestoben kommen *colloq.* to come rushing along.

ˈanˌstie·feln *v/i* ⟨*only pp*⟩ angestiefelt kommen *colloq.* to come striding (*od.* marching) along.

ˈAnˌstieg *m* ⟨-(e)s; -e⟩ 1. *cf.* Ansteigen. – 2. (*des Geländes etc*) gradient, ascent, rise. – 3. (*der Temperatur, des Luftdrucks, der Flut etc*) rise, increase. – 4. *econ.* a) (*von Preisen, Kursen etc*) rise, increase, *Am. colloq.* hike, b) (*Anwachsen*) growth: schneller ~ spurt; im ~ (begriffen) on the increase; mengenmäßiger ~ increase (*od.* rise) in quantity. – 5. (*Aufwärtssteigen*) climb, ascent. – 6. (*Alpinistik*) ascent (route): der südliche ~ the south(ern) ascent. – 7. *math. phys.* a) (*einer Kurve etc*) ascent, ascension, b) (*von Werten*) increase: schiefer ~ oblique ascension; senkrechter (*od.* gerader, rechtwinkliger) ~ right ascension. – 8. *electr.* rise, increase: plötzlicher ~ surge.

ˈAnˌstiegsˌwin·kel *m tech.* angle of ascent (*od.* climb).

ˈanˌstie·ren *v/t* ⟨*sep*, -ge-, h⟩ j-n ~ *colloq.* to stare at s.o.

ˈanˌstif·ten I *v/t* ⟨*sep*, -ge-, h⟩ 1. (*verursachen*) cause, bring about: Unheil ~ to cause mischief; da hast du etwas (Schönes) angestiftet! *colloq.* that's a fine thing you've done there! – 2. (*anzetteln*) incite, instigate, foment, stir up: Aufruhr ~ to foment riots. – 3. (*verleiten*) incite, stir up, induce, instigate: j-n zum Verrat ~ to incite s.o. to commit treason; er hat mich dazu angestiftet he induced me to do it, he put me up to it (*colloq.*). – 4. *bes. jur.* a) instigate, incite, abet, b) suborn: j-n zum Meineid ~ to suborn s.o. (to commit perjury). – 5. *tech.* pin, peg. – II A~ *n* ⟨-s⟩ 6. *verbal noun.* – 7. *cf.* Anstiftung. — **ˈAnˌstif·ter** *m* ⟨-s; -⟩ 1. instigator (*auch jur.*), plotter, inciter, abettor, *auch* abetter: ~ eines Verbrechens (*od.* zu einem Verbrechen) instigator of a crime. – 2. *jur.* accessory (*auch* accessary) (before the fact). — **ˌAn·stif·teˈrei** *f* ⟨-; -en⟩ *colloq.* incitement, instigation. — **ˈAnˌstif·te·rin** *f* ⟨-; -nen⟩ *cf.* Anstifter. — **ˈAnˌstif·tung** *f* ⟨-; -en⟩ 1. *cf.* Anstiften. – 2. incitement, instigation, fomentation. – 3. (*Verleitung*) incitement, inducement, instigation. – 4. *bes. jur.* a) instigation, incitement, abetment, b) subornation: ~ zum Meineid *jur.* subornation (of perjury).

ˈanˌstim·men I *v/t* ⟨*sep*, -ge-, h⟩ 1. *mus.* (*Melodie*) strike up, (begin to) sing, (*auf Instrumenten*) play: ein Lied ~ to strike up (*od.* raise, *colloq.* pipe up) a song; einen Psalm ~ to intone a psalm; ein Klagelied ~ *fig.* to break out into lamentations; das alte Lied (*od.* die alte Leier) ~ *fig.* to be (always) harping on the same string (*od.* theme). – 2. *mus.* (*Ton*) set, pitch, intone: den Grundton ~ to give the keynote; einen sanfteren Ton ~ to change one's (*od.* sing another) tune. – 3. (*Geschrei etc*) set up, start. – II A~ *n* ⟨-s⟩ 4. *verbal noun.* — **ˈAnˌstim·mung** *f* ⟨-; *no pl*⟩ 1. *cf.* Anstimmen. – 2. *mus.* intonation.

ˈanˌstin·ken *fig. vulg.* I *v/t* ⟨*irr, sep*, -ge-, h⟩ j-n ~ (*von Arbeit etc*) to make s.o. sick (*colloq.*). – II *v/i* gegen j-n ~ (können) (to be able) to compete with s.o.: gegen einen Haufen Mist kann man nicht ~ (*Sprichwort*) there is nothing to touch a dunghill in smell.

ˈanˌstir·nen [-ˌʃtɪrnən] *v/t* ⟨*sep*, -ge-, h⟩ *tech.* spot-face.

ˈanˌstöh·nen *v/t* ⟨*sep*, -ge-, h⟩ j-n ~ to groan at s.o.

ˈanˌstol·pern *v/i* ⟨*only pp*⟩ angestolpert kommen *colloq.* to come stumbling along.

ˈan·stolˌzie·ren *v/i* ⟨*only pp*⟩ anstolziert kommen *colloq.* to come strutting along.

ˈanˌstop·fen *v/t* ⟨*sep*, -ge-, h⟩ *colloq.* (mit with) cram, stuff.

ˈAnˌstoß *m* 1. (*Schwung, erster Stoß*) push, impulse. – 2. *fig.* (*Anregung*) initiative, impulse, impulsion, impetus: den (ersten) ~ zu etwas geben to initiate (*od.* start) s.th.; der ~ (dazu) ging von ihm aus (*od.* kam von ihm) the initiative came from him, he made the first move (in this matter); ein äußerer ~ an added impulse. – 3. (*Ärgernis*) offence, *Am.* offense, annoyance, (*stärker*) scandal: ~ erregen to offend, to annoy, to scandalize; bei j-m ~ erregen to give offence (*od.* umbrage) to s.o.; an etwas ~ nehmen to take offence (*od.* umbrage) at s.th., to be scandalized at s.th., to take exception to s.th.; Stein des ~es a) stumbling block, b) *Bibl.* offence, *Am.* offense, stumbling-stone. – 4. (*sport*) (*Fußball*) kickoff: der ~ erfolgt um 14 Uhr the kickoff is at 2 p.m. – 5. (*sport*) (*Billard*) break. – 6. (*textile*) (*Schneiderei*) endpiece. – 7. *gastr.* (*am Brot*) kissing crust. – 8. *tech.* (*Zimmerei*) butt and butt, butt (*od.* jump) joint: bündiger ~ flush joint. – 9. *electr.* (*Radar*) trigger (*od.* release) pulse.

ˈanˌsto·ßen I *v/t* ⟨*irr, sep*, -ge-, h⟩ 1. (*in Bewegung setzen*) give (*s.th.*) a push, push, set (*s.th.*) going: bitte, stoß die Schaukel an please give the swing a push. – 2. *fig. colloq.* (*ermuntern*) encourage, 'push' (*colloq.*). – 3. (*j-n, etwas*) knock against (*od.* into), push against, (*größere Dinge*) bump against (*od.* into): wer hat den Tisch angestoßen? who knocked (*od.* bumped) against the table? stoß mich jetzt nicht an, sonst lasse ich alles fallen don't knock against me now or I'll drop everything; sich (*dat*) den Kopf ~ an (*acc*) etwas to bump (*od.* knock) one's head against s.th.; ich habe mir den Kopf angestoßen I've bumped my head against s.th. – 4. (*aufmerksam machen*) nudge, give (*s.o.*) a nudge: j-n mit dem Ellbogen ~ to nudge s.o. (with the elbow); j-n mit dem Fuß ~ to kick s.o. – 5. (*Gläser*) chink, clink. – 6. (*sport*) (*Fußball*) kick off. – 7. (*textile*) a) (*Schneiderei*) renter, b) (*Putzmacherei*) plank. – II *v/i* 8. ⟨h⟩ (*mit Gläsern etc*) chink (*od.* clink) glasses: auf ein glückliches neues Jahr ~ to drink to a happy New Year. – 9. ⟨sein⟩ (*dagegenstoßen*) knock against (*od.* into) s.th., bump into s.th.: paß auf, daß du nirgends anstößt mind you don't knock against s.th. – 10. ⟨h⟩ (*beim Sprechen*) falter, stumble, hesitate: mit der Zunge ~ to lisp. – 11. ⟨sein⟩ (*Anstoß erregen*) offend, give offence (*Am.* offense). – 12. ⟨h⟩ (*angrenzen*) border, abut, neighbor, *bes. Br.* neighbour: ihr Garten stößt an unseren an their garden borders on ours. – 13. ⟨sein⟩ *tech.* (*aneinanderstoßen*) abut, join. – 14. ⟨h⟩ (*sport*) (*Fußball*) kick off. – III A~ *n* ⟨-s⟩ 15. *verbal noun.* – 16. (*beim Sprechen*) hesitation. – 17. (*Lispeln*) lisp. – 18. (*mit dem Ellbogen*) nudge. — **ˈanˌsto·ßend I** *pres p.* – II *adj* 1. (*Grundstücke etc*) adjacent, adjoining. – 2. *tech.* adjacent, contiguous: ~e Winkel adjacent angles.

ˈAnˌstö·ßer *m* ⟨-s; -⟩ *Swiss for* Grundstücksnachbar.

ˈanˌstoß|erˌre·gend *adj* offensive. — **A~erˌre·ger** *m rare* scandal, offender.

ˈanˌstö·ßig *adj* 1. offensive, exceptionable. – 2. (*empörend*) shocking, repugnant, repulsive, scandalous. – 3. (*unanständig*) indecent, improper: ~e Reden führen to use indecent language; von ~en Stellen reinigen to bowdlerize. — **ˈAnˌstö·ßig·keit** *f* ⟨-; -en⟩ 1. offensiveness. – 2. shockingness, scandalousness. – 3. (*Unanständigkeit*) indecency, impropriety.

ˈAnˌstoß|imˌpuls *m electr. cf.* Anstoß 9. — **~ˌnaht** *f* (*textile*) (*Schneiderei*) rentering. — **~ˌschie·ne** *f tech. mil.* headplate. — **~ˌschnur** *f* (*textile*) (*an Kleidern*) chain lace. — **~ˌschwel·le** *f* (*railway*) joint tie (*bes. Br.* sleeper).

ˈanˌstrah·len I *v/t* ⟨*sep*, -ge-, h⟩ 1. (*Gebäude etc*) illuminate, light up: mit Scheinwerfern ~ to spotlight, to floodlight; einen Springbrunnen bunt ~ to play colo(u)red lights on a fountain. – 2. j-n ~ *fig. colloq.* to beam (up)on s.o. – II A~ *n* ⟨-s⟩ 3. *verbal noun.* — **ˈAnˌstrah·lung** *f* ⟨-; -en⟩ 1. *cf.* Anstrahlen. – 2. illumination.

ˈanˌstran·den *v/i* ⟨*sep*, -ge-, sein⟩ (*von Trümmern etc*) be cast ashore.

ˈanˌsträn·gen *v/t* ⟨*sep*, -ge-, h⟩ (*Zugtiere*) harness.

ˈAnˌstre·beˌkraft *f phys.* centripetal force.

ˈanˌstre·ben I *v/t* ⟨*sep*, -ge-, h⟩ 1. (*Ziel, Ruhm etc*) aim at, aspire to (*auch* after), (*stärker*) strive for. – II *v/i* 2. gegen etwas ~ to strive (*od.* struggle) against s.th. – 3. (*aufragen*) tower (*od.* reach) up, strive upward(s). — **ˈanˌstre·bensˌwert** *adj* worth striving for.

ˈanˌstrei·chen I *v/t* ⟨*irr, sep*, -ge-, h⟩ 1. (*mit Farbe*) paint, coat: eine Tür weiß ~ to paint a door white; neu ~ to recoat. – 2. (*tünchen*) whitewash. – 3. (*Fehler, Textstelle etc*) mark (off), put a mark against (*od.* by), (*unterstreichen*) underline: rot ~ to mark in red; diesen Tag werde ich (mir) rot im Kalender ~ *fig.* I shall mark this day (off) as a red-letter day; j-m etwas ~ (*heimzahlen*) *colloq.* to pay s.o. back (*od.* make s.o. pay) for s.th. – **4.** (*abhaken*) tick (*Am.* check) off. – **5.** *colloq.* (*Streichholz*) strike. – **6.** *gastr.* (*mit Ei etc*) brush, glaze (over). – **7.** *mus.* (*Saite*) bow. – **8.** Papier ~ *print.* to wet. – **II** *v/i* ⟨sein⟩ **9.** *hunt.* (*von Vögeln*) approach. – **III** *v/reflex* ⟨h⟩ sich ~ **10.** *colloq.* (*sich schminken*) paint one's face (*colloq.*). – **IV A~** *n* ⟨-s⟩ **11.** *verbal noun.*

'An,strei·cher *m* ⟨-s; -⟩ **1.** (house) painter. – **2.** *colloq. contempt.* bad artist, dauber.

,An·strei·che'rei *f* ⟨-; -en⟩ *colloq.* **1.** (house) painting. – **2.** *fig. contempt.* bad painting, daubing.

'An,strei·cher,werk,zeug *n* painters' tool.

'An,streich|,pin·sel *m* paintbrush. — **~,tech·nik** *f* painting method (*od.* technique).

'an,strei·fen I *v/t* ⟨*sep*, -ge-, h⟩ **1.** touch (*s.th.*) lightly, graze, brush. – **2.** slip (*s.th.*) on: sich (*dat*) einen Ring ~ to slip a ring on one's finger. – **II** *v/i* ⟨sein⟩ **3.** an j-n [etwas] ~ to touch s.o. [s.th.] lightly, to brush against (*od.* graze) s.o. [s.th.].

'an,stren·gen I *v/reflex* ⟨*sep*, -ge-, h⟩ sich ~ **1.** make an effort, exert oneself, try (hard), strive, endeavor, *bes. Br.* endeavour: sich übermäßig ~ to overexert (*od.* overstrain) oneself, to overdo it (*colloq.*); sie strengten sich an, um zu gewinnen (*sport*) they tried hard (*od.* made a great effort) to win, they extended themselves (*colloq.*); streng dich doch an! do make an effort; er hat sich mächtig angestrengt *colloq.* a) he has made a special effort, he went out of his way, b) *fig.* he has been very generous, he has loosened his purse strings. – **II** *v/t* **2.** exert, strain, tax: es strengt die Augen an it is a strain (*od.* is trying) on the eyes; seine Phantasie ~ to strain one's imagination; alle Kräfte ~ a) to exert all one's strength, to strain every muscle, b) *fig.* to do one's utmost, to do all one can. – **3.** (*ermüden*) fatigue, tire (out), (*stärker*) exhaust: es hat ihn angestrengt it has tired him out, it has exhausted him; → Kopf 3. – **4.** *jur.* initiate, institute, commence: einen Prozeß gegen j-n ~ to bring an action (*od.* lawsuit) against s.o., to institute (*od.* commence) legal proceedings against s.o. – **III** *v/i* **5.** be exerting, be strenuous, be a strain: das strengt sehr an it is very exerting (*od.* a strain). – **6.** be fatiguing, (*stärker*) be exhausting. – **IV A~** *n* ⟨-s⟩ **7.** *verbal noun.* — **'an,stren·gend I** *pres p.* – **II** *adj* strenuous, arduous, hard: eine ~e Bergbesteigung a strenuous mountain climb. — **'An,stren·gung** *f* ⟨-; -en⟩ **1.** *cf.* Anstrengen. – **2.** effort, exertion, (*stärker*) strain: mit äußerster ~ by supreme effort; durch eigene [gemeinsame] ~en by one's own [combined] efforts; körperliche ~ physical exertion; ohne ~ easily, without (any) effort (*od.* trouble), effortlessly; in seinen ~en nachlassen to relax one's efforts; ~en machen, etwas zu tun to make efforts to do s.th.; das hat (mich) ~ gekostet that cost (me) quite an effort; es war eine große ~ für ihn it was a great effort for (*od.* strain on) him. – **3.** *jur.* (*eines Prozesses*) initiation: durch ~ eines Prozesses by litigation, by going to law (*od.* to court).

'An,strich *m* **1.** *cf.* Anstreichen. – **2.** (*paints*) a) coat (of paint *od.* color, *bes. Br.* colour), coating, b) paint, color, *bes. Br.* colour, c) (*Lacküberzug*) (coat of) varnish, d) (*Farblacküberzug*) lacquer coat, e) (*Aussehen, Beschaffenheit*) finish: erster ~ priming (paint), first (*od.* ground) coat(ing); der ~ war bald trocken the paint dried fast. – **3.** *fig.* (*Aussehen*) appearance, air, semblance: einen vornehmen ~ haben to have an elegant appearance, to look elegant; er gab sich den ~ eines Ehrenmannes he gave himself the air of (being) a man of hono(u)r; das gibt der Sache einen anderen ~ that puts a different appearance on the matter, that strikes a new note; unter dem ~ der Ehrbarkeit beneath a semblance (*od.* veneer, varnish, gloss) of respectability. – **4.** *fig.* (*Anflug*) tinge, touch: der Vorfall hatte einen ~ von Ironie the incident had a touch of irony; bei ihm hat alles einen besonderen ~ everything about him has a special tinge. – **5.** *mus.* (*bei Streichinstrumenten*) first attack of the bow. — **~,far·be** *f* paint (ready to use). — **~,mit·tel** *n* coating compound (*od.* material).

'an,stricken (*getr.* -k·k-) *v/t* ⟨*sep*, -ge-, h⟩ **1.** (an *acc* to) knit (*s.th.*) on: Socken ~ a) to foot socks, b) to refoot socks; einen Ärmel an einen Pullover ~ a) to knit a sleeve on to a sweater, b) to knit a new sleeve on a sweater. – **2.** (*Kleidungsstück*) lengthen (*s.th.*) by knitting a piece on.

'an,strö·men I *v/t* ⟨*sep*, -ge-, h⟩ *cf.* anschwemmen 1. – **II** *v/i* ⟨sein⟩ ⟨*meist pp*⟩ angeströmt kommen a) to come streaming (*od.* pouring) in, b) *fig. colloq.* to come streaming along (*od.* in), to come crowding up (*od.* in), to stream in.

'An,ström·ge,schwin·dig·keit *f phys.* (*im Windkanal*) free-stream velocity, velocity in blower stream, relative wind velocity.

'an,stückeln (*getr.* -k·k-) *v/t* ⟨*sep*, -ge-, h⟩ *colloq.* add (*od.* patch) a piece to, piece on: etwas an (*acc*) etwas ~ to piece s.th. on to s.th.; ein Kleid ~ to piece a hem on to a dress, to lengthen a dress.

'an,stücken (*getr.* -k·k-) *v/t* ⟨*sep*, -ge-, h⟩ **1.** *colloq. cf.* anstückeln. – **2.** *tech.* join, connect.

'an,stup·sen *v/t* ⟨*sep*, -ge-, h⟩ *colloq. auch fig.* nudge, prod, jog (*s.o.*) lightly.

'An,sturm *m* **1.** *mil.* attack, onset, assault, charge, storm: ~ auf eine Festung attack on (*od.* of) a fortress. – **2.** *fig.* (*von Käufern, Kunden etc*) rush: der ~ beim Räumungsverkauf war groß there was a great rush at the clearance sale; ein ~ auf die Kassen a run on the box offices. – **3.** *fig.* (*der Gefühle etc*) (on)rush. – **4.** (*sport*) rush, attack: sie erzielten beim ersten ~ ein Tor they scored a goal on the first rush.

'an,stür·men *v/i* ⟨*sep*, -ge-, sein⟩ **1.** *mil.* attack, assault, charge, storm: gegen eine Stellung ~ to attack a position. – **2.** ⟨*only pp*⟩ angestürmt kommen *fig. colloq.* to come rushing (*od.* running, dashing) along (*od.* up). – **3.** *fig. cf.* ankämpfen.

'an,stür·zen *v/i* ⟨*only pp*⟩ angestürzt kommen *fig. colloq.* to come dashing (*od.* rushing) along (*od.* up).

'an,su·chen I *v/i* ⟨*sep*, -ge-, h⟩ bei j-m um etwas ~ to make a request (*od.* to apply) to s.o. for s.th., to solicit (*od.* ask) s.o. for s.th.: um Geldmittel ~ to apply (*od.* petition) for funds. – **II A~** *n* ⟨-s; -⟩ (*officialese*) request, application, solicitation, *auch* petition: auf (*acc*) ~ by (*od.* on) request; auf j-s ~ at (*od.* by, on) s.o.'s request; einem dringenden ~ auf (*acc*) (*od.* um) Gehaltserhöhung stattgeben to grant (*od.* comply with) an urgent request for an increase in pay.

'An,su·cher *m* ⟨-s; -⟩, **'An,su·che·rin** *f* ⟨-; -nen⟩ *rare for* Antragsteller(in).

Ant..., ant... *combining form denoting* ant..., anti...

Ant·aci·dum [an'taːtsidʊm; ant'ʔaː-] *n* ⟨-s; -da [-da]⟩ *med. pharm.* antacid.

Ant·ago·nis·mus [antago'nɪsmʊs] *m* ⟨-; -men⟩ *auch biol. med.* antagonism. — **Ant·ago'nist** [-'nɪst] *m* ⟨-en; -en⟩ antagonist. — **ant·ago'ni·stisch** *adj* antagonistic, *auch* antagonistical.

Ant·al·gi·kum [an'talgikʊm; ant'ʔal-] *n* ⟨-s; -ka [-ka]⟩ *med. pharm.* antalgic, analgesic.

'an,tan·zen *v/i* ⟨*sep*, -ge-, sein⟩ **1.** *fig. colloq. humor.* show up (*colloq.*), turn up: ich werde also um 6 bei dir ~ I'll show up at your place at 6 then. – **2.** ⟨*only pp*⟩ angetanzt kommen *colloq.* a) to come dancing along (*od.* up), b) *fig.* to show up (*colloq.*), to turn up: sie kamen einer nach dem anderen angetanzt *fig. colloq.* they showed up one after another. – **3.** j-n ~ lassen *fig. colloq.* to have s.o. come (*od.* appear), to send for s.o.

Ant·apex [an'ta(ː)pɛks; ant'ʔa(ː)pɛks] *m astr.* antapex.

Ant·aphro·di·sia·kum [ant(ʔ)afrodi'ziːakʊm] *n med. pharm.* antaphrodisiac.

ant·ark·tisch [ant'ʔarktɪʃ] *adj geogr.* Antarctic.

Ant·ar·thri·ti·kum [ant(ʔ)ar'triːtikʊm] *n* ⟨-s; -ka [-ka]⟩ *med. pharm.* antarthritic.

'an,ta·sten I *v/t* ⟨*sep*, -ge-, h⟩ **1.** touch: nichts ~! don't touch anything. – **2.** (*Stoff etc*) feel, finger, handle. – **3.** *fig.* (*Geld, Vorrat etc*) touch, draw upon, break into. – **4.** *jur.* (*Ehre etc*) encroach (*od.* infringe) (up)on, violate: j-s Rechte ~ a) to encroach upon s.o.'s rights, b) to impugn (*od.* question) s.o.'s rights. – **II A~** *n* ⟨-s⟩ **5.** *verbal noun.* – **6.** *jur.* encroachment, infringement.

'an,tat·schen *v/t* ⟨*sep*, -ge-, h⟩ *colloq.* grab (*s.th.*) roughly, maul.

'an,tau·meln ⟨*only pp*⟩ angetaumelt kommen *colloq.* to stagger (*od.* reel) along, to come staggering (*od.* reeling) along (*od.* up).

An·tä·us [an'tɛːʊs] *npr m* ⟨-; *no pl*⟩ *myth.* Antaeus.

An·te..., an·te... *combining form denoting* ante...

an·te Chri·stum (na·tum) ['ante 'krɪstʊm ('naːtʊm)] *obs.* ante Christum, before Christ.

an·te·di·lu·via·nisch [antedilu'vĭaːnɪʃ] *adj geol.* antediluvian, *auch* antediluvial.

'an,tee·ren *v/t* ⟨*sep*, -ge-, h⟩ tar, coat (*s.th.*) with tar.

An·te·fle·xi·on [anteflɛ'ksĭoːn] *f med.* anteflexion.

'an,tei·gen *v/t* ⟨*sep*, -ge-, h⟩ *synth.* premix.

'An,teil *m* **1.** share, part, portion: rechtmäßiger ~ a) lawful share, b) *jur.* (*einer Erbschaft*) legal portion; j-m seinen ~ auszahlen to pay s.o. off (*od.* his share); seinen ~ an (*dat*) etwas beanspruchen (*od.* haben wollen) to ask for (*od.* claim) one's share in s.th.; auf jeden entfällt ein ~ there is a portion for everyone; seinen ~ an der Entwicklung beitragen to contribute one's part in the development; einen ~ am Gewinn haben to have a share of (*od.* in) the profits, to share (*od.* participate) in the profits; zu seinem ~ kommen to come in for one's share (*od.* portion); auf seinen ~ verzichten to disclaim one's share; er hatte keinen ~ am Erfolg he had no part in the success. – **2.** *econ.* a) (*Beteiligung*) share, participation, interest, b) (*verhältnismäßiger*) quota, contingent, proportion: er bot einen ~ an dem Geschäft an he offered a share in the business. – **3.** *fig.* (*Interesse*) interest, concern: regen ~ an den politischen Ereignissen nehmen to take an active interest in (the) political events; aufrichtigen ~ an j-s Problemen zeigen to show sincere concern for s.o.'s problems, to sympathize sincerely with s.o. in his problems; wir nahmen alle an seiner Freude ~ we all participated (*od.* shared) in his joy.

'an,tei·lig *adj u. adv cf.* anteilmäßig.

'an,teil·los *adj u. adv rare lit. for* teilnahmslos 1—3, 5.

'an,teil,mä·ßig I *adj* **1.** *econ.* (*Beteiligung, Kosten etc*) proportionate, proportional, pro rata. – **2.** *jur.* (*Steuerabzüge etc*) ratable. – **3.** *phys.* (*Elektron etc*) shared. – **II** *adv* **4.** *econ.* proportionately, proportionally, in proportion, pro rata, according to quotas: den Gewinn ~ aufteilen to distribute the profits proportionally, *bes. Am.* to prorate profits.

'An,teil,nah·me *f* ⟨-; *no pl*⟩ **1.** (*Mitgefühl*) sympathy, concern: mit aufrichtiger ~ with sincere sympathy; keine ~ für j-n haben to feel no concern for s.o.; ~ an j-s Unglück zeigen to show sympathy with s.o.'s misfortune; j-m seine ~ aussprechen (*bei einem Todesfall*) to express one's sympathy with s.o. – **2.** (*Interesse*) interest: unter begeisterter ~ der Bevölkerung with the population showing an enthusiastic interest.

'An,teil,schein *m econ.* **1.** share certificate. – **2.** provisional scrip. – **3.** (*Investmentanteil*) unit certificate.

'An,teils,eig·ner *m* ⟨-s; -⟩ *econ.* shareholder, *bes. Am.* stockholder.

'An,teil,wirt·schaft *f agr.* share farming (*od.* leasing, tenancy), cropshare, stock-share, sharecropping.

'an·te·le·pho,nie·ren *v/t Swiss auch v/i* ⟨*sep*, *no* -ge-, h⟩ *cf.* anrufen 1, 7.

an·te·men·stru·ell [antemɛnstru'ɛl] *adj med. cf.* prämenstruell.

An·ten ['antən] *pl antiq.* (*des altgriechischen Tempels*) antas, *auch* antae.

An·ten·ne [an'tɛnə] *f* ⟨-; -n⟩ **1.** *tel.* (*radio*) aerial, *bes. Am.* antenna: ausziehbare [eingebaute] ~ telescope [built-in] aerial; geerdete ~ *bes. Br.* earthed aerial, *bes. Am.* grounded antenna; gerichtete ~ directional antenna; er hatte die richtige ~ dafür *fig. colloq.* he had the right feeling for it. – **2.** *zo.* antenna, feeler.

An'ten·nen|,ab,lei·tung *f* aerial down-lead. — **~,ab,stim·mung** *f* aerial tuning. — **~,an,la·ge** *f* aerial system: schwenkbare ~ movable aerial system. — **~,buch·se** *f* aerial socket, antenna jack. — **~,draht** *m* aerial wire. — **~,drü·se** *f zo.* antennal (*od.* green) gland. — **~,ein,füh·rung** *f electr.* aerial lead-in. — **~iso,la·tor** *m* aerial insulator. —

~ˌ**ka·bel** *n* aerial cable. — ~ˌ**klem·me** *f* aerial terminal. — ~ˌ**lei·stung** *f* aerial output, *bes. Am.* antenna power. — ~ˌ**mast** *m* aerial mast. — ~ˌ**spu·le** *f* aerial coil. — ~**ver**ˌ**län·ge·rungs**ˌ**spu·le** *f* aerial loading coil. — ~**ver**ˌ**stär·kung** *f* directive gain. — ~ˌ**zu**ˌ**lei·tung** *f* aerial lead-in.

'**An·ten**ˌ**tem·pel** *m antiq.* temple with antas.

An·te·pän·ul·ti·ma [antepɛ'nʊltima] *f* ⟨-; -mä [-mɛ] *u.* -men [-'tiːmən]⟩ *ling.* antepenult, *auch* antepenultima, antepenultimate.

An·te·pen·di·um [ante'pɛndĭʊm] *n* ⟨-s; -dien⟩ *relig.* antependium, frontal.

an·te·po·nie·rend [antepo'niːrənt] *adj med.* occurring prematurely, premature.

'**An·te**ˌ**stat** *n ped. professor's* (*od. lecturer's*) *signature in student's record book at the beginning of lectures.*

An·te·ver·si·on [antevɛr'zĭoːn] *f med.* anteversion.

an·te·ver·tiert [antevɛr'tiːrt] *adj med.* antevert.

An·te·ze·dens [ante'tseːdɛns] *n* ⟨-; -denzien [-tse'dɛntsĭən]⟩ **1.** *ling.* antecedent. – **2.** *philos.* (*Logik*) antecedent, premise, *auch* premiss.

an·te·ze·dent [antetse'dɛnt] *adj* **1.** *geol.* (*Fluß, Tal*) antecedent. – **2.** *ling. philos.* antecedent.

An·te·ze·denz [antetse'dɛnts] *f* ⟨-; -ien⟩ **1.** ⟨*only sg*⟩ *geol.* antecedence. – **2.** *ling.* antecedent. – **3.** *philos.* a) antecedent, b) (*Priorität*) antecedence.

An·te·zes·sor [ante'tsɛsɔr] *m* ⟨-s; -en [-'soːrən]⟩ *jur. obs.* predecessor (in office).

An·the·li·on [an'teːlĭɔn] *n* ⟨-s; -lien⟩ *astr.* anthelion, antisun, countersun.

Ant·hel·min·thi·kum [anthɛl'mɪntikʊm] *n* ⟨-s; -ka [-ka]⟩ *med. pharm.* anthelmint(h)ic, vermifuge.

An·them ['ænθəm] (*Engl.*) *n* ⟨-s; -s⟩ *mus.* anthem: ~ für Solostimmen verse anthem.

An·the·mi·on [an'teːmĭɔn] *n* ⟨-s; Anthemien⟩ *arch.* anthemion, honeysuckle ornament, *auch* palmette.

An·the·re [an'teːrə] *f* ⟨-; -n⟩ *bot.* anther.

An·the·ri·di·um [ante'riːdĭʊm] *n* ⟨-s; Antheridien⟩ *bot.* antheridium.

An·the·se [an'teːzə] *f* ⟨-; *no pl*⟩ *bot.* anthesis, full bloom.

An·tho·cy·an [antotsy'aːn] *n* ⟨-s; -e⟩ *chem.* anthocyanin, *auch* anthocyan.

An·tho·lo·gie [antolo'giː] *f* ⟨-; -n [-ən]⟩ anthology: in eine ~ aufnehmen to anthologize. — **an·tho'lo·gisch** [-'loːgɪʃ] *adj* anthological.

An·tho·phyl·lit [antofʏ'liːt; -'lɪt] *m min.* anthophyllite.

An·tho·zo·on [anto'tsoːɔn] *n* ⟨-s; -zoen⟩ *zo.* anthozoan, anthozoon.

An·tho·zy·an [antotsy'aːn] *n* ⟨-s; -e⟩ *chem. cf.* Anthocyan.

An·thra·cen [antra'tseːn] *n* ⟨-s; -e⟩ *chem.* anthracene ($C_6H_4(CH)_2C_6H_4$). — ~ˌ**farb**ˌ**stof·fe** *pl* anthracene dyes. — ~ˌ**öl** *n* anthracene (*od.* heavy) oil.

An·thra·chi·non [antraçi'noːn] *n* ⟨-s; *no pl*⟩ *chem.* anthraquinone ($C_6H_4(CO)_2C_6H_4$).

An·thra·ko·nit [antrako'niːt; -'nɪt] *m* ⟨-s; -e⟩ *min.* anthraconite.

An·thra·ko·se [antra'koːzə] *f* ⟨-; -n⟩ *med.* anthracosis, miner's lung. — **an·thra'ko·tisch** [-tɪʃ] *adj* anthracotic.

An·thrax ['antraks] *m* ⟨-; *no pl*⟩ *med. vet.* anthrax, splenic fever.

An·thra·zen [antra'tseːn] *n* ⟨-s; -e⟩ *chem. cf.* Anthracen.

An·thra·zit [antra'tsiːt; -'tsɪt] *m* ⟨-s; -e⟩ **1.** *min.* anthracite (coal). – **2.** (*Farbe*) anthracite, dark gray (*bes. Br.* grey). — **a**~ˌ**far·ben** *adj* anthracite(-colo[u]red). — **a**~ˌ**hal·tig** *adj* anthraciferous, anthracitic.

An·thro·po..., **an·thro·po...** *combining form denoting* anthrop(o)...

an·thro·po·gen [antropo'geːn] *adj* anthropogenic, of human origin. — **An·thro·po·ge'ne·se** [-ge'neːzə], **An·thro·po·ge'nie** [-ge'niː] *f* ⟨-; *no pl*⟩ anthropogenesis, anthropogeny.

An·thro·po·geo·gra·phie [antropogeogra'fiː] *f* ⟨-; *no pl*⟩ anthropogeography, human geography.

An·thro·po·gra·phie [antropogra'fiː] *f* ⟨-; *no pl*⟩ anthropography. — **an·thro·po'gra·phisch** [-'graːfɪʃ] *adj* anthropographic.

an·thro·po·id [antropo'iːt] *adj zo.* anthropoid(al). — **An·thro·poi·den** [-'iːdən] *pl zo.* anthropoids, anthropoid apes.

An·thro·po·lo·ge [antropo'loːgə] *m* ⟨-n; -n⟩ anthropologist. — **An·thro·po·lo'gie** [-lo'giː] *f* ⟨-; *no pl*⟩ anthropology. — **an·thro·po'lo·gisch** [-'loːgɪʃ] *adj* anthropological, *auch* anthropologic.

An·thro·po·me·ter [antropo'meːtər] *n* ⟨-s; -⟩ anthropometer. — **An·thro·po·me'trie** [-me'triː] *f* ⟨-; *no pl*⟩ anthropometry. — **an·thro·po'me·trisch** [-'meːtrɪʃ] *adj* anthropometric, *auch* anthropometrical.

an·thro·po·morph [antropo'mɔrf], **an·thro·po'mor·phisch** [-fɪʃ] *adj* anthropomorphous, anthropomorphic(al). — **an·thro·po·mor·phi'sie·ren** [-fi'ziːrən] *v/t* ⟨*no* ge-, h⟩ anthropomorphize. — **An·thro·po·mor'phis·mus** [-'fɪsmʊs] *m* ⟨-; *no pl*⟩ *relig. hist.* anthropomorphism.

An·thro·po·mor·pho·se [antropomɔr'foːzə] *f* ⟨-; -n⟩ anthropomorphosis, metamorphosis into human form.

An·thro·po·pha·ge [antropo'faːgə] *m* ⟨-n; -n⟩ anthropophagus, anthropophagite, cannibal, man-eater. — **An·thro·po·pha'gie** [-fa'giː] *f* ⟨-; *no pl*⟩ anthropophagy, cannibalism.

An·thro·po·pho·bie [antropofo'biː] *f* ⟨-; *no pl*⟩ *psych.* anthropophobia.

An·thro·po·soph [antropo'zoːf] *m* ⟨-en; -en⟩ *philos.* anthroposophist. — **An·thro·po·so'phie** [-zo'fiː] *f* ⟨-; *no pl*⟩ anthroposophy. — **an·thro·po'so·phisch** *adj* anthroposophical, *auch* anthroposophic.

an·thro·po·zen·trisch [antropo'tsɛntrɪʃ] *adj philos.* anthropocentric.

An·ti..., **an·ti...** *combining form denoting* anti...

'**An·ti**ˌ**al·ko·hol·be**ˌ**we·gung** ['anti-] *f* teetotalism (*od.* temperance) movement, movement for total abstinence. — '**An·ti·al·ko**ˌ**ho·li·ker** *m*, '**An·ti·al·ko**ˌ**ho·li·ke·rin** *f* **1.** total abstainer, teetotaler, *bes. Br.* teetotaller, *auch* teetotalist. – **2.** temperance advocate, opponent of alcohol. — '**an·ti·al·ko**ˌ**ho·lisch** *adj* antialcoholic.

An·ti·all·er·gi·kum [anti^ʔa'lɛrgikʊm] *n* ⟨-s; -ka [-ka]⟩ *med. pharm.* antiallergic agent.

'**an·ti·ame·ri**ˌ**ka·nisch** *adj* anti-American.

An·ti·apex [anti'^ʔa(ː)pɛks] *m astr.* antapex.

An·tia·ris [an'tĭaːrɪs] *m* ⟨-; *no pl*⟩ *bot. cf.* Upasbaum.

ˌ**An·ti'ba·by**ˌ**pil·le** *f med. pharm. colloq.* anti-baby pill.

'**an·ti·bak·te·ri**ˌ**ell** *adj* antibacterial.

'**An·ti·be**ˌ**schlag**ˌ**tuch** *n auto.* sight saver.

An·ti·bio·se [antibi'oːzə] *f* ⟨-; -n⟩ *biol. med.* antibiosis.

An·ti·bio·ti·kum [antibi'oːtikʊm] *n* ⟨-s; -ka [-ka]⟩ *med. pharm.* antibiotic. — **an·ti·bio·tisch** [-bi'oːtɪʃ] *adj* antibiotic.

'**An·ti**ˌ**blen·dungs**ˌ**far·be** *f tech.* antiglare (*Br.* anti-glare) paint.

'**An·ti·bol·sche**ˌ**wis·mus** *m* anti-Bolshevism.

'**an·ti**ˌ**bri·tisch** *adj* anti-British.

an·ti·cham·brie·ren [antiʃã'briːrən] *v/i* ⟨*no* ge-, h⟩ **1.** wait in (*od.* haunt the) antechambers, seek an audience, lobby: bei einem Abgeordneten ~ wegen to lobby an MP on behalf of. – **2.** *fig. contempt.* (bei on) dance attendance.

'**An·ti**ˌ**chlor** *n chem.* antichlor.

An·ti·chre·se [anti'kreːzə] *f* ⟨-; -n⟩ *jur.* antichresis. — **an·ti'chre·tisch** [-tɪʃ] *adj* antichretic.

'**An·ti**|ˌ**christ** *m* **1.** ⟨-s; -e⟩ *Bibl.* Antichrist. – **2.** ⟨-en; -en⟩ *relig.* antichristian, *auch* anti-Christian, antichrist, opponent of Christ (*od.* Christianity). — **a**~ˌ**christ·lich** *adj relig.* antichristian, *auch* anti-Christian.

'**an·ti**ˌ**deutsch** *adj* anti-German.

An·ti|**dia·be·ti·kum** [antidia'beːtikʊm] *n* ⟨-s; -ka [-ka]⟩ *med. pharm.* antidiabetic. — **a**~**diph'the·risch** [antidɪf'teːrɪʃ] *adj med.* antidiphtheritic.

An·ti·dot [anti'doːt] *n* ⟨-(e)s; -e⟩, **An·ti·do·ton** [an'tiːdotɔn] *n* ⟨-s; -dota [-ta]⟩ (gegen for, to, against) antidote.

'**An·ti**ˌ**dröhn**ˌ**pa·ste** *f* anti-drumming (*od.* anti-noise) paste.

an·ti·drom [anti'droːm] *adj med.* antidromal, antidromic.

'**An·ti**|ˌ**dum·ping·ge**ˌ**setz** *n econ.* antidumping (*Br.* anti-dumping) law. — ~**fa**ˌ**schis·mus** *m pol.* anti-Fascism. — ~**fa**ˌ**schist** *m* anti-Fascist. — **a**~**fa**ˌ**schi·stisch** *adj* anti-Fascist. — ~**fe·brin** [antife'briːn] (*TM*) *n med. pharm.* antifebrin, *auch* antifebrine. — ~**fer**ˌ**ment** *n* **1.** *chem.* antiferment. – **2.** *med.* antienzyme.

'**An·ti·fö·de·ra**ˌ**list** *m pol.* antifederalist.

An·ti·gen [anti'geːn] *n med.* antigen, immunogen.

An·ti·go·rit [antigo'riːt; -'rɪt] *m* ⟨-s; -e⟩ *min.* antigorite.

An·ti·hist·amin [antihɪsta'miːn] *n chem. med.* antihistamine, antihistaminic.

'**An·ti**|**im·pe·ria**ˌ**lis·mus** *m pol.* anti-imperialism. — **a**~**im·pe·ria**ˌ**li·stisch** *adj* anti-imperialist.

an·tik [an'tiːk] *adj* **1.** (*die Antike betreffend*) classical, ancient, antique, Graeco-Roman: ~es Ebenmaß antique symmetry. – **2.** (*altertümlich*) antique, ancient: ~e Möbel antique furniture *sg*; auf ~e Art verziert with antique ornaments, decorated in antique style.

An·ti·ka·glien [anti'kaljən] *pl* small antiques.

An·ti|**ka·ta·ly·sa·tor** [antikataly'zaːtər] *m chem.* anticatalyst. — ~**ka'tho·de** *f electr.* (*einer Röntgenröhre etc*) anticathode, target.

'**an·ti·ka**ˌ**tho·lisch** *adj* anti-Catholic.

An'ti·ke[1] *f* ⟨-; *no pl*⟩ (classical) antiquity, ancient world, Graeco-Roman times *pl*: die Menschen der ~ the ancients, the ancient Greeks and Romans; die Kunst der ~ classical (*od.* ancient) art.

An'ti·ke[2] *f* ⟨-; -n⟩ *meist pl* (*art*) classical (*od.* antique) work of art, antique.

An'ti·kenˌ**samm·lung** *f* collection of antiques.

an·ti·ke·to·gen [antiketo'geːn] *adj med.* antiketogenic, antiketogenetic.

an'ti·kisch *adj lit.* antique, in the manner of classical antiquity.

an·ti·ki·sie·ren [antiki'ziːrən] **I** *v/t* ⟨*no* ge-, h⟩ make (*s.th.*) antique, antiquate, *Am. auch* antique. – **II** *v/i* imitate classical antiquity (*od.* style). — **an·ti·ki'sie·rend I** *pres p.* – **II** *adj* imitating classical antiquity (*od.* style), in the style (*od.* after the manner) of antiquity.

an·ti·kla·stisch [anti'klastɪʃ] *adj math.* anticlastic.

'**an·ti**|**kle·ri**ˌ**kal** *adj relig.* anticlerical. — **A**~**kle·ri·ka**ˌ**lis·mus** *m* anticlericalism.

An·ti·kli·max [anti'kliːmaks] *f* anticlimax.

an·ti·klin [anti'kliːn] *adj bot.* anticlinal.

an·ti|**kli·nal** [antikli'naːl] *adj geol.* anticlinal. — **A**~**kli'na·le** *f* ⟨-; -n⟩ anticline.

'**An·ti**ˌ**klopf**ˌ**mit·tel** *n* antiknock (agent *od.* compound).

'**An·ti·ko·agu**ˌ**lier**ˌ**mit·tel** *n med. synth.* anticoagulant.

'**An·ti·ko·lo·nia**ˌ**lis·mus** *m pol.* anticolonialism.

'**An·ti·kom·in**ˌ**tern**ˌ**pakt** *m hist.* Anti-Comintern Pact.

'**An·ti**|**kom·mu**ˌ**nist** *m* anticommunist. — **a**~**kom·mu**ˌ**ni·stisch** *adj* anticommunist.

an·ti|**kom·mu·ta·tiv** [antikɔmuta'tiːf] *adj math.* anticommutative. — **A**~**kom·mu·ta·tor** [antikɔmu'taːtər] *m* anticommutator.

an·ti·kon·zep·tio·nell [antikɔntsɛptsĭo'nɛl] *adj med.* contraceptive.

'**An·ti**|ˌ**kör·per** *m med. biol.* antibody. — ~ˌ**kriegs**ˌ**film** *m* antiwar film. — ~**kri**ˌ**tik** *f* countercriticism. — **a**~**log·arith·misch** [antiloga'rɪtmɪʃ] *adj math.* antilogarithmic. — ~**log·arith·mus** [-'rɪtmʊs] *m* antilogarithm.

An·ti·lo·pe [anti'loːpə] *f* ⟨-; -n⟩ *zo.* antelope (*Fam. Antilocapridae and Bovidae*).

An·ti|**lue·ti·kum** [antilu'eːtikʊm] *n* ⟨-s; -ka [-ka]⟩ *med. pharm.* remedy against syphilis, antisyphilitic (*od.* antiluetic) remedy. — **a**~**lue·tisch** [-lu'eːtɪʃ] *adj* antisyphilitic, antiluetic.

An·ti·ma·chia·vell [antimakĭa'vɛl] *m* ⟨-; *no pl*⟩ (*bes. literature*) Anti-Machiavelli.

'**an·ti·ma**ˌ**gne·tisch** *adj phys. tech.* antimagnetic, nonmagnetic *Br.* non-.

An·ti|**ma·te·rie** [antima'teːrĭə] *f nucl. phys.* antimatter. — ~**me·ta'bo·le** [antimeta'boːlə] *f ling.* antimetabole. — **a**~**me·ta'phy·sisch** [antimeta'fyːzɪʃ] *adj* antimetaphysical. — ~**me'ta·the·sis** [antime'ta(ː)tezɪs] *f ling.* antimetathesis.

'**An·ti**|**mi·li·ta**ˌ**ris·mus** *m pol.* antimilitarism. — ~**mi·li·ta**ˌ**rist** *m* antimilitarist. — **a**~**mi·li·ta**ˌ**ri·stisch** *adj* antimilitarist(ic).

An·ti·mon [anti'moːn] *n* ⟨-s; *no pl*⟩ *min. chem.* antimony, stibium (Sb): ~ enthaltend antimonial; mit ~ verbunden antimoniated.

'**an·ti**|**mon**ˌ**ar·chisch**, ~**mon·ar**ˌ**chi·stisch** *adj* antimonarchical, *auch* antimonarchic.

An·ti·mo·nat [antimo'naːt] *n* ⟨-s; -e⟩ *chem.* antimonate, *auch* antimoniate.

An·ti'mon|ˌ**blei** *n chem.* antimonial (*od.*

hard) lead. — ~ˌ**blen·de** *f min.* antimony blende, kermesite. — ~ˌ**blü·te** *f chem.* antimony bloom, white antimony, valentinite (Sb_2O_3). — ~ˌ**but·ter** *f* butter of antimony, antimony chloride ($SbCl_3$). — ~ˌ**gelb** *n* antimony yellow. — ~ˌ**glanz** *m min.* stibnite, *auch* antimony glance. — **a~ˌhal·tig** *adj chem.* antimonial, antimoniferous, containing antimony: ~es Präparat antimonial.

An·ti·mo·nid [antimoˈniːt] *n* ⟨-s; -e⟩ *chem.* antimonide.

an·tiˈmo·nig *adj chem.* antimonious, *auch* antimonous.

An·ti·mo·nit [antimoˈniːt; -ˈnɪt] *m* ⟨-s; -e⟩ *min.* antimonite.

An·ti·mo·ni·um [antiˈmoːnĭʊm] *n* ⟨-s; *no pl*⟩ *chem. cf* Antimon.

An·tiˈmon|pen·ta·sulˌfid *n chem.* antimony pentasulfide (*bes. Br.* pentasulphide), *auch* golden antimony sulfide (*bes. Br.* sulphide) (Sb_2S_5). — ~ˌ**salz** *n cf.* Antimonat. — ~ˌ**säu·re** *f* antimonic acid, acid of antimony (H_3SbO_4). — ~ˌ**sil·ber** *n* **1.** *chem.* antimonial silver. – **2.** *min.* dyscrasite. — ~ˌ**was·serˌstoff** *m chem.* stibine, antimony hydride (SbH_3).

An·ti·mo·nyl [antimoˈnyːl] *n* ⟨-s; *no pl*⟩ *chem.* antimonyl (SbO).

ˈan·ti|na·tioˌnal *adj pol.* antinational. — **~-naˌzi·stisch** *adj* anti-Nazi.

An·ti·neur·al·gi·kum [antinɔʏˈralgikʊm] *n* ⟨-s; -ka [-ka]⟩ *med. pharm.* antineuralgic, analgesic, analgetic.

An·ti·neu·tron [antiˈnɔʏtrɔn] *n nucl.* antineutron.

An·ti·no·mie [antinoˈmiː] *f* ⟨-; -n [-ən]⟩ antinomy. — **an·tiˈno·misch** [-ˈnoːmɪʃ] *adj* antinomic(al). — **An·ti·noˈmis·mus** [-ˈmɪsmʊs] *m* ⟨-; *no pl*⟩ *relig.* antinomianism. — **An·ti·noˈmist** [-ˈmɪst] *m* ⟨-en; -en⟩ antinomian.

an·tio·che·nisch [anti(ʔ)əˈxeːnɪʃ] *adj* Antiochian, of (*od.* relating to) Antioch.

ˈan·ti|par·alˌlel *adj math.* antiparallel. — **A~par·alˌle·le** *f* antiparallel. — **A~par·al·le·lo·ˈgramm** [antiparaleloˈgram] *n* antiparallelogram, isosceles trapezoid.

An·ti·pas·sat [antipaˈsaːt] *m mar.* antitrade (*Br.* anti-trade) (wind).

An·ti·pa·thie [antipaˈtiː] *f* ⟨-; -n [-ən]⟩ (gegen against, to, for, toward[s]) antipathy, repugnance, *auch* repugnancy. — **an·tiˈpa·thisch** [-ˈpaːtɪʃ] *adj* antipathetic, *auch* antipathetical, antipathic.

An·ti·pep·ton [antipɛpˈtoːn] *n chem.* antipeptone.

An·ti·pe·ri·stal·tik [antiperiˈstaltɪk] *f med.* antiperistalsis, anastalsis. — **an·ti·pe·ri·ˈstal·tisch** [-tɪʃ] *adj* antiperistaltic.

An·ti·phon [antiˈfoːn] *f* ⟨-; -en⟩ *relig. mus.* antiphon, antiphony. — **An·ti·phoˈna·le** [-foˈnaːlə] *n* ⟨-s; -lien [-lĭən]⟩, **An·ti·phoˈnar** [-ˈnaːr] *n* ⟨-s; -rien [-rĭən]⟩ antiphonal, antiphonary, *auch* antiphoner. — **An·tiˈpho·ne** *f* ⟨-; -n⟩ *cf.* Antiphon. — **An·ti·phoˈnie** [-foˈniː] *f* ⟨-; -n [-ən]⟩ **1.** *cf.* Antiphon. – **2.** antiphony. — **an·tiˈpho·nisch** *adj* antiphonal.

An·ti·phra·se [antiˈfraːzə] *f* antiphrasis.

ˈAn·ti·pneu·moˌkok·kenˌse·rum *n med. pharm.* antipneumococcic serum, pneumococcic antiserum.

An·ti·po·de [antiˈpoːdə] *m* ⟨-n; -n⟩ **1.** *meist pl* antipode (*auch fig.*). – **2.** *chem.* (*optischer*) antipode.

An·tiˈpo·denˌtren·nung *f chem.* optical resolution, resolution of optical forms.

an·tiˈpo·disch *adj* antipodal, *auch* antipodic, antipodean.

ˈanˌtip·pen I *v/t* ⟨*sep*, -ge-, h⟩ **1.** tap, touch (*s.th.*) (lightly). – **2.** *fig. colloq.* (*Thema*) touch (on). – **II** *v/i* **3.** bei j-m ~ *fig. colloq.* to sound s.o. (out).

An·ti·pro·ton [antiˈproːtɔn] *n nucl.* antiproton.

An·ti·psy·cho·lo·gis·mus [antipsyçoloˈgɪsmʊs] *m* ⟨-; *no pl*⟩ *philos.* antipsychologism.

An·ti·py·re·ti·kum [antipyˈreːtikʊm] *n* ⟨-s; -ka [-ka]⟩ *med. pharm.* antipyretic. — **an·ti·pyˈre·tisch** [-tɪʃ] *adj* antipyretic.

An·ti·py·rin [antipyˈriːn] (*TM*) *n* ⟨-s; *no pl*⟩ *med. pharm.* antipyrine, *auch* antipyrin ($C_{11}H_{12}N_2O$).

An·ti·qua [anˈtiːkva] *f* ⟨-; *no pl*⟩ *print.* roman (type), antiqua: breite [fette, schmale] ~ expanded [bold, narrow *od.* condensed] roman.

An·ti·quar [antiˈkvaːr] *m* ⟨-s; -e⟩ **1.** secondhand (*bes. Br.* second-hand) bookseller. – **2.** antique dealer, dealer in antiques. — **An·ti·qua·riˈat** [-kvaˈrĭaːt] *n* ⟨-(e)s; -e⟩ **1.** secondhand (*bes. Br.* second-hand) bookshop. – **2.** secondhand (*bes. Br.* second-hand) book trade.

An·ti·qua·riˈatsˌbuchˌhänd·ler *m cf.* Antiquar 1.

an·tiˈqua·risch *adj* **1.** (*gebraucht*) secondhand, *bes. Br.* second-hand. – **2.** *rare for* altertümlich 1, 3.

An'ti·quaˌschrift *f* ⟨-; *no pl*⟩ *print. cf.* Antiqua.

an·ti·quie·ren [antiˈkviːrən] *v/i* ⟨*no* ge-, sein⟩ *rare for* veralten. — **an·tiˈquiert I** *pp.* – **II** *adj* antiquated, obsolete, out-of-date.

An·ti·qui·tä·ten [antikviˈtɛːtən] *pl* antiques, antiquities. — ~ˌ**han·del** *m* antique trade, trade in antiques. — ~ˌ**händ·ler** *m*, ~ˌ**händ·le·rin** *f* antique dealer, dealer in antiques. — ~ˌ**hand·lung** *f*, ~ˌ**la·den** *m* antique shop, *auch* curio shop. — ~ˌ**samm·ler** *m* collector of antiques. — ~ˌ**samm·lung** *f* collection of antiques. — ~ˌ**schrank** *m* cabinet for antiques.

An·ti·quiˈtätsˌwert *m cf.* Altertumswert.

An·ti·ra·bi·kum [antiˈraːbikʊm] *n* ⟨-s; -ka [-ka]⟩ *med. pharm.* antirabic (agent).

an·ti|ra·chi·tisch [antiraˈxiːtɪʃ] *adj med. pharm.* antirachitic. — **~rheuˈma·tisch** [-rɔʏˈmaːtɪʃ] *adj* antirheumatic.

An·ti|se·mit [antizeˈmiːt] *m* ⟨-en; -en⟩ anti-Semite. — **a~seˈmi·tisch** *adj* anti-Semitic. — **~se·miˈtis·mus** [-miˈtɪsmʊs] *m* ⟨-; *no pl*⟩ anti-Semitism.

An·ti·sep·sis [antiˈzɛpsɪs], **An·tiˈsep·tik** [-tɪk] *f* ⟨-; *no pl*⟩ *med.* antisepsis.

An·ti·sep·ti·kum [antiˈzɛptikʊm] *n* ⟨-s; -ka [-ka]⟩ *med. pharm.* antiseptic. — **an·tiˈsep·tisch** [-tɪʃ] *adj* antiseptic: ~ machen to antisepticize; ~e Wundbehandlung antisepsis.

ˈAn·tiˌse·rum *n med. pharm.* antiserum.

ˈan·ti·so·ziˌal *adj* antisocial.

An·ti·spas·mo·di·kum [antispasˈmoːdikʊm] *n* ⟨-s; -ka [-ka]⟩ *med. pharm.* antispasmodic, spasmolytic. — **an·ti·spasˈmo·disch** [-dɪʃ] *adj* antispasmodic, spasmolytic.

An·ti·spast [antiˈspast] *m* ⟨-(e)s; -e⟩ *metr.* antispast. — **an·tiˈspa·stisch** *adj* **1.** *metr.* antispastic. – **2.** *med. cf.* antispasmodisch.

ˈAn·ti·strep·toˌkok·kenˌse·rum *n med. pharm.* antistreptococcic serum.

An·ti·stro·phe [antiˈstroːfə] *f metr.* antistrophe. — **an·tiˈstro·phisch** *adj* antistrophic.

An·ti·sym·me·trie [antizʏmeˈtriː] *f* antisymmetry. — **an·ti·symˈme·trisch** [-ˈmeːtrɪʃ] *adj* antisymmetric.

An·ti·sy·phi·li·ti·kum [antizyfiˈliːtikʊm] *n* ⟨-s; -ka [-ka]⟩ *med. pharm. cf.* Antiluetikum. — **an·ti·sy·phiˈli·tisch** [-tɪʃ] *adj cf.* antiluetisch.

An·ti·the·se [antiˈteːzə] *f philos. ling.* antithesis. — **an·tiˈthe·tisch** [-tɪʃ] *adj* antithetic(al).

An·ti·throm·bin [antitrɔmˈbiːn] *n* ⟨-s; *no pl*⟩ *med.* antithrombin.

An·ti·to·xin [antitɔˈksiːn] *n med.* antitoxin. — **an·ti·toˈxisch** [-ˈtɔksɪʃ] *adj* antitoxic.

An·ti·tri·ni·ta·ri·er [antitriniˈtaːrĭər] *m relig.* anti-Trinitarian. — **an·ti·tri·niˈta·risch** [-rɪʃ] *adj* anti-Trinitarian.

an·ti·zi·pan·do [antitsiˈpando] *adv obs.* in anticipation.

An·ti·zi·pa·ti·on [antitsipaˈtsĭoːn] *f* ⟨-; -en⟩ anticipation. — **an·ti·zi·paˈtiv** [-ˈtiːf] *adj* anticipatory, anticipative: ~e Posten *econ.* accrued items. — **an·ti·ziˈpie·ren** [-ˈpiːrən] *v/t* ⟨*no* ge-, h⟩ anticipate.

an·ti|zy·klisch [antiˈtsyːklɪʃ] *adj econ.* (*Wirtschaftspolitik etc*) anticyclical. — **A~zyˈklo·ne** [-tsyˈkloːnə] *f meteor.* anticyclone, high, high-pressure area.

Ant·litz [ˈantlɪts] *n* ⟨-es; *rare* -e⟩ *lit.* countenance, visage, face: dem Tod ins ~ schauen *fig.* to face death, to look death in the face.

ˈanˌto·ben *v/i* ⟨*sep*, -ge-, h⟩ **1.** gegen etwas [j-n] ~ to rage at (*od.* against) s.th. [s.o.]. – **2.** ⟨*only pp*⟩ angetobt kommen *colloq.* a) to come raging along (*od.* up), b) to approach with a roaring noise, to roar up.

ˈanˌtö·nen I *v/t* ⟨*sep*, -ge-, h⟩ **1.** *mus.* (*Ton etc*) strike, sound. – **2.** *Swiss for* andeuten 1—3. – **II** *v/i* ⟨sein⟩ **3.** *lit.* (begin to) sound.

An·to·ni·usˌkreuz [anˈtoːnĭʊs-] *n her.* Saint Anthony's (*od.* tau) cross.

Ant·ono·ma·sie [antonomaˈziː] *f* ⟨-; -n [-ən]⟩ *ling.* antonomasia.

Ant·onym [antoˈnyːm] *n* ⟨-s; -e⟩ antonym.

ˈanˌtor·keln *v/i* ⟨*only pp*⟩ angetorkelt kommen *colloq.* to come staggering along.

ˈanˌto·sen *v/i* ⟨*only pp*⟩ angetost kommen *colloq.* to come roaring (*od.* thundering) along (*od.* up).

ˈanˌtra·ben *v/i* ⟨*sep*, -ge-, sein⟩ **1.** (*vom Pferd*) start trotting. – **2.** ⟨*only pp*⟩ angetrabt kommen *auch fig. colloq.* to come trotting along (*od.* up).

ˈAnˌtrag [-ˌtraːk] *m* ⟨-(e)s; Anträge⟩ **1.** (*Eingabe, Gesuch etc*) application, request: ~ auf Verlängerung application for extension; auf ~ zurückerstatten to return on request; einen ~ einreichen (*od.* stellen) a) to file an application, b) *jur.* to enter a petition. – **2.** *pol.* a) (*bes. in einer Parlamentssitzung*) motion, b) (*Gesetzesantrag*) bill: einen ~ einbringen to bring forward (*od.* put [in], make) a motion, to move; einen ~ unterstützen to second a motion; über einen ~ abstimmen to vote on a motion; der ~ ging durch (*od.* wurde angenommen) the motion was carried (*od.* accepted); der ~ fiel durch (*od.* wurde abgelehnt) the motion was lost (*od.* rejected, defeated). – **3.** *jur.* application, petition: über einen ~ befinden (*od.* entscheiden, erkennen) to deal with (*od.* give a decision on) an application; einem ~ entsprechen (*od.* stattgeben) to grant a petition (*od.* request); auf ~ des Verteidigers on petition of the defence (*Am.* defense) counsel; auf ~ von (*in Urkunden*) at the suit of, ex parte. – **4.** (*Vorschlag*) proposal, proposition, offer: einen ~ ablehnen to reject a proposal; er machte ihr einen ~ a) he put a proposition to her, b) he proposed (marriage) to her, he made her an offer of marriage. – **5.** *colloq. for* Antragsformular.

ˈanˌtra·gen I *v/t* ⟨*irr, sep*, -ge-, h⟩ **1.** j-m etwas ~ to offer s.o. s.th.: j-m eine Stellung [seine Hilfe] ~ to offer s.o. a job [help]; j-m seine Begleitung ~ to offer to accompany s.o.; er trug ihr seine Hand an *fig.* he proposed (marriage) to her. – **2.** *cf.* herbeitragen. – **II** *v/i* **3.** auf (*acc*) etwas ~ *obs.* to apply for s.th. – **III** *v/reflex* **4.** sich ~ (, etwas zu tun) to make an offer (to do s.th.).

ˈAnˌtrags|deˌlikt *n jur.* offence (*Am.* offense) *prosecuted only at the request of the injured party.* — **~for·muˌlar** *n* application form (*Am. auch* blank). — ~ˌ**frist** *f* period for filing an application. — ~ˌ**geg·ner** *m jur.* (*im Zivilprozeß*) respondent, opponent. — **a~geˌmäß** *adv* as claimed (*od.* petitioned, applied): ~ erkennen *jur.* to find for the plaintiff as claimed. — ~ˌ**recht** *n pol.* (*bei der Gesetzgebung etc*) initiative.

ˈAnˌtrag|ˌstel·ler *m* ⟨-s; -⟩, ~ˌ**stel·le·rin** *f* ⟨-; -nen⟩ **1.** applicant, petitioner (*beide auch jur.*). – **2.** *pol.* mover (of a proposal), proposer (of a motion). – **3.** proponent, proposer. — ~ˌ**stel·lung** *f* **1.** filing of an application, entering of a petition (*beide auch jur.*). – **2.** *pol.* bringing forward (*od.* putting in) of a motion. – **3.** making of a proposal.

ˈAnˌtrags·verˌge·hen *n jur. cf.* Antragsdelikt.

ˈanˌtrau·en *v/t* ⟨*sep*, -ge-, h⟩ j-n j-m ~ to marry s.o. to s.o.: sie wurde ihm angetraut she was given to him in marriage, she was married to him.

ˈanˌtref·fen *v/t* ⟨*irr, sep*, -ge-, h⟩ **1.** find, meet: ich traf ihn nicht (mehr) im Büro an I did not find (*od.* catch) him at the office; er riskierte es, sie nicht zu Hause anzutreffen he took a chance of not finding her at home. – **2.** find: ich traf sie bei bester Gesundheit an I found her in the best of health. – **3.** (*zufällig*) find, meet (with), come across, encounter: solche Menschen trifft man heute nur noch in Romanen an nowadays one meets with (*od.* comes across) such people only in novels.

ˈanˌtrei·ben I *v/t* ⟨*irr, sep*, -ge-, h⟩ **1.** (*Tiere etc*) urge (*od.* drive) (*s.th.*) (on): seine Pferde ~ a) to drive one's horses, b) to work one's horses. – **2.** *fig.* j-n ~ (zu etwas) to urge (*od.* drive, goad) s.o. (to do s.th.), to push (*od.* impel, needle, prod) s.o. (to do s.th.): er trieb seine Leute zur Arbeit an a) he urged his men (on) to work, b) he kept his men under pressure; ich lasse mich nicht ~ I won't be rushed. – **3.** *fig.* (*treiben*) drive, impel, propel: die Angst trieb ihn an he was driven by fear. – **4.** *tech.* (*Maschine etc*) a) drive, operate, work, b) propel, power, c) accelerate, force: der Motor wird durch Atomenergie angetrieben the engine is driven by nuclear energy; das Flugzeug wird mit Düsen angetrieben the aeroplane (*Am.* airplane) is jet-propelled (*od.* -powered); etwas elektrisch ~ to operate s.th. electrically. – **5.** (*Strandgut etc*) float (*od.* drift, wash) (*s.th.*) ashore: das Boot wurde von der Strömung am (*od.* ans, an das) Ufer angetrieben the boat was floated ashore by the current. – **6.** *hort.* (*Blumenzwiebeln, Pflanzen etc*) start (*s.th.*) growing, make (*s.th.*) grow. – **7.** *med.* (*Organe etc*) stimulate. – **II** *v/i* **8.** ⟨sein⟩ (*von Strandgut etc*) float (*od.* drift) ashore. – **9.** ⟨h⟩ *hort.* begin to shoot (up), put forth shoots. – **III A~** *n* ⟨-s⟩ **10.** *verbal noun.* – **11.** *cf.* Antrieb.

'An,trei·ber *m* ⟨-s; -⟩ *contempt.* (slave) driver. — **,An·trei·be'rei** *f* ⟨-; -en⟩ *colloq.* (slave) driving. — **'an,trei·be·risch** *adj* (slave-)driving.

'An,trei·ber|me,tho·de *f*, **~sy,stem** *n* slave-driver method, sweating (*od.* sweatshop) method (*od.* system).

'an,tre·ten I *v/t* ⟨*irr, sep,* -ge-, h⟩ **1.** begin, take up, enter (up)on: ein Amt ~ to enter upon an office, to accede to an office; den Beweis ~ für *jur.* to offer proof of (*od.* evidence for); eine Erbschaft ~ *jur.* to enter on (*od.* come into, take possession of) an inheritance; die Regierung ~ a) (*von Monarchen*) to begin one's reign, to ascend the throne, b) (*von Partei etc*) to take (up) office, to come into power (*od.* office), to take over (the administration); eine Reise ~ to begin a journey, to start off (*od.* set out) on a journey; seine letzte Reise ~ *fig. poet.* to set out on one's last journey, to die; eine Stelle ~ to take up a position, to start (in) a new job; eine Strafe ~ *jur.* to begin to serve a sentence. – **2.** (*Motorrad*) start up (with the kick starter). – **3.** (*festtreten*) tread (*od.* stamp) (*s.th.*) down. – **II** *v/i* ⟨sein⟩ **4.** *bes. mil.* (*sich aufstellen*) take one's place, line up, fall in, form up: an(ge)treten! fall in! der Größe nach ~ to line up according to size; zu zweit (*od.* zwei und zwei) ~! line up in pairs! in Marschordnung ~ to draw up in marching order; in Reih und Glied ~ to fall into line (*od.* in); er mußte zur Arbeit [beim Chef] ~ *fig.* he had to report for work [to the boss]; die Kinder mußten (tüchtig) mit ~ *fig. colloq.* the children had to do their share of the work. – **5.** (*sport*) a) participate, take part, enter, b) play, c) compete (gegen j-n with, against s.o.): er tritt nicht an he does not participate, he defaults; Sportler aus vielen Nationen traten an sportsmen from many nations took part; da kannst du nicht mit ~ *fig. colloq.* you can't compete with that. – **III A~** *n* ⟨-s⟩ **6.** *verbal noun.* – **7.** *cf.* Antritt.

'An,trieb *m* **1.** *electr. tech.* drive, propulsion: direkter [doppelseitiger] ~ direct [bilateral] drive; mit elektrischem ~ electrically driven (*od.* operated); ~ durch Elektromotor über Getriebe [Riemen] geared [belted] motor; den ~ drosseln to slow down the motor, to reduce the power. – **2.** *fig.* (*bes. innerer Anstoß*) impulse, impulsion, impetus (*auch phys.*), urge, drive (*auch psych.*): aus eigenem (*od.* freiem) ~ of one's own accord (*od.* free will), spontaneously; aus innerem ~ a) by impulse, b) (*schwächer*) from inclination; aus natürlichem ~ by instinct; nicht den geringsten ~ spüren to feel not the slightest impulse (*od.* urge, inclination); ihm fehlt jeder ~ he lacks drive. – **3.** *fig.* (*bes. äußerer Anreiz*) stimulus, incentive, inducement: etwas ohne jeden ~ tun to do s.th. without any stimulus; die Belohnung verlieh ihnen neuen ~ the reward gave them a new inducement.

'An,triebs|,ach·se *f* **1.** *tech.* driving (*od.* live) axle. – **2.** *auto.* drive shaft. — **~ag·gre,gat** *n* drive unit, prime mover. — **~,art** *f* type of drive, driving system. — **~,bahn** *f* (*space*) propelled flight path. — **~bat·te,rie** *f auto.* traction battery. — **~,dreh,zahl** *f* input speed. — **~ener,gie** *f* driving power. — **~er,leb·nis** *n psych.* motivation as experienced. — **~ge,häu·se** *n* **1.** (*einer Werkzeugmaschine*) gearbox, gear housing. – **2.** (*eines Automaten*) power case. — **~,ke·gel,rad** *n* **1.** *tech.* (*einer Arbeitsmaschine*) bevel pinion. – **2.** *auto.* drive bevel-gear. — **~,ket·te** *f* **1.** driving (*od.* drive) chain. – **2.** (*eines Motorrads*) rear chain. — **~,kraft** *f* driving (*od.* motive, propulsive, propellent) power (*od.* force), propulsion. — **~,kupp·lung** *f auto.* (driving) clutch. — **~,lei·stung** *f* a) driving power, b) (*einer Maschine*) input power, c) (*eines Motors*) motor rating: mit zu kleiner ~ betreiben *tech. electr.* to underpower, *Br.* to under-power. — **~ma,schi·ne** *f* driving engine, prime mover. — **~me·cha,nis·mus** *m* driving mechanism. — **~,mit·tel** *n* **1.** (*für Motoren*) propellant. – **2.** *tech.* power transmission agent. — **~mo,ment** *n* **1.** *tech.* (*einer Maschine, eines Motors*) driving torque. – **2.** *fig.* driving factor. — **~,mo·tor** *m* drive (*od.* driving, main) motor. — **~or,gan** *n* driving element (*od.* member, agent). — **~,rad** *n* **1.** (*eines Getriebes*) drive (*od.* driving) gear. – **2.** (*einer hydraulischen Pumpe*) impeller. – **3.** (*Ritzel*) pinion. — **~,rie·men** *m* driving belt. — **~,rit·zel** *n* (driving) pinion. — **~,schei·be** *f* drive (*od.* driving) pulley. — **a~,schwach** *adj psych.* abulic. — **a~,sei·tig** *adj u. adv* at the driving end. — **~,spin·del** *f* driving spindle. — **~,tech·nik** *f* (*space*) propulsion technology. — **~,teil** *n* **1.** thrust section. – **2.** (*des Apolloraumflugkörpers etc*) service module. — **~,vor,rich·tung** *f* driving mechanism. — **~,wel·le** *f* drive (*od.* driving, propeller) shaft. — **~,wel·len,tun·nel** *m auto.* transmission tunnel, *Am. auch* center hump. — **~,wir·kungs,grad** *m* (*space*) propulsive efficiency.

'an,trin·ken *v/t* ⟨*irr, sep,* -ge-, h⟩ **1.** sich (*dat*) einen (Rausch *od.* Schwips) ~ *colloq.* to get drunk (*od.* tipsy), to drink oneself tipsy; sich (*dat*) Mut ~ *colloq.* to get up one's courage with drink, to give oneself Dutch courage (*colloq.*); sich (*dat*) Stimmung ~ *colloq.* to get oneself in high spirits by drinking. – **2.** (*Glas etc*) begin to drink from.

'an,trip·peln *v/i* ⟨*only pp*⟩ angetrippelt kommen *colloq.* to come tripping along (*od.* up).

'An,tritt *m* ⟨-(e)s; *no pl*⟩ **1.** (*einer Reise etc*) setting out (on), starting (on), start (of): vor ~ seines Urlaubs before setting out on his holidays (*Am.* vacation). – **2.** (*einer Arbeit etc*) beginning, commencement. – **3.** (*eines Amtes etc*) entrance (*od.* entering) (upon, into), assumption (of), accession (to): bei(m) ~ seines Amtes on entering upon (*od.* on assuming) his office; ~ der Macht assumption of power; ~ der Regierung a) (*von Partei*) accession to (*od.* entering into, coming into) power, b) accession to the throne. – **4.** *jur.* (*einer Erbschaft*) entry (*od.* entrance) (upon), accession (to). – **5.** *jur.* (*des Beweises*) presentation. – **6.** (*sport*) a) (*beim Radrennen*) acceleration, b) (*beim Rennlaufen*) spurt, sprint. – **7.** (*einer Treppe*) first (*od.* starting) step. – **8.** *print.* (*an der Presse*) footstep. – **9.** *hunt.* trap for catching fowl.

'An,tritts|au·di,enz *f bes. pol.* (*von Gesandten etc*) first audience. — **~be,such** *m* first visit: bei j-m einen ~ machen, *lit.* j-m einen ~ abstatten to pay a first visit to s.o. — **~in·sze,nie·rung** *f* (*theater*) (*eines Intendanten*) first production (*od.* staging), debut. — **~,pre·digt** *f relig.* inaugural (*od.* first) sermon. — **~,re·de** *f* **1.** inaugural speech (*od.* address), *Am. auch* inaugural: seine ~ halten to make (*od.* deliver) one's inaugural speech. – **2.** (*bes. im Parlament*) maiden speech. – **3.** *cf.* Thronrede. — **~,rol·le** *f* (*theater*) debut, first part (*od.* role). — **~,vor,le·sung** *f* inaugural lecture.

'an,trock·nen *v/i* ⟨*sep,* -ge-, sein⟩ begin to dry.

An·tro·to·mie [antroto'miː] *f* ⟨-; -n [-ən]⟩ *med.* antrotomy.

An·trum ['antrum] *n* ⟨-s; *no pl*⟩ *med.* antrum. — **~ka,nü·le** *f* antral can(n)ula.

'An,trunk *m* ⟨-(e)s; *no pl*⟩ first drink: den ~ haben (*od.* tun) to drink first, to have (*od.* take) the first drink.

'an,tun *v/t* ⟨*irr, sep,* -ge-, h⟩ **1.** j-m etwas ~ to do s.th. to s.o.: j-m etwas Gutes ~ to do good to s.o., to do s.o. a kindness (*od.* a good turn); j-m Ehre ~ to do hono(u)r to s.o., to hono(u)r s.o.; er tut ihr viel Liebes an he is very kind to her; tu mir die Liebe an und komme *colloq.* be so good as to (*od.* and) come; j-m Schaden ~ to do s.o. harm, to harm s.o.; j-m Gewalt ~ *lit.* a) to do violence to s.o., b) (*einer Frau*) to ravish (*od.* rape, violate) s.o.; das darfst du mir nicht ~! a) you can't do that to me! b) spare me that humiliation (*od.* disgrace); sich (*dat*) etwas ~ a) to do s.th. to oneself, b) *colloq.* to lay (violent) hands upon oneself, to commit suicide; sich (*dat*) Gewalt (*od.* Zwang) ~ (müssen) (to have) to restrain oneself (*od.* to put restraint on oneself); tu dir keinen Zwang an *colloq.* a) do just as you like, b) make yourself at home; sich (*dat*) nichts ~ *colloq.* not to exert oneself, not to kill oneself working (*colloq.*); → Leid 1; Fliege 2. – **2.** es j-m angetan haben to appeal to s.o., to impress s.o. favo[u]rably: sie hat es ihm angetan she appeals to him, he is quite taken with her, *Am. colloq.* he goes for her; diese Art Musik hat es mir angetan this sort of music appeals to me, I like this sort of music. – **3.** *colloq.* (*Kleider etc*) put on.

'an,tup·fen *v/t* ⟨*sep,* -ge-, h⟩ **1.** j-n [etwas] ~ to tap s.o. [s.th.], to touch s.o. [s.th.] lightly. – **2.** (*Farbe etc*) (auf *acc* on) dab.

'an,tu·schen *v/t* ⟨*sep,* -ge-, h⟩ (*Zeichnungen etc*) wash, apply (colo[u]red) wash to.

'Ant,wort ['ant-] *f* ⟨-; -en⟩ **1.** (auf *acc* to) answer, reply, response: ablehnende (*od.* abschlägige) ~ negative reply, refusal; ausweichende [barsche] ~ evasive [curt] answer; schlagfertige ~ quick and witty reply, retort, repartee, snappy answer (*colloq.*), *Am. colloq.* quick comeback; spitze ~ pointed answer (*od.* retort); umgehende ~ *bes. econ.* answer by return (of) mail (*Br.* post), reply on receipt; eine ~ bekommen (*od.* erhalten) to get (*od.* receive) an answer, to be answered; man bekam (*od.* erhielt) keine ~ am Telefon the telephone was not answered; „~ bezahlt" (*beim Telegramm*) "answer prepaid", "reply paid"; wir erwarten Ihre baldige ~, in Erwartung Ihrer baldigen ~ *bes. econ.* awaiting your early reply; die richtige ~ finden to find (*od.* hit) the right answer; eine ~ auf (*acc*) etwas geben to answer (*od.* reply to, respond to) s.th.; j-m eine ~ geben to answer (*od.* reply) to s.o., to give s.o. an answer; aus j-m keine ~ herausbringen to draw no reply from s.o.; keine ~ schuldig bleiben a) to have an answer to (*od.* for) everything, to be s.o.'s match in repartee, b) (*im Examen etc*) to answer every question; keine ~ auf (*acc*) etwas wissen to be at a loss for an answer to s.th.; j-n keiner ~ würdigen to think s.o. unworthy of an answer; sich (*dat*) eine ~ zurechtlegen to prepare (*od.* figure out) an answer; in ~ auf (*acc*) *bes. econ.* in answer (*od.* reply, response) to; gleich mit einer ~ bei der Hand sein to be ready with an answer, to be quick at repartee; um ~ wird gebeten, bitte um ~ an answer is requested, R.S.V.P.; nie um eine ~ verlegen sein never to be at loss for an answer; zur ~ geben to answer, to reply, to state in (*od.* by way of) reply; j-m Rede und ~ stehen (für) to give s.o. an account (of), to account to s.o. (for); keine ~ ist auch eine ~ (*Sprichwort*) no answer is also an answer; wie die Frage so die ~ (*Sprichwort*) *etwa* as the question so the answer; die ~ des Feindes ließ nicht lange auf sich warten *mil.* the enemy was not long in response (*od.* retaliation). – **2.** *jur.* a) response, b) (*Duplik*) rejoinder: ~ des Angeklagten plea. – **3.** *mus.* (*auf Thema*) answer.

'Ant,wort,brief *m* (auf *acc* to) (written) answer (*od.* reply), letter sent in reply.

ant·wor·ten ['ant,vɔrtən] **I** *v/i* ⟨h⟩ **1.** (auf *acc* to) answer, reply, respond, give (*od.* make) an answer (*od.* reply): ablehnend [ausweichend] ~ to give a negative [an evasive] answer; bejahend ~ to answer in the affirmative; frech ~ to give an impudent answer, to answer back; scharf ~ to answer sharply, to retort; schlagfertig ~ to give a quick and witty answer, *Am. colloq.* to have a (quick) comeback; schriftlich ~ to reply by letter, to write back; umgehend ~ to reply by return (of) mail (*Br.* post); j-m ~ to answer (*od.* reply) to s.o., to give s.o. an answer; auf eine Frage ~ to answer a question; antworte mir! answer me! mit ja [nein] ~ to say yes [no], to answer in the affirmative [negative]; er hat mir (auf meinen Brief) noch nicht geantwortet he has not yet answered my letter; an j-s Stelle ~ to answer for s.o.; er weiß stets etwas zu ~ he is never at a loss for an answer; er antwortete mit einem vielsagenden Blick he answered with an eloquent (*od.* a telltale) look; er antwortete mit einem Fußtritt he responded with a kick. – **2.** *jur.* a) respond, b) rejoin: auf die Duplik [Triplik, Quadruplik] (des Beklagten) ~ to surrejoin [to rebut, to surrebut]. – **3.** *mus.* answer. – **II** *v/t* **4.** (*etwas*) answer: was hat er geantwortet? what did he answer (*od.* say)? what was his answer? – **III A~** *n* ⟨-s⟩ **5.** *verbal noun*: schnell im A~ quick in (*od.* at) repartee. – **6.** *cf.* Antwort.

'Ant,wort|ge,sang *m relig.* (*im Stundengebet*) responsory. — **~,kar·te** *f* reply (postal) card, reply-paid postcard. — **~,no·te** *f pol.* answering note. — **~,post,kar·te** *f cf.* Antwortkarte. — **~,schein** *m* (*postal service*) reply coupon: internationaler ~ international reply coupon. — **~,schrei·ben** *n cf.* Antwortbrief. — **~,stro·phe** *f relig.* response. — **~te·le,gramm** *n* reply telegram. — **~,wim·pel** *m mar.* answering pennant, code flag. — **~,zei·chen** *n* (*in Not etc*) answering signal.

Anu·bis,pa·vi·an [a'nu:bɪs-] *m zo.* olive baboon (*Papio anubis*).

anu·lar [anu'la:r] *adj* (*ringförmig*) annular.

'an,ul·ken *v/t* ⟨*sep*, -ge-, h⟩ j-n ~ *colloq.* to make fun of s.o., to rag s.o.

'An- ,und 'Ab,fuhr *f econ.* (*von Gütern*) (collecting and) forwarding, carrying.

,An,und'für,sich,sein *n philos.* **1.** abstract existence. – **2.** (*bei Hegel*) being in and for itself.

An·uren [an'(ʔ)u:rən, a'nu:rən] *pl zo.* Anura, Salientia.

An·urie [an(ʔ)u'ri:] *f* ⟨-; -n [-ən]⟩ *med.* anuria.

Anus ['a:nʊs] *m* ⟨-; Ani ['a:ni]⟩ *med. zo. cf.* After 1, 2.

'an·ver,trau·en I *v/t* ⟨*sep*, *no* -ge-, h⟩ **1.** j-m etwas [j-n] ~ to (en)trust s.th. [s.o.] to s.o., to commit s.th. [s.o.] to s.o.: j-m eine Aufgabe ~ to (en)trust (*od.* assign) a task to s.o., to (en)trust (*od.* charge) s.o. with a task; etwas j-s Fürsorge (*od.* Obhut) ~ to commit s.th. to s.o.'s care; sein Kind j-m ~ to entrust (the care of) one's child to s.o., to commit one's child to s.o.'s care (*od.* charge, custody); kann ich dir soviel Geld ~? can I trust you with so much money? seine Seele Gott ~ *fig.* to commit (*od.* commend, consign) one's soul to God. – **2.** j-m etwas ~ (*vertraulich mitteilen*) to confide s.th. to s.o.: j-m ein Geheimnis ~ to confide a secret to s.o., to let s.o. into a secret; j-m seine Sorgen ~ to confide (*od.* unburden, unbosom) one's troubles to s.o.; seine Gedanken dem Papier ~ *fig.* to confide one's thoughts to paper. – **II** *v/reflex* **3.** sich j-m ~ a) to entrust (*od.* commit) oneself to s.o., b) to confide in s.o.: sich j-s Führung [Obhut] ~ to entrust oneself to s.o.'s guidance [custody]; er hat sich mir anvertraut he has confided in me. – **III A~** *n* ⟨-s⟩ **4.** *verbal noun.* – **5.** commitment. — **'an·ver,traut I** *pp.* – **II** *adj* entrusted: ~es Geld entrusted money, trust money; ~es Gut goods *pl* in trust (*od.* custody), charge.

'an·ver,wan·deln *v/t* ⟨*sep*, *no* -ge-, h⟩ sich (*dat*) etwas ~ to assimilate s.th., to make s.th. one's intellectual property. — **'An·ver,wand·lung** *f* ⟨-; -en⟩ assimilation, (intellectual) acquisition.

'an·ver,wandt *adj lit. for* verwandt² 1. — **'An·ver,wand·te** *m, f lit. for* Verwandte. — **'An·ver,wandt·schaft** *f lit. for* Verwandtschaft 1, 2.

'an,vet·tern *v/reflex* ⟨*sep*, -ge-, h⟩ sich ~ *colloq. for* anbiedern, einschmeicheln.

'an·vi,sie·ren *v/t* ⟨*sep*, *no* -ge-, h⟩ **1.** *bes. mil.* (*Ziel, Objekt etc*) (take) aim at (*auch fig.*), sight. – **2.** (*optics*) sight. – **3.** *mar.* (*anpeilen*) take the bearings of, take a bearing on, locate. – **4.** *astr.* (*Gestirn*) sight.

'An,wachs *m* ⟨-es; *no pl*⟩ **1.** *cf.* Anwachsen. – **2.** *jur.* (*eines Erbteils*) accretion, accession.

'an,wach·sen I *v/i* ⟨*irr*, *sep*, -ge-, sein⟩ **1.** (*von Pflanzen etc*) take (*od.* strike) root. – **2.** (*festwachsen*) (an *acc* to) grow on: der Finger wuchs wieder an the finger grew on again; die Zunge war ihm wie angewachsen *fig.* he was tongue-tied (*od.* speechless). – **3.** (*von Flut, Hochwasser etc*) rise, swell. – **4.** *fig.* grow, increase: die Bevölkerung ist angewachsen the population has grown; die Arbeit wächst an the work increases (*od.* accumulates); lawinenartig ~ to snowball; der Lärm wuchs an the noise increased (*od.* swelled). – **5.** *econ.* (*von Zinsen etc*) (auf *acc* to) increase, accrue, accumulate. – **6.** *med. biol.* (*von überpflanzter Haut etc*) become adherent, take. – **II A~** *n* ⟨-s⟩ **7.** *verbal noun.* – **8.** (*von Flut etc*) rise, swell. – **9.** *fig.* growth, increase: das A~ der Großstädte the growth (*od.* expansion, enlargement) of the big cities; im A~ sein to be on the increase. – **10.** *econ.* accumulation, accrual, accretion, increment. – **11.** *med. biol.* adhesion. — **'An,wach·sung** *f* ⟨-; -en⟩ **1.** *cf.* Anwachsen. – **2.** *jur. cf.* Anwachs 2.

'An,wach·sungs,recht *n jur.* right of accretion (*od.* accession).

'an,wackeln (*getr.* -k·k-) *v/i* ⟨*only pp*⟩ angewackelt kommen *colloq.* to come waddling along (*od.* up).

'An,walt [-,valt] *m* ⟨-(e)s; Anwälte⟩ **1.** *jur.* a) lawyer, b) (*vor Gericht*) counsel, *Am.* counsel(l)or- (*od.* attorney-)at-law, c) (*plädierender*) *Br. etwa* barrister(-at-law), d) (*nichtplädierender*) *Br. etwa* solicitor: die Anwälte counsel (*collect.*); beratender ~ consulting counsel (*Br.* barrister); ~ des Beklagten (*od.* der beklagten Partei) counsel for the defence (*Am.* defense) (*od.* for the defendant); ~ des Klägers (*od.* klägerischer ~) counsel for the plaintiff, plaintiff's counsel; als ~ für j-n auftreten to appear as counsel for s.o.; einen ~ befragen to consult a lawyer, to take counsel's opinion; einen ~ nehmen (*od.* bestellen) to brief (*od.* retain) counsel; eine Sache dem ~ übergeben (*od.* übertragen) to place a case in the hands of a lawyer. – **2.** *jur.* a) (*Rechtsberater*) legal advisor, b) (*Rechtsvertreter*) agent, proxy, attorney-in-fact. – **3.** *fig.* advocate, champion, defender: ein ~ des Friedens [der Menschenrechte] an advocate of peace [human rights]; ~ einer verlorenen Sache advocate of a lost cause.

'An,wäl·tin [-,vɛltɪn] *f* ⟨-; -nen⟩ *jur.* **1.** woman lawyer. – **2.** *cf.* Anwalt 1b—d.

'An,walts|as,ses·sor *m jur.* junior lawyer (*bes. Am.* attorney). — **~be,ruf** *m* legal profession, bar: den ~ ausüben to practise (*bes. Br.* practice) at the bar; sich auf den ~ vorbereiten to read (*od.* prepare oneself) for the bar. — **~be,stel·lung** *f* briefing counsel. — **~bü,ro** *n* lawyer's office, *bes. Am.* law office.

'An,walt·schaft *f* ⟨-; -en⟩ *jur.* **1.** die ~ the bar: Ausschluß von der ~ disbarment; Zulassung zur ~ admission to the bar; von der ~ ausgeschlossen werden to be disbarred. – **2.** *cf.* Anwaltsstand.

'An,walts|,fir·ma *f jur.* firm of lawyers, *bes. Am.* law firm. — **~ge,bühr** *f*, **~ho·no,rar** *n* lawyer's fee. — **~,kam·mer** *f* bar association (*od.* council) (*in Germany and Austria*). — **~kanz,lei** *f bes. Southern G. and Austrian for* Anwaltsbüro. — **~,ko·sten** *pl* lawyer's charges (*od.* fees). — **~,pra·xis** *f* **1.** practice of a lawyer, law practice. – **2.** *cf.* Anwaltsbüro. — **~pro,zeß** *m proceedings in which the parties must be represented by lawyers.* — **~,stand** *m* der ~ the legal profession, the bar. — **~,tä·tig·keit** *f* advocacy. — **~,zwang** *m* compulsion to be represented (*od.* assisted) by a lawyer.

'an,wan·deln *v/t* ⟨*sep*, -ge-, h⟩ j-n ~ *lit.* to come over (*od.* befall, seize) s.o.: eine Ahnung [Furcht, eine melancholische Stimmung] wandelte ihn an a presentiment [fear, a melancholy mood] came over him; mich wandelte die Lust an the fancy took me; eine Ohnmacht wandelte sie an she had (*od.* was seized with) a fainting fit; was wandelt dich an? what's come over you? what's the matter with you? — **'An,wan·de·lung** *f* ⟨-; -en⟩ *cf.* Anwandlung.

'an,wan·dern *v/i* ⟨*only pp*⟩ angewandert kommen *colloq.* to come walking along.

'An,wand·lung *f* ⟨-; -en⟩ fit, (slight) attack, (sudden) impulse: in einer ~ von Großzügigkeit [Mitleid] in a fit (*od.* on an impulse) of generosity [in a rush of pity]; in einer ~ von Schwäche in a fit of weakness, in a weak moment; in einer ~ von Schwermut in a mood of melancholy, (*stärker*) in a fit of depression; er hat manchmal sonderbare ~en he sometimes has strange impulses (*od.* moods).

'an,wan·ken *v/i* ⟨*only pp*⟩ angewankt kommen *colloq.* to come tottering along (*od.* up).

'An,wärm-Ef,fekt *m psych.* warming-up effect.

'an,wär·men *v/t* ⟨*sep*, -ge-, h⟩ **1.** warm (up). – **2.** *tech.* warm up, heat (*s.th.*) up (slightly).

'An,wärm,ofen *m tech.* heating furnace.

'An,wär·ter *m* ⟨-s; -⟩, **'An,wär·te·rin** *f* ⟨-; -nen⟩ (auf *acc*) **1.** candidate (for), aspirant, *auch* claimant (to, after, for). – **2.** *cf.* Beamten-, Offiziers-, Thronanwärter. – **3.** (*sport*) (*Favorit*) aspirant (to, after, for). – **4.** *jur.* (*auf Erbschaft*) expectant (of), reversioner (to, of).

'An,wart·schaft *f* ⟨-; -en⟩ (auf *acc*) **1.** candidacy (for). – **2.** (*bes. aussichtsreiche*) expectancy (of), expectation (of). – **3.** (*sport*) aspiration (to, after, for). – **4.** (*Anwartschaftsdauer*) qualifying period. – **5.** *jur.* a) expectancy (of), b) reversion (to, of), c) (*im Nacherbenrecht*) remainder: die ~ auf Ruhegeld retirement pension expectancy; bedingte [unbedingte] ~ contingent [vested] remainder. — **'an,wart·schaft·lich** *adj jur.* reversionary.

'An,wart·schafts|,recht *n jur.* reversionary right (*od.* interest). — **~,ren·te** *f* reversion, deferred (*od.* reversionary) annuity.

'an,was·sern *v/i* ⟨*sep*, -ge-, sein⟩ *aer.* alight (*od.* land) on water.

'an,wäs·sern *v/t* ⟨*sep*, -ge-, h⟩ *rare for* anfeuchten 1.

'an,wat·scheln *v/i* ⟨*only pp*⟩ angewatschelt kommen *colloq.* to come waddling along (*od.* up).

'an,we·deln I *v/t* ⟨*sep*, -ge-, h⟩ j-n ~ (*vom Hund*) to wag its tail at s.o. – **II** *v/i* ⟨*only pp*⟩ angewedelt kommen *colloq.* (*Skisport*) to come wedel(l)ing along (*od.* down).

'an,we·hen *v/t* ⟨*sep*, -ge-, h⟩ **1.** (*Schnee etc*) (*vom Wind*) (gegen against) drift: die Blätter waren vom Wind angeweht worden the leaves had been drifted by the wind. – **2.** j-n ~ *fig. poet.* to blow (*od.* breathe) (up)-on s.o.: ein warmer Wind wehte uns an a warm wind blew upon us; der Hauch des Todes wehte ihn an *fig.* he felt the breath of death; eine Erinnerung wehte mich an *fig.* a recollection came into my mind.

'an,wei·chen *v/t* ⟨*sep*, -ge-, h⟩ etwas ~ to soak s.th. (slightly).

'an,wei·sen I *v/t* ⟨*irr*, *sep*, -ge-, h⟩ **1.** j-n ~ (, etwas zu tun) *lit.* to instruct (*od.* direct, order) s.o. (to do s.th.): er wies ihn an, es zu tun he directed him to do it; er ist angewiesen (worden) he has directions. – **2.** (*Lehrling, Schüler etc*) instruct, give instructions to: j-n bei einer neuen Arbeit ~ to instruct s.o. in new work. – **3.** (*Platz, Zimmer etc*) assign, allot: j-m ein Zimmer ~ to assign a room to s.o.; j-m einen Platz ~ a) to assign a seat to s.o., b) to show s.o. to his seat, to seat s.o.; etwas angewiesen bekommen to be assigned (*od.* shown) s.th. – **4.** *econ.* a) (*Geld etc*) transfer, remit, b) (*Betrag*) send, order (*s.th.*) (to be sent), c) (*zu bestimmtem Zweck*) allocate, allot, *auch* appropriate: einen Betrag durch die Bank ~ to order an amount of money to be sent by the bank; einen Betrag zur Zahlung ~ to order the payment of an amount; sich (*dat*) einen bestimmten Betrag ~ lassen to have a certain amount sent to oneself. – **II A~** *n* ⟨-s⟩ **5.** *verbal noun.* – **6.** *cf.* Anweisung.

'An,wei·ser *m* ⟨-s; -⟩, **'An,wei·se·rin** *f* ⟨-; -nen⟩ **1.** instructor. – **2.** *cf.* Platzanweiser(in).

'an,wei·ßen *v/t* ⟨*sep*, -ge-, h⟩ *rare for* tünchen 1.

'An,wei·sung *f* ⟨-; -en⟩ **1.** *cf.* Anweisen. – **2.** (*Auftrag, Anordnung*) instruction, direction, order: strenge ~en strict orders; j-m ~en geben (, etwas zu tun) to give s.o. instructions (to do s.th.), to instruct s.o. (to do s.th.); ~en erhalten to receive instructions; seine ~en überschreiten to overstep one's instructions; auf ~ von by direction of; laut ~ according to (the) directions (*od.* regulations). – **3.** (*Anleitung*) instruction: ohne je eine ~ bekommen zu haben without ever having received instruction. – **4.** (*von Zimmer, Platz etc*) assignment, allotment. – **5.** *econ.* a) (*von Geld etc*) transfer, remittance, b) (*zu bestimmtem Zweck*) allocation, allotment. – **6.** *econ. cf.* Postanweisung, Zahlungsanweisung 1. – **7.** *relig.* direction, rule.

'An,wei·sungs|be,trag *m econ.* amount to be remitted (*od.* allocated). — **~emp,fän·ger** *m* payee.

'an,wend·bar *adj* applicable, us(e)able, practicable: ~ sein (auf *acc*) to be applicable (to), to apply (to); die einzig ~e Methode the only applicable (*od.* suitable) method; äußerlich ~es Heilmittel *med.* external remedy; das ist auch hier ~ that also applies to this case, that can also be applied here. — 'An‚wend·bar·keit *f* ⟨-; *no pl*⟩ applicability, applicableness, application, us(e)ability, us(e)ableness, practicability: die ~ dieser Methode the applicability of this method.

'an‚wen·den I *v/t* ⟨*meist irr, sep*, -ge-, h⟩ **1.** (*gebrauchen*) use, make use of, utilize, employ, apply: etwas gut ~ to make good use of s.th., to put s.th. to good use, to turn s.th. to account; etwas schlecht ~ to make bad use of s.th., to put s.th. to (a) bad use, to misuse (*od.* misemploy) s.th.; etwas falsch ~ to use s.th. wrongly, to misapply s.th.; etwas sparsam ~ to use s.th. sparingly, to economize (on) s.th.; seine Kenntnisse nutzbringend ~ to make good use of (*od.* to apply) one's knowledge; alle Mittel ~ to employ all means; all seine Kraft (*od.* alle [seine] Kräfte) ~ to use (*od.* exert, exercise) all one's strength, to strain every muscle (*od.* nerve); Gewalt ~ to use (*od.* resort to) force; ohne Gewalt anzuwenden without resort(ing) to force; größte Sorgfalt ~ to take the greatest care; sein Geld schlecht ~ to misspend one's money. – **2.** (*übertragen, beziehen*) (auf *acc* to) apply: eine Regel auf einen Einzelfall ~ to apply a rule to an individual case, to bring a rule to bear upon an individual case; ein Prinzip ~ to apply a principle, to put a principle into practice; das läßt sich auf alle Fälle ~ that applies to all cases, that can be applied (*od.* that is applicable) to all cases. – **3.** *med.* (*Heilmittel etc*) apply, administer. – **II A~** *n* ⟨-s⟩ **4.** *verbal noun.* — **'An‚wen·dung** *f* ⟨-; -en⟩ **1.** *cf.* Anwenden. – **2.** use, utilization, employment, application: schlechte ~ misuse, misemployment; ~ von Kraft use (*od.* exertion, exercise) of strength; unter ~ von Zwang by (using) force. – **3.** (auf *acc* to) application: die praktische ~ einer Regel (auf) the practical application of a rule (to); ~ finden, zur ~ kommen to apply, to be applied, to be applicable. – **4.** *med.* (*von Medikamenten etc*) application, administration.

'An‚wen·dungs|‚art *f* way (*od.* method, mode) of application. — **~be‚reich** *m* scope (*od.* range) of application: ~ des Gesetzes scope of the law. — **~‚form** *f* form of application. — **~ge‚biet** *n* field of application. — **~‚mög·lich·keit** *f* applicability, use. — **~‚vor‚schrift** *f* directions *pl* for use. — **~‚wei·se** *f* *cf.* Anwendungsart.

'an‚wer·ben I *v/t* ⟨*irr, sep*, -ge-, h⟩ **1.** (*Arbeitskräfte etc*) recruit, hire: sich ~ lassen to sign on (*od.* up). – **2.** *mil.* (*Soldaten etc*) enlist, recruit, enrol, *auch* enroll: sich ~ lassen to enlist, to enrol(l) oneself, to join (up), to sign on (*od.* up); j-n gewaltsam ~ *mil. mar.* to crimp (*od.* impress, press-[gang]) s.o. – **II A~** *n* ⟨-s⟩ **3.** *verbal noun.* – **4.** *cf.* Anwerbung. — **'An‚wer·ber** *m* ⟨-s; -⟩ *mil.* recruiting officer. — **'An‚wer·bung** *f* ⟨-; -en⟩ **1.** *cf.* Anwerben. – **2.** (*von Arbeitskräften etc*) recruitment. – **3.** *mil.* (*von Soldaten etc*) enlistment, recruitment, enrolment, *auch* enrollment: gewaltsame ~ press-ganging.

'An‚werf‚dreh|mo‚ment *n auto.* cranking torque. — **~‚zahl** *f* cranking speed.

'an‚wer·fen I *v/t* ⟨*irr, sep*, -ge-, h⟩ **1.** *tech.* (*Motor etc*) a) start (up), b) throw (*s.th.*) into gear, c) crank (up). – **2.** *aer.* a) turn, rotate, b) (*Luftschraube*) swing. – **3.** *civ.eng.* (*Mörtel etc*) (an *acc* to) throw (*s.th.*) (on): eine Wand ~ to roughcast a wall. – **II** *v/i* **4.** (*sport*) (*bes. Handball*) throw (first), have the first throw. – **III A~** *n* ⟨-s⟩ **5.** *verbal noun.* – **6.** *cf.* Anwurf.

'An‚werf|‚kur·bel *f tech.* starting crank. — **~‚mo·tor** *m* crank-start motor. — **~‚schal·ter** *electr.* motor-starting switch. — **~seg‚ment** *n auto.* (*eines Motorrads*) starter rack.

'An‚wert *m* ⟨-(e)s; *no pl*⟩ *Austrian* respect, esteem: ~ haben (*od.* finden) to be respected (*od.* esteemed).

'An‚we·sen *n* ⟨-s; -⟩ estate, property: landwirtschaftliches ~ farm.

'an‚we·send *adj* present: bei etwas ~ sein to be present at (*od.* to attend) s.th.; nicht ~ sein a) to be absent, b) *fig. humor.* to be absent-minded; zufällig ~ sein to happen to be present (*od.* there). — **'An‚we·sen·de** *m, f* ⟨-n; -n⟩ person present: die ~n a) those (*od.* the persons) present, b) (*in der Schule, bei einer Veranstaltung etc*) those attending; jeder ~ everyone present; ~ ausgenommen present company excepted; die ~n mitgerechnet counting the persons present; verehrte ~! ladies and gentlemen!

'An‚we·sen·heit *f* ⟨-; *no pl*⟩ **1.** (bei at) presence: in ~ von in the presence of; in seiner ~ in his presence; in ~ seiner Freunde in the presence of his friends. – **2.** (*Vorhandensein*) presence: die ~ von Sauerstoff in der Luft the presence of oxygen in the air. – **3.** (*bei einer Veranstaltung, in der Schule etc*) (bei at) attendance: die ~ feststellen to check (the) attendance, to make a roll call.

'An‚we·sen·heits|ap‚pell *m mil.* roll call. — **~‚gel·der** *pl pol.* (*für Abgeordnete*) attendance payments. — **~‚li·ste** *f* attendance list, list of attendants (*od.* persons present), record of attendance: die ~ verlesen to call the roll; sich in die ~ eintragen to sign the attendance list.

'an‚wet·tern *v/t* ⟨*sep*, -ge-, h⟩ *colloq. cf.* andonnern I.

'an‚wet·zen *v/i* ⟨*only pp*⟩ angewetzt kommen *colloq.* to come tearing along (*od.* up).

'an‚wi·dern *v/t* ⟨*sep*, -ge-, h⟩ *cf.* anekeln.

'an‚wie·hern *v/t* ⟨*sep*, -ge-, h⟩ j-n ~ a) (*von Pferden*) to neigh (*od.* whinny) at s.o., b) *humor.* to guffaw at s.o.

'an‚wim·mern *v/t* ⟨*sep*, -ge-, h⟩ j-n ~ to whimper (*od.* whine) at s.o.

'an‚win·keln *v/t* ⟨*sep*, -ge-, h⟩ (*Arme, Beine etc*) bend.

'an‚win·seln I *v/t* ⟨*sep*, -ge-, h⟩ j-n ~ a) to whine at s.o., b) *fig. contempt.* to snivel at s.o. – **II** *v/i* ⟨*only pp*⟩ angewinselt kommen *colloq.* to come up whining.

'an‚wir·ken I *v/i* ⟨*sep*, -ge-, h⟩ **1.** gegen etwas ~ to work (*od.* fight) against s.th. – **II** *v/t* (*textile*) **2.** weave (*s.th.*) on. – **3.** (*Strümpfe*) foot.

'an‚woh·nen *v/i* ⟨*sep*, -ge-, h⟩ *obs. for* angrenzen, beiwohnen 1.

'An‚woh·ner *m* ⟨-s; -⟩, **'An‚woh·ne·rin** *f* ⟨-; -nen⟩ **1.** s.o. living nearby, adjacent resident: die ~ des Flughafens the people living next (*od.* adjacent) to the airport. – **2.** (*einer Straße etc*) resident. – **3.** *cf.* Nachbar. — **'An‚woh·ner·schaft** *f* ⟨-; -en⟩ **1.** (adjacent) residents *pl.* – **2.** *cf.* Nachbarschaft 3.

'An‚wuchs *m* **1.** (*junger Pflanzen, Bäume etc*) growth, growing. – **2.** (*forestry*) young forest (*at its first stage after its establishment*). – **3.** *mar.* marine fouling (*od.* growth).

'an‚wün·schen *v/t* ⟨*sep*, -ge-, h⟩ j-m etwas (Schlechtes) ~ to wish s.o. s.th. bad.

'An‚wurf *m* **1.** *civ.eng.* roughcast, plaster(ing). – **2.** (*sport*) (*im Handball*) first throw, throw-off: den ~ haben to have the first throw, to throw first. – **3.** *cf.* Anschuldigung 2.

'an‚wür·feln *v/i* ⟨*sep*, -ge-, h⟩ (*beim Würfelspiel*) throw first.

'An‚wurf|‚kreis *m* (*sport*) (*Feldhandball*) center (*bes. Br.* centre) circle.

'an‚wur·zeln *v/i* ⟨*sep*, -ge-, sein⟩ take (*od.* strike) roots.

'An‚zahl *f* ⟨-; *no pl*⟩ **1.** number, quantity: eine beträchtliche ~ von a considerable number (*od.* quantity) of; eine große ~ von ihnen a great (*od.* good) many (*od.* scores) of them; jede ~ von any number of; eine ~ Bücher ist (*od. rare* sind) schon verkauft worden a number (*od.* quantity) of books has been sold already; in beschränkter ~ vorhanden available in a limited quantity. – **2.** *mil.* number, strength.

'an‚zah·len I *v/t* ⟨*sep*, -ge-, h⟩ *econ.* **1.** (*Teilbetrag*) pay (*s.th.*) on account. – **2.** (*als Sicherheitsleistung*) pay (*s.th.*) as a deposit, deposit. – **3.** (*bes. bei Ratenkäufen*) make a down payment of, pay a first instal(l)ment of: 50 Mark ~ to make a down payment of 50 marks; den Fernsehapparat ~ to make a down payment for (*od.* on) the television set. – **II A~** *n* ⟨-s⟩ **4.** *verbal noun.* — **'An‚zah·lung** *f* ⟨-; -en⟩ **1.** *cf.* Anzahlen. – **2.** *econ.* a) payment on account, b) (*als Sicherheitsleistung*) deposit, c) (*bes. bei Ratenkäufen*) down (*od.* initial) payment, first instal(l)ment: eine ~ von 20 Mark leisten (*od.* machen) to make a down payment of 20 marks.

'An‚zah·lungs|ga·ran‚tie *f econ.* obligation to repay down payment. — **~‚sum·me** *f* **1.** amount paid as a down (*od.* part) payment. – **2.** amount paid on account.

'An‚zapf‚dampf·ma‚schi·ne *f tech.* bleeder (*od.* extraction) steam engine.

'an‚zap·fen I *v/t* ⟨*sep*, -ge-, h⟩ **1.** (*Faß etc*) tap: j-n (um etwas) ~ *fig. colloq.* a) (*um Geld*) to tap (*od.* touch) s.o. for money, *Am. sl.* to put the bite on s.o. (for money), b) (*ausfragen*) to tap (*od. stärker* pump) s.o. for news (*od.* information). – **2.** (*Baum*) tap. – **3.** *electr. tech.* (*Kabel, Leitung*) tap. – **II A~** *n* ⟨-s⟩ **4.** *verbal noun.* – **5.** *cf.* Anzapfung.

'An‚zapf|‚span·nung *f electr.* tap voltage. — **~‚strom** *m* leakage (*od.* leak-off, bleeder) current. — **~trans·for‚ma·tor** *m* tapped (voltage) transformer. — **~tur‚bi·ne** *f tech.* bleeder (*od.* extraction) turbine.

'An‚zap·fung *f* ⟨-; -en⟩ **1.** *cf.* Anzapfen. – **2.** *electr.* a) tap, tapping (point), leak-off, b) (*Bauelement*) branch connection. – **3.** *tech.* (*an Dampfmaschinen*) extraction, bleeding. – **4.** *geol.* (stream) capture.

'an‚zau·bern *v/t* ⟨*sep*, -ge-, h⟩ j-m etwas ~ *rare* to afflict s.o. with s.th. by witchcraft, to inflict s.th. on s.o. by witchcraft (*od.* a spell).

'An‚zei·chen *n* **1.** sign, indication, mark, token: die ersten ~ eines aufziehenden Gewitters the first signs of a gathering thunderstorm; allen ~ nach wird es Krieg geben there is every indication that there will be a war; ein sicheres ~ für a sure sign (*od.* indication) of; das ist ein ~ von that is a sign of, that indicates; wenn nicht alle ~ trügen (*od.* täuschen) unless we are greatly mistaken (*od.* deceived), unless all appearances are deceptive; es sind alle ~ dafür vorhanden, daß, alle ~ sprechen dafür, daß all signs point (*od.* everything points) to the fact that. – **2.** *auch med.* symptom: bedrohliche ~ grave symptoms; ~ der Tuberkulose *med.* symptoms of consumption, tuberculous symptoms. – **3.** (*Vorzeichen*) a) omen, portent, presage, augury, b) (*meist negativ*) foreboding.

'an‚zeich·nen *v/t* ⟨*sep*, -ge-, h⟩ **1.** (*an eine Tafel etc*) (an *acc* on) draw. – **2.** (*anstreichen*) mark, make (*od.* put) a mark against. – **3.** (*abhaken*) mark (*od.* check, tick) off. – **4.** (*forestry*) *cf.* anreißen 9.

'An‚zei·ge [-‚tsaɪgə] *f* ⟨-; -n⟩ **1.** (*Bekanntgabe*) announcement, notice, notification, *auch* advice (*bes. econ.*): amtliche ~ official notice; die ~ ihrer Vermählung the announcement of their wedding; ~ machen *econ.* to give notice. – **2.** (*in einer Zeitung etc*) advertisement (*seltener* -z-), ad (*colloq.*), *Br. colloq.* advert: eine ~ aufgeben to advertise, to put in (*od.* insert) an advertisement; kleine ~ small (*od.* classified) advertisement; einmalige ~ single insertion; stehende ~ repeat advertisement; doppelseitige ~ double spread; angeschnittene ~ *print.* bleed page. – **3.** *jur.* a) (*bei Behörden*) information, b) denunciation, denouncement, c) (*Strafanzeige*) charge: gegen j-n ~ erstatten, j-n zur ~ bringen to inform (*od.* bring [a] charge) against s.o., to lay (*od.* prefer) a charge against s.o.; ~ bei der Polizei report(ing) to the police; ~ gegen Unbekannt charge against a person (*od.* persons) unknown; ~ beim Staatsanwalt laying of information against s.o. before the public prosecutor; Unterlassung der ~ misprision. – **4.** *tech.* a) indication, b) (*Ablesung*) (instrument) reading, c) (*eines Registriergerätes*) record, d) (*am Radargerät*) (re)presentation: ~ auf einer Skala scale (*od.* dial) reading; ~ mit direkter Ablesung direct-reading apparatus; ~ von Azimut und Höhenwinkel reading of azimuth elevation. – **5.** (*sport*) (*Schießen*) a) scoring indicator, (marking) disc, b) target spotter (*during practice shoot*). – **6.** *obs. for* Anzeichen 1.

'An‚zei·ge|be‚reich *m tech.* **1.** indicating range. – **2.** (*Ablesebereich*) range of reading. — **~emp‚find·lich·keit** *f* (*von Meßgeräten*) sensitivity. — **~ge‚rät**, **~in·stru‚ment** *n tech.* **1.** indicator, indicating instrument. – **2.** (*schreibendes*) recording (*od.* registering) instrument. — **~‚leuch·te** *f* **1.** indicator (*od.* pilot) light (*od.* lamp). – **2.** *auto. cf.* Kontrolleuchte 2.

'an‚zei·gen I *v/t* ⟨*sep*, -ge-, h⟩ **1.** (*bekanntgeben*) announce, give notice of, *auch* notify, advise (*bes. econ.*): j-m etwas ~ to announce s.th. to s.o., to notify (*od.*

advise, inform) s.o. of s.th.; die Verlobung ~ to announce one's engagement; j-m einen beabsichtigten Besuch ~ to notify (*od.* inform, warn) s.o. of an intended visit; j-m einen Schaden ~ to notify s.o. of some damage; bitte zeigen Sie uns den Eingang der Waren an *econ.* please advise us on (*od.* please acknowledge the) receipt of the goods; die Neuauflage eines Buches ~ to advertise the new edition of a book. – **2.** (*zeigen*) indicate, show: die Fahrtrichtung ~ to indicate one's driving direction; das Thermometer zeigt 4° Kälte an the thermometer reads (*od.* registers) 4 degrees below zero. – **3.** (*deuten auf*) indicate, be indicative (*od.* symptomatic) of, point to, denote, signify, mean: Fieber zeigt eine Erkrankung an fever is indicative of disease; das zeigt nichts Gutes an that's not a good sign (*od.* indication), that bodes (*od.* augurs) no good. – **4.** *jur.* denounce, lay (*od.* prefer) an information (*od.* a charge) against, inform against: j-n (wegen etwas) ~ to report s.o. to the police (for s.th.); er wurde wegen Totschlag(s) angezeigt a charge of manslaughter was brought against him; ein Vergehen ~ to present (*od.* inform authorities of) an offence (*Am.* offense); sich selbst ~ to give oneself up. – **5.** *econ.* a) (*Wert etc bei Zoll, Post*) declare, b) (*Preis*) quote. – **6.** *tech.* a) (*zum Ablesen*) indicate, b) (*schreibend*) record, register, c) display, d) (*am Radargerät*) (re)present. – **7.** (*sport*) (*Ringe, Treffer*) mark, signal. – **II** *v/i* **8.** *hunt.* set, point: der Jagdhund zeigt an, wenn er das Wild wittert the hound points when he scents the game. – **III** *v/reflex* sich ~ **9.** be noted (*od.* noticeable, perceptible, visible), show: eine Besserung im Zustand des Patienten zeigt sich an an improvement in the patient's condition is perceptible; schon in dem Knaben zeigt sich's an, was er einst leisten wird als Mann (*Sprichwort*) *etwa* as the twig's inclined, so the tree is bent (*proverb*). – **10.** *obs. for* ankündigen 5 *u.* 6. – **IV A~** *n* ⟨-s⟩ **11.** *verbal noun.* – **12.** *econ.* a) (*von Zollwert etc*) declaration, b) (*von Preis*) quotation. – **13.** *cf.* Anzeige.

'Anˌzei·gen|ˌabˌtei·lung *f* advertising (*od.* advertisement) department. — **~agenˌtur** *f cf.* Anzeigenvermittlung. — **~ˌanˌnah·me(ˌstel·le)** *f* advertising office. — **~ˌbeiˌla·ge** *f* advertisement supplement. — **~beˌrech·nung** *f* estimate of advertising. — **~ˌblatt** *n* **1.** advertising (*od.* advertisement) page. – **2.** (*Werbezeitung*) advertising paper (*od.* journal), *Br. auch* advertiser. — **~bü̱ˌro** *n* **1.** advertising (*od.* advertisement) office. – **2.** advertising agency.

'anˌzei·gend I *pres p.* – **II** *adj* indicative, indicatory.

'Anˌzei·gen|ˌfachˌmann *m econ.* advertising man (*od.* expert), *Am.* adman. — **~ˌfestˌpreis** *m* flat rate for advertisement. — **~forˌmat** *n* advertisement format, size of advertisement. — **~geˌbüh·ren** *pl cf.* Anzeigenkosten. — **~ˌgrö·ße** *f* size of advertisement, advertisement lin(e)age. — **~ˌkennˌzeich·nung** *f* keying of an advertisement. — **~ˌko·sten** *pl* advertising rates (*od.* charges), space charges. — **~plaˌcie·rung** *f* placing of an advertisement. — **~ˌpreis** *m* advertising rate. — **~ˌpreisˌli·ste** *f cf.* Anzeigentarif. — **~ˌraum** *m* (advertisement) space, lin(e)age. — **~ˌschluß** *m* closing date (*od.* hour) for advertisements, copy date for advertisements. — **~taˌrif** *m* advertising rates *pl.* — **~ˌteil** *m* (*in Zeitungen*) advertisement pages *pl* (*od.* section), advertisements *pl.* — **~ˌtex·ter** *m* copywriter, ad writer, *Am.* adman. — **~verˌmitt·ler** *m* advertising agent. — **~verˌmitt·lung** *f* advertising agency. — **~verˌtre·ter** *m cf.* Anzeigenvermittler. — **~ˌwer·ber** *m* advertising (*od.* advertisement) agent (*od.* canvasser). — **~ˌwe·sen** *n* advertising.

'Anˌzei·ge|ˌpflicht *f* **1.** *jur.* obligation to inform (*od.* report to) the police. – **2.** *med.* obligation to inform the health authorities. – **3.** *econ.* (*bes. im Aktienrecht*) obligatory publication, obligation to disclose. — **a~ˌpflich·tig** *adj* **1.** (*Krankheit, Verbrechen*) reportable, notifiable. – **2.** *cf.* meldepflichtig 1.

'Anˌzei·ger *m* ⟨-s; -⟩ **1.** *jur.* a) (common) informer, b) denouncer. – **2.** *tech.* indicator, registering (*od.* recording) instrument. – **3.** *print.* a) (*Zeitungsname*) gazette, *Br. auch* advertiser, b) *cf.* Anzeigenblatt. – **4.** *mil.* (*am Schießstand*) marker. – **5.** *math.* exponent.

'Anˌzei·ge|ˌröh·re *f electr.* (*in Meßgeräten*) (*auch magisches Auge*) visual-indicator tube (*bes. Br.* valve). — **~syˌstem** *n* indicating system. — **~ˌta·fel** *f* **1.** *tech.* indicator panel. – **2.** (*sport*) scoreboard, *Br.* score-board, telegraph board. — **~ˌvorˌrich·tung** *f cf.* Anzeigegerät.

'Anˌzei·gung *f* ⟨-; *no pl*⟩ *cf.* Anzeige 1, 3, 4.

an·zeps ['antsɛps] *adj metr.* anceps.

'anˌzet·teln *v/t* ⟨*sep*, -ge-, h⟩ **1.** (*Verschwörung etc*) plot, hatch, contrive, instigate, machinate (*lit.*): einen Aufstand ~ to instigate (*od. colloq.* engineer) a revolt; er hat das Ganze angezettelt he is the instigator of it all, it is all his doing. – **2.** (*Streit etc*) provoke, cause. – **3.** (*textile*) warp. — **'Anˌzet·te·ler, 'Anˌzett·ler** *m* ⟨-s; -⟩ **1.** plotter, hatcher, contriver, instigator, machinator (*lit.*). – **2.** (*textile*) warper. — **'Anˌzet·te·lung, 'Anˌzett·lung** *f* ⟨-; *no pl*⟩ instigation, contrivance, machination (*lit.*).

'anˌzie·hen I *v/t* ⟨*irr, sep*, -ge-, h⟩ **1.** put on, (*bes. Strümpfe, Pullover*) *auch* pull on, don (*lit.*): die Schuhe ~ to put on (*od.* slip into) one's shoes; ein anderes Kleid ~ to change one's dress; er half ihr, den Mantel anzuziehen he helped her into (*od.* on with) her coat; ich habe nichts anzuziehen I haven't got a thing to wear; diese Jacke kann man noch ~ this jacket is still wearable (*od.* can still be worn); → Spendierhosen. – **2.** j-n ~ to dress s.o. – **3.** (*Seil, Gurt*) tighten, draw (*s.th.*) tighter. – **4.** (*spannen*) strain, stretch. – **5.** (*Zügel*) pull up, draw in, tighten: die Zügel ~ to rein up, to draw rein; bei j-m die Zügel straffer ~ *fig.* to keep a tighter rein on s.o. – **6.** (*Wagen etc*) begin to draw (*od.* pull). – **7.** *archaic* (*Glocke etc*) draw, pull (on). – **8.** (*Tür*) pull (*s.th.*) to, draw (*s.th.*) (shut *od.* to). – **9.** (*Bein, Knie*) draw up. – **10.** *fig.* (*Käufer, Publikum etc*) attract, draw: alles Neue zog ihn an he felt attracted by everything new; Licht zieht die Motten an moths are drawn by (the) light. – **11.** (*Feuchtigkeit etc*) absorb, take up, attract, draw (in): Salz zieht die Feuchtigkeit an salt absorbs (the) moisture. – **12.** (*Geruch etc*) take on, acquire: den Zwiebelgeruch ~ to acquire the smell of onions. – **13.** *lit. for* anführen 5, zitieren 1. – **14.** *tech.* a) (*Schrauben etc*) tighten (*s.th.*) (crosswise), secure (*s.th.*) (tightly), b) (*Hebel*) pull, c) (*Feder*) tension, tighten. – **15.** *phys.* (*magnetisch*) attract. – **16.** *auto.* (*Handbremse*) apply, put on, pull. – **17.** *mus.* (*Saite*) screw up, tighten. – **18.** (*railway*) (*Weichen*) work. – **19.** *agr. obs.* a) (*Pflanzen*) grow, raise, cultivate, b) (*Vieh*) rear, raise, breed. – **II** *v/i* **20.** (*von Pferd, Wagen*) (begin *od.* start to) pull: der Wagen zieht gut an the car pulls away well. – **21.** ⟨*only pp*⟩ angezogen kommen *colloq.* (*von Truppen etc*) come marching along (*od.* up). – **22.** (*von Salz etc*) get damp (*od.* moist), absorb moisture. – **23.** *econ.* (*von Preisen etc*) go (*od.* move) up, rise, advance, *auch* stiffen: die Preise ziehen stark an prices are advancing sharply; die Aktien zogen drei Punkte an the shares advanced three points. – **24.** (*von Mörtel etc*) set, bind, harden: der Leim zieht schon an the glue is beginning to stick. – **25.** (*paints*) (*von Farbe*) (begin to) dry. – **26.** *tech.* a) (*von Maschine*) start, b) (*von Schraube*) take hold, grip, grasp, bite. – **27.** *hunt.* a) (*von Hühnerhund*) nose and approach slowly, b) (*von Vorstehhund*) follow (up) a fresh scent. – **28.** (*games*) (*Schach*) have (*od.* make) the first move, move first: Weiß zieht an white to play. – **29.** (*sport*) put on speed, accelerate. – **III** *v/reflex* sich ~ **30.** dress (oneself), put on one's clothes, get dressed: ziehen Sie sich bitte schnell an please get dressed quickly; sich warm ~ to dress warmly, to put on (some) warm clothes; sie zieht sich gut an she dresses well, she is always well dressed. – **31.** (*von Gegensätzen*) attract each other (*od.* one another). – **IV** *v/impers* **32.** es zieht an it is getting (*od.* growing) colder. – **V A~** *n* ⟨-s⟩ **33.** *verbal noun.* – **34.** (*von Feuchtigkeit*) absorption. – **35.** *econ.* a) rise, advance, b) improvement. – **36.** *tech.* a) pull, b) tension. – **37.** *auto.* (*der Bremse*) application. – **38.** *agr. obs.* cultivation.

'anˌzie·hend I *pres p.* – **II** *adj* **1.** attractive: j-n ~ finden to find s.o. attractive; nicht ~ unattractive. – **2.** (*bes. Wesen*) attractive, engaging, winning, prepossessing: sie hat ein ~es Wesen she has winning ways, she has a charming nature (*od.* personality). – **3.** (*von Plan etc*) attractive, interesting. – **4.** (*einladend*) inviting. – **5.** *med.* (*Muskel*) adducent. – **III** *adv* **6.** attractively: etwas ~ darstellen to describe s.th. attractively; auf j-n ~ wirken to attract (*od.* charm) s.o. – **IV A~e, das** ⟨-n⟩ **7.** attractiveness, attraction: er hat etwas sehr A~es there is s.th. very attractive about him; die Malerei hat sehr wenig A~es für mich painting doesn't particularly attract me.

'Anˌzie·her *m* ⟨-s; -⟩ **1.** (*für Schuhe etc*) shoehorn. – **2.** *med. cf.* Anziehmuskel.

'Anˌziehˌmus·kel *m med.* adductor, adducent muscle.

'Anˌzie·hung *f* ⟨-; *no pl*⟩ **1.** *cf.* Anziehen. – **2.** *phys.* attraction: magnetische ~ magnetic attraction (*od.* pull). – **3.** *fig.* attraction, appeal: ~ auf j-n ausüben to attract s.o.; gegenseitige ~ mutual attraction, affinity. – **4.** *med.* (*eines Muskels, Beines etc*) adduction.

'Anˌzie·hungs|beˌreich *m phys.* (*magnetischer*) gravitational field. — **~geˌsetz** *n* law of attraction. — **~ˌkraft** *f* **1.** *phys.* (force of) attraction, attractive force (*od.* power): ~ der Erde power of gravitation; die ~ der Planeten the pull of the planets; entgegengesetzte ~ counterattraction, *Br.* counter-attraction; magnetische ~ *auch fig.* magnetic attraction. – **2.** *fig.* attraction, attractiveness, appeal: eine magische ~ auf j-n ausüben to have a magic attraction (*od.* draw) for s.o., to fascinate s.o.; die ~ des anderen Geschlechts the attraction of the opposite sex, sexual attraction, sex appeal; das Werk übt eine große ~ auf mich aus the work appeals to me very much; ~ auf Kunden *econ.* customer appeal; seine ~ verloren haben to have lost one's appeal; Stierkämpfe üben eine große ~ auf Touristen aus bullfights draw large numbers of tourists. — **~ˌpunkt** *m fig.* center (*bes. Br.* centre) of attraction (*od.* interest).

'Anˌzieh·verˌmö·gen *n* (*eines Motors*) starting (*od.* getaway) power, pull.

'anˌzi·schen *v/t* ⟨*sep*, -ge-, h⟩ hiss at: die Schlange zischte mich an the snake hissed at me; j-n ~ *colloq.* to hiss at s.o.

'anˌzit·tern *v/i* ⟨*sep*, -ge-, sein⟩ *colloq.* turn (*od.* show) up.

'anˌzockeln (*getr.* -k·k-) *v/i* ⟨*only pp*⟩ angezockelt kommen *colloq.* a) (*von Person*) come toddling along (*od.* up), b) (*von Auto*) *humor.* come chugging along (*od.* up).

'anˌzot·teln *v/i* ⟨*only pp*⟩ angezottelt kommen *colloq.* to come toddling along (*od.* up).

'Anˌzucht *f* **1.** *agr.* (*von Tieren*) rearing, raising. – **2.** *hort.* (*von Pflanzen*) growing, cultivation. – **3.** (*forestry*) (*von Sämlingen*) plant rearing. — **~ˌbeet** *n hort.* seedbed, plant bed. — **~ˌgar·ten** *m* (*forestry*) *cf.* Pflanzgarten. — **~ˌschwei·ne** *pl agr.* breeding pigs.

'anˌzuckern (*getr.* -k·k-) *v/t* ⟨*sep*, -ge-, h⟩ sprinkle (*s.th.*) with sugar, sugar.

'Anˌzug *m* ⟨-(e)s; Anzüge⟩ **1.** suit: einreihiger [zweireihiger] ~ single- [double-] -breasted suit; sich (*dat*) einen ~ nach Maß machen lassen to have a suit made to measure; einen ~ von der Stange kaufen to buy a ready-made (*od. Am.* off-the-rack, *Br.* off-the-peg) suit; dunkler ~ erwünscht dark suit requested; j-n aus dem ~ stoßen *fig. colloq.* a) to beat the daylights out of s.o. (*sl.*), b) *cf.* fertigmachen 4. – **2.** ⟨*only sg*⟩ *fig.* approach, advance: der Feind ist im ~ the enemy is approaching (*od.* advancing, drawing near); ein Gewitter ist im ~ a thunderstorm is approaching (*od.* gathering), a thunderstorm is coming up; eine Gefahr ist im ~ danger is impending; eine Grippe ist im ~ influenza is on the way (*od.* is about); es ist etwas im ~ there is something up (*od.* brewing). – **3.** *pol. Swiss for* Antrag 2. – **4.** (*games*) opening (*od.* first) move: den ~ haben to have the first move, to move first. – **5.** ⟨*only sg*⟩ *auto. cf.* Anziehvermögen. – **6.** ⟨*only sg*⟩ *tech.* a) (*von Schrauben*) tightening, b) (*Verjüngung*) (amount of) taper, c) (*eines Spanndorns*) draw-in, d) (*einer Mauer*) batter.

'anˌzüg·lich [-ˌtsyːklɪç] **I** *adj* **1.** (*Bemerkung, Frage etc*) (offensively) personal, pointed: ~ werden to become (*od.* get) (offensively) personal; ~e Bemerkungen machen to make (*od.* drop) personal remarks. –

2. (*Witz etc*) suggestive, *bes. Am.* off-col-or(ed), risky, risqué, dubious: ~e Witze erzählen to tell dubious (*bes. Am.* off-col-or[ed]) jokes. – 3. *archaic for* anziehend 1, 2. — **'Anˌzüg·lich·keit** *f* ⟨-; -en⟩ 1. ⟨*only sg*⟩ (*anzügliche Art*) offensiveness. – 2. (offensively) personal remark: sich ~en erlauben to indulge in personalities.

'Anˌzugs|ˌdreh·moˌment *n* 1. *auto.* (*des Motors*) starting torque (*od.* moment). – 2. *tech.* (*eines Schraubenschlüssels*) tightening torque. — **~ˌkraft** *f tech.* 1. starting power, tractive force. – 2. *cf.* Anzugsvermögen 2. — **~moˌment** *n cf.* Anzugsdrehmoment. — **~ˌord·nung** *f mil.* clothing (*od.* dress) regulations *pl.*

'Anˌzugˌstoff *m* (*textile*) suiting, cloth.

'Anˌzugs·verˌmö·gen *n* 1. *auto.* getaway (*od.* pulling[-away]) power, getaway. – 2. *tech.* (*als Drehmoment*) starting torque.

'anˌzün·den I *v/t* ⟨*sep*, -ge-, h⟩ 1. (*Gas, Lampe, Zigarette etc*) light: ein Streichholz ~ to light (*od.* strike) a match; etwas wieder ~ to relight s.th., to light s.th. again; das Licht ~ to light the lamp; sich (*dat*) eine Zigarette ~ to light oneself a cigarette; sich (*dat*) eine Pfeife ~ to light (up) one's pipe, to light up. – 2. (*Stroh, Holz etc*) light, kindle, ignite: das Feuer im Ofen ~ to light (the fire in) the stove; ist das Feuer angezündet? is the fire lit? – 3. (*durch Brandstiftung*) set (*od.* put) fire to, set (*s.th.*) on fire, fire. – 4. *fig. rare for* entflammen 1, 2. – **II A~** *n* ⟨-s⟩ 5. *verbal noun.* – 6. ignition.

'Anˌzün·der *m* ⟨-s; -⟩ 1. (*Person*) lighter. – 2. *tech.* lighter, lighting device.

'Anˌzün·dung *f* ⟨-; *no pl*⟩ *cf.* Anzünden.

'an·zuˌwen·dend [-tsu-] *adj* to be used (*nachgestellt*): innerlich ~es Mittel *med.* remedy to be used internally, internal remedy, remedy for internal use (only).

'anˌzwän·gen *v/t* ⟨*sep*, -ge-, h⟩ (*enge Schuhe etc*) force on.

'anˌzwecken (*getr.* -k·k-) *v/t* ⟨*sep*, -ge-, h⟩ etwas ~ *Southern G.* to fasten s.th. with tacks.

'anˌzwei·fel·bar *adj* (*Argument, Aussage*) disputable, questionable, doubtable.

'anˌzwei·feln I *v/t* ⟨*sep*, -ge-, h⟩ 1. doubt, question, call (*s.th.*) in question: das Beweismaterial ~ to suspect (the truth of) the evidence. – 2. *pol.* (*Beschlußfähigkeit etc*) challenge, dispute, contest. – **II A~** *n* ⟨-s⟩ 3. *verbal noun.* – 4. *pol.* challenge. — **'An·ˌzwei·fe·lung, 'Anˌzweif·lung** *f* ⟨-; *no pl*⟩ *cf.* Anzweifeln.

'anˌzwin·kern *v/t* ⟨*sep*, -ge-, h⟩ j-n ~ *colloq.* to wink at s.o., to give s.o. a wink.

'anˌzwit·schern *colloq.* **I** *v/i* ⟨*only pp*⟩ angezwitschert kommen to turn up, to come along. – **II** *v/t* ⟨*sep*, -ge-, h⟩ sich (*dat*) einen ~ (*antrinken*) to lift an elbow, to knock back a few (*colloq.*).

Äol ['ɛːɔl] *npr m* ⟨-s; *no pl*⟩ *myth. cf.* Äolus.

Äo·ler ['ɛːolər; ɛ'oːlər] *m* ⟨-s; -⟩, **Äo·le·rin** ['ɛːo-; ɛ'oː-] *f* ⟨-; -nen⟩ *antiq.* Aeolian. — **Äo·li·en** [ɛ'oːliən] *npr n* ⟨-s; *no pl*⟩ *antiq. geogr.* Aeolis, Aeolia: aus ~ Aeolian. — **Äo·li·er** [ɛ'oːliər] *m*, **Äo·li·er·in** [ɛ'oː-] *f cf.* Äoler(in).

Äo·li·ne [ɛo'liːnə] *f* ⟨-; -n⟩ *mus.* aeoline, *auch* aeolina (*a kind of harmonium*).

Äo·li·pi·le [ɛoli'piːlə] *f* ⟨-; -n⟩ *phys.* (a)eolipile, aeolipyle.

Äo·lis ['ɛːolɪs] *npr f* ⟨-; *no pl*⟩ *cf.* Äolien. — **äo·lisch** [ɛ'oːlɪʃ] **I** *adj* 1. Aeolian: die ~e Tonart *mus.* the Aeolian mode. – 2. (*Versmaß*) Aeolic. – **II** *ling.* **Ä~** ⟨*generally undeclined*⟩, **das Ä~e** ⟨-n⟩ 3. Aeolic, the Aeolic dialect.

'Äolsˌball *m phys. cf.* Äolipile.

'Äolsˌhar·fe *f mus.* Aeolian harp (*od.* lyre).

Äo·lus ['ɛːolʊs] *npr m* ⟨-; *no pl*⟩ *myth.* Aeolus (*the god of the winds*).

Äon [ɛ'oːn; 'ɛːɔn] *m* ⟨-s; -en [ɛ'oːnən]⟩ *meist pl* (a)eon. — **äo·nenˌlang** [ɛ'oːnən-] **I** *adj* lasting for (a)eons (*od.* ages), never ending, eternal. – **II** *adv* for (a)eons (*od.* ages), eternally.

äo·nisch [ɛ'oːnɪʃ] *adj* aeonian, *auch* eonian, aeonial, aeonic.

Ao·rist [ao'rɪst] *m* ⟨-(e)s; -e⟩ *ling.* aorist. — **ao'ri·stisch** *adj* aorist(ic).

Aor·ta [a'ɔrta] *f* ⟨-; Aorten⟩ *med.* aorta: zur ~ gehörig aortic.

Aor·ten|an·euˌrys·ma [a'ɔrtən-] *n med.* aneurysm (*od.* aneurism) of the aorta, aortic aneurysm. — **~ˌbo·gen** *m* aortic arch, arch of the aorta. — **~entˌzün·dung** *f* aortitis. — **~erˌwei·te·rung** *f* dilatation of the aorta. — **~geˌflecht** *n* aortic plexus. — **~in·suf·fi·ziˌenz** *f* aortic insufficiency. — **~ˌkam·mer** *f* left ventricle (of the heart). — **~ˌklap·pe** *f* aortic valve. — **~ˌstamm** *m* aortic trunk, trunk of the aorta. — **~ˌwand** *f* wall of the aorta.

Ap [aːp] *m* ⟨-en; -en⟩ *Low G. for* Affe 1—3.

Apa·che *m* ⟨-n; -n⟩ 1. [a'paxə; a'patʃə] Apache. – 2. [a'paxə] (*Pariser Unterweltler*) apache.

Ap·ago·ge [ap(ʔ)a'goːgə; ap(ʔ)ago'geː] *f* ⟨-; -n [-'goːgən]⟩ *philos.* apagoge. — **ap·ago·gisch** [-'goːgɪʃ] *adj* apagogic(al).

Apa·na·ge [apa'naːʒə] *f* ⟨-; -n⟩ (*eines Prinzen etc*) appanage, *auch* apanage.

apart [a'part] **I** *adj* 1. (*Frau, Kleid etc*) striking, distinctive: ein ~es Gesicht a striking face. – 2. (*Muster etc*) smart, stylish, distinctive. – 3. *obs. for* gesondert II, getrennt 1. – **II** *adv* 4. strikingly: sie ist ~ gekleidet she is strikingly dressed, she has a style of her own, she has a very individual taste. – **III A~e, das** ⟨-n⟩ 5. distinction, distinctiveness: sie hat etwas A~es (an sich) she has a certain something, there is an indefinable quality about her.

Apar·te [a'partə] *n* ⟨-(s); -s⟩ (*theater*) aside.

Apart·heid [a'pa(ː)rthaɪt] *f* ⟨-; *no pl*⟩ *pol.* apartheid.

Apart·ment [a'partmənt; ə'pɑːtmənt] (*Engl.*) *n* ⟨-s; -s⟩ apartment, *bes. Br.* flat.

Apa·thie [apa'tiː] *f* ⟨-; -n [-ən]⟩ apathy, listlessness: j-n aus seiner ~ herausreißen to shake s.o. out of his apathy. — **apa·thisch** [a'paːtɪʃ] *adj* 1. apathetic, listless. – 2. *med.* apathetic.

Apa·tit [apa'tiːt; -'tɪt] *m min.* apatite.

Apa·tri·de [apa'triːdə] *m, f* ⟨-n; -n⟩ *pol.* stateless person.

apen·ni·nisch [apɛ'niːnɪʃ] *adj geogr.* Apennine.

Apep·sie [apɛ'psiː] *f* ⟨-; *no pl*⟩ *med.* apepsia.

aper ['aːpər] *adj Bavarian, Austrian or Swiss for* schneefrei.

Aper·çu [apɛr'syː] *n* ⟨-s; -s⟩ *lit.* 1. aperçu. – 2. witty remark.

Ape·ri·ens [a'peːriɛns] *n* ⟨-; -zien [ape'riɛntsiən] *u.* -tia [ape'riɛntsia]⟩ *med.* aperient.

ape·ri·odisch [aperi'oːdɪʃ; 'a(ː)-] *adj electr. phys.* 1. aperiodic. – 2. (*bes. Meßinstrument*) deadbeat.

Ape·ri·tif [aperi'tiːf] *m* ⟨-s; -s, *auch* -e⟩ aperitif.

apern ['aːpərn] *Bavarian, Austrian or Swiss* **I** *v/i* ⟨h⟩ become clear of snow. – **II** *v/impers* es apert the snow is melting away.

Aper·tur [apɛr'tuːr] *f* ⟨-; -en⟩ 1. (*optics*) aperture, opening: numerische ~ numeric aperture. – 2. *med.* aperture, orifice, opening. – 3. *zo.* (*der Schneckenschale*) aperture, orifice. – 4. *jur.* (*Lehnsheimfall*) escheat. — **~ˌblen·de** *f* (*optics*) aperture diaphragm (*od.* plate).

ape·tal [ape'taːl] *adj bot.* apetalous. — **Ape·'ta·len** *pl* apetalous plants.

Apex ['a(ː)pɛks] *m* ⟨-; Apizes [-pitsɛs]⟩ 1. *astr.* apex. – 2. *ling.* macron, length mark.

Ap·fel ['apfəl] *m* ⟨-s; ¨⟩ 1. apple: reifer [unreifer] ~ ripe [green] apple; ~ nach Hausfrauenart [Burgfrauenart] *gastr.* apple housewife [châtelaine] style; ~ im Schlafrock *gastr.* baked apple dumpling; in den sauren ~ beißen *fig.* to swallow the (bitter) pill; das Gedränge war so groß, daß kein ~ zur Erde fallen konnte *fig.* there was such a crowd that there wasn't room to breathe (*od.* to swing a cat in); der ~ des Paris (*od.* der Zwietracht) *fig.* the apple of discord; der ~ fällt nicht weit vom Stamm (*Sprichwort*) like father like son (*proverb*), he is a chip off (*od.* of) the old block, like takes after like (*proverb*). – 2. *bot.* apple (tree) (*Pirus malus*): die Äpfel blühen the apple trees are in blossom. – 3. *cf.* Apfelfleck. – 4. *her.* pomme, *auch* pomeis. — **a~ˌähn·lich, a~ˌar·tig** *adj* applelike, pomaceous. — **~ˌaufˌlauf** *m gastr.* a) apple soufflé, b) (*mit Brot*) apple charlotte. — **~ˌausˌste·cher** *m* (*Gerät*) apple corer. — **~ˌbäck·chen** *pl humor. colloq.* apple (*od.* rosy) cheeks.

'Ap·felˌbaum *m bot.* apple (tree) (*Pirus malus*): Wilder ~ wild apple tree. — **~ge·ˌspinstˌmot·te** *f zo.* apple (*od.* small) ermine moth (*Hyponomeuta malinella*). — **~ˌkrebs** *m hort.* apple canker (*caused by Nectaria galligena*).

'Apfel|ˌbee·re *f bot.* chokeberry (*Gattg Aronia*). — **~ˌblattˌlaus** *f zo.* apple aphid (*Aphis pomi*): Mehlige ~ mealy apple aphid (*Yezabura malifolii*). — **~ˌblattˌmot·te** *f* apple-leaf skeletonizer (*Simaethis pariana*). — **~ˌblattˌsau·ger** *m* apple(-leaf) sucker (*Psylla mali*). — **~ˌblü·te** *f* apple blossom. — **~ˌblü·tenˌste·cher** *m zo.* apple curculio, apple-blossom weevil (*Anthonomus pomorum*). — **a~ˌbraun** *adj* (*Pferd*) dapple(d)-bay. — **~ˌbre·cher** *m* (*Gerät*) apple picker. — **~ˌbrei** *m gastr. cf.* Apfelmus. — **~ˌbutzen** *m Southern G. and Austrian for* Apfelgehäuse.

Äp·fel·chen ['ɛpfəlçən] *n* ⟨-s; -⟩ *dim. of* Apfel.

'Ap·fel|diˌät *f med.* apple diet. — **~ˌfal·be** *m zo.* dapple light-bay horse. — **~ˌfleck** *m* (*eines Pferdes*) dapple (fleck). — **a~ˌför·mig** *adj* 1. apple-shaped. – 2. *bot.* pomiform(ous). — **~ˌfruchtˌmas·se** *f* pomace, *auch* pumace. — **~ˌfuchs** *m zo.* dapple-bay horse. — **~ˌgar·ten** *m* apple orchard. — **~geˌhäu·se** *n* apple core. — **~geˌlee** *n gastr.* apple jelly. — **a~ˌgrau** *adj* (*Pferd*) dapple(d)-gray (*bes. Br.* -grey). — **~ˌgriebs** *m Northern and Middle G. for* Apfelgehäuse. — **a~ˌgrün I** *adj* apple-green. – **II A~** *n* apple green. — **~ˌkern** *m* apple pip (*od.* seed). — **~ˌkloß** *m gastr.* apple dumpling. — **~komˌpott** *n* stewed apples *pl.* — **~kon·fiˌtü·re** *f cf.* Apfelmarmelade. — **~ˌkreuz** *n her.* cross pommée (*od.* pommelée, pommettée). — **~ˌku·chen** *m gastr.* 1. apple pie (*od.* cake). – 2. *cf.* Apfeltorte. — **~ˌküch·lein** *n meist pl gastr. cf.* Apfelschnitte. — **~ˌkur** *f med. cf.* Apfeldiät. — **~ˌma·de** *f zo.* apple grub (*od.* maggot) (*larva of Carpocapsa pomonella*). — **~mar·meˌla·de** *f gastr.* apple jam. — **~ˌmehlˌtau** *m hort.* apple mildew, apple blight (*caused by Podosphaera leucotricha*). — **~ˌmost** *m gastr.* 1. (*alkoholischer*) apple cider, *bes. Br.* cider, *Am.* hard cider. – 2. *cf.* Apfelsaft. — **~ˌmot·te** *f zo.* apple (fruit-)moth (*Argyresthia conjugella*). — **~ˌmus** *n gastr.* apple puree (*od.* purée), applesauce: ich bin gerührt wie ~ *colloq. meist iron.* I'm deeply touched, I'm touched to the core. — **~paˌste·te** *f* 1. apple-filled pastry. – 2. apple pie. — **~ˌpfannˌku·chen** *m* apple pancake (*od.* fritter), *Am. auch* apfelpfannkuchen. — **~ˌpres·se** *f* cider press. — **~ˌpud·ding** *m gastr.* apple pudding, *Am. auch* pandowdy. — **~ˌquit·te** *f bot. cf.* Quitte.

'Ap·felˌreis[1] *m gastr.* boiled rice with stewed apples.

'Ap·felˌreis[2] *n hort.* apple scion (*od.* graft).

'Ap·fel|ˌro·se *f bot.* sweetbrier, *auch* sweetbriar, eglantine (*Rosa eglanteria*). — **~ˌsaft** *m gastr.* apple juice. — **~ˌsä·ge·ˌwes·pe** *f zo.* apple (fruit-)sawfly (*Hoplocampa testudinea*). — **a~ˌsau·er** *adj chem.* malic, of (*od.* combined with) malic acid. — **~ˌsau·ger** *m zo. cf.* Apfelblattsauger. — **~ˌsäu·re** *f chem.* malic acid (HOOCCH(OH)CHCOOH). — **~ˌscha·le** *f* apple peel (*od.* skin). — **~ˌschim·mel** *m zo.* dapple(d)-gray (*bes. Br.* -grey) horse. — **~ˌschmar·ren** *m Bavarian and Austrian gastr. apple pancake cut* (*od. chopped*) *up into pieces.* — **~ˌschnaps** *m* apple brandy, *bes. Am.* applejack. — **~ˌschnee** *m gastr.* apple snow. — **~ˌschnit·te** *f meist pl* apple fritter. — **~ˌschnitz** *m* apple slice (*od.* chip): getrockneter ~ dried apple section (*od.* ring). — **~ˌschorf** *m bot.* apple scab. — **~ˌsekt** *m gastr.* sparkling cider.

ˌAp·fel'si·ne [-'ziːnə] *f* ⟨-; -n⟩ *bes. Northern G.* orange (*Citrus aurantium var. sinensis*).

ˌAp·fel'si·nen|ˌkern *m* orange pip (*od.* seed). — **~ˌsaft** *m* orange juice. — **~ˌscha·le** *f* orange peel. — **~ˌschei·be** *f* orange slice. — **~ˌsor·te** *f* orange variety. — **~ˌspei·se** *f gastr.* orange dessert (*Br. auch* sweet).

'Ap·fel|ˌsor·te *f* apple variety. — **~ˌstru·del** *m bes. Austrian and Bavarian gastr.* apple strudel. — **~ˌta·sche** *f* apple turnover (*od.* pasty). — **~ˌtor·te** *f Am.* apple torte, *Br.* apple tart: gedeckte ~ apple pie.

'äp·felˌtra·gend *adj bot.* pomiferous.

'Ap·fel|ˌtre·ster *pl* pomace *sg*, *auch* pumace *sg.* — **~ˌwein** *m Br.* cider, *Am.* hard cider. — **~ˌwick·ler** *m zo.* apple (*od.* codlin[g]) moth (*Carpocapsa pomonella*). — **~ˌzweig** *m* apple twig.

Apha·gie [afa'giː] *f* ⟨-; *no pl*⟩ *med.* aphagia.

Apha·nit [afa'niːt; -'nɪt] *m* ⟨-s; -e⟩ *min.* aphanite.

Aph·äre·se [afɛ're:zə], **Aph·äre·sis** [a'fɛ:rezɪs] *f* ⟨-; Aphäresen [afɛ're:zən]⟩ *ling.* aph(a)eresis, *auch* aphesis.

Apha·sie [afa'zi:] *f* ⟨-; -n [-ən]⟩ *med.* aphasia: leichte ~ paraphasia. — **apha·tisch** [a'fa:tɪʃ] *adj* aphasic.

Aph·el [a'fe:l] *n* ⟨-s; -e⟩, **Aph'eli·um** [-lĭʊm] *n* ⟨-s; -lien⟩ *astr.* aphelion.

Aphon·ge,trie·be [a'fo:n-] *n auto. cf.* Gleichlaufgetriebe.

Apho·nie [afo'ni:] *f* ⟨-; -n [-ən]⟩ *med.* aphonia. — **apho·nisch** ['a(:)fo:nɪʃ; a'fo:-] *adj* aphonic.

Apho·ris·mus [afo'rɪsmʊs] *m* ⟨-; -rismen⟩ (*bes. literature*) aphorism. — **apho'ri·stisch** [-tɪʃ] *adj* aphoristic, aphorism(at)ic.

Aphrit [a'fri:t; a'frɪt] *m* ⟨-s; -e⟩ *min.* aphrite.

Aphro·di·sia·kum [afrodi'zi:akʊm] *n* ⟨-s; -ka [-ka]⟩ aphrodisiac. — **aphro'di·sisch** [-'di:zɪʃ] *adj* **1.** aphrodisiac(al). – **2.** of (*od.* pertaining to) Aphrodite.

Aphro·di·te [afro'di:te] *npr f* ⟨-; *no pl*⟩ *myth.* Aphrodite (*Greek goddess of love*).

Aph·the ['aftə] *f* ⟨-; -n⟩ *meist pl med.* ap(h)ta.

'Aph·then,seu·che *f vet. cf.* Maul- und Klauenseuche.

aph·thös [af'tø:s] *adj med. vet.* aphthous.

api·kal [api'ka:l] *adj* apical. — **A~ab,szeß** *m med.* apical root abscess.

Api·kul·tur [apikʊl'tu:r] *f agr. cf.* Bienenzucht.

Apis ['a:pɪs] *npr m* ⟨-; *no pl*⟩ *myth.* Apis (*sacred bull of the Egyptians*).

Apla·nat [apla'na:t] *m* ⟨-s; -e⟩ *phot.* aplanat, aplanatic lens. — **apla'na·tisch** *adj* aplanatic.

Aplit [a'pli:t; a'plɪt] *m* ⟨-s; *no pl*⟩ *min.* aplite.

Aplomb [a'plõ:] *m* ⟨-s; *no pl*⟩ **1.** *archaic* aplomb, self-confidence. – **2.** *choreogr.* aplomb.

Apnoe [a'pno:e] *f* ⟨-; *no pl*⟩ *med.* apn(o)ea.

Apo·chro·mat [apokro'ma:t] *m* ⟨-s; -e⟩ *phot.* apochromat, apochromatic lens. — **apo·chro'ma·tisch** *adj* apochromatic.

Apo·dik·tik [apo'dɪktɪk] *f* ⟨-; *no pl*⟩ *philos.* apodictic, *auch* apodeictic. — **apo'dik·tisch** *adj* **1.** *philos.* apodictic, *auch* apodictical, apodeictic, demonstrable, (logically) necessary. – **2.** *lit.* (*Behauptung etc*) dogmatic, *auch* dogmatical.

Apo·do·sis [a'po:dozɪs] *f* ⟨-; -dosen [apo'do:zən]⟩ *ling.* apodosis, conclusion.

apo·gam [apo'ga:m] *adj bot.* apogamous, apogametic. — **Apo·ga'mie** [-ga'mi:] *f* ⟨-; *no pl*⟩ apogamy. — **apo'ga·misch** *adj cf.* apogam.

Apo·gä·um [apo'gɛ:ʊm] *n* ⟨-s; -gäen⟩ *astr.* apogee. — **Apo'gä·ums,trieb,werk** *n* (*space*) apogee rocket.

Apo·ka·lyp·se [apoka'lʏpsə] *f* ⟨-; -n⟩ **1.** *Bibl.* (*des Johannes*) Apocalypse. – **2.** *fig. lit.* apocalypse. — **Apo·ka'lyp·tik** [-tɪk] *f* ⟨-; *no pl*⟩ *relig.* **1.** apocalypti(ci)sm. – **2.** *collect.* apocalyptic (literature). — **Apo·ka'lyp·ti·ker** [-tikər] *m* ⟨-s; -⟩ *relig.* apocalyptist: der ~ Johannes (*als Verfasser der Offenbarung*) the Revelationist. — **apo·ka'lyp·tisch** [-tɪʃ] *adj* **1.** apocalyptic, *auch* apocalyptical (*auch fig.*): ~e Literatur apocalyptic (literature); die A~en Reiter (*art*) the (Four) Horsemen of the Apocalypse. – **2.** *fig. lit.* (*dunkel, geheimnisvoll*) cryptic, *auch* cryptical, enigmatic, *auch* enigmatical.

apo·karp [apo'karp] *adj bot.* apocarpous.

Apo·ka·ta·sta·se [apokata'sta:zə] *f* ⟨-; *no pl*⟩ *relig.* apokatastasis, apocatastasis, restorationism, universal salvation.

Apo·ko·pe [a'po:kope] *f* ⟨-; -n [apo'ko:pən]⟩ *ling.* apocope. — **apo·ko·pie·ren** [apoko'pi:rən] *v/t* ⟨*no* ge-, h⟩ (*Wort*) apocopate.

apo·kryph [apo'kry:f] **I** *adj* (*unecht*) apocryphal: ~e Schriften apocrypha, Apocrypha. – **II A~** *n* ⟨-s; -en⟩ apocryphal book: die A~en *Bibl.* the Apocrypha. — **apo'kry·phisch** *adj cf.* apokryph I.

apo·lar ['a(:)pola:r; apo'la:r] *adj biol. chem. math.* apolar. — **Apo·la·ri·tät** [apolari'tɛ:t] *f* ⟨-; *no pl*⟩ apolarity.

apo·lid [apo'li:t] *adj pol.* stateless.

apo·li·tisch ['a(:)poli:tɪʃ; apo'li:-] *adj* apolitical, unpolitical.

Apoll [a'pɔl] *m* ⟨-s; *no pl*⟩ *cf.* Apollo 1, 2.

apol·li·nisch [apɔ'li:nɪʃ] **I** *adj myth. philos.* Apollinian. – **II A~e, das** ⟨-n⟩ *philos.* the Apollinian.

Apol·lo [a'pɔlo] **I** *npr m* ⟨-; *no pl*⟩ **1.** *myth.* Apollo (*Greek god of light, music and poetry*): Bruder in ~ *obs.* brother poet (*od.* artist). – **II** *m* ⟨-s; -s⟩ **2.** Apollo: er ist schön wie ~, er ist der reinste ~ *colloq.* he is as handsome as a Greek god. – **3.** *zo. cf.* Apollofalter. — **~,fal·ter** *m zo.* Apollo (butterfly) (*Parnassius Apollo*). — **a~-,gleich** *adj* Apollonian. — **~-,Kap·sel** *f* (*space*) "Apollo" spacecraft (*od.* capsule).

Apol·lon [a'pɔlən] *npr m* ⟨-s; *no pl*⟩ *myth. cf.* Apollo 1.

apol·lo·nisch [apɔ'lo:nɪʃ] *adj* Apollonian (*relating to Apollonius of Perga*): A~e Kreise *math.* Apollonian circles.

Apo·log [apo'lo:k] *m* ⟨-s; -e⟩ apologue.

Apo·lo·get [apolo'ge:t] *m* ⟨-en; -en⟩ *relig.* apologist. — **Apo·lo'ge·tik** [-tɪk] *f* ⟨-; -en⟩ apologetic, apologetics *pl* (*construed as sg*). — **apo·lo'ge·tisch** *adj* apologetic.

Apo·lo·gie [apolo'gi:] *f* ⟨-; -n; [-ən]⟩ apology, apologia: ~ des Sokrates Apology (*by Plato*).

Apo·neu'ro·se *f med.* aponeurosis. — **apo·neu'ro·tisch** *adj* aponeurotic.

Apo·phan·tik [apo'fantɪk] *f* ⟨-; *no pl*⟩ *philos.* apophantic.

Apo·phtheg·ma [apo'ftɛgma] *n* ⟨-s; -men *u.* -mata [-ta]⟩ apothegm, apophthegm.

Apo·phy·se [apo'fy:zə] *f* ⟨-; -n⟩ *med. zo.* apophysis (*auch geol. bot.*).

Apo·plek·ti·ker [apo'plɛktikər] *m* ⟨-s; -⟩ *med.* apoplectic. — **apo'plek·tisch** [-tɪʃ] *adj* apoplectic, *auch* apoplectical: ~er Anfall apoplectic seizure, apoplexy, stroke. — **Apo·ple'xie** [-'ksi:] *f* ⟨-; -n [-ən]⟩ apoplexy, stroke.

Apo·re·tik [apo're:tɪk] *f* ⟨-; *no pl*⟩ *philos.* technique for solving paradoxes. — **Apo'rie** [-'ri:] *f* ⟨-; -n [-ən]⟩ aporia, paradoxical situation, problem.

Apo·sio·pe·se [apozĭo'pe:zə] *f* ⟨-; -n⟩ (*Rhetorik*) aposiopesis.

Apo·sta·sie [apɔsta'zi:] *f* ⟨-; -n [-ən]⟩ *relig.* apostasy (*auch fig.*). — **Apo'stat** [-'sta:t] *m* ⟨-en; -en⟩ apostate, renegade. — **apo'sta·tisch** *adj* apostate, apostatic(al).

Apo·stel [a'pɔstəl] *m* ⟨-s; -⟩ *relig.* apostle (*auch fig.*): die zwölf ~ the Twelve (Apostles). — **~,amt** *n* apostleship, apostolate. — **~,fürst** *m* **1.** Prince of the Apostles (*Peter*). – **2.** *pl* Princes of the Apostles (*Peter and Paul*). — **~ge,schich·te** *f Bibl.* Acts *pl* (*construed as sg*) (of the Apostles). — **~,krug** *m* (*art*) apostle jug (*with raised figures of apostles on it*). — **~,leh·re** *f* Didache. — **~,löf·fel** *m* (*art*) apostle spoon.

Apo·stel·tum [a'pɔs-] *n* ⟨-(e)s; *no pl*⟩ *relig. cf.* Apostelamt.

a po·ste·rio·ri [a pɔste'rĭo:ri] *adv u. adj philos.* a posteriori.

Apo·ste·rio·ri [apɔste'rĭo:ri] *n* ⟨-; -⟩ a posteriori knowledge. — **apo·ste·rio·risch** [-'rĭo:rɪʃ] *adj u. adv* a posteriori.

Apo·stilb [apo'stɪlp] *n* ⟨-s; -⟩ *phys.* apostilb.

Apo·sto·lat [apɔsto'la:t] *n* ⟨-(e)s; -e⟩ *relig. cf.* Apostelamt. — **Apo'sto·li·ker** [-'to:likər] *m* ⟨-s; -⟩ *relig.* Apostolic: die ~ the (sect of the) Apostolics.

Apo·sto·li·kum [apɔs'to:likʊm] *n* ⟨-s; *no pl*⟩ *relig.* the Apostles' Creed.

apo·sto·lisch [apɔs'to:lɪʃ] *adj relig.* apostolic, *auch* apostolical: das A~e Glaubensbekenntnis the Apostles' Creed; die A~e Kammer the Camera; die A~e Majestät *hist.* His Apostolic Majesty (*title of the King of Hungary*); die ~e Nachfolge (*od.* Sukzession) the apostolic succession; der A~e Nuntius the Papal nuncio; der ~e Segen the apostolic benediction, the Papal blessing; der A~e Stuhl the Apostolic (*od.* Holy) See, the See of Rome; A~er Vikar vicar apostolic.

Apo·sto·li·zi·tät [apɔstolitsi'tɛ:t] *f* ⟨-; *no pl*⟩ *relig.* apostolicity.

Apo·stroph [apo'stro:f] *m* ⟨-s; -e⟩ *ling.* apostrophe: einen ~ setzen to put in an apostrophe, to put an apostrophe after a word, to apostrophize a word; der ~ steht falsch the apostrophe is in the wrong place.

Apo·stro·phe [a'pɔstrofe] *f* ⟨-; -n [apo'stro:fən]⟩ (*Rhetorik*) apostrophe. — **apo·stro·phie·ren** [apostro'fi:rən] *v/t* ⟨*no* ge-, h⟩ **1.** apostrophize, mark (*s.th.*) with an apostrophe. – **2.** j-n als etwas ~ (*anreden*) to apostrophize s.o.: j-n als Genie [Gauner] ~ to apostrophize s.o. (a) genius [crook]. — **apo·stro·phisch** [apo'stro:fɪʃ] *adj ling.* apostrophic.

Apo·the·ke [apo'te:kə] *f* ⟨-; -n⟩ **1.** *bes. Am.* pharmacy, *Br.* chemist's shop, *Am.* drugstore: in die ~ gehen to go to the pharmacy; in der ~ at the pharmacy (*od.* drugstore). – **2.** *cf.* Hausapotheke. – **3.** *colloq.* expensive shop: der Laden ist eine ~ this shop charges fancy prices.

apo'the·ken,pflich·tig *adj* (*Medikament*) subject to sale by pharmacists only.

Apo'the·ken,schränk·chen *n* medicine cabinet (*od.* chest).

Apo·the·ker [apo'te:kər] *m* ⟨-s; -⟩ pharmacist, *bes. Br.* (dispensing) chemist, *bes. Am.* druggist. — **~,as·sel** *f zo.* armadillo (*Armadillo officinalis*). — **~,buch** *n* pharmacop(o)eia, dispensatory. — **~ge,hil·fe** *m Br.* chemist's assistant, *bes. Am.* druggist's assistant. — **~ge,wicht** *n* apothecaries' weight. — **~,glas** *n* phial.

Apo'the·ke·rin *f* ⟨-; -nen⟩ *cf.* Apotheker.

Apo'the·ker|,maß *n* apothecaries' measure. — **~,ord·nung** *f pharm.* **1.** dispensatory. – **2.** instructions *pl* for dispensing. — **~,preis** *m meist pl colloq.* fancy price. — **~,rech·nung** *f colloq. humor.* exorbitant bill, incredibly inflated charge. — **~,skink** *m zo.* adda, common (*od.* medicinal) skink, Egyptian skink (*Scincus scincus*). — **~,wa·ren** *pl med. pharm.* pharmaceutical goods (*od.* drugs), pharmaceuticals.

Apo·them [apo'te:m] *n* ⟨-s; -e⟩ *math.* apothem.

Apo·theo·se [apote'o:zə] *f* ⟨-; -n⟩ *lit.* apotheosis, deification, glorification.

apo·trop [apo'tro:p] *adj bot.* apotropous.

ap·pa·la·chisch [apa'laxɪʃ] *adj* Appalachian.

Ap·pa·rat [apa'ra:t] *m* ⟨-(e)s; -e⟩ **1.** (*Gerät*) apparatus, (mechanical) device, appliance: ein komplizierter ~ a complicated apparatus; einen ~ erfinden [bedienen] to invent [to operate] an apparatus; was ist denn das für ein ~? *fig. colloq.* what kind of a contrivance is that? – **2.** (*Meßgerät*) instrument. – **3.** (*Vorrichtung*) device. – **4.** (*Hilfsgerät*) appliance. – **5.** *colloq. tel.* phone (*colloq.*): am ~! speaking! bleiben Sie bitte am ~! hold the line (*od.* hold on), please! Sie werden am ~ gewünscht, an den ~, bitte there is a call for you; wer ist am ~? who is speaking (*od.* calling, on the phone)? j-n an den ~ rufen to call s.o. to the phone. – **6.** *colloq. for* Radio(apparat), Fernsehgerät, Kamera, Rasierapparat. – **7.** *fig.* (*Einrichtung*) machinery, machine, apparatus: guteingespielter ~ well-functioning machinery; ein bürokratischer ~ a bureaucratic setup; der (komplizierte) ~ der Verwaltung [Regierung] the (complicated) administrative [governmental] machinery. – **8.** (*literature*) kritischer ~ (*zu einem Text*) critical apparatus, apparatus criticus. – **9.** *cf.* Handapparat 1. – **10.** *med. zo.* apparatus, *auch* organ, *bes. Am.* machine.

Ap·pa'ra·te,bau *m* ⟨-(e)s; *no pl*⟩ *tech.* apparatus (*od.* instrument) construction (*od.* manufacture, industry): Maschinen- und ~ mechanical engineering industry.

Ap·pa'ra·te,brett *n* **1.** instrument panel (*od.* board). – **2.** *cf.* Instrumententafel. — **~,leuch·te** *f* **1.** instrument-panel (*od.* dashboard) lamp. – **2.** *cf.* Instrumentenleuchte.

Ap·pa'ra·te|,schnur *f* flexible (*od.* instrument) cord, *Br. colloq.* flex. — **~,schrank** *m electr.* switchgear cabinet.

ap·pa·ra·tiv [apara'ti:f] *adj tech.* of (*od.* relating to, pertaining to) an apparatus.

Ap·pa·rat·schik [apa'ratʃɪk] *m* ⟨-s; -s⟩ *pol. contempt.* apparatchik (*leading personality in communist states of Eastern Europe*).

Ap·pa·ra·tur [apara'tu:r] *f* ⟨-; -en⟩ *tech.* **1.** (*Gesamtanlage*) (mechanical) equipment (*od.* outfit), plant. – **2.** (*Zubehör*) fixtures *pl.*

Ap·par·te·ment [apart(ə)'mã:; *Swiss* -'mɛnt] *n* ⟨-s; -s, *Swiss* -e⟩ **1.** apartment, *bes. Br.* flat. – **2.** (hotel) apartment (*od.* suite).

Ap·par·te'ment|,haus *n Am.* apartment building (*od.* house), *Br.* block of flats. — **~,woh·nung** *f cf.* Appartement 1.

ap·pas·sio·na·to [apasĭo'na:to] *adv u. adj mus.* appassionato.

Ap·pease·ment [ə'pi:zmənt] (*Engl.*) *n* ⟨-s; *no pl*⟩ *pol.* (policy of) appeasement.

'Äp·pel,kahn ['ɛpəl-] *m colloq.* **1.** (*Lastkahn*) barge. – **2.** *pl. fig. humor.* (*Schuhe*) 'canal barges' (*colloq.*), beetle-crushers (*colloq.*).

Ap·pell [a'pɛl] *m* ⟨-s; -e⟩ **1.** (*Aufforderung*)

(an *acc*) appeal (to), call (on, upon): einen ~ an j-n richten to direct an appeal to s.o.; ein ~ an das Gewissen an appeal to s.o.'s conscience; der ~ verhallte ungehört the appeal died away without response; ~ an die Vernunft appeal to reason. – **2.** *mil.* a) roll call, b) (*Besichtigung*) inspection, muster, c) parade: einen ~ abhalten to call the roll; zum ~ antreten to fall in for roll call. – **3.** *hunt.* (*Dressur*) training, obedience: der Hund hat guten ~ the dog is well trained. – **4.** (*sport*) (*beim Fechten*) alarm, appeal, appel.

Ap·pel·la·ti'ons|ge,richt [apɛla'tsǐo:ns-] *n*, **~ge,richts,hof** *m obs. for* Berufungsgericht.

ap·pel·la·tiv [apɛla'ti:f] *ling.* **I** *adj* appellative. – **II A~** *n* ⟨-s; -e⟩, *auch* **Ap·pel·la'ti·vum** [-vʊm] *n* ⟨-s; -va [-va]⟩ appellative, common noun.

ap·pel·lie·ren [apɛ'li:rən] *v/i* ⟨*no* ge-, h⟩ **1.** (*sich wenden an*) (an *acc* to) appeal, make an appeal, resort (*bes. econ.*): an j-s Vernunft ~ to (make an) appeal to s.o.'s good sense; an das Volk ~ to (make an) appeal to the people (*od.* country); an den Kapitalmarkt ~ *bes. Swiss econ.* to resort to (*od.* borrow in) the market. – **2.** *jur. obs.* appeal.

Ap'pell,platz *m mil.* parade ground.

Ap·pend·ek·to·mie [apɛndɛkto'mi:] *f* ⟨-; -n [-ən]⟩ *med.* appendectomy, *Br.* appendicectomy, removal of the appendix.

Ap·pen·dix[1] ['apɛndɪks] *m* ⟨- *od.* -es; -dizes [-ditsɛs] *od.* -e⟩ **1.** (*Anhängsel*) appendix, appendage. – **2.** *med. cf.* Appendix[2]. – **3.** *print.* appendix.

Ap'pen·dix[2] *f* ⟨-; -dices [-ditsɛs]⟩ *med.* (vermiform) appendix.

Ap·pen·di·zi·tis [apɛndi'tsi:tɪs] *f* ⟨-; -tiden [-tsi'ti:dən]⟩ *med.* appendicitis.

Ap·per·zep·ti·on [apɛrtsɛp'tsǐo:n] *f* ⟨-; -en⟩ *psych.* apperception. — **ap·per·zep'tiv** [-'ti:f] *adj* apperceptive. — **ap·per·zi·'pie·ren** [-tsi'pi:rən] *v/t* ⟨*no* ge-, h⟩ apperceive.

Ap·pe·tit [ape'ti:t] *m* ⟨-(e)s; -e⟩ **1.** (auf *acc* for; nach for) appetite: Guten ~! bon appétit! (*rarely used in England or America*); einen gesegneten (*od.* guten) ~ haben to have a hearty (*od.* good) appetite, to eat well; auf (*acc*) etwas ~ haben to have an appetite for s.th., to be hungry for s.th., to feel like having s.th.; worauf haben Sie ~? what do you fancy? etwas mit ~ genießen to eat s.th. with relish, to relish s.th.; den ~ anregen (*od.* reizen) to sharpen (*od.* whet, stimulate) the appetite; ~ machen to give an appetite; den ~ verlieren *auch fig.* to lose one's appetite; mir ist der ~ darauf vergangen, das hat mir den ~ verdorben *auch fig.* it took away (*od.* spoiled) my appetite; der ~ kommt beim (*od.* mit dem) Essen (*Sprichwort*) a) appetite comes with eating (*auch fig.*), b) *fig.* the more one has the more one wants. – **2.** *med.* appetite: unnatürlicher (*od.* gestörter) ~ dysorexia. — **a~,an,re·gend** *adj* **1.** (*Speisen etc*) appetizing. – **2.** (*Heilmittel etc*) stimulating the appetite, appetizing. — **~,an,re·ger** *m* appetizer. — **~,bröt·chen** *n gastr.* savory (*bes. Br.* savoury) sandwich (*od.* roll). — **~,häpp·chen** *n*, **~,hap·pen** *m* savory (*bes. Br.* savoury) (*od.* tasty) morsel, canapé, tidbit, titbit.

ap·pe'tit·lich I *adj* **1.** (*lecker*) appetizing, delicious, savory, *bes. Br.* savoury: ein ~er Anblick an appetizing sight; diese Speise sieht ~ aus this dish looks absolutely delicious; die Küche sah nicht sehr ~ aus the kitchen didn't look very appetizing, the kitchen looked none too clean. – **2.** *fig. colloq.* appetizing, pleasant-looking, attractive(-looking): ein ~es Mädchen an appetizing girl (*colloq.*); ein nicht sehr ~er Bursche an uninviting-looking fellow. – **II** *adv* **3.** appetizingly: etwas ~ zubereiten (*od.* zurechtmachen) to prepare s.th. appetizingly; es ist ~ verpackt it is attractively packed.

ap·pe'tit·los *adj bes. med.* without any (*od.* lacking in) appetite; inappetent, anore(c)tic, anorectous (*scient.*): ~ sein to have lost one's appetite. — **Ap·pe'tit·lo·sig·keit** *f* ⟨-; *no pl*⟩ *bes. med.* loss (*od.* lack) of appetite; inappetence, anorexia, anorexy (*scient.*): über ~ klagen to complain of loss of appetite.

Ap·pe'tit|,man·gel *m bes. med.* lack (*od.* loss) of appetite, anepithymia (*scient.*). — **~,mit·tel** *n cf.* Appetitanreger.

ap·plau·die·ren [aplaʊ'di:rən] *v/i u. archaic v/t* ⟨*no* ge-, h⟩ applaud, clap: j-m lebhaft [begeistert] ~ to applaud s.o. vigorously [enthusiastically].

Ap·plaus [a'plaʊs] *m* ⟨-es; *no pl*⟩ applause: begeisterter [stürmischer] ~ enthusiastic [tumultuous] applause; (großen) ~ bekommen to meet (*od.* be greeted) with applause, to receive an ovation; der ~ wollte kein Ende nehmen there was no end to the applause; einen Schauspieler mit ~ empfangen to applaud an actor, to receive an actor with applause.

Ap·pli·ka·te [apli'ka:tə] *f* ⟨-; -n⟩ *math.* z-coordinate, applicate (ordinate). — **Ap·pli'ka·ten,ach·se** *f* z-axis.

Ap·pli·ka·ti·on [aplika'tsǐo:n] *f* ⟨-; -en⟩ **1.** *med.* (*von Heilmitteln etc*) application, administration, medication. – **2.** (*fashion*) appliqué (work): ein Rock mit ~en an appliqué-work (*od.* appliquéd) skirt. – **3.** *obs. for* Anwendung 1—3.

Ap·pli·ka·ti'ons·sticke,rei (*getr.* -k·k-) *f* **1.** appliqué work. – **2.** appliquéd ornament.

Ap·pli·ka·tur [aplika'tu:r] *f* ⟨-; -en⟩ **1.** *mus.* fingering. – **2.** *obs. for* Gebrauch 3.

ap·pli·zie·ren [apli'tsi:rən] *v/t* ⟨*no* ge-, h⟩ **1.** *med.* apply, administer. – **2.** (*fashion*) ornament with appliqué. – **3.** (*bes. Farben etc*) apply, put (*od.* lay) on. – **4.** *obs. for* anwenden 2. — **ap·pli'ziert I** *pp.* – **II** *adj* appliqué, appliquéd.

Ap·pog·gia·tur [apɔdʒa'tu:r] *f* ⟨-; -en⟩, **Ap·pog·gia'tu·ra** [-'tu:ra] *f* ⟨-; -turen⟩ *mus.* appoggiatura.

ap·port [a'pɔrt] *interj hunt.* (go) fetch! (*order to a dog*).

Ap'port *m* ⟨-s; -e⟩ **1.** *hunt.* retrieving (*od.* fetching) (*of game by dogs*). – **2.** (*im Okkultismus*) procuring of objects.

ap·por·tie·ren [apɔr'ti:rən] *v/t u. v/i* ⟨*no* ge-, h⟩ *hunt.* (*vom Hund*) retrieve, fetch.

Ap·por'tier,hund *m hunt.* retriever.

Ap·po·si·ti·on [apozi'tsǐo:n] *f* ⟨-; -en⟩ *ling. auch biol. bot.* apposition. — **ap·po·si·tio'nell** [-tsǐo'nɛl] *adj ling.* appositional, appositive.

Ap·pre·hen·si·on [aprehɛn'zǐo:n] *f* ⟨-; -en⟩ *psych.* apprehension.

Ap·pre·teur [apre'tø:r] *m* ⟨-s; -e⟩ *tech.* dresser, finisher, converter. — **ap·pre·'tie·ren** [-'ti:rən] (*textile*) **I** *v/t* ⟨*no* ge-, h⟩ **1.** (*Gewebe*) dress, finish, size. – **II A~** *n* ⟨-s⟩ **2.** *verbal noun.* – **3.** *cf.* Appretur.

Ap·pre'tier|ma,schi·ne *f tech.* (*textile*) dressing (*od.* finishing) machine. — **~,mas·se** *f* finishing (*od.* sizing) material.

Ap·pre·tur [apre'tu:r] *f* ⟨-; -en⟩ (*textile*) dressing, finish(ing), size: der Stoff hat eine gute ~ the material has a good finish. — **~,kör·per** *m* (*paper*) loading agent (*od.* filler). — **~,mit·tel** *n* finishing (*od.* sizing, dressing) agent.

Ap·pro·ba·ti·on [aproba'tsǐo:n] *f* ⟨-; -en⟩ **1.** *med.* (*eines Arztes*) licence (*Am.* license) to practice (*bes. Br.* -s-) medicine: j-m die ~ erteilen to licence s.o.; j-m die ~ entziehen *Am.* to revoke s.o.'s license, *Br.* to strike s.o. off the (Medical) Register. – **2.** *relig.* (*Druckerlaubnis*) imprimatur. — **ap·pro·bie·ren** [apro'bi:rən] *v/t* ⟨*no* ge-, h⟩ *bes. med.* grant a professional licence (*Am.* license), qualify, license, *Br. auch* licence, *Am. auch* register. — **ap·pro'biert I** *pp.* – **II** *adj* **1.** *bes. med.* (*Arzt etc*) qualified, licensed, *Br. auch* licenced, *Am. auch* registered: ~er Arzt qualified physician (*od.* doctor); ~er Apotheker registered pharmacist. – **2.** *fig. humor.* approved.

Ap·pro·xi·ma·ti·on [aprɔksima'tsǐo:n] *f* ⟨-; -en⟩ *math.* **1.** approximation. – **2.** (*Exhaustion*) exhaustion. — **Ap·pro·xi·ma·ti'ons·me,tho·de** *f* method of approximation.

ap·pro·xi·ma·tiv [aprɔksima'ti:f] *adj* approximate, approximative.

Apra·xie [apra'ksi:] *f* ⟨-; -n [-ən]⟩ *med.* apraxia.

Après-Ski [aprɛ'ʃi:; aprɛ'ski:] *n* ⟨-; -s⟩ (*fashion*) après- (*od.* after-)ski (clothes *pl*, clothing). — **~-,Klei·dung** *f cf.* Après-Ski.

Apri·ko·se [apri'ko:zə] *f* ⟨-; -n⟩ *bot.* **1.** (*Frucht*) apricot. – **2.** (*Baum*) apricot tree (*Prunus armeniaca*).

apri'ko·sen,far·ben *adj* apricot(-colored, *bes. Br.* -coloured).

Apri'ko·sen|jam,bu·se *f bot.* Java (*od.* Malabar) plum (*Eugenia jambolana*). — **~mar·me,la·de** *f gastr.* apricot jam. — **~,pfir·sich** *m bot.* nectarine (*Prunus persica var. nucipersica*). — **~,schnaps** *m* apricot brandy. — **~,tor·te** *f gastr.* apricot cake, *Am.* apricot pie, *Br.* apricot tart (*od.* flan).

April [a'prɪl] *m* ⟨-(s); *rare* -e⟩ April: ein naßkalter ~ a damp and cold April; im Laufe des ~(s) during the month of April; der erste ~ a) the first of April, b) *humor.* April (*auch* All) Fools' Day, *Br.* April--fool-day; launisch wie der ~ *auch fig.* capricious (*od.* fitful) as April (weather); j-n in den ~ schicken *fig.* a) to make an April fool of s.o., b) to send s.o. on a fool's errand; ~! ~! *fig. colloq.* April fool! (der) ~ tut, was er will (*Sprichwort*) *etwa* April weather, rain and sunshine both together.

April|,narr [a'prɪl-] *m* April fool. — **~,re·gen** *m* April shower: ~, Maisegen (*Sprichwort*) April showers bring May flowers (*proverb*). — **~,schau·er** *m* April shower. — **~,scherz** *m* April fool (*od.* First of April) joke (*od.* hoax): das ist wohl ein ~? *colloq.* that's supposed to be a joke, isn't it? — **~,wet·ter** *n* April weather.

a prio·ri [a pri'o:ri] *adv u. adj* a priori.

Aprio·ri [apri'o:ri] *n* ⟨-; -⟩ *philos.* (concept of) a priori.

aprio·risch [apri'o:rɪʃ] *adj philos.* a priori, aprioristic, pure: ~es Denken (*od.* Prinzip) apriorism.

Aprio·ris·mus [aprio'rɪsmʊs] *m* ⟨-; -rismen⟩ *philos.* apriorism, a priori reasoning.

Aprio·rist [aprio'rɪst] *m* ⟨-en; -en⟩ *philos.* apriorist. — **aprio'ri·stisch** *adj* aprioristic.

Aprio·ri·tät [apriori'tɛ:t] *f* ⟨-; *no pl*⟩ *philos.* apriority.

apro·pos [apro'po:] *adv* incidentally, by the way, that reminds me.

Ap·si·de [a'psi:də] *f* ⟨-; -n⟩ **1.** *astr.* apsis: höhere [tiefere] ~ higher [lower] apsis. – **2.** *arch. cf.* Apsis.

ap'si·den|,för·mig *adj* apsidal. — **A~,li·nie** *f astr.* (*space*) line of apsides.

Ap·sis ['apsɪs] *f* ⟨-; Apsiden [a'psi:dən]⟩ *arch.* (*bes. einer Kirche*) apse, apsis: kleine (*od.* zweite) ~ apsidiole, absidiole. — **a~-,för·mig** *adj* apsidal. — **~,schiff** *n arch.* apse aisle.

ap·tie·ren [ap'ti:rən] *v/t* ⟨*no* ge-, h⟩ *obs. for* anpassen 2; herrichten 3.

apu·lisch [a'pu:lɪʃ] *adj* Apulian.

Aqua de·stil·la·ta ['a:kva dɛstɪ'la:ta] *n* ⟨-; *no pl*⟩ *chem.* distilled water.

Aquä·dukt [akvɛ'dʊkt] *m* ⟨-(e)s; -e⟩ *civ.eng.* aqueduct.

'Aqua·kul,tur *f* aquaculture, aquiculture, sea-farming.

Aqua·ma·ni·le [akvama'ni:lə] *n* ⟨-; -n⟩ *relig.* (*röm.kath.*) aquamanile.

Aqua·ma·rin[1] [akvama'ri:n] *min.* **I** *m* ⟨-s; -e⟩ aquamarine. – **II a~** *adj* aquamarine.

Aqua·ma'rin[2] (*paints*) **I** *n* ⟨-s; *no pl*⟩ aquamarine, sea green. – **II a~** *adj* aquamarine, sea-green.

Aqua·ma'rin,far·be *f cf.* Aquamarin[2] I.

Aqua·naut [akva'naʊt] *m* ⟨-en; -en⟩ aquanaut.

Aqua·pla·ning ['a:kva,pla:nɪŋ] *n* ⟨-s; *no pl*⟩ *auto.* aquaplaning.

Aqua·rell [akva'rɛl] *n* ⟨-s; -e⟩ **1.** watercolor (*bes. Br.* water-colour) (painting), aquarelle. – **2.** *cf.* Aquarellfarbe. — **~,bild** *n cf.* Aquarell 1. — **~,druck** *m* ⟨-(e)s; -e⟩ *print.* watercolor (*bes. Br.* water-colour) print (*od.* reproduction). — **~,far·be** *f* watercolor (*bes. Br.* water-colour) (paint).

aqua·rel·lie·ren [akvarɛ'li:rən] *v/i u. v/t* ⟨*no* ge-, h⟩ paint (*s.th.*) in watercolors (*bes. Br.* water-colours).

Aqua'rell|,ma·ler *m* watercolorist, *bes. Br.* water-colourist, aquarellist, painter in watercolors (*bes. Br.* water-colours). — **~ma·le,rei** *f* painting in watercolors (*bes. Br.* water-colours), watercolor (*bes. Br.* water-colour) (*od.* aquarelle) (painting).

Aqua·ria·ner [akva'rǐa:nər] *m* ⟨-s; -⟩ *person fond of aquariums.*

Aqua·ri·en,glas [a'kva:rǐən-] *n* aquarium glass: kugelförmiges ~ fish globe.

Aqua·ri·um [a'kva:rǐʊm] *n* ⟨-s; -rien⟩ aquarium. — **~,pflan·ze** *f* aquarium plant.

Aqua·tin·ta [akva'tɪnta] *f* ⟨-; *no pl*⟩, **~ma·,nier** *f* aquatint: Kupferstecher (*od.* Zeichner) in ~ aquatinter; in ~ ausführen to aquatint. — **~ˌabˌdruck** *m* ⟨-(e)s; -e⟩ aquatint.

Äqua·ti·on [ɛkva'tsĭoːn] *f* ⟨-; -en⟩ equation.

aqua·tisch [a'kvaːtɪʃ] *adj* aquatic.

Äqua·tor [ɛ'kvaːtɔr] *m* ⟨-s; *rare* -en [-'toːrən]⟩ **1.** *geogr. mar.* equator, *mar. auch* the line (*od.* Line): magnetischer ~ magnetic equator, aclinic line; am (*od.* nahe beim) ~ liegend equatorial; das Schiff hat den ~ passiert the ship has crossed the line. – **2.** *astr.* equator. – **3.** *meteor.* (*thermischer*) thermal equator.

Äqua·to·re·al [ɛkvatore'aːl] *n* ⟨-s; -e⟩ *astr.* equatorial telescope.

Äqua·torˌhö·he [ɛ'kvaːtɔr-] *f astr. angle between the equator and the horizon.*

äqua·to·ri·al [ɛkvato'rĭaːl] *adj geogr.* equatorial. — **Ä~ˌluft** *f* equatorial air. — **Ä~ˌplat·te** *f bot.* equatorial (*od.* cell) plate. — **Ä~ˌströ·mung** *f geogr.* equatorial current.

Äqua·torˌtau·fe [ɛ'kvaːtɔr-] *f mar.* crossing-the-line ceremony, ducking on crossing the line.

Aqua·vit [akva'viːt] *m* ⟨-s; -e⟩ aquavit, *auch* akvavit, kümmel.

äqui·di·stant [ɛkvidɪs'tant] *adj geogr. math.* equidistant.

Äqui·li·bris·mus [ɛkvili'brɪsmʊs] *m* ⟨-; *no pl*⟩ *philos.* equilibrism. — **Äqui·li'brist** [-'brɪst] *m* ⟨-en; -en⟩ **1.** *philos.* equilibrist. – **2.** *cf.* Seiltänzer. — **äqui·li'bri·stisch** *adj* equilibristic.

äqui·mo·le·ku·lar [ɛkvimoleku'laːr] *adj chem.* equimolecular.

äqui·nok·ti·al [ɛkvinɔk'tsĭaːl] *adj* equinoctial. — **Ä~ˌpunkt** *m* equinoctial (*od.* equinox) point. — **Ä~ˌsturm** *m meist pl* equinoctial (storm *od.* gale).

Äqui·nok·ti·um [ɛkvi'nɔktsĭʊm] *n* ⟨-s; -tien⟩ equinox.

äqui·po·ten·ti·al [ɛkvipotɛn'tsĭaːl] *adj phys. cf.* äquipotentiell. — **Ä~ˌflä·che** *f* equipotential surface.

äqui·po·ten·ti·ell [ɛkvipotɛn'tsĭɛl] *adj phys.* equipotential, of equal power, of the same potential.

Äqui·va·lent [ɛkviva'lɛnt] *auch chem. phys.* **I** *n* ⟨-(e)s; -e⟩ equivalent: j-m für etwas ein ~ bieten to offer s.o. an equivalent for s.th.; das ist kein angemessenes ~ für seinen Verlust that is not an adequate equivalent (*od.* compensation) for his loss. – **II ä~** *adj* equivalent.

Äqui·va'lent·geˌwicht *n chem.* equivalent (*od.* combining) weight.

Äqui·va·lenz [ɛkviva'lɛnts] *f* ⟨-; -en⟩ *phys.* equivalence, *auch* equivalency. — **~prinˌzip** *n* principle of equivalence, exclusion principle.

äqui·vok [ɛkvi'voːk] *adj* equivocal.

Ar [aːr] *n*, *auch m* ⟨-s; -e⟩ are (*land measurement, equal[l]ing 119.6 square yards*).

'Ara, 'Ro·ter ['aːra] *m* ⟨-s; -s⟩ *zo.* red ara (*Ara macao*).

Ära ['ɛːra] *f* ⟨-; *rare* Ären⟩ era: die christliche ~ the Christian Era; eine neue ~ brach an (*od.* zog herauf) a new era dawned; diese ~ ging zu Ende this era drew to a close.

Ara·ber ['a(ː)rabər] *m* ⟨-s; -⟩ **1.** *geogr.* Arab, *auch* Arabian. – **2.** *zo.* Arab (*od.* Arabian) (horse). — **'Ara·be·rin** *f* ⟨-; -nen⟩ Arab (*od.* Arabian) (woman).

'Ara·berˌpferd *n zo. cf.* Araber 2.

ara·besk [ara'bɛsk] *adj* arabesque. — **Ara'bes·ke** *f* ⟨-; -n⟩ arabesque.

ara'bes·ken|ˌar·tig, ~ˌhaft *adj* arabesque.

Ara·bis ['a(ː)rabɪs] *f* ⟨-; *no pl*⟩ *bot.* Arabis (*Gattg der Fam. Cruciferae*).

ara·bisch [a'raːbɪʃ] **I** *adj* **1.** (*Menschen etc*) Arab, Arabian, *auch* Arabic: ~e Sitte Arab custom. – **2.** (*zum Land gehörig*) Arabian: A~e Wüste *geogr.* Arabian Desert. – **3.** (*von Arabien stammend*) Arabic: ~e Schrift Arabic script; ~e Ziffern (*od.* Zahlen) *math.* Arabic figures (*od.* numerals). – **4.** *ling.* Arabic. – **II** *ling.* **A~** ⟨*generally undeclined*⟩, **das A~e** ⟨-n⟩ **5.** Arabic.

Ara·bist [ara'bɪst] *m* ⟨-en; -en⟩ Arabist, Arabic scholar. — **Ara'bi·stik** [-tɪk] *f* ⟨-; *no pl*⟩ Arabic studies *pl*, Arabic scholarship.

Ara'chidˌöl [ara'xiːt-] *n* peanut (*od.* arachis) oil.

Ara·chis ['a(ː)raxɪs] *f* ⟨-; *no pl*⟩ *bot.* peanut, arachis (*Arachis hypogaea*).

Arach·ni·den [arax'niːdən] *pl zo.* arachnids, Arachnida, spiders.

Arach·ni·tis [arax'niːtɪs] *f* ⟨-; -nitiden [-ni'tiːdən]⟩ *med. cf.* Arachnoiditis.

Arach·noi·dea [araxno'iːdea] *f* ⟨-; *no pl*⟩ *med.* arachnoid (membrane), arachnoidea.

Arach·noi·di·tis [araxnoi'diːtɪs] *f* ⟨-; -ditiden [-di'tiːdən]⟩ *med.* arachnoiditis, inflammation of the arachnoid membrane.

Arach·no·lo·gie [araxnolo'giː] *f* ⟨-; *no pl*⟩ *zo.* arachnology, araneology.

ara·go·nisch [ara'goːnɪʃ] *adj* Aragonese.

Ara·go·nit [arago'niːt; -'nɪt] *m* ⟨-s; *no pl*⟩ *min.* aragonite.

Ara·kan·ga [ara'kaŋga] *m* ⟨-; -s⟩ *zo.* aracanga, scarlet macaw (*Ara macao*).

Ara·mä·er [ara'mɛːər] *m* ⟨-s; -⟩ Aram(a)ean. — **ara'mä·isch I** *adj* **1.** Aram(a)ean, Aramaic. – **2.** *ling.* Aramaic, Aram(a)ean. – **II** *ling.* **A~** ⟨*generally undeclined*⟩, **das A~e** ⟨-n⟩ **3.** Aramaic, Aram(a)ean.

Aran·ci·ni [aran'tʃiːni] (*Ital.*), **Aran'zi·ni** [-'tsiːni] *pl bes. Austrian* candied (*od.* chocolate-coated) orange peel *sg.*

Aräo·me·ter [arɛo'meːtər] *n* ⟨-s; -⟩ *phys.* **1.** areometer, *bes. Br.* araeometer, hydrometer. – **2.** (*Dichtemesser*) densimeter. — **Aräo·me'trie** [-me'triː] *f* areometry, *bes. Br.* araeometry, hydrometry. — **aräo-'me·trisch** *adj* [-'meːtrɪʃ] areometric(al), *bes. Br.* araeometric(al).

Ara·pai·ma [arapa'iːma; ara'paɪma] *m* ⟨-s; -s⟩ *zo.* arapaima, pirarucu (*Arapaima gigas*; *fish*).

Ärar [ɛ'raːr] *n* ⟨-s; -e⟩ *bes. Austrian* treasury, exchequer.

Ara·rau·na [arara'uːna; ara'raʊna] *m* ⟨-s; -s⟩ *zo.* ararauna, blue and yellow macaw (*Ara ararauna*).

ära·risch [ɛ'raːrɪʃ] *adj bes. Austrian* fiscal, relating to the treasury.

Aras·sa·ri [ara'saːri] *m* ⟨-(s); -s⟩ *zo.* aracari (*Pteroglossus aracari*; *bird*).

Arau·ka·ner [araʊ'kaːnər] *m* ⟨-s; -⟩, **~in·dia·ner** [-ʔɪnˌdĭaːnər] *m* Araucanian, *auch* Araucan(o). — **arau'ka·nisch I** *adj* **1.** Araucanian, Pampean. – **2.** *ling.* Araucanian. – **II** *ling.* **A~** ⟨*generally undeclined*⟩, **das A~e** ⟨-n⟩ **3.** Araucanian, *auch* Araucan(o).

Arau·ka·rie [araʊ'kaːrĭə] *f* ⟨-; -n⟩ *bot.* araucaria (*Gattg Araucaria*).

Ara·wak [ara'vaːk] *m* ⟨-(s); -s⟩, **~in·dia·ner** [-ʔɪnˌdĭaːnər] *m* Arawak. — **ara·wa'ka·nisch** [-va'kaːnɪʃ] **I** *adj* Arawak, Arawakan. – **II** *ling.* **A~** ⟨*generally undeclined*⟩, **das A~e** ⟨-n⟩ Arawak(an).

Ar·beit ['arbaɪt] *f* ⟨-; -en⟩ **1.** work: schwere ~ hard work, labor, *bes. Br.* labour, toil; geistige ~ brainwork, intellectual work, headwork; körperliche [laufende] ~ physical (*od.* manual) [current (*od.* routine)] work; an (*od.* bei) der ~ at work; an die ~ gehen, sich an die ~ machen to set (*od.* settle down) to work, *bes. Am.* to get busy; an die ~! to work! auf ~ angewiesen sein to be dependent on (one's) work; auf ~ gehen *colloq.* to go to work; er wurde mitten aus der ~ gerissen a) he was torn from his work, b) *fig.* he died in harness; bei der ~ sein to be at work; mit ganzer Seele bei der ~ sein, in seiner ~ aufgehen to live (only) for one's work; j-n bei der ~ hindern to hinder s.o. at (*od.* in his) work; j-m bei der ~ zusehen to watch s.o. working; für seine ~ bezahlt werden to be paid for one's work; er ist für diese ~ wie geschaffen he is made for this (kind of) work; sich in die ~ flüchten to seek escape in one's work; etwas in ~ haben to be at work on s.th., to have s.th. in hand; etwas in ~ geben to have work started on s.th.; in ~ nehmen to take (*s.th.*) in hand; in die ~ vertieft sein to be absorbed (*od.* engrossed) in one's work; bis zum Hals in der ~ stecken *colloq.* to be up to one's neck in work; j-n mit ~ überhäufen (*od.* überlasten) to overburden s.o. with work; nach des Tages ~ after the day's work; über seiner ~ einschlafen to fall asleep over one's work; um ~ bitten (*od.* nachfragen) to ask for work; sich um ~ bemühen to try hard to get work; sich vor keiner ~ scheuen to be willing (*od.* ready) to do anything; zur ~ gehen to go to work; j-n zur ~ anhalten to make s.o. work, to keep s.o. at his work; die ~ geht ihm leicht von der Hand he is a quick worker; die ~ einstellen to stop (*od.* cease) work; er hat ganze ~ geleistet *auch fig.* he did a good job, he has made a thorough job of it; sich seiner ~ widmen to apply oneself to one's work; j-m eine ~ zuweisen a) to give s.o. some work (to do), b) to set s.o. a task; die ~ schleppte sich hin the work dragged; von seiner Hände ~ leben to live by one's hands; seiner ~ nachgehen to do one's work, to attend (*od.* go about) one's business; das ist unnötige ~ that is work (done) in vain; die ~ ist in vollem Gang the work is in full swing; er hat die ~ nicht erfunden *fig.* he is not very fond of work; die ~ läuft nicht davon *colloq. humor.* the work will still be there; ~ schändet nicht (*Sprichwort*) *etwa* work is no disgrace; ~ macht das Leben süß (*Sprichwort*) *etwa* no sweet without sweat; nach getaner ~ ist gut ruhn (*Sprichwort*) *etwa* when work is over rest is sweet; erst die ~, dann das Spiel (*od.* Vergnügen) work first and play afterward(s), business before pleasure. – **2.** ⟨*only sg*⟩ (*Mühe*) work, trouble, (*Anstrengung*) effort: die ~ lohnt sich the work is worthwhile; j-m ~ machen to make work for s.o., to put s.o. to trouble (*od.* inconvenience); ich hatte damit viel ~ I had a lot of trouble with it, it was heavy going. – **3.** ⟨*only sg*⟩ (*Berufstätigkeit*) work, employment, occupation, job: ohne ~ sein to be unemployed (*od.* out of work); bei j-m in ~ stehen (*od.* sein) to be employed by s.o., to be in the employ of s.o.; ~ suchen to seek employment, to look for a job. – **4.** (*Auftrag*) task, job, *bes. Am.* assignment, (*Vorhaben*) project: eine undankbare ~ a thankless task; das ist deine ~ that is your job; ~ an j-n vergeben to give out work to s.o., to place a contract with s.o.; seine ~ tun to do one's job, to perform one's task. – **5.** (*Arbeitsergebnis*) (piece of) work, product: erhabene [getriebene] ~ raised (*od.* embossed) [chased] work; ~en eines Künstlers works of art, *auch* artistic creations. – **6.** (*Handwerksarbeit*) workmanship, craftsmanship: eine erstklassige [venezianische] ~ first-class [Venetian] workmanship. – **7.** *pol.* labor, *bes. Br.* labour: Tag der ~ *Am.* Labor Day, *Br.* May Day. – **8.** *tech.* a) (*Arbeitsvorgang*) operation, b) (*Verfahrensgang*) procedure, c) (*Arbeitsweise*) operating method, (*eines Geräts etc*) function, d) (*Arbeitsleistung*) performance, (*einer Maschine etc*) capacity. – **9.** *phys.* work. – **10.** (*bes. Prüfungsarbeit*) test, paper: eine ~ schreiben [schreiben lassen] *ped.* to write [to set (*od.* give)] a test (*od.* paper); schriftliche wissenschaftliche ~ scholarly (*od.* scientific) paper. – **11.** *cf.* Doktorarbeit.

ar·bei·ten ['arbaɪtən] **I** *v/i* ⟨h⟩ **1.** work: schwer ~ to work hard (*od.* like a horse), to keep one's nose to the grindstone; an (*dat*) etwas ~ to be working on (*od.* busy with) s.th.; an (*dat*) sich (selbst) ~ to improve (*od.* work on) oneself; bei j-m (*od.* für j-n) ~ to work for s.o., to be employed with (*od.* in the employ of) s.o.; nicht ~ a) to be unemployed (*od.* out of work), b) to be idle; j-n ~ lassen a) to allow s.o. to work, b) to let s.o. do the work, c) to set (*od.* put) s.o. to work; j-n für sich ~ lassen a) to make s.o. work for oneself, b) to employ s.o.; für sich (allein) ~ to work for oneself; er arbeitet an einem Roman he is working on a novel; er arbeitet für zwei he works hard enough for two; gegen j-n ~ to work against s.o.; gegen Entgelt (*od.* um Geld) ~ to work for money; in Ton ~ to work in clay; in Schichten ~ to work in shifts; im Akkord ~ to do piecework; im Bankfach ~ to be in the banking business; mit Verlust ~ to operate at a loss; mit j-m (geschäftlich) ~ to deal with s.o., to do (*od.* transact) business with s.o.; nach einem Modell ~ to work (according) to a model; über Shakespeare ~ to work on Shakespeare; billiger ~ to work more cheaply, to underwork; wie besessen ~ to work like a madman; bei welchem Schneider lassen Sie ~? who is your tailor? wer nicht arbeitet, soll auch nicht essen (*Sprichwort*) *etwa* no mill, no meal; → Pferd 1; Tag 1, 8; Zeit 9. – **2.** *tech.* (*von Maschine etc*) work, function, run, operate. – **3.** *mar.* a) (*von Schiffen*) labor, *bes. Br.* labour, b) (*von Schiffsschrauben*) turn. – **4.** *econ.* (*von Kapital etc*) work, yield profit, bear interest: sein Geld ~ lassen to invest one's money, to allow one's investments to accumulate. – 5. (*von Beton, Holz etc*) warp, be working. – 6. (*von Teig*) rise. – 7. *brew.* (*von Bier etc*) work, ferment. – 8. *med. zo.* (*von Organen etc*) work, function: das Herz arbeitet normal the heart is functioning normally. – II *v/t* 9. work at: was arbeitest du da? what are you working at (*od.* doing there)? – III *v/reflex* 10. sich krank ~ to make oneself ill with work, *bes. Am.* to work oneself sick; sich durch den Schnee ~ to work one's way through the snow; sich in die Höhe ~ *fig.* to work one's way up; → Tod 3. – IV *v/impers* 11. es arbeitet sich schlecht unter diesen Umständen it is hard (*od.* difficult) to work (*od.* one works badly) under these circumstances. – V A~ *n* ⟨-s⟩ 12. *verbal noun.*: Ruhe zum A~ brauchen to need silence (*od.* quiet) for work(ing); er ist an selbständiges A~ gewöhnt he is used to working independently; einwandfreies A~ *bes. tech.* smooth running, trouble-free working; schlechtes A~ *bes. tech.* malfunctioning. – 13. *tech.* (*von Beton*) expansion and contraction.

'Ar·bei·ter *m* ⟨-s; -⟩ 1. worker, workman, laborer, *bes. Br.* labourer: die ~ a) (*Arbeitskraft*) labo(u)r *sg*, manpower *sg*, b) *collect.* (*Arbeiterschaft*) the workers, the working class *sg* (*od.* classes), *bes. Br.* the workpeople; (un)gelernter [angelernter] ~ (un)skilled [trained *od.* semiskilled] worker; geistiger ~ intellectual worker, brainworker; es fehlt uns an ~n we are short of labo(u)r *sg*; nichtorganisierter ~ nonunionist *Br.* non-. – 2. (*an der Maschine*) operator, worker, attendant. – 3. *zo. rare* worker (bee *od.* ant), nurse. — **~ˌan·geˌbot** *n* labo(u)r supply. — **~ˌaufˌstand** *m* workers rebellion (*od.* revolt). — **~ˌausˌstand** *m cf.* Arbeiterstreik. — **~baˌracke** (*getr.* -k·k-) *f* (workmen's) hut, workmen's barracks *pl* (*construed as sg or pl*), *Am. auch* bunkhouse. — **~beˌvöl·ke·rung** *f* working population (*od.* class[es *pl*]), labo(u)ring classes *pl.* — **~beˌwe·gung** *f* workers' (*od.* labo[u]r) movement. — **~ˌbil·dung** *f* workers' education. — **~ˌdich·tung** *f* (*literature*) poetry (*od.* literature) written by (*od.* dealing with) working-class people, working-class poetry (*od.* literature). — **~ˌeinˌsatz** *m* labo(u)r employment, manpower management. — **~ˌfahrˌkar·te** *f* (*railway*) workman's ticket. — **~faˌmi·lie** *f* working-class family. — **a~ˌfeind·lich** *adj* antilabor, *bes. Br.* anti-labour. — **~ˌfra·ge** *f* labo(u)r question. — **~ˌfrau** *f* 1. worker's wife. – 2. working-class woman. — **a~ˌfreund·lich** *adj* prolabor, *bes. Br.* pro-labour. — **~ˌfüh·rer** *m* labo(u)r leader (*od.* boss). — **~ˌfürˌsor·ge** *f* workers' welfare (*od.* relief), (industrial) welfare work. — **~geˌwerk·schaft** *f Am.* labor union, *Br.* trade union. — **~geˌwinn·beˌtei·li·gung** *f* workers' profit-sharing, industrial partnership.

'Ar·bei·te·rin *f* ⟨-; -nen⟩ 1. female (*od.* woman) worker, workwoman: wir ~nen we working women; ~ in einer Fabrik factory girl (*od.* woman). – 2. *zo.* a) worker bee, b) worker ant.

'Ar·bei·ter|in·terˌesˌsen *pl* interests of the workers (*od.* working class[es *pl*]): die ~ vertreten to look after the interests of the workers. — **~ˌklas·se** *f* working class(es *pl*), proletariat, *auch* proletariate. — **~kol·lekˌtiv** *n DDR pol.* workers' collective. — **~ko·loˌnie** *f* workers' settlement: eine ~ gründen to colonize labo(u)rers. — **~koˌlon·ne** *f* gang (of workmen). — **~konˌsum·verˌein** *n* workmen's co(-)operative (society). — **~ˌkundˌge·bung** *f* workers' demonstration. — **~ˌman·gel** *m* labor (*bes. Br.* labour) (*od.* manpower) shortage, scarcity of workers: unter ~ leiden to be shorthanded. — **~parˌtei** *f pol.* workers' (*od.* labo[u]r) party. — **~ˌprie·ster** *m röm.kath.* worker-priest. — **~ˌrat** *m* 1. *hist.* workers' council. – 2. *hist.* soviet (*in Russia, 1917*). – 3. *pol. econ.* works council. — **~ˌren·ten·verˌsi·che·rung** *f* workers' pension insurance. — **~ˌrückˌfahrˌkar·te** *f* workman's return ticket.

'Ar·bei·ter·schaft *f* ⟨-; *no pl*⟩ 1. workers *pl*, labor (*bes. Br.* labour) (force): organisierte [unorganisierte] ~ organized [free] labo(u)r. – 2. working class(es *pl*).

'Ar·bei·terˌschutz *m* 1. protection of (the) workers. – 2. protection of labor (*bes. Br.* labour). — **~geˌsetz** *n* law for the protection of workers (*od.* labo[u]r). — **~geˌsetzˌge·bung** *f* 1. protective labo(u)r legislation, protective legislation for the workers. – 2. *hist.* (*Fabrikgesetze*) factory laws *pl.*

'Ar·bei·ter|ˌsied·lung *f* workers' settlement. — **~ˌstand** *m* ⟨-(e)s; *no pl*⟩ working class(es *pl*). — **~ˌstreik** *m* strike (of workers), walkout. — **~stuˌdent** *m DDR student who works as a labo(u)rer before he joins the university.* — **~-ˌund-'Bau·ern-Fa·kulˌtät** *f DDR a faculty at all universities of the GDR to prepare the sons and daughters of workers and peasants for university studies if they have not completed the regular pre-university schooling.* — **~ˌunˌfall·geˌsetz** *n* workmen's compensation act. — **~ˌunˌru·hen** *pl* labor (*bes. Br.* labour) unrest *sg.* — **~verˌband, ~verˌein** *m* 1. workers' association, trade (*od.* labo[u]r) union. – 2. *hist.* friendly society (of labo[u]rers). — **~verˌsi·che·rung** *f* workmen's (*od.* industrial) insurance. — **~verˌtre·ter** *m* labo(u)r representative. — **~ˌvier·tel** *n* working-class district (*od.* quarter). — **~ˌwo·chenˌkar·te** *f* (*railway*) worker's weekly (*od.* season) ticket. — **~ˌwohlˌfahrt** *f* social security organization. — **~ˌwoh·nun·gen** *pl* workers' dwellings (*od.* accommodation *sg*, *bes. Am.* accommodations). — **~ˌzel·le** *f zo.* (*eines Bienenstocks*) worker cell. — **~ˌzug** *m* (*railway*) workmen's train.

'Ar·beitˌge·ber *m* ⟨-s; -⟩ *econ.* employer, boss (*colloq.*): ~ und Arbeitnehmer employers and employees; Unfallhaftpflicht des ~s employer's accident liability; Verhältnis zwischen ~ und Arbeitnehmer industrial relations *pl.* — **~ˌanˌteil** *m* (*bei der Sozialversicherung*) employer's contribution. — **~ˌhut** *m colloq.* homburg (hat). — **~verˌband** *m* employers' association (*od.* organization).

'Ar·beitˌneh·mer *m* ⟨-s; -⟩ employee, *Am. auch* employe: Mitbestimmungsrecht der ~ copartnership (*Br.* co-partnership) (*auch* copartnery) of labor (*bes. Br.* labour). — **~ˌanˌteil** *m* (*bei der Sozialversicherung*) employee's contribution (*od.* share). — **~verˌtre·ter** *pl* employees' representatives, (*im Aufsichtsrat*) representatives of the staff.

'Ar·beitsˌabˌlauf *m* work routine (*od.* sequence): den ~ stören to interfere with the work routine (*od.* working process).

'ar·beit·sam *adj* industrious, diligent, hard-working.

'Ar·beitsˌamei·se *f zo.* worker (ant).

'Ar·beit·sam·keit *f* ⟨-; *no pl*⟩ industry, industriousness, diligence.

'Ar·beits|ˌamt *n Am.* employment (*od.* labor) office, *Br.* labour (*od.* employment) exchange: Internationales ~ International Labo(u)r Office. — **~ˌanˌfall** *m* volume of work (arising). — **~ˌanˌfang** *m cf.* Arbeitsbeginn. — **~ˌan·geˌbot** *n* unfilled jobs *pl*, vacancies *pl.* — **~ˌanˌtritt** *m* commencement of employment (*od.* work). — **~ˌanˌwei·sung** *f* working instructions *pl.* — **~ˌanˌzug** *m* 1. suit (*od.* clothes *pl*) one wears to work, working clothes *pl.* – 2. (*Overall*) overalls *pl*, *Am.* coveralls *pl*, *auch* boiler suit, dungarees *pl.* – 3. *mil.* fatigue clothes *pl* (*od.* dress), fatigues *pl*, *Br.* overalls *pl.* — **~at·moˌsphä·re** *f* work(ing) atmosphere (*od.* climate). — **~ˌaufˌfas·sung** *f* idea (*od.* concept) of work. — **~ˌaufˌsicht** *f* factory inspection (*od.* supervision). — **~ˌaufˌtrag** *m* job (*od.* work) order. — **~ˌaufˌwand** *m* expenditure of work (*od.* labo[u]r), labo(u)r expended. — **~ˌausˌfall** *m* loss of working hours. — **~ˌausˌfall·entˌschä·di·gung** *f* fall-back pay. — **~ˌausˌschuß** *m* 1. *econ.* working committee. – 2. study group. — **~ˌbank** *f tech.* (*Werkbank*) (work)bench. — **~ˌba·sis** *f* work(ing) basis. — **~beˌdin·gun·gen** *pl* 1. *econ.* working (*od.* service) conditions. – 2. *tech.* operating conditions. — **~beˌginn** *m* beginning of work (*od.* operations), starting (*od.* beginning) time: den ~ stempeln to clock in. — **~beˌla·stung** *f* load (*od.* burden) of work, work load. — **~beˌreich** *m* 1. *cf.* Arbeitsgebiet. – 2. *tech.* a) working range, range of work, b) (*als Maschinenleistung*) (working) capacity, c) (*Arbeitsumfang*) scope of work. — **~beˌricht** *m* work report. — **~beˌschaf·fung** *f* provision (*od.* creation) of work (*od.* employment): Maßnahmen zur ~ work-providing measures. — **~beˌschaf·fungs·proˌgramm** *n* work creation program (*bes. Br.* programme). — **~beˌschei·ni·gung** *f* certificate of employment. — **~beˌspre·chung** *f* work conference. — **~beˌstand** *m* working stock (*of documents, papers, etc*). — **~beˌsuch** *m pol.* working visit. — **~beˌwil·li·gung** *f* 1. work (*od.* labo[u]r) permit. – 2. *cf.* Arbeitsbescheinigung. — **~ˌbie·ne** *f* 1. *zo.* worker (bee), working bee. – 2. *fig. colloq.* busy bee, (hard) worker. — **~ˌblatt** *n econ.* 1. work sheet. – 2. (*für die Lohnabrechnung*) time sheet. — **~briˌga·de** *f DDR pol.* work brigade. — **~ˌbuch** *n econ.* 1. employment record, employee's record book. – 2. (*Ausweis*) workman's pass(port). – 3. (*Arbeitsanweisung*) workbook, time book. — **~ˌbüh·ne** *f tech.* working (*od.* operator's) platform. — **~ˌdau·er** *f* working time. — **~diaˌgramm** *n* 1. work diagram. – 2. (*einer Maschine*) capacity diagram. – 3. (*Leistungsdiagramm*) indicator diagram. — **~ˌdienst** *m* ⟨-es; -e⟩ 1. ⟨*only sg*⟩ *hist.* Labo(u)r Service (*in Germany 1935—45*). – 2. *mil.* fatigue (duty). — **~dis·ziˌplin** *f* work discipline. — **~efˌfekt** *m* 1. effectiveness of labo(u)r. – 2. (*des einzelnen*) per capita productivity. — **~ˌei·fer** *m* eagerness for (*od.* to) work. — **a~ˌeif·rig** *adj* eager for (*od.* to) work. — **~ˌeinˌkom·men** *n econ.* earned income. — **~ˌeinˌsatz** *m* 1. deployment of labo(u)r, work input. – 2. labo(u)r duties *pl.* — **~ˌeinˌstel·lung** *f* 1. attitude to work. – 2. *econ.* a) cessation (*od.* stoppage) of work, strike, b) (*Schließung von Fabriken etc*) shutdown, *Br.* shut-down, c) (*Stillegung*) closedown, *Br.* close-down. — **~ˌeinˌtei·lung** *f* 1. distribution of work. – 2. organization of work. — **~entˌgelt** *n econ.* 1. remuneration of labo(u)r, wages and salaries *pl.* – 2. (*als Firmenkosten*) labo(u)r costs *pl.* — **~erˌfolgsˌprä·mie** *f* bonus (on results). — **~erˌlaub·nis** *f* work permit. — **~erˌleich·te·rung** *f* facilitation of work. — **~erˌspar·nis** *f* saving of labo(u)r, labo(u)r saving. — **~erˌtrag** *m* labo(u)r output, productivity. — **~ˌes·sen** *n pol.* working lunch (*od.* dinner). — **a~ˌfä·hig** *adj* 1. able to work, fit for work, able-bodied: j-n ~ schreiben to certify s.o. fit for work. – 2. ~e Mehrheit *pol.* working majority. — **~ˌfä·hig·keit** *f* ⟨-; *no pl*⟩ 1. ability to (*od.* fitness for) work. – 2. *chem. phys.* energy. — **~ˌfeld** *n cf.* Arbeitsgebiet. — **a~ˌfrei** *adj* (work-)free: einen ~en Tag nehmen to take a day off. — **~ˌfreu·de** *f* 1. pleasure in (*od.* enjoyment of) one's work. – 2. willingness to work. — **a~ˌfreu·dig** *adj* 1. taking pleasure (*od.* enjoyment) in one's work, happy in one's work, *Am. colloq.* work-happy. – 2. willing (*od.* keen) to work. — **~ˌfreu·digkeit** *f* ⟨-; *no pl*⟩ *cf.* Arbeitsfreude 2. — **~ˌfrie·de(n)** *m* peace in labo(u)r relations. — **~ˌfront** *f* ⟨-; *no pl*⟩ *hist.* Labo(u)r Front (*in Germany 1933—45*). — **~ˌgang** *m tech.* 1. operation. – 2. (*Verfahren*) process: in einem ~ in one (working) process. – 3. (*Arbeitsdurchgang*) working cycle. – 4. (*Arbeitsablauf*) procedure. — **~geˌbiet** *n* sphere (*od.* area, field) of work (*od.* operations). — **~geˌmein·schaft** *f* 1. *bes. ped.* a) work(ing) (*od.* study) group, b) team (working together), c) seminar (group). – 2. *econ.* (*Vereinigung*) association, alliance, union. – 3. (*des Rundfunks*) corporation. – 4. *jur.* a) (*Gesellschaft bürgerlichen Rechts*) joint alliance, b) syndicate. — **~geˌnau·ig·keit** *f tech.* 1. working accuracy. – 2. (*einer Werkzeugmaschine*) machining accuracy. – 3. (*eines Werkstücks*) accuracy of work. — **~geˌneh·mi·gung** *f cf.* Arbeitsbewilligung 1. — **~geˌrät** *n* implement(s *pl*). — **~geˌricht** *n jur.* (German) Labor (*bes. Br.* Labour) Court. — **a~geˌrichtlich** *adv jur.* according to (*od.* by the authority of) the labo(u)r (*od.* industrial) court, according to the tribunal. — **~geˌrichts·bar·keit** *f jur.* labo(u)r jurisdiction. — **~geˌrüst** *n tech.* scaffold, framework. — **~geˌsetzˌge·bung** *f jur.* labo(u)r legislation. — **~ˌgrundˌla·ge** *f cf.* Arbeitsbasis. — **~ˌgrup·pe** *f* working group (*od.* party). — **~ˌhaus** *n jur. rare* penitentiary, house of correction, *bes. Am.* workhouse. — **~ˌho·se** *f* working pants *pl* (*bes. Br.* trousers *pl*). — **~ˌhub** *m* 1. *auto.* power (*od.* expansion, combustion) stroke. – 2. *tech.* (*einer Werk-*

zeugmaschine) cutting stroke. — **~hy·gie·ne** [-hyˌgieːnə] *f* industrial hygiene. — **~hy·po·ˌthe·se** *f* working hypothesis. — **~in·ten·si·ˌtät** *f* (*eines Industriezweiges*) amount of labo(u)r required (*od.* employed). — **a~-in·tenˌsiv** *adj* having a high labo(u)r content, requiring (*od.* employing) much labo(u)r: **~e Produktion** labo(u)r-extensive production. — **~ka·meˌrad** *m cf.* Arbeitskollege 1. — **~ˌkämp·fe** *pl econ.* trade (*od.* labo[u]r) disputes. — **~ka·pa·ziˌtät** *f* working capacity. — **~ˌka·sten** *m* workbox. — **~ˌkit·tel** *m* smock, *Br.* overall. — **~ˌklei·dung** *f* work(ing) clothes *pl.* — **~kolˌle·ge** *m* **1.** (*Arbeiter etc*) fellow worker (*od.* workman), co-worker, *bes. Br.* workfellow, *bes. Br.* workmate. – **2.** (*höherer Beamter etc*) colleague, associate. — **~kol·lekˌtiv** *n DDR pol.* collective. — **~komˌman·do** *n* **1.** *mil.* fatigue detail. – **2.** order to (start) work. — **~konˌflikt** *m* labo(u)r (*od.* industrial) dispute. — **~konˌtakt** *m electr.* make contact. — **~ˌko·sten** *pl econ.* cost *sg* of labo(u)r.

ˈAr·beitsˌkraft *f* ⟨-; =e⟩ **1.** workman, worker: **unentbehrliche ~** keyman; **die Leistung je ~** man-hour (*od.* per capita) output. – **2.** *pl collect.* a) (*eines Betriebes*) labor, *bes. Br.* labour, b) (*betriebswirtschaftliche*) manpower, c) (*körperlich arbeitende*) common labo(u)r: **knapp an Arbeitskräften** short of labo(u)r; **Bedarf an Arbeitskräften** demand for labo(u)r (*od.* workers). – **3.** (*Angestellter*) employee, *auch* employe. – **4.** (*Leistungsfähigkeit*) working power, capacity (for work) (*auch tech.*): **er besitzt eine unerhörte ~** he is an outstanding worker.

ˈAr·beitsˌkräf·te|beˌdarf *m* demand for workers (*od.* employees). — **~ˌman·gel** *m* ⟨-s; *no pl*⟩ labor (*bes. Br.* labour) shortage.

ˈArbeits|ˌkreis *m* **1.** *cf.* Arbeitsgemeinschaft. – **2.** *pol.* working (*od.* study) group. — **~ˌla·ge** *f* **1.** *econ.* a) level of employment, b) job situation. – **2.** *econ. tech.* operating position. — **~ˌla·ger** *n* labor (*bes. Br.* labour) (*od.* work) camp. — **~ˌlast** *f fig.* load of work. — **~ˌlei·stung** *f* **1.** *tech.* a) (working) capacity (*od.* performance), (labo[u]r) efficiency, b) (*eines Menschen*) performance, accomplishment, c) (*einer Arbeitsmaschine*) capacity, d) (*einer Kraftmaschine*) power, e) (*eines Motors*) output. – **2.** *econ.* a) (*bes. quantitativ*) amount of work done, (labo[u]r) output, b) (*bes. qualitativ*) productivity, labo(u)r performance. – **3.** *phys.* activity. — **~ˌlen·kung** *f* direction of labo(u)r. — **~ˌlohn** *m* wages *pl*, pay.

ˈar·beits·los *adj* unemployed, out of work (*nachgestellt*), idle, jobless.

ˈAr·beits·lo·se *m, f* ⟨-n; -n⟩ unemployed person: **die ~n** the jobless.

ˈAr·beits·lo·sen|ˌfürˌsor·ge *f econ. cf.* Arbeitslosenhilfe. — **~ˌgeld** *n cf.* Arbeitslosenunterstützung. — **~ˌhil·fe** *f* **1.** (*Beihilfe*) unemployment relief. – **2.** (*Arbeitsbeschaffung und Beihilfe*) unemployment welfare scheme. — **~ˌquo·te** *f* unemployment ratio. — **~ˌun·terˌstüt·zung** *f* unemployment benefit (*od.* pay): **~ beziehen** to receive (*od.* draw) unemployment benefit, *bes. Br. colloq.* to be (*od.* go) on the dole. — **~verˌsi·che·rung** *f* unemployment insurance.

ˈAr·beits·lo·sig·keit *f* ⟨-; *no pl*⟩ unemployment: **saisonbedingte ~** seasonal unemployment; **~ infolge Produktivitätssteigerung** technological unemployment.

ˈAr·beits·lo·sig·keitsˌkur·ve *f* trend of unemployment.

ˈAr·beits|ˌlust *f colloq. cf.* Arbeitsfreude 2. — **~ˌmaid** *f pol. hist.* Labor (*bes. Br.* Labour) Service girl (*in Germany 1935—45*). — **~ˌman·gel** *m* **1.** lack of work, shortage of work (*od.* labo[u]r). – **2.** shortage of working places. — **~ˌmann** *m* **1.** ⟨-(e)s; =er⟩ *pol. hist.* Labo(u)r Service man (*in Germany 1935—45*). – **2.** ⟨-(e)s; Arbeitsleute⟩ *rare for* Arbeiter 1, 2. — **~ˌman·tel** *m cf.* Arbeitskittel. — **~ˌmap·pe** *f* **1.** (desk) folder. – **2.** (*art*) portfolio. — **~ˌmarkt** *m econ.* labo(u)r (*od.* employment) market: **Lage auf dem ~** job situation. — **~maˌschi·ne** *f tech.* machine. — **a~ˌmä·ßig** *adj u. adv* concerning (*od.* in respect to) work. — **~ma·te·riˌal** *n* work(ing) material. — **~-me·diˌzin** *f med.* industrial medicine. — **~-ˌmen·ge** *f* amount of work. — **~meˌtho·de** *f* **1.** method (of working), working method. – **2.** *tech. cf.* Arbeitsweise 2. — **~mi,ni·ster** *m pol.* Minister of Labo(u)r, *Br.* Minister of Labour, *Am.* Secretary of Labor. — **~mi·niˌste·ri·um** *n* Ministry of Labo(u)r, *Br.* Ministry of Labour, *Am.* Department of Labor. — **~ˌmög·lich·keit** *f* possibility of work. — **~moˌral** *f* work(ing) morale. — **~ˌnachˌweis** *m* **1.** certificate of employment. – **2.** *cf.* Arbeitsvermittlungsbüro. — **~ˌnie·derˌle·gung** *f* strike, walkout. — **~ˌnorm** *f* work norm (*od.* quota, *Am.* load), piece-work (rate) standard. — **~ˌnor·mung** *f* setting of work norms. — **~ˌnot** *f* shortage (*od.* lack) of work. — **~ˌort** *m* place of work. — **~paˌpie·re** *pl* working papers: **sich** (*dat*) **die ~ geben lassen** to ask for one's cards (*od.* papers).

ˈar·beitˌspa·rend *adj cf.* arbeitssparend.

ˈAr·beits|ˌpaß *m cf.* Arbeitsbuch. — **~ˌpau·se** *f* break (from work), pause in work, intermission. — **~ˌpen·sum** *n* work quota. — **~ˌpferd** *n Am.* workhorse (*auch fig.*), *Br.* working horse: **er ist ein richtiges ~** *fig. colloq.* he works like a horse, he is a real workhorse (*colloq.*). — **~ˌpflicht** *f* obligation (*od.* duty) to work. — **a~ˌpflich·tig** *adj* liable (*od.* obligated) to work. — **~phy·sio·loˌgie** *f* occupational physiology. — **~ˌplan** *m* **1.** work(ing) plan. – **2.** *bes. econ.* production (*od.* manufacturing) plan (*od.* schedule). – **3.** *tech.* a) (*einer Werkzeugmaschine*) tooling layout, b) (*bei maschineller Bearbeitung*) operating plan. — **~ˌpla·nung** *f* production (*od.* work) planning (*od.* scheduling). — **~ˌplat·te** *f* (*in Küche*) bench, shelf. — **~ˌplatz** *m* **1.** employment, job: **seinen ~ wechseln** to change one's job; **neue Arbeitsplätze schaffen** to create new jobs (*od.* fresh employment *sg*); **den ~ sichern** to ensure employment; **freie Arbeitsplätze** vacancies. – **2.** place of work (*od.* employment). – **3.** place at which s.o. works, working place, *Am.* workplace, *bes. Br.* working space (*od.* area): **helle Arbeitsplätze** well-lit places. – **4.** *tech.* operator's position. — **~po·ten·tiˌal** *n* work(ing) potential (*od.* capacity). — **~proˌgramm** *n* **1.** program (*bes. Br.* programme) (of work), work scheme. – **2.** (*einer Konferenz*) agenda. — **~proˌzeß** *m* **1.** (working) process: **j-n wieder in den ~ eingliedern** *fig.* to put s.o. back to work, to fit s.o. back into the productive process. – **2.** *bes. tech.* (working) procedure. — **~psy·cho·loˌgie** *f* industrial psychology. — **~ˌraum** *m* **1.** (*im Geschäft etc*) workroom, *Br.* work-room. – **2.** (*Werkstatt*) workshop. – **3.** (*in Schulen etc*) study room. – **4.** (*in einer Firma*) office. — **~ˌrecht** *n* ⟨-(e)s; *no pl*⟩ *jur.* labor (*bes. Br.* labour) law (*od.* legislation). — **a~ˌrecht·lich** *adj* pertaining to labo(u)r law. — **a~ˌreich** *adj* (*Woche, Leben etc*) busy, full of work. — **~ˌrichtˌli·ni·en** *pl* general directions (*od.* instructions, directives) for work, working directions. — **a~ˌscheu** *adj* work-shy. — **~ˌscheue** *m, f* ⟨-n; -n⟩ idler, slacker, shirker, work dodger. — **~ˌschicht** *f* (work) shift. — **~ˌschluß** *m* end (*od.* close) of work, *bes. Am.* quitting time, knocking-off time (*colloq.*): **den ~ stempeln** to clock out (*od.* off). — **~ˌschuh** *m meist pl* work shoe. — **~ˌschu·le** *f ped. school teaching by activity methods.*

ˈAr·beitsˌschutz *m* industrial safety, safety provisions *pl* (for workers). — **~geˌsetz** *n* workers' protection law, *bes. Br.* factory acts *pl.* — **~geˌsetzˌge·bung** *f* workers' protection legislation. — **~ˌklei·dung** *f* workers' protective clothing.

ˈAr·beits|ˌsit·zung *f* work(ing) conference (*od.* meeting). — **~ˌskla·ve** *m* **1.** work slave. – **2.** *fig.* drudge(r). — **~ˌspan·nung** *f electr.* working voltage. — **a~ˌspa·rend** *adj* labor-saving, *bes. Br.* labour-saving. — **~ˌsper·re** *f* lockout, *Br.* lock-out. — **~ˌspiel** *n tech.* cycle (of operations). — **~ˌspin·del** *f tech.* work (*od.* main, headstock) spindle. — **~-ˌspit·ze** *f* **1.** work peak. – **2.** *electr.* peak load. — **~sta,ti·stik** *f* labo(u)r statistics *pl* (*construed as sg or pl*). — **~ˌstät·te** *f cf.* Arbeitsplatz 1, 2, 3. — **~ˌsteg** *m* (*im Theater*) fly floor (*od.* gallery). — **~ˌstel·le** *f cf.* Arbeitsplatz 1, 2. — **~ˌstel·lung** *f tech.* working position. — **~ˌstim·mung** *f* **1.** mood for work. – **2.** *cf.* Arbeitsmoral. — **~ˌstreckung** (*getr.* -k·k-) *f econ.* spreadwork system, short-time working (*to maintain the number of workers employed*), featherbedding. — **~ˌstreit** *m*, **~ˌstrei·tig·keit** *f jur.* labo(u)r (*od.* industrial) dispute. — **~ˌstrom** *m electr.* working current. — **~ˌstromˌkreis** *m* power circuit. — **~ˌstück** *n* **1.** work(piece), workpart. – **2.** (*als Fertigungsteil*) production part. — **~ˌstu·die** *f* time and motion study, job study. — **~ˌstu·fe** *f* **1.** stage (of a work process). – **2.** *tech.* operating position (*od.* stage). — **~ˌstun·de** *f* **1.** working hour. – **2.** (*als Einheit*) man-hour. — **~ˌsu·che** *f cf.* Arbeitsuche. — **~ˌsu·chen·de** *m, f cf.* Arbeitsuchende. — **~ˌtag** *m* **1.** working day, workday. – **2.** (*als Einheit*) day's work. — **a~ˌtäg·lich** *adj* workday, per working day: **die ~e Förderung** the output per working day. — **~ˌta·gung** *f cf.* Arbeitssitzung. — **~ˌtakt** *m* **1.** *tech.* (*einer Maschine*) work(ing) cycle. – **2.** *auto.* working (*od.* power, expansion) stroke. — **~ˌtal·je** *f mar.* luff (tackle). — **~ˌteam** *n* (working) team, team of workers. — **~ˌtech·nik** *f* work(ing) technique. — **a~ˌtei·lig** *adj* based on division of labo(u)r. — **~ˌtei·lung** *f* division of labo(u)r. — **~-ˌtem·po** *n* rate (*od.* pace, tempo) of work. — **~the·raˌpie** *f med.* occupational therapy. — **~ˌtier** *n* **1.** work(ing) animal. – **2.** *fig.* glutton (*od.* devil) for work. — **~ˌtisch** *m* **1.** worktable, *Br.* work-table. – **2.** *tech.* a) workbench, *Br.* work-bench, b) (work)-table, *Br.* (work-)table. – **3.** desk. — **~ˌti·tel** *m* (*eines Buches etc*) working (*od.* tentative) title. — **~ˌtrupp** *m bes. mil. cf.* Arbeitskommando 1. — **~ˌtür** *f tech.* **1.** (*eines Schmelzofens*) charging door. – **2.** (*eines Roheisenmischers*) paddling door. – **3.** (*eines Puddelofens*) rabbling hole.

ˈAr·beit|ˌsu·che *f* search for employment (*od.* work): **er ist auf ~** he is looking for a job. — **~ˌsu·chen·de** *m, f* ⟨-n; -n⟩ person looking for employment (*od.* work, a job).

ˈAr·beits|ˌüberˌla·stung *f* **1.** overwork. – **2.** *tech.* overload. — **a~ˌunˌfä·hig** *adj* **1.** unable to (*od.* unfit for) work, incapacitated. – **2.** (*dauernd*) permanently disabled, invalid. — **~ˌunˌfä·hig·keit** *f* **1.** inability to (*od.* unfitness for) work, incapacitation. – **2.** (*dauernde*) (permanent) disablement (*od.* disability), invalidity. — **~ˌunˌfäˌhig·keits·beˌschei·ni·gung** *f* certificate of disability.

ˈAr·beits|ˌunˌfall *m* occupational (*od.* industrial) accident, accident at work. — **~-ˌunˌlust** *f* disinclination to work. — **a~ˌun·ˌtaug·lich** *adj cf.* arbeitsunfähig. — **~ˌun·terˌricht** *m ped.* (*der Arbeitsschule*) teaching by activity methods, learning by doing. — **~ˌun·terˌbre·chung** *f* **1.** interruption of work. – **2.** break, intermission, *Am.* time out. — **~verˌfah·ren** *m* **1.** (working) procedure. – **2.** *tech.* a) (*eines Betriebs*) manufacturing process, b) (*in der zerspanenden Metallverarbeitung*) tooling method. — **~ver·ˌhält·nis** *n* **1.** *jur.* employment (*od.* employer-employee) relationship. – **2.** employment, job, post, position: **im ~ stehen** to be (gainfully) employed (*od.* occupied), to hold a paid position. – **3.** *pl* (*in Betrieben*) working (*od.* labor, *bes. Br.* labour) conditions. — **~-verˌlang·sa·mung** *f* **1.** go-slow (strike). – **2.** (*als technische Maßnahme*) slowing-down (*od.* deceleration) of work, cutback (*Br.* cut-back) in output (speed). — **~verˌmitt·lung** *f* **1.** procurement of work, finding of employment. – **2.** *cf.* Arbeitsamt, Arbeitsvermittlungsbüro. — **~verˌmitt·lungs·büˌro** *n* employment agency (*od.* bureau). — **~verˌmö·gen** *n* **1.** capacity for work, working capacity. – **2.** *phys.* kinetic energy. – **3.** *tech.* (*Werkstoffprüfung*) energy of deformation. — **~verˌpflich·tung** *f* industrial conscription. — **~verˌsäum·nis** *n, archaic f* **1.** absenteeism, absence from work. – **2.** loss of working hours. — **~verˌtrag** *m jur.* employment (*od.* labo[u]r) contract: **internationale Arbeitsverträge** *pol.* international labo(u)r conventions. — **~verˌwei·ge·rung** *f* **1.** refusal to work. – **2.** *cf.* Streik. — **a~verˌwen·dungsˌfä·hig** *adj cf.* arbeitsfähig 1. — **~ve·teˌran** *m* veteran worker. — **~voˌlu·men** *n* **1.** volume of work, total work done. – **2.** total number of man-hours worked. — **~ˌvor·beˌrei·tung** *f* **1.** preparation(s *pl*) for work. – **2.** *tech.* (*des Produktionsprozesses*) operations scheduling. — **~-ˌvorˌgang** *m* **1.** (working) procedure. – **2.** *tech.* a) operation, b) (*Verfahrensgang*) procedure. — **~ˌweg** *m* **1.** way to (one's) work. – **2.** *tech.* (*eines Werkzeugmaschinentisches*) feed motion. — **~ˌwei·se** *f* **1.** *cf.* Arbeitsmethode 1. – **2.** *tech.* a) operating method, b) manufacturing method, c) (*eines Geräts*) function. — **~ˌwert** *m* **1.** value in terms of work. – **2.** *phys.* (*der Wärmeeinheit*) mechanical equivalent. — ⁓ˌ**wi·derˌstand** *m electr.* load resistance (*od.* impedance). — ⁓ˌ**wil·le** *m* will(ingness) to work. — **a⁓ˌwil·lig** *adj* willing (*od.* ready) to work. — ⁓ˌ**wil·li·ge** *m, f* ⟨-n; -n⟩ **1.** person willing (*od.* prepared) to work. – **2.** *econ.* nonstriker *Br.* non-, *Br. colloq.* blackleg. — ⁓ˌ**wo·che** *f* working week, workweek. — ⁓ˌ**wut** *f iron.* passion for work.

ˈ**Ar·beitsˌzeit** *f* **1.** *bes. econ.* working time (*od.* hours *pl*), hours *pl* of work: verkürzte ⁓ reduced hours; (benötigte) ⁓ für ein Werkstück time spent on a piece of work; während der ⁓ during (*od.* in) working (*od.* business) hours; die ⁓ registrieren to keep time. – **2.** *tech.* a) (*eines Fertigungsvorganges*) production (*od.* operating) time, period of operation, b) (*eines Zerspanungsvorganges*) machining time. — ⁓ˌ**abˌkom·men** *n* agreement on working hours. — ⁓**erˌspar·nis** *f* saving in (working) time (*od.* hours). — ⁓**konˌtrollˌuhr** *f* time clock. — ⁓**verˌkür·zung** *f* shortening (*od.* reduction) of working hours.

ˈ**Ar·beits|ˌzeug** *n colloq.* **1.** *cf.* Arbeitskleidung. – **2.** implements *pl.* — ⁓ˌ**zeug·nis** *n* certificate of employment. — ⁓ˌ**zim·mer** *n* **1.** workroom, *Br.* work-room. – **2.** (*Studierzimmer*) study. – **3.** (*eines Künstlers etc*) atelier, studio. — ⁓ˌ**zwang** *m* **1.** compulsory labor (*bes. Br.* labour). – **2.** obligation (*od.* duty) to work.

Ar·bi·tra·ge [arbiˈtraːʒə] *f* ⟨-; -n⟩ **1.** *econ.* a) arbitrage, b) arbitration (of exchange): ⁓ betreiben to do arbitrage dealings. – **2.** *jur.* arbitration. — **ar·bi·trär** [arbiˈtrɛːr] *adj* arbitrary.

Ar·bo·re·tum [arboˈreːtʊm] *n* ⟨-s; -reten⟩ *bot.* arboretum.

Ar·bu·se [arˈbuːzə] *f* ⟨-; -n⟩ *bot. cf.* Wassermelone.

Ar·chai·kum [arˈçaːikʊm], **Ar·chäi·kum** [arˈçɛːikʊm] *n* ⟨-s; *no pl*⟩ *geol. hist.* Arch(a)ean (period *od.* age): zum ⁓ gehörig Arch(a)ean.

ar·cha·isch [arˈçaːɪʃ] *adj* archaic.

ar·chä·isch [arˈçɛːɪʃ] *adj geol.* Arch(a)ean.

ar·chai·sie·ren [arçaiˈziːrən] *v/t* ⟨*no* ge-, h⟩ archaize.

Ar·cha·is·mus [arçaˈɪsmʊs] *m* ⟨-; -men⟩ *bes. ling.* archaism, archaicism. — **ar·chai·stisch** [-ˈɪstɪʃ] *adj* archaistic.

Ar·chäo..., **ar·chäo...** *combining form denoting* arch(a)eo...

Ar·chäo·gra·phie [arçɛograˈfiː] *f* ⟨-; *no pl*⟩ arch(a)eography.

ar·chäo·li·thisch [arçɛoˈliːtɪʃ; -ˈlɪtɪʃ] *adj* arch(a)eolithic.

Ar·chäo·lo·ge [arçɛoˈloːgə] *m* ⟨-n; -n⟩ arch(a)eologist. — **Ar·chäo·loˈgie** [-loˈgiː] *f* ⟨-; *no pl*⟩ arch(a)eology. — **Ar·chäoˈlo·gin** *f* ⟨-; -nen⟩ (woman) arch(a)eologist. — **ar·chäoˈlo·gisch** [-ˈloːgɪʃ] *adj* arch(a)eological, *auch* arch(a)eologic.

Ar·chäo·pte·ryx [arçɛˈɔptеrʏks] *f, auch m* ⟨-; -e *u.* -ryges [-oˈpteːrygɛs]⟩ *zo.* archaeopteryx (*Gattg Archaeopteryx; fossil*).

Ar·chäo·zoi·kum [arçɛoˈtsoːikʊm] *n* ⟨-s; *no pl*⟩ *geol. hist.* Arch(a)eozoic (period *od.* age), Early Precambrian.

Ar·che [ˈarçə] *f* ⟨-; -n⟩ **1.** *poet. od. Bibl.* ark: die ⁓ Noah (*od.* Noä) *Bibl.* Noah's ark. – **2.** *zo. cf.* Archenmuschel.

Ar·che·go·ni·um [arçeˈgoːnĭʊm] *n* ⟨-s; -nien⟩ *bot.* archegonium.

ˈ**Ar·chenˌmu·schel** *f zo.* ark shell, Noah's ark (*Fam. Arcidae, bes. Arca noae*).

arch·en·te·ral [arçɛnteˈraːl] *adj zo.* archenteric, progastric.

Ar·che·spor [arçeˈspoːr] *n* ⟨-s; *no pl*⟩ *bot.* archespore, archesporium.

Ar·che·typ [arçeˈtyːp] *m* ⟨-s; -en⟩ archetype, primordial (*od.* collective) image. — **ar·cheˈty·pisch** *adj* archetypal, prototypal. — **Ar·cheˈty·pus** [-pʊs] *m* ⟨-; -typen⟩ *cf.* Archetyp.

Ar·chi..., **ar·chi...** *combining form denoting* archi..., arch...

Ar·chi|dia·kon [arçidiaˈkoːn] *m relig.* archdeacon. — ⁓**dia·koˈnat** [-koˈnaːt] *n* **1.** (*Amt*) archdeaconship, archdeaconate, archdeaconry. – **2.** (*Wohnung*) archdeaconry. — ⁓**diaˈko·nisch** *adj* archidiaconal.

ar·chi·loch·isch [arçiˈlɔxɪʃ] *adj* (*Vers*) Archilochian.

Ar·chi·man·drit [arçimanˈdriːt] *m* ⟨-en; -en⟩ *relig.* archimandrite.

ar·chi·me·disch [arçiˈmeːdɪʃ] *adj* Archimedean: ⁓e Schnecke (*od.* Spirale) *math.* Archimedean spiral, spiral of Archimedes; ⁓e Schraube *tech.* Archimedean (*od.* Archimedes') screw; A⁓es Prinzip Archimedes' principle.

Ar·chi·pel [arçiˈpeːl] *m* ⟨-s; -e⟩ *geogr.* archipelago.

Ar·chi·tekt [arçiˈtɛkt] *m* ⟨-en; -en⟩ architect. — **Ar·chiˈtek·ten·büˌro** *n* architect's bureau (*od.* office). — **Ar·chiˈtek·tin** *f* ⟨-; -nen⟩ (woman) architect, *auch* architectress.

Ar·chi·tek·to·nik [arçitɛkˈtoːnɪk] *f* ⟨-; -en⟩ architectonics *pl* (*construed as sg*), *auch* architectonic. — **ar·chi·tekˈto·nisch** *adj* architectonic, architectural: die ⁓e Gestaltung the architectural design.

Ar·chi·tek·tur [arçitɛkˈtuːr] *f* ⟨-; -en⟩ **1.** architecture: strenge (*od.* schmucklose) ⁓ severe architecture. – **2.** (*als Wissenschaft*) architecture, architectonics *pl* (*construed as sg*).

Ar·chi·trav [arçiˈtraːf] *m* ⟨-s; -e⟩ *arch. antiq.* architrave, epistyle.

Ar·chiv [arˈçiːf] *n* ⟨-s; -e⟩ **1.** (*Sammlung*) archives *pl*, records *pl.* – **2.** *cf.* Bild-, Film-, Geheim-, Zeitungsarchiv. – **3.** (*Aufbewahrungsort*) archives *pl*, record office. – **4.** *econ.* a) files *pl*, b) filing room. — ⁓ˌ**ak·ten** *pl* **1.** *cf.* Archivalien. – **2.** *econ.* files.

Ar·chi·va·li·en [arçiˈvaːlĭən] *pl* archives, records. — **ar·chiˈva·lisch** [-lɪʃ] *adj* archival: ⁓es Dokument archival (*od.* original) document (*od.* deed), document from the official records.

Ar·chi·var [arçiˈvaːr] *m* ⟨-s; -e⟩ archivist, keeper of the archives (*od.* records).

Arˈchiv|ˌaufˌnah·me *f* (*film*) stock shot. — ⁓**beˌam·te** *m cf.* Archivar. — ⁓**ex·emˌplar** *n* **1.** archive (*od.* archival, original) copy. – **2.** *econ.* file copy. — ⁓**ma·te·riˌal** *n* records *pl*, archives *pl*.

Ar·chi·vol·te [arçiˈvɔltə] *f* ⟨-; -n⟩ *arch.* archivolt.

Ar·chon [ˈarçɔn] *m* ⟨-s; -e [-ˈçoːnə]⟩, **Arˈchont** [-ˈçɔnt] *m* ⟨-en; -en⟩ *antiq.* archon. — **Ar·chonˈtat** [-ˈtaːt] *n* ⟨-(e)s; -e⟩ archonship, archontate.

Ar·di·sie [arˈdiːzĭə] *f* ⟨-; -n⟩ *bot.* ardisia (*Gattg Ardisia, Fam. Myrsinaceae*).

Are [ˈaːrə] *f* ⟨-; -n⟩ *Swiss for* Ar.

Area [ˈaːrea] *f* ⟨-; Areen [aˈreːən] *od.* -s⟩ *obs.* area.

Are·al [areˈaːl] *n* ⟨-s; -e⟩ area.

Are·kaˌnuß [aˈreːka-] *f bot.* Indian (*od.* betel, areca) nut (*seeds of Areca catechu*).

are·li·gi·ös [ˈa(ː)religiøːs; areliˈgĭøːs] *adj* areligious, religionless.

Are·na [aˈreːna] *f* ⟨-; Arenen⟩ **1.** (*sport*) arena (*auch fig.*). – **2.** *antiq.* arena, circus. – **3.** (*im Zirkus etc*) ring, circle, arena.

Areo·la [aˈreːola] *f* ⟨-; Areolen [areˈoːlən]⟩ *med. zo. bot. cf.* Areole. — **areo·lar** [areoˈlaːr] *adj med.* areolar.

Areo·le [areˈoːlə] *f* ⟨-; -n⟩ *med. zo. bot.* areola, areolation: kleine ⁓ *bes. zo.* areolet. — **Areo·lenˌbil·dung** [areˈoːlən-] *f bot. zo. med.* areolation.

Areo·pag [areoˈpaːk] *npr m* ⟨-s; *no pl*⟩ *antiq.* Areopagus: Richter des ⁓s Areopagite.

Ares [ˈaːrɛs] *npr m* ⟨-; *no pl*⟩ *myth.* Ares, Mars.

Are·thu·sa [areˈtuːza] *npr f* ⟨-; *no pl*⟩ **1.** *myth.* Arethusa. – **2.** *bot.* arethusa (*Gattg Arethusa, Fam. Orchidaceae*).

are·ti·nisch [areˈtiːnɪʃ] *adj mus.* Aretinian, Guidonian: ⁓e Silben Aretinian syllables.

arg [ark] **I** *adj* ⟨"er; "st⟩ **1.** (*schlimm*) bad: das ist (doch) zu ⁓! that's too bad! that's (really) too much! that's going (*od.* carrying things) too far! that's the limit! es ist nicht so ⁓ it's not as bad as all that (*od.* as it looks, as you think); es war ziemlich ⁓ it was pretty bad; es wird immer ärger it's getting worse (and worse), it's (*od.* things are) going from bad to worse; ärger werden to get (*od.* become, grow) worse, to worsen; ein Übel nur noch ärger machen to make an evil still worse, to aggravate an evil; ein ⁓er Bursche a bad character (*od. colloq.* egg); sein ärgster Feind his worst (*od.* bitterest) enemy; seine Vermögensverhältnisse liegen im ⁓en his finances are in a bad state (*od.* way). – **2.** (*böse*) mischievous, wicked, mean, (*stärker*) malicious, evil: j-m einen ⁓en Streich spielen to play a mean (*od.* nasty) trick on s.o.; ein ⁓er Wicht (*od.* Wüterich) a wicked (*od.* crafty, cunning) devil. – **3.** *colloq.* (*Schmerzen etc*) bad, severe, intense. – **4.** *colloq.* (*Fehler etc*) bad, serious, grave: in ⁓er Verlegenheit sein to be in serious trouble, to be in a tight fix (*od.* corner). – **5.** *colloq.* (*Winter, Kälte etc*) severe, bad, wicked. – **6.** *colloq.* (*Raucher, Trinker etc*) heavy, inveterate. – **7.** *colloq.* (*Sünder etc*) hardened, hopeless. – **8.** *Bibl. od. lit.* evil, wicked, bad: ⁓e Gedanken evil thoughts; die Welt liegt im ⁓en *Bibl.* the whole lieth in wickedness. – **II** *adv* **9.** badly: j-m ⁓ mitspielen to treat s.o. badly, to give s.o. a rough time (*colloq.*); er trieb es ihnen zu ⁓ he went (*od.* carried things) too far for them, he tried their patience badly (*od.* beyond bearing); die Krankheit hat ihn ⁓ mitgenommen the disease has left him in a very bad state (*od.* has affected him badly); ärger konnte es nicht kommen it (*od.* things) couldn't have been (*od.* turned out) worse; sie schrie noch ärger [am ärgsten] she screamed even louder [loudest of all]. – **10.** badly, severely: er ist ⁓ verletzt worden he has been badly (*od.* severely, seriously) hurt. – **11.** *colloq.* (*sehr*) very; awfully, terribly (*colloq.*): sie ist noch ⁓ jung she is still very (*od.* awfully) young; ⁓ verliebt sein to be terribly in love. – **III A⁓e, das** ⟨-n⟩ **12.** bad, harm, evil: es ist nichts A⁓es it is nothing bad; an nichts A⁓es denken a) to mean no harm, to have no evil intentions, b) to suspect nothing, to have no suspicions; etwas Ärgeres kann ihm nicht geschehen nothing worse can happen to him; wenn es zum Ärgsten kommt if it (*od.* the worst) comes to the worst; auf das Ärgste gefaßt sein to be prepared for the worst.

Arg *n* ⟨-s; *no pl*⟩ *poet. od. obs.* malice, harm, guile: es ist kein ⁓ in ihm there is no harm in him; er tat es ohne ⁓ a) he did it without malice, b) he did it unsuspectingly.

Ar·ga·la [ˈargala] *m* ⟨-s; -s⟩, ⁓ˌ**storch** *m zo. cf.* Adjutant 2.

Ar·ga·li [ˈargali] *m* ⟨-(s); -s⟩, ⁓-ˌ**Schaf** *n zo.* argali (*Ovis ammon*).

Ar·gen·tal [argɛnˈtaːl] *n* ⟨-s; *no pl*⟩ *metall.* argental.

Ar·gen·tan [argɛnˈtaːn] *n* ⟨-s; *no pl*⟩ *tech. obs. for* Neusilber.

Ar·gen·ti·ne [argɛnˈtiːnə] *f* ⟨-; *no pl*⟩ *metall. min.* argentine.

Ar·gen·ti·ni·er [argɛnˈtiːnĭər] *m* ⟨-s; -⟩, **Ar·genˈti·nie·rin** *f* ⟨-; -nen⟩ Argentine, Argentinean, Argentinian. — **ar·genˈti·nisch** [-nɪʃ] *adj* Argentine, of (*od.* pertaining to) Argentina, *auch* Argentinean, Argentinian: die A⁓e Republik Argentina, the Argentine Republic.

Ar·gen·tit [argɛnˈtiːt; -ˈtɪt] *m* ⟨-s; *no pl*⟩ *min.* silver glance, argentite, argentic sulfide (*bes. Br.* -ph-).

Ar·gen·tum [arˈgɛntʊm] *n* ⟨-(s); *no pl*⟩ argentum, silver (Ag): ⁓ nitricum nitrate of silver.

är·ger [ˈɛrgər] *comp of* arg.

ˈ**Är·ger** *m* ⟨-s; *no pl*⟩ **1.** annoyance, vexation, irritation, (*stärker*) anger: über etwas [j-n] ⁓ empfinden to feel annoyance at (*od.* about) s.th. [s.o.], to be irritated about s.th. [with s.o.]; etwas aus ⁓ tun a) to do s.th. out of sheer annoyance, b) to do s.th. out of spite; zum ⁓ seiner Nachbarn to the annoyance of his neighbo(u)rs, to vex (*od.* spite) his neighbo(u)rs; sein ⁓ legte sich his anger spent itself; er machte seinem ⁓ Luft he gave vent to his anger; er ließ seinen ⁓ an mir aus he vented his anger on (*od.* upon) me; er konnte seinen ⁓ kaum verbergen he could scarcely conceal his annoyance (*od.* indignation); krank (*od. colloq.* schwarz) werden vor ⁓ to go blue (*od.* livid) with rage; vor ⁓ platzen *colloq.* to be bursting with anger, to blow one's top (*colloq.*). – **2.** (*Unannehmlichkeit*) trouble, worry, worries *pl*: mit j-m [etwas] ⁓ haben to have trouble with s.o. [s.th.]; nichts als ⁓ und Verdruß nothing but trouble and annoyance; er hat viel beruflichen ⁓ he has a lot of worries in his job; häuslicher ⁓ domestic worries; mach keinen ⁓! *colloq.* don't cause any trouble!

ˈ**är·ger·erˌre·gend** *adj cf.* ärgerlich 2.

ˈ**är·ger·lich I** *adj* **1.** (*verärgert*) annoyed, vexed, irritated, 'cross' (*colloq.*), (*stärker*) angry, 'mad' (*colloq.*): ein ⁓es Gesicht machen to look irritated; **ich bin ~ auf** (*od.* **über**) **Sie** I am annoyed at (*od.* with, by) you; **ich war über diese Bemerkung ~** I was annoyed at (*od.* by, about) this remark; **~ werden** to get annoyed (*od.* angry, *Am. colloq.* sore), to lose one's temper, *Am. colloq.* to throw a fit. – **2.** (*ärgererregend*) annoying, vexing, vexatious, irritating, aggravating: **ein ~er Irrtum** an annoying mistake (*od.* blunder); **was für eine ~e Sache** (*od.* **Geschichte**) how annoying! what an annoying thing! what a nuisance! **das ist aber ~!** that's too bad! that's tough luck! **wie ~!** how annoying (*od.* aggravating)! – **II** *adv* **3.** (*verärgert*) irritatedly, angrily, 'crossly' (*colloq.*), with annoyance: **(etwas) ~ entgegnen** to reply (to s.th.) irritatedly (*od.* with annoyance); **j-n ~ anblicken** to give s.o. an annoyed glance. – **4.** (*unangenehm*) annoyingly. — **'Är·ger·lich·keit** *f* ⟨-; -en⟩ **1.** ⟨*only sg*⟩ irritability, crossness (*colloq.*), vexatiousness. – **2.** *pl cf.* Ärger.

är·gern ['ɛrgərn] **I** *v/reflex* ⟨h⟩ **sich ~** to be (*od.* feel) annoyed, to be vexed, to be irritated, to be cross (*colloq.*), (*stärker*) to be angry: **sich maßlos ~** to be deeply annoyed, *Am. colloq.* to be boiling (mad); **sich im stillen ~** to be inwardly annoyed; **ich ärgere mich über** (*acc*) **etwas** I am annoyed at (*od.* about) s.th.; **sich mit den Kindern** (*od.* **über die Kinder**) **~** to be annoyed with (*od.* at) the children; **sich krank ~** to be beside oneself with annoyance; **ärgere dich nicht!** don't get angry! take it easy! don't get in such a temper! **sich schwarz** (*od.* **grün und gelb**) **~** *colloq.* to be blue (*od.* purple, livid) with rage; **nicht ~, nur wundern!** *etwa* don't be annoyed, just be surprised! **sich über die Fliege an der Wand ~** *fig. colloq.* to be annoyed at every little thing; → (*Spiel*) Mensch 7. – **II** *v/t* annoy, vex, irritate, (*stärker*) make (*s.o.*) angry, anger: **j-n mit** (*od.* **durch**) **etwas ~** to annoy s.o. with s.th.; **j-n zu Tode** (*od.* **bis aufs Blut**) **~** *fig.* to annoy s.o. to tears (*od.* to distraction).

'Är·ger·nis *n* ⟨-ses; -se⟩ **1.** annoyance, vexation: **die ~se des Alltags** the annoyances of daily life; **~ geben** to cause annoyance. – **2.** (*Skandal*) scandal. – **3.** *bes. jur.* nuisance: **öffentliches ~ erregen** to cause (*od.* commit) a public nuisance, to give public offence (*Am.* offense); **ein ständiges ~** a constant nuisance.

Ar·gil·lit [argɪ'liːt; -'lɪt] *m* ⟨-s; -e⟩ *min.* argillite.

Ar·gi·nin [argi'niːn] *n* ⟨-s; -e⟩ *chem.* arginine, *auch* arginin ($C_5H_{13}N_4COOH$).

'Argˌlist *f* ⟨-; *no pl*⟩ **1.** *lit.* craftiness, cunning, deceitfulness, guile. – **2.** *bes. jur.* a) (*böser Vorsatz*) malice, malicious intent, b) (*Betrug*) fraud. — **'argˌli·stig** *adj* **1.** *lit.* crafty, cunning, deceitful, guileful, insidious. – **2.** *bes. jur.* a) malicious, b) (*betrügerisch*) fraudulent: **~e Täuschung** a) wilful deceit, b) false pretence (*Am.* pretense), c) (*Betrug*) fraud; **~es Verschweigen** fraudulent concealment.

'arg·los I *adj* **1.** guileless, innocent. – **2.** (*ahnungslos*) unsuspecting, unsuspicious. – **II** *adv* **3.** without malice, innocently. – **4.** unsuspectingly. — **'Arg·lo·sig·keit** *f* ⟨-; *no pl*⟩ **1.** guilelessness, innocence. – **2.** unsuspiciousness.

Ar·go ['argo] *npr f* ⟨-; *no pl*⟩ *astr. myth.* Argo.

Ar·gon ['argən; ar'goːn] *n* ⟨-s; *no pl*⟩ *chem.* argon (Ar).

Ar·go·naut [argo'naut] **I** *npr m* ⟨-en; -en⟩ *meist pl myth.* Argonaut. – **II** *m* ⟨-en; -en⟩ *zo. cf.* Papierboot. — **Ar·go'nau·tenˌzug** *m myth.* voyage of the Argonauts.

ar·go'nau·tisch *adj* Argonautic.

'Ar·gonˌschwei·ßung *f tech.* argon-arc welding.

Ar·got [ar'goː] *n, m* ⟨-s; *no pl*⟩ argot.

ärgst [ɛrkst] *sup of* arg.

Ar·gu·ment [argu'mɛnt] *n* ⟨-(e)s; -e⟩ **1.** argument: **ein treffendes [überzeugendes] ~** a pertinent [powerful] argument; **ein ~ entkräften** (*od.* **zunichte machen**) to pick holes in an argument; **ein ~ vorbringen** to make a point, to put forward an argument; **sich j-s ~en verschließen** to reject s.o.'s reasoning; **das ist (doch) kein ~!** *colloq.* that doesn't prove anything! **~e zusammenstellen** *jur.* to build up a case. – **2.** *math.* argument, amplitude, anomaly.

Ar·gu·men·ta·ti·on [argumɛnta'tsĭoːn] *f* ⟨-; -en⟩ argumentation, reasoning.

ar·gu·men·ta·tiv [argumɛnta'tiːf] *adj* argumentative.

ar·gu·men·tie·ren [argumɛn'tiːrən] *v/i* ⟨*no* ge-, h⟩ argue, reason: **mit j-m über** (*acc*) **etwas ~** to argue with s.o. about s.th.; **gegen j-n [etwas] ~** to argue against s.o. [s.th.]; **falsch ~** to argue wrongly; **er argumentierte damit, daß** he argued from this that; **im Kreise ~** to argue in a (vicious) circle; (*vor Gericht*) **über einen Fall ~** *jur.* to plead.

Ar·gus ['argʊs] **I** *npr m* ⟨-; *no pl*⟩ *myth.* Argus (*auch fig.*). – **II** *m* ⟨-; *no pl*⟩ *zo. cf.* Argusfasan. — **~ˌau·gen** *pl* Argus' (*od.* watchful) eyes: **mit ~** Argus-eyed; **er hat ~** he sees everything, he is sharp-sighted; **j-n [etwas] mit ~ bewachen** (*od.* **beobachten**) to watch s.o. [s.th.] closely, to keep a watchful eye on (*od.* over) s.o. [s.th.]. — **a~ˌäu·gig** *adj* Argus-eyed, sharp-sighted. — **~fa̩ˌsan**, *auch* **~ˌpfau** *m zo.* argus (pheasant) (*Argusianus argus*). — **~ˌschnecke** (*getr.* -k·k-) *f* argus shell, eyed cowry (*od.* cowrie) (*Cypraea argus*).

'Argˌwohn [-ˌvoːn] *m* ⟨-(e)s; *no pl*⟩ suspicion, mistrust, distrust: **~ gegen j-n haben** (*od. lit.* **hegen**) to have suspicions about s.o., to be suspicious of s.o., to mistrust s.o.; **j-s** (*od.* **bei j-m**) **~ (er)wecken** to arouse (*od.* awaken) s.o.'s suspicions; **~ schöpfen** (*od.* **fassen**) to get (*od.* become, grow) suspicious. — **'argˌwoh·nen** *v/t u. v/i* ⟨h⟩ *rare for* argwöhnen. — **'argˌwöh·nen** [-ˌvøːnən] *lit.* **I** *v/t* ⟨h⟩ (*vermuten*) suspect, be suspicious of. – **II** *v/i* be suspicious, be mistrustful, have a suspicion. — **'argˌwöh·nisch** *adj* suspicious, mistrustful, distrustful: **j-n mit ~en Blicken betrachten** to give s.o. suspicious glances; **gegen j-n ~ sein** to be mistrustful of s.o., to suspect s.o.

Ar·gy·rie [argy'riː] *f* ⟨-; *no pl*⟩ *med.* argyria.

Ar·gy·ro·dit [argyro'diːt; -'dɪt] *m* ⟨-s; -e⟩ *min.* argyrodite.

Arhyth·mie [arʏt'miː] *f* ⟨-; *no pl*⟩ *med. cf.* Arrhythmie.

Ari·ad·ne [a'rĭadnə] *npr f* ⟨-; *no pl*⟩ *myth.* Ariadne. — **~ˌfa·den** *m* Ariadne's thread (*od.* clew) (*auch fig.*).

Aria·ner [a'rĭaːnər] *m* ⟨-s; -⟩ *relig. hist.* Arian. — **aria·nisch** [a'rĭaːnɪʃ] *adj* Arian: **~e Auffassung** Arian concept; **der A~e Streit** the Arian conflict. — **Aria·nis·mus** [arĭa'nɪsmʊs] *m* ⟨-; *no pl*⟩ Arianism.

arid [a'riːt] *adj* arid, dry. — **Ari·di·tät** [aridi'tɛːt] *f* ⟨-; *no pl*⟩ aridity, dryness.

Arie ['aːrĭə] *f* ⟨-; -n⟩ *mus.* aria.

Ari·el ['aːrĭɛl] *m* ⟨-s; *no pl*⟩ *astr.* Ariel.

Ari·er ['aːrĭər] *m* ⟨-s; -⟩, **'Arie·rin** *f* ⟨-; -nen⟩ **1.** Aryan, *auch* Arian, Indo-European. – **2.** *anthrop. obs.* Aryan, *auch* Arian. – **3.** Aryan, *auch* Arian, non-Jewish person (*in Germany 1933—45*).

'Ari·erˌnachˌweis *m* proof of Aryan ancestry (*in Germany 1933—45*).

Ari·es ['aːrĭɛs] *m* ⟨-; *no pl*⟩ *astr.* Aries, the Ram.

Ari·et·te [a'rĭɛtə] *f* ⟨-; -n⟩ *mus.* arietta, *auch* ariette.

Aril·lus [a'rɪlʊs] *m* ⟨-; Arilli [-li]⟩ *bot.* aril.

ario·so [a'rĭoːzo] *mus.* **I** *adv u. adj* arioso. – **II A~** *n* ⟨-s; -s *u.* Ariosi [-zi]⟩ arioso.

arisch ['aːrɪʃ] *adj* **1.** *bes. ling.* Aryan, *auch* Arian, Indo-Iranian: **~ machen** to Aryanize. – **2.** Aryan, *auch* Arian, non-Jewish (*in Germany 1933—45*).

ari·sie·ren [ari'ziːrən] *v/t* ⟨*no* ge-, h⟩ Aryanize, clear of non-Aryan control.

Ari·sto·krat [arɪsto'kraːt] *m* ⟨-en; -en⟩ aristocrat (*auch fig.*): **die ~en** the aristocracy *sg*, the nobility *sg*. — **Ari·sto'kra·ten·tum** *n* ⟨-s; *no pl*⟩ aristocratism.

Ari·sto·kra·tie [arɪstokra'tiː] *f* ⟨-; -n [-ən]⟩ aristocracy (*auch fig.*). — **Ari·sto'kra·tin** [-'kraːtɪn] *f* ⟨-; -nen⟩ aristocrat (*auch fig.*). — **ari·sto'kra·tisch** [-'kraːtɪʃ] *adj* aristocratic, *auch* aristocratical (*auch fig.*): **~es Wesen** aristocraticalness; **er hat eine ~e Gesinnung** he is noble-minded.

Ari·sto·lo·chia·ze·en [arɪstolɔxĭa'tseːən] *pl bot.* Aristolochiaceae (*Ordng Aristolochiales*).

Ari·sto·lo·chie [arɪsto'lɔxĭə] *f* ⟨-; -n⟩ *bot. cf.* Osterluzei.

Ari'sto·te·lesˌhirsch [arɪs'toːtelɛs-] *m zo. cf.* Sambarhirsch.

Ari·sto·te·li·ker [arɪsto'teːlikər] *m* ⟨-s; -⟩ *philos.* Aristotelian, Peripatetic. — **ari·sto'te·lisch** [-lɪʃ] *adj* Aristotelian, *auch* Aristotelean: **A~e Philosophie** Aristotelian philosophy, Aristotelianism, Peripateticism. — **Ari·sto·te'lis·mus** [-te'lɪsmʊs] *m* ⟨-; *no pl*⟩ Aristotelianism, *auch* Aristotelism.

Arith·me·tik [arɪt'meːtɪk] *f* ⟨-; *no pl*⟩ arithmetic. — **~ˌbuch** *n* arithmetic book.

Arith·me·ti·ker [arɪt'meːtikər] *m* ⟨-s; -⟩ arithmetician.

arith·me·tisch [arɪt'meːtɪʃ] *adj* arithmetic(al): **~es Mittel** arithmetical mean; **~e Reihe** arithmetical series (*od.* progression).

Ari'zo·na·ˌTan·ne [ari'tsoːna-] *f bot.* cork fir, *auch* corkbar fir (*Abies arizonica*).

Ar·ka·de [ar'kaːdə] *f* ⟨-; -n⟩ **1.** *arch.* arcade, archway. – **2.** *tech.* (*textile*) a) neck twine, b) *pl* harness cord *sg*, coupling *sg*.

Ar·ka·di·en [ar'kaːdĭən] *npr n* ⟨-s; *no pl*⟩ *antiq. poet.* Arcadia. — **Ar'ka·di·er** *m* ⟨-s; -⟩ Arcadian. — **ar'ka·disch** [-dɪʃ] *adj* **1.** Arcadian. – **2.** *fig.* arcadian.

Ar'kan·sasˌfei·le [ar'kanzas-] *f tech.* Arkansas file.

Ar·kan·sit [arkan'ziːt; -'zɪt] *m* ⟨-s; *no pl*⟩ *min.* arkansite.

Ar·ka·num [ar'kaːnʊm] *n* ⟨-s; Arkana [-na]⟩ **1.** arcanum, secret. – **2.** (*Geheimmittel*) secret means *pl* (*construed as sg or pl*).

Ar·ke·bu·se [arke'buːzə] *f* ⟨-; -n⟩ *mil. hist.* (h)arquebus. — **Ar·ke·bu'si·er** [-bu'ziːr] *m* ⟨-s; -e⟩ (h)arquebusier.

Ar·ko·graph [arko'graːf] *m* ⟨-en; -en⟩ arcograph, cyclograph.

Ar·ko·se [ar'koːzə] *f* ⟨-; *no pl*⟩ *geol.* arkose, *auch* arcose, fel(d)spathic sandstone.

ark·tisch ['arktɪʃ] *adj* arctic: **~e Kaltluft** arctic (*od.* polar) air.

Ark·tur [ark'tuːr] *npr m* ⟨-s; *no pl*⟩, **Ark'tu·rus** [-rʊs] *npr m* ⟨-; *no pl*⟩ *astr.* Arcturus.

Ar·kus ['arkʊs] *m* ⟨-; -⟩ *math.* (*eines Winkels*) arc. — **~ˌko·se·kans** *m* inverse (*od.* arc) cosecant, anticosecant. — **~ˌko·si·nus** *m* inverse (*od.* arc) cosine, anticosine. — **~ˌko·tan·gens** *m* inverse (*od.* arc) cotangent, anticotangent. — **~ˌse·kans** *m* inverse (*od.* arc) secant. — **~ˌsi·nus** *m* inverse (*od.* arc) sine, antisine. — **~ˌtan·gens** *m* inverse (*od.* arc) tangent, antitangent.

Arm [arm] *m* ⟨-(e)s; -e⟩ **1.** arm: **den einen ~ voll(er) Holz haben** to have one arm full of wood; **die ~e ausbreiten** to stretch out one's arms; **(sich** *dat*) **den ~ brechen [verrenken]** *med.* to break (*od.* fracture) [to dislocate] one's arm; **die ~e in die Seite stemmen** to put one's hands on one's hips, to set one's arms akimbo; **mit in die Seiten gestützten ~en** with arms akimbo; **einer Dame den ~ (an)bieten** (*od.* **reichen**) to offer a lady one's arm; **j-n am ~ führen** to lead s.o. by the arm; **an j-s ~ gehen** to be escorted on s.o.'s arm; **j-n auf den ~ nehmen** a) to take s.o. on one's arms, b) *fig. colloq.* to poke fun at s.o., to pull s.o.'s leg (*colloq.*); **sich aus j-s ~en lösen** *lit.* to free oneself from an embrace; **j-n am** (*od.* **beim**) **~ nehmen** (*od.* **packen**) to seize s.o. by the arm; **j-n in die ~e nehmen** (*od.* **schließen**) to take s.o. in one's arms, to embrace (*od.* hug) s.o.; **j-m in die ~e sinken** to sink into s.o.'s arms; **~ in ~** arm in arm; **j-m in die ~e laufen** a) to run into s.o.'s arms, b) *fig.* to run (*od.* bump) into s.o.; **j-m in den ~ fallen** *fig.* to put a spoke in s.o.'s wheel; **sich dem Laster in die ~e werfen** *fig.* to give oneself up to vice; **j-n mit offenen ~en empfangen** (*od.* **aufnehmen**) *fig.* to receive s.o. with open arms; **mit verschränkten ~en zusehen** *auch fig.* to look on with arms folded; **etwas über den ~ nehmen** to put s.th. over one's arm; **etwas unter den ~ nehmen [klemmen]** to take [to tuck] s.th. under one's arm; **j-m unter die ~e greifen** a) to lift s.o. up, b) *fig.* to lend s.o. a helping hand, to assist s.o.; **j-n j-m in die ~e treiben** *fig.* to drive s.o. into s.o.'s arms; **der ~ der Gerechtigkeit** *fig. poet.* the arm of the law; **sein ~ reicht weit** *fig.* he has a long arm (*od.* far-reaching influence); → Bein 1; Morpheus. – **2.** *geogr.* (*eines Flusses od. Meeres*) arm, branch. – **3.** *mar.* a) (*eines Ankers etc*) arm, b) (*der Quersaling etc*) horn. – **4.** (*eines Wegweisers etc*) arm, pointer, index. – **5.** (*eines Leuchters etc*) arm, bracket, branch. – **6.** (*einer Waage etc*) beam. – **7.** (*eines Kreuzes etc*) limb, transept. –

8. *tech.* a) arm, bracket, support, b) (*eines Krans*) jib, cantilever, c) (*eines Hebels*) lever arm, d) (*eines Webstuhls*) sword, e) (*eines Windeisens*) handle, f) (*eines Kurbelmechanismus*) oscillating lever, g) (*eines Rades*) spoke. – **9.** *zo.* (*Fangarm*) tentacle. – **10.** *colloq.* (*Ärmel*) arm, sleeve.

arm *adj* ⟨"er; "st⟩ **1.** (*mittellos*) poor, needy, indigent: ~er Mann poor man; ~ sein to be poor (*od.* indigent, in want); ~ werden to become poor (*od.* impoverished); ~ und reich rich and poor; j-n ~ essen *colloq. humor.* to eat s.o. out of house and home (*colloq.*); ~ wie eine Kirchenmaus *fig. colloq.* as poor as a church mouse; um eine Hoffnung ärmer sein to have one hope less; nun bin ich wieder um 5 Mark ärmer now I am 5 marks poorer (*od.* worse off). – **2.** (*gehaltlos*) poor, weak, meager, *bes. Br.* meagre: arm an (*dat*) poor (*od.* deficient, lacking) in, with a low content of; ~ an Bodenschätzen poor in mineral resources. – **3.** *bes. tech. chem.* a) poor, b) (*Gas*) lean, c) (*Lösung*) weak: ~e Erze low-grade ore *sg.* – **4.** (*bemitleidenswert*) poor, pitiable, unfortunate, miserable: der ~e Kerl [Teufel] *colloq.* that poor fellow [devil] (*colloq.*); ~es Ding! poor thing! poor creature! → Sünder 4. – **5.** ~e Ritter *pl gastr.* bread (*od.* poor knight) fritters.

Ar·ma·da [ar'maːda] *f* ⟨-; Armaden *u.* -s⟩ *mar.* armada, fleet: die ~ *hist.* the (Invincible) Armada.

Ar·ma·dill [arma'dɪl] *m* ⟨-s; -e⟩ *zo.* armadillo (*Fam. Dasypodidae*).

'Arm|am·pu·ta·tiˌon *f med.* amputation of an arm. — **~ˌar·beit** *f* (*sport*) arm action (*od.* movement). — **~arˌte·rie** *f* brachial artery. — **a~ˌar·tig** *adj* armlike, brachial (*scient.*).

Ar·ma·tur [arma'tuːr] *f* ⟨-; -en⟩ **1.** *meist pl tech.* a) (*Paßteile, Zubehör etc*) fittings *pl*, b) (*Verbindungsstücke etc*) connections *pl*, *Br. auch* connexions *pl*, mountings *pl*, fittings *pl*, c) (*Kontrollinstrumente eines Autos etc*) instruments *pl*: ~en eines Dampfkessels boiler fittings. – **2.** *phys.* (*eines Magneten*) armature, keeper: Magnet mit ~ armed magnet.

Ar·ma'tu·renˌbrett *n auto. cf.* Instrumentenbrett 1. — **~beˌleuch·tung** *f cf.* Instrumentenbeleuchtung.

Ar·ma'tu·renˌta·fel *f cf.* Instrumentenbrett.

'Armˌausˌschnitt *m* (*fashion*) *cf.* Ärmelloch.

'Armˌband *n* ⟨-(e)s; "er⟩ **1.** (*jewelry*) a) bracelet, b) bangle. – **2.** (*einer Uhr*) watch band (*od.* strap). – **3.** (*zur Festigung*) wristlet. – **4.** (*sport*) sweatband, *Br.* sweat-band. — **~ˌuhr** *f* wristwatch, *Br.* wrist watch. — **~ˌwecker** (*getr.* -k·k-) *m* alarm wristwatch (*Br.* wrist watch), wrist alarm.

'Arm|ˌber·ge *f* ⟨-; -n⟩ (*der Ritterrüstung*) arm guard. — **~ˌbeu·ge** *f* **1.** bend (*od.* crook) of the arm. – **2.** (*sport*) arm bend. — **~ˌbeu·gen** *n* (*sport*) arm-bend exercises *pl.* — **~beˌwe·gung** *f* movement of the arm. — **~ˌbin·de** *f* **1.** armlet, arm band. – **2.** (*als Abzeichen*) brassard, *auch* brassart. – **3.** *med.* (arm) sling. — **~ˌblatt** *n* (*fashion*) dress shield (*od.* preserver). — **~ˌbruch** *m* fracture of the arm: sich (*dat*) einen ~ zuziehen to break (*od.* fracture) one's arm; einen ~ haben to have a fractured (*od.* broken) arm.

'Armˌbrust *f* ⟨-; "e, *auch* -e⟩ crossbow, *bes. hist.* arbalest, arbalist, arblast. — **~ˌschüt·ze** *m* crossbowman, *bes. hist.* arbalester, *auch* arbalister, arbalestrier.

Ärm·chen ['ɛrmçən] *n* ⟨-s; -⟩ *dim. of* Arm.

'Arm·co-ˌEi·sen ['armko-] *n tech.* Armco (*od.* ingot) iron.

'armˌdick *adj* as thick as one's arm.

Ar·me ['armə] *m, f* ⟨-n; -n⟩ poor person, poor man (*od.* woman): die ~n the poor; mittellose ~ *pl* destitute people; (öffentlich unterstützter) ~r pauper; der ~! poor fellow! ich ~(r)! poor me! die ~! poor woman (*od.* dear)!

Ar·mee [ar'meː] *f* ⟨-; -n [-ən]⟩ **1.** *mil.* a) army, b) the (armed) forces *pl*: bei der ~ in the army; die Rote ~ the Red Army; in der ~ dienen to serve in the army; (das Kommando über) eine ~ übernehmen to take command of an army; zur großen ~ abberufen (*od.* versammelt) werden *fig. obs.* to be gathered to one's fathers, to die. – **2.** *fig.* army: eine ~ von Arbeitslosen an army of unemployed. — **~beˌreich** *m* army area. — **~ˌkorps** *n* (army) corps. — **~ˌober·komˌman·do** *n* army headquarters *pl* (*often construed as sg*).

Är·mel ['ɛrməl] *m* ⟨-s; -⟩ sleeve, arm: eingesetzter ~ set-in sleeve; mit kurzen ~n with short sleeves, short-sleeved; ohne ~ sleeveless; j-n am ~ zupfen to pluck (*od.* pull) s.o. by the sleeve; das kann man (*od.* läßt sich) nicht aus dem ~ schütteln *fig. colloq.* that can't be done off-hand (*Am.* off the cuff), you can't just pull it out of your hat; die ~ hochkrempeln *colloq.* to roll up one's sleeves. — **~ˌabˌzei·chen** *n* sleeve badge (*auch mil.*). — **~ˌaufˌschlag** *m* cuff (of sleeve). — **~ˌausˌschnitt** *m cf.* Ärmelloch. — **~(ˌbü·gel)ˌbrett** *n* sleeveboard.

ˌAr·me'leu·teˌes·sen *n* poor man's meal.

'Är·mel|ˌfut·ter *n* sleeve lining. — **~ˌhal·ter** *pl* sleeve bands. — **~ˌlän·ge** *f* sleeve length. — **~ˌloch** *n* armhole, sleevehole. — **ä~los** *adj* sleeveless. — **~ˌscho·ner, ~ˌschüt·zer** *m* sleeve protector, oversleeve. — **~ˌstrei·fen** *m mil.* (sleeve) stripe, ring (on sleeve). — **~ˌwe·ste** *f* sleeved vest (*bes. Br.* waistcoat).

'Ar·men|ˌanˌla·ge *f cf.* Armensteuer. — **~ˌanˌstalt** *f obs. cf.* Armenhaus. — **~ˌanˌwalt** *m jur.* counsel (*representing s.o. granted legal aid*), *bes. Br.* barrister with a dock brief. — **~ˌarzt** *m* public assistance doctor. — **~ˌbüch·se** *f obs.* poor (*od.* alms) box. — **~ˌfriedˌhof** *m obs.* cemetery for the poor, potter's field. — **~ˌfürˌsor·ge** *f obs.* poor relief, public assistance. — **~ˌgeld** *n obs.* contribution(s *pl*) to charity. — **~geˌsetz** *n*, **~geˌsetzˌge·bung** *f jur.* poor law. — **~ˌhaus** *n obs.* poorhouse, *bes. Am.* almshouse, *Br. auch* workhouse. — **~ˌhäus·ler** *m obs.* inmate of a poorhouse.

Ar·me·ni·er [ar'meːnɪər] *m* ⟨-s; -⟩ Armenian. — **ar'me·nisch** [-nɪʃ] **I** *adj* Armenian: ~er Stein *min.* Armenian stone, azurite blue. – **II** *ling.* **A~** *n* ⟨*generally undeclined*⟩, **das A~e** ⟨-n⟩ Armenian.

'Ar·men|ˌkas·se *f* (*Armenfonds*) poor-relief fund. — **~ˌpfle·ge** *f* **1.** assistance of the poor. – **2.** *archaic* (*Armenfürsorge*) poor relief, public assistance. — **~ˌpfle·ger** *m* **1.** *archaic* guardian (*od.* overseer) of the poor. – **2.** public relief officer, *bes. Br.* welfare (*od.* relieving) officer, welfare worker. — **~ˌrecht** *n jur.* **1.** (*Fürsorgerecht*) poor law. – **2.** (*einer Prozeßpartei*) legal aid: Anspruch auf ~ right to legal aid; das ~ beantragen to apply for legal aid; unter ~ klagen to sue in forma pauperis; j-m das ~ entziehen to dispauper s.o. — **~ˌschu·le** *f hist.* charity school, *Br. auch* national (*od.* ragged) school. — **~ˌsteu·er** *f obs.* poor rate. — **~ˌun·terˌstüt·zung** *f* (poor) relief, public assistance (*od.* relief). — **~verˌwal·tung** *f obs. for* Fürsorge 2. — **~ˌvier·tel** *n* (*einer Stadt*) slums *pl.* — **~ˌvorˌste·her** *m hist. cf.* Armenpfleger 1. — **~ˌzeug·nis** *n jur. cf.* Armutszeugnis 1.

Ar·me·rie [ar'meːrɪə] *f* ⟨-; -n⟩ *bot.* thrift (*Gattg Armeria*).

'Ar·mesˌlän·ge *f* arm's length.

ˌAr·me'sün·der *m* ⟨Armensünders; Armensünder⟩ *hist.* condemned criminal. — **~geˌsicht** *n cf.* Armesündermiene. — **~ˌglocke** (*getr.* -k·k-) *f cf.* Armsündergiocke. — **~ˌhemd** *n hist. shirt worn by a condemned criminal.* — **~ˌmie·ne** *f colloq. humor.* hangdog look: mit ~ with a hangdog look on one's face; eine ~ aufsetzen to put on a hangdog look. — **~ˌses·sel, ~ˌstuhl** *m relig. hist.* stool of repentance.

'Arm|ˌfei·le *f tech.* square rubber file. — **~ˌfes·sel** *f* (*sport*) (*beim Ringen etc*) armlock, *Am.* hammerlock. — **~ˌflor** *m* mourning-band (around the arm). — **a~ˌför·mig** *adj* **1.** armshaped; brachial, brachiate (*scient.*): ~er Fortsatz brachium. – **2.** *bot.* brachiate. — **~ˌfüh·rung** *f* (*sport*) (*im Eiskunstlauf*) arm movements *pl.* — **~ˌfü·ßer** *m zo.* auger snail (*Klasse Brachiopoda*). — **~geˌflecht** *n med.* brachial plexus. — **~ˌge·genˌschwin·gen** *n* (*in Gymnastik*) counter-swinging of the arms. — **~ˌgei·ge** *f mus. obs. cf.* Bratsche. — **~geˌlenk** *n med.* shoulder (*od. scient.* brachial) joint. — **~ˌgru·be** *f med. cf.* Armhöhle. — **~ˌhal·tung** *f* (*sport*) position of the arms. — **~ˌhe·bel** *m* (*sport*) (*beim Ringen etc*) arm-lever. — **~ˌhe·ber** *m med.* deltoid, deltoideus. — **~ˌhöh·le** *f* armpit, axilla (*scient.*).

ar·mie·ren [ar'miːrən] **I** *v/t* ⟨*no* ge-, h⟩ **1.** *mil. mar.* arm, equip. – **2.** *tech. civ.eng.* (*Beton*) reinforce. – **3.** *electr.* (*Kabel*) sheath, armor, *bes. Br.* armour. – **4.** *phys.* (*Magneten*) arm. – **5.** *tech.* (*Zimmerei*) arm, truss, strengthen (*s.th.*) with iron bars. – **II A~** *n* ⟨-s⟩ **6.** *verbal noun.* — **Ar'mie·rung** *f* ⟨-; -en⟩ **1.** *cf.* Armieren. – **2.** *mil. mar.* armament, equipment. – **3.** *tech. civ.eng.* (*von Beton*) reinforcement. – **4.** *electr.* a) (*von Kabeln*) armoring, *bes. Br.* armouring, sheathing, b) (*von Glühlampe*) fittings *pl.* – **5.** *tech.* (*Zimmerei, Schlosserei*) armature, trussing.

Ar'mie·rungs|ˌei·sen *n civ.eng.* (*Stahlbetonbau*) *cf.* Bewehrungsstahl. — **~ˌkorb** *m* reinforcing (*od.* reinforcement) cage. — **~ˌmat·te** *f* reinforcing (*od.* reinforcement) mat. — **~ˌstahl** *m cf.* Bewehrungsstahl.

Ar·mil·la [ar'mɪla] *f* ⟨-; Armillen⟩ *astr. cf.* Armillarsphäre.

Ar·mil'larˌsphä·re [armɪ'laːr-] *f astr. hist.* armillary sphere.

Ar·mi·nia·ner [armi'nĭaːnər] *m* ⟨-s; -⟩ *relig.* Arminian (*follower of Jacobus Arminius*). — **ar·mi·nia·nisch** [-'nĭaːnɪʃ] *adj* Arminian. — **Ar·mi·nia'nis·mus** [-nĭa'nɪsmus] *m* ⟨-; *no pl*⟩ Arminianism.

'Arm|ˌkis·sen *n cf.* Armpolster. — **~ˌkno·chen** *m med.* armbone. — **~ˌkorb** *m* basket carried in one's hand (*od.* on one's arm). — **~ˌkraft** *f* **1.** strength of the arm. – **2.** manual power. — **~ˌkrei·sen** *n* (*sport*) circling the arms, swinging the arms in a circle. — **~ˌkreuz** *n tech.* spider. — **~ˌkreuzˌschlag** *m* (*in der Gymnastik*) cross-swinging of the arms. — **a~ˌlang** *adj* of an arm's length: ein ~er Stiel a handle the length of an arm. — **~ˌlän·ge** *f* arm's length. — **~ˌleh·ne** *f* (*eines Stuhls etc*) armrest.

'Armˌleuch·ter *m* **1.** candelabrum, branched candlestick. – **2.** *bot. cf.* Armleuchteralge. – **3.** *contempt.* stupid (*od.* silly) fool, nitwit. — **~ˌal·ge** *f meist pl bot.* stonewort, chara, water horsetail (*Gattg Chara*).

ärm·lich ['ɛrmlɪç] **I** *adj* **1.** (*von Armut zeugend*) poor, (*schäbig*) shabby: ~e Kleidung poor (*od.* shabby) clothes; in ~en Verhältnissen leben to live in poor (*od.* necessitous) circumstances, to be poorly off; aus ~en Verhältnissen stammen to come from a poor family; ein ~es Geschenk a shabby gift. – **2.** (*kläglich*) miserable, wretched: ein ~es Dasein a miserable existence. – **3.** *fig.* (*dürftig*) meager, *bes. Br.* meagre, scanty, insufficient. – **II** *adv* **4.** poorly, miserably: ~ gekleidet poorly dressed; ~ wohnen to be poorly housed. — **'Ärm·lich·keit** *f* ⟨-; *no pl*⟩ **1.** poorness, poverty, (*Schäbigkeit*) shabbiness: die ~ ihrer Wohnung the poorness of their accommodation. – **2.** (*Kläglichkeit*) miserableness, misery, wretchedness. – **3.** *fig.* meagerness, *bes. Br.* meagreness, scantiness, insufficiency.

'Arm|ˌloch *n* (*eines Kleides etc*) armhole. — **a~los** *adj* armless. — **~manˌschet·te** *f med.* rubber cuff: aufblasbare ~ (*bei Blutdruckmesser*) inflatable cuff. — **~ˌmolch** *m zo.* siren, mud (*od.* congo, conger, lamper, ditch) eel (*Fam. Sirenidae*): Großer ~ greater siren (*Siren lacertina*); Kleiner ~ lesser siren (*S. intermedia*). — **~ˌmus·kel** *m med.* brachial (*od.* arm) muscle. — **~ˌnerv** *m* brachial nerve. — **~ˌner·ven·geˌflecht** *n cf.* Armgeflecht.

Ar·mo·ri·al [armo'rĭaːl] *n* ⟨-s; -e⟩ *her.* armorial, book of heraldry.

Ar·mo·ri·ka·ner [armori'kaːnər] *m* ⟨-s; -⟩ *anthrop.* Armorican, *auch* Armoric, Breton (*native od. inhabitant of Armorica, now Brittany*). — **ar'mo·risch** [-'moːrɪʃ] *adj* Armoric(al).

'Arm|ˌpol·ster *n* **1.** arm(rest). – **2.** upholstery of a chair arm. — **~poˌlyp** *m zo.* **1.** tentaculate polyp (*Klasse Coelenterata*). – **2.** (*Süßwasserpolyp*) hydra, freshwater-polyp (*Gattg Hydra*). — **~proˌthe·se** *f med.* artificial arm. — **~ˌreif, ~ˌrei·fen** *m* (ring) bracelet, bangle. — **~ˌring** *m cf.* Armspange. — **~ˌrückˌfe·dern** *n* (*sport*) swinging one's arms back. — **~ˌschie·ne** *f* **1.** *med.* arm splint. – **2.** *mil. hist.* bracelet, bracer, (*bes. obere*) armlet, brassard, *auch* brassart, (*bes. untere*) vambrace. — **~ˌschild** *m* buckler, shield. — **~ˌschlag·ader** *f med.* brachial artery. — **~ˌschlin·ge** *f* (arm) sling. — **~ˌschlüs·sel** *m* (*sport*) (*beim Ringen*) armlock, *Am.* hammerlock. — **~ˌschmalz** *n humor.* elbow grease. — **~schmerz** *m med.* brachialgia. — **~ˌschüt·teln** *n* (*in der Gymnastik*) shaking one's arm. — **~ˌschutz** *m* (*sport*) (*beim Fechten etc*) bracer. — **~ˌschwin·gen** *n* (*in der Gymnastik*) swinging of one's arms.

'armˌse·lig I *adj* **1.** (*elend*) wretched, miserable: ein ~es Haus a wretched house; ein ~es Mäntelchen a threadbare coat. – **2.** (*mitleiderregend*) pitiful, pitiable: eine ~e Kreatur a pitiful creature. – **3.** (*erbärmlich, unzulänglich*) miserable, paltry, shabby: ein ~er Stümper a miserable (*od.* deplorable) bungler; sein ~es Gehalt his miserable (*od.* beggarly) salary; er bot uns ~e 5 Mark he offered us a miserable 5 marks; eine ~e Entschuldigung a paltry excuse. – **4.** (*kümmerlich*) scrubby, meager, *bes. Br.* meagre: dort wachsen nur einige ~e Büsche only a few meager shrubs grow there. – **II** *adv* **5.** miserably, wretchedly: sein Leben ~ fristen to live a miserable life; sehr ~ leben to live in poor circumstances. — **'Armˌse·lig·keit** *f* ⟨-; *no pl*⟩ **1.** wretchedness, miserableness. – **2.** pitifulness, pitiableness. – **3.** miserableness, paltriness, shabbiness: die ~ seiner Worte the inadequacy (*od.* paltriness) of his words.

'Arm|ˌses·sel *m* armchair, easy chair, fauteuil. — **~ˌspan·ge** *f* bangle, bracelet, (*für den Oberarm*) armlet. — **~ˌspei·che** *f med.* (*Unterarmknochen*) radius.

Ärm·ste ['ɛrmstə] *m, f* ⟨-n; -n⟩ **1.** poorest: er ist der ~ unter ihnen he is the poorest of them (all). – **2.** *colloq.* poor thing: ich ~r! poor me!

'Arm|ˌstern *m tech.* (*eines Rades*) spider. — **~ˌstuhl** *m cf.* Armsessel. — **~ˌstulp** *m* (*sport*) (*beim Fechten*) *cf.* Armschutz. — **~ˌstumpf** *m med.* stump of an arm. — **~ˌstüt·ze** *f* **1.** armrest. – **2.** *tel.* telephone bracket.

ˌArm'sün·derˌglocke (*getr.* -k·k-) *f hist.* knell tolled during an execution.

'arm|ˌtra·gend *adj zo.* brachiferous. — **A~ˌtra·geˌtuch** *n med.* (triangular cloth used as an) arm sling.

Ar·mü·re [ar'myːrə] *f* ⟨-; -n⟩ (*textile*) armure.

Ar·mut ['armuːt] *f* ⟨-; *no pl*⟩ **1.** poverty, indigence, (*stärker*) destitution, penury (*lit.*): bittere ~ severe (*od.* dire) poverty; in äußerster ~ leben to live in utter poverty; in ~ geraten to be reduced to poverty; eine in ~ lebende Familie a poverty-stricken family; ~ schändet nicht, ~ ist keine Schande (*Sprichwort*) poverty is no sin (*od.* disgrace) (*proverb*); ~ ist ein schlimmer Gast, ~ tut weh (*Sprichwort*) poverty hurts (*od.* is hard to bear). – **2.** (*Kargheit*) poorness, barrenness: die ~ des Bodens the poorness of the soil. – **3.** *fig.* (*Mangel*) lack, poverty: die ~ des Landes an Bodenschätzen the country's lack (*od.* shortage) of mineral resources; ~ des Ausdrucks lack of expression; geistige ~ lack (*od.* poverty) of intellect, intellectual indigence. – **4.** *archaic* the poor, the destitute.

'Ar·mutsˌzeug·nis *n* **1.** *jur.* certificate of poverty. – **2.** *fig.* evidence of incapacity: sich (*dat*) ein ~ ausstellen to show (*od.* reveal) one's incapacity; das ist ein ~ für ihn this shows his incompetence.

'Arm|ˌve·ne *f med.* arm vein: große ~ cubital vein. — **~verˌband** *m* arm bandage. — **~vio·le** [-ˌvĭoːlə] *f mus. hist.* alto (*od.* tenor) viol. — **~ˌvoll** *m* ⟨-; -⟩ armful: zwei ~ Holz two armfuls of wood. — **a~ˌwei·se** *adv* by the armful, by armfuls. — **~ˌwel·le** *f* (*sport*) muscle grind(er). — **~ˌwin·kel** *m mil.* chevron. — **~ˌzug** *m* (*sport*) (*beim Schwimmen*) (arm) stroke.

Ar·ni ['arni] *m* ⟨-s; -s⟩ *zo. cf.* Arni-Büffel. — **~-ˌBüf·fel, 'In·di·scher** *m zo.* water buffalo, arni, arna (*Bubalus bubalis*).

Ar·ni·ka ['arnika] *f* ⟨-; -s⟩ *bot.* arnica (*Arnica montana*).

Arol·le [a'rɔlə] *f* ⟨-; -n⟩ *bot. cf.* Arve.

Arom [a'roːm] *n* ⟨-s; -e⟩ *lit. for* Aroma.

Aro·ma [a'roːma] *n* ⟨-s; Aromen *u.* -ta [-ta], *auch* -s⟩ **1.** (*Wohlgeruch*) aroma, fragrance: ein liebliches ~ a delightful aroma. – **2.** (*Wohlgeschmack*) flavor, *bes. Br.* flavour, taste: ein Tabak von mildem ~ a mild-flavo(u)red tobacco; die Äpfel haben wenig ~ these apples haven't got much taste. – **3.** (*des Weines*) bouquet. – **4.** (*Würzstoff*) *bes. Am.* flavor, *bes. Br.* flavouring, aromatic essence: ein künstliches ~ a synthetic flavo(u)ring; einer Speise ~ zusetzen to flavo(u)r (*od.* season) a dish. — **~ˌfe·stig·keit** *f* persistence of flavor (*bes. Br.* flavour) (*od.* aroma).

Aro·ma·te(n) [aro'maːtə(n)] *pl chem.* aromatic substances. — **aro'ma·tisch** *adj* aromatic (*auch chem.*): ~e Substanzen *chem.* aromatics; ~e Verbindungen *chem.* aromatic compounds.

aro·ma·ti·sie·ren [aromati'ziːrən] *v/t* ⟨*no* ge-, h⟩ *chem.* a) aromatize *Br. auch* -s-, b) (*in eine aromatische Verbindung überführen*) flavor, *bes. Br.* flavour.

Aron ['aːrɔn] *m* ⟨-s; *no pl*⟩ *bot. cf.* Aron(s)stab.

'Aron(s)ˌstab *m bot.* arum (*Gattg Arum*): Gefleckter (*od.* Gemeiner) ~ cuckoopint, *bes. Br.* wake-robin, lords-and-ladies (*A. maculatum*). — **a~ˌar·tig** *adj bot.* araceous, aroid(eous). — **~geˌwäch·se** *pl* araceae, aroids (*Fam. Araceae*).

ar·peg·gie·ren [arpɛ'dʒiːrən] **I** *v/i* ⟨*no* ge-, h⟩ *mus.* **1.** spread the notes of a chord, play chords in arpeggio, *auch* arpeggio, arpeggiate. – **II** *v/t* **2.** (*Akkord*) (play [*s.th.*] in) arpeggio. – **III A~** *n* ⟨-s⟩ **3.** *verbal noun.* – **4.** *cf.* Arpeggio. — **ar·peg'giert** *mus.* **I** *pp.* – **II** *adj* (*Akkord*) arpeggiated, arpeggioed.

ar·peg·gio [ar'pɛdʒo] *mus.* **I** *adv* in arpeggio. – **II A~** *n* ⟨-s; -s *u.* Arpeggien [-dʒĭən]⟩ arpeggio.

Ar·peg·gio·ne [arpɛ'dʒoːnə] *f* ⟨-; -n⟩ *mus.* arpeggione (*a bowed bass guitar of the early 19th century*).

Ar'peg·gioˌzei·chen *n mus.* arpeggio sign, wavy line.

Ar·rak ['arak] *m* ⟨-s; -e *u.* -s⟩ (*Branntwein*) arrack, rack, *auch* ar(r)ak. — **~ˌpunsch** *m* arrack (*od.* rack) punch.

Ar·ran·ge·ment [arãʒə'mãː] *n* ⟨-s; -s⟩ **1.** arrangement: das künstlerische ~ lag in Händen von the artistic arrangement was carried out by. – **2.** (*von Blumen, Früchten etc*) arrangement: ein ~ zusammenstellen to put together an arrangement; ein hübsches ~ a pretty arrangement. – **3.** *mus.* (*Bearbeitung*) arrangement, adaptation, setting: ein ~ für Violine und Orchester an arrangement for violin and orchestra. – **4.** (*Vereinbarung*) arrangement, agreement: ein ~ treffen to come to an arrangement.

Ar·ran·geur [arã'ʒøːr] *m* ⟨-s; -e⟩ *mus.* arranger.

ar·ran·gie·ren [arã'ʒiːrən] **I** *v/t* ⟨*no* ge-, h⟩ **1.** (*gestalten, organisieren*) arrange: eine Festlichkeit ~ to arrange a festivity; geschickt ~ to arrange (*s.th.*) skil(l)fully; etwas für j-n ~ to make the necessary arrangements for s.o. – **2.** (*Blumen etc*) arrange: das Schaufenster neu ~ to rearrange the shop window. – **3.** *mus.* arrange, adapt: ein Stück für Kammerorchester ~ to arrange a piece of music for chamber orchestra. – **II** *v/reflex* sich ~ **4.** come to an arrangement (*od.* agreement): sich mit seinen Gläubigern ~ *jur.* to compound with one's creditors. – **5.** *fig.* (mit with) come to terms.

Ar·ran'gierˌpro·be *f* (*theater*) (*Stellprobe*) blocking (rehearsal).

Ar·rest [a'rɛst] *m* ⟨-es; -e⟩ **1.** *jur.* a) arrest, detention, b) (*Haft*) confinement: j-n unter ~ setzen, j-n in den ~ stecken *colloq.* to put s.o. under arrest, to place s.o. in confinement; strenger ~ close arrest; im ~ sitzen to be under arrest. – **2.** *jur. econ.* (*Beschlagnahme*) attachment, seizure, *auch* sequestration, (*dinglicher*) distraint: etwas mit ~ belegen, auf (*acc*) etwas ~ legen to seize (*od.* attach, distrain) s.th.; mit ~ belegt sein to be under distraint; den ~ anordnen to order a distraint; Aufhebung des ~es lifting of the seizure; offener ~ receiving order. – **3.** *mar.* (*auf ein Schiff*) embargo, arrest: ein Schiff mit ~ belegen to embargo a vessel, to lay an embargo on a vessel. – **4.** *ped.* (*Nachsitzen*) detention: du bekommst eine Stunde ~ you'll be kept in for one hour, you are going to be given an hour's detention; j-m ~ geben to keep s.o. in, to give s.o. a detention; ~ haben to be kept in. — **Ar·re'stant** [-'tant] *m* ⟨-en; -en⟩ *jur. mil.* prisoner, person under arrest (*od.* in detention).

Ar'rest|ˌanˌtrag *m jur. econ.* motion for distraint. — **~beˌfehl** *m* distraint order: den ~ erwirken to obtain a distraint (order). — **~ˌbruch** *m jur.* (*im Strafrecht*) illegal interference (*od.* meddling) with attached (*od.* seized) property, infringement of an attachment. — **~loˌkal** *n* **1.** *colloq.* lockup, 'cooler' (*sl.*). – **2.** *mil.* 'guardhouse' (*colloq.*), detention room, black hole (*colloq.*). — **~ˌstra·fe** *f jur. mil.* **1.** arrest. – **2.** (sentence of) confinement. — **~verˌfah·ren** *n jur. econ.* distraint proceedings *pl.* — **~ˌvollˌzie·hung** *f* execution of a distraint order. — **~ˌzel·le** *f mil. cf.* Arrestlokal 2.

ar·re·tie·ren [are'tiːrən] **I** *v/t* ⟨*no* ge-, h⟩ **1.** *tech.* arrest, stop, lock: die Walze der Schreibmaschine ~ to lock the platen of the typewriter. – **2.** *mar.* (*Schiff*) seize, arrest, detain. – **3.** *obs. for* verhaften. – **II A~** *n* ⟨-s⟩ **4.** *verbal noun.* – **5.** *cf.* Arretierung.

Ar·re'tier|ˌfe·der *f tech.* check (*od.* control) spring. — **~ˌhe·bel** *m* catch, stopping (*od.* arresting) lever. — **~ˌschrau·be** *f* locking screw. — **~ˌstift** *m* locking (*od.* arresting, locating) pin.

Ar·re'tie·rung *f* ⟨-; -en⟩ **1.** *cf.* Arretieren. – **2.** *tech.* a) arrest, stop(ping), lock(ing), b) locking device. – **3.** *mar.* (*eines Schiffes*) restraint, arrest, detention. – **4.** *auto.* a) (*der Sitze*) locking, b) (*des Schiebedachs*) arresting. – **5.** *obs. for* Festnahme 1.

Ar·re'tie·rungsˌknopf *m tech.* (*einer Waage etc*) locking button.

Ar·re'tierˌvorˌrich·tung *f tech.* stopping (*od.* locking, arresting, setting) device.

ar·re·ti·nisch [are'tiːnɪʃ] *adj hist.* Arretine: ~e Keramik Arretine (*od.* Samian) ware, terra sigillata.

Ar'rêt|ˌspit·ze [a'rɛ(ː)-] *f* (*sport*) (*beim Fechten*) pointe d'arrêt button (*with electric contact at the point of the weapon* [*épée*]). — **~ˌstoß** *m* stop thrust.

Ar·rhe·no·to·kie [arenoto'kiː] *f* ⟨-; *no pl*⟩ *zo.* arrhenotoky, *auch* arrenotoky.

Ar·rhyth·mie [arʏt'miː] *f* ⟨-; -n [-ən]⟩ *med.* arrhythmia, *auch* arrythmia. — **ar·rhyth·misch** [a'rʏtmɪʃ] *adj* arrhythmic(al).

Ar'riereˌgar·de [a'rĭɛːr-] *f* ⟨-; -n⟩ *mil. obs. for* Nachhut.

ar·ri·vie·ren [ari'viːrən] *v/i* ⟨*no* ge-, sein⟩ make one's way, get on (*od.* along) in the world, arrive: er ist arriviert he has arrived (at recognition). — **ar·ri'viert I** *pp.* – **II** *adj* (*Künstler etc*) arrived, successful. — **Ar·ri'vier·te** *m, f* ⟨-n; -n⟩ **1.** successful person, s.o. who has arrived. – **2.** (*Emporkömmling*) arrivé.

ar·ro·die·ren [aro'diːrən] *v/t* ⟨*no* ge-, h⟩ *med.* erode.

ar·ro·gant [aro'gant] **I** *adj* arrogant, overbearing, haughty: ein ziemlich ~er junger Mann a rather arrogant young man; ein ~es Benehmen overbearing behavio(u)r; sie wollte nicht als ~ gelten she didn't want to be regarded as arrogant. – **II** *adv* arrogantly: sich ~ benehmen to act arrogantly. — **Ar·ro'ganz** [-'gants] *f* ⟨-; *no pl*⟩ arrogance, overbearingness, haughtiness.

ar·ron·die·ren [arɔn'diːrən; arõ-] **I** *v/t* ⟨*no* ge-, h⟩ **1.** *agr.* (*Grundstücke*) readjust, consolidate. – **2.** *tech.* (*walzen*) finish, round off. – **II A~** *n* ⟨-s⟩ **3.** *verbal noun.* — **Ar·ron'die·rung** *f* ⟨-; -en⟩ **1.** *cf.* Arrondieren. – **2.** *agr.* readjustment of farm boundaries, (voluntary) land consolidation.

Ar·ron'die·rungsˌkauf *m econ.* rounding-off (*od.* consolidation) purchase.

Ar·ro·si·on [aro'zĭoːn] *f* ⟨-; -en⟩ *med.* erosion.

Ar·row·root ['ɛroˌruːt; 'ærəruːt] (*Engl.*) *n* ⟨-s; *no pl*⟩ *bot.* arrowroot (*Gattg Maranta*): Brasilianisches ~ cassava.

Ar·sa·ki·den [arza'kiːdən], **Ar·sa'zi·den** [-'tsiːdən] *pl hist.* Arsacids.

Arsch [arʃ] *m* ⟨-es; ⸚e⟩ *vulg. Am.* ass, *bes. Br.* arse, bum, backside (*alle vulg.*); 'rump', behind (*beide colloq.*): du ~! *fig.* you swine! ~ mit Ohren *fig.* flap-eared gawk; leck mich am ~! *fig.* kiss my ass (*od.* backside)! j-m in den ~ kriechen *fig.* to lick s.o.'s boots, to suck up to s.o. (*sl.*), *bes. Am.* to brownnose s.o.; am ~ der Welt *fig.* at the back of beyond; ihm geht der ~ mit (*od.* auf) Grundeis *fig.* he is in a blue funk; sich auf den ~ setzen to sit down on one's backside; es ist im ~ *fig.* it's gone to pot; Himmel, ~ und Zwirn (*od.* Wolkenbruch)! goddamn all! — **~ˌbacke** (*getr.* -k·k-) *f vulg.* buttock: die ~n zusammenklemmen to brace oneself. — **~ˌficker** (*getr.* -k·k-) *m vulg.* bugger (*vulg.*), sodomite. — **~ˌkrie·cher** *m vulg.* asshole (*bes. Br.* arse-hole) creeper (*vulg.*), toady. — **~krie·che'rei** [ˌarʃ-] *f vulg.* asshole (*bes. Br.* arse-hole) creeping.

ärsch·lings ['ɛrʃlɪŋs] *adv dial.* backward, ass (*bes. Br.* arse) first.

'Arsch|ˌloch *n vulg. Am.* asshole, *bes. Br.* arse-hole (*vulg.*): du ~! *fig.* you swine! — **~ˌpau·ker** *m archaic vulg. contempt.* (*Leh-*

rer) kid walloper, seat tanner. — ~ˌ**wisch** *m vulg.* toilet paper, *Br. sl.* bum fodder, bumf.

Ar·sen [ar'zeːn] *n* ⟨-s; *no pl*⟩ *chem.* arsenic (As): gediegenes ~ native arsenic. — ~**ˌabˌstrich** *m* arsenic skimmings *pl.*

Ar·se·nal [arze'naːl] *n* ⟨-s; -e⟩ **1.** *mil.* arsenal (*auch fig.*): ein ~ anlegen to establish an arsenal. – **2.** *mil. hist.* (*Zeughaus*) armory, *bes. Br.* armoury. – **3.** *fig.* (*Schwerpunkt*) center, *bes. Br.* centre: ein ~ der Schwerindustrie a center (*bes. Br.* centre) of heavy industry.

Ar·se·nat [arze'naːt] *n* ⟨-s; -e⟩ *chem.* arsenate.

Ar'sen|beˌstim·mung *f chem.* arsenic determination. — ~ˌ**blei**(ˌ**erz**) *n chem. min.* **1.** lead arsenide. – **2.** mimetite, mimetene, *auch* mimetesite ($Pb_5Cl(AsO_4)_3$). — ~ˌ**blen·de** *f* arsenic blend: gelbe ~ a) arsenic trisulfide (*bes. Br.* -ph-), auripigment (As_2S_3), b) (*als Farbe*) king's yellow, orpiment; rote ~ realgar (As_2S_2). — ~ˌ**blü·te** *f* arsenolite, arsenic bloom, white arsenic (As_2O_3). — ~**chlo·ˌrid** *n chem.* arsenic chloride ($AsCl_3$). — ~ˌ**dampf** *m* arsenic(al) vapor (*bes. Br.* vapour). — ~ˌ**ei·sen** *n min. chem.* loellingite, *auch* löllingite, leucopyrite ($FeAs_2$). — ~**ˌfahlˌerz** *n* tennantite. — **a**~ˌ**frei** *adj* free from arsenic, arsenic-free. — ~ˌ**glas** *n chem. tech.* arsenic glass, vitreous arsen(i)ous oxide. — **a**~ˌ**hal·tig** *adj chem.* arsenic(al), containing arsenic. — ~ˌ**hüt·te** *f* arsenic works *pl* (*construed as sg or pl*).

Ar·se·nid [arze'niːt] *n* ⟨-(e)s; -e⟩ *chem.* arsenide.

ar'se·nig *adj chem.* arsen(i)ous: ~e Säure arsenious (*od.* arsenous) acid, arsenic. — ~ˌ**sau·er** *adj* arsen(i)ous: ~es Salz arsenite; ~es Kupferoxydul arsenite of copper; ~es Kali pottassium arsenite. — **A**~ˌ**säu·re** *f* arsen(i)ous acid (H_3AsO_3).

Ar·se·nik [ar'zeːnɪk] *n* ⟨-s; *no pl*⟩ *chem. min.* arsenic (trioxide): gelbes ~ orpiment; rotes ~ realgar; weißes ~ (white) arsenic, arsenic trioxide; mit ~ verbinden to arsenicate; ~ enthaltend arsen(i)ous.

Ar·se·ni·ka·li·en [arzeni'kaːlĭən] *pl chem.* arsenicals, arsenical compounds (*od.* preparations).

Ar'se·nik|ˌasche *f chem.* suboxide of arsenic. — ~ˌ**blu·me**, ~ˌ**blü·te** *f cf.* Arsenblüte. — ~ˌ**es·ser** *m med.* arsenic eater. — ~ˌ**öl** *n chem.* caustic oil of arsenic ($AsCl_3$). — ~ˌ**schwarz** *n tech.* arsenic black. — ~**verˌgif·tung** *f med. cf.* Arsenvergiftung.

Ar·se·nit [arze'niːt; -'nɪt] *n* ⟨-(e)s; -e⟩ *chem.* arsenite, salt of arsen(i)ous acid.

Ar'sen|ˌkies *m min.* arsenopyrite, mispickel. — ~ˌ**ko·balt** *m* cobalt arsenite, safflorite. — ~**me·ˌtall** *n* **1.** *chem.* metallic arsenide. – **2.** *min.* native arsenic. — ~ˌ**nickel** (*getr.* -k·k-) *n min.* arsenical nickel, nickel arsenide, niccolite, copper nickel.

Ar·se·no·lith [arzeno'liːt; -'lɪt] *m* ⟨-s; -e⟩ *min.* arsenolite.

Ar·se·no·py·rit [arzenopy'riːt; -'rɪt] *m* ⟨-s; *no pl*⟩ *min. cf.* Arsenkies.

Ar'sen|prä·pa·ˌrat *n chem.* arsenical. — ~ˌ**pro·be** *f* arsenic test. — ~ˌ**rotˌgül·den**(ˌ**erz**), ~ˌ**rotˌgül·tig**(ˌ**erz**) *n min.* light red silver ore, proustite. — ~ˌ**salz** *n chem.* salt of arsenic, arsenate, arsenite. — **a**~ˌ**sau·er** *adj chem.* of (*od.* combined with) arsenic acid, arsenic, arsenate (*od.* arsenite) of: arsensaures Salz arsenate; arsensaures Bleioxyd arsenite of lead; arsensaures Ammoniak arsenite of ammonia. — ~ˌ**säu·re** *f* arsenic acid (H_3AsO_4). — ~ˌ**sil·berˌblen·de** *f min. cf.* Rotgüldigerz. — ~ˌ**spie·gel** *m* arsenic mirror. — ~**sulˌfid** *n chem.* arsenic sulfide (*bes. Br.* -ph-) (As_2S_3). — ~**verˌgif·tung** *f med.* arsenic poisoning: chronische ~ arsenism, arseniasis. — ~ˌ**wäs·ser** *pl mineral springs containing arsenic.* — ~ˌ**was·serˌstoff** *m chem.* (*Giftgas*) arsine (AsH_3).

Ar·sin [ar'ziːn] *n* ⟨-s; *no pl*⟩ *chem. cf.* Arsenwasserstoff.

Ar·sis ['arzɪs] *f* ⟨-; Arsen⟩ *metr. mus.* arsis.

Art [aːrt] *f* ⟨-; -en⟩ **1.** ⟨*only sg*⟩ (*Weise*) way, manner: seine ~ zu sprechen [gehen] his way of speaking [walking]; das ist die einfachste ~ that is the simplest way; das ist so seine ~ that is just his way; auf die eine oder andere ~ some way or (an)other; auf diese ~ in this way; auf irgendeine ~ in any way; auf tausenderlei ~ in a thousand ways; ich habe es auf alle mögliche ~ versucht I tried every possible way; auf diese ~ erreichst du nie etwas you will never succeed like that; j-m etwas auf schonende ~ sagen (*od. colloq.* beibringen) to break s.th. gently to s.o., to use tact in telling s.o. s.th.; auf ruhige ~ quietly; auf freundliche ~ kindly; auf welche ~? in what way? how? er tat es auf eine verletzende ~ he did it in an offensive manner; in seiner unbeholfenen ~ in his awkward manner; in einer gewissen ~ in a certain manner; in seiner ~ in his way; nach ~ von (*od. gen*) in the manner (*od.* style) of, like; nach englischer ~ a) in the English manner (*od.* way), b) *gastr.* à l'anglaise; nach ~ des Hauses *gastr.* homemade, à la maison; die ~ und Weise, in der Sie sprechen your way of speaking; die ~ und Weise, wie er vorgeht his method of proceeding; sich auf billige ~ und Weise vor etwas drükken to find an easy way out of (doing) s.th.; er verprügelte ihn, daß es (nur so) eine ~ hatte *colloq.* he thrashed him soundly (*od.* well), he knocked spots off him (*colloq.*). – **2.** ⟨*only sg*⟩ (*Natur, Beschaffenheit*) nature, kind: von dieser ~ of this nature; die ~ der Krankheit the nature of the disease; nichts der ~ nothing of the kind; die Verhältnisse waren nicht der ~, daß circumstances were not such that; Fragen allgemeiner ~ questions of general interest. – **3.** ⟨*only sg*⟩ (*Wesen*) nature: sie hat eine nette ~ she has a kind nature; es liegt nicht in seiner ~, es entspricht nicht seiner ~ it is not in his nature; von guter ~ sein to be good-natured; er hat eine gewinnende ~ he has a winning way (*od.* nature); er hat eine merkwürdige ~ an sich he is a bit peculiar, he has got odd ways; einzig in seiner ~ unique; ein Mann seiner ~ a man of his stamp. – **4.** ⟨*only sg*⟩ *colloq.* (*Benehmen*) manners *pl*, behavior, *bes. Br.* behaviour: er hat keine ~ he has no manners; das ist (doch) keine ~! that's no way to behave. – **5.** (*Sorte*) kind, sort, type: Bücher aller ~(en) all sorts (*od.* kinds) of books; so eine ~ Sicherheitspakt a sort of security pact, a security pact of sorts (*colloq.*); eine neue ~ von Verbrechen a new sort of crime; diese ~ von Menschen schätze ich nicht I don't think much of that sort of person. – **6.** *biol.* species: Fortpflanzung der ~en propagation of species; ausgestorbene ~ extinct species; vikariierende (*od.* stellvertretende) ~ vicarious species, vicariad; aus der ~ schlagen *fig.* to go one's own way(s), not to take after anyone of the family; in j-s ~ schlagen *fig.* to take after s.o.; ~ läßt nicht von ~ (*Sprichwort*) like father like son (*proverb*), birds of a feather flock (*od.* cleave) together (*proverb*). – **7.** Umstandsbestimmung der ~ und Weise *ling.* adverb(ial construction) of manner.

'Art|ˌaufˌspal·tung *f biol. cf.* Artbildung. — ~ˌ**ba·stard** *m* interspecific (*od.* species) hybrid. — ~**beˌgriff** *m* conception of species, species concept. — ~ˌ**bil·dung** *f* speciation. — ~**chaˌrak·ter** *m* specific (*od.* typical) character, species character.

Ar·te·fakt [arte'fakt] *n* ⟨-(e)s; -e⟩ artifact, *auch* artefact.

'artˌei·gen *adj* **1.** *biol.* characteristic of (*od.* peculiar to) the species. – **2.** true to type.

Ar·tel [ar'tɛl] *n* ⟨-s; -s⟩ *hist.* artel (*Russian cooperative craft society*).

Ar·te·mis ['artemɪs] *npr f* ⟨-; *no pl*⟩ *myth.* Artemis (*Greek goddess of hunting*).

Ar·te·mi·sie [arte'miːzĭə] *f* ⟨-; -n⟩ *bot.* artemisia (*Gattg Artemisia*).

'Ar·te·mis-ˌSchec·kenˌfal·ter (*getr.* -k·k-) *m zo.* white admiral (*Limenitis artemis*).

ar·ten ['aːrtən] **I** *v/i* ⟨sein⟩ nach j-m ~ to take after s.o. – **II** *v/t* ⟨h⟩ (*bilden, gestalten*) form.

'ar·ten|ˌreich *adj biol.* rich in species. — **A**~ˌ**reich·tum** *m* ⟨-s; *no pl*⟩ richness in species.

'Art·erˌhal·tung *f biol.* preservation of (the) species. — **'Art·erˌhal·tungsˌtrieb** *m* instinct of preservation of (the) species.

Ar·te·rie [ar'teːrĭə] *f* ⟨-; -n⟩ *med.* artery, arteria (*scient.*): die ~ abbinden to ligate the artery; Eröffnung der ~ arteriotomy; kleine ~ arteriole.

ar·te·ri·ell [arte'rĭɛl] *adj biol. med.* arterial: ~es Blut oxygenated blood.

Ar'te·ri·en|ˌblut *n* arterial blood: Verwandlung in ~ arterialization; in ~ verwandeln to arterialize. — ~**em·boˌlie** *f* arterial embolism. — ~**entˌzün·dung** *f* arteritis. — ~**erˌöff·nung** *f* arteriotomy. — ~**erˌwei·te·rung** *f* aneurysm, *auch* aneurism. — ~ˌ**klem·me** *f* artery forceps (*od.* clamp), hemostat, *Br.* haemostat. — ~**verˌkal·kung** *f* arteriosclerosis.

Ar·te·rii·tis [arteri'iːtɪs] *f* ⟨-; *no pl*⟩ *med.* arteritis.

Ar·te·rio·le [arte'rĭoːlə] *f* ⟨-; -n⟩ *med.* arteriole.

Ar·te·rio·skle·ro·se [arterĭoskle'roːzə] *f* ⟨-; -n⟩ *med.* arteriosclerosis: fortgeschrittene ~ advanced arteriosclerosis, atheromatosis. — **ar·te·rio·skle'ro·tisch** [-tɪʃ] *adj* arteriosclerotic.

Ar·te·rio·to·mie [arterĭoto'miː] *f* ⟨-; -n [-ən]⟩ *med.* arteriotomy.

ar·te·rio·ve·nös [arterĭove'nøːs] *adj med.* arteriovenous.

Ar·te·ri·tis [arte'riːtɪs] *f* ⟨-; *no pl*⟩ *med. cf.* Arteriitis.

ar·te·sisch [ar'teːzɪʃ] *adj civ.eng.* artesian: ~e Quelle artesian spring; ~er Brunnen artesian (*od.* pressure) well, blow-well.

Ar·tes li·be·ra·les ['artɛs libe'raːlɛs] *pl ped. hist.* liberal arts.

'art|ˌfremd *adj* **1.** *biol.* alien (to the species): ~e Einflüsse alien influences. – **2.** *med.* foreign, heterogeneous: ~es Eiweiß foreign protein. – **3.** (*Kultur etc*) foreign, alien. — ~**geˌbun·den** *adj* characteristic of the species, species-specific. — ~**geˌmäß** *adj cf.* arteigen. — **A**~**geˌnos·se** *m* **1.** *biol.* member of the same species, cospecific individual. – **2.** *colloq.* fellow man: seine ~n the likes of him. — **A**~**geˌnos·sin** *f colloq.* fellow woman: ihre ~nen the likes of her. — **A**~**geˌwicht** *n phys.* specific gravity. — ~ˌ**gleich** *adj biol.* cospecific, identic. — **A**~ˌ**gleich·heit** *f* identity (of species).

Ar·thral·gie [artral'giː] *f* ⟨-; -n [-ən]⟩ *med.* arthralgia.

Ar·thri·ti·ker [ar'triːtikər] *m* ⟨-s; -⟩ *med.* arthritic.

Ar·thri·tis [ar'triːtɪs] *f* ⟨-; *no pl*⟩ *med.* arthritis. — **ar'thri·tisch** *adj* arthritic(al).

Ar·thro·pla·stik [artro'plastɪk] *f med.* arthroplasty.

Ar·thro·po·de [artro'poːdə] *m* ⟨-n; -n⟩ *zo. cf.* Gliederfüßer.

Ar·thro·se [ar'troːzə] *f* ⟨-; -n⟩, **Ar'thro·sis** [-zɪs] *f* ⟨-; Arthrosen⟩ *med.* arthrosis.

Ar·thro·spo·re [artro'spoːrə] *f bot.* arthrospore.

Ar·thro·to·mie [artroto'miː] *f* ⟨-; *no pl*⟩ *med.* arthrotomy.

ar·ti·fi·zi·ell [artifi'tsĭɛl] *adj* artificial.

'ar·tig I *adj* **1.** (*Kind*) good, well-behaved: sei (hübsch) ~! be good! be a good child! seid (schön) ~! behave yourselves! das Kind versprach, ~ zu sein the child promised to behave; wenn du nicht ~ bist if you don't behave. – **2.** *lit.* (*höflich*) polite, civil, complaisant. – **3.** *archaic* (*nett*) pretty, nice. – **II** *adv* **4.** in a well-behaved manner: sie haben sich sehr ~ benommen they behaved very well. – **5.** politely, civilly. — **'Ar·tig·keit** *f* ⟨-; -en⟩ **1.** ⟨*only sg*⟩ (*von Kindern*) good behavior (*bes. Br.* behaviour). – **2.** *pl* (*Schmeicheleien*) compliments, courteous (*od.* polite) words: j-m ~en sagen to pay s.o. compliments. – **3.** ⟨*only sg*⟩ *lit.* politeness, civility, courtesy: j-n mit großer ~ behandeln to treat s.o. with great politeness.

Ar·ti·kel [ar'tiːkəl] *m* ⟨-s; -⟩ **1.** *ling.* article: der männliche [weibliche, sächliche] ~ the masculine [feminine, neuter] article; der bestimmte [unbestimmte] ~ the definite [indefinite] article. – **2.** *econ.* (*Ware*) article, item, commodity, ware: ein begehrter ~ an article in great demand; einen ~ führen (*od.* am Lager haben) to keep (*od.* stock) an article; einen ~ verkaufen to deal in a line; das ist ein gängiger (*od.* zugkräftiger) ~ that's a (good) seller (*od.* a good selling line). – **3.** (*Abhandlung, Aufsatz*) article, (*gelehrter*) paper: einen ~ verfassen [veröffentlichen] to write [to publish] an article; das gibt einen guten ~ that makes a good article; einen ~ zur Veröffentlichung freigeben to release an article for publication. – **4.** *jur.* article, paragraph, clause, section: ~ 5 des Vertrages (be)sagt article 5 of the treaty states; gemäß (*od.* laut) ~ 15 according to article 15. – **5.** *relig.* (*des Glaubensbekenntnisses*) Article.

Ar'ti·kel|ˌrei·he *f* series (of articles), sequence of articles. — ~ˌ**schrei·ber** *m* writer of articles. — ~ˌ**se·rie** *f cf.* Artikelreihe. — **a~ˌwei·se** *adv* article by article: der Bericht erschien ~ the report appeared serially; der Gesetzesentwurf wurde ~ verlesen the bill was read article by article.

ar·ti·ku·lar [artiku'laːr] *adj med.* articular.

Ar·ti·ku·la·ten [artiku'laːtən] *pl zo. cf.* Gliedertiere.

Ar·ti·ku·la·ti·on [artikula'tsi̯oːn] *f* ⟨-; -en⟩ **1.** *ling.* articulation, enunciation: richtige Aussprache und ~ correct pronunciation and articulation, orthophony (*scient.*); in der ~ schwankend variable in pronunciation. – **2.** *med.* joint, being jointed, articulation.

Ar·ti·ku·la·ti'ons|ˌba·sis *f ling.* basis of articulation. — ~ˌ**flä·che** *f med.* articular surface. — ~ˌ**stel·le** *f ling.* (*eines Lautes*) place of articulation.

ar·ti·ku·lie·ren [artiku'liːrən] *v/t u. v/i* ⟨*no* ge-, h⟩ *ling.* articulate, pronounce distinctly, enunciate: gut ~ to articulate well; genau ~ to articulate precisely. — **ar·ti·ku·'liert I** *pp.* – **II** *adj ling.* articulate: ~es Sprechen, ~er Laut articulation; schlaff ~ lax. – **III** *adv* articulately, in an articulated manner: ~ sprechen to speak articulately, to articulate. — **Ar·ti·ku'liert·heit** *f* ⟨-; *no pl*⟩ articulateness.

Ar·til·le·rie [artɪlə'riː] *f* ⟨-; *no pl*⟩ *mil.* (*Waffengattung*) artillery: leichte ~ field (*od.* light) artillery; schwere ~ heavy artillery; motorisierte [reitende] ~ motorized [horse] artillery; mechanisierte ~ mechanized artillery; mit ~ beschießen to shell, to bombard, to cannon(ade). — ~ˌ**ab·tei·lung** *f*, ~**ba·tailˌlon** *n* artillery battalion, *bes. Am.* artillery group, *bes. Br.* battery. — ~**beˌob·ach·ter** *m* artillery observer, spotter. — ~**beˌschuß** *m* artillery fire. — ~**briˌga·de** *f* artillery brigade. — ~ˌ**ein·heit** *f* artillery unit. — ~ˌ**einˌsatz** *m* employment of artillery. — ~ˌ**feu·er** *n* artillery fire, shelling, bombardment, cannonade, gunfire. — ~ˌ**flugˌzeug** *n aer. mil.* artillery observation aircraft, spotter aircraft. — ~ˌ**füh·rer** *m* artillery commander. — ~ˌ**kampf** *m* artillery battle (*od.* fight, duel). — ~ˌ**leitˌstand** *m* **1.** fire-control post, fire-direction center (*bes. Br.* centre). – **2.** weapons- (*od.* fire-)control center (*bes. Br.* centre). — ~**of·fiˌzier** *m* artillery officer. — ~**re·giˌment** *n* artillery group (*od.* regiment). — ~ˌ**schießˌplatz** *m* artillery (*od.* gunnery) range. — ~ˌ**schu·le** *f* artillery school. — ~ˌ**schulˌschiff** *n* gunnery training ship. — ~ˌ**sperrˌfeu·er** *n* artillery barrage. — ~ˌ**stel·lung** *f* artillery position (*od.* emplacement, site). — ~ˌ**un·terˌstüt·zung** *f* artillery support. — ~ˌ**vor·beˌrei·tung** *f* artillery preparation, preparatory fire.

Ar·til·le·rist [artɪlə'rɪst] *m* ⟨-en; -en⟩ *mil.* artilleryman, artillerist, gunner. — **ar·til·le·'ri·stisch** *adj* belonging (*od.* referring) to the artillery.

Ar·ti·schocke (*getr.* -k·k-) [arti'ʃɔkə; artɪ-] *f* ⟨-; -n⟩ *bot.* artichoke (*Cynara scolymus*).

Ar·ti'schocken|ˌbart (*getr.* -k·k-) *m* choke. — ~ˌ**bo·den** *m gastr.* base (*od.* bottom) of an artichoke.

Ar·tist [ar'tɪst] *m* ⟨-en; -en⟩ **1.** (*im Zirkus, Varieté etc*) artiste, (variety) artist, *bes. Am.* performer. – **2.** *obs. for* Künstler 1, 2.

Ar'ti·sten|beˌruf *m* life of an artiste (*bes. Am.* a performer). — ~ˌ**blut** *n* show people's blood. — ~ˌ**le·ben** *n* life of an artiste (*bes. Am.* a performer). — ~ˌ**stück** *n* artistic act. — ~ˌ**trup·pe** *f* troupe of variety artists. — ~ˌ**volk** *n* ⟨-(e)s; *no pl*⟩ show people *pl*, showfolk *pl.* — ~ˌ**welt** *f* show business, circus world.

Ar·ti·stik [ar'tɪstɪk] *f* ⟨-; *no pl*⟩ (*Varieté- u. Zirkuskunst*) (circus *od.* variety) artistry. — **Ar'ti·stin** *f* ⟨-; -nen⟩ **1.** (female) artiste, variety artist, *bes. Am.* (female) performer. – **2.** *obs. for* Künstlerin 1. — **ar'ti·stisch** *adj* artistic(al): eine ~e Darbietung an artistic performance; ~es Können skill as an artiste.

'Art|ˌkennˌzei·chen *n biol. cf.* Artcharakter. — ~ˌ**kreu·zung** *f* interspecific hybridization. — ~ˌ**merkˌmal** *n cf.* Artcharakter. — ~ˌ**na·me** *m* specific name.

'Ar·tung *f* ⟨-; *rare* -en⟩ *lit. for* Beschaffenheit 3, Veranlagung 3.

'Artˌun·terˌschied *m biol.* species difference.

Ar·tur ['artʊr] *npr m* ⟨-s; *no pl*⟩, **'Ar·tus** [-tʊs] ⟨-; *no pl*⟩ Arthur (*semilegendary king of the Britons*): König Arturs (*od.* Artus') Tafelrunde King Arthur's Round Table.

'Ar·tus|ˌhof *m myth.* King Arthur's Court. — ~ˌ**rit·ter** *pl* King Arthur's knights. — ~**roˌman** *m* (*literature*) Arthurian romance. — ~ˌ**sa·ge** *f* Arthurian legend.

'art|verˌschie·den *adj biol.* different in species, of different species. — ~**verˌwandt** *adj* of related species.

'arumˌar·tig *adj* ['aːrʊm-] *bot.* aroid(eous), araceous.

Ar·ve ['arvə] *f* ⟨-; -n⟩ *bot.* **1.** arolla (pine), stone (*od.* Swiss) pine (*Pinus cembra*). – **2.** (*Arvennuß*) cedar nut.

'Aryˌknor·pel ['aːry-] *m med.* arytenoid cartilage.

Aryl [a'ryːl] *n* ⟨-s; *no pl*⟩ *chem.* aryl.

Arz·nei [aːrts'naɪ] *f* ⟨-; -en⟩ *pharm.* drug, medicine, medicament, preparation: eine ~ gegen a medicine for; eine ~ einnehmen [verschreiben *od.* verordnen] to take [to prescribe] a drug (*od.* medicine); j-m eine ~ (ein)geben to give s.o. a medicine; eine ~ anfertigen lassen to have a medicine made up; eine nervenstärkende ~ a tonic; eine spezifische ~ a specific; er wird die bittere ~ schlucken müssen *fig.* he'll have to swallow the bitter pill; Arbeit ist eine gute ~ gegen Langeweile *fig.* work is a good antidote to boredom.

Arz'nei|ˌab·ga·be *f med.* dispensing. — ~**ˌausˌschlag** *m* drug rash (*od.* eruption). — ~**beˌrei·tung** *f* **1.** making up (of) prescriptions, (*bei zusammengesetzten Arzneimitteln*) compounding of preparations. – **2.** *cf.* Arzneizubereitung 1, 3. — ~ˌ**buch** *n* dispensatory, pharmacopoeia, *Am.* pharmacopeia. — ~ˌ**fie·ber** *n* drug fever. — ~ˌ**fläsch·chen** *n* phial, vial. — ~ˌ**fla·sche** *f* medicine bottle. — ~ˌ**for·mel** *f* formula, prescription. — ~ˌ**ga·be** *f* **1.** (*Einzelgabe*) dose, dosis. – **2.** (*Verabreichung*) medication, *auch* dosage. — ~ˌ**glas** *n* vial, beaker: ~ zum Einnehmen medicine cup. — ~ˌ**kap·sel** *f* capsule. — ~ˌ**ka·sten** *m* medicine cabinet, (*für Erste Hilfe*) first-aid kit. — ~ˌ**ki·ste** *f mar.* medicine chest. — ~ˌ**ko·sten** *pl* cost *sg* of medicaments, drug costs. — ~ˌ**kräu·ter** *pl* medical (*od.* medicinal, officinal) herbs. — ~ˌ**kun·de** *f* **1.** (*Arzneizubereitungskunde*) pharmacy, pharmaceutics *pl* (*construed as sg*). – **2.** (*Arzneimittellehre, -kunde*) pharmacology. — **a~ˌkund·lich** [-ˌkʊntlɪç] *adj* pharmaceutic(al), medicinal. — ~ˌ**leh·re** *f cf.* Arzneikunde 1.

arz'nei·lich *adj* medic(in)al, officinal, pharmaceutical.

Arz'neiˌlöf·fel *m* medicine spoon.

Arz'neiˌmit·tel *n med. pharm.* drug, medicine, medicament, remedy, medicinal (*od.* pharmaceutical) preparation: Vorrat an ~n stock of drugs. — ~ˌ**buch** *n cf.* Arzneibuch. — ~**erˌpro·bung** *f* drug testing. — ~ˌ**flut** *f* flood of drugs. — ~**geˌsetz** *n* law governing the manufacture and prescription of medicines. — ~**geˌwöh·nung** *f* drug tolerance. — ~**in·du·strie** *f* pharmaceutical industry. — ~ˌ**kun·de** *f cf.* Arzneikunde 2. — ~ˌ**leh·re** *f* pharmacology, materia medica. — ~ˌ**mißˌbrauch** *m* abuse of drugs, drug abuse. — ~ˌ**sucht** *f* drug dependence (*od.* addiction). — ~**verˌgif·tung** *f* drug intoxication.

Arz'nei|ˌpflan·ze *f bot.* medicinal plant. — ~ˌ**schrank** *m*, ~ˌ**schränk·chen** *n* medicine cabinet. — ~ˌ**ta·xe** *f* recommended retail price for drugs. — ~ˌ**trank** *m* potion, draught. — ~**verˌord·nung** *f* prescription. — ~**verˌord·nungsˌbuch** *n cf.* Arzneibuch. — ~**verˌschrei·bung**, ~ˌ**vorˌschrift** *f cf.* Arzneiverordnung. — ~ˌ**wa·re** *f meist pl* drug, pharmaceutic, medical supplies *pl.* — ~ˌ**we·sen** *n* matters *pl* relating to pharmacy. — ~ˌ**zu·beˌrei·tung** *f* **1.** dispensing. – **2.** making up (of) prescriptions. – **3.** formulation.

Arzt [aːrtst] *m* ⟨-es; ⸗e⟩ **1.** *med.* physician, doctor, medical man (*colloq.*): der behandelnde ~ the doctor in charge, the attending physician; diensttuender ~ doctor on duty; praktischer ~ (general) practitioner; operierender ~ operating surgeon; er ist ~ he is a doctor; mein ~ my (family) doctor; den ~ befragen (*od.* konsultieren, zu Rate ziehen) to consult the doctor; zum ~ gehen to (go to) see the doctor; den ~ holen lassen, den ~ rufen to send for the doctor; er gilt als guter ~ he is said to be a good physician; er ist von den Ärzten aufgegeben the doctors have given him up; ein guter ~ bedarf keiner Posaune (*Sprichwort*) *etwa* a good doctor needs no advertisement; die Starken bedürfen des ~es nicht *Bibl.* they that be whole need not a physician; ~, hilf dir selber! *Bibl.* physician, heal thyself! – **2.** *mil.* medical officer.

'Arzt|beˌruf *m* medical profession. — ~**beˌsuch** *m* **1.** visit to the doctor. – **2.** doctor's visit (*od.* call). — ~ˌ**buch** *n* first-aid book, *Am.* doctor book.

'Ärz·te|beˌsteck *n med.* medical aid kit. — ~ˌ**kam·mer** *f* (local) medical society. — ~**kolˌle·gi·um** *n* medical advisory board. — ~ˌ**man·gel** *m* ⟨-s; *no pl*⟩ shortage of doctors.

'Ärz·te·schaft *f* ⟨-; *no pl*⟩, **'Ärz·teˌstand** *m* ⟨-(e)s; *no pl*⟩ medical profession.

'Ärz·te|ˌta·gung *f* conference (*od.* congress) of physicians, medical congress: kleinere ~ medical meeting. — ~**verˌzeich·nis** *n* panel.

'Arzt|geˌbühr *f* doctor's fee. — ~ˌ**hel·fe·rin**, ~ˌ**hil·fe** *f* doctor's assistant. — ~**ho·noˌrar** *n cf.* Arztgebühr.

Ärz·tin ['ɛːrtstɪn] *f* ⟨-; -nen⟩ woman (*od.* lady, female) doctor.

'Arzt|ˌkit·tel *m* physician's white coat. — ~ˌ**ko·sten** *pl* medical expenses.

ärzt·lich ['ɛːrtstlɪç] **I** *adj* medical: ~e Verordnung medical prescription; ~es Attest (*od.* Zeugnis) medical certificate; ~e Hilfe in Anspruch nehmen to call in medical assistance; in ~er Behandlung sein to be under medical care; die ~e Hilfe kam zu spät medical aid came too late; alle ~e Kunst war vergeblich all medical effort was of no avail; auf ~en Rat (hin) upon medical advice; ~en Rat einholen to take medical advice; ~e Untersuchung medical (*od.* physical) examination, medical (*colloq.*); eingehende ~e Untersuchung thorough medical examination, checkup; ~e Pflicht a doctor's duty; ~e Bemühungen medical attention *sg.* – **II** *adv* medically: sich ~ untersuchen lassen a) (*bei Krankheit*) to be medically examined, b) (*allgemein*) to have a physical examination (*od.* checkup); j-n ~ behandeln to attend s.o.; ~ empfohlen medically recommended.

'ärzt·li·cher'seits *adv* medically.

'Arzt|per·soˌnal *n* (*eines Krankenhauses*) medical (*Am. auch* house) staff. — ~ˌ**pra·xis** *f* (doctor's, medical) practice. — ~ˌ**rech·nung** *f* doctor's bill. — ~ˌ**ta·sche** *f* doctor's bag (*od.* case).

'Arzt·tum *n* ⟨-(e)s; *no pl*⟩ medical world.

'Arzt|ˌwahl *f* ⟨-; *no pl*⟩ choice of a doctor: freie ~ free choice of a doctor. — ~ˌ**woh·nung** *f* doctor's residence.

as, As[1] [as] *n* ⟨-; -⟩ *mus.* A flat: as, as-Moll A flat minor; As, As-Dur A flat major.

As[2] [as] *n* ⟨-ses; -se⟩ **1.** (*Spielkarte*) ace: ~ sticht Trumpf the ace takes the trick. – **2.** *fig. colloq.* (*Spitzenkönner, bes. sport*) ace: er ist ein ~ im Schwimmen he is an ace in swimming; die ~se der Landstraße (*Radsport*) ace cyclists.

As[3] *m* ⟨-ses; -se⟩ *antiq.* **1.** (*römische Münze*) as. – **2.** (*Apothekerpfund*) as.

Asa foe·ti·da ['aːza 'føːtida] *f* ⟨--; *no pl*⟩ *pharm. cf.* Asant.

'A-ˌSai·te *f mus.* A string.

Asant [a'zant] *m* ⟨-s; *no pl*⟩ *pharm.* asaf(o)etida, assaf(o)etida.

'Asa·rumˌkamp·fer ['aːzarʊm-] *m chem.* asaron, *auch* asarone, asarum camphor ($C_{12}H_{16}O_3$).

As·best [as'bɛst] *m* ⟨-es; -e⟩ *min.* asbestos, *auch* asbestus: eine Unterlage aus ~ an asbestos pad. — ~ˌ**anˌzug** *m* asbestos suit (*od.* protective clothing). — **a~ˌar·tig** *adj* asbestine, asbestous, asbestic. — ~ˌ**bauˌplat·te** *f civ.eng.* asbestos building board. — ~**beˌton** *m cf.* Asbestzement. — ~**ˌdich·tung** *f tech.* asbestos packing (*od.* gasket). — ~ˌ**kitt** *m tech.* asbestos cement. — ~ˌ**kupp·lungs·beˌlag** *m auto.* asbestos clutch facing. — ~ˌ**mehl** *n tech.* asbestos powder. — ~ˌ**mör·tel** *m* asbestos mortar.

As·be·sto·se [asbɛs'toːzə] *f* ⟨-; -n⟩ *med.* asbestosis.

As'best|paˌpier *n* asbestos paper. — ~**ˌpap·pe** *f* asbestos millboard. — ~ˌ**plat·te** *f* asbestos pad. — ~ˌ**pul·ver** *n tech. cf.* Asbestmehl. — ~ˌ**un·terˌsatz** *m cf.* Asbestplatte. — ~**zeˌment** *m* asbestos cement.

As·bo·lan [asbo'laːn] *m* ⟨-s; *no pl*⟩ *min.* asbolite, *auch* asbolan(e).

Asch[1] [aʃ] *m* ⟨-es; ⸚e⟩ **1.** *Eastern Middle G. for* Napf; Schüssel 1—3. – **2.** *bot. dial. for* Esche 1.

Asch[2] *m* ⟨-es; ⸚e⟩ *zo. dial. for* Äsche[1].

Aschan·ti[1] [a'ʃanti] *m* ⟨-; -⟩ Ashanti, *auch* Asante (*West African tribe*).

Aschan·ti[2] *n* ⟨-; *no pl*⟩ *ling.* Ashanti, *auch* Asante.

Aschan·tiˌnuß [a'ʃanti-] *f Austrian for* Erdnuß 1.

'Asch|ˌbe·cher *m cf.* Aschenbecher. — **a~'bleich** *adj* ashen, ashy. — **a~ˌblond** *adj* (*Haar*) ash-blond(e).

Asche ['aʃə] *f* ⟨-; *rare* -n⟩ **1.** ashes *pl*, (*einer Zigarette etc*) ash, (*ausgebrannte Kohlen etc*) cinders *pl*: glühende ~ (smo[u]ldering) embers *pl*; die ~ (von der Zigarette) abstreifen to knock the ash off one's cigarette; die ~ ausräumen (aus from) to clear the ashes; zu ~ verbrennen to burn to ashes; ~ streuen to spread ashes; eine Stadt in Schutt und ~ legen to reduce a town to dust and ashes; aus der ~ erstehen to rise from ashes; wie ein Phönix aus der ~ steigen *fig. lit.* to rise like a phoenix from the ashes; in Sack und ~ gehen, sich (*dat*) ~ aufs Haupt streuen *fig.* to wear sackcloth and ashes, to do penance; ungebrannte ~ *fig. colloq. cf.* Prügel[2]. – **2.** a) (*bei Kremation*) ashes *pl*, b) *fig.* (*sterbliche Reste*) ashes *pl*, remains *pl*, dust (*poet.*): Friede seiner ~ *lit. u. humor.* peace to his ashes. – **3.** *metall.* ash, ashes *pl*, slag. – **4.** (*paints*) blaue ~ azurite blue, *auch* blue ashes *pl*, blue verditer. – **5.** *geol.* ash, slag: juvenile [resurgente] ~ essential [accessory] ash.

Äsche[1] ['ɛʃə] *f* ⟨-; -n⟩ *zo.* grayling, umber (*Thymallus thymallus*).

Äsche[2] *f* ⟨-; -n⟩ *bot. cf.* Esche 1.

'asche|ˌfrei *adj* (*paper*) ashless. — **A~geˌhalt** *m* ash content, percentage of ash.

'Äschˌei·mer *m cf.* Ascheneimer.

'aschen|ˌähn·lich *adj cf.* aschenartig. — **A~ˌanˌteil** *m biol.* ash content. — **~ˌarm** *adj* low in ash content: ~e Kohle low-ash coal. — **~ˌar·tig** *adj* ashy; cineraceous, cinereous (*scient.*). — **A~ˌausˌguß** *m mar. cf.* Aschschütte. — **A~ˌausˌwurf** *m* (*eines Vulkans*) volcanic ash.

'Aschenˌbahn *f* (*sport*) **1.** cinder track (*od.* path). – **2.** (*für Motorradrennen*) dirt track. — **~ˌren·nen** *n* (*Motorsport*) dirt-track racing.

'Aschen|ˌbank *f geol.* bed of scoriae. — **~ˌbe·cher** *m* ashtray. — **~beˌstandˌteil** *m meist pl biol. tech.* ash constituent. — **~beˌstim·mung** *f cf.* Aschenermittlung.

'Aschenˌbrö·del [-ˌbrøːdəl] **I** *npr n* ⟨-s; *no pl*⟩ (*Märchengestalt*) Cinderella. – **II** *n* ⟨-s; -⟩ *fig. cf.* Aschenputtel II.

'Aschen|ˌdecke (*getr.* -k·k-) *f geol.* coating of ash. — **~ˌei·mer** *m* **1.** *bes. Am.* ash can, garbage can (*od.* pail), *Br.* ash-bin, dustbin. – **2.** *Northern G. for* Mülltonne. — **~ejek·tor** [-ʔeˌjɛktɔr] *m mar.* ash ejector. — **~erˌmitt·lung** *f chem.* ash determination. — **~ˌfall** *m* **1.** (*eines Ofens etc*) ashpit. – **2.** *tech.* (*eines Hochofens etc*) cinder fall, ashpit. — **~ˌfleck** *m metall.* ash spot, sullage. — **~geˌhalt** *m cf.* Aschegehalt. — **~ˌgru·be** *f* ashpit, cinder pit (*od.* fall). — **a~ˌhal·tig** *adj* ash-containing. — **~ˌhau·fen** *m* heap of ashes, ash heap. — **~ˌka·sten** *m* **1.** (*im Ofen*) ashpan, ash box, ashpit. – **2.** *cf.* Aschenkübel. — **~ˌke·gel** *m geol.* (*der Vulkane*) ash (*od.* cinder) cone. — **~ˌkraut** *n bot.* sea ragwort, dusty miller (*Senecio cineraria*). — **~ˌkrug** *m* cinerary urn. — **~ˌkü·bel** *m bes. Am.* ash can, garbage can (*od.* pail), *Br.* ash-bin, dustbin. — **~ˌku·chen** *m gastr.* cake baked in hot ashes, *Am.* ashcake. — **~ˌku·gel** *f* globular ashtray on a stand. — **~ˌla·ge** *f geol.* ash layer. — **~ˌlau·ge** *f chem.* ash lye. — **~ˌpflan·ze** *f bot. cf.* Aschenkraut.

'Aschenˌput·tel [-ˌpʊtəl] **I** *npr n* ⟨-s; *no pl*⟩ *cf.* Aschenbrödel I. – **II** *n* ⟨-s; -⟩ *fig.* Cinderella, domestic drudge: das ~ sein to be (*od.* play) the Cinderella. — **~ˌdaˌsein** *n* Cinderella existence: ein ~ führen to lead a Cinderella existence.

'Aschen|ˌre·gen *m* (*eines Vulkans*) rain (*od.* shower) of ash, ash shower (*od.* spread), ashfall. — **~ˌschie·ferˌton** *m geol.* ashy shale. — **~ˌsieb** *n tech.* cinder sifter. — **~ˌton·ne** *f Bavarian for* Mülltonne. — **~ˌtonˌschie·fer** *m geol.* ash slate. — **~ˌtuff** *m* ash tuff. — **~ˌur·ne** *f* cinerary urn. — **~ˌwei·he** *f röm.kath.* blessing of ashes.

'Ascher *m* ⟨-s; -⟩ *colloq.* ashtray.

Äscher ['ɛʃər] *m* ⟨-s; -⟩ **1.** buck (*od.* lixiviated) ashes *pl*. – **2.** (*leather*) a) lime, b) lime pit: frischer [gebrauchter *od.* schwacher] ~ fresh (*od.* live) [used] lime. – **3.** *zo. cf.* Äsche[1]. — **~ˌfaß** *n* (*leather*) liming tub. — **~ˌgru·be** *f* lime (*od.* tanner's) pit. — **~ˌkalk** *m* slack lime.

ˌAscher'mittˌwoch *m relig.* Ash Wednesday.

äschern ['ɛʃərn] *v/t* ⟨h⟩ **1.** (*Weg etc*) strew (*s.th.*) with cinders, cinder. – **2.** (*leather*) lime. – **3.** *röm.kath.* (*am Aschermittwoch*) mark (*s.o.*) with the cross of ashes.

'asch|'fahl *adj* (*Gesicht*) ashen, ashy (pale): ~ werden to turn ashen. — **~ˌfar·ben, ~ˌfar·big** *adj* ash-colored (*bes. Br.* -coloured), ashy, ashen; cinereous, cineraceous (*scient.*). — **~ˌgrau** *adj* ash(y)-gray (*bes. Br.* -grey), ashen.

'aschig *adj* **1.** ashy. – **2.** *cf.* aschfarben.

'Aschˌka·sten *m cf.* Aschenkasten.

Asch·ke·na·sim [aʃke'naːziːm] *pl* (*Ostjuden*) Ashkenazi(m). — **asch·ke'na·sisch** [-zɪʃ] *adj* Ashkenazic.

'Asch|ˌku·chen *m East Middle G. for* Napfkuchen. — **~ˌlauch** *m bot.* shallot, eschalot, scallion (*Allium ascalonicum*). — **~ˌschüt·te** *f mar.* ash shoot (*od.* spout, chute). — **~ˌwur·zel** *f bot. cf.* Diptam.

äschy·le·isch [ɛʃy'leːɪʃ] *adj* Aeschylean.

Äschy·nit [ɛsçy'niːt; -'nɪt; ɛʃy-] *m* ⟨-s; -e⟩ *min.* (a)eschynite.

As·ci·tes [as'tsiːtɛs] *m* ⟨-; *no pl*⟩ *med.* ascites.

As·co·my·cet [askomy'tseːt] *m* ⟨-s; -en⟩ *bot.* ascomycete.

As·cor'binˌsäu·re [askɔr'biːn-] *f chem.* ascorbic acid ($C_6H_8O_6$).

As·co·spo·re [asko'spoːrə] *f* ⟨-; -n⟩ *bot.* ascospore.

Äs·cu·lin [ɛsku'liːn] *n* ⟨-s; -e⟩ *chem.* (a)esculin ($C_{15}H_{16}O_9$).

As·cus ['askʊs] *m* ⟨-; Asci ['astsi]⟩ *bot.* ascus.

Ase·bie [aze'biː] *f* ⟨-; *no pl*⟩ impiety, impiousness.

Asei·tät [azei'tɛːt] *f* ⟨-; *no pl*⟩ *philos.* aseity, aseitas.

Asen ['aːzən] *npr pl* Aesir (*Old Norse gods*).

äsen ['ɛːzən] **I** *v/i* ⟨h⟩ (*von Wild*) feed, browse, browze. – **II Ä~** *n* ⟨-s⟩ *verbal noun.*

Asep·sis [a'zɛpsɪs] *f* ⟨-; *no pl*⟩ *med.* asepsis: tadellose ~ strict asepsis; die ~ brechen to interrupt aseptic technique. — **Asep·tik** [a'zɛptɪk] *f* ⟨-; *no pl*⟩ asepticism, aseptic treatment (*od.* technique). — **asep·tisch** [a'zɛptɪʃ] **I** *adj* aseptic: ~ machen to asepticize, to sterilize, to render aseptic. – **II** *adv* aseptically.

Äser ['ɛːzər] *m* ⟨-s; -⟩ *hunt.* (*von Schalenwild*) mouth.

'as'es, 'As'es *n* ⟨-; -⟩ *mus.* A double flat.

ase·xu·al ['a(ː)zɛksŭaːl; azɛ'ksŭaːl] *adj biol.* asexual. — **Ase·xua·li·tät** [azɛksŭali'tɛːt] *f* ⟨-; *no pl*⟩ asexuality.

ase·xu·ell ['a(ː)zɛksŭɛl; azɛ'ksŭɛl] *adj bot.* (*Fortpflanzung*) asexual.

As·gard ['aːsgart] *n* ⟨-s; *no pl*⟩ *myth.* Asgard, Asgardhr, Asgarth (*abode of the Old Norse gods*).

Asia·nis·mus [azĭa'nɪsmʊs] *m* ⟨-; *no pl*⟩ *antiq.* (*griech. Schwulststil*) Asiaticism.

Asi·at [a'zĭaːt] *m* ⟨-en; -en⟩, **Asia·tin** [a'zĭaːtɪn] *f* ⟨-; -nen⟩ *geogr.* Asian, Asiatic. — **asia·tisch** [a'zĭaːtɪʃ] *adj* Asian, Asiatic. — **asia·ti·sie·ren** [azĭati'ziːrən] *v/t* ⟨*no* ge-, h⟩ Asiaticize, *auch* Asiatize. — **Asia·ti'sie·rung** *f* ⟨-; *no pl*⟩ Asiatization.

'Asi·en·po·liˌtik *f* ⟨-; *no pl*⟩ *pol.* Asian policy.

As·ka·ni·er [as'kaːnĭər] *m* ⟨-s; -⟩ *hist.* Ascanian (*member of a German dynasty in Anhalt*).

As·ka·ri [as'kaːri] *m* ⟨-s; -s⟩ *hist.* askari (*native African soldier in the service of a European power*).

As·ka·ris ['askarɪs] *f* ⟨-; -riden [-'riːdən]⟩ *zo. cf.* Spulwurm.

As·ke·se [as'keːzə] *f* ⟨-; *no pl*⟩ asceticism. — **As'ket** [-'keːt] *m* ⟨-en; -en⟩ ascetic: er führt das Leben eines ~en he lives ascetically. — **As'ke·tik** [-tɪk] *f* ⟨-; *no pl*⟩ *relig.* (doctrine of) asceticism, ascetical theology. — **as'ke·tisch I** *adj* ascetic, *auch* ascetical. – **II** *adv* ascetically: ~ leben to lead an ascetic life, to live ascetically.

As·kle·pia·de·us [asklepĭa'deːʊs] *m* ⟨-; -dei [-'deːi]⟩ *antiq. metr.* Asclepiad, Asclepiadean. — **as·kle·pia'de·isch** *adj* Asclepiadean, Asclepiadic: ~er Vers Asclepiad(ic), Asclepiadean.

As·kle·pi·os [as'kleːpĭɔs] *npr m* ⟨-; *no pl*⟩ *myth.* Asclepius (*Greek god of medicine*).

As·kor'binˌsäu·re [askɔr'biːn-] *f chem. cf.* Ascorbinsäure.

Äs·ku·lap [ɛsku'laːp] *npr m* ⟨-; *no pl*⟩ *myth. cf.* Asklepios. — **äs·ku'la·pisch** *adj* Aesculapian.

Äs·ku'lap|ˌnat·ter, ~ˌschlan·ge *f zo.* Aesculapian (*od.* Aesculapius) snake (*Elaphe longissima*). — **~ˌstab** *m* staff of Aesculapius, Aesculapian staff, caduceus.

As·mo·di [as'moːdi] *npr m* ⟨-s; *no pl*⟩ *Bibl.* Asmodeus (*evil spirit*).

aso·ma·tisch ['a(ː)zomaːtɪʃ; azo'maːtɪʃ] *adj* **1.** *med.* asomatic, asomatous. – **2.** *philos.* asomatic, incorporeal, immaterial.

äso·pisch [ɛ'zoːpɪʃ] *adj* **1.** (*in der Art Äsops*) Aesopian, *auch* Aesopic. – **2. Ä~** (*von Äsop*) by (*od.* of) Aesop: die Ä~en Fabeln Aesop's fables. – **3.** *fig.* (wise and) witty.

aso·zi·al ['a(ː)zotsĭaːl; azo'tsĭaːl] *adj* **1.** *psych.* asocial. – **2.** *sociol.* (*gesellschaftsfeindlich*) anomic. — **Aso·zia·li·tät** [azotsĭali'tɛːt] *f* ⟨-; *no pl*⟩ **1.** *psych.* asociality, asocialism. – **2.** *sociol.* anomie, *auch* anomy.

As·pa·ra·gin [aspara'giːn] *n* ⟨-s; *no pl*⟩ *chem.* asparagine ($H_2NOCCH_2CH(NH_2)COOH$). — **~ˌsäu·re** *f* aspartic acid ($HOOCCH_2CH(NH_2)COOH$).

As·pa·ra·gus [as'pa(ː)ragʊs] *m* ⟨-; *no pl*⟩ *bot.* (*Spargel*) asparagus (*Gattg Asparagus, Fam. Liliaceae*).

As·pe ['aspə] *f* ⟨-; -n⟩ *bot. dial. for* Espe.

As·pekt [as'pɛkt] *m* ⟨-(e)s; -e⟩ **1.** aspect, point of view, angle: politischer ~ political aspect; etwas unter einem anderen ~ betrachten to look at s.th. from a different point of view. – **2.** *ling.* (*eines Verbs*) aspect: inchoativer ~ inchoative (*od.* inceptive) aspect. – **3.** *astr.* (*der Gestirne*) aspect, configuration. – **4.** *fig.* (*Vorzeichen*) omen, sign, portent: etwas steht [beginnt] unter einem günstigen ~ s.th. stands [begins] under a favo(u)rable omen. – **5.** *bot.* aspect.

As·per ['aspər] *m* ⟨-(s); -⟩ *ling.* Spiritus asper.

Asper·gill [aspɛr'gɪl] *n* ⟨-s; -e⟩ *röm.kath.* aspergill(um).

asper·ma·tisch ['a(ː)spɛrmaːtɪʃ; aspɛr'maːtɪʃ] *adj med.* asperm(at)ic. — **Asper·ma·tis·mus** [aspɛrma'tɪsmʊs] *m* ⟨-; *no pl*⟩, **Asper'mie** [-'miː] *f* ⟨-; *no pl*⟩ aspermatism, aspermia.

As·per·si·on [aspɛr'zĭoːn] *f* ⟨-; -en⟩ *relig.* **1.** *röm.kath.* aspersion (of holy water). – **2.** baptism by aspersion.

Asper·so·ri·um [aspɛr'zoːrĭʊm] *n* ⟨-s; -rien⟩ *röm.kath.* aspersorium.

As·phalt [as'falt; 'asfalt] *m* ⟨-(e)s; -e⟩ **1.** *civ.eng. Br.* (artificial) asphalt, *Am.* (artificial) asphalt-aggregate mix(ture). – **2.** *min. Br.* (natural) asphalt, *Am.* rock asphalt. — **~ar·bei·ter** *m* asphalt layer, asphalter. — **~beˌton** *m Am.* asphaltic concrete, *Br.* (asphaltic) bitumen concrete. — **~ˌdecke** (*getr.* -k·k-) *f Am.* asphaltic (*od.* round) surfacing, *Br.* (asphaltic) bitumen (*od.* round) surfacing.

As·phal·ten [asfal'teːn] *n* ⟨-s; *no pl*⟩ *chem.* asphaltene.

As'phalt|ˌest·rich *m* asphalt floor(ing), asphalt composition floor(ing). — **~ˌflöz** *n geol.* asphalt seam. — **~geˌstein** *n min.* asphalt (*od.* bituminous) rock. — **a~ˌhal·tig** *adj* asphaltic, bituminous.

as·phal·tie·ren [asfal'tiːrən] *civ.eng.* **I** *v/t* ⟨*no* ge-, h⟩ (cover with) asphalt. – **II A~** *n* ⟨-s⟩ *verbal noun.* — **As·phal'tie·rung** *f* ⟨-; *no pl*⟩ **1.** *cf.* Asphaltieren. – **2.** asphalt work.

as'phal·tisch *adj* asphaltic.

As·phal·tit [asfal'tiːt; -'tɪt] *m* ⟨-s; -e⟩ *min.* asphaltite.

As'phalt|koˌpier·verˌfah·ren *n phot.* asphalt (*od.* bitumen) process. — **~ˌlack** *m* (*paints*) asphalt varnish. — **~ma·kaˌdam** *m, n Am.* asphalt macadam, *Br.* (asphaltic) bitumen macadam. — **~ˌma·stix** *m Am.* asphalt (*od.* bituminous) mastic, *Br.* mastic asphalt. — **~paˌpier** *n tech.* bituminized (*od.* asphalt) paper. — **~ˌpap·pe** *f civ.eng. Am.* asphalt roofing felt, asphalt-saturated (roofing) felt, *Br.* (asphaltic-)bitumen (roofing) felt. — **~ˌpflan·ze** *f colloq.* **1.** town-bred girl. – **2.** (*Prostituierte*) streetwalker, woman of the street(s). — **~ˌpres·se** *f contempt.* (*Sensationspresse*) yellow press. — **~ˌspucker** (*getr.* -k·k-) *m colloq.* street loafer. — **~ˌstra-**

ße *f* asphalt road (*od.* highway), bituminous road.

As·pho·dill [asfo'dɪl] *m* ⟨-s; -e⟩ *bot.* asphodel (*Gattg Asphodelus*).

asphyk·tisch [as'fʏktɪʃ] *adj med.* asphyxial. — **Asphy'xie** [-'ksiː] *f* ⟨-; -n [-ən]⟩ asphyxia, asphyxy, suffocation.

As·pik [as'piːk; as'pɪk; 'as-] *m*, *Austrian n* ⟨-s; -e⟩ *gastr.* (*Gelee*) aspic: Aal in ~ eel in aspic, *auch* jellied eel.

Aspi·rant [aspi'rant] *m* ⟨-en; -en⟩, **Aspi·'ran·tin** *f* ⟨-; -nen⟩ **1.** aspirant, candidate. – **2.** *DDR ped.* young scholar designed for teaching at a university. – **3.** *röm.kath. cf.* Postulant(in).

Aspi·ran·tur [aspiran'tuːr] *f* ⟨-; -en⟩ *DDR ped.* training for university lectureship.

Aspi·ra·ta [aspi'raːta] *f* ⟨-; -raten *u.* -ratä [-tɛ]⟩ *ling.* aspirate.

Aspi·ra·ti·on [aspira'tsi̯oːn] *f* ⟨-; -en⟩ **1.** ⟨*only sg*⟩ *ling.* aspiration. – **2.** *meist pl* (*Bestrebungen etc*) (nach for, after, toward[s]) aspiration. – **3.** *med.* aspiration. – **4.** *tech.* aspiration, suction.

Aspi·ra·ti'ons·in·fil,trat *n med.* infiltration by aspiration.

Aspi·ra·tor [aspi'raːtər] *m* ⟨-s; -en [-ra'toːrən]⟩ **1.** *tech.* (*Luft-, Gasansauger*) aspirator. – **2.** *med.* aspirator. — **aspi·ra'to·risch** [-ra'toːrɪʃ] *adj ling.* (*Laut*) aspirate(d), aspiratory.

aspi·rie·ren [aspi'riːrən] **I** *v/t* ⟨*no* ge-, h⟩ **1.** *ling.* aspirate. – **2.** *tech.* aspirate, suck. – **3.** *obs. for* erstreben. – **II** *v/i* **4.** auf (*acc*) etwas ~ *Austrian archaic* to apply for s.th. — **aspi'riert I** *pp.* – **II** *adj ling.* aspirate(d): ~er Laut aspirate.

Aspi·rin [aspi'riːn] (*TM*) *n* ⟨-s; -⟩ *pharm.* **1.** ⟨*only sg*⟩ aspirin, acetylsalicylic acid. – **2.** (*Tablette*) aspirin. — **~ta,blet·te** *f* aspirin tablet.

'As·pis,vi·per ['aspɪs-] *f zo.* aspic viper (*Vipera aspis*).

aß [aːs] *1 u. 3 sg pret of* essen[1].

Aß [as] *n* ⟨-sses; -sse⟩ *Austrian for* As[2].

As·sa·gai [asa'gaɪ] *m* ⟨-s; -e⟩ (*Wurfspieß*) assegai, assagai.

As'sai,pal·me [a'saɪ-] *f bot.* assai (palm), assahy (*Euterpe edulis*).

'As·sam,baum,wol·le ['asam-] *f* (*textile*) Assam cotton.

as·sa·nie·ren [asa'niːrən] *v/t* ⟨*no* ge-, h⟩ sanitate. — **As·sa'nie·rung** *f* ⟨-; *no pl*⟩ sanitation.

As·sas·si·nen [asa'siːnən] *pl relig. hist.* Assassins (*secret order of Muslims*).

As·saut [a'soː] *m* ⟨-s; -s⟩ (*sport*) (*Fechten*) assault.

äße ['ɛːsə] *1 u. 3 sg subj pret of* essen[1].

As·se·ku·rant [aseku'rant] *m* ⟨-en; -en⟩ *econ. obs.* insurer, underwriter. — **As·se·ku'ranz** [-'rants] *f* ⟨-; -en⟩ *obs. for* Versicherung 2.

As·sel ['asəl] *f* ⟨-; -n⟩ *zo.* **1.** isopod (*Ordng Isopoda*). – **2.** wood louse, *auch* slater, pill (*od.* sow) bug (*Unterordng Oniscoidea*). — **~,spin·ne** *f* sea spider, pycnogonid (*Klasse Pantopoda*).

As·sem·blee [asã'bleː] *f* ⟨-; -n [-ən]⟩ assembly. — **~-,Sei·de** *f* (*textile*) spun silk twist.

as·sen·tie·ren [asɛn'tiːrən] *v/t* ⟨*no* ge-, h⟩ **1.** assent (*od.* agree, accede) to. – **2.** *Austrian mil.* accept (*s.o.*) for military service.

As·ser·ti·on [asɛr'tsi̯oːn] *f* ⟨-; -en⟩ *philos.* assertion. — **as·ser'to·risch** [-'toːrɪʃ] *adj philos.* assertoric(al), assertory, (*Syllogistik*) assertorial, assertional.

As·ser'va·ten-,Kon·to [asɛr'vaːtən-] *n econ.* suspense (*od.* special-purpose) account.

as·ser·vie·ren [asɛr'viːrən] *v/t* ⟨*no* ge-, h⟩ **1.** *econ.* (*Konto etc*) earmark. – **2.** *cf.* aufbewahren 2.

As·ses·sor [a'sɛsər] *m* ⟨-s; -en [-'soːrən]⟩ **1.** 'Assessor' (*second lowest degree of German civil servant having passed through the stage of 'Referendar' and the second state examination, esp. lawyers and secondary or grammar school teachers*). – **2.** *jur.* (*Beisitzer*) assistant judge, *bes. Am.* assistor, *bes. Br.* assessor. — **~ex,amen** *n* second state examination.

As·ses·so·rin [asɛ'soːrɪn; a'sɛsorɪn] *f* ⟨-; -nen⟩ *cf.* Assessor.

As·si·bi·la·ti·on [asibila'tsi̯oːn] *f* ⟨-; -en⟩ *ling.* assibilation. — **as·si·bi'lie·ren** [-'liːrən] *v/t* ⟨*no* ge-, h⟩ assibilate. — **As·si·bi·'lie·rung** *f* ⟨-; -en⟩ *cf.* Assibilation.

As·si·gna·te [asɪ'gnaːtə] *f* ⟨-; -n⟩ *hist. meist pl* assignat (*French paper currency, 1790—1796*).

As·si·mi·la·ti·on [asimila'tsi̯oːn] *f* ⟨-; -en⟩ (an *acc* to, with) assimilation: ~ von b an m *ling.* assimilation of b to m; schlechte ~ *med.* malassimilation, malabsorption.

As·si·mi·la·ti'ons|pro,zeß *m* assimilation: einen ~ vollziehen *biol.* to assimilate, to anabolize; Produkt eines Assimilationsprozesses *biol.* anabolite. — **~,stö·rung** *f med.* malassimilation, malabsorption.

as·si·mi·la·to·risch [asimila'toːrɪʃ] *adj* assimilatory, assimilative.

as·si·mi'lier·bar *adj* assimilable. — **As·si·mi'lier·bar·keit** *f* ⟨-; *no pl*⟩ assimilability.

as·si·mi·lie·ren [asimi'liːrən] **I** *v/t* ⟨*no* ge-, h⟩ **1.** (an *acc* to, with) assimilate. – **II** *v/reflex* sich ~ **2.** assimilate. – **3.** *biol.* assimilate, anabolize. — **as·si·mi'lie·rend I** *pres p.* – **II** *adj* assimilative, assimilatory. — **As·si·mi'lie·rung** *f* ⟨-; *no pl*⟩ *cf.* Assimilation.

As·si·mi'lie·rungs·ten,denz *f* assimilativeness.

As·si·sen [a'siːzən] *pl jur.* **1.** *hist.* assizes. – **2.** *Swiss for* Schwurgericht.

As·si·stent [asɪs'tɛnt] *m* ⟨-en; -en⟩ **1.** assistant. – **2.** *med. cf.* Assistenzarzt.

As·si'sten·ten,stab *m* staff, (*in Krankenhäusern*) house staff.

As·si'sten·tin *f* ⟨-; -nen⟩ **1.** (female *od.* lady) assistant. – **2.** *cf.* Assistenzärztin.

As·si·stenz [asɪs'tɛnts] *f* ⟨-; -en⟩ assistance (bei in, von of): unter ~ von Herrn X with the assistance of Mr. X. — **~,arzt** *m*, **~,ärz·tin** *f med.* assistant physician (*od.* doctor), *bes. Am.* resident (physician). — **~pro,fes·sor** *m bes. Swiss* assistant professor.

as·si·stie·ren [asɪs'tiːrən] *v/i* ⟨*no* ge-, h⟩ assist, aid: j-m bei etwas ~ to assist s.o. in s.th. — **as·si'stie·rend I** *pres p.* – **II** *adj* assistant.

As·so·nanz [aso'nants] *f* ⟨-; -en⟩ *metr.* assonance. — **as·so'nie·rend** [-'niːrənt] *adj* assonant, assonantal, *auch* assonantic: ~es Wort [~e Silbe] assonant.

as·sor·tiert [asɔr'tiːrt] *adj* assorted.

As·so·zia·ti·on [asotsi̯a'tsi̯oːn] *f* ⟨-; -en⟩ **1.** *psych.* association: durch ~ erworben associative. – **2.** *pol.* association. – **3.** *chem.* (molecular) association. – **4.** *econ.* partnership. – **5.** *bot.* (*Pflanzengesellschaft*) association.

As·so·zia·ti'ons|,auf,rei·hung *f psych.* (*Bewußtseinsstrom*) stream of consciousness. — **~,frei·heit** *f pol.* freedom of association. — **~,recht** *n jur.* right of association. — **~,stö·rung** *f psych.* disturbance of association. — **~,zen·trum** *n med.* association center (*bes. Br.* centre).

as·so·zia·tiv [asotsi̯a'tiːf] *adj psych. math.* associative.

as·so·zi·ie·ren [asotsi'iːrən] **I** *v/t* ⟨*no* ge-, h⟩ **1.** *psych.* (mit with) associate, connect. – **2.** *pol.* (*Staaten*) associate. – **3.** *chem.* associate. – **II** *v/reflex* sich ~ **4.** *pol.* (mit with) associate (oneself). – **5.** *econ.* (mit with) enter into partnership. — **as·so·zi'iert I** *pp.* – **II** *adj pol.* (*Staat*) associated (*esp. with EEC*). — **As·so·zi'ier·te** *m* ⟨-n; -n⟩ *econ. pol.* associated state (*od.* member). — **As·so·zi'ie·rung** *f* ⟨-; -en⟩ *cf.* Assoziation 2—5.

as·su·mie·ren [asu'miːrən] *v/t* ⟨*no* ge-, h⟩ *rare* assume.

As·sump·tio·nist [asumptsi̯o'nɪst] *m* ⟨-en; -en⟩ *relig.* Assumptionist, Augustinian of the Assumption (*member of a Roman Catholic congregation*).

As·sum·ti·on [asum'tsi̯oːn] *f* ⟨-; -en⟩ **1.** ⟨*only sg*⟩ *relig.* Assumption (of the Virgin Mary). – **2.** (*art*) (picture of the) Assumption.

As·sun·ta [a'sunta] *f* ⟨-; -ten⟩ (*art*) *cf.* Assumtion 2.

As·sur ['asur] *npr m* ⟨-s; *no pl*⟩ *myth.* Assur, *auch* Asur, Ashur (*the ancient national god of Assyria*).

As·sy·rer [a'syːrər] *m* ⟨-s; -⟩, **As'sy·re·rin** *f* ⟨-; -nen⟩, **As'sy·ri·er** [-ri̯ər] *m* ⟨-s; -⟩, **As'sy·rie·rin** *f* ⟨-; -nen⟩ Assyrian.

As·sy·rio·lo·ge [asyri̯o'loːgə] *m* ⟨-n; -n⟩ Assyriologist. — **As·sy·rio·lo'gie** [-lo'giː] *f* ⟨-; *no pl*⟩ **1.** Assyriology. – **2.** *ling.* Assyrian studies *pl.* — **as·sy·rio'lo·gisch** *adj* Assyriological.

as'sy·risch [a'syːrɪʃ] **I** *adj* Assyrian. – **II** *ling.* **A~** *n* ⟨*generally undeclined*⟩, **das A~e** ⟨-n⟩ Assyrian.

Ast [ast] *m* ⟨-(e)s; Äste⟩ **1.** bough, limb, (main) branch: fruchttragender ~ fruit-bearing bough; einen ~ stützen to prop up a bough; von ~ zu ~ hüpfen to jump from branch to branch; die Eiche breitet ihre Äste aus the oak spreads its branches; sich in Äste teilen to branch (out), to ramify; Äste treiben to put forth branches, to branch; den ~ absägen, auf dem man sitzt *fig.* to saw off the branch one is sitting on, to cut off one's nose to spite one's face; einen ~ durchsägen *fig. colloq.* to snore loudly, *Am. sl.* 'to saw wood'; sich auf dem absteigenden [aufsteigenden] ~ befinden, auf dem absteigenden [aufsteigenden] ~ sein *fig.* to be on the downgrade [upgrade], to be going downhill [uphill]. – **2.** (*Stelle im Holz*) knot, knurl, knob: dieses Brett hat keine Äste this board has no knots in it. – **3.** *med. zo.* branch, (*einer Vogelfeder*) ramus (*scient.*): feiner ~ radicle. – **4.** (*eines Stammbaums*) branch. – **5.** *math.* (*einer Kurve*) branch, leg. – **6.** *phys.* (*einer Flugbahn*) branch. – **7.** *colloq.* (*Buckel*) hump, hunch: etwas auf den ~ nehmen *colloq.* to take s.th. on one's back; sich (*dat*) einen ~ lachen *fig.* to split one's sides (with) laughing. – **8.** *geol.* (*eines Erzgangs*) spur.

'Ast,an,satz *m* root of the bough.

Astar·te [as'tartə] *npr f* ⟨-; *no pl*⟩ *myth.* Astarte (*Phoenician goddess of fecundity*).

asta·sie·ren [asta'ziːrən] *v/t* ⟨*no* ge-, h⟩ *phys.* (*Magnetnadel*) astatize, make (*s.th.*) astatic.

asta·tisch [as'taːtɪʃ] *adj phys.* astatic: ~es Nadelpaar astatic pair; ~ machen to astatize.

Asta·xan·thin [astaksan'tiːn] *n* ⟨-s; *no pl*⟩ *chem.* astaxanthin ($C_{40}H_{52}O_4$).

'Ast,bil·dung *f* ramification.

Äst·chen ['ɛstçən] *n* ⟨-s; -⟩ **1.** *dim. of* Ast. – **2.** twig, ramulus (*scient.*): voller ~ *bot. zo.* ramulose, ramulous.

asten ['astən] *Northern G. colloq.* **I** *v/t* ⟨h⟩ **1.** (*Gepäck etc*) lug, *Am. colloq.* tote. – **II** *v/i* **2.** (*von Personen*) work hard, toil. – **3.** ⟨sein⟩ (*auf Hügel etc*) slog (up).

ästen ['ɛstən] **I** *v/t* ⟨h⟩ **1.** (*liegende Bäume*) lop, limb, trim. – **2.** (*stehende Bäume*) prune, clear, lop. – **II** *v/i* **3.** put forth branches, branch. – **III** *v/reflex* sich ~ **4.** branch out, ramify. – **IV A~** *n* ⟨-s⟩ **5.** *verbal noun.*

Aster ['astər] *f* ⟨-; -n⟩ *bot.* aster (*Gattg Aster*). — **a~,blü·tig** [-,blyːtɪç] *adj* asteroid.

Aste·rie [as'teːri̯ə] *f* ⟨-; -n⟩ (*Fossil*) fossil starfish.

aste·risch [as'teːrɪʃ] *adj* asteroid, starlike.

Aste·ris·kus [aste'rɪskus] *m* ⟨-; -risken⟩ **1.** *print.* asterisk. – **2.** *relig.* (*Eastern Church*) asterisk, *auch* asteriskos.

Aste·ris·mus [aste'rɪsmus] *m* ⟨-; *no pl*⟩ *min. phys.* asterism.

Aste·ro·id [astero'iːt] *m* ⟨-(e)s *u.* -en; -en⟩ *astr.* asteroid, *auch* minor planet, planetoid.

Aste·roi·de [astero'iːdə] *f* ⟨-; -n⟩ *math.* asteroid.

'äste,tra·gend *adj* branchy.

'Ast|,fän·ger *m tech.* (*Papierherstellung*) (jog) knotter. — **~,fäu·le** *f* (*wood*) top rot. — **~,flech·te** *f bot.* reindeer moss (*od.* lichen) (*Gattg Cladonia*). — **a~,frei** *adj* **1.** branchless. – **2.** (*wood*) knotless. — **~,ga·bel** *f* fork (of a branch).

Asthe·nie [aste'niː] *f* ⟨-; -n [-ən]⟩ *med.* asthenia, debility. — **Asthe·ni·ker** [-'teːnikər] *m* ⟨-s; -⟩ *anthrop.* asthenic (person). — **asthe·nisch** [-'teːnɪʃ] *adj* asthenic.

Asthen·opie [asteno'piː] *f* ⟨-; *no pl*⟩ *med.* asthenopia, weakness of sight. — **asthen·'opisch** [-'noːpɪʃ] *adj* asthenopic.

Äs·the·sie [ɛste'ziː] *f* ⟨-; *no pl*⟩ esthesia, *auch* aesthesia.

Äs·the·sis ['ɛstezɪs] *f* ⟨-; *no pl*⟩ (a)esthesis, perception through the senses.

Äs·thet [ɛs'teːt] *m* ⟨-en; -en⟩ aesthete, *auch* esthete. — **Äs'the·tik** [-tɪk] *f* ⟨-; *no pl*⟩ *philos.* aesthetics *pl*, *auch* esthetics *pl* (*construed as sg*). — **Äs'the·ti·ker** [-tikər] *m* ⟨-s; -⟩ aesthetician, *auch* esthetician. — **äs'the·tisch** [-tɪʃ] **I** *adj* **1.** (*künstlerisch*) (a)esthetic(al), artistic, *auch* artistical: ~e Anordnung artistic arrangement; ~e Kriterien aesthetic criteria. – **2.** *philos.* (a)esthetic(al): ~e Theorien (a)esthetic theories. – **3.** *contempt. for* überfeinert. – **II** *adv* **4.** (a)esthetically: etwas ~ betrachten to regard s.th. from an aesthetic point of view (*od.* in aesthetic terms). — **äs·the·ti'sie·ren** [-teti'ziːrən] **I** *v/t* ⟨*no* ge-, h⟩ aestheticize, *auch* estheticize. – **II** *v/i* talk about aesthetics, talk like an (a)esthete.

Äs·the·ti·zis·mus [ɛsteti'tsɪsmʊs] *m* ⟨-; *no pl*⟩ aestheticism, *auch* estheticism.

Asth·ma ['astma] *n* ⟨-s; *no pl*⟩ *med.* asthma: an ~ leiden to suffer from asthma. — ~ˌ**anˌfall** *m* asthmatic attack.

Asth·ma·ti·ker [ast'maːtikər] *m* ⟨-s; -⟩ *med.* asthmatic.

asth·ma·tisch [ast'maːtɪʃ] *adj med.* asthmatic, *auch* asthmatical.

'**Astˌholz** *n* **1.** branch wood. – **2.** (*forestry*) branch wood, limbs *pl.*

Asti ['asti] *m* ⟨-(s); -⟩ *gastr.* Asti (wine).

'**astig, ästig** ['ɛstɪç] *adj* **1.** (*Brett etc*) knotty, gnarled, gnarly. – **2.** (*astreich*) branchy, branched, branching; ramified, ramose, ramous (*scient.*).

astig·ma·tisch [astɪ'gmaːtɪʃ] *adj med. phys.* astigmatic. — **Astig·ma'tis·mus** [-ma'tɪsmʊs] *m* ⟨-; *no pl*⟩ astigmatism.

Astil·be [as'tɪlbə] *f* ⟨-; -n⟩ *bot.* astilbe (*Gattg Astilbe*).

ästi·mie·ren [ɛsti'miːrən] *v/t* ⟨*no* ge-, h⟩ *rare for* schätzen 4, 5.

'**Ast|ˌknor·ren,** ~ˌ**knorz** *m cf.* Ast 2. — ~ˌ**kno·ten** *m* (*wood*) branch knot. — ~ˌ**kreuz** *n her.* raguly (*od.* ragulé) cross.

Äst·lein ['ɛstlaɪn] *n* ⟨-s; -⟩ *cf.* Ästchen.

'**Ast|ˌloch** *n* knothole. — **a~los** *adj cf.* astfrei. — ~ˌ**moos** *n bot.* feather moss, hypnum (*scient.*) (*Gattg Hypnum*). — ~ˌ**pal·me** *f* doom palm, doum (palm) (*Hyphaene thebaica*). — ~ˌ**put·zer** *m hort.* lopper.

Asträa [as'trɛːa] *f* ⟨-; *no pl*⟩ **I** *npr antiq.* Astraea (*goddess of justice*). – **II** *astr.* (*Asteroid*) Astraea.

Astra·chan ['astraxa(ː)n] *m* ⟨-s; -s⟩ **1.** (*Pelz*) Astrakhan, *auch* Astrachan. – **2.** (imitation of) Astrakhan. — **astra'cha·nisch** [-'xaːnɪʃ] *adj* Astrakhan.

'**Astra·chan|ˌka·vi·ar** *m gastr.* Astrakhan caviar(e). — ~ˌ**schaf** *n zo.* Persian lamb, karakul, caracul, astrakhan.

Astra·ka·nit [astraka'niːt; -'nɪt] *m* ⟨-s; *no pl*⟩ *min.* astrak(h)anite, bloedite, *auch* blodite.

astral [as'traːl] *adj* astral. — **A~ˌlam·pe** *f tech.* astral (lamp). — **A~ˌleib** *m* **1.** *philos.* astral (body). – **2.** *humor.* body. — **A~re·li·giˌon** *f* astrolatry.

'**astˌrein** *adj* **1.** (*wood*) *cf.* astfrei 2. – **2.** *fig. colloq.* aboveboard: nicht ganz ~ (somewhat) fishy; dieses Geschäft ist nicht ganz ~ this deal is not quite aboveboard (*od.* on the level).

Astrild [as'trɪlt] *m* ⟨-(e)s; -e⟩ *zo.* astrild (*Gattg Estrilda; bird*).

Astro..., astro... *combining form denoting* astro..., astr...

Astro·graph [astro'graːf] *m* ⟨-en; -en⟩ *astr.* astrograph (*photographic telescope*). — **Astro·gra'phie** [-gra'fiː] *f* ⟨-; *no pl*⟩ astrography, photographic astrometry (*od.* astronomy).

Astroi·de [astro'iːdə] *f* ⟨-; -n⟩ *math.* astroid.

Astro·la·bi·um [astro'laːbiʊm] *n* ⟨-s; -bien⟩ *astr. hist.* astrolabe, planisphere.

Astro·lo·ge [astro'loːgə] *m* ⟨-n; -n⟩ astrologer. — **Astro·lo'gie** [-lo'giː] *f* ⟨-; *no pl*⟩ astrology: ~ betreiben to practise (*bes. Br.* practice) astrology. — **astro'lo·gisch** *adj* astrological, *auch* astrologic.

Astro·naut [astro'naʊt] *m* ⟨-en; -en⟩ astronaut. — **Astro'nau·tik** [-tɪk] *f* ⟨-; *no pl*⟩ astronautics *pl* (*construed as sg*). — **Astro'nau·tin** *f* ⟨-; -nen⟩ (woman) astronaut. — **astro'nau·tisch** *adj* astronautical.

Astro·na·vi·ga·ti·on [astronaviga'tsioːn] *f* ⟨-; *no pl*⟩ *aer. astr.* celestial navigation.

Astro·nom [astro'noːm] *m* ⟨-en; -en⟩ astronomer. — **Astro·no'mie** [-no'miː] *f* ⟨-; *no pl*⟩ astronomy. — **astro'no·misch** *adj* **1.** astronomic(al): ~er Satellit (*space*) astronomical satellite; ~es Jahrbuch almanac(k), ephemeris (*scient.*); ~er Schiffsort position by (celestial) observation, astronomical position; ~e Uhr astronomical clock. – **2.** *colloq.* (*ungeheuer hoch*) astronomic(al): ~e Summen [Zahlen] astronomic(al) sums [figures].

astro·phisch ['a(ː)stroːfɪʃ; a'stroːfɪʃ] *adj metr.* (*Verse*) astrophic.

Astro·pho·to·gra·phie [astrofotogra'fiː] *f* astrophotography.

Astro|phy·sik [astrofy'ziːk] *f* astrophysics *pl* (*construed as sg*). — **a~phy·si'ka·lisch** [-zi'kaːlɪʃ] *adj* astrophysical. — ~'**phy·si·ker** [-'fyːzikər] *m* astrophycicist.

'**Ast|ˌsche·re** *f*, ~ˌ**schnei·der** *m hort.* tree pruner. — ~ˌ**schnitt** *m her.* lopping. — **a~ˌstän·dig** *adj bot.* ramose, ramous. — ~ˌ**strunk,** ~ˌ**stum·mel,** ~ˌ**stumpf** *m* stump of a branch, snag.

'**Ästung** *f* ⟨-; -en⟩ *cf.* Ästen.

'**Ästungsˌmes·ser** *n* pruning knife.

'**Äsung** *f* ⟨-; -en⟩ *hunt.* **1.** *cf.* Äsen. – **2.** (*Futter*) browse, browze. — '**Äsungsˌplatz** *m* feeding place (*od.* ground).

Asyl [a'zyːl] *n* ⟨-s; -e⟩ **1.** (*Heim*) asylum, home: ~ für Obdachlose (night) shelter, *bes. Br.* doss house, *Br.* casual ward. – **2.** (*Zufluchtstätte*) asylum, sanctuary, (place of) refuge. – **3.** ⟨*only sg*⟩ asylum: um (politisches) ~ bitten (*od.* nachsuchen) to ask for (political) asylum; j-m ~ gewähren to grant s.o. asylum; ~ erhalten to receive (*od.* be granted) asylum. — ~ˌ**recht** *n* right of asylum.

Asym·me·trie [azʏme'triː] *f* ⟨-; -n [-ən]⟩ asymmetry, nonsymmetry *Br.* non-. — **asym·me·trisch** ['a(ː)zʏmeːtrɪʃ; azʏ'meːtrɪʃ] *adj* asymmetric(al).

Asym·pto·te [azʏmp'toːtə] *f* ⟨-; -n⟩ *math.* asymptote.

Asym'pto·ten|ˌke·gel *m math.* (*eines Hyperboloids*) asymptotic cone. — ~ˌ**li·nie** *f* asymptotic line.

asym'pto·tisch *adj math.* asymptotic, *auch* asymptotical.

asyn·chron ['a(ː)zʏnkroːn; azʏn'kroːn] *adj* asynchronous. — **A~ge·neˌra·tor** *m electr.* asynchronous alternator, induction generator. — **A~ˌmo·tor** *m* induction (*od.* asynchronous) motor.

asyn·de·tisch ['a(ː)zʏndeːtɪʃ; azʏn'deːtɪʃ] *adj ling.* asyndetic. — **Asyn·de·ton** [a'zʏndetɔn] *n* ⟨-s; -deta [-ta]⟩ *ling.* asyndeton.

As·zen·dent [astsɛn'dɛnt] *m* ⟨-en; -en⟩ **1.** ascendant, *auch* ascendent, ancestor. – **2.** *astr.* ascendant, *auch* ascendent.

as·zen·die·ren [astsɛn'diːrən] *v/i* ⟨*no* ge-, sein⟩ ascend.

As·zen·si·on [astsɛn'zioːn] *f* ⟨-; *no pl*⟩ *astr. relig.* Ascension.

As·ze·se [as'tseːzə] *f* ⟨-; *no pl*⟩ *cf.* Askese.

As·zi·die [as'tsiːdiə] *f* ⟨-; -n⟩ *zo.* ascidian, tunicate, sea squirt (*Klasse Tethyodea*).

As·zi·tes [as'tsiːtɛs] *m* ⟨-; *no pl*⟩ *med.* ascites. — ~ˌ**flüs·sig·keit** *f* ascites fluid.

Ata·ca·mit [ataka'miːt; -'mɪt] *m* ⟨-s; -e⟩ *min.* atacamite: gemahlener ~ *tech.* arsenillo.

atak·tisch [a'taktɪʃ] *adj med.* (*Gang*) ataxic.

Ata·man [ata'maːn] *m* ⟨-s; -e⟩ hetman, ataman (*cossack leader*).

Ata·ra·xie [atara'ksiː] *f* ⟨-; *no pl*⟩ *philos. med.* ataraxy, *auch* ataraxia.

Ata·vis·mus [ata'vɪsmʊs] *m* ⟨-; -vismen⟩ *biol.* atavism. — **ata'vi·stisch** [-tɪʃ] *adj* atavistic: ~e Form throwback, atavism.

Ata'xie [ata'ksiː] *f* ⟨-; -n [-ən]⟩ *med.* ataxia, *auch* ataxy: (loko)motorische [statische] ~ locomotor [static] ataxia.

Ata·xit [ata'ksiːt; -'ksɪt] *n* ⟨-s; -e⟩ *min.* ataxite.

Ate·lier [ate'lieː] *n* ⟨-s; -s⟩ **1.** (*eines Künstlers*) studio, *rare* atelier. – **2.** (*eines Modeschöpfers*) atelier. – **3.** (*Filmatelier*) studio: der Film geht ins ~ the film is going to the studio (*od.* into production). — ~ˌ**ar·bei·ter** *m* (*film*) stagehand, sceneshifter. — ~ˌ**aufˌnah·me** *f* **1.** (*film*) studio shot. – **2.** *phot.* studio photograph. — ~ˌ**fest** *n* studio party. — ~ˌ**ka·me·ra** *f phot.* studio camera.

Atel·la·ne [atɛ'laːnə] *f* ⟨-; -n⟩ *meist pl antiq.* (*literature*) Atellan farce.

Atem ['aːtəm] *m* ⟨-s; *no pl*⟩ **1.** breath: außer ~ breathless, out of breath, puffed, (*bes. von Pferden*) blown; er ist beim Laufen außer ~ geraten (*od.* gekommen) he got out of breath running; er kommt nicht leicht außer ~ his wind is good, he has plenty of wind; ~ holen (*od.* schöpfen) to draw (*od.* take) a breath; holen Sie langsam und tief ~! draw a long deep breath; schwer ~ holen to breathe with difficulty; etwas verschlägt (*od.* raubt) einem den ~ *fig.* s.th. takes one's breath away; die Wut benahm ihm den ~ he choked with rage; mir stockte der ~ *fig.* my heart stood still; nach ~ ringen to struggle for breath; er hat den letzten ~ ausgehaucht *lit.* he breathed his last, he gave the last gasp; den ~ anhalten to catch (*od.* hold) one's breath; da hielt die Welt den ~ an *fig.* the world held its breath; mit angehaltenem (*od.* verhaltenem) ~ lauschen to listen with bated breath; wieder zu ~ kommen a) to recover (*od.* regain) one's breath, b) to get one's second wind; lassen Sie mich erst zu ~ kommen *fig.* let me catch (*od.* get) my breath first, give me time to breathe; j-n in ~ halten *fig. colloq.* a) to keep s.o. busy (*od.* on the move, on the go), b) to keep s.o. in suspense; ihm ging langsam der ~ aus a) his breath was beginning to fail, b) *fig.* his means were running short (*od.* low); er hat den längeren ~ *fig.* he has more staying power, he has the better wind; in einem ~ lachen und weinen *fig.* to laugh and weep in one and the same breath (*od.* all in the same breath); nicht in einem ~ zu nennen *fig.* not to be mentioned in the same breath, not to be compared for a moment. – **2.** (*Atemvorgang*) breathing, respiration: schwerer ~ labo(u)ring breathing; keuchender ~ wheezing. – **3.** *poet.* (*Hauch*) breath, spirit: der ~ des Lebens the spirit of life.

'**Atem|ap·paˌrat** *m med.* respirator, pulmotor. — ~**beˌklem·mung** *f* shortness of breath, feeling of suffocation. — **a~beˌrau·bend** *adj* (*Geschwindigkeit, Spannung etc*) breathtaking, breathless. — ~**beˌschleu·ni·gung** *f med.* increase of the respiratory rate. — ~**beˌschwer·den** *pl* difficulty *sg* in breathing, heavy breathing *sg*, dyspn(o)ea *sg* (*scient.*). — ~**beˌwe·gung** *f* respiratory movement. — ~ˌ**einˌsatz** *m mil.* (*einer Gasmaske etc*) filter element. — ~**geˌrät** *n* **1.** *med.* respirator. – **2.** (*eines Taucherapparates*) respirometer. – **3.** *tech.* breathing apparatus. — ~**geˌräusch** *n* respiratory sounds *pl*, breath sound: abgeschwächtes ~ diminished (*od.* weakened) breath sounds; normales ~ vesicular breath sounds (*od.* breathing). — ~**gymˌna·stik** *f* breathing (*od.* respiratory) exercises *pl*: ~ treiben to do breathing exercises. — ~ˌ**höh·le** *f bot.* respiratory cavity, (substromatal) air chamber. — ~ˌ**ho·len** *n* breathing, breath-taking, respiration. — ~ˌ**kreisˌlauf·geˌrät** *n* (*mining*) autonomous breathing apparatus. — ~ˌ**loch** *n zo.* spiracle, stigma.

'**atem·los I** *adj* **1.** breathless, out of breath, puffed. – **2.** *fig.* (*gespannt*) breathless, tense: in ~er Erregung in breathless excitement; ~e Stille dead silence. – **3.** *fig.* (*schnell*) quick, rapid: in ~er Folge in rapid succession. – **II** *adv* **4.** breathlessly: ~ ins Zimmer stürzen to rush breathlessly into the room; sie hörten ~ zu *fig.* they listened with breathless attention. — '**Atem·lo·sig·keit** *f* ⟨-; *no pl*⟩ *med.* shortness of breath, breathlessness.

'**Atem|ˌnot** *f med.* difficulty in breathing, dyspn(o)ea (*scient.*). — ~**orˌgan** *n meist pl* respiratory organ. — ~ˌ**pau·se** *f* breathing space (*od.* spell), breather: eine ~ einlegen (*od.* einschieben) to take a breather, to take a break; j-m eine ~ gewähren to give s.o. a breather.

a tem·po [a 'tɛmpo] *adv* **1.** *mus.* a tempo. – **2.** *colloq.* (*sofort*) at once, immediately.

A-'tem·po-|ˌHieb, ~ˌ**Stoß** *m* (*sport*) (*Fechten*) time cut (*od.* thrust).

'**atemˌrau·bend** *adj cf.* atemberaubend.

'**Atem|ˌrohr** *n*, ~ˌ**röh·re** *f* **1.** breathing (*od.* respiratory) tube. – **2.** *zo.* siphon, *auch* syphon, air-tube. — ~ˌ**schlauch** *m* breathing tube (*od.* hose). — ~ˌ**schutz·geˌrät** *n tech.* **1.** respirator. – **2.** *cf.* Rauch-, Gasmaske. — ~ˌ**stillˌstand** *m med.* cessation of breathing, respiratory arrest, apn(o)ea (*scient.*). — ~ˌ**stockung** (*getr.* -k·k-) *f* apn(o)ea. — ~ˌ**stö·rung** *f* respiratory disturbance (*od.* embarrassment), disorders *pl* of respiration. — ~ˌ**stoß** *m* breath, exhalation. — ~ˌ**tä·tig·keit** *f* breathing. — ~ˌ**tech·nik** *f* breathing technique. — ~ˌ**übung** *f* breathing exercise. — ~ˌ**we·ge** *pl* **1.** *med.* respiratory tract *sg* (*od.* passages, ducts): eine Erkrankung der ~ a respiratory disease; obere [untere] ~ upper [lower] respiratory tract. – **2.** *zo.* (*bei Insekten*) air-tube *sg*: große [kleine] ~ trachea [tracheole] *sg*. — ~ˌ**wur·zel** *f bot.* (*bestimmter Sumpfpflanzen, z.B. von Mangrovepflanzen*) breathing (*od.* respiratory) root, pneumatophore (*scient.*). — ~ˌ**zei·chen** *n mus.* (*für Sänger*) breathing mark. — ~ˌ**zen·trum** *n* respiratory center (*bes. Br.* centre). — ~ˌ**zug** *m* breath, respiration: einen tiefen ~ tun to take a deep breath; seinen letzten ~ tun to breathe one's last; **bis zum letzten ~** to one's last breath; **in demselben ~, im gleichen ~, in einem ~** *fig.* in the same breath, in one breath; **auf 'einen ~ singen** to sing with a single breath; **einen ~ lang** *fig.* for a moment; **sich im selben ~ widersprechen** to contradict oneself in the same breath.

Äthan [ɛ'ta:n] *n* ⟨-s; *no pl*⟩ *chem.* ethane (CH_3CH_3).

Atha·na·sia·ner [atana'zĭa:nər] *m* ⟨-s; -⟩ *relig.* Athanasian. — **atha·na·sia·nisch** [-'zĭa:nɪʃ] *adj* Athanasian: **das A~e Glaubensbekenntnis** the Athanasian Creed, the Quicumque.

Atha·na·sie [atana'zi:] *f* ⟨-; *no pl*⟩ athanasia, *auch* athanasy.

Ätha·nol [ɛta'no:l] *n* ⟨-s; *no pl*⟩ *chem. cf.* Äthylalkohol.

Atha·pas·ke [ata'paskə] *m* ⟨-n; -n⟩ *meist pl* (*Indianer*) Athapaskan, Athapascan, Athabaskan, Athabascan.

Athau·ma·sie [atauma'zi:] *f* ⟨-; *no pl*⟩ *philos.* (*bes. stoisch*) forbearance from wonder.

Athe·is·mus [ate'ɪsmus] *m* ⟨-; *no pl*⟩ atheism: **den ~ vertreten** to preach atheism. — **Athe'ist** [-'ɪst] *m* ⟨-en; -en⟩, **Athei·stin** [-'ɪstɪn] *f* ⟨-; -nen⟩ atheist. — **athei·stisch** [-'ɪstɪʃ] *adj* atheistic, *auch* atheistical.

athe·ma·tisch ['a(:)tema:tɪʃ; ate'ma:tɪʃ] *adj mus. ling.* athematic.

Athen [a'te:n] *npr n* ⟨-s; *no pl*⟩ *geogr.* Athens: **Eulen nach ~ tragen** (*Sprichwort*) to carry coals to Newcastle (*proverb*).

Äthen [ɛ'te:n] *n* ⟨-s; *no pl*⟩ *chem. cf.* Äthylen.

Athe·nä·um [ate'nɛ:um] *n* ⟨-s; -näen⟩ *antiq.* Athen(a)eum (*temple of Athena*).

Athe·ne [a'te:ne] *npr f* ⟨-; *no pl*⟩ *myth.* Athena (*Greek goddess of wisdom and warfare*).

Athe·ner [a'te:nər] *m* ⟨-s; -⟩, **Athe·ne·rin** [a'te:nərɪn] *f* ⟨-; -nen⟩ Athenian. — **athe·nisch** [a'te:nɪʃ] *adj* Athenian, Attic.

Äther ['ɛ:tər] *m* ⟨-s; *no pl*⟩ **1.** *chem.* ether, *auch* aether ($[C_2H_5]_2O$). — **2.** *med.* ether, *auch* aether: **mit ~ betäuben** (*od.* **narkotisieren**) to narcotize with ether, to etherize. – **3.** (*radio*) air: **über den ~** over the air. – **4.** *poet.* ether, *auch* aether, heaven(s *pl*), firmament.

'äther|,ar·tig *adj chem. cf.* ätherisch 1 a. — **Ä~,dampf** *m meist pl* ether vapor (*bes. Br.* vapour). — **Ä~in·ha·la·ti,ons·ap·pa,rat** *m med.* inhaler for ether. — **~,hal·tig** *adj chem.* containing ether, ethereal, *auch* etherial, aethereal, *auch* aetherial.

äthe·risch [ɛ'te:rɪʃ] *adj* **1.** *chem.* a) ethereal, *auch* etherial, aethereal, *auch* aetherial, etheric, *auch* aetheric, b) (*flüchtig*) volatile, essential: **~e Lösung** ether (*od.* ethereal) solution; **~e Öle** essential (*od.* ethereal) oils. – **2.** *lit.* (*Erscheinung, Person*) ethereal, *auch* etherial, aethereal, *auch* aetherial. – **3.** *lit.* (*Gefilde*) ethereal, *auch* etherial, aethereal, *auch* aetherial. – **4.** *obs. for* himmlisch 1.

äthe·ri·sie·ren [ɛteri'zi:rən] *v/t* ⟨*no* ge-, h⟩ *med.* etherize.

'Äther,krieg *m* radio war.

ather·man [atɛr'ma:n] *adj phys.* athermanous.

'Äther|,mas·ke *f med.* ether mask, mask for general an(a)esthesia. — **~nar,ko·se** *f* narcosis produced by ether, etherization, ether an(a)esthesia.

Athe·rom [ate'ro:m] *n* ⟨-s; -e⟩ *med.* atheroma, sebaceous cyst. — **athe·ro·ma·'tös** [-roma'tø:s] *adj* atheromatous, *auch* atheromatic.

'Äther|,rausch *m med. rare* superficial ether an(a)esthesia. — **~,wein,geist** *m* spirit of ether compound. — **~,wel·le** *f phys.* ether (*od.* space) wave.

Athe·te·se [ate'te:zə] *f* ⟨-; -n⟩ (*Textkritik*) athetesis.

Äthin [ɛ'ti:n] *n* ⟨-s; *no pl*⟩ *chem. cf.* Acetylen.

Äthio·pi·er [ɛ'tĭo:pĭər] *m* ⟨-s; -⟩, **Äthio·pie·rin** [ɛ'tĭo:pĭərɪn] *f* ⟨-; -nen⟩ Ethiopian. — **äthio·pisch** [ɛ'tĭo:pɪʃ] **I** *adj* **1.** Ethiopian, *auch* Abyssinian. – **2.** *ling.* Ethiopic. – **II** *ling.* **Ä~** *n* ⟨*generally undeclined*⟩, **das Ä~e** ⟨-n⟩ **3.** *ling.* Ethiopic.

Ath·let [at'le:t] *m* ⟨-en; -en⟩ athlete.

Ath'le·ten,herz *n med. cf.* Sportlerherz.

Ath·le·tik [at'le:tɪk] *f* ⟨-; *no pl*⟩ *cf.* Leicht-, Schwerathletik.

Ath·le·ti·ker [at'le:tikər] *m* ⟨-s; -⟩ *anthrop.* athletic type.

ath'le·tisch *adj* athletic.

Äthyl [ɛ'ty:l] *n* ⟨-s; *no pl*⟩ *chem.* ethyl (C_2H_5 *u.* CH_3CH_2). — **~ace,tat** *n* ⟨-s; *no pl*⟩ ethyl acetate ($CH_3COOC_2H_5$). — **~,al·ko·hol** *m* ⟨-s; *no pl*⟩ ethyl (*od.* grain) alcohol, ethanol (C_2H_5OH). — **~amin** [-ʔa,mi:n] *n* ⟨-s; *no pl*⟩ ethylamine ($C_2H_5NH_2$). — **~,äther** *m* (di)ethyl ether, ether ($[C_2H_5]_2O$).

Äthy·len [ɛty'le:n] *n* ⟨-s; *no pl*⟩ *chem.* ethylene, ethene ($CH_2 = CH_2$): **Polymer(e) des ~** polyethylene.

Ätio·lo·gie [ɛtĭolo'gi:] *f* ⟨-; *no pl*⟩ *bes. med.* (a)etiology, *auch* aitiology. — **ätio'lo·gisch** [-'lo:gɪʃ] *adj* (a)etiologic(al).

At·lant [at'lant] *m* ⟨-en; -en⟩ *arch.* atlas.

At'lan·tik|-,Char·ta *f hist.* Atlantic Charter (*agreement between Roosevelt and Churchill, 1941*). — **~,pakt** *m pol.* North Atlantic Treaty Organization, NATO. — **~,wall** *m mil. hist.* Atlantic Line.

At·lan·tis [at'lantɪs] *npr f* ⟨-; *no pl*⟩ *myth.* Atlantis.

at'lan·tisch *adj* Atlantic: **der A~e Ozean** the Atlantic (Ocean); **jenseits [diesseits] des A~en Ozeans** transatlantic [cisatlantic]; **~es Kabel** Atlantic cable.

At·las[1] ['atlas] **I** *npr m* ⟨-; *no pl*⟩ **1.** *myth.* Atlas. – **II** *m* ⟨- *u.* -ses; **Atlanten** [at'lantən] *u. colloq.* -se⟩ **2.** (*Kartenwerk*) atlas. – **3.** ⟨*only sg*⟩ *med.* atlas (*first cervical vertebra*).

'At·las[2] *m* ⟨- *u.* -ses; -se⟩ **1.** (*textile*) a) (*Kettenatlas*) satin, b) (*Schußatlas*) sateen: **Florentiner ~** Florentine. – **2.** *zo. cf.* Atlasspinner.

'At·las|,bin·dung *f* (*textile*) a) warp-faced (*od.* satin) weave, b) weft-faced (*od.* sateen) weave. — **~,blu·me** *f bot.* satinflower (*Lunaria rediviva*). — **~for,mat** *n print.* atlas (folio), large square folio. — **~,holz** *n bot.* satinwood: **Westindisches ~** (West Indian) satinwood (*wood from Zanthoxylum coriaceum*); **Ostindisches ~** (East Indian) satinwood (*wood from Chloroxylon swietenia*). — **~,holz,baum, 'In·di·scher** *m* Indian satinwood (*Chloroxylon swietenia*). — **~pa,pier** *n* satin (*od.* glazed) paper. — **~-Ra,ke·te** *f aer.* Atlas rocket. — **~,spat** *m min.* satin spar (*od.* stone). — **~,spin·ner** *m zo.* Atlas moth (*Attacus atlas*). — **~,ze·der** *f bot.* Atlas cedar (*Cedrus atlantica*).

At·man ['a:tman] *m, n* ⟨-(s); *no pl*⟩ *philos.* atman, *auch* Atman (*in Hinduism*).

at·men ['a:tmən] **I** *v/i* ⟨h⟩ **1.** breathe, respire (*auch biol.*): **schwer ~** to gasp (for breath); **tief ~** to draw (*od.* fetch) a deep breath; **durch die Nase [den Mund] ~** to breathe through the nose [mouth]; **rasselnd ~** to rattle; **jetzt kann ich wieder frei ~** *fig.* now I can breathe again; **solange ich atme** *fig. lit.* as long as I live. – **II** *v/t* **2.** (*Luft etc*) breathe, respire. – **3.** *fig. lit.* (*zum Ausdruck bringen*) breathe, be redolent of: **dieses Buch atmet den Geist der Vergangenheit** this book breathes the spirit of the past; **der See atmet Stille** *poet.* peace lies upon (*od.* over) the lake. – **III A~** *n* ⟨-s⟩ **4.** *verbal noun:* **das A~ fällt ihm schwer** he breathes with difficulty; **schnelles A~** *med.* tachypn(o)ea. – **5.** *cf.* Atmung.

At·mo·ly·se [atmo'ly:zə] *f* ⟨-; -n⟩ *phys.* atmolysis.

At·mo·me·ter [atmo'me:tər] *n phys.* atmometer, atmidometer.

At·mo·sphä·re [atmo'sfɛ:rə] *f* ⟨-; -n⟩ **1.** *meteor.* atmosphere: **Lehre von der ~** atmospherology; **mit einer ~ umgeben** atmosphered. – **2.** *phys.* (*Maßeinheit*) atmosphere. – **3.** *fig.* atmosphere, air; ambience, ambient (*lit.*): **politische [gespannte] ~** political [tense] atmosphere; **drückende [vergiftete] ~** stifling [poisoned] atmosphere; **die ~ entspannen** to relax the tense atmosphere.

At·mo'sphä·ren|,druck *m tech.* atmospheric pressure. — **~,über,druck** *m phys. tech.* number of (metric) atmospheres above atmospheric pressure, plus pressure.

At·mo·sphä·ri·li·en [atmosfɛ'ri:lĭən] *pl geol. phys.* subaerial agents.

at·mo'sphä·risch *adj* atmospheric, *auch* atmospherical: **~e Störungen** a) (*radio*) atmospheric disturbances, atmospherics, b) (*radar*) statics; **Sammlung der ~en Niederschläge** *geol.* catchment.

At·mo·sphä·ro·lo·gie [atmosfɛrolo'gi:] *f* ⟨-; *no pl*⟩ *phys.* atmospherology.

'At·mung *f* ⟨-; *no pl*⟩ **1.** *cf.* Atmen. – **2.** breath(ing), respiration: **angestrengte [künstliche] ~** labo(u)red [artificial] respiration; **vermehrte ~** *med.* hyperpn(o)ea, hyperventilation; **unterstützte ~** (*bei der Narkose*) assisted respiration.

'At·mungs|ap·pa,rat *m med.* respiratory apparatus, respirator. — **~be,schwer·den** *pl cf.* Atembeschwerden. — **~fer,ment** *n biol.* respiratory enzyme. — **~ge,rät** *n cf.* Atemgerät. — **~or,gan** *n meist pl* respiratory organ: **Erkrankungen der ~e** respiratory diseases. — **~,zen·trum** *n med. cf.* Atemzentrum.

Atoll [a'tɔl] *n* ⟨-s; -e⟩ atoll.

Atom [a'to:m] *n* ⟨-s; -e⟩ **1.** *phys. chem.* atom: **angeregtes [gebundenes] ~** excited [bound] atom; **neutrales [stabiles] ~** neutral [stable] atom; **~ mit abgeschlossener Schale** closed shell atom; **einwertiges [vierwertiges, siebenwertiges] ~** monad [tetrad, heptad]; **in ~e auflösen** (*od.* **zerkleinern**) to atomize; **Bindung der ~e untereinander** atomic linkage; **Bestandteil eines ~s** subatom; **Bestehen aus ~en** atomicity; **Lehre von der Bewegung der ~e** atomechanics *pl* (*construed as sg or pl*); **nicht ein** (*od.* **kein**) **~** *fig. lit.* not an atom (*od.* speck). – **2.** *philos.* (*Logik*) atom, atomic (*od.* primitive) expression.

Atom|,ab,fall [a'to:m-] *m nucl.* radioactive (*od.* nuclear) waste. — **~,an,griff** *m mil.* nuclear (*od.* atomic) attack. — **~,an,ord·nung** *f chem. phys.* atomic arrangement, (*in Molekülen*) configuration. — **~,an,trieb** *m tech.* nuclear (*od.* atomic) propulsion: **mit ~** nuclear-propelled (*od.* -powered, -driven).

ato·mar [ato'ma:r] *adj* **1.** atomic, *auch* atomical, nuclear: **~e Strahlen** atomic rays; **~e Waffen** *mil.* nuclear weapons; **~e Abrüstung** nuclear disarmament. – **2.** *philos.* atomic: **~er Ausdruck [Satz]** atomic (*od.* primitive) expression [sentence].

Atom|ar·til·le,rie [a'to:m-] *f mil.* atomic (*od.* nuclear) artillery. — **~,auf,rü·stung** *f mil. pol.* nuclear armament. — **~be,schie·ßung** *f*, **~be,schuß** *m mil.* atomic bombardment. — **a~be,trie·ben** *adj tech. cf.* atomgetrieben. — **~,bin·dung** *f phys. chem.* atomic linkage, atomic (*od.* covalent, homopolar) bond.

Atom,bom·be [a'to:m-] *f* atom (*od.* atomic, nuclear) bomb, A-bomb.

Atom,bom·ben|ex·plo·si,on [a'to:m-] *f* nuclear burst, atom-bomb explosion, atomic explosion. — **a~,si·cher** *adj* nuclear-blast-proof.

Atom|,bom·ber [a'to:m-] *m aer. mil.* nuclear bomber. — **~,bren·ner** *m phys. cf.* Atommeiler.

Atom·ener,gie [a'to:m-] *f phys.* atomic (*od.* nuclear) energy: **freigewordene ~** atomic yield; **die Nutzung der ~ zu friedlichen Zwecken** the use of atomic energy for peaceful purposes. — **~kom·mis·si,on** *f pol.* (*des Sicherheitsrates*) Atomic Energy Commission.

Atom|,for·scher [a'to:m-] *m* nuclear scientist. — **~,for·schung** *f* atomic (*od.* nuclear) research. — **~ge,mein·schaft** *f pol.* atomic pool: **Europäische ~** (*Euratom*) European Atomic Energy Community. — **~ge,schütz** *n mil.* atomic (*od.* nuclear) gun (*od.* cannon). — **~ge,setz** *n pol.* Atomie Energy Law. — **a~ge,trie·ben** *adj tech.* nuclear-propelled (*od.* -powered). — **~ge,wicht** *n chem. phys.* atomic weight. — **~ge,wichts·be,stim·mung** *f chem. phys.* atomic weight determination. — **~ge,wichts,ta·fel** *f* atomic chart, table of atomic weights. — **~,git·ter** *n phys.* atomic lattice. — **~gra,na·te** *f mil.* atomic (*od.* nuclear) shell. — **~,hül·le** *f phys.* atomic shell.

ato·misch [a'to:mɪʃ] *adj phys.* atomic, *auch* atomical.

ato·mi·sie·ren [atomi'zi:rən] **I** *v/t* ⟨*no* ge-, h⟩ atomize (*auch fig.*). – **II A~** *n* ⟨-s⟩ *verbal noun.* — **Ato·mi'sie·rung** *f* ⟨-; -en⟩ **1.** *cf.* Atomisieren. – **2.** atomization.

Ato·mis·mus [ato'mɪsmus] *m* ⟨-; *no pl*⟩ **1.** *philos. psych.* atomism. – **2.** *chem. phys. cf.* Atomistik. — **Ato'mist** [-'mɪst] *m* ⟨-en; -en⟩ atomist. — **Ato'mi·stik** [-tɪk] *f* ⟨-; *no pl*⟩ *chem. phys.* atomistics *pl* (*construed as sg*), atomicity, atomistic nature: **chemische ~** atomic theory in chemistry. — **ato'mi·stisch** *adj* atomistic, *auch* atomistical.

Atomˌkern [aˈtoːm-] *m phys. chem.* atomic nucleus (*od.* core), nucleus: ~ ohne Elektronen stripped (*od.* nuclear) atom; Bindungsenergie des ~s nuclear binding energy; positiv geladener ~ positively charged nucleus; stabiler [zerfallender] ~ stable [decaying] nucleus. — **~beˌstandˌteil** *m* nucleon. — **~ˌbren·ner** *m* (nuclear) reactor, uranium pile. — **~ˌfor·schung** *f* nuclear research. — **~ˌleh·re, ~phyˌsik** *f* nucleonics *pl* (*construed as sg or pl*).

Atom|ˌklub [aˈtoːm-] *m pol.* nuclear club, (the) (club of the) nuclear powers *pl.* — **~konˌtrol·le** *f* nuclear inspection. — **~ˌkraft** *f tech.* atomic (*od.* nuclear) power (*od.* energy): mit ~ angetrieben *cf.* atomgetrieben. — **~ˌkraftˌwerk** *n* atomic energy plant, atomic (*od.* nuclear) power plant, nuclear power station. — **~ˌkrieg** *m mil.* **1.** atomic (*od.* nuclear) war. – **2.** *cf.* Atomkriegsführung. — **~ˌkriegsˌfüh·rung** *f* atomic (*od.* nuclear) warfare. — **~ˌleh·re** *f phys.* atomic theory, atomology. — **~ˌmacht** *f meist pl pol.* nuclear power, country possessing atomic weapons. — **~ˌmas·se** *f phys.* atomic mass. — **~ˌmeiler** *m* (nuclear) reactor, *auch* (atomic) pile. — **~moˌdell** *n* atomic (*od.* atom) model: Bohrsches ~ Bohr's atomic model. — **~ˌmo·tor** *m* atomic engine, nuclear(-propelled) engine. — **~ˌmüll** *m nucl.* radioactive waste. — **~phyˌsik** *f* atomic (*od.* nuclear) physics *pl* (*construed as sg*), atomics *pl* (*construed as sg*). — **~ˌphy·siker** *m* nuclear physicist, atomic physicist. — **~ˌpilz** *m* mushroom cloud (*following the explosion of an atomic bomb*). — **~raˌke·te** *f mil.* nuclear (*od.* atomic) rocket. — **~reˌaktor** *m* nuclear reactor, *auch* (atomic) pile, atomic reactor: ~ ohne Reflektor bare pile. — **~ˌrü·stung** *f mil. pol.* nuclear armament. — **~ˌschiff** *n* nuclear(-propelled [*od.* -powered, -driven]) ship. — **~ˌschutz** *m cf.* Strahlenschutz. — **~ˌsperr·verˌtrag** *m pol.* Non-proliferation Treaty. — **~spioˌna·ge** *f* nuclear espionage. — **~ˌsprengˌstoff** *m mil.* nuclear explosive. — **~ˌstrah·len** *pl phys.* atomic rays. — **~ˌstrah·lenˌspürˌtrupp** *m mil.* radiation detection team. — **~ˌstrahlung** *f phys.* atomic radiation. — **~stra·teˌgie** *f pol.* nuclear strategy. — **~ˌstreitˌmacht** *f mil.* nuclear power. — **~symˌbol** *n phys.* atomic symbol. — **~ˌtech·nik** *f* atomic science, nuclear technology. — **~ˌteil·chen** *n* atomic particle. — **~theoˌrie** *f* atomic theory. — **~ˌtriebˌwerk** *n* nuclear-powered prime mover. — **~-ˌU-ˌBoot** *n mar. mil.* nuclear(-propelled [*od.* -powered, -driven]) submarine. — **~ˌuhr** *f tech.* atomic clock. — **~verˌket·tung** *f* atomic linkage. — **a~verˌseucht** *adj* (*Gebiet*) radioactively contaminated. — **~verˌsuch** *m* atomic (*od.* nuclear) test: Einstellung der ~e cessation of atomic tests. — **~verˌsuchs·geˌlän·de** *n* nuclear testing ground. — **~verˌsuchsˌstopp** *m pol.* stopping (*od.* cessation) of atomic tests. — **~ˌwaf·fe** *f meist pl mil.* atomic (*od.* nuclear) weapon. — **a~ˌwaf·fenˌfrei** *adj* (*Zone*) nuclear-free. — **~ˌwaf·fen·verˌsuch** *m mil.* test of atomic weapons, nuclear weapons (*od.* arms) test. — **~ˌwär·me** *f nucl.* atomic heat. — **~ˌwer·tig·keit** *f phys.* atomic valence. — **~ˌwis·sen·schaft** *f* ⟨-; *no pl*⟩ atomics *pl* (*construed as sg*), nuclear science, nucleonics *pl* (*construed as sg or pl*). — **~ˌwis·sen·schaft·ler** *m* nuclear (*od.* atomic) scientist. — **~ˌzahl** *f chem. phys.* **1.** atomic number (*od.* index). – **2.** (*eines Moleküls*) number of atoms. — **~ˌzeitˌal·ter** *n* nuclear (*od.* atomic) age (*od.* era). — **~zerˌfall** *m nucl.* atomic disintegration (*od.* decay). — **~zerˌtrüm·me·rung** *f obs. for* Kernreaktion.

ato·nal [ˈa(ː)tonaːl; atoˈnaːl] *adj mus.* atonal. — **Ato·na·li·tät** [atonaliˈtɛːt] *f* ⟨-; *no pl*⟩ atonality.

Ato·nie [atoˈniː] *f* ⟨-; -n [-ən]⟩ *med.* atony, *auch* atonia. — **ato·nisch** [aˈtoːnɪʃ] *adj* atonic.

ato·xisch [ˈa(ː)tɔksɪʃ; aˈtɔksɪʃ] *adj med.* (*ungiftig*) nontoxic *Br.* non-.

Atre·sie [atreˈziː] *f* ⟨-; -n [-ən]⟩ *med.* atresia, imperforation.

Atri·um [ˈaːtrɪum] *n* ⟨-s; Atrien⟩ **1.** *arch. antiq.* atrium. – **2.** *med.* (*Herzvorkammer*) atrium: ~ cordis auricle (of the heart). — **~ˌhaus** *n arch.* atrium house.

Atro·phie [atroˈfiː] *f* ⟨-; -n [-ən]⟩ *med.* atrophy. — **atro·phisch** [aˈtroːfɪʃ] *adj* atrophic.

Atro·pin [atroˈpiːn] *n* ⟨-s; *no pl*⟩ *chem. med.* atropine, atropia ($C_{17}H_{23}NO_3$): mit ~ behandeln (*od.* vergiften) to atropinize; Behandlung (*od.* Vergiftung) mit ~ atropinization. — **~verˌgif·tung** *f med.* atropine poisoning (*od.* intoxication).

ätsch [ɛːtʃ] *interj* (*child's language*) **1.** (*spöttisch*) so there! see! – **2.** serves you right!

At·ta·ché [ataˈʃeː] *m* ⟨-s; -s⟩ *pol. mil.* attaché.

at·ta·chie·ren [ataˈʃiːrən] *v/t* ⟨*no* ge-, h⟩ *obs. mil.* attach.

At·tacke (*getr.* -k·k-) [aˈtakə] *f* ⟨-; -n⟩ **1.** *mil.* a) attack, charge, b) cavalry charge: zur ~ blasen to sound the attack; eine ~ reiten a) to make a cavalry charge, b) *fig.* to launch an attack (gegen j-n on s.o.). – **2.** *med.* a) (*Herz, Gicht etc*) attack, b) (*Schmerz, Husten etc*) fit, c) (*Krampf*) seizure, spasmodic fit.

at·tackie·ren (*getr.* -k·k-) [ataˈkiːrən] *v/t* ⟨*no* ge-, h⟩ **1.** *mil.* a) attack, charge, b) make a cavalry charge on. – **2.** *fig.* launch an attack on, attack.

At·ten·tat [atɛnˈtaːt] *n* ⟨-(e)s; -e⟩ attempt, attempt on s.o.'s life: ein ~ an j-m (*od.* auf j-n) begehen (*od.* verüben) to make an attempt on s.o.'s life, to try to assassinate s.o.; einem ~ zum Opfer fallen, durch ein ~ ums Leben kommen to be assassinated; ich habe ein ~ auf dich vor *fig. humor.* I have s.th. to put to you.

At·ten·tä·ter [atɛnˈtɛːtər] *m* ⟨-s; -⟩ **1.** assassin. – **2.** would-be assassin.

At·test [aˈtɛst] *n* ⟨-es; -e⟩ certificate: ärztliches ~ medical certificate; ein ~ ausstellen to issue (*od.* write) a certificate; sich (*dat*) ein ~ ausstellen lassen to obtain a certificate. — **at·teˈstie·ren** [-ˈtiːrən] *v/t* ⟨*no* ge-, h⟩ (*bescheinigen*) attest, certify: j-m seine Fähigkeiten ~ to certify s.o.'s abilities; ihm wurde Geistesgestörtheit attestiert he was certified insane.

At·tich [ˈatɪç] *m* ⟨-s; -e⟩ *bot.* dwarf elder, Danewort, bloodwort (*Sambucus ebulus*).

At·ti·ka [ˈatika] *f* ⟨-; -tiken⟩ *arch.* attic.

At·ti·la [ˈatila] *f* ⟨-; -s⟩ *mil.* (*fashion*) hussar tunic.

at·tisch [ˈatɪʃ] **I** *adj* Attic: ~er Ausdruck (*od.* Stil) Atticism, atticism; ~er Säulenfuß *arch.* Attic base; ~e Säulenordnung *arch.* Attic order; ~es Salz, ~er Witz (*geistreicher Witz*) *fig.* Attic wit (*od.* salt). – **II** *ling.* **A~** *n* ⟨*generally undeclined*⟩, **das A~e** ⟨-n⟩ Attic, the Attic dialect.

At·ti·zis·mus [atiˈtsɪsmus] *m* ⟨-; *no pl*⟩ *arch. ling.* Atticism, atticism.

At·trak·ti·on [atrakˈtsĭoːn] *f* ⟨-; -en⟩ **1.** attraction, draw: die größte ~ auf der Messe war the biggest attraction at the fair was. – **2.** *phys.* attraction, pull(ing power). – **3.** *ling.* attraction. — **at·trakˈtiv** [-ˈtiːf] *adj* (*Erscheinung, Frau etc*) attractive.

At·trap·pe [aˈtrapə] *f* ⟨-; -n⟩ **1.** *bes. econ.* (*Schaupackung*) display package, dummy: bei ihm ist alles ~ *fig.* he is all show; das ist alles nur ~ *fig.* that's all sham. – **2.** *mil.* dummy. – **3.** *tech.* (*naturgetreue Nachbildung*) dummy, mockup, *Br.* mock-up.

At·tri·but [atriˈbuːt] *n* ⟨-(e)s; -e⟩ **1.** *ling.* attribute, (attributive) adjunct (*od.* modifier), adnoun. – **2.** (*Wesensmerkmal*) attribute, essential characteristic (*od.* quality). – **3.** (*Symbol*) emblem, symbol, attribute. – **4.** *philos.* (*Logik*) attribute: einstelliges ~ property.

at·tri·bu·tiv [atribuˈtiːf] *adj ling.* attributive, adnominal: ~es Adjektiv attributive adjective, adnoun.

At·triˈbutˌsatz *m ling.* attributive clause.

At·tri·ti·on [atriˈtsĭoːn] *f* ⟨-; -en⟩ **1.** *relig.* attrition. – **2.** *med.* attrition, wearing away by friction.

atü [aˈtyː] *short for* Atmosphärenüberdruck.

Aty·pie [atyˈpiː] *f* ⟨-; *no pl*⟩ *med.* atypism, atypia. — **aty·pisch** [ˈa(ː)tyːpɪʃ; aˈtyːpɪʃ] *adj* atypical.

ˈÄtz|al|ka·li *n chem.* caustic alkali. — **~ˌbad** *n print.* etching bath.

ˈätz|bar *adj* **1.** *chem.* corrodible, corrosible. – **2.** (*textile*) (*Farben*) dischargeable. — **Ä~ˌdruck** *m* **1.** *print.* (*textile*) discharge (styles of) printing. – **2.** (*Kupferstich*) etching engraved with caustic (water). – **3.** *phot.* photogravure, heliogravure.

at·zen [ˈatsən] **I** *v/t* ⟨h⟩ (*bes. Vogeljunge*) feed. – **II A~** *n* ⟨-s⟩ *verbal noun.*

ät·zen [ˈɛtsən] **I** *v/t* ⟨h⟩ **1.** *chem. tech.* corrode, bite, eat into. – **2.** *metall.* etch. – **3.** *print.* etch, *auch* bite. – **4.** *med.* cauterize, burn out. – **5.** (*textile*) discharge. – **II** *v/i* **6.** *chem. tech.* be (*od.* act as a) corrosive. – **III Ä~** *n* ⟨-s⟩ **7.** *verbal noun*: Ä~ in Stahl *print.* siderography; Ä~ mit Salpetersäure *print.* aquafortis. – **8.** *cf.* Ätzung. — **ˈät·zend** **I** *pres p.* – **II** *adj* **1.** *chem. tech.* a) corrosive, caustic, b) (*Farbstoffe*) mordant. – **2.** *fig.* (*Kritik etc*) biting, caustic, mordant, vitriolic. – **3.** *med.* pyrotic. – **4.** *mil.* (*Kampfstoffe*) vesicant: ~er Kampfstoff vesicant, blister gas.

ˈÄt·zer *m* ⟨-s; -⟩ etcher, aquafortist.

ˈÄtz|ˌgrund *m print.* etching ground (*od.* varnish). — **~ˌka·li** *n chem.* caustic potash, potassium hydroxide. — **~ˌkalk** *m* caustic lime: gebrannter ~ quicklime; gelöschter ~ slaked (*od.* slack) lime. — **~ˌkraft** *f* corrosive power, causticity. — **~ˌkunst** *f* (art of) etching. — **~ˌlau·ge** *f* **1.** *chem.* caustic (*od.* alkali) lye. – **2.** *print.* etching lye. – **3.** *tech.* (*in Gerberei*) bate. — **~ˌmit·tel** *n* **1.** *chem. tech.* corrosive, caustic, *auch* cauterant. – **2.** (*textile*) discharging agent. – **3.** *med.* cauterizing agent, caustic. — **~ˌnadel** *f print.* (*in Gravierkunst*) etching needle, point(er). — **~ˌna·tron** *n chem.* caustic soda, sodium hydroxide (NaOH). — **~ˌstift** *m* **1.** *print.* (*in Gravierkunst*) stick of caustic. – **2.** *med.* a) cautery stick, b) (*Höllenstein*) silver-nitrate stick, stick of silver, stick of nitrate. — **~ˌstoff** *cf.* Ätzmittel. — **~subliˌmat** *n chem.* corrosive sublimate (*od.* mercury chloride).

ˈAt·zung *f* ⟨-; -en⟩ **1.** *cf.* Atzen. – **2.** feed (for young birds): jetzt gibt's ~ *colloq. humor.* now it's feeding time.

ˈÄt·zung *f* ⟨-; -en⟩ **1.** *cf.* Ätzen. – **2.** *chem. tech.* corrosion. – **3.** *med.* cauterization: ~ der Gefäßwände anabrosis. – **4.** (*textile*) discharge. – **5.** *print.* etching.

ˈÄtz|verˌfah·ren *n* **1.** *chem.* caustic process. – **2.** (*textile*) discharging method. — **~ˌwasser** *n* aquafortis, nitric acid, mordant. — **~ˌwir·kung** *f* **1.** *chem.* corrosive action, corrosiveness, caustic effect. – **2.** (*textile*) discharge effect, discharging action. — **~ˌzeich·nung** *f print.* (*Gravierkunst*) etched copperplate.

au [au] *interj colloq.* **1.** (*bei plötzlichem Schmerz*) ouch! ow! ough! – **2.** (*bei Erstaunen, Überraschung etc*) oh! ~ fein! oh, lovely! – **3.** *auch* ~ weh! (*bei faulen Witzen*) oh no! → Backe 1.

Au *f* ⟨-; -en⟩ *Southern G. and Austrian for* Aue.

Au·ba·de [oˈbaːdə] *f* ⟨-; -n⟩ *mus.* aubade.

Au·ber·gi·ne [obɛrˈʒiːnə] *f* ⟨-; -n⟩ **1.** *bot.* aubergine, eggplant, brinja(u)l, garden egg (*Solanum melongena*). – **2.** *gastr.* aubergine.

auch [aux] *conj* **1.** (*gleichfalls, ebenso*) also, too, as well: sie gehen ~ weg they leave too (*od.* as well), they also leave; das kann Ihnen ~ passieren this may happen to you as well; ich kann ~ mit dem Wagen fahren I can go by car as well; du weißt es ~ you know it too; er war ~ so einer *colloq.* he was another (one of those); sie war ~ mir bekannt she was also known to me; er hat ~ recht he is also right; ich habe Hunger – ich ~! I am hungry — so am I (*od.* I am too, *colloq.* me too); ich glaube es – ich ~! I believe it — so do I; sie hat ihn gesehen – wir ~! she has seen him — so have we; so ist es ~ gut (*od.* recht) that's all right (that way) too; da können wir ~ daheim bleiben we may just as well stay at home; ~ nur only; nicht nur ..., sondern ~ not only ... but also; sowohl ... als ~ both ... and, ... as well as ..., ... and ... as well; er ist nicht nur gütig, sondern ~ klug he is not only kind but also wise (*od.* but wise as well); sowohl gestern als ~ heute both yesterday and today; sowohl er, wie ~ seine Schwester he as well as his sister; nicht nur zu Wasser, sondern ~ zu Land both by sea and by land; ich bin (doch) ~ nur ein Mensch I am only human too; das wußten Sie doch (sicher) ~ you surely must have known it too; ~ nicht not ... either, neither; du hast mich wohl ~ nicht erwartet? you did not expect me either, did you? das wird ihm ~ nichts nützen (*od.* helfen) that won't help him either; ich kann ~ nicht nor can I; er hat kein Geld – wir ~ nicht he has no money — nor have we. – **2.** (*selbst, sogar*) even: ~ die kleinste Menge even the smallest quantity; ~ der Kleinste kann dir schaden even the humblest can do you harm; ich hatte ~ noch die Kosten zu zahlen I had to pay the costs into the bargain; ohne ~ nur zu fragen without so much as asking; ~ du hast nicht gewartet even you did not wait; er mag gehen oder ~ bleiben he may go or stay. – 3. (*zugestehend*) wenn ~ even if (*od.* though), although: wenn ich ihn ~ nur selten sehen darf even if I may only see him rarely; wenn er ~ noch so groß ist, wie groß er ~ ist however tall he may be, be he ever so tall; wenn sie ~ tanzen kann even though (*od.* if) she can dance; so reich er ~ sein mag if he be ever so rich, be he ever so rich; so sehr er ~ lief however fast he ran; so sehr ich es ~ bedaure however much I regret it; wenn er ~ studiert hat though he has (*od.* may have) studied. – 4. (*verallgemeinernd*) wann ~ (immer) whenever; was ~ (immer) whatever; wer ~ (immer) whoever; wo ~ (immer) wherever; wie ~ (immer) however; was er ~ (immer) sagen mag whatever he may say; wann du ~ (immer) kommst whenever you come; wer es ~ (immer) sei whoever it may be, no matter who it is; wie dem ~ sei however that may be; wie das Wetter ~ (immer) wird whatever the weather is like; wie ~ immer die Dinge liegen however things stand; wenn er ~ noch so viel weiß however much he knows; auf welche Art ~ immer in whatever way; so schwierig es ~ sein mag difficult as it may be; wo sie ~ sein mag wherever she may be; so oft er ~ kommen mag however often he may come. – 5. (*verstärkend*) indeed, really: das ist ~ wahr a) that's really true, b) that's true enough; ist es ~ wahr? is it really true? so ist es ~! so it is; er ist aber ~ gar nicht schüchtern he is certainly not at all shy; so wird es wohl ~ sein! no doubt (*od.* I believe) you are right; haben Sie ihn ~ (wirklich) gesehen? are you sure you saw him? wirst du es ~ tun? are you really going to do it? das will ich ~ tun certainly I will; nun lies das Buch aber ~! now be sure (*od.* mind) and read the book! – 6. (*in Wunsch- und Fragesätzen*) kann ich ~ auf ihn bauen? can I rely (up)on him? wozu (denn) ~? what's the use (*od.* good, point) of it? wirst du es ~ tun? will you be sure to do it? – 7. (*ironisch*) du kommst ~ wirklich gelegen! a nice time for you to come, indeed; es wäre ~ an der Zeit it is about time; das fehlte ~ noch! that's the limit! that's all I needed! wer läßt sich ~ so etwas vormachen? who would be taken in by such a thing? hier herrscht ~ gar keine Übereinstimmung there is absolutely no agreement here. – 8. *colloq.* (*in Verwünschungen*) zum Teufel ~! what the deuce! zum Donnerwetter ~! confound it! damn it (all)!

'Auch,dich·ter *m iron.* so-called (*od.* would-be) poet.

au con·traire [okõ'trɛːr] (*Fr.*) *adv* on the contrary, au contraire.

au cou·rant [oku'rã] (*Fr.*) *adj* ⟨*pred*⟩ well informed, up-to-date, au courant.

Au·di·enz [au'diɛnts] *f* ⟨-; -en⟩ 1. (*feierlicher Empfang*) (bei with, *auch* of) audience: um eine ~ bitten (*od.* nachsuchen) to request (*od.* seek) an audience; in ~ empfangen werden to be received in audience; j-n in ~ empfangen, j-m eine ~ gewähren to grant (*od.* give) s.o. an audience; bei j-m ~ erhalten to be given an audience by s.o., to be admitted to the presence of s.o.; ~ halten to hold an audience; eine ~ beim König haben to have an audience with the king. – 2. *obs. for* Gehör 2. — **~ge,richt** *n jur. relig.* audience court. — **~,raum, ~,saal** *m,* **~,zim·mer** *n* audience chamber (*od.* room), presence chamber (*od.* room).

Au·di·max ['audimaks] *n* ⟨-; *no pl*⟩ *ped. colloq. for* Auditorium maximum.

Au·di·me·ter [audi'meːtər] *n* ⟨-s; -⟩ (*radio*) audimeter.

Au·dio·gramm [audio'gram] *n* ⟨-s; -e⟩ *med.* audiogram.

Au·dio·me·ter [audio'meːtər] *n* ⟨-s; -⟩ *electr. med.* (*Hörschärfemesser*) audiometer. — **Au·dio·me'trie** [-me'triː] *f* ⟨-; *no pl*⟩ audiometry. — **au·dio'me·trisch** [-'meːtrɪʃ] *adj* audiometric.

Au·di·on ['audiɔn] *n* ⟨-s; -s *u.* -en [au'dioːnən]⟩ *electr.* audion. — **~emp,fän·ger** *m* audion receiver. — **~,röh·re** *f* audion (tube, *bes. Br.* valve), grid-leak detector. — **~ver,stär·ker** *m* amplifying detector.

au·dio·vi·su·ell [audiovi'zŭɛl] *adj ped.* audio-visual: ~e Unterrichtsmittel *pl* audio-visual aids.

Au·di·teur [audi'tøːr] *m* ⟨-s; -e⟩ *mil. hist.* judge advocate (at a court-martial).

Au·di·ti·on [audi'tsioːn] *f* ⟨-; -en⟩ *relig.* (*inneres Hören*) audition.

au·di·tiv [audi'tiːf] *adj* auditory, auditive.

Au·di·tor [au'diːtɔr] *m* ⟨-s; -en [audi'toːrən]⟩ *relig.* 1. member of the papal audience court. – 2. canon law judge.

Au·di·to·ri·um [audi'toːrium] *n* ⟨-s; -rien⟩ 1. *bes. ped.* auditorium, lecture hall (*od.* room), *Br.* lecture theatre. – 2. (*Zuhörerschaft*) audience, hearers *pl*, listeners *pl*: das versammelte ~ the assembled audience.

Au·di·to·ri·um ma·xi·mum [audi'toːrium 'maksimum] *n* ⟨- -; *no pl*⟩ (*in dt. Universitäten*) main auditorium, great lecture hall.

Aue ['auə] *f* ⟨-; -n⟩ 1. meadow(land), meadow ground, pasture. – 2. *poet.* mead, lea (*beide poet.*). – 3. *obs. for* Wasserlauf.

'Au·en,bo·den *m agr.* riverside soil.

'Au·er,bach,sprung ['auər,bax-] *m* (*beim Wasserspringen*) gainer, *auch* full gainer.

'Au·er|,hahn ['auər-] *m* ⟨-(e)s; ⸗e *u. hunt.* -en⟩ *zo.* capercaillie, capercailzie, mountain cock, cock of the wood, *Br.* wood grouse (*Tetrao urogallus*). — **~,hen·ne** *f* hen capercaillie (*od.* capercailzie), mountain hen, hen of the wood, *Br.* wood grouse. — **~,huhn** *n* capercaillie, capercailzie, *Br.* wood grouse (*Tetrao urogallus*). — **~,ochs** *m* aurochs, *auch* auroch, urus (*Bos primigenius*). — **~,wild** *n cf.* Auerhuhn.

auf [auf] **I** *prep* ⟨*dat*⟩ 1. (*räumlich*) a) on, b) in: oben ~ on top of; ~ dem Stuhl on the chair; die Kirche steht ~ einem Berg the church stands on a hill; das Buch liegt ~ dem Schreibtisch the book lies on the desk; ~ der rechten Seite on the right side; ~ Seite 20 on page 20; ~ seiner Seite a) at (*od.* by) his side, b) *fig.* on his side; ~ den Knien on one's knees; ~ (den) Zehenspitzen on tiptoe; der Hut ~ seinem Kopf the hat on his head; ~ der Straße a) in (*Am. auch* on) the street, b) on the road; ~ der Welt in the world, on earth; ~ deutschem Boden on German territory; ~ Zypern on (*od.* in) Cyprus; ~ den Bahamas in the Bahamas; ~ der „United States" reisen to travel in the "United States"; er ist schon ~ dem Wege he is on his way; Vancouver liegt ~ der Breite von Paris Vancouver is on the same latitude as Paris; ~ der Höhe von *mar. geogr.* off; ~ gleicher Höhe wie abreast of; ~ See at sea; ~ offener See (*od.* offenem Meer) on the high seas; ~ dem Lande in the country; er ist ~ seinem Zimmer he is in his room; ~ dem Feld arbeiten to work in the field; ~ der Harfe spielen to play (on) the harp; blind ~ beiden Augen blind in both eyes. – 2. (*Aufenthalt bezeichnend*) at: ~ dem Bahnhof at the station; ~ der Post einen Brief aufgeben to post (*Am.* mail) a letter at the post office; ~ See at sea; ~ der Universität sein to be at (the) university; er ist noch ~ der Volksschule he is still at (the) elementary school. – 3. (*bei*) at, (*während*) during, in the course of, on: ~ der Konferenz at the conference; ~ seiner Reise during (*od.* on) his journey; ~ dem Ball at the ball; ~ Besuch bei j-m sein to be on a visit to s.o.; ~ Urlaub on vacation, *bes. Br.* on holiday; → Posten 3; Wache 4. – 4. by: ~ geradem Wege by the straightest route; ~ welchem Wege kommt er? by which route is he coming? ~ dem Wege über (*acc*) by way of, via; ~ dem Luftweg by air. – 5. *fig.* (*in Wendungen wie*) die Verantwortung ruht (*od.* liegt) ~ ihm the responsibility lies on (*od.* with) him; ~ der einen Seite ... ~ der anderen Seite on the one hand ... on the other hand; ~ der Lauer liegen to lie in wait; ~ dem Mond leben *colloq.* to be behind the times; ~ dem letzten Loch pfeifen *colloq.* to be on one's last legs; ~ der Stelle *colloq.* on the spot; ~ etwas herumreiten to harp on s.th.; das hat nichts ~ sich this is of no significance, there is nothing in it; was hat es damit ~ sich? what's the meaning of all this? etwas nicht ~ sich sitzenlassen not to put up with s.th.; → Bein 1; Gewissen; Hand *Verbindungen mit prep*; Herz *bes. Redewendungen*; Kasten[1] 1; Tasche 3. – **II** *prep* ⟨*acc*⟩ 6. (*räumlich*) a) (down) on, b) into: ich setze mich ~ den Stuhl I sit down on the chair; ich lege es ~ den Tisch I lay it (down) on the table; er stellte das Paket ~ den Boden he put the parcel down on the floor; er ging ~ die Straße [das Feld] he went into the street [the field]. – 7. (*hinauf*) up: ~ einen Baum [eine Leiter] klettern to climb up a tree [a ladder]; ~ einen Berg steigen to climb a mountain. – 8. (*in Richtung auf*) toward(s), in the direction of, on to: er kam ~ mich zu he came toward(s) (*od.* up to) me; ~ das Ufer zusteuern to steer toward(s) the shore; der Balkon geht ~ die Straße the balcony looks on to the street; ~ ein Ziel zustreben *fig.* to aim at a goal. – 9. (*zu, nach*) a) to, b) for: ~ die Post gehen to go to the post office; j-n ~ das Gericht schicken to send s.o. to court; ~ das Land ziehen to move (in)to the country; ~ die Oberschule gehen to go to (the) secondary school; ~ eine Versammlung gehen to go to a meeting; ~ Urlaub gehen to go on vacation (*bes. Br.* holiday); ~ Besuch kommen to come for a visit; ~ die Jagd gehen to go hunting; ~ Reisen gehen to go travel(l)ing. – 10. (*zeitlich*) a) (*Zeitspanne od. Zeitpunkt*) for, b) (*Aufeinanderfolge*) after, c) (*zeitliche Wende*) to, d) (*bis*) until, till: ~ ein paar Tage verreisen to go on a journey for a few days; ~ Jahre hinaus for years (to come); ~ eine bestimmte Zeit for a given time (*od.* period); ~ Zeit temporarily, for a limited time; ~ vier Jahre gewählt elected for (a term of) four years; ~ immer forever, *auch* for ever; der Termin ist ~ (den) 1. Dezember festgesetzt the date is fixed for December 1st; ~ die Dauer in the long run; er geht ~ die dreißig zu *colloq.* he's getting (*od.* going) on for thirty; es geht ~ 9 (Uhr) *colloq.* it's getting (*od.* going) on for nine; den Wecker ~ 6 (Uhr) stellen to set the alarm for six (o'clock); ~ einmal *colloq.* suddenly, all of a sudden; Stunde ~ Stunde hour after hour; in der Nacht vom 24. ~ 25. Dezember (in) the night from December 24th to 25th; der Feiertag fällt ~ einen Sonntag the holiday falls on a Sunday; bis ~ den heutigen Tag up till today; etwas ~ (den) Montag verschieben to postpone s.th. till Monday; bis ~ weiteres until further notice (*od.* orders); ~ morgen! see you tomorrow! ~ Wiedersehen! good-by(e)! ~ Weihnachten [Ostern] *Southern G. dial.* at Christmas [Easter]; ~ 1. Februar *Swiss* on (*od.* for) February 1st; es ist Viertel ~ fünf *Southern G. dial.* it is a quarter to five; ~ den Abend *archaic* toward(s) evening. – 11. (*Art und Weise*) a) in, b) at: ~ diese Weise (in) this way; ~ eine andere Weise in a different way, differently; ~ angenehme Weise pleasantly; ~ deutsch in German; ~ jeden Fall in any case, at any event; ~ gut Glück a) at random, haphazardly, b) at a venture, taking a chance; ~ seine Kosten at his expense; ~ einmal, *colloq.* ~ einen Streich at the same time, at one go (*od.* sweep) (*colloq.*); sich ~ jung zurechtmachen *colloq.* to make oneself appear young; ~ das (*in connection with the superlative*) *cf.* aufs. – 12. (*Folge bezeichnend*) a) on, b) by, c) at: ~ etwas hin a) on the strength of s.th., b) in answer (*od.* response) to s.th., c) as a result of s.th., following s.th.; ~ seinen Rat (hin) on his advice; ~ Ihren Antrag (hin) in answer to your application; ~ diese Nachricht (hin) on receiving this news; ~ vielfachen Wunsch by popular request; ~ Grund von by reason of; ~ meinen Befehl by my order; ~ meine Bitte [meinen Vorschlag] at my request [suggestion]; ~ seine Veranlassung at his instance, on his initiative; ~ seine Gefahr at his risk. – 13. (*bei Mengen- und Zahlenangaben*) die Produktion von 80 ~ 100 Tonnen erhöhen to increase the production from 80 to a hundred tons; sich belaufen ~ to amount to; drei Eier ~ ein Pfund Mehl three eggs to a pound of flour; ~ ein Pfund gehen 5 Äpfel you get 5 apples for (*od.* to) one lb.; es kam 1 Laib Brot ~ den Mann there was one loaf of bread for each person (*od.* per head); ein Abgeordneter ~ 1000 Einwohner one delegate for each 1,000 inhabitants; ~ den Zentimeter genau exactly to the inch, to an inch; den Betrag ~ die Hälfte reduzieren to reduce the amount to half; ~ hundert Meter a) at (a distance of) a hundred meters, b) from (a distance of) a hundred meters, c) for (a distance of) a hundred meters. – **14.** (*losgelöst von einer bestimmten Bedeutung*) Anspruch ~ etwas haben to have a claim to s.th.; Rücksicht ~ j-n nehmen to show consideration toward(s) s.o.; etwas ~ sich nehmen *fig.* to take s.th. upon oneself; die Verantwortung ~ j-n schieben *fig.* to shove the responsibility on to s.o.; einer Sache ~ den Grund kommen *fig.* to get to the root (*od.* core, essence) of a matter; das kommt ~ sein Konto *fig. colloq.* that was his doing; etwas ~ Fehler untersuchen to test s.th. for errors; ~ Sicherheit angelegt made for safety; stolz [eifersüchtig] ~ j-n sein to be proud [jealous] of s.o.; ~ j-n vertrauen to rely (up)on s.o.; lauschen ~ to listen to (*od.* for); ~ den ersten Blick at first sight; ~ seine alten Tage *colloq.* in his old age; ~ Tod und Leben kämpfen to fight for life or death; ~ Ehre! (up)on my hono(u)r! ~ Ihr Wohl! ~ Ihre Gesundheit! to your health! here's to you! – **15.** bis ~ → bis 6, 8, 9. – **III** *adv* **16.** *colloq.* (*offen*) open: Augen ~! keep your eyes open! look (*od.* watch) out! hast du die Schachtel ~? have you got the box open? ~ — zu (*Bedienungsanleitung*) open — closed; *in Verbindung mit Verb Zusammenschreibung, z. B.* aufsein, aufhaben, aufsteigen. – **17.** *colloq.* (*Hut etc*) on: er hatte seinen Hut ~ he had his hat on. – **18.** ~ und ab, *auch* ~ und nieder a) up and down, b) to and fro: ~ und ab gehen to walk up and down; ~ und ab steigen to ascend and descend; der Anker ist ~ und nieder *mar.* the anchor is apeak; der Wind steht ~ und nieder *mar.* the wind is up and down (*od.* blows down the mast); er rannte die Treppe ~ und ab he rushed up and down the stairs. – **19.** ~ und davon *colloq.* off and away: sich ~ und davon machen to make (*od.* be) off; ~ und davon gehen to run away (*od.* off); er war schon ~ und davon he had already gone (*od.* flown); im Nu war er ~ und davon in a moment he was up and away. – **20.** von ... ~ from ... onward(s): von klein (*od.* Kind) ~ from childhood (onward[s]), from a child; von Jugend ~ from one's youth (onward[s]); → Pike 1. – **21.** Anker ~ sein *mar.* to be aweigh. – **22.** *poet.* up to(ward[s]): zum Himmel ~ up to the sky, heavenward(s). – **IV** *interj* **23.** ~! a) (get) up! b) (*antreibend*) hurry up! let's go! *colloq.* shake a leg! c) (*ermunternd*) come on! go on! d) (*anfeuernd*) go it! step on it! ~, laßt uns gehen! come on, let's go! ~, an die Arbeit! let's get to work! ~ geht's! *colloq.* let's go! let's get moving (*od. colloq.* cracking)! ~ ihn! up and at him! – **V** *in Verbindung mit conj* **24.** ~ daß *obs.* (in order *od.* to the end) that; ~ daß nicht lest. – **VI A~, das** ⟨*undeclined*⟩ **25.** das A~ und Ab, *auch* das A~ und Nieder the up and down: das A~ und Ab des Lebens *fig.* the ups and downs *pl* of life; das A~ und Ab der Preise *econ.* the rise and fall of prices.

ˈaufˌäch·zen *v/i* ⟨*sep*, -ge-, h⟩ (*aufstöhnen*) give (*od.* utter) a groan, groan: er ächzte vor Schmerz auf he groaned with pain.

ˈaufˌackern (*getr.* -k·k-) *v/t* ⟨*sep*, -ge-, h⟩ *agr.* plough (*bes. Am.* plow) up: etwas leicht ~ to give s.th. a shallow ploughing.

ˈaufˌar·bei·ten I *v/t* ⟨*sep*, -ge-, h⟩ **1.** (*angehäufte Arbeit*) get through, finish off: die unerledigte Korrespondenz ~ to get through the unfinished correspondence. – **2.** (*Rückstand*) catch up with: ich muß noch viel ~ I have got lots of work to catch up with. – **3.** (*Material etc*) use up, finish up. – **4.** (*Kleider, Polster etc*) do up. – **5.** (*Möbel*) refurbish, furbish up: alte Möbelstücke ~ lassen to have old furniture refurbished. – **6.** *colloq.* (*Kleidung etc*) wear out, (*Schuhe*) *auch* wear down. – **7.** *tech.* a) (*überholen*) recondition, b) (*Werkzeuge*) dress. – **8.** (*wood*) log. – **9.** *econ.* (*Auftragsüberhänge*) work off. – **10.** *poet. for* verarbeiten 4. – **II** *v/reflex* sich ~ **11.** *colloq.* wear oneself out (with hard work). – **12.** *rare* work one's way up. – **III A~** *n* ⟨-s⟩ **13.** *verbal noun.* — **ˈAufˌar·bei·tung** *f* ⟨-; -en⟩ *cf.* Aufarbeiten.

ˈAufˌar·tung *f* ⟨-; *no pl*⟩ (*in NS-Zeit*) racial improvement.

ˈaufˌästen *v/t* ⟨*sep*, -ge-, h⟩ *cf.* ästen 1, 2.

ˈaufˌat·men I *v/i* ⟨*sep*, -ge-, h⟩ **1.** draw a deep breath: erleichtert ~ to sigh with relief, to breathe (*od.* heave, utter, give) a sigh of relief; frei (*od.* befreit) ~ *fig.* to breathe freely; jetzt kann ich endlich wieder ~ *fig.* now I can breathe again. – **II A~** *n* ⟨-s⟩ **2.** *verbal noun.* – **3.** *fig.* sigh of relief: ein A~ ging durch den Saal a sigh of relief rose from the audience. — **ˈaufˌat·mend I** *pres p.* – **II** *adv* er antwortete ~ he answered with a sigh of relief.

ˈaufˌbacken (*getr.* -k·k-) **I** *v/t* ⟨*irr*, *sep*, -ge-, h⟩ **1.** (*alte Brötchen etc*) bake again, warm up. – **2.** etwas auf (*acc*) etwas ~ *rare* to bake s.th. on s.th. already baked. – **II** *v/i* **3.** *mar.* lay the mess table.

ˈaufˌbah·ren [-ˌbaːrən] *v/t* ⟨*sep*, -ge-, h⟩ **1.** (*Toten*) lay (*s.o.*) out (in state): der Tote wurde feierlich aufgebahrt the corpse was laid out in state; feierlich aufgebahrt sein to lie in state. – **2.** (*Sarg*) put (*od.* lay) (*s.th.*) on the bier: die Särge waren in einer Reihe aufgebahrt the coffins were laid in a row on the bier; der Sarg war in der Kirche aufgebahrt the coffin was placed in the church. — **ˈAufˌbah·rung** *f* ⟨-; -en⟩ laying out: feierliche ~ (*von hohen Persönlichkeiten*) lying in state.

ˈAufˌbah·rungsˌhal·le *f* mortuary, *Am.* funeral home (*od.* parlor, *bes. Br.* parlour).

ˈaufˌbän·ken [-ˌbɛŋkən] *v/t* ⟨*sep*, -ge-, h⟩ *mar.* (*Kesselfeuer*) bank (up).

ˈAufˌbau *m* ⟨-(e)s; *no pl*⟩ **1.** (*Aufbauen*) building, erection, construction, (*Wiederaufbau*) rebuilding, reconstruction: der ~ der zerstörten Häuser the reconstruction of the damaged houses; er hat viel für den ~ der Partei getan *fig.* he has contributed a great deal toward(s) the building up of the party. – **2.** (*Errichtung*) erection, putting up: der ~ eines Gerüstes the putting up of a scaffold. – **3.** *fig.* (*Gefüge, Struktur*) structure, organization, system, setup, *Br.* set-up (*colloq.*): der ~ der Wirtschaft [Gesellschaft] the economic [social] structure; ~ der Industrie industrial organization. – **4.** (*Zusammensetzung*) composition, constitution, makeup, *Br.* make-up. – **5.** *fig.* a) (*eines Dramas etc*) structure, construction, b) (*eines Kunstwerks*) composition. – **6.** *chem. biol.* a) (*eines Moleküls etc*) structure, composition, b) synthesis, c) anabolism. – **7.** *tech.* (*Montage*) assembly, mounting. – **8.** ⟨-(e)s; -ten⟩ (*aufgebautes Stockwerk*) superstructure. – **9.** *mar. cf.* Aufbauten 1. – **10.** *auto.* (vehicle) body.

ˈAufˌbau|ˌanˌlei·he *f Austrian econ.* development (*od.* rehabilitation) loan. — **~ˌar·beit** *f* (re)construction work: soziale ~ social improvement. — **~ˌdeck** *n mar.* superstructure deck.

ˈaufˌbau·en I *v/t* ⟨*sep*, -ge-, h⟩ **1.** build, erect, construct: wieder ~ to build up again, to rebuild, to reconstruct; ein Haus schnell ~ to run up a house; einen neuen Staat ~ *fig.* to build (*od.* set) up a new state. – **2.** (*errichten*) put (*od.* set) up, erect, (*Zelt*) pitch. – **3.** (*arrangieren*) arrange, set out. – **4.** *fig.* (auf *dat* etwas on s.th.) build up, base, found: die Anklage wurde auf dem Gutachten aufgebaut the charge was based on the opinion of experts. – **5.** *bes. tech.* assemble, mount. – **6.** *chem. biol.* (*durch Synthese*) synthesize. – **7.** (*theater*) (*Bühne*) set. – **II** *v/i* **8.** *arch.* (auf *acc* on) superstruct. – **9.** auf (*dat*) etwas ~ *fig.* to be based (*od.* founded) on s.th.: die Theorie baut auf ganz neuen Erkenntnissen auf the theory is based on the most recent findings. – **III** *v/reflex* sich ~ **10.** (*zusammensetzen*) (aus of) be composed. – **11.** (*basieren*) (auf *dat* on) be based (*od.* founded, built up). – **12.** sich (vor j-m) ~ *colloq.* to plant oneself (in front of s.o.). – **13.** *colloq.* line up. – **14.** *lit.* (*von Wolken etc*) pile (*od.* build) up. – **IV A~** *n* ⟨-s⟩ **15.** *verbal noun.* – **16.** *cf.* Aufbau 1-7. — **ˈaufˌbau·end I** *pres p.* – **II** *adj* **1.** *auch fig.* constructive: ~e Lebensvorgänge *biol.* anabolism *sg.* – **2.** *med.* restorative, anabolic (*scient.*).

ˈAufˌbau|erˌfolg *m* successful reconstruction. — **~ˌhel·fer** *m DDR pol. s.o. who took part in the* (*Socialist*) *reconstruction.* — **~ˌklas·se** *f ped.* continuation class. — **~ˌkost** *f med.* restorative food. — **~kreˌdit** *m econ.* reconstruction (*od.* rebuilding, rehabilitation) loan. — **~ˌlehrˌgang** *m ped.* continuation (*od.* extension) course. — **~lot·teˌrie** *f DDR econ.* reconstruction lottery.

ˈaufˌbau·men *v/i* ⟨*sep*, -ge-, sein⟩ *hunt.* **1.** (*von großen Raubvögeln*) perch (*od.* settle) on a tree. – **2.** (*von Raubtieren*) (seek refuge up a) tree.

ˈaufˌbäu·men I *v/reflex* ⟨*sep*, -ge-, h⟩ sich ~ **1.** (*bes. von Pferden*) rear (up). – **2.** (*vor Schmerz etc*) convulse, be convulsed: sein Körper bäumte sich unter dem Schmerz auf his body was convulsed with the pain. – **3.** sich gegen etwas ~ *fig.* to rebel (*od.* revolt) against s.th. – **II** *v/t* **4.** (*textile*) (*in Weberei*) (*Kettfäden*) beam, wind up.

ˈAufˌbau|ˌmö·bel *pl* unit assembly furniture *sg.* — **~proˌgramm** *n* (re)construction program (*bes. Br.* programme). — **~proˌzeß** *m* **1.** *chem.* synthetic process, synthesis. – **2.** *biol.* anabolic process. — **~salz** *n meist pl med.* nutrient salt.

ˈaufˌbau·schen I *v/t* ⟨*sep*, -ge-, h⟩ **1.** (*von Wind*) (*Segel*) puff up (*od.* out), swell (*od.* fill) (out), balloon. – **2.** (*Kleid, Rock*) flare. – **3.** *fig. contempt.* (*übertreiben*) exaggerate, magnify, play up (*colloq.*): er bauschte die Sache mächtig auf *colloq.* he made a mountain out of a molehill. – **II** *v/reflex* sich ~ **4.** (*von Segeln*) puff (*od.* swell, fill) (out), balloon. – **5.** (*von Kleid, Rock*) flare. – **6.** (*von schlechtsitzendem Kleidungsstück*) bag. – **III A~** *n* ⟨-s⟩ **7.** *verbal noun.* – **8.** *fig. contempt.* exaggeration.

ˈAufˌbauˌschu·le *f ped.* secondary school based on six years of primary school education.

ˈAufˌbau·schung *f* ⟨-; -en⟩ *cf.* Aufbauschen.

ˈAufˌbauˌtä·tig·keit *f* ⟨-; *no pl*⟩ *med.* assimilation, anabolism.

ˈAufˌbau·ten *pl* **1.** *mar.* (*auf dem Oberdeck*) superstructure *sg*, upper works: windschlüpfige ~ streamlined superstructure. – **2.** (*film*) set *sg.*

ˈAufˌbau|ˌwerk *n* reconstruction work. — **~ˌwil·le** *m* will for reconstruction. — **~ˌzeit** *f* period of reconstruction.

ˈaufˌbe·ben *v/i* ⟨*sep*, -ge-, h⟩ *poet.* quake.

ˈauf·beˌgeh·ren I *v/i* ⟨*sep*, *no* -ge-, h⟩ **1.** gegen j-n [etwas] ~ *lit.* to protest (*od.* inveigh, declaim) against s.o. [s.th.], (*stärker*) to rebel (*od.* revolt) against s.o. [s.th.]: gegen das Schicksal ~ to inveigh against destiny. – **2.** (*zornig werden*) flare up, become angry, start up in anger: er begehrt immer gleich auf he flares up easily. – **II A~** *n* ⟨-s⟩ **3.** *verbal noun*: ein dumpfes A~ *lit.* a subdued protest.

ˈauf·beˌhal·ten *v/t* ⟨*irr*, *sep*, *no* -ge-, h⟩ **1.** *colloq.* (*Hut etc*) keep (*s.th.*) on. – **2.** *colloq.* (*Augen, Schirm*) keep (*s.th.*) open. – **3.** *obs. for* aufbewahren 1, vorbehalten[1] 1.

ˈaufˌbei·ßen *v/t* ⟨*irr*, *sep*, -ge-, h⟩ bite (*s.th.*) open, open (*s.th.*) with one's teeth: Nüsse ~ to crack nuts (with one's teeth); j-m eine harte Nuß aufzubeißen geben *fig. colloq.* to give s.o. a hard nut to crack.

ˈaufˌbei·zen *v/t* ⟨*sep*, -ge-, h⟩ *tech.* (*Möbel, Holz*) restain.

ˈauf·beˌkom·men *v/t* ⟨*irr*, *sep*, *no* -ge-, h⟩ *colloq.* **1.** (*Tür, Schachtel, Schloß*) (get) open. – **2.** (*Knoten etc*) (manage to) undo (*od.* untie, unfasten, loosen). – **3.** (*Hausaufgaben*) be given (*s.th.*) to do, have (*s.th.*) set: etwas ~ to get an assignment; was habt ihr für morgen ~? what is your homework for tomorrow? ich habe für morgen nichts ~ I was given no homework for tomorrow. – **4.** *colloq.* (*aufessen können*) eat up, manage, finish: ich bekomme den Kuchen nicht auf I can't finish the cake.

ˈaufˌbel·len *v/i* ⟨*sep*, -ge-, h⟩ (*von Hund, auch von Maschinengewehr*) bark (suddenly).

ˈauf·beˌrei·ten I *v/t* ⟨*sep*, *no* -ge-, h⟩ **1.** *metall.* a) (*Erz*) dress, concentrate, b) (*Formsand*) work up: naß ~ to wash; trocken ~ to screen, to separate. – **2.** *tech.* a) (*Kohle*) prepare, clean, b) (*Altöl*) recondition, c) (*Werkzeuge*) redress. – **3.** (*Häute*) dress. – **4.** (*Trinkwasser etc*) refine, process, cleanse. – **5.** (*Nahrungsmittel*) process. – **6.** *chem. cf.* regenerieren 3. – **7.** (*auswerten, bes. in Statistik*) process. – **II A~** *n* ⟨-s⟩ **8.** *verbal noun.* – **ˈAuf·beˌrei·tung** *f* ⟨-; -en⟩ **1.** *cf.* Aufbereiten. – **2.** *metall.* (*des Erzes*) dressing, concentration: **naß-mechanische** ~ wet mill concentration. – **3.** *tech.* (*der Kohle*) preparation. – **4.** (*der Häute*) dressing. – **5.** (*Reinigung, des Trinkwasser etc*) processing, refinement. – **6.** *chem. cf.* **Regeneration** 3.

'Auf·beˌrei·tungs|ˌanˌla·ge *f tech.* **1.** (*für Erze*) ore dressing plant. – **2.** (*für Kohlen, Formsand etc*) preparation plant. – **3.** (*für Trinkwasser etc*) processing plant. — **~ˌart** *f* **1.** (*für Erze*) ore dressing method. – **2.** (*für Kohle etc*) preparation method. — **~kon·zenˌtrat** *n* preparation concentrate. — **~proˌzeß, ~ˌvorˌgang** *m* dressing (*od.* preparation) process, process of preparation.

'aufˌbes·sern I *v/t* ⟨*sep*, -ge-, h⟩ **1.** (*Gehalt, Rente etc*) raise, increase: **das Gehalt der Beamten ist aufgebessert worden,** *colloq.* **die Beamten sind aufgebessert worden** the salaries of the officials have been raised. – **2.** (*Speiseplan etc*) better, improve. – **3.** *colloq.* (*Möbel etc*) do (*s.th.*) up, refurbish, furbish up. – **4.** *colloq.* (*Kenntnisse etc*) brush (*od.* polish) up. – **5.** *econ.* (*Kurse*) improve. – **II A~** *n* ⟨-s⟩ **6.** *verbal noun.* — **'Aufˌbes·se·rung** *f* ⟨-; -en⟩ **1.** *cf.* **Aufbessern.** – **2.** (*des Gehalts, der Rente etc*) increase, *Am.* raise, *bes. Br.* rise. – **3.** *econ.* improvement.

'aufˌbet·ten I *v/t* ⟨*sep*, -ge-, h⟩ **1.** make up (*od.* prepare) (*s.th.*) as a bed. – **2.** (*Kranken etc*) lift (*od.* raise) (*s.o.*) (in bed). – **3.** *obs. for* **aufbahren** 1. – **II** *v/i* **4.** *Southern G. and Austrian* a) make the bed, b) pull back the bedcovers.

'Aufˌbeu·gung *f geol.* lower (*od.* synclinal, synclinical) bend.

'auf·beˌwah·ren I *v/t* ⟨*sep*, *no* -ge-, h⟩ **1.** (*aufheben*) keep, (*für spätere Zeiten*) save (up), preserve: **etwas sorgfältig** ~ a) to preserve s.th. carefully, b) to look after s.th. carefully; **etwas für j-n** ~ to keep s.th. for s.o.; **etwas zum Andenken** ~ a) to keep s.th. as a souvenir (*of s.th.*), b) to keep s.th. in memory (*of s.o.*); **sich** (*dat*) **etwas für später** ~ to save s.th. up (*od.* keep s.th.) for later on. – **2.** (*Dokument etc*) preserve, file, keep (*s.th.*) in a safe place. – **3.** (*Vorräte*) store (up), keep: **bitte kühl** ~! please store in a cool place! **sich gut** ~ **lassen** to keep well. – **4.** (**sich** *dat*) **etwas** ~ **lassen** a) (*Gepäck*) *Am.* check, *Br.* deposit, b) (*Wertsachen auf einer Bank*) deposit. – **5.** *econ.* (*Akten etc*) keep (*s.th.*) on file. – **II A~** *n* ⟨-s⟩ **6.** *verbal noun.* – **7.** *cf.* **Aufbewahrung.** — **'Auf·beˌwah·rer** *m* ⟨-s; -⟩ keeper, preserver, custodian. — **'Auf·beˌwah·rung** *f* ⟨-; *no pl*⟩ **1.** *cf.* **Aufbewahren.** – **2.** (*für spätere Zeiten*) saving up, preservation: **sichere** ~ safekeeping, safe custody; **j-m etwas zur** ~ **anvertrauen** (*od.* **geben**) to entrust s.th. to (*od.* leave s.th. in) s.o.'s custody; **ich werde es zur** ~ **an mich nehmen** I will take it and keep it. – **3.** (*von Dokumenten etc*) preservation, custody. – **4.** (*von Vorräten etc*) storage, storing. – **5.** *cf.* **Gepäckaufbewahrung.** – **6.** (*bei einer Bank*) safe deposit.

'Auf·beˌwah·rungs|ˌfrist *f econ.* **1.** (*Dauer*) period (*od.* time) for safekeeping. – **2.** (*Ende*) deadline for safekeeping. — **~geˌbühr** *f* **1.** (*für Gepäck etc*) *Am.* checkroom fee, *Br.* cloakroom charge (*od.* fee). – **2.** (*der Bank*) fee (*od.* charge) for safekeeping (*od.* safe-deposit services). – **3.** (*der Bahn, für Güter*) storage fee. — **~ˌort** *m* **1.** depository, repository. – **2.** (*Lagergebäude etc*) store(house), depot. — **~ˌpflicht** *f econ.* (*für Geschäftspapiere*) obligation to preserve business records. — **~ˌraum** *m* **1.** storage room, store(room). – **2.** (*für Gepäck*) *Am.* checkroom, *Br.* left-luggage room, cloakroom. — **~ˌschein** *m* **1.** (*für Gepäck*) *Am.* (baggage) check, *Br.* left-luggage receipt (*od.* ticket). – **2.** (*einer Bank etc*) deposit receipt.

'aufˌbie·gen I *v/t* ⟨*irr*, *sep*, -ge-, h⟩ **1.** bend (*s.th.*) open. – **2.** bend (*s.th.*) up(ward[s]). – **II** *v/reflex* **3. sich** ~ bend (up), (*am Rande*) curl (up).

'aufˌbie·ten I *v/t* ⟨*irr*, *sep*, -ge-, h⟩ **1.** (*Energie, Kräfte etc*) gather, muster, summon (up): **alle seine Kräfte** ~ to muster all one's strength (*od.* power), to make every possible effort, to do one's utmost; **seine ganze Beredsamkeit** ~ to summon up all one's eloquence. – **2.** (*Autorität, Einfluß etc*) bring (*s.th.*) to bear, exert, use. – **3.** *bes. mil.* mobilize, call out: **Militär mußte aufgeboten werden** the military had to be mobilized; **den Landsturm** ~ *hist.* to call out the veteran reserve. – **4.** *lit.* (*aufrufen*) summon, call up, appeal to. – **5.** *relig.* (*Brautpaar*) a) publish (*od.* put up) the banns of, b) (*in der Kirche*) call the banns of: **sie sind schon aufgeboten** they have already had their banns published. – **6.** *econ.* make (*s.th.*) the subject of a public notice. – **7.** *hist. for* **einberufen** 1. – **II A~** *n* ⟨-s⟩ **8.** *verbal noun.* — **'Aufˌbie·tung** *f* ⟨-; *no pl*⟩ **1.** *cf.* **Aufbieten: unter** (*od.* **mit, bei**) ~ **aller Kräfte** by summoning up all one's strength, with the utmost effort. – **2.** (*von Autorität, Einfluß etc*) exertion, use. – **3.** *lit.* (*Aufruf*) summons, appeal. – **4.** *cf.* **Aufgebot** 1. – **5.** *hist. for* **Einberufung** 2.

'aufˌbin·den *v/t* ⟨*irr*, *sep*, -ge-, h⟩ **1.** (*Knoten, Schleife etc*) undo, unfasten, untie, unbind, loose(n). – **2.** (*hochbinden*) (*Haar etc*) put (*od.* tie) up, (*Schürze*) tuck up. – **3.** (*befestigen*) bind (*od.* tie) up. – **4. j-m etwas** ~ *fig. colloq.* to take s.o. in (*colloq.*), to take s.o. for a ride (*colloq.*), to put one over on s.o. (*colloq.*); **sich** (*dat*) **etwas** ~ **lassen** to allow oneself to be taken in; **da hast du dir was Schönes** ~ **lassen** you have really been taken for a ride there; **er läßt sich alles** (*od.* **man kann ihm alles**) ~ he is easily taken in; **das können Sie einem ander(e)n** ~ tell that to the marines; → **Bär** 1; **Fabel** 4; **Märchen** 2. – **5.** *agr.* a) (*Garben*) bind up, b) (*Reben*) tie, c) (*Getreide*) bind (*s.th.*) into sheaves. – **6.** *print.* bind.

'aufˌblä·hen I *v/t* ⟨*sep*, -ge-, h⟩ **1.** (*Wäsche, Wangen etc*) blow up, puff up (*od.* out), bulge, swell. – **2.** (*Segel*) fill (*od.* belly) (out). – **3.** (*Gefieder*) ruffle (*od.* puff) up. – **4.** *fig.* (*Umfang etc*) swell, inflate, distend, overexpand. – **5.** *econ.* (*Währung, Preise*) inflate. – **6.** *med.* inflate, balloon. – **II** *v/reflex* **sich** ~ **7.** (*von Wäsche etc*) blow up (*od.* out), puff up (*od.* out), bulge, swell. – **8.** (*von Segeln*) fill (*od.* belly) (out). – **9.** (*von Frosch*) puff (itself) up. – **10.** *fig. contempt.* puff oneself up, preen oneself, strut: **sich** ~ **wie ein Truthahn** to swell like a turkey cock. – **11.** *med.* become inflated (*od.* distended, flatulent). – **III A~** *n* ⟨-s⟩ **12.** *verbal noun.* – **13.** *vet.* (*bei Pferden, Rindern etc*) bloat. – **14.** *cf.* **Aufblähung.** — **'aufˌblä·hend I** *pres p.* – **II** *adj med. cf.* **blähend** II. — **'Aufˌblä·hung** *f* ⟨-; -en⟩ **1.** *cf.* **Aufblähen.** – **2.** *fig.* inflation, distension. – **3.** *econ.* inflation. – **4.** *med.* inflation, distension, flatulence.

'aufˌblas·bar *adj* (*Luftkissen etc*) inflatable.

'aufˌbla·sen I *v/t* ⟨*irr*, *sep*, -ge-, h⟩ **1.** (*Luftballon, Ball etc*) blow up, inflate: **sich** ~ **lassen** to blow up. – **2.** (*Wangen etc*) puff up (*od.* out), bulge (out). – **3.** (*öffnen*) blow (*s.th.*) open: **der Wind blies die Tür auf** the wind blew the door open. – **II** *v/reflex* **sich** ~ **4.** (*von Frosch etc*) puff (itself) up. – **5.** *fig. contempt. cf.* **aufblähen** 10. – **III A~** *n* ⟨-s⟩ **6.** *verbal noun.* – **7.** inflation.

'Aufˌbla·se·verˌfah·ren *n metall.* top blowing process.

'aufˌblät·tern I *v/t* ⟨*sep*, -ge-, h⟩ **1.** (*Buch, Zeitschrift etc*) open (up). – **2.** *cf.* **aufschlagen** 2. – **3.** (*Geldscheine etc*) fan out. – **II** *v/reflex* **4. sich** ~ *lit.* (*von Blumen, Blüten*) open (up), unfold. – **5.** *geol.* (*von Gestein*) exfoliate, scale off. – **III A~** *n* ⟨-s⟩ **6.** *verbal noun.* — **'Aufˌblät·te·rung** *f* ⟨-; *no pl*⟩ **1.** *cf.* **Aufblättern.** – **2.** *geol.* exfoliation.

'aufˌblei·ben *v/i* ⟨*irr*, *sep*, -ge-, sein⟩ **1.** (*geöffnet bleiben*) remain open, be left open: **die Tür soll** ~ the door is to be left open. – **2.** (*nicht zu Bett gehen*) stay (*od.* sit, *Br.* stop) up: **lange** ~ to keep late hours, to be (*Br.* stop) up late, to burn the midnight oil; **die ganze Nacht** ~ to stay up all night.

'aufˌblen·den I *v/i* ⟨*sep*, -ge-, h⟩ **1.** *auto. Am.* turn on the high beam, *Br.* turn the headlights up. – **2.** *phot.* open the diaphragm, increase the lens aperture, choose (*od.* take) a lower f-stop. – **II** *v/t* **3.** (*film*) (*Szene*) fade in. – **III A~** *n* ⟨-s⟩ **4.** *verbal noun.* – **5.** (*film*) fade-in.

'Aufˌblick *m* **1.** upward look (*od.* glance). – **2.** raising (*od.* lifting up) of one's eyes: **ein dankbarer** ~ a grateful raising of one's eyes. — **'aufˌblicken** (*getr.* -k·k-) *v/i* ⟨*sep*, -ge-, h⟩ **1.** look (*od.* glance) up, raise (*od.* lift up) one's eyes: **er blickte nicht von seinem Buch auf** he did not take his eyes off his book; **erstaunt** ~ to raise one's eyes with astonishment; **zu den Sternen** ~ to look up at the stars. – **2.** *fig.* (*verehrend*) look up: **zu j-m bewundernd** ~ to look up to s.o. with admiration.

'aufˌblin·ken *v/i* ⟨*sep*, -ge-, h⟩ (*von Licht, Stern*) blink.

'aufˌblit·zen I *v/i* ⟨*sep*, -ge-, sein *u.* h⟩ **1.** (*von Licht, Scheinwerfer*) flash, gleam (suddenly), *auch* glance. – **2.** *fig.* (*von Gedanken etc*) flash (through s.o.'s mind): **kühne Gedanken blitzten in ihm auf** bold ideas flashed through his mind. – **II A~** *n* ⟨-s⟩ **3.** *verbal noun.* – **4.** flash (*auch fig.*), gleam, glance.

'aufˌblocken (*getr.* -k·k-) *v/i* ⟨*sep*, -ge-, h⟩ *hunt. cf.* **aufbaumen** 1.

'aufˌblü·hen I *v/i* ⟨*sep*, -ge-, sein⟩ **1.** (*von Blumen, Knospen etc*) blossom (out), burst into blossom (*od.* bloom), come into flower, open: **das junge Mädchen begann aufzublühen** *fig.* the young girl began to blossom out. – **2.** *fig.* (begin to) flourish (*od.* thrive, prosper), blossom: **ein kulturelles Leben blühte auf** a cultural life began to flourish. – **3.** *biol.* rise, flourish. – **II A~** *n* ⟨-s⟩ **4.** *verbal noun.* – **5.** *bot.* (ef)florescence, anthesis. – **6.** *biol.* rise, flourish. — **'aufˌblü·hend I** *pres p.* – **II** *adj* **1.** *bot.* (ef)florescent. – **2.** *fig.* flourishing, thriving, prospering: **eine ~e Industrie** a prospering (*od.* rising) industry; **eine ~e Schönheit** a budding beauty.

'aufˌbocken (*getr.* -k·k-) *v/t* ⟨*sep*, -ge-, h⟩ (*Auto etc*) jack up.

'aufˌboh·ren *v/t* ⟨*sep*, -ge-, h⟩ **1.** *tech.* bore, enlarge a borehole in. – **2.** (*mining*) redrill, widen a drill-hole in. – **3.** *med.* a) (*Zahn*) drill, b) (*Knochen*) trephine, trepan.

'aufˌbran·den *v/i* ⟨*sep*, -ge-, sein⟩ **1.** (*von Wellen*) surge, foam up. – **2.** *fig.* (*von Beifall etc*) surge.

'aufˌbras·sen *v/t* ⟨*sep*, -ge-, h⟩ *mar.* (*querschiffs brassen*) (*Rahen*) brace (*s.th.*) to (*od.* in).

'aufˌbra·ten *v/t* ⟨*irr*, *sep*, -ge-, h⟩ *gastr.* roast (*od.* fry) (*s.th.*) again, reheat (*s.th.*) (in a pan).

'aufˌbrau·chen *v/t* ⟨*sep*, -ge-, h⟩ (*Bestände, Vorräte etc*) use up, exhaust, consume: **diese Arbeit hat meine Kräfte aufgebraucht** *fig.* I am worn out with this work.

'aufˌbrau·sen I *v/i* ⟨*sep*, -ge-, sein⟩ **1.** (*von der See etc*) surge, roar. – **2.** (*von Beifall, Lärm, Musik etc*) surge. – **3.** (*von Flüssigkeiten*) bubble up, fizz, effervesce. – **4.** *chem.* (*von Wein etc*) ferment. – **5.** *fig.* flare (*od.* blaze) up, fly into a temper: **er braust leicht auf** he easily flies off the handle. – **II A~** *n* ⟨-s⟩ **6.** *verbal noun.* – **7.** roar. – **8.** effervescence, ebullition (*scient.*). – **9.** *chem.* fermentation. – **10.** *fig.* flare(-up), fit of temper. — **'aufˌbrau·send I** *pres p.* – **II** *adj* **1.** effervescent. – **2.** *fig.* hotheaded, quick-tempered, irascible (*lit.*): **ein Mann von ~em Wesen** a quick-tempered man.

'aufˌbre·chen I *v/t* ⟨*irr*, *sep*, -ge-, h⟩ **1.** (*Tür, Schloß etc*) break open, force, (*bes. Kiste*) prize (*auch* -s-) open: **die Tür mußte aufgebrochen werden** the door had to be broken in; **ein Schloß** ~ to pick a lock. – **2.** a) (*Brief*) open, unseal, b) (*Siegel*) break open. – **3.** *agr.* (*Land, Scholle*) plough, *bes. Am.* plow, break up, till. – **4.** *civ.eng.* (*Straße, Pflaster*) break up, disintegrate, loosen. – **5.** *hunt.* (*Wild*) rip up (*od.* open), disembowel, gut, *Br.* gralloch, eviscerate (*scient.*). – **6.** (*games*) (*Tricktrack*) **ein Band** ~ to spoil (*od.* break up) a player's sequence. – **II** *v/i* ⟨sein⟩ **7.** (*von Knospen, Blüten*) (burst) open, blossom. – **8.** *med.* (*von Geschwüren etc*) (burst) open, come to a head. – **9.** *fig.* (*von Gegensätzen, Feindschaft etc*) emerge, (a)rise, appear. – **10.** (*fortgehen*) (**nach** for) start (out *od.* off), set out (*od.* off), depart: **zu einer längeren Reise** ~ to set out (*od.* leave) on a long journey; **sie brachen frühmorgens auf** they started (off) early in the morning; **wir müssen langsam** ~ it is about time we left. – **III A~** *n* ⟨-s⟩ **11.** *verbal noun*: **am A~ sein** a) (*von Blüte*) to be ready to burst (*od.* open), b) (*von Abszeß*) to be ready to burst (*od.* break). – **12.** *hunt.* disembowelment, evisceration (*scient.*). – **13.** *cf.* **Aufbruch** 1, 2, 3b, 4.

'aufˌbrei·ten *v/t* ⟨*sep*, -ge-, h⟩ spread (out), display: **das Tischtuch** ~ to lay (*od.* spread) the table.

'aufˌbren·nen *v/t* ⟨*irr*, *sep*, -ge-, h⟩ **1.** (*einem Tier etc*) **ein Mal** (*od.* **Zeichen**) ~ to mark (*s.th.*) with a brand, to brand: den Rindern ein Zeichen ~ to brand the cattle; → Kugel 2; Strafe 3. – **2.** *tech.* (*Emaille*) bake. – **3.** (*Wein*) sulfur *bes. Br.* -ph-. – **II** *v/i* ⟨sein⟩ **4.** (*von Feuer*) burn up. – **5.** *fig.* (*von Haß, Zorn etc*) flame up. – **6.** *dial. for* verbrennen 11, 12.

ˈaufˌbrin·gen I *v/t* ⟨*irr, sep,* -ge-, h⟩ **1.** (*Kasten, Tür etc*) get (*s.th.*) open: ich bringe die Tür nicht auf I can't open the door. – **2.** (*Knoten*) undo, untie. – **3.** (*Geld etc*) raise, get together, (*bes. Kosten*) meet: kannst du das Geld allein ~? can you raise the money yourself? wir werden die nötigen Mittel nicht ~ können we shall not be able to find (*od.* procure) the necessary means. – **4.** (*Mut, Energie*) summon up, gather, muster (up): er konnte den Mut dazu nicht ~ he didn't have the courage to do it. – **5.** (*Verständnis, Interesse*) show: Sorgfalt für etwas ~ to show care with s.th.; dafür kann ich kein Verständnis ~ I cannot understand (*od.* appreciate) this. – **6.** (*Brauch, Mode*) start, introduce, (*erfinden*) create, bring (*s.th.*) into fashion. – **7.** (*Gerücht etc*) start, set about: wer hat dieses Gerücht aufgebracht? who started this rumo(u)r? – **8.** *fig.* (*in Wut versetzen*) anger, make (*s.o.*) angry, provoke, (*stärker*) incense, infuriate: j-n gegen sich ~ to get s.o.'s back up; bring ihn nicht auf! don't provoke him; Bruder gegen Bruder ~ to set brother against brother. – **9.** *cf.* auftragen 2. – **10.** *mar.* a) (*Schiff*) capture, seize, bring in, take, b) (*Stengen, Rahen*) send (*s.th.*) aloft, hoist, put (*od.* fix) up: als Prise ~ to make prize of. – **11.** *mil.* (*Truppen*) raise, levy, muster (up). – **12.** (*textile*) (*Garn*) wind (*s.th.*) on the beam. – **13.** *archaic for* aufziehen 10. – **II A~** *n* ⟨-s⟩ **14.** *verbal noun.* – **15.** (*einer Mode etc*) creation, introduction. – **16.** provocation, infuriation. – **17.** *mil.* levy. – **18.** *cf.* Aufbringung. — **ˈAufˌbrin·ger** *m* ⟨-s; -⟩ *mar.* (*eines Schiffes*) captor, *auch* capturer. — **ˈAufˌbrin·gung** *f* ⟨-; *no pl*⟩ **1.** *cf.* Aufbringen. – **2.** *mar.* capture.

ˈAufˌbrin·gungs|ˌschuld *f econ.* liability to produce funds. — **~ˌschuld·ner** *m* party liable to contribute. — **~ˌsoll** *n* **1.** prescribed production target. – **2.** required contribution. – **3.** amount due from contributors.

ˈaufˌbri·sen [-ˌbriːzən] *v/i u. v/impers* ⟨*sep,* -ge-, h⟩ *mar.* blow up: es brist auf it is blowing up.

ˈaufˌbro·deln *v/i* ⟨*sep,* -ge-, h *u.* sein⟩ bubble (*od.* boil) up, effervesce.

ˈAufˌbruch *m* ⟨-(e)s; *rare* ⸚e⟩ **1.** ⟨*only sg*⟩ start(ing), setting-out, departure: zum ~ rüsten to get ready for one's departure; das Zeichen zum ~ geben to give the sign to leave. – **2.** ⟨*only sg*⟩ *pol.* awakening, uprise, emergence: das Land befindet sich im ~ the country is on the point of emerging. – **3.** *hunt.* a) (*Eingeweide*) bowels *pl,* entrails *pl,* guts *pl, Br.* gralloch, b) ⟨*only sg*⟩ (*Jagdbeginn*) *Br.* throw-off: ~ zur Jagd (*Jagdsignal*) hunt's-up. – **4.** ⟨*only sg*⟩ *mil.* start, departure: heimlicher ~ decampment.

ˈaufˌbruch(s)|beˌreit *adj* ready to leave (*od.* depart). — **A~siˌgnal** *n* sign (*od.* signal) to leave. — **A~ˌstim·mung** *f* atmosphere of departure.

ˈaufˌbrü·hen *v/t* ⟨*sep,* -ge-, h⟩ (*Tee, Kaffee*) pour boiling water on, make, (*Tee*) *auch* brew.

ˈaufˌbrül·len *v/i* ⟨*sep,* -ge-, h⟩ roar (out), bellow (out): die Geschütze brüllten auf *fig. lit.* the guns roared out.

ˈaufˌbrum·men I *v/t* ⟨*sep,* -ge-, h⟩ **1.** *colloq.* (*Strafe etc*) give, inflict (*s.th.*) (up)on: j-m eine Gefängnisstrafe ~ to sentence s.o. to imprisonment; viele Hausaufgaben aufgebrummt kriegen to have a lot of homework assigned; j-m eins ~ to sock s.o., to give s.o. one (*colloq.*). – **II** *v/i* **2.** (give a) growl. – **3.** ⟨sein⟩ *mar. colloq. cf.* auffahren 6.

ˈaufˌbuch·ten *v/i* ⟨*sep,* -ge-, sein⟩ *mar.* become broken-backed (*od.* hogged), hog. — **ˈAufˌbuch·tung** *f* ⟨-; *no pl*⟩ hog(ging).

ˈaufˌbuckeln (*getr.* -k·k-) *v/t* ⟨*sep,* -ge-, h⟩ *colloq. for* aufbürden I.

ˈaufˌbud·deln *v/t* ⟨*sep,* -ge-, h⟩ *Northern G. for* aufgraben.

ˈAufˌbü·gelˌmu·ster *n* transfer pattern.

ˈaufˌbü·geln *v/t* ⟨*sep,* -ge-, h⟩ **1.** (*Muster*) (auf *acc* to) transfer. – **2.** *cf.* aufdämpfen. – **3.** *fig. colloq.* (*Kenntnisse*) brush up.

ˈaufˌbum·sen *v/i* ⟨*sep,* -ge-, h *u.* sein⟩ **1.** (*von Ball etc*) bounce. – **2.** fall with a bump.

ˈaufˌbür·den I *v/t* ⟨*sep,* -ge-, h⟩ **1.** j-m [sich *dat*] eine Last ~ a) to put a load on s.o. [oneself], to load s.o. [oneself] up, b) *fig.* to burden s.o. [oneself], to lay a burden upon s.o. [oneself], to saddle s.o. [oneself] with a burden. – **2.** j-m etwas ~ *fig.* to burden (*od.* saddle) s.o. with s.th., to impose (*od.* lay) s.th. on s.o.: j-m die Verantwortung für etwas ~ to burden s.o. with the responsibility for s.th.; j-m die Schuld ~ to charge s.o. with the guilt, to impute the guilt to s.o. – **II A~** *n* ⟨-s⟩ **3.** *verbal noun.* — **ˈAufˌbür·dung** *f* ⟨-; *no pl*⟩ **1.** *cf.* Aufbürden. – **2.** imposition, (*bes. von Schuld*) charge, imputation.

ˈaufˌbür·sten *v/t* ⟨*sep,* -ge-, h⟩ **1.** (*Kleidung*) brush (*s.th.*) up, give (*s.th.*) a brush. – **2.** (*Haare*) brush (*s.th.*) up. – **3.** (*textile*) brush.

ˈaufˌda·men [-ˌdaːmən] *v/t* ⟨*sep,* -ge-, h⟩ (*games*) (*Damespiel*) crown.

ˈaufˌdäm·mern *v/i* ⟨*sep,* -ge-, sein⟩ *lit.* **1.** dawn (*auch fig.*), break: der Morgen dämmert auf day is breaking; Gedanken begannen in mir aufzudämmern it began to dawn on me. – **2.** (*von Umrissen etc*) begin to appear.

ˈaufˌdamp·fen I *v/i* ⟨*sep,* -ge-, sein⟩ *lit.* rise as (*od.* like) steam, steam (up). – **II** *v/t* ⟨h⟩ *tech.* (*Schutzschicht etc*) vapor- (*bes. Br.* vapour-)metallize, evaporate.

ˈaufˌdämp·fen *v/t* ⟨*sep,* -ge-, h⟩ (*Kleidung*) press, iron (up).

ˈaufˌdeck·bar *adj fig.* detectable.

ˈaufˌdecken (*getr.* -k·k-) **I** *v/t* ⟨*sep,* -ge-, h⟩ **1.** *auch fig.* uncover, lay bare, expose, reveal: Mängel ~ to disclose deficiencies. – **2.** *jur.* (*Verbrechen etc*) discover, detect: eine Verschwörung ~ to unmask a plot (*od.* conspiracy). – **3.** (*games*) die Karten ~ to show (*od.* turn up) one's hand (*od.* cards): er mußte die Karten ~ *fig. colloq.* he had to show his hand. – **4.** das Bett ~ to throw (*od.* turn) back the bedclothes, to turn down the cover. – **5.** (*Tischtuch*) lay, spread. – **II** *v/i* **6.** lay the cloth (*od.* table): soll ich schon ~? shall I lay the table? – **III** *v/reflex* **7.** sich ~ (*von Personen*) throw (*od.* kick) off the bedclothes. – **IV A~** *n* ⟨-s⟩ **8.** *verbal noun.* — **ˈAufˌdeckung** (*getr.* -k·k-) *f* ⟨-; -en⟩ **1.** *cf.* Aufdecken. – **2.** *fig.* exposure, revelation, disclosure. – **3.** *jur.* discovery, detection.

ˈaufˌdocken (*getr.* -k·k-) *v/t* ⟨*sep,* -ge-, h⟩ *hunt.* (*Leine*) wind up.

ˈaufˌdon·nern *v/reflex* ⟨*sep,* -ge-, h⟩ sich ~ *colloq.* (*von Frauen*) doll (*od.* tog) oneself up (*colloq.*), dress oneself (up) to the nines.

ˈaufˌdor·nen *v/t* ⟨*sep,* -ge-, h⟩ *tech.* **1.** (*Loch*) enlarge (*s.th.*) (with a drift), drift. – **2.** (*Rohr*) expand.

ˈaufˌdör·ren *v/t* ⟨*sep,* -ge-, h⟩ **1.** (*Obst*) dry. – **2.** (*Malz*) kiln-dry.

ˈaufˌdrän·geln *v/t u.* sich ~ *v/reflex* ⟨*sep,* -ge-, h⟩ *colloq. for* aufdrängen 1, 2.

ˈaufˌdrän·gen I *v/t* ⟨*sep,* -ge-, h⟩ **1.** j-m etwas ~ to force (*od.* thrust, intrude) s.th. (up)on s.o.: j-m seine Freundschaft ~ to force one's friendship (up)on s.o.; j-m seine Ansicht ~ to thrust (*od.* press) one's views (up)on s.o.; er hat sich nichts ~ lassen nothing could be pawned off on him. – **II** *v/reflex* sich ~ **2.** sich j-m ~ to force (*od.* thrust) oneself (up)on s.o., to intrude (*od.* obtrude) (oneself) (up)on s.o., to impose oneself on s.o.; ich will mich nicht ~ I don't want to intrude. – **3.** (*zwingend bewußt werden*) force itself upon s.o., intrude (itself) into (*od.* obtrude upon) s.o.'s mind: Gedanken drängten sich mir auf thoughts crowded into my mind; ein Verdacht drängte sich mir auf I was filled with a suspicion; verschiedene Lösungen drängen sich auf various solutions suggest themselves. – **III A~** *n* ⟨-s⟩ **4.** *verbal noun.* – **5.** intrusion, obtrusion.

ˈaufˌdre·hen I *v/t* ⟨*sep,* -ge-, h⟩ **1.** (*Wasserhahn, Heizung etc*) turn on: den Gashahn ~ a) to turn on the gas tap, b) *fig.* to gas oneself. – **2.** (*Seil etc*) untwist, untwine, unlay, (*auflösen*) ravel out. – **3.** (*Schraubdeckel*) undo, unscrew. – **4.** (*Uhr*) wind (up). – **5.** *tech.* (*Motor*) (*hochjagen*) rev up. – **6.** (*Haare*) roll up, put up. – **7.** (*Bart*) twist up. – **8.** *colloq.* (*Radio*) turn up. – **9.** *Southern G. and Austrian for* andrehen 2, einschalten 1. – **II** *v/i* **10.** *colloq.* increase speed, step on the gas (*colloq.*). – **11.** (*sport*) *colloq.* open up, let go (*od.* loose): du mußt ~ you must get a move on (*colloq.*). – **12.** *colloq.* get into high spirits. – **13.** *mar.* (*von Schiff vor Anker*) swing (to the wind *od.* tide): vor dem (*od.* beim) Winde ~ to spring the loof. – **III** *v/reflex* sich ~ **14.** (*von Seil etc*) untwist, untwine, unlay, *bes. mar.* fag.

ˈaufˌdrie·seln *v/t* ⟨*sep,* -ge-, h⟩ *cf.* aufdröseln.

ˈaufˌdrin·gen *v/t u.* sich ~ *v/reflex* ⟨*irr, sep,* -ge-, h⟩ *obs. for* aufdrängen 1, 2.

ˈaufˌdring·lich *adj* **1.** (*zudringlich, lästig*) importunate, obtrusive, officious, insistent: ~er Mensch obtrusive (*od.* pushing, pushful) person; ~er Bettler importunate beggar. – **2.** (*Farben etc*) loud, gaudy, flashy: ein ~es Muster a loud pattern. – **3.** (*Parfüm*) overpowering, pungent. – **4.** (*Reklame*) insistent. – **5.** (*Musik*) insistent, noisy. — **ˈAufˌdring·lich·keit** *f* ⟨-; *no pl*⟩ **1.** importunateness, importunity, obtrusiveness. **2.** (*von Farben etc*) loudness, gaudiness, flashiness. – **3.** (*eines Parfüms*) overpowering smell, pungency. – **4.** (*einer Reklame*) insistence. – **5.** (*von Musik*) insistence, noisiness.

ˈaufˌdröh·nen *v/i* ⟨*sep,* -ge-, h⟩ **1.** (*von Maschinen etc*) start to roar. – **2.** (*von Glocken*) start to resound.

ˈaufˌdrö·seln *v/t* ⟨*sep,* -ge-, h⟩ (*Schnur etc*) untwist, untwine.

ˈAufˌdruck *m* ⟨-(e)s; -e⟩ **1.** *print.* (im)print, impression, stamp. – **2.** *philat.* overprint, surcharge: Briefmarke mit ~ overprinted stamp, overprint, surcharge. — **ˈaufˌdrucken** (*getr.* -k·k-) *v/t* ⟨*sep,* -ge-, h⟩ *print.* (auf *acc* on) (im)print, impress, stamp.

ˈaufˌdrücken (*getr.* -k·k-) **I** *v/t* ⟨*sep,* -ge-, h⟩ **1.** (*Tür etc*) push open. – **2.** (*Verschluß etc*) press (*od.* force) open. – **3.** (*Pustel etc*) squeeze open, press open. – **4.** (*Stempel etc*) (*dat od.* auf *acc* on) impress, (im)print: ein großer Geist drückt einer ganzen Generation seinen Stempel auf *fig.* a great mind leaves (*od.* impresses) its mark on a whole generation. – **5.** (*Kuß*) imprint, press: j-m einen Kuß auf die Lippen ~ to imprint a kiss on s.o.'s lips. – **6.** (*Siegel*) (auf *acc* to) affix, set. – **7.** *med.* (*Pflaster*) (auf *acc*) apply (to), stick (on). – **8.** *electr.* (*Spannung etc*) impress. – **II** *v/i* **9.** (*stark drücken*) press: er drückte beim Schreiben zu sehr auf he pressed too hard when writing.

ˈaufˌducken (*getr.* -k·k-) *v/i* ⟨*sep,* -ge-, sein⟩ bob (*od.* pop) up.

ˌaufˌeinˈan·der *adv* **1.** (*übereinander*) one on top of another (*od.* the other), one upon the other, on top of one another (*od.* each other): die Bücher müssen ~ liegen the books must lie one on top of the other. – **2.** (*einer auf den anderen*) one (up)on the other (*od.* another): ~ abgestimmte Farben colo(u)rs in harmony with one another; wir sind ~ angewiesen we are dependent upon one another (*od.* each other); ~ einwirkend interactive; sie sind ~ böse they are cross with one another; sie sollten ~ warten they ought to wait for each other. – **3.** (*gegeneinander*) against one another, one against the other: die Gegner stürmten ~ los the foes rushed at each other. – **4.** (*nebeneinander*) side by side: nahe ~ at close quarters.

ˌAufˌeinˈan·der|ˌfol·ge *f* ⟨-; *no pl*⟩ succession, sequence: in rascher ~ in rapid succession; zeitliche ~ chronological order; stufenweise ~ gradual succession, gradation. — **a~ˌfol·gen** *v/i* ⟨*sep,* -ge-, sein⟩ follow one another, succeed (one another): die Züge sollten schneller ~ the trains should run at shorter intervals. — **a~ˌfol·gend I** *pres p.* – **II** *adj* successive, consecutive: während dreier ~er Tage for three days running (*od.* in succession); an drei ~en Tagen on three successive days; regelmäßig (*od.* kontinuierlich) ~ sequent, sequential; turnusmäßig ~ following (one another) by rotation, rotational, rotatory. — **a~ˌhäu·fen** *v/t* ⟨*sep,* -ge-, h⟩ etwas ~ to pile (*od.* heap) s.th. up. — **a~ˌhet·zen** *v/t* ⟨*sep,* -ge-, h⟩ **1.** (*Tiere*) set (*animals*) at (*od.* on) one another. – **2.** *bes. fig.* (*Menschen*) set (*people*) (up) against one another, incite (*people*) against one another. — **a~ˌle·gen I** *v/t* ⟨*sep,* -ge-, h⟩ **1.** lay (*things*) one on top of the other. – 2. *math.* superpose. – II A~ *n* ⟨-s⟩ 3. *verbal noun.* – 4. *math.* superposition. — **a~ˌlie·gen** *v/i* ⟨*irr, sep*, -ge-, h *u.* sein⟩ lie on top of one another. — **a~ˌpas·sen** *v/i* ⟨*sep*, -ge-, h⟩ fit on (*od.* onto, on top of) one another. — **a~ˌplat·zen** *v/i* ⟨*sep*, -ge-, sein⟩ *fig. colloq. for* aufeinanderstoßen 2. — **~ˌprall** *m cf.* Aufschlag 1, Zusammenstoß 1. — **a~ˌpral·len** *v/i* ⟨*sep*, -ge-, sein⟩ *cf.* aufeinanderstoßen 2, 3. — **a~ˌpres·sen** *v/t* ⟨*sep*, -ge-, h⟩ press (*things*) together. — **a~ˌschich·ten** *v/t* ⟨*sep*, -ge-, h⟩ *cf.* aufeinanderstapeln. — **a~ˌset·zen** *v/t* ⟨*sep*, -ge-, h⟩ put (*things*) one on top of the other, super(im)pose (*s.th.*) (up)on s.th. else. — **a~ˌsit·zen** *v/i* ⟨*irr, sep*, -ge-, h *u.* sein⟩ 1. sit on top of one another. – 2. *fig. colloq.* live on top of one another. — **a~ˌsta·peln** *v/t* ⟨*sep*, -ge-, h⟩ pile up. — **a~ˌstel·len** *v/t* ⟨*sep*, -ge-, h⟩ place (*od.* put) (*things*) one on top of the other. — **~ˌstoß** *m cf.* Aufschlag 1, Zusammenstoß 1. — **a~ˌsto·ßen** *v/i* ⟨*irr, sep*, -ge-, sein⟩ 1. (*von Autos etc*) crash, collide. – 2. *fig.* (*von Personen, Meinungen*) clash. – 3. *bes. phys.* impact (up)on one another. — **a~ˌtref·fen** *v/i* ⟨*irr, sep*, -ge-, sein⟩ 1. meet (one another). – 2. *fig. cf.* aufeinanderstoßen 2. — **a~ˌtrei·ben** *v/i* ⟨*irr, sep*, -ge-, sein⟩ *mar.* (*von Schiffen*) run foul of one another. — **a~ˌtür·men** *v/t* ⟨*sep*, -ge-, h⟩ pile up, stack. — **a~ˌwir·ken** *v/i* ⟨*sep*, -ge-, h⟩ interact, act upon one another.

ˈaufˌei·sen *v/t* ⟨*sep*, -ge-, h⟩ *rare for* auftauen 1.

ˈaufˌen·tern *v/i* ⟨*sep*, -ge-, sein⟩ *mar.* (*in die Wanten klettern*) go aloft: A~! lay aloft!

ˈAuf·entˌhalt *m* ⟨-(e)s; -e⟩ 1. (*des Zuges etc*) stop, halt: fünf Minuten ~ five minutes' stop (*od. Am.* stopover, layover); wieviel ~ hat der Zug in München? how long does the train stop (*od.* wait) in Munich? er durchfährt die Strecke ohne ~ he makes the journey nonstop (*Br.* non-stop); wir hatten zwei Stunden ~ in München we had to wait for two hours in Munich, we had a two-hour wait in (*od.* at) Munich. – 2. (*Verweilen*) stay, sojourn: seinen ~ verlängern to prolong (*od.* extend) one's stay; ~ im Ausland stay abroad; bei meinem ~ in, während meines ~(e)s in during my stay in. – 3. (*Verzögerung*) delay, holdup: ohne ~ without delay; unfreiwilliger ~ compulsory delay, detention. – 4. (*Wohnsitz*) (permanent) residence, domicile, abode: er hat in München seinen festen ~ his permanent residence is in Munich; ohne festen ~ with (*od.* of) no fixed abode (*od.* address). – 5. *cf.* Aufenthaltsort 1. – 6. *mar.* stay: wir hatten kurze ~e in mehreren Häfen we touched at several ports.

ˈAuf·entˌhal·ter *m* ⟨-s; -⟩ *Swiss* nonpermanent (*Br.* non-permanent) resident.

ˈAuf·entˌhalts|beˌschei·ni·gung *f cf.* Aufenthaltsbestätigung. — **~beˌschrän·kung** *f jur.* limitation of (period of) residence (*od.* stay). — **~beˌstä·ti·gung** *f* residence certificate. — **~beˌwil·li·gung** *f cf.* Aufenthaltserlaubnis. — **~ˌdau·er** *f* 1. length (*od.* duration) of stay. – 2. (*eines Zuges etc*) length of stop. — **~erˌlaub·nis, ~geˌneh·mi·gung** *f* residence permit, permit of residence. — **~konˌtrol·le** *f* aliens' control, supervision of aliens. — **~ˌort** *m* 1. whereabouts *pl* (*construed as sg or pl*): sein jetziger ~ ist unbekannt his present whereabouts are (*od.* location is) unknown. – 2. *cf.* Aufenthalt 4. — **~ˌraum** *m* 1. (*eines Hotels etc*) lounge. – 2. (*einer Jugendherberge etc*) common (*od.* recreation) room. — **~verˌbot** *n* ban on residence. — **~verˌlän·ge·rung** *f* extension (*od.* lengthening) of stay. — **~ˌzeit** *f cf.* Aufenthaltsdauer.

ˈauf·erˌle·gen *v/t* ⟨*sep, no* -ge-, h⟩ 1. (*Pflichten etc*) impose, enjoin: j-m eine Buße ~ to enjoin (a) penance (up)on s.o., to penance s.o.; j-m einen Eid ~ to put s.o. on (his) oath; j-m die Pflicht ~, etwas zu tun to impose (*od.* lay) (up)on s.o. the duty of doing s.th.; j-m Stillschweigen ~ to enjoin (*od.* impose) silence (up)on s.o.; j-m harte Bedingungen ~ to dictate strict terms to s.o., to impose strict terms (up)on s.o.; j-m eine Verpflichtung ~ *econ.* to impose an obligation (up)on s.o.; sich (*dat*) Zwang ~ to check (*od.* control, restrain) oneself, to put (*od.* lay) restraint on oneself; sich (*dat*) keinen Zwang ~ to be free and easy. – 2. (*Steuern, Strafe etc*) impose, lay, inflict: j-m eine Geldstrafe ~ to impose (*od.* inflict) a fine (up)on s.o., to fine (*od.* mulct) s.o.; j-m eine Steuer ~ to tax s.o., to lay a tax on s.o.; j-m die Kosten des Verfahrens ~ *jur.* to award the costs against s.o.; einem Land eine Kontribution ~ *pol.* to lay a country under a contribution. – 3. j-m Startverbot ~ (*sport*) to ban s.o. —

ˈAuf·erˌle·gung *f* ⟨-; *no pl*⟩ 1. (*einer Pflicht, von Bedingungen etc*) imposition. – 2. (*einer Steuer, Strafe etc*) imposition, infliction: unter ~ der Kosten *jur.* awarding the costs against s.o.

ˈAuf·erˌstan·de·ne, der ⟨-n; *no pl*⟩ *relig.* the risen Christ.

ˈauf·erˌste·hen *v/i* ⟨*irr, sep, no* -ge-, sein⟩ 1. *relig.* rise: von den Toten [aus dem Grabe] ~ to rise from the dead [grave]; Christus ist auferstanden Christ is risen; wieder ~ to resurrect. – 2. *poet.* (*wiedererstehen*) revive, come to life again: er ist wieder von den Toten auferstanden *fig. humor.* he is on his feet again. — **ˈAuf·erˌste·hung** *f* ⟨-; *no pl*⟩ 1. *relig.* (*der Toten*) rising, (*am Jüngsten Tag*) resurrection, Resurrection: die ~ Christi *Bibl.* the Resurrection; ~ des Fleisches resurrection of the body. – 2. *fig.* (*Wiedererstehen*) revival, resurrection, resurgence.

ˈAuf·erˌste·hungs|ˌfei·er *f relig.* (*am Karsamstag*) Easter Vigil. — **~ˌfest** *n* Feast of the Resurrection, Easter. — **~ˌtag** *m relig.* Resurrection Day.

ˈauf·erˌwecken (*getr.* -k·k-) *v/t* ⟨*sep, no* -ge-, h⟩ 1. j-n (von den Toten) ~ *Bibl.* to raise s.o. from the dead. – 2. *fig. lit.* (*Vergangenes etc*) bring (*s.th.*) to life again, revive, resurrect. — **ˈAuf·erˌweckung** (*getr.* -k·k-) *f* ⟨-; *no pl*⟩ 1. *Bibl.* (*der Toten*) raising: ~ des Lazarus raising of Lazarus. – 2. *fig. lit.* (*Wiederbelebung*) revival, resurrection.

ˈauf·erˌzie·hen *v/t* ⟨*irr, sep, no* -ge-, h⟩ *obs. for* aufziehen 10, großziehen 1.

ˈaufˌes·sen *v/t* ⟨*irr, sep*, -ge-, h⟩ eat up, finish (up): iß deine Suppe auf! eat up your soup! du mußt deinen Teller ~ *colloq.* you must clear your plate; wir haben unsere gesamten Vorräte aufgegessen we have consumed all our provisions.

ˈaufˌfä·deln *v/t* ⟨*sep*, -ge-, h⟩ (*Perlen etc*) (auf *acc* on) string, thread.

ˈaufˌfah·ren I *v/i* ⟨*irr, sep*, -ge-, sein⟩ 1. (*aus Gedanken, Träumen etc*) start (*od.* jump) up, give a start: aus dem Schlaf ~ to wake up with a start; sie fuhr erschrokken aus dem Sessel auf she jumped up from her armchair with fright. – 2. (*aufbrausen*) flare up, fly into a rage, fly off the handle (*colloq.*): er fährt beim geringsten Anlaß gleich auf he flares up at the slightest provocation; heftig ~ to hit the ceiling (*colloq.*). – 3. (*vorfahren, von Autos etc*) drive (*od.* draw) up: die Wagen fuhren vor dem Palast auf the cars drove up in front of the palace. – 4. auf (*acc*) etwas ~ a) (*von hinten aufprallen*) (*von Fahrzeugen*) to run into (*od.* ram) s.th. (from behind), b) (*nahe heranfahren*) to ride close behind: der Schnellzug fuhr auf einen Güterzug auf the express train crashed into a freight (*Br.* goods) train; aufeinander ~ to collide; (zu) dicht auf ein anderes Auto ~ to drive up (too) close to another car. – 5. *cf.* hinauffahren I. – 6. *mar.* run aground: auf (*acc*) etwas ~ to run on (*od.* strike [on]) s.th. – 7. *mil.* (*von Geschützen*) drive (*od.* be brought) in position. – 8. in den (*od. lit.* gen) Himmel ~ *relig.* to ascend (in)to heaven. – II *v/t* ⟨h⟩ 9. (*Geschütze etc*) bring (*s.th.*) into action, bring up, place: schweres (*od.* grobes) Geschütz ~ (lassen) *fig. colloq.* to bring one's heavy artillery into play. – 10. (*mining*) a) (*Flözstrecke*) drive, b) (*Gesteinsstrecke*) tunnel. – 11. *colloq.* (*Speisen, Getränke*) bring on, dish (*od.* serve) up: mehrere Gänge ~ (lassen) to bring on several courses; er hat eine Menge Kuchen aufgefahren (*od.* auffahren lassen) he dished up lots of cake. – 12. *colloq.* (*Argumente etc*) bring forward (*od.* on), produce, come up with. – 13. *civ.eng.* (*Material etc*) bring up. – III A~ *n* ⟨-s⟩ 14. *verbal noun*: zu dichtes A~ (*im Straßenverkehr*) a) driving bumper to bumper, b) (*Zusammenstoß*) rear-end collision. – 15. (*aus Gedanken etc*) start. – 16. (*Aufbrausen*) sudden (fit of) rage. – 17. *cf.* Auffahrt 1, 2, 5. — **ˈaufˌfah·rend** I *pres p.* – II *adj* (*heftig*) hasty, irritable, irascible: sein ~es Wesen his hasty temper.

ˈAufˌfahrt *f* 1. (*Fahrt nach oben*) ascent, ascension. – 2. (*Vorfahren*) a) (*der Wagen etc*) driving (*od.* drawing) up, b) (*der Gäste etc*) arrival. – 3. (*Zufahrt*) approach (road), (*zu einem Haus*) drive, *bes. Br.* avenue, *Am.* driveway. – 4. (*Rampe*) ramp, inclined approach. – 5. *Swiss and Southern G. obs. for* Himmelfahrt.

ˈAufˌfahrts|ˌram·pe *f* access ramp. — **~ˌtag** *m relig. Swiss* Ascension Day.

ˈAufˌfahrˌunˌfall *m auto.* rear-end collision.

ˈaufˌfal·len I *v/i* ⟨*irr, sep*, -ge-, sein⟩ 1. attract attention (*od.* notice), be striking (*od.* conspicuous), impress: ihre außergewöhnliche Schönheit fiel allen auf her extraordinary beauty attracted everybody's attention; er fiel unangenehm auf he made himself unpleasantly conspicuous; um nicht aufzufallen to avoid being conspicuous; nur nicht ~! avoid being conspicuous! zum ersten Mal ist uns aufgefallen we noticed for the first time; j-m ~ to strike s.o. – 2. (*aufschlagen*) fall: er fiel auf einen Felsen auf he fell on a rock; der Ball fiel im Spielfeld auf the ball landed in the field. – 3. *phys.* (*von Strahlen etc*) (auf *acc* [up]on) be incident. – 4. (*sich öffnen*) fall open. – 5. *hunt.* a) (*vom Hund*) an die Fährte ~ to find (*od.* scent) the track (*od.* trail), b) (*von Vögeln*) *cf.* einfallen 8. – II *v/t* 6. sich (*dat*) das Knie ~ to hurt (*od.* skin, bark) one's knee (by falling). – III A~ *n* ⟨-s⟩ 7. *verbal noun.* – 8. *phys.* (*von Strahlen etc*) (auf *acc* [up]on) incidence. — **ˈaufˌfal·lend** I *pres p.* – II *adj* 1. (*Schönheit etc*) striking, remarkable. – 2. (*Narbe etc*) conspicuous, noticeable: nicht ~ inconspicuous. – 3. *cf.* auffällig 1, 2. – 4. *phys.* (*Licht*) incident: ein auf eine Oberfläche ~er Lichtstrahl a ray of light incident upon a surface. – III *adv* 5. (*sehr*) remarkably, strikingly: sie sieht ihr ~ ähnlich she looks remarkably (*od.* very much) like her. – 6. (*besonders*) notably, remarkably, particularly: die Vorstellung war ~ gut besucht the performance was notably well attended. – IV A~e, das ⟨-n⟩ 7. the strikingness: das A~e an der ganzen Geschichte what strikes one about the whole business.

ˈaufˌfäl·lig I *adj* 1. (*Kleidung, Farbe etc*) showy, flashy, loud, gaudy. – 2. (*Benehmen etc*) strange, peculiar, odd. – 3. *cf.* auffallend 1, 2. – II *adv* 4. showily, gaudily, flashily: sich ~ kleiden to dress showily. – 5. (*sonderbar*) strangely, peculiarly, oddly: er benahm sich ~ he behaved strangely. – 6. *cf.* auffallend 5, 6. – III A~e, das ⟨-n⟩ 7. the strikingness. — **ˈAufˌfäl·lig·keit** *f* ⟨-; *no pl*⟩ 1. (*der Kleidung, Farben etc*) showiness, flashiness, loudness, gaudiness. – 2. (*Sonderbarkeit*) strangeness, peculiarity, oddness, oddity. – 3. (*Augenfälligkeit*) conspicuousness, noticeability.

ˈAufˌfallˌwin·kel *m phys.* angle of incidence.

ˈaufˌfal·ten I *v/t* ⟨*sep*, -ge-, h⟩ 1. (*Papier etc*) unfold. – 2. (*zusammenfalten*) fold (up *od.* together). – 3. *geol.* (*Erdschichten etc*) upfold, fold (*s.th.*) upward(s). – II *v/reflex* sich ~ 4. *geol.* fold upward(s). – III A~ *n* ⟨-s⟩ 5. *verbal noun.* — **ˈAufˌfal·tung** *f* ⟨-; -en⟩ 1. *cf.* Auffalten. – 2. *geol.* anticlinal fold.

ˈAufˌfang *m tech. chem. cf.* Auffanggefäß 2, 3. — **~beˌhäl·ter** *m tech.* (*an einer Röhrenleitung*) catch basin. — **~ˌblech** *n* drip (*od.* collecting) pan. — **~elekˌtro·de** *f electr.* collector (*od.* collecting, target) electrode, collector plate.

ˈaufˌfan·gen *v/t* ⟨*irr, sep*, -ge-, h⟩ 1. (*Ball, Brocken etc*) catch (*auch fig.*): der Hund fing einen Bissen in der Luft auf the dog caught a morsel in midair; j-n im Fallen ~ a) to catch s.o. falling, b) to break s.o.'s fall; den Ball ~ *fig.* to keep the conversation going (*od.* the ball rolling); er konnte ein paar Worte ~ *fig.* he was able to catch a few words; j-s Blick ~ *fig.* to catch s.o.'s eyes. – 2. (*Regenwasser etc*) collect, catch. – 3. (*Stoß*) cushion, absorb. – 4. (*Druck, Gewicht*) receive. – 5. (*sport*) (*Schlag, Hieb*) parry, ward off. – 6. *econ.* a) (*Lohnerhöhungen etc*) absorb, cushion, b) (*Preise*) neutralize, check, ward off: vorübergehende Störungen ~ to cushion (*od.* stand) the strain of temporary difficulties. –

7. (*Funksignal, Neuigkeit etc*) pick up. – 8. *tel.* intercept. – 9. *phys.* (*Strahlen, Wellen*) intercept, receive. – 10. *mil. cf.* abfangen 10. – 11. (*Flüchtlinge etc*) receive (*s.o.*) in a camp. – 12. *aer. cf.* abfangen 6 a—c. – 13. *mil.* a) (*Angriff, Durchbruch*) contain, halt, b) (*Deserteure, Flüchtende*) round up. – 14. a) (*Strickmasche*) pick up, b) (*Laufmasche*) stop.

'Auf,fän·ger *m* ⟨-s; -⟩ (*für Flüssigkeit*) collector.

'Auf,fang|ge,biet *n* 1. (*für Flüchtlinge*) reception area. – 2. (*für Raumkapseln etc*) recovery area. – 3. *mil.* reception area. — **~ge,fäß** *n* 1. *meteor.* receiver. – 2. *tech.* collecting vessel. – 3. *chem.* a) receiver, b) (*bei der Destillation*) trap. — **~,glas** *n* 1. *cf.* Auffangschale. – 2. (*eines Mikroskops*) objective. — **~,gra·ben** *m civ.eng.* diversion (*od.* catchwater, intercepting) ditch. — **~,la·ger** *n* (*für Flüchtlinge etc*) reception camp. — **~,netz** *n mar.* save-all. — **~,scha·le** *f* 1. *tech.* drip pan (*od.* cup), collecting pan. – 2. *med.* (*für Eiter etc*) pus basin. — **~,schirm** *m phys.* intercepting (*od.* projecting, collecting) screen. — **~,stan·ge** *f electr.* (*des Blitzableiters*) lightning rod. — **~,stel·lung** *f mil.* reserve (*od.* rear) position, prepared position in the rear, prepared rear position, second line. — **~,trich·ter** *m* 1. *tech.* a) collecting funnel, b) (*für Schüttgut*) receiving hopper. – 2. *aer.* (*eines Windkanals*) collector. — **~,vor,rich·tung** *f* 1. *print.* (sheet) stopper. – 2. *tech.* a) catching device, trap, buffer, b) collecting device. – 3. *electr.* (*am Blitzableiter*) lightning arrester (*od.* rod).

'auf,fär·ben *v/t* ⟨*sep*, -ge-, h⟩ *chem.* (*Färberei*) redye, *Br.* re-dye.

'auf,fa·sern *v/t u.* sich ~ *v/reflex* ⟨*sep*, -ge-, h⟩ 1. unravel, ravel out, fray (out). – 2. *biol.* separate into fibers (*bes. Br.* fibres).

'auf,fas·sen I *v/t* ⟨*sep*, -ge-, h⟩ 1. (*erfassen, verstehen*) comprehend, understand, grasp, conceive: etwas richtig ~ to understand s.th. correctly (*od.* properly); etwas falsch ~ to misunderstand (*od.* misconceive) s.th.; etwas anders (*od.* verschieden) ~ to understand (*od.* see, take, view) s.th. differently, to see (*od.* view) s.th. in a different light; die Dinge richtig [falsch] ~ to take the right [a wrong] view of things; ich fasse es so auf, daß I take it (to mean) that; ich habe seine Bemerkung ähnlich aufgefaßt I took his remark to mean that too, that is about how I understood his remark; wie ich es (*od.* die Sache) auffasse as I take (*od.* see) it, in my view, to my mind (*od.* way of thinking). – 2. (*deuten, auslegen*) interpret, take, read, construe: eine Stelle richtig ~ to interpret a passage correctly, to put the right construction on a passage; etwas als Scherz [Beleidigung] ~ to take s.th. as a joke [an insult]; Schweigen als Zustimmung ~ to read silence as consent; eine Rolle [ein Theaterstück] tragisch ~ to interpret a part [play] tragically. – 3. (*Maschen*) pick up, take up. – 4. *cf.* auffädeln. – **II** *v/i* 5. understand: schnell (*od.* leicht) ~ to be quick-witted, to be quick in (*od.* on) the uptake; langsam (*od.* schwer) ~ to be slow-witted, to be slow in (*od.* on) the uptake. – **III A~** *n* ⟨-s⟩ 6. *verbal noun.* – 7. *psych.* (*bewußtes*) apperception. — **'Auf,fas·sung** *f* ⟨-; -en⟩ 1. ⟨*only sg*⟩ (*Erfassen, Verständnis*) comprehension, understanding, conception, apprehension: falsche (*od.* irrige) ~ misunderstanding, misconception, misapprehension. – 2. (*Meinung, Ansicht*) view, opinion: nach meiner ~ in my view (*od.* opinion), to my mind (*od.* way of thinking), as I see (*od.* take) it; ich kann diese ~ nicht teilen I cannot share this view; ich bin der ~, daß I am of the opinion that; die ~ vertreten, daß to take the view (*od.* line) that, to hold (*od.* argue) that; zu der ~ kommen, daß to reach the view that. – 3. (*Deutung, Auslegung*) interpretation, reading, construction: falsche (*od.* unrichtige) ~ einer (Text)Stelle misinterpretation (*od.* misconstruction) of a passage; falsche ~ einer Bühnenrolle (*theater*) misinterpretation of a part. – 4. (*Vorstellung*) conception, idea: eine strenge [hohe] ~ von seiner Pflicht haben to have a strict [high] conception of one's duty; ich habe (so) meine eigenen ~en darüber I have ideas of my own about it. – 5. *cf.* Auffassungsgabe.

'Auf,fas·sungs|,art *f* 1. point of view. – 2. *psych.* type of apprehension. — **a~,fä·hig** *adj psych.* perceptive. — **~,ga·be, ~,kraft** *f psych.* perceptive faculty, faculty (*od.* powers *pl*) of perception (*od.* apprehension), perceptivity, perceptiveness, apperception: gute (*od.* schnelle) ~ quickness (*od.* readiness) of mind; eine schnelle ~ haben, von schneller ~ sein to be quick-witted, to be quick in (*od.* on) the uptake. — **~,sa·che** *f* matter of opinion: das ist ~ that's a matter of opinion. — **~ver,mö·gen** *n cf.* Auffassungsgabe. — **~,wei·se** *f cf.* Auffassungsart.

'Auf·fa·vo,rit *m* (*beim Pferderennsport*) odds-on favo(u)rite: als ~ starten to start odds-on.

'auf,fe·gen *v/t* ⟨*sep*, -ge-, h⟩ (*Schmutz etc*) sweep up.

'auf,fei·len *v/t* ⟨*sep*, -ge-, h⟩ file (*s.th.*) open.

'auf,fet·zen *v/t* ⟨*sep*, -ge-, h⟩ *East Middle G. colloq.* (*Brief, Kuvert etc*) tear (*s.th.*) open.

'auf,fie·ren *v/t* ⟨*sep*, -ge-, h⟩ *mar.* 1. (*Schoten etc*) slacken, slack off (*od.* up, out), ease, veer, start. – 2. (*Talje*) come up.

'auf,find·bar *adj* discoverable, traceable, findable: nirgends ~ not to be found (*od.* discovered) anywhere.

'auf,fin·den I *v/t* ⟨*irr, sep*, -ge-, h⟩ find, discover, *auch* locate: j-n bewußtlos ~ to find (*od.* discover) s.o. unconscious; sie war nirgends aufzufinden she could not be found (*od.* located) anywhere. – **II A~** *n* ⟨-s⟩ *verbal noun.* — **'Auf,fin·dung** *f* ⟨-; *no pl*⟩ 1. *cf.* Auffinden. – 2. discovery, *auch* location: ~ des Kreuzes *relig.* Invention of the Cross.

'auf,fi·schen *v/t* ⟨*sep*, -ge-, h⟩ *colloq.* 1. (*Schiffbrüchige etc*) fish (*s.o.*) out (*od.* up), rescue. – 2. (*Leiche, Treibgut etc*) fish (*s.th.*) out (*od.* up). – 3. *fig.* pick up, find.

'auf,fit·zen *v/t* ⟨*sep*, -ge-, h⟩ *dial.* (*Knäuel etc*) unravel.

'auf,flackern (*getr.* -k·k-) **I** *v/i* ⟨*sep*, -ge-, sein⟩ 1. (*von Kerze, Feuer etc*) flicker up, (*stärker*) flare up. – 2. *fig.* (*von Unruhen, Epidemie etc*) flare up: Wut flackerte in ihm auf he flared up into a rage; eine schwache Hoffnung flackerte auf a faint hope flickered up. – 3. *chem.* deflagrate. – **II A~** *n* ⟨-s⟩ 4. *verbal noun.* – 5. flicker, (*stärker*) flare-up. – 6. *fig.* (*von Unruhe etc*) flare-up: zorniges A~ flare-up of anger; das letzte A~ der Lebensflamme the last flicker (*od.* spark) of life. – 7. *chem.* deflagration.

'auf,flam·men I *v/i* ⟨*sep*, -ge-, sein⟩ 1. (*von Holzstoß, Kaminfeuer etc*) flame up, blaze up, burst into flame(s). – 2. (*von Scheinwerfer, Streichholz etc*) flash (*od.* light) up. – 3. *fig.* flare up, blaze (up), flame (*od.* break) out: Wut flammte in ihm auf, er flammte vor Wut auf he was blazing with rage, his anger flamed out, he flared up (*od.* flew) into a rage; Aufruhr flammte auf a revolt flared (*od.* blazed) up. – 4. *chem.* deflagrate. – **II A~** *n* ⟨-s⟩ 5. *verbal noun.* – 6. blaze, flare-up (*auch fig.*). – 7. *fig.* outbreak. – 8. *chem.* deflagration.

'auf,flat·tern *v/i* ⟨*sep*, -ge-, sein⟩ (*von Vögeln*) flutter up.

'auf,flech·ten *v/t* ⟨*irr, sep*, -ge-, h⟩ 1. (*Garn, Seil*) untwist, untwine, unravel. – 2. (*Haar etc*) unplait, unbraid, undo.

'auf,flie·gen I *v/i* ⟨*irr, sep*, -ge-, sein⟩ 1. (*von Vögeln*) fly up, take wing, soar (up): plötzlich ~ to flush. – 2. (*von Staub*) fly up. – 3. (*von Ballon*) ascend, mount. – 4. (*von Fenster, Tür etc*) fly open. – 5. *fig.* jump up. – 6. *fig. colloq.* (*von Schwindelunternehmen etc*) be detected, blow up, explode. – 7. *fig. colloq.* (*von Plan, Firma etc*) fail, collapse: die Konferenz ist aufgeflogen the conference ended in failure (*od. colloq.* went up in smoke); ~ lassen (*Plan, Konferenz*) to cause the failure of, to bring about the collapse of. – 8. *colloq. for* explodieren. – 9. *hunt.* rise, get up, (*von Rebhühnern*) *auch* whir, spring. – **II A~** *n* ⟨-s⟩ 10. *verbal noun*: etwas zum A~ bringen *fig.* to cause the failure of s.th., to bring about the collapse of s.th.

'auf,flim·mern *v/i* ⟨*sep*, -ge-, h⟩ 1. (*von Licht*) (begin to) glimmer. – 2. (*von Gegenständen*) (begin to) glitter (*od.* gleam). – 3. (*von Stern*) (begin to) twinkle.

'Auf,flug *m* 1. *cf.* Auffliegen. – 2. (*von Vögeln*) flight: aufgescheuchter ~ flush. – 3. *hunt.* (*flügge Brut*) covey of young birds, flock of fledg(e)lings.

'auf,for·dern I *v/t* ⟨*sep*, -ge-, h⟩ 1. (*bitten, ersuchen*) ask, request, call (up)on: j-n ~, den Raum zu verlassen, j-n zum Verlassen des Raums ~ to call (up)on s.o. to leave the room; j-n zur Mitarbeit [Teilnahme] ~ to ask s.o. to cooperate [participate]; j-n zum Weitergehen ~ to request s.o. to move (*od.* pass) on; j-n dringend ~ to urge s.o.; zu etwas aufgefordert werden to be called (up)on to do s.th.; j-n zur Zahlung ~ *econ.* to call (up)on (*od.* request) s.o. to pay, to request (*od.* demand) payment from s.o. – 2. (*einladen*) ask, invite: eine Dame zum Tanz ~ to ask a lady to dance; darf ich Sie zum nächsten Tanz ~? may I have (the pleasure of) the next dance? – 3. (*befehlen*) order, bid, (*amtlich*) summon (*auch jur.*): j-n zur Erfüllung eines Vertrages ~ to summon (*od.* call [up]on) s.o. to fulfil(l) a contract; j-n ~, vor Gericht zu erscheinen a) to summon s.o. to appear in court, b) (*unter Strafandrohung*) to subp(o)ena s.o. to appear in court; eine Stadt zur Übergabe ~ *mil.* to summon a town to surrender. – 4. (*ermahnen*) exhort, admonish. – 5. (*sport, games*) *cf.* herausfordern 3. – **II A~** *n* ⟨-s⟩ 6. *verbal noun.* – 7. *cf.* Aufforderung. — **'auf,for·dernd I** *pres p.* – **II** *adj* (*Blick etc*) inviting. — **'Auf,for·de·rung** *f* ⟨-; -en⟩ 1. *cf.* Auffordern. – 2. (*Bitte, Ersuchen*) request, call, demand: die ~ erhalten, etwas zu tun to be called (up)on to do s.th.; eine ~ an j-n richten (*od.* ergehen lassen) to make a request to (*od.* call [up]on) s.o.; an die Bevölkerung ergeht die ~ the public is requested; der ~ zu etwas nachkommen (*od.* Folge leisten) to comply with (*od.* accede to) the request to do s.th.; etwas ohne besondere ~ tun to do s.th. without being expressly requested; ~ zu zahlen (*od.* zur Zahlung) *econ.* demand for payment, request to pay; auf j-s ~ (hin) at s.o.'s request. – 3. (*Einladung*) invitation: ~ zum Tanz invitation to the dance. – 4. (*Befehl*) order, (*amtlich*) summons (*auch jur.*): letzte ~ *pol.* ultimatum; ~ zur Übergabe *mil.* summons to surrender. – 5. (*Ermahnung*) exhortation, admonition. – 6. (*sport, games*) *cf.* Herausforderung 3. – 7. *cf.* Aufforderungsschreiben.

'Auf,for·de·rungs,schrei·ben *n* 1. letter of invitation. – 2. *jur.* (*Vorladung*) summons.

'auf,for·sten (*forestry*) **I** *v/t* ⟨*sep*, -ge-, h⟩ afforest: wieder ~ to reforest, *bes. Br.* reafforest. – **II A~** *n* ⟨-s⟩ *verbal noun.* — **'Auf,for·stung** *f* ⟨-; -en⟩ 1. *cf.* Aufforsten. – 2. afforestation.

'auf,frä·sen *v/t* ⟨*sep*, -ge-, h⟩ *tech.* up-mill.

'auf,fres·sen *v/t* ⟨*irr, sep*, -ge-, h⟩ 1. (*Futter etc*) eat (up), (*Beute*) devour: etwas mit Haut und Haaren ~ to devour s.th. bones and all. – 2. *vulg.* (*Essen*) gobble up, devour, wolf (down). – 3. *fig. colloq.* eat (up): nur keine Angst, er wird dich (schon) nicht ~ don't be afraid, he won't eat you; ich könnte dich (vor Liebe) ~! I could eat you! etwas mit den Augen ~ to look hungrily at s.th., to devour s.th. with one's eyes; der Prozeß fraß sein ganzes Vermögen auf the trial ate (*od.* swallowed) up all his money. – 4. *chem.* (*Metall etc*) corrode.

'auf,fri·schen I *v/t* ⟨*sep*, -ge-, h⟩ 1. (*erneuern*) renovate, refurbish. – 2. (*Farben etc*) freshen (up), refresh, brighten (up). – 3. (*Bild*) touch up. – 4. (*Lager, Vorräte*) replenish, restore, refresh, renew. – 5. *fig. colloq.* (*Erinnerung, Gedächtnis*) refresh, (*Kenntnisse*) *auch* brush (*od.* polish, rub) up: seine Lebensgeister mit einer Tasse Tee ~ *humor.* to refresh oneself with a cup of tea. – 6. *med.* a) (*Gewebe*) regenerate, b) (*Kräfte*) restore. – 7. *mar.* (*Tau, Trosse*) freshen. – **II** *v/i* ⟨h, *auch* sein⟩ 8. *mar.* (*vom Wind*) freshen, rise, pick up. – **III** *v/reflex* ⟨h⟩ sich ~ 9. refresh oneself. – **IV A~** *n* ⟨-s⟩ 10. *verbal noun.* — **'Auf,fri·schung** *f* ⟨-; -en⟩ 1. *cf.* Auffrischen. – 2. renovation. – 3. (*der Lagerbestände*) replenishment, renewal. – 4. *fig. colloq.* (*des Gedächtnisses*) refreshment, (*der Kenntnisse*) brushup, *Br.* brush-up: zur ~ Ihres Gedächtnisses to refresh your memory; zur ~ der Kenntnisse to brush up one's knowledge; er hat eine kleine ~ nötig he needs a little refreshment. – 5. *med.* a) (*des Gewebes*) regeneration, b) (*der Kräfte*) restoration.

'Auf|fri·schungs||kurs, ~|lehr|gang m ped. refresher course.

'auf|führ·bar adj (theater) performable, playable, actable: schwer [leicht] ~ difficult [easy] to produce (od. stage). — 'Auf|führ·bar·keit f ⟨-; no pl⟩ playability, actability.

'auf|füh·ren I v/t ⟨sep, -ge-, h⟩ 1. (theater) mus. perform, present, produce, give, put on: das Stück wurde 40 Abende hintereinander aufgeführt the play had a run of 40 nights; einen (wahren) Freudentanz ~ fig. colloq. to perform a (real) dance of joy; j-m eine Szene (od. ein Theater) ~ fig. colloq. to make s.o. a scene. – 2. cf. bauen 1, errichten 2. – 3. bes. econ. (Posten, Summen etc) list, enter, specify. – 4. cf. anführen 4. – II v/reflex sich ~ 5. behave, conduct oneself: sich schlecht (od. unmöglich) ~ to behave badly, to misbehave, to misconduct oneself. – III A~ n ⟨-s⟩ 6. verbal noun. — 'Auf|füh·rung f ⟨-; -en⟩ 1. cf. Aufführen. – 2. (theater) mus. performance, production, presentation: ein Theaterstück zur ~ bringen to perform a play, to put a play on the stage; ein Stück zur ~ freigeben to license (Br. auch licence) a play; dieses Stück eignet sich zur ~ this play stages well. – 3. cf. Bau[1] 1, Errichtung 3. – 4. bes. econ. entry, specification. – 5. cf. Anführung 4.

'Auf|füh·rungs||recht n jur. 1. performing (od. acting) rights pl, right of performance: sich (dat) das ~ sichern to secure the performing rights. – 2. (Bühnenrecht) stage right. — a~|reif adj (theater) 1. suitable for the stage. – 2. ready for performance. — ~|se·rie f run (of performances), series of performances.

'Auf|fülla·dung (getr. -ll|l-) f mar. (zu ermäßigter Frachtrate) berth cargo.

'Auf|füll|bö·schung f civ.eng. slope of embankment (od. fill), embankment (od. fill) slope.

'auf|fül·len I v/t ⟨sep, -ge-, h⟩ 1. (Tank etc) fill up, top up, refill, replenish. – 2. (Vorräte) replenish. – 3. fig. (Wissenslücken) fill up. – 4. mil. (Regiment etc) fill up. – 5. colloq. (Suppe etc) serve up. – 6. gastr. (mit Brühe) fill (od. top) (s.th.) up with stock. – II A~ n ⟨-s⟩ 7. verbal noun. — 'Auf|fül·lung f ⟨-; -en⟩ 1. cf. Auffüllen. – 2. (eines Tanks, Vorrats etc) replenishment.

'Auf|füll|vor|rich·tung f tech. filling-up device.

'auf|fut·tern v/t ⟨sep, -ge-, h⟩ colloq. for aufessen.

'auf|füt·tern v/t ⟨sep, -ge-, h⟩ 1. (Tiere) feed up, rear: sorgfältig ~ to bring up by careful feeding. – 2. colloq. cf. aufpäppeln.

'Auf|ga·be f ⟨-; -n⟩ 1. (Arbeit) task, job, bes. Am. assignment: j-m eine ~ stellen to set s.o. a task; j-n mit einer ~ betrauen to charge (od. assign) s.o. with a task; eine ~ bewältigen to accomplish a task; sich vor eine ~ gestellt sehen to see oneself faced with a task; einer ~ gewachsen sein to be equal to a job, to be able to cope with a task; er ist für diese ~ wie geschaffen he is cut out for this job. – 2. (Pflicht) task, duty, business, (bes. Sendung) mission: das ist nicht meine ~ that is not my business; sich (dat) etwas zur ~ machen to make it one's business (od. duty) to do s.th. – 3. (Funktion) function, task: eine ~ übernehmen to take over a function; eine doppelte ~ erfüllen to fulfil(l) a double function; das Adverb hat eine andere ~ the adverb has a different function. – 4. ped. (Schularbeit) homework, preparation, Br. colloq. prep: seine ~n machen to do one's homework; j-m die ~n abhören to hear s.o.'s lesson. – 5. (Rechenaufgabe) sum, (mathematical) problem: eine ~ lösen to solve a problem. – 6. ⟨only sg⟩ a) (eines Briefes etc) bes. Am. mailing, bes. Br. posting, b) (eines Telegramms) sending. – 7. ⟨only sg⟩ (des Reisegepäcks) bes. Am. checking, bes. Br. registering (od. registration). – 8. ⟨only sg⟩ (einer Anzeige) insertion, inserting. – 9. ⟨only sg⟩ (einer Bestellung etc) giving, placing. – 10. ⟨only sg⟩ (der Wohnung etc) giving up: die ~ eines Geschäftes the closing down (od. giving up) of a business; wegen ~ des Geschäfts econ. as we are retiring from business. – 11. ⟨only sg⟩ (eines Amtes, einer Stellung) giving up (of), resignation (from), retirement (from). – 12. ⟨only sg⟩ (eines Planes etc) giving up, abandonment, relinquishment: durch die ~ seiner Grundsätze by the sacrifice of his principles. – 13. ⟨only sg⟩ econ. a) (Auftrag) advice, b) (Angabe) indication, c) (der Preise) quotation: laut ~ a) as per advice, as advised, b) according to order(s), as ordered; ~ von Einzelheiten indication of particulars. – 14. ⟨only sg⟩ jur. (eines Rechts) renunciation, relinquishment, release, waiver: die ~ einer Versicherungspolice the surrender of (an) insurance policy; j-n zur ~ einer Klage veranlassen to nonsuit s.o. – 15. ⟨only sg⟩ (sport) a) giving up, b) (Rücktritt) withdrawal, retirement: Sieg durch ~ (Boxen) technical knockout. – 16. tech. a) (im Förderwesen) delivery, b) (Beladung) loading. – 17. tech. metall. (Zuführung von Werkstücken) feeding: automatische (od. selbsttätige) ~ automatic feeding.

'Auf|ga·be||bahn|hof m (im Güterverkehr) dispatch (od. despatch) station (od. point). — ~be|schei·ni·gung f cf. Aufgabeschein.

'auf|ga·beln v/t ⟨sep, -ge-, h⟩ 1. pick up (s.th.) with a fork, fork up: Heu ~ to pitch hay. – 2. colloq. fig. pick up, get hold of: wo hast du das bloß aufgegabelt? where did you get hold of that?

'Auf|ga·ben|be|reich m field (od. scope) of duties: das fällt nicht in meinen ~ that is not within my field of duties. — ~|buch n ped. homework notebook, Br. colloq. prep book. — ~ge|biet n cf. Aufgabenbereich. — ~|heft n cf. Aufgabenbuch. — ~kom|plex, ~|kreis m cf. Aufgabenbereich. — ~|samm·lung f collection of problems (od. exercises): mathematische ~ collection of mathematical problems (od. exercises). — ~|stel·lung f setting of a task.

'Auf|ga·be||ort m (postal service) place of posting (bes. Am. mailing). — ~|schein m (postal) receipt. — ~|stel·le f (von Telegrammen) sending station. — ~|stem·pel m postmark, date stamp. — ~|tag m date of posting (bes. Am. mailing). — ~|tisch m tech. feeding (od. charging) table. — ~|trich·ter m 1. (für Werkstückbeschickung) feed hopper. – 2. (am Hochofen) distributor. — ~|vor|rich·tung f charging facility, feeding device. — ~|zeit f (postal service) time of dispatch (od. despatch, sending).

'Auf·ga|lopp m ⟨-s; no pl⟩ 1. (sport) (Pferderennen) trial gallop. – 2. fig. cf. Auftakt 2, Beginn.

'Auf|gang m 1. (Treppen) stairs pl, staircase, stairway: der ~ zur Galerie the stairs to the gallery; ~ für Dienstboten tradesmen's stairs. – 2. (Weg) ascent, way up. – 3. ⟨only sg⟩ (der Gestirne) rising: der ~ der Sonne (the) sunrise. – 4. ⟨only sg⟩ rare for Osten 1. – 5. ⟨only sg⟩ hunt. (der Jagd) beginning (od. opening, commencement) of the season.

'Auf|gangs|punkt m astr. (eines Gestirns) ascendant, ascendent: ~ der Sonne point of sunrise.

'auf|gä·ren v/i ⟨sep, -ge-, sein⟩ rise in fermenting, ferment.

'auf|gat·tern v/t ⟨sep, -ge-, h⟩ colloq. cf. aufgabeln 2.

'auf·ge|bauscht I pp. – II adj 1. (Ärmel, Falten) puffed. – 2. fig. (Bericht etc) exaggerated, magnified, played-up (attrib) (colloq.): leicht ~ slightly exaggerated.

'auf|ge·ben I v/t ⟨irr, sep, -ge-, h⟩ 1. a) (Brief etc) bes. Am. mail, bes. Br. post, b) (Telegramm) send. – 2. (Reisegepäck) bes. Am. check, bes. Br. register. – 3. (Anzeige) insert, have (s.th.) put in the paper. – 4. (Bestellung) give, place. – 5. (Schularbeiten) set, give, assign: j-m ein Gedicht zu lernen ~ to set s.o. a poem to learn. – 6. (Rätsel) ask, set, propose: j-m ein Rätsel ~ a) to ask s.o. a riddle, b) fig. to keep s.o. guessing. – 7. j-m etwas ~ (auftragen) to charge s.o. with s.th., to set s.o. to do s.th. – 8. (Wohnung etc) give up: das Geschäft ~ econ. to give up (od. retire from) one's business. – 9. (Amt, Stellung) give up, resign, retire from. – 10. (Plan, Hoffnung etc) give up, abandon, relinquish: gib's auf! colloq. give (it) up! den Widerstand ~ to give up one's resistance; einen Plan ~ to throw over a plan; eine Gewohnheit ~ to break with a habit; das Trinken ~ to give up (od. leave off) drinking; einen Kranken ~ to give up (hope for) a patient; seinen Geist ~ to give up the ghost, to breathe one's last. – 11. econ. a) j-m etwas ~ to advise s.o. (od. give s.o. notice) of s.th., b) (Adresse) indicate, c) (Preis) quote. – 12. jur. (Recht, Anspruch etc) give up, abandon, renounce, relinquish, release, waive, remise, surrender. – 13. (sport) a) give up, b) withdraw (od. retire) from. – 14. (games) (Partie) concede. – 15. mar. (Schiff) abandon. – 16. tech. metall. a) (Schmelzgut) charge, feed, deliver, b) (Schmelzofen) feed. – 17. dial. for auflegen 11. – II v/i 18. give up: du darfst nicht gleich ~ you must not give up straightaway; Weiß gibt auf (Schach) white concedes. – 19. (sport) a) give up, b) retire, withdraw, c) (beim Boxen) throw in the towel, throw up (od. in) the sponge. – III A~ n ⟨-s⟩ 20. verbal noun. – 21. cf. Aufgabe 6—12, 14—15, 17.

'Auf|ge·ber m, 'Auf|ge·be·rin f (von Briefen etc) sender.

'auf·ge|bla·sen I pp of aufblasen. – II adj fig. swelled- (od. swollen-)headed, conceited, bumptious: ~ sein to have (od. suffer from) a swelled head; ein ~er Kerl a puffed-up fellow. — 'Auf·ge|bla·sen·heit f ⟨-; no pl⟩ fig. swelled-headedness, conceitedness, bumptiousness.

'auf·ge|blüht I pp. – II adj bot. blown: noch nicht ~ unblown; voll (od. ganz) ~ (auch fig.) full-blown, in full bloom (nachgestellt).

'Auf·ge|bot n 1. a) (standesamtliches) notice of an intended marriage, b) (kirchliches) banns pl of marriage, (publication of the) banns pl: das ~ bestellen a) (standesamtlich) to give notice of an intended marriage, b) (kirchlich) to ask (od. put up, publish) the banns, to have one's banns called; das ~ aushängen [verkünden lassen] to publish [to bid] the banns; Erlaß des ~es proclamation of banns; dies ist das erste ~ this is the first time of asking. – 2. ⟨only sg⟩ jur. a) (Vorladung) (public) summons, b) (öffentl. Aufforderung) public notice, citation. – 3. ⟨only sg⟩ (Menge) mass, quantity: ein stattliches ~ von Wagen an imposing array of cars; mit starkem ~ erscheinen to turn up in full force. – 4. ⟨only sg⟩ mil. (Streitmacht) body (of men): das letzte ~ the last reserves pl. – 5. ⟨only sg⟩ fig. mobilization: mit (dem) ~ aller Kräfte, unter ~ aller Kräfte with the utmost exertion, with might and main, by supreme effort.

'Auf·ge|bots||frist f jur. term fixed by public summons. — ~ver|fah·ren n public citation (od. summons).

'auf·ge|bracht I pp of aufbringen. – II adj angry, indignant, (stärker) furious, infuriated: darüber ~ sein, daß to be angry about the fact that; er war darüber sehr ~ he was quite provoked about it.

'auf·ge|don·nert I pp. – II adj colloq. dolled up, dressed up to the nines, in full feathers, dressed fit to kill (alle colloq.).

'auf·ge|dreht I pp. – II adj colloq. in high (od. full) feather, full of life (od. go).

'auf·ge|dun·sen adj 1. (Gesicht, Züge) puffed(-up), puffy, swollen, pasty, bloated. – 2. med. (Leib) distended, bloated, tumid, blown (bes. vet.). —'Auf·ge|dun·sen·heit f ⟨-; no pl⟩ 1. (Gesicht) puffiness, pastiness, bloatedness. – 2. med. abdominal distension (od. distention).

'auf|ge·hen I v/i ⟨irr, sep, -ge-, sein⟩ 1. (von Sonne, Mond) rise, arise (poet.), ascend (bes. astr.): die Sonne ist aufgegangen the sun is up. – 2. (von Pflanzen, Saat) come (od. spring) up, germinate, sprout, shoot (up). – 3. (von Tür, Flasche etc) open: plötzlich ging die Tür auf suddenly the door swung open. – 4. (von Knoten, Schleife etc) come undone (od. untied), get loose: die Naht ist aufgegangen the seam came open. – 5. (von Blüte etc) open, unfold, (bes. von Knospen) bud. – 6. gastr. (von Teig) rise: den Teig ~ lassen to let (od. make) the dough rise; sie ist aufgegangen wie ein Pfannkuchen (od. eine Dampfnudel) fig. humor. she has grown as round as a dumpling (od. balloon). – 7. (von Vorhang) rise, go up. – 8. fig. become apparent (od. understandable): jetzt geht mir der Sinn seiner Worte auf now I see what he means; mir ging ein Licht (od. humor. Seifensieder) auf colloq., mir gingen die Augen auf I began to see the light; die Wahrheit ging mir auf the truth dawned on me; ihm geht eine neue Welt auf a new world is opening (up) to him. – 9. (in Flammen, Rauch) go up: **es ist alles in Rauch aufgegangen** *fig.* it all went up in smoke. – **10.** ~ **in** (*dat*) (*sich völlig widmen*) to live entirely for, to be absorbed (*od.* engrossed) in: **er geht völlig in seiner Arbeit auf** he is completely taken up by his work; **sie geht gänzlich in ihren Kindern auf** she is (all) wrapped up in her children. – **11.** *colloq.* be used up (*od.* consumed, spent): **viel Geld** ~ **lassen** to spend a lot of money. – **12.** *math.* leave no remainder, divide (exactly): **die Division geht auf** the division comes out even (*od.* leaves no remainder); **4 geht in 12 auf** 4 goes into 12 without remainder, 4 divides 12; **die Rechnung geht auf** a) the sum works (*od.* comes) out even, b) *fig.* the calculation proves right; **seine Rechnung ging nicht auf** *fig.* he had miscalculated. – **13.** (*von Firma, Gemeinde*) (**in** *dat* in, into) be (*od.* become) merged (*od.* absorbed, incorporated). – **14.** *med.* a) (*von Abszeß, Geschwür*) break, burst, b) (*von Verband*) work loose, come undone. – **15.** *civ.eng.* (*von Kalk*) swell, rise, increase, grow. – **16.** *hunt.* a) (*von Jagdsaison*) begin, open, b) (*von Rebhühnern*) flush, go up. – **17.** *mar.* (*von Tauende*) become untwisted (*od.* frayed), fag out. – **18.** (*games*) (*von Patience*) come out. – **II A~** *n* ⟨-s⟩ **19.** *verbal noun.* – **20.** (*der Saat*) germination, sprout. – **21.** *bes. econ. jur.* merger, absorption. – **22.** *bot.* (*der Samenkapsel*) dehiscence. – **23.** *cf.* Aufgang 3, 5. — **ˈauf,ge·hend I** *pres p.* – **II** *adj* **1.** *astr.* rising, ascendant, ascendent. – **2.** *math.* (*Division*) leaving no remainder.

ˈauf·ge,ho·ben I *pp of* aufheben. – **II** *adj* (**bei j-m**) **gut** ~ **sein** *fig. colloq.* to be under good care (*od.* in good hands) (with s.o.): **sie ist gut** ~ she is well looked after (*od.* cared for); **dort weiß ich die Kinder gut** ~ I know the children in good care there.

ˈauf,gei·en *v/t* ⟨*sep*, -ge-, h⟩ *mar.* **1.** (*Schothörner*) clew (*od.* clue, haul) up. – **2.** (*Gaffelsegel*) brail (in).

ˈauf·ge,klärt I *pp.* – **II** *adj* **1.** enlightened, well-informed (*attrib*), (*vorurteilsfrei*) open-minded: **sie ist** ~ a) she is well informed, b) she knows all the facts of life (*colloq.*). – **2.** *pol.* liberal. — **ˈAuf·ge,klärt·heit** *f* ⟨-; *no pl*⟩ **1.** enlightenment, open-mindedness. – **2.** *pol.* liberal outlook, liberalism.

ˈauf·ge,knöpft I *pp.* – **II** *adj fig. colloq.* (*gesprächig*) chatty, expansive.

ˈauf·ge,kratzt I *pp.* – **II** *adj fig. colloq.* cheerful, in full (*od.* high) feather, *Am. colloq.* chipper, *Br. colloq.* chirpy.

ˈauf·ge,las·sen I *pp of* auflassen. – **II** *adj econ.* transferred, conveyed.

ˈauf·ge,lau·fen I *pp of* auflaufen. – **II** *adj* **1.** (*Fuß*) sore, blistered. – **2.** *econ.* (*Zinsen, Kosten*) accumulated, accrued.

ˈAuf,geld *n* **1.** *econ.* a) (*bei Wertpapieren*) premium, agio, b) (*Zuschlag*) surcharge, extra charge. – **2.** *jur.* (*Draufgeld*) earnest (money), arrha. – **3.** *obs. for* Handgeld 1.

ˈauf·ge,le·gen I *pp of* aufliegen. – **II** *adj med.* bedsore.

ˈauf·ge,legt I *pp.* – **II** *adj* **1.** disposed, inclined: **zu etwas** ~ **sein** to be in the mood (*od.* mind) for s.th., to feel like doing s.th.; **gut [schlecht]** ~ **sein** to be in a good [bad] humo(u)r; **ich bin heute nicht dazu** ~ I am not in the mood for it today; **ich bin nicht zum Arbeiten** ~ I don't feel like work(ing). – **2.** *contempt.* (*Schwindel*) obvious, barefaced (*colloq.*). – **3.** *econ.* (*ausliegend*) open: **zur Zeichnung** ~ open (*od.* issued) for subscription. – **4.** *mar.* (*Schiff*) laid-up (*attrib*). – **5.** *tech.* (*Metallarbeit etc*) plated.

ˈauf·ge,löst I *pp.* – **II** *adj fig.* upset, hysterical: **in Tränen** ~ **sein** to be (dissolved) in tears.

ˈauf·ge,macht I *pp.* – **II** *adj* **1.** made up. – **2.** got up (*colloq.*), turned out (*colloq.*): **sie ist gut** ~ she is made up very well; **schreiend** ~ **sein** to be got up in a gaudy way.

ˈauf·ge,paßt I *pp.* – **II** *interj* **1.** look out! – **2.** pay attention!

ˈauf·ge,räumt I *pp.* – **II** *adj fig.* cheerful, in good humor (*bes. Br.* humour), in high spirits. — **ˈAuf·ge,räumt·heit** *f* ⟨-; *no pl*⟩ *fig.* good humor (*bes. Br.* humour), cheerfulness, high spirits *pl.*

ˈauf·ge,regt I *pp.* – **II** *adj* excited, nervous, agitated, flustered, (*stärker*) upset: **die ~en Gemüter beschwichtigen** to allay the general excitement; **von ~em Wesen** of an excitable nature, of quick temper; **er ist (ganz)** ~ he is in a flutter (*od. colloq.* in a state). — **ˈAuf·ge,regt·heit** *f* ⟨-; *no pl*⟩ excitedness, nervousness.

ˈAuf·ge,sang *m* **1.** *metr. the first two sections of the bar in 'Minnesang' and 'Meistergesang'.* – **2.** *mus. hist. the first two sections of a ternary strophe.*

ˈauf·ge,schlos·sen I *pp of* aufschließen. – **II** *adj* **1.** (**für etwas** to s.th.) open, receptive: **er ist neuen Ideen** ~ he is receptive to new ideas. – **2.** (*Geist, Mensch, Charakter*) open-minded, free-minded, large-minded. – **3.** (*Politik etc*) liberal. — **ˈAuf·ge,schlos·sen·heit** *f* ⟨-; *no pl*⟩ **1.** (**für etwas** to s.th.) receptiveness. – **2.** open-mindedness. – **3.** liberality.

ˈauf·ge,schmis·sen *adj* ⟨*meist pred*⟩ *colloq.* helpless, lost: ~ **sein** to be stuck (*od.* in a fix) (*colloq.*).

ˈauf·ge,schos·sen I *pp of* aufschießen. – **II** *adj* **1.** (*Personen*) tall and thin: **hoch** ~ lanky, gangly (*colloq.*); **lang ~er Mensch** tall and lanky fellow. – **2.** *mar.* a) all in the wind, b) (*Tauwerk*) coiled up.

ˈauf·ge,schwemmt I *pp.* – **II** *adj med.* puffed-up (*attrib*), puffy.

ˈauf·ge,sprun·gen I *pp of* aufspringen. – **II** *adj* (*Lippen, Hände*) chapped, cracked.

ˈauf·ge,staut I *pp.* – **II** *adj* **1.** *econ.* (*Bedarf*) pent-up (*attrib*). – **2.** *psych.* (*Affekte*) bottled-up (*attrib*).

ˈauf·ge,ta·kelt I *pp.* – **II** *adj* **1.** *mar.* rigged(-up). – **2.** *cf.* aufgedonnert II.

ˈauf·ge,trie·ben I *pp of* auftreiben. – **II** *adj* (*Leib*) distended, bloated, blown (*bes. vet.*). — **ˈAuf·ge,trie·ben·heit** *f* ⟨-; *no pl*⟩ abdominal distension (*od.* distention), bloatedness.

ˈauf·ge,wärmt I *pp.* – **II** *adj* (*Essen*) *Am.* warmed-over, *Br.* warmed-up (*beide attrib*).

ˈauf·ge,weckt I *pp.* – **II** *adj* (*Kind*) bright, quick-witted, sharp, clever. — **ˈAuf·ge,weckt·heit** *f* ⟨-; *no pl*⟩ brightness, quick-wittedness, sharpness, cleverness.

ˈauf·ge,weicht I *pp.* – **II** *adj* (*Boden etc*) sodden, soaked.

ˈauf·ge,wor·fen I *pp of* aufwerfen. – **II** *adj* [(*Lippen*) pouting.]

ˈauf·ge,zo·gen I *pp of* aufziehen. – **II** *adj* **er ist heute wie** ~ *fig.* he is full of go today.

ˈauf,gich·ten [-,gıçtən] *v/t* ⟨*sep*, -ge-, h⟩ *metall.* (*Hochofen*) charge, burden.

ˈauf,gie·ßen *v/t* ⟨*irr, sep*, -ge-, h⟩ **1.** *cf.* aufbrühen. – **2.** (*Wasser, Fleischbrühe*) add, pour (*s.th.*) on.

ˈauf,glän·zen *v/i* ⟨*sep*, -ge-, sein⟩ (*von Lichtern, Metall etc*) flash, glance, gleam.

ˈauf,glei·sen [-,glaızən] **I** *v/t* ⟨*sep*, -ge-, h⟩ (*railway*) (*Eisenbahnwagen etc*) rerail. – **II A~** *n* ⟨-s⟩ *verbal noun.* — **ˈAuf,glei·sung** *f* ⟨-; -en⟩ **1.** *cf.* Aufgleisen. – **2.** rerailment.

ˈAuf,glei·sungs|,kran *m* (*railway*) rerailing crane. — **~,vor,rich·tung** *f* rerailer.

ˈauf,glei·ten *v/i* ⟨*irr, sep*, -ge-, sein⟩ *meteor.* (*von Luft etc*) rise, ascend.

ˈAuf,gleit|,front *f meteor.* (rising) warm front. — **~,wol·ke** *f* rising (*od.* ascending) cloud, upslide cloud.

ˈauf,glie·dern I *v/t* ⟨*sep*, -ge-, h⟩ **1.** divide, split up, (*in Klassen*) classify: **einen Satz** ~ *ling.* to analyse (*bes. Am.* analyze) (*od.* break down, parse) a sentence. – **2.** *econ.* a) (*Kosten, Summe*) break down, analyse, *bes. Am.* analyze, itemize, b) (*Konten etc*) dissect. – **II A~** *n* ⟨-s⟩ **3.** *verbal noun.* — **ˈAuf,glie·de·rung** *f* ⟨-; -en⟩ **1.** *cf.* Aufgliedern. – **2.** division, (*in Klassen*) classification. – **3.** *econ.* (*der Kosten, Konten*) breakdown, analysis, itemization.

ˈauf,glim·men *v/i* ⟨*irr, sep*, -ge-, sein⟩ (*von Licht etc*) gleam, glimmer, flicker up: **ein Verdacht glomm in ihr auf** *fig.* a suspicion arose in her.

ˈauf,glü·hen *v/i* ⟨*sep*, -ge-, h *u.* sein⟩ glow (*od.* gleam) up: **ihr Gesicht glühte auf** *fig.* her face began to glow.

ˈauf,gra·ben *v/t* ⟨*irr, sep*, -ge-, h⟩ dig up.

ˈauf,grät·schen I *v/i* ⟨*sep*, -ge-, h *u.* sein⟩ **1.** straddle (up). – **II A~** *n* ⟨-s⟩ **2.** *verbal noun.* – **3.** straddle mount.

ˈauf,grei·fen *v/t* ⟨*irr, sep*, -ge-, h⟩ **1.** (*Gegenstand*) take (*od.* pick) up, seize. – **2.** (*Dieb etc*) pick up, seize, catch, snatch: **der Landstreicher wurde von der Polizei aufgegriffen** the vagabond was picked up by the police. – **3.** *fig.* (*Thema, Idee etc*) take up: **wir griffen die Sache auf** we took up the matter; **sie griff den Faden ihrer Erzählung wieder auf** she picked up the thread of the story again; **er hat die Idee sofort aufgegriffen** he jumped at the idea.

,aufˈgrund *prep* ⟨*gen od.* **von**⟩ on the basis of, on account of.

ˈauf,gucken (*getr.* -k·k-) *v/i* ⟨*sep*, -ge-, h⟩ *colloq. for* aufblicken 1.

ˈAuf,guß *m* **1.** (*von Kräutern etc*) infusion: **der zweite** ~ the second brew. – **2.** *fig. cf.* Abklatsch 1. – **3.** *print.* cast-on mount. — **~ap·pa,rat** *m brew.* sparger. — **~,beu·tel** *m* infusion (*od.* tea) bag. — **~,tier·chen** *n biol.* infusorian, infusorium. — **~ver,fah·ren** *f brew.* infusion method (*od.* process).

ˈauf,ha·ben I *v/t* ⟨*irr, sep*, -ge-, h⟩ *colloq.* **1.** (*Hut etc*) have (*s.th.*) on, wear: **er hat eine Mütze auf** he is wearing a cap. – **2.** (*Tür, Paket etc*) have (*s.th.*) open: **er hat immer die Tür auf** he keeps his door open constantly. – **3.** *ped.* (*Aufgabe*) have (*s.th.*) to do: **wir haben heute nichts [viel] auf** we have no [plenty of] homework today. – **II** *v/i* **4. der Hirsch hat gut auf** *hunt.* the stag has a good set of antlers. – **5.** (*von Geschäften*) be open: **wenn der Laden noch aufhat** if the shop is still open.

ˈauf,hacken (*getr.* -k·k-) *v/t* ⟨*sep*, -ge-, h⟩ **1.** (*Boden*) hoe up, (*mit Spitzhacke*) pick up: **das Eis** ~ to break the ice open. – **2.** (*Straße*) tear (*od.* break) up. – **3.** (*mit Schnabel*) peck (up).

ˈauf,hä·keln *v/t* ⟨*sep*, -ge-, h⟩ **1.** (*Wolle*) finish (*s.th.*) by crocheting. – **2.** (*Laufmasche*) catch, pick up.

ˈauf,ha·ken *v/t* ⟨*sep*, -ge-, h⟩ (*loshaken*) unhook, (*bes. Gürtel etc*) unclasp.

ˈauf,hal·sen *colloq.* *v/t* ⟨*sep*, -ge-, h⟩ **j-m etwas** ~ to burden (*od.* saddle) s.o. with s.th., to saddle (*od.* foist, inflict) s.th. on s.o., to shove s.th. (off) onto s.o. (*colloq.*); **sich** (*dat*) **etwas** ~ to burden (*od.* saddle) oneself with s.th.; **sich** (*dat*) **etwas** ~ **lassen** to let oneself in for s.th.; **sich** (*dat*) **Schulden** ~ to incur debts.

ˈauf,hal·ten I *v/t* ⟨*irr, sep*, -ge-, h⟩ **1.** stop, check, (*stärker*) arrest: **den Verkehr** ~ to block (*od.* to obstruct) the traffic; **den Fortschritt** ~ to retard progress; **einen Krankheitsprozeß** ~ *med.* to check (*od.* stay) the progress of a disease; **j-s Fall** ~ to arrest (*od.* break) s.o.'s fall. – **2.** (*Gegner etc*) halt, stop, (*bes. Angriff, Strom*) stem: **den Feind** ~ to halt (*od.* check) the enemy; **j-n an der Grenze** ~ to detain s.o. at the border; **die Flut** ~ to stem the tide; **den Andrang** ~ *fig.* to stem the tide; **ich wurde durch ein Unwetter aufgehalten** I was delayed by a thunderstorm; **das Unglück war nicht mehr aufzuhalten** the disaster could not be staved off; **ich will Sie nicht länger** ~ I'll not detain (*od.* keep) you any longer, I won't hold you up any longer. – **3.** (*Tür, Laden etc*) keep (*s.th.*) open: **ich kann kaum die Augen** ~ *fig.* I can hardly keep my eyes open; **Augen und Ohren** ~ to be very attentive. – **4.** *mar.* (*Ruder*) bear up. – **5.** (*sport*) a) (*Fußball etc*) stop, b) (*Mann etc*) block, stop. – **II** *v/reflex* **sich** ~ **6.** be, stay: **sich im Ausland [in j-s Nähe]** ~ to stay abroad [near s.o.]; **sich im Freien** ~ to spend one's time in the open (air); **weißt du, wo er sich aufhält?** do you know his whereabouts? **ich kann mich nicht lange** ~ I can't stay (very) long. – **7. sich mit** (*auch* **bei**) **etwas** ~ to dwell on s.th., to spend one's time on (*od.* with) s.th.: **sich unnütz mit etwas** ~ to waste one's time doing s.th.; **sich lange mit etwas** ~ to linger over (*od.* upon) s.th.; **sich mit Kleinigkeiten** ~ to waste one's time on trifles; **ich kann mich damit nicht** ~ I cannot spend any time on it, I cannot be bothered with it; **ich brauche mich bei diesem Punkt nicht aufzuhalten** I need not dwell on (*od.* labo[u]r) this point. – **8. sich über j-n [etwas]** ~ *colloq.* to find fault with (*od.* criticize) s.o. [s.th.], to take exception to s.o. [s.th.]. – **III A~** *n* ⟨-s⟩ **9.** *verbal noun.* – **10.** stop(page), stay, check, obstruction. – **11.** holdup, stop(page).

ˈAuf,hal·ter *m* ⟨-s; -⟩ **1.** *tech.* a) stopping device, stop, brake, interruptor, b) stopping motion. – **2.** *print.* (*des Preßkarrens*) cord of the carriage. – **3.** *cf.* Aufhalteriemen.

ˈAuf,hal·te|,rie·men *m* (*am Pferdegeschirr*) breech(ing). — **~,ring** *m* breast collar (*od.* stopping) ring.

ˈAuf,hal·tung *f* ⟨-; *no pl*⟩ *cf.* Aufhalten.

ˈauf,häm·mern *v/t* ⟨*sep*, -ge-, h⟩ **1.** open (*s.th.*) by hammering, hammer (*s.th.*) open. – **2.** (**auf** *acc* to) fix (*s.th.*) by hammering, hammer (*s.th.*) on.

'Aufˌhän·ge|ˌband *n* ⟨-(e)s; "er⟩ *med. zo.* suspensory ligament, suspensor(ium). — **~ˌbo·den** *m* drying room (*od.* loft, house). — **~ˌbü·gel** *m* **1.** *cf.* Kleiderbügel. – **2.** *tech.* suspension hook. – **3.** *auto.* suspension bracket. — **~ˌdraht** *m* (*in elektr. Zugförderung*) suspension (*od.* messenger, catenary) wire. — **~ˌfe·der** *f tech.* suspension spring. — **~geˌstell** *n* **1.** (*für Wäsche*) clotheshorse. – **2.** *tech.* suspensory mounting. – **3.** *print.* paper rack. — **~ˌha·ken** *m* suspension (*od.* attachment) hook. — **~ˌka·bel** *n electr.* messenger wire. — **~ˌlei·ne** *f* (clothes)line.

'aufˌhän·gen I *v/t* ⟨*sep*, -ge-, h⟩ **1.** (*Mantel etc*) hang up. – **2.** (an *dat*) (*Lampe etc*) suspend (from), (*Bild etc*) hang (on): **etwas an der Decke ~** to suspend s.th. from the ceiling; **ein Bild an der Wand ~** to hang a picture on the wall. – **3.** (*Wäsche*) hang (*s.th.*) out (to dry). – **4. j-n ~** to hang s.o. (by the neck), to string s.o. up (*colloq.*). – **5. j-m etwas ~** *fig. colloq.* a) (*Waren etc*) to palm s.th. off (up)on s.o., to foist s.th. (off) on s.o., to fob s.th. off on s.o., b) (*Arbeit etc*) to burden (*od.* saddle) s.o. with s.th., to inflict s.th. (up)on s.o.: **j-m eine Lüge ~** to tell s.o. a lie. – **II** *v/reflex* **sich ~** **6.** hang oneself: **er hängte sich vor Verzweiflung auf** he hanged himself in despair; **(ach,) häng dich (doch) auf!** *fig. colloq.* go and be hanged! – **7.** *humor.* hang up one's things: **wo kann ich mich ~?** where can I hang up my things? – **III A~** *n* ⟨-s⟩ **8.** *verbal noun.* – **9.** *cf.* Aufhängung.

'Aufˌhän·geˌpunkt *m tech.* (*einer Waagschale*) suspension point.

'Aufˌhän·ger *m* ⟨-s; -⟩ **1.** (*an einem Kleidungsstück*) loop, hanger, tab. – **2.** *colloq.* (*Anlaß*) peg: **ein guter ~ für einen Zeitungsartikel** a good peg for a newspaper article. – **3.** *electr.* (*für Kabel*) hanger. – **4.** (*mining*) (*der Fördergefäße*) hanger-on.

'Aufˌhän·ge|ˌrah·men *m tech.* suspension frame. — **~ˌseh·ne** *f zo.* suspensory tendon, suspensor(ium). — **~ˌvorˌrich·tung** *f* **1.** *tech.* suspension device (*od.* attachment), suspender, hanger. – **2.** *print.* paper-hanging device.

'Aufˌhän·gung *f* ⟨-; *no pl*⟩ **1.** *cf.* Aufhängen. – **2.** *auto.* a) (*Rad*) suspension, b) (*Batterie*) mounting: **elastische [vollschwebende] ~** *tech.* flexible [fully floating] suspension; **(halb)starre ~** (*beim Motor*) (semi)rigid suspension. – **3. kardanische ~** *phys.* gimbal (*od.* Cardan[ic]) suspension. – **4. bifilare ~** *electr.* bifilar suspension.

'aufˌhar·ken *v/t* ⟨*sep*, -ge-, h⟩ **1.** rake (*s.th.*) (up). – **2.** (*aufhacken*) hoe (*s.th.*) up.

'aufˌhär·ten *v/t* ⟨*sep*, -ge-, h⟩ (*durch Kaltverformung*) (*Stahl*) work-harden, strain-harden.

'aufˌhas·peln *v/t* ⟨*sep*, -ge-, h⟩ **1.** (*Garn*) (auf *acc* to) reel (*od.* wind) on. – **2.** (*emporwinden*) wind (*od.* hoist) up.

'aufˌhau·en I *v/t* ⟨*irr*, *sep*, -ge-, h⟩ **1.** (*Eis etc*) hew (*od.* break, cut) open. – **2.** (*geschlachtetes Tier*) cut up. – **3.** *tech.* (*Feile*) cut. – **II A~** *n* ⟨-s⟩ **4.** *verbal noun.* – **5.** (*mining*) rise heading.

'aufˌhäu·feln *v/t* ⟨*sep*, -ge-, h⟩ *agr.* (*Erde*) hill (up).

'aufˌhäu·fen I *v/t* ⟨*sep*, -ge-, h⟩ **1.** (*Erde, Sand*) heap (*od.* pile) up. – **2.** *fig.* (*Reichtümer etc*) pile (*od.* lay, hoard) up, amass, accumulate, *auch* cumulate. – **II** *v/reflex* **sich ~** **3.** pile (*od.* heap) up, (ac)cumulate: **(die) Wolken häufen sich am Horizont auf** clouds bank up at the horizon. – **III A~** *n* ⟨-s⟩ **4.** *verbal noun.* — **'Aufˌhäu·fung** *f* ⟨-; -en⟩ **1.** *cf.* Aufhäufen. – **2.** (*von Schätzen etc*) amassment, accumulation, *auch* cumulation.

'aufˌheb·bar *adj jur.* **1.** (*Gesetze*) repealable, abrogable. – **2.** (*Vertrag*) rescindable, rescissible, voidable, abatable, defeasible. — **'Aufˌheb·bar·keit** *f* ⟨-; *no pl*⟩ *jur.* **1.** (*von Gesetzen*) repealability, repealableness. – **2.** (*von Verträgen*) voidableness, defeasibility.

'aufˌhe·ben[1] I *v/t* ⟨*irr*, *sep*, -ge-, h⟩ **1.** (*leichte Gegenstände etc*) pick up, (*Lasten etc*) lift (up): **ein Stück Papier vom Boden ~** to pick up a piece of paper from the floor; **den Fehdehandschuh ~** *fig.* to take (*od.* pick) up the gauntlet. – **2.** (*Arm, Augen*) raise, lift: **die Hand gegen j-n ~** *fig.* to lift (*od.* raise) one's hand against s.o. – **3.** (*Briefe, Reste etc*) keep, save (*s.th.*) (up): **etwas für später ~** to keep s.th. for later; **sich (*dat*) etwas zum Andenken an j-n ~** to keep s.th. in memory of s.o. – **4.** (*Versammlung etc*) end, terminate: **die Sitzung ~** to close (*od.* break up) the meeting; **einen Boykott ~** to call off a boycott; **die Tafel ~** *lit.* to terminate the meal; **die Belagerung ~** to raise (*od.* break) the siege. – **5.** (*Vorschrift, Einrichtung*) abolish, lift: **eine Beschränkung [ein Verbot] ~** to lift a restriction [a ban]; **das Embargo ~** *pol.* to lift the embargo. – **6.** *jur.* a) (*Vertrag etc*) cancel, annul, nullify, b) (*Gesetz*) abrogate, repeal, (*zeitweilig*) suspend, c) (*Beschlagnahme etc*) lift, raise: **ein Testament ~** to revoke (*od.* set aside) a will; **ein Verlöbnis ~** to break off an engagement; **die parlamentarische Immunität ~** to revoke the privilege of parliamentary immunity; **die Ehe ~** to annul (*od.* dissolve) the marriage; **ein Urteil ~** to quash (*od.* rescind, set aside) a judg(e)ment; **eine Entscheidung ~** to disaffirm (*od.* reverse) a decision; **eine Verordnung zeitweilig ~** to suspend a regulation (*od.* decree). – **7.** *fig.* (*ausgleichen*) compensate, neutralize, (counter)balance, offset: **die negative Wirkung ~** to neutralize (*od.* cancel) the negative effect; **sich (*od.* einander) ~** to compensate (*od.* nullify) each other. – **8.** *obs. for* verhaften. – **II** *v/reflex* **sich ~** **9.** *math.* cancel (out). – **III A~** *n* ⟨-s⟩ **10.** *verbal noun.* – **11.** *cf.* Aufhebung.

'Aufˌhe·ben[2] *n* ⟨-s; *no pl*⟩ fuss, to-do, ado: **viel ~(s) (*od.* großes ~) von etwas [um j-n] machen** to make a great fuss (*od. colloq.* noise) about s.th. [s.o.], to fuss about s.th. [s.o.]; **davon braucht man kein ~(s) zu machen** that's nothing to make a song and dance about (*colloq.*); **viel ~(s) um nichts** much ado about nothing.

'aufˌhe·bend I *pres p.* – **II** *adj jur.* (*Bestimmung, Urteil*) rescissory.

'Aufˌhe·bung *f* ⟨-; *no pl*⟩ **1.** *cf.* Aufheben[1]. – **2.** abolition, abolishment: **die ~ der Todesstrafe** the abolition of capital punishment; **~ der Rassentrennung** *pol.* desegregation, integration. – **3.** (*einer Versammlung etc*) termination: **~ der Tafel** *lit.* termination of the meal. – **4.** (*eines Klosters etc*) closure. – **5.** (*der Wirkung etc*) neutralization, nullification. – **6.** *jur.* a) (*eines Vertrages etc*) cancel([l]ation), defeat, defeasance, annulment, nullification, avoidance, b) (*eines Gesetzes etc*) abrogation, repeal, (*zeitweilige*) suspension: **die ~ eines Testaments** the revocation of a will; **gerichtliche ~ der ehelichen Gemeinschaft** judicial separation; **die ~ eines Urteils** the rescission (*od.* quashing, reversal, disaffirmance, disaffirmation) of a sentence; **die teilweise ~ eines Gesetzes** the derogation of a law; **die ~ der Verfassung** the cassation of the constitution; **~ der Immunität** revocation of the privilege of immunity. – **7.** *mus.* (*des Vorzeichens*) cancel(l)ation. – **8.** *obs. for* Verhaftung.

'aufˌhef·ten *v/t* ⟨*sep*, -ge-, h⟩ **1.** (*Kragen etc*) (auf *acc* to) tack (*od.* baste, stitch) on. – **2.** *fig. obs. for* weismachen, aufbinden 4.

'aufˌhei·ßen *v/t* ⟨*sep*, -ge-, h⟩ *mar.* (*Segel, Flagge etc*) hoist (up), pull up, trice (up).

'aufˌhei·tern I *v/t* ⟨*sep*, -ge-, h⟩ **1. j-n ~** to cheer (*od.* brighten) s.o. (up), to liven s.o. up. – **II** *v/reflex* **sich ~** **2.** *meteor.* (*vom Wetter etc*) clear (up), brighten (up), get bright(er). – **3.** *fig.* (*von Gemüt*) brighten (up), (*von Gesicht*) *auch* light up. — **'aufˌhei·ternd** *pres p*: **gebietsweise ~** *meteor.* clearing in some areas.

'Aufˌhei·te·rung *f* ⟨-; -en⟩ **1.** *meteor.* (*des Wetters, Himmels*) clearing (up), brightening (up), (*im weiteren Sinne*) improvement: **mit zeitweiligen ~en** with bright periods, with sunny spells. – **2.** *fig.* (*des Gemüts etc*) brightening (up), cheering (up): **etwas zu j-s ~ sagen** to say s.th. to cheer s.o. up; **er braucht eine kleine ~** he needs a little cheering up.

'Aufˌhei·te·rungs·geˌbiet *n meteor.* area with bright periods.

'aufˌhei·zen *v/t u.* **sich ~** *v/reflex* ⟨*sep*, -ge-, h⟩ *tech.* heat (up).

'aufˌhel·fen *v/i* ⟨*irr*, *sep*, -ge-, h⟩ **1. j-m ~** a) to help s.o. up, to give s.o. a hand, b) *fig.* to lend s.o. a hand, to assist (*od.* support) s.o.: **j-m vom Stuhl ~** to help s.o. up from his chair. – **2.** (*der Kasse, Stimmung etc*) better, improve.

'Aufˌhellˌblitz *m phot.* fill-in flash(light).

'aufˌhel·len I *v/t* ⟨*sep*, -ge-, h⟩ **1.** (*Farbe etc*) lighten, brighten (up): **das Haar ~** to lighten the colo(u)r of the hair. – **2.** (*Flüssigkeit*) clarify. – **3.** *fig.* (*Problem, Hintergründe etc*) elucidate, clarify, clear up, illuminate. – **II** *v/reflex* **sich ~** **4.** *cf.* aufheitern 2, 3. – **5.** (*von Farbe etc*) lighten, grow (*od.* get) lighter. – **6.** *fig.* (*von Problem etc*) clear up, be cleared up. – **III A~** *n* ⟨-s⟩ **7.** *verbal noun.* – **8.** *cf.* Aufhellung.

'Aufˌhel·ler *m* ⟨-s; -⟩ *phot.* **1.** fill-in light. – **2.** *cf.* Aufhellschirm. – **3.** *cf.* Aufhellblitz.

'Aufˌhellˌschirm *m phot.* (fill-in) reflector, reflecting screen.

'Aufˌhel·lung *f* ⟨-; -en⟩ **1.** *cf.* Aufhellen. – **2.** (*einer Flüssigkeit*) clarification. – **3.** *fig.* (*der Hintergründe etc*) elucidation, clarification, illumination. – **4.** *meteor. cf.* Aufheiterung 1.

'aufˌhet·zen I *v/t* ⟨*sep*, -ge-, h⟩ **1. j-n (zu etwas) ~** to stir s.o. up (to s.th.), to incite (*od.* instigate) s.o. (to s.th.): **j-n ~, etwas zu tun** to incite (*od.* instigate) s.o. to do s.th.; **j-n gegen j-n ~** to set s.o. against s.o.; **Leute gegeneinander ~** to set people at loggerheads. – **2.** *pol.* agitate. – **3.** *hunt. cf.* aufstöbern 2a. – **II A~** *n* ⟨-s⟩ **4.** *verbal noun.* – **5.** *cf.* Aufhetzung. — **'aufˌhet·zend I** *pres p.* – **II** *adj* instigative, provocative, inflammatory, rabble-rousing (*colloq.*). —

'Aufˌhet·zer *m* ⟨-s; -⟩ **1.** inciter, instigator. – **2.** *pol.* agitator, fomenter, trouble-maker, rabble-rouser (*colloq.*). — **ˌAuf·het·ze'rei** *f* ⟨-; -en⟩ *colloq. for* Aufhetzung. — **'aufˌhet·ze·risch** *adj cf.* aufhetzend II. —

'Aufˌhet·zung *f* ⟨-; -en⟩ **1.** *cf.* Aufhetzen. – **2.** incitement, instigation: **~ zur Meuterei** *bes. mil. mar.* incitement to mutiny. – **3.** *pol.* a) agitation, rabble-rousing (*colloq.*), b) fomentation.

'aufˌheu·len *v/i* ⟨*sep*, -ge-, h⟩ **1.** (*von Menschen, Hunden etc*) howl, give (*od.* let out) a howl: **vor Wut ~** to howl (*od.* weep) with rage. – **2.** (*vom Wind, Motor etc*) howl, roar.

'aufˌhie·ven *v/t* ⟨*sep*, -ge-, h⟩ *mar.* (*Anker*) heave up.

'aufˌhis·sen *v/t* ⟨*sep*, -ge-, h⟩ *mar. cf.* aufheißen.

'aufˌhocken (*getr.* -k·k-) **I** *v/i* ⟨*sep*, -ge-, h *u.* sein⟩ **1.** (*sport*) (*auf ein Gerät*) (auf *acc* to) squat on. – **2. j-n ~ lassen** *colloq.* to give s.o. a lift (*on a cart*). – **II** *v/t* ⟨h⟩ **3.** *agr. dial.* (*Garben*) pile up. – **4.** *dial.* (*Korb, Rucksack*) take (*s.th.*) on one's back.

'AufˌhockˌSpiel *n* (*games*) (*kind of*) leapfrog, *Br.* high (*od.* hey) cockalorum.

'aufˌhö·hen *v/t* ⟨*sep*, -ge-, h⟩ *cf.* erhöhen 1.

'aufˌho·len I *v/t* ⟨*sep*, -ge-, h⟩ **1.** (*Zeit, Verspätung*) make up for, recover: **der Zug holte die Verspätung auf** the train made up time (*od.* for lost time). – **2.** (*Rückstand etc*) catch up with (*od.* on): **das Versäumte ~** to make up leeway, to catch up (again). – **3.** *mar.* a) haul up, draw up, b) (*Boot, Flagge*) hoist up, c) (*Anker*) haul in, trip up, d) (*ein Schiff*) haul up. – **4.** (*Segelboot*) bring (*boat*) close to the wind, haul in. – **5.** (*textile*) (*Kettenfäden*) draw up. – **6.** (*mining*) (*Bohrgerät*) withdraw. – **II** *v/i* **7.** (*Abstand verringern*) (gegenüber *dat*) catch up (with *od.* on), pull up (to *od.* with), come abreast (of): **der Rennfahrer hat aufgeholt** the racer caught up (*od.* closed the gap). – **8.** (*von Zügen etc*) make up time. – **9.** *econ.* (*von Börsenkursen etc*) rise, make up for losses.

'aufˌhol·zen *v/i* ⟨*sep*, -ge-, h⟩ *hunt.* (*von Wildkatzen etc*) climb a tree.

'aufˌhor·chen *v/i* ⟨*sep*, -ge-, h⟩ prick up one's ears, listen very attentively, sit up and take notice: **erschreckt ~** to listen in fright; **die Nachricht ließ uns ~** *fig.* the news made us sit up.

'aufˌhö·ren I *v/i* ⟨*sep*, -ge-, h⟩ **1.** stop, leave off, cease, (come to an) end, finish, *Am.* quit: **sie hörte beim 5. Kapitel auf** she stopped (*od.* left off) at the fifth chapter; **mitten im Satz ~** to stop (*od.* break off) in the middle of the sentence; **wo haben wir aufgehört?** where did we finish (*od.* leave off)? **plötzlich ~** to stop short (*od.* dead); **er hörte nicht auf, bis es ihm gelang** he did not stop (*od.* he kept on) until he succeeded; **ohne aufzuhören** incessantly, without stopping; **hör (doch) auf (damit)! nun hör schon auf!** *colloq.* (do) be quiet! stop it! shut up! (*colloq.*); **hören wir (damit) auf!** let's stop it! let us have done with it! **mit etwas ~** to stop (*od.* leave off, have done with) s.th.; **mit der Arbeit ~, ~ zu**

arbeiten a) to stop working, to cease working (*od.* to work), to knock off (*od.* quit) (work), b) to strike; **hör mit dem Unsinn [Lärm] auf!** stop that nonsense [noise]! **hör auf zu weinen! hör mit dem Weinen auf!** stop crying! **hör auf, daran zu denken!** forget it! **sie hörte nicht auf zu reden** she did not stop talking, she kept on talking; **der Schmerz hat aufgehört** the pain has ceased; **es hat aufgehört zu regnen** it has ceased (*od.* stopped) raining; **der Sturm hörte allmählich auf** the storm gradually ceased (*od.* subsided); **das muß ~!** this must stop! **das hört nicht auf** there is no end to it; **da hört (sich) doch alles auf!** *colloq.* that's the limit! that beats everything! → Gemütlichkeit 2. – **2.** (*abbrechen*) discontinue: **er hörte mit dem Briefwechsel [seinen Besuchen] auf** he discontinued the correspondence [his visits]. – **II A~** *n* ⟨-s⟩ **3.** *verbal noun*: **Zeichen zum A~** signal to stop (*od.* finish). – **4.** stop(page), cessation, end. – **5.** discontinuance, discontinuation.

'**auf,hucken** (*getr.* -k·k-) *v/t* ⟨*sep*, -ge-, h⟩ **etwas** [j-n] ~ *dial.* to take s.th. [s.o.] on one's back.

'**auf,hüp·fen** *v/i* ⟨*sep*, -ge-, sein⟩ **1.** (*von Kind etc*) jump (up). – **2.** (*von Vögeln etc*) hop. – **3.** (*von Hund*) bound. – **4.** (*von Ball*) bounce.

'**auf,hu·sten** *v/i* ⟨*sep*, -ge-, h⟩ give a (short) cough: **laut ~** to cough violently.

'**auf,ja·gen** *v/t* ⟨*sep*, -ge-, h⟩ **1.** *hunt.* a) (*Wild*) start, rouse, b) (*Fuchs etc*) draw, unearth, c) (*Vögel*) flush, (*Rebhühner etc*) *auch* put up. – **2.** *fig. colloq.* rouse: **j-n aus dem Bett ~** to rout s.o. out of bed.

'**auf,jam·mern** *v/i* ⟨*sep*, -ge-, h⟩ wail, moan aloud, break out into lamentations.

'**auf,jauch·zen,** '**auf,ju·beln** *v/i* ⟨*sep*, -ge-, h⟩ shout with joy, let out a cheer, burst out into cries of joy (*od.* into jubilation), exult.

'**Auf,ka·dung** [-,ka:dʊŋ] *f* ⟨-; -en⟩ *tech.* (*eines Deiches etc*) heightening (*with sandbags etc*).

'**auf,käm·men** *v/t* ⟨*sep*, -ge-, h⟩ **1.** (*Haar*) a) comb up(ward[s]), b) comb (out), (*bes. Perücke*) dress: **sie ließ sich beim Friseur ~** she had the hairdresser set her hair. – **2.** (*Pelz etc*) freshen (*s.th.*) up by combing.

'**auf,kan·ten** *v/t* ⟨*sep*, -ge-, h⟩ *tech. cf.* abkanten 2.

'**auf,kap·pen** *v/t* ⟨*sep*, -ge-, h⟩ *hunt.* (*Falken*) hood.

'**Auf,kauf** *m econ.* **1.** buying up. – **2.** (*von Massengütern*) bulk (*od.* wholesale) buying. — '**auf,kau·fen** *v/t* ⟨*sep*, -ge-, h⟩ *econ.* **1.** (*Waren*) buy (*od.* take) up, (*restlos*) engross: **den Markt (zu Monopolisierungszwecken) ~** to corner the market. – **2.** (*Wechsel*) discount. — '**Auf,käu·fer** *m* ⟨-s; -⟩ *econ.* **1.** (*Einkäufer*) buyer, purchaser. – **2.** (*Spekulant*) speculator, speculative buyer, forestaller.

'**auf,keh·ren** *v/t* ⟨*sep*, -ge-, h⟩ (*Staub etc*) sweep up.

'**auf,kei·len** *v/t* ⟨*sep*, -ge-, h⟩ **1.** *tech.* (*Hammerstiel, Rad etc*) (auf *acc* to) key on, secure (*s.th.*) by key (*od.* spline, wedge). – **2.** open (*s.th.*) by means of wedges. – **3.** *print.* unlock. – **4.** (*in der Zimmerei*) (*Balken*) pack, quoin.

'**auf,kei·men I** *v/i* ⟨*sep*, -ge-, sein⟩ **1.** *bot.* a) (*von Saat*) germinate, come (*od.* spring) up, b) (*von Blättern, Knospen*) bud, sprout: **~ lassen** to sprout, to germinate. – **2.** *fig.* (*von Liebe, Neid etc*) bud, spring up, rise. – **II A~** *n* ⟨-s⟩ **3.** *verbal noun.* – **4.** *bot.* germination. – **5.** *fig.* rise. — '**auf,kei·mend I** *pres p.* – **II** *adj* nascent: **~e Neigung** budding affection; **~e Hoffnung** dawning hope.

'**auf,kim·men** [-,kɪmən] *v/t* ⟨*sep*, -ge-, h⟩ *mar.* (*Schiffsboden*) raise. — '**Auf,kim·mung** *f* ⟨-; -en⟩ *mar.* (*des Schiffsbodens*) rise (of floor), dead rise: **starke** (*od.* **große**) **~** sharp rise of floor; **mit großer ~** sharp-bottomed.

'**auf,kit·ten** *v/t* ⟨*sep*, -ge-, h⟩ (auf *acc* to) cement (*od.* putty) on.

'**auf,klaf·fen** *v/i* ⟨*sep*, -ge-, h *u.* sein⟩ **1.** (*von Spalten, Wunden etc*) gape (open). – **2.** (*von Abgrund etc*) yawn. – **3.** *fig.* (*von Gegensätzen etc*) open (up).

'**auf,klaf·tern** *v/t* ⟨*sep*, -ge-, h⟩ (*Holz*) pile (*s.th.*) up (in fathoms), cord, stack (up).

'**Auf,klang** *m poet.* for Auftakt 2.

'**auf,klapp·bar** *adj* **1.** (*Deckel*) that can be raised, hinged. – **2. ~e Bildtafel** foldout. – **3. Auto mit ~em Verdeck** convertible (car).

'**auf,klap·pen I** *v/t* ⟨*sep*, -ge-, h⟩ **1.** (*Buch, Taschenmesser etc*) open. – **2.** (*Klappstuhl etc*) unfold, open. – **3.** (*Tisch*) put up (*od.* open) (the flap[s] of). – **4.** (*Hutkrempe etc*) turn up. – **5.** *tech.* a) (*Autoverdeck*) open up, b) (*Sitze*) tip up. – **II** *v/i* ⟨sein⟩ **6.** (*von Deckel etc*) open (with a snap), snap open.

'**auf,kla·ren** [-,kla:rən] **I** *v/t* ⟨*sep*, -ge-, h⟩ *mar.* (*Deck etc*) clear (up), (*Taue etc*) clear away. – **II** *v/i meteor.* (*von Wetter etc*) clear (up), brighten (up). – **III** *v/impers* **es klart auf** *meteor.* it's clearing (up).

'**auf,klä·ren I** *v/t* ⟨*sep*, -ge-, h⟩ **1.** (*Ursache, Zusammenhang etc*) clear up, clarify, throw (*od.* shed) light on, elucidate, illuminate: **ein Verbrechen ~** to clear up a crime; **ein Geheimnis ~** to clear up (*od.* solve) a mystery. – **2.** (*Irrtum, Mißverständnis etc*) correct, rectify, put (*od.* set) right. – **3. j-n (über** *acc* **etwas) ~** to enlighten s.o. (on s.th.), to inform s.o. (of *od.* about s.th.), to instruct s.o. (about s.th.): **j-n sexuell ~** to enlighten s.o. on sexual matters, to explain the facts of life to s.o. (*colloq.*). – **4.** *mil.* reconnoiter, *bes. Br.* reconnoitre, scout, (*vom Flugzeug aus*) spot. – **II** *v/reflex* **sich ~ 5.** (*von Situation, Sachverhalt etc*) be cleared up: **es hat sich alles aufgeklärt** everything has been cleared up. – **6.** *meteor. cf.* aufheitern 2. – **7.** *cf.* aufheitern 3. – **III A~** *n* ⟨-s⟩ **8.** *verbal noun.* – **9.** *cf.* Aufklärung.

'**Auf,klä·rer** *m* ⟨-s; -⟩ **1.** *aer. mil.* reconnaissance plane, (*elektronisch ausgerüstet*) surveillance aircraft, scout (plane). – **2.** *philos. hist.* a) representative of the Enlightenment movement, b) rationalist. – **3.** *DDR pol.* party-line propagandist. – **4.** *rare* enlightener, instructor. — '**auf,klä·re·risch** *adj* **1.** enlightening, striving toward(s) enlightenment. – **2.** (*freisinnig*) rationalist(ic), liberal.

'**Auf,klä·rung** *f* ⟨-; -en⟩ **1.** *cf.* Aufklären. – **2.** ⟨*only sg*⟩ (*von Zusammenhängen etc*) clearing up, clarification, elucidation, illumination: **~ eines Geheimnisses** clearing up (*od.* solution) of a mystery; **~ eines Verbrechens** clearing up of a crime; **der Fall bedarf der ~** the case needs clearing up (*od.* an explanation). – **3.** ⟨*only sg*⟩ (*eines Irrtums, Mißverständnisses*) correction, rectification. – **4.** (*Belehrung, Aufschluß etc*) enlightenment (*auch philos.*), information: **sich** (*dat*) **über etwas ~ verschaffen** to gather information about s.th., to find an explanation of s.th.; **j-m über** (*acc*) **etwas ~ geben** to enlighten s.o. on s.th., to give s.o. an explanation of s.th.; **~ (über** *acc* **etwas) verlangen** to demand an explanation (of s.th.); **sexuelle ~** sex enlightenment (*od.* instruction, education). – **5.** ⟨*only sg*⟩ *philos. hist.* a) Enlightenment, b) (*Rationalismus*) rationalism: **das Zeitalter der ~** the Age of Enlightenment. – **6.** *mil.* reconnaissance, *auch* reconnoissance, scouting: **taktische ~** tactical (*od.* close) reconnaissance. – **7.** ⟨*only sg*⟩ *DDR pol.* party-line propaganda.

'**Auf,klä·rungs|,ab,tei·lung** *f mil.* reconnaissance detachment. — **~,ar·beit** *f fig.* educational work (*od.* campaign). — **~bro-,schü·re** *f cf.* Aufklärungsschrift. — **~-,buch** *n* sex education book. — **~,ein,satz** *m* **1.** *mil.* reconnaissance mission. – **2.** *DDR pol.* mobilization of party-line propagandists. — **~,fahrt** *f mil.* reconnaissance cruise (*od.* patrol). — **~,feld,zug** *m fig.* campaign of enlightenment. — **~,film** *m* sex education film. — **~,flug** *m aer. mil.* reconnaissance flight (*od.* mission). — **~,flug,zeug** *n cf.* Aufklärer 1. — **~li·te·ra,tur** *f* ⟨-; *no pl*⟩ **1.** (*belehrende*) informative literature. – **2.** *hist.* (*des 18. Jahrhunderts*) literature of the Age of Enlightenment, Enlightenment literature. – **3.** literature on sex education. — **~ma·te·ri,al** *n* informative material. — **~sa·tel,lit** *m aer.* reconnaissance (satellite). — **~,schiff** *n mil.* scout (vessel), scouter. — **~,schrift** *f* informative pamphlet. — **~,tä·tig·keit** *f mil.* reconnaissance activity. — **~,zeit,al·ter** *n hist.* Age of Enlightenment.

'**auf,klat·schen I** *v/i* ⟨*sep*, -ge-, sein⟩ **1.** (*vom Regen etc*) (auf *acc u. dat* on) splash. – **2.** (*auf dem Wasser*) hit (the water) with a splash: **mit dem Bauch aufs** (*od.* **auf dem**) **Wasser ~** to do a belly flop. – **3.** (*auf dem Boden*) fall (on the ground) with a smack. – **II** *v/t* ⟨h⟩ **4.** (*Tünche*) (auf *acc* on) slap.

'**auf,klau·ben** *v/t* ⟨*sep*, -ge-, h⟩ *colloq. for* auflesen, aufsammeln 1, 2.

'**auf,kleb·bar** *adj* adhesive.

'**Auf,kle·be|adres·se** [-ʔa,drɛsə] *f* gummed address label. — **~eti,kett** *n* adhesive (*od.* sticky) label, *Am.* sticker. — **~kar,ton** *m phot.* paste-on mount. — **~,mar·ke** *f* adhesive stamp.

'**auf,kle·ben** *v/t* ⟨*sep*, -ge-, h⟩ **1.** (*Briefmarken etc*) (auf *acc* to) stick on: **eine Marke** (*od.* **Marken**) **auf etwas ~** to stamp s.th.; **ein Etikett auf etwas ~** to label s.th. – **2.** (*Papier, Holz etc*) paste on, glue on. – **3.** *print. phot. cf.* aufziehen 9.

'**Auf,kle·ber** *m* ⟨-s; -⟩ **1.** paster. – **2.** *cf.* Aufklebeetikett.

'**Auf,kle·be,zet·tel** *m cf.* Aufklebeetikett.

'**auf,klei·stern** *v/t* ⟨*sep*, -ge-, h⟩ (auf *acc* to) paste on.

'**auf,klin·gen** *v/i* ⟨*irr, sep*, -ge-, sein *u.* h⟩ (*von Akkord etc*) (begin to) sound.

'**auf,klin·ken** *v/t* ⟨*sep*, -ge-, h⟩ (*Tür etc*) unlatch, open.

'**auf,klop·fen I** *v/t* ⟨*sep*, -ge-, h⟩ **1.** (*Nüsse etc*) break (*s.th.*) open, crack. – **2.** (*Matratze etc*) beat up. – **II** *v/i* **3.** (*mit Zeigestock etc*) (auf *dat* on) tap.

'**auf,knab·bern** *v/t* ⟨*sep*, -ge-, h⟩ *colloq.* crunch, gnaw (*s.th.*) open.

'**auf,knacken** (*getr.* -k·k-) *v/t* ⟨*sep*, -ge-, h⟩ *colloq.* **1.** (*Nüsse etc*) crack: **j-m eine harte Nuß aufzuknacken geben** *fig.* to give s.o. a hard nut to crack. – **2.** *fig.* (*Geldschrank etc*) break (*s.th.*) open, 'crack' (*colloq.*).

'**auf,knien** *v/reflex* ⟨*sep*, -ge-, h⟩ **sich (auf** *acc* **etwas) ~** to kneel down (on s.th.).

'**auf,knip·sen** *v/t* ⟨*sep*, -ge-, h⟩ *colloq.* (*Druckknopf etc*) undo.

'**auf,knöp·fen** *v/t* ⟨*sep*, -ge-, h⟩ **1.** (*Weste etc*) unbutton, undo, (*Manschetten*) *auch* unlink. – **2.** (auf *acc* to) button (*s.th.*) on. – **3.** *fig. humor.* (*Augen, Ohren*) keep (*s.th.*) open.

'**auf,kno·ten** *v/t* ⟨*sep*, -ge-, h⟩ *cf.* aufknüpfen 1, 2, 3.

'**auf,knüp·fen** *v/t* ⟨*sep*, -ge-, h⟩ **1.** (*Schnur etc*) unknot. – **2.** (*Knoten, Paket etc*) untie, undo. – **3.** (*Haar*) tie up. – **4. j-n ~** *fig. colloq.* to hang s.o., to string s.o. up (*colloq.*).

'**auf,ko·chen I** *v/t* ⟨*sep*, -ge-, h⟩ **1.** (*Wasser etc*) boil (up). – **2.** (*Speise*) warm (*od.* heat) (*s.th.*) up. – **II** *v/i* ⟨h *u.* sein⟩ **3.** boil up, come to the boil: **etwas kurz ~ lassen** to bring s.th. to a quick boil. – **4.** ⟨h⟩ *Bavarian and Austrian* **(j-m) ~** to prepare a fine meal (for s.o.).

'**auf,koh·len** *v/t* ⟨*sep*, -ge-, h⟩ *metall.* (*Eisen*) carburize. — '**Auf,koh·lungs,mit·tel** *n* carburizer, carburizing agent.

'**auf,kom·men I** *v/i* ⟨*irr, sep*, -ge-, sein⟩ **1.** get up, rise (to one's feet). – **2.** *fig.* (*von Kranken*) recover, regain one's health: **vom Krankenlager ~** to get up from one's sickbed. – **3.** (*von Wind etc*) spring up, rise, get up. – **4.** (*von Gewitter etc*) come on (*od.* up), set in. – **5.** *fig.* (*von Mode, Brauch etc*) come into fashion (*od.* vogue), come in. – **6.** *fig.* (*von Erfindungen etc*) appear. – **7.** (*von Gedanken, Zweifel, Verdacht etc*) arise, spring up: **ein Verdacht kam in ihm auf** a suspicion arose in his mind; **keinen Zweifel ~ lassen** to admit of no doubt, to prevent doubts from arising; **um keine Zweifel ~ zu lassen** in order that no doubts shall arise; **das läßt bei mir Zweifel an seiner Ehrlichkeit ~** that leads me to doubt his honesty; **ich ließ dieses Gefühl (in mir) nicht ~** I suppressed this feeling. – **8.** (*von Rede, Gerücht etc*) arise, start: **wie konnte (nur) dieses Gerücht ~?** how could this rumo(u)r have started? – **9. gegen j-n [etwas] ~** to cope with s.o. [s.th.], to prevail against s.o. [s.th.]: **ich komme gegen ihn nicht auf, ich kann gegen ihn nicht ~** I am no match for him, I cannot cope with him; **die Firma kommt gegen eine solche Konkurrenz nicht auf** the firm cannot cope with (*od.* stand up to) such (a) competition; **gegen eine Übermacht nicht ~ (können)** to have to yield to (a) superior force; **j-n nicht ~ lassen** not to give s.o. a chance; **keinen Rivalen** (*od.* **niemanden neben sich**) **~ lassen** to admit (*od.* suffer) no rival, to keep all rivals down, to allow no competition. – **10. für etwas ~** to be responsible (*od.* to answer) for s.th.: **für den Schaden ~** to compensate for (*od.* to make good) the damage; **wir kommen für keine Schäden auf** we disclaim responsibility for any damage; **für die Unkosten ~** to pay (*od.*

defray) the expenses; für etwaige Kosten ~ to pay any expenses that may occur; für j-s Unterhalt ~, für j-n ~ to be responsible for s.o.'s maintenance (*od.* support). – **11.** (*von Geld*) come in, be raised: aus der Sammlung ist wenig Geld aufgekommen little money was raised by the collection, the collection has yielded little money. – **12.** *mar.* (*von Schiff*) come up, (*im weiteren Sinn*) approach, haul up: das Schiff kommt auf the ship comes up into the wind; einem anderen Schiff ~ to come up with (*od.* gain on) another ship. – **13.** (*sport*) (*von Läufer, Boxer etc*) gain, catch up. – **14.** *Southern G.* (*von Betrug etc*) be discovered, be brought to daylight. – **II A~** *n* ⟨-s⟩ **15.** *verbal noun.* – **16.** *fig.* (*von Kranken*) recovery: man zweifelt an seinem A~ it is doubtful whether he will recover, his recovery (*od.* life) is despaired of. – **17.** *fig.* (*von Mode, Brauch etc*) rise. – **18.** *fig.* (*von Erfindungen etc*) appearance, advent: mit dem A~ des Penicillins *med.* with the advent of penicillin. – **19.** *econ. cf.* Steueraufkommen.

'Auf,kom·men,spit·ze *f econ.* (*von Steuern etc*) peak (in the) yield.

'Auf,kömm·ling [-,kœmlɪŋ] *m* ⟨-s; -e⟩ *cf.* Emporkömmling.

'auf,kön·nen *v/i* ⟨*irr, sep,* -ge-, h⟩ be able to get up (*od.* to rise).

'auf,kor·ken *v/t* ⟨*sep,* -ge-, h⟩ (*Flasche*) uncork.

'auf,krat·zen I *v/t* ⟨*sep,* -ge-, h⟩ **1.** (*Haut, Wunde etc*) scratch (*s.th.*) open (*od.* sore). – **2.** (*Boden etc*) scratch (up). – **3.** (*Muster etc*) (auf *acc* on) engrave. – **4.** (*textile*) a) (*Wolle*) card, b) (*Tuch*) raise (the nap of), nap, teasel. – **5.** j-n ~ *colloq.* to cheer s.o. up, to put s.o. in high spirits. – **II** *v/reflex* sich ~ **6.** scratch oneself sore.

'Auf,kratz,kamm *m* napping comb.

'auf,kräu·seln *v/t u.* sich ~ *v/reflex* ⟨*sep,* -ge-, h⟩ curl up.

'auf,krei·schen *v/i* ⟨*sep,* -ge-, h⟩ **1.** shriek, scream (out): vor Schmerz ~ to scream with pain. – **2.** *fig.* (*von Bremsen etc*) screech.

'auf,krem·pe(l)n *v/t* ⟨*sep,* -ge-, h⟩ **1.** (*Hose, Ärmel*) turn up, roll up: sich (*dat*) die Ärmel [Hose] ~ to turn one's sleeves [trousers] up. – **2.** (*textile*) *cf.* krempeln 1.

'auf,kreu·zen I *v/i* ⟨*sep,* -ge-, sein⟩ **1.** ⟨*u.* h⟩ *mar.* (*gegen den Wind*) tack, beat up, beat (*od.* work, ply) to windward, beat against the wind. – **2.** *fig. colloq.* (*erscheinen*) appear (on the scene), turn up, show up: er kann jeden Moment ~ he may turn up at any moment. – **II** *v/t* ⟨h⟩ **3.** *zo. rare* grade up, improve (*s.th.*) by crossbreeding. – **4.** *bot. rare* improve (*s.th.*) by crossing.

'auf,krie·gen *v/t* ⟨*sep,* -ge-, h⟩ *colloq. for* aufbekommen.

'auf,krim·pen *v/i* ⟨*sep,* -ge-, h⟩ *mar.* (*vom Wind*) back (around).

'auf,krüm·men *v/t u.* sich ~ *v/reflex* ⟨*sep,* -ge-, h⟩ bend upward(s).

'auf,kün·di·gen *v/t* ⟨*sep,* -ge-, h⟩ *cf.* kündigen 4, 5. — **'Auf,kün·di·gung** *f* ⟨-; -en⟩ *cf.* Kündigung 4.

'auf,kür·zen *v/t* ⟨*sep,* -ge-, h⟩ *mar.* (*Tau*) shorten.

'auf,la·chen *v/i* ⟨*sep,* -ge-, h⟩ burst out laughing: laut ~ burst out in loud laughter, burst into a loud laugh; höhnisch ~ to laugh sneeringly.

'auf·lackieren (*getr.* -k·k-) [-la,kiːrən] *v/t* ⟨*sep, no* -ge-, h⟩ (*Möbel, Auto etc*) freshen (*s.th.*) up by varnishing, give (*s.th.*) a fresh coat of varnish.

'auf,lad·bar *adj* (*Akku*) rechargeable.

'auf,la·den I *v/t* ⟨*irr, sep,* -ge-, h⟩ **1.** (*Güter, Fahrzeuge*) load: Güter auf einen Wagen ~ to load goods onto (*Br.* on, aboard) a vehicle. – **2.** j-m etwas ~ *colloq.* a) to burden (*od.* load) s.o. with s.th., b) *fig.* to charge (*od.* saddle) s.o. with s.th.: j-m die ganze Schuld ~ *fig.* to charge s.o. with all the blame; sich (*dat*) etwas ~ *fig.* to burden (*od.* load, charge, saddle) oneself with s.th.; sich eine große Verantwortung ~ *fig.* to saddle oneself with (*od.* to take on) a great responsibility; ich kann mir nicht noch mehr Verpflichtungen ~ *fig.* I can't be burdened with (any) more obligations; jetzt habe ich mir das auch noch aufgeladen *fig.* now I have saddled myself with that too. – **3.** *auto.* a) (*Batterie*) charge, b) (*Lastwagen etc*) load (up), put a load on. – **4.** *aer.* (*Motor*) supercharge, boost. – **II** *v/reflex* sich ~ **5.** *electr.* (*von Batterie etc*) be charged, charge up. – **6.** *phys.* (*von Materie*) electrify. – **III A~** *n* ⟨-s⟩ **7.** *verbal noun.* – **8.** *cf.* Aufladung.

'Auf,la·de,platz *m* loading point.

'Auf,la·der *m* ⟨-s; -⟩ **1.** loader, packer. – **2.** *aer.* (*am Kolbenmotor*) supercharger, booster.

'Auf,la·de,wi·der,stand *m electr.* (*eines Kondensators*) charging resistance.

'Auf,la·dung *f* ⟨-; -en⟩ **1.** *cf.* Aufladen. – **2.** *electr.* (*einer Batterie*) charge: ungenügende ~ undercharge. – **3.** *aer.* (*eines Kolbenmotors*) supercharging, pressure-charging, boost.

'Auf,la·ge *f* ⟨-; -n⟩ **1.** *print.* a) (*eines Buches*) edition, b) (*einer Zeitung*) circulation: vermehrte und verbesserte ~ enlarged revised (*od.* improved) edition; unveränderte ~ unaltered edition, reprint; fünf ~n erleben to go through five editions; die erste ~ ist vergriffen the first edition is out of print; die Zeitung hat eine hohe ~ the newspaper has a large (*od.* wide) circulation; die ~ beträgt 50000 Exemplare the newspaper has a circulation of 50,000 copies; wie hoch (*od.* stark) ist die ~? how many copies have been printed? – **2.** *econ.* a) *cf.* Steuer², b) *cf.* Serienfertigung. – **3.** *jur.* a) (*Bedingung, Verpflichtung*) condition, b) (*Belastung*) charge, c) (*Anweisung*) direction, instruction, d) (*amtlicher Befehl*) order, injunction: j-m etwas zur ~ machen to make s.th. a condition for s.o.; Schenkung unter ~ donation which is encumbered with a charge. – **4.** *tech.* (*Stütze*) rest, support, seat. – **5.** *tech.* a) (*Belag*) lining, covering, b) (*Anstrich*) coat(ing). – **6.** *auto.* (*auf die Sitze*) pad. – **7.** (*auf einer Matratze*) *cf.* Auflegematratze. – **8.** (*forestry*) annual growth, year's fresh growth. – **9.** (*sport*) a) (*beim Schießen*) rest, b) (*am Ski*) footplate. – **10.** *DDR econ.* target. – **11.** *gastr.* (*Beilage*) garnishings *pl.* – **12.** *hist.* (*einer Zunft*) meeting, assembly.

'Auf,la·ge|,flä·che *f* bearing (*od.* contact) surface (*od.* area). — **~,hö·he** *f print. cf.* Auflagenhöhe. — **~,hu·mus** *m agr.* raw humus, mor. — **~,klotz** *m* **1.** *auto.* (*für Karosserie*) distance block. – **2.** *tech.* bearing block.

'Auf,la·gen|,hö·he *f print.* **1.** (*eines Buches*) number of copies. – **2.** (*einer Zeitung*) circulation (figure). — **a~,schwach** *adj* (*Zeitschrift*) low-circulation (*attrib*). — **~,zif·fer** *f cf.* Auflagenhöhe.

'Auf,la·ge,punkt *m civ.eng.* point of support (*od.* contact).

'Auf,la·ger *n* ⟨-s; -⟩ *civ.eng.* support. — **~,bank** *f* ⟨-; ⸗e⟩ *civ.eng.* (*eines Brückenpfeilers*) bridge seat. — **~,druck** *m* ⟨-(e)s; ⸗e⟩ *cf.* Auflagerkraft. — **~kon,so·le** *f* bearing bracket. — **~,kraft** *f* bearing pressure (*od.* reaction), reaction of the support. — **~,mau·er,werk** *n* bearing masonry.

'auf,la·gern *v/i* ⟨*sep,* -ge-, sein⟩ *geol.* (*von Gesteinsschichten*) be super(im)posed.

'Auf,la·ger·re·ak·ti,on *f cf.* Auflagerkraft.

'Auf,la·ge·rung *f* ⟨-; -en⟩ super(im)position: übergreifende ~ onlap.

'Auf,la·ger,win·kel *m civ.eng.* (*im Stahlbau*) angle.

'Auf,la·ge|,tisch *m tech.* (*wood*) lay-up table. — **~,zif·fer** *f print. cf.* Auflagenhöhe.

'auf,lan·den *v/i* ⟨*sep,* -ge-, h⟩ *geol.* (*vom Flußufer etc*) increase through alluvial deposits.

'auf,lan·dig [-,landɪç] *adj mar.* (*Winde*) onshore (*attrib*), blowing from the sea (*nachgestellt*): ~e Winde *auch* sea breezes.

'Auf,lan·dung *f* ⟨-; -en⟩ *geol.* filling (up), accretion through alluvium, aggradation.

'auf,las·sen I *v/t* ⟨*irr, sep,* -ge-, h⟩ **1.** *colloq.* (*Tür etc*) leave open, (*Mantel etc*) *auch* leave unbuttoned (*od.* undone). – **2.** *colloq. for* aufbehalten 1. – **3.** *colloq.* (*Kinder*) let (*s.o.*) stay up. – **4.** *colloq.* (*Kranke*) let (*s.o.*) get up. – **5.** (*Ballon, Brieftauben etc*) release. – **6.** *Southern G. and Austrian econ.* (*Betrieb etc*) shut (*od.* close) down, (*Bergwerk*) *auch* abandon. – **7.** *jur.* (*Immobilien*) convey, cede, transfer. – **8.** (*Grab*) close. – **II A~** *n* ⟨-s⟩ **9.** *verbal noun.* — **'Auf,las·sung** *f* ⟨-; *no pl*⟩ **1.** *cf.* Auflassen. – **2.** *Southern G. and Austrian* (*Schließung, Stillegung*) shutting (*od.* closing) down, (*eines Bergwerks*) *auch* abandonment: die ~ eines Weges the closing of a path; ~ von Geschäftszweigen closing down of lines of business. – **3.** *jur.* (*von Immobilien*) a) conveyance, cession, b) (*Urkunde*) deed of conveyance.

'auf,la·sten *v/t* ⟨*sep,* -ge-, h⟩ *cf.* aufbürden.

'auf,lau·ern *v/i* ⟨*sep,* -ge-, h⟩ j-m ~ to waylay s.o. (*auch fig.*), to lie in wait for s.o.

'Auf,lauf *m* ⟨-(e)s; Aufläufe⟩ **1.** (*von Menschen*) crowd, gathering, concourse: es entstand ein ~ a large crowd assembled (*od.* gathered). – **2.** *jur.* (*ungesetzlich*) unlawful assembly, rout, (*stärker*) riot, tumult: einen ~ verursachen to cause a riot. – **3.** *gastr.* soufflé, baked sweet (*od.* savo[u]ry) pudding. — **~,brem·se** *f auto.* (*bei Anhängern*) overrunning (*od.* coaster) brake.

'auf,lau·fen I *v/i* ⟨*irr, sep,* -ge-, sein⟩ **1.** *mar.* a) (*auf Grund etc*) run aground, (take *od.* strike the) ground, b) (*einholen*) come up (with another vessel): auf eine Sandbank ~ to run aground on (*od.* strike) a sandbank; auf Land ~ to run ashore, to strand; auf eine Mine ~ to hit a mine; ein Schiff ~ lassen to run a ship aground. – **2.** *econ.* a) (*von Guthaben etc*) accumulate, run up, swell, b) (*bes. von Zinsen*) accrue: einen Betrag ~ lassen to run up an amount. – **3.** auf j-n [etwas] ~ to run (*od.* bump) into s.o. [s.th.] (from behind); auf den Vordermann ~ to run into the person in front. – **4.** (*von Flut*) rise, flow in. – **5.** (*von Beulen etc*) swell. – **6.** *auto.* (*von Anhänger*) run up. – **7.** *agr.* (*von der Saat*) germinate, shoot, sprout. – **8.** (*von Teig*) rise. – **9.** (*sport*) zur Spitze ~ (*aufrükken*) to move up with the leaders; zu (seiner) Höchstform ~ to reach one's peak. – **II** *v/t* ⟨h⟩ **10.** sich (*dat*) die Füße ~ *colloq.* to walk one's feet sore. – **III A~** *n* ⟨-s⟩ **11.** *verbal noun.* – **12.** *econ.* a) accumulation, increase, b) (*bes. von Zinsen*) accrual. – **13.** (*der Flut*) rise, inflow. – **14.** *agr.* (*der Saat*) germination, sprout.

'Auf,lauf|,form *f gastr.* **1.** soufflé dish (*od.* case). – **2.** ramekin, ramequin. — **~,kur·ve** *f tech.* (*einer Werkzeugmaschine*) stop cam.

'auf,le·ben I *v/i* ⟨*sep,* -ge-, sein⟩ **1.** revive, come to life again, liven up: die Blumen leben durch den Regen wieder auf the flowers revive in the rain; während des Besuchs lebte er förmlich auf *fig.* he really livened up during the visit; die Diskussion lebte wieder auf *fig.* the discussion revived; alte Traditionen [Bräuche] neu ~ lassen to revive old traditions [customs]. – **II A~** *n* ⟨-s⟩ **2.** *verbal noun.* – **3.** revival.

'auf,lecken (*getr.* -k·k-) **I** *v/t* ⟨*sep,* -ge-, h⟩ lick up: die Katze leckte die verschüttete Milch auf the cat licked (*od.* lapped) up the spilled milk. – **II** *v/i lit.* (*von Flammen*) lick.

'Auf,le·ge|,mas·ke *f print.* overlay. — **~ma,trat·ze** *f* overlay (mattress).

'auf,le·gen I *v/t* ⟨*sep,* -ge-, h⟩ **1.** (*Kohlen, Schallplatte, Makeup etc*) put on: ein neues Tischtuch ~ to put on (*od.* spread, lay) a new tablecloth; die Ellbogen auf den Tisch ~ to put one's elbows on the table; ein Pflaster auf eine Wunde ~ to put a plaster on (*od.* apply a plaster to) a wound; einem Pferd den Sattel ~ to put the saddle on (*od.* to saddle) a horse; dem Ochsen das Joch ~ to yoke the ox; das Gewehr ~ *mil.* to put the rifle on a(n aiming) rest. – **2.** (*Telephonhörer*) hang up, replace. – **3.** (*Gedeck*) lay. – **4.** (*Waren etc*) display, lay out, expose, exhibit: Bücher zum Verkauf ~ to display books for sale. – **5.** (*Listen etc*) lay out, make available: die Wahllisten zur Einsicht ~ *pol.* to lay the lists of candidates out (*Br.* open) for inspection. – **6.** *cf.* auferlegen. – **7.** *print.* publish, print, issue: ein Buch neu ~ to republish a book. – **8.** *econ.* (*Wertpapier etc*) issue, float: eine Anleihe zur Zeichnung ~ to place a loan for subscription. – **9.** *econ.* (*Produktionsserie*) start, launch. – **10.** (*games*) die Karten ~ to put (*od.* lay) one's cards down (*od.* on the table). – **11.** *gastr.* j-m etwas ~ (*vorlegen*) to help s.o. to s.th. – **12.** *mar.* (*Boot, Schiff*) put (*od.* lay, tie) up, take (*ship*) out of service. – **13.** *bes. relig.* j-m die Hand ~ to lay (*od.* impose) hands on s.o., to touch s.o. – **14.** *tech.* (*Schweißraupe*) deposit. – **II** *v/i* **15.** (*beim Telephonieren*) hang up, replace the receiver, *bes. Br.* ring off. – **16.** (*games*) put one's cards down. – **III** *v/reflex* sich ~ **17.** lean on one's elbows: sich auf (*acc*) etwas ~ to rest one's elbows on s.th. – **IV A~** *n* ⟨-s⟩ **18.** *verbal noun.* – **19.** (*eines*

Heftpflasters) application. – **20.** *cf.* Auflegung.

ˈAufˌle·ger *m* ⟨-s; -⟩ *print.* layer-on, feeder.

ˈAufˌle·geˌzeit *f mar. cf.* Aufliegezeit.

ˈAufˌle·gung *f* ⟨-; *no pl*⟩ **1.** *cf.* Auflegen. – **2.** *cf.* Auferlegung. – **3.** *econ.* (*von Wertpapieren etc*) issue, flotation, *auch* floatation. – **4.** *bes. relig.* (*der Hände*) laying on (of hands), imposition, touch.

ˈaufˌleh·nen I *v/reflex* ⟨*sep*, -ge-, h⟩ **1.** sich (gegen etwas) ~ to revolt (against s.th.), to rebel (against s.th.), to oppose (s.th.): sich gegen das Schicksal [Gesetz] ~ to revolt against fate [the law]. – **2.** sich auf (*acc*) etwas ~ to lean one's elbows on s.th. – **II** *v/t* **3.** (*Arme etc*) rest. – **III A~** *n* ⟨-s⟩ **4.** *verbal noun.* — **ˈAufˌleh·nung** *f* ⟨-; -en⟩ **1.** *cf.* Auflehnen. – **2.** (gegen) revolt (against), rebellion (against), opposition (to).

ˈaufˌlei·men *v/t* ⟨*sep*, -ge-, h⟩ (*Schicht, Furnier etc*) (auf *acc* to) glue on.

ˈaufˌle·sen *v/t* ⟨*irr*, *sep*, -ge-, h⟩ pick up: ein Stück Papier ~ to pick up a piece of paper; Obst ~ to pick up (*od.* gather) fruit; eine Krankheit [Ungeziefer] ~ *fig. colloq.* to pick up (*od.* get) a disease [bugs]; j-n aus der Gosse ~ *fig. colloq.* to take s.o. (*od.* pick s.o. up) out of the gutter; verstreute Ähren ~ *agr.* to glean scattered ears.

ˈaufˌleuch·ten *v/i* ⟨*sep*, -ge-, h *od.* sein⟩ **1.** (*von Kontrollampe, Bremslicht etc*) light up. – **2.** (*von Signal, Blitz etc*) flash: ein Gedanke leuchtete in ihm auf *fig.* an idea flashed into his mind. – **3.** *fig.* (*von Augen etc*) light up, (*von Gesicht*) *auch* brighten (up).

ˈAufˌlicht *n* ⟨-(e)s; *no pl*⟩ im ~ *phot.* by reflected light. — **ˈaufˌlich·ten** *v/t u.* sich ~ *v/reflex* ⟨*sep*, -ge-, h⟩ *lit. for* aufhellen 2, 3, 5, 6.

ˈaufˌlie·fern *v/t* ⟨*sep*, -ge-, h⟩ consign, dispatch, *auch* despatch.

ˈaufˌlie·gen I *v/i* ⟨*irr*, *sep*, -ge-, h *u.* sein⟩ **1.** (auf *dat* [up]on) lie, rest. – **2.** (*von Listen etc*) be laid out, be available: Zeitungen liegen in der Bibliothek auf newspapers are available in the library; die Wahllisten liegen zur Einsicht auf *pol.* the lists of candidates are available for inspection. – **3.** *econ.* zur Zeichnung ~ (*von Anleihen etc*) to be offered for subscription. – **4.** *mar.* (*von Schiff*) lie up, be laid up, be out of service. – **5.** j-m ~ *dial.* to weigh (up)on s.o.: die Verantwortung lag ihm schwer auf (the) responsibility weighed heavily on him. – **II** *v/reflex* ⟨h⟩ sich ~ **6.** get sore with (*od.* from) lying, get bedsores, get decubitus ulcers. – **III A~** *n* ⟨-s⟩ **7.** *verbal noun.* – **8.** *med.* (*Durchliegen*) bedsores *pl*, decubitus (*scient.*).

ˈAufˌlie·geˌzeit *f mar.* lay-up days *pl* (*od.* time).

ˈaufˌlockern (*getr.* -k·k-) **I** *v/t* ⟨*sep*, -ge-, h⟩ **1.** (*Kissen etc*) shake up. – **2.** *fig.* (*Vortrag, Programm etc*) liven up. – **3.** *fig.* (*Atmosphäre etc*) ease, relax. – **4.** *agr.* (*Boden*) loosen, break up, *auch* mellow. – **5.** (*Fassade, Wohnviertel etc*) relieve, break up: die Monotonie eines Zimmers durch Bilder ~ to break up the monotony of a room with pictures. – **6.** (*sport*) loosen (*od.* limber) up. – **7.** *cf.* lockern 7. – **II** *v/reflex* sich ~ **8.** *meteor.* (*von Bewölkung*) disperse, break up. – **9.** *fig.* (*von Atmosphäre etc*) ease, relax. – **III A~** *n* ⟨-s⟩ **10.** *verbal noun.* — **ˈAufˌlocke·rung** (*getr.* -k·k-) *f* ⟨-; -en⟩ **1.** *cf.* Auflockern. – **2.** ⟨*only sg*⟩ *fig.* (*der Atmosphäre etc*) relaxation. – **3.** *meteor.* (*der Bewölkung*) dispersion.

ˈAufˌlocke·rungsˌübung (*getr.* -k·k-) *f meist pl* (*sport*) loosening-up (*od.* limbering-up) exercise.

ˈaufˌlo·dern I *v/i* ⟨*sep*, -ge-, sein⟩ **1.** (*von Feuer, Zorn etc*) flare (*od.* blaze, flame) up: der Holzstoß loderte auf the pile of wood flamed up (*od.* burst into flames); Leidenschaft loderte in ihm auf *fig.* passion flared up inside him. – **II A~** *n* ⟨-s⟩ **2.** *verbal noun.* – **3.** flare, blaze.

ˈaufˌlo·hen *v/i* ⟨*sep*, -ge-, sein⟩ *lit. for* auflodern.

ˈaufˌlös·bar *adj* **1.** (*Rätsel etc*) solvable, soluble. – **2.** *math.* solvable. – **3.** *jur.* a) dissolvable, b) (*trennbar*) dissoluble. – **4.** *chem.* (*in Flüssigkeit*) (dis)soluble: nicht in Wasser ~ insoluble in water. — **ˈAufˌlös·bar·keit** *f* ⟨-; *no pl*⟩ **1.** (*eines Rätsels etc*) solvability, solubility. – **2.** *math.* solvability. – **3.** *jur.* a) dissolvability, b) (*Trennbarkeit*) dissolubility. – **4.** *chem.* (dis)solubility.

ˈaufˌlö·sen I *v/t* ⟨*sep*, -ge-, h⟩ **1.** (*Zucker, Pille etc*) dissolve, melt. – **2.** (*zerlegen*) dissolve, resolve, disintegrate, decompose, break up: etwas in seine Bestandteile ~ a) to disintegrate s.th., to dissolve s.th. into its components, b) to analyze s.th.; etwas in Salzsäure ~ *chem.* to dissolve s.th. in hydrochloric acid. – **3.** (*Rätsel*) (re)solve. – **4.** (*Versammlung*) dissolve, break up, dismiss. – **5.** (*Menschenmenge, Wolken etc*) break up, dissolve, dissipate, disperse. – **6.** (*Verlobung*) break off. – **7.** a) (*Wohnung*) give up, b) (*Haushalt*) break up. – **8.** (*Knoten etc*) undo, untie. – **9.** *jur.* a) (*Verein, Ehe etc*) dissolve, b) (*Vertrag*) cancel, annul. – **10.** *econ.* a) (*Geschäft, Gesellschaft etc*) wind up, liquidate, b) (*Konto*) close. – **11.** *math.* (*Gleichung*) (re)solve, b) (*Klammern*) remove. – **12.** *mus.* a) (*Dissonanz*) resolve, b) (*Vorzeichen*) cancel, c) (*Tonalität*) disintegrate: ein Kreuz [b] ~ to cancel a sharp [flat]. – **13.** *mil.* (*Einheit*) disband, disembody, demobilize. – **14.** *med.* a) (*Gewebe etc*) lyse, b) (*Knochen*) disintegrate. – **15.** *brew.* (*Malz*) modify. – **II** *v/reflex* sich ~ **16.** (*von Zucker etc*) dissolve, melt. – **17.** (*zerfallen*) *meist fig.* dissolve, resolve, disintegrate, decompose, break up: sich in seine Bestandteile ~ to disintegrate, to dissolve (*od.* break up) into its components; ihre Frisur löste sich auf her hairdo (*Br.* hair-do) fell apart; seine Hoffnungen lösten sich in nichts auf his hopes disintegrated (*od.* came to nothing); das Mißverständnis löste sich in Wohlgefallen auf the misunderstanding was settled to everybody's satisfaction; sich in Tränen ~ to dissolve (*od.* melt) into tears. – **18.** (*von Versammlungen etc*) dissolve, break up, disperse. – **19.** (*von Menschenmenge, Wolken etc*) break up, dissipate, disperse. – **20.** (*von Knoten etc*) come undone. – **21.** *jur.* (*von Verein etc*) dissolve. – **22.** *mil.* (*von Einheiten etc*) disband, disintegrate, break up. – **23.** *med.* a) (*von Geweben etc*) lyse, b) (*von Knochen*) disintegrate. – **24.** *biol.* a) solve, dissolve, b) (*von Phagozyten*) break down. – **III A~** *n* ⟨-s⟩ **25.** *verbal noun.* – **26.** *cf.* Auflösung. — **ˈaufˌlö·send I** *pres p.* – **II** *adj* **1.** *bes. chem.* (dis)solvent. – **2.** *jur. med.* resolutive: ~e Bedingung *jur.* resolutive condition, condition subsequent.

ˈAufˌlö·ser *m* ⟨-s; -⟩ *mus. cf.* Auflösungszeichen 1.

ˈAufˌlö·sung *f* ⟨-; -en⟩ **1.** *cf.* Auflösen. – **2.** (*Zerfall*) dissolution, resolution, disintegration, decomposition, breakup; sich in ~ befinden, in ~ begriffen sein to be in the process of disintegration. **3.** (*eines Rätsels*) (re)solution. – **4.** (*einer Versammlung*) dissolution, breakup. – **5.** (*von Menschenmenge, Wolken etc*) breakup, dissipation, dispersion. – **6.** *jur.* a) (*eines Vereins, einer Ehe etc*) dissolution, b) (*eines Vertrags*) cancel(l)ation, annulment. – **7.** *econ.* (*einer Gesellschaft etc*) dissolution, liquidation, winding up. – **8.** *math.* a) (*einer Gleichung*) solution, b) (*von Klammern*) removal. – **9.** *mus.* a) (*einer Dissonanz*) resolution, b) (*eines Vorzeichens*) cancel(l)ation, c) (*der Tonalität*) disintegration: teilweise ~ partial resolution; verzögerte ~ deferred (*od.* delayed) resolution. – **10.** *mil.* (*einer Einheit*) disbandment, deactivation. – **11.** *med.* a) (*des Gewebes etc*) disintegration, colliquation, lysis, b) (*der Knochen*) disintegration. – **12.** *brew.* modification, mellowness. – **13.** (*optics*) (*des Lichtes*) decomposition. – **14.** *lit. euphem.* decease, death.

ˈAufˌlö·sungs|beˌschluß *m* **1.** *jur. pol.* (*des Parlaments etc*) resolution to dissolve. – **2.** *jur. econ.* a) (*einer Gesellschaft etc*) winding-up resolution, b) (*gerichtlich*) winding-up order, order to wind up. — **~erˌschei·nung** *f* sign(s *pl*) of disintegration. — **a~ˌfä·hig** *adj cf.* auflösbar. — **~ˌfä·hig·keit** *f cf.* Auflösbarkeit. — **~geˌschwin·dig·keit** *f* velocity of dissolution. — **~ˌgren·ze** *f* **1.** limit of dissolution. – **2.** (*optics*) limit of resolution. — **~ˌkraft** *f cf.* Auflösungsvermögen. — **~ˌmit·tel** *n chem.* (dis)solvent, dissolver. — **~proˌzeß** *m* process of disintegration. — **~verˌmö·gen** *n* **1.** *chem.* a) solvent (*od.* dissolving) power, solvency, solubilizing power, b) (*Razematspaltung*) resolution. – **2.** (*optics*) *phys. electr.* dissolving (*od.* resolving) power. – **3.** (*Radar*) discrimination, kinescopic resolution. – **4.** *phot.* (*des Objektivs u. der Emulsion*) resolving power, *auch* resolution. — **~ˌzei·chen** *n* **1.** *mus.* natural (sign), *Am. auch* cancel. – **2.** *ling.* diaeresis, *auch* dieresis.

ˈaufˌlö·ten *v/t* ⟨*sep*, -ge-, h⟩ *tech.* **1.** (auf *acc* to) solder (*s.th.*) on. – **2.** (*hartlöten*) braze.

ˈaufˌma·chen I *v/t* ⟨*sep*, -ge-, h⟩ *colloq.* **1.** (*öffnen*) open: die Tür ~ a) to open the door, b) (*auf Klingelzeichen*) to answer the door; seinen Mantel ~ to unbutton one's coat; eine Flasche ~ a) to open a bottle, b) to uncork a bottle; einen Schirm ~ to put up an umbrella; einen Hahn ~ to turn on a tap; die Augen ~ *auch fig.* to open one's eyes; mach deine Augen auf! *fig.* be careful! watch out! ich werde meine Augen schon ~ I'll keep my eyes open; mach doch (endlich) deinen Mund auf! *fig.* for heaven's sake, say something! – **2.** (*Knoten*) undo, untie. – **3.** (*Gardinen, Plakat*) put up, hang. – **4.** *bes. econ.* a) (*Geschäft*) open, set up, establish, b) (*Konto*) open, c) (*Rechnung*) make out, draw up, prepare. – **5.** (*zurechtmachen*) make (*od.* get) up: eine Ware geschmackvoll ~ to pack an article attractively; eine Zeitungsnachricht groß ~ to play up a piece of news, to give a piece of news a big spread; sie war auf jung aufgemacht *colloq.* she had made herself up young. – **6.** *tech.* (*Dampf*) get up. – **II** *v/i colloq.* **7.** (*öffnen*) open: das Museum macht um 8 Uhr auf the museum opens at eight (o'clock); das Geschäft hat wieder aufgemacht the shop has reopened. – **8.** open (*od.* answer) the door: j-m ~ to let s.o. in; wer hat dir aufgemacht? who let you in? – **III** *v/reflex* sich ~ **9.** (*aufbrechen*) (nach for) start, set out: sich früh ~ to start early. – **10.** sich ~, etwas zu tun *lit.* to proceed to do s.th. – **11.** *colloq.* (*sich zurechtmachen*) get (*od.* make) oneself up: sie hatte sich auf jung aufgemacht she had made herself up young. – **12.** *lit.* (*von Wind*) rise, spring up. – **IV A~** *n* ⟨-s⟩ **13.** *verbal noun.* — **ˈAufˌma·cher** *m* ⟨-s; -⟩ *print.* front-page story, 'approach' (*colloq.*). — **ˈAufˌma·chung** *f* ⟨-; *no pl*⟩ **1.** *cf.* Aufmachen. – **2.** (*einer Ware*) presentation, packaging, getup, *Br.* get-up (*colloq.*): geschmackvolle ~ attractive packaging. – **3.** *print.* a) (*von Büchern etc*) makeup, presentation, getup, *Br.* get-up (*colloq.*), b) (*von Zeitungen*) bill, c) (*drucktechnisch*) layout: eine Meldung in großer ~ herausbringen to play up a piece of news, to give a piece of news a big spread. – **4.** (*einer Varieténummer etc*) (technical) setup, *Br.* set-up, spectacle, spectacular décor. – **5.** *colloq.* (*Kleidung*) outfit, getup, *Br.* get-up (*colloq.*), *Br. colloq.* rig-out: sie wollte nicht in dieser ~ erscheinen she didn't want to appear in this outfit. – **6.** *colloq.* (*äußerer Schein*) window dressing, *Br.* window-dressing. – **7.** (*film*) presentation.

ˈAufˌmai·schen *n brew.* second mashing.

ˈaufˌma·len *v/t* ⟨*sep*, -ge-, h⟩ paint (*s.th.*) on: etwas auf (*acc*) etwas ~ to paint s.th. on s.th.; die Blumen werden nur aufgemalt the flowers are merely painted on.

ˈAufˌmarsch *m* **1.** *cf.* Aufmarschieren. – **2.** (*von Demonstranten etc*) march: einen ~ veranstalten to organize a march. – **3.** *mil.* a) (*Parade*) parade, march-past, b) (*von Truppenverbänden*) concentration, assembly, c) (*zum Gefecht*) deployment. — **~ˌba·sis** *f mil.* **1.** concentration (*od.* assembly) basis. – **2.** deployment basis. — **~geˌbiet** *n* **1.** concentration (*od.* assembly) area. – **2.** deployment zone.

ˈauf·marˌschie·ren I *v/i* ⟨*sep*, *no* -ge-, sein⟩ **1.** *auch fig.* march up: in Viererreihen ~ to march up four deep. – **2.** *mil.* ~ lassen a) parade, b) (*von Truppenverbänden*) assemble, concentrate, c) (*zum Gefecht*) deploy. – **3.** ~ lassen *fig. colloq.* a) (*Speisen, Getränke*) to bring on, b) (*Zeugen*) to call in. – **II A~** *n* ⟨-s⟩ **4.** *verbal noun.* – **5.** *cf.* Aufmarsch.

ˈAufˌmarsch|ˌplan *m mil.* operational (*od.* deployment) plan. — **~ˌraum** *m* marshaling (*bes. Br.* marshalling) area.

ˈaufˌma·schen [-ˌmaʃən] *v/t* ⟨*sep*, -ge-, h⟩ (*Strumpf*) mend a run (*Br.* ladder) in.

ˈAufˌmaß *n* **1.** *pl civ.eng.* offsets. – **2.** (*wood*) admeasure. – **3.** *tech.* a) allowance, b) (*Übermaß*) oversize.

'Aufˌmast *f* ⟨-; *no pl*⟩ *agr.* (*von Tieren*) fattening. — **'aufˌmä·sten** *v/t* ⟨*sep*, -ge-, h⟩ fatten.

'aufˌmau·ern *v/t* ⟨*sep*, -ge-, h⟩ (*Wand etc*) brick up.

'aufˌmei·ßeln *v/t* ⟨*sep*, -ge-, h⟩ **1.** *tech.* open (*s.th.*) with a chisel. – **2.** *med.* gouge, open (*s.th.*) with a gouge, *auch* trephine.

'aufˌmer·ken *v/i* ⟨*sep*, -ge-, h⟩ (auf *acc* to) pay attention, attend: **gespannt ~** to pay close attention.

'aufˌmerk·sam I *adj* **1.** (auf *acc* to) attentive: **ein ~er Beobachter** an attentive observer; **j-n auf etwas ~ machen** a) to call (*od.* draw) s.o.'s attention to s.th., b) to point s.th. out to s.o., c) (*mahnend*) to warn s.o. of s.th.; **auf etwas ~ werden** to notice s.th., to become aware of s.th.; **sie wurden auf ihn ~** they began to take notice of him; **wir wurden darauf ~ gemacht, daß** we were warned that; **ich machte ihn auf seine Pflichten ~** I reminded him of his duties. – **2.** (*wachsam*) watchful, alert, vigilant, (*Augen*) keen. – **3.** (*höflich, zuvorkommend*) attentive, obliging, thoughtful: **~e Bedienung** attentive service. – **II** *adv* **4. ~ zuhören** to listen attentively; **etwas ~ verfolgen** to follow s.th. closely. — **'Aufˌmerk·sam·keit** *f* ⟨-; -en⟩ **1.** ⟨*only sg*⟩ attention: **~ erregen** to attract attention; **j-s ~ fesseln** to hold s.o.'s attention; **j-s ~ auf** (*acc*) **etwas lenken** to direct (*od.* turn) s.o.'s attention to s.th.; **j-m [etwas] ~ schenken** to pay attention to s.o. [s.th.]; **mit gespannter ~** with keen attention; **mangelnde ~** lack of attention; **das ist meiner ~ entgangen** that has slipped my attention (*od.* escaped my notice). – **2.** ⟨*only sg*⟩ (*Wachsamkeit*) watchfulness, alertness, vigilance. – **3.** *meist pl* (*Zuvorkommenheit*) attentiveness, obligingness, thoughtfulness, attentions *pl*: **j-n mit ~en überschütten** to shower s.o. with attentions. – **4.** (*kleines Geschenk*) small token (*od.* gift), mark of regard (*od.* esteem). – **5.** ⟨*only sg*⟩ *psych.* a) attention, (*im weiteren Sinn*) vigilance, watchfulness, b) (*Wachsamkeit*) attentiveness.

'aufˌmes·sen *v/t* ⟨*irr, sep*, -ge-, h⟩ **1.** *civ. eng.* survey, measure. – **2. j-m eins ~** *fig. colloq.* to give s.o. a thrashing.

'aufˌmi·schen *v/t* ⟨*sep*, -ge-, h⟩ **1.** (*rubber*) compound. – **2.** *dial.* (*Farben*) mix (*s.th.*) up, remix.

'aufˌmö·beln [-ˌmøːbəln] *colloq.* **I** *v/t* ⟨*sep*, -ge-, h⟩ **1.** (*mit Worten*) cheer (*od.* buoy) up. – **2.** (*aufpulvern*) brace (*od.* buck, stiffen) up: **der Kaffee hat mich aufgemöbelt** the coffee bucked me up. – **II** *v/reflex* **sich ~ 3.** (*mit Kaffee etc*) buck (*od.* wake) oneself up.

'auf·monˌtie·ren *v/t* ⟨*sep, no* -ge-, h⟩ *tech.* (auf *acc*) mount (on), fit (to).

'aufˌmucken (*getr.* -k·k-), *auch* **'aufˌmuck·sen** *v/i* ⟨*sep*, -ge-, h⟩ *colloq.* (gegen) kick (against) (*colloq.*), *bes. Br.* jib (at).

'aufˌmun·tern [-ˌmuntərn] **I** *v/t* ⟨*sep*, -ge-, h⟩ **1.** (*aufheitern*) cheer (*od.* buoy) (*s.o.*) up: **j-n mit einem Scherz ~** to cheer s.o. up with a joke; **sich** (*od.* **einander**) **~** to cheer each other up. – **2. j-n zu etwas ~** to encourage s.o. to s.th. – **II A~** *n* ⟨-s⟩ **3.** *verbal noun.* – **4.** *cf.* Aufmunterung. — **'Aufˌmun·te·rung** *f* ⟨-; *no pl*⟩ **1.** cheering up: **ich brauche eine kleine ~** *colloq.* I need s.th. to cheer me up. – **2.** (*zu einer Tat*) encouragement.

'aufˌmut·zen *v/t* ⟨*sep*, -ge-, h⟩ *obs. od. dial. for* vorwerfen 2.

'aufˌna·geln *v/t* ⟨*sep*, -ge-, h⟩ **1.** (auf *acc* on) nail (down). – **2. Futterholz ~** *civ.eng.* to fur.

'Aufˌnähˌar·beit *f* (*textile*) appliqué (work), Sabrina work. — **'aufˌnä·hen** *v/t* ⟨*sep*, -ge-, h⟩ **1.** sew on: **Perlen auf ein Kleid ~** to sew pearls on (to) a dress; **eine Applikation auf** (*acc*) **etwas ~** to appliqué s.th. – **2.** (*Rocksaum etc*) raise. — **'Aufˌnä·her** *m* ⟨-s; -⟩ (*fashion*) tuck.

'Aufˌnah·me *f* ⟨-; -n⟩ **1.** ⟨*only sg*⟩ *auch fig.* reception: **j-m eine freundliche ~ bereiten** to receive s.o. in a friendly manner, to give s.o. a friendly welcome; **eine kühle ~ finden** to meet with a cool reception; **das Buch fand eine günstige ~** the book met with a favo(u)rable reception; **das Stück fand keine ~ beim Publikum** the piece met with no approval from the audience; **in ~ kommen** *lit.* to come into fashion, to become popular. – **2.** ⟨*only sg*⟩ (*einer Tätigkeit*) start(ing), beginning, taking up: **nach ~ der Arbeit** after having taken up the job; **~ von Verhandlungen** *pol.* initiation of negotiations. – **3.** ⟨*only sg*⟩ (*von Beziehungen, Kontakten*) establishment, taking up: **die ~ von freundschaftlichen Beziehungen** the taking up of friendly relations. – **4.** ⟨*only sg*⟩ (*Beginn, Eröffnung*) opening: **die ~ des Transatlantikverkehrs** the opening of (the) transatlantic traffic. – **5.** ⟨*only sg*⟩ (*in eine Organisation, Schule etc*) admission, admittance, acceptance: **um ~ nachsuchen** to apply for admission; **die ~ neuer Mitglieder** the admission of new members; **j-m ~ gewähren** to take s.o. in. – **6.** ⟨*only sg*⟩ (*Einbeziehung*) inclusion, adoption, incorporation: **das Wort fand ~ in die deutsche Sprache** the word was adopted into the German language. – **7.** ⟨*only sg*⟩ (*von Details, Eindrücken etc*) grasping, taking in, reception, apprehension, absorption. – **8.** (*im Krankenhaus*) reception (office). – **9.** *phot.* a) (*Vorgang*) taking (a photograph, a picture), photographing, b) (*Bild*) photo(graph), picture, shot, c) (*einer Landschaft etc*) view: **eine ~ von j-m machen** to take a photograph of s.o., to shoot a picture of s.o.; **eine ~ vergrößern lassen** to have a photograph enlarged. – **10.** (*film*) a) (*Tätigkeit*) shooting (of a film), b) (*Bild*) shot, shoot, take: **Achtung, ~!** action! camera! – **11.** (*Fernsehaufnahme*) a) take, b) pickup. – **12.** (*radio*) a) (*bes. auf Tonband*) recording, b) (*auf Schallplatte*) pickup, *Am.* transcription: **eine ~ von etwas machen** to record s.th.; **die Oper wurde als ~ gesendet** the opera was broadcast as a recording. – **13.** ⟨*only sg*⟩ *tech.* a) incorporation, accommodation, b) (*Einbau*) mounting, installation, c) (*Einsetzen*) insertion, d) (*eines Werkzeuges*) reception, e) (*von Werkstücken auf der Maschine*) holding, fixture, f) (*eines Werkstücks in einem Halter*) reception, g) (*von Schnittkräften bei der Zerspanung*) absorption. – **14.** *tech.* a) (*eines Diamantenhalters*) socket, b) (*einer Schleifscheibe*) adaptor, *auch* adapter, flange, c) (*für Werkzeuge*) fixture, (tool) carrier. – **15.** *electr.* input. – **16.** ⟨*only sg*⟩ *jur.* a) (*eines Protokolls etc*) drawing up, b) (*eines Tatbestandes*) taking down, deposition, c) (*von Beweisen*) taking, hearing, d) (*einer Vertragsklausel etc*) insertion, introduction, adoption, inclusion. – **17.** ⟨*only sg*⟩ *econ.* a) (*von Geld, Kapital, Hypothek*) raising, taking up, b) (*einer Anleihe*) taking up, flotation, *auch* floatation, c) (*von Schulden*) contraction, d) (*eines Wechsels*) meeting, honoring, *bes. Br.* honouring, e) (*des Inventars*) taking (of the inventory), stocktaking, f) (*der Waren auf dem Markt*) absorption, uptake. – **18.** ⟨*only sg*⟩ *med. biol.* a) (*der Luft, Nahrung etc*) reception, intake, b) (*Assimilation*) assimilation, absorption. – **19.** ⟨*only sg*⟩ *phys.* (*von Gas, Flüssigkeit*) absorption. – **20.** ⟨*only sg*⟩ *civ.eng.* (*Vermessung*) survey(ing), plotting. – **21.** *geogr. geol.* a) (*topographisch*) mapping out, b) (*einer Küste etc*) survey: **geologische ~** geological survey. – **22.** ⟨*only sg*⟩ *metall.* a) absorption, b) (*von Kohlenstoff im Schmelzofen*) pickup. – **23.** *arch.* measure. – **24.** ⟨*only sg*⟩ *relig.* a) (*in die Gemeinschaft der Kinder Gottes*) adoption, b) (*in den Himmel*) assumption.

'Aufˌnah·me|ˌanˌtrag *m* **1.** application for admission. – **2.** *pol.* motion of inclusion. — **~ap·paˌrat** *m rare* camera. — **~ateˌlier** *n* (film *od.* photographer's) studio. — **~beˌdin·gung** *f meist pl bes. pol.* condition (*od.* term) of admission (*od.* membership). — **a~beˌreit** *adj* **1.** (*geistig*) (für etwas to s.th., to s.th.) receptive. – **2.** *phot.* a) (*Kameramann etc*) ready to shoot, b) (*Kamera*) ready for shooting. — **~beˌreit·schaft** *f* (*der Zuhörer etc*) receptivity, receptiveness. — **~beˌschrän·kung** *f ped.* admission restriction. — **~ˌda·ten** *pl phot.* exposure data. — **a~ˌfä·hig** *adj* **1.** (*geistig*) (für to) receptive: **ich bin nach der Arbeit nicht mehr ~** after work I am not capable of taking in anything. – **2.** *econ.* (*Markt*) capable of absorbing, active, receptive. – **3.** *phys.* (*textile*) absorbent, absorptive, receptive. – **4.** *chem.* absorbable. — **~ˌfä·hig·keit** *f* **1.** (*geistige*) receptiveness, receptivity: **er hat eine erstaunliche** (*geistige*) **~** he has an incredible receptivity of mind. – **2.** *econ.* (*des Marktes*) absorbing capacity, receptiveness, receptivity. – **3.** *phys.* capacity. – **4.** *phys.* (*Magnetismus*) susceptibility. – **5.** *chem.* absorption power. – **6.** (*beim Radar*) pick-up performance. — **~geˌbühr** *f* admission fee. — **~geˌlän·de** *n* (*film*) lot, location. — **~geˌrät** *n* **1.** recording equipment, recorder. – **2.** (*film*) *phot.* camera. – **3.** *civ.eng.* surveying apparatus. — **~geˌsuch** *n* application for admission. — **~ˌland** *n pol.* (*für Flüchtlinge etc*) host country. — **~ˌlei·ter** *m* **1.** (*beim Film*) production manager. – **2.** (*beim Rundfunk*) recording manager. — **~ob·jekˌtiv** *n phot.* **1.** photographic lens. – **2.** (*Gegensatz zu Sucherobjektiv*) taking lens. — **~ˌprü·fung** *f* **1.** entrance examination. – **2.** qualifying examination. — **~ˌraum** *m* (*film, radio*) studio. — **~ˌröh·re** *f telev.* pickup tube. — **~ˌstandˌpunkt** *m phot.* viewpoint. — **~ˌstel·lung** *f mil.* covering position. — **~ˌstu·dio** *n cf.* Aufnahmeraum. — **~ˌtag** *m* **1.** (*im Krankenhaus etc*) day of admission. – **2.** (*film*) day of filming. – **3.** (*radio*) day of recording. — **~ˌtech·nik** *f* **1.** *phot.* photographic (*od.* shooting) technique. – **2.** (*radio*) recording technique. — **~verˌfah·ren** *n* **1.** (*film*) filming technique. – **2.** (*radio*) recording technique. — **~verˌmö·gen** *n cf.* Aufnahmefähigkeit. — **~ˌvorˌrich·tung** *f tech.* (*für Werkstücke*) workholding fixture. — **~ˌwa·gen** *m* **1.** (*für Tonaufnahmen*) recording van. – **2.** *telev.* pickup van. – **3.** (*film*) dolly. — **a~ˌwil·lig** *adj cf.* aufnahmebereit 1. — **~ˌwil·lig·keit** *f* ⟨-; *no pl*⟩ *cf.* Aufnahmebereitschaft. — **a~ˌwür·dig** *adj* worthy of admittance. — **~ˌzap·fen** *m tech.* (*eines Werkzeugschaftes*) tang.

'aufˌnahms|ˌfä·hig *adj Austrian for* aufnahmefähig. — **A~ˌprü·fung** *f Austrian for* Aufnahmeprüfung.

'aufˌneh·men I *v/t* ⟨*irr, sep*, -ge-, h⟩ **1.** receive (*auch fig.*): **j-n freundlich ~** to receive s.o. in a friendly manner; **j-n bei sich** (*od.* **in seinem Haus**) **~** a) to accommodate s.o., to put s.o. up, b) to take s.o. in; **das Stück wurde begeistert aufgenommen** the piece was received enthusiastically; **wie hat er die Nachricht aufgenommen?** how did he take (*od.* receive) the news? how did he react when he heard the news? **er nahm es gut [schlecht] auf** he took it well [badly]; **die Dunkelheit nahm sie auf** *lit.* they were swallowed (up) by darkness. – **2.** (*Tätigkeit*) start, take up, begin: **er nahm gestern die Arbeit bei uns auf** he started work with us yesterday; **den Betrieb ~** to start operations; **die Verfolgung ~** to take up the pursuit; **Ermittlungen ~** to start investigations; **die Diskussion erneut** (*od.* **von neuem**) **~** to resume the discussion; → Kampf 6; Spur 1. – **3.** (*Beziehungen, Kontakte*) take up, enter into, establish: **Handelsbeziehungen ~** to enter into trade relations; **Fühlung mit j-m ~** to enter into contact with s.o.; → Verhandlung 2. – **4.** (*in Partei, Schule etc*) (in *acc, auch dat*) admit (to), accept (into), receive: **j-n als Mitglied ~** to accept s.o. as a member; **sich in einen Verein ~ lassen** to join a society. – **5.** (*einbeziehen*) include, adopt: **etwas in den Spielplan [die Tagesordnung] ~** to include s.th. in the repertoire [agenda]; **in** (*acc*) **etwas aufgenommen werden** to find entrance into s.th.; **etwas zusätzlich ~** to add s.th.; **etwas in sein Gebet ~** to include s.th. in one's prayer. – **6.** (*Eindrücke, Details, Wissen*) grasp, take in, receive, apprehend, absorb: **etwas nur mit dem Gehör ~** to apprehend s.th. aurally; **etwas in sich ~** to absorb s.th. – **7. es mit j-m ~** (**können**) to be able to cope with s.o., to be a match for s.o.: **ich kann es nicht mit ihm ~** I am no match for him; **im Reiten kann ich es jederzeit mit ihm ~** I can take him on any time at riding; **keiner konnte es so leicht** (*od.* **bald**) **mit ihr ~** nobody could match her so easily. – **8.** (*fassen*) (*Ware, Passagiere etc*) hold, take, accommodate: **das Flugzeug kann 100 Passagiere ~** the plane can seat a hundred passengers. – **9.** *cf.* aufheben 1, hochheben 1, 5. – **10.** *phot.* a) (*Person, Landschaft etc*) take a photograph of, photograph, b) (*Bild*) take, shoot: **er läßt sich nicht gern ~** he doesn't like to be photographed. – **11.** (*film*) (*Szene*) shoot, take: etwas nochmals ~ to retake s.th. – **12.** (*radio*) record, *Am.* transcribe: etwas neu ~ to rerecord s.th.; etwas auf Band ~ to record s.th. on tape, to tape s.th.; ein Programm zur späteren Sendung ~ to transcribe a program(me); etwas fürs Fernsehen ~ to telerecord s.th. – **13.** *jur.* a) (*Protokoll etc*) draw up, b) (*Tatbestand*) take down, depose, c) (*Beweise*) take, hear, d) (*Vertragsklausel etc*) insert, introduce, adopt, include, e) (*Personalien*) obtain: einen Verkehrsunfall ~ to take down the details of an accident, to make (*od.* draw up) a report of an accident. – **14.** *econ.* a) (*Geld, Kapital, Hypothek*) borrow, raise, take (up), b) (*Anleihe*) take up, c) (*Wechsel*) meet, d) (*Geschäftspartner*) receive: Protest ~ lassen to notify protest; j-n als Teilhaber ~ to take s.o. into partnership (*od.* as a partner). – **15.** (*Inventar, Bestand*) take stock of. – **16.** (*vom Markt*) (*Ware*) absorb, take up. – **17.** (*Stenogramm, Diktat*) take (down). – **18.** (*Bestellung*) take, receive. – **19.** *med. biol.* a) (*Luft, Nahrung*) take in, b) assimilate, absorb. – **20.** *phys.* (*Gas, Flüssigkeit*) absorb. – **21.** *civ.eng.* (*vermessen*) survey, plot. – **22.** *geogr. geol.* a) (*topographisch*) map (out), b) (*Küste etc*) survey. – **23.** *mar.* a) (*Funkspruch*) receive, pick up, b) (*Maschinenteil*) take off, take up, lift, remove, c) (*Seekabel*) pick up, d) (*Lotsen*) pick up, take: Fahrt ~ to get under way, to gather way; Kurs ~ to trace the course. – **24.** *relig.* a) (*in die Gemeinschaft der Heiligen*) adopt, b) (*in den Himmel*) assume, c) (*in einen Orden*) profess, c) (*kanonisch*) incardinate: etwas unter die kanonischen Bücher ~ to canonize s.th. – **25.** (*textile*) a) (*Feuchtigkeit*) absorb, b) (*Faden*) take up, (*Maschen etc*) take up, pick up. – **26.** *hunt.* (*Fährte*) catch, pick up, track: die Fährte neu ~ to find (*od.* recover) the scent; zurückgehen, um die Fährte neu aufzunehmen to hark back. – **27.** (*sport*) a) (*Ball*) gather, pick up, b) (*Golfball*) lift. – **28.** *mil.* das Gepäck ~! sling (on) packs! Truppen ~ to receive troops. – **29.** *sociol.* assimilate. – **30.** *agr.* (*männliches Tier*) take. – **31.** *dial. for* aufkehren, aufwischen 1. – **32.** *Austrian for* anstellen 2, engagieren I. – **II** *v/i* **33.** leicht (*od.* schnell) [schwer (*od.* langsam)] ~ to be quick [slow] of apprehension (*od.* on the uptake). – **34.** (*textile*) cast on stitches. – **35.** *vet.* conceive. – **36.** *hunt.* a) *cf.* äsen, b) (*von Flugwild*) rise (*od.* flutter, get) up. – **III A~** *n* ⟨-s⟩ **37.** *verbal noun.* – **38.** *cf.* Aufnahme 1—9 a, 13, 15—24.

'auf,neh·mens,wert *adj* worthy of being admitted (*od.* received, included).

'Auf,neh·mer *m* ⟨-s; -⟩ **1.** *tech.* a) (*der Dampfmaschine*) receiver, b) (*für Werkstücke*) adaptor. – **2.** *tech.* (*textile*) (*bei der Strumpfherstellung*) taker-up. – **3.** *electr.* (*Magnetbandsteuerung*) detector head. – **4.** *dial. for* Scheuertuch.

äuf·nen ['ɔyfnən] *v/t* ⟨h⟩ *Swiss econ. for* mehren 1, vermehren 1.

'auf,ne·steln *v/t* ⟨*sep*, -ge-, h⟩ (*Kleidungsstück etc*) unhook, unlace.

'auf,nie·ten *v/t* ⟨*sep*, -ge-, h⟩ *tech.* (auf *acc* to) rivet (*s.th.*) (on).

'auf,nor·den [-,nɔrdən] *v/t* ⟨*sep*, -ge-, h⟩ impart Nordic characteristics to, Nordicize (*in Nazi ideology*).

'auf·no,tie·ren *v/t* ⟨*sep*, *no* -ge-, h⟩ *cf.* notieren 1, 2.

'auf,nö·ti·gen *v/t* ⟨*sep*, -ge-, h⟩ j-m etwas ~ a) (*Geld, Essen etc*) to force (*od.* press) s.th. (up)on s.o., to force s.o. to accept s.th., b) (*Meinung*) *auch* to impose (*od.* urge) s.th. (up)on s.o.

'auf·ok·troy,ie·ren *v/t* ⟨*sep*, *no* -ge-, h⟩ j-m etwas ~ (*bes. Meinung, Ideen etc*) to impose (*od.* force, thrust) s.th. (up)on s.o.

'auf,op·fern I *v/reflex* ⟨*sep*, -ge-, h⟩ sich ~ **1.** (für for) sacrifice oneself: er opferte sich für seine Kinder auf he sacrificed himself for his children. – **II** *v/t* **2.** etwas (für j-n) ~ to sacrifice s.th. (for s.o.). – **III A~** *n* ⟨-s⟩ **3.** *verbal noun.* – **4.** *cf.* Aufopferung. — **'auf,op·fernd I** *pres p.* – **II** *adj* **1.** self-sacrificing, self-denying, unselfish, selfless: ~e Hingabe selfless devotion. – **2.** (*hingebungsvoll*) (*Tätigkeit*) loyal, devoted: ~e Pflege (*od.* Fürsorge) devoted care. — **'Auf,op·fe·rung** *f* ⟨-; *no pl*⟩ **1.** *cf.* Aufopfern. – **2.** (*einer Sache*) sacrifice. – **3.** (*Selbstaufopferung*) (self-)sacrifice, self-denial, (*Hingabe*) devotion: j-n mit ~ pflegen to nurse s.o. with devoted care. – **4.** *cf.* Preisgabe 2.

'auf,op·fe·rungs|be,reit *adj* ready (*od.* willing) to sacrifice oneself, *auch* dedicated. — **A~be,reit·schaft** *f* ⟨-; *no pl*⟩ readiness (*od.* willingness) for self-sacrifice, *auch* dedication. — **~,fä·hig** *adj* capable of self-sacrifice. — **~,voll** *adj* **1.** (*Arbeit*) demanding much self-sacrifice (*od.* devotion). – **2.** (*Person*) full of self-sacrifice.

'auf,packen (*getr.* -k·k-) *v/t* ⟨*sep*, -ge-, h⟩ **1.** (*Last, Gepäck*) (auf *acc* on, to) load: einem Pferd etwas ~ to put a load on a horse's back, to load (s.th. on) a horse. – **2.** j-m etwas ~ *fig. colloq.* to saddle (*od.* load) s.o. with s.th.; sich (*dat*) etwas ~ to saddle (*od.* load) oneself with s.th.; da habe ich mir etwas Schönes aufgepackt *iron.* I have taken a nice burden on myself. – **3.** (*Paket*) unpack, open.

'auf,päp·peln *v/t* ⟨*sep*, -ge-, h⟩ j-n ~ *colloq.* to feed s.o. up: wir werden ihn schon wieder ~ we'll soon get him well (*od.* on his feet) again, we'll nurse him back to health again.

'auf,pas·sen I *v/i* ⟨*sep*, -ge-, h⟩ **1.** (*achtgeben*) take care, watch, mind: auf (*acc*) etwas ~ a) to take care of s.th., to mind s.th., b) to look (*od.* watch) out for s.th., c) to pay attention to s.th.; auf j-n ~ a) to take care of (*od.* look after) s.o., b) to keep an eye on s.o., c) to pay attention to s.o.; sie muß auf zwei Kinder ~ she has to take care of two children; paß auf die Rechtschreibung auf! mind the spelling! passen Sie auf diesen Mann auf! keep an eye on this man! genau (*od.* scharf) ~ to pay close attention, to be all ears (*colloq.*); höllisch ~ *colloq.* to be damned careful (*colloq.*); ~ wie ein Schießhund (*od.* Luchs, Heftelmacher) *colloq.* to watch like a lynx; in der Schule [nicht] ~ to be [in]attentive at school; paßt auf, was ich euch jetzt sage pay attention (*od.* listen) to what I am going to tell you now; paß auf, daß take care that; paß (mal) auf! *colloq.* a) look (here)! b) you'll see! – **2.** *dial. for* auflauern. – **II** *v/t* **3.** *tech.* (*Deckel etc*) fit on, adapt. – **4.** *dial.* fit on: j-m einen Hut ~ to fit a hat on s.o. — **'Auf,pas·ser** *m* ⟨-s; -⟩ *contempt.* **1.** (*Aufsichtsperson*) watcher, 'watchdog' (*colloq.*). – **2.** (*Spitzel*) spy. – **3.** (*einer, der Schmiere steht*) lookout (man). — **,Auf·pas·se'rei** *f* ⟨-; *no pl*⟩ *contempt.* spying.

'auf,pau·sen *v/t* ⟨*sep*, -ge-, h⟩ (*Zeichnungen, Muster etc*) (auf *acc* to) trace on.

'auf,peit·schen I *v/t* ⟨*sep*, -ge-, h⟩ **1.** (*Meer, Wellen*) lash, whip (*od.* churn) up. – **2.** *fig.* (*Nerven, Sinne etc*) excite, rouse, stir up, (*stärker*) whip up. – **II** *v/reflex* sich ~ **3.** *fig.* (*mit Drogen etc*) excite oneself, (*stärker*) whip oneself up. – **III A~** *n* ⟨-s⟩ **4.** *verbal noun.* — **'Auf,peit·schung** *f* ⟨-; -en⟩ *cf.* Aufpeitschen.

'Auf,peit·schungs,mit·tel *n med.* (strong) stimulant, excitant.

'auf,pel·zen *v/t* ⟨*sep*, -ge-, h⟩ *colloq. cf.* aufbürden.

'auf,pflan·zen I *v/t* ⟨*sep*, -ge-, h⟩ **1.** *mil.* (*Seitengewehr*) fix. – **2.** *rare* (*Fahne, Standarte etc*) plant, set up. – **II** *v/reflex* **3.** sich vor j-m [etwas] ~ *colloq.* to plant oneself before (*od.* in front of) s.o. [s.th.].

'auf,pflü·gen *v/t* ⟨*sep*, -ge-, h⟩ plough up, *bes. Am.* plow up.

'auf,pfrop·fen *v/t* ⟨*sep*, -ge-, h⟩ *hort.* (auf *acc* on, upon) graft. — **'Auf,pfrop·fung** *f* ⟨-; *no pl*⟩ graft(ing).

'auf,picken (*getr.* -k·k-) *v/t* ⟨*sep*, -ge-, h⟩ **1.** etwas ~ (*von Vögeln*) a) to peck s.th. (up), b) to peck s.th. open. – **2.** *fig. colloq.* (*Wissen etc*) pick up.

'auf,pin·seln *v/t* ⟨*sep*, -ge-, h⟩ etwas (auf *acc* etwas) ~ to brush s.th. on (to s.th.), to put s.th. on (s.th.) with a brush.

'auf,plät·ten *v/t* ⟨*sep*, -ge-, h⟩ *cf.* a) aufbügeln 1, b) aufdämpfen.

'Auf,plätt,mu·ster *n cf.* Aufbügelmuster.

'auf,plat·zen I *v/i* ⟨*sep*, -ge-, sein⟩ **1.** burst (open). – **2.** (*von Nähten*) rip, burst. – **3.** *med.* a) (*von Adern etc*) burst, rupture, b) (*von Haut*) crack, chap, c) (*von Wunden, Geschwüren*) break. – **4.** *bot.* (*von Samenkapseln*) dehisce. – **II A~** *n* ⟨-s⟩ **5.** *verbal noun.* – **6.** *bot.* dehiscence. — **'auf,plat·zend I** *pres p.* – **II** *adj bot.* (*Samenkapseln etc*) dehiscent.

'auf,plump·sen *v/i* ⟨*sep*, -ge-, sein⟩ auf (*acc*) etwas ~ *colloq.* to plump (*od.* flop) down on s.th.

'auf,plu·stern I *v/t* ⟨*sep*, -ge-, h⟩ **1.** (*Gefieder*) ruffle (up). – **2.** *fig. cf.* aufbauschen 3. – **II** *v/reflex* sich ~ **3.** (*vom Vogel*) ruffle (up) its feathers. – **4.** *fig.* give oneself airs, puff oneself up.

'auf·po,lie·ren *v/t* ⟨*sep*, *no* -ge-, h⟩ **1.** (*Möbel etc*) polish (*od.* touch) up, refurbish. – **2.** *fig. colloq.* (*Ansehen etc*) refurbish. – **3.** *fig. colloq.* (*Kenntnisse etc*) polish (*od.* brush) up.

'auf,pol·stern *v/t* ⟨*sep*, -ge-, h⟩ (*alten Sessel etc*) (re)upholster.

'auf,prä·gen I *v/t* ⟨*sep*, -ge-, h⟩ (auf *acc* etwas on s.th.) impress, imprint, stamp: ein Monogramm auf einen Löffel ~ to impress a monogram on a spoon; etwas (*dat*) seinen Stempel ~ *fig.* to impress one's mark (*od.* the mark of one's individuality) on s.th. – **II** *v/reflex* sich (j-m) ~ to leave a mark (*od.* trace, impact) (on s.o.).

'Auf,prall *m* **1.** impact, shock, (*Zusammenstoß*) collision: durch den (*od.* beim) ~ beschädigt damaged through the impact; die Wucht des ~s war so stark, daß the impact was so violent that. – **2.** (*eines Balles*) bounce. – **3.** *nucl.* (*von Elektronen*) impingement.

'auf,pral·len I *v/i* ⟨*sep*, -ge-, sein⟩ **1.** auf (*dat u. acc*) etwas ~ (*von Auto etc*) to hit (*od.* strike) s.th., to collide with s.th., (*heftiger*) to crash into s.th.: der Wagen prallte auf die Lokomotive auf the car crashed into the engine; 3 Autos prallten aufeinander auf three cars collided (with each other). – **2.** (*sport*) (*von Ball*) (auf *acc u. dat* on) bounce. – **3.** auf j-n ~ *rare* to bump into s.o.

'Auf,prall,flä·che *f* **1.** *nucl.* (*für Elektronen*) target area. – **2.** *tech.* (*einer Hammermühle*) breaker plate.

'auf,pras·seln *v/i* ⟨*sep*, -ge-, sein *u.* h⟩ (*von Feuer*) crackle up.

'Auf,preis *m econ.* **1.** additional (*od.* extra) price (*od.* charge), surcharge: gegen einen ~ von 100 DM for an extra charge of a hundred marks; ~ für Schiebedach sliding roof extra. – **2.** (*bei Wertpapieren*) premium.

'auf,pres·sen *v/t* ⟨*sep*, -ge-, h⟩ **1.** etwas auf (*acc*) etwas ~ to press s.th. on (to) s.th.: einem Schreiben das Siegel ~ to press the seal on a letter. – **2.** press (*s.th.*) open.

'auf·pro,bie·ren *v/t* ⟨*sep*, *no* -ge-, h⟩ (*Hut etc*) try on.

'auf,prot·zen *v/t* ⟨*sep*, -ge-, h⟩ *mil.* (*Geschütz*) limber.

'auf,pul·vern *colloq.* **I** *v/t* ⟨*sep*, -ge-, h⟩ j-n ~ to buck (*od.* pick) s.o. up (*colloq.*), to jazz s.o. up (*sl.*). – **II** *v/reflex* sich ~ buck (*od.* pick) oneself up (*colloq.*), jazz oneself up (*sl.*).

'Auf,pul·ve·rungs,mit·tel *n colloq.* (strong) stimulant, excitant, energizer, pep pill (*colloq.*).

'auf,pum·pen I *v/t* ⟨*sep*, -ge-, h⟩ **1.** (*Reifen etc*) pump up, inflate. – **II A~** *n* ⟨-s⟩ **2.** *verbal noun.* – **3.** inflation.

'Auf,punkt *m phys.* (*eines Kraftfeldes*) test point.

'auf,pup·pen *v/t* ⟨*sep*, -ge-, h⟩ *dial.* (*Getreide*) stack (*s.th.*) in sheaves.

'auf,pu·sten *v/t u.* sich ~ *v/reflex* ⟨*sep*, -ge-, h⟩ *colloq. for* aufblasen 1, 2, 5.

'auf,put·schen *v/t* ⟨*sep*, -ge-, h⟩ **1.** *contempt.* (*aufhetzen*) stir up, incite, rouse: die Massen ~ to rouse the masses; j-n zu etwas ~ to instigate s.o. to do s.th. – **2.** *fig. cf.* aufpeitschen 2. – **II** *v/reflex* sich ~ **3.** *cf.* aufpulvern II.

'Auf,putsch,mit·tel *n* stimulant, (*Pille*) *auch* pep pill (*colloq.*).

'Auf,putz *m* ⟨-es; *no pl*⟩ **1.** (*Schmuck, Zierde*) decoration, ornament, finery. – **2.** *oft iron.* (*Kleidung*) finery, (best) dress, attire; getup, outfit (*colloq.*). — **'auf,put·zen I** *v/t* ⟨*sep*, -ge-, h⟩ **1.** (*schmücken*) decorate, ornament, deck. – **2.** j-n ~ (*festlich anziehen*) to dress s.o. up, to deck s.o. out. – **3.** (*Weihnachtsbaum*) *rare* trim, decorate. – **4.** (*Fußboden etc*) clean (*od.* mop) up. – **II** *v/reflex* sich ~ **5.** dress oneself up, deck oneself out, get oneself up (*colloq.*): → Pfau 2.

'auf,quel·len I *v/i* ⟨*irr*, *sep*, -ge-, sein⟩ **1.** (*von Hülsenfrüchten etc*) swell. – **2.** (*vom Wasser*) well (*od.* spring) up, (*siedend*) bubble up. – **3.** *lit.* (*von Dampf, Tränen, fig. von Gefühlen*) rise. – **II** *v/t* ⟨h⟩ **4.** *auch* ~ lassen *gastr.* a) (*Hülsenfrüchte*) soak, steep, b) (*aufkochen*) parboil. – **III A~** *n* ⟨-s⟩ **5.** *verbal noun.* — **'Auf,quel·lung** *f* ⟨-; -en⟩ **1.** *cf.* Aufquellen. – **2.** *geol.* upwelling.

ˈaufˌquir·len v/t ⟨sep, -ge-, h⟩ gastr. (Eier etc) beat (up), whisk.

ˈaufˌraf·fen I v/t ⟨sep, -ge-, h⟩ 1. snatch (od. gather) (s.th.) up. – II v/reflex sich ~ 2. (sich zusammennehmen) pull oneself together. – 3. sich zu etwas ~ to rouse (od. bring) oneself to do s.th.: sich zu einem Entschluß ~ to bring oneself to make a decision. – 4. (sich erheben) get (on) to one's feet (again): er stürzte, raffte sich aber wieder auf he fell but got (on) to his feet again. – 5. sich aus etwas ~ to pull oneself out of s.th.: sich aus seiner Lethargie ~ to pull oneself out of one's lethargy.

ˈaufˌra·gen v/i ⟨sep, -ge-, sein u. h⟩ (von Gebirgen, Gebäuden etc) tower (up), rise (up), (drohend, gewaltig) loom (up): hoch (od. steil) ~ to rise up steeply.

ˈaufˌrah·men[1] v/i ⟨sep, -ge-, h⟩ (von Milch) cream.

ˈaufˌrah·men[2] v/t ⟨sep, -ge-, h⟩ (textile) (Tuch) tenter, Br. stenter, expand.

ˈaufˌram·men v/t ⟨sep, -ge-, h⟩ (Tor etc) ram (s.th.) open.

ˈaufˌran·ken v/reflex ⟨sep, -ge-, h⟩ sich ~ lit. (von Efeu etc) climb (od. creep, twine) up.

ˈaufˌrap·peln v/reflex ⟨sep, -ge-, h⟩ sich ~ colloq. 1. struggle to one's feet: sich wieder ~ fig. (von Kranken) to get well (od. on one's feet) again. – 2. cf. aufraffen II.

ˈaufˌrau·chen v/t ⟨sep, -ge-, h⟩ (Zigaretten etc) smoke (s.th.) until finished, finish: eine ganze Schachtel Zigaretten ~ to smoke a whole pack (Br. packet) of cigarettes.

ˈaufˌräu·feln [-ˌrɔʏfəln] v/t ⟨sep, -ge-, h⟩ colloq. (Gestricktes) unravel.

ˈaufˌrau·hen v/t ⟨sep, -ge-, h⟩ 1. (Oberfläche) rough up, roughen (up). – 2. (textile) a) (Tuch) nap, dress, teasel, auch teazel, teazle, b) (Wolle) card. – 3. (art) (in der Steinmetzkunst) kernel, pick, tooth.

ˈaufˌräu·men I v/t ⟨sep, -ge-, h⟩ 1. (Zimmer, Arbeitsplatz etc) tidy (up), clear (up), straighten (up), put (s.th.) in order. – 2. (wegräumen) tidy (od. clear, put) (s.th.) away: Kinder müssen ihre Spielsachen ~ children must tidy away their toys. – 3. tech. broach. – II v/i 4. (Ordnung schaffen) tidy (up), clear (up): auf dem Tisch [im Schrank] ~ to tidy up the table [cupboard]. – 5. fig. (von Seuchen etc) take a big toll, (stärker) wreak havoc: unter der Bevölkerung ~ to decimate (od. clean out) the population. – 6. mit etwas ~ fig. colloq. to do away with (od. get rid of) s.th., to make a clean sweep of s.th.: mit überholten Ansichten ~ to do away with (od. throw over) old-fashioned ideas; da werden wir mal gründlich ~ müssen we'll have to make a clean sweep here. – III A~ n ⟨-s⟩ 7. verbal noun: wir sind gerade beim A~ we are just tidying up; es fand sich beim A~ it was found when the room was tidied. — **ˈAufˌräu·mer** m ⟨-s; -⟩ s.o. who tidies up. — **ˈAufˌräu·mung** f ⟨-; no pl⟩ cf. Aufräumen.

ˈAufˌräu·mungs|ˌar·bei·ten pl removal (od. clearing) work sg. — **~ˌkomˌman·do** n, **~ˌtrupp** m mil. clearing squad.

ˈaufˌrau·schen v/i ⟨sep, -ge-, sein⟩ 1. (von Beifall) ring out. – 2. (von Meer, Wellen) rush up. – 3. (von Gefieder) rustle (up): der Adler rauschte auf lit. the eagle rose with rustling feathers.

ˈaufˌre·chen·bar adj 1. ~e Beträge econ. amounts which can be set off (Am. offset). – 2. jur. subject to compensation.

ˈaufˌrech·nen I v/t ⟨sep, -ge-, h⟩ 1. etwas gegen etwas ~ econ. a) (Forderungen, Schulden) to set s.th. off against s.th., Am. to offset s.th. against s.th., b) (Buchungsposten) to balance (od. square) s.th. against s.th. – 2. j-m etwas ~ cf. anrechnen 5. – 3. jur. (Ansprüche etc) compensate, offset. – 4. tech. phys. (hinzurechnen) add. – II A~ n ⟨-s⟩ 5. verbal noun. — **ˈAufˌrech·nung** f ⟨-; -en⟩ 1. cf. Aufrechnen. – 2. econ. (von Forderungen, Schulden) setoff, Br. set-off, Am. offset. – 3. jur. compensation. – 4. tech. phys. addition.

ˈaufˌrecht I adj 1. upright, erect: ein ~er Gang an upright carriage; er konnte sich kaum noch ~ halten he could hardly keep himself upright; ~en Hauptes fig. lit. with one's head erect (od. up). – 2. fig. (Charakter, Gesinnung) upright, honorable, bes. Br. honourable, honest: ein ~er Patriot a loyal (od. sta[u]nch) patriot. – II adv 3. ~ sitzen to sit up; ~ stehen to stand erect; ~ gehen to walk upright; ~ stehend her. a) (von Löwen) rampant, b) (wie springend) salient.

ˈaufˌrecht·erˌhal·ten I v/t ⟨irr, sep, no -ge-, h⟩ 1. (Zustand etc) maintain, keep up: gute Beziehungen ~ to maintain (od. continue) good relations. – 2. (Meinung etc) uphold, sustain, stick (od. adhere) to, abide by: ein Angebot ~ to abide by an offer; die Anklage ~ jur. to uphold (od. abide by) the charge (od. indictment). – II A~ n ⟨-s⟩ 3. verbal noun. — **ˈAufˌrecht·erˌhal·tung** f ⟨-; no pl⟩ 1. cf. Aufrechterhalten. – 2. maintenance: die ~ von Ruhe und Ordnung the maintenance of peace and order. – 3. (einer Meinung etc) (gen to) adherence.

ˈaufˌrecken (getr. -k·k-) I v/t ⟨sep, -ge-, h⟩ stretch up(ward[s]): die Arme ~ to stretch up one's hands; den Kopf ~ to stretch (out) one's neck. – II v/reflex sich ~ draw oneself up, erect oneself to full height.

ˈaufˌre·den v/t ⟨sep, -ge-, h⟩ j-m etwas ~ to talk s.o. into (accepting) s.th., to palm s.th. off on s.o.

ˈaufˌre·gen I v/t ⟨sep, -ge-, h⟩ 1. (innerlich erregen) excite, agitate, stir up: die Nachricht regte ihn ungeheuer auf the news excited him terribly. – 2. (beunruhigen) alarm, upset: es scheint ihn nicht weiter aufzuregen it doesn't seem to upset him very much. – 3. lit. for aufrühren 2, aufwühlen 3. – II v/reflex sich ~ 4. (über acc about) a) get excited (od. worked up), b) get upset: reg dich nicht auf! don't get excited! regen Sie sich nicht künstlich auf! colloq. keep your shirt on! (colloq.); die Nachbarn regten sich sehr darüber auf the neighbo(u)rs were rather scandalized at it. — **ˈaufˌre·gend I** pres p. – II adj 1. (Film, Ereignisse etc) exciting, agitating, stirring. – 2. (beunruhigend) alarming, upsetting. — **ˈAufˌre·gung** f ⟨-; -en⟩ 1. (innere Erregung) excitement, agitation: in ~ geraten (über acc about) to get excited; in großer ~ sein to be in great agitation; j-n in ~ versetzen a) to excite s.o., b) to alarm s.o.; vor ~ with excitement; in der ~ vergaß sie alles she was so excited that she forgot everything; nur keine ~! colloq. don't get excited! – 2. (allgemeine Verwirrung) excitement, flurry, stir: nach dieser Nachricht entstand eine große ~ the news caused a great stir (od. commotion); sich in heller ~ befinden to be in a flurry of excitement. – 3. bes. psych. (seelische) excitement.

ˈAufˌre·gungsˌzuˌstand m excited condition, state of excitement.

ˈaufˌrei·ben I v/t ⟨irr, sep, -ge-, h⟩ 1. (Wachs, Salbe etc) (auf acc to) rub (s.th.) on. – 2. (wundreiben) rub (s.th.) sore, chafe, gall: sich (dat) die Hände ~ to rub one's hands sore, to chafe one's hands. – 3. j-n ~ fig. to wear s.o. out, auch to get s.o. out, to get s.o. down (colloq.): die ewigen Sorgen reiben ihn auf the constant worries are wearing him out. – 4. fig. (Gesundheit, Kräfte etc) wear down, undermine. – 5. fig. (Nerven) fray. – 6. mil. (Einheit, Feind etc) wipe out, crush, annihilate, destroy. – 7. tech. a) (mittels Reibahle) ream (out), b) (Farben) grind, c) (Material) wear (s.th.) by attrition. – II v/reflex sich ~ 8. fig. wear oneself out: er reibt sich bei dieser Arbeit auf he is wearing himself out with this work, this work is getting him down (colloq.). – III A~ n ⟨-s⟩ 9. verbal noun. – 10. cf. Aufreibung. — **ˈaufˌrei·bend I** pres p. – II adj wearing, (stärker) exhausting, gruelling: ein ~er Beruf an exhausting occupation.

ˈAufˌrei·beˌvorˌrich·tung f tech. (für Reibahlen) reaming attachment.

ˈAufˌrei·bung f ⟨-; no pl⟩ 1. cf. Aufreiben. – 2. mil. extermination, annihilation. – 3. tech. attrition.

ˈaufˌrei·hen I v/t ⟨sep, -ge-, h⟩ 1. (Perlen etc) (auf acc on) string, thread. – 2. (Bücher etc) put (s.th.) up in a row. – II v/reflex 3. sich ~ (von Personen) line up. – III A~ n ⟨-s⟩ 4. verbal noun. — **ˈAufˌrei·hung** f ⟨-; no pl⟩ cf. Aufreihen.

ˈAufˌreißˌband n ⟨-(e)s; ⸗er⟩ (an Packungen etc) rip band.

ˈaufˌrei·ßen[1] I v/t ⟨irr, sep, -ge-, h⟩ 1. (Brief, Packung etc) tear (od. rip) (s.th.) open: einen Briefumschlag ~ to rip open an envelope; er riß sich nach Atem ringend das Hemd auf gasping for breath he pulled open his shirt; alte Wunden (od. Narben) ~ fig. to reopen (od. rip open) old wounds. – 2. (zerreißen) tear: sie riß sich den Ärmel auf she tore her sleeve. – 3. (Fenster, Tür etc) fling (s.th.) open, (gewaltsam) tear (s.th.) open. – 4. (Mund, Augen) open (s.th.) wide: Mund und Augen (od. Nase) ~ fig. colloq. to gape, to stand aghast; das Maul (od. seine Klappe) ~ vulg. to talk big (colloq.). – 5. bes. civ.eng. (Straße, Pflaster etc) tear (od. break, take) up, scarify. – 6. (von Panzern etc) (Straße) churn up. – 7. (Fußboden) remove. – 8. agr. (Ackerboden) break. – 9. meteor. (durch Wind) (Wolken) disperse, scatter, break up. – 10. j-n ~ a) (hochreißen) to pull s.o. up, b) colloq. (kennenlernen) to pick s.o. up. – 11. rare for spalten 1. – II v/i ⟨sein⟩ 12. (von Haut) chap, crack. – 13. (von Naht) split, burst. – 14. (von Holz, Metall etc) crack, split. – 15. meteor. (von Wolken, Nebel) disperse, break up.

ˈaufˌrei·ßen[2] v/t ⟨irr, sep, -ge-, h⟩ 1. tech. a) (Meßwerte) plot, b) (skizzieren) sketch, c) (mittels Anreißwerkzeug) lay out. – 2. fig. outline.

ˈAufˌrei·ßer m ⟨-s; -⟩ civ.eng. (beim Straßenbau) scarifier, road ripper.

ˈaufˌrei·ten I v/i ⟨irr, sep, -ge-, sein⟩ (von Garde etc) ride up, come riding up. – II v/reflex ⟨h⟩ sich ~ become chafed by riding.

ˈaufˌrei·zen I v/t ⟨sep, -ge-, h⟩ 1. (Sinne) excite. – 2. (aufhetzen) rouse, stir up: j-n zum Widerstand ~ to rouse s.o. to resistance. – II A~ n ⟨-s⟩ 3. verbal noun. – 4. cf. Aufreizung. — **ˈaufˌrei·zend I** pres p. – II adj 1. (Kleid etc) provocative, sexy (colloq.). – 2. (Benehmen, Lächeln etc) provoking, irritating, (stärker) maddening, infuriating. – 3. (Worte, Reden etc) inflammatory, incendiary. – 4. (verführerisch) seductive. – III adv 5. sich ~ anziehen to dress in a provocative (od. seductive) way to wear sexy clothes (colloq.). — **ˈAufˌrei·zung** f ⟨-; -en⟩ 1. cf. Aufreizen. – 2. excitement, excitation, incitement, instigation.

ˈaufˌren·nen v/i ⟨irr, sep, -ge-, sein⟩ mar. cf. auflaufen 1 a.

ˈaufˌricht·bar adj 1. erectable. – 2. med. erectile.

ˈAufˌrich·te f ⟨-; -n⟩ Swiss for Richtfest.

ˈAufˌrich·teˌmus·kel m med. erector (muscle).

ˈaufˌrich·ten I v/t ⟨sep, -ge-, h⟩ 1. (empor-, geraderichten) put (od. set) (s.th.) upright (again). – 2. (Masten etc) put up, erect. – 3. cf. errichten 1—3. – 4. fig. (Gesellschaftssystem etc) establish, set up. – 5. (Kranken im Bett) lift, raise. – 6. (Gestürzten vom Boden) pick (s.o.) up, help (s.o.) to his feet. – 7. (Oberkörper) straighten up. – 8. (von Tieren) a) (Ohren) prick (up), raise, b) (Haare, Stacheln) bristle (up). – 9. (von Schlange) (Kopf) raise, rear. – 10. (Leiter) put up. – 11. j-n ~ fig. a) (ermutigen) to give new courage to s.o., to encourage (od. hearten) s.o., b) (trösten) to comfort (od. console) s.o.: nur die Hoffnung kann mich ~ hope alone can bear me up. – 12. fig. (Selbstvertrauen etc) restore, renew, revive. – 13. mar. (Schiff) right (up). – 14. aer. (Flugzeug) a) straighten out, right, b) (aus dem Sturzflug) pull out, c) (vor der Landung) level off, flatten out. – II v/reflex sich ~ 15. (aus gebückter Haltung) straighten up: sich im Bett ~ to sit up in bed. – 16. (nach einem Sturz etc) get to one's feet (again), pick oneself up: sich an einem Stock ~ to get to one's feet with the help of a stick. – 17. (sich aufrecken) draw oneself up: sich zu voller Größe ~ to draw oneself up to full height; sich stolz ~ to draw oneself up proudly. – 18. fig. take courage again, take heart, auch pull up again: sich an j-s Worten ~ to take heart from s.o.'s words. – 19. (von Gras etc) straighten up. – 20. (von Ohren) prick (up). – 21. (von Haaren, Stacheln) bristle (up). – 22. mar. (von Schiff) right (herself). – 23. aer. (von Flugzeug) straighten out, right (itself). – 24. med. become erect. – II A~ n ⟨-s⟩ 25. verbal noun. – 26. cf. Aufrichtung.

ˈAufˌrich·ter m ⟨-s; -⟩ mar. (bei Stellagen) (staging) uprights pl, Am. stage bents pl.

ˈAufˌrich·teˌzü·gel m (am Krankenbett) trapeze, patient's helper.

ˈaufˌrich·tig I adj 1. (Mensch) upright, honest, sincere. – 2. (Gefühle) sincere, (bes. Bedauern, Beileid etc) heartfelt: ~e Bewunderung für j-n empfinden to feel sincere (od. genuine, true) admiration for s.o.; j-n mit ~er Freude begrüßen to welcome s.o. with sincere joy; j-m sein ~es Beileid ausdrücken to express one's heartfelt sympathy to s.o. – 3. (*Worte, Meinung etc*) frank, candid, honest: ein ~es Wort mit j-m reden to be frank with s.o.; um ~ zu sein to be frank. – **II** *adv* 4. sincerely: es tut mir ~ leid I am really very sorry; es ~ mit j-m meinen to be sincere with s.o. – 5. frankly, candidly, honestly: ~ gesprochen (*od.* gestanden) frankly speaking. — **ˈAufˌrich·tig·keit** *f* ⟨-; *no pl*⟩ **1.** uprightness, honesty. – **2.** sincerity: an j-s ~ zweifeln to doubt s.o.'s sincerity; in aller ~ in all sincerity. – **3.** frankness, candor, *bes. Br.* candour, honesty.

ˈAufˌricht- ˌund ˈStart·geˌrät *n* (*space*) erector-launcher.

ˈAufˌrich·tung *f* ⟨-; *no pl*⟩ **1.** *cf.* Aufrichten. – **2.** (*von Masten etc*) erection. – **3.** *cf.* Errichtung 2, 3. – **4.** *fig.* (*eines Gesellschaftssystems etc*) establishment. – **5.** *fig.* (*Ermutigung*) encouragement. – **6.** *fig.* (*Trost*) comfort, consolation. – **7.** *geol.* a) (*der Schichten*) uplift, b) (*eines Berges*) erection.

ˈAufˌrich·tungs·verˌmö·gen *n aer.* righting capacity, static stability.

ˈaufˌrie·geln *v/t* ⟨*sep*, -ge-, h⟩ (*Tür etc*) unbolt, unbar.

ˈaufˌrig·gen *v/t* ⟨*sep*, -ge-, h⟩ *mar.* (*Mast*) rig (up).

ˈaufˌrin·geln *v/reflex* ⟨*sep*, -ge-, h⟩ sich ~ **1.** (*von Schlange etc*) coil (itself) up. – **2.** (*von Zigarettenrauch etc*) curl upward(s).

ˈAufˌriß *m* **1.** *tech.* (*einer Zeichnung etc*) a) elevation, b) (*Stirnansicht*) front elevation (*od.* view). – **2.** *math.* vertical (*od.* upright) projection. – **3.** *mar.* sheer plan. – **4.** *fig.* (*kurze Darstellung*) outline. — **~ˌzeich·nung** *f cf.* Aufriß 1—3.

ˈaufˌrit·zen I *v/t* ⟨*sep*, -ge-, h⟩ **1.** (*Haut*) scratch: sich (*dat*) mit einer Nadel die Haut ~ to scratch one's skin open with a needle. – **2.** (*mit einem Messer etc*) slit. – **3.** (*Harzbäume etc*) tap. – **II** *v/reflex* sich ~ **4.** get scratched, scratch oneself.

ˈaufˌrö·cheln *v/i* ⟨*sep*, -ge-, h⟩ breathe with a rattling sound.

ˈaufˌrol·len I *v/t* ⟨*sep*, -ge-, h⟩ **1.** (*zusammenrollen*) roll up: eine Wäscheleine ~ to roll (*od.* wind) up a line; Stückware ~ to batch (*od.* roll, wind up) piece goods; eine Fahne ~ to furl a flag; die Hemdsärmel ~ to roll up one's sleeves. – **2.** *mil.* (*Front, Stellung etc*) roll up: die feindliche Flanke [Stellung] ~ to turn the enemy's flank [position]. – **3.** (*entfalten*) unroll: eine Fahne ~ to unfurl a flag. – **4.** (*Schiebetür etc*) roll open. – **5.** *fig.* (*Thema etc*) bring up: eine Affäre wieder ~ to bring an affair up again; die ganze Problematik ~ to point out all problems involved; einen Prozeß wieder ~ to reopen a trial. – **II** *v/i* ⟨sein⟩ **6.** roll open. – **III** *v/reflex* ⟨h⟩ **7.** sich ~ a) (*von Seil etc*) unroll, come unrolled, b) (*von Papier*) roll (*od.* curl) up.

ˈAufˌroll|ˌtrom·mel *f tech.* reeling-up drum. — **~ˌvorˌrich·tung** *f* rolling-up device, machine roller, winding-up frame, beaming machine.

ˈaufˌrücken (*getr.* -k·k-) **I** *v/i* ⟨*sep*, -ge-, sein⟩ **1.** (*aufschließen*) move up: rücken Sie bitte etwas auf! please move up a bit! eins ~ to move up one. – **2.** (*im Rang aufsteigen*) be promoted, advance (*od.* rise, move up) to a higher position: er rückte in eine höhere Stellung auf he rose to a higher position; er rückte zum General auf he was promoted general (*Am.* to general); zum Vorgesetzten ~ to move up to a superior position. – **3.** *mil.* close the ranks. – **II A~** *n* ⟨-s⟩ **4.** *verbal noun.* – **5.** promotion, advance.

ˈAufˌruf *m* **1.** (*öffentlicher*) appeal, call: (*öffentlicher*) ~ an die Bevölkerung appeal to the public, proclamation; einen ~ an j-n richten to (make an) appeal to s.o. – **2.** (*namentlich*) calling by name: auf seinen ~ warten to wait until one's name is called. – **3.** *mil.* a) (*eines Jahrgangs*) calling up, call-up, b) (*zu den Waffen*) call. – **4.** *econ.* a) (*von Banknoten*) calling in (*for cancellation*), b) *hist.* (*von Lebensmittelmarken etc*) calling up, c) (*von Obligationen*) calling (*for repayment*). – **5.** *jur.* a) (*der Zeugen*) calling, b) (*einer Sache*) call, c) (*von Gläubigern*) summoning, public notification, d) (*der Geschworenen*) array.

ˈaufˌru·fen *v/t* ⟨*irr*, *sep*, -ge-, h⟩ **1.** j-n ~ a) to call (out) s.o.'s name, b) *ped.* to call on (*od.* upon) s.o., to ask s.o. a question: warten, bis man aufgerufen wird to wait until one's name is called; wen habe ich noch nicht aufgerufen? *ped.* whom haven't I asked yet? die Schüler nach dem Alphabet ~ to call (over) the pupils' names, to call the roll. – **2.** j-n ~, etwas zu tun to appeal to s.o. to do s.th., to call (up)on s.o. to do s.th.: die Bevölkerung wurde zur Teilnahme aufgerufen the public was called (up)on to participate; zum Streik ~ *econ.* to call a strike. – **3.** *mil.* (*Jahrgang*) call up. – **4.** *econ.* a) (*Banknoten*) call in, b) *hist.* (*Lebensmittelmarken etc*) call up, c) (*Obligationen*) call (*for repayment od. redemption*). – **5.** *jur.* a) (*Zeugen, Sache*) call, b) (*Gläubiger*) summon, give public notice to, c) (*Geschworene*) array: j-n als Zeugen ~ to call s.o. to (*od.* as) witness (*od.* in testimony).

ˈAufˌruhr *m* ⟨-(e)s; -e⟩ **1.** (*Rebellion*) riot, revolt, rebellion, insurrection, (up)rising: das Volk zum ~ aufwiegeln to incite the people to riot; einen ~ niederschlagen to quell (*od.* put down) a riot; es kam zum offenen ~ there was an open revolt. – **2.** *mar. mil.* (*Meuterei*) mutiny. – **3.** (*heftige Bewegtheit*) commotion, (*stärker*) turmoil, uproar, tumult: die ganze Stadt war in ~ the whole city was in a turmoil; der ~ der Elemente *lit.* the tumult of the elements; in hellem ~ gegen etwas sein *fig. colloq.* to be up in arms against s.th.

ˈaufˌrüh·ren *v/t* ⟨*sep*, -ge-, h⟩ **1.** (*Bodensatz etc*) stir up: viel Staub ~ *fig.* to raise a dust, to cause quite a stir. – **2.** *fig.* (*alte Geschichten etc*) revive, 'rake up' (*colloq.*): rühre die vergessenen Geschichten lieber nicht wieder auf let sleeping dogs lie, let bygones be bygones. – **3.** *lit. for* aufwühlen 3, erregen 3.

ˈAufˌrüh·rer *m* ⟨-s; -⟩ **1.** rebel, rioter, insurgent. – **2.** *bes. pol.* agitator, incendiary. – **3.** *mar. mil.* (*Meuterer*) mutineer. — **ˈaufˌrüh·re·risch** *adj* **1.** (*Menge etc*) rebellious, riotous, insurgent. – **2.** *bes. pol.* (*Reden*) incendiary, seditious. – **3.** *mar. mil.* mutinous.

ˈaufˌrun·den *v/t* ⟨*sep*, -ge-, h⟩ etwas (nach oben) ~ to round s.th. off (*od.* up), to bring s.th. up to a round figure. — **ˈAufˌrun·dung** *f* ⟨-; -en⟩ (*einer Summe, Zahl etc*) rounding off, (*spezifische*) rounding up.

ˈaufˌrü·sten I *v/t* ⟨*sep*, -ge-, h⟩ **1.** *mil.* (*Land etc*) arm, (*von neuem*) rearm. – **2.** *aer.* rig. – **II** *v/i* **3.** *mil.* arm, (*von neuem*) rearm: atomar ~ to arm with nuclear weapons. – **4.** *civ.eng.* erect a scaffold. – **III A~** *n* ⟨-s⟩ **5.** *verbal noun.* — **ˈAufˌrü·stung** *f* ⟨-; -en⟩ **1.** *cf.* Aufrüsten. – **2.** *mil.* armament, (*erneute*) rearmament: atomare ~ nuclear armament.

ˈAufˌrü·stungs·po·liˌtik *f pol.* (re)armament policy.

ˈaufˌrüt·teln I *v/t* ⟨*sep*, -ge-, h⟩ *bes. fig.* shake up, stir up, rouse: die öffentliche Meinung ~ *fig.* to stir up public opinion; j-n aus seiner Gleichgültigkeit [Untätigkeit] ~ *fig.* to rouse s.o. from his apathy [inactivity]; j-n aus dem Schlaf ~ to shake s.o. out of (*od.* to rouse s.o. from) his sleep. – **II** *v/reflex* sich ~ *fig.* rouse oneself. — **ˈAufˌrüt·te·lung, ˈAufˌrütt·lung** *f* ⟨-; *no pl*⟩ *fig.* shake-up, stirring up, rousing.

aufs [aufs] *short for* auf das: ~ beste in the best way possible; ~ billigste as cheaply as possible; ~ Geratewohl at random, hit or miss; ~ neue once more, anew (*lit.*).

ˈAufˌsa·ge *f* ⟨-; *no pl*⟩ *lit. for* Kündigung 1, 2, 4.

ˈaufˌsa·gen I *v/t* ⟨*sep*, -ge-, h⟩ **1.** (*Gedicht etc*) recite, say, repeat: sein Sprüchlein ~ *fig. humor.* to recite one's (little) piece. – **2.** *lit. for* kündigen 1, 2, 4, 5. – **II A~** *n* ⟨-s⟩ **3.** *verbal noun.* – **4.** recitation, repetition. — **ˈAufˌsa·gung** *f* ⟨-; *no pl*⟩ *cf.* Aufsagen.

ˈaufˌsam·meln I *v/t* ⟨*sep*, -ge-, h⟩ **1.** (*Papier, Holz etc*) gather, collect. – **2.** *colloq.* (*Betrunkene etc*) pick (*s.o.*) up. – **II** *v/reflex* sich ~ **3.** *fig.* (*von Zorn etc*) gather, collect: Wut hat sich in ihm aufgesammelt *fig.* rage has collected within him, he has bottled up anger.

ˈaufˌsäs·sig *adj* **1.** (*widerspenstig*) rebellious, refractory, recalcitrant: ein ~er Bursche a recalcitrant fellow. – **2.** *archaic* (*feindlich gesinnt*) hostile: j-m ~ sein to be hostile to s.o., to bear s.o. ill will. — **ˈAufˌsäs·sig·keit** *f* ⟨-; -en⟩ **1.** rebelliousness, refractoriness, recalcitrance, recalcitrancy. – **2.** *archaic* hostility.

ˈaufˌsat·teln *v/t* ⟨*sep*, -ge-, h⟩ **1.** (*Pferd*) saddle. – **2.** *auto.* (*Anhänger*) attach, mount.

ˈAufˌsatz *m* ⟨-es; Aufsätze⟩ **1.** *ped.* (*in der Schule*) composition, essay, *Am.* theme: einen ~ abgeben to hand in a composition. – **2.** article, (*wissenschaftlicher*) paper, treatise, essay: einen ~ über (*acc*) etwas veröffentlichen to publish a treatise on s.th.; vermischte Aufsätze miscellanies. – **3.** *auto.* (*des Kühlers*) cowl. – **4.** *tech.* fixture, attachment. – **5.** *civ.eng.* top, crown, superstructure. – **6.** *mil.* a) (*an Visiereinrichtung*) gun sight, b) *cf.* Aufsatzwinkel. – **7.** *mus.* (*an Orgelpfeifen*) resonator, headpiece. – **8.** *rare for* Tafelaufsatz.

ˈAufˌsatz|ˌbacken (*getr.* -k·k-) *pl tech.* (*eines Futters*) top (*od.* false) jaws. — **~dikˌtat** *n ped.* essay dictation. — **~ˌfeh·ler** *m mil.* error in range. — **~ˌheft** *n ped.* exercise book (for compositions). — **~kor·rekˌtur** *f* correction of compositions. — **~ˌkrän·ze** *pl* (*mining*) tubbing(s *pl*), shaft rings. — **~ˌrei·he** *f* series of essays. — **~ˌschei·be** *f mil.* range (*od.* superelevation) disc (*od.* disk). — **~ˌschlüs·sel** *m cf.* Aufsteckschlüssel. — **~ˌthe·ma** *n ped.* essay subject (*od.* theme). — **~ˌwett·beˌwerb** *m* composition contest. — **~ˌwin·kel** *m mil. Am.* superelevation, *Br.* tangent elevation.

ˈaufˌsaug·bar *adj* absorbable. — **ˈAufˌsaug·bar·keit** *f* ⟨-; *no pl*⟩ absorbability.

ˈaufˌsau·gen I *v/t* ⟨*auch irr*, *sep*, -ge-, h⟩ **1.** (*Flüssigkeit etc*) absorb (*auch fig.*), soak up, suck up: Löschpapier saugt Tinte auf blotting paper absorbs (*od.* soaks up) ink; Pflanzen saugen Bodenfeuchtigkeit auf plants absorb (*od.* suck up) moisture from the soil; etwas mit dem Schwamm ~ to sponge s.th. up; die Großbetriebe haben die Kleinbetriebe aufgesogen (*od.* aufgesaugt) *fig.* large-scale concerns have absorbed (*od.* swallowed up) the small firms. – **2.** *med.* absorb (*auch chem.*), resorb. – **II A~** *n* ⟨-s⟩ **3.** *verbal noun.* – **4.** *cf.* Aufsaugung.

ˈaufˌsäu·gen *v/t* ⟨*sep*, -ge-, h⟩ (*Kind*) bring up (*child*) by suckling, suckle, nurse.

ˈaufˌsau·gend I *pres p.* – **II** *adj bes. chem.* absorptive, absorbent: ~es Mittel absorbent.

ˈAufˌsau·ger *m* ⟨-s; -⟩ *bes. chem.* absorber.

ˈAufˌsau·gung *f* ⟨-; *no pl*⟩ **1.** *cf.* Aufsaugen. – **2.** absorption. – **3.** *med.* absorption (*auch chem.*), resorption.

ˈAufˌsau·gungs·verˌmö·gen *n* absorptive power.

ˈaufˌschal·ten *v/reflex* ⟨*sep*, -ge-, h⟩ sich ~ (*Radar*) lock on.

ˈaufˌschär·fen *v/t* ⟨*sep*, -ge-, h⟩ *hunt.* (*Balg*) cut (*s.th.*) open.

ˈAufˌschärfˌmes·ser *n hunt. cf.* Waidmesser.

ˈaufˌschar·ren *v/t* ⟨*sep*, -ge-, h⟩ *hort.* scratch up.

ˈaufˌschau·en *v/i* ⟨*sep*, -ge-, h⟩ *cf.* aufblicken.

ˈaufˌschau·keln *v/t* ⟨*sep*, -ge-, h⟩ *phys.* (*Schwingungen*) build up, amplify.

ˈaufˌschäu·men *v/i* ⟨*sep*, -ge-, sein *u.* h⟩ **1.** (*von Bier, Sekt etc*) foam (up), froth up. – **2.** (*aufwallen*) bubble up, effervesce. – **3.** (*von Schaumstoff*) foam, expand. – **4.** *fig.* (*aufbrausen*) foam: vor Wut ~ to foam with rage.

ˈaufˌschei·nen *v/i* ⟨*irr*, *sep*, -ge-, sein⟩ *bes. Austrian for* erscheinen 2, 4.

ˈaufˌscheu·chen *v/t* ⟨*sep*, -ge-, h⟩ **1.** *hunt.* (*Tiere etc*) scare, frighten away, start. – **2.** *fig. colloq.* (*vom Schlaf*) rouse: j-n aus dem Bett ~ to rout s.o. out of bed. – **3.** *fig.* (*stören*) startle, disturb.

ˈaufˌscheu·ern *v/t* ⟨*sep*, -ge-, h⟩ **1.** *colloq.* (*Haut etc*) rub (*s.th.*) sore, chafe, gall: sich (*dat*) die Haut ~ *colloq.* to rub oneself sore, to chafe oneself; sich (*dat*) die Fersen ~ to rub sore (*od.* to chafe) the skin on one's heels. – **2.** *dial.* (*Fußboden*) scour, scrub.

ˈaufˌschich·ten I *v/t* ⟨*sep*, -ge-, h⟩ **1.** (*Gegenstände*) pile (*s.th.*) up, stack (*s.th.*) (up), *auch* pile (*s.th.*) up in layers. – **2.** *geol.* (*Felsen etc*) stratify. – **II** *v/reflex* sich ~ **3.** *geol.* stratify. – **III A~** *n* ⟨-s⟩ **4.** *verbal noun.* — **ˈAufˌschich·tung** *f* **1.** *cf.* Aufschichten. – **2.** *geol. rare for* Schichtung 3.

ˈaufˌschieb·bar *adj* deferrable, postponable: nicht ~ admitting no delay.

ˈaufˌschie·ben I *v/t* ⟨*irr*, *sep*, -ge-, h⟩

1. (*Schiebetür etc*) push (*od.* shove) open. – **2.** (*Riegel*) push back (*od.* up). – **3.** *fig.* (*Reise, Entscheidung etc*) put off, postpone, defer (*auch econ.*): **etwas auf** (*od.* **für**) **später** ~ to put s.th. off till later, to defer s.th. to a later date; **etwas bis Montag [(um) eine Woche]** ~ to postpone s.th. till Monday [for a week]; **eine Zahlung** ~ *econ.* to defer a payment; **aufgeschoben ist nicht aufgehoben** (*Sprichwort*) postponed is not cancel(l)ed. – **4.** (*verzögern*) delay, procrastinate: **die Sache läßt sich nicht länger** ~ the matter cannot be delayed any longer (*od.* brooks no delay). – **5.** *jur.* a) (*Urteilsverkündung*) suspend, b) (*Vollstreckung*) stay. – **6.** *geol.* upfault. – **II A**~ *n* ⟨-s⟩ **7.** *verbal noun.* – **8.** *cf.* Aufschiebung. — **ˈaufˌschie·bend I** *pres p.* – **II** *adj jur.* suspensive, dilatory: **~e Wirkung** suspensive effect (*od.* power); **~e Einrede** dilatory plea; **~e Bedingung** condition precedent, suspensive condition: **~es Veto** *pol.* suspensive veto.

ˈAufˌschieb·ling [-ˌʃiːplɪŋ] *m* ⟨-s; -e⟩ *civ.eng.* eaves board, cantboard, rafter foot.

ˈAufˌschie·bung *f* **1.** *cf.* Aufschieben. – **2.** postponement, deferment (*auch econ.*). – **3.** (*Verzögerung*) delay.

ˈaufˌschie·fern *v/reflex* ⟨*sep*, -ge-, h⟩ **sich** ~ (*von Holz etc*) split (up), fly up in shivers.

ˈaufˌschie·ßen I *v/i* ⟨*irr, sep*, -ge-, sein⟩ **1.** (*von Flammen etc*) shoot (*od.* leap, blaze) up. – **2.** (*von Wasserstrahl*) shoot up, gush, spout. – **3.** *fig.* (*von Personen*) jump up, leap up. – **4.** *fig.* (*schnell wachsen*) shoot up: **die Saat schießt üppig auf** the seed shoots up (*od.* sprouts) luxuriantly. – **5.** (*entstehen*) rise, spring (*od.* shoot) up: **Fabriken schießen wie Pilze aus der Erde auf** factories spring up like mushrooms. – **6.** *mar.* (*beim Kreuzen*) luff head to wind, shoot up (*od.* ahead). – **7.** *lit. for* **aufblitzen** 2. – **II** *v/t* ⟨h⟩ **8.** *mar.* (*Tau*) coil (*s.th.*) (up *od.* down).

ˈaufˌschim·mern *v/i* ⟨*sep*, -ge-, sein *u.* h⟩ (begin to) shimmer (*od.* glimmer) (*auch fig.*).

ˈaufˌschir·ren *v/t* ⟨*sep*, -ge-, h⟩ (*Pferde*) harness.

ˈAufˌschlag *m* **1.** (*eines Körpers, einer Granate etc*) impact, hit: ~ **auf das** (*od.* **dem**) **Wasser** impact on the water; **dumpfer** ~ thud; ~ **in Zielnähe** *mil.* near miss. – **2.** ⟨*only sg*⟩ *aer.* (*eines Flugzeugs*) crash. – **3.** (*fashion*) a) (*am Ärmel*) cuff, b) (*an Hose*) cuff, *Br.* turnup, c) (*am Mantel etc*) lapel, facing, revers: **Aufschläge auf eine Jacke setzen** to face a jacket. – **4.** *econ.* a) (*Zuschlag*) addition, additional (*od.* extra) charge, b) (*Erhöhung*) rise, advance: **zu einem kleinen** ~ **liefern** to supply at small extra costs. – **5.** (*Tennis*) service, serve: **den** ~ **haben** to serve; **wer hat** ~? whose serve is it? – **6.** (*textile*) warp. – **7.** ⟨*only sg*⟩ (*forestry*) young growth, seedlings *pl.* – **8.** *mus.* upbeat.

ˈAufˌschlag|ˌas *n* (*Tennis*) (service) ace. — **~ˌball** *m* service (ball).

ˈaufˌschla·gen I *v/t* ⟨*irr, sep*, -ge-, h⟩ **1.** (*schlagend öffnen*) break (open): **Eier** ~ to break eggs; **Nüsse** ~ to crack nuts. – **2.** (*Buch*) open, *Br.* turn up: **eine Stelle (in einem Buch)** ~ to open (a book) at a certain passage, to look up a certain passage (in a book); **Seite 30** ~ to open at (*od.* turn to) page 30; **ein Wort** ~ to look up a word; **die Augen** ~ to open one's eyes. – **3.** (*heben*) raise: **die Augen zu j-m** ~ *lit.* to look up at s.o., to cast up one's eyes to s.o. (*lit.*); **den Schleier** ~ to put back one's veil, to unveil one's face. – **4.** (*hochschlagen*) turn up, roll up. – **5.** (*Bett*) put up, set up. – **6.** (*Zelt, Lager*) pitch. – **7.** *fig.* (*Wohnung, Quartier*) take up: **er hat seine Wohnung in X aufgeschlagen** he has taken up residence (*od.* settled down) in X. – **8. sich** (*dat*) **das Knie [den Kopf]** ~ to (fall and) cut one's knee [head]. – **9.** *econ.* (*Betrag, Prozente etc*) (auf *acc*) put (*s.th.*) (on), add (*s.th.*) (to): **5% auf den Preis** ~ to add 5% to the price, to charge an extra 5%. – **10.** (*games*) (*Spielkarten*) turn up. – **11.** *civ.eng.* (*Gerüst*) mount, erect. – **12.** (*textile*) a) (*Maschen*) cast on, b) (*Ballen*) open, c) (*Gewebe*) warp. – **13.** (*sport*) (*Tennisball*) serve. – **II** *v/i* ⟨h *u.* sein⟩ **14.** ⟨sein⟩ hit (*od.* strike) s.th.: **er schlug mit der Stirn aufs** (*od.* **auf dem**) **Pflaster auf** he hit his forehead on the pavement; **dumpf (auf** *acc od. dat* **etwas)** ~ to thud (on s.th.); **mit dem Bauch (aufs [***od.* **auf dem] Wasser)** ~ (*beim Sprung*) to (do a) belly-flop. – **15.** ⟨sein⟩ *aer.* (*von Flugzeug*) hit (*od.* strike) the ground, crash. – **16.** ⟨h⟩ (*Tennis*) serve. – **17.** ⟨h⟩ *econ.* a) (*Preis erhöhen*) raise the price, b) (*von Ware, Kosten etc*) rise: **die Händler haben wieder aufgeschlagen** the dealers have raised their prices again. – **18.** ⟨sein⟩ (*von Flammen etc*) leap up, blaze up. – **19.** ⟨sein⟩ (*von Tür*) (spring) open.

ˈAufˌschlä·ger *m* (*Tennis*) server: **Vorteil** ~ advantage server (*od.* in), van in (*colloq.*).

ˈAufˌschlag|ˌfeld *n* (*Tennis*) service court. — **~geˌschwin·dig·keit** *f phys. mil.* impact (*od.* striking) velocity, velocity of impact. — **~ˌkraft** *f* ⟨-; *no pl*⟩ impact (*od.* striking) force. — **~ˌli·nie** *f* (*Tennis*) service line. — **~ˌort**, **~ˌpunkt** *m* point of impact. — **~ˌspiel** *n* (*Tennis*) service game: **sein** ~ **gewinnen** to hold one's service; **das** ~ **des Gegners gewinnen** to break service. — **~ˌstel·le** *f cf.* Aufschlagort. — **~ˌtisch** *m* folding table. — **~ˌwas·ser** *n civ.eng.* driving (*od.* motive, moving) water, water power. — **~ˌzün·der** *m bes. mil.* contact (*od.* impact, percussion) fuze, direct action fuze: **empfindlicher** ~ instantaneous (*od.* superquick impact, graze) fuze. — **~ˌzün·dung** *f* fuze actuations impact.

ˈaufˌschläm·men *v/t* ⟨*sep*, -ge-, h⟩ *chem.* suspend.

ˈaufˌschlei·fen *v/t* ⟨*irr, sep*, -ge-, h⟩ (*Figuren etc*) (auf *acc* on) grind.

ˈAufˌschlep·pe *f* ⟨-; -n⟩ *mar. cf.* Aufschlepphelling. — **ˈaufˌschlep·pen** *v/t* ⟨*sep*, -ge-, h⟩ (*Schiff*) slip (*od.* haul, draw) up.

ˈAufˌschlepp|ˌhel·ling *f mar.* (marine) slipway, patent slip, *Am.* marine railway.

ˈAufˌschlickung (*getr.* -k·k-) [-ˌʃlɪkʊŋ] *f geol. cf.* Auflandung.

ˈaufˌschlie·ßen I *v/t* ⟨*irr, sep*, -ge-, h⟩ **1.** (*Tür etc*) unlock, open: **ein Zimmer** ~ to unlock (the door of) a room; **j-m sein Herz** ~ *fig.* to open (*od.* pour out) one's heart to s.o., to unbosom oneself to s.o. – **2.** *chem.* a) disintegrate, break up (*od.* down), solubilize, b) (*Silikate, Phosphate*) decompose, dissolve, c) (*Stärke*) hydrolyze, d) (*durch Schmelzen*) flux, e) (*Rückstände*) fuse. – **3.** *biol.* (*Nahrung*) digest, break up (*od.* down), macerate. – **4.** (*mining*) open up, develop. – **5.** *print.* (*Form*) unlock, untie. – **6.** *tech.* (*Papierherstellung*) pulp, treat. – **7.** *cf.* erschließen 1—3. – **II** *v/reflex* **8. sich j-m** ~ *lit. fig.* to confide in s.o. – **III** *v/i* **9.** open (up): **er hat mir aufgeschlossen** he opened the door for me. – **10.** *mil.* a) (*von Marschkolonne*) close (the) ranks, close up, b) (*zum Verband*) join up. – **11.** (*sport*) move up (*od.* along): **zur Spitzengruppe** ~ to catch up with the leading group. – **IV A**~ *n* ⟨-s⟩ **12.** *verbal noun.* — **ˈAufˌschlie·ßung** *f* ⟨-; *no pl*⟩ **1.** *cf.* Aufschließen. – **2.** *chem.* a) disintegration, b) (*von Silikaten, Phosphaten etc*) decomposition, dissolution, c) (*von Stärke*) hydrolysis. – **3.** *biol.* (*von Nahrung*) digestion, maceration. – **4.** (*mining*) development. – **5.** *cf.* Erschließung 2, 3.

ˈAufˌschlie·ßungsˌar·bei·ten *pl civ.eng.* development work *sg* (*in connection with drainage, gas, water, and roads*).

ˈaufˌschlit·zen *v/t* ⟨*sep*, -ge-, h⟩ **1.** (*Sack, Briefumschlag etc*) slit (*od.* rip) (*s.th.*) (open): **j-m den Bauch** ~ to disembowel s.o. – **2.** (*Autoreifen etc*) slash. – **3.** *gastr.* (*Fische*) crimp.

ˈaufˌschluch·zen *v/i* ⟨*sep*, -ge-, h⟩ give a sudden sob: **laut** ~ to give a loud sob; **bitterlich** ~ to sob bitterly.

ˈaufˌschlucken (*getr.* -k·k-) *v/t* ⟨*sep*, -ge-, h⟩ **1.** *fig.* (*Lärm etc*) absorb. – **2.** *colloq. for* verschlucken 4, 5.

ˈaufˌschlür·fen *v/t* ⟨*sep*, -ge-, h⟩ (*Flüssigkeit*) drink (*od.* lap) (*s.th.*) up noisily, slurp up (*colloq.*).

ˈAufˌschluß *m* **1.** *fig.* (*Aufklärung*) (über *acc*) explanation (about), elucidation (of), enlightenment (on), (*Auskunft*) information (about): **j-m über etwas** ~ **geben** (*od.* **gewähren**) to give s.o. information (*od.* an explanation) about s.th., to explain s.th. to s.o., to enlighten s.o. on s.th., to inform s.o. about s.th.; **sich** (*dat*) ~ **verschaffen über** (*acc*) **etwas** to inform oneself about s.th., to acquaint oneself with s.th.; **um näheren** ~ **bitten** to ask for full information (*od.* for particulars, further details); **die Chronik gibt wichtige Aufschlüsse über die Vergangenheit** the chronicle gives important information about (*od.* throws important light on) the past. – **2.** *chem.* a) disintegration, b) dissolution, c) hydrolysis, hydrolyzation, d) fluxing. – **3.** *geol.* exposure, (natural) section. – **4.** *tech.* (paper) pulp(ing).

ˈAufˌschlußˌar·bei·ten *pl geol.* exploration (*od.* exploring) work *sg*.

ˈaufˌschlüs·seln I *v/t* ⟨*sep*, -ge-, h⟩ **1.** (*für statistische Zwecke etc*) classify, break down: **eine Summe nach der Anzahl der Gewinner** ~ to pay out a sum according to the number of winners. – **2.** *tel. cf.* entschlüsseln 2. – **II A**~ *n* ⟨-s⟩ **3.** *verbal noun.* — **ˈAufˌschlüs·se·lung**, **ˈAufˌschlüß·lung** *f* ⟨-; -en⟩ **1.** *cf.* Aufschlüsseln. – **2.** classification (*od.* breakdown) (*according to occupation etc*). – **3.** *tel.* decoding.

ˈaufˌschlußˌreich *adj* informative, instructive, (*im weiteren Sinn*) revealing, illuminating: ~ **für etwas sein** to be informative with respect (*od.* regard) to s.th., to reveal (*od.* throw light on) s.th.; **sein Betragen ist** ~ **für seinen Charakter** his behavio(u)r reveals his character, his character is (clearly) revealed by his behavio(u)r.

ˈAufˌschluß·verˌfah·ren *n* **1.** *chem.* decomposition (*od.* disintegration, fusion) process. – **2.** *geol.* (method of) exploration.

ˈaufˌschmel·zen I *v/t* ⟨*irr, sep*, -ge-, h⟩ **1.** *tech.* (auf *acc* to) a) melt (*s.th.*) on, b) fuse (*s.th.*) on. – **II** *v/i* ⟨sein⟩ **2.** be melted open. – **3.** *chem. metall.* be (s)melted (down), fuse. – **III A**~ *n* ⟨-s⟩ **4.** *verbal noun.* — **ˈAufˌschmel·zung** *f* ⟨-; *no pl*⟩ **1.** *cf.* Aufschmelzen. – **2.** *geol.* a) dissolution, b) magmatic stoping, c) anatexis.

ˈaufˌschmie·ren *v/t* ⟨*sep*, -ge-, h⟩ *colloq.* (*Brotaufstrich, Kleister etc*) smear on, spread on: **ich hatte (mir) dick Butter aufgeschmiert** I had smeared on the butter thick(ly).

ˈaufˌschnal·len *v/t* ⟨*sep*, -ge-, h⟩ **1.** (*Gürtel etc*) unbuckle, unstrap. – **2.** (*Decke, Rucksack etc*) (auf *acc* to) buckle (*od.* strap) (*s.th.*) on: **sich** (*dat*) **den Rucksack** ~ to strap one's rucksack on to one's back.

ˈaufˌschnap·pen I *v/t* ⟨*sep*, -ge-, h⟩ **1. etwas** ~ snap s.th. (up), snatch s.th. (up). – **2.** *fig. colloq.* (*Worte etc*) pick up (*colloq.*): **wo hast du (denn) das aufgeschnappt?** where did you pick up that? – **II** *v/i* ⟨sein⟩ **3.** (*von Türschloß etc*) snap open, spring open.

ˈaufˌschnau·fen *v/i* ⟨*sep*, -ge-, h⟩ *Southern G. and Austrian colloq. for* aufatmen.

ˈaufˌschnei·den I *v/t* ⟨*irr, sep*, -ge-, h⟩ **1.** cut up, cut open: **einen Knoten [eine Schnur]** ~ to cut (through) a knot [a string]; **ein neues Buch** ~ *print.* to cut the pages (*od.* leaves) of a new book. – **2.** *gastr.* cut (up), (*Brot*) slice (up), (*Fleisch etc*) carve: **etwas in Scheiben** ~ to slice s.th. – **3.** *med.* a) open, (*Geschwür etc*) *auch* lance, b) (*sezieren*) dissect, c) (*einschneiden*) incise: **sich** (*dat*) **die Pulsader** ~ to open one's artery. – **4.** (*railway*) (*Weichen*) force open. – **II** *v/i* **5.** *fig. colloq.* boast, brag, show off, talk big (*colloq.*): **er hat gewaltig** (*od.* **nach Noten**) **aufgeschnitten** he laid it on thick (*colloq.*). – **III A**~ *n* ⟨-s⟩ **6.** *verbal noun.* – **7.** *med.* a) dissection, b) incision. — **ˈAufˌschnei·der** *m* ⟨-s; -⟩ *fig. colloq.* braggart, boaster, show-off. — **ˌAuf·schnei·deˈrei** *f* ⟨-; -en⟩ *fig. colloq.* boasting, bragging, showing off, big (*od.* tall) talk (*colloq.*): **das ist nichts als** ~ that's nothing but tall talk. — **ˈaufˌschnei·de·risch** *adj* boastful.

ˈaufˌschnel·len *v/i* ⟨*sep*, -ge-, sein⟩ **1.** (*von Personen*) jump (*od.* spring, leap) up. – **2.** (*von Fischen*) leap.

ˈAufˌschnitt *m* ⟨-(e)s; *no pl*⟩ **1.** *gastr.* (*gemischter*) slices *pl* of various sausages (and cold meats), *Am.* cold cuts *pl.* – **2.** *Swiss for* Aufschneiderei. — **~maˌschi·ne** *f* sausage- (*od.* meat-)slicing machine, sausage slicer. — **~ˌplat·te** *f* dish of various sliced cold sausages (and cold meats), *Am.* plate of cold cuts.

ˈaufˌschnü·ren *v/t* ⟨*sep*, -ge-, h⟩ **1.** (*öffnen*) untie, undo, (*Schuhe, Mieder etc*) *auch* unlace. – **2.** (*auf etwas schnüren*) (auf *acc* to) tie (*s.th.*) on. – **3.** *civ.eng.* (*beim Straßenbau*) trace (*s.th.*) in full size, lay (*s.th.*) out.

ˈaufˌscho·bern *v/t* ⟨*sep*, -ge-, h⟩ *agr.* (*Heu, Getreide etc*) stack (up).

ˈaufˌschöp·fen *v/t* ⟨*sep*, -ge-, h⟩ (*Wasser etc*) scoop (up).

ˈaufˌschram·men *v/t u.* sich ~ *v/reflex* ⟨*sep*, -ge-, h⟩ *cf.* aufschürfen.

ˈaufˌschrau·ben *v/t* ⟨*sep*, -ge-, h⟩ **1.** unscrew, screw (*s.th.*) off: einen Behälter ~ to unscrew the lid of a container. – **2.** *tech.* (auf *acc* to) a) screw (*s.th.*) on, b) (*mittels Durchsteckschraube*) bolt (*s.th.*) on.

ˈaufˌschrecken (*getr.* -k·k-) **I** *v/t* ⟨*sep*, -ge-, h⟩ **1.** startle, frighten (up): j-n aus dem Schlaf ~ to startle (*od.* rouse) s.o. out of his sleep; j-n aus seinen Gedanken ~ to rouse s.o. from his thoughts. – **2.** *hunt.* (*Wild*) startle, jump. – **II** *v/i* ⟨sein⟩ **3.** start (up), be startled, jump: aus dem Schlaf ~ to start from (*od.* out of) one's sleep, to wake up with a start; von einem Geräusch ~ to start at a noise.

ˈAufˌschrei *m* **1.** (out)cry, shout, (*stärker*) yell: schriller ~ scream, shriek. – **2.** *fig.* outcry: ein ~ der Empörung ging durch das Land there was an outcry of indignation throughout the country.

ˈaufˌschrei·ben *v/t* ⟨*irr*, *sep*, -ge-, h⟩ **1.** write (*od.* take, note) (*s.th.*) down: sich (*dat*) etwas ~ to make a note of s.th., to note (*od.* jot) s.th. down; die Punkte ~ (*bes. sport*) to write (*od.* take) down the score; er wurde (von der Polizei) aufgeschrieben *colloq.* (wegen for) the policeman took his name. – **2.** *med. colloq.* (*Rezept etc*) make out. – **3.** *Southern G. and Austrian* etwas ~ lassen to have s.th. debited (*od.* charged) to one's account.

ˈaufˌschrei·en *v/i* ⟨*irr*, *sep*, -ge-, h⟩ cry (*od.* shout) out, give a cry (*od.* shout), (*stärker*) yell: schrill ~ to scream, to shriek; laut ~ to give a loud cry; vor Entsetzen ~ to yell with fright; vor Schmerzen ~ to cry out with pain.

ˈAufˌschrift *f* ⟨-; -en⟩ **1.** (*Etikett*) label: etwas mit einer ~ versehen to label s.th.; die Flasche trug die ~ „Gift" the bottle was label(l)ed "poison". – **2.** (*Inschrift*) inscription, (*auf Münze, Medaille*) *auch* legend. – **3.** (*auf Laden, Schaufenster etc*) name, sign: Schilder mit zweisprachiger ~ signs in two languages. – **4.** (*auf Brief*) address. – **5.** *med.* a) (*Gebrauchsvorschrift*) signature, b) (*Name der Arznei*) label.

ˈaufˌschrump·fen *v/t* ⟨*sep*, -ge-, h⟩ *tech.* (*Lager, Bunde etc*) (auf *acc* to) shrink (*s.th.*) on.

ˈAufˌschub *m* **1.** postponement, deferment, delay, procrastination: die Sache duldet (*od.* leidet, verträgt) keinen ~ the matter brooks (*od.* allows of, admits of) no delay; ohne ~ without delay; um ~ bitten to ask for delay; ~ einer Wahl beantragen to propose the postponement of an election; ~ einer Reise postponement (*od.* putting off) of a journey; einen ~ bewilligen (*od.* gewähren) to grant a delay (*od.* an extension). – **2.** *jur.* a) (*der Strafvollstreckung*) reprieve, b) (*des Todesurteils*) stay (of execution), c) (*des Rechtsanspruchs*) ampliation: ~ erwirken (*bei Todesurteilen*) to procure a stay of execution, to procure reprieve.

ˈaufˌschür·fen I *v/t* ⟨*sep*, -ge-, h⟩ **1.** graze, scrape: sich (*dat*) die Haut ~ to graze one's skin. – **2.** *med.* abrade, excoriate. – **II** *v/reflex* **3.** sich ~ graze one's skin. – **III A~** *n* ⟨-s⟩ **4.** *verbal noun.* — **ˈAufˌschür·fung** *f* ⟨-; -en⟩ **1.** *cf.* Aufschürfen. – **2.** *med.* (*Wunde*) abrasion, excoriation.

ˈaufˌschür·zen *v/t* ⟨*sep*, -ge-, h⟩ **1.** (*Rock etc*) tuck up. – **2.** *fig.* (*Lippen*) purse: die Lippen spöttisch ~ to purse one's lips mockingly. – **3.** (*Knoten*) untie, undo.

ˈaufˌschüt·teln *v/t* ⟨*sep*, -ge-, h⟩ (*Bett, Kissen etc*) shake up.

ˈaufˌschüt·ten I *v/t* ⟨*sep*, -ge-, h⟩ **1.** (*Erde, Kartoffeln etc*) heap (*od.* pile) up. – **2.** (*Kies etc*) spread, scatter, strew: einen Weg ~ to gravel a path. – **3.** *civ.eng.* bank up. – **4.** *geol.* (*Erde etc*) deposit, aggrade. – **II A~** *n* ⟨-s⟩ **5.** *verbal noun.* — **ˈAufˌschüt·tung** *f* ⟨-; -en⟩ **1.** *cf.* Aufschütten. – **2.** (*von Getreide etc*) storage. – **3.** *civ.eng.* fill(ing). – **4.** *geol.* accretion: ~ von Sandbänken bar building.

ˈAufˌschüt·tungsˌke·gel *m geol.* **1.** alluvial fan. – **2.** (*eines Vulkans*) accumulation cone.

ˈaufˌschwän·zen *v/t* ⟨*sep*, -ge-, h⟩ j-n ~ *fig. colloq.* to make s.o. speed up, to spur s.o. into action.

ˈaufˌschwat·zen, **ˈaufˌschwät·zen** *v/t* ⟨*sep*, -ge-, h⟩ j-m etwas ~ *colloq.* to talk s.o. into (buying) s.th., to persuade s.o. to buy s.th.: sich (*dat*) etwas ~ lassen to let oneself be talked into buying s.th.

ˈaufˌschwe·ben *v/i* ⟨*sep*, -ge-, sein⟩ soar (up).

ˈaufˌschwe·feln *v/t* ⟨*sep*, -ge-, h⟩ sulfur (*bes. Br.* -ph-) (*s.th.*) afresh.

ˈaufˌschwei·ßen *v/t* ⟨*sep*, -ge-, h⟩ **1.** (*Panzerschrank etc*) weld open. – **2.** *tech.* (auf) a) weld on (to), b) *cf.* auftragschweißen, c) (*Hartmetallplättchen*) tip (on).

ˈAufˌschweiß|leˌgie·rung *f tech.* (*für Meißel*) hard-facing alloy. — **~ˌplätt·chen** *n* (carbide) tip.

ˈaufˌschwel·len I *v/i* ⟨*irr*, *sep*, -ge-, sein⟩ **1.** swell (up), puff up, tumefy (*scient.*): sein Knie war aufgeschwollen his knee was swollen. – **2.** (*von Lärm, Musik etc*) swell, surge. – **II** *v/t* ⟨*sep*, -ge-, h⟩ **3.** (*Segel etc*) swell (up), puff (up *od.* out), inflate: der Wind hat die Segel aufgeschwellt the wind has swelled (*od.* filled) the sails. – **III A~** *n* ⟨-s⟩ **4.** *verbal noun.* — **ˈAufˌschwel·lung** *f* ⟨-; -en⟩ **1.** *cf.* Aufschwellen. – **2.** *med.* tumefaction, turgescence.

ˈaufˌschwem·men I *v/t* ⟨*sep*, -ge-, h⟩ **1.** (*Körper etc*) bloat, make (*s.o.*) bloated (*od.* pasty). – **2.** *chem. med. pharm.* suspend. – **II** *v/i* **3.** (*von Flüssigkeit etc*) bloat. – **III A~** *n* ⟨-s⟩ **4.** *verbal noun.* — **ˈAufˌschwem·mung** *f* ⟨-; -en⟩ **1.** *cf.* Aufschwemmen. – **2.** *chem. med. pharm.* suspension.

ˈaufˌschwim·men *v/i* ⟨*irr*, *sep*, -ge-, sein⟩ *mar.* (*von Schiff etc*) rise, float up, (*nach dem Festsitzen*) float off: ein Schiff ~ lassen to buoy up a ship.

ˈaufˌschwin·deln *v/t* ⟨*sep*, -ge-, h⟩ j-m etwas ~ *colloq.* to trick (*od.* swindle) s.o. into buying s.th.

ˈaufˌschwin·gen I *v/reflex* ⟨*irr*, *sep*, -ge-, h⟩ sich ~ **1.** (*von Vögeln etc*) fly up, soar: der Adler schwang sich auf in die Lüfte *poet.* the eagle soared up into the sky. – **2.** sich zu etwas ~ *fig.* a) to rise to s.th., to work one's way up to s.th., b) *meist colloq.* to bring oneself to do s.th., c) to set oneself up as s.th.: ich konnte mich zu keinem Entschluß ~ I could not bring myself to make a decision; er hat sich endlich zu einem neuen Anzug aufgeschwungen he finally roused himself to buy a new suit; er hat sich zum Diktator aufgeschwungen he set himself up as dictator. – **II A~** *n* ⟨-s⟩ **3.** *verbal noun.* – **4.** *cf.* Aufschwung 3, 4.

ˈAufˌschwung *m* ⟨-s; ¨e⟩ **1.** ⟨*only sg*⟩ (*Auftrieb*) impetus, stimulus, impulse, upswing, (*geistige Erhebung*) inspiration, *bes. Am.* lift: neuen ~ nehmen to receive fresh impetus. – **2.** ⟨*only sg*⟩ *econ.* rise, upswing, (*stärker*) boom: die Produktion nahm einen gewaltigen ~ production experienced a steep upturn; das Geschäft erfuhr einen rapiden ~ business was booming; der Wirtschaft einen neuen ~ verleihen to boost the economy, to give the economy fresh impetus; dieses Abkommen wird dem Export neuen ~ geben this treaty will give a new (*od.* fresh) impulse to exports. – **3.** (*sport*) (*am Reck*) swingup. – **4.** *aer.* (*beim Kunstflug*) upward half loop.

ˈaufˌse·hen *v/i* ⟨*irr*, *sep*, -ge-, h⟩ *auch fig.* look up: von seinem Buch ~ to look up from one's book; nicht von der Arbeit ~ to keep one's eyes on one's work; zu j-m ~ a) to look up at s.o., b) *fig.* (*bewundernd*) to look up to s.o.

ˈAufˌse·hen *n* ⟨-s; *no pl*⟩ sensation, stir, (*schwächer*) notice: dieses Buch erregte (*od.* machte) viel ~ this book caused (*od.* created) a sensation; er wollte kein ~ erregen he didn't want to create (*od.* make) a stir; um (ein) ~ zu vermeiden to avoid attracting attention, (*stärker*) to avoid causing a sensation; das wird ~ machen a) that will cause (*od.* make) a sensation, that will make a splash (*colloq.*), b) that will set (people's) tongues wagging (*colloq.*); großes ~ machen to create (*od.* make) a great stir (*od. colloq.* to-do).

ˈaufˌse·hen·erˌre·gend *adj* sensational: ~e Nachrichten sensational news; ein ~er Mord a shocking murder; in einer ~en Rede in a speech which attracted considerable attention, in a sensational speech; ein ~er Trick (quite) a stunt.

ˈAufˌse·her *m* ⟨-s; -⟩ **1.** (*im Gefängnis etc*) warder, guard, jailer, jailor, *Br. auch* gaoler. – **2.** (*in der Fabrik etc*) a) overseer, b) (*Vorarbeiter*) foreman. – **3.** (*im Museum*) attendant. – **4.** *cf.* Aufsichtsbeamte 1. — **~ˌamt** *n* **1.** (*im Gefängnis*) office of a warder (*od.* guard). – **2.** (*in der Fabrik*) a) overseership, b) foremanship.

ˈAufˌse·he·rin *f* ⟨-; -nen⟩ **1.** (*in Heimen, Gefängnissen*) *bes. Br.* wardress, female guard, *bes. Am.* matron. – **2.** (*in der Fabrik etc*) a) (woman) overseer, b) (*Vorarbeiterin*) forewoman, *Am.* forelady.

ˈaufˌsei·len I *v/t* ⟨*sep*, -ge-, h⟩ pull (*s.th.*) up by a rope, rope up. – **II** *v/reflex* sich ~ rope oneself up, haul oneself up on a rope.

ˈaufˌsein *v/i* ⟨*irr*, *sep*, -ge-, sein⟩ *colloq.* **1.** be open: die Balkontür ist noch auf the balcony door is still open; die Geschäfte sind noch auf the shops are still open. – **2.** be up: er ist schon lange auf he has been up (*od.* out of bed) for some time; sie war gestern abend lange auf she stayed up late yesterday.

ˈaufˌsetz·bar *adj tech.* attachable, capable of being attached.

ˈaufˌset·zen I *v/t* ⟨*sep*, -ge-, h⟩ **1.** put on: den Hut [die Brille] ~ to put on one's hat [glasses]; einen Flicken ~ to put (*od.* sew) on a patch; eine feierliche Miene ~ *fig.* to put on a solemn expression; einen Dickkopf ~ *fig.* to be obstinate (*od.* pigheaded); → Horn 1; Krone 1, 4. – **2.** (*Brief etc*) draft, *Br. auch* draught, draw up: eine Rede ~ to make a (rough) draft of a speech; etwas flüchtig ~ to sketch s.th. roughly; einen Vertrag [eine Urkunde] ~ *jur.* to draw up a contract (*od.* an agreement) [a deed]; eine Rechnung ~ *econ.* to make up (*od.* out) an invoice. – **3.** *gastr.* (*Wasser, Kartoffeln*) put on: den Kessel ~ to put on the kettle. – **4.** (*Kleinkind, Kranken etc*) set up. – **5.** *civ.eng.* a) (*Stockwerk etc*) add, build on, b) (*Steine*) pile (*od.* stack) up, wall. – **6.** *tech.* a) (*Maschinenteile etc*) mount on (*od.* upon, into position), attach, b) (*in der Färberei*) top. – **7.** *print.* a) (*Buchstaben, Fische*) pick up, set up, b) (*Papier*) pile, put on. – **8.** *mar.* a) (*Schiff*) run (*ship*) aground, ground, b) (*Segel, Stengen*) set, hoist (*od.* sway) up, c) (*Mast*) put up, fix. – **9.** *aer.* (*Flugzeug*) touch down. – **10.** einem Gemälde Glanzlichter ~ (*art*) to put light patches in a picture. – **11.** *agr.* (*Heu, Getreide*) stack. – **12.** (*games*) (*Damestein*) crown. – **II** *v/i* **13.** *aer.* (*vom Flugzeug*) touch down, land. – **14.** (*mining*) (*von Fördergefäßen*) land, be arrested. – **15.** *vet.* (*vom Pferd*) be a crib-biter. – **16.** *hunt.* (*vom Hirsch*) grow antlers. – **17.** (*sport*) a) (*in der Leichtathletik*) step down, land, b) (*beim Eiskunstlauf*) touch down. – **III** *v/reflex* sich ~ **18.** sit up: sich im Bett ~ to sit up in bed. – **IV A~** *n* ⟨-s⟩ **19.** *verbal noun.* – **20.** *aer.* (*sport*) touchdown. – **21.** *tech.* attachment.

ˈAufˌset·zer *m* ⟨-s; -⟩ **1.** *tech.* (*in der Spinnerei*) creeler, creel feeder (*od.* filler). – **2.** *vet.* crib-biter. – **3.** (*sport*) (*beim Handball etc*) bounce shot.

ˈAufˌsetz|geˌschwin·dig·keit *f aer.* touchdown speed. — **~ˌröh·re** (*am Springbrunnen*) additional pipe, spout, adjutage, ajutage.

ˈaufˌseuf·zen *v/i* ⟨*sep*, -ge-, h⟩ (heave a) sigh: tief ~ to sigh heavily.

ˈAufˌsicht *f* ⟨-; -en⟩ **1.** ⟨*only sg*⟩ supervision, control, inspection: die ~ über etwas [j-n] haben (*od.* führen) to supervise s.th. [s.o.]; unter strenger ~ stehen to be under strict supervision (*od.* close guard); etwas [j-n] unter j-s ~ stellen to place s.th. [s.o.] under s.o.'s control (*od.* care); ohne ~ without supervision, uncontrolled; bei einer Prüfung die ~ führen to supervise an examination, *bes. Br.* to invigilate, *Am.* to proctor; unter ärztlicher [polizeilicher] ~ stehen to be under medical care [police surveillance]; der ~ eines Vormunds unterstehen to be under s.o.'s guardianship; die Kinder unter der ~ des Kindermädchens lassen to leave the children under (*od.* in) the care of the nurse. – **2.** ⟨*only sg*⟩ person in charge, supervisor. – **3.** *math. tech.* (*einer Zeichnung*) top view, plan.

ˈAufˌsich·ter *m* ⟨-s; -⟩ *DDR cf.* Aufsichtsbeamte 2.

ˈaufˌsicht|ˌfüh·rend *adj* supervisory, supervising. — **A~ˌfüh·ren·de** *m, f* ⟨-n; -n⟩ *cf.* Aufsicht 2. — **~ˌha·bend** *adj* in charge (*nachgestellt*).

ˈAufˌsichts|ˌamt *n* control office (*od.*

board). — **~beˌam·te** *m* **1.** supervisor, superintendent, inspector. – **2.** (*railway*) stationmaster. — **~beˌfug·nis** *f* right of supervision (*od.* control). — **~beˌhör·de** *f* supervising (*od.* control) authority, supervisory agency, board of control. — **~beˌschwer·de** *f jur.* **1.** complaint against the conduct of a public officer. – **2.** complaint concerning the administration (of justice). — **a~ˌfüh·rend** *adj cf.* aufsichtführend. — **~ˌfüh·rung** *f cf.* Aufsicht 1. — **a~los** *adj* without supervision (*od.* control). — **~orˌgan** *n* **1.** *cf.* Aufsichtsbehörde: **öffentliches ~** police. – **2.** *cf.* Aufsichtsperson. — **~perˌson** *f* supervisor, person in charge. — **~per·soˌnal** *n* supervising (*od.* inspector[i]al) staff. — **~ˌpflicht** *f jur.* obligatory supervision. — **a~ˌpflich·tig** *adj* subject to supervision.

ˈAufˌsichtsˌrat *m* ⟨-(e)s; ⸚e⟩ **1.** *econ.* a) (*Treuhänderausschuß*) board of trustees, b) (*Verwaltungsrat*) (outside) board of directors, supervisory board (*of a company limited by shares under German law*). – **2.** *econ. cf.* Aufsichtsratsmitglied.

ˈAufˌsichtsˌrats|ˌmitˌglied *n* **1.** member of the board of trustees. – **2.** member of the (outside) board of directors (*od.* supervisory board) (*of a company limited by shares under German law*). — **~präˌsi·di·um** *n committee comprising the chairman and the vice-chairman of the board of directors* (*od. supervisory board*). — **~ˌsit·zung** *f* **1.** meeting of the board of trustees. – **2.** meeting of the board of directors (*od.* supervisory board). — **~verˌgü·tung** *f meist pl* directors' fee (*od.* remuneration). — **~ˌvorˌsit·zen·de** *m* chairman of the board of directors (*od.* supervisory board).

ˈAufˌsichtsˌrecht *n* right of supervision (*od.* control).

ˈAufˌsichtˌsu·cher *m* (*optics*) (brilliant *od.* reflector) view finder (*Br.* view-finder).

ˈaufˌsie·den *v/t* ⟨*auch irr, sep,* -ge-, h⟩ *Austrian dial. for* aufkochen 1.

ˈaufˌsit·zen *v/i* ⟨*irr, sep,* -ge-, h *u.* sein⟩ **1.** ⟨sein⟩ (*auf Motorrad, Pferd*) get on, mount: **er hat ihn ~ lassen** he gave him a lift; **hinten ~** to ride behind; **A~! Aufgesessen!** *mil.* mount! – **2.** ⟨h⟩ sit up: **im Bett ~** to sit up in bed; **er hatte die ganze Nacht aufgesessen** *fig.* he had sat up all night. – **3.** ⟨h⟩ *colloq.* be left in the lurch: **j-n ~ lassen** to leave s.o. in the lurch, to stand s.o. up (*colloq.*). – **4.** ⟨sein⟩ **j-m [einer Sache] ~** *Southern G. and Austrian* to be taken in (*od.* tricked) by s.o. [s.th.]. – **5.** *hunt.* a) ⟨sein⟩ (*von Vögeln*) perch, roost, b) ⟨h⟩ (*von Hirsch*) put on antlers. – **6.** ⟨h⟩ *mar.* (*von Schiff*) be piled up, have run aground. – **7.** ⟨h⟩ **das Ziel ~ lassen** *mil.* to aim at the lower edge of the bull's-eye.

ˈAufˌsit·zer *m* ⟨-s; -⟩ *Austrian colloq. cf.* Reinfall.

ˈAufˌsitzˌstan·ge *f* (*für Vögel*) perch, roost.

ˈaufˌsom·mern *v/t* ⟨*sep,* -ge-, h⟩ *tech.* (*Autoreifen*) recap, retread.

ˈaufˌspal·ten I *v/t* ⟨*irr, sep,* -ge-, h⟩ **1.** (*Holz etc*) split, cleave. – **2.** *fig.* (*Gruppe etc*) split (*od.* divide) up. – **3.** *chem.* a) split (up), break down (*od.* up), decompose, disintegrate, b) resolve. – **II** *v/reflex* **sich ~** **4.** (*in Einzelteile, Gruppen etc*) split (up), be divided. – **5.** *chem.* split (up), break down (*od.* up), decompose, disintegrate. – **III** *v/i* **6.** *biol.* segregate. – **IV A~** *n* ⟨-s⟩ **7.** *verbal noun.* – **8.** *cf.* Aufspaltung.

ˈAufˌspaltˌöl *n chem. tech.* cracked oil.

ˈAufˌspal·tung *f* ⟨-; -en⟩ **1.** *cf.* Aufspalten. – **2.** split-up, cleavage. – **3.** *fig.* split-up, division. – **4.** *chem.* split-up, breakdown, breakup, decomposition, disintegration, dissociation, fission. – **5.** *biol.* segregation.

ˈAufˌspann|ˌbol·zen *m tech.* **1.** (*für Bezugsfeilen*) back. – **2.** (*für Rotorwerkzeuge*) arbor, *bes. Br.* arbour. — **~ˌdorn** *m* mounting arbor (*bes. Br.* arbour).

ˈaufˌspan·nen I *v/t* ⟨*sep,* -ge-, h⟩ **1.** (*Schirm*) put up, open. – **2.** (*Schnur*) put up, (*Netz etc*) *auch* stretch, spread. – **3.** (*Landkarte, Leinwand*) (auf *acc* on) mount, stretch. – **4.** (*Saite*) put on. – **5.** *tech.* a) (*festspannen*) fix, clamp, mount, load, b) (*in ein Futter*) chuck, c) (*Arbeitsmeißel*) set up. – **6.** *mar. cf.* setzen 15. – **II A~** *n* ⟨-s⟩ **7.** *verbal noun.* – **8.** *cf.* Aufspannung.

ˈAufˌspann|ˌflä·che *f tech.* **1.** (*eines Maschinentisches*) working (*od.* clamping) surface. – **2.** (*für Werkzeuge*) mounting surface. — **~ˌfut·ter** *n cf.* Spannfutter 1. — **~ˌtisch** *m* (*einer Maschine*) worktable, work-holding table.

ˈAufˌspan·nung *f* ⟨-; *no pl*⟩ **1.** *cf.* Aufspannen. – **2.** *tech.* (*Einspannung*) a) (*von Werkstücken*) clamping, mounting, loading, b) (*in ein Futter*) chucking, c) (*von Arbeitsstählen*) setting, d) (*Zustellung*) setup, *Br.* set-up.

ˈAufˌspannˌvorˌrich·tung *f tech.* **1.** (*Festspannvorrichtung*) clamping device. – **2.** (*für Werkstücke*) work(-holding) fixture.

ˈaufˌspa·ren I *v/t* ⟨*sep,* -ge-, h⟩ (für for) save (up), keep (*s.th.*) in reserve, (*beiseite legen*) put (*s.th.*) by, lay (*s.th.*) aside: (**sich** *dat*) **etwas für später [bis zuletzt] ~** to save s.th. (up) (*od.* keep s.th.) for later [until the last]. – **II A~** *n* ⟨-s⟩ *verbal noun.* — **ˈAufˌspa·rung** *f* ⟨-; *no pl*⟩ *cf.* Aufsparen.

ˈaufˌspei·chern I *v/t* ⟨*sep,* -ge-, h⟩ **1.** (*Vorräte etc*) store (up), lay up, hoard (up): **Waren ~** to warehouse goods; **Getreide ~** *agr.* to garner grain. – **2.** *phys.* (*Energie, Hitze*) store up, accumulate. – **II A~** *n* ⟨-s⟩ **3.** *verbal noun.* — **ˈAufˌspei·che·rung** *f* ⟨-; -en⟩ **1.** *cf.* Aufspeichern. – **2.** storage. – **3.** *bes. phys.* accumulation.

ˈAufˌspei·che·rungs·verˌmö·gen *n* storage capacity.

ˈaufˌsper·ren *v/t* ⟨*sep,* -ge-, h⟩ **1.** (*Fenster, Schnabel etc*) open (*s.th.*) wide: **den Schnabel ~** to gape. – **2.** *fig.* (*in Wendungen wie*) **(vor Staunen) Mund und Augen** (*od.* **Nase**) **~** to gape, to stand agape (*od.* open-mouthed); **sperr doch deine Ohren auf** listen carefully, take the wax out of your ears (*colloq.*). – **3.** *Bavarian and Austrian for* aufschließen 1.

ˈaufˌspie·len I *v/t* ⟨*sep,* -ge-, h⟩ **1.** (*Walzer etc*) strike up, play: **spiel eins auf!** *colloq.* play something! – **II** *v/i* **2.** strike up music, play: **bei j-s Hochzeit (zum Tanz) ~** to play (*od.* provide the music) (for dancing) at s.o.'s wedding; **j-m ~** to play for s.o. – **III** *v/reflex* **sich ~** *colloq.* **3.** give oneself (*od.* put on) airs, show off, *Am. colloq.* play oneself up: **sich vor j-m (mit etwas) ~** to show off (with s.th.) (*od.* brag [about s.th.]) to s.o.; **er spielt sich gerne auf** he likes to play the big shot (*colloq.*). – **4. sich ~ als** (*od.* **wie**) to play, to pose as: **sich j-m gegenüber als Held ~** to play the hero for s.o.; **sich wie der liebe Gott ~** to act like God Almighty.

ˈaufˌspie·ßen *v/t* ⟨*sep,* -ge-, h⟩ **1.** (*mit einem Spieß*) spear, pierce, *auch* run (*s.th.*) through: **etwas zum Braten ~** to spit (*od.* skewer) s.th.; **j-n mit Blicken förmlich ~** *fig.* to give s.o. piercing looks. – **2.** (*mit einer Gabel*) fork, pick up (*od.* take, lift) (*s.th.*) with a fork. – **3.** (*mit den Hörnern*) gore. – **4.** *fig. colloq.* (*anprangern*) skewer.

ˈaufˌsplei·ßen *v/t* ⟨*irr, sep,* -ge-, h⟩ splice.

ˈaufˌsplit·tern I *v/t* ⟨*sep,* -ge-, h⟩ split (up), splinter. – **II** *v/reflex* **sich ~** split (up), divide (up): **die Opposition splitterte sich in verschiedene Gruppen auf** the opposition split (up) (*od.* broke up) into various groups. – **III** *v/i* ⟨sein⟩ split (up), splinter. – **IV A~** *n* ⟨-s⟩ *verbal noun.* — **ˈAufˌsplit·te·rung** *f* ⟨-; -en⟩ **1.** *cf.* Aufsplittern. – **2.** (*eines Unternehmens etc*) split-up, splitting (up), fragmentation.

ˈaufˌspray·en *v/t* ⟨*sep,* -ge-, h⟩ (auf *acc* to) spray (*s.th.*) on.

ˈaufˌsprei·zen *v/t* ⟨*sep,* -ge-, h⟩ **1.** (*Tür etc*) prop (*s.th.*) open. – **2.** *cf.* spreizen 1—3.

ˈaufˌspren·gen *v/t* ⟨*sep,* -ge-, h⟩ **1.** (*mit Sprengladung*) blast (*s.th.*) open, blow up. – **2.** (*mit Werkzeug*) force (*s.th.*) open. – **3.** *hunt.* (*Wild*) start.

ˈaufˌsprie·ßen *v/i* ⟨*irr, sep,* -ge-, sein⟩ *bot.* spring up (*auch fig.*), shoot up, sprout up.

ˈaufˌsprin·gen *v/i* ⟨*irr, sep,* -ge-, sein⟩ **1.** jump up, leap up, spring up, jump (*od.* leap, spring) to one's feet, *auch* bolt (up): **wie elektrisiert ~** *fig. colloq.* to jump up as though one has had an electric shock; **von seinem Platz ~** to jump up from one's chair; **vor Begeisterung ~** to jump up with enthusiasm; **der Hase sprang auf** the hare leaped up; **ein Wind sprang auf** *fig. lit.* a breeze sprang up. – **2.** (*auf einen Zug etc*) (auf *acc* to) jump (*od.* hop) on. – **3.** (*von Tür etc*) burst (*od.* spring) open, open, (*stärker*) fly open: **die Falte springt unten auf** the pleat bursts open at the bottom. – **4.** (*von Haut, Lippen etc*) chap, crack: **aufgesprungene Hände** chapped hands. – **5.** (*von Knospen, Früchten*) burst, dehisce (*scient.*). – **6.** *med.* (*von Wunden etc*) break (open). – **7.** (*vom Ball etc*) bounce: **den Ball ~ lassen** to bounce the ball. – **8.** (*sport*) land, hit (*od.* strike) the ground. — **ˈaufˌsprin·gend I** *pres p.* – **II** *adj bot.* (*Kapsel etc*) dehiscent, dissilient.

ˈaufˌsprit·zen I *v/t* ⟨*sep,* -ge-, h⟩ **1.** *tech.* (*Metalle, Farben etc*) (auf *acc* to) spray (*s.th.*) on. – **2.** *gastr.* (*Creme etc*) (auf *acc* to) squirt (*s.th.*) on. – **II** *v/i* ⟨sein⟩ **3.** (*von Wasser, Schlamm etc*) splash, spatter. – **4.** *fig. humor. for* aufspringen 1.

ˈaufˌspros·sen *v/i* ⟨*sep,* -ge-, sein⟩ *lit. for* aufsprießen.

ˈaufˌspru·deln *v/i* ⟨*sep,* -ge-, sein⟩ bubble up, rise in bubbles.

ˈaufˌsprü·hen I *v/t* ⟨*sep,* -ge-, h⟩ *tech. cf.* aufspritzen 1. – **II** *v/i* ⟨sein⟩ scintillate.

ˈAufˌsprung *m* **1.** (*bes. sport*) landing: **er verstauchte sich beim ~ den Knöchel** he sprained his ankle when he landed. – **2.** (*des Balls*) bounce. — **~ˌbahn** *f* (*einer Sprungschanze*) landing run, runout.

ˈAufˌspul·ap·paˌrat *m tech.* bobbin winder, spooling wheel.

ˈaufˌspu·len *v/t* ⟨*sep,* -ge-, h⟩ (*Garn, Film etc*) spool, reel, wind (*s.th.*) (up), wind (*s.th.*) on (to) a reel (*od.* spool).

ˈaufˌspü·len *v/t u. v/i* ⟨*sep,* -ge-, h⟩ *dial.* wash up.

ˈaufˌspür·bar *adj* traceable.

ˈaufˌspü·ren I *v/t* ⟨*sep,* -ge-, h⟩ **1.** track (down), hunt up (*od.* out), ferret (out), seek out (*auch fig.*): **er wurde in seinem Schlupfwinkel aufgespürt** he was tracked down to his hideout; **eine alte Handschrift ~** *fig.* to hunt up (*od.* unearth) an old manuscript. – **2.** *hunt.* a) track (down), spoor, hunt, b) scent, smell (out), nose (out): **der Hund spürt das Wild auf** the dog scents the game. – **II A~** *n* ⟨-s⟩ **3.** *verbal noun.* — **ˈAufˌspü·rung** *f* ⟨-; *no pl*⟩ *cf.* Aufspüren.

ˈaufˌsta·cheln I *v/t* ⟨*sep,* -ge-, h⟩ goad (on), incite, instigate: **j-n zu etwas ~, j-n ~, etwas zu tun** to goad s.o. to do (*od.* into doing) s.th.; **j-s Leidenschaft ~** to rouse s.o.'s passion; **j-n zum Widerstand ~** to goad s.o. to resistance; **j-n gegen j-n ~** to goad s.o. on against s.o. – **II A~** *n* ⟨-s⟩ *verbal noun.* — **ˈAufˌsta·che·lung, ˈAufˌstach·lung** *f* ⟨-; -en⟩ **1.** *cf.* Aufstacheln. – **2.** incitement, instigation.

ˈAufˌstal·len *n agr.* (livestock) housing.

ˈaufˌstamp·fen I *v/i* ⟨*sep,* -ge-, h⟩ stamp (the ground): **(mit den Füßen) ~** to stamp one's feet. – **II** *v/t tech.* a) (*Herdfutter*) bank up, b) (*Formsand*) ram (up).

ˈAufˌstand *m* ⟨-(e)s; ⸚e⟩ *pol.* revolt, rebellion, (up)rising, insurrection, riot: **einen bewaffneten ~ machen** to rise up in arms; **einen ~ blutig niederwerfen** to suppress (*od.* put down, quell) a revolt with bloodshed; **das Land ist im ~** the country is in (a state of) revolt; **der ~ wurde unterdrückt** the rebellion was put down (*od.* suppressed).

ˈaufˌstän·disch *adj* rebellious, insurgent, rioting. — **ˈAufˌstän·di·sche** *m, f* ⟨-n; -n⟩ rebel, insurgent.

ˈAufˌstands·beˌwe·gung *f* insurgent movement.

ˈaufˌsta·peln I *v/t* ⟨*sep,* -ge-, h⟩ **1.** (*Bücher, Bretter etc*) stack up, pile up. – **2.** (*Vorräte, Waren etc*) store (up), stock (up), stockpile. – **II A~** *n* ⟨-s⟩ **3.** *verbal noun.* — **ˈAufˌsta·pe·lung, ˈAufˌstap·lung** *f* ⟨-; -en⟩ **1.** *cf.* Aufstapeln. – **2.** storage.

ˈaufˌstar·ren *v/i* ⟨*sep,* -ge-, h⟩ **1.** stare up: **zum Himmel ~** to stare up to heaven. – **2.** *lit.* (*von Berg etc*) tower up, loom up.

ˈAufˌstau *m civ.eng.* dammed-up water, damming.

ˈaufˌstäu·ben I *v/t* ⟨*sep,* -ge-, h⟩ *tech.* (auf *acc* to) powder (*od.* dust) (*s.th.*) on. – **II** *v/i* ⟨sein⟩ rise (*od.* fly up) like dust.

ˈaufˌstau·en I *v/t* ⟨*sep,* -ge-, h⟩ **1.** (*Fluß etc*) dam (up), bank (up), collect (*auch fig.*). – **2.** *cf.* stauen 1—3. – **II** *v/reflex* **sich ~** **3.** (*von Wasser etc*) rise, be dammed up. – **4.** (*sich sammeln*) pile up, accumulate, collect: **das Eis staute sich auf** the ice piled up; **eine Menschenmenge hatte sich aufgestaut** a crowd of people had collected; **in ihm hatte sich viel Ärger aufgestaut** *fig.* all the annoyance had been bottled (*od.* dammed) up in him.

ˈAufˌstechˌbo·gen *m print.* tympan (*od.* waste) sheet.

ˈaufˌste·chen *v/t* ⟨*irr, sep,* -ge-, h⟩ **1.** prick (*s.th.*) open, puncture: einen Abszeß ~ *med.* to lance an abscess. – **2.** *cf.* aufspießen 1, 2. – **3.** *agr.* (*Erde etc*) spade up. – **4.** *print.* a) (*Steindruck*) fix, b) (*Kupferplatte*) retouch.

ˈaufˌsteck·bar *adj* (*Sonnenblende etc*) slip-on, clip-on (*beide attrib*).

ˈaufˌstecken (*getr.* -k·k-) *v/t* ⟨*sep,* -ge-, h⟩ **1.** (*hochstecken*) put up, stick up: einen Saum (mit Nadeln) ~ to pin up a hem; sich (*dat*) das Haar ~ to put (*od.* do, pin) up one's hair. – **2.** (*feststecken*) (auf *acc*) attach (on, to), fix (on, to), put (*od.* stick) (*s.th.*) (on [to]): Kerzen auf den Leuchter ~ to put candles on the chandelier; sich (*dat*) eine Feder auf den Hut ~ to stick a feather on to one's hat; ein Rad ~ attach a wheel; → Licht 5. – **3.** *colloq.* (*Ziel, Plan etc*) give up, throw up, abandon: er hat es aufgesteckt he has thrown up the sponge. – **4.** *Bavarian and Austrian colloq.* gain: damit wird er nichts ~ he won't gain anything by that, that won't get him very far. – **5.** *fig.* (*aufsetzen*) put on: eine sorglose Miene [Amtsmiene] ~ to put on a carefree expression [an official air]. – **6.** *mar.* (*Taue etc*) bend.

ˈAufˌsteck|ˌfas·sung *f phot.* (*für Filter etc*) slip-on (*od.* clip-on) mount. — **~ˌkap·pe** *f tech.* slip-on cap. — **~ˌreibˌah·le** *f* shell reamer. — **~ˌschlüs·sel** *m* **1.** *Br.* socket spanner, *Am.* socket wrench. – **2.** (*Ringschlüssel*) *Am.* box wrench, *Br.* ring spanner. — **~ˌschuh** *m phot.* accessory shoe (*od.* clip).

ˈaufˌste·hen I *v/i* ⟨*irr, sep,* -ge-, sein⟩ **1.** get up, rise: früh ~ to rise early (*od.* with the sun); mit den Hühnern ~ *colloq.* to rise (*od.* be up) with the lark; für j-n ~ to get up for s.o., to offer one's seat to s.o.; nach einer Krankheit wieder ~ to get up after (*od.* recover from) an illness, to (be able to) leave one's bed again; spät ~ und spät zu Bett gehen to keep late hours; sie stand vom Tisch auf she got up from (*od.* left) the table; aus Ehrfurcht vor j-m ~ to stand up out of respect for s.o.; er ist wohl heute mit dem linken Fuß (zuerst) aufgestanden *fig. colloq.* he must have got out of bed on the wrong side this morning; da hättest du früher ~ müssen! *fig. colloq.* it is too late now! – **2.** *lit.* (*von Unterdrückten etc*) rise (in arms *od.* in revolt), revolt, rebel: das Volk war gegen seine Peiniger aufgestanden the people had risen against their tormentors. – **3.** (*von Propheten etc*) arise, appear. – **4.** *hunt.* a) (*von Wild etc*) break cover, b) (*von Vögeln etc*) rise, fly up, c) (*von Fischen etc*) rise to the surface, come up. – **5.** ⟨h *u.* sein⟩ *colloq.* (*von Tür etc*) be open. – **6.** ⟨h *u.* sein⟩ (*von Tischbein etc*) stand (firmly) on the floor: das vierte Stuhlbein steht nicht auf the fourth leg of the chair is too short. – **II A~** *n* ⟨-s⟩ **7.** *verbal noun*: beim A~ when getting up, on rising; nach dem A~ after getting up.

ˈaufˌstei·gen I *v/i* ⟨*irr, sep,* -ge-, sein⟩ **1.** ~ auf (*acc*) to get on, to climb on, to mount. – **2.** (*hochsteigen*) rise, *auch* go up: der Nebel steigt auf the mist rises; der Saft steigt in den Bäumen auf the sap rises in the trees; die Sonne steigt prachtvoll auf the sun rises in all its splendo(u)r; Tränen stiegen in ihr auf tears rose within her; ein Gewitter steigt auf a storm is coming up. – **3.** *aer.* a) (*abheben*) take off, become airborne, b) (*steigen*) rise, climb: in einem Ballon ~ to ascend in a balloon. – **4.** (*bergauf steigen*) ascend, climb. – **5.** *fig.* (*befördert werden*) rise, be promoted: zu hohen Würden ~ to rise to great hono(u)rs; er ist bis zum Direktor aufgestiegen he rose as high as (the position of) director; zur Spitzenklasse ~ (*bes. sport*) to rise to the top (performers); der Schüler kann ~ the pupil can move up to the next class. – **6.** *fig.* (*entstehen*) rise, well up, come up: (in) ihr stieg der Wunsch auf (zu) the desire rose in her (to); allerhand Empfindungen steigen in mir auf all kinds of feelings well up in me; plötzlich stieg ein Gedanke in ihm auf an idea suddenly occurred to (*od.* struck) him; mir stieg sofort der Verdacht auf, daß the suspicion was immediately roused in me that. – **7.** (*sport*) (*von Mannschaft*) be promoted. – **II A~** *n* ⟨-s⟩ **8.** *verbal noun.* – **9.** *cf.* Aufstieg 1—5. – **10.** *astr.* ascension. — **ˈaufˌstei·gend I** *pres p.* – **II** *adj* **1.** rising, ascending: ~e Infektion *med.* ascending infection; Verwandte in ~er Linie ascendants; sie bemühte sich, die ~en Tränen zu verbergen she tried to hide the rising tears; → Ast 1. – **2.** *astr.* ascendant. – **3.** *bot.* assurgent. – **4.** *her.* (*Wappentier*) rampant.

ˈAufˌstei·ger *m* ⟨-s; -⟩ (*bes. sport*) promoted team.

ˈAufˌstei·gung *f* ⟨-; *no pl*⟩ **1.** *cf.* Aufsteigen. – **2.** *astr.* ascension.

ˈaufˌstel·len I *v/t* ⟨*sep,* -ge-, h⟩ **1.** set up, put up, stand up: ein Bett ~ to set up a bed; ein Denkmal ~ to erect (*od.* raise) a monument; eine Falle ~ to set a trap; ein Zelt ~ to put up (*od.* pitch) a tent; hintereinander ~ to stand in rows, to line up; den Kragen ~ to put up one's collar; etwas in bestimmter Ordnung ~ to arrange s.th. (in a certain order); seine Waren zum Verkauf ~ *econ.* to display one's goods for sale. – **2.** *tech.* a) (*Maschine etc*) erect, install, b) (*Gerüst*) mount, erect: wieder ~ to remount; Briefe lesegerecht ~ (*von Briefstell- u. Stempelmaschine*) to face letters. – **3.** *cf.* parken 1. – **4.** (*namhaft machen*) nominate, set (*s.o.*) up, put (*s.o.*) forward (*od.* up): j-n als Kandidaten ~ *pol.* to propose s.o. (*od.* put s.o. forward [*od.* up]) as (a) candidate; sich als Kandidat ~ lassen (für for) to have oneself put forward (*od.* up) as (a) candidate, to run, *bes. Br.* to stand (as [a] candidate); j-n als Schiedsrichter ~ (*sport*) to appoint s.o. (as) referee. – **5.** *mil.* a) (*Posten etc*) post, place, b) (*Truppen etc*) raise, activate. – **6.** (*sport*) a) (*Rekord etc*) set (up), establish, b) (*Mannschaft etc*) draw up, compose, c) (*Spieler*) nominate, choose, 'pick' (*colloq.*). – **7.** *fig.* set up, draw up: eine Behauptung ~ to make (*od.* put forth) an assertion, to assert (*od.* maintain) s.th.; neue Bedingungen ~ to establish new conditions, to draw up new terms; eine Gleichung ~ *math.* to set up an equation; ein Programm ~ to make (*od.* fix) a program(me), to program(me); eine Regel ~ to set up (*od.* formulate, lay down, state) a rule; eine Tabelle ~ to make up a table (*od.* chart). – **8.** *econ.* a) (*Bilanz etc*) make up, prepare, draw up, b) (*Kosten*) specify, *bes. Am.* itemize, c) (*Rechnung*) draw up, make out. – **9.** *Southern G. and Austrian* (*Kartoffeln etc*) put on. – **10.** *Northern G. for* anstellen 6. – **II** *v/reflex* sich ~ **11.** place (*od.* station) oneself, take one's place (*od.* stand, position): sich vor dem Eingang ~ to take one's stand in front of the entrance; sich hintereinander ~ a) to queue (*od.* line up), b) *mil.* to fall into line; sich vor j-m ~ to place oneself in front of s.o.; sich in drei Reihen ~ to form three lines; die Leute stellten sich längs der Straße auf the people lined the road; → Haar 6. – **12.** (*sport*) (*von Mannschaft etc*) a) line up, b) take up their positions. – **III A~** *n* ⟨-s⟩ **13.** *verbal noun.* – **14.** Aufstellung.

ˈAufˌstellˌgleis *n* (*railway*) (*Nebengleis*) passing (*od.* switch) siding, classification track.

ˈAufˌstel·lung *f* ⟨-; -en⟩ **1.** *cf.* Aufstellen. – **2.** (*Anordnung*) arrangement: ~ von Stühlen arrangement of chairs. – **3.** (*Liste*) list: ~ von Büchern list of books; die ~ ist nicht vollständig the list is not complete; wer hat diese ~ gemacht? who made out (*od.* drew up) this list? statistische ~ statistical table. – **4.** ⟨*only sg*⟩ *fig.* (*einer Behauptung etc*) putting forth. – **5.** ⟨*only sg*⟩ *tech.* a) (*einer Maschine etc*) erection, installation, b) (*eines Gerüstes etc*) erection. – **6.** ⟨*only sg*⟩ *pol.* (*von Kandidaten etc*) nomination. – **7.** *mil.* (*von Truppen etc*) activation: taktische ~ disposition; dreiglied(e)rige ~ formation three deep; ~ nehmen to line up; hinter der Front ~ nehmen to draw up behind the front, to take post in the rear. – **8.** *econ.* statement: laut ~ as per statement; genaue ~ specification, *bes. Am.* itemization; ~ einer Bilanz preparation (*od.* drawing up) of a balance sheet; ~ der Kosten statement of costs. – **9.** (*sport*) (*einer Mannschaft*) (team) composition, lineup. – **10.** *mar.* (*der Kompasse*) arrangement: ~ in Dwarslinie (*von Schiffen*) (formation in) line abreast.

ˈAufˌstel·lungsˌko·sten *pl* cost(s) of installation (*od.* erection).

ˈaufˌstem·men I *v/t* ⟨*sep,* -ge-, h⟩ **1.** (*Schloß, Kiste etc*) force (*od.* break, prize, *bes. Am.* pry) (*s.th.*) open. – **2.** (*Ellbogen etc*) brace, prop: seinen Fuß auf (*acc*) etwas ~ to prop one's foot on s.th. – **II** *v/reflex* sich ~ **3.** brace (*od.* prop) oneself: sich (mit den Armen) auf den Tisch ~ to brace oneself with one's arms on the table.

ˈaufˌstep·pen *v/t* ⟨*sep,* -ge-, h⟩ etwas (auf *acc* etwas) ~ to stitch (*od.* sew) s.th. on (to s.th.).

ˈaufˌsticken[1] (*getr.* -k·k-) *v/t* ⟨*sep,* -ge-, h⟩ etwas (auf *acc* etwas) ~ to embroider s.th. on (to s.th.).

ˈaufˌsticken[2] (*getr.* -k·k-) *v/t* ⟨*sep,* -ge-, h⟩ *metall.* nitride.

ˈAufˌstickung (*getr.* -k·k-) *f* ⟨-; *no pl*⟩ *metall.* **1.** nitrogen pickup. – **2.** (*Wärmebehandlung*) nitration.

ˈaufˌstie·ben *v/i* ⟨*irr, sep,* -ge-, sein⟩ **1.** (*von Funken, Staub etc*) fly (*od.* spray) (up), rise in a cloud. – **2.** *hunt.* (*von Vögeln*) fly off, rise up.

ˈAufˌstieg *m* ⟨-(e)s; -e⟩ **1.** (*zum Gipfel etc*) ascent, climb. – **2.** *aer.* (*eines Flugzeuges etc*) a) ascent, b) climbing to altitude, c) takeoff. – **3.** ⟨*only sg*⟩ *fig.* rise, ascent, climb: sozialer ~ social ascent (*od.* advancement); die Wirtschaft ist im ~ (begriffen) the economy is on the rise (*od.* is improving); ~ zum Ruhm rise (*od.* ascent) to fame; er ist (*od.* befindet sich) im ~ he is on the upgrade. – **4.** ⟨*only sg*⟩ *fig.* (*auch sport*) promotion, move up: der ~ des Schülers the promotion of the pupil; die Mannschaft hat den ~ geschafft (*sport*) the team has made the move up (*od.* has won promotion). – **5.** ⟨*only sg*⟩ *astr.* (*eines Gestirns*) rising. – **6.** *cf.* Aufstiegsweg.

ˈAufˌstiegs|ˌbahn *f* (*space*) (*einer Rakete*) launching trajectory. — **~ˌchan·ce** *f* chance for advancement (*od.* promotion). — **~geˌschwin·dig·keit** *f aer. cf.* Steiggeschwindigkeit. — **~ˌmög·lich·keit** *f* opportunity for advancement (*od.* promotion): Stellung ohne ~ blind-alley occupation. — **~ˌspiel** *n* (*sport*) (qualifying) game upon which promotion is depending, match deciding promotion. — **~ˌweg** *m* way up, upward path. — **~ˌwin·kel** *m aer.* **1.** climbing (*od.* ascending) angle. – **2.** (*einer Rakete*) launching angle. – **3.** (*einer Trägerrakete*) launch azimuth.

ˈaufˌstö·bern *v/t* ⟨*sep,* -ge-, h⟩ **1.** ferret (*s.th.*) out, unearth, discover, track, trace: die Polizei stöberte ihn auf the police unearthed him; eine seltene Briefmarke ~ to discover a rare stamp. – **2.** *hunt.* a) (*aufschrecken*) start, rouse, bolt, put (*animal*) up, b) (*aufspüren*) track, trace, c) (*im Bau*) run (*animal*) to earth, unearth.

ˈaufˌstocken (*getr.* -k·k-) **I** *v/t* ⟨*sep,* -ge-, h⟩ **1.** (*Haus etc*) add a storey (*bes. Am.* story) to, raise (*s.th.*) by one stor(e)y. – **2.** *econ.* (*Kapital etc*) increase, accumulate. – **II A~** *n* ⟨-s⟩ **3.** *verbal noun.* — **ˈAufˌstockung** (*getr.* -k·k-) *f* ⟨-; -en⟩ **1.** *cf.* Aufstocken. – **2.** (*eines Hauses etc*) addition of a storey (*bes. Am.* story), raising by one stor(e)y. – **3.** *econ.* a) (*von Kapital etc*) accumulation of capital, b) (*Kreditaufnahme*) additional credits *pl.*

ˈaufˌstöh·nen *v/i* ⟨*sep,* -ge-, h⟩ give (*od.* heave) a groan, groan aloud.

ˈaufˌstöp·seln *v/t* ⟨*sep,* -ge-, h⟩ *colloq.* uncork, unstop(per).

ˈaufˌstö·ren *v/t* ⟨*sep,* -ge-, h⟩ disturb, *auch* rouse, stir up: j-n aus seiner Ruhe ~ to disturb s.o.'s rest, to rouse s.o. from his rest.

ˈAufˌstoß *m* **1.** *rare* impact. – **2.** *hunt.* flustering from cover.

ˈaufˌsto·ßen I *v/t* ⟨*irr, sep,* -ge-, h⟩ **1.** push (*od.* fling) (*s.th.*) open: die Tür (mit dem Fuß) ~ to kick the door open. – **2.** etwas auf (*acc*) etwas ~ to hit (*od.* knock) s.th. on s.th., (*stärker*) to slam s.th. down on s.th. – **3.** sich (*dat*) das Knie ~ to bruise (*od.* skin) one's knee. – **4.** *hunt.* (*Hasen etc*) rouse, start (*s.th.*) up. – **II** *v/i* ⟨h *u.* sein⟩ **5.** ⟨sein⟩ (*aufschlagen*) hit, strike: beim Tauchen mit dem Kopf auf den Grund ~ to dive and hit one's head on the bottom; das Schiff ist (auf Grund) aufgestoßen *mar.* the ship ran aground (*od.* struck the bottom). – **6.** ⟨h⟩ (*rülpsen*) belch, burp (*colloq.*), eructate (*scient.*): das Baby muß noch ~ the baby has to belch (*od.* burp) (*od.* has to be burped) first. – **7.** ⟨h *u.* sein⟩ (*von Speisen*) repeat: der Rettich stößt mir auf the radish repeats on me; der

Gedanke daran stößt ihnen noch immer sauer auf *fig.* the thought of it is still a painful memory for them; das könnte Ihnen übel ~ *fig. colloq.* you might have to pay (dearly) for that. – **8.** ⟨sein⟩ j-m ~ *fig. colloq.* to occur to s.o., to strike s.o. – **III A~** *n* ⟨-s⟩ **9.** *verbal noun.* – **10.** *med.* eructation (*scient.*): saures A~ heartburn.

ˈAufˌsto·ßer *m* ⟨-s; -⟩ *colloq. cf.* Rülpser.

ˈaufˌstrah·len *v/i* ⟨*sep*, -ge-, h⟩ (begin to) shine, beam: Tausende von Lichtern strahlten auf thousands of lights flared (*od.* began to shine); ihr Gesicht strahlte plötzlich auf *fig.* all of a sudden her face beamed.

ˈaufˌstre·ben *v/i* ⟨*sep*, -ge-, sein⟩ **1.** (*von Turm etc*) rise, soar (up), tower (up). – **2.** *fig.* (*im Beruf etc*) aspire. — **ˈaufˌstrebend I** *pres p.* – **II** *adj* **1.** (*Säule etc*) rising, soaring, towering. – **2.** *fig.* aspiring: ein ~er junger Mann an aspiring (*od.* enterprising) young man; eine ~e Nation a rising nation.

ˈaufˌstrei·chen *v/t* ⟨*irr*, *sep*, -ge-, h⟩ **1.** (*Butter, Farbe etc*) (auf *acc* on) spread. – **2.** *tech.* (auf *acc* on) a) spread-coat, spread, b) (*mit der Bürste*) brush, c) (*mit dem Messer*) knife-coat. – **3.** (*textile*) shear (*s.th.*) against the grain.

ˈaufˌstrei·fen *v/t* ⟨*sep*, -ge-, h⟩ (*Ärmel etc*) push (*s.th.*) up. – **2.** *cf.* anstreifen 2.

ˈaufˌstreu·en *v/t* ⟨*sep*, -ge-, h⟩ (auf *acc* on) sprinkle, strew, scatter.

ˈAufˌstrich *m* **1.** ⟨*only sg*⟩ (*auf Brot*) (sandwich) spread, *auch* paste. – **2.** (*beim Schreiben*) upstroke. – **3.** *mus.* up-bow: beim ~ on the up-bow. – **4.** *tech. cf.* Anstrich 2a—d.

ˈAufˌstrom *m phys. Am.* updraft, *Br.* updraught, upcurrent, upward stream. — **~verˌga·ser** *m tech. bes. Am.* updraft carburetor, *bes. Br.* updraught carburettor.

ˈaufˌstül·pen *v/t* ⟨*sep*, -ge-, h⟩ **1.** (*Hut etc*) put (*od. colloq.* clap, pop) (*s.th.*) on. – **2.** (*Ärmel, Kragen etc*) turn (*s.th.*) up. – **3.** *tech.* slip (*s.th.*) on (*od.* over).

ˈaufˌstüt·zen I *v/t* ⟨*sep*, -ge-, h⟩ (*Kopf etc*) prop (*s.th.*) up, support, rest: die Ellbogen (auf dem *od.* den Tisch) ~ to rest one's elbows on the table; einen Kranken ~ to prop up a patient. – **II** *v/reflex* sich ~ to lean (up)on s.th., to prop oneself up.

ˈaufˌsu·chen *v/t* ⟨*sep*, -ge-, h⟩ **1.** (*Person, Vaterstadt etc*) visit, see: j-n zu Hause ~ to visit (*od.* call on) s.o. at home; suche mich doch einmal auf! come and see (*od.* call on) me sometime; häufig (*od.* fleißig) ~ to frequent. – **2.** (*Arzt, Anwalt etc*) see, consult. – **3.** (*Speisewagen, Bett etc*) go to: den Schatten ~ to go into (*od.* seek) the shade. – **4.** (*in einem Buch*) look (*s.th.*) up, search for, seek (*s.th.*) (out): einen Ort auf der Landkarte ~ to find (*od.* locate) a place on the map. – **5.** (*Scherben, Nadeln etc*) pick up.

ˈaufˌsum·men *v/i* ⟨*sep*, -ge-, h⟩ buzz up.

ˈaufˌta·keln I *v/t* ⟨*sep*, -ge-, h⟩ *mar.* (*Schiff etc*) rig (*s.th.*) (out *od.* up). – **II** *v/reflex* sich ~ *colloq.* rig (*od.* tog) oneself out (*od.* up) (*colloq.*). – **III A~** *n* ⟨-s⟩ *verbal noun.* — **ˈAufˌta·ke·lung, ˈAufˌtak·lung** *f* ⟨-; *no pl*⟩ **1.** *cf.* Auftakeln. – **2.** *mar.* (*Takelage*) rigging.

ˈAufˌtakt *m* **1.** *mus. metr.* upbeat; arsis, anacrusis (*scient.*). – **2.** *fig.* prelude, introduction, preliminaries *pl*: ~ zu Verhandlungen prelude to negotiations; als ~ zur neuen Sportsaison as a send-off to the new sporting season.

ˈaufˌtan·ken *v/t u. v/i* ⟨*sep*, -ge-, h⟩ fill up, tank up, refuel.

ˈaufˌtau·chen I *v/i* ⟨*sep*, -ge-, sein⟩ **1.** come up, (break) surface, emerge, rise (to the surface): er tauchte an der Oberfläche des Wassers wieder auf he came up again to (*od.* reappeared on) the surface of the water; das U-Boot tauchte auf *mar.* the submarine surfaced. – **2.** *fig.* appear: plötzlich ~ to appear suddenly, to pop up (*colloq.*); aus der Dunkelheit ~ to emerge out of the dark; die Berge tauchten in der Ferne auf the mountains loomed up in the distance. – **3.** *fig.* (*von Fragen, Erinnerungen etc*) arise, come up: es tauchen immer neue Zweifel auf new doubts keep arising; es tauchte ein Gedanke in mir auf a thought occurred to me (*od.* crossed my mind). – **II A~** *n* ⟨-s⟩ **4.** *verbal noun.* – **5.** *fig.* appearance, emergence.

ˈaufˌtau·en I *v/t* ⟨*sep*, -ge-, h⟩ **1.** thaw (out): die Sonne taut die Erde auf the sun thaws the earth; Tiefkühlgemüse ~ *gastr.* to thaw frozen vegetables; eine Wasserleitung ~ *tech.* to thaw a waterpipe. – **2.** *auto.* (*Scheiben*) defrost. – **II** *v/i* ⟨sein⟩ **3.** thaw, unfreeze: der See taut langsam auf the lake is gradually thawing; die Fenster sind aufgetaut the windows have defrosted. – **4.** *fig. colloq.* thaw (out), unbend, open up: nach langem Schweigen ist er aufgetaut after a long silence he thawed (out) (*od.* talked without reserve).

ˈAufˌtau|ˌmit·tel *n* **1.** thawing (*od.* melting) agent. – **2.** *cf.* Entfroster. — **~ˌpunkt** *m phys.* thaw(ing) point. — **~ˌsalz** *n tech.* deicing (*Br.* de-icing) (*od.* thawing, road, ice-control) salt.

ˈaufˌtei·len I *v/t* ⟨*sep*, -ge-, h⟩ **1.** (*verteilen*) distribute, divide (up *od.* out), apportion, share (out), (*Grundbesitz*) parcel (out): die Kosten gerecht ~ to share out (*od.* apportion) the cost(s) equitably; den Grundbesitz unter die Erben ~ to distribute (*od.* parcel out) the real estate to the heirs. – **2.** (*einteilen*) divide (*od.* split) (*s.th.*) (up), partition: die Schüler in Gruppen ~ to divide the pupils into groups; das Land wurde in zwei Teile aufgeteilt the country has been divided into two parts. – **II A~** *n* ⟨-s⟩ **3.** *verbal noun.* — **ˈAufˌtei·lung** *f* ⟨-; -en⟩ **1.** *cf.* Aufteilen. – **2.** distribution. – **3.** division, partition, breakup, *Br.* break-up.

ˈaufˌti·schen *v/t* ⟨*sep*, -ge-, h⟩ **1.** (*Speisen*) serve: man hat uns reichlich Essen und Trinken aufgetischt we were lavishly served with food and drink; ich kann dir nicht viel ~ I can't serve (*od.* offer) you much. – **2.** *fig. colloq.* serve up, dish up (*colloq.*), tell: sie tischte ihm allerhand Neuigkeiten auf she dished up all kinds of news to him; die alte Geschichte immer wieder ~ to rehash the same old story.

ˈaufˌtö·nen *v/t* ⟨*sep*, -ge-, h⟩ (*Haare*) tint.

ˈaufˌtop·pen *v/t* ⟨*sep*, -ge-, h⟩ *mar.* top (up), trip (up).

ˈAufˌtrag [-ˌtraːk] *m* ⟨-(e)s; =e [-ˌtrɛːgə]⟩ **1.** order(s *pl*) (*auch mil.*), instructions *pl*, directions *pl*, commission: in höherem ~ (up)on orders from above; dem ~ gemäß according to instructions; einen ~ erledigen (*od.* ausführen) a) to carry out an order, b) *mil.* (*Kampfauftrag*) to carry out a mission; einen ~ bekommen a) to get an order, b) *auch mil.* to receive an assignment; den ~ erteilen, daß etwas geschieht to give instructions for s.th. to be done; j-m den ~ geben, etwas zu tun to give s.o. instructions to do s.th.; den ~ haben, etwas zu tun a) to have instructions to do s.th., b) to be commissioned to do s.th., c) to be empowered to do s.th.; im ~ seiner Wähler handeln *pol.* to act on the mandate (*od.* in the name) of one's constituents; im ~ von (*od.* des) Herrn X teile ich Ihnen mit, daß I have been directed by Mr. X to inform you that; ich komme im ~ des Herrn X I have come on behalf of Mr. X, Mr. X has asked me to see you; ich habe den ehrenvollen ~, Sie willkommen zu heißen it is my pleasant duty to welcome you; er muß sich an seinen ~ halten he has to keep to his orders (*od.* stick to his instructions). – **2.** *econ.* a) (*Bestellung*) order, commission, b) (*Liefervertrag*) contract: bindender ~ firm order; freibleibender ~ order without engagement; öffentliche (*od.* staatliche) Aufträge official (*od.* government) orders; Aufträge für öffentliche Bauten contracts for public works, official contracts; laut ~ according to order; in ~ gegeben ordered; ~ zur Sperrung eines Schecks stop order; ~ mit Preisbegrenzung closed order; einen ~ annehmen to accept an order; etwas bei j-m in ~ geben to place an order for s.th. with s.o.; in ~ und für Rechnung von by order and for account of; einen ~ ausführen to fill (*od.* execute) an order; sich um Aufträge bemühen to canvass (*od.* solicit) orders. – **3.** (*Aufgabe*) mission, task: mit besonderem ~ on (a) special mission; der historische ~ einer Nation the historical mission of a nation. – **4.** *jur.* a) (*an Anwalt*) brief, b) (*an Bevollmächtigte*) mandate, contract of agency: im ~ a) by attorney, b) by procuration; einem Anwalt einen ~ erteilen to brief a barrister. – **5.** *civ.eng.* embankment, fill(ing).

ˈAufˌtragˌbür·ste *f* small brush for applying polish.

ˈaufˌtra·gen I *v/t* ⟨*irr*, *sep*, -ge-, h⟩ **1.** (*Speisen etc*) serve (up): es ist aufgetragen (worden) dinner (*od.* lunch) is served. – **2.** (*Farbe, Salbe etc*) put (*od.* spread) (*s.th.*) on, apply, (*Farbe*) *auch* lay on: er trug die Salbe auf die (*rare* der) Wunde auf he applied the ointment to the wound; die Farbe läßt sich gut ~ the paint spreads (*od.* goes on) well. – **3.** j-m etwas ~, j-m ~, etwas zu tun a) to instruct s.o. to do s.th., b) to order s.o. to do s.th., c) to ask s.o. to do s.th., d) to entrust s.o. with doing s.th.: er trug mir Grüße an dich auf he asked me to give you his regards; mir wurde ein heikles Geschäft aufgetragen I was entrusted with a delicate task; es wurde ihm größte Sorgfalt aufgetragen he was requested to exercise the greatest care; hat man dir nichts aufgetragen? a) haven't you been told what to do? b) haven't you got a message for me? – **4.** (*Kleider etc*) wear out. – **5.** *math.* a) (*Strecke*) plot, lay (*od.* mark) (*s.th.*) off, b) (*Kurve*) draw, sketch, trace. – **6.** *print.* (*Farbe etc*) distribute: Farbe auf die Form ~ to roll the forme; Farbe durch Walzen ~ to roll on the ink. – **7.** *civ.eng.* a) (*anschütten*) embank, b) (*ausfüllen*) fill (*s.th.*) (up). – **8.** *tech.* a) (*Meßwerte*) plot, b) (*Farben*) coat, c) (*Schweißgut*) deposit. – **II** *v/i* **9.** *fig.* (*von Kleidern etc*) be bulky. – **10.** *fig. colloq.* exaggerate, lay it on thick (*colloq.*): du darfst nicht so dick ~! don't lay it on so thick. – **III A~** *n* ⟨-s⟩ **11.** *verbal noun.* – **12.** (*von Farbe etc*) application. – **13.** *tech.* (welding) deposition.

ˈAufˌtrag|ˌge·ber *m*, **~ˌge·be·rin** *f* **1.** orderer, (*Kunde*) customer, client: ~ eines Künstlers patron. – **2.** *jur.* (*Vollmachtgeber*) a) mandator, b) (*im Handelsrecht*) principal: ~ eines Agenten principal. — **~ˌhan·del** *m econ.* commission business. — **~ˌkaˌnal** *m civ.eng.* embankment canal. — **~ˌmaˌschi·ne** *f* (*paper*) coating machine. — **~ˌmeˌtall** *n metall.* built-up (*od.* deposited) metal.

ˈAufˌtrags|ˌausˌfüh·rung *f* execution of an order. — **~beˌstand** *m econ.* orders *pl* on hand, order books *pl*: reichliche Auftragsbestände well-filled order books; wachsender ~ lengthening order books *pl.* — **~beˌstä·ti·gung** *f* **1.** (*durch den Kunden*) confirmation of (an) order. – **2.** (*durch den Lieferanten*) acknowledg(e)ment of (an) order. – **3.** (*formell, durch Vordruck*) confirmation order.

ˈaufˌtrag|ˌschwei·ßen I *v/t* ⟨*insep*, -ge-, h⟩ *tech.* **1.** deposition-weld. – **2.** (*für Reparaturzwecke*) build up. – **3.** (*für Verschleißzwecke*) hard-face, hard-surface. – **4.** (*verstählen*) steel-face. – **II A~** *n* ⟨-s⟩ **5.** *verbal noun.* — **A~ˌschwei·ßung** *f cf.* Auftragschweißen.

ˈAufˌtrags|ˌdienst *m teleph.* absent subscriber service. — **~ˌeinˌgang** *m econ.* **1.** new orders *pl* booked (*od.* received), incoming orders *pl*, order books *pl.* – **2.** (*Vorgang*) receipt (*od.* influx) of order(s). — **~erˌtei·lung** *f* **1.** placing of orders. – **2.** conferring (*od.* awarding) of contract. — **~forˌmu·lar** *n* order form (*od.* sheet). — **a~geˌmäß** *adv* **1.** according to instructions (*od.* directions): etwas ~ ausführen to carry out s.th. according to instructions. – **2.** *econ.* as per order, as ordered. — **~ˌhär·tung** *f tech. cf.* Auftragschweißen. — **~ˌpol·ster** *n*, *Austrian m econ.* long order books *pl*, backlog of orders in hand. — **~ˌrückˌgang** *m* falling off (*od.* decrease) of orders. — **~ˌrückˌstand** *m cf.* Auftragsüberhang. — **~ˌsper·re** *f* embargo on orders. — **~ˌüberˌhang** *m* backlog of unfilled orders. — **~verˌga·be** *f econ.* placing of orders. — **a~ˌwei·se** *adv*, *auch adj* **1.** on instructions. – **2.** under a mandate. – **3.** *econ.* on a commission basis. — **~ˌwer·bung** *f* canvassing (for orders).

ˈAufˌtragˌwal·ze *f* **1.** *print.* ink(ing) roller, form roller. – **2.** *tech.* spreading roller.

ˈaufˌträu·feln *v/t* ⟨*sep*, -ge-, h⟩ apply (*s.th.*) drop by drop, drop on.

ˈaufˌtref·fen I *v/i* ⟨*irr*, *sep*, -ge-, sein⟩ **1.** (*von Strahlen, Geschossen etc*) (auf *acc*) hit, strike. – **II A~** *n* ⟨-s⟩ **2.** *verbal noun.* – **3.** *mil. phys.* impact. – **4.** *nucl.* (*Elektronik*) impact, *auch* bombardment.

ˈAufˌtreff|enerˌgie *f phys.* (*Pendelschlag-*

werk) striking energy, energy of impact. — **~geˌschwin·dig·keit** *f* **1.** *mil. phys.* impact (*od.* striking) velocity. – **2.** *nucl.* (*Elektronik*) impact (*od.* bombardment) speed. — **~ˌpunkt** *m mil. phys.* point of impact. — **~ˌwin·kel** *m* **1.** angle of impact. – **2.** (*von Elektronenstrahlen, Wellen*) angle of incidence (*od.* impact).

'aufˌtreib·bar *adj fig. colloq.* obtainable, available.

'aufˌtrei·ben I *v/t* ⟨*irr, sep,* -ge-, h⟩ **1.** make (*s.o.*) get up, force (*s.o.*) up: der Hunger trieb ihn wieder auf hunger forced him up (*od.* to his feet) again. – **2.** (*Staub etc*) raise, (*Wellen*) drive up. – **3.** *gastr.* (*mit Hefe*) make (*dough*) rise. – **4.** *cf.* aufblähen 6. – **5.** *fig. colloq.* find, get (hold of), obtain, come by: das Buch war schwer aufzutreiben the book was hard to get hold of; ich muß irgendwie Geld ~ I have to raise money somehow; frische Milch war nirgends aufzutreiben fresh milk was nowhere to be had. – **6.** *tech.* a) (*Faßreifen etc*) drive (*od.* shrink) (*s.th.*) on, b) (*ausbauchen*) expand. – **7.** *agr.* (*Vieh etc*) a) drive (*cattle*) to the market, b) drive (*cattle*) to the hillside pastures. – **8.** *hunt.* (*Wild etc*) start, rouse. – **II** *v/i* ⟨sein⟩ **9.** *hort.* shoot up. – **III A~** *n* ⟨-s⟩ **10.** *verbal noun.* — **'Aufˌtrei·bung** *f* ⟨-; -en⟩ **1.** *cf.* Auftreiben. – **2.** *med.* a) inflation, distention, b) (*von Leib*) tympanites, meteorism.

'aufˌtren·nen I *v/t* ⟨*sep,* -ge-, h⟩ **1.** (*Naht etc*) undo: etwas mit der Schere ~ to undo s.th. (*od.* cut s.th. open) with scissors. – **2.** (*Kleid etc*) undo, take (*s.th.*) to pieces. – **3.** (*Gestricktes etc*) unknit, undo, unravel. – **4.** (*Gewebe etc*) ravel (*s.th.*) (out), unweave. – **II** *v/reflex* sich ~ **5.** come unstitched (*od.* undone).

'aufˌtre·ten I *v/i* ⟨*irr, sep,* -ge-, sein⟩ **1.** (*mit dem Fuß*) step, walk: tritt leise auf! walk softly! er kann mit dem verletzten Fuß nicht ~ he cannot walk on his injured foot. – **2.** (*theater, film*) a) appear (on the stage), come on, enter, b) perform: er trat als erster auf he was the first person on the stage; er konnte heute nicht ~ he was unable to perform today; sie trat als Sängerin auf she appeared as a singer; Faust tritt auf (*Bühnenanweisung*) enter Faust. – **3.** *fig.* (*erscheinen*) appear, present oneself: als Zeuge ~ *jur.* to appear as a witness; er trat als Kandidat auf he came forward (*bes. Br.* stood) as a candidate; er trat als Experte auf a) he presented himself as an expert, b) (*fälschlich*) he pretended to be an expert; für j-n ~ to stand up for s.o.; gegen j-n ~ a) to oppose s.o., b) *jur.* to appear against s.o.; mit einer Forderung ~ *econ.* to present a claim; vor Gericht ~ *jur.* to appear in court; er tritt nicht gern öffentlich auf he does not like to appear in public. – **4.** *fig.* behave, act, conduct oneself: sicher ~ to behave in a self-confident manner; als Gentleman ~ to act as a gentleman; sehr entschieden ~ to take a firm stand. – **5.** *fig.* occur, make one's appearance, be found: diese Krankheit tritt nur in den Tropen auf this disease occurs (*od.* is found) only in the tropics; solche Fälle treten selten auf such cases rarely occur; Schwierigkeiten treten leicht auf difficulties are liable to occur; es könnten Zweifel ~ doubts might arise; Kohle tritt in dieser Gegend nicht auf there is no coal to be found in this region. – **II** *v/t* ⟨h⟩ **6.** (*Nuß*) crack (*a nut*) (open) by stepping on it. – **7.** (*Tür*) kick (*door*) open. – **III A~** *n* ⟨-s⟩ **8.** *verbal noun.* – **9.** appearance: ihr erstes A~ in der Gesellschaft her debut (*od.* first appearance) in society. – **10.** performance. – **11.** behavior, *bes. Br.* behaviour, conduct, *auch* demeanor, *bes. Br.* demeanour: ein sicheres A~ haben to have a self-assured manner. – **12.** occurrence (*auch tech. geol.*): das erste A~ der Krankheit war sehr heftig the first occurrence (*od.* the outbreak) of the disease was very severe; erneutes ~ (*von Krankheit*) recurrence. – **13.** *cf.* Auftritt 2 b.

'Aufˌtrieb *m* **1.** *phys.* (*eines Körpers im Wasser*) buoyancy (force). – **2.** *aer.* lift: dynamischer ~ dynamic lift. – **3.** *fig.* impetus, stimulus, drive: die Industrie erhielt einen starken ~ industry was given a strong impetus; j-m ~ geben für etwas a) to give s.o. impetus to do s.th., b) to give s.o. encouragement for s.th.; er hat keinen rechten ~ *colloq.* he has no real drive (*od.* ambition). – **4.** *econ. fig.* (*der Wirtschaft etc*) (upward) trend (*od.* tendency), upswing, upsurge, uptrend: der konjunkturelle ~ the cyclical upsurge. – **5.** *geol.* (*Wasserströmung*) upwelling. – **6.** (*von Schlachtvieh*) supply, entry, *auch* entries *pl*: der ~ an Rindern auf dem Viehmarkt the cattle offered for sale at the market; der ~ wurde restlos geräumt the entries (were) cleared completely. – **7.** *cf.* Almauftrieb.

'aufˌtriebs·erˌhö·hend *adj aer.* high-lift, [lift-boosting.]

'Aufˌtriebsˌkraft *f* **1.** *phys. cf.* Auftrieb 1. – **2.** *econ.* (*der Nachfrage*) buoyant forces *pl.* — **~ˌmit·telˌpunkt** *m aer. phys.* center (*bes. Br.* centre) of lift. — **~verˌlust** *m aer.* **1.** loss of lift. – **2.** lift penalty.

'AufˌtriebˌwaS·ser *n* upwelling deep water.

'aufˌtrin·ken *v/t* ⟨*irr, sep,* -ge-, h⟩ drink up.

'Aufˌtritt *m* **1.** step, foothold. – **2.** (*theater*) a) scene, b) appearance: im ersten ~ des zweiten Aktes in the first scene of the second act; er hatte seinen ~ noch nie verpaßt he had never missed his scene (*od.* entry) before; zweiter Akt, vierter ~ Act II, scene 4. – **3.** *fig.* scene, (*stärker*) 'row' (*colloq.*): j-m einen ~ machen to make s.o. a scene; einen ~ haben mit j-m to have a row with s.o.; ein peinlicher ~ an embarrassing scene (*od.* incident).

'Aufˌtritts·verˌbot *n* stage ban: sie hat ~ she has been banned from the stage.

'aufˌtrock·nen I *v/t* ⟨*sep,* -ge-, h⟩ **1.** (*Fußboden etc*) dry (up). – **2.** (*Flüssigkeiten etc*) wipe (*od.* mop, dry) up. – **II** *v/i* ⟨sein⟩ **3.** (*von Wasser, Anstrich etc*) dry (up), become dry.

'aufˌtrump·fen I *v/i* ⟨*sep,* -ge-, h⟩ **1.** play trumps, play one's trump card (*auch fig.*): mit etwas ~ to play one's trump card with (*od.* by doing) s.th. – **2.** *fig. colloq.* boast, brag. – **II A~** *n* ⟨-s⟩ **3.** *verbal noun*: mit A~ ist hier nichts getan there is no use playing one's trump card here.

'aufˌtu·chen [-ˌtuːxən] *v/t* ⟨*sep,* -ge-, h⟩ *mar.* (*Segel*) furl, make (*od.* roll) (*s.th.*) up.

'aufˌtun I *v/t* ⟨*irr, sep,* -ge-, h⟩ **1.** *colloq.* open: tu die Augen auf! open your eyes! keep your eyes open! du mußt den Mund ~ you have to say s.th. (*od.* to speak up). – **2.** *econ. colloq. for* eröffnen 3. – **3.** sich (*dat*) etwas (auf den Teller) ~ *colloq.* to put s.th. on one's plate. – **II** *v/reflex* sich ~ **4.** open (up): ein Abgrund tat sich vor uns auf *auch fig.* an abyss opened (*od.* yawned) before us; der Himmel hat sich aufgetan *Bibl.* the heavens opened.

'aufˌtun·ken *v/t* ⟨*sep,* -ge-, h⟩ *Southern G. and Austrian* soak (*od.* sop) up.

'aufˌtup·fen *v/t* ⟨*sep,* -ge-, h⟩ **1.** (*Flüssigkeit etc*) blot (*s.th.*) up by dabbing. – **2.** (*Brösel etc*) pick (*od.* take) (*s.th.*) up on one's fingertips. – **3.** (*Creme, Farbe etc*) (auf *acc* to) dab on.

'aufˌtür·men I *v/t* ⟨*sep,* -ge-, h⟩ **1.** pile (*od.* heap, stack) (*s.th.*) up. – **II** *v/reflex* sich ~ **2.** (*von Bergen, Hindernissen*) tower up, loom up. – **3.** *fig.* (*von Schwierigkeiten, Arbeit etc*) pile up, heap up, accumulate. – **III A~** *n* ⟨-s⟩ **4.** *verbal noun.* — **'Aufˌtür·mung** *f* ⟨-; -en⟩ **1.** *cf.* Auftürmen. – **2.** accumulation.

'Auf ˌund 'Ab *n* ⟨---; *no pl*⟩ up and down.

'Aufˌund'ab|beˌwe·gung *f* up-and-down motion. — **~ˌge·hen** *n* walking up and down, pacing to and fro.

'auf·vul·ka·niˌsier·bar *adj tech.* recappable, retreadable. — **'auf·vul·ka·niˌsie·ren** *v/t* ⟨*sep, no* -ge-, h⟩ **1.** vulcanize (*s.th.*) (on). – **2.** (*Reifen*) recap, topcap.

'aufˌwa·chen *v/i* ⟨*sep,* -ge-, sein⟩ wake (up), awake(n): über großen Schmerzen ~ to wake up because of (*od.* with) severe pains; er wachte plötzlich aus dem Schlaf auf he started up from his sleep; schlummernde Leidenschaften wachten auf *fig.* dormant passions awakened (*od.* were roused, came to life).

'aufˌwach·sen *v/i* ⟨*irr, sep,* -ge-, sein⟩ grow up: in kleinen Verhältnissen ~ to grow up in modest circumstances.

'aufˌwa·gen *v/reflex* ⟨*sep,* -ge-, h⟩ sich ~ *colloq.* venture to get up (*after an illness*): Sie sollten sich noch nicht ~! you should not venture to get up yet!

'aufˌwä·gen *v/t* ⟨*irr, sep,* -ge-, h⟩ *obs. for* aufwiegen.

'aufˌwal·len I *v/i* ⟨*sep,* -ge-, sein⟩ **1.** (*von Flüssigkeiten*) boil (up), bubble (up), seethe: Wasser wallt beim Kochen auf water bubbles when it boils; ~ lassen to bring to a boil, to allow to boil; es (*od.* sein Blut) wallte (heiß) in ihm auf *fig. lit.* he (*od.* his blood) was boiling; der Zorn wallte in ihm auf he was seething with rage. – **2.** *fig. lit.* (*von Rauch, Nebel etc*) surge (up), rise (up). – **II A~** *n* ⟨-s⟩ **3.** *verbal noun.* — **'Aufˌwal·lung** *f* ⟨-; -en⟩ **1.** *cf.* Aufwallen. – **2.** *fig.* (*Gemütsbewegung*) surge, (out)burst, fit, ebullition (*lit.*), transport (*lit.*): in einer ~ von Großmut in a burst of generosity; in der ersten ~ von Freude in the first surge (*od.* flush) of joy.

'aufˌwäl·ti·gen [-ˌvɛltɪgən] *v/t* ⟨*sep,* -ge-, h⟩ (*mining*) clear (up).

'aufˌwal·zen *v/t* ⟨*sep,* -ge-, h⟩ **1.** *print.* a) (*Druck*) roll, beat, b) (*Form*) ink up. – **2.** *tech.* (*auftragen*) (auf *acc* to) roll on.

'Aufˌwand *m* ⟨-(e)s; *no pl*⟩ **1.** expenditure, expense: mit einem unnötigen ~ an Energie with a needless (*od.* an unnecessary) expenditure of energy; unter ~ aller Kräfte expending all one's energies. – **2.** (*Ausgaben*) expenditure, expense, cost: mit einem ~ von mehreren Millionen Mark at a cost of several million marks; mit großem ~ verbunden entailing great expense; der ~ an Material lohnte sich nicht it was a waste of material. – **3.** (*Prunk*) display, show, luxury, extravagance, pomp: übermäßiger ~ unjustifiable extravagance; großen ~ treiben to live in grand style (*od.* luxury), to be (very) extravagant; mit einem großen ~ an Pracht with a great show (*od.* display) of splendo(u)r; ohne ~ leben to live without pomp.

'Aufˌwands·entˌschä·di·gung *f econ.* expense allowance, allowance for special expenditure.

'Aufˌwandˌsteu·er *f econ.* luxury tax.

'aufˌwär·men I *v/t* ⟨*sep,* -ge-, h⟩ **1.** (*Speisen etc*) warm (*s.th.*) up (*Am.* over), heat up, reheat. – **2.** *fig.* bring (*s.th.*) up (again), revive, rehash, *Am.* warm (*s.th.*) over, (*Skandal etc*) *auch* rake (*s.th.*) up: wärm die alte Geschichte nicht wieder auf! *colloq.* don't bring (*od.* rake) that old story up again. – **II** *v/reflex* sich ~ **3.** *colloq.* warm oneself. – **III A~** *n* ⟨-s⟩ **4.** *verbal noun.* – **5.** *fig.* rehash.

'Aufˌwar·teˌfrau *f Northern and Middle G.* cleaning woman, (woman) cleaner, *bes. Br.* charwoman.

'aufˌwar·ten I *v/i* ⟨*sep,* -ge-, h⟩ **1.** j-m mit etwas ~ (*anbieten*) to offer s.o. s.th.: womit kann ich Ihnen ~? a) what may I offer you? b) what can I do for you? sie wartete mir mit einer Tasse Kaffee auf she offered (*od.* brought) me a cup of coffee. – **2.** j-m ~ (*bedienen*) serve, wait on (*od.* upon), attend, *auch* tend (on *od.* upon): bei Tisch ~ to wait at (*Am.* on) table; den Gästen ~ to serve (*od.* wait on) the guests. – **3.** *fig.* come up (*od.* oblige) with: mit einer interessanten Neuigkeit ~ to come up with an interesting piece of news; mit einer Überraschung ~ a) to provide a surprise, b) to oblige with a surprise; damit kann ich (Ihnen) ~ I can let you have that. – **4.** j-m ~ *obs.* to pay one's respects (*od.* a visit) to. – **II A~** *n* ⟨-s⟩ **5.** *verbal noun.* – **6.** *cf.* Aufwartung 1, 2.

'Aufˌwär·ter *m* ⟨-s; -⟩ **1.** *dial. od. obs.* attendant, servant. – **2.** *mar.* steward. — **'Aufˌwär·te·rin** *f* ⟨-; -nen⟩ *dial. for* Aufwartefrau.

'aufˌwärts *adv* up, upward(s): ~ und abwärts up and down; den Fluß ~ fahren to go upstream; die Straße führt (*od.* geht) ~ the road goes (*od.* runs) upwards (*od.* uphill), the road climbs; Zimmer von fünf Dollar an ~ rooms for five dollars and up(wards); die Blicke ~ richten to look up, to raise one's eyes; ~ steigen to ascend. — **A~beˌwe·gung** *f* **1.** *bes. econ.* a) upward movement, upward tendency, uptrend, b) (*der Kurse*) rise. – **2.** *mar.* (*von Schiffen*) rising, scend. – **3.** *tech.* (*Hub*) upstroke. — **A~entˌwick·lung** *f econ.* upward development (*od.* movement), improvement. — **A~ˌflug** *m aer. cf.* Steigflug. — **~ˌge·hen** *v/impers* ⟨*irr, sep,* -ge-, sein⟩ *fig.* improve: mit ihm geht es (immer mehr) aufwärts a) his fortunes are improving, he is getting on (fine), things are looking up with him, b) (*nach einer Krankheit*) he is on the upgrade; mit unserem Geschäft geht es (immer mehr) aufwärts our business is improving (*od.* looking up). — **A~ˌha·ken** *m* (*Boxen*) uppercut. — **A~ˌhub** *m tech.* upstroke, upward stroke. — **~ˌschal·ten** *v/i* ⟨*sep*, -ge-, h⟩ shift (*Br.* change) into higher gear. — **A~trans·forˌma·tor** *m electr.* step-up transformer.

ˈAufˌwar·tung *f* ⟨-; -en⟩ **1.** *archaic* (formal) call, courtesy visit: j-m seine ~ machen to pay a visit (*od.* one's respects) to s.o. – **2.** *Northern G.* cleaning: sie macht bei uns die ~ she does the cleaning for us, she is our cleaning woman. – **3.** *Middle G. for* Aufwartefrau.

ˈAufˌwasch *m* ⟨-(e)s; *no pl*⟩ *colloq.* **1.** dirty dishes *pl* (*Br.* crockery): in der Küche steht der ganze ~ all the dirty dishes are in the kitchen. – **2.** *cf.* Aufwaschen. — **~ˌbecken** (*getr.* -k·k-) *n* (kitchen) sink.

ˈAufˌwä·sche *f colloq. cf.* Aufwasch.

ˈaufˌwa·schen I *v/t* ⟨*irr*, *sep*, -ge-, h⟩ **1.** *Northern G.* (*Geschirr etc*) wash (up). – **2.** (*Fußboden etc*) clean, wash (down). – **II A~** *n* ⟨-s⟩ **3.** *verbal noun*: das geht in einem A~, das ist ein A~ *fig. colloq.* that way we can kill two birds with one stone, one can do it all at one go (*od.* at the same time).

ˈAufˌwä·scher *m* ⟨-s; -⟩ *bes. mar.* dishwasher, scullery man.

ˈAufˌwasch|ˌlap·pen *m Northern G.* dishcloth. — **~ˌschüs·sel** *f* dishpan, *Br.* washing-up bowl. — **~ˌtisch** *m* washing-up table. — **~ˌwas·ser** *n* dishwater, *Br.* washing-up water.

ˈaufˌwecken (*getr.* -k·k-) *v/t* ⟨*sep*, -ge-, h⟩ wake (*s.o.*) (up), awake(n), (a)rouse: wann soll ich Sie ~? what time shall I wake you? der Lärm weckte mich auf I was awakened (*od.* roused) by the noise; um das Gute im Menschen aufzuwecken *fig. lit.* to awaken (*od.* bring out) the good in man; → Tote 1.

ˈaufˌwe·hen *v/t* ⟨*sep*, -ge-, h⟩ **1.** (*Staub etc*) blow (up). – **2.** blow (*s.th.*) open.

ˈaufˌwei·chen I *v/t* ⟨*sep*, -ge-, h⟩ **1.** make (*s.th.*) soft (*od. stärker* sodden, soggy), soften: der Regen weichte den Boden völlig auf the rain made the ground sodden. – **2.** (*Brot etc*) soak. – **3.** (*Farben etc*) temper. – **4.** *fig.* (*von innen her untergraben*) undermine, (*schwächer*) soften. – **II** *v/i* ⟨sein⟩ **5.** become (*od.* grow) soft (*od. stärker* sodden, soggy), soften. – **6.** *metall.* temper. – **III A~** *n* ⟨-s⟩ **7.** *verbal noun.* — **ˈaufˌwei·chend I** *pres p.* – **II** *adj* (*Mittel*) softening, emollient (*scient.*). — **ˈAufˌwei·chung** *f* ⟨-; *no pl*⟩ *cf.* Aufweichen.

ˈaufˌwei·nen *v/i* ⟨*sep*, -ge-, h⟩ give a sob (*od.* wail): das Baby weinte ein paarmal im Schlaf auf the baby cried once or twice in its sleep; sie weinte plötzlich (laut) auf all of a sudden she broke out sobbing.

ˈAufˌweis [-ˌvaɪs] *m* ⟨-es; -e⟩ (*von Fehlern, Strömungen etc*) evidence.

ˈaufˌweis·bar *adj* producible.

ˈaufˌwei·sen I *v/t* ⟨*irr*, *sep*, -ge-, h⟩ **1.** show, exhibit, present: (guten) Erfolg ~ to show good results; verschiedene Formen ~ to exhibit different forms; etwas aufzuweisen haben to have s.th. to show, to boast s.th.; er hatte absolut nichts für sich aufzuweisen he had absolutely nothing to show to his credit. – **2.** have, possess: die Maschine weist viele Vorzüge auf the machine has many advantages; große Mängel ~ to have many defects, to be very defective. – **3.** (*vorzeigen*) show, produce: genügende Mittel ~ to produce sufficient funds. – **II A~** *n* ⟨-s⟩ **4.** *verbal noun.* – **5.** presentation.

ˈaufˌwei·ten *v/t* ⟨*sep*, -ge-, h⟩ *tech.* **1.** widen, expand, enlarge. – **2.** (*Röhre etc*) expand, flare.

ˈaufˌwen·den I *v/t* ⟨*auch irr*, *sep*, -ge-, h⟩ **1.** spend, use, employ: Mühe ~ to take pains; für eine Sache Geld ~ to spend money on s.th.; Energie ~ to expend (*od.* use) energy; seinen Scharfsinn (dafür) ~, etwas zu finden to exert one's ingenuity to find s.th.; etwas unnütz ~ to waste s.th.; du mußt mehr Fleiß ~ you must make a greater effort; wir haben alles aufgewendet (*od.* aufgewandt), ihm zu helfen we have done our utmost (*od.* made every effort) to help him. – **II A~** *n* ⟨-s⟩ **2.** *verbal noun.* – **3.** *cf.* Aufwendung.

aufˌwen·dig *adj* **1.** expensive, costly: ~e Werbung costly advertising. – **2.** luxurious, lavish, extravagant: ein ~es Leben führen to live extravagantly. — **ˈAufˌwen·dig·keit** *f* ⟨-; -en⟩ **1.** expensiveness, costliness. – **2.** luxuriousness, lavishness.

ˈAufˌwen·dung *f* ⟨-; -en⟩ **1.** *cf.* Aufwenden. – **2.** ⟨*only sg*⟩ *cf.* Aufwand 1. – **3.** *pl* expense *sg*, expenditure *sg*: soziale ~en social expenditure *sg* (*od.* disbursements); ~en und Erträge expenditure and receipts; die ~en für j-s Ausbildung bestreiten to defray the costs for s.o.'s education (*od.* training).

ˈaufˌwer·fen I *v/t* ⟨*irr*, *sep*, -ge-, h⟩ **1.** (*Ball, Münze etc*) throw (up), toss (up): einen Ball ~ to throw (*od.* toss) a ball up into the air; einen Ball auf den Boden ~ to bounce a ball; eine Münze ~ to toss a coin. – **2.** (*Hügel, Damm etc*) throw up, build, raise. – **3.** (*Erde*) throw up, cast up, dig up, excavate. – **4.** (*Tür etc*) throw (*od.* fling) (*s.th.*) open. – **5.** *fig.* (*Kopf etc*) toss up, raise. – **6.** *fig.* (*Mund, Lippen*) pout. – **7.** *fig.* (*Frage, Problem etc*) raise, bring up. – **II** *v/reflex* sich ~ **8.** *contempt.* set oneself up, pose: sich als (*od.* zum) Richter ~ to set oneself up as a judge; sich als j-s Beschützer ~ to pose as s.o.'s protector.

ˈAufˌwerfˌham·mer *m tech.* lift (*od.* tilt) hammer.

ˈaufˌwer·ten *econ.* **I** *v/t* ⟨*sep*, -ge-, h⟩ (*Währung*) revalue, revaluate (*s.th.*) (upwards): Hypotheken werden aufgewertet mortgages are being revalued. – **II A~** *n verbal noun.* — **ˈAufˌwer·tung** *f* ⟨-; -en⟩ **1.** *cf.* Aufwerten. – **2.** *econ.* a) revaluation, revalorization, b) (*Wertzuwachs*) appreciation.

ˈAufˌwer·tungsˌanˌlei·he *f econ.* stabilization loan.

ˈAufˌwickel|ap·paˌrat (*getr.* -k·k-) *m tech.* winding-on apparatus, take-up roller. — **~kasˌset·te** *f phot.* take-up magazine (*od.* cassette).

ˈaufˌwickeln (*getr.* -k·k-) **I** *v/t* ⟨*sep*, -ge-, h⟩ **1.** (*Garn, Seil etc*) roll up, wind up, coil up: einen Film ~ to take (*od.* wind) up a film. – **2.** (*Verpacktes etc*) unwrap. – **3.** (*Baby etc*) unswaddle. – **4.** (*Haare*) put (*s.th.*) in curlers. – **5.** (*textile*) wind (*od.* spool, reel) (*s.th.*) up, take up: etwas auf (*acc*) etwas ~ to wind (*od.* spool, reel) s.th. on to s.th. – **II** *v/reflex* sich ~ **6.** wind on(to a reel *od.* spool), spool on, reel on. – **7.** become unwrapped, unwrap. – **8.** unwind, unroll. – **III A~** *n* ⟨-s⟩ **9.** *verbal noun.* – **10.** *phot.* take-up.

ˈAufˌwickelˌspu·le (*getr.* -k·k-) *f* **1.** *phot.* take-up spool. – **2.** (*textile*) winding-on bobbin.

ˈAufˌwicke·lung (*getr.* -k·k-) *f* ⟨-; *no pl*⟩ *cf.* Aufwickeln.

ˈAufˌwick·ler *m* ⟨-s; -⟩ **1.** (*textile*) winder. – **2.** *tech.* (*im Walzwerk*) upcoiler.

ˈAufˌwick·lung *f* ⟨-; *no pl*⟩ *cf.* Aufwickeln.

ˌAuf·wie·geˈlei *f* ⟨-; -en⟩ *cf.* Aufwiegelung.

ˈaufˌwie·geln I *v/t* ⟨*sep*, -ge-, h⟩ stir up, incite, instigate, agitate: j-n ~, etwas zu tun, j-n zu etwas ~ to incite s.o. to do s.th.; das Volk gegen die Regierung ~ to stir up the people against the government; j-n zum Aufstand ~ to incite s.o. to rebellion; das Volk ~ to foment rebellion. – **II A~** *n* ⟨-s⟩ *verbal noun.* — **ˈAufˌwie·ge·lung** *f* ⟨-; -en⟩ **1.** *cf.* Aufwiegeln. – **2.** incitement, instigation, agitation, sedition: ~ zur Meuterei incitement to mutiny.

ˈaufˌwie·gen *v/t* ⟨*irr*, *sep*, -ge-, h⟩ (counter)balance, compensate (for), make up for, offset, counterpoise: das wiegt alle Nachteile auf that makes up for all shortcomings; diese Summe wiegt unseren Verlust nicht auf this sum doesn't compensate for our loss; die Vor- und Nachteile wiegen einander auf the advantages and disadvantages counterbalance each other; die Fehler mit Tugenden ~ to redeem faults by virtues; es ist nicht mit Gold aufzuwiegen it's worth (more than) its weight in gold.

ˈAufˌwieg·ler *m* ⟨-s; -⟩, **ˈAufˌwieg·le·rin** *f* ⟨-; -nen⟩ inciter, instigator, agitator. — **ˈaufˌwieg·le·risch** *adj* agitating, seditious: ~e Tätigkeit seditious activity; ~e Reden halten to make inflammatory (*od.* incendiary) speeches.

ˈAufˌwieg·lung *f* ⟨-; -en⟩ *cf.* Aufwiegelung.

ˈaufˌwie·hern *v/i* ⟨*sep*, -ge-, h⟩ **1.** (*von Pferden etc*) start neighing, neigh suddenly. – **2.** *fig. colloq.* burst out laughing, guffaw.

ˈAufˌwind *m aer. meteor.* **1.** upwind, upcurrent, updraft. – **2.** (*Hangaufwind*) upslope (*od.* anabatic) wind. — **~ˌbö** *f* bump.

ˈaufˌwin·den I *v/t* ⟨*irr*, *sep*, -ge-, h⟩ **1.** haul (up), wind up, heave (up): den Anker ~ *mar.* to weigh anchor; ein Tau ~ to heave a cable; etwas mit einer Winde ~ to hoist s.th. with a winch. – **2.** *cf.* aufwickeln 1, 5. – **II** *v/reflex* sich ~ **3.** wind up(ward[s]).

ˈAufˌwindˌzo·ne *f meteor.* upwind region, upcurrents field.

ˈaufˌwir·beln I *v/t* ⟨*sep*, -ge-, h⟩ **1.** (*Staub, Blätter etc*) whirl up, blow up, raise: viel (*od.* allerhand, einigen) Staub ~ *fig.* a) to make (*od.* create) quite a stir (*od.* sensation), to kick up a dust (*colloq.*), (*stärker*) to cause a scandal, b) to cause unfavo(u)rable comment. – **II** *v/i* ⟨sein⟩ **2.** (*von Staub etc*) whirl up. – **3.** (*von Rauch*) circle up.

ˈaufˌwi·schen I *v/t* ⟨*sep*, -ge-, h⟩ **1.** (*Wasser etc*) wipe up. – **2.** (*Fußboden*) wipe, clean, *auch* swab, (*mit dem Mop*) mop (up). – **II** *v/i* **3.** wipe (*od.* wash) the floor.

ˈAufˌwisch|ˌlap·pen *m*, **~ˌtuch** *n* floorcloth.

ˈaufˌwöl·ben *v/t u.* sich ~ *v/reflex* ⟨*sep*, -ge-, h⟩ vault, arch.

ˈAufˌwuchs *m* ⟨-es; =e⟩ **1.** ⟨*only sg*⟩ (*forestry*) upgrowth, young growth. – **2.** *geol.* vertical accretion.

ˈaufˌwüh·len *v/t* ⟨*sep*, -ge-, h⟩ **1.** (*Erde, Boden*) turn (*od.* throw) up, (*bes. von Tieren*) root up (*od.* out). – **2.** (*Meer, Straße*) churn up. – **3.** *fig.* (*seelisch*) stir (*od.* work, shake) up, agitate: die Tiefen der Seele ~ to stir the depths of the soul. — **ˈaufˌwüh·lend I** *pres p.* – **II** *adj* exciting, stirring.

ˈAufˌwurf *m* ⟨-(e)s; =e⟩ *tech. civ.eng.* a) (*Damm*) embankment, b) (*eines Grabens*) top.

ˈaufˌzäh·len I *v/t* ⟨*sep*, -ge-, h⟩ **1.** enumerate. – **2.** name, tell, give: Beispiele ~ to give examples; wer kann mir alle Hauptstädte Europas ~? who can tell me all the capitals of Europe? ich will hier nicht alles ~ I don't want to go into details now. – **3.** *bes. econ.* (*einzeln anführen*) specify, list, itemize: die Artikel sind oben einzeln aufgezählt the commodities are specified above. – **4.** (*Geld*) pay (*od.* count) out: er zählte den Betrag auf dem (*od.* den) Tisch auf he counted the amount out on the table. – **5.** j-m Prügel (*od.* Hiebe) ~ *colloq.* to deal out a beating to s.o. – **II A~** *n* ⟨-s⟩ **6.** *verbal noun.* — **ˈAufˌzäh·lung** *f* ⟨-; -en⟩ **1.** *cf.* Aufzählen. – **2.** enumeration. – **3.** *bes. econ.* specification, list(ing), itemization. – **4.** *jur.* (*der Klagepunkte*) allegation.

ˈaufˌzäu·men *v/t* ⟨*sep*, -ge-, h⟩ (*Pferd*) bridle: das Pferd beim (*od.* am) Schwanz (*od.* vom Schwanz her) ~ *fig. colloq.* to put the cart before the horse.

ˈaufˌzeh·ren I *v/t* ⟨*sep*, -ge-, h⟩ **1.** (*aufessen*) consume, eat up. – **2.** *fig.* (*aufbrauchen*) sap, waste, spend: aufgezehrt sein to be exhausted (*od.* consumed, spent); die Krankheit hatte ihn aufgezehrt the disease had consumed him. – **II** *v/reflex* sich ~ **3.** (*von Kräften, Mitteln etc*) become used up (*od.* exhausted). – **4.** (*von Menschen*) (vor with) be consumed: sie zehrte sich (selbst innerlich) vor Gram auf she was consumed with grief. – **III A~** *n* ⟨-s⟩ **5.** *verbal noun.* — **ˈAufˌzeh·rung** *f* ⟨-; *no pl*⟩ **1.** *cf.* Aufzehren. – **2.** consumption.

ˈaufˌzeich·nen I *v/t* ⟨*sep*, -ge-, h⟩ **1.** (*niederschreiben*) write (*od.* note, take) down, record. – **2.** (*Geschichtliches*) chronicle, record. – **3.** (*skizzieren*) sketch. – **4.** (*zeichnen*) draw: etwas auf (*acc*) etwas ~ to draw s.th. on (*od.* upon) s.th. – **5.** *jur.* (*amtlich*) register, record. – **6.** *telev.* (*Programm*) record: etwas auf Tonband ~ to record s.th. on tape. – **7.** *tech.* a) (*anreißen*) trace (out), b) (*Meßwerte*) plot, c) (*durch Instrumente*) record, register. – **II A~** *n* ⟨-s⟩ **8.** *verbal noun.* – **9.** *cf.* Aufzeichnung. — **ˈAufˌzeich·nung** *f* ⟨-; -en⟩ **1.** *cf.* Aufzeichnen. – **2.** registration, record. – **3.** *telev.* record. – **4.** *pl* papers, writings: geheime ~en secret papers. – **5.** *pl* (*Notizen*) notes, (*förmlicher*) record *sg*: sich (*dat*) ~en machen a) to take (*od.* make) notes, b) to keep a record. – **6.** *tech.* (*eines Meßgeräts*) record. – **7.** *aer.* flight log: ~ von Kurs und Entfernung air plot.

ˈaufˌzei·gen I *v/t* ⟨*sep*, -ge-, h⟩ **1.** show, point out, indicate: der Redner zeigte die Problematik auf the speaker pointed out the problems involved. – **2.** (*besitzen*) *only in* etwas aufzuzeigen haben to possess s.th., to have s.th. (to show), to (be able to) boast s.th.: etwas Ähnliches hat die Geschichte des Landes nicht aufzuzeigen this is unparalleled in the history of the country. – **II** *v/i* **3.** *ped.* put up (*od.* raise) one's hand.

'auf,zer·ren *v/t* ⟨*sep*, -ge-, h⟩ etwas ~ *colloq.* to pull (*od.* tear) s.th. open.

'auf,zie·hen I *v/t* ⟨*irr, sep*, -ge-, h⟩ **1.** (*hochziehen*) draw (*od.* pull) up, (*stärker*) haul up. – **2.** (*Last, Fahne*) hoist. – **3.** (*Theatervorhang, Zugbrücke, Schlagbaum*) raise. – **4.** (*Gardinen etc*) open, draw (back *od.* open). – **5.** (*Schublade*) (pull) open. – **6.** (*Schleife etc*) undo, untie. – **7.** (*Uhr, Feder*) wind up. – **8.** (*Saiten*) put on: [neue] Saiten auf ein Instrument ~ to [re]string an instrument; andere (*od.* strengere) Saiten ~ *fig. colloq.* to become more severe, to adopt another tone; mildere Saiten ~ *fig. colloq.* to become less severe. – **9.** (*Bild*) mount (*s.th.*) (on cardboard): etwas neu ~ to remount s.th. – **10.** (*Kinder*) bring up, rear, raise: ein Kind mit der Flasche ~ to bring up a child on the bottle; sie war katholisch aufgezogen worden her upbringing had been Catholic. – **11.** *bes. agr.* (*Vieh*) rear, raise. – **12.** *bes. biol.* (*Pflanzen*) cultivate, grow, raise. – **13.** j-n ~ *colloq.* (*necken*) to tease (*od.* chaff) s.o., to pull s.o.'s leg (*colloq.*), to kid s.o. (*sl.*): du willst mich wohl ~? are you kidding me? j-n mit etwas ~ to tease s.o. about s.th.; sich gegenseitig ~ to tease (*od. sl.* kid) each other. – **14.** *colloq.* (*Aktion, Kampagne etc*) organize, start. – **15.** *colloq.* (*Unternehmen, Betrieb etc*) set up, found. – **16.** *colloq.* (*Fest etc*) arrange, stage: eine Party ~ *colloq.* to throw a party (*colloq.*). – **17.** etwas (nach einem bestimmten Muster) ~ *colloq.* to model s.th. (on [*od.* after] a certain pattern). – **18.** *hort.* (*Pflanzen am Spalier*) train. – **19.** *mar.* a) (*Segel*) hoist, set, b) (*Anker*) weigh. – **20.** *med.* (*Spritze*) charge. – **21.** *mil.* (*Hahn*) cock. – **22.** *print.* (*Buchrücken*) stick. – **23.** *tech.* (*Felgen etc*) mount, fit. – **24.** (*textile*) (*Kettfäden*) mount. – **II** *v/i* ⟨sein⟩ **25.** (*von Gewitter, Wolken*) come up, gather: eine Gefahr zieht auf *fig.* danger is brewing. – **26.** *bes. mil.* march up: die Wache zieht auf the soldiers mount guard. – **27.** (*textile*) (*von Farbe*) go on. – **III** *v/reflex* ⟨h⟩ sich ~ **28.** (*von Uhren*) be self-winding. – **IV A~** *n* ⟨-s⟩ **29.** *verbal noun*: Spielzeug zum A~ windup toys; das A~ der Wache *mil.* the changing of the guard. – **30.** *cf.* Aufzug 5, 11. – **31.** *cf.* Aufzucht 1.

,Auf·zie·he'rei *f* ⟨-; -en⟩ *colloq.* teasing, chaffing, kidding (*sl.*).

'Auf,zieh|kar,ton *m print. phot.* mount(ing board). — **~,lei·ne** *f aer.* **1.** (*eines manuellen Fallschirms*) rip (*od.* release) cord. – **2.** (*eines automatischen Fallschirms*) static line. — **~,lein,wand** *f print.* mount. — **~,pup·pe** *f* (*Spielzeug*) windup doll. — **~,vor,rich·tung** *f tech.* **1.** hoisting apparatus. – **2.** (*einer Uhr etc*) winding-up mechanism. — **~,werk** *n cf.* Aufziehvorrichtung 2.

'Auf,zucht *f* ⟨-; *no pl*⟩ *agr.* **1.** breeding, rearing, raising. – **2.** (*Jungtiere*) young breed. — **'auf,züch·ten** *v/t* ⟨*sep*, -ge-, h⟩ (*Jungtiere*) breed, rear, raise, bring up.

'Auf,zucht·sta·ti,on *f agr.* breeding center (*bes. Br.* centre).

'auf,zucken (*getr.* -k·k-) *v/i* ⟨*sep*, -ge-, h *u.* sein⟩ **1.** (*von Person, Körper*) convulse, be convulsed. – **2.** (*von Licht etc*) flash up: Blitze zuckten auf lightning flashed across the sky; ein Gedanke war in ihm aufgezuckt *fig.* an idea had flashed through his mind. – **3.** (*von Flammen etc*) flare (*od.* blaze) up. – **4.** ⟨sein⟩ (*ruckartig auffahren*) start up.

'Auf,zug *m* **1.** *bes. Am.* elevator, *bes. Br.* lift: den ~ bedienen to operate the lift. – **2.** *bes. tech.* a) (*Lastenaufzug*) *bes. Am.* freight elevator, *bes. Br.* goods lift, b) (*Hebevorrichtung*) hoist, c) (*Kran*) crane. – **3.** (*Speisenaufzug*) *bes. Am.* dumbwaiter, *bes. Br.* food lift. – **4.** (*Festzug etc*) procession: historischer (*od.* traditioneller) ~ pageant; ~ zu Pferde cavalcade. – **5.** ⟨*only sg*⟩ *mil.* (*der Wache*) changing. – **6.** (*theater*) act. – **7.** ⟨*only sg*⟩ *colloq. contempt.* outfit, getup (*colloq.*): in diesem ~ kannst du dich nirgends sehen lassen you can't show yourself anywhere in that getup. – **8.** (*watchmaking*) winder. – **9.** *phot.* a) winding knob, b) (*bei einfachen Kameras*) shutter tensioning (*od.* cocking) device. – **10.** *civ.eng.* (*beim Wasserbau*) wicket, watergate, hatch. – **11.** (*sport*) (*beim Turnen*) pull-up. – **12.** (*textile*) (*in der Weberei*) warp. – **13.** *arch.* (*Putzschicht*) second coat.

'Auf,zug|,füh·rer *m bes. Am.* elevator operator, *bes. Br.* lift-man. — **~ka,bi·ne** *f* cage. — **~,ka·sten** *m tech.* (*Kübel einer Betonmaschine*) hoisting skip. — **~,schacht** *m tech. cf.* Aufzugsschacht.

'Auf,zugs|,füh·rer *m cf.* Aufzugführer. — **~,he·bel** *m phot.* **1.** (*am Verschluß*) cocking lever. – **2.** (*an Kamera*) winding lever. — **~,schacht** *m tech. bes. Am.* elevator shaft, *bes. Br.* lift shaft.

'auf,zup·fen *v/t* ⟨*sep*, -ge-, h⟩ **1.** (*Knoten etc*) pluck (*s.th.*) open. – **2.** (*Gewebtes etc*) pluck (*s.th.*) apart.

'auf,zwän·gen *v/t* ⟨*sep*, -ge-, h⟩ (*Kistendeckel etc*) force (*od.* break) (*s.th.*) open.

'auf,zwicken (*getr.* -k·k-) *v/t* ⟨*sep*, -ge-, h⟩ open (*s.th.*) with nippers.

'auf,zwin·gen I *v/t* ⟨*irr, sep*, -ge-, h⟩ **1.** j-m etwas ~ a) (*Willen, Vertrag etc*) to force (*od.* press, impose) s.th. (up)on s.o., b) (*Geschenk etc*) to force s.o. to accept s.th.: ich lasse mir nichts ~ I refuse to be forced. – **II** *v/reflex* sich ~ **2.** etwas zwingt sich j-m auf s.th. forces itself upon s.o. – **3.** *colloq.* force oneself to get up (from bed). – **III A~** *n* ⟨-s⟩ **4.** *verbal noun.* — **'Auf,zwin·gung** *f* ⟨-; *no pl*⟩ **1.** *cf.* Aufzwingen. – **2.** (*eines Vertrages, von Steuern etc*) imposition.

'Aug,ap·fel ['aʊk-] *m* **1.** *bes. med.* eyeball, ball (*od.* globe) of the eye, bulbus oculi (*scient.*). – **2.** *fig.* apple of the eye: sie ist der ~ ihres Vaters she is the apple of her father's eye; er hütet (*od.* hegt) es wie seinen ~ it is the apple of his eye.

Au·ge ['aʊgə] *n* ⟨-s; -n⟩ **1.** eye: ihm standen Tränen in den ~n his eyes were filled with tears; mit bloßem (*od.* unbewaffnetem) ~ with the naked (*od.* unaided) eye; mit geschlossenen ~n with one's eyes shut, with closed eyes; mit den ~n zwinkern (*od.* blinzeln) to blink (one's eyes); etwas mit eigenen ~n sehen to see s.th. with one's own eyes, to witness s.th. in person; ein blaues (*blaugeschlagenes*) ~ haben to have a black eye; gute [schwache, schlechte] ~n haben to have good [poor, bad] eyesight, to have good [poor *od.* weak, bad] eyes; verweinte ~n eyes red with weeping; die ~n von etwas abwenden to turn one's eyes from s.th.; die ~n aufschlagen a) to open one's eyes, b) *fig.* to lift up one's eyes; den ~n entschwinden *fig.* to vanish from sight; die ~n offenhalten to keep one's eyes open (*auch fig.*); die ~n auf (*acc*) etwas richten to direct one's eyes at (*od.* toward[s]) s.th.; den ~n schaden to injure the eyes; sich (*dat*) die ~n verderben to ruin one's eyes; die ~n verdrehen to turn up the whites of one's eyes; j-m (*einem Toten*) die ~n zudrücken to close s.o.'s eyes; j-m jeden Wunsch von den ~n ablesen *fig.* to read s.o.'s every wish in his eyes, to anticipate s.o.'s every wish; das paßt wie die Faust aufs ~ *fig. colloq.* that fits like a square peg in a round hole; aus den ~n, aus dem Sinn (*Sprichwort*) out of sight, out of mind (*proverb*); geh mir aus den ~n! *fig.* get out of my sight! j-n [etwas] nicht aus den ~n lassen to refuse to let s.o. [s.th.] out of one's sight, to keep one's eyes riveted upon s.o. [s.th.]; ich kann vor Schnupfen nicht aus den ~n schauen *fig. colloq.* I've got such a cold that I can't see straight; das Kind kann vor Müdigkeit kaum aus den ~n schauen the child can hardly keep his eyes open for tiredness; der Geiz schaut ihm aus den ~n *fig.* you can see the greed in his eyes; etwas aus den ~n verlieren *fig.* to lose sight (*od.* track) of s.th.; nur für das ~ (bestimmt) *fig.* just for show, mere window-dressing; etwas im ~ behalten *fig.* a) to bear (*od.* keep) s.th. in mind, to keep s.th. in view, b) to keep track of s.th.; etwas im ~ haben *fig.* to have s.th. in view (*od.* mind); seinen (eigenen) Vorteil im ~ haben to have an eye to one's own interest; j-m ein Dorn im ~ sein *fig.* to be a thorn in s.o.'s side (*od.* flesh); ~ in ~ *fig.* eye to eye; in meinen ~n *fig.* in my opinion (*od.* view), as I see it; in die ~n fallend (*od.* stechend, springend) *fig.* a) striking, conspicuous, b) evident, obvious; sie konnte ihm nicht in die ~n sehen *fig.* she couldn't look him straight in the eye; j-m Sand in die ~n streuen *fig.* to throw dust in(to) s.o.'s eyes; ins ~ fallen *fig.* to catch (*od.* strike) the eye; etwas ins ~ fassen *fig.* to envisage s.th.; das hätte leicht ins ~ gehen können *fig. colloq.* that could have taken a nasty turn, that could have easily ended with broken bones; j-m ins ~ sehen *fig.* to look s.o. straight in the eye (*od.* full in the face); einer Gefahr ins ~ sehen *fig.* to face a danger; mit einem lachenden und einem weinenden ~ *fig.* with mixed feelings, laughing on one side of one's face and crying on the other; etwas mit anderen ~n ansehen *fig.* to take a different view of s.th.; etwas mit anderen ~n sehen *fig.* to see s.th. in a different light; j-n mit scheelen ~n ansehen *fig.* a) to look askance at s.o., b) to look at s.o. with envious eyes; mit einem blauen ~ davonkommen *fig. colloq.* to get off cheaply; mit offenen ~n durch die Welt gehen *fig.* to go through life with one's eyes open; mit offenen ~n träumen *fig.* to be daydreaming; mit dem linken ~ in die rechte Westentasche sehen (können) *fig. colloq.* (*schielen*) to look both ways for (*od.* to find) Sunday (*colloq.*); das sieht man doch mit 'einem ~ *fig.* you can see that with half an eye; j-n mit den ~n verschlingen *fig. colloq.* to devour s.o. with one's eyes; ~ um ~, Zahn um Zahn *Bibl.* an eye for an eye, a tooth for a tooth; unter vier ~n *fig.* in strict confidence, in private, tête-à-tête; j-m unter die ~n treten *fig.* to face (*od.* confront) s.o.; es fiel ihm wie Schuppen von den ~n *fig. colloq.* the scales fell from his eyes, his eyes were opened; vor aller ~n *fig.* openly, publicly; vor dem geistigen ~ *fig.* before (*od.* in) s.o.'s mind's eye; vor j-s ~n Gnade finden *fig.* to find favo(u)r in s.o.'s eyes; j-m etwas vor ~n führen *fig.* a) to make s.th. clear to s.o., to explain s.th. to s.o., b) to point s.th. out to s.o.; sich (*dat*) etwas vor ~n führen *fig.* to bear s.th. in mind, to realize s.th.; ich habe es noch deutlich vor ~n *fig.* I can still see it clearly (before my eyes), I remember it vividly; ich hatte diese Gefahr stets vor ~n *fig.* I was always aware (*od.* conscious) of this danger; j-m etwas vor ~n halten *fig.* to call s.o.'s attention to s.th.; sich (*dat*) etwas vor ~n halten *fig.* to bear s.th. in mind, to remember (*od.* realize) s.th.; mir wurde schwarz vor (den) ~n *fig. colloq.* everything went black (*od.* blank) before my eyes, I felt dizzy (*od.* giddy); etwas schwebt ihm vor ~n *fig.* he envisages s.th.; man konnte die Hand nicht vor (den) ~n sehen *fig. colloq.* you couldn't see your hand in front of your face; aller ~n ruhen auf ihm *fig.* all eyes are upon him; aller ~n auf sich ziehen *fig.* to attract all eyes (*od.* general attention); große ~n machen *fig. colloq.* to look surprised, to open one's eyes wide; j-m schöne ~n machen *fig. colloq.* to make eyes at s.o., to ogle s.o., to give s.o. the glad eye (*sl.*); vier ~n sehen mehr als zwei *fig.* two heads are better than one; sie hat ein wachsames ~ auf ihre Tochter *fig.* she keeps a watchful eye on her daughter; die ~n gehen mir auf *fig.* I'm beginning to see the light; mach deine ~n auf! *fig. colloq.* open your eyes! er schaute sich die ~n aus *fig. colloq.* he stared until his eyes almost popped out of his head; sie weint sich die ~n aus *fig. colloq.* she is crying her eyes out; die ~n (*od.* das ~) beleidigen to offend the eye, to be an eyesore; die ~n brachen ihm *fig. lit.* his eyes grew dim in death; seine ~n waren größer als sein (*od.* der) Magen *fig. colloq.* his eyes were bigger than his belly; ein ~ auf j-n [etwas] haben *fig.* to have an eye on s.o. [s.th.]; ein ~ für etwas haben *fig.* to have an eye for s.th.; die ~n überall haben *fig.* to see (*od.* keep an eye on) everything, to have one's eyes everywhere (*od.* about one); er hat vorn(e) und hinten ~n *fig. colloq.* he has eyes in the back of his head; wo hattest du denn deine ~n? *fig. colloq.* a) where were you looking? b) where were you (*od.* what were you doing) when that happened? der wird ~n machen! *fig. colloq.* he will be ever so surprised! die ~n niederschlagen *fig.* to cast down one's eyes; das hat ihm die ~n geöffnet! *fig. colloq.* that was an eye-opener for him! j-m die ~n öffnen *fig.* to open s.o.'s eyes, to disillusion s.o.; soweit das ~ reicht *fig.* as far as the eye can see (*od.* reach); ein ~ riskieren *fig. colloq.* to risk a glance; ich traute meinen ~n kaum *fig. colloq.* I could hardly believe (*od.* trust) my eyes; da blieb kein ~ trocken *fig. colloq.* a) they laughed till the tears came, b) there were tears in every eye; die

~n gingen ihm über a) fig. colloq. his eyes popped out of his head, b) poet. his eyes filled with tears; seine ~n vor (dat) etwas verschließen fig. to shut (od. close) one's eyes to s.th.; die ~n an (dat) etwas weiden fig. to feast one's eyes on s.th.; er wandte kein ~ von ihr fig. he didn't take his eyes from (od. off) her; ein ~ auf (acc) etwas werfen fig. colloq. to cast an eye on s.th.; ein ~ (od. beide ~n) zudrücken fig. colloq. to turn a blind eye, to wink at it, to stretch a point; die ~n fielen ihr zu fig. a) she couldn't keep her eyes open any longer, b) she fell asleep; ich habe die ganze Nacht kein ~ zugetan fig. colloq. I didn't sleep a wink all night; das ~ des Gesetzes fig. the eye (od. arm) of the law; → auskratzen 1. – 2. med. zo. eye, oculus (scient.): mit den ~n ocularly; Untersuchung der Refraktion der ~n optometry; Trübung des ~s film; Schwarzwerden vor den ~n blackout; Spiegelung der ~n ophthalmoscopy. – 3. zo. (auf Schmetterlingsflügeln etc) eye(spot), ocellus (scient.). – 4. meist pl (games) (auf Würfeln, Karten etc) spot, pip, point: wer hat die meisten ~n geworfen? who has thrown the highest number (od. score)? – 5. (radio) electr. magisches ~ magic (od. electric) eye, tuning indicator; elektrisches ~ photoelectric cell. – 6. meteor. (des Sturms) eye. – 7. mil. ~n geradeaus! eyes front! ~n rechts! eyes right! – 8. bot. a) (Knospe) eye, bud, b) (auf Kartoffeln) eye. – 9. (wood) knot. – 10. arch. (Lichtöffnung) eye. – 11. chem. (in Flüssigkeiten) bubble. – 12. min. a) (von Edelsteinen) brilliance, b) (von Diamanten) fire. – 13. gastr. cf. Fettauge. – 14. mar. (Öse) eye: angegossenes ~ lug. – 15. print. (vertieftes Buchstabenbild) face. – 16. tech. (Öhr) eye(let).

Äu·gel·chen ['ɔʏgəlçən] n ⟨-s; -⟩ dim. of Auge 1.

Äu·ge'lei f ⟨-; -en⟩ colloq. ogling, exchanging of (amorous) glances.

äu·geln ['ɔʏgəln] I v/i ⟨h⟩ 1. ogle: er äugelte nach ihr he ogled (at) (od. eyed) her; mit j-m ~ humor. to ogle s.o., to give s.o. the (glad) eye (colloq.). – 2. hunt. cf. äugen. – II v/t 3. hort. graft, bud.

äu·gen ['ɔʏgən] v/i ⟨h⟩ bes. hunt. look.

'Au·gen|ˌab·stand m (Pupillardistanz) distance between the eyes; interocular (od. interpupillary) distance (scient.). — ~achat [-ˀaˌxaːt] m min. Aleppo stone, auch eye agate. — ~ˌach·se f med. optic(al) axis. — a~ˌähn·lich adj eyelike, ocular (scient.): ~er Fleck zo. ocellation, ocellus, eyespot. — ~ˌanˌla·ge f biol. eye bud (od. rudiment, primordium, blastema, anlage). — ~ˌanˌpas·sung f (optics) a) adaptation, b) (an Entfernungsunterschiede) accommodation: ~ an Lichtwellenlängen adaptation to wave length of light. — ~ˌanˌstren·gung f eyestrain. — ~ˌarzt m ophthalmologist, oculist, eye doctor (colloq.). — a~ˌärzt·lich adj ophthalmologic(al): ~e Untersuchung examination by an ophthalmologist. — ~ˌauf·schlag m lifting (od. raising) of the eyes: mit einem unschuldigen ~ with innocently upcast eyes. — ~ˌausˌdruck m expression of (od. in) the eyes. — ~ˌbad n med. bathing of the eye(s pl). — ~ˌbank f ⟨-; -en⟩ eye bank. — ~ˌbin·de f 1. med. (eye) patch. – 2. (bei Spielen etc) blind(fold): eine ~ angelegt bekommen to be blindfolded. — ~ˌbin·deˌhaut f med. cf. Bindehaut.

'Au·genˌblick m moment, (bes. Zeitpunkt) instant: einen (kleinen) ~, bitte! just a moment (od. minute, second), please! warte einen ~! wait a moment! laß mich einen ~ überlegen let me think a moment; alle ~(e) colloq. a) (at) every moment, every minute, b) at any moment, any minute; entscheidender ~ critical (od. decisive) moment; lichter ~ med. lucid interval; für den ~ for the moment, for the time being; im ~ at the moment, at present; im ersten ~ at first, for a moment; im letzten ~ at the (very) last moment, in the nick of time; in diesem ~ at this moment (od. instant); in dem ~, in dem ich ihn sah the moment (od. instant) I saw him; im ~ nicht not at (od. for) the moment; von diesem ~ an from this moment (on); es dauert nur einen ~ it won't take a minute; den günstigsten ~ ergreifen (od. colloq. erwischen) to seize the most favo(u)rable opportunity; sie erreichte den Zug im letzten ~ she caught the train at the very last moment; haben Sie einen ~ Zeit für mich? can you spare (me) a moment? er muß jeden ~ zurückkehren he should be back any moment (od. minute); er kann jeden ~ kommen he may be here any moment; im unrichtigen ~ auftreten (theater) to miscue, to make a false entrance; lichte ~e haben a) (von Kranken) to have lucid intervals (od. moments), b) humor. to have one's lucid moments.

'Au·genˌblick·chen n ⟨-s; -⟩ colloq. (brief) moment: ein ~! just a moment! half a moment! (colloq.), half a mo! (sl.).

'au·genˌblick·lich I adj 1. (gegenwärtig) present, current: die ~e Lage the present situation, the situation at the moment. – 2. (vorübergehend) momentary: er befindet sich in einer ~en Notlage he is in momentary (financial) difficulties. – 3. (sofortig) immediate, instantaneous: eine ~e Entscheidung treffen to make an immediate decision. – 4. (plötzlich) sudden: einer ~en Eingebung (od. Regung) folgen to act on the spur (od. impulse) of the moment. – II adv 5. (gegenwärtig) at the moment, at present, now: ich bin ~ sehr beschäftigt I am very busy at the moment; ich bin ~ nicht dazu in der Lage I cannot (od. am not in a position to) do it at the moment. – 6. (sofort) immediately, instantaneously, instantly, this moment (colloq.): ich werde es ~ erledigen I'll do it immediately.

'au·genˌblicks adv rare for augenblicklich II.

'Au·genˌblicks|ˌbil·dung f ling. nonce word, Br. nonce-word. — ~erˌfolg m short-lived success. — ~ˌsa·che f colloq. matter of moments: das ist nur eine ~ it only takes (od. will only take) a moment (od. second). — ~ˌwert m electr. momentary (od. instantaneous) value. — ~ˌwir·kung f momentary (od. instantaneous) effect. — ~ˌzün·der m mil. tech. instantaneous (od. nondelay, Br. non-delay, superquick) fuse.

'Au·gen|ˌblin·zeln, auch ~ˌblin·zen n blinking (of the eyes). — ~ˌbol·zen m tech. eyebolt.

'Au·genˌbraue f (eye)brow, supercilium (scient.): j-m die ~n aufschlagen (sport) (bes. beim Boxen) to open s.o.'s eyebrows; die ~n zusammenziehen to knit one's brows.

'Au·genˌbrau·en|ˌbo·gen m med. superciliary arch, curve of the eyebrow. — ~ˌge·gend f supercilium, supraorbital region. — ~ˌstift m (cosmetics) eyebrow pencil.

'Au·gen|ˌbut·ter f med. gum, mucus secreted by the eyelid. — ~chir·urˌgie f ophthalmic (od. eye) surgery. — ~ˌdeckel (getr. -k·k-) m colloq. eyelid: mit den ~n klappern (od. klimpern) colloq. to flutter one's eyelids. — ~diaˌgno·se f med. iridodiagnosis, iridiagnosis. — ~ˌdie·ner m obs. eye-server (archaic), eye-servant (archaic). — ~die·ne'rei [ˌaugən-] f obs. eye-service (archaic). — ~ˌdu·sche f cf. Augenbad. — ~ˌduschˌglas n eyecup, Br. eye-cup. — ~entˌzün·dung f inflammation of the eye; ophthalmia, ophthalmitis (scient): eiternde ~ suppurative ophthalmia; trockene ~ xerophthalmia.

'au·genˌfäl·lig adj lit. 1. (auffallend) conspicuous, eyecatching. – 2. (offensichtlich) obvious, apparent, evident. — 'Au·genˌfäl·lig·keit f ⟨-; no pl⟩ 1. conspicuousness. – 2. obviousness, apparentness, evidentness.

'Au·gen|ˌfält·chen pl wrinkles around the eyes, crow's-feet. — ~ˌfal·ter m zo. satyr, meadow brown, grayling (Fam. Satyridae). — ~ˌfar·be f color (bes. Br. colour) of the eye, eye colo(u)r. — ~ˌfeh·ler m med. 1. eye defect. – 2. (Refraktionsanomalie) refractive error. — ~ˌfell n ⟨-(e)s; no pl⟩ med. pterygium. — ~ˌfen·ster n (an Gasmasken, Taucherhelmen) eyepiece(s pl). — ~ˌfleck m ⟨-(e)s; -e⟩ 1. zo. eyespot, ocellus (scient.). – 2. biol. (der Flagellaten) stigma. — a~ˌfleckig (getr. -k·k-) adj zo. eye-spotted; ocellated, auch ocellate, oculate (scient.). — ~ˌflim·mern n med. 1. (vor den Augen) flickering (od. spots pl) in front of one's eyes, blurring of vision, scintillation (scient.). – 2. (um die Augen) twitching of (the muscles around) the eye(s pl), twitching of the periorbital muscles. — ~ˌflüs·sig·keit f ⟨-; no pl⟩ 1. (Glaskörperwasser) vitreous humor (bes. Br. humour). – 2. (Kammerwasser) aqueous humor (bes. Br. humour). — a~ˌför·mig adj zo. eye-shaped; ocellate, oculiform (scient.). — ~ˌglas n (optics) 1. meist pl (eye)glasses pl, (pair of) spectacles pl. – 2. (Monokel) monocle. – 3. (Zwicker) pince-nez. – 4. (Okular) eyepiece. — ~ˌhaut f 1. med. outer coat of the globe (od. eyeball). – 2. zo. scleroid coat. — ~ˌheilˌkun·de f ophthalmology. — ~ˌhin·terˌgrund m ⟨-(e)s; no pl⟩ eyeground, back (od. fundus) of the eye, fundus oculi (scient.). — ~ˌhö·he f eye level: in ~ at eye level. — ~ˌhöh·le f med. zo. eye socket, socket of the eye, orbit, orbital cavity: über der ~ liegend (od. gelegen) supraorbital, superciliary; unter der ~ gelegen suborbital, infraorbital; hinter der ~ liegend retroorbital. — ~ˌhornˌhaut f cornea.

'Au·genˌkam·mer f med. chamber (of the eye): vordere [hintere] ~ anterior [posterior] chamber. — ~ˌwas·ser n ⟨-s; no pl⟩ aqueous humor (bes. Br. humour).

'Au·gen|ˌklap·pe f med. eye patch (od. shield). — ~ˌkli·nik f eye (od. ophthalmic) hospital, bes. Am. eye clinic. — a~ˌkrank adj suffering from an eye disease, having eye trouble. — ~ˌkrank·heit f eye disease. — ~ˌle·der n (der Pferde) blinkers pl, winkers pl, bes. Am. blinders pl. — ~ˌlei·den n med. eye trouble, affection of the eyes. — ~ˌlicht n ⟨-(e)s; no pl⟩ (eye)sight: er verlor sein ~ he lost his (eye)sight (od. vision).

'Au·genˌlid n med. zo. (eye)lid, palpebra (scient.). — ~entˌzün·dung f inflammation of the eyelids, blepharitis (scient.).

'Au·gen|ˌlin·se f 1. med. crystalline lens (of the eye). – 2. (Okular) eyepiece. — ~ˌmaß n ⟨-es; no pl⟩ visual estimate, (measure by the) eye: ein gutes ~ haben to have a sure (od. accurate) eye; nach dem ~ by eye. — ~ˌmensch m psych. eye-minded person. — ~ˌmerk n ⟨-(e)s; no pl⟩ 1. lit. attention: sein ~ auf (acc) etwas richten (od. heften) a) to direct one's attention to s.th., b) to have s.th. in view, to aim at s.th.; j-m sein ~ zuwenden to turn one's attention to s.o. – 2. obs. for Anliegen 3, Ziel 3. — ~ˌmit·tel n eye medicine, ophthalmic remedy. — ~ˌmu·schel f (optics) (an Ferngläsern) eye cap. — ~ˌmus·kel m med. eye (od. scient. ocular) muscle. — ~ˌnerv m optic nerve. — ~ope·ra·tiˌon f eye operation. — ~ˌop·ti·ker m optician, optometrist. — ~ˌpaar n pair of eyes. — ~ˌpfle·ge f care of the eyes, eye care. — ~ˌpfrop·fen n hort. grafting, budding. — ~ˌpin·sel m (cosmetics) eye brush. — ~proˌthe·se f med. artificial eye, eye (od. ocular) prosthesis. — ~ˌprü·fung f 1. eye examination, optometry. – 2. sight test, checking of the sight. — ~ˌpul·ver n fig. colloq. small print (od. type) that strains the eyes. — ~ˌpunkt m math. phys. point of sight, visual point, center (bes. Br. centre) of vision, eyepoint. — ~ˌrand m med. orbital rim: dunkle Augenränder haben to have circles around (od. under) the eyes; gerötete Augenränder haben to have red-rimmed (od. inflamed) eyes. — ~ˌreim m metr. eye (od. sight) rhyme. — ~ˌreizˌstoff m chem. mil. lachrymator, lacrimator, tear gas. — ~ˌring m meist pl 1. med. (dark) circle around the eye, circumorbital ring. – 2. mil. (an Gasmasken) eyepiece frame. – 3. zo. (bei Vögeln) orbital ring. – 4. cf. Augenschatten. — ~ˌrol·ler, ~ˌrollˌmus·kel m trochlear muscle, superior oblique muscle (of the eye). — ~ˌsal·be f med. pharm. eye (od. scient. ophthalmic) ointment. — ~ˌschär·fe f acuity of vision, visual acuity, resolving power of the eye, keenness (od. sharpness) of vision.

'Au·genˌschat·ten m eye shadow. — ~ˌstift m (cosmetics) eye shadow pencil.

'Au·genˌschein m ⟨-(e)s; no pl⟩ 1. inspection, examination: gerichtlicher ~ jur. judicial inspection; einen ~ vornehmen jur. to make a visit to the scene (of a crime etc); etwas in ~ nehmen to inspect (od. examine, view) s.th. – 2. (Anschein) appearance(s pl): dem ~ nach to all appearances; (wie) der ~ lehrt (as) appearances show; der ~ trügt appearances are deceptive.

'au·genˌschein·lich I adj 1. lit. (offenbar) (self-)evident, (self-)apparent, obvious, manifest: ~ werden to become manifest. – 2. obs. for sichtbar I. – II adv 3. evidently, obviously: es hat ihm ~ gefallen he obviously liked (od. enjoyed) it. — 'Au·genˌschein·lich·keit f ⟨-; no pl⟩ obviousness, apparentness, apparency.

'Au·gen|ˌschirm m (an Kopfbedeckungen) eyeshade, bes. Am. visor. — ~ˌschmaus m *fig. humor. cf.* Augenweide. — **~ˌschmerz** *m med.* pain in the eye, ophthalmodynia (*scient.*). — **~ˌschutz** *m* eye protector (*od.* shield, guard). — **~ˌschutzˌglas** *n med.* (*gegen Infektionsgefahr*) protective eyeglasses *pl.* — **~ˌschwä·che** *f* weakness of the eyes, poor eyesight, weak sight, asthenopia (*scient.*). — **~spe·ziaˌlist** *m* eye specialist, ophthalmologist. — **~ˌspie·gel** *m* ophthalmoscope, funduscope. — **~ˌspie·geln** *n* ophthalmoscopy, funduscopy. — **~ˌspiel** *n* play of the eyes.

'Au·genˌspin·ner *m zo.* saturniid, giant silkworm (*Fam. Saturniidae*). — **a~ˌar·tig** *adj* saturniid.

'Au·gen|ˌspra·che *f* language of the eyes. — **~ˌsproß** *m*, **~ˌspros·se** *f hunt.* (*am Hirschgeweih*) brow antler. — **~ˌstab** *m civ.eng.* eyebar. — **~ˌstar** *m med.* cataract. — **~ˌste·chen** *n* shooting pain in the eye(s). — **~ˌstein** *m min. cf.* Augenachat. — **~ˌstern** *m* **1.** pupil, iris. – **2.** *fig.* dearest, beloved (one). – **3.** *pl poet.* eyes. — **~ˌstiel** *m zo.* **1.** eyestalk, optic peduncle. – **2.** (*der Schnecken*) eyestalk, ommatophore. – **3.** (*der Schalenkrebse*) eyestalk, ophthalmite. — **~ˌtäu·schung** *f* **1.** optical illusion. – **2.** (*Luftspiegelung*) mirage. — **~ˌträ·nen**, **~ˌtrie·fen** *n med.* watery eyes *pl*, running of the eyes, epiphora (*scient.*). — **~ˌtrip·per** *m* gonorrheal (*bes. Br.* gonorrhoeal) ophthalmia. — **~ˌtrop·fen** *pl med. pharm.* eyedrops, ophthalmic drops (*scient.*). — **~ˌtrost** *m* **1.** *bot.* eyebright, euphrasy (*Euphrasia officinalis*): Blauer ~ forget-me-not (*Myosotis palustris*). – **2.** *poet.* solace, comfort. — **~ˌun·terˌsu·chung** *f med.* eye examination. — **~ˌwas·ser** *n obs.* **1.** *med.* eyewash, collyrium. – **2.** *poet.* tears *pl.* – **3.** *cf.* Augenflüssigkeit 2. — **~ˌweh** *n colloq.* pain in the eye(s). — **~ˌwei·de** *f fig. colloq.* feast for the eyes, sight for sore eyes (*colloq.*): das ist eine wahre ~ it's a delight to the eye, that's a sight for sore eyes (*colloq.*). — **~ˌweiß** *n med.* white of the eye; sclera, sclerotic(a) (*scient.*). — **~ˌwei·te** *f* range of vision. — **~ˌwim·per** *f* (eye)lash, cilium (*scient.*). — **~ˌwink** *m* wink. — **~ˌwin·kel** *m med.* corner of the eye, canthus (*scient.*): j-n [etwas] aus den ~n betrachten *fig.* to look at s.o. [s.th.] from the corner of one's eye. — **~ˌzahl** *f* (*beim Würfeln etc*) number of spots (*od.* pips). — **~ˌzahn** *m med.* eyetooth, (*bes.* upper) canine (tooth).

'Au·genˌzeu·ge *m bes. jur.* eyewitness.

'Au·genˌzeu·gen·beˌricht *m* eyewitness account (*od.* report).

'Au·genˌzeu·gin *f bes. jur.* eyewitness.

'Au·gen|ˌzit·tern *n med.* nystagmus. — **~ˌzucken** (*getr.* -k·k-) *n* twitching of the eyelid(s). — **~ˌzwin·kern** *n* wink.

'Au·ge-'Ohr-|ˌFlugˌmel·deˌdienst *m aer. mil.* ground observer organization. — **~ˌFlugˌmel·der** *m* ground observer.

'Au·gesˌhö·he *f* ⟨-; *no pl*⟩ *mar.* eye level.

Au·gi·as [au'giːas] *npr m* ⟨-; *no pl*⟩ *myth.* Augeas. — **~ˌstall** *m* ⟨-; *no pl*⟩ Augean stables *pl*: den ~ reinigen (*od.* ausmisten) to cleanse the Augean stables.

...äu·gig [...ˌ'ɔʏgɪç] *combining form denoting* -eyed: einäugig one-eyed; blauäugig blue-eyed.

Au·git [au'giːt; au'gɪt] *m* ⟨-s; -e⟩ *min.* augite.

Äug·lein ['ɔʏklaɪn] *n* ⟨-s; -⟩ *dim. of* Auge 1.

Aug·ment [au'gmɛnt] *n* ⟨-s; -e⟩ *ling.* augment.

Aug·men·ta·ti·on [augmɛnta'tsĭoːn] *f* ⟨-; -en⟩ *ling. mus.* augmentation.

Aug·men·ta'tiv·sufˌfix [augmɛnta'tiːf-], **Aug·men·ta'ti·vum** [-vum] *n* ⟨-s; -tiva [-va]⟩ *ling.* augmentative (suffix).

'Augˌplat·te *f mar. tech.* **1.** eye plate, pad eye, lug pad. – **2.** (*mit Ring*) ring plate.

au gra·tin [ogra'tɛ̃] (*Fr.*) *adv gastr.* au gratin.

'Augsˌbur·ger *adj* of (*od.* relating to) Augsburg: der ~ Religionsfriede *hist.* the Religious Peace of Augsburg (*25. 9. 1555*); ~ Bekenntnis *relig. cf.* Augustana. — **'augsˌbur·gisch** [-gɪʃ] *adj* of (*od.* relating to) Augsburg, *auch* Augustan: A~e Konfession *relig. cf.* Augustana.

'Aug|ˌspl(e)iß *m mar. tech.* eye splice. — **~ˌsproß** *m*, **~ˌspros·se** *f hunt. cf.* Augensproß.

Au·gur ['augur] *m* ⟨-s *u.* -n, -en [au'guːrən]; -n *u.* -en [au'guːrən]⟩ *antiq.* augur: die ~en betreffend augural.

Au'gu·renˌlä·cheln *n fig. lit.* knowing smile.

Au·gu·ri·um [au'guːrĭum] *n* ⟨-s; -rien⟩ augury, omen.

Au·gust[1] [au'gust] *npr m* ⟨-(e)s *u.* -; *rare* -e⟩ August: im ~ in August; vergangenen ~ last August; ab Mitte ~ starting mid-August, from mid-August on.

Au·gust[2] ['august] *npr m* ⟨-s; *no pl*⟩ **1.** (*Vorname*) Augustus. – **2.** (*in Wendungen wie*) dummer ~ (*im Zirkus*) clown, *Am. auch* august(e); den dummen ~ spielen *fig.* to play the fool; was ist denn das für ein ~? *contempt.* who is this odd fellow (*od.* fish)? who's this silly twit? *Am. sl.* what kind of a Joe is that?

Au·gu·sta·na [augus'taːna] *f* ⟨-; *no pl*⟩ *relig. hist.* Augsburg (*od.* Augustan) Confession.

au·gu·ste·isch [augus'teːɪʃ] *adj antiq.* Augustan: das A~e Zeitalter the Augustan age; ein ~es Zeitalter *fig.* an Augustan age.

Au·gu·sti·ner [augus'tiːnər] *m* ⟨-s; -⟩ *relig.* Augustinian, *bes. Br.* Austin friar. — **~-ˌChorˌher·ren** *pl* Augustinian Canons. — **~ˌklo·ster** *n* Augustinian monastery. — **~ˌmönch** *m cf.* Augustiner. — **~ˌor·den** *m* Augustinian (religious) order, order of the Augustinians. — **~ˌre·gel** *f* rules *pl* of the Augustinian order.

au·gu·sti·nisch [augus'tiːnɪʃ] *adj relig.* Augustinian, *bes. Br.* Austin.

'Augˌzahn *m med. zo. cf.* Augenzahn.

Auk·ti·on [auk'tsĭoːn] *f* ⟨-; -en⟩ *econ.* auction (sale), sale by auction, public sale: gerichtliche ~ auction by order of the court, judicial sale; eine ~ abhalten to hold an auction; etwas zur ~ bringen to auction s.th., to sell s.th. by (*Am. auch* at) auction, to put s.th. up for (*od.* to) auction; zur ~ kommen to come up for auction, to be sold by (*Am. auch* at) auction.

Auk·tio·na·tor [auktsĭo'naːtər] *m* ⟨-s; -en [-na'toːrən]⟩ *econ.* auctioneer.

auk·tio·nie·ren [auktsĭo'niːrən] *v/t* ⟨*no* ge-, h⟩ *econ.* auction (off), sell (*s.th.*) by (*Am. auch* at) auction, put (*s.th.*) up for (*od.* to) auction.

Auk·ti'ons|geˌbühr *f meist pl* auction fee (*od.* charge). — **~loˌkal** *n* auction room, salesroom, *auch* saleroom. — **~ˌpreis** *m* auction price. — **a~ˌwei·se** *adv* by (way of public) auction.

Au·la ['aula] *f* ⟨-; Aulen *u.* -s⟩ *ped.* (*an Universitäten etc*) great (*od.* assembly) hall, *auch* aula, *bes. Am.* auditorium.

Au·los ['auləs] *m* ⟨-; Auloi ['aulɔʏ]⟩ *mus. antiq.* aulos (*woodwind instrument*).

au na·tu·rel [onaty'rɛl] (*Fr.*) *adv gastr.* (*Speise, Getränk*) au naturel.

au pair [o'pɛːr] (*Fr.*) *adv* au pair: ~ arbeiten to work au pair. — **Au-'pair-ˌMäd·chen** *n* au pair girl.

Au·ra ['aura] *f* ⟨-; *rare* Auren⟩ **1.** *astrol.*, *auch fig.* aura. – **2.** *med.* aura, premonitory sensation, signal symptom.

Au·rat [au'raːt] *n* ⟨-s; -e⟩ *chem.* aurate.

Au·reo·le [aure'oːlə] *f* ⟨-; -n⟩ **1.** (*Heiligenschein*) aureole, aureola, halo, nimbus. – **2.** *astr.* aureole, halo, ring. – **3.** (*mining*) (*als CH_4-Anzeige im Geleucht*) firedamp cap, *auch* (blue) flame cap. – **4.** *tech.* (*eines Lichtbogens*) arc flame, flame cap. – **5.** *electr.* aureole.

Au·reo·my·cin [aureomy'tsiːn] (*TM*) *n* ⟨-s; *no pl*⟩ *med.* Aureomycin, chlortetracycline.

Au·re·us ['aureus] *m* ⟨-; Aurei ['aurei]⟩ *antiq.* aureus (*gold coin of ancient Rome*).

Au·ri·chal·cit [auriçal'tsiːt; -'tsɪt] *m* ⟨-s; *no pl*⟩ *min.* aurichalcite.

Au·ri·gna·ci·en [orɪnja'sĭɛ̃ː] *n* ⟨-(s); *no pl*⟩ *archeol.* Aurignacian (era).

Au·ri'gnac|ˌmensch [orɪn'jak-] *m anthrop.* Aurignac(ian) man. — **~ˌras·se** *f* Aurignac(ian) race.

Au·ri·kal·zit [aurikal'tsiːt; -'tsɪt] *m* ⟨-s; *no pl*⟩ *min. cf.* Aurichalcit.

Au·ri·kel [au'riːkəl] *f* ⟨-; -n⟩ *bot.* auricula, bear's-ear, mountain cowslip (*Primula auricula*).

au·ri·ku·lar [auriku'laːr] *adj med. zo.* **1.** auricular, pertaining to the outer ear. – **2.** auricular, pertaining to the auricles of the heart.

Au·rin [au'riːn] *n* ⟨-s; *no pl*⟩ *chem.* aurin, *auch* (para)rosolic acid, coralline ($C_{19}H_{14}O_3$).

Au·ri·pig·ment [auripɪ'gmɛnt] *n chem.* orpiment, arsenic trisulfide (*Br.* -ph-), King's yellow (As_2S_3).

Au·ro·ra [au'roːra] **I** *npr f* ⟨-; *no pl*⟩ **1.** *myth.* Aurora (*goddess of the morning*). – **II** *f* ⟨-; -s⟩ **2.** ⟨*only sg*⟩ *astr.* aurora, polar lights *pl*: ~ australis [borealis] aurora australis [borealis], southern [northern] lights *pl.* – **3.** *zo. cf.* Aurorafalter. — **~ˌfal·ter** *m zo.* orange tip (*Antocharis cardamines*).

Au·rum ['aurum] *n* ⟨-(s); *no pl*⟩ *chem.* aurum, gold (Au).

aus [aus] **I** *prep* ⟨*dat*⟩ **1.** (*räumlich*) a) out of, b) from: ~ dem Fenster blicken to look out of (*od. Am.* out) the window; etwas ~ der Tasche ziehen to pull s.th. out of one's pocket; ~ der Tür treten to step out of (*od. Am.* out) the door; ~ dem Haus gehen to leave the house; ~ dem Gefängnis ausbrechen to break out of jail (*Br. auch* gaol); geh mir ~ den Augen! get out of my sight! etwas ~ einer Zeitung ausschneiden to cut s.th. out of a newspaper; j-m ~ dem Weg gehen to keep (*od.* go) out of s.o.'s way, to give s.o. a wide berth; ~ der Nähe [Ferne] from close up [from a distance]; ~ einem Zimmer in ein anderes gehen to go from one room to another; ~ einem Behälter in einen anderen out of (*od.* from) one container into another; ~ der Flasche trinken to drink from (*od.* out of) the bottle; etwas ~ einem Buch exzerpieren to make extracts of s.th. (*od.* to excerpt s.th.) from a book; die Führung ~ der Hand geben *fig.* to hand over the leadership (*od.* control); etwas ~ den Augen verlieren *fig.* a) to lose sight of s.th., b) to lose track of s.th. – **2.** (*Herkunft*) a) from, b) (*zeitlich*) of: ~ unserer Stadt from our town; er ist ~ Wien a) he is from Vienna, b) he is a native of Vienna; ein Kind ~ der Nachbarschaft a child from the neighbo(u)rhood; ~ ganz Deutschland from all over Germany; der Zug ~ München the train from Munich; Grüße ~ Paris greetings from Paris; ~ aller Herren Ländern from all over the world; ~ zuverlässiger Quelle from a reliable source, on good authority; ~ dem Englischen ins Deutsche übersetzen to translate from English into German; gebürtig ~ native of; ~ guter Familie stammen to be of good family, to come from a good family; ~ einer alten Familie from (*od.* of) an old family; Kinder ~ dieser Ehe children by this marriage; ein Mann ~ dem Volke a man of the people; ein Text ~ dem Mittelalter a medi(a)eval text; ~ Grillparzer lesen to read from (the works of) Grillparzer; ~ der Jugendzeit of (*od.* from) one's youth; ~ der Zeit vor from before; ~ der Zeit Luthers from the time of Luther; ein Märchen ~ alten Zeiten a fairy tale of olden times. – **3.** (*Veränderung*) a) out of, b) of: ~ den Fugen out of joint, disjointed; ~ der Mode out of fashion; ~ dem Gleichgewicht off balance; ~ dem Schlimmsten heraus sein *colloq.* to be over the worst (part); er schlägt ~ der Art a) he is not true to type, b) he shows unexpected tendencies; etwas ~ etwas machen to make s.th. out of s.th.; ~ einem Kleid eine Bluse machen to make a blouse out of a dress; ~ nichts etwas machen *fig.* to make s.th. out of nothing; ~ nichts wird nichts from nothing comes nothing; etwas ~ sich machen to make s.th. of oneself; ~ j-m einen guten Schriftsteller machen to make a good writer of s.o.; ~ ihm ist ein guter Redner geworden he has become a good speaker; das Beste ~ einer Situation machen to make the best of a situation; ~ der Not eine Tugend machen to make a virtue of necessity; ~ ihm wird nie etwas werden he will never make good (*od.* get on in life), he will never amount to anything (*od.* get anywhere); was ist ~ ihm geworden? what has become of him? was soll ~ uns werden? what shall become of us? sie macht sich nichts ~ ihm *colloq.* she doesn't care for him. – **4.** (*Beschaffenheit*) (made) of: ein Kleid ~ Seide a dress made of silk, a silk dress; eine Tasche ~ Leder a leather bag; eine Treppe ~ Marmor a marble staircase; ~ etwas bestehen to consist of s.th. – **5.** (*Ursache, Grund*) ~ Achtung [Mitleid, Neugier] out of respect [pity, curiosity]; ~ eigenem Antrieb, ~ freien Stücken spontaneously, of one's own free will; ~ Erfahrung wissen to know by experience; ~ Erfahrung sprechen to speak from experience; ~ Furcht out of (*od.* for) fear; ~ Gehorsam gegen in obedience to;

~ Gewohnheit from (*od.* out of) habit; aus diesem Grunde for this reason; ~ verschiedenen Gründen for various reasons; ~ Mangel an for lack of; ~ Not from necessity; ~ Prinzip as a matter of principle, on principle; ~ Scherz (*od.* Spaß) for fun; ~ Versehen by mistake; er hat es ~ Verzweiflung getan despair drove him to do it. – **6.** (*Art und Weise*) ~ vollem Halse schreien to cry at the top of one's voice; ~ freier Hand zeichnen to draw freehand; ~ dem Stegreif impromptu, offhand, extempore; ~ Leibeskräften with might and main; ~ Leibeskräften schreien to shout at the top of one's voice; ~ erster Hand firsthand; ~ dem Gedächtnis (*od. colloq.* Kopf) from memory. – **7.** (*Auswahl*) from (among): ~ unserer Mitte from among us, from our midst; die zehn Besten ~ der Mannschaft the ten best of the team. – **8.** *Austrian bes. ped.* in: eine Prüfung ~ einem Fach ablegen to take an examination in a subject; ~ Mathematik in mathematics. – **II** *adv* **9.** von ... ~ from: vom Fenster ~ from the window; von hier ~ from here; von London ~ from London; vom Bahnhof ~ leicht zu erreichen within easy reach of the station; Aufnahme vom Flugzeug ~ aerial photograph; von diesem Standpunkt ~ gesehen from this point of view; von Natur ~ by nature; von Haus(e) ~ *fig. colloq.* a) by nature, b) by education, c) by training; von mir ~ *fig.* as far as I am concerned, for all I care, it's all the same to me; von mir ~! *fig. colloq.* I don't mind (*od.* care)! it's all right by me! von sich ~ *fig.* of one's own accord, *bes. Am. colloq.* on one's own. – **10.** *colloq.* (*zu Ende*) over, finished, at an end: die Schule [der Krieg] ist ~ school [war] is over; zwischen uns ist es jetzt ~ *fig.* everything is over between us, we are through (*colloq.*); jetzt ist alles ~ *fig.* now all is lost; mit ihm ist es ~ *fig.* it's all over with him, he is finished (*colloq.*); es ist ~ mit dem Vergnügen *fig.* that's the end of our pleasure (*od.* fun); ich habe das Buch ~ I have finished the book; er hat das Glas ~ he has emptied the glass; ~ jetzt! enough (of it now)! → aussein. – **11.** *colloq.* (*ausgegangen*) out: gestern war er mit seiner Freundin ~ yesterday he was out with his girl friend. – **12.** auf (*acc*) etwas ~ sein *colloq.* to be out for s.th., to be after s.th., (*stärker*) to be set (*od.* bent) on s.th.: er ist immer auf seinen Vorteil ~ he is always out to feather his own nest; auf Abenteuer ~ sein to be out for adventure(s); sie ist auf sein Geld ~ she is after his money; er ist darauf ~, uns zu betrügen he is out to cheat us. – **13.** ~ und ein in and out: ~ und ein gehen to come and go; bei j-m ~ und ein gehen *fig.* to be a frequent visitor at s.o.'s house; ich weiß nicht ~ noch ein (*od.* ~ und ein, wo ~ und wo ein, wo ~, wo ein), ich weiß weder ~ noch ein I don't know what to do (*od.* which way to turn), I am at my wit's end. – **14.** *colloq.* (*ausgeschaltet*) off, out: Licht ~! lights out! die Lichter sind ~ the lights are out; ein — ~ (*Bedienungsanweisung*) on — off. – **15.** *colloq.* (*ausgezogen*) off: mit den Schuhen ~ with one's shoes off. – **16.** (*sport*) out. – **17.** (*games*) (*ausgeschieden*) out, eliminated.

Aus *n* ⟨-; *no pl*⟩ **1.** (*sport*) out: der Ball geht ins ~ the ball goes out of play; der Ball ist im ~ the ball is out (of play); den Ball ins ~ schlagen (*Tennis etc*) to hit the ball out. – **2.** das ~ und Ein coming and going.

'aus,ar·bei·ten I *v/t* ⟨*sep*, -ge-, h⟩ **1.** work (*s.th.*) out (in detail), (*sorgsam*) elaborate: einen Plan (geistig) ~ to conceive (*od.* develop) a plan. – **2.** (*Niederschrift etc*) draw up, prepare, (*abfassen*) formulate, compose. – **3.** (*vervollständigen*) perfect, complete, finish (off). – **4.** (*art*) work. – **5.** *hunt.* (*Fährte*) follow (*s.th.*) to the end. – **6.** (*sport*) (*Pferd*) exercise thoroughly. – **7.** *metall.* (*Hochofen*) clear, remove the slag (*od.* scoria) from. – **II** *v/reflex* **8.** sich (körperlich) ~ to take exercise, to exercise oneself, *Am. auch* to get a good workout. – **III A~** *n* ⟨-s⟩ **9.** *verbal noun.* — **'Aus,ar·bei·tung** *f* ⟨-; *no pl*⟩ **1.** *cf.* Ausarbeiten. – **2.** (*eines Plans etc*) elaboration, (*geistig auch*) conception, development. – **3.** (*einer Niederschrift etc*) draft, preparation, (*Abfassung*) formulation. – **4.** (*Vervollständigung*) completion, perfection. – **5.** (*Ergebnis*) finished product. – **6.** (körperliche) ~ physical workout.

'aus,ar·ten I *v/i* ⟨*sep*, -ge-, sein⟩ **1.** (in *acc*, zu into) deteriorate, degenerate: seine Krankheit artete in Wahnsinn aus his illness degenerated into madness; der Konflikt kann leicht in einen Krieg ~ the conflict may easily degenerate (*od.* develop) into a war. – **2.** (*von Kindern etc*) get out of hand (*od.* control), (*stärker*) run wild. – **II A~** *n* ⟨-s⟩ **3.** *verbal noun.* — **'Aus,ar·tung** *f* ⟨-; -en⟩ **1.** *cf.* Ausarten. – **2.** deterioration, degeneration.

'aus,ästen *v/t* ⟨*sep*, -ge-, h⟩ (*forestry*) *cf.* abästen.

'aus,äthern [-ˌɛːtərn] *v/t* ⟨*sep*, -ge-, h⟩ extract (*s.th.*) with ether (*auch* aether).

'aus,at·men I *v/i* ⟨*sep*, -ge-, h⟩ **1.** breathe out, exhale. – **2.** *lit.* (*sterben*) breathe one's last, expire. – **II** *v/t* **3.** breathe (out), exhale. – **4.** *lit. for* ausströmen 10. – **III A~** *n* ⟨-s⟩ **5.** *verbal noun.* — **'Aus,at·mung** *f* ⟨-; *no pl*⟩ **1.** *cf.* Ausatmen. – **2.** expiration, exhalation. – **3.** *lit. for* Ausströmung 6.

'aus,ät·zen *v/t* ⟨*sep*, -ge-, h⟩ cauterize. — **'Aus,ät·zung** *f* ⟨-; -en⟩ cauterization.

'aus,backen (*getr.* -k·k-) *v/t* ⟨*irr*, *sep*, -ge-, h⟩ *gastr.* **1.** (*im Fett schwimmend*) deep fry. – **2.** bake (*s.th.*) thoroughly.

'aus,ba·den *v/t* ⟨*sep*, -ge-, h⟩ etwas ~ *fig. colloq.* to pay (*od.* to suffer) for s.th., to take (*od.* to bear) the consequences for s.th.: er muß die Sache selbst ~ he is in for it (*colloq.*), he has to stew in his own juice (*colloq.*).

'aus,bag·gern *v/t* ⟨*sep*, -ge-, h⟩ **1.** (*Loch, Grundstück etc*) dig out (*od.* excavate) (*s.th.*) (with a dredger). – **2.** (*Hafen, Kanal etc*) dredge (out), clear (*od.* excavate) (*s.th.*) (with a dredger). – **3.** (*Sand, Schlamm etc*) dredge (up).

'aus,ba·ken *v/t* ⟨*sep*, -ge-, h⟩ *mar.* (*Fahrrinne etc*) beacon.

'aus·ba·lan,cie·ren *v/t* ⟨*sep*, *no* -ge-, h⟩ (out)balance, counterbalance, equilibrate (*lit.*): verschiedene Meinungen ~ *fig.* to balance (out) differing opinions.

'aus·bal,do·wern *v/t* ⟨*sep*, *no* -ge-, h⟩ *colloq. for* auskundschaften 2.

'aus,bal·gen, 'aus,bäl·gen [-ˌbɛlgən] *v/t* ⟨*sep*, -ge-, h⟩ *Southern G.* **1.** *hunt.* skin, flay. – **2.** (*ausstopfen*) stuff.

'Aus,ball *m* ⟨-(e)s; *no pl*⟩ (*sport*) **1.** ball out (of play). – **2.** (*Tennis*) out, ball out of court.

'Aus,bau *m* ⟨-(e)s; -ten⟩ **1.** ⟨*only sg*⟩ (*eines Motors, Maschinenteils etc*) disassembly, removal. – **2.** *civ.eng.* a) (*Erweiterung*) development, enlargement, expansion, extension, b) (*Fertigstellung*) completion: der ~ des Straßennetzes the completion of the road system. – **3.** ⟨*only sg*⟩ *fig.* (*der Handelsbeziehungen etc*) improvement, *auch* development, expansion: der rasche ~ eines Fachgebietes the fast development in (*od.* of) a special field. – **4.** ⟨*only sg*⟩ *mil.* (*einer Stellung*) organization, development. – **5.** (*mining*) support(s *pl*): schreitender ~ powered (*od.* self-advancing) supports. – **6.** *cf.* Ausbauen. — **~,ar·bei·ten** *pl civ.eng.* interior work *sg.* — **~be,darf** *m* (*im Straßenbau*) highway needs *pl.*

'aus,bau·chen I *v/t u.* sich ~ *v/reflex* ⟨*sep*, -ge-, h⟩ **1.** *bes. metall.* bulge (out), belly out. – **2.** (*Kleider*) flare. – **II A~** *n* ⟨-s⟩ **3.** *verbal noun.* — **'Aus,bau·chung** *f* ⟨-; -en⟩ **1.** *cf.* Ausbauchen. – **2.** belly, bulge. – **3.** (*von Kleidern*) flare. – **4.** *metall.* (*eines Ofenschachtes*) batter. – **5.** *arch.* (*des Säulenschaftes*) entasis.

'aus,bau·en I *v/t* ⟨*sep*, -ge-, h⟩ **1.** (*Motor, Maschinenteil etc*) dismount, dismantle, disassemble, remove. – **2.** *civ.eng.* a) (*erweitern*) enlarge, expand, extend, b) (*fertigstellen*) finish, complete, c) (*wiederherstellen*) reconstruct, restore: einen Flughafen [das Eisenbahnnetz] ~ to develop an airport [the railroad network]; das Dachgeschoß ~ to build rooms into the attic; einen Saal zu einem (*od.* als) Theater ~ to convert a hall into a theater (*bes. Br.* theatre); eine Straße ~ to improve a road. – **3.** *fig.* improve, expand, extend, strengthen: seine Stellung ~ to strengthen (*od.* consolidate) one's position; Wirtschaftsbeziehungen ~ to improve (*od.* strengthen) economic relations; eine Theorie ~ to elaborate a theory; seine Kenntnisse ~ to expand (*od.* extend) one's knowledge; seinen Vorsprung ~ (*sport*) to extend (*od.* increase) one's lead. – **4.** *mil.* (*Stellung*) organize, develop. – **5.** (*mining*) a) (*Streb*) support, prop, b) (*Schacht*) line. – **II A~** *n* ⟨-s⟩ **6.** *verbal noun.* – **7.** *cf.* Ausbau 1—4.

'aus,bau|,fä·hig *adj* **1.** *bes. fig.* developable, expandable, capable of improvement: ein ~es Unternehmen an expandable (*od.* expansible) enterprise; eine ~e Stellung a position with good prospects (*od.* offering scope for promotion). – **2.** *civ.eng.* (*Straßennetz etc*) developable. — **A~,fir·ma** *f civ.eng.* finishing contractor.

'aus·be,din·gen *v/t* ⟨*irr*, *sep*, *no* -ge-, h⟩ sich (*dat*) etwas ~ a) (*zur Bedingung machen*) to stipulate s.th., to make s.th. a condition, b) (*vorbehalten*) to reserve s.th. (to oneself): sich ein Recht ~ to reserve a right; ich hatte mir ausbedungen, daß I had made it a condition that.

'aus,bei·nen [-ˌbaɪnən] *v/t* ⟨*sep*, -ge-, h⟩ *gastr.* (*Fleisch*) bone, take the bones out of.

'aus,bei·ßen I *v/t* ⟨*irr*, *sep*, -ge-, h⟩ sich (*dat*) (an *dat* etwas) einen Zahn ~ to break (off) a tooth (on s.th.); sich (*dat*) die Zähne (an *dat* etwas) ~ *fig. colloq.* to find s.th. a hard nut to crack. – **II** *v/i geol.* (*zutage treten*) crop (up *od.* out), outcrop.

'aus,bei·zen *v/t* ⟨*sep*, -ge-, h⟩ **1.** (*Ungeziefer etc*) use caustics on. – **2.** *med.* (*Wunde etc*) cauterize.

'aus,bes·sern I *v/t* ⟨*sep*, -ge-, h⟩ **1.** (*Straße, Zaun etc*) repair, mend, fix (up): ausgebessert werden to be under (*od.* to undergo) repair. – **2.** (*Kleider*) a) mend, repair, b) (*flicken*) patch, c) (*stopfen*) darn. – **3.** (*Fehler*) correct. – **4.** (*Gemälde etc*) *cf.* restaurieren I. – **II A~** *n* ⟨-s⟩ **5.** *verbal noun.* — **'Aus,bes·se·rung** *f* ⟨-; -en⟩ **1.** *cf.* Ausbessern. – **2.** reparation, repair: sich in ~ befinden to be under (*od.* to undergo) repair. – **3.** (*gestopfte Stelle*) darn. – **4.** (*eines Fehlers*) correction. – **5.** (*eines Gemäldes*) *cf.* Restauration[1] 1.

'Aus,bes·se·rungs|,ar·beit *f meist pl* **1.** repair (work), repairwork. – **2.** *auto.* (*der Lackierung*) retouching job. — **a~be,dürf·tig** *adj* in need of repair. — **a~,fä·hig** *adj* reparable, repairable. — **~,werk** *n* (*railway*) (*für Lokomotiven, Waggons etc*) repair shop.

'Aus,beß·rung *f* ⟨-; -en⟩ *cf.* Ausbesserung.

'aus,beu·len *v/t* ⟨*sep*, -ge-, h⟩ **1.** (*Knie in Hose, Taschen etc*) bulge, bag. – **2.** *auto. tech.* (*Blech, Kotflügel etc*) flatten, planish, bump out.

'Aus,beul,ham·mer *m tech.* planishing [hammer.]

'Aus,beu·te *f* ⟨-; *no pl*⟩ **1.** (*Ertrag*) gain, profit, results *pl*: die ganze ~ besteht in (*dat*) the entire profit consists of; reiche [dürftige] ~ liefern to yield rich [poor] results; die wissenschaftliche ~ von Untersuchungen the scientific results of research. – **2.** *tech.* (*mining*) (an *dat* of) yield, output.

'aus,beu·teln *v/t* ⟨*sep*, -ge-, h⟩ **1.** *tech.* (*Mehl etc*) bolt. – **2.** *Southern G. and Austrian for* ausschütteln.

'aus,beu·ten I *v/t* ⟨*sep*, -ge-, h⟩ **1.** *fig.* (*Arbeiter*) exploit, sweat, (*Notlage etc*) take (undue) advantage of. – **2.** (*literarische Werke*) plagiarize. – **3.** (*auswerten*) utilize, exploit: Archive ~ to exploit archives, to turn archives to good account. – **4.** (*mining*) work, exploit. – **5.** *agr.* exhaust, deplete, exploit. – **II A~** *n* ⟨-s⟩ **6.** *verbal noun.* – **7.** *cf.* Ausbeutung. — **'Aus,beu·ter** *m* ⟨-s; -⟩ exploiter, sweater (of labor, *bes. Br.* labour). — **,Aus·beu·te'rei** *f* ⟨-; -en⟩ *contempt.* exploitation (of people). — **'aus,beu·te·risch** *adj contempt.* exploitative.

'Aus,beu·tung *f* ⟨-; *no pl*⟩ **1.** *cf.* Ausbeuten. – **2.** *fig. contempt.* (*von Arbeitern*) exploitation, sweating. – **3.** plagiarism. – **4.** utilization, exploitation. – **5.** (*mining*) exploitation. – **6.** *agr.* exhaustion, depletion, exploitation.

'Aus,beu·tungs|po·li,tik *f pol.* policy of exploitation. — **~sy,stem** *n* system of exploitation, sweating system. — **~theo,rie** *f* (*von Marx*) theory of surplus value.

'aus·be,zah·len *v/t* ⟨*sep*, *no* -ge-, h⟩ *colloq.* **1.** pay (*s.th.*) (out): j-m seinen Lohn ~ to pay s.o. his wages. – **2.** *econ.* (*Teilhaber*) buy (*s.o.*) out. – **3.** *jur.* (*Erben*) pay (*s.o.*) off.

ˈausˌbie·gen I *v/t* ⟨*irr, sep*, -ge-, h⟩ **1.** bend (*s.th.*) out(ward[s]). – **2.** *cf.* geradebiegen 1. – **3.** *civ.eng.* buckle. – **II** *v/i* ⟨sein⟩ **4.** *auto.* swerve, deviate.

ˈausˌbil·den I *v/t* ⟨*sep*, -ge-, h⟩ **1.** (*schulen*) train, instruct: j-n zur (*od.* als) Krankenschwester ~ to train s.o. to be a nurse (*od.* for nursing); j-n auf (*od.* in) einem Spezialgebiet ~ to train (*od.* instruct) s.o. in a special field; seine Stimme (*od.* sich in Gesang) ~ lassen to have one's voice trained; sich als Musiker ~ lassen to be trained in music, to take a (*od.* to undergo) musical training. – **2.** (*Lehrer, Ärzte etc*) train, educate. – **3.** *mil.* train, drill. – **4.** (*Sportler*) train, coach. – **5.** (*Fähigkeiten etc*) develop, train: seinen Geschmack ~ to develop (*od.* cultivate, form) one's taste; ein System (weiter) ~ to develop (*od.* elaborate) a system. – **6.** *bot.* (*Blätter etc*) form, grow. – **7.** *tech.* design. – **II** *v/reflex* sich ~ **8.** train, take a (*od.* undergo) training: sich in Gesang ~ to train as (*od.* to be) a singer. – **9.** *fig.* (*von Fähigkeiten etc*) develop. – **10.** *med.* (*von Geschwür etc*) form, develop, evolve. – **III A~** *n* ⟨-s⟩ **11.** *verbal noun.* – **12.** *cf.* Ausbildung.

ˈAusˌbil·der *m* ⟨-s; -⟩ **1.** *mil.* instructor. – **2.** (*von Lehrlingen etc*) trainer, instructor.

ˈAusˌbil·dung *f* ⟨-; -en⟩ **1.** *cf.* Ausbilden. – **2.** (*Schulung*) training, instruction: berufliche [körperliche] ~ professional [physical] training; praktische ~ practical (*Am. auch* on-the-job) training; eine gründliche ~ erhalten to receive a thorough training; sich noch in der ~ befinden, noch in der ~ stehen to be still learning. – **3.** training, education: akademische ~ academic training, university education. – **4.** *mil.* training, drill. – **5.** (*von Fähigkeiten etc*) development, training: die geistige und körperliche ~ des Kindes the intellectual and physical development of the child. – **6.** *bot.* formation, growth. – **7.** *med.* (*einer Geschwulst etc*) formation, development. – **8.** *tech.* a) (*Formgebung*) design, b) (*Bauausführung*) construction.

ˈAusˌbil·dungsˌ|abˌschnitt *m* phase of training. — **~ba·tailˌlon** *n mil.* training battalion. — **~ˌbeiˌhil·fe** *f ped.* training (*od.* education) grant. — **~ˌdau·er** *f* period of training, training period. — **~ˌform** *f min.* (*der Mineralien*) external form. — **~ˌgang** *m ped.* course of training. — **~ˌgrad** *m* degree of training: einen bestimmten ~ erreichen to reach (*od.* arrive at) a certain degree of training. — **~ˌhil·fe** *f ped.* educational assistance. — **~ˌjahr** *n* (compulsory) year of practical training. — **~ˌko·sten** *pl* cost *sg* of education, training cost *sg.* — **~ˌkran·kenˌhaus** *n med.* (*für Schwestern u. Ärzte*) teaching (*od.* training) hospital. — **~ˌkurs, ~ˌkur·sus** *m cf.* Ausbildungslehrgang. — **~ˌla·ger** *n mil.* training camp. — **~ˌlehrˌgang** *m* training course, course of instruction. — **~ˌlei·ter** *m* chief instructor. — **~me,tho·de** *f* method of training (*od.* instruction). — **~ˌmög·lich·keit** *f* training facilities *pl.* — **~of·fiˌzier** *m mil.* instructor (officer). — **~ˌplan** *m bes. mil.* training schedule. — **~ˌstät·te** *f* (*Schule etc*) center (*bes. Br.* centre) of education. — **~ˌvorˌschrif·ten** *pl bes. mil.* training regulations. — **~ˌweg** *m cf.* Ausbildungsgang. — **~ˌzeit** *f cf.* Ausbildungsdauer.

ˈausˌbin·den *v/t* ⟨*irr, sep*, -ge-, h⟩ *print.* (*Schriftsatz*) tie up.

ˈAusˌbin·deˌschnur, ˈAusˌbindˌschnur *f print.* page cord.

ˈAusˌbiß *m* (*mining*) outcrop, basset.

ˈausˌbit·ten *v/t* ⟨*irr, sep*, -ge-, h⟩ sich (*dat*) etwas ~ a) (*erbitten*) to request s.th., to ask (*od.* beg) for s.th., b) (*verlangen*) to demand (*od.* insist on) s.th.: sich von j-m eine Gunst ~ to ask s.o. for a favo(u)r; sich Bedenkzeit ~ to request time for consideration; ich muß mir völlige Ruhe ~ I (must) insist on absolute silence.

ˈAusˌbla·seˌbüt·te *f* (*paper*) (*Diffuseur*) blow pit, vat.

ˈausˌbla·sen I *v/t* ⟨*irr, sep*, -ge-, h⟩ **1.** (*Licht, Kerze etc*) blow out: j-m das Lebenslicht ~ *lit. euphem.* to snuff out s.o.'s life. – **2.** (*Rauch, Dampf etc*) blow (*od.* let) off, exhaust (*bes. tech.*). – **3.** (*Ei etc*) blow: ein verschmutztes Rohr ~ to blow a dirty pipe, to blow the dirt out of a pipe. – **4.** *metall.* (*Schmelzofen*) blow out. – **II A~** *n* ⟨-s⟩ **5.** *verbal noun.* – **6.** blowout, *Br.* blow-out. – **7.** (*von Dampf etc*) blowoff, *Br.* blow-off, exhaust.

ˈAusˌblä·ser *m* ⟨-s; -⟩ *mil.* blowout, *Br.* blow-out.

ˈAusˌbla·seˌrohr, ˈAusˌblasˌrohr *n tech.* blowoff (*Br.* blow-off) (*od.* discharging) pipe.

ˈAusˌbla·se·venˌtil *n tech.* blowoff (*Br.* blow-off) valve.

ˈausˌblas·sen [-ˌblasən] *v/i* ⟨*sep*, -ge-, sein⟩ *cf.* ausbleichen 1.

ˈAusˌbla·sung *f* ⟨-; -en⟩ **1.** *cf.* Ausblasen. – **2.** *geol.* deflation.

ˈAusˌblasˌvorˌrich·tung *f metall.* (*Formerei*) blowgun.

ˈausˌblei·ben I *v/i* ⟨*irr, sep*, -ge-, sein⟩ **1.** fail to come (*od.* appear): die Post blieb heute aus there was no mail today, the mail failed to (*od.* did not) come (in) today; der erwartete Erfolg wird nicht ~ the expected success won't fail to come; der Regen ist ausgeblieben the rain has held off; die Katastrophe konnte nicht ~ the catastrophe was inevitable. – **2.** (*abwesend sein*) stay out (*od.* away), be absent: er blieb die ganze Nacht aus he stayed out all night; wie lange werdet ihr ~? how long will you stay away? – **3.** *med.* a) stop, b) (*von Puls, Atem etc*) fail, c) (*von Reflexen etc*) be missing (*od.* absent): das Fieber blieb aus the fever left him; die Periode blieb (bei ihr) aus she missed her period. – **II A~** *n* ⟨-s⟩ **4.** *verbal noun.* – **5.** failure to come (*od.* appear). – **6.** absence: das entschuldigt sein langes A~ this accounts for his long absence. – **7.** *jur.* (*Nichterscheinen*) nonappearance *Br.* non-, default of appearance, failure to appear. – **8.** *med.* a) (*des Pulses, Atems etc*) arrest, b) (*der Reflexe etc*) absence: A~ des Herzschlages cardiac arrest; A~ der Periode absence of the period.

ˈausˌblei·chen I *v/i* ⟨*irr, sep*, -ge-, sein⟩ **1.** fade, bleach, grow pale. – **II** *v/t* ⟨*sep*, -ge-, h⟩ **2.** (*paints*) bleach, fade, discharge. – **3.** *agr.* (*Erde*) podzolize, bleach.

ˈausˌblen·den I *v/t* ⟨*sep*, -ge-, h⟩ **1.** (*Filmszene, Ton*) fade (*s.th.*) out (*od.* down). – **2.** *electr.* (*Röntgenbild*) shield. – **II A~** *n* ⟨-s⟩ **3.** *verbal noun.* — **ˈAusˌblen·dung** *f* ⟨-; -en⟩ **1.** *cf.* Ausblenden. – **2.** (*einer Filmszene*) fade-out.

ˈAusˌblick *m* **1.** (*Aussicht*) view, outlook, prospect: einen herrlichen ~ auf das Gebirge haben to have a wonderful view of the mountains; der weite ~ über das Tal the panoramic (*od.* wide) view over the valley; Zimmer mit ~ auf den See rooms overlooking the lake. – **2.** *fig.* (auf *acc*, in *acc* for) outlook, prospect(s *pl*), *auch* vista: der ~ auf die weitere Entwicklung [in die Zukunft] the prospects for further development [for the future]; dabei eröffneten sich ~e, an welche ich nie gedacht hatte this opened up prospects (which) I had never thought of.

ˈausˌblicken (*getr.* -k·k-) *v/i* ⟨*sep*, -ge-, h⟩ *lit.* **1.** nach j-m [etwas] ~ to look out (*od.* to keep a lookout) for s.o. [s.th.]. – **2.** *fig.* (*zeitlich*) (auf *acc* for) wait: auf bessere Zeiten ~ to wait for better times.

ˈausˌblü·hen *v/i* ⟨*sep*, -ge-, h⟩ **1.** (*von Blumen, Obstbäumen etc*) cease blooming (*od.* flowering, blossoming): die Rosen haben ausgeblüht the roses are finished. – **2.** *min. chem.* effloresce. — **ˈausˌblü·hend I** *pres p.* – **II** *adj min. chem.* efflorescent. — **ˈAusˌblü·hung** *f* ⟨-; *no pl*⟩ *min. chem.* efflorescence.

ˈausˌblu·ten *v/i* ⟨*sep*, -ge-, sein *u.* h⟩ **1.** ⟨h⟩ cease bleeding: eine Wunde ~ lassen to allow a wound to bleed. – **2.** ⟨sein⟩ (*verbluten*) bleed to death, exsanguinate (*lit.*). – **3.** ⟨sein⟩ (*von geschlachtetem Vieh etc*) bleed. – **4.** ⟨sein⟩ (*textile*) (*von Farben*) bleed, mark off.

ˈausˌboh·ren *v/t* ⟨*sep*, -ge-, h⟩ **1.** (*Holz etc*) bore (out). – **2.** *med.* (*Zahn*) drill. – **3.** *tech.* a) (*mittels Spiralbohrer*) drill (out), b) (*innenausdrehen mittels eines Bohrmeißels*) bore (out), c) (*kegelig*) countersink, d) (*zylindrischsenken*) counterbore.

ˈausˌbo·jen *v/t* ⟨*only pres, sep*⟩ *mar.* buoy (off).

ˈausˌbom·ben *v/t* ⟨*sep*, -ge-, h⟩ bomb (*s.o., s.th.*) out: wir wurden dreimal ausgebombt we were bombed out three times.

ˈausˌboo·ten [-ˌboːtən] **I** *v/t* ⟨*sep*, -ge-, h⟩ **1.** (*Truppen, Passagiere etc*) convey (*s.o.*) ashore in a boat, disembark (*s.o.*) (by boats). – **2.** *fig. colloq.* get rid of (*s.o.*), *bes. Am. colloq.* 'ditch' (*s.o.*): einen Minister aus der Regierung ~ to chuck a minister out (*od.* get a minister chucked out) of the government (*colloq.*). – **II A~** *n* ⟨-s⟩ **3.** *verbal noun.* — **ˈAusˌboo·tung** *f* ⟨-; -en⟩ **1.** *cf.* Ausbooten. – **2.** disembarkment (by boats).

ˈausˌbor·gen *v/t* ⟨*sep*, -ge-, h⟩ *colloq. for* ausleihen.

ˈausˌbo·xen *v/t* ⟨*sep*, -ge-, h⟩ (*sport*) (*Gegner*) outbox.

ˈausˌbra·ten *v/t* ⟨*irr, sep*, -ge-, h⟩ *gastr.* (*Speck, fettes Fleisch etc*) render, fry the fat out of.

ˈausˌbrau·sen *v/i u.* sich ~ *v/reflex* ⟨*sep*, -ge-, h⟩ *brew.* (*bei der Gärung*) cease fermenting.

ˈausˌbre·chen[1] **I** *v/t* ⟨*irr, sep*, -ge-, h⟩ **1.** (*Zähne etc*) break (*s.th.*) off (*od.* out): sich (*dat*) (bei einem Sturz) einen Zahn ~ to lose a tooth (in a fall). – **2.** (*Stein aus einem Schmuckstück*) take out, remove. – **3.** (*Loch in Mauer etc*) make a hole in: eine Tür ~ to let a door into a wall; ich lasse mir ein Fenster (in der Wand) ~ I am going to have a window let (*od.* put) into this wall. – **4.** (*mining*) (*Gestein*) quarry. – **5.** *tech.* a) (*Schneide*) chip, b) (*Metallteilchen*) flake. – **6.** *mar.* (*Anker*) break out. – **7.** *hort.* (*Äste*) prune, lop. – **II** *v/i* ⟨sein⟩ **8.** (*entkommen*) break out, escape: aus dem Gefängnis ~ to break out of (*od.* to escape from) prison, to break jail (*Br. auch* gaol); der Löwe brach aus dem Käfig aus the lion escaped from its cage. – **9.** (*aus einer Gemeinschaft*) break away: aus einer Koalition [Herde] ~ to break away from a coalition [herd]. – **10.** *auto.* a) veer, swerve, steer (off), b) (*von Anhänger*) jackknife. – **11.** *aer.* veer. – **12.** *fig.* (*von Feuer, Epidemie, Krieg etc*) break out. – **13.** in (*acc*) etwas ~ *fig.* to break (out) (*od.* to burst) into s.th.: in Gelächter [Tränen] ~ to burst into laughter [tears], to burst out laughing [crying]; er brach in Schweiß aus, ihm brach der Schweiß aus he broke into (*od.* out in) a sweat. – **14.** *geol.* (*von Vulkan*) break out, erupt. – **15.** *mil.* make a sortie (*od.* sally). – **16.** (*sport*) (*vom Pferd*) bolt. – **17.** *poet. for* aufblühen 1. – **III A~** *n* ⟨-s⟩ **18.** *verbal noun.* – **19.** *auto.* (*von Anhänger*) jackknife. – **20.** *aer.* (*von Flugzeugen*) swing. – **21.** *cf.* Ausbruch 1—6.

ˈausˌbre·chen[2] *v/t* ⟨*irr, sep*, -ge-, h⟩ *med.* (*Speisen*) vomit, bring (*od.* throw) up.

ˈAusˌbre·cher *m* ⟨-s; -⟩ **1.** escaped prisoner, *bes. Am.* jailbreaker. – **2.** (*sport*) (*Pferd*) bolter.

ˈausˌbrei·ten I *v/t* ⟨*sep*, -ge-, h⟩ **1.** (*Teppich, Wäsche, Heu etc*) spread (out): eine Landkarte [Zeitung] ~ to spread out (*od.* unfold, open out) a map [newspaper]. – **2.** (*Arme, Flügel etc*) spread (*od.* stretch) out: sie breitete begeistert die Arme aus she spread out her arms enthusiastically. – **3.** (*Waren etc*) lay (*od.* set) out, display: sein Werkzeug ~ to lay out one's tools. – **4.** (*Macht, Geschäft, Herrschaft*) expand, extend, increase. – **5.** (*Lehre etc*) spread, disseminate, propagate. – **6.** *fig.* (*Wissen etc*) display, demonstrate. – **7.** *tech.* hammer, flatten. – **II** *v/reflex* sich ~ **8.** (*von Feuer, Gerücht etc*) spread: Freude breitete sich auf seinem Gesicht aus *fig.* joy spread across (*od.* over) his face; die Nachricht breitete sich wie ein Lauffeuer aus the news spread like wildfire; eine Schlechtwetterzone hat sich über ganz Deutschland ausgebreitet a zone of bad weather covers the whole of Germany. – **9.** (*von Ebene, Wiese etc*) open up, spread, stretch, extend, *auch* branch out: ein herrliches Panorama breitete sich vor ihm aus a wonderful panorama opened up (*od.* lay, spread) before him. – **10.** (*von Volksstamm etc*) expand, spread. – **11.** *colloq.* (*sich breitmachen*) take up (a lot of) space (*od.* room), spread (oneself) out. – **12.** *contempt.* enlarge, expand: sich über ein Thema ~ to enlarge (up)on a subject, to go into details. – **13.** *phys.* (*sich fortpflanzen*) propagate, be propagated, spread. – **III A~** *n* ⟨-s⟩ **14.** *verbal noun.* – **15.** *cf.* Ausbreitung.

'Ausˌbrei·teˌpro·be *f metall.* hammering (*od.* flattening) test.

'Ausˌbreit|maˌschi·ne *f* (*textile*) expander, spreader, stretcher. — **~ˌtisch** *m civ.eng.* (*für Betonprüfung*) flow table.

'Ausˌbrei·tung *f* ⟨-; *no pl*⟩ **1.** *cf.* Ausbreiten. – **2.** (*einer Epidemie etc*) spread: **die ~ einer Krankheit verhindern** to prevent the spread of a disease, to prevent a disease from spreading. – **3.** (*der Macht, des Geschäftes, der Herrschaft etc*) expansion, extension, increase. – **4.** (*einer Lehre etc*) spread, dissemination, propagation. – **5.** *lit.* (*von Kenntnissen*) display, demonstration. – **6.** (*eines Volksstammes etc*) expansion. – **7.** *phys.* a) (*Diffusion*) diffusion, b) (*von Wellen, Riß etc*) propagation.

'Ausˌbrei·tungs|ˌdrang *m* urge to expand (*od.* spread). — **a~ˌfä·hig** *adj phys.* diffusible. —**~geˌbiet** *n* **1.** (*eines Volksstammes etc*) area of expansion, spread. – **2.** *med.* a) area of spreading, b) regional spread. — **~geˌschwin·dig·keit** *f phys.* propagation speed. — **~ˌmög·lich·keit** *f* possibility (*od.* opportunity) to expand (*od.* spread).

'Ausˌbreit·verˌsuch *m civ.eng.* (*für Betonprüfung*) slump test (for consistency).

'ausˌbren·nen I *v/i* ⟨*irr, sep*, -ge-, sein⟩ **1.** (*von Feuer, Kerze etc*) burn (itself) out, go out. – **2.** (*von Haus, Flugzeug etc*) burn out, (*von Haus*) *auch* be gutted: **das Auto ist vollkommen ausgebrannt** the car is completely burnt (*od.* burned) out. – **II** *v/t* ⟨h⟩ **3.** (*Boden etc*) burn, parch, scorch: **die starke Sonne hatte die Erde ausgebrannt** the strong sun had scorched the earth. – **4.** (*Ungeziefer, Unkraut etc*) burn (out). – **5.** *med.* (*Wunde etc*) a) (*desinfizieren*) cauterize, b) (*durch Strom*) fulgurate. – **6.** *mil.* (*Geschützrohr*) erode. – **III A~** *n* ⟨-s⟩ **7.** *verbal noun.* – **8.** *med.* a) cauterization, cautery, b) fulguration.

'ausˌbrin·gen I *v/t* ⟨*irr, sep*, -ge-, h⟩ **1.** (*Hoch etc*) toast: **einen Trinkspruch auf j-n ~** to propose (*od.* give) a toast to s.o.; **j-s Gesundheit ~** to drink (to) (*od.* propose) s.o.'s health. – **2.** *econ.* yield, produce. – **3.** *mar.* a) (*Anker*) bring out, lay out, b) (*Boot*) launch, c) (*Spinnaker-Klüverbaum*) rig out, d) (*Trosse*) take off. – **4.** *obs. for* ausplaudern I. – **II A~** *n* ⟨-s⟩ **5.** *verbal noun.* — **'Ausˌbrin·gung** *f* ⟨-; *no pl*⟩ **1.** *cf.* Ausbringen. – **2.** *econ.* a) (an *dat* of) yield, output, production, b) (*eines Betriebes*) productive capacity.

'Ausˌbruch *m* **1.** (*eines Gefangenen etc*) escape, breakout, *Br.* break-out, break: **~ aus dem Gefängnis** prison breaking, escape from (*od.* breaking out of) prison, *bes. Am.* jailbreak. – **2.** *fig.* (*eines Feuers, Krieges, einer Epidemie etc*) outbreak: **bei ~ des Krieges** when war broke out; **ein Konflikt kommt zum ~** a conflict breaks out. – **3.** *fig.* (*von Begeisterung, Zorn etc*) (out)burst, outbreak, transport, fit: **sein Zorn gegen ihn kam zum ~** his anger at (*od.* with) him erupted (*od.* burst forth, broke out [*od.* loose]); **sich in zornigen Ausbrüchen ergehen** to burst into fits of anger. – **4.** *civ.eng.* (*beim Tunnelbau*) excavation. – **5.** *geol.* (*eines Vulkans*) outbreak, eruption. – **6.** *mil.* (*von Feindseligkeiten*) outbreak. – **7.** *gastr.* (*Edelwein*) wine from selected ripe grapes. – **8.** (*mining*) (*aus dem Hangenden*) roof fall. — **~proˌfil** *n civ.eng.* (*beim Tunnel- u. Stollenbau*) minimum excavation line.

'Ausˌbruchs|ˌbe·ben *n geol.* volcanic tremors *pl.* — **~enerˌgie** *f* volcanic energy. — **~geˌstein** *n* volcanic (*od.* eruptive) rock. — **~pe·riˌode, ~ˌpha·se** *f* eruptive phase. — **~ˌtä·tig·keit** *f* ⟨-; *no pl*⟩ eruptive activity: **einmalige ~** ephemeral activity. — **~verˌsuch** *m* **1.** (*eines Gefangenen etc*) attempted escape (*bes. Am.* jailbreak). – **2.** *mil.* sally, sortie, attempt to break through encircling forces. — **~ˌwein** *m gastr. cf.* Ausbruch 7.

'ausˌbrü·hen *v/t* ⟨*sep*, -ge-, h⟩ (*Gefäß etc*) scald (out).

'ausˌbrü·ten I *v/t* ⟨*sep*, -ge-, h⟩ **1.** (*Eier etc*) hatch out, brood, (*künstlich*) incubate: **Kü(c)ken ~** to hatch chickens. – **2.** *fig. colloq.* (*Böses*) hatch (up), plot, scheme: **was habt ihr da wieder ausgebrütet?** what have you hatched up this time? – **3.** *fig. colloq.* (*Krankheit*) be sickening for. – **II A~** *n* ⟨-s⟩ **4.** *verbal noun.* — **'Ausˌbrü·tung** *f* ⟨-; *no pl*⟩ **1.** *cf.* Ausbrüten. – **2.** incubation: **künstliche ~** artificial incubation.

'ausˌbu·chen *econ.* **I** *v/t* ⟨*sep*, -ge-, h⟩ (*Forderungen etc*) write (*s.th.*) off, delete (*s.th.*) from the account. – **II A~** *n* ⟨-s⟩ *verbal noun.* — **'Ausˌbu·chung** *f* ⟨-; -en⟩ **1.** *cf.* Ausbuchen. – **2.** deletion from the account.

'ausˌbuch·sen *v/t* ⟨*sep*, -ge-, h⟩ *tech.* (*Lager etc*) bush.

'ausˌbuch·ten I *v/t* ⟨*sep*, -ge-, h⟩ **etwas ~** a) to cut curves in s.th., to scallop s.th., b) to make indentations (*od.* an indentation) in s.th. – **II** *v/reflex* **sich ~** bend (*od.* bulge, curve) out(ward[s]). – **III A~** *n* ⟨-s⟩ *verbal noun.* — **'Ausˌbuch·tung** *f* ⟨-; -en⟩ **1.** *cf.* Ausbuchten. – **2.** bulge. – **3.** (curved) projection. – **4.** (*einer Küste etc*) indentation. – **5.** (*zum Parken*) *Br.* lay-by, *Am.* turnout. – **6.** *mil.* (*der Front*) salient, bulge.

'ausˌbud·deln *v/t* ⟨*sep*, -ge-, h⟩ *Northern G. colloq. for* ausgraben 1—4.

'ausˌbü·geln *v/t* ⟨*sep*, -ge-, h⟩ **1.** (*Falten*) iron out, (*Kleid etc*) iron. – **2.** *fig. colloq.* (*Fehler, Mißstände etc*) iron out, smooth out (*od.* over).

'Ausˌbund *m* ⟨-(e)s; *no pl*⟩ *lit. meist iron.* personification, incarnation, paragon, model: **ein ~ von** (*od.* **an**) **Schönheit** [**Klugheit**] a paragon of beauty [intelligence]; **ein wahrer ~ von Dummheit** [**Bosheit**] *contempt.* an arrant (*od.* out-and-out) fool [scoundrel].

'ausˌbün·dig *adj obs. for* **außergewöhnlich** I.

'ausˌbür·gern [-ˌbʏrgərn] **I** *v/t* ⟨*sep*, -ge-, h⟩ **j-n ~** to deprive s.o. of his citizenship, to expatriate s.o. – **II A~** *n* ⟨-s⟩ *verbal noun.* — **'Ausˌbür·ge·rung** *f* ⟨-; -en⟩ **1.** *cf.* Ausbürgern. – **2.** deprivation (*od.* deprival) of citizenship, expatriation: **~ von naturalisierten Staatsbürgern** denaturalization.

'ausˌbür·sten *v/t* ⟨*sep*, -ge-, h⟩ **1.** (*Haar*) brush. – **2.** (*Mantel, Hose etc*) brush (out). – **3.** (*Staub, Fleck etc*) brush off (*od.* out).

'ausˌbü·ßen *v/t* ⟨*sep*, -ge-, h⟩ *dial. for* ausbaden.

'ausˌbü·xen [-ˌbʏksən] *v/i* ⟨*sep*, -ge-, sein⟩ *dial. u. colloq.* (*von Kindern*) run away, make off: **vor einem Hund ~** to run away from a dog.

'ausˌdäm·men *v/t* ⟨*sep*, -ge-, h⟩ *civ.eng.* (*beim Wasserbau*) dam out.

'ausˌdamp·fen *v/i* ⟨*sep*, -ge-, h⟩ cease steaming.

'Ausˌdau·er *f* ⟨-; *no pl*⟩ **1.** persistence, perseverance, tenacity: **etwas mit ~ betreiben** to pursue s.th. tenaciously; **ein Ziel mit ~ verfolgen** to pursue an objective with tenacity; **sein Ziel nur durch** (**Fleiß und**) **~ erreichen** to reach one's aim (*od.* goal) only by (diligence and) perseverance; **für seine ~ belohnt werden** to be rewarded for one's perseverance. – **2.** (*Geduld*) patience: **große ~ haben** (*od.* **besitzen**) [**zeigen**] (**in** *dat* **etwas** with [*od.* doing] s.th.) to have [to show] great patience. – **3.** (*sport*) endurance, staying power, stamina.

'ausˌdau·ern *v/t* ⟨*sep*, -ge-, h⟩ *obs. for* aushalten 1. — **'ausˌdau·ernd I** *pres p.* – **II** *adj* **1.** persevering, persistent, unremitting, tenacious: **mit ~em Fleiß arbeiten** to work with persistent (*od.* unflagging) diligence. – **2.** (*geduldig*) patient, enduring. – **3.** (*sport*) (*Schwimmer, Pferde etc*) tireless, having staying power (*nachgestellt*). – **4.** *bot.* a) (*Pflanze*) perennial, b) (*Blätter*) persistent.

'ausˌdehn·bar *adj* **1.** *cf.* dehnbar 1—3, 5, 8. – **2.** *econ.* (*Unternehmen etc*) expansible, expandable. – **3.** *phys.* (*Gase*) dilatable. – **4.** *tech.* extensible. – **5.** *med.* (*Organe*) distensible, distensile. — **'Ausˌdehn·bar·keit** *f* ⟨-; *no pl*⟩ **1.** *cf.* Dehnbarkeit 1—3, 5, 8. – **2.** *econ.* expansibility. – **3.** *phys.* dilatability. – **4.** *tech.* a) (*längs*) extensibility, b) (*allseitig*) expansibility. – **5.** *med.* distensibility.

'ausˌdeh·nen I *v/t* ⟨*sep*, -ge-, h⟩ **1.** (*enge Schuhe, Gummiband, Pullover etc*) stretch. – **2.** *fig.* (*Gesetz, Verbot etc*) (**auf** *acc* to) extend. – **3.** *fig.* (*Machtsphäre etc*) expand, extend, widen: **seinen Einfluß auf andere Gebiete ~** to extend one's influence to other territories; **seinen Verantwortungsbereich weiter ~** to expand one's sphere of responsibility. – **4.** *econ.* (*Geschäft, Unternehmen etc*) expand, extend, enlarge, increase: **die industrielle Kapazität ~** to increase the industrial capacity. – **5.** (*Reise, örtlich*) extend. – **6.** (*Besuch, zeitlich*) extend, prolong, stretch (out): **er dehnte seinen Besuch bis Ostern aus** he prolonged his visit until Easter; **seinen Aufenthalt über die vorgesehene Zeit hinaus ~** to stay longer than originally intended. – **7.** *phys.* a) (*in die Länge*) extend, stretch, b) (*räumlich*) expand, c) (*bes. durch Wärme*) dilate. – **8.** *tech.* a) (*längs*) extend, stretch, elongate, lengthen, b) (*erweitern, vergrößern*) expand, enlarge, widen (out). – **9.** *med. zo.* (*Organe*) a) (*strecken*) distend, b) (*erweitern*) dilate. – **10.** *ling.* (*erweitern*) expand. – **II** *v/reflex* **sich ~ 11.** (*von Schuhen, Gummibändern, Pullover etc*) stretch. – **12.** *bes. phys.* a) (*in die Länge*) extend, b) (*räumlich*) expand, c) dilate: **Quecksilber dehnt sich bei Wärme aus** mercury expands when warm. – **13.** (*sich verbreiten*) spread: **der Streik dehnte sich schnell aus** the strike spread rapidly. – **14.** (*sich erstrecken*) stretch (out), extend, range: **eine Landschaft dehnt sich vor uns aus** a landscape extends before us. – **15.** *econ.* (*von Geschäft, Unternehmen etc*) expand, increase, grow, extend: **der Absatz dehnt sich stetig aus** sales are constantly growing. – **16.** (*von Städten etc*) expand, spread, grow. – **17.** (*zeitlich*) extend, last: **die Party dehnte sich bis in den Morgen aus** the party lasted into the morning; **die Konferenz dehnte sich über viele Stunden aus** the conference was drawn (*od.* dragged) out over many hours. – **18.** *med. zo.* (*von Organen* a) (*sich strecken*) distend, b) (*sich erweitern*) dilate. – **III A~** *n* ⟨-s⟩ **19.** *verbal noun.* — **'Ausˌdeh·nung** *f* ⟨-; -en⟩ **1.** *cf.* Ausdehnen. – **2.** *fig.* (*eines Gesetzes, Verbots etc*) (**auf** *acc* to) extension. – **3.** *fig.* (*der Machtsphäre etc*) expansion, extension. – **4.** *econ.* (*eines Geschäftes, Unternehmens etc*) expansion, enlargement, increase. – **5.** (*einer Reise*) extension. – **6.** (*zeitliche Verlängerung*) extension, prolongation. – **7.** (*Verbreitung*) spread(ing). – **8.** (*einer Stadt etc*) expansion, growth. – **9.** (*Ausmaß, Größe*) extent, scope, range, (*Umfang*) dimension(s *pl*), proportion(s *pl*), size, *auch* expanse: **an ~ gewinnen** (*od.* **zunehmen**) a) to increase in size, to expand, b) to become more extensive; **eine gewaltige ~ annehmen** to assume colossal proportions. – **10.** *phys.* a) (*in die Länge*) extension, b) (*räumlich*) expansion, c) (*bes. durch Wärme*) dilation, dilatation. – **11.** *tech.* a) (*Verlängerung*) elongation, b) (*Erweiterung*) enlargement. – **12.** *med. zo.* (*von Organen*) a) (*Streckung*) distension, b) (*Erweiterung*) dilatation. – **13.** *math.* dimension: **räumliche ~** spatial extent, quantity. – **14.** *ling.* (*Erweiterung*) expansion.

'Ausˌdeh·nungs|ˌdrang *m* expansive drive. — **a~ˌfä·hig** *adj cf.* ausdehnbar 2, 3, 4. — **~ˌfä·hig·keit** *f cf.* Ausdehnbarkeit 2, 3, 4. — **~ˌfu·ge** *f tech. cf.* Dehnungsfuge. — **~geˌbiet** *n* **1.** (*einer Sprache etc*) range (of influence). – **2.** (*eines Volkes*) territory. — **~ˌhub** *m auto. cf.* Arbeitshub 1. — **~ko·ef·fi·ziˌent** *m phys.* coefficient of expansion. — **~ˌkraft** *f bes. tech.* expansive force. — **~po·liˌtik** *f pol.* policy of expansion. — **~verˌmö·gen** *n phys. tech.* **1.** expansivity, expansibility. – **2.** (*der Länge nach*) extensibility. – **3.** (*durch Wärme*) dilatability. — **~ˌzif·fer** *f cf.* Ausdehnungskoeffizient.

'ausˌdenk·bar *adj* imaginable: **die Wirkung ist nicht ~** the effect is unimaginable, it is impossible to imagine the effect.

'ausˌden·ken *v/t* ⟨*irr, sep*, -ge-, h⟩ think out (*od.* up), conceive, devise: **einen Plan ~** to conceive a plan; **eine Überraschung ~** to plan a surprise; **eine Entschuldigung ~** to contrive an excuse; **eine List ~** to think out a ruse; **da hat er eine nette Geschichte ausgedacht** *colloq.* he has made (*od.* thought) up a nice story; **es ist nicht auszudenken** it is unimaginable (*od.* unthinkable, beyond imagination, inconceivable); **die Folgen sind nicht auszudenken** the consequences are inconceivable; **sich** (*dat*) **etwas ~** a) to think s.th. out (*od.* up), to conceive (*od.* devise) s.th., b) (*erfinden*) to make s.th. up, to invent s.th.; **da hast du dir was Feines ausgedacht!** a) that's a splendid idea, b) that's a nice surprise, c) *iron.* that's a brilliant thought I must say; **das hast du dir ja bloß ausgedacht** *colloq.* you've made it all up; **da mußt du dir schon etwas ande-**

res ~ *colloq.* you'll have to think up s.th. else.

ˈausˌdeu·ten I *v/t* ⟨*sep*, -ge-, h⟩ **1.** interpret, construe, explain: j-s Worte falsch ~ to misconstrue (*od.* misinterpret) s.o.'s words, to take s.o.'s words the wrong way; etwas als böses Omen ~ to interpret (*od.* look upon) s.th. as a bad omen. – **II A~** *n* ⟨-s⟩ **2.** *verbal noun.* – **3.** *cf.* Ausdeutung.

ˈausˌdeut·schen [-ˌdɔʏtʃən] *v/t* ⟨*sep*, -ge-, h⟩ j-m etwas ~ *Bavarian and Austrian colloq.* to explain s.th. to s.o.

ˈAusˌdeu·tung *f* ⟨-; -en⟩ **1.** *cf.* Ausdeuten. – **2.** interpretation, explanation: falsche ~ misinterpretation, misconstruction.

ˈausˌdie·nen *v/t* ⟨*only pp*⟩ **1.** ausgedient haben *bes. mil.* a) to have done one's military service, b) to have retired to private life (after finishing one's service). – **2.** ausgedient haben *fig. colloq.* (*von Kleidungsstück etc*) to be worn out; to have had its day, to have done its time (*colloq.*).

ˈaus·dis·kuˌtie·ren I *v/t* ⟨*sep*, *no* -ge-, h⟩ **1.** (*Problem etc*) discuss (*s.th.*) thoroughly. – **2.** (*Thema etc*) finish the discussion of. – **II** *v/i* **3.** cease (*od.* finish) discussing.

ˈausˌdocken (*getr.* -k·k-) *v/t* ⟨*sep*, -ge-, h⟩ *mar.* (*Schiff*) undock, float.

ˈausˌdor·nen *v/t* ⟨*sep*, -ge-, h⟩ *tech.* (*Loch*) broach.

ˈausˌdor·ren *v/i* ⟨*sep*, -ge-, sein⟩ *cf.* ausdörren II.

ˈausˌdör·ren I *v/t* ⟨*sep*, -ge-, h⟩ dry up, wither (up), (*stärker*) parch, scorch: der heiße Sommer dörrte das Gras aus the hot summer withered the grass. – **II** *v/i* ⟨sein⟩ dry up, wither (up), (*stärker*) become parched, parch, become scorched.

ˈAusˌdreh·ap·paˌrat *m tech.* internal turning (*od.* boring) attachment.

ˈausˌdre·hen I *v/t* ⟨*sep*, -ge-, h⟩ **1.** *colloq.* (*Licht, Lampe*) turn out (*od.* off), switch off (*od.* out). – **2.** *colloq.* (*Radio, Gas*) turn off, *auch* switch off. – **3.** *bes. med.* (*Gelenk*) dislocate. – **4.** *tech.* a) (*innendrehen*) turn inside diameters, bore, b) (*aussparen*) recess. – **II A~** *n* ⟨-s⟩ **5.** *verbal noun.* – **6.** *med.* dislocation.

ˈAusˌdreh|ˌfut·ter *n tech.* boring chuck. — **~ˌmei·ßel**, **~ˌstahl** *m* boring tool.

ˈausˌdre·schen *v/t* ⟨*irr*, *sep*, -ge-, h⟩ *agr.* (*Getreide*) thresh (out).

ˈAusˌdruck[1] *m* ⟨-(e)s; ⸚e⟩ **1.** (*Wort, Wendung*) expression, term, (*Redewendung*) phrase: idiomatischer ~ idiom, idiomatic expression; veralteter ~ obsolete term; schiefer ~ a) unhappy expression, b) *ling.* catachresis; fachsprachlicher ~ technical term; vulgärer (*od.* gemeiner, roher) ~ vulgarism; juristischer ~, ~ der Rechtssprache legal (*od.* law) term; ich weiß keinen besseren ~ dafür I know no better way of putting it; beschönigender ~ euphemism; bildhafter ~ figurative expression; ich bin um einen ~ verlegen I am at a loss for words; sich eines gelinden ~s bedienen to put it mildly; Ausdrücke bad (*od.* coarse) language *sg.* – **2.** ⟨*only sg*⟩ expression: etwas zum ~ bringen to express s.th., to give expression to s.th.; einen Gedanken [Wunsch] zum ~ bringen to express a thought [wish]; seinem Zorn [seinen Gefühlen] ~ geben (*od.* verleihen) to give vent to one's anger [to give utterance to one's feelings]; seine Glückwünsche zum ~ bringen to offer one's congratulations; ich möchte meiner Anteilnahme ~ geben I want to extend my sympathy; seiner Dankbarkeit mit Worten ~ verleihen to put one's gratitude into words; zum ~ kommen to find expression. – **3.** ⟨*only sg*⟩ (*auf dem Gesicht, in Worten, Gebärden*) expression: der ~ tiefster Verachtung an unmistakable expression of contempt; ein ~ von Schwermut (*od.* ein schwermütiger ~) lag auf seinem Gesicht he had a melancholy expression on his face; der zärtliche ~ in ihrer Stimme the tender expression (*od.* tone) in her voice; viel ~ in (*acc*) etwas legen to put much expression (*od.* great feeling) into s.th.; er sang ohne besonderen ~ his singing was rather expressionless. – **4.** ⟨*only sg*⟩ (*Stil*) way of expressing oneself, mode of expression, style, (*bes. mündlich*) diction: eine große Gewandtheit im ~ besitzen to have great skill in expressing oneself, to have great eloquence; er ist schwerfällig im ~ his diction is labo(u)red; mehr Vorsicht im ~ a more careful choice of words. – **5.** ⟨*only sg*⟩ (*Merkmal*) expression, characteristic, symbol: ein ~ der modernen Zeit a characteristic of our time. – **6.** *math.* a) expression, b) (*Glied*) term: eingliedriger [quadratischer, imaginärer] ~ monomial [quadratic, imaginary] (expression).

ˈAusˌdruck[2] *m* ⟨-(e)s; *no pl*⟩ *print.* **1.** (*einer Form*) working off. – **2.** printing in full.

ˈausˌdrück·bar *adj* capable of being expressed, expressible: mit Worten kaum ~ unspeakable, beyond description.

ˈausˌdrucken (*getr.* -k·k-) *print.* **I** *v/t* ⟨*sep*, -ge-, h⟩ **1.** (*Buch etc*) finish printing (*s.th.*): eine Form ~ to work off a form; das Buch wird bald ausgedruckt sein the book will soon be worked off. – **2.** (*Zeile etc*) print (*s.th.*) in full. – **II** *v/i* **3.** (*von Form etc*) (im)print: gut ~ to print clearly.

ˈausˌdrücken (*getr.* -k·k-) **I** *v/t* ⟨*sep*, -ge-, h⟩ **1.** (*Flüssigkeit, Frucht etc*) press (*od.* squeeze) out: eine Zitrone (vollständig) ~ to squeeze a lemon dry. – **2.** (*Zigarette etc*) put (*od.* stub) out. – **3.** (*brennende Kerze*) pinch out. – **4.** (*Wollsachen*) squeeze the moisture gently out of (*s.th.*): Wollsachen nur leicht ~! squeeze out woolen things gently. – **5.** (*Auge*) gouge out. – **6.** (*formulieren*) express, formulate, put (*s.th.*) in words: wenn ich das so ~ darf if I may say so; ich weiß nicht, wie man das ~ soll I don't know how to put it; einfach ausgedrückt in plain words; anders ausgedrückt in other words; gelinde ausgedrückt to put it mildly. – **7.** (*äußern, kundtun*) express, utter, voice: seine Meinung ~ to voice one's opinion; seine Verwunderung über (*acc*) etwas ~ to express one's astonishment at s.th. – **8.** j-m etwas ~ *lit.* to express s.th. to s.o. – **9.** (*zeigen, offenbaren*) express, show, reveal: Freude ~ to express joy; ihr Gesicht drückte Überraschung aus her face registered surprise; diese Maßnahmen drücken die Bereitschaft der Regierung aus these measures demonstrate the government's readiness. – **10.** (*Maßeinheiten etc*) express, give, state: in Dollars ausgedrückt in terms of dollars. – **11.** *math.* express. – **12.** *med.* (*Furunkel, Eiter*) squeeze (out). – **II** *v/reflex* sich ~ **13.** express oneself: sich deutlich (*od.* klar) ~ to express oneself clearly; sich kurz ~ to be brief; sich unverblümt ~ to speak frankly, not to mince words; sich geistreich ~ to speak brilliantly; wenn ich mich so ~ darf if I may say so; drücken Sie sich bitte etwas höflicher aus! be more polite, please! – **14.** (*sich zeigen, offenbaren*) express (*od.* show, reveal) itself: darin drückt sich sein Charakter aus this reveals his character.

aus·drück·lich [ˈausˌdrʏklɪç; ˌausˈdrʏklɪç] **I** *adj* (*entschieden geäußert*) express, explicit, definite, positive, unmistakable: auf ~en Befehl by express command, on strict order; er gab ihm die ~e Erlaubnis he gave him the express permission; es ist sein ~er Wunsch it is his express wish; mit ~er Zustimmung des Vaters with one's father's express approval; ~e Anweisungen positive (*od.* strict) orders; einen ~en Unterschied machen to make a specific (*od.* clear) distinction; ~e Erfüllung eines Vertrags *jur.* specific performance. – **II** *adv* expressly, explicitly, (*besonders*) specially, specifically, particularly: obwohl er es ~ verboten hatte though he had expressly forbidden it; ich bat ihn ~, nicht zu rauchen I particularly asked him not to smoke; es wird ~ darauf hingewiesen, daß it is specially pointed out that; er hat das nicht ~ gesagt he didn't say so in so many words. — **ˈAusˌdrück·lich·keit** *f* ⟨-; *no pl*⟩ *rare* explicitness.

ˈAusˌdrück·maˌschi·ne *f metall.* (*in der Kokerei*) mechanical pusher.

ˈAusˌdrucks|ˌart *f cf.* Ausdrucksweise. — **~beˌwe·gung** *f* expressive movement (*od.* gesture). — **a~ˌfä·hig** *adj* (*Stimme, Gesicht etc*) capable of showing expression, expressive. — **~ˌfä·hig·keit** *f* ⟨-; *no pl*⟩ capability of showing expression, expressiveness. — **~ˌform** *f* form of expression. — **~ˌfül·le** *f*, **~geˌhalt** *m* expressiveness. — **~gymˌna·stik** *f* (*sport*) expressive (*od.* gestural) gymnastics *pl* (*construed as sg*). — **~ˌkraft** *f* expressiveness, expressive power: die ~ seiner Stimme the expressiveness of his voice. — **~ˌkunst** *f* **1.** art of expression, expressiveness. – **2.** (*art*) expressive art. — **a~ˌleer** *adj cf.* ausdruckslos I.

ˈausˌdrucks·los I *adj* **1.** expressionless, devoid of expression, unexpressive, (*Blick etc*) *auch* vacant, blank: sein Gesicht war ~ there was a blank look on his face; ~e Gesichtszüge indistinctive features. – **2.** (*Gesangsstimme etc*) inexpressive. – **II** *adv* **3.** without expression: ein Gedicht ~ vortragen to recite a poem without expression; ~ dreinblicken to look blankly. — **ˈAusˌdrucks·lo·sig·keit** *f* ⟨-; *no pl*⟩ **1.** expressionlessness, lack of expression, unexpressiveness, (*des Blickes etc*) *auch* vacancy, blankness. – **2.** (*einer Gesangsstimme etc*) inexpressiveness.

ˈAusˌdrucks|ˌmit·tel *n* means *pl* (*construed as sg or pl*) of expression. — **~psy·cho·loˌgie** *f psych.* psychology of expressive behavio(u)r. — **a~ˌschwach** *adj* (*Wort, Stil*) lacking expression, having little expressive power, weak. — **a~ˌstark** *adj* highly (*od.* strongly) expressive. — **~ˌstar·re** *f med.* **1.** (*des Gesichts*) lack of facial expression, immobile facies. – **2.** (*allgemeine*) lack of psychomotor activity. — **~ˌstu·die** *f* interpretive (*od.* interpretative) (dance) study (*od.* étude). — **~ˌtanz** *m* ⟨-es; *no pl*⟩ *choreogr.* interpre(ta)tive (*od.* expressional) dance. — **~verˌmö·gen** *n* ⟨-s; *no pl*⟩ **1.** gift (*od.* ability) of expressing oneself, faculty of expression: über ein reiches ~ verfügen to have a rich faculty of expression at one's command, to be able to put ideas across. – **2.** (*einer Sprache*) wealth of expression. — **a~ˌvoll I** *adj* expressive, full of expression, (*Blick, Geste*) *auch* significant, meaningful, eloquent. – **II** *adv* expressively, with (great) expression: ~ singen to sing with great expression. — **~ˌwei·se** *f* mode (*od.* way) of expression, (*stilistische*) style, (*bes. mündliche*) diction: eine etwas seltsame ~ an odd way of putting things; was ist das für eine ~! what kind of language is that! sich einer korrekten ~ befleißigen *lit.* to use correct language; charakteristische ~ *ling.* idiom.

ˈAusˌdrusch *m* ⟨-(e)s; ⸚e⟩ *dial. agr.* **1.** ⟨*only sg*⟩ threshing. – **2.** yield of threshing.

ˈausˌdün·nen *v/t* ⟨*sep*, -ge-, h⟩ *agr.* (*Saatbestand*) thin out.

ˈausˌdun·sten, **ˈausˌdün·sten I** *v/t* ⟨*sep*, -ge-, h⟩ **1.** (*Gerüche etc*) exhale, give off, emit, emanate. – **II** *v/i* **2.** (*von Flüssigkeit*) evaporate, exhale. – **3.** *med. bot. zo.* transpire. – **III A~** *n* ⟨-s⟩ **4.** *verbal noun.* — **ˈAusˌdun·stung**, **ˈAusˌdün·stung** *f* ⟨-; -en⟩ **1.** *cf.* Ausdunsten, Ausdünsten. – **2.** exhalation, emanation, emission. – **3.** (*Schweiß*) perspiration. – **4.** *med. bot. zo.* transpiration. – **5.** *auch tech.* a) (*einer Flüssigkeit*) evaporation, b) (*Dunstabsonderung*) vapor, *bes. Br.* vapour.

ˌausˌeinˈan·der *adv* **1.** (*getrennt*) apart, (*bes. gewaltsam*) asunder: die Bäume sind weit ~ the trees are far apart from each other; das schreibt man ~ this is written in two words; wir sind weit ~ a) we are far apart from each other, b) *fig.* we are of differing points of view, we don't see eye to eye; die Kinder sind (altersmäßig) 2 Jahre ~ the children are two years apart in age; die Ereignisse liegen 2 Jahre ~ the events are two years apart; die Freunde sind ~ *fig.* the friendship between them is broken; die Ehe ist ~ *fig. colloq.* the marriage is on the rocks (*colloq.*). – **2.** (*aus dem andern*) one from (*od.* out of) another: Theorien ~ entwickeln to develop theories one from another. — **~ˌbie·gen** *v/t* ⟨*irr*, *sep*, -ge-, h⟩ etwas ~ to bend s.th. apart. — **~ˌbre·chen I** *v/t* ⟨*irr*, *sep*, -ge-, h⟩ etwas ~ to break s.th. apart. – **II** *v/i* ⟨sein⟩ break apart, (*in zwei Teile*) break in two (*od.* in half). — **~ˌbrei·ten** *v/t* ⟨*sep*, -ge-, h⟩ **1.** (*etwas Gefaltetes*) unfold, spread out. – **2.** *cf.* ausbreiten 1. — **~ˌbrin·gen** *v/t* ⟨*irr*, *sep*, -ge-, h⟩ **1.** (*Freunde, Kämpfende etc*) separate, part. – **2.** (*Gegenstände*) get (*s.th.*) apart. – **3.** *cf.* auseinanderbrechen I. — **~ˌdrücken** (*getr.* -k·k-) *v/t* ⟨*sep*, -ge-, h⟩ etwas ~ to press s.th. apart. — **~entˌwickeln** (*getr.* -k·k-) *v/reflex* ⟨*sep*, *no* -ge-, h⟩ sich ~ develop in different directions. — **~ˌfah·ren** *v/i* ⟨*irr*, *sep*, -ge-, sein⟩ **1.** drive apart. – **2.** *fig.* separate suddenly: die Köpfe der Schüler fuhren auseinander the pupils' heads jerked apart. – **3.** (*von Menschenmenge*) scatter, disperse. — **~ˌfal·len** *v/i* ⟨*irr*, *sep*, -ge-, sein⟩ **1.** fall apart, fall to pieces, disintegrate. – **2.** *fig.* break up, fall apart, disintegrate. — **~ˌfal·ten** *v/t u.* sich ~ *v/reflex* ⟨*sep*, -ge-, h⟩ *cf.* entfalten 1, 8. — **~ˌflie·gen** *v/i* ⟨*irr, sep*, -ge-, sein⟩ **1.** (*von Vögeln etc*) scatter, disperse, fly in different directions. – **2.** *colloq.* go to pieces, fly apart. — **~ˌge·hen I** *v/i* ⟨*irr, sep*, -ge-, sein⟩ **1.** (*sich trennen*) part: **wir gingen als Freunde auseinander** we parted friends. – **2.** *fig.* (*von Meinungen etc*) differ, diverge: **die Meinungen gehen darüber auseinander** opinions are divided on that matter. – **3.** *fig. colloq.* (*von Bündnis etc*) break up. – **4.** *fig.* (*von Versammlung, Parlament etc*) dissolve. – **5.** *fig. colloq.* (*von Verlobung*) be broken off. – **6.** (*in Teile*) come (*od.* go) apart, (*in Stücke*) come (*od.* go) to pieces: **es geht nicht auseinander** it won't come apart. – **7.** (*von Linien etc*) diverge. – **8.** spread, expand: **der Stamm geht nach oben zu auseinander** in the upper part the trunk becomes thicker; **sie ist sehr auseinandergegangen** *colloq.* she has filled out a great deal (*colloq.*). – **9.** (*sport*) (*von Boxern*) break. – **10.** *lit.* (*von Nebel*) lift, (*von Wolken*) disperse. – **II A~** *n* ⟨-s⟩ **11.** *verbal noun*: **beim A~** on parting. – **12.** *fig.* (*der Meinungen etc*) difference, divergence. – **13.** (*von Linien etc*) divergence. — **~ˌge·hend I** *pres p.* – **II** *adj* **1.** (*Linien etc*) divergent. – **2.** *fig.* (*Meinungen etc*) differing, divergent. — **~ˌhacken** (*getr.* -k·k-) *v/t* ⟨*sep*, -ge-, h⟩ hack (*od.* chop) (*s.th.*) apart. — **~ˌhal·ten** *v/t* ⟨*irr, sep*, -ge-, h⟩ **1.** (*unterscheiden*) tell (*things, persons*) apart, distinguish (between): **man kann die Zwillinge kaum ~** one can hardly tell the twins apart; **er kann die zwei Namen nicht ~** he can't distinguish the two names. – **2.** keep apart (*od.* separate) (from each other). — **~ˌja·gen** *v/t* ⟨*sep*, -ge-, h⟩ (*Menschenmenge etc*) scatter, disperse. — **~ˌken·nen** *v/t* ⟨*irr, sep*, -ge-, h⟩ (*Zwillinge etc*) know (*od.* tell) (*persons*) apart, distinguish. — **~ˌklaf·fen** *v/i* ⟨*sep*, -ge-, sein⟩ **1.** (*von Wunde etc*) gape. – **2.** *fig.* (*von Meinungen*) diverge, differ. — **~klaˌmü·sern** *v/t* ⟨*sep*, *no* -ge-, h⟩ *Northern and Middle G. colloq.* disentangle, sort out, settle. — **~ˌklau·ben** *v/t* ⟨*sep*, -ge-, h⟩ **1.** *colloq. for* **aussortieren.** – **2.** unscramble. — **~ˌkom·men** *v/i* ⟨*irr, sep*, -ge-, sein⟩ **1.** become separated: **wir kamen im Gedränge auseinander** we got separated (*od.* we lost each other) in the crowd. – **2.** *fig.* (*von Freunden etc*) drift apart, become estranged. — **~ˌlau·fen** *v/i* ⟨*irr, sep*, -ge-, sein⟩ **1.** run in different directions. – **2.** *auch math.* (*von Linien etc*) diverge. – **3.** (*von Tinte etc*) (auf *dat* on) run. – **4.** *gastr.* a) (*von Teig*) spread out, b) *colloq.* (*von Kuchen etc*) run, lose its shape (during baking). — **~ˌlau·fend I** *pres p.* – **II** *adj auch math.* (*Linien etc*) divergent. — **~ˌle·ben** *v/reflex* ⟨*sep*, -ge-, h⟩ **sich ~** drift apart, become estranged. — **~ˌle·gen** *v/t* ⟨*sep*, -ge-, h⟩ **1. j-m etwas ~** to explain s.th. to s.o. – **2.** *rare for* **zerlegen** 1. — **~ˌma·chen** *v/t* ⟨*sep*, -ge-, h⟩ **1.** *colloq.* (*Schnur etc*) undo. – **2.** *colloq.* (*Zusammengeklebtes etc*) get (*s.th.*) apart. – **3.** *colloq.* (*Beine*) open, part, spread. – **4.** *mar.* (*Segel*) unfurl, unfold, expand. — **~ˌnehm·bar** *adj* capable of being taken apart, dismountable. — **~ˌneh·men** *v/t* ⟨*irr, sep*, -ge-, h⟩ **1.** (*Maschine, Spielzeug etc*) take (*s.th.*) apart, dismantle, disassemble, *Am.* tear down. – **2.** *bes. mil.* (*Geräte, Waffen*) dismantle, strip, dismount. – **3.** *fig. colloq.* criticize (*s.th.*) severely, pick (*s.th.*) apart, tear (*s.th.*) to pieces. – **4.** *colloq.* (*sport*) (*Mannschaft etc*) tear (*team*) to shreds, rip (*team*) apart, annihilate. — **~ˌplat·zen** *v/i* ⟨*sep*, -ge-, sein⟩ burst (apart), (*in zwei Teile*) burst in two. — **~ˌrei·ßen I** *v/t* ⟨*irr, sep*, -ge-, h⟩ **1.** tear (*s.th.*) apart, (*in zwei Teile*) tear (*s.th.*) in two. – **2.** *cf.* **zerreißen** 1, 6, 7. – **3.** (*Familien etc*) separate, pull apart. – **II** *v/i* ⟨sein⟩ **4.** *cf.* **zerreißen** 10—12. — **~ˌrol·len I** *v/t* ⟨*sep*, -ge-, h⟩ **1.** (*Teppich etc*) unroll. – **2.** (*Draht*) uncoil. – **II** *v/i* ⟨sein⟩ **3.** (*von Kugeln etc*) roll in different directions. – **III** *v/reflex* ⟨h⟩ **sich ~ 4.** (*von Schlangen*) uncoil. — **~ˌrücken** (*getr.* -k·k-) **I** *v/t* ⟨*sep*, -ge-, h⟩ **1.** (*Gegenstände*) move (*things*) apart. – **2.** (*Buchstaben, Zeilen*) space. – **II** *v/i* ⟨sein⟩ **3.** (*von Personen*) move away from each other, move apart. — **~ˌschie·ben** *v/t* ⟨*irr, sep*, -ge-, h⟩ shove (*things*) apart. — **~ˌschla·gen** *v/t* ⟨*irr, sep*, -ge-, h⟩ knock (*s.th.*) apart, (*in Stücke*) knock (*s.th.*) to pieces, (*in zwei Teile*) knock (*s.th.*) in two. — **~ˌschnei·den** *v/t* ⟨*irr, sep*, -ge-, h⟩ cut (*s.th.*) apart, (*in zwei Teile*) cut (*s.th.*) in two. — **~ˌset·zen I** *v/t* ⟨*sep*, -ge-, h⟩ **1. j-m etwas ~** to explain (*od.* expound) s.th. to s.o.: **j-m etwas lang und breit ~** *colloq.* to explain s.th. to s.o. at great length; **ich werde ihm meine Theorie ~** I'll expound my theory to him. – **II** *v/reflex* **sich ~ 2.** *jur.* compound, come to an agreement (*od.* to terms). – **3. sich mit einer Frage kritisch ~** to examine a problem critically; **sich mit einem Problem ~** to grapple with a problem; **sich mit dem Leben ~** to face life. – **4. sich mit j-m ~** a) to argue with s.o., to have it out with s.o., b) to come to an agreement with s.o.: **ich habe mich heftig mit ihm auseinandergesetzt** I had a violent argument with him; **sich mit j-m über** (*acc*) **etwas ~** to discuss s.th. with s.o.

ˌAusˌeinˈan·derˌset·zung *f* ⟨-; -en⟩ **1.** (*ernste Meinungsverschiedenheit*) argument, (*stärker*) dispute, quarrel: **ich hatte eine ~ mit ihm** I had an argument with him; **er hatte eine heftige ~ mit seinem Vater** he had a violent quarrel with his father. – **2.** *bes. pol.* conflict: **kriegerische ~en** *pl* armed conflicts: **lohnpolitische ~en** *pl econ.* wage disputes. – **3.** (*eines Problems etc*) explanation, exposition: **umständliche ~en philosophischer Fragen** detailed explanations of philosophical problems. – **4.** *cf.* **Meinungsaustausch, Diskussion.** – **5.** *jur.* a) (*mit Gläubigern*) arrangement, settlement, *auch* composition, b) (*gemeinsamen Besitzes*) partition, division, c) (*vermögensrechtliche*) apportionment, distribution.

ˌausˌeinˈan·derˌsprei·zen *v/t* ⟨*sep*, -ge-, h⟩ *cf.* **spreizen** 1—3.

ˌausˌeinˈan·derˌspren·gen[1] *v/t* ⟨*sep*, -ge-, h⟩ (*mit Sprengstoff*) blow (*s.th.*) up (*od.* to pieces).

ˌausˌeinˈan·derˌspren·gen[2] *v/i* ⟨*sep*, -ge-, sein⟩ (*von Reiterschar etc*) scatter, gallop in different directions.

ˌausˌeinˈan·der|ˌstel·len *v/t* ⟨*sep*, -ge-, h⟩ place (*persons, things*) apart (*od.* at a distance from each other). — **A~ˌstel·lung** *f ling.* disjunction. — **~ˌstie·ben** *v/i* ⟨*irr, sep*, -ge-, sein⟩ (*von Menschenmenge, Herde etc*) scatter (rapidly). — **~ˌstre·ben** *v/i* ⟨*sep*, -ge-, sein⟩ (*von Linien, Strahlen*) diverge. — **~ˌtrei·ben I** *v/t* ⟨*irr, sep*, -ge-, h⟩ **1.** (*Menschenansammlung etc*) scatter, disperse. – **2.** (*Holz mit Keil*) cleave. – **II** *v/i* ⟨sein⟩ **3.** (*von schwimmenden Körpern*) drift apart. — **~ˌtren·nen** *v/t* ⟨*sep*, -ge-, h⟩ *cf.* **zertrennen.** — **~ˌwickeln** (*getr.* -k·k-) *v/t* ⟨*sep*, -ge-, h⟩ unroll, unwrap. — **~ˌzie·hen** *v/t* ⟨*irr, sep*, -ge-, h⟩ **1.** (*elastische Dinge*) stretch. – **2.** (*in Teile*) draw (*od.* pull) (*s.th.*) apart. – **3.** *mil.* a) (*Fahrzeuge etc*) disperse, b) (*Kolonne*) string out.

ˈausˌei·tern *med.* **I** *v/t* ⟨*sep*, -ge-, h⟩ (*Fremdkörper*) discharge (*s.th.*) (by suppuration). – **II** *v/i* ⟨sein⟩ (*von Fremdkörpern*) be discharged by suppuration.

ˈaus·erˌkie·sen *v/t* ⟨*irr, insep, no* -ge-, h⟩ *poet. for* **auserwählen.**

ˈaus·erˌko·ren I *pp of* **auserkiesen.** – **II** *adj lit.* chosen, (*vom Schicksal*) predestined, predestinate(d). — **ˈAus·erˌko·re·ne** *m, f* ⟨-n; -n⟩ *cf.* **Auserwählte.**

ˈaus·erˌle·sen *adj lit.* **1.** (*Wein etc*) excellent, choice. – **2.** (*Publikum*) select(ed), choice, carefully chosen. – **3.** (*Geschmack*) exquisite. — **ˈAus·erˌle·sen·heit** *f* ⟨-; *no pl*⟩ *lit.* **1.** excellence, choiceness. – **2.** selectness. – **3.** exquisiteness.

ˈaus·erˌse·hen *lit.* **I** *v/t* ⟨*irr, insep, no* -ge-, h⟩ **1. j-n zu** (*od.* **für**) **etwas ~** a) to choose (*od.* select) s.o. for s.th., b) (*für ein Amt*) to designate s.o. for s.th. – **II** *adj* **2.** chosen, selected: **~ sein** a) to be chosen (*od.* selected), b) (*für ein Amt*) to be designated, c) (*vom Schicksal*) to be (pre)destined (*od.* predestinated). – **3.** *relig.* (*von Gott*) elect: **~ sein** to be elected.

ˈaus·erˌwäh·len *v/t* ⟨*insep, no* -ge-, h⟩ **1. j-n zu etwas ~** *lit.* a) to choose (*od.* select) s.o. for s.th., b) (*für ein Amt*) to designate s.o. for s.th.; **sich** (*dat*) **j-n ~** *lit.* to choose (*od.* select) s.o. for oneself. – **2. j-n ~** *relig.* (*von Gott*) to elect s.o. — **ˈaus·erˌwählt I** *pp.* – **II** *adj* **1.** *cf.* **ausersehen** 2. – **2.** *cf.* **auserlesen** 2. – **3.** *relig.* a) (*Volk*) chosen, peculiar, b) (*Person*) elect: **viele sind berufen, aber wenige sind ~** *Bibl.* many are called but few chosen. — **ˈAus·erˌwähl·te** *m, f* ⟨-n; -n⟩ person chosen (*od.* selected): **die ~n Gottes** *relig.* God's elect, the elect, the chosen; **ihr ~r** a) *humor.* the man of her choice, b) her bridegroom-elect; **seine ~** a) *humor.* the girl of his choice, b) his bride-elect.

ˈausˌes·sen *v/t* ⟨*irr, sep*, ausgegessen, h⟩ *colloq.* **1.** (*Teller, Schüssel*) finish, clear (off). – **2.** (*Suppe etc*) eat up. – **3.** *fig. cf.* **auslöffeln** 1.

ˈausˌfa·chen *v/t* ⟨*sep*, -ge-, h⟩ **1.** *tech.* (*Schrank*) shelve. – **2.** *civ.eng.* (*Balkenwerk*) lattice, frame.

ˈausˌfä·deln I *v/t* ⟨*sep*, -ge-, h⟩ (*Nadel*) unthread. – **II** *v/reflex* **sich ~** (*von Faden*) come unthreaded, slip out of the needle.

ˈausˌfahr·bar *adj* **1.** *aer.* (*Fahrgestell, Landeklappen*) extendable. – **2.** *mar.* (*Periskop*) liftable, raisable. – **3.** *tech.* (*Antenne etc*) telescopic. – **4.** *metall.* (*Herd*) (fitted with) car-bottom.

ˈausˌfah·ren I *v/i* ⟨*irr, sep*, -ge-, sein⟩ **1.** (*mit dem Auto etc*) drive out, go for (*od.* take) a drive (*bes. Am.* ride): **sie sind am Nachmittag ausgefahren** they went for a drive in the afternoon. – **2.** (*von einem Zug*) leave (the station), pull (*od.* draw) out (of the station). – **3.** *mar.* (*von Schiffen, Flotte*) leave (port), put (out) to sea: **die Boote fahren zum Fischfang aus** the boats leave for fishing. – **4.** (*mining*) (*aus dem Schacht*) leave the pit, return to the surface, ascend. – **5. aus j-m ~** *relig.* (*von bösen Geistern etc*) to leave (*od.* to depart from, to go out of) s.o. – **6.** *archaic for* **ausgleiten** 1, **ausrutschen** 1. – **II** *v/t* ⟨h⟩ **7. j-n ~** a) to take s.o. out for a drive, b) to take s.o. out: **das Baby ~** to take the baby out; **einen Kranken im Rollstuhl ~** to take an invalid out in a wheelchair (*Br.* Bath chair). – **8.** (*Pakete, Post, Kohlen etc*) deliver: **am Sonntag werden keine Pakete ausgefahren** no delivery of parcels on Sundays. – **9.** (*Straße, Feldweg*) rut. – **10.** *aer.* a) (*Fahrgestell*) lower, let down, b) (*Landeklappen, Fahrwerk*) extend. – **11.** *mar.* a) *cf.* **ausbringen** 3, b) (*Periskop*) raise, lift. – **12.** *auto.* a) (*Motor*) run (*s.th.*) up to top speed, b) ⟨*h u.* sein⟩ (*Kurven*) take (*curves*) on the outside, keep to the outside of, round. – **13. etwas voll ~** *tech.* to operate s.th. to full capacity. – **14.** (*sport*) (*Rennen*) hold. – **III A~** *n* ⟨-s⟩ **15.** *verbal noun.* – **16.** (*der Pakete, der Post etc*) delivery. – **17.** *aer.* (*der Landeklappen, des Fahrwerks*) extension.

ˈAusˌfah·rer *m* delivery truck (*Br.* lorry) [driver.]

ˈAusˌfahr|ˌgleis *n* (*railway*) departure line. — **~ˌschacht** *m* (*mining*) ascending shaft. — **~siˌgnal** *n* (*railway*) departure signal. — **~ˌspur** *f* (*an der Autobahn*) exit lane.

ˈAusˌfahrt *f* ⟨-; -en⟩ **1.** (*Spazierfahrt*) drive, ride, (*über Land*) excursion, trip: **wir unternahmen eine ~** we took (*od.* went for) a drive. – **2.** (*eines Zuges, Schiffes*) (aus from; nach for) departure: **der Zug steht zur ~ bereit** the train is ready for departure (*od.* is ready to leave). – **3.** a) (*Garagenausfahrt etc*) exit, b) (*Autobahnausfahrt*) exit (road), c) (*Torausfahrt*) (exit) gateway: **~ freihalten!** keep exit clear! **~!** (*als Hinweisschild*) out! – **4.** (*Hafenausfahrt etc*) mouth, outlet. – **5.** (*mining*) a) ascent, b) ⟨*only sg*⟩ leaving the pit, returning to the surface.

ˈAusˌfahrt(s)|siˌgnal *n* (*railway*) *cf.* **Ausfahrsignal.** — **~ˌstra·ße** *f* exit (road).

ˈAusˌfall *m* ⟨-(e)s; Ausfälle⟩ **1.** (*Verlust, Einbuße*) loss (*auch econ.*): **einen ~ erleiden** to suffer a loss; **Ausfälle decken** to cover losses; **~ an Gewicht** loss in weight; **~ in der Produktion** falling off in production. – **2.** (*technisches Versagen*) failure, breakdown: **durch den ~ eines Motors** due to the breakdown of an engine; **der ~ des Stromnetzes** the breakdown of the electric supply network; **der Spieler war ein glatter ~** (*sport*) *colloq.* the player was a complete failure. – **3.** *mil.* a) *pl* losses, casualties, b) *hist.* sortie, sally: **die Truppe hatte große Ausfälle** the unit suffered heavy losses; **einen ~ aus einer Festung machen** to make a sortie (*od.* to sally out) from a fortress. – **4.** *econ.* a) *cf.* **Ausfallbetrag,** b) (*Muster*) outturn, *Br.* out-turn. – **5.** *meist pl fig.* (*Beleidigung*) invective, abuse: **wütende Ausfälle gegen j-n machen** to launch fierce attacks against s.o.; **sich** (*dat*) **Ausfälle erlauben** to lapse into invectives. – **6.** ⟨*only sg*⟩ *archaic for* **Ausgang** 5, Ergebnis 1. – 7. *rare for* Abfall 1, Ausschuß 2, 3. – 8. (*sport*) a) (*Fechten*) lunge, thrust, pass, b) (*Boxen, Gymnastik*) lunge: er machte einen ~ gegen seinen Gegner he lunged out at his opponent; einen ~ parieren to parry an attack. – 9. *chem.* (*Niederschlag*) precipitate. – 10. *nucl.* (radioactive) fallout. – 11. ⟨*only sg*⟩ *med.* a) (*der Haare*) loss of hair, b) (*eines Organs*) loss of function, collapse, total failure, c) (*des Herzschlags*) cardiac arrest. – 12. ⟨*only sg*⟩ *jur.* (*eines Erben*) lapse.

'aus,fäll·bar *adj chem.* precipitable. — **'Aus,fäll·bar·keit** *f* ⟨-; *no pl*⟩ precipitability.

'Aus,fall|be,trag *m econ.* deficit, deficiency. — **~,bürg·schaft** *f jur. econ.* indemnity bond, letter of indemnity, deficiency guarantee.

'aus,fal·len I *v/i* ⟨*irr, sep*, -ge-, sein⟩ 1. (*von Haaren, Zähnen*) fall (*od.* come) out: die Haare sind ihm ausgefallen he has lost his hair; ein Zahn fiel mir aus one of my teeth came out. – 2. (*nicht stattfinden*) not to take place (*od.* be held), be off (*od.* cancel[l]ed): die Besprechung fällt aus the conference is not taking place; die Schule fällt heute aus there is no school today. – 3. (*von Maschine, Strom etc*) fail, break down: der rechte Motor des Flugzeugs fiel aus the right engine of the plane failed; die Stromversorgung fiel aus the electricity supply (*od.* electric power) broke down; das Signal war ausgefallen the signal did not function. – 4. (*von Arbeitern, Sportlern*) be unavailable, drop out: zwei Spieler fielen durch Krankheit aus two players dropped out because of illness. – 5. gut [schlecht] ~ *colloq.* (*von Ergebnis etc*) to turn out well [badly]: der erste Versuch fiel gut [schlecht] aus the first attempt was a success [failure]; das Ergebnis seiner Untersuchungen fiel gut aus the results of his research(es) were (*od.* proved) satisfactory; es fiel alles zu seiner Zufriedenheit aus everything turned out to his satisfaction; es fiel anders aus, als ich erwartet hatte a) things took a different turn from what I had expected, b) it was not what I had expected; das Urteil fiel zu seinen Gunsten [Ungunsten] aus the verdict went in his favo(u)r [against him]; wie ist die Prüfung ausgefallen? how was (*od.* did you fare in) the exam(ination)? klein ~ (*von Früchten etc*) to run small; mein Anteil fiel zu klein aus my share was too small. – 6. *mil. hist.* sally (out), make a sortie. – 7. (*sport*) (*Fechten*) lunge. – 8. *chem.* settle, be deposited, precipitate. – 9. *nucl.* (*von radioaktiven Stoffen*) fall out. – 10. *mar.* a) (*von Bug*) flare, b) (*von Heck*) rake. – 11. *bot.* (*von Samenkörnern*) fall out. – 12. *fig. rare* become abusive (*od.* personal). – 13. *med.* (*von Pulsschlag*) drop. – **II A~** *n* ⟨-s⟩ 14. *verbal noun.* – 15. *cf.* Ausfall 2, 8, 11, 12.

'aus,fäl·len *v/t* ⟨*sep*, -ge-, h⟩ 1. *chem.* precipitate. – 2. *Swiss jur. for* fällen 4.

'aus,fal·lend I *pres p.* – **II** *adj cf.* ausfällig.

'aus,fäl·lig *adj* offensive, (*beleidigend*) insulting, abusive: ~e Bemerkungen rude remarks; er wurde ~ he became abusive (*od.* personal); gegen j-n ~ werden to offend (*od.* insult, abuse) s.o.; ein ~er Ton abusive language. — **'Aus,fäl·lig·keit** *f* ⟨-; -en⟩ 1. ⟨*only sg*⟩ offensive (*od.* insulting, abusive) behavior (*bes. Br.* behaviour). – 2. *pl* insults, abuses, invectives.

'Aus,fall|,mu·ster *n econ.* outturn (*Br.* out-turn) sample. — **~,pfor·te** *f mil. hist.* sally gate. — **~,quo·te** *f mil.* attrition rate. — **~,schritt** *m* (*sport*) lunge step.

'Aus,falls·er,schei·nung *f med.* 1. symptom of deficiency. – 2. (*funktionelle*) functional deficit.

'Aus,fall,stel·lung *f* (*sport*) (*beim Fechten*) lunge (position): in ~ in the lunge.

'Aus,falls,tor *n* 1. *mil. hist.* sally port, *Br.* sally-port. – 2. *fig.* (*von Gebirge in Ebene*) opening.

'Aus,fall|,stra·ße *f* arterial road. — **~,stun·den** *pl* nonproductive (*Br.* non-productive) hours (*od.* time *sg*), hours not worked. — **~,tor** *n cf.* Ausfallstor. — **~,win·kel** *m* (*optics*) angle of reflection. — **~,zah·lung** *f econ.* deficiency payment.

'aus,fär·ben I *v/t* ⟨*sep*, -ge-, h⟩ (*Stoffe*) give (*s.th.*) the last dye. – **II** *v/i* (*von Stoffen*) lose color (*bes. Br.* colour).

'aus,fa·sern I *v/t* ⟨*sep*, -ge-, h⟩ 1. (*textile*) a) (*Gewebe*) ravel out, unravel, b) (*Wolle*) rove, tease. – **II** *v/i* ⟨sein⟩ *u.* sich ~ *v/reflex* ⟨h⟩ 2. ravel out, (*in feinen Fasern*) fuzz (out). – 3. (*von Stoffkanten*) fray out.

'aus,fau·len·zen *v/reflex* ⟨*sep*, -ge-, h⟩ sich ~ *colloq.* to loaf to one's heart's content: jetzt hat es sich ausgefaulenzt! no more loafing now!

'aus,fech·ten *v/t* ⟨*irr, sep*, -ge-, h⟩ *fig.* fight (*s.th.*) out: etwas mit j-m ~ to fight (*od.* have) s.th. out with s.o.; einen Strauß mit j-m ~ to have a fight with s.o.

'aus,fe·gen *v/t* ⟨*sep*, -ge-, h⟩ 1. (*Zimmer etc*) sweep (out). – 2. (*Schmutz etc*) sweep (*s.th.*) out (of the room *etc*).

'Aus,fe·ger *m* ⟨-s; -⟩ *dial.* 1. broom. – 2. *fig.* last dance.

'aus,fei·len *v/t* ⟨*sep*, -ge-, h⟩ 1. *tech.* (*Schlüssel etc*) file (out): eine Säge ~ to sharpen (*od.* tooth, indent, jag) a saw. – 2. *tech.* file, smooth (*s.th.*) down (with a file). – 3. *fig.* (*Sätze etc*) file, polish, go over: einen Aufsatz stilistisch ~ to polish (*od.* improve, go over) the style of an article (*od.* essay).

'aus,fer·ti·gen I *v/t* ⟨*sep*, -ge-, h⟩ 1. (*Schriftstück etc*) draw up, draft, make out: etwas dreifach ~ to make out s.th. in triplicate, to prepare three copies of s.th. – 2. (*Wechsel, Paß etc*) issue, make out: einen Scheck ~ to make out (*od.* write out, issue) a check (*Br.* cheque). – 3. *jur.* (*Dokument*) make out, execute, engross: eine Urkunde neu ~ to make a new (*od.* fresh) copy of a deed; ausgefertigt in X done at X. – 4. *obs. for* anfertigen 2. – **II A~** *n* ⟨-s⟩ 5. *verbal noun.* — **'Aus,fer·ti·gung** *f* ⟨-; -en⟩ 1. *cf.* Ausfertigen. – 2. (*eines Schriftstücks etc*) (authentic) copy, draft: erste ~ original, master copy; zweite [dritte, vierte, fünfte] ~ copy No. 2 [3, 4, 5], duplicate [triplicate, quadruplicate, quintuplicate]; in doppelter [dreifacher, vierfacher, fünffacher] ~ in two [three, four, five] copies, in duplicate [triplicate, quadruplicate, quintuplicate]. – 3. (*eines Wechsels etc*) issue. – 4. *jur.* (authentic) copy, execution, engrossment: erste ~ script, first authentic copy; gemäß ~ by copy; in mehrfacher ~ aufzeichnen to indent; Vertragsurkunde in dreifacher ~ tripartite indenture.

'Aus,fer·ti·gungs|,da·tum *n* 1. (*einer Rechnung etc*) date of making out (*od.* execution). – 2. (*eines Passes etc*) date of issue. — **~ge,bühr** *f* 1. (*für Urkunde, Paß etc*) issue fee. – 2. (*für Kopien*) charges *pl* (for making out a copy *od.* duplicate). — **~,tag** *m* day of issue.

'aus,feu·ern I *v/t* ⟨*sep*, -ge-, h⟩ *tech.* (*Faß*) burn out. – **II** *v/i* (*vom Pferd*) lash out.

'aus,fin·dig *adj only in* ~ machen a) (*entdecken*) to find, to discover, b) (*örtlich*) to locate, to spot, c) (*aufspüren*) to trace, to ferret out, d) (*Grund etc*) to find out: wir wollten den Platz ~ machen we wanted (*od.* tried) to find the place; er machte ein hübsches Restaurant ~ he discovered (*od.* located) a nice restaurant; ich muß den Eigentümer ~ machen I must find (*od.* trace) the owner; Mittel und Wege ~ machen to devise ways and means; eine Möglichkeit ~ machen to find a way.

'aus,flag·gen I *v/t* ⟨*sep*, -ge-, h⟩ (*sport*) (*Slalomstrecke etc*) mark out (*course*) with flags, flag (out). – **II** *v/i mar.* (flag-)dress, dress ship: voll ~ to dress full.

'aus,flech·ten *v/t* ⟨*irr, sep*, -ge-, h⟩ *tech.* 1. line (*s.th.*) with wickerwork (*od.* wattle). – 2. (*Seil etc*) unplait.

'Aus,fleisch,ei·sen *n* fleshing knife (*od.* tool), flesher, slater.

'aus,flei·schen [-,flaɪʃən] *v/t* ⟨*sep*, -ge-, h⟩ (*Häute*) flesh, (*stark*) scoop.

'Aus,fleisch,mes·ser *n cf.* Ausfleischeisen.

'aus,flicken (*getr.* -k·k-) *v/t* ⟨*sep*, -ge-, h⟩ 1. *colloq.* (*Kleidung, Mauer etc*) patch up, mend. – 2. *metall.* (*Ofenfutter*) patch, repair. — **,Aus·flicke'rei** (*getr.* -k·k-) *f contempt.* patching (up).

'aus,flie·gen I *v/i* ⟨*irr, sep*, -ge-, sein⟩ 1. (*von Vogel etc*) fly away: aus dem Nest ~ to take wing, to leave the nest; der Vogel ist ausgeflogen *auch fig. colloq.* the bird has flown. – 2. *fig.* leave home. – 3. *colloq.* make an excursion, go for (*od.* make, take) a trip: alle waren ausgeflogen everybody was out (*od.* away). – 4. *aer.* leave: aus einem Gebiet ~ to leave an area. – **II** *v/t* ⟨h⟩ 5. *aer. mil.* (*Verwundete etc*) fly (*s.o.*) out, evacuate (*s.o.*) by air. – **III A~** *n* ⟨-s⟩ 6. *verbal noun.* – 7. *aer.* air evacuation.

'aus,flie·sen [-,fliːzən] *v/t* ⟨*sep*, -ge-, h⟩ *civ.eng.* (*Raum, Fläche*) tile, flag.

'aus,flie·ßen I *v/i* ⟨*irr, sep*, -ge-, sein⟩ 1. flow (*od.* run) out, issue (out), *auch* discharge: Öl floß aus dem Behälter aus oil was leaking from (*od.* out of) the tank; das Wasser ist ausgeflossen the water has escaped; etwas langsam ~ lassen to drain s.th. (from s.th.); etwas durch eine Öffnung ~ lassen *tech.* to vent s.th. – 2. *geol.* (*von Lava etc*) pour out, extravasate (*scient.*). – 3. *poet.* (*von Worten, Geist etc*) (aus from) emanate, issue forth. – **II A~** *n* ⟨-s⟩ 4. *verbal noun.* – 5. *cf.* Ausfluß 1, 4, 5 a. — **'aus,flie·ßend I** *pres p.* – **II** *adj* 1. (aus from) effluent. – 2. *poet.* (aus from) emanant.

'aus,flocken (*getr.* -k·k-) *v/t* ⟨*sep*, -ge-, h⟩ *u.* *v/i* ⟨sein⟩ *chem.* flocculate. — **'Aus,flockung** (*getr.* -k·k-) *f* ⟨-; *no pl*⟩ *chem.* flocculation.

'Aus,flucht *f* ⟨-; Ausflüchte⟩ 1. *meist pl* (*Ausrede*) excuse, pretext, evasion: Ausflüchte machen (*od.* gebrauchen) a) to make excuses, to use evasions, to hedge, b) to prevaricate; komm mir bitte nicht mit Ausflüchten! don't try to be evasive with me! alle Ausflüchte waren umsonst all excuses were in vain. – 2. (*List, Trick*) subterfuge, shift. – 3. *obs. for* Schlupfloch 1.

'aus,fluch·ten I *v/t* ⟨*sep*, -ge-, h⟩ 1. *tech.* (*Räder etc*) align, *auch* aline, make flush. – 2. *civ.eng.* arrange, line (*od.* sight) out. – 3. *mar.* (*Lehrspanten etc*) keep (*s.th.*) in winding. – **II A~** *n* ⟨-s⟩ 4. *verbal noun.* – 5. *tech.* (*von Rädern etc*) alignment, *auch* alinement.

'Aus,flucht-Me·cha,nis·mus *m psych.* escape mechanism.

'Aus,fluch·tung *f* ⟨-; *no pl*⟩ *cf.* Ausfluchten.

'Aus,flug *m* ⟨-(e)s; Ausflüge⟩ 1. excursion, trip, outing, jaunt: ein ~ an die See a trip to the sea (*od.* seaside); einen ~ machen to go on (*od.* make) an excursion; ein ~ in die Vergangenheit *fig.* a journey (*od.* an excursion) into the past. – 2. (*von Vögeln etc*) flying out, flight. – 3. (*am Bienenstock*) entrance (to the hive).

'Aus,flüg·ler [-,flyːklər] *m* ⟨-s; -⟩, **'Aus,flüg·le·rin** *f* ⟨-; -nen⟩ excursionist, *Br. colloq.* (day) tripper.

'Aus,flug,schnei·se *f aer.* departure corridor.

'Aus,flugs|,damp·fer *m* excursion boat. — **~,fahr,kar·te** *f* (*railway*) (day) excursion ticket. — **~lo,kal** *n* restaurant (catering) for excursionists, roadhouse, *Br.* road-house. — **~,ort** *m* ⟨-(e)s; -e⟩ *cf.* Ausflugsziel 1. — **~,ziel** *n* 1. place for excursions, excursion resort: ein beliebtes ~ a popular place for excursions. – 2. destination (of an excursion).

'Aus,fluß *m* ⟨-sses; Ausflüsse⟩ 1. outflow discharge, efflux (*lit.*). – 2. (*Abfluß*) outlet, outfall: der See hat keinen ~ the lake has no outlet. – 3. ⟨*only sg*⟩ *fig. lit.* emanation, product, outcome: etwas als ~ des Unbewußten ansehen to look upon s.th. as an emanation of the unconscious; ~ einer überreizten Phantasie product of an overwrought imagination; das ist ein ~ seiner üblen Laune that is a result of his ill humo(u)r. – 4. ⟨*only sg*⟩ *med.* a) (*von Eiter, Serum*) discharge, secretion, b) (*der Vagina*) vaginal discharge, c) (*von Samen*) discharge, emission, d) (*bes. von Blut*) issue, e) (*Speichel*) froth: ~ aus der Nase nasal discharge, rhinorrh(o)ea; blutiger ~ a) bloody discharge, b) (*bei Beginn der Geburt etc*) show. – 5. *tech.* a) ⟨*only sg*⟩ (*Auslauf*) exit, escape, outflow, efflux, b) (*Abflußöffnung*) outlet. — **~ge,schwin·dig·keit** *f* 1. *phys.* velocity of outflow. – 2. *civ.eng.* discharge velocity. — **~ka,nal** *m civ.eng.* drainage channel. — **~,loch** *n* 1. drain (hole). – 2. (*in der Wand etc*) weep hole. — **~,men·ge** *f* quantity (*od.* volume) discharged. — **~,öff·nung** *f* 1. *tech.* outlet, discharge opening. – 2. *med.* discharge. — **~,rohr** *n*, **~,röh·re** *f* 1. *tech.* a) discharge pipe, b) (*einer Pumpe*) jet pipe, spout. – 2. *civ.eng.* drainage pipe.

'aus,fol·gen *v/t* ⟨*sep*, -ge-, h⟩ *Austrian for* aushändigen, übergeben[1] 1. — **'Aus,fol·gung** *f* ⟨-; -en⟩ *Austrian for* Aushändigung, Übergabe 2.

ˈAusˌformˌda·tum *n gastr.* (*der Butter*) packing date.

ˈausˌfor·men I *v/t* ⟨*sep*, -ge-, h⟩ **1.** (*Butter, Vase, Ziegel etc*) form, shape: eine Vase mit der Hand ~ to model a vase by hand. – **2.** *fig. lit. for* gestalten 3. – **II** *v/reflex* sich ~ **3.** (*von Charakter etc*) form, take shape. – **III A~** *n* ⟨-s⟩ **4.** *verbal noun.* — **ˈAusˌfor·mung** *f* ⟨-; -en⟩ **1.** *cf.* Ausformen. – **2.** formation.

ˈausˌfor·schen I *v/t* ⟨*sep*, -ge-, h⟩ **1.** (*ausfragen*) question, sound (*s.o.*) (out), 'pump' (*colloq.*): j-n nach seinen (*od.* über seine) Absichten ~ to question s.o. (*od.* to sound s.o. [out]) on (*od.* about) his intentions. – **2.** (*untersuchen*) (try to) find out, investigate: Geheimnisse ~ to find (*od.* spy) out secrets. – **3.** (*auskundschaften*) explore. – **4.** j-n ~ *Austrian* to find out s.o.'s whereabouts. – **II A~** *n* ⟨-s⟩ **5.** *verbal noun.* — **ˈAusˌfor·schung** *f* ⟨-; -en⟩ **1.** *cf.* Ausforschen. – **2.** investigation. – **3.** exploration.

ˈausˌfor·sten *v/t* ⟨*sep*, -ge-, h⟩ (*forestry*) *cf.* durchforsten. — **ˈAusˌfor·stung** *f* ⟨-; -en⟩ *cf.* Durchforstung.

ˈAusˌfracht *f econ. mar.* outward freight: ~ und Rückfracht freight out and home, outward and return freight.

ˈausˌfra·gen I *v/t* ⟨*sep*, -ge-, h⟩ **1.** j-n ~ to question (*od.* interrogate) s.o., to quiz s.o., *auch* to query s.o.: j-n über j-n [etwas] ~, j-n nach j-m [etwas] ~ to ask s.o. questions about s.o. [s.th.]; frag mich nicht so aus! *colloq.* stop asking questions (*od. colloq.* pumping me)! – **II A~** *n* ⟨-s⟩ **2.** *verbal noun.* – **3.** questioning, interrogation, quiz. — **ˈAusˌfra·ger** *m* questioner, interrogator. — **ˌAus·fra·geˈrei** *f* ⟨-; -en⟩ *colloq.* questioning, quizzing, 'pumping' (*colloq.*).

ˈausˌfran·sen I *v/i* ⟨*sep*, -ge-, sein⟩ **1.** fray, *bes. Am. colloq.* frazzle: der Mantelärmel ist ausgefranst the coat sleeve is frayed. – **II** *v/t* ⟨h⟩ **2.** (*mit Fransen versehen*) fringe. – **3.** fray.

ˈausˌfrä·sen *v/t* ⟨*sep*, -ge-, h⟩ **1.** *tech.* a) mill out, b) (*Gesenk*) diesink, c) (*Zahnlücken*) gash. – **2.** *print.* rout.

ˈausˌfres·sen I *v/t* ⟨*irr*, *sep*, -ge-, h⟩ **1.** (*aushöhlen*) eat away (*od.* out). – **2.** (*von Tier*) eat (*s.th.*) clean, empty: das Schwein hat den Trog ausgefressen the pig has eaten up all the food in the trough. – **3.** *vulg.* (*von Person*) guzzle, polish off, clean out (*colloq.*). – **4.** ⟨*only pp*⟩ etwas ausgefressen haben *fig. colloq.* to have been up to some mischief: was hat er ausgefressen? what (mischief *od.* monkey business) has he been up to? – **5.** *fig. colloq.* (*ausbaden*) pay (*od.* suffer) for: die ganze Sache ~ müssen to have to pay for everything that has gone wrong. – **6.** *chem. tech.* corrode. – **II** *v/reflex* sich ~ **7.** grow fat. – **III** *v/i* ⟨*only pp*⟩ **8.** ausgefressen haben (*von Tier*) to have finished eating.

ˈausˌfrie·ren I *v/i* ⟨*irr*, *sep*, -ge-, sein⟩ **1.** (*von Saat, Pflanzen*) be killed by frost. – **2.** (*von Personen*) freeze (right) through: ich bin ganz ausgefroren I am frozen to the bone. – **II** *v/t* ⟨h⟩ **3.** (*Wäsche, Bier etc*) let (*s.th.*) freeze. – **4.** *chem.* separate (*things*) by freezing.

ˈausˌfu·gen *civ.eng.* **I** *v/t* ⟨*sep*, -ge-, h⟩ point, joint. – **II A~** *n* ⟨-s⟩ *verbal noun.* — **ˈAusˌfu·gung** *f* ⟨-; -en⟩ *cf.* Ausfugen.

ˈAusˌfuhr *f* ⟨-; -en⟩ *econ.* **1.** export, exportation, exporting: die ~ von Kapital wird gefördert the export of capital is promoted. – **2.** (*die ausgeführten Waren etc*) export(s *pl*): die ~ erhöhen to increase (the) exports; entgeltliche ~ exports *pl* against payment; unbezahlte (*od.* unentgeltliche) ~ unpaid (*od.* unrequited) exports *pl*, exports *pl* free of payment. — **~ˌab·ga·be** *f* export levy. — **~arˌti·kel** *m* article of exportation, export(ed) article.

ˈausˌführ·bar *adj* **1.** (*Plan etc*) practicable, workable, feasible, executable, performable. – **2.** *econ.* (*Waren etc*) exportable. — **ˈAusˌführ·bar·keit** *f* ⟨-; *no pl*⟩ **1.** (*eines Planes etc*) practicability, workability, workableness, feasibility. – **2.** *econ.* (*von Waren etc*) exportability.

ˈAusˌfuhr|beˌschrän·kung *f econ.* restriction(s *pl*) on (*od.* of) export(s). — **~beˌstim·mung** *f meist pl* export regulation. — **~beˌwil·li·gung** *f* export permit (*od.* licence, *Am.* license).

ˈausˌfüh·ren I *v/t* ⟨*sep*, -ge-, h⟩ **1.** j-n ~ to take s.o. out. – **2.** (*Hund*) take (*a dog*) out for a walk. – **3.** (*bes. Pferd*) exercise. – **4.** *colloq.* (*neues Kleid etc*) display, show off. – **5.** *econ.* (*Waren etc*) export. – **6.** *fig.* (*Plan etc*) carry out, effect, realize, put (*s.th.*) into effect (*od.* execution). – **7.** *fig.* (*Anordnung, Gesetz etc*) carry out, execute, fulfil(l): einen Auftrag ~ *econ.* to fill an order. – **8.** *fig.* (*gestellte Aufgabe etc*) carry out, execute, perform: etwas meisterhaft ~ to do (*od.* perform) s.th. in a masterly way; die nötigen Reparaturen ~ to carry out (*od.* make) the necessary repairs; sich ~ lassen to be practicable (*od.* feasible, workable). – **9.** *fig.* (*Idee etc*) a) explain, illustrate, b) elaborate on, go into detail about: einen Bericht im einzelnen ~ to elaborate (*od.* enlarge) on an account (*od.* a report); er führte seine Gedanken nochmals näher aus he explained his ideas once again in detail. – **10.** (*Konzert etc*) perform: das Konzert wird ausgeführt vom Symphonieorchester the concert will be given (*od.* performed) by the symphony orchestra. – **11.** (*sagen*) remark, say: der Redner führte folgendes aus the speaker made the following remarks, the speaker said (*od.* pointed out) the following. – **12.** *civ.eng.* (*Bau*) construct, erect. – **13.** (*art*) do, work (out), execute: ein Porträt in Öl ~ to paint (*od.* do) a portrait in oils; die Einzelheiten auf einem Gemälde ~ to do the details in a painting; eine Skizze weiter ~ to do a sketch in detail, to elaborate a sketch. – **14.** den Strafstoß ~ (*sport*) to take the penalty kick. – **15.** *math.* do, work out: eine Rechnung ~ to do a calculation, to work out a sum. – **16.** *jur.* (*Verbrechen*) commit, perpetrate. – **II A~** *n* ⟨-s⟩ **17.** *verbal noun.* – **18.** *cf.* Ausführung. – **19.** *econ. cf.* Ausfuhr 1. — **ˈausˌfüh·rend I** *pres p.* – **II** *adj* **1.** executive: ~es Organ executive (authority); ~er Ingenieur *civ.eng.* field engineer. – **2.** (*darlegend*) explanatory. – **3.** *med.* efferent, excretory, secretory. – **4.** weiter ~es Urteil *philos.* ampliative judg(e)ment. — **ˈAusˌfüh·ren·de** *m, f* ⟨-n; -n⟩ performer.

ˈAusˌfüh·rer *m* ⟨-s; -⟩ *econ.* exporter.

ˈAusˌfuhr|erˌklä·rung *f econ.* export declaration (*od.* specification). — **~erˌlaub·nis** *f cf.* Ausfuhrgenehmigung. — **~erˌlös** *m* export proceeds *pl.* — **~ˌför·de·rungsˌmaßˌnah·me** *f meist pl* export promotion measure. — **~geˌneh·mi·gung** *f* export permit (*od.* licence, *Am.* license). — **~ˌgü·ter** *pl* export goods (*od.* articles), exports. — **~kon·tinˌgent** *n* export quota. — **~ˌland** *n* exporting country: ein ~ für Tabak a tobacco-exporting country.

aus·führ·lich [ˈausˌfyːrlɪç; ˌausˈfyːrlɪç] **I** *adj* detailed, circumstantial, *auch* full, comprehensive, exhaustive: er erstattete ~en Bericht he gave a detailed report; er wurde ~ he went into details; ich möchte nicht zu ~ werden I do not wish to labor (*bes. Br.* labour) the point. – **II** *adv* in detail, circumstantially, fully: sehr ~ at full (*od.* great) length, in great detail; ziemlich ~ at some length; ~er in greater detail, more fully; er behandelte das Thema ~ he dealt in some detail with (*od.* elaborated [up]on) the subject; sie erzählte mir ~ ihre Geschichte she told me her story at great length; er verbreitete sich ~ darüber he enlarged on it; er stellte den Vorfall ~ dar he gave a detailed (*od.* circumstantial) account of the incident. — **Aus·führ·lich·keit** [ˈausˌfyːr-; ˌausˈfyːr-] *f* ⟨-; *no pl*⟩ fullness, circumstantiality, detailedness: in aller ~ down to the last (*od.* in great) detail.

ˈAusˌfuhr|liˌzenz *f econ.* export licence (*Am.* license) (*od.* permit). — **~ˌprä·mie** *f* export bounty. — **~ˌquo·te** *f* export quota. — **~ˌsper·re** *f* embargo (on exports). — **~taˌrif** *m* **1.** export tariff. – **2.** (*bei der Eisenbahn*) reduced tariff for exports.

ˈAusˌfüh·rung *f* ⟨-; -en⟩ **1.** *cf.* Ausführen. – **2.** (*eines Plans etc*) execution, realization: etwas zur ~ bringen to carry (*od.* bring, put) s.th. into effect (*od.* execution); zur ~ kommen (*od.* gelangen) to be carried (*od.* put) into practice (*od.* execution), to be effected; bei ~ des Plans in pursuance (*od.* in the realization) of the plan. – **3.** (*einer Anordnung etc*) execution, fulfil(l)ment: die sofortige ~ des Befehls the immediate execution (*od.* implementation) of the order; die ~ eines Versprechens the fulfil(l)ment of a promise. – **4.** (*einer gestellten Aufgabe*) execution, performance: ~ von Übersetzungsarbeiten carrying out of translations. – **5.** (*eines Konzertes*) performance. – **6.** *civ.eng.* (*eines Baues*) a) construction, b) (*Fertigstellung*) completion. – **7.** (*art*) execution: die ~ von Einzelheiten auf einem Gemälde the execution of details in a painting. – **8.** (*Fertigungsmerkmal*) finish, make, model, design: Feuerzeuge in verschiedenen ~en lighters of different designs; die größere ~ hat eine andere Farbe the larger model is different in colo(u)r. – **9.** (*Qualität*) workmanship, quality, finish: Möbel in erstklassiger ~ furniture of first-class workmanship; bei ~ in Silber if the piece is done (*od.* worked) in silver. – **10.** (*eines Themas, Gedankens etc*) exposition. – **11.** *pl* remarks, comments, speech *sg*, dissertation *sg*, discourse *sg*: seine ~en wurden leicht verstanden his remarks were readily understood; in seinen ~en über die politische Lage in (the course of) his remarks on the political situation; er machte lange ~en zu dieser Frage he went into details about (*od.* discoursed at length on) this question. – **12.** *cf.* Ausfertigung 2. – **13.** *econ.* exportation. – **14.** *math.* (*einer Rechenvorschrift*) operation. – **15.** *jur.* a) (*eines Verbrechens*) perpetration, commitment, b) (*eines Gesetzes*) execution. – **16.** *chem.* evacuation. – **17.** (*sport*) (*eines Strafstoßes etc*) taking.

ˈAusˌfüh·rungs|beˌstim·mung *f meist pl jur.* regulation (of implementation), implementing regulation (*od.* statute). — **~entˌwurf** *m civ.eng.* winning (*od.* working) design. — **~ˌfrist** *f* **1.** *jur.* a) term (*od.* period) for execution, b) (*Leistungsfrist*) term (*od.* period) for performance. – **2.** *civ.eng.* specified construction time. — **~ˌgang** *m med. biol.* (excretory *od.* deferent) duct: ohne ~ ductless. — **~ga·ranˌtie** *f civ.eng.* completion (*od.* performance) bond. — **~geˌsetz** *n*, **~verˌord·nung** *f meist pl jur. cf.* Ausführungsbestimmung. — **~ˌzeich·nung** *f civ.eng.* working plan, detail (*od.* working) drawing.

ˈAusˌfuhr|verˌbot *n econ.* export ban (*od.* prohibition), embargo (on exports). — **~verˌgü·tung** *f* export bounty. — **~voˌlu·men** *n* export volume. — **~ˌwa·ren** *pl cf.* Ausfuhrgüter. — **~ˌzoll** *m* export duty, duty on exportation (*od.* exports). — **a~ˌzollˌpflich·tig** *adj* liable to export duty.

ˈausˌfül·len I *v/t* ⟨*sep*, -ge-, h⟩ **1.** (*Grube, Loch etc*) fill (up *od.* in): eine Lücke ~ *auch fig.* to fill (*od.* stop) a gap; eine Fläche ~ to cover a surface; Ritzen ~ to fill in chinks (*od.* crevasses); Mauerfugen ~ *civ.eng.* to flush (*od.* smooth) the joints; eine Mauer mit Schutt [Steinsplittern] ~ *civ.eng.* to heart [garret, gal(l)et] a wall; eine Straße mit Erde ~ *civ.eng.* to blind a road; eine Öffnung mit Sandsäcken ~ to sandbag an opening. – **2.** (*ausstopfen*) stuff, pad. – **3.** (*Formular etc*) *bes. Br.* fill in, *Am.* fill out, complete: einen Fragebogen ~ to fill in (*Am.* out) a questionnaire. – **4.** *fig.* (*besetzen, einnehmen*) fill (up), occupy: der Tisch füllt die ganze Ecke aus the table fills (*od.* takes up) the whole corner; seine Gestalt füllte fast den Türrahmen aus his figure almost filled the doorway; seine Arbeit füllt ihn ganz aus his work absorbs him completely (*od.* fills his life), his work is his (whole) life; er füllt diesen Posten gut aus he fills this post well; diese Aufgabe füllt ihn nicht aus this task does not satisfy him. – **5.** (*Zeit etc*) fill (in), employ, use. – **6.** (*Urkunde*) execute. – **II A~** *n* ⟨-s⟩ **7.** *verbal noun.* – **8.** *cf.* Ausfüllung.

ˈAusˌfüllˌstück *n meist pl civ.eng.* fill-in piece.

ˈAusˌfül·lung *f* ⟨-; *no pl*⟩ **1.** *cf.* Ausfüllen. – **2.** (*eines Formulars etc*) completion. – **3.** (*eines Raums etc*) occupation. – **4.** (*der Zeit*) use. – **5.** *civ.eng.* fillings *pl*, ballast, rubble(stones *pl*), *Br.* metal.

ˈAusˌfül·lungsˌli·nie *f print.* catch line.

ˈausˌfüt·tern[1] *v/t* ⟨*sep*, -ge-, h⟩ **1.** (*Kleidung*) line: etwas mit Pelz ~ to line s.th. with fur. – **2.** (*polstern*) pad. – **3.** *tech.* line (out): etwas mit Weißmetall ~ *metall.* to babbitt s.th. – **4.** *print.* (*mit Papier*) paper. – **5.** *civ.eng.* (*im Wasserbau*) clay. – **II A~** *n* ⟨-s⟩ **6.** *verbal noun.* – **7.** *cf.* Ausfütterung.

ˈausˌfüt·tern[2] *v/t* ⟨*sep*, -ge-, h⟩ (*Vieh etc*) feed (*s.th.*) well.

ˈAusˌfüt·te·rung *f* ⟨-; *no pl*⟩ **1.** *cf.* Ausfüttern[1]. – **2.** *civ.eng.* (*einer Böschung etc*) revetment.

ˈAusˌga·be *f* ⟨-; -n⟩ **1.** ⟨*only sg*⟩ (*Aushändigung*) giving out, handing out. – **2.** ⟨*only sg*⟩ (*Austeilung*) distribution. – **3.** *meist pl bes. econ.* (*Kosten*) expense(s *pl*), expenditure, outlay, disbursement: **größere ~n scheuen** to avoid heavy spending; **über die ~n Buch führen** to keep book on one's expenditure, to keep track of what one spends; **die ~n den Einnahmen anpassen** to proportion expenditure to income; **wir werden Ihnen Ihre ~n zurückerstatten** you will be reimbursed for your expenses; **die gesamten ~n** the total expenditure *sg*, the outgoes, *bes. Br.* the outgoings; **diese ~ macht sich bezahlt** *colloq.* this expense is worthwhile; **das ist eine einmalige ~** that expense is only incurred once, that is a non(-)recurring (*od.* non[-]recurrent) expense; **~n einschränken** to curtail (*od.* limit) expenses. – **4.** *econ.* (*von Aktien, Policen etc*) issue, issuing, issuance, (*von Banknoten*) *auch* emission. – **5.** *print.* a) (*einer Zeitschrift etc*) issue, number, b) (*eines Werkes etc*) edition, c) (*Exemplar*) copy: **neue ~** reprint; **eine bibliophile ~** a cabinet edition; **zweisprachige ~** bilingual edition, diglot; **durchgesehene** (*od.* **verbesserte**) **~** revised edition, revision. – **6.** *philat.* issue. – **7.** ⟨*only sg*⟩ *mil.* (*eines Befehls etc, von Material etc*) issue.

ˈAusˌga·be|ˌbank *f econ.* bank of issue, issuing bank. — **~beˌam·te** *m* delivery clerk. — **~beˌleg** *m cf.* Ausgabenbeleg. — **~beˌwil·li·gung** *f econ.* (*im Budget*) appropriation. — **~ˌda·tum** *n bes. philat.* date of issue. — **~ˌdienst** *m* (*postal service*) counter delivery service. — **~ˌkurs** *m econ.* rate of issue, issue (*od.* issuing) price.

ˈAusˌga·ben|beˌleg *m econ.* voucher, receipt. — **~ˌbuch** *n* **1.** expense(s) book, (petty) cashbook. – **2.** housekeeping book. — **~ˌpo·sten** *m* item of expenditure, expense item. — **~ˌrech·nung** *f* account of expenditure.

ˈAusˌga·be|ˌnum·mer *f* (*einer Zeitschrift, einer Banknote*) issue number. — **~ˌschal·ter** *m* (*postal service*) delivery counter. — **~ˌstel·le** *f* **1.** *econ.* a) (*von Banknoten etc*) issuing agency (*od.* office), b) (*Emissionsabteilung*) issue department. – **2.** (*postal service*) (*Verteilerstelle*) delivery office. – **3.** (*railway*) a) (*für Fahrkarten*) ticket (*bes. Br.* booking) office, b) (*für Gepäck*) collecting (*od. Am.* baggage, *bes. Br.* luggage) office. – **4.** *mil.* supply point. — **~ˌtag** *m bes. philat.* date of issue.

ˈAusˌgang *m* ⟨-(e)s; ⸗e⟩ **1.** exit, way out, egress (*lit.*): **~!** exit! way out! **kein ~!** no exit! **das Zimmer hat nur einen ~** the room has only one exit; **zum ~ drängen** to push toward(s) the exit; **am ~ des Schachts** at the exit (*od.* mouth) of the shaft. – **2.** ⟨*only sg*⟩ (*Ausgehen*) going out, outing: **sein erster ~ nach seiner Krankheit** his first outing after his illness. – **3.** ⟨*only sg*⟩ (*Genehmigung zum Ausgehen*) time off: **das Mädchen hat ~** the maid has her day (*od.* afternoon) off; **~ haben** *mil.* to be on pass (*od.* leave). – **4.** ⟨*only sg*⟩ (*Ende*) end, (*zeitlich*) termination, close: **am ~ des Dorfes** at the end of the village; **vor dem ~ des 18. Jahrhunderts** before the close (*od.* end) of the 18th century. – **5.** ⟨*only sg*⟩ (*Ergebnis*) result, issue, outcome, *auch* upshot, conclusion: **den ~ der Wahlen voraussagen** to predict the result of the elections; **die Sache nimmt einen schlechten ~** things are turning out (*od.* ending) badly; **einen guten ~ erwarten lassen** to be in a promising state; **Unfall mit tödlichem ~** fatal accident; **~ eines Prozesses** *jur.* outcome of a trial. – **6.** *fig.* (*in Wendungen wie*) **seinen ~ nehmen von** to take (*s.th.*) as one's starting point (*od.* point of departure), to start from: **von diesem Ereignis hat die folgende Entwicklung ihren ~ genommen** the following development started from this event. – **7.** *econ.* a) *cf.* Ausfuhr, b) (*von Waren etc*) outgo, outturn, *Br.* out-turn. – **8.** *pl econ.* a) (*abgehende Post*) outgoing mail *sg* (*od.* correspondence *sg*), b) (*von Waren etc*) outgoing stocks. – **9.** *pl econ. cf.* Ausgabe 3. – **10.** *ling.* ending, termination, *auch* desinence. – **11.** *print.* break. – **12.** *geogr.* outlet, mouth, debouchment: **die Ausgänge der Ostsee** the outlets of the Baltic. – **13.** (*literature*) (*eines Dramas etc*) denouement. – **14.** *hunt.* (*im Fuchsbau etc*) entrance: **einen ~ machen** (*von Dachs*) to leave its burrow. – **15.** *electr.* a) output, load end, b) sink: **Schalter mit fünf Ausgängen** five-point switch.

ˈausˌgangs I *prep* ⟨*gen*⟩ **1.** at the end of: **~ des Mittelalters** at the close of the Middle Ages; **~ der Kurve** at the end of the bend. – **II** *adv* **2.** at the end. – **3.** finally.

ˈAusˌgangs|ˌbahnˌhof *m* (*railway*) terminal station, (railway) terminus. — **~ˌba·sis** *f auch fig.* starting point. — **~beˌschrän·kung** *f mil.* **1.** curfew. – **2.** (*Kasernenarrest*) confinement to barracks, C.B. (*colloq.*). — **~geˌschwin·dig·keit** *f cf.* Anfangsgeschwindigkeit. — **~geˌstein** *n geol.* parent rock (*od.* material). — **~im·peˌdanz** *f electr.* output impedance. — **~ˌka·bel** *n tel.* outgoing cable. — **~ka·piˌtal** *n econ.* original capital. — **~ˌla·ge** *f* **1.** original (*od.* starting, initial) position. – **2.** *fig.* initial (*od.* original) situation. — **~ˌlei·stung** *f electr.* (*radio*) power output. — **~ma·te·riˌal** *n* original (*od.* basic, source, raw) material. — **~ˌmo·ni·tor** *m electr.* (*Radar*) actual monitor. — **~ˌöff·nung** *f tech.* outlet. — **~ˌort** *m cf.* Ausgangspunkt. — **~po·si·tiˌon** *f auch fig.* starting (*od.* initial) position. — **~proˌdukt** *n* primary product. — **~ˌpunkt** *m* **1.** *auch fig.* starting point, point of departure: **zum ~ seiner Wanderung zurückkehren** to return to the starting point of one's hike; **das wäre ein günstiger ~ für Verhandlungen** this would be a good starting point (*od.* good basis) for negotiations. – **2.** *phys.* (*einer Skala etc*) starting (*od.* reference) point. – **3.** *math.* starting (*od.* initial) value. — **~ˌrei·he** *f mus.* (*in der Zwölftonmusik*) original row (*od.* series), basic set. — **~ˌspan·nung** *f electr.* output voltage. — **~ˌsper·re** *f mil.* **1.** (*für Soldaten*) confinement to barracks, C.B. (*colloq.*). – **2.** (*für Zivilbevölkerung*) curfew: **eine ~ verhängen** to impose a curfew. — **~ˌstel·lung** *f* **1.** starting (*od.* initial, normal) position. – **2.** *mil.* line of departure, jump(ing)-off (*od.* initial) position. – **3.** (*sport*) a) starting position, b) (*beim Fechten*) recovery: **Zurückgehen in die ~** recover; **~ einnehmen** to recover. — **~ˌstoff** *m* **1.** *tech.* source (*od.* basic) material, initial substance. – **2.** *metall.* (*Ausgangswerkstoff*) base material. – **3.** *chem.* starting material. — **~ˌthe·ma** *n* **1.** *mus.* root theme. – **2.** *fig.* initial theme. — **~ˌtür** *f* exit. — **~ˌwerkˌstoff** *m* **1.** *tech.* basic material. – **2.** *metall.* base metal. — **~ˌzei·le** *f print.* last line of a break. — **~ˌzoll** *m econ.* export duty.

ˈausˌga·ren *v/t* ⟨*sep*, -ge-, h⟩ *metall.* **1.** (*Stahlschmelze*) kill. – **2.** (*Koks*) carbonize.

ˈausˌgä·ren *v/i* ⟨*irr, sep*, -ge-, h *u.* sein⟩ *chem. brew.* cease fermenting. — **ˈAusˌgä·rung** *f* ⟨-; *no pl*⟩ fermentation.

ˈAusˌgarˌzeit *f metall.* (*der Stahlschmelze*) killing period.

ˈausˌga·sen I *v/t* ⟨*sep*, -ge-, h⟩ (*Zimmer etc*) fumigate. – **II A~** *n* ⟨-s⟩ *verbal noun.* — **ˈAusˌga·sung** *f* ⟨-; *no pl*⟩ **1.** *cf* Ausgasen. – **2.** fumigation. – **3.** (*mining*) methane drainage, gas drain.

ˈaus·geˌapert *adj* clear of snow, bare.

ˈaus·geˌar·bei·tet I *pp.* – **II** *adj* **1.** (*Gesichtszüge etc*) worn(-out). – **2.** (*Plan etc*) worked-out (*attrib*), mature: **sorgfältig ~** elaborate; **schlecht ~** crude, rough.

ˈaus·geˌbacken (*getr.* -k·k-) **I** *pp of* ausbacken. – **II** *adj gastr.* well-baked (*attrib*), baked thoroughly: **in schwimmendem Fett ~** deep fried, rissolé.

ˈausˌge·ben I *v/t* ⟨*irr, sep*, -ge-, h⟩ **1.** (*aushändigen*) give out, hand out. – **2.** (*austeilen*) distribute. – **3.** (*Geld*) spend, lay out: **viel für j-n [etwas] ~** to spend a lot (of money) on s.o. [s.th.]; **er muß ein Drittel seines Gehalts für Miete ~** he has to lay out one third of his salary for rent; **sie gibt ein Vermögen für Kleidung aus** she spends a fortune on clothes; **eine Runde ~** *colloq.* to stand a round (of drinks); **j-m einen ~** *colloq.* to stand (*od.* buy) s.o. a drink. – **4. etwas [j-n] für** (*od.* **als**) **etwas [j-n] ~** to give s.th. [s.o.] out as s.th. [s.o.], to pass s.th. [s.o.] off for (*od.* as) s.th. [s.o.]; **er gab das Bild als sein Werk aus** he passed the painting off as his own work; **er gab sie als seine Schwester aus** he passed her off as his sister. – **5.** *econ.* (*Aktien, Policen etc*) issue, (*Banknoten*) *auch* emit. – **6.** *mil.* (*Befehl etc*) issue, give: **die Losung ~** to give the password. – **7.** (*games*) (*Karten*) deal. – **8.** *mar.* (*Tau*) pay out (*od.* off). – **9.** *rare* (*verleihen*) (*Geld*) lend. – **10.** *dial.* (*Ertrag, Menge*) yield, produce: **das gibt mehr aus, als ich dachte** that yields more than I thought it would. – **II** *v/reflex* **sich ~ 11.** *colloq.* exhaust oneself, tire oneself out, spend oneself. – **12. sich für** (*od.* **als**) **j-n [etwas] ~** to pretend (*od.* claim) to be s.o. [s.th.], to give oneself out to be s.o. [s.th.], to pose as s.o. [s.th.], to set oneself up as s.o. [s.th.]: **er gab sich als** (*od.* **für einen**) **Arzt aus** he gave himself out to be (*od.* he posed as) a doctor; **sie gaben sich als verheiratet aus** they claimed to be married; **sich für unzurechnungsfähig ~** *jur.* to stultify oneself. – **III** *v/i* **13.** *colloq. od. dial.* (*ausgiebig sein*) be sufficient (*od.* enough): **der Teebeutel gibt für zwei Tassen aus** the tea bag gives (*od.* is sufficient for) two cups. – **14.** *civ.eng.* (*von gelöschtem Kalk*) swell, rise, increase. – **15.** *hunt.* **gib aus!** (*apportierten Gegenstand*) out! – **IV A~** *n* ⟨-s⟩ **16.** *verbal noun.* – **17.** *econ.* issue. – **18.** *cf.* Ausgabe 1, 2, 4, 7. — **ˈausˌge·bend I** *pres p.* – **II** *adj bes. econ. jur.* issuing, *auch* issuant.

ˈaus·geˌbes·sert I *pp.* – **II** *adj* **1.** (*Kleidung etc*) mended, repaired: **~e Stelle** mend, repair. – **2.** (*Fehler etc*) corrected.

ˈaus·geˌbeult I *pp.* – **II** *adj* **1.** (*Hose*) baggy: **an den Knien ~** baggy (at the knees). – **2.** *tech.* a) flattened, planished, bumped-out (*attrib*), b) (*verbeult*) dented.

ˈaus·geˌbil·det I *pp.* – **II** *adj* **1.** trained, skilled: **sie ist nicht ~** she is untrained (*od.* unskilled); **gut ~ sein in** (*dat*) to be well trained in; **fachlich ~** professionally (*od.* technically) trained. – **2.** schooled, educated. – **3.** *mil.* (*Soldat*) (fully) trained. – **4.** *biol.* developed: **voll ~** mature, definitive, perfect; **halb ~** dimidiate; **nicht voll ~** rudimentary, *auch* rudimental.

ˈaus·geˌbis·sen I *pp of* ausbeißen. – **II** *adj bot.* erose.

ˈaus·geˌbleicht I *pp of* ausbleichen II. – **II** *adj* (*Flecke etc*) bleached-out (*attrib*).

ˈaus·geˌbli·chen I *pp of* ausbleichen I. – **II** *adj* discolored, *bes. Br.* discoloured, faded.

ˈaus·geˌblu·tet I *pp.* – **II** *adj med.* exsanguinated.

ˈaus·geˌbogt *adj* **1.** (*fashion*) bowed. – **2.** *her.* engrailed.

ˈAus·geˌbomb·te *m, f* ⟨-n; -n⟩ bombed-out person: **die ~n** *pl* the bombed-out.

ˈaus·geˌbrannt I *pp of* ausbrennen. – **II** *adj* **1.** burned-out, burnt-out (*beide attrib*), burnt. – **2.** *fig. colloq.* exhausted, spent; burned-out, burnt-out (*attrib*).

ˈaus·geˌbrei·tet I *pp.* – **II** *adj* **1.** spread(-out), outspread, extended: **weit ~** far-flung. – **2.** *bot. zo.* patulous, prostrate, effuse.

ˈaus·geˌbro·chen I *pp of* ausbrechen. – **II** *adj* **1.** broken-out (*attrib*), escaped: **der ~e Gefangene** the escaped prisoner. – **2.** *her.* voided.

ˈaus·geˌbucht I *pp.* – **II** *adj colloq.* booked-up (*attrib*): **das Hotel [die Reise] ist ~** the hotel [the trip] is booked up; **ich bin schon ~** I am already dated up.

ˈaus·geˌbuch·tet I *pp.* – **II** *adj* **1.** (*Rand etc*) indented, sinuate(d). – **2.** *arch.* swelled, bulging.

ˈaus·geˌbür·gert I *pp.* – **II** *adj jur. pol.* expatriate. — **ˈAus·geˌbür·ger·te** *m, f* ⟨-n; -n⟩ expatriate.

ˈAus·geˌburt *f* ⟨-; -en⟩ *fig. contempt.* (monstrous) product, monstrosity, prodigy: **~ der Phantasie** figment of the imagination, phantom, illusion; **~ der Hölle** fiend, spawn of the devil.

ˈaus·geˌdehnt I *pp.* – **II** *adj* **1.** (*Fläche etc*) extensive, expansive, ample, wide, spacious: **ein ~es Waldgebiet** a large (*od.* far-flung) tract of woodland. – **2.** *fig.* extensive, extended, lengthy: **~e Forschungen** a) large-scale research *sg*, b) extensive investigations; **ein ~er Spaziergang** a long walk; **in ~em Maße** largely. – **3.** *math.* extensive. — **ˈAus·geˌdehnt·heit** *f* ⟨-; *no pl*⟩ *fig.* extensiveness.

ˈaus·geˌdient I *pp.* – **II** *adj* **1.** *colloq.* (*Personen*) superannuated, retired. – **2.** *colloq.* (*Sachen*) worn-out (*attrib*), past use. – **3.** *mil.* retired, *bes. Am.* veteran, *Br.* time-expired.

ˈAus·geˌdin·ge *n* ⟨-s; *no pl*⟩ *dial. for* Altenteil.

'aus·ge,dorrt, 'aus·ge,dörrt I *pp.* – **II** *adj* arid, dry, droughty, torrid: **von der Sonne ~** sun-baked.

'aus·ge,fah·ren I *pp of* ausfahren. – **II** *adj* (*Straße, Kurve etc*) full of ruts, rutty: **sich in einem ~en Geleise bewegen** *fig.* to be in a rut.

'aus·ge,fal·len I *pp of* ausfallen. – **II** *adj* odd, queer, eccentric, unusual, extraordinary, out-of-the-way (*attrib*): **~e Wörter** rare words; **~e Ideen** odd (*od.* extraordinary) ideas; **die Methode ist ein wenig ~** this method is slightly out of the ordinary; **ein ~er Hut** an unusual (*od.* eccentric) hat; **einen ~en Geschmack haben** to have unusual tastes. – **III A~e, das** ⟨-n⟩ **etwas A~es** s.th. out-of-the-way.

'aus·ge,feilt I *pp.* – **II** *adj fig.* (*Stil etc*) elaborate, polished, flawless, *auch* chisel(l)ed.

'aus·ge,feimt *adj cf.* abgefeimt II.

'aus·ge,fres·sen I *pp of* ausfressen. – **II** *adj* **1.** *colloq.* fat, bloated. – **2.** *tech.* (*von Lagern, Achse etc*) hollow.

'aus·ge,fuchst *adj colloq. cf.* abgefeimt II.

'aus·ge,füllt I *pp.* – **II** *adj phys.* solid: **(vollkommen) ~er Raum** plenum.

'aus·ge,gan·gen I *pp of* ausgehen. – **II** *adj print.* (*Schriftgarnitur*) out of sorts.

'aus·ge,gart I *pp.* – **II** *adj metall.* **1.** (*Stahl*) killed. – **2.** (*Koks*) carbonized.

'aus·ge,gli·chen I *pp of* ausgleichen. – **II** *adj* **1.** (*Wesen etc*) (well-)balanced, (self)-poised, steady, equable. – **2.** (*Klima etc*) equable, steady. – **3.** (*Stil, Farben etc*) harmonious. – **4.** *econ.* balanced, squared, settled. – **5.** *aer.* (*Ruder*) balanced. – **6.** *med.* (*Diät*) (well-)balanced. — **'Aus·ge,gli·chen·heit** *f* ⟨-; *no pl*⟩ **1.** (*des Wesens etc*) balance, poise, equableness. – **2.** (*des Klimas etc*) equableness, steadiness. – **3.** (*des Stils etc*) harmony.

'aus·ge,glüht I *pp.* – **II** *adj metall.* (*Stahl*) soft-annealed.

'aus·ge,gos·sen I *pp of* ausgießen. – **II** *adj* **1.** spilled, spilt. – **2.** *tech.* a) (*Fundament mit Zement*) grouted, b) (*Lager*) babbitted.

'Aus,geh|,abend *m* evening out. — **~,an·,zug** *m* **1.** best suit. – **2.** *mil. mar.* dress uniform.

'aus,ge·hen I *v/i* ⟨*irr, sep,* -ge-, sein⟩ **1.** go out: **die Mutter war ausgegangen** the mother had gone out (*od.* left the house); **er wollte gerade ~** he was about to go out; **zum Essen ~** to dine out; **heute abend gehen wir groß aus** *colloq.* tonight we are going out in great style. – **2.** (*auslaufen, enden*) end: **das Wort geht auf einen Vokal aus** the word ends (*od.* terminates) in a vowel; **das Ornament geht in eine Spitze aus** the ornament ends in a point; **die Sache ging (noch) gut aus** *fig.* the matter ended (*od.* went off) well; **das Stück geht tragisch aus** *fig.* the play ends tragically; **das kann übel** (*od.* **böse**) **~** *fig. colloq.* that can (*od.* may) end badly; **der Prozeß ging für den Kläger günstig aus** the trial ended (*od.* turned out) favo(u)rably for the claimant; **das Spiel ging unentschieden aus** (*sport*) the match ended in a draw; → Hornberger Schießen. – **3.** *colloq.* (*schwinden*) run (*od.* give) out, fail: **unsere Vorräte gingen aus, die Vorräte gingen uns aus** our supplies ran (*od.* gave) out; **ihr ging die Geduld aus** her patience ran out; **dann ging ihnen der Gesprächsstoff aus** then they ran out of (topics of) conversation; **beim Treppensteigen geht mir immer der Atem** (*od.* **die Luft,** *colloq.* **die Puste**) **aus** when I climb stairs my breath always gives out (*od.* fails me), I always run out of breath climbing stairs; **er kam zurück, als ihm das Geld ausgegangen war** he came back when he had run out of money. – **4.** *colloq.* (*von Licht, Feuer, Zigarre etc*) go out: **das Streichholz ging gleich wieder aus** the match went out at once; **die Heizung ~ lassen** to let the heating go out. – **5. auf** (*acc*) **etwas ~** a) to be (*od.* go) out for s.th., to seek s.th., b) to set out to do s.th., to aim at (doing) s.th., to be bent on s.th.: **er geht gern auf Abenteuer aus** he likes to go (out) in search of adventure; **der Tiger geht auf Raub** (*od.* **Beute**) **aus** the tiger goes on the hunt for prey; **die Parteien gehen darauf aus, Wähler zu gewinnen** the parties set out to gain (*od.* aim at collecting) votes; **er geht nur auf Betrug aus** he is simply planning fraud, he is only bent on fraud; **der Artikel geht darauf aus, Verwirrung zu stiften** the article sets out (*od.* is calculated) to produce confusion. – **6. von etwas ~** (*etwas voraussetzen*) to start out from s.th.: **der Redner geht von der Auffassung aus, daß** the orator starts (out) with the idea that; **die Theorie geht von falschen Voraussetzungen aus** the theory starts out from false presuppositions; **gehen wir einmal davon aus, daß** let us start (*od.* work) from the fact that. – **7. von j-m [etwas] ~** (*herkommen*) to come from (*od.* start with, originate with) s.o. [s.th.]: **von der Lampe geht ein warmer Schein aus** a warm light comes from the lamp; **ein Gefühl menschlicher Wärme geht von ihm aus** a feeling of (human) warmth comes (*od.* emanates) from him, he spreads (*od.* radiates) a feeling of warmth; **die Anordnung ging vom Chef aus** the instruction came from the boss (*od.* chief); **ein Rundschreiben ~ lassen** to send out a circular (letter); **der Anstoß (dazu) ging von ihm aus** the initiative came from him; **alle Staatsgewalt geht vom Volke aus** *pol.* all executive power originates with the people. – **8. von einem Ort ~** to start at (*od.* from) a place: **mehrere Straßen gehen vom Marktplatz aus** several streets start at (*od.* radiate from) the market place (*Br.* market-place); **die Reise geht von H. aus** the journey starts at (*od.* from) H. – **9.** (*in Wendungen wie*) **leer ~** to get nothing, to be left out, to go empty-handed, *Am.* to miss out; **frei ~** to go free (*od.* scot-free); **straffrei ~** to go unpunished. – **10.** *colloq.* (*von Haaren*) come out, fall out. – **11.** *colloq.* (*von Farbe etc*) fade, come out: **dieser Stoff geht aus** this fabric loses colo(u)r. – **12.** *geol.* pinch out: **zutage ~** to crop (up *od.* out). – **13.** *math. cf.* aufgehen 12. – **14.** *only in* **etwas geht an j-m aus** s.o. takes the brunt of s.th. – **15.** *econ. obs.* (*von Waren etc*) be sent out. – **II A~** *n* ⟨-s⟩ **16.** *verbal noun.* – **17.** *geol.* outcrop. – **18.** *cf.* Ausgang 2, 4, 5, 6, 10, 11, 13, 14. — **'aus,ge·hend I** *pres p.* – **II** *adj* **1.** (*Epoche etc*) late: **das ~e Mittelalter** the end of the Middle Ages; **im ~en 18. Jahrhundert** toward(s) the close (*od.* end) of (*od.* in the closing years of) the 18th century. – **2.** *econ.* (*Waren, Post*) outgoing, outbound. – **3.** *mar.* outward-bound, outbound, outgoing, outwards: **~e Ladung** outward cargo; **~es Schiff** outgoing vessel. – **4.** *geol.* outcropping: **zutage ~e Schichten** outcropping strata. — **'Aus,ge·hen·de, das** ⟨-n⟩ **1.** (*mining*) *cf.* Ausbiß. – **2.** *geol.* outcropping.

'Aus,geh|er,laub·nis *f mil.* pass. — **a~,fertig** *adj* ready to go out. — **~,kleid** *n* party dress, *Am. colloq.* going-out dress.

'aus·ge,ho·ben I *pp of* ausheben. – **II** *adj mil.* drafted: **~e Truppen** levy *sg*, levies; **~er Rekrut** conscript.

'aus·ge,höhlt I *pp.* – **II** *adj* **1.** (*Baumstamm etc*) hollow. – **2.** (*Wange*) sunken, haggard. – **3.** *tech.* pitted, grooved, channel(l)ed. – **4.** concave. – **5. er war wie ~** *fig.* he was apathetic (*od.* numb). — **'Aus·ge,höhlt·heit** *f* ⟨-; *no pl*⟩ **1.** hollowness. – **2.** *fig.* apathy, numbness.

'Aus,geh,tag *m archaic od. colloq.* day off (*od.* out).

'aus·ge,hun·gert I *pp.* – **II** *adj* famished, starving, ravenous.

'Aus,geh|uni,form *f mil. mar.* dress uniform. — **~ver,bot** *n* **1.** curfew: **~ verhängen** to impose a curfew. – **2.** (*für Kranke etc*) orders *pl* to stay indoors: **das Mädchen hat ~** the girl is not allowed to go out. – **3.** *mil.* confinement to barracks, C.B. (*colloq.*).

'aus,gei·zen *v/t* ⟨*sep,* -ge-, h⟩ *hort.* prune, thin out, trim.

'aus·ge,kehlt I *pp.* – **II** *adj* **1.** *tech.* channeled, *bes. Br.* channelled, fluted, grooved. – **2.** *bot.* sulcate.

'aus·ge,klü·gelt I *pp.* – **II** *adj* ingenious, clever, well-contrived (*attrib*): **ein ~es System der Überwachung** an ingenious system of surveillance; **ein raffiniert ~er Plan** a cleverly devised plan.

'aus·ge,kocht I *pp.* – **II** *adj fig. colloq.* shrewd, crafty, tricky, artful, *Br. sl. auch* 'wide': **ein ~er Bursche** a crafty fellow, *Br. sl. auch* a wide boy.

'aus·ge,las·sen I *pp of* auslassen. – **II** *adj* **1.** (*Laune, Lachen etc*) hilarious, boisterous, exuberant, rollicking, riotous, frolicsome, *Am. sl.* rip-roaring: **ein ~es Kind** a boisterous (*od.* lively) child; **~e Fröhlichkeit** exuberant gaiety; **eine ~e Gesellschaft** a rollicking (*od.* gay) party; **sie waren alle sehr ~** they were all in high spirits. – **2.** (*ungezügelt*) unrestrained, abandoned, wild, *Am. sl.* rambunctious. – **3.** (*Butter etc*) run. – **III** *adv* **4.** hilariously, boisterously, exuberantly: **~ feiern** to revel. — **'Aus·ge,lassen·heit** *f* ⟨-; *no pl*⟩ **1.** hilarity, boisterousness, exuberance. – **2.** unrestrainedness, unrestraint, abandon(ment), wildness.

'aus·ge,la·stet I *pp.* – **II** *adj bes. econ.* **1.** (*Fahrzeug, Produktionsanlage etc*) working (*od.* running) to capacity, working at full (*od.* peak, maximum) capacity, fully utilized. – **2.** (*Person*) fully occupied (*od.* employed).

'aus·ge,lau·fen I *pp of* auslaufen. – **II** *adj* **1.** *tech.* (*Radlager etc*) worn-out (*attrib*). – **2.** *metall.* (*Block*) bled.

'aus·ge,laugt I *pp.* – **II** *adj* **1.** *agr.* (*Boden*) sick, worn, effete, emaciated. – **2.** *tech.* leached-out (*attrib*).

'aus·ge,lei·ert I *pp.* – **II** *adj* **1.** completely worn, worn-out (*attrib*): **ein ~es Gewinde** a worn thread; **ein ~es Gummiband** a worn-out elastic. – **2.** *fig. colloq.* (*abgedroschen*) hackneyed, trite, stale.

'aus·ge,lernt I *pp.* – **II** *adj econ.* fully trained: **er ist ~er Bäcker** he has served his apprenticeship as a baker. — **'Aus·ge,lern·te** *m, f* ⟨-n; -n⟩ fully trained apprentice (*od.* staff member, employee).

'aus·ge,löscht I *pp.* – **II** *adj fig.* (*aus dem Gedächtnis*) extinguished.

'aus·ge,macht I *pp.* – **II** *adj colloq.* **1.** (*feststehend*) established, settled, certain, agreed (*pred*): **es ist noch nicht ~, ob** it is not yet settled whether; **es scheint mir fast ~** it seems more or less (*od.* almost) certain to me; **~!** agreed! it's a deal! **es ist eine ~e Sache, daß** it is a foregone conclusion (*od.* an established fact) that. – **2.** ⟨*attrib*⟩ (*völlig*) out-and-out, downright, unmitigated, arrant, perfect, 'regular' (*colloq.*): **das ist ein ~er Schwindel** that is an out-and-out (*od.* a downright) swindle; **er ist ein ~er Pazifist [Heuchler]** he is a decided pacifist [an arrant hypocrite]; **er ist der ~este Idiot** he is the perfect idiot; **das ist ~er Unsinn** that is utter nonsense.

'aus·ge,mer·gelt I *pp.* – **II** *adj* **1.** (*Körper*) emaciated, gaunt: **~ aussehen** to look emaciated (*od.* haggard). – **2.** (*Gesicht*) pinched, haggard. – **3.** (*Pferd*) emaciated. – **4.** *agr.* (*Boden*) exhausted, barren, emaciated, effete.

'aus·ge,nom·men I *pp of* ausnehmen. – **II** *prep* ⟨*preceding a dependent acc or nom, following a dependent either acc or coinciding in case with that of the corresponding word in the preceding phrase*⟩ except, excepting, with the exception of, save (*lit.*), bar(ring) (*colloq.*): **er ~** except him; **ich selbst nicht ~** not excepting (*od.* excluding) myself; **Anwesende ~** present company excepted; **niemand(en) ~** without exception, bar none; **der Tadel galt allen, ~ ihm** (*od.* **ihn ~**) the blame was meant for all except (*od.* but) him; **sie haben alle unrecht, er ~** (*od.* **~ er**) they are all wrong but him; **ihn nicht ~** him not excepted; **immer, ~ nachts** always except at night. – **III** *conj* unless: **~, daß** except (*od.* saving) that; **~, wenn** except when; **das Picknick findet statt, ~ es regnet** the picnic is going to be held unless it rains.

'aus·ge,picht I *pp.* – **II** *adj* **1.** *fig. colloq.* seasoned, hardened: **~e Kehle** hardened throat; **ein ~es Faß** a seasoned drinker. – **2.** *fig. colloq. cf.* abgefeimt II.

'aus·ge,prägt I *pp.* – **II** *adj* marked, pronounced, distinct, distinctive, prominent: **ein ~er Wesenszug** a marked feature, a distinctive characteristic; **ein ~es Gesicht** a marked physiognomy, a characteristic face; **~e Unterschiede** marked differences. — **'Aus·ge,prägt·heit** *f* ⟨-; *no pl*⟩ markedness, distinctness, distinctiveness, prominence.

'aus·ge,pumpt I *pp.* – **II** *adj* (*bes. sport*) exhausted, fagged, worn-out (*attrib*), all in (*pred*) (*colloq.*), *Am. colloq.* pooped.

'aus·ge,ran·det *adj bot. zo.* notched, emarginate(d) (*scient.*).

'aus,ger·ben *v/t* ⟨*sep,* -ge-, h⟩ (*leather*) tan (*s.th.*) thoroughly.

'aus·geˌrech·net I *pp.* – **II** [*auch* 'ausgə'rɛçnət] *adv fig. colloq.* just, exactly: ~ **er** he of all people; ~ **um Mitternacht** at midnight of all times; ~ **das** this of all things; ~ **jetzt mußte er kommen** he would have to come just now (of all times).

'aus·geˌreift I *pp.* – **II** *adj* **1.** *auch fig.* mature, ripe, mellow: **ein** ~**er Plan** a mature plan. – **2.** (*Konstruktion*) progressive, perfected, fully developed.

'aus·geˌrich·tet I *pp.* – **II** *adj* directed: **auf** (*acc*) **etwas** ~ **sein** a) to intend (*od.* aim at) s.th., b) to tend to(ward[s]) s.th.: **diese Partei ist stark links** ~ this party has a strong tendency to the left; **die Organisation des Heeres ist auf Schlagkraft** ~ the army is organized for combat effectiveness (*od.* striking power); **akustisch** ~ *psych.* ear-minded, audile; **die Ausbildung ist praktisch** ~ the training is directed toward(s) practical demands.

'aus·geˌrückt I *pp.* – **II** *adj tech.* out of gear, disengaged, uncoupled.

'aus·geˌruht I *pp.* – **II** *adj* rested: **ich bin gut** ~ I have had a good rest, I am well rested.

'aus·geˌrü·stet I *pp.* – **II** *adj* **gut** ~ **(für etwas) sein** to be well equipped (for s.th.).

'aus·geˌschal·tet I *pp.* – **II** *adj* **1.** (*Stromkreis etc*) (switched) off. – **2.** *tech.* (thrown) out of gear.

'aus·geˌschie·den I *pp of* **ausscheiden**. – **II** *adj* **1.** discarded, put away. – **2.** *med.* waste: ~**e Substanz** eliminations *pl*, waste products *pl*, excreta *pl.* – **3.** (*sport*) (*Teilnehmer*) eliminated, having failed to qualify.

'aus·geˌschla·fen I *pp of* **ausschlafen**. – **II** *adj* **gut** ~ **sein** to have had a good sleep (*od.* a good night's rest).

'aus·geˌschlos·sen I *pp of* **ausschließen**. – **II** *adj* **1.** *colloq.* impossible, out of the question: ~! impossible! nothing doing! (*colloq.*); **jeder Zweifel ist** ~ there is no doubt about it; **etwas für** ~ **halten** to think s.th. impossible. – **2.** (*sport*) (*Spieler*) sent off (the field).

'aus·geˌschnit·ten I *pp of* **ausschneiden**. – **II** *adj* **1.** (*fashion*) a) (*Kleid*) low(-necked), low-cut, décolleté, b) (*Schuh*) low(-cut): **sie ging tief** ~ she wore a low-necked (*od.* décolleté) dress; **die Bluse ist tief** ~ the blouse is very low-cut. – **2.** *bot. zo.* notched.

'aus·geˌschweift I *pp.* – **II** *adj* **1.** *tech.* (*in der Schreinerei*) curved. – **2.** *bot.* (*Blatt*) repand.

'aus·geˌsetzt I *pp.* – **II** *adj* exposed, open, subject(ed), liable: **einer Sache** ~ **sein** to lie open (*od.* be exposed, be liable) to s.th.; **Veränderungen** ~ **sein** to be subject to (*od.* to undergo) changes; **dem Gespött** ~ subject to ridicule; **der Kritik** ~ open (*od.* liable) to criticism. — **'Aus·geˌsetztˌsein** *n* ⟨-s⟩ exposure, exposedness, openness, liability.

'Aus·geˌsie·del·te *m, f* ⟨-n; -n⟩ *pol.* evacuee.

'aus·geˌspart I *pp.* – **II** *adj* ~**er Raum** *print.* whites *pl.*

'aus·geˌspro·chen I *pp of* **aussprechen**. – **II** *adj* ⟨*attrib*⟩ pronounced, distinct, decided, definite, marked: **eine** ~**e Vorliebe (für)** a distinct (*od.* marked) preference (*od.* partiality) (for); **in** ~**em Gegensatz stehen** to form a pronounced (*od.* marked) contrast; **eine** ~**e Begabung** a pronounced aptitude; **ein** ~**er Sinn für Humor** a pronounced sense of humo(u)r; **ein** ~**er Gegner** a determined (*od.* declared) opponent; **das Kind ist ein** ~**er Plagegeist** the child is a positive torment (*colloq.*); **sein** ~**er Liebling** his declared favo(u)rite. – **III** *adv* ~ **häßlich** decidedly ugly; ~ **feindlich** markedly (*od.* definitely) hostile; **er fand das** ~ **gemein** he thought that definitely mean; ~ **falsch** positively (*od.* plainly) wrong; ~ **gute Manieren** distinctly good manners; **eine** ~ **englische Einrichtung** a typically British institution; **das ist** ~ **Pech** that is definitely bad luck. — **'aus·ge·ˌspro·che·ner'ma·ßen** *adv cf.* **ausgesprochen III**.

'aus·geˌstal·ten I *v/t* ⟨*sep, pp* **ausgestaltet**, *h*⟩ **1.** (*Bericht, Szene etc*) shape, work out, elaborate, develop: **etwas künstlerisch** ~ to give an artistic turn to s.th.; **etwas zu etwas** ~ to develop (*od.* turn) s.th. into s.th. – **2.** (*Programm etc*) arrange, organize: **eine Feier** ~ to arrange a celebration. – **3.** (*Saal etc*) decorate. – **II A**~ *n* ⟨-s⟩ **4.** *verbal noun.* — **'Aus·geˌstal·tung** *f* ⟨-; *no pl*⟩ **1.** *cf.* **Ausgestalten**. – **2.** (*eines Berichts etc*) elaboration, development. – **3.** (*einer Feier etc*) arrangement, organization. – **4.** (*eines Raumes*) decoration.

'aus·geˌstat·tet I *pp.* – **II** *adj* **1.** (*Auto, Zimmer etc*) equipped: **ein mit schönen Möbeln** ~**es Zimmer** a well-furnished (*od.* beautifully appointed) room; **die Revue ist gut** ~ the revue is highly spectacular. – **2. das Buch ist gut [mit zahlreichen Illustrationen]** ~ the book is well designed [contains numerous illustrations]. – **3. ein von der Natur mit reichen Gaben** ~**er Mensch** *fig.* a man endowed with rich gifts.

'aus·geˌsteu·ert I *pp.* – **II** *adj jur.* (*im Sozial- u. Versicherungsrecht*) without claim to insurance benefit. — **'Aus·geˌsteu·er·te** *m, f* ⟨-n; -n⟩ person without claim to insurance benefit.

'aus·geˌstor·ben I *pp of* **aussterben**. – **II** *adj* (*Tierart, Rasse etc*) extinct, dead, fossil: ~**e Tier-** *od.* **Pflanzengattung** *bot. zo.* necrotype.

'Aus·geˌsto·ße·ne *m, f* ⟨-n; -n⟩ outcast, pariah.

'aus·geˌstrahlt I *pp.* – **II** *adj phys.* radiant.

'aus·geˌstreckt I *pp.* – **II** *adj* **1.** extended, stretched: **ganz** ~ at full length. – **2.** (*flach*) flat.

'aus·geˌsucht I *pp.* – **II** *adj* ⟨*attrib*⟩ **1.** choice, select, recherché, *auch* exquisite: ~**e Höflichkeit** exquisite (*od.* extreme) politeness; ~**e Eleganz** recherché elegance; ~**e Qualität** choice quality. – **2.** *cf.* **ausgesprochen II**. – **III** *adv* **3.** ~ **höflich** exquisitely (*od.* extremely) polite; ~ **gute Ware** choice goods *pl.*

'aus·geˌtauscht I *pp.* – **II** *adj* **1.** changed, altered: **er ist wie** (*od.* **völlig**) ~ *colloq.* he's completely changed, he's like another person. – **2.** (*Dinge etc*) interchanged.

'aus·geˌtra·gen I *pp of* **austragen**. – **II** *adj med.* mature, full-term (*attrib*): ~**e Lebendgeburt** full-term live birth.

'aus·geˌtre·ten I *pp of* **austreten**. – **II** *adj* **1.** (*Weg*) beaten; well-beaten, well-trodden (*attrib*): **sich in** ~**en Bahnen bewegen** *fig.* to keep to the beaten track. – **2.** (*Schuhe*) trodden-down (*attrib*), worn. – **3.** (*Treppen*) cupped. – **4.** *med.* a) (*Blut etc*) extravasated, b) (*Bruch*) protruding.

'aus·geˌwach·sen I *pp of* **auswachsen**. – **II** *adj* **1.** (*Lebewesen*) full-grown, adult. – **2.** *fig.* (*Jurist, Künstler etc*) full(y)-fledged. – **3.** (*Körperteile, Hörner etc*) full-sized, fully developed. – **4.** (*Pflanzen, Bäume*) mature. – **5.** *fig.* (*Skandal etc*) tremendous, full-blown: **das ist ein** ~**er Blödsinn** *colloq.* that is utter nonsense. – **6.** *colloq. for* **verwachsen**[2] 4.

'aus·geˌwählt I *pp.* – **II** *adj* choice, select (*beide attrib*), picked: **ein** ~**es Kapitel (aus)** a select chapter (from).

'Aus·geˌwan·der·te *m, f* ⟨-n; -n⟩ emigrant.

'aus·geˌwa·schen I *pp of* **auswaschen**. – **II** *adj* (*Farbe, Kleid etc*) washed-out (*attrib*), washy.

'aus·geˌwech·selt I *pp.* – **II** *adj* changed, altered, different: **wie** ~ changed completely.

'Aus·geˌwie·se·ne *m, f* ⟨-n; -n⟩ *pol.* expellee.

'aus·geˌwo·gen I *pp of* **auswägen, auswiegen**. – **II** *adj* **1.** *fig.* (well-)balanced, harmonious: **ein** ~**es Verhältnis** a balanced proportion; ~**e Farben** harmonious colo(u)rs. – **2.** *econ.* (*Stichprobe*) proportionate. — **'Aus·geˌwo·gen·heit** *f* ⟨-; *no pl*⟩ *fig.* balance, harmony.

'aus·geˌzackt I *pp.* – **II** *adj* (*Felsen etc*) jagged, serrate(d).

'aus·geˌzeich·net I *pp.* – **II** [*auch* 'ausgə'tsaɪçnət] *adj* **1.** excellent, outstanding, distinguished, superb; first-rate, capital (*colloq.*), ace (*attrib*): **ein** ~**er Fachmann** an outstanding expert; **von** ~**er Qualität** of excellent (*od.* superior) quality; **seine Leistungen sind** ~ his performances are excellent; **(das ist ja)** ~! *colloq.* excellent! splendid! – **2.** *math.* ~**e Punkte** singular points. – **3.** *obs. for* **außergewöhnlich** 1. – **III** [*auch* 'ausgə'tsaɪçnət] *adv* **4.** *colloq.* excellently, perfectly, extremely well, superbly, capitally (*colloq.*): **er kommt** ~ **zurecht** he is getting along excellently; **sie kann** ~ **kochen** she is an excellent cook; ~ **organisiert** extremely well organized; **das klappt ja** ~! it works out fine; **das paßt mir** ~ that will suit me nicely; ~ **gemacht** done to a turn.

'aus·geˌzo·gen I *pp of* **ausziehen**. – **II** *adj math.* (*Linie*) unbroken, solid.

'ausˌgie·big [-ˌgiːbɪç] **I** *adj colloq.* **1.** extensive: ~**e Reisen** extensive travels; ~**en Gebrauch von etwas machen** to make extensive (*od.* ample, full, plentiful) use of s.th. – **2.** (*Mahlzeit*) substantial, 'square' (*colloq.*). – **3.** (*Studien etc*) ample, thorough, comprehensive: ~**e Vorarbeiten** ample (*od.* comprehensive) preparatory work. – **4.** (*Regenfälle etc*) abundant. – **5.** *archaic* (*ergiebig*) economical. – **II** *adv* **6.** extensively: ~ **lesen** to read extensively: **sich mit j-m** ~ **unterhalten** to talk at length with s.o. – **7.** (*gründlich*) thoroughly: **etwas** ~ **betrachten** to look at s.th. thoroughly; **sich** ~ **erholen** to have a thorough rest. — **'Aus·ˌgie·big·keit** *f* ⟨-; *no pl*⟩ **1.** (*des Gebrauchs etc*) extensiveness. – **2.** (*einer Mahlzeit*) substantiality, substantialness. – **3.** (*von Studien etc*) ampleness, thoroughness, comprehensiveness. – **4.** (*von Regenfällen etc*) abundance.

'ausˌgie·ßen I *v/t* ⟨*irr, sep*, -ge-, *h*⟩ **1.** (*Flüssigkeit etc*) pour out: **das Wasser aus einer Flasche** ~ to pour out the water from a bottle; **seinen Spott über j-n** ~ *fig. poet.* to pour ridicule on s.o.; **die Schalen des Zorns über j-n** ~ *Bibl.* to pour out the vials of wrath upon s.o.; **der Mond gießt sein Licht über die Stadt aus** *fig. poet.* the moon pours forth (*od.* sheds) its light upon the town. – **2.** (*Gefäß*) empty. – **3.** *bes. tech.* (*Risse, Löcher etc*) fill: **eine Form mit geschmolzenem Metall** ~ to fill a mo(u)ld with molten metal, to pour molten metal into a mo(u)ld; **ein Lager [eine Buchse]** ~ to spin (*od.* line) a bearing [bushing]; **etwas mit Weißmetall** ~ to babbitt s.th. – **II A**~ *n* ⟨-s⟩ **4.** *verbal noun.* — **'Ausˌgie·ßung** *f* ⟨-; -en⟩ **1.** *cf.* **Ausgießen**. – **2.** *relig.* **die** ~ **des Heiligen Geistes** the effusion (*od.* outpouring) of the Holy Ghost.

'ausˌgip·sen *v/t* ⟨*sep*, -ge-, *h*⟩ **1.** (*Loch in der Wand*) fill (*s.th.*) with plaster (of Paris). – **2.** (*Innenfläche*) cover (*s.th.*) with plaster.

'ausˌglät·ten *v/t* ⟨*sep*, -ge-, *h*⟩ (*Falten etc*) smooth (out).

'Ausˌgleich [-ˌglaɪç] *m* ⟨-(e)s; -e⟩ **1.** ⟨*only sg*⟩ balance, equilibration, equalization, equation, adjustment: **einen** ~ **herstellen** to create a balance; **ein** ~ **der steuerlichen Belastung** an equalization of the tax burden. – **2.** ⟨*only sg*⟩ (*eines Mangels etc*) compensation (for), counterbalance (to), setoff, *Br.* set-off, offset (for): **Sport als** (*od.* **zum**) ~ **für sitzende Tätigkeit** physical exercise as a compensation for sedentary occupation; **als** ~ **für erlittene Verluste** as a compensation for losses suffered; **etwas als** ~ **nehmen für** *bes. jur.* to set off s.th. against; **einen** ~ **schaffen, für einen** ~ **sorgen** to provide for a counterbalance. – **3.** ⟨*only sg*⟩ (*Schlichtung*) conciliation: **einen** ~ **der Interessen herbeiführen** to bring about a conciliation of interests. – **4.** ⟨*only sg*⟩ *econ.* a) (*eines Kontos*) balancing, squaring, b) settlement: **zum** ~ **unserer Rechnung** in settlement of our invoice; ~ **der Zahlungsbilanz** equilibrating the balance of payments. – **5.** ⟨*only sg*⟩ *med.* balance, compensation. – **6.** (*sport*) a) ⟨*only sg*⟩ leveling (*bes. Br.* levelling) the score, b) (*Punkt*) equalization, *Br.* equalizer. – **7.** *pol. hist.* compromise, agreement. – **8.** ⟨*only sg*⟩ *electr.* balance, compensation. – **9.** *Austrian jur. cf.* **Vergleich** 3.

'Ausˌgleich|ˌach·se *f auto.* differential shaft. — **a**~**bar** *adj* **1.** (*Unterschiede etc*) adjustable. – **2.** (*Verlust, Mangel*) compensable. – **3.** (*Gegensätze*) reconcilable.

'ausˌglei·chen I *v/t* ⟨*irr, sep*, -ge-, *h*⟩ **1.** (*Unterschiede, Unebenheiten etc*) level (out), even up, adjust. – **2.** (*Kräfte, Punkte etc*) balance, equilibrate, equalize, equate: **den Haushalt** ~ *econ.* to balance the budget. – **3.** (*Mangel, Verlust etc*) compensate (for), make up for, make good, counterbalance, offset: **schlechte Noten durch gute** ~ to compensate bad marks with good ones; **um die Nachteile auszugleichen** to make good (*od.* to offset) the disadvantages; **schlechte Eigenschaften** ~ to make up for (*od.* to redeem) the bad points. – **4.** (*Konflikte, Gegensätze etc*) conciliate, harmonize, heal. – **5.** (*Streit etc*) compose, settle, compound. – **6.** *econ.* a) (*Rechnung etc*) balance, square, arrange, settle, make up, adjust, b) (*Schulden*) cover, settle, c) (*Defizit*) make up (*od.* good): **durch Gegenrechnung** ~ to set off, to offset, to settle by contra account; **einen Verlust** ~ to cover a loss;

ein Konto ~ to balance (*od.* square) an account; etwas in bar ~ to settle s.th. in cash. – **7.** *med.* (*Übersäuerung etc*) correct. – **8.** *print.* a) (*Satz*) underlay, b) (*Typen*) range. – **9.** *tech.* a) (*Druck etc*) balance out, level out, compensate, counterbalance, b) (*Wärmebehandlung*) equalize: etwas durch Keile ~ to level (*od.* adjust) s.th. by locating wedges; etwas gegeneinander ~ to compensate (*od.* [counter]balance) s.th. – **10.** *electr.* (*Belastungsstöße*) balance (out), compensate, equalize. – **11.** (*sport*) (*Spielstand*) equalize. – **II** *v/i* **12.** (*sport*) (*beim Fußball etc*) equalize. – **III A~** *n* ⟨-s⟩ **13.** *verbal noun.* – **14.** *cf.* Ausgleich 1—5, 6a, 8. – **15.** *cf.* Ausgleichung. — **ˈausˌgleichend I** *pres p.* – **II** *adj* compensatory, compensative: ~e Gerechtigkeit a) *jur.* retributive justice, b) poetic justice.

ˈAusˌglei·cher *m* ⟨-s; -⟩ **1.** *tech.* a) (*Ausgleichsapparat*) compensator, equalizer, b) (*Ausgleichmaschinensatz*) compensation set, balancer set. – **2.** *chem.* neutralizer. – **3.** (*paper*) jobber. – **4.** (*sport*) (*Rennen*) handicapper.

ˈAusˌgleich|ˌfe·der *f tech.* compensating (*od.* equalizing, counterbalance) spring. — **~geˌhäu·se** *n auto.* **1.** differential housing. – **2.** (*Planetenradträger*) differential spider.

ˈAusˌgleich·geˌtrie·be *n auto.* differential gear (unit), differential gearing, equalizing (*od.* compensating) gear. — **~geˌhäu·se** *n* differential (gear) case. — **~ˌrad** *n* differential gear.

ˈAusˌgleich|geˌwicht *n tech.* balancing weight, counterbalance weight, bob-weight. — **~ˌgru·be** *f metall.* soaking pit. — **~ˌkegelˌrad** *n auto.* differential bevel gear. — **~kon·denˌsa·tor** *m electr.* balancing capacitor, compensating (*od.* balancing) condenser.

ˈAusˌgleichs|ˌabˌga·be *f* **1.** *jur. econ.* (*im Lastenausgleich*) compensatory (*od.* compensation) tax, equalization levy. – **2.** *econ.* perequation (*od.* adjustment) amount(s *pl*) (*od.* payments *pl*). — **~ˌamt** *n jur.* (*in Deutschland*) compensation office, Equalization (of Burdens) Office. — **~beˌtrag** *m jur. econ.* amount payable as compensation, adjusting amount (*od.* payment). — **~beˌwe·gung** *f econ.* movement towards equilibrium, equilibrating movement.

ˈAusˌgleichˌschei·be *f tech.* (*Zwischenlegscheibe*) shim.

ˈAusˌgleichs|ˌfonds *m econ. jur.* **1.** (*im Stadthaushalt*) (exchange) equalization fund. – **2.** (*für Lastenausgleich*) compensation (*od.* equalization) fund. — **~ˌfor·de·rung** *f jur.* equalization claim. — **~geˌtrie·be** *n auto.* *cf.* Ausgleichgetriebe. — **~gymˌna·stik** *f cf.* Ausgleichssport. — **~ˌkas·se** *f econ.* **1.** compensation fund. – **2.** *Swiss office for financial compensation of persons on military service.* — **~ˌklas·se** *f mar.* (*Jacht*) handicap class. — **~ˌkon·to** *n econ.* regulation account. — **~kreˌdit** *m* gap-closing credit, stopgap loan. — **~ˌlei·stung** *f meist pl jur.* (*im Lastenausgleich*) compensatory payment. — **~ˌlohn** *m* wage(s *pl*) paid to make up for short-time working. — **~po·tenˈtiˌal** *n electr.* transient voltage. — **~ˌrennen** *n* (*sport*) handicap (race). — **~ˌruder** *n aer.* balance tab. — **~ˌspannung** *f electr.* **1.** compensating voltage. – **2.** transient voltage. — **~ˌsport** *m* a) exercises *pl* for sedentary workers, b) sport chosen to flex muscles not ordinarily exercised. — **~ˌspu·le** *f electr.* compensating coil. — **~ˌstrom** *m* balance (*od.* equalizing, compensating) current. — **~ˌtor** *n* (*sport*) equalizing goal, equalizer. — **~trans·forˌma·tor** *m electr.* balancer transformer, static transformer. — **~ˌtref·fer** *m* (*sport*) *cf.* Ausgleichstor.

ˈAusˌgleichˌstück *n print.* leveling (*bes. Br.* levelling) piece.

ˈAusˌgleichs|verˌfah·ren *n jur. econ.* **1.** arrangement with (one's) creditors. – **2.** composition operations *pl* (*od.* proceedings *pl*): im ~ a) by composition proceedings, b) during composition proceedings. – **3.** method of compensation. — **~ˌvorˌgang** *m tel. electr.* transient reaction. — **~ˌzah·lung** *f meist pl econ.* (compensatory) deficiency payment. — **~ˌzoll** *m* countervailing (*od.* equalizing) duty.

ˈAusˌglei·chung *f* ⟨-; *no pl*⟩ **1.** *cf.* Ausgleichen. – **2.** (*der Unterschiede etc*) adjustment. – **3.** (*der Kräfte etc*) equilibration, equalization, equation. – **4.** (*eines Mangels etc*) compensation, adjustment. – **5.** (*eines Konflikts etc*) (re)conciliation, settlement. – **6.** *econ.* (*von Konten*) adjustment, settlement. – **7.** *jur.* (*im Erbrecht*) bringing (*od.* throwing) into hotchpot.

ˈAusˌglei·chungsˌrech·nung *f math.* calculus of observations: einzelne ~ compensating computation.

ˈausˌglei·ten I *v/i* ⟨*irr, sep,* -ge-, sein⟩ **1.** (*von Person, Werkzeug etc*) slip, slide. – **II A~** *n* ⟨-s⟩ **2.** *verbal noun.* – **3.** slip, slide.

ˈausˌglie·dern I *v/t* ⟨*sep,* -ge-, h⟩ **1.** (*Gebiet, Frage etc*) separate out. – **2.** *math.* classify. – **3.** *econ.* (*Betrieb etc*) eliminate. – **II A~** *n* ⟨-s⟩ **4.** *verbal noun.* — **ˈAusˌglie·de·rung** *f* ⟨-; -en⟩ **1.** *cf.* Ausgliedern. – **2.** ⟨*only sg*⟩ separation. – **3.** *math.* classification. – **4.** ⟨*only sg*⟩ *econ.* elimination.

ˈausˌglim·men *v/i* ⟨*bes. irr, sep,* -ge-, sein⟩ (*von Glut*) die down, be extinguished.

ˈausˌglit·schen *v/i* ⟨*sep,* -ge-, sein⟩ *dial. for* ausgleiten.

ˈausˌglü·hen I *v/i* ⟨*sep,* -ge-, h⟩ **1.** cease glowing, cool (*od.* die) down. – **II** *v/t* **2.** (*ausbrennen*) burn out. – **3.** *metall.* (*Stahl*) anneal. – **4.** *med.* (*Wunde*) cauterize. – **III A~** *n* ⟨-s⟩ **5.** *verbal noun.* – **6.** *cf.* Ausglühung.

ˈAusˌglühˌofen *m tech.* (*in der Glasherstellung*) lehr, *auch* leer, lear.

ˈAusˌglü·hung *f* ⟨-; *no pl*⟩ **1.** *cf.* Ausglühen. – **2.** *med.* cauterization.

ˈausˌgra·ben I *v/t* ⟨*irr, sep,* -ge-, h⟩ **1.** dig up: Pflanzen (mit der Wurzel) ~ to dig (*od.* root) up plants; Familiengeheimnisse ~ *fig.* to dig up (*od.* out) (*od.* to unearth) family secrets; → Kriegsbeil. – **2.** (*Leichnam*) disinter, exhume. – **3.** (*Loch, Grube etc*) dig (*od.* scoop) out, excavate (*auch civ.eng.*), cut. – **4.** *archeol.* excavate, dig. – **5.** *hunt.* (*Fuchs, Dachs*) dig out. – **II A~** *n* ⟨-s⟩ **6.** *verbal noun.* – **7.** *cf.* Ausgrabung.

ˈAusˌgrä·ber *m* ⟨-s; -⟩ *archeol.* excavator.

ˈAusˌgra·bung *f* ⟨-; -en⟩ **1.** *cf.* Ausgraben. – **2.** *meist pl archeol.* excavation, dig: der Ort der ~en the site of the excavations. – **3.** (*Exhumierung*) disinterment, exhumation. – **4.** (*Loch*) ditch, excavation.

ˈAusˌgra·bungs|ˌar·bei·ten *pl archeol.* excavation work *sg.* — **~ˌstät·te** *f* (site of) excavation.

ˈausˌgrä·ten *v/t* ⟨*sep,* -ge-, h⟩ *cf.* entgräten.

ˈausˌgrei·fen *v/i* ⟨*irr, sep,* -ge-, h⟩ **1.** (*bes. von Pferden*) step out, increase pace, stride out. – **2.** (*sport*) a) (*mit den Rudern*) increase the length of stroke, pull with a longer stroke, b) (*beim Schwimmen, Eislaufen*) step up the pace, increase speed. — **ˈausˌgreifend I** *pres p.* – **II** *adj* (weit) ~ a) (*Schritt*) long, lengthy, b) *fig.* (*Pläne etc*) large-scale, extensive, far-reaching.

ˈausˌgrü·beln *v/t* ⟨*sep,* -ge-, h⟩ *Southern G.* excogitate, puzzle (*Am.* figure) out.

ˈAusˌguck *m* ⟨-(e)s; -e⟩ **1.** *mar.* a) (*Ausblick*) lookout, *Br.* look-out, (*Krähennest*) crow's nest, b) *cf.* Ausguckposten: auf dem ~ stehen to keep lookout. – **2.** ⟨*only sg*⟩ *cf.* Ausschau. – **3.** *hist.* watch tower, belfry. — **ˈausˌgucken** (*getr.* -k·k-) *colloq.* **I** *v/i* ⟨*sep,* -ge-, h⟩ (nach for) look out, be on the (*od.* keep a) lookout (*Br.* look-out). – **II** *v/t* sich (*dat*) die Augen nach j-m [etwas] ~ to stare one's eyes out looking for s.o. [s.th.].

ˈAusˌguckˌpo·sten *m mar.* lookout (man), *Br.* look-out (man).

ˈAusˌguß *m* ⟨-sses; ᵘsse⟩ **1.** (*Becken mit Abfluß*) (kitchen) sink. – **2.** (*Abflußöffnung*) drain, outlet: der ~ ist verstopft the drain is stopped up (*od.* plugged). – **3.** *metall.* a) (*einer Gießpfanne*) lip, nozzle, b) (*das Ausgegossene*) ingot. – **4.** ⟨*only sg*⟩ *tech.* a) (*eines Maschinenfundaments*) grouting, b) (*eines Lagers*) lining, c) (*mit Weißmetall*) babbitting. – **5.** *mar.* rubbish shoot. – **6.** *med.* (*des Nierenkanals*) cast. – **7.** *biol.* channeling, *bes. Br.* channelling. – **8.** *dial.* (*eines Gefäßes*) lip, spout, beak: mit ~ lipped. — **~ˌbecken** (*getr.* -k·k-) *n cf.* Ausguß 1. — **~ˌei·mer** *m* slop pail. — **~ˌloch** *n* drain hole, sinkhole. — **~ˌpfan·ne** *f metall.* (*Blockform*) ingot mold (*bes. Br.* mould). — **~ˌrin·ne** *f* (*am Schmelzofen*) pouring spout. — **~ˌrohr** *n* waste (*od.* discharge, outlet) pipe, drainpipe, *Br.* drain-pipe. — **~ˌschnau·ze** *f metall.* (*einer Gießpfanne*) pouring nozzle. — **~ˌstöp·sel** *m* sink plug. — **~venˌtil** *n* discharge (*od.* delivery) valve.

ˈausˌhaa·ren *v/i* ⟨*sep,* -ge-, h⟩ (*von Pelzen*) shed hair.

ˈausˌha·ben I *v/t* ⟨*irr, sep,* -ge-, h⟩ *colloq.* **1.** (*ausgezogen haben*) have (taken) (*s.th.*) off: er hat den Mantel aus he has his coat off. – **2.** (*ausgelesen haben*) have finished (reading): das Buch ~ to have finished the book. – **3.** (*ausgetrunken haben*) have finished (drinking): sein Glas ~ to have finished (*od.* emptied) one's glass. – **II** *v/i* **4.** (*frei haben*) get off: wir haben um fünf Uhr aus we get off at five.

ˈausˌhacken (*getr.* -k·k-) *v/t* ⟨*sep,* -ge-, h⟩ **1.** (*Unkraut, Kartoffeln etc*) hoe (*od.* grub) out. – **2.** (*mit Schnabel*) pick out: → Krähe. – **3.** *dial.* (*Holz etc*) hack (*od.* hew) out. – **4.** *Austrian cf.* aushauen 3.

ˈausˌha·geln *v/impers* ⟨*only pp*⟩ es hat ausgehagelt it has stopped hailing.

ˈausˌha·ken I *v/t* ⟨*sep,* -ge-, h⟩ **1.** (*Reißverschluß, Seil etc*) unhook, hook out. – **2.** *dial. for* aushängen 2. – **3.** *mar.* (*Ruder*) unship. – **II** *v/impers* **4.** *fig. colloq.* (*in Wendungen wie*) jetzt hakt's aber aus! that's enough now! bei dem hat's ausgehakt a) he has gone off his head (*od.* the rocker) (*colloq.*), b) he has failed; da hakt's bei mir aus that's beyond me, I don't get that (*colloq.*). – **III** *v/i* ⟨sein⟩ *u.* sich ~ *v/reflex* ⟨h⟩ **5.** (*von Reißverschluß, Seil etc*) come unhooked. – **6.** *dial.* (*von Fensterladen etc*) come unhooked.

ˈausˌhalf·tern *v/t u.* sich ~ *v/reflex* ⟨*sep,* -ge-, h⟩ (*Pferd*) unhalter.

ˈausˌhal·len *v/i* ⟨*sep,* -ge-, h *u.* sein⟩ *poet.* (*von Glocken, Liedern etc*) die (*od.* fade) away.

ˈAusˌhal·seˌmei·ßel *m tech.* necking tool.

ˈausˌhal·sen *v/t* ⟨*sep,* -ge-, h⟩ *tech.* neck.

ˈausˌhal·ten I *v/t* ⟨*irr, sep,* -ge-, h⟩ **1.** (*Kälte, Schmerzen etc*) bear, endure, stand, tolerate, suffer: ich kann die Schmerzen (*od.* es vor Schmerzen) nicht mehr ~ I cannot endure the pains any more; die Kälte ist nicht auszuhalten the cold is unbearable; j-n [sein Gerede] nicht mehr ~ können to be unable to take s.o. [his talking] any more (*colloq.*); ich halte es hier nicht mehr aus I can't stand this place any more; viel ~ müssen to have a lot to put up with. – **2.** (*Blick, Belagerung etc*) withstand, stand (up to), sustain, bear (up against): niemand hält den Vergleich mit ihm aus no one is comparable (*od.* can be compared) to him, no one can bear comparison with him (*od.* can hold a candle to him); die Waren hielten den Transport nicht aus the goods did not sustain transportation. – **3.** *contempt.* (*Geliebte etc*) keep: sie wird von ihm ausgehalten she is his kept mistress; er läßt sich (von ihr) ~ he lets himself be kept by her, he lives on her. – **4.** *mus.* (*Ton*) sustain, hold, dwell on. – **5.** *mar.* (*Sturm*) weather (out), ride out. – **6.** (*mining*) (*Erze etc*) separate, pick out, sort. – **7.** (*Rundholz etc*) cut (*od.* saw) (*s.th.*) to lengths, sort, buck (*s.th.*) off, cut (*logs*) into pieces (in accordance with grading rules). – **II** *v/i* **8.** hold out, persist, persevere, continue: bis zum letzten Blutstropfen ~ to hold out to the last drop of blood; sie hält nirgends lange aus she does not last (*od.* stay) long in any place; er hält nicht lange aus he lacks stamina, he has no staying power; auf dem Stoß ~ (*Fechten*) to remain in the lunge (*od.* lunging position); der Mantel hält noch lange aus *colloq.* the coat will last a long time. – **III** *v/impers* **9.** es ist mit ihm nicht auszuhalten he is unbearable (*od.* intolerable); hier läßt es sich ~ one could stand it here quite a while. – **IV A~** *n* ⟨-s⟩ **10.** *verbal noun:* es ist nicht zum A~ it is unbearable (*od.* intolerable). – **11.** endurance. – **12.** sustention. – **13.** persistence, perseverance, continuation.

ˈAusˌhal·tung *f* ⟨-; *no pl*⟩ **1.** *cf.* Aushalten. – **2.** (*mining*) separation, sorting.

ˈausˌhäm·mern *v/t* ⟨*sep,* -ge-, h⟩ *tech.* **1.** hammer (*od.* beat) out, planish. – **2.** (*Beulen etc*) bump out, bulge out.

ˈausˌhan·deln *v/t* ⟨*sep,* -ge-, h⟩ (*Preis, Vertrag etc*) bargain (over), negotiate, come to terms on: das müssen wir noch ~ that (question) is left to negotiation.

ˈausˌhän·di·gen [-ˌhɛndɪgən] **I** *v/t* ⟨*sep,* -ge-, h⟩ (*Brief, Geld etc*) hand over, deliver, surrender: j-m etwas ~ to deliver s.th. to s.o. – **II A~** *n* ⟨-s⟩ *verbal noun.* — **ˈAusˌhän·di·gung** *f* ⟨-; *no pl*⟩ **1.** *cf.* Aushändigen. – **2.** delivery, surrender: **gegen ~ der Rechnung** (up)on (*od.* against) delivery of the invoice.

ˈAusˌhang *m* ⟨-(e)s; ⸚e⟩ **1.** (*Bekanntmachung*) notice, (*formell*) bulletin: **etwas durch ~ bekanntmachen** to put s.th. on the bulletin (*bes. Br.* notice) board, to bulletin s.th. – **2.** (*Anschlagbrett*) bulletin board, *bes. Br.* notice board.

ˈAusˌhän·ge|ˌbo·gen *m print.* clean (*od.* advance, specimen) sheet, last proof. — **~ˌka·sten** *m* bulletin board, *bes. Br.* notice board.

ˈausˌhän·gen I *v/t* ⟨*sep*, -ge-, h⟩ **1.** (*Bekanntmachung etc*) put up (*od.* out), hang out, post (up). – **2.** (*Tür, Fenster etc*) unhinge, take (*s.th.*) off its hinges. – **3.** (*Telefonhörer etc*) lift, remove. – **4.** *cf.* aushaken 1. – **5.** *mar.* (*Ruder*) unship. – **II** *v/i* ⟨*irr, sep*, -ge-, h⟩ **6.** (*von Bekanntmachungen etc*) be (put up) on the bulletin (*bes. Br.* notice) board: **die Delegierten hängen aus** *fig. colloq.* the names of the delegates are on the bulletin board. – **III** *v/reflex* ⟨*sep*, -ge-, h⟩ **sich ~ 7.** (*von Kleidern etc*) smooth out, hang smooth.

ˈAusˌhän·ger *m* ⟨-s; -⟩ *print. cf.* Aushängebogen.

ˈAusˌhän·geˌschild *n* sign(board), store (*od.* shop) sign: **als ~ dienen** *fig. contempt.* a) (*von Personen*) to serve as a figurehead, b) (*von Sachen*) to serve as a pretense (*bes. Br.* pretence).

ˈausˌhä·ren *v/t* ⟨*sep*, -ge-, h⟩ *cf.* enthaaren.

ˈausˌhar·ren I *v/i* ⟨*sep*, -ge-, h⟩ *lit.* **1.** endure, hold out, abide: **bis zum Ende ~** to endure to the (bitter) end; **auf seinem Posten ~** to stay at one's post; **er harrte im Regen aus** he waited (patiently) in the rain. – **II A~** *n* ⟨-s⟩ **2.** *verbal noun*: **durch sein A~** by (his) holding out. – **3.** endurance.

ˈausˌhär·ten I *v/t* ⟨*sep*, -ge-, h⟩ *metall.* **1.** (*Stahl*) precipitation-harden. – **2.** (*Leichtmetall*) a) (*bei Raumtemperatur*) age, b) (*warm*) quench-age. – **II** *v/i* ⟨h *u.* sein⟩ **3.** *synth.* set up, cure. – **III A~** *n* ⟨-s⟩ **4.** *verbal noun.* — **ˈAusˌhär·tung** *f* ⟨-; *no pl*⟩ **1.** *cf.* Aushärten. – **2.** *metall.* precipitation (*od.* age) hardening. – **3.** *synth.* cure.

ˈAusˌhär·tungsˌgrad *m synth.* degree of cure.

ˈausˌhau·chen I *v/t* ⟨*sep*, -ge-, h⟩ **1.** *lit.* (*Atem, Luft etc*) breathe out, exhale: **seine Seele** (*od.* **sein Leben**) **~** *euphem.* to breathe one's last. – **2.** *poet.* (*Duft etc*) give (*od.* let) off, exhale, emit. – **II A~** *n* ⟨-s⟩ **3.** *verbal noun.* – **4.** exhalation.

ˈausˌhau·en I *v/t* ⟨*irr, sep*, -ge-, h⟩ **1.** (*Statue, Inschrift etc*) hew (*od.* chisel, carve) (*s.th.*) out: **Stufen im Eis ~** to hew steps out of the ice; **das Bild ist in Marmor ausgehauen** the picture is carved out of marble. – **2.** (*forestry*) cut out, cull out, hew out, clean. – **3.** *dial.* (*Rind, Schwein etc*) cut up. – **4.** *dial. for* durchhauen[2] I. – **5.** *tech.* nibble. – **II A~** *n* ⟨-s⟩ **6.** *verbal noun.* – **7.** (*mining*) exhaustion.

ˈausˌhäu·sig [-ˌhɔʏzɪç] *adj dial.* not (*od.* seldom) at home, out (of the house).

ˈausˌhe·ben I *v/t* ⟨*irr, sep*, -ge-, h⟩ **1.** (*Fundament, Grab etc*) dig: **einen Graben ~** to dig (*od.* trench) a ditch. – **2.** (*Türen etc*) *cf.* aushängen 2. – **3.** *colloq.* (*Verbrechernest etc*) clean out, raid. – **4.** (*Vogelnest*) rob. – **5.** j-n **~** (*beim Ringen*) to lift s.o. (off his feet). – **6.** *med. cf.* aushebern. – **7. einen Briefkasten ~** *Austrian* to collect the mail. – **8.** *mil. hist.* (*Truppen etc*) enlist, recruit, conscript, levy, *Am.* draft. – **II** *v/i* **9.** *rare* (*von Uhr*) **zum Schlag ~** begin to strike. – **III A~** *n* ⟨-s⟩ **10.** *verbal noun.* – **11.** *cf.* Aushebung.

ˈAusˌhe·ber *m* ⟨-s; -⟩ (*beim Ringen*) lift.

ˈausˌhe·bern [-ˌheːbərn] *v/t* ⟨*sep*, -ge-, h⟩ (*Flüssigkeit etc*) siphon (out): **den Magen ~** *med.* to siphon (*od.* empty, pump out) the stomach. — **ˈAusˌhe·be·rung** *f* ⟨-; -en⟩ siphonage.

ˈAusˌhe·bung *f* ⟨-; -en⟩ **1.** *cf.* Ausheben. – **2.** *colloq.* (*eines Verbrechernestes etc*) raid. – **3.** *mil. hist.* enlisting, recruitment, conscription, levy, *Am.* draft. – **4.** *Austrian* (*des Briefkastens*) collection.

ˈausˌhecken (*getr.* -k·k-) *v/t* ⟨*sep*, -ge-, h⟩ hatch, concoct, cook (*od.* think) (*s.th.*) up: **einen Plan [ein Komplott] ~** to hatch a plan [a conspiracy]; **sie haben etwas ausgeheckt** they are up to s.th.

ˈausˌhei·len I *v/t* ⟨*sep*, -ge-, h⟩ **1.** *med.* a) (*Wunde etc*) heal (completely), b) (*Krankheit, Patienten*) cure. – **II** *v/i* ⟨sein⟩ **2.** *med.* a) (*von Wunden etc*) heal (up), b) (*von Krankheit*) be cured: **sein Leiden ist vollkommen** (*od.* **vollständig**) **ausgeheilt** his illness has been completely cured. – **3.** *fig.* be healed: **die Wunden der Kriegsjahre sind ausgeheilt** the wounds of wartime have been healed. – **III** *v/reflex* ⟨h⟩ **sich ~ 4.** *med.* (*von Patienten*) be cured, be restored to health. – **IV A~** *n* ⟨-s⟩ **5.** *verbal noun.* — **ˈAusˌhei·lung** *f* ⟨-; *no pl*⟩ **1.** *cf.* Ausheilen. – **2.** complete cure (*od.* restoration to health).

ˈausˌhel·fen *v/i* ⟨*irr, sep*, -ge-, h⟩ **j-m** (**mit etwas**) **~** to help s.o. out (with s.th. *od.* by lending him s.th.), to accommodate s.o. (with s.th.): **bei j-m ~** to help s.o. out; **meine Tochter hilft im Geschäft aus** my daughter helps out in the shop; **wenn ein Arbeiter krank wird, muß ein anderer ~** if a worker falls ill, another must help out (*od.* take his place); **sich** (*dat*) (*od.* **einander**) **~** to help out each other (*od.* one another), to give each other mutual assistance.

ˈAusˌhel·fer *m cf.* Aushilfskraft.

ˈausˌheu·len I *v/i* ⟨*sep*, -ge-, h⟩ cease (*od.* finish) crying. – **II** *v/reflex* **sich ~** *colloq. contempt.* howl (*od.* sob) one's heart out.

ˈAusˌhieb *m* **1.** (*sport*) (*beim Fechten*) a) (*Ausfall*) lunge, b) (*Hieb*) thrust. – **2.** (*forestry*) extraction, felling, cutting. – **3.** (*mining*) a) cutting (through) the rock, tunnel(l)ing, driving, b) (*von Erzen etc*) assay.

ˈAusˌhil·fe *f* ⟨-; -n⟩ **1.** ⟨*only sg*⟩ (*Unterstützung*) temporary help (*od.* assistance, aid), stopgap: **zur ~** (**bei j-m**) **arbeiten** (*od.* **tätig sein**) to help (s.o.) out; **niemanden zur ~ haben** to have no one to help out; **~ mit Geld** loan, accommodation. – **2.** (*Person*) temporary help(er) (*od.* assistant), person to help out, stopgap (*colloq.*): **als ~ tätig sein** to help out; **als ~ kommen** to come to help out; **eine ~ haben** (*od.* **beschäftigen**) to employ s.o. as temporary help; **eine ~ suchen** to look for s.o. to help out; **keine ~ finden** to find no one to help out.

ˈAusˌhilfs|ˌan·geˌstell·te *m, f* temporary (*od.* casual) employee. — **~ˌar·beit** *f* odd job. — **~ˌar·bei·ter** *m cf.* Aushilfskraft. — **~ˌausˌga·be** *f philat.* provisional issue. — **~ˌkell·ner** *m* temporary waiter. — **~ˌkraft** *f* **1.** occasional worker, temporary (*od.* emergency) hand: **Aushilfskräfte** *pl* emergency labo(u)r *sg.* – **2.** deputy, substitute. — **~ˌleh·rer** *m ped.* **1.** substitute teacher. – **2.** temporary teacher. — **~ˌmäd·chen** *n* temporary domestic help. — **~per·soˌnal** *n* temporary staff. — **~ˌstel·lung** *f* temporary post (*od.* situation). — **a~ˌwei·se** *adv* **1.** temporarily, as a temporary helper (*od.* assistant, worker), as a stopgap: **bei j-m ~ arbeiten** to help s.o. out; **sie kommt ~ zu uns** she comes to help us out. – **2.** *cf.* ersatzweise.

ˈausˌhöh·len I *v/t* ⟨*sep*, -ge-, h⟩ **1.** hollow (*s.th.*) out. – **2.** *geol.* (*Flußufer, Gestein etc*) wear away, erode, undermine. – **3.** (*durch Graben*) excavate. – **4.** (*Früchte*) scoop out. – **5.** *fig.* undermine, sap: **der Staat wurde von den radikalen Elementen ausgehöhlt** the state was undermined by the radicals. – **6.** *tech.* a) (*ausweiten*) scoop, b) (*Holz*) gouge (out), c) *cf.* auskehlen 1. – **7.** *med.* a) (*Zahn*) excavate, b) (*Knochen*) hollow out, excavate. – **II A~** *n* ⟨-s⟩ **8.** *verbal noun.* — **ˈAusˌhöh·lung** *f* ⟨-; -en⟩ **1.** *cf.* Aushöhlen. – **2.** (*durch Graben*) excavation. – **3.** hollow, cavity. – **4.** (*Mulde*) depression. – **5.** *med.* excavation, cavity.

ˈausˌho·len I *v/i* ⟨*sep*, -ge-, h⟩ **1.** (**mit der Hand**) **zum Schlag ~** to raise (*od.* lift) one's hand (*od.* arm) to strike (*od.* for a blow), to swing (one's hand) back to strike, to haul back (*od.* off); **mit der Axt** (**zum Schlag**) **~** to raise the axe to strike; **er holte zu einem Faustschlag aus** he swung (*od.* drew) his fist back for a blow; **zum entscheidenden Schlag** (**gegen j-n**) **~** *fig.* to prepare for the decisive blow (against s.o.). – **2.** (*sport*) a) (*zum Wurf*) draw back, b) (*beim Schwimmen, Rudern*) have a long pull (*od.* stroke). – **3. weit ~** *fig.* (*bei einer Erzählung*) to go far back. – **II** *v/t* **4.** *colloq. for* ausfragen, aushorchen. – **5.** *mar.* haul (*a sail*) taut, haul out.

ˈAusˌho·ler *m* ⟨-s; -⟩ *mar.* outhaul(er).

ˈausˌhol·zen *v/t* ⟨*sep*, -ge-, h⟩ *colloq. for* durchforsten I. — **ˈAusˌhol·zung** *f* ⟨-; -en⟩ *colloq. for* Durchforstung.

ˈausˌhor·chen *v/t* ⟨*sep*, -ge-, h⟩ **j-n ~** (**über** *acc*) to sound s.o. (on), to draw s.o. out (about), to pump s.o. (about) (*colloq.*): **er läßt sich nicht ~** he refuses to be questioned (*od.* pumped, quizzed). — **ˈAusˌhor·cher** *m* sounder.

ˈAusˌhub *m* ⟨-(e)s; *no pl*⟩ *civ.eng.* **1.** (*von Erdreich*) excavation. – **2.** excavated material.

ˈausˌhül·sen *v/t* ⟨*sep*, -ge-, h⟩ *cf.* enthülsen.

ˈausˌhun·gern I *v/t* ⟨*sep*, -ge-, h⟩ **1.** starve, famish: **ein Volk wirtschaftlich ~** *fig.* to starve a country's economic system. – **2.** *mil.* (*Stadt, Festung etc*) starve out. – **II A~** *n* ⟨-s⟩ **3.** *verbal noun.* — **ˈAusˌhun·ge·rung** *f* ⟨-; *no pl*⟩ **1.** *cf.* Aushungern. – **2.** starvation, famine.

ˈausˌhu·sten I *v/t* ⟨*sep*, -ge-, h⟩ *bes. med.* (*Blut, Schleim*) cough up, spit, expectorate. – **II** *v/i u.* **sich ~** *v/reflex* finish coughing.

ˈausˌixen [-ˌʔɪksən] *v/t* ⟨*sep*, -ge-, h⟩ **1.** (*mit der Schreibmaschine*) x out, cancel. – **2.** *Middle G. colloq. for* ausklügeln. – **3.** *tech.* (*beim Schweißen*) double vee out.

ˈAusˌjätˌei·sen *n agr.* weeding hook, weedhook, weeder.

ˈausˌjä·ten *v/t* ⟨*sep*, -ge-, h⟩ *agr.* **1.** (*Brennnesseln etc*) take up, pull up, root out: **Unkraut ~** to root out weeds, to weed. – **2.** (*Wurzeln*) grub (up). – **3.** (*Garten, Beet etc*) weed (out).

ˈausˌkal·ken *v/t* ⟨*sep*, -ge-, h⟩ *cf.* kalken 1.

ˈaus·kal·kuˌlie·ren *v/t* ⟨*sep*, *no* -ge-, h⟩ *colloq. for* ausrechnen.

ˈausˌkäm·men *v/t* ⟨*sep*, -ge-, h⟩ **1.** comb out: **das Haar gut ~** to give the hair a good combing. – **2.** *bes. mil.* (*Gebiet*) mop up. – **3.** (*textile*) (*Wolle*) comb, card.

ˈausˌkämp·fen I *v/t* ⟨*sep*, -ge-, h⟩ (*Kampf etc*) fight (*s.th.*) out, battle (*s.th.*) out: **die Sache ~** to fight the matter (*od.* it) out. – **II** *v/i* cease (*od.* finish) fighting: **er hat ausgekämpft** *euphem.* his struggles are over.

ˈaus·kaˌpi·teln *v/t* ⟨*sep*, -ge-, h⟩ *colloq. for* abkanzeln.

ˈausˌkau·fen *v/t* ⟨*sep*, -ge-, h⟩ **1.** (*Geschäft, Waren etc*) buy up: **du kaufst wohl den ganzen Laden aus?** *humor.* are you going to buy up the whole shop? – **2.** *econ.* (*Aktien, Teilhaber etc*) buy out.

ˈausˌke·geln I *v/t* ⟨*sep*, -ge-, h⟩ **1.** (*games*) (*Preis etc*) *bes. Am.* bowl for, *Br.* play skittles (*od.* ninepins) for. – **2. sich** (*dat*) **ein Gelenk ~** *Southern G. and Austrian* to dislocate (*od.* luxate) a joint. – **II** *v/i* **3.** finish bowling.

ˈausˌkeh·len *tech.* **I** *v/t* ⟨*sep*, -ge-, h⟩ **1.** groove, channel. – **2.** (*wood*) mold, *bes. Br.* mould, flute. – **3.** (*in der Schweißtechnik*) fillet. – **II A~** *n* ⟨-s⟩ **4.** *verbal noun.* — **ˈAusˌkeh·lung** *f* ⟨-; -en⟩ **1.** *cf.* Auskehlen. – **2.** groove, channel, cutout portion. – **3.** (*in der Schweißtechnik*) fillet.

ˈausˌkeh·ren *v/t* ⟨*sep*, -ge-, h⟩ *cf.* ausfegen.

ˈausˌkei·len I *v/i* ⟨*sep*, -ge-, h⟩ **1.** *colloq.* (*vom Pferd*) kick, lash out. – **2.** *geol.* (*von Schicht*) pinch, thin out, peter out (*colloq.*). – **II** *v/reflex* **sich ~ 3.** *geol. cf.* auskeilen 2.

ˈausˌkei·men I *v/i* ⟨*sep*, -ge-, h⟩ *agr.* **1.** (*von Samen*) germinate, sprout, (*von Trieben*) *auch* shoot. – **2.** cease germinating. – **II** *v/t* **3.** (*Kartoffeln*) clear (*potatoes*) of shoots, remove the eyes from.

ˈausˌkel·tern *v/t* ⟨*sep*, -ge-, h⟩ *cf.* keltern.

ˈausˌken·nen *v/reflex* ⟨*irr, sep*, -ge-, h⟩ **sich ~ 1.** (*in einer Stadt etc*) know one's way about (*od.* around): **er kennt sich hier aus** he knows his way around here; **ich kenne mich hier nicht aus** I am a stranger to these parts, this place is unfamiliar to me. – **2.** (*in einem Fach, Gebiet*) be (well) versed (*od.* quite at home) in s.th., know all about s.th.: **er kennt sich (ganz gut) in der Literatur aus** he has a fairly broad knowledge in literature; **er kennt sich in Skandinavien gut aus** he is quite at home in Scandinavia, he knows Scandinavia well; **er kennt sich mit Pferden aus** he knows (*od.* understands) horses; **er kennt sich bei Frauen aus** he knows his way around with women; **man muß sich nur ~!** it's only a question of knowing how! **er kennt sich aus** he knows what's what (*od. colloq.* the ropes, his stuff), he knows a thing or two; **ich kenne mich (überhaupt) nicht mehr aus!** I don't know where I am, I am completely at a loss, I am at my wit's end; **da kennt**

sich kein Mensch aus! nobody can make head or tails of it! no one has a clue (about it)!

ˈausˌker·ben I *v/t* ⟨*sep*, -ge-, h⟩ *tech.* notch, groove, slot. – II **A~** *n* ⟨-s⟩ *verbal noun.* — **ˈAusˌker·bung** *f* ⟨-; -en⟩ 1. *cf.* Auskerben. – 2. *tech.* notch, groove, slot. – 3. *bot.* crenature.

ˈausˌkip·pen *v/t* ⟨*sep*, -ge-, h⟩ 1. (*Loren, Sand etc*) dump. – 2. (*Wasser*) pour out. – 3. (*Gefäß*) empty.

ˈausˌkit·ten *v/t* ⟨*sep*, -ge-, h⟩ (*Risse etc*) putty (up), fill (*cracks*) with putty.

ˈausˌkla·gen I *v/t* ⟨*sep*, -ge-, h⟩ *jur. obs. for* einklagen 1. – II *v/i* cease complaining (*od.* lamenting).

ˈausˌklam·mern I *v/t* ⟨*sep*, -ge-, h⟩ 1. *fig.* leave (*s.th.*) out of consideration, exclude: wir klammern die Frage zunächst aus we shall exclude (*od.* ignore) the question for the time being. – 2. *math.* factor out. – II **A~** *n* ⟨-s⟩ 3. *verbal noun.* — **ˈAusˌklam·me·rung** *f* ⟨-; -en⟩ 1. *cf.* Ausklammern. – 2. *fig.* exclusion.

ˈaus·klaˌmü·sern *v/t* ⟨*sep*, *no* -ge-, h⟩ etwas ~ *Northern and Middle G. colloq.* to puzzle s.th. out.

ˈAusˌklang *m* 1. *mus.* a) final notes *pl* (*od.* beats *pl*), b) end (of a composition), finale. – 2. *fig.* end, finish, finale, conclusion: ~ des Lebens *lit.* sunset of life; zum ~ des Festes to finish off the festivities.

ˈausˌklapp·bar *adj tech.* folding, (*mit Scharnier*) hinged: ~e Armlehne folding arm rest.

ˈaus·klaˌrie·ren *econ. mar.* I *v/t* ⟨*sep*, *no* -ge-, h⟩ (*Ladungen*) clear (out), give clearance to. – II **A~** *n* ⟨-s⟩ *verbal noun.* — **ˈAus·klaˌrie·rung** *f* ⟨-; -en⟩ 1. *cf.* Ausklarieren. – 2. clearance (outward[s]).

ˈausˌklau·ben *v/t* ⟨*sep*, -ge-, h⟩ *dial. for* auslesen[2] 1.

ˈausˌkle·ben *v/t* ⟨*sep*, -ge-, h⟩ (*Schachtel etc*) line: etwas mit Folie ~ to line s.th. with metal foil.

ˈausˌklei·den I *v/t* ⟨*sep*, -ge-, h⟩ 1. j-n ~ to undress (*od.* strip) s.o. – 2. *tech.* line, face. – 3. *med.* (*Gewebe etc*) line. – II *v/reflex* sich ~ 4. undress, take (*od.* strip) off one's clothes. – III **A~** *n* ⟨-s⟩ 5. *verbal noun.* — **ˈAusˌklei·dung** *f* ⟨-; -en⟩ *bes. tech. cf.* Auskleiden.

ˈausˌklen·gen *v/t* ⟨*sep*, -ge-, h⟩ *bot.* (*forestry*) *cf.* klengen.

ˈausˌklet·ten [-ˌklɛtən] *v/t* ⟨*sep*, -ge-, h⟩ (*textile*) cull (*wool*) mechanically by bur-picking (*od.* chemically by carbonizing).

ˈausˌklin·gen I *v/i* ⟨*irr*, *sep*, -ge-, h *u.* sein⟩ 1. (*von Tönen*) die away, fade away: die Musik ~ lassen to let the music die away. – 2. ⟨sein⟩ *fig.* (*von Rede, Veranstaltung etc*) (come to an) end, conclude: das Fest klingt harmonisch aus the festivity is coming to a harmonious end; seine Rede klang aus in der Mahnung his speech ended with (*od.* in) the admonition, he concluded his speech with the admonition. – II **A~** *n* ⟨-s⟩ 3. *verbal noun.* – 4. *geol.* (*eines Vulkanausbruchs*) concluding stage.

ˈausˌklin·ken I *v/t* ⟨*sep*, -ge-, h⟩ 1. *aer. mil.* (*Segelflugzeug, Bomben*) release. – 2. *print.* (*Buchstaben*) mortise. – 3. *tech.* a) (*Schlitten, Maschinentisch*) trip, b) (*Sperrgetriebe*) disengage, release, c) (*Träger, Flachstäbe*) cope, notch. – 4. (*Tür*) unlatch. – II *v/reflex* sich ~ 5. part, separate.

ˈAusˌklink|maˌschi·ne *f tech.* notching machine. — ~**ˌvorˌrich·tung** *f* 1. *aer. mil.* release (device). – 2. *tech.* a) (*eines Sperrgetriebes*) releasing gear, b) (*einer Vorschubbewegung an der Werkzeugmaschine*) tripping mechanism, c) (*zum Ausklinken von Trägern, Flachstäben etc*) coper attachment.

ˈausˌklop·fen *v/t* ⟨*sep*, -ge-, h⟩ 1. (*Staub etc*) (aus of) beat (*s.th.*) out. – 2. (*Sessel, Teppich etc*) beat, (*Kleider*) *auch* dust: j-m die Jacke (*od.* Weste) ~ *fig. colloq.* to give s.o. a beating (*od. colloq.* dusting), to dust s.o.'s jacket (*colloq.*). – 3. (*Pfeife*) knock out. – 4. *tech.* a) (*Beulen*) bump out, bulge out, planish, b) den Kesselstein aus etwas ~ to descale s.th. – 5. *metall.* (*Modell aus der Gipsform*) rap. — **ˈAusˌklop·fer** *m* ⟨-s; -⟩ (*für Teppiche*) carpet beater.

ˈausˌklü·geln I *v/t* ⟨*sep*, -ge-, h⟩ 1. think (*s.th.*) out (*od.* up): etwas raffiniert ~ to think s.th. out shrewdly, to think out a shrewd scheme. – 2. (*ersinnen*) work (*s.th.*) out with ingenuity (*od.* great acumen), subtilize: einen Plan ~ to hatch a plot. – II **A~** *n* ⟨-s⟩ 3. *verbal noun.* — **ˈAusˌklü·ge·lung**, **ˈAusˌklüg·lung** *f* ⟨-; *no pl*⟩ 1. *cf.* Ausklügeln. – 2. subtilizing.

ˈausˌknei·fen *v/i* ⟨*irr*, *sep*, -ge-, sein⟩ *colloq.* run (*od.* steal) away, decamp, skip out (*colloq.*): vor j-m ~ to run away from s.o.

ˈausˌkne·ten *v/t* ⟨*sep*, -ge-, h⟩ (*Teig etc*) knead (*s.th.*) thoroughly.

ˈausˌknip·sen *v/t* ⟨*sep*, -ge-, h⟩ *colloq.* (*Licht etc*) switch (*od.* turn, flick) off.

ˈausˌkno·beln *colloq.* *v/t* ⟨*sep*, -ge-, h⟩ 1. toss for: das müssen wir erst ~ we have to toss for it first. – 2. *fig.* think (*od.* puzzle) (*s.th.*) out, *bes. Am.* figure (*s.th.*) out (*colloq.*).

ˈausˌknocken (*getr.* -k·k-) [-ˌnɔkən] *v/t* ⟨*sep*, -ge-, h⟩ 1. j-n ~ (*sport*) (*beim Boxen*) to knock s.o. out. – 2. *colloq. for* ausstechen 4, besiegen 3.

ˈausˌknöpf·bar *adj* (*Mantelfutter etc*) removable (by unbuttoning), button-out (*attrib*).

ˈausˌknöp·fen *v/t* ⟨*sep*, -ge-, h⟩ remove (*s.th.*) by unbuttoning, unbutton.

ˈausˌko·chen I *v/t* ⟨*sep*, -ge-, h⟩ 1. *gastr.* a) (*Fleisch, Knochen etc*) boil (down), b) (*Fett*) render. – 2. (*Saft*) extract, decoct. – 3. (*Wäsche*) boil (clean). – 4. (*Gefäße*) scald (out). – 5. *med.* (*Instrumente*) sterilize (*s.th.*) (in boiling water). – 6. (*textile*) (*Garn etc*) cleanse (*s.th.*) in boiling water. – 7. (*mining*) (*von schlechter Sprengladung*) burn off. – 8. *pharm.* (*Pflanzen*) decoct. – 9. *dial. for* aushecken. – II *v/i* 10. cease boiling. – III **A~** *n* ⟨-s⟩ 11. *verbal noun.* – 12. decoction, extraction. – 13. *med.* sterilization (in boiling water).

ˈausˌkof·fern [-ˌkɔfərn] *civ.eng.* I *v/t* ⟨*sep*, -ge-, h⟩ (*Straße etc*) dig out a bed for (*a road*). – II **A~** *n* ⟨-s⟩ *verbal noun.* — **ˈAusˌkof·fe·rung** *f* ⟨-; -en⟩ 1. *cf.* Auskoffern. – 2. subgrade excavation.

ˈausˌkol·ken I *v/t* ⟨*sep*, -ge-, h⟩ *geol.* a) (*Flußbett, Gletscherboden*) underwash, excavate, b) (*Flußufer*) scour, erode, undermine. – II *v/i tech.* (*mit dem Werkzeugschneider*) crater, pit. – III **A~** *n* ⟨-s⟩ *verbal noun.* — **ˈAusˌkol·kung** *f* ⟨-; -en⟩ 1. *cf.* Auskolken. – 2. *geol.* a) excavation, b) erosion, c) pothole, kettle.

ˈausˌkom·men I *v/i* ⟨*irr*, *sep*, -ge-, sein⟩ 1. mit etwas ~ to (make) do (*od.* get along) with s.th., to manage with (*od.* on) s.th.: wir werden mit 50 Mark ~ we shall make do with 50 marks; wir werden (schon) damit ~ we'll make it do; mit seinen Einkünften ~ to manage with one's income, to (manage to) make (both) ends meet; wir kommen gerade noch aus we just manage, we are just able to make do; knapp mit seinem Wirtschaftsgeld ~ to just get along with one's housekeeping money; mit vielem hält man haus, mit wenig kommt man aus (*Sprichwort*) man's wants are many, but his needs are few (*proverb*); ohne j-n [etwas] *colloq.* to get along (*od.* manage) without s.o. [s.th.]. – 2. mit j-m ~ to get on (*od.* along) with s.o., to agree (*od.* be on friendly terms) with s.o.: mit j-m glänzend ~ to hit it off well with s.o.; gut miteinander ~ to get on well together; mit ihm ist gut auszukommen, es ist gut mit ihm auszukommen he is an easy person to get on with; schlecht miteinander ~ not to get on (well) together (*od.* with one another); mit ihr ist nicht (*od.* schlecht) auszukommen it is impossible to get on (*od.* to hit it off) with her, there is no getting on with her. – 3. *Bavarian and Austrian* (*von Gefangenen, Vogel etc*) escape: ihm kommt nichts aus he does not miss anything, nothing escapes him. – 4. *dial.* (*von Feuer*) break out. – II **A~** *n* ⟨-s⟩ 5. *verbal noun.* – 6. *only in* es ist kein ~ mit ihr *fig.* there is no dealing (*od.* getting on) with her, it is impossible to get on with her.

ˈAusˌkom·men *n* ⟨-s; *no pl*⟩ livelihood, living, sustenance, (means of) subsistence; competence, competency (*lit.*): sein ~ haben to make (*od.* earn) one's living, to have one's livelihood, to be in easy circumstances; ein gutes (*od.* bequemes, sicheres) ~ haben to be well off, to have a secure livelihood; er hat ein knappes ~, er findet gerade (*od.* eben) sein ~ he has just enough to live on, he has a modest (*od.* small, bare) competency; er findet selbst sein ~ he is self-sufficient.

ˈausˌkömm·lich [-ˌkœmlɪç] *adj* 1. (*genügend*) sufficient, adequate: er hat einen ~en Posten he has a comfortable job. – 2. (*umgänglich*) easy-going, peaceable.

ˈausˌkop·peln *v/t* ⟨*sep*, -ge-, h⟩ 1. *tech. cf.* auskuppeln 1. – 2. *hunt.* uncouple, slip, unleash.

ˈausˌkör·nen *v/t* ⟨*sep*, -ge-, h⟩ 1. *agr.* (*Ähren, Maiskolben etc*) shell, remove (*od.* pick out) the grains from (*ears etc*). – 2. (*textile*) (*Baumwolle*) gin.

ˈaus·kor·riˌgie·ren *v/t* ⟨*sep*, *no* -ge-, h⟩ correct.

ˈausˌko·sten *v/t* ⟨*sep*, -ge-, h⟩ *fig.* (*Glück, Freuden etc*) enjoy (*od.* taste) (*s.th.*) to the full, (*Feinheiten etc*) savor, *bes. Br.* savour: etwas (bis zur Neige) ~ müssen *iron.* to have one's fill of s.th.

ˈausˌkot·zen *v/t* ⟨*sep*, -ge-, h⟩ *vulg.* puke (*vulg.*), vomit.

ˈausˌkra·gen *civ.eng.* I *v/i* ⟨*sep*, -ge-, sein⟩ corbel outward(s), cantilever (out), project, overhang. – II **A~** *n* ⟨-s⟩ *verbal noun.* — **ˈAusˌkra·gung** *f* ⟨-; -en⟩ 1. *cf.* Auskragen. – 2. projection, cantilever.

ˈausˌkra·men *v/t* ⟨*sep*, -ge-, h⟩ *colloq.* 1. (*Spielzeug etc*) (aus of) take (*od.* pull, rummage) (*s.th.*) out. – 2. *fig.* (*alte Erinnerungen etc*) bring (*od.* dig) up. – 3. (*Schublade etc*) empty (out).

ˈausˌkrat·zen I *v/t* ⟨*sep*, -ge-, h⟩ 1. (aus) scrape (*od.* scratch) (*s.th.*) out (of), (*mit Federmesser*) erase (*s.th.*) (from): sie hätten sich (*dat*) am liebsten die Augen ausgekratzt *fig. colloq.* they would have liked to scratch each other's eyes out. – 2. (*Topf etc*) scrape out. – 3. *med. cf.* ausschaben 2. – 4. *metall.* (*Schmelzofen*) rake (*od.* rabble) out. – II *v/i* ⟨sein⟩ 5. *colloq.* run away, skip out (*colloq.*). – III **A~** *n* ⟨-s⟩ 6. *verbal noun.* — **ˈAusˌkrat·zung** *f* ⟨-; -en⟩ 1. *cf.* Auskratzen. – 2. *med. cf.* Ausschabung 2.

ˈausˌkreu·zen *v/t* ⟨*sep*, -ge-, h⟩ 1. (*Namen etc*) cross out. – 2. *tech.* (*beim Schweißen*) vee out.

ˈAusˌkreuzˌwin·kel *m tech.* (*Schweißen*) angle of bevel.

ˈausˌkrie·chen *v/i* ⟨*irr*, *sep*, -ge-, sein⟩ *zo.* (*aus dem Ei*) hatch, be hatched.

ˈausˌkrie·gen *v/t* ⟨*sep*, -ge-, h⟩ *colloq.* (*Stiefel etc*) get (*s.th.*) off.

ˈAus·kri·stal·li·sa·tiˌon *f* ⟨-; *no pl*⟩ 1. *chem.* a) crystallization, b) (*bei Legierungen*) segregation. – 2. *geol.* (*von Salzen auf Trockenböden*) efflorescence: disperse ~ dissemination. — **ˈaus·kri·stal·liˌsie·ren** *v/i* ⟨*sep*, *no* -ge-, sein⟩ 1. *chem.* a) crystallize (out), b) form crystals, c) (*aus einer Legierung*) segregate, d) (*aus einer Lösung*) recrystallize. – 2. *geol.* effloresce.

ˈausˌku·geln *v/t* ⟨*sep*, -ge-, h⟩ sich (*dat*) den Arm ~ to dislocate (*od.* luxate) one's arm.

ˈausˌküh·len *v/i* ⟨*sep*, -ge-, sein⟩ cool (down *od.* off), become cold: die gekochte Milch ~ lassen to let the boiled milk cool, to chill the milk.

Aus·kul·tant [auskʊlˈtant] *m* ⟨-en; -en⟩ guest participant, listener, observer. — **Aus·kul·ta·tiˈon** [-taˈtsĭoːn] *f* ⟨-; -en⟩ *med.* auscultation, stethoscopy: ~ der Sprechgeräusche vocal auscultation. — **aus·kul·taˈtiv** [-taˈtiːf], **aus·kul·ta·to·risch** [-taˈtoːrɪʃ] *adj* auscultative, stethoscopic. — **aus·kulˈtie·ren** [-ˈtiːrən] *v/t* ⟨*insep*, *no* -ge-, h⟩ (*Brust- od. Bauchraum, Patienten*) sound, examine (*s.o.*) by auscultation, auscultate.

ˈausˌkund·schaf·ten I *v/t* ⟨*sep*, -ge-, h⟩ 1. (*Land etc*) explore. – 2. (*Verhältnisse etc*) spy out, (*Geheimnis*) ferret out. – 3. (*Personen*) search out, trace. – 4. *mil.* scout, reconnoiter, *bes. Br.* reconnoitre. – II **A~** *n* ⟨-s⟩ 5. *verbal noun.* — **ˈAusˌkund·schaf·ter** *m* scout, spy. — **ˈAusˌkund·schaf·tung** *f* ⟨-; *no pl*⟩ 1. *cf.* Auskundschaften. – 2. exploration.

ˈAusˌkunft *f* ⟨-; Auskünfte⟩ 1. (über *acc*) information (about), *auch* intelligence (of): nähere (*od.* genauere) ~ full (*od.* further) details (*od.* particulars) *pl*; falsche ~ incorrect information, misinformation; ~ geben (*od. lit.* erteilen) to give (*od.* supply, impart) information; ~ erhalten to receive (*od.* obtain) information; ~ (*od.* Auskünfte) über j-n [etwas] einholen to seek (*od.* procure, gather) information about s.o. [s.th.], to make inquiries (*od.* enquiries) about s.o. [s.th.]; ~ bei (*od.* von) j-m einholen to seek (*od.* obtain) information with (*od.* from) s.o.; Auskünfte über j-n einziehen (*od.* einholen) lassen to have inquiries made about s.o.; nähere ~ hier! (for particulars) inquire within! nähere ~ bei (*od.* gibt Ihnen) for further particulars see (*od.* consult); die ~ verweigern to refuse (to give) information; j-m eine falsche ~ geben to misinform s.o. – **2.** information (office *od.* bureau, center, *bes. Br.* centre), inquiry (*od.* enquiry) office, inquiries *pl*, enquiries *pl*, (*Schalter*) information desk. – **3.** *dial. for* Ausweg 1.

ˌ**Aus·kunfˈtei** *f* ⟨-; -en⟩ **1.** private detective agency, confidential investigations office. – **2.** *econ.* inquiry (*od.* enquiry) agency, information bureau (*od.* office).

ˈ**Ausˌkunfts|beˌam·te** *m*, **~beˌam·tin** *f* **1.** information officer, inquiry (*od.* enquiry) clerk (*od.* official). – **2.** *tel.* information operator. — **~beˌrech·tig·te** *m, f econ.* person entitled to receive information. — **~bü ro** *n* **1.** *cf.* Auskunft 2. – **2.** *cf.* Auskunftei. — **~ˌmit·tel** *n obs. for* Ausweg 1. — **~ˌpflicht** *f* ⟨-; *no pl*⟩ *jur.* obligation to give information. — **~ˌrecht** *n* ⟨-(e)s; *no pl*⟩ right to demand information. — **~ˌschal·ter** *m*, **~ˌstel·le** *f cf.* Auskunft 2.

ˈ**ausˌkup·peln I** *v/t* ⟨*sep*, -ge-, h⟩ **1.** *tech.* a) disconnect, disengage, b) (*eine feste Kupplung*) uncouple, c) (*eine Schaltkupplung*) unclutch. – **2.** *auto.* throw (*s.th.*) out of gear. – **II** *v/i* **3.** *auto.* disengage the clutch, depress the clutch pedal.

ˈ**Ausˌkupp·lungsˌga·bel** *f auto.* clutch fork.

ˈ**aus·kuˌrie·ren** *v/t* ⟨*sep, no* -ge-, h⟩ (*Krankheit, j-n*) cure (*s.th., s.o.*) (completely).

ˈ**ausˌla·chen I** *v/t* ⟨*sep*, -ge-, h⟩ j-n ~ (*wegen gen, auch dat* for) to laugh (*od.* jeer) at s.o., to deride s.o., to make fun (*od.* game) of s.o.: j-n tüchtig (*od.* gehörig) ~ to make great fun (*od.* game) of s.o., to have a good laugh at s.o.; laß dich (doch) nicht ~! *colloq.* don't make a fool of yourself! – **II** *v/i* finish laughing. – **III** *v/reflex* sich ~ have a good laugh, laugh one's fill.

ˈ**Ausˌlad** [-ˌlaːt] *m* ⟨-s; *no pl*⟩ *Swiss for* Ausladung 2.

ˈ**Ausˌla·de|ˌbahnˌsteig** *m* (*railway*) unloading platform. — **~geˌbühr** *f meist pl* **1.** *econ.* unloading charge (*od.* cost). – **2.** *mar.* landing cost. — **~ˌha·fen** *m mar.* port of discharge.

ˈ**ausˌla·den I** *v/t* ⟨*irr, sep*, -ge-, h⟩ **1.** (*Güter, Wagen etc*) unload. – **2.** *mar.* (*Ladung*) unload, discharge, (*Schiff*) *auch* lighten. – **3.** Gäste ~ *fig. colloq.* to cancel an invitation of guests, to ask guests not to come. – **II** *v/i* **4.** *civ.eng. cf.* auskragen. – **III A~** *n* ⟨-s⟩ **5.** *verbal noun.* – **6.** *cf.* Ausladung. — ˈ**ausˌla·dend I** *pres p.* – **II** *adj* ein Baum mit (weit) ~en Ästen a tree with outstretched branches; mit ~er Gebärde *fig.* with a sweeping gesture.

ˈ**Ausˌla·de|ˌort,** **~ˌplatz** *m cf.* Auslade[stelle.]

ˈ**Ausˌla·der** *m* ⟨-s; -⟩ **1.** unloader, discharger. – **2.** *mar.* docker, stevedore, *Am.* longshoreman.

ˈ**Ausˌla·de|ˌram·pe** *f* (*railway*) *cf.* Laderampe. — **~ˌstel·le** *f* **1.** unloading place. – **2.** *mar.* wharf.

ˈ**Ausˌla·dung** *f* ⟨-; -en⟩ **1.** *cf.* Ausladen. – **2.** (*einer Fracht*) discharge. – **3.** cancellation (of an invitation). – **4.** *arch.* projection, overhang: schiefe ~ gain. – **5.** *tech.* a) (*Aktionsradius*) radial range, working radius, b) (*eines Drehkrans*) length of jib, c) (*eines Schwenkkrans*) swing, d) (*einer Blechschere*) depth of throat, e) (*einer Presse*) throat, f) (*Auskragung*) overhang.

ˈ**Ausˌla·ge** *f* ⟨-; -n⟩ **1.** (*ausgestellte Waren*) (window) display, goods *pl* exhibited: ~n ansehen gehen to go window-shopping. – **2.** *Southern G. and Austrian for* Schaufenster. – **3.** *pl* expenses, expenditure(s), outlay *sg*: j-m seine ~n ersetzen (*od.* zurückerstatten) to refund s.o.'s expenses, to reimburse s.o. (for) his expenses. – **4.** (*sport*) a) (*beim Fechten, Boxen*) guard, on guard position, b) (*beim Rudern*) starting position. – **5.** *hunt.* (*eines Geweihs*) span, width. — **~ˌfen·ster** *n cf.* Schaufenster.

ˈ**Ausˌla·gen|erˌsatz** *m* refund (*od.* reimbursement) of expenses. — **~ˌfen·ster** *n cf.* Schaufenster.

ˈ**ausˌla·gern I** *v/t* ⟨*sep*, -ge-, h⟩ **1.** (*Kunstschätze etc*) evacuate. – **2.** *econ.* (*Warenbestände*) take (*s.th.*) out of store (*od.* a warehouse). – **3.** *tech.* (*Aluminium*) age(-harden). – **4.** *brew.* (*Bier*) settle. – **II A~** *n* ⟨-s⟩ **5.** *verbal noun.* — ˈ**Ausˌla·ge·rung** *f* ⟨-; -en⟩ **1.** *cf.* Auslagern. – **2.** (*Sicherstellung*) evacuation.

ˈ**Ausˌla·geˌwer·bung** *f econ.* **1.** window display. – **2.** (*im Laden*) counter display.

ˈ**Ausˌland** *n* ⟨-(e)s; *no pl*⟩ **1.** foreign countries *pl* (*od.* parts *pl*): im ~ leben to live abroad (*od.* in a foreign country); aus dem ~ zurückkehren to return from abroad; im In- und ~ at home and abroad; der Handel mit dem ~ *econ.* foreign trade; für das ~ bestimmte Waren *econ.* goods destined for abroad (*od.* for export), outward-bound goods; die Reaktion des ~s reaction abroad; die Literatur [Bräuche] des ~s foreign literature [customs]. – **2.** *obs. for* Fremde[1].

ˈ**Ausˌlän·der** *m* ⟨-s; -⟩ foreigner, alien (*bes. jur.*), outlander (*obs. od. poet.*): unerwünschter ~ undesirable alien. — **~ˌamt** *n* aliens' registration office.

ˈ**Ausˌlän·de·rin** *f* ⟨-; -nen⟩ foreigner, alien (*bes. jur.*).

ˈ**Ausˌlän·der|karˌtei** *f* alien records *pl*, register (*od.* records *pl*) of aliens. — **~ˌmel·deˌamt** *n cf.* Ausländeramt. — **~po·liˌzei** *f obs.* aliens' registration office.

ˈ**ausˌlän·disch** *adj* **1.** foreign, alien (*bes. jur.*): ~e Besucher foreign visitors, visitors from abroad; Waren ~er Herkunft goods of foreign origin; die in- und ~e Presse the domestic and foreign press; ein ~es Schiff *mar.* a foreigner. – **2.** (*Tiere, Pflanzen etc*) exotic. – **3.** *obs. od. poet.* outlandish.

ˈ**Ausˌlands|ˌabˌsatz** *m econ.* sales *pl* abroad, export (*od.* foreign) sales *pl.* — **~ˌabˌtei·lung** *f* foreign department. — **~ak·kre·diˌti·ve** *pl* credits in foreign countries. — **~akˌzept** *n* bill accepted abroad. — **~ˌanˌla·ge** *f* foreign investment, investment abroad. — **~ˌanˌlei·he** *f* foreign (*od.* external) loan. — **~ˌauf·entˌhalt** *m* stay abroad. — **~ˌaufˌtrag** *m econ.* order from abroad, *bes. Br.* indent. — **~ˌbank** *f* foreign bank, *bes. Am.* overseas bank. — **~beˌricht·erˌstat·ter** *m* foreign correspondent. — **~beˌtei·li·gung** *f* foreign participation. — **~beˌzie·hun·gen** *pl* foreign relations. — **~ˌbrief** *m* foreign letter. — **~deˌbat·te** *f pol.* foreign affairs debate. — **a~ˌdeutsch** *adj* relating to Germans living abroad. — **~ˌdeut·sche** *m, f* German living abroad. — **~ˌdeutsch·tum** *n* **1.** Germans *pl* living abroad. – **2.** *hist.* German culture abroad. — **~ˌdienst** *m pol.* foreign service. — **~erˌfah·rung** *f* experience acquired abroad. — **~ˌfahrt** *f mar.* foreign trade: auf ~ gehen to go foreign; Schiff in der ~ foreign-going ship. — **~fi·lia·le** [-fiˌliaːlə] *f econ.* foreign (*od.* overseas) branch. — **~ˌfor·de·run·gen** *pl* **1.** (*der Bundesbank*) foreign assets. – **2.** (*der Unternehmensbilanz*) foreign debtors. — **~geˌbühr** *f* (*postal service*) foreign postage. — **~ˌgeld** *n meist pl econ.* **1.** foreign money (*od.* capital). – **2.** foreigner's (bank) deposits *pl.* — **~geˌschäft** *n* foreign trade (*od.* business). — **~geˌspräch** *n tel.* international (*od.* foreign) call. — **~ˌgutˌha·ben** *n meist pl econ.* foreign assets *pl*, deposits *pl* in foreign countries. — **~ˌhil·fe** *f* foreign aid. — **~in·ve·sti·tiˌon** *f meist pl econ.* investment abroad (*od.* in foreign countries), foreign investment. — **~kor·re·sponˌdent** *m*, **~kor·re·sponˌden·tin** *f* **1.** (*bei der Presse*) foreign correspondent. – **2.** (*in einer Firma*) foreign correspondence clerk. — **~kreˌdit** *m* foreign credit. — **~ˌkun·de** *f ped.* knowledge of (*od.* about) foreign countries. — **~ˌmarkt** *m econ.* foreign market. — **~ˌnachˌrich·ten** *pl* news from abroad, foreign news. — **~ˌnie·derˌlas·sung** *f econ.* branch (*od.* agency, establishment) abroad. — **~paˌtent** *n* foreign patent. — **~ˌpor·to** *n cf.* Auslandsgebühr. — **~ˌpostˌanˌwei·sung** *f* international money order. — **~ˌpres·se** *f* foreign press. — **~ˌrei·se** *f* journey (*od.* trip) abroad. — **~ˌschrift·tum** *n* foreign literature. — **~ˌschuld** *f econ.* foreign debt. — **~ˌschu·le** *f school operated by a country* (*od. the state, a private organization*) *outside its own territory.* — **~ˌsen·der** *m* (*radio*) foreign station. — **~ˌsen·dung** *f* **1.** (*postal service*) a) foreign (*od.* international) correspondence, b) foreign articles *pl.* – **2.** (*radio*) foreign broadcast. — **~ˌstim·me** *f meist pl fig.* comment (*od.* voice) from abroad. — **~tourˌnee** *f* tour abroad: eine ~ machen to tour foreign countries. — **~ˌumˌsatz** *m econ.* export sales *pl.* — **~verˌbind·lich·kei·ten** *pl* foreign liabilities. — **~verˌbin·dun·gen** *pl* foreign relations. — **~verˌkauf** *m meist pl* foreign sales *pl.* — **~verˌkehr** *m* international traffic. — **~verˌmö·gen** *n* external (*od.* foreign) assets *pl.* — **~verˌschul·dung** *f econ.* foreign indebtedness. — **~verˌtre·ter** *m* foreign representative, overseas agent, agent (*od.* representative) abroad. — **~verˌtre·tung** *f* representation (*od.* agency) abroad. — **~ˌwa·re** *f* foreign goods *pl*, goods *pl* from abroad. — **~ˌwäh·rung** *f* foreign currency. — **~ˌwech·sel** *m* foreign bill (of exchange). — **~ˌwer·bung** *f* publicity abroad. — **~ˌzah·lungs·verˌkehr** *m* external payments *pl* (*od.* transfer). — **~ˌzuˌla·ge** *f* (*für Beamte etc*) foreign service allowance.

ˈ**ausˌlan·gen I** *v/i* ⟨*sep*, -ge-, h⟩ *colloq.* **1.** (*ausholen*) reach (out), stretch out one's hand: wütend nach j-m ~ to reach out for s.o. angrily. – **2.** (*ausreichen*) be sufficient (*od.* enough), suffice, last (out): das Geld wird nicht ~ the money won't be enough; ich werde damit nicht lange ~ it won't last me very long. – **II A~** *n* ⟨-s⟩ **3.** *verbal noun.* – **4.** mit etwas sein A~ finden *Austrian* to get by with s.th.

ˈ**Ausˌlaß** *m* ⟨-lasses; -lässe⟩ **1.** *tech.* outlet, discharge opening. – **2.** *fig. rare* outlet: einen ~ für seinen Zorn suchen to look for an outlet for one's anger.

ˈ**ausˌlas·sen I** *v/t* ⟨*irr, sep*, -ge-, h⟩ **1.** (*Wort, Satz etc*) leave out, omit: einen Vokal [eine Silbe] ~ *ling.* to elide (*od.* omit) a vowel [syllable]. – **2.** (*überspringen*) skip, pass over, set aside. – **3.** (*Gelegenheit etc*) miss, let (*s.th.*) pass by. – **4.** *fig.* (*Wut, Zorn etc*) give vent to, vent, *auch* wreak: seinen Ärger an j-m ~ to vent (*od.* wreak) one's anger (*od. colloq.* to take it out) on s.o. – **5.** (*Wasser etc*) let out (*od.* off), discharge. – **6.** (*Fette etc*) melt, render (down), extract. – **7.** (*Honig*) strain. – **8.** (*Kleid, Saum etc*) let out. – **9.** *Southern G. and Austrian for* loslassen 1. – **II** *v/i* **10.** *Southern G. and Austrian for* loslassen 8. – **III** *v/reflex* sich ~ **11.** *contempt.* (über *acc* on, upon) express oneself (in disparaging *od.* derogatory, abusive terms), vent one's opinion, let oneself go (*colloq.*): sich weitläufig über ein Thema ~ to expatiate (*od.* enlarge, dilate) on (*od.* upon) a subject; er hat sich nicht weiter ausgelassen he did not explain himself further. – **IV A~** *n* ⟨-s⟩ **12.** *verbal noun.* – **13.** discharge. – **14.** extraction. – **15.** *cf.* Auslassung.

ˈ**Ausˌlaß|ˌhahn** *m tech.* **1.** blow-off (*od.* drain) cock. – **2.** delivery valve. — **~ˌrohr** *n* discharge (*od.* outlet) pipe.

ˈ**Ausˌlas·sung** *f* ⟨-; -en⟩ **1.** *cf.* Auslassen. – **2.** omission: ~ eines Wortes *ling.* omission of a word, ellipsis; ~ eines Vokals [einer Silbe] *ling.* elision of a vowel [syllable]. – **3.** *pl contempt.* a) (disparaging *od.* derogatory) remarks, b) langatmige ~en expatiations.

ˈ**Ausˌlas·sungs|ˌfeh·ler** *m* omission. — **~ˌpunkt** *m meist pl* suspension point (*od.* dot, period). — **~ˌsatz** *m ling.* ellipsis, elliptic(al) sentence (*od.* phrase). — **~ˌzei·chen** *n* **1.** *ling.* a) apostrophe, b) (*bei Versen*) mark of elision. – **2.** *print.* caret.

ˈ**Ausˌlaß·venˌtil** *n tech.* **1.** (*für Luft, Dampf*) outlet (*od.* exhaust, delivery) valve. – **2.** (*für Wasser*) discharge valve.

ˈ**ausˌla·sten** *v/t* ⟨*sep*, -ge-, h⟩ **1.** (*Arbeitskräfte, Maschinen etc*) use (*s.th.*) to capacity, utilize (*s.th.*) to the full. – **2.** (*Lasten, Ladungen*) equalize, balance. — ˈ**Ausˌla·stung** *f* ⟨-; *no pl*⟩ (extent of) utilization.

ˈ**ausˌlat·schen I** *v/t* ⟨*sep*, -ge-, h⟩ *colloq.* (*Schuhe etc*) stretch (*s.th.*) out of shape (by wear). – **II** *v/i* ⟨sein⟩ *Eastern Middle G. dial. contempt.* misbehave.

ˈ**Ausˌlauf** *m* ⟨-(e)s; *no pl*⟩ **1.** (*eines Beckens, Kanals etc*) outlet, discharge, drain. – **2.** (*für Tiere*) space (*od.* room) to move (*od.* run) about in, *auch* exercise: Hunde brauchen viel ~ dogs need plenty of space to run about in; der Hund hat keinen ~ the dog gets no exercise; einem Pferd ~ geben to exercise a horse. – **3.** (*sport*) a) (*beim Laufen, Skisport*) run out, *Br.* run-out, b) (*beim Hürdenlauf*) finishing straight, *Br. auch* run-in, c) (*beim Tennis*) area behind the baseline, area out of court. – **4.** *aer.* landing run. – **5.** *tech.* a) (*einer Maschine*) slowing down (to a stop), b) (*eines Gewindes*) runout, *Br.* run-out, c) (*eines Gewindebohrers*) back taper, d) (*eines Zapfens*) front end. – **6.** *auto.* coasting. — **~ˌbahn** *f* (*sport*) run out, *Br.* run-out. — **~ˌbauˌwerk** *n tech.* (*an Wasserwerken*) discharge (*od.* outlet) structure, outlet headwork. — **a~beˌreit** *adj mar.* ready to sail.

'ausˌlau·fen I *v/i* ⟨*irr, sep,* -ge-, sein⟩ **1.** (*von Schiffen*) put to sea, (set) sail: **aus dem Hafen ~** to leave port; **mit der Tide ~** to sail with the tide; **die Boote laufen zum Fischfang aus** the fishing boats are putting out to sea. – **2.** (*von Flüssigkeiten*) run (*od.* flow, leak) out. – **3.** (*leerlaufen*) drain (completely): **der Behälter** (*od.* **der Inhalt des Behälters**) **muß ~** the container has to drain. – **4.** (*rinnen*) leak: **mein Füllfederhalter läuft aus** my pen leaks. – **5.** (*von Farben etc*) run, bleed (*bes. textile*): **die Farben laufen beim Waschen aus** the colo(u)rs run when washed (*od.* in the wash); **die Tinte läuft auf dem Papier aus** the ink runs on the paper. – **6.** (*von Fahrzeug, Kugel etc*) stop running (*od.* rolling): **das Auto ~ lassen** to let the car coast. – **7.** *fig.* (*enden*) end, terminate: **das Tal läuft in eine Ebene aus** the valley opens out into (*od.* ends in) a plain; **in eine Spitze ~** to end in (*od.* taper to) a point; **die Unterredung lief in einen Streit aus** the discussion ended in a dispute. – **8.** *jur.* (*von Vertrag, Gesetz etc*) expire, run out. – **9.** *tech.* a) (*von Motor*) run out, b) (*von Kabel*) end, c) (*von Lager*) wear out. – **10.** *aer.* taxi. – **11.** (*sport*) run out. – **12.** *econ.* (*von Produktion*) run out, be going to be closed down, be discontinued: **die Produktion dieses Artikels ist ausgelaufen** the production of this article has been discontinued. – **13. etwas ~ lassen** *print.* not to continue the publication of s.th. – **II** *v/t* ⟨h *u.* sein⟩ **14. eine Kurve ~** to take a curve on the outside. – **III** *v/reflex* ⟨h⟩ **sich ~ 15.** *colloq.* (*von Personen*) exercise one's legs. – **16.** run (*od.* walk) about, (get some) exercise: **Hunde müssen sich ordentlich ~** dogs need a lot of exercise. – **IV A~** *n* ⟨-s⟩ **17.** *verbal noun.* – **18.** departure, start: **Befehl zum A~** *mar.* sailing orders *pl.* – **19.** leakage. – **20.** end, termination. – **21.** *jur.* expiration, expiry. – **22.** *cf.* Auslauf 5 a, 6. — **'ausˌlau·fend I** *pres p.* – **II** *adj mar.* outward bound, outbound.

'Ausˌläu·fer *m* ⟨-s; -⟩ **1.** *geogr.* (*eines Gebirges etc*) foothills *pl*: **die ~ der Alpen** the foothills of the Alps. – **2.** *geol.* a) (*eines Ganges*) branch, b) (*eines Erstarrungsgesteins*) apophysis, c) (*eines Erzlagers*) offset, *Br.* off-set. – **3.** *geol.* (*eines Erdbebens*) end portion, coda. – **4.** *meteor.* a) (*eines Hochs*) ridge, b) (*eines Tiefs*) trough. – **5.** *bot.* offshoot, runner; stolon, flagellum (*scient.*): **kurzer ~** offset, *Br.* off-set; **~ treibend** flagellate, surculose; **rankender ~** trailer; **bewurzelter ~** sarmentum. – **6.** (*mining*) (*einer Mineralader*) leader. – **7.** *fig.* a) ramification, b) (*Ende*) termination. – **8.** *Swiss for* Bote 4, Laufbursche 1.

'Ausˌlauf|ˌha·fen *m mar.* port of departure. — **~ˌhahn** *m tech.* drain cock. — **~ˌkurs** *m* **auf ~ liegen** *mar.* to stand out (to sea). — **~ˌlei·ne** *f aer.* (*am Freiballon*) running rigging. — **~ˌrohr** *n tech.* **1.** outlet (*od.* discharge) pipe (*od.* tube). – **2.** waste pipe. — **~ˌrollˌgang** *m metall.* (*im Walzwerk*) run-out table. — **~ˌsei·te** *f* (*im Walzwerk*) delivery side (*od.* end). — **~ˌspit·ze** *f chem.* discharge tip. — **~ˌstrecke** (*getr.* -k·k-) *f aer.* landing run (*od.* distance). — **~ˌstut·zen** *m* **1.** *tech.* drain plug. – **2.** *auto.* (*am Kühler*) outlet connection (*Br. auch* connexion). — **~venˌtil** *n tech. cf.* Auslaßventil.

'ausˌlau·gen [-ˌlaugən] **I** *v/t* ⟨*sep,* -ge-, h⟩ **1.** *chem.* a) leach, lixiviate (*scient.*), b) extract. – **2.** *geol.* leach (out), lixiviate (*scient.*): **der Boden wird ausgelaugt** the soil eluviates. – **3.** *tech.* wash out, leach out, extract. – **4. j-n ~** *fig.* to exhaust s.o. – **II A~** *n* ⟨-s⟩ **5.** *verbal noun.* — **'Ausˌlau·gung** *f* ⟨-; *no pl*⟩ **1.** *cf.* Auslaugen. – **2.** *chem.* a) lixiviation (*scient.*), b) wet extraction. – **3.** *geol.* lixiviation (*scient.*): **~ der Erde** eluviation of the soil. – **4.** *metall.* wet extraction. – **5.** *fig.* exhaustion.

'Ausˌlaut *m ling.* final (*od.* terminal) sound: **im ~ wird a zu e** final a (*od.* a at the end of a word) becomes an e.

'ausˌlau·ten *v/i* ⟨*sep,* -ge-, h⟩ *ling.* (**auf** *acc* in) end, terminate: **die Silbe lautet auf e aus** the syllable ends (*od.* terminates) in an e.

'ausˌläu·ten I *v/t* ⟨*sep,* -ge-, h⟩ **1.** ring (out): **das alte Jahr ~** to ring out the old year. – **2. einen Toten** *relig.* **~** to toll the passing bell for a deceased person. – **3.** *archaic* announce (*s.th.*) by ringing a bell. – **II** *v/i* **4.** cease ringing.

'ausˌlau·tend I *pres p.* – **II** *adj ling.* final, at the end of a word.

'Ausˌlaut·verˌhär·tung *f ling.* hardening (*od.* devoicing) of final consonants.

'ausˌle·ben I *v/reflex* ⟨*sep,* -ge-, h⟩ **sich ~ 1.** live one's life to the full, *Am. sl. auch* live it up, sow one's wild oats. – **2.** *lit. for* **entfalten** 10. – **II** *v/t* **3.** (*Augenblick, Situation etc*) make the most of, live (*s.th.*) to its full. – **4.** *lit.* (*Talent, Persönlichkeit*) develop (*od.* cultivate) (*s.th.*) fully. – **5.** *obs.* (*Leben*) live (out). – **III** *v/i* ⟨*only pp*⟩ **6. ausgelebt haben** to have lived out one's life.

'ausˌlecken (*getr.* -k·k-) *v/t* ⟨*sep,* -ge-, h⟩ **1.** (*Teller etc*) lick (*s.th.*) out (*od.* clean). – **2.** (*Milch etc*) lick (*od.* lap) (*s.th.*) up: **die Katze hat die ganze Milch ausgeleckt** the cat has lapped up all the milk.

'ausˌlee·ren I *v/t* ⟨*sep,* -ge-, h⟩ **1.** (*Papierkorb, Aschenbecher etc*) empty, clean (out). – **2.** (*Flasche, Glas*) empty, drain. – **3.** *cf.* leeren 2. – **4.** *med.* a) evacuate, (*Darm*) *auch* purge, b) (*Blase*) empty. – **II** *v/reflex* **sich ~ 5.** *vulg.* evacuate, empty oneself (*vulg.*). – **III A~** *n* ⟨-s⟩ **6.** *verbal noun.* – **7.** *cf.* Ausleerung. — **'ausˌlee·rend I** *pres p.* – **II** *adj med.* evacuant. — **'Ausˌlee·rung** *f* ⟨-; *no pl*⟩ **1.** *cf.* Ausleeren. – **2.** *med.* evacuation, (*des Darms*) *auch* purgation.

'ausˌleg·bar *adj* interpretable, construable, explicable: **verschieden ~** a) admitting (of) different interpretations, b) (*umstritten*) arguable. — **'Ausˌleg·bar·keit** *f* ⟨-; *no pl*⟩ interpretability, construability.

'Ausˌle·ge|ˌarm, ~ˌbal·ken *m civ.eng.* **1.** cantilever arm, overhang beam. – **2.** (*eines Drehkrans*) boom. – **3.** (*eines Drehkrans mit veränderlicher Ausladung*) jib. — **~ˌholz** *n tech.* veneer.

'ausˌle·gen I *v/t* ⟨*sep,* -ge-, h⟩ **1.** (*ausbreiten*) lay out, spread: **Wäsche zum Bleichen ~** to lay out (*od.* spread) linen to bleach. – **2.** *econ.* (*Waren etc*) display, lay out, expose, exhibit: **Bücher zum Verkauf [zur Ansicht] ~** to display books for sale [for inspection]. – **3.** (*Zeitungen etc*) keep (*od.* make) available (*od.* lay out) (for use). – **4.** (*Listen etc*) make available for inspection. – **5.** (*bedecken*) lay out, cover: **einen Boden mit Teppichen ~** to cover a floor with carpets; **eine Wand mit Fliesen ~** to tile a wall; **einen Weg mit Platten ~** to flag a path; **eine Schublade mit Papier ~** to line a drawer with paper. – **6.** (*mit Einlegearbeiten*) inlay: **eine Kassette mit Edelsteinen ~** to inlay a box with jewels. – **7.** *fig.* (*deuten, interpretieren*) interpret, explain, read, construe: **eine Stelle anders ~** to interpret a passage differently; **ein Gesetz einschränkend [sinngemäß] ~** *jur.* to interpret a law restrictively [by analogy]; **etwas falsch ~** to misinterpret (*od.* misconstrue) s.th., to put a wrong construction on s.th.; **etwas buchstäblich ~** to interpret s.th. literally, to literalize s.th.; **etwas moralisch ~** to moralize s.th.; **eine Äußerung zu j-s Vorteil ~** to interpret a statement to s.o.'s advantage; **j-s Verhalten als Schwäche ~** to interpret s.o.'s behavio(u)r as weakness. – **8.** *Bibl.* expound, interpret. – **9.** (*vorstrecken*) advance, pay: **können Sie diesen Betrag einstweilen für mich ~?** could you pay this (sum) for me for the time being? **ausgelegte Kredite** *econ.* loans which have been granted. – **10.** *hunt.* (*Köder, Schlingen etc, auch fig.*) lay (*od.* set, put) out. – **11.** (*verlegen*) lay out, run: **Leitungen [Kabel] ~** to lay out lines [cables]. – **12.** *tech.* (*im Entwurf festlegen*) (**auf** *acc* for) lay out, design, plan. – **13.** *mil.* (*Minen, Zündschnur etc*) lay. – **14.** *mar.* lay out, set: **Tonnen ~** to stream buoys; **die Ankerketten (auf Deck) ~** to range the chain cable; **Netze ~** to set (*od.* run, put) out nets. – **15. die Riemen ~** (*sport*) to lay out on the oars. – **16.** *agr.* (*Saatgut etc*) sow. – **17.** (*patents*) place open. – **18.** *print.* a) (*Bogen*) deliver, b) (*Kopie*) expose. – **II** *v/i* **19.** (*sport*) (*beim Rudern*) stretch out (in rowing). – **20.** *colloq.* acquire a corporation (*colloq.*). – **III** *v/reflex* **sich ~ 21.** (*sport*) a) (*beim Rudern*) stretch out (in rowing), b) (*beim Fechten*) extend the weapon in a guard position. – **IV A~** *n* ⟨-s⟩ **22.** *verbal noun.* – **23.** (*von Waren*) display, layout, exposition, exhibition. – **24.** *print.* a) (*eines Bogens*) delivery, b) (*einer Kopie*) exposure. — **'ausˌle·gend I** *pres p.* – **II** *adj* **1.** interpretative. – **2.** *Bibl.* exegetic(al), hermeneutic(al).

'Ausˌle·ger *m* ⟨-s; -⟩ **1.** (*Deuter*) interpreter, expositor. – **2.** *Bibl.* interpreter, exegete. – **3.** *civ.eng.* a) (*eines Krans*) jib, boom, derrick, b) cantilever. – **4.** *tech.* a) (*einer Radialbohrmaschine*) arm, b) (*einer Hobelmaschine*) rail, cantilever. – **5.** (*sport*) a) (*eines Ruderbootes*) outrigger, b) (*des Klüverbackstags*) whisker(s *pl*), (whisker) boom: **mit ~n (versehen)** outrigged. – **6.** (*sport*) *cf.* Rechtsausleger. – **7.** *print.* fly, flier, flyer. — **~ˌband** *n* ⟨-(e)s; ¨er⟩ *print.* tape. — **~ˌbockˌkran** *m civ.eng.* cantilever crane. — **~ˌbohr·maˌschi·ne** *f tech.* radial drilling machine, radial. — **~ˌboot** *n* (*sport*) outrigger (boat). — **~ˌbrücke** (*getr.* -k·k-) *f civ.eng.* cantilever bridge. — **~ˌdach** *n arch.* cantilever roof.

ˌAus·le·ge'rei *f* ⟨-; -en⟩ *contempt.* strained (*od.* forced) interpretation.

'Ausˌle·ger|ˌfräs·maˌschi·ne *f tech.* openside planer-miller. — **~ˌka·nu** *n mar.* outrigger canoe. — **~ˌkran** *m civ.eng.* **1.** jib crane. – **2.** (*Auslegerbockkran*) cantilever crane.

'Ausˌle·ge|ˌschrift *f* (*patents*) patent specification (*made available for public inspection*). — **~ˌstab** *m print.* flier (*od.* flyer) stick. — **~ˌtisch** *m* delivery table. — **~ˌwa·re** *f econ.* (*für Böden*) floor covering. — **~ˌzei·chen** *n mil.* ground panel.

'Ausˌle·gung *f* ⟨-; -en⟩ **1.** *cf.* Auslegen. – **2.** (*Deutung, Interpretation*) interpretation, explanation, construction: **falsche ~** misinterpretation; **wörtliche ~** literal interpretation, literality, literalism; **die authentische [strenge] ~ der Verfassung** *jur.* the authentic [strict] interpretation of the constitution. – **3.** *Bibl.* exegesis. – **4.** ⟨*only sg*⟩ *tech.* (**auf** *acc* for) layout, design.

'Ausˌle·gungs|beˌstim·mung *f jur.* **1.** interpretation clause. – **2.** (*Auslegungsregel*) rule of interpretation. — **~ˌfra·ge** *f* matter (*od.* question) of interpretation. — **~ˌvorˌschrift** *f cf.* Auslegungsbestimmung. — **~ˌwei·se** *f* method of interpretation.

'ausˌlei·den *v/i* ⟨*only pp*⟩ **er hat ausgelitten** *euphem.* his suffering is over.

'ausˌlei·ern *colloq.* **I** *v/t* ⟨*sep,* -ge-, h⟩ (*Gewinde, Gummiband etc*) wear out. – **II** *v/reflex* **sich ~** wear (itself) out.

'Ausˌleih·bi·blioˌthek *f* lending library.

'Ausˌlei·he *f* ⟨-; -n⟩ **1.** ⟨*only sg*⟩ handing out (*od.* issuing) (of) books: **die ~ der Bücher erfolgt täglich** books can be taken out every day. – **2.** a) issuing department, b) (*Schalter*) check-out (*Br.* issuing) desk (*od.* counter). — **'ausˌlei·hen I** *v/t* ⟨*irr, sep,* -ge-, h⟩ **1.** (*verborgen*) lend (out), hire out, *bes. Am.* loan: **Geld auf Zinsen ~** *econ.* to lend (*od.* put out) money at interest. – **2.** (*borgen*) borrow, take out, *Am.* check out: **(sich** *dat*) **Bücher aus der Bibliothek ~** to borrow books from the library. – **II A~** *n* ⟨-s⟩ **3.** *verbal noun.* — **'Ausˌlei·her** *m* ⟨-s; -⟩, **'Ausˌlei·he·rin** ⟨-; -nen⟩ **1.** lender. – **2.** borrower. — **'Ausˌlei·hung** *f* ⟨-; *no pl*⟩ **1.** *cf.* Ausleihen. – **2.** lending(s *pl*): **langfristige ~** long-term lending.

'ausˌler·nen *v/i* ⟨*sep,* -ge-, h⟩ **1.** (*bes. von Lehrlingen*) complete one's training (*od.* apprenticeship). – **2.** *fig.* finish learning: **man lernt nie aus** (*Sprichwort*) (we) live and learn.

'Ausˌle·se *f* ⟨-; *no pl*⟩ **1.** selection, choice: **eine ~ treffen** (*od.* **halten**) to make a selection; **der natürlichen ~ unterliegen** *biol.* to be subject to natural selection. – **2.** elite, flower, pick, cream: **die ~ der Jugend** the elite of the youth; **die ~ der Gesellschaft** the cream of society. – **3.** (*literarische Auswahl*) selection, anthology: **eine ~ der deutschen Dichtung** an anthology of German poetry. – **4.** *gastr.* choice (*od.* superior) wine.

'ausˌle·sen[1] *v/t* ⟨*irr, sep,* -ge-, h⟩ **1.** (*fertiglesen*) finish (reading), read (*s.th.*) to the end: **ein Buch ~** to finish a book. – **2.** (*durchlesen*) read (through): **die ganze Zeitung ~** to read the whole paper.

'aus,le·sen² **I** *v/t* ⟨*irr, sep,* -ge-, h⟩ **1.** (*aussondern*) pick (*od.* sort, single) out: die schlechten Äpfel ~ to sort out the rotten apples. – **2.** *rare* (*auswählen*) select, choose, pick. – **3.** *econ.* sort, select, grade. – **II A~** *n* ⟨-s⟩ **4.** *verbal noun.* – **5.** *cf.* Auslese 1.

'Aus,le·se\|,paa·rung *f agr.* selective pairing. — **~pro,zeß** *m biol. ped.* process of selection. — **~,prü·fung** *f ped.* selective (*od.* competitive) examination.

'Aus,le·ser *m* ⟨-s; -⟩ *tech.* (*Anlage*) selector, separator, sifter.

'Aus,le·se\|ver,fah·ren *n cf.* Ausleseprozeß. — **~,züch·tung** *f agr.* selective (*od.* selection) breeding. — **~zy,lin·der** *m agr. tech.* grain dressing machine.

'aus,leuch·ten **I** *v/t* ⟨*sep,* -ge-, h⟩ (*Szene etc*) illuminate (*auch fig.*), light, floodlight, play photofloods on. – **II A~** *n* ⟨-s⟩ *verbal noun.* — **'Aus,leuch·tung** *f* ⟨-; -en⟩ **1.** *cf.* Ausleuchten. – **2.** illumination, lighting.

'aus,lich·ten *v/t* ⟨*sep,* -ge-, h⟩ **1.** (*forestry*) (*Wald etc*) thin out. – **2.** *agr.* (*Bäume*) prune, lop.

'aus,lie·fer·bar *adj econ. cf.* lieferbar. — **'Aus,lie·fe·rer** *m* ⟨-s; -⟩ *econ.* **1.** deliverer, supplier. – **2.** distributor. — **'aus,lie·fern** **I** *v/t* ⟨*sep,* -ge-, h⟩ **1.** turn (*od.* hand) over, deliver: j-n dem Gericht ~ to turn s.o. over to the law; die Festung an den Feind ~ *mil.* to surrender the fortress to the enemy; dem Tod ausgeliefert sein *fig.* to be in the hands (*od.* the power) of death; j-m auf Gedeih und Verderb (*od.* auf Gnade und Ungnade) ausgeliefert sein *fig.* to be at s.o.'s mercy. – **2.** *bes. jur. pol.* extradite: den Verbrecher seinem (*od.* an seinen) Heimatstaat ~ to extradite the criminal to his own country. – **3.** *econ.* deliver, supply: die Bücher werden im Frühjahr ausgeliefert the books will be available in spring. – **4.** (*verteilen*) distribute. – **II** *v/reflex* sich ~ **5.** surrender, give oneself up: sich dem Gericht ~ to give oneself up to the law; sich j-m ~ *fig.* to put oneself into s.o.'s hands (*od.* at s.o.'s mercy). – **III A~** *n* ⟨-s⟩ **6.** *verbal noun.* — **'Aus,lie·fe·rung** *f* **1.** *cf.* Ausliefern. – **2.** (*Übergabe*) surrender. – **3.** *bes. jur. pol.* extradition: die ~ eines Flüchtlings verweigern to refuse the extradition of a fugitive (*od.* refugee). – **4.** *econ.* a) delivery, b) ⟨*only sg*⟩ supply: zahlbar bei ~ cash on delivery; gegen ~ von on delivery of; die ~ des zweiten Bandes erfolgt im Frühjahr the second volume will be available in spring. – **5.** distribution. – **6.** distributor(s *pl*).

'Aus,lie·fe·rungs\|,an,trag *m bes. jur. pol.* request to extradite, requisition. — **~,auf,trag** *m econ.* delivery order. — **~be,geh·ren** *n bes. jur. pol. cf.* Auslieferungsantrag. — **~de,pot** *n mil.* (issuing) depot. — **~,la·ger** *n econ.* delivery stores *pl,* (supply) depot. — **~,schein** *m* delivery note. — **~,stel·le** *f* distribution center (*bes. Br.* centre). — **~,tag** *m* day of delivery. — **~ver,fah·ren** *n bes. jur. pol.* extradition proceedings *pl.* — **~ver,trag** *m* extradition treaty.

'aus,lie·gen **I** *v/i* ⟨*irr, sep,* -ge-, h *u.* sein⟩ **1.** (*von Waren*) be displayed (*od.* laid out, exhibited). – **2.** (*von Zeitungen*) be (kept) available (*od.* be laid out) (for use). – **3.** (*von Listen zur Einsicht*) be available (*od.* open) for inspection: die Pläne liegen öffentlich aus the plans are available (*od.* open) to the public; zur Einsichtnahme [Prüfung] ~ to be available for inspection [examination]. – **4.** (*sport*) (*beim Fechten*) take one's guard. – **5.** *mar.* (*vom Wachschiff*) be posted (*od.* stationed) at the mouth of the harbo(u)r.

'Aus,lie·ger *m geol.* outlier.

'Aus,li·nie *f* (*sport*) (*beim Fußball etc*) touchline.

'aus,li·tern [-,liːtərn] *v/t* ⟨*sep,* -ge-, h⟩ (*Kraftstoff*) measure (*s.th.*) volumetrically by liters (*bes. Br.* litres). — **'Aus,li·te·rung** *f* ⟨-; *no pl*⟩ volumetric measurement by liters (*bes. Br.* litres).

'aus,lo·ben *v/t* ⟨*sep,* -ge-, h⟩ *jur.* promise (in public) a reward for: die Ergreifung des Mörders wurde ausgelobt a reward was offered for the arrest of the murderer. — **'Aus,lo·bung** *f* ⟨-; -en⟩ public promise of reward.

'aus,löf·feln *v/t* ⟨*sep,* -ge-, h⟩ **1.** (*Suppe etc*) spoon (up *od.* out): man muß die Suppe ~, die man sich eingebrockt hat (*Sprichwort*) you must drink as you have brewed (*proverb*), you have to face the music. – **2.** (*Teller etc*) spoon the food out of.

'aus·lo,gie·ren *v/t* ⟨*sep, no* -ge-, h⟩ *cf.* ausquartieren.

'aus,los·bar *adj econ.* (*Staatspapiere*) drawable, redeemable by drawings.

'aus,lös·bar *adj* (*verpfändete Güter*) redeemable. — **'Aus,lös·bar·keit** *f* ⟨-; *no pl*⟩ redeemability.

'aus,lösch·bar *adj* **1.** extinguishable. – **2.** obliterable, erasable, effaceable.

'aus,lö·schen **I** *v/t* ⟨*sep,* -ge-, h⟩ **1.** (*Flamme, Feuer etc*) extinguish, put out: seine Zigarette ~ to put (*od.* stub) out one's cigarette; eine Kerze ~ to snuff out a candle. – **2.** (*Licht etc*) switch (*od.* turn) off, turn (*od.* put) out. – **3.** (*Schrift etc*) efface, obliterate, blot out. – **4.** (*ausradieren*) erase. – **5.** (*streichen*) cancel, delete. – **6.** (*Wort an der Tafel etc*) wipe out (*od.* off), rub out. – **7.** (*Spuren etc*) *auch fig.* obliterate, erase, efface: Erinnerungen [Gefühle] ~ *fig.* to obliterate memories [emotions]. – **8.** *euphem. for* töten 1, vernichten 2. – **II A~** *n* ⟨-s⟩ **9.** *verbal noun.* — **'Aus,lö·schung** *f* ⟨-; *no pl*⟩ **1.** *cf.* Auslöschen. – **2.** extinction. – **3.** obliteration, erasure, effacement.

'Aus,lö·se\|,ein,rich·tung *f tech. cf.* Auslöser 1. — **~,fe·der** *f* release (*od.* tripping) spring. — **~ge,rät** *n* release gear. — **~,he·bel** *m* release (*od.* trip) lever. — **~im,puls** *m electr.* trigger pulse. — **~,knopf** *m* **1.** *tech.* release button (*od.* knob), trip button. – **2.** *phot. cf.* Auslöser 2. — **~ma,gnet** *m electr.* tripping magnet. — **~me·cha,nis·mus** *m tech.* releasing mechanism.

'aus,lo·sen **I** *v/t* ⟨*sep,* -ge-, h⟩ **1.** draw (lots) for, draw (*s.th.*) (by lot), (*mit einer Münze*) toss for: Startnummern ~ to draw for numbers; die Seiten ~ to toss for the choice of ends; den ersten Preis ~ to draw the first prize. – **2.** *econ.* (*Wertpapier etc*) draw, redeem (*s.th.*) by drawing (lots). – **II A~** *n* ⟨-s⟩ **3.** *verbal noun.* – **4.** *cf.* Auslosung.

'aus,lö·sen **I** *v/t* ⟨*sep,* -ge-, h⟩ **1.** (*Mechanismus, Alarm, Schuß etc*) release. – **2.** (*Krieg, Aufstand, Streik*) unleash, trigger (off), set (*s.th.*) off (*od.* going), cause. – **3.** *fig.* (*Begeisterung, Überraschung etc*) cause, evoke, call forth, arouse. – **4.** (*Gefangenen, Pfand etc*) redeem. – **5.** *tech.* a) (*Sperrgetriebe*) release, b) (*Kupplungen*) disengage, disconnect, uncouple, unclutch, c) (*Vorschübe*) trip. – **6.** *phot.* (*Verschluß*) trigger, release. – **7.** *nucl.* (*Elektronen*) liberate. – **8.** *electr.* break (the circuit of). – **9.** *med.* a) (*Glied aus dem Gelenk*) disarticulate, b) (*Anfall*) trigger, c) (*Reflex*) elicit. – **10.** *relig.* (*loskaufen*) redeem. – **11.** *gastr.* (*Knochen*) take out. – **II A~** *n* ⟨-s⟩ **12.** *verbal noun.* – **13.** (*von Begeisterung, Überraschung*) evocation. – **14.** *cf.* Auslösung.

'Aus,lö·se,punkt *m aer. mil.* (*beim Bombenabwurf*) point of release.

'Aus,lö·ser *m* ⟨-s; -⟩ **1.** *tech.* (*mechanisch wirkender*) tripping device, releasing device. – **2.** *phot.* (*des Verschlusses*) release. – **3.** *electr.* a) (*eines selbsttätigen Schutzschalters*) release, b) (*zur Freigabe einer Sperrung*) release gear, tripping device, c) (*für einmalige Auslösung*) trigger. – **4.** *biol.* release, (*für einen Reiz*) trigger.

'Aus,lö·se\|,schal·ter *m electr.* trip switch. — **~,strom** *m* release current. — **~vor,rich·tung** *f tech. cf.* Auslöser 1. — **~,zeit** *f electr.* **1.** delay-time action. – **2.** (*mechanische*) tripping time.

'Aus,lo·sung *f* ⟨-; -en⟩ **1.** *cf.* Auslosen. – **2.** (*sport*) draw. – **3.** *econ.* drawing (of lots).

'Aus,lö·sung *f* ⟨-; -en⟩ **1.** *cf.* Auslösen. – **2.** (*eines Mechanismus, Alarms, Schusses*) release. – **3.** (*eines Gefangenen, Pfandes*) redemption. – **4.** (*Anstoß*) initiation. – **5.** *tech.* a) (*eines Sperrgetriebes*) release, b) (*einer Kupplung*) disengagement, disconnection. – **6.** *electr.* a) circuit opening (*od.* breaking), b) (*als Schalteinrichtung*) release gear, tripping mechanism. – **7.** *nucl.* (*von Elektronen*) liberation. – **8.** *phot.* (*des Verschlusses*) release. – **9.** *med.* a) (*eines Gliedes aus dem Gelenk*) disarticulation, b) (*eines Anfalls*) start, c) (*eines Reflexes*) elicitation. – **10.** *econ.* allowance (*paid to employees working at distant places*).

'Aus,lo·sungs,kurs *m econ.* redemption price.

'aus,lo·ten *v/t* ⟨*sep,* -ge-, h⟩ **1.** *civ.eng.* a) (*mittels Senkblei*) plumb, b) (*mittels Wasserwaage*) level. – **2.** *mar.* (*Meerestiefe*) sound, fathom, plumb. – **3.** *fig.* probe, sound, plumb, fathom.

'aus,lüf·ten **I** *v/t u. v/i* ⟨*sep,* -ge-, h⟩ air. – **II** *v/reflex* sich ~ *colloq.* go out to get some fresh air.

'Aus,lug *m* ⟨-(e)s; -e⟩ *archaic for* Ausguck 1. — **'aus,lu·gen** *v/i* ⟨*sep,* -ge-, h⟩ *lit. od. obs. for* ausschauen 1.

'aus,lut·schen *v/t* ⟨*sep,* -ge-, h⟩ *colloq.* (*Zitrone, Wunde etc*) suck.

'aus,ma·chen *v/t* ⟨*sep,* -ge-, h⟩ **1.** *colloq.* (*Feuer, Kerze etc*) put out, extinguish: das Licht ~ to put out the light, to turn out (*od.* switch off) the light. – **2.** *colloq.* (*Radio, Gas etc*) turn (*od.* switch) off. – **3.** *colloq.* (*Zigarette etc*) put (*od.* stub) out. – **4.** *colloq.* (*Streit, Angelegenheit etc*) settle, arrange, decide: das müßt Ihr untereinander ~ you must settle that between (*od.* among) yourselves; du mußt das mit dir selbst ~ you must decide that yourself; das mußt du mit deinem Gewissen ~ your conscience must be your guide. – **5.** *colloq.* (*Termin, Honorar etc*) agree (up)on, arrange, fix: einen Preis ~ to arrange (*od.* settle) a price; was ist ausgemacht worden? what has been agreed upon (*od.* decided)? es war vorher ausgemacht, daß it had been arranged (*od.* decided, settled) previously that; etwas fest ~ to make a definite arrangement. – **6.** *colloq.* (*Quartier, Stelle*) get, find, arrange. – **7.** (*Bestandteil, Wesen etc*) constitute, form, make (up): den Wert einer Sache ~ to constitute the value of s.th.; das macht den größten Teil meiner Einkünfte aus that forms the greater part of my income. – **8.** (*Betrag etc*) amount (*od.* come, run) to, total (up to), add up to: das macht eine große Summe aus that amounts to a large sum; die Entfernung zwischen den beiden Städten macht nur 50 km aus the distance between both towns is only 50 kilometers. – **9.** *colloq.* (*in Wendungen wie*) das macht nichts aus it makes no difference, it doesn't matter; macht es Ihnen etwas aus, wenn ich rauche? do you mind my smoking? das macht viel aus it matters a great deal; es macht mir nichts aus, zu Fuß zu gehen I don't mind walking, I don't care if I have to walk; es wird kaum etwas ~ it will hardly matter at all. – **10.** (*feststellen*) find out, determine: es ließ sich nicht mit Sicherheit ~ it couldn't be found out with certainty; die Windrichtung ~ *meteor.* to determine the wind direction. – **11.** *mil.* (*Schiff, Stellung, Flugzeug*) locate, spot, detect, make out, sight, get sight of. – **12.** *hunt.* (*Wild*) hunt up, find. – **13.** *agr. dial.* (*Kartoffeln, Rüben*) dig up, lift.

'aus,mah·len **I** *v/t* ⟨*sep,* -ge-, h⟩ **1.** (*Getreide*) grind (*s.th.*) out (*od.* fully, thoroughly). – **2.** (*Mehl*) extract (*s.th.*) by grinding. – **II A~** *n* ⟨-s⟩ **3.** *verbal noun.*

'Aus,mahl,stuhl *m tech.* (*an Getreidemühlen*) second reduction rolls *pl* (*od.* roller mill).

'aus,ma·len **I** *v/t* ⟨*sep,* -ge-, h⟩ **1.** (*Saal, Innenraum etc*) paint: eine Kirche mit Fresken ~ to paint a church with fresco(e)s. – **2.** (*Vorgezeichnetes, Kupferstich etc*) color, *bes. Br.* colour, paint: ein Wappen ~ *her.* to (em)blazon a coat of arms. – **3.** *fig.* (*Gefahr, Zukunft etc*) picture, paint, depict: er malte ihr die Folgen bis ins einzelne aus he depicted the consequences to her in great detail; sich die Zukunft in den rosigsten Farben ~ to picture one's future in the rosiest of colo(u)rs; sich (in Gedanken) ~, was geschehen wäre to imagine what would have happened; das hatte ich mir so schön ausgemalt I had pictured it (as being) so beautiful. – **4.** *fig.* (*Erzählung, Märchen*) amplify, embroider. – **5.** *Southern G. and Austrian for* streichen 1. – **II A~** *n* ⟨-s⟩ **6.** *verbal noun.* — **'Aus,ma·lung** *f* ⟨-; *no pl*⟩ **1.** *cf.* Ausmalen. – **2.** *fig.* depiction, description. – **3.** *fig.* amplification.

'aus·ma·nö,vrie·ren *v/t* ⟨*sep, no* -ge-, h⟩ outman(o)euver, *bes. Br.* outmanœuvre.

'aus,mar·chen [-,marçən] *v/t* ⟨*sep,* -ge-, h⟩ *Swiss for* ausmachen 4.

'Aus,marsch *m bes. mil.* **1.** march out. – **2.** ⟨*only sg*⟩ marching out. — **'aus·mar,schie·ren** *v/i* ⟨*sep, no* -ge-, sein⟩ march out.

'Aus,maß *n* (*räumlich meist pl*) extent, dimension(s *pl*), proportion(s *pl*) (*alle auch fig.*): ein Stadion von gewaltigen ~en a stadium of huge proportions; in großem

~ *fig.* to a great extent (*od.* high degree), on a large scale; von solchem ~ to such an extent; erschreckende [überraschende] ~e annehmen *fig.* to assume alarming [surprising] proportions; eine Katastrophe gewaltigen ~es *fig.* a catastrophe of vast dimensions (*od.* scope); das ~ des Schadens ist noch nicht zu überblicken the extent of the damage cannot be estimated yet.

ˈausˌmä·sten *v/t* ⟨*sep*, -ge-, h⟩ *agr.* (*Schlachttiere*) fatten, fat (up *od.* out).

ˈausˌmau·ern *v/t* ⟨*sep*, -ge-, h⟩ *civ.eng.* **1.** (*Stollen, Tunnel etc*) wall, brick, line (*s.th.*) with brick (*od.* masonry). – **2.** (*Öffnung, Fenster*) wall (*od.* brick) up, fill up (*od.* close) (*s.th.*) with masonry. — **ˈAusˌmaue·rung** *f* ⟨-; -en⟩ **1.** ⟨*only sg*⟩ walling (up). – **2.** brick lining.

ˈausˌmau·sern *v/i* ⟨*sep*, -ge-, h⟩ (*von Vögeln*) finish molting (*bes. Br.* moulting).

ˈausˌmei·ßeln *v/t* ⟨*sep*, -ge-, h⟩ *tech.* (*art*) chisel (*s.th.*) out, carve (*s.th.*) (with a chisel): etwas mit dem Hohlmeißel ~ to gouge s.th. out; eine Statue [Inschrift] ~ to carve out a statue [an inscription].

ˈausˌmel·ken *v/t* ⟨*bes. irr, sep*, -ge-, h⟩ *agr.* (*Kuh*) milk (*cow*) dry (*od.* out).

ˈausˌmer·geln *v/t* ⟨*sep*, -ge-, h⟩ **1.** (*Person*) waste (*s.o.*) away, emaciate, macerate (*lit.*): Krankheit und Entbehrungen hatten ihn ausgemergelt illness and privations had emaciated him. – **2.** *agr.* (*Boden*) exhaust, sterilize. — **ˈAusˌmer·ge·lung, ˈAusˌmerg·lung** *f* ⟨-; *no pl*⟩ **1.** emaciation, maceration (*lit.*). – **2.** *agr.* exhaustion.

ˈausˌmer·zen [-ˌmɛrtsən] **I** *v/t* ⟨*sep*, -ge-, h⟩ **1.** (*Schädlinge, fig. Fehler, Vorurteil etc*) weed out, eradicate, eliminate: anstößige Stellen in einem Buch ~ to eliminate (*od.* cut out) objectionable passages in a book, to expurgate (*od.* bowdlerize) a book; Ungeziefer ~ to eradicate (*od.* destroy) vermin; minderwertige Pflanzen ~ *hort.* to weed out (*od.* rogue, discard) inferior plants; einen Schandfleck ~ to efface (*od.* blot out) a blemish. – **2.** *agr.* (*untaugliche Tiere*) cull (out), weed (out), discard. – **II A~** *n* ⟨-s⟩ **3.** *verbal noun.* — **ˈAusˌmer·zung** *f* ⟨-; *no pl*⟩ **1.** *cf.* Ausmerzen. – **2.** (*von Fehlern etc*) eradication, elimination. – **3.** (*von Anstößigem*) expurgation.

ˈausˌmes·sen I *v/t* ⟨*irr, sep*, -ge-, h⟩ **1.** (*Länge, Fläche etc*) measure, take the measurements of, (*mittels Lehre*) ga(u)ge: die Entfernung ~ to measure the distance; einen Raum ~ to take all the measurements of a room. – **2.** *civ.eng.* (*vermessen*) measure, survey. – **II A~** *n* ⟨-s⟩ **3.** *verbal noun.* — **ˈAusˌmes·sung** *f* ⟨-; -en⟩ **1.** *cf.* Ausmessen. – **2.** a) measurement, b) ⟨*only sg*⟩ taking measurements.

ˈausˌmie·ten *v/t* ⟨*sep*, -ge-, h⟩ **1.** *agr.* (*Kartoffeln, Rüben etc*) take (*s.th.*) out of the clamp (*od.* pit). – **2.** *Swiss for* vermieten 1.

ˈausˌmi·sten *v/t* ⟨*sep*, -ge-, h⟩ **1.** (*Stall*) clean the dung out of: → Augiasstall. – **2.** *fig. colloq.* (*Schrank etc*) clean out: ich will hier einmal alles gründlich ~ I am going to make a general cleanout of things.

ˈausˌmit·teln [-ˌmɪtəln] *v/t* ⟨*sep*, -ge-, h⟩ *obs. for* ermitteln I.

ˈausˌmit·tig *adj tech. math. cf.* außermittig.

ˈaus·möˌblie·ren *v/t* ⟨*sep, no* -ge-, h⟩ (*Zimmer etc*) furnish.

ˈaus·monˌtie·ren *v/t* ⟨*sep, no* -ge-, h⟩ *tech.* (*Motor, Teile*) take out, remove.

ˈausˌmün·den I *v/i* ⟨*sep*, -ge-, sein⟩ **1.** (*von Fluß*) (in *acc od. dat* into) flow, empty. – **2.** (*von Straße, Rohr etc*) (in *acc od. dat* into) lead, open: das Tal mündet in eine(r) Ebene aus the valley opens into a plain. – **3.** *fig.* (*von Rede, sozialer Strömung etc*) (in *acc od. dat* in) end, result. – **II A~** *n* ⟨-s⟩ **4.** *verbal noun.* — **ˈAusˌmün·dung** *f* ⟨-; -en⟩ **1.** *cf.* Ausmünden. – **2.** (*eines Flusses*) mouth, (*bes. eines Kanals*) outlet.

ˈausˌmün·zen *v/t* ⟨*sep*, -ge-, h⟩ **1.** *tech. cf.* ausprägen 2. – **2.** *fig.* (*Information, Vorfall etc*) exploit, capitalize: etwas gegen j-n ~ to exploit s.th. to s.o.'s disadvantage. — **ˈAusˌmün·zung** *f* ⟨-; -en⟩ *tech. cf.* Ausprägung 3.

ˈausˌmu·stern I *v/t* ⟨*sep*, -ge-, h⟩ **1.** *mil.* (*Person, Gerät*) reject, *Am. auch* muster out. – **2.** *mil. colloq.* a) accept (*od.* pass) (*s.o.*) (for military service), b) exempt (*s.o.*) (from military service). – **3.** *econ.* (*Waren etc*) discard, reject. – **4.** (*textile*) (*Stoffe, Modelle*) design. – **II A~** *n* ⟨-s⟩ **5.** *verbal noun.* — **ˈAusˌmu·ste·rung** *f* ⟨-; -en⟩ **1.** *cf.* Ausmustern. – **2.** *mil.* rejection, *auch* exemption (from military service), *Am. auch* muster-out. – **3.** *mil. colloq.* acceptance. – **4.** rejection.

ˈAusˌmu·ste·rungsˌschein *m* certificate of rejection.

ˈausˌna·gen *v/t* ⟨*sep*, -ge-, h⟩ gnaw (*s.th.*) out (*od.* hollow).

ˈausˌnä·hen *v/t* ⟨*sep*, -ge-, h⟩ (*Kanten, Ecken etc*) oversew, furnish (*s.th.*) with a stitched edge.

ˈAusˌnah·me *f* ⟨-; -n⟩ **1.** exception: mit ~ von (*od. gen*) with the exception of, except (for), save, *Am.* aside from; mit einer einzigen ~ with one exception (*od.* exclusion); täglich mit ~ von Sonntag daily except(ing) Sundays; mit seltenen ~en with rare exceptions; alle ohne ~ everybody without exception; eine ~ bilden to be an exception, to be exceptional; (bei j-m [*od.* mit j-m, für j-n]) eine ~ machen to make an exception (in s.o.'s case); keine ~ zulassen (*od.* gestatten) to permit (*od.* admit [of]) no exception; keine Regel ohne ~ (*Sprichwort*) there is an exception to every rule, there is no general rule without exception (*proverb*); die ~ bestätigt die Regel (*Sprichwort*) the exception proves the rule (*proverb*). – **2.** *bes. Austrian dial. for* Altenteil. — **~beˌstim·mung** *f jur.* **1.** exceptional disposition (*od.* provision). – **2.** saving clause. — **~beˌwil·li·gung** *f* dispensation. — **~erˌlaub·nis** *f* exemption permit. — **~erˌschei·nung** *f* exceptional case, exception: Gewitter sind eine ~ in diesem Gebiet thunderstorms are exceptional in this area. — **~ˌfall** *m* exceptional case, exception: dies ist ein ~ this is an exceptional case (*od.* an exception to the rule); in Ausnahmefällen in exceptional (*od.* special) cases. — **~geˌneh·mi·gung** *f econ.* **1.** exemption: eine ~ erteilen to grant an exemption (*od.* exceptional permission). – **2.** (*bes. bei Zollbestimmungen*) waiver. — **~geˌsetz** *n jur.* exceptive law. — **~ˌmensch** *m* exceptional person. — **~ˌstel·lung** *f* special (*od.* preferential, privileged) position. — **~taˌrif** *m econ.* exceptional (*od.* special, preferential, differential) tariff (*od.* rate). — **~verˌord·nung** *f pol.* provisional order (*od.* regulation), *auch* emergency regulation. — **~ˌzuˌstand** *m* **1.** *pol.* (state of) emergency: den ~ (über eine Stadt) verhängen to declare a state of emergency (in a town). – **2.** *mil.* (state of) martial law. – **3.** *fig.* exception: diese Faulheit ist leider kein ~ unfortunately this laziness is not exceptional.

ˈAusˌnahmsˌfall *m bes. Austrian for* Ausnahmefall.

ˈausˌnahms·los *adv u. adj* without exception: die Anordnung gilt ~ für alle this regulation applies to all (*od.* indiscriminately) without exception; der Beschluß fand die ~e Billigung aller the decision was unanimously agreed to (*od.* met with unanimous consent). — **ˈAusˌnahms·lo·sig·keit** *f* ⟨-; *no pl*⟩ absence of exception.

ˈausˌnahmsˌwei·se *adv* by way of exception, exceptionally, (*für diesmal*) for once: ~ bewilligte er einen Urlaub he made an exception and granted (a) leave; der Dienst beginnt morgen ~ erst um 10 Uhr as an exception office hours will begin only at 10 o'clock tomorrow; könnten Sie heute nicht ~ etwas früher kommen? couldn't you come a little earlier for once today?

ˈausˌneh·men I *v/t* ⟨*irr, sep*, -ge-, h⟩ **1.** (*Eier, Vögel etc*) take (*s.th.*) out: ein Nest ~ to rob (*od.* take) a nest; eine feindliche Stellung ~ *mil. fig.* to destroy an enemy position. – **2.** make an exception of, except, exclude: ich nehme keinen aus I make no exceptions; j-n von einer Verordnung ~ to exempt s.o. from a regulation. – **3.** j-n ~ *fig. colloq.* a) (*sein Geld abnehmen*) to clean s.o. out (*colloq.*), to fleece s.o., b) (*ausfragen*) to sound s.o. (out). – **4.** *gastr.* a) (*Geflügel*) draw, b) (*Wild, Schlachtvieh*) gut, clean, disembowel, eviscerate, c) (*Fisch*) gut, clean, gill. – **5.** *agr.* a) (*Kartoffeln*) dig up, lift, b) (*Bienenzucht*) (*Honig*) harvest. – **6.** *tech.* (*aussparen*) recess. – **7.** (*beim Fechten*) (*Stoß*) parry. – **8.** *Austrian for* erkennen 3. – **II** *v/reflex* sich ~ **9.** make an exception of (*od.* except, exclude) oneself. – **10.** look, appear: das Bild nimmt sich hier gut aus the picture looks good here; er nimmt sich sonderbar aus in diesem Aufzug he cuts a queer figure in that getup (*Br.* get-up); es nähme sich seltsam aus, wenn it wouldn't look well if. – **III A~** *n* ⟨-s⟩ **11.** *verbal noun.* – **12.** *gastr.* drawing, gutting, evisceration. – **13.** *agr.* (*des Honigs*) harvest. – **14.** *cf.* Ausnahme 1.

ˈausˌneh·mend I *pres p.* – **II** *adj* exceptional, extreme, exceeding: ein Mädchen von ~er Schönheit an exceptionally beautiful girl. – **III** *adv* exceptionally, extremely, exceedingly: es gefällt mir ~ gut I like it extremely.

ˈausˌneu·en *v/t* ⟨*sep*, -ge-, h⟩ *hunt.* (*Marder*) follow the tracks of (*a marten*) after snowfall.

ˈausˌnip·pen *v/t* ⟨*sep*, -ge-, h⟩ (*Getränk*) sip [(up).]

ˈausˌnüch·tern [-ˌnʏçtərn] *v/reflex* ⟨*sep*, -ge-, h⟩ sich ~ sober up. — **ˈAusˌnüch·te·rung** *f* ⟨-; *no pl*⟩ sobering up: er mußte bis zu seiner ~ bleiben he had to stay until he had sobered up.

ˈausˌnu·ten *v/t* ⟨*sep*, -ge-, h⟩ *tech.* **1.** groove, notch. – **2.** (*Wellen*) keyway. – **3.** (*unterstoßen*) slot. – **4.** (*unterziehen*) keyseat. – **5.** (*mittels Kreissäge*) slit. – **6.** *cf.* nuten.

ˈausˌnut·zen, ˈausˌnüt·zen I *v/t* ⟨*sep*, -ge-, h⟩ **1.** (*Person, Gelegenheit*) use, take advantage of, exploit: j-s Gutmütigkeit ~ to play on s.o.'s good nature; j-s Schwäche ~ to take (unfair) advantage of (*od.* exploit) s.o.'s weakness; von j-m ausgenutzt werden to be used (*od.* exploited) by s.o.; seine Zeit gut ~ to make the most (*od.* best) of one's time; eine Idee ~ to cash in on an idea; das schöne Wetter ~ to take advantage of the fine weather; jede freie Minute ~ to use every minute. – **2.** (*Boden, Energiequellen etc*) utilize, make use of, exploit. – **II A~** *n* ⟨-s⟩ **3.** *verbal noun.* — **ˈAusˌnut·zung, ˈAusˌnüt·zung** *f* ⟨-; *no pl*⟩ **1.** *cf.* Ausnutzen, Ausnützen. – **2.** use, exploitation, utilization.

ˈAusˌnut·zungs|ˌfak·tor *m econ.* utilization (*od.* exploitation) factor, commercial efficiency. — **~ˌgrad** *m* **1.** *tech.* unit capacity factor, overall efficiency. – **2.** *auto.* (*des Motors*) performance. – **3.** *econ.* (*des gegen Entgelt beförderten Ladegewichts*) revenue load weight factor.

ˈausˌösen *v/t* ⟨*sep*, -ge-, h⟩ *mar.* (*Boote*) bail (*od.* bale) (*s.th.*) out.

ˈausˌpacken (*getr.* -k·k-) **I** *v/t* ⟨*sep*, -ge-, h⟩ **1.** a) (*Koffer, Kleider*) unpack, b) (*Kleider*) (aus of) take (*s.th.*) out: Waren aus einer Kiste ~ to uncase (*od.* unbox) goods. – **2.** (*Paket, Geschenk etc*) unwrap, undo. – **3.** *fig. colloq.* (*Neuigkeit, Sorgen*) unpack, unload. – **II** *v/i* **4.** *colloq.* speak out (*od.* up), speak one's mind, let fly: nun pack aus! well, out with it (*od.* speak out)! — **ˈAusˌpacker** (*getr.* -k·k-) *m* unpacker.

ˈausˌpe·chen [-ˌpɛçən] *v/t* ⟨*sep*, -ge-, h⟩ *mar. tech. cf.* auspichen.

ˈausˌpei·len *v/t* ⟨*sep*, -ge-, h⟩ *mar.* **1.** test (*s.th.*) with sound ranging equipment. – **2.** fathom (the depth of).

ˈausˌpeit·schen I *v/t* ⟨*sep*, -ge-, h⟩ whip, flog, lash. – **II A~** *n* ⟨-s⟩ *verbal noun.* — **ˈAusˌpeit·schung** *f* ⟨-; -en⟩ *cf.* Auspeitschen.

ˈausˌpel·len *Northern G.* **I** *v/t* ⟨*sep*, -ge-, h⟩ *cf.* enthülsen 2. – **II** *v/reflex* sich ~ *colloq. cf.* ausziehen 18.

ˈausˌpen·deln I *v/i* ⟨*sep*, -ge-, h⟩ **1.** (*von Seil, Schaukel etc*) cease swinging (*od.* oscillating). – **II** *v/t* **2.** *tech.* measure (*s.th.*) with a pendulum. – **3.** *econ.* (*Zinssätze etc*) stabilize (*s.th.*) at a certain level.

ˈausˌpen·nen *v/i u.* sich ~ *v/reflex* ⟨*sep*, -ge-, h⟩ *colloq.* sleep one's fill: ich möchte (mich) endlich einmal ~ I want to sleep the clock round for once.

ˈausˌpfar·ren [-ˌpfarən] *v/t* ⟨*sep*, -ge-, h⟩ *relig.* (*Pfarrer*) remove (*s.o.*) from a parish.

ˈausˌpfei·fen *v/t* ⟨*irr, sep*, -ge-, h⟩ **1.** (*Schauspieler, Rede etc*) hiss (at), boo (at), catcall: j-n ~ to hoot s.o. (off *od.* away), to give s.o. the bird (*colloq.*); der Schauspieler wurde ausgepfiffen the actor was hissed (*od.* booed) off the stage (*od.* got the bird). – **2.** *mar.* pipe out.

ˈausˌpflan·zen *hort.* **I** *v/t* ⟨*sep*, -ge-, h⟩ **1.** (*Pflanzen, Bäume*) plant (*od.* bed) out, transplant, (*bes. Setzlinge*) prick out (*od.* off), set. – **II A~** *n* ⟨-s⟩ **2.** *verbal noun.* – **3.** transplantation.

ˈausˌpi·cheln *v/t* ⟨*sep*, -ge-, h⟩ *colloq.* tipple (off).

ˈausˌpi·chen *v/t* ⟨*sep*, -ge-, h⟩ *mar. tech.* coat (*s.th.*) with pitch: die Decksnähte ~ *mar.* to pay the seams.

ˈausˌpin·seln *v/t* ⟨*sep*, -ge-, h⟩ **1.** *med.* (*Hals, Wunde*) paint (out), swab. – **2.** *colloq. cf.* ausmalen 1, anstreichen 1, 2.

Au·spi·zi·um [ausˈpiːtsĭum] *n* ⟨-s; -zien⟩ **1.** *antiq.* (*Vorzeichen*) auspice: unter günstigen Auspizien under favo(u)rable auspices. – **2.** *pl lit.* (*Schirmherrschaft*) auspices, protection *sg*: unter j-s Auspizien under the auspices of s.o.

ˈausˌplap·pern *v/t* ⟨*sep*, -ge-, h⟩ *colloq. for* ausplaudern I.

ˈausˌplät·ten *v/t* ⟨*sep*, -ge-, h⟩ *Northern G.* (*Falten etc*) iron out, press.

ˈausˌplat·zen *v/i* ⟨*sep*, -ge-, sein⟩ *colloq.* **1.** (*von Naht etc*) burst out. – **2.** in ein Gelächter ~ *fig.* to burst out laughing (*od.* into a loud laugh).

ˈausˌplau·dern I *v/t* ⟨*sep*, -ge-, h⟩ blab (out), let out, babble: das Geheimnis ~ to reveal the secret, to squeal (*sl.*), *Am. sl.* to spill the beans. – **II** *v/reflex* sich ~ *colloq.* chat (*od.* prattle) one's fill.

ˈausˌplau·schen *v/t u.* sich ~ *v/reflex* ⟨*sep*, -ge-, h⟩ *Austrian colloq. for* ausplaudern.

ˈausˌplün·dern I *v/t* ⟨*sep*, -ge-, h⟩ **1.** (*Land, Städte etc*) plunder, pillage, loot, sack: die Dörfer und Städte wurden ausgeplündert the villages and towns were pillaged. – **2.** (*Person, Haus etc*) plunder, rob: die Ladenkasse ~ to rob (*od.* ransack, rifle, *colloq.* clean out) the till; j-n bis aufs Hemd ~ to strip s.o. to the skin. – **II A~** *n* ⟨-s⟩ **3.** *verbal noun.* — **ˈAusˌplün·de·rung** *f* ⟨-; *no pl*⟩ **1.** *cf.* Ausplündern. – **2.** plunder, pillage, loot, sack. – **3.** *mar.* plunder(age).

ˈausˌpo·chen *v/t* ⟨*sep*, -ge-, h⟩ *hunt.* (*Marder, Iltis*) dislodge.

ˈausˌpol·stern I *v/t* ⟨*sep*, -ge-, h⟩ **1.** pad (*s.th.*) (out), line (*s.th.*) with padding: die Schultern der Jacke müssen etwas ausgepolstert werden the shoulders of the jacket need some padding. – **2.** (*Auto, Stuhl etc*) upholster, cushion. – **II A~** *n* ⟨-s⟩ **3.** *verbal noun.* — **ˈAusˌpol·ste·rung** *f* ⟨-; -en⟩ **1.** *cf.* Auspolstern. – **2.** (*eines Autos etc*) upholstery.

ˈaus·poˌsau·nen *v/t* ⟨*sep*, *no* -ge-, h⟩ *colloq.* (*Neuigkeiten etc*) trumpet (*od.* blazon) (*s.th.*) forth (*od.* abroad), noise (*s.th.*) abroad, broadcast: eine Neuigkeit laut ~ to trumpet the news all over the town; das brauchen Sie nicht gleich auszuposaunen you don't have to cry it from the housetops.

ˈausˌpo·wern [-ˌpoːvərn] *colloq.* **I** *v/t* ⟨*sep*, -ge-, h⟩ (*Volk, Land*) impoverish. – **II A~** *n* ⟨-s⟩ *verbal noun.* — **ˈAusˌpo·we·rung** *f* ⟨-; -en⟩ **1.** *cf.* Auspowern. – **2.** impoverishment.

ˈausˌprä·gen I *v/t* ⟨*sep*, -ge-, h⟩ **1.** (*Münzen*) coin, mint. – **2.** (*Metall zu Münzen*) (zu into) stamp. – **II** *v/reflex* sich ~ **3.** *fig.* (*von Charakter etc*) (in *dat* etwas) be stamped (in *od.* on s.th.), be revealed (in s.th.): die Gesinnung eines Menschen prägt sich meist im Gesicht aus a person's character is usually stamped (*od.* imprinted) on his face. – **4.** (*von Begabung, Charaktereigenschaft etc*) develop, form, take shape. – **III A~** *n* ⟨-s⟩ **5.** *verbal noun.* — **ˈAusˌprä·gung** *f* ⟨-; *no pl*⟩ **1.** *cf.* Ausprägen. – **2.** coinage, mintage. – **3.** stamping. – **4.** *fig.* impress, stamp.

ˈAusˌpreß·geˌrät *n civ.eng.* squeezer.

ˈausˌpres·sen *v/t* ⟨*sep*, -ge-, h⟩ **1.** (*Frucht, Saft*) press (*od.* squeeze) out: Weintrauben ~ to crush grapes; er wurde wie eine Zitrone ausgepreßt *fig.* every last drop was squeezed out of him. – **2.** *fig. cf.* auspowern. – **3.** *tech.* (*paper*) dry (*s.th.*) by pressing.

ˈAusˌpreß·maˌschi·ne *f tech.* squeezing machine, squeezer.

ˈaus·proˌbie·ren *v/t* ⟨*sep*, *no* -ge-, h⟩ **1.** try (*s.th.*) (out), test: ein Rezept ~ to try out a recipe; eine neue Maschine ~ to test a new machine; wir wollen es ~ we want to give it a trial. – **2.** *gastr.* (*Wein*) taste, sample.

ˈAusˌpuff *m* ⟨-(e)s; -e⟩ *tech.* **1.** exhaust: Motorrad mit doppeltem ~ two-port motor-cycle; freier ~ open exhaust. – **2.** *cf.* Auspuffleitung. — **~ˌblen·de** *f* exhaust deflector. — **~ˌdampf·maˌschi·ne** *f* noncondensing (*Br.* non-condensing) steam engine. — **~ˌdich·tung** *f* exhaust manifold gasket.

ˈausˌpuf·fen *v/t* ⟨*sep*, -ge-, h⟩ (*Gase, Dampf etc*) exhaust.

ˈAusˌpuff|ˌflam·me *f tech.* exhaust flame. — **~ˌgas** *n meist pl auto.* exhaust gas (*od.* fume).

ˈAusˌpuff·geˌräusch *n tech.* exhaust noise. — **~ˌdämp·fer** *m* exhaust muffler (*bes. Br.* silencer).

ˈAusˌpuff|ˌhub *m tech.* exhaust stroke. — **~kaˌnal** *m* exhaust duct. — **~ˌklap·pe** *f* exhaust (*od.* muffler) cutout. — **~ˌkopf** *m* exhaust head. — **~ˌkrüm·mer** *m* (*am Motor*) exhaust manifold. — **~ˌlei·tung** *f* **1.** exhaust gas piping. – **2.** *cf.* Auspuffkrümmer. — **~maˌschi·ne** *f cf.* Auspuffdampfmaschine. — **~ˌöff·nung** *f* exhaust outlet. — **~ˌrohr** *n* exhaust pipe (*od.* manifold). — **~ˌschallˌdämp·fer** *m* exhaust muffler (*bes. Br.* silencer). — **~ˌschel·le** *f* exhaust manifold clamp. — **~ˌschlitz** *m* exhaust port. — **~ˌstut·zen** *m auto.* **1.** (*hinter dem Auspufftopf*) muffler tail pipe. – **2.** (*am Motorkopf*) exhaust stub (*od.* head). — **~ˌtakt** *m* exhaust cycle (*od.* stroke). — **~ˌtopf** *m auto. bes. Am.* (exhaust) muffler, exhaust pot, *bes. Br.* (exhaust) silencer. — **~venˌtil** *n tech.* exhaust valve.

ˈausˌpum·pen *v/t* ⟨*sep*, -ge-, h⟩ **1.** (*Wasser, Schacht etc*) pump out: einen Brunnen ~ to pump a well dry, to exhaust the water in a well; ein Schiff ~ *mar.* to free a ship. – **2.** (*Luft etc*) evacuate. – **3.** *med.* (*Magen*) siphon. – **4.** *colloq.* (*ausborgen*) borrow.

ˈAusˌpump|geˌschwin·dig·keit *f* pumping speed. — **~ˌzeit** *f* pumping time.

ˈausˌpunk·ten [-ˌpuŋktən] *v/t* ⟨*sep*, -ge-, h⟩ (*sport*) (*beim Boxen*) beat (*s.o.*) on points, outpoint.

ˈausˌpur·ren *v/t* ⟨*sep*, -ge-, h⟩ *mar. cf.* purren 2.

ˈausˌpu·sten *v/t* ⟨*sep*, -ge-, h⟩ *colloq.* (*Kerze etc*) blow out.

ˈAusˌputz *m* ⟨-es; *no pl*⟩ **1.** (*textile*) card waste. – **2.** (*fashion*) *dial.* trimmings *pl.* — **~ˌei·sen** *n hort.* tree clipper.

ˈausˌput·zen I *v/t* ⟨*sep*, -ge-, h⟩ **1.** (*Ofen etc*) clear out: die Schüssel ~ *fig. colloq.* to lick the platter clean. – **2.** *hort.* (*Baum, Hecke*) prune, thin out. – **3.** *archaic* (*Zimmer, Kleid*) deck out, decorate, adorn. – **II** *v/reflex* sich ~ **4.** dress (oneself) up.

ˈAusˌput·zer *m* ⟨-s; -⟩ (*sport*) (*beim Fußball*) sweeper.

ˈAusˌputz·maˌschi·ne *f tech.* (*in der Schusterei*) combined finisher and trimmer.

ˈaus·quaˌdrie·ren *v/t* ⟨*sep*, *no* -ge-, h⟩ *math.* square out.

ˈaus·quarˌtie·ren [-kvarˌtiːrən] **I** *v/t* ⟨*sep*, *no* -ge-, h⟩ lodge (*s.o.*) elsewhere, *auch* dislodge, billet (*s.o.*) out (*bes. mil.*): sie wurde aus ihrer Wohnung ausquartiert she was turned out of her quarters. – **II A~** *n* ⟨-s⟩ *verbal noun.* — **ˈAus·quarˌtie·rung** *f* ⟨-; -en⟩ **1.** *cf.* Ausquartieren. – **2.** change of lodgings, dislodg(e)ment.

ˈausˌquat·schen *v/t u.* sich ~ *v/reflex* ⟨*sep*, -ge-, h⟩ *colloq. for* ausplaudern.

ˈausˌquet·schen *v/t* ⟨*sep*, -ge-, h⟩ **1.** (*Frucht, Saft*) press (*od.* squeeze) out: er läßt sich ~ wie eine Zitrone *fig. colloq.* you can squeeze anything out of him. – **2.** j-n ~ *colloq.* to pump s.o.: der Verdächtige wurde ausgequetscht the suspect was pumped (*Am.* grilled).

ˈausˌra·deln, ˈausˌrä·deln *v/t* ⟨*sep*, -ge-, h⟩ **1.** (*Schnittmuster*) prick (out). – **2.** *gastr.* (*Teig*) cut (out) with a pastry wheel.

ˈaus·raˌdie·ren I *v/t* ⟨*sep*, *no* -ge-, h⟩ (*Wort etc*) erase (*auch fig.*), rub out: Bleistift läßt sich leicht ~ pencil writing rubs out easily; es wurden ganze Städte ausradiert *fig.* whole cities were wiped out (*od.* off the map). – **II A~** *n* ⟨-s⟩ *verbal noun.* — **ˈAus·raˌdie·rung** *f* ⟨-; -en⟩ **1.** *cf.* Ausradieren. – **2.** erasure, erasement.

ˈausˌrah·men *v/t* ⟨*sep*, -ge-, h⟩ (*Bild, Dia*) unframe.

ˈAusˌrän·de·rung [-ˌrɛndəruŋ] *f* ⟨-; -en⟩ *zo.* emargination.

ˈaus·ranˌgie·ren *v/t* ⟨*sep*, *no* -ge-, h⟩ **1.** (*Altes, Unbrauchbares*) discard, throw away, scrap. – **2.** (*railway*) (*Schienenfahrzeuge*) take (*s.th.*) off the line, shunt (*s.th.*) out. – **3.** *obs. for* entlassen 4. — **ˈaus·ranˌgiert I** *pp.* – **II** *adj* cast-off (*attrib*), discarded: ~e Kleider cast-off clothes.

ˈaus·raˌsie·ren *v/t* ⟨*sep*, *no* -ge-, h⟩ (*Haare*) shave, (*Nacken etc*) shave (*s.th.*) (clean).

ˈausˌra·sten[1] **I** *v/i* ⟨*sep*, -ge-, h⟩ *bes. Southern G. and Austrian* (take a) rest. – **II** *v/reflex* sich ~ rest (oneself).

ˈausˌra·sten[2] *v/i* ⟨*sep*, -ge-, sein⟩ *tech.* release, disengage.

ˈausˌrat·schen [-ˌraːtʃən] *v/t u.* sich ~ *v/reflex* ⟨*sep*, -ge-, h⟩ *Southern G. and Austrian colloq. for* ausplaudern.

ˈausˌrau·ben I *v/t* ⟨*sep*, -ge-, h⟩ (*j-n, Bank*) rob, plunder: der Reisende wurde überfallen und ausgeraubt the travel(l)er was held up and robbed; die Wohnung wurde vollständig ausgeraubt the apartment (*bes. Br.* flat) was completely ransacked; die Küstenstädte wurden von Piraten ausgeraubt the seaside towns were pillaged by pirates. – **II A~** *n* ⟨-s⟩ *verbal noun.* — **ˈAusˌrau·bung** *f* ⟨-; *no pl*⟩ **1.** *cf.* Ausrauben. – **2.** plunder(age).

ˈausˌrau·chen I *v/t* ⟨*sep*, -ge-, h⟩ **1.** (*Zigarette etc*) finish (smoking). – **II** *v/i* ⟨h *u.* sein⟩ **2.** ⟨h⟩ (*von Personen*) finish smoking: haben Sie schon ausgeraucht? have you finished your cigarette (*od.* cigar, pipe)? – **3.** ⟨sein⟩ *Southern G. and Austrian* a) (*von Alkohol etc*) evaporate, b) (*von Kaffee etc*) lose its aroma.

ˈausˌräu·chern I *v/t* ⟨*sep*, -ge-, h⟩ **1.** (*Zimmer, Faß etc*) fumigate, smoke. – **2.** (*mit Rauch etc vertreiben*) smoke out: einen Fuchs aus seinem Bau ~ to smoke out a fox from its earth; den Feind ~ *mil.* to smoke out the enemy. – **3.** *fig.* (*Verbrechernest etc*) clear out, clean up, *Am. colloq. auch* mop up. – **4.** *rare* (*Kirche etc*) incense. – **II A~** *n* ⟨-s⟩ **5.** *verbal noun.* — **ˈAusˌräu·che·rung** *f* ⟨-; -en⟩ **1.** *cf.* Ausräuchern. – **2.** fumigation. – **3.** *relig.* exorcism by smoke (*od.* incense).

ˈausˌrau·fen *v/t* ⟨*sep*, -ge-, h⟩ **1.** (*Haare*) tear (*od.* pull) out: sich (*dat*) die Haare ~ (vor Verzweiflung) to tear one's hair (in despair); ich könnte mir die Haare ~! I could tear my hair out, I could kick myself. – **2.** (*Ähren*) pluck. – **3.** (*textile*) (*Tuch*) burl, pick. – **4.** *dial. for* ausrupfen.

ˈausˌrau·hen *v/t* ⟨*sep*, -ge-, h⟩ (*textile*) burl.

ˈausˌräu·men I *v/t* ⟨*sep*, -ge-, h⟩ **1.** (*Wohnung, Schrank etc*) clear (out), empty: ein Zimmer zum Frühjahrsputz ~ to clear out a room for the spring cleaning. – **2.** (*Möbel etc*) clear (*od.* take) (*s.th.*) out, remove: die Möbel aus dem Zimmer ~ to clear the furniture out of a room, to remove the furniture from a room, to clear the room of furniture; die Wäsche aus dem Schrank ~ to take the linen out of the cupboard) – **3.** *bes. tech.* a) (*Rohr etc*) clear (*od.* clean: out, b) (*Stahl*) broach, c) (*Späne*) remove: einen Abwasserkanal ~ to clear out (*od.* dredge) a sewer. – **4.** (*Ofen*) rake out the fire (*od.* ashes) from. – **5.** *fig.* (*Bedenken etc*) remove, eliminate, clear away (*od.* up): sie konnten ihre Meinungsverschiedenheiten ~ they were able to settle (*od.* overcome) their differences of opinion; Zweifel ~ to dispel doubts; alle Mißverständnisse wurden ausgeräumt all misunderstandings were cleared up. – **6.** *colloq.* (*bestehlen*) clean out (*colloq.*), ransack: in seiner Abwesenheit haben ihm die Diebe die Wohnung ausgeräumt in his absence thieves cleaned out (*od.* completely stripped) his apartment (*bes. Br.* flat); j-m die Taschen ~ to pick s.o.'s pockets. – **7.** *med.* a) (*Tumor etc*) remove, extirpate, b) (*Gebärmutter*) curet(te), c) (*mit scharfem Löffel*) scoop out. – **8.** *tech.* a) (*Bohrloch*) broach, b) (*Zahnlücken in einem Zahnrad*) gash, rough out, c) (*Späne*) remove. – **9.** *metall.* (*Schlakke*) rake out. – **10.** *geol.* (*Gestein etc*) wash away. – **II A~** *n* ⟨-s⟩ **11.** *verbal noun.* – **12.** *cf.* Ausräumung. — **ˈAusˌräu·mer** *m* ⟨-s; -⟩ *bes. tech.* (*Person*) cleaner. — **ˈAusˌräu·mung** *f* ⟨-; *no pl*⟩ **1.** *cf.* Ausräumen. – **2.** (*von Möbeln etc*) removal, clearance. – **3.** *bes. tech.* (*eines Rohrs etc*) clearance. – **4.** *fig.* (*von Bedenken etc*) removal, elimination. – **5.** *med.* a) (*eines Tumors etc*) removal, extirpation, b) (*der Gebärmutter*) abrasion, curettage.

ˈausˌrech·nen I *v/t* ⟨*sep*, -ge-, h⟩ (*Preis etc*) work out, calculate, reckon (up), *bes. Am.* figure out, compute: rechne aus, was es kostet! work out how much it costs; die Kosten ~ to calculate the cost; wir haben ausgerechnet, daß wir 5 Tage brauchen we have worked out (*od.* we calculate, reckon) that it will take us 5 days; etwas falsch ~ to miscalculate s.th.; eine Aufgabe im Kopf ~ to do a problem in one's head, to work out a problem mentally; den Durchmesser ~ to compute (*od.* calculate) the diameter; das Ergebnis auf 4 Dezimalstellen ~ to compute (*od.* evaluate) the result to 4 decimal places; einen mathematischen Ausdruck ~ to evaluate a mathematical expression; er rechnete sich aus, wieviel er dabei verdienen würde he figured (*od.* worked) out how much he would earn (*od.* make) on it; sich (*dat*) eine Chance ~ *fig.* to reckon (*bes. Am.* figure) that one has a (good) chance; das kannst du dir ja selbst ~ *fig. colloq.* you can figure that out yourself. – **II A~** *n* ⟨-s⟩ *verbal noun.* — **'Aus,rech·nung** *f* ⟨-; *no pl*⟩ **1.** *cf.* Ausrechnen. – **2.** *bes. math.* a) calculation, computation, b) (*numerische*) evaluation.

'aus,recken (*getr.* -k·k-) **I** *v/t* ⟨*sep*, -ge-, h⟩ **1.** (*Arm etc*) extend, stretch (out): sich (*dat*) den Hals ~ to crane (*od.* stretch) one's neck; die Zuschauer reckten sich die Hälse nach ihr aus the spectators craned their necks to see her. – **2.** *metall.* a) (*längen*) stretch, extend, lengthen, elongate, b) (*recken als Schmiedearbeit*) hammer-forge. – **3.** (*leather*) (*Häute etc*) set out, stretch. – **4.** (*textile*) (*Tuch etc*) (s)tenter, smooth. – **5.** *mar.* (*Tau*) stretch. – **II** *v/i* **6.** ⟨*only pp*⟩ das Geweih (*od.* der Hirsch) hat ausgereckt *hunt.* the antlers of the stag have attained full growth and solidity. – **III** *v/reflex* **7.** sich nach etwas ~ to stretch to reach s.th.

'Aus,re·de *f* ⟨-; -n⟩ **1.** excuse: er hat immer eine ~ bei der Hand he always has an excuse ready (*od.* pat); das sind faule ~n *colloq.* those are feeble (*od.* lame, poor) excuses; er ist nie um eine ~ verlegen he is never at a loss for an excuse; sie suchte nach einer glaubhaften ~ she was looking for a plausible excuse; nur keine ~n! don't make excuses! no excuses! er entschuldigte sich mit der ~, daß er krank sei he excused himself pleading illness; eine Erkrankung diente ihm als ~ he pleaded illness; ~n erfinden to invent excuses. – **2.** (*Vorwand*) pretext.

'aus,re·den I *v/i* ⟨*sep*, -ge-, h⟩ **1.** (*zu Ende reden*) finish speaking: laß mich doch ~! let me finish! don't interrupt me! er ließ sie nicht ~ he didn't let her finish, he cut her short; sie wollte mich nicht ~ lassen she would not hear me out. – **II** *v/t* **2.** j-m etwas ~ to dissuade s.o. from doing s.th., to talk (*od.* argue) s.o. out of s.th.: er versuchte, ihr diesen Plan auszureden he tried to talk her out of that plan; das lasse ich mir nicht ~ I will not be talked out of it; die Eltern wollten ihm das Mädchen ~ *colloq.* his parents wanted to dissuade him from marrying that girl. – **III** *v/reflex* sich ~ **3.** *bes. Southern G. and Austrian* (bei, mit to) unburden (*od.* unbosom) oneself. – **4.** *Southern G. and Austrian for* herausreden I.

'aus,reg·nen *v/impers* ⟨*sep*, -ge-, h⟩ stop raining: es hat (sich) ausgeregnet it has stopped raining, it has rained itself out.

'aus,rei·ben *v/t* ⟨*irr, sep*, -ge-, h⟩ **1.** (*Fleck etc*) rub (*s.th.*) out (*od.* off): einen Tintenfleck aus dem Kleid ~ to rub an ink stain out of the dress. – **2.** (*Schüssel etc*) wipe out. – **3.** *tech.* (*Loch*) ream (out). – **4.** (*leather*) (*Nähte*) polish. – **5.** *Austrian for* scheuern 1.

'Aus,rei·ber *m* ⟨-s; -⟩ *tech.* **1.** (*Krauskopf*) countersink. – **2.** (*Reibahle*) reamer. – **3.** (*Räumahle*) broach.

'Aus,reib,tuch *n Austrian for* Scheuertuch.

'aus,rei·chen *v/i* ⟨*sep*, -ge-, h⟩ **1.** suffice, be sufficient (*od.* enough, adequate): das Essen reicht für uns alle aus there is enough food for all of us; das reicht kaum aus that is hardly enough, that will hardly do; nicht ~ to fall short; das Mehl wird bis dahin nicht ~ the flour will not last until then; dafür reicht unser Geld nicht aus we don't have sufficient money for that, our money does not run to that; der Stoff reicht gerade noch für eine Hose aus there is just enough material for a pair of trousers. – **2.** mit etwas ~ to have enough (*od.* sufficient) of s.th.: reichst du mit dem Geld bis nächste Woche aus? can you manage on that (*od.* have you enough) money until next week? er reicht damit gerade so aus he only just manages on (*od.* with) it.

'aus,rei·chend I *pres p.* – **II** *adj* **1.** sufficient, enough, adequate: ~e Kenntnisse adequate knowledge; nicht ~ insufficient, inadequate; er besitzt ~e Geldmittel he has sufficient means (*od.* funds); einen ~en Beweis liefern to supply (*od.* furnish) sufficient proof (*od.* evidence). – **2.** *ped.* (*als Zensur*) sufficient. – **III** *adv* **3.** sufficiently, enough, adequately: sie werden ~ unterstützt they receive sufficient support (*od.* assistance); er hat es nicht ~ erklärt he did not make it sufficiently clear (*od.* clear enough). – **4.** *colloq. for* genügend 4.

'aus,rei·fen I *v/i* ⟨*sep*, -ge-, sein⟩ **1.** (*von Früchten etc*) ripen (*od.* mature) (thoroughly): die Äpfel am Baum ~ lassen to leave the apples to ripen on the tree; Wein [Käse] ~ lassen to mature wine [cheese], to allow wine to mellow [cheese to ripen]. – **2.** *fig.* (*von Person, Plänen etc*) mature: er reifte künstlerisch früh aus he matured (*od.* reached full maturity) as an artist early in his career. – **3.** *med.* (*von Geschwüren etc*) come to a head. – **II** *v/t* ⟨h⟩ **4.** (*Früchte etc*) ripen (*od.* mature) (*s.th.*) (thoroughly), mellow: die Herbstsonne hat die Trauben ausgereift the autumn sun has mellowed the grapes. – **III A~** *n* ⟨-s⟩ **5.** *verbal noun.* — **'Aus,rei·fung** *f* ⟨-; *no pl*⟩ **1.** *cf.* Ausreifen. – **2.** maturation.

'Aus,rei·se *f* ⟨-; -n⟩ **1.** departure (from a country), *auch* exit: die Behörden verweigerten ihm die ~ the authorities prohibited him from leaving (*od.* refused him permission to leave) the country, the authorities refused him an exit permit; bei der ~ aus Österreich werden die Pässe kontrolliert (travellers') passports are examined on leaving Austria; vor seiner ~ nach Großbritannien prior to his departure for Great Britain; Ein- und Ausreise departure (*od.* exit) from and entry into a country. – **2.** *bes. mar.* outward voyage, voyage out: das Schiff befand sich auf der ~ the ship was outward bound, the ship was on her outward voyage. – **3.** *obs. for* Aufbruch 1. — **~be,schrän·kung** *f pol.* exit restriction (from a country). — **~er,laub·nis, ~ge,neh·mi·gung** *f* exit permit.

'aus,rei·sen *v/i* ⟨*sep*, -ge-, sein⟩ **1.** leave (a country), depart (from a country): aus Großbritannien ~ to leave (*od.* depart from) Great Britain; sie ist nach der Schweiz ausgereist she has left (*od.* departed) for Switzerland. – **2.** *obs. for* aufbrechen 10.

'Aus,rei·se|,sper·re *f pol.* exit embargo. — **~ver,bot** *n* prohibition against leaving a country. — **~,vi·sum** *n* exit visa.

'aus,rei·ßen I *v/t* ⟨*irr, sep*, -ge-, h⟩ **1.** (*Haar etc*) tear out, pull out: j-m ein Haar ~ to pull (*od.* pluck) out one of s.o.'s hairs; → Baum 2; Bein 1. – **2.** (*Unkraut etc*) pull (*od.* pluck) up (*od.* out). – **3.** (*Federn*) pluck (*od.* pull) (*s.th.*) off: einem Huhn Federn ~ to pluck feathers off a hen. – **II** *v/i* ⟨sein⟩ **4.** (*von Knöpfen etc*) come (*od.* tear, pull) off: der Koffer war so schwer, daß der Griff ausriß the case was so heavy that the handle came (*od.* pulled) off. – **5.** (*von Nähten etc*) pull apart, split: das Mantelfutter reißt aus the coat lining is splitting. – **6.** *colloq.* (*weglaufen*) run away (*od.* off), abscond, decamp, bolt, make off, clear out (*colloq.*): der Junge ist uns ausgerissen the boy ran away from us; vor j-m ~ to save oneself (*od.* escape) from s.o.; sie ist von zu Hause ausgerissen she has run away from home. – **7.** (*sport*) (*beim Radrennen*) break away, get ahead, open up space (*colloq.*): er ist dem Feld ausgerissen he got ahead of the field.

'Aus,rei·ßer *m* ⟨-s; -⟩ **1.** *colloq.* runaway, fugitive. – **2.** *mil. colloq.* a) wide (*od.* wild) shot, b) stray bullet. – **3.** *chem. phys.* (*bei Versuchsergebnissen*) runaway.

'Aus,reiß·ver,such *m colloq.* attempt to escape.

'aus,rei·ten I *v/i* ⟨*irr, sep*, -ge-, sein⟩ **1.** ride out (on horseback), go for (*od.* take) a ride: zur Jagd ~ to ride out to (the) hunt. – **II** *v/t* ⟨h⟩ **2.** (*Pferd*) take out. – **3.** (*sport*) a) (*Rennen*) ride, b) (*Pferd*) ride to a limit, c) (*Preis*) compete for: ein Pferd voll ~ to ride a horse to exhaustion (*od.* to its limit, *colloq.* till it drops). – **4.** *mar.* (*Sturm*) outride.

'aus,ren·ken I *v/t* ⟨*sep*, -ge-, h⟩ (*Arm etc*) dislocate, put (*s.th.*) out of joint, luxate (*scient.*): sich (*dat*) ein Glied ~ to dislocate a limb; er hat sich die Schulter ausgerenkt he has put his shoulder out of joint, he has dislocated his shoulder; renk dir bloß nichts aus! *fig. dial.* a) don't be so clumsy, don't be such a butterfingers, b) *iron.* don't strain yourself; sich (*dat*) den Hals ~ (nach) *fig. colloq.* to crane (*od.* stretch) one's neck (for). – **II A~** *n* ⟨-s⟩ *verbal noun.* — **'Aus,ren·kung** *f* ⟨-; *no pl*⟩ **1.** *cf.* Ausrenken. – **2.** dislocation, luxation (*scient.*).

'aus,rich·ten I *v/t* ⟨*sep*, -ge-, h⟩ **1.** (*gerade-richten*) adjust, straighten, make (*s.th.*) straight. – **2.** (*in Linie*) align, bring (*s.th.*) into line (*od.* alignment): die Zelte waren in zwei Reihen ausgerichtet the tents were aligned in two rows. – **3.** *mil.* a) (*Glied*) dress, align, b) (*Kompanie etc*) line up: die Soldaten waren in drei Gliedern ausgerichtet the soldiers were lined up in three ranks. – **4.** *fig.* bring (*s.o.*, *s.th.*) into line (*od.* alignment), (make [*s.o.*, *s.th.*]) conform, orient(ate), *auch* adjust, adapt, (*stärker*) regiment, discipline: die Jugend wurde einseitig ausgerichtet the young people were made to conform, the young people were made (*od.* brought) to toe the line (*colloq.*); die Dinge einheitlich ~ to uniform(ize) things; er hat sein Verhalten nach diesen Ideen ausgerichtet he brought his behavio(u)r into line with these ideas, he adjusted (*od.* adapted) his behavio(u)r to these ideas; er richtet seine Politik nach der Parteilinie aus he complies with (*od.* conforms to) the party line, he toes the party line (*colloq.*); seine Pläne waren auf die Eroberung anderer Länder ausgerichtet his plans were aimed at the conquest of other countries; die Produktion auf den Absatz ~ to bring production into line with sales, to coordinate production with sales. – **5.** *tech.* a) straighten, b) (*planieren*) level, c) (*Rad, Lager etc*) align, d) (*justieren*) adjust, e) (*nivellieren*) level out, f) (*Kessel etc*) take the dents (*od.* beat the bosses) out of, g) (*achsgerecht*) bring (*s.th.*) into line, line (*s.th.*) up. – **6.** (*erreichen*) accomplish, achieve, do, get (*s.th.*) done: hast du irgend etwas ausgerichtet? did you get anything done? did you accomplish anything? was hast du ausgerichtet? how did you get on? damit richtest du bei mir nichts aus! you will get nowhere with me by that! that cuts no ice with me! (*colloq.*); mit Geld kann man viel bei ihnen ~ money will get you a long way with them, money will do a lot with them (*colloq.*); Sie können viel bei ihm ~ you have a great influence on (*od.* with) him; er richtete wenig aus he had little success, he did not accomplish much; mit Güte kann man bei ihm viel mehr ~ als mit Gewalt kindness succeeds with him more than force, kindness gets you much further with him than force; damit ist nichts ausgerichtet that is no use, that does not do any good, that gets us nowhere (*colloq.*); allein konnte er gegen so viele nichts ~ alone he could not prevail against so many, alone he could not cope with (*od.* was no match for) so many; mit Seife kann man bei diesen Flecken nichts ~ soap won't have much effect on these marks. – **7.** (*Mitteilung etc*) pass on, deliver, convey: j-m eine Botschaft ~ to deliver (*od.* convey) a message to s.o., to give s.o. a message; richte ihm einen schönen Gruß von mir aus give him my (kind) regards, remember me to him; ich werde es ihm ~ I will pass it on to him; kann ich etwas ~? can I take a message? sie ließ ihm durch ihren Bruder ~, daß she sent him word (*od.* let him know) through her brother that; j-m einen Auftrag [Befehl] ~ to pass on instructions [an order] to s.o. – **8.** (*Feier etc*) arrange (and pay for), organize: seiner Tochter die Hochzeit ~ to arrange and pay for one's daughter's wedding; eine Meisterschaft ~ (*sport*) to organize a championship. – **9.** (*mining*) (*Grubenfeld*) open up. – **10.** *print.* a) (*Schrift*) align, b) (*Papierbogen*) jog. – **11.** j-n ~ *Southern G. and Austrian* to speak ill of s.o., to run s.o. down (*colloq.*), (*stärker*) to slander s.o.: sie richtet gerne die Leute hinter ihrem Rücken aus she is fond of running people down behind their backs, *bes. Am.* she is fond of backbiting people. – **II** *v/reflex* **sich** ~ **12.** *bes. mil.* dress ranks, dress in line, line up, align: **sich nach rechts** ~ to dress by (*od.* to) the right; **sich nach dem Vordermann** ~ to dress up. – **III A**~ *n* ⟨-s⟩ **13.** *verbal noun.* – **14.** (*mining*) development. – **15.** *cf.* Ausrichtung.

ˈAusˌrich·ter *m* ⟨-s; -⟩ organizer (*Br. auch* -s-) (*od.* organizing [*Br. auch* -s-] body) (of sporting events or cultural competitions), official sponsor.

ˈAusˌricht|geˌrät *n tech.* **1.** (*für Winkeleinstellung*) aligning device. – **2.** (*als Zentriervorrichtung*) centering (*bes. Br.* centr[e]ing) device. — ~**ˌplat·te** *f* leveling (*bes. Br.* levelling) plate.

ˈAusˌrich·tung *f* ⟨-; *no pl*⟩ **1.** *cf.* Ausrichten. – **2.** adjustment. – **3.** (*in Linie*) alignment. – **4.** *mil.* alignment. – **5.** *fig.* alignment, conformation, orientation, adjustment, adaption, organization, (*stärker*) regimentation: **weltanschauliche** ~ ideological orientation; **die** ~ **auf ein Ziel (hin)** the orientation toward(s) an aim; **ein Sozialismus marxistischer** ~ a Marxist-oriented socialism. – **6.** *tech.* a) (*Justierung*) adjustment, b) (*Fluchtebene*) alignment. – **7.** (*mining*) a) (*als Arbeit*) stone drivage, development work in stone, b) (*als Resultat*) stone drifts *pl.* – **8.** (*eines Festes etc*) arrangement (*od.* organization) (and defrayal of the cost). – **9.** *lit.* (*einer Mitteilung etc*) delivery. – **10.** *print.* (*der Schrift*) alignment.

ˈAusˌrig·ger *m mar.* outrigger.

ˈausˌrin·gen I *v/i* ⟨*only pp*⟩ **1. sie [er] hat ausgerungen** *euphem.* her [his] struggles are over. – **II** *v/t* ⟨*irr, sep,* -ge-, h⟩ **2.** *dial. cf.* auswringen. – **3.** (*textile*) (*Seidengarn*) wring out.

ˈausˌrin·nen *v/i* ⟨*irr, sep,* -ge-, sein⟩ *Southern G. and Austrian for* auslaufen 2.

ˈausˌrip·pen *v/t* ⟨*sep,* -ge-, h⟩ **1.** *agr.* (*Tabakblätter*) strip, stem. – **2.** *gastr.* (*Fleisch*) remove the ribs from, bone.

ˈAusˌritt *m* ⟨-(e)s; *no pl*⟩ **1.** horse ride. – **2.** ride, outing on horseback.

ˈAusˌro·de·maˌschi·ne *f agr.* clearing plough (*bes. Am.* plow).

ˈausˌro·den I *v/t* ⟨*sep,* -ge-, h⟩ **1.** a) (*Baum*) uproot, root up (*od.* out), stump, b) (*Baumstumpf*) grub up, stub up, c) (*Wald*) clear off. – **2.** *cf.* roden 3. – **II A**~ *n* ⟨-s⟩ **3.** *verbal noun.* — **ˈAusˌro·dung** *f* ⟨-; *no pl*⟩ **1.** *cf.* Ausroden. – **2.** *cf.* Rodung 1.

ˈausˌrol·len I *v/t* ⟨*sep,* -ge-, h⟩ **1.** (*Teppich etc*) unroll. – **2.** (*Teig etc*) roll (out): **der Teig läßt sich gut** ~ the dough rolls out well. – **3.** *tech.* (*Kabel*) run out, pay out. – **II** *v/i* ⟨h *u.* sein⟩ **4.** (*vom Auto etc*) coast. – **5.** *aer.* (*vom Flugzeug*) taxi to a standstill. – **III A**~ *n* ⟨-s⟩ **6.** *verbal noun.* – **7.** *aer.* landing run.

ˈAusˌrollˌstrecke (*getr.* -k·k-) *f aer.* landing run (*od.* distance): **Landung mit kurzer** ~ short landing.

ˈausˌrott·bar *adj* eradicable, extirpable (*lit.*).

ˈausˌrot·ten I *v/t* ⟨*sep,* -ge-, h⟩ **1.** (*Unkraut etc*) uproot, tear (*od.* pull) (*s.th.*) up by the roots, root (*s.th.*) up. – **2.** (*Volk, Rasse etc*) exterminate, wipe out, extirpate: **diese Krankheit rottete die ganze Bevölkerung aus** this disease wiped out the entire population; **die Urbevölkerung des Landes wurde ausgerottet** the native population of the country was exterminated (*od.* killed off); **etwas mit Stumpf und Stiel** ~ *auch fig.* to destroy s.th. root and branch. – **3.** (*Tiere*) extirpate. – **4.** *fig.* (*Übel etc*) eradicate, stamp out, root out, extirpate, exterminate: **ein Vorurteil** ~ to eradicate a prejudice; **eine Krankheit** ~ to stamp (*od.* wipe) out a disease; **dieses Übel muß man mit der Wurzel** ~ this evil must be uprooted; **diese Unsitte ist nicht auszurotten** this bad habit is ineradicable. – **5.** *med.* (*Tumor etc*) extirpate, eradicate. – **II A**~ *n* ⟨-s⟩ **6.** *verbal noun.* – **7.** *cf.* Ausrottung. — **ˈAusˌrot·ter** *m* ⟨-s; -⟩ exterminator, extirpator. — **ˈAusˌrot·tung** *f* ⟨-; *no pl*⟩ **1.** *cf.* Ausrotten. – **2.** (*eines Volkes, einer Rasse etc*) extermination, extirpation: **systematische** ~ **von Völkern** (*od.* **eines Volkes**) genocide. – **3.** (*von Tieren*) extirpation. – **4.** *fig.* eradication, extermination, extirpation. – **5.** *med.* (*eines Tumors etc*) extirpation, eradication.

ˈausˌrücken (*getr.* -k·k-) **I** *v/i* ⟨*sep,* -ge-, sein⟩ **1.** *mil.* (*von Truppen etc*) march out: **ins Feld** ~ to go to the front, to take the field. – **2.** (*von Feuerwehr etc*) go out on a(n emergency) call. – **3.** *colloq.* (*ausreißen*) run off (*od.* away), make off, decamp, skiddoo (*sl.*): **vor j-m [etwas]** ~ to run away from s.o. [s.th.]; **sie ist von zu Hause ausgerückt** she bolted from home. – **II** *v/t* ⟨h⟩ **4.** *tech.* a) (*Hebel*) disengage, b) (*Kupplung*) disengage, disconnect, c) (*Vorschub*) trip, d) (*Getriebe*) throw (*s.th.*) out of gear (*od.* mesh). – **5.** *bes. print.* (*Wort, Zeile*) set out (*s.th.*) (in the margin). – **III A**~ *n* ⟨-s⟩ **6.** *verbal noun.* – **7.** *tech.* a) (*eines Hebels*) disengagement, b) (*einer Kupplung*) disconnection, *Br. auch* disconnexion.

ˈAusˌrücker (*getr.* -k·k-) *m* ⟨-s; -⟩ **1.** *tech.* a) (*für Kupplungen*) *cf.* Kupplungsschalter, b) (*bei Treibriemen*) shifting device, belt shifter (*od.* shipper). – **2.** *print.* stopping device, stopper.

ˈAusˌrück|he·bel *m tech.* disengaging (*od.* throw-out) lever. — ~**ˌkupp·lung** *f cf.* Schaltkupplung. — ~**ˌstel·lung** *f* disengaged (*od.* out) position. — ~**ˌvorˌrich·tung** *f* shifter, disengaging gear.

ˈAusˌruf *m* **1.** cry, exclamation, (*stärker*) shout: **plötzlicher** ~ sudden cry, ejaculation; **ein erstaunter** ~, **ein** ~ **des Erstaunens** a cry (*od.* exclamation) of surprise; **mit einem** ~ **des Schreckens** with a cry of horror. – **2.** ⟨*only sg*⟩ (*Bekanntmachung*) proclamation: **etwas durch** ~ **bekanntmachen** to make s.th. known by proclamation. – **3.** (*bei einer Versteigerung*) offer for sale: **dann kam ein Gemälde zum** ~ then a painting was put up for sale. – **4.** *ling.* interjection, exclamation. — **a**~**ˌar·tig** *adj bes. ling.* **1.** exclamatory. – **2.** interjectional, interjectory.

ˈausˌru·fen I *v/t* ⟨*irr, sep,* -ge-, h⟩ **1.** cry, exclaim, (*stärker*) shout. – **2.** (*Namen, Waren etc*) call (out): **der Schaffner ruft die Haltestellen aus** the conductor calls the stops; **j-s Namen** ~ to call out s.o.'s name; **j-n (durch Bedienten, Lautsprecher)** ~ **lassen** to page s.o.; **eine Mitteilung** ~ **lassen** to have an announcement called out; **einen verlorenen Gegenstand** ~ **(lassen)** to publish the loss of an article; **der Nachtwächter rief die Stunden aus** *hist.* the watchman called the hours. – **3.** (*Streik*) call. – **4.** (*Republik, Notstand etc*) proclaim: **er wurde zum König ausgerufen** *hist.* he was proclaimed king. – **5.** *econ.* (*bei einer Versteigerung*) put (*s.th.*) up for sale, invite bids for. – **II A**~ *n* ⟨-s⟩ **6.** *verbal noun.* – **7.** *cf.* Ausrufung.

ˈAusˌru·fer *m* ⟨-s; -⟩ **1.** crier, hawker, (*vor Verkaufsständen*) barker, *auch* tout. – **2.** *obs.* a) town crier, b) herald.

ˈAusˌru·fe|ˌsatz *m ling.* clause of exclamation, exclamatory clause. — ~**ˌwort** *n* ⟨-(e)s; ⸗er⟩ interjection. — ~**ˌzei·chen** *n* exclamation mark (*Am. auch* point), note of exclamation.

ˈAusˌru·fung *f* ⟨-; *no pl*⟩ **1.** *cf.* Ausrufen. – **2.** (*eines Streiks*) call. – **3.** (*der Republik, des Notstands etc*) proclamation: **bei seiner** ~ **zum Präsidenten** on his being proclaimed president.

ˈAusˌru·fungsˌzei·chen, ˈAusˌrufˌzei·chen *n bes. Swiss for* Ausrufezeichen.

ˈausˌru·hen I *v/i u.* **sich** ~ *v/reflex* ⟨*sep,* -ge-, h⟩ **1.** (auf *dat* on) rest, take a rest, repose: **(sich) von den Anstrengungen** ~ to rest from one's labo(u)rs; **ruhen Sie (sich) erst einmal aus!** take a rest first! **haben Sie (sich) ausgeruht?** do you feel (*od.* are you) rested? **er ruht (sich) auf seinen Lorbeeren aus** *fig.* he rests on his laurels. – **II** *v/t* **2.** rest: **ich muß meine Beine ein wenig** ~ I must rest my legs a little (*od.* give my legs a little rest). – **III A**~ *n* ⟨-s⟩ **3.** *verbal noun*: **man kommt nicht zum A**~ one has not time to rest. – **4.** rest, repose.

ˈausˌrun·den I *v/t* ⟨*sep,* -ge-, h⟩ **1.** make (*s.th.*) round, round (*s.th.*) (out). – **2.** *tech.* a) (*Ansatz*) fillet, b) (*Zahngrund*) radius, round (out). – **II** *v/reflex* **sich** ~ **3.** become round. – **III A**~ *n* ⟨-s⟩ **4.** *verbal noun.* — **ˈAusˌrun·dung** *f* ⟨-; -en⟩ **1.** *cf.* Ausrunden. – **2.** hollow. – **3.** *tech.* (*eines Zahngrunds*) radius. – **4.** *aer.* (*zwischen Rumpf u. Flügel*) fillet(ing), fairing.

ˈausˌrup·fen *v/t* ⟨*sep,* -ge-, h⟩ **1.** (*Federn etc*) pluck (out), pull out, tear out. – **2. Unkraut** ~ to weed.

ˈausˌrü·sten I *v/t* ⟨*sep,* -ge-, h⟩ **1.** equip, fit (*s.o., s.th.*) (out *od.* up), outfit, furnish: **j-n [etwas] mit etwas** ~ to equip (*od.* furnish, provide, supply) s.o. [s.th.] with s.th., to fit s.o. [s.th.] out with s.th.; **neu** ~ to refit; **der Betrieb wird mit modernen Maschinen ausgerüstet** the plant is being equipped with modern machinery. – **2.** (*Expedition, Schiff etc*) fit out. – **3.** *mil. mar.* (*mit Waffen*) arm, equip. – **4.** (*textile, paper*) dress, finish. – **5.** *civ.eng.* a) (*abrüsten*) remove the scaffolding from, strike, b) (*Gewölbe etc*) remove (*od.* strike, release) the centering (*bes. Br.* centr[e]ing) (*od.* support) from. – **II** *v/reflex* **sich** ~ **6.** (mit with; für for) supply oneself, outfit (oneself), fit out: **sie haben sich für eine lange Reise ausgerüstet** they outfitted (themselves) for a long journey. – **III A**~ *n* ⟨-s⟩ **7.** *verbal noun.* – **8.** *cf.* Ausrüstung. — **ˈAusˌrü·ster** *m* ⟨-s; -⟩ fitter, managing owner. — **ˈAusˌrü·stung** *f* ⟨-; -en⟩ **1.** *cf.* Ausrüsten. – **2.** equipment, outfit, gear, tackle: **zur** ~ **eines Bergsteigers gehören Steigeisen** a mountaineering outfit includes crampons; **seemännische** ~ sailor's gear. – **3.** *mil. mar.* a) (*Kriegsgerät*) equipment, armament, munition, b) (*Zubehör*) accouterments (*bes. Br.* accoutrements) *pl*: **in feldmarschmäßiger** ~ *auch fig. humor.* in full marching order. – **4.** *tech.* a) (*einer Maschine*) attachment, b) (*Betriebsanlage*) equipment, plant, c) (*Geräte*) outfit. – **5.** (*textile, paper*) finish.

ˈAusˌrü·stungs|ˌdock *n mar.* fitting-out basin. — ~**ˌge·genˌstand** *m meist pl* (piece of) equipment, outfit *sg*, fitting, attachment, accessory, necessary. — ~**ˌgü·ter** *pl econ.* equipment goods. — ~**in·ve·sti·tiˌon** *f* capital expenditure (*od.* investment) on equipment. — ~**ˌsi·cher·heitsˌzeug·nis** *n mar.* safety equipment certificate. — ~**ˌstück** *n* piece of equipment.

ˈausˌrut·schen *v/i* ⟨*sep,* -ge-, sein⟩ **1.** (auf *dat* on) slip: **er ist auf dem Eis ausgerutscht und hingefallen** he slipped on the ice and fell; **ich bin ausgerutscht** my foot (*od.* I) slipped; **die Axt rutschte ihm aus** the axe slipped out of his hand; **ihm ist die Hand ausgerutscht** *fig. colloq.* he couldn't resist dealing out a slap. – **2.** *fig. colloq.* make a gaffe (*od.* faux pas, *colloq.* bloomer). — **ˈAusˌrut·scher** *m* ⟨-s; -⟩ **1.** (*sport*) surprise defeat: **sich** (*dat*) **einen** ~ **leisten** to suffer a surprise defeat. – **2.** *colloq.* gaffe, faux pas, bloomer (*colloq.*): **er leistete sich** (*dat*) **einen** ~ he dropped a brick (*colloq.*).

ˈAusˌsaat *f agr.* **1.** (*Aussäen*) sowing: **natürliche** ~ *bot.* natural sowing; **Zeit der** ~ seedtime. – **2.** (*Saat*) seed. — ~**ˌflä·che** *f* sown area.

ˈausˌsacken (*getr.* -k·k-) *v/t* ⟨*sep,* -ge-, h⟩ (*Kartoffeln etc*) unbag, unsack.

ˈausˌsä·en *v/t* ⟨*sep,* -ge-, h⟩ *agr.* (*Getreide etc*) sow.

ˈausˌsag·bar *adj math. philos.* predicable. — **ˈAusˌsag·bar·keit** *f* ⟨-; *no pl*⟩ predicability.

ˈAusˌsa·ge *f* ⟨-; -n⟩ **1.** statement, declaration: **nach** ~ **von** (*od. gen*) according to the statement made by; **seiner** ~ **nach** according to his statement, according to what he said; **auf seine** ~ **hin** on his declaration. – **2.** *jur.* a) evidence, testimony, b) (*schriftlich, beeidigt*) affidavit, c) (*schriftlich, beeidigt, mit Kreuzverhör*) deposition, d) (*als Beweis*) proof, evidence: ~**n der Prozeßparteien** pleadings; **eine** ~ **machen** a) to testify, to give evidence, b) (*schriftlich, beeidigt*) to depose; **eine** ~ **widerrufen** to back down from a statement; **eine falsche** ~ **machen** to give false evidence; ~ **unter Eid, eidliche** (*od.* **beeidigte**) ~ a) sworn testimony (*od.* statement, evidence), b) (*schriftlich*) affidavit, c) (*schriftlich, mit Kreuzverhör*) deposition; **eine eidliche** (*od.* **beeidete**) ~ **machen** to make a statement under oath, to give sworn evidence (*od.* testimony); **seine** ~ **beeiden** to swear to one's statement; **bei seiner** ~ **bleiben** to abide by one's testimony; **die** ~ **verweigern** to refuse to give evidence (*od.* to testify); **hier steht** ~ **gegen** ~ that is a case of one testimony against another; **j-s** ~ **bestätigen** to corroborate (*od.* confirm) s.o.'s statement; **Beweiskraft einer** ~ strength of a statement. – **3.** (*eines Kunstwerks*) message, statement, intrinsic meaning: **diesem Bild fehlt jede** ~ this painting says nothing. – **4.** *philos.* proposition: **Grundform der** ~ (*bei Kant*) predicament. – **5.** *math.* a) assertion, b) (*in der Geometrie*) proposition. – **6.** (*in der Kybernetik*) statement, information, signal. – **7.** *ling. cf.* Satzaussage.

'**Aus,sa·ge|,form** *f philos.* (*Logik, Syntax*) open sentence, matrix. — **~,kraft** *f* (*eines Kunstwerks*) force of expression, expressiveness. — **a~,kräf·tig** *adj* expressive, full of expression.

'**aus,sa·gen I** *v/t* <*sep*, -ge-, h> **1.** state, declare: (etwas) über j-n [etwas] ~ to make a statement about s.o. [s.th.], to express oneself on s.o. [s.th.]. – **2.** *jur.* a) testify (to), give evidence (*od.* testimony) of, b) (*schriftlich, beeidigt*) depose: etwas unter Eid ~ to testify (to) s.th. under oath; sie hat nichts ausgesagt she failed to give evidence. – **3.** (*von Bild, Film etc*) say, express: der Film hatte nichts Wesentliches auszusagen the film had nothing important to say. – **4.** *philos.* predicate. – **II** *v/i* **5.** *jur.* a) testify, give evidence (*od.* testimony), b) (*unter Eid*) give evidence upon oath, c) (*schriftlich, beeidigt*) depose: vor Gericht ~ to give evidence in court; für [gegen] j-n ~ to give evidence in s.o.'s favo(u)r [against s.o.]; falsch ~ (gegen) to misinform (against).

'**aus,sä·gen** *v/t* <*sep*, -ge-, h> etwas ~ to saw s.th. out.

'**aus,sa·gend I** *pres p.* – **II** *adj ling.* predicative.

'**Aus,sa·ge|,satz** *m ling.* declarative sentence (*od.* statement), clause of statement. — **~ver,wei·ge·rung** *f jur.* refusal to testify (*od.* give evidence). — **~,wei·se** *f ling.* mood. — **~,wert** *m* indicative (*od.* signifying, declarative) value.

'**aus,sal·zen** *v/t* <*sep*, -ge-, h> *chem.* **1.** salt out, separate (*s.th.*) by addition of salt. – **2.** (*Seife*) grain (out).

'**Aus,satz** *m* **1.** *med.* leprosy: weißer ~ white leprosy; er wurde vom ~ befallen he was struck by leprosy. – **2.** *print.* evenness of print. – **3.** (*games*) (*beim Billard*) lead.

'**aus,sät·zig** [-,zɛtsɪç] *adj med.* leprous. — '**Aus,sät·zi·ge** *m, f* <-n; -n> leper: er fühlte sich wie ein ~r *fig.* he felt like a (moral) leper.

'**Aus,sät·zi·gen·spi,tal** *n* leper house.

'**aus,sau·ern** *v/i* <*sep*, -ge-, sein> rot below ground.

'**aus,sau·fen** *v/t* <*irr, sep*, -ge-, h> **1.** (*von Tieren*) a) (*Wasser*) drink up, b) (*Napf, Trog*) empty. – **2.** *vulg.* a) (*Bier etc*) swig (*colloq.*), gulp (*od.* swill) down (*colloq.*), b) (*Glas etc*) drain, empty: ein Glas Schnaps in einem Zug ~ to swig a glass of hard liquor at one draft.

'**aus,sau·gen I** *v/t* <*auch irr, sep*, -ge-, h> **1.** (*Saft, Wunde etc*) suck (*s.th.*) (out): eine Frucht ~ to suck a fruit (dry); den Saft aus einer Apfelsine ~ to suck the juice from (*od.* out of) an orange; der Arzt saugte das Gift aus der Wunde aus the doctor sucked the poison out of the wound. – **2.** *agr.* (*Boden*) exhaust, impoverish. – **3.** *fig.* (*das Volk etc*) suck (*s.o.*) dry, bleed, squeeze (*s.o.*) dry, sweat, fleece: j-n bis aufs Blut (*od.* Mark) ~, j-m das Blut (*od.* Mark) ~ to suck the (very) blood out of s.o., to bleed s.o. white; er wurde von seinen Gläubigern bis aufs Blut ausgesaugt he was bled white by his creditors; ein Land ~ to drain a country of its wealth, to impoverish a country. – **II A~** *n* <-s> **4.** *verbal noun.* – **5.** *cf.* Aussaugung. — '**Aus,sau·ger** *m* <-s; -> *fig.* bloodsucker, extortioner. — '**Aus,sau·gung** *f* <-; *no pl*> **1.** *cf.* Aussaugen. – **2.** suction. – **3.** *agr.* (*des Bodens*) exhaustion, impoverishment.

'**aus,scha·ben I** *v/t* <*sep*, -ge-, h> **1.** scrape (*od.* hollow) (*s.th.*) out: Gurken ~ to hollow out cucumbers. – **2.** *med.* (*Gebärmutter*) curet(te), scrape. – **3.** (*leather*) (*Häute*) flesh. – **II A~** *n* <-s> **4.** *verbal noun.* — '**Aus,scha·bung** *f* <-; -en> **1.** *cf.* Ausschaben. – **2.** *med.* (*der Gebärmutter*) curettage.

'**aus,schach·ten** *civ.eng.* **I** *v/t* <*sep*, -ge-, h> **1.** (*ausheben*) dig up. – **2.** (*Fundament etc*) excavate, dig. – **3.** (*Brunnen etc*) sink. – **II A~** *n* <-s> **4.** *verbal noun.* – **5.** *cf.* Ausschachtung. — '**Aus,schacht·ma,schi·ne** *f* steam shovel, *Br.* (steam) navvy. — '**Aus,schach·tung** *f* <-; -en> **1.** *cf.* Ausschachten. – **2.** excavation (work). — '**Aus,schach·tungs,ar·bei·ten** *pl* excavation work *sg.*

'**aus,schä·keln** *v/t* <*sep*, -ge-, h> *mar.* (*Anker[kette]*) unshackle, unbend.

'**aus,scha·len I** *v/t* <*sep*, -ge-, h> **1.** (*Austern etc*) shell, take (*s.th.*) out of the shell. – **2.** *civ.eng.* a) (*Betondecke etc*) strip the formwork (*od.* shuttering) from, b) *cf.* verschalen 2. – **3.** (*Ufer etc*) *cf.* ausspülen 4a. – **II A~** *n* <-s> **4.** *verbal noun.*

'**aus,schä·len I** *v/t* <*sep*, -ge-, h> **1.** (*Nüsse etc*) shell. – **2.** *gastr.* cut (*od.* take) (*s.th.*) out: ein Schwein ~ to cut out the inside fat of pork; einen Knochen ~ to take out a bone (from meat). – **3.** *med.* (*Tumor etc*) shell out, enucleate. – **II** *v/reflex* sich ~ **4.** *colloq. humor.* strip, undress.

'**aus,schal·men** *v/t* <*sep*, -ge-, h> (*forestry*) *cf.* anreißen 9.

'**aus,schal·ten I** *v/t* <*sep*, -ge-, h> **1.** *electr.* (*Stromkreis*) disconnect, switch off (*od.* out). – **2.** *tech.* a) (*Getriebe*) throw out of gear, b) (*Maschine, Motor*) stop, disengage, c) (*Kupplung*) disengage, disconnect. – **3.** *fig.* (*Fehlerquellen, Gefahr etc*) eliminate, avoid: um jeden Irrtum auszuschalten (in order) to avoid any error. – **4.** *fig.* (*Zweifel, Einwände etc*) dismiss, set aside, rule out, exclude: um alle Zweifel ein für allemal auszuschalten (in order) to dismiss all doubt once and for all. – **5.** *fig.* (*Gegner, Konkurrenz etc*) eliminate, put (*s.o.*) out of the running: den Gegner ~ (*sport*) to eliminate one's opponent (from a competition). – **II** *v/i* <sein> **6.** *rare for* ausscheiden 9. – **III A~** *n* <-s> **7.** *verbal noun.* – **8.** *cf.* Ausschaltung.

'**Aus,schal·ter** *m electr.* cutout, *Br.* cut-out, contact (*od.* circuit) breaker, disconnecting switch: → Einschalter.

'**Aus,schalt|kon,takt** *m electr.* disconnecting contact. — **~,lei·stung** *f* breaking (*od.* rupturing) capacity. — **~,stel·lung** *f* **1.** *electr.* switch-off (*od.* neutral, disconnect) position. – **2.** *tech.* (*eines Betätigungsorgans*) off-position.

'**Aus,schal·tung** *f* <-; *no pl*> **1.** *cf.* Ausschalten. – **2.** *electr.* (*eines Stromkreises*) disconnection, *Br. auch* disconnexion. – **3.** *fig.* (*von Fehlern, Gefahren etc*) elimination, avoidance. – **4.** *fig.* (*von Zweifeln, Einwänden etc*) dismissal, exclusion. – **5.** *fig.* (*von Gegnern, Konkurrenz etc*) elimination. – **6.** *tech.* a) (*eines Gesperres*) release, b) (*einer Maschine, eines Motors*) disengagement.

'**Aus,schalt|ver,mö·gen** *n electr.* breaking capacity. — **~,zu,stand** *m* open circuit condition.

'**Aus,scha·lung** *f* <-; -en> **1.** *cf.* Ausschalen. – **2.** *cf.* Verschalung 2.

'**Aus,schank**[1] *m* <-(e)s; *rare* ⸚e> **1.** <*only sg*> sale (*od.* selling) of (alcoholic) drinks: ~ von Bier a) sale (*od.* retail) of draft (*Br.* draught) beer, b) (*als Ankündigung*) beer on tap. – **2.** (*Schanktisch*) bar, counter. – **3.** (*Schankraum*) *bes. Br.* public house, alehouse, *bes. Br. colloq.* pub, *bes. Am.* tavern.

'**Aus,schank**[2] *f* <-; *rare* ⸚e> *Austrian for* Ausschank[1] 2 *u.* 3.

'**Aus,schank|be,rech·ti·gung,** **~er,laub·nis** *f econ. cf.* Schankerlaubnis.

'**aus,schär·fen** *v/t* <*sep*, -ge-, h> *tech.* scarf, bevel.

'**aus,schar·ren** *v/t* <*sep*, -ge-, h> **1.** (*Körner, Knochen etc*) scratch (*od.* dig) up. – **2.** (*Loch, Vertiefung*) scratch (out), dig, scrape (out). – **3.** j-n ~ *vulg.* to dig s.o. up. – **4.** *ped. archaic* (*Professor etc*) shuffle one's feet in disapproval of.

'**aus·schat,tie·ren** *v/t* <*sep, no* -ge-, h> (*art*) shade.

'**Aus,schau** *f* <-; *no pl*> **1.** *only in* nach j-m [etwas] ~ halten *cf.* ausschauen 1. – **2.** *obs. for* Ausblick 1.

'**aus,schau·en** *v/i* <*sep*, -ge-, h> **1.** nach j-m [etwas] ~ to look out (*od.* watch, keep a lookout [*Br.* look-out]) for s.o. [s.th.]: scharf ~ to keep one's eyes peeled; vergeblich nach j-m ~ to watch for s.o. in vain; nach einer Gelegenheit ~ *fig.* to be on the lookout (*Br.* look-out) (*od.* watch) for an opportunity; nach Frieden ~ *fig.* to seek peace. – **2.** *Southern G. and Austrian for* aussehen 1.

'**aus,schau·feln** *v/t* <*sep*, -ge-, h> **1.** (*Graben, Weg etc*) shovel. – **2.** (*Erde etc*) shovel out: einen Verschütteten ~ to dig (*od.* shovel) out s.o. buried alive.

'**aus,schäu·men** *v/i* <*sep*, -ge-, h> cease foaming.

'**Aus,scheid** [-,ʃaɪt] *m* <-(e)s; -e> *Eastern G. for* Ausscheidung 8.

'**aus,scheid·bar** *adj* eliminable.

'**aus,schei·den I** *v/t* <*irr, sep*, -ge-, h> **1.** eliminate, exclude: alle unnötigen Wörter müssen ausgeschieden werden all unnecessary words must be eliminated (*od.* deleted, taken out); diese Frage wollen wir zunächst ~ let's rule out (*od.* disregard, exclude) this question for the moment. – **2.** *cf.* aussondern 1. – **3.** *med. zo.* a) excrete, b) discharge, pass, (*bes. Urin*) *auch* void, c) (*absondern*) secrete, d) (*ausstoßen*) expel, eject, eliminate: Drüsen scheiden Hormone aus glands secrete hormones; die Wunde scheidet Eiter aus the wound is discharging pus; etwas mit dem Urin ~ to pass s.th. in the urine; einen Nierenstein ~ to pass a kidney stone. – **4.** (*Feuchtigkeit etc*) exude: Gummi ~ to (exude) gum. – **5.** *chem.* a) (*ausfällen*) precipitate, b) (*niederschlagen*) deposit, settle out, c) (*absondern*) separate, d) (*beseitigen*) remove, e) (*Gase etc*) liberate: eine Lösung scheidet Kristalle aus a solution precipitates crystals. – **6.** *tech.* a) (*bei der Werksinspektion*) sort out, b) (*verweigern*) reject. – **7.** *metall.* (*Gefügebestandteile*) precipitate. – **8.** *math.* (*Hypothese*) eliminate. – **II** *v/i* <sein> **9.** (*nicht in Frage kommen*) be ruled out, be out of the question: daß er schuldig ist, scheidet völlig aus (the possibility of) his being guilty is quite out of the question (*od.* is not to be considered). – **10.** aus etwas ~ a) (*aus einem Amt etc*) to retire from s.th., to leave s.th., b) (*aus einem Verein etc*) to withdraw from s.th., to leave s.th.: er ist aus der Firma ausgeschieden he has left the firm; in allen Ehren aus der Armee ~ to retire from the army with full hono(u)rs; die Partei schied aus der Koalition aus the party withdrew from the coalition. – **11.** (*aus einem Wettbewerb*) be eliminated, fail to qualify: die Mannschaft schied in der Vorrunde aus the team failed to qualify in the preliminary round(s *pl*). – **12.** *chem.* a) be precipitated, precipitate, deposit, settle out, b) (*ausseigern*) segregate. – **III** *v/reflex* <h> sich ~ **13.** *chem.* be precipitated, precipitate, deposit, settle out. – **IV A~** *n* <-s> **14.** *verbal noun.* – **15.** elimination, exclusion. – **16.** (*aus einem Amt etc*) (aus from) retirement: bei seinem A~ (up)on his retirement. – **17.** *med. zo.* a) excretion, b) discharge, c) secretion, d) ejection, elimination. – **18.** *cf.* Ausscheidung. — '**aus,schei·dend I** *pres p.* – **II** *adj* **1.** retiring, outgoing: der ~e Premierminister the outgoing prime minister. – **2.** *med. zo.* a) excretory, excreting, b) secretory, secreting.

'**Aus,schei·der** *m* <-s; -> *med.* (*von Krankheitserregern etc*) carrier.

'**Aus,schei·dung** *f* <-; -en> **1.** *cf.* Ausscheiden. – **2.** *cf.* Aussonderung 2. – **3.** (*von Feuchtigkeit etc*) exudation. – **4.** *chem.* a) <*only sg*> (*Fällung*) precipitation, b) <*only sg*> (*Entfernung*) elimination, removal, c) <*only sg*> (*Freisetzung*) liberation, d) (*Ablagerung*) deposit. – **5.** <*only sg*> *tech.* removal, separation, precipitation. – **6.** <*only sg*> *metall.* (*Ausseigerung*) segregation. – **7.** *med. zo.* a) excreted matter (*od.* substance), excrement, b) *pl* excrements; excreta, egesta (*scient.*), c) (*Ausfluß*) discharge: menschliche ~en human excrements, excreta, eliminations; Unterdrückung einer ~ epistasis. – **8.** (*in einem Wettbewerb*) a) <*only sg*> elimination, b) elimination (*od.* qualifying) competition (*od.* contest).

'**Aus,schei·dungs|,drü·se** *f med.* excretory gland. — **~,här·tung** *f metall.* **1.** age hardening, dispersion (*od.* precipitation) hardening. – **2.** (*von Leichtmetallen*) artificial aging. — **~,kampf** *m* (*sport*) **1.** elimination (*od.* qualifying) contest: ~ nach dem K.o.-System knockout (*Br.* knock-out) competition. – **2.** (*in der Leichtathletik*) a) (*Laufdisziplinen*) qualifying heats *pl*, b) (*technische Disziplinen*) qualification. — **~,mit·tel** *n chem.* separating agent, precipitant. — **~or,gan** *n med.* **1.** excretive (*od.* excretory) organ. – **2.** *pl* excretory system *sg.* — **~pro,dukt** *n* **1.** *med.* a) excretory (*od.* eliminated) product, b) waste product. – **2.** *biol. cf.* Ausscheidungsstoff 1. — **~,prü·fung** *f* elimination test. — **~,ren·nen** *n* (*sport*) (eliminating) heat. — **~,run·de** *f* qualifying round. — **~,spiel** *n* **1.** qualifying game. – **2.** (*beim Golf*) qualifying round. — **~ˌstoff** *m* **1.** *biol.* a) secreted substance, b) *pl* waste *sg*, waste products. – **2.** *pl med.* excreta, egesta. — **~syˌstem** *n* **1.** (*sport*) elimination system. – **2.** *med.* excretory system. — **~tu·ber·kuˌlo·se** *f med.* open (*od.* active, infectious) tuberculosis. — **~verˌmö·gen** *n* **1.** excretory capacity. – **2.** (*bei inneren Organen*) clearance: Grenze des ~s limit(s *pl*) of clearance.

'ausˌschel·len *v/t* ⟨*sep*, -ge-, h⟩ *bes. Southwestern G. obs. for* ausläuten 3.

'ausˌschel·ten *v/t* ⟨*irr, sep*, -ge-, h⟩ j-n ~ (wegen for, because of) to scold (*od.* upbraid, chide, berate) s.o., to tell (*od. colloq.* tick) s.o. off, *Am. colloq.* to bawl s.o. out: j-n tüchtig ~ to give s.o. a good telling-(*od. colloq.* ticking-)off.

'ausˌschen·ken I *v/t* ⟨*sep*, -ge-, h⟩ **1.** (*Getränk*) pour out: der Tee ist schon ausgeschenkt *colloq.* the tea has already been poured out. – **2.** (*als Schankwirt*) sell (*alcoholic drinks*) (by retail). – **II A~** *n* ⟨-s⟩ **3.** *verbal noun.* – **4.** *cf.* Ausschank[1] 1.

'ausˌsche·ren[1] I *v/i* ⟨*sep*, -ge-, sein⟩ **1.** a) (*vom Auto etc*) jump the queue, swing (*od.* move) out, b) (*vom Anhänger*) jackknife, *Br.* jack-knife: nach links ~ to swerve (out) to the left; aus der Kolonne ~ to pull out of the line of traffic. – **2.** *mar.* fall (*od.* draw) out: aus dem Verband ~ to draw out of line. – **3.** *aer.* (*aus dem Verband*) (aus) separate (from), leave (*acc*). – **4.** *fig.* (aus from) deviate, swerve, diverge. – **II A~** *n* ⟨-s⟩ **5.** *verbal noun.* – **6.** *fig.* (aus from) deviation, swerve. – **7.** (*von der Fahrtrichtung*) swerve, sheer.

'ausˌsche·ren[2] I *v/t* ⟨*irr, sep*, -ge-, h⟩ **1.** (*Haare etc*) cut (out): den Nacken ~ to clip the hairs at the back of the neck. – **2.** (*Wolle*) shear out. – **3.** *mar.* (*Tau*) unreeve. – **II A~** *n* ⟨-s⟩ **4.** *verbal noun.*

'ausˌscheu·ern *v/t* ⟨*sep*, -ge-, h⟩ (*Kessel etc*) scour (*od.* scrub) out.

'ausˌschicken (*getr.* -k·k-) *v/t* ⟨*sep*, -ge-, h⟩ **1.** (*Boten etc*) send (out), dispatch, despatch: j-n nach j-m [etwas] ~ to send s.o. for s.o. [s.th.]. – **2.** *mil.* (*Spähtrupp etc*) detach, send out.

'ausˌschie·fern *v/reflex* ⟨*sep*, -ge-, h⟩ sich ~ (*von Holz*) split up.

'ausˌschie·ßen I *v/t* ⟨*irr, sep*, -ge-, h⟩ **1.** shoot out: ihm ist im Krieg ein Auge ausgeschossen worden he lost an eye (*od.* had an eye shot out) during the war. – **2.** *print.* a) (*Kolumnen*) impose, b) (*Makulaturbogen*) interleave. – **3.** (*sport*) a) (*Preis*) shoot (*od.* compete) for, b) (*Meisterschaft*) hold a shooting competition for: den besten Schützen ~ to hold a shooting competition to find the best marksman. – **4.** *hunt.* a) (*Büchsenlauf*) wear out, b) shoot: den Wildbestand ~ to shoot too much game in a forest. – **5.** Brot ~ *dial.* to take bread out of the oven. – **6.** *obs. for* aussondern 1. – **II** *v/i* ⟨h *u.* sein⟩ **7.** der Wind schießt aus *mar.* the wind is veering. – **8.** (*textile*) (*von Stoff*) *cf.* verschießen 7. – **III A~** *n* ⟨-s⟩ **9.** *verbal noun.* – **10.** *print.* imposition. – **11.** (*sport*) shooting competition, prize shooting.

'Ausˌschie·ßer *m* ⟨-s; -⟩ (*paper*) *obs.* **1.** (*Schüttelsieb*) strainer, screen. – **2.** (*Sortierer*) sorter.

'AusˌschießˌPlat·te *f print.* imposing board (*od.* stone).

'ausˌschif·fen I *v/t* ⟨*sep*, -ge-, h⟩ **1.** *mar.* disembark, land, put (*s.th.*) ashore, (*Ladung*) *auch* discharge, unload, unship: Truppen ~ to disembark troops. – **2.** j-n ~ *fig. colloq.* to dispose of s.o., to get rid of s.o. – **II** *v/reflex* sich ~ **3.** *mar.* (in *dat* at) disembark, land. – **III A~** *n* ⟨-s⟩ **4.** *verbal noun.* — **'Ausˌschif·fung** *f* ⟨-; *no pl*⟩ **1.** *cf.* Ausschiffen. – **2.** disembarkation, disembarkment, (*der Ladung*) *auch* discharge.

'ausˌschil·fen *v/t* ⟨*sep*, -ge-, h⟩ (*Teich etc*) clear (*s.th.*) of reeds.

'ausˌschimp·fen *v/t* ⟨*sep*, -ge-, h⟩ *cf.* ausschelten.

'ausˌschir·ren *v/t* ⟨*sep*, -ge-, h⟩ *agr.* (*Zugtiere*) unharness.

'ausˌschlach·ten I *v/t* ⟨*sep*, -ge-, h⟩ **1.** (*Tiere*) cut up, cut (*s.th.*) into pieces: Häute ~ to take off skins. – **2.** *colloq.* (*Auto, Maschine etc*) cannibalize, strip (*s.th.*) of all serviceable parts, salvage parts from. – **3.** *fig. contempt.* turn (*s.th.*) to (undue) advantage, exploit, capitalize on, *auch* capitalize: eine Sache politisch ~ to make political capital out of an affair. – **4.** *print.* (*gedruckte Form*) pick (*od.* break) up. – **II A~** *n* ⟨-s⟩ **5.** *verbal noun.* – **6.** *cf.* Ausschlachtung. — **ˌAus·schlach·te'rei** *f* ⟨-; *no pl*⟩ *colloq. for* Ausschlachtung 3. — **'Ausˌschlach·tung** *f* ⟨-; -en⟩ **1.** *cf.* Ausschlachten. – **2.** cannibalization. – **3.** ⟨*only sg*⟩ *fig. contempt.* exploitation, capitalization (on).

'ausˌschlacken (*getr.* -k·k-) *v/t* ⟨*sep*, -ge-, h⟩ *tech. cf.* abschlacken.

'ausˌschla·fen I *v/i u.* sich ~ *v/reflex* ⟨*irr, sep*, -ge-, h⟩ sleep (long) enough, sleep one's fill, *Am. colloq.* be (*od.* get) slept out: (sich) einmal ordentlich (*od.* gründlich, richtig) ~ to have (*od.* enjoy) a real good night's rest; (sich) am Wochenende ~ to sleep late on the weekend; er hatte nicht ausgeschlafen he hadn't had enough sleep, *Am. colloq.* he wasn't slept out. – **II** *v/t* sleep (*s.th.*) off: seinen Rausch ~ to sleep oneself sober, to sleep it off (*colloq.*).

'Ausˌschlag *m* ⟨-(e)s; ⸚e⟩ **1.** *med.* a) rash, eruption, exanthem(a) (*scient.*), b) (*Bläschen*) pimples *pl*: einen ~ bekommen to have a rash, to break out (in a rash); er leidet an einem ~ im Gesicht a) he is suffering from a facial rash, b) his face has broken out in pimples; skabiöser ~ scabious eruptions *pl*; innerer ~ enanthema. – **2.** (*eines Pendels etc*) swing. – **3.** *fig.* decisive factor: den ~ geben to be decisive, to decide the issue, to turn the scale(s), to tip the balance; seine Aussage gab den ~ zu ihren Gunsten his statement tipped the scale(s) in her favo(u)r; die Stimme des Vorsitzenden gibt den ~ the chairman has the deciding (*od.* casting) vote; das gab dabei den ~ that decided the affair. – **4.** *tech. phys.* a) (*eines Zeigers, einer Magnetnadel etc*) deflection, *Br. auch* deflexion, deviation, b) (*eines Meßinstrumentes*) response, reaction, c) (*der Waagschalen*) turn. – **5.** *phys.* (*Schwingungsweite*) amplitude: zitternder ~ vibration. – **6.** *auto.* (*der Vorderräder*) deflection, *Br. auch* deflexion, steering lock. – **7.** *civ.eng.* (*einer Mauer*) exudation, efflorescence, decay. – **8.** (*textile*) (*an Kleidungsstücken*) border, trimming. – **9.** (*leather*) (*von Gerbstoff u. Fett*) bloom. – **10.** *econ.* (*des Preisbarometers*) swing, movement. – **11.** *bot. cf.* Sproß 2, Trieb[1] 1.

'ausˌschlagˌar·tig *adj med.* rashlike, resembling a rash; exanthematic, exanthematous (*scient.*).

'ausˌschla·gen I *v/t* ⟨*irr, sep*, -ge-, h⟩ **1.** knock out: er hat ihm drei Zähne ausgeschlagen he knocked out three of his teeth; das schlägt dem Faß den Boden aus *fig. colloq.* that beats everything (*colloq.*), that's the limit (*colloq.*). – **2.** (*Feuer, Brand*) beat out. – **3.** (*Wände mit Tuch etc*) line, cover: ein Zimmer mit Tapeten ~ to paper a room; eine Schatulle mit Samt ~ to line a box with velvet; der Raum wurde schwarz ausgeschlagen the room was draped in black. – **4.** *fig.* (*Angebot, Einladung etc*) decline, (*stärker*) turn down, refuse, reject: einen Bewerber ~ to reject a candidate; eine Erbschaft ~ *jur.* to waive an inheritance, to relinquish (*od.* renounce) a succession; sie schlug seinen Antrag aus she rejected (*od.* turned down) his proposal. – **5.** *tech.* (*Löcher*) punch. – **6.** (*forestry*) (*Bäume*) fell. – **7.** (*mining*) (*Erzgänge*) pound and separate. – **8.** *mus.* (*Takt*) beat out. – **II** *v/i* ⟨h *u.* sein⟩ **9.** ⟨h⟩ (*vom Pferd etc*) kick (out), lash out: Vorsicht, das Pferd schlägt aus careful, the horse kicks; das Pferd schlug vorn(e) und hinten aus the horse kicked out in front and behind. – **10.** ⟨h⟩ (*von Person*) hit (*od.* strike) out: plötzlich schlug er mit Händen und Füßen aus suddenly he was hitting out (in all directions) with his hands and feet. – **11.** (*vom Pendel*) swing. – **12.** (*von Zeiger, Magnetnadel etc*) deflect, deviate. – **13.** (*von Waagschalen*) turn: die Waage schlägt aus the scales turn. – **14.** *bot.* a) (*von Pflanzen*) sprout, bud, b(o)urgeon, shoot, germinate, b) (*von Bäumen*) come (*od.* break) into leaf, leaf (out), leave (out). – **15.** *civ.eng.* (*von Wand etc*) grow moist (*od.* damp), sweat: Schimmel schlägt an der Wand aus mo(u)ld is forming on the wall. – **16.** *fig. lit.* turn out, prove to be: die Sache ist zu seinem Vorteil [Nachteil] ausgeschlagen the matter has turned out to his advantage [disadvantage]; es schlug zu seinem Verderben aus it had disastrous consequences for him; zum Guten ~ to be (*od.* turn out) to the good; etwas schlägt günstig aus s.th. turns out well (*od.* favo[u]rably). – **17.** ⟨*only pp*⟩ ausgeschlagen haben a) (*von Uhr, Glocke*) to have stopped chiming, b) *lit.* (*von Herz*) to have stopped beating. – **III A~** *n* ⟨-s⟩ **18.** *verbal noun.* – **19.** *fig.* refusal, rejection. – **20.** *cf.* Ausschlag 2, 4, 5, 7, 9, 10. — **'ausˌschla·gend I** *pres p.* – **II** *adj bot.* salient.

'ausˌschlagˌge·bend *adj* decisive, determining: im ~en Moment at the critical moment; das ~e Moment the determining cause (*od.* factor); von ~er Bedeutung sein to be of prime importance, to tip the scale(s), to turn the balance, to be decisive; ~e Stimme *pol.* casting (*od.* deciding) vote; seine Antwort war ~ für sie his answer was responsible for her decision; seine Meinung ist für mich nicht ~ his opinion does not weigh (*od. colloq.* cuts no ice) with me; dieser Faktor ist für mich ~ this is the deciding factor for me, this factor decides the matter for me.

'Ausˌschla·gung *f* ⟨-; *no pl*⟩ *cf.* Ausschlagen.

'Ausˌschlag|ˌwei·te *f tech.* (*eines Pendels*) amplitude. — **~ˌwin·kel** *m* **1.** *tech.* angle of deflection (*Br. auch* deflexion). – **2.** *auto.* angle of lock. — **~ˌwür·ze** *f brew.* finished wort.

'ausˌschläm·men *v/t* ⟨*sep*, -ge-, h⟩ **1.** *tech.* (*Flußbett, Teich*) clear (*s.th.*) of mud, dredge. – **2.** *metall.* (*Erz etc*) slime, wash. – **3.** *chem.* levigate.

'ausˌschlau·chen *v/t* ⟨*sep*, -ge-, h⟩ *tech.* (*Wasserrohre*) cleanse.

'ausˌschlecken (*getr.* -k·k-) *v/t* ⟨*sep*, -ge-, h⟩ *cf.* auslecken.

'ausˌschlei·fen I *v/t* ⟨*irr, sep*, -ge-, h⟩ **1.** *tech.* (*herausschleifen*) remove (*s.th.*) by grinding, grind out. – **2.** *tech.* (*hohlschleifen*) hollow-grind. – **3.** *auto.* (*Zylinder*) rebore. – **II** *v/reflex* sich ~ **4.** wear out (*od.* get worn out) by grinding (*od.* friction). – **III A~** *n* ⟨-s⟩ **5.** *verbal noun.* – **6.** *auto.* bore.

'ausˌschlei·men *v/t* ⟨*sep*, -ge-, h⟩ **1.** clear (*s.th.*) of slime. – **2.** (*Fisch*) gut, clean out, empty.

'ausˌschlep·pen *v/t* ⟨*sep*, -ge-, h⟩ **1.** *rare for* hinausschleppen I. – **2.** *mar.* (*Schiff*) tow out.

'ausˌschleu·dern *v/t* ⟨*sep*, -ge-, h⟩ **1.** fling (*s.th.*) out, eject: der Vulkan schleudert Lava aus the volcano ejects lava. – **2.** (*mit Zentrifuge etc*) whirl (*od.* spin) out, centrifuge: Honig ~ to centrifuge honey. – **3.** *nucl.* (*Strahlen*) emanate.

'ausˌschleu·sen *v/t* ⟨*sep*, -ge-, h⟩ *mar.* **1.** lock out. – **2.** tow (*a ship*) out of the lock.

'ausˌschlich·ten *v/t* ⟨*sep*, -ge-, h⟩ **1.** (*leather*) a) (*Leder*) pare, perch, b) (*Felle*) whiten. – **2.** *cf.* schlichten 1, 2.

'ausˌschlie·ßen I *v/t* ⟨*irr, sep*, -ge-, h⟩ **1.** (*Person*) exclude, shut out, (de)bar, (*Mitglied etc*) *auch* expel: j-n zeitweilig ~ to suspend s.o.; j-n aus einer Partei ~ to expel s.o. from a party; j-n aus der (menschlichen) Gemeinschaft ~ to ostracize s.o., to shut s.o. out (*od.* off) (*od.* to cut s.o. off) from the community; ein Kind vom Schulbesuch ~ a) to refuse to admit a child to school, b) to expel a child from school; j-n vom Universitätsbesuch ~ a) to refuse s.o. admittance (*bes. Br.* entry) to the university, b) to expel (*Am. auch* dismiss) s.o. (from the university), *Br.* to send s.o. down, *Br.* to rusticate s.o. – **2.** (*Irrtum etc*) exclude, preclude, rule out, eliminate: jedes Mißverständnis ~ to preclude (*od.* rule out) all misunderstanding; das eine schließt das andere nicht aus the one does not preclude the other; die genaue Prüfung schließt jeden Fehler aus (the) close examination excludes (*od.* eliminates) all possibility of a mistake; wir dürfen die Möglichkeit eines Mordes nicht ~ we must not rule out the possibility of murder; zwei Auffassungen, die sich (*od.* einander) ~ two conceptions that are incompatible (*od.* mutually exclusive). – **3.** (*ausnehmen*) except, exclude: von diesem Vorwurf schließe ich niemanden aus I except nobody from this reproach, I make this reproach without excepting anybody. – **4.** *colloq.* lock (*od.* shut) (*s.o.*) out, close one's door against (*s.o.*). – **5.** *jur.* a) (*präkludieren*) preclude, foreclose, b) (*Rechtsweg*) bar, c) (*Rechtsanwalt von der Amtsausübung*) disbar, d) (*Öffentlichkeit*) keep out, refuse to admit: **den Rechtsweg ~** to bar legal proceedings; **die Öffentlichkeit wurde von der Verhandlung ausgeschlossen** the public was not admitted to (*od.* was excluded from) the trial, the case was held in camera. – **6.** *mil.* separate. – **7.** (*sport*) a) disqualify, b) send off (the field). – **8.** *relig.* excommunicate. – **9.** *print.* (*Zeilen*) justify, adjust. – **II** *v/reflex* **sich ~ 10. sich (von etwas) ~** to exclude oneself (from s.th.): **du darfst dich nicht von allem ~** you must not exclude yourself (*od.* stay away, withdraw) from everything, you must not shut yourself off from the rest of the world; **sich von einem Spiel ~** to refuse to take part in a game. – **11.** (*sich ausnehmen*) except (*od.* exclude) oneself: **ich bin auch schuld, ich schließe mich nicht aus** it was also my fault, I do not except myself. – **12.** *colloq.* lock (*od.* shut) oneself out. – **III A~** *n* ⟨-s⟩ **13.** *verbal noun.* – **14.** *cf.* Ausschließung. — **'aus,schlie·ßend I** *pres p.* – **II** *adj* **1.** exclusive, preclusive: **einander ~** incompatible. – **2.** *ling.* disjunctive.

'aus,schließ·lich I *adj* **1.** exclusive, sole, only: **im ~en Besitz von etwas sein** to be the sole possessor of s.th.; **~es Eigentum** *jur.* a) peculiar, b) (*Sondereigentum*) estate in severalty; **~er Gerichtsstand** *jur.* court of exclusive jurisdiction; **~es Recht** *jur. econ. cf.* Alleinrecht. – **II** *adv* **2.** (*allein, nur*) exclusively, solely, only, uniquely: **das ist ~ meine Angelegenheit** that concerns me only (*od.* no one but me), that is strictly my affair (*od.* business); **er lebt ~ von seiner Rente [für seine Familie]** he lives solely on his old-age pension [for his family]; **bis Seite zwanzig ~** to page nineteen inclusive, *Am.* pages one through nineteen; **sich mit etwas ~ beschäftigen** to occupy (*od.* busy) oneself exclusively with s.th. – **III** *prep* **3.** ⟨*gen*⟩ exclusive of: **die Miete ~ der Heizungskosten** the rent exclusive of (the) heating. – **4.** ⟨*nom*⟩ exclusive of: **die Kosten ~ Porto** the costs exclusive of (the) postage; **das Gewicht versteht sich ~ Verpackung** the weight is exclusive of (the) packing. – **5.** ⟨*dat*⟩ exclusive of: **~ Getränken** exclusive of (the) drinks. — **'Aus,schließ·lich·keit** *f* ⟨-; *no pl*⟩ exclusiveness, exclusivity.

'Aus,schließ·lich·keits,ab,kom·men *n jur.* exclusive agreement.

'Aus,schlie·ßung *f* ⟨-; -en⟩ **1.** *cf.* Ausschließen. – **2.** exclusion, (*von Mitglied etc*) *auch* expulsion: **zeitweilige ~** suspension. – **3.** ⟨*only sg*⟩ (*Ausnahme*) exception. – **4.** ⟨*only sg*⟩ *print.* justification, adjustment. – **5.** (*sport*) disqualification.

'Aus,schlie·ßungs|,frist *f jur. cf.* Ausschlußfrist. — **~me,tho·de** *f*, **~prin,zip** *n nucl.* Pauli exclusion principle. — **~sy,stem** *n meist econ.* prohibitive (*od.* preventive) system. — **~ver,fah·ren** *n jur.* foreclosure proceedings *pl.*

'aus,schlin·gen *v/t* ⟨*irr, sep,* -ge-, h⟩ *mar.* (*Ladung*) unsling.

'Aus,schlupf *m* ⟨-(e)s; ⸚e *u.* -e⟩ **1.** (narrow) outlet. – **2.** *fig.* way (*od.* means) of escape, way out.

'aus,schlüp·fen *v/i* ⟨*sep,* -ge-, sein⟩ *zo.* (*aus Ei od. Puppe*) (aus from) hatch (out).

'aus,schlür·fen *v/t* ⟨*sep,* -ge-, h⟩ **1.** sip (*od.* drink) (*s.th.*) noisily, slurp (*colloq.*): **er schlürfte gierig das Wasser aus** he drank the water greedily; **er schlürfte genüßlich seinen Wein aus** *fig.* he drank his wine with relish. – **2.** (*Ei, Auster etc*) suck.

'Aus,schluß *m* **1.** exclusion, (*eines Mitglieds etc*) *auch* expulsion: **zeitweiliger ~** suspension; **~ aus einem Verein** expulsion from a club; **~ aus der Schule** expulsion from school; **~ aus der Universität** expulsion (*od. Am.* dismissal, suspension) (from the university), *Br.* sending down, *Br.* rustication; **~ aus der Gesellschaft** ostracism. – **2.** (*Ausschaltung*) elimination, ruling out, exclusion: **nach ~ jeden Zweifels** when all doubt has been eliminated; **~ zweier Unbekannter** *math.* elimination of two unknown quantities. – **3.** (*Ausnahme*) exception, exclusion: **unter ~ von** (*od. gen*) to the exclusion of; **mit ~ von** *archaic* with the exception of, exclusive of. – **4.** *jur.* a) (*Präklusion*) preclusion, foreclosure, b) (*der Öffentlichkeit*) exclusion, c) (*eines Rechtsanwaltes*) disbarment, *auch* debarment: **unter ~ des Rechtsweges** precluding the right to take legal proceedings; **unter ~ der Öffentlichkeit** in camera, in private; **Verhandlung unter ~ der Öffentlichkeit** trial in camera; **Antrag auf ~ der Öffentlichkeit stellen** to demand the exclusion of the public, to have the court (*od.* hall) cleared; **~ der Gütergemeinschaft** separation of property. – **5.** (*sport*) a) disqualification, b) (*zeitweiliger*) 'suspension'. – **6.** *relig.* excommunication. – **7.** ⟨*only sg*⟩ *print.* spaces *pl*, spacing material.

'Aus,schluß|,frist *f jur.* **1.** preclusive period of limitation (for the assertion of a claim), term (*od.* time) of preclusion. – **2.** latest term, time limit. — **~,ka·sten** *m print.* space and quad case. — **~,recht** *n jur.* **1.** right to exclude (*od.* expel, disqualify). – **2.** *cf.* Alleinrecht. — **~,ta·ste** *f print.* spacing key. — **~,ur·teil** *n jur.* **1.** judg(e)ment of foreclosure. – **2.** judg(e)ment (*od.* decree) of exclusion.

'aus,schmei·ßen *v/t* ⟨*irr, sep,* -ge-, h⟩ *colloq. for* auswerfen 1, 2.

'aus,schmel·zen I *v/t* ⟨*irr, sep,* -ge-, h⟩ **1.** *tech.* (*Fette*) melt (*od.* fry, render) out (*od.* down). – **2.** *metall.* a) melt (out), b) (*Erze*) smelt out, c) (*ausseigern*) segregate, liquate (out). – **3.** *gastr.* (*Fette etc*) melt, render (down). – **II** *v/i* ⟨sein⟩ **4.** melt. – **III A~** *n* ⟨-s⟩ **5.** *verbal noun.* – **6.** *cf.* Ausschmelzung.

'Aus,schmelz|gie·ße,rei *f metall.* investment foundry. — **~,gieß·ver,fah·ren** *n* lost wax (*od.* investment) mo(u)lding.

'Aus,schmel·zung *f* ⟨-; *no pl*⟩ **1.** *cf.* Ausschmelzen. – **2.** (*Ausseigerung*) segregation, liquation.

'aus,schmie·den *v/t* ⟨*sep,* -ge-, h⟩ *metall.* **1.** forge (*s.th.*) out (*od.* down). – **2.** (*reckschmieden*) hammer-forge.

'aus,schmie·ren *v/t* ⟨*sep,* -ge-, h⟩ **1.** *tech.* a) lubricate, smear the inside of, b) (*mit Fett*) grease, c) (*mit Öl*) oil: **eine Tonne mit Teer [Pech] ~** to tar [pitch] a barrel; **eine Radnabe ~** to lubricate a hub. – **2.** *gastr.* grease: **eine Kuchenform ~** to grease a baking tin. – **3.** *civ.eng.* (*Fugen*) lute, seal. – **4.** *colloq.* (*Geschriebenes*) blur. – **5.** *fig.* **j-n ~** *Bavarian colloq.* a) (*hereinlegen*) to cheat s.o., to take s.o. for a ride (*sl.*), b) (*sitzenlassen*) to jilt s.o., to throw s.o. over (*sl.*).

'aus,schmir·geln *v/t* ⟨*sep,* -ge-, h⟩ *tech.* polish (*s.th.*) with emery paper (*od.* powder): **einen Gewehrlauf ~** to lap (*od.* drawbore) a gun barrel (with emery).

'aus,schmücken (*getr.* -k·k-) **I** *v/t* ⟨*sep,* -ge-, h⟩ **1.** (*Raum*) adorn, decorate, ornament, deck (out): **sein Zimmer mit Bildern ~** to decorate one's room with pictures. – **2.** *fig.* (*Rede, Geschichte etc*) embellish, embroider, *auch* pad out. – **II A~** *n* ⟨-s⟩ **3.** *verbal noun.* — **'Aus,schmückung** (*getr.* -k·k-) *f* ⟨-; -en⟩ **1.** *cf.* Ausschmücken. – **2.** adornment, decoration, décor, ornamentation. – **3.** *fig.* embellishment, embroidery. – **4.** *mus.* grace notes *pl*, coloratura, fioriture *pl.*

'aus,schmug·geln *v/t* ⟨*sep,* -ge-, h⟩ smuggle out.

'aus,schnal·len *v/t* ⟨*sep,* -ge-, h⟩ unbuckle.

'aus,schnap·pen *v/i* ⟨*sep,* -ge-, sein⟩ snap out: **ein Schnappschloß schnappt aus** a spring lock snaps out; **etwas ~ lassen** to snap s.th. out, to unsnap s.th.; **ein Schnappmesser ~ lassen** to flick open a clasp knife.

'aus,schnau·ben *v/t* ⟨*sep,* -ge-, h⟩ (sich *dat*) **die Nase ~** *Northern G.* to blow one's nose.

'aus,schnau·fen *v/i u.* **sich ~** *v/reflex* ⟨*sep,* -ge-, h⟩ *Southern G. and Austrian* get one's breath (back).

'Aus,schnei·de|,bild *n* cutout, *Br.* cut-out. — **~,bo·gen** *m* cutout (*Br.* cut-out) sheet (of cardboard). — **~fi,gur** *f* cutout, *Br.* cut-out. — **~,kunst** *f* (*art*) cut-paper work, silhouetting. — **~ma,schi·ne** *f tech.* (*für Rohlinge*) blanking machine. — **~,mes·ser** *n* blanking knife.

'aus,schnei·den I *v/t* ⟨*irr, sep,* -ge-, h⟩ **1.** cut out: **Figuren ~** to cut out figures; **Bilder aus einem Buch ~** to cut pictures out of a book; **Zeitungsartikel ~** to cut (*od.* clip) articles out of a newspaper. – **2.** *med.* (*Tumor etc*) cut out (*od.* off); excise, extirpate (*scient.*). – **3.** *hort.* prune, lop, trim. – **4.** (*fashion*) cut (*s.th.*) low: **ein Kleid (am Hals) ~** to cut a dress low at the neck; **das Armloch (weiter) ~** to cut the armhole wider, to cut out the armhole. – **5.** *tech.* a) blank (out), b) (*stanzen*) stamp (*od.* punch) (out). – **6.** *econ.* (*für den Detailverkauf*) (sell [*s.th.*] by) retail. – **II A~** *n* ⟨-s⟩ **7.** *verbal noun.* – **8.** *med.* excision, extirpation.

'Aus,schnei·de,pup·pe *f* cutout (*Br.* cut-out) doll.

'aus,schnei·en *v/impers* ⟨*only pp*⟩ **es hat ausgeschneit** it has stopped snowing.

'Aus,schnitt *m* **1.** (*eines Kleides*) neck: **mit tiefem ~** low-necked, décolleté, *auch* decollete; **spitzer ~** V neck. – **2.** (*eines Fensterladens, Stuhls etc*) cutout, *Br.* cut-out. – **3.** (*aus einer Zeitung etc*) *Am.* clipping, *Br.* cutting. – **4.** (*eines Bildes etc*) detail: **~ aus Tafel II** detail from plate II. – **5.** *phot.* trimmed negative area: **einen ~ vergrößern** to enlarge a trimmed (*od.* cropped) negative area. – **6.** *fig.* (*aus einem Buch, einer Rede etc*) extract, excerpt: **er las einige ~e aus seiner Arbeit vor** he read some extracts from his work. – **7.** *fig.* (*des Lebens*) section, facet: **ein Roman kann nur einen ~ des Lebens wiedergeben** a novel can only reproduce a section of life. – **8.** *math.* (*eines Kreises etc*) sector. – **9.** *tech.* a) (*Kerbe*) notch, b) (*Zuschnitt*) blank. – **10. zwickelartiger ~** *her.* gusset. — **~,blen·de** *f* (*fashion*) binding. — **~,stel·le** *f* cutout, *Br.* cut-out. — **~ver,grö·ße·rung** *f phot.* selective enlargement. — **a~,wei·se** *adv* by extracts: **eine Sendung ~ wiedergeben** to reproduce extracts from a program(me).

'aus,schnit·zen *v/t* ⟨*sep,* -ge-, h⟩ carve (*od.* cut) (out): **Figuren ~** to carve figures.

'aus,schnüf·feln *colloq. humor.* **I** *v/t* ⟨*sep,* -ge-, h⟩ **etwas ~** to nose (*od.* ferret) out s.th. – **II** *v/i* **hast du nun endlich ausgeschnüffelt?** (have you) finished snooping?

'aus,schöp·fen I *v/t* ⟨*sep,* -ge-, h⟩ **1.** (*Flüssigkeit*) scoop out: **das Wasser aus einem Boot ~** to bail the water out of a boat. – **2.** (*Grube, Kessel etc*) exhaust, empty: **einen Brunnen ~** to exhaust (the water in) a well. – **3.** *fig.* (*Reserven, Thema etc*) exhaust. – **4.** *fig.* (*Möglichkeiten etc*) exhaust, utilize. – **II A~** *n* ⟨-s⟩ **5.** *verbal noun.* – **6.** *cf.* Ausschöpfung. — **'Aus,schöp·fer** *m* **1.** scooper. – **2.** *mar.* scoop. — **'Aus,schöp·fung** *f* ⟨-; *no pl*⟩ **1.** *cf.* Ausschöpfen. – **2.** *fig.* exhaustion. – **3.** *fig.* exhaustion, utilization.

'aus,scho·ten [-,ʃoːtən] *v/t* ⟨*sep,* -ge-, h⟩ *dial.* (*Erbsen etc*) shell, shuck, hull.

'aus,schrä·gen [-,ʃrɛːgən] *v/t* ⟨*sep,* -ge-, h⟩ (*Fenster etc*) splay, flue.

'aus,schrä·men [-,ʃrɛːmən] *v/t* ⟨*sep,* -ge-, h⟩ (*mining*) undercut, shear (out).

'aus,schrau·ben *v/t* ⟨*sep,* -ge-, h⟩ **1.** *tech.* (*Gewindeteil, Schraube etc*) unscrew, screw out. – **2.** *obs.* (*Petroleumlampe*) extinguish.

'aus,schrei·ben I *v/t* ⟨*irr, sep,* -ge-, h⟩ **1.** (*Rolle, Zitate etc*) write (*od.* copy) out: **die Stimmen aus einer Partitur ~** to write (*od.* copy) out the parts from a score; **einen Autor ~** *colloq.* to copy (*od.* draw upon, plagiarize) an author. – **2.** (*Wort, Namen etc*) write out (*od.* in full): **Abkürzungen ~** to expand abbreviations; **die Zahlen bitte ~** please write out the numbers (in words). – **3.** (*Quittung, Attest etc*) write (*od.* make) out: **j-m eine Vollmacht ~** to make out a power of attorney to s.o.; **eine Rechnung ~** to make out (*od.* draw up) an account. – **4.** (*bekanntgeben*) announce, advertise, *Am. auch* advertize: **einen Wettbewerb ~** to advertise a competition, to invite (public) competition; **die Stelle einer Sekretärin ~** to offer the position of (*od.* advertise for) a secretary; **einen Lieferauftrag ~** *econ.* to invite tenders (*od.* bids) for a supply order (*od.* for supplies), to put a supply order up for tender; **eine Belohnung ~** to offer a reward. – **5.** (*anordnen, ansetzen*) order: **eine Versammlung ~** to call (*od.* convoke) a meeting; **Wahlen ~** to order elections, to get elections under way, *Br.* to go (*od.* appeal) to the country; **neue Steuern ~** to impose new taxes. – **6.** (*Handschrift*) develop, train. – **II** *v/reflex* **sich ~ 7.** (*von Schriftsteller*) write oneself out, to exhaust one's literary abilities (*od.* ideas). – **8.** develop one's handwriting. – **III A~** *n* ⟨-s⟩ **9.** *verbal noun.* — **'Aus,schrei·bung** *f* ⟨-; -en⟩ **1.** *cf.* Ausschreiben. – **2.** (*einer Stelle etc*) advertisement (*Am. auch* advertizement) (of a vacancy). – **3.** (*von Wahlen etc*) ordering, (*von Ersatzwahlen*) *Br.* writ: ~ **einer Versammlung** convocation of a meeting. – **4.** *econ.* invitation of (*od.* call for) tenders (*od.* bids), invitation to tender. – **5.** (*sport*) (*eines Wettkampfes*) invitation (to a competition).

ˈAusˌschrei·bungs|ˌausˌschuß *m econ.* tender board. — **~ga·ranˌtie** *f* tender deposit. — **~terˌmin** *m* date of issue of invitation.

ˈausˌschrei·en I *v/t* ⟨*irr, sep,* -ge-, h⟩ **1.** *cf.* ausrufen 2. – **2. sich** (*dat*) **die Lungen** (*od.* **den Hals**) ~ *colloq.* to shout (*od.* scream) one's head off (*colloq.*). – **II** *v/i* **3.** (*von Kleinkind*) stop screaming. – **III** *v/reflex* **sich** ~ **4.** *colloq.* (*von Kleinkind*) a) have a good scream, b) stop screaming. — **ˈAusˌschrei·er** *m cf.* Ausrufer 1.

ˈausˌschrei·ten I *v/i* ⟨*irr, sep,* -ge-, sein⟩ *lit.* stride, step out: **tüchtig** (*od.* **mächtig**) ~ *colloq.* to quicken one's pace, to get a move on (*colloq.*). – **II** *v/t* ⟨h⟩ *cf.* abschreiten 1.

ˈAusˌschrei·tung *f* ⟨-; -en⟩ **1.** *meist pl* outrage, excess: **die ~en der fanatisierten Massen** the outrages of the fanaticized mob; **es kam zu schweren ~en** severe excesses occurred. – **2.** *cf.* Ausschweifung 2.

ˈausˌschro·ten *v/t* ⟨*sep,* -ge-, h⟩ **1.** *Austrian obs.* (*Fleisch*) cut (*meat*) into joints. – **2.** *fig. cf.* ausschlachten 3.

ˈausˌschu·len *ped.* **I** *v/t* ⟨*sep,* -ge-, h⟩ *Am.* graduate, *Br.* end (*s.o.'s*) schooling. – **II A~** *n* ⟨-s⟩ *verbal noun.* — **ˈAusˌschu·lung** *f* ⟨-; -en⟩ **1.** *cf.* Ausschulen. – **2.** *Am.* graduation, *Br.* end of schooling.

ˈausˌschup·pen *v/t* ⟨*sep,* -ge-, h⟩ *tech.* scallop, engrail.

ˈAusˌschuß *m* ⟨-sses; ⸚sse⟩ **1.** committee, board, commission, panel: **ständiger ~** standing (*od.* permanent) committee; **beratender ~** advisory panel (*od.* board, committee); **geschäftsführender ~** a) *econ.* managing committee, b) *pol.* (*einer Partei etc*) general management committee; **parlamentarischer ~** *pol.* parliamentary committee; **einem ~ angehören, in einem ~ sein** to be on a committee (*od.* board, panel); **eine Gesetzesvorlage an die Ausschüsse überweisen** *pol.* to commit a (draft of a) bill; **j-n in einen ~ wählen** [**berufen**] to elect [to appoint] s.o. to a committee. – **2.** ⟨*only sg*⟩ *econ.* a) *cf.* Ausschußware, b) *cf.* Ausschußquote. – **3.** *tech.* scrap, garbage. – **4.** (*paper*) *cf.* Ausschußpapier 1. – **5.** (*wood*) refuse, waste. – **6.** *med.* (*Schußwunde*) exit wound. — **~ˌbo·gen** *m* (*paper*) *cf.* Ausschußpapier 1. — **~geˌschirr** *n tech.* (*in der Töpferei*) rejects *pl.* — **~geˌtrei·de** *n agr.* refuse grain, offal. — **~ˌholz** *n* (*wood*) waste wood, reject(ed) timber, *Am.* cull. — **~-ˌLeh·re** *f tech.* 'not-go' ga(u)ge. — **~ˌmitˌglied** *n bes. pol.* committee member. — **~ˌöff·nung** *f med. cf.* Ausschuß 6. — **~pa·pier** *n* **1.** (*paper*) broke, retree (paper), waste-paper. – **2.** (*durch Transport etc*) cassie paper. — **~ˌquo·te** *f econ.* waste rate, rate of rejects. — **~ˌsei·de** *f* (*textile*) silk waste. — **~ˌsit·zung** *f* **1.** *pol.* committee meeting. – **2.** *econ.* (*einer Firma*) board meeting. — **~ˌvieh** *n agr.* cull(s *pl*). — **~ˌvorˌsit·zen·de** *m* chairman of a committee. — **~ˌwa·re** *f econ.* substandard articles *pl* (*od.* goods *pl*), rejects *pl*, waste.

ˈausˌschüt·teln I *v/t* ⟨*sep,* -ge-, h⟩ (*Tischtuch etc*) shake out. – **II A~** *n* ⟨-s⟩ *verbal noun.* — **ˈAusˌschüt·te·lung** *f* ⟨-; *no pl*⟩ **1.** *cf.* Ausschütteln. – **2.** shake(-out).

ˈausˌschüt·ten I *v/t* ⟨*sep,* -ge-, h⟩ **1.** (*Flüssigkeit, Sand etc*) pour (*od.* empty) out: **Mehl aus einem Sack ~** to unbag flour. – **2.** *fig.* (*Kummer, Schmerz etc*) pour out (*od.* forth), vent: **j-m seine Gefühle ~** to pour out one's feelings to s.o.; → **Herz** *bes. Redewendungen*; **Kind** 4. – **3.** (*verschütten*) spill. – **4.** (*Eimer, Korb etc*) empty. – **5.** *econ.* (*Dividende, Gewinne etc*) pay, distribute, apportion. – **II** *v/reflex* **6. sich ~** (**vor Lachen**) to burst (*od.* be convulsed) with laughter. – **III A~** *n* ⟨-s⟩ **7.** *verbal noun.*

ˈAusˌschütt·lung *f* ⟨-; *no pl*⟩ **1.** *cf.* Ausschütteln. – **2.** shake(-out).

ˈAusˌschüt·tung *f* ⟨-; -en⟩ **1.** *cf.* Ausschütten. – **2.** (*von Dividende etc*) payment, distribution, apportionment.

ˈAusˌschüt·tungs·erˌwar·tung *f econ.* expected distribution of profits.

ˈausˌschwäm·men [-ˌʃvɛmən] *v/t* ⟨*sep,* -ge-, h⟩ *tech.* (*in der Töpferei*) sponge out.

ˈausˌschwär·men *v/i* ⟨*sep,* -ge-, sein⟩ **1.** (*von Bienen etc*) swarm out. – **2.** *mil.* extend, sprawl: **fächerartig ~** to fan out.

ˈausˌschwat·zen, *bes. Southern G.* **ˈausˌschwät·zen** *v/t* ⟨*sep,* -ge-, h⟩ *colloq. for* ausplaudern I.

ˈausˌschwe·ben *v/i* ⟨*sep,* -ge-, sein⟩ *aer.* **1.** flatten out. – **2.** (*von Segelflugzeugen*) glide out (to a landing).

ˈausˌschwe·feln I *v/t* ⟨*sep,* -ge-, h⟩ **1.** *chem.* sulfur *bes. Br.* -ph-, sulfurize *bes Br.* -ph-, fumigate (*s.th.*) with sulfur (*bes. Br.* -ph-). – **2.** *colloq. cf.* ausräuchern 1—3, desinfizieren. – **II A~** *n* ⟨-s⟩ **3.** *verbal noun.* — **ˈAusˌschwe·fe·lung** *f* ⟨-; *no pl*⟩ **1.** *cf.* Ausschwefeln. – **2.** *chem.* sulfur(iz)ation *bes. Br.* -ph-.

ˈausˌschwei·fen I *v/t* ⟨*sep,* -ge-, h⟩ **1.** *tech.* (*Rand etc*) curve, cut (*s.th.*) in curves, sweep, scallop. – **2.** *tech.* (*Walzkaliber*) splay out, flare. – **3.** (*jewelry*) beat out, chase. – **II** *v/i* ⟨sein⟩ **4.** (*im Trinken etc, in Gefühlen*) indulge in excess. – **5.** (*ausschweifend leben*) lead a dissolute (*od.* fast, gay) life. – **6.** *cf.* abschweifen 2. – **III A~** *n* ⟨-s⟩ **7.** *verbal noun.* – **8.** *cf.* Ausschweifung. — **ˈausˌschwei·fend I** *pres p.* – **II** *adj* **1.** (*Wünsche etc*) extravagant, intemperate, excessive, unbridled: **eine ~e Phantasie** an unbridled imagination. – **2.** (*sittenlos*) dissolute, debauched, libertine, wanton, 'wild' (*colloq.*): **ein ~es Leben führen** to lead a riotous (*od.* fast) life, to go (*od.* hit) the pace, to go it (*colloq.*). – **III** *adv* **3. ~ leben** to live a dissolute life. — **ˈAusˌschwei·fung** *f* ⟨-; -en⟩ **1.** *cf.* Ausschweifen. – **2.** a) (*Zügellosigkeit*) dissipation, dissoluteness, (*stärker*) debauchery, b) *pl* orgies. – **3.** *pl* (*der Ideen etc*) excesses.

ˈausˌschwei·gen *v/reflex* ⟨*irr, sep,* -ge-, h⟩ **sich ~** (**über** *acc* **etwas** about s.th.) remain silent, persist in silence.

ˈausˌschwem·men *v/t* ⟨*sep,* -ge-, h⟩ **1.** *geol. cf.* ausspülen 4. – **2.** *civ.eng.* (*Kanal etc*) flush. – **3.** *med.* (*Zellen, Kochsalz mit Urin etc*) wash out.

ˈausˌschwenk·bar *adj tech.* **1.** (*Kranarm etc*) traversable, swing-out (*attrib*). – **2.** (*Maschinentisch*) swivel(l)ing.

ˈausˌschwen·ken *v/t* ⟨*sep,* -ge-, h⟩ **1.** (*Glas, Topf etc*) rinse, swill, wash out. – **2.** (*Wäsche*) rinse. – **3.** *tech.* a) (*Kran etc*) swivel, swing out, b) (*Filtrationskolben*) shake. – **4.** *mar.* (*Boot etc*) swing out (*od.* over), traverse.

ˈausˌschwin·gen I *v/i* ⟨*irr, sep,* -ge-, h⟩ **1.** (*von Pendel etc*) a) swing out, b) cease (*od.* stop) swinging. – **2.** *bes. phys.* (*von Tönen, Wellen etc*) fade out, die away (*od.* down). – **3.** (*sport*) swing out. – **4.** *tech. mar.* (*von Kran etc*) turn out, swing out. – **5.** *hunt.* (*von Federwild*) fly off a tree. – **II** *v/t* **6.** (*sport*) (*Arme etc*) swing out. – **7.** *mar.* (*Bootsdavits, Backspieren etc*) swing (*od.* turn) out. – **8.** *agr.* a) (*Flachs*) peel, b) (*Getreide*) winnow. – **III A~** *n* ⟨-s⟩ **9.** *verbal noun.* – **10.** *bes. phys.* fade-out.

ˈAusˌschwin·gungsˌkur·ve *f phys.* curve of extinction.

ˈAusˌschwingˌzeit *f phys.* (*von elektr. Wellen*) fade-out time, time of decay.

ˈausˌschwit·zen I *v/t* ⟨*sep,* -ge-, h⟩ **1.** (*Harz, Feuchtigkeit etc*) exude, sweat (out). – **2.** (*Schweiß*) perspire, transpire. – **3.** (*Krankheiten*) sweat out. – **4.** *gastr.* (*Zwiebeln etc*) sweat the moisture out of. – **II** *v/i* ⟨sein⟩ **5.** (*von Harz, Feuchtigkeit etc*) exude, sweat (out), ooze out. – **III A~** *n* ⟨-s⟩ **6.** *verbal noun.* – **7.** *cf.* Ausschwitzung. – **8.** *civ.eng.* (*von Teer aus Asphaltstraßen*) bleeding. — **ˈausˌschwit·zend I** *pres p.* – **II** *adj bot.* exudative: **Gummi** (*od.* **Harz**) **~** guttiferous. — **ˈAusˌschwit·zung** *f* ⟨-; -en⟩ **1.** *cf.* Ausschwitzen. – **2.** exudation.

ˈausˌse·geln I *v/i* ⟨*sep,* -ge-, sein⟩ **1.** (*von Boot etc*) sail out: **in die offene See ~** to sail out into the open sea. – **II** *v/t* ⟨h⟩ **2.** *mar.* (*sport*) a) (*überholen*) outsail, outfoot, beat, b) (*Pokal etc*) compete (*od.* sail) for. – **3.** (*Boot*) sail (*a boat*) at top speed: **ich habe mein Boot ausgesegelt** I sailed as fast as possible.

ˈausˌseg·nen *relig.* **I** *v/t* ⟨*sep,* -ge-, h⟩ **1.** (*Verstorbenen*) give the last benediction (*od.* blessing) to. – **2.** (*Wöchnerin*) church. – **3.** (*Gebäude*) consecrate. – **II A~** *n* ⟨-s⟩ **4.** *verbal noun.* — **ˈAusˌseg·nung** *f* ⟨-; *no pl*⟩ **1.** *cf.* Aussegnen. – **2.** last benediction (*od.* blessing). – **3.** consecration.

ˈausˌse·hen I *v/i* ⟨*irr, sep,* -ge-, h⟩ **1.** look: **sie sieht gut aus** a) (*gesund*) she looks well, b) (*hübsch*) she is good-looking; **er sieht in letzter Zeit krank aus** he has been looking ill lately; **sie sieht nicht übel aus** *colloq.* she is not bad-looking; **für sein Alter jung ~** to look young for one's age, to wear one's years well; **~ wie der Tod** *fig.* to look as pale as death; **~ wie drei Tage Regenwetter** *fig. colloq.* to look down in the mouth; **~ wie das Leiden Christi** *fig. colloq.* to look like the last rose of summer; **~ wie Milch und Blut** *fig.* to look in the pink (*colloq.*); **du siehst aus, als ob du kein Wässerchen trüben könntest** *fig. colloq.* you look as if butter wouldn't melt in your mouth; **wie sieht er aus?** a) what does he look like? b) how does he look? **wie siehst du denn aus?** you look a sight! **er sieht ganz danach aus** he looks (like) it; **er sieht nicht danach aus** he doesn't look it; **so siehst du aus!** *colloq.* you don't say! says who? says you! (*alle colloq.*); **er sah schön aus!** *iron.* a fine sight he looked! **~ wie ein gerupftes Huhn** *fig. colloq.* to look like a dying duck in a thunderstorm; **wie du in dem Kleid bloß aussiehst!** *colloq.* the way you look in that dress! **er sieht verboten aus** *colloq.* he looks a sight (*od.* impossible); **das sieht wie Gold aus** that looks like gold; **die Sache sieht ungünstig aus** a) things don't look too good, b) things have taken an unfavo(u)rable turn; **die Sache sieht gut** (*od.* **günstig**) **aus** the matter is coming along well (*od.* favo[u]rably); **die Lage sieht nicht gerade rosig aus** *colloq.* things don't look too well, the prospects are not especially bright (*od.* rosy); **seine Position sah wacklig aus** *colloq.* his position looked shaky; **das sieht nur so aus** it only looks (*od.* seems) so (*od.* that way); **nach etwas ~** to look (like) something; **das soll nach etwas ~** that is meant to impress; **damit es nach etwas aussieht** so that it looks like something; **er sieht nach etwas Besonderem aus** he has a distinguished air about him; **das sieht nach nichts aus** it doesn't look like anything, it looks like nothing; → **drei** 1. – **2. nach j-m** [**etwas**] **~** to look out for s.o. [s.th.]; **sich** (*dat*) **die Augen nach j-m** [**etwas**] **~** to stare one's eyes out looking for s.o. [s.th.]. – **II** *v/impers* **3. es sieht schlimm damit aus** things are looking bad; **es sieht schlimm** (*od.* **böse**) **um ihn aus** things look bad for him, he is in a bad way; **wie sieht es bei dir aus?** how are you getting on (*od.* along)? **es sieht aus als ob** it looks as if, it seems as if (*od.* as though); **es sieht nach Regen aus** it looks like rain; **es sieht so aus, als ob er gewinnen sollte** he looks like winning.

ˈAusˌse·hen *n* ⟨-s; *no pl*⟩ **1.** appearance, look(s *pl*), aspect, (*Äußeres*) exterior: **er hat ein gutes ~** a) his appearance is good, he is of good appearance, b) he has a healthy complexion; **wieder sein normales ~ haben** to look oneself again; **Wert auf sein ~ legen** to attach importance to one's appearance; **nach seinem ~** by the look of him; **nach dem ~ gehen** to go by looks; **ein ~ annehmen** to assume (*od.* take on) an appearance; **das gibt den Dingen ein anderes ~** that puts a new (*od.* different) face on things; **würdiges ~** portliness; **er hat ein verdächtiges ~** he looks (like) a suspicious character; **Menschen nach dem ~ beurteilen** to judge persons by their appearances; **sie hat das ~ eines jungen Mädchens** she has the looks of a young girl; **ein gesundes** [**stattliches**] **~** a healthy [stately] look (*od.* appearance); **ein blühendes ~** a fresh complexion; **seinem ~ nach ist er ein Adliger** judging by his appearance he is a nobleman; **von gleichem ~** of equal appearance; **grünes ~** (*z. B. von Austern*) viridity; **milchiges ~** (*der Oberfläche von Glas*) bloom. – **2.** *archaic for* Anschein. – **3.** *tech.* finish, makeup. – **4.** *med.* (*Form*) aspect.

ˈausˌse·hend I *pres p.* – **II** *adj* **eine blendend ~e Dame** an extremely good-looking lady; **ein verdächtig ~es Individuum** *colloq.* a suspicious(-looking) character.

ˈausˌsei·fen *v/t* ⟨*sep,* -ge-, h⟩ **etwas ~** to clean s.th. with soap and water.

ˈausˌsei·gern *metall.* **I** *v/t* ⟨*sep,* -ge-, h⟩ **1.** (*Mutterlauge*) liquate out. – **2.** (*Zinn*) sweat out. – **II** *v/i* **3.** (*von Kristallen*) segregate. – **III A~** *n* ⟨-s⟩ **4.** *verbal noun.* — **ˈAusˌsei·ge·rung** *f* ⟨-; *no pl*⟩ **1.** *cf.* Ausseigern. – **2.** liquation. – **3.** segregation.

'ausˌsei·hen v/t ⟨sep, -ge-, h⟩ (aus Suppe etc) (aus out of) strain, filter.
'ausˌsei·men v/t ⟨sep, -ge-, h⟩ (Honig) clarify.
'ausˌsein v/i ⟨irr, sep, -ge-, sein⟩ colloq. 1. (zu Ende sein) be over (od. finished, ended), be out (colloq.): die Vorstellung wird um 10 Uhr ~ the performance will be over at ten o'clock. – 2. (von Personen) be out: wir sind gestern abend ausgewesen we were out last night. – 3. (von Licht, Feuer etc) be out (od. extinguished). – 4. auf (acc) etwas ~ to be after (od. out for) s.th.
au·ßen ['aʊsən] adv 1. outside, without: innen und ~ inside and out(side), within and without; ~ auf dem Wagen on the outside of the car; ~ rot angemalt painted red outside; nach ~ a) outward(s), b) fig. outwardly, externally, c) med. outward(s), ectad; die Tür geht nach ~ auf the door opens outwards; nach ~ hin ruhig bleiben fig. to remain outwardly calm; die Füße (beim Gehen) nach ~ setzen to turn one's feet out; nach ~ führend med. efferent; etwas nach ~ projizieren psych. to externalize s.th.; nach ~ gewölbt convex; das Innere nach ~ gekehrt inside out; nach ~ wirkend philos. transient, auch transeunt; von ~ from (the) outside, from without; eine Tür von ~ zuschließen to lock a door from (the) outside; das Geräusch kam von ~ the noise came from outside; von ~ wirkend a) extrinsic(al), b) geol. exogenous; von ~ kommende Eindrücke impressions from the outside; sie kennen ihn nur von ~ fig. they know only his outward appearance; Hilfe von ~ help from outside. – 2. Austrian obs. for draußen 1-3.
'Au·ßen m ⟨-; -⟩ (sport) colloq. for Außenstürmer.
'Au·ßen|ˌabˌmes·sung f meist pl external (od. outside) dimension. — **~ˌabˌtei·lung** f econ. outlying agency (od. office), outpost. — **~ˌamt** n pol. cf. Außenministerium. — **~ˌanˌsicht** f tech. outside (od. exterior) view. — **~ˌanˌten·ne** f electr. bes. Am. outdoor antenna, bes. Br. outdoor aerial. — **~ˌar·beit** f ⟨-; -en⟩ 1. ⟨only sg⟩ (außerhalb des Betriebes) fieldwork, outdoor service. – 2. tech. (maschinelle Bearbeitung) external operation. – 3. pl civ.eng. exterior work sg. — **~ˌast** m biol. exopodite. — **~ˌaufˌnah·me** f 1. phot. outdoor picture (od. photograph, shot), auch outdoor. – 2. pl (film) location (od. exterior) shots, exteriors. – 3. pl telev. exterior pickups. — **~ˌbackenˌbrem·se** (getr. -k·k-) f auto. external shoe brake. — **~ˌbahn** f 1. (sport) outside (od. outer) lane. – 2. phys. outer orbit. — **~beˌam·te** m field officer, man (od. officer) in the field. — **~beˌleuch·tung** f 1. electr. exterior illumination (od. lighting). – 2. auto. head and tail lamps pl. — **~beˌzirk** m outlying district: die ~e (einer Stadt) the outskirts, the suburban areas. — **~biˌlanz** f econ. balance of payments. — **~ˌblät·ter** pl (paper) (eines Ries etc) outsides, outside (od. cording) quires.
'Au·ßenˌbor·der [-ˌbɔrdər] m ⟨-s; -⟩ colloq. 1. cf. Außenbordmotor. – 2. cf. Außenbordmotorboot.
'Au·ßenˌbordˌmo·tor m outboard motor. — **~ˌboot** n outboard (motorboat).
'au·ßenˌbords adv mar. outboard, outside the ship.
'Au·ßen|ˌbrem·se f tech. outside (od. external, outer) brake. — **a~ˌbür·tig** [-ˌbʏrtɪç] adj geol. exogenous. — **~ˌdeck** n mar. outer deck. — **~ˌdeich** m outer dike.
'ausˌsen·den I v/t ⟨irr, sep, -ge-, h⟩ 1. lit. (Boten etc) send out, dispatch, despatch. – 2. lit. (Befehl) issue, send out. – 3. (Funkspruch etc) send out, transmit. – 4. bes. phys. electr. (Licht, Wellen etc) send out (od. forth), emit, emanate, (bes. strahlenförmig) radiate: elektromagnetische Wellen ~ to radiate. – 5. mil. (Trupps) send (od. throw) out. – 6. bot. (Wurzeln etc) push (od. send) out. – **II A~** n ⟨-s⟩ 7. verbal noun. – 8. cf. Aussendung. — **'ausˌsen·dend I** pres p. – **II** adj bes. phys. emissive.
'Au·ßen|ˌdienst m ⟨-(e)s; no pl⟩ field (od. outside) service (od. work, duty): im ~ beschäftigt (od. tätig) sein to be on outside duty; Vertreter im ~ econ. agent in the field; Mitarbeiter für den ~ gesucht field representative(s) wanted; Beamter im ~ field officer, man (od. officer) in the field. — **~ˌding** n 1. bes. philos. external object. – 2. obs. for Nebensächlichkeit 1. — **~ˌdruck** m ⟨-(e)s; ⸚e⟩ phys. external (od. outside) pressure.
'Ausˌsen·dung f ⟨-; no pl⟩ 1. cf. Aussenden. – 2. lit. (eines Boten etc) dispatch, despatch. – 3. lit. (eines Befehls) issue. – 4. (radio) broadcast, transmission. – 5. bes. phys. electr. (von Licht, Wellen etc) emission, emanation, (bes. strahlenförmige) radiation.
'Ausˌsen·dungsˌspek·trum n phys. emission spectrum.
'Au·ßen|ˌdurchˌmes·ser m tech. 1. outside (od. external, outer) diameter. – 2. (eines Gewindes) major (od. full) diameter. — **~ˌeinˌsatz** m bes. econ. fieldwork.
'Au·ßenˌfeld n (sport) area outside play.
'Au·ßenˌflä·che f 1. outside (od. external, exterior, out[er]) surface (od. area). – 2. (Außenseite) outside.
'Au·ßenˌflä·chen|ˌräu·men n tech. external (od. surface) broaching. — **~ˌräum·maˌschi·ne** f surface-broaching machine.
'Au·ßen|ˌfort n mil. detached fort. — **~ˌfrä·ser** m tech. outside pipe reamer. — **~ˌfront** f (eines Hauses) facade, auch façade. — **~geˌtrie·be** n tech. external gearing (od. gear transmission).
'Au·ßen·geˌwin·de n tech. 1. external (od. male) thread. – 2. (als Bolzengewinde) screw thread. — **~ˌschleif·maˌschi·ne** f external-thread grinding machine. — **~ˌschnei·den** n screw cutting.
'Au·ßen|ˌglied n math. (einer Proportion) extreme. — **~ˌha·fen** m mar. outer harbor (bes. Br. harbour).
'Au·ßenˌhan·del m ⟨-s; no pl⟩ econ. foreign (od. external) trade.
'Au·ßenˌhan·dels|ˌamt n econ. foreign trade department (od. office, agency). — **~ˌbank** f foreign trade bank. — **~beˌzie·hun·gen** pl foreign trade relations. — **~biˌlanz** f foreign trade balance: aktive [passive] ~ favo(u)rable (od. active) [adverse, passive] trade balance. — **~ˌde·fi·zit** n foreign trade deficit. — **~ˌför·de·rung** f foreign trade promotion. — **~karˌtell** n export cartel. — **~ˌkaufˌmann** m import and export merchant. — **~staˌti·stik** f foreign trade statistics pl (construed as sg or pl). — **~ˌstel·le** f cf. Außenhandelsamt. — **~voˌlu·men** n volume of foreign trade.
'Au·ßen|ˌhaut f 1. (einer Frucht etc) outer skin. – 2. med. a) skin, integument (scient.), b) (eines Organs) membranous covering, investment, auch capsule. – 3. zo. a) epidermis, cuticle, b) (eines Organs) outer surface. – 4. mar. (eines Schiffes) a) (aus Planken) outside planking, b) (aus Platten) shell (od. skin) plating. – 5. aer. a) (eines Flugzeugs) skin, b) (eines Luftschiffs) outer cover. – 6. tech. sheathing. – 7. auto. exterior paneling (bes. Br. panelling). – 8. biol. a) outer membrane, b) (einer Pflanzenzelle) plasmalemma. — **~ˌhei·rat** f sociol. outmarriage. — **~ˌhof** m (einer Burg etc) outer yard. — **~in·stiˌtut** n 1. (von Hochschulen) experimental (od. research) station. – 2. agr. experimental farm (od. station). — **~ˌkan·te** f outside (od. outer) edge. — **~ˌkelch** m bot. hull; calyculus, involucre (scient.): mit ~ (versehen) calyculate(d).
'ausˌsen·ken v/t ⟨sep, -ge-, h⟩ tech. 1. (zylindrisch) counterbore. – 2. (kegelig) countersink. – 3. (Nabenflächen) spot-face.
'Au·ßen|ˌkiel m mar. outside (od. outer) keel. — **~ˌklü·ver** m (Hauptklüver) outer jib. — **~ˌlack** m tech. exterior varnish. — **~ˌla·ger** n tech. outer bearing. — **~ˌlan·dung** f aer. off-field landing, landing outside an airfield. — **~ˌläu·fer** m (sport) (Fußball etc) wing half(back). — **~ˌlei·ter** m electr. (beim Dreileiternetz) live (od. outside) wire, outer cable (od. conductor). — **~ˌlei·tung** f external (od. outdoor) line (od. cable). — **~ˌleuch·te** f outdoor lamp. — **a~ˌlie·gend** adj outlying, external. — **~ˌli·nie** f (sport) (eines Sportplatzes, Feldes etc) boundary line.
'Au·ßenˌluft f outside (od. external) air, atmosphere. — **~ˌdruck** m ⟨-(e)s; no pl⟩ meteor. barometric (od. open air) pressure. — **~tem·pe·raˌtur** f atmospheric temperature.
'Au·ßen|ˌman·tel m tech. outer casing, jacket. — **~ˌmaß** n meist pl overall dimension (od. size). — **~ˌmau·er** f 1. outer (od. exterior, external) wall. – 2. (einer Burg etc) bailey. — **~ˌmau·erˌwerk** n civ.eng. extension walling. — **~ˌmes·sung** f outside (od. external) measurement. — **~miˌni·ster** m pol. Foreign Minister, Br. Foreign Secretary, Secretary of State for Foreign Affairs, Am. Secretary of State. — **~mi·niˌste·ri·um** n Foreign Ministry, Br. Foreign Office, Am. State Department, Department of State. — **~miˌni·ster·konˌfe·renz** f Foreign Ministers' Conference. — **~miˌni·sterˌrat** m Council of Foreign Ministers. — **~ˌnaht** f (fashion) prickseam, outseam. — **~ˌohr** n med. external ear. — **~pa·raˌsit** m zo. cf. Außenschmarotzer. — **~ˌpier** m, f mar. jetty. — **~ˌplat·te** f mar. exterior plate. — **~ˌpol·ge·neˌra·tor** m electr. overhung-type alternator. — **~po·liˌtik** f pol. foreign policy (od. affairs pl): Neuorientierung der ~ reorientation (od. new course) of foreign policy. — **a~poˌli·tisch** adj of (od. relating to) foreign policy: ~e Probleme international problems; ~er Druck foreign pressure; ~e Debatte debate on foreign policy; ~e Fragen questions of foreign policy. — **~ˌpo·sten** m mil. outpost, outguard. — **~ˌputz** m civ.eng. external plaster (od. rendering). — **~ˌrand** m 1. outer (od. external) edge (od. rim). – 2. zo. (einer Schneckenschale) labrum, outer lip. — **~ˌräu·men** n tech. surface (od. external) broaching. — **~ˌräum·maˌschi·ne** f surface- (od. external-)broaching machine. — **~ˌräumˌna·del** f surface broach. — **~ˌree·de** f mar. outer harbo(u)r area. — **~ˌreiz** m med. external stimulus. — **~reˌkla·me** f econ. cf. Außenwerbung. — **~ˌring** m 1. outer ring. – 2. tech. (am Kugellager) outer race (od. ring). — **~ro·ta·tiˌon** f med. external rotation. — **~ˌrück(ˌblick)ˌspie·gel** m auto. exterior (od. outside rear view) mirror. — **~ˌschicht** f outer (od. external) layer. — **~schmaˌrot·zer** m zo. ectoparasite, epizoon: pflanzlicher ~ ectophyte. — **~ˌsei·te** f 1. outside, exterior: die ~ wahren fig. to save (od. keep up) appearances; er hat eine rauhe ~ fig. he has a rough exterior (od. shell). – 2. (Stirnseite) face, front (side). – 3. (Oberfläche) outer surface. – 4. (eines Stoffes etc) outer side, face.
'Au·ßenˌsei·ter [-ˌzaɪtər] m ⟨-s; -⟩ fig. 1. outsider (auch sport). – 2. sociol. (einer Kulturgruppe) marginal man: als ~ gelten to be marginal. – 3. econ. cf. Outsider.
'Au·ßen|ˌsitz m (sport) outside seat. — **~skeˌlett** n zo. ectoskeleton, exoskeleton. — **~ˌsoh·le** f (eines Schuhs) outer sole, outsole. — **~ˌspie·gel** m auto. cf. Außenrück(blick)spiegel. — **~ˌspie·ler** m (sport) (beim Fußball etc) cf. Außenstürmer.
'Au·ßenˌstän·de pl econ. accounts (receivable), (net) receivables, outstanding debts: Einziehung der ~ collection of debts.
'Au·ßen|staˌti·on f 1. (space) (manned) space (od. outer) station. – 2. relig. (einer Mission etc) outstation. — **~ˌsteg** m print. fore edge, outside margin. — **~ˌste·hen·de** m, f ⟨-n; -n⟩ 1. bystander, onlooker. – 2. fig. outsider: ~ können das nicht beurteilen outsiders cannot judge this correctly. — **~ˌstel·le** f 1. branch (office od. agency). – 2. mil. field office (od. agency, installation), annex, detachment. — **~ˌstim·me** f mus. outer parts pl (od. voices pl). — **~ˌstür·mer** m (sport) (beim Fußball etc) wing (forward), winger, Br. wingman: rechter [linker] ~ outside right [left]. — **~ˌta·sche** f (eines Kleidungsstücks) outer pocket. — **~ˌteil** n, m outer (od. exterior) part. — **~tem·pe·raˌtur** f outside (od. outdoor, open-air) temperature. — **~ˌtür** f 1. outer door. – 2. (zur Straße) street door. — **~ˌvier·tel** n 1. (einer Stadt) outer part. – 2. pl outskirts. — **~ˌwall** m mil. (von Befestigungen) exterior rampart. — **~ˌwand** f 1. outer wall. – 2. civ.eng. (eines Stahlskelettbaus) clothing. — **~ˌwan·ge** f tech. (von Treppen) outer string. — **~ˌwelt** f outside (od. outer, external) world, world outside: sich von der ~ abschließen to shut oneself off from the outside world; von der ~ abgeschlossen cut off from the outside world. — **~ˌwer·bung** f econ. outdoor publicity (od. advertising seltener -z-). — **~ˌwerk** n mil. hist. (von Befestigungen) cf. Vorwerk. — **~wi·derˌstand** m electr. 1. external resistance. – 2. (im Anodenkreis) load resistance. — **~ˌwin·kel** m math. (eines Dreiecks) exterior (od. external, outward) angle. — **~ˌwirt·schaft** f econ. foreign trade. — **~ˌzoll**

m external tariff: gemeinsamer ~ der EWG common external tariff of the EEC.

au·ßer ['ausər] **I** *prep* ⟨*dat*⟩ **1.** out of: ~ Atem out of breath, breathless; ~ Betrieb a) out of work (*od.* service), b) not working, out of order; ~ Dienst a) out of office, b) retired, c) out of commission (*od.* service); ~ Haus(e) essen to eat (*od.* dine) out; ~ Konkurrenz out of the competition, hors concours; ~ Kraft setzen to put out of force (*od.* effect), to invalidate; Geld ~ Kurs setzen to put money out of force, to withdraw money from circulation; ~ Reichweite out of (*od.* beyond) reach; ~ der Reihe out of turn; ~ der Reihe abgefertigt werden to be given priority; ~ Schußweite out of (*od.* beyond) shooting range; ~ Sicht(weite) out of sight; etwas ~ acht lassen to neglect s.th., not to take s.th. into consideration, not to pay attention to s.th.; ~ Zweifel stehen to be beyond doubt; ~ Rand und Band out of control (*od.* hand). – **2.** ~ sich sein to be beside oneself: sie war ~ sich vor Wut [über die Nachricht] she was beside herself with rage [at the news]; ich geriet fast ~ mich (*auch* mir) I was almost beside myself. – **3.** (*abgesehen von*) apart (*Am.* aside) from, except, save (*lit.*): ~ ihm war niemand da nobody was there except him; alle ~ einem all but one; alle ~ den hier erwähnten Personen all persons other than those named herein; ~ dir habe ich keinen Freund I have no other friend but you. – **4.** (*neben*) in addition to: ~ seinem Gehalt erhielt er eine Gratifikation in addition to his salary he received a bonus. – **II** *prep* ⟨*gen*⟩ **5.** ~ Landes out of the country, abroad; ~ Landes gehen to leave the country; ~ Landes leben to live abroad; ~ Hauses *rare* out. – **III** *conj* **6.** ~ wenn a) unless, b) except when: ~ (wenn) es regnet unless it rains; ~ daß except that; ~ daß wir älter geworden sind except that we have grown older; ~ damals except at that time; er hat mir nie geholfen, ~ damals, als the only time he helped me was when.

ˌAu·ßer'achtˌlas·sung *f* ⟨-; *no pl*⟩ ignoring, disregarding, neglect: ~ einer Pflicht evasion of a duty.

'au·ßer|ˌamt·lich *adj* unofficial, private, nonofficial *Br.* non-. — **~beˌruf·lich** *adj* extraprofessional, *Br.* extra-professional. — **~beˌtrieb·lich** *adj econ.* **1.** external (to the enterprise). – **2.** nonoperational *Br.* non-.

ˌAu·ßer·be'triebˌset·zung *f* ⟨-; *no pl*⟩ *tech.* **1.** putting out of operation. – **2.** (*eines Gerätes*) putting out of action.

'au·ßerˌbörs·lich *adj econ.* (*Kurs etc*) in the outside market.

'au·ßer'dem *conj* besides, moreover, furthermore, in addition, also: ~ benötigen wir eine neue Schreibmaschine furthermore we need a new typewriter; ~, was sollen wir ohne Wagen anfangen besides, what are we to do without a car; er sagte ~ he said in addition; es gab Bier und ~ Wein there was beer and wine as well.

'au·ßerˌdienst·lich **I** *adj* **1.** unofficial, private, extraofficial, *Br.* extra-official. – **2.** *mil.* off duty. – **II** *adv* **3.** unofficially. – **4.** *mil.* off duty.

ˌAu·ßer'dienstˌstel·lung *f* ⟨-; *no pl*⟩ *bes. mil.* **1.** (*von Schiffen etc*) putting out of commission, decommissioning, laying up. – **2.** (*Einmottung*) mothballing.

äu·ße·re ['ɔysərə] *adj* ⟨*attrib*, äußerst⟩ **1.** outer, outside, external: die ~ Tür the outer (*od.* outside, exterior) door; der ~ Einfluß [Zwang] the external (*od.* outside) influence [pressure]; der ~ Teil the external part; eine ~ Verletzung an external injury; die ~n Planeten *astr.* the superior planets. – **2.** outward, external: ~ Umstände outward circumstances; j-s ~ Erscheinung s.o.'s (outward *od.* external) appearance (*od.* looks *pl*), s.o.'s exterior; nach dem ~n Schein urteilen to judge by appearances (*od.* externals). – **3.** (*auswärtig, ausländisch*) foreign, external: der ~ Markt the foreign (*od.* external) market; ~ Angelegenheiten *pol.* foreign (*od.* external) affairs; die Ä~ Mission *relig.* the foreign mission.

'Äu·ße·re *n* ⟨Äußer(e)n; *no pl*⟩ **1.** outside, exterior. – **2.** (*Erscheinung*) (outward *od.* external) appearance(s *pl*) (*od.* looks *pl*), exterior, externals *pl*: ein junger Mensch von angenehmem ~n a personable young man; dem ~n nach zu urteilen judging by (*od.* from) appearances; er sieht nur auf das ~ he only judges by appearances; viel Wert auf sein ~s legen to pay much attention to one's outward appearance; unansehnliches ~s plainness. – **3.** *pol.* (*Angelegenheiten*) foreign affairs *pl*: Minister des ~n *cf.* Außenminister.

'au·ßerˌehe·lich **I** *adj* **1.** (*Kinder etc*) illegitimate: ein ~er Sohn an illegitimate son, a son born out of wedlock (*od. colloq.* on the wrong side of the blanket). – **2.** (*Beziehungen etc*) extramarital, extramatrimonial. – **II** *adv* **3.** illegitimately: ~ geboren born out of wedlock, of illegitimate birth. — **'Au·ßerˌehe·lich·keit** *f* illegitimacy.

'au·ßer|etatˌmä·ßig [-ˀeˌta:-] *adj pol.* extrabudgetary, extraordinary. — **~eu·roˌpä·isch** *adj* extra- (*od.* non-)European. — **~ˌfahrˌplanˌmä·ßig** *adj* (*Züge etc*) special, nonscheduled *Br.* non-. — **~geˌricht·lich** **I** *adj* extrajudicial, out of court, private: ein ~er Vergleich *jur.* a settlement out of court, a friendly (*od.* private, amicable) arrangement (*od.* settlement); ~e Sachen *jur.* non(-)litigious (*od.* non[-]contentious) matters; ~e Beitreibung *econ.* collection (of a debt) without judicial process. – **II** *adv* extrajudicially: sich ~ einigen to come to a settlement out of court; j-n gerichtlich und ~ vertreten to represent s.o. in and out of court. — **~geˌsetz·lich** *adj jur.* extralegal. — **~geˌwöhn·lich** **I** *adj* **1.** unusual, uncommon, out of the ordinary. – **2.** *cf.* außerordentlich 1. – **3.** *econ.* (*Belastungen etc*) nonrecurring *Br.* non-, extraordinary. – **II** *adv* **4.** unusually: der Brief brauchte ~ lange the letter took unusually long. – **III Ä~e, das** ⟨-n⟩ **5.** the unusual (*od.* uncommon): etwas Ä~es s.th. unusual (*od.* uncommon); es geschah nichts Ä~es nothing unusual happened.

'au·ßerˌhalb **I** *prep* ⟨*gen*⟩ **1.** (*räumlich*) outside, out of, exterior to: ~ der Stadt out of town; ~ Europas outside Europe; ~ des Hauses outdoors, out of doors. – **2.** (*zeitlich*) out of: ~ der Dienststunden out of office hours. – **3.** *fig.* outside, out of, beyond: ~ der Reichweite out of range; das liegt ~ meines Bereiches that's beyond my province. – **II** *adv* **4.** outside the (*od.* out of) town: ~ wohnen to live outside the town; von ~ kommen to come from outside the town. – **5.** *fig.* beside the point: eine ~ liegende Frage a question beside the point. – **6.** *rare for* draußen 1—3.

'au·ßer|ˌhäus·lich *adj* outside (of) the home. — **~ˌir·disch** *adj* **1.** *phys. tech.* (*Störungen etc*) extraterrestrial: ~e Flugkörper extraterrestrial flying objects. – **2.** (*im Weltraum*) in space. – **3.** *poet. for* überirdisch 2, 3. — **~ˌkirch·lich** *adj relig.* extraecclesiastical, *Br.* extra-ecclesiastical.

ˌAu·ßer'kraftˌset·zung *f* ⟨-; *no pl*⟩ *jur. pol.* (*eines Gesetzes etc*) repeal, invalidation.

ˌAu·ßer'kursˌset·zung *f* ⟨-; *no pl*⟩ *econ.* **1.** removal of acknowledged status. – **2.** (*von Geld*) withdrawal from circulation. – **3.** (*von Münzen*) demonetization.

'au·ßer|lehrˌplanˌmä·ßig *adj ped.* extracurricular.

äu·ßer·lich ['ɔysərlıç] **I** *adj* **1.** outward, external: die ~e Erscheinung the outward appearance; seine Ruhe ist rein ~ he is only outwardly calm, he only seems to be calm; ein ~es Heilmittel *med.* a remedy for external application; nur zur ~en Anwendung *med.* for external application (*od.* use) only, to be applied externally; der ~e Mensch *relig.* the outward man. – **2.** (*Verletzung*) superficial, external. – **3.** *fig.* (*oberflächlich*) superficial, shallow: er ist ein sehr ~er Typ he is a very superficial type. – **II** *adv* **4.** outwardly, externally: das Paket war ~ unversehrt the parcel was undamaged on the outside; ~ war er der alte geblieben outwardly he had not changed; rein ~ betrachtet on the face of it. — **'Äu·ßer·lich·keit** *f* ⟨-; -en⟩ **1.** (*äußere Form*) (outward *od.* external) appearance (*od.* characteristic), externals *pl*: zu viel Wert auf ~en legen to attach too much importance to outward appearances (*od.* to externals); j-n nach ~en beurteilen to judge s.o. by (*od.* from) outward appearances. – **2.** (*Formalität*) formality: das sind nur (*od.* bloße) ~en these are mere formalities. – **3.** ⟨*only sg*⟩ superficiality, shallowness.

'au·ßerˌmensch·lich *adj cf.* übermenschlich 1.

'au·ßerˌmit·tig *adj tech.* off center (*bes. Br.* centre), eccentric. — **'Au·ßerˌmit·tig·keit** *f* ⟨-; *no pl*⟩ eccentricity, offset position.

'au·ßer·mu·siˌka·lisch *adj* extramusical.

äu·ßern ['ɔysərn] **I** *v/t* ⟨h⟩ **1.** (*Wunsch, Ansicht etc*) express, voice, utter: seine Meinung zu einem (*od.* über ein) Thema ~ to express one's opinion (*od.* views) on a subject; einen Verdacht ~ to voice a suspicion. – **2.** (*Gefühle etc*) express, show, manifest. – **II** *v/reflex* sich ~ **3.** (über *acc*, zu) talk (of, about), speak (on, about), express oneself (on): sich zu einem (*od.* über ein) Thema ~ to comment (*od.* express one's views) on a subject; sich dahingehend ~, daß to express oneself to the effect that; sich abfällig über j-n ~ to talk disparagingly about s.o.; sich höhnisch ~ (über *acc*) to sneer (at); sich ausführlich über (*acc*) etwas ~ to be specific about (*od.* on) s.th. – **4.** (*von Krankheiten etc*) manifest itself, show (itself), make itself felt. – **III Ä~** *n* ⟨-s⟩ **5.** *verbal noun.* – **6.** *cf.* Äußerung.

'au·ßerˌor·dent·lich **I** *adj* **1.** (*Talent, Leistung etc*) extraordinary, exceptional, outstanding: eine ~e Persönlichkeit an outstanding (*od.* singular) personality; es war ein ~er Erfolg it was an enormous (*od.* outstanding) success. – **2.** (*ungeheuer*) enormous, monstrous. – **3.** *cf.* außergewöhnlich 1. – **4.** *pol. jur.* (*Vollmacht, Konferenz etc*) extraordinary, special: ein ~es Gericht a special court; ~e Ausgaben extrabudgetary expenses, extras; → Mitglied 1. – **5.** ~er Professor *ped. Am.* associate professor, *Br.* senior lecturer, reader. – **II** *adv* **6.** extraordinarily, exceptionally, outstandingly, enormously: es war mir eine ~ große Freude I was extremely (*od.* enormously) pleased; sich (*dat*) ~ viel Mühe geben to take enormous pains (*od.* trouble); sie ist ~ hübsch she is extremely (*od.* exceptionally) attractive; es war ~ schwierig it was extremely difficult. – **III A~e, das** ⟨-n⟩ **7.** the extraordinary (*od.* exceptional, outstanding, enormous): sein Talent ist etwas [nichts] A~es his talent is s.th. [nothing *od.* not] outstanding; er hat A~es geleistet his achievements are (quite) remarkable. — **'Au·ßerˌor·dent·lich·keit** *f* ⟨-; *no pl*⟩ extraordinariness, exceptionality, exceptionalness, outstandingness.

'au·ßer|par·la·menˌta·risch *adj* **1.** unparliamentary. – **2.** (*Opposition*) extraparliamentary. — **~ˌplanˌmä·ßig** *adj* **1.** extraordinary, additional, supplementary. – **2.** (*Beamter*) supernumerary. – **3.** *econ. pol.* (*Ausgaben*) extraordinary, nonbudgetary *Br.* non-. – **4.** *cf.* außerfahrplanmäßig. — **~sai·soˌnal** *adj econ.* nonseasonal *Br.* non-, not within the seasons. — **~ˌschu·lisch** *adj ped.* (*Erziehung etc*) extracurricular, out-of-school (*attrib*).

ˌAu·ßer'sichˌsein *n* ⟨-s; *no pl*⟩ **1.** (*vor Entzücken*) (vor *dat* of) ecstasy. – **2.** (*vor Zorn, Verzweiflung, Eifersucht etc*) (vor *dat* of) frenzy.

'au·ßerˌsinn·lich *adj psych.* (*Wahrnehmung etc*) extrasensory.

äu·ßerst ['ɔysərst] **I** *sup of* äußere. – **II** *adj* ⟨*attrib*⟩ **1.** (*räumlich*) farthest, outermost, uttermost: im ~en Norden in the extreme north; im ~en Winkel der Erde leben to live in the outermost corner of the earth; die ~e Rechte [Linke] *pol.* the extreme right [left]. – **2.** (*zeitlich*) last, latest, final: der ~e Zeitpunkt the latest date, the deadline. – **3.** *fig.* extreme, ut(ter)most: von ~er Wichtigkeit of utmost importance; die ~e Grenze the extreme limit; mit ~er Kraft (*od.* Anstrengung) by supreme effort; im ~en Fall a) at the (ut)most, b) at the worst; der ~e Preis the lowest (*od.* minimum) price; das ~e Angebot the highest (*od.* maximum) offer. – **III** *adv* **4.** extremely, utterly, to (*od.* in) the extreme: er war ~ liebenswürdig he was extremely obliging; er ist aufs (*od.* auf das) ~e erzürnt he is extremely angry. – **IV Ä~e, das** ⟨-n⟩ **5.** the extreme (limit *od.* case), the extremity: 10 Mark sind (*od.* ist) das Ä~e 10 marks are (*od.* is) the limit (*od.* the most); sein Ä~es tun to do one's very best (*od.* utmost); etwas bis zum Ä~en (*od.* aufs Ä~e) treiben to push things to extremes; bis zum Ä~en gehen to go to the last extreme; das Ä~e wagen, es aufs Ä~e ankommen (*od.* zum Ä~en kommen) lassen to risk everything; zum Ä~en entschlossen sein to be ready to go to the bitter end; treibe mich nicht zum Ä~en don't drive me to extremities. – **6.** the worst: aufs Ä~e gefaßt sein to be prepared for the worst; das Ä~e befürchten to fear the worst; wenn es zum Ä~en kommt if the worst comes to the worst.

'au·ßer'stand *adv only in* j-n ~ setzen, etwas zu tun to make it impossible for s.o. to do s.th.

'au·ßer'stan·de *adv* ~ sein (zu *inf*) to be unable (*od.* not in a position) (to *inf*); sich ~ fühlen (*od.* sehen) (zu *inf*) to consider oneself unable (*od.* not in a position) (to *inf*); wir sind ~ zu kommen we are unable to come.

'äu·ßer·stenˌfalls *adv* **1.** at the most, at best, *auch* at the outside. – **2.** at (the) worst.

'au·ßer·taˌrif·lich *adj econ.* (*Vergütungen etc*) outside the agreed scale (*od.* tariff, scheme).

'Äu·ße·rung *f* ⟨-; -en⟩ **1.** *cf.* Äußern. – **2.** expression, utterance. – **3.** (*Bemerkung*) remark, comment, observation: eine unvorsichtige ~ fallenlassen to drop a careless remark. – **4.** (*Zeichen*) manifestation, expression, sign: eine ~ ihrer Dankbarkeit a sign of her gratitude.

'au·ßer|verˌtrag·lich *adj econ.* noncontractual *Br.* non-, beyond the scope of contract. — **~ˌwelt·lich** *adj cf.* überirdisch 1—3.

'AusˌsetzˌbeˌTrieb *m tech.* intermittent operation.

'ausˌset·zen I *v/t* ⟨*sep*, -ge-, h⟩ **1.** expose: ein Kind ~ to abandon (*od.* expose) a child; j-n auf einer einsamen Insel ~ to maroon s.o. – **2.** (*unterwerfen*) expose, subject: j-n dem allgemeinen Gelächter ~ to expose s.o. to universal ridicule; einen Motor höchsten Beanspruchungen ~ *tech.* to subject an engine to great stress (*od.* strain); der prallen Sonne [neugierigen Blicken] ausgesetzt sein to be exposed to the blazing sun [inquisitive looks]; j-n einer Gefahr ~ to expose s.o. to (a) danger; ständigen Angriffen ausgesetzt sein to be exposed (*od.* subject) to constant attacks. – **3.** (*Preis, Belohnung*) offer, promise, hold out: für den Sieger einen Pokal ~ to offer a cup for the winner; einen Preis auf j-s Kopf ~ to put a price on s.o.'s head. – **4.** (*Rente etc*) settle, allow: j-m eine Pension ~ to settle a pension on s.o., to allow s.o. a pension. – **5.** (*Netze*) set. – **6.** etwas an j-m [etwas] ~ to criticize (*od.* find fault with) s.o. [s.th.], to object to s.th. in s.o. [s.th.]: was ist daran auszusetzen? what's wrong with it? er hat an allem etwas auszusetzen he finds fault with everything; ich habe an ihm nichts auszusetzen I have no fault to find with him, I have no objection (to make) to him; an seiner Arbeit ist nichts auszusetzen there is nothing wrong with his work. – **7.** (*Streik, Kur etc*) interrupt, discontinue, suspend. – **8.** *jur.* a) (*Urteil etc*) suspend, b) (*Vermächtnis etc*) bequeath, c) (*Hinrichtung etc*) postpone, delay: das Verfahren ~ to suspend (*od.* stay) the proceedings; eine Strafe zur Bewährung ~ to suspend punishment on probation. – **9.** *econ.* (*Zahlung*) suspend. – **10.** *mar.* a) (*Passagiere*) disembark, land, put ashore, b) (*Boote*) lower, launch, drop (*od.* heave) out. – **11.** *mus.* (*bezifferten Baß*) realize. – **12.** *zo.* (*Tiere, Fische etc*) release. – **13.** *hort.* (*Pflanzen etc*) plant (out). – **14.** *print.* (*Manuskript etc*) complete setting. – **15.** *röm.kath.* (*Allerheiligstes*) expose. – **16.** *mil.* (*Wachen etc*) post, station. – **17.** (*games*) (*beim Billard*): seinen (*od.* den) Ball ~ take (the) lead. – **18.** *obs.* (*Waren zum Verkauf*) offer (for sale). – **II** *v/i* **19.** pause, relax, rest: ich muß einmal ~ I have to relax a little. – **20.** (*von Musik, Lärm etc*) stop, pause, break off. – **21.** mit etwas ~ to interrupt (*od.* discontinue, suspend) s.th.: mit der Arbeit ~ to discontinue (*od.* stop) working; mit der Behandlung ~ to discontinue (the) treatment. – **22.** *med.* (*von Herztätigkeit, Puls, Atem etc*) skip, be(come) irregular. – **23.** *tech.* a) (*von Zündung*) misfire, b) (*von Motor*) fail, stop, stall. – **24.** (*games*) pause: eine [während der nächsten] Runde ~ müssen to have to pause during a [the next] round. – **III** *v/reflex* sich ~ **25.** expose oneself: sich unnötig einer Gefahr ~ to expose oneself unnecessarily to (a) danger; sich der Kritik seiner Gegner ~ to lay oneself open to the criticism of one's adversaries; sich einem Risiko ~ to run a risk, to take a chance. – **IV A~** *n* ⟨-s⟩ **26.** *verbal noun.* – **27.** (*eines Streiks etc*) interruption, discontinuation, suspension. – **28.** (*von Musik, Lärm etc*) stoppage, pause. – **29.** *cf.* Aussetzung. — **'ausˌset·zend I** *pres p.* – **II** *adj* **1.** discontinuous, intermittent. – **2.** *med.* (*Puls etc*) irregular. – **3.** *tech.* (*Betrieb*) intermittent. — **'Ausˌset·zer** *m auto.* misfiring. — **'Ausˌset·zung** *f* ⟨-; -en⟩ **1.** *cf.* Aussetzen. – **2.** (*eines Kindes etc*) exposition. – **3.** (*eines Preises, einer Belohnung etc*) offer, promise. – **4.** (*einer Rente etc*) allowance. – **5.** criticism, objection: ~en an (*dat*) etwas machen to have (*od.* make) objections (*od.* to object) to s.th. – **6.** *jur.* a) (*eines Urteils*) suspension, b) (*eines Vermächtnisses*) bequeathal, bequeathment, c) (*einer Hinrichtung etc*) postponement, delay: die ~ des Verfahrens the suspension (*od.* stay) of the proceedings. – **7.** *econ.* (*einer Zahlung*) suspension. – **8.** *mar.* (*von Passagieren*) disembarkment. – **9.** *mus.* (*eines bezifferten Basses*) realization. – **10.** *zo.* (*von Tieren, Fischen etc*) release.

'Ausˌset·zungsˌanˌtrag *m jur.* motion to stay proceedings.

'AusˌsetzˌvorˌrichTung *f mar.* boat lowering device, launching arrangement.

'Ausˌsicht *f* ⟨-; -en⟩ **1.** ⟨*only sg*⟩ view, outlook: eine herrliche ~ auf das Meer haben to have a splendid view of (*od.* outlook over) the sea; die weite ~ über das Tal the commanding (*od.* extensive) view of the valley; ein Hotel mit ~ auf (*od.* über) die Stadt a hotel overlooking the city; j-m die ~ versperren to obstruct s.o.'s view. – **2.** *fig.* prospect, outlook: die ~en für die Zukunft sind trübe the outlook (*od.* prospect) for the future is gloomy; ~ auf Erfolg haben to have a good chance of success; es besteht ~ auf Genesung there is a prospect of recovery; das sind ja schöne ~en! *colloq.* those are fine prospects! eine Stelle in ~ haben to have a chance of a job (*bes. Am.* a job prospect); seine Beförderung steht in ~ his promotion can be expected, he is about to be promoted; j-n für einen wichtigen Posten in ~ nehmen to consider s.o. for an important position; j-m eine Belohnung in ~ stellen to promise s.o. a reward; eine neue Arbeit in ~ nehmen to plan a new project.

'Ausˌsichtsˌfenˌster *n* picture (*od.* view) window.

'ausˌsichts·los *adj* hopeless, (*verzweifelt*) desperate: ein ~er Fall a hopeless case; eine ~e Sache a lost cause; seine Lage ist ~ his position is hopeless; ein ~es Unterfangen a venture doomed to failure; er unternahm ~e Versuche he made futile attempts; ein ~er Kampf a losing fight. — **'Ausˌsichts·lo·sig·keit** *f* ⟨-; *no pl*⟩ hopelessness, futility: er erkannte die ~ seiner Lage he realized that his situation was hopeless.

'Ausˌsichts|ˌpunkt *m* lookout (point), vantage point, viewpoint. — **a~ˌreich** *adj* promising, (*Personen*) *auch* hopeful: eine ~e Stellung a job (*od.* post) offering good prospects; ein ~er Anwärter a promising candidate; ein wenig ~es Unternehmen an unpromising venture; ein ~er junger Mann a hopeful young man. — **~ˌturm** *m* lookout (*od.* observation) tower, *Am. auch* observatory. — **a~ˌvoll** *adj cf.* aussichtsreich. — **~ˌwa·gen** *m* (*railway*) observation (*od.* dome, sight-seeing) car.

'ausˌsickern (*getr.* -k·k-) *v/i* ⟨*sep*, -ge-, sein⟩ **1.** (*von Flüssigkeiten*) ooze (*od.* seep) out, (*stärker*) trickle out. – **2.** *med.* (*von Blut*) extravasate.

'ausˌsie·ben I *v/t* ⟨*sep*, -ge-, h⟩ **1.** (*Steine, Grobkörniges*) sift out, sieve (out), screen. – **2.** (*aussortieren*) sort (*od.* pick) out. – **3.** *fig.* (*Kandidaten etc*) screen. – **4.** *civ.eng.* (*mining*) screen. – **5.** (*radio*) a) filter (out), b) (*Frequenzen*) select. – **II A~** *n* ⟨-s⟩ **6.** *verbal noun.* — **'Ausˌsie·bung** *f* ⟨-; *no pl*⟩ **1.** *cf.* Aussieben. – **2.** (*radio*) a) filtering, b) (*von Frequenzen*) selection.

'ausˌsie·deln *bes. pol.* **I** *v/t* ⟨*sep*, -ge-, h⟩ **1.** (*Bevölkerung*) (aus from) evacuate, transfer (*s.o.*) (compulsorily), resettle. – **II A~** *n* ⟨-s⟩ **2.** *verbal noun.* – **3.** *cf.* Aussiedlung. — **'Ausˌsie·de·lung** *f* ⟨-; -en⟩ *cf.* Aussiedlung. — **'Ausˌsied·ler** *m bes. pol.* evacuee, person resettled. — **'Ausˌsied·lung** *f* ⟨-; -en⟩ *bes. pol.* evacuation, (compulsory) transfer, resettlement.

'ausˌsin·gen I *v/t* ⟨*irr*, *sep*, -ge-, h⟩ **1.** (*Lied etc*) sing (*s.th.*) to the end. – **2.** *mar.* sing out, call. – **II** *v/i* **3.** finish singing, sing to the end. – **4.** *mar.* sing out, call.

'ausˌsin·nen *v/t* ⟨*irr*, *sep*, -ge-, h⟩ (sich *dat*) etwas ~ (*Plan, List etc*) to think s.th. out (*auch* up), to contrive (*od.* invent, devise) s.th., (*Verschwörung etc*) to plot.

'ausˌsin·tern *v/t* ⟨*sep*, -ge-, h⟩ *chem.* sinter, agglomerate.

'ausˌsöhn·bar *adj* reconcilable.

'ausˌsöh·nen [-ˌzøːnən] **I** *v/t* ⟨*sep*, -ge-, h⟩ (*Feinde etc*) reconcile: er hat die streitenden Brüder (miteinander) ausgesöhnt he reconciled the quarrel(l)ing brothers; j-n mit j-m [etwas] ~ to reconcile s.o. with (*od.* to) s.o. [to s.th.]; man versuchte, ihn mit seinem Gegner auszusöhnen they tried (*od.* an attempt was made) to reconcile him with his opponent. – **II** *v/reflex* sich ~ (mit) become reconciled (with, to), make it up (with) (*colloq.*): wir haben uns ausgesöhnt we became reconciled, we made it up (with each other); sie söhnte sich mit ihrem Vater aus she became reconciled with her father; er hat sich mit seinem Schicksal ausgesöhnt *fig.* he reconciled himself (*od.* became reconciled) to his fate. – **III A~** *n* ⟨-s⟩ *verbal noun.* — **'Ausˌsöh·nung** *f* ⟨-; *no pl*⟩ **1.** *cf.* Aussöhnen. – **2.** (mit with, to) reconciliation, *auch* reconcilement: die ~ der beiden Völker the reconciliation of the two nations; es kann keine ~ zwischen ihnen geben between them no reconciliation is possible.

'ausˌson·dern I *v/t* ⟨*sep*, -ge-, h⟩ **1.** (*heraussuchen*) (aus from) pick out, single (*od.* sort) out, select. – **2.** (*Unbrauchbares*) cast out, reject, eliminate. – **3.** *jur. econ.* (*bei Konkurs*) separate. – **4.** *med. cf.* ausscheiden 3. – **5.** *chem.* transude. – **II A~** *n* ⟨-s⟩ **6.** *verbal noun.* – **7.** *cf.* Aussonderung. — **'ausˌson·dernd I** *pres p.* – **II** *adj med.* excretory, secretory, excretive. — **'Ausˌson·de·rung** *f* ⟨-; -en⟩ **1.** *cf.* Aussondern. – **2.** ⟨*only sg*⟩ (*Auslese*) selection. – **3.** ⟨*only sg*⟩ (*von Unbrauchbarem*) rejection, elimination. – **4.** ⟨*only sg*⟩ *jur. econ.* (*bei Konkurs*) separation: Anspruch (*od.* Recht) auf ~ right to a separate settlement. – **5.** ⟨*only sg*⟩ *med.* excretion, secretion. – **6.** *chem. biol.* a) ⟨*only sg*⟩ (*Vorgang*) transudation, b) (*Ergebnis*) transudate.

'ausˌson·de·rungs|beˌrech·tigt *adj jur. econ.* entitled to preferential (*od.* privileged, *auch* separate) settlement (*od.* treatment, apportionment). — **~ˌfä·hig** *adj* qualified for preferential settlement (*od.* privileged satisfaction), entitled to priority. — **A~ˌrecht** *n* right of separation, right (*od.* title) to preferential settlement. — **A~symˌptom** *n psych.* symptom of withdrawal.

'ausˌsor·gen *v/i* ⟨*only pp*⟩ ausgesorgt haben *colloq.* to have no more money worries, to have feathered one's nest.

'aus·sorˌtie·ren I *v/t* ⟨*sep*, *no* -ge-, h⟩ **1.** (*Kartoffeln etc*) sort (out). – **2.** (*Unbrauchbares*) cast out, reject: verfaulte Früchte werden aussortiert rotten fruit is rejected. – **3.** *tech.* a) sort, b) (*qualitativ*) grade. – **II A~** *n* ⟨-s⟩ **4.** *verbal noun.* — **'Aus·sorˌtie·rung** *f* ⟨-; *no pl*⟩ **1.** *cf.* Aussortieren. – **2.** (*Sortiment*) assortment.

'ausˌspach·teln *v/t* ⟨*sep*, -ge-, h⟩ fill (*s.th.*) out with putty, compound.

'ausˌspä·hen I *v/i* ⟨*sep*, -ge-, h⟩ **1.** (nach for) keep a lookout, look out: die Soldaten spähten nach feindlichen Flugzeugen aus the soldiers looked out for (*od.* were trying to spot) enemy aircraft; nach einem Sitzplatz ~ to look out for a seat; sie spähten scharf nach allen Seiten aus they kept a sharp lookout in all directions. – **II** *v/t* **2.** *fig.* spy (out). – **3.** *mil. cf.* auskundschaften 4. – **III A~** *n* ⟨-s⟩ **4.** *verbal noun.* — **'Ausˌspä·hung** *f* ⟨-; *no pl*⟩ *cf.* Ausspähen: ~ von Staatsgeheimnissen *jur.* spying out of state secrets.

'Ausˌspann *m* ⟨-(e)s; -e⟩ *hist.* stage, roadhouse with stabling accommodation.

'ausˌspan·nen I *v/t* ⟨*sep*, -ge-, h⟩ **1.** *agr.* a) (*Pferde*) unharness, unhitch, b) (*Ochsen*) unyoke. – **2.** (*Flügel etc*) spread out, extend, stretch out. – **3.** etwas aus (*dat*) etwas ~ to take s.th. out of (*od.* off) s.th.: einen Bogen (aus der Schreibmaschine) ~ to take a sheet out (of the typewriter); eine Stickerei aus dem Rahmen ~ to take an embroidery off (*od.* down from) the frame. – **4.** j-m etwas [j-n] ~ *fig. colloq.* to do s.o. out of s.th. (*colloq.*) [to steal s.o. from s.o. (*colloq.*)]: er hat mir meine Freundin ausgespannt he has stolen my girl friend. – **5.** *tech.* a) unclamp, release, b) (*Werkstücke*) unload, remove. – **6.** (*textile*) a) (*fixieren*) board, b) (*Strumpf*) stretch, equalize, extend, c) (*aufrahmen*) (s)tenter, frame. – **7.** *hunt.* (*Netz*) spread out, lay. – **II** *v/i* **8.** *agr.* a) unharness the horse(s), b) unyoke the ox(en). – **9.** *fig.* (*ausruhen*) relax, (take a) rest; *Am. auch* lay off, take it easy: du mußt einmal richtig ~ you should take a good rest; er möchte ein paar Tage ~ he wants to lay off for a couple of days. – **III** *v/reflex* sich ~ **10.** *fig. lit.* (*sich ausdehnen*) extend, expand. – **IV A~** *n* ⟨-s⟩ **11.** *verbal noun.* — **'Aus‚span·nung** *f* ⟨-; -en⟩ **1.** *cf.* Ausspannen. – **2.** ⟨*only sg*⟩ *fig.* (*Entspannung*) relaxation, rest. – **3.** *hist. cf.* Ausspann.

'aus‚spa·ren I *v/t* ⟨*sep*, -ge-, h⟩ **1.** (*Malgrund, Raum etc*) leave (*s.th.*) blank (*od.* unfilled, free): der Platz für die Bilder wurde im Text ausgespart the space for the pictures was left blank in the text. – **2.** (*Öffnung*) leave. – **3.** *fig.* (*Thema etc*) avoid, evade, bypass: diese Streitfrage hatte man sorgfältig ausgespart this controversial question had been carefully avoided. – **4.** (*in der Literatur*) (*Unwesentliches*) leave out. – **5.** *print.* leave (*s.th.*) blank. – **6.** *tech.* recess. – **7.** *mil.* bypass, leave (*s.o., s.th.*) unattacked (*od.* unbombed). – **II A~** *n* ⟨-s⟩ **8.** *verbal noun.* — **'Aus‚spa·rung** *f* ⟨-; -en⟩ **1.** *cf.* Aussparen. – **2.** *tech.* a) recess, b) (*eines Maschinenbettes*) gap, c) (*einer Planscheibe*) slot, d) (*nutenförmige*) groove. – **3.** *print.* blank, free space.

'aus‚spei·en I *v/t* ⟨*irr, sep*, -ge-, h⟩ *lit.* **1.** spit out, expectorate (*lit.*). – **2.** (*erbrechen*) vomit (out *od.* forth), spew (out *od.* forth), disgorge (*lit.*). – **3.** *fig.* (*Wasserstrahl etc*) spout (out). – **4.** *fig.* belch (out *od.* forth), spew (out *od.* forth), disgorge, spout (out), vomit, spit out, discharge, eject, emit: der Vulkan spie Lava und Asche aus the volcano belched (*od.* spewed) out (*od.* spouted) lava and ashes. – **II** *v/i* **5.** spit, expectorate (*lit.*): vor j-m ~ to spit (contemptuously) at s.o.'s feet (*od.* in front of s.o., in s.o.'s presence).

'aus‚spei·sen *v/t* ⟨*sep*, -ge-, h⟩ *Austrian* (*Kinder, Bedürftige*) distribute relief meals for (*od.* among), feed. — **'Aus‚spei·sung** *f* ⟨-; -en⟩ (*von Kindern, Bedürftigen*) (von *od. gen* for, among) distribution of relief meals.

'aus‚spel·zen [-‚ʃpɛltsən] *v/t* ⟨*sep*, -ge-, h⟩ *agr.* (*Körner*) husk.

'aus‚sper·ren I *v/t* ⟨*sep*, -ge-, h⟩ **1.** (aus of) shut (*od.* lock) (*s.o.*) out. – **2.** *econ.* (*Arbeiter*) lock out. – **3.** *print.* a) (*Zeilen*) space (out), b) (*Satz*) lead. – **II** *v/reflex* sich ~ **4.** lock oneself out: ich habe mich aus Versehen ausgesperrt I locked myself out by mistake. – **III A~** *n* ⟨-s⟩ **5.** *verbal noun.* — **'Aus‚sper·rung** *f* ⟨-; -en⟩ **1.** *cf.* Aussperren. – **2.** *econ.* (*der Arbeiter*) lockout: die Unternehmer drohten mit (der) ~ the employers threatened with lockout.

'aus‚spie·len I *v/t* ⟨*sep*, -ge-, h⟩ **1.** (*Spiel, Partie etc*) play (*s.th.*) to the end, play (*s.th.*) out, finish: er hat seine Rolle ausgespielt *fig. colloq.* he is done for, his time is up, his goose is cooked (*alle colloq.*). – **2.** (*Lotteriegewinn etc*) dispose of (*s.th.*) by lot: bei der gestrigen Ziehung wurden 2 Millionen Mark ausgespielt in yesterday's draw 2 million marks were disposed of (by lot). – **3.** (*Spielkarte*) a) (*anspielen*) lead, b) (*ins Spiel bringen*) play: ich muß Trumpf ~ I have to lead trumps (*od.* lead off a trump); seinen letzten Trumpf ~ *fig.* to play one's (trump) card. – **4.** j-n gegen j-n ~ *fig.* to play s.o. off against s.o.: er spielt die beiden gegeneinander aus he plays each of them off against the other, he plays the two off against each other. – **5.** *fig.* (*Überlegenheit etc*) display, show (off), demonstrate, throw (*s.th.*) into the scale(s): er spielte sein ganzes Können gegen ihn aus he displayed his full ability against him, he threw all his skill into the scales against him. – **6.** (*sport*) (*Pokal etc*) play for, compete for: morgen nachmittag wird der Wanderpokal ausgespielt tomorrow afternoon they will play for the challenge cup. – **7.** (*Spielgegner*) outman(o)euver, *bes. Br.* outmanœuvre, outplay. – **8.** (*theater*) play (*s.th.*) in full detail, exhaust: diese Szene hätte stärker ausgespielt werden müssen this scene should have been played in fuller detail. – **II** *v/i* **9.** finish playing: Sie haben ausgespielt! *fig. colloq.* your game is up! – **10.** (*beim Kartenspielen*) lead, have the lead: wer spielt aus? who leads? whose lead? who has the lead? du spielst aus your lead, you have the lead. – **III A~** *n* ⟨-s⟩ **11.** *verbal noun.* — **'Aus‚spie·lung** *f* ⟨-; -en⟩ **1.** *cf.* Ausspielen. – **2.** (*beim Lotteriespiel etc*) draw(ing of lots), lottery, raffle, disposal (*of s.th.*) by lot. – **3.** (*sport*) (*eines Pokals etc*) (*gen* for) competition. – **4.** *cf.* Ausschüttung 2.

'aus‚spin·nen I *v/t* ⟨*irr, sep*, -ge-, h⟩ **1.** (*Faden etc*) spin (*s.th.*) (to the end). – **2.** *fig.* (*Gedanken etc*) spin (*s.th.*) (out), extend, elaborate: einen Gedanken weiter ~ to pursue a thought; er hat dieses kleine Erlebnis zu einem Roman ausgesponnen he spun this small episode out into a novel. – **3.** (*textile*) *synth.* spin (*s.th.*) into a thread, extrude. – **II A~** *n* ⟨-s⟩ **4.** *verbal noun.* — **'Aus‚spin·nung** *f* ⟨-; *no pl*⟩ **1.** *cf.* Ausspinnen. – **2.** *fig.* extension, elaboration. – **3.** (*textile*) a) (*eines Spinn- oder Seidenfadens*) extrusion, b) (*von Seide*) silk throwing.

'aus·spio‚nie·ren *v/t* ⟨*sep, no* -ge-, h⟩ **1.** (*Geheimnis, Versteck etc*) spy (*od.* nose) out. – **2.** (*bes. Personen*) spy on: man hat mich ausspioniert they have spied on me (*od.* pried into my affairs); j-n ~ lassen to set spies on s.o.

'aus‚spit·zen I *v/t* ⟨*sep*, -ge-, h⟩ **1.** (*mining*) cut, pick out. – **2.** *tech.* (*Spiralbohrer*) thin (the web of) (*s.th.*) by undercutting. – **II** *v/i* ⟨sein⟩ **3.** *geol.* (*von Ader etc*) pinch.

'aus‚spot·ten *v/t* ⟨*sep*, -ge-, h⟩ *Southern G., Austrian and Swiss for* verspotten 1.

'Aus‚spra·che *f* ⟨-; -n⟩ **1.** ⟨*only sg*⟩ *ling.* (*eines Wortes*) pronunciation: die ~ des Französischen the pronunciation of French; falsche ~ wrong pronunciation, mispronunciation; deutliche ~ distinct pronunciation (*od.* articulation, enunciation); er hat eine undeutliche ~ he does not pronounce (*od.* articulate, enunciate) (words) clearly, he mumbles; eine schlechte ~ haben to pronounce badly; sie hat eine feuchte ~ *humor.* she splutters while talking. – **2.** ⟨*only sg*⟩ (*fremdländischer Akzent*) accent: man erkannte ihn an seiner fremdartigen ~ he was recognized by his foreign accent. – **3.** (*Erörterung*) talk, discussion: sie hatten (*od.* führten) eine zwanglose ~ they had an informal talk; eine offene ~ mit j-m haben to have a heart-to-heart talk with s.o.; eine ~ herbeiführen to bring about a discussion; an den Vortrag schloß sich eine rege ~ an the lecture was followed by a lively discussion (*od.* debate); danach kam es zu einer erregten ~ zwischen ihnen afterwards they had an excited discussion; parlamentarische ~ parliamentary debate. – **4.** (*Meinungsaustausch*) exchange of views. — **~‚abend** *m* discussion evening, *Am.* evening forum. — **~be‚zeich·nung** *f ling.* indication of pronunciation, phonetic transcription. — **~‚feh·ler** *m* mistake in pronunciation, pronunciation mistake (*od.* error). — **~‚schwie·rig·kei·ten** *pl* difficulties in pronunciation. — **~‚übung** *f* pronouncing (*od.* pronunciation) exercise. — **~‚wör·ter‚buch** *n* pronouncing dictionary. — **~‚zei·chen** *n* **1.** pronunciation symbol. – **2.** (*diakritisches Zeichen*) diacritical mark.

'aus‚sprech·bar *adj* **1.** (*Wort*) pronounceable: nicht ~ unpronounceable. – **2.** (*Gedanke etc*) expressible.

'aus‚spre·chen I *v/t* ⟨*irr, sep*, -ge-, h⟩ **1.** *ling.* (*Wort etc*) pronounce: wie wird dieses Wort ausgesprochen? how is this word pronounced? how do you pronounce this word? ein Wort deutlich ~ to pronounce (*od.* articulate, enunciate) a word distinctly (*od.* clearly); er hat das Wort falsch ausgesprochen he mispronounced the word, he pronounced the word wrongly; sein Name ist schwer auszusprechen his name is difficult to pronounce; das 'b' in 'climb' wird nicht ausgesprochen the 'b' in 'climb' is not pronounced (*od.* is mute, is silent). – **2.** (*Meinung, Gedanken etc*) express, voice, utter: einen Wunsch ~ to express a wish; ich sprach mein Bedauern darüber aus I expressed my regret at it; eine Verwünschung ~ to utter a curse; j-m seinen Dank ~ to express one's thanks (*od.* gratitude) to s.o.; seine Ansicht ~ to express (*od.* state) one's view, to have one's say; seine Meinung offen ~ to speak one's mind, to speak out (*od.* up); sie sprach den Verdacht aus, daß she voiced her suspicion that; er sprach aus, was alle dachten he voiced the thoughts of all; j-m sein Beileid ~ (zu on, in) to express one's sympathy to (*od.* to condole with) s.o.; das Parlament sprach der Regierung das Vertrauen aus *pol.* parliament passed a vote of confidence in the government; du sprichst ein großes Wort gelassen aus! *fig colloq.* you've said a mouthful! you're a fine one! – **3.** (*beenden*) speak (*s.th.*) to the end, finish: kaum hatte er den Satz ausgesprochen, so hardly had he (*od.* he had hardly) finished the sentence when. – **4.** *jur.* a) (*Urteil*) pass, pronounce, deliver, b) (*Scheidung etc*) grant: den Bann über j-n ~ *hist.* to put s.o. under the ban. – **II** *v/i* **5.** (*enden*) finish (speaking): lassen Sie mich ~! let me finish! hear me out! – **III** *v/reflex* sich ~ **6.** das Wort spricht sich leicht [schwer] aus the word is easy [difficult] to pronounce. – **7.** (*sein Herz ausschütten*) (mit, bei to) unburden (*od.* unbosom) oneself, open one's heart: er wollte sich endlich einmal über alles ~ he finally wanted to make a clean breast of it all. – **8.** (*zur Klärung von Unstimmigkeiten*) (mit with) come to a clarification of points of view, have it out (*colloq.*): ich habe mich mit ihm darüber ausgesprochen I have had a frank talk with him about that matter, I have talked it over with him; wir haben uns gründlich ausgesprochen we had it thoroughly out with each other, we had a heart-to-heart talk with each other. – **9.** (*sich äußern*) (über *acc* on) express oneself, give one's opinion, pronounce (oneself), declare: er hat sich offen darüber ausgesprochen he expressed himself freely (*od.* frankly) on that matter; sich für [gegen] j-n ~ to speak for [against] s.o.; er hat sich lobend über ihn ausgesprochen he spoke highly of him; er sprach sich entschieden gegen die Todesstrafe aus he declared himself emphatically against capital punishment; sich für einen Plan ~ to pronounce oneself in favo(u)r of a plan, to advocate a plan; viele sprachen sich gegen diese Politik aus many declared themselves opposed to (*od.* many rejected) this policy. – **10.** sich in (*dat*) etwas ~ *fig.* to express itself in s.th.: in seinem Blick sprach sich Verachtung aus his looks expressed contempt.

'aus‚sprei·zen *v/t* ⟨*sep*, -ge-, h⟩ (*Finger etc*) spread (out), stretch (*s.th.*) apart, extend.

'aus‚spren·gen[1] *v/t* ⟨*sep*, -ge-, h⟩ (*mit Sprengstoff*) blast (*s.th.*) out.

'aus‚spren·gen[2] *v/t* ⟨*sep*, -ge-, h⟩ **1.** (*Wasser*) sprinkle. – **2.** *fig.* (*Nachricht etc*) spread (abroad), circulate, set (*s.th.*) afloat: er ließ das Gerücht ~, er kehre zurück he had the rumo(u)r spread that he would return.

'aus‚sprin·gen I *v/i* ⟨*irr, sep*, -ge-, sein⟩ **1.** (*von Federn etc*) jump out, snap out. – **2.** (*von einer Mauer etc*) jut out, project. – **3.** ⟨*only pp*⟩ aus dem Glas ist ein Stück ausgesprungen the glass is chipped, there is a piece out of the glass. – **4.** (*fashion*) flip: in Falten ~ to flip into pleats. – **II** *v/t* ⟨h⟩ **5.** eine Skischanze ~ to jump the maximum length from a ski jump. — **'aus‚sprin·gend I** *pres p.* – **II** *adj* (*Ecke, Winkel*) salient, convex.

'aus‚sprit·zen I *v/t* ⟨*sep*, -ge-, h⟩ **1.** (*Flüssigkeit*) squirt (*od.* spurt, spirt) (*s.th.*) out: die Tinte aus dem Füller ~ to squirt the ink out of the fountain pen. – **2.** (*von sich geben*) eject, (*stärker*) spout, (*Samenflüssigkeit*) ejaculate. – **3.** (*säubern*) (*Gefäß etc*) flush (*s.th.*) (out). – **4.** (*Feuer*) extinguish (*od.* put out) (*s.th.*) (with a hose). – **5.** *med.* a) (*Ohr etc*) syringe, b) (*ausspülen*) irrigate. – **II** *v/i* ⟨sein⟩ **6.** (*von Flüssigkeiten*) squirt (out), spurt (out), (*stärker*) gush (out). – **III A~** *n* ⟨-s⟩ **7.** *verbal noun.* – **8.** *cf.* Ausspritzung. — **'Aus‚sprit·zer** *m* ⟨-s; -⟩ *tech.* (*Emailfehler*) spitout, *Br.* spit-out. — **'Aus‚sprit·zung** *f* ⟨-; *no pl*⟩ **1.** *cf.* Ausspritzen. – **2.** (*eines Sekrets etc*) ejection. – **3.** *med.* a) syringing, b) irrigation.

'Aus‚spruch *m* **1.** (*geflügeltes Wort*) saying:

nach einem berühmten ~ Goethes according to a famous saying of Goethe. – **2.** (*Maxime*) dictum. – **3.** (*Äußerung*) (über *acc* on) utterance, statement, words *pl*, pronouncement: den ~ tun to say the (following) words; dieser ~ ist typisch für ihn these words are typical of him.

'aus,sprü·hen I *v/t* ⟨*sep*, -ge-, h⟩ **1.** (*Funken etc*) throw out (*od.* up) a spray of, spray: das Feuer sprüht Funken aus the fire is sparking. – **2.** (*Desinfektionsmittel etc*) spray. – **II** *v/i* ⟨sein⟩ **3.** (*von Funken etc*) fly up, spray.

'aus,spucken (*getr.* -k·k-) **I** *v/t* ⟨*sep*, -ge-, h⟩ **1.** spit out, expectorate (*lit.*): er spuckte den Bissen wieder aus he spit the bit out again. – **2.** *fig.* (*von sich geben*) spit out, throw out (*od.* forth): der Computer spuckte die Ergebnisse nur so aus *colloq.* the computer spit out the results in no time at all; Geld ~ (müssen) *colloq. humor.* (to have) to cough up money (*colloq.*). – **II** *v/i* **3.** spit: vor j-m ~ a) to spit (contemptuously) at s.o.'s feet, b) *fig.* to spit upon (*od.* at, on) s.o.

'aus,spü·len I *v/t* ⟨*sep*, -ge-, h⟩ **1.** (*Gefäß etc*) rinse (*od.* wash) (out): Schüsseln [Gläser] ~ to rinse dishes [glasses]; (sich *dat*) den Mund ~ to rinse one's mouth; etwas gut ~ to give s.th. a good rinse. – **2.** *tech.* a) flush (out), rinse, scour, b) (*Zylinder*) scavenge. – **3.** *med.* a) (*Magen, Wunde etc*) wash (out), irrigate, b) (*Vagina*) douche, c) (*Hals*) gargle. – **4.** *geol.* a) (*Ufer etc*) wash out, erode, b) (*Sand etc*) wash away. – **5.** (*textile*) a) (*Wolle*) scour, b) (*Tuch etc*) wash off, rinse. – **II A~** *n* ⟨-s⟩ **6.** *verbal noun.* — **'Aus,spü·lung** *f* ⟨-; -en⟩ **1.** *cf.* Ausspülen. – **2.** *med.* a) irrigation, wash (out), b) (*des Magens*) lavage, irrigation.

'aus,spü·ren *v/t* ⟨*sep*, -ge-, h⟩ **1.** (*bes. Wild*) track (down), trace. – **2.** *fig.* (*Geheimnisse etc*) ferret out, search out, spy out, bring (*s.th.*) to light.

'aus·staf,fie·ren I *v/t* ⟨*sep*, *no* -ge-, h⟩ **1.** (*ausstatten*) (mit with) equip, fit (out), provide: er hatte die ganze Familie neu ausstaffiert he had fitted the whole family out with new clothes. – **2.** *contempt.* (*fein herausputzen*) dress (*s.o.*) up, bedizen; rig (*s.o.*) out, doll (*od.* tog) (*s.o.*) up (*od.* out) (*colloq.*). – **3.** (*schmücken*) trim, garnish. – **4.** *cf.* dekorieren 2. – **5.** (*theater, film*) make up, 'dress' (*colloq.*). – **II** *v/reflex* sich ~ **6.** *contempt.* dress (oneself) up, fit (oneself) out, bedizen oneself; rig oneself out, tog (*od.* doll) up (*od.* out) (*colloq.*). – **III A~** *n* ⟨-s⟩ **7.** *verbal noun.* – **'Ausstaf,fie·rung** *f* ⟨-; *no pl*⟩ **1.** *cf.* Ausstaffieren. – **2.** equipment, outfit. – **3.** *contempt.* 'rig', 'getup', *Br.* 'get-up' (*colloq.*), bedizenment. – **4.** (*Schmuck*) trimming, garnishment. – **5.** (*eines Raums*) furniture. – **6.** *cf.* Dekoration 4. – **7.** (*film, theater*) makeup, *Br.* make-up, mount.

'aus,stamp·fen *v/t* ⟨*sep*, -ge-, h⟩ **1.** (*Feuer etc*) stamp (*s.th.*) out. – **2.** *metall.* a) (*in der Gießerei*) ram (up), b) (*Schachtfutter*) line up.

'Aus,stand *m econ.* strike, *bes. Am. colloq.* walkout: die Arbeiter befinden sich (*od.* sind) im ~ the workers are on strike; in den ~ treten to go on strike, to come out on strike, *bes. Am. colloq.* to walk out. — **'aus,stän·dig** *adj* **1.** (*streikend*) striking, on strike. – **2.** *Southern G. and Austrian* (*Betrag etc*) outstanding.

'aus,stan·zen *v/t* ⟨*sep*, -ge-, h⟩ *tech.* (*Blech*) blank, (*Teile*) cut, (*Leder etc*) punch (out), click.

'Aus,stanz·ma,schi·ne *f* **1.** *tech. cf.* Stanze[1] 1, Stanzpresse. – **2.** (*leather*) cutting press, clicking machine.

'aus,stat·ten [-,ʃtatən] **I** *v/t* ⟨*sep*, -ge-, h⟩ (mit with) **1.** (*Raum, Haus etc*) furnish, fit out (*od.* up), equip: ein Hotel mit allem Komfort ~ to fit out (*od.* up) a(n) hotel with all comforts and conveniences; ein Zimmer (mit Möbeln) ~ to furnish a room, to equip a room with furniture. – **2.** (*mit Kleidung*) provide, supply, fit out, equip. – **3.** (*Auto*) equip, fit. – **4.** (*Tochter*) dower. – **5.** *fig.* endow, equip: die Natur hat ihn mit reichen Gaben ausgestattet nature endowed (*od.* equipped) him with great talents. – **6.** *jur.* (*mit Rechten*) vest, clothe: j-n mit einer Vollmacht ~ to vest s.o. with authority (*od.* power). – **7.** *tech.* (*Maschine etc*) equip. – **8.** *print.* (*Buch etc*) get (*s.th.*) up: der Autor ließ das Buch gediegen ~ the author had the book got up well. – **9.** (*theater, film*) (*Theaterstück etc*) mount, stage. – **II** *v/reflex* sich ~ **10.** (mit with) provide (*od.* supply) oneself. – **III A~** *n* ⟨-s⟩ **11.** *verbal noun.* — **'Aus,stat·tung** *f* ⟨-; -en⟩ **1.** *cf.* Ausstatten. – **2.** (mit with) provision, supply, equipment. – **3.** (*eines Raumes, Hauses etc*) furnishings *pl*, equipment, (*bes. eines Hotels, Schiffes etc*) appointments *pl*: die elegante ~ einer Wohnung the elegant furnishings of an apartment (*bes. Br.* a flat); die ~ eines Krankenhauses [Labors] the equipment of a hospital [laboratory]. – **4.** (*Ausrüstung, für Reise etc*) outfit, equipment. – **5.** ⟨*only sg*⟩ (*Aufmachung*) getup, *Br.* get-up. – **6.** *cf.* Aussteuer. – **7.** *tech.* a) (*Vorrichtung einer Arbeitsmaschine*) attachment, b) (*eines Betriebs*) equipment, c) (*Gerätschaften, Apparatur*) outfit, d) (*Zubehör*) accessories *pl.* – **8.** *auto.* a) (*zur Verschönerung*) appointments *pl*, b) (*Armaturen*) fittings *pl.* – **9.** ⟨*only sg*⟩ *print.* (*eines Buches etc*) getup, *Br.* get-up. – **10.** (*theater, film*) decor and makeup (*Br.* make-up), costumes *pl*, mounting. – **11.** ⟨*only sg*⟩ *econ.* (*eines Wertpapiers*) terms *pl* (of issue).

'Aus,stat·tungs|,film *m* spectacular (film). — **~,ge·gen,stand** *m* piece of equipment. — **~kar,ton** *m* fancy box (*od.* carton). — **~,ko·sten** *pl* cost *sg* of equipment (*od.* furnishing). — **~,lei·ter** *m* (*theater*) designer, head of design. — **~pa,pier** *n* (*paper*) papeterie, boxed stationery. — **~re,vue** *f* (*theater*) spectacular (revue). — **~,schutz** *m econ.* (*von Verpackung etc*) trademark. — **~,stück** *n* **1.** (*theater*) spectacular (show *od.* play, opera, revue). – **2.** *cf.* Ausstattungsgegenstand.

'aus,stau·ben *v/t* ⟨*sep*, -ge-, h⟩ **1.** (*Schrank etc*) wipe (*od.* brush) the dust out of (*od.* from), dust. – **2.** (*Kleidungsstück etc*) shake out the dust from.

'aus,ste·chen *v/t* ⟨*irr*, *sep*, -ge-, h⟩ **1.** (*Plätzchen, Rasen, Torf etc*) cut out: einen Apfel ~ to cut the core out of (*od.* to core) an apple. – **2.** (*Graben, Unkraut etc*) dig (out). – **3.** (*Augen*) put out, gouge out. – **4.** *fig colloq.* (*verdrängen*) cut out, oust, supplant, outrival: j-n bei j-m ~ to oust s.o. in s.o.'s favo(u)r (*od.* esteem), to cut s.o. out with s.o.; einen Nebenbuhler ~ to supplant (*od.* oust, cut out) a rival. – **5.** *fig. colloq.* (*übertrumpfen*) excel, outdo, trump, surpass, top, get the better of, put (*s.o.*) in the shade, score (*s.o.*) off, outshine: sie hatte sich besonders gut gekleidet, um das andere Mädchen auszustechen she had dressed especially well to outdo the other girl. – **6.** *print.* (*art*) (*mit dem Stichel*) a) cut (*s.th.*) away (*od.* out), b) carve, engrave. – **7.** *mar. cf.* ausstecken 2.

'Aus,stech,form *f* pastry cutter.

'aus,stecken (*getr.* -k·k-) **I** *v/t* ⟨*sep*, -ge-, h⟩ **1.** *hort.* (*Bohnen etc*) plant (*od.* dibble) (*s.th.*) in. – **2.** *mar.* (*Seil etc*) pay out: mehr Kette ~ to pay out (*od.* off) more cable. – **3.** *cf.* abstecken 1. – **II** *v/impers* **4.** *Austrian only in* es ist ausgesteckt new wine is on tap.

'aus,ste·hen I *v/t* ⟨*irr*, *sep*, -ge-, h⟩ **1.** (*Hunger, Schmerzen etc*) stand, bear, endure: große Qualen ~ müssen to have to endure great pains; mit j-m viel auszustehen haben to have to endure (*od.* put up with) a lot from s.o. – **2.** (*Angst, Sorge etc*) suffer, undergo: sie hatte viel Angst um ihn ausgestanden she had suffered terrible anxiety for him; es ist bald ausgestanden it will soon be over. – **3.** j-n [etwas] nicht ~ können *colloq.* not to be able to bear (*od.* endure, stand) s.o. [s.th.]: sie konnte ihn nicht ~ she couldn't bear the sight of him; ich kann das für den Tod nicht ~ I cannot stand it for the life of me. – **II** *v/i* **4.** (*von Antwort, Nachricht etc*) be still expected, be pending: seine Antwort steht noch aus he has not answered yet, we are still waiting for his answer; die Bestätigung stand noch aus the confirmation had yet to come; die gerichtliche Entscheidung stand noch aus the court decision was still pending. – **5.** (*von Arbeit etc*) be still undone. – **6.** *econ.* a) (*von Zahlungen etc*) be outstanding, b) (*von Geld*) be owing, c) (*von Sendungen etc*) be overdue: ich habe noch Geld von ihm ~ *colloq.* he still owes me money. – **7.** (*von Waren zum Verkauf*) be displayed for sale. – **8.** *hunt.* (*von Auer- und Birkwild*) fly away from a tree. — **'aus,ste·hend I** *pres p.* – **II** *adj* **1.** *econ.* (*Zahlung etc*) outstanding, receivable: ~e Forderungen arrears; ~e Gelder outstandings. – **2.** (*Sendung*) overdue. – **3.** (*Entscheidung*) pending. – **4.** (*Antwort*) still wanting.

'aus,stei·fen *v/t* ⟨*sep*, -ge-, h⟩ *civ.eng.* (*mining*) (*Graben, Schacht etc*) brace, prop, support, (*mit Holz*) timber.

'Aus,stei·ge,lu·ke *f cf.* Mannloch.

'aus,stei·gen I *v/i* ⟨*irr*, *sep*, -ge-, sein⟩ **1.** (*aus einem Auto, Boot*) (aus of) get out: sie stieg aus dem Auto aus she got out of the car. – **2.** (*aus Bahn, Bus etc*) (aus) get off, alight (from), get out (of): bei der nächsten Haltestelle müssen Sie ~ you have to get off at the next stop; in New York ~ (*aus dem Schiff*) to disembark in New York; Endstation, alles ~! all change! – **3.** *fig. colloq.* (*aus einem Unternehmen etc*) (aus) get (*od.* *colloq.* opt) out (of), withdraw (from): aus einem Geschäft ~ a) to opt out of a business, b) to back out of a deal. – **4.** (*sport*) *colloq.* give up, (*in Laufdisziplinen*) drop out: den Gegner ~ lassen (*beim Fußball etc*) to sell the dummy to one's opponent (*colloq.*). – **5.** *aer.* a) disembark, b) *bes. mil.* deplane, c) *colloq.* (*mit dem Fallschirm*) bail (*od.* bale) out. – **6.** *hunt.* (*von Biber, Otter etc*) come out of water. – **II A~** *n* ⟨-s⟩ **7.** *verbal noun*: j-m beim A~ behilflich sein to help s.o. to get off (*od.* alight).

'aus,stei·nen [-,ʃtaɪnən] *v/t* ⟨*sep*, -ge-, h⟩ (*Steinobst*) stone, pit.

'aus,stel·len I *v/t* ⟨*sep*, -ge-, h⟩ **1.** (*Waren, Gemälde*) display, exhibit, show: Waren auf einer Messe ~ to exhibit goods at a fair; sein Bild wurde ausgestellt his picture was put on view. – **2.** (*Bescheinigung, Quittung etc*) make out, write (out), (*bes. behördlich*) issue: einen Paß ~ to issue a passport; der Arzt stellte den Totenschein aus the doctor issued the death certificate; etwas auf j-s Namen ~ to make out s.th. in s.o.'s name (*od.* in the name of s.o.); sich (*dat*) eine Bescheinigung ~ lassen to have a certificate made out; → Armutszeugnis 2; Zeugnis 5. – **3.** *econ.* a) (*Rechnung*) make out, b) (*Scheck, Wechsel*) write (out), issue: eine Rechnung über 10 DM ~ to make out a bill (*od.* invoice) for 10 marks; einen Scheck auf j-n ~ to make a check (*Br.* cheque) payable to s.o.; einen Wechsel auf j-n ~ to draw a bill on s.o. – **4.** *bes. hunt.* (*Falle*) set. – **5.** (*fashion*) (*Rock etc*) make (*s.th.*) A-line. – **6.** (*Signallampen etc*) put out (*od.* up). – **II** *v/i* **7.** (*von Firmen, Maler etc*) exhibit: die Firma stellt auf der Messe aus the firm is exhibiting at the fair. – **III A~** *n* ⟨-s⟩ **8.** *verbal noun.* – **9.** *cf.* Ausstellung.

'Aus,stel·ler *m* ⟨-s; -⟩ **1.** (*auf einer Messe etc*) exhibitor, exhibiting firm. – **2.** (*einer Bescheinigung, Quittung etc*) writer, issuer: ~ eines Passes issuing authority of a passport. – **3.** *econ.* issuer: ~ eines Wechsels [Schecks] drawer of a bill [check, *Br.* cheque]. – **4.** *pl auto.* setback hinges. — **~,fir·ma** *f cf.* Aussteller 1.

'Aus,stell,fen·ster *n auto.* vent (window), (ventilating) quarter window.

'Aus,stel·lung *f* ⟨-; -en⟩ **1.** *cf.* Ausstellen. – **2.** (*Handelsmesse etc*) exhibition, show: eine landwirtschaftliche ~ an agricultural show (*od.* exhibition); eine ~ findet statt an exhibition is being held. – **3.** (*Kunstausstellung*) exhibition, *bes. Am.* exposition: die ~ vereint viele bedeutende Maler many important painters are represented at the exhibition. – **4.** ⟨*only sg*⟩ (*einer Bescheinigung, Quittung etc*) issue: Ort der ~ eines Passes place of issue of a pasport. – **5.** ⟨*only sg*⟩ *econ.* (*eines Schecks, Wechsels*) issue: ~ eines Wechsels auf j-n drawing of a bill on s.o. – **6.** *pl lit.* criticism(s *pl*), (*stärker*) censures, (*Einwände*) objections: ~en an j-m [etwas] machen to criticize s.o. [s.th.], (*stärker*) to blame (*od.* censure) s.o. [s.th.].

'Aus,stel·lungs|,da·tum *n* date of issue. — **~,flä·che** *f* exhibition space. — **~ge,län·de** *n* exhibition (*od.* fair) grounds *pl* (*od.* site). — **~,gü·ter** *pl* exhibits, exhibited articles. — **~,hal·le** *f* exhibition hall. — **~,jahr** *n* **1.** year of issue. – **2.** exhibition year. — **~ka·ta,log** *m* exhibition catalog(ue). — **~,lei·tung** *f* exhibition management (*od.* board). — **~,ort** *m* **1.** (*eines Wertpapiers etc*) place of issue. – **2.** place where an exhibition is held. — **~pa·vil,lon** *m* exhibition pavilion. — **~ˌraum** *m* exhibition (*od.* display) room, showroom. — **~ˌstand** *m* exhibition stand. — **~ˌstück** *n* exhibit, exhibited object (not for sale), showpiece. — **~ˌtag** *m* **1.** *cf.* Ausstellungsdatum. – **2.** day of the (*od.* an) exhibition. — **~viˌtri·ne** *f* showcase.

ˈausˌstem·men I *v/t* ⟨*sep*, -ge-, h⟩ *tech.* **1.** (*Loch etc*) chisel (*od.* hollow) out, mortise. – **2.** take (*s.th.*) out with a chisel. – **II** *v/i* **3.** (*sport*) (*beim Skilaufen*) stem.

ˈAusˌster·be·etat [-ʔeˌtaː] *m* ⟨-s; *no pl*⟩ *fig. colloq. humor.* (*in Wendungen wie*) **etwas steht** (*od.* **ist, befindet sich**) **auf dem ~** s.th. is about to be abolished (*od.* die out); **etwas auf den ~ setzen** to destine s.th. for abolition.

ˈausˌster·ben I *v/i* ⟨*irr, sep*, -ge-, sein⟩ **1.** die out, become extinct: **diese Linie des Königshauses ist ausgestorben** this royal line has become extinct; **diese Sprache stirbt langsam aus** this language is dying out (*od.* becoming extinct); → Dumme. – **II A~** *n* ⟨-s⟩ **2.** *verbal noun.* – **3.** extinction (*auch geol.*): **das langsame A~ eines Geschlechts** the gradual extinction of a family; **im A~ (begriffen) sein** to be dying out.

ˈAusˌsteu·er *f* ⟨-; *no pl*⟩ (*einer Braut*) **1.** trousseau. – **2.** (*Mitgift*) dowry, marriage portion.

ˈausˌsteu·ern I *v/t* ⟨*sep*, -ge-, h⟩ **1.** *electr.* a) (*modulieren*) modulate, b) (*regeln*) (adjust by) control: **ein Tonbandgerät ~** to control the recording level of a tape recorder. – **2.** *jur. econ.* **ausgesteuert werden** (*bei Versicherungen*) to have no further claims on insurance benefits, to be disqualified from further benefit payments, to exhaust one's claims to insurance benefits. – **3. eine Tochter ~** to provide a daughter with a trousseau. – **II A~** *n* ⟨-s⟩ **4.** *verbal noun.* — **ˈAusˌsteue·rung** *f* ⟨-; *no pl*⟩ **1.** *cf.* Aussteuern. – **2.** *electr.* a) modulation, b) level control. – **3.** *jur. econ.* expiration (*od.* termination) of s.o.'s entitlement to insurance benefits, exhaustion of claims to benefits.

ˈAusˌsteue·rungs|ˌanˌzei·ger *m electr.* (*in der Funktechnik*) recording level indicator. — **~beˌreich** *m* (*radio*) level control range. — **~ˌgrad** *m* depth of modulation, modulation index. — **~in·terˌvall** *n* level control range. — **~konˌtrol·le** *f* control of modulation. — **~ˌkur·ve** *f* modulation curve. — **~ˌreg·ler** *m* (*beim Tonbandgerät*) recording level control. — **~ˌvorˌgang** *m* modulation process.

ˈAusˌsteu·er·verˌsi·che·rung *f econ.* (children's) endowment insurance.

ˈAusˌsteu·rung *f* ⟨-; *no pl*⟩ *cf.* Aussteuerung.

ˈAusˌstich *m* **1.** wine of the first quality. – **2.** (*railway*) railway cut (*Br.* cutting).

ˈausˌsticken (*getr.* -k·k-) *v/t* ⟨*sep*, -ge-, h⟩ (*Kleid etc*) embroider, adorn (*s.th.*) with embroidery.

ˈAusˌstieg *m* ⟨-(e)s; -e⟩ **1.** *cf.* Aussteigen. – **2.** (*in Bahn, Bus etc*) exit (door): **~ vorne [hinten]!** please alight at the front [back]! – **3.** *tech.* a) (*von Kanälen etc*) manhole, b) (*am Dach*) trapdoor. – **4.** (*aus U-Boot, Panzer, Raketenkapsel etc*) escape hatch. – **5.** *hunt.* (*eines Bibers, Otters etc*) landing place. — **~ˌlu·ke** *f* escape hatch.

ˈausˌstö·bern *v/t* ⟨*sep*, -ge-, h⟩ **1.** *hunt.* drive (*od.* hunt) out. – **2.** *fig.* ferret out.

ˈausˌsto·chern *v/t* ⟨*sep*, -ge-, h⟩ **1.** (*Zähne*) pick. – **2.** (*Loch*) poke.

ˈausˌstocken (*getr.* -k·k-) *v/t* ⟨*sep*, -ge-, h⟩ (*forestry*) *cf.* roden 3.

ˈausˌstop·fen I *v/t* ⟨*sep*, -ge-, h⟩ (*Kissen, Tiere etc*) stuff, *auch* pad: **nasse Schuhe mit Zeitungspapier ~** to stuff wet shoes with newspaper; **Löcher in seinem Wissen ~** *fig.* to fill (the) gaps in one's knowledge. – **II A~** *n* ⟨-s⟩ *verbal noun*: **A~ von Tieren** stuffing of animals, taxidermy (*scient.*). — **ˈAusˌstop·fer** *m* ⟨-s; -⟩ (*von Tieren*) stuffer (of animals), taxidermist (*scient.*). — **ˈAusˌstop·fung** *f* ⟨-; *no pl*⟩ *cf.* Ausstopfen.

ˈausˌstöp·seln *v/t* ⟨*sep*, -ge-, h⟩ *tel.* unplug.

ˈAusˌstoß *m* ⟨-es; *rare* ¨e⟩ **1.** ⟨*only sg*⟩ *econ.* (*Produktionsleistung*) output, production: **die Maschine hat einen täglichen ~ von 100 Stück** the machine has a daily output of one hundred (pieces) (*od.* puts [turns] out one hundred [pieces] per day). – **2.** *mil. mar.* torpedo tube. – **3.** ⟨*only sg*⟩ *phys.* expulsion, discharge, ejection. – **4.** ⟨*only sg*⟩ *brew.* tapping, broaching. — **~ˌbeiˌwert** *m phys.* exit-shock (*od.* expulsion) coefficient.

ˈausˌsto·ßen I *v/t* ⟨*irr, sep*, -ge-, h⟩ **1.** (*Rauch, Dampf etc*) eject, emit, give off. – **2.** (*Atem*) expel. – **3.** (*Patronenhülsen etc*) eject, discharge. – **4.** (*Abfallprodukte*) eject, expel. – **5.** (*Laute, Worte*) utter, ejaculate, blurt out: **sie stieß einen lauten Schrei aus** she gave a loud cry; **zornige Flüche ~** to utter curses; **er stieß einen tiefen Seufzer aus** he heaved a deep sigh. – **6. j-n ~** (*aus einer Gesellschaft etc*) to expel (*od.* eject) s.o.: **aus der Partei ausgestoßen werden** to be expelled from the party; **j-n aus der Kirche ~** to excommunicate s.o.; **j-n aus der Armee ~** to expel s.o. from the army, to cashier s.o., to discharge s.o. dishono(u)rably; **j-n aus der Gesellschaft ~** to exclude s.o. from society. – **7.** *econ.* produce, turn out: **täglich eine Tonne Stahl ~** to produce a ton of steel daily. – **8.** *ling.* (*Laute, Silben aus Wörtern*) elide, drop. – **9.** *mil. mar.* (*Torpedo*) discharge, launch. – **10.** *med. zo.* a) (*Fremdstoffe*) excrete, b) (*Placenta*) expel, extrude. – **11.** *tech.* a) eject, b) (*Koks*) push out, c) (*Werkstücke*) push out, eject, d) (*Gase*) expel, exhaust, e) (*Strahlen*) emit. – **12.** (*textile*) strip, eject, shed. – **II** *v/i* **13.** (*sport*) a) (*beim Fechten*) thrust, lunge, pass, b) (*beim Schwimmen*) kick, stroke. – **III A~** *n* ⟨-s⟩ **14.** *verbal noun.* – **15.** *cf.* Ausstoßung. – **16.** *cf.* Ausstoß 3, 4.

ˈAusˌsto·ßer *m* ⟨-s; -⟩ *tech.* ejector.

ˈAusˌstoß|maˌschi·ne *f* (*für Koks*) coke pusher ram. — **~ˌrohr** *n mil.* **1.** (*für Torpedos*) torpedo tube. – **2.** (*am Maschinengewehr*) ejector tube. — **~ˌschlit·ten** *m tech.* ejector (*od.* pushing) slide. — **~ˌsei·te** *f metall.* (*eines Koksofens*) discharge end, ram side. — **~syˌstem** *n brew.* cleansing system.

ˈAusˌsto·ßung *f* ⟨-; *no pl*⟩ **1.** *cf.* Ausstoßen. – **2.** (*aus einer Gesellschaft*) (aus from) expulsion: **~ aus dem Heer** *mil.* dishono(u)rable discharge; **~ aus der Kirche** excommunication. – **3.** (*von Lauten, Worten*) ejaculation. – **4.** *ling.* (*Auslassung von Vokalen etc*) elision. – **5.** *tech.* discharge, expulsion, ejection.

ˈAusˌstoß|venˌtil *n mil.* (*für Torpedo*) firing valve. — **~ˌvorˌrich·tung** *f* **1.** *tech.* (*für Werkzeuge*) ejector device. – **2.** *mil.* (*für Torpedos*) torpedo launching gear. — **~ˌzif·fer** *f econ.* rate of output.

ˈausˌstrah·len I *v/t* ⟨*sep*, -ge-, h⟩ **1.** radiate: **sein Gesicht strahlt Güte aus** *fig.* his face radiates kindness. – **2.** (*Licht*) emit. – **3.** (*radio*) a) (*Programm*) radiate, broadcast, b) (*Funkspruch etc*) send: **die Sendung wird über Kurzwelle ausgestrahlt** the program (*bes. Br.* programme) is transmitted on short wave. – **II** *v/i* ⟨sein⟩ (von from) **4.** (*von Wärme*) radiate. – **5.** (*von Licht*) be emitted. – **6.** *med.* (*von Schmerzen*) (bis zu to) radiate. – **7.** *fig. lit.* (*von Ruhe etc*) radiate. – **8. auf j-n [etwas] ~** *fig.* to influence s.o. [s.th.], to have an effect (up)on s.o. [s.th.]. – **9.** (*von Straßen etc*) (nach to) radiate. – **III A~** *n* ⟨-s⟩ **10.** *verbal noun.* — **ˈAusˌstrah·lung** *f* ⟨-; *no pl*⟩ **1.** *cf.* Ausstrahlen. – **2.** *phys.* a) (*von Wärme*) radiation, b) (*von Licht*) emission. – **3.** *fig.* (*eines Menschen*) personality: **es ging eine ungeheure ~ von ihm aus** he radiated an enormous personality. – **4.** *fig.* (*Auswirkung*) (auf *acc* on) effect, repercussion.

ˈAusˌstrah·lungs|ˌflä·che *f phys.* radiating surface. — **~in·ten·siˌtät** *f* intensity of radiation. — **~ˌkraft** *f* ⟨-; *no pl*⟩ *fig.* (*eines Menschen*) strength of personality. — **~ˌpunkt** *m astr.* radiant. — **~ˌstär·ke** *f phys. cf.* Ausstrahlungsintensität. — **~verˌlust** *m* loss of radiation. — **~verˌmö·gen** *n* ⟨-s; *no pl*⟩ emissivity. — **~ˌwin·kel** *m* angle of radiation.

ˈausˌstrecken (*getr.* -k·k-) **I** *v/t* ⟨*sep*, -ge-, h⟩ **1.** (*Arme, Beine*) stretch out, extend: **die Beine unter dem Tisch ~** to stretch out one's legs under the table; → Finger *bes. Redewendungen.* – **2.** (*Hand*) stretch (*od.* put, reach, hold) out: **er streckte die Hand aus nach** he reached (out) for; **seine Hand nach fremdem Besitz ~** *fig.* to reach out for s.o. else's property. – **3.** (*Körper, Glieder*) stretch (out). – **4.** (*Fühler*) *auch fig.* put out. – **5.** *rare* (*Zunge*) (gegen j-n, nach j-m at s.o.) put out. – **6.** *tech.* stretch, extend, elongate. – **II** *v/reflex* **sich ~ 7.** stretch oneself out: **sich behaglich auf dem Sofa ~** to stretch oneself out comfortably on the sofa. – **8.** (*sich recken*) stretch oneself.

ˈAusˌstrecker (*getr.* -k·k-) *m* ⟨-s; -⟩ *med. cf.* Strecker 1, Streckmuskel.

ˈAusˌstreichˌei·sen *n* (*art*) smoothing stick.

ˈausˌstrei·chen I *v/t* ⟨*irr, sep*, -ge-, h⟩ **1.** (*Geschriebenes*) strike (*od.* cross) out, cancel, delete: **einen Rechnungsposten ~** *econ.* to cancel an item of account; **j-s Namen auf einer Liste ~** to cross s.o.'s name off (*od.* from) a list. – **2.** (*Falten im Stoff etc*) smooth out (*od.* down). – **3.** (*Farbe*) work out, spread, distribute. – **4.** (*Backform mit Fett*) grease. – **5.** *tech.* (*Risse, Fugen*) smooth, level. – **6.** (*leather*) beam. – **II** *v/i* **7.** *geol.* crop out, outcrop. – **III A~** *n* ⟨-s⟩ **8.** *verbal noun.* – **9.** *cf.* Ausstreichung.

ˈAusˌstreich|maˌschi·ne *f tech.* (*für Häute*) slating machine. — **~ˌmes·ser** *n* (*für Leder*) slate (*od.* scudding) knife.

ˈAusˌstrei·chung *f* ⟨-; *no pl*⟩ **1.** *cf.* Ausstreichen. – **2.** (*von Geschriebenem*) cancel(l)ation, deletion. – **3.** *geol.* outcrop.

ˈAusˌstreichˌwal·ze *f* (*paper*) spreader, spread roll.

ˈausˌstreu·en I *v/t* ⟨*sep*, -ge-, h⟩ **1.** (*Futter, Samen etc*) scatter, spread: **Blumen ~** to scatter (*od.* strew) flowers; **mit vollen Händen Gaben ~** *fig. lit.* to distribute gifts freely. – **2.** *fig.* (*Nachricht, Gerüchte etc*) spread, circulate, disseminate: **er ließ ~, daß** he had the rumo(u)r spread that, he caused the rumo(u)r to go around that. – **3.** *med.* (*Metastasen etc*) disseminate. – **4. etwas mit etwas ~** to sprinkle s.th. with s.th.: **eine Kuchenform mit Mehl ~** to dust a cake tin with flour. – **II A~** *n* ⟨-s⟩ **5.** *verbal noun.* — **ˈAusˌstreu·ung** *f* ⟨-; *no pl*⟩ **1.** *cf.* Ausstreuen. – **2.** *fig.* (*von Nachrichten, Gerüchten etc*) circulation, dissemination. – **3.** *med.* dissemination.

ˈAusˌstrich *m* **1.** *med.* smear. – **2.** *geol.* line of outcrop. – **3.** *min.* (*Stromzinn*) stream tin.

ˈAusˌströmˌdü·se *f* **1.** *tech.* discharge (*od.* ejector) nozzle. – **2.** *aer. auto.* exhaust nozzle.

ˈausˌströ·men I *v/i* ⟨*sep*, -ge-, sein⟩ **1.** (*von Wasser etc*) stream (*od.* pour, flow, pass, leak) out (*od.* forth), (*stärker*) gush out, jet, issue (forth) (*lit.*): **aus dem beschädigten Tank strömte Benzin aus** gasoline (*Br.* petrol) poured out of the damaged tank. – **2.** (*von Gas, Dampf etc*) escape, pass out, issue, exhaust, (*aus undichten Stellen*) leak out: **aus dem Rohr strömt Gas aus** gas is escaping from (*od.* leaking out of) the pipe; **~ lassen** to bleed. – **3.** (*von Wärme, Licht etc*) radiate, emanate, discharge. – **4.** (*von Geruch etc*) emanate, exhale, exude, rise. – **5.** *fig.* emanate, radiate, flow, issue, exude, *auch* ooze: **von ihm strömte Zuversicht aus** *lit.* he radiated (a feeling of) confidence. – **6.** *fig. only in* **ein- und ausströmen** (*von Leuten*) to stream (*od.* pour) in and out. – **7.** *geol.* (*von Erdgas etc*) blow. – **II** *v/t* ⟨h⟩ **8.** (*Licht etc*) radiate, emit, emanate: **der Ofen strömt Wärme aus** the stove radiates warmth. – **9.** (*Geruch etc*) exhale, give off (*od.* out), exude, diffuse, spread: **die Blumen strömten einen starken Duft aus** the flowers gave off (*od.* exhaled) a strong fragrance. – **10.** *fig.* radiate, shed, emanate, emit, give out, breathe, exhale, exude, diffuse, spread: **der Raum strömte Behaglichkeit aus** *lit.* the whole room breathed snugness (*od.* friendliness and cheer). – **III A~** *n* ⟨-s⟩ **11.** *verbal noun.* – **12.** *cf.* Ausströmung.

ˈAusˌström|geˌschwin·dig·keit *f* **1.** *tech.* a) (*von Flüssigkeiten*) efflux velocity, rate of outflow, b) (*von Gasen*) discharge flow speed. – **2.** *aer.* jet velocity. — **~ˌöff·nung** *f* **1.** *tech.* a) outlet, exit (*od.* discharge) opening, b) (*an Röhren etc*) nozzle, c) (*einer Dampfmaschine*) exhaust (*od.* cylinder) port. – **2.** *zo.* (*eines Schwamms*) osculum. — **~ˌrich·tung** *f* outflow direction. — **~ˌrohr** *n tech.* outlet (*od.* discharge) tube.

ˈAusˌströ·mung *f* ⟨-; *no pl*⟩ **1.** *cf.* Ausströmen. – **2.** (*von Wärme, Licht etc*) radiation, emission, emanation, diffusion. – **3.** (*von Geruch etc*) emanation, exhalation, exudation, diffusion. – **4.** (*von Wasser, Gas, Dampf etc*) escape. – **5.** (*von Flüssigkeiten*) outflow, discharge, efflux, egress, issue (*lit.*). – **6.** *fig.* emanation, radiation, flow, issue, exudation, emission, exhalation, diffusion: die ~ des Heiligen Geistes *relig.* the emanation (*od.* pouring forth) of the Holy Ghost. – 7. *geol.* (*von Erdgas etc*) blow.

'Aus,strö·mungs·ener,gie *f tech.* energy of discharge.

'Aus,ström·ven,til *n tech.* discharge valve.

'aus·stu,die·ren I *v/t* ⟨*sep, no* -ge-, h⟩ *colloq.* 1. (*Zeitung etc*) a) study (*s.th.*) thoroughly, read (*s.th.*) from cover to cover, b) finish (reading *od.* perusing). – 2. *cf.* ausdenken. – II *v/i* 3. finish (*od.* complete) one's studies. — **'aus·stu,diert I** *pp.* – II *adj colloq.* (*Gauner etc*) arrant.

'aus,stül·pen I *v/t* ⟨*sep*, -ge-, h⟩ 1. (*Handschuhfinger etc*) turn out the inside of. – 2. (*wölben*) bulge. – 3. *med.* (*Blase etc*) evert, evaginate. – II *v/reflex* sich ~ 4. (*von Hohlorganen etc*) turn its inside out, evaginate. – III A~ *n* ⟨-s⟩ 5. *verbal noun.* — **'Aus,stül·pung** *f* ⟨-; *no pl*⟩ 1. *cf.* Ausstülpen. – 2. (*Ausbuchtung*) bulge, protrusion. – 3. *med.* a) protrusion, diverticulum, b) (*der Blase etc*) eversion, evagination, c) (*des Augenlids*) ectropion, d) (*der Darmschleimhaut*) rectal prolapse. – 4. *geol.* (off)shoot, (offshooting) tongue, apophysis (*scient.*).

'aus,su·chen I *v/t* ⟨*sep*, -ge-, h⟩ 1. choose, select, pick (*s.th.*) (out): sie haben ein schönes Geschenk für ihn ausgesucht they chose a fine present for him; suchen Sie sich nur etwas aus! just take your choice (*od.* pick)! Sie können es sich ~ you may have the pick; haben Sie sich schon etwas ausgesucht? have you made your choice yet? du darfst dir etwas Schönes ~ you may choose yourself s.th. nice. – 2. (*aussortieren*) sort, pick (*s.th.*) out. – 3. (*Taschen etc*) (nach etwas for s.th.) search. – II *v/i* 4. weit ~ *hunt.* (*von Hund*) to run a length. – III A~ *n* ⟨-s⟩ 5. *verbal noun.* – 6. choice.

Aust [aust] *f* ⟨-; -en⟩ *Northern G.* 1. *cf.* Ernte 1. – 2. *zo.* swarm of mayflies (*od.* ephemeral flies, lake flies) (*Fam. Ephemeridae*).

'Aus,tag *m meist pl Swiss* late spring.

'aus,tan·zen I *v/t* ⟨*sep*, -ge-, h⟩ (*einen Tanz*) dance (*a dance*) to the end, finish. – II *v/i* finish dancing. – III *v/reflex* sich ~ dance to one's heart's content.

'aus·ta·pe,zie·ren *v/t* ⟨*sep, no* -ge-, h⟩ 1. (*mit Tapeten*) paper. – 2. (*mit Stoff etc*) hang (*od.* cover) (*s.th.*) with tapestry.

'aus,ta·sten I *v/t* ⟨*sep*, -ge-, h⟩ 1. feel the inside of. – 2. *electr. telev. tel.* blank, *Am.* black out. – II A~ ⟨-s⟩ 3. *verbal noun.* – 4. *cf.* Austastung.

'Aus,tast|im,puls *m electr. telev.* blanking pulse. — ~**,pe·gel** *m* blanking level, black level.

'Aus,ta·stung *f* ⟨-; *no pl*⟩ *electr.* 1. *cf.* Austasten. – 2. (*Signalauswertung*) gating.

'Aus,tausch *m* ⟨-(e)s; *no pl*⟩ 1. exchange, *auch* interchange: der ~ von Gefangenen the exchange of prisoners; das Land erhält Rohstoffe im ~ gegen Maschinen the country receives raw materials in exchange for machinery; die beiden Länder planen einen verstärkten ~ von Studenten the two countries are planning to intensify the exchange of students; der ~ von Noten *pol.* the interchange (*od.* exchange) of notes. – 2. (*von Gedanken etc*) exchange, interchange: der ~ von Höflichkeiten the exchange (*od.* interchange) of civilities, the reciprocation of courtesies; kultureller ~ cultural exchanges *pl*; den ~ technischer Erfahrungen vereinbaren to agree upon the exchange of technical know-how; mit j-m in ständigem ~ stehen *fig.* to be in constant touch with s.o. – 3. (*Ersatz*) replacement, substitution. – 4. *ped.* (*Auslandsaufenthalt auf Gegenseitigkeit*) exchange (visit): die Studenten kamen im ~ zu uns the students came to us on an exchange basis. – 5. *econ.* exchange, interchange, barter, swap (*colloq.*). – 6. *tech.* a) (*von Paßteilen*) (ex)change, interchange, b) (*von Werkstoffen*) substitution. – 7. *biol.* (*Faktorenaustausch*) crossing over. – 8. *chem.* (*von Molekülen etc*) substitution. – 9. *math.* replacement.

'aus,tausch·bar *adj* 1. (gegen) exchangeable (for), interchangeable (for), replaceable (by). – 2. *biol.* (*Faktoren*) interchangeable. — **'Aus,tausch·bar·keit** *f* ⟨-; *no pl*⟩ 1. exchangeability, interchangeability, commutability. – 2. *econ.* (*Konvertierbarkeit*) convertibility.

'Aus,tausch|,bau *m* ⟨-(e)s; *no pl*⟩ *tech.* interchangeable manufacture, selective assembly. — ~**be,din·gun·gen** *pl* 1. *econ.* terms of trade. – 2. (*eines Austauschprogramms*) terms of exchange. — ~**,dienst** *m* (*für Auslandsaufenthalte*) exchange service: akademischer ~ academic exchange service.

'aus,tau·schen I *v/t* ⟨*sep*, -ge-, h⟩ 1. exchange, *auch* interchange: etwas gegen etwas anderes ~ to exchange one thing for another; wir tauschten unsere Adressen aus we exchanged our addresses; mit j-m Briefe ~ to exchange letters with s.o.; er tauschte die beiden Reifen (gegeneinander) aus he interchanged the two tires (*bes. Br.* tyres); Botschafter [Gefangene] ~ to exchange ambassadors [prisoners]. – 2. (*Gedanken etc*) exchange, interchange: Meinungen ~ to exchange (*od.* interchange) views; sie tauschten ihre Erfahrungen (miteinander) aus they compared (their) notes; Erlebnisse mit j-m ~ to swap yarns with s.o. (*colloq.*); Zärtlichkeiten (miteinander) ~ to caress each other. – 3. (*ersetzen*) (ex)change, replace, substitute: er tauschte die alte Batterie gegen eine neue aus he replaced the old battery by a new one, he (ex)changed the old battery for a new one, he substituted a new battery for the old (one). – 4. *econ.* exchange, interchange, barter, swap (*colloq.*). – 5. *tech.* a) (*Paßteile*) interchange, b) (*Werkstoffe*) substitute. – 6. *biol.* (*Gene etc*) cross over, interchange. – 7. *chem.* a) (*Moleküle etc*) substitute, replace, b) (*Lösungsmittel etc*) (ex)change. – 8. *math.* replace. – II *v/reflex* 9. sich mit j-m über (*acc*) etwas ~ *lit.* to exchange (*od.* interchange) views on s.th.

'Aus,tausch·ener,gie *f phys.* exchange energy.

'Aus,tau·scher *m* ⟨-s; -⟩ *chem. phys.* 1. (*von Wärme etc*) exchanger. – 2. (*von Ionen*) ion exchanger. — ~**,harz** *n meist pl synth.* ion exchange resin.

'Aus,tausch|,harz *n meist pl synth. cf.* Austauscherharz. — ~**,kräf·te** *pl phys.* exchange forces. — ~**,leh·rer** *m ped.* exchange teacher. — ~**,mo·tor** *m auto.* replacement engine. — ~**pro,fes·sor** *m ped.* exchange professor. — ~**pro,gramm** *n* exchange program(me). — ~**,schü·ler** *m ped.* exchange student (*od.* pupil). — ~**,stoff** *m synth. tech. cf.* Austauschwerkstoff. — ~**,stück** *n auto.* replacement (*od.* interchangeable) part. — ~**stu,dent** *m*, ~**stu,den·tin** *f ped.* exchange student. — **a~,wei·se** *adv* on exchange, on an exchange basis. — ~**,werk,stoff** *m synth. tech.* substitute (material).

'aus·ta,xie·ren *v/t* ⟨*sep, no* -ge-, h⟩ (*Preise, Gewicht*) balance (out).

'aus,tei·len I *v/t* ⟨*sep*, -ge-, h⟩ 1. (*Schulhefte, Preise etc*) distribute, deal out, hand out: Liebesgaben an die Notleidenden ~ to distribute (*od.* dispense) charitable gifts to the needy; etwas unter die Bevölkerung ~ to distribute s.th. among the population; Lebensmittelrationen ~ to share out (*od.* divide) food rations; Schläge ~ *fig. colloq.* to deal out blows; etwas mit vollen Händen ~ *fig.* to deal out s.th. lavishly; → Korb 15. – 2. (*Suppe etc*) serve, dish out. – 3. (*Spielkarten*) deal (out). – 4. die Kommunion [das Abendmahl] ~ *relig.* (an *acc*) to give Communion (to), to distribute Holy Communion (to) [to dispense the Lord's Supper (to)]. – II A~ *n* ⟨-s⟩ 5. *verbal noun.* — **'Aus,tei·lung** *f* ⟨-; *no pl*⟩ 1. *cf.* Austeilen. – 2. (*von Preisen etc*) distribution. – 3. (*von Spielkarten*) deal. – 4. *relig.* (*der Kommunion, des Abendmahls*) administration, dispensation.

Au·ste·nit [auste'niːt; -'nɪt] *m* ⟨-s; -e⟩ *metall.* austenite. — **au·ste'ni·tisch** *adj* austenitic.

Au·ster[1] ['austər] *f* ⟨-; -n⟩ *zo.* oyster (*Fam. Ostreidae*): Eßbare ~ edible (*od.* European) oyster (*Ostrea edulis*); Virginische ~ Virginia (*od.* American) oyster (*Ostrea virginica*); Grüne ~ green oyster, greengill; frische ~n *gastr.* oysters in their shells; ~n aufbrechen to open (*Am. auch* to shuck) oysters; ~n fangen to dredge (for) (*od.* harvest) oysters, to oyster.

'Au·ster[2] *m* ⟨-s; *no pl*⟩ *poet. myth.* (*Südwind*) Auster, the south wind.

'au·stern|,ähn·lich, ~**,ar·tig** *adj* oysterlike, oysteroid (*scient.*).

'Au·stern|,bank *f*, ~**,bett** *n* oyster bed (*od.* shore, bank, field): künstliche Austernbank *cf.* Austernpark. — ~**,brut** *f* 1. oysterseed, spat, fry. – 2. (*vor der Ablage*) ova and milk. — ~**,fang** *m* oyster dredging (*od.* catch), oystering. — ~**,farm** *f* oyster farm. — ~**,fisch** *m zo.* sea wolf (*od.* cat), catfish, wolffish (*Anarhichas lupus*). — ~**,fi·scher** *m* 1. oyster fisherman. – 2. *zo.* oyster catcher (*od.* plover), oysterbird, *bes. Br.* sea pie (*Haematopus ostralegus*). — ~**fi·sche,rei** *f* oyster fishing (*od.* fishery), oystering. — ~**,ga·bel** *f gastr.* oyster fork. — ~**,grus** *n zo.* 1. *cf.* Austernbrut 2. – 2. (*künstliche Austernbank*) cul(t)ch. – 3. oyster spat. — ~**,händ·ler** *m* oysterman, *bes. Am.* oysterer. — ~**,händ·le·rin** *f* oysterwoman, *bes. Am.* oysterer. — ~**kul,tur** *f cf.* Austernzucht. — ~**,mes·ser** *n gastr.* oyster knife. — ~**,park** *m* (*künstliche Austernbank*) oyster farm (*bes. Br.* park). — ~**pa,ste·te** *f gastr.* oyster patty. — ~**,pilz** *m bot.* oyster mushroom (*od.* fungus) (*bes. Pleurotus ostreatus*). — ~**,scha·le** *f* oyster shell, *Am.* shuck: gemahlene ~n oystershell *sg.* — ~**,schwamm** *m bot. cf.* Austernpilz. — ~**,zan·ge** *f* oyster tongs *pl* (*od.* nippers *pl*). — ~**,zeit** *f* oyster season. — ~**,zucht** *f* oyster culture, oyster farm(ing), ostreiculture. — ~**,züch·ter** *m* oyster-culturist, oyster farmer.

'aus,tie·fen I *v/t* ⟨*sep*, -ge-, h⟩ 1. *civ.eng.* (*Graben etc*) deepen. – 2. (*aushöhlen*) hollow (*s.th.*) out. – II A~ *n* ⟨-s⟩ 3. *verbal noun.* — **'Aus,tie·fung** *f* ⟨-; *no pl*⟩ *cf.* Austiefen.

'aus,til·gen I *v/t* ⟨*sep*, -ge-, h⟩ 1. (*Rasse, Geschlecht etc*) exterminate, wipe out, extinguish, extirpate (*lit.*): Ungeziefer ~ to exterminate vermin; ein Übel ~ *fig.* to eradicate (*od.* extirpate) an evil. – 2. *fig.* (*Erinnerung, Namen etc*) efface, erase, obliterate, expunge, blot (*s.th.*) out: etwas aus seinem Gedächtnis ~ to erase s.th. from one's memory. – 3. *fig.* (*Schuld*) expiate. – II A~ *n* ⟨-s⟩ 4. *verbal noun.* — **'Aus,til·gung** *f* ⟨-; *no pl*⟩ 1. *cf.* Austilgen. – 2. (*einer Rasse etc*) extermination, extinction, extirpation (*lit.*). – 3. *fig.* (*einer Erinnerung etc*) effacement, obliteration. – 4. *fig.* (*einer Schuld*) expiation.

'aus,to·ben I *v/reflex* ⟨*sep*, -ge-, h⟩ sich ~ 1. (*von Sturm, Epidemie etc*) cease raging, rage itself out, spend (*od.* exhaust) itself: der Brand hatte sich erst nach drei Tagen ausgetobt it was three days before the fire had raged itself out (*od.* spent its fury). – 2. (*von Personen*) exhaust oneself, have one's fling, let off steam (*colloq.*): die Jugend muß sich ~ youth must have its fling, young people must sow their wild oats; er hat sich vor der Ehe ausgetobt he sowed his wild oats before he married. – 3. (*von Kindern*) *cf.* austollen. – II *v/t* 4. (*Zorn etc*) work off, spend: seine Wut ~ to give full vent to one's rage, to rage and fume. – III *v/i* 5. (*von Sturm etc*) cease raging, spend itself, abate.

'aus,tol·len *v/reflex* ⟨*sep*, -ge-, h⟩ sich ~ *colloq.* (*von Kindern*) have one's fill of romping.

'aus,tö·nen *v/i* ⟨*sep*, -ge-, h⟩ *archaic* 1. (*vom Glockenschlag etc*) die (*od.* fade) away. – 2. *fig.* (*von einem Fest etc*) end.

'aus,ton·nen [-,tɔnən] *v/t* ⟨*sep*, -ge-, h⟩ *mar. cf.* ausbojen.

'aus,top·fen [-,tɔpfən] *v/t* ⟨*sep*, -ge-, h⟩ *hort.* (*Blumen etc*) take (*s.th.*) out of the pot(s).

'aus,tör·nen [-,tœrnən] *v/t* ⟨*sep*, -ge-, h⟩ *mar.* (*Törn, Kinke*) clear, take (*s.th.*) out.

'aus,tra·ben *v/i* ⟨*sep*, -ge-, h *u.* sein⟩ (*von Pferden etc*) trot out (*od.* away): ein Pferd ~ lassen to put a horse at a full trot.

'Aus,trag [-,traːk] *m* ⟨-(e)s; *no pl*⟩ 1. *jur.* (*Entscheidung*) settlement, decision: gerichtlicher ~ settlement in court; einen Streit zum ~ bringen a) to settle an argument, b) *jur.* to bring a case to an issue (*od.* a decision). – 2. (*sport*) a) (*eines Spiels*) playing, b) (*einer Meisterschaft*) competition: der Länderkampf kommt in München zum ~ the international (competition *od.* meeting, match, contest) will be held in Munich. – 3. *jur. hist. cf.* Austrägalgericht. – 4. *Southern G. and Austrian agr. for* Altenteil.

Aus·trä'gal|ge,richt [austrɛ'gaːl-] *n jur. hist.* arbitration court, court of arbitration.

'aus,tra·gen I *v/t* ⟨*irr, sep,* -ge-, h⟩ **1.** *colloq.* (*Briefe, Brötchen etc*) deliver: Zeitungen [Milch] ~ to do (*od.* have) a newspaper [milk] round (*Am.* route). – **2.** (*Streitigkeiten etc*) settle: Meinungsverschiedenheiten ~ to argue out (*od.* settle) differences of opinion; eine Sache vor Gericht ~ a) to take a matter to court (*od.* law), b) to settle a matter in court. – **3.** (*ausstreichen*) take (*s.th.*) off, remove, delete: er ließ seinen Namen aus der Liste ~ he had his name taken off (*od.* removed from) the list. – **4.** (*sport*) a) (*Spiel*) play, b) (*Wettkampf, Turnier etc*) hold: die Leichtathleten tragen die diesjährigen Meisterschaften aus the athletes are competing for this year's championships; das Rennen wurde in der Schweiz ausgetragen the race took place in Switzerland; der Verein trägt eine Meisterschaft aus the club is holding a championship. – **5.** ein Kind ~ *med.* to carry a child through the full time of pregnancy, to bear a child to the full term, to bear a full-term child. – **6.** *tech.* remove, deliver, discharge. – **II** *v/i* ⟨*only pp*⟩ **7.** ausgetragen haben (*von Obstbaum etc*) to be past bearing. – **III** *v/reflex* sich ~ **8.** *colloq.* enter one's name in a list when leaving, sign oneself out. – **9.** (*aus einer Liste etc*) take one's name off (*od.* remove one's name from) a list. – **IV A~** *n* ⟨-s⟩ **10.** *verbal noun.* – **11.** *cf.* Austragung.

'Aus,trä·ger *m* ⟨-s; -⟩ *Southern G. and Austrian* (*von Zeitungen*) newspaper boy.

'Aus,träg·ler [-,trɛːklər] *m* ⟨-s; -⟩ *Southern G. and Austrian for* Altenteiler.

'Aus,trag,schur·re *f civ.eng.* discharge chute.

'Aus,trags,rohr *n tech.* discharge tube.

'Aus,trag(s),stüb·chen *n Southern G. and Austrian* retired farmer's (*od.* pensioner's) room: im ~ sitzen *fig.* to be retired.

'Aus,tra·gung *f* ⟨-; *no pl*⟩ **1.** *cf.* Austragen. – **2.** *colloq.* (*von Post etc*) delivery.

'Aus,tra·gungs|,ort *m* (*sport*) place (*od.* venue) for the contest (*od.* match). — **~,tag** *m* day of the contest (*od.* match).

au·stral [aus'traːl] *adj obs.* (*südlich*) austral, south(ern). — **~asia·tisch** [-trala'zĭaːtɪʃ] *adj geogr.* Australasian. — **A~asi·er** [-tra'laːzĭər] *m* ⟨-s; -⟩ Australasian. — **~asisch** [-tra'laːzɪʃ] *adj* Australasian.

Au·stra·len [austra'leːn] *n* ⟨-s; *no pl*⟩ *chem.* australene ($C_{10}H_{16}$).

Au'stral,ha·fer *m agr.* Australian oats *pl.*

au·stra·lid [austra'liːt] *adj anthrop.* Australoid. — **Au·stra'li·de** [-'liːdə] *m, f* ⟨-n; -n⟩ Australian aborigine, Australoid.

Au·stra·li·er [aus'traːlĭər] *m* ⟨-s; -⟩, **Au'stra·lie·rin** *f* ⟨-; -nen⟩ **1.** Australian. – **2.** Australian aborigine. — **au'stra·lisch** *adj* Australian.

Au·stra·lit [austra'liːt; -'lɪt] *m* ⟨-s; -e⟩ *min.* australite.

Au'stral|,licht *n astr.* aurora australis, southern lights *pl.* — **~,ne·ger** *m*, **~,ne·ge·rin** *f anthrop. cf.* Australide.

au·stra·lo·id [australo'iːt] *adj anthrop.* resembling the Australoids. — **Au·stra·loi·de** [-'iːdə] *m, f* ⟨-n; -n⟩ Australoid.

'aus,tram·peln *v/t* ⟨*sep,* -ge-, h⟩ **1.** (*Feuer etc*) stamp (*od.* trample) out. – **2.** *fig.* (*Redner etc*) stamp one's feet to express disapproval of.

Au·stra·si·en [aus'traːzĭən] *npr n* ⟨-s; *no pl*⟩ *hist.* Austrasia. — **Au'stra·si·er** *m* ⟨-s; -⟩ Austrasian. — **au'stra·sisch** [-zɪʃ] *adj* Austrasian.

'aus,trau·ern *v/i* ⟨*sep,* -ge-, h⟩ **1.** mourn the due time. – **2.** cease mourning.

'aus,träu·men I *v/i* ⟨*sep,* -ge-, h⟩ cease dreaming: wir haben ausgeträumt *fig.* we have been awakened to realities; hast du nun endlich ausgeträumt? *fig. colloq.* have you finished dreaming? – **II** *v/t* (*Traum*) dream (*a dream*) to the end: der Traum ist ausgeträumt *fig.* that's the end of a (beautiful) dream, it was too good to last.

'aus,treib·bar *adj bes. med.* (*Würmer*) expellable.

'aus,trei·ben I *v/t* ⟨*irr, sep,* -ge-, h⟩ **1.** (*böse Geister etc*) exorcise, exorcize, cast out: den bösen Geist ~ wollen *fig. hist.* to try to cast out the evil spirit; einen bösen Geist aus j-m ~ to dispossess s.o.; → Beelzebub. – **2.** j-m etwas ~ *fig.* to cure s.o. of s.th.: das werde ich dir (noch) ~! *colloq.* I'll cure you of that! j-m den Unsinn ~ to drive the nonsense out of s.o.; j-m den Hochmut ~ to cure s.o. of his conceit, to knock the conceit out of s.o. (*colloq.*). – **3.** *agr.* (*Vieh*) drive (*od.* turn) (*cattle*) out (to pasture). – **4.** *bot.* (*Knospen etc*) put (*od.* send, shoot) forth. – **5.** *chem.* drive out, expel. – **6.** *tech.* a) (*Keil etc*) drive (*od.* force) out, b) (*Bolzen*) start, c) (*Blei*) hammer. – **7.** *print.* (*Satz*) set (*type*) to full measure. – **8.** *med.* (*Foetus*) expel. – **9.** *jur.* (*aus einem Besitz*) (aus from) evict. – **10.** *obs. for* vertreiben[1] 1—4. – **11.** *Austrian for* ausrollen 2. – **II** *v/i* **12.** *bot.* a) (*von Knospen, Pflanzen*) shoot (up *od.* forth), sprout, b) (*von Saat*) germinate. – **III A~** *n* ⟨-s⟩ **13.** *verbal noun.* – **14.** *cf.* Austreibung. — **'aus,trei·bend I** *pres p.* – **II** *adj med.* (*Kraft*) expelling, expulsive.

'Aus,trei·ber *m* ⟨-s; -⟩ *relig.* exorcist.

'Aus,trei·bung *f* ⟨-; *no pl*⟩ **1.** *cf.* Austreiben. – **2.** (*böser Geister etc*) exorcism. – **3.** *med.* a) expulsion, extrusion, b) *cf.* Austreibungsperiode. – **4.** *jur.* (aus from) eviction. – **5.** (*Vertreibung*) die ~ aus dem Paradies *Bibl.* the expulsion from Paradise.

'Aus,trei·bungs|pe·ri,ode *f med.* (*bei der Geburt*) second (*od.* expulsive) stage of delivery, expulsive period. — **~,we·hen** *pl* expulsive (*od.* bearing-down) pain *sg*, bearing down *sg.*

'aus,tren·nen *v/t* ⟨*sep,* -ge-, h⟩ (*textile*) (*Futter etc*) take out.

'aus,tre·ten I *v/i* ⟨*irr, sep,* -ge-, sein⟩ **1.** go (*od.* step) out: aus Reih und Glied ~ *mil.* to fall out, to break ranks. – **2.** (*von Wild aus dem Wald*) leave (*od.* break) cover. – **3.** (*von Flüssigkeit*) (aus) come out (of), come forth (from). – **4.** (*aus einer Gemeinschaft etc*) (aus) withdraw (from), leave (*acc*), quit (*acc*): aus einem Verein ~ to resign one's membership of a club (*od.* society); aus der Kirche ~ *relig.* to leave (*od.* secede from) the church; aus einer Schule [Firma] ~ to leave a school [firm]; aus einem Bündnis ~ *pol.* to withdraw from an alliance, (*stärker*) to secede from an alliance; aus einem Geschäft ~ *econ.* to withdraw from a business; aus einer Partei ~ to leave (*od.* resign membership of) a party. – **5.** *med.* a) (*von Blut aus Gefäßen*) extravasate, b) (*von Organen*) protrude, prolapse, c) (*von Schweiß etc*) be secreted. – **6.** *bes. tech.* (*von Dampf, Gas etc*) (als as) escape, issue, (*von Flüssigkeiten*) pass out, flow out. – **7.** (*mining*) outcrop. – **8.** *bes. phys.* (*von Licht*) emerge. – **9.** *colloq.* leave the room (to relieve nature *od.* oneself), go somewhere (*colloq.*), (go and) wash one's hands (*euphem.*): darf ich mal ~ (gehen)? a) may I use your toilet (*od.* wash my hands)? b) *ped.* please, may I be excused? – **10.** ⟨h⟩ (*von Pferd*) kick (out). – **11.** (*von Fluß*) overflow (its banks). – **II** *v/t* ⟨h⟩ **12.** (*Schuhe*) a) (*abnutzen*) wear out, b) (*ausweiten*) stretch: die Kinderschuhe [noch nicht] ausgetreten haben *fig.* to be no longer [to be still] a child, [not] to have outgrown childish ways. – **13.** (*Treppenstufen etc*) wear down (*od.* out). – **14.** (*Feuer, Brand etc*) tread (*od.* *stärker* stamp, trample) out. – **15.** *agr.* (*Getreide etc*) tread (out). – **16.** (*Weg*) tread, beat. – **III** *v/reflex* ⟨h⟩ sich ~ **17.** (*von Schuhen*) stretch. – **IV A~** *n* ⟨-s⟩ **18.** *verbal noun*: A~ von Gasen durch Kapillaren *phys.* transpiration of gases. – **19.** *cf.* Austritt 1—7, 9.

Au·stria... *combining form denoting* Aus-[tria...]

Au·stria·zis·mus [austria'tsɪsmus] *m* ⟨-; -zismen⟩ *ling.* Austrianism.

'Aus,trieb *m* **1.** *agr.* taking out of cattle to pasture. – **2.** *bot.* shoot, sprig. – **3.** *synth.* (*überfließender Stoff, Preßgrat*) flash.

'Aus,triebs|ka,nal *m*, **~,nu·te** *f synth.* flash groove.

Au·stri·en ['austrĭən] *npr n* ⟨-s; *no pl*⟩ *hist. cf.* Austrasien.

'aus,trim·men *aer.* **I** *v/t* ⟨*sep,* -ge-, h⟩ trim. – **II A~** *n* ⟨-s⟩ *verbal noun.* — **'Aus,trim·mung** *f* ⟨-; -en⟩ **1.** *cf.* Austrimmen. – **2.** trim.

'aus,trin·ken I *v/t* ⟨*irr, sep,* -ge-, h⟩ **1.** (*Glas, Flasche etc*) empty, finish, drain: etwas in (*od.* mit) einem (*od.* auf einen) Zug ~ to empty s.th. in one draught. – **2.** (*Getränk*) drink up, finish: trink deinen Kaffee aus! finish your coffee! seinen Wein bis auf den letzten Tropfen ~ to drink one's wine to the last drop; wir haben alles ausgetrunken we have drunk it all up. – **II** *v/i* **3.** finish one's drink: möchtest du erst ~? do you want to finish your drink first? trink aus! finish your glass!

au·strisch ['austrɪʃ] *adj ling.* Austric.

'Aus,tritt *m* **1.** *cf.* Austreten. – **2.** (*aus einer Gemeinschaft etc*) (aus from) withdrawal: ~ aus der Kirche *relig.* secession from the church; beim ~ aus der Schule [Firma] on leaving school [the firm]; sein ~ aus der Partei kam überraschend his resignation from the party came as a surprise. – **3.** ⟨*only sg*⟩ *med.* a) (*von Blutzellen durch Gefäßwand*) diapedesis, b) (*von Blut aus Gefäßen*) extravasation, c) (*eines Organs etc*) protrusion, d) (*von Schweiß etc*) secretion. – **4.** ⟨*only sg*⟩ *bes. tech.* (*von Dampf, Gas etc*) escape, exhaustion. – **5.** ⟨*only sg*⟩ *bes. phys.* (*von Licht*) emergence. – **6.** ⟨*only sg*⟩ (*von Fluß etc*) overflow. – **7.** ⟨*only sg*⟩ (*eines Geschosses etc aus dem Körper*) exit. – **8.** *tech.* (*Öffnung*) exit, outlet, vent, port. – **9.** *astr.* (*eines Gestirns*) emersion, egress. – **10.** *archaic* (small) balcony.

'Aus,tritts|be,schei·ni·gung *f* **1.** leaving certificate. – **2.** *econ.* (*Versicherung*) confirmation of withdrawal. — **~,blen·de** *f* (*optics*) field stop, exit slit. — **~,bo·gen** *m astr.* arc of vision. — **~,druck** *m* ⟨-(e)s; ⸗e⟩ *phys.* discharge pressure. — **~,durch,mes·ser** *m* (*eines Scheinwerfers*) effective diameter. — **~,dü·se** *f tech.* **1.** (*einer Pumpe*) exhaust nozzle. – **2.** (*einer Rohrleitung*) discharge nozzle. — **~ener,gie** *f* exhaust energy. — **~er,klä·rung** *f* **1.** (*schriftliche*) notice of withdrawal (*od.* resignation). – **2.** (*mündliche*) announcement of withdrawal (*od.* resignation). — **~ge,schwin·dig·keit** *f* **1.** (*eines Geschosses*) muzzle (*od.* discharge) velocity. – **2.** *cf.* Ausströmgeschwindigkeit. — **~ka,nal** *m tech.* exhaust channel (*od.* duct). — **~,öff·nung** *f* **1.** *tech.* discharge orifice, outlet. – **2.** *auto.* (*Austrittsschlitz*) exhaust port. — **~,punkt** *m astr.* point of emersion. — **~pu,pil·le** *f* (*optics*) exit pupil. — **~,schau·fel** *f tech.* (*einer Turbine*) exhaust stator. — **~,stel·le** *f* exit: die ~ des Wassers the point where the water comes out. — **~,strahl** *m* **1.** (*optics*) emergent ray. – **2.** *tech.* exhaust jet. — **~,stu·fe** *f arch.* (*einer Treppe*) top (*od.* last) step. — **~,stut·zen** *m tech.* outlet connection (*Br. auch* connexion). — **~tem·pe·ra,tur** *f* outlet temperature. — **~ven,til** *n* outlet valve. — **~ver,lust** *m phys.* outlet loss. — **~,win·kel** *m* **1.** *phys.* (*Magnetismus*) angle of emersion. – **2.** (*optics*) angle of reflection (*Br. auch* reflexion).

Au·stro... *combining form denoting* Austro...

au·stro·asia·tisch [austroʔa'zĭaːtɪʃ] *adj ling.* Austroasiatic.

'aus,trock·nen I *v/t* ⟨*sep,* -ge-, h⟩ **1.** (*Schüssel etc*) dry the inside of, wipe (*s.th.*) dry, dry out. – **2.** (*Haut*) dry (up). – **3.** (*Erde, Land, von Sonne*) dry up, parch, desiccate (*lit.*). – **4.** (*Sümpfe etc*) drain, dry (up). – **5.** (*Kehle*) parch. – **6.** (*wood*) dry, season. – **7.** *med.* (*durch Arzneimittel*) desiccate. – **II** *v/i* ⟨sein⟩ **8.** (*von Flußbett etc*) dry up, drain. – **9.** (*von Haut*) become dry. – **10.** (*von Erde, Land*) become parched (*od. lit.* desiccated). – **11.** (*von Kehle*) become dry (*od.* parched). – **12.** (*wood*) season: auf natürlichem Wege ~ lassen to season by natural process. – **III A~** *n* ⟨-s⟩ **13.** *verbal noun.* – **14.** *cf.* Austrocknung. — **'aus,trock·nend I** *pres p.* – **II** *adj med.* (*Mittel*) desiccative, desiccant. — **'Aus,trock·nung** *f* ⟨-; -en⟩ **1.** *cf.* Austrocknen. – **2.** (*von Sümpfen etc*) drainage. – **3.** *med.* desiccation.

'aus,trom·meln *v/t* ⟨*sep,* -ge-, h⟩ **1.** *obs.* announce (*s.th.*) by beat of the drum. – **2.** *fig. colloq.* tell (*s.th.*) to everyone, 'broadcast' (*colloq.*).

'aus·trom,pe·ten *v/t* ⟨*sep, no* -ge-, h⟩ *cf.* ausposaunen.

au·stro·ne·sisch [austro'neːzɪʃ] *adj ling.* Austronesian.

'aus,tröp·feln *v/i* ⟨*sep,* -ge-, sein⟩ trickle (out).

'aus,trop·fen *v/i* ⟨*sep,* -ge-, sein *u.* h⟩ **1.** ⟨sein⟩ drip (out): das Öl tropft aus dem Faß aus the oil is dripping out of the barrel; das Benzin ist ausgetropft the gasoline (*Br.* petrol) has dripped out. – **2.** ⟨h⟩ cease dripping: das Faß hat ausgetropft the barrel has dripped dry.

'aus,tüf·teln *v/t* ⟨*sep,* -ge-, h⟩ *colloq.*

1. (*Plan etc*) work out, devise. – **2.** (*Schwierigkeiten*) puzzle out.

ˈausˌtun *v/t* ⟨*irr, sep,* -ge-, h⟩ **1.** *colloq.* (*Essen, Speisen*) serve. – **2.** *colloq.* (*Kleidungsstück*) take off. – **3.** *obs. for* auslöschen 1.

ˈausˌtün·chen *v/t* ⟨*sep,* -ge-, h⟩ (*Zimmer etc*) whitewash, limewash.

ˈausˌtup·fen *v/t* ⟨*sep,* -ge-, h⟩ *med.* dry with swabs, sponge.

ˈausˌtu·schen *v/t* ⟨*sep,* -ge-, h⟩ ink, wash (*od.* paint, shade) (*s.th.*) with India(n) ink.

ˈausˌüben I *v/t* ⟨*sep,* -ge-, h⟩ **1.** (*Beruf etc*) exercise, practise, *bes. Br.* practice, carry on (*od.* out), pursue: **ein Gewerbe ~** to carry on (*od.* ply) a trade; **er konnte seinen Beruf nie richtig ~** he was never actually able to pursue (*od.* follow) his profession; **welche Tätigkeit üben Sie zur Zeit aus?** what is your present employment? **eine Praxis ~** to be in (private) practice; **er übt die Jagd aus** he is a (professional) hunter; **ein Amt ~** a) to carry out (*od.* perform) the duties of an office, b) to hold an office; **eine Pflicht ~** to perform (*od.* fulfil, do) a duty; **eine Kunst ~** to practice an art. – **2.** (*Verbrechen*) commit, perpetrate. – **3.** (*Sport*) go in for, (*aktiv*) be actively engaged in. – **4.** (*Recht, Kontrolle etc*) exercise, make use of, use: **sein Selbstbestimmungsrecht ~** *pol.* to exercise one's right of self-determination. – **5.** (*Wirkung, Einfluß etc*) exert, have: **Einfluß auf j-n ~** a) to have an influence on s.o., to influence s.o., b) to bring one's influence to bear on s.o.; **einen Druck auf j-n ~** to exert (*od.* put) pressure on s.o., to bring pressure to bear on s.o.; **eine starke Wirkung ~** to have (*od.* produce) a strong effect; **Macht über j-n ~** to wield power over s.o.; **Zwang auf j-n ~** to coerce s.o.; **Musik übt einen unwiderstehlichen Reiz auf ihn aus** music has an irresistible attraction for him. – **6.** *phys.* (*Druck etc*) exert. – **II A~** *n* ⟨-s⟩ **7.** *verbal noun.* – **8.** *cf.* Ausübung. — **ˈausˌübend I** *pres p.* – **II** *adj* **1.** (*Arzt etc*) practising, *bes. Br.* practicing. – **2.** *bes. mus.* (*Künstler*) performing, professional. – **3. ~e Gewalt** *pol.* executive (power). — **ˈAusˌübung** *f* ⟨-; *no pl*⟩ **1.** *cf.* Ausüben. – **2.** (*eines Berufs, einer Tätigkeit*) exercise, practice, carrying on (*od.* out), pursuit, pursuance: **er starb in ~ seines Berufs** a) he died while performing his duties, b) he died in harness; **in ~ seines Dienstes** in performance of his duty, *Am.* in line of duty; **j-m die Lizenz zur ~ eines Gewerbes erteilen** to license (*Br. auch* -c-) s.o. to carry on a trade. – **3.** (*eines Verbrechens*) perpetration. – **4.** (*eines Sports*) (*gen*) going in (for), (*aktiv*) active engagement (in). – **5.** (*von Rechten etc*) exercise, use, enjoyment. – **6.** (*der Gerichtsbarkeit*) administration. – **7.** (*einer Wirkung, eines Einflusses*) exertion: **~ von Zwang** coercion. – **8.** *phys.* (*von Druck etc*) exertion.

ˈausˌufern [-ˌʔuːfərn] **I** *v/i* ⟨*sep,* -ge-, sein⟩ (*von Fluß etc*) overflow (its banks). – **II A~** *n* ⟨-s⟩ *verbal noun.* — **ˈAusˌufe·rung** *f* ⟨-; *no pl*⟩ *cf.* Ausufern.

ˈAus·verˌkauf *m* **1.** *econ.* a) (clearance) sale, b) (*liegengebliebener Waren*) rummage (*bes. Br.* jumble) sale, c) (*Saisonausverkauf*) seasonal sale, selling off, d) (*Sonderausverkauf*) bargain sale, e) (*wegen Geschäftsaufgabe*) closing-down (*od.* close-out, winding-up) sale: **etwas im ~ kaufen** to buy s.th. at a sale (*od.* at the sales). – **2.** *econ.* selling off (*od.* out). – **3.** *fig. colloq.* sellout. — **ˈaus·verˌkau·fen** *v/t* ⟨*sep, no* -ge-, h⟩ *econ.* sell off (*od.* out), *Am.* close (*od.* clear) out.

ˈAus·verˌkaufs|ˌpreis *m econ.* special sale price. — **~ˌwa·ren** *pl* sale goods.

ˈaus·verˌkauft I *pp.* – **II** *adj* **1.** (*Theater etc*) sold out, full: **vor ~em Hause spielen** to play to a full house; **~ sein** to be sold out; **~!** *Am.* full house, *Br.* house full. – **2. ~ sein** *econ.* (*von Waren*) a) to be sold out, b) to be (temporarily) out of stock.

ˈausˌwach·sen I *v/i* ⟨*irr, sep,* -ge-, sein⟩ **1.** (*von Personen*) grow up, attain full growth, reach one's full growth. – **2.** (*von Getreide, Kartoffeln*) sprout. – **3.** *rare colloq.* grow deformed, (*bucklig werden*) grow hunchbacked (*od.* humpbacked): **ich bin fast ausgewachsen vor Langeweile** *fig. colloq.* I nearly went mad with boredom. – **II** *v/t* ⟨h⟩ **4.** (*Kleidungsstück*) outgrow, grow out of: **einen Anzug ~** to outgrow a suit. – **III** *v/reflex* ⟨h⟩ **sich ~ 5.** (**zu etwas** into s.th.) grow, develop: **er hat sich schön ausgewachsen** he has grown into a fine boy; **die Affäre hat sich zu einem Skandal ausgewachsen** the affair has developed into a scandal; **der Konflikt kann sich leicht zu einem Krieg ~** the conflict may easily develop into a war. – **IV A~** *n* ⟨-s⟩ **6.** *verbal noun*: **es ist zum A~** (langweilig) *fig. colloq.* it's unspeakably boring; **es ist zum A~ mit dir** *fig. colloq.* a) it's hopeless with you, you're a dead loss (*sl.*), b) you are driving me mad.

ˈausˌwä·gen *v/t* ⟨*irr, sep,* -ge-, h⟩ weigh (*s.th.*) (out).

ˈAusˌwahl *f* ⟨-; *no pl*⟩ **1.** choice, selection: **eine ~ treffen** (**aus, unter** *dat*) to select (from), to make a selection (from), to take one's choice (of); **die ~ unter verschiedenen Möglichkeiten haben** to be able to choose from various possibilities; **eine sorgfältige ~ treffen** to choose carefully; **zehn Bücher stehen zur ~** there are ten books to choose from; (**j-m**) **etwas zur ~ stellen** to offer (s.o.) the choice of s.th.; **j-m etwas zur ~ vorlegen** to present s.o. s.th. for selection. – **2.** *bes. econ.* a) (*Warenangebot*) range, selection, assortment, collection, b) (*Muster*) sample, c) (*Menge*) variety: **eine reiche** (*od.* **reichhaltige**) **~ an** (*dat*) **etwas haben** to have a great variety (*od.* wide range) of s.th. to choose from; **eine schöne ~ an Schallplatten** a fine selection of records; **Schuhe in großer ~** a large assortment of shoes; **zur ~** for selection; **~ von Mustern** sampling; **bewußte** [**geschichtete**] **~** purposive [stratified] sample. – **3.** (*von literarischen Werken etc*) selection(s *pl*): **eine ~ aus** (*od.* **von**) **Goethes Werken** selections from Goethe; **eine ~ von Gedichten** an anthology of poems; **eine ~ zusammenstellen** to compile a selection. – **4.** (*sport*) *cf.* Auswahlmannschaft. – **5.** *lit. for* Auslese 2. – **6.** *econ.* (*in der Statistik*) sampling: **zufällige ~** random sampling.

ˈAusˌwahl|ˌband *m* ⟨-(e)s; -bände⟩ **1.** selection. – **2.** (*von Literatur*) anthology. — **~ˌein·heit** *f econ.* (*in der Statistik*) sampling unit.

ˈausˌwäh·len I *v/t* ⟨*sep,* -ge-, h⟩ **1.** choose, select: **Geschenke für j-n ~** to choose presents for s.o.; **einen Bewerber aus vielen ~** to select one candidate out of (*od.* from) many; **den geeignetsten Zeitpunkt ~** to choose the most suitable (*od.* opportune) moment; **sich** (*dat*) **einen günstigen Platz ~** to choose a suitable spot; **sie haben den Besten ausgewählt** they selected the best one. – **2.** make a selection of: **Gedichte für eine Sammlung ~** to make a selection of poems for an anthology. – **3.** *econ.* (*in der Statistik*) sample. – **II A~** *n* ⟨-s⟩ **4.** *verbal noun.* – **5.** *cf.* Auswahl 1.

ˈAusˌwahl|ˌfra·ge *f econ.* (*in der Marktforschung*) multi-choice (*od.* multiple-choice) question, selective question (*od.* enquiry, inquiry). — **~ˌgrundˌla·ge** *f* (*in der Statistik*) frame. — **~ˌkäu·fe** *pl* selective buying *sg.* — **~ˌlehrˌgang** *m ped.* selective course. — **~ˌmann·schaft** *f* (*sport*) select (*od.* representative) team. — **~ˌmög·lich·keit** *f* possibility of choosing, possible choice, alternative. — **~priˌzip** *n* selection principle (*od.* rule). — **~ˌprü·fung** *f ped.* selective examination. — **~ˌre·gel** *f phys.* selection rule. — **~ˌsatz** *m econ.* (*in der Statistik*) sampling fraction (*od.* ratio). — **~ˌsen·dung** *f* consignment on approval, samples *pl* (sent for selection). — **~verˌfah·ren** *n* **1.** selective scheme (*od.* procedure). – **2.** (*in der Statistik*) (patterned) sampling: **systematisches ~** systematic sampling.

ˈausˌwal·ken *Austrian,* **ˈausˌwal·len** *Swiss v/t* ⟨*sep,* -ge-, h⟩ *cf.* ausrollen 2.

ˈausˌwal·zen *v/t* ⟨*sep,* -ge-, h⟩ **1.** *tech.* a) (*Metall*) roll (*s.th.*) (out), b) (*bes. Gummi*) sheet, c) (*bes. Papier*) mill. – **2.** *fig. colloq.* (*Thema etc*) blow (*s.th.*) up, extend, inflate.

ˈAusˌwan·de·rer *m* ⟨-s; -⟩ emigrant: **die ~ nach Amerika** the emigration *sg* to America. — **~beˌra·tungsˌstel·le** *f* emigration information center (*bes. Br.* centre). — **~ˌschiff** *n* emigrant ship.

ˈausˌwan·dern I *v/i* ⟨*sep,* -ge-, sein⟩ **1.** emigrate: **von** (*od.* **aus**) **Deutschland nach Amerika ~** to emigrate from Germany to America; **er mußte ~** he had to leave the country, he was expatriated. – **2.** *mil.* (*vom Ziel etc*) (von off, from) travel. – **II A~** *n* ⟨-s⟩ **3.** *verbal noun.* — **ˈAusˌwan·de·rung** *f* **1.** emigration: **j-n zur ~ veranlassen** to cause s.o. to emigrate, (*unter Zwang*) to expatriate s.o.; **j-m bei der ~ helfen** to assist s.o. with emigration problems. – **2.** *mil.* angular travel (of target). – **3.** *Bibl.* exodus.

ˈAusˌwan·de·rungs|ˌamt *n,* **~beˌhör·de** *f* board of emigration. — **~beˌschrän·kung** *f* emigration restriction. — **~ˌdrang** *m* urge (*od.* eagerness) to emigrate. — **~erˌlaub·nis** *f* emigration permit. — **~geˌschwin·digkeit** *f* (*space*) drift rate. — **~ˌmes·ser** *m mil.* target travel (*od.* displacement) indicator. — **~ˌstrecke** (*getr.* -k·k-) *f* (linear) target travel (*between present and future positions*). — **~verˌbot** *n* ban on emigration.

ˈausˌwär·tig [-ˌvɛrtɪç] **I** *adj* **1.** (*nicht ortsansässig*) from outside, from another place, nonlocal *Br.* non-: **~er Besuch** a) out-of-town visitor(s *pl*), b) visitor(s *pl*) from abroad; **~er Schüler** a) non(-)resident pupil, b) out-of-town (*od.* non[-]local) pupil; **~er Leihverkehr** interlibrary loan; **~es Mitglied** a) non(-)resident member, b) (*eines Gremiums*) corresponding member. – **2.** *bes. pol.* (*ausländisch*) foreign, external: **A~es Amt** *cf.* Außenministerium; **~e Angelegenheiten** foreign (*auch* external) affairs. – **II A~e, das** ⟨-n⟩ **3.** *pol.* foreign affairs *pl*: **Minister des A~en** *cf.* Außenminister.

ˈAusˌwär·ti·ge *m, f* ⟨-n; -n⟩ **1.** (*kein Ortsansässiger*) person from another place, nonresident *Br.* non-. – **2.** (*Unbekannter*) stranger. – **3.** (*Ausländer*) foreigner.

ˈausˌwärts *adv* **1.** (*außerhalb des Hauses*) out, away from home: **~ essen** [**schlafen**] to eat [to sleep] out; **~ wohnen** to live out. – **2.** (*außerhalb des Wohnortes*) elsewhere, out of town: **nach ~ gehen** to move to another place; **von ~ kommen** to come from another place; **~ wohnen** to live out of town. – **3.** (*außerhalb des Landes*) abroad: **von ~ kommen** to come from abroad. – **4.** (*nach außen*) outward(s): **die Füße** (**nach**) **~ setzen** to turn one's toes out; **die Wand neigt sich nach ~** the wall bends outward(s). – **5.** *bot.* extrorsely, extrorsally.

ˈAusˌwärts|ˌbie·gung *f* outward bend. — **~ˌbo·gen** *m* (*sport*) (*beim Eiskunstlauf*) outside edge (*od.* curve): **~ vorwärts** outside edge forward. — **a~ˌdre·hen** *v/t* ⟨*sep,* -ge-, h⟩ **1.** (*Handteller etc*) turn (*s.th.*) outward(s). – **2.** *med.* evert, turn out, supinate (*scient.*). — **a~ˌge·hen** *v/i* ⟨*irr, sep,* -ge-, sein⟩ toe out, turn one's toes out, walk with one's feet (*od.* toes) turned out. — **~ˌkeh·rung** *f med.* **1.** eversion. – **2.** (*bes. des Augenlids*) ectropion. — **~ˌschie·len** *n* external squint, divergent squint (*od.* strabismus). — **~ˌsieg** *m* (*sport*) away victory, *Br.* away win. — **~ˌspiel** *n* away game.

ˈausˌwasch·bar *adj* washable.

ˈausˌwa·schen I *v/t* ⟨*irr, sep,* -ge-, h⟩ **1.** wash (*s.th.*) out: **einen Fleck aus einem Kleid ~** to wash a stain out of a dress; **der Schmutz läßt sich leicht ~** the dirt can be washed out easily. – **2.** (*Wäsche, Gläser etc*) wash (out), rinse (out): **ein Paar Strümpfe ~** to wash through a pair of stockings. – **3.** *geol. cf.* ausspülen 4. – **4.** *chem.* a) (*wässern*) wash, edulcorate (*scient.*), b) (*Farbe etc*) wash out, c) (*auslaugen*) lixiviate, leach, extract, d) (*Benzol, Gase etc*) scrub (out). – **5.** *med.* wash (out). – **6.** *tech.* (*Goldsand etc*) pan (out *od.* off): **im Schwingtrog ~** to rock. – **II** *v/reflex* **sich ~ 7.** (*von Farbe etc*) come out by washing, wash out. – **III A~** *n* ⟨-s⟩ **8.** *verbal noun.* — **ˈAusˌwa·schung** *f* ⟨-; -en⟩ **1.** *cf.* Auswaschen. – **2.** *geol.* washout, erosion, wash. – **3.** *chem.* a) edulcoration, b) lixiviation.

ˈAusˌwasch·verˌfah·ren *n chem.* wash-out process.

ˈausˌwäs·sern *v/t* ⟨*sep,* -ge-, h⟩ *cf.* wässern 4.

ˈaus·watˌtie·ren *v/t* ⟨*sep, no* -ge-, h⟩ *cf.* wattieren.

ˈausˌwech·sel·bar *adj* **1.** (**gegen** for) (ex)changeable. – **2.** (*ersetzbar*) (**gegen** by) replaceable: **~er Behälter** change container. – **3.** (*untereinander*) (**mit, gegen** with) interchangeable: **~es Objektiv** *phot.* interchangeable lens. – **4.** (*erneuerungsfähig*) renewable. — **ˈAusˌwech·sel·bar·keit** *f* ⟨-; *no pl*⟩ **1.** (**gegen** for) (ex)changeability. – **2.** (**gegen** by) replaceability. – **3.** (**gegen** with) changeability.

ˈ**ausˌwech·seln I** *v/t* ⟨*sep*, -ge-, h⟩ **1.** (ex)change: eine Glühlampe gegen eine stärkere ~ to exchange a bulb for a stronger one. – **2.** (*ersetzen*) replace, renew: den morschen Balken gegen einen neuen ~ to replace the rotten beam by a new one; eine durchgebrannte Sicherung ~ to replace a blown fuse. – **3.** (*untereinander*) interchange: Reifen (untereinander) ~ to switch tires (*bes. Br.* tyres). – **4.** *ling.* transpose. – **5.** (*sport*) (*Spieler*) substitute. – **II** *v/i* **6.** *hunt.* leave the (old) haunt (*od.* ground). – **III A~** *n* ⟨-s⟩ **7.** *verbal noun.* – **8.** *cf.* Auswechslung.

ˈ**Ausˌwech·selˌspie·ler** *m* (*sport*) substitute, replacement.

ˈ**Ausˌwech·se·lung** *f* ⟨-; -en⟩ *cf.* Auswechslung.

ˈ**Ausˌwechs·ler** *m* ⟨-s; -⟩ *tech.* **1.** (ex)changer. – **2.** replacer. – **3.** interchanger.

ˈ**Ausˌwechs·lung** *f* ⟨-; -en⟩ **1.** *cf.* Auswechseln. – **2.** (ex)change, interchange. – **3.** (*Ersatz*) replacement. – **4.** (*gleicher Teile*) interchange. – **5.** (*Erneuerung*) renewal.

ˈ**Ausˌweg** *m* **1.** *fig.* way out: ich weiß (mir) (*od.* sehe) keinen ~ mehr I don't know any way out, I don't know where to turn; der einzige ~ the only alternative (*od.* way out); es gibt nur einen (einzigen) ~ aus dieser Situation there is but one way out of this situation; als letzter ~ as a last resort; es gab keinen anderen ~ (als) there was no other way left (*od.* no other escape) (but); sich (*dat*) einen ~ offenlassen to leave oneself a loophole. – **2.** way out, outlet, exit: das Wasser sucht sich (*dat*) einen ~ the water seeks an outlet.

ˈ**ausˌweg·los** *adj fig.* hopeless: sich in einer ~en Situation befinden to be in a hopeless situation. — ˈ**Ausˌweg·lo·sig·keit** *f* ⟨-; *no pl*⟩ *fig.* hopelessness.

ˈ**Ausˌweich·beˌwe·gung** *f* **1.** avoiding (*od.* evading, evasive) movement: ~ eines Autos swerving; der Boxer machte eine ~ (*sport*) the boxer dodged. – **2.** *phys.* (*der Elementarteilchen*) movement of deflection (*Br. auch* deflexion).

ˈ**Ausˌwei·che** *f* ⟨-; -n⟩ *cf.* Ausweichstelle 1.

ˈ**ausˌwei·chen I** *v/i* ⟨*irr, sep*, -ge-, sein⟩ **1.** (*im Verkehr etc*) get (*od.* keep) out of the way, make way: (vor) j-m ~ to make way for s.o.; er wich erst im letzten Augenblick aus he got out of the way in the last moment; nach rechts ~ to swerve to the right (in order to get out of the way). – **2.** avoid: dem Feind ~ *mil.* to avoid contact with the enemy; einem Schlag ~ a) to avoid (*od.* evade, dodge) a blow, b) (*beim Boxen*) to duck (*od.* sidestep) a blow; einem Stoß ~ (*beim Fechten*) to parry a thrust; einem Tritt ~ to avoid (*od.* evade, dodge) a kick. – **3.** j-m [etwas (*dat*)] ~ *fig.* to avoid (*od.* shun) s.o. [s.th.]: j-s Blicken ~ to avoid meeting s.o.'s glances; einer Entscheidung ~ to evade a decision; einer Gefahr ~ to elude a danger, to back out; seiner Pflicht ~ to shirk one's duty; er weicht immer aus he is always evasive; einer Frage ~ to evade a question; sie wichen einander aus they avoided one another; sein Freund wich ihm immer aus his friend kept avoiding him. – **4.** *mus.* modulate (into another key). – **5.** *tech. econ.* change (*od.* switch) over. – **6.** *geol.* a) (*von Flußlauf etc*) change course, b) (*von Sand etc*) give way, yield. – **II A~** *n* ⟨-s⟩ **7.** *verbal noun.* – **8.** avoidance, evasion. – **9.** *cf.* Ausweichung. — ˈ**ausˌwei·chend I** *pres p.* – **II** *adj fig.* evasive, noncommittal *Br.* non-, elusive: eine ~e Antwort geben to give (*od.* make) an evasive answer; ~e Redeweise double talk (*colloq.*); ~es Verhalten (*od.* Wesen) evasiveness.

ˈ**Ausˌweich|ˌflugˌha·fen, ~ˌflugˌplatz** *m aer.* alternative airport, alternate aerodrome. — **~fre,quenz** *f meist pl electr.* emergency (*od.* alternative) frequency. — **~ˌgleis** *n* (*railway*) **1.** siding. – **2.** (*Ausziehgleis*) turnout track. – **3.** (*Nebengleis*) side track. – **4.** (*Rangiergleis*) shunting line. – **5.** (*Überholungsgleis*) passing loop. — **~ˌha·fen** *m mar.* substitute port. — **~ˌklau·sel** *f jur.* escape clause. — **~ˌla·ger** *n econ.* reserve store (*od.* depot), emergency (*od.* auxiliary) store. — **~maˌnö·ver** *n* **1.** *mil.* evasive action (*od.* man[o]euver, *bes. Br.* manœuvre). – **2.** *mar.* man(o)euver (*bes. Br.* manœuvre) to keep clear (*od.* out of the way). — **~ˌmög·lich·keit** *f* opportunity (*od.* possibility) of evasion, loophole. — **~ˌpeil·geˌrät** *n aer.* standby direction finder. — **~ˌschritt** *m* side step (*auch sport*). — **~ˌstel·le** *f* **1.** road widening, *Am.* turnout. – **2.** (*einer Fabrik*) shadow factory. – **3.** (*eines Büros etc*) temporary office quarters *pl.* — **~ˌstoff** *m bes. chem.* substitute material. — **~ˌstra·ße** *f* bypass, detour, diversion.

ˈ**Ausˌwei·chung** *f* ⟨-; *no pl*⟩ **1.** *cf.* Ausweichen. – **2.** *mus.* passing (*od.* transitory, momentary) modulation, transition. – **3.** *phys. tech.* a) (*magnetische*) deflection, *Br. auch* deflexion, b) (*eines Pendels*) amplitude.

ˈ**Ausˌweich|verˌmitt·lung** *f electr.* emergency exchange. — **~ˌwel·le** *f* (*radio*) alternative wave. — **~ˌziel** *n mil.* alternative (*bes. Am.* alternate, secondary) target.

ˈ**ausˌwei·den** *hunt.* **I** *v/t* ⟨*sep*, -ge-, h⟩ **1.** gut, disembowel: einen Rehbock ~ to gut (*od.* break up) a buck. – **II A~** *n* ⟨-s⟩ **2.** *verbal noun.* – **3.** disembowelment.

ˈ**ausˌwei·nen I** *v/t* ⟨*sep*, -ge-, h⟩ weep out: seinen Kummer (an j-s Schulter) ~ to weep out one's grief (on s.o.'s shoulder); sich (*dat*) die Augen ~ to weep (*od.* cry) one's eyes (*od.* heart) out. – **II** *v/i* stop (*od.* cease) weeping (*od.* crying). – **III** *v/reflex* sich ~ weep (*od.* cry) oneself out, have one's cry out: sich ordentlich ~ *colloq.* to have a good cry (*colloq.*).

ˈ**Ausˌweis** [-ˌvaɪs] *m* ⟨-es; -e⟩ **1.** identification (card *od.* paper), identity card, proof of identity: alle Mitglieder haben ~e all members have membership cards; an der Grenze muß man seinen ~ vorzeigen at the border one has to show one's identity card (*od.* passport). – **2.** *econ.* (*einer Bank*) bank return, statement: zusammengefaßter ~ combined return; nach ~ der Bücher according to the records, as the books (will) prove (*od.* show). – **3.** *rare for* Beweis 1, Beweisstück.

ˈ**ausˌwei·sen I** *v/t* ⟨*irr, sep*, -ge-, h⟩ **1.** expel, compel (*s.o.*) to leave, turn (*od.* drive) (*s.o.*) out: die Polizei wies ihn als unerwünschten Ausländer aus the police expelled (*od.* deported) him as an undesirable alien; er wurde aus der Schule ausgewiesen he was expelled from school. – **2.** j-n ~ to identify s.o., to prove s.o.'s identity. – **3.** *fig.* show, prove: die Bücher weisen einen Gewinn aus *econ.* the books show a profit; sein Werk weist ihn als großen Künstler aus his work proves him to be a great artist. – **4.** *econ.* a) (*berichten*) report, b) (*in Büchern etc*) set out, account, show, evidence: 200 DM wurden als Verlust ausgewiesen 200 DM were accounted lost. – **II** *v/reflex* sich ~ **5.** identify oneself, prove one's identity: sich als Detektiv ~ to identify oneself as a detective; ich konnte mich mit meinem Führerschein ~ I could prove my identity with my driver's license (*Br.* driving licence). – **6.** show (*od.* prove) oneself: er wies sich als guter Partner aus he proved himself to be a good partner; sich über seine Tauglichkeit ~ to prove one's aptitude. – **7.** become evident: das wird sich ~ that remains to be seen, we shall see. – **III A~** *n* ⟨-s⟩ **8.** *verbal noun.* – **9.** *cf.* Ausweisung.

ˈ**Ausˌweis|ˌhül·le** *f* case (*od.* cover) for an identification card. — **~ˌkar·te** *f* identification (*od.* identity) card. — **~konˌtrol·le** *f* checking of identification (*od.* identity) papers.

ˈ**ausˌweis·lich** *prep* ⟨*gen*⟩ (*officialese*) as shown in, as evidenced by, according to.

ˈ**ausˌweis·los** *adj* without identification.

ˈ**Ausˌweis·paˌpier** *n meist pl* **1.** (identification *od.* identity) paper. – **2.** (*im weiteren Sinne*) document.

ˈ**ausˌweisˌpflich·tig** *adj econ.* subject to obligatory publication: der ~e Rohertrag the obligatory published gross profit.

ˈ**ausˌwei·ßen** *v/t* ⟨*sep*, -ge-, h⟩ whitewash, limewash.

ˈ**AusˌweisˌstichˌtagFIX** *m econ.* bank-return date.

ˈ**Ausˌwei·sung** *f* ⟨-; -en⟩ **1.** *cf.* Ausweisen. – **2.** (*aus einem Land*) (aus from) expulsion, deportation: ~ eines Ausländers expulsion (*od.* deportation) of an alien. – **3.** (*aus einer Schule etc*) (aus from) expulsion. – **4.** ⟨*only sg*⟩ *rare* (*Identitätsnachweis*) identification, proof of identity.

ˈ**Ausˌwei·sungs·beˌfehl** *m* order of expulsion (*od.* deportation), expulsion (*od.* deportation) order.

ˈ**ausˌweit·bar** *adj* **1.** extensible, expandable. – **2.** *phys.* dilatable.

ˈ**ausˌwei·ten I** *v/t* ⟨*sep*, -ge-, h⟩ **1.** (*Hut, Schuhe etc*) stretch, widen. – **2.** *bes. econ.* (*Produktion etc*) extend, expand. – **3.** *fig.* (*Wissen etc*) widen, broaden, extend, expand. – **II** *v/reflex* sich ~ **4.** (*von Pullover, Gummiband etc*) stretch, widen, become wide. – **5.** (*von Hochdruckgebiet, Ebene etc*) extend, expand, stretch out. – **6.** *fig.* widen, extend, expand: der Zwischenfall weitete sich zu einer Krise aus the incident expanded into a crisis. – **III A~** *n* ⟨-s⟩ **7.** *verbal noun.* — ˈ**Ausˌwei·tung** *f* ⟨-; *no pl*⟩ **1.** *cf.* Ausweiten. – **2.** *bes. fig.* extension, expansion: die ~ der medizinischen Forschung [des Handels] the expansion of medical research [of trade].

ˈ**ausˌwen·dig I** *adv fig.* by heart, from (*od.* by) memory: etwas ~ können to know s.th. by heart; das kenne ich schon in- und ~ *colloq.* I know that (story) inside out; etwas ~ lernen to learn s.th. by heart, to memorize s.th., to commit s.th. to memory, (*mechanisch*) *auch* to learn s.th. by rote; ~ spielen *mus.* to play from memory. – **II** *adj rare* outer, outward, external, outside (*attrib*): die ~e Seite the outer side. — **A~ˌler·nen** *n* learning by heart, memorizing: ein Gedicht zum ~ a poem to learn by heart.

ˈ**ausˌwer·fen I** *v/t* ⟨*irr, sep*, -ge-, h⟩ **1.** (*Netz, Angel etc*) throw, cast: einen Köder ~ (nach) *fig.* to put out bait (for). – **2.** (*Steine, Funken etc*) throw out (*od.* up), discharge: der Vulkan wirft Lava aus the volcano throws out (*od.* belches forth, ejects) lava; das Meer wirft Muscheln an den Strand aus the sea throws up shells on the beach. – **3.** *civ.eng.* (*Graben, Loch etc*) dig out, (*Erde, Schlamm*) *auch* throw up. – **4.** *mar.* (*Anker*) cast, lower, drop. – **5.** *tech.* a) (*ausscheiden*) discard, b) (*ausstoßen*) eject. – **6.** *mil.* (*Hülsen*) eject. – **7.** *econ.* a) (*Geldsumme etc*) allocate, allow, grant, b) (*Vergütung etc*) fix, procure, provide, c) *cf.* ausschütten 5: eine Prämie für besondere Leistungen ~ to grant a bonus for special work. – **8.** *med.* (*Schleim, Blut etc*) bring (*od.* cough, throw) up, expectorate. – **9.** *hunt.* (*Hasen*) gut, eviscerate, *Am. auch* clean. – **10.** *lit.* (*Licht etc*) emit. – **11.** *fig.* discharge. – **II A~** *n* ⟨-s⟩ **12.** *verbal noun.* – **13.** *econ.* (*einer Geldsumme etc*) allocation, allowance, provision. – **14.** *cf.* Auswurf 1, 2, 4a.

ˈ**Ausˌwer·fer** *m* ⟨-s; -⟩ *tech.* ejector.

ˈ**ausˌwert·bar** *adj* **1.** (*Ergebnisse, Statistik etc*) evaluable, analyzable *Br. auch* -s-, interpretable. – **2.** (*Kenntnisse, Patent etc*) utilizable, exploitable.

ˈ**ausˌwer·ten I** *v/t* ⟨*sep*, -ge-, h⟩ **1.** (*Ergebnisse, Statistik etc*) evaluate, analyze *Br. auch* -s-, interpret. – **2.** (*Kenntnisse, Patent etc*) utilize, make (full) use of, exploit: eine Erfindung kommerziell ~ to utilize an invention commercially. – **3.** *math.* evaluate. – **4.** *aer. mil.* (*Karte etc*) interpret: Luftaufnahmen ~ to interpret air photographs. – **II A~** *n* ⟨-s⟩ **5.** *verbal noun.* – **6.** *cf.* Auswertung.

ˈ**Ausˌwer·ter** *m* ⟨-s; -⟩ **1.** (*von Ergebnissen, Statistiken etc*) evaluator, analyst, assessor. – **2.** (*von Karten, Kurven*) plotter.

ˈ**Ausˌwer·te|ˌstel·le** *f bes. mil. aer.* (*für Luftbilder*) interpretation center (*bes. Br.* centre). — **~verˌfah·ren** *n* **1.** method of interpreting. – **2.** *aer. mil.* (*einer Karte*) interpretation method: ballistisches ~ data computing method. – **3.** *math.* evaluation method.

ˈ**Ausˌwer·tung** *f* ⟨-; -en⟩ **1.** *cf.* Auswerten. – **2.** (*von Ergebnissen, Statistiken etc*) (e)valuation, analysis, assessment, interpretation. – **3.** (*von Kenntnissen, Patenten etc*) utilization, exploitation. – **4.** *math.* evaluation.

ˈ**ausˌwet·tern** *v/t* ⟨*sep*, -ge-, h⟩ *mar.* (*Sturm etc*) outweather, weather (*od.* ride) out.

ˈ**ausˌwet·zen I** *v/t* ⟨*sep*, -ge-, h⟩ (*Scharte in Messer etc*) grind (*s.th.*) out: eine Scharte ~ *fig.* (*einen Fehler gutmachen*) to make up for s.th. – **II** *v/i* ⟨sein⟩ *fig. colloq.* run off: er ist ausgewetzt he's bolted.

ˈ**ausˌwich·sen** *v/i* ⟨*sep*, -ge-, sein⟩ *dial. colloq.* run off.

ˈ**ausˌwickeln** (*getr.* -k·k-) *v/t* ⟨*sep*, -ge-, h⟩ **1.** (*Paket etc*) unwrap, undo. – **2.** (*Kind*) unswathe.

ˈ**ausˌwie·gen** *v/t* ⟨*irr, sep*, -ge-, h⟩ (*Waren, bestimmte Menge*) weigh (*s.th.*) (out).

ˈausˌwin·den v/t ⟨irr, sep, -ge-, h⟩ dial. for auswringen.

ˈausˌwin·tern I v/i ⟨sep, -ge-, sein⟩ agr. (von Saat etc) be killed by frost (od. freezing). – II v/t ⟨h⟩ hort. free (s.th.) from winter covering. — **ˈAusˌwin·te·rung** f ⟨-; no pl⟩ winterkilling. — **ˈAusˌwin·te·rungsˌscha·den** m meist pl agr. damage done by winterkilling.

ˈausˌwir·ken I v/reflex ⟨sep, -ge-, h⟩ sich ~ 1. work out, have consequences (od. an effect): sich günstig (od. positiv) ~ to have a favo(u)rable effect; sich ungünstig (od. negativ) ~ to have an unfavo(u)rable effect (od. unfavo[u]rable consequences); sich auf j-n [etwas] ~ to affect s.o. [s.th.]; diese Freundschaft wirkte sich zu unserem Vorteil aus this friendship worked (od. turned) out in our favo(u)r (od. to our advantage); der Krieg wirkte sich in einer Preiserhöhung aus the war resulted in (od. led to) a price increase. – II v/t 2. bei j-m etwas ~ lit. obs. to obtain (od. procure) s.th. from s.o. – 3. gastr. (Teig) knead, work. – 4. hunt. (Hirsch etc) break up, uncase. — **ˈAusˌwir·kung** f 1. (Folge) consequences pl, effect: die ~en der Atomversuche auf die Menschen the effects of atomic experiments on man; die ~en der Pille sind heute noch nicht abzusehen nobody can tell at this stage what effects the pill will have; seismische ~en geol. seismic effects. – 2. (Ergebnis) result, outcome. – 3. (Rückwirkung) repercussion, impact, aftermath. – 4. (Wirkung) effect, bearing.

ˈausˌwi·schen I v/t ⟨sep, -ge-, h⟩ 1. (reinigen) wipe out: den Schmutz aus den Ecken ~ to wipe the dirt out of the corners; eine Tasse ~ to wipe out a cup. – 2. (Augen) wipe, rub: sich (dat) den Schlaf aus den Augen ~ to rub the sleep out of one's eyes. – 3. (tilgen) wipe out, efface, blot (od. rub) out: etwas mit dem Schwamm ~ to wipe s.th. out with the sponge. – 4. j-m eins (od. etwas) ~ fig. colloq. a) to play a dirty (od. mean) trick on s.o., b) to get one's own back on s.o.; j-m eins (od. eine) ~ archaic colloq. to give s.o. a box on the ear. – II v/i ⟨sein⟩ 5. j-m ~ colloq. to escape s.o., to give s.o. the slip.

ˈausˌwit·tern I v/t ⟨sep, -ge-, h⟩ 1. (Felsen, Gestein) wear away (od. out), weather: Holz ~ to season wood. – II v/i ⟨sein⟩ 2. weather, decompose, decay: Holz wittert aus wood seasons; Holz ~ lassen to season wood. – 3. chem. (von Salzen etc) effloresce. – 4. min. bloom out. – III A~ n ⟨-s⟩ 5. verbal noun. — **ˈAusˌwit·te·rung** f ⟨-; no pl⟩ 1. cf. Auswittern. – 2. (von Felsen, Gestein etc) weathering, decomposition, decay. – 3. chem. (von Salzen etc) efflorescence.

ˈausˌwrin·gen I v/t ⟨irr, sep, -ge-, h⟩ (Wäsche etc) wring out. – II A~ n ⟨-s⟩ verbal noun: sein Mantel war zum A~ naß his coat was soaking wet (od. was drenched).

ˈausˌwu·chern v/i ⟨sep, -ge-, sein⟩ grow exuberantly.

ˈAusˌwuchs m ⟨-es; =e⟩ 1. fig. (üble Folge) product, outgrowth: das ist nur ein ~ deiner krankhaften Phantasie that is just a product of your morbid imagination. – 2. meist pl fig. (Mißstand) abuse, excess: die Auswüchse der Bürokratie the abuses of bureaucracy, red-tapism sg. – 3. med. a) outgrowth, excrescence, protuberance, b) (der Knochen) exostosis, c) (Mißbildung) deformity. – 4. bot. a) (an Bäumen etc) excrescence, burl, b) (an der Samenhülle) caruncle, c) (der Ölbäume) scab, blight: mit einem ~ carunculate(d); fleischiger ~ tuberosity; krankhafter ~ tumor, bes. Br. tumour. – 5. ⟨only sg⟩ agr. premature sprouting of the kernel.

ˈausˌwuch·ten tech. I v/t ⟨sep, -ge-, h⟩ 1. (Reifen) (counter)balance, compensate. – 2. (ausgleichen) equilibrate. – II A~ n ⟨-s⟩ 3. verbal noun. – 4. cf. Auswuchtung.

ˈAusˌwucht·maˌschi·ne f tech. balancing machine.

ˈAusˌwuch·tung f ⟨-; no pl⟩ tech. 1. cf. Auswuchten. – 2. (counter)balance, compensation. – 3. (Ausgleichung) equilibration.

ˈausˌwüh·len v/t ⟨sep, -ge-, h⟩ 1. (ausgraben) dig (od. root, grub) up. – 2. (aushöhlen) undermine.

ˈAusˌwurf m ⟨-(e)s; =e⟩ 1. ⟨only sg⟩ tech. a) ejection, discharge, b) (eines Konverters) slopping. – 2. ⟨only sg⟩ mil. discharge. – 3. med. (Sputum) expectoration, sputum (scient.): ein Husten ohne ~ an unproductive (od. nonproductive, Br. non-productive) cough; er hat starken ~ he produces much sputum, he expectorates freely. – 4. geol. (eines Vulkans) a) ⟨only sg⟩ eruption, b) pl ejecta(menta). – 5. ⟨only sg⟩ fig. contempt. scum, dregs pl: der ~ der Gesellschaft the scum of society. – 6. ⟨only sg⟩ fig. (Abfall) refuse, rubbish, dross. — **~-ap·paˌrat** m tech. ejector.

ˈausˌwür·feln v/t ⟨sep, -ge-, h⟩ decide (s.th.) by throwing dice, dice for.

ˈAusˌwurf·geˌstein n geol. volcanic rock(s pl).

ˈAusˌwürf·lin·ge [-ˌvʏrflɪŋə] pl geol. ejecta(menta), pyroclastics.

ˈAusˌwurf|ˌmas·se f geol. ejected masses pl, ejecta(menta) pl. — **~ˌvorˌrich·tung** f tech. ejecting (od. discharging) device.

ˈausˌwur·zeln v/t ⟨sep, -ge-, h⟩ cf. entwurzeln 1.

ˈausˌwü·ten I v/i ⟨sep, -ge-, h⟩ (von Regen, Sturm etc) cease raging, calm down. – II v/reflex sich ~ (von Personen) give full vent to one's anger.

ˈausˌzacken (getr. -k·k-) I v/t ⟨sep, -ge-, h⟩ 1. a) (einkerben) indent, notch, b) (auszahnen) tooth, serrate: wellenförmig ~ to scallop. – 2. her. engrail. – II A~ n ⟨-s⟩ 3. verbal noun. — **ˈAusˌzackung** (getr. -k·k-) f ⟨-; -en⟩ 1. cf. Auszacken. – 2. tech. a) (Riffelung) serration, b) (Aussparung) recess, c) (Kerbe) notch, d) (Riefe) notch, e) (Vertiefung) indent. – 3. (eines Berges) jaggedness.

ˈausˌzahl·bar adj payable, disbursable.

ˈausˌzah·len I v/t ⟨sep, -ge-, h⟩ 1. (Lohn, Gewinn etc) pay out, disburse, (in bar) pay (s.th.) cash down (od. in cash): einen Gläubiger (voll) ~ to pay off a creditor, to pay a creditor in full; einen Angestellten ~ to pay off an employee (Am. auch employe); einen Teilhaber ~ to buy out a partner; einen Scheck ~ to cash a check (Br. cheque); sich (dat) einen Scheck ~ lassen to cash a check (Br. cheque); einen Erben ~ to pay s.o. his share of an inheritance. – II v/reflex sich ~ 2. colloq. be worthwhile, pay (off): das zahlt sich nicht aus that's not worthwhile (od. worth the effort). – III A~ n ⟨-s⟩ 3. verbal noun. – 4. cf. Auszahlung.

ˈausˌzäh·len I v/t ⟨sep, -ge-, h⟩ 1. count (out): Stimmen ~ to count votes. – 2. (sport) (einen Boxer) count out: er wurde in der 3. Runde ausgezählt he was counted out in the third round. – 3. (games) count out. – II A~ n ⟨-s⟩ 4. verbal noun. – 5. (sport) count (out).

ˈAusˌzählˌreim m (games) counting-out rhyme.

ˈAusˌzah·lung f 1. cf. Auszahlen. – 2. payment, disbursement: die ~ eines Teilhabers the buying out of a partner; zur ~ gelangen (od. kommen) to be paid out.

ˈAusˌzäh·lung f cf. Auszählen.

ˈAusˌzah·lungs|ˌanˌwei·sung f econ. disbursement order, cash note, order for payment. — **~ˌkurs** m (für Rentenpapiere) percentage rate of payment: bei einem ~ von 95% at a rate of 95 per cent. — **~ˌschal·ter** m pay window (od. desk), bes. Am. cashier's counter. — **~ˌsper·re** f stop payment order, stoppage of disbursements (od. payments). — **~ˌstel·le** f paying office, disbursing agency. — **~ˌüberˌschuß** m excess of out-payments.

ˈausˌzah·nen v/i ⟨only pp⟩ das Kind hat ausgezahnt the child has finished teething.

ˈausˌzan·ken v/t ⟨sep, -ge-, h⟩ cf. ausschelten. [fen 1, 2.]

ˈausˌzap·fen v/t ⟨sep, -ge-, h⟩ cf. abzap-

ˈausˌzeh·ren lit. I v/t ⟨sep, -ge-, h⟩ exhaust, consume, waste away. – II A~ n ⟨-s⟩ verbal noun. — **ˈAusˌzeh·rung** f ⟨-; no pl⟩ 1. cf. Auszehren. – 2. exhaustion, consumption, emaciation: sie starb an ~ she died of consumption.

ˈausˌzeich·nen I v/t ⟨sep, -ge-, h⟩ 1. honor, bes. Br. honour, distinguish: j-n mit dem Nobelpreis [einen Film mit dem Oscar] ~ to award the Nobel prize to s.o. [the Oscar to a film]; einen Soldaten (mit einem Orden) ~ to decorate a soldier (with a medal); die Vorstellung durch seine Anwesenheit ~ to hono(u)r the performance by one's presence. – 2. etwas zeichnet j-n [etwas] aus s.th. distinguishes s.o. [s.th.]: was diesen Menschen besonders auszeichnet, ist what makes this man stand out especially is, the special merit of this man is; das milde Klima zeichnet diese Gegend aus this area is noted for its mild climate. – 3. econ. (Waren etc) mark out, label, ticket, tag. – 4. (forestry) mark (trees) for felling, blaze. – 5. print. a) (Textstellen etc) accentuate, display, b) (Manuskript) display: Kursivschrift zeichnet die wichtigen Stellen aus italics accentuate the important parts. – II v/reflex sich ~ 6. distinguish oneself, stand out, excel: der Autor hat sich besonders als Dramatiker ausgezeichnet the author distinguished himself above all as a playwright; er zeichnet sich durch besondere Faulheit aus iron. he distinguishes himself by extraordinary laziness. – 7. (von Dingen) (durch) be characterized (by), bes. iron. be conspicuous (for). – III A~ n ⟨-s⟩ 8. verbal noun. — **ˈAusˌzeich·nung** f 1. cf. Auszeichnen. – 2. honor, bes. Br. honour, distinction: eine Prüfung mit ~ bestehen to pass an examination with distinction (od. hono[u]rs); er war dieser hohen ~ würdig he deserved this high distinction. – 3. (Orden) decoration, medal: hohe militärische ~ high military decoration; j-m eine ~ verleihen a) to confer an hono(u)r on s.o., b) bes. mil. to decorate s.o. – 4. (Preis) prize, award: die ~ des Wissenschaftlers findet morgen statt the scientist will receive his award tomorrow. – 5. econ. (von Waren etc) ticket, tag. – 6. (forestry) mark. – 7. print. a) (von Textstellen etc) accentuation, display, b) (von Manuskripten) display.

ˈAusˌzeich·nungs|ˌpflicht f econ. obligation to label s.th. (od. to quote prices). — **~ˌschrift** f print. display type.

ˈaus·ze·menˌtie·ren v/t ⟨sep, no -ge-, h⟩ tech. 1. (Keller, Schacht etc) cement (out). – 2. (Fundament) grout.

ˈaus·zenˌtrie·ren v/t ⟨sep, no -ge-, h⟩ tech. center, bes. Br. centre.

ˈausˌzieh·bar adj 1. (Tisch etc) extensible, extendible, retractable. – 2. (Antenne etc) telescopic. — **ˈAusˌzieh·bar·keit** f ⟨-; no pl⟩ extensibility, extendibility, retractability.

ˈausˌzie·hen I v/t ⟨irr, sep, -ge-, h⟩ 1. (Kleider, Mantel etc) take off, remove, doff: die Handschuhe ~ to take (od. pull, draw) off one's gloves; j-n ~ to take s.o.'s clothes off, to undress (od. strip) s.o.; j-m den Pullover ~ to take off s.o.'s sweater, to help s.o. out of his sweater; die Uniform ~ fig. to retire from (od. leave) military service; j-n (bis aufs Hemd od. bis auf die Haut) ~ fig. colloq. to strip s.o. (to the skin), to fleece s.o.; er hat die Kinderschuhe (noch nicht) ausgezogen fig. colloq. he has (not yet) left his childhood behind, he has (not yet) grown up; den alten Menschen (od. Adam) ~ fig. to put off the old Adam, to turn over a new leaf. – 2. (Tisch, Antenne etc) pull (od. draw) out, extend. – 3. (Zahn, Nagel etc) pull (out), draw (out), extract. – 4. (Buch, Schriftsteller etc) excerpt, extract, (zusammenfassend) abstract from, summarize. – 5. (Zeichnung etc) trace, plot: Linien mit Tusche ~ to trace lines with India(n) ink. – 6. cf. ausbleichen 2. – 7. metall. (Draht etc) draw out, stretch: Gold (dünnfadig) ~ to spin gold. – 8. tech. (Gummi) sheet. – 9. math. (Wurzel) extract. – 10. chem. pharm. a) (Drogen etc) extract, exhaust, b) (Flüssigkeiten etc) distil(l). – 11. econ. (Konto etc) make a statement of. – 12. aer. (Startseil) stretch. – 13. gastr. (Teig) pull (out), stretch. – II v/i ⟨sein⟩ 14. set out (od. off), depart, (demonstrativ) walk out: zum Kampf ~ to set (od. march) out to battle. – 15. (aus einer Wohnung etc) move (out), vacate: gestern zogen wir aus dem Haus aus yesterday we moved out of (od. vacated) the house. – 16. (von Aroma etc) evaporate. – 17. (mining) (von Wettern etc) return. – III v/reflex ⟨h⟩ sich ~ 18. undress, get undressed, take one's clothes off, strip. – IV A~ n ⟨-s⟩ 19. verbal noun: j-m beim A~ helfen a) to help s.o. (to) undress, b) to help s.o. (to) move; j-m beim A~ des Mantels helfen to help s.o. out of his coat. – 20. extension. – 21. cf. Auszug 3, 4, 7 a, 8.

ˈAusˌzie·her m ⟨-s; -⟩ tech. 1. (für Schrauben, Kolbenbolzen) extractor. – 2. (Abziehvorrichtung) withdrawing tool.

ˈAusˌzieh|ˌfallˌschirm m aer. auxiliary parachute. — **~ˌfe·der** f drawing pen. — **~ˌgleis** n (railway) turnout track. — **~ˌlei-**

ter *f* extension ladder. — **~ˌplat·te** *f* (*eines Tisches etc*) (draw-)leaf. — **~ˌrohr** *n* telescopic tube. — **~ˌschacht** *m* (*mining*) upcast (shaft). — **~ˌsitz** *m* (*im Auto, Zug*) pull-out seat. — **~ˌtisch** *m* pull-out (*od.* extension) table. — **~ˌtu·sche** *f* drawing (*od.* India, *bes. Br.* Indian) ink. — **~ˌwal·ze** *f tech.* sheeting calender, sheeting-out mill.

'ausˌzim·mern *v/t* ⟨*sep*, -ge-, h⟩ **1.** *tech.* timber, frame. – **2.** (*mining*) a) (*Kastenausbau*) crib, b) (*steifen*) prop, c) (*verzimmern*) timber.

'ausˌzir·keln I *v/t* ⟨*sep*, -ge-, h⟩ **1.** *fig.* measure (*od.* figure) out, calculate: den richtigen Zeitpunkt ~ to measure out the right moment. – **2.** *math.* measure (*od.* mark out) (*s.th.*) with compasses. – **II A~** *n* ⟨-s⟩ **3.** *verbal noun.* — **'Ausˌzir·ke·lung, 'Ausˌzirk·lung** *f* ⟨-; *no pl*⟩ **1.** *cf.* Auszirkeln. – **2.** *fig.* calculation.

'ausˌzi·schen *v/t* ⟨*sep*, -ge-, h⟩ (*Politiker, Theaterstück etc*) hiss (*od.* boo) (at), catcall: einen Schauspieler ~ to hiss an actor off (the stage), to give an actor the bird (*colloq.*).

'Aus·zuˌbil·den·de *m, f* ⟨-n; -n⟩ apprentice, trainee.

'Ausˌzug *m* **1.** (*Ausschnitt*) excerpt, extract, abridg(e)ment, epitome: nur Auszüge aus einem Buch lesen to read only excerpts (*od.* passages) of a book; ~ aus dem Strafregister *jur.* extract from the police records. – **2.** (*Zusammenfassung*) outline, abstract, summary, digest: einen ~ aus einem Lehrbuch machen to make an abstract from (*od.* to summarize) a textbook. – **3.** departure, (*demonstrativ*) walkout: der ~ der Partei aus dem Parlament the party's walkout from Parliament; der ~ der Kinder Israel aus Ägypten *Bibl.* the Exodus of the Israelites from Egypt. – **4.** (*aus einer Wohnung etc*) move, moving (out), removal: beim ~ aus der Wohnung on moving out of the apartment (*bes. Br.* flat.). – **5.** a) (*ausziehbarer Teil*) extension, b) *cf.* Ausziehplatte. – **6.** *tech.* fly rail. – **7.** *chem. pharm.* a) ⟨*only sg*⟩ (*Vorgang*) extraction, exhaustion, b) (*Resultat*) extract, essence. – **8.** ⟨*only sg*⟩ *phot.* separation. – **9.** *econ.* statement: ~ aus einem Konto statement of an account. – **10.** *mus.* (*aus einer Partitur*) arrangement, *Am.* adaptation: ein ~ für Klavier a piano arrangement. – **11.** *bes. Austrian for* Altenteil. – **12.** *Swiss mil.* first callup.

'Ausˌzug|ˌbrett *n* (*eines Schreibtisches etc*) leaf. — **~ˌgrieß** *m gastr.* superfine semolina.

'Ausˌzüg·ler [-ˌtsyːklər] *m* ⟨-s; -⟩ *bes. Austrian for* Altenteiler.

'AusˌzugˌmehI *n gastr.* superfine flour, whites *pl.*

'Ausˌzugs|ˌhieb *m* (*forestry*) sanitation felling (*od.* cutting), removal of diseased trees. — **~ˌmehl** *n gastr. cf.* Auszugmehl. — **a~ˌwei·se** *adv* in (form of) extracts, by (way of) extract, in part: etwas ~ darstellen (*od.* wiedergeben) to reproduce extracts of s.th.; ein Buch ~ veröffentlichen to publish parts (*od.* excerpts) of a book.

'ausˌzup·fen *v/t* ⟨*sep*, -ge-, h⟩ **1.** (*Haare etc*) pluck (out *od.* off). – **2.** (*textile*) a) unravel, put asunder, b) (*Wolle*) pick, sort, rove, c) (*Werg*) tease. – **3.** *med.* tease (out).

'ausˌzwicken (*getr.* -k·k-) *v/t* ⟨*sep*, -ge-, h⟩ **1.** *civ.eng.* (*Packlage im Straßenbau*) choke, clink, blind, key. – **2.** *tech.* (*Glas*) chisel off.

aut·ark [au'tark] *adj bes. econ.* self-sufficient (*od.* -supporting), autarkic(al) (*rare*). — **Aut·ar'kie** [-'kiː] *f* ⟨-; -n [-ən]⟩ autarky, self-sufficiency. — **aut·ar·kisch** [au'tarkɪʃ] *adj obs. for* autark.

Au·then·tie [autɛn'tiː] *f* ⟨-; *no pl*⟩ *cf.* Authentizität.

au·then·ti·fi·zie·ren [autɛntifi'tsiːrən] *v/t* ⟨*no* ge-, h⟩ authenticate.

au·then·tisch [au'tɛntɪʃ] *adj* authentic, genuine, veritable: aus ~er Quelle on good authority; ~e Interpretation *jur.* authentic interpretation; ~e Kopie *jur.* replica; ~e Kirchentonarten *mus.* authentic modes.

au·then·ti·sie·ren [autɛnti'ziːrən] *v/t* ⟨*no* ge-, h⟩ authenticate. — **Au·then·ti'sie·rung** *f* ⟨-; *no pl*⟩ authentication.

Au·then·ti·zi·tät [autɛntitsi'tɛːt] *f* ⟨-; *no pl*⟩ authenticity, genuineness.

au·thi·gen [auti'geːn] *adj geol.* authigenic, authigenous.

au·thi·morph [auti'mɔrf] *adj geol.* authimorphic: ~e Gemengteile *pl* authimorphic rock *sg.*

Au·tis·mus [au'tɪsmus] *m* ⟨-; *no pl*⟩ *psych.* autism. — **Au·tist** [au'tɪst] *m* ⟨-en; -en⟩ autist. — **au'ti·stisch** *adj* autistic.

Au·to ['auto] *n* ⟨-s; -s⟩ (passenger) car, *bes. Am.* auto(mobile), *bes. Br.* motor-car: mit dem ~ (nach München) fahren to go (*od.* travel) (to Munich) by car, to drive (to Munich); ein ~ fahren to drive a car; können Sie ~ fahren? fahren Sie ~? can (*od.* do) you drive? do you know how to drive (a car)? j-m aus dem [ins] ~ helfen to help (*bes. Br.* hand) s.o. out of [into] the car; j-n im ~ mitnehmen to give s.o. a lift (*Am. auch* ride); ein ~ mieten [vermieten] to hire [out] a car, *bes. Am.* to rent a car; er guckt wie ein ~ *fig. colloq.* his eyes are popping out of his head (*colloq.*). — **~ˌanˌhän·ger** *m* **1.** automobile (*od.* passenger) trailer, trailer bus. – **2.** (*Wohnwagen*) (house) trailer, caravan. – **3.** (*Lastwagenanhänger*) trailer. — **~ˌanˌruf** *m* taxicab call. — **~anˌten·ne** *f Am.* automobile antenna, *Br.* car aerial. — **~ˌat·las** *m* road atlas. — **~ˌausˌstel·lung** *f* motor (*od.* car) show (*od.* exhibition). — **~ˌbag·ger** *m tech.* truck-mounted excavator.

'Au·toˌbahn *f* ⟨-; -en⟩ autobahn, *Am.* superhighway, expressway, turnpike, *bes. Br.* motorway: gebührenpflichtige ~ turnpike, *Am.* tollway; gebührenfreie ~ *Am.* freeway; vierspurige ~ four-lane expressway (*bes. Br.* motorway). — **~ˌaufˌfahrt** *f* highway (*bes. Br.* motorway) approach (*od.* entrance), dual highway approaching ramp, slip-road. — **~ˌausˌfahrt** *f* highway (*bes. Br.* motorway) exit, slip-road. — **~ˌbau** *m* highway (*bes. Br.* motorway) construction. — **~-ˌDau·er·geˌschwin·dig·keit** *f* permanent highway (*bes. Br.* motorway) speed. — **~geˌbühr** *f meist pl* toll. — **~ˌkleeˌblatt** *n* cloverleaf (crossing). — **~konˌtroll·ˌpunkt** *m* (autobahn) checkpoint. — **~mei·steˌrei** *f agency in charge of the maintenance of autobahnen.* — **~ˌnetz** *n* highway (*bes. Br.* motorway) network. — **~ˌrast·ˌstät·te** *f* highway (*bes. Br.* motorway) restaurant (*od.* hotel). — **~ˌüberˌfüh·rung** *f* highway (*bes. Br.* motorway) overpass. — **~ˌun·terˌfüh·rung** *f* highway (*bes. Br.* motorway) underpass. — **~ˌzuˌfahrt** *f*, **~ˌzuˌbrin·ger** *m* ⟨-s; -⟩ feeder (*od.* approach) road.

'Au·to|bat·teˌrie *f* car (*bes. Am.* automobile) battery. — **~beˌsit·zer** *m* car owner.

Au·to·bio·graph [autobio'graːf] *m* autobiographer. — **Au·to·bio·gra'phie** [-gra'fiː] *f* autobiography. — **au·to·bio'gra·phisch** *adj* autobiographic(al).

'Au·to|ˌbox *f* rented garage, *Br.* lockup (garage). — **~ˌbril·le** *f* motoring goggles *pl.*

'Au·toˌbus *m* bus, autobus, omnibus, *bes. Br.* motorbus, (*für Überlandfahrten*) *auch* coach, *bes. Br.* motor coach: zweistöckiger ~ double-decker; mit dem ~ fahren to go by bus, to take the bus. — **~ˌbahnˌhof** *m* bus terminal (*od.* station). — **~ˌfah·rer** *m* bus driver, busman, (*bei Überlandfahrten*) *auch* coach driver. — **~ˌfahrt** *f* bus ride, (*Überlandfahrt*) *auch* coach tour. — **~ˌhal·teˌstel·le** *f* bus stop. — **~ˌli·nie** *f* bus line, (*für Überlandfahrten*) *auch* coach line.

'Au·to|ˌcam·ping *n* car camping. — **~ˌcar** [-ˌkaːr] *m* ⟨-s; -s⟩ *Swiss for* Autobus.

Au·to'chrom·verˌfah·ren [auto'kroːm-] *n phot.* autochrome process.

au·to·chthon [autɔx'toːn] *adj* autochthonous. — **Au·to'chtho·ne** *m* ⟨-n; -n⟩ autochthon, aboriginal. — **au·to'chtho·nisch** *adj cf.* autochthon.

Au·to·da·fé [autoda'feː] *n* ⟨-s; -s⟩ *hist.* auto-da-fé.

'Au·toˌdecke (*getr.* -k·k-) *f* car rug.

Au·to·di·dakt [autodi'dakt] *m* ⟨-en; -en⟩ autodidact, self-taught (*od.* -educated) person. — **Au·to·di'dak·ten·tum** *n* ⟨-s; *no pl*⟩ autodidacticism. — **au·to·di'dak·tisch** *adj* autodidactic, self-taught (*od.* -educated).

'Au·to|ˌdieb *m* car thief. — **~ˌdiebˌstahl** *m* car theft. — **~ˌdienst** *m* car service.

Au·to·di·ge·sti·on [autodigɛs'tioːn] *f med.* autodigestion, autolysis.

Au·to·drom [auto'droːm] *n* ⟨-s; -e⟩ *Austrian* (*auf einem Jahrmarkt*) autodrome.

'Au·toˌdrosch·ke *f obs.* (taxi)cab.

au·to·dy·na·misch [autody'naːmɪʃ] *adj phys. tech.* autodynamic.

'Au·to|elek·tri·ker [-ʔeˌlɛktrikər] *m* car electrician. — **~empˌfän·ger** *m cf.* Autoradio.

Au·to·ero·tik [autoʔe'roːtɪk] *f* ⟨-; *no pl*⟩ *psych. cf.* Autoerotismus. — **au·to·ero·tisch** [-ʔe'roːtɪʃ] *adj* autoerotic, *Br.* auto-erotic. — **Au·to·ero'tis·mus** [-ʔero'tɪsmus] *m* autoeroti(ci)sm, *Br.* auto-eroti(ci)sm.

'Au·to|erˌsatzˌteil *n, auch m* spare part for a car. — **~ˌfachˌmann** *m* car expert. — **~ˌfahrˌbahn** *f* lane, *Br.* (motorway) lane. — **~ˌfäh·re** *f* car ferry. — **~ˌfah·ren** *n* driving (a car). — **~ˌfah·rer** *m* motorist, driver. — **~ˌfahrt** *f* drive. — **~ˌfal·le** *f* **1.** road trap. – **2.** *colloq.* (*polizeiliche*) speed (*od.* police) trap. — **~ˌfir·ma** *f* car (*bes. Am.* automobile) firm (*od.* company). — **~ˌfriedˌhof** *m colloq.* car dump, car breaker's yard.

au·to·gam [auto'gaːm] *adj biol.* autogamous, (*bes. Einzeller*) self-fertilizing, (*bes. Blüten*) reproducing by self-pollination. — **Au·to·ga'mie** [-ga'miː] *f* ⟨-; *no pl*⟩ autogamy, (*von Einzellern*) self-fertilization, (*von Blüten*) self-pollination.

'Au·to·gaˌra·ge *f* (car) garage.

au·to·gen [auto'geːn] **I** *adj* autogenous, *auch* autogenic: ~es Schweißen [Schneiden] *tech.* autogenous (*od.* oxyacetylene, gas) welding [cutting]. – **II** *adv* ~ schweißen *tech.* to weld autogenously, to gas weld; ~ schneiden *tech.* to cut autogenously.

Au·to·ge·ne·se [autoge'neːzə] *f* ⟨-; *no pl*⟩ *biol.* **1.** *cf.* Abiogenese. – **2.** *concept that evolution is directed only by innate factors.*

Au·to'gen|geˌrät *n tech.* gas welding equipment. — **~ˌschnei·deˌanˌla·ge** *f* flame cutting machine.

'Au·to·geˌschäft *n* **1.** car store. – **2.** car (*bes. Am.* automobile) business.

Au·to·gi·ro [auto'ʒiːro] *n* ⟨-s; -s⟩ *aer.* (*Tragschrauber*) autogiro, *auch* autogyro, gyroplane.

Au·to·gno·sie [autogno'ziː] *f* ⟨-; *no pl*⟩ *psych.* (*Selbsterkenntnis*) autognosis.

Au·to·gramm [auto'gram] *n* ⟨-s; -e⟩ autograph: ~e geben to give autographs; sein ~ auf (*acc*) etwas schreiben to autograph s.th. — **~ˌjä·ger** *m colloq.* autograph hunter. — **~ˌsamm·ler** *m* autograph collector.

Au·to·graph [auto'graːf] *n* ⟨-s; -en⟩ (*Urschrift*) autograph. — **Au·to·gra'phie** [-gra'fiː] *f* ⟨-; -n [-ən]⟩ *print.* autography, autographical printing. — **au·to·gra'phie·ren** [-gra'fiːrən] *v/t* ⟨*no* ge-, h⟩ autograph. — **au·to'gra·phisch I** *adj* **1.** (*eigenhändig geschrieben*) autograph(ic). – **2.** *print.* autographic, *auch* autographical: ~er Druck auto(typo)graphy. – **II** *adv* **3.** *print.* autographically: ~ vervielfältigen to autograph.

Au·to·gra·vü·re [autogra'vyːrə] *f print.* autogravure.

Au·to·hä·mo·the·ra·pie [autohɛmotera'piː] *f med. cf.* Eigenblutbehandlung.

'Au·to|ˌhänd·ler *m* car dealer. — **~ˌhil·fe** *f* courtesy patrol, *Br.* breakdown service.

Au·to·hyp·no·se [autohʏp'noːzə] *f psych.* autohypnosis.

'Au·to·in·duˌstrie *f* car (*bes. Am.* auto[mobile]) industry.

Au·to|in·fek·ti·on [autoʔɪnfɛk'tsioːn] *f med.* (*Selbstinfizierung*) autoinfection, *Br.* auto-infection. — **~in·to·xi·ka·ti'on** [-tɔksika'tsioːn] *f* (*Selbstvergiftung*) autointoxication, *Br.* auto-intoxication.

'Au·to|ka·ros·seˌrie *f auto.* (car) body, bodywork. — **~ˌkar·te** *f* road map.

au·to·ke·phal [autoke'faːl] *adj relig.* (*in der Ostkirche*) autocephalous. — **Au·to·ke·pha'lie** [-fa'liː] *f* ⟨-; *no pl*⟩ autocephal(it)y.

'Au·toˌki·no *n* drive-in (theater, *bes. Br.* cinema).

Au·to·klav [auto'klaːf] *m* ⟨-s; -en⟩ *chem. med.* autoclave, digester, (*für Instrumente*) sterilizer: im ~ auskochen to autoclave. — **au·to·kla'vie·ren** [-kla'viːrən] *v/t* ⟨*no* ge-, h⟩ autoclave.

'Au·to|ˌklub *m cf.* Automobilklub. — **~ˌknacker** (*getr.* -k·k-) *m* thief breaking into cars. — **~koˌlon·ne** *f* **1.** line of cars. – **2.** (*geschlossene, bes. Lastkraftwagen*) convoy. — **~ˌkor·so** *m* car parade, *bes. Am.* motorcade. — **~ˌkran** *m tech.* truck(-mounted) crane, truckcrane, autocrane, motor crane, *Am. auch* wrecker. — **a~ˌkrank** *adj med.* carsick. — **~ˌkrank·heit** *f* car sickness.

Au·to·krat [auto'kraːt] *m* ⟨-en; -en⟩ autocrat. — **Au·to·kra'tie** [-kra'tiː] *f* ⟨-; -n [-ən]⟩ autocracy. — **au·to'kra·tisch** *adj* autocratic(al).

'Au·toˌlot·se *m* car pilot.

Au·to·ly·se [autoˈlyːzə] *f* ⟨-; *no pl*⟩ *biol. med.* (*Selbstauflösung*) autolysis, autodigestion. — **au·toˈly·tisch** [-tɪʃ] *adj* autolytic.

ˈ**Au·toˌmar·ke** *f* make (*od.* type) (of car).

Au·to·mat [autoˈmaːt] *m* ⟨-en; -en⟩ **1.** automat, automatic machine: er arbeitet wie ein ~ *fig.* he works like a machine (*od.* robot). – **2.** (*Verkaufsautomat*) (automatic) vending machine, vendor, slot machine, *Am.* automat. – **3.** *tech.* a) (*Drehautomat*) automatic lathe, b) (*Schraubenautomat*) automatic screw machine, c) (*Revolverautomat*) automatic turret lathe. – **4.** *electr.* automatic circuit-breaker (*od.* cut-out). – **5.** *obs.* automaton.

Au·toˈma·ten|büfˌfet *n* (small) slot-machine restaurant, *Am.* automat. — **~dre·heˌrei** *f tech.* automatic lathe shop. — **~ˌfüt·te·rung** *f agr.* automatic feeding. — **a~haft** *adj fig.* (*Bewegungen etc*) automatic, robotlike. — **~re·stauˌrant** *n* slot-machine restaurant, *Am.* automat. — **~ˌstahl** *m tech.* free-cutting (*Am.* machining) steel.

Au·to·ma·tik [autoˈmaːtɪk] *f* ⟨-; *no pl*⟩ **1.** automatism, automaticity, self-action. – **2.** *tech.* a) (*eines Arbeitsablaufs*) automatic cycle (*od.* programming), b) (*Steuereinrichtung*) automatic mechanism, c) (*als Anlage*) automatic equipment. – **3.** (*radio*) automatic tuning (*od.* frequency) control. – **4.** *auto.* a) (*als Anlage*) automatic system, b) (*Getriebe*) automatic transmission.

Au·to·ma·ti·on [automaˈtsĭoːn] *f* ⟨-; *no pl*⟩ *econ. tech.* automation.

au·toˈma·tisch I *adj* automatic, self-acting, mechanic(al): ~es Getriebe *auto.* automatic transmission (*od.* gearbox), power-shifted transmission; ~es Gewehr automatic (rifle); ~es Peilgerät *aer.* automatic direction finder; ~e Scharfeinstellung *phot.* automatic focusing; ~er Anrufbeantworter *tel.* automatic telephone responder. – **II** *adv* automatically, mechanically: der Vertrag wird ~ verlängert *colloq.* the contract will be extended automatically.

au·to·ma·ti·sie·ren [automatiˈziːrən] **I** *v/t* ⟨*no* ge-, h⟩ automate, automatize, mechanize (*s.th.*) fully, render (*s.th.*) automatic. – **II A~** *n* ⟨-s⟩ *verbal noun.* — **Au·to·ma·tiˈsie·rung** *f* ⟨-; *no pl*⟩ **1.** *cf.* Automatisieren. – **2.** automation, automatization, full mechanization.

Au·to·ma·tis·mus [automaˈtɪsmus] *m* ⟨-; *no pl*⟩ *psych. med.* automatism, automatic behavior (*bes. Br.* behaviour).

ˈ**Au·to|me·ˌcha·nik** *f* (motor)car mechanics *pl* (*construed as sg or pl*). — **~me·ˌcha·ni·ker** *m* motor fitter, (motor)car mechanic, garageman. — **~ˌmi·nu·te** *f* driving minute: man braucht dreißig ~n it is thirty minutes' driving (*od.* a thirty-minute drive).

Au·to·mo·bil [automoˈbiːl] *n* ⟨-s; -e⟩ *cf.* Auto. — **~ˌbau** *m* car (*bes. Am.* automobile) manufacture. — **~in·duˌstrie** *f cf.* Autoindustrie.

Au·to·mo·bi·lis·mus [automobiˈlɪsmus] *m* ⟨-; *no pl*⟩ *Swiss od. obs.* motoring, *bes. Am.* automobilism. — **Au·to·mo·biˈlist** [-ˈlɪst] *m* ⟨-en; -en⟩ *cf.* Autofahrer.

Au·to·moˈbilˌklub *m* automobile club (*od.* association).

au·to·morph [autoˈmɔrf] *adj min.* automorphic.

au·to·nom [autoˈnoːm] *adj* **1.** autonomous. – **2.** *bes. biol.* autonomic(al). — **Au·to·noˈmie** [-noˈmiː] *f* ⟨-; -n [-ən]⟩ autonomy. — **Au·to·noˈmist** [-ˈmɪst] *m* ⟨-en; -en⟩ autonomist.

ˈ**Au·to|ˌnum·mer** *f* licence (*Am.* license) number. — **~ˌnum·mernˌschild** *n* licence (*Am.* license) plate, number plate. — **~ˌöl** *n* motor oil. — **~ˌpan·ne** *f* **1.** breakdown. – **2.** (*Reifenpanne*) flat tire (*bes. Br.* tyre), *Br.* 'puncture' (*colloq.*). — **~pa·pie·re** *pl* driving (*Br.* car) papers (*od.* documents). — **~ˌpark** *m* automobile (*bes. Br.* vehicle) park, fleet of cars. — **~ˌparkˌplatz** *m* **1.** (*für mehrere Wagen*) parking place (*od.* space), place to park, *bes. Am.* parking lot. – **2.** (*individuell*) place to park, parking place: ich habe einen ~ gefunden I've found a place to park. — **~ˌpfle·ge** *f* car service.

Au·to·pho·nie [autofoˈniː] *f* ⟨-; *no pl*⟩ *med.* autophony.

ˈ**Au·to·piˌlot** *m aer.* automatic pilot, autopilot: das Flugzeug wurde vom ~en gesteuert the plane was on autopilot (*od.* in the autopilot mode).

Au·to|pla·stik [autoˈplastɪk] *f med.* autoplasty. — **a~ˈpla·stisch** *adj* autoplastic.

ˈ**Au·to·po·liˌtur** *f* car (*bes. Am.* auto) polish.

Aut·op·sie [autəˈpsiː] *f* ⟨-; -n [-ən]⟩ *med. jur.* autopsy, necropsy, postmortem (examination).

Au·tor [ˈautər] *m* ⟨-s; -en [auˈtoːrən]⟩ author, writer.

ˈ**Au·toˌra·dio** *n* car radio.

Au·to·ra·dio·gramm [autoradĭoˈgram] *n tech.* autoradiogram.

ˈ**Au·to|ˌrei·fen** *m Am.* tire, *Br.* tyre. — **~ˌrei·se** *f* trip by car. — **~ˌrei·seˌfüh·rer** *m* (*Buch*) motorist's guide(book). — **~ˌrei·seˌzug** *m* (*railway*) car sleeper train, auto-train.

Auˈto·ren|ex·emˌplar *n* presentation (*od.* author's) copy. — **~ho·noˌrar** *n* (author's) royalty (*od.* fee), royalties *pl.* — **~kor·rekˌtur** *f* author's alterations *pl.*

ˈ**Au·to|ˌrennˌbahn** *f* (car) race track. — **~ˌren·nen** *n* motor (*od.* car) race. — **~ˌrennˌsport** *m* motor (*od.* car) racing.

Auˈto·ren|ˌrecht *n jur.* author's rights *pl.* — **~re·feˌrat** *n* author's report. — **~reˌgi·ster** *n* index of authors.

Auˈto·ren·schaft *f* ⟨-; *no pl*⟩ authorship.

Auˈto·ren|ˌschutz·verˌband *m* authors' association. — **~tan·tie·me** [-tãˌtĭeːmə] *f meist pl* (author's) royalty. — **~verˌzeich·nis** *n* index of authors.

ˈ**Au·to·re·pa·raˌtur** *f* car repair. — **~ˌwerkˌstatt**, **~ˌwerkˌstät·te** *f* (motor)car repair shop, garage.

Au·to·rin [auˈtoːrɪn] *f* ⟨-; -nen⟩ authoress.

Au·to·ri·sa·ti·on [autorizaˈtsĭoːn] *f* ⟨-; -en⟩ *cf.* Autorisierung. — **au·to·riˈsie·ren** [-ˈziːrən] *v/t* ⟨*no* ge-, h⟩ (*Person*) authorize, empower, qualify: j-n zu etwas ~, j-n ~, etwas zu tun to authorize s.o. to do s.th. — **au·to·riˈsiert I** *pp.* – **II** *adj* authorized, (*Person*) *auch* authentic: eine ~e Übersetzung an authorized translation. — **Au·to·riˈsie·rung** *f* ⟨-; *no pl*⟩ authorization, (*von Personen*) *auch* qualification.

au·to·ri·tär [autoriˈtɛːr] *adj bes. pol.* (*Regime etc*) authoritarian.

Au·to·ri·tät [autoriˈtɛːt] *f* ⟨-; -en⟩ **1.** authority, authoritative power: die [seine] ~ wahren to maintain (*od.* keep) [one's] authority. – **2.** (*maßgebende Person*) authority: die ~en der Stadt the authorities of the city; er ist eine ~ auf seinem Gebiet [für etwas] he is an authority (*od.* expert) in his field [on s.th.].

au·to·ri·ta·tiv [autoritaˈtiːf] *adj* authoritative.

Au·to·riˈtäts|ˌanˌspruch *m* claim of authority. — **~ˌglau·be(n)** *m* belief in authority. — **a~ˌgläu·big** *adj* believing in authority. — **~ˌgläu·big·keit** *f* authoritarianism. — **~prinˌzip** *n* principle of authority.

ˈ**Au·tor·kor·rekˌtur** *f cf.* Autorenkorrektur.

Au·to·ro·ta·ti·on [autorotaˈtsĭoːn] *f aer. tech.* (*beim Hubschrauber*) autorotation.

ˈ**Au·tor·schaft** *f* ⟨-; *no pl*⟩ authorship.

ˈ**Au·to|ˌruf** *m* taxicab call. — **~ˌsatt·ler** *m* car upholsterer. — **~ˌscheinˌwer·fer** *m* headlight, *auch* head lamp. — **~ˌschlan·ge** *f* line (*od.* queue) of cars.

ˈ**Au·toˌschlepp** *m* ⟨-s; *no pl*⟩ **1.** car tow. – **2.** *aer. cf.* Autoschleppstart. — **~ˌstart** *m aer.* (*eines Segelflugzeugs*) car-towed takeoff, tow(ing) by motorcar (and cable), *Am. auch* automobile tow-off.

ˈ**Au·to|ˌschloß** *n* car lock. — **~ˌschlos·ser** *m cf.* Automechaniker. — **~ˌschlüs·sel** *m* car key. — **~ˌschnellˌstra·ße** *f Am.* expressway, *Br.* motor highway (*od.* road). — **~ˌschrau·benˌschlüs·sel** *m* automotive (*od.* starter and manifold) wrench. — **~ˌschup·pen** *m* car shed. — **~ˌser·vice** *m, n* car service. — **~ˌsi·lo** *m cf.* Park(hoch)haus.

Au·to·sit [autoˈziːt; -ˈzɪt] *m* ⟨-s; *no pl*⟩ *med.* autosite.

ˈ**Au·to|ˌsitz** *m* car seat. — **~ˌskoo·ter** *m* (*auf einem Jahrmarkt*) autoscooter.

Au·to·skop [autoˈskoːp] *n* ⟨-(e)s; -e⟩ *med.* autoscope. — **Au·to·skoˈpie** [-skoˈpiː] *f* ⟨-; -n [-ən]⟩ autoscopy.

Au·to·som [autoˈzoːm] *n* ⟨-s; -en⟩ *biol.* autosome, paired chromosome.

ˈ**Au·to|ˌsport** *m* motoring, motor sport. — **~ˌstandˌplatz** *m* (*für Taxis*) taxi stand, cabstand, *Br. auch* cab (*od.* taxi) rank. — **~ˌsteu·er** *f* car (*bes. Am.* automobile) tax. — **~ˌstop** *m* hitchhiking: per ~ fahren to hitchhike. — **~ˌstra·ße** *f Am.* highway, *bes. Br.* main (*od.* motor) road. — **~ˌstun·de** *f* driving hour: man braucht fünf ~n it is five hours' driving (*od.* a five-hour drive).

Au·to|sug·ge·sti·on [autozugɛsˈtĭoːn] *f psych.* autosuggestion. — **a~sug·geˈstiv** [-ˈtiːf] *adj* autosuggestive.

ˈ**Au·to|ˌta·xe** *f*, **~ˌta·xi** *n obs.* taxicab. — **~ˌtech·nik** *f* automobile (*bes. Am.* automotive) engineering. — **~te·leˌphon**, *auch* **~te·leˌfon** *n* car telephone.

Au·to·to·mie [autotoˈmiː] *f* ⟨-; -n [-ən]⟩ *zo.* (*Selbstverstümmelung*) autotomy.

ˈ**Au·to|ˌtour** *f* (short) trip by car. — **~touˌris·mus** *m* motoring. — **~touˌrist** *m* motorist.

Au·to|to·xi·ko·se [autotɔksiˈkoːzə] *f med.* autointoxication, *Br.* auto-intoxication. — **~toˈxin** [-ˈksiːn] *n* autotoxin. — **~trans·fu·siˈon** [-transfuˈzĭoːn] *f* autotransfusion. — **~trans·plan·ta·tiˈon** [-transplantaˈtsĭoːn] *f* autotransplantation.

ˈ**Au·to·transˌpor·ter** *m* motorcar transporter (*od.* hauler), automobile transport vehicle.

au·to·troph [autoˈtroːf] *adj bot. chem.* autotrophic: ~e Pflanze autophyte, autotroph. — **Au·to·troˈphie** [-troˈfiː] *f* ⟨-; *no pl*⟩ autotrophy.

ˈ**Au·to|ˌtür** *f* car door. — **~ˌturmˌdrehˌkran** *m tech.* truck tower crane. — **~ˌty·pe** *f* car type.

Au·to·ty·pie [autotyˈpiː] *f* ⟨-; -n [-ən]⟩ *print.* autotype, halftone (photo-)engraving (*od.* reproduction): freistehende ~ silhouette halftone.

ˈ**Au·toˌunˌfall** *m* motor (*od.* car, *bes. Am.* automobile) accident, car crash: einen ~ haben to have (*od.* to be in) a motor (*bes. Am.* an automobile) accident.

Au·to·vak·zi·ne [autovakˈtsiːnə] *f med.* autovaccine, autogenous vaccine. — **~beˌhand·lung** *f* treatment with autogenous vaccine, autogenous vaccination.

ˈ**Au·to|verˌbandsˌka·sten** *m* auto (*od.* car) first-aid kit. — **~verˌkehr** *m* (motor) traffic. — **~verˌla·dung** *f* railroad (*Br.* railway) car ferry. — **~verˌleih** *m Am.* car rental service, *Br.* hire car service. — **~verˌmie·tung** *f Br.* car hire, *Am.* renting of cars. — **~ˌwan·de·rer** *m Swiss and Austrian* driver-hiker. — **a~ˌwan·dern I** *v/i* ⟨*sep*, *pp* autogewandert, sein⟩ combine hiking and driving. – **II A~** *n* ⟨-s⟩ drive-hiking. — **~ˌwan·de·rung** *f cf.* Autowandern. — **~ˌwrack** *n* car wreck.

Aut·oxy·da·ti·on [autɔksydaˈtsĭoːn] *f* ⟨-; *no pl*⟩ *chem.* autoxidation.

au·to·ze·phal [autotseˈfaːl] *adj relig. rare for* autokephal.

ˈ**Au·to|ˌzu·beˌhör** *n*, *auch m* automobile (*od.* [motor]car) accessories *pl.* — **~zuˌsam·menˌstoß** *m* (automobile *od.* [motor]car) collision.

autsch [autʃ] *interj colloq.* ouch!

Au·tu·nit [autuˈniːt; -ˈnɪt] *m* ⟨-s; -e⟩ *min.* autunite.

ˈ**Auˌwald** *m* lowland (*od.* bottomland, riparian) forest.

au·weh [auˈveː] *interj Southern G. and Austrian* **1.** oh dear! my goodness! – **2.** ouch!

au·wei(a) [auˈvaɪ(a)] *interj colloq.* my goodness! oh dear! goodness gracious!

au·xi·li·ar [auksiˈlĭaːr] *adj* auxiliary. — **A~ˌverb** *n ling. obs. for* Hilfsverb.

Au·xin [auˈksiːn] *n* ⟨-s; *no pl*⟩ *biol. bot.* auxin.

Au·xo·spo·re [auksoˈspoːrə] *f bot.* auxospore.

Aval [aˈval] *m, rare n* ⟨-s; -e⟩ *econ.* (*Wechselbürgschaft*) guarantee (for a bill), suretyship, liability as a guarantor. — **~akˌzept** *n* banker's acceptance on behalf of client.

ava·lie·ren [avaˈliːrən] *v/t* ⟨*no* ge-, h⟩ *econ.* (*Wechsel etc*) guarantee, stand surety for.

Aval·kreˌdit [aˈval-] *m econ.* loan granted by way of bank guarantee.

Avan·ce [aˈvãːsə] *f* ⟨-; -n⟩ **1.** *cf.* Vorsprung 4. – **2.** *fig. only in* j-m ~en machen to make advances to s.o., to encourage s.o.'s advances. – **3.** *econ. bes. Swiss* (*Anstieg*) rise (in rates, share prices, *etc*). – **4.** (*watchmaking*) (*einer Uhr*) a) gain, b) (*Zeichen*) avance.

Avan·ce·ment [avãs(ə)ˈmãː] *n* ⟨-s; -s⟩ *lit. od. archaic* promotion, advancement, preferment.

avan·cie·ren [avãˈsiːrən] **I** *v/i* ⟨*no* ge-, sein⟩ **1.** *bes. lit.* (*befördert werden*) be promoted, rise (in rank), advance: er ist zum Obersten avanciert he has been promoted (*Am.* to) colonel. – **2.** *fig.* zum Bestseller ~ (*von Büchern etc*) to become a bestseller. – **3.** *obs.* advance, attack. – **II** *v/t* ⟨h⟩ **4.** (*Uhr*) put (*a watch*) on, forward.

Avant·gar·de [a'vã:ˌgardə; a'vant-] *f* ⟨-; -n⟩ **1.** *collect.* avant-garde, advance guard, vanguard. – **2.** *mil. obs. for* Vorhut. — **Avant·gar·dis·mus** [avãgar'dɪsmʊs; avant-] *m* ⟨-; *no pl*⟩ avant-gardism. — **Avant·gar·dist** [avãgar'dɪst; avant-] *m* ⟨-en; -en⟩ avant-gardist, *auch* avant-gardiste, member of the avant-garde. — **avant·gar'di·stisch** *adj* avant-garde.

avan·ti [a'vanti] (*Ital.*) *interj* forward! move (*od.* go, get) on!

Avan·tu·rin [avantu'ri:n] *m* ⟨-s; -e⟩ *min. cf.* Aventurin.

Ava·ta·ra [ava'ta:ra] *npr m* ⟨-(s); *no pl*⟩ *myth.* (*Inkarnation*) avatar(a) (*in Hinduism*).

Ave ['a:ve] **I** *n* ⟨-; -⟩ *röm.kath.* Ave. – **II** *interj* ave! hail!

Avec [a'vɛk] *m* ⟨-s; *no pl*⟩ *archaic* go, dash: mit (einem) ~ *colloq.* with a dash (*od.* spurt).

'Ave-ˌLäu·ten *n röm.kath.* ave-bell, Angelus (bell).

Ave-Ma·ria ['a:vema'ri:a] *n* ⟨-(s); -(s)⟩ *röm. kath.* (*Gebet*) Ave Maria, Hail Mary. — **~-ˌLäu·ten** *n cf.* Ave-Läuten.

Aven·tin [avɛn'ti:n] *npr m* ⟨-s; *no pl*⟩ (Mount) Aventine (*one of the Seven Hills of Rome*). — **aven'ti·nisch** *adj geogr.* Aventine: A~er Hügel (Mount) Aventine.

Aven·tiu·re [avɛn'ty:rə] *f* ⟨-; -n⟩ (*literature*) **1.** adventure: Frau ~ *the Muse of medieval narrative poetry.* – **2.** (*Abschnitt*) a) (*in der Versepik*) canto, b) (*in der Prosaepik*) chapter.

Aven·tü·re [avɛn'ty:rə] *f* ⟨-; -n⟩ *obs. for* Abenteuer 1, 4.

Aven·tu·rin [avɛntu'ri:n] *m* ⟨-s; -e⟩ *min.* aventurine, *auch* avanturine. — **a~ˌar·tig** *adj* aventurine, *auch* avanturine. — **~ˌfeld·ˌspat** *m* aventurine feldspar, sunstone. — **~ˌglas** *n tech.* aventurine (glass).

Ave·nue [avə'ny:; ave-] *f* ⟨-; -n [-ən]⟩ avenue.

aver·na·lisch [avɛr'na:lɪʃ], **aver·nisch** [a'vɛrnɪʃ] *adj* avernal, avernian, infernal.

Avers [a'vɛrs] *m* ⟨-es; -e⟩ **1.** (*Vorderseite einer Medaille, Münze*) face, obverse, head. – **2.** *cf.* Abfindung.

Aver·si·on [avɛr'zĭo:n] *f* ⟨-; -en⟩ (*Abneigung, Widerwille*) (gegen) aversion (to, for), strong dislike (for, of).

Aver·tin [avɛr'ti:n] (*TM*) *n* ⟨-s; *no pl*⟩ *chem.* Avertin (CBr_3CH_2OH).

Aver·tis·se·ment [avɛrtɪs(ə)'mã:] *n* ⟨-s; -s⟩ *obs. for* Benachrichtigung, Nachricht 4.

Ave·sta [a'vɛsta] *n* ⟨-; *no pl*⟩ *cf.* Awesta. — **ave·stisch** [a'vɛstɪʃ] *adj cf.* awestisch.

Avia·tik [a'vĭa:tɪk] *f* ⟨-; *no pl*⟩ *aer. obs.* aviation.

Avi·din [avi'di:n] *n* ⟨-s; -e⟩ *chem.* avidin.

Avi·di·tät [avidi'tɛ:t] *f* ⟨-; -en⟩ avidity, greed(iness).

Avi·fau·na [avi'faʊna] *f zo.* (*Vogelwelt*) avifauna.

avi·ru·lent ['a(:)virulɛnt; aviru'lɛnt] *adj med.* avirulent, nonpathogenic *Br.* non-.

Avis [a'vi:] *m, n* ⟨- [a'vi:(s)]; - [a'vi:s]⟩ *od.* [a'vi:s] *m, n* ⟨-es [a'vi:zəs]; -e [a'vi:zə]⟩ *econ.* advice, notice: laut ~ as advised, as per advice. — **avi·sie·ren** [avi'zi:rən] *v/t* ⟨*no* ge-, h⟩ **1.** *econ.* j-m j-n [etwas] ~ to advise (*od.* notify, inform) s.o. of s.o.'s arrival [of s.th.]. – **2.** *obs.* j-n ~ to inform s.o. — **Avi'sie·rung** *f* ⟨-; -en⟩ notification, advice.

Avi·so[1] [a'vi:zo] *n* ⟨-s; -s⟩ *Austrian* **1.** *cf.* Avis. – **2.** hint.

Avi·so[2] [a'vi:zo] *m* ⟨-s; -s⟩ *mar.* aviso, advice boat.

Avi·ta·mi·no·se [avitami'no:zə] *f* ⟨-; -n⟩ *med.* avitaminosis, vitamin deficiency disease.

Avi·va·ge [avi'va:ʒə] *f* ⟨-; -n⟩ *chem. tech.* **1.** reviving, brightening. – **2.** (*von Seide*) scrooping. — **avi'vie·ren** [-'vi:rən] *v/t* ⟨*no* ge-, h⟩ **1.** (*Gewebe, Garne etc*) revive, brighten, clear. – **2.** (*Seidengriff*) scroop.

Avo·ca·to [avo'ka:to] *f* ⟨-; -s⟩ *bot. cf.* Avocatobirne. — **~ˌbaum** *m bot.* avocado (pear), midshipman's-butter (*Gattg Persea*). — **~ˌbir·ne** *f bot.* avocado (pear), alligator pear. — **~ˌöl** *n* (*cosmetics*) oil of avocado.

Avo'ga·dro·sche| Ge'setz [avo'ga:drɔʃə], **das** ⟨-n -es; *no pl*⟩ *phys.* Avogadro's law (*od.* hypothesis). — **~ 'Zahl, die** ⟨-n -; *no pl*⟩ Avogadro number (*od.* constant).

Avoir·du·pois [avŏardy'pŏa; ɛvərdə'pɔʏs] *n* ⟨-; *no pl*⟩ *econ.* avoirdupois (weight).

Avo·set·te [avo'zɛtə] *f* ⟨-; -n⟩ *zo. cf.* Säbelschnäbler.

avou·ie·ren [avu'i:rən] *v/t* ⟨*no* ge-, h⟩ *obs. for* zugestehen 2.

Avus ['a:vʊs], **die** *npr f* ⟨-; *no pl*⟩ the Avus circuit (*in Berlin*).

Awa·ren [a'va:rən] *npr pl hist.* (*Volk*) Avars.

Awe·sta [a'vɛsta] *npr n* ⟨-; *no pl*⟩ Avesta (*the sacred books of the ancient Zoroastrian religion*). — **awe·stisch** [a'vɛstɪʃ] **I** *adj* Avestan, Avestic. – **II** *ling.* **A~** ⟨*generally undeclined*⟩, **das A~e** ⟨-n⟩ Avestan, Avestic.

axi·al [a'ksĭa:l] *adj math. tech.* axial: ~es Trägheitsmoment axial moment of inertia. — **A~beˌanˌspru·chung** *f* axial stress. — **A~beˌla·stung** *f* axial load, thrust. — **A~ˌbrem·se** *f auto.* axial brake. — **A~ˌdruck** *m* axial pressure (*od.* load), thrust.

Axia·li·tät [aksĭali'tɛ:t] *f* ⟨-; -en⟩ *auto.* alignment.

Axi'al|ˌkol·benˌmo·tor *m tech.* axial cylinder-type motor. — **~ˌkol·benˌpum·pe** *f* axial piston (*od.* cylinder-type) pump. — **~ˌkraft** *f* axial force. — **~ˌla·ger** *n* axial (*od.* thrust) bearing. — **~ˌlast** *f* axial load, end thrust. — **~ˌluft** *f* (*eines Lagers*) axial play. — **~ˌpum·pe** *f* axial pump. — **~ˌschub** *m* ⟨-(e)s; *no pl*⟩ axial (*od.* end) thrust. — **~ˌspiel** *n* ⟨-(e)s; *no pl*⟩ end clearance, axial (*od.* end) play. — **~ˌstei·gung** *f* (*einer Schraube*) axial lead. — **~turˌbi·ne** *f* axial turbine. — **~verˌschie·bung** *f* axial displacement.

Axil·la [a'ksɪla] *f* ⟨-; Axillen⟩ **1.** *med. zo.* (*Arm-, Achselhöhle*) armpit, axilla. – **2.** *bot.* axil, axilla.

axil·lar [aksɪ'la:r] *adj med. bot.* axillary. — **A~ˌli·nie** *f med.* midaxillary line.

Axi·nit [aksi'ni:t; -'nɪt] *m* ⟨-s; -e⟩ *min.* axinite.

Axio·lo·gie [aksĭolo'gi:] *f* ⟨-; -n [-ən]⟩ *philos.* science of values. — **axio'lo·gisch** [-'lo:gɪʃ] *adj* axiological.

Axi·om [a'ksĭo:m] *n* ⟨-s; -e⟩ axiom. — **Axio·ma·tik** [aksĭo'ma:tɪk] *f* ⟨-; *no pl*⟩ science of axioms, axiomatic theory. — **axio·ma·tisch** [aksĭo'ma:tɪʃ] *adj* axiomatic, *auch* axiomatical. — **axio·ma·ti·sie·ren** [aksĭomati'zi:rən] *v/t* ⟨*no* ge-, h⟩ axiomatize.

Axis ['aksɪs] *m* ⟨-; -⟩, **~ˌhirsch** *m zo.* axis (deer), chital (*Axis axis*).

Axoi·de [akso'i:də] *f* ⟨-; -n⟩ *math.* axoid.

Axo·lotl [akso'lɔtəl] *m* ⟨-s; -⟩ *zo.* axolotl, siredon (*Gattg Ambystoma*).

Axo·no·me·trie [aksonome'tri:] *f* ⟨-; -n [-ən]⟩ *math.* (*Achsenmessung*) axonometry. — **axo·no'me·trisch** [-'me:trɪʃ] *adj* axonometric.

Axt [akst] *f* ⟨-; ≃e⟩ **1.** axe, ax: kleine (kurzstielige) ~ hatchet; ~ mit Stiel handled ax(e); einen Baum mit der ~ fällen to fell a tree with an ax(e); mit der ~ behauen to hew with an ax(e); die ~ an die Wurzel eines Übels (an)legen *fig.* to set the ax(e) to the root of an evil; er benahm sich wie die ~ im Walde *fig. colloq.* he behaved like a bull in a china shop; die ~ im Haus erspart den Zimmermann (*Sprichwort*) self-help is the best help; der ~ den Stiel nachwerfen (*Sprichwort*) to throw the helve after the hatchet. – **2.** *her.* adz(e). — **~ˌblatt** *n* blade of an ax(e). — **~ˌhelm** *m cf.* Axtstiel. — **~ˌhieb**, **~ˌschlag** *m* cut with an ax(e). — **~ˌstiel** *m* ax(e) handle.

Aye-Aye ['aɪˀaɪ] *m* ⟨-s; -s⟩ *zo.* aye-aye (*Daubentonia madagascariensis; lemur*).

Aza·lea [atsa'le:a] *f* ⟨-; -leen⟩ *bot. cf.* Azalee.

Aza·lee [atsa'le:ə] *f* ⟨-; -n⟩ *bot.* azalea (*Gattg Azalea*).

Aza·lie [a'tsa:lĭə] *f* ⟨-; -n⟩ *bot. cf.* Azalee.

Aza·raˌfuchs [a'tsa:ra-] *m zo.* Azara's fox (*Dusicyon azarae*).

azeo·trop [atseo'tro:p] *adj chem.* azeotropic: ~es Gemisch azeotrope.

Aze·tal... *chem. cf.* Acetal...

Aze·tat... *chem. cf.* Acetat...

Aze·ton [atse'to:n] *n* ⟨-s; *no pl*⟩ *chem. cf.* Aceton.

Aze·ty·len... *chem. cf.* Acetylen...

Azid [a'tsi:t] *n* ⟨-(e)s; -e⟩ *chem.* azide, hydrazoate, salt (*od.* ester) of hydrazoic acid.

Azid... *chem. cf.* Acid...

Azi·di·tät [atsidi'tɛ:t] *f* ⟨-; *no pl*⟩ *chem. cf.* Acidität.

Azi·do·se [atsi'do:zə] *f* ⟨-; -n⟩ *med. cf.* Acidose.

Azi·mut [atsi'mu:t] *n, auch m* ⟨-s; -e⟩ *astr.* azimuth.

az·i·mu·tal [atsimu'ta:l] *adj* azimuthal: ~e Quantenzahl *phys.* azimuthal quantum number. — **A~ˌkom·paß** *m mar.* azimuth compass. — **A~pro·jek·tiˌon** *f geogr.* (*in der Kartographie*) azimuthal (*od.* zenithal) equidistant projection.

Azi'mut|ˌkreis *m astr.* azimuth circle. — **~ˌkrei·sel** *m mar.* azimuth gyro. — **~ˌzei·ger** *m* azimuth finder.

Azin [a'tsi:n] *n* ⟨-s; -e⟩ *chem.* azine ($RCH = NN = CHR$ *od.* $R_2C = NN = CR_2$).

azi·nös [atsi'nø:s] *adj med.* (*Drüse*) acinose, acinous.

azo... *combining form denoting chem.* azo...

Azo|ben·zol [atsobɛn'tso:l; 'atsobɛnˌtso:l] *n chem.* azobenzene ($C_6H_5N = NC_6H_5$). — **~ˌfarbˌstoff** ['atso-] *m* azo dye. — **~ˌgrup·pe** ['atso-] *f* azo group.

Azoi·kum [a'tso:ikʊm] *n* ⟨-s; *no pl*⟩ *geol.* Azoic (period), Arch(a)eozoic (period). — **azo·isch** [a'tso:ɪʃ] *adj* azoic, Arch(a)ean, Arch(a)eozoic.

Azol [a'tso:l] *n* ⟨-s; *no pl*⟩ *chem.* azole.

Azol·la [a'tsɔla] *f* ⟨-; Azollen⟩ *bot.* azolla.

Azoo·sper·mie [atsoospɛr'mi:] *f* ⟨-; *no pl*⟩ *med.* azoospermia, azoospermatism.

Azo·renˌhoch [a'tso:rən-] *n meteor.* Azores high, anticyclone. — **~ˌtief** *n* Azores low.

azo·risch [a'tso:rɪʃ] *adj geogr.* Azorian.

Azot [a'tso:t] *n* ⟨-s; *no pl*⟩ *chem.* azoth.

Azot·ämie [atsotɛ'mi:] *f* ⟨-; -n [-ən]⟩ *med.* azotemia, *Br. auch* azotaemia.

Azo·to·bak·ter [atsotobak'tɛ:r; -'baktər] *m, n* ⟨-s; -⟩ *biol. chem.* azotobacter.

Azo·to·me·ter [atsoto'me:tər] *n* ⟨-s; -⟩ *chem.* nitrometer, azotometer.

Az·te·ke [ats'te:kə] *m* ⟨-n; -n⟩ *hist.* Aztec, *auch* Azteca. — **Az'te·kenˌreich** *n hist.* Aztec empire. — **az'te·kisch** *adj* Aztec(an).

Azur [a'tsu:r] *m* ⟨-s; *no pl*⟩ **1.** (*Farbe*) azure (blue), sky blue. – **2.** *min. cf.* Azurstein. – **3.** *poet.* a) azure, b) sky. — **~ˌblau I** *n cf.* Azur 1. – **II a~** *adj* azure blue.

Azu'reeˌli·ni·en [atsu're:-] *pl* (*eines Schecks etc*) blue lines.

azur|ˌfar·ben, **~ˌfar·big** [a'tsu:r-] *adj* azure blue, sky-blue, azure (*lit.*).

azu·riert [atsu'ri:rt] *adj* (*Papier*) blue-lined.

Azu·rit [atsu'ri:t; -'rɪt] *m* ⟨-s; -e⟩ *min.* azurite.

azurn [a'tsu:rn] *adj poet.* azure.

Azurˌstein [a'tsu:r-] *m min.* lapis (lazuli).

azy·gisch [a'tsy:gɪʃ] *adj med.* (*unpaarig*) azygous, azygos.

azy·klisch ['a(:)tsy:klɪʃ; a'tsy:klɪʃ] *adj* acyclic.

Azy·mon ['a(:)tsymɔn] *n* ⟨-s; Azyma [-ma]⟩ *relig.* (*ungesäuertes Brot*) azyme, *auch* azym.

B

B, b [beː] ⟨-; -⟩ **1.** B, b (*second letter of the German alphabet; first consonant*): ein großes B a capital (*od.* large) B; ein kleines B a small (*od.* little) b. – **2.** *fig.* wer A sagt, muß auch B sagen (*Sprichwort*) in for a penny, in for a pound (*proverb*). – **3.** *mus.* a) (the note) B flat, b) (*Versetzungszeichen*) flat, c) b (= *b-Moll*) B-flat minor, d) B (= *B-Dur*) B-flat major: ein b vorzeichnen to mark with a flat, to flatten, to put a flat (before); das Werk steht in B(-Dur) the work is in (the key of) B-flat (major). – **4.** *math.* a) B (*point of geometrical figure*) B, b) b (*second known quantity*) b. – **5.** B *chem.* (*symbol of boron*) B. – **6.** B *phys.* (*magnetic flux density*) B. – **7.** B (*s.o. second in order or class*) B. – **8.** B (*s.th. having the shape of the capital letter B*) B. – **9.** b *jur.* (*second supposition*) b. – **10.** B, b *econ.* asked price (in stock market quotations). – **11.** Vitamin B *biol.* vitamin B.

ba [baː] *interj colloq.* bah, pooh (*expressing disdain or contempt*): er kann nicht ~ sagen he cannot say boo to a goose.

bä [bɛː] *interj* **1.** baa (*bleat of sheep*). – **2.** (*child's language*) *cf.* ba.

Baal [baːl] *npr m* ⟨-s; *no pl*⟩ *Bibl.* Baal (*chief deity of Phoenicians, Canaanites, etc*): dem ~ dienen to worship Baal.

'**Baals|,an,be·ter**, ~,**die·ner** *m contempt.* Baalite, Baalist. — ~,**dienst** *m* ⟨-es; *no pl*⟩ Baalism, worship of Baal. — ~,**prie·ster** *m* priest of Baal.

Baas [baːs] *m* ⟨-es; -e⟩ *bes. mar.* master, employer, boss (*colloq.*).

Ba·ba ['baːba] *f* ⟨-; -s⟩ **1.** *gastr.* baba (au rhum). – **2.** (*child's language*) bed.

ba·ba [ba'ba] *interj* paw! paw-paw!

Ba·ba·ko·to [baba'koːto] *m* ⟨-s; -s⟩ *zo.* babacoote, *auch* babakoto (*Indri indri*).

Bab·be'lei *f* ⟨-; -en⟩ *colloq.* **1.** (*Geschwätz*) babble, babbling, chatter, prattle. – **2.** (*eines Säuglings etc*) babble, babbling. — **bab·beln** ['babəln] *v/i* ⟨h⟩ *colloq.* **1.** (*schwätzen*) babble, chatter, prattle. – **2.** (*von Säugling etc*) babble.

'**Bab·bitt·me,tall** ['bɛbɪt-] *n tech.* babbitt (*auch* babbit) metal, babbitt, *auch* babbit: mit ~ versehen to babbitt.

'**Babb·ler** *m* ⟨-s; -⟩ *contempt.* babbler, chatterer, chatterbox.

Ba·bel ['baːbəl] **I** *npr n* ⟨-s; *no pl*⟩ Babel: der Turm zu ~ *Bibl.* the Tower of Babel. – **II** *n* ⟨-s; -⟩ *fig. colloq.* Babylon, hotbed of vice: das ist (ja) das reinste ~ that is a hotbed of vice. — ~,**quarz** *m min.* Babylonian quartz.

Ba·ben·ber·ger ['baːbən,bɛrgər] *m* ⟨-s; -⟩ *hist.* Babenberger (*member of the Babenberg family*).

Ba·be·si·en [ba'beːziən] *pl biol.* babesias.

Ba·bi·ne [ba'biːnə] *f* ⟨-; -n⟩ (*braunes Katzenfell*) Russian catskin.

Ba·bing·to·nit [babɪŋto'niːt; -'nɪt] *m* ⟨-s; -s⟩ *min.* babingtonite.

Ba'bins·ki·sche Re'flex [ba'bɪnskɪʃə], **der** ⟨-n -es; *no pl*⟩ *med.* Babinski('s) reflex (*od.* sign).

Ba·bi·ru·sa [babi'ruːza], **Ba·bi·rus·sa** [babi'rʊsa] *m* ⟨-(s); -s⟩ *zo.* babirus(s)a, babiroussa (*Babirussa babyrussa*).

Ba·bis·mus [ba'bɪsmʊs] *m* ⟨-; *no pl*⟩ *relig.* Babism (*19th century doctrine in Persia*).

Ba·bu ['baːbu] *m* ⟨-s; -s⟩ babu, *auch* baboo (*Hindu gentleman*).

Ba·bu·in [babu'iːn; 'baːbuiːn] *m* ⟨-s; -e⟩ *zo.* baboon (*Gattg Papio*).

Ba·bu·sche [ba'bʊʃə] *f* ⟨-; -n⟩ *meist pl dial. colloq.* (*Pantoffel*) babouche.

Ba·by ['beːbi] *n* ⟨-s; -s⟩ baby, infant: du bist doch kein ~ mehr *colloq.* you aren't a baby any more. — ~,**aus,stat·tung** *f* (*Wäsche*) layette. — ~-,**Bonds** *pl econ.* (*Prämien-Schatzanweisungen*) Premium Treasury Bonds.

Ba·by·doll ['beːbi,dɔl] *n* ⟨-(s); -s⟩ (*fashion*) baby dolls *pl*, baby doll pajamas *pl*.

'**Ba·by,hös·chen** *n* baby pants *pl*.

Ba·by·lon ['baːbylɔn] *npr n* ⟨-s; *no pl*⟩ Babylon. — **Ba·by·lo·ni·er** [baby'loːniər] *m* ⟨-s; -⟩, **Ba·by'lo·nie·rin** *f* ⟨-; -nen⟩ Babylonian. — **ba·by·lo·nisch** [baby'loːnɪʃ] **I** *adj* Babylonian: die B~e Gefangenschaft *hist.* the Babylonian captivity; ~e Verwirrung *Bibl.* confusion of tongues, babel. – **II** *ling.* **B~** ⟨*usually undeclined*⟩, **das B~e** ⟨-n⟩ Babylonian, the Babylonian language.

Ba·by·look ['beːbi,lʊk] *m*, *n* ⟨-(s); -s⟩ (*cosmetics*) baby look.

Ba·by|sit·ter ['beːbi,zɪtər] *m* ⟨-s; -⟩ baby-sitter. — ~,**spra·che** *f* ⟨-; *no pl*⟩ baby talk. — ~,**wä·sche** *f* layette.

Bac·cha·nal [baxa'naːl] *n* ⟨-s; -e *u.* -ien⟩ **1.** *antiq.* (*altröm. Bacchusfest*) Bacchanalia *pl*, bacchanalia *pl*, bacchanals *pl*. – **2.** (*wüstes Trinkgelage, Orgie*) bacchanalia, bacchanal, bacchanalian revel, orgy. – **3.** *choreogr.* bacchanale. — **bac·cha'na·lisch** *adj* **1.** *antiq.* bacchanalian. – **2.** *cf.* bacchantisch 2.

Bac·chant [ba'xant] *m* ⟨-en; -en⟩ **1.** *antiq.* bacchant, bacchanal, bacchanalian. – **2.** *lit.* (*Trunkener*) bacchanal. — **Bac'chan·ten·,stab** *m antiq.* thyrsus. — **Bac'chan·tin** *f* ⟨-; -nen⟩ *antiq.* bacchante, maenad. — **bac'chan·tisch** *adj* **1.** *antiq.* Bacchic, bacchanalian, maenadic. – **2.** *fig.* (*trunken, ausgelassen*) bacchanalian, bacchanal.

Bac·che·us [ba'xeːʊs] *m* ⟨-; Bacchien⟩ *metr. cf.* Bacchius.

bac·chisch ['baxɪʃ] *adj cf.* bacchantisch 1.

Bac·chi·us [ba'xiːʊs] *m* ⟨-; Bacchien⟩ *metr.* (*Versfuß*) bacchius.

Bac·chus ['baxʊs] *npr m* ⟨-; *no pl*⟩ *myth.* Bacchus (*god of wine*): Priesterinnen des ~ Bacchae, maenads. — ~,**fest** *n* Bacchanalia *pl*, bacchanalia *pl*, bacchanals *pl*. — ~,**lied** *n* bacchanalian song, bacchanal. — ~,**stab** *m* thyrsus. — ~,**zug** *m* Bacchanalian procession.

Bach [bax] *m* ⟨-(e)s; ⸚e ['bɛçə]⟩ **1.** brook, (small) stream, streamlet, rivulet, *Am. auch* creek, run, rill (*poet.*): der ~ rauscht the brook is rushing; ein reißender ~ a torrent, a mountain stream; dem ~ folgen to follow the brook; der ~ mündet in den Fluß the brook flows into the river; kleine Bäche machen große Flüsse (*Sprichwort*) many a little (*od.* pickle) makes a mickle. – **2.** *lit.* stream: Bäche von Tränen streams of tears. – **3.** (*child's language*) einen ~ machen to (do) wee-wee. – **4.** *aer. mar. colloq.* (*Nordsee, Ärmelkanal*) 'ditch' (*colloq.*). — ~,**am·sel** *f zo.* water ouzel (*Cinclus cinclus*). — ~,**bett** *n* bed of a brook (*od.* stream). — ~,**bin·se** *f bot.* water bulrush (*Juncus conglomeratus*). — ~,**blu·me** *f cf.* Dotterblume 1. — ~,**bunge** *f* brooklime (*Veronica beccabunga*). — ~,**durch,laß** *m civ.eng.* culvert.

Ba·che ['baxə] *f* ⟨-; -n⟩ *hunt.* wild sow.

Ba·cher ['baxər] *m* ⟨-s; -⟩ *hunt.* wild boar (*between two and four years old*).

'**Bach|,fa·den** *m bot.* hairweed, conferva (*scient.*) (*Conferva rivularis*). — ~,**flocke** (*getr.* -k·k-) *f cf.* Bachgallerte. — ~,**floh,krebs** *m zo.* water flea (*Gammarus pulex*). — ~**fo,rel·le** *f* brook (*od.* river) trout (*Salmo trutta forma fario*). — ~**gal,ler·te** *f bot.* rivularia. — ~,**gei·ze** *f zo. cf.* Bachflohkrebs. — ~,**hol·der**, ~**ho,lun·der** *m bot.* water elder, guelder rose, snowball (bush) (*Viburnum opulus*). — ~,**kres·se** *f* watercress (*Nasturtium officinale*). — ~,**läu·fer** *m zo.* (broad-shouldered) water strider (*Velia currens*).

Bäch·lein ['bɛçlaɪn] *n* ⟨-s; -⟩ **1.** *dim. of* Bach. – **2.** brooklet, streamlet.

'**Bach|,min·ze** *f bot.* brook (*od.* water) mint (*Mentha aquatica*). — ~,**neun,au·ge** *n zo.* brook lamprey (*Lampetra planeri*). — ~-,**saib·ling** *m* brook trout (*Salmo fontinalis*). — ~,**schmer·le** *f cf.* Schmerle. — ~,**stel·ze** *f* water wagtail, *auch* pied (*od.* white) wagtail (*Motacilla alba*). — ~,**wurz** *m bot.* water avens, cure-all (*Geum rivale*).

back [bak] *adv mar.* backward(s), aback, abaft.

Back *f* ⟨-; -en⟩ *mar.* **1.** (*Decksaufbau*) forecastle, *Br. auch* fo'c's'le. – **2.** *cf.* Backbord. – **3.** (*Eßtisch*) mess table. – **4.** (*Eßnapf*) bowl. – **5.** (*Tischgemeinschaft*) mess, messmates *pl*: zu einer ~ gehören to mess together.

'**Back|,ap·fel** *m gastr.* **1.** baked apple. – **2.** cooking apple. — ~**aro·ma** [-ˀa,roːma] *n* flavoring, *bes. Br.* flavouring, aromatic essence (for baking). — **b~be,kom·men** *v/i* ⟨*irr, sep, no* -ge-, h⟩ *mar.* be taken aback. — ~,**blech** *n* baking tin, sheet: rundes ~ griddle.

'**back,bord** *adv mar.* aback: ~ achteraus (on the) port quarter; ~ querab! on the port beam! hart ~ (helm) hard aport; Ruder ~ helm aport.

'**Back,bord** *n*, *Austrian auch m* ⟨-(e)s; -e⟩ *mar.* (*linke Schiffsseite*) port, larboard (*obs.*): nach ~ to port, aport; nach ~ drehen to port; mit ~ Hals segeln to be on the port tack; das Ruder ~ nehmen (*od.* legen) to put the helm to port (*od.* aport); an ~ voraus on the port bow; Land in Sicht an ~ achtern land in sight on the port quarter. — ~,**halsen** *pl* port tack *sg*: mit ~ segeln to sail on the port tack; auf ~ segelndes Schiff port tack boat. — ~**la,ter·ne** *f* port light (*od.* lamp, lantern). — ~,**mo·tor** *m aer.* port engine. — ~,**ru·der** *n mar.* port helm. — ~,**schlag,sei·te** *f* list to port. — ~,**scho·te** *f meist pl* port sheet. — ~,**sei·te** *f aer.* port (side): das Schiff liegt nach der ~ über the ship has a list to port; auf der ~ (befindlich) port; das Ruder nach der ~ umlegen to port the helm; das Schiff krängt nach der ~ the ship heels to port. — ~ˌ**wa·che** *f* port watch.

'**backˌbras·sen** *v/i u. v/t* ⟨*sep*, -ge-, h⟩ *mar.* back, brace aback: die Vorsegel ~ to brace abox, to box off.

'**Backˌbrett** *n* pastry board, *Am. auch* pasteboard.

Bäck·chen ['bɛkçən] *n* ⟨-s; -⟩ (little) cheek.

'**Backˌdeck** *n mar.* forecastle head.

Backe (*getr.* -k·k-) ['bakə] *f* ⟨-; -n⟩ **1.** (*Wange*) cheek: runde [rote, volle] ~n chubby [rosy, full] cheeks; eingefallene ~n hollow cheeks; eine dicke ~ haben *colloq.* to have a swollen cheek (*Br. sl. auch* a thick ear); die ~n aufblasen to puff out one's cheeks; j-m die ~n streicheln to stroke s.o.'s cheeks; etwas mit vollen ~n kauen to munch s.th. with a full mouth; die Äpfel haben rote ~n *fig.* the apples have red cheeks; dem kann man das Vaterunser durch die ~n blasen *colloq.* he is mere skin and bones; au ~! *Northern G. colloq.* a) splendid! *Am. colloq.* oh boy! b) my goodness! – **2.** *meist pl colloq.* buttock. – **3.** *tech.* a) (*Klemm-Spannbacke*) jaw, b) (*einer Zange*) nose, c) (*Gewindeschneidbacke*) die, d) (*eines Schraubenschlüssels*) jaw, e) (*einer Bremse*) shoe, block, cheek. – **4.** *mil.* (*am Gewehr*) cheek piece. – **5.** (*sport*) (*der Skibindung*) toepiece, toe-iron. – **6.** (*eines Lehnstuhls*) wing.

backen[1] (*getr.* -k·k-) ['bakən] **I** *v/t* ⟨bäckt, backte, *rare* buk, gebacken, h⟩ **1.** *gastr.* a) (*Brot, Kuchen etc*) bake, b) (*Eierkuchen, Fisch etc in der Pfanne*) fry, c) (*Auflauf etc im Ofen*) bake, cook: Plätzchen ~ to bake (*od.* make) cookies; etwas zu lange ~ to overdo s.th.; in schwimmendem Fett ~ to deep fry; die Brötchen wurden knusprig gebacken the rolls were baked crisp; sich (*dat*) etwas ~ lassen *fig. colloq.* to go and whistle for s.th.; sich (*dat*) einen (Mann) ~ lassen *fig. colloq.* to have a man made to measure (*od.* order). – **2.** (*dörren*) (*Obst etc*) dry. – **3.** *tech.* (*Ziegel etc*) burn, bake. – **II** *v/i* **4.** bake: die Mutter hat gestern gebacken mother did some baking yesterday. – **5.** *gastr.* a) (*von Brot, Kuchen etc*) bake, b) (*von Eierkuchen, Fisch etc*) fry, c) (*von Auflauf etc*) bake, cook. – **6.** (*von Obst etc*) dry.

'**backen**[2] (*getr.* -k·k-) *v/i* ⟨h⟩ **1.** an (*dat*) etwas ~ (*von Schmutz etc*) to stick to s.th. – **2.** (*von Schnee*) cake.

'**Backen** (*getr.* -k·k-) *m* ⟨-s; -⟩ **1.** *Southern G. for* Backe 1, 2. – **2.** *cf.* Backe 5.

'**Backen|bart** (*getr.* -k·k-) *m* (side-)whiskers *pl*, *Am. auch* sideburns *pl*: mit einem ~ (side-)whiskered, *Am. auch* sideburned. — ~ˌ**bin·dung** *f* (*sport*) (*am Ski*) non-safety (*od.* Kandahar) binding. — ~ˌ**boh·rer** *m tech.* pipe stock tap. — ~ˌ**bre·cher** *m* (*für Stein und Erz*) jaw crusher. — ~ˌ**brem·se** *f* shoe (*od.* block) brake. — ~ˌ**fal·te** *f med.* buccal fold. — ~ˌ**fur·chenˌpa·vi·an** *m zo. cf.* Mandrill. — ~ˌ**fut·ter** *n tech.* jaw chuck. — ~ˌ**hörn·chen** *n zo.* **1.** Nordamerikanisches ~ chipmunk, *auch* chipmonk, ground (*od.* striped) squirrel (*Tamias striatus*). – **2.** Asiatisches ~ baronduki, Asiatic chipmunk, *auch* baranduki, barunduki, burunduki (*Eutamius asiaticus*). — ~ˌ**kno·chen** *m med.* cheekbone; malar (bone), zygomatic bone (*scient.*): mit vorstehenden ~ with high (*od.* prominent) cheekbones. — ~ˌ**kno·chenˌbo·gen** *m* zygomatic arch, malar eminence. — ~ˌ**rie·men** *m* (*am Zaumzeug*) cheek (strap), cheek(piece). — ~ˌ**ses·sel** *m* wing (*od.* winged, *auch* draft, lug) chair. — ~ˌ**streich** *m rare* slap on the cheek (*od.* in the face): sie gaben ihm ~e *Bibl.* they smote him with their hands. — ~ˌ**stück** *n* **1.** (*am Zaumzeug*) cheek (strap), cheek(piece). – **2.** *mil.* (*an einem Helm*) cheekpiece. — ~ˌ**ta·sche** *f zo.* (*des Hamsters etc*) (cheek) pouch. — ~ˌ**zahn** *m med.* molar (tooth), grinder, cheek tooth.

Bäcker (*getr.* -k·k-) ['bɛkər] *m* ⟨-s; -⟩ baker: beim ~ at the baker's; zum ~ gehen to go to the baker's. — ~ˌ**bei·ne** *pl med. colloq.* knock-knees. — ~ˌ**bur·sche** *m* baker's boy. — ~ˌ**dut·zend** *n* (*dreizehn Stück*) baker's dozen.

Backe'rei (*getr.* -k·k-) *f* ⟨-; *no pl*⟩ *colloq.*, *auch contempt.* (constant *od.* continuous) baking.

Bäcke'rei (*getr.* -k·k-) *f* ⟨-; -en⟩ **1.** (*Bäckerladen*) bakery, baker's shop. – **2.** (*Backstube*) bakery, bakehouse. – **3.** *Austrian* (*kleines Backwerk*) *Br.* biscuits *pl*, *Am.* cookies *pl*. – **4.** ⟨*only sg*⟩ baking: etwas von der ~ verstehen to know s.th. about baking.

'**Bäcker|ekˌzem** (*getr.* -k·k-) *n med.* grocer's (*od.* baker's) itch. — ~ˌ**frau** *f cf.* Bäckersfrau. — ~**geˌsel·le** *m* journeyman baker. — ~ˌ**handˌwerk** *n* baker's trade. — ~ˌ**in·nung** *f* bakers' corporation (*od.* guild). — ~ˌ**junge** *m* baker's boy. — ~ˌ**krät·ze** *f med. cf.* Bäckerekzem. — ~ˌ**la·den** *m cf.* Bäckerei 1. — ~ˌ**lehr·ling** *m* baker's apprentice. — ~ˌ**mei·ster** *m* master baker. — ~ˌ**müt·ze** *f* baker's cap. — ~ˌ**schau·fel** *f* (*zum Broteinschieben*) battledore, peel.

'**Bäckersˌfrau** (*getr.* -k·k-) *f* baker's wife.

'**Bäckerˌzunft** (*getr.* -k·k-) *f* bakers' guild.

'**Back|ˌfä·hig·keit** *f* ⟨-; *no pl*⟩ (*des Mehls*) baking quality (*od.* strength). — **b**~ˌ**fer·tig** *adj gastr.* ready for baking. — ~ˌ**fett** *n* **1.** cooking fat. – **2.** (*für Kuchen und Gebäck*) shortening.

'**Backˌfisch** *m* ⟨-s; -e⟩ **1.** *gastr.* small fish for frying. – **2.** *fig. colloq.* teen-age girl, teen-ager, *Am. colloq.* bobby-soxer (*od.* -socker), *bes. Br. colloq.* 'flapper'. — ~ˌ**alter** *n* (a girl's) teens *pl*.

'**Back|ˌform** *f* baking (*od.* cake) tin, (pastry) mo(u)ld. — ~**geˌrät** *n* baking utensils *pl*. — ~ˌ**hähn·chen** *n gastr.* **1.** fried chicken. – **2.** chicken for frying.

Back·hand ['bɛkˌhɛnt; 'bæk'hænd] (*Engl.*) *f*, *auch m* ⟨-(s); -s⟩ (*sport*) (*beim Tennis etc*) backhand.

'**Back|ˌhau·be** *f tech.* Dutch oven. — ~ˌ**he·fe** *f gastr.* baker's yeast. — ~ˌ**hen·del**, ~ˌ**hendl** *n Austrian colloq. for* Backhuhn 1. — ~ˌ**hit·ze** *f* baking (*od.* oven) temperature.

'**backˌho·len** *v/t* ⟨*sep*, -ge-, h⟩ *mar.* (*Segel*) back.

'**Back|ˌhuhn** *n gastr.* **1.** fried chicken. – **2.** chicken for frying. — ~ˌ**koh·le** *f tech.* caking (*od.* coking) coal. — ~ˌ**mehl** *n gastr.* baking flour. — ~ˌ**mul·de** *f cf.* Backtrog. — ~ˌ**obst** *n* dried fruit: danke für ~ *fig. colloq.* you can keep it yourself.

'**Backˌofen** *m* (baking) oven: hier ist es warm wie in einem ~ it's as hot as an oven here. — ~ˌ**hit·ze** *f* **1.** (baking) oven heat. – **2.** *fig.* great (*od.* scorching) heat.

'**Back|ˌpfan·ne** *f* frying pan. — ~ˌ**pfei·fe** *f dial. colloq. for* Ohrfeige. — **b**~ˌ**pfei·fen** *v/t* ⟨*insep*, ge-, h⟩ *Northern G. colloq. for* ohrfeigen. — ~ˌ**pfei·fen·geˌsicht** *n colloq. for* Ohrfeigengesicht. — ~ˌ**pflau·me** *f gastr.* (dried) prune, dried plum. — ~**proˌzeß** *m* baking process.

'**Backˌpul·ver** *n gastr.* baking powder. — ~ˌ**teig** *m* baking-powder dough.

'**Back|ˌräd·chen** *n* pastry wheel, *bes. Am.* jagging wheel. — ~**reˌzept** *n* **1.** baking instructions *pl*. – **2.** (*für Kuchen*) cake recipe. — ~ˌ**rohr** *n*, ~ˌ**röh·re** *f* (*eines Küchenherdes*) (baking) oven.

'**Back·schaft** *f* ⟨-; -en⟩ *mar.* messmates *pl*, mess (*collect.*). — '**Back·schaf·ter** *pl* messmen, cooks of the mess, mess cooks (*od.* stewards).

'**Back|ˌschau·fel** *f* battledore, peel. — ~ˌ**schnee** *m* sticky snow. — ~ˌ**schüs·sel** *f* baking dish.

'**Backs·geˌschirr** *n* mess kit (*od.* trap).

'**Backˌspie·re** *f mar.* swinging (*od.* lower) boom: ~ am Achterschiff quarter boom.

'**Backˌstag** *n mar.* **1.** backstay: losnehmbares ~ running (*od.* preventer) backstay. – **2.** *pl* (*Bugstagen*) back ropes, bowsprit shrouds.

'**Backˌstags|ˌbri·se** *f*, ~ˌ**wind** *m mar.* quarter(ing) wind (*od.* breeze): Segeln mit ~ quartering.

'**backˌste·hen** *v/i* ⟨*irr*, *sep*, -ge-, sein⟩ *mar.* (*von Segeln*) be aback.

'**Backˌstein** *m* (solid) brick: gelber ~ malm brick; verglaster ~ clinker (brick); ein Gebäude aus ~ a brick building; schwimmen wie ein ~ *fig. colloq.* to swim like a stone; es regnet ~e *fig. colloq.* it is raining cats and dogs. — ~ˌ**bau** *m* brick building.

'**backˌstei·nern** *adj* (of) brick.

'**Backˌstein|ˌgo·tik** *f arch.* brick Gothic. — ~ˌ**man·tel** *m tech.* (*für Porzellanöfen*) hovel. — ~ˌ**mau·er** *f* brick wall. — ~ˌ**mau·erˌwerk** *n* brick masonry, brickwork. — ~**verˌklei·dung** *f* brick lining.

'**Back|ˌstu·be** *f* bakery, bakehouse. — ~ˌ**tag** *m* baking day. — ~ˌ**teig** *m* **1.** (*fest*) dough. – **2.** (*flüssig*) batter. — ~ˌ**torf** *m tech. cf.* Preßtorf. — ~ˌ**trog** *m* kneading trough. — ~**verˌfah·ren** *n* baking process. — ~**verˌmö·gen** *n tech.* (*der Steinkohle*) caking (*od.* coking) quality (*od.* property). — ~ˌ**wa·ren** *pl* bread and confectionery. — ~ˌ**werk** *n* ⟨-(e)s; *no pl*⟩ **1.** pastries *pl*, confectionery. – **2.** (*Gebäck*) *Br.* biscuits *pl*, *Am.* cookies *pl*. — ~ˌ**wun·der** *n cf.* Backhaube. — ~ˌ**zeit** *f* baking time. — ~ˌ**zuˌtat** *f meist pl* baking ingredient.

Ba·con ['beːkən; 'beɪkən] (*Engl.*) *m* ⟨-s; *no pl*⟩ *gastr.* bacon. — ~ˌ**schwein** *n* bacon hog (*auch pig*), *Br.* baconer.

Bac·te·ri·um [bak'teːrĭum] *n* ⟨-s; -rien⟩ *med.* bacterium.

Bad [baːt] *n* ⟨-(e)s; ⸚er⟩ **1.** (*in der Badewanne*) bath: ein kaltes [heißes, lauwarmes] ~ a cold [hot, tepid *od.* lukewarm] bath; ein ~ nehmen to have (*od.* take) a bath; j-m ein Bad richten (*od.* zurechtmachen, *lit.* rüsten) to get s.o.'s bath ready, to draw s.o.'s bath, to run a bath for s.o.; das ~ einlaufen lassen [ablassen] to run the bath [to let out the bathwater]; → Kind 4. – **2.** (*im Freien*) swim, *Br.* bathe, (*kurzes*) *auch* dip: ein ~ im Fluß nehmen to bathe (*od.* have a swim) in the river. – **3.** (*Badezimmer*) bathroom, *Am. auch* bath. – **4.** *cf.* Badeanstalt. – **5.** (*Kurbad*) health resort, spa: ins ~ reisen to go to a spa, to take the waters. – **6.** *meist pl med.* (medicinal) bath. – **7.** *pl antiq.* baths, thermae. – **8.** *phot.* bath. – **9.** *chem.* bath, (*Elektrolyse*) cell, tank. – **10.** *tech.* (*Färberei*) dip, dye bath. – **11.** (*leather*) grainer.

'**Badˌaufˌkoh·len** *n tech.* bath carburizing.

'**Ba·de|ˌanˌstalt** *f* **1.** public bath(s *pl*), *auch* bathhouse. – **2.** (public) swimming pool. — ~ˌ**anˌzug** *m* bathing suit (*bes. Br.* dress), *bes. Am.* swimsuit: einteiliger [zweiteiliger] ~ one-piece [two-piece] bathing suit. — ~ˌ**arzt** *m med. cf.* Kurarzt. — ~**beˌhandlung** *f* balneotherapy. — ~**beˌkannt·schaft** *f* bathing acquaintance. — ~**beˌtrieb** *m* (*am Strand etc*) bathing activity. — ~ˌ**bür·ste** *f* bath (*od.* back) brush. — ~ˌ**einˌrich·tung** *f meist pl* bathing facilities *pl*, bathroom installation (*od.* equipment). — ~ˌ**frau** *f* (female) bathing attendant. — ~ˌ**gast** *m* **1.** (*im Schwimmbad*) bather. – **2.** *cf.* Kurgast 1. — ~**geˌle·gen·heit** *f* **1.** bathing facilities *pl*, (use of) bathroom. – **2.** opportunity for bathing, bathing opportunity. — ~ˌ**handˌtuch** *m* bath towel. — ~ˌ**hau·be** *f cf.* Badekappe. — ~ˌ**haus** *n* bathhouse. — ~ˌ**ho·se** *f* (bathing *od.* swimming) trunks *pl* (*od.* shorts *pl*, *bes. Br* drawers *pl*), *bes. Am.* swim trunks *pl*. — ~**kaˌbi·ne** *f* bathing cabin (*od.* cubicle). — ~ˌ**kap·pe** *f* bathing (*od. colloq.* swimming) cap. — ~ˌ**kar·te** *f* bathing ticket. — ~ˌ**kraut** *n bot.* lovage, *auch* sea parsley (*Levisticum officinale*). — ~ˌ**kur** *f* cure (*od.* course of treatment) at a spa; balneotherapy, balneologic(al) treatment (*scient.*): eine ~ machen to take a cure (at a spa), to take the waters. — ~ˌ**kurˌort** *m cf.* Bad 5. — ~ˌ**man·tel** *m* bathrobe, bathing gown (*od.* wrap). — ~ˌ**mat·te** *f* bath mat. — ~ˌ**mei·ster** *m* **1.** bath attendant (in charge), superintendent. – **2.** (*Schwimmlehrer*) swimming instructor. — ~ˌ**müt·ze** *f cf.* Badekappe.

ba·den ['baːdən] **I** *v/i* ⟨h⟩ **1.** (*in der Wanne*) have (*od.* take) a bath, *bes. Br.* bath, *Am.* bathe: warm [kalt] ~ to have a hot [cold] bath. – **2.** (*im Freien*) bathe, have a swim (*Br.* bathe): ~ gehen a) to go swimming (*od.* bathing), b) *fig. colloq.* (*von Plänen etc*) to come to nothing, to go up in smoke, c) *fig. colloq.* (*von Personen*) to come a cropper. – **II** *v/t* **3.** *bes. Br.* bath, *Am.* bathe: ein Kleinkind ~ to give a baby its bath; er ist als Kind zu heiß gebadet worden *colloq.* he was dropped on his head as a baby. – **4.** (*Finger, Wunde etc*) bathe. – **III** *v/reflex* sich ~ **5.** *cf.* baden 1, 2: sich in (*dat*) etwas baden *fig.* to bask (*od.* bathe) in s.th. – **IV B**~ *n* ⟨-s⟩ **6.** *verbal noun*: B~ verboten no swimming! no bathing!

'**Ba·den·de** *m*, *f* ⟨-n; -n⟩ bather, swimmer.

Ba·de·ner ['baːdənər] *m* ⟨-s; -⟩ *cf.* Badenser.

'**Ba·deˌni·xe** *f colloq.* bathing beauty.

Ba·den·ser [ba'dɛnzər] *m* ⟨-s; -⟩ **1.** inhabitant of Baden. – **2.** native of Baden.

ba·den·sisch [ba'dɛnzɪʃ] *adj cf.* badisch.

'**Ba·de|ˌofen** *m* **1.** (*mit Kohle*) bathstove. – **2.** (*mit Gas, Strom*) *Br.* geyser, *Am.* (hot)-

-water heater. — ~ˌ**ord·nung** *f* bathing regulations *pl.* — ~ˌ**ort** *m* **1.** bathing resort, (*an der See*) seaside resort. – **2.** *cf.* Bad 5. — ~ˌ**platz** *m* bathing place, place for swimming. — ~ˌ**pu·bli·kum** *n* bathers *pl.*

'**Ba·der** *m* ⟨-s; -⟩ **1.** *dial. obs. for* Friseur 2. – **2.** *obs.* barber-surgeon.

'**Ba·deˌraum** *m* **1.** (*einer Sportanlage, Schule etc*) shower room, showers *pl.* – **2.** *cf.* Badezimmer.

'**Bä·derˌkun·de** *f med.* balneology, science of mineral waters.

'**Ba·de|ˌsa·chen** *pl* swimming (*od.* bathing) things (*od. colloq.* togs). — ~**saiˌson** *f* bathing season. — ~ˌ**salz** *n* bath salts *pl.* — ~ˌ**schön·heit** *f colloq.* bathing beauty. — ~ˌ**schuh** *m meist pl* bathing slipper (*od.* shoe). — ~ˌ**schwamm** *m* **1.** bath sponge. – **2.** *zo.* bath sponge (*Euspongia officinalis*). — ~ˌ**stel·le** *f* bathing place. — ~ˌ**strand** *m* (bathing) beach. — ~ˌ**stu·be** *f obs. for* Badezimmer. — ~ˌ**ta·sche** *f* beach bag. — ~**the·raˌpie** *f med.* balneotherapy. — ~**ther·moˌme·ter** *n* bath thermometer. — ~ˌ**tuch** *n* bath towel. — ~ˌ**unˌfall** *m* bathing accident. — ~ˌ**vorˌle·ger** *m cf.* Badematte. — ~ˌ**wan·ne** *f* **1.** bath(tub), tub: in der ~ sitzen to sit in one's bath. – **2.** *colloq.* (*Sitzabdruck im Schnee*) 'bathtub' (*colloq.*), sitzmark. — ~ˌ**wär·ter** *m* **1.** bath attendant. – **2.** (*am Strand etc*) lifeguard, *auch* beach attendant. — ~ˌ**was·ser** *n* bath water. — ~ˌ**wet·ter** *n* bathing weather. — ~ˌ**zeit** *f* **1.** bathing hours *pl.* – **2.** *bes. med.* bathing time. – **3.** *cf.* Badesaison. — ~ˌ**zeug** *n colloq. for* Badesachen. — ~ˌ**zim·mer** *n* bathroom, *Am. auch* bath.

Ba·di·na·ge [badi'naːʒə] *f* ⟨-; -n⟩, **Ba·di·ne'rie** [-nə'riː] *f* ⟨-; -n [-ən]⟩ *mus.* badinage.

ba·disch ['baːdɪʃ] *adj geogr.* of (*od.* pertaining to) Baden.

Bad·min·ton ['bɛtmɪntən; 'bædmɪntən] (*Engl.*) *n* ⟨-; *no pl*⟩ (*sport*) badminton. — ~ˌ**ball** *m* shuttlecock, *auch* shuttle.

bä·en ['bɛːən] *v/i* ⟨h⟩ (*von Schafen*) bleat, baa.

Ba·fel ['baːfəl] *m* ⟨-s; *no pl*⟩ *dial. colloq. for* Geschwätz 1, 3.

baff [baf] *adj* ~ sein (über *acc* at) *colloq.* to be dumbfounded, to be flabbergasted: er war ~ vor Staunen you could have knocked him down (*od.* over) with a feather.

bäf·fen ['bɛfən] *v/i* ⟨h⟩ (*von Hund*) yap.

Ba·ga·ge [ba'gaːʒə] *f* ⟨-; *no pl*⟩ **1.** *colloq. contempt.* (*Gesindel*) rabble, riffraff, ragtag (and bobtail): die ganze ~ the whole lot of them. – **2.** *archaic for* Gepäck. – **3.** *mil. hist. cf.* Troß 1. — ~ˌ**pferd** *n mil. hist.* bat-horse, *Br.* bat-horse. — ~ˌ**wa·gen** *m cf.* Troßwagen.

Ba·gas·se [ba'gasə] *f* ⟨-; -n⟩ bagasse, *auch* begass(e), cane trash (*remains of sugar cane*).

Ba·ga·tel·le [baga'tɛlə] *f* ⟨-; -n⟩ **1.** bagatelle, trifle: etwas für eine ~ kaufen to buy s.th. for a song; das ist keine ~ mehr that's no longer a trifle. – **2.** *mus.* bagatelle. – **3.** *jur. rare for* Bagatellsache.

ba·ga·tel·li·sie·ren [bagatɛli'ziːrən] **I** *v/t* ⟨*no* ge-, h⟩ (*Gefahren, Unfall etc*) minimize, belittle, make light of. – **II B~** *n* ⟨-s⟩ *verbal noun.* — **Ba·ga·tel·li'sie·rung** *f* ⟨-; -en⟩ **1.** *cf.* Bagatellisieren. – **2.** minimization.

ba·ga'tellˌmä·ßig *adv Austrian only in* j-n ~ behandeln to slight s.o.

Ba·ga'tell|ˌsa·che *f jur.* petty cause. — ~ˌ**scha·den** *m* trivial damage. — ~ˌ**schuld** *f meist pl* petty (*od.* paltry, trivial) debt. — ~ˌ**steu·er** *f econ.* petty tax. — ~**verˌfah·ren** *n jur.* summary proceedings *pl.*

Bag·ger ['bagər] *m* ⟨-s; -⟩ *tech.* **1.** (*Trockenbagger*) excavator, digger. – **2.** (*Naßbagger*) dredger. – **3.** (*Löffelbagger*) power shovel, *bes. Am.* navvy. – **4.** *cf.* Schöpfbagger, Greifbagger. — ~ˌ**ausˌle·ger** *m* **1.** (*eines Löffelbaggers*) bucket arm. – **2.** (*eines Greifbaggers*) grab bucket boom. — ~ˌ**boot** *n mar.* dredge(r). — ~ˌ**ei·mer** *m tech.* **1.** (*eines Naßbaggers*) dredging bucket. – **2.** (*eines Trockenbaggers*) excavator bucket. — ~ˌ**fir·ma** *f* excavating (*od.* dredging) contractor (*od.* firm). — ~ˌ**füh·rer** *m* **1.** (*eines Trockenbaggers*) excavator driver, *auch* shovelman. – **2.** (*eines Naßbaggers*) dredgerman. — ~ˌ**grei·fer** *m* grab (for excavating). — ~ˌ**gut** *n* **1.** (*vom Boden*) excavated earth. – **2.** (*vom Flußboden etc*) dredged material. — ~ˌ**korb** *m cf.* Baggergreifer. — ~ˌ**löf·fel** *m* excavator shovel, scoop, shovel(l)ing bucket. — ~**maˌschi·ne** *f cf.* Bagger.

bag·gern ['bagərn] *civ.eng.* **I** *v/t u. v/i* ⟨h⟩ **1.** (*trocken*) excavate. – **2.** (*naß*) dredge. – **II B~** *n* ⟨-s⟩ **3.** *verbal noun.* – **4.** *cf.* Baggerung.

'**Bag·ger|ˌpla·num** *n civ.eng.* excavator base. — ~ˌ**prahm** *m mar.* dredging boat, hopper barge, mud lighter. — ~ˌ**pum·pe** *f* dredging pump. — ~ˌ**schau·fel** *f cf.* Baggerlöffel. — ~ˌ**schiff** *n* dredge(r), dredging boat. — ~ˌ**schu·te** *f* hopper barge, mud boat (*od.* lighter). — ~ˌ**see** *m* flooded gravel pit, excavation pond (*od.* pool).

'**Bag·ge·rung** *f* ⟨-; -en⟩ **1.** *cf.* Baggern. – **2.** (earth) excavation.

'**Ba·gi·enˌse·gel** ['baːgiən-] *n mar.* crossjack.

Ba·gno ['banjo] *n* ⟨-s; -s *u.* Bagni⟩ *hist.* (*Sklavengefängnis*) bagnio.

Bag·stall ['bakˌʃtal] *m* ⟨-s; -e *u.* Bagställe⟩ *Austrian for* Stützpfahl.

bah [baː] *interj colloq. contempt.* bah!

bäh [bɛː] *interj colloq.* **1.** (*Blöken der Schafe*) baa. – **2.** *contempt. cf.* bah.

Ba·ha·is·mus [baha'ɪsmus] *m* ⟨-; *no pl*⟩ *relig.* Bahaism.

bä·hen[1] ['bɛːən] *v/t* ⟨h⟩ *Southern G. and Austrian* (*Brot etc*) toast.

'**bä·hen**[2] *v/i* ⟨h⟩ (*von Schafen*) bleat, baa.

Ba·hia-Pi·as·sa·ve [ba'hiːapiaˌsaːvə] *f econ.* piassava, *auch* piassaba (*Blattfaser von Attalea funifera*).

Bahn[1] [baːn] *f* ⟨-; -en⟩ *colloq.* **1.** a) (*Eisenbahn*) *Am.* railroad, *bes. Br.* railway, b) (*Zug*) train, c) (*Bahnhof*) station: mit der (*od.* per) ~ fahren (*od.* reisen) to go (*od.* travel) by rail (*od.* train); per ~ *econ.* by (*od.* per) rail; in der ~ on the train; er ist (*od.* arbeitet) bei der ~ he is with (*od.* works for) the railroad; zur ~ gehen to go to the station; j-n zur ~ bringen to take s.o. to the station; ich habe ihn in der ~ getroffen I met him on the train. – **2.** (*Straßenbahn*) *Am.* streetcar, *bes. Br.* tram: auf die letzte ~ warten to wait for the last streetcar; es ging keine ~ mehr the last streetcar had already gone. – **3.** (*Bahnstrecke*) *Am.* railroad (line), *bes. Br.* railway (line): eine ~ legen to construct a railroad.

Bahn[2] *f* ⟨-; -en⟩ **1.** (*Weg*) way, path, road: eine ~ durch den Schnee freimachen to clear a path through the snow; j-m ~ brechen *fig.* to prepare (*od.* pave) the way for s.o.; sich (*dat*) ~ brechen a) to clear (*od.* make) a way for oneself, b) *fig.* to force one's way, to win through, to forge ahead; das Gute bricht sich ~ *fig.* the good will find a way; einer Ansicht ~ brechen to pioneer an idea; neue ~en suchen *fig. lit.* to seek new horizons; neue ~en weisen *fig. lit.* to open new prospects; freie ~ dem Tüchtigen! *fig. etwa* make way for efficiency; freie ~ für ein Projekt erhalten *fig.* to receive the green light for a project; j-m die ~ versperren *auch fig.* to be (an obstacle) in s.o.'s way; sich in ähnlichen ~en bewegen *fig.* to take a similar course, to proceed on similar lines; etwas in die richtige ~ lenken *fig.* to direct s.th. into the right channels; die rechte ~ finden *fig.* to find the right way (*od.* track); auf die schiefe ~ geraten *fig.* to go astray, to get into crooked ways, to go to the bad (*colloq.*); das Leben verlief in ruhigen ~en *fig.* life took a calm course; in gewohnte ~en zurückkehren *fig.* a) to return to old familiar ways, b) *contempt.* to fall back into the same old rut; wieder in geregelten ~en verlaufen *fig.* to be back to normal. – **2.** (*Fahrbahn*) lane: die Straße wurde auf mehrere ~en verbreitert the road was extended to several lanes. – **3.** *astr.* a) (*von Sternen*) course, b) (*von Kometen*) path, track, c) (*Umlaufbahn*) orbit: eine ~ beschreiben (*od.* ziehen) to describe an orbit. – **4.** *phys.* a) (*Flugbahn*) trajectory, b) *auch astr.* (*Umlaufbahn*) orbit, c) (*berechnete Bahn*) course: die Rakete hält die ~ genau ein the rocket is on due course. – **5.** (*sport*) a) (*Rennbahn*) course, b) (*Aschenbahn*) (running) track, c) (*eines Sprinters etc*) lane, d) (*Golfbahn*) fairway, e) (*Kegelbahn*) alley, f) (*Rodelbahn*) run, slide, g) (*Schlittschuhbahn*) rink, h) (*Schießbahn*) range, (*gedeckte*) shooting gallery. – **6.** (*textile*) breadth, width. – **7.** *synth.* length. – **8.** (*paper*) strip. – **9.** (*eines Zeltes*) section. – **10.** *pl mar.* (*des Segels*) cloths. – **11.** *tech.* a) (*eines Ambosses, Hammers, Hobels*) face, b) (*Führungsbahn eines Maschinentisches*) ways *pl*, track, c) (*eines Schneidmeißels*) path. – **12.** *phys.* (*eines Elektrons*) orbit. – **13.** *mil.* (*Ballistik*) trajectory. – **14.** *hunt.* run. – **15.** *med. zo.* tract.

'**Bahn|ˌach·se** *f astr.* orbital axis. — **b~ˌamt·lich I** *adj* (dealt with) by railroad (*Br.* railway) officials, in compliance with the railroad authorities' regulations: ~e Bestimmungen regulations issued by the railroad authorities. – **II** *adv* by the railroad (*Br.* railway) authorities. — ~ˌ**an·geˌstell·te** *m, f* railroad (*Br.* railway) employee, *m auch* railwayman. — ~ˌ**anˌla·gen** *pl* railroad (*Br.* railway) installations (*od.* plant *sg*, system *sg*). — ~ˌ**anˌschluß** *m* rail connection (*Br. auch* connexion). — ~ˌ**anˌschlußˌgleis** *n* railroad (*Br.* railway) siding. — ~ˌ**ar·bei·ter** *m cf.* Eisenbahnarbeiter. — ~ˌ**bau** *m* ⟨-(e)s; *no pl*⟩ *cf.* Eisenbahnbau. — ~**beˌam·te** *m* railroad (*Br.* railway) official. — ~**beˌför·de·rung** *f* ⟨-; *no pl*⟩ transport(ation) (*od.* carriage) by rail. — ~**beˌhör·de** *f* railroad (*Br.* railway) authorities *pl.* — ~**beˌschleu·ni·gung** *f* **1.** *phys.* acceleration along the path. – **2.** (*space*) translational acceleration. — ~**beˌwe·gung** *f astr.* (*space*) orbital motion. — **b~ˌbre·chend** *adj fig.* **1.** (*Entdeckung etc*) epoch-making, epochal, trailblazing: ~ wirken to blaze a trail. – **2.** (*Arbeit etc*) pioneering, pioneer (*attrib*). — ~ˌ**bre·cher** *m fig.* pioneer, trailblazer. — ~ˌ**bus** *m* (*railway*) railroad (service) bus, *Br.* railway company's bus.

Bähn·chen ['bɛːnçən] *n* ⟨-s; -⟩ **1.** *dim. of* Bahn[1] 1. – **2.** *cf.* Kleinbahn, Vorortbahn.

'**Bahn|ˌdamm** *m* (railroad, *Br.* railway) embankment. — ~ˌ**dreh·imˌpuls** *m nucl.* (*eines Atoms*) orbital angular momentum. — ~ˌ**ebe·ne** *f phys.* orbital plane. — **b~ˌei·gen** *adj* railroad- (*Br.* railway-)owned, belonging to the railroad (*Br.* railway). — ~ˌ**ei·gen·tum** *n* railroad (*Br.* railway) property. — ~ˌ**einˌflug** *m* (*space*) orbit injection. — ~ˌ**einˌfüh·rung** *f*, ~ˌ**einˌschuß** *m* injection. — ~ˌ**elek·tron** *n nucl.* orbital electron. — ~**elˌlip·se** *f astr.* orbital ellipse.

bah·nen ['baːnən] *v/t* ⟨h⟩ (*Weg etc*) clear: einen Weg ~ to blaze a trail; j-m einen (*od.* den) Weg ~ a) to clear the way for s.o., b) *fig.* to prepare (*od.* pave, clear) the way for s.o.; den Weg für etwas ~ to prepare (*od.* pave) the way for s.th.; sich (*dat*) einen Weg ~ to make a way for oneself; er bahnte sich (*dat*) einen Weg durch die Menge he worked (*od.* pushed, forced) his way through the crowd; wir mußten uns mit den Ellenbogen unseren Weg ~ we had to elbow our way; der Fluß bahnt sich seinen Weg durch den Urwald the river works its way through the jungle.

'**Bah·ner** *m* ⟨-s; -⟩ *colloq. for* Eisenbahner.

Bäh·nert ['bɛːnərt] *m* ⟨-s; -e⟩ *Middle G. dial.* wicker basket.

'**Bahn|ˌfah·rer** *m* (*beim Radsport*) track rider. — ~ˌ**fahrt** *f* (*railway*) train journey.

'**Bahnˌfracht** *f* rail(road) (*Br.* railway) freight, rail carriage, railage. — ~ˌ**satz** *m meist pl* railroad (*Br.* railway) rate. — ~**taˌrif** *m* railroad (*Br.* railway) tariff. — ~**verˌkehr** *m* railroad freight (*Br.* railway goods) traffic.

'**bahnˌfrei** *adj u. adv econ. Am.* free on board (railroad station), *Br.* free on rail, FOR, *Br.* f.o.r.

'**Bahn|gaˌlopp** *m* (*bei der Pferdedressur*) gallopade, *auch* galopade. — ~**geˌlän·de** *n* (*railway*) railroad (*Br.* railway) territory, railroad- (*Br.* railway-)owned area. — ~**geˌschwin·dig·keit** *f phys.* (*space*) orbital (*od.* flight path) velocity. — ~ˌ**gleis** *n* (railroad, *Br.* railway) track.

'**Bahnˌhof** *m* (railroad, *Br.* railway) station: j-n zum ~ bringen to take (*od.* see) s.o. to the station; großer ~ *fig. colloq.* ceremonious reception, red carpet (treatment [*od.* reception]) (*colloq.*); j-n mit großem ~ empfangen *fig. colloq.* to roll out the red carpet for s.o. (*colloq.*); ich verstehe immer nur ~! *fig. colloq.* I don't understand anything at all (*od.* a single word), it's Greek to me (*colloq.*).

'**Bahnˌhofs|ˌbuchˌhand·lung** *f* station bookstall. — ~**bufˌfet** *n* (station) buffet. — ~ˌ**gastˌstät·te** *f* station restaurant. — ~**geˌbäu·de** *n* station (building). — ~ˌ**hal·le** *f* station hall, *Am.* concourse. — ~**hoˌtel** *n* station hotel. — ~**mis·siˌon** *f* Travel(l)ers(') Aid (Society). — ~**re·stauˌrant** *n* station restaurant. — ~ˌ**uhr** *f* station clock. — ~-

ˌvorˌste·her m stationmaster, Am. auch station agent. — **~ˌwirt·schaft** f station restaurant.

ˈBahnˌhö·he f (space) orbital altitude.

...bah·nig [...ˌbaːnɪç] combining form denoting -lane, z. B. dreibahnige Straße three-lane road.

ˈBahn|imˌpuls m nucl. orbital moment. — **~ki·loˌme·ter** m econ. (number of) kilometers (bes. Br. kilometres) pl travel(l)ed by rail.

ˈBahnˌkno·ten m (space) orbital node. — **~ˌpunkt** m railroad (Br. railway) junction.

ˈBahn|ˌkör·per m tech. railroad (Br. railway) track bed, roadbed, Br. auch permanent way. — **~kor·rekˌtur** f (space) orbit correction. — **~ˌkraft** f phys. force parallel to the path, path force. — **~ˌkreu·zung** f railroad (Br. railway) crossing. — **~ˌkur·ve** f phys. trajectory, orbital curve. — **b~ˌla·gernd** adj u. adv econ. to be called for (at the station). — **~ˌlie·fe·rung** f **1.** carriage (od. transport) by rail. – **2.** railroad (Br. railway) consignment (od. shipment). — **~ˌli·nie** f railroad (Br. railway) (line), railroad (Br. railway) route. — **~ma·gneˌtis·mus** m nucl. (eines Elektrons) orbital magnetism. — **b~ˌmä·ßig** adv ~ verpackt Am. packed for rail(road) shipment, Br. packed for carriage by rail(way), packed railworthy. — **~ˌmei·ster** m bes. Am. roadmaster, trackmaster, Br. permanent way inspector. — **~mei·steˌrei** f bes. Am. roadmaster's office, Br. office of the permanent way inspector. — **~moˌment** n nucl. orbital moment. — **~ˌnetz** n (railway) Am. railroad system, Br. railway network. — **~ˌoberˌbau** m permanent way. — **~paˌra·bel** f phys. orbital parabola. — **~po·liˌzei** f railroad (Br. railway) police. — **~po·liˌzist** m railroad (Br. railway) policeman.

ˈBahnˌpost f **1.** railroad (Br. railway) mail service. – **2.** cf. Bahnpostamt. — **~ˌamt** n station post office. — **~ˌwa·gen** m Am. mail car, Br. railway mail van.

ˈBahn|ˌra·di·us m **1.** nucl. phys. astr. orbital radius. – **2.** phys. radius of trajectory. — **~ˌräu·mer** m tech. (an der Lokomotive) rail guard, Am. cowcatcher, pilot. — **~ˌrei·ten** n (sport) show riding. — **~ˌren·nen** n ⟨-s; -⟩ (sport) **1.** (Sandbahnrennen) speedway race. – **2.** (beim Radsport) track race. — **~ˌrenn·ˌfah·rer** m (beim Radsport) track rider. — **~ˌschran·ke** f (railway) Am. grade-crossing gate, bes. Br. level-crossing barrier: die ~ öffnen [schließen od. herunterlassen] to open [to close] the gate. — **~ˌschwel·le** f Br. sleeper, Am. tie. — **~ˌschwin·gung** f phys. trajectory oscillation. — **~spe·diˌteur** m econ. Am. railroad agent (od. agency), Br. railway carrier. — **~spe·di·tiˌon** f **1.** cf. Bahnspediteur. – **2.** carriage by rail. — **~ˌspur** f phys. (eines Massenteilchens) (orbital) track. — **~sta·tiˌon** f (railroad, Br. railway) station.

ˈBahnˌsteig m (passenger) platform. — **~ˌkan·te** f platform edge: von der ~ zurücktreten! please step back! — **~ˌkar·te** f platform ticket. — **~ˌschaff·ner** m platform inspector. — **~ˌsper·re** f ticket gate, platform barrier. — **~ˌüberˌfüh·rung** f platform overpass (od. foot-crossing). — **~ˌun·terˌfüh·rung** f platform underpass, subway.

ˈBahn|ˌstrecke (getr. -k·k-) f (railroad) line, Br. railway (od. track) section, bes. Am. track: eingleisige [zweigleisige] ~ single [double] line. — **~tanˌgen·te** f phys. trajectory tangent. — **~te·leˌgraph** m railroad (Br. railway) telegraph. — **~transˌport** m rail (od. railroad, Br. railway) transport, conveyance (od. transportation) by rail. — **~ˌüberˌfüh·rung** f Br. (railway) over-bridge, Am. (railroad) overpass. — **~ˌüberˌgang** m **1.** (railway) Am. grade crossing, bes. Br. level crossing: beschrankter [unbeschrankter] ~ crossing with [without] gates. – **2.** (space) orbital transition. — **~ˌumˌdre·hung** f astr. orbital revolution.

ˈBah·nung f ⟨-; no pl⟩ only in ~ eines Weges a) making (od. working, pushing, forcing) of a way, b) fig. preparation (od. paving) of a way.

ˈBahn|ˌun·terˌfüh·rung f railroad (Br. railway) underpass. — **~verˌbin·dung** f cf. Bahnanschluß. — **~verˌkehr** m railroad (Br. railway) traffic. — **~verˌlauf** m phys. (eines Geschosses) form (od. course) of trajectory (od. orbit). — **~verˌmes·sung** f (space) tracking. — **~verˌsand** m econ. dispatch (od. despatch, forwarding) by rail, rail dispatch (od. despatch).

ˈBahnˌwär·ter m **1.** (Schrankenwärter) gateman, gatekeeper. – **2.** (Streckenwärter) lineman, signalman, flagman. — **~ˌhäus·chen** n **1.** gateman's (od. gatekeeper's) lodge. – **2.** block station, signalman's cabin.

ˈBahnˌzeit f station time.

Bah·re [ˈbaːrə] f ⟨-; -n⟩ **1.** (für Kranke) stretcher, litter. – **2.** (für Tote) bier: von der Wiege bis zur ~ lit. from the cradle to the grave.

ˈBahr|geˌricht [ˈbaːr-] n, **~ˌpro·be** f hist. ordeal of the bier. — **~ˌtuch** n pall.

Bai [baɪ] f ⟨-; -en⟩ cf. Bucht[1] 1.

bai·risch [ˈbaɪrɪʃ] adj ling. hist. cf. bayerisch.

ˈBaiˌsalz n sea (od. bay, solar) salt.

Bai·ser [bɛˈzeː] n ⟨-s; -s⟩ gastr. meringue, Am. kiss.

Bais·se [ˈbɛːsə] f ⟨-; -n⟩ econ. (an der Börse) slump, depression (of the stock market): auf eine ~ hinarbeiten to bear the market; auf (eine) (od. in dat) ~ spekulieren to speculate (od. operate) for a fall of prices, to bear. — **~beˌwe·gung** f bearish movement. — **b~ˌgün·stig** adj (Gerücht etc) bearish. — **~spe·kuˌlant** m speculator for a fall, bear. — **~spe·ku·la·tiˌon** f bear(ish) speculation (od. operation), speculation for a fall. — **~ˌstim·mung** f bear(ish) tone, depression of the market, bearishness.

Bais·si·er [bɛˈsĭeː] m ⟨-s; -s⟩ econ. cf. Baissespekulant.

Ba·ja·de·re [bajaˈdeːrə] f ⟨-; -n⟩ bayadere, (Hindu) dancing girl.

Ba·jaz·zo [baˈjatso] m ⟨-s; -s⟩ buffoon, clown: „Der ~" mus. "I Pagliacci" (opera by Leoncavallo).

Ba·jo·nett [bajoˈnɛt] n ⟨-(e)s; -e⟩ mil. bayonet: mit aufgepflanztem ~ with fixed bayonets; mit gefälltem ~ the bayonet at the charge; mit dem ~ niederstoßen to bayonet. — **~ˌanˌgriff** m bayonet charge. — **~beˌfe·sti·gung** f tech. bayonet mounting. — **~ˌfas·sung** f electr. bayonet holder. — **~ˌring** m mil. bayonet clasp. — **~ˌsockel** (getr. -k·k-) m electr. bayonet. — **~verˌschluß** m bayonet joint (od. lock).

Ba·ju·wa·re [bajuˈvaːrə] m ⟨-n; -n⟩ hist. od. humor. Bavarian. — **ba·juˈwa·risch** adj Bavarian.

Ba·ke [ˈbaːkə] f ⟨-; -n⟩ **1.** mar. aer. traffic beacon, (land)mark, navigation aid. – **2.** (Verkehrszeichen) beacon, distance signal. – **3.** (Vermessungszeichen) (range od. marking) pole (od. staff, rod).

Ba·kel [ˈbaːkəl] m ⟨-s; -⟩ obs. for Rohrstock.

Ba·ke·lit [bakeˈliːt; -ˈlɪt] (TM) n ⟨-s; no pl⟩ bakelite.

ba·ken [ˈbaːkən] v/t u. v/i ⟨sep, -ge-, h⟩ mar. mark (off), beacon out.

ˈBa·ken|anˌten·ne f (radio) beacon antenna (Br. aerial). — **~ˌblindˌlan·de·syˌstem** n aer. instrument landing system. — **~ˌfeu·er** n mar. beacon light. — **~ˌton·ne** f beacon buoy.

Bak·ka·lau·re·at [bakalaureˈaːt] n ⟨-(e)s; -e⟩ ped. hist. baccalaureate, bachelor's degree.

Bak·ka·lau·re·us [bakaˈlaureʊs] m ⟨-; -rei [-reɪ]⟩ ped. hist. (akademischer Grad) bachelor: ~ der philosophischen Fakultät bachelor of arts.

Bak·ka·rat [ˈbakara(t); bakaˈra] n ⟨-s; no pl⟩ (games) baccarat, auch baccara.

Bak·ken [ˈbakən] m ⟨-; -⟩ (einer Sprungschanze) ski jump.

Bak·schisch [ˈbakʃɪʃ; bakˈʃiːʃ; bakˈʃɪʃ] n ⟨-es; -e⟩ bak(h)sheesh, bak(h)shish.

Bak·te·ri·ämie [bakteriɛˈmiː] f ⟨-; -n [-ən]⟩ med. bacteremia, bacteriemia, auch bacteriaemia.

Bak·te·rie [bakˈteːrĭə] f ⟨-; -n⟩ biol. bacterium, bacillus; 'germ' 'bug' (colloq.).

bak·te·ri·ell [bakteˈrĭɛl] adj bacterial.

bakˈte·ri·en|ˌähn·lich, ~ˌar·tig adj med. bacteroid(al), auch bacterioid(al).

Bakˈte·ri·en|beˌfund m med. bacterial findings pl. — **~exˌtrakt** m, auch n bacterin, bacterial vaccine. — **~ˌfäu·le** f bot. potato rot. — **b~ˌfeind·lich** adj antibacterial, bactericidal. — **~ˌfil·ter** n, m filter (for protection against bacteria). — **~ˌflo·ra** f bacterial flora. — **~ˌfor·scher** m bacteriologist. — **~ˌfor·schung** f bacteriology. — **b~ˌfrei** adj free of bacteria (od. colloq. germs). — **~ˌgift** n bacterial toxin. — **b~ˌhal·tig** adj **1.** containing bacteria. – **2.** contaminated with bacteria. — **~in·va·siˌon** f bacterial invasion. — **~ko·loˌnie** f bacterial colony. — **~ˌkrieg** m mil. bacteriological (auch biological) warfare. — **~kulˌtur** f med. (bacterial od. bacteriologic) culture. — **~ˌkun·de** f bacteriology. — **~ˌnachˌweis** m demonstration of bacteria. — **b~ˌreich** adj rich in (od. teeming with) bacteria. — **b~ˌsi·cher** adj germproof. — **~ˌstamm** m bacterial strain, strain of bacteria. — **~ˌtä·tig·keit** f bacterial activity. — **b~ˌtö·tend** adj bactericidal, germ-killing (colloq.): ~es Mittel bactericide. — **~ˌüberˌträ·ger** m (bes. tierischer Zwischenwirt) vector. — **~ˌun·terˌsu·chung** f (mikroskopische) microscopic examination of bacteria, bacterioscopy. — **~ˌwachs·tum** n bacterial growth. — **~ˌzäh·lung** f bacterial count. — **~ˌzucht** f culture of bacteria. — **~ˌzüch·tung** f breeding (od. culture) of bacteria.

Bak·te·rio·lo·ge [bakterĭoˈloːgə] m ⟨-n; -n⟩ med. bacteriologist. — **Bak·te·rio·loˈgie** [-loˈgiː] f ⟨-; no pl⟩ bacteriology. — **Bak·te·rioˈlo·gin** f ⟨-; -nen⟩ (female [od. lady]) bacteriologist. — **bak·te·rioˈlo·gisch** adj bacteriological.

Bak·te·rio·ly·se [bakterĭoˈlyːzə] f ⟨-; -n⟩ biol. bacteriolysis.

Bak·te·rio·ly·sin [bakterĭolyˈziːn] n meist pl biol. bacteriolysin.

Bak·te·rio·pha·gen [bakterĭoˈfaːgən] pl biol. (Viren) (bacterio)phages.

Bak·te·rio·se [bakteˈrĭoːzə] f ⟨-; -n⟩ bot. bacteriosis.

bak·te·rio·sta·tisch [bakterĭoˈstaːtɪʃ] adj med. bacteriostatic.

Bak·te·ri·um [bakˈteːrĭʊm] n ⟨-s; -rien⟩ obs. for Bakterie.

Bak·te·ri·urie [bakteriuˈriː] f ⟨-; no pl⟩ med. bacteriuria.

bak·te·ri·zid [bakteriˈtsiːt] biol. **I** adj bactericidal. – **II B~** n ⟨-(e)s; -e⟩ bactericide.

Bak·tri·er [ˈbaktriər] m ⟨-s; -⟩ Bactrian. — **ˈbak·trisch** [-trɪʃ] adj Bactrian.

Ba·la·lai·ka [balaˈlaɪka] f ⟨-; -s u. -laiken⟩ mus. balalaika.

Ba·lan·ce [baˈlãːs(ə)] f ⟨-; -n [-sən]⟩ **1.** balance, equilibrium: die ~ halten [verlieren] to keep [to lose] one's balance. – **2.** econ. obs. for Bilanz 1.

Ba·lan·cé [balãˈseː] n ⟨-s; -s⟩ choreogr. balancing step: ~! (Kommando) set to (your) partners!

Baˈlan·ce|ˌakt m balancing act. — **~ˌkünst·ler** m balancing artist (od. acrobat).

Ba·lan·ce·ment [balãs(ə)ˈmãː] n ⟨-; no pl⟩ mus. (Verzierung) balancement, tremolo, bebung.

Baˈlan·ce|ˌnum·mer f balancing act (od. number). — **~ˌru·der** n **1.** mar. balanced rudder. – **2.** aer. cf. Ruder 4.

Ba·lan·ci·er [balãˈsĭeː] m ⟨-s; -s⟩ tech. beam. — **~ˌdampf·maˌschi·ne** f tech. beam steam engine.

ba·lan·cie·ren [balãˈsiːrən] **I** v/t ⟨no ge-, h⟩ auch econ. balance. – **II** v/i ⟨sein⟩ auch fig. balance, poise: über (acc) etwas ~ to balance over s.th.

Ba·lan·ciˈer·maˌschi·ne [balãˈsĭeː-] f tech. cf. Balancierdampfmaschine.

Ba·lanˈcierˌstan·ge [balãˈsiːr-] f balancing rod (od. pole).

Ba·la·ni·tis [balaˈniːtɪs] f ⟨-; no pl⟩ med. balanitis.

Ba·la·ta [ˈba(ː)lata; baˈlaːta] f ⟨-; no pl⟩ econ. balata. — **~ˌtreibˌrie·men** m tech. balata belting.

Ba·la·tum [ˈba(ː)latʊm; baˈlaːtʊm] (TM) n ⟨-s; no pl⟩ balata (floor covering).

Bal·ban [ˈbalbaːn] m ⟨-s; -e⟩, **ˈBalbˌhahn** [ˈbalp-] m hunt. decoy black cock.

Bal·bier [balˈbiːr] m ⟨-s; -e⟩ obs. dial. for Barbier. — **balˈbie·ren** v/t ⟨no ge-, h⟩ obs. dial. shave: → Löffel 1.

Bal·che [ˈbalçə] f ⟨-; -n⟩, **ˈBal·chen** m ⟨-s; -⟩ zo. cf. Blaufelchen.

bald [balt] **I** adv **1.** soon, before long, in a short time: sehr ~ very soon, in no time (at all) (colloq.); komm ~ wieder! come again soon! er wird ~ erwachsen sein he will soon be grown up; das kommt so ~ nicht wieder that won't come (od. happen) again for a long time; bist du ~ still! colloq. will you be quiet! — ~ darauf (od. danach) soon (od. shortly, directly) after(ward[s]); ~ genug soon enough; so ~ wie (od. als) möglich, möglichst ~ a) as soon as possible, at the earliest possible date, b) (in Briefen) at your earliest convenience. – **2.** *colloq.* (*fast*) almost, nearly: ich hätte es ~ geglaubt I almost believed it; es ist ~ 2 Uhr it is almost 2 o'clock; ich hätte ~ etwas gesagt *colloq.* I nearly said s.th. (impolite). – **3.** *colloq.* (*leicht*) easily: das ist ~ gesagt a) that can be said (*od.* explained) easily, b) it's easy to talk; er lernte es sehr ~ he learned it (*od.* picked it up) easily (*od.* quickly). – **4.** (*frühzeitig*) early: wir mußten ~ aufstehen we had to get up early. – **II** *conj* **5.** ~ ist er hier, ~ dort he is here one day and there the next; ~ regnet es, ~ scheint die Sonne one minute rain the next sunshine; er will ~ dieses, ~ jenes he wants first this then that (*od.* now this and now that); ~ so, ~ so sometimes one way sometimes another, off and on.

Bal·da·chin ['baldaxi:n] *m* ⟨-s; -e⟩ **1.** baldachin, balda(c)chino, baldaquin, canopy, *auch* tester. – **2.** *aer.* a) (*des Fallschirms*) canopy, b) (*bei Hoch- u. Doppeldeckern*) cabane. — **b~ˌar·tig** *adj* baldachinlike.

Bäl·de ['bɛldə] *f only in* in ~ soon, before long, in a short time.

bal·dig ['baldɪç] *adj* early, speedy: ~e Genesung! speedy recovery! auf (ein) ~es Wiedersehen! see you again soon! ihre ~e Abreise stand bevor she was due to depart (soon).

'bal·digst *adv* very soon, as soon as possible, at the earliest possible time: etwas ~ erledigen to do s.th. very soon.

'bald'mög·lich(st) I *adj* soonest possible. – **II** *adv* as soon as possible.

bal·do·wern [bal'do:vərn] *v/t* ⟨*no* ge-, h⟩ *rare for* ausbaldowern.

Baldr ['baldər] *npr m* ⟨-; *no pl*⟩ *myth. cf.* Baldur.

Bal·dri·an ['baldria:n] *m* ⟨-s; -s⟩ **1.** *bot.* valerian, valeriana (*Gattg Valeriana*): Echter (*od.* Gemeiner) ~ (common) (*od.* cat's) valerian (*V. officinalis*); Roter ~ red valerian, Jupiter's-beard (*Centhranthus ruber*). – **2.** *pharm.* valerian. — **~exˌtrakt** *m, auch n* extract of valerian. — **~geˌschmack** *m* valerian taste. — **~ˌtee** *m* valerian tea. — **~ˌtrop·fen** *pl pharm.* valerian *sg* (drops).

Bal·dur ['baldur] *npr m* ⟨-s; *no pl*⟩ *myth.* Balder.

Balg[1] [balk] *m* ⟨-(e)s; =e⟩ **1.** skin, hide: einem Tier den ~ abziehen to skin (*od.* flay) an animal; j-m den ~ abziehen *fig. colloq.* to fleece s.o. (of money), to skin s.o. (*sl.*). – **2.** (*von lebenden Tieren*) coat, fur. – **3.** (*einer Orgel etc*) bellows *pl* (*construed as sg or pl*): die Bälge treten *mus.* to work the bellows. – **4.** (*bes. railway*) gangway with concertina walls, collapsible gangway. – **5.** (*einer Puppe, eines ausgestopften Tieres etc*) (stuffed) body. – **6.** *bot.* a) (*einer Balgfrucht*) follicle, b) (*der Gräser*) glume, c) (*einer Hülsenfrucht*) pod, husk, shell, d) (*einer Weinbeere etc*) skin. – **7.** *fig. colloq.* (*in Wendungen wie*) ich habe eine Wut im ~! I am full of rage; j-m auf den ~ rücken to get after s.o., to hound s.o.

Balg[2] *m, n* ⟨-(e)s; =er⟩ *colloq.* **1.** (*unartiges Kind*) urchin, brat: so ein ungezogenes ~! such a naughty brat! – **2.** (*Kind*) es waren allerliebste kleine Bälger they were delightful little kids (*od.* dears).

'Balgˌdrü·se *f med.* follicular gland.

Bal·ge ['balgə] *f* ⟨-; -n⟩ *Northern G. mar.* **1.** (wash)tub. – **2.** passage between shallows.

bal·gen ['balgən] *v/t* ⟨h⟩ sich ~ (um for, mit with) scuffle, tussle.

'Bal·gen *m* ⟨-s; -⟩ *phot. tech.* bellows *pl* (*construed as sg or pl*).

'Bal·gen|ˌausˌzug *m phot.* bellows extension. — **~ˌka·me·ra** *f* bellows (*od.* extensible) camera.

Bal·ge'rei *f* ⟨-; -en⟩ *colloq.* (um for, mit with) scuffle, tussle.

'Balgˌfrucht *f bot.* follicle, follicule. — **b~ˌar·tig** *adj* follicular, folliculate(d).

'Balg|geˌblä·se *n tech.* bellows *pl* (*construed as sg or pl*). — **~geˌschwulst** *f med.* **1.** atheroma, sebaceous cyst. – **2.** *cf.* Zyste. — **~ˌhaa·re** *pl hunt.* belly hair *sg.* — **~ˌkap·sel** *f bot. cf.* Balgfrucht. — **~reˌgi·ster** *n mus.* bellows stop. — **~ˌtre·ter** *m* organ (*od.* bellows) blower, bellows treader. — **~verˌschluß** *m* (*eines Akkordeons*) bellows strap.

Ba·li·ne·se [bali'ne:zə] *m* ⟨-n; -n⟩, **Ba·li'ne·sin** *f* ⟨-; -nen⟩ Balinese. — **ba·li'ne·sisch** *adj* Balinese.

bal·ka·ni·sie·ren [balkani'zi:rən] *v/t* ⟨*no* ge-, h⟩ *pol.* Balkanize. — **Bal·ka·ni'sie·rung** *f* ⟨-; *no pl*⟩ Balkanization.

'Bal·kan|ˌkrieg ['balka(:)n-] *m meist pl hist.* Balkan War. — **~ˌlän·der** *pl geogr.* Balkan countries. — **~ˌstaa·ten** *pl* Balkan states.

Bälk·chen ['bɛlkçən] *n* ⟨-s; -⟩ **1.** *dim. of* Balken. – **2.** *med.* trabecula.

Bal·ken ['balkən] *m* ⟨-s; -⟩ **1.** *tech.* a) beam, b) (*Träger, oft aus Stahl*) girder, c) (*Dachsparren*) rafter: abgeschrägter ~ (*am Dach*) camber beam; freitragend überstehender ~ cantilever arm (*od.* beam), beam with overhang; zusammengesetzter ~ built-up (*od.* compound) beam; einen neuen ~ einziehen to put in a new beam; lügen, daß sich die ~ biegen *fig. colloq.* to lie like a trooper (*od.* lawyer), to tell a pack of lies; Wasser hat keine ~ (*Sprichwort*) the sea is not planked over; praise the sea, but keep on land (*proverb*); → Splitter 4. – **2.** *tech.* (*einer Waage*) balance (*od.* scale) beam. – **3.** *agr.* a) (*eines Pfluges*) beam, ba(u)lk, b) (*zwischen 2 Furchen*) ridge, stitch. – **4.** *mus.* a) (*einer Geige etc*) bass-bar, b) (*zur Verbindung von Noten*) crossbar, beam, stroke: Noten durch ~ verbinden to group notes together, to stroke notes. – **5.** *med.* a) (*Faser*) trabecula, b) (*Gehirnteil*) corpus callosum. – **6.** *her.* fess(e), chevron.

bäl·ken ['bɛlkən] *v/t* ⟨h⟩ *agr.* rafter.

'Bal·ken|ˌabˌstand *m tech. cf.* Balkenfach. — **~ˌbla·se** *f med.* hypertrophy of the muscles of the bladder, trabeculated bladder. — **~ˌdecke** (*getr.* -k·k-) *f tech.* timber (*od.* span) ceiling. — **~ˌfach** *n* **1.** (*im Mauerwerk*) beam pocket. – **2.** (*Deckenfach*) casebay. — **~geˌrüst** *n* **1.** (wooden) scaffold (*od.* scaffolding). – **2.** timberwork, framework, framing. — **~ˌholz** *n* squared timber. — **~ˌkiel** *m mar.* bar keel. — **~ˌkopf** *m* **1.** *tech.* beam head, end of a beam: vorspringender ~ sally. – **2.** *mar.* beam-end. — **~ˌla·ge** *f tech.* framing of beams (*od.* joists): nackte (*od.* einfache) ~ naked (*od.* single-joisted) floor; ~ für ein Stockwerk framed floor for a stor(e)y. — **~ˌschrö·ter** *m zo.* antelope stag beetle (*Dorcus parallelopipedus*). — **~ˌstoß** *m* abutting beam joint. — **~ˌträ·ger** *m* beam. — **~ˌüberˌschrift** *f print.* headline in capital letters, banner (*od.* large) headline. — **~ˌwaa·ge** *f tech.* beam scale, beam and scales *pl*, steelyard. — **~ˌwei·te** *f* distance between beams. — **~ˌwerk** *n* (*Gebälk*) beaming, woodwork.

Bal·kon [bal'ko:n; bal'kõ:; bal'kɔŋ] *m* ⟨-s; -e [-'ko:nə], *auch* -s [-'kõ:s; -'kɔŋs]⟩ **1.** balcony. – **2.** (*theater*) balcony, dress circle. – **3.** *vulg.* (*Busen*) heavy bust. — **~ˌbrü·stung** *f* parapet. — **~ˌfen·ster** *n* balcony window. — **~ˌlo·ge** *f* (*theater*) balcony loge (*od.* box). — **~ˌplatz** *m* balcony seat. — **~ˌtür** *f* balcony door, French window. — **~ˌzim·mer** *n* room with balcony.

Ball[1] [bal] *m* ⟨-(e)s; =e⟩ **1.** ball: zurückgeschlagener ~ return; ungültiger ~ (*beim Tennis*) let; (mit dem) ~ spielen to play ball; den ~ einwerfen to throw in the ball; am ~ bleiben a) (*beim Fußball etc*) to keep (*od.* to hold onto) the ball, b) *fig. colloq.* to stay on the ball; am ~ sein a) to have the ball, to be in possession (of the ball), b) *fig. colloq.* (*von Partei etc*) to be in command (*od.* charge); den ~ passen (*od.* abgeben) to pass the ball; den ~ nach der Mitte spielen to center (*bes. Br.* centre) (the ball); den ~ aufschlagen a) to bounce the ball, b) (*beim Tennis*) to serve; den ~ wechseln (*beim Tennis*) to rally; einen ~ schlagen to hit a ball; den ~ vor sich hertreiben to dribble (the ball); einen ~ machen (*beim Billard*) to pocket a ball; einen ~ ins Tor schießen to score a goal, to put a ball into the back of the net (*colloq.*); sich gegenseitig die Bälle zuwerfen (*od.* zuspielen) a) to throw (*od.* toss) the ball back and forth, b) *fig.* to scheme with one another, to play ball (*od.* cooperate) with s.o. (to the disadvantage of others). – **2.** *mar.* (anchor) ball, globe (of buoy).

Ball[2] *m* ⟨-(e)s; =e⟩ ball, dance: geschlossener ~ private ball; zum ~ einladen to invite to a ball; den ~ eröffnen to open the ball; einen ~ geben to give a ball; auf einen (*od.* zu einem) ~ gehen to go to a ball (*od.* dance).

Ball[3] *m* ⟨-(e)s; *no pl*⟩ die Hunde auf den ~ hetzen *hunt.* to turn the hounds loose (on a wild sow).

'Ball|ˌabend *m* evening of the ball. — **~ˌabˌga·be** *f* (*sport*) pass.

Bal·la·de [ba'la:də] *f* ⟨-; -n⟩ **1.** (*literature*) ballad. – **2.** *mus. hist.* ballade.

bal'la·denˌar·tig *adj* balladlike.

Bal'la·den|ˌdich·ter *m* ballad writer, balladmaker. — **~ˌdich·tung** *f* ballad poetry, balladry. — **b~haft** *adj* balladlike. — **~ˌsän·ger** *m* ballad singer, balladist. — **~ˌstoff** *m* subject of a ballad. — **~ˌstro·phe** *f* ballad stanza. — **~ˌversˌmaß** *n metr.* ballad measure (*od.* meter, *bes. Br.* metre).

bal·la·desk [bala'dɛsk] *adj* (*Dichtung etc*) balladlike, balladic.

'Ball|ˌanˌnah·me *f* (*sport*) taking (of the ball). — **~ˌar·beit** *f* (*beim Boxen*) punching-bag work.

'Bal·las·ruˌbin ['balas-] *m min.* balas ruby.

Bal·last ['balast; ba'last] *m* ⟨-es; *rare* -e⟩ **1.** *mar. aer.* ballast (*auch fig.*): ohne ~ unballasted; lebender ~ shifting ballast; ~ an Bord nehmen to take ballast aboard, to ballast a ship; ein Schiff von ~ befreien to unballast a ship; unnötigen ~ abwerfen *auch fig.* to jettison superfluous ballast. – **2.** *tech.* (*am Kran*) deadweight, ballast weight. – **3.** *fig.* lumber, burden, encumbrance: ich bin dabei nur ~ *fig.* I'm only an encumbrance. – **4.** (*in Büchern etc*) padding. — **~ˌei·sen** *n mar.* kentledge. — **~ˌkoh·le** *f* (*mining*) low-grade coal. — **~ˌleich·ter, ~ˌlich·ter** *m mar.* ballast lighter. — **~ˌpfor·te** *f* ballast port (*od.* hole). — **~ˌstoff** *m* **1.** *med.* (*in der Nahrung*) roughage. – **2.** *phys.* nonparticipating (*Br.* non-participating) substance. — **~ˌtank** *m aer. mar.* ballast tank. — **~ˌwas·ser** *n mar.* ballast water. — **~ˌwi·derˌstand** *m electr.* ballast (*od.* buffer) resistance.

'BallˌaufˌnahMe *f* (*sport*) pickup (*od.* collection) (of the ball).

Bal·la·watsch ['balavatʃ] *m* ⟨-; *no pl*⟩ *Austrian dial. for* Durcheinander.

'Ball|beˌhand·lung *f* (*sport*) ball work (*od.* handling): gute ~ ball skill. — **~beˌherr·schung** *f* ball control. — **~beˌsitz** *m* possession (of the ball): im ~ bleiben to remain in possession of the ball. — **~beˌsu·cher** *m* person invited to (*od.* visiting) a ball.

Bal·lei [ba'laɪ] *f* ⟨-; -en⟩ *hist.* (*eines Ritterordens*) commandery.

'Ball·empˌfang *m* (*radio*) relay reception.

bal·len[1] ['balən] **I** *v/t* ⟨h⟩ **1.** (*Faust etc*) clench. – **2.** (*Schnee etc*) make (*od.* form) (*s.th.*) into a ball. – **II** *v/reflex* sich ~ **3.** form (*od.* gather) into a ball, clump, conglobate: der Schnee ballt sich the snow cakes; die Wolken ~ sich the clouds are gathering. – **III** *v/i* **4.** *dial.* play ball. – **IV B~** *n* ⟨-s⟩ **5.** *verbal noun.* – **6.** *cf.* Ballung.

'Bal·len[2] *m* ⟨-s; -⟩ **1.** *econ.* (*aus Wolle, Tabak etc*) bale, *auch* bundle, pack: in ~ verpacken to pack in bales, to bale; aus dem ~ packen to unbale; ein ~ Papier a bale (*od.* ten reams) of paper; ein ~ Tuch a bale (*od.* twelve pieces) of cloth. – **2.** *med.* a) (*am Daumen, Fuß*) ball, thenar (*scient.*), b) (*entzündeter*) bunion. – **3.** *zo.* a) (*bei Katzen, Hunden etc*) pad, footpad, b) (*bei Pferden etc*) bulb, pastern. – **4.** *hort.* (*Wurzelballen*) ball. – **5.** *tech.* (*Ballengriff eines Hobels*) ball handle.

'Bal·len|ˌblu·me *f arch.* ball-flower. — **~ˌbre·cher** *m* (*textile*) bale breaker (*od.* opener). — **~entˌzün·dung** *f med.* bunion. — **~ˌgut** *n econ* bale goods *pl.* — **~ˌpres·se** *f tech.* baling press. — **~ˌschnur** *f* bale tie (*od.* cord). — **~ˌschwel·lung** *f med.* bunion. — **~ˌspalt·maˌschi·ne** *f* (*rubber*) bale-splitting machine. — **b~ˌwei·se** *adv* in bales, by the bale.

'Bal·lerˌbüch·se *f* (*child's language*) popgun.

Bal·le·ri·na [bale'ri:na], *auch* **Bal·le'ri·ne** [-nə] *f* ⟨-; -rinen⟩ ballerina, ballet dancer (*od.* girl).

bal·lern ['balərn] *v/i* ⟨h⟩ *colloq.* bang (away).

Bal·lett [ba'lɛt] *n* ⟨-(e)s; -e⟩ ballet: sie ist beim ~ she is in the ballet. — **~ˌabend** *m* ballet evening (*od.* performance).

Bal'lettän·zer (*getr.* -ttˌt-) *m* (male) ballet dancer. — **Bal'lettän·ze·rin** (*getr.* -ttˌt-) *f* ⟨-; -nen⟩, **Bal·let·teu·se** [balɛ'tø:zə] *f* ⟨-; -n⟩ ballet dancer (*od.* girl), ballerina.

Bal'lett|faˌna·ti·ker *m* balletomane. — **~ˌmei·ster** *m* ballet master, choreographer. — **~ˌmei·ste·rin** *f* ballet mistress, choreographer. — **~muˌsik** *f* ballet music. — **~ˌrat·te** *f colloq. humor.* **1.** ballet girl. – **2.** *cf.* Ballettschülerin. — **~ˌröck·chen** *n* ballet skirt, tutu. — ~ˌ**schuh** *m* ballet slipper (*od.* shoe). — ~ˌ**schu·le** *f* ballet school. — ~ˌ**schü·ler** *m*, ~ˌ**schü·le·rin** *f* ballet pupil. — ~ˌ**sui·te** *f mus.* ballet suite. — ~ˌ**trup·pe** *f* ballet (group *od.* company), corps de ballet.

'**ballˌför·mig** *adj* ball-shaped, spherical, globular.

'**Ball**|ˌ**füh·rung** *f* (*sport*) dribbling. — ~**geˌsell·schaft** *f* party (of people) at a ball. — ~ˌ**ham·mer** *m tech.* blacksmith's fuller. — ~ˌ**haus** *n* **1.** ballroom, dance hall: der Schwur im ~ *hist. cf.* Ballhausschwur. – **2.** *cf.* Ballhausplatz. — ~ˌ**hausˌplatz**, **der** the Austrian Foreign Ministry. — ~ˌ**hausˌschwur** *m hist.* Tennis-Court Oath.

ball·hor·ni·sie·ren [balhɔrniˈziːrən] *v/t* ⟨*no* ge-, h⟩ (*Vers etc*) miscorrect.

'**Ball**|ˌ**hül·le** *f* (ball) case (*od.* cover). — ~ˌ**hu·pe** *f auto.* bulb horn.

'**bal·lig** *adj cf.* ballförmig.

Bal·li·ste [baˈlɪstə] *f* ⟨-; -n⟩ *antiq.* bal(l)ista.

Bal·li·stik [baˈlɪstɪk] *f* ⟨-; *no pl*⟩ ballistics *pl* (*usually construed as sg*). — **Bal'li·sti·ker** [-tikər] *m* ⟨-s; -⟩ ballistician, specialist in ballistics. — **bal'li·stisch** [-tɪʃ] *adj* ballistic: ~e Bahn trajectory; ~e Einflüsse ballistic conditions; ~es Galvanometer ballistic galvanometer; ~e Kurve ballistic curve; ~er Flugkörper, ~e Rakete ballistic missile.

'**Ball**|ˌ**jun·ge** *m* (*sport*) **1.** (*beim Tennis*) ball boy. – **2.** (*beim Golf*) caddie. — ~ˌ**kleid** *n* ball dress (*od.* gown), evening dress. — ~ˌ**kö·ni·gin** *f* queen (*od.* belle) of the ball. — ~ˌ**künst·ler** *m* **1.** juggler. – **2.** (*sport*) (*im Fußball etc*) ball artist (*od.* wizard). — ~ˌ**netz** *n* **1.** (*Behälter*) net (for balls). – **2.** (*beim Tennis*) net.

'**BalloˌKal** (*getr.* -ll·l-) *n* ballroom, dancing hall.

Bal·lon [baˈloːn; baˈlõː; baˈlɔŋ] *m* ⟨-s; -e [-ˈloːnə], *auch* -s [-ˈlõːs; -ˈlɔŋs]⟩ **1.** balloon: bemannter ~ *aer.* manned balloon; einen ~ aufsteigen lassen to launch a balloon. – **2.** (*Flasche*) balloon(-flask), bulb, (*in Korbgeflecht*) demijohn, carboy. – **3.** *colloq. humor.* 'nut' (*colloq.*), *Am. sl.* 'bean', head. — ~ˌ**aufˌstieg** *m aer.* balloon ascent.

Bal·lo·nett [baloˈnɛt] *n* ⟨-(e)s; -e⟩ *aer.* **1.** ballonnet, air (*od.* gas) bag. – **2.** small balloon.

Bal'lon|ˌ**fah·rer** *m* balloon pilot, balloonist (*colloq.*). — ~ˌ**fahrt** *f* balloon trip. — ~ˌ**fisch** *m zo cf.* Igelfisch. — ~ˌ**fla·sche** *f cf.* Ballon 2. — **b**~ˌ**för·mig** *adj* balloon(-shaped). — ~ˌ**füh·rer** *m aer.* balloon pilot. — ~ˌ**gon·del** *f cf.* Ballonkorb. — ~ˌ**hai** *m zo.* swell shark (*Cephaloscyllium uter*). — ~ˌ**hül·le** *f aer.* **1.** (balloon) envelope. – **2.** (*bei Luftschiffen*) gasbag. — ~ˌ**kauˌgum·mi** *m* bubble gum. — ~ˌ**korb** *m aer.* (balloon) car, nacelle, basket. — ~ˌ**rei·fen** *m tech. Br.* balloon tyre, *Am.* doughnut tire. — ~ˌ**se·gel** *n mar.* balloon jib, spinnaker. — ~ˌ**sei·de** *f* (*textile*) balloon silk. — ~ˌ**sper·re** *f aer. mil.* balloon barrage. — ~ˌ**sprit·ze** *f med.* ball syringe. — ~ˌ**stoff** *m* (*textile*) balloon cloth (*od.* fabric). — ~ˌ**tech·nik** *f aer.* ballooning.

Bal·lot[1] [baˈloː] *n* ⟨-s; -s⟩ *econ.* ballot, small bale.

Bal·lot[2] [ˈbɛlət; ˈbælət] (*Engl.*) *n* ⟨-s; -s⟩ *pol.* (voting by) ballot.

Bal·lo·ta·ge [baloˈtaːʒə] *f* ⟨-; -n⟩ *pol.* balloting, (voting by) ballot.

bal·lo'tier·bar *adj* ballottable. — **bal·lo·tie·ren** [baloˈtiːrən] *v/i* ⟨*no* ge-, h⟩ *pol.* (vote by) ballot.

Bal·lot·te·ment [balət(ə)ˈmãː] *n* ⟨-s; *no pl*⟩ *med.* ballottement.

'**Ball**|ˌ**rückˌga·be** *f* (*sport*) **1.** (*beim Fußball etc*) back (*od.* return) pass. – **2.** (*beim Tennis*) return. — ~ˌ**saal** *m* ballroom. — ~**saiˌson** *f* (ball) season. — ~ˌ**schuh** *m meist pl* dancing (*od.* evening) shoe. — ~ˌ**sen·den** *n* (*radio*) rebroadcasting, *Br.* re-broadcasting. — ~ˌ**sen·der** *m* rebroadcast (*Br.* re-broadcast) station. — ~ˌ**spiel** *n* (*sport*) ball game. — ~ˌ**spie·len** *n* playing ball. — ~ˌ**spie·ler** *m* ballplayer. — ~ˌ**tech·nik** *f* ball technique (*od.* skill). — ~ˌ**toiˌlet·te** *f* (*fashion*) full evening dress.

'**Bal·lung** *f* ⟨-; -en⟩ **1.** *cf.* Ballen[1]. – **2.** *med. phys.* agglutination, agglomeration. – **3.** *fig.* (*von Menschen, Truppen etc*) concentration, mass(ing). – **4.** (*Kristallographie*) coalescence.

'**Bal·lungs**|**geˌbiet** *n*, ~ˌ**raum** *m*, ~ˌ**zen·trum** *n* **1.** overcrowded area, conurbation. – **2.** *econ.* area of (industrial) concentration, congested area.

'**BallˌWech·sel** *m* (*sport*) (*beim Tennis*) rally, exchange of strokes.

Bal·me [ˈbalmə] *f* ⟨-; -n⟩ *Swiss geol.* rocky shelf, shelter cave, rockshelter.

Bal·mung [ˈbalmuŋ] *npr m* ⟨-s; *no pl*⟩ *myth.* Balmung (*Siegfried's sword*).

Bal·neo·gra·phie [balneograˈfiː] *f* ⟨-; -n [-ən]⟩ *med.* balneography.

Bal·neo·lo·ge [balneoˈloːgə] *m* ⟨-n; -n⟩ balneologist. — **Bal·neo·lo'gie** [-loˈgiː] *f* ⟨-; *no pl*⟩ *med.* balneology. — **bal·neo'lo·gisch** *adj* balneological.

Bal·neo·the·ra·pie [balneoteraˈpiː] *f med.* balneotherapy, *auch* balneotherapeutics *pl* (*construed as sg or pl*).

Bal paré [ˈbal paˈreː] *m* ⟨- -; -s -s [ˈbal paˈreː]⟩ festive ball.

'**Bal·sa**|ˌ**baum** [ˈbalza-] *m bot.* balsa (*Ochroma lagopus*). — ~ˌ**holz** *n* balsa (wood).

Bal·sam [ˈbalzaːm] *m* ⟨-s; -e⟩ balsam, balm: ~ enthaltend balsamic, *auch* balsamical; j-m ~ auf (*od.* in) die Wunde gießen *fig. lit.* to pour balsam into (*od.* on) s.o.'s wounds; das ist ~ für mich *fig. lit.* that is balm to me (*od.* my wounded soul). — ~ˌ**ap·fel** *m bot.* balsam apple (*od.* pear) (*Gattg Mormordica*). — ~ˌ**baum** *m* balsam (tree): Gewöhnlicher ~ copaiba balm (*Copaifera officinalis*). — ~ˌ**duft** *m* balsam scent (*od.* fragrance). — ~ˌ**es·pe** *f bot. cf.* Balsampappel. — ~ˌ**fich·te** *f cf.* Balsamtanne. — ~**geˌwächs** *n meist pl cf.* Balsampflanze. — ~ˌ**harz** *n* balsamic resin. — ~ˌ**holz** *n* balsam wood.

bal·sa·mie·ren [balzaˈmiːrən] *v/t* ⟨*no* ge-, h⟩ embalm. — **Bal·sa'mie·rung** *f* ⟨-; *no pl*⟩ embalming.

Bal·sa·mi·ne [balzaˈmiːnə] *f* ⟨-; -n⟩ *bot.* balsamine, balsamina, garden balsam (*Impatiens balsamina*).

bal·sa·misch [balˈzaːmɪʃ] *adj* balsamic, *auch* balsamical, balmy.

'**Bal·sam**|ˌ**kraut** *n bot.* **1.** costmary, balsam herb (*Chrysanthemum balsamita*). – **2.** moschatel (*Adoxa moschatellina*). — ~ˌ**kür·bis** *m cf.* Balsamapfel. — ~ˌ**öl** *n* balsam oil. — ~ˌ**pap·pel** *f bot.* balsam poplar, *auch* balm of Gilead, tacamahac (*Populus balsamifera*). — ~ˌ**pflan·ze** *f meist pl* balsamiferous plant. — ~ˌ**pflau·me** *f* hog plum (*Gattg Spondias*). — ~ˌ**ro·se** *f* sweetbrier, *auch* sweetbriar, eglantine (*Rosa dumetorum*). — ~ˌ**strauch** *m cf.* Balsambaum. — ~ˌ**tan·ne** *f* balsam (fir), balm of Gilead (*Abies balsamea*): Westamerikanische ~ alpine fir (*A. lasiocarpa*).

Bal·te [ˈbaltə] *m* ⟨-n; -n⟩ Balt.

'**Bal·ti·more**|**tru·piˌal** [ˈbaltimoːr-] *m* Baltimore oriole, golden robin (*Icterus baltimore*).

'**bal·tisch** **I** *adj* Baltic: die B~en Länder the Baltic states (*od.* provinces). — **II** *ling.* **B**~ ⟨*generally undeclined*⟩, **das B**~**e** ⟨-n⟩ Baltic, the Baltic languages *pl.*

bal·to·sla·wisch [ˈbaltoˈslaːvɪʃ] **I** *adj* Balto-Slavic (*od.* -Slavonic). – **II** *ling.* **B**~ ⟨*generally undeclined*⟩, **das B**~**e** ⟨-n⟩ Balto-Slavic (*od.* -Slavonic), the Balto-Slavic (*od.* -Slavonic) languages *pl.*

Ba·lu·ster [baˈlustər] *m* ⟨-s; -⟩ *arch.* baluster.

Ba·lu·stra·de [balusˈtraːdə] *f* ⟨-; -n⟩ *arch.* balustrade.

Balz [balts] *f* ⟨-; -en⟩ *hunt.* (*von Wildvögeln, bes. Auerwild*) **1.** display, courtship. – **2.** treading, coupling, mating. – **3.** coupling (*od.* mating) season, pairing time. — '**bal·zen** *v/i* ⟨h⟩ **1.** court, display, *auch* call. – **2.** tread, couple, mate.

'**Balz**|ˌ**jagd** *f hunt.* shooting during the mating season. — ~ˌ**platz** *m* mating (*od.* display) ground. — ~ˌ**ruf** *m* mating (*od.* display) call. — ~ˌ**zeit** *f cf.* Balz 3.

bam [bam] *interj* (*von Glockenton*) bong: bim, ~ dingdong.

Bam·be·le [ˈbambələ] *n* ⟨-s; -n⟩ *zo. cf.* Elritze.

Bam·bi·no [bamˈbiːno] (*Ital.*) *m* ⟨-s; -ni [-ni]⟩ (*art*) bambino, the infant Christ.

Bam·bus [ˈbambus] *m* ⟨- *u.* -ses; - *u.* -se⟩ *bot.* bamboo (*Gattg Bambusa*): Nordamerikanischer ~ (giant) cane (*Arundinaria macrosperma*). — ~ˌ**bär** *m zo.* giant panda, *auch* peihsiung (*Ailuropoda melanoleuca*). — ~ˌ**huhn** *n* bamboo partridge (*Gattg Bambusicola*). — ~ˌ**pal·me** *f bot.* bamboo palm: Brasilianische ~ jupati (palm) (*Raphia taedigera*); Madagassische ~ raffia palm (*R. ruffia*). — ~ˌ**rat·te** *f zo.* bamboo rat (*Fam. Rhizomyidae*). — ~ˌ**rohr** *n bot.* bamboo (cane) (*Bambusa arundinacea*). — ~ˌ**stab** *m* bamboo pole. — ~ˌ**stau·de** *f bot. cf.* Bambus. — ~ˌ**stock** *m* bamboo (stick *od.* cane). — ~ˌ**vorˌhang** *m pol.* Bamboo Curtain. — ~ˌ**zucker** (*getr.* -k·k-) *m* bamboo sugar, tabasheer.

Bam·mel [ˈbaməl] *m* ⟨-s; *no pl*⟩ *colloq. for* Angst 1: vor etwas ~ haben to be (very) afraid of s.th., to dread s.th., to be in a blue funk about s.th. (*colloq.*); vor j-m (einen mächtigen) ~ haben to be very afraid of s.o.

bam·meln [ˈbaməln] *v/i* ⟨h⟩ *colloq.* dangle, swing.

Ban [baːn] *m* ⟨-s; -e⟩ *hist.* (*ungarischer u. serbokroatischer Statthalter*) ban.

ba·nal [baˈnaːl] *adj* banal, trite, commonplace, hackneyed. — **ba·na·li'sie·ren** [-naliˈziːrən] **I** *v/t* ⟨*no* ge-, h⟩ render (*s.th.*) banal (*od.* trite, commonplace), treat (*s.th.*) in a banal manner. – **II B**~ *n* ⟨-s⟩ *verbal noun.* — **Ba·na·li'sie·rung** *f* ⟨-; -en⟩ *cf.* Banalisieren. — **Ba·na·li'tät** [-naliˈtɛːt] *f* ⟨-; -en⟩ **1.** banality, triteness. – **2.** *pl* (*platte Rederei*) banalities.

Ba·na·ne [baˈnaːnə] *f* ⟨-; -n⟩ *bot.* **1.** (*Frucht*) banana, *auch* plantain. – **2.** *cf.* Bananenstaude.

Ba'na·nen|ˌ**baum** *m bot. cf.* Bananenstaude. — ~ˌ**brei** *m gastr.* banana pudding. — ~ˌ**damp·fer** *m* banana boat. — ~ˌ**fa·ser** *f bot.* plantain fiber (*bes. Br.* fibre). — ~ˌ**fres·ser** *m zo.* banana (*od.* plantain) eater, touraco (*Fam. Musophagidae*). — ~ˌ**scha·le** *f* banana peel (*od.* skin). — ~ˌ**stau·de** *f bot.* **1.** banana (tree) (*Musa sapientum*). – **2.** plantain, pisang (fig) (*M. paradisiaca*). — ~ˌ**stecker** (*getr.* -k·k-) *m electr.* banana pin (*od.* plug), spring contact plug. — ~ˌ**trau·be** *f* bunch of bananas.

Ba·nat [baˈnaːt] *n* ⟨-(e)s; -e⟩ **1.** *pol. hist.* banat, *auch* banate, bannat. – **2.** ⟨*only sg*⟩ *geogr.* Banat. — **Ba'na·ter** *m* ⟨-s; -⟩ *hist. geogr.* inhabitant of the Banat.

Ba·nau·se [baˈnauzə] *m* ⟨-n; -n⟩ *contempt.* narrow-minded person, Philistine, *auch* philistine, lowbrow (*colloq.*). — **Ba'nau·sen·tum** *n* ⟨-s; *no pl*⟩ Philistinism. — **ba'nau·sisch** *adj* Philistine, *auch* philistine, narrow-minded, lowbrow (*colloq.*).

band [bant] *1 u. 3 sg pret of* binden.

Band[1] *n* ⟨-(e)s; ⸚er⟩ **1.** (*Zier-, Ordensband etc*) ribbon, (*bes. am Hut*) band: ein Band ins Haar flechten to tie a ribbon in one's hair; gemustertes ~ fancy (*od.* figured) ribbon; langes, flatterndes ~ streamer; mit Bändern verzieren (*od.* schmücken) to ribbon; mit Bändern geschmückt (*od.* verziert) beribboned; gekreuzte Bänder *her.* fret *sg*; das Blaue ~ *mar.* the Blue Ribbon. – **2.** (*einer Schürze etc*) tap, string, tie: die Bänder zur Schleife binden to tie the strings in a bow. – **3.** (*Meßband etc*) tape. – **4.** (*Farbband*) (typewriter) ribbon. – **5.** *tech.* (*Tonband*) (recording *od.* magnetic) tape: etwas auf (*acc*) ~ aufnehmen to record s.th. on tape, to tape s.th.; auf (*acc*) ~ sprechen to speak on tape; das ~ löschen to erase the tape. – **6.** (*radio*) (frequency *od.* wave) band: der Sender arbeitet auf (*dat*) ~ 7 the station operates on band 7. – **7.** *tech.* a) (*am Scharnier*) metal strip, b) (*um Balken, Fässer*) hoop, c) (*für Baumwollballen*) cotton tie, d) (*einer Bandsäge*) band. – **8.** *tech.* a) (*Fließband*) assembly (*od.* production) line, b) (*Förderband*) belt, c) (*Montageband*) progressive assembly line: Produktion am laufenden ~ line (*od.* conveyor line) production; am laufenden ~ *fig. colloq.* continuously, over and over again, constantly, uninterruptedly; Unfälle am laufenden ~ *fig.* an uninterrupted (*od.* unbroken) succession of accidents. – **9.** *electr.* (*Isolierband*) tape. – **10.** *arch.* band, bond, tie. – **11.** *med.* a) (*Sehne, Gelenkband*) ligament, b) (*Strang*) c(h)ord, band, c) (*Gefäßband*) vascular band. – **12.** *print.* (*Buchbinderei, Schnellpresse*) tape. – **13.** *phys.* (*des Spektrums*) band. – **14.** *mar.* a) (*Verbandstück*) hook, b) (*Verschluß*) bond, c) (*Treibgut*) strap. – **15.** (*Felsvorsprung*) ledge. – **16.** (*eines Flusses, der Autobahn*) ribbon. – **17.** *pl geol.* lines of foliation: in Bändern eingeschaltet interbanded.

Band[2] *n* ⟨-(e)s; -e⟩ *lit.* **1.** (*der Freundschaft, Liebe etc*) tie, bond, link: familiäre ~e family ties; ~e der Freundschaft knüpfen to form links of friendship; geistiges ~

spiritual link; ein einigendes ~ schlingt sich um alle one unifying bond binds them all; → Rand 10. – **2.** *pl* (*Fesseln*) fetters, shackles, chains, bonds: in Ketten und ~en liegen to be in chains (*od.* irons); j-n in ~e schlagen to throw s.o. into chains (*od.* fetters); die ~e sprengen to burst the fetters (*od.* bands).

Band³ *m* ⟨-(e)s; ⸚e⟩ **1.** (*eingebundenes Buch*) volume, tome: einzelner ~ single volume; ein Roman in zwei Bänden a novel in two volumes, a two-volume novel; das spricht Bände *fig. colloq.* that speaks volumes; darüber könnte man Bände schreiben (*od.* erzählen) *fig. colloq.* that would fill volumes, you could write volumes about it. – **2.** (*Einband*) binding.

Band⁴ [bɛnt; bænd] (*Engl.*) *f* ⟨-; -s⟩ *mus.* (*Tanzkapelle*) band.

'Band,ab,set·zer *m civ.eng.* stacker.

'Band·achat [-ʔa,xaːt] *m min.* banded agate, ribbon agate, Mexican onyx.

Ban·da·ge [ban'daːʒə] *f* ⟨-; -n⟩ **1.** *med.* (*sport*) bandage: (j-m) eine ~ anlegen to apply a bandage (to s.o.). – **2.** *tech.* (*am Rad*) tire, *bes. Br.* tyre. — **ban·da'gie·ren** [-da'ʒiːrən] *v/t* ⟨*no* ge-, h⟩ **1.** *meist med.* j-n [etwas] ~ to bandage s.o. [s.th.], to apply a bandage to (*od.* to put a bandage on) s.o. [s.th.]. – **2.** *tech.* a) (*Rohre*) band, b) (*Räder*) tire, *bes. Br.* tyre. — **Ban·da'gist** [-da'ʒɪst] *m* ⟨-en; -en⟩ *med.* truss maker.

'band,ähn·lich *adj cf.* bandartig.

'Band|,al·ge *f bot.* **1.** desmid. – **2.** tangle (*Laminaria*). — **~an,ten·ne** *f* (*radio*) tape antenna (*od.* aerial), band aerial. — **~,an,trieb** *m tech.* belt-driving device: mit ~ belt-driven. — **~ap·pa,rat** *m med.* ligamentous apparatus. — **~,ar·beit** *f econ.* moving-belt production. — **b~,ar·tig** *adj* **1.** ribbonlike, ribbon-shaped. – **2.** *med.* ligamental, ligamentous. – **3.** *zo.* a) ligamental, ligamentous, b) streaked. – **4.** *bot.* bandlike, strap-shaped. — **~,as·sel** *f zo.* streaked centiped(e), polydesmid (*Fam. Polydesmidae*). — **~,auf,la·der** *m civ.eng.* conveyor (*od.* belt) loader. — **~,auf,nah·me** *f electr.* (magnetic) tape recording: eine ~ (von etwas) machen to make a tape recording (of s.th.), to record (s.th.) on tape. — **~,bal·ken** *m* (*in der Zimmerei*) waling, half-timber, brace. — **~be,zeich·nung** *f print.* number of a volume. — **~,blitz** *m meteor.* ribbon lightning.

'Band,brei·te *f* **1.** width of tape (*od.* ribbon). – **2.** (*radio*) bandwidth. – **3.** *econ.* a) spread, range, b) (*von Börsenkursen*) margin of fluctuation, range of variation. — **'Band,brei·ten,reg·ler** *m* (*radio*) bandwidth control.

'Band,brem·se *f* **1.** *tech.* band brake. – **2.** *electr.* (*bei Tonbandgeräten*) a) tape stop, b) tape brake.

Bänd·chen ['bɛntçən] *n* ⟨-s; -⟩ **1.** *dim. of* Band¹,³. – **2.** (*Buch*) booklet. – **3.** *med. zo.* (small) ligament, frenulum (*scient.*). – **4.** (*am Siegel*) label. — **~,ar·beit**, **~,spit·ze** *f* (*textile*) point lace.

'Band·dik,tier·ge,rät *n tech.* dictating machine.

Ban·de¹ ['bandə] *f* ⟨-; -n⟩ **1.** (*games*) (*des Billardtisches, der Kegelbahn*) cushion: den Ball an die ~ legen (*od.* spielen) to cushion the ball; Ball dicht an der ~ close ball. – **2.** (*sport*) (*beim Eishockey*) board(s *pl*): den Puck an die ~ spielen to play the puck against the boards. – **3.** (*einer Zirkusarena etc*) ring (*od.* side) fence.

'Ban·de² *f* ⟨-; -n⟩ **1.** *contempt.* band, gang: eine ~ ausheben (*od.* unschädlich machen) to break up a gang. – **2.** *colloq. contempt.*, *auch humor.* (*Gesellschaft*) 'crowd' (*colloq.*), 'lot' (*colloq.*): eine lustige ~ a cheery crowd; ihr seid mir (*od.* ja) eine schöne ~! you're a nice lot! – **3.** *jur.* (*Zusammenrottung*) rout.

bän·de ['bɛndə] *1 u. 3 sg pret subj of* binden.

'Band|,ein,stel·ler *m tech.* (*einer Schreibmaschine*) ribbon switch. — **~,ein,stel·lung** *f* (*radio*) band selection. — **~,ein,tei·lung** *f print.* distribution of volumes. — **~,ei·sen** *n* **1.** *metall* a) (*kaltgewalztes*) band, b) (*warmgewalztes*) hoop. – **2.** *tech.* a) (*Verpackungsband*) bale tie (*for bundling packages*), b) (*für Baumwollballen*) cotton tie, c) (*einer Kiste etc*) metal strapping (*od.* strip). – **3.** *min.* taenite.

Bän·del ['bɛndəl] *n* ⟨-s; -⟩ (*Band, Schnur*) cord, string: j-n am ~ haben *fig. colloq.* to have s.o. on a string (*od.* in one's control).

Ban·de·lier [bandə'liːr] *n* ⟨-s; -e⟩ *mil. hist.* bandoleer.

'Ban·den|,ball *m* (*games*) cushion car(r)om. — **~,bil·dung** *f* organization of bands (*od.* gangs). — **~,chef** *m cf.* Bandenführer. — **~,dieb,stahl** *m jur.* gang robbery. — **~,füh·rer** *m* gang leader. — **~,krieg** *m mil.* guerilla war(fare). — **~,mit,glied** *n* **1.** member of a gang, gangster. – **2.** *mil.* partisan, guerilla. — **~,spek·trum** *n phys.* band spectrum, atomic line spectrum. — **~,stoß** *m* (*games*) **1.** bricole. – **2.** stroke off the cushion. — **~,we·sen** *n* ⟨-s; *no pl*⟩ **1.** gangsterism. – **2.** *mil.* partisan (*od.* guerilla) organizations *pl* (*od.* activities *pl*).

Bän·der ['bɛndər] *m* ⟨-s; -⟩ *dial. for* Küfer 2.

'bän·der,ar·tig *adj cf.* bandartig.

'Bän·der,pal·men,rol·ler *m zo.* palm civet, *auch* palm cat (*Gattg Hemigalus*).

'bän·de,reich *adj* (*Ausgabe*) in many volumes, voluminous.

'Bän·der|,fels *m geol.* ribbon rock. — **b~ge,schmückt** *adj* (be)ribboned, ribanded. — **~,gneis** *m geol.* banded (*od.* ribbon) gneiss.

Ban·de·ril·la [bande'rɪlja] *f* ⟨-; -s⟩ (*beim Stierkampf*) banderilla. — **Ban·de·ril'le·ro** [-rɪl'jeːro] *m* ⟨-s; -s⟩ banderillero.

'Bän·der,leh·re *f med.* syndesmology.

bän·dern ['bɛndərn] *v/t* ⟨h⟩ **1.** *tech.* form (*s.th.*) into ribbons (*od.* stripes). – **2.** (*textile*) (*Stoff*) stripe, streak, band. – **3.** mark (*od.* decorate) (*s.th.*) with stripes (*od.* bands).

Ban·de·ro·le [bandə'roːlə] *f* ⟨-; -n⟩ **1.** *econ.* (*Steuerband*) revenue stamp. – **2.** (*art*) (*Spruchband*) banderol(e), scroll. – **3.** (*einer Zigarre*) band. — **Ban·de'ro·len,steu·er** *f econ.* (*für Zigaretten etc*) stamp tax (*od.* duty).

ban·de·ro·lie·ren [bandəro'liːrən] *econ.* **I** *v/t* ⟨*no* ge-, h⟩ etwas ~ to affix (*od.* put on) a revenue stamp to s.th. – **II B~** *n* ⟨-s⟩ *verbal noun.* — **Ban·de·ro'lie·rung** *f* ⟨-; -en⟩ *cf.* Banderolieren.

'Bän·der,riß *m med.* torn ligament.

'Band·er,schlaf·fung *f med.* relaxation of a ligament.

'Bän·der,ton *m geol.* banded (*od.* stratified, varved) clay.

'Bän·de·rung *f* ⟨-; -en⟩ **1.** *geol.* a) (*beim Gletschereis*) banding, lamination, foliation, b) (*beim Fels*) ribbon structure, ribboning. – **2.** *biol. zo.* stripes *pl*, bands *pl*.

'Band|,eu·le *f zo.* underwing, cutworm, dart moth (*Gattg Catocala; noctuid moth*). — **~,fe·der** *f tech.* flat coil spring. — **~,fer·ti·gung** *f tech. econ.* assembly-line (*od.* conveyor-line) production (*od.* fabrication, manufacture). — **~,fil·ter** *n, m* (*radio*) band-pass filter. — **~,fink** *m zo.* **1.** cutthroat (finch) (*Amadina fasciata*). – **2.** *cf.* Karmingimpel. — **~,fisch** *m* **1.** ribbonfish, bandfish (*Cepola rubescens*). – **2.** cutlas(s) fish (*Trichiurus lepturus*). – **3.** scabbard fish (*Gattg Trichiurus*). – **4.** dealfish, ribbonfish (*Gattg Trachypterus*). — **b~,fisch,ar·tig** *adj zo.* taeniosomous. — **~,för·der,an,la·ge** *f civ.eng.* belt conveying system. — **~,för·de·rer** *m tech.* belt conveyor. — **~,för·de·rung** *f* belt conveying (*od.* conveyance). — **b~,för·mig** *adj* **1.** *cf.* bandartig. – **2.** *bot.* bandlike, strap-shaped. – **3.** *med. zo.* taeniate. — **~,füh·rung** *f tech.* **1.** (*an der Schreibmaschine*) ribbon guide. – **2.** (*am Tonband*) tape guide. — **~ge,rät** *n* tape recorder. — **~ge,schwin·dig·keit** *f* (*des Tonbandes*) tape speed. — **~,gras** *n bot.* ribbon (*od.* painted) grass, lady grass, lady's-laces (*Phalaris arundinacea var. picta*). — **~,ha·ken** *m tech.* **1.** hoop cramp. – **2.** (*für Türen*) hasp. — **~,holz** *n* (*für Fässer*) hoopwood.

bän·di·gen ['bɛndɪgən] **I** *v/t* ⟨h⟩ **1.** (*wilde Tiere*) tame. – **2.** (*Pferde*) break in. – **3.** (*bes. Kinder*) restrain, keep (*s.o.*) in check (*od.* under control): er war nicht zu ~ there was no restraining him. – **4.** *fig.* (*Leidenschaften etc*) master, subdue, overcome, restrain, repress, keep (*od.* get) (*s.th.*) under control. – **5.** *fig.* (*Naturkräfte*) harness. – **II B~** *n* ⟨-s⟩ **6.** *verbal noun.* – **7.** *cf.* Bändigung. — **'Bän·di·ger** *m* ⟨-s; -⟩ *cf.* Dompteur. — **'Bän·di·gung** *f* ⟨-; *no pl*⟩ **1.** *cf.* Bändigen. – **2.** *fig.* mastery, subdual, restraint.

Ban·di·kut ['bandikuːt] *m* ⟨-s; -s⟩ *zo.* rat (*od.* true) bandicoot (*Fam. Peramelidae*).

'Band,il·tis *m zo.* striped weasel, muishond, zoril, *auch* zorilla (*Ictonyx striatus*).

Ban·dit [ban'diːt] *m* ⟨-en; -en⟩ bandit, *auch* gangster, brigand.

Ban'di·ten|,füh·rer *m* bandit leader. — **b~haft** *adj* banditlike. — **~,we·sen** *n* ⟨-s; *no pl*⟩ banditry, brigandage.

'Band|,jas·pis *m min.* banded (*od.* ribbon, striped) jasper. — **~,ke·gel** *m tech.* (*in der Schlosserei*) hinge pin. — **~ke,ra·mik** *f archeol.* Bandkeramik, curvilinearly decorated (*od.* band) ceramics *pl* (*usually construed as sg*). — **~ke,ra·miker** *m* maker of band ceramics. — **~,ket·te** *f* band (*od.* sash) chain: Vaucansonsche ~ *tech.* pitch chain. — **~,kupp·lung** *f auto.* rim clutch.

Bänd·lein ['bɛntlaɪn] *n* ⟨-s; -⟩ *cf.* Bändchen.

'Band|,lei·ter *m electr.* strip conductor. — **~,lei·tung** *f* (*radio*) (twin) band lead. — **~,ma·cher** *m* ⟨-s; -⟩ (*textile*) *cf.* Bandwirker. — **~,mar·mor** *m geol.* streaked marble. — **~ma,schi·ne** *f tech.* (*in der Spinnerei*) drawing frame (*od.* machine). — **~,maß** *n tech.* tape measure, *Br.* tape-measure, measuring tape. — **~,mei·ßel** *m* (*in der Schlosserei*) forked chisel, (half-round) cold chisel. — **~mon,ta·ge** *f* progressive assembly. — **~,mu·ster** *n* **1.** (*fashion*) ribbon pattern. – **2.** *arch.* ribbon design. — **~,nat·ter** *f zo.* ribbon (*od.* garter) snake (*Thamnophis sautira*). — **~,nu·deln** *pl gastr.* ribbon macaroni (*od.* vermicelli), noodles. — **~,num·mer** *f* number of volume.

Ban·do·la [ban'doːla] *f* ⟨-; -len⟩ *mus.* bandola, bandurria.

Ban·do·ne·on [ban'doːneɔn], *auch* **Ban'do·ni·on** [-niɔn] *n* ⟨-s; -s⟩ *mus.* bandonion, bandoneon (*kind of accordion*).

'Band|or·na,ment *n* (*art*) strapwork, strap ornament. — **~,paß** *m* (*radio*) band pass. — **~,saat** *f agr.* sowing in paired rows.

'Band,sä·ge *f tech.* band (*od.* belt, ribbon) saw. — **~,blatt** *n* band saw blade.

'band,sä·gen *v/t* ⟨*insep*, -ge-, h⟩ *tech.* band-saw.

'Band,schei·be *f* **1.** *med.* intervertebral disk (*od.* disc). – **2.** *tech.* band (*od.* belt) pulley.

'Band,schei·ben|,scha·den *m med.* damaged intervertebral disk (*od.* disc), discopathy (*scient.*). — **~,vor,fall** *m* prolapsed intervertebral (*od.* slipped) disk (*od.* disc).

'Band|,schei·der *m tech.* (*in der Fördertechnik*) belt separator. — **~,schlei·fe** *f* **1.** (*fashion*) ribbon bow (*od.* knot). – **2.** *tech.* (*am Tonband*) tape loop: endlose ~ continuous tape loop. — **b~,schlei·fen** *v/t* ⟨*irr, insep*, -ge-, h⟩ *tech.* belt-sand. — **~,schleif·ma,schi·ne** *f tech.* abrasive belt grinder, belt sander, *Br.* belt-grinding machine.

Bänd·sel ['bɛntsəl] *n* ⟨-s; -⟩ *mar.* lanyard, laniard, seizing, coxcombing, (*am Segel*) earing: ~ aufsetzen to seize, to clap on a seizing, to coxcomb. — **'bänd·seln** *v/t* ⟨h⟩ seize, coxcomb, tie (*s.th.*) together.

'Band|,spek·trum *n phys.* band spectrum. — **~,spit·ze** *f* (*textile*) point lace. — **~,sprei·zung** *f* (*radio*) band spread(ing). — **~,stahl** *m metall.* strip steel. — **~,strei·fen** *m* **1.** *biol.* vitta. – **2.** *her.* (*Schrägbalken*) cot(t)ise. — **~,stuhl** *m* (*textile*) ribbon (*od.* bar) loom. — **~,über,deh·nung** *f med.* pull of a ligament.

Ban·du·ra [ban'duːra] *f* ⟨-; -ren⟩ *mus.* bandura (*Russian lute instrument*).

Ban·dur·ria [ban'durɪa] *f* ⟨-; -s⟩ *mus.* bandurria (*Spanish lute instrument*).

'Band|ver,bin·dung *f med.* syndesmosis. — **~,wa·ren** *pl econ.* small wares, ribbons. — **~,we·ber** *m cf.* Bandwirker. — **~we·be,rei** *f cf.* Bandwirkerei. — **~,wei·de** *f bot.* (basket) osier, withy, osier willow (*Salix purpurea u. viminalis*). — **b~,wei·se** *adv print.* by volumes. — **~,werk** *n* **1.** *cf.* Bandornament. – **2.** *tech. cf.* Scharnierband. — **~,wir·ker** *m* (*textile*) ribbon weaver, ribbonmaker. — **~wir·ke,rei** *f* (*textile*) **1.** ribbon weaving. – **2.** ribbon factory.

'Band,wurm *m zo. med.* tapeworm; taenia, *Am. auch* tenia, cestode (*scient.*): den ~ abtreiben to expel the tapeworm; das ist ein wahrer ~ von einem Satz *fig. colloq.* that sentence is a veritable tapeworm, that sentence is really a mile long. — **b~,ar·tig** *adj zo.* cestoid, t(a)enioid: ~e Tiere t(a)enioidea. — **~er,kran·kung** *f med.* t(a)eniasis. — **~,glied** *n zo.* tapeworm segment, proglottid (*scient.*). — **~,kopf** *m* head of a tapeworm, nurse-zooid, scolex (*scient.*). — **~,mit·tel** *n med. pharm.* t(a)eniafuge, t(a)eniacide. — **~,satz** *m ped.* interminable (*od.* endless, run-on) sentence. — **b~,tö-**

tend *adj med.* t(a)eniacidal. — **b~verˌtrei·bend** *adj* t(a)eniafuge: ~es Mittel t(a)eniafuge.

ˈBand|ˌzahl *f print.* number of volume(s). — **~ˌzün·der** *m mil.* tape fuse (*od.* fuze).

bang [baŋ] *adj u. adv cf.* bange 2, 3.

ˈBangˌbü·xe [-ˌbʏksə], **ˈBangˌbu·xe** *f* ⟨-; -n⟩ *Northern G. colloq. for* Angsthase.

ban·ge [ˈbaŋə] **I** *adj* ⟨-r *od.* ¨r, am bangsten *od.* bängsten⟩ **1.** ⟨*attrib*⟩ anxious, uneasy, (*stärker*) alarmed: eine ~ Stunde an anxious hour; ~ Ahnungen (anxious) misgivings, uneasy forebodings, apprehensions, premonitions; ~ Erwartung anxious suspense. – **2.** ~ sein a) (vor *dat* of) to be afraid, to be in fear, b) (um) to be anxious (about, for), to be worried (about), to be uneasy (about), to be concerned (about, for, at): mir ist ~ vor ihm I am afraid of him; davor ist mir [nicht] ~ I am [not] afraid of it, I [don't] dread it; mir ist ~ davor, sie zu fragen I am afraid of asking her; j-n (*od.* j-m) ~ machen to make s.o. afraid (*od.* anxious, uneasy), to frighten (*od.* scare, alarm) s.o.; mir ist (*od.* wird) angst und ~ I am full of misgivings, I am as scared as a mouse (*colloq.*); mir wird immer (*od.* ~ und) bänger my fears increase more and more, I grow more and more alarmed; mir ist ~ um ihn [seine Gesundheit] I am anxious (*od.* I fear) for him [his health]. – **II** *adv* **3.** anxiously, in fear.

ˈBan·ge *f* ⟨-; *no pl*⟩ *bes. Northern G. for* Angst 1, 2: (nur) keine ~! don't worry (*od.* be afraid)! no (*od.* never) fear! — **~ˌma·chen** *n* frightening, scaring: ~ gilt nicht! *colloq.* don't be a coward! don't weaken! take courage! — **~ˌma·cher** *m* ⟨-s; -⟩ scaremonger, alarmist.

ban·gen [ˈbaŋən] *lit.* **I** *v/i* ⟨h⟩ **1.** um j-n [etwas] ~ to fear for s.o. [s.th.], to be anxious (*od.* worried, uneasy) about s.o. [s.th.]: ich bangte um sein Leben I feared for his life. – **2.** vor (*dat*) etwas ~ to be afraid (*od.* fearful) of s.th. – **II** *v/reflex* **3.** sich um j-n [etwas] ~ *cf.* bangen 1. – **4.** sich vor (*dat*) etwas ~ *cf.* bangen 2. – **III** *v/impers* **5.** es bangt mir vor dem Tode I am afraid of death. – **IV B~** *n* ⟨-s⟩ **6.** *verbal noun.* – **7.** anxiety, fear: mit Hangen und B~ *colloq.* with great difficulty, by the skin of one's teeth.

ˈBan·gig·keit *f* ⟨-; *no pl*⟩ *cf.* Bangen.

bäng·lich [ˈbɛŋlɪç] *adj* rather (*od.* somewhat) anxious (*od.* uneasy, alarmed): ihm war ~ zumute he felt anxious (*od.* nervous).

ˈBang·nis *f* ⟨-; -se⟩ *lit. for* Bangen.

ˈBang·sche ˈKrank·heit [ˈbaŋʃə] *f med. vet.* Bang's disease, contagious abortion, brucellosis (*scient.*).

Ba·ni·an [baˈnĭaːn], **Ban·jan** [banˈjaːn] *pl* banyans, banians (*Hindu caste of merchants and traders*).

Ban·jo [ˈbanjo; ˈbɛndʒo; ˈbandʒo] *n* ⟨-s; -s⟩ *mus.* banjo. — **~ˌspie·ler** *m* banjoist, banjo player.

Bank[1] [baŋk] *f* ⟨-; ¨e⟩ **1.** (*zum Sitzen*) bench, seat: gepolsterte [steinerne] ~ upholstered [stone] bench; die ganze ~ einnehmen to take up (*od.* occupy) the whole bench; etwas auf die lange ~ schieben *fig. colloq.* to put off (*od.* postpone, shelve) s.th., to put s.th. on the shelf; (alle) durch die ~ *fig. colloq.* without exception, one and all, everyone down the line, every single one; auf der ~ der Spötter sitzen *fig.* to scoff (*od.* sniff) at everything. – **2.** (*Schulbank*) desk: die Bänke abräumen to clear the desks. – **3.** (*Bankreihe*) row: in der vordersten [hintersten] ~ sitzen to sit in the front [back] row. – **4.** (*Kirchenbank*) pew: er predigt vor leeren Bänken a) he preaches to empty pews, b) *fig.* nobody listens to him. – **5.** *tech.* a) (*Werkbank*) (work)bench, b) (*für technische Versuchszwecke*) rig, c) *cf.* Hobelbank. – **5.** (*optics*) optical bench. – **6.** *geol.* a) (*Schicht*) layer, bed, stratum, b) (*Felsbank*) bench, ledge, c) (*Flöz*) seam, vein. – **7.** *mar.* a) (*Untiefe*) bank, shoal, b) sandbank. – **8.** *meteor.* (cloud) bank. – **9.** (*sport*) a) (*in der Gymnastik*) crouch position, b) (*beim Ringen*) defence (*Am.* defense) position. – **10.** *her.* label.

Bank[2] *f* ⟨-; -en⟩ **1.** *econ.* bank, *auch* banking house (*od.* establishment): er hat Geld auf der ~ (liegen, stehen) he has money in the bank; einen Betrag bei der ~ einzahlen to pay an amount into the bank, to bank an amount; etwas bei einer ~ hinterlegen (*od.* deponieren) to deposit s.th. in a bank; Geld bei der ~ abheben to withdraw money from the bank; ein Konto bei der ~ haben [eröffnen] to have [to open] an account with the bank; bei einer ~ zahlbar payable at a bank; wir haben unsere ~ angewiesen (*od.* beauftragt) we have instructed our bank (*od.* bankers); (einen Betrag) durch die ~ überweisen to pay (*od.* remit) (an amount) through the bank; ein Scheck auf die ~ X a check (*Br.* cheque) on the bank X; mit welcher ~ stehen Sie in Verbindung? where do you bank? bei der ~ sein to be a bank clerk; ~-an-~-Kredit interbank (*Br.* inter-bank) lending; ~-bei-~Einlage interbank (*Br.* inter-bank) deposit. – **2.** (*Spielbank*) bank: die ~ halten [sprengen] to hold [to break] the bank; ~ setzen to go (the) bank.

ˈBank|ˌak·tie *f* bank(ing) share. — **~akˌzept** *n* banker's (*od.* bank) acceptance. — **~ˌam·boß** *m tech.* bench anvil. — **~ˌan·geˌstell·te** *m, f econ.* bank clerk (*od.* official). — **~ˌanˌwei·sung** *f* bank remittance, banker's order. — **~ˌausˌweis** *m* bank return. — **~ˌausˌzug** *m* bank statement.

ˈBan·kaˌzinn [ˈbaŋka-] *n metall.* Banca (*od.* Straits) tin.

ˈBank|beˌam·te *m, f econ.* bank clerk (*od.* official). — **~ˌbruch** *m obs. for* Bankrott. — **~ˌbuch** *n* bankbook, passbook.

Bänk·chen [ˈbɛŋkçən] *n* ⟨-s; -⟩ **1.** *dim. of* Bank[1]. – **2.** footstool.

ˈBank|ˌdarˌle·hen *n econ.* bank loan. — **~diˌrek·tor** *m* bank manager — **~disˌkont** *m* bank rate. — **~disˌkontˌsatz** *m* **1.** discount rate. – **2.** (*der Zentralbank*) bank rate. — **~ˌeinˌbruch** *m* break into (*od.* robbery of) a bank. — **~ˌeinˌla·ge** *f econ.* bank deposit.

ˈBän·kel|ˌlied [ˈbɛŋkəl-] *n* (street) ballad. — **~ˌsang** *m mus. hist.* **1.** ballad. – **2.** ballad singing. — **~ˌsän·ger** *m* ballad singer, balladmonger (*contempt.*).

ˈBan·ken·konˌsor·ti·um *n cf.* Bankkonsortium.

ban·ke·rott [baŋkəˈrɔt] *adj*, **Ban·keˈrott** *m* ⟨-(e)s; -e⟩ *rare for* bankrott, Bankrott.

Ban·kert [ˈbaŋkərt] *m* ⟨-s; -e⟩ *contempt.* bastard, illegitimate child.

Ban·kett [baŋˈkɛt] *n* ⟨-(e)s; -e⟩ **1.** (*Festessen*) banquet, feast, dinner: (für j-n) ein ~ geben (*od.* veranstalten) to give a dinner (for s.o.). – **2.** *civ.eng.* a) (*einer Straße*) shoulder, b) (*in Damm- u. Einschnittböschung*) berm(e), banquette, c) (*Streifenfundament*) strip foundation (*od.* footing). – **3.** *mil. hist.* (*einer Festung*) banquette.

Ban·ket·te [baŋˈkɛtə] *f* ⟨-; -n⟩ *cf.* Bankett 2 *u.* 3.

Banˈkettˌfräse *f civ.eng.* (*Rasenfräse*) verge cutter.

ban·ket·tie·ren [baŋkɛˈtiːrən] *v/i* ⟨*no* ge-, h⟩ banquet, feast, dine.

Banˈkettˌsaal *m* banquet(ing) room.

ˈBank|ˌfach *n* ⟨-(e)s; ¨er⟩ *econ.* **1.** ⟨*only sg*⟩ banking (business *od.* line): im ~ tätig sein to be in the banking line. – **2.** (*Stahlfach*) safe(-deposit box). — **b~ˌfä·hig** *adj* bankable, acceptable by bankers. — **~fi·lia·le** [-fiˌlĭaːlə] *f* branch (of a bank). — **~ˌfor·de·run·gen** *pl* **1.** claims on a banker. – **2.** (*einer Bank an eine andere*) advances to other banks. – **3.** (*Einlagen eines Nichtbankiers*) balances with a bank, bank debtors. — **~ˌfor·mer** *m tech.* bench molder (*bes. Br.* moulder). — **~ga·ranˌtie** *f econ.* bank guarantee. — **~geˌbüh·ren** *pl* bank charges. — **~geˌheim·nis** *n* ⟨-ses; *no pl*⟩ banking secrecy. — **~ˌgeld** *n* money in account, deposit money. — **~geˌschäft** *n* ⟨-(e)s; -e⟩ **1.** *meist pl* banking operations *pl* (*od.* transactions *pl*): ~e abwickeln (*od.* betreiben) to carry out banking operations. – **2.** ⟨*only sg*⟩ banking business (*od.* trade). — **b~geˌschäft·lich** *adj* banking, relating to banking business: die günstige ~e Gesamtentwicklung the favo(u)rable development of banking business; unter ~en Gesichtspunkten on banking grounds, under banking aspects. — **~geˌwer·be** *n* ⟨-s; *no pl*⟩ banking business (*od.* trade). — **b~giˌriert** *adj* endorsed by a bank, bearing bank endorsement. — **~ˌgi·ro** *n* **1.** bankers' giro system. – **2.** cashless clearing under the giro system. — **~ˌgutˌha·ben** *n* **1.** balance(s *pl*) with a bank, *auch* cash in the bank (*od.* at bankers): Barbestand und ~ cash in hand and in bank (*od.* at bankers). – **2.** (*Guthaben der Bank*) balances *pl* with other banks. — **~ˌha·ken** *m tech.* (*einer Hobelbank*) cramp iron. — **~ˌhal·ter** *m* (*games*) **1.** banker, keeper of the bank. – **2.** croupier. — **~ˌhaus** *n econ.* bank(ing house). — **~ˌho·bel** *m tech.* (*in der Zimmerei*) jointer plane.

Ban·ki·er [baŋˈkĭeː] *m* ⟨-s; -s⟩ *econ.* banker, (*im weiteren Sinne*) financier. — **~ˌtag** *m* bankers' congress.

ˈban·kig *adj geol.* thickly bedded.

Banˈki·vaˌhuhn [baŋˈkiːva-] *n zo.* (red) jungle fowl (*Gallus gallus*).

ˈBank|ju·sti·tiˌar *m econ.* legal officer of (*od.* adviser to) a bank. — **~ka·piˌtal** *n* funds *pl* (*od.* capital) of a bank. — **~ˌkaufˌmann** *m* bank clerk. — **~kom·misˌsiˌon** *f econ.* bank (*od.* banker's) commission. — **~konˌsor·ti·um** *n* banking syndicate (*od.* consortium). — **~ˌkon·tenˌinˌha·ber** *m* bank depositor, holder of a bank(ing) account. — **~ˌkon·to** *n* bank(ing) account: ein ~ eröffnen to open an account (with a bank); einen Betrag auf ein ~ einzahlen to pay an amount into an account, to deposit an amount on an account; einen Betrag von einem ~ abheben to withdraw (*od.* take out) an amount from an account; ein ~ haben bei to have a bank account with, to bank with; ein ~ sperren to block an account; sein ~ überziehen [löschen] to overdraw [to close] one's account. — **~konˌzern** *m* banking combine. — **~ˌkrach** *m colloq.* bank failure (*od.* crash), collapse of a bank. — **~kreˌdit** *m* bank credit (*od.* loan). — **~ˌkrei·se** *pl* banking circles (*od.* quarters). — **~ˌkund·schaft** *f* bank customers *pl*, banker's clientele. — **~ˌlehr·ling** *m* junior clerk in a bank. — **b~ˌmä·ßig** *adj* banking, according to banking practice: ~e Sicherung (normal) banking security; ~e Abwicklung der Ausfuhr handling of exports by banks. — **~ˌmei·ßel** *m tech. obs. for* Kaltmeißel. — **~ˌne·benˌstel·le** *f cf.* Bankfiliale.

ˈBankˌno·te *f econ.* (bank) note, *Am.* (bank) bill: echte [gefälschte] ~ genuine [counterfeited] bank note; seine Brieftasche war mit ~n gespickt *colloq.* his wallet was stuffed with bills.

ˈBankˌno·ten|ˌausˌga·be *f econ.* issue of bank notes, note issue. — **~druckeˌrei** (*getr.* -k·k-) *f print.* banknote printing works *pl* (*construed as sg or pl*). — **~ˌfäl·schung** *f* forging (*od.* faking, counterfeiting) of bank notes. — **~paˌpier** *n* bank-note (*od.* currency) paper. — **~ˌpres·se** *f cf.* Banknotendruckerei. — **~ˌumˌlauf** *m econ.* note circulation, circulation of bank notes.

ˈBank|ob·li·ga·tio·nen [-ˀobligaˌtsĭoːnən] *pl econ.* bank bonds. — **~paˌpier** *n* (*Wertpapier*) banking security. — **b~poˌli·tisch** *adj* of banking policy: ~e und bankwirtschaftliche Fragen problems of banking policy and banking practice. — **~ˌpost** *f* (*paper*) bank paper (*od.* post), bank. — **~ˌra·te** *f cf.* Bankdiskont. — **~ˌraub** *m* bank robbery. — **~ˌräu·ber** *m* bank robber. — **b~ˌrecht** *adj* (*mining*) perpendicular to the slope of the seam.

bank·rott [baŋˈkrɔt] *adj* **1.** *econ.* bankrupt: ~ sein [werden *od.* gehen] to be [to become *od.* go] bankrupt, to have gone [to go] into bankruptcy; j-n (für) ~ erklären *jur.* to declare (*od.* adjudge) s.o. (a) bankrupt; sich (für) ~ erklären *jur.* to declare oneself bankrupt, to file (*od.* present) one's petition in bankruptcy. – **2.** *fig. colloq.* (*abgebrannt*) (dead) broke (*colloq.*), bankrupt, ruined: j-n ~ machen to bankrupt (*od.* break, ruin) s.o.

Bankˈrott *m* ⟨-(e)s; -e⟩ *econ., auch fig.* bankruptcy, failure: betrügerischer [einfacher, leichtsinniger] ~ fraudulent [simple, wilful] bankruptcy; den ~ erklären (*od.* anmelden, ansagen) to declare bankruptcy, to file (*od.* present) a petition in bankruptcy; ~ machen *colloq.* to go (*od.* become) bankrupt, to go into bankruptcy; geistiger [politischer] ~ *fig.* complete intellectual [political] failure (*od.* inefficacy). — **~erˌklä·rung** *f auch fig.* declaration of bankruptcy.

Bank·rot·teur [baŋkrɔˈtøːr] *m* ⟨-s; -e⟩ **1.** (*Person*) bankrupt, (*im weiteren Sinne*) defaulter (*colloq.*). – **2.** (*Firma*) bankrupt (*od.* insolvent) firm.

ˈBank|ˌsafe *m, auch n econ.* bank safe. — **~ˌschal·ter** *m* bank counter. — **~ˌscheck** *m* bank check (*bes. Br.* cheque). — **~ˌsche·re** *f tech.* bench shear. — **~ˌschließˌfach** *n econ.* (safe-)deposit box (*od.* locker). — **~ˌschraubˌstock** *m tech.* bench vise (*Br.* vice). — **~ˌschuld** *f econ.* bank debt. — **~ˌschuld·verˌschrei·bun·gen** *pl* bank bonds. — **~ˌschwin·del** *m* bank swindle (*od.* fraud). — **b~ˌsei·tig** *adv econ.* on the part of (*od.* by) bankers: ~ unterstützte Aktionen measures supported by bankers. — **~ˌspe·sen** *pl* bank charges. — **b~ˌtech·nisch** *adj* according to banking procedure: Rationalisierung ~er Arbeitsvorgänge rationalization of banking procedure. — **~treˌsor** *m* **1.** safe. – **2.** bank vault, strongroom. — **~ˌüberˌwei·sung** *f* bank transfer (*od.* remittance). — **b~ˌüb·lich** *adj* usual (*od.* normal) in banking.

Ban·kung [ˈbaŋkʊŋ] *f* ⟨-; -en⟩ *geol.* stratification, bedding. — **ˈBan·kungsˌspal·te** *f cf.* Schichtfuge.

ˈBank|va,lo·ren *pl Swiss* bank shares. — **~verˌbin·dung** *f* (*eines Bankkunden*) bank(ing) connection (*Br. auch* connexion); mit j-m in ~ stehen to bank with s.o.; unsere ~ our bankers *pl.* — **~verˌkehr** *m* banking operations *pl*, interbank (*Br.* inter-bank) dealings *pl.* — **~ˌvorˌstand** *m* **1.** board (*od.* management) (of a bank). – **2.** *cf.* Bankdirektor. — **~ˌwech·sel** *m* bank acceptance. — **~ˌwelt** *f* ⟨-; *no pl*⟩ banking world (*od.* community). — **~ˌwer·te** *pl* bank shares (*bes. Am.* stock *sg*). — **~ˌwe·sen** *n* ⟨-s; *no pl*⟩ banking (system). — **b~ˌwirt·schaft·lich** *adj* banking (*attrib*), relating to banking operations: vom ~en Standpunkt aus on banking grounds. — **~ˌwo·che** *f* bank return week. — **~ˌzin·sen** *pl* bank(ing) interest (*od.* rate) *sg.* — **~ˌzwin·ge** *f tech.* spindle handscrew.

Bann [ban] *m* ⟨-(e)s; -e⟩ **1.** *lit.* (*Zauber*) spell, charm, sway: j-n in seinen ~ schlagen (*od.* zwingen, ziehen), j-n im (*od.* in [seinem]) ~ halten to cast a spell (*od.* to get a hold) on s.o., to hold s.o. spellbound, to captivate (*od.* enthral[l], fascinate) s.o.; in den ~ von j-m [etwas] geraten, in (*od.* unter) dem ~ von j-m [etwas] stehen to be under the spell (*od.* sway) of s.o. [s.th.], to be spellbound by s.o. [s.th.]; den ~ brechen to break the spell. – **2.** *fig.* (*Gewalt*) grip: im (*od.* unter dem) ~ des Alkohols stehen to be in the grip of alcohol. – **3.** *relig.* (*Kirchenbann*) anathema, excommunication, ban: j-n mit dem ~ belegen (*od.* in den ~ tun) to excommunicate (*od.* anathematize) s.o.; → Acht[2] 1. – **4.** *jur. hist.* (district under a) king's (*etc*) jurisdiction, soke. — **~ˌbrief** *m* **1.** *jur. hist.* public proclamation. – **2.** *relig. cf.* Bannbulle. — **~ˌbruch** *m* **1.** *jur. hist.* breach of a ban. – **2.** *econ.* breach of foreign trade regulations. — **~ˌbul·le** *f relig.* bull of excommunication. — **~ˌdeich** *m civ.eng.* winter dike.

ban·nen [ˈbanən] **I** *v/t* ⟨h⟩ **1.** (*Gefahr etc*) avert, ward off, keep off: die Not ~ to banish want. – **2.** j-n ~ *relig.* to excommunicate s.o., to anathematize s.o. – **3.** (*böse Geister*) exorcise, exorcize, lay. – **4.** (*Zuhörer, Person etc*) spellbind, put a spell on: wie gebannt spellbound. – **5.** etwas auf (*acc*) etwas ~ to record (*od.* capture) s.th. on s.th.: ein Bild auf den Film ~ to capture a picture on film. – **II B~** *n* ⟨-s⟩ **6.** *verbal noun.* – **7.** *cf.* Bannung.

Ban·ner[1] [ˈbanər] *n* ⟨-s; -⟩ **1.** *bes. hist.* (*Fahne*) banner, standard, flag. – **2.** *fig. lit.* banner, standard: das ~ der Freiheit aufpflanzen to plant the banner of freedom.

ˈBan·ner[2] *m* ⟨-s; -⟩ (*Beschwörer*) exorciser, exorcizer, exorcist.

ˈBan·ner|ˌherr *m hist.* banneret, gonfalonier. — **~ˌträ·ger** *m bes. hist., auch fig.* standard-bearer: der ~ des Fortschritts *fig.* the standard-bearer of progress.

ˈBann|ˌfluch *m cf.* Bann 3. — **~ˌforst** *m hunt. hist.* hunting district under a ban, forest (p)reserve. — **~ˌgut** *n cf.* Bannware. — **~ˌherr** *m hist.* lord of the manor.

ˈban·nig *adv Northern G. colloq. for* riesig 3, ungeheuer 6.

ˈBann|ˌkreis *m* **1.** *hist.* district (*od.* area) under s.o.'s jurisdiction. – **2.** *fig.* spell, (sphere of) influence: in den ~ einer großen Persönlichkeit geraten to come (*od.* fall) under the spell of a great personality. — **~ˌmei·le** *f* **1.** (*einer Stadt*) precincts *pl.* – **2.** *pol.* area within which public meetings are banned. — **~ˌrecht** *n jur. hist.* **1.** prerogative, privilege. – **2.** (*Banngerechtigkeit*) right of constraint. — **~ˌspruch** *m* **1.** *cf.* Bann 3. – **2.** (*für Geister*) exorcism. — **~ˌstrahl** *m relig.* anathema: den ~ gegen j-n schleudern to hurl (*od.* pronounce) an anathema against s.o., to excommunicate s.o.; der ~ traf ihn he was anathematized.

ˈBan·nung *f* ⟨-; *no pl*⟩ **1.** *cf.* Bannen. – **2.** (*der Gefahr etc*) banishment. – **3.** *relig.* excommunication. – **4.** (*der bösen Geister*) exorcism.

ˈBann|ˌwald *m* (*forestry*) **1.** protection forest (*forest as protection against avalanches, erosion, etc*). – **2.** *hunt. hist. cf.* Bannforst. — **~ˌwa·re** *f econ.* contraband (*od.* prohibited) goods *pl.* — **~ˌwart** *m Swiss for* Forstaufseher. — **~ˌzo·ne** *f* zone of precincts, neutral zone.

ˈBan·schaft *f* ⟨-; -en⟩ *pol. hist.* banat, *auch* banate, bannat.

Ban·se [ˈbanzə] *f* ⟨-; -n⟩ *Middle and Low G.* **1.** *agr.* (bay of a) barn. – **2.** *tech.* (*für Kohle*) coal bunker (*od.* store).

Ban·tam [ˈbantam] *n* ⟨-s; -s⟩ *zo. cf.* Bantamhuhn. — **~geˌwicht** *n* (*sport*) bantamweight. — **~geˌwicht·ler** *m* ⟨-s; -⟩ bantam(weight). — **~ˌhuhn** *n zo.* (*Zwerghuhnrasse*) Bantam.

Ban·teng [ˈbantɛŋ] *m* ⟨-s; -s⟩ *zo.* banteng (*Bibos banteng*).

Ban·tu [ˈbantu] *m* ⟨-(s); -(s)⟩, **~ˌne·ger** *m* Bantu. — **~ˌspra·che** *f* Bantu language.

Ba·nu [ˈbaːnu] *m* ⟨-(s); Bani [-ni]⟩ *econ.* banu (*Romanian coin*).

Ba·nus [ˈbaːnʊs] *m* ⟨-; -⟩ *cf.* Ban.

Bao·bab [ˈbaːobap] *m* ⟨-s; -s⟩ *bot. cf.* Affenbrotbaum.

Bap·tis·mus [bapˈtɪsmʊs] *m* ⟨-; *no pl*⟩ *relig.* baptism. — **Bapˈtist** [-ˈtɪst] *m* ⟨-en; -en⟩ Baptist: die ~en (*Freikirche*) the Baptists.

Bap·ti·ste·ri·um [baptɪsˈteːrɪʊm] *n* ⟨-s; -sterien⟩ *arch. relig.* baptist(e)ry.

bapˈti·stisch *adj* Baptist(ic).

bar [baːr] *adj* ⟨*no comp, no sup*⟩ **1.** *econ.* (*Geld*) cash, in cash: ~es Geld ready money, (spot) cash; 50 Mark ~ 50 marks (in) cash; ~es Vermögen property in cash; ~er Ertrag proceeds *pl* in cash; ~e Auslage cash outlay (*od.* disbursement); ~ ohne Abzug net cash; ~ mit $3^0/_0$ Skonto cash less $3^0/_0$ discount; gegen ~ for (*od.* against) cash, cash down; Kauf gegen ~ cash purchase; (gegen) ~ kaufen [verkaufen] to buy [to sell] for cash; er verkaufte nur gegen ~ he only made cash sales; in ~ in cash; in ~ zahlbar payable in cash; (in) ~ (be)zahlen to pay (in) cash; (in) ~ übersenden to make remittance in cash; Einnahme in ~ a) receipt in cash, b) cash receipts *pl*; Hinterlegung in ~ cash deposit; Zahlung [Vergütung] in ~ cash payment [remuneration]. – **2.** ⟨*gen*⟩ (*ledig, ohne*) devoid of, lacking, without: ~ aller Vernunft devoid of any sense; ~ jeglichen Anstands without any sense of decency; aller Mittel ~ without any means. – **3.** (*rein, echt*) pure, genuine: das ist der ~e Unsinn [Neid] that's plain nonsense [envy]; man darf nicht alles für ~e Münze nehmen one must take things with a grain of salt. – **4.** *lit.* (*entblößt, bloß*) bare, uncovered: mit ~em Haupte bareheaded.

Bar[1] *f* ⟨-; -s⟩ **1.** bar, *auch* taproom: an der ~ sitzen to sit at the bar. – **2.** nightclub.

Bar[2] *n* ⟨-s; -s⟩ *phys. tech. meteor.* bar.

Bar[3] *m* ⟨-(e)s; -e⟩ (*literature*) bar (*strophe in Minnesang and Meistergesang*).

Bär [bɛːr] *m* ⟨-en; -en⟩ **1.** *zo.* bear (*Fam. Ursidae*): junger ~ (bear) whelp, (bear) cub; Brauner ~ brown bear (*Ursus arctos*); Schwarzer ~ (American) black bear (*U. americanus*); Grauer ~ grizzly bear (*U. horribilis*); stark wie ein ~ *fig. colloq.* (as) strong as an ox (*od.* a horse); er schlief wie ein ~ *fig. colloq.* he slept like a log (*od.* top); j-m einen ~en aufbinden *fig. colloq.* to tell s.o. a tall story (*colloq.*), to pull s.o.'s leg (*colloq.*); da hast du dir einen (schönen) ~en aufbinden lassen *fig. colloq. humor.* they have taken you in nicely; ein ungeleckter ~ *fig. contempt.* an unlicked cub. – **2.** *astr.* der Große ~ the (Big) Dipper, the Great Bear, Ursa major; der Kleine ~ the Little Dipper (*od.* Bear), Ursa minor. – **3.** *tech.* a) (*Rammbär*) rammer, tup, monkey, b) (*Hammerbär*) hammer tup, striker. – **4.** *zo.* tiger moth (*Fam. Arctiidae*; *butterfly*): Brauner ~ common tiger moth (*Arctia caja*). – **5.** *dial. for* Eber.

ˈBar|ˌabˌfin·dung *f econ.* cash compensation (*od.* indemnity). — **~ˌabˌlö·sung** *f* cash repayment (*od.* settlement). — **~ˌabˌzug** *m* cash deduction (*od.* reduction).

Ba·racke (*getr.* -k·k-) [baˈrakə] *f* ⟨-; -n⟩ (*aus Holz*) (wooden) hut, *auch* barrack, (*aus Wellblech*) Nissen hut, *Am.* Quonset hut; elende ~ hovel, shanty; j-n in einer ~ unterbringen to accommodate (*od.* house) s.o. in a hut.

Baˈracken|ˌla·ger (*getr.* -k·k-) *n* hut camp. — **~ˌsied·lung** *f* settlement of huts, hutment.

ˈBar·ak·kre·diˌtiv *n econ.* clean credit.

Ba·ran·ke [baˈraŋkə] *f* ⟨-; -n⟩ Astrakhan fur, Russian lambskin.

ˈBa·ra·satˌgrün [ˈbaːrazat-] *n* lokao, Chinese green.

Ba·ra·schin·ga [baraˈʃɪŋga], **Ba·raˈsin·ga** [-ˈzɪŋga] *m* ⟨-s; -s⟩ *zo.* barasingh(a), swamp deer (*Cervus duvaucelli*).

Ba·ra·thron [ˈbaːratrɔn] *n* ⟨-s; -thra [-tra]⟩ *antiq.* (*Felsschlucht*) barathrum, barathron.

Ba·rat·te·rie [baratəˈriː] *f* ⟨-; -n [-ən]⟩ *jur. mar.* barratry.

Ba·rat·teur [baraˈtøːr] *m* ⟨-s; -s *u.* -e⟩ *econ.* defrauder.

Baˈrat·toˌhan·del [baˈrato-] *m econ.* barter (trade).

ˈBar|ˌausˌgän·ge *pl econ.* cash expenditures, cash outgoings. — **~ˌausˌla·gen** *pl* cash outlay *sg* (*od.* disbursement *sg*, expenses). — **~ˌausˌschüt·tung** *f econ.* cash distribution. — **~ˌausˌzah·lung** *f* cash payment.

Bar·ba·ka·ne [barbaˈkaːnə] *f* ⟨-; -n⟩ *hist.* (*einer Befestigung*) barbican.

Bar·bar [barˈbaːr] *m* ⟨-en; -en⟩ *auch fig. contempt.* barbarian.

ˈBar·ba·ra|ˌkraut [ˈbarbara-] *n bot. auch* Echtes ~ rocket (cress), winter cress, yellow rocket (*Barbarea vulgaris*). — **~ˌtag** *m* St. Barbara's day. — **~ˌzweig** *m hort. branch of a cherry tree broken off on St. Barbara's day and put into water in the expectation that it will be in flower on Christmas Day.*

Bar·ba·rei [barbaˈraɪ] *f* ⟨-; -en⟩ barbarity, barbarism, barbarousness: in ~ verfallen to lapse into barbarism.

Barˈba·ren·tum *n* ⟨-(e)s; *no pl*⟩ **1.** barbarism, barbarity. – **2.** *hist.* (*the*) barbarians *pl.*

Bar·ba·res·ke [barbaˈrɛskə] *m* ⟨-n; -n⟩ *obs. for* Berber. [barbarian.]

Barˈba·rin *f* ⟨-; -nen⟩ *auch fig. contempt.*

barˈba·risch I *adj* **1.** *auch fig. contempt.* barbaric, barbarian, barbarous: ein ~es Verbrechen a barbarous (*od.* brutal) crime; ein ~er Zug in seinem Charakter a barbaric (*od.* savage) streak in his character. – **2.** *fig. colloq.* (*gewaltig*) terrible, frightful, awful (*alle colloq.*): ich habe einen ~en Hunger I am terribly hungry. – **II** *adv* **3.** j-n ~ behandeln to treat s.o. brutally. – **4.** *fig. colloq.* frightfully, fearfully, awfully (*alle colloq.*): heute ist es ~ kalt *fig. colloq.* it is frightfully cold today.

bar·ba·ri·sie·ren [barbariˈziːrən] *v/t* ⟨*no* ge-, h⟩ barbarize. — **Bar·ba·riˈsie·rung** *f* ⟨-; *no pl*⟩ barbarization.

Bar·ba·ris·mus [barbaˈrɪsmʊs] *m* ⟨-; -men⟩ *ling.* barbarism.

Bar·ba·ros·sa [barbaˈrɔsa] *npr m* ⟨-s; *no pl*⟩ *hist.* Barbarossa.

Bar·be [ˈbarbə] *f* ⟨-; -n⟩ *zo.* barbel (*Barbus fluviatilis*): nach ~n angeln to drabble for barbels.

ˈbärˌbei·ßig [-ˌbaɪsɪç] *adj colloq.* bearish, gruff, grumpy. — **ˈBärˌbei·ßig·keit** *f* ⟨-; *no pl*⟩ bearishness, gruffness, grumpiness.

Bar·bel [ˈbarbəl] *f* ⟨-; -n⟩ *zo. cf.* Barbe.

ˈBar·benˌkraut [ˈbarbən-] *n bot. cf.* Barbarakraut.

ˈBar|beˌsit·zer *m* owner of a bar (*od.* nightclub). — **~beˌstand** *m econ.* **1.** (*in der Buchführung*) cash in hand. – **2.** (*im Finanzwesen*) cash reserve: Barbestände *pl auch* cash assets (*od.* holdings).

Bar·bet·te [barˈbɛtə] *f* ⟨-; -n⟩ *mil. hist.* (*Geschützbank*) barbette.

ˈBar·beˌtrag *m* amount in cash.

ˈBar·beˌzü·ge *pl econ.* remuneration *sg* in cash.

Bar·bier [barˈbiːr] *m* ⟨-s; -e⟩ *obs.* barber: „Der ~ von Sevilla" "The Barber of Seville" (*opera by Rossini*); „Der ~ von Bagdad" "The Barber of Bagdad" (*opera by Cornelius*). — **barˈbie·ren** *v/t* ⟨*no* ge-, h⟩ *obs.* shave: → Löffel 1. — **Barˈbierˌmes·ser** *n* straight (*colloq.* cutthroat, *Br.* cut-throat) razor.

Bar·bi·tal [barbiˈtaːl] *n* ⟨-s; *no pl*⟩ *chem. Am.* barbital, *Br.* barbitone ($C_8H_{12}N_2O_3$).
Bar·biˈtur,säu·re [barbiˈtuːr-] *f chem.* barbituric acid ($CH_2(CONH)_2CO$).
Barch [barç] *m* ⟨-(e)s; ⸗e⟩ *dial. zo.* barrow, castrated hog.
Bar·chan [barˈçaːn] *m* ⟨-s; -e⟩ *geogr.* (*Sicheldüne*) barchan, barkhan.
Bär·chen [ˈbɛːrçən] *n* ⟨-s; -⟩ **1.** *dim. of* Bär. – **2.** (*Teddybär*) teddy bear.
Bar·chent [ˈbarçənt] *m* ⟨-s; -e⟩ (*textile*) fustian: aus ~ fustian.
Bar·ches [ˈbarçəs] *n* ⟨-; -⟩ *relig.* (*weißes Sabbatbrot der Juden*) hallah, challah.
ˈ**Bar,da·me** *f* barmaid.
bar·dauz [barˈdauts] *interj cf.* pardauz.
Bar·de[1] [ˈbardə] *m* ⟨-n; -n⟩ **1.** *hist.* bard (*Celtic minstrel*). – **2.** *contempt.* bard, lyric poet.
ˈ**Bar·de**[2] *f* ⟨-; -n⟩ *gastr.* bard.
ˈ**Bar,deckung** (*getr.* -k·k-) *f econ.* **1.** cash cover. – **2.** (*im Finanzwesen*) note cover of gold and foreign exchange.
ˈ**Bar·den,dich·tung** *f* (*literature*) bardic poetry.
ˈ**Bar·den·tum** *n* ⟨-s; *no pl*⟩ *hist.* bardism.
bar·die·ren [barˈdiːrən] *v/t* ⟨*no* ge-, h⟩ *gastr.* **1.** (*mit Speck umwickeln*) bard. – **2.** (*schuppen*) (*Fische*) scale.
ˈ**bar·disch** *adj* (*literature*) bardic.
ˈ**Bar|di·vi,den·de** *f econ.* cash dividend (*od.* bonus). — ~,**ein,gang** *m econ.* **1.** cash receipts *pl.* – **2.** (*einzelner Posten*) cash receipt item. — ~,**ein,la·ge** *f* **1.** cash deposit. – **2.** (*bei Firmengründung*) cash subscription. — ~,**ein,nah·me** *f* cash income.
bä·ren [ˈbɛːrən] *hunt.* **I** *v/i* ⟨h⟩ **1.** (*von Bären*) mate. – **II B~** *n* ⟨-s⟩ **2.** *verbal noun.* – **3.** mating season of bears.
ˈ**bä·ren|,ähn·lich,** ~,**ar·tig** *adj* bearlike; ursine, arctoid (*scient.*).
ˈ**Bä·ren|,bei·ßer** *m* ⟨-s; -⟩ *hunt.* bulldog. — ~,**beut·ler** *m zo.* Tasmanian devil, sarcophile (*Sarcophilus harrisii*). — ~,**dienst** *m fig.* disservice: j-m einen ~ erweisen to do s.o. a disservice. — ~,**dill** *m bot. cf.* Bärenwurz(el). — ~,**dreck** *m Southern G. colloq. for* Lakritze 2. — ~,**fell** *n* bearskin. — ~,**fell,müt·ze** *f* bearskin (cap). — ~,**fen·chel** *m bot. cf.* Bärenwurz(el), Mutterwurz, Haarstrang. — ~,**füh·rer** *m* **1.** bear leader. – **2.** *fig. humor.* (tourist) guide, cicerone: den ~ machen to act as a guide. — ~,**fuß** *m* **1.** *bot.* bear's foot (*Helleborus foetidus*). – **2.** *vet.* (*des Pferdes*) bear's foot. – **3.** (*fashion*) *hist.* round-toed shoe slashed at the toes. – **4.** *mil. hist.* solleret, steel shoe.
ˈ**bä·ren·haft** *adj zo.* bearlike, bearish, ursine (*scient.*).
ˈ**Bä·ren|,hatz** *f hunt. cf.* Bärenjagd. — ~,**haut** *f* bearskin: sich auf die ~ legen, auf der ~ liegen *fig.* to idle (*od.* laze) about. — ~,**häu·ter** [-,hɔytər] *m* ⟨-s; -⟩ *lit. contempt.* lazybones *pl* (*construed as sg*). — ~,**het·ze** *f hunt. cf.* Bärenjagd. — ~,**het·zer** *m* bear-baiter. — ~,**höh·le** *f* bear's den. — ~,**hun·ger** *m fig. colloq. only in* einen ~ haben to be as hungry as a bear (*od.* hunter). — ~,**jagd** *f hunt.* bear hunt. — ~,**jä·ger** *m* bear hunter. — ~,**jun·ge** *n zo.* (bear) cub (*od.* whelp). — ~,**kak·tus** *m bot.* grizzly-bear cactus (*Opuntia erinacea*). — ~,**käl·te** *f colloq.* severe cold.
ˈ**Bä·ren,klau** *m* ⟨-s; *no pl*⟩, *f* ⟨-; *no pl*⟩ *bot.* **1.** heracleum (*Gattg Heracleum*): Gemeine(r) ~ meadow (*od.* cow) parsnip, hogweed, pigweed (*H. sphondylium*). – **2.** Echte(r) ~ brankursine, bear's-breech, acanthus (*scient.*) (*Gattg Acanthus*). — ~,**di·stel** *f* wetted thistle (*Carduus acanthoides*).
ˈ**Bä·ren|,klaue** *f mil. hist. cf.* Bärenfuß 4. — ~,**klee** *m bot.* **1.** melilot, yellow sweet clover (*Gattg Melilotus*). – **2.** kidney vetch (*Anthyllis vulneraria*). — ~,**kräf·te** *pl fig. colloq.* tremendous (*od.* enormous) strength *sg*, brawn *sg*: er hat ~, er verfügt über ~ he has plenty of brawn, he is as strong as an ox (*od.* as a horse). — ~,**krebs** *m zo.* mother lobster, scyllarid (*scient.*) (*Fam. Scyllaridae*). — ~,**lauch** *m bot.* ramson, wild (*od.* bear's-)garlic (*Allium ursinum*). — ~,**lauch,zwie·bel** *f* (*als Salatgewürz*) ramson. — ~,**ma·ki** *m zo.* angwantibo (*Arctocebus calabarensis*). — ~,**mar·der** *m* binturong (*Arctictis binturong*). — ~,**moos** *n bot. cf.* Haarmoos. — ~,**müt·ze** *f cf.* Bärenfellmütze. — ~**na,tur** *f colloq.* bearlike constitution: eine ~ haben to have a bearlike constitution. — ~,**pa·vi·an** *m zo.* chacma (*Papio comatus*). — ~,**rau·pe** *f* (*der Bärenspinner*) woolly bear (caterpillar), tiger-moth caterpillar, bearworm (*Arctia caja*). — ~,**rob·be** *f cf.* Seebär 1b. — ~,**scho·te** *f bot.* licorice (*od.* liquorice) vetch, wild licorice, milk vetch (*Astragalus glyciphyllos*). — ~,**spin·ner** *m zo.* tiger moth, footman moth, arctiid (*Fam. Arctiidae*). — **b~ˈstark** *adj* (as) strong as an ox (*od.* a horse). — ~,**tat·ze** *f* **1.** bear's paw. – **2.** *gastr. small cream-filled puff pastry.* — ~,**trau·be** *f bot.* bearberry (*Arctostaphylos uva-ursi*). — ~,**wär·ter** *m* bear keeper. — ~,**wurz,** ~,**wur·zel** *f bot.* (true) spicknel, baldmoney, bear fennel (*Meum athamanticum*). — ~,**zwin·ger** *m* bear pit (*od.* garden).
ˈ**Bar|er,lös,** ~**er,trag** *m econ.* net proceeds *pl*, takings *pl.*
Ba·rett [baˈrɛt] *n* ⟨-(e)s; -e⟩ **1.** *relig.* (*des Geistlichen*) biretta, beretta, bereta. – **2.** *ped.* (*des Universitätsprofessors*) academic cap, 'mortar-board' (*colloq.*). – **3.** *jur.* (*des Richters*) judge's cap. – **4.** *hist.* toque.
ˈ**Bar|fi·nan,zie·rung** *f econ.* direct financing. — ~,**fonds** *m* **1.** cash fund. – **2.** (*Barmittel*) cash funds *pl* (*od.* balances *pl*). — ~,**frau** *f cf.* Bardame. — ~,**frei,ma·chung** *f* (*postal service*) prepayment in money (*od.* cash).
ˈ**bar,fuß** *adj* ⟨*pred*⟩ *u. adv* barefoot(ed): ~ gehen (*od.* laufen) to go barefoot(ed); ~ bis zum Hals *humor. colloq.* dressed in one's birthday suit.
ˈ**Bar,fü·ßer** *pl relig.* discalced friars, barefooted monks. — ˈ**Bar,fü·ße·rin·nen** *pl* discalced (*od.* barefooted) nuns.
ˈ**Bar,fü·ßer,mönch** *m relig.* discalced friar, barefooted monk.
ˈ**bar,fü·ßig** *adj u. adv* barefoot(ed). — ˈ**Bar,fü·ßig·keit** *f* ⟨-; *no pl*⟩ barefootedness.
barg [bark] *1 u. 3 sg pret of* bergen.
Barg *m* ⟨-(e)s; ⸗e⟩ *zo. dial. for* Barch.
bär·ge [ˈbɛrgə] *1 u. 3 sg pret subj of* bergen.
ˈ**Bar,geld** *n econ.* cash, ready money: aufgerufenes ~ notes *pl* called in for cancellation. — ~**be,trag** *m* amount in cash. — **b~los I** *adj* cashless: ~er Zahlungsverkehr cashless transfers *pl.* – **II** *adv* without use of cash: ~ begleichen (*od.* zahlen) to pay without use of cash, to pay cashless. — ~,**rück,fluß** *m* (*zu den Banken*) reflux of notes and coins. — ~,**um,lauf** *m* note and coin circulation, cash circulation.
ˈ**Bar|ge,schäft** *n econ.* cash business (*od.* transaction). — ~,**grün·dung** *f* formation of a company by cash subscription. — ~,**gut·ha·ben** *n* cash balance: die ~ (bei anderen Banken) the cash assets (*od.* balances) (at other banks).
ˈ**bar|,haupt,** ~,**häup·tig** [-,hɔyptɪç] *adj u. adv lit.* bareheaded, hatless. — ˈ**Bar,häup·tig·keit** *f* ⟨-; *no pl*⟩ bareheadedness.
ˈ**Bar,hocker** (*getr.* -k·k-) *m* bar stool.
Ba·ri·bal [ˈbaːribal] *m* ⟨-s; -s⟩ *zo.* (American) black bear, *auch* musquaw (*Ursus americanus*).
ˈ**bä·rig I** *adj Bavarian and Austrian for* a) bärenhaft, b) prima 1. – **II** *adv Bavarian and Austrian for* riesig 3.
Ba'ril·la,kraut [baˈrɪl(j)a-] *n bot.* **1.** barilla (*Salsola kali u. S. soda*). – **2.** barilla (*Halogeton soudea*). [kose.]
Ba·ril·le [baˈrɪlə] *f* ⟨-; -n⟩ *Swiss for* Apri-
ˈ**Bä·rin** *f* ⟨-; -nen⟩ *zo.* she-bear, female bear.
ba·risch [ˈbaːrɪʃ] *adj* ~es Windgesetz *phys.* Buys Ballot's law.
Ba·ri·ton [ˈbaːritɔn] *m* ⟨-s; -e [-toːnə]⟩ *mus.* **1.** ⟨*only sg*⟩ baritone (voice): er singt ~ he sings baritone. – **2.** (*Sänger*) baritone. – **3.** *cf.* Baryton 2. – **4.** *hist.* baryton. — **Ba·ri·to·nist** [baritoˈnɪst] *m* ⟨-en; -en⟩ *mus. obs. for* Bariton 2.
ˈ**Ba·ri·ton|kla·ri,net·te** *f mus. obs.* alto clarinet. — ~,**sän·ger** *m* baritone. — ~,**schlüs·sel** *m* baritone clef. — ~,**stim·me** *f* baritone (voice).
Ba·ri·um [ˈbaːrĭʊm] *n* ⟨-s; *no pl*⟩ *chem.* barium (Ba). — ~,**brei** *m med.* (*Röntgenkontrastbrei*) barium meal. — ~**car·bo,nat** *n chem.* barium carbonate, witherite ($BaCO_3$). — ~**chlo,rid** *n* barium chloride ($BaCl_2$). — ~**chro,mat** *n* barium chromate, lemon chrome ($BaCrO_4$). — ~,**feld,spat** *m min.* hyalophane. — ~**hy·dro,xyd** *n chem.* barium hydroxide, caustic baryta ($Ba(OH)_2 \cdot 8H_2O$). — ~,**mör·tel** *m civ.eng.* barium plaster. — ~**oxyd** [-ˀɔ,ksyːt] *n chem.* barium oxide, baryta (BaO). — ~**per·oxyd** [-pɛrˀɔ,ksyːt] *n* barium peroxide (BaO_2). — ~**sul,fat** *n* barium sulfate (*bes. Br.* -ph-) ($BaSO_4$).
Bark [bark] *f* ⟨-; -en⟩ *mar.* bark, barque.
Bar·ka·ro·le [barkaˈroːlə] *f* ⟨-; -n⟩ *mus.* barcarol(l)e.
Bar·kas·se [barˈkasə] *f* ⟨-; -n⟩ **1.** *mar.* (motor) launch. – **2.** *mil.* (*auf Kriegsschiffen*) launch.
ˈ**Bar,kauf** *m econ.* cash purchase.
Bar·ke [ˈbarkə] *f* ⟨-; -n⟩ **1.** (*bes. im Mittelmeergebiet*) small sailing boat. – **2.** *poet.* (*Boot, Kahn*) bark, barque.
ˈ**Bar|,kee·per** [-,kiːpər] *m* ⟨-s; -⟩ barkeeper, bar owner. — ~,**kell·ner** *m* barkeeper, bartender, barman.
Bar·ke·ro·le [barkəˈroːlə] *f* ⟨-; -n⟩ *mus. cf.* Barkarole.
ˈ**Bark,holz** *n mar.* wale, rubbing strake.
ˈ**Bar·kre,dit** *m econ.* **1.** (cash) advance. – **2.** (*Kontenüberziehung*) overdraft.
ˈ**Bär,lapp** *m* ⟨-s; -e⟩ *bot.* club moss, lycopod (*scient.*) (*Gattg Lycopodium*).
ˈ**Bär,lauch** *m bot. cf.* Bärenlauch.
ˈ**Bar|,lei·stung** *f econ.* payment(s *pl*) in cash. — ~,**lohn** *m* wages *pl* in cash.
Bar·ma·ki·den [barmaˈkiːdən] *pl hist.* Barmecides.
Bär·me [ˈbɛrmə] *f* ⟨-; *no pl*⟩ *Northern G. for* Hefe.
bar·men [ˈbarmən] *v/i* ⟨h⟩ *dial. bes. Northern G. for* wehklagen 1.
,**barmˈher·zig** *adj lit.* merciful, (*mildtätig*) charitable: ~er Gott! good Lord! ~er Himmel! for mercy's sake; ~ gegen j-n sein to be merciful to s.o.; eine ~e Tat an act of charity; seid ~ mit mir! have pity on me! B~e Brüder *relig.* hospital(l)ers; B~e Schwestern *relig.* Sisters of Mercy (*od.* Charity); der ~e Samariter *Bibl.* the good Samaritan; der Herr ist ~ und ein Erbarmer *Bibl.* the Lord is very pitiful, and of tender mercy. — ,**Barmˈher·zig·keit** *f* ⟨-; *no pl*⟩ *lit.* mercy, (*mildtätige*) charity: aus ~ out of charity; Werke der ~ works of charity (*od.* mercy); ~ üben a) to show mercy, b) to practise charity; j-m ~ erweisen to show mercy to s.o.
ˈ**Bar,mit·tel** *pl econ.* cash *sg*, ready money *sg.*
ˈ**Bar,mi·xer** *m* ⟨-s; -⟩ (bar) mixer.
Barn[1] [barn] *m* ⟨-(e)s; -e⟩ *Bavarian and Austrian dial.* crib, manger.
Barn[2], **barn** *n* ⟨-s; -⟩ *nucl.* (*Maßeinheit*) barn.
Bar·na·bas [ˈbarnabas] *npr m* ⟨-; *no pl*⟩ *Bibl.* Barnabas, Barnaby.
Bar·na·bit [barnaˈbiːt] *m* ⟨-en; -en⟩ *relig.* Barnabite.
Ba·rock [baˈrɔk] **I** *n, auch m* ⟨-s; *no pl*⟩ (*art*) **1.** baroque (style *od.* period). – **II b~** *adj* **2.** baroque, *Am. auch* barocco. – **3.** *fig.* baroque, eccentric: er hat einen etwas b~en Geschmack he has a somewhat eccentric taste.
ba·rocki·sie·ren (*getr.* -k·k-) [barɔkiˈziːrən] *v/t* ⟨*no* ge-, h⟩ make (*s.th.*) baroque.
Baˈrock|li·te·ra,tur *f* baroque literature. — ~**mu,sik** *f* baroque music. — ~,**per·le** *f* (*jewelry*) baroque (*od.* irregularly shaped) pearl, baroque. — ~,**stil** *m* baroque (style). — ~,**zeit** *f* baroque period, baroque. — ~,**zeit,al·ter** *n* baroque age.
Ba·ro·gramm [baroˈgram] *n* ⟨-s; -e⟩ *meteor.* barogram.
Ba·ro·graph [baroˈgraːf] *m* ⟨-en; -en⟩ *meteor.* barograph, self-registering aneroid. — **ba·roˈgra·phisch** *adj* barographic.
Ba·ro·lo·gie [baroloˈgiː] *f* ⟨-; *no pl*⟩ *meteor.* barology.
Ba·ro·me·ter [baroˈmeːtər] *n* ⟨-s; -⟩ **1.** *meteor.* barometer, weatherglass, glass (*colloq.*): das ~ steigt [fällt, steht (*od.* zeigt) auf veränderlich] the barometer is rising [is falling, points to (*od.* indicates, says) variable]; das ~ steht hoch [tief] the barometer (*od.* glass) is high [low]. – **2.** *fig.* barometer: das ~ ihrer Laune *fig.* the barometer of her mood; die Börse ist ein empfindliches ~ der Weltwirtschaft *econ.* the stock market is a sensitive barometer of world economy. — ~,**ab,le·sung** *f* barometer reading. — ~,**druck** *m* ⟨-(e)s; ⸗e⟩ barometric (*od.* barometer) pressure. — ~,**hö·he** *f* (*über Normalnull*) barometric height, altitude of barometer. — ~,**säu·le** *f* barometric column. — ~,**stand** *m* barometric pressure: den ~ ablesen to read the barometer. — ~,**sturz** *m* rapid fall of the barometer.

Ba·ro·me·trie [barome'triː] *f* ⟨-; *no pl*⟩ *meteor.* barometry. — **ba·ro'me·trisch** [-'meːtrɪʃ] *adj* barometric: ~e Höhe barometric (*od.* pressure) altitude; ~e Navigation *aer.* pressure-pattern flying.
Ba·ron [ba'roːn] *m* ⟨-s; -e⟩ baron: er lebt wie ein ~ he lives like a lord; ein ~ der Stahlindustrie *fig.* a steel baron.
Ba·ro·nat [baro'naːt] *n* ⟨-(e)s; -e⟩ **1.** (*Freiherrnwürde*) barony, *Br. auch* baronage. – **2.** (*Besitz eines Barons*) barony.
Ba'ro·nen|ˌrang *m*, **~ˌwür·de** *f* barony, *Br. auch* baronage.
Ba·ro·nes·se [baro'nɛsə] *f* ⟨-; -n⟩ daughter of a baron.
Ba·ro·nie [baro'niː] *f* ⟨-; -n [-ən]⟩ *cf.* Baronat 2.
Ba'ro·nin *f* ⟨-; -nen⟩ baroness.
ba·ro·ni·sie·ren [baroni'ziːrən] **I** *v/t* ⟨*no* ge-, h⟩ **1.** *hist.* raise (*s.o.*) to the rank of a baron. – **II** *v/i contempt.* **2.** live like a lord. – **3.** idle.
Ba'rons|ˌrang *m*, **~ˌwür·de** *f* baronial rank, barony, *Br. auch* baronage.
Ba·ro·skop [baro'skoːp] *n* ⟨-s; -e⟩ **1.** *phys.* baroscope. – **2.** *obs. for* Barometer 1. — **ba·ro'sko·pisch** *adj* **1.** *phys.* baroscopic(al). – **2.** *obs. for* barometrisch.
Ba·ro|ther·mo·graph [barotɛrmo'graːf] *m* ⟨-en; -en⟩ *meteor.* barothermograph. — **~ther·mo'me·ter** [-'meːtər] *n* barothermometer.
'Barˌpreis *m econ.* cash price.
Bar·ra·ku·da [bara'kuːda] *m* ⟨-s; -s⟩ *zo.* barracuda, *auch* barracouta (*Gattg Sphyraena*).
Bar·ra·mun·da [bara'munda] *m* ⟨-s; -s⟩ *zo.* barramunda, barramundi, flathead (*Ceratodus forsteri*).
Bar·ran·dit [baran'diːt; -'dɪt] *m* ⟨-s; -e⟩ *min.* barrandite.
Bar·ras ['baras] *m* ⟨-; *no pl*⟩ *mil. sl.* army (service): beim ~ in the army.
Bar·re ['barə] *f* ⟨-; -n⟩ **1.** (*Absperrung, Schlagbaum*) bar, barrier, rail: durch eine ~ abgesperrt barred. – **2.** *mar. geol.* (sand) bar, barrier. – **3.** *tech.* (*bei Strickmaschinen*) dividing sinker. — **~ˌlot·se** *m mar.* bar pilot.
Bar·ren ['barən] *m* ⟨-s; -⟩ **1.** *metall.* a) bar, pig, ingot, b) (*Draht*) bar. – **2.** (*sport*) parallel bars *pl*, parallels *pl*. – **3.** *Bavarian and Austrian dial.* crib, manger. — **~ˌbil·dung** *f geol.* bar building (*od.* formation), formation of bars. — **~ˌgold** *n econ.* (gold) bullion, gold in bars (*od.* ingots). — **~ˌholm** *m* (*sport*) bar. — **~ˌsil·ber** *n econ.* ingot (*od.* bar, bullion) silver, silver in bars (*od.* ingots), silver bullion. — **~theoˌrie** *f geol.* bar theory (*of Ochsenius*). — **~ˌtur·nen** *n* (*sport*) exercises *pl* on the parallel bars. — **~ˌtur·ner** *m* gymnast on the parallel bars. — **~ˌübung** *f* exercise on the parallel bars. — **~ˌzink** *n* bar zinc.
Bar·rie·re [ba'riɛːrə] *f* ⟨-; -n⟩ **1.** (*Sperre*) barrier: eine ~ errichten [niederreißen] to erect [to pull down] a barrier. – **2.** (*Schlagbaum, Schranke*) barrier, gate (*auch railway*). – **3.** *geol.* barrier. – **4.** (*sport*) (*beim Reiten*) obstacle, jump.
Bar·rie·renˌsprin·gen [ba'riɛːrən-] *n* (*sport*) (*beim Reiten*) obstacle jumping.
Bar·rie·re|ˌriff [ba'riɛːrə-] *n geol.* barrier (*od.* encircling) reef. — **~trakˌtat** *m, n hist.* Barrier Treaty (*1715*).
Bar·ri·ka·de [bari'kaːdə] *f* ⟨-; -n⟩ *mil.* barricade(s *pl*): auf die ~n gehen (*od.* steigen) *fig. colloq.* to rise (*od.* revolt) against s.th., to mount the barricades; für etwas auf die ~n gehen *fig. colloq.* to take up arms for s.th., *Am. sl.* to go to bat for s.th.
Bar·ri'ka·den|ˌkampf, **~ˌkrieg** *m mil.* barricade fighting.
bar·ri·ka·die·ren [barika'diːrən] *v/t* ⟨*no* ge-, h⟩ *cf.* verbarrikadieren 1.
'Barˌsal·do *m econ.* cash balance.
Barsch [ba(ː)rʃ] *m* ⟨-es; -e⟩ *zo.* perch (*Gattg Perca*): Europäischer ~ European perch (*P. fluviatilis*); Amerikanischer (*od.* Gelber) ~ American (*od.* yellow) perch (*P. americana*).
barsch [barʃ] **I** *adj* ⟨-er; -est⟩ rough, harsh, gruff, brusque, curt: eine ~e Antwort a gruff (*od.* curt) answer. – **II** *adv* roughly, harshly, gruffly, brusquely, curtly: j-n ~ anfahren to talk to s.o. roughly (*od.* sharply); er erwiderte ~ he snapped back (gruffly).
'Bar·schaft *f* ⟨-; -en⟩ *econ.* ready money, cash (assets *pl*): meine ganze ~ all my cash; j-n seiner (letzten) ~ berauben *fig.* to deprive s.o. of his last penny.
'barsch|ˌähn·lich, **~ˌar·tig** *adj zo.* percoid(ean).
'Barˌscheck *m econ.* cashable (*od.* uncrossed, *Br. auch* open) check (*bes. Br.* cheque).
'Barsch·heit *f* ⟨-; *no pl*⟩ roughness, harshness, gruffness, brusqueness, curtness.
'Barˌschuld·ner *pl econ.* (*Bankbilanzeintrag*) advances.
Bar·soi [bar'zɔʏ] *m* ⟨-s; -s⟩ *zo.* Borzoi, Russian wolfhound.
'Bar·sor·tiˌment *n econ.* wholesale bookdealer, (book) distribution center (*bes. Br.* centre).
barst [barst] *1 u. 3 sg pret of* bersten.
bär·ste ['bɛrstə] *1 u. 3 sg pret subj of* bersten.
'Barˌstuhl *m* bar chair.
Bart [baːrt] *m* ⟨-(e)s; =e⟩ **1.** beard: sich (*dat*) den ~ abrasieren to shave one's beard off; sich (*dat*) den ~ wachsen lassen (*od.* stehenlassen) to grow a beard; etwas in seinen ~ brummen (*od.* murmeln) *fig. colloq.* to mumble s.th. in(to) one's beard; j-m um den ~ gehen *fig. colloq.* to make up to s.o., to soft-soap s.o. (*colloq.*); j-m Honig um den ~ schmieren *fig. colloq.* to flatter s.o., to butter s.o. up (*colloq.*); sich (*dat*) den ~ raufen to tear one's hair; sich um des Kaisers ~ streiten *colloq.* to quarrel about (mere) bagatelles (*od.* trifles); bei meinem ~e! beim ~e des Propheten! by the beard of the prophet! der ~ ist ab! *fig. colloq.* it's all over (*od.* up); dieser Witz hat einen ~ *fig. colloq.* this joke has got whiskers on it (*od.* is as old as the hills), that's a chestnut; so ein ~! *colloq.* that's an old one, *Br.* Queen Anne is dead! – **2.** *bot.* a) (*an Getreide etc*) beard, awn, b) barb. – **3.** *zo.* a) (*der Ziege etc*) beard, b) (*um den Schnabel mancher Vögel*) beard, vibrissae *pl*, c) (*einer Feder*) beard, barbs *pl*, vane, d) (*um die Öffnung mancher Muscheln*) beard, tentacles *pl*, e) (*der Hähne*) wattles *pl*, f) (*der Katzen*) whiskers *pl*, g) (*am Fischmaul*) beard, barbs *pl*, barbel. – **4.** *hunt.* a) (*des Dachses*) whiskers *pl*, b) (*Gamsbart*) chamois-beard. – **5.** *tech.* a) (*des Schlüssels*) (key) bit, ward, b) (*am Riegel*) beard, (bolt) toe, c) (*Gußnaht*) seam, fash, bur(r), d) (*am Nagel*) barb. – **6.** *mus.* (*der Orgelpfeife*) ear, beard. – **7.** *mar.* (*am Schiffsrumpf*) growth of weed, marine growth. – **8.** *aer. colloq.* (*Warmluftstrom*) thermal lift (*od.* upcurrent), thermal (bubble).
'Bart|ˌad·ler *m zo. cf.* Bartgeier. — **~ˌaf·fe** *m* lion-tailed macaque (*Macaca silenus*). — **~ˌanˌflug** *m* touch (*od.* trace) of a beard. — **b~ˌar·tig** *adj* beardlike.
Bärt·chen ['bɛːrtçən] *n* ⟨-s; -⟩ **1.** *dim. of* Bart. – **2.** m(o)ustache. – **3.** goatee.
Bar·te ['bartə] *f* ⟨-; -n⟩ **1.** *zo.* whalebone, baleen. – **2.** *hist.* (*Streitaxt*) broad ax(e).
Bar·teln ['bartəln] *pl zo.* (*am Fischmaul*) barb(el) *sg*, barbule *sg*, beard *sg*.
bär·teln ['bɛːrtəln] *v/t* ⟨h⟩ *hunt.* (*Gemsen*) remove the hair from the back of.
'Bar·tenˌwal *m zo.* toothless (*od.* whalebone, baleen, filter) whale (*Unterordng Mysticeti*).
Bar·terl ['bartərl] *n* ⟨-s; -(n)⟩ *Austrian for* Kinderlätzchen.
'Bart|ˌfa·den *m bot.* beardtongue (*Gattg Pentstemon*). — **~ˌfe·der** *f meist pl zo.* barb feather. — **~ˌfin·ne** *f cf.* Bartflechte 2. — **~ˌflaum** *m* down(y beard). — **~ˌflech·te** *f* **1.** *bot.* beard lichen (*od.* moss) (*Gattg Usnea*). – **2.** *med.* barber's itch (*od.* rash), sycosis (*scient.*). — **~ˌfle·derˌmaus** *f zo.* whiskered bat (*Myotis mystacinus*). — **~ˌgei·er** *m zo.* bearded (*od.* golden) vulture (*Gypaetus barbatus aureus*). — **~ˌger·ste** *f bot.* battledore (*od.* sprat, Fulham) barley (*Hordeum distichon var. zeocrithum*). — **~ˌgras** *n* beard grass, sorghum (*Andropogon ischaemon*): Wohlriechendes ~ ginger grass (*Cymbopogon flexuosus*). — **~ˌgrun·del** *f zo. cf.* Schmerle. — **~ˌhaar** *n* hair of the beard: erste ~e *pl* down *sg*. — **~ˌha·fer** *m bot.* wild oats *pl* (*Avena fatua*).
Bar·thel ['bartəl] **I** *npr m* ⟨-s; *no pl*⟩ *only in* er weiß, wo ~ (den) Most holt *colloq.* he knows all the tricks (of the trade), he knows the ropes (*od.* his onions) (*colloq.*). – **II** *m* ⟨-s; -n⟩ (*thieves' Latin*) *cf.* Brecheisen 2.
Bar·tho·li·ni·sche 'Drü·sen [barto'liːnɪʃə] *pl med.* Bartholin's glands.
Bar·tho·li·ni·tis [bartoli'niːtɪs] *f* ⟨-; *no pl*⟩ *med.* bartholinitis, inflammation of the glands of Bartholin.
Bar·tho·lo·mä·er [bartolo'mɛːər] *m* ⟨-s; -⟩ *relig. hist.* Bartholomite.
Bar·tho·lo·mä·us [bartolo'mɛːʊs] *npr m* ⟨-; *no pl*⟩ *Bibl.* Bartholomew. — **~ˌnacht** *f hist.* St. Bartholomew's Eve, Massacre of St. Bartholomew. — **~ˌtag** *m* (St.) Bartholomew's Day.
'Bärˌtier·chen *n zo.* tardigrad(e), water bear (*Ordng Tardigrada*).
bär·tig ['bɛːrtɪç] *adj* **1.** bearded, (*mit Backenbart*) whiskered. – **2.** *bot.* bearded, barbate (*scient.*). – **3.** *zo.* bearded.
'Bart|ˌkauz *m zo.* Lapland owl, great grey owl (*Strix nebulosa*). — **~ko·teˌlet·ten** *pl* side whiskers. — **~ˌkrat·zer** *m colloq. contempt.* barber. — **~ˌkuckuck** (*getr.* -k·k-) *m zo.* bucco, puffbird, barbet (*Fam. Bucconidae*). — **~ˌlap·pen** *m*, **~ˌläpp·chen** *n zo.* (*der Hühner*) wattle, gill.
Bärt·lein ['bɛːrtlaɪn] *n* ⟨-s; -⟩ *cf.* Bärtchen.
'bart·los *adj* beardless, *auch* barefaced. — **'Bart·lo·sig·keit** *f* ⟨-; *no pl*⟩ beardlessness, *auch* barefacedness.
'Bart|ˌmei·se *f zo.* bearded tit(mouse), reedling (*Panurus biarmicus*). — **~ˌna·gel** *m tech.* barbed nail. — **~ˌnel·ke** *f bot.* sweet William, *auch* sweet william (*Dianthus barbatus*).
'Barˌtrio *n* bar trio.
'Bart|ˌrob·be *f zo.* bearded seal, makluk (*Erignathus barbatus*). — **~ˌscha·ber** *m colloq. contempt. cf.* Bartkratzer. — **~ˌsche·ren** *n* trimming of the beard. — **~ˌsche·rer** *m colloq. contempt. cf.* Bartkratzer. — **~ˌschmuck** *m* beard. — **~ˌstop·peln** *pl* stubble *sg*. — **~ˌtracht** *f* style of beard. — **~ˌvo·gel** *m* (scansorial) barbet (*Fam. Capitonidae*). — **~ˌwei·zen** *m* bearded (bread) wheat (*bearded sort of Triticum vulgare*). — **~ˌwisch** *m Austrian for* Handbesen. — **~ˌwuchs** *m* growth of beard: kräftiger ~ strong beard.
'Barˌüberˌwei·sung *f econ.* cash remittance.
Ba·ruch ['baːrʊx] *npr m* ⟨-s; *no pl*⟩ *Bibl.* Baruch.
'Barˌumˌsatz *m meist pl econ.* cash transaction.
Ba·rut·sche [ba'rʊtʃə] *f* ⟨-; -n⟩ *obs.* barouche (*two-wheeled carriage*).
'Bar|verˌgü·tung *f econ.* **1.** compensation in cash. – **2.** (*Versicherung*) cash bonus. — **~verˌkauf** *m* cash sale, sale for cash. — **~verˌmö·gen** *n* cash capital assets *pl*. — **~ˌvorˌrat** *m* **1.** cash reserve (*od.* funds *pl*), cash in hand, stock of money. – **2.** (*im Bankausweis*) notes and coins *pl*. – **3.** *cf.* Barbestand. — **~ˌvorˌschuß** *m cf.* Barkredit. — **~ˌwert** *m* **1.** cash (*od.* realization) value, value in cash, cash equivalent. – **2.** (*Eintauschwert*) exchangeable value. – **3.** *pl* cash (*od.* liquid) assets.
'Bär|ˌwin·de *f bot.* bindweed (*Gattg Calystegia*). — **~ˌwurz**, **~ˌwur·zel** *f bot. cf.* Bärenwurz.
Ba·ry·glos·sie [baryglɔ'siː] *f* ⟨-; *no pl*⟩ *med. psych.* (*undeutliches Sprechen*) baryglossia.
Ba·ry·lith [bary'liːt; -'lɪt] *m* ⟨-en; -en⟩ *min.* barylite.
Ba·ry·si·lit [baryzi'liːt; -'lɪt] *m* ⟨-s; *no pl*⟩ *min.* barysilite.
Ba·ry·sphä·re [bary'sfɛːrə] *f* ⟨-; *no pl*⟩ *geol.* barysphere.
Ba·ryt [ba'ryːt; ba'rʏt] *m* ⟨-(e)s; -e⟩ **1.** *chem.* baryta, barium oxide (BaO *od.* $Ba(OH)_2$): kohlensaurer ~ barium carbonate ($BaCO_3$). – **2.** *min.* barite, baryte(s *pl*), *auch* heavy spar, barium sulfate (*bes. Br.* -ph-). — **b~ˌar·tig** *adj min.* barytic. — **b~ˌfüh·rend** *adj* barytic, containing barytes. — **~ˌgelb** *n chem.* barium yellow ($BaCrO_4$). — **b~ˌhal·tig** *adj min.* barytic, containing barytes. — **~ˌkreuzˌstein** *m* harmotome.
Ba·ry·to·cal·cit [barytokal'tsiːt; -'tsɪt] *m* ⟨-s; -e⟩ *min.* barytocalcite.
Ba·ry·ton ['baːrytən] *n* ⟨-s; -e [-toːnə]⟩ *mus.* **1.** (*Saiteninstrument*) baritone, barytone, viola di bordone. – **2.** (*B-Horn*) euphonium, British (*od.* tenor) tuba. — **~ˌhorn** *n cf.* Baryton 2.
Ba·ry·to·non [ba'ryːtonən] *n* ⟨-s; -na [-na]⟩ *ling.* barytone (*word with unstressed end syllable*).
Ba'ryt|paˌpier *n print.* baryta paper. — **~salˌpe·ter** *m min.* nitrobarite, barium nitrate. — **~ˌspat**, **~ˌstein** *m cf.* Baryt 2. —

~ˌwas·ser *n chem.* baryta water, barium hydroxide solution. — **~ˌweiß** *n* **1.** (*paints*) permanent white, blanc fixe. – **2.** *chem.* barium sulfate (*bes. Br.* -ph-) ($BaSo_4$).
ba·ry·zen·trisch [bary'tsɛntrɪʃ] *adj phys.* barycentric, centrobaric. — **Ba·ry'zen·trum** [-'tsɛntrum] *n* ⟨-s; -tra [-tra] *u.* -tren⟩ *phys.* center (*bes. Br.* centre) of gravity, barycenter, *bes. Br.* barycentre.
'Barˌzah·lung *f econ.* cash payment, payment in cash: **gegen ~** for (*od.* against) cash, cash (*od.* money) down; (**Verkauf**) **nur gegen ~** terms strictly (for) cash, cash terms only; **sofortige ~** prompt (*od.* spot) cash, ready money; **gegen ~ verkaufen** to sell for (*od.* against) cash; **auf ~ berechnen** to base on cash.
'Barˌzah·lungs|geˌschäft *n* cash business (*od.* transaction). — **~ˌskon·to** *m, n* cash discount, discount for cash.
'Barˌzeich·ner *m econ.* cash subscriber.
ba·sal [ba'za:l] *adj* **1.** *geol.* basal, basic. – **2.** *med. biol.* basal, basilar(y).
Ba'sal|an·äsˌthe·ti·kum *n med.* basal an(a)esthetic. — **~ˌhaut** *f biol. cf.* Basalmembran. — **~ˌkorn, ~ˌkör·per·chen** *n* basal body (*od.* granule). — **~memˌbran** *f med. biol.* basement (*od.* basal) membrane. — **~ˌplat·te** *f zo.* basal plate. — **~ˌstoffˌwech·sel** *m med. cf.* Grundumsatz. — **~ˌstumpf** *m biol.* apophysis.
Ba·salt [ba'zalt] *m* ⟨-(e)s; -e⟩ *geol. min.* basalt. — **b~ˌähn·lich, b~ˌar·tig** *adj* basaltic, basaltoid. — **~ˌbruch** *m cf.* Basaltsteinbruch. — **~ˌdecke** (*getr.* -k·k-) *f* basalt(ic) sheet, sheet of basalt.
Ba'sal·tem·pe·raˌtur *f med.* basal temperature.
ba'sal·ten *adj geol. cf.* basaltig.
Ba'saltˌglas *n min.* basalt glass; hyalobasalt, vitrobasalt (*scient.*).
ba'sal·tig, ba'sal·tisch *adj* basaltic.
Ba'salt|ˌjas·pis *m min.* basalt(ic) jasper. — **~ˌsäu·le** *f* basaltic column. — **~ˌsteinˌbruch** *m civ.eng.* basalt quarry. — **~ˌsteinˌgut** *n tech.* basaltware. — **~ˌtuff** *m geol.* whinstone, basalt (*od.* trap) tuff.
Ba'salˌzel·le *f biol. med.* basal cell.
Ba·sa·ne [ba'za:nə] *f* ⟨-; -n⟩ (*leather*) basan, basil.
Ba·sa·nit [baza'ni:t; -'nɪt] *m* ⟨-s; -e⟩ *geol.* basanite.
Ba·sar [ba'za:r] *m* ⟨-s; -e⟩ **1.** (oriental) bazaar, *auch* bazar. – **2.** (charity) baza(a)r, fancy fair: **einen ~ für wohltätige Zwecke veranstalten** to hold a charity baza(a)r. – **3.** *obs.* (*Kaufhalle*) baza(a)r. — **~geˌwicht** *n* baza(a)r weight.
Bäs·chen ['bɛ:sçən] *n* ⟨-s; -⟩ *dim. of* Base[1].
Basch·ki·re [baʃ'ki:rə] *m* ⟨-n; -n⟩ Bashkir.
Basch·lik ['baʃlɪk], *auch* **'Basch·lyk** [-lʏk] *m* ⟨-s; -s⟩ bashlyk, bashlik (*Russian hood*).
Ba·se[1] ['ba:zə] *f* ⟨-; -n⟩ **1.** (female) cousin. – **2.** female relative. – **3.** *Swiss for* Tante 1. – **4.** *cf.* Klatschbase 1.
'Ba·se[2] *f* ⟨-; -n⟩ *chem.* base: **salzfähige** [**säurefähige**] **~** salifiable [acidifiable] base.
Ba·se·ball ['be:s,bo:l; 'ba:zə,bal] *m* ⟨-s; *no pl*⟩ (*sport*) baseball. — **~ˌmann·schaft** *f* baseball team. — **~ˌplatz** *m* baseball grounds *pl* (*od.* field). — **~ˌspiel** *n* baseball game. — **~ˌspie·ler** *m* baseball player.
Ba·se·dow ['ba:zədo] *m* ⟨-s; *no pl*⟩ *med. colloq. for* Basedowsche Krankheit.
'Ba·se·dow·sche 'Krank·heit *f* ⟨-n -; *no pl*⟩ Graves's (*od.* Basedow's) disease, exophthalmic goiter (*bes. Br.* goitre).
'Bä·selˌbee·re ['bɛ:zəl-] *f bot. cf.* Berberitze.
'Ba·sen|ˌausˌtausch *m chem.* exchange of bases, base (*od.* cation) exchange. — **b~ˌbil·dend** *adj* base-forming. — **~ˌbil·der, ~ˌbild·ner** *m* base former.
'ba·sen·haft *adj cf.* altjüngferlich, tantenhaft.
'Ba·sen|ˌüberˌschuß *m chem.* alkali reserve, excess base. — **~ˌwert** *m* base value.
Ba·si·die [ba'zi:dĭə] *f* ⟨-; -n⟩ *bot.* basidium. — **Ba·si·di·enˌpilz** *m* basidiomycete.
Ba·si·dio|my·ce·ten [bazidĭomy'tse:tən] *pl bot.* Basidiomycetes. — **~'spo·re** [-'spo:rə] *f* basidiospore.
Ba·si·di·um [ba'zi:dĭum] *n* ⟨-s; -dien⟩ *bot.* basidium.
ba·sie·ren [ba'zi:rən] **I** *v/i* ⟨*no* ge-, h⟩ **auf** (*dat*) **etwas ~** to be based (*od.* founded) (up)on s.th., to rest (up)on s.th. – **II** *v/t* base, found, ground.
ba·si·lar [bazi'la:r] *adj med. biol.* basilar(y).
Ba·si·lia·ner [bazi'lĭa:nər] *m* ⟨-s; -⟩ *relig.* Basilian (monk).
Ba·si·lie [ba'zi:lĭə] *f* ⟨-; -n⟩, **Ba'si·li·enˌkraut** *n bot.* (common *od.* sweet) basil (*Ocimum basilicum*).
Ba·si·li·ka [ba'zi:lika] *f* ⟨-; -ken⟩ *arch.* basilica.
ba·si·li·kal [bazili'ka:l] *adj* basilican.
ba'si·li·ken|ˌar·tig *adj* basilican. — **~ˌför·mig** *adj* basilika-shaped.
Ba·si·li·kum [ba'zi:likum] *n* ⟨-s; -s *u.* -ken⟩ *bot. cf.* Basilie.
Ba·si·lisk [bazi'lɪsk] *m* ⟨-en; -en⟩ **1.** *myth.* basilisk (*legendary reptile*). – **2.** *zo.* basilisk (*Gattg Basiliscus*).
ba·si'lis·ken|ˌar·tig *adj* basilisk (*attrib*). — **B~ˌau·ge** *n myth.* basilisk eye. — **B~ˌblick** *m* basilisk glance (*od.* look).
Ba·sis ['ba:zɪs] *f* ⟨-; Basen⟩ **1.** (*Grundlage*) basis, foundation: **auf breiter** [**solider**] **~** on a broad [solid *od.* sound] basis; **auf gleicher ~** on an equal basis, on equal terms; **die ~ für etwas bilden** to form the basis (*od.* foundation) of s.th.; **seine Theorien stehen auf keiner festen ~** his theories are not well founded; **harte Arbeit ist die ~ für den Erfolg** hard work is the cornerstone of success; **~ für Preisberechnung** *econ.* basis for pricing. – **2.** *arch.* a) base, b) ground plot, c) pedestal: **~ einer Säule** base (*od.* foot) of a pillar; **an der ~ befindlich** basal. – **3.** *math.* a) (*einer geometrischen Figur*) base, basis, b) (*einer Potenz*) base, c) (*eines Logarithmus*) radix. – **4.** *med. zo. bot.* base, basis. – **5.** *min.* a) base, basal plane, b) (*Kristallform*) basal pinacoid, c) (*von Gestein*) basis, (amorphous) groundmass. – **6.** *geol.* (*Schichtung*) bottom, lower plane, sole. – **7.** *mil.* a) (*Stützpunkt*) base, b) (*für Raketen*) (missile) base, site. – **8.** *meteor.* (*der Wolken etc*) base. – **9.** *ling.* (*Wurzelwort*) base, root. – **10.** *chem. cf.* Base[2]. – **11.** *tech.* (*bei Vermessungen*) datum (*od.* base-, ground-)line.
ba·sisch ['ba:zɪʃ] *adj chem.* basic, (*alkalisch*) alkaline: **doppelt ~** dibasic; **~ machen** to basify. — **B~ˌma·chen** *n* basification.
'Ba·sis|frakˌtur *f med.* basiliar skull fracture, fracture of the base of the skull. — **~ˌjahr** *n econ.* (*in der Statistik*) base year. — **~ˌkom·ma** *n math.* (*beim Logarithmus*) radix point. — **~ˌli·nie** *f phys.* (*in der Schallmessung*) base (*od.* fiducial) line. — **~ˌmeß·geˌrät** *n tech.* (*im Vermessungswesen*) **1.** base-measuring apparatus. – **2.** (*Entfernungsmesser*) base range finder. — **~ˌpreis** *m econ.* basis price. — **~ˌwert** *m* (*in der Statistik*) base (period) value. — **~ˌwin·kel** *m math.* base angle, angle at the base. — **~ˌwol·ke** *f mil.* (*einer Atombombe*) base surge.
Ba·sit [ba'zi:t; -'zɪt] *m* ⟨-(e)s; -e⟩ *min.* basite.
Ba·si·zi·tät [bazitsi'tɛ:t], *auch* **Ba·si'tät** [-'tɛ:t] *f* ⟨-; *no pl*⟩ *chem.* basicity.
Bas·ke ['baskə] *m* ⟨-n; -n⟩ Basque.
'Bas·kenˌmüt·ze *f* (*fashion*) **1.** beret. – **2.** (*Schottenmütze*) tam-o'-shanter.
'Bas·ketˌball ['ba:skət-; 'bas-] *m* ⟨-(e)s; *no pl*⟩ (*sport*) basketball. — **~ˌspie·ler** *m* basketball player.
'Bas·kin *f* ⟨-; -nen⟩ Basque woman.
'bas·kisch I *adj* Basque. – **II** *ling.* **B~** ⟨*generally undeclined*⟩, **das B~e** ⟨-n⟩ Basque, the Basque language.
Bas·kü·le [bas'ky:lə] *f* ⟨-; -n⟩ **1.** *tech.* lever locking device, basquill lock. – **2.** *auto.* window lock.
Bäs·lein ['bɛ:slaɪn] *n* ⟨-s; -⟩ *dim. of* Base[1].
ba·so·phil [bazo'fi:l] *adj biol. med.* basophilic, basophilous. — **Ba·so·phi'lie** [-fi'li:] *f* ⟨-; *no pl*⟩ basophilia.
Bas'quilˌschloß [bas'kvɪl-] *n auto.* window lock.
Bas·re·lief ['bareˌlĭɛf] *n arch.* bas-relief, low relief, anaglyph, anaglypton.
Baß [bas] *m* ⟨-sses; ⸚sse⟩ **1.** *mus.* a) (*Singstimme*) bass, b) (*Sänger*) bass, basso, c) (*Baßpartie*) bass (part), d) (*Instrument*) double-bass, contrabass, e) (*tiefster Ton eines Akkords*) bass: **hoher ~** singing bass, basso cantante, bass-baritone; **tiefer ~** basso profundo; **bezifferter ~** figured bass. – **2.** (*Sprechstimme*) bass voice.
baß I *adv* **1.** *colloq.* very much, greatly, most: **~ erstaunt sein** to be most surprised. – **2.** *obs. for* **besser** 3. – **II** *adj* **3.** *colloq.* (*Verwunderung etc*) sheer.
Bas·sa ['basa] *m* ⟨-(s); -s⟩ *cf.* Pascha.
'Baß|ˌbal·ken *m mus.* (*der Streichinstrumente*) bass-bar, sound-bar, *Am.* bass bram. — **~ˌba·ri·ton** *m* bass-baritone. — **~ˌbuf·fo** *m* buffo bass.
Bas·se ['basə] *m* ⟨-n; -n⟩ *hunt.* large wild boar.
Bas·se·lis·se ['baslɪs; 'bas(ə)lɪsə] *f* ⟨-; *no pl*⟩ (*textile*) (*Teppichgewebe*) basse-lisse, low-warp. — **~ˌstuhl** *m tech.* low-warp loom.
Bas·set [ba'se:] *m* ⟨-s; -s⟩ *zo.* (*franz. Dachshund*) basset (hound).
Bas·sett [ba'sɛt] *m* ⟨-s; -e⟩ *mus.* small three-stringed cello. — **~ˌhorn** *n* basset horn.
'Baß|ˌfa·ser *f* (*textile*) bass fiber (*bes. Br.* fibre). — **~ˌfil·ter** *n, m* (*radio*) bass(-cut) filter. — **~ˌflö·te** *f mus.* bass (*od.* alto) flute. — **~ˌgei·ge** *f colloq.* double bass, bass fiddle (*colloq.*) — **~ˌgei·ger** *m colloq.* double-bass (*od.* bass-viol) player.
Bas·sin [ba'sɛ̃:; ba'sɛŋ] *n* ⟨-s; -s⟩ **1.** (*künstliches Wasserbecken*) reservoir, tank. – **2.** (*offener Wasserbehälter*) receptacle, bowl, container. – **3.** (*Schwimmbecken*) (swimming) pool. – **4.** (*Waschbecken*) basin, *Am.* sink. – **5.** *geol.* basin. – **6.** *mar.* (*Hafenbecken*) harbor, *bes. Br.* harbour, basin, dock.
Bas·sist [ba'sɪst] *m* ⟨-en; -en⟩ *mus.* **1.** bass (singer). – **2.** player of a bass intrument.
'Baß|kla·riˌnet·te *f mus.* bass clarinet. — **~ˌla·ge** *f* bass pitch. — **~ˌlau·te** *f hist.* archlute. — **~ˌlautˌspre·cher** *m* (*radio*) bass loudspeaker, woofer. — **~ˌno·te** *f mus.* bass note.
Bas·so ['baso] *m* ⟨-; Bassi [-si]⟩ *mus.* bass, basso: **~ continuo** (basso) continuo, thorough-bass; **~ ostinato** basso ostinato, ground-bass; **~ profondo** basso profundo, deep bass voice.
'Baß|parˌtie *f mus.* bass part. — **~ˌpfei·fe** *f* **1.** (*am Dudelsack*) drone. – **2.** (*der Orgel*) bass pipe. — **~ˌpom·mer** *m hist.* bass shawn. — **~poˌsau·ne** *f* bass trombone. — **~reˌgis·ter** *n mus.* (*am Akkordeon*) bass register, (*an der Orgel*) *auch* pedal register. — **~ˌreg·ler** *m* (*radio*) bass control. — **~ˌsai·te** *f mus.* **1.** (*bei Streichinstrumenten, Klavier*) bass string. – **2.** (*bei der Zither*) open string. — **~ˌsän·ger** *m cf.* Bassist 1. — **~sa·xoˌphon** *n* bass saxophone. — **~ˌschlüs·sel** *m* bass clef. — **~ˌstim·me** *f* **1.** bass voice. – **2.** (*Notenvorlage*) (music for the) bass part. — **~syˌstem** *n* bass staff. — **~ˌtöl·pel** *m zo.* gannet, solan (*od.* channel) goose (*Sula bassana*). — **~ˌton** *m mus.* **1.** bass tone (*od.* note). – **2.** (*der Obertonreihe*) fundamental tone (*od.* note). — **~tromˌpe·te** *f* bass trumpet. — **~ˌtu·ba** *f* bass tuba. — **~vio·la** [-ˌvio:la] *f* bass viol: **kleine ~** small (*od.* consort) bass viol.
Bast [bast] *m* ⟨-es; -e⟩ **1.** *bot.* inner bark, bast, phloem: **~ des Flachses** harl. – **2.** (*textile*) a) bass, bast, b) (*Raffiabast*) raffia. – **3.** *hunt.* (*am Geweih*) velvet.
ba·sta ['basta] *interj colloq.* enough of it: (**und**) **damit ~!** and that's that!
Ba·stard ['bastart] *m* ⟨-(e)s; -e⟩ **1.** *zo.* hybrid. – **2.** (*Mischling*) half-breed, half-caste, mixed blood, mestizo. – **3.** *bot.* hybrid plant. – **4.** *hist.* (*uneheliches Kind*) bastard, natural child. – **5.** (*leather*) (*Cabretten*) haired skins *pl*, bastard. – **6.** *tech.* (*Feilenhieb*) bastard. [Bastardschrift.]
Ba·star·da [bas'tarda] *f* ⟨-; *no pl*⟩ *print. cf.*
'Ba·stard|ˌahorn *m bot. cf.* Bergahorn. — **~ˌart** *f* **1.** *zo.* hybrid race. – **2.** *bot.* hybrid (species). — **~ˌbahn** *f chem.* hybrid orbital. — **~ˌbal·ken** *m her. cf.* Bastardfaden. — **~-ˌEberˌesche** *f bot.* bastard service tree (*Sorbus hybrida*). — **~ˌei·bisch** *m* Indian mallow (*Abutilon hybridum*). — **~ˌfa·den** *m her.* baton, bar sinister. — **~ˌfei·le** *f tech.* bastard file: **flachspitze** [**flachstumpfe**] **~** flat [hand] bastard file. — **~forˌmat** *n print.* bastard size. — **~ge·ne·ra·tiˌon** *f bot.* hybrid (*od.* crossbred) generation. — **~ˌhieb** *m tech.* bastard cut.
ba·star·die·ren [bastar'di:rən] *v/t u.* **sich ~** *v/reflex* ⟨*no* ge-, h⟩ *zo. bot.* hybridize. — **Ba·star'die·rung** *f* ⟨-; -en⟩ hybridization.
'Ba·stard|-ˌIn·di·go *m bot.* bastard (*od.* false) indigo, *Am.* indigo bush (*Amorpha fruticosa*). — **~ˌklee** *m* alsike (*od.* hybrid, Swedish) clover (*Trifolium hybridum*). — **~ˌpflan·ze** *f bot.* hybrid (plant). — **~ˌras·se** *f* **1.** (*von Menschen*) half-breed race. – **2.** *zo.* hybrid race, hybridogene species, (*bes. von Hunden*) mongrel race.
'Ba·stard|ˌschloß *n tech.* back spring lock. — **~ˌschrift** *f print.* bastard type. — **~ˌstab** *m her. cf.* Bastardfaden.

'Bast|,band *n* bast tape (*od.* band, ribbon). — **~,deck·chen** *n* bast mat, bass.

Ba·ste ['bastə] *f* ⟨-; -n⟩ (*games*) (*zweithöchste Trumpfkarte*) basta.

Ba·stei [bas'taɪ] *f* ⟨-; -en⟩ *mil. hist.* bastion.

'Ba·stel,ar·beit *f* **1.** (piece of) amateur handicraft. – **2.** *cf.* Basteln.

Ba·ste·lei [bastə'laɪ] *f* ⟨-; -en⟩ *colloq. for* Bastelarbeit 1.

ba·steln ['bastəln] **I** *v/t* ⟨h⟩ **1.** fashion (*od.* create) (*s.th.*) with one's hands: **ich bast(e)le (mir) in meiner Freizeit ein Radio** I am building myself a radio in my spare time. – **II** *v/i* **2.** practise (*od.* do) handicraft: **er bastelt gern** he likes to create with his hands (*od.* to practise handicraft); **an einem Modellflugzeug ~** to build a model plane. – **3.** *colloq. contempt.* (**an** *dat* **etwas** with s.th.) tinker, mess around. – **III B~** *n* ⟨-s⟩ **4.** *verbal noun.* – **5.** handicraft.

ba·sten ['bastən] *adj* **1.** (made) of bast, bast (*attrib*). – **2.** (*aus Raffiabast*) raffia (*attrib*).

'Ba·ster,zucker (*getr.* -k·k-) ['bastər-] *m tech.* bastard (*od.* raw, low-grade) sugar.

'Bast|,fa·ser *f bot.* bast fiber (*bes. Br.* fibre). — **b~,hal·tig** *adj* (*textile*) **1.** containing bast. – **2.** (*Rohseide*) containing gum (*od.* sericin). — **~,hut** *m* chip bonnet, hat made of bast.

'ba·stig *adj* bast-like, basty.

Ba·stil·le [bas'tiːj(ə)] *f* ⟨-; -n⟩ *hist.* Bastil(l)e: **der Sturm auf die ~** the storming of the Bastil(l)e.

Ba·sti·on [bas'tĭoːn] *f* ⟨-; -en⟩ **1.** *mil. hist. cf.* Bastei. – **2.** *geol.* ledge. – **3.** *fig. bes. pol.* bulwark, bastion. — **ba·stio'nie·ren** [-tĭo'niːrən] *v/t* ⟨*no* ge-, h⟩ *mil. hist.* fortify (*s.th.*) with bastions.

Ba·stit [bas'tiːt; -'tɪt] *m* ⟨-s; -e⟩ *min.* bastite, schiller spar.

'Bast|,körb·chen *n* bast basket. — **~,kör·per** *m bot.* phloem.

'Bast·ler *m* ⟨-s; -⟩ amateur handicraftsman.

Bäst·ling ['bɛstlɪŋ] *m* ⟨-s; -e⟩ *bot.* fimble hemp, female hemp plant.

'Bast,mat·te *f* bast (mat), (*aus Raffiabast*) raffia mat.

Ba·sto·na·de [basto'naːdə] *f* ⟨-; -n⟩ *obs.* bastinado: **j-m die ~ geben** to bastinado s.o.

'Bast|pa,pier *n* Manil(l)a paper (*from cuto-cellulose*). — **~,pflan·ze** *f bot.* bast plant. — **~,sei·de** *f* (*textile*) raw (*od.* unboiled) silk. — **~,sei·fe** *f* degumming soap (*od.* liquor). — **~,seil** *n* bass (*od.* coir) rope. — **~,ta·sche** *f* bass bag.

Ba·su·to [ba'zuːto] *m* ⟨-(s); -(s)⟩ *anthrop.* Basuto.

bat [baːt] *1 u. 3 sg pret of* bitten.

Ba·tail·le [ba'taːjə; ba'taljə] *f* ⟨-; -n⟩ *mil. obs. for* Schlacht.

Ba·tail·lon [batal'joːn] *n* ⟨-s; -e⟩ *mil.* **1.** (*Teil eines Regiments*) battalion. – **2.** (*der Panzerwaffe*) *Br.* squadron.

Ba·tail'lons|,ab,schnitt *m mil.* battalion sector. — **~kom·man,deur** *m* battalion commander. — **~,stab** *m* battalion headquarters *pl* (*often construed as sg*). — **~,stär·ke** *f* strength of a battalion: **Angriff in ~** attack in battalion strength.

Ba·ta·te [ba'taːtə] *f* ⟨-; -n⟩ *bot.* **1.** sweet potato, batata (*Ipomoea batata*). – **2.** Jerusalem artichoke, topinambour (*Helianthus tuberosus*).

Ba·ta·ver ['baːtavər] *pl hist.* (*germanischer Stamm*) Batavi. — **ba·ta·visch** [ba'taːvɪʃ] *adj* Batavian.

bä·te ['bɛːtə] *1 u. 3 sg pret subj of* bitten.

ba·tho·chrom [bato'kroːm] *adj chem.* (*Verschiebung, Effekt etc*) bathochromic: **~e Gruppe** bathochrome.

Ba·tho·lith [bato'liːt; -'lɪt] *m* ⟨-s *od.* -en; -e(n)⟩ *geol.* batholite, batholith.

Ba·tho·me·ter [bato'meːtər] *n* ⟨-s; -⟩ *mar.* (*Tiefseelot*) bathometer.

Bath·se·ba ['batseba] *npr f* ⟨-; *no pl*⟩ *Bibl.* Bathsheba.

ba·thy·al [baty'aːl] *adj geol. geogr.* bathyal.

Ba·thy·me·ter [baty'meːtər] *n* ⟨-s; -⟩ *mar. cf.* Bathometer. — **ba·thy'me·trisch** [-'meːtrɪʃ] *adj geogr.* bathymetric.

Ba·thy·scaphe [baty'skaːf] *m, n* ⟨-(s); - [-'skaːfə]⟩, **Ba·thy'skaph** [-'skaːf] *m* ⟨-en; -en⟩ *mar.* (*Tiefseetauchboot*) bathyscaphe.

Ba·thy·sphä·re [baty'sfɛːrə] *f* ⟨-; *no pl*⟩ *geol.* bathysphere, area of greatest ocean depth.

Ba·tik ['baːtɪk] *m* ⟨-s; -en⟩, *auch f* ⟨-; -en⟩ (*textile*) **1.** ⟨*only sg*⟩ (*Stoffdruckverfahren*) batik. – **2.** (*Batikstoff*) batik. — **~,druck** *m* batik printing.

'ba·ti·ken *v/t* ⟨h⟩ (*textile*) batik, do batik work on.

'Ba·tik,stoff *m* batik.

Ba·tist [ba'tɪst] *m* ⟨-(e)s; -e⟩ (*textile*) **1.** (*aus Leinen*) linen cambric. – **2.** (*aus Baumwolle etc*) lawn, batiste. — **ba'ti·sten** *adj* **1.** of cambric. – **2.** of batiste.

Ba'tist|,kleid *n* cambric dress, dress made of cambric. — **~,ta·schen,tuch** *n* cambric handkerchief.

ba·ton·nie·ren [batə'niːrən] *v/i* ⟨*no* ge-, h⟩ (*sport*) fence with quarterstaffs.

Ba·tra·chi·er [ba'traxĭər] *m* ⟨-s; -⟩ *zo.* batrachian (*Ordng Batrachia*).

bat·schen ['batʃən] *v/t* ⟨h⟩ (*textile*) (*Jute*) batch.

Bat·te·ment [bat(ə)'mãː] *n* ⟨-s; -s⟩ **1.** *mus.* (*Verzierung*) battement. – **2.** *choreogr.* battement, high kick.

Bat·te·rie [batə'riː] *f* ⟨-; -n [-ən]⟩ **1.** battery: **galvanische [geladene, erschöpfte] ~** galvanic [charged, run-down] battery; **eine ~ aufladen** to charge a battery; **eine ~ auf Spannung prüfen** to measure the voltage of a battery; **von der ~ betrieben** run from the battery. – **2.** (*Akkumulator*) (storage) battery, accumulator. – **3.** *cf.* Batteriezelle. – **4.** *nucl.* pile. – **5.** *mil.* battery. – **6.** *tech.* (*von Tanks, Dampfkesseln etc*) battery, group, set, (*bes. in der Kokerei*) block. – **7.** *fig. colloq.* (*von Flaschen etc*) regiment, army. – **8.** *tech.* (mixing) battery, mixer tap. – **9.** *mus. colloq.* battery, drum set. — **~,an,schluß** *m electr.* battery connection (*Br. auch* connexion): **Gerät mit ~** battery-operated set. — **~,an,schluß,klem·me** *f* battery terminal. — **~,auf,la·dung** *f* battery charging. — **~be,trieb** *m* battery operation: **mit ~** battery-operated. — **b~be,trie·ben** *adj* battery-operated. — **~,bü·gel** *m* (*optics*) (*an einer Hörbrille*) battery leg (*Am.* bow). — **~,chef** *m mil.* battery commander. — **~,deck** *n mar. mil.* gun (*od.* battery, main) deck. — **~,ein,bau** *m auto.* battery mounting. — **~ele,ment** *n* battery cell. — **~emp,fän·ger** *m* (*radio*) battery set (*od.* receiver). — **~ent,la·dung** *f electr.* battery discharge. — **~,füh·rer** *m mil. cf.* Batteriechef. — **~ge,häu·se** *n* **1.** *electr.* battery box (*od.* jar, container). – **2.** *auto.* battery case. — **b~ge,speist** *adj* battery-operated (*od.* -fed). — **~ge,stell** *n* battery rack. — **~,ka·bel** *n auto.* battery lead. — **~ka·pa·zi,tät** *f electr.* battery capacity. — **~,ka·sten** *m tech.* battery case (*od.* container, box). — **~,kes·sel** *m* battery boiler. — **~,klem·me** *f* **1.** *electr.* battery terminal. – **2.** *auto.* battery clip. — **~kon,takt** *m electr.* battery contact. — **~,la·de·ge,rät** *n* battery charger. — **~,la·de,stel·le** *f* battery charging station. — **~,la·dung** *f* **1.** battery charge. — **2.** ⟨*only sg*⟩ battery charging. — **~,lei·tung** *f* battery lead. — **~,span·nung** *f* battery voltage. — **~,wa·gen** *m aer.* starter truck. — **~,zel·le** *f electr.* battery cell. — **~,zün·dung** *f auto.* battery ignition (system).

Bat·teur [ba'tøːr] *m* ⟨-s; -e⟩ (*textile*) cotton bale breaker.

bat·tie·ren [ba'tiːrən] *v/t* ⟨*no* ge-, h⟩ (*sport*) (*beim Fechten*) beat.

Bat·tu·ta [ba'tuːta], **Bat'tu·te** [-tə] *f* ⟨-; -tuten⟩ **1.** (*sport*) (*beim Fechten*) beat. – **2.** *mus.* (*Taktschlag*) battuta.

Bat·zen ['batsən] *m* ⟨-s; -⟩ **1.** *colloq.* (*Klumpen*) lump, chunk: **ein ~ Lehm** a lump (*od.* clod) of clay; **ein ~ Gold** a lump of gold. – **2.** *fig. colloq.* lot of money: **das wird ihn einen schönen ~ (Geld) kosten** that will cost him a pretty penny; **er hat einen ~ Geld** he has a tidy sum of money. – **3.** *hist.* (*Silbermünze*) batz. — **~,stück** *n hist. cf.* Batzen 3.

Bau[1] [bau] *m* ⟨-(e)s; -ten ['bautən]⟩ **1.** ⟨*only sg*⟩ building, construction: **im ~ (begriffen)** a) under construction, b) *mar.* on the stocks; **der ~ einer Straße** the construction of a road; **der ~ einer Bahnlinie** the laying of a railway; **solange das Haus im ~ ist** while the house is being built (*od.* is building); **den ~ ausführen** to complete a building project; **den ~ vergeben** to let a building contract. – **2.** (*Bauwerk*) building, edifice, structure: **moderne Bauten** modern structures. – **3.** ⟨*only sg*⟩ (*Baugewerbe*) building trade: **er arbeitet beim** (*od.* **auf dem**) **~,** *colloq.* **er geht auf den ~** he works in the building trade; **Leute vom ~** *fig. colloq.* specialists; **er ist vom ~** *fig. colloq.* he is of the profession. – **4.** ⟨*only sg*⟩ *cf.* Baustelle 1. – **5.** ⟨*only sg*⟩ (*Aufbau, Struktur*) structure, setup, *Br.* set-up: **der ~ des klassischen Dramas** the structure of classical drama. – **6.** ⟨*only sg*⟩ (*Körperbau*) build: **sie ist von schlankem ~** she is of slender build. – **7.** *tech.* a) construction, b) *cf.* Bauweise 3. – **8.** *mil. colloq.* confinement to barracks, C.B. (*colloq.*): **er kriegt drei Tage ~** he will get three days C.B. – **9.** *agr.* a) (*des Bodens*) cultivation, b) (*des Feldes*) tillage, c) *cf.* Anbau. – **10.** *pl* (*film, theater*) setting *sg*, scenery *sg*.

Bau[2] *m* ⟨-(e)s; -e⟩ **1.** *hunt. zo.* a) (*des Fuchses, Dachses*) earth, b) (*der Kaninchen*) burrow, hole, c) (*des Otters*) couch, d) (*des Bibers*) lodge, *Am. auch* hut, house, e) (*der Löwen, Bären etc*) lair, den: **zu ~ gehen** (*von Fuchs*) to (take) earth, to go to ground; **den Fuchs in den ~ treiben** to earth the fox, to run the fox to earth; **den Fuchs aus dem ~ jagen** to unearth the fox. – **2.** *fig. humor.* den: **den ganzen Tag nicht aus dem ~ kommen** to sit in one's den all day.

'Bau|,ab,ga·be *f econ.* building charges *pl* (*od.* tax). — **~,ab,nah·me** *f civ.eng.* **1.** inspection (*od.* examination) of a building (by the building authorities). – **2.** taking over a new building (after an examination by the building authorities). — **~,ab,rech·nung** *f* builder's account, building account. — **~,ab,schnitt** *m* **1.** (*zeitlicher*) stage (*od.* phase) of construction. – **2.** (*räumlicher*) section under construction. — **~,ab,stand** *m* distance from the neighbo(u)ring house (*od.* property). — **~,ab,steckung** (*getr.* -k·k-) *f* setting out. — **~,ab,tei·lung** *f* building department. — **~,ach·se** *f* center (*bes. Br.* centre) line (of the building unit). — **~aka·de,mie** *f ped.* school of architecture. — **~,ak·tie** *f econ.* building share. — **~aku·stik** [-ʔa,kustɪk] *f arch.* (*Raumakustik*) architectural acoustics *pl* (*construed as sg*). — **~,amt** *n jur.* building authorities *pl*, *Br.* District Surveyor's Office. — **~,an,schlag** *m econ.* builder's estimate. — **~,ar·bei·ten** *pl civ.eng.* **1.** building (*od.* construction) works, *Am.* construction work *sg*. – **2.** (*an Straßen*) road construction works. — **~,ar·bei·ter** *m* **1.** building worker, construction worker, workman employed on a building, mason. – **2.** (*an Straßen*) roadworker, road builder. — **~,art** *f* **1.** *arch.* construction, design, architecture: **ein Haus herkömmlicher ~** a house of orthodox construction. – **2.** *bes. tech. cf.* Bauweise 3. – **3.** *auto.* model, type: **ein Wagen modernster ~** a car of the latest type. — **~,auf,se·her** *m* **1.** (*von der Baubehörde*) building inspector, district building surveyor. – **2.** (*der Bauarbeiten*) builder's foreman. — **~,auf,sicht** *f* top building inspection. — **~,auf,sichts,amt** *n*, **~,auf,sichts·be,hör·de** *f* building supervisory board, top building inspection authorities *pl*. — **~,auf,trag** *m* **1.** *arch.* building commission. – **2.** *civ.eng.* order for constructional work. — **~,auf,wand** *m econ.* building expenditure, cost of construction, building cost(s *pl*) (*od.* expenses *pl*). — **~,auf,zug** *m tech.* building elevator (*od.* hoist). — **~,aus,füh·rung** *f* **1.** (*Bauwerk*) construction, building. – **2.** (*Bauart*) design. — **~,aus,schrei·bung** *f econ.* invitation to tender for building. — **~ba,racke** (*getr.* -k·k-) *f civ.eng.* site hut. — **~be,darf** *m* building supplies *pl* (*od.* material, requisites *pl*). — **~be,ginn** *m* commencement of construction, start of building: **Zahl der neuen ~e** number of new building projects started. — **~be,hör·de** *f jur.* building authority: **die obersten ~n der Länder** the authorities of the Länder in charge of building. — **~be,ra·tung** *f civ.eng.* **1.** construction consultation. – **2.** (*Firmenbüro*) consulting engineers *pl* for building construction. — **~be,schlä·ge** *pl* builders' hardware *sg*. — **~be,schrän·kung** *f* building restrictions *pl*: **Gebiet mit bestimmten ~en** restricted district. — **~be,schrei·bung** *f* **1.** *civ.eng.* building specifications *pl*. – **2.** *mar.* specification. — **~be,stim·mung** *f* building regulation. — **~be,trieb** *m* **1.** (*Bauarbeiten*) construction work. – **2.** (*Baufirma*) building contractors *pl*. — **~be,wil·li·gung** *f jur.* building permit (*od.* licence, *Am.* license). — **~,buch** *n civ.eng.* builder's journal. — **~,bu·de** *f cf.* Bauhütte 1a. — **~bü,ro** *n* site office.

Bauch [baux] *m* ⟨-(e)s; ⸚e⟩ **1.** belly; abdomen, stomach, venter (*scient.*), tummy (*child's language*): ein dicker ~ *colloq.* (*bes. bei Männern*) paunch, potbelly, corporation (*humor.*); ein fauler ~ *fig.* a lazy-bones; auf dem ~ liegend prone; auf dem ~ liegen to lie on one's belly (*od.* stomach), to lie prone; auf dem ~ kriechen to crawl on one's belly; vor j-m auf dem ~ liegen (*od.* kriechen) *fig.* to grovel before s.o.; sich (*dat*) den ~ halten vor Lachen *fig.* to roar with laughter, to laugh till one's sides ache; j-m Löcher in den ~ fragen *fig.* to plague (*od.* pester) s.o. with questions; j-m ein Loch in den ~ reden *fig.* to talk s.o.'s head off; sich (*dat*) die Füße in den ~ stehen to stand one's legs off. – **2.** *colloq.* (*Magen*) stomach, tummy (*child's language*): sich (*dat*) den ~ vollschlagen to fill one's belly; einen vollen [leeren] ~ haben to have a full [an empty] stomach; sich (*dat*) den ~ pflegen, seinem ~ dienen to gormandize; mit vollem ~ soll man nicht schwimmen gehen one shouldn't go bathing on a full stomach; ein voller ~ studiert nicht gern (*Sprichwort*) the well-fed have no use for books (*proverb*). – **3.** womb: den ~ voll haben *vulg.* (*von Frau*) to have a bun in the oven (*sl.*), to be pregnant. – **4.** (*Unterseite eines Tieres*) belly: einem Tier den ~ aufschlitzen to disembowel an animal. – **5.** (*einer Flasche, Vase etc*) bulge, belly, paunch. – **6.** *mus.* (*einer Violine etc*) belly. – **7.** *mar.* a) (*eines Schiffes*) bottom, bilge, b) (*eines Segels*) belly, bunt. – **8.** *electr.* (*einer Schwingung*) antinode, loop, antinodal point. – **9.** *fig.* bowels *pl*: aus dem ~ der Erde from the bowels of the earth. – **10.** *arch.* (*einer Säule*) entasis.

ˈ**Bauch|ˌanˌsatz** *m colloq.* beginning of a paunch. — **~aor·ta** [-ˀaˌɔrta] *f med.* abdominal (*od.* descending) aorta. — **~arˌte·rie** *f* celiac artery. — **~ˌat·mung** *f* abdominal breathing (*od.* respiration). — **~be·ˌschwer·den** *pl* abdominal complaints, stomach (*od.* tummy) trouble *sg* (*colloq.*). — **~ˌbin·de** *f* **1.** *med.* a) abdominal bandage (*od.* belt), b) (*für Wöchnerinnen*) postnatal abdominal support, binder. – **2.** *print.* (*eines Buches*) (advertising) band. – **3.** (*einer Zigarre*) band. — **~ˌbruch** *m med.* abdominal (*od.* ventral) hernia. — **~chir·urˌgie** *f* abdominal surgery. — **~ˌdecke** (*getr.* -k·k-) *f* abdominal wall.

bau·chen [ˈbauxən] *v/reflex* ⟨h⟩ sich ~ bulge out, swell out: die Segel bauchten sich im Wind the sails swelled out in the wind.

bäu·chen [ˈbɔʏçən] *v/t* ⟨h⟩ (*textile*) *cf.* beuchen.

ˈ**Bauchˌfell** *n med.* peritoneum: unter dem ~ (gelegen) subperitoneal. — **~entˌzün·dung** *f* peritonitis. — **~ˌraum** *m* peritoneal cavity (*od.* space).

ˈ**Bauch|ˌfin·ne** *f zo. cf.* Bauchflosse. — **~ˌfleck** *m Austrian colloq. cf.* Bauchklatscher. — **~ˌfleisch** *n gastr. cf.* Bauchstück. — **~ˌflos·se** *f zo.* ventral (*od.* abdominal) fin: ohne **~n** apodal, apodan; Fisch ohne ~ apodan. — **b~ˌför·mig** *adj tech.* belly-shaped, bellied, bulgy. — **~ˌfrei·heit** *f auto.* ground (*od.* belly) clearance. — **~ˌfü·ßer, ~ˌfüß·ler** [-ˌfyːslər] *pl zo. cf.* Gastropoden. — **~geˌflecht** *n med.* abdominal plexus. — **~ˌge·gend** *f* abdominal region. — **~ˌgor·ding** *f mar.* buntline. — **~ˌgrim·men** *n colloq. for* Bauchschmerzen. — **~ˌgurt** *m agr.* (*des Pferdegeschirrs*) bellyband, girth. — **~ˌhaar·ling** *m zo.* gastrotrich (*Ordng Gastrotricha*). — **~ˌhaut** *f* (*der Gans od. Ente*) apron. — **~ˌher·nie** *f med.* ventral (*od.* incisional) hernia. — **~ˌhieb** *m* (*sport*) (*beim Fechten*) cut in low quart.

ˈ**Bauchˌhöh·le** *f med.* abdominal (*od.* peritoneal) cavity.

ˈ**Bauchˌhöh·len|erˌöff·nung** *f med.* abdominal section, laparotomy. — **~ˌschwan·ger·schaft** *f* extra-uterine (*od.* abdominal) pregnancy (*od.* gravidity).

ˈ**bau·chig** *adj* **1.** (*Gegenstand*) bulgy, bulged, bulbous: eine **~e** Vase a big-bellied vase. – **2.** *rare* (*Mensch*) big-bellied. – **3.** *bot. zo.* ventricose, ventricous, ventriculous, convex.

bäu·chig [ˈbɔʏçɪç] *adj rare for* bauchig.

ˈ**Bau·chig·keit** *f* ⟨-; *no pl*⟩ **1.** bulginess. – **2.** *bot. zo.* ventricosity.

ˈ**Bauch|ˌkie·me** *f zo.* ventral gill. — **b~ˌkit·zeln** *v/t* ⟨*insep*, ge-, h⟩ *colloq. for* schmeicheln 1. — **~ˌklap·pe** *f zo.* ventral (*od.* pedicle) valve. — **~ˌklat·scher** *m colloq.* belly flop (*od.* dive): einen ~ machen to (do a) belly flop. — **~ˌknei·fen, ~ˌknei·pen** *n colloq. for* Bauchschmerzen. — **~ˌla·den** *m colloq.* **1.** (*eines Hausierers*) vendor's (*od.* hawker's) tray. – **2.** (*einer Zigarettenverkäuferin*) cigarette tray. — **~ˌla·ge** *f* (*auch sport*) prone position. — **b~ˌlan·den** *v/t* ⟨*insep*, -ge-, h⟩ *u. v/i* ⟨sein⟩ *aer.* belly-land. — **~ˌlan·dung** *f* belly landing: eine ~ machen to belly-land. — **~ˌlap·pen** *m gastr.* thin flank.

Bäuch·lein [ˈbɔʏçlaɪn] *n* ⟨-s; -⟩ *dim. of* Bauch 1.

bäuch·lings [ˈbɔʏçlɪŋs] *adv* on one's belly, prone: ~ liegen to lie (flat) on one's belly.

ˈ**Bauch|ˌmus·kel** *m med.* abdominal muscle. — **~mus·ku·laˌtur** *f* abdominal muscles *pl.* — **~ˌna·bel** *m* navel, umbilicus (*scient.*). — **~orˌgan** *n meist pl* abdominal organ. — **~ˌpilz** *m bot.* gasteromycete (*Ordng Gasteromycetales*). — **b~ˌpin·seln** *v/t* ⟨*insep*, ge-, h⟩ *colloq. for* schmeicheln 1. — **~ˌplat·te** *f zo.* (*der Insekten*) sternum. — **~ˌpres·se** *f med.* abdominal muscular pressure, *Am.* ventral press. — **~punk·tiˌon** *f* puncture of the abdomen, abdominal paracentesis (*scient.*). — **~ˌquart** *f* (*sport*) *cf.* Bauchhieb. — **~ˌraum** *m med. cf.* Bauchhöhle. — **b~ˌre·den I** *v/i* ⟨*only inf*⟩ **1.** ventriloquize. – **II B~** *n* ⟨-s⟩ **2.** *verbal noun.* – **3.** ventriloquism, ventriloquy. — **~ˌred·ner** *m*, **~ˌred·ne·rin** *f* ventriloquist. — **~re·giˌon** *f med. cf.* Bauchgegend. — **~ˌrie·men** *m agr. cf.* Bauchgurt. — **~ˌschild** *m zo.* (*der Schildkröten*) plastron, buckler, disc, disk, plastrum, sternum. — **~ˌschmer·zen** *pl med.* bellyache *sg*, stomach (*od. colloq.* tummy) ache *sg*, griping pains: ich habe ~ I've got a stomach ache. — **~ˌschna·bel** *m zo.* pitangua (*Megarhynchus pitangua*). — — **~ˌschnitt** *m med.* abdominal incision, laparotomy (*scient.*). — **~ˌschuß** *m* abdominal gunshot wound. — **~ˌspeck** *m gastr.* streaky bacon. — **~ˌspei·chelˌdrü·se** *f med.* pancreas: Entzündung der ~ pancreatitis. — **~ˌspie·ge·lung** *f* laparoscopy. — **~ˌstich** *m colloq.* 'tapping' (*colloq.*). — **~ˌstück** *n gastr.* **1.** (*vom Schwein*) belly. – **2.** (*vom Kalb*) breast. – **3.** (*vom Hammel*) breast, flank. – **4.** (*vom Rind*) thin flank. — **~ˌstütz** *m* (*sport*) (*Gewichthebergürtel*) (belly) truss. — **~ˌtanz** *m* belly dance, *auch* danse du ventre. — **~ˌtän·ze·rin** *f* belly dancer. — **~ˌta·sche** *f zo.* (*der Beuteltiere*) pouch, marsupium (*scient.*). — **~ˌtritt** *m* kick in the stomach. — **~ˌty·phus** *m med.* typhoid (fever), enteric fever.

ˈ**Bau·chung** *f* ⟨-; *no pl*⟩ **1.** (*einer Vase etc*) bulge, paunch. – **2.** *arch.* (*einer Säule*) entasis.

ˈ**Bauch|verˌlet·zung** *f med.* abdominal injury. — **~ˌwand** *f* abdominal wall. — **~ˌwas·ser** *n* fluid in the abdominal cavity, ascites (*scient.*). — **~ˌwas·serˌsucht** *f* abdominal dropsy, ascites (*scient.*). — **~ˌweh** *n* ⟨-s; *no pl*⟩ *colloq. for* Bauchschmerzen. — **~ˌwel·le** *f* (*sport*) *colloq. for* Felge[1] 2. — **~ˌwol·le** *f* (*von Schafen*) underlocks *pl*, belly wool. — **~ˌwun·de** *f med.* abdominal wound. — **~ˌzwicken** (*getr.* -k·k-) *n cf.* Bauchschmerzen.

Bau·cis [ˈbautsɪs] *npr f* ⟨-; *no pl*⟩ *myth.* Baucis.

Baud [baut; boːt] *n* ⟨-s; -⟩ *tel.* baud.

ˈ**Bauˌdarˌle·hen** *n* building loan.

Bau·de [ˈbaudə] *f* ⟨-; -n⟩ *Eastern Middle G. for* Berghütte.

ˈ**Bau|ˌdenkˌmal** *n* (architectural) monument: historisches ~ historical monument (*od.* building). — **~ˌdich·te** *f civ.eng.* building density. — **~eleˌment** *n* **1.** *tech.* construction element. – **2.** *arch.* building component.

bau·en [ˈbauən] **I** *v/t* ⟨h⟩ **1.** build, construct, (*errichten*) erect: sich (*dat*) ein Haus ~ to build (oneself) a house; ein Haus ~ lassen to have a house built; eine Maschine ~ to build (*od.* construct, design) a machine; Geigen [Orgeln] ~ *mus.* to make violins [to build organs]. – **2.** *colloq.* (*machen, herstellen*) make: einen Unfall ~ to have (*od.* cause) an accident; sein Examen ~ to take one's examination; seinen Doktor ~ to obtain (*od.* work for) one's doctor's degree; sich (*dat*) einen Anzug ~ lassen to have a suit made; sein Bett ~ *bes. mil.* to make one's bed; → Brücke 1; Luftschloß; Nest 1. – **3.** *agr.* (*Tabak, Weizen etc*) grow, cultivate. – **II** *v/i* **4.** build: wir wollen demnächst ~ we are going to build shortly. – **5.** an (*dat*) etwas ~ to work on s.th.: man hat jahrhundertelang am Kölner Dom gebaut they worked on the Cologne Cathedral for many centuries; laß uns an einer glücklichen Zukunft ~! *fig.* let us work for a happy future! – **6.** auf (*acc*) etwas [j-n] ~ *fig.* to rely (*od.* depend, build) on s.th. [s.o.], to trust in s.th. [s.o.]: auf Sand ~ to build on sand; auf sein Glück ~ to trust to luck; auf sein Wort kannst du (Häuser) ~ you can put absolute faith in his word. – **7.** (*mining*) mine: auf Silber ~ to mine for silver. – **III B~** *n* ⟨-s⟩ **8.** *verbal noun.* – **9.** *cf.* Bau[1] 1.

ˈ**Bau·entˌwurf** *m arch.* design.

Bau·er[1] [ˈbauər] *m* ⟨-n, *auch* -s; -n⟩ **1.** farmer: kleiner ~ small-scale farmer, *bes. Br.* smallholder; leibeigener ~ *hist.* serf, villein, peasant. – **2.** peasant, *auch* country man. – **3.** *fig. contempt.* lout, boor, peasant (*contempt.*): so ein ~! what a boor! dummer ~! stupid lout! was der ~ nicht kennt, das frißt er nicht (*Sprichwort*) *etwa* one can't make some people accept things they don't know; die dümmsten **~n** haben die größten Kartoffeln (*Sprichwort*) fortune favo(u)rs fools (*proverb*). – **4.** (*games*) a) (*beim Schach*) pawn, b) (*beim Kartenspiel*) jack, knave.

ˈ**Bau·er**[2] *n, m* ⟨-s; -⟩ birdcage.

ˈ**Bau·er**[3] *m* ⟨-s; -⟩ *obs. for* Erbauer.

Bäu·er·chen [ˈbɔʏərçən] *n* ⟨-s; -⟩ **1.** *dim. of* Bauer[1] 1, 2. – **2.** ~ machen (*aufstoßen, von Baby*) to burp.

Bäue·rin [ˈbɔʏərɪn] *f* ⟨-; -nen⟩ **1.** peasant woman, countrywoman. – **2.** farmer's wife. — ˈ**bäue·risch** *adj rare for* bäurisch.

ˈ**Bau·erˌlaub·nis** *f cf.* Baubewilligung.

Bäu·er·lein [ˈbɔʏərlaɪn] *n* ⟨-s; -⟩ *dim. of* Bauer[1] 1, 2.

bäu·er·lich [ˈbɔʏərlɪç] *adj* rural, rustic: **~es** Leben rural (*od.* country) life; von **~er** Herkunft sein to be of rural extraction (*od.* descent), to come from peasant stock. — ˈ**Bäu·er·lich·keit** *f* ⟨-; *no pl*⟩ rustic (*od.* rural) ways *pl*, rusticity.

ˈ**Bau·ern|ˌar·beit** *f cf.* Landarbeit. — **~ˌart** *f* rural ways *pl*, rusticity. — **~ˌaufˌstand** *m hist.* peasants' revolt. — **~beˌfrei·ung** *f* emancipation of the peasantry (from feudalism). — **~ˌben·gel** *m colloq. contempt.* country bumpkin. — **~beˌvöl·ke·rung** *f cf.* Landbevölkerung. — **~ˌbrot** *n gastr.* coarse brown bread. — **~ˌbüh·ne** *f* (*theater*) *cf.* Bauerntheater. — **~ˌbur·sche** *m* country lad. — **~ˌbut·ter** *f* farm butter. — **~ˌdorf** *n* farming village. — **~erˌhe·bung** *f hist. cf.* Bauernaufstand. — **~ˌfang** *m* ⟨*only sg*⟩ *fig. contempt.* confidence trick: auf ~ ausgehen to go in for confidence tricks. — **~ˌfän·ger** *m fig. contempt.* **1.** confidence man, trickster, con man (*colloq.*). – **2.** (*beim Kartenspiel*) cardsharp(er). — **~fän·geˈrei** [ˌbauərn-] *f* ⟨-; -en⟩ *fig. contempt.* trickery, confidence tricks *pl*: das ist nichts als ~! this is sheer trickery of a mean sort. — **b~ˌfeind·lich** *adj* anti-agrarian, anti-peasant. — **~ˌfrau** *f cf.* Bäuerin. — **~ˌfrüh·ˌstück** *n gastr.* fried potatoes with diced ham and scrambled eggs. — **~ˌgut** *n cf.* Bauernhof. — **~ˌhaus** *n* farmhouse. — **~ˌhochˌzeit** *f* country wedding. — **~ˌhof** *m* farm, farmstead. — **~ˌjun·ge** *m* country lad. — **~kaˌlen·der** *m* country (*od.* farmer's) almanac. — **~ˌkarp·fen** *m zo. cf.* Karausche. — **~ˌkit·tel** *m* smock, frock. — **~ˌknecht** *m* farmhand, farm laborer (*bes. Br.* labourer). — **~koˌmö·die** *f* (*theater*) peasant comedy. — **~ˌkrieg** *m hist.* peasants' war. — **~ˌle·gen** *n* expropriation of farmers (*in the 16th and 17th centuries*). — **~ˌlei·er** *f mus.* hurdy-gurdy. — **~ˌlüm·mel** *m* country bumpkin, yokel. — **~ˌmäd·chen** *n* country girl. — **~ˌmagd** *f* farmgirl, farmer's maid. — **~ˌmö·bel** *pl* rustic furniture *sg.* — **~omeˌlett** *n*, **~omeˌlette** *f gastr. cf.* Bauernfrühstück. — **~parˌtei** *f pol.* agrarian (*od.* farmers') party. — **~ˌre·gel** *f* peasant weather lore (*od.* rule). — **~roˌman** *m* (*literature*) peasant novel, novel of peasant life. — **~ˌro·se** *f bot.* peony (*Gattg Paeonia*).

Bau·ern·sa·me [ˈbauərnzaːmə] *f* ⟨-; *no pl*⟩ *Swiss for* Bauernschaft.

ˈ**Bau·ern·schaft** *f* ⟨-; *no pl*⟩ peasantry, farmers *pl.*

ˈ**Bau·ern|ˌschen·ke** *f* ale-house, village inn. — **b~ˌschlau** *adj* cunning, sly, shrewd. — **~ˌschläue, ~ˌschlau·heit** *f* native (*od.* peasant) cunning (*od.* slyness, shrewdness). — **~ˌschrank** *m* rustic cupboard (*od.* wardrobe), cupboard (*od.* wardrobe) made and decorated in peasant style. — **~ˌschwank** *m* (*theater*) *cf.* Bauernkomödie. — **~ˌsenf** *m bot.* **1.** shepherd's purse (*Capsella bursa-pastoris*). – **2.** candytuft (*Gattg Iberis*). — **~ˌsohn** *m* farmer's son. — **~ˌstand** *m pol.* farmers *pl*, peasantry. — **~ˌster·ben** *n sociol.* downfall (*od.* universal decline) of peasantry. — **~ˌstolz** *m* peasant's pride. — **~ˌstu·be** *f* **1.** room in rustic style. – **2.** farmhouse room. — **~ˌta·bak** *m bot.* Syrian (*od.* Indian) tobacco (*Nicotiana rustica*). — **~ˌtanz** *m* peasant (*od.* country) dance. — **~thea·ter** [-teˌaːtər] *n* peasant theater (*bes. Br.* theatre). — **~ˌtoch·ter** *f* farmer's daughter. — **~ˌtöl·pel** *m contempt.* country bumpkin, yokel. — **~ˌtracht** *f* peasant dress (*od.* costume), country dress.

ˈBau·ern·tum *n* ⟨-s; *no pl*⟩ peasantry, farmers *pl*: stolz auf sein ~ sein to be proud of being a farmer.

ˈBau·ern|verˌband *m* farmers' association. — **~verˌstand** *m* native wit (*od.* cunning). — **~ˌvolk** *n* **1.** nation of farmers. – **2.** countryfolk. — **~ˌweib** *n rare for* Bäuerin. — **~ˌwirt·schaft** *f* **1.** *cf.* Bauernhof. – **2.** ⟨*only sg*⟩ *econ. cf.* Landwirtschaft 1.

ˈBau·ers|ˌfrau *f cf.* Bäuerin. — **~ˌleu·te** *pl* **1.** countryfolk *sg*. – **2.** the farmer and his wife. — **~ˌmann** *m obs. for* Bauer[1] 1, 2.

ˈBau|ˌfach *n* building trade: er ist vom ~ he is in the building trade. — **~ˌfachˌmann** *m* building expert (*od.* specialist). — **b~ˌfäl·lig** *adj* (*Haus etc*) dilapidated, ramshackle, tumbledown, decaying. — **~ˌfäl·lig·keit** *f* dilapidated state (*od.* condition), dilapidation, ramshackleness. — **~ˌfeh·ler** *m* structural fault, fault of construction. — **~fi·nanˌzie·rung** *f econ.* financing of building projects. — **~ˌfir·ma** *f* building firm, construction company. — **~ˌfir·menˌgrup·pe** *f* group of building (*od.* construction) firms. — **~ˌflucht** *f arch.* alignment, *auch* alinement. — **~ˌfluchtˌli·nie** *f* (*einer Straße etc*) building line. — **~ˌfrist** *f* completion (*od.* construction) period (*od.* time). — **~ˌfüh·rer** *m* building supervisor (*od.* foreman). — **~ˌfüh·rung** *f* supervision (of building works). — **~geˌlän·de** *n* building ground (*od.* site). — **~ˌgel·der** *pl econ.* building loans (*od.* capital *sg*). — **~geˌmeinˌko·sten** *pl* general construction cost *sg*. — **~geˌneh·mi·gung** *f cf.* Baubewilligung. — **~geˌnos·sen·schaft** *f* (cooperative) building society. — **~geˌrüst** *n* scaffold. — **~geˌsche·hen** *n* constructional activities *pl*. — **~geˌschich·te** *f* architectural history. — **~geˌsell·schaft** *f* building society. — **~geˌsetzˌge·bung** *f jur.* construction laws *pl*. — **~geˌstein** *n civ.eng. cf.* Baustein 1c. — **~geˌsuch** *n jur.* application for a building permit. — **~geˌwer·be** *n* building trade. — **~geˌwer·be·schu·le** *f* school of architecture and civil engineering, architectural school. — **~ˌgips** *m civ.eng.* calcined gypsum. — **~ˌglas** *n* constructional glass. — **~ˌgru·be** *f* foundation pit, excavation. — **~ˌgrund** *m* **1.** foundation soil. – **2.** (*Gelände*) building ground. – **3.** *cf.* Baugrundstück. — **~ˌgrundˌstück** *n* building site (*od.* plot, yard), site. — **~ˌhandˌwerk** *n* building trade: das ~ erlernen to be apprenticed in the building trade. — **~ˌhandˌwer·ker** *m* building trade worker. — **~ˌhaupt·geˌwer·be** *n* building industry proper. — **~ˌhaus** *npr n* Bauhaus (*school of design, founded by Gropius at Weimar, Germany, in 1919*). — **~ˌhel·ling** *f mar.* slipway. — **~ˌherr** *m civ.eng.* building sponsor (*od.* owner). — **~ˌhe·xe** *f civ.eng.* hand-power winch. — **~ˌhilfsˌar·bei·ter** *m* bricklayer's helper. — **~ˌhilfs·geˌwer·be** *n* trades *pl* ancillary to the building industry. — **~ˌhilfsˌstoff** *m* auxiliary material on site. — **~ˌhof** *m* **1.** contractors' yard. – **2.** (*Zimmerhof*) timber yard. — **~ˌhö·he** *f* **1.** height of construction. – **2.** construction depth. — **~ˌholz** *n* **1.** structural timber. – **2.** (*Schnittholz*) saw timber. — **~ˌhüt·te** *f* **1.** *civ.eng.* a) (*Baubude*) site hut, b) (*Baubüro*) site office. – **2.** *hist.* stonemasons' lodge. — **~hy·poˌthek** *f econ.* building mortgage. — **~in·duˌstrie** *f* building industry. — **~in·ge·niˌeur** *m* civil engineer. — **~in·ge·niˌeurˌwe·sen** *n* ⟨-s; *no pl*⟩ civil engineering. — **~in·ve·sti·tiˌon** *f econ.* building investment, capital expenditure on building. — **~ˌjahr** *n tech.* year of construction (*od.* manufacture): ~ eines Autos year of manufacture of a car; der Volkswagen ist ~ 1971 the Volkswagen is a 1971 model. — **~ka·piˌtal** *n econ.* building capital. — **~ˌka·sten** *m* (*games*) box of building blocks (*od.* bricks): technischer ~ building (*od.* construction) set. — **~ˌka·sten·syˌstem** *n tech.* unit construction system. — **~ˌklotz** *m* building block: Bauklötze staunen *fig. colloq.* to be bowled over (*colloq.*). — **~kon·junkˌtur** *f econ.* building activity (*od.* trend).

ˈBauˌko·sten *pl econ.* building costs. — **~ˌvorˌanˌschlag** *m* building (*od.* builder's) estimate. — **~ˌzuˌschuß** *m* (*eines Mieters etc*) contribution to the building costs.

ˈBau|ˌkran *m tech.* **1.** building crane. – **2.** (*Baudrehkran*) tower crane. — **~ˌkunst** *f* architecture: die ~ des Mittelalters medi(a)eval architecture. — **~ˌland** *n cf.* Baugelände. — **~ˌlän·ge** *f* overall length. — **~ˌlärm** *m* construction noise. — **~ˌlehm** *m* building loam. — **~ˌlei·stung** *f econ.* building, construction: Ausgaben für ~en expenditure on building (*od.* construction).

ˈBauˌlei·ter[1] *m* engineer's agent, project manager, architect in charge, *Br. auch* clerk of works.

ˈBauˌlei·ter[2] *f* builder's step ladder.

ˈBau|ˌlei·tung *f* supervision of building works. — **~ˌleu·te** *pl archaic* building workers, masons.

ˈbau·lich *adj* architectural, constructional, structural: ~e Anlagen buildings; ~e Durchbildung (*od.* Gestaltung) design and construction; ~e Kennzeichen design features; in ~er Hinsicht architecturally, structurally; in schlechtem ~en Zustand in disrepair, out of repair; in gutem ~en Zustand erhalten to keep in good repair.

ˈBau·lich·kei·ten *pl* (*Gebäude*) buildings: moderne ~ der Stadt Berlin modern buildings (*od.* architecture *sg*) of Berlin.

ˈBauˌlust *f econ.* propensity to build. — **ˈbauˌlu·stig** *adj* keen on building. — **ˈBauˌlu·sti·ge** *m, f* ⟨-n; -n⟩ person keen on building.

Baum [baum] *m* ⟨-(e)s; Bäume⟩ **1.** *bot.* tree, arbor (*scient.*): ein entwurzelter ~ an uprooted tree; ein blühender ~ a tree in blossom; junger ~ sapling; die Bäume schlagen aus the trees are coming (*od.* breaking) into leaf; dieser ~ trägt gut [schlecht] this tree is a good [shy *od.* poor] bearer; Tag des ~es tree-planting day, *Am.* Arbor Day; ~ der Erkenntnis *bot.* forbidden fruit (*Tabernaemontana dichotoma*); stehengelassener ~ (*forestry*) holdover; auf Bäumen wachsend *bot.* growing on trees; epidendrous, epiphytic (*scient.*); der ~ des Lebens *Bibl.* the tree of life; der ~ der Erkenntnis (von Gut und Böse) *Bibl.* the tree of knowledge (of good and evil). – **2.** *fig.* (*in den Wendungen*) er ist stark wie ein ~ he is as strong as a horse; es ist, um auf die Bäume zu klettern *colloq.* it is enough to drive one up the wall (*od. colloq.* round the bend); Bäume ausreißen können *colloq.* to feel as strong as an ox (*od.* a horse), to feel up to anything, to feel full of vim (*od. sl.* beans); er wird auch keine Bäume ausreißen *colloq.* he is not going to set the Thames on fire (*od.* do anything extraordinary); als könnte er Bäume ausreißen *colloq.* as if he were a Hercules, as if he could tear out trees by the roots; nach dieser Operation kann er aber noch keine Bäume ausreißen after this operation he has still to take care of himself (*od. colloq.* take things easy); er sieht den Wald vor (lauter) Bäumen nicht (*Sprichwort*) he cannot see the wood for the trees (*proverb*); es ist dafür gesorgt, daß die Bäume nicht in den Himmel wachsen (*Sprichwort*) there is a limit to everything; auf einen Hieb fällt kein ~ (*Sprichwort*) a single stroke fells no tree; einen ~ soll man biegen, solange er jung ist (*Sprichwort*) as the twig is bent the tree is inclined (*proverb*); alte Bäume soll man nicht verpflanzen (*Sprichwort*) remove an old tree and it will die; je höher der ~, desto näher der Blitz (*od.* je tiefer der Fall) (*Sprichwort*) the highest tree hath the greatest fall (*proverb*). – **3.** *cf.* Weihnachtsbaum 1. – **4.** *electr.* meshless equivalent network. – **5.** (*textile*) (*Weberei*) beam: die Kette auf den ~ winden to beam the warp. – **6.** *mar.* a) derrick boom, b) *cf.* Ladebaum, c) (*Rundholz*) spar: ~ einer Baumfock Bentinck boom; einen ~ einholen to rig in a boom. – **7.** *chem.* tree.

ˈBaum|achat [-ˀaˌxaːt] *m min.* arborescent (*od.* tree) agate. — **b~ˌähn·lich** *adj bot.* treelike; arboreal, arborescent (*scient.*). — **~ˌähn·lich·keit** *f* arborescence. — **~alˌlee** *f* avenue of trees. — **~ˌanˌbe·tung** *f relig.* worship of trees; arborolatry, dendrolatry (*scient.*). — **b~ˌarm** *adj* deficient (*od.* lacking) in trees. — **~ˌart** *f* kind (*od.* species) of tree. — **b~ˌar·tig** *adj* treelike; dendroid, arborescent, arboreal, arboreous (*scient.*): ~e Bildung (*od.* Form) *bes. min.* arborescence; ~e Verzweigung, ~er Fortsatz *med.* arborization.

ˈBau·maˌschi·nen *pl civ.eng.* building (*od.* construction) machinery *sg*, building and civil engineering plant *sg*.

ˈBaumˌast *m* branch (*od.* bough) of a tree.

ˈBau·ma·te·riˌal *n civ.eng. cf.* Baustoff 1.

ˈBaum|ˌaufˌla·ger *n mar.* crutch. — **~ˌau·ster** *f zo.* tree (*od.* mangrove, coon) oyster (*Ostrea frons*). — **~ˌbart** *m bot. cf.* Bartflechte 1. — **~beˌhang** *m cf.* Christbaumschmuck. — **b~beˌpflanzt** *adj* **1.** (*Straße etc*) treelined, arbored, *bes. Br.* arboured. – **2.** (*Fläche*) covered with trees, arbored, *bes. Br.* arboured. — **~beˌpflan·zung** *f* tree planting. — **~beˌstand** *m* (*forestry*) *cf.* Bestand 5. — **b~beˌwoh·nend** *adj zo.* arboricole, arboricolous, epiphytic. — **~beˌwoh·ner** *m* arboreal animal. — **~ˌblü·te** *f* **1.** blossom of a tree (*od.* of trees). – **2.** (*Zeit*) blossoming season (*od.* time), flowering, florescence. — **~ˌbrand** *m bot.* (*forestry*) **1.** (*durch Frost, Sonnenstrahlung*) blight. – **2.** (*durch Mehltaupilze*) mildew. — **~ˌbruch** *m cf.* Windbruch.

Bäum·chen [ˈbɔʏmçən] *n* ⟨-s; -⟩ **1.** *dim. of* Baum. – **2.** sapling. – **3.** *agr.* standard. – **4.** ~ wechseln (*Kinderspiel*) *etwa* to play puss in the corner.

ˈbaum|ˌdick *adj* as thick (*od.* big) as a tree. — **B~ˌdirk** *f mar.* quarter (*od.* boom) lift.

Bauˈméˌgrad [boˈmeː-] *m phys. chem.* degree Baumé.

ˈBauˌmei·ster *m civ.eng. arch.* **1.** master builder. – **2.** architect.

bau·meln [ˈbauməln] *v/i* ⟨h⟩ dangle, swing: er muß ~ (*am Galgen*) *colloq.* he must hang, he will swing (*colloq.*); mit den Beinen ~ to dangle (*od.* swing) one's legs; etwas ~ lassen to dangle s.th.

bau·men [ˈbaumən] **I** *v/i* ⟨h⟩ *hunt.* climb up (*od.* fly onto) a tree. – **II** *v/t agr. cf.* bäumen 5.

bäu·men [ˈbɔʏmən] **I** *v/reflex* ⟨h⟩ sich ~ **1.** (*von Pferd etc*) rear, rise (up) on its hind legs. – **2.** (*vor Schmerz*) (vor *dat* in) writhe. – **3.** *fig.* revolt, rebel, rise up: vergebens bäumte er sich gegen sein Schicksal in vain he revolted against his fate. – **II** *v/t* **4.** (*textile*) (*Weberei*) (*Kette*) beam, warp. – **5.** *agr.* (*Heu etc*) fix (*s.th.*) with a pole (*od.* beam).

ˈBaumˌen·te *f zo.* **1.** tree duck (*Gattg Dendrocygna*). – **2.** (*Pfeifente*) European widgeon (*auch* wigeon) (*Mareca penelope*).

ˈBau·meˌtho·de *f civ.eng.* construction method.

ˈBaum|ˌeu·le *f zo. cf.* Waldkauz. — **~ˌfal·ke** *m* hobby, tree falcon (*Falco subbuteo*). — **~ˌfal·le** *f hunt.* beam trap, deadfall. — **~ˌfarn** *m bot.* tree fern (*Gattgen Alsophila, Cibotium, Cyathea, Dicksonia, Hemitelia*). — **~ˌfäu·le** *f* (*forestry*) (dry) rot. — **~ˌflech·te** *f bot.* tree moss, lichen. — **b~ˌför·mig** *adj bot.* treelike; arborescent, dendritic (*scient.*). — **~ˌfraß** *m* rot (*od.* decay) of trees, canker. — **~ˌfre·vel** *m jur.* unlawful damaging of trees. — **~ˌga·bel** *f mar.* gooseneck. — **~ˌgar·ten** *m* **1.** orchard. – **2.** *cf.* Baumschule. – **3.** arboretum. — **~ˌgärt·ner** *m* nurseryman, arborist, arboriculturist. — **~ˌgip·fel** *m* treetop. — **~ˌgrasˌstep·pe** *f* savanna(h). — **~ˌgren·ze** *f* ⟨-; *no pl*⟩ timberline, tree line (*od.* limit). — **~ˌgrup·pe** *f* group (*od.* cluster) of trees, grove. — **~ˌharz** *n bot.* (tree) resin. — **~ˌhe·ber** *m tech.* tree heaver, uprooter. — **~ˌhecke** (*getr.* -k·k-) *f* hedge of trees. — **~ˌhei·de** *f bot.* brier (*Erica arborea*). — **~ˌhei·delˌbee·re** *f* farkleberry (*Vaccinium arboreum*). — **b~ˌhoch** *adj* (as) high (*od.* tall) as a tree. — **~ˌhö·henˌmes·ser** *m* (*wood*) dendrograph, hypsometer. — **~ˌhol·der** *m bot. cf.* Holunder. — **~ˌholz** *n* timber (wood). — **~ˌhopf** *m zo.* irrisor, wood hoopoe

(Phoeniculus purpureus). — **~ˌhuhn** n 1. cf. Baumwachtel. – 2. cf. Birkhuhn. — **~ˌin·sel** f island of trees. — **~ˌkän·gu·ruh** n zo. 1. tree wallaby (od. kangaroo) (Gattg Dendrolagus). – 2. boongary (Dendrolagus lumholtzi). — **~ˌkan·te** f tech. (in der Zimmerei) wane, waney edge. — **b~ˌkan·tig** adj waney. — **~ˌkitt** m hort. putty for injured trees. — **~ˌkrebs** m bot. canker: vom ~ befallen cankered. — **~ˌkro·ne** f treetop. — **~ˌku·chen** m gastr. pyramid (layer) cake (sometimes chocolate-coated). — **~ˌkult, ~ˌkul·tus** m relig. worship of trees; arbolatry, dendrolatry (scient.). — **~ˌkun·de** f bot. dendrology. — **b~ˌlang** adj colloq. as tall as a lamppost: ein ~er Kerl a lanky fellow. — **~ˌläu·fer** m zo. 1. (Waldbaumläufer) tree creeper (Certhia familiaris). – 2. (Gartenbaumläufer) short-toed tree creeper (C. brachydactyla). — **~ˌlaus** f 1. tree (od. plant) louse; aphid, aphis (scient.) (Gattg Aphis). – 2. pine aphid (Fam. Lachnidae).

Bäum·lein ['bɔʏmlaɪn] n ⟨-s; -⟩ cf. Bäumchen 1, 2.

'**Baum|ˌlieb** n bot. philodendron (Gattg Philodendron). — **b~los** adj treeless. — **~ˌlun·ge** f bot. cf. Lungenflechte. — **~ˌmar·der** m zo. tree (od. pine) marten (Martes martes).

'**Bäum·maˌschi·ne** f (textile) warp beaming machine.

'**Baum|ˌmaus** f zo. tree mouse, phenacomys (scient.) (Gattg Dendromys). — **~meˌlo·ne** f bot. papaya, papaia (Carica papaya).

'**Baumˌmes·ser¹** n hort. pruning knife.

'**Baumˌmes·ser²** m (wood) dendrometer.

'**Baum|ˌmoos** n bot. cf. Baumflechte. — **~ˌmör·tel** m hort. cf. Baumkitt. — **~ˌnat·ter** f zo. tree snake; dendrophis, dryophis (scient.) (Fam. Dendrophidae). — **~ˌnym·phe** f myth. tree (od. wood) nymph, dryad. — **~ˌöl** n olive oil (of inferior quality).

'**Bauˌmör·tel** m civ.eng. masonry mortar.

'**Baum|ˌpfahl** m tree stake (od. prop). — **~ˌpflan·zung** f (forestry) 1. (timber) plantation, planting. – 2. (Baumbestand) timber stand. — **~ˌpie·per** m zo. tree pipit (Anthus trivialis). — **~re·giˌon** f tree region. — **b~ˌreich** adj abounding (od. rich) in trees, treey, wooded, arboreous (lit.). — **~ˌrei·he** f row (od. range) of trees. — **~ˌrie·se** m huge (od. giant) tree. — **~ˌrin·de** f bot. bark, rind, peel, cortex (scient.). — **~ˌring** m annual (od. tree) ring. — **~ˌro·se** f bot. hollyhock (Althaea rosea). — **~ˌrut·sche** f (forestry) cf. Riese³. — **~ˌsä·ge** f hort. pruning saw: ~ mit Holzgriff forester pruning saw. — **~ˌsarg** m relig. hist. tree coffin. — **~ˌschat·ten** m shade of a tree (od. of the trees). — **~ˌschei·be** f 1. agr. circular bed round a (fruit) tree. – 2. (textile) (Weberei) warp beam flange. — **~ˌsche·re** f hort. agr. (tree) pruning shears pl, bes. Br. secateurs pl. — **~ˌschlag** m (art) foliage. — **~ˌschlan·ge** f zo. tree snake: Südafrikanische ~ boomslang (Dispholidus typus). — **~ˌschlepp·ˌnetz** n mar. (Fischerei) beam trawl. — **~ˌschlie·fer** m zo. tree hyrax (od. cony) (Gattg Dendrohyrax). — **~ˌschnitt** m hort. lopping, pruning. — **~ˌschrö·ter** m zo. cf. Hirschkäfer. — **~ˌschu·le** f hort. (tree) nursery. — **~ˌschwamm** m bot. agaric. — **~ˌse·gel** n mar. boom sail. — **~ˌsper·ling** m zo. tree (od. Canada) sparrow (Spizella arborea). — **~ˌsper·re** f mil. (im Straßenkampf) abat(t)is. — **~ˌsta·chelˌschwein** n zo. 1. tree porcupine (Gattgen Erethizon u. Coendou). – 2. coendou (Gattg Coendou). — **~ˌstamm** m 1. (tree) trunk, auch stem: gefällter ~ log. – 2. gastr. chocolate log. — **b~'stark** adj fig. as strong as an oak (od. a horse). — **~ˌstumpf** m stump (of a tree), stub: ein Stück Land von Baumstümpfen säubern to stub (od. stump) a piece of land; ein Gebiet voller Baumstümpfe a stubby (od. stumpy) area. — **~ˌstüt·ze** f hort. tree prop.

'**Bauˌmu·ster** n tech. type, model, design.

'**Baum|ve·ge·ta·tiˌon** f tree vegetation. — **~verˌeh·rung** f relig. cf. Baumanbetung. — **~verˌhau** m mil. cf. Baumsperre. — **~ˌwachs** n hort. grafting wax. — **~ˌwach·tel** f zo. bobwhite (Gattg Colinus). — **~ˌwan·ze** f 1. stinkbug, shield bug (Fam. Pentatomidae). – 2. cf. Kohlwanze. — **~ˌwart** m hort. orchardist, orchard adviser. — **~ˌwei·de** f bot. white willow (Salix alba). — **~ˌweiß·ling** m zo. hedge (od. black-veined white) butterfly (Aporia crataegi). — **~ˌwip·fel** m treetop.

'**Baumˌwoll|abˌfall** m (textile) cotton waste. — **b~ˌar·tig** adj cottonlike. — **~ˌauf·beˌrei·tung** f cotton dressing. — **~ˌbal·len** m cotton bale. — **~ˌbal·lenˌpres·se** f cotton press. — **~ˌband** n cotton tape: schmales ~ ferret. — **~baˌtist** m cotton cambric. — **~ˌbaum** m bot. 1. cotton tree (Gattgen Bombax u. Ceiba). – 2. ceiba (tree), cotton tree (Ceiba pentandra). — **~ˌbi·ber** m (textile) beaverteen, raised cotton cloth. — **~ˌbin·de** f med. cotton bandage. — **~ˌbör·se** f econ. cotton exchange (od. market). — **~broˌkat** m (textile) brocatel(le). — **~daˌmast** m cotton damask. — **~ˌdril·lich** m cotton ticking: grober ~ denim.

'**Baumˌwol·le** f ⟨-; no pl⟩ 1. (textile) cotton: aus ~ (of) cotton; rohe [ungereinigte] ~ raw [gray, bes. Br. grey] cotton; kurzstapelige ~ cotton of short staple, short-staple cotton. – 2. bot. cotton (Gattg Gossypium). — '**baumˌwol·len** adj cotton (attrib).

'**Baumˌwoll|entˌkör·ner** m tech. ginner. — **~ˌern·te** f cotton crop (od. harvest).

'**Baumˌwolle·se** (getr. -ll,l-) f cotton picking.

'**Baumˌwoll|ˌeu·le** f zo. cotton moth (Alabama argillacea). — **~ˌfa·den** m (textile) cotton thread. — **~ˌfär·ber** m zo. cotton stainer, red bug (Gattg Dysdercus). — **~ˌfa·ser** f (textile) cotton fiber (bes. Br. fibre). — **~ˌfa·ser·paˌpier** n (paper) cotton fiber (bes. Br. fibre) paper. — **~ˌfeld** n cotton field, field of cotton. — **~ˌfeu·erˌwan·ze** f zo. cf. Baumwollfärber. — **~flaˌnell** m (textile) cotton beaver (od. flannel), flannelette. — **~ˌgarn** n cotton yarn. — **~geˌbiet** n (in Nordamerika) Cotton Belt. — **~geˌwe·be** n cotton (fabric od. cloth). — **b~ˌhal·tig** adj cottony. — **~ˌhart·geˌwe·be** n laminated fabric of cotton. — **~käm·meˌrei** f (textile) cotton combing. — **~ˌkammˌgarn** n combed cotton yarn. — **~ˌkap·sel** f bot. cotton boll. — **~ˌkap·selˌkä·fer** m zo. boll weevil (Anthonomus grandis). — **~ˌkar·denˌband** n (textile) cotton sliver. — **~katˌtun** m calico. — **~ˌkö·per** m cotton twill (od. serge), jean, auch jeans pl (construed as sg). — **~ˌku·chen** m cottonseed cake. — **~ˌnes·sel** m calico, cotton cambric. — **~ˌöl** n cotton(seed) oil. — **~ˌpflan·ze** f bot. cotton (plant), gossypium (Gattg Gossypium). — **~ˌpflan·zer** m cotton planter (od. grower). — **~ˌpflan·zung** f cotton plantation. — **~ˌpflücker** (getr. -k·k-) m cotton picker. — **~planˌta·ge** f cf. Baumwollpflanzung. — **~po·peˌlin** m, **~po·pe·ˌli·ne** f (textile) cotton poplin. — **~ˌrat·te** f zo. cotton rat (Sigmodon hispidus). — **~ˌrau·pe** f cotton leafworm (od. worm), cotton leaf caterpillar (larva of Alabama argillacea). — **~ˌrie·men** m tech. cotton belt.

'**BaumˌwollˌsaatS** f bot. cottonseed. — **~ˌöl** n cottonseed oil.

'**Baumˌwollˌsa·men** m bot. cottonseed. — **~ˌkap·sel** f cottonseed pod, cotton boll. — **~ˌöl** n cottonseed oil.

'**Baumˌwoll|ˌsamt** m (textile) velveteen, cotton velvet. — **~saˌtin** m sateen. — **~ˌserge** m cotton serge. — **~spin·neˌrei** f 1. cotton mill. – 2. cotton spinning. — **~ˌsta·pel** m staple length. — **~ˌstau·de** f bot. cotton plant (od. shrub) (Gattg Gossypium). — **~ˌstoff** m (textile) cotton (cloth od. fabric): bedruckter ~ printed cotton, print; geköperter ~ jean. — **~ˌstrauch** m bot. cf. Baumwollstaude. — **~ˌstückˌwa·re** f econ. cotton piece goods pl. — **~terˌminˌbör·se** f cotton futures market. — **~ˌtuch** n (textile) cotton cloth. — **~ˌtwist** m darning cotton, twist. — **~ˌwa·ren** pl cottons, cotton goods. — **~ˌwat·te** f med. cotton wool. — **~ˌzeug** n (textile) cf. Baumwollstoff. — **~ˌzwirn** m cotton thread, sewing cotton. — **~zwir·neˌrei** f cotton twist (od. doubling) mill.

'**Baum|ˌwuchs** m tree growth. — **~ˌwür·ger** m bot. staff tree (Gattg Celastrus): Kletternder ~ staff vine, Roxbury waxwork, (climbing) bittersweet (C. scandens). — **~ˌwur·zel** f tree root. — **~ˌzucht** f hort. arboriculture. — **~ˌzüch·ter** m nurseryman, arboriculturist. — **~ˌzweig** m branch (od. twig) (of a tree).

'**Bau|ˌnorm** f civ.eng. building standard specification. — **~ˌnum·mer** f 1. tech. serial number. – 2. mar. (eines Schiffes) yard number. — **~ˌnutzˌholz** n cf. Bauholz.

Baun·zerl ['bauntsərl] n ⟨-s; -(n)⟩ Austrian gastr. sweet soft white roll.

'**Bau|ˌop·fer** n hist. sacrificial victim placed in foundations of a building. — **~ˌord·nung** f jur. (im Baurecht) building code (od. regulations pl). — **~ˌpap·pe** f civ.eng. building board. — **~parˌzel·le** f building site (od. lot). — **~ˌplan** m 1. (Bauzeichnung) construction drawing (od. plan). – 2. (Bauvorhaben) building project. – 3. (Bauzeitplan) time schedule, job plan. — **~ˌpla·nung** f 1. project planning. – 2. cf. Bauprogramm. — **~ˌplat·te** f building slab. — **~ˌplatz** m 1. building (od. working) site, site, building yard. – 2. cf. Baugrund, Baugelände. — **~po·liˌzei** f jur. 1. (in Deutschland u. Österreich) building inspection authorities pl. – 2. (Beamte) board of surveyors, inspectors pl (od. surveyors pl) of the building control office. — **b~po·liˌzei·lich** I adj building-code (attrib): ~e Genehmigung [Verordnung] building permit [regulations pl]; ~e Vorschriften building-code provisions. – II adv ~ genehmigt officially approved (by the top building inspection authorities). — **~ˌpra·xis** f building practice. — **~ˌpreis** m building cost. — **~proˌfil** n civ.eng. cf. Profil 4. — **~proˌgramm** n building (od. construction) program (bes. Br. programme), bes. Am. construction schedule. — **~proˌjekt** n building (od. construction) project (od. plan). — **~proˌzeß** m building process. — **~ˌrat** m jur. government architect, government building surveyor (title of a senior civil servant). — **~ˌrecht** n 1. (Baugesetz) building law (od. regulations pl). – 2. right to erect or own a building on s.o. else's land (od. site). — **b~ˌreif** adj 1. tech. (Maschine etc) developed. – 2. civ. eng. ready for building: ~es Gelände site (od. land) ready for building, building (od. development) site. — **~ˌrei·he** f tech. (construction od. production) series, type.

bäu·risch ['bɔʏrɪʃ] adj 1. (ländlich) rural, rustic. – 2. fig. contempt. (Benehmen etc) peasant(like), coarse. – 3. countrified, auch countryfied.

'**Bau|ˌriß** m obs. for Bauplan 1. — **~ˌrund·ˌholz** n civ.eng. logs pl. — **~ˌsach·verˌstän·di·ge** m building expert. — **~saiˌson** f building (od. construction) season. — **~ˌsand** m building sand.

Bausch [bauʃ] m ⟨-es; Bäusche⟩ 1. wad, ball. – 2. (Polster) pad, bolster. – 3. (Tupfer) dab(ber), dauber (bes. tech.). – 4. med. a) wad, pad, b) (zum Wischen) (cotton) swab, c) (zum Einführen) pledget. – 5. (fashion) (eines Kleides etc) a) puff, bulge, b) (absichtlich eingeschneidert) bulge. – 6. in ~ und Bogen fig. auch econ. wholesale, in (od. by) the lump: j-n in ~ und Bogen verurteilen to condemn s.o. wholesale.

'**Bau|ˌscha·den** m civ.eng. structural damage. — **~ˌschaf·fen·de** m, f ⟨-n; -n⟩ person employed in the building trade.

'**Bauschˌär·mel** m meist pl (fashion) puff sleeve.

Bäusch·chen ['bɔʏʃçən] n ⟨-s; -⟩ dim. of Bausch 1, 4.

'**Bauˌschein** m jur. building licence (Am. license), building permit.

Bäu·schel ['bɔʏʃəl] m, n ⟨-s; -⟩ gastr. cf. Beuschel.

bau·schen ['bauʃən] I v/t ⟨h⟩ 1. (Rock etc) bulge, billow: der Wind bauschte das Segel the wind swelled the sail. – II v/reflex sich ~ 2. bulge, billow (out), bag, (von Segel) swell. – 3. tech. cf. bauchen. – III v/i 4. bulge, billow (out), bag.

'**Bau·schen** m ⟨-s; -⟩ Southern G. and Austrian for Bausch 1—4.

'**bau·schig** adj 1. (Rock etc) full, puffy. – 2. (sackartig) baggy, bulging.

'**Bauˌschild** n construction site sign.

'**Bauschˌkauf** m econ. purchase in the lump (od. in bulk), bulk purchase.

'**Bau|ˌschlos·ser** m tech. (building) locksmith. — **~ˌschnittˌholz** n sawn building timber.

Bauscht [bauʃt] m ⟨-(e)s; -e⟩ (paper) (geschichteter Stoß) post.

'**Bau|ˌschu·le** f school of architecture, civil engineering school. — **~ˌschutt** m civ.eng. (building) rubbish.

'**Bausch·verˌkauf** m econ. bulk sale.

'**Bau|ˌsek·tor** m econ. building sector. — **~ˌsoh·le** f (mining) working level (od. horizon).

'**Bauˌspar|ˌbeiˌtrag** m econ. saver's contribution to building and loan association (Br.

building society). — **~ˌdarˌle·hen** *n* saver's building loan from a building and loan association (*Br.* building society).

'bauˌspa·ren *econ.* **I** *v/i* ⟨*only inf*⟩ save for building purposes (*through a building and loan association* [*Br. building society*]). – **II B~** *n* ⟨-s⟩ *verbal noun.* — **'Bauˌspa·rer** *m* ⟨-s; -⟩, **'Bauˌspa·re·rin** *f* ⟨-; -nen⟩ member of (*od.* investor in) a building and loan association (*Br.* building society).

'Bauˌsparˌgutˌha·ben *n econ.* balance on savings account with a building and loan association (*Br.* building society). — **~ˌkas·se** *f Am.* building and loan association, *Br.* building society. — **~ˌsum·me** *f* sum covered by agreement between saver and building and loan association (*Br.* building society). — **~verˌein** *m cf.* Bausparkasse. — **~verˌtrag** *m* savings agreement with a building and loan association (*Br.* building society), savings agreement for building purposes: einen ~ abschließen to enter into a building society's savings agreement.

'Bau|ˌsper·re *f jur.* **1.** (temporary) prohibition of all building work. – **2.** a) refusal of building licence (*Am.* license), b) cancellation of building licence (*Am.* license). — **~ˌsta·di·um** *n civ.eng.* stage (of construction): sich im ~ befinden to be under construction.

'Bauˌstahl *m tech.* structural (*od.* general engineering) steel. — **~ˌblech** *n* structural steel sheet (*od.* plate). — **~geˌwe·be** *n* steel lathing (*od.* wire mesh, fabric).

'Bau|ˌsta·tik *f civ.eng.* architectural statics *pl* (*construed as sg*). — **b~ˌsta·tisch** *adj* static(al): ~e Theorie theory of structures; ~e Berechnung static calculation, stress analysis. — **~ˌstein** *m* **1.** *civ.eng.* a) building stone, brick, b) (*Naturstein*) building block, c) (*Baugestein*) (building) stone, structural stone. – **2.** (*Spielzeug*) brick. – **3.** *fig.* component, element. – **4.** *fig.* (important) contribution. – **5.** *electr.* cubicle. – **6.** *nucl.* (*des Atomkerns*) fundamental nuclear particle. — **~ˌstel·le** *f civ.eng.* **1.** (building) site. – **2.** (*auf Straßen*) road construction site. – **3.** (*Verkehrsschild*) repairs ahead: Vorsicht ~! caution, men working! *Br.* dead slow, men at work! — **~ˌstil** *m arch.* architectural style, architecture. — **~ˌstoff** *m* **1.** *civ.eng.* building (*od.* construction) material. – **2.** *metall.* engineering material. – **3.** *biol.* nutrient, constituent. — **~ˌstu·fe** *f civ.eng.* construction stage, stage of construction. — **~ˌsum·me** *f econ.* total building cost.

'Bau·taˌstein ['bauta-] *m relig. hist.* (*in Skandinavien*) memorial stone.

'Bauˌtä·tig·keit *f* building activity.

'Bau|ˌtech·nik *f civ.eng.* **1.** (*angewandte*) construction (*od.* building) technique. – **2.** ⟨*only sg*⟩ (*als Lehrfach*) civil engineering, building construction, industrial architecture. — **~ˌtech·ni·ker** *m* building technician, civil (*od.* building) engineer. — **b~ˌtech·nisch** *adj* architectural, constructional. — **~ˌteil** *m, n* **1.** *civ.eng.* building component. – **2.** *tech.* (structural) member, construction member, unit. – **3.** *aer.* component. — **~ˌtem·po** *n civ.eng.* building speed.

'Bau·tenˌschutz *m* preservation of buildings.

'Bau|terˌrain *n cf.* Baugelände. — **~ˌtisch·ler** *m* building joiner. — **~tisch·leˌrei** *f* **1.** joiners' and carpenters' workshop. – **2.** (*Arbeit*) joinery. — **~ˌträ·ger** *m* **1.** builder. – **2.** *cf.* Bauherr. — **~ˌtrupp** *m* gang of construction workers. — **~ˌun·terˌneh·men** *n* **1.** *cf.* Bauprojekt. – **2.** *cf.* Bauunternehmung. — **~ˌun·terˌneh·mer** *m* building (*od.* public works) contractor. — **~ˌun·terˌneh·mung** *f* building enterprise (*od.* contractors *pl*). — **~verˌbot** *n jur.* building ban. — **~verˌfah·ren** *n civ.eng.* method of building, construction method. — **~verˌtrag** *m* building contract. — **~ˌvo·lu·men** *n* volume of building output. — **~ˌvorˌha·ben** *n* building project (*od.* scheme): in Ausführung befindliche ~ building projects in progress. — **~ˌvorˌschrift** *f meist pl* building (*od.* construction) regulation. — **~ˌwei·se** *f* **1.** *civ.eng.* a) method of building (*od.* construction), building system, b) (*Anlage*) arrangement (*od.* disposition) of buildings: eine rationelle ~ an efficient method of construction; offene ~ detached building. – **2.** *arch.* (*Stil*) (style of) architecture. – **3.** *tech.* construction. — **~ˌwerk** *n arch.* building, edifice, structure. — **~ˌwerks·beˌton** *m* structural concrete. — **~ˌwerkˌstatt** *f* builders' workshop. — **~ˌwerkˌzeug** *n* construction tools *pl.* — **~ˌwert** *m econ.* **1.** building cost(s *pl*). – **2.** *pl* (*Aktien*) building shares. — **~ˌwe·sen** *n* ⟨-s; *no pl*⟩ *civ.eng.* **1.** (*Bauhandwerk*) building trade. – **2.** (*Bautechnik*) civil engineering. – **3.** (*Architektur*) architecture.

'Bauˌwich [-ˌvɪç] *m* ⟨-(e)s; -e⟩ space between two adjacent buildings.

'Bauˌwil·li·ge *m, f* ⟨-n; -n⟩ *econ.* party (*od.* person) wishing to build.

'Bau|ˌwin·de *f tech.* builder's hoist, hand power winch. — **~ˌwirt·schaft** *f econ.* building trade, contracting industry, building and contracting. — **b~ˌwür·dig** *adj* (*mining*) workable. — **~ˌwür·dig·keit** *f* workability. — **~ˌwut** *f colloq.* building craze (*colloq.*).

Bau·xit [bau'ksiːt; -'ksɪt] *m* ⟨-s; -e⟩ *min.* bauxite.

bauz [bauts] *interj* bang! bounce!

'Bau|ˌzaun *m civ.eng.* hoard(ing), site (*od.* building) fence. — **~ˌzeich·ner** *m* construction draftsman (*bes. Br.* draughtsman). — **~ˌzeich·nung** *f* construction drawing. — **~ˌzeit** *f* time of construction: in einer ~ von 3 Monaten entstanden built in three months. — **~ˌzen·trum** *n* building information center (*Br.* centre). — **~ˌzin·sen** *pl econ.* **1.** (*auf Baudarlehen*) building interest *sg.* – **2.** (*für Vorleistungen*) interest *sg* charged during preparatory periods. — **~ˌzug** *m* train for railroad (*Br.* railway) construction. — **~ˌzuˌschuß** *m econ.* **1.** (*staatlicher*) building subsidy. – **2.** (*privater*) tenant's contribution toward(s) building costs. — **~ˌzweck** *m only in* zu ~en for building purposes.

Ba·va·ria [ba'vaːrĭa] *npr f* ⟨-; *no pl*⟩ (*Sinnbild Bayerns*) Bavaria.

Ba·vo·chü·re [bavo'ʃyːrə] *f* ⟨-; -n⟩ (*art*) blurred point (of an engraving).

'Bayˌbee·renˌbaum ['baɪ-] *m bot.* bebeeru, greenheart (tree) (*Nectandra rodiaei*).

Bay·er ['baɪər] *m* ⟨-n; -n⟩, **'Baye·rin** *f* ⟨-; -nen⟩ Bavarian. — **'baye·risch I** *adj* Bavarian, of Bavaria. – **II** *ling.* **B~** ⟨*generally undeclined*⟩, **das B~e** ⟨-n⟩ Bavarian, the Bavarian dialect.

'Bayˌöl *n chem. tech.* bay oil, myrica (oil).

bay·risch ['baɪrɪʃ] *adj cf.* bayerisch.

'Bay·rischˌkraut *n gastr. shredded white cabbage cooked with diced fat bacon, caraway seeds and chopped apple or white wine.*

Bay·rum ['baɪrum] *m* ⟨-s; *no pl*⟩ (*cosmetics*) bay rum.

Ba·zar [ba'zaːr] *m* ⟨-s; -e⟩ *cf.* Basar.

Ba·zi ['batsi] *m* ⟨-s; -s⟩ *Bavarian and Austrian dial.* rascal, scamp; 'scalawag', 'scallywag' (*colloq.*).

Ba·zill·ämie [batsɪlɛ'miː] *f* ⟨-; -n [-ən]⟩ *med.* bacillemia, bacteremia.

ba·zil·lär [batsɪ'lɛːr] *adj med.* bacillary.

Ba·zil·len [ba'tsɪlən] *pl med.* bacilli. — **~ˌangst** *f* bacillophobia. — **~ˌausˌschei·der** *m* (active) carrier. — **~ˌfär·bung** *f* staining of bacilli. — **b~ˌför·mig** *adj* bacilliform. — **~ˌherd** *m* focus of bacilli. — **~ˌleh·re** *f* bacteriology. — **~ˌruhr** *f* nontropic (*od.* bacillary) dysentery. — **~ˌspo·re** *f* spore of a bacillus, bacillary spore. — **~ˌstamm** *m* strain of bacilli, bacterial strain. — **b~ˌtö·tend** *adj* bacteri(o)cidal. — **~ˌträ·ger** *m* (bacillus *od.* germ) carrier. — **b~verˌnich·tend** *adj* bacteri(o)cidal.

Ba'zil·li·enˌkraut [ba'tsɪlĭən-] *n bot.* samphire (*Crithmum maritimum*).

Ba·zil·lus [ba'tsɪlʊs] *m* ⟨-; -len⟩ *med.* bacillus, germ.

Ba·zoo·ka [ba'zuːka] *f* ⟨-; -s⟩ *mil.* (*Panzerabwehrwaffe*) bazooka.

B-ˌDur ['beː-] *n* ⟨-; *no pl*⟩ *mus.* B-flat major.

be·ab·sich·ti·gen [bə'ʔapˌzɪçtɪgən] **I** *v/t* ⟨*no* ge-, h⟩ **1.** intend, mean, plan, have (*s.th.*) in view: er hatte diese Wirkung beabsichtigt he intended this effect, he had this effect in view; was ~ Sie zu tun? what do you intend to do? er beabsichtigt, ein Buch zu schreiben he plans to write a book. – **II B~** *n* ⟨-s⟩ **2.** *verbal noun.* – **3.** *cf.* Beabsichtigung. — **be'abˌsich·tigt I** *pp.* – **II** *adj* **1.** (*Wirkung etc*) intended, calculated. – **2.** (*Kränkung etc*) intentional: das war ~ that was the intention (*od.* intentional), that was done on purpose. — **Be'abˌsich·ti·gung** *f* ⟨-; *no pl*⟩ **1.** *cf.* Beabsichtigen. – **2.** intention, aim.

be'ach·ten I *v/t* ⟨*no* ge-, h⟩ **1.** (*Rat, Hinweis etc*) pay attention to, heed, pay (*od.* give) heed to, mind: j-s Ratschläge nicht ~ to pay no attention to (*od.* to disregard) s.o.'s advice; die Stufen bitte ~! mind the steps, please! alle Einzelheiten ~ to pay attention to all details; niemand beachtete seine Einwände no one paid any attention (*od.* heed) to his objections; man muß dabei ~, daß attention must be paid to the fact that; kaum (*od.* nicht) zu beachten(d) negligible; bitte ~ Sie die Ankündigung in den Tageszeitungen please watch the newspapers for announcements. – **2.** (*Gebot, Gesetz etc*) observe: die Vorschriften ~ to observe the regulations; Vorfahrt ~! observe the right of way! bitte Gebrauchsanweisung ~! please observe the instructions (for use)! die Regeln nicht ~ to fail to observe the rules. – **3.** (*Ereignis, Merkmal etc*) take notice (*od.* note) of, notice, note: j-n kaum (*od. colloq.* nicht weiter) ~ to take no great notice of s.o.; sie beachteten ihn gar nicht they took no notice of him at all, they ignored him; bitte ~ Sie unser günstiges Sonderangebot! please note (*od.* take note of) our favo(u)rable special offer; die Folgen wenig ~ to take little notice of the consequences; dies ist dabei besonders zu ~ special attention should be given to that. – **4.** (*berücksichtigen*) take (*s.th.*) into consideration (*od.* account): er hat einen wichtigen Punkt der Sache nicht beachtet he neglected an important aspect of the matter. – **II B~** *n* ⟨-s⟩ **5.** *verbal noun.* – **6.** *cf.* Beachtung.

be'ach·tensˌwert *adj* noteworthy, remarkable: kaum ~ trifling.

be'acht·lich I *adj* **1.** (*beträchtlich*) considerable, 'handsome' (*colloq.*), sizable: ein ~er Fortschritt considerable progress; von ~er Größe of (a) considerable size. – **2.** (*bemerkenswert*) remarkable, notable: ein ~es Talent a remarkable talent; das ist ganz ~ *colloq.* that's pretty good. – **3.** (*Stellung etc*) rather important. – **II** *adv* **4.** considerably: die Zustände haben sich ~ gebessert conditions have improved considerably.

Be'ach·tung *f* ⟨-; *no pl*⟩ **1.** *cf.* Beachten. – **2.** heed, attention: er schenkte den Warnungen keine ~ he gave (*od.* paid) no heed to the warnings; das verdient ~ that is worthy of attention, that's worth considering. – **3.** (*Befolgung*) observance. – **4.** (*Aufmerksamkeit*) notice, note: zur gefälligen ~! please note! j-m ~ schenken to take notice of s.o.; das Buch fand kaum ~ the book hardly received notice; nicht der ~ wert not worthy of notice, beneath one's notice. – **5.** (*Berücksichtigung*) consideration: unter ~ von (*od. gen*) in consideration of.

be'ackern (*getr.* -k·k-) *v/t* ⟨*no* ge-, h⟩ **1.** *agr.* (*Boden*) till, cultivate, plough, *bes. Am.* plow: ein Brachfeld ~ to fallow. – **2.** *fig. colloq.* (*Wissensgebiet etc*) explore, cultivate, investigate. – **3.** j-n ~ *Northern G. colloq.* to work on s.o.

Be·am·te [bə'ʔamtə] *m* ⟨-n; -n⟩ officer, official, (*im Staatsdienst*) civil servant: städtischer ~r municipal officer, local government official; ein leitender ~r a leading official; ein ~r des gehobenen Dienstes a) a senior (*od.* high) official, a dignitary, b) (*der Bundesbank*) an official of the executive class; ~r im öffentlichen Dienst public servant (*od.* official); richterlicher ~r magistrate; ~r des Gesundheitsamtes health officer; ~r der Rechnungskammer *econ.* commissioner of audit, public accountant; der ~ am Fahrkartenschalter the ticket (*Br.* booking) agent (*bes. Br.* office clerk); ~r auf Lebenszeit established civil servant; ein kleiner ~r *contempt.* a petty official.

be'am·ten *v/t* ⟨*no* ge-, h⟩ j-n ~ to appoint s.o. (to the civil service).

Be'am·ten|ˌabˌbau *m jur.* **1.** reduction of administrative staff. – **2.** reduction of civil service posts (*od.* positions). — **~ˌanˌwär·ter** *m* candidate for the civil service (*od.* for a civil service position). — **~ap·paˌrat** *m* civil service machinery. — **~beˌlei·di·gung** *f* insult to an official (*od.* insulting an official) (on duty). — **~beˌsol·dung** *f* civil service pay. — **~beˌste·chung** *f* bribing a civil servant (*od.* an official). — **~ˌbund** *m* civil service association. — **~ˌdaˌsein** *n* life (*od.* existence) of an official. — **~ˌdeutsch** *n* (*Amtsjargon*) officialese. — **~ˌdün·kel** *m cf.* Beamtenstolz. — **~ˌeh·re** *f* honor (*bes. Br.* honour) of an official. — **~ˌei·gen·schaft** *f* civil service status: in seiner ~ in his capacity as a civil servant. — **~geˌsetz** *n* civil service law, *Am.* National Civil Service Act.

be'am·ten·haft *adj* bureaucratic.
Be'am·ten|ˌhaf·tung *f cf.* Amtshaftung. — **~ˌheer** *n colloq.* large administrative staff. — **~ˌherr·schaft** *f* bureaucracy. — **~hi·er·arˌchie** *f* hierarchy of officials. — **~kar·rie·re** [-kaˌrĭɛːrə] *f cf.* Beamtenlaufbahn. — **~kon·feˌrenz** *f* meeting of officials. — **~ˌkör·per** *m cf.* Beamtenapparat. — **~ˌlaufˌbahn** *f* civil (*od.* public) service, (*im weiteren Sinn*) civil service career: die ~ einschlagen to enter the civil service. — **~ˌmie·ne** *f* official air (*od.* mien). — **~ˌnö·ti·gung** *f* intimidation of an official (*od.* a civil servant). — **~pen·siˌon** *f* civil service pension, (*im weiteren Sinne*) (retirement) pension of a public official. — **~per·soˌnal** *n cf.* Beamtenstab. — **~ˌrang** *m* status (*od.* rank) of an official. — **~ˌrang·ˌord·nung** *f cf.* Beamtenhierarchie. — **~ˌrecht** *n* civil service law.
Be'am·ten·schaft *f* ⟨-; *no pl*⟩ civil servants *pl*, officials *pl*.
Be'am·ten|ˌsee·le *f contempt.* red-tapist. — **~ˌstaat** *m hist.* bureaucracy. — **~ˌstab** *m* **1.** staff (of officials). – **2.** (*Staatsbeamte*) civil service personnel. — **~ˌstand** *m* ⟨-(e)s; *no pl*⟩ civil servants *pl*, officials *pl*. — **~ˌstel·le** *f* civil service post, post in the civil service, official position: warten, bis eine ~ frei wird to wait until a civil service post is vacant (*od.* open); offene ~n vacant official positions. — **~ˌstel·lung** *f* post in civil service, official position, capacity as a civil servant: in hoher ~ in high official capacity. — **~ˌstolz** *m* conceit of (petty) officials, Bumbledom. — **~ˌtrott** *m contempt.* official routine work.
Be'am·ten·tum *n* ⟨-s; *no pl*⟩ **1.** *jur. hist.* officialdom, bureaucracy. – **2.** officials *pl*, civil servants *pl*. – **3.** *contempt.* officialism, bureaucracy, red-tap(e)ism.
Be'am·ten|verˌein *m* civil service association. — **~verˌhält·nis** *n* civil service status: im ~ sein to be a civil servant (*od.* an official); im ~ stehen to have civil service status. — **~verˌsi·che·rung** *f econ.* civil service insurance. — **~ˌwe·sen** *n cf.* Beamtentum.— **~ˌwillˌkür** *f* officialism. — **~ˌwirt·schaft** *f contempt.* red tape, red-tap(e)ism.
be'am·tet I *pp.* – **II** *adj jur.* with civil service status, official: er ist ~ he is an appointed official (*od.* officer).
Be'am·te·te *m, f* ⟨-n; -n⟩ official, (*im Staatsdienst*) person with (*od.* enjoying) civil service status.
Be'am·tin *f* ⟨-; -nen⟩ (woman) official, officer, (*im Staatsdienst*) civil servant.
be·an·ga·ben [bə'ʔanˌgaːbən] *v/t* ⟨*no* ge-, h⟩ *Austrian officialese for* anzahlen.
be'äng·sti·gen I *v/t* ⟨*no* ge-, h⟩ **1.** j-n ~ to frighten (*od.* alarm) s.o.: ihr Zustand beängstigt mich her condition fills me with anxiety. – **II B~** *n* ⟨-s⟩ **2.** *verbal noun.* – **3.** *cf.* Beängstigung. — **be'äng·sti·gend I** *pres p.* – **II** *adj* frightening, alarming, frightful, fearful. — **Be'äng·sti·gung** *f* ⟨-; *no pl*⟩ **1.** *cf.* Beängstigen. – **2.** alarm, uneasiness, worry, anxiety.
be·an·lagt [bə'ʔanˌlaːkt] *adj rare* gifted, talented.
be·an·spru·chen [bə'ʔanˌʃpruxən] **I** *v/t* ⟨*no* ge-, h⟩ **1.** (*Recht etc*) claim, lay claim to, demand (*jur.*), vindicate (*jur.*): etwas als sein Eigentum ~ to claim s.th. to be one's property; ein Vorrecht für sich ~ to claim a privilege; Schaden(s)ersatz ~ to make a claim for damages; etwas nicht ~ *jur.* to disclaim s.th. – **2.** (*Geduld, Aufmerksamkeit etc*) claim, demand, call for, require: das beansprucht viel Energie that calls for much energy; j-n ganz ~ to keep s.o. fully occupied; den ganzen Menschen ~ to call for all of s.o.'s attention and energy. – **3.** (*Platz, Zeit*) take (up): das beansprucht zu viel Raum that takes up too much space (*od.* room); das beansprucht einen ganzen Tag that'll take a whole day. – **4.** (*j-s Hilfe, Dienste etc*) make use of, make a demand on: j-s Gastfreundschaft ~ to avail oneself of s.o.'s hospitality. – **5.** *tech.* (*Werkstoffe, Bauteile*) a) (*elastisch*) stress, b) (*verformend*) strain, c) (*belasten*) load: etwas auf Verdrehung [Schlag, Stoß, Zug] ~ to subject s.th. to torsion [impact, shock, tension]; diese Teile werden zu stark beansprucht these parts are stressed excessively. – **II B~** *n* ⟨-s⟩ **6.** *verbal noun.* – **7.** *cf.* Beanspruchung. — **Be'anˌspru·chen·de** *m, f* ⟨-n; -n⟩ *jur.* claimant. — **Be'anˌspru·chung** *f* ⟨-; -en⟩ **1.** *cf.* Beanspruchen. – **2.** (*eines Rechts etc*) claim, vindication. – **3.** (*der Kräfte etc*) demand, tax, strain: ~ des Geldbeutels drain on the purse. – **4.** *tech.* a) stress, b) strain, c) load: ~ auf Schlag [Zug, Verdrehung] impact [tensile, torsional] stress; ~ der Bremsen brakeload. – **5.** (*Art des Gebrauchs*) service, condition: eine Maschine für höchste ~en a machine designed for heavy-duty service; die Maschine entspricht allen ~en im Betrieb the machine meets all shop (*od.* working) conditions.
Be'anˌspru·chungs|ˌgrad *m tech.* intensity of stress. — **~ˌgren·ze** *f* limit of stress.
be·an·stan·den [bə'ʔanˌʃtandən] **I** *v/t* ⟨*no* ge-, h⟩ **1.** complain of (*od.* about), object to, find fault with, take exception to: minderwertige Waren ~ to make a complaint of (*od.* to reject) substandard goods; seine schlechte Schrift wurde beanstandet complaints were made about his bad handwriting; daran ist nichts zu ~ there is nothing to complain about, there is no objection to it; j-s Verhalten ~ to take exception to s.o.'s behavio(u)r. – **II B~** *n* ⟨-s⟩ **2.** *verbal noun.* – **3.** *cf.* Beanstandung.
be·an·stän·den [bə'ʔanˌʃtɛndən] *v/t* ⟨*no* ge-, h⟩ *Austrian for* beanstanden.
be'anˌstan·det I *pp.* – **II** *adj* **1.** (*Waren etc*) rejected, under objection (*nachgestellt*), objectional. – **2.** (*Mangel*) objectionable.
Be'anˌstan·dung *f* ⟨-; -en⟩ **1.** *cf.* Beanstanden. – **2.** (*gen*) complaint (about), objection (to), exception (to): ~en erheben (gegen) to raise objections (to); ~en geltend machen to bring complaints to notice; zu ~en Anlaß geben to give cause for complaints; ohne ~ without objection.
be'anˌtra·gen I *v/t* ⟨*no* ge-, h⟩ **1.** apply (*od.* make an application) for, put in a claim for: ein Stipendium ~ to apply for a scholarship (*od.* grant); Schaden(s)ersatz ~ *jur.* to put in a claim for damages. – **2.** *pol.* (*Gesetzentwurf etc*) move (for), put (*od.* bring forward) a motion for: etwas als erster ~ to initiate s.th. – **3.** *jur.* a) propose, submit, b) sue (out): einen Gerichtsbeschluß ~ to sue (out) a writ. – **II B~** *n* ⟨-s⟩ **4.** *verbal noun.* — **Be'anˌtra·gung** *f* ⟨-; -en⟩ **1.** *cf.* Beantragen. – **2.** application, claim: ~ eines Stipendiums application for a scholarship (*od.* grant).
be'antˌwort·bar *adj* answerable. — **Be'antˌwort·bar·keit** *f* ⟨-; *no pl*⟩ answerableness.
be'antˌwor·ten I *v/t* ⟨*no* ge-, h⟩ **1.** (*Frage, Brief etc*) answer, reply to: das läßt sich nicht leicht ~ this cannot be answered easily; wildes Geschrei beantwortete seinen Vorschlag *fig.* wild shouts greeted his proposal; einen Schlag mit einem Gegenschlag ~ to counter a blow. – **2.** *mus.* (*Thema*) answer, reply. – **II** *v/reflex* **3.** sich (von selbst) ~ to answer itself: die Frage beantwortet sich von selbst the answer is self-evident. – **III B~** *n* ⟨-s⟩ **4.** *verbal noun.* – **5.** *cf.* Beantwortung. — **Be'antˌwor·tung** *f* ⟨-; -en⟩ **1.** *cf.* Beantworten. – **2.** answer, reply: in ~ Ihres Schreibens in answer (*od.* reply) to your letter. – **3.** *mus.* answer, reply: reale [tonale] ~ *mus.* real [tonal] answer.
Be'antˌwor·tungs|ˌfrist *f econ.* (final) date of reply. — **~ˌschrei·ben** *n cf.* Antwortbrief.
be'ar·beit·bar *adj tech.* **1.** workable. – **2.** (*zerspanend*) machinable, *auch* machineable. — **Be'ar·beit·bar·keit** *f* ⟨-; *no pl*⟩ **1.** workability, forming property. – **2.** (*zerspanende*) machin(e)ability. – **3.** (*leichte*) free-cutting property, free-machining quality.
be'ar·bei·ten I *v/t* ⟨*no* ge-, h⟩ **1.** (*Material etc*) work. – **2.** (*behandeln*) treat: Flecke mit einem Reinigungsmittel ~ *colloq.* to treat marks (*od.* spots, stains) with a cleaner. – **3.** (*Sachgebiet, Thema etc*) work on, deal with, treat: ein Forschungsgebiet ~ to deal with a field of research. – **4.** (*Buch, Text etc*) adapt: einen Roman für die Bühne ~ to adapt a novel for the stage. – **5.** (*an etwas arbeiten*) work on, handle: eine Anfrage ~ to handle an inquiry; einen Kriminalfall ~ to handle a (criminal) case. – **6.** j-n ~ *fig. colloq.* to work on s.o., to try to persuade s.o.: j-n ~, etwas zu tun (*od.* daß er etwas tut) to try to persuade s.o. to do s.th.; die Wähler ~ *pol.* to electioneer, *Am.* to campaign, to barnstorm; Abgeordnete ~ to lobby. – **7.** etwas [j-n] (*mit Schlägen etc*) ~ *fig. colloq.* to beat s.th. [s.o.]: ein Hindernis mit Fußtritten ~ to kick an obstacle; j-n gründlich ~ to belabor (*Br.* belabour) s.o., to beat s.o. soundly, *Am. sl.* to give s.o. a good working over. – **8.** *tech.* a) (*spanlos*) work, form, shape, b) (*zerspanend*) machine, c) (*in der Fertigung*) process, d) (*Oberfläche*) treat: Holz ~ to work wood; die Konturen von etwas ~ to profile (*od.* contour) s.th.; Stein grob ~ to rough out (*od.* roughhew) stone; etwas maschinell ~ to machine s.th.; etwas grob maschinell ~ to rough-machine s.th.; leicht zu ~ readily workable. – **9.** *agr.* (*Boden*) work, cultivate. – **10.** *econ.* a) (*Auftrag etc*) deal with, work on, b) (*Gebiet*) work, cover, canvass. – **11.** *phot.* process, treat. – **12.** (*leather*) dress. – **13.** *mus.* a) (*Stück, Partitur etc*) arrange: etwas jazzmäßig ~ to jazz s.th.; etwas frei ~ to paraphrase s.th. – **14.** *print.* (*Manuskript*) a) prepare, b) edit. – **II** *v/reflex* **15.** sich mit dem Kamm ~ *colloq.* to give oneself a good combing. – **III B~** *n* ⟨-s⟩ **16.** *verbal noun.* – **17.** *cf.* Bearbeitung.
Be'ar·bei·ter *m* ⟨-s; -⟩, **Be'ar·bei·te·rin** ⟨-; -nen⟩ **1.** (*eines Fachbereichs, Falls etc*) clerk (*od.* official) in charge: der zuständige ~ the official in charge of the matter. – **2.** *print.* (*eines Textes etc*) a) reviser, b) editor. – **3.** (*eines Stücks etc*) adapter. – **4.** *mus.* arranger.
be'ar·bei·tet I *pp.* – **II** *adj* **1.** (*Text etc*) adapted: nach dem Englischen ~ adapted from the English. – **2.** *tech.* a) worked, wrought, shaped, b) machined, c) processed, d) treated. – **3.** *mus.* arranged: ~ von arranged by.
Be'ar·bei·tung *f* ⟨-; -en⟩ **1.** *cf.* Bearbeiten. – **2.** (*Behandlung*) treatment. – **3.** (*eines Themas etc*) treatment. – **4.** (*eines Buches, Textes etc*) adaptation. – **5.** *tech.* a) treatment, b) (*handwerkliche*) workmanship. – **6.** *agr.* cultivation. – **7.** *econ.* preparation: in ~ in preparation, in hand. – **8.** *phot.* treatment. – **9.** *mus.* arrangement, adaptation: freie ~ paraphrase.
Be'ar·bei·tungs|ˌaufˌga·be *f tech.* **1.** (*spanlos*) working job (*od.* task). – **2.** (*zerspanend*) machining job (*od.* task). — **~beˌdin·gung** *f* **1.** working condition. – **2.** machining condition. — **~ˌei·gen·schaft** *f* **1.** working property (*od.* quality). – **2.** machining property (*od.* quality, characteristic). — **~ˌfä·hig·keit** *f* workability: ~ des Bodens *agr.* workability of soil. — **~geˌbühr** *f econ.* fee (required for services), processing fee. — **~geˌnau·ig·keit** *f tech.* **1.** working accuracy. – **2.** machining accuracy. — **~ˌgrad** *m* **1.** workability. – **2.** (*maschinell*) machin(e)ability. — **~ˌko·sten** *pl* **1.** *tech.* a) working cost *sg*, b) machining cost *sg*. – **2.** *jur.* (*für ein Verfahren etc*) costs. – **3.** *econ. cf.* Bearbeitungsgebühr. — **~maˌschi·ne** *f tech.* (*spanende*) metal-cutting machine. — **~meˌtho·de** *f* **1.** manufacturing method. – **2.** machining method. — **~ˌplan** *m* **1.** *econ.* (*für Kostenberechnung*) operation plan. – **2.** *tech.* working (*od.* machining) plan. — **~ˌstem·pel** *m econ. jur.* progress stamp. — **~ˌstra·ße** *f tech.* (*Fertigungsstraße*) transfer line. — **~ˌtech·nik** *f* **1.** working (*od.* machining) practice. – **2.** *cf.* Bearbeitungsverfahren. — **~verˌfah·ren** *n* **1.** manufacturing method. – **2.** working method. – **3.** machining method. – **4.** (*für Oberflächen*) finishing method. — **~ˌvorˌgang** *m* **1.** manufacturing operation. – **2.** working operation. – **3.** machining operation (*od.* procedure), cutting operation. — **~ˌwerkˌstät·te** *f* **1.** mechanical workshop (*Am. auch* shop). – **2.** (*Maschinenabteilung eines Betriebes*) machine shop. — **~ˌwerkˌzeug** *n* **1.** (*für spanlose Bearbeitung*) working tool. – **2.** (*zur spanabhebenden Bearbeitung*) cutting tool. — **~ˌzeit** *f* **1.** operating time. – **2.** working time. – **3.** machining time. — **~ˌzuˌga·be** *f* **1.** working allowance. – **2.** machining allowance.
be'argˌwöh·nen *v/t* ⟨*no* ge-, h⟩ j-n ~ to suspect (*od.* mistrust, distrust) s.o.
be·astet [bə'ʔastət] *adj* (*forestry*) branched, limby. — **Be·astung** [bə'ʔastʊŋ] *f* ⟨-; *no pl*⟩ branching, branches *pl*.
Beat [biːt] (*Engl.*) *m* ⟨-(s); -s⟩ *mus.* **1.** (*Rhythmus*) beat. – **2.** beat (music).
Bea·ti·fi·ka·ti·on [beatifika'tsĭoːn] *f* ⟨-; -en⟩

relig. beatification. — **bea·ti·fi'zie·ren** [-'tsiːrən] *v/t* ⟨*no* ge-, h⟩ beatify.

Bea·tle ['biːtəl; biːtl] (*Engl.*) *m* ⟨-s; -s⟩ *colloq. humor.* person with a beatle haircut, beatle. — **~fri,sur** *f* beatle haircut.

be'at·men *v/t* ⟨*no* ge-, h⟩ j-n (künstlich) ~ *med.* to apply artificial respiration to s.o. — **Be'at·mung** *f* ⟨-; *no pl*⟩ (*künstliche*) artificial respiration.

Be'at·mungs·ge,rät *n med.* respirator.

Beau [boː] *m* ⟨-; -s⟩ *contempt.* beau, dandy.

'Beau·fort,ska·la ['boːfərt-] *f aer. mar.* (*für Windstärke*) Beaufort scale.

be'auf,schla·gen *tech.* **I** *v/t* ⟨*no* ge-, h⟩ **1.** (*Dampfturbine*) admit. – **2.** (*Strahltriebwerk*) admit air (*od.* gas) at high velocity (*od.* pressure) into. – **3.** (*Kolbenfläche*) pump against, act upon, impinge. – **4.** (*Luftzylinder*) pressurize. – **II B~** *n* ⟨-s⟩ **5.** *verbal noun.* — **Be'auf,schla·gung** *f* ⟨-; *no pl*⟩ **1.** *cf.* Beaufschlagen. – **2.** (*von Turbinen*) admission. – **3.** (*von Kolbenflächen*) impingement.

be·auf·sich·ti·gen [bə'ʔauf,zɪçtɪgən] **I** *v/t* ⟨*no* ge-, h⟩ **1.** (*Arbeiten etc*) supervise, direct, superintend, control. – **2.** (*Gefangene etc*) watch over. – **3.** (*Kind etc*) look after, be in charge of. – **II B~** *n* ⟨-s⟩ **4.** *verbal noun.* – **5.** *cf.* Beaufsichtigung. — **Be'auf,sich·ti·gung** *f* ⟨-; *no pl*⟩ **1.** *cf.* Beaufsichtigen. – **2.** (*Überwachung*) supervision, control. – **3.** (*von Gefangenen*) surveillance. – **4.** (*von Kindern*) charge. – **5.** *ped.* (*bei Prüfungen*) invigilation, *bes. Am.* proctoring. – **6.** (*Leitung*) superintendence.

be'auf,tra·gen I *v/t* ⟨*no* ge-, h⟩ **1.** j-n ~, etwas zu tun to instruct (*od.* charge, order, direct) s.o. to do s.th.: ich bin beauftragt worden, Sie davon in Kenntnis zu setzen I have been instructed to inform you about this; ich beauftragte ihn, ihr diese Sache mitzuteilen I commissioned him to break the matter to her. – **2.** j-n mit etwas ~ to entrust (*od.* intrust, charge) s.o. with s.th., to put s.o. in charge of s.th., to appoint s.o. to s.th.: er wurde mit dem Fall beauftragt the case was put in his hands; er wurde mit der Bildung einer neuen Regierung beauftragt he was charged with the responsibility of forming a new government. – **3.** (*ermächtigen*) authorize, empower. – **4.** *jur.* (*Rechtsanwalt*) a) brief, instruct, b) retain. – **II B~** *n* ⟨-s⟩ **5.** *verbal noun.* – **6.** *cf.* Beauftragung. — **be'auf,tragt I** *pp.* – **II** *adj* **1.** mit etwas ~ sein to be charged with (*od.* put in charge of) s.th., to be appointed to s.th., to be entrusted (*od.* intrusted) with s.th. – **2.** ~ sein, etwas zu tun to be instructed (*od.* ordered, directed, charged) to do s.th. – **3.** *jur.* (*Richter etc*) commissioned. — **Be'auf,trag·te** *m, f* ⟨-n; -n⟩ **1.** commissioner, (authorized) representative, agent, deputy. – **2.** (*Abgeordneter*) delegate. – **3.** *jur.* (*Bevollmächtigter*) mandatary, mandatory. — **Be'auf,tra·gung** *f* ⟨-; -en⟩ **1.** *cf.* Beauftragen. – **2.** instruction, direction. – **3.** (*Ermächtigung*) authorization.

be·aug·ap·feln [bə'ʔauk,ʔapfəln] *v/t* ⟨*no* ge-, h⟩ *colloq. humor.* (have a) look at, eye.

be'äu·geln *v/t* ⟨*no* ge-, h⟩ j-n [etwas] ~ *colloq.* eye (*od.* watch) s.o. [s.th.] closely (*od.* with curiosity).

be'äu·gen *v/t* ⟨*no* ge-, h⟩ **1.** j-n [etwas] ~ to look at s.o. [s.th.]. – **2.** *cf.* beäugeln.

be·au·gen·schei·ni·gen [bə'ʔaugən,ʃaɪnɪgən] *v/t* ⟨*no* ge-, h⟩ etwas [j-n] ~ to look closely at s.th. [s.o.], to inspect (*od.* view, examine) s.th. [s.o.] closely.

Beau·jo·lais [boʒo'lɛː] *m* ⟨- [-'lɛː(s)]; - [-'lɛːs]⟩ *gastr.* Beaujolais.

Beau·té [bo'teː] *f* ⟨-; -s⟩ **1.** beauty. – **2.** beautiful woman (*od.* girl), beauty, belle.

Be·ba·kung [bə'baːkʊŋ] *f* ⟨-; *no pl*⟩ *mar.* beaconage.

be'bän·dern *v/t* ⟨*no* ge-, h⟩ decorate (*od.* trim) (*s.th.*) with ribbons. — **be'bän·dert I** *pp.* – **II** *adj* decorated (*od.* trimmed) with ribbons, beribboned.

be'bau·bar *adj* **1.** *agr.* arable, tillable, cultiva(ta)ble. – **2.** *civ.eng.* suitable for building purposes: ~es Gelände building land (*od.* site).

be'bau·en I *v/t* ⟨*no* ge-, h⟩ **1.** *agr.* (*Felder etc*) cultivate, till, farm: eine Fläche ~ to cultivate an area, to bring an area under cultivation. – **2.** *civ.eng.* (*Baugrund*) build up(on), *auch* develop(e): ein Gelände ~ to build up an area. – **3.** *fig. colloq.* (mit with) load: einen Schreibtisch mit Büchern ~ to pile up books on a desk. – **II B~** *n* ⟨-s⟩ **4.** *verbal noun.* — **Be'bau·er** *m* ⟨-s; -⟩ *agr.* cultivator. — **be'baut I** *pp.* – **II** *adj* **1.** (*Feld etc*) cultivated, tilled: ein wenig ~es Feld *fig.* (*Problem, Wissensgebiet*) an area which has hardly been worked upon. – **2.** *civ.eng.* built-upon (*attrib*): ~es Gelände built-up area. — **Be'bau·ung** *f* ⟨-; *no pl*⟩ **1.** *cf.* Bebauen. – **2.** *agr.* cultivation, tillage. – **3.** *civ.eng.* development, *auch* developement: geschlossene ~ a) (*geplant*) block system planning, b) (*bebautes Gebiet*) built-up area; regellose [sporadische] ~ haphazard [sporadic] develop(e)ment.

Be'bau·ungs|,dich·te *f arch. cf.* Baudichte. — **~ge,biet** *n* building area. — **~,plan** *m* develop(e)ment plan.

beb·bern ['bɛbərn] *v/i* ⟨h⟩ *bes. Northern G. dial. for* bibbern.

Bé·bé [be'beː] *n* ⟨-s; -s⟩ *Swiss* baby.

be·ben[1] ['beːbən] **I** *v/i* ⟨h⟩ **1.** (*von Erde, Haus etc*) quake, tremble. – **2.** (*von Person, Körper, Stimme etc*) (vor *dat* with) shake, tremble; quake, quiver (*lit.*): vor Kälte ~ to shiver (*od.* shudder) with cold; vor Zorn ~ to shake (*od.* quiver) with anger; ihre Stimme bebte vor Aufregung her voice quivered (*od.* quavered) with excitement; vor Freude ~ to thrill (*od.* tremble) with joy; sie bebte am ganzen Leibe her whole body trembled; vor j-m ~ *fig.* to tremble before s.o.; um j-n ~ *fig.* to tremble for s.o. – **3.** *phys.* a) quake, b) (*von Magnetnadeln*) quiver, c) (*schwimmen*) oscillate, vibrate. – **4.** *med.* (*von Brustwand*) thrill. – **II B~** *n* ⟨-s⟩ **5.** *verbal noun.* – **6.** shake, tremor, tremble, quiver, quaver. – **7.** *mus.* tremolo, vibrato. – **8.** *phys.* a) quake, b) (*von Magnetnadel etc*) oscillation, vibration. – **9.** *med.* (*der Brustwand*) thrill.

'Be·ben[2] *n* ⟨-s; -⟩ *geol.* (earth)quake, tremor, trembling: magmatische ~ magmatic tremors; submarines ~ submarine earthquake; kontinentales ~ inland earthquake. — **~ge,biet** *n* seismic area. — **~,herd** *m* center (*bes. Br.* centre) of the tremor.

'Be·ber,esche *f bot.* aspen (*Populus tremula*).

be'bil·dern *v/t* ⟨*no* ge-, h⟩ (*Buch etc*) illustrate. — **be'bil·dert I** *pp.* – **II** *adj* illustrated: das Buch ist reich ~ the book is richly illustrated. — **Be'bil·de·rung** *f* ⟨-; -en⟩ illustration.

be'blät·tert *adj bot.* leaved, leafy, foliaged, bladed, foliate (*scient.*).

be'blümt *adj poet.* flowery.

Be·bop ['biːbɔp] *m* ⟨-(s); -s⟩ *mus.* bebop.

be·brillt [bə'brɪlt] *adj humor.* (be)spectacled.

be'brü·ten I *v/t* ⟨*no* ge-, h⟩ **1.** *zo.* (*Eier*) sit on, incubate, brood, breed. – **2.** *biol.* (*Bakterienkultur etc*) incubate. – **3.** *fig. colloq.* brood over. – **II B~** *n* ⟨-s⟩ **4.** *verbal noun.* — **Be'brü·tung** *f* ⟨-; *no pl*⟩ **1.** *cf.* Bebrüten. – **2.** incubation.

'Be·bung *f* ⟨-; *no pl*⟩ **1.** vibration, oscillation. – **2.** *mus.* (*am Klavichord*) bebung, vibrato.

be·buscht [bə'bʊʃt] *adj rare for* buschig 2.

Bé·cha'mel,so·ße [beʃa'mɛl-] *f gastr.* béchamel (sauce).

Be·cher ['bɛçər] *m* ⟨-s; -⟩ **1.** (*aus Porzellan, Steingut etc*) cup, mug, (*aus Glas*) *auch* tumbler, glass: die ~ kreisen lassen to circulate the wine; den ~ bis zur Neige leeren *lit.* to drain the cup to the dregs. – **2.** (*aus Plastik*) beaker. – **3.** (*aus Metall*) mug, beaker, goblet (*lit.*). – **4.** (*für Eis, Joghurt etc*) (paper) cup, *Br.* tub: Eis im ~ ice cream in a cup. – **5.** *fig. lit.* cup: der ~ der Freude the cup of pleasure. – **6.** (*games*) (*zum Würfeln*) (dice)box, (dice)cup. – **7.** *tech.* a) (*eines Baggers*) bucket, b) (*von Peltonrädern*) bowl, c) (*Glas-, Porzellanbecher*) beaker. – **8.** *bot.* a) (*Fruchthülle*) cupule, cupula (*scient.*), b) (*Kelchbecher*) calyx, scyphus, c) (*Achsenbecher*) receptacle. – **9.** *archeol.* beaker. — **b~,ar·tig** *adj* **1.** like a cup, cuppy. – **2.** *bot.* cupular, cup-shaped. — **~,blu·me** *f bot.* salad burnet (*Sanguisorba minor*). — **~,bruch** *m tech. metall.* (*im Draht*) cup and cone fracture. — **~,ei·sen** *n tech.* (*Schmiedewerkzeug*) stake with two round pointless ends. — **~,flech·te** *f bot.* cup lichen (*od.* moss) (*Gattg Cladonia, bes. C. pyxidata*). — **b~,för·mig** *adj* **1.** cup-shaped, cyathiform (*lit.*). – **2.** *bot.* acetabular, acetabuliform, cupulate, *auch* cupular. — **~,glas** *n chem.* beaker (glass). — **~,keim** *m biol.* gastrula. — **~,ket·te** *f tech.* **1.** (*eines Becherwerkes*) bucket elevator chain. – **2.** (*eines Eimerkettenbaggers*) scoop chain. — **~,klang** *m lit.* tinkling (*od.* chinking) of glasses. — **~,kraut** *n bot. cf.* Becherblume, Wiesenknopf. — **~,lar·ve** *f biol. cf.* Becherkeim.

'Be·cher·ling *m* ⟨-s; -e⟩ *bot. cf.* Becherpilz.

'Be·cher,moos *n bot. cf.* Becherflechte.

be·chern ['bɛçərn] *v/i* ⟨h⟩ *colloq. humor.* (*zechen*) tipple, booze, *auch* boose.

'Be·cher|,pilz *m bot.* **1.** blood (*od.* fairy) cup (*Gattg Peziza, bes. P. coccinea*). – **2.** cup mushroom (*od.* fungus) (*Ordng Pezizales*). — **~,pri·mel** *f* Chinese primrose (*Primula obconica*). — **~,qual·le** *f zo.* lucernarian, stauromedusan, lucernid, stalked jellyfish (*Ordng Stauromedusae*). — **~,schwamm** *m bot. cf.* Becherpilz. — **~,spiel** *n* thimblerig, *auch* thimblerigging. — **b~,tra·gend** *adj bot.* scyphiferous, urceolate. — **~,volk** *n archeol.* beaker folk (*od.* people), beakermen *pl.* — **~,werk** *n tech.* bucket conveyor (*od.* elevator). — **~,zel·le** *f biol.* goblet (*od.* mucous) cell.

be·cir·cen [bə'tsɪrtsən] *v/t* ⟨*no* ge-, h⟩ *colloq.* allure, bewitch, ensnare.

Becken (*getr.* -k·k-) ['bɛkən] *n* ⟨-s; -⟩ **1.** basin, bowl. – **2.** (*Abwaschbecken*) sink. – **3.** (*WC-Becken*) bowl, *bes. Br.* pan. – **4.** (*Schwimmbecken*) (swimming) pool. – **5.** (*Bassin*) basin, reservoir, (artificial) pool. – **6.** *geol.* basin: ~ mit artesischem Wasser artesian basin. – **7.** *pl mus.* cymbals. – **8.** *med.* hipbones *pl*, pelvis (*scient.*). – **9.** *mar.* (*Hafenbecken*) basin. — **~,ach·se** *f med.* pelvic axis. — **~ar,te·rie** *f* hypogastric artery. — **~,aus,gang** *m* pelvic outlet. — **~,bein** *n meist pl* pelvic bone. — **~,bruch** *m* **1.** fracture of the pelvis. – **2.** fractured pelvis. — **~,ein,gang** *m* pelvic inlet. — **~,end,la·ge** *f* (*bei der Geburt*) breech (presentation). — **b~,för·mig** *adj* **1.** *geol.* basin-shaped. – **2.** *med.* having the shape of a pelvis. — **~,höh·le** *f med.* pelvic cavity. — **~,kno·chen** *m* **1.** hipbone, innominate bone. – **2.** *pl* pelvic bones. — **~,la·ge** *f cf.* Beckenendlage. — **~,mes·ser** *m* (*bei der Geburtshilfe*) pelvimeter. — **~,mes·sung** *f* pelvimetry. — **~or,gan** *n meist pl* pelvic organ. — **~,schlag** *m mus.* clash of cymbals. — **~,schlä·ger** *m* cymbal player, cymbalist.

'Beck,ham·mer ['bɛk-] *m tech. cf.* Niethammer.

'Beck,mes·ser I *npr m* ⟨-s; *no pl*⟩ Beckmesser (*character in Wagner's "Meistersinger"*). – **II** *m* ⟨-s; -⟩ *fig. contempt.* Beckmesser, pedantic philistine (*auch* Philistine). — **,Beck·mes·se'rei** *f* ⟨-; *no pl*⟩ *contempt.* cavil(l)ing, philistine (*auch* Philistine) pedantry, (*mit böser Absicht*) carping. — **'beck,mes·se·risch** *adj* cavil(l)ing, pedantic, carping. — **'beck,mes·sern I** *v/i* ⟨h⟩ cavil, carp. – **II** *v/t* cavil at, carp at.

Bec·que'rel,strahl [bɛkə'rɛl-] *n meist pl phys.* Becquerel ray.

be'da·chen I *v/t* ⟨*no* ge-, h⟩ **1.** (*Haus etc*) roof. – **II B~** *n* ⟨-s⟩ **2.** *verbal noun.* – **3.** *cf.* Bedachung.

be'dacht[1] **I** *pp of* bedenken. – **II** *adj* **1.** *cf.* bedachtsam 1. – **2.** auf (*acc*) etwas ~ sein a) to be mindful of s.th., to be preoccupied with s.th., b) to care for (*od.* look to) s.th., to be intent (*od.* keen, bent) on s.th.: auf seinen guten Ruf ~ sein to care for (*od.* be mindful of) one's reputation; auf seine Interessen ~ sein to look after (*od.* have an eye to) one's interests; nur auf seinen Vorteil ~ sein to know (on) which side one's bread is buttered; auf seine Sicherheit ~ sein to be concerned (*od.* solicitous) about one's safety; er war darauf ~, den bestmöglichen Eindruck zu machen he was anxious to make (*od.* intent on making) the best impression possible; er ist darauf ~, sie zufriedenzustellen he is anxious to give them satisfaction. – **III** *adv* **3.** ~ handeln to act deliberately.

be'dacht[2] **I** *pp of* bedachen. – **II** *adj* roofed, covered with a roof.

Be'dacht *m* ⟨-(e)s; *no pl*⟩ consideration, deliberation: mit [ohne] ~ with [without *od.* lacking] deliberation (*od.* consideration, reflection); auf (*acc*) etwas ~ nehmen *lit.* to consider s.th., to take s.th. into consideration.

Be'dach·te *m, f* ⟨-n; -n⟩ *jur.* **1.** beneficiary. – **2.** (*in einem Testament*) legatee.

be·däch·tig [bə'dɛçtɪç] **I** *adj* **1.** (*überlegt*) deliberate, considerate, reflective, thoughtful: eine ~e Art haben to be deliberate (*od.* considerate); ein sehr ~er Mensch a very reflective person. – **2.** (*langsam*) deliberate, unhurried, leisurely, gingerly, slow: ~e Bewegungen deliberate movements; ~en Schrittes gehen to walk leisurely (*od.* gingerly). – **3.** (*vorsichtig*) cautious, guarded, prudent. – **4.** (*umsichtig*) circumspect, prudent. – **II** *adv* **5.** deliberately, considerately: er ging ~ ans Werk he went about his work deliberately. – **6.** slowly, leisurely, gingerly: er kam ~ des Weges he came along leisurely. — **Be'däch·tig·keit** *f* ⟨-; *no pl*⟩ **1.** deliberateness, consideration, thoughtfulness, reflection. – **2.** leisure, slowness. – **3.** cautiousness. – **4.** circumspection, prudence.

be'dacht·sam I *adj* **1.** thoughtful, considerate, deliberate. – **2.** *lit. for* bedächtig 1—4. – **II** *adv* **3.** *cf.* bedächtig 5, 6. — **Be'dacht·sam·keit** *f* ⟨-; *no pl*⟩ *lit. for* Bedächtigkeit.

Be'da·chung *f* ⟨-; -en⟩ **1.** *cf.* Bedachen. – **2.** *arch.* a) ⟨*only sg*⟩ placing the roof(ing), b) (*Dachhaut*) roofing. — **Be'da·chungs·ma·te·ri,al** *n arch.* roofing material.

be'dampf·fen *metall.* **I** *v/t* ⟨*no* ge-, h⟩ **1.** (*bei der Oberflächenveredlung*) vapor- (*bes. Br.* vapour-)blast. – **2.** (*bei der Verzinkung*) vapor- (*bes. Br.* vapour-)galvanize. – **II B~** *n* ⟨-s⟩ **3.** *verbal noun.* — **Be'damp·fung** *f* ⟨-; *no pl*⟩ **1.** *cf.* Bedampfen. – **2.** vapor- (*bes. Br.* vapour-)blast process.

Be'damp·fungs,an,la·ge *f tech.* **1.** (*für Oberflächenveredlung*) vapor- (*bes. Br.* vapour-)blasting equipment. – **2.** (*für Verzinkung*) vapor- (*bes. Br.* vapour-)galvanizing equipment.

be'dan·ken I *v/reflex* ⟨*no* ge-, h⟩ sich ~ **1.** thank, express one's thanks: sich bei j-m [für etwas] ~ to thank s.o. [for s.th.], to express one's thanks to s.o. [for s.th.]. – **2.** *iron.* decline (*od.* refuse) with (many) thanks: dafür wird er sich schön ~ he will decline it with thanks. – **II** *v/t* **3.** j-n ~ to thank s.o., to express one's thanks to s.o.: sei [seien Sie] (vielmals) bedankt! *lit.* please accept my (*od.* our) (sincere) thanks! thank you so much!

Be'darf *m* ⟨-(e)s; *no pl*⟩ **1.** need, want, requirement(s *pl*): Dinge des täglichen ~s daily needs; j-s ~ befriedigen to provide for s.o.'s wants, to meet s.o.'s requirements; Deckung des ~s satisfying of wants, covering of requirements; ~ haben an (*dat*) etwas to need (*od.* require, want) s.th.; bei ~ in case of need, if required, (up)on request; (je) nach ~ according to requirements, as required; ~ an Truppen *mil.* force requirement; für den eignen ~ for one's own requirements; mein ~ an Regen ist jetzt gedeckt *fig. humor.* I've had about enough of rain by now; Gegenstände des täglichen ~s articles in daily use. – **2.** (*Bedarfsmenge*) supply requirements *pl*, needs *pl* (*auch econ.*): seinen ~ an Lebensmitteln wöchentlich einkaufen to buy one's supply of food weekly; den gesamten ~ liefern to furnish the total supply. – **3.** *econ.* (an *dat*) a) (*Nachfrage*) demand (for), b) (*Verbrauch*) consumption (of): inländischer ~ a) home demand, b) home consumption; ständiger ~ an etwas constant demand for s.th.; ~ an etwas haben to be in the market for s.th.; den ~ an Butter decken to meet the demand for butter; für sofortigen ~ for immediate use; Produkt des gehobenen ~s high-quality product; Güter des gehobenen ~s luxuries and semi-luxuries, high-quality products; die Produktion auf den ~ abstimmen to co(-)ordinate production and demand, to adjust production to demand; den ~ übersteigen to exceed (*od.* surpass) the demand; bei auftretendem ~ as soon as there is demand (*od.* want); über ~ einkaufen to overstock (oneself), to buy in excess of the demand; elastischer ~ selective demand.

Be'darfs|ar,ti·kel *m meist pl econ.* **1.** requisite, commodity: notwendige ~ essential commodities, necessaries; lebensnotwendige ~ vital commodities; die ~ der verschiedenen Erwerbszweige the requisites (*od.* necessaries) of the different branches of trade; ~ für die Schule requisites for school. – **2.** consumer article, article of daily use (*od.* consumption). — **~,deckung** (*getr.* -k·k-) *f* **1.** coverage (*od.* supply) of demand. – **2.** (*an Gebrauchsgütern*) commodity supply. — **~,fall** *m* case of need, emergency: im ~ in case of need (*od.* necessity), if necessary (*od.* required), if need be (*lit.*). — **~,ge·gen,stand** *m meist pl cf.* Bedarfsartikel. — **~,gü·ter** *pl* **1.** essential commodities. – **2.** (*Verbrauchsgüter*) consumer goods, goods of consumption. — **~,hal·te,stel·le** *f* **1.** (*für Bus, Straßenbahn*) request stop. – **2.** (*railway*) request (*od.* optional) halt (*od.* stop), flag station. — **~,la·ge** *f econ.* state of demand. — **~,len·kung** *f* consumption control, controlled distribution of supply, consumer guidance. — **~,reg·ler** *m aer.* (*für Sauerstoff zur Atmung*) demand regulator.

be'dau·er·lich *adj* regrettable, unfortunate, (*stärker*) deplorable, lamentable: es ist ~, daß it is regrettable (*od.* it is a pity, it is to be regretted) that; ein ~er Verlust a lamentable loss; ein ~er Fehler a regrettable (*od.* an unfortunate) mistake; ein ~er Vorfall a deplorable incident.

be'dau·er·li·cher'wei·se *adv* unfortunately, regrettably: ~ kann ich morgen nicht kommen unfortunately (*od.* I am sorry to say) I cannot come tomorrow; ~ mußte die Reise verschoben werden it is to be regretted that the journey had to be deferred.

be'dau·ern I *v/t* ⟨*no* ge-, h⟩ **1.** (*Person*) pity, sympathize with, feel (sorry *od.* pity) for: er ist zu ~ he is to be pitied; ich bedaure dich wegen deines Unglücks I feel for (*od.* deplore) your misfortune; er läßt sich gern ~ he likes to be pitied. – **2.** (*einen Vorfall*) regret, be sorry for, feel regret for, (*stärker*) deplore: ich bedaure mein Versäumnis I regret my failure; wir ~, sagen zu müssen we regret (*od.* are sorry) to say; ich bedaure nicht, den Film versäumt zu haben I don't regret having missed the film; ich bedaure, es gesagt zu haben I regret having (*od.* I am sorry that I) said it; es wäre zu bedauern, wenn it would be a pity (*od.* it would be regrettable) if; wir ~ sehr, Ihre Aufträge entbehren zu müssen *econ.* we very much regret not to be entrusted with your orders. – **II** *v/i* **3.** be sorry: bedaure! (I'm) sorry; bedaure, nein! no, sorry! bedaure, aber da muß ich widersprechen sorry, but I disagree; bedaure sehr! very sorry.

Be'dau·ern *n* ⟨-s; *no pl*⟩ **1.** (über *acc* at, for) regret: etwas mit ~ ablehnen müssen to regret to (have to) decline s.th.; zu meinem (großen) ~ (much) to my regret; sein ~ über etwas aussprechen to express one's regret for s.th.; mit ~ erfahren to hear with regret. – **2.** (*Mitleid*) (mit for) pity, compassion: wir hörten mit größtem ~ von seinem Unglück we felt the deepest pity when we heard of his misfortune.

be'dau·erns|,wert, ~,wür·dig *adj* **1.** pitiable, pitiful, piteous, deplorable, lamentable: sie ist ein ~es Geschöpf she is a deplorable creature; er sieht ~ aus he looks pitiable; es war ein ~er Anblick it was a pitiable (*od.* deplorable) sight, it was pitiful to see (it). – **2.** *cf.* bedauerlich.

be'decken (*getr.* -k·k-) **I** *v/t* ⟨*no* ge-, h⟩ **1.** cover: den Tisch mit einem Tuch ~ to cover the table with a cloth; Staub bedeckt die Straße the street is covered (*od.* overlaid) with dust; der Rock bedeckte gerade noch die Knie her skirt barely covered her knee(s); sein Gesicht mit beiden Händen ~ to bury (*od.* hide) one's face in one's hands; j-s Gesicht mit Küssen ~ *fig.* to smother s.o.'s face with kisses. – **2.** *tech.* (*mit Oberflächenschutz*) coat, cover. – **3.** *astr.* occult, *auch* eclipse. – **4.** *mil.* escort. – **5.** *mar.* convoy. – **6.** die Hunde ~ den Keiler *hunt.* the dogs have seized the boar. – **II** *v/reflex* sich ~ **7.** *fig.* cover oneself: sich mit Ruhm [Schande] ~ to cover oneself with glory [shame]. – **8.** (*von Himmel*) cloud (over): der Himmel bedeckt sich (mit Wolken) the sky is clouding (over). – **III B~** *n* ⟨-s⟩ **9.** *verbal noun.* – **10.** *cf.* Bedeckung.

Be'decker (*getr.* -k·k-) *m* ⟨-s; -⟩ (*Zuchthengst*) studhorse, *Br.* stud-horse, stallion.

be'deckt I *pp.* – **II** *adj* **1.** (mit with) covered: gerade noch ~ barely covered, just covered and no more (*colloq.*); sie war über und über (*od.* am ganzen Körper) mit Narben ~ she had scars all over her body. – **2.** (*Himmel*) overcast, cloudy.

Be'deckt,sa·mer [-,zaːmər] *pl bot.* angiospermae, angiosperms. — **be'deckt,sa·mig** [-,zaːmɪç] *adj* angiospermous, angiospermal: ~e Pflanzen angiospermae, angiosperms.

Be'deckung (*getr.* -k·k-) *f* ⟨-; *no pl*⟩ **1.** *cf.* Bedecken. – **2.** cover. – **3.** *bes. mil.* escort: unter polizeilicher ~ under police escort; j-m als ~ folgen to escort s.o. – **4.** *mil. mar.* convoy. – **5.** *agr.* (*in der Tierzucht*) covering. – **6.** *astr.* occultation, eclipse. – **7.** *meteor. cf.* Bewölkung. – **8.** *Austrian econ.* (*eines Defizits*) cover. – **9.** *obs. for* Kopfbedeckung.

Be'deckungs|,grad (*getr.* -k·k-) *m meteor.* cloud amount. — **~,schiff** *n mar.* convoy(ing) ship. — **~ver,än·der·li·che** *f astr.* eclipsing binary.

be'den·ken I *v/t* ⟨*irr, no* ge-, h⟩ **1.** consider, weigh, (*stärker*) ponder, think about, think (*s.th.*) over, bear (*s.th.*) in mind: die Folgen ~ to consider the consequences; man muß sein Alter ~ one has to bear in mind his age; wenn man das alles bedenkt taking all that into consideration, bearing all that in mind; wenn man es so recht bedenkt when you come to think about it, on second thoughts; ich möchte Ihnen folgendes zu ~ geben I should like to draw your attention to (*od.* I want you to bear in mind) the following; bedenke das Ende! *Bibl.* remember the end! – **2.** j-n ~ *lit.* to remember s.o.: zum Geburtstag bedachte er mich mit einem Buch he gave me a book for my birthday; j-n in seinem Testament ~ to remember (*od.* include) s.o. in one's will, to leave s.o. s.th. in one's will; der Künstler wurde mit lautem Beifall bedacht *fig.* the artist drew loud applause; von der Natur reich bedacht worden sein *fig.* to be richly endowed by nature. – **II** *v/reflex* sich ~ **3.** *lit.* think about it, think it over, consider, deliberate (upon *od.* over it), (*stärker*) ponder: sich eine Weile ~ to deliberate (upon it) for a while; ohne sich lange zu ~ without giving it a second thought, without hesitation; sich eines anderen ~ to change one's mind.

Be'den·ken *n* ⟨-s; -⟩ *meist pl* **1.** doubt, misgiving, concern: moralische ~ scruples; gegen etwas keine ~ haben (*od. lit.* hegen) to have no doubts (*od.* misgivings) about s.th.; schwere ~ stiegen in mir auf serious (*od.* grave) doubts arose in my mind; seine ~ äußern to express one's misgivings; bisweilen kommen mir ~ sometimes I have my doubts. – **2.** (*Zögern*) hesitation: ohne ~ without hesitation, unhesitatingly. – **3.** (*Einwand*) objection.

be'den·ken·los I *adj* ⟨*pred*⟩ **1.** unscrupulous. – **II** *adv* **2.** without thinking (*od.* reflection): er handelte ~ he acted without thinking. – **3.** without hesitation: sie sagte ~ ja she said yes without hesitation. — **Be'den·ken·lo·sig·keit** *f* ⟨-; *no pl*⟩ unscrupulousness.

be'denk·lich I *adj* **1.** (*zweifelhaft*) dubious, doubtful, questionable, suspicious: das wirft ein ~es Licht auf ihn this shows him in a very questionable light; ~e Geschäfte betreiben to carry on a very dubious business; seine Methoden waren recht ~ his methods were very questionable. – **2.** (*ernst*) serious, grave, critical: der Zustand des Patienten ist ~ the patient's condition is critical (*od.* gives cause for concern); eine ~e Wendung nehmen to take a turn for the worse. – **3.** (*besorgniserregend*) alarming, disquieting. – **4.** (*gefährlich*) dangerous, risky, precarious, hazardous: eine ~e Situation a precarious situation. – **5.** (*heikel*) delicate, ticklish. – **6.** (*zweifelnd*) doubtful, questioning, sceptical: ein ~es Gesicht machen to look sceptical. – **7.** (*nachdenklich*) contemplative, meditative. – **II** *adv* **8.** dubiously, questionably: ~ aussehende Gestalten suspicious-looking figures. – **9.** seriously, critically: sich ~ verschlimmern to take a turn for the worse. – **10.** doubtfully, contemplatively: ~ den Kopf schütteln to shake one's head doubtfully. — **Be'denk·lich·keit** *f* ⟨-; *no pl*⟩ **1.** dubiousness, questionableness. – **2.** (*der Lage etc*) precariousness, critical state.

Be'denk,zeit *f* time for reflection (*Br. auch* reflexion): um ~ bitten, sich (*dat*) ~ ausbitten (*od.* erbitten) to ask for (*od.* to request) time for consideration (*od.* to consider the matter); ich gebe dir bis morgen ~ I'll give you till tomorrow (to think it over).

be·dep·pert [bəˈdɛpərt] *adj colloq.* **1.** (*verwirrt*) confused, baffled: ein ~es Gesicht machen to look confused (*od.* at a loss). – **2.** (*niedergeschlagen*) downcast, depressed. – **3.** (*betreten*) embarrassed, sheepish.

be'deu·ten *v/t* ⟨*no* ge-, h⟩ **1.** mean, signify, *auch* stand for, denote: dieses Wort bedeutet zweierlei this word has a double meaning (*od.* has two meanings); was bedeutet diese Abkürzung? what does this abbreviation mean (*od.* stand for)? **was soll das ~?** what's the meaning of this? **Perlen ~ Tränen** pearls symbolize tears; **er weiß, was es bedeutet, krank zu sein** he knows what it means to be ill. – **2.** (*darstellen*) represent, mean: **sie bedeutet ihm** (*od.* **für ihn**) **alles** she means everything to him; **er bedeutete ihr nur ein Abenteuer** he was just an adventure for her; **sein Name bedeutet etwas in der Fachwelt** his name is well known (*od.* stands for s.th.) among experts; **das bedeutet einen Eingriff in meine Rechte** this represents a violation of my rights; **Bretter, die die Welt ~** the stage. – **3.** (*besagen*) matter, mean: **das bedeutet [nicht] sehr viel** that's of great [little] importance (*od.* consequence, significance); **seine schlechte Laune hat nichts zu ~** his bad mood does not mean a thing; **dieser Fehler hat nichts zu ~** this mistake does not matter. – **4.** (*ankündigen*) spell, indicate, mean; (fore)bode, portend (*lit.*): **Wolken ~ nicht immer Regen** clouds don't always mean rain; **das bedeutet nichts Gutes** that bodes no good, that's a bad sign; **mit einem Lächeln, das nichts Gutes bedeutete** with an ominous smile; **der Verlust bedeutet seinen Ruin** the loss spells his ruin. – **5. j-m etwas ~** *lit.* a) to intimate s.th. to s.o., to give s.o. s.th. to understand, b) (*erklären*) to inform s.o. about s.th., c) (*aufmerksam machen*) to point s.th. out to s.o., d) (*befehlen*) to make s.o. do s.th., to instruct (*od.* direct) s.o. to do s.th.: **ich bedeutete ihm mit einer Geste zu gehen** I motioned to him to leave. – **6.** *philos.* a) (*einen Gegenstand*) name, designate, denote, mean, b) (*Gegenstände, die dem Umfang eines Begriffswortes gehören*) denote, c) (*einen Sinn ausdrücken*) express, connote. – **7.** *obs. for* **belehren** 1.

be'deu·tend I *adj* **1.** (*wichtig*) important, major, significant: **ein ~es Ereignis** an important event; **eine ~e Rolle spielen** to play an important (*od.* prominent) role. – **2.** (*beträchtlich*) considerable: **ein ~es Vermögen** a considerable fortune; **~en Einfluß ausüben** to exercise considerable influence. – **3.** (*bekannt, berühmt*) distinguished, eminent, great: **ein ~er Philosoph** a distinguished philosopher. – **4.** (*wesentlich*) important, essential, substantial: **ein ~er Beitrag zur modernen Architektur** an essential contribution to modern architecture. – **5.** *obs. for* **bedeutungsvoll** 2. – **II** *adv* **6.** considerably: **sein Zustand hat sich ~ gebessert** his condition has considerably improved; **heute ist es ~ wärmer** it is considerably warmer today. – **III B~e, das** ⟨-n⟩ **7.** (*in Wendungen wie*) **nichts B~es** nothing important; **das B~ste von allem** ist the most important point (*od.* thing of all) is; **Dürer hat als Maler B~es geleistet** Dürer is outstanding (*od.* eminent) as a painter. – **8.** (*mit Kleinschreibung*) **das hat um ein ~es zugenommen** that has increased considerably.

be'deut·sam *adj* **1.** important, significant, of great importance (*od.* significance): **eine ~e Konferenz** a conference of great significance; **eine welthistorisch ~e Tatsache** a fact of world-wide importance. – **2.** *cf.* **bedeutungsvoll** 2. — **Be'deut·sam·keit** *f* ⟨-; *no pl*⟩ *lit.* importance, significance.

Be'deu·tung *f* ⟨-; -en⟩ **1.** (*eines Wortes, Satzes etc*) meaning, sense, signification, *auch* denotation: **die eigentliche [übertragene] ~** the literal [figurative] sense; **das Wort hat zwei ~en** the word has two meanings; **die ~ des Wortes ‚Weib' hat sich gewandelt** the meaning (*od.* connotation) of the (German) word 'Weib' has changed; **aus einem Gedicht eine falsche ~ herauslesen** to read a wrong meaning into a poem, to misinterpret a poem. – **2.** ⟨*only sg*⟩ (*Wichtigkeit*) importance, significance, consequence, import: **von sekundärer ~** of secondary importance; **ohne (jede) ~** a) of no account (*od.* significance), b) of no relevance, irrelevant; **einer Sache zu große ~ beimessen** (*od.* **beilegen**) to attribute (*od.* attach) too much importance to s.th.; **ein Mann von ~** a man of importance; **es ist mir von großer ~, daß** it is very important (*od.* of great importance) to me that; **der Erfolg ist von überragender ~ für seine Karriere** his success is of paramount significance for his career; **von rechtlicher ~** relevant in law; **an ~ verlieren** to lose significance; **nichts von ~** nothing to speak of (*colloq.*). – **3.** *philos.* a) (*Sinn, Intension*) sense, intension, connotation, b) (*Extension*) extension, c) (*eines Namens*) designation, designatum, nominatum, d) (*Umfang eines Begriffwortes*) denotation, content, breadth.

Be'deu·tungs|ele,ment *n ling.* element of meaning. — **~ent,leh·nung** *f* semantic borrowing. — **~ent,wicke·lung** (*getr.* -k·k-), **~ent,wick·lung** *f* semantic development. — **~er,wei·te·rung** *f* broadening (*od.* widening) of meaning. — **~,feld** *n* semantic field (*od.* area). — **~ge,halt** *m* (semantic) import. — **b~,gleich** *adj* identical in meaning, synonymous. — **~,lehn,wort** *n* loan(word), semantic loan. — **~,leh·re** *f* semantics *pl* (*construed as sg*), study of meaning, *auch* semasiology.

be'deu·tungs·los *adj* **1.** insignificant, of no account. – **2.** (*ohne Sinn*) meaningless. — **Be'deu·tungs·lo·sig·keit** *f* ⟨-; *no pl*⟩ insignificance.

Be'deu·tungs|schat,tie·rung *f* shade of meaning, nuance. — **b~,schwer** *adj lit.* laden (*od.* fraught) with significance, momentous. — **b~,tra·gend** *adj* significant. — **~,um,fang** *m ling.* range of meaning: **großer ~** wide range of meaning. — **~,un·ter,schied** *m* difference in meaning. — **~ver,en·gung** *f* narrowing of meaning. — **~ver,schie·bung** *f* shift of meaning. — **~ver,schlech·te·rung** *f* (*eines Wortes*) pejorative (sense) development, *auch* pejoration. — **b~,voll I** *adj* **1.** (*wichtig*) important, significant: **ein ~er Schritt** an important step, a step of great consequence. – **2.** (*vielsagend*) full of meaning, meaning(ful), significant, expressive, (*negativ*) ominous: **mit einem ~en Lächeln** with an ominous smile; **j-m einen ~en Blick zuwerfen** to give s.o. a meaning look. – **II** *adv* **3.** meaningly, with meaning: **er schaute mich ~ an** he looked at me meaningly. — **~,wan·del** *m ling.* change (*od.* development) of meaning, semantic change. — **~,wör·ter,buch** *n* defining dictionary.

be'die·nen I *v/t* ⟨*no* ge-, h⟩ **1.** (*Kunden, Gäste etc*) serve, wait (up)on, attend to: **werden Sie schon bedient?** are you being served? **j-n mit Wein ~** to serve s.o. wine; **er läßt sich gern ~** he likes being waited on; **sich von vorn und hinten ~ lassen** to be waited on hand and foot; **in diesem Geschäft wird man gut bedient** you get very good service in this store (*bes. Br.* shop); **den habe ich richtig bedient** *fig. colloq.* I gave him what for (*colloq.*). – **2.** *bes. tech.* (*Maschine etc*) a) operate, attend (to), run, b) (*Schaltgeräte*) control, c) (*Werkzeuge*) manipulate, handle: **den Aufzug ~** to operate the elevator (*Br.* lift); **das Telephon ~** a) to take (*od.* answer) telephone calls, b) to operate the switchboard. – **3.** *mil.* (*Geschütz*) serve, service, operate. – **4.** (*games*) follow. – **5.** *bes. econ.* (*Anleihe etc*) loan. – **6.** (*sport*) (*Spieler*) pass (the ball, puck) to. – **II** *v/i* **7.** serve, wait at (*Am.* on) table: **er bedient flink** he serves quickly; **sie bedient in diesem Restaurant** she is (*od.* works as) a waitress in this restaurant; **wer bedient an diesem Tisch?** who waits at (*od.* on) this table? – **8.** *bes. Austrian rare* work as a cleaning woman (*Br.* charwoman). – **III** *v/reflex* **sich ~ 9.** help (*od.* serve, *auch* avail) oneself: **bitte ~ Sie sich!** please help yourself! – **10. sich einer Sache ~** to make use (*od.* to avail oneself) of s.th., to use s.th.: **sich einer fremden Sprache ~** to use (*od.* speak in) a foreign language; **ich bediente mich meines Vaters als Vermittler** I got my father to act as a mediator; **sich einer bestimmten Methode ~** to use (*od.* employ) a certain method. – **IV B~** *n* ⟨-s⟩ **11.** *verbal noun.* – **12.** *cf.* **Bedienung.**

Be'die·ne·rin *f* ⟨-; -nen⟩ *Austrian* cleaning woman, *Br.* charwoman.

Be'dien|,feld *n aer.* control panel. — **~ge,rät** *n tech.* control device (*od.* unit, box). — **~,ka·sten** *m* control box (*od.* console). — **~,pult** *n* **1.** *tech.* control desk. – **2.** *aer.* control pedestal.

be·dien·stet [bə'diːnstət] *adj Southern G. and Austrian* **bei j-m ~ sein** to be employed by s.o., to be in s.o.'s service. — **Be'dien·ste·te** *m, f* ⟨-n; -n⟩ **1.** employee. – **2.** civil service employee, civil servant. – **3.** *obs. for* **Diener**[1] 1.

be'dient I *pp.* – **II** *adj fig.* **gut [schlecht] ~ sein** to be well [ill] advised; **ich bin ~** *fig. colloq.* I've had my fill.

Be'dien·te *m* ⟨-n; -n⟩ *obs. for* **Diener**[1] 1.

Be'dien·ten,see·le *f obs. fig. contempt.* servile (*od.* cringing, obsequious) person (*od.* nature), flunk(e)y.

Be'die·nung *f* ⟨-; -en⟩ **1.** *cf.* **Bedienen.** – **2.** ⟨*only sg*⟩ (*in Geschäft, Hotel etc*) service: **prompte ~** prompt service (*od.* attention); **~ (ist im Preis) inbegriffen** service included, service is included in the price. – **3.** (*Kellner*) waiter, (*Kellnerin*) waitress. – **4.** (*Verkäufer*) (sales) clerk, *Br.* shop assistant. – **5.** ⟨*only sg*⟩ *bes. tech.* a) operation, attendance, b) control, c) manipulation: **in einem Punkt vereinte ~** centralized control. – **6.** *mil.* a) ⟨*only sg*⟩ service, operation, b) (gun) crew, gunners *pl.* – **7.** *bes. Austrian* cleaning woman, *Br.* charwoman: **eine ~ suchen** a) to look for a cleaning woman, b) to seek a position as a cleaning woman. – **8.** *archaic* a) (domestic) staff, servants *pl*, b) servant.

Be'die·nungs|,an,lei·tung *f bes. tech.* operating instructions *pl.* — **~,auf,schlag** *m econ.* (extra charge for) service. — **~,feld** *n electr.* control panel. — **~,geld** *n econ.* service (charge). — **~,griff** *m tech.* operating handle. — **~,he·bel** *m* operating lever. — **~,knopf** *m* control button (*od.* knob). — **~,mann** *m* operator, attendant. — **~,mann·schaft** *f* **1.** *tech.* operating crew, operators *pl.* – **2.** *mil.* (*beim Geschütz*) gun crew, gunners *pl.* — **~or,gan** *n tech.* operating (*od.* control) member. — **~,platz** *m* (*einer Maschine*) operator's position. — **~,pult** *n* control desk. — **~,schal·ter** *m* control (switch). — **~,schild** *n* instruction plate. — **~,stand** *m tech.* **1.** operator's stand. – **2.** control station. — **~,ta·fel** *f electr.* operating (*od.* control) panel. — **~,vor,schrift** *f cf.* **Bedienungsanleitung.** — **~,zeit** *f* (*einer Maschine*) machine-handling time. — **~zen,tra·le** *f* central control board. — **~,zu,schlag** *m econ.* (extra charge for) service.

Be'ding *m, n* ⟨-(e)s; -e⟩ *obs. for* **Bedingung.**

be'din·gen *v/t* ⟨*no* ge-, h⟩ **1.** (*hervorrufen*) cause, bring about, occasion: **ein Irrtum bedingte meine Verspätung** a misunderstanding caused my being late; **eine Frage bedingt die andere** one question gives rise to the other. – **2.** (*voraussetzen*) presuppose, postulate, require: **dieser Beruf bedingt technische Vorbildung** this profession requires technical training. – **3.** (*erfordern*) call for, necessitate, require: **Regen bedingte den Abbruch der Vorstellung** rain necessitated the breaking off of the performance. – **4.** (*in sich schließen*) imply, involve. – **5.** ⟨**bedang** *u.* **bedingte, bedungen,** h⟩ *obs. for* **ausbedingen.**

be'dingt I *pp.* – **II** *adj* **1.** conditioned, conditional: **ein ~er Reflex** *psych. med.* a conditioned reflex; **eine ~e Reaktion** *psych. med.* a conditioned reaction (*od.* response); **eine ~e Rente** *econ.* a conditioned (*od.* contingent) annuity; **durch etwas ~ sein** a) to be conditioned by s.th., b) to be dependent (*od.* contingent) on s.th., to depend on s.th.; **es ist durch die Umstände ~** it depends on the circumstances. – **2.** *jur.* a) conditional, contingent, b) (*modifiziert*) qualified, c) (*beschränkt*) limited: **~e Annahme** conditional acceptance; **~es Rechtsgeschäft** conditional transaction, act subject to a condition; **eine ~e Verurteilung** a suspended sentence; **~e Strafaussetzung** suspended sentence, (release on) probation; **~e Entlassung** conditional release, *Am.* parole, *Br.* ticket of leave; **~er Straferlaß** conditional pardon. – **III** *adv* **3.** conditionally: **~ richtig** only conditionally true; **~ arbeitsfähig** fit for limited service; **~ konvergente Reihe** *math.* conditionally convergent series; **ein ~ Berechtigter** *jur.* a limited agent.

Be'dingt,gut *n* ⟨-(e)s; *no pl*⟩ *econ. cf.* **Kommissionsgut.**

Be'dingt·heit *f* ⟨-; *no pl*⟩ **1.** (*Begrenztheit*) limitation, restrictedness. – **2.** (*Abhängigkeit*) relativity, relativeness, *auch* dependence. – **3.** *philos.* conditionality, contingency.

Be'dingt|,sein *n* ⟨-s; *no pl*⟩ *cf.* **Bedingtheit.** — **~,sen·dung** *f econ. cf.* **Kommissionssendung.** — **~ver,kehr** *m* (*im Buchhandel*) distribution of books to retailers on sale or return.

Be'din·gung *f* ⟨-; -en⟩ **1.** (*Forderung*) condition, stipulation, requirement: eine ~ anerkennen to consent to a condition; etwas an eine ~ knüpfen to make s.th. subject to a condition; ~en machen (*od.* stellen) to stipulate conditions, to make stipulations; mit der ~, daß with (*od.* on) the stipulation that; unter einer ~ (except) on one condition; unter keiner ~ on no condition (*od.* account), in no case; unter der ~, daß on condition that, provided that; ich nehme unter jeder ~ an I accept under any condition (*od.* in any case, without reservation). – **2.** (*Voraussetzung*) condition, (pre)requisite: notwendige ~ essential condition, qualification; ein Friedensvertrag ist ~ für die Festlegung der Grenzen a peace treaty is the prerequisite for the determination of the boundaries; → erwünscht 3. – **3.** *pl* (*Verhältnisse*) conditions, circumstances: unter schwierigen ~en leben to live under difficult conditions; unter diesen ~en kann ich nicht bleiben I cannot stay under these circumstances; klimatische ~en climatic conditions. – **4.** *jur.* a) (*im Rechtsgeschäft*) condition, *auch* contingency, b) (*im Vertragstext*) condition, term, clause, c) *cf.* Bedingungsklausel, d) (*in der Strafrechtstheorie*) conditional factor, necessary cause: affirmative (*od.* positive) ~ condition precedent, positive condition; stillschweigende ~ tacit (*od.* implied) condition; keiner ~ unterworfen not subject to any condition whatsoever. – **5.** *meist pl econ.* terms *pl*, conditions *pl*: Kredit zu günstigen ~en credit on easy terms; welche ~en bieten Sie? what terms do you offer? diese ~en sind unannehmbar those terms are unacceptable; seine ~en einreichen to tender for one's terms.

be'din·gungs|,feind·lich *adj jur.* ~es Rechtsgeschäft statutorily unconditional legal transaction (*e.g. marriage*). — **B~,form** *f ling.* conditional. — **B~,glei·chung** *f math.* equation of condition. — **B~,klau·sel** *f jur.* proviso.

be'din·gungs·los I *adj* unconditional, *auch* unreserved, unqualified: ~e Kapitulation unconditional surrender; ~er Gehorsam unquestioning obedience; ~e Zustimmung unqualified consent. – **II** *adv* unconditionally: etwas ~ akzeptieren to accept s.th. unconditionally; ~ kapitulieren to surrender unconditionally; etwas ~ glauben to believe in s.th. without reservation. — **Be'din·gungs·lo·sig·keit** *f* ⟨-; *no pl*⟩ unconditionalness: die ~ seiner Treue his unquestioning loyalty.

Be'din·gungs|,satz *m ling.* conditional clause. — **~theo,rie** *f jur.* (*im Strafrecht*) theory of conditional factors. — **b~,wei·se** *adv* conditionally, on certain conditions.

be'dor·nen *v/t* ⟨*no* ge-, h⟩ cover (*s.th.*) with thorns.

be'drän·gen I *v/t* ⟨*no* ge-, h⟩ **1.** press (*s.o.*) hard (*od.* closely), oppress, harry: sie wurden ständig von Guerillas bedrängt they were constantly harried by guerillas. – **2.** *fig.* (*Person, Schuldner*) press, harry, pester, plague, harass, beset: einen Schuldner ~ to pester (*od.* dun) a debtor; j-n mit Fragen ~ to plague (*od.* pester) s.o. with questions; Zweifel bedrängten ihn *fig.* he was beset by doubts. – **3.** *cf.* belästigen. – **II B~** *n* ⟨-s⟩ **4.** *verbal noun.* – **5.** *cf.* Bedrängung.

Be'drän·ger *m* ⟨-s; -⟩ oppressor.

Be'dräng·nis *f* ⟨-; -se⟩ distress, need, (*stärker*) anguish, affliction, tribulation: in große ~ geraten to get into great difficulties (*od.* a squeeze); in harter ~ sein to be at bay; finanzielle ~ financial straits *pl* (*od.* embarrassments *pl*, difficulties *pl*); j-n in ~ bringen to put s.o. in a quandary (*od.* predicament), to push s.o. to the wall (*colloq.*); in seelischer ~ in spiritual distress.

be'drängt I *pp.* – **II** *adj* (*Verhältnisse*) difficult, troublesome, oppressed: sich in einer ~en Lage befinden a) to be in straitened circumstances (*od.* pecuniary difficulties), b) to be in a predicament, c) to be in (great) distress. — **Be'dräng·te** *m, f* ⟨-n; -n⟩ oppressed (*od.* harassed) person.

Be'drängt·heit *f* ⟨-; *no pl*⟩ *rare for* Bedrängnis.

Be'drän·gung *f* ⟨-; -en⟩ **1.** *cf.* Bedrängen. – **2.** *cf.* Bedrängnis.

be'dräu·en *v/t* ⟨*no* ge-, h⟩ *obs. u. lit. for* bedrohen.

be'drecken (*getr.* -k·k-) *v/t u.* sich ~ *v/reflex* ⟨*no* ge-, h⟩ *colloq. for* beschmutzen.

be·drippt [bə'drɪpt], **be·dripst** [bə'drɪpst] *adj colloq. cf.* bedeppert.

be'dro·hen I *v/t* ⟨*no* ge-, h⟩ **1.** *auch fig.* threaten, menace: j-n mit erhobenen Fäusten ~ to threaten s.o. with raised fists; der Feind bedroht die Stadt the enemy threatens the town; j-n (tätlich) ~ *jur.* to assault s.o.; Hungersnot bedroht die Stadt *fig.* famine threatens (*od.* menaces) the city; seine Gesundheit war bedroht *fig.* his health was endangered (*od.* menaced); den Frieden ~ *fig.* to be a threat to peace; j-s Existenz ~ *fig.* to endanger (*od.* imperil) s.o.'s existence. – **II B~** *n* ⟨-s⟩ **2.** *verbal noun.* – **3.** *cf.* Bedrohung.

be'droh·lich I *adj* **1.** (*drohend*) threatening, menacing: in ~e Nähe kommen to come dangerously (*od.* threateningly) near; die politische Lage sieht ~ aus the political situation is precarious. – **2.** (*unheilvoll*) ominous: ~e Anzeichen für ominous signs of. – **II** *adv* **3.** threateningly, dangerously: die Mauer hat sich ~ gesenkt the wall has settled dangerously; der Feind war ~ nahe the enemy was dangerously close. – **4.** ominously.

Be'dro·hung *f* ⟨-; -en⟩ *auch fig.* threat, menace: die ~ der Stadt the threat to the town; (physische) ~ *jur.* (criminal) assault, threatening behavio(u)r; das ist (*od.* bedeutet) eine ~ des Friedens that is a threat to peace; in ständiger ~ leben to live in constant danger of one's life.

be'drucken (*getr.* -k·k-) **I** *v/t* ⟨*no* ge-, h⟩ (*Papier, Stoff etc*) print: etwas mit etwas ~ to print (*od.* impress) s.th. on s.th., to impress (*od.* print) s.th. with s.th.; das Papier auf beiden Seiten ~ to print the paper on both sides. – **II B~** *n* ⟨-s⟩ *verbal noun.*

be'drücken (*getr.* -k·k-) **I** *v/t* ⟨*no* ge-, h⟩ **1.** (*seelisch*) depress, oppress: Sorgen ~ ihn grief is preying (*od.* weighing) on his mind; ihr Unglück bedrückte alle her misery saddened everybody; das Wetter bedrückt mich the weather is making me low-spirited (*od.* dejected); etwas bedrückt sein Gewissen s.th. is weighing on his conscience; die Einsamkeit bedrückt ihn (the) loneliness depresses him. – **2.** (*gewaltsam*) oppress. – **3.** (*materiell*) burden: j-n mit Steuern ~ to (over)burden s.o. with taxation. – **II B~** *n* ⟨-s⟩ **4.** *verbal noun.* – **5.** *cf.* Bedrückung. — **be'drückend** (*getr.* -k·k-) **I** *pres p.* – **II** *adj* (*Not, Hitze etc*) oppressive.

Be'drücker (*getr.* -k·k-) *m* ⟨-s; -⟩ oppressor.

be'drückt I *pp.* – **II** *adj fig.* depressed, dejected, oppressed, low-spirited: er war sehr ~ he was very depressed. — **Be'drück·te** *m, f* ⟨-n; -n⟩ oppressed person. — **Be'drückt·heit** *f* ⟨-; *no pl*⟩ *cf.* Bedrückung 1.

Be'druckung (*getr.* -k·k-) *f* ⟨-; *no pl*⟩ *cf.* Bedrucken.

Be'drückung (*getr.* -k·k-) *f* ⟨-; -en⟩ **1.** (*seelische*) depression, dejection, oppression. – **2.** ⟨*only sg*⟩ (*gewaltsame*) oppression, pressure. – **3.** (*materielle*) burden.

Be·dui·ne [bedu'iːnə] *m* ⟨-n; -n⟩ Bedouin, *auch* Beduin, Bedoui. — **be·dui·nisch** [bedu'iːnɪʃ] *adj* Bedouin, *auch* Beduin.

be'dun·gen *pp of* bedingen 5.

be'dün·gen *v/t* ⟨*no* ge-, h⟩ *agr. cf.* düngen 1.

be'dün·ken *obs.* **I** *v/impers* es bedünkt mich (*od.* will mich ~), daß it appears to me that, methinks that (*archaic*). – **II B~** *n* ⟨-s⟩ *only in* meines B~s, nach meinem B~ in my opinion.

be'dür·fen I *v/i* ⟨*irr, no* ge-, h⟩ ⟨*gen*⟩ need, be (*od.* stand) in need of, want, require: j-s ~ *lit.* to stand in need of s.o.; der Brief bedarf einer Erklärung the letter calls for an explanation; er bedarf des Trostes he is in need of consolation. – **II** *v/impers* need: es bedurfte keiner Worte zwischen ihnen they did not need to use words; es bedarf nur einer Entschuldigung, um ihn zu versöhnen it needs only an apology to reconcile him; es hätte nur eines Hinweises bedurft und ich wäre gekommen a hint would have sufficed to make me come. – **III** *v/t* j-n [etwas] ~ *obs.* to need s.o. [s.th.].

Be'dürf·nis *n* ⟨-ses; -se⟩ **1.** need, want, requirement, demand, necessity: es liegt kein ~ dafür vor there is no need of (*od.* for) it, it is not needed; einem ~ abhelfen to meet a want; die dringendsten ~se des Lebens the bare necessities; seine ~se befriedigen to satisfy one's needs. – **2.** (*Verlangen*) (nach for) wish, desire: ~ nach Schlaf wish for sleep; es ist mir ein ~, Ihnen mitzuteilen I am anxious to inform you; er hatte das ~, die Wahrheit zu sagen he felt bound to tell the truth; ein dringendes ~ nach etwas fühlen to have (*od.* feel) the urge (*od.* a strong desire) for s.th. – **3.** *econ.* (*Nachfrage*) demand. – **4.** (s)ein ~ verrichten *euphem.* to relieve oneself (*od.* nature). — **~,an,stalt** *f* public lavatory (*bes. Br.* convenience), *Am. auch* comfort station. — **~be,frie·di·gung** *f econ.* satisfaction of needs (*od.* wants).

be'dürf·nis·los *adj* with few needs (*od.* wants), modest: er ist ein äußerst ~er Mensch he has extremely few needs (*od.* wants), he needs very little. — **Be'dürf·nis·lo·sig·keit** *f* ⟨-; *no pl*⟩ absence of needs (*od.* wants), modesty.

be'dürf·tig *adj* **1.** (*arm*) needy, poor, indigent, necessitous: eine ~e Familie a needy family; ~ sein to be in need. – **2.** ⟨*pred*⟩ einer Sache [j-s] ~ sein *lit.* to be in need (*od.* want) of s.th. [s.o.]: der Ruhe ~ sein to be in need of rest. — **Be'dürf·ti·ge** *m, f* ⟨-n; -n⟩ poor (*od.* indigent, necessitous) person: die ~n the needy, the poor. — **Be'dürf·tig·keit** *f* ⟨-; *no pl*⟩ neediness, indigence, poverty: in ~ leben to live in poverty.

be'du·seln *v/reflex* ⟨*no* ge-, h⟩ *colloq.* sich ~ to get tipsy (*od.* [be]fuddled). — **be'du·selt** *colloq.* **I** *pp.* – **II** *adj* **1.** (*schwindelig*) drowsy. – **2.** (*leicht betrunken*) tipsy, (be)fuddled.

be'eckt *adj* ~es Kreuz *her.* angled cross.

'Beef,steak ['biːf-] *n* ⟨-s; -s⟩ *gastr.* (beef)steak: deutsches ~ hamburg(er) steak, *Br. auch* minced steak; halbdurchgebratenes ~ medium steak; halbrohes ~ rare steak. — **~ à la tar'tare** [a la tar'taːr] *n* tartar (*auch* tartare) steak, steak tartare.

be'eh·ren I *v/t* ⟨*no* ge-, h⟩ j-n mit etwas ~ to honor (*bes. Br.* honour) (*od.* favor, *bes. Br.* favour) s.o. with s.th., to do s.o. the hono(u)r of s.th.: j-n (mit seinem Besuch) beehren to hono(u)r (*od.* favo[u]r) s.o. with a visit; bitte beehren Sie mich bald wieder (mit Ihrem Besuch) kindly favo(u)r us with (*od.* do us the favo[u]r of) an early call; das Vertrauen, mit dem Sie uns beehrt haben the confidence which you have reposed in us. – **II** *v/reflex* sich ~, etwas zu tun to have the hono(u)r (*od.* privilege) of doing (*od.* to do) s.th.: Herr und Frau N. ~ sich, die Geburt einer Tochter anzuzeigen Mr and Mrs N. have the hono(u)r of announcing the birth of a daughter; wir ~ uns, Sie zum Festessen einzuladen we request the pleasure of your company at the banquet; wir ~ uns, Ihnen mitzuteilen *econ.* we have pleasure in informing you, we take the liberty of informing you.

be·ei·den [bə'ʔaɪdən] *v/t* ⟨*no* ge-, h⟩ *cf.* beeidigen. — **be'ei·det I** *pp.* – **II** *adj cf.* beeidigt II.

be·ei·di·gen [bə'ʔaɪdɪgən] **I** *v/t* ⟨*no* ge-, h⟩ **1.** etwas ~ (*beschwören*) to affirm s.th. by oath: eine Aussage ~ to swear to a statement. – **2.** *cf.* vereidigen. – **II B~** *n* ⟨-s⟩ **3.** *verbal noun.* — **be'ei·digt I** *pp.* – **II** *adj* **1.** *jur.* sworn: ~er Dolmetscher sworn (*od.* official, officially accredited) interpreter; → Aussage 2. – **2.** *econ.* (*Buchprüfer*) chartered. — **Be'ei·di·gung** *f* ⟨-; *no pl*⟩ *jur.* **1.** *cf.* Beeidigen. – **2.** affirmation by oath. – **3.** *cf.* Vereidigung.

Be'ei·dung *f* ⟨-; *no pl*⟩ *cf.* Beeidigung.

be'ei·fern *v/reflex* ⟨*no* ge-, h⟩ sich ~ to make strenuous efforts, to do one's best (*od.* utmost).

be'ei·len *v/reflex* ⟨*no* ge-, h⟩ sich ~ hurry (up), make haste, hasten (*lit.*): beeil(e) dich! hurry up! look sharp! get a move on! (*colloq.*); sich mit (*od.* bei) einer Arbeit ~ to hurry over (*od.* be quick about) a task; sich mit einem Auftrag ~ to speed (*od.* accelerate, rush, press on with) an order; er beeilte sich, seinen Fehler wiedergutzumachen he hastened to retrieve his error. — **Be'ei·lung** *f only in* ~ bitte! hurry up (*od.* along), please!

be'ein,druck·bar *adj* impressionable, susceptible.

be'einˌdrucken (*getr.* -k·k-) *v/t* ⟨*no* ge-, h⟩ **1.** impress, make an impression (up)on: das Erlebnis hat ihn tief beeindruckt he was deeply impressed by this event. – **2.** (*bewegen*) move, touch, affect.

be'einˌfluß·bar *adj* influenceable, suggestible. — **Be'einˌfluß·bar·keit** *f* ⟨-; *no pl*⟩ influenceability, suggestibility.

be·ein·flus·sen [bə'ʔaɪnˌflʊsən] **I** *v/t* ⟨*no* ge-, h⟩ **1.** influence, affect, have an effect (up)on, exercise (*od.* have) an influence on (*od.* over): j-n nachteilig ~ a) to have a bad influence on s.o., b) to bias s.o.; sein Buch beeinflußte eine ganze Epoche his book influenced a whole epoch; sich (leicht) ~ lassen, leicht zu ~ sein to be (easily) influenced; j-n ~, etwas zu tun to get (*od.* induce) s.o. to do s.th.; die Börse ~ *econ.* to influence the market. – **2.** *cf.* beeinträchtigen 1. – **3.** *jur.* a) (*Zeugen*) influence, exert (*od.* exercise) an influence on (*od.* over), suborn, b) (*bes. Geschworene*) tamper with. – **4.** (*radio*) a) modulate, b) interfere. – **II B~** *n* ⟨-s⟩ **5.** *verbal noun.* — **Be'einˌflus·sung** *f* ⟨-; *no pl*⟩ **1.** *cf.* Beeinflussen. – **2.** influence: die ~ der Bevölkerung durch die Presse the influence of the press (up)on the population; wechselseitige ~ mutual influence; einer ständigen ~ ausgesetzt sein to be exposed (*od.* subject) to continuous influence. – **3.** *jur.* a) influence, b) (*von Zeugen*) subornation, c) (*bes. von Geschworenen*) tampering: ungebührliche ~ undue influence. – **4.** (*radio*) a) noise, modulation, b) interference.

be·ein·träch·ti·gen [bə'ʔaɪnˌtrɛçtɪgən] **I** *v/t* ⟨*no* ge-, h⟩ **1.** (*schädigen*) impair, harm, injure, (*schwächer*) affect, prejudice: unmäßiger Alkoholgenuß beeinträchtigt die Gesundheit drinking too much alcohol impairs one's health. – **2.** (*mindern*) detract from: sein Mißmut konnte unsere Freude nicht ~ his ill humo(u)r could not detract from our joy; den Wert einer Sache ~ to detract from the value of a thing. – **3.** j-n (in seinem Handeln) ~ (*behindern*) to hamper s.o., to interfere with s.o.'s action. – **4.** *jur.* a) (*Rechte*) infringe, encroach upon, interfere with, b) (*präjudizieren*) prejudice. – **II B~** *n* ⟨-s⟩ **5.** *verbal noun.* — **Be'einˌträch·ti·gung** *f* ⟨-; *no pl*⟩ ⟨*gen*⟩ **1.** *cf.* Beeinträchtigen. – **2.** impairment (of), prejudice (to). – **3.** detraction (from). – **4.** interference (with). – **5.** *jur.* infringement (of), encroachment (on), interference (with). – **6.** *jur.* (*Belästigung*) annoyance (of).

be'ei·sen *v/t* ⟨*no* ge-, h⟩ *cf.* beschlagen[1] 2.

be'elen·den *v/t* ⟨*no* ge-, h⟩ *Swiss for* nahegehen, grämen 3, dauern[2].

Be·el·ze·bub [be'ɛltsəˌbuːp; 'beːl-] *m* ⟨-; *no pl*⟩ *Bibl.* Beelzebub: den Teufel durch (*od.* mit) ~ austreiben to drive (*od.* cast) out the devil by Beelzebub.

be'en·den **I** *v/t* ⟨*no* ge-, h⟩ **1.** (*abschließen, Schluß machen mit*) end, finish, conclude, put an end to, close: eine Rede mit einem Zitat ~ to conclude (*od.* wind up) a speech with a quotation; eine Konferenz ~ to close a conference; ein Dienstverhältnis ~ to terminate an employment; sein Leben ~ *lit.* to put an end to one's life. – **2.** (*vollenden*) complete, finish: er beendete das Werk, das sein Vorgänger begonnen hatte he completed the work his predecessor had started. – **3.** *jur.* (*Verfahren etc*) terminate. – **II B~** *n* ⟨-s⟩ **4.** *verbal noun.* – **5.** *cf.* Beendigung.

be'en·di·gen *v/t* ⟨*no* ge-, h⟩ *cf.* beenden.

Be'en·di·gung, *auch* **Be'en·dung** *f* ⟨-; *no pl*⟩ **1.** *cf.* Beenden. – **2.** end, conclusion, termination: nach ~ des Unterrichts after (the end of) the lesson. – **3.** (*Vollendung*) completion: er starb kurz vor ~ seines Werkes he died with his work almost finished (*od.* near completion). – **4.** *jur.* (*eines Verfahrens, Rechtsverhältnisses etc*) termination.

be'en·gen **I** *v/t* ⟨*no* ge-, h⟩ **1.** (*behindern*) j-n ~ to hinder (*od.* hamper, confine, restrict) s.o.'s movements: das enge Kleid beengt mich the tight dress hinders my movements. – **2.** *fig.* (*beklemmen*) oppress, make (*s.o.*) feel ill at ease: das enge Zimmer beengte sie the narrow room oppressed her; die spießbürgerliche Umwelt beengte ihn *fig.* the philistine environment oppressed him. – **II B~** *n* ⟨-s⟩ **3.** *verbal noun.*

be'engt **I** *pp.* – **II** *adj* **1.** (*Raum*) narrow, confined, (*Verhältnisse*) cramped. – **2.** *fig.* oppressed, ill at ease. – **III** *adv* **3.** ~ wohnen to live in cramped quarters, to be poorly housed. — **Be'engt·heit** *f* ⟨-; *no pl*⟩ **1.** (*Enge*) narrowness, constriction: ~ der Verhältnisse cramped conditions *pl*; ~ der Bewegung constriction of one's movements. – **2.** *fig.* (*Beklemmung*) oppression, depression: ~ der Brust oppression (*od.* tightness) of the chest.

Be'en·gung *f* ⟨-; *no pl*⟩ **1.** *cf.* Beengen. – **2.** *cf.* Beengtheit.

be'er·ben *v/t* ⟨*no* ge-, h⟩ j-n ~ to be s.o.'s heir, to inherit (*od.* succeed to) s.o.'s estate. — **Be'er·bung** *f* ⟨-; *no pl*⟩ ~ (einer Person) succession (to s.o.'s estate): durch ~ by inheritance (*od.* inheriting).

be·er·di·gen [bə'ʔeːrdɪgən] **I** *v/t* ⟨*no* ge-, h⟩ bury; inter, inhume (*lit.*). – **II B~** *n* ⟨-s⟩ *verbal noun.* — **Be'er·di·gung** *f* ⟨-; -en⟩ **1.** *cf.* Beerdigen. – **2.** *cf.* Begräbnis 1 *u.* 2.

Be'er·di·gungs|ˌanˌstalt *f cf.* Beerdigungsinstitut. — **~ˌfei·er** *f* funeral ceremony. — **~geˌsell·schaft** *f* mourners *pl.* — **~ˌin·stiˌtut** *n* undertaker's (*od.* undertaking) establishment (*od.* business), funeral directors *pl*, *Am.* funeral home (*od.* parlor). — **~ˌko·sten** *pl* funeral expenses.

Bee·re ['beːrə] *f* ⟨-; -n⟩ *bot.* **1.** berry, bacca (*scient.*): ~n pflücken (*od.* lesen, *bes. Austrian colloq.* klauben) to pick berries; in die ~n gehen *colloq.* to go berrying (*od.* berrypicking); ~n tragen to bear berries, to berry. – **2.** (*einer Weintraube*) grape.

'bee·renˌähn·lich *adj bot. cf.* beerenartig.

'Bee·ren|ˌap·fel *m bot.* Siberian crab (apple), cherry apple (*od.* crab) (*Malus baccata*). — **b~ˌar·tig** *adj bot.* berrylike, bacciform (*scient.*). — **~ˌausˌle·se** *f agr.* choice (*od.* superior) wine. — **b~ˌför·mig** *adj* berry-shaped, berry-formed, bacciform (*scient.*). — **b~ˌfres·send** *adj zo.* berry-eating, baccivorous (*scient.*). — **~ˌfres·ser** *m meist pl* (*Vögel*) baccivorous bird. — **~ˌfrucht** *f bot.* **1.** berry. – **2.** (*zusammengesetzte, beerenartige Sammelfrucht*) sorosis. — **~ˌgelb** *n* buckthorn brown (*od.* yellow). — **~ˌgrün** *n* Chinese (*od.* sap) green. — **~ˌhei·de** *f bot. cf.* Krähenbeere. — **~ˌle·se** *f agr. cf.* Weinlese. — **~ˌmost** *m cf.* Beermost. — **~ˌobst** *n collect. bot.* berries *pl*, small (*bes. Br.* soft) fruit(s *pl*). — **~ˌpflücker** (*getr.* -k·k-) *m* berrypicker. — **~ˌsaft** *m* berry juice. — **~ˌstrauch** *m bot.* berrybush. — **~ˌtang** *m* gulfweed, sargassum (*Gattg Sargassum*). — **b~ˌtra·gend** *adj* bearing berries, berry-producing, bacciferous (*scient.*). — **~ˌwan·ze** *f zo.* forest bug (*Dolycoris baccarum*). — **~ˌwein** *m gastr.* berry wine. — **~ˌzeit** *f* berry season.

'Beerˌgrün *n* (*Farbe*) *cf.* Beerengrün.

'bee·rig *adj bot.* berry-bearing.

'Beer|ˌmel·de *f bot.* strawberry blite (*Chenopodium capitatum*). — **~ˌmost** *m* rape wine.

Beet [beːt] *n* ⟨-(e)s; -e⟩ **1.** *hort.* (flower) bed, (*bes. Gemüsebeet*) patch: ein ~ mit Bohnen a bean patch. – **2.** *brew.* (*von Gerste u. Malz*) couch.

Bee·te ['beːtə] *f* ⟨-; -n⟩ *bot. cf.* Bete.

'Beet|ˌeinˌfas·sung *f hort.* border, edging. — **~ˌkohl** *m bot. cf.* Mangold. — **~ˌpflug** *m agr.* conventional plough (*bes. Am.* plow). — **~ˌpflü·gen** *n* conventional ploughing (*bes. Am.* plowing).

be·fä·hi·gen [bə'fɛːɪgən] *v/t* ⟨*no* ge-, h⟩ qualify, enable: j-n zu (*od.* für) etwas ~ to qualify (*od.* fit) s.o. for s.th.; j-n (dazu) ~, etwas zu tun to enable (*od.* qualify) s.o. to do s.th. — **be'fä·higt** **I** *pp.* – **II** *adj* **1.** (*fähig, geeignet*) (für, zu) qualified (for), fit (for), capable (of): zu etwas ~ sein to be fit (*od.* qualified) for s.th. – **2.** (*begabt*) gifted, talented. — **Be'fä·hi·gung** *f* ⟨-; *no pl*⟩ **1.** (*Fähigkeit, Eignung*) (für, zu for) qualification(s *pl*), fitness, ability, capability: seine ~ nachweisen to prove one's qualifications, to furnish proof of (*od.* submit evidence as to) qualifications; ~ zum Richteramt qualification to hold judicial office, judiciary (*od.* judicial) capacity. – **2.** (*Begabung*) gift, talent, aptitude.

Be'fä·hi·gungs|ˌnachˌweis *m* **1.** proof of ability (*od.* qualification, competency): den ~ liefern (*od.* erbringen) to prove one's qualification, to furnish proof of (*od.* submit evidence as to) qualifications. – **2.** *jur.* (*Urkunde*) certificate of qualification (*od.* competency). — **~ˌprü·fung** *f ped.* qualifying examination, qualification test, test of competence. — **~ˌschein** *m*, **~ˌzeug·nis** *n* certificate of qualification (*od.* competency).

be·fahl [bə'faːl] *1 u. 3 sg pret of* befehlen.

be·fäh·le [bə'fɛːlə] *1 u. 3 sg pret subj of* befehlen.

be'fahr·bar *adj* **1.** (*Weg, Straße*) passable, rid(e)able, *auch* practicable, *Am. auch* trafficable: nur mit Schneeketten ~ only passable (*od.* negotiable) with chains; nicht ~ impassable, impracticable; Bankette sind nicht ~ shoulders not passable (*od.* not fit for moving vehicles). – **2.** *mar.* (*Wasserstraße*) navigable: nicht ~ unnavigable. – **3.** *tech.* (*Kessel*) accessible. – **4.** (*sport*) skiable. – **5.** *mil.* (*Gelände*) trafficable. — **Be'fahr·bar·keit** *f* ⟨-; *no pl*⟩ **1.** (*einer Straße etc*) passableness, rid(e)ability, *auch* practicability, *Am. auch* trafficability. – **2.** *mar.* navigability. – **3.** *tech.* (*eines Kessels*) accessibility.

be'fah·ren[1] *v/t* ⟨*irr*, *no* ge-, h⟩ **1.** (*Straße etc*) drive on, travel (on), pass over: eine Straße oft (*od.* viel) ~ to use a road frequently. – **2.** (*Strecke, Linie*) travel on, cover: der Bus befährt die Strecke regelmäßig the bus covers the route regularly (*od.* plies the route). – **3.** *mar.* (*Meer, Wasserstraße*) navigate, sail: die Küste ~ to sail along the coast, to coast; einen Fluß regelmäßig ~ to ply a river. – **4.** (*mining*) a) (*abbauen*) exploit, b) (*einfahren in*) descend (*od.* go down) into, c) (*besichtigen*) inspect: die Grube wird ~ the mine is being exploited (*od.* worked, is in operation). – **5.** *civ.eng.* (*Weg mit Kies etc*) cover (*a road*) with. – **6.** *hunt.* (*Bau*) occupy, inhabit. – **7.** *tech.* (*Kessel*) access. – **8.** *auto.* (*einen Tieflader*) load.

be'fah·ren[2] **I** *pp of* befahren[1]. – **II** *adj* **1.** (*Straße*) traveled, *bes. Br.* travelled, used: eine stark (*od.* viel, lebhaft) ~e Straße a much travel(l)ed (*od.* frequented) road, a frequently used road; eine wenig ~e Strekke a little used route. – **2.** *mar.* (*Seemann*) able-bodied: ~es Volk able (*od.* experienced) seamen *pl*, old salts *pl* (*od.* tars *pl*) (*colloq.*). – **3.** *hunt.* (*Bau*) occupied, inhabited.

Be'fall *m* ⟨-(e)s; *no pl*⟩ **1.** *zo.* (*mit Schädlingen*) infestation with (*od.* attack by) parasites (*od.* pests). – **2.** *bot.* parasitic (*od.* noxious) growth.

be'fal·len[1] *v/t* ⟨*irr*, *no* ge-, h⟩ **1.** *med.* attack, affect, strike, seize: von einer Krankheit ~ werden to be attacked by a disease, to catch a disease, to be taken ill; eine Schwäche befiel ihn a fit of faintness seized (*od.* came over) him. – **2.** *fig.* strike, seize, assail: Furcht [ein Unglück] befiel ihn fear [a disaster] struck (*od.* came upon) him; ein Verlangen befiel ihn a desire seized (*od.* came over) him. – **3.** *bot. zo.* infest, attack: von Schädlingen ~ werden to be infested with (*od.* attacked by) parasites.

be'fal·len[2] **I** *pp of* befallen[1]. – **II** *adj* **1.** seized, affected, stricken: vom Fieber ~ *med.* stricken with fever; von Schrecken ~ *fig.* panic- (*od.* terror-)stricken; von einer Krankheit ~ sein *med.* to be affected by (*od.* to suffer from) a disease. – **2.** *bot.* infested, affected: das Haus ist vom Schwamm ~ the house is affected with dry rot (*od.* is dry--rotted); vom Meltau ~ blighted.

be'fan·gen *adj* **1.** (*verlegen, gehemmt*) embarrassed, self-conscious, shy, bashful, nervous, disconcerted: ~es Benehmen [Lächeln] embarrassed behavio(u)r [smile]; j-n ~ machen to embarrass s.o., to make s.o. self-conscious (*od.* shy). – **2.** (*verwirrt*) confused, embarrassed. – **3.** *bes. jur.* (*voreingenommen*) prejudiced, prepossessed, bias(s)ed, partial: in Vorurteilen ~ sein to be prejudiced (*od.* bias[s]ed); in einem Irrtum ~ sein to labo(u)r under a misapprehension (*od.* mistake, delusion), to be mistaken; ~er Richter prejudiced (*od.* bias[s]ed) judge; ~er Zeuge challengeable witness; sich für ~ erklären to plead prejudice (*od.* partiality). — **Be'fan·gen·heit** *f* ⟨-; *no pl*⟩ **1.** embarrassment, self-conciousness, shyness, bashfulness, nervousness, disconcertedness: j-m die ~ nehmen to put (*od.* set) s.o. at ease. – **2.** confusion, embarrassment. – **3.** *bes. jur.* prejudice, bias, prepossession, partiality: einen Richter wegen (Besorgnis der) ~ ablehnen to challenge a judge for bias (*od.* on the ground of prejudice); ~ eines Zeugen bias of (a) witness.

be'fas·sen **I** *v/reflex* ⟨*no* ge-, h⟩ sich ~ (mit) **1.** (*von Personen*) concern (*od.* occupy) oneself (with), deal (*od.* be occupied) (with), attend (to): **sich eingehend mit einer Sache ~** to deal with a matter at some length, to give a matter one's special attention, to attend to a matter carefully, to go into a matter, to study a matter thoroughly; **sich (nur) wenig mit etwas ~** not to take much interest in s.th.; **sich aus Liebhaberei mit etwas ~** to dabble in (*od.* at) s.th.; **ich kann mich jetzt nicht damit ~** I can't be bothered with it now; **sich mit j-m ~** to take care of s.o., to attend (*od.* see) to s.o. – **2.** (*von Buch, Artikel etc*) deal (with), be concerned (with). – **II** *v/t* **3.** *obs. for* **anfassen.**

be'faßt I *pp.* – **II** *adj rare* (**mit** with) occupied: **mit einer Angelegenheit ~ sein** to be occupied with a matter, to have a matter in hand; **das Gericht ist mit der Sache ~** *jur.* the matter is before the court.

be·feh·den [bəˈfeːdən] **I** *v/t* ⟨*no* **ge-**, h⟩ **1.** *hist.* (be at) feud with. – **2.** *fig. lit.* attack, be at strife (*od. colloq.* loggerheads) with, (carry on a) feud with: **die Parteien befehdeten sich** (*od.* **einander**) the parties were feuding (with one another). – **II B~** *n* ⟨-s⟩ **3.** *verbal noun.* — **Be'feh·dung** *f* ⟨-; -en⟩ **1.** *cf.* **Befehden.** – **2.** *fig. lit.* attack, (*gegenseitige*) strife, feud.

Be·fehl [bəˈfeːl] *m* ⟨-(e)s; -e⟩ **1.** order, (*stärker*) command: **ausdrücklicher** (*od.* **eindringlicher**) **~** express order, injunction; **dienstlicher ~** official order; **mündlicher [schriftlicher] ~** verbal [written] order, order of mouth [in writing]; **unwiderruflicher ~** irrevocable order; **richterlicher ~** *jur.* a) judicial order, warrant (*od.* writ) of the court, b) (*Unterlassungsbefehl*) injunction; **j-n ohne richterlichen ~ (vorläufig) festnehmen** *jur.* to arrest s.o. without a warrant; **taktischer [ständiger] ~** *mil.* operational [standing] order; **~ von höchster Stelle** top-level order; **~ ist ~!** orders are orders; **zu ~!** a) *mil.* yes (*od.* right, very good), sir! b) *mar.* aye, aye, sir! **auf ~ von** (*od. gen*) by order of, on the orders of; **auf seinen ~ (hin)** by his order, on his orders; **laut** (*od.* **gemäß**) **~ von** (*od. gen*) in accordance with the orders of; **auf höheren ~** (up)on orders from above; **auf wessen ~?** on whose orders? **bis auf weiteren ~** till (*od.* until, pending) further orders; **einen ~ geben** (*od.* **erteilen**) to give (*od.* issue) an order; **einen ~ empfangen [ausführen]** to receive [to carry out, to execute] an order; **einen ~ verweigern** to flout (*od.* refuse [to obey]) an order; **j-m dauernd ~e erteilen** to order s.o. about; **~ ausgeführt!** *mil.* mission accomplished; **ich habe den ~ (erhalten) hierzubleiben** I am ordered (*od.* under orders) to remain here; **einem ~ gehorchen** (*od.* **nachkommen, Folge leisten**) to obey (*od.* comply with, act according to) an order; **einem ~ zuwiderhandeln** to act contrary to (*od.* to contravene) an order; **mein ~ lautet** my orders are; **Ihr Wunsch ist mir ~** *humor.* your wish is my command. – **2.** *mil.* (*Befehlsgewalt*) command: **den ~ über** (*acc*) **etwas haben** (*od.* **führen**) to be in command of s.th., to command s.th., to have s.th. under one's command; **den ~ übernehmen** to assume (*od.* take [over]) the command; **j-s ~ unterstehen, unter j-s ~ stehen** to be under s.o.'s command, to be subordinate to s.o. – **3.** (*Datenverarbeitung*) instruction, order.

be·feh·len [bəˈfeːlən] **I** *v/t* ⟨**befiehlt, befahl, befohlen,** h⟩ **1.** order, (*stärker*) command: **j-m etwas ~, j-m ~, etwas zu tun** to order (*schwächer* direct, tell) s.o. to do s.th.; **der Offizier befahl seinen Leuten zu feuern** the officer commanded his men to fire; **er befahl, die Gefangenen freizulassen** he ordered the prisoners to be set free, he gave orders for the prisoners to be set free; **Truppen an die Front ~** to order troops to the front; **der Arzt hat mir absolute Ruhe befohlen** the doctor has ordered (me) absolute rest (*od.* quiet); **er befahl mir, im Bett zu bleiben** he ordered me to stay in bed; **der Chef befahl ihn zu sich** his superior sent for him; **j-m etwas dringend** (*od.* **ausdrücklich**) **~** to enjoin s.th. (up)on s.o.; **er befahl mir hereinzukommen** he told me to (*od. lit.* he bade me) come in; **tu, was** (*od.* **wie**) **man dir befiehlt!** do as you are told (*od. lit.* bidden); **j-m strengstes Stillschweigen ~** to order s.o. to maintain the strictest secrecy; **er hat es so befohlen** those were his orders; **Ruhe ~** to order (*od.* command, enjoin) silence; **ich lasse mir von niemandem etwas ~** I won't be ordered about (*od.* dictated to) by anyone; **tu, was** (*od.* **wie**) **die Pflicht befiehlt!** do as duty directs. – **2.** *obs.* (*höflich*) wish: **was ~ Sie?** what can I do for you? **~ Sie sonst noch etwas?** do you wish anything more? – **3.** *obs.* commend, commit: **seine Seele Gott ~** *relig.* to commend (*od.* commit) one's soul to God; **Gott befohlen!** (*Abschiedsgruß*) God bless you. – **II** *v/i* **4.** give orders, command: **wer hat hier zu ~?** who gives the orders here? who is master here? **du hast kein Recht zu ~** you have no right to command; **über eine Armee ~** to command an army, to have an army under one's command; **wie Sie ~!** *obs. od. humor.* as you wish (*od.* please); **~ Sie über mich!** I am at your disposal; **der Herr ~?** *obs. od. humor.* your order, sir? **wer ~ will, muß erst gehorchen lernen** (*Sprichwort*) he who wishes to command must first learn to obey (*proverb*). – **III** *v/reflex* **5. sich j-m** (*od.* **j-s Schutz**) **~** *lit.* to commend (*od.* entrust) oneself to s.o.: **sich Gott ~** *relig.* to commend (*od.* commit) oneself to God. — **be'feh·lend I** *pres p.* – **II** *adj* commanding, imperious, imperative, peremptory: **in ~em Ton** in a peremptory tone, in a tone of authority.

be'feh·le·risch *adj cf.* **befehlend II.**

be·feh·li·gen [bəˈfeːlɪgən] *v/t* ⟨*no* **ge-**, h⟩ *mil.* (*Heer etc*) be in command of, command.

Be'fehls|ˌaus·ga·be *f mil.* issuing (*od.* issuance, issue) of orders, briefing. — **~beˌfug·nis** *f* authority. — **~beˌreich** *m* (area of) command. — **~ˌebe·ne** *f* command level (*od.* echelon). — **~empˌfang** *m* receipt of orders. — **~empˌfän·ger** *m* **1.** recipient of an order. – **2.** *contempt.* a) tool, b) yes-man. — **~erˌtei·lung** *f cf.* **Befehlsausgabe.** — **~ˌfahrˌzeug** *n* command vehicle, command car. — **~ˌform** *f ling.* imperative (mood). — **b~geˌmäß** *adv* according to instructions, as ordered. — **~geˌwalt** *f* **1.** *mil.* authority (of command), command. – **2.** *jur.* imperium.

Be'fehlsˌha·ber [-ˌhaːbər] *m* ⟨-s; -⟩ *mil.* commander (in chief).

Be'fehls|ˌket·te *f mil.* chain of command. — **~ˌnotˌstand** *m jur.* compulsion to obey orders, acting under binding orders: **im ~ handeln** to act under (compulsion to obey) orders. — **~ˌsatz** *m ling.* imperative sentence. — **~ˌstab** *m* (*railway*) a) (*in Deutschland*) station master's signal disk (*od.* disc), b) (*in Großbritannien*) guard's (green) flag, c) (*in Amerika*) signal. — **~ˌstand** *m,* **~ˌstel·le** *f mil.* **1.** (*Sitz des Stabes*) headquarters *pl* (*often construed as sg*). – **2.** (*im Einsatz*) command post. — **~ˌton** *m* commanding (*od.* peremptory) tone. — **~ˌüberˌmitt·lung** *f mil.* transmission of orders. — **~verˌwei·ge·rung** *f* refusal to obey an order. — **~ˌweg** *m* chain of command, command channel. — **b~ˌwid·rig** *adj u. adv* against (*od.* contrary to) orders. — **~zenˌtra·le** *f* control room.

be'fei·len *v/t* ⟨*no* **ge-**, h⟩ *bes. tech.* file (off).

be·fein·den [bəˈfaɪndən] *v/t* ⟨*no* **ge-**, h⟩ **1.** *cf.* **anfeinden.** – **2. sich** (*od.* **einander**) **~** to carry on a feud with one another, to be at strife (*od. colloq.* loggerheads). — **Be'fein·dung** *f* ⟨-; -en⟩ **1.** *cf.* **Anfeindung.** – **2.** (*gegenseitige*) feud, strife.

be'fe·sti·gen I *v/t* ⟨*no* **ge-**, h⟩ **1.** (*festmachen*) (**an** *dat* to) fix, fasten, make (*s.th.*) fast, attach: **etwas mit Nägeln [Büroklammern, Reißnägeln, Klebband] ~** to nail [clip, pin, stick] s.th.; **einen Anhänger an einem Koffer ~** to fasten (*od.* tie) a label on a suitcase, to label a suitcase; **etwas mit Dübeln (an der Wand) ~** to fasten s.th. with dowels (*od.* to dowel s.th.) (to the wall); **einen Schirm mit einem Riemen am Koffer ~** to strap an umbrella to one's suitcase. – **2.** *tech.* a) (*festklammern*) clamp, fasten, b) (*anbauen*) attach, c) (*sichern*) secure, d) (*mit Schrauben*) bolt, screw, e) (*mit Nieten*) rivet, f) (*verriegeln*) lock, g) (*mit Kitt*) cement, putty: **etwas aneinander ~** to couple s.th., to connect s.th. – **3.** *civ.eng.* a) (*Straße etc*) pave, b) (*im Wasserbau*) protect, stabilize. – **4.** *mil.* a) (*Stadt*) fortify, b) (*Gelände*) organize, c) (*Grenze*) strenghten, d) (*Lager*) entrench. – **5.** *mar.* a) (*Tau, Segel*) bend, (*festzurren*) seize, b) (*mit Tau sichern*) guy, c) (*am Pflock anbinden*) belay. – **6.** *fig. cf.* **festigen** 2, 3, 4. – **II B~** *n* ⟨-s⟩ **7.** *verbal noun.* – **8.** *cf.* **Befestigung.** — **be'fe·stigt I** *pp.* – **II** *adj* **1.** *civ.eng.* (*Straße etc*) paved: **~e Start- und Landebahn** *aer.* hard-surface (*od.* paved) runway; **~er Abstellplatz** hard-stand(ing). – **2.** *mil.* (*Stellung*) fortified.

Be'fe·sti·gung *f* ⟨-; -en⟩ **1.** *cf.* **Befestigen.** – **2.** *mil.* fortification, (*durch Graben*) entrenchment(s *pl*): **ständige [provisorische] ~en** permanent [provisional] defences (*Am.* defenses); **vorgeschobene ~** outwork; **~en anlegen** to fortify (a position). – **3.** *civ.eng.* (*der Fahrbahn*) pavement, paving, *bes. Br.* surfacing. – **4.** *fig. cf.* **Festigung** 5.

Be'fe·sti·gungs|ˌanˌla·ge *f meist pl mil.* fortification, *Br.* defence, *Am.* defense. — **~ˌart** *f tech.* manner of tightening, type of fastening (*od.* clamping, mounting). — **~ˌbau·ten** *pl mil.* **1.** defensive works, works of fortification. – **2.** fortifications. — **~ˌgür·tel** *m* ring (*od.* belt) of fortifications. — **~ˌklam·mer** *f tech.* (*für transportable Maschinen*) holding clamp. — **~ˌli·nie** *f mil.* line of fortifications. — **~ˌplat·te** *f* mounting plate. — **~ˌschel·le** *f* **1.** *tech.* mounting clip. – **2.** *electr.* (*Rohrschelle*) pipe clamp (*od.* clip). — **~ˌschrau·be** *f* **1.** fastening screw, clamping (*od.* fixing) bolt. – **2.** (*an der Nähmaschine*) needle clamp screw (*od.* thumb).

be'feuch·ten I *v/t* ⟨*no* **ge-**, h⟩ **1.** moisten, (*stärker*) wet. – **2.** *tech.* humidify. – **II B~** *n* ⟨-s⟩ **3.** *verbal noun.* — **Be'feuch·ter** *m* ⟨-s; -⟩ *tech.* moistening apparatus, humidifier. — **Be'feuch·tung** *f* ⟨-; *no pl*⟩ **1.** *cf.* **Befeuchten.** – **2.** *tech.* humidification.

Be'feuch·tungsˌanˌla·ge *f tech.* moistening plant.

be'feu·ern I *v/t* ⟨*no* **ge-**, h⟩ **1.** *mar. aer.* (*Küste, Flugplatz etc*) light, mark (*od.* equip, provide) (*s.th.*) with light beacons. – **2.** *mil. colloq. for* **beschießen** 2. – **3.** *fig. lit. for* **anspornen** 3. – **4.** *colloq. for* **bewerfen** 1. – **II B~** *n* ⟨-s⟩ **5.** *verbal noun.* — **Be'feue·rung** *f* ⟨-; -en⟩ **1.** *cf.* **Befeuern.** – **2.** *mar.* illuminated aids *pl* to navigation. – **3.** *aer.* (airfield) lighting system.

Beff·chen [ˈbɛfçən] *n* ⟨-s; -⟩ bands *pl*, *relig. auch* Geneva bands *pl*.

be'fie·dern I *v/t* ⟨*no* **ge-**, h⟩ (*Pfeil etc*) feather, supply (*s.th.*) with feathers. – **II B~** *n* ⟨-s⟩ *verbal noun.* — **be'fie·dert I** *pp.* – **II** *adj zo.* (*Vögel*) feathered, fledged: **mit ~en Füßen** plumiped(e) (*scient.*); **von allen Seiten ~** feathered all around, peripterous (*scient.*). — **Be'fie·de·rung** *f* ⟨-; *no pl*⟩ **1.** *cf.* **Befiedern.** – **2.** *zo.* (*von Vögeln*) *cf.* **Gefieder** 1.

be·fiehl [bəˈfiːl] *imp sg,* **be·fiehlt** [bəˈfiːlt] *3 sg pres of* **befehlen.**

be'fin·den I *v/reflex* ⟨*irr, no* **ge-**, h⟩ **sich ~** **1.** (*sein*) be: **sich auf Reisen ~** to be away; **sie ~ sich viel auf Reisen** they travel a good deal; **er befindet sich zur Zeit in München** he is in Munich at the moment; **sich in einer finanziellen Verlegenheit ~** to be financially embarrassed; **sich im Irrtum ~** to be mistaken (*od.* wrong, in error). – **2.** (*gelegen sein*) be (situated, *bes. Am.* located): **unser Haus befindet sich unmittelbar an der Bushaltestelle** our house is next to the bus stop; **der Eingang befindet sich dort drüben** the entrance is over there. – **3.** (*enthalten sein*) be contained: **in dem Ordner ~ sich wichtige Dokumente** the file contains important documents. – **4.** *lit.* (*sich fühlen*) be, feel: **wie ~ Sie sich?** a) how are you? b) (*zu Patienten*) how do you feel? **er befindet sich wohl [besser]** he is well [better]. – **5.** *tech.* (*angebracht sein*) be positioned (*od.* situated, located). – **II** *v/t* **6.** *lit.* (*beurteilen, erkennen*) think, consider, deem: **der Vorschlag wurde (für) gut befunden** the proposal was deemed good; **etwas (für) richtig ~** to find s.th. (to be) correct; **es (für) richtig ~, etwas zu tun** to deem it right (*od.* proper) to do s.th.; **j-n (für) schuldig ~** *jur.* to find s.o. guilty. – **7.** *jur.* (*urteilen*) **~, daß** to rule (*od.* order, decree, determine) that. – **III** *v/i* **8.** *bes. jur.* (*entscheiden*) judge, decide, rule: **über eine** (*od.* **in einer**) **Sache ~** *jur.* a) to judge s.th., to consider (*od.* hear and decide) a case, b) to have (*od.* take) judicial cognizance of s.th.; **ich habe nicht darüber zu ~** that is not my concern (*od.* business), that has nothing to do with me.

Be'fin·den *n* ⟨-s; *no pl*⟩ *lit.* **1.** (*Gesundheitszustand*) (state of) health, condition: **sich nach j-s ~ erkundigen** to inquire (*od.* enquire) after s.o.'s health: **wie ist Ihr ~?** how are you? – **2.** (*Urteil, Meinung*) judg(e)-

ment, opinion, view: nach meinem ~, meinem ~ nach in my opinion (*od.* view). – 3. (*Ermessen*) discretion: je nach ~ as one thinks (*od.* may think) fit.

be·find·lich [bəˈfɪntlɪç] *adj* ⟨*attrib*⟩ **1.** (*vorhanden*) to be found, contained (*nachgestellt*): die in seiner Bibliothek ~en Bücher the books (contained) in his library; alle im Haus ~en Personen all persons (present) in the house. – **2.** (*seiend*) being (*nachgestellt*): das in Umlauf ~e Geld the money in circulation; die im Bau ~en Häuser the houses under construction.

beˈfin·gern *v/t* ⟨*no* ge-, h⟩ *colloq.* **1.** (*betasten*) finger. – **2.** *fig.* (*erledigen*) manage, settle.

beˈflag·gen I *v/t* ⟨*no* ge-, h⟩ **1.** (*Gebäude etc*) flag. – **II B~** *n* ⟨-s⟩ **2.** *verbal noun.* – **3.** *cf.* Beflaggung. — **beˈflaggt I** *pp.* – **II** *adj* decorated with flags, beflagged: ~e Straßen a) flag-lined streets, b) streets decorated with flags. — **Beˈflag·gung** *f* ⟨-; -en⟩ **1.** *cf.* Beflaggen. – **2.** flags *pl.*

beˈflecken[1] (*getr.* -k·k-) **I** *v/t* ⟨*no* ge-, h⟩ **1.** (*Kleider, Hände etc*) stain, soil, spot: etwas mit Fett ~ to make s.th. greasy; er hat seine Hände mit Blut befleckt *auch fig.* he stained his hands with blood. – **2.** *fig.* (*Ruf, Ehre etc*) sully, tarnish, blemish, (be)smirch, stain, soil. – **3.** *fig.* (*Kirche, Heiligtum etc*) defile, pollute. – **II** *v/reflex* sich ~ **4.** sich mit Blut ~ a) to get covered with blood, b) *euphem.* to commit murder, to get soiled with blood, to bloody one's hands. – **5.** *rare for* onanieren. – **III B~** *n* ⟨-s⟩ **6.** *verbal noun.* – **7.** *cf.* Befleckung.

beˈflecken[2] (*getr.* -k·k-) *v/t* ⟨*no* ge-, h⟩ (*Schuhe*) heel.

beˈfleckt I *pp.* – **II** *adj* stained, soiled: mit Blut ~ *auch fig.* blood-stained; sein Name [seine Ehre] ist ~ his name [hono(u)r] is besmirched (*od.* sullied). — **Beˈfleckung** (*getr.* -k·k-) *f* ⟨-; -en⟩ **1.** *cf.* Beflecken[1]. – **2.** *fig.* (*Entweihung*) defilement, pollution. – **3.** *rare for* Onanie.

beˈfle·geln *v/t* ⟨*no* ge-, h⟩ *Austrian for* beschimpfen 1.

beˈflei·ßen *v/reflex* ⟨befleißt, befliß, beflissen, h⟩ sich ~ *rare for* befleißigen.

be·flei·ßi·gen [bəˈflaɪsɪɡən] *v/reflex* ⟨*no* ge-, h⟩ **1.** sich einer Sache ~ *lit.* to apply oneself to (*od.* to strive for, to aim at, to be intent on) s.th.: sich eines guten Benehmens ~ to cultivate good manners; er befleißigt sich der größten Höflichkeit he takes great pains to be polite. – **2.** sich ~, etwas zu tun *lit.* to endeavo(u)r (*od.* to be eager, to be anxious, to take pains) to do s.th., to apply oneself to (*od.* to be intent on) doing s.th.: ich befleißigte mich, liebenswürdig zu sein I took great pains to be amiable.

beˈflie·gen *v/t* ⟨*irr, no* ge-, h⟩ **1.** *aer.* (*Strecke, Linie etc*) fly, cover: regelmäßig die Strecke London—Rom ~ to fly regularly between London and Rome. – **2.** *bot. zo.* (*Blumen etc*) visit.

be·fliß [bəˈflɪs] *1 u. 3 sg pret of* befleißen.

be·flis·sen [bəˈflɪsən] **I** *pp of* befleißen. – **II** *adj* **1.** (*eifrig, gründlich*) solicitous, eager, studious, assiduous: ein ~er Schüler [Helfer] an assiduous pupil [helper]; er zeigte sich sehr ~ he showed himself very eager. – **2.** (*übertrieben*) overzealous: er war von einer ~en Freundlichkeit he was overfriendly. – **3.** ~ sein, etwas zu tun to take great pains to do s.th.: er war ~, ihr jeden Wunsch zu erfüllen he took great pains to fulfil her every wish. – **4.** einer Sache ~ sein *lit.* to be zealous in s.th. — **Beˈflis·se·ne** *m, f* ⟨-n; -n⟩ eager (*od.* assiduous) person. — **Beˈflis·sen·heit** *f* ⟨-; *no pl*⟩ **1.** (*Eifer*) solicitude, eagerness, studiousness, assiduity. – **2.** exaggeration. — **beˈflis·sent·lich** *adv cf.* geflissentlich 1.

beˈflo·gen I *pp of* befliegen. – **II** *adj* **1.** eine regelmäßig ~e Strecke *aer.* a scheduled service route, a regularly operated route. – **2.** *hunt.* fledged.

beˈflü·geln I *v/t* ⟨*no* ge-, h⟩ *fig. lit.* **1.** (*Schritte*) wing, quicken, accelerate: er beflügelte seine Schritte he quickened his pace; Angst beflügelte ihre Schritte fear winged her steps. – **2.** (*Phantasie*) lend (*od.* give) wings to, fire. – **3.** *cf.* anspornen 2. – **II B~** *n* ⟨-s⟩ **4.** *verbal noun.* – **5.** *cf.* Beflügelung. — **beˈflü·gelt I** *pp.* – **II** *adj* winged, swift: ~en Schrittes *fig.* fleet (*od.* swift) of foot, with quickened steps. — **Beˈflü·ge·lung, Beˈflüg·lung** *f* ⟨-; *no pl*⟩ *lit.* **1.** *cf.* Beflügeln. – **2.** acceleration. – **3.** *cf.* Anspornung 2.

beˈflu·ten *v/t* ⟨*no* ge-, h⟩ *mar.* flood. — **Beˈflu·tung** *f* ⟨-; -en⟩ flooding.

be·föh·le [bəˈføːlə] *1 u. 3 sg pret subj,* **be·foh·len** [bəˈfoːlən] *pp of* befehlen.

beˈfol·gen I *v/t* ⟨*no* ge-, h⟩ **1.** (*Rat*) follow, take. – **2.** (*Gesetz etc*) observe, obey, abide by. – **3.** (*Befehl, Anweisung etc*) follow, act (up)on, comply with: ich habe die Vorschriften des Arztes streng befolgt I strictly followed the doctor's orders; etwas nicht ~ to disregard (*od.* ignore, disobey) s.th. – **4.** (*Grundsatz etc*) adhere to, abide by, follow, act (up)on. – **5.** *relig.* (*Gebote*) keep. – **II B~** *n* ⟨-s⟩ **6.** *verbal noun.* – **7.** *cf.* Befolgung.

beˈfol·gens|ˌwert, ~ˌwür·dig *adj* (*Rat etc*) worth following (*nachgestellt*), sound, useful.

Beˈfol·gung *f* ⟨-; *no pl*⟩ **1.** *cf.* Befolgen: in ~ Ihres Rates following (*od.* taking) your advice. – **2.** (*eines Gesetzes etc*) observance (of). – **3.** (*eines Grundsatzes etc*) adherence (to).

be·för·der·lich *adj Swiss for* beschleunigt 2.

beˈför·dern[1] **I** *v/t* ⟨*no* ge-, h⟩ **1.** (*Waren*) transport, carry, forward, convey, dispatch, *auch* despatch, *Am. auch* ship: Waren mit dem Schiff (*od.* auf dem Seeweg) ~ to ship goods; etwas mit der Bahn ~ to forward (*od.* dispatch, *Am.* ship) s.th. by rail; etwas ans Tageslicht ~ *fig. colloq.* to bring s.th. to light; etwas in den Papierkorb ~ *fig. colloq.* to throw s.th. into the waste-paper basket. – **2.** (*Personen*) transport, carry, convey: Reisende in Bussen ~ to transport passengers in buses; j-n in einem Boot ~ to boat s.o.; j-n an die frische Luft ~ *fig. colloq.* to chuck (*od.* fling) s.o. out; j-n ins Bett ~ *fig. colloq.* to put s.o. to bed; → Jenseits. – **3.** (*postal service*) forward, convey. – **II B~** *n* ⟨-s⟩ **4.** *verbal noun.* – **5.** *cf.* Beförderung[1].

beˈför·dern[2] **I** *v/t* ⟨*no* ge-, h⟩ **1.** promote, advance: er wurde zum Direktor befördert he was promoted (to be *od.* to the position of) manager, he advanced to the position of manager; er wurde zum Major befördert he was promoted (to be *od.* to the rank of) major; befördert werden to be promoted, to get one's promotion. – **2.** *cf.* fördern 3, 4, begünstigen 1. – **II B~** *n* ⟨-s⟩ **3.** *verbal noun.* – **4.** *cf.* Beförderung[2].

Beˈför·de·rung[1] *f* ⟨-; -en⟩ **1.** *cf.* Befördern[1]. – **2.** (*von Waren*) carriage, transport(ation), *Am. auch* shipment, conveyance, consignment, haulage: ~ auf dem Landweg [Luftweg] land [air] transport; ~ auf dem Seeweg sea (*od.* waterborne) transport, shipment; ~ zu Land und zur See sea and land carriage; ~ per Bahn [Schiff] rail transport [water carriage, waterborne transport]; ~ im Binnenschiffahrtsverkehr [Transitverkehr] transport on inland waterways [in transit]; ~ im Straßennahverkehr [Fernverkehr] cartage [haulage]; ~ als Eilgut [Frachtgut] transport by express train [by freight car, *Br.* by goods train]; ~ als Reisegepäck transport as passenger luggage; ~ von Stückgütern transport of general goods (*od.* cargo); ~ mit Umladung *aer.* trans(s)hipment; mechanische ~ mechanical haulage; die ~ von sperrigen Gütern ablehnen to refuse to carry bulky goods. – **3.** (*von Personen*) transport(ation), carriage, conveyance: ~ von Truppen auf dem Luftweg *mil.* transport of troops by air. – **4.** (*postal service*) conveyance, transportation. – **5.** (*von Telegrammen*) transmission.

Beˈför·de·rung[2] *f* ⟨-; -en⟩ **1.** *cf.* Befördern[2]. – **2.** promotion, advancement: ~ nach Dienstalter promotion by seniority; ~ zum Offizier *mil.* commissioning. – **3.** *cf.* Förderung 3, 4, Begünstigung 2.

Beˈför·de·rungs|ˌal·ter *n* seniority. — **~ˌan·ˌla·ge** *f tech.* conveying equipment, transport(ation) facility. — **~ˌart** *f* **1.** *econ.* mode (*od.* method) of conveyance (*od.* forwarding). – **2.** *tel.* (*eines Telegramms*) method (*od.* way) of transmission. — **~beˌdin·gun·gen,** *auch* **~beˌstim·mun·gen** *pl* **1.** (*bes. railway*) (*für Waren etc*) conditions of transport, forwarding conditions. – **2.** (*für beruflichen Aufstieg*) conditions of promotion (*od.* advancement). — **~ˌdienstˌal·ter** *n* seniority. — **~geˌbühr** *f* **1.** (*postal service*) postage, charges *pl.* – **2.** *econ. cf.* Beförderungskosten. — **~geˌsuch** *n* petition for promotion. — **~ˌko·sten** *pl* **1.** transport charges, transportation costs. – **2.** *econ.* a) carriage *sg,* b) (*Bahnfracht*) railroad (*Br.* railway) charges, c) (*Straßenfracht*) haulage *sg.* – **3.** (*postal service*) *cf.* Beförderungsgebühr 1. — **~ˌli·ste** *f* promotion list. — **~ˌmit·tel** *n* **1.** means *pl* (*construed as sg*) of transport(ation) (*od.* conveyance), conveyance. – **2.** *pl* transport(ation) facilities. — **~ˌmög·lich·keit** *f* opportunity for advancement. — **~ˌpflicht** *f jur. obligation of public or licensed means of transport to convey or accept passengers.* — **~ˌschein** *m econ.* waybill. — **~ˌsteu·er** *f* transport(ation) tax. — **~taˌrif** *m* transport charges *pl,* freight tariff. — **~verˌtrag** *m* forwarding (*bes. Am.* shipping) contract. — **~ˌvorˌschrif·ten** *pl* (*bes. railway*) *cf.* Beförderungsbestimmungen 1. — **~ˌweg** *m* **1.** route. – **2.** *cf.* Beförderungsart. — **~ˌwei·se** *f cf.* Beförderungsart. — **~ˌwe·sen** *n* transport system (*od.* trade), carrying trade. — **~ˌzwang** *m jur.* compulsory conveyance.

beˈfor·sten I *v/t* ⟨*no* ge-, h⟩ **1.** (*forestry*) (af)forest. – **II B~** *n* ⟨-s⟩ **2.** *verbal noun.* – **3.** *cf.* Beforstung.

be·för·stern [bəˈfœrstərn] *v/t* ⟨*no* ge-, h⟩ (*forestry*) manage (*an area*) through forest officers. — **Beˈför·ste·rung** *f* ⟨-; -en⟩ management through forest officers.

Beˈfor·stung *f* ⟨-; -en⟩ (*forestry*) **1.** *cf.* Beforsten. – **2.** (af)forestation.

beˈfrach·ten I *v/t* ⟨*no* ge-, h⟩ **1.** *econ.* load, ship, charge, *Am. auch* freight. – **2.** *mar.* charter, *Am. auch* freight: in Bausch und Bogen ~ to charter for a lump sum; in der Ruse (*od.* ein ganzes Schiff) ~ to freight an entire vessel, to load a full (*od.* complete) cargo. – **II B~** *n* ⟨-s⟩ **3.** *verbal noun.* – **4.** *cf.* Befrachtung. — **Beˈfrach·ter** *m* ⟨-s; -⟩ **1.** *econ.* shipper. – **2.** *mar.* charterer, *Am. auch* freighter. — **Beˈfrach·tung** *f* ⟨-; -en⟩ **1.** *cf.* Befrachten. – **2.** *mar.* charterage, affreightment: ~ für eine ganze Reise voyage (*od.* trip) charter; ~ für Hin- und Rückreise round charter.

Beˈfrach·tungs|konˌtor *n econ.* chartering (*od.* shipping) office (*od.* agency). — **~ˌmak·ler** *m mar.* freight agent, chartering agent. — **~verˌtrag** *m* **1.** contract of affreightment. – **2.** charter party. – **3.** bill of loading.

be·frackt [bəˈfrakt] (*Kellner etc*) in tails, tail-coated.

beˈfra·gen I *v/t* ⟨*no* ge-, h⟩ **1.** (*ausfragen*) ask (*s.o.*) (questions), question, interview: j-n nach seiner (*od.* um seine) Meinung ~ to question s.o. about his views. – **2.** (*verhören*) interrogate, examine: Zeugen (über *acc* etwas) ~ *jur.* to interrogate witnesses (about s.th.). – **3.** (*zu Rate ziehen*) consult, turn to, ask: einen Arzt [Sachverständigen] ~ to consult a doctor [an expert]; j-n um Rat ~ to ask s.o. for advice; ein Buch [sein Gewissen] ~ to consult a book [one's conscience]; das Orakel ~ *hist.* to consult the oracle. – **4.** *sociol.* (*Öffentlichkeit etc*) take a poll among, poll. – **II** *v/reflex* sich ~ **5.** (*sich erkundigen*) consult, take counsel with: sich bei j-m ~ to consult s.o. – **III B~** *n* ⟨-s⟩ **6.** *verbal noun*: auf B~ upon inquiry (*od.* enquiry). — **Beˈfra·gung** *f* ⟨-; -en⟩ **1.** *cf.* Befragen. – **2.** interrogation, examination. – **3.** consultation. – **4.** *sociol.* (*der Bevölkerung*) poll.

beˈfran·sen *v/t* ⟨*no* ge-, h⟩ fringe, put a fringe on. — **beˈfranst I** *pp.* – **II** *adj* **1.** fringed. – **2.** *bot. zo.* a) fimbriate, b) (*gröber*) laciniate.

beˈfrei·en I *v/t* ⟨*no* ge-, h⟩ **1.** free, liberate: einen Gefangenen ~ a) to liberate a prisoner, b) to assist in a prisoner's escape; ein Tier aus der Schlinge ~ to free (*od.* release) an animal from a trap (*od.* snare); j-n aus den Händen von Verbrechern ~ to free (*od.* rescue) s.o. from the hands of criminals; ein Land von der Fremdherrschaft ~ to liberate (*od.* deliver) a country from foreign rule; j-n von j-m ~ to rid s.o. of s.o.; Sklaven ~ to emancipate slaves. – **2.** (*Person von Pflichten etc*) excuse, dispense, free, discharge, absolve, exonerate, (*bes. behördlich*) exempt: j-n von Steuern [vom Militärdienst] ~ to exempt s.o. from taxes [military service]; j-n von einem Eid [Gelübde] ~ to absolve s.o. from an oath [a vow]; eine Vertragspartei von der Erfüllung einer Verpflichtung ~ *jur.* to free (*od.* relieve, release, discharge) a party to the contract from its obligations. – **3.** *fig.* (*von Angst, Sorge etc*) free, relieve, liberate: j-n von

Schmerzen ~ to relieve (*od.* deliver) s.o. from pain; j-n von einem Verdacht [einer Anschuldigung] ~ to free (*od.* acquit, exonerate) s.o. from a suspicion [charge]. – 4. *math.* (*eine Gleichung von Brüchen*) clear (of). – II *v/reflex* sich ~ 5. free (*od.* liberate) oneself: sich von j-m ~ to rid oneself (*od.* to get rid) of s.o.; ich konnte mich nur mit Mühe aus seiner Umarmung ~ I could hardly free myself from his embrace. – 6. *fig.* (*aus Schwierigkeiten etc*) extricate (*od.* disentangle, untangle) oneself (from). – 7. *fig.* (*von Verantwortung, Anklage etc*) clear oneself (of), exonerate oneself (from). – 8. (*sport*) (*beim Ringen*) free oneself, break the hold. – III B~ *n* ⟨-s⟩ 9. *verbal noun.* – 10. *cf.* Befreiung. — **be'frei·end I** *pres p.* – II *adj* 1. *fig.* (*Lachen etc*) liberating, relieving. – 2. *jur.* discharging: mit ~er Wirkung with the effect of discharging the debt. — **Be'frei·er** *m* ⟨-s; -⟩, **Be'freie·rin** *f* ⟨-; -nen⟩ liberator, deliverer. — **be'freit I** *pp.* – II *adj* 1. freed, liberated. – 2. (*erleichtert*) relieved: sich ~ fühlen to feel relieved. – 3. free(d), excused, (*bes. behördlich*) exempt(ed): vom Militärdienst ~ exempt from military service, *Am. auch* draft-exempt; vom Turnen ~ sein to be excused from gym; ~e Vormundschaft *jur.* exempted guardianship. – III *adv* 4. in a relieved manner: ~ aufatmen to heave a sigh of relief. — **Be'frei·ung** *f* ⟨-; *no pl*⟩ 1. *cf.* Befreien. – 2. (aus, von from) liberation: j-s ~ aus der Gefangenschaft s.o.'s liberation (*od.* rescue) from captivity; die ~ eines Tieres aus der Schlinge the liberation (*od.* release) of an animal from a snare. – 3. (*einer Person von Pflichten etc*) dispensation, discharge, absolution, exoneration, (*bes. behördlich*) exemption: die ~ von einer Verpflichtung the dispensation (*od.* relief, release, discharge) from an obligation. – 4. *fig.* (*von Angst, Sorge etc*) relief, liberation, (*von Schmerzen*) *auch* deliverance. – 5. (*aus Schwierigkeiten*) extrication, disentanglement. – 6. (*von Verantwortung, Anklage etc*) exoneration, release.

Be'frei·ungs|ar,mee *f mil.* liberation army. — ~**be,we·gung** *f* liberation (*od.* independence) movement. — ~,**griff** *m* (*sport*) (*beim Rettungsschwimmen, Judo*) release. — ~,**kampf** *m pol.* struggle for independence. — ~,**klau·sel** *f jur.* exemption clause. — ~,**krieg** *m pol.* war of liberation (*od.* independence): die ~e *pl hist.* the German Wars of Liberation (*1813—15*). — ~**po·li,tik** *f* policy of liberation. — ~,**schein** *m jur.* certificate of exemption. — ~,**schlag** *m* (*sport*) (*beim Fußball*) clearing kick. — ~**ver,such** *m* attempt to free (*od.* liberate) oneself (*od.* s.o.).

be'frem·den I *v/t* ⟨*no* ge-, h⟩ j-n ~ a) to strike s.o. as odd, to appear strange to s.o., to take s.o. aback, to surprise (*od. stärker* astonish) s.o., b) to displease (*od.* disconcert, disturb) s.o.: der scharfe Ton seines Briefes befremdete uns the caustic tone of his letter took us aback. – II *v/i* appear strange, (*stärker*) be astonishing: sein Verhalten befremdete his behavio(u)r appeared strange.

Be'frem·den *n* ⟨-s; *no pl*⟩ 1. surprise, (*stärker*) astonishment: allgemeines ~ hervorrufen (*od.* auslösen) to cause general astonishment; sein ~ über etwas ausdrücken to express one's astonishment at s.th.; eine Entwicklung mit ~ beobachten to observe a development with surprise; zu meinem ~ to my astonishment. – 2. (*Mißfallen*) displeasure.

be'frem·dend I *pres p.* – II *adj* 1. strange, surprising, (*stärker*) astonishing: ~ wirken to appear strange. – 2. (*Mißfallen erregend*) displeasing, disconcerting. — **be'fremd·lich** [bə'frɛmtlɪç] *adj cf.* befremdend II.

Be'frem·dung *f* ⟨-; *no pl*⟩ *cf.* Befremden.

be·freun·den [bə'frɔyndən] I *v/reflex* ⟨*no* ge-, h⟩ 1. sich mit j-m ~ to make friends with s.o. – 2. sich mit etwas ~ *fig.* a) to get used (*od.* accustomed) to s.th., b) to reconcile oneself to s.th., to come to like (*od.* to warm to) s.th.: ich konnte mich nicht mit dem Gedanken ~ I could not get used (*od.* accustomed) to the idea. – II *v/t* 3. sich (*od.* einander) ~ to make (*od.* become) friends with each other (*od.* one another). – 4. *lit.* cause (*people*) to be friends: ihre gemeinsame Liebe zur Musik befreundete sie their friendship was brought about by the fondness they both share for music. — **be'freun·det I** *pp.* – II *adj* friendly: ~ sein to be friends; wir sind eng (miteinander) (*od. colloq.* dick) ~ we are close friends, we are on close (*od.* intimate) terms (with each other); eine ~e Nation a friendly nation; eine ~e Firma a business connection (*Br. auch* connexion). — **Be'freun·dung** *f* ⟨-; *no pl*⟩ 1. (mit to) getting used. – 2. (mit with) reconciliation.

be'frie·den I *v/t* ⟨*no* ge-, h⟩ 1. (*Land, Volk etc*) pacify, bring peace to. – 2. *lit.* (*Person*) appease. – II B~ *n* ⟨-s⟩ 3. *verbal noun.* – 4. *cf.* Befriedung. — **be'frie·det I** *pp.* – II *adj jur.* (*Denkmäler, Besitztum etc*) fenced-in (*attrib*), enclosed.

be·frie·di·gen [bə'friːdɪgən] I *v/t* ⟨*no* ge-, h⟩ 1. (*Person*) satisfy, please, content: er ist schwer zu ~ he is hard to please; diese Arbeit befriedigt mich nicht I don't find satisfaction in (*od.* get satisfaction out of) this work, this work gives me no satisfaction. – 2. (*Hunger, Begierde etc*) appease, satisfy, gratify: j-s Neugier ~ to satisfy s.o.'s curiosity. – 3. (*Erwartungen etc*) meet, come (*od.* live) up to, satisfy, answer. – 4. (*Bedürfnisse*) serve, supply, provide for. – 5. *econ.* (*Nachfrage*) meet. – 6. *jur. econ.* a) (*Gläubiger*) satisfy, pay off, b) (*Ansprüche*) satisfy, meet, comply with. – II *v/i* 7. (*von Leistung etc*) be satisfactory. – III *v/reflex* sich ~ 8. satisfy oneself. – 9. sich (selbst) ~ to masturbate. – IV B~ *n* ⟨-s⟩ 10. *verbal noun.* – 11. *cf.* Befriedigung. — **be'frie·di·gend I** *pres p.* – II *adj* (*Lösung, Leistung etc*) satisfactory: ~ ausfallen to prove satisfactory; seine Arbeit wurde mit ‚befriedigend' bewertet, auf seine Arbeit erhielt er ein ‚befriedigend' *ped.* he was given a (*od.* the mark, *Am.* grade) 'satisfactory' on his paper. — **be'frie·digt I** *pp.* – II *adj* satisfied, pleased, content: er zeigte sich von dem Ergebnis sehr ~ he seemed to be highly pleased with the result. – III *adv* with satisfaction: sich ~ über etwas äußern to express one's satisfaction at (*od.* with) s.th. — **Be'frie·di·gung** *f* ⟨-; *no pl*⟩ 1. *cf.* Befriedigen. – 2. satisfaction, contentment: ~ in der Arbeit finden to find satisfaction in one's work; etwas mit ~ feststellen to note s.th. with satisfaction; ~ über seine Leistung empfinden to feel satisfied with one's performance. – 3. (*des Hungers, der Begierde etc*) appeasement, satisfaction, gratification. – 4. (*der Erwartungen etc*) satisfaction. – 5. (*der Bedürfnisse*) provision (for). – 6. *jur. econ.* a) (*eines Gläubigers*) satisfaction, b) (*eines Anspruchs*) satisfaction (of), compliance (with).

Be'frie·dung *f* ⟨-; *no pl*⟩ 1. *cf.* Befrieden. – 2. (*eines Landes, Volkes etc*) pacification. – 3. *lit.* appeasement. — **Be'frie·dungs·po·li,tik** *f* policy of pacification.

be'fri·sten *jur. econ.* I *v/t* ⟨*no* ge-, h⟩ 1. limit (*s.th.*) (as to time), place (*od.* fix, set, stipulate) a time limit (*bes. Am.* deadline) on: etwas auf sechs Monate ~ to set a time limit of six months on s.th. – II B~ ⟨-s⟩ 2. *verbal noun.* – 3. *cf.* Befristung. — **be'fri·stet I** *pp.* – II *adj* (*Rechtsgeschäft, Anspruch etc*) limited in (*od.* as to) time, subject to a time stipulation, (de)terminable: eine ~e Forderung a deferred claim; ~e Spareinlagen time deposits. — **Be'fri·stung** *f* ⟨-; -en⟩ 1. *cf.* Befristen. – 2. stipulation of a time limit (*bes. Am.* deadline).

be'fruch·ten I *v/t* ⟨*no* ge-, h⟩ 1. *biol.* fertilize, fecundate, inseminate, impregnate: eine Kuh künstlich ~ to inseminate a cow artificially. – 2. *bot.* (*Blüten*) pollinate. – 3. (*fruchtbar machen*) fertilize, make (*s.th.*) fertile: Regen befruchtet die Erde rain fertilizes the soil. – 4. *fig.* (*anregen*) stimulate, enrich: seine Kritik hat die Diskussion sehr befruchtet his criticism enriched (*od.* enhanced) the discussion. – II B~ *n* ⟨-s⟩ 5. *verbal noun.* – 6. *cf.* Befruchtung. — **be'fruch·tend I** *pres p.* – II *adj fig.* fertile, stimulating.

Be'fruch·ter *m* ⟨-s; -⟩ *biol.* fertilizer.

Be'fruch·tung *f* ⟨-; -en⟩ 1. *cf.* Befruchten. – 2. *biol.* fertilization, fecundation, insemination, impregnation: künstliche ~ artificial insemination. – 3. *bot.* pollination. – 4. (*Fruchtbarmachung*) fertilization. – 5. *fig.* stimulation, enrichment.

Be'fruch·tungs|or,gan *n biol.* organ of fertilization, reproductive organ. — ~**pro,zeß** *m* fertilizing process, fertilization. — ~,**röh·re** *f bot.* pistil. — ~,**schlauch** *m* pollen tube. — ~,**staub** *m* pollen. — ~,**vor,gang** *m cf.* Befruchtungsprozeß.

be'fu·gen *v/t* ⟨*no* ge-, h⟩ j-n zu etwas ~ *rare* to authorize (*od.* empower, entitle) s.o. to (do) s.th.

Be·fug·nis [bə'fuːknɪs] *f* ⟨-; -se⟩ 1. authority, power(s *pl*), right(s *pl*), competence: j-m (eine) ~ [zu etwas] erteilen to authorize (*od.* empower, entitle) s.o. [to (do) s.th.]; seine ~se überschreiten to exceed one's authority (*od.* powers, competence); das liegt außerhalb meiner ~se this lies beyond my competence; sich hohe ~se anmaßen to assume excessive authority; die handelsrechtliche ~ *econ.* authority under mercantile law. – 2. *jur.* a) competence, jurisdiction, b) (*konkret*) warrant: ohne ~ handeln to act ultra vires. – 3. (*durch Vorrecht*) privilege.

be'fugt I *pp.* – II *adj* 1. authorized, empowered, entitled, competent: wir sind nicht ~, darüber zu entscheiden we are not entitled to decide upon it; er ist dazu nicht ~ this is not within his competence (*od.* terms of reference), he has no right to do so; ~e Amtsperson competent public officer. – 2. *jur.* a) (*zuständig*) (für) competent (for), having jurisdiction (over), b) (*berechtigt*) (zu to) empowered, authorized. — **Be'fug·te** *m, f* ⟨-n; -n⟩ (duly) authorized person, person entitled: nur ~ haben Zutritt admission for authorized persons only.

be'füh·len *v/t* ⟨*no* ge-, h⟩ (*Stoff, Haar etc*) feel, touch, *auch* finger.

be'fum·meln *v/t* ⟨*no* ge-, h⟩ 1. *colloq. for* befühlen. – 2. *fig. colloq. for* a) erledigen 9, b) untersuchen 1.

Be'fund *m* ⟨-(e)s; -e⟩ 1. finding(s *pl*), data *pl*, facts *pl*: einer Arbeit den wissenschaftlichen ~ zugrunde legen to base one's thesis on scientific data. – 2. (*Gutachten*) report, opinion: der amtliche ~ the official report. – 3. *med.* findings *pl*, combined medical evidence: ohne ~ a) no appreciable disease, b) nothing abnormal discovered; nach ~ according to findings; der ~ einer Untersuchung the result of (a) physical examination, the clinical findings; krankhafter ~ pathological findings *pl*; der ~ war unverändert the findings were unchanged. – 4. *jur.* finding.

Be'fund|,schein *m*, ~,**zeug·nis** *n med.* medical certificate.

be'fürch·ten I *v/t* ⟨*no* ge-, h⟩ etwas ~ to fear s.th., to be afraid of s.th., to apprehend s.th. (*lit.*): das Schlimmste ~ to be prepared for (*od.* to fear, expect) the worst; du hast nichts zu ~ you have nothing to fear (*od.* worry about); dies ist nicht zu ~ there is no fear (*od.* danger) of that. – II B~ *n* ⟨-s⟩ *verbal noun.* — **Be'fürch·tung** *f* ⟨-; -en⟩ 1. *cf.* Befürchten. – 2. fear, apprehension, (*schwächer*) misgiving: schlimme ~en haben (*od. lit.* hegen) to have great fears (*od.* grave misgivings); seine ~en haben sich bewahrheitet (*od.* sind eingetroffen) what he had feared came to pass; deine ~en sind unbegründet your fears (*od.* worries) are unjustified; j-s ~en zerstreuen to dispel s.o.'s fears (*od.* misgivings).

be'für,sor·gen *v/t* ⟨*no* ge-, h⟩ *Austrian officialese for* betreuen 1.

be·für·wor·ten [bə'fyːr,vɔrtən] I *v/t* ⟨*no* ge-, h⟩ 1. (*empfehlen*) recommend, advocate, favor, *bes. Br.* favour: eine Ernennung ~ to advocate an appointment. – 2. (*unterstützen*) support, back, endorse, *auch* indorse, second, sponsor: einen Antrag ~ to second a motion; einen Gesetzesantrag ~ to sponsor a bill. – 3. (*eintreten für*) advocate, speak (*od.* plead) for. – II B~ *n* ⟨-s⟩ 4. *verbal noun.* – 5. *cf.* Befürwortung. — **Be'für,wor·ter** *m* ⟨-s; -⟩ 1. advocate, proponent. – 2. supporter, backer. — **Be'für,wor·tung** *f* ⟨-; *no pl*⟩ 1. *cf.* Befürworten. – 2. recommendation, advocation. – 3. support, endorsement.

Beg [bɛk] *m* ⟨-s; -s⟩ (*türk. Titel*) bey.

be·gabt [bə'gaːbt] *adj* 1. gifted, talented, endowed (*lit.*): für etwas [nicht] ~ sein to have [no] talent for s.th.; ein ~er Schüler a gifted (*od.* apt, bright) pupil; technisch ~ mechanically minded. – 2. *lit.* (*beschenkt*) endowed: mit Schönheit ~ endowed with beauty. — **Be'gab·te** *m, f* ⟨-n; -n⟩ talented (*od.* gifted) person: Sonderkurse für ~ special courses for talented pupils; die ~n des Landes the talent sg (od. best brains) of the country.

Be'gab·ten|ˌausˌle·se f ped. selection of the gifted (od. talented). — **~ˌför·de·rung** f furthering of the gifted (od. talented). — **~ˌklas·se** f class for the specially gifted.

Be'ga·bung f ⟨-; -en⟩ 1. gift, talent, ability, aptitude, endowment (lit.): manuelle ~ manual aptitude; mittelmäßige ~ average (od. medium) ability. – 2. (Person) talent: er ist die größte ~ in der zeitgenössischen Musik he is the greatest talent in contemporary music.

Be'ga·bungs|reˌser·ve f unexploited talent. — **~ˌschwund** m decline in talent. — **~ˌtest** m psych. aptitude (od. ability) test.

be'gaf·fen v/t ⟨no ge-, h⟩ etwas ~ colloq. to stare (od. gape) at s.th.

be'gan·gen I pp of begehen. – II adj (Weg etc) frequented, used.

Be·gäng·nis [bəˈgɛŋnɪs] n ⟨-ses; -se⟩ lit. funeral.

be·gann [bəˈgan] 1 u. 3 sg pret of beginnen.

be·gän·ne [bəˈgɛnə] 1 u. 3 sg pret subj of beginnen.

Be·gard [beˈgart] m ⟨-en; -en⟩ hist. relig. Beghard.

be'ga·sen agr. I v/t ⟨no ge-, h⟩ 1. (Schädlinge etc) fumigate. – II B~ n ⟨-s⟩ 2. verbal noun. – 3. cf. Begasung.

Be·gas·se [beˈgasə] f ⟨-; -n⟩ tech. cf. Bagasse.

Be'ga·sung f ⟨-; no pl⟩ agr. 1. cf. Begasen. – 2. fumigation.

Be'ga·sungs|ˌkam·mer f agr. fumigation chamber. — **~ˌmit·tel** n fumigant.

be'gat·ten zo. I v/t ⟨no ge-, h⟩ 1. (bei Tieren) mate (od. couple, copulate) with: sich (od. einander) ~ to mate, to pair, to couple, to copulate. – 2. (bei Vögeln) pair (od. mate) with: sich (od. einander) ~ to pair, to mate. – II B~ n ⟨-s⟩ 3. verbal noun. — **Be'gat·tung** f ⟨-; no pl⟩ 1. cf. Begatten. – 2. copulation.

Be'gat·tungs|ˌfä·hig·keit f zo. ability to copulate, copulatory ability. — **~orˌgan** n copulative (od. generative) organ, organ of copulation. — **~ˌtrieb** m mating instinct, sexual drive. — **~ˌzeit** f mating season (od. time).

be'gau·nern v/t ⟨no ge-, h⟩ j-n (um etwas) ~ colloq. to cheat (od. swindle) s.o. (out of s.th.).

be'geb·bar adj econ. 1. negotiable, marketable. – 2. (übertragbar) transferable. – 3. (rediskontierbar) rediscountable. — **Be'geb·bar·keit** f ⟨-; no pl⟩ 1. negotiability, marketability. – 2. transferability. – 3. rediscountability.

be'ge·ben I v/reflex ⟨irr, no ge-, h⟩ sich ~ 1. go, set out, proceed, betake oneself (lit.): sich auf Reisen ~ to set out (od. start) on a journey; sich nach Hause (od. auf den Heimweg) ~ to set off (od. to make) for home; sich zeitig zu Bett (od. zur Ruhe) ~ to go to bed (od. to retire) early; sich von einem Land zum anderen ~ to proceed from one country to the next; sich in ärztliche Behandlung ~ to have (od. place oneself under) medical treatment; sich an seinen Platz ~ to go to one's seat; sich unter j-s Schutz ~ lit. to place oneself under s.o.'s protection; sich aufs Glatteis ~ fig. to skate on thin ice; wer sich in Gefahr begibt, kommt darin um (Sprichwort) he who looks for trouble finds it. – 2. lit. (beginnen) set: sich an die Arbeit ~ to set to work. – 3. lit. (verzichten) give up, forgo, renounce, abandon, relinquish: sich eines Rechtes [Anspruchs] ~ bes. jur. to waive a right [claim]. – 4. lit. happen, occur: Außergewöhnliches hat sich ~ s.th. extraordinary has happened; da begab es sich, daß it happened (od. came about) that; es begab sich aber zu der Zeit Bibl. and it came to pass in those days. – II v/t 5. econ. a) (ausgeben) issue, float, b) (an der Börse handeln) negotiate, market, c) (übertragen) transfer, endorse, auch indorse, d) (rediskontieren) rediscount. – III B~ n ⟨-s⟩ 6. verbal noun. – 7. cf. Begebung.

Be'ge·ben·heit f ⟨-; -en⟩ 1. event, occurrence. – 2. (Vorfall) incident: der Geschichte liegt eine wahre ~ zugrunde the story is based on a true incident.

Be'ge·ber m ⟨-s; -⟩ econ. (eines Wechsels) endorser, auch indorser.

Be·geb·nis [bəˈgeːpnɪs] n ⟨-ses; -se⟩ archaic for Begebenheit.

Be'ge·bung f ⟨-; -en⟩ 1. cf. Begeben. – 2. bes. jur. (eines Anspruchs etc) renunciation, waiver, abandonment, relinquishment. – 3. econ. a) (Ausgabe) issue, flotation, auch floatation, b) (im Börsenhandel) negotiation, c) (Übertragung) transfer, endorsement.

Be'ge·bungs|ˌko·sten pl econ. costs of issue (od. negotiation, transfer). — **~ˌkurs** m (von Wertpapieren) issue price. — **~verˌmerk** m endorsement, auch indorsement.

be·geg·nen [bəˈgeːgnən] v/i ⟨no ge-, sein⟩ ⟨dat⟩ 1. (treffen) meet: j-m zufällig ~ to meet (od. come across) s.o. by chance, to run across (od. into) s.o., to bump into s.o. (colloq.); sich (od. einander) ~ to meet each other (od. one another); das begegnet einem auf Schritt und Tritt you come across it everywhere (od. all the time); j-s Blick ~ fig. to meet s.o.'s glance; ihre Blicke begegneten sich fig. their eyes met; allgemeiner Ablehnung ~ fig. to meet with general disapproval; dieser Ansicht [diesem Fehler] begegnet man häufig fig. this opinion [this mistake] is met with quite often; dieses Wort begegnet einem häufig bei Goethe this word is often found (od. often occurs) in Goethe's works; so etwas ist mir noch nie begegnet! fig. colloq. I've never seen the like (of it)! das Schlimmste, was mir ~ konnte fig. the worst that could happen to me; → Mondschein 1. – 2. fig. (in Wendungen wie) j-m freundlich ~ to be friendly toward(s) s.o. (od. to s.o.); j-m höflich [grob] ~ to treat s.o. politely [rudely]; j-m kühl ~ to give s.o. a cool reception (od. the cold shoulder); j-m zurückhaltend ~ to receive s.o. with reserve. – 3. bes. econ. (einem Bedarf etc) meet, comply with: der gesteigerten Nachfrage ~ to meet the increased demand. – 4. (einem Übel, Mangel etc) meet, encounter: einem Angriff ~ to counter an attack; Feindschaft mit Freundschaft ~ to answer hostility with friendship, to turn the other cheek; den Schwierigkeiten ~ to obviate the difficulties.

Be·geg·nis [bəˈgeːgnɪs] n ⟨-ses; -se⟩ rare for a) Begegnung 1, b) Ereignis 1, 2.

Be'geg·nung f ⟨-; -en⟩ 1. auch mil. meeting, encounter: bei unserer ersten ~ at our first meeting; eine flüchtige ~ a brief encounter; eine feindliche ~ mil. an engagement (od. encounter) with the enemy. – 2. (sport) match. – 3. obs. for Behandlung 2.

be'geh·bar adj 1. (Weg etc) passable. – 2. Am. walk-in: ~er Schrank walk-in closet. – 3. (sport) (Felswand etc) climbable.

be'ge·hen I v/t ⟨irr, no ge-, h⟩ 1. (Straße, Weg etc) go along, walk on (od. along): eine neue Straße ~ to go (od. walk) along a new road (for the first time); dieser Pfad wird viel begangen that is a well-trodden path. – 2. (Flur, Gebiet etc) inspect, visit. – 3. (Grenze etc) patrol. – 4. (Geburtstag, Jubiläum etc) celebrate, commemorate: einen Geburtstag festlich ~ to celebrate a birthday in a festive way. – 5. (Festtag etc) celebrate, observe, keep: das Osterfest auf traditionelle Weise ~ to celebrate (od. observe) Easter in the traditional way. – 6. (Verbrechen, Verrat etc) commit, perpetrate, (bes. Fehler) make: einen Irrtum ~ to make (od. commit) an error; ein Unrecht (an j-m) ~ to do (s.o.) an injustice; eine Dummheit ~ to do s.th. foolish; eine Taktlosigkeit ~ to drop a brick (colloq.); → Selbstmord. – 7. (sport) (Felswand) (rock-)climb, ascend. – II B~ n ⟨-s⟩ 8. verbal noun. – 9. cf. Begehung.

Be·gehr [bəˈgeːr] m, n ⟨-s; no pl⟩ obs. lit. desire, wish: was ist Ihr ~? auch humor. what is your desire? what do you wish?

be'geh·ren lit. I v/t ⟨no ge-, h⟩ 1. (Hilfe, Anerkennung etc) desire, want, request, wish (for), covet (lit.): etwas heftig ~ to crave for s.th.; j-n zur Frau ~ to seek s.o.'s hand in marriage; er hat alles, was das Herz begehrt he has everything a man can wish for; Du sollst nicht ~ deines Nächsten Weib Bibl. thou shalt not covet thy neighbo(u)r's wife. – 2. (Recht, Einlaß etc) demand, (laut) clamor (bes. Br. clamour) for. – II B~ n ⟨-s⟩ 3. verbal noun. – 4. desire, wish, request: was ist dein B~? auch humor. what's your wish? heißes B~ fervent desire.

be'geh·rensˌwert adj desirable, covetable (lit.).

be'gehr·lich I adj 1. covetous, greedy, desirous, longing: ~e Blicke auf (acc) etwas werfen to look at s.th. with greedy eyes, to cast covetous glances at s.th. – 2. (lüstern) lustful, lewd, lascivious, lecherous: j-n mit ~en Augen ansehen to cast lustful eyes at s.o. – II adv 3. ~ auf (acc) etwas schauen to look at s.th. greedily; ~ nach j-m schauen to look at s.o. lustfully. — **Be'gehr·lich·keit** f ⟨-; no pl⟩ 1. covetousness, greediness, desirousness. – 2. (Lüsternheit) lustfulness, lewdness, lasciviousness, lechery, lecherousness.

be'gehrt I pp. – II adj auch econ. (much) sought after, in demand (od. request) (nachgestellt): ein ~es Fotomodell a model much sought after; ein sehr ~er Artikel econ. an article much in (od. in great) demand; wenig ~ sein econ. to be hard to sell.

Be'geh·rung f ⟨-; no pl⟩ obs. for Begehren.

Be'ge·hung f ⟨-; no pl⟩ 1. cf. Begehen. – 2. (Besichtigung) inspection. – 3. (eines Festes, Jubiläums) celebration, commemoration. – 4. (Einhaltung) celebration, observance, observation. – 5. (eines Verbrechens etc) commission, perpetration. – 6. (sport) (einer Felswand) climb, ascent. – 7. agr. (Feldbegehung) (field) inspection.

Be'ge·hungsˌsün·de f relig. sin of commission.

be'gei·fern I v/t ⟨no ge-, h⟩ contempt. (Person, Ruf etc) smear, (be)smirch, asperse, calumniate, vituperate. – II B~ n ⟨-s⟩ verbal noun. — **Be'gei·fe·rung** f ⟨-; no pl⟩ 1. cf. Begeifern. – 2. aspersion, calumniation, vituperation.

be'gei·stern I v/t ⟨no ge-, h⟩ 1. fill (od. inspire) (s.o.) with enthusiasm, rouse (s.o.) to enthusiasm, enthuse (colloq.): j-n für etwas ~ to fill s.o. with enthusiasm for s.th.; das Publikum ~ to carry the audience away, to send the audience into raptures, to be a hit with the audience; durch seine Rede begeisterte er viele zur Tat by his speech many (people) were inspired to action. – II v/reflex sich ~ 2. be (od. become, get, feel) enthusiastic: sich für etwas ~ to become enthusiastic over s.th.; ich kann mich nicht dafür ~ I cannot get enthusiastic about it. – III v/i 3. cause enthusiasm: durch etwas ~ to cause (od. arouse) enthusiasm by s.th. – IV B~ n ⟨-s⟩ 4. verbal noun. – 5. cf. Begeisterung. — **be'gei·sternd** I pres p. – II adj (Rede etc) inspiring, rousing. — **be'gei·stert** I pp. – II adj enthusiastic: von etwas hell(auf) ~ sein to be enthusiastic (od. colloq. crazy, wild, mad) about s.th.; ein ~er Golfspieler an enthusiastic (od. a keen) golfer, a golf enthusiast; er ist ein ~er Anhänger dieser Partei he is an ardent (od. a fervent, passionate) supporter of this party; j-m einen ~en Empfang bereiten to give s.o. a hearty (od. exuberant) welcome. – III adv enthusiastically, with (od. full of) enthusiasm: sie sprach ~ davon she spoke enthusiastically (od. colloq. she raved) about it. — **Be'gei·ste·rung** f ⟨-; no pl⟩ 1. cf. Begeistern. – 2. enthusiasm, passion, (stärker) rapture: mit ~ with enthusiasm, enthusiastically; ohne (rechte) ~ without enthusiasm, halfheartedly, Br. half-heartedly; ein Sturm der ~ a frenzy of enthusiasm; in ~ geraten to go into raptures; j-n in ~ versetzen to throw s.o. into raptures; j-s ~ dämpfen to damp s.o.'s enthusiasm.

Be'gei·ste·rungs|ˌausˌbruch m outburst of enthusiasm. — **b~ˌfä·hig** adj capable of enthusiasm. — **~ˌfä·hig·keit** f capacity for enthusiasm. — **~ˌsturm** m storm of enthusiasm. — **~ˌtau·mel** m raptures pl of enthusiasm.

be·gich·ten [bəˈgɪçtən] v/t ⟨no ge-, h⟩ metall. (Hochofen) charge, burden. — **Be'gich·tung** f ⟨-; no pl⟩ (top) charging, burdening.

Be'gich·tungs|ˌanˌla·ge f metall. charging plant (od. unit, gear). — **~ˌbüh·ne** f charging floor. — **~ˌwa·gen** m charging car.

Be'gier f ⟨-; no pl⟩ lit. for Begierde.

Be'gier·de f ⟨-; -n⟩ 1. desire, longing, craving, (stärker) greediness: voll ~ lauschen to listen intently; vor ~ brennen to burn with longing; eine brennende (od. heiße) ~ nach etwas a passionate desire (od. longing) for s.th. – 2. (fleischliche) carnal appetite (od. lust), lust of the flesh: sündhafte ~n erwecken to arouse covetous desires.

be'gie·rig I adj 1. (auf acc, nach) desirous (of), eager (for, after), anxious (for), keen (on), greedy (of, for), hungry (for): sie ist ~, dich zu sehen she is anxious to see you; ich bin ~ zu erfahren, ob I am anxious (od. colloq. dying) to know whether. – 2. cf. begehrlich I. – II *adv* 3. ~ lauschen to listen eagerly.

be'gier·lich *adj rare for* begehrlich I. — **Be'gier·lich·keit** *f* ⟨-; *no pl*⟩ *rare for* Begehrlichkeit.

be'gie·ßen I *v/t* ⟨*irr, no* ge-, h⟩ **1.** (*Blumen etc*) water: j-n mit kaltem Wasser ~ to pour cold water over s.o.; etwas mit seinen Tränen ~ *lit.* to water (*od.* wet) s.th. with one's tears; sich (*dat*) die Nase ~ *fig. colloq.* to wet one's whistle (*colloq.*). – **2.** *gastr.* (*Braten*) baste. – **3.** *fig. colloq.* celebrate (*s.th.*) with a drink, wet: das müssen wir begießen, das muß begossen werden that calls for a drink; einen Handel ~ to wet a bargain, to conclude a business transaction with a drink. – **II** *v/reflex* **4.** sich (mit etwas) ~ to wet (*od.* splash) oneself (with s.th.). – **III B~** *n* ⟨-s⟩ **5.** *verbal noun.*

Be'gieß,löf·fel *m gastr.* basting ladle.

Be'gie·ßung *f* ⟨-; *no pl*⟩ *cf.* Begießen.

Be·gi·ne [be'giːnə] *f* ⟨-; -n⟩ *relig.* Beguine. — **Be'gi·nen,hof** *m* Beguine convent.

Be·ginn [bə'gɪn] *m* ⟨-(e)s; *no pl*⟩ beginning, start, outset, commencement: zu (*od.* bei) ~ at the beginning (*od.* outset); kurz vor ~ der Vorstellung shortly before the commencement of the performance; der ~ einer großen Karriere the beginning (*od.* commencement) of a great career; der ~ eines strengen Winters the start (*od.* onset) of a severe winter; zu ~ der Jagdsaison at the opening of the hunting season; der ~ einer Krankheit the onset of an illness.

be·gin·nen [bə'gɪnən] **I** *v/t* ⟨beginnt, begann, begonnen, h⟩ **1.** begin, start, commence (*lit.*): etwas Neues ~ to start (with) (*od.* set about, undertake, take up) s.th. new; ein Gespräch ~ to enter into (*od.* open) a conversation. – **2.** (*tun*) do, undertake: er wußte nicht, was er ~ sollte he didn't know what to do; was soll ich mit ihm ~? what shall I do with him? – **II** *v/i* **3.** begin, start, commence (*lit.*): mit etwas ~ to start doing s.th.; noch einmal ~ to start afresh, to begin anew; er begann mit folgenden Worten he began with the following words; wer beginnt? who is going to start (*od.* lead off)? zu lachen ~ to begin to laugh; er begann zu zweifeln doubts arose in him; die Vorstellung beginnt um 8 Uhr the performance begins at 8 o'clock; hier beginnt die Küstenstraße the coastal road starts here; er begann als Lehrling in einer Fabrik he began as an apprentice in a factory.

Be'gin·nen *n* ⟨-s; *no pl*⟩ *lit.* (*Tun, Vorhaben*) undertaking, enterprise: ein abenteuerliches ~ an adventurous undertaking; es war ein vergebliches ~ it was a hopeless undertaking (*od.* futile endeavo[u]r).

be'glän·zen *v/t* ⟨*no* ge-, h⟩ *poet.* shine (up)on, illuminate.

be·glau·bi·gen [bə'glaubɪgən] **I** *v/t* ⟨*no* ge-, h⟩ **1.** *jur.* (*Schriftstück, Unterschrift etc*) certify, attest, authenticate, verify, (*amtlich*) legalize: ein Testament ~ to prove a will; etwas notariell ~ lassen to have s.th. attested by a notary (public), *Am. auch* to have s.th. notarized. – **2.** *jur. pol.* accredit: einen Gesandten bei einer Regierung ~ to accredit an ambassador to a government. – **II B~** *n* ⟨-s⟩ **3.** *verbal noun.* – **4.** *cf.* Beglaubigung. — **be'glau·bigt I** *pp.* – **II** *adj* **1.** *jur.* certified, attested, authenticated: ~e Abschrift certified (true) (*od.* attested, exemplified) copy; ~er Scheck *econ.* certified check (*bes. Br.* cheque); öffentlich ~ certified by public notarial deed. – **2.** *jur. pol.* accredited. — **Be'glau·bi·gung** *f* ⟨-; -en⟩ **1.** *cf.* Beglaubigen. – **2.** *jur.* certification, attestation, authentication, verification, (*amtlich*) legalization: gerichtliche ~ legalization by the court; der öffentlichen ~ bedürfen to require public certification; zur ~ dessen in witness thereof. – **3.** *jur. pol.* accreditation: einem Gesandten die ~ erteilen to accredit an ambassador.

Be'glau·bi·gungs|,schrei·ben *n jur. pol.* letter(s *pl*) of credence, credentials *pl*: j-m sein ~ überreichen to present one's credentials to s.o. — **~ver,merk** *m* attestation clause.

be'glei·chen I *v/t* ⟨*irr, no* ge-, h⟩ **1.** *econ.* a) (*Rechnung, Schuld etc*) settle, pay, discharge, b) (*Konto*) square, clear, c) (*Wechsel*) honor, *bes. Br.* honour. – **2.** *fig.* clear up, settle, remove: eine (moralische) Schuld ~ *fig.* to right a wrong. – **II B~** *n* ⟨-s⟩ **3.** *verbal noun.* — **Be'glei·chung** *f* ⟨-; *no pl*⟩ **1.** *cf.* Begleichen. – **2.** *econ.* settlement, payment, discharge: zur ~ von in settlement of. – **3.** *fig.* settlement.

Be'gleit|ar·til·le,rie *f mil.* accompanying artillery. — **~,brief** *m econ.* covering (*od.* accompanying) letter. — **~ele,ment** *n metall.* companion element, element other than iron.

be'glei·ten I *v/t* ⟨*no* ge-, h⟩ **1.** accompany: j-n nach Hause [zur Tür] ~ to accompany (*od.* see) s.o. home [to the door]; j-n zum Bahnhof ~ to see s.o. to the station (*od.* off); begleiten Sie mich? will you accompany me? – **2.** (*als Gefolge*) attend: von einem Diener begleitet werden to be attended by a servant. – **3.** (*als Anstandsdame*) chaperon(e). – **4.** (*eskortieren*) accompany, escort, convoy: der Präsident wurde von einem starken Polizeiaufgebot begleitet the president was escorted by a large body of policemen (*bes. Am.* police complement). – **5.** *fig.* attend: meine besten Wünsche ~ dich my best wishes attend (*od.* go with) you; seine Bemühungen waren von Erfolg begleitet success attended his efforts. – **6.** *mus.* (auf *dat* on) accompany. – **II** *v/reflex* **7.** sich (selbst) ~ *mus.* to accompany oneself, to play one's own accompaniments. – **III B~** *n* ⟨-s⟩ **8.** *verbal noun.* – **9.** *cf.* Begleitung.

Be'glei·ter *m* ⟨-s; -⟩ **1.** companion: ihr ständiger ~ her constant companion. – **2.** (*als Gefolge*) attendant: der Reisende und sein ~ the travel(l)er and his attendant. – **3.** (*Begleitperson*) escort. – **4.** *mus.* accompanist, *auch* accompanyist. – **5.** *astr. cf.* Begleitstern. — **Be'glei·te·rin** *f* ⟨-; -nen⟩ **1.** (lady) companion. – **2.** (*Anstandsdame*) chaperon(e). – **3.** *mus.* (lady) accompanist, *auch* (lady) accompanyist.

Be'gleit|er,schei·nung *f auch med.* accompaniment, concomitant, concomitant (*od.* secondary) phenomenon, attendant symptom: die unangenehmen ~en des Alters the aches and pains of old age, the unpleasantnesses accompanying old age. — **~,fahr,zeug** *n* **1.** *meist pl* (*eines Präsidenten*) escort. – **2.** (*bei Straßenrennen etc*) escort car. – **3.** *mar. mil.* escort, tender. — **~,feu·er** *n mil.* accompanying fire, moving barrage. — **~,flug,zeug** *n aer. mil.* escort plane. — **~in·stru,ment** *n mus.* accompanying instrument. — **~,jä·ger** *m aer. mil.* escort fighter. — **~,kar·te** *f econ.* accompanying form (*od.* label). — **~kom,man·do** *n mil.* escort party (*od.* detachment), covering party. — **~,mann·schaft** *f* escort (party). — **~,mu,sik** *f mus.* **1.** accompanying music. – **2.** (*untermalend*) incidental (*od.* background) music. — **~pa,pier** *n meist pl econ.* (*eines Transportes etc*) accompanying document(s *pl*). — **~per·so,nal** *n* (*eines Zuges etc*) accompanying staff. — **~,sai·te** *f mus.* (*der Zither*) bass (*od.* open) string. — **~,schat·ten** *m meist pl med.* (*im Röntgenbild*) shadow(s *pl*). — **~,schein** *m econ.* **1.** accompanying document, waybill. – **2.** (*zollamtlicher*) customs permit, bond note (*od.* warrant). — **~,schiff** *n mar.* **1.** (*Tender*) tender. – **2.** (*im Konvoi*) convoy, escort vessel. — **~,schrei·ben** *n econ. cf.* Begleitbrief. — **~,schutz** *m mil.* escort. — **~,sei·te** *f mus.* (*am Akkordeon*) bass studs *pl* (*od.* buttons *pl*). — **~,stern** *m astr.* **1.** companion (star), acolyte. – **2.** comes. — **~,stim·me** *f mus.* **1.** supporting voice, *auch* undersong. – **2.** secondary part. — **~,text** *m* accompanying text. — **~,um,stand** *m meist pl* accompanying (*od.* attendant, concomitant, *bes. jur.* accessory) circumstance.

Be'glei·tung *f* ⟨-; *rare* -en⟩ **1.** *cf.* Begleiten. – **2.** company, escort (*auch mil.*): in ~ von (*od. gen*) accompanied (*od.* attended) by, in the company of; j-m seine ~ anbieten to offer to accompany s.o.; ohne ~ ausgehen to go out unaccompanied. – **3.** (*eines Präsidenten, Königs*) entourage. – **4.** *mus.* accompaniment.

be'glei·tungs,wei·se *adv* by way of accompaniment.

Be'gleit|,wort *n* **1.** *cf.* Geleitwort. – **2.** *ling.* adjunct. — **~,zet·tel** *m econ. cf.* Begleitschein.

be'glot·zen *v/t* ⟨*no* ge-, h⟩ *colloq. contempt.* stare (*od.* gaze, goggle) at.

be'glücken (*getr.* -k·k-) **I** *v/t* ⟨*no* ge-, h⟩ **1.** *lit.* make (*s.o.*) (feel) happy: ihr Lächeln beglückt mich her smile makes me happy. – **2.** j-n [mit etwas] ~ *colloq. iron.* to bless (*od.* favor, *bes. Br.* favour) s.o. [with s.th.]: mit etwas beglückt werden to be blessed (*od.* favo[u]red) with s.th.; sie beglückte uns mit ihrem Besuch she gave us the pleasure of her visit; j-n mit abgetragenen Sachen ~ to present s.o. with worn-out clothes. – **II B~** *n* ⟨-s⟩ **3.** *verbal noun.* – **4.** *cf.* Beglückung. — **be'glückend** (*getr.* -k·k-) **I** *pres p.* – **II** *adj* (*Gefühl etc*) happy. — **Be'glücker** (*getr.* -k·k-) *m* ⟨-s; -⟩ benefactor (*auch iron.*).

be'glückt I *pp.* – **II** *adj* happy, delighted: ~ sein (über *acc*) to rejoice (at, in). — **Be'glückt·heit** *f* ⟨-; *no pl*⟩ happiness, delightedness.

Be'glückung (*getr.* -k·k-) *f* ⟨-; *no pl*⟩ **1.** *cf.* Beglücken. – **2.** *lit.* great joy, bliss: tiefe ~ empfinden to feel great joy.

be'glück,wün·schen I *v/t* ⟨*no* ge-, h⟩ j-n (zu etwas) ~ to congratulate (*od. lit.* felicitate) s.o. (on s.th.): du bist zu ~ you are to be congratulated. – **II** *v/reflex* sich (zu etwas) ~ to congratulate oneself (on s.th.), to call oneself lucky (on account of s.th.). – **III B~** *n* ⟨-s⟩ *verbal noun.* — **Be'glück,wün·schung** *f* ⟨-; *no pl*⟩ **1.** *cf.* Beglückwünschen. – **2.** congratulation(s *pl*), felicitation(s *pl*) (*lit.*).

be'gna·den *v/t* ⟨*no* ge-, h⟩ j-n (mit etwas) ~ *obs.* to endow (*od.* bless) s.o. (with s.th.). — **be'gna·det I** *pp.* – **II** *adj* highly gifted, blessed, inspired: ein ~er Künstler an inspired artist; mit großem Talent ~ sein to be endowed (*od.* blessed) with a great talent.

be·gna·di·gen [bə'gnaːdɪgən] **I** *v/t* ⟨*no* ge-, h⟩ **1.** *jur.* (*Verbrecher*) a) pardon, grant a pardon to, reprieve, b) (*durch Amnestieerlaß*) amnesty, grant an amnesty to. – **2.** *obs. cf.* begnaden. – **II B~** *n* ⟨-s⟩ **3.** *verbal noun.* — **Be'gna·di·gung** *f* ⟨-; -en⟩ **1.** *cf.* Begnadigen. – **2.** *jur.* a) (free) pardon, b) (*durch Amnestieerlaß*) general pardon, amnesty: strafmildernde ~ reprieve.

Be'gna·di·gungs|,brief *m jur.* (letter of) pardon. — **~ge,such** *n* petition for pardon (*od.* mercy). — **~,recht** *n* (*des Staatsoberhauptes etc*) power (*od.* right) of pardon: von seinem ~ Gebrauch machen to make use of one's right of pardon.

Be'gna·dung *f* ⟨-; *no pl*⟩ *obs.* endowment, blessing.

be·gnü·gen [bə'gnyːgən] *v/reflex* ⟨*no* ge-, h⟩ sich ~ (mit) to be content (*od.* satisfied) (with), to content oneself (with): sich mit wenigem ~ to be content with little.

be'gnüg·sam *adj* easily contented (*od.* satisfied), of few wants.

Be·go·nie [be'goːnĭə] *f* ⟨-; -n⟩ *bot.* begonia (*Gattg Begonia*).

be·gön·ne [bə'gœnə] *1 u. 3 pret subj,* **be·gon·nen** [bə'gɔnən] *pp of* beginnen.

be·gön·nern [bə'gœnərn] *v/t* ⟨*no* ge-, h⟩ *contempt.* patronize. — **Be'gön·ne·rung** *f* ⟨-; *no pl*⟩ patronization.

be'gos·sen I *pp of* begießen. – **II** *adj fig. colloq.* abashed, bewildered: er stand da wie ein ~er Pudel he stood there abashed, he stood there looking sheepish.

be'gra·ben[1] *v/t* ⟨*irr, no* ge-, h⟩ **1.** bury (*auch fig.*); inter, entomb (*lit.*): j-n mit allen Ehren ~ to bury s.o. with all hono(u)rs; j-n lebendig ~ to bury s.o. alive; unter einer Lawine ~ werden to be buried under an avalanche; seine Hoffnungen ~ *fig.* to bury one's hopes; laß dich ~! du kannst dich ~ lassen! *colloq.* go and drown (*od.* hang) yourself! (*colloq.*), drop dead! (*colloq.*); → Kriegsbeil. – **2.** *obs. for* vergraben 2a.

be'gra·ben[2] **I** *pp of* begraben[1]. – **II** *adj fig.* buried: längst ~e Wünsche long-buried wishes; etwas ~ und vergessen sein lassen to bury and forget s.th.; da möchte ich nicht ~ sein *colloq.* I wouldn't live there if you paid me, I wouldn't be found dead there; → Hund 2.

Be·gräb·nis [bə'grɛːpnɪs] *n* ⟨-ses; -se⟩ **1.** burial; interment, entombment (*lit.*). – **2.** *cf.* Begräbnisfeier. – **3.** *obs. for* Gruft 1. — **~,fei·er** *f* funeral (ceremony). — **~,fei·er·lich·keit** *f meist pl* funeral ceremony (*od.* rite), obsequies *pl* (*lit.*). — **~,ko·sten** *pl* funeral expenses. — **~,stät·te** *f lit. cf.* Grabstätte. — **~,tag** *m* day of the funeral.

be·gra·di·gen [bə'graːdɪgən] **I** *v/t* ⟨*no* ge-, h⟩ **1.** (*Straße, Ufer etc*) straighten: die Grenzlinien ~ to straighten (*od.* rectify) the boundary lines; einen Wasserlauf ~ to correct (*od.* regulate) a watercourse. – **2.** *mil.* a) (*Front*) straighten, shorten, b) (*ausrichten*) align, *auch* aline. – **II B~** *n* ⟨-s⟩ **3.** *verbal* *noun.* — **Be'gra·di·gung** *f* ⟨-; -en⟩ **1.** *cf.* Begradigen. – **2.** (*eines Wasserlaufs etc*) regulation, correction. – **3.** (*der Grenze*) rectification. – **4.** *mil.* alignment, *auch* alinement.

be·grannt [bə'grant] *adj bot.* awned, aristate (*scient.*).

be'gra·sen *v/t* ⟨*no* ge-, h⟩ (*Weide*) graze (on). — **be'grast I** *pp.* – **II** *adj* (*Fläche, Hügel etc*) grass-covered.

be'greif·bar *adj cf.* begreiflich.

be'grei·fen I *v/t* ⟨*irr, no* ge-, h⟩ **1.** (*Sinn, Zusammenhang etc*) understand, comprehend, apprehend, conceive: **das Wesentliche [nicht] ~** to grasp (*od.* get, catch) [to miss] the point; **ich kann das nicht ~** that is beyond me; **ich kann nicht ~, weshalb [wie]** I cannot imagine (*od.* fail to see) why [how]; **hast du es jetzt begriffen?** have you understood (*od. colloq.* got) it now? **plötzlich begriff er, was geschehen war** he suddenly realized what had happened. – **2.** *cf.* befühlen. – **3.** *obs. for* umfassen[1] 3. – **II** *v/i* **4.** understand, comprehend: **schnell [schwer] ~** to be quick [slow] of comprehension, to be quick [slow] on (*od.* in) the uptake, to grasp (*od.* catch on) quickly [slowly]. – **III** *v/reflex* **5. sich (selbst) nicht ~ können** not to be able to understand oneself; **das begreift sich von selbst** that goes without saying. – **IV B~** *n* ⟨-s⟩ **6.** *verbal noun.* – **7.** comprehension, apprehension, conception.

be'greif·lich *adj* understandable, comprehensible, apprehensible, conceivable: **ein ~er Wunsch** an understandable (*od.* a natural) desire; **leicht ~ sein** to be easy to understand; **j-m etwas ~ machen** to make s.o. understand s.th., to make s.th. clear to s.o., to bring s.th. home to s.o.

be'greif·li·cher'wei·se *adv* as may be (easily) understood, understandably, (*natürlich*) naturally, of course: **sie war ~ sehr aufgeregt** understandably (*od.* naturally) she was quite upset.

be'grenz·bar *adj* limitable.

be'gren·zen I *v/t* ⟨*no* ge-, h⟩ **1.** (*Land, Grundstück etc*) bound, form the boundary of, *auch* delimit(ate): **die Felder werden von Hecken begrenzt** the fields are bounded (*od.* marked off) by hedges. – **2.** (*umranden*) border. – **3.** *fig.* (*Geschwindigkeit, Teilnehmerzahl etc*) limit, restrict: **etwas zeitlich ~** to set a time limit for (*od.* on) s.th.; **eine Aufgabe ~** to circumscribe (*od.* define) a task. – **4.** *math.* a) (*Körper*) bound, border, b) (*beschränken*) set a limit on, limit. – **II B~** *n* ⟨-s⟩ **5.** *verbal noun.* – **6.** *cf.* Begrenzung. — **be'gren·zend I** *pres p.* – **II** *adj* limiting, restricting: **~e Bestimmung** *jur.* restriction.

Be'gren·zer *m* ⟨-s; -⟩ (*radio*) limiter. — **~di,ode** *f electr.* limiter diode.

be'grenzt I *pp.* – **II** *adj* (*Anzahl, Mittel etc*) limited, restricted: **ein ~er Horizont** *fig.* a limited (*od.* narrow) horizon; **seine Zeit ist ~** his time is restricted. – **III** *adv* in a limited manner, limitedly: **~ haltbare Waren** *econ.* perishable (*od.* nondurable, *Br.* non-durable) goods. — **Be'grenzt·heit** *f* ⟨-; *no pl*⟩ limitation, limitedness, restrictedness.

Be'gren·zung *f* ⟨-; -en⟩ **1.** *cf.* Begrenzen. – **2.** (*eines Grundstückes etc*) bounds *pl*, limit, *auch* delimitation. – **3.** (*Grenze*) boundary. – **4.** *fig.* (*der Geschwindigkeit etc*) limitation, restriction. – **5.** *bes. math.* (*eines Körpers*) limitation, boundary.

Be'gren·zungs|,an,schlag *m tech.* limit (*od.* fixed-end, dead) stop. — **~,an,zei·ger** *m auto.* width indicator. — **~,ba·ke** *f aer.* (*auf dem Flugplatz*) boundary-marker beacon. — **~,ebe·ne** *f math.* boundary plane. — **~,feu·er** *n aer.* (*auf dem Flugplatz*) boundary (*od.* marker) light. — **~,flä·che** *f* **1.** *math.* (periphery *od.* boundary) surface. – **2.** *tech.* (*Berührungsfläche*) contact area (*od.* surface). — **~,he·bel** *m tech.* stop lever. — **~,kur·ve** *f math.* boundary curve (*od.* line), periphery. — **~,leuch·te** *f auto. Br.* side light, *Am.* side-marker (*od.* clearance, fender) lamp. — **~,licht** *n* **1.** *aer.* (*an Hindernissen*) clearance light. – **2.** *auto.* (*Standlicht*) side (parking *od.* -marker) light. — **~,licht,schal·ter** *m auto.* side (parking) light switch. — **~,li·nie** *f* boundary line, limiting boundary.

Be'griff *m* ⟨-(e)s; -e⟩ **1.** conception, idea, notion, concept: **der ~ der Freiheit** the concept of freedom; **ein philosophischer ~** a philosophic concept; **nach allgemeingültigen ~en** according to common standards; **ein dehnbarer [fester] ~** a flexible [standard] concept; **einen ungefähren ~ von etwas haben** to have a vague notion of s.th.; **sich** (*dat*) **einen ~ von etwas machen** to get (*od.* form) an idea of s.th., to imagine (*od.* visualize) s.th.; **du machst dir keinen ~!** *colloq.* you have no idea; **für meine ~e ist das unmöglich** in (*od.* according to) my opinion it is not possible; **er hat einen merkwürdigen ~ von der Arbeit** *iron.* he has a curious idea of work; **ist Ihnen das ein ~?** a) does that mean (*od.* convey) anything to you? b) does that sound familiar to you? **das geht über meine ~e!** *colloq.* that's beyond me; **das übersteigt alle ~e!** *colloq.* that beats everything; **über alle ~e schön** unbelievably beautiful; **unser Fabrikat ist ein ~** *econ.* our make is a hallmark of quality. – **2.** (*Ausdruck*) term: **ein mathematischer ~** a mathematical term. – **3. im ~ sein** (*od.* **stehen**), **etwas zu tun** to be about (*od.* going) to do s.th., to be on the point of doing s.th.: **wir sind im ~ aufzubrechen** we are (just) about to leave. – **4. schwer** (*od.* **langsam**) **von ~ sein** *colloq.* to be slow on (*od.* in) the uptake, to be slow-witted.

be'grif·fen I *pp of* begreifen. – **II** *adj* **im Gehen ~ sein** to be about to leave (*od.* on the point of leaving); **in der Entwicklung ~ (sein)** (to be) in the course (*od.* process) of development; **im Wachstum ~** growing; **im Bau ~** being built; **im Entstehen ~** in the process of formation, nascent (*lit.*).

be'griff·lich *adj* abstract, conceptual, notional: **~es Denken** abstract thinking (*od.* reasoning); **~e Feststellung** conceptual statement.

Be'griffs|,ähn·lich·keit *f ling.* similarity (of idea). — **~be,stim·mung** *f philos.* (*eines noch nicht präzisierten Begriffes*) (real) definition, explication. — **~,bil·dung** *f* conception, concept formation (*od.* attainment, evolution). — **~ent,wick·lung** *f* concept evolution. — **~ge,win·nung** *f* concept attainment. — **~,in,halt** *m bes. philos.* **1.** (*Sinn*) connotation. – **2.** (*Umfang*) comprehension, content (of a concept). — **~,klas·se** *f philos.* (conceptual) category. — **~,leh·re** *f* **1.** (*Theorie der Ideenabstammung*) ideology. – **2.** *cf.* Begriffslogik. — **~,lo·gik** *f* **1.** (*extensionale*) class logic, set theory. – **2.** (*intensionale*) theory of concepts. — **b~,mä·ßig** *adj cf.* begrifflich. — **~,na·me** *m ling.* abstract noun. — **~,paar** *n philos.* pair of concepts (*od.* notions). — **~rea,lis·mus** *m* realism (*the substantiality of ideas or concepts*). — **~,schrift** *f* **1.** ideography. – **2.** (*logische Formelsprache*) interpreted logical calculus.

be'griffs|,stut·zig, *Austrian* **~,stüt·zig** *adj* dull, dense, slow(-witted). — **B~,stut·zig·keit,** *Austrian* **B~,stüt·zig·keit** *f* ⟨-; *no pl*⟩ dullness, denseness, density, slow-wittedness.

Be'griffs|,um,fang *m philos.* (*in der Logik*) denotation, extension of a concept (class). — **~,un·ter,schie·bung** *f cf.* Amphibolie. — **~ver,mö·gen** *n* apprehension, conceptual ability, grasp (*colloq.*): **das geht über** (*od.* **übersteigt**) **sein ~** that is beyond his understanding (*od.* horizon). — **~ver,wech·se·lung, ~ver,wechs·lung, ~ver,wir·rung** *f* **1.** confusion of ideas (*od.* concepts), (a)equivocation. – **2.** *philos. cf.* Amphibolie. — **~,zei·chen** *n philos.* **1.** predicate. – **2.** (*der Begriffsschrift*) ideograph, ideogram. — **~zer,glie·de·rung** *f* analysis of ideas.

be'grün·den I *v/t* ⟨*no* ge-, h⟩ **1.** (*Staat, Verein etc*) found, establish, set up, *auch* constitute: **einen Hausstand ~** to set up house; **eine Zeitschrift ~** to found (*od.* start) a magazine; **eine neue Lehre ~** to found a new doctrine; **j-s Ruf [Glück] ~** to lay the foundations of s.o.'s reputation [fortune]; **etwas auf** (*acc*) **etwas ~** to found (*od.* base) s.th. (up)on s.th.; **eine Theorie auf die Erkenntnis ~, daß** to base a theory (up)on the knowledge that. – **2.** (*Behauptung, Handlungsweise etc*) give (*od.* state) the reasons (*od.* grounds) for, substantiate, justify, account for: **etwas ausführlich ~** to give detailed reasons for s.th.; **einen Antrag ~** to speak in support of (*od.* to argue for) a motion. – **3.** *jur.* a) (*Anspruch etc*) substantiate, give (*od.* cite) reasons for, show cause why, b) (*Anklage*) sustain, c) (*Recht, Haftung etc*) create, establish, vest. – **II B~** *n* ⟨-s⟩ **4.** *verbal noun.* – **5.** *cf.* Begründung. — **be'grün·dend I** *pres p.* – **II** *adj cf.* kausal. — **Be'grün·der** *m* ⟨-s; -⟩, **Be'grün·de·rin** *f* ⟨-; -nen⟩ founder, inaugurator. — **be'grün·det I** *pp.* – **II** *adj* **1.** well-founded, well-grounded (*beide attrib*), justified: **ein ~er Verdacht [Einwand]** a well-founded suspicion [objection]; **~e Zweifel** reasonable doubts; **nicht ~** unfounded; **ein ~er Anspruch** *jur.* a legitimate (*od.* valid) claim; **~e Rechte** *jur.* vested rights; **dies ist in seinem Charakter ~** that arises from his character. – **2.** (*unter Anführung von Gründen*) substantiated.

Be'grün·dung *f* ⟨-; -en⟩ **1.** (*eines Staates, Vereins etc*) foundation, establishment: **die ~ seines Ruhms** *fig.* the establishment of his fame. – **2.** (*einer Behauptung, Handlungsweise etc*) reason(s *pl*), ground(s *pl*), justification, *auch* argument(ation): **eingehende [plausible] ~** full (*od.* detailed) [plausible] reasons *pl*; **mit der ~, daß** on the ground(s) that; **ohne jede ~** without giving (*od.* furnishing) any reasons (*od.* explanation); **zur ~ von** (*od. gen*) in support of, as proof of; **~en für etwas vorbringen** to advance (*od.* put forward) arguments for (*od.* in support of) s.th.; **seine ~ hat mich nicht überzeugt** his arguments did not convince me. – **3.** *jur.* a) (*eines Anspruchs, einer Anklage*) statement of reasons, substantiation, b) (*eines Urteils*) opinion, reason(s *pl*), c) (*eines Rechts, Schuldverhältnisses etc*) creation. – **4.** (*forestry*) *cf.* Bestandsgründung.

Be'grün·dungs,frist *f jur.* period for filing a statement of reasons.

be'grü·nen I *v/t* ⟨*no* ge-, h⟩ *civ.eng.* (*beim Straßenbau*) grass (down), sow down: **etwas durch Andecken mit Rasensoden ~** to sod s.th. – **II** *v/reflex* **sich ~** grow (*od.* become) green, (*von Bäumen*) *auch* burst into leaf (*od.* foliage).

be'grü·ßen I *v/t* ⟨*no* ge-, h⟩ **1. j-n ~** a) to greet s.o., b) to say hello to s.o., c) to welcome s.o.: **ich freue mich, Herrn X ~ zu können** I am pleased to welcome Mr X; **ich begrüße Sie im Namen von** (*od. gen*) I welcome you on behalf of; **j-n mit Beifall ~** to cheer s.o., to greet (*od.* receive) s.o. with cheers (*od.* applause); **wir würden uns freuen, Sie bei uns ~ zu dürfen** (*Einladung*) we should like to have the pleasure of your company; **j-n bei sich (daheim) ~** to receive s.o. at (*od.* in) one's home; **j-n mit Handschlag ~** to shake hands with s.o. – **2.** *fig.* (*Vorschlag, Maßnahmen etc*) welcome, approve: **die Aktion wurde allgemein begrüßt** the action was generally welcomed (*od.* met with general approval); **wir ~ es, daß ihr euch (daran) beteiligt** we welcome (*od.* appreciate) your participation. – **3.** *mar. mil.* salute. – **4.** (*sport*) (*beim Fechten*) salute. – **5. j-n in einer Sache ~** *Swiss* (*officialese*) to apply to s.o. for s.th., to ask s.o. for s.th. – **II B~** *n* ⟨-s⟩ **6.** *verbal noun.* – **7.** *cf.* Begrüßung.

be'grü·ßens,wert *adj* welcome, to be welcomed (*nachgestellt*).

Be'grü·ßung *f* ⟨-; -en⟩ **1.** *cf.* Begrüßen. – **2.** greeting, (*förmlich im Brief*) salutation: **j-m die Hand zur ~ reichen** to shake hands with s.o. – **3.** (*Willkommen*) welcome: **Worte** (*od.* **ein Wort**) **der ~ an j-n richten** to address a few words of welcome to s.o. – **4.** *mar. mil.* salute. – **5.** (*sport*) (*beim Fechten*) salute.

Be'grü·ßungs|,an,spra·che *f* welcoming speech (*od.* address). — **~,fei·er** *f* welcoming reception (*od.* party). — **~,for·mel** *f* (form of) salutation. — **~,re·de** *f* speech of welcome. — **~,schuß** *m mar. mil.* salute. — **~,wort** *n* ⟨-(e)s; -e⟩ *meist pl* words *pl* of greeting (*od.* welcome). — **~ze·re·mo,nie** *f colloq.* welcome.

be'gucken (*getr.* -k·k-) *colloq.* **I** *v/t* ⟨*no* ge-, h⟩ (have a) look at: **laß dich mal ~!** let me have a look at you! – **II** *v/reflex* **sich (im Spiegel) ~** to look at oneself (in the mirror).

Be·gum ['be:gʊm] *f* ⟨-; -en⟩ begum (*Muslim queen or princess in India*).

be·gün·sti·gen [bə'gʏnstɪgən] **I** *v/t* ⟨*no* ge-, h⟩ **1.** (*Plan, Vorhaben etc*) favor, *bes. Br.* favour, (*stärker*) promote, foster, support, back, encourage: **j-s Pläne** (*od.* **j-n in seinen Plänen**) **~** to favo(u)r (*od.* be in favo[u]r of) s.o.'s plans; **die Umstände begünstigten ihn** the circumstances were favo(u)rable to him. – **2.** (*bevorzugen*) favor, *bes. Br.* favour, show favo(u)r toward(s), show partiality for, prefer (*auch econ.*). – **3.** *jur.* a) **j-n ~** to aid and abet s.o., b) **etwas ~** to connive at s.th.: **die Flucht des Ver-**

brechers ~ to connive at the criminal's escape; j-n nach der Tat ~ to assist s.o. after the fact. – **II B~** *n* ⟨-s⟩ **4.** *verbal noun.* – **5.** *cf.* Begünstigung. — **Be'gün·sti·ger** *m* ⟨-s; -⟩ *jur.* accessory after the fact. — **be'gün·stigt I** *pp.* – **II** *adj* **1.** favored, *bes. Br.* favoured: vom Glück ~ favo(u)red by fortune; die Reise war vom Wetter ~ the trip was favo(u)red with good weather; ein ~er Bewerber a favo(u)red (*od.* privileged) applicant. – **2.** *jur.* a) (*im Erbrecht, bei Versicherung*) benefit(t)ing, b) (*Organisation etc*) beneficiary: ~er Erbe heir taking precedence under a will. — **Be'gün·stig·te** *m, f* ⟨-n; -n⟩ *econ. jur.* a) person having the benefit of s.th., b) (*durch ein Vermächtnis*) legatee: ~r eines Vertrages zugunsten Dritter third party donee (*od.* creditor, beneficiary). — **Be'gün·sti·gung** *f* ⟨-; -en⟩ **1.** *cf.* Begünstigen. – **2.** promotion, support, encouragement. – **3.** (*Bevorzugung*) preference, preferential treatment. – **4.** *jur.* a) (*strafbare*) connivance, *auch* connivence, aiding and abetting, acting as an accessory after the fact, b) designation of a beneficiary: er wurde wegen ~ (nach der Tat) angeklagt he was arraigned as accessory (after the fact).

Be'gün·sti·gungs|,klau·sel *f econ. jur.* benefit clause. — **~,ta,rif** *m econ. cf.* Vorzugszoll.

be'gut,ach·ten I *v/t* ⟨*no* ge-, h⟩ **1.** (*fachmännisch*) give (*od.* deliver) an expert opinion on: einen Schaden ~ to appraise (*od.* evaluate) a damage; etwas ~ lassen to get (*od.* obtain) an expert opinion on s.th., to submit s.th. to an expert (*od.* the experts) for evaluation, to call for expert evidence on s.th. – **2.** (*prüfen*) examine, test. – **3.** *colloq.* look at (*s.o., s.th.*) searchingly, give (*s.o., s.th.*) a searching look. – **II B~** *n* ⟨-s⟩ **4.** *verbal noun.* – **5.** *cf.* Begutachtung. — **Be'gut,ach·ter** *m* ⟨-s; -⟩ expert. — **Be'gut,ach·tung** *f* ⟨-; -en⟩ **1.** *cf.* Begutachten. – **2.** expert evidence (*od.* appraisement): eine ~ durch Sachverständige anordnen *jur.* to call for expert evidence. – **3.** *cf.* Gutachten.

be·gü·tert [bə'gyːtərt] *adj* **1.** rich, wealthy, well-to-do, well off (*pred*): die ~en Klassen the leisure(d) classes. – **2.** *obs.* owning (landed) estates (*nachgestellt*), landed.

be·gü·ti·gen [bə'gyːtɪgən] *v/t* ⟨*no* ge-, h⟩ *lit.* soothe, calm, appease, mollify, placate. — **be'gü·ti·gend I** *pres p.* – **II** *adj* (*Worte etc*) soothing.

be'haa·ren *v/reflex* ⟨*no* ge-, h⟩ sich ~ become hairy, grow hair. — **be'haart I** *pp.* – **II** *adj* **1.** hairy, hirsute (*lit.*). – **2.** *zo.* hairy; pilose, pil(e)ous, crinite (*scient.*): flaumig ~ pubescent; rauh ~ hirsute; ~er Schnabel (*der Vögel*) bill with vibrissae. – **3.** *bot.* a) hairy, bearded; pilose, pil(e)ous, crinite, villous, villose (*scient.*), b) (*Same*) comate, comose, c) (*flaumig*) pubescent, d) (*steif*) barbate. — **Be'haa·rung** *f* ⟨-; *no pl*⟩ **1.** hairiness, hair. – **2.** *bot. zo.* hairiness, pilosity (*scient.*): flaumige ~ pubescence.

be'ha·ben *obs.* **I** *v/reflex* ⟨*no* ge-, h⟩ sich ~ *cf.* benehmen I. – **II B~** *n* ⟨-s⟩ *cf.* Benehmen 1, Gebaren 1.

be·hä·big [bə'hɛːbɪç] **I** *adj* **1.** (*Art, Wesen*) easy-going, placid, comfort-loving. – **2.** *cf.* phlegmatisch. – **3.** (*Gestalt*) corpulent, portly, stout: ein ~er alter Herr a corpulent old gentleman. – **4.** *fig.* (*Stuhl, Schrank etc*) spacious. – **5.** *Swiss od. obs. for* wohlhabend. – **II** *adv* **6.** er saß ~ da he sat there at (his) ease. — **Be'hä·big·keit** *f* ⟨-; *no pl*⟩ **1.** easy-goingness, placidity. – **2.** *cf.* Phlegma 1, 2. – **3.** corpulence, portliness, stoutness. – **4.** *fig.* spaciousness.

be'hacken (*getr.* -k·k-) *v/t* ⟨*no* ge-, h⟩ *hort.* (*Pflanzen*) hoe.

be'haf·tet *adj* **1.** (*mit Krankheit etc*) afflicted (with), affected (by). – **2.** (*mit Mängeln, Fehlern*) full (of): das Glas ist mit Fehlern ~ the glass is defective (*od.* full of defects *od.* faults); die mit Fehlern ~en Gegenstände the defective objects. – **3.** *econ.* (*mit Schulden etc*) loaded, encumbered, burdened (*alle* with).

be·ha·gen [bə'haːgən] **I** *v/i* ⟨*no* ge-, h⟩ *lit.* (*gefallen, zusagen*) please, be pleasing, be to s.o.'s taste: das behagt mir ganz und gar nicht that does not please me at all, I don't like that at all. – **II** *v/reflex* sich ~ *obs.* feel well.

Be'ha·gen *n* ⟨-s; *no pl*⟩ *lit.* **1.** (*Wohlbehagen*) comfort, ease. – **2.** (*Zufriedenheit*) content(ment): ein Gefühl des ~s a feeling of contentment; in Ruhe und ~ leben to live in peace and content(ment); die Katze schnurrt vor ~ the cat is purring with contentment (*od.* contentedly). – **3.** (*Vergnügen*) pleasure, enjoyment, (*stärker*) delight, relish, gusto: mit großem [sichtlichem] ~ with great [visible] pleasure; etwas mit ~ genießen, ~ finden an etwas to delight (*od.* revel) in s.th., to relish s.th.; den Tee mit ~ trinken to drink one's tea with (quiet) enjoyment; etwas nach seinem ~ tun to do s.th. at one's pleasure (*od.* leisure).

be·hag·lich [bə'haːklɪç] **I** *adj* **1.** (*gemütlich*) cosy, cozy, snug, *bes. Br.* homely, *Am.* homey: es ist ~ bei euch this is a cosy place you have here; eine ~e Wohnung a cosy apartment (*bes. Br.* flat); eine ~e Atmosphäre a homey (*od.* homelike) atmosphere. – **2.** (*bequem*) comfortable, comfy (*colloq.*), *auch* easy: es j-m [sich] ~ machen to make s.o. [oneself] comfortable (*od.* at home); ein ~es Leben führen to lead a comfortable (*od.* an easy) life; sich ~ fühlen to feel at (one's) ease, to feel comfortable. – **II** *adv* **3.** comfortably: sein Heim ~ einrichten to furnish one's home comfortably; es ist ~ warm hier it is comfortably warm here; ~ sitzen to sit comfortably (*od.* snugly); ~ plaudern to chat casually. – **4.** (*zufrieden*) contentedly: eine ~ schnurrende Katze a cat purring contentedly (*od.* with contentment). — **Be'hag·lich·keit** *f* ⟨-; *no pl*⟩ **1.** comfort(ableness), ease: er sehnt sich nach ein wenig ~ he longs for a little comfort. – **2.** cosiness, coziness, snugness, comfort: er liebt die ~ seines Heims he likes the snugness (*od.* comfort) of his home. – **3.** *cf.* Behagen 2.

Be·ha·is·mus [beha'ɪsmʊs] *m* ⟨-; *no pl*⟩ *relig.* Bahaism.

be'hal·ten *v/t* ⟨*irr, no* ge-, h⟩ **1.** keep: darf ich das Buch ~? may I keep the book? den Hut auf dem Kopf ~ to keep one's hat on; Geld [Gewinn] für sich ~ to keep money [profit] for oneself; ~ Sie den Rest! (*Wechselgeld*) keep the change; ~ Sie Platz! keep your seat, please, please remain seated; etwas übrig ~ to have s.th. left (over); Gäste bei sich zu Hause ~ to put up guests at one's home; j-n im Dienst ~ to keep s.o. on, to retain s.o.'s services; seine Stellung ~ to keep (*od.* retain) one's position; seine Gedanken für (*od.* bei) sich ~ to keep one's thoughts to oneself (*od.* secret); sie kann nichts (*od.* kein Geheimnis) bei sich ~ she cannot keep a secret; etwas fest in der Hand ~ to keep a firm hold (*od.* grip) on s.th.; die Nerven (*od.* ruhig Blut) ~ to keep one's head (*od.* nerve), to keep cool; einen klaren Kopf ~ to keep a cool (*od.* clear) head; die Oberhand ~ to keep the upper hand; recht ~ to be right in the end, to prove (to be) right; seinen Wert ~ to retain its value; das Leben ~ to survive, to keep (*od.* remain) alive; seine Figur ~ to keep one's figure; das Wort hat seine Grundbedeutung ~ *ling.* the word has kept (*od.* retained) its original meaning; → Auge 1. – **2.** *fig.* (*sich merken*) keep, retain, remember: etwas (im Gedächtnis *od.* Kopf) ~ a) to keep (*od.* bear) s.th. in mind, b) to retain s.th. (in one's mind *od.* head, memory); ich kann nichts (im Kopf) ~ I cannot keep a thing in my head, my memory is like a sieve (*colloq.*); das kann ich nicht alles ~ I cannot remember all that; leicht zu ~ easy to retain (*od.* remember); j-n in guter (*od.* angenehmer) Erinnerung ~ to retain (*od.* preserve) an agreeable memory of s.o., to remember s.o. with pleasure. – **3.** j-n in Haft ~ *jur.* to detain s.o., to keep (*od.* hold) s.o. in custody, to hold s.o. under arrest. – **4.** *math.* (*beim Addieren*) carry: eins ~ to carry one. – **5.** bei sich ~ *med.* (*Nahrung etc*) to retain.

Be·häl·ter [bə'hɛltər] *m* ⟨-s; -⟩ **1.** container, box, vessel, receptacle, *auch* case. – **2.** (*railway*) container. – **3.** *tech.* a) (*für Flüssigkeiten*) tank, vessel, b) (*für Gas*) holder, c) (*für Kohle*) bunker, d) (*für Erz*) bin, e) (*für flüssigen Brennstoff*) tank, f) (*als Speicher*) reservoir, g) (*als Fülltrichter*) hopper. — **~,bau** *m* ⟨-(e)s; *no pl*⟩ *tech.* tank and container construction. — **~,blech** *n* tank plate. — **~,druck** *m* ⟨-(e)s; ⸗e⟩ (*einer Luftbremse*) reservoir pressure. — **~,fahr,zeug** *n cf.* Behälterwagen. — **~,in,halt** *m* (*eines Brennstoffbehälters*) tank capacity. — **~,stand** *m* (liquid) level. — **~ver,kehr** *m* (*railway*) container traffic (*od.* system, service). — **~ver,schrau·bung** *f auto.* filler cap. — **~,wa·gen** *m* **1.** (*railway*) tank car (*Br.* wag[g]on). – **2.** *auto.* tank car.

Be·hält·nis [bə'hɛltnɪs] *n* ⟨-ses; -se⟩ *lit. and jur. for* Behälter 1.

be'häm·mern *v/t* ⟨*no* ge-, h⟩ *tech.* **1.** hammer. – **2.** (*kalt*) dress, peen. — **be'häm·mert I** *pp.* – **II** *adj fig. colloq.* crazy, 'cracked' (*colloq.*), screwy (*sl.*): du bist leicht ~ you are slightly cracked.

be'han·deln I *v/t* ⟨*no* ge-, h⟩ **1.** treat, deal with, handle: j-n gut [schlecht] ~ to treat s.o. well [badly]; j-n anständig ~ to treat s.o. fairly (*od.* decently); j-n mit Nachsicht ~ to treat s.o. with consideration (*od.* considerately); j-n stiefmütterlich ~ to treat s.o. shabbily (*od.* unkindly); j-n als Gleichberechtigten (*od.* wie seinesgleichen) ~ to treat s.o. as an equal; sie weiß, wie man Kinder behandelt she knows how to handle (*od.* manage) children; eine Maschine pfleglich (*od.* schonend) ~ to treat (*od.* handle) a machine with care; → Ei 2; Luft 1. – **2.** (*Thema, Frage etc*) deal with, discuss, treat, handle: wir werden diese Frage später ~ we shall deal with this question later; eine Angelegenheit oberflächlich ~ to treat a matter superficially; einen Gegenstand erschöpfend ~ to treat a subject exhaustively, to exhaust a subject; in einem Zusatzabkommen behandelt werden *pol.* to be subject to a supplementary agreement. – **3.** *med.* a) treat (wegen for, mit with), attend, b) (*Wunde*) dress: welcher Arzt behandelt Sie? which doctor is treating (*od.* attending) you? who is your doctor? j-n wegen Gelbsucht ~ to treat s.o. for jaundice; etwas mit kalten Umschlägen ~ to treat s.th. with cold compresses; sich ~ lassen to be attended, to take (*od.* get) medical treatment. – **4.** *chem. tech.* (mit with) treat, process, work: etwas mit Asbest [Säure, Schwefel] ~ to treat s.th. with asbestos [acid, sulfur *bes. Br.* -ph-]; einen Werkstoff ~ to process a material. – **II B~** *n* ⟨-s⟩ **5.** *verbal noun.* – **6.** *cf.* Behandlung. — **be'han·delnd I** *pres p.* – **II** *adj med.* ~er Arzt a) physician in charge, b) (*bes. im Krankenhaus*) attending physician. — **Be'hand·lung** *f* ⟨-; -en⟩ **1.** *cf.* Behandeln. – **2.** treatment: schlechte ~ maltreatment, ill-treatment; bevorzugte ~ preferential treatment; ihm war eine gerechte ~ widerfahren he had been treated with fairness; unsachgemäße ~ improper handling; bei pfleglicher ~ given proper treatment; vorschriftswidrige ~ treatment contrary to regulations. – **3.** (*eines Themas etc*) treatment, discussion: eine eingehende ~ erfahren to be treated (*od.* dealt with) exhaustively. – **4.** *med.* a) treatment, *auch* medical attention, attendance, b) (*mit Arzneien*) medication c) (*bestimmtes Verfahren*) therapy: ambulante [stationäre, vorbeugende] ~ outpatient [inpatient, prophylactic] treatment; in (ärztlicher) ~ sein to be under medical treatment (*od.* care); j-n zur stationären ~ aufnehmen to admit s.o. for treatment as an inpatient, to hospitalize s.o. – **5.** *chem. tech.* treatment.

Be'hand·lungs|,art *f med.* (method of) treatment. — **~,ko·sten** *pl* medical costs. — **~me,tho·de** *f cf.* Behandlungsart. — **~,raum** *m cf.* Behandlungszimmer. — **~,stuhl** *m* dentist's chair. — **~,wei·se** *f cf.* Behandlungsart. — **~,zim·mer** *n* consulting room.

be·hand·schuht [bə'hant,ʃuːt] *adj* gloved.

Be'hang *m* ⟨-(e)s; ⸗e⟩ **1.** (*an der Wand*) hangings *pl*, tapestry. – **2.** *hort.* (*an Obstbäumen*) crop. – **3.** *hunt.* (*Ohren des Jagdhundes*) lop ears *pl.* – **4.** *vet.* (*des Pferdes*) fetlock.

be'han·gen I *dial. pp of* behängen. – **II** *adj* loaded, laden: der Baum ist mit Äpfeln ~ the tree is laden with apples.

be'hän·gen I *v/t* ⟨*no* ge-, h⟩ **1.** etwas mit etwas ~ a) to hang s.th. on s.th., b) (*ausschmücken*) to hang (*od.* decorate, drape) s.th. with s.th., to deck s.th. (out) with s.th.: die Leine mit Wäsche ~ to hang washing on the line; etwas mit Girlanden ~ to hang s.th. with festoons, to festoon s.th.; die Wände mit Teppichen ~ to hang the walls with tapestry, to hang tapestry on the walls; den Weihnachtsbaum ~ to decorate the Christmas tree. – **2.** *hunt.* (*Hunde*) leash (*while following a trail*). – **II** *v/reflex* sich ~ **3.** *colloq. contempt.* (mit with) cover (*od.* load) oneself: sich mit Schmuck ~ to load oneself down with jewel(le)ry.

Be'hän·ge,zeit *f hunt.* season for training hounds.

be'hängt I *pp.* – **II** *adj* hung: mit Girlanden ~ festooned; mit Schmuck ~ *colloq. contempt.* loaded down with jewel(le)ry, bejewel(l)ed.

be'har·ken *v/t* ⟨*no* ge-, h⟩ **1.** *mil. sl.* rake (*s.th.*) with gunfire. – **2.** *fig.* sich (gegenseitig) ~ *colloq.* rake one another (*od.* each other) over the coals (*colloq.*), to call each other names.

be'har·ren I *v/i* ⟨*no* ge-, h⟩ **1.** (auf *dat*, bei) persist (*od.* remain firm) (in), stick (*od.* cling, adhere) (to): auf seinem Standpunkt [seiner Weigerung] ~ to persist in one's point of view [refusal]; auf seinen Grundsätzen ~ to stick to one's principles. – **2.** (in *dat*) persevere (in, with), continue steadfastly (in): im Glauben ~ to persevere in one's faith. – **3.** (*beharrlich behaupten*) insist, maintain: „das weiß ich nicht", beharrte er "I don't know," he insisted. – **4.** *phys.* remain inert (*od.* motionless), continue in the state of rest. – **II B~** *n* ⟨-s⟩ **5.** *verbal noun.* – **6.** *cf.* Beharrung.

be'harr·lich I *adj* **1.** (*ausdauernd*) persevering, persistent, steadfast, insistent: ~er Fleiß persevering diligence; ~e Arbeit [Bemühungen] persevering work [efforts]; ~ in seiner Arbeit sein to persevere (*od.* to be assiduous) in one's work; im Glauben ~ sein to be steadfast (*od.* to persevere) in one's faith. – **2.** (*hartnäckig*) obstinate, stubborn, dogged. – **II** *adv* **3.** etwas ~ leugnen to deny s.th. steadfastly; sich ~ weigern to refuse persistently; ~ in (*od.* mit) etwas fortfahren, ~ etwas fortsetzen to persist in (*od.* to persevere with) s.th.; ~ etwas behaupten to maintain (*od.* insist on) s.th. — **Be'harr·lich·keit** *f* ⟨-; *no pl*⟩ **1.** (*Ausdauer*) perseverance, persistence, insistence, assiduousness: mit ~ auf etwas bestehen to persist in (*od.* insist on) s.th.; ~ führt zum Ziel (*Sprichwort*) *etwa* if at first you don't succeed, try, try, try again (*proverb*), it's dogged (as) does it (*colloq.*). – **2.** (*Hartnäckigkeit*) obstinacy, stubbornness, doggedness.

Be'har·rung *f* ⟨-; *no pl*⟩ **1.** *cf.* Beharren. – **2.** *cf.* Beharrlichkeit. – **3.** *tech. phys.* persistence, continuation. – **4.** *colloq. for* Beharrungsvermögen.

Be'har·rungs|ge,setz *n phys. cf.* Trägheitsgesetz. — **~,kraft** *f* inertia (force), vis inertiae (*scient.*). — **~mo,ment** *n cf.* Trägheitsmoment. — **~ver,mö·gen** *n* inertia, inertness, vis inertiae (*scient.*). — **~,zu·,stand** *m* equilibrium state (*od.* condition), state of inertia (*od.* equilibrium).

Be'har·zungs·ma,schi·ne [bə'haːrtsʊŋs-] *f tech.* resin impregnating (*Am.* loading) machine.

be·haubt [bə'haupt] *adj* **1.** *zo.* crested. – **2.** *bot.* cassideous.

be'hau·chen *v/t* ⟨*no* ge-, h⟩ **1.** breathe (up)on. – **2.** *ling.* (*Konsonanten*) aspirate. — **be'haucht I** *pp.* – **II** *adj* **1.** *ling.* aspirate(d): ~er Laut aspirate. – **2.** rosig ~e Wangen [Blüten] *fig. poet.* cheeks [blossom(s *pl*)] touched (*od. poet.* kissed) with rose. — **Be'hau·chung** *f* ⟨-; *no pl*⟩ *ling.* aspiration.

be'hau·en[1] **I** *v/t* ⟨*irr, no* ge-, h⟩ **1.** (*Steine, Holz*) hew, cut: Stein grob [rechteckig, mit dem Meißel] ~ to rough-hew [to square, to chisel] stone. – **2.** *tech.* a) (*Bruchsteine*) scabble, pare, dress, b) (*Bauholz*) hew. – **3.** (*forestry*) (*Bäume*) a) trim, b) (*Entfernen des Splintholzes bei Tropenhölzern*) dress. – **II B~** *n* ⟨-s⟩ **4.** *verbal noun.* – **5.** *cf.* Behauung.

be'hau·en[2] **I** *pp of* behauen[1]. – **II** *adj* hewn: roh ~e Steinblöcke rough-hewn blocks of stone.

be'häu·feln *v/t* ⟨*no* ge-, h⟩ *agr.* (*Pflanzen*) hill, earth up.

Be'häu·fe·lungs,pflug *m agr. cf.* Häufelpflug.

be·haup·ten [bə'hauptən] **I** *v/t* ⟨*no* ge-, h⟩ **1.** (*erklären*) state, (*stärker*) maintain, declare, assert, claim, contend, affirm: etwas kühn ~ to state s.th. boldly; fälschlich (*od.* zu Unrecht) ~, daß to state falsely (*od.* to pretend) that; etwas hartnäckig ~ to insist (up)on s.th.; steif und fest ~, daß *colloq.* to swear that; das Gegenteil ~ to maintain the contrary; man soll nie etwas ~, was man nicht beweisen kann one should never assert anything that one cannot prove; ich darf wohl ~ I daresay; ich habe das nicht behauptet I did not say that; man behauptet von ihr (*od.* es wird von ihr behauptet), daß she is said (*od.* alleged) to, it is said of her that; wie können Sie so etwas ~? how can you say such a thing? – **2.** *lit.* (*behalten*) maintain, hold, (*verteidigen*) defend: seine Stellung ~ to maintain one's position; seine Rechte ~ to maintain (*od.* assert, defend) one's rights, to safeguard one's interests; das Feld ~ *fig.* to hold (*od.* keep) the field. – **II** *v/reflex* sich ~ **3.** hold one's own, maintain (*od.* stand) one's ground: sich auf der Bühne ~ (*theater*) to be moderately successful on the stage; sich gegen j-n [etwas] ~ to stand up to (*od.* prevail against) s.o. [s.th.]; sich erfolgreich ~ to stand one's ground successfully. – **4.** *econ.* (*von Preisen, Kursen*) be (*od.* remain) steady (*od.* firm): sich gut ~ to stand up well; sich stationär ~ to remain steady. – **III B~** *n* ⟨-s⟩ **5.** *verbal noun.* —

Be'haup·tung *f* ⟨-; -en⟩ **1.** *cf.* Behaupten. – **2.** (*Erklärung*) statement, (*stärker*) declaration, assertion, claim, contention, affirmation: eine bloße ~ a simple statement, a mere assertion; falsche (*od.* unrichtige, unwahre) ~ false statement, false (*od.* untrue) assertion; eine kühne ~ a bold statement; ~en tatsächlicher Art *jur.* statements of fact; eine ~ aufstellen [aufrechterhalten] to make [to maintain] an assertion; eine ~ widerlegen to refute (*od.* disprove) a statement; einer ~ widersprechen to contradict a statement; ~ gegen ~ claim and counter-claim, one man's word against another's. – **3.** ⟨*only sg*⟩ *lit.* (*eines Rechts, einer Stellung etc*) maintenance, (*Verteidigung*) *Br.* defence, *Am.* defense: unter ~ seines Standpunktes maintaining one's point of view. – **4.** *math.* proposition. – **5.** *jur.* (*zu beweisende*) allegation, averment. – **6.** *philos.* assertion, statement.

Be'haup·tungs,satz *m ling.* clause of statement.

be'hau·sen *v/t* ⟨*no* ge-, h⟩ **1.** *lit. for* beherbergen 1. – **2.** *obs. for* bewohnen. — **be'haust I** *pp.* – **II** *adj* ⟨*pred*⟩ *lit.* domiciled, resident. — **Be'hau·sung** *f* ⟨-; -en⟩ *oft humor.* dwelling, home: armselige [notdürftige] ~ humble [makeshift] dwelling.

Be'hau·ung *f* ⟨-; *no pl*⟩ **1.** *cf.* Behauen[1]. – **2.** *metall.* rag.

Be·ha·vio·ris·mus [biheviə'rɪsmʊs] *m* ⟨-; *no pl*⟩ *psych.* behaviorism, *bes. Br.* behaviourism. — **be·ha·vio'ri·stisch** [-'rɪstɪʃ] *adj psych.* behaviorist(ic), *bes. Br.* behaviourist(ic).

be'he·ben I *v/t* ⟨*irr, no* ge-, h⟩ **1.** (*Schaden etc*) repair, mend, make good: der Schaden wurde rasch behoben the damage was promptly repaired. – **2.** (*Not, Mißstand etc*) redress, remedy. – **3.** (*Schmerzen*) relieve. – **4.** (*Gefahr, Schwierigkeit, Fehler etc*) remove, eliminate. – **5.** *Austrian econ. for* abheben 3. – **II B~** *n* ⟨-s⟩ **6.** *verbal noun.* – **7.** *cf.* Behebung. — **Be'he·bung** *f* ⟨-; *no pl*⟩ **1.** *cf.* Beheben. – **2.** (*eines Schadens etc*) repair. – **3.** (*der Not etc*) remedy. – **4.** (*der Schmerzen*) relief. – **5.** (*der Gefahr, Schwierigkeit etc*) removal, elimination. – **6.** *Austrian econ. for* Abhebung 2.

be·hei·ma·ten [bə'haimaːtən] *v/t* ⟨*no* ge-, h⟩ **1.** j-n ~ a) to provide s.o. with a home, b) to be the native country of. – **2.** *zo. bot. cf.* einbürgern 3. — **be'hei·ma·tet I** *pp.* – **II** *adj* **1.** (*ansässig*) resident, domiciled (*beide nachgestellt*): ~ sein in a) to be resident in, b) to be a native of, to come from. – **2.** *mar.* (*Schiff*) registered (*nachgestellt*): das Schiff ist in Hamburg ~ the ship is registered at Hamburg, the home port of the ship is Hamburg. – **3.** *bot. zo.* (in *dat* to) native, indigenous. — **Be'hei·ma·tung** *f* ⟨-; *no pl*⟩ **1.** provision with a home. – **2.** *zo. bot. cf.* Einbürgerung 4.

be'hei·zen I *v/t* ⟨*no* ge-, h⟩ **1.** (*Raum etc*) heat: der Raum wird durch Zentralheizung beheizt the room is centrally heated (*od.* has central heating). – **2.** *tech.* (*Industrieofen*) fire, heat. – **II B~** *n* ⟨-s⟩ **3.** *verbal noun.* — **Be'hei·zung** *f* ⟨-; *no pl*⟩ *cf.* Beheizen.

Be'hei·zungs,an,la·ge *f tech.* (*eines Industrieofens*) heating system.

Be·helf [bə'hɛlf] *m* ⟨-(e)s; -e⟩ **1.** makeshift: ein schlechter ~ a poor makeshift; als ~ dienen to serve as a makeshift. – **2.** *cf.* Ersatz 2. – **3.** *jur.* a) legal remedy, b) *Br.* defence, *Am.* defense. – **4.** *dial. for* Vorwand.

be'hel·fen *v/reflex* ⟨*irr, no* ge-, h⟩ sich ~ manage, make do: sich ~, so gut es geht to manage as best one can; sich mit etwas ~ to make do (*od.* to shift) with s.th., to manage with s.th.; sich mit wenig(em) ~ to make do with little; sich einstweilen ~ to make do for a while; sich kümmerlich ~ to struggle (*od.* scrape) along; sich ohne etwas ~ to do (*od.* manage) without s.th.

Be'helfs|an,ten·ne *f* (*radio*) auxiliary (*od.* temporary) aerial (*od.* antenna). — **~,bau** *m* ⟨-(e)s; -ten⟩ *civ.eng.* improvised building. — **~,brücke** (*getr.* -k·k-) *f cf.* Notbrücke. — **~,heim** *n* emergency (*od.* temporary) dwelling. — **~kon·struk·ti,on** *f tech.* makeshift construction. — **b~,mä·ßig I** *adj* makeshift, improvised, temporary: ein ~es Bett a makeshift bed. – **II** *adv* temporarily: ein ~ eingerichtetes Zimmer a room furnished temporarily; j-n ~ unterbringen to provide s.o. with temporary accommodation. — **~,mit·tel** *n* **1.** *cf.* Behelf 1. – **2.** *cf.* Ersatz 2. — **~,un·ter,kunft** *f cf.* Behelfsheim. — **b~,wei·se** *adv cf.* behelfsmäßig II.

be·hel·li·gen [bə'hɛlɪgən] **I** *v/t* ⟨*no* ge-, h⟩ j-n ~ (mit with) to trouble (*od.* bother, importune, pester, annoy) s.o.: j-n mit Bitten ~ to trouble s.o. with requests. – **II B~** *n* ⟨-s⟩ *verbal noun.* — **Be'hel·li·gung** *f* ⟨-; -en⟩ **1.** *cf.* Behelligen. – **2.** trouble, disturbance.

be'helmt *adj* **1.** helmeted. – **2.** *bot.* galeate(d).

Be·he·moth [behe'moːt; 'beː-] *m* ⟨-(e)s; -s⟩ *Bibl.* behemoth, *auch* Behemoth (*enormous creature, probably the hippopotamus*).

be·hend [bə'hɛnt], **be'hen·de** [-də] **I** *adj* **1.** (*flink*) nimble, agile, quick. – **2.** (*gewandt, geschickt*) dext(e)rous, adroit. – **II** *adv* **3.** nimbly. – **4.** adroitly. — **Be·hen·dig·keit** [bə'hɛndɪçkait] *f* ⟨-; *no pl*⟩ **1.** nimbleness, agility, quickness. – **2.** dexterity, dext(e)rousness, adroitness.

'Be·hen|,nuß ['beːən-] *f bot.* ben (*auch* behen) nut (*Moringa oleifera*). — **~,öl** *n* ben (*auch* behen) oil.

be'her,ber·gen I *v/t* ⟨*no* ge-, h⟩ **1.** (*Gäste etc*) accommodate, house, put (*s.o.*) up, take (*s.o.*) in: das Hotel kann 100 Gäste ~ the hotel can accommodate 100 guests. – **2.** *fig.* house: das Gebäude beherbergt eine Bibliothek the building houses a library. – **3.** *lit.* (*Gedanken etc*) harbor, *bes. Br.* harbour. – **II B~** *n* ⟨-s⟩ **4.** *verbal noun.* — **Be'her,ber·gung** *f* ⟨-; *no pl*⟩ **1.** *cf.* Beherbergen. – **2.** accommodation.

Be'her,ber·gungs·ge,wer·be *n* **1.** hotel industry. – **2.** *cf.* Gaststättengewerbe.

be'herr·schen I *v/t* ⟨*no* ge-, h⟩ **1.** (*Land, Volk etc*) rule (*od.* reign) over, govern, (*stärker*) hold sway over: diese Leidenschaft beherrscht ihn vollkommen *fig.* he is completely ruled (*od.* dominated) by this passion, he is a complete slave to this passion. – **2.** *fig.* (*Lage, Leidenschaften etc*) control, be in control of, be master of, dominate: den Markt ~ *econ.* to dominate the market; den Luftraum ~ *mil.* to control the air space, to have air supremacy; ein Gebiet ~ *mil.* to control an area; das Feld ~ *fig.* to be in full command of the situation; er konnte seine Gefühle nicht mehr ~ he was unable to keep his feelings in check (*od.* under control) any longer; j-n ~ to dominate (*od.* rule) s.o., to have s.o. under one's thumb (*colloq.*); sie beherrscht ihn völlig she dominates him completely, she has him completely in her power. – **3.** *fig.* (*Kunst, Beruf etc*) master, be master of, have a command of: eine Sprache ~ to have a (good) command of a language. – **4.** *fig.* (*Landschaft etc*) dominate, command, tower over (*od.* above), look down on: die Türme ~ das Stadtbild the towers dominate the town. – **5.** (*sport*) (*Gegner*) dominate, master. – **II** *v/reflex* sich ~ **6.** control (*od.* restrain) oneself: sich nicht ~ können to have no self-control; ich kann mich ~ *colloq. iron.* I can resist the temptation. – **III B~** *n* ⟨-s⟩ **7.** *verbal noun.* – **8.** *cf.* Beherrschung. — **be'herr·schend I** *pres p.* – **II** *adj fig.* dominating.

Be'herr·scher *m* ⟨-s; -⟩ ruler, dominator, master (*lit.*). — **Be'herr·sche·rin** *f* ⟨-; -nen⟩ ruler, dominator, mistress (*lit.*): England, die ~ der Meere *hist.* England, the Mistress of the Seas.

be'herrscht I *pp.* – II *adj* **1.** (*ruhig*) controlled, restrained, self-possessed: mit ~er Stimme with a restrained voice. – **2.** (*diszipliniert*) disciplined: ein ~es Auftreten a disciplined manner. — **Be'herrscht·heit** *f* ⟨-; *no pl*⟩ self-control, self-discipline.

Be'herr·schung *f* ⟨-; *no pl*⟩ **1.** *cf.* Beherrschen. – **2.** (*eines Landes etc*) rule, domination, (*stärker*) sway. – **3.** *fig.* (*einer Lage, der Leidenschaften*) control, mastery: ~ des Luftraums *mil. aer.* air supremacy. – **4.** *fig. cf.* Beherrschtheit: die ~ verlieren to lose one's self-control. – **5.** *fig.* (*einer Kunst etc*) command, mastery.

be·her·zi·gen [bəˈhɛrtsɪɡən] *v/t* ⟨*no* ge-, h⟩ (*Rat etc*) take (*s.th.*) to heart, mark (*s.th.*) well, take good heed of: beherzige meine Worte! mark my words. — **be'her·zi·gens,wert** *adj* worth taking to heart, worth heeding. — **Be'her·zi·gung** *f* ⟨-; *no pl*⟩ taking to heart, heeding.

be'herzt *adj* **1.** (*mutig*) courageous, brave, valiant (*lit.*). – **2.** (*entschlossen*) determined. — **Be'herzt·heit** *f* ⟨-; *no pl*⟩ **1.** courage, bravery, braveness, valiance (*lit.*). – **2.** determination.

be'he·xen *v/t* ⟨*no* ge-, h⟩ *auch fig.* bewitch, cast (*od.* put) a spell on, *Am.* hex.

be·hilf·lich [bəˈhɪlflɪç] *adj* ⟨*pred*⟩ helpful: j-m (bei etwas) ~ sein to help (*od.* assist) s.o. (with [*od.* in] s.th.), to lend s.o. a (helping) hand (with s.th.); j-m ~ sein, etwas zu tun to help (*od.* assist) s.o. to do (*od.* in doing) s.th.; kann [darf] ich Ihnen ~ sein? can [may] I help you?

be'hin·dern I *v/t* ⟨*no* ge-, h⟩ **1.** hinder, impede, hamper, handicap, (*stärker*) obstruct: j-n bei (*od.* in) der Arbeit ~ to hinder s.o. in his work; den Fortschritt ~ to stand in the way of (*od.* to impede) progress; die Sicht [den Verkehr] ~ to obstruct the view [traffic]; den Handel ~ *econ.* to handicap (*od.* interfere with) trade. – **2.** (*sport*) a) foul, b) (*beim Fußball*) tackle, c) (*beim Eishockey*) body check. – **3.** (*im Rennsport*) a) (*zur Schaffung gleicher Startchancen*) handicap, b) (*gegenseitig während des Rennens*) hamper. – **II B~** *n* ⟨-s⟩ **4.** *verbal noun.* — **be'hin·dert** I *pp.* – II *adj* handicapped: körperlich ~ physically handicapped (*od.* disabled). — **Be'hin·de·rung** *f* ⟨-; -en⟩ **1.** *cf.* Behindern. – **2.** hindrance, impediment, handicap, (*stärker*) obstruction. – **3.** (*sport*) a) foul, b) (*beim Fußball*) tackle, c) (*beim Eishockey*) body check. – **4.** (*im Rennsport*) handicap. – **5.** *med.* (*körperliche*) disability, handicap.

be'ho·beln *v/t* ⟨*no* ge-, h⟩ *tech.* **1.** (*mit Hobel glätten*) plane. – **2.** (*auf der Waagerechtstoßmaschine*) shape. – **3.** (*glatthobeln*) smooth. – **4.** (*Kanten bestoßen*) trim.

be·hol·men [bəˈhɔlmən] *v/t* ⟨*no* ge-, h⟩ *tech.* (*Pfähle*) cap.

be'hor·chen *v/t* ⟨*no* ge-, h⟩ **1.** *med.* (*Lunge, Herz*) auscultate. – **2.** (*belauschen*) listen to.

Be·hör·de [bəˈhøːrdə] *f* ⟨-; -n⟩ (public *od.* government) authority, (*spezielle*) administrative body (*od.* board, department), *bes. Am.* agency: die ~n the (public) authorities; örtliche [städtische] ~ local [municipal] authority; vorgesetzte [zuständige] ~ superior [competent] authority; mit Genehmigung der ~n with the approval of the authorities; staatliche ~ government board, *bes. Am.* agency; einen Fall einer ~ übergeben to have a case examined by a public authority; die Hohe ~ (der Montanunion) the High Authority (of the European Coal and Steel Community).

Be'hör·den|ap·pa,rat *m* **1.** administrative (*od.* official) machinery. – **2.** (*Bürokratie*) bureaucracy, red tape (*contempt.*). — **~,deutsch** *n* officialese (German). — **~,mit,glied** *n* (*in Aufsichtsräten*) public representative on the board of directors. — **~,spra·che** *f* **1.** officialese. – **2.** (*offizielle Sprache*) official language. — **~,weg** *m* administrative (*od.* official) channels *pl*: den ~ genau einhalten to keep strictly to official channels; auf dem ~ erledigt werden to be decided (*od.* dealt with) by the (competent *od.* proper) authorities.

be·hörd·lich [bəˈhøːrtlɪç] I *adj* official, (*Staatsbehörden betreffend*) government(al): ~e Aufsicht government (*od.* official) supervision (*od.* control); mit ~er Genehmigung with approval of the authorities; ~es Schreiben official note. – II *adv* ~ genehmigt officially authorized, approved by the authorities.

be'hörd·li·cher'seits *adv* (*officialese*) on the part of the authorities.

be·host [bəˈhoːst] *adj* **1.** *colloq.* trousered, in (*od.* wearing) trousers (*nachgestellt*). – **2.** *hunt.* (*Fänge von Raubvögeln*) feathered.

Be·huf [bəˈhuːf] *m* ⟨-(e)s; -e⟩ (*officialese*) *obs.* purpose, end: zu diesem ~(e) for this purpose, to this end.

be'hufs *prep* ⟨*gen*⟩ (*officialese*) *obs.* for the purpose of, with a view to.

be·huft [bəˈhuːft] *adj zo.* hoofed; ungulate, *auch* ungulated (*scient.*).

be'hü·ten I *v/t* ⟨*no* ge-, h⟩ **1.** (vor *dat* from) guard, protect, shield: j-n vor Gefahren ~ to protect s.o. from dangers; Kinder ~ to take care of children; er behütet sie wie seinen Augapfel *fig. lit.* she is the apple of his eye; Gott behüte dich! behüt' dich Gott! a) *lit.* God preserve you! God be with you! b) (*Abschiedsgruß*) farewell! good-by(e)! (Gott) behüte! *colloq.* God (*od.* Heaven) forbid! by no means! dear me, no! far from it! der Himmel behüte mich davor! may God prevent it! Heaven preserve me! – **2.** *cf.* hüten 1, 2, 4. – **II B~** *n* ⟨-s⟩ **3.** *verbal noun.* – **4.** *cf.* Behütung.

Be'hü·ter *m* ⟨-s; -⟩ guard(ian), protector.

be·hu·tet [bəˈhuːtət] *adj bot.* pileate, *auch* pileated.

be'hü·tet I *pp.* – II *adj* protected, sheltered: eine ~e Jugend a sheltered youth; ein ~es Kind a carefully brought-up child. – III *adv* ~ aufwachsen to be brought up in a sheltered way (*od.* carefully).

be·hut·sam [bəˈhuːtzaːm] I *adj* **1.** (*vorsichtig*) careful, cautious, chary, wary: er ist sehr ~ he is very careful; ~e Schritte machen to proceed with caution; ein ~es Vorgehen a careful approach. – **2.** (*sanft, zart*) gentle: ~e Worte gentle words; eine ~e Hand haben to have a gentle hand. – II *adv* **3.** carefully, cautiously: etwas ~ anfassen to handle s.th. carefully (*od.* with care); ~ zu Werke gehen to go about s.th. carefully; ~ mit j-m umgehen to treat s.o. gently. — **Be'hut·sam·keit** *f* ⟨-; *no pl*⟩ **1.** care(fulness), caution, cautiousness, chariness, wariness. – **2.** gentleness.

Be'hü·tung *f* ⟨-; *no pl*⟩ **1.** *cf.* Behüten. – **2.** (vor *dat* from) protection.

bei[1] [baɪ] *prep* ⟨*dat*⟩ **1.** (*räumliche Nähe*) a) near, close to, by, b) at, c) next to: ~ Berlin near Berlin; ~ dem Fluß by the river; die Schlacht ~ Waterloo the battle of Waterloo; sie wurden ~ Hastings geschlagen they were defeated at Hastings; ~ der ersten Kreuzung at the first crossing; sich ~ der Tür hinsetzen to sit down near the door; wer sitzt ~ deinem Freund am Tisch? a) who sits next to your friend at the table? b) who is sitting next to your friend at the table? dicht (*od.* nahe) ~ dem Haus close to the house; dicht ~ dicht close together, closely packed; Schiff ~ Schiff one ship beside the other; ~ Tisch at table; ~ Hof(e) *hist.* at court; ~ Wasser und Brot sitzen *fig. colloq.* to be (*od.* lie) in prison; er ist ~ Stalingrad gefallen he was killed at Stalingrad; ~ einer Höhe von tausend Meter(n) at a height of one thousand meters (*bes. Br.* metres); Gewehr ~ Fuß *mil.* at the order, *bes. Br.* with ordered arms. – **2.** (*Verbindung zu Personen oder Institutionen ausdrückend*) a) at, b) with: ~ j-m zu Besuch sein to stay with s.o.; ~ uns a) with us (at home), b) in our (*od.* this) country; bei ihm zu Hause at his place; ~ j-m arbeiten to work for s.o.; ~ j-m wohnen to live with s.o.; ~ einem Verlag arbeiten to work for a publishing house; er ist ~ der Bahn *colloq.* he works for the railway (*Am.* railroad); ein Konto ~ der Bank haben to have an account at (*od.* with) the bank; ~ diesem Bäcker at this baker's; ~ Vater im Zimmer in father's room; ~ den Indianern leben to live among (the) Indians; ~ der Marine [Infanterie] *mil.* in the navy [infantry]; ~ Meier (*auf Briefen*) c/o Meier; ~ Schmidts ist ein Baby angekommen *colloq.* Schmidts have just had a baby; ~ Homer lesen to read in Homer; dieses Zitat steht ~ Schiller this is a quotation from Schiller. – **3.** (*körperliche Berührung*) by: j-n ~ der Hand fassen to take s.o. by the hand; j-n ~ der Schulter packen to grasp s.o. by the shoulder; etwas ~ der Hand haben *fig. colloq.* to have s.th. at hand (*od.* handy). – **4.** *Bavarian dial.* (*in Wendungen wie*) ~ der Tür hereinkommen to enter through the door; ~m Fenster hinausschauen to look out of the window. – **5.** *only in* ~ sich with one: er hatte einen Revolver ~ sich he carried (*od.* had) a revolver (on *od.* with him); ich habe kein Geld ~ mir I have no money with (*od.* on) me, I carry no money with me; er hatte einen Hund ~ sich he had a dog with him; ich dachte ~ mir *fig.* I thought to myself; ein Geheimnis ~ sich behalten *fig.* to keep a secret; nicht ganz ~ sich sein *fig. colloq.* to be not all there (*colloq.*). – **6.** *fig.* die Entscheidung liegt ~ der Regierung the decision rests with the government; das steht ~ Ihnen it's up to you; man fand einen Brief ~ ihm a letter was found on him; das findet man oft ~ Kindern it is often so with children; das kommt ~ ihm selten vor it is a rare occurrence with him, that's rare for him; ~ ihm war das zu erwarten it was to be expected of him; ~ Gott ist kein Ding unmöglich *Bibl.* with God all things are possible; mir ist nicht wohl ~ dieser Sache I feel uneasy in this matter; ~ j-m anrufen to phone s.o.; ~ j-m gut angeschrieben sein *colloq.* to be good (*od.* tops) in s.o.'s book, *Br.* to be in s.o.'s good books; ~ seiner Meinung bleiben to stick to one's opinion; ~ einem Gedanken verweilen to keep thinking about s.th.; ~ einer Tasse Tee over a cup of tea; ~ dir ist wohl eine Schraube los? ~ dir piept's wohl? *colloq.* are you crazy (*Am. sl.* nuts)? man weiß nie, woran man ~ ihm ist *colloq.* one never knows where one is with him, one never knows what to make of him; ~ seinem Vorschlag handelt es sich um folgendes his proposal boils down to the following; ~ diesem Wort fehlt ein Buchstabe a letter is missing in this word; ~ Ärzten findet man diese Ansicht häufig this view is very common among doctors; ~ ihm braucht man sich nicht zu sorgen you need not worry about him; so war es auch ~ mir it was the same (thing) with me. – **7.** (*zeitlich*) a) during, b) on, upon, c) at: ~ seiner Ankunft [Abreise] on his arrival [departure]; ~ seinem Besuch a) during his visit, b) at (*od.* on the occasion of) his visit; ~ Sonnenaufgang at sunrise; ~ Nacht at night; ~ Tag during the day, in the daytime; ~ dem gestrigen Regen during yesterday's rain; ~ der Versammlung a) at the meeting, b) during (*od.* in the course of) the meeting; ~ seinen Lebzeiten *obs.* during (*od.* in) his lifetime; ~ dieser [der ersten] Gelegenheit on this [the first] occasion; ~ näherer Bekanntschaft [Prüfung] on closer acquaintance [examination]; ~ diesem Anblick at the sight of this; ~ dieser Nachricht at this news; ~ jedem Schritt at each step; ~ dem derzeitigen Stand der Dinge as things are at the moment, as it is; ~ seiner Geburt [seinem Tode] at his birth [death]; zahlbar ~ Lieferung *econ.* cash on delivery; ~ Verfall at maturity, when due; ~ Vorlage der Papiere on presentation of the documents; ~ Einbruch der Dunkelheit when darkness falls. – **8.** (*Begleitumstand, Bedingung, Grund ausdrückend*) ~ Licht arbeiten to work by light; ~ offenem Fenster schlafen to sleep with the window open; ~ Steigerung der Produktion in the event of production rising, if production rises; Betreten ~ Strafe verboten trespassers will be prosecuted; ~ einer Strafe von 20 Mark under penalty of 20 marks; ~ Regen fällt das Konzert aus if it rains the concert will be cancel(l)ed (*od.* off); ~ Gelegenheit when (*od.* if) an opportunity arises (*od.* presents itself), when (*od.* if) an occasion arises; ~ Feuerausbruch in the event of fire; nur ~ Gefahr only in case (*od.* the event) of danger; ~ Entfernungen über 50 Kilometer if the distance is more than fifty kilometers (*bes. Br.* kilometres); Wasser kocht ~ 100 Grad water boils at a hundred degress (centigrade); ~ Ausnutzung aller Möglichkeiten if all possibilities are exploited, by exploiting all possibilities; ~ Licht besehen *fig.* (up)on close(r) inspection; ~ deinem Alter at your age; ~ seinem Charakter ist alles möglich given his character, everything is possible; ~ seinen Fähigkeiten wird er Erfolg haben with his abilities he will succeed; ~ so vielen Schwierigkeiten in view of (*od.* with) so many difficulties; ~ all meiner Geduld for all my patience; ~ all seiner Vorsicht despite (*od.* for, with) all his cautiousness; ~ all dem for all that. – 9. (*in Wendungen wie*) ~ guter Gesundheit sein to be in good health; ~ der Arbeit sein to be at work; ~ gutem Appetit sein to have a healthy appetite; er ist nicht ~ Kräften he is feeling rather weak; er ist nicht ~ Laune he is out of sorts; sie ist nicht ~ Stimme she is not in (good) voice; nicht ~ Bewußtsein sein to be unconscious; er ist nicht recht ~ Trost *colloq.* he is not quite right in the head; schon ~ Jahren sein *colloq.* to be well on in years (*colloq.*); schlecht ~ Kasse sein *colloq.* to be short of cash (*od.* funds), to be hard up (*colloq.*). – 10. ~ weitem by far, far and away: ~ weitem nicht not by far, not by a long shot; ~ weitem günstiger much more favo(u)rable; er ist ~ weitem der Beste he is by far the best; du weißt ~ weitem noch nicht alles there is much more you don't know yet. – 11. (*Anrufung, Beteuerung*) ~ Gott! a) by God! b) (*feierlich*) by heavens! ~ meiner Ehre! upon my hono(u)r! ~ allem, was mir teuer ist! by all that's holy! ~ meiner Treu (*od.* armen Seele)! *obs.* upon my soul! → Bart 1.

bei[2] *adv* 1. *Northern G. colloq.* dicht ~ close (*od.* near) by; da ist [finde ich] nichts ~ it doesn't matter [I don't see any harm in it]. – 2. voll und ~ *mar.* full and by.

bei[3] *adv obs. for* etwa 1, ungefähr 2.

Bei *m* ⟨-s; -e *u.* -s⟩ bey (*title in the Ottoman Empire*).

'Bei,band *m* ⟨-(e)s; =e⟩ *print.* supplementary volume.

'bei,bänd·seln *v/t* ⟨*sep*, -ge-, h⟩ *mar.* (*zurren*) tie (*s.th.*) (together), seize.

'bei·be,hal·ten I *v/t* ⟨*irr, sep, no* -ge-, h⟩ 1. (*Gewohnheit, Methode etc*) keep up, retain, maintain: seine alte Lebensweise ~ to retain one's old way of living, to retain one's old ways (*od.* habits); ein veraltetes Verfahren ~ to cling to an old-fashioned method; einen Brauch ~ to keep up (*od.* preserve) a custom; ein Niveau ~ to maintain (*od.* uphold) a (high) standard. – 2. (*Richtung, Tempo*) keep: behalten Sie diese Richtung bei! continue in this direction. – 3. (*Meinung, Plan, Vorsatz etc*) adhere (*od.* stick) to, abide by. – 4. *mar.* (*Kurs*) keep: Kurs und Geschwindigkeit ~ to stand on. – 5. j-n ~ *obs.* to retain s.o.'s services. – II B~ *n* ⟨-s⟩ 6. *verbal noun.* — **'Bei·be,hal·tung** *f* ⟨-; *no pl*⟩ 1. *cf.* Beibehalten. – 2. retention, maintenance: unter ~ von (*od. gen*) while maintaining (*od.* retaining); die ~ von Bräuchen the preservation of customs. – 3. (*einer Meinung etc*) adherence (to).

'bei,bie·gen *v/t* ⟨*irr, sep*, -ge-, h⟩ j-m etwas ~ *colloq.* to tell s.o. s.th. (tactfully), to give s.o. s.th. to understand.

'Bei,blatt *n print.* 1. rider, supplementary sheet. – 2. (*einer Zeitung*) supplement.

'bei,blei·ben *v/i* ⟨*irr, sep*, -ge-, sein⟩ *Northern G. colloq. for* dabeibleiben.

'Bei,boot *n mar.* ship's boat, (*einer Jacht*) dinghy, cockboat: großes ~ longboat; ~ von Kriegsschiffen cutter.

'bei,brin·gen I *v/t* ⟨*irr, sep*, -ge-, h⟩ 1. (*Kenntnisse, Fertigkeiten*) teach, impart: j-m das Tanzen ~ to teach s.o. (how) to dance; er bringt mir Französisch bei he teaches me French; j-m Manieren ~ *colloq.* to teach s.o. manners; j-m Vernunft ~ *colloq.* to bring s.o. to reason (*od.* to his senses); wer hat dir diesen Unsinn beigebracht? *colloq.* who told you this nonsense? dir werd' ich's schon noch ~! *colloq.* I'll teach you yet! (*colloq.*); → Flötenton 1. – 2. *colloq.* (*Unangenehmes*) make clear, convey: j-m eine traurige Nachricht (schonend) ~ to break bad news to s.o. (gently); wie soll ich's ihm bloß ~? *colloq.* a) (*verständlich machen*) how shall I make him understand? how shall I get it into his head? (*colloq.*), b) (*schonend mitteilen*) how shall I break it to him? ich versuchte ihm beizubringen, daß er nicht willkommen sei I tried to convey to him that he was not welcome; j-m etwas nachdrücklich ~ to bring s.th. home to s.o.; ich konnte es ihm einfach nicht ~ I just couldn't convince him. – 3. (*Niederlage, Wunde, Verlust etc*) inflict: dem Feind große Verluste ~ to inflict heavy losses on the enemy; j-m einen Schlag ~ to deal a blow to s.o.; j-m Gift ~ *obs.* to administer poison to s.o., to poison s.o. – 4. *lit.* (*Beweise, Urkunden, Zeugen*) produce, adduce, bring forward, (*Dokumente*) *auch* supply, furnish, present: Referenzen ~ to furnish (*od.* submit, state) references. – 5. *Southern G., Austrian, and Swiss for* beschaffen[1]. – II B~ *n* ⟨-s⟩ 6. *verbal noun.* — **'Bei,brin·gung** *f* ⟨-; *no pl*⟩ 1. *cf.* Beibringen. – 2. (*von Beweisen, Urkunden, Zeugen*) production, adduction, (*von Dokumenten*) *auch* supply, presentation, submission: gegen ~ eines ärztlichen Attestes on production (*od.* presentation) of a medical certificate. – 3. *Southern G., Austrian, and Swiss for* Beschaffung.

Beicht [baɪçt] *f* ⟨-; -en⟩ *Southern G. for* Beichte.

Beich·te ['baɪçtə] *f* ⟨-; -n⟩ *relig.* confession (*auch fig.*): eine ~ ablegen to confess, to make a confession; ich muß dir eine ~ ablegen *colloq. humor.* I have a confession to make to you; j-m die ~ hören (*od.* abnehmen) a) to hear s.o.'s confession, b) (*nur vom Priester*) to confess (*od.* absolve) s.o.; zur ~ gehen to go to confession; ~ auf dem Sterbebett dying confession.

beich·ten ['baɪçtən] **I** *v/t* ⟨h⟩ 1. confess (*auch fig.*): seine Sünden ~ to confess one's sins; mein Sohn hat mir schon alles gebeichtet *fig.* my son has already confessed everything to me. – **II** *v/i* 2. (bei j-m to s.o.) confess (*auch fig.*): nun beichte mal! *colloq. humor.* unburden yourself! – **III** B~ *n* ⟨-s⟩ 3. *verbal noun.* – 4. confession.

'Beich·ten·de *m, f* ⟨-n; -n⟩ *relig.* confessant.

'Beicht\|,for·mel *f relig.* form of confession. — **~ge,heim·nis** *n cf.* Beichtsiegel.

Beich·ti·ger ['baɪçtɪgər] *m* ⟨-s; -⟩ *obs. for* Beichtvater.

'Beicht\|,kind *n röm.kath.* penitent, confessant. — **~,ord·nung** *f* order of confession. — **~,sie·gel** *n* seal of confession: unter dem ~ under the seal of confession; das ~ verletzen to violate the seal of confession. — **~,spie·gel** *m* guide for examination of conscience prior to confession. — **~,stuhl** *m* confessional (box). — **~,va·ter** *m* (father) confessor. — **~,zet·tel** *m* 1. certificate of confession. – 2. *colloq. humor.* list of sins.

beid\|ar·mig ['baɪt,ʔarmɪç] *adj* with both arms: ~es Reißen [Drücken, Stoßen] (*beim Gewichtheben*) two hands snatch [press, clean and jerk]. — **~,äu·gig** *adj* (*optics*) binocular: ~es Sehen binocular vision, binocularity. — **~,bei·nig** [-,baɪnɪç] *adj* (*sport*) two-footed, doublefooted: ~er Absprung doublefooted takeoff, takeoff from both feet.

bei·de ['baɪdə] **I** *adj* 1. (*das eine und das andere*) a) (*betont*) both, b) (*unbetont*) two: ~ Mädchen both (the) girls, the two girls; etwas von ~n Seiten betrachten to look at both sides of s.th.; auf ~n Schultern (Wasser) tragen *fig. colloq.* to serve two masters, to play a double game (*Am.* role); mit ~n Beinen im Leben stehen *fig. colloq.* to have both feet on the ground; es mit ~n Seiten halten *fig.* to serve two masters, to run with the hare and hunt with the hounds, to hold with the hare and run with the hounds; meine ~n Brüder a) (*betont*) both my brothers, b) (*unbetont*) my two brothers; die ~n Jungen the two boys; die ~n Fälle sind ganz verschieden the two cases are quite dissimilar (*od.* unlike). – 2. (*das eine oder das andere*) either: Sie können ~ Straßen nehmen you may go by either road; ~ Tage passen mir either day will suit me; auf keiner der ~n Seiten on neither side. – **II** *pron* 3. a) (*betont*) both, b) (*unbetont*) the two: alle ~ a) both of you, b) both of them; wir ~, *auch* wir ~n both of us; ihr ~, *auch* ihr ~n you both, both of you; sie sind ~ gegangen they have both gone; ich traf sie ~ I met them both; solange sie ~ leben a) as long as both are alive, b) *jur.* for their joint lives; diese ~n these two; welcher von ~n? which of the two? die letzten ~n the last two; ich habe keinen von ~n (*od.* ~ nicht) gesehen I haven't seen either (of them); keiner von euch ~n neither of you. – 4. beides both, (*jedes von zwei*) either: ~s ist möglich either is possible; ~s ist richtig both solutions are (*od.* either solution is) correct. – 5. (*sport*) all: das Spiel steht vier ~ the game is four all; dreißig [vierzig] ~ (*beim Tennis*) thirty all [forty all, deuce].

'bei·de,mal *adv* both times.

'bei·der'lei *adj* (of) both kinds, (of) either sort: ~ Geschlechts a) of either sex, b) *ling.* of common gender, *auch* epicene.

'bei·der,sei·tig *adj* 1. (*gegenseitig*) reciprocal, mutual: ~e Verpflichtungen [Konzessionen] reciprocal commitments [concessions]; zum ~en Nutzen for mutual profit; in ~em Einvernehmen in (*od.* by) mutual agreement. – 2. *bes. jur. pol.* (*Vertrag etc*) bilateral, two-sided. – 3. *med. biol.* bilateral.

'bei·der'seits I *prep* ⟨*gen*⟩ on both sides: ~ des Flusses on both sides of the river. – **II** *adv* on both sides: ~ besteht der Wunsch nach Verhandlungen both sides want negotiations, there is a desire for negotiations on both sides.

'Bei·der,wand ['baɪdər-] *f* ⟨-; *no pl*⟩, *n* ⟨-(e)s; *no pl*⟩ (*textile*) linsey-woolsey.

'bei·des *pron cf.* beide 4.

'beid,fü·ßig *adj cf.* beidbeinig.

'Beid,hän·der [-,hɛndər] *m* ⟨-s; -⟩ 1. (*großes Schwert*) doublehanded (*od.* long) sword. – 2. (*Person*) ambidextrous person, ambidexter.

'beid,hän·dig [-,hɛndɪç] **I** *adj* 1. (*mit beiden Händen gleich geschickt*) ambidextrous: ein ~er Tennisspieler an ambidextrous tennis player. – 2. (*mit beiden Händen zugleich*) two-handed, doublehanded. – **II** *adv* 3. with both hands.

'Beid,recht (*textile*) **I** *n* ⟨-(e)s; -e⟩ reversible (*od.* double-faced) fabric. – **II** b~ *adj* (*Gewebe*) reversible, double-faced, two-sided.

'bei,dre·hen *mar.* **I** *v/t* ⟨*sep*, -ge-, h⟩ (*Schiff*) heave (*od.* bring) (*a ship*) to. – **II** *v/i* (*vom Schiff*) heave to.

'beid,sei·tig *adj* 1. *cf.* beiderseitig. – 2. *cf.* beidhändig 1. – 3. (*textile*) *cf.* beidrecht.

'beid,seits *prep* ⟨*gen*⟩ *u. adv Swiss for* beiderseits.

,bei,ein'an·der I *adv* together: dicht (*od.* nahe) ~ close together, close to each other (*od.* one another); ~ sein to be together; sie waren abwechselnd ~ zu Besuch they visited each other in turn. – **II** B~, das ⟨-s⟩ the togetherness.

,bei,ein'an·der\|,blei·ben *v/i* ⟨*irr, sep*, -ge-, sein⟩ stay together. — **~,ha·ben** *v/t* ⟨*irr, sep*, -ge-, h⟩ have (*s.th.*) together: nun habe ich endlich das Geld beieinander now I have the money ready at last; seine (*od.* alle) fünf Sinne ~ *colloq.* to be in one's right mind; seine Gedanken nicht ~ *colloq.* not to have one's wits about one. — **~,hal·ten** *v/t* ⟨*irr, sep*, -ge-, h⟩ keep (*s.th.*) together. — **~,lie·gen** *v/i* ⟨*irr, sep*, -ge-, h *u.* sein⟩ lie together: dicht ~ to lie closely together. — **~,lie·gend I** *pres p.* – **II** *adj* lying together: dicht ~ lying closely together. — **~,sein** *v/i* ⟨*irr, sep*, -ge-, sein⟩ be together: das Geld ist beieinander the sum is ready; er ist gut beieinander *dial. colloq.* a) (*gesundheitlich*) he is as fit as a fiddle, b) (*körperlich*) he's well built (*od.* well set up); du bist wohl nicht richtig beieinander? *dial. colloq.* are you crazy? er ist mit seinen 75 Jahren noch gut beieinander *dial. colloq.* he wears his 75 years well, he's in good shape for 75. — **~,sit·zen** *v/i* ⟨*irr, sep*, -ge-, h *u.* sein⟩ sit together. — **~,ste·hen** *v/i* ⟨*irr, sep*, -ge-, h *u.* sein⟩ stand together.

'Bei,es·sen *n gastr. cf.* Beigericht.

'Bei,fah·rer *m* 1. (*im Personenwagen*) front-seat passenger. – 2. (*im Lastwagen etc*) reserve (*od.* assistant) driver, codriver, *Br.* co-driver, *Br.* driver's mate. – 3. (*auf dem Motorrad*) pillion rider. – 4. (*im Beiwagen*) sidecar passenger (*od.* rider). – 5. (*sport*) a) codriver, *Br.* co-driver, b) (*bei einer Rallye*) copilot, *Br.* co-pilot.

'Bei,fall *m* ⟨-(e)s; *no pl*⟩ 1. (*durch Händeklatschen*) applause, clapping, acclamation: anhaltender [donnernder] ~ continuous [thunderous] applause; nicht enden wollender ~ round after round of applause; stürmischen ~ finden (*od.* hervorrufen) to win (*od.* be greeted with) thunderous applause, to bring down the house; durch ~ seine Zustimmung geben to give one's approval by applause; sie erhielt großen ~ she got a big hand (*colloq.*); seine Rede wurde mit allgemeinem ~ aufgenommen his speech met with general acclamation; er wurde mit begeistertem ~ begrüßt he was welcomed with enthusiastic applause; ~ ernten to draw applause; ~ klatschen (*od.* spenden) to applaud. – **2.** (*durch Rufe*) cheers *pl*, cheering, acclamation: unter lautem ~ accompanied by loud cheers. – **3.** (*Zustimmung*) approval, approbation, plaudits *pl* (*lit.*): herzlicher [warmer] ~ hearty [warm] approval; ~ erlangen to win approbation; ~ finden to meet with approval; das fand bei ihm keinen ~ it was not approved by him.

ˈbeiˌfal·len *v/i* ⟨*irr, sep,* -ge-, sein⟩ *obs. for* a) einfallen 1, b) zustimmen 1.

ˈbeiˌfallˌhei·schend *adj lit. contempt.* eager for applause (*od.* approval), playing to the gallery (*beide nachgestellt*).

ˈbeiˌfäl·lig I *adj* approving, favorable, *bes. Br.* favourable: mit einem ~en Lächeln with a smile of approval; ein ~es Gutachten abgeben to give a favo(u)rable opinion; ~es Kopfnicken nod(s *pl*) of approval. – **II** *adv* approvingly, favorably, *bes. Br.* favourably: sich ~ über (*acc*) etwas äußern to express oneself favo(u)rably about s.th.

ˈBeiˌfallˌklat·schen *n* applause, clapping.

ˈBeiˌfalls|ˌäu·ße·rung *f* **1.** applause. – **2.** gesture of approval. — **~beˌzeu·gung** *f* mark of approbation (*od.* approval). — **b~ˌfreu·dig** *adj* ready to applaud (*od.* cheer). — **~geˌschrei** *n contempt.* loud cheering. — **~ˌju·bel** *m* loud cheers *pl*. — **~ˌklat·schen** *n* applause, clapping. — **~ˌklat·scher** *m* (*bes. theater*) (hired) applauder, claqueur. — **~ˌkund·ge·bung** *f* manifestation of approval. — **~orˌkan** *m cf.* Beifallssturm.

ˈbeiˌfall|ˌspen·dend *adj lit.* applauding. — **B~ˌspen·der** *m* ⟨-s; -⟩ applauder, clapper, cheerer.

ˈBeiˌfalls|ˌruf *m* acclamation, cheer. — **~ˌsturm** *m* storm (*od.* burst) of applause, ovation.

ˈBeiˌfilm *m* supporting film (*od.* picture): die ~e *pl* the supporting program (*bes. Br.* programme) *sg*, the B-picture *sg*.

ˈBeiˌfisch *m* (*in der Fischerei*) accessory (*od.* occasional) catch.

ˈbeiˌfol·gend *adj u. adv obs. for* beiliegend.

ˈbeiˌfü·gen I *v/t* ⟨*sep,* -ge-, h⟩ **1.** (*dat* to) add, attach, affix, annex, append, *obs.* adjoin: einem Testament ein Kodizill ~ to annex a codicil to a will. – **2.** enclose, *auch* inclose: einem Brief etwas ~ to enclose s.th. in (*od.* with) a letter. – **II B~** *n* ⟨-s⟩ **3.** *verbal noun.* — **ˈBeiˌfü·gung** *f* ⟨-; -en⟩ **1.** *cf.* Beifügen. – **2.** ⟨*only sg*⟩ (*officialese*) enclosure, *auch* inclosure: unter ~ eines Zeugnisses enclosing a certificate, with a certificate enclosed. – **3.** *ling.* attribute, (attributive) adjunct, apposition.

ˈBeiˌfuß *m bot.* mugwort, motherwort, artemisia (*Artemisia vulgaris*): Nordamerikanischer ~ sagebrush (*Gattg Artemisia, bes. A. tridentata*).

ˈBeiˌfut·ter *n* ⟨-s; *no pl*⟩ *agr.* supplementary fodder. — **ˈbeiˌfüt·tern** *v/t* ⟨*sep,* -ge-, h⟩ *agr.* give (*s.th.*) as supplementary fodder.

ˈBeiˌga·be *f* **1.** addition. – **2.** *gastr. cf.* Beilage 3. – **3.** *meist pl archeol.* (burial) offering.

beige [beːʃ; bɛːʃ] **I** *adj* (*Farbe*) beige. – **II B~** *n* ⟨-; -, *colloq. auch* -s [ˈbeːʒəs; ˈbɛːʒəs]⟩ (the colo[u]r) beige.

Bei·ge [ˈbaɪgə] *f* ⟨-; -n⟩ *Southwestern G. and Swiss for* Beuge 4.

ˈbeiˌge·ben I *v/t* ⟨*irr, sep,* -ge-, h⟩ **1.** add: dem Kaffee Milch ~ to add milk to one's coffee. – **2.** *cf.* beifügen. – **3.** j-m j-n ~ to assign s.o. to s.o.: einem Minister einen Fachmann als Berater ~ to assign (*od.* delegate) an expert as adviser to a minister. – **II** *v/i* **4.** *only in* klein ~ *colloq.* to put one's pride in one's pocket, to swallow (*od.* pocket) one's pride, to climb (*od.* back) down (*colloq.*), to take it lying down (*colloq.*).

ˈbeigeˌfar·ben *adj* beige(-colored, *bes. Br.* -coloured).

ˈbei·geˌfügt I *pp.* – **II** *adj ling.* appositive, appositional, attributive.

ˈbeiˌge·hen *v/i* ⟨*irr, sep,* -ge-, sein⟩ *Northern G. colloq.* go on to do s.th.

bei·gen [ˈbaɪgən] *v/t* ⟨h⟩ *Southwestern G. and Swiss for* aufschichten 1, stapeln 1.

ˈbei·geˌord·net I *pp.* – **II** *adj* **1.** coordinate *Br.* co-: ~er Satz *ling.* co(-)ordinate (*od.* paratactic[al]) clause. – **2.** *bes. pol.* assistant, deputy (*beide attrib*): ~es Mitglied assistant member; ~er Bürgermeister deputy mayor; ~er Richter *jur.* associate judge. — **ˈBei·geˌord·ne·te** *m, f* ⟨-n; -n⟩ **1.** assistant, deputy, adjunct, assistant member. – **2.** *pol.* a) deputy mayor, b) town councillor. – **3.** *hist.* (*einer Kommission*) referendary. – **4.** (*einer Akademie etc*) associate.

ˈBei·geˌricht *n gastr.* side dish, entremets *pl*.

ˈBei·geˌschmack *m* ⟨-(e)s; *no pl*⟩ **1.** (unpleasant) taste, smack, tang: das Getränk hat einen bitteren ~ the drink has a bitter taste; die Medizin hat einen schwefelartigen ~ the medicine tastes of sulfur (*bes. Br.* -ph-). – **2.** *fig.* tinge, smack, tang: ein ~ von Ironie a tinge of irony; die Sache hat einen üblen ~ there is something distasteful about the affair.

ˈbei·geˌsel·len I *v/t* ⟨*sep, pp* beigesellt, h⟩ **1.** j-m j-n ~ *lit.* to assign s.o. to s.o. – **2.** j-n j-m ~ to put s.o. together with s.o. – **II** *v/reflex* **3.** sich j-m ~ to join s.o., to attach oneself to s.o.

Bei·gnet [bɛnˈjeː] *m* ⟨-s; -s⟩ *gastr.* (*Krapfenart*) fritter, beignet.

ˈBeiˌheft *n print.* **1.** supplement. – **2.** (*Sonderheft*) special issue. — **ˈbeiˌhef·ten** *v/t* ⟨*sep,* -ge-, h⟩ attach, affix, (*mit Büroklammer*) pin, clip: einem Schreiben eine Urkunde ~ to attach a document to a letter, (*mit Büroklammer*) to pin a document on to a letter. — **ˈBeiˌhef·ter** *m* ⟨-s; -⟩ *print.* insert.

ˈBeiˌhel·fer *m jur.* principal in the second degree.

ˌbeiˈher *adv cf.* nebenbei, nebenher.

ˈBeiˌhil·fe *f* **1.** *econ.* a) (*Unterstützung*) aid, assistance, b) (*aus einer sozialen Einrichtung*) grant-in-aid: finanzielle ~ financial aid, grant, subvention, subsidy. – **2.** *jur.* (*Mittäterschaft*) aiding and abetting, abetment in crime: ~ leisten to aid and abet. – **3.** *obs. for* Hilfe 2, 3, 9.

ˈBeiˌhirsch *m hunt.* rascal, unwarrantable stag.

ˈBeiˌho·ler *m* ⟨-s; -⟩ *mar.* **1.** (*Querleine*) breast fast, *auch* breast line. – **2.** (*für Ladung*) bull rope. – **3.** (*beim Schlepper*) towing bridle. – **4.** (*beim Boot*) frapping.

ˈBeiˌjagd *f hunt.* secondary hunt.

ˈBeiˌklang *m* **1.** accompanying sound. – **2.** *fig.* (*eines Wortes*) connotation, overtone.

ˈBeiˌknos·pe *f bot.* accessory bud.

ˈBeiˌkoch *m*, **ˈBeiˌkö·chin** *f* assistant cook, chef's assistant.

ˈbeiˌkom·men *v/i* ⟨*irr, sep,* -ge-, sein⟩ **1.** j-m ~ *colloq.* a) to get at s.o., *bes. Am.* to get to s.o., to find s.o.'s weak spot, b) to get the better of s.o.: man kann ihm nicht ~, ihm ist nicht beizukommen there is no getting at him (*Am. auch* to him), it is impossible to get the better of him, he's invulnerable; ihr ist mit Vernunftgründen nicht beizukommen she doesn't respond to reason. – **2.** einer Sache ~ *colloq.* to get by (*od.* round) s.th.: einem Problem beizukommen suchen to try to get to the root of a problem; wie sollen wir der Sache ~? how shall we get round the affair? – **3.** *dial. for* nahekommen 1. – **4.** *Eastern G. dial. cf.* beigehen. – **5.** was kommt dir bei? *obs.* a) what are you thinking of? b) what's upsetting you?

ˈBeiˌkost *f* **1.** (*für Babys etc*) supplementary food (*od.* feeding). – **2.** *gastr. cf.* Beilage 3.

Beil [baɪl] *n* ⟨-(e)s; -e⟩ **1.** hatchet, (*größer*) ax(e): j-n durch das ~ hinrichten *hist.* to behead s.o. (with an axe), to decapitate s.o. – **2.** (*des Metzgers*) cleaver, chopper.

ˈbeiˌla·den I *v/t* ⟨*irr, sep,* -ge-, h⟩ add (*s.th.*) to a shipment (*od.* consignment). – **II B~** *n* ⟨-s⟩ *verbal noun.* — **ˈBeiˌla·dung** *f* **1.** *cf.* Beiladen. – **2.** additional (*od.* extra) load, by-load. – **3.** *mil.* (*für Treibladungen*) ignition charge, igniter, *auch* ignitor.

ˈBeiˌla·ge *f* ⟨-; -n⟩ **1.** (*zu einer Zeitung, einem Buch etc*) supplement, addition. – **2.** (*Reklamebeilage*) inset, insertion, *bes. Am.* insert. – **3.** *gastr.* entremets *pl*, vegetables *pl* and garnishings *pl* (*served with a main dish*), trimmings *pl*, side dish: Fleisch mit ~n meat with vegetables; gebratene Ente mit ~n roast duck and trimmings; als ~ gab es Reis oder Kartoffeln rice or potatoes were served with it. – **4.** *Austrian and Swiss for* Anlage 15a.

ˈBeiˌla·ger *n* ⟨-s; *no pl*⟩ *lit.* consummation of marriage: das ~ vollziehen (*od.* halten) to consummate the marriage.

ˈBeiˌlast *f* ⟨-; -en⟩ extra load (*od.* freight).

ˈbeiˌläu·fig I *adj* **1.** (*Frage, Bemerkung etc*) casual, incidental, passing. – **2.** *Austrian for* ungefähr 1. – **II** *adv* **3.** er bemerkte ~ he remarked casually (*od.* in passing).

ˈBeilˌbrief *m mar. obs. for* Schiffszertifikat.

ˈbeiˌle·gen I *v/t* ⟨*sep,* -ge-, h⟩ **1.** (*dat* to) attach, append, add, (ad)join, *auch* annex: dem Bericht alle Unterlagen ~ to add (*od.* append) all supporting documents to the report. – **2.** (*einem Brief etc*) enclose, *auch* inclose: dem Brief Lichtbilder ~ to enclose photographs with the letter. – **3.** (*Streit etc*) settle, compose, *auch* make up: einen Konflikt gütlich ~ to settle a conflict amicably. – **4.** (*Differenzen*) reconcile, resolve, iron out (*colloq.*). – **5.** (*Namen, Titel etc*) give, confer, bestow: sich (*dat*) einen Titel ~ to assume a title. – **6.** *cf.* beimessen 2. – **II B~** *n* ⟨-s⟩ **7.** *verbal noun.* – **8.** *cf.* Beilegung.

ˈBeiˌle·geˌring *m tech.* spacing collar.

ˈBeiˌlegˌschei·be *f tech.* **1.** shim. – **2.** (*Unterlegscheibe*) washer.

ˈBeiˌle·gung *f* ⟨-; -en⟩ **1.** *cf.* Beilegen. – **2.** (*eines Streits etc*) settlement. – **3.** (*von Differenzen*) reconciliation, resolving. – **4.** (*eines Titels*) bestowal, conferment.

ˌbeiˈlei·be [-ˈlaɪbə] *adv* (*in Wendungen wie*) ~ nicht by no means, on no account, not by a long shot (*Br. auch* chalk) (*colloq.*); das ist ~ keine reine Freude! this is by no means sheer pleasure!

ˈBeiˌleid *n* condolence(s *pl*), sympathy: j-m sein ~ bezeigen (*od.* bezeugen, bekunden) to condole with s.o., to offer s.o. one's condolences; (mein) herzliches ~! *auch iron.* (you have) my heartfelt sympathy!

ˈBeiˌleids|beˌsuch *m* visit of condolence: von ~en bitten wir abzusehen (*od.* Abstand zu nehmen) it is requested to refrain from visits of condolence. — **~beˌzei·gung**, **~beˌzeu·gung** *f* (expression of) condolence. — **~ˌbrief** *m* letter of condolence (*od.* sympathy). — **~ˌkar·te** *f* condolence (*od.* condolatory) card. — **~ˌschrei·ben** *n* letter of condolence (*od.* sympathy).

ˈBeil|ˌfisch *m zo.* silver hatchetfish (*Gasteropelecus levis*). — **b~ˌför·mig** *adj* **1.** hatchet-shaped, ax(e)-shaped. – **2.** *bot.* securiform, dolabriform. — **~ˌhieb** *m* hatchet stroke, stroke of an ax(e).

ˈbeiˌlie·gen *v/i* ⟨*irr, sep,* -ge-, h *u.* sein⟩ **1.** (*von Dokument etc*) (*dat* to) be attached (*od.* appended, added, *auch* annexed). – **2.** (*einem Brief etc*) be enclosed (*auch* inclosed) (in). – **3.** j-m ~ *obs.* to sleep (*od. lit.* lie) with s.o. — **ˈbeiˌlie·gend I** *pres p.* – **II** *adj* **1.** attached, appended, added, *auch* annexed. – **2.** (*einem Brief etc*) enclosed, *auch* inclosed: ~ übersenden wir Ihnen (*officialese*) enclosed please find. – **III** *adv* **3.** as an enclosure (*auch* inclosure), enclosed, *auch* inclosed.

ˈBeil·ke·spiel [ˈbaɪlkə-] *n* shuffleboard.

ˈBeilˌstein *m min.* **1.** nephrite, *auch* axstone. – **2.** jade, jadeite.

beim [baɪm] *prep* **1.** *short for* bei dem: der Tisch ~ Fenster the table by the window; ~ Tode seines Vaters at the death of his father. – **2.** (*in Wendungen wie*) alles ~ alten lassen to leave things as they are; ~ Essen at table; ~ Singen und Spielen when (*od.* whilst) singing and playing; ~ besten Willen with the best will in the world; j-n ~ Wort nehmen to take s.o. at his word; ~ Winde *mar.* by (*od.* on) the wind.

ˈbeiˌmen·gen *v/t* ⟨*sep,* -ge-, h⟩ *cf.* beimischen. — **ˈBeiˌmen·gung** *f* ⟨-; -en⟩ **1.** *cf.* Beimischung. – **2.** *agr.* filler.

ˈbeiˌmes·sen I *v/t* ⟨*irr, sep,* -ge-, h⟩ **1.** j-m etwas ~ to ascribe (*od.* attribute) s.th. to s.o.: j-m zuviel Einfluß ~ to ascribe too much influence to s.o., to credit s.o. with too much influence. – **2.** einer Sache etwas ~ to attach (*od.* ascribe, attribute) s.th. to s.th.: einer Sache keine Bedeutung ~ to attach no importance to s.th.; einem Gerücht keinen Glauben ~ to put no faith in a rumo(u)r. – **3.** *rare for* zuschieben 3. – **II B~** *n* ⟨-s⟩ **4.** *verbal noun.* – **5.** ascription, attribution.

ˈbeiˌmi·schen I *v/t* ⟨*sep,* -ge-, h⟩ einer Sache etwas ~ a) to mix (*od.* mingle) s.th. with s.th., b) to admix (*od.* add) s.th. to s.th. – **II B~** *n* ⟨-s⟩ *verbal noun.* — **ˈBeiˌmi·schung** *f* ⟨-; -en⟩ **1.** *cf.* Beimischen. – **2.** admixture: unter ~ von Milch while adding milk.

Bein [baɪn] *n* ⟨-(e)s; -e⟩ **1.** leg: offenes ~ *med.* ulcerated leg; ohne ~e legless; sich (*dat*) die ~e nach etwas ablaufen *fig. colloq.* to run one's legs off for s.th.; ich werde mir dabei doch kein ~ ausreißen *fig. colloq.* I'm not going to kill myself for (*od.* over) it, I'm not going to break my neck (*od.* back) for it; ~e bekommen (*od.* kriegen) *fig. colloq.* to disappear; hoffentlich brichst du dir kein ~ a) I hope you won't break your leg, b) *fig. colloq.* I hope you won't come to harm; mein Bein ist mir eingeschlafen *fig.* my leg has gone to sleep, I have pins and needles in my leg; alles, was ~e hatte, war auf der Straße everything on two legs was in the street; du hast noch junge ~e your legs are younger (than mine); die ~e kreuzen (*od.* übereinanderschlagen) to cross one's legs; ich werde dir schon ~e machen *fig. colloq.* I'll make you get a move on; seine (*od.* die) ~e unter die Arme (*od.* in die Hand) nehmen *fig. colloq.* to pick up (*od.* take to) one's heels, to stir one's stumps (*colloq.*); sich (*dat*) die ~e in den Leib (*od.* Bauch) stehen *fig. colloq.* to stand until one is ready to drop; j-m ein ~ stellen a) to trip s.o. up (*auch fig.*), b) *fig.* to put a spoke in s.o.'s wheel; er streckt die ~e noch immer unter seines Vaters Tisch *fig.* he still lives on his parents; sich (*dat*) die ~e vertreten to stretch one's legs; sich am ~ verletzen to injure one's leg; j-d [etwas] ist j-m ein Klotz am Bein *fig. colloq.* s.o. [s.th.] is a drag on s.o. (*od.* a millstone around s.o.'s neck); j-m einen Klotz ans ~ binden *fig.* to hamstring s.o.; etwas am ~ haben *fig.* to have s.th. hanging over one, to be saddled with s.th.; sich (*dat*) etwas ans ~ binden *fig. colloq.* to give s.th. up; er ist für sein Alter noch sehr gut auf den ~en *fig.* he carries his age well; auf einem ~ stehen to stand on one leg; sie ist den ganzen Tag auf den ~en *colloq.* she is on her feet (*od.* on the run, on the move) all day long; ich bin schon seit 6 Uhr auf den ~en I have been on my feet since six o'clock in the morning; er ist immer schon sehr früh auf den ~en he is an early bird; die ganze Stadt war auf den ~en *fig. colloq.* the whole town was up and about; wieder auf den ~en sein *colloq.* to be back on one's feet again, to be up and about (*bes. Am.* around) again; ich kann mich kaum noch auf den ~en halten *colloq.* I am hardly able to keep on my feet; auf eigenen ~en stehen *fig.* to stand on one's own (two) legs (*od.* feet), to be self-supporting; auf einem ~ kann man nicht stehen *fig. colloq.* you can't stop at one (drink); der Vergleich hinkt auf (*od.* mit) beiden ~en *fig.* this is a very lame (*od.* bad) comparison; noch schwach [*colloq.* wackelig] auf den ~en sein to be still weak [wobbly, *auch* wabbly] on one's feet (*od.* legs); seine Verteidigung steht auf schwachen ~en *fig.* his defence (*Am.* defense) has a shaky foundation (*od.* basis); der Kognak hat mich wieder auf die ~e gebracht *fig.* the cognac put (*od.* set) me on my feet (*od.* legs) again; eine neue Organisation auf die ~e stellen (*od.* bringen) *fig. colloq.* to set a new organization going, to launch (*od.* start) a new organization; ein Heer auf die ~e stellen (*od.* bringen) *fig. colloq.* to raise an army; jetzt muß ich mich aber auf die ~e machen *colloq.* I must be off (*od. colloq.* toddle off, get a move on, get moving, get going) now; er ist nach seiner Pleite schnell wieder auf die ~e gekommen *fig.* he got quickly back onto his feet (*od.* he recuperated quickly) after his bankruptcy; j-m [wieder] auf die ~e helfen *fig.* to get s.o. [back] on his legs; er fällt immer auf die ~e *fig. colloq.* he always falls (*od.* lands) on his feet; sie scheint nur aus ~en zu bestehen *fig. colloq.* she seems to be all legs; die Musik geht in die ~e *fig. colloq.* the music makes you feel like dancing; dieses Getränk geht in die ~e *fig. colloq.* this drink makes one feel unsteady (*od.* one's feet go wobbly); der Schreck ist mir in die ~e gefahren *fig.* I'm still a bit shaky on my legs from the shock; der Klapperstorch hat sie ins ~ gebissen *fig. colloq.* she is going to have a baby; was man nicht im Kopf hat, muß man in den ~en haben *colloq.* the legs must suffer when the memory is bad, weak memory makes weary legs; mit beiden ~en im Leben (*od.* fest auf der Erde) stehen *fig.* to have both feet firmly on the ground; du mußt mit beiden ~en auf der Erde bleiben! *fig.* you should remain down to earth; mit einem ~ im Grab stehen *fig. colloq.* to have one foot in the grave; mit einem ~ im Gefängnis stehen to run the risk of imprisonment; mit beiden ~en in etwas hineinspringen *fig. colloq.* to be wildly enthusiastic about s.th., to throw oneself into s.th. with enthusiasm; mit dem linken (*od.* falschen) ~ zuerst aufstehen, mit dem verkehrten ~ aus dem Bett steigen *fig. colloq.* to get out of (the) bed on the wrong side; über seine eigenen ~e stolpern *auch fig. colloq.* to stumble (*od.* trip) over one's feet; er tritt vor Ungeduld von einem ~ auf das andere he shifts from one leg to the other with impatience; j-m einen Knüppel zwischen die ~e werfen *fig.* to put a spoke in s.o.'s wheel; → Lüge 1. – **2.** (*von Tischen, Stühlen etc*) leg: ein Tisch mit drei ~en a table with three legs. – **3.** (*von Hosen*) leg. – **4.** *archaic* (*Knochen*) bone: aus ~ (made of) bone; der Schrei ging mir durch Mark und ~ *fig. colloq.* the scream went right through me (*od.* set my teeth on edge, chilled me to the marrow); Stein und ~ schwören *fig. colloq.* to swear by all that's holy; es friert Stein und ~ *colloq.* it is bitterly cold. – **5.** *dial.* foot: die ~e tun mir weh my feet hurt. – **6.** *rare for* Elfenbein.

bei·na·he [ˈbaɪˌnaːə; ˈbaɪˈnaːə], **bei·nah** [ˈbaɪˌnaː; ˈbaɪˈnaː] *adv* almost, nearly: er wäre ~ ertrunken he almost drowned; ~ hätte ich es ihm gesagt I almost told him that; ich wäre vor Angst ~ gestorben I almost died with fear; das ist ~ dasselbe that is pretty much the same thing, that is about (*od.* approximately) the same; ~ unmöglich all but impossible.

ˈ**beinˌähn·lich** *adj* shaped like a leg, leglike, leg-shaped, podiform (*scient.*).

ˈ**BeiˌnahŖrung** *f gastr. cf.* Beikost.

ˈ**Beiˌna·me** *m* **1.** appellation, epithet, *auch* surname: Kaiser Friedrich I. erhielt den ~n Barbarossa Emperor Frederick I was given the epithet of Barbarossa; j-m einen ~n geben to surname s.o.; mit dem ~n surnamed. – **2.** *cf.* Spitzname.

ˈ**bein·am·puˌtiert** *adj* with an amputated leg, with amputated legs: er ist ~ he has had a leg (*od.* both his legs) amputated. — ˈ**Bein·am·puˌtier·te** *m, f* ⟨-n; -n⟩ person who has had a leg (*od.* both his legs) amputated, leg-amputee.

ˈ**Bein|ˌar·beit** *f* (*sport*) **1.** footwork. – **2.** (*beim Schwimmen*) leg work (*od.* action). — **~beˌwe·gung** *f* (*sport*) **1.** leg movement. – **2.** (*beim Schwimmen*) leg stroke.

ˈ**Beinˌbrech** [-ˌbrɛç] *m* ⟨-(e)s; *no pl*⟩ **1.** *bot.* bog asphodel (*Gattg Narthecium, bes. N. ossifragum*). – **2.** *min. cf.* Kalktuff.

ˈ**Beinˌbruch** *m* fracture of the leg, leg fracture, broken (*od.* fractured) leg: einen ~ erleiden to break one's leg, to have one's leg fractured; das ist kein ~ *fig. colloq.* that's not so serious; → Hals- und Beinbruch.

ˈ**bei·nern** *adj* **1.** (*aus Bein*) (made of) bone. – **2.** *archaic for* knöchern 1.

ˈ**Bein|ˌfäu·le** *f obs. for* Knochenfraß. — **~ˌfe·der** *f meist pl zo.* (*bei Geflügel*) boot. — **~ˌfes·sel, ~ˌfes·se·lung** *f* (*sport*) leg lock. — **~ˌfol·ter** *f hist.* (the torture of) the boot. — **~ˌfrei·heit** *f auto.* legroom, *Br.* leg-room. — **~geˌschwür** *n med.* **1.** ulcer of the leg. – **2.** (*als Folge von Krampfadern*) varicose ulcer, stasis ulcer (*scient.*). — **~ˌglas** *n* (*Trübglas*) bone glass. — **~ˌgriff** *m* (*beim Ringen*) leg (*od.* foot) hold.

be·in·hal·ten [bəˈʔɪnˌhaltən] *v/t* ⟨*no* ge-, h⟩ (*officialese*) **1.** (*enthalten*) contain, cover. – **2.** (*umfassen*) comprise, include. – **3.** (*mit einschließen*) imply.

ˈ**Bein|ˌhal·ter** *m med.* leg holder (*od.* support). — **~ˌhar·nisch** *m* (*einer Ritterrüstung*) **1.** leg armor (*bes. Br.* armour), boot. – **2.** (*für Oberschenkel*) cuisses *pl.* – **3.** (*für Unterschenkel*) greaves *pl.* — **b~ˈhart** *adj u. adv* (as) hard as bone. — **~ˌhaus** *n bes. hist.* charnel house, ossuary, bone house. — **~ˌhe·bel** *m* (*beim Ringen*) leg lever. — **~ˌkleid** *n meist pl obs. for* Hose 1. — **~ˌlän·ge** *f* (*einer Hose etc*) leg length. — **~ˌlei·den** *n med.* leg trouble.

ˈ**Bein·ling** *m* ⟨-s; -e⟩ (*einer Hose etc*) leg.

ˈ**bein·los** *adj zo.* legless; apodal, *auch* apodan, apodous (*scient.*).

ˈ**Bein|ˌmark** *n Southern G. for* Knochenmark. — **~ˌmus·kel** *m med.* leg muscle. — **~proˌthe·se** *f* artificial leg, leg prosthesis (*auch* prothesis), wooden leg. — **~ˌsamm·ler** *m zo.* podilegous bee. — **~ˌsche·re** *f* (*beim Ringen*) scissors *pl* (*construed as sg*), scissor(s) hold. — **~ˌsche·renˌschlag** *m* (*beim Schwimmen*) scissors kick. — **~ˌschie·ne** *f* **1.** *med.* a) (*zur Schienung*) (leg) splint, b) (*in der Orthopädie*) leg bars and braces *pl.* – **2.** *hist.* (*Teil der Rüstung*) greaves *pl*, jamb, cuisse. – **3.** (*sport*) *cf.* Beinschutz. — **~ˌschlag** *m* **1.** (*beim Schwimmen*) (leg) kick (*od.* beat). – **2.** *choreogr.* battement. — **~ˌschlüs·sel** *m* (*beim Ringen*) (double) leg lock, grapevine. — **~ˌschutz, ~ˌschüt·zer** *m* **1.** (*beim Hockey*) shin guard. – **2.** (*Polster*) (shin) pad. — **~ˌschwarz** *n chem.* (*paints*) bone black. — **~ˌstel·len** *n* tripping. — **~ˌstoß** *m* (*beim Schwimmen*) leg stroke. — **~ˌstumpf** *m med.* (leg) stump. — **~türˌkis** *m min.* bone (*od.* fossil) turquoise, odontolite (*scient.*). — **~verˌkür·zung** *f med.* shortening of a leg. — **~verˌlet·zung** *f* leg injury.

ˈ**Beinˌwell** *m* ⟨-(e)s; *no pl*⟩ *bot.* comfrey, *auch* cumfrey (*Gattg Symphytum*): Gebräuchlicher ~ knitback (*S. officinale*).

ˈ**beiˌord·nen I** *v/t* ⟨*sep*, -ge-, h⟩ **1.** j-m j-n ~ to assign s.o. to s.o., to appoint s.o. as s.o.'s assistant: j-m einen Anwalt ~ *jur.* to assign counsel to s.o. – **2.** *ling.* (*Sätze etc*) coordinate, *bes. Br.* co-ordinate. – **II B~** *n* ⟨-s⟩ **3.** *verbal noun.* – **4.** *cf.* Beiordnung. — ˈ**beiˌord·nend I** *pres p.* – **II** *adj ling.* (*Konjunktion*) coordinative, *bes. Br.* co-ordinative, coordinating, *bes. Br.* co-ordinating, paratactic, *auch* paratactical. — ˈ**Beiˌord·nung** *f* ⟨-; *no pl*⟩ **1.** *cf.* Beiordnen. – **2.** assignment: ~ eines Anwalts auf Grund des Armenrechts *jur.* assignment of counsel to a person suing in forma pauperis. – **3.** *ling.* (*von Sätzen etc*) coordination, *bes. Br.* co-ordination, parataxis.

ˈ**beiˌpacken** (*getr.* -k·k-) *v/t* ⟨*sep*, -ge-, h⟩ pack (*s.th.*) up with it, add, enclose, *auch* inclose.

ˈ**Beiˌpferd** *n* **1.** extra (*od.* spare) horse, outrunner. – **2.** *cf.* Handpferd.

ˈ**beiˌpflich·ten I** *v/i* ⟨*sep*, -ge-, h⟩ **1.** agree, consent, assent, approve, *auch* accede: einem Vorschlag ~ to agree (*od.* consent) to a proposal, to approve (of) (*od.* concur with [*od.* in]) a proposal, to endorse a proposal. – **2.** j-m ~ to agree (*od.* fall in) with s.o.: darin pflichte ich dir bei I agree with you on this point. – **II B~** *n* ⟨-s⟩ **3.** *verbal noun.* — ˈ**Beiˌpflich·tung** *f* ⟨-; *no pl*⟩ **1.** *cf.* Beipflichten. – **2.** agreement, consent, assent, approval, approbation.

ˈ**Bei|proˌdukt** *n chem. econ. cf.* Nebenprodukt. — **~proˌgramm** *n* (*im Kino*) supporting program (*bes. Br.* programme).

Bei·ram [ˈbaɪram] *m* ⟨-s; -s⟩, **~ˌfest** *n relig.* Bairam (*Islamitic festival*).

ˈ**Beiˌrat** *m* **1.** adviser, counselor, *bes. Br.* counsellor. – **2.** (*Gremium*) advisory board (*od.* committee, council, body).

ˈ**Beiˌrich·ter** *m jur. cf.* Beisitzer 2b.

beˈir·ren *v/t* ⟨*no* ge-, h⟩ **1.** confuse, fluster, disconcert: laß dich nicht durch ihn ~! don't let him confuse you. – **2.** (*abbringen*) distract: er läßt sich in seinen Plänen nicht ~ he does not let anything distract him from (*od.* upset) his plans; er läßt sich nicht leicht ~ he sticks to his purpose, he is not easily put off. – **3.** (*entmutigen*) discourage: laß dich durch nichts ~! don't let anything discourage you. – **4.** (*irreführen*) mislead.

bei·sam·men [ˌbaɪˈzamən] *adv* together: die Bäume stehen dicht ~ the trees stand close together; gute Nacht ~! *dial.* good night everybody! — **~ˌblei·ben** *v/i* ⟨*irr, sep*, -ge-, sein⟩ stay (*od.* remain) together: wir blieben noch bis in die frühen Morgenstunden beisammen we all stayed (*od.* didn't part company) until the small hours (of the morning). — **~ˌha·ben** *v/t* ⟨*irr, sep*, -ge-, h⟩ *colloq.* **1.** have (*s.th.*) together: wir hatten bald das Geld beisammen we had soon scratched up the money. – **2.** *fig.* (*in Wendungen wie*) seine fünf Sinne (*od.* seinen Verstand) nicht ganz ~ not to be all there (*colloq.*), to be soft in the head (*colloq.*); seine Gedanken nicht ~ to lack concentration. — **~ˌhal·ten** *v/t* ⟨*irr, sep*, -ge-, h⟩ keep together: seine Ersparnisse ~ to keep one's savings intact (*od.* together). — **~ˌle·ben** *v/i* ⟨*sep*, -ge-, h⟩ live together. — **~ˌsein** *v/i* ⟨*irr, sep*, -ge-, sein⟩ *fig. colloq.* (*in Wendungen wie*) nicht ganz ~ not to feel (very) well, not to be quite oneself; gut [schlecht] ~ a) to feel well [unwell], b) to be in good [bad] health. — **B~ˌsein** *n* **1.** being together. – **2.** gathering, get-together: ein geselliges [gemütliches] ~ a social [an informal] gathering. — **~ˌsit·zen** *v/i* ⟨*irr, sep*, -ge-, h *u.* sein⟩ sit together. — **~ˌste·hen** *v/i* ⟨*irr, sep*, -ge-, h *u.* sein⟩ stand together.

'Beiˌsas·se *m* ⟨-n; -n⟩ *hist.* **1.** person without full civil rights. – **2.** small tenant farmer, *Br.* cottager, crofter.

'Beiˌsatz *m* **1.** *ling.* apposition. – **2.** admixture, (*bei Legierung*) alloy.

'beiˌschaf·fen *v/t* ⟨*sep*, -ge-, h⟩ *Northern G. colloq. for* herbeischaffen.

'beiˌschie·ßen *v/t* ⟨*irr, sep*, -ge-, h⟩ *colloq. for* beisteuern I.

'Beiˌschiff *n mar.* tender.

'Beiˌschlaf *m* (sexual) intercourse; coitus, coition (*scient.*): außerehelicher ~ extramarital intercourse. — **'beiˌschla·fen** *v/i* ⟨*irr, sep*, -ge-, h⟩ j-m ~ *bes. jur.* to sleep (*od.* have sexual intercourse) with s.o., to lie with s.o. (*lit.*). — **'Beiˌschlä·fer** *m* ⟨-s; -⟩ bedfellow, lover, paramour. — **'Bei-ˌschlä·fe·rin** *f* ⟨-; -nen⟩ mistress, concubine, paramour.

'Beiˌschlag *m* **1.** *arch. hist.* perron, terrace with steps leading down to the street. – **2.** *tech.* counterfeit coin.

'beiˌschlie·ßen *v/t* ⟨*irr, sep*, -ge-, h⟩ enclose, *auch* inclose.

'beiˌschrei·ben *v/t* ⟨*irr, sep*, -ge-, h⟩ add (*s.th.*) (in writing), add (*od.* write) (*s.th.*) in the margin.

'Beiˌschrift *f* **1.** marginal note, annotation. – **2.** *print.* addition.

'Beiˌsein *n* ⟨-s; *no pl*⟩ presence: im ~ seiner Eltern in the presence of his parents; im ~ von Zeugen in the presence of witnesses; nicht in meinem ~ not in my presence.

ˌbei'sei·te *adv* aside, apart: Spaß ~ all joking aside, joking apart; ~ gehen (*od.* treten) to step aside; eine Tatsache ~ lassen to ignore (*od.* disregard) a fact; etwas ~ legen a) to put (*od.* set) s.th. aside, b) (*ausscheiden*) to discard (*bes. Am. colloq.* junk) s.th., c) (*sparen*) to put (*od.* lay) s.th. aside (*od.* by); j-n ~ nehmen to take s.o. aside; etwas ~ räumen to clear s.th. away; ~ rücken to move over; j-n ~ schaffen to kill (*od.* slay, murder, execute, liquidate) s.o., to do away with s.o.; etwas (heimlich) ~ schaffen to hide s.th., *bes. Am. colloq.* to stash s.th. away; j-n [etwas] ~ schieben (*od.* stoßen) to push s.o. [s.th.] aside; er schob das Argument einfach ~ *fig.* he simply brushed the argument aside; ~ sehen to look away, turn one's eyes away; ~ setzen to set aside, to overrule; ~ [sprechen] (*theater*) [to speak] aside; ~ springen to jump aside; ~ stehen to stand aside; etwas ~ stellen a) to put (*od.* place) s.th. aside, b) (*vormerken*) to earmark s.th. — **B~ˌlas·sung** *f* ⟨-; *no pl*⟩ ignoring, disregarding: unter ~ von (*od. gen*) disregarding. — **B~ˌset·zung** *f* ⟨-; *no pl*⟩ setting aside.

Bei·sel ['baɪzəl] *n* ⟨-s; -(n)⟩ *Bavarian and Austrian contempt. for* Kneipe 1.

'beiˌset·zen I *v/t* ⟨*sep*, -ge-, h⟩ **1.** *lit.* (*beerdigen*) bury, inter, lay (*s.o.*) to rest, (*in einer Gruft*) entomb: j-n mit militärischen Ehren ~ to bury s.o. with military hono(u)rs. – **2.** (*hinzufügen*) add: einem Wort eine Erklärung ~ to add an explanation to a word. – **3.** *Northern G.* (*Speisen etc*) put (*s.th.*) on (the fire). – **4.** *mar.* (*Segel*) set: im Übermaß Segel ~ to crowd all sails. – **5.** *jur.* (*Siegel*) affix. – **6.** *chem.* add, admix. – **II B~** *n* ⟨-s⟩ **7.** *verbal noun.* — **'Bei-ˌset·zung** *f* ⟨-; *no pl*⟩ **1.** *cf.* Beisetzen. – **2.** *lit.* (*Beerdigung*) burial, interment, (*in einer Gruft*) entombment. – **3.** *cf.* Beisetzungsfeier.

'Beiˌset·zungs|ˌfei·er, ~ˌfei·er·lich·keit *f* funeral (ceremony), burial (ceremony), obsequies *pl.*

'Beiˌsitz *m* ⟨-es; *no pl*⟩ *pol. jur.* **1.** seat (in a tribunal, in a council, on a committee). – **2.** assessorship, assession. — **'beiˌsit·zen** *v/i* ⟨*irr, sep*, -ge-, h *u.* sein⟩ *only in* einem Ausschuß ~ *pol. jur.* to sit on (*od.* have a seat on) a committee. — **'bei-ˌsit·zend I** *pres p.* – **II** *adj jur.* (*Richter etc*) assessorial, assistant (*attrib*). — **'Beiˌsit·zer** *m* ⟨-s; -⟩ **1.** *pol.* (*eines Komitees etc*) assessor, member. – **2.** *jur.* a) assessor, court associate, b) (*Beirichter*) associate (*od.* assistant) judge, c) (*Laienrichter*) lay assessor (*od.* judge).

'Beiˌspiel *n* ⟨-(e)s; -e⟩ **1.** example: (wie) zum ~ (as) for example (*od.* instance); ich zum ~ I for one; ein leuchtendes ~ a shining example; praktisches ~ concrete example, demonstration; anschauliches ~ illustration; [j-m] ein gutes ~ geben, [j-m] mit gutem ~ vorangehen to set [s.o.] a good example, to give [s.o.] a good example; sich an j-m [etwas] ein ~ nehmen to take s.o. [s.th.] as one's example (*od.* ideal), to take example by s.o. [s.th.]; j-s ~ folgen to follow s.o.'s example, to take a leaf out of s.o.'s book; als abschreckendes ~ dienen to serve as a deterrent; etwas an einem ~ zeigen to demonstrate s.th. by an example; seine Leistung ist ohne ~ his achievement is without parallel (*od.* without precedent, unheard of); etwas als ~ anführen to quote s.th. as an example; eindrucksvolles ~ object lesson; schlechte ~e verderben gute Sitten (*Sprichwort*) evil communications corrupt good manners. – **2.** (*Vorbild*) model. – **3.** (*Darlegung*) illustration. – **4.** (*Beleg*) instance. – **5.** *math.* example.

'beiˌspiel|ˌge·bend, ~haft *adj* exemplary.

'beiˌspiel·los *adj* **1.** unparalleled, unprecedented, unheard-of (*attrib*): ~er Erfolg unprecedented success. – **2.** (*unvergleichlich*) unequal(l)ed, matchless: ~e Tapferkeit matchless courage. — **'Beiˌspiel·lo·sig·keit** *f* ⟨-; *no pl*⟩ **1.** unprecedentedness. – **2.** matchlessness.

'BeiˌspielˌSatz *m ling.* exemplary (*od.* illustrative) sentence, example.

'BeiˌspielsˌFall *m* **1.** example, instance. – **2.** *jur.* (*Präzedenzfall*) precedent.

'beiˌspielsˌhal·ber *adv Southern G. and Austrian for* beispielsweise.

'beiˌspielsˌwei·se *adv* (as) for instance (*od.* example), by way of example.

'beiˌsprin·gen *v/i* ⟨*irr, sep*, -ge-, sein⟩ j-m ~ to come (*od.* hasten, run) to s.o.'s assistance (*od.* help, relief), to help s.o. (out): einem Freund in der Not (hilfreich) ~ to come to a friend's assistance in an emergency.

'Beiˌsproß *m bot.* secondary shoot.

'BeißˌBee·re ['baɪs-] *f bot.* cayenne (pepper) (*Capsicum annuum*).

Bei·ßel ['baɪsəl] *m* ⟨-s; -⟩ *Middle G. for* [Beitel, Meißel.]

bei·ßen ['baɪsən] **I** *v/t* ⟨beißt, biß, gebissen, h⟩ **1.** bite: der Hund hat mich [ins Bein] gebissen the dog bit me [in the leg]; sich (*dat*) die Lippen wund ~ to bite one's lips sore; man kann das Brot kaum ~ one can hardly bite into (*od.* chew) the bread; nichts zu ~ (und zu brechen) haben *fig.* not to have a bite to eat; ein Floh hat ihn gebissen *colloq.* a flea bit him; er wird dich schon nicht ~ *fig. colloq.* he won't bite you; vom wilden Mann (*od.* Affen) gebissen sein *fig. colloq.* to be crazy, to have bats in the belfry (*colloq.*), to have a screw loose (*colloq.*), to be off one's rocker (*sl.*); den letzten ~ die Hunde (*Sprichwort*) the devil take the hindmost (*od.* the last) (*proverb*). – **2.** (*von Rauch, Pfeffer etc*) sting, burn, bite: der Rauch beißt mich in den Augen the smoke is stinging my eyes (*od.* is making my eyes smart). – **3.** *fig. colloq.* (*jucken*) itch: es beißt mich I'm itching (*od.* itchy). – **4.** *colloq.* (*Wein*) savor, *bes. Br.* savour. – **5.** sich (*od.* einander) ~ *fig. colloq.* (*von Farben etc*) clash (with each other), conflict, not go together. – **II** *v/i* **6.** bite: mein Hund beißt nicht my dog does not bite; der Hund biß ihm ins Bein the dog bit him in the leg; heute ~ die Fische nicht (*beim Angelsport*) the fish are not biting today; an seinen Nägeln ~ to bite one's nails; auf etwas Hartes ~ to bite on s.th. hard; er biß auf Granit (bei ihm) *fig.* he met with unyielding resistance (from him); in eine Wurst ~ to bite into a sausage; in den sauren Apfel ~ müssen *fig.* to have to swallow the bitter pill; ins Gras ~ *fig. colloq.* to bite the dust, to kick the bucket (*sl.*), *Br. sl. auch* to buy it, to die; nach j-m ~ to bite (*od.* snap) at s.o.; der Hund biß wütend um sich the dog snapped angrily in all directions; Hunde, die viel (*od.* laut) bellen, (*od.* bellende Hunde) ~ nicht (*Sprichwort*) barking dogs don't (*od.* seldom) bite (*proverb*). – **7.** (*von Rauch, Pfeffer etc*) sting, burn, bite: der Rauch beißt mir in den Augen the smoke is stinging my eyes (*od.* is making my eyes smart). – **8.** *fig. colloq.* (*von Haut etc*) itch. – **III** *v/reflex* sich ~ **9.** bite oneself: ich habe mich in die Zunge gebissen I bit my tongue (accidentally); ich habe mich auf die Lippen (*od.* Zunge) gebissen *fig.* I bit my tongue (*od.* lips); da beißt sich die Katze (*od.* Schlange) in den Schwanz *fig.* this is a vicious circle. — **'bei·ßend I** *pres p.* – **II** *adj* **1.** *fig.* (*Kälte, Wind etc*) biting, cutting, piercing, nipping. – **2.** *fig.* (*Geruch, Geschmack etc*) pungent, sharp, penetrating, poignant, acrid. – **3.** *fig.* (*Bemerkung, Spott etc*) biting, pungent, cutting, caustic, sarcastic, poignant. – **4.** (*Schmerz*) sharp, stinging.

'Bei·ßer·chen *n meist pl* (*child's language*) little tooth.

Bei·ße'rei *f* ⟨-; *no pl*⟩ *colloq.* biting.

'Beiß|ˌkohl *m bot.* beet (*Beta vulgaris var. cicla*). — **~ˌkorb** *m* muzzle. — **~ˌring** *m* (*für Kleinkinder*) teething ring, teether, *Am. auch* pacifier. — **~ˌzahn** *m* incisor, cutting tooth. — **~ˌzan·ge** *f tech.* **1.** nippers *pl*, pincers *pl* (*sometimes construed as sg*), pliers *pl* (*construed as sg or pl*). – **2.** (*für Draht*) wire cutters *pl.*

'Beiˌstand *m* ⟨-(e)s; ⸚e⟩ **1.** ⟨*only sg*⟩ (*Hilfe*) assistance, aid, help; succor, *bes. Br.* succour (*lit.*): ohne ~ unaided; mit dem ~ (von) with the support (of); ärztlicher ~ medical aid (*od.* attendance); sich des ~es eines Verteidigers bedienen *jur.* to have the benefit of counsel; j-m ~ leisten a) to render (*od.* lend) s.o. assistance, to come to s.o.'s assistance (*od.* aid), b) (*unterstützen*) to stand by (*od.* support) s.o. – **2.** ⟨*only sg*⟩ (*Unterstützung*) support. – **3.** (*Helfer*) assistant, helper, *auch* auxiliary. – **4.** *jur.* a) legal adviser (*Am. auch* advisor), counsel, b) (*von Minderjährigen etc*) (next) friend, guardian ad litem: gerichtlich bestellter ~ guardian appointed by a court. – **5.** *Austrian archaic for* Trauzeuge.

'Beiˌstand·schaft *f* ⟨-; *no pl*⟩ *jur.* **1.** guardianship. – **2.** (*Aufsicht*) custody.

'Beiˌstands|ˌpakt, ~verˌtrag *m pol.* pact of mutual assistance, mutual assistance pact.

'beiˌste·hen *v/i* ⟨*irr, sep*, -ge-, h *u.* sein⟩ j-m ~ a) to assist (*od.* aid, help) s.o., to succor (*bes. Br.* succour) s.o. (*lit.*), b) (*unterstützen*) to support s.o., to stand by s.o., to back s.o. up: j-m in der Not ~ a) to aid s.o. in distress, b) to stand by s.o. in his distress; j-m mit Rat und Tat ~ to assist s.o. in word and deed, to come to s.o.'s assistance; Gott steh(e) mir bei! God help me! sich ~ a) to aid (*od.* assist) each other (*od.* one another), b) to stand by each other.

'beiˌstel·len I *v/t* ⟨*sep*, -ge-, h⟩ **1.** *bes. Austrian* (*Material etc*) place (*s.th.*) at s.o.'s disposal, provide: Staatszuschüsse ~ to grant a subsidy; Mittel für etwas ~ to provide funds for s.th. – **2.** *tech.* a) (*Schneidwerkzeuge auf das Werkstück*) set, position, adjust, b) (*eine Schleifscheibe*) feed. – **II B~** *n* ⟨-s⟩ **3.** *verbal noun.* – **4.** *cf.* Beistellung.

'Beiˌstell|ˌherd *m* auxiliary kitchen range (*od.* cooker). — **~ˌtisch** *m* side table.

'Beiˌstel·lung *f* ⟨-; *no pl*⟩ **1.** *cf.* Beistellen. – **2.** provision. – **3.** *tech.* a) adjustment, setting, b) (*einer Schleifmaschine*) infeed, feed adjustment.

'Beiˌsteu·er *f* ⟨-; -n⟩ *rare for* Beitrag 1.

'beiˌsteu·ern I *v/t* ⟨*sep*, -ge-, h⟩ contribute: etwas zur Unterhaltung ~ to contribute s.th. to the conversation; jeder muß etwas ~ everyone has to make a contribution; Geld zu einer Feier ~ to contribute money to a celebration; → Scherflein. – **II** *v/i* contribute: sie steuerten mit Waffenlieferungen zur Ausweitung des Krieges bei they contributed to the escalation of the war by delivering arms.

'beiˌstim·men *v/i* ⟨*sep*, -ge-, h⟩ **1.** agree, concur: dem Sprecher in einer Frage ~ to concur with the speaker in (*od.* on) a question; j-s Äußerungen ~ to agree with s.o.'s remarks; alle stimmten dem Vorschlag bei everybody agreed to the proposal; nicht ~ to demur, to withhold one's consent, to disagree. – **2.** (*einwilligen*) (*dat* to) assent, accede, consent. — **'bei-ˌstim·mend I** *pres p.* – **II** *adv* ~ nicken to nod one's approval (*od.* assent). — **'Bei-ˌstim·mung** *f* ⟨-; *no pl*⟩ *obs. for* Zustimmung 1, 2.

'Beiˌstrich *m* ⟨-(e)s; -e⟩ comma.

Bei·tel ['baɪtəl] *m* ⟨-s; -⟩ *tech.* (wood) chisel, (*Hohlbeitel*) gouge.

'Beiˌtrag [-ˌtraːk] *m* ⟨-(e)s; ⸚e⟩ **1.** contribution: ein wertvoller ~ zur Erforschung dieses Gebiets a valuable contribution to the investigation of this field; seinen ~ zu etwas leisten to contribute to s.th., to have (*od.* take) a share in s.th.; finanzieller ~ financial contribution. – **2.** (*eines Mitglieds*) (membership) subscription (*od.* fee, dues *pl*). – **3.** *print.* (*Aufsatz*) contribution: einen ~ in einer Zeitschrift veröffentlichen to contribute (an article) to a periodical; Beiträge eines Korrespondenten articles contributed by a correspondent; kritischer ~ critical essay. – **4.** *mil.* (*Truppen*) contingent.

'bei,tra·gen I *v/t* ⟨*irr, sep,* -ge-, h⟩ contribute: zu einer Sache etwas (*od.* sein Teil) ~ to contribute one's share to s.th.; etwas trägt viel dazu bei, daß s.th. contributes much (*od. colloq.* a lot) to the fact that; nichts zur Unterhaltung ~ to take no share (*od.* part) in the conversation; → Scherflein. – **II** *v/i* contribute: zum Unterhalt seiner Familie ~ to help support one's family; zum Erfolg einer Sache ~ to contribute (*od.* be conducive) to the success of s.th.; dazu ~, etwas zu vollbringen to contribute to the accomplishment of s.th., to help bring s.th. about; zu j-s Untergang ~ to contribute to s.o.'s ruin (*od.* downfall).

'Bei,trä·ger *m* ⟨-s; -⟩ contributor, *auch* periodicalist.

'Bei,trags|,an,teil *m econ.* quota, share (of a contribution). — **~,auf,kom·men** *n* yield (*od.* accruals *pl*) from (members') contributions, contribution income. — **~be,mes·sung** *f* assessment of contributions. — **~be,rech·nung** *f* calculation of contributions. — **~er,he·bung** *f* collection of contributions: durch ~ by means of contributions. — **b~,frei** *adj* noncontributory *Br.* non-: ~e Mitgliedschaft free membership. — **~,lei·stung** *f* contribution, payment of fees (*od.* dues). — **~,mar·ke** *f* stamp. — **~,pflicht** *f* **1.** (*bei einem Verein etc*) liability to subscription. – **2.** *econ.* liability to contribute, compulsory contribution. — **b~,pflich·tig** *adj* **1.** (*Vereinsmitglied etc*) liable to subscription (*od.* dues). – **2.** *econ.* liable (*od.* subject) to contribution. — **~,rück·er,stat·tung** *f econ.* refund of contributions. — **~,rück,stän·de** *pl* contributions in arrears. — **~,satz** *m* rate of contribution. — **~,staf·fe·lung** *f* (*in der Versicherung*) premium schedule. — **~,zah·lung** *f* **1.** (*bei einem Verein etc*) (payment of) subscription. – **2.** (payment of) contribution.

'Bei,tra·gung *f* ⟨-; *no pl*⟩ *rare* contribution.

'bei,treib·bar *adj econ. jur.* recoverable.

'bei,trei·ben I *v/t* ⟨*irr, sep,* -ge-, h⟩ **1.** *econ. jur.* a) (*Geld, Steuer etc*) collect, (*stärker*) exact, b) (*Schadensersatz, Schulden*) recover: Zahlungen gerichtlich ~ to recover payments in a court of law; eine Geldstrafe ~ to enforce payment of a fine. – **2.** *lit. for* auftreiben 5. – **3.** *mil.* requisition, commandeer. – **II B~** *n* ⟨-s⟩ **4.** *verbal noun.* — **'Bei,trei·bung** *f* ⟨-; *no pl*⟩ **1.** *cf.* Beitreiben. – **2.** *econ. jur.* a) collection, (*stärker*) exaction, b) recovery: unter Androhung der ~ under penalty of compulsory execution; ~ einer Geldstrafe enforcement of payment of a fine. – **3.** *mil.* requisition.

'Bei,trei·bungs|,ko·sten *pl econ. jur.* collecting fees. — **~ver,fah·ren** *n* proceedings *pl* for recovery. — **~,weg** *m* compulsory execution: im ~e by means of compulsory execution.

'bei,tre·ten I *v/i* ⟨*irr, sep,* -ge-, sein⟩ **1.** (*einem Verein, einer Partei etc*) join (*acc*), become a member (of), enter (*acc*), (*einem Vertrag etc*) *auch* accede (to). – **2.** *jur.* (*dem Kläger*) join. – **II B~** *n* ⟨-s⟩ **3.** *verbal noun.* – **4.** *cf.* Beitritt 1, 2.

'Bei,tritt *m* ⟨-(e)s; *no pl*⟩ **1.** (*zu einer Partei etc*) joining (of), entry (into), (*zu einem Vertrag*) *auch* accession (to): freiwilliger ~ voluntary membership; seinen ~ zu einem Club erklären to become a member of (*od.* join) a club. – **2.** *jur.* (*eines Nebenintervenienten*) intervention, joinder. – **3.** *hunt. track of stag with imprint of hind foot beside that of forefoot.*

'Bei,tritts|,ab,kom·men *n* **1.** agreement of accession. – **2.** *jur.* (*Urkunde*) deed of accession. — **~,al·ter** *n* age at entry. — **~be,din·gung** *f meist pl* condition of membership. — **~er,klä·rung** *f* **1.** (*zu einem Verein etc*) declaration of membership, enrol(l)ment. – **2.** *jur.* a) (*zum Vertrag*) declaration of accession, b) (*zum Prozeß*) petition in intervention. — **~ge,such** *n* application for admission (*od.* membership). — **~,pflicht** *f* compulsory membership. — **~,ur,kun·de** *f* instrument (*od.* deed) of accession. — **~,zwang** *m* compulsory membership.

'Bei,wacht *f* ⟨-; -en⟩ *mil. obs. for* Biwak.

'Bei,wa·gen *m* **1.** (*des Motorrads*) sidecar. – **2.** (*der Straßenbahn etc*) trailer, *Br.* second car. — **~,fah·rer** *m* sidecar rider. — **~ma,schi·ne** *f* motorcycle with sidecar.

'Bei,werk *n* ⟨-(e)s; *no pl*⟩ accessories *pl*, trimmings *pl*, embellishment, 'frills' *pl* (*colloq.*): modisches ~ (*fashion*) accessories; schmückendes ~ ornamental (*od.* decorative) accessories, ornament, decoration; überflüssiges ~ padding.

'Bei,wert *m math.* coefficient: benannter ~ defined (*od.* determinate) coefficient.

'bei,woh·nen I *v/i* ⟨*sep,* -ge-, h⟩ **1.** (*dat*) attend (at *od. acc*), be present (at), (*beobachtend*) witness (*acc*): einer Aufführung ~ to attend a performance; der Messe ~ *relig.* to hear mass. – **2.** j-m ~ *jur. od. obs.* to cohabit (*od. lit.* lie) with s.o., to have sexual intercourse with s.o. – **II B~** *n* ⟨-s⟩ **3.** *verbal noun.* — **'Bei,woh·nung** *f* ⟨-; *no pl*⟩ **1.** *cf.* Beiwohnen. – **2.** *bes. jur.* cohabitation, sexual intercourse: außereheliche ~ extramarital intercourse.

'Bei,wort *n* ⟨-(e)s; ⸚er⟩ **1.** *ling. cf.* Adjektiv. – **2.** epithet, descriptive name: schmückendes ~ ornamental epithet, epitheton ornans (*lit.*).

'Bei,wur·zel *f bot.* adventitious root.

'bei,zäh·len *v/t* ⟨*sep,* -ge-, h⟩ *obs.* (*dat*) number (*s.o., s.th.*) (with, among).

'Beiz|,bad *n* **1.** *metall.* pickling bath. – **2.** (*textile*) (*Färberei*) mordanting bath. — **~,bot·tich** *m metall.* pickling tank. — **~,brü·chig·keit** *f* acid (*od.* hydrogen) brittleness. — **~,brü·he** *f* **1.** (*textile*) mordanting liquor. – **2.** *agr.* wet disinfectant. – **3.** (*leather*) bate, tan liquor.

Bei·ze ['baɪtsə] *f* ⟨-; -n⟩ **1.** *cf.* Beizen, Beizung. – **2.** *tech.* a) (*Beizmittel u. -lösung*) corrosive (agent *od.* liquid), b) (*für Metalloberflächen*) pickle, pickling solution, c) (*für Holz*) stain, staining liquid. – **3.** (*leather*) a) (*bei Häuten*) ooze, mastering, b) (*bei Leder*) bate, tan. – **4.** (*textile*) (*in der Färberei*) mordant. – **5.** *agr.* a) (*zur Saatgutentkeimung*) wet disinfectant, b) (*für Tabak*) sauce, saucing liquor. – **6.** *phot.* a) (*Substanz*) mordant, b) (*Bad*) mordanting bath. – **7.** (*art*) *print.* (*beim Kupferstich*) aquafortis. – **8.** *gastr.* pickle, marinade: in (die) ~ legen to pickle, to marinade. – **9.** *hunt.* a) (*Beizjagd*) hawking, falconry, b) (*Köder*) bait: einen Habicht zur ~ abtragen to train a hawk for the chase.

'Bei,zei·chen *n her.* difference, mark of cadency: ehrendes ~ addition.

,bei'zei·ten *adv* **1.** early, betimes (*lit.*): ~ schlafen gehen to retire early; → Häkchen 2. – **2.** (*rechtzeitig*) in (good) time: ~ ankommen to arrive on (*od.* in good) time.

bei·zen ['baɪtsən] **I** *v/t* ⟨h⟩ **1.** *tech.* a) corrode, b) (*Metalloberflächen*) pickle, c) (*Holz*) stain. – **2.** *fig.* (*Luft, Augen etc*) bite, burn, sting. – **3.** (*leather*) bate, tan, bran, drench, pure. – **4.** (*textile*) (*Färberei*) (dye [*s.th.*] with a) mordant. – **5.** *agr.* a) (*Saatgut*) treat, disinfect, b) (*Tabak*) treat (*tobacco*) with sauce, sauce. – **6.** *gastr.* pickle, marinate, marinade. – **7.** *med.* (*Wunden etc*) cauterize, burn. – **8.** *hunt.* hawk. – **II** *v/i* **9.** *hunt.* hawk. – **III B~** *n* ⟨-s⟩ **10.** *verbal noun.* – **11.** *cf.* Beizung. — **'bei·zend I** *pres p.* – **II** *adj* **1.** *tech.* caustic, corrosive. – **2.** *med.* caustic.

'Bei·zen|,druck *m* ⟨-(e)s; -e⟩ mordant printing. — **~,farb,stoff** *m* (*textile*) mordant (colo[u]r *od.* dye). — **~,fär·bung** *f* mordant dyeing.

'Bei·zer *m* ⟨-s; -⟩ *tech.* **1.** (*bei der Metallbearbeitung*) worker in charge of pickling. – **2.** (*in der Tischlerei*) stainer.

Bei·ze'rei *f* ⟨-; -en⟩ *tech.* (*als Betriebsabteilung*) pickling room.

'Beiz|,fal·ke *m hunt.* falcon (*od.* hawk) (used in falconry). — **~,flot·te** *f* (*textile*) mordanting liquor (*od.* bath). — **~,hund** *m hunt.* pointer (used in hawking).

'bei,zie·hen *v/t* ⟨*irr, sep,* -ge-, h⟩ *Southern G., Austrian and Swiss bes. jur. for* hinzuziehen, heranziehen 3 *u.* 4.

'Beiz|,jagd *f hunt.* falconry, hawking. — **~,kraft** *f tech.* corrosive power (*od.* strength), causticity. — **~,lö·sung** *f* **1.** *tech.* a) corrosive liquid, b) (*für Metall*) pickling solution, c) (*für Holz*) staining liquid. – **2.** *cf.* Beize 3, 4, 5b. — **~,mei·ster** *m hunt.* falconer. — **~,mit·tel** *n cf.* Beize 2—8. — **~,nar·be** *f tech.* pit. — **~,ris·sig·keit** *f metall.* pickle-cracking. — **~,sprö·dig·keit** *f* acid (*od.* pickle) brittleness, hydrogen embrittlement.

'Bei·zung *f* ⟨-; -en⟩ **1.** *cf.* Beizen. – **2.** *tech.* a) corrosion, b) (*von Metalloberflächen*) etch, bite. – **3.** (*textile*) (*in der Färberei*) mordanting (operation). – **4.** *agr.* (seed) treatment. – **5.** *med.* cauterization.

'Beiz|,vo·gel *m hunt. cf.* Beizfalke. — **~,wurz** *f bot. cf.* Küchenschelle. — **~,zu,satz** *m metall.* inhibitor.

be'ja·gen *v/t* ⟨*no* ge-, h⟩ ein Revier ~ *hunt.* to hunt in a preserve.

be·ja·hen [bəˈjaːən] **I** *v/t* ⟨*no* ge-, h⟩ **1.** (*Frage*) answer (*s.th.*) in the affirmative, say 'yes' to, (*stärker*) affirm, aver. – **2.** *fig.* (*Plan, Idee etc*) consent to, approve (of), subscribe to: einen Menschen ~ to approve of a person; das Leben ~ to have a positive (*od.* an affirmative) attitude to(wards) life; wer schweigt, bejaht (*Sprichwort*) silence gives consent (*proverb*). – **II B~** *n* ⟨-s⟩ **3.** *verbal noun.* – **4.** *cf.* Bejahung. — **be'ja·hend I** *pres p.* – **II** *adj* **1.** affirmative (*auch ling.*): im ~en Falle (*officialese*) *cf.* bejahendenfalls. – **2.** *fig.* (*zustimmend*) positive, affirmative. – **III** *adv* **3.** affirmatively: ~ antworten to give an affirmative answer. — **be'ja·hen·den,falls** *adv* (*officialese*) in the event of an affirmative answer, if the answer is 'yes' (*od.* in the affirmative).

be·jahrt [bəˈjaːrt] *adj* old, aged, advanced in years. — **Be'jahrt·heit** *f* ⟨-; *no pl*⟩ old age.

Be'ja·hung *f* ⟨-; -en⟩ **1.** *cf.* Bejahen. – **2.** affirmative (answer), affirmation. – **3.** *fig.* consent, approval: ~ des Lebens positive attitude to life, affirmation of life.

Be'ja·hungs|,fall *m only in* im ~ (*officialese*) *cf.* bejahendenfalls. — **~,satz** *m ling.* affirmative sentence (*od.* clause).

be'jam·mern *v/t* ⟨*no* ge-, h⟩ lament, (be)moan, bewail: sein Los ~ to lament one's lot (*od.* misfortunes); j-s Tod ~ to bewail (*od.* lament) s.o.'s death.

be'jam·merns|,wert, ~,wür·dig *adj* lamentable, pitiful, pitiable: in ~em Zustand in a lamentable (*od.* pitiful) condition; du siehst ~ aus! you look a pitiful sight!

be'ju·beln *v/t* ⟨*no* ge-, h⟩ **1.** etwas ~ to cheer s.th., to rejoice at s.th. – **2.** j-n ~ to cheer (*od.* acclaim) s.o., to give an ovation to s.o.

be'kacken (*getr.* -k·k-) *v/t* ⟨*no* ge-, h⟩ *vulg.* shit (on) (*vulg.*).

be'ka·keln *v/t* ⟨*no* ge-, h⟩ *Northern G. colloq. for* bereden 1a.

be'kal·ken *v/t* ⟨*no* ge-, h⟩ *tech.* limewash, whitewash.

be·kal·men [bəˈkalmən] *v/t* ⟨*no* ge-, h⟩ *mar.* becalm.

be·kammt [bəˈkamt] *adj zo. her.* crested.

be'kämp·fen I *v/t* ⟨*no* ge-, h⟩ **1.** fight (against), struggle against, battle, combat: ein Feuer ~ to fight a fire; Seuchen ~ to combat diseases; ein Vorurteil ~ to combat a prejudice; einen Plan ~ to fight against (*od.* oppose) a plan; j-n ~ to fight against s.o.; sich (*od.* einander) bis aufs Messer ~ *colloq.* to fight each other tooth and nail; etwas ständig ~ to wage perpetual war against s.th. – **2.** *mil.* a) combat, fight, battle, b) *aer.* (*mit Bordwaffen*) strafe. – **II B~** *n* ⟨-s⟩ **3.** *verbal noun.* — **Be'kämp·fung** *f* ⟨-; -en⟩ **1.** *cf.* Bekämpfen. – **2.** (von *od. gen*) fight (*od.* struggle, battle) (against), combat (of): Maßnahmen zur ~ von Krankheiten measures to combat disease.

Be'kämp·fungs|,maß,nah·me *f* combat measure: ~n gegen den Krebs *med.* measures to combat cancer. — **~,mit·tel** *n* means *pl* of combat(ing).

be'kannt I *pp of* bekennen. – **II** *adj* **1.** (*Persönlichkeit, Melodie etc*) (well-)known: auf seine ~e Weise in his well-known manner; wenig ~ recondite; ein weniger ~er Verfasser a less(er) known (*od.* less-known) author; es ist ~, daß it is (well) known that; allgemein ~ generally (*od.* widely) known; es ist schon in der ganzen Stadt ~ the whole town knows of it already, it is already all over the town; gestern wurde ~

it was learned yesterday; **etwas als ~ voraussetzen** to assume s.th. as already known; **~ als** known as (*od.* to be), notorious as; **~ für** (*od.* **durch, wegen**) known (*od.* notorious) for; **die Gegend ist ~ für ihren guten Wein** the area is known (*od.* noted) for its good wine; **er ist ~ dafür** he is known for it; **es ist ~ unter dem Namen** it is known (*od.* goes) by the name of; **er ist ~ wie ein bunter Hund** *colloq.* he is known far and wide (*od.* to everybody); **~ werden** to become known; **~ werden wollen** to seek publicity; **er ist in X ~** a) he is (well) known in X, b) *colloq.* he knows his way around X; **j-m ~ sein** to be known to s.o.; **davon war mir nichts ~** I knew nothing about it; **es ist mir nicht ~, daß** I am (*od.* have) yet to learn that; **ihm war ein ähnlicher Fall ~ geworden** he had heard of a similar case; **es dürfte Ihnen ~ sein, daß** you are undoubtedly aware that, no doubt you are aware that; **soviel mir ~ ist** as far as I know. – **2.** (*berühmt*) famous, famed, noted, renowned: **ein ~er Dichter** a famous poet, a poet of note. – **3.** (*berüchtigt*) notorious: **ein ~er Schwindler** a notorious crook (*od.* swindler). – **4.** (*vertraut*) familiar: **~e Gesichter** familiar faces; **in einer ~en Umgebung** in familiar surroundings; **das kommt mir ~ vor** that seems familiar to me; **mit einer Aufgabe ~ werden** to become familiar (*od.* acquainted, conversant) with a task; **j-n mit etwas ~ machen** to acquaint s.o. with s.th., to inform s.o. of s.th.; **sich mit etwas ~ machen** to familiarize oneself with s.th. – **5.** acquainted: **mit j-m ~ (sein)** (to be) acquainted with s.o.; **darf ich Sie mit Herrn X ~ machen?** may I introduce you to Mr X? have you met Mr X? **wir sind miteinander ~** we are acquainted; **mit j-m gut ~ sein** to be on familiar terms with s.o.; **mit j-m persönlich ~ sein** to know s.o. personally; **er ist mit ihm flüchtig ~** he is on nodding terms with him; **mit j-m ~ werden** to make s.o.'s acquaintance. – **6.** (*gewohnt*) customary, usual: **der ~e Treffpunkt** the customary meeting place. – **7.** *math. philos.* given, known: **~e Größe** *math.* known quantity. – **III** *adv* **8. von ~ guter Qualität** of acknowledged excellence, of well-proven quality.

Be'kann·te *m, f* ⟨-n; -n⟩ **1.** acquaintance: **ein alter ~r** an old acquaintance; **ein guter ~r** a friend; **eine meiner ~n** an acquaintance of mine; **er ist ein ~r von mir** he is an acquaintance of mine; **wir sind ~** we are acquainted; **gemeinsame ~** mutual friends. – **2.** *euphem. for* **Liebhaber** 2, **Geliebte**[1] *u.* [2] 1.

Be'kann·ten,kreis *m* (circle of) acquaintances (*od.* friends) *pl.*

be'kann·ter'ma·ßen *adv* as is generally known.

Be'kannt,ga·be *f* ⟨-; *no pl*⟩ **1.** publication, public announcement, proclamation, pronouncement: **die ~ der Gewinner** the publication of the winners. – **2.** *jur.* (*eines Gesetzes*) promulgation.

be'kannt,ge·ben I *v/t* ⟨*irr, sep,* -ge-, h⟩ **1.** announce, make (*s.th.*) known (*od.* public), disclose, proclaim, *auch* divulge: **etwas öffentlich ~** to make s.th. public; **seine Verlobung ~** to announce one's engagement; **ich gebe hiermit bekannt, daß** (*officialese*) I hereby do publish and declare that; **etwas durch Aushang ~** to post s.th.; **j-m etwas ~** a) to announce s.th. to s.o., to make s.th. known to s.o., b) (*förmlich*) to inform (*od.* notify) s.o. of s.th.; **Einzelheiten ~** to give details; **die Wahlergebnisse ~** *pol.* to announce the election returns, to declare the poll (*od.* results); **etwas über den Rundfunk ~** to announce s.th. over the radio; **seinen Verbleib ~** to report one's whereabouts. – **2.** *jur.* (*Gesetz*) promulgate. – **II B~** *n* ⟨-s⟩ **3.** *verbal noun.* – **4.** *cf.* **Bekanntgabe.**

Be'kannt·heit *f* ⟨-; *no pl*⟩ **1.** notoriety, publicity. – **2.** (*Vertrautheit*) familiarity, (close) acquaintance.

be'kannt·lich *adv* as is (well *od.* generally) known, as everybody knows: **er ist ~ der erste, welcher** he is generally acknowledged to be the first who.

be'kannt,ma·chen I *v/t* ⟨*sep,* -ge-, h⟩ **1.** (*Regelung, Nachricht etc*) announce, proclaim, make (*s.th.*) known (*od.* public), publicize: **etwas in der Zeitung ~** to advertise (*Am. auch* -z-) s.th.; **es wird hiermit bekanntgemacht, daß** (*officialese*) notice is hereby given that, this is to give notice that; **etwas amtlich ~** to announce s.th. officially. – **II B~** *n* ⟨-s⟩ **2.** *verbal noun.* – **3.** (*einer Person, Ware etc*) introduction. – **4.** *cf.* **Bekanntmachung.**

Be'kannt,ma·cher *m* ⟨-s; -⟩ person who informs (*od.* introduces, announces).

Be'kannt,ma·chung *f* ⟨-; -en⟩ **1.** *cf.* **Bekanntmachen.** – **2.** announcement, publication, (*meist schriftliche*) notification. – **3.** (*öffentliche*) proclamation: **eine öffentliche ~ erlassen** to issue a proclamation; **offizielle ~** (public) notice, bulletin. – **4.** *jur.* a) notice, b) ⟨*only sg*⟩ (*Vorgang*) notification, publication: **~ zum Gesetz** notification pursuant to law. – **5.** *hist.* program, *bes. Br.* programme, manifesto.

Be'kannt,ma·chungs,schrei·ben *n* written notice.

Be'kannt·schaft *f* ⟨-; -en⟩ **1.** acquaintance, acquaintanceship: **enge ~** close acquaintance, (*stärker*) friendship; **flüchtige ~** speaking (*od.* nodding) acquaintance; **~ schließen mit** a) (*Person*) to become acquainted with, b) (*Sachen*) to become familiar with; **j-s ~ machen** to make the acquaintance of s.o.; **~en machen** to pick up acquaintances; **bei näherer ~** on closer acquaintance. – **2.** (*Bekanntenkreis*) acquaintances *pl*: **~ und Verwandtschaft** kith and kin; **niemand aus seiner ~ wußte es** none of his acquaintances knew (of) it.

Be'kannt,sein *n* quality (*od.* state) of being known.

be'kannt,wer·den I *v/i* ⟨*irr, sep,* -ge-, sein⟩ become known, get about, come out (*od.* to light): **die Nachricht war schon bekanntgeworden** the news had already got about; **die Wahrheit wird schon ~** the truth is sure to come out (*od.* come to light); **es war bekanntgeworden, daß** it had become known that; **gerüchtweise ~** to get rumo(u)red about; **~ lassen** to make public; **nicht ~ lassen** to withhold (*od.* prevent) from becoming known; **das Geheimnis wurde bekannt** the secret leaked out. – **II B~** *n* ⟨-s⟩ *verbal noun*: **bei B~ des Inhalts** a) when the contents became known, b) if the contents leaked out.

be'kap·pen *v/t* ⟨*no* ge-, h⟩ **1.** (*wood*) (*Bäume*) lop, top. – **2.** *hunt.* (*Beizfalken*) hood. – **3.** (*Schuhe etc*) provide (*s.th.*) with a cap. – **4.** *civ.eng.* a) (*Mauer*) cope, b) (*Schornstein*) hovel. – **5.** *tech.* (*Schwellen*) lop. — **be'kappt I** *pp.* – **II** *adj* (*Schuhe etc*) toecapped.

Be·kas·si·ne [bekaˈsiːnə] *f* ⟨-; -n⟩ *zo.* a) **Gemeine ~** (common *od.* European, whole, full) snipe, *auch* becassine (*Capella gallinago*), b) **Amerikanische ~** American (*od.* Wilson's) snipe (*C. gallinago delicata*).

be'kehr·bar *adj* convertible. — **Be'kehr·bar·keit** *f* ⟨-; *no pl*⟩ convertibility.

be'keh·ren I *v/t* ⟨*no* ge-, h⟩ **1.** *relig.* (*Heiden, Ketzer etc*) convert, proselytize (*auch fig.*): **j-n zum Christentum ~** to convert s.o. to Christianity, to christianize s.o.; **einen Sünder ~** to reclaim (*od.* transform) a sinner; **j-n zu einer Ansicht ~** *fig.* to convert s.o. (*od.* bring s.o. round, win s.o. over) to an opinion; **j-n zu einer Sache ~** *fig.* to convert s.o. to a cause; **j-n zur röm.-kath. Kirche ~** to Romanize s.o. – **II** *v/reflex* **sich ~ 2.** *relig.* become a convert, get religion (*colloq.*). – **3. sich zu etwas ~** *relig.* to convert to s.th.: **sich zu Gott ~** to return to God; **sich zu einer Idee ~** *fig.* to become a convert (*od.* converted) to an idea, to turn to an idea. – **4.** *fig.* mend one's ways, turn over a new leaf. – **III B~** *n* ⟨-s⟩ **5.** *verbal noun.* – **6.** *cf.* **Bekehrung.**

Be'keh·rer *m* ⟨-s; -⟩ *relig.* **1.** missionary, proselytizer, *auch* converter. – **2.** (*Wanderprediger*) evangelist.

Be'kehr·te *m, f* ⟨-n; -n⟩ *relig.* convert, proselyte.

Be'keh·rung *f* ⟨-; -en⟩ **1.** *cf.* **Bekehren.** – **2.** *relig.* conversion, proselytism (*auch fig.*): **~ zu Gott** return to God; **er hat eine ~ erfahren** he has experienced a conversion; **~ zum Christentum** Christianization. – **3.** (*eines Sünders*) reclamation, transformation, recovery.

Be'keh·rungs|,ei·fer *m relig.* missionary zeal, proselytism. — **~,sucht** *f* mania for converting (people), proselytism. — **~ver,such** *m* attempt at conversion, missionary effort.

be·kelcht [bəˈkɛlçt] *adj bot.* calyculate, calycled.

be'ken·nen I *v/t* ⟨*irr, no* ge-, h⟩ **1.** confess (to), admit, own up (to), avow (*lit.*): **etwas offen ~** to admit s.th.; **lassen Sie mich gleich offen ~, daß** let me admit at once that; **einen Irrtum ~** to admit (*od.* own up to, confess) an error; **~, etwas getan zu haben** to confess to (*od.* admit) having done s.th.; **ich muß ~, daß** I must confess (*od.* own) that; → **Farbe** 8. – **2.** *relig.* profess: **Gott ~** to profess (*od.* declare one's faith in) God. – **3.** *econ.* acknowledge. – **4.** *obs. for* **anerkennen** 1. – **II** *v/reflex* **5. sich zu etwas [j-m] ~** to declare oneself a follower of s.th. [s.o.], to profess s.th. [one's loyalty to s.o.]: **sich zu einer Tat ~** to confess to (*od.* own up to, acknowledge) a deed; **sich zum Christentum ~** to accept (*od.* profess) the Christian faith; **sich zu einem Freund ~** to stand by a friend; **sich zu seiner Überzeugung ~** to stand up for one's conviction. – **6. sich als etwas ~** to admit being s.th., to confess (*od.* avow) oneself s.th.: **sich schuldig ~** a) to confess oneself guilty, to admit one's guilt, b) *jur.* to plead guilty; **sich geschlagen ~** to admit oneself defeated, to concede (victory) to one's opponent. – **III** *v/i* **7.** *relig.* (*Profeß tun*) profess. – **IV B~** *n* ⟨-s⟩ **8.** *verbal noun.* – **9.** (*eines Glaubens*) profession. — **be'ken·nend I** *pres p.* – **II** *adj relig.* confessing, professing, confessed: **B~e Kirche** *cf.* **Bekenntniskirche**; **ein ~er Christ** a professing Christian.

Be'ken·ner *m* ⟨-s; -⟩ *relig.* confessor: **Eduard der ~** *hist.* Edward the Confessor; **~ der Dreieinigkeit** Trinitarian. — **~,geist, ~,mut** *m* courage of one's convictions.

Be'kennt·nis *n* ⟨-ses; -se⟩ **1.** (*eines Verbrechens, einer Schuld etc*) confession: **ein ~ ablegen** to confess, to make a confession. – **2. ein ~ zu etwas** a declaration of loyalty to s.th.: **ein ~ zum Glauben** a profession (*od.* confession, avowal) of faith. – **3.** *relig.* a) (*Glaubensbekenntnis*) creed, confession of faith, b) (*Konfession*) (religious) denomination: **welchen ~ses ist er?** what denomination does he belong to? — **~,bü·cher** *pl relig.* dogmatic symbols contained in the Book of Concord. — **~,christ** *m* professed (*od.* professing) Christian. — **~,frei·heit** *f* freedom of faith (*od.* denomination), religious freedom. — **b~,gläu·big** *adj* conformable to the creed. — **b~haft** *adj* conformable to the creed. — **~,kir·che** *f* (*in Deutschland*) Confessional (*od.* Confessing) Church. — **b~los** *adj* without denomination. — **b~,mä·ßig** *adj* conformable to the creed. — **~,schrift** *f* **1.** formal creed, confession of faith. – **2.** symbolic(al) book (*containing a religious creed*). — **~,schu·le** *f ped.* denominational (*Am.* parochial) school. — **b~,treu** *adj relig.* adherent to the creed.

Be'kennt·nis,treue[1] *f relig.* conformability (*od.* adherence) to the creed.

Be'kennt·nis,treue[2] *m, f* ⟨-n; -n⟩ *relig.* confessionist.

Be'kennt·nis|ver,pflich·tung *f relig.* (*bei evang. Pfarrern*) confessional responsibility, obligation to a religious confession (*od.* creed). — **~,wech·sel** *m* change of denomination. — **~,zwang** *m* obligation to belong to one particular denomination.

Be'ken·nung *f* ⟨-; *no pl*⟩ *cf.* **Bekennen.**

be'kerbt *adj her.* scaled, embattled.

be'ki·chern *v/t* ⟨*no* ge-, h⟩ giggle (*od.* titter) at.

be'kie·len *v/t* ⟨*no* ge-, h⟩ *mus.* (*Cembalo*) quill.

be'kie·sen *v/t* ⟨*no* ge-, h⟩ *civ.eng.* (*Straße etc*) gravel.

be'klag·bar *adj jur. cf.* **klagbar** 1. — **Be'klag·bar·keit** *f* ⟨-; *no pl*⟩ *cf.* **Klagbarkeit** 1.

be'kla·gen I *v/t* ⟨*no* ge-, h⟩ **1.** (*Todesfall, Unglück etc*) deplore, lament, (*stärker*) mourn, (be)moan, bewail: **einen Verlust ~** to deplore a loss; **es ist sehr zu ~, daß** it is most deplorable that, it is much to be regretted (*od.* deplored) that; → **Menschenleben** 1. – **2.** *jur.* **j-n ~** to sue s.o. at law. – **II** *v/reflex* **sich ~ 3.** complain, *Am. sl.* 'gripe': **sich über etwas [j-n] ~** to complain about s.th. [s.o.], to make complaints about s.th. [s.o.]; **er beklagte sich, daß** he complained that; **sich bei j-m ~** to complain to s.o.; **Sie können sich nicht ~** you have no reason to complain, you have nothing to complain about;

wir können uns über sein Verhalten nicht ~ we have nothing to say against his behavio(u)r; haben Sie sich über irgend etwas zu ~? have you any complaints (to make)? – III B~ *n* ⟨-s⟩ 4. *verbal noun.* – 5. *cf.* Beklagung.

be'kla·gens|,wert, ~,wür·dig *adj* 1. (*Sache, Zustand etc*) deplorable, lamentable, pathetic: ein ~er Anblick a pitiful (*od.* pathetic) sight; ein ~er Unfall a sad (*od.* sorrowful) accident; es ist ~, daß it is deplorable (*od.* a great pity) that. – 2. (*Person*) pitiable, poor.

be'klagt I *pp.* – II *adj jur.* defendant: die ~e Gesellschaft the defendant company; die ~e Partei a) (*in einer Zivilklage*) the defendant(s *pl*), b) (*in einer Scheidungsklage*) the respondent (spouse). — **Be'klag·te** *m, f* ⟨-n; -n⟩ *jur.* 1. accused. – 2. (*im Zivilprozeß*) defendant. – 3. (*im Scheidungsprozeß*) respondent.

Be'klag·ten·par,tei *f jur.* 1. (*Beklagter*) defendant. – 2. (*im Scheidungs- und Berufungsverfahren*) respondent party. – 3. party complained against.

Be'kla·gung *f* ⟨-; *no pl*⟩ 1. *cf.* Beklagen. – 2. deploration, lamentation.

be'klat·schen *v/t* ⟨*no* ge-, h⟩ 1. (*applaudieren*) applaud. – 2. *colloq.* gossip (*od.* chatter) about.

be'klau·en *v/t* ⟨*no* ge-, h⟩ 1. *colloq. for* bestehlen. – 2. claw. — **be'klaut I** *pp.* – II *adj her.* furnished with colo(u)red talons.

Be'kle·be·ma,schi·ne *f tech.* pasting machine.

be'kle·ben I *v/t* ⟨*no* ge-, h⟩ paste (over): etwas mit Papier ~ to paste s.th. (over) with paper, to paste (*od.* stick) paper on s.th., to paper s.th.; eine Mauer mit Plakaten ~ to placard a wall, to post a wall (over) with placards; Flaschen mit Etiketten ~ to label bottles; etwas von innen ~ to line s.th. – II B~ *n* ⟨-s⟩ *verbal noun*: B~ verboten! post (*bes. Br.* stick) no bills!

Be'kle·be|pa,pier *n* lining paper, pasting. — **~,zet·tel** *m* gummed (*od.* stick-on, *auch* paste-on) label.

Be'kle·bung *f* ⟨-; *no pl*⟩ *cf.* Bekleben.

be'kleckern (*getr.* -k·k-) I *v/t* ⟨*no* ge-, h⟩ *colloq.* stain, smear, daub, (be)spatter: das Tischtuch ~ to stain the tablecloth. – II *v/reflex* sich ~ *colloq.* daub (*od.* bespatter) oneself: er hat sich mit Suppe bekleckert he has spattered soup over himself; du hast dich nicht gerade mit Ruhm bekleckert *colloq. iron.* you have not exactly covered yourself with glory.

be'kleck·sen *v/t* ⟨*no* ge-, h⟩ stain, spot, blotch: etwas mit Tinte ~ to blot s.th. (with ink).

Be'klei·de,keu·le *f mar.* serving mallet.

be'klei·den I *v/t* ⟨*no* ge-, h⟩ 1. clothe, dress, (*festlich*) attire, (*kostbar*) deck (out): j-n feierlich ~ to enrobe (*od.* robe) s.o., to invest (*od.* vest) s.o.; j-n mit einem Talar ~ to enrobe s.o. in a gown, to gown s.o.; j-n mit dem geistlichen Gewand ~ to vest s.o., to garb s.o. in ecclesiastical vestments. – 2. *fig. lit.* invest, garb, vest: j-n mit Würden ~ to invest (*od.* garb) s.o. with dignities; j-n mit Vollmacht ~ to vest (full) authority in s.o.; j-n wieder mit einem Amt ~ to reinvest s.o. with (*od.* to revest s.o. in) an office. – 3. *lit.* (*Amt*) hold, fill, occupy, take: einen Posten ~ to hold a position (*od.* post). – 4. (*behängen*) drape. – 5. *tech.* a) (*be-, abdecken*) cover, b) (*bestreichen, beschichten*) coat, c) (*ausfüttern*) line, d) (*verschalen, täfeln*) wainscot, panel: einen Kessel ~ to jacket a boiler; etwas mit Holz ~ to panel (*od.* wainscot) s.th.; eine Mauer mit Marmor ~ to face (*od.* case) a wall with marble. – 6. *electr.* (*Leitungen*) sheathe. – 7. *mar.* a) (*Drahttauwerk*) serve, b) (*Deck*) plank, cover (*s.th.*) with planks. – II *v/reflex* sich ~ 8. clothe (*od.* dress, garb) oneself. – III B~ *n* ⟨-s⟩ 9. *verbal noun.* – 10. *cf.* Bekleidung. — **be'klei·det I** *pp.* – II *adj* 1. clothed, clad, dressed, garmented: ungenügend ~ insufficiently dressed, *auch* underclothed, underclad. – 2. mit Würden ~ *fig. lit.* invested with dignities, dignified, *auch* dignitary. – 3. *bot.* (*Frucht*) tunicated. — **Be'klei·dung** *f* ⟨-; -en⟩ 1. *cf.* Bekleiden. – 2. clothes *pl*, garments *pl.* – 3. *fig lit.* (*mit einem Amt etc*) investiture. – 4. *fig. lit.* (*eines Amtes*) tenure, exercise. – 5. *tech.* a) (*Abdeckung*) cover, b) (*Beschichtung*) coat, c) (*eines Kessels etc*) jacket, d) (*eines Damms etc*) revetment. – 6. *mar.* (*eines Taus*) service.

Be'klei·dungs|ar,ti·kel *pl* clothes, garments, articles of clothing, wearing apparel *sg*, dress goods, *Am. auch* furnishings. — **~fa,schi·ne** *f mil. hist.* revetting (*od.* battery) fascine. — **~,ge·gen,stän·de** *pl cf.* Bekleidungsartikel. — **~,geld** *n bes. mil.* clothing allowance. — **~ge,wer·be** *n* clothing trade. — **~in·du,strie** *f* clothing industry. — **~,mau·er** *f civ.eng.* (*einer Böschung*) revetment wall. — **~,stück** *n meist pl* (article of) clothing (*od.* dress), garment, wearing apparel. — **~,un·ter·of·fi,zier** *m mil.* clothing supply sergeant, *Br.* quartermaster-sergeant. — **~,vor,schrift** *f* dress regulation. — **~,zu,schuß** *m* 1. (*für Offiziere*) uniform allowance. – 2. (*für Unteroffiziere und Mannschaften*) clothing allowance.

be'klei·stern *v/t* ⟨*no* ge-, h⟩ *colloq.* cover (*s.th.*) with paste, paste (*s.th.*) (over).

be'klem·men I *v/t* ⟨*no* ge-, h⟩ 1. *fig.* weigh upon, lie heavy on, (*stärker*) oppress. – 2. *med.* a) constrict, b) (*durch Druck*) oppress. – II B~ *n* ⟨-s⟩ 3. *verbal noun.* – 4. *cf.* Beklemmung. — **be'klem·mend I** *pres p.* – II *adj* oppressive (*auch fig.*): ~e Hitze oppressive (*od.* suffocating) heat; eine ~e Stille *fig.* an oppressive (*od.* embarrassing) silence; ein ~es Gefühl *fig.* an oppressive (*od.* uneasy, anxious) feeling. — **be'klemmt I** *pp.* – II *adj* oppressed: sich ~ fühlen to feel oppressed (*od.* uneasy). — **Be'klem·mung** *f* ⟨-; -en⟩ 1. *cf.* Beklemmen. – 2. *fig.* anxiety, (*stärker*) oppression, anguish: lähmende ~ paralyzing (*Br. auch* -s-) anguish. – 3. *med.* a) constriction, b) (*Druck*) oppression: ein Gefühl der ~ a feeling of constriction (*od.* oppression).

be·klom·men [bə'klɔmən] *adj* anxious, uneasy, (*stärker*) apprehensive. — **Be'klom·men·heit** *f* ⟨-; *no pl*⟩ anxiety, uneasiness, (*stärker*) apprehensiveness.

be'klop·fen I *v/t* ⟨*no* ge-, h⟩ 1. (*Wand etc*) knock, sound, tap. – 2. *med.* (*Patienten*) sound (*s.o.*) (by percussion), percuss. – II B~ *n* ⟨-s⟩ 3. *verbal noun.* – 4. percussion.

be·kloppt [bə'klɔpt] *adj* ⟨*pred*⟩ *Northern G. colloq.* crazy, 'cracked' (*colloq.*); nuts, 'barmy' (*sl.*).

be'knei·fen *v/t* ⟨*irr, no* ge-, h⟩ *mar.* 1. (*einklemmen*) jam. – 2. (*beschneiden*) nip.

be'knien *v/t* ⟨*no* ge-, h⟩ j-n ~ *fig. colloq.* to work on s.o.

be'ko·chen *v/t* ⟨*no* ge-, h⟩ j-n ~ *colloq.* to cook for s.o., to cook s.o.'s meals.

be'koh·len *v/t* ⟨*no* ge-, h⟩ (*Lokomotive, Schiff etc*) coal.

be'kom·men *v/t* ⟨*irr, no* ge-, h⟩ 1. (*Antwort, Brief, Geschenk etc*) get, receive: etwas als Belohnung ~ to receive (*od.* get) s.th. as a reward; eine Entschädigung für etwas ~ to be compensated (*od.* remunerated) for s.th.; den ersten Preis ~ to get (*od.* take) the first prize; einen Orden ~ to be awarded a decoration, to be decorated; einen falschen Eindruck ~ to get the wrong impression; wir haben gestern Besuch ~ guests (*od.* visitors) came yesterday; ich bekomme noch Geld von dir you still owe me some money; wieviel bekommen Sie? how much do I owe you? how much is it? 1000 Mark monatlich ~ to get (*od.* earn) a thousand marks a month; er kann nicht genug bekommen *colloq.* he's never satisfied; ~ Sie schon? are you being served (*od.* attended to)? may (*od.* can) I help you? seinen verdienten Lohn ~ *fig.* to get one's (just) deserts, to get what one deserves; seinen Teil ~ a) to get what is due to one (*od.* one's share), b) to get a sound thrashing; einen Korb ~ *fig.* to meet with a refusal (*od.* rebuff); Prügel ~ to get a thrashing; er hat drei Jahre (Gefängnis) ~ *colloq.* he got three years; wir werden Regen ~ we shall have rain; Schelte [Vorwürfe] ~ to be scolded [reproached]; → Dach 5. – 2. (*Anstellung, Ware etc*) get, obtain: er bekam, was er wollte he got (*od.* obtained) what he wanted; das ist nicht zu ~ that is not to be had; schwierig zu ~ difficult to obtain (*od.* come by); er hat die Stelle ~ he got the job; einen Sitzplatz ~ to get a seat. – 3. (*Bedeutung, Vorliebe, Ruf etc*) get, acquire: einen neuen Sinn ~ to take (*od.* acquire) a new meaning; Geschmack an (*dat*) etwas ~ to acquire a taste (*od.* develop a liking) for s.th. – 4. (*in bestimmten Verbindungen*) get: j-n [etwas] zu Gesicht ~ to catch sight (*od.* a glimpse) of s.o. [s.th.]; j-n in seine Gewalt ~ to get s.o. in one's power (*od.* under one's thumb); nasse Füße ~ to get one's feet wet; Streit ~ to get into an argument (*od.* a row); er hat weiße Haare ~ his hair has turned white; j-n zu etwas ~, j-n dazu ~, etwas zu tun to get s.o. to do s.th.; Farbe ~ (*Bräune*) to get tanned; er bekommt etwas fertig he gets s.th. finished; Furcht ~ to get a fright, to get (*od.* grow) frightened; Heimweh ~ to become (*od.* grow) homesick; er bekam Hunger he became hungry; Lust ~, etwas zu tun to feel like doing (*od.* inclined to do) s.th.; man bekommt sie nachgeworfen they are two a penny, *Am. colloq.* they are a dime a dozen; etwas satt ~ to get sick (and tired) of s.th.; → Finger (*Bes. Redewendungen*); Kehle 1; Laufpaß; Wind 3; Zigarre 2. – 5. *colloq.* (*Zug, Bus*) catch, get: er hat den Zug nicht mehr ~ *colloq.* he missed the train. – 6. ein Kind ~ to be expecting: sie hat ein Kind ~ she has had a baby. – 7. (*Bart*) grow. – 8. *med.* (*Krankheit*) get, catch, take: eine Erkältung ~ to catch a cold; Fieber ~ to develop (*od.* take) a fever; Krämpfe ~ to be seized with convulsions, to go into convulsion; Zähne ~ to teethe, to cut (one's) teeth; einen Ausschlag [Bruch] ~ to develop a rash [rupture]; einen Rückfall ~ to relapse. – 9. (*mit pp*) etwas geschenkt ~ to receive (*od.* be given) s.th. as a present; etwas gesagt ~ to be told s.th.; etwas mit der Post zugeschickt ~ to receive s.th. by mail (*bes. Br.* post); etwas getan ~ to get s.th. done; ein Kleid genäht ~ to get (*od.* have) a dress made. – 10. (*mit zu u. inf*) etwas zu essen ~ to get s.th. to eat; etwas zu hören ~ *colloq.* to hear about s.th.; das bekommt man überall zu kaufen you can buy it everywhere, it is available everywhere; j-n zu fassen ~ to get hold of s.o.; wenig von j-m zu sehen ~ to see little of s.o.; es mit j-m zu tun ~ *colloq.* to have to deal with s.o., to get into trouble with s.o.; es mit der Angst zu tun ~ *colloq.* to get scared, *Br. sl. auch* to get the wind up. – 11. *ped.* (*neues Fach*) start, begin. – 12. *ling.* (*Objekt*) take. – 13. (*radio*) (*Sender*) get, pick up. – 14. *mar.* (*Leck*) spring. – II *v/i* ⟨sein⟩ 15. j-m ~ (*von Speise, Klima etc*) to agree with s.o., to do s.o. good: das Klima bekommt mir gut the climate suits (*od.* agrees with) me; Wein bekommt mir nicht (*od.* schlecht) wine disagrees with me; das Essen ist mir nicht ~ the food has upset me; die Prügel sind ihm gut ~ the caning (*od.* beating) did him good; das wird dir schlecht ~! you will suffer (*od.* pay) for it! you will regret it! wohl bekomm's! a) cheers! your health! good luck! b) enjoy your food! c) *iron.* I wish you joy! much good may it do (for) you!

be·kömm·lich [bə'kœmlɪç] *adj* 1. (*Speisen etc*) (easily) digestible, wholesome, nourishing. – 2. (*Klima, Luft*) beneficial, wholesome, salubrious. — **Be'kömm·lich·keit** *f* ⟨-; *no pl*⟩ 1. (*der Speisen etc*) digestibility, wholesomeness. – 2. (*des Klimas etc*) beneficialness, wholesomeness, salubriousness.

be·kö·sti·gen [bə'kœstɪgən] I *v/t* ⟨*no* ge-, h⟩ j-n ~ to board (*od.* feed) s.o., to supply s.o. with meals. – II B~ *n* ⟨-s⟩ *verbal noun.* — **Be'kö·sti·gung** *f* ⟨-; *no pl*⟩ 1. *cf.* Beköstigen. – 2. board: bei freier [voller] ~ with free [full] board.

be'kräf·ti·gen I *v/t* ⟨*no* ge-, h⟩ 1. (*Aussage etc*) confirm, affirm, endorse, *auch* indorse, (*durch Beweis*) corroborate, substantiate: etwas mit (*od.* durch) etwas ~ to confirm s.th. by s.th.; eine Aussage eidlich (*od.* durch einen Eid) ~ *jur.* to take an oath (up)on (*od.* to swear to) a statement; j-s Vermutungen ~ to support s.o.'s conjectures. – 2. (*Freundschaft, Bund etc*) strengthen, confirm: j-n in seinem Entschluß ~ to strengthen s.o.'s decision, to strengthen s.o. in his decision. – II B~ *n* ⟨-s⟩ 3. *verbal noun.* – 4. *cf.* Bekräftigung. — **be'kräf·ti·gend I** *pres p.* – II *adj* confirmatory, (*durch Beweis*) corroborative, substantiative. — **Be'kräf·ti·gung** *f* ⟨-; -en⟩ 1. *cf.* Bekräftigen. – 2. (*einer Aussage etc*) confirmation, endorsement, (*durch Beweis*) corroboration, substantiation: zur ~ seiner Argumente in confirmation (*od.* support) of his arguments; zur ~ seiner Worte to lend emphasis to his words.

be·krallt [bə'kralt] *adj zo.* clawed.

be'krän·zen I *v/t* ⟨*no* ge-, h⟩ adorn (*s.o., s.th.*) with a wreath, wreathe, garland: j-n [etwas] mit Lorbeer ~ to crown s.o. [s.th.] with laurels. – **II B~** *n* ⟨-s⟩ *verbal noun.* — **Be'krän·zung** *f* ⟨-; *no pl*⟩ **1.** *cf.* Bekränzen. – **2.** wreath, garland.

be'krei·sen *v/t* ⟨*no* ge-, h⟩ *hunt.* (*Wald*) beat, circle.

be'kreu·zen *v/t u.* sich ~ *v/reflex* ⟨*no* ge-, h⟩ *cf.* bekreuzigen.

be'kreu·zi·gen I *v/t* ⟨*no* ge-, h⟩ j-n ~ to make the sign of the cross (up)on s.o. – **II** *v/reflex* sich ~ cross (*od.* bless) oneself, make the sign of the cross: sich vor j-m ~ *colloq.* to cross oneself on seeing s.o.

be'krie·chen *v/t* ⟨*irr, no* ge-, h⟩ crawl on (*s.o., s.th.*), creep over (*s.o., s.th.*).

be'krie·gen *v/t* ⟨*no* ge-, h⟩ (*Feind, Land etc*) make (*od.* wage) war (up)on (*s.o., s.th.*), fight (against): sich (*od.* einander) ~ to fight against (*od.* be at war with) one another.

be'krit·teln *colloq.* **I** *v/t* ⟨*no* ge-, h⟩ criticize, find fault with (*s.o., s.th.*), cavil (*od.* carp) at (*s.o., s.th.*). – **II B~** *n* ⟨-s⟩ *verbal noun.* — **Be'krit·te·lung, Be'kritt·lung** *f* ⟨-; -en⟩ **1.** *cf.* Bekritteln. – **2.** criticism, fault-finding.

be'krit·zeln *v/t* ⟨*no* ge-, h⟩ (*Papier, Wand etc*) scribble (on), scrawl (on), scrabble on.

be'krö·nen I *v/t* ⟨*no* ge-, h⟩ **1.** *lit.* crown (*auch fig.*). – **2.** *arch.* (*Gebäude, Säule*) crown, surmount, head. – **II B~** *n* ⟨-s⟩ **3.** *verbal noun.* — **Be'krö·nung** *f* ⟨-; -en⟩ *cf.* Bekrönen: ~ mit Lorbeer laureation.

be·kru·sten [bə'krʊstən] **I** *v/t* ⟨*no* ge-, h⟩ encrust, *auch* incrust, scab. – **II** *v/reflex* sich ~ become (*od.* get) encrusted (*auch* incrusted), scab. – **III B~** *n* ⟨-s⟩ *verbal noun.* — **Be'kru·stung** *f* ⟨-; *no pl*⟩ **1.** *cf.* Bekrusten. – **2.** encrustation, *auch* incrustation, crust formation.

be'küm·mern I *v/t* ⟨*no* ge-, h⟩ **1.** trouble, worry, concern, (*stärker*) grieve: sein Schicksal bekümmert mich I am very concerned about what is to become of him; das bekümmert ihn gar nicht it does not bother him at all; was bekümmert dich? what is troubling (*od.* worrying) you? was bekümmert dich das? what has that to do with you? es bekümmert mich, daß it worries (*od.* troubles) me that. – **II** *v/reflex* **2.** sich um j-n [etwas] ~ to concern oneself with s.o. [s.th.], to trouble oneself about s.o. [s.th.]: er bekümmert sich nicht darum he doesn't worry about it. – **3.** sich ~ (über *acc* at, over) worry, (*stärker*) grieve: er bekümmerte sich nicht sehr he didn't worry very much.

Be'küm·mer·nis *f* ⟨-; -se⟩ *lit.* trouble, worry, (*stärker*) grief, sorrow.

be'küm·mert I *pp.* – **II** *adj* troubled, worried, concerned, (*stärker*) sorrowful, distressed: eine ~e Miene a troubled countenance; (über *acc* etwas) ~ sein to be worried (*od.* troubled) (about s.th.), to grieve (about s.th.).

be·kun·den [bə'kʊndən] **I** *v/t* ⟨*no* ge-, h⟩ **1.** (*Sympathie, Interesse etc*) show, evince, manifest, demonstrate, reveal: seine Unwissenheit ~ to show one's ignorance. – **2.** (*Meinung, Einstellung etc*) declare, manifest, state. – **3.** *jur.* testify, state: etwas durch eine Aussage ~ to make a statement about s.th.; etwas eidlich ~ to testify s.th. on oath, to depose s.th.; er bekundete eidlich, daß he deposed that. – **II** *v/reflex* sich ~ **4.** (*von Zuneigung etc*) show (*od.* manifest, reveal) itself. – **III B~** ⟨-s⟩ **5.** *verbal noun.* — **Be'kun·dung** *f* ⟨-; -en⟩ **1.** *cf.* Bekunden. – **2.** (*der Sympathie etc*) manifestation, demonstration, revelation. – **3.** (*der Meinung, Ansicht etc*) declaration, manifestation, statement. – **4.** *jur.* testimony, statement, (*eidliche*) deposition.

Bel[1] [bɛl; beːl] *n* ⟨-s; -⟩ *phys.* bel (*electrical unit*).

Bel[2] [beːl] *npr m* ⟨-; *no pl*⟩ *relig. cf.* Baal.

be'lä·cheln *v/t* ⟨*no* ge-, h⟩ smile at: etwas mitleidig ~ to give s.th. a condescending smile; j-s Ungeschicklichkeit ~ to smile (in a superior manner) at s.o.'s clumsiness.

be'la·chen *v/t* ⟨*no* ge-, h⟩ laugh at (*od.* over): einen Witz ~ to laugh at a joke; j-s Dummheit ~ to make fun of (*od.* mock at) s.o.'s stupidity.

be'la·den[1] **I** *v/t* ⟨*irr, no* ge-, h⟩ **1.** (*Wagen, Schiff etc*) load. – **2.** j-n mit etwas ~ *fig.* to burden (*od.* load) s.o. with s.th. – **3.** *metall. chem.* charge. – **4.** *mil.* (*mit Bomben*) bomb up. – **II** *v/reflex* sich ~ **5.** *auch fig.* (mit with) load (*od.* burden) oneself. – **III B~** *n* ⟨-s⟩ **6.** *verbal noun.*

be'la·den[2] **I** *pp of* beladen[1]. – **II** *adj* loaded, laden: schwer ~ sein to be heavily loaded, to be heavily laden; mit Schuld ~ *lit.* laden with guilt (*lit.*); sein Herz war mit Sorgen ~ *fig.* his heart was heavy with sorrow; kommet her zu mir alle, die ihr mühselig und ~ seid *Bibl.* come unto me, all ye that labo(u)r and are heavy laden.

Be'la·de|ˌplan *m tech.* loading (*od.* stowage) chart, loading table (*bes. aer.*). — **~ˌplatz** *m cf.* Ladeplatz 1.

Be'la·der *m* ⟨-s; -⟩ *mar.* shipper.

Be'la·de·sta·tiˌon *f tech.* **1.** (*Aufgabestation*) loading station. – **2.** (*einer Förderanlage*) take-up (*od.* receiving) end.

Be'la·dung *f* ⟨-; *no pl*⟩ **1.** (act of) loading. – **2.** *obs. for* Ladung[1] 1.

Be·lag [bə'laːk] *m* ⟨-(e)s; ⸗e⟩ **1.** (*Überzug*) coat(ing), (*sehr dünner*) film. – **2.** (*Schicht*) layer, coating. – **3.** (*Metallauflage*) plating, coating. – **4.** (*des Fußbodens etc*) covering. – **5.** (*als Wandverkleidung*) paneling, *bes. Br.* panelling, wall panel. – **6.** *civ.eng.* a) (*einer Straße*) surface, b) (*einer Brücke*) flooring. – **7.** (*einer Bremse, Kupplung*) lining, facing, pad. – **8.** (*eines Spiegels*) tinfoil, (mirror) foil. – **9.** *min.* tarnish. – **10.** *med.* a) (*krankhaft*) coating, fur(ring), b) (*bei Diphtherie*) membrane: ~ auf der Zunge coating on the tongue, coated tongue; ~ auf den Zähnen film on the teeth, tartar; diphtherischer ~ diphther(it)ic membrane; entzündlicher ~ exudate. – **11.** *gastr.* a) (*Aufstrich*) spread, b) (*Kuchenbelag etc*) topping, c) (sandwich) filling. — **~ˌblech** *n tech.* flooring plate.

Be'la·ge·rer *m* ⟨-s; -⟩ *bes. mil.* besieger.

be'la·gern I *v/t* ⟨*no* ge-, h⟩ **1.** *mil.* (*Stadt, Festung etc*) besiege, beleaguer, invest, lay siege to. – **2.** *fig. colloq.* besiege, beset, throng: das Haus wurde von Neugierigen belagert the house was besieged by inquisitive people. – **II B~** *n* ⟨-s⟩ **3.** *verbal noun.* — **Be'la·ge·rung** *f* ⟨-; -en⟩ **1.** *cf.* Belagern. – **2.** *mil.* siege: die ~ aufheben to raise the siege; der ~ standhalten to withstand the siege.

Be'la·ge·rungs|arˌmee *f mil.* besieging army. — **~ˌkranz** *m*, **~ˌkro·ne** *f mil. hist.* obsidional crown. — **~ma·ˌschi·ne** *f* battering engine. — **~ˌwerk** *n meist pl* siege work. — **~ˌwid·der** *m* battering ram. — **~zuˌstand** *m pol.* state of siege: den ~ über eine Stadt verhängen to proclaim (*od.* declare) a town to be in a state of siege, to declare a town sieged.

Be'lagˌflä·che *f tech.* coating surface.

be'läm·mert *adj colloq. cf.* belemmert.

Be·lang [bə'laŋ] *m* ⟨-(e)s; -e⟩ **1.** ⟨*only sg*⟩ importance, consequence: eine Sache von ~ a matter of importance; nichts von ~ nothing of importance; ein Einwand von ~ a material objection; das ist ohne (*od.* nicht von) ~ that is unimportant (*od.* of no consequence); von großem ~ sein to be very important, to count for much. – **2.** *pl* (*Interessen*) interests, concerns: j-s wirtschaftliche ~e vertreten to represent the economic interests of s.o.; öffentliche [private] ~e public [private] interests; die kulturellen ~e unserer Stadt the cultural affairs of our town. – **3.** (*Hinsicht*) regard, respect: in diesem ~ in this regard (*od.* these respects).

be'lang·bar *adj jur.* **1.** (*strafrechtlich*) triable, indictable, liable to criminal prosecution. – **2.** (*zivilrechtlich*) actionable, suable.

be'lan·gen I *v/t* ⟨*no* ge-, h⟩ **1.** j-n (gerichtlich) ~ *jur.* (wegen for) to sue (*od.* prosecute, process) s.o., to take legal action against s.o.: j-n disziplinarisch ~ to impose disciplinary punishment on s.o. – **2.** was mich belangt *archaic* as for me. – **II B~** *n* ⟨-s⟩ **3.** *verbal noun.*

be'lang·los *adj* **1.** (*unbedeutend*) insignificant, unimportant, trivial, trifling: die Sache ist völlig ~ the matter is quite unimportant (*od.* of no account whatsoever); über ~e Dinge sprechen to talk about trivial things. – **2.** (*nebensächlich*) irrelevant, immaterial. – **3.** (*gering*) negligible, small, petty. — **Be'lang·lo·sig·keit** *f* ⟨-; -en⟩ **1.** ⟨*only sg*⟩ insignificance, unimportance. – **2.** ⟨*only sg*⟩ irrelevance, irrelevancy. – **3.** ⟨*only sg*⟩ negligibility. – **4.** (*etwas Unbedeutendes*) triviality, trifle. – **5.** *pl* (*belangloses Gerede*) trivialities.

be'lang|ˌreich *adj lit. for* belangvoll. — **B~ˌsen·dung** *f Austrian pol.* (*im Rundfunk, Fernsehen*) party political broadcast.

Be'lan·gung *f* ⟨-; -en⟩ **1.** *cf.* Belangen. – **2.** *jur.* prosecution, process, legal action (*od.* proceedings *pl*): die ~ einer Person the prosecution of (*od.* legal action against) a person.

be'langˌvoll *adj* **1.** significant, important. – **2.** of consequence, *auch* consequential.

be'las·sen *v/t* ⟨*irr, no* ge-, h⟩ **1.** leave: j-n in seinem Glauben ~ to let s.o. go on thinking (*od.* believing) s.th.; etwas an seinem (alten) Platz ~ to leave s.th. in its (old) place; alles beim alten ~ to leave things unchanged (*od.* as they are); ~ wir es dabei! let us leave it at that! – **2.** retain, keep: j-n in seiner Stellung ~ to retain s.o. in his post.

Be'las·sung *f* ⟨-; *no pl*⟩ (*Beibehaltung*) leaving, retention.

be'last·bar *adj* **1.** *tech.* (*Achse, Brücke etc*) loadable. – **2.** *electr.* (*Batterie*) dischargeable. — **Be'last·bar·keit** *f* ⟨-; *no pl*⟩ **1.** *tech.* load(ing) capacity. – **2.** *auto.* load-carrying capacity. – **3.** *electr.* power rating. – **4.** *med.* (*körperliche*) maximum stress.

be'la·sten I *v/t* ⟨*no* ge-, h⟩ **1.** (*Fahrzeug etc*) load, put a load on, (*bes. mit Gewichten*) weight: einen Balken ~ to load a beam; etwas zu sehr ~ to overload s.th.; den Talski ~ (*sport*) to weight the downhill (*od.* bottom, lower) ski. – **2.** *fig.* burden, load, charge, saddle: j-n mit zusätzlicher Arbeit ~ to load s.o. with (some) extra work; das Volk mit Steuern ~ to burden the population with taxes; sein Gedächtnis unnötig ~ to burden one's memory with unnecessary facts; es belastet meine Nerven it taxes my nerves; den Magen zu sehr ~ to overburden the stomach; den Kreislauf ~ *med.* to strain the circulation. – **3.** *fig.* (*Seele, Gemüt etc*) weigh (up)on, weigh (*s.o.*) down, oppress: j-n schwer ~ to weigh on s.o.'s mind. – **4.** *econ.* (*Konto etc*) (mit with) charge, debit: j-s Konto mit einer Summe ~ to charge a sum to s.o.'s account; ein Haus mit einer Hypothek ~ to encumber (*od.* burden) a house with a mortgage, to mortgage a house; den Etat ~ to burden the budget; etwas mit einer Umlage ~ to put (*od.* impose) a rate on s.th. – **5.** *jur.* (*Angeklagten*) (durch by, mit with) incriminate. – **6.** *electr.* (*Leitung, Stromnetz*) load. – **7.** *phys. med.* stress. – **II** *v/reflex* sich ~ **8.** *auch fig.* load (*od.* burden, encumber) oneself, take a load (*od.* burden) upon oneself: sich mit unnützem Wissen ~ to fill (*od.* cram) one's head with useless facts. – **III B~** *n* ⟨-s⟩ **9.** *verbal noun.* – **10.** *cf.* Belastung. — **be'la·stend I** *pres p.* – **II** *adj jur.* (*Aussage, Beweismaterial etc*) incriminating, incriminatory. — **be'la·stet I** *pp.* – **II** *adj* **1.** (*Fahrzeug etc*) loaded, (*bes. mit Gewichten*) weighted: voll ~ a) fully loaded, under full load, b) (*Motor, Dampfmaschine*) at full load. – **2.** *fig.* burdened, charged, saddled: mit Schuld [Schulden] ~ burdened with guilt [debts]; erblich ~ sein to have a(n) hereditary taint, to suffer from (*od.* be burdened by) a hereditary disease; politisch ~ sein to be handicapped by one's political past; mit Sorgen ~ heavy-laden (*od.* weighed down) with worries; mit hohen Steuern ~ *econ.* heavily taxed; mit einer Hypothek ~ encumbered with a mortgage.

be·lä·sti·gen [bə'lɛstɪgən] **I** *v/t* ⟨*no* ge-, h⟩ bother, trouble, importune, (*stärker*) annoy, pester, molest, badger (*colloq.*): ich möchte Sie nicht ~ I don't want to inconvenience (*od.* incommode) you; entschuldigen Sie bitte, daß ich Sie damit belästige I must apologize for troubling you with this matter; j-n mit Fragen ~ to bother (*od.* pester) s.o. with questions; die Fliegen ~ das Vieh the flies pester the cattle; das Mädchen wurde von Betrunkenen belästigt the girl was molested by drunken men. – **II B~** *n* ⟨-s⟩ *verbal noun.* — **Be'lä·sti·gung** *f* ⟨-; -en⟩ **1.** *cf.* Belästigen. – **2.** bother, trouble, (*stärker*) annoyance, molestation: etwas als ~ empfinden to feel annoyed by s.th.; die ~ von Passanten the molestation of passers-by.

Be'la·stung *f* ⟨-; -en⟩ **1.** *cf.* Belasten. – **2.** *bes. tech.* (*eines Fahrzeuges etc*) load: aussetzende ~ intermittent load; zu geringe ~ underload; ständige (*od.* bleibende) ~ permanent load; die ~ eines Motors the load on a motor; die ~ der Bremsen the braking load; zulässige ~ safe load; ~ je

Flächeneinheit unit load. – 3. (*Gewicht*) weight: ~ durch Eigengewicht dead weight. – 4. *fig.* burden, load, charge: das bedeutet eine zusätzliche ~ that is an additional burden; eine finanzielle ~ a financial burden; steuerliche ~ tax burden; er ist eine große ~ für seine Familie he is a great burden on (*od.* for) his family; erbliche ~ *med.* hereditary taint (*od.* tendency). – 5. *fig.* (*seelische*) stress, strain, weight, oppression: ihre Nerven waren der ~ nicht gewachsen her nerves could not stand the strain. – 6. *econ.* (*des Kontos*) charge, debit: gleichbleibende (*od.* feste) ~ fixed charge. – 7. *jur.* (*des Angeklagten*) incrimination. – 8. *electr.* load: kapazitive ~ capacity (*od.* capacitive) load; induktive ~ inductive load. – 9. *phys.* strain.

Be'la·stungs|ˌän·de·rung *f tech. electr.* change (*od.* variation) in load, load variation. — ~ˌ**anˌzei·ge** *f econ.* debit note. — ~ˌ**ausˌgleich** *m tech.* load compensation (*od.* balance). — ~**beˌdin·gun·gen** *pl* conditions of load. — ~**cha·rak·te·ˌri·stik** *f* load characteristic. — ~ˌ**dau·er** *f* load period (*od.* duration). — ~**de·for·miˌtät** *f med.* deformity due to stress. — ~**diaˌgramm** *n tech.* load diagram (*od.* curve). — ~ˌ**fä·hig·keit** *f cf.* Belastbarkeit. — ~ˌ**fak·tor** *m* load factor (*od.* coefficient). — ~ˌ**flä·che** *f* 1. *tech.* a) load area, b) (*Lastfläche*) loaded area. – 2. *phys.* stressed surface. — ~**geˌbir·ge** *n electr.* (seasonal) load curve. — ~**geˌwicht** *n tech.* 1. loading weight. – 2. (*beim Sicherheitsventil*) load of a safety valve. — ~ˌ**gren·ze** *f tech. electr.* load limit (*od.* capacity). — ~**ko·ef·fi·ziˌent** *m tech. cf.* Belastungsfaktor. — ~ˌ**kur·ve** *f phys. tech. electr.* load curve (*od.* graph, diagram). — ~**ma·te·riˌal** *n jur.* incriminating evidence (*od.* documents *pl*). — ~**moˌment** *n tech.* moment of load. — ~ˌ**pro·be** *f* 1. *tech.* load(ing) test. – 2. *med.* tolerance test. – 3. *fig.* test: einer ~ ausgesetzt sein to be put to the test. — ~ˌ**prü·fung** *f tech. cf.* Belastungsprobe 1. — ~ˌ**quo·te** *f econ.* load ratio (*within an overall financial burden*). — ~ˌ**schwan·kung** *f tech.* change (*od.* fluctuation, variation) of load, load variation. — ~ˌ**span·nung** *f electr.* load voltage. — ~ˌ**spit·ze** *f tech. electr.* peak load, load peak. — ~ˌ**stei·ge·rung** *f* increase of load. — ~ˌ**stoß** *m* shock load, sudden increase of load. — ~ˌ**tal** *n electr.* off-peak (load). — ~**verˌsuch** *m cf.* Belastungsprobe 1, 2. — ~**verˌtei·lung** *f tech. electr.* load distribution. — ~ˌ**vorˌschrif·ten** *pl* regulations of loads. — ~ˌ**wert** *m* load value. — ~ˌ**wi·derˌstand** *m electr.* load resistance (*od.* impedance). — ~ˌ**zeu·ge** *m jur.* witness for the prosecution.

be·lau·ben [bə'laubən] *v/reflex* ⟨*no* ge-, h⟩ sich ~ put forth leaves, break (*od.* come, burst) into leaf, frondesce (*scient.*). — **be'laubt** I *pp.* – II *adj* (*Bäume*) leafy, leafed, foliate(d) (*scient.*): der Baum ist ~ the tree is in leaf; die Bäume sind dicht ~ the trees are thickly leafed. — **Be'lau·bung** *f* ⟨-; *no pl*⟩ leaves *pl*, leafage, foliage.

be'lau·ern I *v/t* ⟨*no* ge-, h⟩ 1. (*Tiere etc*) lie in wait for. – 2. *fig.* watch (*od.* observe) (*s.o., s.th.*) secretly, spy (up)on. – II **B**~ *n* ⟨-s⟩ 3. *verbal noun.* — **Be'laue·rung** *f cf.* Belauern.

Be'lauf *m* ⟨-(e)s; Beläufe⟩ 1. (*forestry*) a forester's inspection district. – 2. ⟨*only sg*⟩ *obs.* amount: im ~ von to the amount of.

be'lau·fen¹ *v/reflex* ⟨*irr, no* ge-, h⟩ sich auf (*acc*) etwas ~ to amount (*od.* come, run) to s.th., to mount (*od.* figure) up to s.th.: die Kosten werden sich auf etwa 1000 Mark ~ the costs will amount to (*od.* reach) approximately 1,000 marks; seine Verpflichtungen ~ sich auf insgesamt his liabilities amount to (*od.* total); sich höher ~ als etwas to exceed s.th.; es beläuft sich auf Millionen it runs into millions.

be'lau·fen² I *pp of* belaufen¹. – II *adj colloq.* (*Straße etc*) busy, much-frequented (*attrib*).

be'lau·schen *v/t* ⟨*no* ge-, h⟩ 1. (*Gespräch, Person etc*) listen (secretly) to, eavesdrop on, overhear. – 2. *lit.* (*Natur, Wild etc*) observe, watch.

Bel·che ['bɛlçə] *f* ⟨-; -n⟩, '**Bel·chen** *n* ⟨-s; -⟩ *zo. cf.* Bläßhuhn.

be'le·ben I *v/t* ⟨*no* ge-, h⟩ 1. enliven, give life to, animate, stimulate, liven up: eine Unterhaltung ~ to liven up (*od.* animate) a conversation; etwas neu ~ to put new life into s.th.; einen Text mit Bildern ~ to enliven a text with pictures; j-s Hoffnungen ~ to raise s.o.'s hopes; den Handel ~ *econ.* to encourage (*od.* enliven) commerce; eine Tasse Tee wird mich etwas ~ I'll feel better after a cup of tea. – 2. *lit.* endue (*s.o., s.th.*) with life. – II *v/reflex* sich ~ 3. come to life, liven up, revive: die Straßen ~ sich the streets come to life; ihr Gesicht belebte sich bei diesem Gedanken her face brightened (*od.* lit up) at the thought of it; der Umsatz belebt sich nur langsam *econ.* the turnover is only gradually reviving. – III **B**~ *n* ⟨-s⟩ 4. *verbal noun.* – 5. *cf.* Belebung. — **be'le·bend** I *pres p.* – II *adj* animating, stimulating, invigorating: eine ~e Wirkung a stimulating (*od.* refreshing) effect; ein ~es Mittel a restorative, a stimulant. — **be'lebt** I *pp.* – II *adj* 1. animated, lively: eine ~e Straße der Innenstadt a busy (*od.* much-frequented) city street. – 2. von etwas ~ sein to be inhabited by s.th.: der Urwald ist von einer reichen Fauna ~ the jungle is inhabited by a rich fauna. — **Be'lebt·heit** *f* ⟨-; *no pl*⟩ animation, liveliness.

Be'lebtˌschlamm *m tech.* activated sludge. — ~**verˌfah·ren** *n* activated sludge process.

Be'le·bung *f* ⟨-; *no pl*⟩ 1. *cf.* Beleben. – 2. animation, stimulation: neue ~ revival; eine ~ der Wirtschaft *econ.* a) a stimulation (*od.* an encouragement) of the economy, b) a stimulation (*od.* an improvement, an upswing) of the economy.

Be'le·bungs|ˌmit·tel *n med. pharm.* restorative, stimulant. — ~**verˌsuch** *m* attempt at resuscitation.

be'lecken (*getr.* -k·k-) *v/t* ⟨*no* ge-, h⟩ lick: die Katze beleckt ihre Pfote the cat licks its paw. — **be'leckt** I *pp.* – II *adj* kaum [nicht] von der Kultur beleckt sein *fig. contempt.* to have only a smattering (*od.* a thin veneer) [to show no trace] of culture.

be'le·dern I *v/t* ⟨*no* ge-, h⟩ 1. *tech.* (*auch Klavierhammer etc*) cover (*od.* line, pack) (*s.th.*) with leather. – 2. (*Billardstock*) tip (*s.th.*) with leather. – II **B**~ *n* ⟨-s⟩ 3. *verbal noun.* — **Be'le·de·rung** *f* ⟨-; *no pl*⟩ *cf.* Beledern.

Be·leg [bə'leːk] *m* ⟨-(e)s; -e⟩ 1. (*Beweis*) proof: als (*od.* zum) ~ für etwas in proof of s.th.; ~e für etwas liefern (*od.* beibringen) to furnish proof of s.th. – 2. *econ.* (*Quittung*) receipt, voucher. – 3. *jur.* (*Beweisstück*) a) voucher, (documentary) proof, documentary evidence, supporting document, b) (*vor Gericht*) exhibit. – 4. *print.* voucher (copy). – 5. *ling.* a) (*Quelle*) authority, reference, b) (*Beispiel*) example, illustration, instance: es gibt viele ~e für den Gebrauch dieses Wortes there are many instances of the usage of this word.

be'leg·bar *adj auch jur.* provable, attestable.

Be'legˌbo·gen *m* 1. *print.* tear sheet. – 2. *ped. form recording the classes and lectures for which a student registers.*

be'le·gen¹ I *v/t* ⟨*no* ge-, h⟩ 1. (*Fußboden etc*) cover: den Boden mit Brettern ~ to board the floor; etwas mit Teppichen ~ to carpet s.th.; etwas mit Fliesen ~ to flag (*od.* tile) s.th.; etwas mit Metall ~ to face s.th. with metal, to plate s.th.; die Bremsen mit Gummi ~ *tech.* to line the brakes with rubber; ein Faß (mit Reifen) ~ to hoop a cask; einen Spiegel ~ *tech.* to foliate a mirror. – 2. etwas mit etwas ~ *gastr.* to put s.th. on s.th.: ein Brot mit Käse ~ to make a cheese sandwich. – 3. (*Platz*) reserve, secure, 'bag' (*colloq.*). – 4. etwas mit etwas ~ *fig.* to lay (*od.* impose) s.th. (up)on s.th.: etwas mit Abgaben ~ to impose (*od.* levy) taxes on s.th.; j-n mit einer Strafe ~ to impose a penalty on s.o., to penalize s.o.; j-n mit Schimpfnamen ~ to call s.o. names; j-n mit einem Fluch ~ to lay a curse upon s.o.; j-n mit dem Bann ~ a) *hist.* to put s.o. under a ban, b) *relig.* to anathematize s.o.; etwas mit einer Sondersteuer ~ *econ.* to charge s.th. with a surtax (*od.* an excess levy); etwas mit einer Nachgebühr ~ (*postal service*) to surcharge s.th.; → Beschlag³. – 5. (*nachweisen*) prove, substantiate, produce evidence for: eine Stelle im Text ~ to give a reference for a quotation; etwas durch Beispiele ~ to illustrate (*od.* exemplify) s.th. – 6. *ped.* (*Vorlesung, Kurs*) enrol(l) for, put one's name down for, *bes. Am.* sign up for: ich habe französische Literatur belegt I have enrol(l)ed for (*Am.* in) (*od.* I am taking) French literature. – 7. *econ.* a) (*Ausgaben*) support (*s.th.*) by a voucher, voucher, b) (*Passage, Frachtraum*) book. – 8. eine Stadt mit Garnison ~ *mil.* to garrison a town; ein Haus mit Einquartierung ~ *mil.* to billet soldiers in a house; eine Stellung mit Bomben [Granatfeuer] ~ *mil.* to bomb [shell] a position. – 9. den ersten Platz ~ (*sport*) to take first place, to be placed first; einen der letzten Plätze ~ to be a tailender (*Br.* tail-ender). – 10. *agr.* (*Stute, Kuh etc*) cover. – 11. *mar.* (*Poller*) belay. – 12. *tel.* (*Leitung*) tie up. – 13. *gastr.* (*Tortenboden*) fill. – 14. (*Hotel, Krankenhaus, Betten*) fill. – II *v/i* 15. *ped.* enrol(l), enter one's name (*bes. Am.* sign up) for a course of lectures. – III **B**~ *n* ⟨-s⟩ 16. *verbal noun.* – 17. *ped.* enrol(l)ment. – 18. *cf.* Belegung.

be'le·gen² *adj jur.* situate(d): Zuständigkeit des Gerichts der ~en Sache jurisdiction of the court in whose district the thing or property is situate.

Be'le·gen·heit *f* ⟨-; *no pl*⟩ ~ der Sache *jur.* locus rei sitae, place where the thing or property is situate.

Be'leg|ex·emˌplar *n econ. print.* voucher (copy). — ~ˌ**frist** *f ped.* date by which students must enrol(l). — ~ˌ**klam·pe** *f mar.* belaying cleat. — ~ˌ**kno·chen** *m med.* membrane (*od.* dermal) bone. — ~**ma·te·riˌal** *n* material giving documentary evidence (*od.* quoting an authority). — ~ˌ**na·gel** *m mar.* belaying (cleat) pin. — ~ˌ**num·mer** *f econ.* voucher number. — ~ˌ**pol·ler** *m mar.* 1. bitt, bollard. – 2. (*am Kai, auf Schleppern*) bollard.

Be'leg·schaft *f* ⟨-; -en⟩ staff, employees *pl*, personnel, (*einer Fabrik etc*) *auch* workers *pl*, work force.

Be'leg·schafts|ˌraum *m* staff room. — ~ˌ**stär·ke** *f* number of staff (*od.* personnel, employees).

Be'leg|ˌschein *m econ.* voucher. — ~ˌ**sei·te** *f print.* tear sheet. — ~ˌ**stel·le** *f ling.* 1. *cf.* Beleg 5. – 2. locus (classicus) (*standard passage containing evidence of usage*). — ~ˌ**stück** *n* 1. *econ. print. cf.* Belegexemplar. – 2. *jur. cf.* Beleg 3.

be'legt I *pp.* – II *adj* 1. (*Platz, Zimmer*) taken, occupied: bis August sind alle Zimmer ~ all the rooms are taken until August. – 2. (*reserviert*) reserved. – 3. (*Hotel, Krankenhaus*) full: das Hotel ist voll ~ the hotel is booked (*od.* full) up. – 4. (*Stimme*) husky, thick. – 5. *med.* (*Zunge*) coated, furred. – 6. ~es Brot (*od.* Brötchen) *gastr.* sandwich. – 7. das Wort ist ~ bei ... *ling.* that word occurs in ...; das Wort ist nicht literarisch ~ there is no evidence for the word in literature; das ist eine historisch ~e Tatsache there is historical evidence for the fact; urkundlich ~ authentic; ~e Tatsache matter of record. – 8. *tel.* (*Leitung*) engaged, *Am. auch* busy. – 9. der Streb war mit 10 Mann ~ (*mining*) there were 10 face workers (*od.* men at the face).

Be'legtˌzei·chen *n tel. cf.* Besetztzeichen.

Be'le·gung *f* ⟨-; *no pl*⟩ 1. *cf.* Belegen¹. – 2. (*mit Strafe, Bann etc*) (*gen* on) imposition. – 3. (*eines Platzes*) reservation. – 4. *tel.* seizure. – 5. *philos.* (*in der Logik*) valuation, representational correlation.

Be'le·gungs|ˌdau·er *f tel.* holding time. — ~ˌ**stär·ke** *f mil.* billeting (*od.* quartering) strength.

Be'legˌzet·tel *m econ. cf.* Belegschein.

be'lehn·bar *adj Swiss for* beleihbar.

be'leh·nen *v/t* ⟨*no* ge-, h⟩ 1. j-n ~ *hist.* to invest s.o. with a fief, to enfeoff s.o.: j-n mit einem Titel ~ *fig.* to invest s.o. with a title. – 2. *Swiss for* beleihen 1. — **Be'lehn·te** *m* ⟨-n; -n⟩ *hist.* feoffee, liegeman, vassal. — **Be'leh·nung** *f* ⟨-; *rare* -en⟩ 1. *hist.* enfeoffment, infeudation, *auch* infeodation: ~ mit einem Titel *fig.* investiture with a title. – 2. *Swiss* (von on) a) granting (of) a loan, b) raising (of) a loan.

Be'leh·nungsˌurˌkun·de *f hist.* deed of feoffment.

be'lehr·bar *adj* teachable. — **Be'lehr·bar·keit** *f* ⟨-; *no pl*⟩ teachability, teachableness.

be'leh·ren I *v/t* ⟨*no* ge-, h⟩ 1. teach, instruct, inform: j-n ~, wie er sich zu verhalten hat to teach s.o. how to behave; j-n über die Bedeutung einer Sache ~ to inform s.o. of the importance of s.th.; sich ~ lassen to take advice, to listen to reason; sich über (*acc*) etwas ~ lassen to get information about s.th.; j-n eines anderen (*od.* eines Besseren) ~ to teach s.o. better, to set s.o. right, to enlighten (*od.* undeceive) s.o.; wir wurden bald eines Besseren belehrt we soon learned differently; sie wurden falsch belehrt they were misinformed. – 2. (*beraten*) advise: j-n über seine Rechte ~ *jur.* to advise (*od.* warn) s.o. of his rights. – II B~ *n* ⟨-s⟩ 3. *verbal noun.* – 4. *cf.* Belehrung. — **be'leh·rend** I *pres p.* – II *adj* 1. (*lehrreich*) (*Gespräch etc*) instructive, informative, informatory. – 2. (*lehrhaft*) didactic: in einem ~en Ton in a didactic tone. — **Be'leh·rung** *f* ⟨-; -en⟩ 1. *cf.* Belehren. – 2. instruction, information: seine ständigen ~en his constant preaching; falsche ~ (der Geschworenen) *jur.* misdirection. – 3. (*Rat*) advice: ~en annehmen to accept (*od.* listen to) advice.

Be'leh·rungs,schie·ßen *n mil.* instruction [firing.]

be·leibt [bə'laɪpt] *adj* corpulent, stout, portly, obese (*lit.*). — **Be'leibt·heit** *f* ⟨-; *no pl*⟩ corpulence, corpulency, stoutness, portliness, obesity (*lit.*).

be·lei·di·gen [bə'laɪdɪgən] *v/t* ⟨*no* ge-, h⟩ 1. insult, offend, give offence (*Am.* offense) to, affront: j-n mit (*od.* durch) etwas empfindlich ~ to hurt s.o. (*od.* s.o.'s feelings) deeply by s.th.; j-n in seinem Stolz ~ to injure s.o.'s pride; ohne j-n ~ zu wollen without wishing to offend anyone; ich wollte Sie nicht ~ no offence meant. – 2. *fig.* offend, shock, be offensive to: das Auge [Ohr] ~ to offend (*od.* displease) the eye [ear]; das Zartgefühl ~ to shock s.o.'s delicacy of feeling. – 3. *jur.* a) defame, (*mündlich*) slander, (*schriftlich*) libel, b) (*tätlich*) assault. — **be'lei·di·gend** I *pres p.* – II *adj* 1. insulting, offensive, injurious: ~e Worte offensive (*od.* abusive) words; etwas als ~ empfinden to take offence (*Am.* offense) at s.th.; in ~er Absicht with intent to offend. – 2. *jur.* defamatory, (*mündlich*) slanderous, (*schriftlich*) libel(l)ous.

Be'lei·di·ger *m* ⟨-s; -⟩ insulter, offender.

be'lei·digt I *pp.* – II *adj* insulted, offended: sich durch etwas ~ fühlen, über (*acc*) etwas ~ sein to be offended at (*od.* by) s.th., to take offence (*Am.* offense) at s.th.; leicht ~ sein to be quick to take offence (*Am.* offense), to be easily offended; aufs höchste (*od.* schwerste) ~ sein to be outraged; tief [tödlich] ~ sein to be deeply [mortally] offended. — **Be'lei·dig·te** *m, f* ⟨-n; -n⟩ *jur.* offended (*od.* injured) person (*od.* party).

Be'lei·di·gung *f* ⟨-; -en⟩ 1. insult, offence, *Am.* offense, affront: eine grobe [unverschämte] ~ a gross [an outrageous] insult; eine persönliche ~ a personal insult (*od.* injury); eine öffentliche ~ a public affront; eine ~ einstecken (*od.* schlucken) *colloq.* to put up with (*od.* swallow) an affront (*od.* insult); ich empfinde das als ~ I regard that as an insult; j-m eine ~ zufügen to offend (*od.* insult) s.o. – 2. *fig.* offence, *Am.* offense: eine ~ für das Auge *fig.* an eyesore. – 3. *jur.* defamation, (*mündlich*) slander, (*schriftlich*) libel, b) (*tätliche*) assault (and battery): j-n wegen ~ verklagen to sue s.o. for libel (*od.* slander).

Be'lei·di·gungs|de,likt *n meist pl jur.* offence (*Am.* offense) against personal hono(u)r (*od.* of defamation). — **b~,fä·hig** *adj* capable of being defamed. — **~,kla·ge** *f* action for defamation, libel action. — **~pro,zeß** *m* defamation (*od.* libel) suit.

be'leih·bar *adj econ.* eligible as security. — **Be'leih·bar·keit** *f* ⟨-; *no pl*⟩ eligibility as security.

be'lei·hen I *v/t* ⟨*irr, no* ge-, h⟩ 1. etwas ~ *econ.* a) to lend (*Am. auch* loan) money on s.th., to grant a loan on s.th., b) to raise money (*od.* a loan) on s.th.: ein Grundstück ~ to raise a mortgage on an estate. – 2. *hist. cf.* belehnen 1. – II B~ *n* ⟨-s⟩ 3. *verbal noun.* — **Be'lei·hung** *f* ⟨-; *no pl*⟩ 1. *cf.* Beleihen. – 2. *hist. cf.* Belehnung 1.

Be'lei·hungs|,gren·ze *f econ.* limit set in granting loans (*on a house etc*). — **~,wert** *m* lending (*od.* loan) value (*as security*).

be·lem·mern [bə'lɛmərn] *v/t* ⟨*no* ge-, h⟩ 1. *Eastern Middle G.* cheat. – 2. *dial. for* belästigen. — **be'lem·mert** I *pp.* – II *adj colloq.* 1. (*schlecht, übel*) wretched, miserable. – 2. *cf.* bedeppert.

Be·lem·nit [belɛm'niːt; -'nɪt] *m* ⟨-en; -en⟩ *geol.* belemnite. — **be·lem'ni·tisch** *adj* belemnitic.

be'le·sen *adj* well-read (*attrib*): ein sehr ~er Mann a man of vast reading, an extremely well-read man; in der englischen Literatur ~ sein to have a vast (*od.* wide) knowledge of English literature. — **Be'le·sen·heit** *f* ⟨-; *no pl*⟩ wide reading, familiarity with literature.

Bel·es·prit [bɛlɛs'priː] *m* ⟨-s; -s⟩ *obs. od. iron. for* Schöngeist.

Bel·eta·ge [bɛle'taːʒə] *f* ⟨-; -n⟩ *hist.* bel étage, first (*Am.* second) floor (*od.* storey, *bes. Am.* story).

be'leuch·ten I *v/t* ⟨*no* ge-, h⟩ 1. (*Raum, Straße, Gegenstand*) light (up), illuminate: die Bühne ~ to illuminate (*od.* light up) the stage; das Schloß wird abends beleuchtet the castle is floodlit (*od.* illuminated) at night. – 2. *fig.* (*Thema, Problem etc*) shed (*od.* throw) light (up)on, illuminate, elucidate (*lit.*): etwas von allen Seiten ~ to throw light upon s.th. from every angle (*od.* all sides); etwas näher ~ to examine s.th. more closely. – II B~ *n* ⟨-s⟩ 3. *verbal noun.* – 4. *cf.* Beleuchtung.

Be'leuch·ter *m* ⟨-s; -⟩ (*theater, film*) lighting technician, electrician.

be'leuch·tet I *pp.* – II *adj* lighted, lit, illuminated: von der Sonne ~ sunlit; die Straßen sind schlecht [gut] ~ the streets are poorly [well] lit; elektrisch ~ lighted by electricity; ein vorschriftsmäßig ~es Fahrzeug a vehicle lit according to (the) regulations.

Be'leuch·tung *f* ⟨-; -en⟩ 1. *cf.* Beleuchten. – 2. (*eines Raumes, einer Straße etc*) light(ing), illumination: festliche [unzureichende] ~ festive [insufficient] illumination; [in]direkte [elektrische] ~ [in]direct [electric] lighting; künstliche ~ artificial light(ing); etwas in einer bestimmten ~ sehen *fig.* to see s.th. in a certain light; in dieser ~ wirkt alles gespenstisch everything seems ghostly (*od.* weird) in this light. – 3. *electr.* light(s *pl*), light(ing) fittings *pl*, lighting equipment (*od.* installation): die ~ einschalten to turn on the lights, to light up. – 4. *fig.* (*eines Problems etc*) illumination, elucidation (*lit.*).

Be'leuch·tungs|,an,la·ge *f electr.* lighting installation (*od.* plant, system). — **~,an,ord·nung** *f phot.* lighting arrangement. — **~ar·ma,tu·ren** *pl electr.* light fittings. — **~,brücke** (*getr.* -k·k-) *f* (*theater*) travel(l)ing lighting gallery, (light) bridge, *bes. Br.* bridge lighting. — **~ef,fekt** *m* lighting (*od.* illuminating) effects *pl.* — **~,ein·heit** *f electr.* unit of illumination. — **~,ein,rich·tung** *f* lighting equipment (*od.* device). — **~ge,rät** *n* (*optics*) lighting (*od.* illumination) instrument, illuminator. — **~,grad** *m electr.* degree of illumination. — **~,gren·ze** *f* boundary (*od.* limit) of illumination. — **~in·ge·ni,eur** *m* lighting engineer. — **~,kör·per** *m* lighting fixture (*od.* appliance). — **~,lin·se** *f* (*optics*) condenser (*od.* illumination) lens. — **~,mes·ser** *m* photometer, illumination meter, luxmeter. — **~,mes·sung** *f* photometric measurement, photometry. — **~,mit·tel** *n electr.* illuminant. — **~,pro·be** *f* (*theater*) lighting (*Am. auch* light) rehearsal. — **~,ra·dar** *n, m mil.* illuminating radar. — **~,spie·gel** *m* (*optics*) illuminating mirror. — **~,stär·ke** *f* 1. illumination, lighting intensity, illuminance. – 2. *phys.* (*als Meßgröße*) lux, meter-candle, phot. — **~,stär·ke,mes·ser** *m cf.* Beleuchtungsmesser. — **~,strah·len,bün·del** *n* illuminating pencil of rays. — **~,tech·nik** *f electr.* light(ing) engineering.

be·leum·det [bə'lɔʏmdət] *adj cf.* beleumundet II.

be·leu·mun·den [bə'lɔʏ,mʊndən] *v/t* ⟨*no* ge-, h⟩ j-n gut [schlecht *od.* übel] ~ to speak well [badly] of s.o. — **be'leu,mun·det** I *pp.* – II *adj* gut [schlecht *od.* übel] ~ sein to be well [ill] reputed, to be held in good [bad] repute; sie ist übel ~ she is a disreputable person.

bel·fern ['bɛlfərn] *v/t u. v/i* ⟨h⟩ *colloq. for* bellen.

Bel·gen ['bɛlgən] *pl antiq.* Belgae, ancient Belgians (*inhabitants of Belgium and northern France in Caesar's time*).

Bel·gi·er ['bɛlgĭər] *m* ⟨-s; -⟩ 1. Belgian. – 2. *agr.* Belgian (draught horse). — **'Bel·gie·rin** *f* ⟨-; -nen⟩ Belgian (woman).

bel·gisch ['bɛlgɪʃ] *adj geogr.* Belgian, *auch* Belgic.

Be·li·al ['beːlĭal] *m* ⟨-(s); *no pl*⟩ *Bibl.* Belial, Satan, the Devil.

be'lich·ten *phot.* I *v/t* ⟨*no* ge-, h⟩ 1. (*Film, Platte*) expose: eine Aufnahme zu kurz [lang] ~ to underexpose [to overexpose] a picture. – II *v/i* 2. expose: doppelt ~ to expose twice; auf die Schatten ~ to expose for the shadows. – III B~ *n* ⟨-s⟩ 3. *verbal noun.* – 4. *cf.* Belichtung. — **be'lich·tet** I *pp.* – II *adj* (*Film, Aufnahme*) exposed: gut ~ sein to be well exposed. — **Be'lich·tung** *f* ⟨-; *no pl*⟩ 1. *cf.* Belichten. – 2. exposure: richtige [falsche] ~ correct [incorrect] exposure; doppelte ~ double exposure.

Be'lich·tungs|,an,ga·ben *pl phot.* exposure data. — **~,an,zei·ge** *f* exposure indicator. — **~au·to,mat** *m* 1. (*einer Kamera*) built-in automatic exposure control. – 2. (*einer Dunkelkammeruhr*) automatic exposure (*od.* darkroom) timer. — **~,dau·er** *f cf.* Belichtungszeit. — **~,ein,stel·lung** *f* exposure setting. — **~,fak·tor** *m cf.* Verlängerungsfaktor. — **~in·ten·si,tät** *f* intensity of exposure to light. — **~,mes·ser** *m* exposure meter. — **~,rech·ner** *m* exposure calculator. — **~,schalt,uhr** *f* exposure timer: automatische ~ automatic interval timer. — **~,spiel,raum** *m* exposure latitude, range of exposure. — **~,steue·rung** *f* exposure control. — **~ta,bel·le** *f* exposure table. — **~,wert** *m* exposure (*od.* light) value. — **~,zeit** *f* exposure time, duration (*od.* time) of exposure: die ~ ermitteln to establish the exposure time.

be'lie·ben I *v/t* ⟨*no* ge-, h⟩ ~, etwas zu tun *meist iron.* to deign (*od.* condescend) to do s.th.: sie beliebte, nicht zu antworten she did not condescend (*od.* deign) to reply; ~ Sie zu speisen? do you wish to dine? Sie ~ (wohl) zu scherzen *iron.* you are joking (*od. colloq.* kidding). – II *v/i* please, like: ganz wie es dir beliebt (*od.* wie du beliebst) just as you please (*od.* like); tu, was dir beliebt do as you like, suit yourself; was Ihnen beliebt whatever you like (*od.* please); wenn es Ihnen beliebt if you like (*od.* choose); wie ~? I beg your pardon; wie es Gott beliebt as God wills.

Be'lie·ben *n* ⟨-s; *no pl*⟩ will, pleasure: (je) nach ~ at pleasure (*od.* will), ad lib(itum); ganz nach ~ just as you like, whatever you please; ganz nach eigenem ~ handeln to suit one's own convenience, to suit oneself; es steht in Ihrem ~ it rests with you, it's left to your discretion, do as you see fit.

be·lie·big [bə'liːbɪç] I *adj* any, (*freigestellt*) optional, arbitrary: jeder [jedes] ~e anybody [anything] you please, no matter who [what]; ein ~es Beispiel any example you choose (*od.* please); eine ~e Zahl an optional (*od.* arbitrary) number, any number; jede ~e Größe any size (desired); in ~er Menge in any amount; an einem ~en Ort anywhere; zu jeder (Ihnen) ~en Zeit at any (convenient) time, whenever it may suit you. – II *adv* at will (*od.* pleasure): etwas ~ verändern to change s.th. at will; ~ viel as much as desired, any number (*od.* amount), no matter how much; ~ groß of any size (desired); eine ~ kleine Zahl any (*od.* an indefinitely) small number; ~ lange as long as you like, for any length of time.

be'liebt I *pp.* – II *adj* popular, (much)-liked: ein sehr ~er Schauspieler a very popular actor, an actor of great popularity; bei allen ~ sein to be (well) liked by everybody; eine ~e Redensart a common expression; ein ~er Zeitvertreib a favo(u)rite pastime; ein ~er Artikel *econ.* an article very much in demand (*od.* sought after); sich bei j-m ~ machen to ingratiate oneself (*od.* make oneself popular) with s.o. — **Be'liebt·heit** *f* ⟨-; *no pl*⟩ popularity: sich großer ~ erfreuen to enjoy great popularity, (*von Mode*) *auch* to be very fashionable.

be'lie·fern *econ.* I *v/t* ⟨*no* ge-, h⟩ (*Kunden, Geschäfte*) (mit with) supply, furnish: wir ~ nur Hotels und Gaststätten we only supply (*od.* cater for, purvey for) hotels and restaurants. – II B~ *n* ⟨-s⟩ *verbal noun.* — **Be'lie·fe·rung** *f* ⟨-; *no pl*⟩ 1. *cf.* Beliefern. – 2. supply.

Bel·kan·to [bɛl'kanto] *m* ⟨-s; *no pl*⟩ *mus.* bel canto.

Bel·la·don·na [bɛla'dɔna] *f* ⟨-; -donnen⟩ 1. *bot.* belladonna, deadly nightshade (*Atropa belladonna*). – 2. *med. pharm.* a) belladonna, b) atropine. — **~,li·lie** *f bot.*

belladonna lily, amaryllis (*scient.*) (*Amaryllis belladonna*).

Belle-Al·li·ance [bɛlaˈljãːs] (*Fr.*) *f* ⟨-; *no pl*⟩ die Schlacht bei ~ *hist.* the battle of Waterloo.

bel·len [ˈbɛlən] **I** *v/i* ⟨h⟩ **1.** (*von Hund etc*) bark, (*kläffen*) yap, yelp: → beißen 6. – **2.** *fig. colloq.* (*husten*) cough loudly. – **3.** *fig. colloq.* (*von Kanonen*) bark. – **4.** *hunt.* (*von Jagdhund, Fuchs etc*) bay, give tongue, bark. – **II** *v/t* **5.** *fig. colloq.* (*Befehl etc*) bark (out). – **III B~** *n* ⟨-s⟩ **6.** *verbal noun.* – **7.** bark, yap, yelp. — **ˈbel·lend I** *pres p.* – **II** *adj* barking: ~er Husten *fig.* barking (*od.* hacking) cough.

ˈBel·ler *m* ⟨-s; -⟩ barker, barking dog.

Bel·le·trist [bɛleˈtrɪst] *m* ⟨-en; -en⟩ belletrist, *auch* bellettrist, writer of light (*od.* imaginative) literature. — **Bel·le'tri·stik** [-tɪk] *f* ⟨-; *no pl*⟩ belles lettres *pl*, *Br.* belles-lettres *pl* (*construed as sg*), *auch* light (*od.* imaginative) literature. — **bel·le'tri·stisch** *adj* belletristic, *auch* bellettristic, literary: eine ~e Zeitschrift a literary magazine.

Belle·vue [bɛlˈvyː] *n* ⟨-; -n [-ən]⟩ Bellevue.

ˈBell|ˌhirsch *m zo.* muntjac, *auch* mun(t)jak, barking deer (*Gattg Muntiacus*). — **~ˌhu·sten** *m med.* barking (*od.* hacking) cough.

be'lo·ben *v/t* ⟨*no* ge-, h⟩ *obs. for* belobigen.

be·lo·bi·gen [bəˈloːbɪgən] **I** *v/t* ⟨*no* ge-, h⟩ commend, praise: j-n für seine Verdienste (öffentlich) ~ to commend s.o. (publicly) for his services. – **II B~** *n* ⟨-s⟩ *verbal noun.* — **Be'lo·bi·gung** *f* ⟨-; -en⟩ **1.** *cf.* Belobigen. – **2.** commendation, praise: j-m eine (öffentliche) ~ aussprechen to praise (*od.* commend) s.o. in public.

Be'lo·bi·gungs,schrei·ben *n* commendatory letter.

Be'lo·bung *f* ⟨-; -en⟩ *obs. for* Belobigung.

be'loh·nen I *v/t* ⟨*no* ge-, h⟩ reward, recompense, remunerate: j-n für seine Mühe ~ to reward s.o. for his efforts; er wurde für seine Dienste gebührend belohnt he was duly recompensed for his services; seine Geduld wurde belohnt his patience was rewarded. – **II B~** *n* ⟨-s⟩ *verbal noun.* — **Be'loh·nung** *f* ⟨-; -en⟩ **1.** *cf.* Belohnen. – **2.** reward, recompense, remuneration: zur (*od.* als) ~ für etwas as a reward for s.th.; eine ~ aussetzen to offer a reward; j-m etwas als (*od.* zur) ~ geben to reward s.o. with s.th., to give s.o. s.th. as a reward; eine schlechte ~ a poor return; eine ~ für gute Führung a reward (*od.* premium, prize) for good conduct; eine zuerkannte ~ an award.

be·lo·rus·sisch [beloˈrʊsɪʃ] *adj geogr. cf.* weißrussisch 1.

Be·los [ˈbeːləs] *npr m* ⟨-; *no pl*⟩ *myth.* Belus (*son of Poseidon*).

Bel·sa·zar [bɛlˈzaːtsar] *npr m* ⟨-s; *no pl*⟩ *Bibl.* Belshazzar.

be'lu·dern *v/reflex* ⟨*no* ge-, h⟩ sich ~ *hunt.* (*von Wild*) stuff itself, eat its fill.

be'lüf·ten I *v/t* ⟨*no* ge-, h⟩ **1.** (*Raum etc*) ventilate, air, *auch* aerate: das Heu ~ *agr.* to aerate the hay. – **2.** *tech.* a) (*Rakete etc*) supply (*od.* charge) (*s.th.*) with air, b) (*klimatisieren*) air-condition. – **II B~** *n* ⟨-s⟩ **3.** *verbal noun.* — **Be'lüf·tung** *f* ⟨-; *rare* -en⟩ **1.** *cf.* Belüften. – **2.** (*eines Raumes etc*) (fresh air) ventilation, aeration: regelbare ~ adjustable (*od.* controllable) ventilation; ~ mittels Saugventilator *tech.* induced-draft ventilation; unzureichende ~ der Lungenlappen *med.* inadequate ventilation of the pulmonary lobes. – **3.** (*Klimatisierung*) air conditioning.

Be'lüf·tungs|ˌan,la·ge *f tech.* ventilating (*od.* ventilation) system, (*in Fahrzeugen*) *auch* vent system, ventilating equipment. — **~ˌbecken** (*getr.* -k·k-) *n* aeration tank. — **~ˌklap·pe** *f tech. auto.* ventilating (*od.* ventilation) flap. — **~ˌrohr** *n* vent pipe. — **~ˌschlauch** *m auto.* ventilating hose. — **~ˌschrau·be** *f* breather screw. — **~ven,til** *n* air-bleed (*od.* vent) valve.

Be·lu·ga[1] [beˈluːga] *f* ⟨-; -s⟩ *zo.* **1.** *cf.* Weißwal. – **2.** *cf.* Hausen.

Be'lu·ga[2] *m* ⟨-s; *no pl*⟩ *gastr.* Bel(o)uga caviar(e).

be'lü·gen I *v/t* ⟨*irr, no* ge-, h⟩ j-n ~ to lie to s.o., to tell s.o. lies, to deceive s.o. by lying. – **II** *v/reflex* sich (selbst) ~ to deceive oneself.

be·lu·sti·gen [bəˈlʊstɪgən] **I** *v/t* ⟨*no* ge-, h⟩ **1.** j-n ~ to amuse (*od.* entertain, divert) s.o.: was belustigt Sie? what is amusing you? es belustigt mich ungemein *iron.* I am not amused (*iron.*). – **II** *v/reflex* sich ~ **2.** amuse (*od.* entertain, enjoy) oneself: sich mit (*od.* an *dat*) etwas ~ to amuse oneself doing s.th. – **3.** sich über j-n [etwas] ~ to make fun of s.o. [s.th.], to ridicule s.o. [s.th.]. – **III B~** *n* ⟨-s⟩ **4.** *verbal noun.* – **5.** *cf.* Belustigung. — **be'lu·sti·gend I** *pres p.* – **II** *adj* (*Bild, Gedanke, Vorstellung etc*) amusing, entertaining, diverting. — **be'lu·stigt I** *pp.* – **II** *adj* amused: ein ~es Lächeln an amused smile; über (*acc*) etwas ~ sein to be amused at (*od.* by) s.th.

Be'lu·sti·gung *f* ⟨-; -en⟩ **1.** *cf.* Belustigen. – **2.** amusement, entertainment, diversion: zur allgemeinen ~ to everybody's amusement; es wurde für allerlei ~en gesorgt all sorts of entertainments (*od.* amusements) were provided.

Be'lu·sti·gungs,sprin·gen *n* (*sport*) crazy diving.

Be·lutsch [beˈluːtʃ; beˈlʊtʃ] *m* ⟨-(e)s; -e⟩ Baluchistan (*od.* Beluchistan) (carpet).

Be·lut·sche [beˈluːtʃə; beˈlʊtʃə] *m* ⟨-n; -n⟩, **Be'lut·schin** *f* ⟨-; -nen⟩ Baluch(i), *auch* Baloch(i), Beluchi.

Bel·ve·de·re [bɛlveˈdeːrə] *n* ⟨-(s); -s⟩ *arch.* belvedere, *auch* belvidere.

Be·ma [ˈbeːma] *n* ⟨-; -ta [-ta]⟩ *arch.* bema, chancel.

be·mäch·ti·gen [bəˈmɛçtɪgən] *v/reflex* ⟨*no* ge-, h⟩ sich ~ **1.** (*einer Sache*) get (*od.* lay) hold of, take (*s.th.*) over, seize: sich eines Landes ~ to occupy (*od.* take possession of) a country; sich der Herrschaft ~ to seize power; sich einer Sache widerrechtlich ~ to take illegal possession of s.th., to usurp s.th. – **2.** sich j-s ~ to get (*od.* to lay hands on) s.o.: Angst bemächtigte sich seiner *fig.* he was seized (*od.* overcome) by fear. — **Be'mäch·ti·gung** *f* ⟨-; *no pl*⟩ seizure: widerrechtliche ~ usurpation.

be'mä·keln *v/t* ⟨*no* ge-, h⟩ *Northern G. for* bemängeln. — **Be'mä·ke·lung, Be'mäk·lung** *f* ⟨-; *no pl*⟩ *Northern G. for* Bemängelung.

be'ma·len I *v/t* ⟨*no* ge-, h⟩ **1.** paint, *auch* cover (*s.th.*) with paint, (*Glas*) stain: sich (*dat*) die Fingernägel ~ to paint one's fingernails. – **2.** decorate (with paintings *od.* ornaments), paint. – **3.** *euphem. for* beschmieren 3, bekritzeln. – **II** *v/reflex* sich ~ **4.** *colloq.* paint oneself (*colloq.*), put on paint (*colloq.*), put on makeup (*Br.* make-up). – **5.** (*von Indianern etc*) paint oneself. – **III B~** *n* ⟨-s⟩ **6.** *verbal noun.* – **7.** *cf.* Bemalung. — **be'malt I** *pp.* – **II** *adj* painted, (*Glas*) stained: ~e Fensterscheiben stained-glass windows. — **Be'ma·lung** *f* ⟨-; *no pl*⟩ **1.** *cf.* Bemalen. – **2.** (ornamental) painting. – **3.** *colloq.* makeup, *Br.* make-up.

be·män·geln [bəˈmɛŋəln] **I** *v/t* ⟨*no* ge-, h⟩ criticize, find fault with, *auch* cavil at: ich habe an (*od.* bei) ihnen nichts zu ~ I have no fault to find with them. – **II B~** *n* ⟨-s⟩ *verbal noun.* — **Be'män·ge·lung, Be'mäng·lung** *f* ⟨-; *no pl*⟩ **1.** *cf.* Bemängeln. – **2.** criticism, fault-finding, cavil([l]ing).

be'man·nen I *v/t* ⟨*no* ge-, h⟩ (*Schiff etc*) man: ein Boot ungenügend ~ to underman a boat. – **II B~** *n* ⟨-s⟩ *verbal noun.* — **be'mannt I** *pp.* – **II** *adj* **1.** (*Schiff, Rakete etc*) manned: leicht (*od.* nicht voll) ~ sein to be undermanned (*od.* shorthanded, light-handed); → Raumfahrt 2. – **2.** *colloq. humor.* (*Frau*) having a man. — **Be'man·nung** *f* ⟨-; *no pl*⟩ **1.** *cf.* Bemannen. – **2.** (*Mannschaft*) crew, company, complement.

be·män·teln [bəˈmɛntəln] **I** *v/t* ⟨*no* ge-, h⟩ *fig.* cloak, disguise, hide, cover (up): er liebt es, seine Fehler zu ~ he likes to cover up his shortcomings. – **II B~** *n* ⟨-s⟩ *verbal noun.* — **Be'män·te·lung, Be'mänt·lung** *f* ⟨-; *no pl*⟩ **1.** *cf.* Bemänteln. – **2.** cloak, disguise, cover(-up).

be·ma·ßen [bəˈmaːsən] *v/t* ⟨*no* ge-, h⟩ *tech.* (*Zeichnung etc*) dimension. — **Be'ma·ßung** *f* ⟨-; *no pl*⟩ **1.** dimensioning. – **2.** system of dimensioning.

be·ma·sten [bəˈmastən] **I** *v/t* ⟨*no* ge-, h⟩ *mar.* mast, furnish (*s.th.*) with masts. – **II B~** *n* ⟨-s⟩ *verbal noun.* — **Be'ma·stung** *f* ⟨-; -en⟩ **1.** *cf.* Bemasten. – **2.** (ship's) masts *pl.*

be'mau·sen *v/t* ⟨*no* ge-, h⟩ *colloq. for* bestehlen.

be'mei·stern *lit. od. obs.* **I** *v/t* ⟨*no* ge-, h⟩ **1.** (*Empörung, Zorn etc*) master, control, keep (*s.th.*) under control. – **II** *v/reflex* sich ~ **2.** control oneself (*od.* one's temper), keep one's composure. – **3.** *rare for* bemächtigen 2. – **III B~** *n* ⟨-s⟩ **4.** *verbal noun.* — **Be'mei·ste·rung** *f* ⟨-; *no pl*⟩ **1.** *cf.* Bemeistern. – **2.** control.

be'merk·bar *adj* **1.** (*Fehler etc*) noticeable, *auch* observable, perceptible. – **2.** sich ~ machen to make oneself conspicuous, to draw (*od.* attract) attention to oneself: die Nachteile machten sich bald ~ the drawbacks soon became apparent (*od.* began to show); sich unangenehm ~ machen to make trouble, to be a nuisance. — **be'merken I** *v/t* ⟨*no* ge-, h⟩ **1.** (*wahrnehmen*) notice, note, observe, perceive, (*schwächer*) become aware of: er tat, als bemerkte er mich nicht he acted as though he did not notice me; eine Veränderung an j-m ~ to notice a change in s.o.; sie bemerkte mit Freude, daß she noted (*od.* realized) with pleasure that; ich habe es [wohl] bemerkt I am aware of it [I did not fail to notice it]. – **2.** (*sagen*) remark, mention, observe: dazu habe ich einiges zu ~ to that I have some remarks (*od.* observations, comments) to make; nebenbei bemerkt by the way, incidentally; er bemerkte noch he mentioned also, he added. – **II B~** *n* ⟨-s⟩ **3.** *verbal noun*: mit dem B~ a) remarking, mentioning, b) with the remark.

be'mer·kens,wert I *adj* **1.** (*Ergebnis etc*) remarkable, notable: ein ~er junger Mann a remarkable young man; der Fall ist in mancherlei Hinsicht ~ the case is remarkable from several points of view. – **2.** (*beachtenswert*) notable, noteworthy, worthy of note (*nachgestellt*): eine ~e Tatsache a noteworthy fact. – **3.** (*auffallend*) remarkable, striking, conspicuous: ihre ~e Erscheinung her striking appearance. – **II B~e, das** ⟨-n⟩ **4.** the remarkable thing: es geschah nichts B~es nothing remarkable (*od.* worth mentioning) happened.

be'merk·lich *adj archaic for* bemerkbar.

Be'mer·kung *f* ⟨-; -en⟩ **1.** remark, observation, comment: eine beiläufige ~ a) a casual remark, b) *jur.* an obiter dictum; eine treffende [unpassende] ~ a clever (*od.* pertinent) [unsuitable] remark; eine ~ falsch verstehen to take a remark in the wrong sense; eine ~ fallenlassen (über *acc*) to drop a remark (on), to comment (on), to observe (on); die ~ saß *colloq.* that remark went home (*colloq.*); über etwas abfällige ~en machen to make derogatory remarks (*od.* comments) about s.th. – **2.** (*schriftliche*) note: sich (*dat*) eine ~ notieren to make a note. – **3.** (*Anmerkung*) annotation. – **4.** *obs. for* Beobachtung 2.

be'mes·sen[1] **I** *v/t* ⟨*irr, no* ge-, h⟩ **1.** (*Zeit etc*) calculate: er hat die Zeit genau ~ he timed it accurately; die Zeit knapp ~ to cut it close (*colloq.*). – **2.** (*Preis, Strafe etc*) determine, fix, assess. – **3.** etwas nach etwas ~ to measure (*od.* assess, rate, evaluate, estimate) s.th. according to s.th.: j-s Leistung nach der Qualität ~ to rate (*od.* judge) s.o.'s performance by the quality. – **4.** *tech.* a) (*maßlich*) dimension, size, b) (*eine Leistung*) rate, c) (*anteilig, untereinander*) proportion, d) (*dosieren*) dose, e) (*messen*) measure. – **II** *v/reflex* sich ~ **5.** (nach by) be measured. – **III B~** *n* ⟨-s⟩ **6.** *verbal noun.* – **7.** *cf.* Bemessung.

be'mes·sen[2] **I** *pp of* bemessen[1]. – **II** *adj* **1.** (*Zeit, Geduld etc*) limited, restricted: meine Zeit ist knapp ~ I am short of (*od.* pressed for) time. – **2.** (*Essen, Geld etc*) supplied, measured, doled out: die Ration war zu knapp ~ the ration doled out (*od.* supplied) was insufficient. — **Be'mes·sung** *f* ⟨-; -en⟩ **1.** *cf.* Bemessen[1]. – **2.** (*der Zeit etc*) calculation. – **3.** (*des Preises etc*) determination, assessment.

Be'mes·sungs|ˌgrund,la·ge *f econ.* assessment basis. — **~ˌzeit,raum** *m* assessment period.

be'mit,lei·den I *v/t* ⟨*no* ge-, h⟩ **1.** j-n ~ to feel sorry for s.o., to pity s.o., to take pity on s.o., to commiserate (with) s.o.: er ist zu ~ he is to be pitied. – **II B~** *n* ⟨-s⟩ **2.** *verbal noun.* – **3.** *cf.* Bemitleidung.

be'mit,lei·dens,wert *adj* pitiable, deplorable, pathetic: **er ist in einer ~en Lage** he is in a deplorable state (*od.* situation).

Be'mit,lei·dung *f* ⟨-; *no pl*⟩ **1.** *cf.* Bemitleiden. – **2.** (*gen* for) sympathy.

be·mit·telt [bəˈmɪtəlt] *adj* well-to-do, well-off, in comfortable (*od.* easy) circumstances: **ein ~er Mann** a man of means.

Bem·me [ˈbɛmə] *f* ⟨-; -n⟩ *Eastern Middle G. colloq.* slice of bread (and butter).

be'mo·geln *v/t* ⟨*no* ge-, h⟩ **j-n ~** *colloq.* to diddle s.o. (*colloq.*), to cheat s.o., to take s.o. in.

be·moo·sen [bəˈmoːzən] *v/reflex* ⟨*no* ge-, h⟩ **sich ~** to become covered with moss. — **be'moost I** *pp.* – **II** *adj* **1.** covered with moss, mossy, moss-grown. – **2.** *fig.* old: **ein ~es Haupt** *ped. colloq.* an old (*od.* veteran) student, an old man.

be'mü·hen I *v/reflex* ⟨*no* ge-, h⟩ **sich ~ 1.** take trouble (*od.* pains), endeavor, *bes. Br.* endeavour, strive: **bitte ~ Sie sich nicht!** please don't trouble (*od.* bother); **sich ~ zu gefallen** to be anxious to please; **~ Sie sich, diese schlechte Gewohnheit abzulegen!** strive to overcome that bad habit! **er bemühte sich, ihn zu beruhigen** he endeavo(u)red to calm him down; **sich eifrig** (*od.* **redlich**) **~** to do one's utmost, to strive earnestly; **sich umsonst** (*od.* **vergeblich**) **~** to strive in vain, to waste one's time. – **2. sich um etwas ~** to strive (*od.* make an effort) to obtain s.th.: **er bemüht sich um dieses Amt** he is striving (*od.* trying hard) to obtain this position. – **3. sich um j-n ~** a) to try to help (*od.* aid) s.o., b) to court s.o.'s favo(u)r: **sich um einen Kranken ~** to nurse (*od.* attend to) a patient. – **4. sich für j-n ~** a) to exert oneself on s.o.'s behalf, b) to put in a good word for s.o. – **5.** *archaic* betake oneself, take the trouble to go: **sich zu j-m ~** to take the trouble to go and see s.o. – **II** *v/t* **6. j-n ~** (**mit** with, **um** for) to trouble s.o.: **j-n ~, etwas zu tun** to trouble (*od.* ask) s.o. to do s.th.; **einen Anwalt** (**wegen** *od.* **in** *dat* **etwas**) **~** to consult a lawyer (about s.th.); **einen Arzt ~** to send for a doctor; **darf ich Sie ~?** may I trouble you? – **III B~** *n* ⟨-s⟩ **7.** *verbal noun.* – **8.** *cf.* Bemühung. — **be'mü·hend I** *pres p.* – **II** *adj Swiss for* unerfreulich 2, peinlich 1. — **be'müht I** *pp.* – **II** *adj* **1. ~ sein, etwas zu tun** to endeavo(u)r (*od.* take pains, strive) to do s.th. – **2. um j-n ~ sein** to try to help s.o., (*um Kranken*) to attend to (*od.* nurse) s.o.

Be'mü·hung *f* ⟨-; -en⟩ **1.** *cf.* Bemühen. – **2.** *meist pl* trouble, effort, pains *pl*: **trotz aller ~en** in spite of (*od.* for) all efforts; **ärztliche ~en** *med.* medical services; **alle ihre ~en waren vergebens** all their efforts were in vain; **ich danke Ihnen für Ihre ~en** thank you for all your help; **seine ~en um die Erhaltung des Friedens** his endeavo(u)rs towards the maintainance of peace.

be'mü·ßi·gen *v/t* ⟨*no* ge-, h⟩ **j-n ~, etwas zu tun** *archaic* to oblige (*od.* induce, compel) s.o. to do s.th. — **be'mü·ßigt I** *pp.* – **II** *adj* **sich ~ fühlen** (*od.* **sehen**), **etwas zu tun** to feel obliged (*od.* induced) to do s.th.

be'mu·stern I *v/t* ⟨*no* ge-, h⟩ **1.** *econ.* a) supply (*od.* attach) samples of, b) sample. – **2.** (*textile*) pattern, furnish with a pattern, print. – **II B~** *n* ⟨-s⟩ **3.** *verbal noun.* — **be'mu·stert I** *pp.* – **II** *adj econ.* sampled: **~es Angebot** sampled offer. — **Be'mu·ste·rung** *f* ⟨-; *no pl*⟩ *cf.* Bemustern.

be·mut·tern [bəˈmʊtərn] *v/t* ⟨*no* ge-, h⟩ mother, look after (*s.o.*) like a mother. — **Be'mut·te·rung** *f* ⟨-; *no pl*⟩ mothering.

be·nach·bart [bəˈnax,baːrt] *adj* **1.** neighboring, *bes. Br.* neighbouring, nearby. – **2.** (*angrenzend*) adjacent, adjoining. – **3.** *chem. min.* vicinal, adjacent, neighboring, *bes. Br.* neighbouring.

be·nach·rich·ti·gen [bəˈnaːx,rɪçtɪgən] **I** *v/t* ⟨*no* ge-, h⟩ inform, notify: **j-n von etwas ~** to inform s.o. of (*od.* about) s.th., to give s.o. notice of s.th.; **j-n telephonisch ~** to inform s.o. by telephone, to telephone s.o.; **wir wurden erst einen Tag vorher benachrichtigt** we had only one day's notice (*od.* warning); **wir müssen ihn sofort ~, daß** we must at once let him know that; **j-n regelmäßig ~** *econ.* to keep s.o. advised. – **II B~** *n* ⟨-s⟩ *verbal noun.* — **Be'nach,rich·ti·gung** *f* ⟨-; -en⟩ **1.** *cf.* Benachrichtigen. – **2.** information, notification, notice: **nach schriftlicher ~** upon notice in writing; **ohne weitere ~** without further notice; **eine ~ erhalten** to receive a notification. – **3.** *econ.* advice.

Be'nach,rich·ti·gungs|ge,bühr *f econ.* notification fee. — **~,schrei·ben** *n* **1.** letter of notification. – **2.** *econ.* letter of advice, advice note.

be·nach·tei·li·gen [bəˈnaːx,taɪlɪgən] **I** *v/t* ⟨*no* ge-, h⟩ **1.** disadvantage, place (*od.* put) (*s.o.*) at a disadvantage, handicap, discriminate against: **j-n zugunsten eines anderen ~** to discriminate against s.o. in favo(u)r of s.o. else. – **2.** (*schädigen*) injure, damage, wrong. – **II B~** *n* ⟨-s⟩ **3.** *verbal noun.* – **4.** *cf.* Benachteiligung. — **be'nach,tei·li·gend I** *pres p.* – **II** *adj* **1.** discriminating. – **2.** (*nachteilig*) detrimental, injurious. — **be'nach,tei·ligt I** *pp.* – **II** *adj* **1.** disadvantaged, handicapped: **die ~en Klassen** the underprivileged classes; **sich ~ fühlen** to feel (to be put) at a disadvantage, to feel handicapped (*od.* discriminated against). – **2.** (*geschädigt*) injured, damaged. — **Be'nach,tei·lig·te** *m, f* ⟨-n; -n⟩ (*Geschädigte*) injured person (*od. jur.* party). — **Be'nach,tei·li·gung** *f* ⟨-; -en⟩ **1.** *cf.* Benachteiligen. – **2.** disadvantage, handicap, discrimination: **steuerliche ~ von Aktien** *econ.* tax discrimination against shares. – **3.** (*Schädigung*) injury, damage.

be·na·delt [bəˈnaːdəlt] *adj bot.* (*von Koniferen*) leafy. — **Be'na·de·lung** *f* ⟨-; *no pl*⟩ foliage, needles *pl.*

be'na·geln I *v/t* ⟨*no* ge-, h⟩ nail, (*mit Beschlagnägeln*) stud. – **II B~** *n* ⟨-s⟩ *verbal noun.* — **be'na·gelt I** *pp.* – **II** *adj* (*Schuh*) studded, hobnailed. — **Be'na·ge·lung** *f* ⟨-; *no pl*⟩ **1.** *cf.* Benageln. – **2.** nails *pl.*

be'na·gen *v/t* ⟨*no* ge-, h⟩ gnaw at, nibble at.

be'nä·hen *v/t* ⟨*no* ge-, h⟩ **1. etwas mit etwas ~** to sew s.th. on s.th.: **ein Kleid mit Pailletten ~** to sew paillettes on (to) a dress. – **2. j-n ~** *Northern G. colloq.* to sew (*od.* to do dressmaking) for s.o.

be·nam·sen [bəˈnaːmzən] *v/t* ⟨*no* ge-, h⟩ *colloq. humor.* name, call, *auch* nickname.

be'nannt I *pp of* benennen. – **II** *adj* **1.** named: **~ sein nach** to be named after, to take the name from. – **2.** *math.* (*Zahl, Größe etc*) concrete, denominate.

be'narbt *adj archaic* covered with scars, scarred.

be'näs·sen *v/t* ⟨*no* ge-, h⟩ *rare* (make) (*s.th.*) wet, moisten.

Ben·del [ˈbɛndəl] *m, n* ⟨-s; -⟩ *Swiss for* Bändel.

Bend·sel [ˈbɛntsəl] *n* ⟨-s; -⟩ *mar. cf.* Bändsel. — **'bend·seln** *v/t* ⟨h⟩ *cf.* bändseln.

be'ne·beln *v/t* ⟨*no* ge-, h⟩ *colloq.* 'befog' (*colloq.*), befuddle, make (*s.o.*) tipsy. — **be'ne·belt I** *pp.* – **II** *adj colloq.* 'befogged' (*colloq.*), befuddled, tipsy. — **Be'ne·be·lung, Be'neb·lung** *f* ⟨-; *no pl*⟩ *colloq.* befuddlement, tipsiness, alcoholic daze.

be·ne·dei·en [beneˈdaɪən] *v/t* ⟨*pp* **benedeit** *u.* **gebenedeit**, h⟩ *relig.* bless. — **Be·ne'dei·ung** *f* ⟨-; *no pl*⟩ benediction.

Be·ne·dic·tus [beneˈdɪktʊs] *n* ⟨-; *no pl*⟩ *relig.* Benedictus.

Be·ne·dik·te [beneˈdɪktə] *f* ⟨-; -n⟩ *bot. cf.* Benediktenkraut.

Be·ne'dik·ten|,di·stel, ~,kar·de *f bot.* blessed thistle, common benedict (*Cnicus benedictus*). — **~,kraut** *n* **1.** (herb) bennet (*Geum urbanum*). – **2.** *cf.* Benediktendistel.

Be·ne·dik·ti·ner [benedɪkˈtiːnər] *m* ⟨-s; -⟩ **1.** *relig.* Benedictine (monk). – **2.** *gastr.* Benedictine (liqueur). — **~ab,tei** *f relig.* Benedictine abbey.

Be·ne·dik'ti·ne·rin *f* ⟨-; -nen⟩ *relig.* Benedictine (nun).

Be·ne·dik'ti·ner|,klo·ster *n relig.* Benedictine monastery. — **~li,kör** *m gastr. cf.* Benediktiner 2. — **~,or·den** *m relig.* Benedictine order, order of St. Benedict. — **~,re·gel** *f* Benedictine Rule.

Be·ne·dik·ti·on [benedɪkˈtsĭoːn] *f* ⟨-; -en⟩ *relig.* **1.** (*Segnung*) benediction. – **2.** (*Weihe*) consecration.

be·ne·di·zie·ren [benediˈtsiːrən] *v/t* ⟨*no* ge-, h⟩ *relig.* **1.** (*segnen*) bless. – **2.** (*weihen*) consecrate.

Be·ne·fiz [beneˈfiːts] *n* ⟨-es; -e⟩ **1.** *cf.* Benefizvorstellung. – **2.** *obs. for* a) Benefizium 2, b) Wohltat 1.

Be·ne·fi·zi·ant [benefiˈtsĭant] *m* ⟨-en; -en⟩ **1.** artist for whom a benefit performance is given, bénéficiaire, beneficiary. – **2.** *obs. for* Wohltäter.

Be·ne·fi·zi·ar [benefiˈtsĭaːr] *m* ⟨-s; -e⟩, **Be·ne·fi·zi'at** [-ˈtsĭaːt] *m* ⟨-en; -en⟩ *relig.* beneficiary.

Be·ne·fi·zi·um [beneˈfiːtsĭʊm] *n* ⟨-s; -zien⟩ **1.** *relig.* benefice, (church) living. – **2.** *hist.* fief. – **3.** *obs. for* Wohltat 1.

Be·ne'fiz,vor,stel·lung *f* (*theater*) benefit (performance), benefit (*od.* ticket) night.

be'neh·men I *v/reflex* ⟨*irr, no* ge-, h⟩ **sich ~** behave (oneself), conduct oneself: **benimm dich (ordentlich)!** behave yourself! **sich zu ~ wissen** to know how to behave (oneself); **sich schlecht ~** to behave badly, to misbehave; **sich albern** [**wie ein Narr**] **~** to make a fool of oneself [to act like a fool]; **sich j-m gegenüber** (*od.* **gegen j-n**) **freundlich ~** to act kindly towards s.o., to treat s.o. kindly. – **II** *v/t* **j-m etwas ~** *lit.* to take s.th. (away) from s.o., to deprive s.o. of s.th.: **es benahm mir den Atem** it took my breath away; **der Schreck benahm ihm die Sprache** the shock struck him dumb; **es benahm ihm fast den Verstand** it almost deprived him of his senses.

Be'neh·men *n* ⟨-s; *no pl*⟩ **1.** behavior, *bes. Br.* behaviour, conduct, (*Manieren*) manners *pl*: **ein feines ~** a) refined manners *pl*, b) *iron.* a mean (*od.* cheap) way of behaving; **das ist ja ein feines ~!** *iron.* nice manners (you have got)! **höfliches ~** polite (*od.* soft) manners *pl*; **ungebührliches ~** a) improper conduct, b) *jur.* misbehavio(u)r, disorderly conduct; **Note für schlechtes ~** bad mark; **er hat kein ~** he has no manners; **sein ~ gegen sie** (*od.* **ihr gegenüber**) **läßt sehr zu wünschen übrig** his behavio(u)r towards her leaves a lot to be desired. – **2.** (*officialese*) agreement: **im ~ mit** in agreement with; **sich mit j-m** (**über** *acc* **etwas**) **ins ~ setzen** a) to try to come to an agreement with s.o. (about s.th.), b) to communicate with s.o. (*od.* to contact s.o.) (about s.th.).

Be·neh·mi·tät [bənemiˈtɛːt] *f* ⟨-; *no pl*⟩ *colloq. humor. for* Benehmen 1.

be'nei·den *v/t* ⟨*no* ge-, h⟩ envy: **j-n um seinen Erfolg** (*od.* **wegen seines Erfolges**) **~** to envy (*od.* [be]grudge) s.o. his success, to be envious of s.o.'s success; **ich beneide dich darum!** I envy you for it (*od.* for that reason)! **er wird allgemein beneidet** he is generally envied; **er ist** [**nicht**] **zu ~** he is [not] to be envied.

be'nei·dens,wert *adj* enviable, to be envied (*nachgestellt*): **ein ~er Mensch** an enviable person, a person to be envied; **er hat eine ~e Position** he has an enviable position.

be'nenn·bar *adj* namable, *auch* nameable.

be'nen·nen I *v/t* ⟨*irr, no* ge-, h⟩ **1.** name, designate, *auch* term, label: **die Stadt wurde nach ihrem Gründer benannt** the town was named (*od.* called) after its founder; **Gegenstände ~** to give names to (*od.* denote) objects; **Waren falsch ~** to misbrand goods. – **2.** (*officialese*) nominate, suggest: **j-n für einen Posten ~** to nominate s.o. for a position; **j-n als Zeugen ~** to call s.o. as a witness. – **3.** *math.* a) denominate, term, b) denote, c) specify, d) describe: **die Strecke mit c ~** to denote the line segment by c. – **II B~** *n* ⟨-s⟩ **4.** *verbal noun.* — **Be'nen·nung** *f* ⟨-; -en⟩ **1.** *cf.* Benennen. – **2.** name, designation, *auch* label: **eine geeignete ~ für etwas finden** to find a suitable name (*od.* term) for s.th. – **3.** (*officialese*) nomination. – **4.** (*Nomenklatur*) nomenclature. – **5.** *math.* a) denomination, term, b) denotation, c) specification, d) description.

Be'nen·nungs·sy,stem *n* nomenclature, onomastic system.

be'netz·bar *adj phys.* wettable. — **Be'netz·bar·keit** *f* ⟨-; *no pl*⟩ wettability.

be'net·zen I *v/t* ⟨*no* ge-, h⟩ **1.** *lit.* sprinkle, dampen, moisten, wet (slightly): **sich** (*dat*) **das Gesicht mit Wasser ~** to moisten one's face with water; **er benetzte ihre Hände mit Tränen** he bathed her hands in tears. – **2.** *phys.* wet, moisten. – **II B~** *n* ⟨-s⟩ **3.** *verbal noun.* — **Be'net·zung** *f* ⟨-; *no pl*⟩ *cf.* Benetzen.

Be'net·zungs,mit·tel *n* **1.** wetting agent. – **2.** spreader (*added to fungicides and insecticides*).

be·ne·ven·ta·nisch [benevɛnˈtaːnɪʃ] *adj print. hist.* (*Schrift*) Beneventan, Lombardic.

Ben·ga·le [bɛŋˈgaːlə] *m* ⟨-n; -n⟩ Bengalese, Bengali, Bengalee.

'Ben·gal,hanf [ˈbɛŋgaːl-] *m bot.* sunn (hemp) (*Crotalaria juncea*).

Ben·ga·li [bɛŋ'ga:li] *n* ⟨-(s); *no pl*⟩ *ling. cf.* Bengalisch.

Ben·ga·li·ne [bɛŋga'li:nə] *f* ⟨-; *no pl*⟩ (*textile*) (*Halbseidenstoff*) bengaline.

ben·ga·lisch [bɛŋ'ga:lɪʃ] **I** *adj* **1.** Bengali, Bengalese, Bengal: **~e Beleuchtung** *fig.* Bengal lights *pl*; **B~er Tiger** *zo. cf.* Königstiger. – **2.** *ling.* Bengali, *auch* Bengalee. – **II** *ling.* **B~** ⟨*generally undeclined*⟩, **das B~e** ⟨-n⟩ **3.** Bengali, the Bengali language.

'Ben·galˌkat·ze *f zo.* Bengal (*od.* leopard) cat (*Prionailurus bengalensis*).

Ben·gel ['bɛŋəl] *m* ⟨-s; -, *colloq. auch* -s⟩ **1.** *colloq.* urchin, rascal, scamp: **frecher ~** cheeky urchin. – **2.** *colloq.* boy, youngster: **ein netter ~** a nice youngster (*od.* young scamp). – **3.** *print.* (press-)bar, impression handle. — **~ˌkraut** *n bot. cf.* Bingelkraut.

be'nie·sen *v/t* ⟨*no* ge-, h⟩ **etwas ~** *colloq.* to sneeze at s.th. (*in apparent confirmation of s.th. just said*).

be·ni·gne [be'nɪgnə] *adj med.* benign. — **Be·ni·gni·tät** [benɪgni'tɛ:t] *f* ⟨-; *no pl*⟩ (*einer Krankheit*) benignity, benign character.

Be'nimm *m* ⟨-s; *no pl*⟩ *colloq. humor. for* Benehmen 1.

Be·ni·to·it [benito'i:t; -'ɪt] *m* ⟨-s; *no pl*⟩ *min.* benitoite.

Ben·ja·min ['bɛnjami:n] **I** *npr m* ⟨-s; *no pl*⟩ Benjamin. – **II** *m* ⟨-s; -e⟩ (the) youngest (boy of the family).

Ben·ja·mi·nit [bɛnjami'ni:t; -'nɪt] *m* ⟨-s; -e⟩ *min.* benjaminite.

Ben·ja·mi·ter [bɛnja'mi:tər] *m* ⟨-s; -⟩ *Bibl.* Benjamite.

Ben·ne ['bɛnə] *f* ⟨-; -n⟩ *Swiss dial. for* a) Schubkarre, b) Wagenaufsatz 2.

'Ben·nett-ˌKän·gu·ruh ['bɛnɛt-] *n zo.* Bennett's (tree) kangaroo (*od.* wallaby) (*Rufogrisea frutica*).

'BenˌnuB ['bɛn-] *f bot. cf.* Behennuß.

be'nom·men **I** *pp of* benehmen. – **II** *adj* dazed, stunned, stupefied, benumbed, dopey (*colloq.*): **vor Angst ~** stunned with fear; **ein ~es Gefühl** a dazed (*colloq.* dopey) feeling; **von einem Sturz ~ sein** to be dazed by a fall; **ich fühle mich noch leicht ~** I still feel slightly dazed (*od.* bewildered), I am still in a daze. — **Be'nom·men·heit** *f* ⟨-; *no pl*⟩ daze, stunned (*od.* benumbed, *colloq.* dopey) feeling, stupefaction, benumbedness.

be·no·ten [bə'no:tən] **I** *v/t* ⟨*no* ge-, h⟩ **1.** *ped.* (*Arbeiten, Aufgaben etc*) mark, *Am.* grade. – **2.** *psych.* (*Leistung etc*) score. – **II B~** *n* ⟨-s⟩ **3.** *verbal noun.* – **4.** *cf.* Benotung.

be'nö·ti·gen *v/t* ⟨*no* ge-, h⟩ need, require, want: **etwas dringend ~** to be in urgent need of s.th., to want s.th. badly; **Sie werden nicht mehr benötigt** a) you are no longer needed, b) (*ablehnend*) your presence here is no longer required; **einen Vermittler** (*od. archaic* **eines Vermittlers**) **~** to need an intermediary. — **be'nö·tigt** **I** *pp.* – **II** *adj* required, needed, necessary. — **Be'nö·ti·gung** *f* ⟨-; *no pl*⟩ need, requirement.

Be'no·tung *f* ⟨-; -en⟩ **1.** *cf.* Benoten. – **2.** marks *pl*, *Am.* grades *pl.* – **3.** assignment of marks (*od.* grades), allotment of a score.

'Ben·sonˌkes·sel ['bɛnzən-] *m tech.* Benson boiler.

Ben·thal [bɛn'ta:l] *n* ⟨-s; *no pl*⟩ sea bottom, benthos (*scient.*).

Ben·tha·mis·mus [bɛnta'mɪsmʊs] *m* ⟨-; *no pl*⟩ *philos.* Benthamism.

Ben·thos ['bɛntɔs] *n* ⟨-; *no pl*⟩ *biol.* benthon, benthos, fauna and flora of the sea bottom.

Ben·to·nit [bɛnto'ni:t; -'nɪt] *m* ⟨-s; -e⟩ *min. tech.* bentonite.

be'num·mern *v/t* ⟨*no* ge-, h⟩ *colloq.* number.

be'nutz·bar *adj* usable: **dieser Aufgang ist nicht ~** this staircase cannot be used (*od.* is not fit for use); **diese Straße ist nicht ~** this road is impassable. — **Be'nutz·bar·keit** *f* ⟨-; *no pl*⟩ usability.

be'nut·zen, *Southern G. and Austrian* **be'nüt·zen** **I** *v/t* ⟨*no* ge-, h⟩ **1.** use: **das Auto wird derzeit nicht benutzt** the car is not in use now; **ich habe das Taschentuch noch nicht benutzt** I haven't used the handkerchief yet; **etwas als Vorwand ~** to use s.th. as an excuse; **etwas gewinnbringend ~** *econ.* to use s.th. profitably, to turn s.th. to (good) account. – **2.** (*Gebrauch machen von*) make use of, use. – **3.** (*Buch etc*) use, consult. – **4.** (*verwenden*) use, employ, utilize: **seine Freizeit zur Fortbildung ~** to employ one's leisure to improve one's education; **sein Geld für** (*od.* **zu**) **etwas ~** to employ one's money for (*od.* on) s.th. – **5.** (*Gelegenheit*) seize, avail oneself of, take. – **6.** (*Verkehrsmittel*) take, go by. – **II B~** *n* ⟨-s⟩ **7.** *verbal noun.* – **8.** *cf.* Benutzung.

Be'nut·zer, *Southern G. and Austrian* **Be'nüt·zer** *m* ⟨-s; -⟩ **1.** user. – **2.** (*einer Bibliothek*) reader, borrower. – **3.** *tel.* subscriber. — **~ˌkreis** *m* users *pl.*

Be'nut·zung, *Southern G. and Austrian* **Be'nüt·zung** *f* ⟨-; *no pl*⟩ **1.** *cf.* Benutzen. – **2.** use: **mißbräuchliche ~** abuse, misuse; **zur öffentlichen** (*od.* **für die öffentliche**) **~ freigegeben** open to (*od.* for the free use of) the public; **die ~ der Straße ist nur Anliegern gestattet** the road is for the use of residents only; **mit** (*od.* **unter**) **~ von** (*od. gen*) with the aid of, (by) using; **etwas in ~ haben** to use s.th. – **3.** (*Verwendung*) utilization: **unter ~ seiner Erfahrungen** by utilization of his experience. – **4.** (*eines Wörterbuches etc*) consultation.

Be'nut·zungs|geˌbühr *f* fee for the use of (*od.* for using) s.th. — **~ˌrecht** *n jur.* (right to) use, right to the use, user.

Ben'zal·chloˌrid [bɛn'tsa:l-] *n chem.* benzal (*od.* benzylidene) chloride $(C_6H_5CHCl_2)$.

Benz·al·de·hyd [bɛnts?alde'hy:t] *m chem.* benzaldehyde (C_6H_5CHO).

Ben'zal-ˌGrup·pe *f chem.* benzal group.

Benz·amid [bɛntsa'mi:t] *n* ⟨-s; *no pl*⟩ *chem.* benzamide, benzoylamide, benzene carbonamide $(C_6H_5CONH_2)$.

Ben·ze·drin [bɛntse'dri:n] (*TM*) *n* ⟨-s; *no pl*⟩ *chem. med.* Benzedrine, amphetamine $(C_9H_{13}N)$.

Ben·zi·din [bɛntsi'di:n] *n* ⟨-s; *no pl*⟩ *chem.* benzidine, para-diaminodiphenyl $(NH_2C_6H_4C_6H_4NH_2)$. — **~ˌpro·be** *f med.* (Gregersen's) benzidine test.

Ben·zil [bɛn'tsi:l] *n* ⟨-s; *no pl*⟩ *chem.* benzil, dibenzoyl $(C_6H_5COCOC_6H_5)$. — **~ˌsäu·re** *f* benzilic acid, diphenyl glycolic acid $[(C_6H_5)_2C(OH)COOH]$.

Ben·zin [bɛn'tsi:n] *n* ⟨-s; -e⟩ **1.** (*Treibstoff*) *Am.* gasoline, *Br.* petrol, motor spirit, *Am. colloq.* 'gas', *auch* fuel: **bleifreies ~** unleaded gasoline, gasoline free from TEL; **gekracktes ~** crack(ed) gasoline; **hochoktaniges** (*od.* **klopffestes**) **~** high-octane gasoline; **kein ~ mehr haben** to have run out of gas. – **2.** *chem.* a) (*Leichtbenzin*) light petroleum, benzine, b) (*Schwebebenzin*) ligroin, white spirit, c) (*verschiedene Erdölfraktionen*) naphtha, raw petroleum, d) benzyne (*a short-lived reactive intermediate* C_6H_4): **etwas mit ~ reinigen** to clean s.th. with benzine. — **~ˌabˌschei·der** *m* gasoline trap (*od.* separator), *Br.* petrol separator. — **~ˌanˌzei·ger** *m auto.* fuel ga(u)ge indicator. — **~beˌhäl·ter** *m cf.* Kraftstoffbehälter. — **~ˌdruckˌmes·ser** *m* gasoline (*Br.* petrol) pressure indicator, fuel pressure ga(u)ge. — **~ˌdü·se** *f* fuel nozzle. — **~ˌeinˌfüllˌstut·zen** *m* gasoline (*Br.* petrol) filler neck, fuel tank cap. — **~ˌeinˌspritzˌmo·tor** *m* gasoline (*od.* fuel) injection engine. — **~ˌeinˌspritzˌpum·pe** *f* gasoline (*od.* fuel) injection pump. — **~ˌeinˌspritzung** *f* gasoline (*od.* fuel) injection. — **~ˌfeu·erˌzeug** *n* fuel lighter. — **~ˌfil·ter** *n, m* gasoline (*Br.* petrol) filter. — **~ˌför·derˌpum·pe** *f* gasoline (*Br.* petrol) feed (*od.* supply) pump. — **~ˌgutˌschein** *m* gasoline (*Br.* petrol) coupon. — **~ˌhahn** *m* gasoline (*Br.* petrol) shut-off (*od.* tap), fuel cock. — **~ka·ni·ster** *m* gasoline (*Br.* petrol) can. — **~ˌkes·selˌwa·gen** *m* gasoline truck, gas tanker, *Br.* petrol bulk lorry. — **~ˌko·cher** *m* camp (*od.* picnic) stove, gasoline (*Br.* petrol) stove. — **~ˌkut·sche** *f colloq. humor.* buggy, horseless carriage (*colloq.*), car. — **~ˌla·ger** *n tech.* gasoline storage (*od.* depot), *Br.* petrol depot. — **~ˌlei·tung** *f auto.* gasoline (*od.* fuel) line. — **~ˌlötˌlam·pe** *f tech.* gasoline (*Br.* petrol) blow torch. — **~ˌmes·ser** *m auto.* **1.** (*Durchmesser*) gasoline (*Br.* petrol) meter, gasoline (*od.* fuel) ga(u)ge. – **2.** *cf.* Benzinuhr. — **~ˌmo·tor** *m* gasoline (*Br.* petrol) engine. — **~ˌpum·pe** *f* gasoline (*od.* fuel) pump: **~ mit automatischem Preisanzeiger** computer pump. — **~-ˌrückˌstand** *m* (*nach Verbrennung*) petrol combustion product: **harzartiger ~** gum. — **~ˌstand** *m* gasoline (*Br.* petrol) level. — **~ˌstand(s)ˌanˌzei·ger** *m cf.* Benzinuhr. — **~ˌtank** *m* gasoline (*od.* fuel) tank. — **~ˌtankˌwa·gen** *m cf.* Benzinkesselwagen. — **~ˌuhr** *f* fuel consumption (*od.* level) ga(u)ge, gasoline meter, *Br.* petrol ga(u)ge. — **~verˌbrauch** *m* gasoline (*Br.* petrol) consumption. — **~ˌzapfˌsäu·le** *f cf.* Zapfsäule. — **~ˌzuˌfüh·rung** *f* **1.** (*Benzinzufluß*) fuel feed. – **2.** (*als Bauteil*) fuel inlet.

Ben·zo·at [bɛntso'a:t] *n* ⟨-s; -e⟩ *chem.* benzoate.

Ben·zo·ca·in [bɛntsoka'i:n] *n* ⟨-s; *no pl*⟩ *chem. med.* benzocaine.

Ben·zo·chi·non [bɛntsoçi'no:n] *n* ⟨-s; *no pl*⟩ *chem.* (benzo)quinone, chinone $(C_6H_4O_2)$.

Ben·zoe ['bɛntsoe] *f* ⟨-; *no pl*⟩, **~ˌharz** *n tech. chem.* (gum) benzoin, benjamin (gum). — **~ˌholz** *n bot.* benzoin wood. — **~ˌsalz** *n chem.* benzoate.

'Ben·zoeˌsäu·re *f chem.* benzoic acid, benzene carboxylic acid (C_6H_5COOH). — **~aniˌlid** *n* benzanilide $(C_6H_5CONHC_6H_5)$.

'Ben·zoe·tinkˌtur *f med.* tincture of benzoin.

ben·zo·id [bɛntso'i:t] *adj chem.* benzenoid.

Ben·zo·in [bɛntso'i:n] *n* ⟨-s; -e⟩ *chem.* benzoin $(C_6H_5COCHOHC_6H_5)$.

Ben·zol [bɛn'tso:l] *n* ⟨-s; -e⟩ *chem. tech.* benzene, benzol, *auch* benzole (C_6H_6). — **~de·riˌvat** *n chem.* benzene derivative. — **~ˌkern** *m* benzene nucleus. — **~ˌkoh·lenˌwas·serˌstof·fe** *pl* aromatic hydrocarbons. — **~ˌring** *m* benzene ring (*od.* nucleus). — **~verˌgif·tung** *f med.* benzene poisoning. — **~ˌwä·sche** *f metall.* **1.** (*Anlage*) benzol recovery plant. – **2.** (*Prozeß*) debenzolation. — **~ˌwä·scher** *m* benzol scrubber (*od.* washer).

Ben·zo·yl [bɛntso'y:l] *n* ⟨-s; *no pl*⟩ *chem.* benzoyl (C_6H_5CO).

Ben·zyl [bɛn'tsy:l] *n* ⟨-s; *no pl*⟩ *chem.* benzyl $(C_6H_5CH_2)$. — **~ˌal·ko·hol** *m* benzyl alcohol $(C_6H_5CH_2OH)$.

Beo ['be:o] *m* ⟨-(s); -s⟩ *zo.* hill myna, Indian grackle (*Gracula religiosa*).

be'ob·acht·bar *adj* observable.

be·ob·ach·ten [bə'ʔo:baxtən] **I** *v/t* ⟨*no* ge-, h⟩ **1.** observe, watch: **j-n genau ~** a) to watch s.o. closely, b) to keep an eye on s.o.; **die Gestirne ~** to observe (*od.* study) the stars; **Kinder beim Spielen ~** to watch children play(ing); **die Natur ~** to observe nature; **er wird von der Polizei beobachtet** he is being watched (*od.* shadowed) by the police; **j-n auf Schritt und Tritt ~** to dog s.o.'s footsteps; **etwas mit Besorgnis ~** *fig.* to view s.th. with concern. – **2.** (*wahrnehmen*) notice, observe: **nichts Auffälliges an j-m ~** to notice nothing conspicuous about s.o.; **man konnte ~, daß [wie]** one could observe that [how]; **ich habe nie eine Veränderung an** (*od.* **bei**) **ihm beobachtet** I never noticed a change in him; **ein Unbekannter wurde im Garten beobachtet** a stranger was seen in the garden. – **3.** *fig. lit.* (*beachten*) observe, be observant of, respect: **die Vorschriften ~** to observe (*od.* keep to) the instructions; **Stillschweigen ~** to keep silence. – **II** *v/reflex* **sich ~** **4.** *psych.* introspect. – **III B~** *n* ⟨-s⟩ **5.** *verbal noun.* – **6.** *cf.* Beobachtung.

Be'ob·ach·ter *m* ⟨-s; -⟩ **1.** observer, watcher: **oberflächlicher ~** passing observer; **er ist ein guter ~** he is a keen observer. – **2.** (*Zuschauer*) spectator, onlooker, looker-on: **er war einer der ~** he was one of the spectators (*od.* bystanders); **politischer ~** political observer. – **3.** *aer.* a) (*bei der Flugabwehr*) spotter, b) (*als Besatzungsmitglied*) observer, navigator-(-observer), c) radar operator. – **4.** *mil.* observer, observation post. — **~ˌschein** *m aer. mil.* navigator's licence (*Am.* license).

Be'ob·ach·tung *f* ⟨-; -en⟩ **1.** *cf.* Beobachten. – **2.** observation: **eine ~ machen** a) to make an observation, b) *astr.* to take a sight; **aus eigener** (*od.* **durch eigene**) **~ wissen** to know (*s.th.*) from personal observation; **~en über** (*acc*) **etwas anstellen** to watch s.th.; **zur stationären ~ aufnehmen** *med.* to hospitalize for a period of observation; **unter ärztlicher ~ stehen** to be under medical observation. – **3.** *fig. lit.* (*Beachtung*) observation, observance: **unter ~ aller Vorsichtsmaßregeln** by taking all possible precautions. – **4.** *mil. aer.* a) observation, b) (*bei der Flugabwehr*) spotting.

Be'ob·ach·tungs|beˌreich *m*, *rare n bes. mil.* zone of observation. — **~ˌfeh·ler** *m* error of observation, observational error: **Korrektion der individuellen ~** *math.* personal equation. — **~ˌfeld** *n* field of observation. — **~ˌfernˌrohr** *n* observation (*od.* sighting) telescope. — **~ˌflugˌzeug** *n* *aer. mil.* observation aircraft, *Br.* observer plane. — ~ˌ**ga·be** *f* faculty (*od.* gift, power) of observation: er besitzt eine gute ~ he has an observant (turn of) mind. — ~**ˌklap·pe** *f mar.* observation door. — ~**ˌlu·ke** *f* observation hatch. — ~**meˌtho·de** *f* observational method. — ~**mi·kroˌskop** *n* viewing microscope. — ~ˌ**netz** *n mil. aer.* observation-post system (*od.* net). — ~**ob·jekˌtiv** *n* viewing lens. — ~ˌ**po·sten** *m bes. mil.* **1.** observation (*od.* lookout) post. – **2.** observer, lookout man. — ~ˌ**punkt** *m* **1.** observation point. – **2.** point under observation. — ~ˌ**raum** *m* zone of (*od.* area under) observation. — ~ˌ**rei·he** *f* series (*od.* sequence) of observations. — ~**sa·telˌlit** *m* (*space*) observation satellite. — ~ˌ**schlitz** *m mil.* (*eines Panzers*) loophole, vision slit. — ~ˌ**spie·gel** *m* observation mirror. — ~ˌ**stand** *m* observation post (*od.* platform), lookout. — ~**sta·tiˌon** *f* **1.** observation station. – **2.** *med.* a) observation ward, b) (*für Frischoperierte*) (postoperative) recovery room, c) (*für Schwerkranke*) intense care unit. – **3.** *meteor.* weather station, observatory. — ~**terˌmin** *m meteor.* hour of observation. — ~**verˌmö·gen** *n cf.* Beobachtungsgabe. — ~**ˌwert** *m* observed value: mittlerer ~ median; häufigster ~ mode, modal value.

be·ohrt [bəˈʔoːrt] *adj* **1.** eared, having ears. – **2.** *zo. bot.* eared, auriculate(d) (*scient.*).

be·or·dern [bəˈʔɔrdərn] **I** *v/t* ⟨*no* ge-, h⟩ order, command, direct: er ist als Botschafter nach Australien beordert worden he was ordered (to go) (*od.* sent) to Australia as an ambassador; er wurde zum Chef beordert he was summoned (*od.* called) to the boss. – **II B~** *n* ⟨-s⟩ *verbal noun.* — **Beˈor·de·rung** *f* ⟨-; -en⟩ **1.** *cf.* Beordern. – **2.** order, command, direction.

beˈpacken (*getr.* -k·k-) **I** *v/t* ⟨*no* ge-, h⟩ **1.** load: einen Wagen ~ to load a wag(g)on (*od.* car). – **II B~** *n* ⟨-s⟩ **2.** *verbal noun.* – **3.** *cf.* Bepackung. — **beˈpackt I** *pp.* – **II** *adj* loaded, laden: mit Koffern ~ loaded with suitcases. — **Beˈpackung** (*getr.* -k·k-) *f* ⟨-; *no pl*⟩ **1.** *cf.* Bepacken. – **2.** load.

beˈpan·zern *mil.* **I** *v/t* ⟨*no* ge-, h⟩ **1.** (*Fahrzeuge, Schiffe etc*) armor, *bes. Br.* armour. – **II B~** *n* ⟨-s⟩ **2.** *verbal noun.* – **3.** *cf.* Bepanzerung. — **beˈpan·zert I** *pp.* – **II** *adj* **1.** *mil.* armored, *bes. Br.* armoured, iron-clad. – **2.** *zo.* loricate(d). — **Beˈpan·ze·rung** *f* ⟨-; -en⟩ *mil.* **1.** *cf.* Bepanzern. – **2.** armor (*bes. Br.* armour) (plating).

be·pelzt [bəˈpɛltst] *adj* furred, furry, fur-coated.

beˈpflan·zen I *v/t* ⟨*no* ge-, h⟩ plant: einen Kahlschlag (mit Bäumen) ~ to re(af)forest a clearing; ein Beet mit Blumen ~ to plant (*od.* set) a bed with flowers, to put flowers into a bed. – **II B~** *n* ⟨-s⟩ *verbal noun.* — **Beˈpflan·zung** *f* ⟨-; -en⟩ **1.** *cf.* Bepflanzen. – **2.** plantation. – **3.** layout of a garden.

beˈpfla·stern I *v/t* ⟨*no* ge-, h⟩ **1.** (*Straße etc*) (mit) pave (*s.th.*) (with), provide (*s.th.*) with a pavement (of). – **2.** *colloq.* (*Wunde etc*) plaster, cover (*s.th.*) with a plaster, put a plaster on. – **3.** *mil. colloq. for* beschießen 2. – **II B~** *n* ⟨-s⟩ **4.** *verbal noun.* — **Beˈpfla·ste·rung** *f* ⟨-; *no pl*⟩ **1.** *cf.* Bepflastern. – **2.** pavement, paving.

beˈpflü·gen *v/t* ⟨*no* ge-, h⟩ *cf.* pflügen 1.

beˈpin·seln *v/t* ⟨*no* ge-, h⟩ **1.** paint (*s.th.*) (over): das Backblech mit Fett ~ to grease the baking sheet; eine Wunde mit Jod ~ to paint a wound with iodine. – **2.** *colloq. for* anstreichen 1.

beˈplan·ken I *v/t* ⟨*no* ge-, h⟩ **1.** *mar.* plank. – **2.** *aer.* (*Tragfläche etc*) (mit with) cover. – **II B~** *n* ⟨-s⟩ **3.** *verbal noun.* — **beˈplankt I** *pp.* – **II** *adj aer.* covered (*od.* clad) with metal skin. — **Beˈplan·kung** *f* ⟨-; -en⟩ **1.** *cf.* Beplanken. – **2.** *mar.* planking: überlappende ~ clinker planking (*od.* build); stumpfe ~ carvel planking (*od.* build). – **3.** *aer.* a) (*mit Holz, Stoff etc*) covering, b) (*mit Metall*) skin, plating: mittragende ~ stressed skin.

beˈpu·dern *v/t* ⟨*no* ge-, h⟩ powder, dust (*s.th.*) over with powder, puff (*s.th.*) over.

beˈquat·schen *v/t* ⟨*no* ge-, h⟩ *colloq.* **1.** etwas ~ to have a long chat about s.th. – **2.** j-n ~ to talk to s.o.: j-n zu etwas ~ to talk s.o. into doing s.th.

be·quem [bəˈkveːm] **I** *adj* ⟨-er; -st⟩ **1.** comfortable, easy: ein ~er Fußweg an easy footpath; ~e Schuhe comfortable shoes; eine ~e Wohnung a comfortable (*od.* cosy) apartment; ein ~es Leben führen to lead an easy life; es sich (*dat*) ~ machen a) to make oneself comfortable (*od.* at home), b) *fig.* to take the easy way out. – **2.** convenient, easy: mit ~en Zahlungsbedingungen on convenient terms; eine ~e Arbeit haben to have a soft job (*colloq.*); eine ~e Lösung finden to find an easy (*od.* facile) solution. – **3.** (*faul*) comfort-loving, indolent, lazy: zu ~ sein, etwas zu tun to be too lazy to do s.th. – **II** *adv* **4.** comfortably, easily: sitzen Sie ~? are you comfortable? ~ zu handhaben easy to handle; der Gipfel ist in einer Stunde ~ zu erreichen one can reach the top comfortably in an hour. – **5.** conveniently: ~ gelegen convenient(ly situated); etwas ~er bekommen to obtain s.th. more conveniently (*od.* with less trouble).

be·que·men [bəˈkveːmən] *v/reflex* ⟨*no* ge-, h⟩ sich zu etwas ~, sich ~, etwas zu tun to bring (*od.* trouble) oneself to do s.th., to consent (*od.* condescend, deign) to do s.th.: sich zu einer Antwort ~ to take the trouble to answer, to condescend to (give) a reply; er bequemte sich aufzustehen he brought himself to get up; er wird sich dazu ~ müssen he will have to agree to (do) it.

beˈquem·lich *adj u. adv obs. for* bequem.

Beˈquem·lich·keit *f* ⟨-; -en⟩ **1.** ⟨*only sg*⟩ comfort, ease, convenience: seine ~ lieben to be fond of one's comfort, to like to be comfortable; er will seine ~ haben he wants his comfort. – **2.** ⟨*only sg*⟩ (*Faulheit*) laziness, indolence: aus (reiner) ~ out of (sheer) laziness. – **3.** comfort, convenience: das Hotel bietet alle ~en the hotel offers all comforts (*od.* every convenience).

beˈran·det *adj bot.* marginate(d).

beˈran·ken *v/t* ⟨*no* ge-, h⟩ cover (*s.th.*) with tendrils (*od.* creepers).

Beˈrapp *m* ⟨-(e)s; -e⟩ *tech.* roughcast: zweilagiger ~ rock (*od.* pebble) dash.

be·rap·pen[1] [bəˈrapən] *civ.eng.* **I** *v/t* ⟨*no* ge-, h⟩ **1.** (*Mauern etc*) roughcast: etwas zweilagig ~ to rock (*od.* pebble) dash s.th. – **II B~** *n* ⟨-s⟩ **2.** *verbal noun.* – **3.** *cf.* Berappung.

beˈrap·pen[2] *colloq.* **I** *v/t* ⟨*no* ge-, h⟩ pay, fork (*od.* shell) out (*colloq.*), *Br. colloq.* stump up. – **II** *v/i* pay, shell out (*colloq.*).

Beˈrap·pung *f* ⟨-; *no pl*⟩ *civ.eng.* **1.** *cf.* Berappen[1]. – **2.** roughcast treatment.

beˈra·sen *v/t* ⟨*no* ge-, h⟩ sod, turf.

beˈra·ten[1] **I** *v/t* ⟨*irr, no* ge-, h⟩ **1.** j-n ~ to advise s.o., to give s.o. advice: j-n gut ~ to give s.o. good advice, to advise s.o. well; j-n bei (*od.* in) einer Sache ~ to advise s.o. on (*od.* about) a matter; sich (von j-m) ~ lassen to get (od. seek) (s.o.'s) advice (*od.* counsel). – **2.** etwas ~ (*Plan, Sache etc*) to discuss (*od.* debate) s.th., to talk about s.th. – **II** *v/i* **3.** (*beratschlagen*) confer, consult: (mit j-m) über (*acc*) etwas ~ to confer (with s.o.) on (*od.* about) s.th., to discuss s.th. (with s.o.). – **III** *v/reflex* sich ~ **4.** confer, take counsel: sich mit j-m (über *acc* etwas) ~ to confer (*od.* deliberate, consult) with s.o. (about s.th.); sich miteinander (*od.* gemeinsam) ~ to confer together; wir berieten uns mit unseren Freunden (darüber) we were talking to our friends (about it). – **IV B~** *n* ⟨-s⟩ **5.** *verbal noun.* – **6.** *cf.* Beratung.

beˈra·ten[2] **I** *pp of* beraten[1]. – **II** *adj* advised: gut [schlecht, falsch] ~ sein to be well advised [ill advised, misadvised].

beˈra·tend I *pres p.* – **II** *adj* advisory, consultative: ~er Ausschuß advisory (*od.* consultative) committee; ~e Versammlung deliberative assembly; in ~er Eigenschaft, mit ~er Stimme in an advisory capacity; ~er Ingenieur consulting engineer; ~es Mitglied (*ohne Stimmrecht*) consultative (*od.* nonvoting, *Br.* non-voting, consultant) member.

Beˈra·ter *m* ⟨-s; -⟩, **Beˈra·te·rin** *f* ⟨-; -nen⟩ adviser, *Am. auch* advisor, counsellor, *Am. auch* counselor: fachmännischer (*od.* fachärztlicher) ~ consultant; geistlicher [künstlerischer] ~ spiritual [artistic] adviser; technischer ~ technical adviser, consulting engineer; juristischer ~ counsel; ~ (bei) einer Firma adviser of (*od.* to) a firm; ~ für Steuerfragen adviser on taxation problems, tax consultant.

beˈratˌschla·gen *v/i u.* sich ~ *v/reflex* ⟨*no* ge-, h⟩ *cf.* beraten 3, 4. — **Beˈratˌschla·gung** *f* ⟨-; -en⟩ *cf.* Beratung 2.

Beˈra·tung *f* ⟨-; -en⟩ **1.** *cf.* Beraten[1]. – **2.** (über *acc*) deliberation (on), consideration (of), *auch* consultation (on): nach sorgfältiger ~ after (*od.* upon) careful deliberation; ohne vorherige ~ without previous deliberation; ~ über das Für und Wider consideration of the pros and cons; zur ~ kommen to come under deliberation; das Gericht zog sich zur ~ zurück *jur.* the court adjourned (*od.* retired) for (further) consultation (*od.* deliberation), the court was closed for the consideration of the finding. – **3.** (*Besprechung*) discussion. – **4.** (*Raterteilung*) advice, counsel: fachliche ~ a) advice, b) (*empfangene*) consultation; ärztliche [juristische] ~ medical [legal] advice; ~ in Erziehungsfragen educational guidance (*od.* counseling, *bes. Br.* counselling); wir bieten fachkundige ~ durch unser geschultes Personal we offer expert guidance through our trained staff. – **5.** *bes. pol.* a) (*Verhandlung*) conference, negotiation, b) (*Debatte*) debate, discussion, c) (*Lesung*) reading: Stadium der ~ report stage; das Ergebnis der ~ the result of the conference; in ~en eintreten to enter into discussions.

Beˈra·tungsˌ|ausˌschuß *m pol.* advisory board (*od.* committee). — ~ˌ**dienst** *m* advisory (*od.* consultative) service. — ~**ge·genˌstand** *m* **1.** subject under consideration (*od.* discussion). – **2.** *bes. pol.* (*der Tagesordnung*) item for discussion, point on the agenda. — ~ˌ**ko·sten** *pl* consultation fee *sg* (*od.* fees). — ~ˌ**punkt** *m cf.* Beratungsgegenstand 2. — ~ˌ**raum** *m* conference room. — ~ˌ**saal** *m* council chamber. — ~ˌ**stel·le** *f* **1.** (*zur Unterrichtung*) information center (*bes. Br.* centre). – **2.** (*zur Raterteilung*) advisory body (*od.* board, bureau): ärztliche ~ medical health center (*bes. Br.* centre); berufliche ~ vocational guidance office; soziale ~ welfare center (*bes. Br.* centre). — ~**ˌzim·mer** *n* **1.** conference room. – **2.** (*eines Arztes*) consultation (*Br.* consulting) room.

beˈrau·ben I *v/t* ⟨*no* ge-, h⟩ **1.** rob: j-n ~ to rob (*od.* plunder) s.o.; man hatte ihn beraubt he had been robbed; j-n seiner Freiheit ~ *fig. lit.* to deprive s.o. of his liberty; j-n seiner gesamten Habe ~ *fig. lit.* to strip (*od.* divest) s.o. of all he possesses; seiner letzten Hoffnung beraubt werden *fig. lit.* to be deprived of one's last hope; nur wenn ich Sie nicht beraube! *fig.* only if you can really spare it (*od.* them)! ich möchte Sie nicht ~! *fig.* I don't want to deprive you of it (*od.* them)! man hatte ihn seines Augenlichtes beraubt *fig. poet.* he had been deprived (*od.* bereft) of the light of day (*poet.*); ihres Vaters beraubt *fig.* bereaved of their father; der Schreck beraubte ihn der Sprache *lit.* the shock left him speechless. – **II** *v/reflex* **2.** sich einer Sache ~ to deprive oneself of s.th.: sich eines Rechtes ~ to divest oneself of a right; sich eines Vergnügens ~ to deny oneself (*od.* for[e]go) a pleasure; bitte ~ Sie sich nicht! please don't deprive yourself! – **III B~** *n* ⟨-s⟩ **3.** *verbal noun.* – **4.** *cf.* Beraubung. — **beˈraubt I** *pp.* – **II** *adj* deprived: der Sinne ~ deprived (*od.* *lit.* bereft) of reason; aller Glanzes ~ *fig. lit.* shorn of all splendo(u)r. — **Beˈrau·bung** *f* ⟨-; -en⟩ **1.** *cf.* Berauben. – **2.** deprivation, bereavement (*lit.*). – **3.** *cf.* Raub 1.

beˈräu·chern I *v/t* ⟨*no* ge-, h⟩ **1.** (*zur Desinfektion etc*) (mit with) fumigate. – **2.** *relig.* fumigate (*s.th.*) with incense, cense, thurify. – **II B~** *n* ⟨-s⟩ **3.** *verbal noun.* — **Beˈräu·che·rung** *f* ⟨-; *no pl*⟩ **1.** *cf.* Beräuchern. – **2.** fumigation. – **3.** *relig.* (fumigation with) incense.

beˈräu·men I *v/t* ⟨*no* ge-, h⟩ (*Baustelle, Grundstück etc*) clear (off). – **II B~** *n* ⟨-s⟩ *verbal noun.* — **Beˈräu·mung** *f* ⟨-; *no pl*⟩ *cf.* Beräumen.

Be·rau·nit [berauˈniːt; -ˈnɪt] *m* ⟨-s; -e⟩ *min.* beraunite, hydrous perphosphate of iron.

beˈrau·schen I *v/t* ⟨*no* ge-, h⟩ intoxicate, make (*s.o.*) drunk, inebriate: der Wein hat mich berauscht the wine has gone to my head; seine Rede berauschte die Zuhörer *fig.* the audience was carried away (*od.* enthused) by his speech. – **II** *v/i* be intoxicating. – **III** *v/reflex* sich ~ become intoxicated (*od.* inebriated), get drunk: er

berauschte sich mit (*od.* am) **Alkohol** he got drunk (with alcohol); **sich an einem Anblick ~** *fig.* to be intoxicated with a sight; **er berauschte sich an dieser Idee** *fig.* he got infatuated with this idea, he worked himself into a state of intoxication over this idea. — **be'rau·schend I** *pres p.* – **II** *adj* intoxicating: **~er Duft** *fig.* intoxicating perfume; **~es Getränk** intoxicating (*od.* alcoholic) beverage (*od.* drink), intoxicant; **ein ~es Schauspiel** *fig.* a ravishing sight; **das ist nicht gerade ~** *fig. colloq.* that is nothing to write home about (*colloq.*). — **be'rauscht I** *pp.* – **II** *adj* intoxicated, drunk: **ganz ~ sein von** to be totally intoxicated with; **vor Freude wie ~ sein** to be drunk with joy. — **Be'rauscht·heit, Be'rau·schung** *f* ⟨-; *no pl*⟩ intoxication (*auch fig.*), drunkenness, inebriation.

Be'rau·schungsˌmit·tel *n* intoxicant.

Ber·ber ['bɛrbər] *m* ⟨-s; -⟩ **1.** Berber, Kabyle. – **2.** *cf.* a) Berberpferd, b) Berberteppich. — **~ˌaf·fe** *m zo.* Barbary (*od.* pygmy) ape, magot (*Macaca sylvanus*). — **~diaˌlekt** *m ling.* Berber dialect.

'Ber·be·rin[1] *f* ⟨-; -nen⟩ Berber (woman), Kabyle (woman).

Ber·be·rin[2] [bɛrbə'riːn] *n* ⟨-s; *no pl*⟩ *chem.* berberine ($C_{20}H_{19}NO_5$).

'ber·be·risch *adj* Berber.

Ber·be·rit·ze [bɛrbə'rɪtsə] *f* ⟨-; -n⟩ *bot.* berberis (*Gattg Berberis*): **Gemeine ~** barberry, berberry (*Berberis vulgaris*).

Ber·be'rit·zenˌrost *m bot. cf.* Getreiderost.

'Ber·ber|ˌlö·we *m zo.* Barbary lion (*Panthera leo leo*). — **~ˌpferd** *n* Barbary horse, Barb. — **~ˌspra·che** *f ling.* Berber. — **~ˌtep·pich** *m* Berber (carpet *od.* rug).

Ber·ceu·se [bɛr'søːzə] *f* ⟨-; -n⟩ *mus.* berceuse.

be·re·chen·bar [bə'rɛçənbaːr] *adj* calculable, computable: **das ist nicht ~** that is incomputable, that cannot be calculated. — **Be're·chen·bar·keit** *f* ⟨-; *no pl*⟩ calculability, computability.

be'rech·nen I *v/t* ⟨*no* ge-, h⟩ **1.** calculate, reckon, compute, *Am. colloq.* figure (out): **alles genau ~** a) to calculate closely, b) *fig.* to take everything into account; **etwas grob ~** to estimate s.th. roughly; **falsch ~** to miscalculate; **die Endsumme ~** to work out (*od.* determine) the final sum; **etwas auf den Pfennig genau ~** to calculate s.th. to the last penny; **10 cm für den Einschlag ~** to allow 10 centimeters (*bes. Br.* centimetres) for the hem; **den Gewinn ~** to calculate (*bes. Am.* figure out) the profit; **etwas auf drei Dezimalstellen ~** to calculate s.th. to three decimal places; **den Schaden ~** to assess the damage; **den Umfang ~** a) to calculate the circumference, b) to calculate the extent; **eine Unbekannte ~** *math.* to evaluate (*od.* find) an unknown value (*od.* quantity); **es läßt sich nicht ~** a) that cannot be calculated, b) *fig.* it is incalculable (*od.* beyond calculation); **man hat den Platz für drei Personen berechnet** the space is meant (*od.* intended, designed) for three persons; **die Wirkung einer Bemerkung ~** *fig.* to calculate (*od.* count on) the effect of a remark; **er berechnete alle Möglichkeiten im voraus** he took all eventualities into account. – **2.** *bes. econ.* a) charge, b) quote, c) invoice: **j-m etwas ~** to charge s.o. for (*od.* with) s.th.; **j-m zuviel ~** to charge s.o. too much, to overcharge s.o.; **ich berechne es Ihnen zum Selbstkostenpreis** I will let you have it at cost price; **er berechnete 100 DM für seine Arbeit** he asked 100 marks for his work; **wir ~ die Preise einschließlich Fracht** our prices are inclusive of freight; **für die Verpackung ~ wir Ihnen nichts** we don't charge (you) for packing. – **3.** *print.* (*Umfang*) cast off. – **II B~** *n* ⟨-s⟩ **4.** *verbal noun*: **im B~ setzen** *print.* to do piecework composition. – **5.** *cf.* Berechnung. — **be'rech·nend I** *pres p.* – **II** *adj* (*Person, Handlungsweise etc*) calculating, designing, scheming: **ein kühl ~er Mensch** a cold and calculating person.

Be'rech·ner *m* ⟨-s; -⟩ calculator, computer.

be'rech·net I *pp.* – **II** *adj* calculated: **es war gut ~** it was well calculated (*od.* thought out).

Be'rech·nung *f* ⟨-; -en⟩ **1.** *cf.* Berechnen. – **2.** calculation, computation: **eine falsche ~** a miscalculation; **eine flüchtige** (*od.* **ungefähre**) **~** a rough calculation (*od.* estimate); **zum Zweck der ~** for computational purposes; **~ eines Wertes** (e)valuation; **eine ~ anstellen** to make (*od.* carry out) a calculation; **meiner ~ nach** by (*od.* according to) my calculation (*od.* reckoning); **bei ihr war alles ~** *fig.* it was all a matter of calculation with her (*od.* on her part); **er ging mit kühler ~ vor** *fig.* he proceeded in cold blood; **sie tun es nur aus ~** *fig.* they are doing it for reasons of mere self-interest. – **3.** *econ.* a) charge, b) quotation. – **4.** *jur.* (*von Streitwerten etc*) assessment.

Be'rech·nungs|ˌfor·mel *f math.* formula of computation. — **~ˌgrundˌla·ge** *f* **1.** basis for calculation. – **2.** *econ.* (*für eine Versicherung etc*) basis for assessment. — **~taˌbel·le** *f* **1.** calculating table (*od.* chart). – **2.** *econ.* (*einer Versicherung*) experience table, assessment chart. — **~verˌfah·ren** *n*, **~ˌwei·se** *f* **1.** calculating (*od.* calculation) method, mode of calculation. – **2.** computing system. — **~ˌzeitˌraum** *m econ.* period of computation (*od.* assessment).

be·rech·ti·gen [bə'rɛçtɪgən] **I** *v/t* ⟨*no* ge-, h⟩ **j-n zu etwas ~** to entitle (*od.* authorize) s.o. to s.th., to give s.o. the right (*od.* empower s.o.) to s.th.: **er berechtigte ihn zu unterschreiben** he authorized him to sign; **meine Ausbildung berechtigt mich zur Ausübung dieses Berufes** my education (*od.* training) qualifies me for this profession; **es berechtigt mich zu der Annahme, daß** it gives me good reason for thinking (*od.* believing) that, it justifies (*od.* warrants) my supposition that; **es berechtigt mich zu dem Anspruch auf** (*acc*) it entitles me to lay claim to; **seine Fähigkeiten ~ ihn zu einer höheren Stellung** his abilities make him eligible for a higher position. – **II** *v/i* **zu etwas ~** to entitle (*od.* authorize, empower) s.o. to s.th., to give s.o. the right to s.th.: **dieses Examen berechtigt zum Studium** this examination qualifies s.o. for study at a university; **die Karte berechtigt zum Eintritt** the ticket authorizes admission; **seine Leistungen ~ zu großen Hoffnungen** his achievements give rise to great hopes.

be'rech·tigt I *pp.* – **II** *adj* **1.** (*Hoffnung, Einwand etc*) justified, legitimate: **ein ~er Anspruch** *jur.* a just (*od.* lawful, rightful) claim. – **2.** entitled, authorized: **~ sein, etwas zu tun** to have the right (*od.* be justified) to do s.th.; **zu etwas ~ sein** to be entitled (*od.* empowered) to s.th.; **zur Mitgliedschaft ~ sein** to be eligible for membership; **sie ist zur Unterschrift ~** she is authorized to sign; **Sie sind nicht ~, mir Vorwürfe zu machen** you have no right to blame me.

Be'rech·tig·te *m, f* ⟨-n; -n⟩ **1.** person (*od.* party) entitled. – **2.** *jur.* a) legitimate claimant, obligee, b) beneficiary.

be'rech·tig·ter|'ma·ßen, ~'wei·se *adv* rightly, with full justification, legitimately.

Be'rech·ti·gung *f* ⟨-; *no pl*⟩ **1.** right, authority: **der Polizist hat die ~, j-n anzuhalten** the policeman is authorized (*od.* has the authority) to stop s.o.; **er hat keine ~, sich einzumischen** he has no right to interfere; **die ~ eines Anspruchs nachweisen** *jur.* to prove the legitimacy of a claim (*od.* title). – **2.** (*Rechtfertigung*) justification: **seine Forderung war mit voller ~ gestellt** his claim was fully justified; **seine ~ in etwas finden** to be justified by s.th.

Be'rech·ti·gungs|ˌnachˌweis *m* **1.** proof of authority: **einen ~ erbringen** (to produce documents) to prove one's right (*od.* title) to s.th. – **2.** qualification certificate. – **3.** *cf.* Berechtigungsschein. — **~ˌschein** *m* **1.** licence, *Am.* license, permit, certificate. – **2.** *econ.* a) (*Anrechtschein*) warrant, certificate, b) (*Anteilschein*) scrip, c) (*Beleg*) receipt, voucher. — **~ˌwe·sen** *n* (*in Deutschland*) system of qualification.

be're·den I *v/t* ⟨*no* ge-, h⟩ **1. etwas ~** *colloq.* a) to discuss s.th., to talk s.th. over, b) to gossip (*od.* speak ill) about s.th. – **2. j-n ~** to persuade s.o.: **er beredete mich dazubleiben** he persuaded me to stay, he talked me into staying. – **II** *v/reflex* **3. sich mit j-m über** (*acc*) **etwas ~** to confer with s.o. about s.th., to talk s.th. over with s.o.

be·red·sam [bə'reːtzaːm] *adj cf.* beredt 1. — **Be'red·sam·keit** *f* ⟨-; *no pl*⟩ *cf.* Beredtheit 1.

be·redt [bə'reːt] *adj* ⟨-er; -est⟩ **1.** (*Person*) eloquent: **ich hatte einen ~en Fürsprecher in ihm** I had an eloquent advocate in him; **sie ist sehr ~** she is a very fluent talker, she has a ready tongue, she has the gift of (the) gab (*colloq.*); **mit ~er Zunge** *iron.* with a glib tongue. – **2.** *fig.* (*ausdrucksvoll*) expressive, meaningful, eloquent: **~es Schweigen** eloquent (*od.* meaningful, pregnant) silence; **ein ~er Blick** an eloquent (*od.* meaningful) look. — **Be'redt·heit** *f* ⟨-; *no pl*⟩ **1.** eloquence, fluency of speech: **ein Mann von großer ~** a man of great eloquence; **er mußte all seine ~ einsetzen** (*od.* **aufwenden**) he had to exert (*od.* bring into play) all his eloquence (*od.* rhetorical powers). – **2.** (*Redekunst*) oratory, rhetoric.

Be're·dung *f* ⟨-; *no pl*⟩ *rare* **1.** (*Überredung*) (per)suasion. – **2.** (*Besprechung*) discussion.

be'reg·nen *agr.* **I** *v/t* ⟨*no* ge-, h⟩ (*Felder etc*) sprinkle, spray. – **II B~** *n* ⟨-s⟩ *verbal noun.* — **Be'reg·nung** *f* ⟨-; *no pl*⟩ **1.** *cf.* Beregnen. – **2.** spray (*od.* sprinkler, overhead) irrigation.

Be'reg·nungsˌanˌla·ge *f* **1.** *agr.* sprinkler (*od.* spray-line) system. – **2.** *tech.* (*Feuerlöschsystem*) sprinkler installation.

Be'reich *m, rare n* ⟨-(e)s; -e⟩ **1.** (*örtlich*) area, region: **im ~** (**von** *od.* **der Stadt**) **München** in the Munich area; **das Schiff befindet sich schon im ~ der Küste** the ship is already in the offing (*od.* near the coast); **die Ruinen im ~ der alten Festung** the ruins in the precincts of the ancient stronghold. – **2.** *fig.* range, scope, compass, purview: **es liegt im ~ des Möglichen** (*od.* **der Möglichkeit**) it is within the range of possibility; **es gehört nicht in den ~ seiner richterlichen Tätigkeit** it is not within the scope of his activity as a judge. – **3.** *fig.* (*Gebiet*) sphere, domain, province, realm, field: **der ~ der Literatur, der literarische ~** the sphere of literature, the literary sphere; **eine Frage aus dem ~ der Physik** a question from the field of physics; **das gehört in seinen ~** that is within his province (*od. colloq.* department); **der ~ der Fabel** a) the realm of fable, b) the realm of fiction (*od.* legend); **dieses Zimmer ist ihr ~** this room is her domain. – **4.** *mil.* a) (*Gelände*) area, zone, b) (*eines Geschützes etc*) range, reach, sweep: **frontnaher taktischer ~** close-up tactical area. – **5.** *math.* a) (*einer Funktion*) domain, field, b) (*einer Kurve, Fläche*) extent, region, c) (*einer Variablen*) range: **im ~ der Koordinaten steigt die Kurve steil an** within the range of the coordinates the curve rises steeply. – **6.** (*radio*) band, range. – **7.** *meteor.* zone. – **8.** (*optics*) region. – **9.** *tech.* (*Arbeitsbereich einer Maschine*) reach: **im ~** (*Griffbereich*) within easy reach.

be·rei·chern [bə'raɪçərn] **I** *v/t* ⟨*no* ge-, h⟩ enrich, make (*s.th.*) richer, (*Wissen*) *auch* enlarge, increase: **ausgedehnte Reisen haben seine Erfahrung ungemein bereichert** his experience was greatly enriched by extensive travel(l)ing (*od.* journeys); **seinen Wortschatz um** (*od.* **durch**) **neue Ausdrücke ~** to increase (*od.* enlarge) one's vocabulary by new expressions. – **II** *v/reflex* **sich ~** enrich oneself, feather one's nest, fill (*od.* line) one's pockets (*colloq.*): **er sucht sich an fremdem Eigentum zu ~** he tries to enrich himself from (*od.* to grow rich on) the property of others; **sie ~ sich auf Kosten anderer** they enrich themselves (*od.* grow rich) at the expense of others, (*stärker*) they batten on others. – **III B~** *n* ⟨-s⟩ *verbal noun.* — **Be'rei·che·rung** *f* ⟨-; -en⟩ **1.** *cf.* Bereichern. – **2.** enrichment, (*des Wissens*) *auch* enlargement, increase: **eine wesentliche ~ unseres geschichtlichen Wissens** a real gain to (*od.* extension of) our historical knowledge; **eine wertvolle ~ für unsere Bibliothek** a valuable acquisition to our library. – **3.** *jur.* a) ⟨*only sg*⟩ (*Tat, Vorgang*) enrichment, b) (*Objekt*) gain: **ungerechtfertigte ~** unjustified enrichment; **Herausgabe der ungerechtfertigten ~** restitution (*od.* surrender) of unjustified gain.

Be'rei·che·rungs|ˌkla·ge *f jur.* action for the return (*od.* restitution, restoration) of unjustified gain.

Be'reichsˌumˌschal·tung *f* **1.** (*radio*) (receiver) band selection. – **2.** (*im Radarwesen*) range selection (*od.* switching).

be'rei·fen[1] *v/t* ⟨*no* ge-, h⟩ **1.** (*Räder, Fahrzeug*) tire, *bes. Br.* tyre, put (*od.* fit) tires (*bes. Br.* tyres) on. – **2.** (*Faß etc*) hoop.

be'rei·fen[2] **I** *v/t* ⟨*no* ge-, h⟩ (*Bäume etc*) cover (*s.th.*) with hoarfrost (*od.* rime), frost (over). – **II** *v/reflex* sich ~ (*von Bäumen etc*) get covered (over) with hoarfrost (*od.* rime), frost (over).

be'reift[1] **I** *pp of* bereifen[1]. – **II** *adj* (*Rad, Fahrzeug*) tired, *bes. Br.* tyred.

be'reift[2] **I** *pp of* bereifen[2]. – **II** *adj* (*Bäume etc*) covered with hoarfrost, rimy; pruinose, pruinous (*scient.*).

Be'rei·fung *f* ⟨-; *no pl*⟩ *auto.* (set of) tires *pl* (*Br. auch* tyres *pl*), tire (*Br. auch* tyre) equipment: **doppelte ~** dual tires.

be'rei·ni·gen I *v/t* ⟨*no* ge-, h⟩ **1.** (*schwierige Angelegenheit*) settle, put (*s.th.*) in order, set (*s.th.*) straight. – **2.** (*Streitigkeit etc*) settle, make up, compose. – **3.** (*Meinungsverschiedenheit, Mißverständnis etc*) clear away (*od.* up), remove, iron out. – **4.** *econ.* a) (*Konto, Schuld*) settle, b) (*Wertpapiere*) revalidate, reassess, c) (*Bilanz*) audit and verify. – **5.** *math. econ.* a) (*in der Statistik*) (*Werte etc*) adjust, correct, b) (*verfeinern*) refine. – **6.** *jur.* a) (*Akte*) close, b) (*Vorstrafe*) cancel. – **7.** *mil.* (*Frontlücke*) close. – **II B~** *n* ⟨-s⟩ **8.** *verbal noun.* — **Be'rei·ni·gung** *f* ⟨-; *no pl*⟩ **1.** *cf.* Bereinigen. – **2.** (*einer schwierigen Angelegenheit*) settlement. – **3.** (*einer Streitigkeit etc*) settlement, composition. – **4.** (*einer Meinungsverschiedenheit etc*) removal, clearing up. – **5.** *econ.* a) (*eines Kontos etc*) settlement, b) (*eines Wertpapieres*) revalidation, reassessment. – **6.** *math. econ.* a) (*eines Wertes*) (corrective) adjustment, correction, b) (*Verfeinerung*) refinement. – **7.** *jur.* (*von Vorstrafen*) cancellation.

be'rei·sen *v/t* ⟨*no* ge-, h⟩ **1.** (*Land etc*) tour, travel: **er hat den ganzen Orient bereist** he has travel(l)ed all over (*od.* over the whole of) the Orient; **die Wahlredner ~ jetzt den Süden des Landes** the election speakers are now canvassing (*od. colloq.* stumping) the south of the country. – **2.** *econ.* (*Vertreterbezirk etc*) travel, work, cover, canvass: **einen Bezirk durch Vertreter ~ lassen** to work a district by salesmen, to have a district travel(l)ed by salesmen.

be·reit [bə'raɪt] *adj* ⟨*pred*⟩ **1.** (*fertig*) ready, prepared: **alles ist ~** everything is ready; **das Essen ist ~** dinner is ready; **wir sind zum Aufbruch ~** we are ready for departure; **seid ihr ~?** are you ready (*od.* prepared)? **allzeit ~!** (*Pfadfinderlosung*) be prepared! **stets für Sie ~** always at your disposal; **du warst zu schnell ~, ihr zu glauben** you were too ready to believe her; **etwas ~ haben** to have (*od.* hold) s.th. ready, to have s.th. up (*od.* in) one's sleeve (*fig. colloq.*); **er hat immer eine Antwort [Entschuldigung] ~** he always has his answer [excuse] pat; **eine Überraschung für j-n ~ haben** to have a surprise in store for s.o.; **~ sein ist alles** readiness is all; **~ zu sterben** ready to die. – **2.** (*willens*) willing, prepared, ready: **er ist ~, es zu tun** he is willing (*od.* prepared, ready) to do it; **wärst du ~, mir zu helfen?** would you be prepared to help me? **wir sind gern ~, euch zu helfen** we are quite willing (*od.* we shall be pleased) to help you; **er war nur zu gern ~ mitzukommen** he was all too ready (*od.* most eager) to come along; **er ist zu allem ~** he is ready to accept anything, he is game for anything (*colloq.*); **ich bin jederzeit ~, euch zu helfen** I am always ready (*od.* I shall always be glad) to help you; **sich zu etwas ~ finden** to agree to do s.th.; **er konnte sich zu keinem Kompromiß ~ finden** he could not see his way to a compromise.

be'rei·ten[1] **I** *v/t* ⟨*no* ge-, h⟩ **1.** (*Mahlzeit etc*) prepare, get (*s.th.*) ready: **eine Arznei ~** to prepare (*od.* make up) a medicine; **er bereitete sich** (*dat*) **das Essen** (**selbst**) he prepared dinner for himself. – **2.** (*Getränk*) make, prepare: **Punsch ~** to brew punch. – **3.** (*Lager etc*) make up: **j-m eine Heimstätte ~** to give s.o. a home; → Weg 4. – **4.** (*Bad*) prepare, run. – **5.** *fig.* (*Freude etc*) give, afford, bestow: **sie möchte ihrer Mutter eine kleine Freude ~** she wants to give her mother a treat (*od.* present); **es hat mir Vergnügen bereitet** it gave me pleasure, it was a treat (for me); **es hat ihm Genugtuung bereitet** it gave him satisfaction; **j-m einen herzlichen Empfang [Ovationen] ~** to give s.o. a warm reception [ovations]. – **6.** *fig.* (*Schmerz, Sorge etc*) cause: **j-m Kummer ~** to cause s.o. grief, to grieve s.o.; **es tut mir leid, daß ich Ihnen Unannehmlichkeiten** (*od.* Umstände) **bereite** I am sorry to trouble you (*od.* to cause you trouble); **sie hat der Familie Schande bereitet** she brought disgrace on her family; **die Sache hat mir schlaflose Nächte bereitet** the matter caused me sleepless nights; **es bereitet mir Kopfzerbrechen** it puzzles me, it gives me quite a headache (*colloq.*); **einer Sache ein Ende ~** to put an end to a matter. – **7.** (*leather*) (*Häute*) dress, curry. – **II** *v/reflex* **sich ~ 8.** *rare* get ready, prepare oneself: **sich zum Sterben ~** to prepare oneself to die. – **III B~** *n* ⟨-s⟩ **9.** *verbal noun.* – **10.** *cf.* Bereitung.

be'rei·ten[2] *v/t* ⟨*irr, no* ge-, h⟩ **1.** (*Gegend etc*) ride through. – **2.** (*Pferd*) break in.

be'reit|,hal·ten I *v/t* ⟨*irr, sep,* -ge-, h⟩ **1.** hold (*s.th.*) ready, keep (*s.th.*) at (*od.* on) hand: **Medikamente für den Notfall ~** to keep medicine at hand for an emergency; **bitte die Fahrkarten ~** have your tickets ready, please. – **II** *v/reflex* **sich ~ 2.** stand by: **die Männer hielten sich für einen Feueralarm bereit** the men stood by for a fire alarm. – **3. sich für j-n ~** to hold oneself at the disposal of s.o. — **~,le·gen** *v/t* ⟨*sep,* -ge-, h⟩ (für, zu for) lay (*od.* put) (*s.th.*) out, place (*s.th.*) ready: **Kleider [ärztliche Instrumente] ~** to lay (*od.* put) out clothes [medical instruments]; **ich habe alles für den Versuch bereitgelegt** I have set up the experiment. — **~,lie·gen** *v/i* ⟨*irr, sep,* -ge-, h *u.* sein⟩ lie (*od.* be) ready: **die Waren liegen zur Lieferung bereit** the goods lie ready for delivery (*od.* shipment). — **~,ma·chen I** *v/t* ⟨*sep,* -ge-, h⟩ get (*od.* make) (*s.th.*) ready. – **II** *v/reflex* **sich ~** get (*od.* make oneself) ready: **wir machten uns zur Abfahrt bereit** we were getting ready for the departure.

be'reits *adv* **1.** (*schon*) already: **ich habe es euch ~ gesagt** I have told you already. – **2.** (*zuvor*) previously, before: **wie ich ~ erklärte** as I explained previously (*od.* on an earlier occasion). – **3.** *Southern G. and Swiss for* fast.

Be'reit·schaft *f* ⟨-; -en⟩ **1.** ⟨*only sg*⟩ readiness, preparedness: **in ~ sein** (*od.* **stehen**) to be (*od.* stand) ready; **etwas in ~ haben** (*od.* **halten**) to have (*od.* hold, keep) s.th. ready (*od.* in readiness); **sich in ~ halten** to be prepared (*od.* ready), to hold oneself in readiness; **die Feuerwehr hat** (*od.* **hält sich in**) **~** the fire brigade (*Am.* department) is on call. – **2.** ⟨*only sg*⟩ (*Geneigtheit*) willingness, readiness, disposition: **~ zur Hilfe, ~ zu helfen** readiness (*od.* willingness) to help; **die Regierung erklärte ihre ~, Verhandlungen aufzunehmen** the government expressed its willingness to enter into negotiations. – **3.** (*stehende Polizeieinheit*) squad (of police). – **4.** ⟨*only sg*⟩ *mil.* a) readiness, b) (*zum Einsatz*) preparedness, c) (*Alarmbereitschaft*) alert: **in ~ sein für** to stand by for; **~ herstellen** to prepare for action. – **5.** ⟨*only sg*⟩ *tech.* stand-by. – **6.** ⟨*only sg*⟩ *psych.* (zu for) set.

Be'reit·schafts|,auf,trag *m mil.* (*bei der Luftwaffe*) air alert mission. — **~,dienst** *m* **1.** emergency service: **der Arzt hat ~** the doctor is on duty. – **2.** *mil.* alert, stand-by duty. — **~,gra·ben** *m mil.* support trench. — **~po·li,zei** *f* security alert police, riot police. — **~,pum·pe** *f tech.* stand-by pump. — **~,raum** *m aer.* a) (*für fliegendes Personal*) ready (*od.* briefing, operations) room, b) stand-by area. — **~,stel·lung** *f mil.* prepared position, position of readiness. — **~,stu·fe** *f aer. mil.* state (*od.* stage) of alert, state of readiness. — **~,ta·sche** *f* **1.** (*für Kamera etc*) everready case, carrying case. – **2.** *med.* (*ärztliche*) doctor's bag, emergency kit.

Be'reit,sein *n* preparedness, readiness.

be'reit,ste·hen *v/i* ⟨*irr, sep,* -ge-, h *u.* sein⟩ (für, zu for) **1.** be ready (*od.* in readiness): **der Zug stand zur Abfahrt bereit** the train was ready for departure. – **2.** (*verfügbar sein*) be available. – **3.** *mil.* (*von Truppen*) stand by.

be'reit,stel·len I *v/t* ⟨*sep,* -ge-, h⟩ **1.** (*Waren etc*) place (*s.th.*) ready, make (*s.th.*) available: **die Kisten zum Verladen ~** to place the boxes ready for loading. – **2.** *econ.* (*Geldmittel*) a) provide, supply, b) (*für bestimmte Zwecke*) allocate, appropriate, c) (*zurückstellen*) earmark, reserve. – **3.** *mil.* (*Truppen*) a) (*taktisch*) assemble, b) (*bei Luftlande- u. amphibischen Operationen*) marshal. – **II B~** *n* ⟨-s⟩ **4.** *verbal noun.* – **5.** *cf.* Bereitstellung. — **Be'reit,stel·lung** *f* ⟨-; -en⟩ **1.** *cf.* Bereitstellen. – **2.** *econ.* (*von Geldmitteln*) a) provision, supply, b) (*für einen bestimmten Zweck*) allocation, appropriation, c) (*Zurückstellung*) reservation. – **3.** *mil.* a) (*von Truppen*) (final) assembly, b) (*Truppenbewegung*) moving into assembly area, c) (*Bilden der Angriffsformation*) forming up: **~en** troops in reserve, troops ready for action; **~ und Verladung** (*bei Luftlande- und amphibischen Operationen*) mounting.

Be'reit,stel·lungs|,fonds *m econ.* appropriation fund. — **~,raum** *m mil.* assembly (*od.* concentration) area, marshal(l)ing (*od.* staging) area.

Be'rei·tung *f* ⟨-; *no pl*⟩ **1.** *cf.* Bereiten[1]. – **2.** preparation.

be'reit,wil·lig I *adj* **1.** (*Helfer etc*) ready, willing: **~e Zuhörer finden** to find ready listeners. – **2.** (*dienstfertig*) obliging: **er erwies sich als ~** he proved to be obliging. – **II** *adv* **3. der Junge gab ~ Auskunft** the boy readily gave information. — **Be'reit,wil·lig·keit** *f* ⟨-; *no pl*⟩ **1.** readiness: **mit größter ~** most readily. – **2.** obligingness.

be'ren·nen I *v/t* ⟨*irr, no* ge-, h⟩ **1.** (*sport*) (*Tor etc*) attack. – **2.** *mil. hist.* (*Festung etc*) a) (*angreifen*) assault, make an assault (up)on, storm, b) (*einschließen*) invest, (*Hafen*) *auch* blockade. – **II B~** *n* ⟨-s⟩ **3.** *verbal noun.* — **Be'ren·nung** *f* ⟨-; *no pl*⟩ **1.** *cf.* Berennen. – **2.** *mil. hist.* a) (*einer Festung etc*) assault (on), b) (*Einschließung*) investment, (*eines Hafens*) *auch* blockade.

be·ren·ten [bə'rɛntən] *v/t* ⟨*no* ge-, h⟩ **j-n ~** (*officialese*) to pension s.o., to grant s.o. a pension.

be'reu·en I *v/t* ⟨*no* ge-, h⟩ **1.** (*Schuld, Missetat etc*) repent (of): **eine Tat aufrichtig ~** to repent (of) a deed sincerely; **er bereute es, so hartherzig gewesen zu sein** he repented of having been so hardhearted; **seine Sünden ~** to repent of one's sins. – **2.** (*Fehler etc*) regret, repent (of), rue (*lit.*): **wir haben nichts zu ~** we have no regrets (*od. colloq.* nothing to feel sorry about); **das wirst** (*od.* **sollst**) **du noch ~!** you will live to regret it! you will be sorry for it! (*colloq.*); **er hat es bitter bereut, so voreilig gewesen zu sein** he bitterly regretted having been so rash; **ich bereue es nicht, diese Vorstellung besucht zu haben** I am not sorry to have been to this performance. – **II** *v/i* **3.** *bes. relig.* be penitent, repent.

Berg [bɛrk] *m* ⟨-(e)s; -e⟩ **1.** mountain, (*kleiner*) hill: **feuerspeiender ~** volcano; **leichter [schwieriger] ~** easy [difficult] mountain, mountain easy [difficult] to climb; **schneebedeckte ~e** snowcapped mountains; **auf einen ~ steigen** (*od.* **klettern**), **einen ~ besteigen** (*od.* **ersteigen**) to climb (*od.* ascend) a mountain, to scale a peak; **~e besteigen** to mountaineer; **einen ~ angehen** to set out to climb a mountain; **einen ~ bezwingen** to conquer a mountain; **~ Heil!** (*Bergsteigergruß*) good climbing to you! **den ~ hinauf [hinunter]** uphill [downhill]; **jenseits des ~es** beyond the peak; **der ~ ruft** the mountain calls; **über ~ und Tal wandern** to wander uphill and down dale (*od.* over hill and dale); **zu ~(e) fahren** a) to move to mountain pastures, b) (*von Flußschiffen*) to go upstream (*od.* upriver); **die Stadt liegt am Fuße eines ~es** the town lies at the foot of a mountain; **fahren Sie im Urlaub an die See oder in die ~e?** are you going to spend your holidays at the seaside (*od.* seashore) or in the mountains? – **2.** *fig.* (*in Wendungen wie*) **am nächsten Morgen war der Gauner über alle ~e** *colloq.* the next morning the crook was over the hills and far away (*od.* off and away) (*colloq.*); **wir sind jetzt über den** (*auch* **dem**) **~** *colloq.* we are over the worst (*od.* over the hump, out of the wood) now (*colloq.*); **der Kranke ist noch nicht über den** (*auch* **dem**) **~** *colloq.* the patient has not passed the critical point yet, the patient is not round the corner (*od.* over the hump) yet (*colloq.*); **j-m goldene ~e versprechen** *colloq.* to promise s.o. the moon (*colloq.*), to feed s.o. with golden promises (*colloq.*); **vor einem ~ stehen** *colloq.* to be up against (*od.* faced with) insurmountable difficulties; **er steht (da) wie der Ochs vorm ~** *colloq.* he has a blank look, he is non-plussed; **mit seiner Meinung hinterm ~ halten** *colloq.* to conceal (*od. colloq.* beat about the bush with) one's opinion; er hielt damit nicht hinterm ~ *colloq.* he was very outspoken about it, he made no bones about it (*colloq.*); die Haare standen ihm zu ~e *colloq.* his hair stood on end (*colloq.*); der Glaube kann ~e versetzen *Bibl.* faith can (re)move mountains; wenn der ~ nicht zum Propheten kommen will, muß der Prophet zum ~ gehen (*Sprichwort*) if the mountain will not come to Mahomet, Mahomet must go to the mountain (*proverb*); hinterm ~ wohnen auch Leute (*Sprichwort*) you are not the only pebble on the beach; lobe die ~e, aber bleibe im Tal (*Sprichwort*) praise the sea but keep on dry land (*proverb*); je höher die ~e, je tiefer das Tal (*Sprichwort*) the higher the mountain the deeper the vale (*proverb*), the greater the tree the harder the fall (*proverb*). – **3.** *fig.* (*Haufen*) mountain, pile, heap: ein ~ von Akten a mountain of records; ~e von Kuchen vertilgen *colloq.* to gobble up heaps of cake; wir mußten einen wahren ~ von Schwierigkeiten überwinden we had to overcome a veritable mountain of difficulties. – **4.** (*in der Handlesekunst*) mount. – **5.** *tech.* (*eines Papierholländers*) backfall. – **6.** *pl* (*mining*) a) stone *sg* (*construed as pl*), dirt *sg*, waste *sg*, rubbish *sg*, b) (*beim Nachreißen*) ripped debris *sg*, rippings, *bes. Am.* muck *sg*.

ˌberg'ab *adv* downhill, down the slope: die Straße geht ~ the road descends; ~ fahren to go downhill; es geht mit ihm [seinem Geschäft] ~ *fig. colloq.* he [his business] is going downhill (*od.* is on the downgrade).

'Berg|abˌhang *m* (mountain) slope, mountainside, (*eines Hügels*) hillside, slope.

ˌberg'abˌwärts *adv cf.* bergab.

'Berg|ader *f min.* metallic (*od.* mineral) vein, lode. — **~ˌahorn** *m bot.* a) mountain maple (*Acer spicatum*), b) sycamore (maple) (*A. pseudoplatanus*). — **~aka·deˌmie** *f ped.* mining academy, school of mines (*od.* mining), institute of mining engineering. — **~alˌraun** *m bot.* wild mandrake (*Mandragora officinarum*).

Ber·ga·mas·ca [bɛrga'maska] *f* ⟨-; *no pl*⟩, **Ber·ga'mas·ka** [-ka] *f* ⟨-; -ken⟩ (*Tanz*) Bergamask.

'Bergˌam·merˌfink *m zo.* tree sparrow (*Spizella monticola*).

Ber·ga'mottˌbaum [bɛrga'mɔt-] *m bot. cf.* Bergamottenbaum.

Ber·ga·mot·te [bɛrga'mɔtə] *f* ⟨-; -n⟩ *bot.* a) bergamot (orange), b) bergamot (pear).

Ber·ga'mot·tenˌbaum *m bot.* bergamot (*Citrus bergamia*).

Ber·ga'mottˌöl *n chem.* bergamot, *auch* essence of bergamot, bergamot oil ($C_{12}H_{20}O_2$).

'Bergˌamt *n* (*mining*) local mining authority, board of mines.

ˌberg'an *adv* uphill, up the slope: die Straße geht ~ the road climbs; es geht wieder ~ [mit ihm] *fig.* things are improving (*od.* looking up) [for him] again.

'Berg·aneˌmo·ne *f bot.* mountain windflower (*Anemone montana*).

'Bergˌar·bei·ter *m* miner, coal worker. — **~verˌband** *m* miners' union (*od.* federation), coal workers' union.

'Berg|art *f min.* **1.** (*in Erzgängen*) gangue, veinstone. – **2.** (*bes. bei Nichterzen*) matrix, groundmass. — **~asˌbest** *m* rock cork. — **~asˌses·sor** *m* junior mining official (*having passed the second 'Staatsexamen'*). — **~ˌaster** *f bot.* amellus starwort (*Aster amellus*).

ˌberg'auf *adv* uphill, upgrade, upward(s): wir stiegen wieder ~ we were climbing (*od.* going upwards) again; der Pfad führt steil ~ the path leads steeply upwards; ~ geht es langsamer going up takes longer; ~ und bergab up and down, up hill and down dale (*lit.*); es geht wieder ~ mit ihm *fig. colloq.* he is on the upgrade again. — **B~ˌge·hen** *n* (*sport*) climb(ing), ascent. — **B~ˌrut·sche** *f* (*mining*) duckbill loader (*od.* jigging conveyor) working uphill.

'Berg|ausˌrü·stung *f* **1.** (*sport*) mountaineering (*od.* climbing) equipment. – **2.** (*mining*) mining equipment. — **~ˌbahn** *f* mountain railroad (*bes. Br.* railway): ~en mountain track and cable railways.

'Bergˌbau *m* ⟨-(e)s; *no pl*⟩ mining industry. — **~beˌrufs·geˌnos·sen·schaft** *f* German miners' accident insurance fund.

'Bergˌbau·er *m* upland (*od.* hill) farmer, mountain peasant.

'Bergˌbau|in·geˌnieur *m* mining engineer. — **~ˌkun·de** *f* **1.** science of mining. – **2.** (*techn. Fach*) mining engineering. — **~ˌun·terˌneh·men** *n* mining company (*od.* concern).

'Berg|beˌam·te *m* mining official, officer of the local mining authority (*od.* board). — **~beˌhör·de** *f* Mines Inspectorate. — **~beˌstei·gung** *f* (mountain) ascent. — **~beˌwoh·ner** *m* highlander, mountaineer, *auch* uplander, mountain (*od.* hill) dweller. — **~ˌblau** *n* **1.** *chem.* (*Farbe*) mountain blue, azurite (blue) ($Cu_3(CO_3)_2(OH)_2$). – **2.** *min.* a) (*Kupferlasur, Azurit*) blue carbonate of copper; azurite, chessylite (*scient.*), b) (*Lazulith*) lazulite. — **~ˌbu·che** *f bot. cf.* Rotbuche. — **~ˌbut·ter** *f min.* impure iron alum, iron (*od.* zinc) sulfate (*bes. Br.* -ph-). — **~ˌdi·stel** *f bot.* spear thistle (*Cirsium lanceolatum*). — **~ˌdorf** *n* mountain village. — **~ˌdurchˌstich** *m* mountain tunnel.

'Ber·ge|ˌanˌfall *m* (*mining*) (percentage of) stone (*od.* dirt) produced. — **~ˌför·de·rung** *f* stone (*od.* dirt) haulage. — **~ˌgeld** *n mar. cf.* Bergelohn. — **~ˌhal·de** *f* (*mining*) (*Anschüttung über Tage*) waste stone (*od.* rubbish) dump (*od.* heap), *auch* tip. — **b~ˌhoch** *adj u. adv* mountain-high, (as) high as a mountain.

'Berg|eh·renˌpreis *m bot.* spiked speedwell (*Veronica spicata*). — **~ˌei·dech·se** *f zo. cf.* Waldeidechse. — **~ˌei·sen** *n* (*mining*) **1.** (*mit 2 stumpfen Kanten*) (miner's) pick. – **2.** (*mit stumpfer u. Schneidkante*) pickaxe. – **3.** (*kurzer Spitzmeißel*) gad.

'Ber·ge|ˌkip·per *m* (*mining*) tipper for waste or shale, *auch* dirt tipper. — **~ˌlohn** *m mar.* salvage (money).

ber·gen ['bɛrgən] **I** *v/t* ⟨birgt, barg, geborgen, h⟩ **1.** (*Tote*) recover: die Bergleute konnten nur noch tot geborgen werden only the bodies of the miners could be recovered. – **2.** (*retten*) rescue, save: der Fahrer des Wagens konnte lebend geborgen werden the driver of the car could be rescued (alive). – **3.** *mar.* a) (*Schiff, Strandgut*) save, salvage, make a salvage of, b) (*Segel*) furl, take in, shorten. – **4.** *agr.* (*Ernte, Heu etc*) get (*s.th.*) in. – **5.** *lit.* (*verbergen*) hide, shelter: er barg den Kopf in seinen Händen he hid his head in his hands; das Erdinnere birgt noch manches Geheimnis the interior of the earth still conceals many a mystery; dies birgt eine gewisse Gefahr in sich this involves a certain danger. – **II** *v/reflex* sich ~ **6.** rescue (*od.* save) oneself. – **7.** *lit.* hide, (take) shelter. – **III B~** *n* ⟨-s⟩ **8.** *verbal noun.* – **9.** *cf.* Bergung.

'Bergˌen·ge *f* defile.

Ber·ge·nie [bɛr'geːniə] *f* ⟨-; -n⟩ *bot.* bergenia, saxifrage (*Bergenia cordifolia*).

'Berg|ˌen·te *f zo.* scaup (duck) (*Nyroca marila*). — **~ˌen·zi·an** *m bot.* yellow gentian (*Gentiana lutea*).

'Ber·ge|ˌpan·zer *m mil.* armored (*bes. Br.* armoured) (*od.* tank) recovery vehicle, tank retriever. — **~ˌpfei·ler** *m* (*mining*) rock (*od.* stone) pillar.

Ber·ge·re [bɛr'ʒɛːrə] *f* ⟨-; -n⟩ *obs.* bergère (*upholstered armchair*).

'Ber·geˌrecht *n mar.* right of salvage.

'Berg|ˌerz *n min.* crude ore. — **~ˌesche** *f bot.* mountain (*od.* rowan) ash (*Fraxinus ornus*).

'Ber·ges|ˌgip·fel *m lit. for* Berggipfel. — **~ˌhö·he** *f lit.* mountain top, peak: auf Bergeshöhen high up on the mountains.

'Ber·ge·verˌsatz *m* (*mining*) **1.** ⟨*only sg*⟩ (*Vorgang*) (gob) stowing, *auch* packing, filling, gobbing. – **2.** (*Ergebnis*) pack, stone (*od.* dirt) pack(s *pl*). — **~maˌschi·ne** *f* (gob-)stowing machine.

'ber·ge|verˌset·zend *adj fig. lit.* (*Glaube etc*) mount-moving. — **~ˌwei·se** *adj* in mountains, mountain-high, mountainwise: die leeren Kisten stapelten sich ~ the empty boxes piled up in mountains.

'Berg|ˌfach *n* **1.** (*Berufsfach*) mining profession. – **2.** (science of) mining. — **~ˌfahrt** *f* **1.** (*einer Bergbahn etc*) ascent, trip up: Berg- und Talfahrt trip up and down, round (*Br.* return) trip. – **2.** (*sport*) mountaineering, climbing: auf ~ gehen to go mountaineering (*od.* climbing). – **3.** *auto.* (hill) climbing, uphill drive. – **4.** (*von Flußschiffen*) passage upstream. — **b~ˌfein** *adj min.* (*Metalle*) native. — **~ˌfen·chel** *m bot.* stone parsley (*Seseli montanum*). — **~ˌfe·ste, ~ˌfe·stung** *f* mountain fortress (*od.* stronghold). — **~ˌfett** *n min.* ader (*od.* earth) wax; ozokerite, ozocerite (*scient.*). — **~ˌfeu·er** *n* **1.** mountain bonfires *pl* (*to celebrate an event*). – **2.** *myth.* ignis fatuus (on mountains). — **~ˌfex** *m* ⟨-es *u.* -en; -e *u.* -en⟩ *colloq.* enthusiastic alpinist, mountaineering fan. — **~ˌfink** *m zo.* brambling, *auch* bramble (*od.* mountain) finch (*Fringilla montifringilla*). — **~ˌflachs** *m* **1.** *min.* mountain flax. – **2.** *bot.* purging (*od.* fairy, mountain) flax (*Linum catharticum*): Leinblätt(e)riger ~ bastard toadflax (*Thesium linophyllum*). — **~ˌflan·ke** *f* mountainside. — **~ˌflockenˌblu·me** (*getr.* -k·k-) *f bot.* a) mountain centaurea (*Centaurea montana*), b) bullweed, knapweed (*C. scabiosa*). — **~ˌfluß** *m* mountain stream, (*reißender*) torrent. — **~foˌrel·le** *f zo. cf.* Bachforelle. — **b~ˌfreu·dig** *adj auto.* quick on the upgrade, good on hills (*colloq.*): der Wagen ist ~ the car is a good climber. — **~ˌfreu·dig·keit** *f* (good) hill-climbing quality. — **~ˌfried** [-ˌfriːt] *m* ⟨-(e)s; -e⟩ *hist.* (*einer Burg*) keep, donjon. — **~ˌfüh·rer** *m* alpine (*od.* mountain) guide. — **~ˌfußˌebe·ne** *f geol.* piedmont (plain). — **~gaˌman·der** *m bot.* mountain germander (*Teucrium montanum*). — **~ˌge·gend** *f* mountainous district (*od.* region). — **~ˌgeist** *m* (*im Märchen*) mountain goblin (*od.* spirit). — **~ˌgip·fel** *m* mountain top, peak, summit. — **~ˌglas** *n min. cf.* Bergkristall. — **~ˌgold** *n* reef (*od.* native) gold. — **~ˌgrat** *m* mountain ridge. — **~ˌgrün** *n* **1.** *min.* malachite green, green basic copper carbonate, mountain green. – **2.** (*paints*) malachite (green), mountain green, green verditer. — **~ˌgruß** *m* **1.** mountaineers' (*od.* climbers') salute. – **2.** *cf.* Bergmannsgruß. — **~ˌgur** *m min. cf.* Bergmehl 1. — **~ˌgut** *n* **1.** (*mining*) minerals *pl.* – **2.** *min.* fossils *pl.* — **~ˌha·fer** *m bot.* meadow oat (grass) (*Avena pratensis*). — **~ˌhah·nenˌfuß** *m* mountain crowfoot (*Ranunculus montanus*). — **~ˌhähn·lein** *n* mountain windflower (*Anemone narcissiflora*). — **~ˌhänf·ling** *m zo.* twite (finch) (*Carduelis flavirostris*). — **~ˌhang** *m*, *auch* **~ˌhal·de** *f* mountain slope, mountainside. — **~ˌharz** *n min.* asphalt. — **~ˌhas·pel** *f* (*mining*) **1.** hoisting machine. – **2.** (*beim elektrischen Förderschachtaufzug*) winder. — **~ˌhaupt·ˌmann** *m* chairman of a regional inspectorate of mines (*in Germany*). — **~ˌhausˌwurz** *f bot.* mountain houseleek (*Sempervivum montanum*). — **b~ˌhoch** *adj* (*Wellen etc*) mountain-high, (as) high as a mountain. — **~ˌhof** *m agr.* mountain (*od.* upland, hill) farm. — **~ˌhö·he** *f* height of a mountain. — **~ˌho·heit** *f jur.* mining rights *pl.* — **~ˌhöh·le** *f* mountain cave(rn). — **~hoˌlun·der** *m bot.* red-berried elder (*Sambucus racemosa*). — **~ˌholz** *n* **1.** *min.* mountain wood. – **2.** *mar.* (*Außenplanke*) wale. — **~ˌhuhn** *n zo. cf.* Steinhuhn, Rothuhn. — **~ˌhüt·te** *f* mountain (*od.* alpine) hut, refuge.

ber·gig ['bɛrgɪç] *adj* mountainous, hilly.

Ber·gilt ['bɛrgɪlt] *m* ⟨-(e)s; -e⟩ *zo. cf.* Rotbarsch.

'Berg·in·geˌnieur *m* mining engineer.

ber·gi·ni·sie·ren [bɛrgini'ziːrən] *v/t* ⟨*no* ge-, h⟩ *chem.* (*Kohle*) berginize. — **Ber·gi·ni'sie·rung** *f* ⟨-; *no pl*⟩ berginization.

'Berg·inˌspek·tor *m* (*mining*) divisional (*od.* regional) inspector of mines.

Ber'gin·verˌfah·ren [bɛr'giːn-], **'Ber·gi·us·verˌfah·ren** ['bɛrgɪ̆us-] *n chem.* Bergius process.

'Berg|ˌjoch *n* (mountain) pass. — **~ˌkamm** *m* mountain crest. — **~ˌkän·gu·ruh** *n zo.* rock wallaby (*od.* kangaroo) (*Macropus robustus*). — **~ˌke·gel** *m geol.* mountain cone, sugar-loaf (*od.* cone-shaped) mountain. — **~ˌkes·sel** *m* cirque, corrie, *auch* basin. — **~ˌket·te** *f* mountain range (*od.* chain), range (*od.* chain) of mountains. — **~ˌkie·fer** *f bot.* mountain pine (*Pinus montana*). — **~ˌkie·sel** *m min.* **1.** chert. – **2.** (*Feuerstein*) flint. — **~ˌkli·ma** *n* mountain climate. — **~ˌknap·pe** *m* (*mining*) **1.** miner. – **2.** (*in Kohlenzechen*) coal worker. – **3.** (*bes. bei Schachtarbeiten*) pitman. — **~ˌkork** *m min.* mountain (*od.* rock) cork. — **b~ˌkrank** *adj med.* suffering from mountain sickness. — **~ˌkrank·heit** *f* mountain sickness. — **~ˌkrei·de** *f min.* mountain chalk. — **~kriˌstall** *m* rock (*od.* mountain) crystal, crystallized quartz. — **~ˌkun·de** *f geol.* orology, orography. — **~ˌkup·fer** *n min.* native copper. — **~ˌkup·pe** *f geol.* round(ed) (*od.* dome-shaped) mountain top. — **~ˌland** *n* mountainous (*od.* hilly) district (*od.* region). — **~ˌland·schaft** *f* **1.** mountain landscape, mountainous region. – 2. *geol.* mountain topography. — **~ˌlat·sche** *f bot. cf.* Bergkiefer. — **~ˌlaubˌsän·ger** *m zo.* Bonelli's warbler (*Phylloscopus bonelli*). — **~ˌle·der** *n min.* mountain (*od.* rock) leather. — **~ˌlehr·ling** *m* (mining) apprentice.

Berg·ler ['bɛrklər] *m* ⟨-s; -⟩ *dial. for* Bergbewohner.

'Berg|ˌlorˌbeer, Ka·li'for·ni·scher *m bot.* California (*od.* mountain) laurel, Oregon myrtle, pepperwood (*Umbellularia californica*). — **~ˌluft** *f* mountain air. — **~ˌmann** *m* ⟨-(e)s; Bergleute⟩ miner, mine (*od.* coal) worker. — **b~ˌmän·nisch** [-ˌmɛnɪʃ] *adj* miner's (*attrib*), mining (*attrib*).

'Bergˌmanns|ˌgruß *m* miners' salute. — **~ˌkom·paß** *m* (*mining*) miner's compass. — **~ˌkrank·heit** *f med.* miners' disease. — **~ˌlun·ge** *f* miners' phthysis (*od.* asthma). — **~nyˌstag·mus** *m* miners' nystagmus. — **~ˌprä·mie** *f* (*mining*) *econ.* miner's bonus (*od.* premium). — **~ˌtracht** *f* miner's dress (*od.* clothes *pl*).

'Berg|masˌsiv *n* massif, mountain(ous) mass. — **~ˌmehl** *n min.* **1.** (*Kieselgur*) diatomaceous (*od.* infusorial) earth. – **2.** *cf.* Bergmilch. — **~ˌmilch** *f* rock (*od.* mountain) milk, lublinite (*scient.*). — **~ˌmolch** *m zo. cf.* Alpenmolch. — **~ˌnel·kenˌwurz** *f bot.* mountain avens (*Geum montanum*). — **~ˌnot** *f only in* ~ sein to be in difficulties (*od.* to need assistance) in the mountains: einen Bergsteiger aus ~ retten to rescue a climber in distress (*od.* who has got into difficulties). — **~ˌnym·phe** *f* **1.** *myth.* mountain nymph, oread. – **2.** *zo.* hill star (*Gattg Oreotrochilus*). — **~ˌöl** *n rare min.* petroleum, crude oil. — **~ˌpal·me** *f bot.* mountain palm (*Gattg Chamaedorea*). — **~paˌpier** *n min.* mountain paper. — **~ˌpar·te** *f* (*mining*) miner's hatchet (*for display in parades*). — **~parˌtei, die** *hist.* the Mountain (*party in first French revolution*): Mitglied der ~ Montagnard. — **~ˌpaß** *m geogr.* mountain pass. — **~ˌpech** *n min.* asphalt. — **~ˌpfad** *m* mountain path. — **~ˌpflan·ze** *f bot.* mountain plant. — **~ˌpie·per** *m zo.* water pipit, alpine pipit (*Anthus spinoletta*). — **~plaˌteau** *n geol.* (intermontane) plateau. — **~poˌlei** *m bot.* poly (*Teucrium polium*).

'Berg·po·liˌzei *f* (*mining*) mine security police. — **~verˌord·nung** *f* mining regulation.

'Berg|ˌpre·digt, die *Bibl.* the Sermon on the Mount. — **~ˌprü·fung** *f auto.* mountain trial. — **~ˌrand** *m* foot of a mountain. — **~ˌrecht** *n jur.* **1.** mining privilege (*od.* concession). – **2.** mining law. — **b~ˌrecht·lich** *adj* according to (*od.* under) mining law: ~e Gewerkschaft mining partnership; ~e Gesellschaft association under mining law. — **~ˌre·genˌpfei·fer** *m zo.* mountain plover (*Podasocis montana*). — **b~ˌreich** *adj* (*Land etc*) abounding in mountains, mountainous. — **~ˌreis** *m bot.* mountain rice (*Gattg Oryzopsis*). — **~ˌren·nen** *n* ⟨-s; -⟩ (*sport*) (*beim Motorsport*) hill climb. — **~ˌret·tungsˌdienst** *m cf.* Bergwacht 1. — **~ˌrot** *n min.* **1.** cinnabar, realgar. – **2.** (*Rötel*) red chalk. — **~ˌrücken** (*getr.* -k·k-) *m* mountain ridge. — **~ˌrü·ster** *f bot. cf.* Bergulme. — **~ˌrutsch** *m geol.* landslide, *bes. Br.* landslip, mountain slide, rockslide. — **~ˌsalz** *n min.* rock salt. — **~-ˌSandˌglöck·chen** *n bot.* sheep's-bit (*Jasione montana*). — **~ˌsat·tel** *m geol.* mountain saddle, col. — **~ˌscha·den** *m* (*mining*) damage due to subsidence. — **~ˌschi** *m cf.* Bergski. — **~ˌschiffahrt** (*getr.* -ff,f-) *f mar.* upstream traffic. — **~ˌschlucht** *f geol.* **1.** (*Klamm*) gorge. – **2.** (*Tobel*) ravine. — **~ˌschuh** *m meist pl cf.* Bergstiefel. — **~ˌschu·le** *f* (*mining*) school of mining, *auch* miner's training center (*bes. Br.* centre). — **b~ˌschüs·sig** [-ˌʃʏsɪç] *adj* full of dead (*od.* barren) rock. — **~ˌschutt** *m* mountain waste. — **~ˌschwe·fel** *m min.* native sulfur (*bes. Br.* -ph-). — **~ˌschwin·del** *m med.* vertigo due to height. — **~ˌsee** *m* **1.** mountain lake. – **2.** (*Karsee*) tarn. — **~ˌsei·fe** *f min.* mountain (*od.* rock) soap. — **~ˌseil** *n* (*sport*) climbing (*od.* mountaineering) rope. — **~ˌsen·kung** *f* (*mining*) subsidence. — **~ska·bio·se** [-skaˌbĭoːzə] *f bot.* pigeon scabious (*Scabiosa columbaria*). — **~ˌski** *m* (*sport*) upper (*od.* uphill) ski. — **~ˌspal·te** *f* cleft (*od.* crevice, fissure) in a rock. — **~ˌspit·ze** *f* mountain peak (*od.* tip). — **~ˌsport** *m cf.* Bergsteigen. — **~ˌstamm** *m* mountain tribe. — **~ˌstart** *m auto.* hill start. — **~sta·tiˌon** *f* (*einer Bergbahn*) mountain station. — **~ˌstei·geˌfä·hig·keit** *f auto.* hill-climbing quality (*od.* capacity), gradeability. — **~ˌstei·gen** *n* mountain climbing, mountaineering, alpinism. — **~ˌstei·ger** *m*, **~ˌstei·ge·rin** *f* (mountain) climber, mountaineer, alpinist. — **b~ˌstei·ge·risch** *adj* mountaineering, climbing. — **~ˌstie·fel** *m meist pl* climbing (*od.* mountaineering) boot. — **~ˌstock** *m* **1.** (*Wanderstock*) alpenstock, climbing stick. – **2.** *cf.* Bergmassif. — **~ˌstra·ße** *f* mountain road. — **~ˌstri·che** *pl* (*auf Landkarten*) hachures *pl*, lines of hill shading. — **~ˌsturz** *m geol. cf.* Bergrutsch. — **~ˌtal** *n cf.* Gebirgstal. — **~ˌtalg** *m min. cf.* Bergfett. — **~ˌtä·schelˌkraut** *n bot.* candytuft (*Gattg Iberis*). — **~ˌtau·be** *f zo.* quail dove (*Oreopeleia montana*). — **~ˌtee** *m bot.* gaultheria, wintergreen, mountain tea (*Gattg Gaultheria*). — **~ˌteer** *m geol.* earth pitch, mineral tar (*od.* pitch), maltha (*scient.*). — **~ˌtorf** *m min.* mountain peat, ampelite (*scient.*). — **~ˌtour** *f cf.* Bergwanderung. — **~ˌtracht** *f* mountain dweller's costume. — **~ˌul·me** *f bot.* a) wych (*od.* witch, Scotch) elm (*Ulmus montana*), b) rock elm (*U. thomasii*). — **~-ˌund-'Tal-ˌBahn** *f* (*auf Volksfesten*) roller coaster, *Br.* switchback (railway).

'Ber·gung *f* ⟨-; -en⟩ **1.** *cf.* Bergen. – **2.** (*einer Leiche etc*) recovery. – **3.** *bes. mar.* salvage. – **4.** (*Rettung*) rescue: die ~ Schiffbrüchiger the rescue of shipwrecked persons. – **5.** (*space*) (*der Raumkapsel*) recovery.

'Ber·gungs|ˌar·beit *f meist pl* **1.** salvage operation. – **2.** rescue work. — **~ˌdienst** *m* **1.** recovery service (*od.* organization). – **2.** *bes. mar.* salvage service. — **~ˌfahr·ˌzeug** *n* **1.** salvage (*od.* recovery, rescue) vehicle, *Am.* wrecker truck. – **2.** *aer.* crash vehicle (*Am.* truck, wagon). — **~ge·ˌsell·schaft** *f* salvaging company. — **~ˌgriff** *m* (*beim Rettungsschwimmen*) life-saving hold. — **~ˌgut** *n* salvage, property sa(l)ved. — **~ˌhubˌschrau·ber** *m* (*space*) recovery helicopter. — **~komˌman·do** *n* **1.** recovery (*od.* salvage) party (*auch mar.*). – **2.** (*Rettungskommando*) rescue party. — **~ˌkran** *m* **1.** breakdown crane. – **2.** (*der Feuerwehr*) lifting crane. — **~ˌlohn** *m cf.* Bergelohn. — **~ˌmann·schaft** *f cf.* Bergungskommando. — **~ˌschiff** *n mar.* salvage vessel. — **~ˌschlep·per** *m* salvage tug. — **~ˌtrupp** *m cf.* Bergungskommando. — **~verˌlust** *m mar.* salvage loss. — **~verˌsuch** *m* **1.** *bes. mar.* salvage attempt. – **2.** rescue (*od.* recovery) attempt.

ˌberg'un·ter *adv* downhill.

'Berg|ˌveil·chen, 'Gel·bes *n bot.* two-flowered violet (*Viola biflora*). — **~ˌvolk** *n* mountain race (*od.* tribe), hill people, (people of) mountain dwellers *pl*. — **~ˌvorˌsprung** *m* spur. — **~ˌwacht** *f* **1.** (*Bergrettungsdienst*) mountain (*od.* alpine) rescue service. – **2.** (*Mannschaft*) mountain rescue squad (*od.* team). — **~ˌwand** *f* mountain wall (*od.* face). — **~ˌwan·de·rung** *f* mountain hike (*od.* tour). — **~warˌdein** *m* (*mining*) assayer.

'bergˌwärts *adv* **1.** (*bergauf*) uphill. – **2.** (*stromauf*) upstream.

'Berg|ˌwas·ser *n* mountain stream, torrent. — **~ˌwei·de** *f agr. cf.* Alm[1] 1. — **~ˌwelt** *f lit.* (world of the) mountains *pl*.

'Bergˌwerk *n* ⟨-(e)s; -e⟩ (*mining*) a) (*für Erz*) (ore) mine, b) (*für Kohle*) coal mine, colliery: ein ~ betreiben to run (*od.* work) a mine; ein ~ markscheiden to survey a mine, to map the workings of a mine.

'Bergˌwerks|ˌabˌga·be *f* **1.** mining royalty. – **2.** *econ.* (*Steuer*) mining tax. — **~ˌak·tie** *f econ.* **1.** mining share (*bes. Am.* stock). – **2.** *pl* (*im Kurszettel*) mines. — **~beˌtrieb** *m* **1.** mining company (*od.* concern). – **2.** working (*od.* exploitation) of a mine, mining. — **~diˌrek·tor** *m* colliery general manager. — **~ˌei·gen·tum** *n jur.* mining right (*od.* property). — **~geˌsell·schaft** *f* mining company (*od.* concern). — **~kon·zes·siˌon** *f* mining licence (*Am.* license).

'Berg|ˌwe·sen *n* ⟨-s; *no pl*⟩ mining. — **~ˌwie·se** *f* alpine pasture (*od.* meadow). — **~ˌwind** *m* mountain wind (*od.* breeze). — **~-ˌWohl·verˌleih** *m bot.* (mountain) arnica, mountain tobacco, leopard's-bane (*Arnica montana*). — **~-ˌWundˌklee** *m* kidney vetch (*Anthyllis montana*). — **~ˌze·bra** *n zo.* mountain zebra (*Equus zebra zebra*). — **~ˌze·hent** *m hist.* tithe (*od.* royalty) on the profits of a mine. — **~ˌzei·sig** *m zo.* mountain linnet, twite (*Linota flavirostris*). — **~ˌzie·ge** *f cf.* Schneeziege. — **~ˌzinn** *n min.* pure tin. — **~ˌzin·ne** *f* (mountain) pinnacle. — **~ˌzinˌno·ber** *m min.* native cinnabar. — **~ˌzun·der** *m* mountain tinder.

Be·ri·be·ri [beri'beːri] *f* ⟨-; *no pl*⟩ *med.* beriberi.

Be·richt [bə'rɪçt] *m* ⟨-(e)s; -e⟩ **1.** (über *acc*) report (on, of), account (of): amtlicher ~ official report, bulletin, communiqué; ausführlicher ~ full (*od.* detailed) account; „eigener ~" "from our special correspondent"; mündlicher [schriftlicher] ~ oral [written] report; ein wahrheitsgetreuer ~ a faithful account; einem Vorgesetzten ~ erstatten to report (*od.* make, give a report) to a superior; er hat ihm über den Vorfall ~ erstattet he made a report to him on the incident; über den Fortgang (*od.* Stand) (einer Sache) ~ erstatten to report progress; einen ~ abfassen to draw up a report; einen ~ entgegennehmen [vorlegen] to hear [to present *od.* submit] a report; einen ~ geben (*od.* liefern) to give (*od.* render) an account; er gab einen kurzen, sachlichen ~ he gave a short factual account; nach ~en aus der Hauptstadt according to reports from the capital; ein ~ über die Lage in Berlin a report on the situation in Berlin; ~ zur Lage der Nation Report on the State of the Nation; die Zeitungen bringen spaltenlange ~e über das Ereignis newspaper reports (*od.* commentaries) on the event cover several columns; aus dem ~ ging hervor, daß from the report it appeared that; nach den neuesten ~en according to the latest reports (*od.* accounts); nach den ~en von Augenzeugen according to the accounts of eyewitnesses; laufende ~e *pl* a) periodic reports, b) (*in Zeitung, Rundfunk etc*) running commentary *sg*; Sie hören einen ~ über die Ereignisse der vergangenen Woche you will hear a survey (*od.* summary) of last week's events; sein ~ darüber lautet ganz anders his report (*od.* story, version) runs (*od.* reads) quite differently; in ~en aus dem Jahre 1632 in records from the year 1632. – **2.** *cf.* Erzählung 1, 2. – **3.** *sociol.* returns *pl*, records *pl*: statistische ~e über Geburten und Eheschließungen official records on births and marriages. – **4.** *econ.* a) report, b) (*Mitteilung*) advice, information: laut ~ as advised.

be'rich·ten I *v/t* ⟨*no* ge-, h⟩ **1.** report, tell: j-m etwas ~ to report s.th. to s.o.; etwas ausführlich ~ to give a full account (*od.* full particulars) of s.th.; er weiß immer das Neueste zu ~ he always knows the latest news; das Wichtigste in Kürze ~ to give the essentials (*od.* gist) of a matter in brief; etwas historisch ~ to record s.th. – **2.** (*melden*) report, inform (*s.o.*) of, advise (*s.o.*) of: der Polizei den Unfall ~ to report the accident to the police. – **3.** (*erzählen*) relate, narrate, recount. – **II** *v/i* **4.** (über *acc*) report (on, upon), tell (about, of): sich täglich ~ lassen to get a daily report; für eine Zeitung über die Konferenz ~ to report on (*od.* to cover) the conference for a newspaper; wie zuverlässige Quellen ~ as announced by authoritative (*od.* well-informed) sources; j-m über seine (*od.* von seiner) Reise ~ to tell s.o. about one's trip; j-m über die neuesten Ereignisse ~ to inform s.o. of the latest events. – **III B~** *n* ⟨-s⟩ **5.** *verbal noun.* – **6.** report.

Be'rich·ter *m* ⟨-s; -⟩ *cf.* Berichterstatter.

Be'richt·erˌstat·ter *m* ⟨-s; -⟩ **1.** (*einer Zeitung*) reporter, newsman, *Br.* pressman: auswärtiger ~ (foreign) correspondent. – **2.** (*beim Rundfunk, Fernsehen*) reporter, (*bei Direktsendungen*) *auch* commentator: ~ Herr X running commentary by Mr X. – **3.** (*Gewährsmann*) informant. – **4.** *jur. pol.* a) (*bei Gericht, im Parlament etc*) member submitting a report, *bes. Am.* referee, b) (*bei Kongressen*) rapporteur. — **Be'richt·erˌstat·te·rin** *f* ⟨-; -nen⟩ woman reporter.

Be'richt·erˌstat·tung *f* ⟨-; -en⟩ **1.** (*bei der Presse*) report(ing), coverage: eine lückenlose ~ a full (*od.* complete) coverage. – **2.** (*beim Rundfunk, Fernsehen*) report(ing), (*bei Direktsendungen*) *auch* commentary. – **3.** (*Bericht*) report, information. – **4.** *jur.*

pol. (*bei Gericht, im Parlament etc*) report(ing): der Botschafter wurde zur ~ zurückgerufen the ambassador was called back to (give a) report.

be·rich·ti·gen [bəˈrɪçtɪɡən] **I** *v/t* ⟨*no* ge-, h⟩ **1.** correct: j-n [einen Irrtum] ~ to correct s.o. [an error], to put (*od.* set) s.o. [an error] right; einen Text ~ to correct (*od.* emend) a text; einen Druckfehler ~ *print.* to correct a misprint; einen Sehfehler ~ (*optics*) to correct a defect in vision. – **2.** *econ.* a) (*Buchung etc*) correct, adjust, rectify, b) (*Rechnungen etc*) settle, pay, square, c) (*Löhne*) adjust. – **3.** *jur.* a) (*Angaben, Bücher, Urteil etc*) correct, rectify, b) (*Parteianträge, Urteil, Vorschrift*) amend, c) (*Verbindlichkeiten*) pay, satisfy, settle, discharge, d) (*Grenzabschnitt, Grundbuch etc*) rectify. – **4.** *tech.* (*Einstellung etc*) correct, adjust. – **5.** *aer.* (*Höhen- od. Geschwindigkeitsanzeige*) calibrate. – **II** *v/reflex* sich ~ **6.** correct oneself, revise one's statement (*od.* opinion), put the record straight. – **III B~** *n* ⟨-s⟩ **7.** *verbal noun.* — **Beˈrich·ti·gung** *f* ⟨-; -en⟩ **1.** *cf.* Berichtigen. – **2.** (*eines Irrtums, Druckfehlers etc*) correction: ~ eines Textes correction (*od.* amendment, emendation) of a text. – **3.** *econ.* a) (*einer Buchung etc*) correction, adjustment, rectification, b) (*einer Rechnung etc*) settlement, payment, c) (*von Löhnen*) adjustment: rückwirkende ~ retroactive adjustment. – **4.** *jur.* (*von Angaben, Büchern, Urteil*) correction, b) (*von Parteianträgen, Urteilen, Vorschriften*) amendment, c) (*von Verbindlichkeiten*) payment, settlement, satisfaction, d) (*eines Grenzabschnitts, Grundbuches*) rectification. – **5.** *tech.* (*einer Einstellung etc*) correction, adjustment.

Beˈrich·ti·gungs|ˌan·zei·ge *f econ.* notice of correction (*od.* adjustment). — **~ˌbei·ˌwert** *m tech.* corrective factor. — **~ˌbu·chung** *f econ.* corrective (*od.* adjusting) entry. — **~ˌlin·se** *f* (*optics*) (*im Fernrohr, Mikroskop*) collimator. — **~ˌpflicht** *f jur.* (*im Pressegesetz*) *liability of a newspaper editor to publish corrections of fact* (*at the request of a public agency or private person*). — **~ˌwert** *m math. tech. econ.* correction (*od.* corrective) value (*od.* factor).

Beˈrichts|ˌjahr *n econ.* year under review (*od.* report). — **b~ˌpflich·tig** *adj* obliged (*od.* required) to render account (*od.* returns). — **~ˌzeitˌraum** *m* period under review (*od.* report).

beˈrie·chen *v/t* ⟨*irr, no* ge-, h⟩ **1.** smell at, sniff at: die Hunde berochen sich (*od.* einander) *colloq.* the dogs sniffed at one another. – **2.** (*Lebensmittel etc*) smell at. – **3.** j-n ~ *fig. colloq.* to size s.o. up: sich (*od.* einander) ~ to size each other (*od.* one another) up. – **4.** *hunt.* (*Beute, Spur etc*) scent.

beˈrie·feln *v/t* ⟨*no* ge-, h⟩ *tech. cf.* riefeln.

beˈrie·seln I *v/t* ⟨*no* ge-, h⟩ **1.** sprinkle, spray. – **2.** *bes. agr.* a) (*bewässern*) irrigate, water (*field*) (*with spraying device*), b) irrigate (*field*) (*with sewage*). – **3.** *fig.* shower: die Menschen mit Reklame ~ to shower people with advertisements; sich dauernd mit Musik ~ lassen to immerse oneself constantly in music, to have music as a background to everything one does. – **4.** *metall.* a) spray, b) (*im Gaswäscher*) scrub. – **II B~** *n* ⟨-s⟩ **5.** *verbal noun.* — **Beˈrie·se·lung** *f* ⟨-; *no pl*⟩ **1.** *cf.* Berieseln. – **2.** *bes. agr.* irrigation.

Beˈrie·se·lungs|ˌanˌla·ge *f* **1.** *agr.* irrigation plant. – **2.** *tech.* water spraying equipment (*od.* system). — **~ˌgra·ben** *m agr.* irrigation (*od.* watering) ditch. — **~ˌküh·ler** *m tech.* (*in der Benzolgewinnung*) wash tower. — **~ˌschleu·se** *f agr.* irrigation sluice, clough. — **~ˌturm** *m metall.* scrubbing (*od.* wash, spray) tower, (tower) scrubber, washer, wash column.

Beˈries·lung *f cf.* Berieselung.

Be·rill [beˈrɪl] *m* ⟨-s; -e⟩ *min. cf.* Beryll.

be·rin·det [bəˈrɪndət] *adj* (covered) with bark, barky, encrusted.

beˈrin·gen I *v/t* ⟨*no* ge-, h⟩ **1.** (*Vogel*) ring. – **2.** (*Pfahl, Faß*) hoop. – **II B~** *n* ⟨-s⟩ **3.** *verbal noun.*

ˈBe·ringsˌmö·we [ˈbeːrɪŋs-] *f zo.* glaucous-winged gull (*Larus glaucescens*).

beˈringt I *pp.* – **II** *adj* **1.** ringed: ein ~er Finger a ringed finger, a finger (covered) with a ring (*od.* rings). – **2.** *hort.* (*Baum*) with a grease band, grease-ringed.

Beˈrin·gung *f* ⟨-; *no pl*⟩ *cf.* Beringen.

be·rippt [bəˈrɪpt] *adj bot.* nerved.

beˈrit·ten I *pp of* bereiten². – **II** *adj bes. mil.* (*Truppe, Polizei etc*) mounted.

Ber·ke·li·um [bɛrˈkeːlium] *n* ⟨-s; *no pl*⟩ *chem.* berkelium (Bk).

Ber·le [ˈbɛrlə] *f* ⟨-; -n⟩ *bot.* water parsnip (*Gattg Sium*).

Ber·li·na·le [bɛrliˈnaːlə] *f* ⟨-; -n⟩ Berlin film festival.

Ber·li·ne [bɛrˈliːnə] *f* ⟨-; -n⟩ *obs.* (*Kutsche*) Berlin, *auch* Berline.

Ber·li·ner [bɛrˈliːnər] **I** *adj* (of) Berlin: ~ Kongreß *hist.* Berlin Congress (*1878*); ~ Luftbrücke *pol. hist.* Berlin Airlift (*1948—49*); der ~ Bär the Berlin Bear; ~ Blau *chem.* Berlin (*od.* Prussian, Paris) blue, prussiate of iron; ~ Braun [Grün, Rot] *chem.* Prussian brown [green, red]; ~ Porzellan Berlin porcelain; er hat eine (echte) ~ Schnauze *colloq.* his way of talking is typical of Berlin; ~ Weiße (mit Schuß) *gastr. highly carbonized white beer of low alcoholic content* (*flavo[u]red with raspberry or strawberry juice*). – **II** *m* ⟨-s; -⟩ Berliner.

berˈli·ne·risch I *adj cf.* Berliner I. – **II** *ling.* **B~** ⟨*generally undeclined*⟩, **das B~e** ⟨-n⟩ the Berlin dialect.

ber·li·nern [bɛrˈliːnərn] *v/i* ⟨*no* ge-, h⟩ speak in Berlin dialect (*od.* with a Berlin accent).

Berˈlinˌhil·fe *f pol. econ.* Berlin Aid.

berˈli·nisch *adj* (of) Berlin.

Ber·locke (*getr.* -k·k-) [bɛrˈlɔkə] *f* ⟨-; -n⟩ *obs.* (*Uhrgehänge*) fancy pendant, watch charm (*od.* fob, trinket).

Ber·me [ˈbɛrmə] *f* ⟨-; -n⟩ **1.** *civ.eng.* (*Böschung*) bench, berm(e). – **2.** *mil.* berm(e).

Berˈmu·da|ˌgras [bɛrˈmuːda-] *n bot.* Bermuda (*od.* Bahama, devil, scutch) grass (*Cynodon dactylon*). — **~-ˌshorts** *pl* bermuda shorts, bermudas.

ˈBer·ner *adj* Bernese, (of) Bern: ~ Rösti *gastr.* fried potatoes Bernese style.

Bern·har·di·ner [bɛrnharˈdiːnər] **I** *m* ⟨-s; -⟩ **1.** *relig.* Bernardine, Cistercian. – **2.** *zo.* St. Bernard (dog). – **II** *adj* **3.** *relig.* Bernardine, Cistercian. — **~ˌhund** *m zo. cf.* Bernhardiner 2. — **~ˌklo·ster** *n relig.* Bernardine (*od.* Cistercian) monastery. — **~ˌkraut** *n bot. cf.* Bernhardskraut. — **~ˌor·den** *m relig.* Bernardine (*od.* Cistercian) order.

ˈBern·hards|ˌkraut [ˈbɛrnharts-] *n bot.* blessed thistle (*Cnicus benedictus*). — **~ˌkrebs** *m zo.* large (*od.* Bernhard's) hermit crab (*Eupagurus bernhardus*).

Berˈni·kel|ˌgans [bɛrˈniːkəl-] *f zo.* brant (*Br.* brent) (goose) (*Branta bernicla*). — **~ˌmu·schel** *f* barnacle (*Gattg Lepas*).

ˈber·nisch *adj* (of) Berne, Bernese.

ˈBernˌstein [ˈbɛrn-] *m* ⟨-(e)s; *no pl*⟩ amber, succinite (*scient.*): gepreßter ~ pressed amber, amb(e)roid; schwarzer ~ jet. — **b~ˌähn·lich** *adj* ambery, (like) amber, succinous (*scient.*). — **~ˌanˌhän·ger** *m* amber pendant. — **~ˌar·beit** *f* **1.** amber work. – **2.** article made of amber. — **~ˌau·ster** *f zo.* jingle shell (*Gattg Anomia*).

ˈbernˌstei·ne(r)n *adj min.* (made of) amber.

ˈBernˌstein|ˌfar·be *f* amber color (*bes. Br.* colour). — **b~ˌfar·ben, b~ˌfar·big** *adj* amber(-colored, *bes. Br.* -coloured). — **~fi·scheˌrei** *f* amber fishing. — **b~ˌgelb** *adj* of the color (*bes. Br.* colour) of the light (variety of) amber. — **~ˌharz** *n min.* resin of amber. — **~ˌket·te** *f* amber necklace. — **~ˌkie·fer** *f bot.* amber tree (*Pinites succinifer; fossil*). — **~ko·loˌpho·ni·um** *n min.* amber colophony (*od.* rosin). — **~ˌkun·de** *f* ambrology. — **~ˌlack** *m* (*paints*) amber varnish. — **~ˌöl** *n chem.* amber oil. — **~ˌper·le** *f* amber pearl (*od.* bead). — **b~ˌsau·er** *adj* bernsteinsaures Natron *chem.* sodium succinate. — **~ˌsäu·re** *f* succinic acid ($HOOCCH_2CH_2COOH$): mit ~ tränken (*od.* sättigen, verbinden) to succinate. — **~ˌschmuck** *m* amber jewelry (*bes. Br.* jewellery). — **~ˌschnecke** (*getr.* -k·k-) *f zo.* amber snail (*Succinea patris*). — **~ˌspit·ze** *f* amber cigar(ette) holder.

Ber·sa·glie·re [bɛrsalˈjɛrə] *m* ⟨-(s); -glieri [-ri]⟩ (*Scharfschütze*) bersagliere.

ˈBerschˌkohl [ˈbɛrʃ-] *m bot. cf.* Wirsing.

Ber·ser·ker [bɛrˈzɛrkər] **I** *npr m* ⟨-s; *no pl*⟩ *myth.* berserk(er), baresark. – **II** *m* ⟨-s; -⟩ *fig.* berserk(er): wütend wie ein ~ furious (*od.* frenzied, raving) as a berserker; wie ein ~ toben to rage (*od.* rave) like a berserker, to go berserk; die Kräfte eines ~s besitzen to be (as) strong as a bear. — **b~haft** *adj* berserk.

berˈser·kern *v/i* ⟨h⟩ go berserk.

Berˈser·kerˌwut *f* berserk(er) fury (*od.* rage).

ber·sten [ˈbɛrstən] **I** *v/i* ⟨birst, barst, geborsten, sein⟩ **1.** (*von Eis, Glas etc*) burst, break, crack, rupture: das Schiff barst in zwei Teile the ship broke in two. – **2.** (*von Geschoß etc*) detonate, explode, burst. – **3.** *fig.* burst: ~ vor Lachen to burst with laughter, to split one's sides laughing; der Saal barst von Menschen the hall was bursting with people. – **4.** *med.* (*von Zyste etc*) burst, rupture. – **II B~** *n* ⟨-s⟩ **5.** *verbal noun*: zum B~ voll sein to be bursting (*od.* packed, overflowing) with people; die Nerven waren zum B~ gespannt the nerves were at breaking point. – **6.** *auch med.* burst, rupture. – **7.** detonation, explosion.

ˈBer·tram, ˈDeut·scher [ˈbɛrtram] *m bot.* sneezewort (*Achillea ptarmica*).

be·rüch·tigt [bəˈrʏçtɪçt] *adj contempt.* **1.** notorious, infamous: ein ~er Wucherer a notorious usurer; ~ wegen seines Zorns (*od.* für seinen Zorn) notorious for his temper. – **2.** (*Gegend etc*) ill-famed (*attrib*), of bad (*od.* evil, ill) repute (*od.* fame).

beˈrücken (*getr.* -k·k-) **I** *v/t* ⟨*no* ge-, h⟩ *lit.* enchant, charm, bewitch, captivate, fascinate: das schöne Mädchen hat sein Herz berückt the beautiful girl bewitched him; er war berückt von der Musik he was enchanted by the music; er hat sie mit seinem Blick berückt he has bewitched (*od.* beguiled) her with his glances. – **II B~** *n* ⟨-s⟩ *verbal noun.* — **beˈrückend** (*getr.* -k·k-) **I** *pres p.* – **II** *adj lit.* enchanting, charming, bewitching, captivating, fascinating: ein ~es Lächeln a bewitching smile; eine ~e Schönheit a ravishing beauty.

be·rück·sich·ti·gen [bəˈrʏkˌzɪçtɪɡən] **I** *v/t* ⟨*no* ge-, h⟩ **1.** consider, take (*s.th.*) into consideration: j-n für einen Posten ~ to consider s.o. for a position; zu spät kommende Gesuche können nicht berücksichtigt werden applications which arrive too late cannot be considered; j-n besonders ~ to give preference (*od.* preferential treatment) to s.o. – **2.** (*Umstände, Besonderheiten etc*) allow for, bear (*s.th.*) in mind, take (*s.th.*) into account, regard, have (*od.* pay) regard to, heed: j-s Notlage ~ to allow (*od.* make allowance) for s.o.'s emergency; man muß sein hohes Alter ~ you have to bear in mind (*od.* make allowance for) his old age; meine Einwände werden nie berücksichtigt my objections are always disregarded; man muß ~, daß one has to bear in mind (*od.* to note) that. – **II B~** *n* ⟨-s⟩ **3.** *verbal noun.* – **4.** *cf.* Berücksichtigung.

beˈrückˌsich·ti·gensˌwert *adj* worthy of (*od.* deserving) consideration.

Beˈrückˌsich·ti·gung *f* ⟨-; *no pl*⟩ **1.** *cf.* Berücksichtigen. – **2.** consideration: unter ~ aller Möglichkeiten in consideration of all contingencies. – **3.** (*von Umständen, Besonderheiten etc*) regard: unter ~ der besonderen Umstände with regard to the special circumstances; ohne ~ der Lage without regard to (*od.* regardless of) the situation; bei ~ der Sonderausgaben taking into account (*od.* allowing for) extraordinary expenses; unter ~ aller Vorschriften with due regard to all regulations.

beˈrückˌsich·ti·gungsˌfä·hig *adj econ.* allowable, qualified for consideration.

Beˈrückung (*getr.* -k·k-) *f* ⟨-; -en⟩ *lit.* **1.** *cf.* Berücken. – **2.** enchantment, charm, captivation, fascination, bewitchment, bewitchery.

Beˈruf *m* ⟨-(e)s; -e⟩ **1.** (*Tätigkeit*) occupation, vocation, calling, 'job' (*colloq.*), trade: ein fester ~ a regular occupation; einen ~ ausüben, einem ~ nachgehen to follow (*od.* practise, exercise, pursue) an occupation, to have a job (*colloq.*); einen ~ ergreifen to choose an occupation, to get (oneself) a job (*colloq.*); meine Frau steht noch immer im ~ my wife still goes out to work; ich habe meinen ~ verfehlt I have missed (*od.* mistaken) my vocation (*od.* calling); was ist er von ~? was hat er für einen ~? what's his occupation (*od. colloq.* job)? what does he do? er versteht etwas von seinem ~ he knows his trade (*od.* business) (*colloq.*); **in seinem ~ aufgehen** to be absorbed by one's occupation; **sie ist ohne ~** she is not employed; **von ~s wegen** because of one's occupation. – **2.** (*höherer*) profession: **er ist Arzt von ~** he is a physician by profession; **die freien ~e** the (liberal) professions; **der priesterliche ~** the ministry, the ministerial calling, the calling as a minister. – **3.** (*handwerklicher*) vocation, trade: **er ist von ~ Mechaniker** he is a mechanic by trade; **sich auf einen ~ vorbereiten, einen ~ erlernen** to prepare oneself (*od.* be trained) for a vocation; **auf den ~ vorbereitende Schulen** (pre)vocational schools. – **4.** (*Laufbahn*) career: **ihm stehen alle ~e offen** all careers are open to him. – **5.** (*Stellung*) office, position. – **6.** (*Berufszweig*) field, line: **was sind Sie eigentlich von ~?** what's your actual field (*od.* line)? **ein überlaufener ~** an overcrowded profession (*od.* field). – **7.** (*Aufgabe*) job, duty, assignment: **das bringt mein ~ mit sich** that's part of my job (*od.* duty). – **8.** *lit. archaic for* Berufung 3.

be'ru·fen¹ I *v/t* ⟨*irr, no* ge-, h⟩ **1. j-n ~** to appoint (*od.* nominate) s.o., to call s.o. to an office: **j-n als** (*od.* **zum**) **Vorsitzenden ~** to appoint s.o. chairman; **j-n auf einen Lehrstuhl ~** *ped.* to appoint (*od.* call) s.o. to a chair, to offer s.o. a chair; **einen Fachmann in einen Ausschuß ~** to appoint an expert to a committee; **einen Diplomaten in die Hauptstadt ~** to call a diplomat to the capital; **j-n zu seinem Nachfolger ~** to appoint (*od.* designate) s.o. as one's successor. – **2. etwas ~** *colloq.* to tempt the gods (*od.* providence) (by praising s.th.): **~ wir es nicht!** let us not tempt providence! touch wood! – **3.** *only in* **Gott hat ihn zu sich ~** God has called him home. – **4.** *obs. for* einberufen 2, 3. – **II** *v/i* **5.** *Austrian jur.* appeal: **gegen ein Urteil ~** to appeal against a sentence. – **III** *v/reflex* **sich ~ 6. sich auf j-n ~** to refer to (*od.* quote, cite) s.o.: **darf ich mich auf Sie ~?** may I mention (*od.* use) your name? **sich auf j-n als Zeugen ~** to refer to s.o. as a witness. – **7. sich auf** (*acc*) **etwas ~** a) to refer to (*od.* quote, cite) s.th., b) *bes. jur.* (*auf Versprechen etc*) to rely on s.th., c) *bes. jur.* (*auf Notlage etc*) to plead s.th.: **ich könnte mich darauf ~, daß** I could say (*od.* plead, give as an excuse) that; **sich auf Unkenntnis des Gesetzes ~** to plead ignorance of the law; **sich auf eine Gesetzesvorschrift ~** a) to cite a legal provision, b) to rely on a legal provision. – **IV B~** *n* ⟨-s⟩ **8.** *verbal noun.* – **9.** *cf.* Berufung.

be'ru·fen² I *pp of* berufen¹. – **II** *adj* **1.** called: **zu etwas Höherem ~ sein** to be destined for greater things; **sich zum Dichter ~ fühlen** to feel called (*od.* a call, a vocation) to be a poet. – **2.** (*befähigt*) qualified, competent: **ein ~er Vertreter seines Faches** a qualified representative of one's field; **aus ~em Munde** from an authoritative source, (straight) from the horse's mouth (*colloq.*).

Be'rufˌkraut *n bot.* a) fleabane (*Gattg Erigeron*), b) robin's-plantain (*E. pulchellus*): **Kanadisches ~** horseweed, fireweed, butterweed, bloodstaunch (*E. canadense*); **Weißstrahliges ~** daisy fleabane (*bes. E. annuus, E. ramosus, E. philadelphicus*).

be'ruf·lich I *adj* (*Fähigkeit, Können etc*) professional, occupational, vocational: **seine ~en Fähigkeiten** his professional competence *sg.* – **II** *adv* professionally: **~ stark beansprucht sein** to be under heavy professional strain; **~ verhindert sein** to be detained by work; **er mußte ~ verreisen** he had to go away on business.

Be'rufs|anaˌly·se *f econ.* occupational classification. — **~ˌanˌzug** *m* work(ing) clothes *pl.* — **~ˌar·beit** *f* professional work (*od.* duties *pl*). — **~ˌausˌbil·dung** *f* **1.** vocational training. – **2.** (*bes. als Arzt, Lehrer, Rechtsanwalt etc*) professional training. — **~ˌausˌle·se** *f* vocational (*od.* occupational) selection. — **~ˌausˌsicht** *f meist pl* professional (*od.* vocational) prospect. — **~ˌausˌübung** *f* practice (*od.* pursuit) of one's profession (*od.* vocation). — **~ˌausˌübungs·verˌbot** *n jur. cf.* Berufsverbot. — **~be·ˌam·te** *m* permanent civil servant. — **~be·ˌam·ten·tum** *n* permanent civil service. — **b~beˌdingt** *adj* (*Krankheit etc*) due to one's occupation: **~e Krankheit** occupational disease. — **~beˌfä·hi·gung** *f cf.* Berufseignung. — **~beˌra·ter** *m* vocational counsel(l)or (*od.* adviser). — **~beˌra·tung** *f* vocational guidance (*od.* counsel[l]ing). — **~beˌra·tungsˌstel·le** *f* vocational guidance office (*od.* center, *bes. Br.* centre). — **~be·ˌzeich·nung** *f* description (*od.* title) of occupation. — **~ˌbild** *n* job description. — **b~ˌbil·dend** *adj ped.* (referring to) professional training: **~e Schulen** professional (training) schools, trade schools. — **~ˌbo·xer** *m* (*sport*) professional boxer, prizefighter. — **~di·ploˌmat** *m pol.* professional (*od.* career) diplomat. — **~ˌeh·re** *f* professional honor (*bes. Br.* honour). — **~ˌeig·nung** *f* vocational (*od.* occupational) aptitude. — **~ˌeig·nungsˌtest** *m* professional (*od.* vocational) aptitude test. — **~erˌfah·rung** *f* (professional) experience. — **~erˌzie·hung** *f* vocational education. — **~ˌethos** *n* professional ethics *pl* (*construed as sg or pl*). — **~ˌfachˌschu·le** *f ped.* vocational (*od.* trade) school. — **~ˌfah·rer** *m* **1.** commercial driver. – **2.** (*beim Radsport*) professional cyclist. – **3.** (*beim Motorsport*) professional racing driver. — **~ˌfeu·er·ˌwehr** *f* professional firemen *pl.* — **~ˌför·de·rung** *f* vocational advancement (service). — **~ˌfrei·heit** *f* freedom to choose a profession (*od.* trade). — **b~ˌfremd** *adj* unfamiliar with (*od.* not belonging to) the vocation (*od.* profession). — **~ˌfrem·de** *m, f* person not connected with the vocation (*od.* profession). — **~geˌfähr·dung** *f* occupational hazard. — **~geˌheim·nis** *n* **1.** (*der Ärzte, Priester etc*) professional secrecy (*od.* discretion): **das ~ wahren [verletzen]** to maintain [to violate] professional secrecy. – **2.** professional secret (*od.* confidence). — **~geˌnos·sen·schaft** *f econ. jur.* **1.** trade co(-)operative association. – **2.** *cf.* Berufsverband. — **~geˌschäf·te** *pl* professional obligations (*od.* duties). — **~ˌglie·de·rung** *f econ.* classification into occupational groups (*od.* categories), professional schedule. — **~ˌgrup·pe** *f* occupational (*od.* vocational, professional) group (*od.* category). — **~ˌhan·del** *m* professional traders *pl.* — **~ˌheer** *n mil.* regular army. — **~in·terˌes·se** *n* professional (*od.* vocational) interest. — **~ˌjahr** *n* working year. — **~ju·biˌlä·um** *n* (occupational) anniversary. — **~ka·meˌrad** *m cf.* Berufskollege. — **~ˌkas·se** *f econ.* pension (*od.* superannuation) fund of a professional association. — **~ˌklei·dung** *f* work(ing) clothes *pl.* — **~kolˌle·ge** *m* colleague. — **~ˌkraftˌfah·rer** *m* professional driver. — **~ˌkrank·heit** *f med.* occupational (*od.* industrial) disease. — **~ˌkun·de** *f ped.* vocational instruction. — **~ˌlauf·ˌbahn** *f* professional (*od.* vocational) career. — **~ˌle·ben** *n* working (*od.* professional) life: **Eintritt in das ~** entry into the working world; **Ausscheiden aus dem ~** retirement from active life (*od.* gainful activity). — **~ˌlen·kung** *f econ.* direction of labor (*bes. Br.* labour). — **b~los** *adj* without a profession (*od.* vocation). — **b~ˌmä·ßig I** *adj* **1.** professional, occupational. – **2.** (*erwerbsmäßig*) gainful. – **II** *adv* **3.** professionally: **etwas ~ betreiben** to pursue s.th. as a profession. — **~ˌmög·lich·keit** *f meist pl* professional (*od.* vocational) possibility (*od.* prospect). — **~ˌmu·si·ker** *m* professional musician. — **~neuˌro·se** *f med.* occupational neurosis. — **~of·fiˌzier** *m mil.* career (*od.* regular) officer. — **~ˌord·nung** *f econ.* occupational regulations *pl.* — **~or·ga·ni·sa·tiˌon** *f* professional (*od.* trade) association (*od.* organization). — **b~ori·enˌtiert** *adj* (*Ausbildung*) according to professional orientation(s). — **~päd·ago·ge** [-pɛda-ˌgoːgə] *m* person teaching (*od.* researching) in the field of vocational education. — **~ˌpflicht** *f* professional duty. — **~po·liˌti·ker** *m* professional politician (*od. colloq.* politico). — **~ˌprak·ti·kum** *n* practical course on the job (*as part of training*). — **~ˌrich·ter** *m jur.* professional judge. — **~ˌri·si·ko** *n* occupational hazard (*od.* risk). — **~ˌscha·den** *m med.* occupationally-induced damage to health. — **~ˌschicht** *f* occupational category. — **~ˌschu·le** *f ped.* (part-time) vocational (training) (*od.* trade, technical) school: **~ für Chemie** specialist school for technical assistants in chemistry. — **~ˌschü·ler** *m* vocational school student (*od.* attender). — **~ˌschulˌleh·rer** *m* vocational school teacher, teacher at a vocational school. — **~ˌschulˌpflicht** *f* obligation to attend a vocational school. — **~solˌdat** *m mil.* professional (*od.* regular) soldier. — **~ˌspie·ler** *m* (*sport*) professional (player), pro (*colloq.*). — **~ˌsport** *m* professional sport(s *pl*). — **~ˌsport·ler** *m* professional (sportsman), pro (*colloq.*): **~ werden** to turn professional. — **~ˌspra·che** *f* professional language, jargon. — **~ˌstand** *m* **1.** professional (*od.* vocational) group (*od.* category), members *pl* of a profession. – **2.** professional (*od.* vocational) status. — **b~ˌstän·disch** *adj* according to professional category (*od.* status): **~e Vertretung** *pol.* representation of professional groups (*od.* of professions); **~e Ordnung** *pol.* corporate (*od.* corporative) order. — **~staˌti·stik** *f* occupational statistics *pl* (*construed as sg or pl*). — **b~ˌtä·tig I** *adj* working, (gainfully) employed: **meine Frau ist ~** my wife goes out to work (*od.* has a job, works); **~e Frauen** women going out to work, working women, women working: **~er Herr sucht Zimmer** employed gentleman seeks room. – **II B~e** *m, f* ⟨-n; -n⟩ employed person: **die B~en** (the) working people. — **~ˌtä·tig·keit** *f* **1.** professional activity (*od.* duties *pl*). – **2.** *econ.* a) (gainful) employment, b) (*Zeitraum*) working life. — **~ˌtracht** *f* (traditional) working clothes *pl* (*od.* dress). — **~ˌtrai·ner** *m* (*sport*) professional coach. — **~ˌumˌschu·lung** *f* vocational retraining (*od.* rehabilitation). — **b~ˌunˌfä·hig** *adj* disabled, unable to work. — **~ˌunˌfä·hig·keit** *f* disability, disablement, inability to work. — **~verˌband** *m econ.* professional association (*od.* organization). — **~verˌbot** *n jur.* prohibition to pursue (*od.* practise, *bes. Br.* practice) one's profession (*od.* vocation). — **~verˌbre·cher** *m jur.* professional (*od.* habitual) criminal. — **~verˌei·ni·gung** *f econ. cf.* Berufsverband. — **~verˌkehr** *m* commuter traffic. — **~verˌtre·tung** *f* representation of professional groups (*od.* of professions). — **~ˌwahl** *f* choice of an occupation, vocational choice. — **~ˌwech·sel** *m* change of occupation. — **~ˌweg** *m* (professional) career. — **~ˌwettˌkampf** *m* vocational competition. — **b~ˌwid·rig** *adj* (*Verhalten etc*) unprofessional. — **~ˌzäh·lung** *f econ.* occupational census. — **~ˌzei·chen** *n* professional (*od.* vocational) sign (*od.* symbol). — **~ˌziel** *n* professional (*od.* vocational) aim (*od.* objective). — **~ˌzu·geˌhö·rig·keit** *f* occupational classification. — **~ˌzuˌschlag** *m econ.* (*bei der Lebensversicherung*) extra premium for occupational risks. — **~ˌzweig** *m* professional field (*od.* branch, line).

Be'ru·fung *f* ⟨-; -en⟩ **1.** *cf.* Berufen¹. – **2.** appointment, nomination, call: **eine ~ an eine Universität erhalten** to receive a call to (*od.* to be offered a chair at) a university. – **3.** ⟨*only sg*⟩ *lit.* vocation, call(ing): **seinen Beruf als ~ ansehen** to consider one's profession as one's vocation. – **4.** ⟨*only sg*⟩ reference, quotation, citation: **unter ~ auf** (*acc*) with reference to. – **5.** *jur.* appeal: **gegen ein Urteil ~ einlegen** to lodge (*od.* file) an appeal against (*od.* from) a sentence; **eine Entscheidung mit der ~ anfechten** to appeal against a decision; **mit der ~ anfechtbar** appealable; **die ~ begründen** (*od.* **rechtfertigen**) to state the grounds of (*od.* justify) an appeal; **auf die ~ verzichten** to renounce (*od.* abandon the) appeal; **der ~ stattgeben** to allow (*od.* permit) the appeal; **die ~ zulassen** to give leave to appeal; **die ~ als unzulässig verwerfen** to reject the appeal as inadmissable, to refuse leave to appeal; **über die ~ verhandeln** to hear an (*od.* to consider the case on) appeal; **~ bei der höheren Instanz** appeal to a higher court; **Zurücknahme der ~** withdrawal of the appeal. – **6.** *obs. for* Einberufung 3.

Be'ru·fungs|ˌabˌtei·lung *f jur.* appellate division. — **~ˌanˌschlußˌschrift** *f* notice of cross appeal. — **~ˌanˌtrag** *m* petition for (leave to) appeal. — **~ˌausˌschuß** *m mil. jur.* (*für Kriegsgerichtsurteile*) board of review. — **~beˌgrün·dung** *f jur.* (statement of the) grounds *pl* of appeal. — **~beˌklag·te** *m, f* appellee, respondent (to an appeal). — **~ˌeinˌle·gung** *f* entering (*od.* filing, lodging) of an appeal: **Antrag auf Erlaubnis zur ~** petition for leave to appeal. — **b~ˌfä·hig** *adj* appealable: **~ sein** to be subject to appeal; **nicht ~** not appealable, unappealable. — **~ˌfall** *m cf.* Präzedenzfall. — **~ˌfrist** *f* period for lodging an appeal, time in which to appeal. — **~geˌricht** *n* appeal (*od.* appellate) court, court of appeal. — **~geˌrichts·bar·keit** *f* appellate jurisdiction. — **~ˌgrund** *m* ground of appeal. — **~inˌstanz** *f* appeal (*od.* second) instance: in die ~ gehen to appeal (from the decision). — **~ˌkam·mer** *f cf.* Berufungsgericht. — **~ˌkla·ge** *f* appeal. — **~ˌklä·ger** *m* appellant, party appealing, appealing party. — **~kom·mis·siˌon** *f ped.* (*einer Universität*) committee to appoint professors. — **~ˌli·ste** *f* (*einer Universität*) list of candidates for the appointment to a chair (*od.* professorship). — **~ˌrecht** *n jur.* right of (*od.* to) appeal. — **~ˌrich·ter** *m* appellate judge. — **~ˌschrift** *f* petition of appeal. — **~ˌstrafˌsa·che** *f* appellate criminal case. — **~ˌsum·me** *f* jurisdictional amount necessary for appeal. — **~ˌur·teil** *n* judg(e)ment on appeal, decision of appellate court. — **~verˌfah·ren** *n* **1.** (*Verfahrensweise*) appellate procedure: im ~ by way of appeal. – **2.** (*Verhandlung*) appeal (*od.* appellate) proceedings *pl.* — **~verˌhand·lung** *f* hearing of the appeal. — **~ˌweg** *m cf.* Berufungsverfahren 1.

be'ru·hen *v/i* ⟨*no* ge-, h⟩ **1.** auf (*dat*) etwas ~ to be based (*od.* founded) on s.th., to rest (*od.* stand) on s.th.: auf Gegenseitigkeit ~ to be mutual (*od.* reciprocal); auf falschen Vorstellungen ~ to be based on (*od.* due to) misconceptions; der Bericht beruht auf Tatsachen the report is founded (*od.* based) on facts; auf mündlicher Übereinkunft ~, auf gegenseitiger Zustimmung ~ *jur.* to be consensual. – **2.** etwas auf sich ~ lassen to let s.th. rest (*od.* be, drop): lassen wir die Sache auf sich ~! let's leave it at that! let's drop (*od.* forget) the whole matter! wir können das nicht auf sich ~ lassen we can't let that pass (unnoticed), we'll have to do s.th. about it.

be·ru·hi·gen [bə'ruːɪgən] **I** *v/t* ⟨*no* ge-, h⟩ **1.** (*besänftigen*) calm (down), soothe, quiet, *bes. Br.* quieten, allay, mollify, pacify; tranquilize, *bes. Br.* tranquillize (*bes. med.*): sein Gewissen ~ to quiet one's conscience; die Nerven ~ to soothe the nerves; das weinende Kind ~ to quiet (*od.* hush) the crying child. – **2.** (*erleichtern*) set (*s.o.*) at ease, (re)assure, relieve: wir können Sie ~ we can reassure you; wenn Sie das beruhigt if this reassures (*od.* comforts) you. – **3.** *metall.* (*Schmelzbad*) deoxidize, kill, quiet. – **4.** *aer.* steady. – **II** *v/reflex* sich ~ **5.** (*von aufgeregten Menschen, Nerven, Gemüt etc*) calm down, become (*od.* grow) quiet, cool down (*od.* off) (*colloq.*): als er sich endlich beruhigt hatte when he had finally calmed down; ~ Sie sich doch! a) calm down! b) don't get excited! take it easy! (*colloq.*): warten, bis sich die Gemüter beruhigt haben to wait until everyone has calmed down (*od.* the dust has settled); die aufgeregte Menge beruhigte sich allmählich the excited crowd began to grow quiet; ich konnte mich nicht darüber ~ I could not get over it. – **6.** (*von Sturm, Wellen etc*) calm (*od.* die) down, subside, abate. – **7.** (*von Schmerzen*) subside, ease. – **8.** (*von politischer Lage etc*) stabilize, quiet (*bes. Br.* quieten) down: die gespannte Lage hat sich beruhigt the tension has eased; die Situation hat sich wieder völlig beruhigt the situation is (*od.* things are) back to normal. – **9.** sich bei etwas ~ to find (*od.* take) comfort in s.th., to be reassured by s.th.: er beruhigte sich bei dem Gedanken, daß he found comfort in the thought that. – **10.** sich mit etwas ~ (*zufriedengeben*) to be satisfied (*od.* to rest content) with s.th. – **11.** *chem.* subside, slow down, abate. – **III B~** *n* ⟨-s⟩ **12.** *verbal noun.* – **13.** *cf.* Beruhigung. — **be'ru·hi·gend I** *pres p.* – **II** *adj* **1.** (*Gedanke, Gefühl etc*) reassuring, comforting. – **2.** *med.* sedative, calmative, tranquilizing, *bes. Br.* tranquillizing. — **be'ru·higt I** *pp.* – **II** *adj* **1.** calm, quiet. – **2.** reassured, relieved: er ging ~ weg he left all reassured; seien Sie ~! rest assured!

Be'ru·hi·gung *f* ⟨-; *no pl*⟩ **1.** *cf.* Beruhigen. – **2.** mollification, pacification: zur ~ der Nerven beitragen to help (to) soothe the nerves. – **3.** (*Erleichterung*) reassurance, relief: deine Gegenwart ist mir eine große ~ your presence is a great reassurance (*od.* comfort) (to me), your presence is very reassuring; zu unserer großen ~ much to our relief. – **4.** (*des Sturms etc*) subsidence, abatement. – **5.** (*der Schmerzen*) subsidence. – **6.** (*der politischen Lage*) stabilization.

Be'ru·hi·gungs|ˌdämp·fung, **~ˌei·genˌdämp·fung**, **~ˌfä·hig·keit** *f tech.* responsivity. — **~eleˌment** *n* (*gegen Schwingungen*) damping element. — **~kon·denˌsa·tor** *m electr.* smoothing (*od.* suppressing) condenser. — **~ˌmit·tel** *n* **1.** *med.* sedative, tranquilizer, *bes. Br.* tranquillizer. – **2.** *metall.* quieting (*od.* killing) agent. — **~ˌpil·le** *f* **1.** *med.* sedative (pill), tranquilizer, *bes. Br.* tranquillizer. – **2.** *fig. colloq.* sugar-coated pill, sop.

be'rühmt *adj* ⟨-er; -est⟩ famous, famed, celebrated, renowned, noted: einen Namen ~ machen to make a name famous; eine der ~esten Universitäten one of the best-known (*od.* most famous) universities; die Stadt ist ~ wegen ihrer Theater the city is famous (*od.* noted) for its theaters; [mit einem Schlag] ~ werden to become famous [all of a sudden (*od.* overnight)], to rise to [to leap into] fame; der Schauspieler ist noch nicht ~ the actor is still unknown; das ist nicht gerade ~ *colloq.* that's nothing special, that is nothing to write home (*od.* shout) about (*colloq.*). — **Be'rühmt·heit** *f* ⟨-; -en⟩ **1.** ⟨*only sg*⟩ fame, celebrity, renown: [traurige] ~ erlangen to attain (*od.* win, achieve) [a notorious (*od.* regrettable)] fame (*od.* reputation); sich einer zweifelhaften ~ erfreuen to enjoy a doubtful fame (*od.* reputation). – **2.** (*Person*) celebrity: er ist eine ~ auf seinem Gebiet he is a celebrity in his own field.

be'rüh·ren I *v/t* ⟨*no* ge-, h⟩ **1.** touch: j-n am Arm ~ to touch s.o. on the arm; mit der Hand die Decke ~ to touch the ceiling with one's hand; bitte [die Waren] nicht ~! please don't touch [the goods]! auf unserer Reise berührten wir viele Städte *fig.* on our trip we passed through (*od.* touched) many cities; er berührte sein Essen kaum *fig.* he hardly touched his meal; hierin ~ sich unsere Interessen *fig.* this is where our interests meet (*od.* converge). – **2.** *fig.* (*Thema, Frage etc*) touch (up)on, deal briefly with: den wunden Punkt ~ *fig.* to touch on a sore point (*od.* spot). – **3.** j-n ~ *fig.* to touch (*od.* affect) s.o.: sein Tod berührte mich gar nicht his death did not affect me a (*od.* one) bit; das berührt mich nicht that does not affect (*od.* concern) me. – **4.** *math.* (*Kreis etc*) touch, be tangent(ial) (*od.* contiguous) to. – **5.** (*sport*) touch, (*beim Fechten*) *auch* button: berührt! (*Fechten*) touché! – **6.** sich (*od.* einander) ~ *electr.* to contact. – **II B~** *n* ⟨-s⟩ **7.** *verbal noun.* – **8.** *cf.* Berührung. — **be'rüh·rend I** *pres p.* – **II** *adj math.* tangent(ial), contiguous.

Be'rüh·ren·de *f* ⟨-n; -n⟩ *math.* tangent.

be'rührt I *pp.* – **II** *adj* touched, affected: er war tief (*od.* im Innersten) ~ he was deeply touched; peinlich ~ sein to be (*od.* feel) embarrassed; wir waren unangenehm ~ we were disagreeably impressed.

Be'rüh·rung *f* ⟨-; -en⟩ **1.** *cf.* Berühren. – **2.** touch: bei der leisesten (*od.* leichtesten) ~ at (*od.* on, upon) the slightest touch; sie zuckte unter seiner ~ zusammen she shrank back under his touch. – **3.** (*Kontakt*) contact, touch: zwei Drähte in ~ bringen to bring two wires in(to) contact; mit dem Stromkreis in ~ kommen to come into contact (*od.* in touch) with the electric circuit; mit j-m in ~ treten (*od.* ~ aufnehmen) *fig.* to come in(to) contact (*od.* to get in touch) with s.o., to contact s.o.; mit j-m in ~ stehen [bleiben] *fig.* to be [to keep] in touch with s.o.; mit dem Feind in ~ kommen *mil.* to make contact with the enemy. – **4.** *math.* contact, (*tangentiale*) tangency: ~ höherer Ordnung osculation. – **5.** *astr.* contact.

Be'rüh·rungs|be̦ˌreich *m math. phys.* field of contact. — **~ˌbo·gen** *m math.* tangent (*od.* contact) arc. — **~ˌebe·ne** *f* **1.** *math.* tangent(ial) plane. – **2.** *tech.* contact plane. — **~elek·tri·ziˌtät** *f electr.* contact (*od.* voltaic, galvanic) electricity, galvanism, contact potential. — **b~empˌfind·lich** *adj* **1.** *med.* sensitive to the touch. – **2.** *mil.* (*Zünder*) antihandling, *Br.* anti-handling. — **~empˌfind·lich·keit** *f med.* sensitivity to the touch. — **~ˌflä·che** *f* **1.** *tech. phys.* contact area (*od.* surface). – **2.** *math.* tangential surface. – **3.** *chem.* interface, junction. – **4.** *arch.* meeting faces *pl.* – **5.** *auto.* contact area (*between tire and road surface*). — **~geˌfahr** *f electr.* shock hazard, hazard of (electric) contact. — **~geˌra·de** *f math. cf.* Tangente 1. — **~ˌgift** *n* contact insecticide (*od.* poison). — **~ˌli·nie** *f math. cf.* Tangente 1. — **~ˌpunkt** *m* **1.** point of contact. – **2.** *math.* a) tangent point, point of tangency, b) osculation point, c) junction. — **~ˌreiz** *m med.* tactile stimulus. — **~ˌschutz** *m electr.* protection against accidental contact, shock(-proof) protection. — **~ˌschutz·kon·denˌsa·tor** *m* shock-protection capacitor. — **~ˌspan·nung** *f electr.* contact voltage (*od.* potential). — **~ˌstel·le** *f bes. tech.* place (*od.* point) of contact. — **~ˌwin·kel** *m* **1.** *math.* angle of contact (*od.* contigence). – **2.** *med.* angle of contact. — **~ˌzün·der** *m mil.* contact fuse. — **~ˌzün·dung** *f* (*einer Mine*) contact firing: ~ mit Verzögerung delayed contact firing.

be'ru·ßen *v/t* ⟨*no* ge-, h⟩ *phys.* (*optics*) cover (*s.th.*) with soot (*od.* lampblack).

be'rü·sten *v/t* ⟨*no* ge-, h⟩ *tech.* (*Haus etc*) scaffold.

Be·ryll [bə'rʏl] *m* ⟨-(e)s; -e⟩ *min.* beryl: blauer ~ *cf.* Aquamarin[1]; grüner ~ *cf.* Smaragd. — **~ˌer·de** *f* oxide of beryllium (*od.* glucin[i]um), beryllia, glucina. — **~ˌfar·be** *f* beryl. — **b~ˌfar·ben** *adj* beryl(l)ine.

Be·ryl·li·um [be'rʏlĭum] *n* ⟨-s; *no pl*⟩ *chem.* beryllium (Be).

Be·ryl·lo·id [berylo'iːt] *n* ⟨-s; *no pl*⟩ *min.* berylloid.

Ber·ze·lio·nit [bɛrtselĭo'niːt; -'nɪt] *m* ⟨-s; *no pl*⟩ *min. cf.* Selenkupfer.

be'sab·bern I *v/t* ⟨*no* ge-, h⟩ slobber, dribble: das Kind hat sein Lätzchen besabbert the baby has slobbered over (*od.* on) its bib. – **II** *v/reflex* sich ~ slobber (*od.* dribble) over (*od.* on) oneself.

be'sä·en *v/t* ⟨*no* ge-, h⟩ (*Feld*) (mit with) sow, seed, *Am. auch* stock.

be'sa·gen *v/t* ⟨*no* ge-, h⟩ **1.** say: die Regel besagt, daß the rule says that; nichts Näheres ~ to give no details. – **2.** (*bedeuten*) mean, imply, signify, *auch* purport: was will das Gesetz ~? what does the law imply? das besagt viel that is of great consequence, that means a lot; das will nichts ~ it is no matter (*od.* of no consequence), it does not mean (*od.* prove) a thing; was besagt das schon? what does it prove after all? — **be'sagt I** *pp.* – **II** *adj* (*vorher erwähnt*) mentioned, said, (a)forementioned (*bes. jur.*): die ~e Person the said person; zur ~en Zeit at the said time, at the time in question; dieser ~e X the man (*od.* this same) X.

be'sag·ter'ma·ßen *adv* (*officialese*) as previously stated (*od.* mentioned), as aforesaid.

be·sai·ten [bə'zaɪtən] **I** *v/t* ⟨*no* ge-, h⟩ (*Geige, Tennisschläger etc*) string: neu ~ to restring. – **II B~** *n* ⟨-s⟩ *verbal noun.* — **Be'sai·ter** *m* ⟨-s; -⟩ *mus.* stringer. — **be'sai·tet I** *pp.* – **II** *adj* strung. — **Be'sai·tung** *f* ⟨-; *no pl*⟩ **1.** *cf.* Besaiten. – **2.** strings *pl.*

be·sa·men [bə'zaːmən] **I** *v/t* ⟨*no* ge-, h⟩ **1.** *biol.* inseminate, impregnate: künstlich ~ to inseminate artificially. – **2.** *bot.* seed. – **II B~** *n* ⟨-s⟩ **3.** *verbal noun.* – **4.** *cf.* Besamung.

be'sam·meln *v/t u.* sich ~ *v/reflex* ⟨*no* ge-, h⟩ *Swiss for* sammeln 13, 20, versammeln 3, 5, 7.

Be'sa·mung *f* ⟨-; *no pl*⟩ **1.** *cf.* Besamen. – **2.** *biol.* insemination, impregnation: künstliche ~ artificial insemination.

Be'sa·mungs|ˌhauptˌstel·le *f agr.* center (*bes. Br.* centre) for artificial insemination (*of domestic animals*). — **~ˌschlag** *m* (*forestry*) **1.** (*Schlagfläche*) seeding stage. – **2.** (*Tätigkeit*) seed (*od.* reproduction) cutting. — **~sta·tiˌon** *f DDR for* Besamungshauptstelle.

Be·san [be'zaːn; 'beːzan] *m* ⟨-s; -e⟩ *mar.* **1.** (*Segel*) a) (*bei 3-Mastern*) miz(z)en, b) (*bei 4-Mastern*) spanker, jigger. – **2.** (*Mast*) a) miz(z)en(mast), b) spanker (mast), jigger (mast). — **~ˌbaum** *m* spanker boom.

be'san·den *v/t* ⟨*no* ge-, h⟩ (*Dachpappe, Weg etc*) sand, cover (*s.th.*) with sand.

be·sänf·ti·gen [bə'zɛnftɪgən] **I** *v/t* ⟨*no* ge-, h⟩ calm, soothe, pacify, placate, (*durch Nachgeben*) appease: die erregte Menge ~ to calm (*od.* pacify) the excited crowd; j-s Zorn ~ to calm (*od.* soothe) s.o.'s anger; er war nicht zu ~ he was not to be calmed, he was implacable. – **II B~** *n* ⟨-s⟩ *verbal noun.* — **Be'sänf·ti·gung** *f* ⟨-; *no pl*⟩ **1.** *cf.* Besänftigen. – **2.** pacification, (*durch Nachgeben*) appeasement.

Be'san|ˌmast *m mar. cf.* Besan 2. — **~ˌschot** *f* spanker sheet: ~ an! splice the main brace! — **~ˌse·gel** *n cf.* Besan 1.

be'sät I *pp.* – **II** *adj fig.* (mit with) strewn, covered: das Schlachtfeld ist mit Leichen ~ the battlefield is strewn (*od.* littered) with corpses; mit Blumen ~ strewn with flowers; der Himmel war mit Sternen ~ the sky was covered with stars (*od.* star-spangled).

Be'satz *m* ⟨-es; ¨e⟩ **1.** (*eines Kleides etc*) trim, trimming(s *pl*): gestickter ~ embroidered edge; ohne ~ untrimmed. – **2.** *cf.* Borte 1b. – **3.** (*eines Schuhes*) facings *pl*, vamp. – **4.** (*mining*) a) (*Bohrlochfüllung*) stemming, tamping bags *pl*, b) (*das Füllen*) tamping. – **5.** *agr.* (*in Sämereien etc*) foreign matter, admixture. – **6.** ⟨*only sg*⟩ *hunt.* (*Niederwildbestand*) stock, *Am. auch* population. — **~ap·paˌrat** *m* (*mining*) tamping rod. — **~arˌti·kel** *pl* (*textile*) *cf.* Besatzwaren. — **~ˌdich·te** *f agr.* (*eines Fischteichs, Waldes etc*) rate of stocking.

Be'sat·zer *m* ⟨-s; -⟩ *colloq. contempt.* member of occupation forces.

Be'satz|ˌgarn *n* (*textile*) braiding yarn. — **~ˌpro·be** *f agr.* (*bei Sämereien*) admixture test. — **~ˌstär·ke** *f* (*einer Weide etc*) carrying capacity.

Be'sat·zung *f* ⟨-; -en⟩ **1.** ⟨*only sg*⟩ *mil.* a) occupation troops *pl* (*od.* forces *pl*), b) (*einer Festung etc*) garrison. – **2.** *cf.* Besatzungszeit. – **3.** *mar.* a) (*eines Schiffes*) crew, b) (*mit Offizieren*) ship's company: volle ~ (full) complement. – **4.** *aer.* a) crew, b) (*fliegendes Personal*) air (*od.* flight) crew.

Be'sat·zungs|ˌamt *n mil.* occupation office. — **~ˌan·geˌhö·ri·ge** *m* member of the occupation forces. — **~arˌmee** *f* army of occupation. — **~beˌhör·de** *f* occupation authorities *pl.* — **~etat** [-ʔeˌtaː] *m* budget for occupation forces. — **~ˌfol·geˌko·sten** *pl* occupation-induced costs. — **~geˌbiet** *n* occupied area (*od.* territory, zone). — **~ˌgeld** *n econ.* scrip, currency of occupation forces (and occupied territory). — **~ˌheer** *n mil. cf.* Besatzungsarmee. — **~ˌkind** *n* (illegitimate) child of a member of the occupation troops. — **~ˌko·sten** *pl* occupation costs. — **~ˌmacht** *f* occupying power. — **~ˌmitˌglied** *n aer. mar.* crew member. — **~ˌrecht** *n jur.* occupation laws and regulations *pl.* — **~ˌschä·den** *pl* damage *sg* caused by (the) occupation forces. — **~solˌdat** *m mil.* soldier of (the) occupation forces. — **~ˌstreitˌkräf·te**, **~ˌtrup·pen** *pl* occupation forces (*od.* troops). — **~ˌzeit** *f* (time of) occupation. — **~ˌzo·ne** *f* occupied zone, zone of occupation.

Be'satzˌwa·ren *pl* (*textile*) trimmings, passementerie *sg.*

be'sau·fen *v/reflex* ⟨*irr, no* ge-, h⟩ sich ~ *colloq.* get drunk, get tight (*colloq.*).

Be·säuf·nis [bəˈzɔʏfnɪs] *n* ⟨-ses; -se⟩, *f* ⟨-; -se⟩ *colloq.* drinking bout, booze (*colloq.*): ein fröhliches (*od.* großes) ~ a carousal, a spree.

be'säu·men I *v/t* ⟨*no* ge-, h⟩ **1.** *tech.* a) (*Holz*) edge, b) (*Bandstahl*) trim, c) (*Blechtafeln*) square, d) (*Walzgut*) shear. – **2.** *obs. for* säumen[1] 1, 2. – **II B~** *n* ⟨-s⟩ **3.** *verbal noun.*

Be'säum|ˌsche·re *f tech.* trimming shears *pl.* — **~ˌschie·ne** *f* (*wood*) **1.** edging fence. – **2.** squaring fence.

Be'säu·mung *f* ⟨-; *no pl*⟩ *tech. cf.* Besäumen.

be'säu·seln *v/reflex* ⟨*no* ge-, h⟩ sich ~ *colloq.* get tipsy, *bes. Br. sl.* get squiffy. — **be'säu·selt** *colloq.* **I** *pp.* – **II** *adj* tipsy.

be'schä·di·gen I *v/t* ⟨*no* ge-, h⟩ **1.** damage: das Gebäude wurde bei einem Luftangriff schwer beschädigt the building was heavily damaged in an air raid. – **2.** *print.* (*Type*) batter. – **3.** j-n ~ *obs.* a) to injure s.o., b) to disable s.o. – **II B~** *n* ⟨-s⟩ **4.** *verbal noun.* — **be'schä·digt I** *pp.* – **II** *adj* damaged: in ~em Zustand in a damaged condition. — **Be'schä·di·gung** *f* ⟨-; -en⟩ **1.** *cf.* Beschädigen. – **2.** damage: leichte [schwere] ~ slight [severe] damage; ~ des Daches damage to the roof; vorsätzliche ~ *jur.* wilful damage; ~ während des Transportes damage (incurred *od.* sustained) in transit. – **3.** *mar. cf.* Havarie 1. – **4.** *obs.* injury.

be'schaff·bar *adj* procurable, available.

be'schaf·fen[1] **I** *v/t* ⟨*no* ge-, h⟩ **1.** procure, provide, get, *auch* furnish: können Sie mir die nötigen Papiere ~? can you procure (*od.* get) me the necessary papers (*od.* documents)? das Geld für etwas ~ to procure (*od.* raise, find) the money for s.th.; j-m eine Wohnung ~ to get (*od.* find, procure) an apartment (*bes. Br.* a flat) for s.o.; er konnte ihr keine Arbeit ~ he could not find (*od.* get) her a job; dieses Medikament ist schwer [leicht] zu ~ this medicament is difficult [easy] to get (*od.* procure); sich (*dat*) etwas ~ to procure (*od.* secure) s.th., to get (*od.* find) (oneself) s.th.; wie haben Sie sich die Unterschrift beschafft? how did you get (*od.* procure) the signature? – **II B~** *n* ⟨-s⟩ **2.** *verbal noun.* – **3.** *cf.* Beschaffung.

be'schaf·fen[2] *adj* ⟨*pred*⟩ ~ sein to be constituted (*od.* conditioned): gut [schlecht] ~ sein to be well [ill] conditioned, to be in good [bad] condition; er ist so ~, daß he is so constituted (*od.* his nature is such) that; wie ist es mit seinem Können ~? what about his ability? wie ist es damit ~? how does the matter stand? damit ist es so ~ the matter stands thus, it is like this; die Welt ist nun einmal so ~ that is the way of the world.

Be'schaf·fen·heit *f* ⟨-; *no pl*⟩ **1.** state, condition: ein Stoff in seiner natürlichen ~ a material in its natural state; von guter ~ in good condition. – **2.** (*Bau, Struktur*) structure, constitution: die ~ des Erdinnern the structure (*od.* constitution) of the interior of the earth; ein Kind von zarter ~ a child with a delicate constitution; glatte [rauhe] ~ einer Oberfläche smoothness [roughness] of a surface. – **3.** (*Art*) quality, nature: eigentümliche ~ peculiar quality, peculiarity; von gleicher ~ of the same quality; je nach ~ der Umstände according to (*od.* depending on) (the) circumstances.

Be'schaf·fung *f* ⟨-; *no pl*⟩ **1.** *cf.* Beschaffen[1]. – **2.** procurement, provision: örtliche ~ local purchase (*od.* procurement); die ~ der Papiere nahm einige Zeit in Anspruch obtaining the papers (*od.* documents) took some time, it took some time to obtain the papers (*od.* documents).

Be'schaf·fungs|ˌamt *n mil. pol.* procurement agency (*od.* office). — **~ˌko·sten** *pl econ.* cost *sg* of acquisition. — **~of·fiˌzier** *m mil.* purchasing and contract officer, procurement officer. — **~ˌstel·le** *f mil. pol. cf.* Beschaffungsamt.

be·schäf·ti·gen [bəˈʃɛftɪɡən] **I** *v/t* ⟨*no* ge-, h⟩ **1.** (*Arbeiter etc*) employ: dieses Werk beschäftigt 200 Menschen there are 200 people employed in this factory; j-n mit leichten Arbeiten ~ to give s.o. easy jobs (to do), to employ s.o. on light duties. – **2.** (*zu tun geben*) keep (*s.o.*) occupied (*od.* busy), occupy: die Kinder müssen mit irgend etwas beschäftigt werden the children must be kept occupied with s.th.; sie haben mich den ganzen Tag beschäftigt they kept me busy (*od.* occupied) all day long; ich werde euch schon ~! I'll find you s.th. to do! I'll keep you busy! – **3.** *fig.* j-n (*od.* j-s Geist) ~ to occupy (*od.* fill, be on) s.o.'s mind: dieser Gedanke beschäftigte ihn fortwährend this thought constantly occupied (*od.* filled) his mind, this thought was forever on his mind; dieses Problem hat mich schon immer beschäftigt this problem has always been a concern of mine, I have always concerned myself (*od.* been concerned) with this problem. – **II** *v/reflex* sich ~ (mit with) **4.** occupy (*od.* busy) oneself: sie beschäftigte sich mit den Kindern she occupied herself (*od.* she was busy) with the children; sich oberflächlich ~ mit to dabble in. – **5.** (*mit Problemen etc*) concern oneself, be concerned: haben Sie sich schon einmal mit dieser Frage beschäftigt? have you ever concerned yourself with (*od.* put your mind to) this question? er beschäftigt sich mit Literatur he concerns himself with (*od.* takes an interest in) literature; das Buch beschäftigt sich mit sozialen Fragen the book deals with social problems; sich mit einem Vorschlag ~ to consider (*od.* go into) a proposal (*od.* suggestion).

be'schäf·tigt I *pp.* – **II** *adj* **1.** (*Arbeiter etc*) employed: bei einer Firma ~ sein to be employed by (*od.* to be in the employ of) a firm, to work for a firm; gewerblich ~ gainfully employed; er ist bei einer Bank ~ he is employed in a bank; wo (*od.* bei wem) sind Sie ~? who is your employer? where do you work? – **2.** (*beansprucht*) occupied, busy: er ist gerade ~ he is busy (*od.* occupied) at the moment; sie war damit ~, die Wäsche aufzuhängen she was busy (*od.* engaged in) hanging up the washing; er ist vollauf (damit) ~ he has his hands full (with it). – **3.** (*geistig*) concerned, preoccupied: mit einem Problem ~ sein to be preoccupied (*od.* concerned) with a problem; er war mit seinen Gedanken ~ he was absorbed in his thoughts.

Be'schäf·tig·te *m, f* ⟨-n; -n⟩ person employed (*od.* in employment): die ~n the persons employed; die Zahl der ~n the number of persons employed.

Be'schäf·tig·ten|ˌstand *m econ.* level of employment. — **~ˌzahl** *f* employment figure.

Be'schäf·ti·gung *f* ⟨-; -en⟩ **1.** (*Tätigkeit*) occupation: eine angenehme [eintönige] ~ a pleasant [monotonous] occupation; ich muß ~ haben I must have s.th. to do; die ~ mit dieser Frage the study of this question, occupying oneself with this question. – **2.** *econ.* a) employment, job, b) (*bes. in der Industrie*) activity: bisherige ~ former (*od.* previous) employment (*od.* occupation); ganztägige ~ full-time employment (*od.* post, job); geregelte ~ haben to have regular employment (*od.* a regular job); seiner ~ nachgehen to do one's work (*od.* job); j-m eine ~ verschaffen to find s.o. employment (*od.* a job); ohne ~ sein to be out of employment, to be unemployed; die ~ von Kindern ist verboten the employment of children is forbidden; ~ im Staatsdienst state employment, government job.

Be'schäf·ti·gungs|ˌabˌfall *m econ.* decline in employment. — **~ˌart** *f* kind of employment, occupation. — **~ˌgrad** *m* rate of employment. — **~ˌla·ge** *f* employment outlook (*od.* situation). — **b~los** *adj* unemployed, out of work, idle: er ist zur Zeit ~ he is out of work at present. — **~ˌnachˌweis** *m* **1.** certificate of employment. – **2.** employment agency. — **~neuˌro·se** *f med.* occupational neurosis. — **~ˌpflicht** *f jur. econ.* compulsory employment, obligation to employ. — **~ˌrückˌgang** *m econ. cf.* Beschäftigungsabfall. — **~ˌstand** *m* level of employment. — **~the·raˌpie** *f med.* occupational therapy. — **~verˌhält·nis** *n econ.* **1.** employ: bei j-m in einem ~ stehen to be in the employ of (*od.* to be employed by) s.o. – **2.** (*Bedingungen*) conditions *pl* of employment. — **~ˌzwang** *m cf.* Beschäftigungspflicht.

Be'schäl|ˌanˌstalt *f agr.* stud farm, (breeding) stud. — **~ˌausˌschlag** *m vet.* (*der Pferde und Rinder*) coital exanthema.

be'schä·len *agr.* **I** *v/t* ⟨*no* ge-, h⟩ (*Stute*) cover. – **II B~** *n* ⟨-s⟩ *verbal noun.* — **Be'schä·ler** *m* ⟨-s; -⟩ stallion, studhorse, *Br.* stud-horse.

be'schal·len I *v/t* ⟨*no* ge-, h⟩ **1.** *tech.* irradiate (*s.o., s.th.*) acoustically, expose (*s.o., s.th.*) to ultrasonic waves (*od.* ultrasound): Werkstücke ~ to test workpieces by ultrasound. – **2.** *med.* treat (*s.o., s.th.*) with ultrasonic waves. – **3.** (*Raum etc*) fill (*s.th.*) with sound. – **II B~** *n* ⟨-s⟩ **4.** *verbal noun.* — **Be'schal·lung** *f* ⟨-; -en⟩ **1.** *cf.* Beschallen. – **2.** *tech.* acoustic (*od.* ultrasonic) irradiation. – **3.** *med.* ultrasonic therapy.

Be'schälˌseu·che *f vet.* (*der Pferde*) **1.** covering disease. – **2.** breeding paralysis.

Be'schä·lung *f* ⟨-; *no pl*⟩ *agr. cf.* Beschälen.

Be'schälˌzeit *f agr.* covering season.

be'schä·men *v/t* ⟨*no* ge-, h⟩ **1.** j-n ~ a) to put s.o. to shame, to make s.o. feel ashamed, to shame s.o., b) (*demütigen*) to humiliate s.o., c) to embarrass (*od.* confuse) s.o.: j-n durch Großmut ~ to shame s.o. by generosity; Sie ~ mich durch Ihre Güte your kindness makes me feel ashamed, you heap coals of fire on my head (*colloq.*); willst du dich von ihm ~ lassen? are you going to let him put you to shame? – **2.** j-n ~ *fig.* (*übertreffen*) to put s.o. in the shade, to eclipse s.o. — **be'schä·mend I** *pres p.* – **II** *adj* **1.** shameful, disgraceful: ein ~er Auftritt a disgraceful scene; es ist zutiefst ~ it is utterly disgraceful (*od.* a crying shame). – **2.** (*demütigend*) humiliating: ein ~es Gefühl a humiliating feeling. — **be'schämt I** *pp.* – **II** *adj* (über *acc*) ashamed (of), abashed (at): er war darüber tief ~ he was deeply ashamed of it; ~ dastehen to stand abashed. — **Be'schä·mung** *f* ⟨-; *no pl*⟩ **1.** shame, abashment: zu meiner ~ to my shame. – **2.** (*Demütigung*) humiliation. – **3.** (*Verwirrung*) embarrassment, confusion.

be'schat·ten I *v/t* ⟨*no* ge-, h⟩ **1.** *lit.* shade, cast (*od.* throw) a shadow on: ein Hut beschattete ihr Gesicht a hat shaded her face; die Erde beschattete den Mond the earth obscured the moon. – **2.** *fig. colloq.* (*Verdächtigen etc*) shadow, 'tail' (*colloq.*): der Spion war schon seit Monaten beschattet worden the spy had been shadowed for months (already). – **3.** (*sport*) (*Gegner*) shadow. – **II B~** *n* ⟨-s⟩ **4.** *verbal noun.* — **Be'schat·ter** *m* ⟨-s; -⟩ *colloq.* (*Detektiv*) shadow(er), 'tail' (*colloq.*).— **Be'schat·tung** *f* ⟨-; *no pl*⟩ *cf.* Beschatten.

Be'schau *f* ⟨-; *no pl*⟩ **1.** *vet.* meat inspection. – **2.** (*jewelry*) determination of quality. – **3.** *cf.* Revision 3.

be'schau·en I *v/t* ⟨*no* ge-, h⟩ **1.** (sich *dat*) etwas ~ (*Bild etc*) to look at s.th., to view s.th., (*sinnend*) to contemplate s.th.: einen Fund ~ to view a find. – **2.** *vet.* (*Vieh, Fleisch etc*) inspect. – **II** *v/reflex* **3.** sich ~ look at (*od.* view) oneself: sie beschaute sich im Spiegel she looked at herself in the mirror. – **III B~** *n* ⟨-s⟩ **4.** *verbal noun.* – **5.** view, contemplation.

Be'schau·er *m* ⟨-s; -⟩ **1.** *cf.* Betrachter 1, 2. – **2.** *vet.* meat inspector.

be'schau·feln *v/t* ⟨*no* ge-, h⟩ *tech.* (*Turbine*) blade.

be'schau·lich *adj* **1.** contemplative, meditative, (*stärker*) introspective: das ~e Leben the contemplative life, the life of contemplation; er ist (*od.* hat) eine ~e Natur he is a contemplative person, he has a contemplative nature (*od.* character); ein ~er Orden *relig.* a contemplative order. – **2.** (*geruhsam*) peaceful, tranquil: ein ~es Dasein führen to lead a peaceful (*od.* quiet) life (*od.* existence). — **Be'schau·lich·keit** *f* ⟨-; *no pl*⟩ **1.** contemplativeness, meditativeness, (*stärker*) introspectiveness: ein Leben der ~ a life of contemplation (*od.* meditation). – **2.** (*Geruhsamkeit*) peacefulness, tranquil(l)ity.

Be'schau·ung *f* ⟨-; *no pl*⟩ *cf.* Beschauen.

Be'schau,zei·chen *n* (*jewelry*) inspector's mark, graving, tracer.

Be·scheid [bəˈʃaɪt] *m* ⟨-(e)s; -e⟩ **1.** answer, decision, (*amtlich*) notice, notification: abschlägiger ~ negative answer, refusal; amtlicher ~ official notice; schriftlicher ~ notice in writing; vorläufiger ~ provisional decision (*od.* notice); bis auf weiteren ~ till further notice; er gab mir auf meine Fragen höflich ~ he politely answered my questions; ich habe noch keinen ~ bekommen (*od.* erhalten) I have not got an answer yet, I have still not heard; er bekam ~, daß he received notice that; wir erwarten Ihren ~ we expect to hear from you. – **2.** ⟨*only sg*⟩ information: j-m ~ geben (*od.* sagen) a) to give s.o. information, to inform (*od.* instruct) s.o., b) to tell s.o., to let s.o. know; wir werden Ihnen rechtzeitig ~ geben we will let you know (*od.* we will tell you) in (*od.* on) time; Sie bekommen (*od.* erhalten) sofort ~ you will be informed (*od.* notified) immediately; für j-n ~ hinterlassen to leave word for s.o.; j-m (gründlich) ~ sagen (*od.* stoßen) *colloq.* to give s.o. a piece of one's mind, to tell s.o. a few home truths; ~ wissen to be informed; ich weiß schon ~ a) I know about it already, b) I can manage (*od.* find it) all right; er weiß genau ~ he knows all about it, he knows what's what (*colloq.*); über (*acc*) etwas ~ wissen a) to be informed of s.th., b) to be acquainted (*od.* conversant, familiar) with s.th.; über j-n ~ wissen to be informed (*od.* to know all) about s.o.; in einer Sache ~ wissen to know the ins and outs of (*od.* to be well up in) a matter; in einer Stadt ~ wissen to know one's way about a town; mit einer Maschine ~ wissen to know how to work (*od.* operate) a machine; j-m ~ tun (*beim Trinken*) *obs.* to drink to s.o. in return, to pledge s.o.

be'schei·den[1] I *adj* ⟨-er; -st⟩ **1.** modest, unassuming, unpretentious, self-effacing: ein ~er Mensch a modest (*od.* an unassuming, unpretentious) person; ~es Auftreten unassuming (*od.* unpretentious, retiring) manners *pl*; er ist ~ in seinen Ansprüchen [Forderungen] he is modest in his requirements [moderate in his demands]. – **2.** (*einfach, schlicht*) simple, plain, modest, frugal: ein ~es kleines Haus a modest little house; ein ~es Mahl a frugal meal. – **3.** (*gering, kümmerlich*) humble, modest, small, lowly: ein ~es Gehalt a modest (*od.* small) salary; meine ~e Behausung my humble dwelling; aus ~en Anfängen from humble (*od.* small) beginnings; nach meiner ~en Meinung in my humble opinion; er hat nur ~e Mittel he has only limited means; sie leben in ~en Verhältnissen they live in humble circumstances. – **4.** *colloq. euphem. for* beschissen II. – **II** *adv* **5.** ~ leben to live modestly (*od.* humbly); darf ich ~ anfragen, ob *iron.* may I humbly ask if.

be·schei·den[2] I *v/reflex* ⟨*irr, no* ge-, h⟩ sich ~ (mit) **1.** be content (*od.* satisfied) (with), content oneself (with): man muß sich mit wenigem ~ one has to be content with little; mit diesem Ergebnis mußten wir uns ~ we had to be satisfied (*od.* to content ourselves) with this result. – **II** *v/t* **2.** ⟨*only pp*⟩ j-m ist etwas beschieden s.th. is granted to s.o., s.th. has fallen to s.o.'s lot, s.o. is blessed with s.th.: ihm war kein Erfolg beschieden he was not granted success, he was not destined to succeed; es war ihm nicht beschieden, sein Werk zu vollenden it was not granted to him to complete his work; möge dir Glück beschieden sein may you be blessed with fortune; Gott hatte ihnen keine Kinder beschieden God had not blessed them with children. – **3.** *bes. jur.* notify, inform, advise: j-n (*od.* j-s Gesuch) abschlägig ~ to reject s.o.'s application, to give s.o. a refusal. – **4.** *archaic* summon, send for: j-n zu sich ~ to summon (*od.* send for) s.o.; j-n vor Gericht ~ to summon s.o. to appear in court. – **III B~** *n* ⟨-s⟩ **5.** *verbal noun.* – **6.** *cf.* Bescheidung.

Be'schei·den·heit *f* ⟨-; *no pl*⟩ **1.** modesty, unassumingness, unpretentiousness, self-effacement: falsche ~ false modesty; aus (lauter) ~ from (sheer) modesty; bei aller ~ *colloq.* with all due modesty; in aller ~ in all modesty; ~ ist hier nicht am Platze modesty is out of place here; ~ ist eine Zier, doch weiter kommt man ohne ihr (*Sprichwort*) modesty is a very pleasing attribute, but it won't take you very far. – **2.** (*Einfachheit, Schlichtheit*) simplicity, plainness, modesty, frugality. – **3.** (*Kümmerlichkeit*) humbleness, modesty, smallness, lowliness.

be'schei·dent·lich *adv obs. for* bescheiden[1] II.

Be'scheid,lei·tung *f tel.* information line (*od.* trunk), inquiry circuit (*od.* line).

Be'schei·dung *f* ⟨-; -en⟩ **1.** *cf.* Bescheiden[2]. – **2.** ⟨*only sg*⟩ (*Sichbescheiden*) moderation.

be'schei·nen *v/t* ⟨*irr, no* ge-, h⟩ shine (up)on, light upon, illuminate: von der Sonne beschienen sunlit, sunny; sich von der Sonne ~ lassen to expose oneself to the sun.

be·schei·ni·gen [bəˈʃaɪnɪgən] **I** *v/t* ⟨*no* ge-, h⟩ **1.** (*durch Unterschrift, Urkunde etc*) certify, *bes. jur.* attest: ich bescheinige hiermit, daß I hereby certify that; j-m etwas ~ to give s.o. a certificate of (*od.* for) s.th.; etwas amtlich ~ lassen to have s.th. authenticated; hiermit wird bescheinigt, daß this is to certify that; den Empfang ~ a) (*einer Ware*) to acknowledge receipt of, b) (*einer Geldsumme*) to give (*od.* issue) a receipt for, to receipt; wir ~ dem Kandidaten folgende Kenntnisse we certify that the candidate has the following qualifications; j-m (seine) Dummheit ~ *colloq. iron.* to call s.o. (*od.* s.o.'s action) stupid. – **II B~** *n* ⟨-s⟩ **2.** *verbal noun.* – **3.** certification, attestation, acknowledg(e)ment of receipt. — **Be'schei·ni·gung** *f* ⟨-; -en⟩ **1.** *cf.* Bescheinigen. – **2.** (*Schein*) certificate (über *acc* of, for): ~ (*in der Überschrift*) "To whom it may concern"; ärztliche ~ doctor's (*od.* medical) certificate; eine ~ ausstellen to write (*od.* issue) a certificate; eine ~ beibringen to supply (*od.* present) a certificate.

be'schei·ßen *v/t* ⟨*irr, no* ge-, h⟩ *vulg.* **1.** j-n ~ *fig.* (*betrügen*) to pull a dirty trick on s.o., to do (*od.* have) s.o. (*colloq.*), to cheat s.o.: ihr habt euch ~ lassen you have let them do (*od.* cheat) you; der hat dich aber schön beschissen! he has properly had you! – **2.** shit on.

be'schen·ken *v/t* ⟨*no* ge-, h⟩ j-n ~ to give (*od.* make) s.o. presents (*od.* a present): er beschenkte sie mit Schmuck und Kleidern he made her presents of (*od.* he presented her with) jewel(le)ry and dresses; die Kinder wurden reich beschenkt the children were showered (*od.* loaded) with presents. — **Be'schenk·te** *m, f* ⟨-n; -n⟩ **1.** recipient of a gift. – **2.** *jur.* donee, grantee.

be'sche·ren I *v/i* ⟨*no* ge-, h⟩ **1.** (*bes. zu Weihnachten*) give (*od.* distribute) (Christmas) presents: wir ~ am 24. Dezember we give our Christmas presents on the 24th of December. – **II** *v/t* **2.** j-m etwas ~ (*zu Weihnachten*) to give s.o. s.th. as a Christmas present: was hat dir das Christkind beschert? what has Santa Claus brought you? den Kindern ist schon beschert worden the children have been given their Christmas presents already. – **3.** j-m etwas ~ to give (*od.* bring) s.th. (as a present) to s.o., to allot s.th. to s.o.: Gott hat ihnen keine Kinder beschert God has not blessed them with children. – **4.** *fig.* bring: dieser Tag bescherte uns eine Überraschung this day brought us a surprise; was wird uns dieses Jahr noch ~? I wonder what this year has in store for us. – **III B~** *n* ⟨-s⟩ **5.** *verbal noun.* — **Be'sche·rung** *f* ⟨-; -en⟩ **1.** *cf.* Bescheren. – **2.** (*zu Weihnachten*) distribution of Christmas presents. – **3.** *colloq. iron.* mess: das ist ja eine schöne (*od.* nette) ~! that's a fine mess (*od.* mix-up)! that's a pretty mess (*od. colloq.* kettle of fish)! da haben wir die ~! there you are! there you have it! now we are in for it! (*colloq.*); da sah er die ~ then he saw the mess.

be·scheu·ert [bəˈʃɔʏərt] *adj colloq.* crazy, 'cracked' (*colloq.*): du bist ganz schön ~ you are crazy.

be'schich·ten I *v/t* ⟨*no* ge-, h⟩ **1.** *tech.* apply a coat to, coat. – **2.** *bes. synth.* a) (*durch Aufstreichen*) brush- (*od.* spread)-coat, b) (*durch Aufwalzen*) roll-coat, c) (*befilmen*) film-coat. – **II B~** *n* ⟨-s⟩ **3.** *verbal noun.* — **Be'schich·tung** *f* ⟨-; -en⟩ *cf.* Beschichten.

Be'schich·tungs|ma,schi·ne *f bes. synth.* coater, coating machine. — **~,mas·se** *f* coating compound. — **~,stoff** *m* coating material.

be'schicken (*getr.* -k·k-) **I** *v/t* ⟨*no* ge-, h⟩ **1.** (*Kongreß etc*) send representatives (*od.* delegates) to: die Tagung ist von fast allen Ländern beschickt worden almost all countries sent representatives to the meeting. – **2.** *econ.* a) (*Messe, Ausstellung*) send exhibits to, exhibit at, b) (*Markt etc*) supply (*s.th.*) (with goods). – **3.** (*textile*) a) (*mit Lösung*) charge, feed, b) (*beschweren*) load, fill. – **4.** *tech.* a) (*Kessel*) fire, stoke, b) (*Maschine mit Werkstücken*) load, feed. – **5.** *metall.* a) (*Schmelzofen*) charge, b) (*Hochofen*) burden. – **6.** *mar.* (*Kurs*) make good, correct. – **7.** *obs.* attend to: sein Haus ~ to put one's affairs in order (*before one's death*). – **II B~** *n* ⟨-s⟩ **8.** *verbal noun.* — **Be'schickung** (*getr.* -k·k-) *f* ⟨-; -en⟩ **1.** *cf.* Beschicken. – **2.** *econ.* (*des Marktes etc*) supply. – **3.** *metall.* a) (*des Schmelzofens*) charge, b) (*des Hochofens*) burden. – **4.** *synth.* (*einer Preßform*) load. – **5.** (*textile*) (*Beschwerung*) load. – **6.** *nucl.* charge, feed. – **7.** *mar.* (*des Kurses*) correction. – **8.** *obs.* (*des Hauses etc*) attention (to).

Be'schickungs|,an,la·ge (*getr.* -k·k-) *f* **1.** *metall.* a) (*für Schmelzöfen*) charging equipment, b) (*für Rollöfen*) tipping cradle, c) (*für Kohlenaufbereitung*) coal handling plant. – **2.** *tech.* a) (*zur Bekohlung von Feuerungen*) mechanical stoker, b) (*Beschickungsvorrichtung*) charging appliance, c) (*einer Werkzeugmaschine*) (magazine)-feeding attachment. — **~,büh·ne** *f metall.* **1.** charging (*od.* loading) platform. – **2.** (*bei SM-Öfen*) charging floor. — **~,dau·er** *f* charging time. — **~dia,gramm** *n tech.* (*einer Feuerung*) stoking diagram. — **~,ein,rich·tung** *f* (*einer Werkzeugmaschine*) (magazine-)feeding attachment, feeder attachment. — **~,gut** *n metall.* a) (*eines Schmelzofens*) charge, melting stock, b) (*eines Hochofens*) burden. — **~,kran** *m* charging crane. — **~ma,schi·ne** *f* charging machine. — **~ma·te·ri,al** *n cf.* Beschickungsgut. — **~,mul·de** *f* charging box. — **~,öff·nung** *f* (*eines Schmelzofens*) charging door (*od.* opening, hole). — **~,säu·le** *f* (*eines Hochofens*) burden (*od.* stock) column. — **~,sei·te** *f* (*eines Schmelzofens*) charging end. — **~,trich·ter** *m* **1.** *tech.* (*eines Magazins*) feed hopper. – **2.** *metall.* charging hopper. — **~,tür** *f* charging door. — **~,vor,rich·tung** *f* **1.** *tech.* (*einer Werkzeugmaschine*) feeding device. – **2.** *metall. cf.* Beschickungsanlage 1a, b. — **~,wa·gen** *m metall.* charging car.

be'schie·ßen I *v/t* ⟨*irr, no* ge-, h⟩ **1.** shoot at, fire (up)on (*od.* at). – **2.** *mil.* fire on, bombard, batter: die Festungsanlagen wurden mit schwerem Geschütz beschossen the fortifications were bombarded (*od.* cannonaded, battered, shelled) with heavy artillery. – **3.** *aer.* (*mit Tieffliegern*) strafe. – **4.** *mil.* (*einschießen*) test(-fire), try, proof-fire. – **5.** *nucl.* a) (*mit Neutronen etc*) bombard, b) (*mit Strahlen*) irradiate, ray. – **6.** *cf.* überziehen[2] 5. – **II B~** *n* ⟨-s⟩ **7.** *verbal noun.* — **Be'schie·ßung** *f* ⟨-; -en⟩ **1.** *cf.* Beschießen. – **2.** *mil.* bombardment, cannonade: ~ der Küste von See aus ship-to-shore attack. – **3.** *nucl.* bombardment: ~ mit Alphateilchen alpha bombardment.

be'schif·fen *v/t* ⟨*no* ge-, h⟩ *mar.* (*Meere, Flüsse*) navigate (on), sail on, ply.

be'schil·dern I *v/t* ⟨*no* ge-, h⟩ **1.** (*Ausstellungsstücke etc*) label. – **2.** (*mit Verkehrsschildern*) provide (*s.th.*) with road signs, signpost. – **3.** (*mit Straßenschildern*) mark (*s.th.*) with nameplates (*Br.* name-plates). – **II B~** *n* ⟨-s⟩ **4.** *verbal noun.* — **Be'schil·de·rung** *f* ⟨-; -en⟩ **1.** *cf.* Beschildern. – **2.** (*an Ausstellungsstücken etc*) labels *pl.* – **3.** (*mit Verkehrsschildern*) road signs *pl*, signposts *pl.* – **4.** (*mit Straßenschildern*) street nameplates (*Br.* name-plates) *pl.*

be·schilft [bəˈʃɪlft] *adj* (*Flußufer etc*) overgrown with reeds, reedy.

be'schimp·fen I *v/t* ⟨*no* ge-, h⟩ **1.** j-n ~ to abuse (*od.* insult, affront, revile) s.o., (*stärker*) to vituperate s.o., to call s.o. names (*colloq.*): er hat mich öffentlich beschimpft he abused (*od.* insulted) me publicly (*od.* in public); sie beschimpfte ihn mit gemeinen Worten she used vile abuses against him. – **2.** (*Namen, Ehre etc*) stain, tarnish, sully, taint, blemish, cast aspersions (*od.* a slur) on, drag (*s.th.*) in the mud. – **II B~** *n* ⟨-s⟩ **3.** *verbal noun.* — **be'schimp·fend I** *pres p.* – **II** *adj* **1.** abusive, (*stärker*) vituperative. – **2.** *jur.* (*Äußerungen etc*) insulting, blasphemous. — **Be'schimp·fung** *f* ⟨-; -en⟩ **1.** *cf.* Beschimpfen. – **2.** abuse, insult, affront, revilement, (*stärker*) vituperation: er faßte es als ~ auf he regarded it as an insult (*od.* affront); sie überhäufte ihn mit ~en she showered abuses on him, she hurled insults at him; ~ der Bundesrepublik *jur.* maliciously reviling the Federal Republic. – **3.** (*der Ehre etc*) stain (*od.* tarnish, taint, blemish) (on), insult (to).

be'schin·deln *v/t* ⟨*no* ge-, h⟩ (*Dach, Wand etc*) shingle.

be'schir·men I *v/t* ⟨*no* ge-, h⟩ **1.** *lit.* (*beschützen*) shield, protect, guard, shelter: j-n vor Gefahren ~ to shield s.o. from dangers. – **2.** j-n ~ *colloq. humor.* to hold an umbrella over s.o. – **II B~** *n* ⟨-s⟩ **3.** *verbal noun.* – **4.** *cf.* Beschirmung. — **Be'schir·mer** *m* ⟨-s; -⟩ *lit.* shielder, protector, guardian, defender. — **Be'schir·me·rin** *f* ⟨-; -nen⟩ *lit.* protectress, guardian. — **Be'schir·mung** *f* ⟨-; *no pl*⟩ *lit.* **1.** *cf.* Beschirmen. – **2.** protection, guard, shelter.

Be'schiß *m* ⟨-sses; *no pl*⟩ *vulg. contempt.* (*Betrug*) dirty swindle: so ein ~! what a dirty trick (*od.* swindle)!

be'schis·sen *vulg.* **I** *pp of* bescheißen. – **II** *adj contempt.* (*äußerst schlecht*) lousy, rotten, *Br.* bloody awful (*sl.*): ~es Wetter lousy weather; es geht ihm ~ he is having a lousy time; das Leben ist ~ it's a rotten life.

be'schlab·bern *colloq.* **I** *v/t* ⟨*no* ge-, h⟩ (*Serviette, Kleidung etc*) slobber (on, over). – **II** *v/reflex* sich mit etwas ~ to slobber (*od.* slop) s.th. over oneself.

be'schla·fen *v/t* ⟨*irr, no* ge-, h⟩ **1.** die Angelegenheit ~ *fig. colloq.* to sleep (up)on the matter, to take counsel of one's pillow. – **2.** *obs.* (*Frau*) sleep with.

Be'schlag[1] *m* ⟨-(e)s; ⸚e⟩ **1.** *cf.* Beschlagen[1]. – **2.** *meist pl* (*an Türen, Möbeln etc*) metal fitting(s *pl*), mounting(s *pl*). – **3.** (*Schloß am Buch etc*) clasp, hasp. – **4.** *tech.* a) metal fitting(s *pl*), mounting(s *pl*), b) (*an Kisten etc*) band, c) (*am Gewehr*) mounting. – **5.** (*eines Rades*) tire (*bes. Br.* tyre) (*od.* shoe, rim, binding) of a wheel. – **6.** *civ.eng.* mountings *pl*, fixtures *pl.* – **7.** (*eines Pferdes*) shoes *pl.* – **8.** *chem.* (*der Retorte etc*) lute, luting. – **9.** (*textile*) a) (*Überzug*) coating, covering, b) (*Auskleidung*) lining, c) (*der Karde, Trommel*) clothing. – **10.** *mar.* a) (*Verbindungsteile*) fitting(s *pl*), mounting(s *pl*), b) (*Armierung*) armature, c) (*Kupferhaut am Schiffsboden*) sheathing. – **11.** (*optics*) (*der Brille*) a) (*Zierniet*) ornamental rivet, b) (*Zierschmuck*) decorative trims *pl.* – **12.** *hunt.* (*Begattung des Schalenwilds*) service.

Be'schlag[2] *m* ⟨-(e)s; ⸚e⟩ **1.** *cf.* Beschlagen[3]. – **2.** (*feuchter Anflug*) steam, damp, mist, (*vom Atem*) blur. – **3.** (*auf Wurst etc*) film. – **4.** *min. chem.* efflorescence, bloom, incrustation, *auch* encrustation.

Be'schlag[3] *m only in* **1.** etwas in ~ nehmen, etwas mit ~ belegen, ~ auf (*acc*) etwas legen a) *jur.* to seize (*od.* impound, distrain [up]on) s.th., b) (*enteignen*) to confiscate s.th., c) *mil.* to requisition s.th.: Schuldnervermögen in ~ nehmen *econ.* to attach (*od.* seize, distrain upon) debtor's property; ein Schiff in ~ nehmen to embargo (*od.* lay an embargo on) a ship. – **2.** etwas mit ~ belegen *fig.* to reserve (*od.* secure) s.th. – **3.** j-n mit ~ belegen, j-n in ~ nehmen *fig.* to monopolize s.o.

be'schla·gen[1] **I** *v/t* ⟨*irr, no* ge-, h⟩ **1.** (*Pferd*) shoe: ein Pferd scharf ~ to roughshoe a horse; ein Pferd mit Stolleneisen ~ to calk (*od.* caulk) a horse's shoes. – **2.** *tech.* a) (*Türen etc*) provide (*s.th.*) with metal fittings (*od.* furnishings), mount (*od.* fit) (*s.th.*) with metal, b) (*Spitze*) tip, cap, shoe (*s.th.*) (with metal): etwas mit Bandeisen ~ to tie s.th. – **3.** (*Spazierstock etc*) tip. – **4.** (*Schirmspitze etc*) ferrule. – **5.** (*mit Ziernägeln*) stud. – **6.** (*mit Tuch etc*) cover, (*innen*) line. – **7.** (*Faß mit Reifen*) hoop. – **8.** (*Schuh, Sohle etc*) nail. – **9.** (*Holz*) square. – **10.** (*Wagenrad*) shoe, rim, bind, tire, *bes. Br.* tyre. – **11.** *chem.* (*Retorte etc*) lute. – **12.** (*textile*) (*Karde, Trommel*) clothe. – **13.** *mar.* a) (*Segel*) furl, lash and seize (*furled sails*), b) (*Schiffsboden*) sheathe. – **14.** *hunt.* (*Hirschkuh etc*) cover, serve. – **II B~** *n* ⟨-s⟩ **15.** *verbal noun.*

be'schla·gen[2] **I** *pp of* beschlagen[1]. – **II** *adj* **1.** (*Pferd*) shod, shoed. – **2.** *tech.* a) metal-mounted (*od.* -fitted), b) (*an der Spitze*) iron-tipped: mit Kupfer ~ copper-plated; mit Silber ~ silver-mounted. – **3.** (*mit Ziernägeln*) studded. – **4.** *hunt.* (*Hirschkuh etc*) bred, covered, served.

be'schla·gen[3] **I** *v/i* ⟨*irr, no* ge-, sein⟩ *u.* sich ~ *v/reflex* ⟨h⟩ **1.** (*von Fenstern etc*) steam up, cloud (over), mist, dim, (*durch Atem*) blur: als er in das warme Zimmer kam, beschlugen (sich) seine Brillengläser when he came into the warm room, his glasses steamed up (*od.* misted over). – **2.** (*von Speisen etc*) cover (*od.* become covered) with a film (of condensation): diese Wurst beschlägt sehr leicht this sausage easily covers with a film of condensation. – **3.** (*schimmeln*) become (*od.* go) moldy (*bes. Br.* mouldy). – **4.** (*von Metallen*) tarnish, oxidize, become coated. – **5.** (*von Wänden*) sweat. – **6.** *bes. min. chem.* (*mit Kristallen, Kruste etc*) effloresce, bloom out, produce an incrustation (*auch* encrustation). – **II B~** *n* ⟨-s⟩ **7.** *verbal noun.*

be'schla·gen[4] **I** *pp of* beschlagen[3]. – **II** *adj* **1.** (*Fenster, Spiegel etc*) steamed(-up), clouded, misted, dimmed, (*durch Atem*) blurred. – **2.** (*Speise etc*) covered with a film (*nachgestellt*). – **3.** (*schimmelig*) mo(u)ldy. – **4.** (*Metalle*) tarnished, coated.

be'schla·gen[5] *adj colloq.* well-versed (*attrib*), knowledg(e)able, proficient: in einer Sache ~ sein to be well versed in (*od. colloq.* up on) a matter; er ist in Englisch sehr ~ he has a sound knowledge of English; sind Sie in Geographie ~? are you good at (*od.* in) geography? es ist unglaublich, wie gut er in Geschichte ~ ist it's incredible how much he knows about history. — **Be'schla·gen·heit** *f* ⟨-; *no pl*⟩ (*in dat*) (wide) experience (of), (sound) knowledge (of), proficiency (in).

Be'schlag|,ham·mer *m* (*Hufhammer*) shoeing hammer. — **~ma·te·ri,al** *n tech.* sheathing. — **~,na·gel** *m* stud, bullen nail.

Be'schlag,nah·me *f* ⟨-; -n⟩ **1.** *jur.* (*zur Sicherung privatrechtlicher Interessen*) a) seizure, *auch* attachment, arrest(ment), b) (*zwecks Pfändung*) distress, distraint, c) (*durch Zwangsvollstreckung*) levy (of execution), d) (*zur Zwangsverwaltung*) sequestration, e) (*von Forderungen*) garnishment. – **2.** *jur.* (*im öffentlichen Interesse, Strafrecht etc*) seizure, (*zur gerichtlichen Verwahrung*) *auch* impounding: ~ von beweiserheblichen Gegenständen seizure of material evidence; ~ zur Sicherung der Urteilsvollstreckung seizure (*od.* attachment) to secure satisfaction of judg(e)ment; ~ eines Schiffes embargo on (*od.* arrest of) a ship. – **3.** (*Enteignung*) confiscation. – **4.** *mil.* requisition.

be'schlag,nah·me|,fä·hig *adj jur.* seizable, attachable. — **~,frei** *adj* exempt from seizure: ~e Gegenstände exemptions. — **B~,frei·heit** *f* immunity from seizure. — **B~,klau·sel** *f* seizure clause.

be'schlag,nah·men *v/t* ⟨*no* ge-, h⟩ **1.** *jur.* (*zur Sicherung privatrechtlicher Interessen*) a) seize, *auch* attach, arrest, b) (*pfänden*) distrain, levy a distress on, c) (*zur Zwangsverwaltung*) sequester, d) (*zur Zwangsvollstreckung*) levy upon, e) (*Forderungen*) garnish. – **2.** *jur.* (*im öffentlichen Interesse*) a) seize, (*zur gerichtlichen Verwahrung*) *auch* impound, b) (*Schiff*) lay an embargo on, arrest. – **3.** (*enteignen*) confiscate. – **4.** *mil.* (*requirieren*) requisition.

Be'schlag,nah·me|,ri·si·ko *n econ.* risk of seizure: Ausschluß [Deckung] des ~s exclusion [coverage] of risk of seizure. — **~ver,fü·gung** *f* **1.** *jur.* charging (*od.* confiscation, distraint, distress) order: gerichtliche ~ attachment order; schriftliche ~ seizure note, requisition slip. – **2.** *mil.* requisitioning order. — **~-Ver,si·che·rung** *f econ.* insurance against capture and seizure.

Be'schlag|,teil *n tech.* **1.** fittings *pl*, mountings *pl.* – **2.** (*Zierteil*) decorative (*od.* ornamental) fittings *pl.* — **~,werk** *n* (*art*) strapwork.

be'schläm·men *v/t* ⟨*no* ge-, h⟩ **1.** cover (*s.th.*) with mud. – **2.** *civ.eng.* (*Mauern*) whitewash.

be'schlei·chen *v/t* ⟨*irr, no* ge-, h⟩ **1.** (*Wild, Feind etc*) stalk, steal (*od.* creep, sneak) up to (*od.* on). – **2.** *fig.* steal (*od.* creep, come) over, overcome: Besorgnis beschleicht mich anxiety is creeping over me.

be·schleu·ni·gen [bəˈʃlɔʏnɪɡən] **I** *v/t* ⟨*no* ge-, h⟩ **1.** speed (up), quicken, hasten, accelerate: seine Schritte ~ to quicken one's steps; das Tempo ~ to quicken one's pace, to speed up; die Fahrt ~ to gather (*od.* pick up, increase one's) speed; einen Vorgang ~ to accelerate (*od.* expedite) a process; das Wachstum einer Pflanze ~ *bot.* to force a plant, to hasten the growth of a plant; einen Arbeitsgang ~ to speed (up) a working process; j-s Abreise ~ to hasten s.o.'s departure. – **2.** (*Krise etc*) precipitate. – **3.** *nucl. tech.* (*Elektronen etc*) accelerate. – **4.** *med.* (*Puls, Atmung etc*) accelerate, quicken, speed up. – **II** *v/reflex* sich ~ **5.** speed up, quicken, accelerate. – **III** *v/i* **6.** (*von Wagen etc*) gather (*od.* pick up) speed, accelerate. – **IV B~** *n* ⟨-s⟩ **7.** *verbal noun.* – **8.** *cf.* Beschleunigung. — **be'schleu·ni·gend I** *pres p.* – **II** *adj* accelerative, accelerant, acceleratory: ~er Nerv *med.* accelerator.

Be'schleu·ni·ger *m* ⟨-s; -⟩ **1.** *nucl.* accelerator: linearer [induktiver] ~ linear [induction] accelerator. – **2.** *chem.* catalyzer, catalyst, precipitator. — **~,pum·pe** *f tech.* accelerator pump.

be'schleu·nigt I *pp.* – **II** *adj* **1.** accelerated: ~e Bewegung von Elementarteilchen *nucl.* accelerated motion of particles; ~er Fortschritt (in der Schule) *ped.* acceleration. – **2.** (*Vorgang etc*) speedy, expeditious: ~es Verfahren *jur.* summary proceedings *pl.*

Be'schleu·ni·gung *f* ⟨-; -en⟩ **1.** *cf.* Beschleunigen. – **2.** acceleration: gleichmäßige ~ uniform acceleration; negative ~ deceleration, retardation; das führte zu einer ~ der Entwicklung that sped up developments.

Be'schleu·ni·gungs|,an,la·ge *f nucl. cf.* Beschleuniger 1. — **~an,ode** *f electr.* accelerator (*od.* accelerating, second) anode. — **~,auf,schal·tung** *f aer.* (*in Flugkörpern*) acceleration (signal) input. — **~dia,gramm** *n* acceleration diagram. — **~,druck** *m* ⟨-(e)s; ⸚e⟩ *tech.* acceleration pressure. — **~elek,tro·de** *f electr.* accelerating electrode. — **b~,fä·hig** *adj* accelerable. — **~,feh·ler** *m aer.* acceleration error. — **~ge,setz** *n phys.* law of acceleration. — **~,git·ter** *n electr.* accelerator grid. — **~,kam·mer** *f nucl.* accelerating chamber. — **~,kraft** *f phys.* accelerative force. — **~,mes·ser** *m tech.* accelerometer. — **~,mit·tel** *n chem.* **1.** (*Vulkani-*

sation) activator, catalyst. – 2. auch phot. accelerator. — **~moˌment** n tech. (einer Kupplung, eines Motors) accelerating torque. — **~ˌnerv** m med. (des Herzens) (cardiac) accelerator nerve. — **~pe·riˌode** f phys. accelerating period. — **~ˌpro·be** f aer. (für Piloten) acceleration (tolerance) test. — **~ˌpum·pe** f tech. (am Motor) accelerator pump. — **~ˌreg·ler** m acceleration regulator. — **~ˌreiz** m biol. acceleration (od. accelerative) stimulus. — **~ˌspan·nung** f nucl. electr. accelerating potential. — **~ver·ˌmö·gen** n tech. acceleration power, (eines Fahrzeuges) 'zoom' (colloq.), 'zip' (colloq.). — **~ˌzeit** f acceleration time.

be'schließ·bar adj decreeable.

be'schlie·ßen I v/t ⟨irr, no ge-, h⟩ **1.** (sich entschließen) decide, resolve, determine: ~, etwas zu tun to (make a) resolve to do s.th.; er beschloß, Lehrer zu werden he decided to become (od. that he would be) a teacher; sie beschloß, es nicht zu tun she decided against doing it, she resolved not to do it; gemeinsames Vorgehen ~ to decide (up)on concerted action; die Versammlung hat beschlossen, daß pol. the meeting resolved that; es wurde beschlossen (Formel) pol. resolved. – **2.** (abschließen) end, finish, conclude, close, wind up: sein Leben in Zurückgezogenheit ~ to end (od. conclude) one's days in retirement; eine Mahlzeit mit Nachtisch ~ to end a meal with dessert; ein Tanz beschloß den Abend a dance concluded (od. rounded off) the evening. – **3.** pol. (Gesetzesvorlage etc) pass, adopt: einen Antrag ~ to adopt (od. carry) a motion. – **4.** jur. rule, order. – **5.** econ. (Dividenden) declare. – **II** v/i **6.** über (acc) etwas ~ to decide (od. resolve) on s.th. – **III B~** n ⟨-s⟩ **7.** verbal noun. — **be'schlie·ßend I** pres p. – **II** adj (Ausschuß, Funktion, Organ) decision-making, decision-taking, policy-making.

Be'schlie·ßer m ⟨-s; -⟩ obs. (eines Museums, Schlosses etc) keeper, caretaker.

Be'schlie·ße·rin f ⟨-; -nen⟩ (im Hotelwesen) housekeeper.

be'schlos·sen I pp of beschließen. – **II** adj **1.** agreed, settled: es ist (eine) ~e Sache it is an agreed (od. a settled) matter; damit war die Sache ~ that settled the matter. – **2.** in etwas ~ sein (od. liegen) archaic lit. to be comprised (od. included, implied) in s.th.

be'schlos·se·ner'ma·ßen adv as agreed (upon), as decided.

Be'schluß m ⟨-sses; ⸚sse⟩ **1.** decision, resolve, resolution: formeller ~ pol. formal resolution (od. decision); einen ~ fassen a) to come to (od. arrive at) a decision (od. conclusion), to make a resolve, b) bes. pol. to pass a resolution; auf [laut] ~ von (up)on [according to] the decision (od. resolution) of; einen ~ annehmen pol. to adopt a resolution; einen Antrag zum ~ erheben pol. to carry a motion; durch einstimmigen ~ pol. by unanimous decision (od. vote). – **2.** pol. cf. Abstimmungsergebnis. – **3.** jur. order (of court), court order. – **4.** econ. unter ~ a) under lock and key, b) (Zoll) in bond. – **5.** hist. assize. – **6.** archaic for Abschluß 2. — **~entˌwurf** m bes. pol. draft resolution (od. bill). — **b~ˌfä·hig** adj jur. pol. only in ~ sein to constitute (od. be, form) a quorum, to be competent to pass a resolution. — **~ˌfä·hig·keit** f (presence of a) quorum: mangelnde ~ lack of a quorum; ~ haben to constitute (od. be, form) a quorum. — **~ˌfas·sung** f passing of a resolution, making of a decision. — **b~ˌreif** adj (Vorlage) ready to be voted on. — **b~unˌfä·hig** adj only in ~ sein to be lacking (od. without) a quorum: die Versammlung ist ~ there is no quorum. — **~ˌunˌfä·hig·keit** f lack of a quorum: wegen ~ due to (od. on account of) the lack of a quorum; es wurde ~ festgestellt it was found that there was no quorum. — **~ˌvorˌla·ge** f cf. Beschlußentwurf.

be'schmei·ßen v/t ⟨irr, no ge-, h⟩ colloq. for bewerfen 1.

be'schmie·ren I v/t ⟨no ge-, h⟩ **1.** (be)smear, spread, cover: Brot mit Butter ~ to butter bread; etwas mit Farbe ~ to daub s.th.; etwas mit Fett ~ to grease s.th. – **2.** (beschmutzen) soil, smear, (be)smirch, smudge: sein Kleid (od. sich dat das Kleid) ~ to soil one's dress. – **3.** colloq. (bekritzeln) scribble, scrawl: Narrenhände ~ Tisch und Wände (Sprichwort) a white wall is a fool's writing paper (proverb). – **II** v/reflex sich ~ **4.** smear oneself, (be)smirch oneself.

be'schmud·deln I v/t ⟨no ge-, h⟩ Northern G. colloq. make (od. get) (s.th.) grubby. – **II** v/reflex sich ~ become (od. get oneself) grubby.

be'schmun·zeln v/t ⟨no ge-, h⟩ smirk at.

be'schmutz·bar adj soilable.

be'schmut·zen I v/t ⟨no ge-, h⟩ dirty, soil, make (s.th.) dirty, stain: den Teppich ~ to dirty the carpet; sich (dat) die Hände (od. Finger) ~ a) to dirty one's hands, b) fig. to soil one's hands, to lower oneself; j-s Ruf ~ fig. to stain (od. defile, sully, tarnish) s.o.'s reputation; das eigene Nest ~ fig. to befoul one's own nest. – **II** v/reflex sich ~ soil (od. dirty) oneself. – **III B~** n ⟨-s⟩ verbal noun. — **Be'schmut·zung** f ⟨-; no pl⟩ cf. Beschmutzen.

Be'schnei·de|ˌbank f print. dressing bench, rule-cutter. — **~ˌho·bel** m cf. Beschneidemesser. — **~ˌli·nie** f trimming line. — **~ma·ˌschi·ne** f (paper) trimming machine, trimmer, cutter. — **~ˌmes·ser** n trimming (od. cutting, paring, plough, bes. Am. plow) knife.

be'schnei·den I v/t ⟨irr, no ge-, h⟩ **1.** cut, clip, trim: einem Vogel die Flügel ~ to clip a bird's wings; sich (dat) die Nägel ~ to cut (od. pare) one's nails. – **2.** curtail, reduce: j-s Einkommen ~ to dock s.o.'s income; j-m die Macht (od. j-s Macht) ~ to reduce (od. restrict) s.o.'s power. – **3.** print. a) cut (s.th.) to exact size, trim, b) (Bücher) plough, bes. Am. plow: etwas auf das Format ~ to cut s.th. to size; etwas nach dem Lineal [Zirkel] ~ to cut s.th. by the rule [compass]. – **4.** tech. a) (Bleche) square, b) (Kanten) trim, edge. – **5.** (leather) a) (Stücke) trim, square, b) (Fersen) round, c) (Absatzfront) breast, d) (Sohle etc) knife. – **6.** hort. trim, lop, (im Hinblick auf Entwicklung) prune. – **7.** vet. (kupieren) crop, (Hunde-, Pferdeschwanz) auch dock. – **8.** relig. med. (Knaben) circumcise. – **II B~** n ⟨-s⟩ **9.** verbal noun. – **10.** cf. Beschneidung.

Be'schnei·de·maˌschi·ne f **1.** print. trimmer. – **2.** tech. (für Blech) trimming press.

Be'schnei·der m ⟨-s; -⟩ **1.** tech. clipper, cutter. – **2.** relig. med. circumciser.

Be'schnei·dung f ⟨-; -en⟩ **1.** cf. Beschneiden. – **2.** fig. curtailment, reduction. – **3.** relig. med. circumcision: das Fest der ~ Christi the Circumcision.

be·schneit [bəˈʃnaɪt] adj snow-covered, snowy.

Be'schnitt m ⟨-(e)s; no pl⟩ **1.** print. a) (Vorgang) trim(ming), b) (Material) offcut: erster ~ first trimming. – **2.** cf. Beschneiden.

Be'schnit·te·ne m ⟨-n; -n⟩ relig. med. circumcised: die ~n the circumcised, (im weiteren Sinne) the Jews.

Be'schnitt|maˌschi·ne f print. cf. Beschneidemaschine 1. — **~ˌrand** m trimming edge. — **~ˌzuˌga·be** f bleed difference.

be'schnit·zen v/t ⟨no ge-, h⟩ carve.

be'schnüf·feln v/t ⟨no ge-, h⟩ **1.** sniff at, snuff at: Hunde ~ einander dogs sniff at each other; er muß alles erst ~ fig. colloq. he must always first smell at everything. – **2.** sich (od. einander) ~ fig. colloq. to (try to) sound out each other (od. one another), to size each other up.

be'schnup·pern v/t ⟨no ge-, h⟩ **1.** smell, nose. – **2.** cf. beschnüffeln 2.

be·schol·ten [bəˈʃɔltən] adj (Mädchen, Braut) of blemished character, sullied. — **Be'schol·ten·heit** f ⟨-; no pl⟩ blemish.

be·schö·ni·gen [bəˈʃøːnɪɡən] **I** v/t ⟨no ge-, h⟩ **1.** (Fehler etc) gloss (over), varnish, palliate, extenuate: ein Laster ~ to gloss over (od. varnish, colloq. prettify) a vice; ohne die Dinge zu ~ without mincing matters. – **II B~** n ⟨-s⟩ **2.** verbal noun: alles B~ hilft nichts it is no use glossing the matter over. – **3.** cf. Beschönigung. — **be'schö·ni·gend I** pres p. – **II** adj palliative, palliatory, extenuating: ~er Ausdruck bes. ling. euphemism, euphemistic expression. — **Be'schö·ni·gung** f ⟨-; -en⟩ **1.** cf. Beschönigen. – **2.** palliation, extenuation.

be·schopft [bəˈʃɔpft] adj zo. (Vögel) tufted; comeate, pileate(d) (scient.): ~er Vogel topknot.

be'schot·tern I v/t ⟨no ge-, h⟩ **1.** civ.eng. (Straße) gravel, rubble, bes. Am. hard-surface, Br. metal. – **2.** (railway) (Oberbau) ballast: neu ~ reballast. – **II B~** n ⟨-s⟩ **3.** verbal noun. — **Be'schot·te·rung** f ⟨-; -en⟩ **1.** cf. Beschottern. – **2.** (railway) ballast.

be'schrän·ken I v/t ⟨no ge-, h⟩ **1.** limit, confine, restrict: die Teilnehmerzahl auf 10 ~ to limit the number of participants to 10; die Redezeit ~ to restrict the speaking time; seine Kritik auf das Wesentliche ~ to confine one's criticism to the essential; j-s Macht ~ to curb (od. restrict, restrain) s.o.'s power; j-n in seiner Freiheit ~ to restrict (od. circumscribe) s.o.'s freedom; die Geschwindigkeit ~ to limit the speed; die Kosten auf ein Minimum ~ to cut costs to a minimum. – **2.** (watchmaking) (Unruh der Uhr) bank, balance. – **II** v/reflex sich ~ **3.** limit (od. confine, restrict) oneself: ich werde mich auf einige Bemerkungen ~ I shall limit (od. confine) myself to some remarks; er beschränkte sich darauf, Anweisungen zu erteilen he confined himself to giving instructions. – **4.** (von Sache) be limited (od. confined, restricted), limit (od. confine, restrict) itself: sein Einfluß beschränkt sich nicht auf die Literatur his influence is not restricted to literature; die Untersuchungen ~ sich auf ein bestimmtes Gebiet the investigations are confined to a certain field; die Wirkung beschränkt sich darauf, daß the sole effect is that. – **III B~** n ⟨-s⟩ **5.** verbal noun. – **6.** cf. Beschränkung. — **be'schrän·kend I** pres p. – **II** adj limitative, restrictive, limitary.

be·schrankt [bəˈʃraŋkt] adj (Bahnübergang) gated, guarded.

be'schränkt I pp. – **II** adj **1.** limited, restricted: eine ~e Anzahl a limited number; in ~en Verhältnissen leben to live in modest (od. straitened) circumstances; unsere Mittel sind nur ~ our means are limited; in ~em Maße zutreffend partially true; ~es Wahlrecht pol. limited suffrage; ~es Giro econ. restrictive endorsement; ~e Sicht low visibility; das bleibt auf ein Land ~ that remains confined to one country; eine Seuche auf ein Gebiet ~ halten to keep a disease confined (od. limited) to an area, to localize a disease; → Gesellschaft 7. – **2.** (geistig) a) of limited intelligence, dull, dense, (stärker) stupid, b) of restricted (od. narrow) outlook, narrow(-minded), auch parochial: ~e Ansichten narrow (od. limited) views; ein ~er Horizont fig. a limited horizon. – **3.** math. bounded: nach oben [unten] ~ bounded from above [below]. – **III** adv **4.** limitedly: ~ lieferbar econ. in short (od. limited) supply; ~ steuerpflichtig jur. subject to limited taxation. — **Be'schränkt·heit** f ⟨-; no pl⟩ **1.** limitedness, restrictedness. – **2.** (geistige) a) limited intelligence, dul(l)ness, density, (stärker) stupidity, b) restricted (od. narrow) outlook, narrowness, narrow-mindedness. – **3.** math. (einer Zahlenfolge) boundedness.

Be'schrän·kung f ⟨-; -en⟩ **1.** cf. Beschränken. – **2.** limitation, restriction, confinement: j-m ~en auferlegen to impose restrictions on s.o.; ~ des Handels limitation (od. restriction) of trade; ~ der Geschäftsfähigkeit jur. limitation of capacity (od. competence); keinen ~en unterworfen without restrictions.

be'schreib·bar adj describable.

be'schrei·ben I v/t ⟨irr, no ge-, h⟩ **1.** (Papier etc) write on, cover (s.th.) (with writing): einen Bogen auf der Rückseite ~ to write on the back of a sheet of paper. – **2.** (schildern) describe, (anschaulich) portray, depict, picture: einen Gegenstand ~ to describe an object; etwas ausführlich ~ to describe s.th. in detail, to detail s.th.; es ist nicht zu ~ it is beyond (od. past) all description, it is indescribable; j-n als unzuverlässig ~ to describe (od. characterize) s.o. as unreliable. – **3.** bes. math. describe, present: einen Kreis ~ to describe (od. draw) a circle; eine Kurve ~ to draw (od. plot) a curve; eine Bahn ~ to describe a path. – **4.** biol. (Gattung etc) describe, diagnose. – **5.** tech. (Maschine) feature. – **II B~** n ⟨-s⟩ **6.** verbal noun. – **7.** cf. Beschreibung. — **be'schrei·bend I** pres p. – **II** adj descriptive (auch ling.): ~e Wissenschaft descriptive science; das Individuelle (od. Besondere) ~ idiographic.

Be'schrei·ber m ⟨-s; -⟩ describer.

Be'schrei·bung f ⟨-; -en⟩ **1.** cf. Beschreiben. – **2.** description, auch portrayal, depiction: eine ~ geben von to give a description of; diese ~ paßt auf ihn (*od.* trifft auf ihn zu) he answers to this description; das spottet jeder ~ *colloq.* that beggars (*od.* defies, surpasses) description. – **3.** (*Bericht*) account, report, history. – **4.** (*Gebrauchsanweisung*) instructions *pl* (for use). – **5.** *bes. math.* (*eines Kreises etc*) description. – **6.** *biol.* (*einer Gattung etc*) diagnosis. – **7.** *jur.* (*patents*) specification, description. – **8.** *philos.* a) (*Logik*) (*Kennzeichnung*) (definite) description, b) (*Erkenntnistheorie*) (*Angabe der Erlebnisse*) protocol.

Be'schrei·bungs,ga·be *f* descriptive talent.

be'schrei·en *v/t* ⟨*irr, no* ge-, h⟩ *cf.* berufen[1] 2.

be'schrei·ten I *v/t* ⟨*irr, no* ge-, h⟩ **1.** (*Weg*) walk on (*od.* along), go along. – **2.** *fig.* tread, take: einen gefährlichen Weg ~ to tread a dangerous path; neue Wege ~ to tread new paths; den Rechtsweg ~ *jur.* to go to law, to take legal action, to institute legal proceedings. – **II B~** *n* ⟨-s⟩ **3.** *verbal noun.* — **Be'schrei·tung** *f* ⟨-; *no pl*⟩ *cf.* Beschreiten.

be'schrie·be·ner'ma·ßen *adv* as (previously) described.

be·schrif·ten [bə'ʃrɪftən] **I** *v/t* ⟨*no* ge-, h⟩ **1.** (*Steinplatte, Plakat etc*) inscribe, letter, provide (*s.th.*) with an inscription. – **2.** (*Briefumschlag, Dokument etc*) superscribe. – **3.** (*Ware etc*) label, mark, ticket. – **4.** (*Bild etc*) caption. – **5.** (*technische Zeichnung*) letter, inscribe, (*seltener*) print. – **II B~** *n* ⟨-s⟩ **6.** *verbal noun.* — **Be'schrif·tung** *f* ⟨-; -en⟩ **1.** *cf.* Beschriften. – **2.** inscription. – **3.** (*Aufschrift*) superscription. – **4.** (*eines Bildes etc*) caption, legend.

be·schu·hen [bə'ʃuːən] *v/t* ⟨*no* ge-, h⟩ **1.** (*mit Schuhen*) shoe. – **2.** *tech.* (*Pfähle*) shoe. — **be'schuht I** *pp.* – **II** *adj* wearing shoes, shod: gut ~ sein to be well shod.

be·schul·di·gen [bə'ʃʊldɪgən] **I** *v/t* ⟨*no* ge-, h⟩ **1.** accuse, charge, lay the blame on, incriminate, indict, inculpate (*lit.*): j-n einer Sache ~ a) (*anklagend*) to accuse s.o. of s.th., to charge s.o. with s.th., b) (*rügend*) to blame s.o. for (*od.* tax s.o. with) s.th.; j-n eines Vergehens ~ *jur.* to (formally) charge s.o. with a crime; j-n der Pflichtversäumnis ~ to accuse s.o. of neglect of duty (*od.* of having neglected his duty); sich (*od.* einander) ~ a) to accuse (*od.* charge) one another (*od.* each other), b) (*rügend*) to blame each other. – **II B~** *n* ⟨-s⟩ **2.** *verbal noun.* – **3.** *cf.* Beschuldigung. — **be'schul·di·gend I** *pres p.* – **II** *adj* accusing, (in)criminatory.

Be'schul·di·ger *m* ⟨-s; -⟩ accuser.

Be'schul·dig·te *m, f* ⟨-n; -n⟩ accused.

Be'schul·di·gung *f* ⟨-; -en⟩ **1.** *cf.* Beschuldigen. – **2.** accusation, charge, incrimination, indictment, inculpation (*lit.*): fälschliche ~ false accusation; eine ~ gegen j-n erheben *bes. jur.* to make (*od.* bring) a charge against s.o.

be'schum·meln I *v/t* ⟨*no* ge-, h⟩ *colloq.* diddle (*colloq.*), cheat, trick: j-n (um 5 Mark) ~ to cheat (*od.* trick) s.o. (out of 5 marks). – **II** *v/i colloq.* cheat: beim Kartenspielen ~ to cheat at cards.

be'schup·pen *v/t* ⟨*no* ge-, h⟩ *Northern G. colloq. for* beschummeln I.

be'schuppt *adj bot. zo.* scaly, *auch* scaley; squamate, squam(e)ous, squamoid, squamose (*scient.*).

Be'schup·pung *f* ⟨-; -en⟩ *zo.* **1.** squamation. – **2.** (*Anordnung*) scutellation, lepidosis.

be'schup·sen *v/t* ⟨*no* ge-, h⟩ *Northern G. colloq. for* beschummeln I.

be·schürzt [bə'ʃʏrtst] *adj* aproned.

Be'schuß *m* ⟨-sses; *no pl*⟩ **1.** *mil.* (*das Beschießen*) a) fire, b) (*dichter*) bombardment, c) (*mit Granaten*) shelling: direkter ~ direct fire; schwerer ~ heavy bombardment, pounding; ~ von Erdzielen a) firing at ground targets, b) (*aus der Luft*) air-to-ground firing; unter ~ geraten *auch fig.* to come under fire; unter ~ liegen to be under fire, to be fired at (*od.* shelled); ein Ziel unter ~ nehmen to fire at a target. – **2.** (*Prüfung*) test (*od.* proof) firing (*od.* fire). – **3.** *nucl. cf.* Beschießung 3. — **~,bild** *n mil.* pattern of proof firing. — **~,plan** *m hunt. annual number of game animals to be killed.* — **~,pro·be** *f mil.* proof firing (test). — **~,scha·den** *m nucl.* bombardment damage. — **~,teil·chen** *n* bombarding particle.

be'schüt·ten I *v/t* ⟨*no* ge-, h⟩ j-n [etwas] mit etwas ~ to pour (*od.* throw, dash) s.th. on (*od.* over) s.o. [s.th.]. – **II** *v/reflex* sich mit etwas ~ *colloq.* to spill s.th. over oneself.

be'schüt·zen I *v/t* ⟨*no* ge-, h⟩ **1.** protect, (safe)guard, shield, shelter: j-n vor einer Gefahr ~ to protect (*od.* guard) s.o. from a danger; j-n ~ to watch over s.o.; sein Land ~ to defend one's country. – **II B~** *n* ⟨-s⟩ **2.** *verbal noun.* – **3.** *cf.* Beschützung. — **be'schüt·zend I** *pres p.* – **II** *adj* protective, guardian (*attrib*). – **III** *adv* er legte ~ den Arm um sie he put his arm protectively round her.

Be'schüt·zer *m* ⟨-s; -⟩ **1.** protector, guardian, shield(er). – **2.** *bes. relig.* patron (saint). — **Be'schüt·ze·rin** *f* ⟨-; -nen⟩ **1.** protectress, guardian. – **2.** *bes. relig.* patroness.

Be'schüt·zung *f* ⟨-; *no pl*⟩ **1.** *cf.* Beschützen. – **2.** protection, (safe)guard, shield, shelter. – **3.** patronage.

be'schwat·zen *v/t* ⟨*no* ge-, h⟩ *colloq.* **1.** j-n (zu etwas) ~ a) to talk (*od.* persuade) s.o. (into s.th.), b) (*schmeichelnd*) to coax (*od.* wheedle) s.o. (into s.th.): j-n ~, etwas zu tun to talk s.o. into doing s.th.; er läßt sich leicht ~ you can talk him into anything. – **2.** etwas ~ to chat (*od. colloq.* have a chin-wag) about s.th.

be'schwät·zen *v/t* ⟨*no* ge-, h⟩ *cf.* beschwatzen.

be'schwei·ßen *v/t* ⟨*no* ge-, h⟩ *hunt.* (*Spur*) leave blood on.

Be·schwer[1] [bə'ʃveːr] *n* ⟨-(e)s; *no pl*⟩, *f* ⟨-; *no pl*⟩ *archaic lit. for* Beschwerde 3.

Be'schwer[2] *f* ⟨-; *no pl*⟩ *jur.* a) grievance, b) (*im Rechtsmittelverfahren*) claim of inadequate award.

Be·schwer·de [bə'ʃveːrdə] *f* ⟨-; -n⟩ **1.** (*Klage*) complaint: bei j-m ~ über etwas führen a) to complain of (*od.* make complaints about) s.th. to s.o., b) (*formell*) to lodge a complaint about s.th. with s.o.; es liefen ~n ein, daß there were complaints that. – **2.** *pl bes. med.* complaints, trouble *sg*, discomfort *sg*: die ~n des Alters the complaints (*od.* infirmities) of old age; ~n beim Atmen [Schlucken] trouble *sg* in breathing [swallowing]; an (*od.* unter) körperlichen ~n leiden to have physical complaints; das Gehen verursacht ihm ~n walking causes him discomfort. – **3.** (*Mühe, Anstrengung*) inconvenience, discomfort, (*stärker*) hardship: die ~n einer Reise the inconveniences of a journey. – **4.** *jur.* (*Rechtsmittel*) (gegen against) appeal: ~ gegen Beschlüsse des Gerichts formal objection to (*od.* intermediate appeal against) interlocutory orders of the court; förmliche ~ (*im Verwaltungsrecht*) formal appeal; der durch die ~ angefochtene Beschluß the order under appeal; ~ führen to enter a formal objection, to appeal; der ~ stattgeben to allow the appeal; einer ~ abhelfen a) to grant the relief sought by the petitioner, b) to amend the decision in accordance with the motion of the appellant. – **5.** *jur.* (*Gegenstand*) grievance, gravamen: ~n vorbringen to state one's grievances.

Be'schwer·de|,ab,tei·lung *f bes. econ.* (*einer Firma etc*) complaints department (*od.* office). — **~,aus,schuß** *m jur.* appeals committee. — **~be,grün·dung** *f* (statement of) grounds *pl* of appeal. — **~,buch** *n* complaint book. — **~,ein,le·gung** *f jur.* lodging (of) an appeal. — **b~,frei** *adj med.* asymptomatic. — **~,frist** *f jur.* appeal period. — **b~,füh·rend I** *adj* appealing, appellant: die ~e Partei the party appealing, the appellant(s *pl*). – **II** *adv* sich ~ wenden an (*acc*) to (bring an) appeal to. — **~,füh·rer** *m* **1.** complainer. – **2.** *jur.* a) complainant, appellant, objector, b) (*im Berufungsverfahren, Strafprozeß*) petitioner. — **~ge,richt** *n* court of appeal(s). — **~,grund** *m* ground of appeal. — **~in,stanz** *f cf.* Beschwerdegericht. — **~,ord·nung** *f mil.* regulation on complaints procedure. — **~,punkt** *m jur.* (subject *od.* point of) complaint, grievance. — **~,recht** *n* right of appeal. — **~,schrift** *f* petition, appeal papers *pl.* — **~se,nat** *m* (*patents*) Appeals Senate. — **~ver,fah·ren** *n jur.* **1.** (*Verfahrensweise*) appeal procedure. – **2.** (*Verhandlung*) appeal proceedings *pl.* — **~,weg** *m* (stages *pl* of) appeal: den ~ einschlagen to (have recourse to) appeal.

be·schwe·ren[1] [bə'ʃveːrən] **I** *v/t* ⟨*no* ge-, h⟩ **1.** weight (down): einen Stapel Briefe mit dem Aschenbecher ~ to weight (down) a pile of letters with the ashtray; Dachschindeln mit Steinen ~ to weight shingles with stones; Netze ~ to weight nets; einen Stock (mit Blei) ~ to weight (*od.* load) a cane; Würfel ~ to load dice. – **2.** *fig.* (*j-s Gewissen, Herz etc*) burden, load, weigh (up)on: dieser Gedanke beschwert mein Gemüt this thought weighs (up)on me (*od.* my mind); sein Gedächtnis mit etwas ~ to burden one's memory with s.th. – **3.** *print.* (*Bogen*) load, bed. – **4.** (*paper*) load, weight. – **5.** einen Erben (mit der Erfüllung eines Vermächtnisses) ~ *jur.* to charge an heir (to preserve and deliver fidei commissum). – **II** *v/reflex* **6.** sich mit etwas ~ to burden oneself with s.th. – **III B~** *n* ⟨-s⟩ **7.** *verbal noun.* – **8.** *cf.* Beschwerung.

be'schwe·ren[2] **I** *v/reflex* ⟨*no* ge-, h⟩ sich ~ **1.** complain, make complaints, (*formell*) lodge a complaint: sich mit gutem Recht ~ to have good reason to complain, to complain with reason; ich kann mich nicht ~ *colloq.* I can't complain; sich bei j-m über (*acc*) etwas ~ to complain to s.o. of (*od.* about) s.th. – **II B~** *n* ⟨-s⟩ **2.** *verbal noun.* – **3.** complaint.

be'schwer·lich *adj* arduous, tiring, tiresome, wearisome: eine ~e Reise an arduous (*od.* a trying) journey; ein ~er Weg an arduous (*od.* a difficult) path; eine ~e Aufgabe an arduous (*od.* onerous, a difficult) task; das Steigen war ihr ~ climbing was tiring to her; es war ~, dorthin zu kommen it was difficult to get there; j-m ~ fallen a) (*Sache*) to be difficult for s.o., b) (*Person*) to inconvenience s.o., to be a burden to s.o. — **Be'schwer·lich·keit** *f* ⟨-; -en⟩ **1.** ⟨*only sg*⟩ arduousness, tiresomeness, wearisomeness. – **2.** (*Unbequemlichkeit*) inconvenience: die ~en der Reise the inconveniences of the journey.

Be'schwer·nis *f* ⟨-; -se⟩, *auch n* ⟨-ses; -se⟩ *lit.* **1.** difficulty, (*stärker*) strain, hardship. – **2.** (*Last*) burden, encumbrance.

Be'schwer,stoff *m meist pl print.* filler.

be'schwert I *pp.* – **II** *adj jur.* (*Partei*) aggrieved.

Be'schwe·rung *f* ⟨-; -en⟩ **1.** *cf.* Beschweren[1]. – **2.** (*Gewicht*) weight, load. – **3.** *tech.* burden, charge. – **4.** *aer.* ballast.

Be'schwe·rungs|,mas·se *f* (*textile*) filler, weighting. — **~,mit·tel** *n* **1.** *tech.* filler, loading agent. – **2.** *print.* filler.

be·schwich·ti·gen [bə'ʃvɪçtɪgən] **I** *v/t* ⟨*no* ge-, h⟩ **1.** appease (*auch pol.*), calm, quiet(en), soothe, assuage: den erzürnten Ehemann ~ to appease (*od.* pacify) the angry husband; ein weinendes Kind ~ to soothe (*od.* quiet, hush) a crying child; die erregte Menge ~ to calm (*od.* pacify) the excited crowd; das bekümmerte Gemüt ~ to soothe the troubled mind; j-s Unruhe ~ to assuage (*od.* allay) s.o.'s disquiet; das Gewissen ~ to soothe (*od.* quiet) one's conscience; j-s Hunger ~ to appease (*od.* satisfy) s.o.'s hunger. – **II B~** *n* ⟨-s⟩ **2.** *verbal noun.* – **3.** *cf.* Beschwichtigung. — **be'schwich·ti·gend I** *pres p.* – **II** *adj* (*Worte etc*) calming, soothing.

Be'schwich·ti·ger *m* ⟨-s; -⟩ appeaser.

Be'schwich·ti·gung *f* ⟨-; *no pl*⟩ appeasement (*auch pol.*), assuagement, pacification: zur ~ seines Mißtrauens to allay his suspicion; zur ~ des Gewissens for conscience sake.

Be'schwich·ti·gungs·po·li,tik *f pol.* policy of appeasement, appeasement policy.

be·schwie·melt [bə'ʃviːməlt] *adj dial. for* angeheitert.

be'schwin·deln *v/t* ⟨*no* ge-, h⟩ *colloq.* **1.** (*belügen*) tell (*s.o.*) a lie (*od.* fib). – **2.** (*betrügen*) bamboozle (*colloq.*), swindle, cheat, trick: j-n um etwas ~ to swindle (*od.* cheat, trick) s.o. out of s.th., to swindle s.th. out of s.o., to defraud s.o. of s.th.

be'schwin·gen *v/t* ⟨*no* ge-, h⟩ *fig. lit.* cheer, enliven, animate, elate, exhilarate: Musik, die uns beschwingt music which enlivens (*od.* cheers) us.

be'schwingt[1] **I** *pp.* – **II** *adj* cheerful, sprightly, vivacious, lively, gay: ~e Stimmung cheerful mood; ein ~er Stil a lively style (*od.* manner); ~e Melodien lively tunes; ~en Fußes *lit.* swift (*od.* fleet) of foot, with winged steps (*lit.*). – **III** *adv* ~ ans Werk gehen to set to work cheerfully.

be'schwingt[2] *adj lit.* (*Vögel etc*) winged.

Be'schwingt·heit *f* ⟨-; *no pl*⟩ cheerfulness, sprightliness, vivacity, liveliness, gaiety.

be·schwipst [bə'ʃvɪpst] *adj colloq.* 'happy', 'merry' (*colloq.*), tipsy. — **Be'schwipst·heit** *f* ⟨-; *no pl*⟩ 'happiness', 'merriness' (*colloq.*), tipsiness.

be'schwö·ren I *v/t* ⟨*irr, no* ge-, h⟩ **1.** etwas ~ *bes. jur.* to swear to s.th., to take an oath to (*od.* [up]on) s.th., to confirm s.th. by oath: eine Aussage ~ to swear to a statement; können Sie es ~? can you swear to it? can you take an oath on it? das kann ich ~! on my oath! – **2.** j-n ~ (*bitten*) to implore (*od.* beseech, entreat) s.o., to adjure (*od.* conjure) s.o. (*lit.*): j-n ~, etwas zu tun to implore s.o. to do s.th. – **3.** (*Geister etc*) conjure (up), raise, invoke, evoke: Bilder der Vergangenheit ~ *fig. lit.* to conjure up images of the past. – **4.** (*bannen*) conjure away, exorcise *bes. Br.* -z-. – **5.** (*Schlangen etc*) charm. – **II B~** *n* ⟨-s⟩ **6.** *verbal noun.* – **7.** *cf.* Beschwörung. — **be'schwö·rend I** *pres p.* – **II** *adj* (*Worte etc*) imploring, beseeching.

Be'schwö·rer *m* ⟨-s; -⟩ *bes. relig.* exorcist.

Be'schwö·rung *f* ⟨-; -en⟩ **1.** *cf.* Beschwören. – **2.** (*Bitte*) imploration, entreaty. – **3.** (*von Geistern etc*) conjuration, invocation, evocation. – **4.** (*Bannung*) exorcism. – **5.** (*Spruch*) conjuration, charm, spell.

Be'schwö·rungs,for·mel *f* **1.** formula of incantation, conjuration, invocation. – **2.** (*Bann*) formula of excorcism.

be·see·len [bə'ze:lən] **I** *v/t* ⟨*no* ge-, h⟩ **1.** *fig.* animate, inspire: ihn beseelte die Hoffnung, daß he was inspired with the hope that; der Wunsch beseelte ihn the desire animated him, he was animated (*od.* inspired) by the desire; ein Lächeln beseelte ihr Antlitz a smile animated her face; j-n mit neuem Mut ~ to inspire s.o. with new courage; dem Schauspieler gelang es, diese Rolle neu zu ~ the actor succeeded in breathing new life into this role. – **2.** (*Dinge etc*) endow (*s.th.*) with a living soul. – **II** *v/reflex* sich ~ **3.** come to life, quicken: der Stoff beseelt sich unter seinen Händen the matter comes to life in his hands. – **III B~** *n* ⟨-s⟩ **4.** *verbal noun.* – **5.** *cf.* Beseelung. — **be'seelt I** *pp.* – **II** *adj* **1.** *fig.* (*Blick, Antlitz etc*) soulful: das ~e Spiel des Künstlers the soulful (*od.* inspired) playing of the artist. – **2.** von etwas ~ sein *fig.* to be animated by (*od.* inspired with) s.th.: er ist ~ von dem Wunsch he is inspired (*od.* filled) with the desire. – **3.** with a living soul, animate: ~e Wesen beings with a living soul. — **Be'seelt·heit** *f* ⟨-; *no pl*⟩ **1.** *fig.* (*des Blicks etc*) soulfulness. – **2.** *fig.* (*von einem Gedanken etc*) animation, inspiration. – **3.** possession of a (living) soul, animateness.

Be'see·lung *f* ⟨-; *no pl*⟩ **1.** *cf.* Beseelen. – **2.** animation, inspiration.

be'se·geln I *v/t* ⟨*no* ge-, h⟩ **1.** (*Meer etc*) sail. – **2.** *mar.* furnish (*od.* rig) (*s.th.*) with sails. – **II B~** *n* ⟨-s⟩ **3.** *verbal noun.* — **Be'se·ge·lung** *f* ⟨-; *no pl*⟩ **1.** *cf.* Besegeln. – **2.** *mar.* a) sails *pl*, sail (*collect.*), b) (*Takelwerk*) rig(ging): mit lateinischer ~ lateen-rigged.

Be'se·ge·lungs,flä·che *f mar. cf.* Segelfläche.

be'se·hen[1] **I** *v/t* ⟨*irr, no* ge-, h⟩ **1.** (*ansehen*) look at, view, look (*s.th.*) over: er besah die Schachtel von allen Seiten he looked at the box from all sides; Bilder ~ to look at pictures; sich (*dat*) etwas aus der Nähe ~ to examine s.th. closely; etwas bei Licht ~ *fig.* to look at s.th. in daylight (*od.* the proper light). – **2.** (*prüfen*) inspect, examine: etwas [j-n] genau ~ to examine s.th. [s.o.] closely. – **3.** (*textile*) (*Stoff*) perch. – **II** *v/reflex* **4.** sich (im Spiegel) ~ to look at oneself (in the mirror). – **III B~** *n* ⟨-s⟩ **5.** *verbal noun.* – **6.** inspection, examination.

be'se·hen[2] **I** *pp of* besehen[1]. – **II** *adj* genau ~ (up)on close(r) examination.

be'sei·bern *v/t u.* sich ~ *v/reflex* ⟨*no* ge-, h⟩ *cf.* besabbern.

be'sei·chen *v/t* ⟨*no* ge-, h⟩ *vulg.* piss on (*vulg.*).

be·sei·tet [bə'zaɪtət] *adj her.* accosted.

be·sei·ti·gen [bə'zaɪtɪgən] **I** *v/t* ⟨*no* ge-, h⟩ **1.** (*Abfall, Schneemassen etc*) clear away, remove: Hindernisse ~ *auch fig.* to clear away (*od.* remove) obstacles. – **2.** (*Fleck, Geruch etc*) remove: einen Krankheitsherd ~ *med.* to remove the seat of a disease. – **3.** (*Ursache, Gefahr etc*) eliminate, do away with, get rid of, remove, obviate (*lit.*): Vorurteile [Zweifel] ~ to eliminate prejudices [doubts]; alle Unklarheiten ~ to get rid of all uncertainties; Mißverständnisse ~ to iron out misunderstandings; Schwierigkeiten ~ to obviate (*od.* overcome) difficulties; Mißstände ~ to redress (*od.* remedy, cure) grievances. – **4.** (*Spuren etc*) obliterate, rub out, erase. – **5.** (*Unkraut etc*) eradicate, exterminate. – **6.** j-n ~ a) (*umbringen*) to remove (*od.* dispose of, liquidate) s.o., b) (*ausschalten*) to eliminate s.o. – **7.** *jur.* (*Urkunden, Vermögensstücke etc*) a) secrete, conceal, b) (*vernichten*) destroy. – **8.** *math.* a) (*Unbekannte*) eliminate, b) (*Klammer*) remove. – **9.** *tech.* a) (*Verschleiß*) compuscate, b) (*Totgang*) take up. – **II B~** *n* ⟨-s⟩ **10.** *verbal noun.* — **Be'sei·ti·gung** *f* ⟨-; *no pl*⟩ **1.** *cf.* Beseitigen. – **2.** (*von Abfällen etc*) removal. – **3.** (*von Flecken, Geruch etc*) removal. – **4.** (*einer Ursache, Gefahr etc*) elimination, removal, obviation (*lit.*): die ~ störender Einflüsse the elimination of disturbing influences. – **5.** (*von Spuren etc*) obliteration, erasure, erasion. – **6.** (*von Unkraut etc*) eradication, extermination. – **7.** (*von Feinden etc*) removal, liquidation, (*Ausschaltung*) elimination. – **8.** *jur.* (*von Urkunden etc*) a) secretion, concealment, b) (*Vernichtung*) destruction, c) *cf.* Beeinträchtigung 5. – **9.** *math.* a) elimination, b) removal.

be·se·li·gen [bə'ze:lɪgən] *v/t* ⟨*no* ge-, h⟩ *lit.* make (*s.o.*) (supremely) happy. — **be'se·li·gend I** *pres p.* – **II** *adj* **1.** *lit.* (*Erlebnis etc*) blissful. – **2.** *relig.* (*Vision*) beatific(al). — **be'se·ligt I** *pp.* – **II** *adj lit.* supremely happy, enraptured. – **III** *adv* blissfully. — **Be'se·li·gung** *f* ⟨-; *no pl*⟩ *lit.* blissfulness, bliss, rapture, beatitude, blessedness.

Be·sen ['be:zən] *m* ⟨-s; -⟩ **1.** (*langstieliger*) broom, (sweeping) brush: etwas mit dem ~ zusammenkehren to sweep s.th. up (with a broom); ich fresse einen ~, wenn *colloq. humor.* I'll eat my hat if, I'll be hanged if; mit eisernem ~ auskehren *fig.* a) to make (*od.* give) a clean sweep, b) to rule with a rod of iron; j-n auf den ~ laden *fig. colloq.* to make a fool of s.o.; neue ~ kehren gut (*Sprichwort*) a new broom sweeps clean (*proverb*). – **2.** (*Handbesen*) brush, hand-broom. – **3.** (*aus Reisig etc*) besom. – **4.** (*Schneebesen*) (egg-)whisk. – **5.** *colloq.* 'battle-ax(e)', 'shrew' (*colloq.*), termagant. – **6.** *colloq.* girl. — **~,bin·der** *m* broom-maker, brush-maker. — **b~'dürr** *adj colloq.* (as) thin as a rake (*colloq.*). — **~,gar·de** *f humor.* (*die Putzfrauen*) bucket brigade, *Br. colloq.* (the) Mrs Mops. — **~,gin·ster** *m bot.* common (*od.* Scotch) broom, broom (*Cytisus scoparius*). — **~,gras** *n bot.* salt grass (*Gattg Spartina*). — **~,hei·de** *f* (common) heather (*Calluna vulgaris*). — **~,hir·se** *f* broomcorn (*Sorghum vulgare*). — **~,kam·mer** *f* broom closet (*od.* cupboard). — **~,pfriem** *m bot. cf.* Besenginster. — **b~,rein** *adj* well-swept: eine Wohnung ~ übergeben to hand over an apartment (*Br.* a flat) in a well-swept condition. — **~,reis, ~,rei·sig** *n* (birch) twigs *pl* for besoms. — **~,schrank** *m* broom closet (*od.* cupboard, cabinet). — **~,stiel** *m* broom handle, broomstick: er hat einen ~ verschluckt, er ist steif wie ein ~ *colloq.* he is as stiff as a poker (*od.* ramrod) (*colloq.*); er geht, als hätte er einen ~ verschluckt *colloq.* he walks about as stiff as a poker (*od.* ramrod) (*colloq.*). — **~,strauch** *m bot. cf.* Besenginster. — **~,wal·ze** *f tech.* (*einer Straßenkehrmaschine*) revolving (*od.* rotating) brush. — **~-,Wolfs,milch** *f bot.* milkbush, milk hedge (*Euphorbia tirucallii*).

be'ses·sen I *pp of* besitzen. – **II** *adj* **1.** possessed: vom Teufel (*od.* von bösen Geistern) ~ demoniac(al); vom Teufel [von bösen Geistern] ~ sein to be possessed by (*od.* with) the devil [with evil spirits]. – **2.** *fig.* obsessed, possessed: von einer Idee ~ sein to be obsessed by an idea; wie ~ arbeiten to work like mad (*od.* like one possessed, like a maniac); du bist wohl ~? you must be mad. – **3.** (*leidenschaftlich*) passionate, fanatical, ardent: ein ~er Spieler a compulsive gambler. – **4.** (*rasend*) frantic, frenzied. — **Be'ses·se·ne** *m, f* ⟨-n; -n⟩ **1.** one possessed (with the devil), *auch* demoniac. – **2.** *fig.* one possessed, one obsessed: wie ein ~r, wie eine ~ like one (*od.* all) possessed, like mad, like a maniac; sich wie ein ~r gebärden to behave like a madman. — **Be'ses·sen·heit** *f* ⟨-; *no pl*⟩ **1.** possession (by the devil). – **2.** *fig.* possession, obsession, madness. – **3.** *fig.* (*Drang*) passionate devotion, fanaticism, fanatical passion (*od.* enthusiasm, zeal): er verfolgte seinen Plan mit wahrer ~ he pursued his plan with fanatical zeal.

Be'ses·sen,sein *n* ⟨-s; *no pl*⟩ possession, state of being possessed.

be'set·zen I *v/t* ⟨*no* ge-, h⟩ **1.** (*Amt, Stelle etc*) fill: eine freie (*od.* offene) Stelle ~ to fill (up) a vacancy; einen Lehrstuhl ~ to fill a chair; eine Stelle mit einem Spezialisten ~ to appoint a specialist to a post; die Stelle eines Kassierers ist zu ~ there is a vacancy for a cashier. – **2.** (*Sitzplatz*) take, occupy: einen Platz (für j-n) ~ to occupy a seat (for s.o.). – **3.** (*Land etc*) occupy, take (possession of): eine Stadt mit einer Garnison ~ to garrison a town; die Aufständischen besetzten das Rathaus the rebels took over (*od.* possession of) the town hall. – **4.** (*bemannen*) man. – **5.** (*theater*) cast: neu ~ to recast; falsch ~ to miscast; die Rollen eines Stückes ~ to cast the parts (*od.* choose the cast) of a play, to cast a play. – **6.** (*fashion*) (*Kleid etc*) trim, edge: mit einer Borte ~ to (trim with a) braid; mit Spitzen ~ to (trim with) lace; mit Pelz ~ to (trim with) fur. – **7.** (*jewelry*) set, stud: einen Ring mit Diamanten ~ to set a ring with diamonds; mit Perlen ~ to pearl. – **8.** *mus.* (*Werk etc*) (mit for) score. – **9.** *tech.* (*Sprengloch*) tamp. – **10.** *hunt.* (*Revier, Gewässer*) stock: einen Bach mit Forellen ~ to stock a stream with trout. – **11.** *hort.* (*bepflanzen*) (mit with) plant. – **II B~** *n* ⟨-s⟩ **12.** *verbal noun.* – **13.** *cf.* Besetzung.

be'setzt I *pp.* – **II** *adj* **1.** (*Stelle*) filled (up): die Stelle ist schon ~ the vacancy has already been filled. – **2.** (*Sitzplatz*) taken, occupied: ist dieser Platz ~? is this seat taken? „~" (*bei WCs*) "occupied", *Br.* "engaged". – **3.** (*Zug, Bus etc*) full (up): dicht ~ sein to be packed (*od. colloq.* crammed); (der Bus ist voll) ~! (the bus is) full up! ein mit fünf Personen ~er Wagen a car with five occupants (*od.* five persons in it). – **4.** *mil.* occupied. – **5.** *colloq.* (*Tag*) filled, busy: der Freitag ist schon ~ Friday is already filled. – **6.** *colloq.* (*Person*) engaged, busy: am Freitag bin ich völlig ~ I'm engaged all day on Friday. – **7.** (*Theater etc*) full: das Haus ist gut (*od.* voll) ~ the house is full (*od.* crowded). – **8.** das Stück ist gut [schlecht] ~ (*theater*) the play has a good [bad] cast, it is a well-cast [badly cast] play. – **9.** *tel.* engaged: die Nummer [Leitung] ist ~ the number [line] is engaged, *bes. Am.* the line is busy; eine Leitung ~ halten to hold (*od.* tie up) a line. – **10.** (*textile*) trimmed, edged: mit Pelz ~ trimmed with fur, furred; mit Spitzen ~ trimmed with lace, laced; mit einer Borte ~ trimmed with a braid, braided. – **11.** (*jewelry*) set, studded: mit Diamanten ~ studded with diamonds; ein mit Steinen ~er Armreif a bracelet set with jewels. – **12.** *mus.* scored: chorisch ~ scored for chorus; die Holzbläser sind dreifach ~ the compositon is scored for triple wood. – **13.** *psych.* cathectic, cathected. – **14.** das Rennen war stark [schwach] ~ (*sport*) the race had many [few] entries.

Be'setzt|,an,zei·ge *f tel.* busy signal (*od.* tone), engaged tone. — **~,lam·pe** *f* busy (*od.* engaged) lamp. — **~,zei·chen** *n* busy (*od.* engaged) signal (*od.* tone), number-unobtainable (*od.* N.U.) tone.

Be'set·zung *f* ⟨-; -en⟩ **1.** *cf.* Besetzen. – **2.** ⟨*only sg*⟩ *mil.* (*eines Landes etc*) occupation: friedliche [kriegerische] ~ peaceful [belligerent] occupation. – **3.** (*theater*) cast: die ~ des Stückes ist hervorragend the cast of the play is excellent; zweite ~ understudy. – **4.** (*sport*) (team) selection: die Mannschaft spielt in folgender ~ the team has been selected as follows. – **5.** (*sport*) entrants *pl*, participants *pl*: die ~ eines Rennens the entrants for (*od.* participants in) a race; internationale ~ international entry. – **6.** ⟨*only sg*⟩ *mus.* a) (*eines Werkes*) instrumentation, orchestration, b) (*Mitglieder*) members *pl*, *auch* composition: die ~ eines Symphonieorchesters the members of a symphony orchestra; ein Orchester in großer [kleiner] ~ a large [a small] orchestra.

Be'set·zungs|,macht *f Swiss for* Besatzungsmacht. — **~,zahl** *f econ.* class frequency.

be'seuf·zen *v/t* ⟨*no* ge-, h⟩ *lit.* bemoan, moan over.

be·sich·ti·gen [bə'zɪçtɪgən] **I** *v/t* ⟨*no* ge-, h⟩ **1.** (*Stadt, Schloß etc*) tour, visit: die Sehenswürdigkeiten einer Stadt ~ to go sightseeing in a town, to (go to) see the sights of a town; das Gemälde [die Burg] kann täglich besichtigt werden (*od.* ist täglich zu ~) the painting is on view [the castle is open to the public] every day; eine Fabrik ~ to tour (*od.* go through) a factory; ein Schiff ~ to tour (*od.* survey) a ship. – **2.** (*prüfend*) inspect, examine, view: etwas als Sachverständiger ~ to view s.th. as an expert; einen Tatort ~ *jur.* to inspect the scene of a crime; die Leiche ~ *jur.* to view the body. – **3.** *econ.* (*Verkaufsgüter, Immobilien etc*) inspect, examine: die zu versteigernden Gegenstände können von 11—12 Uhr besichtigt werden the objects to be auctioned can be inspected (*od.* are on view, will be open to inspection) from 11—12 a.m. – **4.** *mil.* (*Truppen*) inspect, review. – **II B~** *n* ⟨-s⟩ **5.** *verbal noun.* — **Be'sich·ti·gung** *f* ⟨-; -en⟩ **1.** *cf.* Besichtigen. – **2.** visit, sightseeing: die ~ einer Stadt the visit to a town; die ~ der Sehenswürdigkeiten the sightseeing; eine Kirche zur ~ freigeben to open a church to the public; das Manuskript ist mittwochs zur ~ freigegeben the manuscript is on view every Wednesday; ~ eines Schiffes survey of a ship. – **3.** (*genaue*) inspection, examination: eine genaue ~ a close inspection; ~ des Tatortes *jur.* inspection of the scene (of a crime); ~ der Leiche *jur.* view(ing) of the body. – **4.** *mil.* (*von Truppen*) inspection, review.

Be'sich·ti·gungs|,fahrt *f* **1.** (sightseeing) tour (*od.* trip). – **2.** (*Inspektionsfahrt*) tour of inspection. — **~,rei·se** *f* **1.** *cf.* Bildungsreise. – **2.** tour of inspection. — **~,zei·ten** *pl* hours of visiting (*od.* opening). — **~zer·ti·fi,kat** *n mar.* certificate of survey.

be'sie·deln I *v/t* ⟨*no* ge-, h⟩ **1.** (*Gebiete etc*) settle, colonize. – **2.** (*bevölkern*) populate, people. – **3.** *biol.* colonize. – **II B~** *n* ⟨-s⟩ **4.** *verbal noun.* — **be'sie·delt I** *pp.* – **II** *adj* dicht [dünn] ~ sein to be densely [thinly] populated. — **Be'sie·de·lung** *f* ⟨-; -en⟩ **1.** *cf.* Besiedeln. – **2.** settlement, colonization. – **3.** settlement of population: die dichte [dünne] ~ des Landes the dense [sparse] settlement of population in the country. – **4.** *biol.* (*durch Mikroben, Bakterien*) colonization.

Be'sie·de·lungs|,dich·te *f* ⟨-; *no pl*⟩ (*eines Landes etc*) population density. — **~,plan** *m* settlement project.

Be'sied·lung *f* ⟨-; -en⟩ *cf.* Besiedelung.

be'sieg·bar *adj* vincible, vanquishable, conquerable. — **Be'sieg·bar·keit** *f* ⟨-; *no pl*⟩ vincibility.

be'sie·geln I *v/t* ⟨*no* ge-, h⟩ **1.** *fig.* (mit, durch with) seal, confirm: eine Vereinbarung mit einem (*od.* durch) Handschlag ~ to seal an agreement with a handshake; das wird sein Schicksal ~ that will seal his fate; etwas mit seinem Blut ~ to seal s.th. with one's blood. – **2.** *obs. for* siegeln. – **II B~** *n* ⟨-s⟩ **3.** *verbal noun.* — **be'sie·gelt I** *pp.* – **II** *adj* ⟨*pred*⟩ sealed: sein Schicksal ist ~ his fate is sealed. — **Be'sie·ge·lung** *f* ⟨-; *no pl*⟩ **1.** *cf.* Besiegeln. – **2.** *fig.* (*eines Bundes etc*) confirmation, seal: als ~ as a seal.

be'sie·gen I *v/t* ⟨*no* ge-, h⟩ **1.** (*Feind, Gegner*) defeat, conquer, win victory over, beat, overcome, vanquish: den Feind im Kampf ~ to defeat (*od.* vanquish) the enemy in battle; ein Land ~ to conquer a country; eine Armee ~ to defeat (*od.* rout, overthrow) an army; den Gegenkandidaten ~ to defeat the opposing candidate. – **2.** *fig.* (*Schwierigkeiten, Begierde etc*) conquer, overcome, surmount, master: seine Zweifel ~ to overcome one's doubts; sich selbst ~ to conquer oneself; die Wissenschaft hat die Malaria besiegt science has conquered malaria; j-s Widerstand ~ to overcome s.o.'s resistance; deine Güte hat mich besiegt your kindness has won me over. – **3.** (*sport*) (*games*) defeat, beat, outdo; 'lick', 'whip' (*colloq.*): einen Gegner ~ to beat (*od.* defeat) an adversary; j-n im Laufen [im Boxen] ~ to outrun [to outbox] s.o.; sich für besiegt erklären to admit oneself beaten, to give in, to throw up the sponge, to throw in the towel, to cry quarter, *Am. colloq.* to say uncle. – **II B~** *n* ⟨-s⟩ **4.** *verbal noun.*

Be'sie·ger *m* ⟨-s; -⟩ **1.** *mil.* conqueror, victor, vanquisher. – **2.** (*sport*) winner.

Be'sieg·lung *f* ⟨-; *no pl*⟩ *cf.* Besiegelung.

Be'sieg·te *m, f* ⟨-n; -n⟩ **1.** one defeated (*od.* conquered, vanquished): Sieger und ~ victors and vanquished; wehe den ~n! woe to the vanquished. – **2.** (*sport*) loser.

Be'sie·gung *f* ⟨-; *no pl*⟩ **1.** *cf.* Besiegen. – **2.** (*des Feindes etc*) defeat.

Bé·sigue [be'ziːk], **Be·sik** [be'ziːk] *n* ⟨-s; *no pl*⟩ (*games*) bezique.

Be·sing ['beːzɪŋ] *m* ⟨-s; -e⟩ *bot. Northern G. dial. for* Heidelbeere 1.

be'sin·gen *v/t* ⟨*irr, no* ge-, h⟩ **1.** sing (of), celebrate: das Epos besingt König Artus the epic (poem) sings of King Arthur. – **2.** (*verherrlichen*) sing the praises of, extol, *auch* extoll, eulogize: die Schönheit Italiens ~ to extol the beauty of Italy. – **3.** ein Tonband ~ to record a song on a tape recorder.

be'sin·nen I *v/reflex* ⟨*irr, no* ge-, h⟩ sich ~ **1.** (*sich erinnern*) (auf *acc* etwas) remember (s.th.), think (of s.th.), recall (s.th.), recollect (s.th.), call (s.th.) to (one's) mind: wenn ich mich recht besinne a) if I remember correctly, unless I am mistaken, b) if I come to think of it; ich kann mich nicht auf seinen Namen ~ I can't recall his name; jetzt besinne ich mich now I remember; sich auf seine Aufgabe ~ to remember one's duty. – **2.** (*nachdenken*) (über *acc* etwas) deliberate (*od.* muse, ponder, reflect) (upon s.th.), think (about s.th.), consider (s.th.), bethink oneself (of s.th.): er besann sich eine Weile he thought about (*od.* considered) it a moment; ich hatte keine Zeit, mich (lange) zu ~ I had no time for deliberation (*od.* to collect my thoughts); sich lange hin und her ~ to rack one's brains; sich eines anderen ~ to change one's mind (*od.* opinion); sich eines Besseren ~ to think better of it; ohne sich (lange) zu ~ without thinking twice, on the spur of the moment; sich über sich selbst ~ *lit.* to bethink oneself. – **3.** *lit.* (*sich fassen*) recollect oneself: er geriet in Wut, besann sich aber wieder he flew into a temper, but recollected himself. – **II** *v/t* **4.** *archaic only in* erst besinn's, dann beginn's (*Sprichwort*) look before you leap. – **III B~** *n* ⟨-s⟩ **5.** *verbal noun.* – **6.** reflection, recollection, consideration: ohne viel (*od.* langes) B~ without thinking twice, unhesitatingly, without hesitation; nach kurzem B~ after brief reflection.

be'sinn·lich *adj* **1.** (*Buch etc*) thought-provoking, worth contemplation, worth meditation. – **2.** (*Zeit etc*) of contemplation, of meditation: der Advent ist eine ~e Zeit Advent is a time of contemplation. — **Be'sinn·lich·keit** *f* ⟨-; *no pl*⟩ contemplativeness, thoughtfulness, meditation: Stunden der ~ hours of meditation.

Be'sin·nung *f* ⟨-; *no pl*⟩ **1.** (*Bewußtsein*) consciousness: bei ~ sein to be conscious; bei ~ bleiben to remain conscious, not to lose consciousness; er war bei voller ~ he was fully conscious; ohne ~ unconscious; die ~ verlieren to lose consciousness; wieder zur ~ kommen to recover (*od.* regain) consciousness, to come to consciousness (again). – **2.** (*Vernunft*) reason, mind, senses *pl*: das brachte ihn wieder zur ~ that brought him back to his senses (*od.* to reason); nicht bei ~ sein to be out of one's mind (*od.* wits, reason); wieder zur ~ kommen to come back to one's senses; du bist wohl nicht bei ~ *colloq.* you must be out of your mind. – **3.** (*Selbstbeherrschung*) self-control: die ~ verlieren to lose one's self-control, to lose one's temper, to forget oneself. – **4.** (*innere Betrachtung*) contemplation, meditation: eine Stunde der ~ an hour of contemplation (*od.* meditation); er kommt vor lauter Arbeit nicht zur ~ *colloq.* he hasn't a moment he can call his own. – **5.** *cf.* Besinnen.

Be'sin·nungs,auf,satz *m ped. essay in which the writer meditates* (*od. ponders*) *on some question.*

be'sin·nungs·los *adj* **1.** *med.* unconscious, insensible: ~ sein to be unconscious, to have lost consciousness; er fiel ~ zu Boden he fell down unconscious. – **2.** *fig.* (*Angst, Wut etc*) boundless: alle waren ~ vor Schreck everyone was numbed with terror; ~ umherirren to wander around in a daze. — **Be'sin·nungs·lo·sig·keit** *f* ⟨-; *no pl*⟩ *bes. med.* loss of consciousness, unconsciousness: sich bis zur ~ betrinken to drink oneself unconscious.

Be'sitz *m* ⟨-es; *no pl*⟩ **1.** possession: abgeleiteter ~ *jur.* derivative possession, possession by consent of previous holder; mittelbarer [unmittelbarer] ~ indirect [direct *od.* actual] possession; [un]rechtmäßiger ~ *Austrian jur.* [wrongful] rightful possession; selbständiger ~ *Swiss jur.* general ownership; unselbständiger ~ *Swiss jur.* subservient (actual) possession; unerlaubter ~ von illegal possession of; ungestörter ~ *jur.* undisturbed possession, quiet enjoyment of possession; Recht auf ~ right of possession, possessory right; den ~ (an *dat* etwas) aufgeben to give up (*od.* relinquish) possession (of s.th.); (etwas) in seinen ~ bringen to gain (*od.* acquire, obtain) possession (of s.th.); den ~ (an *dat* etwas) übertragen to transfer (*od.* deliver) possession (of s.th.); in j-s ~ in s.o.'s possession; in j-s ~ übergehen to pass into s.o.'s possession (*od.* hands); etwas in ~ haben, im ~ einer Sache sein to have s.th. in (one's) possession, to own (*od.* possess) s.th.; j-n im ~ stören, j-s ~ stören to interfere unlawfully with s.o.'s use (*od.* enjoyment) of s.th.; wie kamen Sie in den ~ der Akten? how did you come by the records? zum ~ einer Sache berechtigt entitled to the possession of s.th.; im vollen ~ seiner geistigen Kräfte sein to be in full possession of one's mental faculties; er ist nicht im ~ seiner fünf Sinne he is out of his senses (*od.* his mind); (wir sind) im ~ Ihres Schreibens *econ.* (we are) in receipt of your letter, your letter (has come) to hand; von j-m ~ ergreifen *fig.* to overcome s.o., to seize s.o., to take hold of s.o.; ein Gefühl tiefster Niedergeschlagenheit ergriff ~ von ihr *lit.* she was overcome (*od.* seized) by a feeling of utter despondency. – **2.** (*Eigentum im abstrakten Sinne*) ownership: in j-s ~ owned by s.o.; ein Schloß im ~ seines Onkels a castle owned by his uncle; privater ~ private ownership; eine Fabrik in privatem [staatlichem] ~ a privately owned [state-owned] factory; eine Firma in amerikanischem ~ an American-owned firm. – **3.** (*Besitztum*) property, estate, *bes. jur.* possession(s *pl*): persönlicher ~ personal property; weltlicher ~ (*einer Kirche etc*) secular (*od.* worldly) possessions *pl*; er verlor seinen gesamten ~ he lost all his possessions. – **4.** (*Landbesitz*) (landed) property, (real) estate: er hatte allerlei ~ he owned a lot of property; unbeweglicher ~ immovable property, real estate, *Am.* realty. – **5.** *econ.* (*von Aktien, Effekten*) holdings *pl*. – **6.** (*Besitzen*) possessing: ~ von Einbruchswerkzeugen *jur.* (*im Strafrecht*) possessing housebreaking instruments.

Be'sitz|,an,spruch *m jur.* title, interest: seinen ~ geltend machen to assert and maintain one's possession. — **b~,an,zei·gend** *adj ling.* possessive: ~es Fürwort possessive pronoun. — **~,auf,ga·be** *f jur.* **1.** (*durch Übergabe*) (voluntary) relinquishment of possession. – **2.** (*durch Verlassen, Wegwerfen etc*) dereliction, (absolute) abandonment. — **~,dau·er** *f* **1.** tenure. – **2.** term of possession. — **~,die·ner** *m jur.* possessor's agent. — **~,ein,wei·sung** *f* transfer of the possession, vesting (of the possession).

be'sit·zen I *v/t* ⟨*irr, no* ge-, h⟩ **1.** *auch jur.* possess, be in possession of, own, hold, have: Land ~ to hold (*od.* own) land; sie besitzt mehrere Wagen she owns several cars; er besitzt Aktien dieser Firma he holds shares in this firm. – **2.** *fig.* (*Fähigkeiten, Eigenschaften etc*) have, possess, be endowed with: er besitzt gute Kenntnisse in Französisch he has a good knowledge of French; der König besaß große Macht the king had great power; er hat die Frechheit besessen, ihr zu widersprechen *colloq.* he had the cheek to contradict her; j-s Vertrauen ~ to have s.o.'s confidence; würden Sie die Güte ~ und would you have the kindness to, would you be so kind as to. – **3.** (*versehen sein mit*) be provided (*od.* equipped) with, have: Kartoffeln ~ einen hohen Stärkegehalt potatoes have a high starch content; dieser Wagen besitzt ein Spezialgetriebe this car has (*od.* is equipped with) a special transmission. – **4.** (*Frau*) possess. – **5.** *rare* (*bebrüten*) (*Eier*) brood, hatch. – **II B~** *n* ⟨-s⟩ **6.** *verbal noun.* — **be'sit·zend I** *pres p.* – **II** *adj* (*Klassen etc*) propertied, proprietary, moneyed. — **Be'sit·zen·de** *m, f* ⟨-n; -n⟩ propertied (*od.* moneyed) person, person of property: die ~n the propertied (*od.* proprietary, moneyed) classes.

Be'sitz|ent,zie·hung *f jur.* (wrongful) dispossession, ouster, disseisin, disseizin. — **~ent,zie·hungs,kla·ge** *f* action for (the recovery of) possession, (action of) ejectment.

Be'sit·zer *m* ⟨-s; -⟩ **1.** possessor, owner, proprietor: der ~ eines Hotels the owner (*od.* proprietor) of a hotel; er ist jetzt glücklicher [stolzer] ~ eines Autos *colloq.* he is now the happy [proud] owner of a car; dieses Geschäft hat kürzlich den ~ gewechselt this shop has changed hands recently. – **2.** *jur.* possessor, holder: mittelbarer ~ possessor in law, indirect possessor; selbständiger ~ *Swiss* owner-possessor; unmittelbarer ~ direct (*od.* actual) possessor. — **~ge,mein·schaft** *f jur.* joint ownership.

Be'sitz·er,grei·fung *f* ⟨-; -en⟩ *bes. jur.* (von of) (act of) taking possession, occupation, entry into (the) possession: gewaltsame ~ seizure; widerrechtliche ~ usurpation; ~ (von Grund zu freiem Eigentum) seisin, seizin.

Be'sit·ze·rin *f* ⟨-; -nen⟩ **1.** possessor, owner, proprietress. – **2.** *jur. cf.* Besitzer 2.

be'sit·ze·risch *adj* possessive.

Be'sitz·er,lan·gung *f* ⟨-; *no pl*⟩ *jur. cf.* Besitzerwerb.

be'sit·zer·los *adj* (*Auto etc*) abandoned.

Be'sit·zer|,stolz *m* pride of the possessor. — **~,wech·sel** *m jur.* **1.** change of hands. – **2.** (*Eigentümerwechsel*) change of ownership (*od.* title).

Be'sitz|er,werb *m jur.* gaining (*od.* obtaining) possession. — **b~,fä·hig** *adj* (legally) capable of possessing (*od.* holding). — **~,fall** *m ling. archaic* possessive (case), genitive. — **~,fir·ma** *f econ.* proprietary firm. — **~ge,sell·schaft** *f* **1.** proprietary company. – **2.** holding company. — **~,gier** *f cf.* Habgier. — **b~,gie·rig** *adj cf.* habgierig. — **~,herr** *m jur.* master (*retaining the possession of things placed into the charge or custody of a servant*). — **~in,stinkt** *m* possessive instinct. — **~,kla·ge** *f jur.* possessory action.

be'sitz·los *adj* unpropertied, propertyless: die ~e Klasse the unpropertied class. — **Be'sitz·lo·se** *m, f* ⟨-n; -n⟩ unpropertied (*od.* propertyless) person, person without property: die ~n the propertyless, the have-nots (*colloq.*); (das ist der) Neid der ~n (that is the) envy of the have-nots. — **Be'sitz·lo·sig·keit** *f* ⟨-; *no pl*⟩ lack of means (*od.* possessions), poverty.

Be'sitz,nah·me *f* ⟨-; -n⟩ *jur. cf.* Besitzergreifung.

Be'sitz|,recht *n jur.* **1.** right of possession, possessory right. – **2.** *Austrian* (*rechtmäßiger Besitz*) rightful possession. — **~,stand** *m* ⟨-(e)s; *no pl*⟩ **1.** *jur.* seisin, seizin: rechtlicher ~ seisin in law, right of present possession; tatsächlicher ~ seisin in deed, actual possession. – **2.** *econ.* (*Vermögen*) active property, assets *pl.* — **b~,stolz** *adj contempt.* proud of one's possession(s) (*od.* property, properties).

Be'sitz|,stö·rung *f jur.* **1.** disturbance (of possession), unlawful interference with s.o.'s use (*od.* enjoyment) of property. – **2.** (*bes. durch Immissionen*) private nuisance. — **~,stö·rungs,kla·ge** *f* action for disturbance of possession.

Be'sitz,ti·tel *m jur.* **1.** possessory title. – **2.** (*Urkunde*) title deed.

Be'sitz·tum *n* ⟨-s; ¨er⟩ *lit.* **1.** possession: das ist sein heiligstes ~ that is the most precious thing he has. – **2.** (*Land-, Grundbesitz*) estate, possession(s *pl*), property: die Besitztümer der Kirche the possessions of the church.

Be'sitz,über,tra·gung *f jur.* transfer (*od.* delivery) of possession.

Be'sit·zung *f* ⟨-; -en⟩ **1.** (*Grundbesitz*) possession(s *pl*), estate, holding. – **2.** *meist pl pol.* (*eines Staates*) possession(s *pl*): überseeische ~en overseas possessions (*od.* territories).

Be'sitz|,ur,kun·de *f jur.* title deed. — **~ver,hält·nis** *n meist pl* **1.** (*bei Grundbesitz*) tenure. – **2.** (*Besitzrechte*) possessory interests *pl.* — **~ver,lust** *m* loss of possession. — **~ver,tei·lung** *f* distribution of (landed) property. — **~,wech·sel** *m* change of title (*od.* ownership). — **~,wert** *m* property value. — **~,wil·le** *m* **1.** *psych.* will to possess. – **2.** *jur.* intent to possess. — **~,zeit** *f jur.* **1.** tenure. – **2.** (*Besitzfrist*) term.

Bes·mer ['beːzmər] *m* ⟨-s; -⟩ *tech. a special kind of steelyard.*

be'sof·fen I *pp of* besaufen. – **II** *adj vulg.* 'tight' (*colloq.*), 'canned' (*sl.*), 'pickled' (*sl.*), soused (*sl.*), blotto (*sl.*), *Am. sl. auch* cock-eyed, 'smashed', 'bombed'; drunk: er war völlig (*od.* total) ~ he was dead (*od.* blind) drunk, he was as drunk as a lord; du bist ja ~! a) you're drunk! b) *fig.* you're talking through your hat! j-n ~ machen to get s.o. drunk; in seinem ~en Kopf in his drunken stupor; ~es Zeug daherreden *fig.* to talk through one's hat. — **Be'sof·fe·ne** *m, f* ⟨-n; -n⟩ *vulg.* drunk. — **Be'sof·fen·heit** *f* ⟨-; *no pl*⟩ *vulg.* drunkenness.

be'soh·len I *v/t* ⟨*no* ge-, h⟩ **1.** (re)sole: seine Schuhe (neu) ~ lassen to have one's shoes resoled. – **2.** (*Autoreifen*) recap, retread. – **II B~** *n* ⟨-s⟩ **3.** *verbal noun.* — **Be'soh·lung** *f* ⟨-; -en⟩ **1.** *cf.* Besohlen. – **2.** soles *pl*: wasserdichte ~ waterproof soles.

be·sol·den [bə'zɔldən] *bes. mil.* **I** *v/t* ⟨*no* ge-, h⟩ pay (*s.o.*) (a salary). – **II B~** *n* ⟨-s⟩ *verbal noun.* — **be'sol·det I** *pp.* – **II** *adj* salaried: [fest] ~ sein to receive (*od.* draw) a [fixed] salary; er ist gut [schlecht] ~ he is well [badly] paid. — **Be'sol·dung** *f* ⟨-; -en⟩ **1.** *cf.* Besolden. – **2.** (*Gehalt der Beamten*) salary. – **3.** *mil.* (*Sold*) pay. – **4.** (*von Geistlichen*) stipend.

Be'sol·dungs|,dienst,al·ter *n* remuneration seniority. — **~ge,setz** *n* Civil Service Pay Act. — **~,grup·pe** *f* salary bracket. — **~,li·ste** *f mil.* military pay record. — **~,ord·nung** *f* pay regulations *pl*, pay system, wages and salary scheme. — **~re,form** *f* (*bes. bei Beamten*) *reform of the regulations covering salary payments.* — **~,stu·fe** *f* **1.** (*bei Beamten*) salary bracket. – **2.** *mil.* pay grade. — **~,zu,la·ge** *f mil.* special monetary allowance.

be'söm·mern *v/t* ⟨*no* ge-, h⟩ *agr.* (*Boden*) use (*od.* utilize) (*soil*) in summer only.

be'son·der *adj* ⟨*attrib*⟩ **1.** (*sehr groß*) special, particular: eine ~e Vorliebe für etwas haben to have a special liking for s.th.; es war mir eine ~e Freude it was a great pleasure for me; das dürfte für dich von ~em Interesse sein that ought to be of particular interest to you; er arbeitet jetzt mit ~em Eifer he is working with special zeal now; ohne ~e Begeisterung without any marked enthusiasm. – **2.** (*außergewöhnlich*) special, extraordinary, singular, exceptional, outstanding: von ~er Qualität of extraordinary quality; diese Frage ist von ~er Wichtigkeit this question is of extraordinary importance; ~e wissenschaftliche Leistungen outstanding scientific achievements; sie ist von ganz ~er Schönheit she is of singular beauty. – **3.** (*eigenartig, ungewöhnlich*) specific, peculiar, particular: es ist ein ganz ~es Gefühl, wenn it is quite a peculiar feeling when; damit hat es seine ~e Bewandtnis there is something peculiar about it; die ~en Umstände dieses Falles sollten berücksichtigt werden the special circumstances of this case should be taken into consideration. – **4.** (*einmalig*) particular, special, singular, unique: in diesem ~en Fall können wir eine Ausnahme machen in this particular case we can make an exception; ein Wein für (ganz) ~e Gelegenheiten a wine for (extra-)special occasions. – **5.** (*individuell*) individual, personal: ~e Wünsche können wir nicht berücksichtigen individual wishes cannot be considered; er hat seine ganz ~e Methode he has a method of his own. – **6.** (*unterscheidend*) distinctive: ~e Kennzeichen distinctive characteristics. – **7.** (*separat*) separate: die Kinder saßen an einem ~en Tisch the children were sitting at a separate table.

Be'son·de·re *n* ⟨-n; *no pl*⟩ **1.** etwas [nichts] ~s something [nothing] special (*od.* out of the common, out of the way): dieses Kleid ist etwas ganz ~s this dress is something quite extraordinary; der Film war nichts ~s the film was nothing particular (*od.* unusual, *colloq.* nothing to write home about); er möchte etwas ~s vorstellen (*od.* sein) *contempt.* he wants to be something special; er hält sich für etwas ~s he thinks he is somebody special; das ist doch nichts ~s that is nothing special (*od. colloq.* nothing to write home about); es hat sich nichts ~s ereignet nothing special (*od.* worth mentioning, remarkable) has happened; damit hat es etwas ~s auf sich there is something unusual about this; das ~ daran ist, daß the remarkable thing about it is that. – **2.** das ~ the particular: vom ~n zum Allgemeinen fortschreiten to proceed from the particular to the general. – **3.** ⟨*substantiviert mit Kleinschreibung*⟩ *only in* im b~n in particular, particularly, (e)specially.

Be'son·der·heit *f* ⟨-; -en⟩ **1.** (*Eigenart*) peculiarity, particularity, special (*od.* characteristic) feature: die ~ seiner Redeweise the peculiarity of his way of speaking; sprachliche ~en linguistic peculiarities; eine weitere ~ des Wagens another special feature of the car. – **2.** (*Außergewöhnlichkeit*) exceptional (*od.* remarkable, unusual, peculiar) feature: die ~ dieses Ereignisses what was remarkable about this event. – **3.** *rare* oddity, peculiarity: das ist wieder so eine ~ von ihm that's another of his oddities.

be'son·ders *adv* **1.** (*hauptsächlich*) in particular, particularly: ich habe dabei ~ an ihn gedacht I've thought particularly of him; was hat dir ~ gefallen? what did you like in particular? was fällt dir ~ auf? what strikes you in particular? etwas ~ beachten to pay special attention to s.th.; der Bedarf an Rohmaterial, ~ an Kohle the need for raw material, particularly of coal; er raucht viel, ~ wenn er nervös ist he smokes much, particularly when he is nervous. – **2.** (*sehr*) (e)specially, particularly: ganz ~ extraordinarily; etwas ~ gründlich tun to do s.th. with special thoroughness; etwas ~ gern haben to be fond of s.th.; etwas ~ gern tun to be fond of doing s.th., to like very much to do s.th.; das gefällt mir ~ gut an ihr that's what I particularly like about her. – **3.** (*nachdrücklich*) emphatically, in particular, expressly: etwas ~ betonen to stress s.th. emphatically. – **4.** *rare* (*gesondert*) separately: dieses Thema soll später ~ behandelt werden this topic shall be treated separately later. – **5.** nicht ~ *colloq.* not particularly (well): das Buch gefällt mir nicht (so) ~ I don't like that book very much; es geht ihm nicht ~ he isn't too well; ich habe nicht ~ viel Zeit I don't have much time.

be'son·nen[1] **I** *pp of* besinnen. – **II** *adj* **1.** (*umsichtig, überlegt*) deliberate, circumspect, thoughtful, discreet: ein kluger und ~er Politiker a clever and prudent politician. – **2.** (*geistesgegenwärtig*) collected, level-headed: er allein blieb ruhig und ~ he alone remained calm and collected, he alone kept his head (*od.* his presence of mind). – **III** *adv* **3.** with thought (*od.* deliberation, care). – **4.** calmly and with deliberation, circumspectly: in der Gefahr ~ handeln to keep one's head (*od.* presence of mind) when in danger.

be'son·nen[2] *v/t* ⟨*no* ge-, h⟩ *only in* sich ~ lassen to lie in the sun, to sun oneself, to sunbathe.

Be'son·nen·heit *f* ⟨-; *no pl*⟩ **1.** deliberation, circumspection, thoughtfulness, discretion: mit ~ ans Werk gehen to set about (things) with deliberation. – **2.** (*Geistesgegenwart*) presence of mind, level-headedness, collectedness.

be'sonnt I *pp of* besonnen[2]. – **II** *adj lit.* **1.** sunny: ~es Tal sunny valley, valley bathed in sunshine. – **2.** *fig. archaic* happy, serene: ~e Tage *poet.* happy days.

Be'son·nungs,dau·er *f meteor.* **1.** duration of insolation. – **2.** duration of sunshine.

be'sor·gen I *v/t* ⟨*no* ge-, h⟩ **1.** (*beschaffen*) get, find, procure: j-m etwas ~, etwas für j-n ~ to get s.o. s.th. (*od.* s.th. for s.o.); sich (*dat*) etwas ~ to get s.th.; ich kann es dir ~ I can get it for you; j-m eine Stelle ~ to find s.o. a job; sich (*dat*) etwas zum Essen ~ to get (*od.* buy) oneself something to eat. – **2.** (*betreuen*) take care of, look after: die Blumen ~ to take care of the flowers; j-m den Haushalt (*od.* die Wirtschaft) ~ to look after (*od.* run, manage) s.o.'s household; j-n [einen Kranken] ~ *obs.* to care for s.o. [a sick person]. – **3.** (*erledigen*) attend to, see to, see about, do: seine Arbeit ~ to attend to one's work; seine Geschäfte ~ to attend (*od.* see) to one's business; j-s Angelegenheiten ~ to conduct (*od.* manage) s.o.'s affairs; das Kochen ~ to do the cooking; einen Auftrag ~ to carry out an order; für j-n Wege ~ to do (*od.* run) errands for s.o.; ich werde es ~ I'll see about it, I'll do it; das werde ich ~, wird besorgt! *colloq.* I'll see to it (*od.* that matter), will be attended to! (*colloq.*); was du heute kannst ~, das verschiebe nicht auf morgen (*Sprichwort*) never put off till tomorrow what may be done today. – **4.** *obs. for* befürchten. – **5.** *jur.* suspect: wenn zu ~ ist, daß if there is cause to suspect that. – **6.** (*Briefe*) post, send off, *Am.* mail. – **7.** es j-m ~ *colloq.* to give s.o. hell (*colloq.*), *Br. colloq.* to give s.o. what for. – **8.** *colloq.* (*kaufen*) get, buy. – **9.** *colloq.* 'borrow' (*colloq.*), steal. – **II B~** *n* ⟨-s⟩ **10.** *verbal noun.* – **11.** *cf.* Besorgung.

be'sorg·lich *adj rare* **1.** anxious, concerned, worried. – **2.** *cf.* besorgniserregend I.

Be·sorg·nis [bə'zɔrknɪs] *f* ⟨-; -se⟩ **1.** concern, alarm, worry, uneasiness, anxiety: mit tiefer ~ with deep concern; ~ erregen to cause anxiety; j-n mit ~ erfüllen to fill s.o. with concern; er geriet schon in ~ he was getting worried (*od.* alarmed); es besteht kein Grund zur ~ there's no reason for concern; es besteht Anlaß zu ernster ~ there is reason for grave concern; er gab seiner ~ über die Lage Ausdruck he expressed concern about the situation. – **2.** (*Befürchtung*) fear, apprehension, suspicion, misgiving(s *pl*).

be'sorg·nis·er,re·gend I *adj* disquieting, alarming, worrying: sein Zustand ist ~ his condition gives cause for alarm. – **II** *adv* ~ schlecht [krank] alarmingly bad [ill].

be'sorgt I *pp.* – **II** *adj* **1.** worried, apprehensive, concerned, anxious, uneasy: das macht mich ~ that worries me; die ~en Eltern the worried (*od.* anxious) parents; mit ~er Miene with a concerned (*od.* worried) air (*od.* mien); ich bin über seinen Gesundheitszustand ~ I am concerned (*od.* worried, anxious) about his (state of) health; er zeigte sich über die politische Lage sehr ~ he showed himself (to be) greatly concerned (*od.* he showed great concern) about the political situation. – **2.** um j-n [etwas] ~ sein to be concerned (*od.* worried) about s.o. [s.th.]: um j-s Sicherheit ~ sein to be concerned for s.o.'s safety; um sein Leben ~ sein to be apprehensive for (*od.* about) one's life; um das Gemeinwohl ~ concerned (*od.* solicitous) for (*od.* about) the public welfare; um j-s Wohlergehen ~ sein to be solicitous for (*od.* about) s.o.'s welfare. – **3.** ~ sein, etwas zu tun to be anxious (*od.* eager) to do s.th.: er ist (darum) ~, alles richtig zu machen he is anxious to do everything correctly.

Be'sorgt·heit *f* ⟨-; *no pl*⟩ **1.** concern, apprehension, care, solicitude: seine ~ um die Familie his concern for (*od.* solicitude for, of, about) his family; ~ um sein Leben apprehension (*od.* apprehensiveness) for one's life; ~ um seine Gesundheit care for one's health. – **2.** *cf.* Besorgnis 1.

Be'sor·gung *f* ⟨-; -en⟩ **1.** *cf.* Besorgen. – **2.** (*Beschaffung*) procurement, provision: die ~ des Materials bereitet Schwierigkeiten it is difficult to procure the material. – **3.** (*Einkauf*) purchase: ~en machen to go shopping; für j-n eine ~ machen a) to get (*od.* buy) s.th. for s.o., b) to do (*od.* run) an errand for s.o. – **4.** (*Erledigung*) (*gen* of) execution, management: ~ des Haushaltes (*od.* der Wirtschaft) management of (*od.* looking after) the household; die ~ seiner Arbeit the performance (*od.* execution) of one's work; ~ seiner Geschäfte management of (*od.* attending to) one's business; ~ von Angelegenheiten *jur.* conduct (*od.* handling, management) of (*s.o.'s*) affairs.

Be'sor·gungs|,li·ste *f*, **~,zet·tel** *m* shopping list.

be'span·nen I *v/t* ⟨*no* ge-, h⟩ **1.** cover: einen Rahmen mit Leinwand ~ to cover a frame with canvas, to stretch canvas over a frame; eine Wand mit Damast ~ to cover (*od.* hang) a wall with damask. – **2.** (*Violine, Tennisschläger etc*) string. – **3.** einen Wagen mit Pferden ~ to put (*od.* harness) horses to a carriage. – **4.** (*Fischteich*) fill (*a fishpond*) with water and stock it with fish. – **II B~** *n* ⟨-s⟩ **5.** *verbal noun.* — **be'spannt I** *pp.* – **II** *adj* harnessed with (*od.* drawn by) horses: mit vier Pferden ~ drawn by four horses; eine ~e Kolonne *mil.* a column of horse-drawn vehicles. — **Be'span·nung** *f* ⟨-; *no pl*⟩ **1.** *cf.* Bespannen. – **2.** (*eines Tennisschlägers, einer Violine etc*) stringing, strings *pl.* – **3.** *aer.* (*der Tragflächen*) wing covering. – **4.** (*Stoff zum Bespannen*) a) fabric, b) (*von Kinderwagen etc*) lining. – **5.** *obs. for* Gespann 1.

be'spei·en *v/t* ⟨*irr, no* ge-, h⟩ spit at (*od.* on, upon).

be'spicken (*getr.* -k·k-) *v/t* ⟨*no* ge-, h⟩ **1.** *gastr.* (*Fleisch*) lard. – **2.** (*mit Nägeln etc*) stud, spike. — **be'spickt I** *pp.* – **II** *adj* **1.** (*mit Nägeln etc*) thickly set, studded, spiked, bristling: mit Orden ~ *fig. contempt.* bristling with medals.

be'spie·geln I *v/t* ⟨*no* ge-, h⟩ **1.** j-n ~ to flash a mirror at s.o., to dazzle s.o. with a mirror. – **2.** *fig. lit.* (*Zeit, Weltlage etc*) throw light on, illuminate, elucidate. – **II** *v/reflex* sich ~ **3.** look at oneself in a mirror (*od.* glass). – **4.** *poet.* (*von Zeiten etc*) be reflected. – **5.** *fig.* indulge in vain self-observation, admire (*od.* preen) oneself. – **III B~** *n* ⟨-s⟩ **6.** *verbal noun.* — **Be'spie·ge·lung, Be'spieg·lung** *f* ⟨-; -en⟩ **1.** *cf.* Bespiegeln. – **2.** reflection (*Br. auch* reflexion) in a mirror. – **3.** *fig.* (*der Weltlage etc*) illumination, elucidation.

be'spiel·bar *adj* (*Sportplatz etc*) playable, capable of being played on.

be'spie·len *v/t* ⟨*no* ge-, h⟩ **1.** (*Schallplatte etc*) make a record (*od.* a recording) on: ein Tonband mit etwas ~ to record s.th. on a tape, to make a tape recording of s.th. – **2.** (*theater*) perform in, visit: unser Theater bespielt auch andere Städte our theater also gives performances in (*od.* visits) other towns. — **be'spielt I** *pp.* – **II** *adj* (*Tonband etc*) recorded.

be'spin·nen *v/t* ⟨*irr, no* ge-, h⟩ cover, lap, wrap.

be'spit·zeln *contempt.* **I** *v/t* ⟨*no* ge-, h⟩ j-n ~ to spy (up)on s.o., to watch s.o.: j-n ~ lassen to have s.o. spied (up)on, to set a spy (*od.* spies) on s.o. – **II B~** *n* ⟨-s⟩ *verbal noun.* — **Be'spit·ze·lung, Be'spitz·lung** *f* ⟨-; -en⟩ *cf.* Bespitzeln.

be'spon·nen I *pp of* bespinnen. – **II** *adj* covered, overspun, wound: ~e Saite *mus.* overspun (*od.* wound) string; mit Silber ~ covered with silver.

be'spor·nen *v/t* ⟨*no* ge-, h⟩ (*Stiefel*) spur.

be'spöt·teln I *v/t* ⟨*no* ge-, h⟩ mock (*od.* gibe, sneer, jeer, scoff) at, ridicule: j-s Schwächen ~ to make fun of (*od.* derisive remarks about) s.o.'s weak points. – **II B~** *n* ⟨-s⟩ *verbal noun.* — **Be'spöt·te·lung, Be'spött·lung** *f* ⟨-; -en⟩ **1.** *cf.* Bespötteln. – **2.** derision, mockery, derisive remark(s *pl*).

be'spre·chen I *v/t* ⟨*irr, no* ge-, h⟩ **1.** talk (*s.th.*) over, talk about (*od.* on), discuss, debate: etwas in Ruhe mit j-m ~ to talk s.th. over quietly with s.o.; die letzten Neuigkeiten ~ to discuss (*od.* talk about) the latest news; wir wollen ~, was zu tun ist let us discuss what should be done. – **2.** (*Film, Buch etc*) review, criticize, comment (up)on. – **3.** (*Schallplatte, Tonband*) make a recording (*od.* record) (*of spoken words*) on. – **4.** (*Krankheit, Feuer etc*) use magic (*od.* a spell, spells) on. – **II** *v/reflex* **5.** sich mit j-m ~ to confer (*od.* deliberate) with s.o., to consult s.o.: sich lange mit j-m ~ to talk things out with s.o.; sich mit j-m über eine Angelegenheit ~ to confer with s.o. about a matter, to discuss a matter with s.o. – **III B~** *n* ⟨-s⟩ **6.** *verbal noun.* – **7.** *cf.* Besprechung.

Be'spre·cher *m* ⟨-s; -⟩ (*eines Buches etc*) reviewer, critic.

Be'spre·chung *f* ⟨-; -en⟩ **1.** *cf.* Besprechen. – **2.** discussion, debate: nach mehrtägigen ~en after several days of discussion(s). – **3.** (*Sitzung*) conference, meeting: eine interne ~ über (*acc*) etwas abhalten to hold an internal conference (*od.* discussion) on s.th.; der Chef ist bei einer ~ the boss (*bes. Br.* head) is in (a) conference. – **4.** (*Gespräch*) talk(s *pl*), conversation: geheime ~en mit j-m führen to have secret talks with s.o. – **5.** (*eines Buches, Theaterstücks etc*) review, notice, critique: über neue Filme ~en schreiben to write reviews on (*od.* to review) new films.

Be'spre·chungs|ex·em,plar *n print.* review(er's) (*od.* press) copy. — **~,raum** *m cf.* Besprechungszimmer. — **~,stück** *n cf.* Besprechungsexemplar. — **~,zim·mer** *n* conference room.

be'spren·gen I *v/t* ⟨*no* ge-, h⟩ **1.** (*Blumen, Straße etc*) spray, (be)sprinkle. – **2.** (*Rasen*) sprinkle, water, irrigate. – **3.** (*Wäsche*) sprinkle, moisten, dampen. – **4.** *relig.* sprinkle, asperse: j-n (mit Weihwasser) ~ to asperse s.o. with holy water. – **II** *v/reflex* sich ~ **5.** sprinkle (*od.* asperse) oneself. – **III B~** *n* ⟨-s⟩ **6.** *verbal noun.* — **Be'spren·gung** *f* ⟨-; *no pl*⟩ **1.** *cf.* Besprengen. – **2.** (*des Rasens*) irrigation. – **3.** *relig.* aspersion: Taufe durch ~ baptism by aspersion.

be'spren·keln *v/t* ⟨*no* ge-, h⟩ **1.** speckle, dot: etwas (mit Farbe) ~ to speckle s.th. with colo(u)r (*od.* paint). – **2.** *fig.* (mit with) scatter.

be'sprin·gen *v/t* ⟨*irr, no* ge-, h⟩ *zo.* (*weibliches Tier*) mount, cover, serve.

be'sprit·zen I *v/t* ⟨*no* ge-, h⟩ **1.** (mit with) splash, (be)spatter. – **2.** (*Pflanzen etc*) (mit with) spray. – **II** *v/reflex* sich ~ **3.** splash oneself: sich mit etwas ~ to splash s.th. on (*od.* over) oneself.

be'sprü·hen *v/t* ⟨*no* ge-, h⟩ (*Blumen, Rosen etc*) spray (*od.* sprinkle) (*s.th.*) gently.

be'spucken (*getr.* -k·k-) *v/t* ⟨*no* ge-, h⟩ j-n [etwas] ~ to spit at (*od.* on) s.o. [s.th.].

be'spu·len *electr.* **I** *v/t* ⟨*no* ge-, h⟩ (*Kabel, Leitung*) load, pupinize. – **II B~** *n* ⟨-s⟩ *verbal noun.*

be'spü·len I *v/t* ⟨*no* ge-, h⟩ **1.** (*Küste, Land etc*) wash, bathe, lave (*poet.*): vom Meer bespült werden to be washed by the sea. – **II B~** *n* ⟨-s⟩ **2.** *verbal noun.* – **3.** *cf.* Bespülung.

Be'spu·lung *f* ⟨-; *no pl*⟩ *electr. cf.* Bespulen.

Be'spü·lung *f* ⟨-; *no pl*⟩ **1.** *cf.* Bespülen. – **2.** *tech.* (lubrication) flooding.

Bes·sa·ra·bi·er [bɛsa'ra:bĭər] *m* ⟨-s; -⟩ Bessarabian. — **bes·sa'ra·bisch** [-bɪʃ] *adj* Bessarabian.

Bes·selsch ['bɛsəlʃ] *adj math.* ~e Funktionen Bessel (*od.* cylindrical) functions, cylindrical harmonics; ~e Ungleichung Bessel's inequality.

'Bes·se·mer|be,trieb ['bɛsəmər-] *m metall.* **1.** Bessemer practice. – **2.** (*als Anlage*) Bessemer plant. — **~,bir·ne** *f* Bessemer converter. — **~,fluß,stahl** *m cf.* Bessemerstahl.

bes·se·mern ['bɛsəmərn] *v/t* ⟨h⟩ *metall.* bessemerize.

'Bes·se·mer|pro,zeß *m metall. cf.* Bessemerverfahren. — **~,roh,ei·sen** *n* Bessemer iron (*od.* pig). — **~,schlacke** (*getr.* -k·k-) *f* Bessemer (*od.* acid converter) slag. — **~,schmel·ze** *f* Bessemer blow (*od.* heat). — **~,stahl** *m* Bessemer (*od.* acid converter) steel. — **~ver,fah·ren** *n* Bessemer (*od.* acid converter) process.

bes·ser ['bɛsər] **I** *comp of* gut. – **II** *adj* **1.** better: er ist ein ~er Professor als sein Vorgänger he is a better professor than his predecessor; ein ~es Hotel a better-class hotel; für eine ~e Zukunft for a better future; sie hat ~e Tage gesehen (*od.* gekannt) she has known better days; meine ~e Hälfte *humor.* my better half, my wife; mein ~es Selbst (*od.* Ich) my better self; ein ~er Herr a gentleman; er ist nur ein ~er Mechaniker *contempt.* he is only a better sort (*od.* class) of mechanic; wider ~es Wissen against one's better judg(e)ment; dieser Stoff ist ~ als der andere this material is better than (*od.* superior to) the other; er ist in Mathematik ~ als in Sprachen he is better at (*od.* in) mathematics than at (*od.* in) languages; sie ist [nicht viel] ~ als ihr Ruf she is [little] better than her reputation; [das ist] ~ als gar nichts [that is] better than nothing; das könnte ~ sein a) that could be better, b) there is still room for improvement; ihre Handschrift könnte ~ sein her handwriting could be better; ~ ist ~! let's keep on the safe side! es wäre ~ (*od.* das ~e), ihn zu fragen it would be better to ask him; es ist ~, wenn wir ihn fragen (*od.* wir fragen ihn) we had better ask him; sich ~ dünken als die andern to consider oneself better than the others; sie sieht viel ~ aus als ihre Freundin she is much better looking than her friend; **heute siehst du viel ~ aus** you look much better today; **einer ~en Sache würdig** worthy of a better cause; **sich ~ fühlen** to feel better; **das macht die Sache nicht ~** that does not improve matters; **~ werden** to become better, to improve; **das wird ja immer ~!** a) that's getting better and better! b) *iron.* that's going from bad to worse; **das wäre ja noch ~** that's completely out (of the question); **wenig ist ~ als gar nichts** (*Sprichwort*) half a loaf is better than no bread at all; **Vorbeugen ist ~ als Heilen** (*Sprichwort*) an ounce of precaution is worth a pound of cure. – **2.** (*Gesellschaft etc*) better, higher: **die ~en Kreise** the better circles. – **III** *adv* **3.** better: **seine Schwester spielt ~ als er** his sister plays better than he (does) (*od. colloq.* him); **es ~ machen als j-d anders** to do better than s.o. else; **ich weiß es ~** I know better (than that); **er ist ~ dran** (*od.* **hat es ~**) he is better off; **welches Kleid steht mir ~?** in which dress do I look better (*od.* nicer)? which dress looks better on me? **oder ~ gesagt** or rather; **je eher** (*od.* **früher**), **desto ~** the sooner the better; **um so** (*od.* **desto**) **~!** all (*od.* so much) the better! **er täte ~ daran, nicht zu kommen** he had better stay away; **du versuchst es ~ mit etwas anderem** you had better try s.th. else; **diese Dinge bleiben ~ ungesagt** these things are better (*od.* best) left unsaid; **es kommt noch ~** a) it gets (even) better as it goes along, b) *iron.* worse is to follow; **es sollte noch ~ kommen** *iron.* worse was to follow; **~ spät als nie** better late than never.

'bes·ser·be,zahlt *adj* ⟨*attrib*⟩ (*Person*) receiving higher (*od.* better) payment, (*Stellung, Person*) better-paid.

'Bes·se·re *n* ⟨-n⟩ that which is better: **etwas ~s** something better; **soll es etwas Einfaches oder ~s sein?** (*beim Kauf*) are you thinking of something simple or something more expensive? **sich für etwas ~s halten** (**als j-d**) to think oneself superior (to s.o.); **ich habe ~s** (*od.* **Beßres**) **zu tun als** I have more important things to do than, I have other fish to fry than (*colloq.*); **wenn Sie gerade nichts ~s zu tun haben** if you have not anything better to do; **j-n eines ~n belehren** a) (*berichtigen*) to set s.o. right, b) (*die Augen öffnen*) to open s.o.'s eyes; **sie läßt sich keines ~n belehren** she takes no advice; **sich eines ~n besinnen** to think better of it; **in Ermang(e)lung eines ~n, mangels ~m** for want of something better; **eine Wendung zum ~n nehmen** to take a turn for the better; **das ~e ist des Guten Feind** (*Sprichwort*) the best is the enemy of the good.

'bes·ser,ge·hen *v/impers* ⟨*irr, sep,* -ge-, sein⟩ **es geht j-m besser** a) (*gesundheitlich*) s.o. is (feeling) better, b) (*wirtschaftlich*) s.o. is better off.

'bes·ser·ge,stellt I *pp.* – **II** *adj* ⟨*attrib*⟩ better off: **~e Leute** people who are better off. — **'Bes·ser·ge,stell·te** *m, f* ⟨-n; -n⟩ s.o. better off: **die ~n** those better off; **finanziell ~** people in a better financial position, the well-to-do (people).

'Bes·ser,ma·chen *n* doing better: **Kritisieren ist leicht, ~ ist schwer** it is easy to find fault, but difficult to do better.

bes·sern ['bɛsərn] **I** *v/reflex* ⟨h⟩ **sich ~ 1.** improve, become (*od.* get) better: **der Zustand des Kranken hat sich gebessert** the condition of the patient has improved, the patient is recuperating (*od.* recovering); **sie hat sich in der Schule gebessert** her schoolwork has improved; **die Verhältnisse ~ sich** things are looking up (*colloq.*); **sich** (**moralisch**) **~** to mend one's ways, to turn over a new leaf; **er versprach, sich zu ~** he promised to mend his ways. – **2.** *econ.* (*von Börsen, Kursen, Preisen etc*) increase, advance, rise. – **3.** (*vom Wetter*) improve, get better. – **II** *v/t* **4.** (*Person*) reform: **damit kannst du ihn nicht ~** you can't reform him with that. – **5.** *cf.* **verbessern** 1—8. – **III B~** *n* ⟨-s⟩ **6.** *verbal noun.* – **7.** *cf.* **Besserung.**

'bes·ser,stel·len *v/t* ⟨*sep,* -ge-, h⟩ **j-n ~** to improve s.o.'s financial position. — **'Besser,stel·lung** *f* ⟨-; *no pl*⟩ improvement, betterment: **soziale ~** improvement in (*od.* betterment of) (*s.o.'s*) social position.

'Bes·se·rung *f* ⟨-; -en⟩ **1.** *cf.* **Bessern.** – **2.** improvement: **Selbsterkenntnis ist der erste Schritt zur ~** (*Sprichwort*) knowing oneself is the first step to improvement. – **3.** (*Genesung*) recuperation, recovery: **der Patient ist auf dem Wege der ~** the patient is on the way to recovery (*od.* convalescing); (**ich wünsche Ihnen**) **gute ~!** I wish you (a) speedy recovery, I hope you will soon get well again. – **4.** *econ.* (*von Börsenkursen, Preisen etc*) increase, advance, rise. – **5.** *meteor.* improvement. – **6.** *jur.* a) (*als Strafzweck*) reformation, b) (*des Charakters*) correction, c) (*des Lebenswandels*) reform.

'Bes·se·rungs|,an,stalt *f jur.* **1.** reformatory, house of correction, detention home, *Br.* Borstal institution. – **2.** (*staatliche Erziehungsanstalt*) *Br.* approved school. — **b~-,fä·hig** *adj bes. jur.* (*Straffälliger*) capable of reformation. — **~,maß,re·gel** *f jur.* reformatory (*od.* correctional) measure.

'Bes·ser,wis·sen *n* ⟨-s; *no pl*⟩ *contempt. cf.* **Besserwisserei.** — **'Bes·ser,wis·ser** *m* ⟨-s; -⟩ *contempt. bes. Br.* know-all, *bes. Am.* know-it-all, wise guy, wiseacre: **er ist ein ewiger ~** he always knows better. — **,Bes·ser·wis·se'rei** *f* ⟨-; *no pl*⟩ *contempt.* know-all (*bes. Am.* know-it-all) manner.

'Beß·re *n* ⟨-n⟩ *cf.* **Bessere.**

'Beß·rung *f* ⟨-; -en⟩ *cf.* **Besserung.**

best *cf.* **beste.** [Gewinn 2 b.]

Best [bɛst] *n* ⟨-s; -e⟩ *Austrian for* **Preis** 12,

be'sta·chelt *adj bot. zo.* prickly, spiny, covered (*od.* armed) with spines.

be'stal·len I *v/t* ⟨*no* ge-, h⟩ (*officialese*) **j-n ~** to install s.o. in (*od.* appoint s.o. to, invest s.o. with) an office: **j-n zum Richter ~** to appoint s.o. (as) judge. – **II B~** *n* ⟨-s⟩ *verbal noun.* — **be'stallt I** *pp.* – **II** *adj* installed, (*Vormund etc*) appointed. — **Be'stal·lung** *f* ⟨-; -en⟩ **1.** *cf.* **Bestallen.** – **2.** installation, appointment, investiture: **~ eines Arztes** conferment of a physician's licence (*Am.* license). – **3.** *cf.* **Bestallungsurkunde.**

Be'stal·lungs|,brief *m jur. cf.* **Bestallungsurkunde.** — **~,recht** *n* right of appointment (*od.* investiture). — **~,ur,kun·de** *f* **1.** (*eines Beamten, Vormundes etc*) certificate of appointment. – **2.** (*eines Arztes, Apothekers*) licence (*Am.* license) to practice.

Be'stand *m* ⟨-(e)s; ⸗e⟩ **1.** ⟨*only sg*⟩ (*Weiterbestehen*) existence: **es geht um den ~ der Nation** the nation's existence is at stake. – **2.** ⟨*only sg*⟩ (*Fortdauer*) continuance, duration, permanence: **sein Eifer ist nicht von** (*od.* **hat keinen**) **~** his diligence is of short duration (*od.* does not last long); **etwas** (*dat*) **~ verleihen** (*od.* **geben**) to give (*od.* impart) permanence to s.th. – **3.** *econ.* (**an** *dat* **etwas** of s.th.) a) (*Vorrat*) stock(s *pl*), supply, supplies *pl*, store(s *pl*), *bes. Am.* inventory, b) (*Geldmittel etc*) balance, holdings *pl*, reserve, c) (*Inventar*) inventory: **~ aufnehmen** to take stock (*od. Am.* inventory), to make an inventory; **~ an Waren** stock (*od.* supply) on (*bes. Br.* in) hand; **~ an Bargeld** cash in hand; **~ an Aufträgen** orders on hand, order book; **eiserner ~** *colloq.* a) (*Lebensmittel etc*) emergency supplies *pl* (*od.* rations *pl*), b) (*Geld*) emergency reserves *pl*; **das Stück gehört zum eisernen ~ des Spielplans** *fig.* that is one of their stock plays; **der tatsächliche ~** the visible supply, the stock-in-trade; **der lebende ~, der ~ an Vieh** the livestock; **toter ~** dead stock. – **4.** ⟨*only sg*⟩ *jur.* a) (*Status*) status, b) (*Gültigkeit*) (legal) validity: **der rechtliche ~ einer Gesellschaft** the legal status of a company; **[keinen] rechtlichen ~ haben** to be legally valid [invalid], [not] to be valid in law. – **5.** (*forestry*) (forest) stand, tree crop: **der ~ an Holz** the stand of timber, the (forest *od.* timber) stand. – **6.** *agr.* crop. – **7.** *mil.* a) (*Sollbestand*) planned strength, b) (*Istbestand*) actual strength. – **8.** *Southwestern G. and Austrian for* **Pacht** 1.

be'stan·den I *pp of* **bestehen.** – **II** *adj* **1.** (*mit Gras etc*) covered: **der Hang war mit Bäumen ~** the slope was covered with trees. – **2.** (*Straße, Ufer*) lined: **eine von Eichen ~e Allee** an avenue lined with oak trees. – **3.** (*Prüfung etc*) successful, passed: **j-m zur ~en Prüfung gratulieren** to congratulate s.o. on passing his exam; **nach ~er Prüfung** after having passed the exam. – **4. in ~em Alter sein** *Swiss* to be advanced (*od.* well on) in years.

be'stand,fä·hig *adj* capable of continuance (*od.* continued existence).

be'stän·dig I *adj* **1.** (*dauerhaft*) permanent, lasting: **nichts ist ~** nothing is permanent. – **2.** (*andauernd*) constant, continual, (*ununterbrochen*) continuous, perpetual: **in ~er Furcht leben** to live in constant (*od.* in a permanent state of) fear; **ihre ~en Klagen** her constant complaints; **~er Regen** continuous (*od.* continual) rain; **eine ~e Bewegung** perpetual motion; **ein ~es Privileg, ein ~er Besitz** *jur.* a tenement. – **3.** (*standhaft*) steadfast, constant, steady. – **4.** (*treu*) faithful, loyal. – **5.** (*widerstandsfähig*) (gegen) resistant (to), proof (against): **diese Pflanzen sind gegen Hitze ~** these plants are unaffected by heat. – **6.** (*beharrlich*) persistent, persevering: **in seinen Bemühungen ist er sehr ~** he is very persevering in his efforts. – **7.** (*zuverlässig*) reliable, consistent: **in seiner Arbeit wird er immer ~er** he is becoming more and more reliable in his work. – **8.** *meteor.* a) (*Wetter*) settled, fair, b) (*Wind*) steady: **~ werden** to (begin to) settle; **das Barometer steht auf „~"** the barometer indicates (*od.* points to) "fair". – **9.** *econ.* (*Markt, Nachfrage etc*) steady. – **10.** *math.* (*Größe*) constant. – **11.** *phys.* (*Phase*) stable. – **12.** (*paints*) (*Farbe*) fast. – **II** *adv* **13.** constantly, continually, (*ununterbrochen*) continously: **er klagt ~ über Kopfschmerzen** he is constantly complaining of headaches; **es regnete ~** it rained continuously. — **Be'stän·dig·keit** *f* ⟨-; *no pl*⟩ **1.** (*Dauer*) permanence, lastingness: **nichts Irdisches hat** (*od.* **ist von**) **~** nothing in this world has permanence. – **2.** (*Standhaftigkeit*) steadfastness, constancy: **die ~ seiner Freundschaft** the constancy of his friendship. – **3.** (*Treue*) faithfulness, loyalty. – **4.** (*Widerstandsfähigkeit*) resistance: **~ gegen Hitze** resistance to (*od.* against) heat. – **5.** (*Beharrlichkeit*) persistence, persistency, perseverance. – **6.** (*Zuverlässigkeit*) reliability, consistency. – **7.** *meteor.* a) (*des Wetters*) settled condition, b) (*des Windes*) steadiness. – **8.** *nucl.* integrity: **die ~ von Brennstoffen [Elementen]** fuel [element] integrity; **garantierte [unzureichende] ~** guaranteed [failure of] integrity. – **9.** *econ.* (*des Marktes, der Nachfrage etc*) steadiness. – **10.** *math.* (*einer Größe*) constancy. – **11.** *phys.* (*einer Phase*) stability. – **12.** (*paints*) fastness.

Be'stän·dig·keits|,dau·er *f nucl.* (*von Brennstoffelementen*) integrity life. — **~,män·gel** *pl* (*von Brennstoffelementen*) integrity failure *sg*: **effektive ~** actual integrity failure *sg.*

Be'stands|,auf,nah·me *f econ.* stocktaking: (**eine**) **~ machen** to take stock (*od. Am.* inventory), to make an inventory. — **~,dich·te** *f agr.* density of crop, thickness of stand. — **~,grün·dung** *f* (*forestry*) establishment (*od.* formation) of a stand. — **~,kli·ma** *n agr.* climate in plant communities. — **~,li·ste** *f econ. cf.* **Bestandsverzeichnis.** — **~,mas·se** *f* (*forestry*) amount of standing timber, stand volume, stumpage, growing stock. — **~,mel·dung** *f econ.* stock report. — **~,pfle·ge** *f* (*forestry*) stand improvement, treatment (*od.* tending) of (forest) stands. — **~ver,trag** *m Southwestern G. and Austrian jur. for* **Mietvertrag** 1, **Pachtvertrag.** — **~ver,zeich·nis** *n econ.* stock list, inventory: **ein ~ [von etwas] anlegen** to make an inventory [of s.th.], to draw up a stock list [of s.th.].

Be'stand,teil *m* **1.** component, part, constituent (part): **etwas in seine ~e zerlegen** a) to take s.th. apart (*od.* to pieces), b) *bes. chem.* to resolve s.th. into its components (*od.* elements), c) to analyse (*bes. Am.* analyze) s.th.; **sich in seine ~e auflösen** a) to disintegrate, b) *colloq. humor.* to fall apart (*od.* to pieces); **ein wesentlicher ~** *auch jur.* an integral (*od.* essential) part, *auch* part and parcel; **ein unwesentlicher** (*od.* **einfacher**) **~** a) a non(-)essential part, b) *jur.* a separable part, (*von Grundstücken*) *auch* a movable fixture; **zum wesentlichen ~ werden** *jur.* to become an immovable fixture. – **2.** *chem. tech.* component, ingredient: **die ~e einer Legierung [eines Medikaments]** the components (*od.* ingredients) of an alloy [a medicament].

be'stär·ken I *v/t* ⟨*no* ge-, h⟩ strengthen, fortify, confirm, *auch* encourage, reinforce: **j-n in seiner Meinung ~** to strengthen (*od.* confirm) s.o. in his opinion; **er bestärkte mich in meinem Vorhaben** he encouraged me in my plans. – **II B~** *n* ⟨-s⟩ *verbal noun.* — **Be'stär·kung** *f* ⟨-; *no pl*⟩ **1.** *cf.* **Bestärken.** – **2.** fortification, confirmation, *auch* encouragement.

be·stä·ti·gen [bəˈʃtɛːtɪgən] **I** *v/t* ⟨*no* ge-, h⟩ **1.** (*für richtig erklären*) confirm, verify, *auch* authenticate, validate: **Sie werden dies ~ können** you will be able to confirm that; **er bestätigte, daß** he confirmed that; **etwas mit einem Kopfnicken ~** to confirm s.th. with a nod of the head, to nod confirmation (*od.* approval) of s.th.; **eine Nachricht offiziell ~** to confirm a report officially; **die Echtheit eines Manuskripts [einer Unterschrift] ~** to authenticate a manuscript [signature]. – **2.** (*bescheinigen*) certify: **hiermit wird bestätigt, daß** this is to certify that; **sich** (*dat*) **etwas ~ lassen** to have s.th. certified. – **3.** (*erhärten*) confirm, corroborate, prove, bear out: **dies bestätigte meinen Verdacht** that confirmed my suspicion(s *pl*); **das bestätigt meine Theorie** this bears out (*od.* confirms) my theory; **eine Diagnose ~** *med.* to confirm a diagnosis; → **Ausnahme** 1. – **4.** *cf.* **billigen** 1. – **5.** *jur.* a) (*Aussage etc*) confirm, b) (*Urteil, Entscheidung*) confirm, uphold, sustain, affirm, c) (*Vertrag etc*) ratify, d) (*Wahl*) validate: **j-s Ernennung zu einem Amt ~, j-n in seinem Amt ~** to confirm s.o.'s (re)appointment (to an office), to confirm s.o. (in office). – **6.** *econ.* a) (*Auftrag*) confirm, b) (*Empfang*) acknowledge (receipt of), c) (*Scheck*) certify, confirm: **wir ~ den Eingang Ihres Schreibens vom 1. März** we acknowledge (the) receipt of your letter of March 1st. – **7.** *hunt.* (*Wild*) ascertain. – **8.** *mus.* (*Tonart*) establish, affirm. – **II** *v/reflex* **sich ~ 9.** (*von Gerücht, Theorie etc*) be confirmed, prove (to be) true, come true, prove (to be) correct: **sein Verdacht bestätigte sich nicht** his suspicion(s *pl*) proved (to be) unjustified; **seine Befürchtungen bestätigten sich [nicht]** his apprehensions (*od.* fears) were [not] confirmed; **die Nachricht von seinem Tod bestätigte sich** the news of his death proved (to be) correct. – **III B~** *n* ⟨-s⟩ **10.** *verbal noun.* – **11.** *cf.* **Bestätigung.** — **be'stä·ti·gend I** *pres p.* – **II** *adj* confirmative, confirmatory: **ein ~es Kopfnicken** a confirmative nod; **~e Zeugenaussage** *jur.* corroborative testimony (*od.* evidence); **ein ~es Urteil** *jur.* a confirmatory sentence. – **III** *adv* in a confirmative (*od.* confirmatory) way (*od.* manner): **~ (mit dem Kopf) nicken** to nod in confirmation. — **Be'stä·ti·gung** *f* ⟨-; -en⟩ **1.** *cf.* **Bestätigen.** – **2.** (*der Echtheit, Gültigkeit etc*) confirmation (*auch philos.*), verification, authentication, validation: **zur ~ nicken** to nod in confirmation; **eine amtliche ~ bekommen** to obtain (an) official verification (*od.* confirmation). – **3.** (*Bescheinigung*) (**über** *acc* of) certificate. – **4.** (*Erhärtung*) confirmation, corroboration, proof: **diese Behauptung bedarf keiner ~** this statement needs no confirmation; **meine Vorahnung fand leider ~** unfortunately my presentiment came true. – **5.** *cf.* **Billigung** 2. – **6.** *jur.* a) (*einer Aussage, eines Urteils, einer Entscheidung*) confirmation, b) (*eines Vertrages etc*) ratification, c) (*einer Wahl*) validation. – **7.** *econ.* a) (*eines Auftrags*) confirmation, b) (*des Empfangs*) acknowledgment (*bes. Br.* acknowledgement) (of receipt), c) (*eines Schecks*) certification. – **8.** *hunt.* (*des Wildes*) ascertainment. – **9.** *mus.* (*einer Tonart*) establishment, affirmation.

be'stä·ti·gungs‚fä·hig *adj philos.* confirmable.

Be'stä·ti·gungs|‚recht *n jur.* right to confirm (*od.* uphold) a judg(e)ment. — **~‚schrei·ben** *n econ.* letter of confirmation. — **~‚ur·teil** *n jur.* confirmatory judg(e)ment. — **~ver‚merk** *m* **1.** note of confirmation. – **2.** *econ.* (*auf dem Scheck*) note of certification (*od.* acceptance).

be·stat·ten [bəˈʃtatən] *lit.* **I** *v/t* ⟨*no* ge-, h⟩ **1.** bury; inter, lay (*s.o.*) to rest (*lit.*): **j-n auf hoher See ~** to bury s.o. at sea; **j-n in der Familiengruft ~** to bury s.o. in the family vault (*od.* grave). – **2.** (*verbrennen*) cremate. – **II B~** *n* ⟨-s⟩ **3.** *verbal noun.* – **4.** *cf.* **Bestattung.**

Be·stät·ter [bəˈʃtɛtər] *m* ⟨-s; -⟩ *Southwestern G. and Swiss obs. for* **Fuhrunternehmer.**

Be'stat·tung *f* ⟨-; -en⟩ *lit.* **1.** *cf.* **Bestatten.** – **2.** burial, interment (*lit.*). – **3.** (*Verbrennung*) cremation.

Be'stat·tungs|‚an‚stalt *f lit. cf.* **Bestattungsinstitut.** — **~‚fei·er** *f* funeral ceremony (*od.* ceremonies *pl*). — **~in·sti‚tut** *n* undertaker's (*od.* undertaking) establishment, undertakers *pl*, funeral directors *pl*, *Am.* funeral home (*od.* parlor). — **~‚ko·sten** *pl* funeral expenses. — **~ri·tu‚al** *n* funeral (*od.* burial) rites *pl*. — **~‚sit·te** *f* burial custom. — **~‚un·ter‚neh·men** *n cf.* **Bestattungsinstitut.** — **~‚un·ter‚neh·mer** *m* undertaker, funeral director. — **~‚wa·gen** *m lit.* hearse.

be'stau·ben *v/t* ⟨*no* ge-, h⟩ cover (*s.th.*) with dust, make (*s.th.*) dusty: **sich** (*dat*) **die Schuhe ~** to get one's shoes dusty.

be'stäu·ben I *v/t* ⟨*no* ge-, h⟩ **1.** *bot.* (*Blüte*) pollinate, pollen(ize). – **2.** dust: **Pflanzen mit einem Insektizid ~** to dust plants with an insecticide; **einen Kuchen mit Zucker ~** to dust (*od.* sprinkle) a cake with sugar. – **II B~** *n* ⟨-s⟩ **3.** *verbal noun.*

be'staubt I *pp.* – **II** *adj rare for* **staubig, verstaubt** II.

be'stäubt I *pp.* – **II** *adj bot.* **1.** (*Blüte*) pollinated. – **2.** pruinous, pruinose: **mehlig ~** farinose.

Be'stäu·bung *f* ⟨-; -en⟩ **1.** *cf.* **Bestäuben.** – **2.** *bot.* pollination, pollenization.

'Best‚auf‚trag *m econ.* (*an der Börse*) market order.

be'stau·nen *v/t* ⟨*no* ge-, h⟩ look (*od.* gaze) at (*s.o., s.th.*) in wonder (*od.* astonishment, amazement): **j-n mit offenem Mund ~** to gape at s.o. in astonishment; **j-s Kenntnisse ~** to admire (*od.* marvel at) s.o.'s knowledge.

'best·be‚zahlt *adj* ⟨*attrib*⟩ best-paid.

be·ste [ˈbɛstə] **I** *sup of* **gut.** – **II** *adj* **1.** best: **das ~ Kleid** the best dress; **das ~ seiner Bücher** the best of his books; **mein ~r Freund** my best (*od.* dearest) friend; **wir sind die ~n Freunde** we are the best of friends; **er war der ~ Vater** he was the best of fathers; **die ~ aller möglichen Welten** the best of all possible worlds; **das ist ~r Goethe** that's Goethe at his best; **seine Gesundheit ist nicht die ~** his health is not of the best; **es ist das ~** (*od.* **am ~n**), **wenn wir gehen, es wäre das ~** (*od.* **am ~n**), **wenn wir gingen** we had best (*od.* better) go; **das ~ ist, wir rufen ihn an** the best thing to do is to call him up; **das war das ~, was er tun konnte** that was the best thing he could do; **in Sprachen ist er am ~n** he is best at (*od.* in) languages; **ein Lied zum ~n geben** to sing (*od.* to oblige with) a song; **j-n zum ~n haben** (*od.* **halten**) *colloq.* to pull s.o.'s leg, to make fun of s.o.; **alles wendete sich zum ~n** everything turned out all right (*od.* for the best); **ich halte es für das ~** I think it (would be) best; **der Wein war nicht vom ~n** the wine was not of the best; **der** (*od.* **die, das**) **erste** (*od.* **nächste**) **~** a) (*von Personen*) the first person (who) one comes to (*od.* across), b) (*von Sachen*) the first thing available; **ich will nicht den ersten ~n heiraten** I don't want to marry the first man that comes along, I don't want to marry just anybody (*od. colloq.* any Tom, Dick or Harry); **in der ~n Absicht** with the best (of) intentions; **unter** (*od.* **zu**) **den ~n Bedingungen** under (*od.* on) the best (possible) conditions; **mit ~m Dank** with many thanks; **sie stehen im ~n Einvernehmen** they are on very good terms (*od.* in perfect harmony); **im ~n Falle** at (the) best; **sie kommt aus ~r Familie** she comes from a very good family; **das kommt in den ~n Familien vor** it can happen in the best (of) families; **er ist bei ~r Gesundheit** he is in the best of health, he's in the pink (*colloq.*); **mit den ~n Grüßen** with best wishes (*od.* kindest regards); **er ist in den ~n Jahren** (*od.* **im ~n Alter**) he is in his prime (*od.* in the prime of life); **nach ~n Kräften** (*od.* **~m Vermögen**) to the best of one's ability (*od.* abilities); **er war (in) ~r Laune** he was in an excellent (*od.* a very good) mood, he was in high (*od.* the best of) spirits; **j-n im ~n Licht erscheinen lassen** to show (*od.* put) s.o. in the most favo(u)rable light; **im ~n Mannesalter** in the prime of manhood; **alles ist in ~r Ordnung** everything is in perfect (*od. colloq.* apple-pie) order; **er ist unser ~s Pferd im Stall** *fig. colloq.* he is our best (*od.* top) man; **die Waren sind (von) ~r Qualität** the goods are of the highest (*od.* of first-class, first-rate) quality; **Weizen ~r Qualität** prime wheat; **ich weiß es aus ~r Quelle** I have it on the best authority; **als ich im ~n Schlafe lag** when I was fast (*od.* sound) asleep; **alles von der ~n Seite her betrachten** to look at everything from the bright side; **sich von seiner ~n Seite zeigen** a) (*von Menschen*) to show the best side of one's character, to be on one's best behavio(u)r, b) (*von Landschaft etc*) to show itself at its best (*od.* to advantage); **im ~n Sinne des Wortes** in the best sense of the word; **in ~r Verfassung** (*od.* **~m Zustand**) **sein** a) (*von Dingen*) to be in excellent (*od. colloq.* tip-top) condition, b) (*von Personen*) *auch* to be in good form, to be as fit as a fiddle; **er war auf dem ~n Wege, ein Trinker zu werden** he was well on his way to becoming an alcoholic; **ich kann Ihnen beim ~n Willen nicht helfen** with the best will in the world I can't help you; **nach ~m Wissen und Gewissen** to the best of one's knowledge and belief; **er war mit seiner Rede im ~n Zuge** he was just in the middle of (*od.* in full swing with) his speech. – **III** *adv* **2. am ~n** best: **er muß es am ~n wissen** he should know best; **sie arbeitet am ~n in der Nacht** she works best at night; **welches Kleid gefällt [steht] dir am ~n?** which dress do you like best [suits you best]? **sie sieht am ~n von allen aus** she is the best-looking girl (of them all); **Sie fahren am ~n mit dem Nachtzug** you had best (*od.* it would be best for you to) take the night train; **du tätest am ~n daran zu gehen** you'd best go. – **3. auf das** (*od.* **aufs**) **~** in the best (possible) way (*od.* manner): **alles war aufs ~ vorbereitet** everything was extremely well prepared. – **4. zum ~n** best: **mit ihm** (*od.* **seiner Gesundheit**) **steht es nicht zum ~n** his condition is rather serious. – **IV B~, das** ⟨-n⟩ **5.** the best (thing): **das B~ von allem** the best of all (*od. colloq.* of the lot), the pick (of the bunch *colloq.*); **das B~ vom B~n** the very best (*od.* pick); **das B~ ist gerade gut genug** the best is just about good enough; **sein B~s geben** to do one's (very) best; **aus j-m das B~ herausholen** to get the best out of s.o.; **hoffen wir das B~!** let's hope for the best! **das B~ aus etwas machen** to make the best of s.th.; **sein B~s tun** to do one's best (*od.* utmost), to try one's best (*od.* hardest). – **6.** (*Wohl, Vorteil*) advantage, benefit, interest: **ich tue es nur zu deinem B~n** I am only doing it for your benefit, I am only acting in your interests; **ich will nur dein B~s, ich habe nur dein B~s im Auge** I have only your best interests at heart; **zum B~n der Armen** for the benefit of the poor.

'Be·ste *m, f* ⟨-n; -n⟩ best (one): **der ~ von allen** the best of all (*od. colloq.* of the lot); **er ist der ~ in der Klasse** he is the best in the class, he is at the top of his class; **die ~n des Volkes** the nation's élite; **mein ~r** *colloq.* my dear fellow; **meine ~** dear lady.

be'stech·bar *adj cf.* **bestechlich.**

be'ste·chen I *v/t* ⟨*irr, no* ge-, h⟩ **1.** bribe, corrupt, buy (over): **Zeugen ~** *jur.* to bribe (*od.* suborn) witnesses; **j-n zu ~ versuchen** to try to bribe s.o., to offer a bribe (*od.* bribes) to s.o.; **sich ~ lassen** a) to take (*od.* accept) a bribe (*od.* bribes), b) to be corruptible (*od.* open to bribery). – **2.** *fig.* (*fesseln*) captivate, charm, fascinate: **er bestach alle durch sein blendendes Äußeres** he captivated everyone with his magnificent (*od.* superb) looks (*od.* appearance). – **3.** *fig.* (*täuschen*) take (*s.o.*) in, deceive: **seine Freundlichkeit kann mich nicht ~** his friendliness can't deceive me. – **II** *v/i* **4.** *fig.* fascinate, charm, be captivating: **das Kleid besticht durch seine schlichte Eleganz** the dress fascinates by (virtue of) its simple elegance; **sie besticht durch ihre Schönheit** her beauty charms everyone. – **III B~** *n* ⟨-s⟩ **5.** *verbal noun.* – **6.** *cf.* **Bestechung.** — **be'ste·chend I** *pres p.* – **II** *adj* **1.** *fig.* (*Lächeln etc*) captivating, charming, fascinating, engaging, winning. – **2.** *fig.* (*Form, Leistung etc*) brilliant, splendid, great, 'fantastic' (*colloq.*): **der Schwimmer ist in ~er Form** the swimmer is in great form (*od.* condition). – **3.** *fig.* (*Idee etc, econ. Angebot*) tempting, attractive.

Be'ste·cher *m* ⟨-s; -⟩ briber, corrupter.

be'stech·lich *adj* (*Beamter, Richter etc*) bribable, open to bribery, corrupt(ible), venal (*lit.*). — **Be'stech·lich·keit** *f* ⟨-; *no pl*⟩ corruptibility, venality (*lit.*).

Be'ste·chung *f* ⟨-; -en⟩ **1.** *cf.* **Bestechen.** – **2.** bribery, corruption: **aktive ~** *jur.* offer of bribe to an official; **passive ~** acceptance (*od.* taking) of a bribe; **einfache [schwere] passive ~** simple [aggravated] passive bribery by an official; **~ eines Zeugen** bribing (*od.* subornation) of a witness.

Be'ste·chungs|‚geld *n* bribe. — **~ge-**

ˌ**schenk** *n* (gift given as a) bribe. — **~ˌsum·me** *f* bribe (amount). — **~verˌsuch** *m* attempt at bribery, attempted bribery.

Beˈsteck *n* ⟨-(e)s; -e⟩ **1.** (*einzelnes Eßbesteck*) (set of) knife, fork and spoon. – **2.** (*für mehrere Personen*) a) (set of) cutlery, b) cutlery (*collect.*): **sechsteiliges ~** six-piece set of cutlery. – **3.** (*Instrumente*) (set of) instruments *pl*: **ein ärztliches [chirurgisches] ~** (a set of) medical [surgical] instruments. – **4.** *mar.* ship's position, reckoning: **astronomisches ~** astronomical position; **gegißtes** (*od.* **geschätztes**) **~** dead reckoning position; **das ~ aufmachen** (*od.* **vorbereiten**) to work out the ship's position; **das ~ nehmen** to fix the ship's position.

beˈstecken (*getr.* -k·k-) *v/t* ⟨*no* ge-, h⟩ **1. etwas mit etwas ~** to stick s.th. on (*od.* in) s.th.: **ein Kissen mit Nadeln ~** to stick pins in a cushion. – **2.** *hort.* (*Beet etc*) plant.

Beˈsteck|etui [-ˀɛtˌviː] *n* **1.** cutlery case. – **2.** instrument case. — **~ˌka·sten** *m* **1.** cutlery canteen (*od.* drawer). – **2.** instrument case. — **~komˌmo·de** *f* cutlery cabinet. — **~ˌrech·nung** *f mar.* dead reckoning. — **~verˌset·zung** *f* difference between dead reckoning position and true position.

Beˈsteg *m* ⟨-(e)s; -e⟩ *geol.* film.

beˈste·hen I *v/i* ⟨*irr, no* ge-, h⟩ **1.** exist, be (in existence): **die Firma besteht seit vielen Jahren** the firm has been in existence for many years; **alte Bräuche ~ auch heute noch** old customs exist (*od.* subsist, endure) even today; **diese Freundschaft wird nicht lange ~** this friendship won't exist (*od.* last) long; **solange die Welt besteht** a) since the world began, since the beginning of the world (*od.* of time), b) as long as the world lasts; **alles, was besteht** everything (*od.* all) that exists, everything in existence; **das Abkommen besteht nach wie vor** the agreement is still valid (*od.* still stands); **es besteht die leise Hoffnung** there exists (*od.* is) a faint (*od.* slight) hope; **daran können keine Zweifel ~** there can be no doubt about that; **es besteht Grund zur Annahme** there is reason to believe; **es besteht die Gefahr** there is (a) danger; **der Anspruch besteht zu Recht** the claim is justified; **bei dieser Konkurrenz kann die Firma nicht ~** the firm will not be able to survive with (*od.* in the face of) such competition. – **2. aus etwas ~** to consist (*od.* be made up, be composed) of s.th.: **Wasser besteht aus Sauerstoff und Wasserstoff** water consists (*od.* is composed) of hydrogen and oxygen; **das Leben besteht aus Arbeit** life consists (*od.* is made up) of work, life is nothing but work; **das Buch besteht aus vier Teilen** the book consists of (*od.* comprises) four parts. – **3. auf** (*dat, rare acc*) **etwas ~** to insist on s.th., (*stärker*) to persist in s.th.: **er bestand darauf, persönlich zu kommen** he insisted on coming in person; **darauf ~, daß etwas geschieht** to insist on s.th. being done (*od.* that s.th. should be done); **ich bestehe darauf, daß du jetzt gehst** I insist on your going now; **auf seinem Recht ~** to insist (*od.* stand) on one's rights; **sie besteht auf ihrer Forderung** she persists in (*od.* insists on) her claim (*od.* demand); **er besteht auf seinem Kopf** *colloq.* he is pigheaded (*od.* obstinate). – **4. in** (*dat*) **etwas ~** to consist in: **der Unterschied besteht darin, daß** the difference consists (*od.* lies) in the fact that. – **5.** (*sich behaupten*) stand (up), hold out (*od.* one's own): **in einer Gefahr ~** to hold one's ground (*od.* prove oneself) in a dangerous situation; **gegen alle Rivalen ~** to hold one's own against all rivals; **wie werden wir vor Gott ~ können?** how shall we be able to stand (*od.* to justify ourselves) before (*od.* in the sight of) God? **vor j-s Kritik ~** to face (*od.* stand up to) s.o.'s criticism; **er kann vor jedermann ~** he can face (up to) anybody (*od.* look anybody in the face); **er konnte gegen ihn nicht ~** he was no match for him. – **6.** (*durchkommen*) pass: **er bestand in der Prüfung** he passed (*od.* was successful in) the exam. – **II** *v/t* **7.** (*Prüfung*) pass, get through: **eine Prüfung mit Auszeichnung ~** to pass an examination with distinction (*od.* hono[u]rs); **einen Test nicht ~** not to pass a test, to fail a test. – **8.** (*Gefahr, Probe etc*) go (*od.* pass) through, undergo: **er hatte viele Abenteuer zu ~** he had to encounter many adventures; **die Bewährungsprobe ~** to pass (*od.* stand) the test. – **9.** (*Kampf*) be victorious in, emerge victorious from: **den Feind ~** *obs.* to defeat the enemy. – **III B~** *n* ⟨-s⟩ **10.** *verbal noun.* – **11.** existence: **das bloße B~ dieser Vorschrift genügt schon** the mere existence of this rule (*od.* regulation) is sufficient; **seit B~ der Firma** (ever) since the firm was established (*od.* founded); **die Schule feierte ihr 50-jähriges B~** the school celebrated its fiftieth anniversary. – **12.** (auf *dat* on, upon) insistence, persistence: **sein hartnäckiges B~ auf seinem Recht** his obstinate (*od.* stubborn) insistence on his rights. – **13.** (*einer Prüfung*) pass: **das B~ dieser Prüfung ist Voraussetzung** one of the conditions (*od.* the prerequisite) is a pass in this exam(ination).

beˈste·henˌblei·ben *v/i* ⟨*irr, sep,* -ge-, sein⟩ **1.** remain in existence, continue (to exist), stand. – **2.** remain valid, hold.

beˈste·hend I *pres p.* – **II** *adj* **1.** existing, in existence: **nach den ~en Gesetzen** according to the established laws (*od.* to present legislation); **noch ~e Gesetze** laws still in force (*od.* vigo[u]r); **noch ~** extant, still existing (*od.* in existence). – **2.** (*gegenwärtig*) present, current: **bei den ~en Preisen** at current prices. – **3.** (*vorherrschend*) prevailing. – **4.** *econ.* (*Kurs etc*) ruling.

beˈsteh·len *v/t* ⟨*irr, no* ge-, h⟩ **j-n (um etwas) ~** to steal (s.th.) from s.o., to rob s.o. (of s.th.).

beˈstei·gen I *v/t* ⟨*irr, no* ge-, h⟩ **1.** (*Berg, Turm etc*) climb (up), go up, ascend (*lit.*). – **2.** (*bezwingen*) climb, conquer. – **3.** (*Pferd, Fahrrad etc*) mount, get on. – **4.** (*Zug etc*) (go on) board, enter, get on (*od.* into). – **5.** (*Kanzel etc*) mount, go up: **den Scheiterhaufen ~** *hist.* to mount the stake. – **6.** (*Thron*) mount, ascend, succeed to. – **II B~** *n* ⟨-s⟩ **7.** *verbal noun.* — **Beˈstei·gung** *f* ⟨-; -en⟩ **1.** *cf.* Besteigen. – **2.** (*eines Bergs, Gipfels etc*) ascent. – **3.** (*Bezwingung*) conquest. – **4.** (*eines Throns*) accession (to).

beˈstell·bar *adj* (*Boden*) arable, tillable.

Beˈstell|ˌbuch *n econ.* order book. — **~ˌda·tum** *n* date of order. — **~ˌeinˌgang** *m* amount of orders coming in, incoming (*od.* influx of) orders *pl.*

beˈstel·len I *v/t* ⟨*no* ge-, h⟩ **1.** (*Waren, Speisen etc*) order: **etwas bei j-m ~** a) to order s.th. from s.o., to give s.o. an order for s.th., b) *econ.* to place an order for s.th. with s.o.; **eine Flasche Wein ~** to order a bottle of wine; **j-m** (*od.* **für j-n**) **etwas ~** to order s.th. for s.o.; **sich** (*dat*) **etwas ~** to order s.th. (for oneself); **sie hat sich etwas (Kleines) bestellt** *fig. colloq.* she is in the family way (*colloq.*), she is expecting a baby; **er hat sich ein Schwesterchen bestellt** *fig. humor.* he wants (*od. humor.* ordered) a little sister; **er hätte es sich nicht besser ~ können** *fig. colloq.* things could not have turned out better for him; → **Aufgebot** 1. – **2.** (*Zeitung*) order, subscribe to, take. – **3.** (*Taxi*) order, call. – **4.** (*Hotelzimmer, Theaterkarte etc*) book, *bes. Am.* reserve: **~ Sie Ihre Karten rechtzeitig!** be sure to book your tickets in time! **sie hat die Flugkarte schon bestellt** she has already booked her flight. – **5.** (*kommen lassen*) ask (*stärker* tell) (*s.o.*) to come: **ich habe ihn zu mir bestellt** a) I asked him to come to see me, b) I told him to come to see me, I summoned him to me; **bestelle ihn für heute abend [für 10 Uhr]** tell (*od.* make an appointment with) him to come tonight [at 10 o'clock]; **ich bestellte ihn in das Café** I asked him to meet me at the café. – **6.** (*Grüße, Botschaft etc*) give, deliver: **bestelle ihm** (*od.* **an ihn**) **einen schönen Gruß von mir** give him my regards, remember me to him, say hello to him for me; **kann ich [ihm] etwas ~?** can I take a message [for him]? **bitte ~ Sie ihr, daß ich heute nicht kommen kann** please tell her that I can't come today; **j-m etwas ~ lassen** to have a message delivered to s.o. – **7.** *jur.* a) (*Vertreter, Vormund, Pfleger etc*) appoint, b) (*Anwalt, Verteidiger*) engage the services of (*od.* retain) (*s.o.*) (as counsel), *Br. auch* brief: **j-n zu seinem Vertreter ~** to appoint s.o. as one's representative; **das Gericht bestellte einen Verteidiger** the court assigned counsel to the defendant. – **8.** *jur.* (*Recht, Hypothek*) create. – **9.** *fig.* (*ordnen*) put (*s.th.*) in order: **sein Haus ~** a) to put one's affairs in order, b) *Bibl.* to set one's house in order. – **10.** *agr.* (*Feld, Boden*) till, cultivate, farm. – **11.** *fig. colloq.* (*in Wendungen wie*) **er hat bei ihr nichts zu ~** he does not rate with her, she does not care for him; **gegen ihn hat er nichts zu ~** he is no match for him; **was haben wir gegen ihn schon zu ~?** what can we do against him? – **12.** *cf.* zustellen 2. – **13.** *rare* **etwas mit etwas ~** to put s.th. on s.th. – **II** *v/i* **14.** (*im Restaurant etc*) order, give one's order: **haben Sie schon bestellt?** have you ordered (yet)? – **III B~** *n* ⟨-s⟩ **15.** *verbal noun.* – **16.** *cf.* Bestellung.

Beˈstel·ler *m* ⟨-s; -⟩ *econ.* **1.** orderer. – **2.** (*einer Zeitung*) subscriber (to). – **3.** (*Käufer*) buyer, purchaser. – **4.** (*Kunde*) customer.

Beˈstell|for·muˌlar *n econ.* order form (*Am. auch* blank). — **~geˌbühr** *f*, **~ˌgeld** *n* (*postal service*) (*für Zeitungen*) (newspaper) subscription fee.

Beˈstelli·ste (*getr.* -llˌl-) *f econ.* order list.

Beˈstell|ˌnum·mer *f econ.* order number. — **~ˌschein** *m* **1.** (written) order. – **2.** *cf.* Bestellformular.

beˈstellt I *pp.* – **II** *adj* **1.** ordered, on order: **die Waren sind längst ~** the goods have been on order for a long time (*od.* were ordered a long time ago). – **2.** by appointment: **sind Sie ~?** have you an appointment? are you here by appointment? **ich bin [für vier Uhr] ~** I have an appointment [for four o'clock]; **du siehst aus wie ~ und nicht abgeholt** *fig. colloq.* there you are — all dressed up and nowhere to go. – **3. es ist gut [schlecht] um j-n** (*od.* **mit j-m**) **~** s.o. is in a fair [bad] way; **um seine Zahlungsfähigkeit ist es nicht besonders gut ~** his ability to pay is not particularly good.

Beˈstel·lung *f* ⟨-; -en⟩ **1.** *cf.* Bestellen. – **2.** (*von Waren, Speisen etc*) order: **eine ~ machen** (*od.* **aufgeben**) to give (*od. econ.* place) an order; **ich arbeite nur auf ~** I only work to order; **auf ~ angefertigt** made to order, *Am. auch* custom-made, *Br. auch* bespoke; **eine ~ von** (*od. econ.* **über** *acc*, **auf** *acc*) **etwas** an order for s.th.; **eine ~ für Bücher** an order of (*od.* for) books. – **3.** (*einer Zeitung*) subscription (to). – **4.** (*eines Hotelzimmers, einer Theaterkarte etc*) reservation: **eine ~ annullieren** to cancel a reservation. – **5.** (*Botschaft, Nachricht*) message: **j-m eine ~ auftragen** to ask s.o. to take a message. – **6.** *jur.* a) (*eines Vormunds etc*) appointment, b) (*eines Anwalts, Verteidigers*) engagement of the services (*od.* retention) of (*s.o.*) (as counsel): **die gerichtliche ~ eines Verteidigers** the assignment (*od.* appointment) of a counsel (*od.* lawyer) to the defendant by the court. – **7.** *jur.* (*eines Rechtes, einer Hypothek etc*) creation. – **8.** *agr.* tillage, cultivation.

Beˈstell|ˌzeit *f agr.* seedtime, sowing season. — **~ˌzet·tel** *m* **1.** *econ. cf.* Bestellschein. – **2.** (*für Bücher*) call slip.

ˈbe·stenˈfalls *adv* **1.** at (the) best: **es haben ~ 5 Personen Platz** there is room for 5 people at best (*od.* at the most).

ˈbe·stens *adv* **1.** in the best (possible) manner (*od.* way): **er wird es ~ besorgen** he'll attend to it in the best possible way; **er läßt Sie ~ grüßen** he has asked me to give you his best regards; **(ich) danke ~** a) thank you very much indeed, b) *iron.* thanks (a lot)! no, thank you; **wie geht es dir? ~!** how are you? very well; **es ist alles ~** *colloq.* everything is just perfect. – **2.** *econ.* (*Börse*) at the best price.

ˈBe·stensˌaufˌtrag *m econ.* (*Börse*) order to buy or sell at the best price, *Am. auch* market order.

ˈbe·ster *adj cf.* beste II.

be·sternt [bəˈʃtɛrnt] *adj* **1.** (*mit Orden*) decorated with orders, bemedalled (*humor.*). – **2.** *cf.* bestirnt.

ˈbe·stes *adj cf.* beste II.

beˈsteu·ern I *v/t* ⟨*no* ge-, h⟩ impose (*od.* levy) a tax (*od.* taxes) (up)on, tax: **etwas zu hoch ~** to overtax s.th., to tax s.th. excessively. – **II B~** *n* ⟨-s⟩ *verbal noun.* — **Beˈsteue·rung** *f* ⟨-; *no pl*⟩ **1.** *cf.* Besteuern. – **2.** taxation: **(eine) hohe ~** high taxation.

Beˈsteue·rungs|ˌart *f econ.* kind of taxation. — **~ˌgren·ze** *f* tax limit. — **~ˌgrundˌla·ge** *f* basis of taxation. — **~ˌrecht** *n* right to levy taxes. — **~ˌsatz** *m* tax rate.

ˈBest|ˌform *f* (*sport*) top condition: **er ist weit von seiner ~ entfernt** he is way off form (*colloq.*). — **b~geˌhaßt** *adj* ⟨*attrib*⟩ best-hated. — **b~ˌge·hend** *adj* ⟨*attrib*⟩ *econ.*

(*Geschäft, Ware etc*) best-selling. — **b~geˌklei·det** *adj* ⟨*attrib*⟩ best-dressed. — **b~geˌmeint** *adj* ⟨*attrib*⟩ best-intentioned. — **b~geˌpflegt** *adj* ⟨*attrib*⟩ best-kept.

be·stia·lisch [bɛsˈtĭaːlɪʃ] *adj* **1.** (*Mord, Verbrechen*) bestial, brutal, cruel, atrocious. – **2.** (*Behandlung etc*) bestial, inhuman. – **3.** *fig. colloq.* (*Wetter, Gestank*) beastly. — **Be·stia·liˈtät** [-tĭaliˈtɛːt] *f* ⟨-; -en⟩ **1.** bestiality, brutality, cruelty, atrocity. – **2.** bestiality, inhumanity.

Be·stia·ri·um [bɛsˈtĭaːrĭʊm] *n* ⟨-s; -rien⟩ (*literature*) *hist.* bestiary (*a medieval book describing animals*).

beˈsticken (*getr.* -k·k-) *v/t* ⟨*no* ge-, h⟩ (mit with) embroider.

Be·stie [ˈbɛstĭə] *f* ⟨-; -n⟩ **1.** (brute) beast, wild animal, brute. – **2.** *fig.* (*tierischer, grausamer Mensch*) brute, bestial (*od.* cruel, brutal, inhuman) person, beast: eine ~ in Menschengestalt a beast in human form.

beˈstie·felt [bəˈʃtiːfəlt] *adj* booted.

beˈstie·len *v/t* ⟨*no* ge-, h⟩ (*Besen, Werkzeuge etc*) furnish (*od.* fit) (*s.th.*) with a handle, fix a handle to.

beˈstimm·bar *adj* **1.** (*festsetzbar*) determinable: quantitativ ~ quantifiable. – **2.** (*erklärbar*) definable.

beˈstim·men I *v/t* ⟨*no* ge-, h⟩ **1.** (*festsetzen, festlegen*) determine, decide (on, upon), fix, appoint: das genaue Datum muß erst bestimmt werden the precise date is still to be determined (*od.* fixed, appointed); du kannst selbst den Tag ~ you yourself may decide on the day; ich kann noch nicht genau ~, wann ich komme I can't yet tell exactly (*od.* specify) when I'll come; etwas genau [näher] ~ to pinpoint [to specify] s.th.; den Wert einer Sache ~, etwas zahlenmäßig ~ to evaluate s.th.; der Preis wird durch Angebot und Nachfrage bestimmt the price is determined (*od.* regulated) by (*od.* depends on) supply and demand; der Fluß bestimmt den Charakter der Landschaft the river determines the character of the landscape. – **2.** (*bestimmend beeinflussen*) determine, control: das Militär bestimmt die Politik des Landes the military control(s) the country's politics. – **3.** (*anordnen*) order, rule, regulate, decide, (*bes. behördlich*) decree: der Vater bestimmte, was mit dem Geld zu geschehen habe the father decided (*od.* gave orders) what had to be done with the money; du hast hier nichts zu ~ you have no say around here. – **4.** (*definieren*) define. – **5.** *bes. jur.* (*durch Vertrag etc*) stipulate, provide, (*durch Gesetz*) *auch* rule, regulate, decree: es wurde gesetzlich (*od.* durch Gesetz) bestimmt it was provided (*od.* decreed) by law. – **6.** j-n zu etwas ~ a) to intend (*od.* mean) s.o. for s.th., b) (*ernennen*) to appoint (*od.* nominate, designate) s.o. (as) s.th., c) (*aussersehen*) to destine s.o. to (be) (*od.* to ordain s.o.) s.th.: sein Vater hat ihn zum Juristen bestimmt his father intended him to be a lawyer; j-n zu seinem Nachfolger ~ to designate s.o. as (*od.* make s.o.) one's successor; Gott hat ihn zum Priesteramt bestimmt God has ordained him priest. – **7.** etwas für j-n [etwas] ~ a) to intend (*od.* mean) s.th. for s.o. [s.th.], to allocate (*od.* assign) s.th. to s.o. [s.th.], b) (*reservieren*) to set s.th. apart (*od.* aside) for s.o. [s.th.], to reserve s.th. for s.o. [s.th.]: die Uhr habe ich für dich bestimmt I intended the watch for you; 10 Millionen wurden für den Wohnungsbau bestimmt 10 million were allocated to (*od.* appropriated for) housing projects; dieser Platz wurde für den Ehrengast bestimmt this seat was reserved for the guest of hono(u)r. – **8.** (*veranlassen*) induce, decide, impel, move: sie läßt sich zu sehr von ihren Gefühlen ~ she lets her feelings influence her too much; was bestimmte dich, so zu handeln? what caused you to (*od.* made you) act like this? j-n zu einer strafbaren Handlung ~ *jur.* to induce (*od.* move) s.o. to commit a punishable offence (*Am.* offense). – **9.** (*ermitteln*) ascertain, find out, determine: sein Alter ist schwer zu ~ his age is hard to ascertain (*od.* determine); den Krankheitserreger ~ *med.* to determine the pathogenic organism. – **10.** *math.* a) (*genau feststellen*) determine, b) (*definieren*) define, c) (*errechnen*) calculate, work out: eine Unbekannte ~ to determine an unknown (quantity); das Volumen eines Kegels ~ to work out the volume of a cone. – **11.** *mar.* (*Schiffsort*) fix. – **12.** *ling.* qualify: das Adverb bestimmt ein Adjektiv oder Verb the adverb qualifies an adjective or a verb. – **13.** *bot. zo.* (*Pflanze etc*) determine, define. – **II** *v/i* **14.** über j-n [etwas] ~ to have s.o. [s.th.] at one's disposal, to dispose of s.o. [s.th.]: er kann über seine Zeit frei ~ his time is entirely at his disposal; ~ Sie über mich I am at your disposal; ich kann über meinen Mann nicht ~ I can't anticipate my husband's decision. – **15.** (*anordnen*) give orders: hier bestimme ich! I am the boss here! (*colloq.*); wer bestimmt hier? who gives the orders here? – **III** *v/reflex* **16.** sich nach etwas ~ to be determined (*od.* governed) by s.th., to depend on s.th.: die Rechte des Käufers ~ sich nach the rights of the buyer are governed by. – **IV B~** *n* ⟨-s⟩ **17.** *verbal noun.* – **18.** *cf.* Bestimmung.

beˈstim·mend I *pres p.* – **II** *adj* (*Faktor*) determining, determinative, decisive: für j-n [etwas] ~ sein to determine s.o. [s.th.]; ein ~es Fürwort *ling.* a determinative pronoun.

beˈstimmt I *pp.* – **II** *adj* **1.** (*Stimme, Worte etc*) determined, decided, firm, resolute: er antwortete in höflichem, aber ~em Ton he replied in a polite, yet firm (*od.* decisive) tone; er näherte sich mit ~en Schritten he approached with resolute steps. – **2.** (*Anzahl, Stunde etc*) certain, given: zu einem ~en Zeitpunkt at a given moment; ~e Pflichten hat jeder zu erfüllen anyone has to fulfil(l) certain duties; in ~en Dingen versteht er keinen Spaß you can't fool (*od.* joke) with him in certain respects; bis zu einem ~en Grad to a certain degree. – **3.** (*Absicht, Plan etc*) special, particular, specific, definite: verfolgst du damit eine ~e Absicht? are you pursuing a special purpose with it? ich habe einen ganz ~en Verdacht I have a definite suspicion. – **4.** für j-n [etwas] ~ sein to be (meant) for s.o. [s.th.]: diese Worte sind nicht für dich [deine Ohren] ~ these words are not (meant) for you [your ears]. – **5.** zu etwas ~ sein to be destined for (*od.* to be) s.th.: zu etwas Höherem ~ sein to be destined for s.th. higher; er war nicht dazu ~, glücklich zu sein it was not his fate (*od.* it was not granted [*od.* given] to him) to be happy; sie schienen füreinander ~ (zu sein) they seemed to be made for each other. – **6.** *mar.* (*Schiff*) (nach for) bound. – **7.** *ling.* a) (*Adjektiv etc*) qualified, b) (*Artikel*) definite. – **III** *adv* **8.** certainly, surely, for certain, *bes. Am.* for sure, definitely: das ist ~ nicht schlecht that's certainly not bad; ich weiß ~, daß I know for certain (*bes. Am.* for sure) that; ich glaube ganz ~, daß er kommt I am positive (*od.* convinced) he'll come; ich kann es nicht ~ sagen I can't tell for certain. – **9.** decidedly, firmly: er antwortete höflich, aber ~ he answered in a polite, yet determined manner. – **IV B~e, das** ⟨-n⟩ **10.** the special (*od.* particular, specific, definite): ich habe nichts B~es vor I have no particular plans; denken Sie da an etwas B~es? haben Sie etwas B~es im Auge? do you have s.th. special in mind?

Beˈstimmt·heit *f* ⟨-; *no pl*⟩ **1.** certainty, certitude, sureness, definiteness: das kann ich Ihnen nicht mit ~ versprechen I can't give you a definite promise; mit ~ damit rechnen to count on it with certainty. – **2.** determination, decidedness, firmness, resolution: in seiner Stimme war (*od.* lag) ~ there was firmness in his voice.

Beˈstim·mung *f* ⟨-; -en⟩ **1.** *cf.* Bestimmen. – **2.** (*Festsetzung*) determination, decision (on, upon): die ~ eines Termins the determination (*od.* fixing, appointment) of a date; unter ~ einer angemessenen Frist a reasonable time limit being set. – **3.** (*Definition*) definition. – **4.** *bes. jur.* (*eines Vertrages, Gesetzes, Testaments etc*) term, stipulation, provision, condition: einschränkende ~ proviso; nähere ~en specific regulations; nach (*od.* gemäß) den ~en des Gesetzes under (*od.* according to) the provisions of the law; die nötigen ~en treffen to make the necessary provisions, to take the necessary steps (*od.* measures). – **5.** (*Vorschrift*) regulation, rule: nach den (jetzt) gültigen ~en according to the present regulations. – **6.** (*Ernennung*) appointment, nomination, designation: die ~ eines Nachfolgers the appointment of a successor. – **7.** (*Berufung*) vocation, destination, ordainment: er folgte seiner ~ und wurde Priester he followed his vocation and became a priest. – **8.** (*Schicksal*) fate, (*persönliches*) destiny: es war ~ it was preordained (*od.* foreordained), it was fate; es war seine ~ it was his destiny. – **9.** (*Zuwendung*) allocation, assignment: die ~ von 20 Millionen als Entwicklungshilfe the allocation (*od.* appropriation) of 20 million for (*od.* as) development aid. – **10.** (*Ermittlung*) ascertainment, determination: die ~ der Sehschärfe (*optics*) refraction. – **11.** (*Zielort, Bestimmungsort*) (place of) destination. – **12.** (*Verwendungszweck*) destination: eine Brücke ihrer ~ übergeben to open a bridge. – **13.** *math.* a) (*Feststellung*) determination, b) (*Definition*) definition, c) (*Errechnung*) calculation. – **14.** *ling.* (*eines Verbs*) qualification, modification: adverbiale ~ a) adverbial element, b) adverbial phrase, c) adverbial modifier. – **15.** *bot. zo.* (*einer Pflanze etc*) determination, identification, definition. – **16.** *philos. rare* (*Kennzeichnung*) (definite) description.

Beˈstim·mungs|ˌbahnˌhof *m* station of destination. — **~ˌbuch** *n bot.* book for the identification of plants. — **~ˌdreiˌeck** *n civ.eng.* determinant triangle. — **b~geˌmäß I** *adv* **1.** (*vorschriftsmäßig*) according to (*od.* in accordance with) regulations. – **2.** *bes. jur.* a) (*bei Vertrag*) according to the terms (of the contract), b) (*bei Gesetz etc*) under the provisions of the law, in accordance (*od.* compliance) with the law. – **II** *adj* **3.** die ~e Durchführung des Planes carrying out the plan in accordance with (*od.* according to) regulations (*od.* the terms [of the contract]); die ~e Verwendung der Gelder (due) application of the funds as directed (*od.* agreed). — **~ˌglei·chung** *f math.* equation of condition. — **~ˌgrö·ße** *f* **1.** *math.* defining quantity. – **2.** *tech.* a) specification factor, b) (*eines Gewindes*) threading element, c) (*einer Verzahnung*) gear tooth element. — **~ˌha·fen** *m* port of destination. — **~ˌkauf** *m jur. cf.* Spezifikationskauf. — **~ˌland** *n* country of destination. — **~menˌsur** *f* (*in schlagenden Verbindungen*) obligatory duel. — **~ˌort** *m* (place of) destination: endgültiger ~ final destination. — **~ˌschlüs·sel** *m bot.* key for the identification (*od.* determination) of plants. — **~ˌstück** *n* **1.** *math.* datum. – **2.** *tech.* element. — **~ˌta·fel** *f bot. cf.* Bestimmungsschlüssel. — **~ˌwort** *n* ⟨-(e)s; =er⟩ *ling.* determinative element. — **~ˌzweck** *m* intended purpose.

beˈstirnt [bəˈʃtɪrnt] *adj lit.* (*Himmel*) starry.

ˈBest|ˌlei·stung *f* (*sport*) **1.** best performance. – **2.** record: eine neue ~ erzielen to make (*od.* set [up]) a new record. — **~ˌmann** *m* ⟨-(e)s; -leute *od.* =er⟩ *mar.* mate. — **b~ˈmög·lich I** *adj* ⟨*attrib*⟩ **1.** best possible, optimum: das ~e Ergebnis the best possible result; zum ~en Preis at the best price possible. – **II** *adv* **2.** in the best possible way, in the best manner possible. – **3.** *econ. cf.* bestens 2.

beˈstocken (*getr.* -k·k-) **I** *v/t* ⟨*no* ge-, h⟩ **1.** (*forestry*) a) stock (*s.th.*) (with trees), timber, b) (*größere Fläche*) afforest. – **2.** etwas mit etwas ~ *agr.* to plant s.th. with s.th. – **II** *v/reflex* sich ~ **3.** *bot. agr.* stock up, stool, (*bes. von Getreide*) tiller: der Weizen hat sich gut bestockt the wheat has tillered well. – **III B~** *n* ⟨-s⟩ **4.** *verbal noun.* — **beˈstockt I** *pp.* – **II** *adj* (*forestry*) timbered, stocked, wooded, forested. — **Beˈstockung** (*getr.* -k·k-) *f* ⟨-; *no pl*⟩ **1.** *cf.* Bestocken. – **2.** (*forestry*) a) (*Baumbestand einer Fläche*) growing stock, standing timber, forest cover, b) (*Begründung eines Waldbestandes*) establishment.

beˈstoh·len I *pp of* bestehlen. – **II** *adj* robbed. — **Beˈstoh·le·ne** *m, f* ⟨-n; -n⟩ person robbed.

beˈsto·ßen *v/t* ⟨*irr, no* ge-, h⟩ **1.** *tech.* a) (*Kanten etc*) edge, b) (*rechtwinklig*) square, c) (*besäumen*) trim, d) (*Holz*) abut, e) (*abhobeln*) rough-plane, f) (*durch Feilen*) rough-file. – **2.** *print.* a) plane, b) (*Druckstock*) dress. – **3.** *rare* knock (*s.th.*) off, mar, damage.

Beˈstoßˌho·bel *m print.* dresser, trimming (*od.* shaving) plane.

beˈstra·fen I *v/t* ⟨*no* ge-, h⟩ **1.** punish: die Kinder wurden für ihre Ungezogenheit

bestraft the children were punished (*od.* chastised) for their rudeness; **er ist für seinen Übermut bestraft worden** *fig.* he was punished for his wantonness. – **2.** *jur.* a) punish, b) (*verurteilen*) (mit to) sentence, c) (*mit Strafe belegen*) penalize: **j-n für ein Vergehen** (*od.* **wegen eines Vergehens**) ~ to punish s.o. for an offence (*Am.* offense); **der Dieb wurde mit zwei Jahren Gefängnis bestraft** the thief was sentenced to two years of imprisonment; **Mord wird mit lebenslänglicher Haft bestraft** murder is punishable with life imprisonment; **Zuwiderhandlungen werden bestraft** trespassers will be prosecuted; **j-n mit Geld** ~ to fine s.o. – **3.** (*sport*) (*Spieler, Regelverstoß*) penalize, punish. – **II B~** *n* ⟨-s⟩ **4.** *verbal noun.* – **5.** *cf.* Bestrafung. —

Be'stra·fung *f* ⟨-; -en⟩ **1.** *cf.* Bestrafen. – **2.** (*eines Missetäters, einer Missetat*) punishment: **disziplinarische [gerechte]** ~ disciplinary [just] punishment; **die** ~ **kleinerer** (*od.* **von kleineren**) **Vergehen** the punishment of minor offences (*Am.* offenses); **strengste** ~ **der Schuldigen verlangen** to demand the severest punishment of (*od.* for) the culprits; **dies hatte früher die** ~ **mit Zuchthaus zur Folge** previously this was punishable by penal servitude; **j-n zur** ~ **melden** *mil.* to put s.o. on a charge. – **3.** (*Strafe*) punishment, penalty: **die Attentäter haben die härteste** ~ **zu erwarten** there is the severest punishment in store for the assassins. – **4.** (*sport*) (*eines Spielers, Regelverstoßes*) punishment.

be'strah·len I *v/t* ⟨*no* ge-, h⟩ **1.** shine (up)on, irradiate. – **2.** (*beleuchten*) illuminate. – **3.** *med.* irradiate, give (*s.o.*) radiation (*od.* ray) treatment, treat (*s.o., s.th.*) with rays, ray: **j-n mit Höhensonne** ~ to give s.o. sunray treatment; **sie läßt sich** ~ she is given radiation treatment. – **4.** *nucl.* irradiate, expose (*s.th.*) to radiation, ray. – **II B~** *n* ⟨-s⟩ **5.** *verbal noun.* — **Be'strah·lung** *f* ⟨-; -en⟩ **1.** *cf.* Bestrahlen. – **2.** irradiation. – **3.** (*Beleuchtung*) illumination. – **4.** *med.* irradiation, radiation (*od.* ray) treatment, radiotherapy: **er bekommt ~en** he is having (*od.* getting) radiation treatment. – **5.** *nucl.* irradiation, exposure to radiation(s *pl*).

Be'strah·lungs|,dau·er *f* **1.** *med.* duration of exposure. – **2.** *nucl.* duration of irradiation. — **~,feld** *n* irradiation field, field of exposure. — **~ka,nal** *m phys.* beam hole. — **~,kreis,lauf** *m nucl.* (*im Reaktor*) irradiation loop. — **~,lam·pe** *f med.* radiation lamp. — **~,scha·den** *m* radiation damage. — **~,stär·ke** *f phys.* intensity of radiation. — **~ver,such** *m nucl.* irradiation test: ~ **im Reaktor** in-pile test.

be'stre·ben *v/reflex* ⟨*no* ge-, h⟩ **sich** ~ endeavor, *bes. Br.* endeavour, strive: **er bestrebt sich, seine Pflicht zu erfüllen** he endeavo(u)rs (*od.* strives) to fulfil(l) his duty; **ich bestrebe mich, gerecht zu sein** I strive to be just.

Be'stre·ben *n* ⟨-s; *no pl*⟩ endeavor, *bes. Br.* endeavour, effort, desire: **ständiges** ~ constant endeavo(u)r; **heißes** ~ ardent desire; **in dem** ~, **etwas zu tun** in the endeavo(u)r (*od.* anxious) to do s.th.; **sein ganzes** ~ **ist darauf gerichtet** (*od.* **geht dahin**), **den Plan zu vereiteln** he is making every effort (*od.* his only aim is) to defeat the plan; **es war nie sein** ~, **sich weiterzubilden** he never endeavo(u)red (*od.* strove) to develop his knowledge.

be'strebt I *pp.* – **II** *adj* ~ **sein, etwas zu tun** to be anxious (*od.* eager) to do s.th., to endeavor (*bes. Br.* endeavour) (*od.* to strive) to do s.th.: **er war** ~, **es allen recht zu machen** he was anxious to please everyone.

Be'stre·bung *f* ⟨-; -en⟩ *meist pl* endeavor, *bes. Br.* endeavour, effort, attempt: **ehrgeizige ~en** ambitious endeavo(u)rs (*od.* efforts); **es sind ~en im Gange, das System zu ändern** efforts (*od.* attempts) are being made to alter the system; **seine ~en waren erfolglos** his endeavo(u)rs (*od.* efforts) were unsuccessful; **staatsfeindliche ~en** *jur.* subversive activities.

be'strei·chen *v/t* ⟨*irr, no* ge-, h⟩ **1. etwas mit etwas** ~ to spread (*od.* coat, cover) s.th. with s.th., to spread s.th. on s.th.: **eine Schnitte (Brot) mit Butter** ~ to spread butter on (*od.* to butter) a slice of bread, to spread a slice of bread with butter; **die Brötchen mit Marmelade** ~ to spread jam on the rolls; **Plätzchen mit Glasur** ~ to cover (*od.* brush) biscuits with icing; **das Kuchenblech mit Fett** ~ to rub the baking tin with grease, to grease the baking tin; **eine Fläche mit Farbe** ~ to give a surface a coat of paint; **den Geigenbogen mit Kolophonium** ~ to rub the violin bow with rosin, to rosin the violin bow; **Wunden mit Salbe** ~ to cover wounds with ointment; **die Haut mit einer Lösung** ~ to paint the skin with a solution. – **2. j-n [etwas] mit der Hand** ~ to stroke (over) s.o. [s.th.] with one's hand, to pass one's hand over s.o. [s.th.]. – **3.** *fig. lit.* sweep over, (*stärker*) beat: **die Höhen werden vom Seewind bestrichen** the sea wind sweeps over the hills. – **4.** *mil.* a) sweep, rake, b) (*längs*) enfilade: **die feindlichen Stellungen mit Maschinengewehrfeuer** ~ to sweep (*od.* rake) the enemy positions with machine-gun fire, to machine-gun the enemy positions; **mit schwerem Geschütz kann man die ganze Stadt** ~ with heavy artillery one commands (*od.* covers) the whole town. – **5.** *tech.* a) cover, coat, apply a coat to, b) (*über eine Fläche hinweg*) pass over. – **6.** *metall.* (*Kokillen*) reek. – **7.** (*mit einem Scheinwerfer*) sweep.

Be'strei·chungs,feu·er *n mil.* **1.** grazing fire. – **2.** (*in Längsrichtung*) enfilade fire.

be'strei·ken *econ.* **I** *v/t* ⟨*no* ge-, h⟩ (*Betrieb*) (be on) strike against. – **II B~** *n* ⟨-s⟩ *verbal noun.* — **Be'strei·kung** *f* ⟨-; -en⟩ **1.** *cf.* Bestreiken. – **2.** strike: **die** ~ **der Firma X** the strike against the X company.

be'streit·bar *adj* **1.** (*anfechtbar*) disputable, contestable, challengeable, open to question. – **2.** (*abstreitbar*) deniable. — **Be'streit·bar·keit** *f* ⟨-; *no pl*⟩ disputability, contestableness.

be'strei·ten I *v/t* ⟨*irr, no* ge-, h⟩ **1.** (*Recht, These etc*) contest, dispute, challenge: **die Rechtmäßigkeit eines Anspruchs** ~ to contest (*od.* dispute) a claim; **ich bestreite Ihnen das Recht, so etwas zu fordern** I challenge your right to demand such a thing. – **2.** (*Schuld etc*) deny: **er bestritt, es gestohlen zu haben** he denied having stolen it; **es läßt sich nicht** ~, **daß** it cannot be denied that, there is no denying (the fact) that; **etwas energisch** ~ to deny s.th. energetically; **das bestreitet ja niemand!** nobody denies that! **wer wollte das** ~? who would deny it? – **3.** (*Kosten, Ausgaben etc*) pay, defray, meet: **sie muß die Reisekosten allein** ~ she has to pay the travel(l)ing expenses herself; **die Kosten bestreitet der Staat** the costs are met (*od.* defrayed, borne) by the State; **Ausgaben aus Steuereinnahmen** ~ to defray (*od.* meet) expenses out of revenue; **kann er damit seinen Lebensunterhalt** ~? can he get a livelihood out of that? **j-s Lebensunterhalt** ~ to maintain s.o.; **er hat die Unterhaltung allein bestritten** *fig.* he did all the talking; **das ganze Programm** ~ *fig.* to fill the whole program(me). – **4.** (*sport*) (*Wettkampf etc*) carry out, hold. – **II B~** *n* ⟨-s⟩ **5.** *verbal noun.* — **Be'strei·tung** *f* ⟨-; *no pl*⟩ **1.** *cf.* Bestreiten. – **2.** (*eines Rechts etc*) contestation, disputation, challenge. – **3.** (*einer Schuld etc*) denial. – **4.** (*von Kosten etc*) payment, defrayal, defrayment.

be'streu·en I *v/t* ⟨*no* ge-, h⟩ **etwas mit etwas** ~ to strew (*od.* sprinkle) s.th. with s.th., to strew s.th. over (*od.* on) s.th.: **die Stufen mit Blumen** ~ to strew the steps with flowers, to strew flowers over (*od.* on) the steps; **Gartenwege mit Sand [Kies]** ~ to sand [gravel, pebble] garden paths; **Backwerk mit Zucker** ~ to sprinkle (*od.* dust, dredge) pastry with sugar; **Fleisch mit Mehl** ~ to dredge meat with flour; **die Backform mit Mehl** ~ to dust the cake tin with flour, to flour the cake tin; **er bestreute sein Haupt mit Asche** *Bibl.* he strewed ashes on his head. – **II B~** *n* ⟨-s⟩ *verbal noun.* — **be'streut I** *pp.* – **II** *adj* **1.** strewn, sprinkled: **ihr Weg war nicht mit Rosen** ~ *fig.* her life was no bed of roses. – **2.** *her.* semé. — **Be'streu·ung** *f* ⟨-; *no pl*⟩ *cf.* Bestreuen.

be'stri·chen I *pp of* bestreichen. – **II** *adj mil.* (*Zone etc*) beaten.

be'stricken (*getr.* -k·k-) *v/t* ⟨*no* ge-, h⟩ **1.** captivate, charm, fascinate, (*stärker*) bewitch: **j-n durch seine Liebenswürdigkeit** ~ to captivate (*od.* bewitch) s.o. by one's charm; **er ließ sich von ihrem Charme** ~ he let himself be captivated (*od.* bewitched) by her charm. – **2. sie bestrickt die ganze Familie** *colloq.* she knits for the whole family. — **be'strickend** (*getr.* -k·k-) **I** *pres p.* – **II** *adj* captivating, charming, fascinating, (*stärker*) bewitching: **ihr ~es Lächeln** her captivating (*od.* bewitching) smile; **sie war von ~er Liebenswürdigkeit** a) she had a captivating charm, b) *iron.* she was as sweet as honey (*od.* saccharine). — **Be'strickung** (*getr.* -k·k-) *f* ⟨-; *no pl*⟩ captivation, charm, fascination, (*stärker*) bewitchment.

be·strumpft [bəˈʃtrʊmpft] *adj* (*Beine*) stockinged.

'Best,sel·ler [-,zɛlər] *m* ⟨-s; -⟩ *econ. print.* best seller.

be'stücken (*getr.* -k·k-) **I** *v/t* ⟨*no* ge-, h⟩ **1.** *mar. mil.* (*Schiff etc*) arm, equip (*s.th.*) with guns. – **2.** *tech.* a) (*Werkzeugmaschine, Gerät etc*) equip, b) (*Revolverkopf*) tool, c) (*Werkzeuge mit Hartmetall*) tip, d) (*mit Schnellstahl*) hard-face, e) (*mit Steuerkurven*) cam. – **II B~** *n* ⟨-s⟩ **3.** *verbal noun.* — **be'stückt I** *pp.* – **II** *adj* **1.** *mar. mil.* armed with guns: **der Kreuzer ist mit schweren Geschützen** ~ the cruiser is armed (*od.* equipped) with heavy guns. – **2.** *tech.* a) (*Werkzeugmaschine mit Einrichtungen*) equipped, b) (*mit Werkzeugen*) tooled, c) (*Werkzeuge mit Hartmetall*) tipped, d) (*mit Schnellstahl*) hard-faced. – **3.** *colloq.* (mit with) (well) supplied (*od.* provided): **reich** ~ **mit etwas** richly (*od.* amply) provided with s.th. — **Be'stückung** (*getr.* -k·k-) *f* ⟨-; *no pl*⟩ **1.** *cf.* Bestücken. – **2.** *mar. mil.* (*eines Schiffs etc*) armament. – **3.** *tech.* equipment.

be·stuh·len [bəˈʃtuːlən] **I** *v/t* ⟨*no* ge-, h⟩ (*Saal etc*) equip (*s.th.*) with seats, put seating into, chair. – **II B~** *n* ⟨-s⟩ *verbal noun.* — **Be'stuh·lung** *f* ⟨-; -en⟩ **1.** *cf.* Bestuhlen. – **2.** seating equipment, seats *pl.*

Be'stuh·lungs,plan *m* (*eines Theaters etc*) seating plan.

be'stür·men I *v/t* ⟨*no* ge-, h⟩ **1.** *mil.* (*Stadt, Festung etc*) assail, storm, (*stärker*) assault. – **2.** *fig.* (*bedrängen*) urge, press, implore: **seine Freunde bestürmten ihn, den Posten anzunehmen** his friends urged (*od.* pressed) him to accept the post; **die Kinder bestürmten den Vater, sie mitzunehmen** the children implored their father to take them with him; **alle möglichen Zweifel bestürmten ihn** *lit.* he was assailed by all sorts of doubts, all sorts of doubts thronged in upon him. – **3.** *fig.* **j-n mit etwas** ~ to ply (*od.* pester, plague) s.o. with s.th.: **sie bestürmten den Heimgekehrten mit Fragen** they bombarded (*od.* plied, pestered, plagued) the homecomer with questions. – **II B~** *n* ⟨-s⟩ **4.** *verbal noun.* — **Be'stür·mung** *f* ⟨-; -en⟩ **1.** *cf.* Bestürmen. – **2.** *mil.* (*einer Stadt etc*) assailment, assault (on). – **3.** *fig.* (*Bedrängung*) urge, pressure, imploration.

be'stür·zen *v/t* ⟨*no* ge-, h⟩ dismay, stun, strike (*s.o.*) with consternation, consternate, stagger, bewilder: **die Nachricht von seinem Tode hat uns alle bestürzt** we were all stunned (*od.* dismayed) by the news of his death. — **be'stür·zend I** *pres p.* – **II** *adj* dismaying, stunning, consternating, staggering, bewildering.

be'stürzt I *pp.* – **II** *adj* dismayed, stunned, struck with consternation, consternated, staggered, bewildered: **über** (*acc*) **etwas** ~ **sein** to be dismayed (*od.* stunned, filled with dismay, bewildered, aghast) at s.th.; **ein ~es Gesicht machen** to look dismayed (*od.* aghast, perplexed, nonplussed); ~ **dastehen** to stand aghast. – **III** *adv* **sie sah ihn** ~ **an** she looked at him in dismay (*od.* in bewilderment). — **Be'stürzt·heit** *f* ⟨-; *no pl*⟩ dismay, consternation, bewilderment.

Be'stür·zung *f* ⟨-; *no pl*⟩ dismay, consternation, bewilderment: **es herrschte große** ~ **darüber** there was great dismay (*od.* consternation) at this; **zu seiner** ~ to his dismay; **mit** ~ **stellte er fest** with consternation he found; **wir vernahmen mit großer** ~ **von dem Unglück** we were dismayed at the news of the accident.

be·stußt [bəˈʃtʊst] *adj colloq.* daft, 'cracked' (*colloq.*), *Br. sl.* 'barmy', *bes. Am. sl.* 'nutty', crazy.

'Best|,wert *m* optimum (value). — **~,wir·kungs,grad** *m tech.* optimum efficiency. —

~ˌ**zeit** *f* (*sport*) best (*od.* fastest, record) time: **persönliche ~** personal record.

Be·such [bəˈzuːx] *m* ⟨-(e)s; -e⟩ **1.** visit, (*kurzer*) call: **ein ~ bei j-m** a visit to s.o., a call on s.o. (*od.* at s.o.'s house); **der ~ einer Galerie** the visit to a gallery; **er war auf** (*od.* **zu**) **~ bei Freunden** he was on a visit to some friends; **er war nur kurz zu ~** he came only for a brief call (*od.* flying visit), he came only for a look-in (*colloq.*); **j-m einen ~ abstatten** to pay s.o. a visit, to make (*od.* pay) a call on s.o.; **auf ~ gehen** to go out visiting, to visit; **sie kam auf** (*od.* **zu**) **~ nach Deutschland** she came to visit Germany, she came for a visit to Germany; **sie sind auf ~ in München** they are in Munich on a visit; **bei meinem ersten ~** on (*od.* at) my first visit; **ich erhielt** (*od.* **bekam**) (**den**) **~ von Herrn X** I was visited by Mr X, Mr X called on me; **der ~ eines Bischofs in einer Diözese** *relig.* the visitation of a diocese by a bishop. – **2.** (*einer Versammlung, Schule etc*) attendance: **der ~ der Kirche** attendance at church; **regelmäßiger ~ der Vorlesungen** regular attendance of lectures; **nach dem ~ der Schule [Universität] in N** after attending school [the university] in N. – **3.** (*Besucher*) visitor(s *pl*), caller(s *pl*), guest(s *pl*), company: **hoher ~** important visitor(s), important guest(s); **Sie haben ~!** there is a visitor (*od.* there are visitors) for you; **~ haben [erwarten]** to have [to expect] company (*od.* visitors, a visitor); **ist euer ~ schon fort?** have your guests (*od.* visitors) left already? has your guest (*od.* visitor) left already? **wir hatten gestern viel ~** we had a great deal of company (*od.* many visitors) yesterday. – **4.** (*Besucherzahl*) attendance, number of visitors: **guter [schwacher] ~** large [thin] attendance.

be'su·chen *v/t* ⟨*no* ge-, h⟩ **1.** (*Person*) visit, (*kurz*) call on, go to see, look (*s.o.*) up: **ich möchte euch gern einmal ~** I would like to visit (*od.* call on) you some time; **er hat mich gestern besucht** he called on (*od.* came to see) me yesterday; **ich habe Herrn X besucht** I have been to see Mr X; **ich wünschte, er würde mich nicht so oft ~** I wish he would not drop in on me so often. – **2.** (*Land, Stadt etc*) go to, visit, 'do' (*colloq.*), *Am. auch* take in: **letztes Jahr haben wir Europa besucht** last year we visited (*od.* went to) Europe, we did Europe last year; **die Museen einer Stadt ~** to visit (*od.* do) the museums of a town. – **3.** (*Schule, Universität etc*) attend, go to: **regelmäßig die Kirche ~** to go regularly to church, to attend church regularly; **er besuchte regelmäßig die Bars** he frequented the bars.

be'su·chensˌwert *adj* worth visiting, worth a visit.

Be'su·cher *m* ⟨-s; -⟩ **1.** visitor, caller, guest: **~ empfangen** to receive visitors; **er weigerte sich, den ~ zu empfangen** he refused to see the caller; **er ist (ein) eifriger ~ von Kunstausstellungen** he is a regular visitor to art exhibitions, he eagerly frequents art exhibitions. – **2.** (*eines Theaters etc*) spectator, patron: **die Besucher werden gebeten zu** the patrons (*od.* audience) are requested to. — **Be'su·che·rin** *f* ⟨-; -nen⟩ visitor, caller, guest.

Be'su·cher|ˌli·ste *f* visitors' list. — **~re·ˌkord** *m* record number of visitors, record attendance. — **~ˌrückˌgang** *m* decline in attendance. — **~ˌschar** *f*, **~ˌstrom** *m* host of visitors. — **~ˌzahl** *f* **1.** number of visitors, attendance. – **2.** (*sport*) gate.

Be'suchs|ˌausˌtausch *m* exchange of visits. — **~erˌlaub·nis** *f* permission to receive visitors (*od.* guests). — **~ˌkar·te** *f* visiting card, *bes. Am.* calling card. — **~ˌrit·ze** *f colloq. humor.* space between twin beds. — **~ˌstun·de** *f* visiting hour. — **~ˌtag** *m* (*im Krankenhaus etc*) visiting day. — **b~ˌwei·se** *adv* as a visitor, for visiting purposes. — **~ˌzeit** *f* **1.** (*im Krankenhaus, Gefängnis etc*) visiting hours *pl.* – **2.** (*im Museum etc*) opening hours *pl.* — **~ˌzim·mer** *n* **1.** (*im Privathaushalt*) drawing room. – **2.** (*im Krankenhaus etc*) reception room.

be'sucht I *pp.* – **II** *adj* **1.** (*Theater, Kino etc*) attended, patronized: **die Vorstellung ist gut [schlecht] ~** the performance is well [poorly] attended. – **2.** (*Gasthaus, Ort etc*) frequented: **ein stark ~er Badeort** a much-frequented seaside resort.

be'su·deln I *v/t* ⟨*no* ge-, h⟩ **1.** (*Kleider etc*) dirty, soil, stain: **das Tischtuch ~** to soil (*od.* stain) the tablecloth. – **2.** *fig.* (*Namen, Ruf etc*) (be)foul, stain, sully, defile, smear, besmirch: **seine Hände mit Blut ~** to soil (*od.* stain) one's hands with blood. – **II** *v/reflex* **3. sich ~** soil oneself. – **III B~** *n* ⟨-s⟩ **4.** *verbal noun* – **5.** *cf.* Besudelung. — **Be'su·de·lung, Be'sud·lung** *f* ⟨-; *no pl*⟩ **1.** *cf.* Besudeln. – **2.** *fig.* defilement.

Be·ta ['beːta] *n* ⟨-(s); -s⟩ *ling.* beta (*second letter of the Greek alphabet*). — **~funk·tiˌon** *f math.* beta function.

be·tagt [bəˈtaːkt] *adj* **1.** *lit.* (*alt*) aged, advanced in years. – **2.** *jur. econ. rare* (*Forderungen*) due on a certain future date, deferred. — **Be'tagt·heit** *f* ⟨-; *no pl*⟩ *lit.* (old) age.

Be·ta·in [betaˈiːn] *n* ⟨-s; -e⟩ *chem.* betain(e).

be'ta·keln I *v/t* ⟨*no* ge-, h⟩ **1.** *mar.* a) (*Schiff*) rig, b) (*Tau*) serve, c) (*Tauende*) whip, pass a whipping around. – **2.** *Austrian colloq. for* betrügen 1. – **II B~** *n* ⟨-s⟩ **3.** *verbal noun.* — **Be'ta·ke·lung, Be'tak·lung** *f* ⟨-; -en⟩ **1.** *cf.* Betakeln. – **2.** *mar. cf.* Takelage.

be'tan·ken I *v/t* ⟨*no* ge-, h⟩ (*Auto, Flugzeug etc*) refuel, tank (up): **ein Flugzeug während des Fluges ~** to refuel an aircraft in flight (*od.* in midair). – **II B~** *n* ⟨-s⟩ *verbal noun.* — **Be'tan·kung** *f* ⟨-; *no pl*⟩ *cf.* Betanken.

be'ta·sten I *v/t* ⟨*no* ge-, h⟩ **1.** touch, feel, examine (*s.th.*) by touch: **er betastete vorsichtig sein geschwollenes Augenlid** cautiously he felt (*od.* passed his fingers over) his swollen eyelid; **die ausgestellten Waren ~** to touch (*od.* finger) the goods on display. – **2.** *med.* palpate. – **II B~** *n* ⟨-s⟩ **3.** *verbal noun.* – **4.** *cf.* Betastung.

'Be·ta|ˌstrahl *m meist pl nucl.* beta ray. — **~ˌstrah·ler** *m* beta (ray) emitter. — **~ˌstrah·lung** *f* beta (ray) emission.

Be'ta·stung *f* ⟨-; *no pl*⟩ **1.** *cf.* Betasten. – **2.** *med.* (bimanual) palpation.

'Be·taˌteil·chen *n nucl.* beta particle.

be'tä·ti·gen I *v/t* ⟨*no* ge-, h⟩ **1.** *bes. tech.* a) (*Hebel, Druckknopf etc*) operate, manipulate, actuate, b) (*Kupplung*) control, c) (*in Gang setzen*) put (*s.th.*) in operation (*od.* action), (*steuern*) control: **die Signalanlage [Warnanlage] wird automatisch betätigt** the signal(l)ing [warning] system is automatically set into motion; **die Bremse ~** to operate (*od.* apply, work, pull) the brake. – **2.** *lit.* (*Glauben etc*) practice *bes. Br.* -s-, put (*s.th.*) into effect. – **II** *v/reflex* **sich ~ 3.** (do some) work, be active, busy oneself: **sich sportlich ~** to be active in sport, to engage in sport; **sich künstlerisch ~** to go in for artistic activities, (*dilettantisch*) to dabble in (*od.* at) art(s); **er betätigt sich als Rechtsanwalt** he works as a lawyer, he practises at the bar; **sich politisch ~** to be in politics; **er betätigte sich als Aufpasser** he acted as a watcher (*od. colloq.* watchdog); **sich im Hause ~** a) to busy oneself about the house, b) to help about the house, to help with the housework; **ich habe mich ein bißchen im Garten betätigt** I pottered about in the garden; **du könntest dich ruhig auch einmal ~!** *iron.* you might also do some work for a change. – **4.** take (a) part: **er hat sich bei den Rettungsarbeiten betätigt** he took (a) part in the rescue work, he helped with the rescue work. – **III B~** *n* ⟨-s⟩ **5.** *verbal noun.*

Be'tä·ti·gung *f* ⟨-; -en⟩ **1.** *cf.* Betätigen. – **2.** work, activity, occupation: **körperliche ~** physical work (*od.* exercise); **künstlerische [politische] ~** artistic [political] activity. – **3.** *bes. tech.* a) (*eines Hebels etc*) operation, manipulation, actuation, b) (*Steuerung*) control: **die ~ der Bremsen** the application of the brakes; **~ durch Druckluft [Feder]** pneumatic [spring] control.

Be'tä·ti·gungs|ˌart *f tech.* operating method, control system. — **~ˌdrang** *m* urge for action, desire to be active. — **~ˌfeld** *n* **1.** field (*od.* sphere) of activity. – **2.** (*für überschüssige Energien etc*) outlet (for). — **~geˌstän·ge** *n tech.* control linkage. — **~ˌhe·bel** *m* **1.** operating (*od.* actuating) lever. – **2.** control lever. — **~ˌknopf** *m* start and stop button. — **~orˌgan** *n* control member. — **~ˌschal·ter** *m electr.* **1.** control (*od.* actuating) switch. – **2.** (*für Fernsteuerung*) trip (*od.* mechanically operated) switch. — **~ˌseilˌzug** *m tech.* control brake cable. — **~ˌspan·nung** *f electr.* control voltage. — **~ˌstrom** *m* actuating current. — **~ˌta·ste** *f* operational key.

Be·ta·tron ['beːtatrɔn] *n* ⟨-s; -e [-troːnə; -'troːnə], *auch* -s⟩ *nucl.* betatron.

be·täu·ben [bəˈtɔʏbən] **I** *v/t* ⟨*no* ge-, h⟩ **1.** stun, daze, stupefy: **ein Schlag auf den Kopf betäubte ihn** he was stunned by a blow on the head; **der Lärm betäubte mich** *fig.* I was stunned (*od.* deafened) by the noise; **der Schreck betäubte sie** *fig.* the shock stunned her. – **2.** *fig.* (*berauschen*) intoxicate: **der Duft der Blumen betäubte mich** I was intoxicated (*od.* overcome) by the fragrance of the flowers. – **3.** *med.* a) anesthetize, *bes. Br.* anaesthetize, give (*s.o.*) an an(a)esthetic, *auch* narcotize, b) (*Schmerz*) deaden, kill: **j-n mit(tels) Chloroform ~** to chloroform s.o.; **j-n örtlich ~** to give s.o. a local an(a)esthetic. – **4.** *vet.* (*Schlachtvieh*) stun. – **5.** *fig.* (*zu unterdrücken suchen*) silence, quiet(en), stifle: **seinen Kummer mit Alkohol ~** to drown one's sorrows in alcohol; **seinen Hunger ~** to appease one's hunger. – **II** *v/reflex* **sich ~ 6.** drug (*od.* dope) oneself: **sich mit Opium ~** to drug oneself with opium; **sich mit** (*od.* **durch**) **Arbeit ~** *fig.* to seek distraction (*od.* consolation) in work. – **III B~** *n* ⟨-s⟩ **7.** *verbal noun.* – **8.** *cf.* Betäubung. — **be'täu·bend I** *pres p.* – **II** *adj* **1.** (*Schlag etc*) stunning: **~er Lärm** *fig.* stunning (*od.* deafening) noise. – **2.** *fig.* (*Duft etc*) intoxicating, heavy. – **3.** *med.* a) (*Mittel, Wirkung*) narcotic, anesthetic, *bes. Br.* anaesthetic, b) (*schmerzstillend*) pain-killing; analgetic, analgesic (*scient.*).

be'täubt I *pp.* – **II** *adj* **~ sein** to be dazed (*od.* in a daze); **wie ~** as though stunned (*od.* in a daze). — **Be'täubt·heit** *f* ⟨-; *no pl*⟩ *rare for* Betäubung 2.

Be'täu·bung *f* ⟨-; *no pl*⟩ **1.** *cf.* Betäuben. – **2.** (*Benommenheit*) daze, dazed state, stupefaction, (*stärker*) stupor: **in dumpfe** (*od.* **tiefe**) **~ fallen** (*od.* **versinken**) to fall into a daze, to sink into a dull stupor. – **3.** *med.* a) (*Vorgang*) anesthetization, *bes. Br.* anaesthetization, *auch* narcotization, b) (*Narkose*) anesthesia, *bes. Br.* anaesthesia, an(a)esthetic, narcosis: **~ durch** (*od.* **mittels**) **Chloroform** chloroforming; **örtliche ~** a) local an(a)esthetization, b) local an(a)esthesia; **aus der ~ erwachen** to come round from the an(a)esthetic.

Be'täu·bungs·ap·paˌrat *m vet.* stunning apparatus.

Be'täu·bungsˌmit·tel *n med.* narcotic, (*auch für örtliche Betäubung*) an(a)esthetic. — **~geˌsetz** *n jur.* Narcotics (*Br.* Dangerous Drugs) Act.

be'tau·en *lit.* **I** *v/t* ⟨*no* ge-, h⟩ (be)dew, wet (*s.th.*) with dew. – **II** *v/reflex* **sich ~** become covered (*od.* wet) with dew. — **be'taut I** *pp.* – **II** *adj* dewy, covered (*od.* wet) with dew.

'Be·ta·zerˌfall *m nucl.* beta decay.

'Betˌbru·der *m contempt.* bigot, zealot.

Be·te ['beːtə] *f* ⟨-; -n⟩ *bot.* beet (*Gattg Beta*): **Rote ~** *Am.* beet, *Br.* beetroot (*B. vulgaris*).

Be·tei·geu·ze [betaɪˈgɔʏtsə] *m* ⟨-; *no pl*⟩ *astr.* Betelgeuse.

be'tei·len *v/t* ⟨*no* ge-, h⟩ *Austrian for* beschenken.

be·tei·li·gen [bəˈtaɪlɪgən] **I** *v/reflex* ⟨*no* ge-, h⟩ **sich ~** (**an** *dat* **in**) **1.** take (a) part, participate, join: **sich an einer Diskussion [einem Wettbewerb] ~** to take part in a discussion [competition]; **sich an einer Sammlung [einem Geschenk] ~** to contribute to a collection [present]; **sich an den Kosten ~** to share (in) the expenses; **sich an etwas nicht ~** to take no part in s.th.; **sich eifrig** (*od.* **aktiv**) **an etwas ~** to take an active part in s.th. – **2.** *econ.* take a share (*od.* an interest), participate: **sich mit 10000 Mark an einem Unternehmen ~** to buy an interest of 10,000 marks in an enterprise (*od.* venture). – **II** *v/t* **3. j-n** (**an** *dat* **etwas**) **~** to give s.o. a share (*od.* an interest) (in s.th.): **j-n am Gewinn ~** to give s.o. a share in the profits; **j-n an einem Geschäft ~** a) to make s.o. a partner, b) to give s.o. a financial interest in a business. – **III B~** *n* ⟨-s⟩ **4.** *verbal noun.* – **5.** *cf.* Beteiligung. — **be'tei·ligt I** *pp.* – **II** *adj* **1.** (*Person*) concerned, involved: **die am Verbrechen ~en Personen** the persons involved in the crime; **~e Person** *cf.* Beteiligte; **an einer Straftat ~ sein** *jur.* a) to be a party to an offence (*Am.* offense), b) (*als Anstifter od. Gehilfe*) to be an accessory to a crime. –

2. (*Sache*) involved: das am Unfall ~e Auto the car involved in the accident. – **3.** *econ.* (an *dat* in) interested, having an interest. — **Beˈtei·lig·te** *m, f* ⟨-n; -n⟩ person concerned (*od.* involved), *auch* participant: die ~n a) the persons (*od.* the parties, those) concerned, the parties (*od.* those) interested, b) the persons (*od.* those) involved; eine für alle ~n annehmbare Lösung a solution acceptable to all (parties) concerned (*od.* all parties); alle bei dem Unfall ~n all persons involved in the accident.

Beˈtei·li·gung *f* ⟨-; -en⟩ **1.** *cf.* Beteiligen. – **2.** die ~ an dem Protestmarsch war gut (*od.* groß) many people took part in the protest march. – **3.** (*Besucherzahl*) (an *dat* at) attendance: das Fest fand unter zahlreicher (*od.* großer) ~ der Bevölkerung statt the festival was attended by a large number of people. – **4.** *econ.* a) (an *dat* in) participation, share, interest, b) (*Teilhaberschaft*) partnership, c) *meist pl* (*Anteil*) interest(s *pl*): eine ~ an einer Firma a share (*od.* an interest) (held) in a firm; ~ der Arbeiter am Gewinn profit-sharing by workers; stille [tätige] ~ dormant (*od.* sleeping) [active] partnership; ~en an ausländischen Firmen interests held in foreign firms; ~en erwerben to secure interests; staatliche ~en government interests. – **5.** *jur.* (an *dat* in) participation, complicity: ~ an einem Verbrechen participation (*od.* complicity) in a crime; ~ Dritter am Rechtsstreit *cf.* Intervention 5; ~ des Verletzten am Strafverfahren *cf.* Nebenklage. – **6.** (*Beitrag*) contribution.

Beˈtei·li·gungs|geˌsell·schaft *f econ.* holding (*od.* associated) company. — **~in·ve·sti·tiˌon** *f meist pl* portfolio investment. — **~ka·piˌtal** *n* equity capital. — **~ˌquo·te** *f* participation quota.

Be·tel [ˈbeːtəl] *m* ⟨-s; *no pl*⟩ *bot.* betel pepper (*Piper betle*). — **~ˌkau·en** *n* betel chewing. — **~ˌnuß** *f bot.* betel (*od.* areca, Indian) nut. — **~ˌnußˌbaum** *m*, **~ˌnuß·ˌpal·me** *f cf.* Betelpalme. — **~ˌpal·me** *f* betel palm, betel (nut) tree (*Areca catechu*). — **~ˌpfef·fer** *m cf.* Betel.

be·ten [ˈbeːtən] *relig.* **I** *v/i* ⟨h⟩ pray, say one's prayer: lasset uns ~ let us pray; zu Gott ~ to pray to God; um etwas [für j-n] ~ to pray for s.th. [s.o.]; bei Tisch ~ to say grace; gemeinsam ~ to join in prayer; Not lehrt ~ (*Sprichwort*) sorrow draws us nearer to God. – **II** *v/t* (*Gebet*) say, recite: ein Vaterunser [Ave Maria] ~ to say an Our Father [a Hail Mary]; den Rosenkranz ~ to tell one's beads, to recite the Rosary. – **III B~** *n* ⟨-s⟩ *verbal noun*: (sich) zum B~ niederknien to kneel down to prayer; ist die Gefahr vorbei, denkt man nicht mehr ans B~ (*Sprichwort*) the danger past, God is soon forgotten; da hilft kein Singen und kein B~ *colloq.* weeping will not help there.

ˈBe·ten·de *m, f* ⟨-n; -n⟩ person at (*od.* in) prayer, (*bes. in Kirche*) worshipper.

be·tep·pert [bəˈtɛpərt] *adj colloq. cf.* bedeppert.

ˈBe·ter *m* ⟨-s; -⟩, **ˈBe·te·rin** *f* ⟨-; -nen⟩ *cf.* Betende.

be·teu·ern [bəˈtɔʏərn] **I** *v/t* ⟨*no* ge-, h⟩ **1.** protest, swear to, (*stärker*) asseverate (*lit.*): seine Aufrichtigkeit [Unschuld] ~ to protest one's sincerity [innocence]; ~, daß to protest (*od.* swear) that; feierlich ~ to protest solemnly, to make a solemn protestation. – **2.** (*behaupten*) assert, aver. – **3.** (*versichern*) affirm (*od.* declare) (*s.th.*) solemnly: er beteuerte ihm, daß he assured him that. – **II B~** *n* ⟨-s⟩ **4.** *verbal noun.* — **Beˈteue·rung** *f* ⟨-; -en⟩ **1.** *cf.* Beteuern. – **2.** protestation, (*stärker*) asseveration (*lit.*): die ~ seiner Unschuld the protestation of his innocence. – **3.** (*Behauptung*) assertion. – **4.** (*Versicherung*) assurance, solemn affirmation (*od.* declaration): beharrliche [wiederholte] ~ insistence [reassurance].

Beˈteue·rungsˌfor·mel *f jur.* form of affirmation (in lieu of oath).

beˈtex·ten I *v/t* ⟨*no* ge-, h⟩ (*Schlager, Film etc*) write the libretto (*od.* the words) for. – **II B~** *n* ⟨-s⟩ *verbal noun.* — **Beˈtex·tung** *f* ⟨-; -en⟩ *cf.* Betexten.

Beth [beːt] *n* ⟨-s; -⟩ *ling.* beth (*second letter of the Hebrew alphabet*).

ˈBetˌhaus *n Bibl.* house of prayer.

beth·le·he·mi·tisch [beːtleheˈmiːtɪʃ] *adj geogr.* (of) Bethlehem: der ~e Kindermord *Bibl.* the Massacre of the Innocents.

Be·ti·se [beˈtiːzə] *f* ⟨-; -n⟩ *obs. for* Dummheit.

beˈti·teln I *v/t* ⟨*no* ge-, h⟩ **1.** (*Person*) call, address, style: j-n (mit) „Professor" ~ to call s.o. (by the title of) "professor", to address s.o. as (*od.* to style s.o.) "professor"; j-n mit Lump ~ *colloq.* (*beschimpfen*) to call s.o. a rogue (*od.* rascal). – **2.** (*Buch etc*) (en)title, give a title to, (*Kapitel etc*) *auch* head. – **3.** *print.* (*Einband*) title, (*bes. von Hand*) letter. – **II** *v/reflex* sich ~ **4.** (*von Person*) call (*od.* title) oneself. – **5.** (*von Büchern etc*) be (en)titled, have the title: wie betitelt sich das Buch? what is the title of the book? – **III B~** *n* ⟨-s⟩ **6.** *verbal noun.* — **beˈti·telt I** *pp.* – **II** *adj* (en)titled, with (*od.* bearing) the title: weißt du, wie das Buch ~ ist? do you know the title of the book? — **Beˈti·te·lung, Beˈtit·lung** *f* ⟨-; -en⟩ **1.** *cf.* Betiteln. – **2.** title, form of address. – **3.** (*eines Buches etc*) title, (*eines Kapitels etc*) *auch* heading.

ˈBetˌni·sche *f relig.* prayer niche.

beˈtöl·peln I *v/t* ⟨*no* ge-, h⟩ j-n ~ to take s.o. in, to dupe s.o.: sich nicht ~ lassen not to let oneself be taken in. – **II B~** *n* ⟨-s⟩ *verbal noun.* — **Beˈtöl·pe·lung** *f* ⟨-; *no pl*⟩ *cf.* Betölpeln.

Be·ton [beˈtõː; beˈtoːn; beˈtɔŋ] *m* ⟨-s; -s⟩ *civ.eng.* concrete: belüfteter [bewehrter, erhärteter] ~ air-entrained (*od.* -entraining) [reinforced, hardened] concrete; flüssiger (*od.* gießfähiger) [grüner *od.* junger] ~ chuted [green] concrete; ~ mischen to mix concrete. — **~ˌabˌschir·mung** *f nucl.* (*eines Reaktors*) concrete (radiation) shield. — **~ˌabˌschnitt** *m civ.eng.* (*einer Straße*) concrete section. — **~ˌabˌwehr** *f* (*sport*) stone-wall (*od.* rocklike) defence (*Am.* defense). — **~ˌar·bei·ten** *pl civ.eng.* concrete work *sg.* — **~ˌauf·beˌrei·tung** *f* concrete mixing, making of concrete. — **~ˌaus·ˌbes·se·rungsˌstoff** *m* concrete repair (*od.* reintegration) material. — **~ˌbau** *m* **1.** ⟨-(e)s; *no pl*⟩ (*Bauweise*) concrete construction. – **2.** ⟨-(e)s; -ten⟩ (*Bauwerk*) concrete structure (*od.* construction, building). — **~ˌbau·maˌschi·nen** *pl* concrete machinery *sg.* — **~beˌlag** *m cf.* Betondecke 2. — **~beˌweh·rung** *f* concrete reinforcement. — **~ˌblock** *m* concrete block. — **~ˌdachˌstein** *m* precast concrete (*od.* cement) roofing tile. — **~ˌdecke** (*getr.* -k·k-) *f* **1.** (*in Gebäuden*) concrete floor. – **2.** (*beim Straßen- und Flugplatzbau*) concrete surfacing (*od.* pavement). — **~ˌdie·le** *f* precast slab floor. — **~ˌeb·ner** *m* straightedge.

be·to·nen I *v/t* ⟨*no* ge-, h⟩ stress, accent, accentuate, (*nachdrücklich*) emphasize: ein Wort auf der ersten Silbe ~ to stress a word on the first syllable; ein Wort falsch ~ to stress a word wrongly, to put (*od.* lay) the stress on the wrong syllable; die Wichtigkeit einer Sache ~ *fig.* to stress (*od.* emphasize, underline, underscore) the importance of s.th.; ich möchte ~, daß *fig.* I'd like to emphasize (*od.* point out) that; ihr Kleid betont ihre Figur *fig.* her dress emphasizes (*od.* accentuates) her figure; etwas übermäßig ~ to overemphasize s.th. – **II B~** *n* ⟨-s⟩ *verbal noun.*

Beˈton|faˌbrik *f civ.eng.* concrete mixing plant. — **~ˌfeld** *n* (*einer Straße*) concrete (pavement) slab. — **~fer·ti·ger** *m* concrete finisher (*od.* finishing machine). — **~ˌglät·ter** *m* float. — **~ˌherˌstel·lung** *f cf.* Betonaufbereitung.

Be·to·nie [beˈtoːniə] *f* ⟨-; -n⟩ *bot.* betony (*Stachys officinalis*).

Be·toˈnier|ˌbett *n civ.eng.* casting bed. — **~ˌbüh·ne** *f* concrete placing (*od.* pouring, placement) platform.

be·to·nie·ren [betoˈniːrən] *civ.eng.* **I** *v/t* ⟨*no* ge-, h⟩ concrete. – **II B~** *n* ⟨-s⟩ *verbal noun.* — **Be·toˈnie·rung** *f* ⟨-; -en⟩ *cf.* Betonieren.

Beˈton|kaˌno·ne *f civ.eng.* (pneumatic) concrete gun. — **~ˌkern** *m* (*einer Talsperre*) concrete core wall. — **~ˌklotz** *m* **1.** concrete block. – **2.** *contempt.* concrete building. — **~ˌlan·ze** *f* oxygen lance. — **~ˌmi·scher** *m*, **~ˌmisch·maˌschi·ne** *f* concrete mixer (*od.* mixing machine). — **~ˌmischˌturm** *m* concrete mixing tower. — **~ˌmi·schung** *f* (*Gemisch*) concrete mix(ture).

be·ton·nen [bəˈtɔnən] *mar.* **I** *v/t* ⟨*no* ge-, h⟩ (*Fahrwasser*) buoy. – **II B~** *n* ⟨-s⟩ *verbal noun.* — **Beˈton·nung** *f* ⟨-; *no pl*⟩ **1.** *cf.* Betonnen. – **2.** buoyage, buoys *pl.*

Beˈton|ˌpfahl *m civ.eng.* concrete (foundation) pile. — **~ˌpfla·sterˌstein** *m* concrete (paving) sett. — **~ˌpi·ste** *f aer.* concrete runway. — **~ˌplat·te** *f civ.eng. cf.* Betonfeld. — **~ˌröh·re** *f* concrete pipe. — **~ˌrütt·ler** *m* concrete vibrator. — **~ˌsand** *m* natural (concrete *od.* concreting) sand. — **~ˌscha·lung** *f* concrete boarding, (concrete) formwork. — **~ˌschür·ze** *f* concrete apron. — **~ˌschwel·le** *f* (*railway etc*) concrete crosstie (*od.* sleeper). — **~skeˌlett** *n* concrete frame (*od.* skeleton). — **~skeˌlett·ˌbau** *m* concrete frame (*od.* skeleton, framework) construction. — **~ˌsplitt** *m* crushed gravel. — **~ˌstahl** *m* reinforcement (*od.* reinforcing) steel. — **~ˌstamp·fer** *m* concrete tamper. — **~ˌstein** *m* (precast) concrete block, cast stone.

beˈtont I *pp.* – **II** *adj* **1.** *bes. ling.* stressed, accented, accentuated. – **2.** *fig.* emphatic, pronounced, pointed, marked: ~es Zurschaustellen emphatic display. – **III** *adv* **3.** markedly, pointedly: ~ einfach [höflich] markedly simple [polite].

Beˈto·nung *f* ⟨-; -en⟩ **1.** *cf.* Betonen. – **2.** stress, accent, accentuation, (*nachdrückliche*) emphasis: die ~ liegt auf der zweitletzten Silbe the stress is on the last syllable but one; fallende [schwebende] ~ falling [level] stress; starke ~ eines Problems *fig.* strong emphasis (placed) on a problem.

Beˈto·nungs|geˌsetz *n ling.* law of stress (*od.* accentuation). — **~ˌre·gel** *f* rule for accentuation. — **~ˌzei·chen** *n* **1.** *ling.* stress (*od.* accent) mark. – **2.** *print.* accent of stress, stress accent. – **3.** *mus.* accentuation sign (*od.* mark).

Beˈton|verˌdich·tung *f civ.eng.* concrete compaction. — **~verˌflüs·si·ger** *m* plasticizer, workability (*od.* wetting) agent, plasticizing admix(ture). — **~verˌtei·ler** *m* concrete spreader (*od.* distributor). — **~·ˌwand** *f* concrete wall. — **~ˌwerk** *n* concrete works *pl* (*construed as sg or pl*), concrete factory. — **~ˌwirkˌstoff** *m* additive for concrete, concrete admix(ture). — **~ˌzuˌsatzˌmit·tel** *n cf.* Betonwirkstoff. — **~ˌzuˌschlä·ge** *pl* cement (*od.* concrete) aggregate *sg.*

be·tö·ren [bəˈtøːrən] **I** *v/t* ⟨*no* ge-, h⟩ **1.** charm, beguile, (*stärker*) bewitch, fascinate, captivate, (*verliebt machen*) infatuate: ihre Schönheit hat ihn betört her beauty has bewitched (*od.* infatuated) him; er hat sich von ihrem Charme ~ lassen he allowed himself to be bewitched by her charm. – **2.** (*täuschen*) delude, beguile, deceive, take (*s.o.*) in: j-n durch Schmeicheleien ~ to deceive s.o. by flattery (*od.* flatteries); laß dich durch diese Versprechungen nicht ~ don't let yourself be taken in (*od.* fooled) by these promises. – **3.** *obs. for* verwirren 3—8. – **II B~** *n* ⟨-s⟩ **4.** *verbal noun.* – **5.** *cf.* Betörung. — **beˈtö·rend I** *pres p.* – **II** *adj* **1.** charming, beguiling, (*stärker*) bewitching, fascinating, captivating. – **2.** *cf.* verführerisch 1, 2. — **Beˈtö·rer** *m* ⟨-s; -⟩ beguiler. — **Beˈtö·rung** *f* ⟨-; -en⟩ **1.** *cf.* Betören. – **2.** beguilement, infatuation. – **3.** delusion.

ˈBetˌpult *n relig.* kneeling (*od.* praying) [desk, prie-dieu.]

Beˈtracht *m* ⟨-(e)s; *no pl*⟩ *only in* außer ~ bleiben to be left out of consideration (*od.* account), to be disregarded; etwas außer ~ lassen to leave s.th. out of consideration (*od.* account), to disregard (*od.* not to consider) s.th.; er kommt als Kandidat in ~ he is a possible candidate; diese Maßnahme kommt in ~ this measure is a possibility; es kommt nicht in ~ it is out of the question, there is no question of it; er kommt für diese Stelle nicht in ~ he cannot be considered (as a candidate) for this position, he is unsuitable (*od.* not qualified) for this position; etwas in ~ ziehen a) to take s.th. into consideration (*od.* account), to consider s.th., b) (*berücksichtigen*) to allow for s.th., to make allowance for s.th., c) (*ins Auge fassen*) to contemplate (doing) s.th.; wenn man alles in ~ zieht taking everything into consideration (*od.* account); wenn man seine Verhältnisse in ~ zieht considering his circumstances, taking his circumstances into account; etwas nicht in ~ ziehen not to take s.th. into consideration, to leave s.th. out of account; j-n [nicht] in ~ ziehen [not] to consider s.o.; die in ~ kommenden Personen the persons concerned (*od.* in question).

be'trach·ten I *v/t* ⟨*no* ge-, h⟩ **1.** look at, regard: ein Bild (aufmerksam) ~ to look at (*od.* view) a picture (attentively); j-n [etwas] neugierig ~ to look at (*od.* eye) s.o. [s.th.] with curiosity; j-n [etwas] mit Wohlwollen [Mißtrauen] ~ to look (up)on s.o. [s.th.] with favo(u)r [distrust]; j-n [etwas] nachdenklich (*od.* sinnend) ~ to look at s.o. [s.th.] thoughtfully, to contemplate s.o. [s.th.]; etwas genauer (*od.* näher) ~ to look closely at s.th., to inspect (*od.* examine) s.th. (closely); j-n prüfend ~ to look s.o. over; etwas flüchtig ~ to (take a) glance at s.th. – **2.** *fig.* (*Angelegenheit, Problem etc*) look at, view, consider, regard, see: etwas von einem anderen Standpunkt aus (*od.* von einer anderen Seite) ~, etwas mit anderen Augen ~ to see (*od.* look at) s.th. from a different viewpoint (*od.* angle), to take a different view of s.th.; die Dinge sachlich (*od.* nüchtern) ~ to take a sober view of things; eine Sache von allen Seiten ~ to consider a matter from all angles; etwas von der falschen Seite ~ to take a wrong view of s.th.; wie ich die Sache betrachte as I see the matter, in my view, to my mind (*od.* way of thinking); etwas in rosigem Licht (*od.* durch eine rosarote Brille) ~ to take a bright (*od.* rosy) view of s.th., to see (*od.* view) s.th. through rose-tinted spectacles; das Leben von seiner heiteren Seite ~ to look on the sunny side of things. – **3.** j-n [etwas] ~ als *fig.* to regard s.o. [s.th.] as, to look (up)on s.o. [s.th.] as, to take s.o. [s.th.] for, to consider s.o. [s.th.], to deem s.o. [s.th.]: j-n als Freund ~ to regard s.o. as (*od.* to consider s.o. [to be]) a friend; etwas als unwichtig ~ to regard s.th. as unimportant; ich betrachte es als meine Pflicht I consider (*od.* deem) it my duty; etwas als selbstverständlich ~ to take s.th. for granted; etwas als erledigt ~ to regard s.th. as finished (*od. colloq.* as over and done with); einen Eid [ein Versprechen] nicht mehr als bindend ~ to dispense with an oath [a promise]; etwas als Ehrensache ~ to make s.th. a point of hono(u)r. – **II** *v/reflex* sich ~ **4.** (*im Spiegel etc*) look at oneself. – **5.** *fig.* (*halten für*) (als) regard (*od.* look upon) oneself (as), consider oneself (to be): er betrachtet sich als mein(en) Freund he regards himself as (*od.* he considers himself [to be]) my friend. – **III B~** *n* ⟨-s⟩ **6.** *verbal noun.* – **7.** *cf.* Betrachtung. — **be'trach·tend I** *pres p.* – **II** *adj* (*nachdenklich*) contemplative, reflective, meditative.

be'trach·tens|,wert, ~,wür·dig *adj* worthy of consideration.

Be'trach·ter *m* ⟨-s; -⟩ **1.** (*eines Bildes etc*) viewer, beholder (*lit.*). – **2.** observer, onlooker. – **3.** *phot. cf.* Betrachtungsgerät.

be'trach·tet I *pp.* – **II** *adj* **1.** looked at: von außen ~ looked at from the outside. – **2.** *fig.* regarded: genau (*od.* bei Licht) ~ strictly speaking; in diesem Licht ~ regarded (*od.* viewed) in this light.

be·trächt·lich [bəˈtrɛçtlɪç] **I** *adj* considerable, siz(e)able, substantial, (*Menge, Summe*) *auch* handsome: ein ~er Preisrückgang a considerable decrease (*od.* drop) in prices; ~e Schäden, Schäden von ~em Ausmaß considerable (*od.* extensive) damage *sg*; ~e Größe considerable size. – **II** *adv* considerably, substantially: der Betrag ist ~ (*od.* um ein ~es) erhöht worden the amount has been considerably increased. — **Be'trächt·lich·keit** *f* ⟨-; *no pl*⟩ considerableness, considerable size.

be'tracht·sam *adj lit. for* gedankenvoll 2, nachdenklich 1, 2.

Be'trach·tung *f* ⟨-; -en⟩ **1.** *cf.* Betrachten. – **2.** view: prüfende ~ inspection, examination; nachdenkliche ~ contemplation; in ~ des Bildes versunken lost in contemplation of the picture; bei der ~ des Bildes when looking at the picture; bei oberflächlicher ~ at a superficial glance. – **3.** *fig.* consideration, reflection, *Br. auch* reflexion, thought: eine ~ über die Weltlage reflections *pl* on the world situation; ~en über (*acc*) etwas anstellen to reflect (*od.* meditate, speculate) (up)on s.th.; in ~ versunken lost in reflection (*od.* thought, meditation); bei näherer ~ a) looked at more closely, on closer inspection (*od.* examination), b) (up)on reflection (*od.* further consideration). – **4.** *bes. philos. relig.* (*Kontemplation*) contemplation, meditation: ~en über die Unsterblichkeit meditations on immortality.

Be'trach·tungs|,ab,stand *m* (*optics*) viewing distance. — **~ge,rät** *n phot.* (*für Dias etc*) (table) viewer. — **~,lu·pe** *f* (*optics*) observation magnifier. — **~,wei·se** *f* way of looking (at things), approach (to things): wissenschaftliche ~ scientific approach; nüchterne ~ pragmatism.

Be·trag [bəˈtraːk] *m* ⟨-(e)s; ⸗e⟩ **1.** *bes. econ.* amount, sum: ein ~ von 10 Mark a sum of 10 marks; der ganze (*od.* gesamte) ~ the sum total, the total (amount); im ~(e) von to (*od.* in, for) the amount (*od.* value) of, amounting to; bis zum ~(e) von (up) to (*od.* not exceeding) the amount (*od.* value) of; einen ~ von 100 Mark einzahlen to pay in 100 marks; einen ~ auf ein Konto einzahlen to pay an amount (*od.* a sum of money) into an account; den ~ (der Rechnung) überweisen to remit the amount (of the invoice); einen ~ einem Konto gutschreiben to credit an amount (*od.* a sum) to s.o.'s account, to credit s.o.'s account with an amount; einen Scheck über den ~ von 100 Mark ausschreiben to write out a check (*Br.* cheque) for (the amount of) 100 marks; ~ (dankend) erhalten amount (*od.* payment) received (with thanks). – **2.** (absoluter) ~ *math.* absolute value. – **3.** ⟨*only sg*⟩ (*Menge*) amount, (*Quote*) ratio: der ~ an Abfall the amount of waste.

be'tra·gen I *v/i* ⟨*irr, no* ge-, h⟩ **1.** amount to, come to, run to, (*insgesamt*) *auch* total, (*bes. nach Rechenvorgang*) work out at: die Rechnung beträgt 50 Mark the bill amounts to 50 marks; die Kosten ~ 3 Mark pro Kopf the costs work out at 3 marks a head. – **2.** (*sport*) (*von erzielter Weite, Zeit etc*) be: die Zeit des Siegers beträgt 10 Sekunden the winner's time is 10 seconds. – **II** *v/reflex* sich ~ **3.** (*sich benehmen*) behave (oneself), conduct (*od.* show, deport) oneself: sich gut [anständig, schlecht] (gegen j-n *od.* gegenüber j-m) ~ to behave well [decently, badly] (toward[s] s.o.).

Be'tra·gen *n* ⟨-s; *no pl*⟩ (gegen, gegenüber toward[s]) behavior, *bes. Br.* behaviour, conduct, deportment, bearing: schlechtes ~ bad behavio(u)r (*od.* conduct), misbehavio(u)r; ~: Sehr gut *ped.* conduct: Excellent (*od.* Very good).

be'trau·en *v/t* ⟨*no* ge-, h⟩ j-n mit etwas ~ to entrust (*od.* charge) s.o. with s.th., to confide s.th. to s.o. (*od.* s.o.'s care), to commit s.th. to s.o.'s care: j-n mit einer Aufgabe ~ to entrust s.o. with a task, to commission (*od.* charge) s.o. to perform a task; j-n mit einem Amt ~ to appoint s.o. to an office; j-n mit der Führung eines Schiffes ~ (*in der Kriegsmarine*) to commission s.o.

be'trau·ern *v/t* ⟨*no* ge-, h⟩ **1.** (*Toten*) mourn (for, over), (*stärker*) lament. – **2.** (*Tod, Verlust etc*) mourn (over, for, at), bemoan, lament, deplore: sein Tod wurde allgemein betrauert his death aroused widespread mourning (*od.* sadness).

be'träu·feln *v/t* ⟨*no* ge-, h⟩ drip: etwas mit einer Flüssigkeit ~ to drip (*od.* drop) a liquid on (to) s.th., to allow a liquid to drip on (to) s.th.

'Bet,raum *m relig.* oratory.

be'traut I *pp.* – **II** *adj* ~ sein mit to be entrusted with, to be in charge of.

Be'treff *m* ⟨-(e)s; -e⟩ **1.** *econ.* (*im Briefkopf*) reference, subject (line): die im ~ genannten Sendungen the consignments mentioned in the above reference; ~ (*od.* betr.): Ihre Bewerbung re (*Br. auch* Ref): Your application. – **2.** *rare* in diesem ~ (*officialese*) in this regard (*od.* respect).

be'treff *only in* in ~ (*gen*) *cf.* betreffs.

be'tref·fen *v/t* ⟨*irr, no* ge-, h⟩ **1.** (*angehen*) concern, regard, refer to, relate to: was mich [diese Frage] betrifft as far as I am [this question is] concerned, as for (*od.* to) me [this question]; das betrifft mich überhaupt nicht that does not concern me at all; sein Brief betrifft den gestrigen Vorfall his letter refers to (*od.* deals with, is about) yesterday's incident; an alle, die es betrifft *jur.* to whom it may concern; betrifft Auftragsbestätigung re (*Br. auch* Ref): confirmation of order. – **2.** (*beeinflussen*) affect, concern, touch: jeder von uns wird von dieser Maßnahme betroffen everyone of us is affected by this measure; dieser Lautwandel betrifft die folgenden Vokale *ling.* this sound change affects the following vowels. – **3.** *lit.* (*heimsuchen*) befall, come upon, hit, assail: ein großes Unglück hat ihn [das Land] betroffen a great misfortune has befallen him [the country]. – **4.** *lit.* (*betroffen machen*) dismay: die Nachricht betraf ihn sichtlich he was visibly dismayed at the news.

be'tref·fend I *pres p.* – **II** *adj* **1.** concerning, regarding, relating to, referring to: die diesen Fall ~en Akten the records (*od.* files) concerning this case. – **2.** (*fraglich*) concerned, in question, referred to: die ~en Personen the persons concerned. – **3.** (*einschlägig*) relevant. – **4.** (*Amt, Stelle etc*) proper, concerned, competent.

Be'tref·fen·de *m, f* ⟨-n; -n⟩ person referred to (*od.* concerned, in question).

Be'treff·nis *n* ⟨-ses; -se⟩ *Swiss* **1.** (*Betrag*) amount. – **2.** (*Anteil*) share.

be'treffs *prep* ⟨*gen*⟩ concerning, regarding, respecting, with reference (*od.* regard, respect) to, as regards (*od.* concerns), as to (*od.* for), about, *bes. econ.* (*in Geschäftsbriefen*) re, *Br. auch* ref: ~ dieser Angelegenheit concerning this matter.

be'treib·bar *adj Swiss jur.* (*Schuld*) recoverable.

be'trei·ben I *v/t* ⟨*irr, no* ge-, h⟩ **1.** (*Geschäft, Handel etc*) pursue, follow, carry on, be engaged in: etwas berufsmäßig ~ to do s.th. professionally (*od.* as a regular occupation); sein Gewerbe ~ to follow (*od.* ply) one's trade; eine abwartende Politik ~ to pursue (*od.* practice, *bes. Br.* practise) a waiting policy (*od. colloq.* a policy of wait and see). – **2.** (*Studien, Hobby etc*) pursue, go in for: er betreibt den Sport als Beruf he goes in for sport as a profession, he is a professional (sportsman). – **3.** (*Künste*) practice, *bes. Br.* practise. – **4.** (*Unternehmen, Verkehrslinie etc*) run, manage, work, operate. – **5.** (*Angelegenheit*) hurry (*od.* push) (*s.th.*) on (*od.* forward): etwas mit Nachdruck ~ to push (*od.* press) on with s.th. – **6.** work for, contrive: den Sturz des Ministers ~ to work for the overthrow of the minister. – **7.** *tech.* (*Anlage, Maschine etc*) run, operate, drive: eine Anlage mit Dampf [Strom] ~ to operate a plant by steam [electrically]. – **8.** *jur.* (*Forderung, Sache*) prosecute: seinen Fall selbst ~ to prosecute one's own case. – **9.** *Swiss jur.* a) (*Schuldner*) enforce payment from, b) (*Forderung*) collect. – **II B~** *n* ⟨-s⟩ **10.** *verbal noun*: auf j-s B~ (*od.* auf B~ von j-m) (hin) at (*od.* by) s.o.'s instigation, at (*od.* by) the instigation of s.o. – **11.** *cf.* Betreibung. — **be'trei·bend I** *pres p.* – **II** *adj* die ~e Partei *jur.* a) the party prosecuting, b) (*Antragsteller*) applicant, petitioner, c) (*Beanspruchender*) claimant. — **Be'trei·bung** *f* ⟨-; -en⟩ **1.** *cf.* Betreiben. – **2.** pursuit. – **3.** cultivation. – **4.** management, operation. – **5.** *jur.* prosecution. – **6.** *Swiss jur.* (*einer Forderung*) collection.

be·treßt [bəˈtrɛst] *adj* trimmed with braid (*od.* lace), braided.

be'tre·ten[1] **I** *v/t* ⟨*irr, no* ge-, h⟩ **1.** (*Weg, Boden etc*) tread (*od.* step, walk) on: j-s Grundstück unbefugt (*od.* widerrechtlich) ~ to trespass on s.o.'s property; die Bühne ~ (*theater*) to tread the boards; das Sportfeld ~ to take (*od.* come on to) the field. – **2.** (*Raum, Gebäude*) enter, go (*od.* tread, step, walk) into, set foot in: j-s Haus nicht mehr ~ not to enter (*od.* set foot in) s.o.'s house again, not to darken s.o.'s door again; → Zeugenstand. – **3.** (*Gebiet*) set foot on. – **4.** (*Schwelle*) cross, step over. – **5.** (*Kanzel*) mount, ascend. – **6.** *zo.* (*Henne*) tread. – **II B~** *n* ⟨-s⟩ **7.** *verbal noun.* – **8.** entrance, entry: B~ verboten! a) no entrance (*od.* admittance), b) no trespassing! keep off! c) *mil. Am.* off limits! *Br.* out of bounds! unbefugtes B~ eines Grundstücks trespass(ing) on a property; B~ des Rasens verboten! keep off (*od.* do not walk on) the grass! B~ bei Strafe verboten! trespassers will be prosecuted.

be'tre·ten[2] **I** *pp of* betreten[1]. – **II** *adj* **1.** (*Weg etc*) beaten, trodden: selten ~ unfrequented, little-used (*attrib*). – **2.** *fig.* embarrassed, awkward: es herrschte ~es Schweigen there was an embarrassed silence; sie machten ~e Gesichter they looked embarrassed (*od.* sheepish); er war ziemlich ~ he was rather taken aback. – **III** *adv* **3.** awkwardly: **sie schwieg ~** she kept silent (*od.* still) out of embarrassment, she kept an embarrassed silence. — **Beˈtre·ten·heit** *f* ⟨-; *no pl*⟩ embarrassment.

be·treu·en [bəˈtrɔʏən] **I** *v/t* ⟨*no* ge-, h⟩ **1.** (*Kinder, Bedürftige etc*) look after, take (*od.* have) care of, care for, (*Kranke*) *auch* nurse, tend, attend to. – **2.** (*Gemeinden, Dörfer etc*) serve. – **3.** (*Geschäft, Angelegenheit etc*) look after: **das Haus ~** to look after (*od.* to do) the house; **Kunden ~** *econ.* to look after (*od.* service, attend to) customers; **Herr N betreute den musikalischen Teil** the musical part lay in the hands of Mr N. – **4.** *mil.* (*Soldaten, Truppen*) a) look after, cater for, b) provide entertainment for. – **5.** (*sport*) a) attend to, b) (*assistieren*) second. – **II B~** *n* ⟨-s⟩ **6.** *verbal noun.* – **7.** *cf.* Betreuung. — **Beˈtreu·er** *m* ⟨-s; -⟩ **1.** one who looks after (*od.* takes care of) s.o. – **2.** (*sport*) a) attendant, b) (*eines Boxers, beim Kampf*) second. — **Beˈtreu·te** *m, f* ⟨-n; -n⟩ person looked after (*od.* taken care of). — **Beˈtreu·ung** *f* ⟨-; *no pl*⟩ **1.** *cf.* Betreuen. – **2.** care.

Beˈtreu·ungs|ˌfir·ma *f econ.* technical support organization, system manager. — **~ˌstel·le** *f* (*soziale*) welfare center (*bes. Br.* centre).

Beˈtrieb *m* ⟨-(e)s; -e⟩ **1.** *econ.* a) (*Geschäft, Firma*) business, undertaking, firm, company, enterprise, b) (*Fabrik, Werk*) factory, *bes. Am.* (manufacturing) plant, works *pl* (*construed as sg or pl*), c) (*Werkstatt*) workshop(s *pl*), shop, d) (*Herstellungsbetrieb*) manufacturing shop, e) (*Textilfabrik, Stahlwerk*) mill: **einen ~ leiten** (*od.* **führen**) to manage (*od.* conduct, run) a business (*od.* undertaking); **einen ~ schließen** (*od.* **stillegen**) to shut (*od.* close) down a factory (*od.* works); **gemeinnütziger ~** non(-)profit undertaking; **gewerblicher ~** business (*od.* commercial) enterprise; **kleine [mittlere, große] ~e** small [medium-size, large-size] businesses (*od.* enterprises); **lebenswichtige ~e** undertakings supplying vital goods and services; **forstwirtschaftlicher ~** forestry (enterprise). – **2.** *agr.* a) (*landwirtschaftlicher*) agricultural undertaking (*od.* enterprise), farm (enterprise), b) (*Gutsbetrieb*) manor farm, farm estate: **gemischter [genossenschaftlicher] ~** mixed [co(-)operative] farm. – **3.** (*mining*) workings *pl.* – **4.** ⟨*only sg*⟩ (*Ausübung*) (*eines Geschäftes etc*) carrying on, (*eines Unternehmens, bes. leitend*) running, management, working, operation: **~ eines (Laden)-Geschäfts** shopkeeping. – **5.** ⟨*only sg*⟩ *tech.* a) (*einer Anlage, Maschine, Verkehrslinie*) operation, service, running, b) (*eines Gerätes etc*) service, attendance, c) (*betriebstechnische Ausführung*) practice: **etwas auf maschinellen [elektrischen] ~ umstellen** to mechanize [electrify] s.th.; **den ~ aufnehmen** a) (*von Gerät etc*) to start (*od.* begin) operation (*od.* work), b) (*von Geschäft etc*) to open; **den ~ einstellen** a) (*von Maschine etc*) to cease (*od.* stop) work, b) (*von Fabrik etc*) to shut (down); **der ~ (auf) dieser Strecke wurde gestern aufgenommen [eingestellt]** (*railway*) this line was opened [closed down] yesterday; **„außer ~"** (*Aufschrift*) "out of order (*od.* service)"; **außer ~ sein** a) (*von Anlage, Maschine etc*) to be out of operation (*od.* action), not to be working, b) (*von Telefon, Lift etc*) to be out of order, not to be working; **außer ~ setzen** to put out of operation (*od.* action), to stop; **in ~ nehmen** a) (*Maschine etc*) to put into operation (*od.* service), b) (*Auto*) to start, c) (*Bahnlinie*) to open, d) (*Straße*) to open to traffic; **in** (*od.* **im**) **~ sein** a) (*von Fabrik etc*) to work, to be in operation, (*von Maschine etc*) *auch* to be running, b) (*von Telefon, Lift etc*) to be working (*od.* in working order), c) (*von Bahnlinie etc*) to be in operation; **ständig** (*od.* **durchgehend**) **in ~ sein** to run full time; **aussetzender ~** *electr.* intermittent service. – **6.** ⟨*only sg*⟩ (*Tätigkeit*) activity: **der wissenschaftliche ~** scientific activity. – **7.** ⟨*only sg*⟩ *colloq.* (*Betriebsamkeit, Trubel*) (hustle and) bustle, rush, (*auf Straßen*) *auch* traffic: **auf dem Bahnhof [in der Stadt] war** (*od.* **herrschte**) **reger** (*od.* **starker**) **~** there was a heavy rush at the station [in town]; **in dem Geschäft war viel ~** the shop was very busy; **heute hatten wir viel ~** today we were very busy. – **8.** ⟨*only sg*⟩ *colloq.* (*Heiterkeit*) merry-making: **~ machen** to make merry, to have a high time (*od.* a spree, some fun). – **9.** *colloq. contempt.* (*in Wendungen wie*) **was ist das nur für ein lahmer ~!** how boring! **ich habe den ganzen ~ (hier) satt!** I'm fed up with the whole business.

beˈtrie·ben I *pp of* betreiben. – **II** *adj tech.* operated, driven: **elektrisch ~** electric(ally operated); **durch Luftdruck ~** pneumatic(ally operated); **mit Dampf ~** steam-driven; **durch Maschinenkraft** (*od.* **mit Motor**) **~** power-operated.

beˈtrieb·erˌschwe·rend *adj econ.* unfavorable (*bes. Br.* unfavourable) to the operations of a firm.

be·trieb·lich [bəˈtriːplɪç] *adj* **1.** relating to an enterprise (*od.* a firm, a company): **~e Altersversorgung** firm's (*od.* company's) pension scheme. – **2.** operational, operating: **vom ~en Standpunkt aus** from the operational point of view; **~e Aufwendungen** operating expenditure *sg.* – **3.** (*betriebsintern*) internal.

Beˈtriebs|ˌabˌlauf *m econ.* course (*od.* pace) of operations. — **~ˌabˌrech·nung** *f* **1.** performance (*od.* internal operational) cost accounting. – **2.** income account, (*mehrgliedrig*) group results *pl.*

beˈtrieb·sam *adj* **1.** (*unternehmend*) active, busy, bustling. – **2.** (*fleißig, arbeitsam*) industrious, diligent. – **3.** *contempt.* fussy. — **Beˈtrieb·sam·keit** *f* ⟨-; *no pl*⟩ **1.** (*Aktivität*) activity, bustle. – **2.** (*Fleiß*) industry, diligence. – **3.** *contempt.* fussiness.

Beˈtriebs|ˌamt *n* (*railway*) traffic department. — **~anaˌly·se** *f econ.* operational analysis. — **~ˌan·geˌhö·ri·ge** *m, f* employee of a firm. — **~ˌanˌla·ge** *f* **1.** *tech.* a) (*Werkseinrichtung*) plant equipment, installation, b) (*Betriebsmittel*) production facilities *pl,* c) (*Betriebseinrichtung*) operating equipment. – **2.** *cf.* Betrieb 1. — **~ˌanˌlei·tung, ~ˌanˌwei·sung** *f bes. tech.* **1.** operating (*od.* service) instruction(s *pl*). – **2.** (*Handbuch*) instruction manual, operator's handbook. — **~ˌarzt** *m med.* company (*od.* works) doctor. — **~as·siˌstent** *m econ.* assistant to the works manager. — **~ˌaufˌga·be** *f* closing down of a business, termination of activities. — **~ˌausˌfall** *m* **1.** (*Störung*) operating trouble, breakdown. – **2.** (*Stilllegung*) shutdown. — **~ˌausˌflug** *m* works (*od.* staff) outing. — **~ˌausˌga·ben** *pl* operating (*od.* working) expenses. — **~ˌausˌschuß** *m cf.* Betriebsrat 1. — **~ˌausˌweis** *m* employee's identity card. — **b~beˌdingt** *adj* operational, according (*od.* due) to conditions prevailing in a firm. — **~beˌra·ter** *m* **1.** *econ.* industrial (*od.* business) consultant. – **2.** *agr.* adviser in farm management. — **~beˌra·tung** *f* industrial (*od.* business, managerial) consultation. — **b~beˌreit** *adj* **1.** *tech.* in operating (*od.* running) order (*od.* condition), ready for operation (*od.* service, use). – **2.** *econ.* ready to start operation (*od.* to take up business). — **~beˌreit·schaft** *f* **1.** *tech.* readiness for service (*od.* operation), serviceability, good working order. – **2.** *econ.* readiness to start operations (*od.* to take up business). — **~beˌrufsˌschu·le** *f DDR ped.* works training school. — **~beˌsich·ti·gung** *f* visit to a (*od.* the) works (*od.* factory), (*offiziell*) inspection of a works. — **~ˌbrem·se** *f auto.* service (*od.* foot) brake. — **~ˌbuchˌfüh·rung** *f econ.* internal operations account. — **~ˌche·mi·ker** *m* industrial chemist. — **~ˌda·ten** *pl bes. tech.* operating (*od.* working) data. — **~ˌdau·er** *f tech.* **1.** (*einer Maschine*) (service) life. – **2.** (*Arbeitszeit eines Betriebes*) working time. — **~diˌrek·tor** *m econ.* works manager. — **~ˌdrehˌzahl** *f tech.* normal (*od.* operative, working) speed. — **b~ˌei·gen** *adj econ.* (*der betreffenden Firma gehörend*) belonging to the firm (in question), firm- (*od.* plant-, factory-)owned. — **~ˌeinˌnah·me** *f* operating returns *pl* (*od.* receipt). — **~ˌeinˌrich·tung** *f* works (*od.* plant, operating) equipment, operating facilities *pl.* — **~ˌeinˌschrän·kung** *f* restriction of activities. — **~ˌeinˌstel·lung** *f* closing down of firm, termination of operations. — **~erˌfah·rung** *f* operating experience. — **~erˌfolg** *m,* **~erˌgeb·nis** *n* operating results *pl.* — **~erˌtrag** *m* works' (*od.* firm's) earnings *pl* (*od.* profit, yield). — **~ˌfachˌschu·le** *f DDR ped.* industrial training school. — **b~ˌfä·hig** *adj tech.* in working order, ready for service (*od.* use), serviceable, (*Maschine*) *auch* ready for operation. — **~ˌfä·hig·keit** *f* working order, readiness for service (*od.* use), serviceability. — **~ˌfe·ri·en** *pl* works holidays: **das Geschäft ist wegen ~ geschlossen** the firm has closed (*od.* shut) down for the holidays. — **b~ˌfer·tig** *adj tech.* ready for operation (*od.* use). — **~ˌfest** *n* annual works holiday. — **~ˌfonds** *m econ.* **1.** working fund. – **2.** *DDR* works fund. — **~ˌform** *f* **1.** *econ.* type of firm, structure of business. – **2.** *agr.* type (*od.* system) of farming. — **~ˌfor·schung** *f econ.* operational research. — **b~ˌfremd** *adj* **1.** (*Arbeitskräfte*) not belonging to the works (*od.* firm). – **2.** (*Aufwendungen, Erträge etc*) not related to the running of the business, not arising from firm's operations. — **~freˌquenz** *f electr.* operating frequency. — **~ˌfüh·rer** *m econ. cf.* Betriebsleiter 1. — **~ˌfüh·rung** *f* **1.** *econ.* (business *od.* works) management. – **2.** *agr.* (farm) management. — **~ˌfürˌsor·ge** *f econ.* industrial welfare service. — **~geˌheim·nis** *n econ.* **1.** (*Geschäftsgeheimnis*) trade secret. – **2.** (*Fabrikationsgeheimnis*) manufacturing secret. — **~geˌsell·schaft** *f* operating company. — **~geˌwinn** *m* operating profit. — **~ˌgrö·ße** *f* **1.** *econ.* size of concern. – **2.** *agr.* size of farm (*od.* agricultural holding). — **~ˌhö·he** *f aer.* operational altitude. — **~hy·gie·ne** [-hyˌgieːnə] *f econ. med.* industrial hygiene. — **~in·geˌnieur** *m tech.* **1.** manufacturing (*od.* production, industrial) engineer. – **2.** works engineer. — **~in·spek·tiˌon** *f* factory inspection. — **~inˌspek·tor** *m* managing inspector, factory superintendent. — **~in·venˌtar** *n econ.* works equipment and furniture. — **~ˌjahr** *n* business (*od.* operating) year. — **~ˌkampfˌgrup·pen** *pl DDR pol.* workers' militia *sg.* — **~ka·pa·ziˌtät** *f* **1.** *econ.* a) works capacity, operating efficiency, b) (*im Betriebsablauf*) operating (*od.* productive) capacity. – **2.** *electr.* capacitance. — **~ka·piˌtal** *n econ.* working capital. — **~ˌkli·ma** *n* working conditions *pl* and human relations *pl* in a firm, social climate: **im Betrieb herrscht ein gutes** (*od.* **angenehmes**) **~** working conditions and human relations are very pleasant in this firm. — **~kol·lekˌtiv** *n DDR* works collective. — **~konˌtrol·le** *f tech.* **1.** (*Inspektion*) factory (*od.* shop) inspection. – **2.** (*Überwachung*) a) plant supervision (*od.* production control), b) (*einer Maschine*) control of operations, c) (*von Instrumenten*) service control, d) (*Lehreninspektion*) operational check. — **~ˌko·sten** *pl* **1.** *econ.* operating cost *sg.* – **2.** *agr.* farm expenses. — **~ˌkran·kenˌkas·se** *f* staff (*od.* private, noninstitutional) sickness fund. — **~ˌkü·che** *f* works (*od.* company) canteen. — **~la·bo·raˌto·ri·um** *n* works laboratory. — **~ˌleh·re** *f* **1.** *cf.* Betriebswirtschaftslehre. – **2.** *cf.* Betriebsführung. – **3.** *agr.* (*landwirtschaftliche*) farm (*od.* estate) management. — **~ˌlei·stung** *f* a) operational efficiency, b) performance, output. — **~ˌlei·ter** *m* **1.** *econ.* works manager. – **2.** *agr.* farm manager. — **~ˌlei·tung** *f* **1.** *econ.* works management. – **2.** *agr.* farm management. — **~ma·te·riˌal** *n* **1.** *econ.* working material (*od.* stock). – **2.** (*railway*) rolling stock. — **~ˌmit·tel** *pl econ.* working funds (*od.* capital *sg,* resources). — **~ˌnu·del** *f fig. colloq.* a) office clown, b) lively (*od.* dynamic) person. — **~ˌobˌmann** *m econ.* head of works council (*od.* committee). — **~ˌord·nung** *f econ.* internal rules *pl* and regulations *pl.* — **~ˌpaß** *m DDR* (employee's) works pass. — **~per·soˌnal** *n econ.* **1.** employees *pl.* – **2.** (*bes. der Dienstleistungsbetriebe*) staff, personnel. — **~ˌpflicht** *f* (*bes. railway*) legal obligation to operate a railway (*od.* bus) line. — **~ˌplan** *m* **1.** (*mining*) colliery operations plan (*od.* scheme). – **2.** *DDR econ.* operational plan. — **~ˌprü·fung** *f econ.* fiscal audit of operating results, investigation of firm's balances. — **~psy·choˌlo·ge** *m* industrial psychologist. — **~psy·cho·loˌgie** *f* industrial psychology. — **~ˌrat** *m econ.* **1.** works council (*od.* committee), staff council. – **2.** *cf.* Betriebsratsmitglied. — **~ˌratsˌmit·glied** *n* shop steward, member of works council. — **~ˌschal·ter** *m electr.* operating switch. — **~ˌschlie·ßung** *f econ.*

closing down (*od.* closure) of works. — **~ˌschluß** *m* closing hours *pl.* — **~ˌschutz** *m tech.* safeguards *pl* and precautions *pl* to ensure safe place of work. — **b~ˌsi·cher** *adj* reliable in service (*od.* operation), safe to operate, dependable in service, reliable under service conditions. — **~ˌsi·cher·heit** *f* reliability in service (*od.* operation), operational safety, service dependability. — **~so·zio·loˌgie** *f* industrial sociology. — **~ˌspan·nung** *f electr.* operating (*od.* working) voltage. — **~staˌti·stik** *f econ.* industrial (*od.* business) statistics *pl* (*construed as sg or pl*). — **~ˌstät·te** *f* **1.** business (*od.* factory) premises *pl.* – **2.** (*Werkstätte*) engineering workshop. — **~ˌstille·gung** (*getr.* -llˌl-) *f econ.* shutdown (of a plant), closure. — **~ˌstockung** (*getr.* -k·k-) *f* **1.** *tech.* a) (*Störung*) operating trouble, breakdown, b) (*Stillegung*) shutdown, stoppage. – **2.** (*railway*) dislocation of service.

Be'triebsˌstoff *m* **1.** *tech.* fuel, coolants *pl* and lubricants *pl.* – **2.** *auto.* fuel. – **3.** *biol.* a) catabolized substance, substance used up in catabolism, b) (*Nährstoff*) nutrient, foodstuff. — **~verˌbrauch** *m* (*eines Autos etc*) fuel consumption. — **~verˌsor·gung** *f* fuel supply.

be'triebsˌstö·rend *adj tech.* disturbing (the course of) operations.

Be'triebs|ˌstö·rung *f tech.* **1.** operating trouble, breakdown. – **2.** (*Stillegung*) shutdown. — **~ˌstrom** *m electr.* **1.** working (*od.* operating) current. – **2.** (*bei Motor, Maschine*) running current. — **~strukˌtur** *f* **1.** *econ.* organization (*od.* structure) of a firm, business structure (*od.* organization). – **2.** *agr.* farm structure. — **~ˌstun·de** *f* **1.** *tech.* (*einer Maschine etc*) running (*od.* operating, service) hour. – **2.** *econ.* (*Arbeitszeit*) working hour. – **3.** *aer.* operating (*od.* working, running, flying) hour. — **~überˌwa·chung** *f* manufacturing (*od.* plant) supervision. — **~ˌunˌfall** *m* industrial accident. — **~ˌunˌko·sten** *pl* **1.** operating (*od.* running) expenses. – **2.** (*Unterhalt*) maintenance costs. — **~verˌein·ba·rung** *f econ.* employment agreement (between works council and employer). — **~verˌfas·sung** *f* constitution of a business undertaking. — **~verˌfas·sungs·geˌsetz** *n econ.* Labor (*bes. Br.* Labour) Management Act. — **~verˌhält·nis·se** *pl* shop (*od.* operating, service) conditions, shop practice *sg.* — **~verˌla·ge·rung** *f* removal of the plant (*od.* works) to a different location. — **~verˌlust** *m* operating (*od.* trading, manufacturing) loss. — **~verˌmö·gen** *n* **1.** assets *pl* of the enterprise. – **2.** (*im Gegensatz zu Anlagevermögen*) working assets *pl.* — **~verˌsamm·lung** *f* shop-floor meeting. — **~verˌwal·tung** *f* administration, operating agency: ~en des Bundes operating agencies of the Federal Government. — **~ˌvorˌschrift** *f tech.* operating (*od.* working) instruction. — **~ˌwei·se** *f* mode of operation, working (*od.* operating) method, practice. — **~ˌwel·le** *f electr.* signal wave, operating wave length. — **~ˌwerk** *n* railroad (*Br.* railway) repair (*od.* maintenance) shop. — **~ˌwirt** *m econ.* expert on business management, *auch* graduate of managerial economics. — **~ˌwirt·schaft** *f* **1.** a) managerial economics *pl* (*construed as sg*), b) industrial economy, c) applied economics *pl* (*construed as sg*). – **2.** *cf.* Betriebswirtschaftslehre. — **~ˌwirt·schaft·ler** *m* expert on applied economics (*od.* industrial management). — **b~ˌwirt·schaft·lich** *adj* related to managerial economics (*od.* industrial management, operational analysis). — **~ˌwirt·schaftsˌleh·re** *f* science of industrial administration (*od.* business management), applied (*od.* managerial) economics *pl* (*construed as sg*). — **~ˌwis·sen·schaft** *f* industrial engineering science. — **~ˌzäh·lung** *f* statistics *pl* (*construed as sg or pl*) enumerating business units. — **~ˌzei·tung** *f* house journal, *bes. Am.* house organ. — **~ˌzuˌstand** *m* **1.** *tech.* working (*od.* service) condition. – **2.** *aer.* operational condition. — **~ˌzweig** *m* industrial branch.

be'trin·ken *v/reflex* ⟨*irr, no* ge-, h⟩ sich ~ get drunk.

be'trof·fen I *pp of* betreffen. – **II** *adj* **1.** (*berührt*) (von) affected (by), concerned (in): die von dieser Maßnahme ~en Personen the persons affected by this measure; diejenigen, die persönlich ~ sind those personally affected. – **2.** (*heimgesucht*) (von) hit (by), affected (by), stricken (with), smitten (with): die von dem Brand (am schwersten) ~en Stadtteile the districts (worst) hit (*od.* affected) by the fire; die von der Flut [Hungersnot] ~en Gebiete the flood- [famine-]stricken areas; von der Pest ~ stricken with (*od.* visited by) the plague. – **3.** (*bestürzt*) (über *acc* at) taken aback, embarrassed, perplexed: ~e Mienen perplexed faces; er schwieg ~ embarrassed, he fell silent. — **Be'trof·fe·ne** *m, f* ⟨-n; -n⟩ (von by) **1.** (*von einer Maßnahme etc*) person affected. – **2.** (*von einem Unglück etc*) person hit (*od.* visited): die am schwersten ~n the hardest-hit persons.

Be'trof·fen·heit *f* ⟨-; *no pl*⟩ (über *acc* at) embarrassment, perplexity, bewilderment.

be'tro·gen I *pp of* betrügen. – **II** *adj* deceived: der ~e Ehemann the deceived husband; um seine Ersparnisse ~ swindled out of his savings. — **Be'tro·ge·ne** *m, f* ⟨-n; -n⟩ deceived person, dupe.

be'tröp·feln, be'trop·fen *v/t* ⟨*no* ge-, h⟩ scatter drops on, sprinkle: etwas mit einer Flüssigkeit ~ to let a liquid drip on to s.th.

be'trü·ben I *v/t* ⟨*no* ge-, h⟩ make (*s.o.*) sad, sadden, grieve, distress, afflict: die Nachricht betrübte mich sehr the news made me very sad, I was very sad about (*od.* grieved at, distressed at) the news; es betrübt mich zu sehen, daß it grieves me (*od.* I am distressed) to see that. – **II** *v/reflex* sich ~ *archaic* (über *acc* at, over) grieve.

be·trüb·lich [bəˈtryːplɪç] *adj* (*Tatsache, Umstand etc*) distressing, sad, deplorable.

be'trüb·li·cher'wei·se *adv* **1.** (much) to one's distress. – **2.** (*leider*) unfortunately.

Be·trüb·nis [bəˈtryːpnɪs] *f* ⟨-; -se⟩ *lit.* **1.** grief, distress, affliction. – **2.** (*Traurigkeit*) sadness. – **3.** (*Leid*) sorrow.

be'trübt I *pp.* – **II** *adj* **1.** (über *acc* at) grieved, (*schwächer*) distressed, afflicted, (*traurig*) sad: ihr ~es Gesicht her sad (*od.* distressed) face; er machte ein ~es Gesicht, er sah ~ aus (*od.* drein) he looked sad; ~ über (*acc*) etwas sein to be sad (*od.* grieved, distressed) at s.th., to grieve at (*od.* for, over) s.th. – **2.** *archaic for* betrüblich. — **Be'trübt·heit** *f* ⟨-; *no pl*⟩ *cf.* Betrübnis.

Be'trug *m* ⟨-(e)s; *no pl*⟩ **1.** fraud, swindle, trickery, (*bes. unter falschem Namen etc*) imposture, imposition: einen ~ begehen (*od.* verüben) to commit a fraud (*od.* an imposture, an imposition); an j-m einen ~ begehen to practice (*bes. Br.* practise) fraud on s.o.; etwas durch ~ erlangen to get (*od.* obtain) s.th. by cheating (*od.* by trickery); frommer ~ pious fraud; das ist (ein) glatter ~! that is a downright swindle. – **2.** (*Täuschung*) deception. – **3.** *jur.* (actual *od.* positive) fraud: durch ~ by fraud, fraudulently.

be'trü·gen I *v/t* ⟨*irr, no* ge-, h⟩ **1.** cheat, swindle, trick, (*bes. unter falschem Namen etc*) impose upon: j-n bei einem Geschäft ~ to swindle s.o. in a business transaction; sich ~ lassen to let oneself be cheated; j-n um etwas ~ to cheat (*od.* swindle, trick) s.o. out of s.th.; in seinen Hoffnungen betrogen werden to be disappointed in one's hopes. – **2.** deceive: seine Frau (mit j-m) ~ to deceive one's wife (with s.o.); leicht zu ~ deceivable, easy to deceive. – **3.** *jur.* defraud: um (*od.* in der Absicht,) j-n zu ~ in fraud (*od.* to the fraud) of s.o., with (the) intent to defraud s.o. – **II** *v/i* **4.** cheat, practice (*bes. Br.* practise) fraud: beim Spiel ~ to cheat at the game. – **5.** *jur.* (cheat and) defraud, practice (*bes. Br.* practise) fraud. – **III** *v/reflex* **6.** sich (selbst) ~ to deceive (*od.* cheat, delude) oneself.

Be'trü·ger *m* ⟨-s; -⟩ **1.** cheat, fraud, swindler, trickster. – **2.** *jur.* defrauder, (*bes. unter falschem Namen etc*) impostor.

Be·trü·ge'rei *f* ⟨-; -en⟩ **1.** cheating, swindling, tricking, trickery: von ~en leben to live by trickery. – **2.** *jur.* fraud(ulence), deceit, (*bes. unter falschem Namen etc*) imposture: sich der ~ schuldig machen to commit frauds.

Be'trü·ge·rin *f* ⟨-; -nen⟩ *cf.* Betrüger.

be'trü·ge·risch I *adj* **1.** (*Mensch*) deceitful. – **2.** *jur.* fraudulent: in ~er Absicht with intent to defraud; ~er Bankrott fraudulent bankruptcy; durch ~e Mittel [Machenschaften] by fraudulent means [practices]; auf ~e Weise fraudulently, by fraud. – **II** *adv* **3.** fraudulently, by fraud.

Be'trugs|de·zerˌnat *n jur.* (*der Polizei*) fraud department. — **~maˌnö·ver** *n* fraudulent operation (*od.* practices *pl*). — **~verˌsuch** *m* attempted (*od.* attempt at) fraud.

be'trun·ken I *pp of* betrinken. – **II** *adj* **1.** drunken (*attrib*), drunk (*pred*), intoxicated: schwer [sinnlos] ~ dead [blind] drunk; total ~ (as) drunk as a lord; j-n ~ machen a) to make s.o. drunk, to intoxicate s.o., b) (*berauschen*) to inebriate s.o.; in ~em Zustand fahren to drive under the influence of drink (*od.* alcohol); leicht ~ tipsy. – **2.** (*berauscht*) inebriate(d). — **Be'trun·ke·ne** *m, f* ⟨-n; -n⟩ **1.** drunken person, drunk. – **2.** inebriate.

Be'trun·ken·heit *f* ⟨-; *no pl*⟩ drunkenness, [intoxication.]

'Bet|ˌsaal *m relig.* chapel, oratory. — **~ˌsäu·le** *f cf.* Bildstock 1. — **~ˌsche·mel** *m* praying stool, kneeling bench.

Be·tschua·ne [beˈtʃŭaːnə] *m* ⟨-n; -n⟩ *geogr.* Bechuana.

'Bet|ˌschwe·ster *f contempt.* devotee, churchy woman (*colloq.*). — **~ˌstuhl** *m* praying desk. — **~ˌstun·de** *f* **1.** hour (*od.* time) of prayer. – **2.** prayer meeting.

Bett [bɛt] *n* ⟨-(e)s; -en⟩ **1.** bed: an j-s ~ sitzen [stehen, wachen] to sit [to stand, to watch] at (*od.* by) s.o.'s bedside; ans ~ gefesselt sein to be bedridden, to be confined to (one's) bed; Zimmer mit einem ~ [zwei ~en] single [double] room; im ~ bleiben to stay in bed; im (*od.* zu) ~ liegen a) to be (*od.* lie) in bed, b) (*krank*) to be laid up; mit einer Grippe im ~ liegen to be laid up with influenza; ins (*od.* zu) ~ gehen to go to bed, to turn in (*colloq.*); mit j-m ins ~ gehen *colloq.* to go to bed with s.o. (*colloq.*); sich ins ~ legen (*wegen Krankheit*) to take to one's bed; j-n ins ~ packen (*od.* stecken) to tuck s.o. up in bed (*od.* s.o. off to bed); j-n aus dem ~ treiben to rouse s.o. out of bed; Kinder zu ~ bringen to put children to bed; sich zu ~ legen to go to (*od.* get into) bed; das ~ hüten müssen to have to keep one's bed (*od.* to stay in bed), to be confined to (one's) bed, to be laid up; das ~ machen [lüften] to make [to air] the bed; mit den Hühnern zu ~ gehen *colloq.* to go to bed early; sich ins gemachte ~ legen *fig.* to find everything (*od.* the ground) well prepared; das ~ entehren *fig.* to dishono(u)r (*od.* defile) one's bed, to commit adultery; Trennung von Tisch und ~ *jur.* separation from bed and board, separatio a mensa et toro. – **2.** (*Bettgestell*) bedstead: eisernes [hölzernes] ~ iron [wooden] bedstead. – **3.** (*im Schlafwagen, auf dem Schiff etc*) berth. – **4.** *geol. civ.eng.* (*eines Gewässers*) bed, (*eines Wasserlaufs*) *auch* channel. – **5.** *geol.* (*Gesteinsschicht*) bed. – **6.** *tech.* (*einer Werkzeugmaschine*) (machine) bed. – **7.** *auto.* (*einer Felge*) base. – **8.** *hunt.* (*des Hochwilds*) bed. – **9.** *obs. for* Ehe 1.

'Betˌtag *m* **1.** *relig.* day of prayer. – **2.** *Swiss* national day of prayer (*2nd Sunday in September*).

'Bett|ˌbank *f Austrian for* Bettcouch. — **~ˌbar·chent** *m* (*textile*) ticking, bed ticks *pl.* — **~beˌhang** *m* bed hangings *pl*, valance. — **~beˌzug** *m* plumeau case, eiderdown loose cover (*linen covering for feather-bed*).

'Bett·chen *n* ⟨-s; -⟩ **1.** *dim. of* Bett. – **2.** (*Kinderbett*) crib, *bes. Br.* cot.

'Bett|ˌcouch *f* studio (*od.* bed) couch, bed-settee. — **~ˌdecke** (*getr.* -k·k-) *f* **1.** (*wollene*) blanket, (*gesteppte*) eiderdown quilt. – **2.** (*Tagesdecke*) bedspread, counterpane, coverlet.

Bet·tel [ˈbɛtəl] *m* ⟨-s; *no pl*⟩ **1.** *obs.* begging, beggary. – **2.** *colloq. contempt.* (*Plunder*) trash, rubbish: ich hätte ihm am liebsten den ganzen ~ vor die Füße geworfen I'd have loved to throw the whole lot at him; ich habe den ganzen ~ satt *fig.* I'm sick and tired of the whole business.

'bet·tel|'arm *adj* desperately poor, destitute, (as) poor as a church mouse. — **B~ˌbrief** *m* begging letter. — **B~ˌbrot** *n only in* das ~ essen *fig.* to eat the bread of charity, to live on alms (*od.* charity). — **B~ˌbru·der** *m* **1.** *colloq. cf.* Bettler. – **2.** *cf.* Bettelmönch.

Bet·te'lei *f* ⟨-; -en⟩ **1.** *cf.* Betteln. – **2.** troublesome demand (*od.* request), pleading, begging, pestering: hör endlich mit deiner ~ auf! stop pestering me, will you!

'Bet·telˌfrau *f obs. for* Bettlerin. — **~ˌfürst** *m hist. contempt.* beggarly (*od.* petty) prince, princeling. — **~ˌgeld** *n* **1.** alms *pl.* – **2.** *fig.* (*lächerlicher Betrag*) trifle: etwas für ein ~ hergeben to give s.th. away for almost (*od.* next to) nothing (*od.* for a song).

'bet·tel·haft *adj* beggarly. — **'Bet·tel·haf·tig·keit** *f* ⟨-; *no pl*⟩ beggarliness.

'Bet·tel|ˌhandˌwerk *n* begging, beggary: sich aufs ~ verlegen to live by begging. — **~ˌjun·ge** *m* beggar boy. — **~ˌkram** *m colloq. cf.* Bettel 2. — **~ˌle·ben** *n fig. contempt.* miserable (*od.* beggarly) life. — **~ˌleu·te** *pl fig. contempt.* (gang *sg* of) beggars. — **~ˌmann** *m* ⟨-(e)s; -leute, *auch* ¨er⟩ **1.** *obs. for* Bettler 1. – **2.** ⟨*only sg*⟩ (*Kartenspiel*) beggar-my-neighbo(u)r. — **~ˌmönch** *m relig.* mendicant (friar), begging friar. — **~mu·siˌkant** *m* street musician.

bet·teln ['bɛtəln] **I** *v/i* ⟨h⟩ **1.** beg: ~ gehen to go begging; um Almosen ~ to beg for alms; die Kunst geht ~ *fig.* these are hard times for the arts. – **2.** *fig.* (*inständig bitten*) beg: bitten und ~ to beg and implore; er bettelte so lange, bis wir nachgaben he begged (*od.* pleaded with) us until we gave in; um Gnade ~ to beg for mercy. – **II** *v/t* **3.** (*Brot, Geld etc*) beg. – **4.** (*schnorren*) scrounge, *Br. auch* cadge, *Am.* bum, *Am.* panhandle: eine Zigarette ~ to scrounge a cigarette. – **III** *v/reflex* **5.** *only in* sich durch das Land ~ to beg one's way through the country. – **IV B~** *n* ⟨-s⟩ **6.** *verbal noun*: da hilft kein (Bitten und kein) B~ *fig.* it is no use begging (*od.* pleading); sich aufs B~ verlegen to resort to (*od.* live by) begging. – **7.** beggary, mendicity, mendicancy: „B~ und Hausieren verboten!" "no beggars! no hawkers!" — **'bet·telnd I** *pres p.* – **II** *adj* **1.** begging, mendicant. – **2.** *fig.* pleading. – **III** *adv* **3.** j-n ~ ansehen to look at s.o. pleadingly.

'Bet·tel|ˌor·den *m relig.* mendicant (*od.* begging) order: Angehöriger eines ~s mendicant (friar). — **~ˌpack** *n contempt.* pack (*od.* crowd) of beggars. — **~ˌsack** *m* **1.** beggar's sack (*od.* pouch, wallet). – **2.** *fig. colloq. contempt.* bothersome (*bes. Am.* pesky) beggar. — **~ˌstab** *m fig.* (*in Wendungen wie*) j-n an den ~ bringen to impoverish s.o., to reduce s.o. to poverty (*od.* beggary); du wirst mich noch an den ~ bringen! you'll have me in the poorhouse (*bes. Br.* workhouse)! — **~stuˌdent"**, „Der "The Beggar Student" (*operetta by Millöcker*). — **~ˌsup·pe** *f* **1.** beggar's soup. – **2.** *fig. contempt.* watery soup. – **3.** *fig. contempt.* poor gift (*od.* achievement). — **~ˌvogt** *m obs.* beadle. — **~ˌvolk** *n contempt. cf.* Bettelpack. — **~ˌweib** *n* beggar woman. — **~ˌwe·sen** *n* ⟨-s; *no pl*⟩ mendicity, mendicancy, beggary.

bet·ten ['bɛtən] **I** *v/t* ⟨h⟩ **1.** bed: j-n weich ~ to make s.o. a soft bed; j-n in (*od.* auf) Kissen ~ to lay (*od.* bed) s.o. on cushions; j-n zur letzten (*od.* ewigen) Ruhe ~ *fig.* to lay s.o. to rest; → Rose 1. – **2.** *tech.* (*einbetten, einlagern*) (em)bed. – **3.** (*railway*) ballast. – **II** *v/reflex* sich ~ **4.** make oneself a bed: er hat sich weich gebettet *fig.* he married into money; wie man sich bettet, so liegt (*od.* schläft) man (*Sprichwort*) as you make your bed so you must lie on it (*proverb*). – **III** *v/i* **5.** *rare* make the bed(s). – **IV B~** *n* ⟨-s⟩ **6.** *verbal noun.*

'Bett|ˌfe·der *f meist pl* down(s *pl*). — **~ˌfla·sche** *f cf.* Wärmflasche. — **~geˌnos·se** *m* bedfellow. — **~geˌschirr** *n cf.* Nachttopf. — **~geˌstell** *n* bedstead. — **~ˌha·se** *m*, **~ˌhäs·chen** *n colloq.* bedmate, *Br. colloq.* bit of fluff. — **~ˌhim·mel** *m* canopy, tester. — **~ˌhup·ferl** *n* ⟨-s; -⟩ *Bavarian and Austrian* bedtime sweets *pl* (*Am.* candy).

'Bettisch (*getr.* -tt,t-) *m* bed table.

'Bett|ˌjacke (*getr.* -k·k-) *f*, **~ˌjäck·chen** *n* bed jacket. — **~ˌkam·mer** *f* (small) bedroom (*od.* chamber). — **~ˌkan·te** *f* edge of the bed. — **~ˌkar·te** *f* (*railway*) sleeping-berth supplement, berth ticket. — **~ˌka·sten** *m* (*für Bettzeug*) bedding box (*od.* drawer), *auch* ottoman. — **~ˌkis·sen** *n* pillow. — **~ˌklin·gel** *f* bedside bell push. — **~ˌkoks** *m metall.* bed coke. — **~ˌla·de** *f bes. Southern G. and Austrian for* Bettgestell.

'bettˌlä·ge·rig [-ˌlɛːgərɪç] *adj* bedfast, bedridden, confined to bed, abed, laid up (*pred*): ~ werden to take to one's bed. — **'Bettˌlä·ge·rig·keit** *f* ⟨-; *no pl*⟩ confinement to bed, (state of) being bedridden.

'Bett|ˌla·ken *n bes. Northern G.* (bed) sheet. — **~lekˌtü·re** *f* bedside reading (*od.* books *pl*).

'Bett·ler *m* ⟨-s; -⟩ **1.** beggar, mendicant, asker. – **2.** (*Schnorrer*) scrounger, *Br. auch* cadger, *Am.* panhandler. – **3.** (*Landstreicher*) tramp, *Am.* hobo, bum (*colloq.*). – **4.** *fig.* pauper: j-n zum ~ machen to beggar (*od.* pauperize) s.o. – **5.** *jur.* vagrant. — **b~haft** *adj* beggarly. — **~ˌher·ber·ge** *f* beggarly, *bes. Br.* doss house.

'Bett·le·rin *f* ⟨-; -nen⟩ beggar (woman).

'bett·le·risch *adj cf.* bettlerhaft.

'Bett·ler|ˌlei·er *f mus. cf.* Drehleier. — **~ˌmu·schel** *f zo.* oyster, rock venus (*scient.*) (*Gattg Venerupis*).

'Bett·ler·schaft *f* ⟨-; *no pl*⟩ (community of) beggars *pl.*

'Bett·ler|ˌspra·che *f* beggars' cant. — **~ˌstolz** *m* beggar's (*od.* beggarly) pride.

'Bett·ler·tum *n* ⟨-s; *no pl*⟩ beggardom, beggarhood, beggary.

'Bett|ˌlin·nen *n* bed linen, sheets *pl* and pillowcases (*Br.* pillow-cases) *pl.* — **~ˌnach·bar** *m* (*im Krankenhaus*) patient in the next bed. — **~ˌnäs·sen** *n med. psych.* bed-wetting, enuresis (nocturna) (*scient.*). — **~ˌnäs·ser** *m* ⟨-s; -⟩ bed wetter. — **~ˌni·sche** *f* (bed) alcove. — **~ˌpfan·ne** *f* (*für Bettlägerige*) bedpan. — **~ˌpfo·sten** *m* bedpost. — **~ˌplatz** *m* (*railway*) berth. — **~ˌrand** *m cf.* Bettkante. — **~ˌrol·le** *f* **1.** bolster. – **2.** roll of bedding. — **~ˌrost** *m* spring mattress, bedspring. — **~ˌru·he** *f* rest in bed, *bes. Am.* bed rest: j-m ~ verordnen to confine s.o. to bed. — **~ˌschlit·ten** *m tech.* (*der Drehbank*) carriage. — **~ˌschuh** *m meist pl* bed sock. — **~ˌschür·ze** *f tech.* (*der Drehbank*) apron. — **~ˌschüs·sel** *f* bedpan. — **~ˌschwe·re** *f only in* die nötige ~ haben *fig. colloq.* to be ready for bed (*after drinking one's fill*). — **~ˌsei·te** *f* bedside. — **~ˌstatt** *f* ⟨-; ¨en⟩ *Southern G. and Austrian for* Bettstelle. — **~ˌstel·le** *f* bed, bedstead: leichte ~ cot. — **~ˌstuhl** *m* (*für Kranke*) commode. — **~ˌüberˌzug** *m cf.* Bettbezug.

'Bettuch[1] (*getr.* -tt,t-) *n* (bed) sheet.

'Betˌtuch[2] *n relig.* prayer shawl.

'Bettˌumˌran·dung *f* bedside (carpet) runners *pl.*

'Bet·tung *f* ⟨-; -en⟩ **1.** *cf.* Betten. – **2.** *tech.* bedding, bed. – **3.** (*railway*) ballast. – **4.** *civ.eng.* bed. – **5.** *mil.* (*eines Geschützes*) platform, base, (*eines beweglichen*) *auch* baseplate, (*eines festen*) *auch* foundation.

'Bet·tungs·ma·te·riˌal *n tech. civ.eng.* ballast, ballasting (*od.* boxing) material.

'Bett|ˌun·terˌla·ge *f* under-blanket, mattress pad. — **~ˌvorˌhang** *m* bed curtain. — **~ˌvorˌla·ge** *f Southwestern G. and Swiss for* Bettvorleger. — **~ˌvorˌle·ger** *m* bedside rug. — **~ˌwan·ge** *f tech.* (*einer Drehbank*) bed shear. — **~ˌwan·ze** *f zo.* common bedbug, *bes. Am.* chinch (*Cimex lectularius*). — **~ˌwä·sche** *f* bed linen, sheets *pl* and pillowcases (*Br.* pillow-cases) *pl.* — **~ˌzeug** *n* **1.** *cf.* Bettwäsche. – **2.** (*Decken, Kissen etc*) bedding, bedclothes *pl*, bedclothing. — **~ˌzip·fel** *m* corner of the plumeau (*od.* feather-bed): nach dem ~ schnappen (*od.* schielen) *fig. colloq.* to yawn, to show one's tiredness.

be·tucht [bə'tuːxt] *adj colloq.* well-to-do, well-off.

be'tu·lich[1] *adj* (*rührig besorgt*) clumsily officious, fussing, fussy, (over)attentive.

be'tu·lich[2] *adv* (*beschaulich, gemächlich*) leisurely.

Be'tu·lich·keit[1] *f* ⟨-; *no pl*⟩ clumsy officiousness, fussing, fussiness, (over)attentiveness.

Be'tu·lich·keit[2] *f* ⟨-; *no pl*⟩ leisureliness, ponderous slowness.

be'tun *v/reflex* ⟨*irr, no* ge-, h⟩ sich ~ be fussy, make a fuss.

be'tüp·feln *v/t* ⟨*no* ge-, h⟩ dot, spot, sprinkle, speckle.

be'tup·fen *v/t* ⟨*no* ge-, h⟩ **1.** (*Stirn, Mund etc*) dab. – **2.** (*Wunde etc*) swab. – **3.** *cf.* betüpfeln.

'Betˌwo·che *f relig.* Rogation Week.

Beu·che ['bɔʏçə] *f* ⟨-; -n⟩ (*textile*) *obs.* buck. — **'beu·chen** *v/t* ⟨*no* ge-, h⟩ *obs.* buck.

Beu·dan·tit [bɔʏdan'tiːt; -'tɪt] *m* ⟨-s *u.* -en; -e(n)⟩ *min.* beudantite.

'beug·bar *adj* **1.** bendable, flexible, pliable: nicht ~ sein to be inflexible. – **2.** *ling.* capable of inflection (*Br. auch* inflexion).

Beu·ge ['bɔʏgə] *f* ⟨-; -n⟩ **1.** bend, turn, curve. – **2.** (*des Arms u. Knies*) bend. – **3.** (*sport*) a) bend, flection, *Br. auch* flexion, b) (*Beugestellung*) bent position: in der ~ bleiben to keep one's knees bent. – **4.** (*wood*) stack (*od.* pile) of logs. – **5.** *tech.* (*Böttcherwerkzeug*) (hoop) cramp, bender. — **~ˌhaft** *f jur.* coercive detention (*to compel witness to give evidence, or debtor to disclose his means etc*). — **~ˌhang** *m* (*sport*) bent-arm hang.

Beu·gel ['bɔʏgəl] *n* ⟨-s; -⟩ *Austrian for* Hörnchen 4.

'Beu·geˌmus·kel *m med.* flexor (muscle).

beu·gen ['bɔʏgən] **I** *v/t* ⟨h⟩ **1.** bend, bow: das Knie ~ a) to bend one's knee, b) *relig.* to genuflect; vor j-m das Knie ~ to bend the knee to s.o.; den Kopf ~ to bow (*od.* incline, bend) one's head; das Alter [der Kummer] hatte ihn gebeugt age [grief] bowed him (down); j-s Stolz ~ *fig.* to bring down s.o.'s pride. – **2.** (*anwinkeln*) flex. – **3.** *jur.* (*Recht*) bend, pervert, warp. – **4.** *ling.* inflect. – **5.** (*optics*) diffract. – **6.** *tech.* deflect. – **II** *v/reflex* sich ~ **7.** bend, bow: sich über den Kinderwagen ~ to bend over the baby carriage (*Br.* pram); sich aus dem Fenster ~ to lean out of the window; sich unter der Last ~ to bend under the burden; sich unter der Last der Jahre ~ *fig.* to become bowed down (*od.* stooped) with age; sich vor j-m ~ a) to bend one's knee before s.o., b) *fig.* to humble oneself before s.o. – **8.** *fig.* (*sich fügen, unterwerfen*) bow, yield, submit, decline: sich (vor) dem Stärkeren ~ to yield (*od.* submit) to the stronger; sich seinem Schicksal ~ to resign oneself to one's fate; sich der öffentlichen Meinung ~ to bow to public opinion. – **III B~** *n* ⟨-s⟩ **9.** *verbal noun.* – **10.** flection, *Br. auch* flexion. – **11.** (*des Kopfes*) inclination, declination (*lit.*). – **12.** (*der Knie*) genuflection, *Br. auch* genuflexion. – **13.** (*sport*) *cf.* Beuge 3a.

'beu·gend I *pp.* – **II** *adj* **1.** *ling.* inflective. – **2.** (*optics*) diffractive.

'Beu·ger *m* ⟨-s; -⟩ *med. cf.* Beugemuskel.

'Beu·ge|ˌseh·ne *f med.* flexor tendon. — **~ˌsei·te** *f* flexor surface. — **~ˌstütz** *m* (*sport*) bent-arm rest.

'beug·sam *adj cf.* biegsam 1.

'Beu·gung *f* ⟨-; -en⟩ **1.** *cf.* Beugen. – **2.** *med.* a) (*eines Glieds*) flection, *Br. auch* flexion, b) (*des Körpers nach vorn*) procurvation. – **3.** *ling.* inflection, *Br. auch* inflexion. – **4.** (*sport*) *cf.* Beuge 3a. – **5.** *tech.* deflection, *Br. auch* deflexion. – **6.** (*optics*) diffraction.

'Beu·gungs|ˌaufˌnah·me *f* (*optics*) ray diffraction exposure. — **~ˌbild** *n* diffraction image (*od.* pattern). — **~ˌen·dung** *f ling.* inflectional (*Br. auch* inflexional) ending. — **b~ˌfä·hig** *adj cf.* beugbar. — **~ˌfall** *m ling.* oblique case. — **~fiˌgur** *f* (*optics*) *cf.* Beugungsbild. — **~ˌgit·ter** *n* diffraction grating (*od.* grid). — **~ˌring** *m meist pl* diffraction halo. — **~ˌspek·trum** *n* diffraction spectrum. — **~ˌstrahl** *m* diffracted ray. — **~ˌwin·kel** *m* diffraction angle.

Beu·le ['bɔʏlə] *f* ⟨-; -n⟩ **1.** (*in Blech, weichem Material etc*) dent, depression: der Topf ist voller ~n the pot is full of dents; sein Auto hat schon ein paar ~n his car already has a few dents. – **2.** (*Vorwölbung*) bulge: die Hose hat ~n an den Knien the trousers are baggy at the knees. – **3.** *med.* a) bump, lump, swelling, b) (*Furunkel*) boil, c) (*an Leisten od. Achselhöhle*) bubo: eine ~ am Kopf haben to have a bump on one's head. – **4.** *geol.* upfold. – **5.** (*art*) boss.

'beu·len *v/reflex* ⟨h⟩ sich ~ **1.** (*von Hose*) become baggy, bag. – **2.** (*von Tasche*) bulge. – **3.** (*von Topf etc*) buckle (up).

'Beu·len|ˌbrand *m agr.* (*am Mais*) boil, smut. — **~ˌpest** *f med.* bubonic plague.

'beu·lig *adj* **1.** *cf.* verbeult. – **2.** *bot.* (*knotig*) torose, torous.

'Beu·lung *f* ⟨-; -en⟩ *geol.* upfolding.

be·un·ru·hi·gen [bə'ʔʊnˌruːɪgən] **I** *v/t* ⟨*no* ge-, h⟩ **1.** disturb, trouble: sie wollte ihren Vater nicht ~ she did not want to trouble her father. – **2.** (*Sorge bereiten*) worry, disquiet, (*stärker*) alarm: sein Zustand beunruhigt mich I am worried about his health; die Nachricht beunruhigte die Bevölkerung the news alarmed the population. – **3.** *mil.* (*Feind*) harass. – **II** *v/reflex* **4.** sich ~ (über *acc*, wegen about) be (*od.* feel) uneasy (*od.* troubled, concerned), (*stärker*) be disquieted (*od.* worried, alarmed), distress oneself: die Mutter beunruhigte sich um ihr Kind the mother was worried about her child; ~ Sie sich nicht! don't worry! don't distress yourself! don't get alarmed! –

III B~ *n* ⟨-s⟩ **5.** *verbal noun.* – **6.** *cf.* Beunruhigung. — **be'unˌru·hi·gend I** *pres p.* – **II** *adj* (*Nachricht etc*) disturbing, disquieting, (*stärker*) alarming. — **be'unˌru·higt I** *pp.* – **II** *adj* ~ sein (über *acc*, wegen) to feel uneasy (*od.* concerned) (about), to be alarmed (at). — **Be'unˌru·hi·gung** *f* ⟨-; *no pl*⟩ **1.** *cf.* Beunruhigen. – **2.** disturbance. – **3.** (*Unruhe*) uneasiness, anxiety, alarm: es besteht kein Grund zur ~ there is no cause for alarm. – **4.** (*Sorge*) trouble, worry, concern. – **5.** *mil.* harassment.

Be'unˌru·hi·gungsˌfeu·er *n mil.* harassing fire.

be·ur·kun·den [bə'ʔuːrˌkʊndən] **I** *v/t* ⟨*no* ge-, h⟩ **1.** *jur.* a) record, place (*s.th.*) on record, b) verify, prove (*s.th.*) by documentary evidence, c) (*behördlich*) authenticate, certify, verify, d) (*Geburten, Todesfälle etc*) register: etwas gerichtlich ~ to place s.th. with a court (*od.* on a court's record); etwas notariell ~ to notarize s.th. – **2.** *obs. for* bezeugen 1, offenbaren 1, 2. – **II** *v/reflex* sich ~ **3.** *obs. for* offenbaren 4. – **III B~** *n* ⟨-s⟩ **4.** *verbal noun.* — **Be'urˌkun·dung** *f* ⟨-; -en⟩ **1.** *cf.* Beurkunden. – **2.** *jur.* a) verification (*od.* proof) by documentary evidence, b) (*behördliche*) authentication, certification, verification, c) (*notarielle*) notarization, d) registration: ~ des Personenstandes registration of births, deaths, and marriages.

be·ur·lau·ben [bə'ʔuːrˌlaubən] **I** *v/t* ⟨*no* ge-, h⟩ **1.** give (*od.* grant) (*s.o.*) leave of absence, give (*s.o.*) time off: j-n für eine Woche ~ to give s.o. a week's holiday; sich ~ lassen to ask for leave, to ask for time off. – **2.** *mil.* give (*s.o.*) leave, furlough, grant furlough to: er konnte sich für drei Wochen ~ lassen he was granted leave for three weeks. – **3.** (*vom Amt*) suspend (from office): j-n vorübergehend (vom Dienst) ~ to suspend s.o. temporarily. – **II** *v/reflex* sich ~ **4.** *obs.* take one's leave. – **III B~** *n* ⟨-s⟩ **5.** *verbal noun.* – **6.** *cf.* Beurlaubung. — **be'urˌlaubt I** *pp.* – **II** *adj* **1.** (absent *od.* home) on leave: krankheitshalber ~ on sick leave; vorübergehend ~ on temporary leave; für zwei Monate ~ on two months' leave. – **2.** *mil.* on furlough.

Be'urˌlaub·tenˌstand *m* ⟨-(e)s; *no pl*⟩ *mil.* [reserve status.]

Be'urˌlau·bung *f* ⟨-; -en⟩ **1.** *cf.* Beurlauben. – **2.** (*Urlaub*) leave: eine ~ beantragen to apply for leave. – **3.** *mil.* furlough, leave of absence. – **4.** (*vom Amt*) suspension (from office).

be'ur·tei·len I *v/t* ⟨*no* ge-, h⟩ **1.** judge, pronounce (*od.* pass) judg(e)ment (up)on, give one's opinion on: j-n nach seiner Kleidung [seinem Äußeren] ~ to judge s.o. by his clothes [his appearance]; etwas falsch ~ to take a wrong view of s.th., to misjudge s.th.; j-n richtig ~ to judge s.o. rightly (*od.* correctly); das kann ich nicht ~ I am no judge of it, I am not competent to judge it; Sie können die Lage besser ~ you are in a better position to judge the situation; im voraus ~ to prejudge; so beurteile ich die Angelegenheit that's how I judge the matter, that's my opinion on (*od.* view of) the matter; wie ich die Sache beurteile in my view, to my mind, as I see the matter; wie ~ Sie die Lage? what do you think of the situation? – **2.** (*fachmännisch*) criticize, comment on: ein Theaterstück ~ to criticize (*od.* review) a play; ein Buch ~ to review (*od.* discuss) a book. – **3.** (*Leistung, Wert*) estimate, rate, assess. – **4.** (*betrachten*) view: etwas ernst ~ to view s.th. with concern, to take a grave view of s.th. – **II B~** *n* ⟨-s⟩ **5.** *verbal noun.* – **6.** *cf.* Beurteilung. — **Be'ur·tei·ler** *m* ⟨-s; -⟩ **1.** judge: befugter (*od.* sachkundiger) ~ competent judge. – **2.** critic, reviewer.

Be'ur·tei·lung *f* ⟨-; -en⟩ **1.** *cf.* Beurteilen. – **2.** judg(e)ment, opinion, view: eine nüchterne ~ der Lage a sober judg(e)ment of the situation; eine falsche ~ misjudg(e)ment; die ~ einer Sachlage the opinion on (*od.* the judg[e]ment of) the facts of the case. – **3.** (*in Personalakten etc*) confidential (*od.* *Am.* efficiency) report: eine günstige ~ finden to be viewed favo(u)rably. – **4.** critique, review. – **5.** (*Einschätzung*) estimation, assessment.

Beu·schel ['bɔʏʃəl] *n* ⟨-s; -⟩ *Austrian gastr. cooked heart, lungs, liver and sweetbread of a calf, finely sliced and heated in a savo(u)ry sauce.*

Beu·te[1] ['bɔʏtə] *f* ⟨-; *no pl*⟩ **1.** *mil.* booty, spoil(s *pl*), plunder, loot, captured property: dem Feind zur ~ fallen to fall into the hands of (*od.* to be captured by) the enemy. – **2.** (*Diebesbeute*) booty, 'haul' (*colloq.*), swag (*colloq.*): reiche ~ machen to get a rich booty, to make a big haul; der Einbrecher entkam mit der ~ the burglar escaped with his haul. – **3.** *hunt.* a) (*Tier*) quarry, game, b) (*Jagdbeute*) bag, kill(ing), take: der Jäger verfolgt seine ~ the hunter pursues his quarry; mit reicher ~ heimkommen to return with a good bag. – **4.** *mar. mil.* prize. – **5.** (*eines Raubtiers*) prey, quarry: der Tiger stürzte sich auf seine ~ the tiger hurled itself at its prey. – **6.** *fig.* (*Opfer*) prey, victim, ravin (*poet.*): eine ~ des Todes a prey to death.

'Beu·te[2] *f* ⟨-; -n⟩ *dial.* **1.** (kneading) trough. – **2.** (bee)hive.

'Beu·te|ˌfang *m* preying: auf ~ gehen to go preying. — **~ˌgier** *f* **1.** lust for booty. – **2.** (*eines Tiers*) ravenousness. — **b~ˌgie·rig** *adj* **1.** eager for booty. – **2.** (*Tier*) ravening. — **~ˌgut** *n cf.* Beute[1] 1, 2.

Beu·tel ['bɔʏtəl] *m* ⟨-s; -⟩ **1.** bag, *bes. Am.* sack. – **2.** (*fashion*) (*Beuteltasche*) pouch-shaped handbag, pochette, *bes. Br.* Dorothy bag. – **3.** *colloq.* (*Geldbörse*) purse: den ~ ziehen (*od.* aufmachen) to loosen the purse strings; [tief] in den ~ greifen müssen to have to dip (one's hand) [deep] into one's purse; ein Loch in j-s ~ reißen to make a hole in s.o.'s pocket, to tell heavily on s.o.'s purse; den ~ zuhalten, den Daumen auf den ~ halten to keep the purse strings tight, to tighten the purse strings. – **4.** (*Tabaksbeutel*) pouch. – **5.** (*Mehlbeutel*) bolter, bolting bag. – **6.** *bot. zo.* sac. – **7.** *zo.* (*der Beuteltiere*) pouch, marsupium (*scient.*). – **8.** *med.* pouch. — **b~ˌar·tig** *adj* **1.** baglike, pouchlike. – **2.** *zo.* marsupial. — **~ˌbär** *m zo.* koala (bear), koolah, *auch* native (*od.* kangaroo) bear (*Phascolarctos cinereus*). — **~ˌblitz** *m phot. cf.* Kapselblitz. — **~ˌdachs** *m zo.* bandicoot (*Fam. Peramelidae*). — **~ˌfil·ter** *n, m* (*textile*) bag filter, filter bag. — **~ˌfle·derˌmaus** *f zo.* pouch-winged bat (*Gattg Saccopteryx*). — **~ˌflugˌhörn·chen** *n* lesser flying phalanger (*od.* opossum) (*Gattg Petaurus*). — **b~ˌför·mig** *adj* **1.** bag-shaped, pouch-shaped. – **2.** *med.* pouch-like. – **3.** *zo.* marsupial. – **4.** *bot.* pouch-shaped, scrotiform (*scient.*). — **~ˌfrosch** *m zo.* pouched (*od.* marsupial) frog (*Gattg Nototrema*). — **~gaˌzel·le** *f cf.* Springbock. — **~geˌfäß** *n tech.* (*in der Müllerei*) bolting tub. — **~ˌhund** *m zo. cf.* Beutelwolf. — **~ˌka·sten** *m tech.* (*in der Müllerei*) bolting chest. — **~ˌkno·chen** *m zo.* epipubic bone, marsupial bone. — **~ˌkrebs** *m cf.* Palmendieb. — **~ˌmar·der** *m* native cat, dasyure (*Gattg Dasyurus*). — **~maˌschi·ne** *f tech.* dismembrator. — **~ˌmaus** *f zo.* pouched (*od.* opossum) mouse, phascogale (*Fam. Phascogalinae*). — **~ˌmei·se** *f* penduline tit (*Remiz pendulinus*). — **~meˌlo·ne** *f bot. cf.* Zuckermelone. — **~ˌmull** *m zo.* marsupial mole (*Notoryctes typhlops*). — **~ˌmüh·le** *f tech.* bolting house.

beu·teln ['bɔʏtəln] **I** *v/t* ⟨h⟩ **1.** (*Mehl*) bolt. – **2.** *colloq.* shake. – **3.** *colloq.* (*beim Spiel*) 'fleece' (*colloq.*). – **II** *v/i* **4.** *colloq.* (*von Stoff etc*) bag, bunch, pucker (up). – **III** *v/reflex* sich ~ **5.** *cf.* beuteln 4. – **6.** *colloq.* shake oneself.

'Beu·tel|ˌrat·te *f zo.* **1.** *cf.* Opossum 1. – **2.** didelphid, opossum (*Fam. Didelphyidae*). — **~ˌschnei·der** *m* **1.** *fig.* swindler, trickster. – **2.** *obs.* cutpurse. — **~schnei·de'rei** [ˌbɔʏtəl-] *f fig.* swindling, trickery, sharp practice. — **~ˌsieb** *n tech.* (*in der Müllerei*) bolting sieve. — **~ˌspitzˌhörn·chen** *n zo. cf.* Beutelmaus. — **~ˌspringˌmaus** *f* jerboa pouched mouse (*Gattg Antechinomys*). — **~ˌta·sche** *f* (*der Beuteltiere*) (marsupial) pouch. — **~ˌteu·fel** *m* Tasmanian devil (*Sarcophilus harrisii*). — **~ˌtier** *n* marsupial (*Ordng Marsupialia*). — **~ˌtuch** *n tech.* (*in der Müllerei*) bolting cloth.

'beu·teˌlu·stig *adj cf.* beutegierig.

'Beu·tel|ˌwerk *n tech.* (*in der Müllerei*) bolt(er). — **~ˌwolf** *m zo.* thylacine, Tasmanian wolf (*od.* tiger), pouched dog (*Thylacinus cynocephalus*).

beu·ten ['bɔʏtən] *v/t* ⟨h⟩ *agr.* (*Waldbienen*) hive.

'Beu·te|po·liˌtik *f pol.* spoils system. — **~ˌrecht** *n jur.* right of capture. — **~ˌstück** *n meist pl mil.* spoil. — **~ˌtier** *n* (*eines Raubtiers*) quarry, prey. — **~ˌzug** *m* foray: einen ~ machen to make (*od.* go on) a foray.

'Beut·ler *m* ⟨-s; -⟩ *meist pl zo.* marsupial (*Ordng Marsupialia*).

Beut·ner ['bɔʏtnər] *m* ⟨-s; -⟩ *agr.* beekeeper. — **Beut·ne'rei** *f* ⟨-; *no pl*⟩ beekeeping.

Be·va·tron ['beːvatrɔn] *n* ⟨-s; -e ['beːvatroːnə; bevaˈtroːnə]⟩ *nucl.* (*Elektronenbeschleuniger*) bevatron.

be'vog·ten *v/t* ⟨*no* ge-, h⟩ *Swiss obs. for* bevormunden 1.

be·völ·kern [bəˈfœlkərn] **I** *v/t* ⟨*no* ge-, h⟩ **1.** populate, people: die Hunnen bevölkerten Europa the Huns populated Europe. – **2.** (*bewohnen*) inhabit. – **3.** *fig.* fill, crowd, throng: eine Menschenmenge bevölkerte die Straßen a crowd of people thronged the streets; viele Touristen bevölkern die Insel the island is crowded with tourists. – **4.** *rare* (*Gebiet etc*) settle: ein Gebiet planmäßig ~ to settle an area systematically. – **5.** (*Bienenstock*) stock (*a hive*) with a colony of bees. – **II** *v/reflex* sich ~ **6.** grow populous, become inhabited (*od.* populated, peopled): das Gebiet bevölkerte sich mehr und mehr the area became more and more inhabited. – **7.** *fig.* become peopled (*od.* crowded, filled, thronged): der Platz bevölkerte sich mit Menschen the square became crowded with people. – **III B~** *n* ⟨-s⟩ **8.** *verbal noun.* — **be'völ·kert I** *pp.* – **II** *adj* **1.** populated, peopled: dicht [dünn] ~ sein to be densely [thinly] populated. – **2.** (*bewohnt*) inhabited. – **3.** *fig.* peopled, crowded, filled, thronged: ein sehr ~er Badeort a crowded seaside resort.

Be'völ·ke·rung *f* ⟨-; *no pl*⟩ **1.** *cf.* Bevölkern. – **2.** population, inhabitants *pl*, people (*construed as pl*): die weiße ~ eines Landes the white population of a country; die gesamte männliche ~ the entire male population; schrumpfende [wachsende] ~ diminishing [increasing] population.

Be'völ·ke·rungs|ˌabˌnah·me *f* decrease in population. — **~ˌabˌwan·de·rung** *f* exodus (*od.* migration) (from a region). — **~ˌanˌstieg** *m cf.* Bevölkerungszunahme. — **~ˌanˌteil** *m* part of the population. — **~ˌaufˌbau** *m cf.* Bevölkerungsstruktur. — **~ˌausˌtausch** *m sociol.* population exchange. — **~beˌwe·gung** *f* population movement. — **~biˌlanz** *f* population census. — **~ˌdich·te** *f* population density: geringe ~ open population. — **~ˌdruck** *m* ⟨-(e)s; *no pl*⟩ population pressure. — **~dyˌna·mik** *f* population dynamics *pl* (*construed as sg or pl*). — **~entˌwick·lung** *f* demographic evolution: die ~ berechnen to project population trends. — **~ex·plo·siˌon** *f* population explosion. — **~geo·graˌphie** *f* populational geography. — **~geˌschich·te** *f* demographic history. — **~ˌkreis** *m meist pl* section of the population. — **~ˌkun·de** *f* demography. — **~ˌla·ge** *f* demographic situation. — **~ˌleh·re** *f* demography, science of population and population movements. — **~ˌmas·se** *f* mass of the population. — **~ˌmit·telˌpunkt** *m* population center (*bes. Br.* centre). — **~po·liˌtik** *f* population policy. — **b~po·liˌ·tisch** *adj* relating to population policy, population (*attrib*): ~e Maßnahmen population measures. — **~py·raˌmi·de** *f* population pyramid. — **~ˌrückˌgang** *m* decrease in population. — **~ˌschicht** *f* social stratum, class of society: die unteren [oberen] ~en the lower [upper] strata; Personen aller ~en people from all classes; weite ~en wide strata. — **~ˌschutz** *m* ziviler ~ *pol.* civil defence (*Am.* defense) (service), protection of the civilian population. — **~ˌstand** *m sociol.* (state of) population. — **~staˌti·stik** *f* population statistics *pl* (*construed as sg or pl*). — **~strukˌtur** *f* population structure. — **~ˌteil** *m* part of the population. — **~ˌtyp** *m sociol.* ethnic type, somatotype. — **~ˌüberˌfüh·rung** *f* population transfer. — **~ˌüberˌschuß** *m* population surplus. — **~ˌumˌsatz** *m sociol.* population turnover. — **~verˌmeh·rung** *f cf.* Bevölkerungszunahme. — **~ˌwachs·tum** *n* population growth. — **~ˌwis·sen·schaft** *f cf.* Bevölkerungslehre. — **b~ˌwis·sen·schaft·lich** *adj* demographic. — **~ˌzahl, ~ˌzif·fer** *f* population figure. — **~ˌzuˌnah·me** *f*, **~ˌzuˌwachs** *m* increase in population.

be·voll·mäch·ti·gen [bəˈfɔlˌmɛçtɪgən] **I** *v/t* ⟨*no* ge-, h⟩ **1.** authorize, (in)vest (*s.o.*) with power(s), empower: j-n ~, etwas zu tun to authorize s.o. to do s.th. – **2.** *jur.* give (*s.o.*)

power of attorney, (*in Urkunden*) *auch* appoint and constitute (*s.o.*) one's lawful agent and attorney. – **3.** *pol.* (*Gesandten etc*) (bei to) accredit. – **II B~** *n* ⟨-s⟩ **4.** *verbal noun.* – **5.** *cf.* Bevollmächtigung.

be'vollˌmäch·tigt I *pp.* – **II** *adj* **1.** authorized, empowered: ~ sein, etwas zu tun to be authorized (*od.* to have authority) to do s.th.; ~er Minister *pol.* minister plenipotentiary; ~er Vertreter authorized representative. – **2.** *jur.* having power of attorney. — **Be'vollˌmäch·tig·te** *m, f* ⟨-n; -n⟩ **1.** authorized person. – **2.** *jur.* a) (*Vertreter*) (lawful) agent, (authorized) representative, proxy, private attorney, attorney (in fact), b) (*Beauftragter*) delegate, c) *cf.* Prozeßbevollmächtigte: amtlicher ~r commissioner. – **3.** *pol.* (*Gesandter*) plenipotentiary. – **4.** *econ.* authorized (managing) clerk.

Be'vollˌmäch·ti·gung *f* ⟨-; -en⟩ **1.** *cf.* Bevollmächtigen. – **2.** authorization, delegation of powers, mandate: (formelle) ~ eines ~ Vertreters granting power of attorney; auf Grund einer ~ by proxy. – **3.** (*Vollmacht*) authority, power.

Be'vollˌmäch·ti·gungs|ˌschrei·ben *n* **1.** letter of authorization. – **2.** *jur.* letter (*od.* power) of attorney, proxy. — **~ˌurˌkun·de** *f cf.* Bevollmächtigungsschreiben 2.

be'vor *conj* **1.** (*ehe*) before: ~ er eintraf before he arrived; noch ~ er zurückkam prior (*od.* previous) to his return; überlege sorgfältig, ~ du handelst think carefully before acting. – **2.** until, till: nicht öffnen, ~ der Zug hält do not open until (*od.* till) the train stops; ~ nicht eine bessere Lösung gefunden ist pending a better solution.

be'vorˌmun·den I *v/t* ⟨*insep, no* ge-, h⟩ *fig.* **1.** (*Person*) patronize, treat (*s.o.*) as if he were a child (*od.* in a patronizing manner, patronizingly), keep (*s.o.*) in leading strings: ich werde von meinen Eltern ständig bevormundet my parents constantly treat me as if I were a child. – **2.** (*Land, Volk etc*) keep (*s.th., s.o.*) in tutelage. – **II B~** *n* ⟨-s⟩ **3.** *verbal noun.* — **Be'vorˌmun·dung** *f* ⟨-; -en⟩ **1.** *cf.* Bevormunden. – **2.** tutelage, patronage: sie empfand seine Ratschläge nur als ~ she regarded his advice as nothing but patronage.

be'vorˌra·ten I *v/t* ⟨*insep, no* ge-, h⟩ **1.** (*Haushalte etc*) stock up, provide (*s.th.*) with stock. – **2.** (*Lebensmittel etc*) build up (*od.* lay in) stocks (*od.* supplies) of, stockpile, stock (*s.th.*) up. – **II B~** *n* ⟨-s⟩ **3.** *verbal noun.* — **Be'vorˌra·tung** *f* ⟨-; *no pl*⟩ **1.** *cf.* Bevorraten. – **2.** provision with stocks. – **3.** (*Vorrat*) stocks *pl*, supplies *pl.*

be'vorˌrech·ten *v/t* ⟨*insep, no* ge-, h⟩ *cf.* bevorrechtigen. — **be'vorˌrech·tet I** *pp.* – **II** *adj cf.* bevorrechtigt II.

be·vor·rech·ti·gen [bə'foːrˌrɛçtɪɡən] **I** *v/t* ⟨*insep, no* ge-, h⟩ **1.** (*Personen, Stände etc*) privilege, grant (*od.* give) a privilege (*od.* privileges) to. – **2.** *jur. econ.* (*Forderungen, Gläubiger etc*) give preference (*od.* priority) to. – **II B~** *n* ⟨-s⟩ **3.** *verbal noun.* – **4.** *cf.* Bevorrechtigung. — **be'vorˌrech·tigt I** *pp.* – **II** *adj* **1.** privileged. – **2.** *jur. econ.* preferential, preferred, secured: ~ zu befriedigen preferable; ~e Forderung [Schuld] preferential (*od.* secured) claim [debt]; ~er Gläubiger creditor by priority, preferential creditor, *bes. Am.* specialty creditor; ~ sein vor (*dat*) to rank before. — **Be'vorˌrech·ti·gung** *f* ⟨-; *no pl*⟩ **1.** *cf.* Bevorrechtigen. – **2.** (*Vorrecht*) privilege, preference, priority. – **3.** *jur. econ.* preferment.

Be'vorˌrech·tung *f* ⟨-; *no pl*⟩ *cf.* Bevorrechtigung.

be·vor·schus·sen [bə'foːrˌʃʊsən] **I** *v/t* ⟨*insep, no* ge-, h⟩ *officialese* **1.** (*Waren, Wertpapiere etc*) advance money on (*s.th.*) (against securities). – **2.** j-n ~ to advance s.o. money. – **3.** (*Lohn, Gehalt etc*) pay (*s.th.*) in advance. – **II B~** *n* ⟨-s⟩ **4.** *verbal noun.* — **Be'vorˌschus·sung** *f* ⟨-; *no pl*⟩ **1.** *cf.* Bevorschussen. – **2.** advance (of money).

be'vorˌste·hen I *v/i* ⟨*irr, sep,* -ge-, h⟩ **1.** (*von Ereignis etc*) be near, be at hand, be approaching: ein strenger Winter steht bevor a hard winter is approaching (*od.* lies ahead); seine Entlassung stand bevor he was about to be dismissed; der Abschluß des Friedensvertrages steht nahe bevor the peace treaty will be concluded before long; Ostern stand bevor Easter was near (*od.* approaching), it was near (to) Easter. – **2.** (*von Gefahr, Krise etc*) be impending, be imminent: der Krieg [sein Tod] stand bevor war [his death] was imminent. – **3.** j-m steht etwas bevor a) s.th. awaits s.o., s.th. is in store for s.o., b) (*Unerfreuliches, Drohendes*) s.th. hangs over s.o., s.th. is upon s.o., s.th. is impending (up)on s.o.: ihm steht ein großes Glück bevor great luck is in store for him; das Schlimmste steht uns noch bevor the worst is still to come (upon us); ihm steht eine große Enttäuschung bevor he is in for a great disappointment; wer weiß, was uns noch bevorsteht who knows what awaits (*od.* is in store for) us. – **II B~** *n* ⟨-s⟩ **4.** *verbal noun.* – **5.** prospect, perspective. – **6.** (*von Gefahr*) impendency, imminence, *auch* imminency. — **be'vorˌste·hend I** *pres p.* – **II** *adj* **1.** nearing, at hand, (forth)coming, approaching: noch ~ yet to come: die ~en Wahlen the forthcoming elections. – **2.** (*Gefahr, Krise*) impending, imminent.

be·vor·wor·ten [bə'foːrˌvɔrtən] *v/t* ⟨*insep, no* ge-, h⟩ write a preface to, preface.

be·vor·zu·gen [bə'foːrˌtsuːɡən] **I** *v/t* ⟨*insep, no* ge-, h⟩ **1.** prefer, give preference to: etwas vor etwas anderem ~ to prefer s.th. to s.th.; Kaffee ~ to prefer coffee; Palmen ~ sonniges Klima palm trees prefer a sunny climate; was ~ Sie? what do you prefer? – **2.** (*begünstigen*) favor, *bes. Br.* favour, allow (*s.o.*) special privileges: der Lehrer bevorzugt einen Schüler the teacher favo(u)rs a pupil; Stammkunden ~ to grant special favo(u)rs to regular customers. – **3.** *jur.* privilege. – **II B~** *n* ⟨-s⟩ **4.** *verbal noun.* – **5.** *cf.* Bevorzugung. — **be'vorˌzugt I** *pp.* – **II** *adj* **1.** (*Stellung etc*) privileged: eine ~e Stellung einnehmen to have a privileged position. – **2.** *bes. econ. jur.* preferential, preferred: ~e Behandlung preferential treatment, priority; ~e Forderung preferential (*od.* privileged) debt. – **3.** (*Wohngegend etc*) fashionable. – **4.** (*Lieblings...*) favorite, *bes. Br.* favourite. – **III** *adv* **5.** j-n ~ behandeln to give s.o. preference (*od.* preferential treatment); j-n ~ bedienen to serve s.o. with preference (*od.* priority); einen Antrag ~ bearbeiten to treat an application with priority. — **Be'vorˌzu·gung** *f* ⟨-; *no pl*⟩ **1.** *cf.* Bevorzugen. – **2.** ⟨*gen*⟩ preference (given to), preferential treatment (of): die ~ der älteren Schüler the preferential treatment of the older pupils.

be'wa·chen I *v/t* ⟨*no* ge-, h⟩ **1.** (*Gefangenen, Gebäude etc*) guard. – **2.** (*Besitz, Herde etc*) (keep) watch over, guard. – **3.** j-n ~ (*überwachen*) to keep s.o. under surveillance, to shadow (*od.* watch) s.o. – **4.** (*sport*) a) (*dekken*) cover, b) (*beim Fußball etc*) mark, watch. – **II B~** *n* ⟨-s⟩ **5.** *verbal noun.* – **6.** *cf.* Bewachung. — **Be'wa·cher** *m* ⟨-s; -⟩ **1.** (*Wächter*) guard, *auch* guardian. – **2.** shadow. – **3.** *mar.* guard-ship, patrol vessel. – **4.** (*sport*) guard.

be'wach·sen[1] *v/t* ⟨*irr, no* ge-, h⟩ cover: Efeu bewächst den Grabstein ivy is covering the tombstone.

be'wach·sen[2] **I** *pp of* bewachsen[1]. – **II** *adj* **1.** covered, overgrown: mit Moos ~e Steine stones covered with moss; mit Schilf ~ overgrown with reed(s), reedy; mit Niederwald ~ brush-covered. – **2.** *mar.* (*Schiffsboden*) foul, covered with marine growth.

be'wacht I *pp.* – **II** *adj* guarded, supervised, watched (*pred*): ~er Parkplatz supervised car park, car park with an attendant.

Be'wa·chung *f* ⟨-; *no pl*⟩ **1.** *cf.* Bewachen. – **2.** guard, custody: unter [militärischer] ~ under [military] guard; j-n unter strenger ~ halten to keep s.o. under close guard (*od.* in custody). – **3.** (*Wachmannschaft*) guard, escort. – **4.** (*Überwachung*) surveillance.

Be'wa·chungs|ˌfahrˌzeug *n mil. mar.* patrol vessel (*od.* craft). — **~ˌmann·schaft** *f* guard, escort.

be'waff·nen I *v/t* ⟨*no* ge-, h⟩ **1.** arm, provide (*od.* equip) (*s.o., s.th.*) with arms (*od.* weapons): Truppen neu (*od.* besser) ~ *mil.* to rearm troops. – **II** *v/reflex* sich ~ **2.** arm (oneself), equip oneself with arms: sie bewaffneten sich mit Steinen they armed themselves with stones; er bewaffnete sich mit einer Kamera *fig. colloq.* he armed himself with a camera. – **III B~** *n* ⟨-s⟩ **3.** *verbal noun.* – **4.** *cf.* Bewaffnung.

be'waff·net I *pp.* – **II** *adj* armed, under (*od.* in) arms: ~er Bandit armed bandit, *bes. Am. sl.* gunman; unzureichend ~ *mil.* badly (*od.* poorly) armed, underarmed; ~e Intervention [Neutralität] armed intervention [neutrality]; eine ~e Nation a nation under arms; bis an die Zähne ~ armed to the teeth; mit einem Stadtplan ~ zog er los *fig. colloq.* armed with a street map of the city he set out; mit ~em Auge with spectacles (*od.* a microscope, a magnifying glass, a telescope). — **Be'waff·ne·te** *m, f* ⟨-n; -n⟩ armed person.

Be'waff·nung *f* ⟨-; *no pl*⟩ **1.** *cf.* Bewaffnen. – **2.** (*Waffen*) arms *pl*, weapons *pl.* – **3.** *mar. mil.* armament. – **4.** *zo.* (*mit Stacheln, Zähnen etc*) armature.

Be'wahrˌanˌstalt *f obs.* detention home, *bes. Br.* approved school, *bes. Am.* reform school.

be'wah·ren I *v/t* ⟨*no* ge-, h⟩ **1.** keep, preserve, retain, maintain: die Beherrschung ~ to keep one's temper, to keep cool; seinen Gleichmut ~ to keep one's head; Stillschweigen über (*acc*) etwas ~ to preserve (*od.* maintain) silence on (*od.* about) s.th.; j-m ein gutes Andenken ~ to keep s.o. in fond (*od.* faithful) remembrance; j-m die Treue ~ to remain faithful to s.o.; seine Form ~ to retain its shape; ein Geheimnis ~ to keep a secret; eine Szene im Gedächtnis ~ to retain a scene in one's memory; sich (*dat*) seinen Humor ~ to keep (*od.* retain) one's sense of humo(u)r; sich (*dat*) seine Gesundheit ~ to keep (*od.* conserve) one's health; sich (*dat*) den Glauben an (*acc*) etwas ~ to keep one's faith in s.th. – **2.** j-n [etwas] vor etwas ~ to keep (*od.* preserve, save) s.o. [s.th.] from s.th.: ein Kind vor schlechten Einflüssen ~ to protect a child from (*od.* against) bad (*od.* harmful) influences; Blumen vor Frost ~ to protect flowers from (*od.* against) frost; j-n vor Schaden ~ to save s.o. from (*od.* protect s.o. against) harm; j-n vor einer Dummheit ~ to keep s.o. from doing s.th. foolish; (Gott) bewahre (uns)! Heaven (*od.* God) forbid! (i) bewahre! *colloq.* not in the least! – **3.** *archaic for* aufbewahren 1, 2. – **II** *v/reflex* sich ~ **4.** *rare* retain one's integrity. – **III B~** *n* ⟨-s⟩ **5.** *verbal noun.* – **6.** *cf.* Bewahrung.

be'wäh·ren I *v/reflex* ⟨*no* ge-, h⟩ sich ~ **1.** prove its (*od.* one's) worth (*od.* value), stand the test: dein Plan hat sich bewährt your plan has proved (*od.* turned out) (to be) a success; sich nicht ~ to prove (to be) a failure; sich bei größter Beanspruchung ~ to stand (up to) the greatest strain; er hat sich auf diesem Posten gut bewährt he has proved himself efficient in this position; diese Methode hat sich bewährt this method has proved successful (*od.* a success); ihre Freundschaft hat sich bewährt their friendship has stood the test of time; der Wagen hat sich bewährt the car has proved its worth; er hat sich als Lehrer bewährt he has proved (himself) to be a good teacher. – **2.** *jur.* (*von bedingt Entlassenen*) conduct oneself according to the terms of probation. – **II** *v/t* **3.** *obs. for* beweisen 2. – **III B~** *n* ⟨-s⟩ **4.** *verbal noun.* – **5.** *cf.* Bewährung.

Be'wah·rer *m* ⟨-s; -⟩ (*rare*) **1.** keeper, preserver: ~ einer Tradition upholder of a tradition. – **2.** *jur.* bailee. – **3.** *hist. lit.* guardian, custodian.

be·wahr·hei·ten [bə'vaːrhaɪtən] *v/reflex* ⟨*no* ge-, h⟩ sich ~ (*von Vermutungen etc*) prove (*od.* turn out) (to be) true, be verified (*od.* confirmed): dieses Sprichwort hat sich schon oft bewahrheitet this proverb has often proved (to be) true; ihre Befürchtungen bewahrheiteten sich her fears came true. — **Be'wahr·hei·tung** *f* ⟨-; *no pl*⟩ verification, confirmation.

be'währt I *pp.* – **II** *adj* **1.** (*Material, Methode etc*) proved, proven, reliable, time-tested: ein ~er Grundsatz an established (*od.* a sound) principle; ein ~es Mittel a proven remedy. – **2.** (*Person*) reliable, trustworthy. – **3.** (*erfahren*) experienced. — **Be'währt·heit** *f* ⟨-; *no pl*⟩ **1.** proved worth (*od.* value), excellence. – **2.** reliability, trustworthiness.

Be'wah·rung *f* ⟨-; *no pl*⟩ **1.** *cf.* Bewahren. – **2.** preservation, conservation.

Be'wäh·rung *f* ⟨-; -en⟩ **1.** *cf.* Bewähren. – **2.** proof of worth (*od.* qualification): bei ~ a) upon giving satisfaction, b) on qualifying; die Stunde der ~ the hour of trial. – **3.** *jur.* probation: Strafaussetzung zur ~ (release on) probation; die Strafe wurde zur ~ ausgesetzt the sentence was suspended, the defendant was placed on probation; 3 Monate Gefängnis mit ~ a suspended sentence of 3 months; 5 Monate Gefängnis mit 2 Jahren ~ a sentence of 5 months (of) imprisonment suspended on probation for a period of 2 years; Straferlaß nach ~ remission of punishment after lapse of probation period. – **4.** *philos.* (*Erkenntnistheorie*) corroboration. – **5.** *obs. for* Beweis 2.

Be'wäh·rungs|,auf,la·ge *f jur.* term of probation (order). — **~,frist** *f* period of probation, probation(ary period): j-m ~ gewähren to place s.o. on probation; eine ~ von 3 Jahren erhalten to be bound over (*od.* placed on probation) for a period of 3 years. — **~,hel·fer** *m* probation officer. — **~,hil·fe** *f* (*in Deutschland*) *association for the assistance of juveniles placed on probation.* — **~,pro·be** *f fig.* (acid) test: die ~ bestehen to stand the (acid) test; j-n auf eine schwere ~ stellen to put s.o. to a severe test. — **~,zeit** *f jur. cf.* Bewährungsfrist.

be·wal·den [bə'valdən] **I** *v/t* ⟨*no* ge-, h⟩ (*aufforsten*) afforest. – **II** *v/reflex* sich ~ become covered with trees (*od.* woods). — **be'wal·det I** *pp.* – **II** wooded, woody, forested: mit Nutzholz ~ timbered, under timber.

be·wald|rap·pen [bə'valt,rapən], **~,rech·ten** *v/t* ⟨*no* ge-, h⟩ (*forestry*) (*Holz*) rough-square, rough-hew.

Be'wal·dung *f* ⟨-; *no pl*⟩ **1.** (*Waldbestand*) woods *pl*, forests *pl*, forest vegetation (*od.* cover, growth). – **2.** (*Aufforstung*) afforestation.

be·wäl·ti·gen [bə'vɛltɪgən] **I** *v/t* ⟨*no* ge-, h⟩ **1.** (*Arbeit, Aufgabe etc*) accomplish, complete. – **2.** (*Lehrstoff*) master, assimilate. – **3.** (*Last, Menge etc*) cope with, manage: etwas nicht ~ können to be unable to cope with s.th.; er konnte die schweren Koffer kaum ~ *colloq.* he could hardly cope with the heavy cases; können Sie noch ein Stück Kuchen ~? *colloq.* can you manage another slice of cake? (*colloq.*); er bewältigte die Strecke in 2 Stunden he covered the distance in 2 hours. – **4.** (*Schwierigkeiten etc*) overcome, surmount, master, conquer: die Vergangenheit ~ to overcome (*od.* live down) the (*od.* one's) past. – **5.** (*sport*) (*Hindernis*) clear, take. — **II B~** *n* ⟨-s⟩ **6.** *verbal noun.* — **Be'wäl·ti·gung** *f* ⟨-; *no pl*⟩ **1.** *cf.* Bewältigen. – **2.** (*einer Arbeit, Aufgabe etc*) accomplishment, completion: zur ~ dieser Aufgabe to accomplish this task. – **3.** (*eines Lehrstoffs*) assimilation.

be·wan·dert [bə'vandərt] *adj fig.* proficient, skilled, well-versed (*attrib*), experienced: in (*dat*) etwas (*od.* auf einem Gebiet) ~ sein to be proficient (*od.* well versed) in s.th., to have a good knowledge of s.th., to be well up in (*od.* on) s.th.; in Geographie bin ich nicht ~ I am not very well up in (*od.* on) geography. — **Be'wan·dert·heit** *f* ⟨-; *no pl*⟩ **1.** knowledge, proficiency. – **2.** (*Erfahrung*) experience.

be'wandt *adj pred obs.* damit ist es so ~ the case is as follows.

Be'wandt·nis *f* ⟨-; -se⟩ (*in Wendungen wie*) mit etwas [j-m] hat es eine ganz andere ~ this [s.o.'s] case is quite different; damit hat es eine besondere (*od.* eigene) ~ there is s.th. particular (*od.* special) about this matter; damit hat es folgende ~ the case (*od.* situation, state of affairs) is as follows; was hat es damit für eine ~? what's special about it?

be'wäs·ser·bar *adj* irrigable.

be'wäs·sern I *v/t* ⟨*no* ge-, h⟩ *agr.* **1.** water. – **2.** (*künstlich*) irrigate. – **3.** (*durch Überschwemmen*) float, flood. – **4.** (*unterirdisch*) subirrigate. – **II B~** *n* ⟨-s⟩ **5.** *verbal noun.* — **Be'wäs·se·rung** *f* ⟨-; -en⟩ **1.** *cf.* Bewässern. – **2.** (*künstliche*) irrigation. – **3.** (*unterirdische*) subirrigation.

Be'wäs·se·rungs|,an,bau *m agr.* cultivation (of crops) under irrigation. — **~,an,la·ge** *f* irrigation plant. — **~,becken** (*getr.* -k·k-) *n* irrigation reservoir. — **~,fach,mann** *m* irrigation expert. — **~ge,län·de** *n* irrigated land. — **~,gra·ben** *m* irrigation ditch (*od.* furrow), feeder. — **~ka,nal** *m* irrigation channel (*od.* canal). — **~kul,tur** *f* irrigated farming. — **~pro,jekt** *n* irrigation scheme (*od.* project). — **~,pum·pe** *f* irrigation pump. — **~,rad** *n* noria, Persian wheel. — **~,schleu·se** *f* irrigation sluice. — **~,spei·cher** *m cf.* Bewässerungsbecken. — **~,stol·len** *m* (*mining*) irrigation gallery. — **~sy,stem** *n agr.* irrigation system. — **~,wie·se** *f* water meadow.

Be'wäß·rung *f* ⟨-; -en⟩ *cf.* Bewässerung.

be'weg·bar *adj* (*Brücke etc*) movable. — **Be'weg·bar·keit** *f* ⟨-; *no pl*⟩ movability.

be·we·gen[1] [bə've:gən] **I** *v/t* ⟨*no* ge-, h⟩ **1.** move: den Fuß ~ to move one's foot; er konnte die Kiste nicht von der Stelle (*od. colloq.* vom Fleck) ~ he could not move the chest from its place; Truppen ~ *mil.* to move troops; etwas hin und her ~ a) to move s.th. to and fro, b) *tech.* to reciprocate s.th. – **2.** (*Blätter, Wasser etc*) stir. – **3.** (*in Bewegung setzen*) set (*s.th.*) in motion: der Mechanismus wird durch Elektrizität bewegt the mechanism is set in motion (*od.* actuated) by electricity. – **4.** *fig.* move, affect, touch, (*stärker*) agitate: seine Worte haben mich tief bewegt his words have deeply moved me; sag mir, was dein Herz bewegt tell me what's bothering you; sich ~ lassen to be moved. – **5.** *fig.* (*beschäftigen*) occupy, concern, worry: dieses Problem bewegt mich schon seit einiger Zeit I have been concerned with this problem for some time now; Fragen, die alle ~ questions that occupy the minds of (*od.* concern) everybody; etwas im Herzen ~ *bes. Bibl.* to ponder s.th. in one's heart. – **6.** (*Pferd*) exercise. – **7.** (*mining*) a) (*Abraum*) strip off (*od.* away), b) (*Deckgebirge*) remove. – **8.** *civ.eng.* strip. – **II** *v/reflex* sich ~ **9.** *auch fig.* move: ~ Sie sich nicht! don't move (*od.* stir)! sich vom Fleck ~ to move, to budge; sich unbeholfen ~ to flump (*colloq.*); sich ruckweise ~ to jog; ich konnte mich vor Schmerzem kaum ~ I could hardly move for pain; das Blatt bewegt sich the leaf moves (*od.* stirs); der Trauerzug bewegte sich durch das Dorf the funeral procession wound its way through the village; die Erde bewegt sich um die Sonne the earth revolves (*od.* moves) round the sun; der Satellit bewegt sich mit großer Geschwindigkeit *phys.* the satellite moves (*od.* travels) at great speed; sich hin und her ~ a) to move to and fro, b) *tech.* to reciprocate; der Kolben bewegt sich in einem Zylinder *tech.* the piston reciprocates within a cylinder; sich im Kreise ~ a) to (move in a) circle, to gyrate, b) (*in Massen*) to mill round, c) *fig.* (*von Argumenten*) to go round (and round) in a circle; sich um einen Punkt ~ to revolve about a centre; sich ostwärts ~ to go east; sich in Extremen ~ *fig.* to move in extremes; seine Wünsche ~ sich alle in der gleichen Richtung *fig.* his desires all tend in the same direction; die Unterhaltung bewegte sich im Rahmen des Alltäglichen *fig.* the conversation moved on an everyday plane (*od.* was confined to everyday matters); sie bewegt sich sicher in der Gesellschaft she moves with ease in society; er weiß sich hier zu ~ he knows how to act (*od.* behave) here. – **10.** (*von Preisen etc*) range: sich zwischen 10 und 20 Mark ~ to range between 10 and 20 marks. – **11.** sich (in frischer Luft *od.* im Freien) ~ a) (*spazierengehen*) to go for a walk, b) (*Sport treiben*) to take outdoor (*od.* open-air) exercise. – **III B~** *n* ⟨-s⟩ **12.** *verbal noun.* – **13.** *cf.* Bewegung.

be'we·gen[2] *v/t* ⟨bewegt, bewog, bewogen, h⟩ j-n zu etwas ~, j-n ~, etwas zu tun to move (*od.* prompt, bring, induce) s.o. to do s.th., to make s.o. do s.th.: j-n zur Umkehr ~ to move s.o. to turn back; was hat ihn zu diesem Schritt bewogen? what made him do this (*od.* take this step)? was mag ihn (wohl) dazu bewogen haben? what could have induced (*od.* impelled) him to do that? das bewog ihn, seinen Rücktritt einzureichen that moved (*od.* prompted) him to hand in his resignation; er war nicht zu ~, das zu tun he would not be moved to do that; wir bewogen ihn, es anzunehmen we prevailed (up)on him to accept it.

be'we·gend I *pres p of* bewegen[1]. – **II** *adj* **1.** moving, motive, mobile: ~e Kraft *phys.* motive (*od.* kinetic) force; sich von selbst ~ self-motivating, autokinetic(al). – **2.** *fig.* moving, touching: eine ~e Rede a moving (*od.* stirring) speech.

Be'we·ger *m* ⟨-s; -⟩ **1.** prime mover. – **2.** *phys.* motor, motive force.

Be'weg|,grund *m* **1.** motive, reason, motivation: die tieferen Beweggründe für sein Handeln the hidden (*od.* ulterior) motives for his action; aus moralischen Beweggründen from moral considerations. – **2.** *psych.* (*Antrieb*) inducement, incentive. — **~,kraft** *f tech.* motive force (*od.* power), vis motrix.

be·weg·lich [bə've:klɪç] *adj* **1.** movable, mobile: die Teile sind ~ the parts are movable; ein ~er Feiertag a movable holiday; ~e Gesichtszüge mobile features; ~e Bodenstelle *aer.* mobile surface station. – **2.** (*flexibel*) flexible. – **3.** (*flink*) agile, nimble, active: der alte Herr ist immer noch sehr ~ the old gentleman is still very agile; ein ~er Geist a nimble (*od.* versatile) mind. – **4.** (*Glied etc*) supple, flexible, lithe. – **5.** *jur. econ.* movable: ~e Sachen movable chattels, movables; ~es Eigentum goods *pl* and chattels *pl*, personal effects *pl* (*od.* property), personalia *pl*; ~er Nachlaß personal assets *pl*; ~e Güter *econ.* movable goods, movables; ~e Lohnskala (*od.* Preisskala) *econ.* gliding (*od.* escalating) scale. – – **6.** *tech.* a) (*waagrecht*) movable, b) (*senkrecht*) floating, c) (*allseitig*) flexible: ~er Maschinentisch traversing machine table; ~er Werkzeughalter floating toolholder; ~es Gerät portable instrument. – **7.** *phys.* mobile. – **8.** (*Auto etc*) man(o)euverable, *bes. Br.* manœuvrable. – **9.** *electr.* (*Kontakt*) moving. – **10.** *mar.* (*Ladung*) loose. – **11.** *mil.* a) (*Truppen etc*) mobile, b) (*Ziel*) moving: ~es Sturmdach *mil. hist.* mantlet; ~e Verteidigung mobile defense. – **12.** *biol.* motile. — **Be'weg·lich·keit** *f* ⟨-; *no pl*⟩ **1.** movability, movableness, mobility. – **2.** flexibility. – **3.** agility, nimbleness: ~ des Geistes versatility (*od.* versatileness) of the mind. – **4.** (*Geschmeidigkeit*) suppleness, flexibility, litheness. – **5.** *jur. econ.* movability, movableness. – **6.** *tech.* a) movability, b) (*Biegsamkeit*) flexibility. – **7.** *nucl.* mobility. – **8.** *auto.* man(o)euverability, *bes. Br.* manœuvrability. – **9.** mobility. – **10.** *biol.* motility.

be'wegt I *pp of* bewegen[1]. – **II** *adj* **1.** troubled, (*stärker*) turbulent: ~e See troubled (*od.* rough) sea; leicht ~e Wasseroberfläche *mar.* rippling surface of the water; ~e Zeiten *fig.* troubled (*od. poet.* troublous) times; ein ~es Leben *fig.* a turbulent (*od.* adventurous, *colloq.* hectic) life; ihre ~e Vergangenheit her colo(u)rful past. – **2.** *fig.* (*Person, Gefühl etc*) moved, touched: ~en Herzens touched to the quick; mit ~en Worten with emotional (*od.* touching) words; mit ~er Stimme in a voice trembling with emotion; tief ~ sein to be deeply moved; freudig ~ joyful; von Angst ~ moved by fear; von Eifersucht ~ stirred by jealousy. – **3.** *fig.* (*lebhaft*) lively, animated: eine ~e Diskussion a) a lively (*od.* animated) discussion, b) a stormy discussion. – **III** *adv* **4.** *mus.* agitato, con moto, mosso. — **Be'wegt·heit** *f* ⟨-; *no pl*⟩ **1.** turbulence. – **2.** *fig.* agitation, emotion. – **3.** *fig.* (*Lebhaftigkeit*) liveliness, animation.

Be'we·gung *f* ⟨-; -en⟩ **1.** *cf.* Bewegen[1]. – **2.** motion, movement: periodische ~ periodical motion; geradlinige ~ *phys.* rectilinear (*od.* straight-line) motion; drehende (*od.* rotierende) ~ rotary motion, rotation, revolution; fortschreitende ~ progressive motion, progression, translation (*tech.*); gleichförmig beschleunigte ~ uniformly accelerated motion; auf- und niedergehende ~ up and down motion, lift and descent; absolute [relative] ~ absolute [relative] motion; rechtsdrehende ~ right-hand (*od.* clockwise) motion; schaukelnde ~ see-saw motion; angefachte aperiodische ~ *aer.* divergence; thermische ~ thermal motion (*od.* agitation); stufenweise ~ conjunct motion; ~ um die Hochachse a) motion about the vertical axis, b) *aer.* yaw(ing); ~ um die Längsachse a) motion about the longitudinal axis, b) *aer.* roll(ing); ~ um die Querachse a) motion about the lateral axis, b) *aer.* pitching; Brownsche ~ *phys.* Brownian motion, pedesis (*scient.*); sinusförmige ~ *electr.* harmonic (*od.* sine) motion; taktische ~ *biol.* taxis; durch Licht hervorgebrachte ~ *biol.* photokinesis; am Licht orientierte ~ *biol.* phototaxis; psychomotorische ~ *med.* ideomotion; innere ~ des Darmes *med.* anastalsis; die ~ der Planeten the motion of the planets; in ~ sein a) to be in motion, b) (*von Person*) to be on the move, to be astir; etwas in ~ setzen to set (*od.* put) s.th. in motion; in ~ geraten, sich in ~ setzen to start to move; etwas in ~ halten to keep s.th. going (*od.* in motion); ~ hervorbringend *electr.* cataphoric; in ständiger ~ *zo.* volitant; ~ des Sonnensystems *astr.* motion of the solar system; der Zug setzt sich in ~ the train starts (to move); er setzt sich in Richtung Bahnhof in ~ *colloq.* he sets out (*od.* starts) for the station; alle Hebel in ~ setzen *fig. colloq.* to pull every string, to leave no stone unturned; Himmel und Erde in ~ setzen *fig. colloq.* to move heaven and earth. – **3.** (*einzelne*) move(ment), motion: eine ~ des Arms a movement of the arm; die ~ des Pendels the movement of the pendulum; alle ihre ~en waren anmutig her every movement was graceful; sie beobachteten jede seiner ~en they watched his every move; eine ungeschickte ~ a clumsy movement. – **4.** (*Geste*) gesture, motion: er machte eine zustimmende ~ he made a gesture of assent. – **5.** (*Unruhe*) agitation, stir: die Massen in ~ bringen to arouse (*od.* stir up, inflame) the masses; das brachte ihn in ~ *colloq.* that made him stir, that got him moving; die Stadt war in ~ the town was astir (*od.* out and about); nicht die geringste ~ not a stir; er ist dauernd in ~ *colloq.* he is always on the go. – **6.** (*Rührung*) emotion: sie konnte ihre ~ kaum verbergen she could hardly conceal her emotion. – **7.** (*Sport etc*) exercise: körperliche ~ (bodily *od.* physical) exercise; sich ~ machen *colloq.* to take exercise; ~ im Freien open-air exercise. – **8.** *pol. relig.* movement: die ~ *pol. hist.* the Nazi movement, Nazism; eine soziale ~ ins Leben rufen to call a social movement into being. – **9.** *econ.* trend, tendency, movement: eine rückläufige ~ a retrograde (*od.* downward) movement. – **10.** *mil.* (*von Truppen etc*) movement, man(o)euver, *bes. Br.* manœuvre: aus der ~ angreifen to attack from march column; strategische ~en durchführen to operate. – **11.** *mus.* (*der Töne*) motion, movement: fließende rhythmische ~ running rhythmic movement; gerade ~ similar motion; taktmäßige ~ rhythm, measure; stufenweise ~ movement by steps, stepwise motion. – **12.** *tech.* movement, travel. – **13.** *geol.* movement: eustatische ~en eustatic movements. – **14.** (*art*) a) movement, b) (*einer Statue etc*) motion.

Be'we·gungs|,ach·se *f phys.* axis of rotation. — **~ap·pa,rat** *m med.* locomotor system. — **~,ar·mut** *f* motor retardation, akinesia (*scient.*); geistige und körperliche ~ psychomotor retardation. — **~be,hand·lung** *f* exercise treatment, kinesitherapy (*scient.*). — **~,bild** *n* **1.** pattern of motion. – **2.** *econ.* trend: das saisonale ~ the seasonal trend, the pattern of seasonal movements. — **~emp,fin·dung** *f med. psych.* sensation of motion; kin(a)esthesia, kin(a)esthesis (*scient.*). — **~ener,gie** *f phys.* kinetic energy, energy of motion. — **b~,fä·hig** *adj* **1.** capable of movement (*od.* moving), able to move, mobile. – **2.** *biol.* motile. — **~,fä·hig·keit** *f* **1.** capability of moving, mobility. – **2.** *biol.* motility. — **~,fort,pflan·zung** *f phys.* propagation of motion. — **~,frei·heit** *f* **1.** freedom of movement, room to move (about): der Vogel hat nicht genug ~ in seinem Käfig the bird doesn't have enough room to fly in its cage; j-s ~ einschränken to restrict s.o.'s freedom of movement. – **2.** *fig.* freedom (*od.* liberty) of action, *auch* elbow room, (free) scope, latitude: wirtschaftliche ~ freedom (*od.* liberty) of action in the economic field; sie läßt ihnen viel ~ she gives them plenty of leeway (*od.* rope). – **3.** *tech.* freedom of movement. — **~ge,setz** *n* **1.** *phys.* law of motion. – **2.** *sociol.* law of mobility. — **~,grö·ße** *f phys.* momentum, kinetic quantity. — **~,kraft** *f* motive power (*od.* force). — **~,krieg** *m mil.* mobile (*od.* open) warfare. — **~,leh·re** *f* **1.** theory of motion. – **2.** *phys.* a) (*theoretische*) kinematics *pl* (*construed as sg*), b) (*der Körperbewegung*) kinetics *pl* (*often construed as sg*), c) mechanics *pl* (*often construed as sg*), d) dynamics *pl* (*often construed as sg*). – **3.** *astr.* theory of motion: die aristotelische [kopernikanische] ~ the Aristotelian [Copernican] theory of motion.

be'we·gungs·los *adj* **1.** motionless, immovable, immobile, still. – **2.** *tech.* fixed, stationary. — **Be'we·gungs·lo·sig·keit** *f* ⟨-; *no pl*⟩ immobility, immovability.

Be'we·gungs|me·cha,nis·mus *m tech.* moving (*od.* motive, actuating) mechanism. — **~,nerv** *m med.* motor nerve. — **~or,gan** *n* **1.** *zo.* locomotory organ. – **2.** *med.* organ of motion, extremity. — **~,rei·bung** *f phys.* kinetic friction. — **~,rich·tung** *f* direction of motion (*od.* movement). — **~,se·hen** *n* **1.** perception of movement. – **2.** (*optics*) seeing objects at rest as moving. — **~,spiel** *n* **1.** (*sport*) active (*od.* mobile) game. – **2.** movement (of the muscles), action. — **~,stö·rung** *f med.* motor disturbance. — **~,stu·die** *f* **1.** *econ.* motion (*od.* time) study. – **2.** *psych.* motion study. – **3.** (*art*) study of movement(s). – **4.** *phot.* a) motion study, b) photographic study of moving subject(s). — **~,sturm** *m psych.* (temper) tantrum. — **~the·ra,pie** *f med.* therapeutic exercise. — **b~un,fä·hig** *adj* **1.** incapable of movement (*od.* moving), unable to move. – **2.** *biol.* immotile, sedentary, sessile. — **~ver,mö·gen** *n cf.* Bewegungsfähigkeit. — **~,wahr,neh·mung** *f* perception of movement. — **~,wei·se** *f zo.* motor pattern. — **~,wi·der,stand** *m phys.* kinetic resistance. — **~,zen·trum** *n med.* (*des Gehirns*) motor area.

be'weh·ren I *v/t* ⟨*no* ge-, h⟩ **1.** *civ.eng.* (*Beton etc*) reinforce, armor, *bes. Br.* armour. – **2.** *electr.* (*Kabel etc*) armor, *bes. Br.* armour, shield, sheathe. – **3.** *obs. for* befestigen 4, bewaffnen 1. – **II B~** *n* ⟨-s⟩ **4.** *verbal noun.* — **Be'weh·rung** *f* ⟨-; -en⟩ **1.** *cf.* Bewehren. – **2.** *civ.eng.* reinforcement. – **3.** *electr.* armor, *bes. Br.* armour. – **4.** *obs. for* Befestigung 2, Bewaffnung 1, 2.

Be'weh·rungs|,draht *m tech.* armo(u)ring (*od.* sheathing) wire. — **~,stahl** *m civ.eng.* reinforcing steel.

be·wei·ben [bə'vaɪbən] *v/reflex* ⟨*no* ge-, h⟩ sich ~ *colloq. humor.* take a wife, *bes. Am. sl.* 'get hitched'. — **be'weibt I** *pp.* – **II** *adj* (*Mann*) married.

be'wei·den *v/t* ⟨*no* ge-, h⟩ *agr.* pasture, graze.

be'weih,räu·chern I *v/t* ⟨*no* ge-, h⟩ **1.** j-n ~ *fig. contempt.* to praise s.o. to the skies, to adulate s.o. – **2.** *relig. cf.* beräuchern 2. – **II B~** *n* ⟨-s⟩ **3.** *verbal noun.* — **Be'weih,räu·che·rung** *f* ⟨-; -en⟩ **1.** *cf.* Beweihräuchern. – **2.** *fig. contempt.* adulation. – **3.** *relig. cf.* Beräucherung 3.

be'wei·nen I *v/t* ⟨*no* ge-, h⟩ **1.** (*Tote etc*) weep for, mourn: j-n ~ to mourn for (*od.* over) s.o.; den Verlust der Frau ~ to mourn the loss of one's wife. – **2.** *lit.* (*Los, Schicksal etc*) bewail, bemoan. – **II B~** *n* ⟨-s⟩ **3.** *verbal noun.* — **Be'wei·nung** *f* ⟨-; *no pl*⟩ **1.** *cf.* Beweinen. – **2.** die ~ Christi *relig.* (*art*) the Mourning (*od.* Lamentation) of Christ.

Be·weis [bə'vaɪs] *m* ⟨-es; -e⟩ **1.** proof: ein schlagender ~ für die Richtigkeit meiner Theorie convincing (*od.* striking) proof of the soundness of my theory; dies ist kein ~ dafür, daß this doesn't prove that, this isn't proof that; zum (*od.* als) ~ by way of proof, as proof; ~ der Echtheit proof of authenticity; etwas als ~ anführen to adduce s.th. (*od.* to put s.th. forward) as proof (*od.* as evidence); es bedarf keines ~es there is no need of proof; sein Wissen unter ~ stellen to put one's knowledge to the test (*od.* proof); den ~ für etwas schuldig bleiben to be unable to prove s.th. – **2.** (*Zeichen*) token, sign, mark, indication, proof: ~e der Dankbarkeit tokens of gratitude; ein ~ von Schwäche a sign of weakness; als ~ seiner Treue in (*od.* as a) token of (*od.* as proof of) his loyalty; ~e seines Reichtums evidence *sg* of his wealth. – **3.** *jur.* a) proof, b) (*Beweismittel*) (piece of) evidence, c) (*Zeugenbeweis*) testimony, (testimonial) evidence: die vorgebrachten ~e the evidence *sg* (presented); ~ des ersten Anscheins prima facie evidence; erheblicher [schlüssiger] ~ material [conclusive] evidence; unmittelbarer (*od.* direkter) [mittelbarer (*od.* indirekter)] ~ direct [indirect] evidence; [un]zulässiger ~ [in]admissible evidence; eine Aussage durch ~ erhärten to verify a statement; den ~ antreten to (formally) offer and specify the evidence; ~e aufnehmen (*od.* erheben) to take evidence; ~e für etwas erbringen (*od.* liefern) to adduce (*od.* produce, present, furnish, supply) evidence for s.th.; den ~ erbringen (*od.* führen) to prove one's case; den ~ für etwas erbringen to furnish proof of s.th., to prove s.th.; als ~ gelten a) to be receivable in evidence, b) (*von Urkunde*) to be valid evidence, to have full faith and credit; als ~ vorlegen [zulassen] to submit [to admit] (*s.th.*) in evidence; die ~e würdigen to weigh (*od.* to assess) the evidence; bis zum ~ des Gegenteils until the contrary is proved, pending proof to the contrary. – **4.** *math.* proof, demonstration: ~ eines Lehrsatzes demonstration (*od.* verification) of a theorem; induktiver ~ inductive proof. – **5.** *philos.* a) argument(um), b) demonstration.

Be'weis|,an,trag *m jur.* motion to receive evidence. — **~,an,tritt** *m* (formal) offer of evidence, declaration of the evidence to be adduced.

Be'weis,auf,nah·me *f jur.* (taking of) evidence: die ~ anordnen to order evidence to be taken; in die ~ eintreten, zur ~ schreiten to proceed to take evidence; das Ergebnis der ~ the evidence (taken). — **~ver,fah·ren** *n* proceedings *pl* to take evidence.

be'weis·bar *adj* **1.** provable (*auch jur.*): es ist nicht ~ it cannot be proved. – **2.** *bes. math.* demonstrable. — **Be'weis·bar·keit** *f* ⟨-; *no pl*⟩ **1.** provableness, provability. – **2.** *bes. math.* demonstrability.

Be'weis|be,schluß *m jur.* (*im Zivilprozeß*) court order for the taking of evidence. — **~,ein,re·de** *f* (*im Zivilprozeß*) motion to reject evidence.

be·wei·seln [bə'vaɪzəln] *v/t* ⟨*no* ge-, h⟩ *agr. zo.* (*Bienenstock*) requeen.

be'wei·sen I *v/t* ⟨*irr, no* ge-, h⟩ **1.** prove, show: das Gegenteil ~ to prove the contrary; etwas eindeutig ~ to prove s.th. beyond (all) doubt, to establish s.th. conclusively; eine Behauptung ~ to prove (*od.* to manifest) the truth of (*od.* to substantiate) a statement; das läßt sich nicht ~ that cannot be proved; das beweist, daß er unrecht hat that proves him (to be) wrong, that proves he is wrong; ~, daß etwas wahr ist to prove that s.th. is true; j-m etwas ~ to prove s.th. to s.o.; das bleibt noch zu ~ that remains to be seen (*od.* proved); das beweist gar nichts that proves nothing; seine Geschicklichkeit ~ to give proof of (*od.* to show) one's skill; die Antwort beweist ihre Dummheit her answer proves (*od.* shows) how stupid she is. – **2.** (*zeigen*) show, display: er bewies großes Interesse he showed great interest; Mut ~ to display courage; j-m Achtung ~ *archaic* to have (*od.* show) respect for s.o. – **3.** etwas ~ *jur.* a) to prove (*od.* establish) s.th., b) (*von Urkunde etc*) *auch* to be evidence (*od.* proof) of s.th.: j-s Unschuld ~ to prove s.o. (to be) innocent; seine Schuld wurde klar bewiesen his guilt was clearly proved; sein Recht (*od.* seine Sache) ~ to prove one's case; ~, daß Ehebruch vorliegt to prove (*od.* establish) adultery. – **4.** *math. philos.* a) prove, b) demonstrate: einen Lehrsatz ~ to demonstrate (*od.* verify) a theorem. – **5.** *chem. tech.* prove. – **II** *v/reflex* **6.** etwas beweist sich s.th. is proved, s.th. establishes itself as the truth. — **be'wei·send I** *pres p.* – **II** *adj philos.* a) argumentative, argumental, b) demonstrative.

Be'weis|er,geb·nis *n jur.* evidence (taken). — **b~er,heb·lich** *adj* evidentiary, probative: ~e Tatsachen evidentiary (*od.* probative) facts. — **~er,he·bung** *f* taking of evidence: ~en vornehmen to take (*od.* obtain) evidence. — **b~,fä·hig** *adj* (im Rechtsverkehr) ~ *jur.* (*Urkunde*) being valid evidence, having full faith and credit. — **~,füh·rung** *f* **1.** *jur.* a) offering (*od.* giving of) evidence, b) (*Ausführungen*) argument(s *pl*), (line of) argumentation: ~ auf Grund von Begleitumständen circumstantiation; Ihre ~ ist überzeugend your argument carries conviction. – **2.** *philos. math.* a) (*Begründung*) reasoning, argument, b) (*Darstellung*) demonstration: unwiderlegbare ~ *philos.* apodixis. — **~,grund** *m* **1.** reason advanced in proof, argument: Beweisgründe vorbringen gegen j-n *jur.* to plead against s.o. – **2.** *philos.* argument(um). — **~,ket·te** *f jur.* chain of evidence. — **~kon,flikt** *m* conflicting (*od.* conflict of) evidence. — **~,kraft** *f* **1.** (*Schlüssigkeit*) conclusiveness, conclusive force, cogency. – **2.** *jur.* probative force, evidential value. – 3. *philos.* demonstrativeness. — **b~-ˌkräf·tig** *adj* 1. (*schlüssig*) conclusive, cogent. – 2. (*überzeugend*) convincing. – 3. *jur.* probative. — **~ˌlast** *f* burden (*od.* onus) of proof, onus (probandi): die ~ obliegt dem Kläger the burden of proof is upon (*od.* lies with, rests with) the plaintiff; die ~ ging auf den Beklagten über the onus shifted on to (*Am.* onto) the defendant. — **~ma·te·riˌal** *n* 1. (body of) evidence: auf Grund des ~s on the evidence; es lag ein erdrückendes ~ vor the evidence available was damning, there was a watertight case; ~ sammeln [vorbringen] to gather (*od.* obtain) [to produce *od.* present] evidence; unterstützendes ~ secondary evidence. – 2. weight of (the) evidence. — **~ˌmit·tel** *n* (piece of) evidence: die ~ the evidence *sg* (offered *od.* introduced); als ~ für etwas dienen to be evidence of s.th., to evidence s.th.; als ~ dienende Urkunde document produced in evidence, document in support; ~ erster Ordnung primary evidence. — **~ˌpflicht** *f* *cf.* Beweislast. — **b~ˌpflich·tig** *adj* ~e Partei party with the burden of proof. — **~-ˌrecht** *n* law of evidence. — **b~ˌrecht·lich** *adj* evidentiary, under the law (*od.* rules) of evidence. — **~ˌre·gel** *f* (gesetzliche) ~ (statutory) rule of evidence: Prinzip der formalen ~n principle of formal proof. — **~ˌsatz** *m math.* 1. (*Beweisführung*) demonstration, argumentation. – 2. (*Beweisgrund*) argument, proposition, (formal) statement of theorem. — **~ˌschluß** *m* conclusion from proof. — **~ˌsi·che·rung** *f jur.* preservation (*von Aussagen auch* perpetuation) of evidence. — **~ˌstel·le** *f bes. philos. relig.* locus classicus. — **~ˌstück** *n jur.* (piece [*od.* instrument] of) evidence: anerkanntes ~ proof; vom Gericht protokolliertes ~ exhibit. — **~terˌmin** *m* (date of) taking of evidence. — **~theoˌrie** *f* 1. *jur.* law of evidence. – 2. *math. philos.* proof theory. — **~ˌurˌkun·de** *f jur.* evidential document, document in support, exhibit. — **~ˌwür·di·gung** *f* weighing (*od.* assessment of) the evidence.

be'wen·den I *v/i* ⟨*only inf*⟩ es bei (*od. rare* mit) etwas ~ lassen to let it rest (*od.* go) at s.th., to leave it at s.th.: laß es dabei ~! leave it (*od.* let it go) at that! – **II B~** *n* ⟨-s⟩ dabei hat es sein B~ that is all, there the matter rests; die Sache muß [mag] damit ihr B~ haben there (*od.* at that) the matter must [may] rest.

be'wer·ben I *v/reflex* ⟨*irr, no* ge-, h⟩ sich ~ 1. (um for) apply, put in (*colloq.*): sich bei einer Firma um eine Anstellung ~ to apply to a firm for a position (*od.* job). – 2. (um for) (*kandidieren*) run (*Br.* stand) (as a candidate), put up (*colloq.*). – 3. (*um einen Preis, Titel etc*) compete (for), contend (for). – 4. (*in Wendungen wie*) sich um j-s Gunst ~ to court s.o.'s favor (*bes. Br.* favour); sich um ein Mädchen ~ to court (*od.* woo) a girl. – 5. sich um einen Auftrag ~ *econ.* to (submit a) tender, to (make a) bid. – **II B~** *n* ⟨-s⟩ 6. *verbal noun.* – 7. *cf.* Bewerbung.

Be'wer·ber *m* ⟨-s; -⟩ 1. applicant: zurückgewiesene ~ unsuccessful applicants. – 2. candidate, aspirant. – 3. (*um einen Preis*) competitor, contestant. – 4. (*um ein Mädchen*) suitor, wooer. – 5. *econ.* a) (*bei Ausschreibungen*) tenderer, b) (*bei Kaufangeboten*) bidder. – 6. *relig.* (*um Aufnahme in einen Orden*) postulant.

Be'wer·bung *f* ⟨-; -en⟩ 1. *cf.* Bewerben. – 2. application. – 3. candidacy, candidature. – 4. *econ.* a) (*Ausschreibungsangebot*) tender, b) (*Kaufangebot*) bid.

Be'wer·bungs|for·muˌlar *n econ.* application form (*Am. auch* blank). — **~ˌschrei·ben** *n* (letter of) application. — **~ˌun·terˌla·gen** *pl* application papers, (application) credentials, documents in support of one's application.

be'wer·fen I *v/t* ⟨*irr, no* ge-, h⟩ 1. (mit with) pelt, pepper, (*stärker*) bombard: j-n mit Steinen ~ to throw stones at s.o.; j-n [j-s Namen] mit Schmutz (*od. colloq.* Dreck) ~ *fig.* to throw dirt (*od.* sling mud) at s.o. [s.o.'s name], (*stärker*) to drag s.o. [s.o.'s name] through the mud. – 2. *civ.eng.* a) (*mit Mörtel etc*) plaster, b) (*grob*) rough-cast, (rough-)render. – 3. eine Stadt mit Bomben ~ *mil.* to bombard a town. – **II B~** *n* ⟨-s⟩ 4. *verbal noun.* — **Be'wer·fung** *f* ⟨-; *no pl*⟩ *cf.* Bewerfen.

be·werk·stel·li·gen [bə'vɛrkˌʃtɛlɪgən] **I** *v/t* ⟨*no* ge-, h⟩ manage, effect, contrive, bring (*s.th.*) about: irgendwie wird er es schon ~ he'll manage it somehow. – **II B~** *n* ⟨-s⟩ *verbal noun.* — **Be'werkˌstel·li·gung** *f* ⟨-; *no pl*⟩ *cf.* Bewerkstelligen.

be'wert·bar *adj econ.* assessable, appraisable.

be'wer·ten I *v/t* ⟨*no* ge-, h⟩ 1. (*Arbeit, Leistung etc*) rate, appraise, evaluate, judge: man kann seine Verdienste nicht hoch genug ~ one can't overrate (*od.* speak too highly of) his merits; j-n nach seinem Erfolg ~ to judge s.o. by his results (*od.* success): einen Film negativ ~ to pass an unfavo(u)rable judg(e)ment on a film. – 2. *econ.* a) (*Geldwert*) value, appraise, b) (*für Steuerzwecke, Versicherung*) assess, c) (*abschätzen*) estimate, d) (*klassifizieren*) rate: etwas zu niedrig ~ to undervalue s.th.; einen Verlust auf (*od.* mit) 500 DM ~ to estimate (*od.* value) a loss at 500 DM. – 3. *ped.* mark, *bes. Am.* grade. – 4. (*sport*) judge: etwas nach Punkten ~ to judge (*od.* assess) s.th. on points; die Mannschaft wurde mit 8 Punkten bewertet the team scored 8 points. – **II B~** *n* ⟨-s⟩ 5. *verbal noun.* — **Be'wer·tung** *f* ⟨-; -en⟩ 1. *cf.* Bewerten. – 2. ⟨*only sg*⟩ (*einer Leistung etc*) appraisal, appraisement, evaluation: die ~ der geleisteten Arbeit ist unterschiedlich the opinions on (the quality of) the work performed vary. – 3. *econ.* a) valuation, appraisal, b) (*für Steuerzwecke*) assessment, c) (*Schätzung*) estimation. – 4. *ped.* (*Noten*) marks *pl*, *bes. Am.* grades *pl.* – 5. (*sport*) a) classification, *auch* judging, b) (*Punkte*) points *pl.*

Be'wer·tungs|ˌausˌschuß *m econ.* committee of appraisal (*od.* valuation). — **~geˌsetz** *n jur.* (*im Steuerrecht*) valuation law. — **~-ˌmaßˌstab** *m econ.* standard of valuation (*od.* assessment).

be'wet·tern I *v/t* ⟨*no* ge-, h⟩ 1. (*mining*) ventilate, supply fresh air to. – 2. (*textile*) weather. – **II B~** *n* ⟨-s⟩ 3. *verbal noun.* — **Be'wet·te·rung** *f* ⟨-; *no pl*⟩ 1. *cf.* Bewettern. – 2. (*mining*) ventilation.

be'wickeln (*getr.* -k·k-) *v/t* ⟨*no* ge-, h⟩ 1. wind, bind, wrap (*s.th.*) (round): etwas mit Band ~ to tape s.th.; Draht mit Baumwolle ~ to wind (*od.* cover) wire with cotton. – 2. *med.* (*Arm, Schiene*) wrap. – 3. (*textile*) (*in der Spinnerei*) spool, wind.

be·wil·li·gen [bə'vɪlɪgən] **I** *v/t* ⟨*no* ge-, h⟩ 1. grant, allow, accord: j-m eine Audienz ~ to grant s.o. an audience; einen Kredit ~ *econ.* to grant (*od.* approve, authorize) a credit; Rabatt ~ *econ.* to allow a discount; ein Gesuch ~ to grant a request (*od.* an application). – 2. *bes. pol.* a) (*Mittel, Gesetz etc*) approve, sanction, authorize, b) (*Geld etc*) vote, c) (*im Etat*) appropriate, vote. – **II B~** *n* ⟨-s⟩ 3. *verbal noun.* — **Be'wil·li·gung** *f* ⟨-; -en⟩ 1. *cf.* Bewilligen. – 2. ⟨*only sg*⟩ grant, allowing, allowance: ~ des Armenrechtes granting of a legal aid certificate. – 3. (*Erlaubnis*) permission, licence, *Am.* license. – 4. *bes. pol.* a) (*von Mitteln etc*) approval, sanction, authorization, b) (*im Etat*) appropriation: Gesetzesvorlage zur ~ von Geldern *pol.* appropriation bill.

Be'wil·li·gungs|ˌausˌschuß *m econ. pol.* committee on appropriations, appropriating (*od.* authorizing) committee. — **~be-ˌscheid** *m econ.* 1. authorization. – 2. notice of appropriation. — **~ˌrecht** *n econ. pol.* right of appropriation, right to vote budgetary sums.

be·will·komm·nen [bə'vɪlˌkɔmnən] *v/t* ⟨*no* ge-, h⟩ j-n ~ to welcome s.o., to receive s.o. kindly (*od.* hospitably). — **Be'willˌkomm·nung** *f* ⟨-; *no pl*⟩ welcome, kind (*od.* hospitable) reception.

be'wim·peln *v/t* ⟨*no* ge-, h⟩ decorate (*s.th.*) with pennants.

be·wim·pert [bə'vɪmpərt] *adj* 1. lashed. – 2. *bot. zo.* ciliate(d). — **Be'wim·pe·rung** *f* ⟨-; -en⟩ *bot. zo.* ciliation.

be'wir·ken I *v/t* ⟨*no* ge-, h⟩ effect, cause, bring about, effectuate, induce, occasion: ~, daß j-d etwas tut to cause s.o. to do s.th.; ~, daß etwas geschieht to cause s.th. to happen; eine Veränderung ~ to effect (*od.* occasion) a change; eine Heilung ~ to produce (*od.* work) a cure. – **II B~** *n* ⟨-s⟩ *verbal noun.* — **be'wir·kend I** *pres p.* – **II** *adj ling.* (*Verb*) causative, factitive. — **Be'wir·kung** *f* ⟨-; *no pl*⟩ 1. *cf.* Bewirken. – 2. effectuation.

be'wir·ten I *v/t* ⟨*no* ge-, h⟩ 1. (*Gäste etc*) entertain, regale (*lit.*): j-n mit Obst ~ to regale s.o. with fruit. – **II B~** *n* ⟨-s⟩ 2. *verbal noun.* – 3. *cf.* Bewirtung.

be'wirt·schaf·ten I *v/t* ⟨*no* ge-, h⟩ 1. (*Hof, Gaststätte etc*) manage, run: die Hütte wird von Mai bis Oktober bewirtschaftet the mountain hut is open from May to October. – 2. *agr.* (*Land etc*) work, farm, cultivate: den Boden intensiv ~ to cultivate (*od.* work) the soil intensively. – 3. *econ.* a) (*Waren etc*) ration, b) (*Devisen, Preise etc*) control. – **II B~** *n* ⟨-s⟩ 4. *verbal noun.* – 5. *cf.* Bewirtschaftung.

Be'wirt·schaf·ter *m* ⟨-s; -⟩ *bes. agr.* manager.

be'wirt·schaf·tet I *pp.* – **II** *adj* 1. *bes. agr.* (*Hof*) managed. – 2. (*Hütte*) open (to the public). – 3. *agr.* (*Land etc*) cultivated. – 4. *econ.* a) (*Waren etc*) rationed, b) (*Devisen, Preise etc*) controlled: ~e Güter rationed (*od.* quota) goods.

Be'wirt·schaf·tung *f* ⟨-; *no pl*⟩ 1. *cf.* Bewirtschaften. – 2. (*eines Hofes, einer Gaststätte etc*) management. – 2. *agr.* cultivation (of the soil). – 3. *econ.* (*von Devisen, Preisen etc*) control: öffentliche ~ government control (*od.* planning).

Be'wirt·schaf·tungs|ˌart *f agr.* land utilization system. — **~syˌstem** *n* 1. *agr.* farming system. – 2. *econ.* a) rationing system, b) (system of) controls *pl.*

Be'wir·tung *f* ⟨-; *no pl*⟩ 1. *cf.* Bewirten. – 2. hospitality, entertainment: danke für die freundliche ~ thank you for your kind hospitality. – 3. (*im Gasthaus*) attendance: die ~ besorgen to wait upon the guests.

be'wit·tern *v/t* ⟨*no* ge-, h⟩ *tech.* weather. — **Be'wit·te·rung** *f* ⟨-; *no pl*⟩ weathering.

be'wit·zeln I *v/t* ⟨*no* ge-, h⟩ make fun of, scoff at, deride, mock (at), ridicule. – **II B~** *n* ⟨-s⟩ *verbal noun.* — **Be'wit·ze·lung** *f* ⟨-; -en⟩ 1. *cf.* Bewitzeln. – 2. derision, mockery, ridicule.

be·wog [bə'voːk] *1 u. 3 sg pret*, **be·wö·ge** [bə'vøːgə] *1 u. 3 sg pret subj*, **be·wo·gen** [bə'voːgən] *pp of* bewegen[2].

be'wohn·bar *adj* (in)habitable, (*Haus, Zimmer etc*) *auch* fit to live in, fit for habitation. — **Be'wohn·bar·keit** *f* ⟨-; *no pl*⟩ (in)habitableness, (in)habitability.

be'woh·nen *v/t* ⟨*no* ge-, h⟩ (*Haus etc*) live in, inhabit, occupy, reside (*od.* dwell) in (*lit.*): das Land wird von Bauern und Fischern bewohnt the country is inhabited by farmers and fishermen; das Zimmer ist seit Jahren nicht bewohnt worden the room has not been lived in (*od.* occupied) for years.

Be'woh·ner *m* ⟨-s; -⟩, **Be'woh·ne·rin** *f* ⟨-; -nen⟩ 1. (*einer Stadt, eines Landes etc*) inhabitant, (*eingesessener*) resident, citizen: die ~ dieser Gegend the inhabitants (*od.* residents) of this area; die ~ des Waldes [Meeres] *fig. lit.* the denizens of the forest [sea]. – 2. (*eines Hauses etc*) occupant, inhabitant, (*Mitbewohner*) inmate. – 3. (*Mieter*) tenant, (*eines Zimmers*) lodger, *Am.* roomer. — **Be'woh·ner·schaft** *f* ⟨-; *no pl*⟩ 1. inhabitants *pl*, residents *pl*, citizens *pl.* – 2. (*eines Hauses*) occupants *pl*, inhabitants *pl*, inmates *pl.*

be'wohnt I *pp.* – **II** *adj* inhabited, (*Wohnung*) *auch* occupied: das von ihnen ~e Haus the house they live in (*od.* occupy).

be'wöl·ken I *v/reflex* ⟨*no* ge-, h⟩ sich ~ 1. (*vom Himmel*) cloud over, overcloud, get cloudy (*od.* clouded), become overcast: es bewölkt sich it is clouding over (*od.* getting cloudy). – 2. *fig. lit.* darken, become gloomy (*od.* overcast): seine Stirn bewölkte sich a frown appeared on his face. – **II B~** ⟨-s⟩ 3. *verbal noun.* — **be'wölkt I** *pp.* – **II** *adj* 1. (*Himmel*) cloudy, clouded, overcast: stark ~ heavily clouded. – 2. *fig.* gloomy, darkened, overcast: eine ~e Stirn a forehead wreathed in a frown. — **Be'wöl·kung** *f* ⟨-; *no pl*⟩ 1. *cf.* Bewölken. – 2. (*Wolkenbildung*) cloud formation (*od.* development). – 3. (*Wolken*) cloud(s *pl*): aufgerissene (*od.* aufgebrochene, durchgebrochene) ~ broken cloud(s *pl*); strichweise ~ scattered clouds *pl.* – 4. *cf.* Bewölkungsgrad.

Be'wöl·kungs|ˌaufˌlocke·rung (*getr.* -k·k-) *f meteor.* breakup (*Br.* break-up) (*od.* dispersal) of cloud cover. — **~ˌgrad** *m* (degree of) cloudiness, cloud amount. — **~ˌrück-ˌgang** *m* decrease of cloudiness. — **~ˌzu-ˌnah·me** *f* increasing cloudiness.

be·wu·chert [bə'vuːxərt] *adj* overgrown, grown over, overrun: ein mit Unkraut ~es Grab a grave overgrown with weed(s).

Be'wuchs *m* ⟨-es; *no pl*⟩ **1.** vegetation, plants *pl.* – **2.** *mar.* (marine) fouling, marine growth, barnacles *pl.*

be·wul·stet [bə'vʊlstət] *adj her.* wreathed.

Be'wun·de·rer *m* ⟨-s; -⟩ admirer. — **Be'wun·de·rin** *f* ⟨-; -nen⟩ (female) admirer.

be'wun·dern I *v/t* ⟨*no* ge-, h⟩ **1.** admire: j-n wegen seiner Tapferkeit ~ to admire s.o. for his bravery; ein Gemälde ~ to admire a painting; man muß ihn ~ one cannot but admire him. – **II B~** *n* ⟨-s⟩ **2.** *verbal noun.* – **3.** *cf.* Bewunderung. — **be'wun·dernd I** *pres p.* – **II** *adj* (*Blick etc*) admiring. – **III** *adv* admiringly, with admiration.

be'wun·derns|,wert, ~,wür·dig *adj* admirable.

Be'wun·de·rung *f* ⟨-; *no pl*⟩ **1.** *cf.* Bewundern. – **2.** admiration: voller ~ für etwas [j-n] sein to be full of admiration for s.th. [s.o.]; j-m ~ abnötigen to command s.o.'s admiration; ~ erregen to excite admiration; es erfüllte ihn mit ~ it filled him with admiration.

be'wun·de·rungs|,wert, ~,wür·dig *adj* admirable.

Be'wund·rer *m* ⟨-s; -⟩ *cf.* Bewunderer.

Be'wurf *m civ.eng.* (*angeworfener Putz*) coat of plaster, grout: erster ~ first (*od.* rough) coat; eigentlicher ~ second coat.

be'wur·zeln *v/reflex* ⟨*no* ge-, h⟩ sich ~ *bot.* (*von Pflanzen*) take (*od.* strike) root, grow roots.

be·wußt [bə'vʊst] **I** *adj* **1.** sich (*dat*) einer Sache ~ sein to be conscious (*od.* aware) of s.th., to realize s.th., to be alive (*od.* awake) to s.th., to be sensible of s.th.: er ist sich der Gefahr ~ he is aware of the danger; ich bin mir meiner Schuld ~ I am conscious of my guilt; ich bin mir keiner Schuld ~ I have a clear (*od.* clean) conscience; sie wurden sich ihrer ausweglosen Lage ~ they became conscious (*od.* aware) of their hopeless situation; ich bin mir völlig ~, daß I am fully (*od.* quite) aware that. – **2.** *bes. philos. psych.* conscious: seiner selbst ~ conscious (*od.* aware) of oneself. – **3.** (*absichtlich*) deliberate, intentional: eine ~e Lüge a deliberate lie. – **4.** (*zweckbetont*) purposeful: ~es Handeln purposeful action. – **5.** (*besagt*) in question (*nachgestellt*), mentioned (*nachgestellt*), aforesaid (*lit.*): die ~e Person war nicht anwesend the person in question was not present; der ~e Ort the place mentioned; das ~e Örtchen *euphem.* the lavatory; dies ist das ~e Haus that is the house (I) mentioned before; finde dich zur ~en Zeit dort ein come there at the time fixed (*od.* agreed). – **6.** (*überzeugt*) strong, ardent: ein ~er Vertreter dieser Lehre a strong advocate of that doctrine. – **II** *adv* **7.** consciously: er nahm die Worte nicht ~ auf he did not take in the words consciously. – **8.** (*absichtlich*) deliberately, intentionally, on purpose: eine ~ falsche Darstellung a deliberate misrepresentation; j-n ~ irreführen to mislead s.o. deliberately; ~ über (*acc*) etwas hinwegsehen to ignore s.th., to refuse to notice s.th. – **III B~e, das** ⟨-n⟩ **9.** *psych.* the conscious.

Be'wußt·heit *f* ⟨-; *no pl*⟩ *bes. philos.* consciousness, awareness.

be'wußt·los *adj* unconscious, insensible, senseless: ~ werden to become unconscious, to faint, to black out (*colloq.*); j-n ~ schlagen to knock s.o. unconscious (*od.* senseless); ~ zu Boden fallen to fall down insensible. — **Be'wußt·lo·sig·keit** *f* ⟨-; *no pl*⟩ unconsciousness, insensibility, senselessness: im Zustand tiefer ~ in a state of deep insensibility; er spielte diese Schallplatte bis zur ~ *fig. colloq.* he was playing this record endlessly; sie ärgerte ihn mit ihren Wünschen bis zur ~ *fig. colloq.* she drove him mad with her wishes.

Be'wußt,sein *n* ⟨-s; *no pl*⟩ **1.** *med. psych.* consciousness: das ~ verlieren to lose consciousness; das ~ wiedererlangen, wieder zu(m) ~ kommen to recover (*od.* regain) consciousness, to come to (*od.* round), to revive; j-n zum ~ bringen to bring s.o. to (*od.* round), to revive s.o.; bei [ohne] ~ sein to be [un]conscious; er wurde bei vollem ~ operiert he was operated on while fully conscious; sekundäres ~ coconsciousness; moralisches ~ moral consciousness. – **2.** consciousness, awareness: geschichtliches ~ consciousness of historical tradition; nationales ~ national consciousness; im ~ seiner Verantwortung conscious of one's responsibility; im ~, seine Pflicht getan zu haben conscious of having done one's duty; sein waches ~ für Veränderungen his sensibility to change(s); im vollen ~ der Folgen fully conscious of the consequences; es kam ihm zum ~, daß it dawned (up)on (*od.* it became clear to) him that, he realized that; j-m etwas zum ~ bringen to make s.o. realize s.th., to bring s.th. home to s.o.; mit (vollem) ~ (*mit Absicht*) deliberately, intentionally, on purpose.

Be'wußt,seins|ele,ment *n psych.* conscious element. — **~,en·ge** *f* narrow range of consciousness. — **~,grad** *m* degree (*od.* level) of awareness. — **~,in,halt** *m* conscious content (*od.* psychism). — **~,kunst** *f* (*literature*) stream-of-consciousness technique (*od.* school). — **~,la·ge** *f psych.* state of consciousness devoid of sensory components, Bewusstseinslage. — **~,lücke** (*getr.* -k·k-) *f* amnesic blackout. — **~psy·cho·lo,gie** *f* mentalistic psychology. — **~,schwel·le** *f* threshold of consciousness. — **~,spal·tung** *f* schizophrenia. — **~,stö·rung** *f* **1.** *psych.* disturbance of consciousness. – **2.** *jur.* a) (*als Strafausschließungsgrund*) defective mental condition, temporary insanity, b) (*Bewußtlosigkeit*) state of unconsciousness. — **~,strom** *m* (*literature*) *psych.* stream of consciousness. — **~,strom-Ro,man** *m* (*literature*) stream-of-consciousness novel. — **~,stu·fe** *f* level of awareness. — **~,trü·bung** *f* transitory loss of consciousness, absence of mind. — **~ver,lust** *m* unconsciousness. — **~,zu,stand** *m* state of consciousness, frame of mind.

Bey [baɪ] *f* ⟨-s; -e *u.* -s⟩ *cf.* Beg.

be'zahl·bar *adj* payable.

be'zah·len I *v/t* ⟨*no* ge-, h⟩ **1.** (*Ware etc*) pay for: etwas bar [in Raten] ~ to pay for s.th. in cash [by instal(l)ments]; wir haben ihr die Fahrt bezahlt we paid for her journey, we gave her the money for the journey; er hat seinen Wagen noch nicht bezahlt he still owes for his car; diese Runde (*od.* Lage) bezahle ich this round is on me; laß mich dir das Buch ~ let me pay you for the book; ich habe alles aus eigener Tasche bezahlt I paid it all out of my own pocket; wer bezahlt das Taxi? who pays (for) the taxi? Licht und Heizung sind extra zu ~ light and heating are extras; wir haben es auf Heller und Pfennig bezahlt *colloq.* we paid every cent (*Br.* penny) of it; das ist nicht mit Geld zu ~ *fig. colloq.* money will not buy it, it is invaluable; er hat es teuer ~ müssen *fig.* he had to pay dearly for it; sie mußten ihren Leichtsinn mit dem Leben ~ *fig.* they had to pay for their carelessness with their lives. – **2.** (*Summe*) pay, fork out (*sl.*): ich habe ihm 100 Mark dafür bezahlt I paid him a (*od.* one) hundred marks for it; wieviel (*od.* was) hast du dafür bezahlt? how much did you pay for it? Eintritt(sgeld) ~ to pay (an) entrance fee; Zoll ~ to pay (the) customs. – **3.** (*Schulden etc*) pay (off), discharge, settle: die Rechnung ~ to pay (*od.* settle, foot, adjust) the bill; einen Wechsel ~ to hono(u)r a bill of exchange; er hat die Wechsel nicht bezahlt he left the bills of exchange unpaid, he dishono(u)red the bills of exchange; ich habe meine Schulden auf Heller und Pfennig bezahlt *colloq.* I paid my debts to the last cent (*Br.* farthing); seine Zeche ~ to pay one's (restaurant) bill; er mußte die Zeche ~ *fig. colloq.* he had to pay the piper, he had to foot the bill. – **4.** (*Leistung, Überstunden, Urlaub etc*) pay, remunerate, compensate: diese Arbeit wird gut bezahlt this work (*od.* job) is paid well; er läßt sich (*dat*) jeden Handgriff teuer ~ he charges highly for everything he does; du wirst dir deine Hilfe doch nicht etwa ~ lassen? you surely will not take money for your assistance, will you? er läuft, als wenn er's bezahlt bekäme *colloq. humor.* he runs as if he got paid for it. – **5.** (*Kosten, Ausgaben*) pay, defray, meet. – **6.** j-n ~ to pay (*od.* remunerate, compensate) s.o.: den Gepäckträger ~ to pay the porter; j-n voll ~ to pay s.o. in full, to pay s.o. off; den Arzt [Rechtsanwalt] ~ to pay the fee to the doctor [lawyer]; sie werden gut bezahlt they are being well paid; sich ~ lassen to take (*od.* to charge) money. – **7.** *fig. contempt.* (*Agenten etc*) have (*s.o.*) in one's pay, hire. – **II** *v/i* **8.** pay: habt ihr schon bezahlt? have you paid already? sofort ~ to pay cash down, to pay on the nail (*od.* dot); im voraus ~ to pay in advance; mit (einem) Scheck ~ to pay by check. – **III B~** *n* ⟨-s⟩ **9.** *verbal noun.* – **10.** *cf.* Bezahlung.

Be'zah·ler *m* ⟨-s; -⟩ payer.

be'zahlt I *pp.* – **II** *adj* **1.** paid: ~e Rechnungen paid (*od.* settled) bills (*od.* invoices); seine erste ~e Stellung his first salaried position; ~e Agenten *contempt.* hired agents. – **2.** sich ~ machen to pay, to be worthwhile: das wird sich gut (*od.* reichlich) ~ machen that will pay its way handsomely, that will make itself well paid, that will repay for itself amply; diese Anstrengung hat sich nicht ~ gemacht these efforts did not pay (*od.* were not worthwhile). – **3.** *econ.* (*auf Kurszetteln*) bargains done.

Be'zah·lung *f* ⟨-; *no pl*⟩ **1.** *cf.* Bezahlen. – **2.** (*einer Ware etc*) payment (for): bei j-m auf ~ drängen to press (*od.* dun) s.o. for payment; sofortige ~ spot cash; gegen sofortige ~ for (*od.* against) prompt cash. – **3.** (*einer Summe*) payment (of): gegen ~ von 100 Mark on payment of 100 marks; die ~ eines Beitrages von 10 Mark the dues (*od.* subscription) of 10 marks. – **4.** (*von Schulden etc*) payment, discharge, settlement: die ~ der Rechnung the payment (*od.* settlement, adjustment) of the bill. – **5.** (*von Leistungen, Urlaub etc*) payment, remuneration, compensation: ~ von Dienstleistungen payment (*od.* remuneration) of services. – **6.** (*von Kosten, Ausgaben*) disbursement, payment, defrayal, defrayment. – **7.** (*von Personen*) payment, remuneration, compensation. – **8.** (*Entgelt*) pay, payment, remuneration, compensation: gegen ~ against payment; er beklagt sich über schlechte ~ he complains about bad pay, he complains that he is badly paid; er tut es nur gegen ~ he does it only for pay (*od.* money); ich nehme keine ~ dafür I do not take money for it. – **9.** (*Honorar*) fee.

be'zähm·bar *adj fig.* (*Gefühle, Begierde etc*) controllable, restrainable. — **be'zäh·men I** *v/t* ⟨*no* ge-, h⟩ **1.** *fig.* (*Gefühle etc*) curb, restrain, (keep under) control, master, check: kannst du deine Neugier [Ungeduld] ~? can you restrain your curiosity [impatience]? bezähme deine Zunge! curb (*od.* bridle) your tongue! – **2.** *obs. for* zähmen 1, 3, 4. – **II** *v/reflex* sich ~ **3.** (*von Personen*) control (*od.* restrain, master) oneself: ich bezähmte mich sehr I exercised great self-control. — **Be'zäh·mung** *f* ⟨-; *no pl*⟩ **1.** *fig.* restraint, control, mastery. – **2.** *obs. for* Zähmung 1.

Be·zah·nung [bə'tsaːnʊŋ] *f* ⟨-; *no pl*⟩ **1.** *med. zo.* (*Zahnsystem*) dentition. – **2.** *tech.* (*einer Säge etc*) tooth spacing, teeth *pl.*

be'zau·bern *v/t* ⟨*no* ge-, h⟩ **1.** *fig.* charm, (*stärker*) enchant, fascinate, captivate, bewitch: sie bezauberte alle durch ihre Liebenswürdigkeit she charmed everybody by her kindness; er war von ihrer Schönheit bezaubert he was entranced (*od.* captivated) by her beauty. – **2.** *obs.* bewitch, cast a spell on. — **be'zau·bernd I** *pres p.* – **II** *adj* (*Person, Lächeln etc*) charming, delightful, enchanting, captivating, bewitching: ein ~es Kleid a charming (*od.* stunning) dress; sie tat es mit ~er Anmut she did it with delightful grace; das Mädchen sah ~ aus the girl looked charming. – **III** *adv* der Anblick war ~ schön the sight was bewitchingly beautiful. — **Be'zau·be·rung** *f* ⟨-; -en⟩ **1.** *fig.* bewitchment, enchantment, captivation. – **2.** *obs.* bewitchment.

be'ze·chen *v/reflex* ⟨*no* ge-, h⟩ sich ~ *colloq.* get drunk. — **be'zecht I** *pp.* – **II** *adj* drunk (*pred*), drunken (*attrib*), inebriate(d), (*schwächer*) tipsy: ~ sein to be the worse for drink, to be drunk (*od.* tipsy); sie waren schwer ~ they were badly (*od.* very) drunk.

be'zeich·nen I *v/t* ⟨*no* ge-, h⟩ **1.** (*kennzeichnen*) (mit with) mark: einen Wanderweg ~ to mark out (*od.* signpost) a walking path; Straßen mit Namensschildern ~ to mark streets with nameplates; ein Kreuz bezeichnet die Stelle des Grabes a cross marks the place of the grave; Sehenswürdigkeiten sind auf der Karte mit Sternchen bezeichnet objects of interest are marked on the map with asterisks (*od.* are starred on the map). – **2.** (*bedeuten*) denote, signify, stand for: x und y ~ unbekannte Größen x and y denote (*od.* signify, stand for) unknown quantities. – **3.** (*angeben*) indicate: die Aussprache ~ to indicate the pronunciation; das Tempo eines Musikstücks ~ to indicate (*od.* mark) the tempo of a piece of music. – **4.** (*benennen*) designate, call, refer to, describe: wir ~ sie als Protonen we designate them as (*od.* call them) protons; es wird allgemein als X bezeichnet it is generally referred to as X; er wird als jähzornig bezeichnet he is described as being hot-tempered; einen Versuch als gelungen ~ to call an experiment a success; etwas näher (*od.* genauer) ~ to specify s.th.; j-m den genauen Treffpunkt ~ to give s.o. a precise description of the meeting point. – **5.** j-n mit dem Kreuz ~ *relig.* to make the sign of the cross over (*od.* in front of) s.o. – **II** *v/reflex* sich ~ **6.** call (*od.* term) oneself: sich als Sachverständigen ~ to call (*od.* style) oneself an expert. – **7.** sich mit dem Kreuz ~ *relig.* to sign oneself with the sign of the cross, to cross oneself. – **III B~** *n* ⟨-s⟩ **8.** *verbal noun.* – **9.** *cf.* Bezeichnung.

be'zeich·nend I *pres p.* – **II** *adj* (für of) characteristic, typical, indicative, significant, symptomatic: ein ~er Zug a characteristic feature; diese Äußerung ist ~ für seine Gesinnung these words are typical of his attitude; das wirft ein ~es Licht auf ihn *contempt.* that shows him as he really is; das finde ich wieder mal ~! *colloq.* that is just typical!

be'zeich·nen·der'wei·se *adv* characteristically, typically, significantly (enough): ~ enthielt er sich der Stimme characteristically enough he abstained from voting.

Be'zeich·nung *f* ⟨-; -en⟩ **1.** *cf.* Bezeichnen. – **2.** denotation, signification, notation. – **3.** (*Angabe*) indication: ~ der Aussprache indication of pronunciation. – **4.** (*Benennung*) designation, description: die ~ des Inhalts the description of the contents. – **5.** (*Name*) name, appellation, designation, (*Ausdruck*) term, expression: eine ehrenvolle [herabwürdigende, wohlverdiente] ~ an hono(u)rable [derogatory, well-deserved] appellation; eine genaue [(zu)treffende, zweideutige] ~ an exact [a pertinent, an ambiguous] designation; eine schiefe ~ *colloq.* a wrong (*od.* false) appellation; die lateinischen ~en der Pflanzen the Latin names of the plants; dafür gibt es keine bessere ~ there is no better name for it: eine falsche ~ für a wrong term (*od.* designation) for, a misnomer for; die ~ dafür ist noch nicht festgelegt the nomenclature for it varies. – **6.** *mus.* (*Zeichen*) mark, sign, direction: dynamische ~en dynamic marks. – **7.** *math.* term, notation.

Be'zeich·nungs|,leh·re *f ling.* onomasiology. — **~sy,stem** *n cf.* Benennungssystem. — **~,wei·se** *f* method (*od.* system) of notation.

be'zei·gen *lit.* **I** *v/t* ⟨*no* ge-, h⟩ **1.** (*Freude, Dank etc*) show, express, exhibit, manifest, display: wir wollen ihr unsere Dankbarkeit ~ we want to express (*od.* show) our gratitude to her; j-m seine Teilnahme ~ to condole (*od.* express one's sympathy) with s.o. – **2.** (*Gunst etc*) grant, bestow. – **3.** (*Ehre*) do, pay. – **II** *v/reflex* **4.** sich dankbar [zufrieden] ~ to show oneself grateful [content], to show (*od.* express) one's gratitude [contentment]. – **III B~** *n* ⟨-s⟩ **5.** *verbal noun.* — **Be'zei·gung** *f* ⟨-; *no pl*⟩ **1.** *cf.* Bezeigen. – **2.** expression, exhibition, manifestation, display. – **3.** (*von Gunst etc*) bestowal, bestowment.

be'zet·teln *v/t* ⟨*no* ge-, h⟩ *econ.* (*Emballage etc*) label, tag.

be'zeug·bar *adj jur.* testable.

be'zeu·gen I *v/t* ⟨*no* ge-, h⟩ **1.** *bes. jur.* a) testify (to), give evidence of, (bear) witness to, attest to, b) (*durch schriftliche beeidigte Aussage*) depose, c) (*bescheinigen*) certify: er bezeugte, daß er ihn gesehen hatte he testified to having seen him, he testified (*od.* deposed) that he had seen him: ich kann ~, daß er anwesend war I can testify that he was present; können Sie das ~? can you attest (*od.* testify) to it? can you produce evidence for it? das Buch bezeugt seine große Gelehrsamkeit the book testifies to (*od.* shows) his great erudition. – **2.** *cf.* bezeigen I. – **II B~** *n* ⟨-s⟩ **3.** *verbal noun.* – **4.** *cf.* Bezeugung. — **be'zeugt I** *pp.* – **II** *adj* attested, recorded, documented: ~ sein to be attested by documentary sources; das Wort ist nicht ~ bei *ling.* the word is not attested (*od.* found) in; diese Vorgänge sind dokumentarisch ~ there is documentary evidence for these events; der Name des Orts ist seit dem 12. Jahrhundert urkundlich ~ the name of the place first appeared in documents in the 12th century; das Wort ist bereits für das 15. Jahrhundert ~ the word first occurred (*od.* was first recorded) as early as the 15th century. — **Be'zeu·gung** *f* ⟨-; -en⟩ **1.** *cf.* Bezeugen. – **2.** *bes. jur.* a) attestation, b) (*schriftlich beeidigt*) deposition. – **3.** *cf.* Bezeigung.

be·zich·ti·gen [bəˈtsɪçtɪgən] **I** *v/t* ⟨*no* ge-, h⟩ (*gen*) accuse (of), charge (with), tax (with): j-n des Diebstahls ~ to accuse s.o. of theft; er wurde fälschlich bezichtigt he was falsely accused; sie ~ ihn, an dem Verbrechen beteiligt gewesen zu sein they accuse him (*od.* he is under the imputation) of having been involved in the crime. – **II B~** *n* ⟨-s⟩ *verbal noun.* — **Be'zich·ti·gung** *f* ⟨-; -en⟩ **1.** *cf.* Bezichtigen. – **2.** accusation, charge, imputation, incrimination: falsche ~en false imputations (*od.* accusations).

be'zieh·bar *adj* **1.** (*Haus, Wohnung*) ready for occupancy (*od.* occupation): sofort ~ ready for immediate occupancy. – **2.** *econ.* (*Waren*) obtainable: nur über den Großhandel ~ obtainable (*od.* to be obtained, to be had) through wholesalers only. – **3.** auf (*acc*) etwas ~ referable (*Am. auch* referrable) to s.th.

be'zie·hen I *v/t* ⟨*irr, no* ge-, h⟩ **1.** (*Polstermöbel etc*) cover: Stühle mit Leder ~ to cover chairs with leather; einen Schirm ~ to cover an umbrella; ich muß die Autositze neu ~ lassen I must have the car seats re-covered. – **2.** (*Bett etc*) put (clean) sheets (*od.* linen) on, change: das Federbett (frisch *od.* neu) ~ to put a (clean) linen cover on the eiderdown; die Kopfkissen ~ to put (clean) cases (*od.* slips) on the pillows. – **3.** (*Wohnung, Haus etc*) move into, occupy: wann können die neuen Räume bezogen werden? when will the new rooms be ready for occupation (*od.* to move into)? – **4.** (*Waren*) get, obtain, buy, be supplied with: etwas aus erster Hand [direkt vom Erzeuger] ~ to buy s.th. first hand [direct from the producer]; die Firma bezieht die nötigen Rohstoffe aus dem Ausland the firm gets (*od.* imports) the necessary raw materials from abroad; durch (*od.* über) den Fachhandel zu ~ obtainable (*od.* to be obtained) from the specialized trade, stocked by the specialized trade. – **5.** (*Zeitungen etc*) have a subscription to (*od.* for), take (in), subscribe to. – **6.** (*Gehalt, Lohn etc*) (von, aus from) receive, (*Einkünfte*) derive, draw: er bezieht (eine) Rente he receives (*od.* is on) a pension; Fürsorge(unterstützung) ~ to be on relief. – **7.** (*Wissen, Auskünfte etc*) obtain, get, draw: woher ~ Sie Ihre Informationen? from whom do you receive (*od.* get) your information? sein Wissen nur aus Büchern ~ to obtain (*od.* draw) one's knowledge from books only. – **8.** *colloq. humor.* (*Schläge, Ohrfeigen etc*) catch, get: Prügel (*od.* Dresche) ~ to catch (*od.* get) a hiding. – **9.** (*in Beziehung setzen*) (auf *acc* to) relate: etwas auf etwas ~ to relate s.th. to s.th.; er hat es auf sich bezogen he took it personally. – **10.** *mus.* a) (*Geige*) string, b) (*Bogen*) rehair. – **11.** *mil.* a) (*Quartier, Lager*) go to, b) (*Stellung*) move (*od.* go) into, c) (*Posten*) take: Wache ~ to mount (*od.* go on) guard. – **12.** Stellung ~ *fig.* a) (*Partei nehmen*) to take sides, b) (*zum Widerstand*) to take one's stand; gegen j-n Stellung ~ *fig.* to take (*od. stärker* make) a stand against s.o. – **13.** *lit.* (*Universität*) enter, go to, take up one's studies at. – **II** *v/reflex* sich ~ **14.** (*von Himmel*) become overcast, cloud over, overcloud, get cloudy (*od.* clouded): es bezieht sich it is clouding over. – **15.** sich auf (*acc*) etwas [j-n] ~ to refer to s.th. [s.o.], (*von Dingen*) *auch* to relate (*od.* be related) to s.th., to bear a relation (*od.* have reference, apply) to s.th.; wir ~ uns auf unser Schreiben vom 1. März und referring to our letter of March 1st we; Sie dürfen sich auf mich ~ you may use (*od.* give) my name as (a) reference; seine Bemerkung bezog sich auf uns his remark referred to (*od.* was aimed at) us; diese Frage bezieht sich nicht auf mein Thema this question bears no relation to my topic. – **16.** sich auf j-n ~ *econ.* to make an official requisition on s.o., *bes. Br.* to indent upon s.o. – **III B~** *n* ⟨-s⟩ **17.** *verbal noun.* – **18.** *cf.* Beziehung.

be'zie·hent·lich *prep* ⟨*gen*⟩ (*officialese*) with reference to.

Be'zie·her *m* ⟨-s; -⟩ **1.** (*einer Zeitung etc*) subscriber: er ist ~ einer Illustrierten he is a subscriber to a magazine. – **2.** *econ.* a) (*von Waren*) buyer, customer, b) (*von Aktien*) buyer (of), subscriber (to).

Be'zie·hung *f* ⟨-; -en⟩ **1.** relation, relationship: menschliche ~en human relations; enge [freundschaftliche] ~en close [friendly] relations; gegenseitige ~ interrelation(ship); intime ~en sexual relations (*od.* intercourse *sg*); wechselseitige ~ mutual relation, interrelation, correlation; in ~ bringen zu to bring into relationship with, to relate to; in wechselseitige ~ setzen to bring into mutual relations; in ~ stehen mit to be related to (*od.* with); nicht in ~ (zueinander) stehen to be unrelated; er steht uns in keiner ~ nahe he is nothing to us; sie verbinden verwandtschaftliche ~en they are connected by blood ties, they are related; enge ~en zwischen den Geschwistern close bonds between brother and sister; sie stehen in freundschaftlichen ~en zueinander they are on familiar terms with one another. – **2.** *pl* (*Verbindungen*) relations, connections, *Br. auch* connexions: geschäftliche ~en business relations; zu j-m ~en haben to have (*od.* maintain) relations with s.o.; mit j-m ~en anknüpfen to enter into relations with s.o.; in enge ~en zu seinen Nachbarn treten to establish close contact (*od. colloq.* get in) with one's neighbo(u)rs; mit (*od.* zu) j-m gute ~en unterhalten to entertain (*od.* maintain) good relations with (*od.* to) s.o.; gute ~en haben to have good connections; die Firma hat einflußreiche ~en zur Regierung the firm is well connected with the government; er hat viele geschäftliche ~en he has many business connections; ~en müßte man haben! one ought to have connections; eine Stellung durch ~en bekommen to get a job through influence; seine ~en spielen lassen to make use of one's influential friends, to pull strings (*colloq.*). – **3.** (*Hinsicht*) (*in Wendungen wie*) in gewisser ~ in a way; in jeder ~ to all intents and purposes; in keiner ~ in no way, in no respect; in mancher ~ in some respects (*od.* ways); in welcher ~? in what respect? in wirtschaftlicher [politischer] ~ economically [politically]. – **4.** *pl pol.* relations, connections, *Br. auch* connexions: diplomatische ~en aufnehmen to enter into diplomatic relations; alle ~en zu j-m abbrechen to break off all relations with s.o.; Herstellung freundschaftlicher ~en rapprochement; gespannte [internationale] ~en strained [international] relations. – **5.** (*eines Hauses*) *cf.* Beziehen. – **6.** *biol. math. psych.* correlation.

Be'zie·hungs|,kauf *m econ.* direct purchase. — **~kon·gru,enz** *f ling.* agreement with antecedents.

be'zie·hungs·los *adj* **1.** (zu etwas) unrelated (to s.th.), unconnected (with s.th.), independent (of s.th.), irrelative (to s.th.): zu etwas ~ sein to be irrelative to (*od.* out of context with) s.th. – **2.** *bes. philos.* (*absolut*) absolute. — **Be'zie·hungs·lo·sig·keit** *f* ⟨-; *no pl*⟩ **1.** unconnectedness, unrelatedness, independence. – **2.** *bes. philos.* absoluteness.

Be'zie·hungs|,reich·tum *m* suggestiveness. — **~,satz** *m ling.* relative clause. — **~,wahn** *m psych.* psychiatric delusion of reference.

be'zie·hungs,wei·se *conj* **1.** respectively: England und Frankreich steuerten 3 ~ 2 Millionen Dollar bei England and France contributed 3 and 2 million dollars respectively; die Kennkarten ~ Reisepässe the identity cards or (*od.* and) passports. – **2.** or rather: ich, ~ meine Schwester *colloq.* I, or rather my sister.

Be'zie·hungs|,wort *n ling. cf.* Bezugswort. — **~,zahl** *f econ.* reference (*od.* basis) number.

be·zif·fern [bəˈtsɪfərn] **I** *v/t* ⟨*no* ge-, h⟩ **1.** mark (*s.th.*) with numbers, number: die

Seiten des Buches ~ to mark the pages of the book with numbers, to number the pages. – **2.** *mus.* (*Baß*) figure. – **3.** etwas ~ auf (*acc*) *econ.* to estimate (*od.* put) s.th. at: die Firma beziffert den Umsatz auf 1 Million Mark the firm estimates (*od.* puts) the turnover at 1 million marks. – **4.** *tech.* figure: eine Teilung ~ to figure a graduation. – **II** *v/reflex* **5.** sich ~ auf (*acc*) *bes. econ.* to amount to, to work out at, to number: der Verlust beziffert sich auf 200 Mark the loss amounts to (*od.* works out at) 200 marks; die Zahl der Einwohner beziffert sich auf mehrere tausend the inhabitants number several thousand. – **II B~** *n* ⟨-s⟩ **6.** *verbal noun.* — **Be'zif·fe·rung** *f* ⟨-; -en⟩ *cf.* Beziffern.

Be·zirk [bə'tsɪrk] *m* ⟨-(e)s; -e⟩ **1.** (clearly defined) region, district, particular locality. – **2.** *pol.* a) (*Verwaltungsbezirk*) division, district, region, b) (*Stadtbezirk*) borough, c) (*Wahlbezirk*) borough, (electoral) district, *Br.* constituency, *Am. auch* precinct: in neue ~e einteilen *Am.* to redistrict; ländlicher ~ rural district; die politischen ~e Österreichs the political (*od.* administrative) districts of Austria. – **3.** *jur.* (*eines Richters*) a) circuit, b) (*Gerichtsstand*) venue. – **4.** heiliger ~ *relig.* sacred precinct. – **5.** *hist.* township. – **6.** *fig. cf.* Bereich 3. – **7.** *colloq. for* Bezirksbehörde.

Be'zirks|ˌamt *n jur. obs. for* Landratsamt. — **~ˌarzt** *m med.* district medical officer, district public health officer. — **~beˌhör·de** *f* district authority. — **~diˌrek·tor** *m econon.* district manager, regional director. — **~ˌebe·ne** *f only in* auf ~ at the regional level. — **~geˌricht** *n jur.* **1.** (*in Österreich, Schweiz*) local court. – **2.** *DDR* regional superior court. — **~ˌhauptˌmann** *m Austrian* district commissioner. — **~ˌkar·te** *f* **1.** (*railway*) regional (season) ticket. – **2.** *geogr.* district map, map of a certain area. — **~ˌlei·ter** *m econ. cf.* Bezirksdirektor. — **~ˌschulˌamt** *n ped.* regional education authority. — **~ˌschulˌrat** *m* inspector of schools in a district. — **~ˌstadt** *f* capital of a district, *Am. etwa* county seat, *Br. etwa* county town. — **~synˌode** *f relig.* (*der evangelischen Kirche*) presbytery, regional synod. — **~ˌtag** *m DDR pol.* district council. — **~verˌsamm·lung** *f* **1.** district council. – **2.** (*ländliche*) rural district council. — **~verˌtre·ter** *m econ.* regional agent. — **~verˌwal·tung** *f* district administration. — **b~ˌwei·se** *adj u. adv* by districts.

be·zir·zen [bə'tsɪrtsən] *v/t* ⟨*no* ge-, h⟩ *colloq.* allure, bewitch, ensnare.

Be·zo·ar [betso'aːr] *m* ⟨-s; -e⟩ *zo.* bezoar (stone). — **~ˌzie·ge** *f* wild goat, bezoar goat, pasan(g) (*Capra aegagrus*).

be'zo·gen I *pp of* beziehen. – **II** *adj* **1.** (auf *acc* to) related, relative: auf Meereshöhe ~ related to sea level; ~e Farben related colo(u)rs; ~e Geschwindigkeit [Formänderung] relative velocity [deformation]; ~ auf 1970 (*in der Statistik*) in terms of 1970. – **2.** *econ.* drawn upon (*nachgestellt*): die ~e Firma the firm drawn upon, the drawee firm. – **3.** *phys. tech.* specific: ~es Gewicht [Haftmaß, Spiel] specific weight [adhesion allowance, clearance]. – **4.** *meteor.* (*Himmel*) cloudy. – **5.** *tech.* (*Größe*) nondimensional.

Be'zo·ge·ne *m, f* ⟨-n; -n⟩ *econ.* payer, drawee, *Br. auch* debtor.

Be'zo·gen·heit *f* ⟨-; *no pl*⟩ relatedness, relativity, dependence.

be·zopft [bə'tsɔpft] *adj* pig-tailed.

Be'zug *m* ⟨-(e)s; ⸚e⟩ **1.** case, cover, covering: ~ für ein Kissen cushion cover, pillowcase, *Br.* pillow-case. – **2.** (*einer Zeitschrift etc*) subscription: der ~ einer Zeitschrift the subscription of (*od.* to) a magazine. – **3.** *econ.* (*von Waren*) buying, purchase, ordering: bei ~ dieser Waren when buying these goods; der ~ von Wein aus dem Ausland importing wine from abroad. – **4.** *pl econ.* a) salary *sg*, wages, earnings, b) (*Sachleistungen*) emoluments, c) (*Versicherungsleistungen*) benefits: seine jährlichen Bezüge beliefen sich auf (*acc*) his annual earnings amounted to. – **5.** *pl relig.* (*Gehalt eines Geistlichen*) stipend *sg.* – **6.** ⟨*only sg*⟩ reference, regard, respect: mit ~ auf (*acc*) with respect to, in relation to, relatively to; ohne ~ unrelated, abstract; ~ haben auf (*acc*) to refer to, to bear reference to, to touch upon; ~ nehmen auf (*acc*) to refer to; ~ nehmend auf (*acc*) in (*od.* with) reference to; der Bericht nimmt ~ auf einen bereits überholten Zustand the report refers to (*od.* deals with) a state of things now past. – **7.** *mus.* a) (*eines Saiteninstruments*) stringing, strings *pl*, b) (*eines Bogens*) hair.

be'zug *only in* in ~ auf (*acc*) with respect to, in relation to, *auch* in terms of.

Be·zü·ger [bə'tsyːgər] *m* ⟨-s; -⟩ *Swiss for* Bezieher.

be·züg·lich [bə'tsyːklɪç] **I** *prep* ⟨*gen*⟩ referring to, relating to, concerning: ~ Ihres Schreibens teilen wir Ihnen mit referring to your letter we wish to inform you; ~ dieser Nachricht bitten wir um Diskretion concerning this news we beg your discretion. – **II** *adj* (auf *acc* to) relative: das ~e Fürwort *ling.* the relative pronoun.

Be'zugˌnah·me *f* ⟨-; *no pl*⟩ (*officialese*) reference: unter (*od.* mit) ~ auf (*acc*) with reference (*od.* regard) to.

Be'zugs|anˌten·ne *f electr.* reference (*od.* normal) antenna (*bes. Br.* aerial). — **~ˌba·sis** *f econ.* comparative basis. — **~beˌdin·gung** *f meist pl* condition of purchase (*od.* supply). — **b~beˌrech·tigt** *adj* (*für Pension etc*) entitled to draw (*od.* receive) (pensions). — **~beˌrech·tig·te** *m, f* ⟨-n; -n⟩ *jur.* beneficiary. — **~beˌrech·ti·gung** *f* (*für Pension etc*) right to draw (pensions), entitlement (to pensions).

Be'zugˌschein *m econ.* **1.** ration card, coupon, supply permit. – **2.** (*für festverzinsliche Papiere*) talon.

Be'zugs|ˌdau·er *f* **1.** *econ.* period between delivery (of goods). – **2.** (*bei Abonnements*) subscription period. — **~ˌdrehˌzahl** *f tech.* reference speed. — **~ˌebe·ne** *f math. phys.* datum (*od.* reference) plane. — **~ˌfei·le** *f tech.* flexible file. — **b~ˌfer·tig** *adj* (*Haus, Wohnung*) ready for occupation (*od.* occupancy). — **~ˌflä·che** *f* **1.** *math. tech.* reference surface, datum plane, datum face. – **2.** *geol.* level of reference. — **~freˌquenz** *f electr.* reference (*od.* normal) frequency. — **~ˌgeld** *n* (*für Zeitung etc*) subscription fee. — **~ˌgrö·ße** *f* **1.** *tech.* reference quantity (*od.* magnitude). – **2.** *econ.* standard for comparison. — **~ˌgrup·pe** *f sociol.* reference group. — **~ˌjahr** *n econ.* reference year. — **~ˌkom·paß** *m aer.* reference compass. — **~ˌko·sten** *pl econ.* delivery costs. — **~ˌkurs** *m econ.* (*von Aktien*) subscription price. — **~ˌli·nie** *f tech. math.* datum (*od.* reference, base) line. — **~niˌveau** *n* **1.** *aer.* datum level. – **2.** *geol.* datum plane. — **~ˌort** *m tech. cf.* Bezugspunkt 1. — **~paˌpier** *n print.* covering material. — **~ˌpe·gel** *m mar.* reference level, reference water ga(u)ge. — **~ˌpreis** *m econ.* **1.** purchase price, advertised price. – **2.** (*einer Zeitschrift*) subscription rate (*od.* price). – **3.** *cf.* Bezugskurs. — **~ˌpunkt** *m* **1.** *math. phys. tech. geol. phot.* reference (*od.* datum) point. – **2.** *aer.* (aircraft) station, reference point. — **~ˌquel·le** *f econ.* source of supply. — **~ˌrecht** *n* **1.** *econ.* (*der Aktionäre*) subscription right, stock right: ohne ~ ex rights; mit ~ cum rights. – **2.** *jur.* (*des Begünstigten einer Lebensversicherung*) title to insured (*od.* assured) sum. — **~ˌspe·sen** *pl econ.* charges for delivery. — **~ˌstoff** *m* **1.** (*textile*) a) covering, coating, b) (*für Möbel*) (furniture) upholstery cloth. – **2.** *print.* book cloth. — **~syˌstem** *n* **1.** *math. phys.* reference system. – **2.** *psych.* frame of reference. — **~ˌwert** *m math. tech.* reference value. — **~ˌwort** *n* ⟨-(e)s; ⸚er⟩ *ling.* antecedent. — **~ˌzahl** *f econ. cf.* Beziehungszahl.

be·zu·schus·sen [bə'tsuːˌʃʊsən] *v/t* ⟨*no* ge-, h⟩ (*rare*) *econ.* subsidize.

be'zwecken (*getr.* -k·k-) *v/t* ⟨*no* ge-, h⟩ **1.** etwas ~ to aim at s.th., to have s.th. in mind: was bezweckt er mit dieser Frage? what is he aiming at with this question? er bezweckte nichts Böses he meant (*od.* intended) no harm; was ~ Sie damit? what is your purpose in doing so? what are you aiming (*od.* driving) at? – **2.** *colloq.* (*erreichen*) achieve: damit ~ Sie bei mir gar nichts this cuts no ice with me.

be'zwei·feln I *v/t* ⟨*no* ge-, h⟩ doubt, (call in) question, suspect: die Wahrheit einer Geschichte ~ to doubt the truth of a story; etwas nicht ~ not to doubt s.th.; eine Vorhersage ~ to be sceptical (*Am.* skeptical) about (*od.* of) a prediction; ich bezweifle, daß I doubt whether; das möchte ich ~ I (venture to) doubt that; das will ich gar nicht ~ I do not question it; es läßt sich nicht ~ there is no doubt about it; seine Ehrlichkeit wird bezweifelt his honesty is suspect; ich bezweifle nicht, daß es wahr ist I do not doubt that it is true. – **II B~** *n* ⟨-s⟩ *verbal noun.* — **Be'zwei·fe·lung, Be'zweif·lung** *f* ⟨-; *no pl*⟩ *cf.* Bezweifeln.

be'zwing·bar *adj* **1.** conquerable, vanquishable (*lit.*). – **2.** *fig.* (*Schwierigkeiten etc*) conquerable. – **3.** *fig.* (*Gefühle*) suppressible, controllable. — **Be'zwing·bar·keit** *f* ⟨-; *no pl*⟩ conquerableness.

be'zwin·gen I *v/t* ⟨*irr, no* ge-, h⟩ **1.** (*Feind etc*) conquer, defeat, beat, subdue, vanquish (*lit.*): den Feind ~ to defeat the enemy; einen eigensinnigen Menschen ~ to subdue a strong-willed (*od.* obstinate) person; einen Gegner ~ (*sport*) to beat an opponent; einen Berg ~ to conquer a mountain. – **2.** *fig.* (*Schwierigkeit etc*) master, overcome, conquer: er hat alle Hindernisse, die sich ihm in den Weg stellten, bezwungen he has mastered all obstacles which confronted him. – **3.** *fig.* (*Gefühle, Leidenschaften*) overcome, master, control, get the better of: seine Neugier ~ to fight down one's curiosity; seine schlechte Laune ~ to control one's bad temper; seine Wünsche ~ to suppress one's desires. – **4.** (*wilde Tiere*) tame, reclaim. – **II** *v/reflex* **5.** sich ~ control (*od.* command, restrain) one's feelings: ich bezwang mich und gab keine Antwort I restrained my feelings and did not answer. – **III B~** *n* ⟨-s⟩ **6.** *verbal noun.* – **7.** *cf.* Bezwingung. — **be'zwin·gend I** *pres p.* – **II** *adj lit.* (*Schönheit etc*) overwhelming.

Be'zwin·ger *m* ⟨-s; -⟩ conqueror, vanquisher (*lit.*): der ~ des Weltmeisters (*sport*) the winner over the world champion; der ~ des Mount Everest the first man to reach the summit of (Mount) Everest.

Be'zwin·gung *f* ⟨-; *no pl*⟩ **1.** *cf.* Bezwingen. – **2.** (*des Feindes etc*) conquest, defeat. – **3.** *fig.* (*von Schwierigkeiten etc*) conquest. – **4.** *fig.* (*der Gefühle, Leidenschaften*) control. – **5.** (*wilder Tiere*) reclamation.

bhu·ta·nisch [bu'taːnɪʃ] *adj geogr.* Bhutanese.

bi..., Bi... *combining form denoting* bi..., *z.B.* [bilateral bilateral.]

bi·an·gu·lar [biˀaŋgu'laːr; 'biː-] *adj math.* biangular, biangulate, biangulous.

Bi·ath·lon ['biːˀatlɔn] *n* ⟨-s; -s⟩ (*sport*) biathlon.

bib·bern ['bɪbərn] *v/i* ⟨h⟩ *colloq.* (vor *dat* with) **1.** (*vor Angst*) tremble, shake, quake. – **2.** (*vor Kälte*) shiver.

Bi·bel ['biːbəl] *f* ⟨-; -n⟩ *relig.* Bible, Scriptures *pl*, Holy Scripture: in der ~ nachschlagen to consult the Bible; in der ~ steht geschrieben (*od.* ist zu lesen) it says in the Bible, the Bible says; das steht schon in der ~ *colloq.* this is written in the Bible; dieses Buch ist seine ~ *fig.* this book is his bible. — **~ˌabˌschnitt** *m relig.* passage from the Bible. — **~ˌanˌstalt** *f* Bible society. — **~ˌausˌdruck** *m* biblical expression. — **~ˌausˌga·be** *f* edition of the Bible. — **~ˌausˌle·ger** *m* exegete (of the Bible), commentator on the Bible. — **~ˌausˌle·gung** *f* exegesis. — **~ˌchrist** *m* Bible Christian. — **~ˌdruck** *m* ⟨-(e)s; -e⟩ impression of the Bible. — **~ˌdruck·paˌpier** *n print.* India (*od.* Bible) paper. — **~ˌeid** *m relig.* Bible (*od.* Gospel) oath. — **b~ˌfeind·lich** *adj* antiscriptural. — **b~ˌfest** *adj* well (*od.* deeply) versed in the Bible. — **~ˌfor·scher** *m* **1.** (*wissenschaftlicher*) biblical scholar. – **2.** Ernste ~ *pl* (International) Bible Students (*former name of Jehovah's Witnesses*). — **~ˌfor·schung** *f* biblical research. — **~ˌfröm·mig·keit** *f* devoted adherence to the Bible. — **~geˌlehr·te** *m* biblical scholar. — **~geˌsell·schaft** *f* Bible society. — **~ˌglau·be** *m* Biblicism. — **b~ˌgläu·big** *adj* strictly adhering to the (letter of the) Bible, fundamentalist. — **~ˌgläu·bi·ge** *m, f* Fundamentalist, Biblicist. — **~ˌgläu·big·keit** *f* Fundamentalism. — **~ˌka·non, der** the (sacred) canon, the canonical books *pl.* — **~ˌken·ner** *m* authority on the Bible. — **~kom·menˌtar** *m* commentary on the Bible. — **~kon·korˌdanz** *f* Bible concordance, concordance to (*od.* of) the Bible. — **~ˌkreis** *m* Bible study group. — **~kriˌtik** *f* Biblical criticism. — **~ˌkun·de** *f* knowledge of the Bible. — **b~ˌkun·dig** *adj* well versed in the Bible. — **~laˌtein** *n ling.* Biblical Latin. — **~ˌle·sung** *f relig.* Bible reading.

Bi·be·lot [bibəˈloː; biˈbloː] *m* ⟨-s; -s⟩ (*Nippsache*) bibelot.
ˈBi·bel|re,gal *n mus.* bible (*od.* book) regal, bible (*od.* book) organ. — **~,spra·che** *f ling.* biblical (*od.* scriptural) language. — **~,spruch** *m relig.* quotation (*od.* text, lesson) from the Bible. — **~,stel·le** *f* passage from the Bible, capitulum. — **~,stu·di·um** *n* study of the Bible, Biblical studies *pl.* — **~,stun·de** *f* Bible class. — **~,text** *m* **1.** (*gesamter Text*) text of the Bible. – **2.** (*Absatz aus der Bibel*) (Scripture) text. — **~,text·kri,tik** *f* textual criticism of the Bible. — **~,über,set·zung** *f* translation of the Bible, version, Version. — **~,vers** *m* Bible verse. — **~,wort** *n* ⟨-(e)s; -e⟩ *cf.* Bibelspruch.
Bi·ber[1] [ˈbiːbər] *m* ⟨-s; -⟩ **1.** *zo. auch* Europäischer ~ beaver, castor (*Castor fiber*): Kanadischer (*od.* Nordamerikanischer) ~ American beaver, boomer (*C. canadensis*). – **2.** (*Biberpelz*) beaver (fur). [beaver.]
ˈBi·ber[2] *m, n* ⟨-s; *no pl*⟩ (*textile*) cotton
ˈBi·ber|,bau *m* ⟨-(e)s; -e⟩, **~,burg** *f zo.* beaver's lodge, beavery. — **~,ei·sen** *n hunt. cf.* Biberfalle.
Bi·be·ret·te [bibəˈrɛtə] *f* ⟨-; -n⟩ beaverette (*rabbit fur trimmed as beaver fur*).
ˈBi·ber|,fal·le *f hunt.* beaver trap. — **~,fän·ger** *m* beaver trapper. — **~,fell** *n* **1.** beaver fur (*od.* skin): aus ~ beaver (*attrib*); gerupftes ~ plucked beaver. – **2.** (*leather*) castor.
ˈBi·ber,geil [-,gaɪl] *n* ⟨-(e)s; *no pl*⟩ *chem.* castoreum. — **~,drü·se** *f zo.* castoreal gland.
ˈBi·ber|,haar *n* beaver fur fibers (*bes. Br.* fibres) *pl.* — **~,hut** *m* (*fashion*) beaver. — **~,hüt·te** *f cf.* Biberbau. — **~,jagd** *f hunt.* beaver hunting. — **~,kä·fer** *m zo.* beaver louse (*Platypsyllus castoris*). — **~ka,nin·chen** *n* castor rabbit. — **~,lamm** *n* (*Pelzart*) beaver lamb. — **~,laus** *f zo. cf.* Biberkäfer.
Bi·ber·nel·le [bibərˈnɛlə] *f* ⟨-; -n⟩ *bot.* pimpernel (*Gattg Pimpinella*): Kleine (*od.* Echte) ~ burnet saxifrage (*P. saxifraga*).
Bi·berˈnell,ro·se *f bot.* burnet rose (*Rosa spinosissima*).
ˈBi·ber|,pelz *m* beaver (fur). — **~,rat·te** *f* **1.** *zo.* coyp(o)u (*Myocastor coypus*). – **2.** (*Pelz*) nutria. — **~,schwanz** *m* **1.** *zo.* beaver's tail. – **2.** *arch.* plain (*od.* flat) tile. — **~,spitz,maus** *f zo.* Himalayan water shrew (*Chimarrogale platycephala*). — **~,stoff** *m* (*textile*) beaver (cloth). — **~,wurz** *f pharm.* burnet saxifrage, pimpernel.
Bi·blio·graph [biblioˈgraːf] *m* ⟨-en; -en⟩ bibliographer. — **Bi·blio·graˈphie** [-graˈfiː] *f* ⟨-; -n [-ən]⟩ bibliography. — **bi·blio·graˈphie·ren** [-graˈfiːrən] *v/t* ⟨*no* ge-, h⟩ bibliograph. — **Bi·blioˈgra·phin** *f* ⟨-; -nen⟩ bibliographer. — **bi·blioˈgra·phisch** *adj* bibliographic(al).
Bi·blio·ma·ne [biblioˈmaːnə] *m* ⟨-n; -n⟩ bibliomaniac. — **Bi·blio·maˈnie** [-maˈniː] *f* ⟨-; *no pl*⟩ bibliomania. — **bi·blioˈma·nisch** *adj* bibliomaniac.
Bi·blio·man·tie [bibliomanˈtiː] *f* ⟨-; *no pl*⟩ bibliomancy.
Bi·blio·pha·ge [biblioˈfaːgə] *m, f* ⟨-n; -n⟩ bibliophage, omnivorous reader.
bi·blio·phil [biblioˈfiːl] *adj* bibliophile, bibliophilic. — **Bi·blioˈphi·le** *m, f* ⟨-n; -n⟩ bibliophile, philobiblist. — **Bi·blio·phiˈlie** [-fiˈliː] *f* ⟨-; *no pl*⟩ bibliophilism, love of books.
Bi·blio·pho·bie [bibliofoˈbiː] *f* ⟨-; *no pl*⟩ bibliophobia.
Bi·blio·thek [biblioˈteːk] *f* ⟨-; -en⟩ library: der Öffentlichkeit unentgeltlich zur Verfügung stehende ~ free library; er arbeitet in der ~ he is working in the library. — **Bi·blio·theˈkar** [-teˈkaːr] *m* ⟨-s; -e⟩, **Bi·blio·theˈka·rin** *f* ⟨-; -nen⟩ librarian, bibliothecary. — **bi·blio·theˈka·risch** [-teˈkaːrɪʃ] *adj* concerning libraries (*od.* librarians), *auch* bibliothecarial.
Bi·blioˈtheks|di,rek·tor *m* library director, (chief) librarian. — **~ge,bäu·de** *n* library (building). — **~,ord·nung** *f* library statutes *pl.* — **~,rat** *m* (head *od.* chief) librarian. — **~,we·sen** *n* (*als Fach*) librarianship, library affairs *pl.* — **~,wis·sen·schaft** *f* (study of) librarianship, library science.
Bi·blio·the·ra·pie [bibliotera'piː] *f* **1.** *psych.* bibliotherapy. – **2.** restoration of (old or damaged) books.
bi·blisch [ˈbiːblɪʃ] *adj* biblical, scriptural: ~e Geschichten Bible stories, biblical stories; B~e Geschichte Biblical history; ein ~es Alter erreichen *fig.* to live to a ripe old age.
Bi·bli·zis·mus [bibliˈtsɪsmus] *m* ⟨-; *no pl*⟩ *relig.* Biblicism.
Bi·car·bo·nat [ˈbiːkarbonaːt; bikarboˈnaːt] *n chem.* bicarbonate.
Bi·chro·mat [ˈbiːkromaːt; bikroˈmaːt] *n chem.* dichromate, bichromate.
ˈBick,bee·re [ˈbɪk-] *f bot. Northern G. for* Heidelbeere 1.
ˈBi·dar-,Ar·beit [ˈbiːdar-] *f* (*art*) bidri (*od.* biddery) ware.
bi·derb [biˈdɛrp] *adj obs. for* bieder 1.
Bi·det [biˈdeː] *n* ⟨-s; -s⟩ *med.* bidet.
bie·der [ˈbiːdər] *adj lit.* **1.** (*rechtschaffen*) honest, upright, trustworthy, honorable, *bes. Br.* honourable: ~es Benehmen decent behavio(u)r; ein ~er Bursche an upright fellow. – **2.** *humor.* (*einfältig*) simple-minded, naïve, worthy (*humor.*), ingenuous. — **ˈBie·der·keit** *f* ⟨-; *no pl*⟩ *lit.* **1.** honesty, uprightness, trustworthiness, decency. – **2.** *humor.* simple-mindedness, naïveté, worthiness (*humor.*), ingenuousness.
ˈBie·der,mann *m* ⟨-(e)s; Biedermänner⟩ **1.** *archaic* honest (*od.* upright) man: als ~ auftreten to play the role of an upright man. – **2.** *contempt.* (*Spießbürger*) bourgeois, Philistine. – **3.** *fig. contempt.* hypocrite. — **ˈbie·der,män·nisch** [-,mɛnɪʃ] *adj* **1.** *archaic* honest, upright. – **2.** *contempt.* bourgeois, Philistine. – **3.** *fig. contempt.* hypocritical.
ˈBie·der,manns|,mas·ke, ~,mie·ne *f contempt.* bourgeois expression (*od.* face).
ˈBie·der,mei·er[1] *n* ⟨-s; *no pl*⟩ **1.** *cf.* Biedermeierzeit. – **2.** *cf.* Biedermeierstil.
ˈBie·der,mei·er[2] *m* ⟨-s; -⟩ *cf.* Biedermann 2.
ˈbie·der,mei·er·lich *adj* **1.** Biedermeier. – **2.** *contempt.* bourgeois, Philistine.
ˈBie·der,mei·er|,mö·bel *pl* Biedermeier furniture *sg.* — **~,stil** *m* Biedermeier style. — **~,zeit** *f* Biedermeier period (*1815—1848*).
ˈbieg·bar *adj tech.* flexible, of bending quality. — **ˈBieg·bar·keit** *f* ⟨-; *no pl*⟩ flexibility, bending property.
Bie·ge [ˈbiːgə] *f* ⟨-; -n⟩ *cf.* Biegung. — **~ap·pa,rat** *m tech.* **1.** bending machine, bender. – **2.** (*für Schienen*) rail bender. – **3.** (*für Betonstahl*) reinforcement bar bending machine. — **~be,an,spru·chung** *f* bending stress (*od.* strain). — **~be,la·stung** *f* bending load. — **~,dorn** *m* bending mandrel. — **~,fä·hig·keit** *f* bending property (*od.* quality), flexibility. — **b~,fest** *adj* **1.** resistant to bending. – **2.** (*biegesteif*) resistant to deflection (*Br. auch* deflexion). — **~,fe·stig·keit** *f* **1.** bend(ing) strength. – **2.** (*quer*) transverse (*od.* flexural) strength. — **~ge,senk** *n* snaker. — **~,grö·ße** *f* bending coefficient. — **~ma,schi·ne** *f* **1.** bending machine, bender. – **2.** a) (*für dünne Bleche*) folding machine, b) (*für schwere Bleche*) press brake. — **~mo,ment** *n* bending moment. — **~,mus·kel** *m med. cf.* Beugemuskel.
bie·gen [ˈbiːgən] **I** *v/t* ⟨biegt, bog, gebogen, h⟩ **1.** bend: ein Rohr ~ to bend a pipe; den Arm ~ to bend (*od.* crook, flex) one's arm; etwas aufwärts (*od.* nach oben) ~ to bend s.th. up; etwas um 180° ~ to bend s.th. through 180°. – **2.** *ling. cf.* beugen 4. – **II** *v/i* **3.** turn, bend, curve: um die Ecke ~ to turn (round) the corner; der Weg biegt um das Dorf the path (*od.* road) bypasses (*od.* skirts) the village; die Straße biegt nach links the road curves (*od.* bends, leads off) to the left. – **III** *v/reflex* sich ~ **4.** bend: sich unter der Last des Schnees ~ to bend (*od.* give, sag) under the weight of the snow; sich im Winde ~ to sway in the wind; sich vor Lachen ~ *fig. colloq.* to double up with laughter; → Balken 1; Tisch 1. – **5.** (*von Holz*) warp. – **6.** *tech.* bend, *auch* buckle, (*elastisch*) deflect. – **7.** (*optics*) diffract. – **IV B~** *n* ⟨-s⟩ **8.** *verbal noun*: → Brechen[1] 21. – **9.** *cf.* Biegung.
ˈBie·ge|,pres·se *f tech.* bending press, bulldozer, *Am.* press brake. — **~,pro·be** *f* bend test. — **~,prüf·ma,schi·ne** *f* bend test machine. — **~,prü·fung** *f* **1.** bend(ing) test. – **2.** (*für Gußeisen*) transverse (*od.* flexural) test. – **3.** (*für Email*) crossbend (*od.* deflection, *Br. auch* deflexion) test. — **~,schlag·,fe·stig·keit** *f* bending impact strength. — **~,schlag·ver,such** *m* bending impact test. — **~,span·nung** *f* **1.** bending stress. – **2.** (*quer*) transverse stress. — **~,stei·fe, ~,stei·fig·keit** *f* resistance to bending (*od.* deflection, *Br. auch* deflexion), bending resistance. — **~,werk,zeug** *n* bending tool. — **~,zan·ge** *f* bending pliers *pl* (*construed as sg or pl*) (*Am.* plier). — **~,zug,fe·stig·keit** *f* tensile-bend strength.
ˈbieg·sam *adj* **1.** (*biegbar*) flexible, pliable, pliant (*alle auch fig.*). – **2.** (*geschmeidig*) supple, lithe. – **3.** *bes. metall.* ductile. – **4.** *print.* (*Einband etc*) limp. — **ˈBieg·sam·keit** *f* ⟨-; *no pl*⟩ **1.** flexibility, pliability, pliancy (*alle auch fig.*). – **2.** (*des Körpers*) suppleness, litheness. – **3.** *bes. metall.* ductility. – **4.** *print.* limpness.
ˈBie·gung *f* ⟨-; -en⟩ **1.** *cf.* Biegen. – **2.** (*eines Weges, Flusses etc*) bend, turn(ing), curve, wind: U-förmige ~ hairpin bend; eine ~ machen to turn, to curve; nach der ~ round (*od.* on the other side of) the bend. – **3.** *tech.* a) bend, b) (*elastische*) deflection, *Br. auch* deflexion, c) (*Querbiegung*) flexure: auf ~ beanspruchen to subject to bending stresses. – **4.** *ling. med. cf.* Beugung 2, 3.
ˈBie·gungs|,aus,schlag *m tech.* (*im Prüfwesen*) deflection, *Br. auch* deflexion. — **~ela·sti·zi,tät** *f* flexural elasticity, flexibility.
Bien [biːn] *m* ⟨-s; *no pl*⟩ *cf.* Bienenvolk.
Bie·ne [ˈbiːnə] *f* ⟨-; -n⟩ **1.** *zo.* bee, honeybee (*Fam. Apidae, bes. Apis mellifera*): männliche ~ drone; solitäre [soziale *od.* staatenbildende] ~n solitary [social] bees; fleißig (*od.* emsig) wie eine ~ (as) busy as a bee. – **2.** eine dufte (*od.* tolle) ~ *colloq.* a cute girl (*colloq.*), a peach (of a girl); *Am. sl.* a doll, a slick chick. – **3.** *sl. for* Prostituierte. – **4.** *mil. sl.* cootie (*sl.*), bedbug.
ˈBie·nen|,amei·se *f zo.* a) velvet ant (*Fam. Mutillidae, bes. Gattg Mutilla*), b) bee ant (*M. europaea*). — **~,beu·te** *f cf.* Bienenstock. — **~,brot** *n agr.* beebread. — **~,brut** *f* brood (of bees). — **~,draht** *m* honeycomb wire. — **~,fleiß** *m fig.* great (*od.* beelike) diligence (*od.* industriousness). — **b~ˈflei·ßig** *adj fig.* (as) busy as a bee. — **b~,fres·send** *adj zo.* apivorous. — **~,fres·ser** *m* bee-eater (*Merops apiaster*). — **~,fut·ter** *n cf.* Bienenweide. — **~ge,summ** *n* humming of bees. — **~,gift** *n* bee venom (*od.* poison). — **~,hal·tung** *f* beekeeping. — **~,harz** *n* bee glue, propolis (*scient.*). — **~,hau·be** *f* bee(keeper's) veil. — **~,haus** *n* beehouse, apiary: es geht dort zu wie in einem ~ *fig.* the place is like a beehive (*od.* humming with activity, a hive of industry). — **~,ho·nig** *m* (bee) honey. — **~,kä·fer** *m zo.* clerid (*Fam. Cleridae, bes. Gattg Trichodes*). — **~,ka·sten** *m* (wooden) beehive. — **~,klee** *m bot.* creeping trefoil, white clover, honeystalk (*Trifolium repens*). — **~,kö·ni·gin** *f* queen (bee). — **~,korb** *m* (bee)hive, bee scap (*od.* skep), straw hive. — **~,kraut** *n bot.* (garden) thyme (*Thymus vulgaris*). — **~,laus** *f zo.* bee louse, braula (*scient.*) (*Braula coeca*). — **~,mil·be** *f* acarapis (*Acarapis woodi*). — **~,mot·te** *f* bee moth, *auch* wax (*od.* honeycomb) moth (*Galleria mellonella*). — **~(,nähr),pflan·ze** *f bot.* honey-producing (*od.* bee) plant. — **~,nest** *n* bee's nest. — **~,or·chis** *f bot.* bee orchis (*Ophrys apifera*). — **~,pfei·fe** *f* bee smoker. — **~,rag,wurz** *f bot. cf.* Bienenorchis. — **~,saug** [-,zauk] *m* ⟨-(e)s; -e⟩ **1.** wood bastard balm (*Melittis melissophyllum*). – **2.** a) dead nettle (*Gattg Lamium*), b) Weißer ~ bee nettle (*L. album*). — **~,schlei·er** *m* bee(keeper's) veil. — **~,schwarm** *m* swarm (of bees). — **~,schwär·mer** *m zo.* poplar hornet clearwing (*Aegeria apiformis*). — **~,spra·che** *f* language of the bees, bee language. — **~,staat** *m* society (*od.* colony) of bees. — **~,stand** *m cf.* Bienenhaus. — **~,stich** *m* **1.** beesting, sting of (*od.* from) a bee. – **2.** *gastr.* almond-coated yeast cake (*with vanilla-cream filling*). — **~,stock** *m* (bee)hive. — **~,volk** *n* colony of bees, bee colony. — **~,wa·be** *f* honeycomb. — **~,wachs** *n* beeswax. — **~,wei·de** *f* honey-producing plants *pl*, honey flora. — **~,wei·sel** *m cf.* Bienenkönigin. — **~,wolf** *m zo.* robber wasp (*Philanthus triangulum*). — **~,zel·le** *f* (bee) cell, cell in honeycomb, alveolus (*scient.*). — **b~,zel·len,för·mig** *adj* honeycombed. — **~,zucht** *f* beekeeping, bee culture (*od.* farming), apiculture. — **~,züch·ter** *m* beekeeper, apiarist. — **~,züns·ler** *m zo. cf.* Bienenmotte. [(festival).]
Bi·en·na·le [biʔɛˈnaːlə] *f* ⟨-; -n⟩ biennial
Bier [biːr] *n* ⟨-(e)s; -e⟩ beer: dunkles ~ *bes.*

Am. dark beer, *auch* porter, *bes. Br.* brown ale, *Br.* mild; **helles ~** *bes. Am.* light (*od.* pale) beer, *bes. Br.* pale ale, *Br.* bitter; **obergäriges ~** top-fermented beer; **~ vom Faß** draft (*bes. Br.* draught) beer; **beim ~ sitzen** to sit over a glass of beer; **~ zapfen** to draw beer; **etwas wie saures ~ anpreisen** *fig. colloq.* to try to get rid of s.th. nobody wants; **das ist nicht mein ~** *fig. colloq.* that's your problem (*od. colloq.* funeral, *Am.* baby). — **~ˌausˌschank** *m* **1.** place where beer is served (*od.* sold). – **2.** *cf.* Schankerlaubnis.

'Bierˌbank|po·liˌtik *f contempt.* armchair politics *pl* (*construed as sg or pl*). — **~poˌli·ti·ker** *m* armchair politician.

'Bier|ˌbaß *m colloq. humor.* beery bass voice. — **~ˌbauch** *m colloq.* potbelly, paunch, 'corporation' (*colloq.*). — **~ˌbot·tich** *m brew.* beer vat (*od.* back). — **~ˌbrau·en** *n* brewing (of beer). — **~ˌbrau·er** *m* brewer. — **~braueˌrei** *f* **1.** brewery. – **2.** brewing (of beer). — **~couˌleur** *f* caramel. — **~ˌdeckel** (*getr.* -k·k-) *m* beer mat (*Am.* coaster). — **~ˌdruck·ap·paˌrat** *m brew.* beer pump (*od. Br.* engine). — **~ˌdunst** *m* smell of beer, beer odor (*bes. Br.* odour), beer fumes *pl.* — **~ˌdu·sel** *m colloq. for* Bierrausch. — **~ˌei·fer** *m contempt.* great (*od.* excessive) zeal: **mit einem wahren ~** brimming (*od.* bubbling) over with enthusiasm. — **~ˌfah·rer** *m* **1.** driver of a beer lorry (*Am.* truck). – **2.** (brewer's) drayman. — **~ˌfaß** *n* beer barrel (*od.* cask), (*kleines*) beer keg. — **~ˌfilz** *m cf.* Bierdeckel. — **~ˌfla·sche** *f* beer bottle. — **~ˌgar·ten** *m* beer garden. — **~ˌglas** *n* beer glass. [bipropellant.]

Bi-Er·gol [biˀɛrˈgoːl] *n* ⟨-s; *no pl*⟩ *aer.*

'Bier|ˌhahn *m brew.* beer cock (*od.* tap). — **~ˌhal·le** *f* beer hall. — **~ˌhe·fe** *f brew.* brewer's yeast, barm. — **~ˌhum·pen** *m colloq.* tankard, *Am. auch* schooner. — **~ˌkan·ne** *f rare* tankard. — **~ˌka·sten** *m* beer crate (*od.* case). — **~ˌkel·ler** *m* beer cellar. — **~ˌkes·sel** *m brew.* copper. — **~ˌknei·pe** *f colloq.* tavern, *Br. colloq.* pub. — **~ˌkrug** *m* **1.** (*aus Ton etc*) beer mug (*od.* pot), stein, tankard. – **2.** (*zum Ausschenken*) beer jug. — **~ˌkut·scher** *m obs. for* Bierfahrer 2. — **~ˌlei·che** *f colloq.* person dead-drunk from beer, person dead to the world. — **~loˌkal** *n Am.* tavern, beer parlor, *Br.* public house, *bes. Br. colloq.* pub. — **~ˌrausch** *m* intoxication from beer. — **~ˌrei·se** *f colloq.* pub crawl: **eine ~ machen** to go pub-crawling (*od.* on a pub crawl), to pub-crawl, *Am. sl. auch* to go out on a bender. — **~ˌru·he** *f colloq.* unruffled (*od.* imperturbable) calm, imperturbability. — **~ˌschaum** *m* beer froth. — **~ˌschen·ke** *f cf.* Bierlokal. — **~ˌsei·del** *n cf.* Bierglas. — **b~ˌse·lig** *adj* beery, pleasantly intoxicated, beer-happy (*colloq.*). — **~ˌsteu·er** *f econ.* beer duty (*od.* tax). — **~ˌstim·me** *f colloq. humor. cf.* Bierbaß. — **~ˌstu·be** *f Am.* bierstube, *bes. Br. colloq.* pub. — **~ˌsup·pe** *f gastr.* beer soup. — **~ˌtrin·ken** *n* beer drinking. — **~ˌtrin·ker** *m* beer drinker. — **~verˌlag** *m* beer depot (*od.* store). — **~verˌle·ger** *m* **1.** retailer of beer. – **2.** brewer's (sales) agent. — **~ˌwa·gen** *m* **1.** beer lorry (*Am.* truck). – **2.** (brewer's) dray. — **~ˌwär·mer** *m* beer warmer. — **~ˌwür·ze** *f* beer wort. — **~ˌzei·tung** *f* (humorous) rag magazine (*of students, firm etc*). — **~ˌzelt** *n* beer tent. — **~ˌzip·fel** *m ribbon worn on the watch chain displaying the colo(u)rs of a 'Studentenverbindung'.*

Bie·se [ˈbiːzə] *f* ⟨-; -n⟩ **1.** (*Ziersaum*) tuck: **~n (ein)nähen** to tuck. – **2.** (*an Uniformen*) piping. – **3.** (*an Schuhen*) bending, welting, (*an der Ferse*) backstay.

'Biesˌflie·ge [ˈbiːs-] *f zo.* (common) horse botfly (*Gasterophilus intestinalis*).

Biest[1] [biːst] *n* ⟨-es; -er⟩ **1.** *colloq. contempt.* (*Mensch, Tier*) beast, brute, creature: **die ~er plagten ihn die ganze Nacht** the little devils pestered him all night; **nehmen Sie das ~ an die Leine!** put that brute on the lead! **dieses elende ~!** that damned (son of a) bitch! (*sl.*). – **2.** *colloq. contempt.* (*Gegenstand*) beast (of a thing), damned thing (*colloq.*): **das ~ funktioniert nicht** the damned thing won't go (*od.* doesn't work).

Biest[2] *m* ⟨-es; *no pl*⟩ *cf.* Biestmilch.

bie·stern [ˈbiːstərn] *v/i* ⟨h⟩ *Northern G. colloq. for* a) irren 4, b) schuften 1.

'Biestˌmilch *f agr.* beastings (*od.* beestings) *pl* (*construed as sg or pl*), colostrum (*scient.*).

'Biesˌwurm *m zo.* warble, bot-worm (*larva of the horse botfly*).

Biet [biːt] *n* ⟨-s; -e⟩ *Swiss for* Gebiet 1, 2.

bie·ten [ˈbiːtən] **I** *v/t* ⟨bietet, bot, geboten, h⟩ **1.** offer, *auch* give: **er hat nichts zu ~** he has nothing to offer; **es wurde nicht viel geboten** *colloq.* the program(me) didn't offer much; **der Saal bietet Platz für 1000 Personen** the hall can accommodate (*od.* hold) 1,000 people; **j-m die Möglichkeit ~, etwas zu tun** to give s.o. the opportunity to do s.th. – **2.** *econ.* a) offer, *auch* give, b) (*bei Versteigerungen etc*) bid: **j-m Geld für etwas ~** to offer s.o. money for s.th.; **wieviel ~ Sie?** how much do you offer? what will you give? **1000 Mark auf** (*od.* **für**) **ein Bild ~** to bid 1,000 marks for a picture. – **3.** (*darbieten*) offer, present: **Schwierigkeiten ~** to present difficulties; **einen prächtigen Anblick ~** to present a magnificent sight; **einen traurigen Anblick ~** to present a sorry spectacle (*od.* sight); **eine herrliche Aussicht ~** to command a magnificent view. – **4.** (*zeigen*) show: **wertvolle Filme ~** to show good films; **ein neues Programm ~** to show a new program(me); **eine gute Leistung ~** to show (*od.* give) a good performance. – **5.** *lit.* (*reichen*) offer: **j-m die Hand (zur Versöhnung) ~** to offer s.o. one's hand (as a sign of reconciliation); **einer Dame den Arm ~** to offer (*od. lit.* proffer) a lady one's arm. – **6.** *archaic* (*wünschen*) bid: **j-m einen guten Morgen ~** to wish (*od.* bid) s.o. good morning. – **7.** *fig.* (*in Wendungen wie*) **j-m die Spitze ~** *lit.* to stand up to s.o., to oppose s.o.; **einer Gefahr die Stirn ~** to face (*od.* meet) a danger (boldly); **dem König Schach ~** (*games*) to check the king; **j-m Trotz ~** to defy s.o. – **8.** (*zumuten*) **das hätte mir einer ~ sollen!** one should have tried that on me! **das lasse ich mir nicht ~** I won't take (*od.* stand) that (from anybody); **das läßt du dir ~?** are you going to stand for that (*od.* to take that lying down)? – **9.** *rare for* gewähren 2. – **II** *v/i* **10.** *econ.* (*bei Versteigerungen*) (make a) bid (**auf** *acc od.* **für** for): **wer bietet mehr?** any more bids? – **III** *v/reflex* **sich ~ 11.** present itself, offer itself: **sobald sich eine Gelegenheit bietet** as soon as an opportunity presents itself; **jetzt bietet sich dir die Gelegenheit** now is your chance; **neue Schwierigkeiten boten sich ihm** he was confronted with new difficulties.

'Bie·ten·de *m, f* ⟨-n; -n⟩, **'Bie·ter** *m* ⟨-s; -⟩, **'Bie·te·rin** *f* ⟨-; -nen⟩ *econ.* (*bei Versteigerungen*) bidder.

'Bie·tungs·ga·ranˌtie *f econ.* performance bond, *Am.* bid bond, *Br.* tender guarantee.

bi·fi·lar [bifiˈlaːr] *adj electr.* (*Wicklung etc*) bifilar.

bi·fo·kal [bifoˈkaːl] *adj* (*optics*) bifocal. — **B~ˌbril·le** *f* bifocal glasses *pl* (*od.* spectacles *pl*). — **B~ˌglas** *n* bifocal (*od.* dual field, two-foci) lens.

bi·form [biˈfɔrm] *adj* biform(ed).

Bi·fur·ka·ti·on [bifʊrkaˈtsi̯oːn] *f* ⟨-; -en⟩ (*Gabelung*) *bes. geogr.* bifurcation.

Bi·ga [ˈbiːga] *f* ⟨-; Bigen⟩ *antiq.* biga, two-horse chariot.

Bi·ga·mie [bigaˈmiː] *f* ⟨-; -n [-ən]⟩ *jur.* bigamy: **sich der ~ schuldig machen** to commit bigamy. — **biˈga·misch** [-ˈgaːmɪʃ] *adj* bigamous. — **Bi·gaˈmist** [-ˈmɪst] *m* ⟨-en; -en⟩ bigamist.

Bi·ga·ra·de [bigaˈraːdə] *f* ⟨-; -n⟩ *bot.* bigarade, sour (*od.* bitter, Seville) orange (*Citrus aurantium amara*).

bi·ge·ne·risch [bigeˈneːrɪʃ] *adj biol.* bigeneric.

'Biˌglas [ˈbiː-] *n* (*optics*) bi (*od.* flat) lens.

bi·gott [biˈgɔt] *adj contempt.* **1.** bigoted, *auch* bigot. – **2.** *cf.* scheinheilig 2, 3, 4. — **Bi·got·teˈrie** [-təˈriː] *f* ⟨-; *rare* -n [-ən]⟩ **1.** bigotry. – **2.** *cf.* Scheinheiligkeit 2, 3.

Bi·gramm [biˈgram] *n math.* two-digit group.

Bi·jou [biˈʒuː] *m, n* ⟨-s; -s⟩ *cf.* Kleinod[1].

Bi·jou·te·rie [biʒutəˈriː] *f* ⟨-; -n [-ən]⟩ **1.** trinkets *pl*, trinketry, bijouterie. – **2.** costume jewelry (*bes. Br.* jewellery).

Bi·ka·me·ris·mus [bikameˈrɪsmʊs] *m* ⟨-; *no pl*⟩ *pol.* bicameralism.

Bi·kar·bo·nat [ˈbiːkarbonaːt; bikarboˈnaːt] *n cf.* Bicarbonat.

Bi·ki·ni [biˈkiːni] *m* ⟨-s; -s⟩ bikini.

bi·kon·kav [bikɔnˈkaːf; ˈbiː-] *adj* (*optics*) biconcave, concavo-concave.

bi·kon·vex [bikɔnˈvɛks; ˈbiː-] *adj* (*optics*) biconvex, convexo-convex.

bi·la·bi·al [bilaˈbi̯aːl; ˈbiː-] *ling.* **I** *adj* bilabial. – **II B~** *m* ⟨-s; -e⟩ bilabial (sound). — **B~ˌlaut** *m cf.* Bilabial.

Bi·lanz [biˈlants] *f* ⟨-; -en⟩ *econ.* **1.** balance: **~ des Warenhandels** balance of trade; **~ machen** to balance the books; **die ~ des vergangenen Jahres ziehen** to strike the balance for last year. – **2.** *fig.* (*Gesamtüberblick*) survey, review, overall balance: **eine ~ des bisher Geleisteten** a statement (*od.* survey) of what has been accomplished so far; **wenn wir ~ ziehen, stellen wir fest, daß** on taking stock we see that; **die ~ seines Lebens ziehen** to review (*od.* take stock of) one's life; **die ~ seiner Tätigkeit** the outcome (*od.* result) of his activity. – **3.** balance sheet: **dynamische [statische] ~** dynamic [static] balance sheet; **die ~ aufstellen** to draw up (*od.* make out, prepare) the balance sheet; **die ~ frisieren** (*od.* **verschleiern**) to cook (*od.* tamper with, distort) the balance sheet. — **~ˌabˌtei·lung** *f econ.* (*einer Bank*) central accounting department. — **~ˌaufˌstel·lung** *f* (preparation of the) balance sheet. — **~ˌausˌzug** *m* extracts *pl* from the balance sheet. — **~ˌbo·gen** *m* balance sheet. — **~ˌbuchˌhal·ter** *m* accountant. — **~friˌsur** *f colloq. for* Bilanzverschleierung.

bi·lan·zie·ren [bilanˈtsiːrən] *econ.* **I** *v/t* ⟨*no* ge-, h⟩ enter (*od.* show) (*s.th.*) in the balance sheet, balance. – **II** *v/i* prepare (*od.* make out, draw up) the balance sheet. – **III B~** *n* ⟨-s⟩ *verbal noun.* — **Bi·lanˈzie·rung** *f* ⟨-; -en⟩ **1.** *cf.* Bilanzieren. – **2.** *cf.* Bilanz 2.

biˈlanzˌmä·ßig *adj econ.* in accordance with (*od.* as shown in) the balance sheet, balance-sheet (*attrib*).

Biˈlanz|ˌmes·ser *m meteor.* balance meter. — **~po·si·tiˌon** *f*, **~ˌpo·sten** *m econ.* balance-sheet item. — **~ˌprü·fer** *m* chartered accountant, auditor. — **~ˌprü·fung** *f* audit(ing) of the balance sheet, balance-sheet audit. — **b~ˌsi·cher** *adj* (*Buchhalter etc*) experienced in making out and checking balance sheets. — **~ˌstichˌtag** *m* date of balance sheet. — **~ˌsum·me** *f* balance-sheet total. — **~verˌschleie·rung** *f* tampering with the balance sheet, window dressing, *Br.* window-dressing. — **~ˌwert** *m* (*einer Anlage etc*) balance-sheet value. — **~ˌzie·hung** *f* striking (of) a balance.

bi·la·te·ral [bilateˈraːl; ˈbiː-] *adj* bilateral.

Bilch [bɪlç] *m* ⟨-(e)s; -e⟩, **~ˌmaus** *f zo.* dormouse (*Fam. Gliridae*).

Bild [bɪlt] *n* ⟨-(e)s; -er⟩ **1.** picture: **ein Buch mit vielen ~ern** a book with many illustrations; **~er ausschneiden** to cut out pictures. – **2.** (*art*) a) picture, b) painting, c) drawing, d) portrait, e) (*Standbild*) statue: **ein gedrucktes ~** a print; **ein ~ in Wasserfarben** a watercolo(u)r (painting); **für ein ~ Modell stehen** to model for a painting; **ein ~ von ihm** a) a picture of him, b) a picture by him, one of his paintings; **j-n im Bilde verbrennen** to burn s.o. in effigy. – **3.** *phot.* photo(graph), picture; **~er eines Films** frames, exposures; **ein ~ machen [vergrößern]** lassen to have a picture taken [enlarged]; **ein ~ abziehen lassen** to have a print (*od.* copy) made (from a negative); **das ~ ist unscharf** (*od. colloq.* **verwackelt**) the picture is out of focus (*od.* blurred). – **4.** (*optics*) picture, image: **aufrechtes ~** upright image; **reelles** (*od.* **wirkliches**) **~** real image; **virtuelles** (*od.* **scheinbares**) **~** virtual image. – **5.** (*Anblick*) scene, picture, sight, spectacle: **dieses ~ hatte sich ihm tief eingeprägt** the scene remained stamped (*od.* engraved) upon his memory; **ein ~ der Zerstörung [des Grauens]** a scene of destruction [horror]; **ein ~ des Jammers sein** *fig.* to be the (very) picture of misery, to present a sorry sight (*od.* spectacle); **ein ~ für Götter** *fig. colloq.* a sight for the gods. – **6.** *ling.* a) image, b) metaphor, c) (*Vergleich*) simile: **in ~ern sprechen** to use figurative (*od.* metaphorical) language, to speak figuratively (*od.* metaphorically); **reich an ~ern** full of imagery. – **7.** *fig.* picture: **sie ist ein ~ von einem Mädchen** she is a perfect picture (*od.* a lovely girl). – **8.** *fig.* idea, concept(ion), notion, picture: **ein klares ~ von etwas geben** to give a clear picture (*od.* idea) of s.th.; **ein falsches ~ bekommen** to get the wrong impression; **zu einem klaren ~ ge-**

langen to gain (*od.* obtain) a clear picture; wer es nicht gesehen hat, kann sich kein (rechtes) ~ davon machen those who have not seen it have no idea what it is (really) like; im ~e sein to know about it, to be informed, to be in the picture (*od.* know) (*colloq.*); j-n (über *acc* etwas) ins ~ setzen to put s.o. in the picture (about s.th.) (*colloq.*). – **9.** (*theater*) a) scene, b) tableau: eine Operette in vier ~ern an operetta in four scenes; lebendes ~ living picture, tableau vivant. – **10.** (*film*) (*im Vorspann*) camera: ~ und Schnitt von X camera and cutting by X. – **11.** (*games*) *cf.* Bilderkarte: deutsches ~ German-type playing cards *pl.* – **12.** *print.* (*einer Type*) (type)face: überhängendes ~ kern. – **13.** *econ. jur.* (*als Warenzeichen*) (trade) symbol. – **14.** *obs.* (*Abbild*) image: Gott schuf den Menschen ihm zum ~e *Bibl.* God created man in his own image. – **15.** *cf.* Abbildung 5. – **16.** *cf.* Spiegelbild 1, 2.

ˈ**Bild|ˌabˌta·ster** *m telev.* scanning device, scanner. — **~ˌabˌta·stung** *f* scanning. — **~arˌchiv** *n* photographic (*od.* picture) archives *pl* (*od.* files *pl*). — **~ˌaufˌklä·rer** *m aer. mil.* photoreconnaissance (*Br.* photo-reconnaissance) aircraft. — **~ˌaufˌklä·rung** *f* photoreconnaissance, *Br.* photo-reconnaissance. — **~ˌaufˌlö·sung** *f* (*optics*) resolution. — **~ˌaufˌlö·sungsˌkraft** *f*, **~ˌaufˌlö·sungs·verˌmö·gen** *n* resolving power. — **~ˌaufˌnah·meˌröh·re** *f telev.* image pickup (*Br.* pick-up) tube. — **~ˌaufˌzeich·nung** *f* picture (*od.* image) record(ing). — **~ˌausˌschnitt** *m* **1.** detail. – **2.** *phot.* cropping, trimmed photo. – **3.** (*film*) view. — **~ˌausˌwer·tung** *f aer. phot.* interpretation of (aerial) photographs. — **~ˌband** *m print.* book (*od.* volume) of pictures (*od.* reproductions). — **b~bar** *adj cf.* bildsam. — **~ˌbeiˌla·ge** *f* (*einer Zeitung etc*) pictorial supplement.

ˈ**Bild·beˌricht** *m* pictorial (*od.* photographic) report, photoreport, *Br.* photo-report. — **~erˌstat·ter** *m* **1.** (*bei der Presse etc*) press photographer, photo reporter. – **2.** (*beim Fernsehen etc*) (news) cameraman. — **~erˌstat·tung** *f* **1.** coverage by press (*od.* television). – **2.** (*als Beruf*) photojournalism, *Br.* photo-journalism.

ˈ**Bild|beˌschrei·bung** *f* iconography. — **~beˌtrach·ter** *m* (*für Dias*) (slide) viewer. — **~ˌbrennˌwei·te** *f* (*optics*) image focus.

Bild·chen [ˈbɪltçən] *n* ⟨-s; -⟩ *dim. of* Bild.

ˈ**Bild|deˌtek·tor** *m telev.* video detector. — **~diaˌgramm** *n* pictorial diagram, pictograph. — **~do·ku·men·ta·tiˌon** *f* pictorial documentation. — **~ˌebe·ne** *f* **1.** *phot.* (*einer Linse*) a) focal (*od.* image) plane, b) (*in perspektiv. Darstellung*) picture screen (*od.* plane). – **2.** *math.* a) picture (*od.* perspective) plane, b) projection plane. — **~ˌeinˌstel·lung** *f* **1.** (image) focus(s)ing. – **2.** framing.

bil·den [ˈbɪldən] **I** *v/t* ⟨h⟩ **1.** form: einen Ausschuß ~ to form (*od.* set up) a committee; eine Regierung ~ to form a government; Laute ~ to form speech sounds, to articulate; einen Satz ~ to make (up) (*od.* construct) a sentence; sich (*dat*) eine Meinung über (*acc*) etwas ~ to form an opinion on (*od.* about) s.th.; ein Beispiel ~ (mit) to give an example (with *od.* using); einen rechten Winkel ~ (mit) to form (*od.* make) a right angle (with), to be at a right angle (to). – **2.** (*hervorbringen*) form, make, produce: Knollen ~ to produce bulbs; Seitentriebe ~ to develop lateral branches. – **3.** (*darstellen*) form, compose, make (up): den Hauptteil einer Sache ~ to form (*od.* constitute) the main part of a thing; eine Ausnahme ~ to be an exception; den Hintergrund ~ für to form the background to; die Grenze ~ to form the boundary; eine ständige Gefahr ~ to be a constant threat; die Nachhut ~ to form the rear (guard). – **4.** (*gestalten*) form, shape, mold, *bes. Br.* mould, fashion: den Charakter eines Kindes ~ to form (*od.* shape, mo[u]ld) a child's character; eine Figur aus Ton ~ to shape (*od.* model) a figure in clay; seinen Geschmack ~ to develop (*od.* cultivate, refine) one's taste. – **5.** *ped.* (*Personen etc*) educate, school, train. – **II** *v/i* **6.** broaden the mind: Reisen [Lesen] bildet travel(l)ing [reading] broadens the mind. – **III** *v/reflex* sich ~ **7.** (*entstehen*) form, be formed: Gruppen [Wolken] bildeten sich groups [clouds] were forming; Kristalle [Knospen] ~ sich crystals [buds] form (*od.* are forming). – **8.** (*von Personen etc*) educate oneself, cultivate (*od.* improve) one's mind: er liest, um sich zu ~ he reads (in order) to educate himself. – **IV B~** *n* ⟨-s⟩ **9.** *verbal noun.* – **10.** *cf.* Bildung 4, 6.

ˈ**bil·dend I** *pres p.* – **II** *adj* **1.** formative. – **2.** instructive, educational, educative: → Kunst 1.

ˈ**Bil·der|ˌanˌbe·ter** *m cf.* Bilderverehrer. — **~ˌanˌbe·tung** *f cf.* Bilderverehrung. — **~ˌbi·bel** *f* illustrated (*od.* picture) bible. — **~ˌbo·gen** *m* **1.** sheet (*od.* page) of pictures. – **2.** (*art*) pictoral broadsheet. — **~ˌbuch** *n* picture book. — **~ˌdienst** *m* **1.** *cf.* Bildarchiv. – **2.** *relig. cf.* Bilderverehrung. — **~ga·leˌrie** *f* picture gallery. — **~geˌschich·te** *f* story related in pictures, picture story. — **~ˌha·ken** *m* picture hook. — **~ˌhan·del** *m* picture (*od.* art) dealing. — **~ˌhänd·ler** *m* picture (*od.* art) dealer. — **~ˌkar·te** *f* (*beim Kartenspiel*) *Br.* court-card, *Am.* face card. — **~ˌkult** *m relig. cf.* Bilderverehrung. — **~ˌkun·de** *f* (*art*) iconology. — **~ˌlei·ste** *f* picture mold(ing) (*bes. Br.* moulding) rail. — **~ˌrah·men** *m* picture frame. — **~ˌrät·sel** *n* picture puzzle, rebus. — **b~ˌreich** *adj* **1.** (*Sprache, Stil etc*) ornate, picturesque, flowery, rich in images (*od.* metaphors). – **2.** (*Bücher etc*) richly illustrated. — **~ˌreich·tum** *m* **1.** (*der Sprache etc*) ornateness, picturesqueness, wealth of imagery (*od.* metaphors). – **2.** (*von Büchern*) wealth of illustration. — **~ˌsamm·lung** *f* collection of pictures (*od.* paintings). — **~ˌschrift** *f* **1.** picture writing, pictography. – **2.** hieroglyphics *pl* (*construed as sg or pl*). — **~ˌspra·che** *f* **1.** figurative (*od.* metaphorical) language. – **2.** (*eines Autors*) imagery. — **~ˌstreit** *m relig. hist.* iconoclastic controversy. — **~ˌsturm** *m* breaking of images, iconoclasm. — **~ˌstür·mer** *m* iconoclast (*auch fig.*). — **~stür·meˈrei** [ˌbɪldər-] *f fig.* iconoclasm. — **b~ˌstür·me·risch** *adj* iconoclastic. — **~ˌtep·pich** *m cf.* Bildteppich. — **~verˌeh·rer** *m relig.* image worship(p)er, iconolater. — **~verˌeh·rung** *f* image worship, iconolatry. — **~ˌwand** *f* (*art*) *relig.* (*in der orthodoxen Kirche*) iconostasis.

ˈ**Bild·erˌzäh·lung** *f* picture story.

ˈ**Bildˌfeld** *n* **1.** (*optics*) a) (*einer Linse*) angle of view, b) (*eines optischen Systems*) image field. – **2.** *telev.* a) picture screen, b) frame. — **~ˌgrö·ße** *f phot.* width of (the) field. — **~wöl·bung** *f* curvature of (the) field.

ˈ**Bild|ˌfen·ster** *n* **1.** *phot.* (*eines Filmprojektors etc*) film (*od.* picture) gate. – **2.** (*optics*) (*am Bildwerfer*) image aperture. — **~ˌflä·che** *f* **1.** (*art*) a) picture (area), b) (*eines Ölbildes*) canvas. – **2.** (*bes. film*) (picture) screen. – **3.** *fig. colloq.* (*in Wendungen wie*) auf der ~ erscheinen to appear on the scene (*od.* in the picture); von der ~ verschwinden to disappear from the scene, to drop out of sight. — **~ˌfol·ge** *f* **1.** sequence (*od.* series) of pictures (*od.* frames). – **2.** *telev.* picture reference (*od.* frequency). – **3.** *phot.* time (*od.* interval) between exposures *pl.* — **~forˌmat** *n* size of (a) picture (*od.* photograph). — **~freˌquenz** *f* (*film*) *telev.* picture frequency. — **~ˌfunk** *m* **1.** *cf.* Bildtelegraphie. – **2.** *rare for* Fernsehen. — **~ˌgrö·ße** *f* size of picture (*od.* image). — **~ˌguß** *m* (*art*) casting (*od.* founding) of statues.

ˈ**bild·haft** *adj* **1.** (*Sprache, Ausdruck etc*) graphic, vivid. – **2.** (*Stil*) pictorial. – **3.** (*Vorstellung*) visual, pictorial. — ˈ**Bild·haf·tig·keit** *f* ⟨-; *no pl*⟩ **1.** graphicness, vididness. – **2.** pictorial quality, pictorialness.

ˈ**Bildˌhau·er** *m* ⟨-s; -⟩ **1.** sculptor. – **2.** ⟨*only sg*⟩ *astr.* (the) Sculptor. — **~ˌar·beit** *f* (work of) sculpture. — **~ˌbei·tel** *m* carving tool.

ˌ**Bild·haueˈrei** *f* ⟨-; *no pl*⟩ (art of) sculpture.

ˈ**Bildˌhaue·rin** *f* ⟨-; -nen⟩ sculptress. — ˈ**bildˌhaue·risch** *adj* sculptural.

ˈ**Bildˌhau·erˌkitt** *m* badigeon.

ˈ**bildˌhau·ern** [-ˌhauərn] *v/i* ⟨h⟩ sculpture, work as a sculptor, *auch* sculpt.

ˈ**Bildˌhau·er|ˌras·pel** *f* bent rasp. — **~ˌwerk** *n cf.* Bildhauerarbeit. — **~ˌwerkˌstatt** *f* sculptor's workshop (*od.* studio).

ˈ**Bild|ˌhel·lig·keit** *f telev.* (*film*) (image) brightness. — **~ho·riˌzont** *m phot.* picture horizon. — **b~ˈhübsch** *adj* (as) pretty as a picture. — **~in·itia·le** [-ˀiniˌtsiaːlə] *f* (*in der Buchmalerei*) illuminated initial. — **~jour·naˌlis·mus** *m* photojournalism, *Br.* photo-journalism. — **~kaˌlen·der** *m* picture (*od.* illustrated) calendar. — **~ˌkar·te** *f* (*games*) *cf.* Bilderkarte. — **~ka·taˌlog** *m* illustrated catalog(ue). — **~ˌkraft** *f lit.* (*der Sprache*) vividness, plastic quality. — **b~ˌkräf·tig** *adj* vivid, plastic.

bild·lich [ˈbɪltlɪç] **I** *adj* **1.** (*Darstellung etc*) pictorial, graphic. – **2.** *fig.* (*Ausdruck etc*) figurative, metaphorical, *auch* metaphoric: ~e Sprache tropology. – **II** *adv* **3.** etwas ~ darstellen to represent s.th. in a picture (*od.* pictorially, graphically), to picture s.th.; sich (*dat*) etwas ~ vorstellen to picture s.th.; ~ gesprochen *fig.* figuratively (*od.* metaphorically) speaking, to use a figure of speech. — ˈ**Bild·lich·keit** *f* ⟨-; *no pl*⟩ **1.** pictorial quality. – **2.** figurativeness.

ˈ**Bild|ˌli·nie** *f* (*optics*) image (*od.* focal) line. — **b~ˌmä·ßig** *adj* pictorial. — **~ma·te·riˌal** *n* pictorial material, pictures *pl.* — **~ˌmeßˌwe·sen** *n* photogrammetry. — **~ˌmi·scher** *m telev.* video mixer. — **~ˌmischˌpult** *n* video monitoring and mixing desk. — **~ˌmit·te** *f* center (*bes. Br.* centre) of a picture.

Bild·ner [ˈbɪldnər] *m* ⟨-s; -⟩ *rare* **1.** *cf.* Bildhauer. – **2.** *cf.* Former 3. – **3.** *obs. for* Erzieher 1. — **Bild·neˈrei** *f* ⟨-; *no pl*⟩ *rare for* Bildhauerei. — ˈ**bild·ne·risch** *adj* sculptural.

Bild·nis [ˈbɪltnɪs] *n* ⟨-ses; -se⟩ **1.** portrait, likeness. – **2.** (*auf Münzen*) effigy, head. — **~ˌbü·ste** *f* (portrait) bust. — **~mi·niaˌtur** *f* (portrait) miniature.

ˈ**Bild|ˌplan** *m aer. phot.* mosaic (*od.* aerial survey) map. — **~ˌplatte** *f telev.* video disk (*od.* disc). — **~ˌpostˌkar·te** *f* picture postcard. — **~ˌpres·se** *f print.* illustrated press. — **~proˌjek·tor** *m phot.* **1.** (slide) projector. – **2.** episcope (*for opaque objects*).

ˈ**Bildˌpunkt** *m* **1.** *telev.* scanning point (*od.* spot), picture point. – **2.** *math.* representative point. — **~freˌquenz** *f telev.* video (*od.* vision, picture point) frequency. — **~ˌzahl** *f* number of picture elements.

ˈ**Bild|ˌrei·he** *f* sequence (*od.* set) of photographs, picture series. — **~re·porˌta·ge** *f* picture story. — **~reˌpor·ter** *m* news (*od.* press) photographer. — **~röh·re** *f telev.* picture (*od.* television, cathode ray, *auch* camera) tube, *Am. auch* kinescope.

ˈ**bild·sam** *adj* **1.** *cf.* formbar 1, 4. – **2.** *metall.* plastic, ductile. – **3.** *biol.* plastic. — ˈ**Bild·sam·keit** *f* ⟨-; *no pl*⟩ **1.** *cf.* Formbarkeit 1, 4. – **2.** *metall.* plasticity, ductility. – **3.** *biol.* plasticity.

ˈ**Bild|ˌsäu·le** *f* **1.** carved (*od.* ornamented) column. – **2.** statue. — **~ˌschär·fe** *f* **1.** (*optics*) (image) definition. – **2.** *phot.* image sharpness. — **~ˌschirm** *m* **1.** *telev.* (television *od.* viewing) screen. – **2.** (*beim Radar*) screen, display panel (*od.* scope). — **~ˌschnit·zer** *m* (wood-)carver. — **~schnit·zeˈrei** [ˌbɪlt-] *f* (wood) carving. — **b~ˈschön** *adj* strikingly (*od.* very) beautiful: ein ~es Mädchen a girl of outstanding beauty, a picture (of beauty). — **~ˌschrei·ber** *m tel.* facsimile (writer) equipment, phototelegraph. — **~ˌsei·te** *f* **1.** page of pictures. – **2.** (*einer Spielkarte, Münze etc*) face. — **~ˌsen·der** *m* **1.** *telev.* picture (*od.* video) transmitter. – **2.** *tel.* facsimile transmitter. — **~ˌse·rie** *f cf.* Bildreihe. — **~siˌgnal** *n* picture signal. — **~ˌspei·cherˌröh·re** *f electr.* **1.** image-storing tube. – **2.** storage camera tube. — **~ˌsprung** *m* (*optics*) (*im Zweistärkenbrillenglas*) break of vision, image (*od.* prismatic) jump. — **~ˌstein** *m min.* figure stone, agalmatolite (*scient.*). — **~ˌstel·le** *f* **1.** film service (*od.* archives *pl*). – **2.** *aer. mil.* a) photographic unit, b) (*Auswertung*) photo-intelligence detachment. — **~ˌsteue·rung** *f telev.* picture (*od.* video) control. — **~ˌstock** *m* **1.** (wayside) shrine (*column of wood or stone erected as memorial*). – **2.** *print.* cut, block. — **~ˌstö·rung** *f telev.* picture disturbance (*od.* trouble). — **~ˌstrahl** *m* (*optics*) image ray. — **~ˌstrei·fen** *m* (*film*) film strip (*od.* track). — **~ˌsu·cher** *m phot.* viewfinder. — **~ˌta·fel** *f* (*eines Buches etc*) illustration. — **~te·leˌgramm** *n tel.* phototelegram. — **~te·leˌgraph** *m* phototelegraph. — **~te·le·graˌphie** *f* phototelegraphy. — **b~te·leˌgra·phisch** *adj* phototelegraphic. — **~ˌtep·pich** *m* **1.** (*an der Wand*) tapestry. – **2.** (*am Fußboden*) tapestry carpet. — **~ˌtext** *m* caption. — **~ˌton** *m phot.* tone. — **~ˌträ·ger** *m* **1.** *telev.* video (*od.* picture, vision) carrier. – **2.** *phot.* film strip (*od.* slide) carrier. — **~ˌüberˌtra·gung** *f* **1.** *tel.* picture telegraphy, phototelegraphy. – **2.** *telev.* picture transmission.

ˈ**Bil·dung** *f* ⟨-; -en⟩ **1.** *cf.* Bilden. – **2.** ⟨*only* sg⟩ (formal) education: **akademische [humanistische] ~** university [classical] education. – **3.** ⟨*only sg*⟩ education, culture, refinement, breeding: **~ haben** *colloq.* a) to be well educated (*od.* cultured), b) to be well bred; **ein Mann von ~** a man of culture (*od.* refinement); **etwas für seine ~ tun** to do s.th. for one's education (*colloq.*), to improve one's mind; **ohne ~** uneducated, unrefined; **Mangel an ~** a) lack of refinement (*od.* breeding), b) lack of education. – **4.** (*Entstehung*) formation, development: **~ von Hohlräumen [Wolken]** formation of cavities [clouds]; **~ von Organismen** growth of organisms. – **5.** *econ.* (*von Kapital*) accumulation. – **6.** (*Schaffung*) formation: **~ eines Ausschusses** formation of a committee; **~ neuer Wörter** coinage of new words, neology; **~ des Perfekts** forming of the perfect (tense). – **7.** *rare* (*Gestalt*) form, shape. – **8.** ⟨*only sg*⟩ *med. cf.* Ausbildung 7.

'Bil·dungs|ˌanˌstalt *f archaic* educational establishment (*od.* institution), school. — **~ˌar·beit** *f* educational work. — **~beˌdürf·nis** *n cf.* Bildungsdrang. — **b~beˌflis·sen** *adj* eager to learn (*od.* to further one's education), eager for knowledge. — **~ˌdrang** *m* desire (*od.* thirst) for education (*od.* culture). — **~ˌdün·kel** *m* intellectual conceit (*od.* arrogance). — **~ˌei·fer** *m cf.* Bildungsdrang. — **b~ˌeif·rig** *adj cf.* bildungsbeflissen. — **~ˌeinˌrich·tung** *f cf.* Bildungsanstalt. — **~eleˌment** *n ling.* formative (element). — **~erˌleb·nis** *n* formative experience. — **b~ˌfä·hig** *adj* **1.** (*Person etc*) educ(at)able, capable of being educated, (*kulturfähig*) civilizable. – **2.** (*Geist etc*) cultivable, developable, capable of development. — **~ˌfak·tor** *m ped.* educational factor. — **~ˌfeind** *m* opponent of education (*od.* culture). — **b~ˌfeind·lich** *adj* opposed to education (*od.* culture). — **~ˌfernˌse·hen** *n* educational television. — **~ˌfor·schung** *f* educational research. — **~ˌgang** *m* **1.** (course of) education. – **2.** (*Lebenslauf*) curriculum vitae. — **~geˌfäl·le** *n* difference(s *pl*) in the level of education. — **~geˌwe·be** *n* **1.** *bot.* formative tissue, meristem (*scient.*). – **2.** *zo.* formative tissue, blastema (*scient.*). — **~ˌgrad** *m* level of education, educational level. — **~ˌgut** *n* (*einer Nation etc*) cultural tradition. — **~ˌhun·ger** *m cf.* Bildungsdrang. — **b~ˌhung·rig** *adj* thirsty (*od.* hungry) for education. — **~ideˌal** *n* educational ideal. — **~ˌlü·cke** (*getr.* -k·k-) *f* gap in one's education. — **~ˌmög·lich·keit** *f* educational opportunity. — **~mo·noˌpol** *n* monopoly of learning. — **~niˌveau** *n cf.* Bildungsgrad. — **~notˌstand** *m* lack of educational opportunities, educationally backward state of affairs, (*stärker*) educational wasteland, cultural wilderness. — **~phiˌli·ster** *m contempt.* (intellectual) philistine. — **~ˌplas·ma** *n biol.* formative plasma. — **~proˌzeß** *m* formative process. — **~reˌform** *f ped.* educational reform. — **~ˌrei·se** *f* educational journey. — **~roˌman** *m* (*literature*) Bildungsroman, novel of educational development. — **~ˌschicht** *f sociol.* cultured class. — **~ˌstand** *m cf.* Bildungsgrad. — **~staˌti·stik** *f* educational statistics *pl* (*construed as sg or pl*). — **~ˌstät·te** *f* educational institution. — **~ˌstu·fe** *f cf.* Bildungsgrad. — **~syˌstem** *n* educational system. — **~ˌwär·me** *f chem.* heat of formation. — **~ˌweg** *m ped.* educational channel: **der zweite ~** the second way of gaining university admission (*through evening classes and correspondence courses*). — **~ˌwert** *m* formative (*od.* educational) value. — **~ˌwe·sen** *n* ⟨-s; *no pl*⟩ educational system, education. — **~ˌzel·le** *f biol.* embryonic (*od.* formative) cell. — **~ˌzen·trum** *n* **1.** educational center (*bes. Br.* centre). – **2.** *zo.* (*eines Insekteneies etc*) animal pole.

'Bild|ˌun·terˌschrift *f print.* caption, *auch* underline, cutline. — **~verˌstär·ker** *m telev.* video amplifier. — **~verˌzer·rung** *f* **1.** *phot.* a) image distortion, b) (*bei zu naher Großaufnahme*) perspective distortion, c) *cf.* Verzeichnung 3. – **2.** *telev.* picture (*od.* video) distortion. — **~ˌvorˌla·ge** *f* original (picture). — **~ˌwand** *f phot.* (projection *od.* viewing) screen. — **~ˌwand·ler** *m* **1.** image converter. – **2.** *telev.* picture (*od.* image) tube, picture (*od.* video) transformer. — **~ˌwand·lerˌröh·re** *f electr. telev.* image converter tube. — **~ˌwech·sel·freˌquenz** *f cf.* Bildfrequenz. — **~ˌwech·selˌzeit** *f* feeding time. — **~ˌwei·te** *f phot.* image distance, distance from image to lens. — **~ˌwer·bung** *f econ.* pictorial advertising. — **~ˌwer·fer** *m phot.* (*optics*) **1.** projector. – **2.** (*für Glasbilder*) diascope. – **3.** (*für undurchsichtige Objekte*) episcope, epidiascope. — **~ˌwerk** *n* **1.** (*art*) a) image, b) sculpture, c) carving. – **2.** *print.* book of plates (*od.* pictures), *auch* picture book. — **~ˌwie·derˌga·be** *f* **1.** (picture) reproduction. – **2.** *televʼ.* image (*od.* picture) reproduction. — **~ˌwin·kel** *m* visual angle, angle of vision (*od.* view). — **~ˌwir·ker** *m* tapestry weaver (*od.* worker). — **~wir·ke'rei** [ˌbɪlt-] *f* **1.** tapestry weaving. – **2.** (*Erzeugnis*) tapestry (work). — **~ˌwir·kung** *f* visual effect (*od.* subjective impression) of a picture. — **~ˌwör·terˌbuch** *n print.* illustrated (*od.* pictorial) dictionary. — **~ˌzähl·ˌwerk** *n phot.* frame (*od.* exposure, film) counter. — **~ˌzei·chen** *n* **1.** (*art*) pictorial symbol, pictograph. – **2.** *econ.* picture trade mark. – **3.** *telev.* picture signal. — **~ˌzei·le** *f electr. telev.* (scanning) line. — **~ˌzei·tung** *f* pictorial (news)paper, *auch* tabloid. — **~zerˌle·ger** *m electr. telev.* image dissector. — **~zerˌle·gerˌröh·re** *f* image dissector (tube). — **~zerˌle·gung** *f* scanning. — **~ˌzo·ne** *f* (*einer Vase*) painted area. — **~ˌzuˌschrift** *f* letter (of application) enclosing a photograph.

Bil·ge ['bɪlgə] *f* ⟨-; -n⟩ *mar.* bilge.

'Bil·genˌwas·ser, 'Bil·geˌwas·ser *n* ⟨-s; *no pl*⟩ *mar.* bilge water.

Bil·har·zie [bɪl'hartsĭə] *f* ⟨-; -n⟩ *med. zo.* bilharzia, schistosome, *auch* blood fluke (*Schistosoma haematobium*).

bi·li·ne·ar [bilineˈaːr; 'biː-] *adj math.* (*Form*) bilinear.

bi·lin·gu·isch [bi'lɪŋguɪʃ] *adj* bilingual.

Bi·li·ru·bin [biliru'biːn] *n* ⟨-s; *no pl*⟩ *med. chem.* bilirubin.

Bi·li·ver·din [bilivɛr'diːn] *n* ⟨-s; *no pl*⟩ *med. chem.* biliverdin.

Bil·lard ['bɪljart; *Austrian* bi'jaːr] *n* ⟨-s; -e [-jardə], *Austrian* -s [-'jaːrs]⟩ **1.** (*games*) billiards *pl* (*construed as sg*): **eine Partie ~** a game of billiards; **~ spielen** to play billiards. – **2.** *cf.* Billardtisch. — **~ˌball** *m cf.* Billardkugel. — **~ˌban·de** *f* bank.

bil·lar·die·ren [bɪljar'diːrən] *v/t* ⟨*no* ge-, h⟩ strike the ball twice (*od.* in the wrong way).

'Bil·lard|ˌku·gel *f* billiard ball. — **~ˌloch** *n* pocket. — **~ˌqueue** *n, Austrian colloq. auch m cf.* Billardstock. — **~ˌsaal** *m* billiard room (*od.* hall, *Am.* parlor), *Am.* poolroom. — **~ˌspiel** *n* game of billiards. — **~ˌspie·ler** *m* billiard player. — **~ˌstock** *m* (billiard) cue. — **~ˌstoß** *m* (billiard) stroke. — **~ˌtisch** *m* billiard table, *Am. auch* pool table. — **~ˌtuch** *n,* **~ˌüberˌzug** *m* billiard (*od.* baize) cloth. — **~ˌzim·mer** *n* billiard room (*od. Am.* parlor, *bes. Br.* saloon), *Am.* poolroom.

Bil·le ['bɪlə] *f* ⟨-; -n⟩ **1.** *tech. obs. for* Mühlsteinpicke. – **2.** *her.* ball.

Bil·let·doux [bije'duː] *n* ⟨-; -⟩ love letter, *auch* billet-doux.

Bil·le·teur [bɪljɛ'tøːr] *m* ⟨-s; -e⟩ **1.** *Austrian for* Platzanweiser. – **2.** *Swiss for* Schaffner 1.

Bil'letˌschal·ter [bɪl'jɛt-] *m Swiss for* Fahrkartenschalter.

Bil·lett [bɪl'jɛt] *n* ⟨-(e)s; -e *u.* -s⟩ **1.** *archaic for* Zettel 2, Briefchen 1, 2. – **2.** *obs. or Swiss for* a) Einlaßkarte, b) Fahrkarte 1. – **3.** *Austrian for* Briefkarte.

Bil·li·ar·de [bɪ'lĭardə] *f* ⟨-; -n⟩ *Am.* quadrillion, *Br.* trillion, a thousand billions.

bil·lig ['bɪlɪç] **I** *adj* ⟨-er; -st⟩ **1.** cheap, inexpensive, low-priced, *auch* moderate, reasonable: **~e Waren** low-priced goods; **eine ~e Ausgabe** a cheap (*od.* an inexpensive) edition; **ein ~er Preis** *colloq.* a moderate (*od.* low) price; **~e Arbeitskräfte** cheap labo(u)r *sg*; **~es Geld** cheap money. – **2.** (*angemessen, gerecht*) just, fair, equitable, right, reasonable: **das ist nicht mehr als ~** that is only fair; **recht und ~** right and proper; **~es Ermessen** *jur.* equitable (*od.* reasonable) discretion. – **3.** *contempt.* cheap, tawdry, shoddy: **~er Schmuck** tawdry jewelry; **ein ~es Kleid** a cheap (*od. Am.* hand-me-down) dress. – **4.** *fig. contempt.* cheap, shoddy, poor: **das ist ein ~er Rat** that is poor advice; **eine ~e Ausrede** a poor (*od.* feeble, weak) excuse; **~e Witze** cheap jokes; **das ist einer seiner ~en Tricks** this is one of his cheap (*od.* low) tricks; **das ist ein ~er Trost** that is small consolation. – **II** *adv* **5.** cheap(ly), at a low (*od.* reasonable, moderate) price: **etwas ~ kaufen** to buy s.th. cheaply; **~er verkaufen als** to sell more cheaply than; **ich habe es dort am ~sten bekommen** I got it there at the lowest possible (*od.* at rock-bottom) price; **etwas ~er herstellen** to produce s.th. more cheaply (*od.* at less cost); **etwas möglichst ~ machen** to do (*od.* make) s.th. cheap (*Br. colloq.* on the cheap); **man kann dort ~ leben** you can live there cheaply; **~ dabei wegkommen** *colloq.* to get off cheaply (*Am. colloq.* cheap, easy) (*auch fig.*).

'bil·ligˌden·kend *adj* fair-minded, just, right-thinking.

bil·li·gen ['bɪlɪgən] **I** *v/t* ⟨h⟩ **1.** approve (of), give approval to, agree to, assent to, sanction, *auch* countenance (*lit.*): **ich kann deine Handlungsweise nicht ~** I cannot approve (of) your conduct, I must disapprove (of) your conduct; **sie billigt den Vorschlag** she assents (*od.* gives her assent) to the proposal. – **2.** (*amtlich*) approve, sanction, authorize, approbate: **die Abgeordneten billigten den Plan** the delegates approved (*od.* sanctioned) the project. – **II B~** *n* ⟨-s⟩ **3.** *verbal noun.* – **4.** *cf.* Billigung. — **'bil·li·gend I** *pres p.* – **II** *adj* approbatory, approving. – **III** *adv* approvingly, with approval.

'Bil·li·ger *m* ⟨-s; -⟩ approver.

'bil·li·ger'ma·ßen, 'bil·li·ger'wei·se *adv* justly, with justice, reasonably, in (all) fairness, fairly, equitably: **wir müssen ~ zugeben, daß** we must admit in all fairness that; **das kann ich ~ nicht von ihm erwarten** I cannot in all fairness expect him to do that.

'Bil·lig·keit *f* ⟨-; *no pl*⟩ **1.** cheapness, inexpensiveness, *auch* moderateness, reasonableness. – **2.** (*Angemessenheit, Gerechtigkeit*) justness, fairness, equitableness, *auch* equity, rightness, reasonableness: **die ~ der Forderungen anerkennen** *jur.* to approve the justness of these claims; **die ~ dieses Verlangens** *jur.* the equitableness of this demand; **nach ~, wie es der ~ entspricht** upon the principles of equity, in equity, as is just and proper under the circumstances. – **3.** *contempt.* cheapness, tawdriness, shoddiness. – **4.** *fig. contempt.* cheapness, poorness.

'Bil·lig·keits|beˌtrag *m jur.* equitable (*od.* reasonable) amount. — **~entˌschei·dung** *f* equitable decision. — **~erˌwä·gung** *f* consideration of equity. — **~geˌsichtsˌpunkt** *m meist pl* equitable principle. — **~ˌgrund** *m meist pl* reason (*od.* ground) of equity: **aus Billigkeitsgründen** for reasons of equity. — **~ˌgrundˌsatz** *m* principle of equity, equitable principle. — **~ˌrecht** *n* (doctrines *pl* of) equity. — **~ˌsinn** *m* sense of justice, fair-mindedness.

'Bil·ligst-ˌOr·der *f econ.* order to buy at the lowest possible price.

'Bil·li·gung *f* ⟨-; *no pl*⟩ **1.** *cf.* Billigen. – **2.** approval, approbation, agreement, assent, sanction: **der Vorschlag fand die einmütige ~ der Anwesenden** the proposal met with the unanimous approval of everyone present; **mit stillschweigender ~** with tacit approval. – **3.** (*amtlich*) approval, approbation, authorization.

Bil·li·on [bɪ'lĭoːn] *f* ⟨-; -en⟩ *Br.* billion, *Am.* trillion.

Bil·lion·(s)tel [bɪ'lĭoːn(s)təl] **I** *n, Swiss usually m* ⟨-s; -⟩ *Br.* billionth, *Am.* trillionth. – **II b~** *adj Br.* billionth, *Am.* trillionth.

Bil·lon [bɪl'jõː] *m, n* ⟨-s; *no pl*⟩ *metall.* billon.

'Bill·roth·baˌtist ['bɪloːt-] *m med.* waterproof cambric, *Am.* mackintosh, *auch* macintosh.

Bil·se ['bɪlzə] *f* ⟨-; -n⟩, **'Bil·senˌkraut** *n bot.* henbane (*Hyoscyamus niger*).

'Bi·luxˌlam·pe ['biːlʊks-] (*TM*) *f* ⟨-; -n⟩ **1.** *electr.* bilux lamp. – **2.** *auto.* double-dipping headlamp.

Bil·wiß ['bɪlvɪs] *m* ⟨-sses; -sse *u.* -ssen⟩, *f* ⟨-; -sse⟩ *dial obs. for* a) Kobold 1, b) Zauberer 1.

bim [bɪm] *interj* ding: **~, ~, ~!** ding, ding, ding! **~, bam!** dingdong!

bi·ma·nu·ell [bima'nŭɛl] *adj* bimanual.

Bim·bam ['bɪm'bam] *n* ⟨-s; *no pl*⟩ dingdong: **das ~ der Glocken** the dingdong of the bells; **ach du heiliger ~!** *colloq.* good gracious! good Lord! **heiliger ~!** *humor.* good gracious! hell's bells! (*colloq.*).

Bi·me·ster [bi'mɛstər] *n* ⟨-s; -⟩ *obs.* bimester.

Bi·me·tall ['biːmetal; bime'tal] *n* ⟨-s; -e⟩ *tech.* bimetal, duplex metal. — **bi·me'tal·lisch** *adj* bimetallic.

Bi·me·tal·lis·mus [bimeta'lɪsmʊs] *m* ⟨-; *no pl*⟩ *econ.* bimetallism. — **Bi·me·tal'list** [-'lɪst] *m* ⟨-en; -en⟩ bimetallist, advocate of bimetallism. — **bi·me·tal'li·stisch** *adj* **1.** *econ.* (*Geld*) bimetallic. – **2.** *pol.* bimetallistic.

'Bi·me·tall|ˌschal·ter *m electr.* bimetal switch, thermoswitch. — **~ˌstrei·fen** *m* bimetallic strip. — **~ther·moˌme·ter** *n meteor.* bimetal thermometer.

Bim·mel ['bɪməl] *f* ⟨-; -n⟩ *colloq.* small bell, jingle (bell). — **~ˌbahn** *f colloq. small train with a warning bell.*

Bim·me'lei *f* ⟨-; *no pl*⟩ *colloq.* constant ringing.

bim·meln ['bɪməln] *v/i* ⟨h⟩ *colloq.* ring, tinkle: **das Telefon bimmelt** the telephone is ringing; **es bimmelte** a bell rang.

Bi·mo·da·li·tät [bimodali'tɛːt] *f* ⟨-; -en⟩ *econ.* (*in der Statistik*) bimodality, bimodal character.

bi·mo·le·ku·lar [bimoleku'laːr] *adj chem.* bimolecular.

Bims [bɪms] *m* ⟨-es; -e⟩ **1.** *geol. cf.* Bimsstein. – **2.** *colloq.* army bread. – **3.** *colloq. dial.* money, *bes. Am. sl.* 'dough', *Br. sl.* 'lolly'. — **~beˌton** *m civ.eng.* pumice concrete.

Bim·se ['bɪmzə] *f only in* ~ **bekommen** *colloq.* to get a good beating (*od.* thrashing, *colloq.* hiding).

bim·sen ['bɪmzən] *v/t* ⟨h⟩ **1.** pumice, rub (*od.* clean, smooth) (*s.th.*) with pumice (stone). – **2.** (*textile*) (*Hut*) pounce. – **3.** *colloq.* give (*s.o.*) a beating (*od.* thrashing, *colloq.* hiding). – **4.** *mil. sl.* drill (*s.o.*) hard: **die Soldaten wurden tüchtig gebimst** the soldiers were drilled hard. – **5.** *fig. dial.* (*lernen*) cram, grind (away) at (*beide colloq.*): **er bimste das Einmaleins, bis er es konnte** he crammed the multiplication table till he knew it.

'Bims|ˌkies *m* pumice gravel. — **~ˌmehl** *n* powdered pumice.

'Bimsˌstein *m* pumice (stone): **mit ~ glätten** to pumice. — **b~ˌar·tig** *adj* pumiceous. — **~ˌbruch** *m* pumice stone quarry. — **~ˌpul·ver** *n* pounce. — **~ˌsei·fe** *f* pumice soap. — **~ˌtuff** *m geol.* pumice tuff.

bin [bɪn] *1 sg pres of* sein[1].

bi·när [bi'nɛːr], **bi·na·risch** [bi'naːrɪʃ] *adj math. chem. phys.* binary: **~es System** two-component (*od.* binary) system.

Bi'När|ˌcode *m* (*computer*) binary code. — **~ˌstern** *m astr. cf.* Doppelstern. — **~ˌzei·chen** *n* (*computer*) bit, binary digit.

bin·au·ral [binaʊ'raːl] *adj med.* binaural, pertaining to both ears.

Bin·de ['bɪndə] *f* ⟨-; -n⟩ **1.** *med.* a) (roll of) bandage, swathe, b) (*zum Tragen*) sling, c) (*Stauungsbinde*) tourniquet, d) (*Faszie*) fascia: **elastische ~** elastic bandage; **den Arm in der ~ tragen** to have (*od.* carry) one's arm in a sling. – **2.** (*Armbinde*) badge, armband: **die ~ des Blinden** the armband of the blind; **die weiße ~ des Schiedsrichters** the white badge of the judge. – **3.** (*Augenbinde*) blindfold (*auch fig.*): **j-m eine ~ vor die Augen tun** to blindfold s.o.; **j-m die ~ abnehmen** to take off s.o.'s blindfold; **eine ~ vor den Augen haben** *auch fig.* to have a blindfold over one's eyes; **j-m fällt die ~ von den Augen** *fig.* the scales fall from s.o.'s eyes, s.o.'s eyes have been opened. – **4.** (*Damenbinde*) sanitary napkin (*od.* pad, *Br.* towel). – **5.** *archaic* tie, necktie. – **6.** *only in* **einen hinter die ~ gießen** *fig. colloq.* to wet one's whistle (*colloq.*).

'Bin·de|ˌbo·gen *m mus.* slur, bind, tie. — **~ˌdraht** *m tech.* binding (*od.* lashing, baling) wire. — **~ˌfä·hig·keit** *f* cementing property. — **~ˌfe·stig·keit** *f synth.* **1.** interlaminar (*od.* bond) strength. – **2.** bonding strength. — **~ˌgarn** *n agr.* binder twine.

'Bin·de·geˌwe·be *n med.* connective tissue. — **'bin·de·geˌwe·big** [-gəˌveːbɪç] *adj* fibrous: **~e Degeneration** connective tissue degeneration.

'Bin·de·geˌwebs|ˌbrücke (*getr.* -k·k-) *f med.* bridge (*od.* band) of connective tissue. — **~entˌzün·dung** *f* inflammation of the connective tissue, fibrositis (*scient.*). — **~ˌhaut** *f cf.* Bindegewebsmembran. — **~masˌsa·ge** *f* massage of the connective tissue. — **~memˌbran** *f* connective tissue membrane. — **~ˌzel·le** *f* connective tissue cell, fibrocyte (*scient.*): **junge ~** fibroblast. — **~ˌzug** *m* band (*od.* bridge) of connective tissue.

'Bin·deˌglied *n* **1.** *tech.* connecting link. – **2.** *fig.* (connecting) link: **als ~ dienen** to serve as a connection; **das fehlende ~** the missing link; **sie war das letzte ~ zu jener Generation** she was the last connecting link with (*od.* to) that generation.

'Bin·deˌhaut *f med.* conjunctiva. — **~entˌzün·dung** *f* conjunctivitis.

'Bin·de|ˌkraft *f* **1.** *tech.* binding power, bonding power (*od.* strength). – **2.** *synth.* bond strength. — **~ˌmä·her** *m agr.* (self-)binder, harvester binder. — **~maˌschi·ne** *f* binder. — **~meˌtall** *n metall.* binder. — **~ˌmit·tel** *n* **1.** *tech.* binder, binding agent, *auch* bonding agent, bond. – **2.** *civ.eng.* binder, cementing material. – **3.** *gastr.* thickening, binder, liaison. – **4.** *fig.* bond, cementer, solder.

bin·den ['bɪndən] **I** *v/t* ⟨bindet, band, gebunden, h⟩ **1.** (*zusammenbinden*) tie (up), bind (*s.th.*) (together): **Blumen zu einem Strauß ~** to tie flowers into a bunch; **Nelken zu einem Kranz ~** to tie carnations in a wreath, to wreathe carnations; **Reisig in ein Bündel ~** to tie (*od.* bind) brushwood in a bundle; **Blumen zu Girlanden ~** to tie (*od.* wreathe) flowers into garlands. – **2.** (*anbinden*) tie (up), fasten (up), attach: **eine Pflanze an eine Stütze ~** to tie (*od.* fasten) a plant to a support; **j-m etwas auf die Seele ~** *fig.* to impress s.th. on s.o., to stress s.th. to s.o.; → Nase 2. – **3.** (*knüpfen*) tie, bind, knot: **eine Krawatte ~** to tie (*od.* knot) a tie; **ein Tuch um den Hals ~** to tie a scarf (a)round the neck; **ein Seil um etwas ~** to tie a rope (a)round s.th., to rope s.th. up. – **4.** (*fesseln*) tie, bind: **j-n an Händen und Füßen ~** to tie s.o.'s hands and feet, to bind s.o. hand and foot; **ihm wurden Hände und Füße gebunden** *auch fig.* he was tied (down) hand and foot; **Gefangene ~** to bind (*od.* fetter, chain) prisoners; **sie banden ihn und führten ihn ab** they bound him and marched him off. – **5.** (*verpflichten*) bind, commit, pledge, tie (*s.o.*) down: **j-n durch ein Versprechen ~** to bind (*od.* commit) s.o. by a promise; **mein Eid bindet mich** I am bound (*od.* tied, held) by my oath. – **6.** *print.* (*Buch*) bind: **ein Buch neu ~** to rebind a book. – **7.** *tech.* a) (*verkleben, verkitten*) cement, bond, b) (*mit Draht, Bandeisen*) tie (up), c) (*mit Schnüren*) lace, d) (*Kohlenstoff*) combine. – **8.** *chem.* a) bind, b) absorb, c) (*adsorbieren*) adsorb, d) (*Atom*) combine: **Zellulose bindet Wasser** cellulose binds (*od.* adsorbs) water; **Gase ~** to bind (*od.* adsorb) gases. – **9.** *phys.* (*Wärme*) absorb. – **10.** *mil.* (*Streitkräfte*) contain, hold. – **11.** *econ. jur.* indenture, bind (*s.th.*) by indenture. – **12.** *econ.* a) (*Geldmittel*) tie up, absorb, b) (*Preise*) fix, c) (*bei Preisbindungen*) maintain. – **13.** *jur.* (*verpflichten*) conclude, oblige, article. – **14.** *mus.* a) (*Noten*) bind, tie, b) (*legato*) slur. – **15.** *ling.* (*Töne, Wörter etc*) bind (*od.* draw) together, link. – **16.** *metr.* (*Wörter durch Reim*) rhyme. – **17.** *gastr.* (*Suppe etc*) bind, thicken. – **18.** (*sport*) (*beim Fechten*) bind, engage: **die gegnerische Klinge ~** to bind one's adversary's blade; **die Klingen ~** to engage foils. – **II** *v/i* **19.** bind, have binding power, unite. – **20.** *civ.eng.* a) (*von Zement*) set, harden, b) (*von Leim, Kunststoff*) bond, c) (*von Farbe*) bind. – **21.** *gastr.* (*von Mehl etc*) bind, thicken. – **22.** (*textile*) bind, link. – **III** *v/reflex* **sich ~ 23.** bind (*od.* commit, pledge) oneself: **er will sich noch nicht ~** he does not want to commit himself yet; **ich habe mich bereits anderweitig gebunden** I have made other arrangements, I have accepted another offer; **sich gerichtlich ~** *jur.* to enter into recognizances. – **24.** (*für eine Ehe*) (an *acc* with) get tied up. – **IV B~** *n* ⟨-s⟩ **25.** *verbal noun*: **das B~ eines Buches** *print.* the binding of a book. – **26.** *cf.* Bindung.

'bin·dend I *pres p.* – **II** *adj* **1.** binding, *auch* obligatory: **eine ~e Zusage geben** to give a binding promise; **nicht ~** not binding, non(-)committal; **~e Kraft eines Vertrages** the binding force of a contract; **für beide Parteien ~ sein** *jur.* to be binding (up)on both parties; **einseitig ~** *jur.* unilateral. – **2.** *chem.* a) absorptive, absorbent, b) *auch phys.* bonding. – **II** *adv* **3.** bindingly: **~ vorgeschrieben** *jur.* mandatory.

'Bin·den|ˌgür·tel *m med.* sanitary belt. — **~ˌkrepp** *m* (paper) bandage, artificial cotton pad, absorbent crêped tissue paper.

'Bin·der *m* ⟨-s; -⟩ **1.** (*Krawatte*) tie. – **2.** *agr.* a) (*Garbenbinder*) binder, b) *cf.* Bindemäher. – **3.** *civ.eng.* a) header, b) tie beam, c) (*eines Daches*) roof truss. – **4.** *cf.* Bindemittel 1, 2. – **5.** *Southern G. and Austrian for* Küfer 2. — **~ˌbal·ken** *m civ.eng.* binding beam (*od.* joist), binder.

Bin·de'rei *f* ⟨-; -en⟩ **1.** *print. cf.* Buchbinderei. – **2.** *cf.* Blumenbinderei.

'Bin·de·rin *f* ⟨-; -nen⟩ *agr.* binder.

bin·dern ['bɪndərn] *v/t* ⟨h⟩ *agr.* (*Garben*) bind.

'Bin·der|ˌspar·ren *m civ.eng.* common (*od.* principal) rafter. — **~ˌstab** *m* (wood) binder stave. — **~ˌstein** *m* header. — **~ˌtuch** *n* binder canvas. — **~verˌband** *m* heading bond. — **~ˌzie·gel** *m cf.* Binderstein.

'Bin·de|ˌsatz *m ling.* conjunctive clause. — **~ˌschicht** *f civ.eng.* (*einer Straße etc*) binder (*od.* tack) coat. — **~ˌschuh** *m meist pl* (child's) lace-up shoe. — **~ˌstrich** *m* hyphen: **Schreibung mit ~** hyphenation, hyphenization; **mit ~ geschrieben** hyphen(at)ed; **mit einem ~ schreiben** to hyphen, to hyphenate. — **~ˌton** *m* (*in der Keramik etc*) ball clay. — **~verˌmö·gen** *n* (*des Mörtels, Zements etc*) binding (*od.* bonding) power (*od.* property). — **~voˌkal** *m ling.* connecting (*od.* thematic) vowel. — **~ˌwei·de** *f bot. cf.* Korbweide. — **~ˌwort** *n* ⟨-(e)s; ¨er⟩ *ling.* conjunction, *auch* connective.

'Bindˌfa·den *m* string, (*stärker*) twine, packthread: **es regnet Bindfäden** *fig. colloq. humor.* it's raining cats and dogs.

'bin·dig *adj* (*Boden*) cohesive, plastic. — **'Bin·dig·keit** *f* ⟨-; *no pl*⟩ cohesion, cohesiveness.

'Bin·dung *f* ⟨-; -en⟩ **1.** *cf.* Binden. – **2.** *fig.* tie, link, bond: **eine starke menschliche ~** strong human bonds *pl*; **die ~ der Freundschaft** the ties (*od.* bonds) *pl* of friendship; **neue ~en eingehen** to establish new ties. – **3.** (*Verpflichtung*) commitment, obligation: **eine vertragliche ~** *jur.* a contractual commitment (*od.* obligation); **ein Mensch ohne ~en** a person free of obligations. **4.** (*am Ski*) binding. – **5.** *gastr.* (*von Suppen etc*) liaison, thickening. – **6.** *biol.* linkage, absorption, agglutination (*scient.*). – **7.** *chem. nucl. tech.* bond: **heteropolare** [keramische] **~** ionic (*od.* electrostatic) [ceramic] bond. – **8.** *phys.* a) absorption, b) fusion. – **9.** *civ.eng.* compound. – **10.** *ling.* liaison. – **11.** *mus.* a) (*von Tönen*) slur, ligature, b) (*von Noten*) bind, ligature. – **12.** *econ.* fusion. – **13.** (*sport*) (*beim Fechten*) engagement: **~ haben** to feel the blade. – **14.** (*textile*) weave.

'Bin·dungs|enerˌgie *f* **1.** *chem. phys.* bond energy. – **2.** *nucl.* binding energy. — **~ˌkraft** *f nucl.* cohesive (*od.* binding) force.

'Bin·gelˌkraut ['bɪŋəl-] *n* ⟨-(e)s; *no pl*⟩ *bot.* mercury (*Gattg Mercurialis*): **Ausdauerndes ~** dog('s) mercury (*M. perennis*); **Einjähriges ~** garden mercury (*M. annua*).

bin·nen ['bɪnən] *prep* ⟨*dat*; *lit. auch gen*⟩ **1.** (*zeitlich*) within, in: **~ 14 Tagen muß die Rechnung bezahlt werden** the invoice must be paid within two weeks (*bes. Br.* a fortnight); **~ einer Woche** within a week; **~ kurzem** shortly, before long; **~ weniger Jahre** within a few years; **~ dreier Tage** *lit.* within three days. – **2.** *obs.* (*räumlich*) within, inside.

'bin·nenˌbords [-ˌbɔrts] *adv mar.* inboard.

'Bin·nen|ˌdock *n mar.* inner dock. — **~ˌeis** *n geol.* inland ice, continental ice sheet. — **~entˌwäs·se·rung** *f* interior drainage. — **~erˌzäh·lung** *f* (*literature*) individual story within a frame story. — **~fi·scheˌrei** *f* freshwater fishing (*od.* fishery). — **~ˌflot·te** *f mar.* inland waterways fleet. — **~geˌwäs·ser** *n meist pl mar.* inland waterways *pl* (*od.* water). — **~ˌha·fen** *m mar.* **1.** inland (*od.* river) port, inland waterway harbor (*bes. Br.* harbour). – **2.** inner harbor (*bes. Br.* harbour) (*od.* port). — **~ˌhan·del** *m econ.* domestic (*od.* home) trade. — **~ˌkiel** *m mar. cf.* Kielschwein. — **~ˌkli·ma** *n meteor.* continental climate. — **~ˌklü·ver** *m mar.* inner jib. — **~kon·junkˌtur** *f econ.* internal economic trend (*od.* activity).

'Bin·nen,land *n* **1.** *geogr.* inland, interior. – **2.** *pol. cf.* Binnenstaat. — **'Bin·nen,län·der** *m* ⟨-s; -⟩ inlander. — **'bin·nen,län·disch** *adj* inland (*attrib*).

'Bin·nen|,markt *m econ.* domestic (*od.* home) market. — **~,meer** *n geol.* inland sea. — **~,reim** *m metr.* internal rhyme. — **~,schiffahrt** (*getr.* -ff,f-) *f mar.* inland navigation. — **~,see** *m geol.* (continental) lake. — **~,staat** *m pol.* landlocked (*od.* inland) state (*od.* country). — **~,tief** *n civ. eng.* **1.** catchwater (drain). – **2.** small canal (*in a town*). — **~ver,kehr** *m* (*eines Landes*) inland transport (*od.* traffic). — **~,wäh·rung** *f econ.* domestic (*od.* national) currency. — **~,wan·de·rung** *f sociol.* internal migration. — **~,was·ser,stra·ße** *f* inland waterway. — **~,wirt·schaft** *f econ.* domestic economy. — **~,zoll** *m* internal customs duty, internal tariff.

Bin·ode [bi'no:də] *f* ⟨-; -n⟩ *electr.* binode, double diode.

Bin·okel [bi'no:kəl] *n* ⟨-s; -⟩ *obs. for* Fernglas, Feldstecher, Prismenglas 2.

bin·oku·lar [binoku'la:r] *adj* (*optics*) binocular. — **Bin·oku·la·ri'tät** [-lari'tε:t] *f* ⟨-; *no pl*⟩ binocularity, binocular vision.

Bi·nom [bi'no:m] *n* ⟨-s; -e⟩ *math.* binomial.

Bi·no·mi'al|,for·mel [bino'mĭa:l-] *f math.* binomial formula. — **~,satz** *m* binomial theorem.

bi·no·mi·nal [binomi'na:l] *adj biol.* binominal.

bi'no·misch *adj math.* (*Gleichung, Reihe, Satz*) binomial.

Bi·nor·ma·le [binər'ma:lə] *f* ⟨-[n]; -n⟩ *math.* binormal.

Bin·se ['bınzə] *f* ⟨-; -n⟩ **1.** *bot.* rush, bulrush (*Gattg Juncus*). – **2.** *only in* in die **~n** gehen *fig. colloq.* a) (*von Plänen, Hoffnungen etc*) to come to nothing, to go up in smoke (*colloq.*), b) (*von Geld etc*) to go down the drain (*colloq.*), c) (*von Sachen, Kleidungsstücken etc*) to go to pot (*colloq.*), d) (*von Ausflug etc*) to fall through (*od.* flat).

'bin·sen|,ähn·lich, ~,ar·tig *adj bot.* rushy, rushlike, juncaceous (*scient.*).

'Bin·sen|,bü·schel *n* rush bed, bed of rushes. — **~,dickicht** (*getr.* -k·k-) *n* thicket of rushes. — **b~,för·mig** *adj bot.* rush-shaped, junciform (*scient.*). — **~ge,flecht** *n* rush plaiting. — **~ge,wächs** *n bot.* plant of the rush family (*Fam. Juncaceae*). — **~,gras** *n bot. cf.* Binse 1. — **~,korb** *m* rush basket. — **~,li·lie** *f bot.* rush lily, pigroot (*Sisyrinchium angustifolium*). — **~,mat·te** *f* rush mat. — **~,wahr·heit, ~,weis·heit** *f* truism, commonplace, platitude.

'Bin·sicht *n* ⟨-(e)s; -e⟩ *cf.* Binsendickicht.

'bin·sig *adj* **1.** rushy, covered with rushes. – **2.** *cf.* binsenartig.

Bin·tu·rong [bın'tu:rɔŋ] *m* ⟨-(e)s; -s⟩ *zo.* binturong (*Arctictis binturong*).

Bio..., bio..., *combining form denoting* bio..., *z. B.* Biologie biology.

Bio·che·mie [bioçe'mi:] *f* biochemistry. — **Bio·che·mi·ker** [bio'çe:mikər] *m* biochemist. — **bio·che·misch** [bio'çe:mıʃ] *adj* biochemical.

Bio·cho·re [bio'ko:rə] *f* ⟨-; -n⟩, **Bio'cho·ri·on** [-rĭɔn] *n* ⟨-s; *no pl*⟩ *zo.* biochorion.

Bio·dy·na·mik [biody'na:mık] *f* biodynamics *pl* (*construed as sg or pl*). — **bio·dy'na·misch** *adj* biodynamic.

Bio·ener·ge·tik [bio'ʔenεr'ge:tık] *f* ⟨-; *no pl*⟩ *philos.* bioenergetics *pl* (*construed as sg or pl*).

'Bio,fil·ter ['bi:o-] *n, m* (*für Abwasser*) biofilter.

bio·gen [bio'ge:n] *adj biol.* biogenous, biogenic. — **Bio·ge'ne·se** [-ge'ne:zə] *f* ⟨-; -n⟩ biogenesis. — **bio·ge'ne·tisch** [-ge'ne:tıʃ] *adj* biogenetic, *auch* biogenetical: B~es Grundgesetz recapitulation theory, biogenetic law.

Bio·ge·nie [bioge'ni:] *f* ⟨-; *no pl*⟩ *biol.* biogenesis.

Bio·geo·gra·phie [biogeogra'fi:] *f* ⟨-; *no pl*⟩ biogeography, biological geography. — **bio·geo'gra·phisch** [-'gra:fıʃ] *adj* biogeographic(al).

Bio·graph [bio'gra:f] *m* ⟨-en; -en⟩ biographer. — **Bio·gra'phie** [-gra'fi:] *f* ⟨-; -n [-ən]⟩ biography: eine ~ über j-n schreiben to write a biography of (*od.* about) s.o. — **bio'gra·phisch** *adj* biographic(al).

Bio·ka·ta·ly·sa·tor [biokataly'za:tər] *m* ⟨-s; -en [-za'to:rən]⟩ *chem.* biocatalyst.

bio·kli·ma·tisch [biokli'ma:tıʃ] *adj* bioclimatic. — **Bio·kli·ma·to·lo'gie** [-matolo'gi:] *f* bioclimatology.

Bio·lith [bio'li:t; -'lıt] *m* ⟨-s *u.* -en; -e[n]⟩ *geol.* biolith, *auch* biolite, biogenic rock.

Bio·lo·ge [bio'lo:gə] *m* ⟨-n; -n⟩, *auch* **Bio'log** [-'lo:k] *m* ⟨-en; -en⟩ biologist.

Bio·lo·gie [biolo'gi:] *f* ⟨-; *no pl*⟩ biology: beschreibende ~ biophysiography. — **~,un·ter,richt** *m ped.* biology instruction (*od.* lessons *pl*).

bio·lo·gisch [bio'lo:gıʃ] *adj* biologic(al): ~e Kriegführung *mil.* biological warfare; ~er Test *chem.* bioassay; ~e Standardisierung *chem.* biological standardization; relative ~e Wirksamkeit *nucl.* relative biological effectiveness; ~es Röntgen-Äquivalent *nucl.* roentgen equivalent men, rem.

Bio·lo·gis·mus [biolo'gısmus] *m* ⟨-; *no pl*⟩ *philos.* biologism.

Bio·lu·mi·nes·zenz [biolumines'tsεnts] *f zo.* bioluminescence.

Bio·ly·se [bio'ly:zə] *f* ⟨-; -n⟩ *biol.* biolysis. — **bio·ly·tisch** [bio'ly:tıʃ] *adj* biolytic.

Bio·ma·gnet [bioma'gne:t] *m* biomagnet. — **bio·ma'gne·tisch** *adj* biomagnetic. — **Bio·ma·gne'tis·mus** [-gne'tısmus] *m* biomagnetism.

Bio·man·tie [bioman'ti:] *f* ⟨-; *no pl*⟩ biomancy.

Bio·me·ter [bio'me:tər] *n* ⟨-s; -⟩ *biol.* biometer.

Bio·me·teo·ro·lo·gie [biometeorolo'gi:] *f* biometeorology.

Bio·me·trie [biome'tri:] *f* ⟨-; *no pl*⟩, **Bio·me·trik** [bio'me:trık] *f* ⟨-; *no pl*⟩ biometrics *pl* (*construed as sg or pl*), biometry, biostatistics *pl* (*construed as sg*). — **bio·me·trisch** [bio'me:trıʃ] *adj* biometric, *auch* biometrical, biostatistical.

Bio·nik [bi'o:nık] *f* ⟨-; *no pl*⟩ *biol.* bionics *pl* (*construed as sg or pl*).

Bio·no·mie [biono'mi:] *f* ⟨-; *no pl*⟩ bionomy, bionomics *pl* (*construed as sg or pl*).

Bio·öko·lo·ge [bio'ʔøko'lo:gə] *m* ⟨-n; -n⟩, *auch* **Bio·öko'log** [-'lo:k] *m* ⟨-en; -en⟩ *biol.* bioecologist. — **Bio·öko·lo'gie** [-lo'gi:] *f* bioecology. — **bio·öko'lo·gisch** [-'lo:gıʃ] *adj* bioecological, *auch* bioecologic.

Bio·phy·sik [biofy'zi:k] *f* biophysics *pl* (*construed as sg or pl*). — **bio·phy·si'ka·lisch** [-zi'ka:lıʃ] *adj* biophysical.

Bi·op·sie [biə'psi:] *f* ⟨-; -n [-ən]⟩ *med.* biopsy.

Bio·se [bi'o:zə] *f* ⟨-; -n⟩ *chem.* diose, biose.

Bio·skop [bio'sko:p] *n* ⟨-s; -e⟩ *phot.* bioscope (*an early form of motion-picture projector*).

Bio·sphä·re [bio'sfε:rə] *f* ⟨-; *no pl*⟩ biosphere.

Bio·stra·ti·gra·phie [biostratigra'fi:] *f* ⟨-; *no pl*⟩ *geol.* biostratigraphy.

Bio·syn·the·se [biozyn'te:zə] *f* ⟨-; -n⟩ *chem.* biosynthesis.

Bio·tech·nik [bio'tεçnık] *f* ⟨-; *no pl*⟩ biotechnics *pl* (*construed as sg or pl*).

Bio·tin [bio'ti:n] *n* ⟨-s; *no pl*⟩ *chem.* biotin ($C_{10}H_{16}N_2O_3S$).

bio·tisch [bi'o:tıʃ] *adj biol.* biotic, *auch* biotical: ~e Reaktion *chem.* biotic reaction.

Bio·tit [bio'ti:t; -'tıt] *m* ⟨-s; -e⟩ *min.* biotite.

Bio·top [bio'to:p] *m, n* ⟨-s; -e⟩ *biol.* biotope.

Bio·typ [bio'ty:p] *m* ⟨-s; -en⟩, **Bio'ty·pus** [-pus] *m* ⟨-; -typen⟩ *biol.* biotype.

bio·zen·trisch [bio'tsεntrıʃ] *adj* biocentric, *auch* biocentral.

Bio·zö·no·se [biotsø'no:zə] *f* ⟨-; -n⟩ *biol.* bioc(o)enosis, *auch* bioc(o)enose. — **bio·zö'no·tisch** [-'no:tıʃ] *adj* bioc(o)enotic.

bi·ped [bi'pe:t] *adj zo.* biped. — **Bi'pe·de** [-'pe:də] *m* ⟨-n; -n⟩, **Bi'pe·di·er** [-dĭər] *m* ⟨-s; -⟩ *meist pl* biped, biped animal. — **Bi·pe'die** [-pe'di:] *f* ⟨-; *no pl*⟩ bipedality, bipedalism. — **bi'pe·disch** *adj cf.* biped.

bi·po·lar [bipo'la:r; 'bi:-] *adj phys. electr.* bipolar. — **Bi·po·la·ri·tät** [bipolari'tε:t] *f* bipolarity.

Bi·qua·drat ['bi:kvadra:t; bikva'dra:t] *n math.* biquadratic, fourth power. — **bi·qua·dra·tisch** [bikva'dra:tıʃ; 'bi:-] *adj* (*Gleichung*) biquadratic, of the fourth degree, fourth-power (*attrib*).

Bi·quet [bi'ke:] *m* ⟨-s; -s⟩ express balance (*for weighing coins*).

Bi·ra·di·kal ['bi:radika:l; biradi'ka:l] *n chem.* biradical.

Bir·cher·müs·li ['bırçər,my:sli] *n gastr.* *Swiss* Bircher Muesli (*a mixture of cereals, nuts and dried fruit*).

Bi·re·me [bi're:mə] *f* ⟨-; -n⟩ *mar. antiq.* bireme.

Bi·rett [bi'rεt] *n* ⟨-(e)s; -e⟩ *relig.* biretta, *auch* ber(r)etta.

Bir'git·ten,or·den [bır'gıtən-] *m relig.* order of the Brigittines (*od.* Bridgettines).

birgt [bırkt] *3 sg pres of* bergen.

Bir·ke ['bırkə] *f* ⟨-; -n⟩ *bot.* birch(tree) (*Gattg Betula*): Gelbe ~ yellow birch (*B. lutea*); Pappelblätterige ~ American gray (*bes. Br.* grey) birch (*B. populifolia*); Weiße ~ white birch (*B. pendula alba*).

'bir·ken *adj* birch (*attrib*), made of birch(wood).

'Bir·ken|,baum *m bot.* birch(tree). — **~,be·sen** *m* birch broom. — **~ge,hölz** *n* birchwood, birch grove. — **~ge,wächs** *n bot.* plant of the birch family (*Fam. Betulaceae*). — **~,haar,was·ser** *n* (*cosmetics*) alcoholic hair lotion made from birch water. — **~,hain** *m* birch grove. — **~,holz** *n* birch(wood). — **~,kamp·fer** *m chem.* betulinol ($C_{30}H_{48}(OH)_2$). — **~,maus** *f zo.* birch mouse (*Gattg Sicista*). — **~-,Milch·ling** *m bot. cf.* Birkenreizker. — **~,öl** *n* birch oil. — **~,pilz** *m bot.* rough-stemmed boletus (*Trachypus scaber*). — **~,reis** *n* birch twig. — **~,reiz·ker** *m bot.* sharp agaric (*Agaricus torminosus*). — **~,rin·de** *f* birch bark. — **~,ru·te** *f* birch (rod). — **~,span·ner** *m zo.* peppered moth (*Biston betularia*). — **~-,spin·ner** *m* Kentish glory (*Endromis versicolor*). — **~,stan·ge** *f meist pl* (*sport*) (*eines Parcours*) birch lattice, rustic gate. — **~,ste·cher** *m zo.* birch curculio, rhynchite (*scient.*) (*Deporaus betulae*). — **~,teer** *m* birch tar. — **~,wald** *m* birchwood, birch forest. — **~,wäld·chen** *n* birch grove. — **~,wan·ze** *f zo.* birch (*od.* wood) bug (*Aradus betulae*). — **~,was·ser** *n cf.* Birkenhaarwasser. — **~,zei·sig** *m zo.* mealy redpoll (*Carduelis flammea*). — **~,zweig** *m* birch twig.

'Birk|,fuchs *m zo.* birch fox. — **~,hahn** *m* blackcock (*Lyrurus tetrix*). — **~,huhn** *n* black grouse (*Lyrurus tetrix*).

'Birk,wild *n collect.* black game, black grouse. — **~,jagd** *f hunt.* black grouse shooting.

Bir·ma·ne [bır'ma:nə] *m* ⟨-n; -n⟩ **1.** *geogr.* Burmese. – **2.** *hist.* Burman.

Bir·mang ['bırmaŋ] *m* ⟨-s; -s⟩ *zo. cf.* Malaienbär.

bir'ma·nisch *adj* **1.** *geogr.* Burmese. – **2.** *hist.* Burman.

Bir·mit [bır'mi:t; -'mıt] *m* ⟨-s; *no pl*⟩ *min.* burmite.

'birn,ar·tig *adj bot.* pear-shaped, pyriform [(*scient.*).]

'Birn|,baum *m bot.* pear(tree) (*Gattg Pyrus, bes. P. communis*). — **~,baum,holz** *n* pearwood. — **~,blatt,gall,mücke** (*getr.* -k·k-) *f zo.* pear leaf midge (*Perrisia pyrii*). — **~,blü·ten,ste·cher** *m* pear blossom weevil (*Anthonomus cinctus*).

Bir·ne ['bırnə] *f* ⟨-; -n⟩ **1.** pear: eine saftige ~ a juicy pear; ~n nach Kaiserinart *gastr.* pears empress style. – **2.** *bot. cf.* Birnbaum. – **3.** *electr.* (electric-light) bulb, filament lamp: eine ausgebrannte ~ a burned-out (*od.* burnt-out) bulb; eine matte ~ a pearl bulb, a frosted lamp. – **4.** *metall.* converter. – **5.** *mus.* (*der Klarinette*) barrel, birn. – **6.** *colloq.* (*Kopf*) 'nut' (*sl.*); *Am. sl.* 'bean', 'noddle'; *Br. sl.* 'loaf': er hat eine weiche ~ he is soft in the head (*od.* upper stor[e]y), he is batty (*sl.*).

'bir·nen,ar·tig *adj cf.* birnartig.

'Bir·nen|,äther *m chem.* amyl acetate ($CH_3COOC_5H_{11}$). — **~,brand** *m* **1.** *bot.* pear scab. – **2.** pear brandy. — **b~,för·mig** *adj* pear-shaped, pyriform (*scient.*). — **~,most** *m* (fermented) pear juice, *bes. Br.* perry. — **~,pflau·me** *f bot.* pear plum. — **~,quit·te** *f* pear quince (*Cydonia oblonga var. pyriformis*). — **~,saft** *m gastr.* pear juice. — **~,wein** *m* pear wine, *bes. Br.* perry.

'birn,för·mig *adj cf.* birnenförmig.

'Birn|,kraut *n bot.* wintergreen (*Gattg Pirola*): Rundblättriges ~ wild lily of the valley (*P. rotundifolia*). — **~,moos** *n* thread moss, bryum (*Gattg Bryum*). — **~,sau·ger** *m zo.* pear (tree) psylla, pear louse (*Psylla pyricola*). — **~,schnecke** (*getr.* -k·k-) *f* pear shell (*Gattg Pyrula*). — **~,tang** *m bot.* giant kelp (*Macrocystis pyrifera*).

birst [bırst] *3 sg pres of* bersten.

bis [bıs] **I** *prep* ⟨*acc*⟩ **1.** (*zeitlich*) till, until, to: die Ferien dauern ~ Montag the holiday lasts till (*od.* until) Monday; der Laden ist von 2 ~ 3 (Uhr) geschlossen the shop is closed from 2 to 3 (o'clock); montags ~ freitags ist die Bibliothek geöffnet the library is open from Monday to Friday; ~ dann! till then (*od.* later)! so long! ~ heute until (*od.* up to) now, so far, (*gehobener*) hitherto; ~ morgen! see you tomorrow! ~ morgen bleibt er noch he is staying until tomorrow; ~ wann brauchst du das Buch noch? how much longer do you need the book? ~ wann dauert die Vorstellung? when does the performance end? – **2.** (*nicht später als*) by, not later than, on or before: ~ dahin werde ich fertig sein I shall be ready by then; ich bin ~ vier Uhr wieder zurück I will be back by four o'clock; ich gebe es dir ~ Freitag zurück I will return it to you by Friday; Anträge sind ~ 1. März einzureichen applications (are) to be submitted by (*od.* not later than, on or before) March 1st. – **3.** (*bei Zahlenangaben*) to, up to: ~ zehn zählen to count (up) to ten, to count ten; von eins ~ zehn zählen to count from one to ten; zwei ~ drei Kilometer two to three kilometers (*bes. Br.* kilometres); fünf ~ zehn Tage from five to ten days. – **4.** (*Angaben des Grades*) to, to the point of: gemäßigt ~ kühl *meteor.* moderate to cool. – **II** *prep* ⟨*dat*⟩ **5.** (*räumlich*) to, up to, as far as: dieser Zug fährt ~ München this train goes to (*od.* as far as) Munich; ~ wohin fährt der Bus? how far does the bus go? ~ hierher und nicht weiter this far and no farther; von oben ~ unten from top to bottom; von Kopf ~ Fuß from head to foot, from top to toe; von A ~ Z from A to Z. – **III** *adv* (*followed by prep*) **6.** (*zeitlich*) till, until, to: ~ zu meiner Abreise until my departure; ~ zur endgültigen Regelung pending final settlement; ~ auf weiteres until further notice, for the present; ~ auf Widerruf until recalled (*od.* countermanded); ~ gegen drei Uhr wartete er auf sie he waited for her until nearly three o'clock; der Roman reicht ~ in die Gegenwart the novel extends up to the present (time); er arbeitete ~ tief in die Nacht he worked far (*od.* late) into the night; sie konnte ~ gegen Mitternacht nicht einschlafen she could not fall asleep till about midnight; ~ in den Tod till death; er wird ~ nach Weihnachten bleiben he will stay till after Christmas; wir warten ~ um zehn (Uhr) auf dich we will wait for you till ten (o'clock); ~ vor kurzem war er krank he was ill until recently; ~ vor wenigen Jahren until a few years ago; ~ zum Ende right to the end, to the last; ~ zu jenem Zeitpunkt up to (*od.* until) that time; ~ zum heutigen Tag to this (very) day; ~ zum nächsten Mal till the next time; ~ zum Verfallstag, ~ zur Fälligkeit *econ.* until maturity, till due date. – **7.** (*nicht später als*) by, not later than, on or before: Anträge sind ~ zum 1. März einzureichen applications (are) to be submitted by (*od.* not later than, on or before) March 1st. – **8.** (*räumlich*) to, up to, as far as: wie weit ist es ~ zum Bahnhof? how far is it to the station? wir gingen mit ihm ~ zur nächsten Haltestelle we went with (*od.* accompanied) him to the next stop; ~ zum Hals in Arbeit stecken *colloq.* to be up to one's ears (*od.* eyes) in work; er begleitete sie ~ an die Haustür he accompanied her to the front door; das Wasser reicht ~ an die Knie the water reaches up to the knees; sie waren ~ an die Zähne bewaffnet they were armed to the teeth; wir gingen ~ auf den Gipfel we went right to the (very) top; man konnte ~ in das Haus sehen you could see right into the house; von hier ~ nach Japan from here to Japan; der Boden ist ~ unter das Dach mit Heu gefüllt the hayloft is filled with hay right to the roof; das Haus ist ~ auf die Grundmauern abgebrannt the house is burnt to the ground; ~ an das Ende der Welt *fig.* to the end of the world; naß ~ auf die Haut soaked (*od.* wet) to the skin; er hat sein Geld ~ auf den letzten Pfennig ausgegeben he has spent his money to the last penny; sie haben ~ zum letzten Tropfen alles ausgetrunken they have drunk everything to the last drop; ~ auf das I-Tüpfelchen genau *fig.* exact to a T (*od.* t); er ist ~ ins Innerste ein Engländer *fig.* he is English to the core (*od.* through and through, to the backbone); er ist ~ über beide Ohren verliebt *fig.* he is head over ears in love; sich ~ aufs Blut bekriegen *fig.* to fight to the death. – **9.** ~ auf (*acc*) except, but: alle ~ auf einen fanden den Tod all but one were killed; alle waren anwesend ~ auf den Redner all were present except the speaker. – **10.** (*bei Zahlenangaben*) to, up to: dieser Fisch legt ~ zu zwei Millionen Eier this fish may lay as many as two million eggs; ein Baum, der ~ zu 10 Meter hoch wird a tree that may reach a height of 10 meters (*bes. Br.* metres); Kinder von sechs ~ zu vierzehn Jahren haben eine Ermäßigung children from six to fourteen pay a reduced price; Kredite ~ zu 5000 Mark credit(s) up to 5,000 marks. – **11.** (*Angaben des Grades*) to, to the point of: ~ zum Überdruß to the point of boredom (*od.* satiety); mutig ~ zur Tollkühnheit courageous to the point of foolhardiness; sparsam ~ zur Knauserei economical to the point of miserliness; ~ zu einem gewissen Grade to a certain degree. – **IV** *conj* **12.** till, until: warte, ~ ich komme wait till (*od.* until) I come; ich wußte nichts davon, ~ du es mir gesagt hast until you told me I knew nothing about it; warten Sie, ~ er kommt wait till he comes; die Verfügung bleibt (so lange) in Kraft, ~ the decree remains in force until (such time as); ich gehe nicht eher fort, als ~ er kommt I shall not leave until he comes; es wird lange dauern, ~ er es merkt it will be a long time before he finds out; ~ daß der Tod euch scheidet till death doth you part.

Bi·sam [ˈbiːzam] *m* ⟨-s; -e⟩ **1.** (*fashion*) muskrat (fur), *bes. Br.* musquash (fur). – **2.** *zo.* (*Moschus*) musk. — **b~ˌar·tig** *adj zo.* musky. — **~ˌbock** *m* musk beetle (*Aromia moschata*). — **~ˌei·bisch** *m bot. cf.* Abelmoschus. — **~ˌen·te** *f zo.* musk duck (*Biziura lobata*). — **~geˌruch** *m* scent of musk, musky smell. — **~ˌkna·benˌkraut** *n bot.* two-leaved platanthera (*Platanthera bifolia*). — **~ˌkör·ner** *pl* **1.** abelmosk *sg*, abelmusk *sg* (*of Hibiscus moschatus*). – **2.** ambrette *sg* (*of Abelmoschus moschatus*). — **~ˌkraut** *n* moschatel (*Adoxa moschatellina*). — **~ˌmal·ve** *f* musk mallow (*Malva moschata*). — **~ˌoch·se** *m zo.* musk-ox (*Ovibos moschatus*). — **~ˌrat·te** *f* muskrat (beaver), *auch* musquash (*Ondrata zibethica*). — **~ˌro·se** *f bot.* musk rose (*Rosa moschata*). — **~ˌrüß·ler** [-ˌrʏslər] *m zo.* desman (*Gattg Desmana*). — **~ˌschwein** *n* white-lipped peccary (*Tayassu albirostris*). — **~ˌspitzˌmaus** *f* desman (*Gattg Desmana*). — **~ˌstrauch** *m bot.* abelmosk, abelmusk (*Hibiscus moschatus*).

Bi·schof [ˈbɪʃɔf; ˈbɪʃoːf] *m* ⟨-s; ⸚e [ˈbɪʃœfə; ˈbɪʃøːfə]⟩ **1.** *relig.* bishop: zum ~ machen to bishop, to miter, *bes. Br.* to mitre. – **2.** *gastr.* (*Getränk*) bishop.

Bi·scho·fit [bɪʃoˈfiːt; -ˈfɪt] *m* ⟨-s; -e⟩ *min.* bischofite.

bi·schöf·lich [ˈbɪʃœflɪç; ˈbɪʃøːflɪç] *adj relig.* episcopal: ~er Bezirk episcopal jurisdiction (*od.* see).

ˈBi·schofs|ˌamt *n relig.* episcopate, episcopal office, office of bishop. — **~ˌhut** *m* **1.** bishop's hat. – **2.** *cf.* Bischofswürde. — **~kon·feˌrenz** *f* bishops' conference. — **~kolˌle·gi·um** *n* Pontifical College. — **~ˌkreuz** *n* bishop's (*od.* pectoral) cross. — **~ˌman·tel** *m* pall, pallium. — **~ˌmüt·ze** *f* **1.** *relig.* miter, *bes. Br.* mitre. – **2.** *bot.* a) (*stachellose Kakteen*) miter (*bes. Br.* mitre) cactus (*Echinocactus myriostigma*), b) alpine barrenwort (*Epimedium alpinum*), c) *horticultural variety of pumpkin* (*Cucurbita pepo*). – **3.** *zo.* bishop's miter (*bes. Br.* mitre), episcopal miter (*Mitra episcopalis*). — **~orˌnat** *m relig.* pontificals *pl*, episcopal robes *pl*. — **~paˌlast** *m* bishop's palace. — **~ˌpfen·nig** *m geol. cf.* Bonifaziuspfennig. — **~ˌrang** *m relig.* rank of bishop: ein Abt mit ~ a mitered (*bes. Br.* mitred) abbot. — **~ˌring** *m* bishop's (*od.* episcopal) ring. — **~ˌsitz** *m* bishopric, bishop's seat. — **~ˌstab** *m* episcopal staff (*od.* crook), crosier, crozier. — **~ˌstadt** *f* cathedral city. — **~ˌstuhl** *m* cathedra, bishop's throne. — **~ˌthron** *m* **1.** *relig. cf.* Bischofsstuhl. – **2.** *arch.* tribune. — **~ˌwei·he** *f relig.* consecration of a bishop. — **~ˌwür·de** *f* episcopal dignity, miter, *bes. Br.* mitre, episcopate.

Bi·se [ˈbiːzə] *f* ⟨-; -n⟩ *meteor. Swiss* bise, north(-east) wind.

Biˈseauˌschliff [biˈzoː-] *m* Biseau cutting.

Bi·sek·ti·on [bizɛkˈtsi̯oːn] *f* bisection.

Bi·sek·trix [biˈzɛktrɪks] *f* ⟨-; -trizes [-ˈtriːtsɛs]⟩ (*optics*) bisectrix.

Bi·se·xu·ali·tät [bizɛksŭaliˈtɛːt] *f* ⟨-; *no pl*⟩ *biol. psych.* bisexuality. — **bi·se·xu·ell** [bizeˈksŭɛl; ˈbiː-] *adj* bisexual.

ˌbisˈher *adv* up to now, up to the present, so far, as yet, hitherto (*lit.*): ~ ist niemand eingetroffen so far nobody has arrived, nobody has arrived as yet; wie ~ as hitherto, as before; ~ nicht not as yet; die ~ höchste Zahl erreichen to reach the highest figure on record, to reach a record figure.

ˌbisˈhe·rig *adj* ⟨*attrib*⟩ previous, prior, former, hitherto (*lit.*): unsere ~en Erfahrungen our previous experience, our experience so far; im ~en Stil weiterführen to carry on as hitherto; ~e Tätigkeit (*in Bewerbungen*) (list of) past (*od.* previous) employers (*od.* positions held); der ~e Präsident the former president; wie bereits im ~en erwähnt as mentioned above.

Bish·op·scher ˈRing [ˈbɪʃɔpʃər] *m meteor.* Bishop's ring.

Bisˈka·yaˌwal [bɪsˈkaːja-] *m zo.* North Atlantic (*od.* Biscayan) right whale (*Eubalaena glacialis*).

Bis·kot·te [bɪsˈkɔtə] *f* ⟨-; -n⟩ *Austrian gastr.* ladyfinger, sponge finger.

Bis·kuit [bɪsˈkviːt; -ˈkvɪt, -ˈkŭiːt, -ˈkŭɪt] *n* ⟨-(e)s; -s, *auch* -e⟩ **1.** *gastr.* a) *cf.* Biskuitgebäck, b) *cf.* Biskuitteig. – **2.** *tech. cf.* Biskuitporzellan. – **3.** *synth.* (*Rohling*) biscuit. — **~ˌeis** *n gastr.* ice biscuit. — **~geˌbäck** *n small cake(s pl) made from sponge cake mixture.* — **~ˌku·chen** *m* sponge cake. — **~por·zelˌlan** *n tech.* biscuit ware, bisque. — **~ˌrol·le, ~rouˌla·de** *f gastr.* Swiss roll. — **~ˌteig** *m* sponge cake mixture. — **~ˌtor·te** *f cf.* Biskuitkuchen.

ˌbisˈlang *adv cf.* bisher.

ˈBis·marckˌhe·ring [ˈbɪsmark-] *m gastr.* Bismarck herring.

ˈbis·mar·ckisch *adj* Bismarckian.

Bis·mit [bɪsˈmiːt; -ˈmɪt] *m* ⟨-s; -e⟩ *min.* bismite, bismuth ocher (*bes. Br.* ochre).

Bis·mu·tum [bɪsˈmuːtʊm] *n* ⟨-s; *no pl*⟩ *chem.* bismuth (Bi).

Bi·son [ˈbiːzɔn] *m* ⟨-; -s⟩ *zo.* bison, (North American) buffalo (*Bison bison*).

biß [bɪs] *1 u. 3 sg pret of* beißen.

Biß *m* ⟨-sses; -sse⟩ **1.** bite: der ~ einer Schlange the bite of a snake, a snakebite. – **2.** *fig. colloq.* (*Qual, Schmerz*) pang. – **3.** *med.* (*der Zähne*) bite, occlusion (*scient.*): offener ~ open bite; tiefer ~ supraocclusion; vorstehender ~ anterior occlusion.

biß·chen [ˈbɪsçən] *colloq.* **I** *adj* ⟨*undeclined*⟩ ein ~ a little, a (little) bit of, *auch* a speck of: ein kleines ~ a tiny (*od.* wee) bit; ein ~ Brot a little bread; mit einem ~ Glück with a little bit of luck; ein ~ Italienisch a little (*od.* a smattering of) Italian; ein ~ Wissen a smattering of knowledge; darin steckt ein ~ Wahrheit there is a grain (*od.* an atom) of truth in that; mit einem ~ gesunden Menschenverstand with a modicum of common sense; ihr ~ Habe what little she has. – **II** (*substantiviert mit Kleinschreibung*) ein ~ a little, a (little) bit, *auch* a speck: ein ~ zu Mittag essen to have a bite of lunch; das ~, das wir haben what little we have; mit einem ~ vorliebnehmen to be content with little; er regt sich bei jedem ~ auf he gets worked up about every little thing; kein ~, nicht ein ~ not the slightest bit, not a jot; er hat kein ~ guten Willen he doesn't show the least bit of good intention; du bekommst nicht ein ~ davon you won't get a scrap; ach du liebes ~! good Heavens! dear me! – **III** *adv* ein ~ a little, a (little) bit, somewhat: das ist ein ~ (zu) viel verlangt that is asking a little too much; das geht ein ~ (zu) weit that's going somewhat (*od.* a little) too far; das ist ein ~ stark that's a bit thick; ein ~ (zu) teuer a little (too) expensive; ein ~ voreilig a little rash; ein ~ spazierengehen to go for a little walk; streng dich ruhig ein ~ an! do make a little effort; ein ~ schneller! *colloq.* ein ~ dalli! a) a little faster, b) hurry up, get a move on (*colloq.*); bitte warte ein ~! please wait a little (while); kein ~ zu früh not a moment too soon.

'Biß·chen *n* ⟨-s; -⟩ *dim. of* Bissen.

bis·sel ['bɪsəl] *adj dial. for* bißchen I.

Bis·sen ['bɪsən] *m* ⟨-s; -⟩ **1.** bite, bit, small piece, morsel: ein ~ Brot a small piece of bread; er hat seit Tagen keinen ~ angerührt he hasn't touched a bite for days; etwas in kleinen ~ essen to eat s.th. in small pieces; einen kleinen ~ von etwas versuchen to take a taste of s.th.; j-m die ~ in den Mund zählen *colloq.* to watch how much s.o. eats; sie brachte vor Aufregung keinen ~ hinunter *colloq.* she was so excited that she couldn't eat a thing; sie spart sich für ihr Kind den ~ vom Munde ab she stints herself of food for her child; mir blieb der ~ im Halse stecken *colloq.* a) the food stuck in my throat, b) *fig.* I almost choked with fear; ein guter (*od.* leckerer) ~ a tidbit (*bes. Br.* titbit); ein fetter ~ *fig. colloq.* a fine catch; das ist für ihn ein harter ~ *fig. colloq.* a) that is a hard nut for him (to crack), b) that is a bitter pill for him to swallow; j-m die besten ~ zuschieben (*od.* zustecken) *fig. colloq.* to give s.o. all the choice morsels; j-m keinen ~ Brot gönnen *fig.* to begrudge s.o. every little thing. – **2.** *colloq.* (*Imbiß*) snack, bite: wollen Sie nicht einen ~ mit uns essen? won't you have a bite (to eat) with us? bekommt man hier einen ~ zu essen? can one get a snack here?

'bis·sen,wei·se *adv* in bits, bit by bit.

'bis·sig I *adj* **1.** biting, dangerous, vicious: ein ~er Hund a dangerous (*od.* vicious, savage) dog; ist der Hund ~? does that dog bite? Vorsicht, ~er Hund! beware of the dog! – **2.** *fig.* biting, cutting, acid, caustic, trenchant, mordant: ein ~er Kritiker a trenchant critic; eine ~e Bemerkung a caustic (*od.* cutting) remark; die ~e Kälte the biting cold; er hat einen ~en Stil he has a sharp pen; ~er Humor biting humo(u)r; ein ~er Spötter a cynic. – **II** *adv* **3.** *fig.* bitingly, caustically: ~ entgegnen to retort bitingly. — **'Bis·sig·keit** *f* ⟨-; -en⟩ **1.** ⟨*only sg*⟩ (*von Hunden etc*) viciousness. – **2.** *fig.* acidity, causticity, trenchancy: ~en caustic remarks.

'Biß,stel·le *f cf.* Bißwunde.

'Biß,wun·de *f* (wound caused by a) bite: die ~ entzündete sich the bite became infected.

bist [bɪst] *2 sg pres of* sein[1].

bi·sten ['bɪstən] *v/i* ⟨h⟩ *hunt.* (*von Haselhuhn*) call.

Bi·ster ['biːstər] *m, n* ⟨-s; *no pl*⟩, **~,braun** *n* (*paints*) bister, *bes. Br.* bistre.

Bi·stou·ri [bɪs'tuːri] *m, n* ⟨-s; -s⟩ *med.* bistoury.

Bis·tum ['bɪstuːm] *n* ⟨-s; ¨er⟩ *relig.* bishopric, diocese.

'Bis·tums·ver,we·ser *m relig.* intercessor.

Bi·sul·fat ['biːzulfaːt; bizul'faːt] *n chem. cf.* Hydrogensulfat.

Bi·sul·fit ['biːzulfiːt, -fɪt; bizul'fiːt, -'fɪt] *n chem. cf.* Hydrogensulfit.

,bis'wei·len *adv* sometimes, occasionally, from time to time, at times, now and then.

'Bis,wind ['biːs-] *m meteor. Swiss cf.* Bise.

bi·syl·la·bisch [bizy'laːbɪʃ; 'biː-] *adj ling. obs.* dis(s)yllabic, bisyllabic.

Bi·sym·me·trie [bizyme'triː] *f* ⟨-; *no pl*⟩ bisymmetry, bilateralism, bilaterality, bilateralness. — **bi·sym'me·trisch** [-'meːtrɪʃ] *adj* bisymmetrical, *auch* bisymmetric, bilateral.

Bit [bɪt] (*Engl.*) *n* ⟨-(s); -(s)⟩ (*computer*) bit, binary digit.

Bi·thy·ni·er [bi'tyːnĭər] *m hist.* ⟨-s; -⟩ Bithynian. — **bi'thy·nisch** [-nɪʃ] *adj* Bithynian.

Bi·tok [bi'tɔk] *n* ⟨-(s); *no pl*⟩ *gastr.* Russian (minced) steak.

bi·to·nal [bito'naːl; 'biː-] *adj mus.* bitonal. — **Bi·to·na·li·tät** [bitonali'tɛːt; 'biː-] *f* ⟨-; *no pl*⟩ bitonality.

'Bi,treib,stoff ['biː-] *m* (*space*) bipropellant.

'Bittag (*getr.* -tt,t-) *m meist pl relig.* Rogation Day.

'Bitt,brief *m cf.* Bittschreiben.

Bit·te ['bɪtə] *f* ⟨-; -n⟩ **1.** request: eine dringende ~ an urgent (*od.* earnest) request (*od.* appeal), an entreaty; flehentliche (*od.* inständige) ~ (um) supplication (*od.* plea, appeal) (for); eine unerfüllbare ~ a request which cannot be granted; eine letzte ~ a (dying man's) last request; auf j-s ~ hin at s.o.'s request; j-m eine ~ (um etwas) vortragen to make a request to s.o. (for s.th.); ich habe eine große ~ an Sie may I ask you a great favo(u)r, I have a great favo(u)r to ask of you; eine ~ äußern to make a request; an j-n eine ~ richten (*od.* stellen) to request s.th. of s.o.; du mußt deine ~ bei ihm vorbringen you should submit your request to him; j-m eine dringende ~ vorbringen to plead with s.o.; eine ~ gewähren (*od.* erfüllen, erhören), einer ~ entsprechen (*od.* nachkommen, [*gehobener*] willfahren, [*officialese*] stattgeben) to grant (*od.* comply with) a request; meiner ~ ist entsprochen worden my request has been granted; j-m eine ~ abschlagen (*od.* versagen) to refuse (*od.* turn down) s.o.'s request; ich kann ihm keine ~ abschlagen I cannot deny (*od.* refuse) him anything; deine ~ ist mir Befehl your wish is my command; aus ihren Augen sprach eine stumme ~ there was a silent appeal in her eyes; gegen j-s ~n taub bleiben to turn a deaf ear to s.o.'s entreaties; j-n mit ~n bedrängen (*od.* bestürmen), auf j-n mit ~en einstürmen, in j-n mit ~n dringen to overwhelm s.o. with requests; alle ~n haben nichts geholfen all entreaties were in vain. – **2.** *relig.* petition, rogation: die sieben ~n des Vaterunsers the seven petitions of the Lord's Prayer. – **3.** *jur.* (*im Testament*) precatory trust: in Form einer (rechts)-verbindlichen letztwilligen ~ in precatory words.

'bit·te *adv* **1.** (*Wunsch*) please: nehmen Sie ~ Platz! sit down, please; würden Sie mir ~ Feuer geben? would you give me a light, please? ~ geben Sie es weiter! please pass it on; ~ wenden! please turn over; Achtung ~! attention please; ~ nicht stören! please do not disturb; ~ zahlen may I have the bill (*bes. Am.* check), please? ~ nicht! please don't! – **2.** ~ (sehr), ~ (schön) a) (*Antwort auf einen Dank*) (*often untranslated in English*) that's (quite) all right, not at all, don't mention it, you're welcome, b) (*Antwort auf eine Entschuldigung*) it's (quite) all right, don't mention it, never mind, c) (*Antwort auf eine Bitte*) yes (do), certainly, please (do), with pleasure, d) (*Bitte um Wiederholung*) wie ~? (I beg your) pardon? – **3.** (*Aufforderung zum Eintreten*) come in, please. – **4.** a) (*beim Anbieten*) (*usually untranslated in English*) may I offer you? would you like (some)? b) (*beim Überreichen u. Servieren*) thank you. – **5.** (was darf es sein,) ~? (*im Laden*) can I help you? what can I do for you? – **6.** (*usually untranslated in English*) ~, ~ machen a) (*von Kindern*) to beg for s.th., b) (*von Hunden*) to sit up and beg. – **7.** na ~! *colloq.* there now! I told you so!

bit·ten ['bɪtən] **I** *v/t* ⟨bittet, bat, gebeten, h⟩ **1.** ask, (*gehobener*) request, beg: j-n um etwas ~ to ask s.o. for s.th., to request (*od.* beg) s.th. of s.o.; j-n ~, etwas zu tun to ask s.o. to do s.th.; j-n dringend ~ to ask (*od.* request) s.o. urgently, to appeal to s.o., to beg (*od.* urge) s.o.; j-n flehentlich (*od.* inständig) ~ to entreat (*od.* implore, beseech) s.o., to plead with s.o.; j-n demütig um etwas ~ to supplicate (*od.* humbly request) s.o. for s.th.; j-n auf den Knien (*od.* fußfällig) ~ to beg s.o. on one's knees; ich bitte Sie um alles in der Welt I beseech (*od.* implore) you; j-n (wegen etwas) um Entschuldigung ~ to beg s.o.'s pardon, to apologize to s.o. (for s.th.); j-n um Erlaubnis ~, etwas zu tun to ask s.o.'s permission (*od.* leave) to do s.th.; j-n um das Wort ~ to ask s.o.'s permission to speak; darf ich Sie um Ihren Namen ~? may I ask your name, please? j-n um Gehör ~ to request s.o.'s attention; j-n um einen Gefallen (*od.* eine Gefälligkeit) ~ to ask a favo(u)r of s.o., to ask s.o. a favo(u)r; j-n um Gnade (*od.* Milde) ~ to beg s.o. for mercy; darf ich dich noch einmal darum ~? may I trouble you once more for it? j-n zu sich ~ to send for s.o.; er läßt sich nicht erst lange ~ he does not wait to be asked; bittet, so wird euch gegeben *Bibl.* ask and it shall be given you. – **2.** (*einladen*) ask, invite: j-n zu Tisch(e) ~ a) to ask s.o. to come to table, b) *lit.* to invite s.o. to a meal; j-n zu einem Glas Wein ~ to invite s.o. to have a glass of wine. – **3.** (*betonend*) da muß ich doch sehr ~! I can't agree! I really must protest! aber ich bitte dich! but of course! certainly! ein bißchen schneller, wenn ich (Sie) ~ darf a little faster, if you please! ich bitte Sie, ist das ein Leben? I ask you (*od.* really) what sort of life is that? darum möchte ich gebeten haben! *iron.* if you don't mind! das eine bitte ich dich: sei vorsichtig! I ask you only one thing: be careful! – **II** *v/i* **4.** ask, (*gehobener*) request, beg: bei j-m für j-n ~ to plead (*od.* intercede) with s.o. for s.o. (*od.* on s.o.'s behalf); beim Vater um die Hand der Tochter ~ to ask the father for his daughter's hand; um Asyl ~ to request asylum; um Beiträge ~ to solicit (for) contributions; um Aufschub ~ to ask for a postponement; man braucht nur darum zu ~ it may be had for the asking; darf ich ~? a) (*zum Tanz*) may I have the pleasure of this dance? b) (*beim Essen*) dinner is served (*od.* ready); ich lasse ~ the next one please; Herr X läßt ~ Mr. X will see you now. – **III B~** *n* ⟨-s⟩ **5.** *verbal noun*: auf B~ von Herrn X at Mr. X's request; nach langem B~ und Betteln after long entreaties; all sein B~ war umsonst all his prayers were in vain; sich aufs B~ verlegen to resort to pleas.

'bit·tend I *pres p.* – **II** *adj* pleading, beseeching, appealing: demütig ~ suppliant; eine ~e Gebärde a pleading gesture; mit ~em Blick with a beseeching look in one's eyes. – **III** *adv* ~ die Hände ausstrecken to hold out one's hands beseechingly. — **'Bit·ten·de** *m, f* ⟨-n; -n⟩ supplicant, suppliant.

bit·ter ['bɪtər] **I** *adj* **1.** bitter: ~e Mandeln bitter almonds; ~e Schokolade bitter chocolate; ich habe einen ~en Geschmack auf der Zunge I have a bitter taste in my mouth; ein ~er Nachgeschmack a bitter (after)taste; ~ schmecken to taste bitter, to have a bitter taste. – **2.** *fig.* (*verletzend, schmerzlich*) bitter: das ist ~ that's hard (*od. Am.* tough); ~e Erfahrungen painful (*od.* bitter) experiences; eine ~e Enttäuschung a bitter disappointment; eine ~e Erkenntnis a bitter realization; ~e Reue bitter remorse; ~er Haß bitter (*od.* fierce) hatred; ~e Gefühle für j-n haben to have bitter feelings for (*od.* toward[s]) s.o.; ~e Ironie biting irony; j-m die ~e Wahrheit sagen to tell s.o. the bitter (*od.* sad) truth; ein ~es Schicksal (*od.* Los) a hard (*od.* sad) fate; ~e Stunden des Lebens hard hours of life; mit ~en Worten etwas beklagen to complain bitterly (*od.* with bitter words) about s.th.; eine ~e Notwendigkeit a bitter necessity; ein ~es Lächeln a bitter smile; ~e Tränen vergießen (*od.* weinen) to shed (*od.* weep) bitter tears; ich mußte diese ~e Pille schlucken I had to swallow that bitter pill; bis zum ~en Ende to the bitter end; ~ machen *cf.* verbittern. – **3.** (*verstärkend*) bitter: sie waren ~e Feinde they were bitter enemies; es entwickelte sich ein ~er Kampf (*od.* Streit) zwischen ihnen a sharp conflict (*od.* quarrel) developed between them; es herrschte ~e Kälte it was bitterly cold; das ist mein ~er Ernst I am dead serious, I mean it; in ~er Armut [Not] leben to live in abject poverty [dire distress]; ~es Unrecht erleiden to experience bitter injustice; ~er Hunger gnawing (*od.* raging) hunger; j-m ~e Vorwürfe machen to reproach s.o. bitterly. – **II** *adv* **4.** bitterly: das Kind war ~ enttäuscht the child was bitterly disappointed; sich ~ über j-n beklagen to complain bitterly about s.o.; das wird sich noch ~ rächen there will be a bitter revenge for that one day; ich habe es ~ bereut I have regretted it bitterly; es ist mir ~ ernst damit I am dead serious (*od.* in dead earnest) about it, I mean it; er hat es ~ nötig, es tut ihm ~ not he needs it urgently, it is a bitter necessity for him; der Abschied fiel ihm ~ schwer he found it extremely hard to part; sie waren einander ~ feind they were extremely hostile to one another.

'Bit·ter[1] *m* ⟨-s; -⟩, **'Bit·te·rin** *f* ⟨-; -nen⟩ *cf.* Bittende.

'Bit·ter[2] *m* ⟨-s; -⟩ *gastr.* bitters *pl.*

'Bit·ter|,bier *n brew.* bitter (beer *od.* ale). — **b~'bö·se** *adj colloq.* extremely angry, furious: eine ~ Miene a furious expression; ~ werden to become enraged. — **~,di·stel** *f bot.* blessed thistle (*Cnicus benedictus*).

'Bit·te·re *m* ⟨-n; -n⟩ *gastr.* bitters *pl.*

'Bit·ter|,er·de *f chem.* magnesium oxide, burnt (*od.* calcined) magnesia, bitter earth (MgO). — **~,fäu·le** *f bot.* (*von Früchten*) bitter rot. — **~ˌgur·ke** *f* colocynth (apple), bitter cucumber (*od.* gourd) (*Citrullus colocynthis*). — **~ˌholz** *n* bitterwood. — **~ˌkalk** *m min.* magnesian (*od.* dolomitic) limestone, gray (*bes. Br.* grey) lime. — **b~ˈkalt** *adj* ⟨*attrib*⟩ bitterly cold, bitter, raw.

ˈBit·ter·keit *f* ⟨-; -en⟩ **1.** ⟨*only sg*⟩ (*einer Speise*) bitterness. – **2.** *fig.* bitterness, sharpness: ~ empfinden to feel bitter, to have a feeling of bitterness; ~en sagen to say bitter things.

ˈBit·terˌklee *m bot.* buckbean, bean trefoil (*Menyanthes trifoliata*).

ˈbit·ter·lich I *adj* slightly (*od.* somewhat, rather) bitter, bitterish: ein etwas ~er Geschmack a slightly (*od.* somewhat) bitter taste. – **II** *adv fig.* bitterly, grievously: ~ weinen to weep bitterly (*od.* sorely).

ˈBit·ter·ling *m* ⟨-s; -e⟩ **1.** *zo.* bitterling (*Rhodeus amarus*). – **2.** *bot.* a) yellowwort, yellow centaury (*Chlora perfoliata*), b) lady's thumb (*Polygonum persicaria*), c) waterpepper, smart weed (*P. hydropiper*), d) *cf.* Pfeffermilchling, e) *cf.* Bitterpilz.

ˈBit·ter|ˌman·delˌöl *n* **1.** bitter almond oil. – **2.** *chem.* (*künstliches*) benzaldehyde (C_6H_5CHO). — **~ˌmit·tel** *n med. pharm.* aromatic bitters *pl.*

ˈBit·ter·nis *f* ⟨-; -se⟩ *lit.* bitter feeling, bitterness: mit ~ im Herzen with bitterness in one's heart; die ~se der letzten Woche the bitter experiences of last week.

ˈBit·ter|ˌnuß *f bot.* bitternut (hickory), pignut, bitter hickory (*od.* pignut), swamp hickory (*Carya cordiformis*). — **~ˌpilz** *m* peppery toadstool (*Boletus felleus*). — **~ˌrin·de** *f* **1.** quinine tree, native quince (*Petalostigma quadriloculare*). – **2.** amargose (*bark of Quassia amara*). — **~ˌsalz** *n chem.* Epsom salts *pl* (*usually construed as sg*), bitter salt ($MgSO_4 \cdot 7H_2O$). — **~ˌschwamm** *m bot. cf.* Bitterpilz. — **b~ˈschwer** *adj* ⟨*attrib*⟩ bitterly hard: die Geschichte ihres ~en Lebens the story of her extremely hard life. — **~ˌspat** *m min.* magnesite. — **~ˌstoff** *m chem.* bitter principle (*od.* constituent).

ˈbit·terˈsüß *adj* bittersweet: ein ~er Geruch a bittersweet smell; ein ~es Lächeln *fig.* a bittersweet smile.

ˈBit·terˌsüß *n* ⟨-; -⟩ *bot.* bittersweet, woody nightshade, scarletberry, poisonberry (*Solanum dulcamara*).

ˈBit·ter|ˌtrop·fen *pl med. pharm. cf.* Amarum. — **~ˌwas·ser** *n* ⟨-s; ¨⟩ **1.** *pl chem.* bitter waters. – **2.** *med. pharm.* aqueous solution of saline laxatives. — **~ˌwur·zel** *f bot.* gentian root (*Gentiana lutea*).

ˈBitt|ˌgang *m* **1.** approach: (zu j-m) einen ~ unternehmen wegen etwas to make an approach (to s.o.) for s.th. – **2.** *relig.* a) rogation, b) *cf.* Bittprozession. — **~geˌbet** *n relig.* prayer of supplication. — **~geˌsuch** *n jur.* petition: ein ~ an j-n richten to petition s.o. —**~ˌgot·tesˌdienst** *m relig.* rogation service. — **~pro·zes·siˌon** *f* (supplicatory *od.* penitential) procession: eine ~ (ab)halten to hold a (religious) procession. — **~ˌschrei·ben** *n* ⟨-s; -⟩, **~ˌschrift** *f* petition: eine Bittschrift bei j-m einreichen to file (*od.* lodge) a petition with s.o. — **~ˌstel·ler** *m* ⟨-s; -⟩, **~ˌstel·le·rin** *f* ⟨-; -nen⟩ *jur.* petitioner. — **~ˌwo·che** *f relig.* Rogation week.

Bi·tu·men [biˈtuːmən] *n* ⟨-s; -, *auch* -mina [-mina]⟩ **1.** *chem.* bitumen, asphalt: ~ mit Kautschukbeimischung bitumen blended with rubber. – **2.** *min.* (*Erdpech*) bitumen. — **~beˌton** *m civ.eng. cf.* Asphaltbeton. — **~ˌdecke** (*getr.* -k·k-) *f* bituminous (*od.* asphalt) surface, bitumen pavement. — **~ˌfar·be** *f chem.* bituminous paint. — **b~ˌhal·tig** *adj* bituminous: stark ~ highly bituminous. — **~ˌlack** *m chem.* bituminous varnish. — **~ma·kaˌdam** *m, n civ.eng. cf.* Asphaltmakadam. — **~ˌPreßˌmas·se** *f* bitumen mo(u)lding material. — **~ˌsand** *m geol.* bituminous sand. — **~ˌsandˌflöz** *n* bituminous sand layer.

biˈtu·mig *adj min. tech. cf.* bituminös.

bi·tu·mi·nie·ren [bitumiˈniːrən] *v/t* ⟨*no* ge-, h⟩ *tech.* bituminize, *auch* bitumenize.

bi·tu·mi·nös [bitumiˈnøːs] *adj min. tech.* bituminous.

bit·zeln [ˈbɪtsəln] *v/i* ⟨h⟩ **1.** *Southern G.* a) prickle, b) tingle. – **2.** *Middle G.* cut small pieces off (s.th.).

bi·va·lent [bivaˈlɛnt; ˈbiː-] *adj chem.* bivalent, divalent. — **Bi·va·lenz** [bivaˈlɛnts; ˈbiː-] *f* ⟨-; *no pl*⟩ bivalence, bivalency.

Bi·wak [ˈbiːvak] *n* ⟨-s; -s *u.* -e⟩ *bes. mil.* bivouac: ein ~ aufschlagen to bivouac. — **~ˌfeu·er** *n* bivouac fire.

bi·wa·kie·ren [bivaˈkiːrən] *v/i* ⟨*no* ge-, h⟩ *bes. mil.* bivouac.

ˈBi·wak|ˌplatz *m* bivouac site. — **~ˌschach·tel** *f* (*beim Bergsteigen*) bivouac refuge.

bi·zarr [biˈtsar] *adj* bizarre, peculiar, odd.

Bi·zar·re·rie [bitsarəˈriː] *f* ⟨-; -n [-ən]⟩ *fig.* bizarrerie, eccentricity.

Bi·zeps [ˈbiːtsɛps] *m* ⟨-es; -e⟩ *med.* biceps: fühl mal meinen ~! *fig. colloq.* feel my biceps.

bi·zo·nal [bitsoˈnaːl; ˈbiː-] *adj pol. hist.* bizonal, Bizonal. — **Bi·zo·ne** [biˈtsoːnə; ˈbiː-] *f* ⟨-; *no pl*⟩ British-American Zone (of Germany).

bi·zy·klisch [biˈtsyːklɪʃ; ˈbiː-] *adj chem.* bicyclic, *auch* bicyclical.

Bla·che [ˈblaxə] *f* ⟨-; -n⟩ *Southern G.* canvas, tarpaulin.

ˈBlachˌfeld [ˈblax-] *n obs. poet.* open (*od.* flat) country (*od.* field).

Black·out [blɛkˈˀaʊt; ˈblɛkˈˀaʊt; ˈblækaʊt] *n* ⟨-(s); -s⟩ (*theater*) blackout.

blaff [blaf] **I** *interj* **1.** bowwow! *Br.* bow-wow! woof! – **2.** *cf.* paff I. – **II B~** *m* ⟨-(e)s; *no pl*⟩ **3.** bowwow, *Br.* bow-wow.

blaf·fen [ˈblafən], **bläf·fen** [ˈblɛfən] *v/i* ⟨h⟩ (*kläffen*) yelp, (give a short) bark. — **ˈBlaf·fer, ˈBläf·fer** *m* ⟨-s; -⟩ *cf.* Beller.

Blag [blaːk] *n* ⟨-s; -en⟩, **ˈBla·ge** [-gə] *f* ⟨-; -n⟩ *dial. colloq.* (*lästiges Kind*) brat.

ˈBläh·bauch *m colloq.* distended (*od.* bloated) belly.

Bla·he [ˈblaːə] *f* ⟨-; -n⟩ *cf.* Blache.

blä·hen [ˈblɛːən] **I** *v/i* ⟨h⟩ **1.** *bes. med.* cause flatulence (*od.* flatulency), cause wind (*colloq.*). – **2.** *vet.* hove, blow. – **II** *v/t* **3.** (*Segel*) belly, swell, fill (out). – **III** *v/reflex* sich ~ **4.** belly, swell, fill (out). – **5.** *fig. contempt.* puff oneself up. – **IV B~** *n* ⟨-s⟩ **6.** *verbal noun.* – **7.** *cf.* Blähung. — **ˈblä·hend I** *pres p.* – **II** *adj med.* flatulent.

ˈBläh|ˌhals *m med.* goiter, *bes. Br.* goitre. — **~ˌmit·tel** *n synth.* foaming (*od.* expanding) agent. — **~ˌsucht** *f* **1.** *med.* flatulence, flatulency. – **2.** *vet.* bloat, blast, hoove. — **b~ˌsüch·tig** *adj* **1.** *med.* flatulent. – **2.** *vet.* hoven. — **~ˌton** *m civ.eng.* expanded clay, burned clay.

ˈBlä·hung *f* ⟨-; -en⟩ **1.** *cf.* Blähen. – **2.** *med.* flatulence: an ~en leiden to suffer from flatulence (*od.* gas pains). – **3.** *med.* (*bes. bei Säuglingen*) colic.

ˈBlä·hungsˌmit·tel *n med. pharm.* carminative.

bla·ken [ˈblaːkən] *v/i* ⟨h⟩ *Northern G. for* schwelen 1, rußen.

blä·ken [ˈblɛːkən] *dial. colloq.* **I** *v/i* ⟨h⟩ (*bes. von Kindern*) howl. – **II** *v/t* die Zunge ~ to put (*od.* stick) out one's tongue.

Bla·ker [ˈblaːkər] *m* ⟨-s; -⟩ *obs.* **1.** flat candlestick without foot. – **2.** wall lamp with reflector.

ˈbla·kig *adj Northern G. for* rußend II.

bla·ma·bel [blaˈmaːbəl] *adj* (*peinlich*) embarrassing, (*stärker*) humiliating, disgraceful: ein blamabler Zwischenfall a humiliating incident.

Bla·ma·ge [blaˈmaːʒə] *f* ⟨-; -n⟩ humiliation, disgrace, stultification (*lit.*): eine ~ erleiden to be made a laughingstock (*Br.* laughing-stock); um eine ~ zu vermeiden to avoid appearing ridiculous; es war eine furchtbare ~ it was an absolute disgrace.

bla·mie·ren [blaˈmiːrən] **I** *v/t* ⟨*no* ge-, h⟩ j-n ~ to make a fool of s.o., to make s.o. look foolish (*od.* ridiculous), to stultify s.o. (*lit.*). – **II** *v/reflex* sich ~ to make a fool (*vulg.* an ass) of oneself.

BlanˈchierˌeiÂ·sen *n* (*leather*) whitening slicker, fleshing-iron.

blan·chie·ren [blɑ̃ˈʃiːrən] *v/t* ⟨*no* ge-, h⟩ **1.** *gastr.* (*abbrühen*) blanch. – **2.** (*leather*) whiten.

Blanc·man·ger [blɑ̃mɑ̃ˈʒeː] *n* ⟨-s; -s⟩ *gastr.* blancmange.

bland [blant] *adj med.* (*Salbe, Diät etc, Krankheitsverlauf*) bland, mild.

blank [blaŋk] **I** *adj* ⟨-er; -st⟩ **1.** (*glänzend, hell*) shining, shiny, bright: ~e Taler shining florins; ~e Augen bright (*od.* shining) eyes; das ~e Fell des Pferdes the horse's glossy coat. – **2.** (*sauber*) polished, clean: ein ~er Fußboden a polished floor; alles muß sauber und ~ sein everything has to be spick-and-span. – **3.** (*Haut*) bare, naked: auf der ~en Haut on the bare skin. – **4.** (*Boden*) bare: auf dem ~en Boden schlafen to sleep on the bare floor. – **5.** (*Messer, Schwert etc*) naked, (*bes. Stichwaffe*) cold: ~es Schwert naked sword; mit ~em Schwert sword in hand; ~e Waffen weapons of cold steel. – **6.** (*unbeschrieben*) blank. – **7.** *tech.* bright, glazed, glazy: ~e Schraube bright bolt. – **8.** *fig. colloq.* (*offensichtlich, rein*) bare, sheer: das ist der ~e Unsinn that is sheer nonsense; der ~e Hohn sheer mockery. – **9.** ⟨*pred*⟩ *colloq.* (*pleite*) broke (*colloq.*): völlig ~ sein to be stone-broke (*Br.* stony broke). – **10.** eine Farbe ~ haben (*games*) to have only one card of a suit. – **11.** *print.* interlinear. – **12.** der B~e Hans *poet.* the North Sea. – **II** *adv* **13.** ~ gehen *Austrian* to go without hat and coat.

ˈBlank|ˌbür·ste *f* polishing brush. — **~ˌdraht** *m tech.* bare wire.

Blän·ke [ˈblɛŋkə] *f* ⟨-; *no pl*⟩ **1.** *geol.* bog pool. – **2.** *rare* brightness. – **3.** (*forestry*) *cf.* Lichtung 2.

Blan·kett [blaŋˈkɛt] *n* ⟨-(e)s; -e⟩ *econ.* **1.** *cf.* Blankounterschrift. – **2.** (blank) form, *Am.* blank: ein ~ ausfüllen to fill in (*bes. Am.* out) a blank form.

ˈBlank|ˌfilm *m phot.* film support (*od.* base): gelatinebeschichteter ~ (*Rohfilm*) gelatin(e)-coated film support. — **b~ge·ˌglüht** *adj metall.* bright-annealed. — **b~geˌwalzt** *adj* bright cold-rolled. — **b~geˌputzt** *adj* shiny. — **b~geˌzo·gen** *adj metall.* bright-drawn. — **~ˌglü·hen** *n* bright-annealing. — **~ˌlack** *m tech.* clear varnish. — **~ˌle·der** *n* sleeked (*od.* harness) leather.

blan·ko [ˈblaŋko] *adv econ.* in blank: ~ akzeptieren [girieren, trassieren] to accept [to endorse, to draw] in blank; ~ verkaufen to sell short; (in) ~ lassen to leave void.

ˈBlan·ko|akˌzept *n econ.* blank acceptance, acceptance in blank. —**~for·muˌlar** *n* blank form. — **~ˌgi·ro** *n* endorsement in blank: mit einem ~ (versehen) endorsed in blank. — **~in·dos·saˌment** *n* endorsement in blank. — **~ˌkas·senˌscheck** *m* counter check (*Br.* cheque). —**~kreˌdit** *m* unsecured loan (*od.* credit), blank credit. — **~ˌscheck** *m* blank check (*Br.* cheque). — **~ˌun·terˌschrift** *f* blank signature, signature in blank. — **~ˌvollˌmacht** *f* **1.** *jur.* unlimited power of attorney. – **2.** *bes. fig.* carte blanche. — **~ˌwech·sel** *m econ.* blank bill (of exchange).

ˈBlank|ˌstahl *m metall.* bright(-drawn) steel. — **~ˌvers** *m metr.* blank verse: ein im ~ geschriebenes Gedicht a poem in blank verse. — **b~ˌzie·hen I** *v/i* ⟨*irr, sep,* -ge-, h⟩ draw one's sword. – **II** *v/t* (*Säbel, Degen*) draw. – **III B~** *n* ⟨-s⟩ *metall.* bright drawing.

Bläs·chen [ˈblɛːsçən] *n* ⟨-s; -⟩ **1.** *dim. of* Blase. – **2.** *med.* vesicle, small blister, bleb; phlyctenula, phlyctenule (*scient.*): eitriges ~ pustule. – **3.** *pl phot.* (*im Objektiv*) bubbles. – **4.** *bot.* utricle. — **b~ˌar·tig** *adj med.* vesicular, vesiculiform. — **~ˌausˌschlag** *m* **1.** *med.* vesicular eruption (*od.* rash). – **2.** *vet. cf.* Beschälausschlag. — **~ˌbil·dung** *f med.* vesiculation. — **b~ˌför·mig** *adj* vesicular, vesiculiform.

Bla·se [ˈblaːzə] *f* ⟨-; -n⟩ **1.** bubble: ~n werfen to bubble; das Wasser wirft ~n, im Wasser steigen ~n auf the water bubbles; der Teig schlägt (*od.* zieht) ~n *gastr.* the dough becomes aerated; voller ~n bubbly; ~n machen to blow bubbles; das zieht sicher ~n *fig. colloq.* that won't be without consequences; das wird ~n werfen *fig. colloq.* that will cause a sensation; es regnet ~n *fig. colloq.* it's raining cats and dogs. – **2.** *med.* (*am Fuß etc*) blister: ~n ziehen to blister; ich habe mir eine ~ gelaufen I got a blister on my foot; ein Finger voller ~n a blistered finger. – **3.** *med.* (*Harnblase*) bladder: zur ~ gehörig vesical; vor der ~ gelegen prevesical; die ~ entleeren to pass urine, to empty the bladder, to void, to urinate; sich (*dat*) die ~ erkälten to get a cold in the bladder; er hat es an der ~ *colloq.* he has bladder trouble. – **4.** *tech.* a) (*im Innern*) bubble, b) (*Oberflächenfehler*) blister. – **5.** *metall.* a) (*in Gußeisen, Stahl etc*) gas pocket, cavity, b) (*Lunker*) blowhole. – **6.** (*im Glas*) bleb, seed. – **7.** (*in Farben etc*) pinhole. – **8.** (*paper*) (*Pfanne*) pothole. – **9.** *chem.* (*Destillierapparat*) still. – **10.** *fig. colloq. u. contempt.* gang, crew, lot: halte dich fern von dieser ~! don't mix with that crew; die ganze ~ the whole lot. – **11.** (*eines Fußballs etc*) bladder. – **12.** (*in Comic strips*) balloon.

'Bla·se|ˌbalg *m* bellows *pl* (*construed as sg or pl*): ein ~ a (pair of) bellows; den ~ treten (*od.* ziehen) to work the bellows. — **~ˌdau·er** *f metall.* (*eines Konverters*) time of blowing.

bla·sen ['bla:zən] **I** *v/t* ⟨bläst, blies, geblasen, h⟩ **1.** blow: der Wind bläst mir den Sand ins Gesicht the wind blows sand in my face; den Tee ~ to blow on the tea; Ringe ~ (*beim Rauchen*) to blow smoke rings; j-m Staub in die Augen ~ to throw dust in s.o.'s eyes. – **2.** *mus.* a) blow, sound, b) play: Flöte ~ to play the flute; ein Horn ~ to blow (*od.* sound) a horn; einen Tusch ~ to flourish. – **3.** *fig.* (*in Wendungen wie*) Trübsal ~ to be miserable, to have the blues, to mope; j-m den Marsch ~ *colloq.* to give s.o. a dressing down (*od.* a piece of one's mind); man wird ihm was ~ *colloq.* he can whistle for it, he will get damn-all; j-m etwas in die Ohren ~ *colloq.* to whisper s.th. into s.o.'s ears. – **4.** (*Signal etc*) sound: den Zapfenstreich ~ *mil.* to sound the retire, to tattoo; ein Hornsignal ~ to sound the bugle. – **5.** *tech.* a) (*Glas etc*) blow, b) (*mit Dampf, Sand*) blast. – **6.** *metall.* (*im Konverterprozeß*) blow: mit Heißwind ~ to blow hot; mit kaltem Wind ~ to blow cold. – **7.** (*beim Damespiel*) huff: einen Stein ~ to huff a piece (*od.* man). – **II** *v/i* **8.** blow: der Wind bläst heftig the wind blows strongly; in die Flammen ~ a) to blow into the flames, b) *fig.* to fan the flames, to stir up a quarrel; daher bläst der Wind *fig.* that's the way the wind blows, that's how the land lies. – **9.** sound: zum Angriff ~ to sound the charge; zum Rückzug ~ to sound the (*od.* a) retreat; → Horn 4. – **10.** *zo.* (*vom Wal, Delphin*) blow, spout. – **III B~** *n* ⟨-s⟩ **11.** *verbal noun*: → Ahnung 3.

'bla·senˌähn·lich *adj* **1.** bubblelike. – **2.** *med.* vesicular, cystoid. – **3.** *bot. zo.* bladderlike, vesiculate (*scient.*).

'Bla·sen|ˌausˌschlag *m med.* vesicular eruption, pemphigus (*scient.*). — **~ˌbahn** *f mil.* (*eines Torpedos*) track. — **~ˌbil·dung** *f* **1.** bubble formation. – **2.** *med.* blister formation. – **3.** *tech.* (*Oberflächenfehler*) blistering. – **4.** (*paints*) pimpling, pinholing. — **~ˌblu·tung** *f med.* h(a)emorrhage of (*od.* from) the bladder, bladder h(a)emorrhage. — **~ˌbruch** *m* urinary bladder hernia, cystocele (*scient.*). — **~ˌdrang** *m* urinary urgency; strangury, stranguria (*scient.*). — **~entˌlee·rung** *f* emptying of the bladder, voiding, urination, micturition (*scient.*). — **~entˌzün·dung** *f* inflammation of the bladder, cystitis (*scient.*). — **~erˌkäl·tung** *f* cold of the bladder, cystitis (*scient.*). — **~ˌfarn** *m bot.* bladder fern (*Gattg Cystopteris*). — **b~ˌför·mig** *adj med.* bladder-shaped, vesiculiform (*scient.*). — **b~ˌfrei** *adj* **1.** *tech.* (*Schweißen*) nonporous *Br.* non-. – **2.** *metall.* free from blowholes. — **~ˌfuß** *m zo.* thrips (*Ordng Thysanoptera*). — **~ˌfü·ßer** *pl zo.* thysanoptera, physopoda, thrips (*Ordng Thysanoptera*). — **~ˌge·gend** *f* region of the bladder. — **~geˌstein** *n geol.* amygdaloid. — **~ˌgrieß** *m med. cf.* Harngrieß. — **~ˌgrind** *m* impetigo. — **~ˌgrün** *n* ⟨-s; *no pl*⟩ sap (*od.* bladder) green. — **~ˌgrund** *m med.* **1.** fundus of the bladder. – **2.** base of a vesicle (*od.* blister). — **~ˌhals** *m* neck of the bladder. — **~ˌinˌhalt** *m* contents *pl* of the bladder. — **~ˌkä·fer** *m zo.* Spanish fly, blister beetle (*Lytta vesicatoria*). — **~ˌkam·mer** *f nucl.* (*in der Ionisation*) bubble chamber. — **~kaˌtarrh** *m med.* inflammation of the bladder, cystitis (*scient.*). — **~ˌkeim** *m bot.* blastula. — **~ˌkir·sche** *f cf.* Judenkirsche 1. — **~ˌkrampf** *m med.* spasm of the bladder. — **~ˌkrank·heit** *f* **1.** *med. cf.* Blasenleiden. – **2.** *bot.* leaf blister. — **~ˌkraut** *n bot.* bladderwort (*Utricularia vulgaris*). — **~ˌkrebs** *m med.* cancer (*od.* carcinoma) of the bladder. — **~ˌkup·fer** *n metall.* blister copper. — **~ˌlei·den** *n med.* bladder trouble, affection of the bladder: ein ~ haben to be suffering from a bladder disease. — **~maˌkre·le** *f zo.* Spanish (*od.* chub) mackerel (*Scomber japonicus colias*). — **~ˌmo·le** *f med.* cystic mole. — **~ˌnuß** *f bot.* bladdernut tree (*Staphylea pinnata*). — **~ˌqual·le** *f zo.* physalia (*Gattg Physalia*). — **~ˌried** *n cf.* Blasensegge. — **~ˌrob·be** *f zo. cf.* Klappmütze. — **~ˌschnecke** (*getr.* -k·k-) *f* pouch (*od.* bladder) snail (*Physa fontinalis*). — **~ˌschnitt** *m med.* lithotomy, cystotomy. — **~ˌseeˌtang** *m bot. cf.* Blasentang. — **~ˌseg·ge** *f* bladdery carex (*Carex vesicaria*). — **~ˌson·de** *f med.* catheter. — **~ˌspie·gel** *m* cystoscope. — **~ˌsprung** *m* rupture of the (f[o]etal) membranes. — **~ˌspü·lung** *f* irrigation of the bladder. — **~ˌstahl** *m metall.* blister steel. — **~ˌstein** *m med.* (urinary) bladder stone; vesical calculus, cystolith (*scient.*). — **~ˌstrauch** *m bot.* bladder (*od.* bastard) senna (*Colutea arborescens*). — **~ˌtang** *m* bladder kelp (*od.* wrack, fucus) (*Fucus vesiculosus*). — **b~ˌtrei·bend** *adj med.* vesicant: ~es Mittel vesicant. — **~ˌwan·ze** *f zo.* lace bug (*Fam. Tingitidae*).

'Bla·senˌwurm *m* **1.** *med.* bladder worm, measle, cysticercus (*scient.*). – **2.** *zo.* sheep tapeworm (*Echinococcus granulosus*). — **~ˌkrank·heit** *f med.* cysticercosis, echinococcosis.

'Bla·sen|ˌwurst *f gastr.* bladdered sausage. — **~ˌzäh·ler** *m chem.* bubble ga(u)ge. — **~ˌzie·hen** *n med.* vesication. — **b~ˌzie·hend** *adj* blistering: ~es Mittel *med.* vesicant; ~er Kampfstoff *mil.* blister gas, vesicant.

'Bla·seˌofen *m tech. cf.* Blasofen.

'Bla·ser *m* ⟨-s; -⟩ *Middle G. colloq.* (*Reise-, Sportmütze*) cap (with a shade).

Blä·ser ['blɛ:zər] *m* ⟨-s; -⟩ **1.** *mus.* wind-player: die ~ the wind section *sg.* – **2.** (*mining*) blower, feeder, *auch* gas emission. – **3.** *tech.* a) (*Ventilator*) blower, ventilator, (ventilating) fan, b) (*Entlüfter*) exhauster, exhaust fan: rotierender ~ rotary blower. – **4.** *cf.* Glasbläser. – **5.** *zo. cf.* Kropftaube. — **~ˌgrup·pe** *f mus.* (*eines Orchesters*) wind section, winds *pl.*

'Bla·seˌrohr *n cf.* Blasrohr.

'Blä·ser|quinˌtett *n mus.* wind quintet. — **~verˌei·ni·gung** *f* wind ensemble.

'bla·seˌtrei·bend *adj med. cf.* harntreibend.

'Bla·se|ˌwerk *n mus.* (*einer Orgel*) bellows *pl* (*construed as sg or pl*). — **~ˌzeit** *f metall.* (*Birnenbetrieb*) blowing period, duration of blast.

'Blasˌform *f tech. synth.* (*beim Spritzgießen*) blow mold (*bes. Br.* mould).

bla·siert [bla'zi:rt] *adj* blasé. — **Bla'siert·heit** *f* ⟨-; *no pl*⟩ blasé attitude.

'bla·sig *adj* **1.** bubbly, containing (*od.* full of) bubbles (*od.* blisters); vesiculate, vesicular (*scient.*). – **2.** *geol.* (*Gestein, Lava*) vesicular. – **3.** *med.* (*Haut etc*) blistered, covered with blebs, bullous (*scient.*). – **4.** *metall.* (*Guß*) spongy, blowy, honeycombed, blistered, porous. – **5.** *min.* flawy, cavernous, vesiculate, vesicular.

'Blas|in·struˌment *n mus.* wind instrument. — **~kaˌpel·le** *f* a) brass band, b) wind band.

Bläs·lein ['blɛ:slaɪn] *n* ⟨-s; -⟩ *dim. of* Blase.

'Blas|ˌloch *n mus.* blowhole. — **~muˌsik** *f* **1.** music for wind instruments. – **2.** *cf.* Blaskapelle. — **~ˌofen** *m tech.* (*zur Glasfabrikation*) blowing furnace.

Bla·son [bla'zõ:] *m* ⟨-s; -s⟩ *her.* blazon. — **bla·so'nie·ren** [-zo'ni:rən] *v/t* ⟨*no* ge-, h⟩ (*Wappen*) (em)blazon. — **Bla·so'nie·rung** *f* ⟨-; -en⟩ (em)blazonry.

'Blas·orˌche·ster *n mus. cf.* Blaskapelle.

Blas·phe·mie [blasfe'mi:] *f* ⟨-; -n [-ən]⟩ blasphemy. — **blas·phe'mie·ren** [-'mi:rən] *v/t u. v/i* ⟨*no* ge-, h⟩ blaspheme. — **blas'phe·misch** [-'fe:mɪʃ] *adj* blasphemous. — **Blas·phe'mist** [-'mɪst] *m* ⟨-en; -en⟩ blasphemer. — **blas·phe'mi·stisch** *adj cf.* blasphemisch.

'BlasˌRohr *n* **1.** (*bes. der Naturvölker*) blowgun, blowpipe. – **2.** (*Spielzeug*) peashooter, *Am. auch* beanshooter: mit einem ~ schießen to pea-shoot. – **3.** *tech.* a) (*des Glasbläsers*) glassblower's pipe, bunting (*od.* blowing) iron, b) (*eines Sandstrahlgebläses*) blast pipe, c) (*eines Lötrohrs*) blowpipe, d) (*an der Lokomotive*) blast (*od.* discharge) pipe, blowpipe, sweeper.

blaß [blas] *adj* ⟨blasser, *auch* blässer; blassest, *auch* blässest⟩ (*Gesicht etc*) pale, colorless, *bes. Br.* colourless, wan, pallid: blasse Farben pale colo(u)rs; ein blasses Blau a pale blue; du siehst ~ aus you look pale; das Kleid macht dich ~ the dress makes you look pale; er wurde ~ bei der Nachricht [vor Schreck] he turned pale at the news [with the shock]; ~ wie der Tod (as) pale as death; durch den Türspalt fiel ein blasser Schimmer a wan (*od.* faint) glimmer of light fell through the narrow opening of the door; der Schauspieler wirkte in dieser Rolle etwas ~ *fig.* the actor seemed somewhat colo(u)rless in this role; er hat nur noch eine blasse Erinnerung daran *fig.* he has only a dim recollection of it; ich hatte keine blasse Ahnung (*od.* keinen blassen Dunst *od.* Schimmer) davon *fig. colloq.* I had not the faintest (*od.* foggiest, remotest) idea of it; aus ihm spricht der blasse Neid *fig. colloq.* he is clearly green with envy.

'blaßˌblau *adj* pale blue.

'Bläßˌbock ['blɛs-] *m zo.* blesbok, *auch* blesbuck (*Damaliscus albifrons*).

Bläs·se ['blɛsə] *f* ⟨-; *no pl*⟩ **1.** (*des Gesichts etc*) paleness, wanness, pallor, pallidness (*lit.*): fahle ~ sallowness. – **2.** *cf.* Blesse. – **3.** *zo. cf.* Bläßhuhn.

blas·sen ['blasən] *v/i* ⟨blaßt, blaßte, geblaßt, sein⟩ *rare for* erblassen, verblassen 1.

'Bläßˌgans *f zo.* white-fronted (*od.* laughing) goose (*Anser albifrons*).

'blaß|ˌgelb *adj* pale yellow. — **B~geˌsicht** *cf.* Bleichgesicht. — **~ˌgrün** *adj* pale green.

'Bläßˌhuhn *n zo.* coot (*Fulica atra*).

bläß·lich ['blɛslɪç] *adj* (*Gesicht etc*) palish.

'BlasˌSpu·le *f electr.* (*der Schaltgeräte*) blow-out coil.

'blaßˌrot *adj* pale red, pink.

Blast [blast] *m* ⟨-(e)s; ⸚e⟩ (*des Wals*) spout.

bläst [blɛ:st] *3 sg pres of* blasen.

Bla·stem [blas'te:m] *n* ⟨-s; -e⟩ *biol.* blastema.

Bla·sto..., bla·sto... *combining form denoting* blasto...

Bla·sto·coel [blasto'tsø:l] *n* ⟨-s; -e⟩ *biol. cf.* Blastozöl. — **Bla·sto'derm** [-'dɛrm] *n* ⟨-(e)s; -e⟩ blastoderm. — **Bla·sto·ge'ne·se** [-ge'ne:zə] *f* ⟨-; *no pl*⟩ blastogenesis.

Bla·stom [blas'to:m] *n* ⟨-s; -e⟩ *med.* blastoma.

Bla·sto·me·re [blasto'me:rə] *f* ⟨-; -n⟩ *biol.* blastomere, morula cell.

Bla·sto·zöl [blasto'tsø:l] *n* ⟨-s; -e⟩ *biol.* blastoc(o)ele.

Bla·stu·la ['blastula] *f* ⟨-; *no pl*⟩ *biol.* blastula.

'Blas·verˌfah·ren *n metall.* **1.** (*Birnenbetrieb*) blowing process. – **2.** (*Oberflächenverfeinerung*) blasting method.

Blatt [blat] *n* ⟨-(e)s; ⸚er⟩ **1.** *bot.* leaf: Blätter leaves, foliage *sg*; gefiedertes ~ pinnate leaf; grundständiges ~ basal leaf; die Blätter abwerfen to shed (the) leaves; Blätter treiben to put (*od.* send) out (*od.* forth) leaves, to come in leaf, to leaf (out); es regte sich kein ~ not a leaf stirred; (sich *dat*) kein ~ vor den Mund nehmen *fig.* not to mince matters (*od.* one's words), to call a spade a spade. – **2.** (*aus Papier*) leaf, sheet, (*Seite*) page: ein leeres ~ a blank leaf (*od.* sheet); lose (*od.* fliegende) Blätter loose leaves (*od.* sheets); ein ~ Papier a piece (*od.* sheet) of paper; hundert ~ unliniiertes Schreibpapier, bitte! a hundred sheets of unruled writing paper, please; ein ~ aus dem Schreibheft herausreißen to tear a page out of the notebook; vom ~ singen [spielen] to sing [to play] at sight, to sight-read; er verlor einige Blätter seines Manuskripts he lost some folios (*od.* leaves) of his manuscript; geologisches [topographisches] ~ geological [topographic] map sheet; er ist noch ein unbeschriebenes ~ *fig. colloq.* he is still an unknown quantity; das steht auf einem anderen ~ *fig. colloq.* that is quite a different matter; das ~ hat sich gewendet *fig. colloq.* the tide has turned, the tables are turned; ein neues ~ in der Geschichte unseres Staates *fig. lit.* a new era in the history of our state. – **3.** (*Zeitung*) (news)-paper, (*Zeitschrift*) journal: ein bekanntes ~ a well-known paper; das Blatt schreibt, daß the paper writes that. – **4.** (*art*) a) (*Kunstdruck*) (art) print, b) (*Zeichnung*) drawing, c) (*Stich*) engraving: eine Ausstellung graphischer Blätter en exhibition of graphics. – **5.** (*games*) a) (*Spielkarte*) card, b) (*Zusammenstellung der Karten*) hand, c) spade, *collect.* spades *pl* (*on German cards*): er hat ein gutes ~ he has a good hand; alles auf ein ~ setzen *fig.* to stake everything on one card, to put all one's eggs in one basket. – **6.** *tech.* a) (*Folie*) foil, b) (*Papier*) sheet, slip,

c) (einer Feder) leaf, d) (einer Axt) body, bit, blade, e) (einer Bandsäge) band, f) (einer Kreissäge) web, g) (einer Handsäge, Schaufel) blade, (Klinge) blade. – 7. (textile) a) (des Webstuhls) reed, b) (der Karde) comb (broach). – 8. (leather) (des Schuhs) vamp. – 9. hunt. (des Schalenwilds) shoulder, blade-bone: Schuß aufs ~ breast region shot. – 10. geol. lamina. – 11. aer. (Luftschraube, Hubschrauberrotor) blade: welkes ~ (Kunstflugfigur) falling leaf. – 12. mar. (sport) (des Ruders, Riemens) blade. – 13. mus. (Rohrblatt) reed. – 14. math. (Schleifenkurve) folium: Kartesisches ~ folium of Descartes.

'**Blatt|ˌach·se** f bot. rachis. — **b~ˌach·selˌstän·dig** adj axillary. — **~ˌader** f cf. Blattrippe. — **b~ˌähn·lich** adj cf. blattartig.

'**Blattang** (getr. -ttˌt-) m bot. laminaria, sea tangle, kelp (Gattg Laminaria).

'**blattˌar·tig** adj leaflike, phylloid (scient.).

'**Blatt|ˌau·ge** n bot. leaf bud, gemma (scient.). — **~ˌbil·dung** f leafing, foliation. — **~ˌblei** n metall. sheet lead. — **~ˌblu·me** f bot. phyllanthus (Gattg Phyllanthus). — **~ˌbrand** hort. leaf blight (od. rust). — **~ˌbräu·ne** f leaf blight: ~ der Kirsche cherry leaf scorch (caused by Gnomonia erythrostoma).

Blätt·chen ['blɛtçən] n ⟨-s; -⟩ 1. dim. of Blatt. – 2. bot. small leaf, leaflet, foliole (scient.). – 3. (von Papier) slip, small piece: das ~ hat sich gewendet fig. colloq. the tide has turned, the tables are turned. – 4. (Lokalzeitung, Vereinsblatt) small (news)paper: es hat im ~ gestanden it was in the paper. – 5. (Plättchen) flake, lamella, lamina. – 6. mus. a) (der Zungeninstrumente) reed, b) (der Mandoline etc) plectrum, quill.

'**Blätt·chenˌpul·ver** n mil. flake(d) powder.

Blat·te ['blatə] f ⟨-; -n⟩ hunt. (Lockpfeife) call.

'**Blatt|ˌeinˌstellˌwin·kel** m aer. blade angle. — **~elek·troˌme·ter** n electr. leaf (od. foil) electrometer.

blat·ten ['blatən] I v/i ⟨h⟩ hunt. call (od. decoy) a roebuck. – II v/t agr. (Pflanzen) pluck (od. strip) the leaves off.

'**Blat·ter**[1] f ⟨-; -n⟩ 1. med. pock. – 2. Southern G., Austrian dial. and Swiss for Blase 1, 2, 4, 5, 6, 7.

'**Blat·ter**[2] f ⟨-; -n⟩ hunt. cf. Blatte.

'**blät·ter|ˌabˌwer·fend** adj bot. deciduous. — **B~ˌdach** n fig. lit. roof of foliage. — **B~ˌerz** n min. nagyagite.

'**blät·te·rig** adj 1. (Pflanzen) leafy, leaved, foliate (scient.). – 2. (in Blätterschichten geteilt) lamellar, laminate(d), foliated. – 3. (abblätternd) flaky, scaly.

'**Blät·ter|ˌkohl** m bot. cf. Blattkohl. — **~ˌkoh·le** f min. slate (od. slaty) coal, paper coal. — **~ˌkro·ne** f lit. (eines Baumes) crown of foliage (od. leaves). — **b~los** adj bot. leafless, denudate(d) (scient.): mit ~em Stengel nudicaul. — **~ˌma·gen** m zo. (der Wiederkäuer) third stomach, manyplies pl (usually construed as sg); omasum, psalterium (scient.). — **~maˌgnet** m phys. laminated (od. lamellar) magnet.

'**Blat·tern** pl med. smallpox sg, pocks.

blät·tern ['blɛtərn] I v/i ⟨h u. sein⟩ 1. ⟨h⟩ turn the leaves: in einem Buch ~ a) to leaf through a book, b) to browse in a book. – 2. ⟨sein⟩ (abblättern) flake (od. scale, peel, spall, chip) off: die Farbe blättert von den Wänden the paint flakes off the walls. – II v/t ⟨h⟩ 3. Geld(scheine) auf den Tisch ~ colloq. to count down (bank)notes on the table one by one. – III B~ n ⟨-s⟩ 4. verbal noun. – 5. cf. Blätterung.

'**Blat·ter|ˌnar·be** f med. pockmark, smallpox scar. — **b~ˌnar·big** adj (Gesicht etc) pockmarked.

'**Blät·ter|ˌpilz** m bot. agaric (Fam. Agaricaceae). — **b~ˌreich** adj leafy; foliose, foliate (scient.). — **~ˌschmuck** m lit. (von Bäumen) foliage. — **~ˌschwamm** m bot. cf. Blätterpilz. — **~ser·penˌtin** m min. antigorite.

'**Blat·terˌstein** m min. variolite.

'**Blät·ter|ˌta·bak** m leaf (tobacco). — **~ˌtang** m bot. macrocyst (Macrocystis pyrifera).

'**Blät·terˌteig** m gastr. puff paste, (flaky) pastry. — **~geˌbäck** n puff pastry. — **~paˌste·te** f vol-au-vent.

'**Blät·ter·telˌlur** n min. cf. Blättererz.

'**Blät·te·rung** f ⟨-; -en⟩ tech. 1. cf. Blättern. – 2. lamination, foliation.

'**Blät·ter|ˌwald, der** iron. the newspapers pl, the press. — **~ˌwuchs** m bot. leafing, foliation. — **~ˌwurz** f bot. common sept-foil (Tormentilla officinalis).

'**Blattˌerz** n min. cf. Blättererz.

'**Blattˌfall** m bot. 1. (Pflanzenkrankheit) leaf drop (od. fall). – 2. cf. Laubfall. — **~ˌkrank·heit** f downy mildew.

'**Blatt|ˌfe·der** f tech. leaf (od. laminated, flat, plate) spring. — **~ˌfe·der·chen** n 1. bot. plumule. – 2. brew. (des Gerstenkeims) acrospire. — **~ˌfisch** m zo. large angelfish, scalare (Pterophyllum scalare). — **~ˌflä·che** f 1. bot. leaf blade, lamina. – 2. aer. (airscrew od. rotor) blade area. — **~ˌflech·te** f bot. leaf lichen. — **~ˌfleckenˌkrank·heit** (getr. -k·k-) f agr. leaf spot (od. blotch), (von Gerste) net blotch of barley (caused by Helminthosporium teres), (von Rüben) leaf spot of beet (caused by Cercospora beticola). — **~ˌfloh** m zo. jumping plant louse (Fam. Psyllidae). — **~ˌform** f 1. bot. outline (od. form) of a leaf. – 2. tech. (einer Säge) form of blade body. — **b~ˌför·mig** 1. leaf-shaped; foliate(d), phylloid, lamelliform (scient.). – 2. tech. laminated, lamellar. — **~ˌfu·ge** f civ.eng. scarf (joint). — **~ˌfüll·sel** n (literature) filler. — **~ˌfü·ßer** m meist pl zo. phyllopod(an), branchiopod (Ordng Phyllopoda). — **b~ˌfü·ßig** adj leaf-footed, phyllopodous (scient.). — **~ˌfußˌkrebs** m branchiopod, phyllopod(an) (Ordng Phyllopoda). — **~ˌgelb** n bot. chem. xanthophyll. — **~geˌlenk** n bot. joint. — **~geˌmü·se** n hort. green vegetables pl, greens pl. — **~geˌwe·be** n mesophyllum. — **~ˌgold** n gold leaf (od. foil), leaf gold. — **~ˌgrün** n 1. bot. chem. chlorophyl(l), auch leaf green. – 2. (Farbe) leaf green. — **~ˌgrund** m bot. leaf base. — **~ˌhal·ter** m 1. (einer Schreibmaschine etc) paperholder. – 2. print. catch, jigger, visorium, retinaculum. — **~ˌhäut·chen** n bot. (der Gräser etc) ligule, ligula. — **~ˌhe·ber** m print. fly. — **~ˌho·nig** m bot. honeydew. — **~ˌhornˌkä·fer** m zo. lamellicorn (Fam. Lamellicornia). — **~ˌhühn·chen** n jacana, auch jassana (Gattg Jacana spinosa). — **~ˌhül·se** f bot. (des Maises) cornhusk. — **~ˌkä·fer** m zo. leaf(-eating) beetle, chrysomelid (scient.) (Fam. Chrysomelidae). — **~ˌkak·tus** m bot. epiphyllum (Gattg Epiphyllum). — **~ˌkeim** m plumule. — **~ˌkie·me** f zo. (der Muscheln) book gill, phyllobranchia (scient.). — **~ˌkie·mer** [-ˌkiːmər] pl lamellibranchia (Klasse Bivalvia). — **~ˌkis·sen** n bot. pulvinus. — **~ˌknos·pe** f leaf bud, gemma (scient.). — **~ˌknos·penˌstand** m prefoliation, vernation (scient.). — **~ˌkohl** m kale, Scotch kail (Brassica oleracea var. acephala). — **~ˌkranz** m arch. (an Säulen) carved wreath. — **~ˌkup·fer** n metall. sheet copper. — **~ˌkur·ve** f math. folium. — **~ˌlap·pen** m bot. lobe: mit spitzen ~ acutilobate.

'**Blattˌlaus** f zo. plant (od. leaf) louse, Br. greenfly; aphid, aphis (scient.) (Fam. Aphidae). — **~ˌflie·ge** f cf. Florfliege 2. — **~ˌlö·we** m aphis lion (larva of hemerobiid [Fam. Hemerobiidae]).

'**Blatt|ˌleh·re** f tech. screw pitch ga(u)ge. — **b~los** adj bot. leafless, aphyllous (scient.). — **~ˌman·tel** m induviae pl. — **~ˌna·ger** m zo. leaf weevil (Gattg Phytonomus). — **~ˌnar·be** f bot. leaf scar. — **~ˌna·se** f 1. zo. leaf-nosed bat (Fam. Phyllostomatidae), bes. javelin bat (Gattg Phyllostoma). – 2. aer. (des Rotors) leading edge. — **b~ˌna·sig** [-ˌnaːzɪç] adj zo. (Fledermaus) leaf-nosed; phyllostomine, phyllorhine (scient.). — **~nekˌta·ri·um** n bot. leaf nectary. — **~ˌnerv** m bot. leaf vein. — **~ner·vaˌtur** f nervation. — **~nu·meˌrie·rung** f print. foliation. — **~ˌoberˌflä·che** f bot. cf. Blattfläche 1. — **~ˌpflan·ze** f foliage plant. — **~ˌrand** m 1. bot. leaf margin. – 2. (paper) sheet margin. — **~ˌran·ke** f bot. leaf tendril. — **b~ˌreich** cf. blätterreich.

'**blätt·rig** adj cf. blätterig.

'**Blatt|ˌrip·pe** f bot. 1. rib (od. vein, nerve) of the leaf. – 2. (eines Tabakblatts) stalk. — **~ˌrol·ler** m zo. a) leaf roller, tortrix (scient.) (Fam. Tortricidae), b) pl snout beetles, weevils (Fam. Curculionidae). — **~ˌrollˌkrank·heit** f agr. (potato) leaf roll. — **~roˌset·te** f bot. (leaf) rosette. — **~ˌsä·ge** f tech. pad saw. — **~saˌlat** m bot. lettuce. — **~ˌsäu·re** f med. chem. folic acid ($C_{19}H_{19}N_7O_6$). — **~ˌschei·de** f bot. leaf sheath, vagina (scient.).

'**Blattˌschnei·der** pl zo. cf. a) Blattschneiderameisen, b) Blattschneiderbienen. — **~ˌamei·sen** pl leaf-cutting ants (Gattg Atta). — **~ˌbie·nen** pl zo. leaf-cutter (od. -cutting) bees (Fam. Megachilidae).

'**Blatt|ˌschrei·ber** m tel. (Fernschreiber) page printer. — **~ˌschuß** m hunt. shot in the breast (od. chest) region. — **~ˌsei·te** f 1. bot. side of a leaf. – 2. (eines Buches etc) page. — **~ˌsil·ber** n metall. silver leaf. — **~ˌsin·gen** n mus. sightsinging. — **~ˌspiel** n sight-playing, sight-reading. — **~ˌspinnˌmil·be** f zo. red spider mite (Fam. Tetranychus). — **~ˌspit·ze** f 1. bot. apex of a leaf. – 2. tech. (einer Säge) point of blade. – 3. aer. (der Luftschraube od. des Rotors) blade tip. — **~ˌsprei·te** f bot. leaf blade, disk, lamina (scient.). — **~ˌstei·gerˌfrosch** m zo. tree frog (Gattg Phyllobates). — **~ˌstel·lung** f 1. bot. leaf arrangement. – 2. aer. blade angle (of incidence). — **~ˌstiel** m bot. leafstalk, stem; petiole, petiolus (scient.). — '**Blattˌstoß** m civ.eng. (Zimmerei) scarf (joint). — **b~ˌtra·gend** adj bot. phyllophorous.

'**Blat·tung** f ⟨-; -en⟩ civ.eng. cf. Blattstoß.

'**Blattü·te** (getr. -ttˌt-) f bot. ochrea, ocrea.

'**Blatt|verˌbin·dung** f civ.eng. cf. Blattfuge. — **~verˌgol·dung** f print. leaf gilding, gilding with gold leaf. — **~verˌschie·bung** f geol. wrench fault. — **~verˌzie·rung** f (art) (bes. gotisch) foil. — **~ˌvo·gel** m zo. fruit-sucker (Gattg Chloropsis). — **~ˌvor·derˌkan·te** f aer. (der Luftschraube) leading edge. — **b~ˌwei·se** adv print. leaf by leaf, by leaves. — **~ˌwerk** n 1. lit. foliage. – 2. arch. foliage, leafwork. — **~ˌwes·pe** f zo. sawfly (Fam. Tenthredinidae). — **~ˌwick·ler** m zo. cf. Blattroller a. — **~ˌwin·kel** m 1. bot. cf. Blattachse. – 2. aer. cf. Blatteinstellwinkel. — **~ˌzahl** f (eines Buchs etc) foliation. — **~ˌzei·chen** n print. bookmark. — **~ˌzeit** f hunt. (der Rehböcke) rutting season. — **~ˌzie·mer** m (bei Schalenwild) withers pl. — **~ˌzinn** n metall. tinfoil. — **b~ˌzwi·schenˌstän·dig** adj bot. interfoliaceous.

blau [blaʊ] I adj ⟨-er; -(e)st⟩ 1. blue: der ~e Himmel the blue sky; das B~e Band mar. the blue ribbon; ~ vor Kälte blue with cold; ~er Fleck bruise; etwas ~ machen (od. färben) to dye (od. tint) s.th. blue, to blue s.th.; ~e Farbe, ~er Farbstoff chem. blue; ~e Flecken haben to be black and blue; j-n grün und ~ schlagen fig. to beat s.o. black and blue; es wird mir grün und ~ vor den Augen fig. I feel dizzy, my head is spinning; ~es Blut fig. blue blood; die ~en Jungs colloq. the sailors, the boys in blue; sein ~es Wunder erleben fig. colloq. to get the surprise of one's life; j-m (einen) ~en Dunst vormachen fig. colloq. to hoodwink (od. colloq. bamboozle) s.o.; →Auge 1; Blume 5; Bohne 4; Heinrich 2; Kreuz 3; Montag; Peter 2; Reiter[1] 6. – 2. gastr. (Fisch) poached: Forelle ~ poached trout. – 3. fig. colloq. (betrunken) 'tight', blotto (sl.): er ist total (od. völlig) ~ he is dead (od. blind) drunk; ~ wie ein Veilchen sein to be as tight as an owl (od. as drunk as a lord). – 4. her. a) ~es Feld azure, b) ~er Kreis (im Schilde) hurt. – II adv 5. blue(ly): ~ schimmern to have a bluish tinge; sich grün und ~ ärgern fig. colloq. to be beside oneself with annoyance, to be hopping mad, Am. colloq. auch to be fit to be tied.

Blau n ⟨-s; no pl⟩ blue: in ~ gekleidet dressed in blue; mit ~ bemalt painted blue; das ~ des Himmels the blue of the sky; Berliner (od. Preußisch) ~ Prussian blue.

'**Blau|ˌal·gen** pl bot. blue-green algae; schizophyceae, cyanophyceae (scient.) (Klasse Cyanophyceae u. Schizophyceae). — **b~ˌade·rig, b~ˌad·rig** adj blue-veined. — **~asˌbest** m min. Cape (od. blue) asbestos. — **~ˌasche** f tech. blue verditer (od. ashes pl). — **b~ˌäu·gig** adj blue-eyed. — **~ˌbart** m 1. (im Märchen) Bluebeard (auch fig.). – 2. zo. festive amazon (Amazona festiva; parrot). — **~baˌsalt** m 1. civ.eng. blue basalt. – 2. geol. augite. — **~ˌbee·re** f bot. cf. Heidelbeere 1.

'**Blauˌblät·ter** pl geol. blue bands. — **~strukˌtur** f lamination.

'**Blau|ˌbleiˌerz** n min. blue (od. green) lead ore, pyromorphite (scient.). — **~ˌblind·heit** f med. color (bes. Br. colour) blindness for blue; acyanoblepsia, acyanopsia (scient.). — **~ˌblitz** m phot. blue-tinted (od. -coated) flash bulb. — **b~ˌblü·tig** [-ˌblyːtɪç] adj fig. blue-blooded. — **~ˌbock** m zo. blaubok, blaauwbok (Hippotragus equinus leucophaeus). — **~ˌbruch** m metall. blue brittleness (od. shortness). — **b~ˌbrü·chig** adj blue-brittle, blue-short. — **~ˌbrü·chig·keit** *f* blue brittleness (*od.* shortness). — **~ˌbuch** *n pol.* blue book. — **~ˌdros·sel** *f zo.* blue rock thrush (*Monticola solitarius*). — **~ˌdruck** ⟨-(e)s; -e⟩ *m* **1.** *phot.* blueprint (*od.* cyanotype, ferro-prussiate) process. – **2.** (*textile*) indigo print.

'Blaue[1] *n* ⟨-n; *no pl*⟩ *fig.* (*in Wendungen wie*) **er log das ~ vom Himmel herunter** he lied like a trooper, he lied a blue streak; **ins ~ hinein** at hazard, at random; **ins ~ hineinreden** to talk wildly (*od.* at random); **Fahrt ins ~** mystery tour, journey into the blue; **Schuß ins ~** shot in the dark, random shot.

'Blaue[2] *m* ⟨-n; -n⟩ *colloq. contempt.* cop(per), *Br. sl. auch* 'bluebottle', rozzer, *Am. sl. auch* 'flatfoot', policeman.

Bläue ['blɔʏə] *f* ⟨-; *no pl*⟩ **1.** *lit.* blueness: **die ~ des Himmels** the blue(ness) (*od.* azure) of the sky. – **2.** (*textile*) (*Waschblau*) laundry blue, optical dye, optical whitening agent, *Am.* bluing.

'Blauˌei·senˌ|er·de *f min.* earthy vivianite. — **~ˌerz** *n* vivianite.

blau·en ['blauən] **I** *v/t* ⟨h⟩ **1.** *gastr.* (*Fisch*) poach, boil. – **2.** *cf.* bläuen 1. – **II** *v/i* **3.** *poet.* be (*od.* turn) blue (*od.* bluish).

bläu·en ['blɔʏən] *v/t* ⟨h⟩ **1.** make (*od.* dye, tint) (*s.th.*) blue, blue: **Leinen ~** to blue linen. – **2.** *metall.* (*Oberflächenbehandlung*) blue. – **3.** *gastr. cf.* blauen I.

'Blau|ˌerz *n min.* vivianite. — **~ˌesche** *f bot.* blue ash (*Fraxinus quadrangulata*). — **~ˌfar·benˌglas** *n tech.* smalt, blue (*od.* cobalt) glass. — **~ˌfar·benˌwerk** *n* smalthouse. — **~ˌfäu·le** *f bot.* (*des Nadelholzes*) blue stain. — **~ˌfel·chen** *m zo.* surface whitefish (*Coregonus wartmanni*). — **~ˌfeu·er** *n mar.* (*Feuerwerkskörper*) blue light. — **~ˌfich·te** *f bot.* blue spruce (*Picea pungens*). — **~ˌfil·ter** *n, m phot.* blue filter. — **~ˌfisch** *m zo.* bluefish, elf(t), shad, skipjack, tailer (*Pomatomus saltatrix*). — **~ˌfuchs** *m* Arctic (*od.* ice) fox (*Alopex lagopus*). — **~ˌfuß** *m* lanner falcon (*Falco biarmicus*). — **~ˌgas** *n chem.* a) blau gas, b) blue (water) gas. — **b~geˌfro·ren** *adj* ⟨*attrib*⟩ blue with cold. — **~ˌgel** *n chem.* self-indicating silica gel. — **b~geˌstreift** *adj* ⟨*attrib*⟩ with blue stripes, blue-striped. — **~ˌglü·hen** *n metall.* blue annealing, open anneal(ing). — **~ˌglut** *f* dazzling white. — **~ˌgras** *n bot.* **1.** purple melica (*Melica coerulea*). – **2.** blue molinia (*Molinia coerulea*). — **b~ˌgrau I** *adj* blue-gray (*bes. Br.* -grey), slate-blue. – **II B~** *n* ⟨-s; *no pl*⟩ slate blue, (blue) slate. — **b~ˌgrün I** *adj* blue-green. – **II B~** *n* ⟨-s; *no pl*⟩ blue (*od.* glaucous) green. — **~ˌgrund** *m geol.* blue ground. — **~ˌhä·her** *m zo.* blue jay (*Cyanocitta cristata*). — **~ˌhai** *m zo.* blue shark (*Carcharias glaucus*).

'Blauˌholz *n bot.* logwood, campeachy wood (*wood of Haematoxylon campechianum*). — **~ˌbaum** *m* logwood (*od.* campeachy) tree (*Haematoxylon campechianum*).

'Blau|ˌjacke (*getr.* -k·k-) *f colloq. for* Matrose. — **~ˌkehl·chen** [-ˌkeːlçən] *n zo.* bluethroat (*Luscinia svecica*). — **~ˌkopf** *m zo.* figure of eight moth (*Diloba coeruleocephala*). — **~ˌkraut** *n Southern G. and Austrian* red cabbage (*Brassica oleracea var. capitata f. rubra*). — **~ˌkreuz** *n chem. mil.* blue-cross gas. — **~ˌkreuz·ler** [-ˌkrɔʏtslər] *m* ⟨-s; -⟩ *relig.* Member of the Temperance League.

bläu·lich ['blɔʏlɪç] *adj* bluish: **~er Schimmer** bluish tinge. — **~ˌgrau** *adj* bluish-gray (*bes. Br.* -grey). — **~ˌgrün** *adj* bluish-green.

'Blauˌlicht *n* **1.** (*der Polizei etc*) blue lamp: **mit ~ fahren** to drive along with the blue lamp flashing. – **2.** *mar.* blue light.

Bläu·ling ['blɔʏlɪŋ] *m* ⟨-s; -e⟩ *zo.* lycaenid (*Fam. Lycaenidae; butterfly*): **Echter ~** blue (*Gattg Lycaena*).

'blauˌma·chen *v/i* ⟨*sep*, -ge-, h⟩ *colloq.* **1.** not show (*od.* turn) up (for work), stay away (from work). – **2.** (*Schule schwänzen*) play truant (*Am. auch* hooky).

'Blau|ˌmaul *n zo.* bluemouth (*Helicolenus dactylopterus*). — **~ˌmei·se** *f* blue tit, bluebonnet, *Br. auch* tomtit (*Parus caeruleus*). — **~ˌmer·le** *f cf.* Blaudrossel. — **~ˌohr** *n* blue-faced honey-eater (*Entomyza cyanotis*). — **~ˌöl** *n chem.* blue oil. — **~paˌpier** *n* blue carbon paper. — **~ˌpau·se** *f phot.* blueprint, cyanotype: **eine ~ machen von** to blueprint. — **~ˌpaus·paˌpier** *n* blueprint paper. — **~ˌracke** (*getr.* -k·k-) *f zo.* (common) roller (*Coracias garrulus*). — **b~ˌrot I** *adj* purple, violet. – **II B~** *n* ⟨-s; *no pl*⟩ purple, violet, orchid. — **b~ˌsau·er** *adj chem.* hydrocyanic: **blausaures Salz** cyanide.

'Blauˌsäu·re *f chem.* hydrogen cyanide, hydrocyanic (*od.* prussic) acid (HCN). — **~verˌgif·tung** *f med.* cyanide (*od.* cyanic acid) poisoning.

'Blau|ˌschim·mel *m* (*Pferd*) dapple-gray (*bes. Br.* dapple-grey) horse. — **~ˌschim·melˌkä·se** *m gastr.* blue cheese. — **~ˌschlamm** *m geol.* blue mud. — **~ˌschna·belˌsteißˌfuß** *m zo.* thick-billed (*od.* Caroline) grebe (*Podilymbus podiceps*). — **~ˌschnäp·per** *m* blue redbreast, red-breasted flycatcher (*Cyornis tickelliae*). — **~ˌschörl** *m min.* cyanite, *auch* kyanite. — **b~ˌschwarz I** *adj* blue-black. – **II B~** *n* ⟨-es; *no pl*⟩ blue black. — **~ˌsieb** *n zo.* wood leopard (*Zeuzera pyrina; butterfly*). — **~ˌspat** *m min.* blue (*od.* azure) spar, lazulite (*scient.*). — **~ˌsprö·dig·keit** *f metall. cf.* Blaubrüchigkeit. — **~ˌstern** *m bot.* sea onion, bluebell, spring squill (*Gattg Scilla*): **Schöner ~** star hyacinth (*S. amoena*). — **~ˌstich** *m phot.* a) (*starker*) strong blue cast, b) (*schwacher*) slight bluish cast. — **~ˌstift** *m* blue pencil (*od.* crayon). — **~ˌstrumpf** *m fig. contempt. archaic* bluestocking. — **~ˌsucht** *f med.* cyanosis. — **b~ˌsüch·tig** *adj* cyanotic. — **~ˌtan·ne** *f bot.* blue spruce (*Picea pungens*).

'Bläu·ung *f* ⟨-; -en⟩ blu(e)ing.

'blau·vioˌlett *adj* blue violet, blue purple.

'Blau|ˌwal *m zo.* (great) blue whale (*Balaenoptera musculus*). — **~ˌwär·me** *f metall.* blue heat. — **~ˌwas·serˌgas** *n chem.* (blue) water gas. — **b~ˌweiß** *adj* bluish white. — **~ˌwurz** *f bot.* red root (*Lachnanthes tinctoria*).

Blech [blɛç] *n* ⟨-(e)s; -e⟩ **1.** a) (*Werkstoff*) sheet metal (*od.* steel), b) (*Erzeugnis*) metal (*od.* steel) sheet, c) (*Feinblech*) sheet, d) (*Grobblech*) plate: **verzinktes ~** galvanized (*Br. auch* -s-) sheet; **gewalztes ~** rolled sheet metal (*od.* plate); **hochglanzpoliertes [kastengeglühtes] ~** bright-finished [box-annealed] sheet. – **2.** *cf.* Kuchenblech. – **3.** *fig. colloq.* nonsense, rubbish, bosh: **red doch kein ~!** don't talk rot! **das ist doch ~!** that's all rubbish. – **4.** *mus.* **das ~** (*die Blechinstrumente*) the brass. – **5.** *iron. Am. colloq.* 'fruit salad', *Br. sl.* 'gongs' *pl*, decorations *pl*. — **~ˌabˌfall** *m meist pl metall.* sheet-metal (*od.* -steel) scrap. — **~ˌar·beit** *f* sheet-metal work. — **~beˌar·bei·tung** *f* sheet-metal working. — **~beˌar·bei·tungs·maˌschi·ne** *f* sheet-metal working machine. — **~beˌlag** *m* plate covering, floor plates *pl*. — **b~beˌschla·gen** *adj* tin-plated. — **~ˌblä·ser** *m mus.* brass-wind player: **die ~** the brass(es). — **~ˌblas·in·struˌment** *n* brass instrument. — **~ˌbüch·se** *f Br.* tin (box), *Am.* (tin) can: **in ~n** (verpackt) *Br.* tinned, *Am.* canned. — **~ˌdach** *n* tin (*od.* sheet-metal) roof. — **~ˌdeckel** (*getr.* -k·k-) *m* tin lid. — **~ˌdopp·ler** *m metall.* sheet doubler, sheet doubling machine. — **~ˌdo·se** *f cf.* Blechbüchse. — **~ˌdruck** *m* ⟨-(e)s; -e⟩ **1.** *print.* tin-printing. – **2.** *phot.* ferrotype process. — **~ˌduo** *n metall.* two-high plate mill. — **~ˌei·mer** *m* tin bucket.

ble·chen ['blɛçən] *colloq.* **I** *v/t* ⟨h⟩ fork out, shell out, pay up, cough (up): **er mußte 10 Mäuse ~** he had to fork out 10 marks. – **II** *v/i* pay up (*od.* fork out, shell out) money; **er hat ganz anständig dafür ~ müssen** he had to fork out a fair amount for it; **j-n ~ lassen (für)** to stick s.o. (for).

'ble·chern I *adj* **1.** of metal plate, of tin. – **2.** *contempt.* (*Musik, Stimme etc*) brassy, tinny. – **II** *adv* **3. ~ lachen** to have (*od.* give) a brassy laugh.

'Blech|erˌzeug·nis·se *pl tech.* a) sheet-metal goods, sheet-steel products, b) (*Metallwarenindustrie*) sheet-metal ware *sg*. — **~ˌfalz·maˌschi·ne** *f* (steel-sheet) seaming machine. — **~ˌform** *f* (*zum Backen*) cake-tin, cake-mo(u)ld. — **~geˌschirr** *n* **1.** hollow (*od.* tin) ware. – **2.** tin container (*od.* vessel). — **~ˌhut** *m mil. humor.* tin hat. — **~in·struˌment** *n mus.* brass instrument: **die ~e** the brass(es), the brass wind(s). — **~kaˌni·ster** *m cf.* Kanister. — **~ˌkan·ne** *f* (tin) can, tin. — **~ˌkan·te** *f tech.* sheet-metal (*od.* -plate) edge. — **~ˌkan·tenˌformˌar·beit** *f* sheet-edge forming operation. — **~ˌka·sten** *m* sheet-steel (*od.* sheet-metal, tin) box. — **~kon·struk·tiˌon** *f* sheet-steel structure. — **~ˌku·chen** *m gastr.* yeast cake cooked on a baking sheet. — **~ˌla·den** *m sl. Am. colloq.* 'fruit salad', *Br. sl.* 'gongs' *pl*, decorations *pl*. — **~ˌleh·re** *f tech.* sheet-metal ga(u)ge, standard ga(u)ge for sheet and metal. — **~ˌlöf·fel** *m* tin spoon. — **~ˌman·tel** *m tech.* a) sheet-metal casing, b) (*eines Hochofens*) steel jacket (*od.* casing). — **~muˌsik** *f* **1.** brass music. – **2.** *colloq.* brass band. — **~ˌnapf** *m* tin bowl.

Blech·ner ['blɛçnər] *m* ⟨-s; -⟩ *Southwestern G. for* Klempner 1.

'Blech|ˌofen *m metall.* sheet furnace. — **~paˌket** *n* **1.** *electr.* (*Anker*) armature core plate (*od.* stamping), stack of (armature) plates. – **2.** *metall.* a) (*Walzwerk*) sheet pack, b) (*vor dem Fertigstich*) runover, c) (*als Liefererzeugnis*) bundled sheets *pl*. — **~ˌpfan·ne** *f* tin pan. — **~ˌplat·te** *f tech.* steel plate (*od.* sheet). — **~ˌrohr** *n* a) sheet-metal tube, b) (*einer Schmierkanne*) spout. — **~schaˌblo·ne** *f* **1.** *tech.* (*für spanabhebende Metallbearbeitung*) sheet-metal template. – **2.** *metall.* (*Walzenkalibrierung*) pass template. — **~ˌschach·tel** *f* tin box. — **~ˌscha·den** *m auto.* damage to bodywork, bodywork damage: **es hat nur ~ gegeben** only minor bodywork damage was incurred. — **~ˌsche·re** *f* a) (*für Grobbleche*) plate shears *pl*, b) (*für Feinbleche*) tinners' snips *pl* (*construed as sg or pl*). — **~ˌschild** *n* tin plate. — **~ˌschmied** *m* tinsmith, tinner, tinman, sheet metal worker, (*Klempner*) plumber. — **~ˌschnei·de·maˌschi·ne** *f tech.* plate cutting (*od.* shearing) machine. — **~ˌschnei·der** *m* **1.** *tech.* cutter, shearer. – **2.** *colloq. auto.* (*Karosseriegestalter*) stylist. — **~ˌschrau·be** *f* self-tapping screw. — **~ˌschüs·sel** *f* tin bowl. — **~ˌschutz** *m tech.* sheet steel guard. — **~ˌschwei·ßung** *f* plate (*od.* sheet) welding. — **~ˌstär·ke** *f* sheet-metal ga(u)ge. — **~ˌstra·ße** *f metall.* sheet- (*od.* plate-)rolling train. — **~ˌstrei·fen** *m* a) sheet-metal strip, b) (*Rohrherstellung*) skelp. — **~ˌta·fel** *f* **1.** *metall.* (*Walzgut*) a) (*Feinblech*) sheet, b) (*Grobblech*) plate. – **2.** *tech.* (*kleine*) panel. — **~ˌtel·ler** *m* tin plate. — **~ˌtopf** *m* tin pot. — **~ˌträ·ger** *m tech.* (steel) plate girder. — **~ˌtrom·mel** *f* **1.** *tech.* sheet-metal drum. – **2.** (toy) tin drum: „Die ~" "The Tin Drum" (*novel by Grass*). — **b~ˌumˌman·telt** *adj* **1.** (*in der Schweißtechnik*) (*Elektrode*) covered, sheathed. – **2.** *electr.* a) (*Kabel etc*) sheathed, b) (*Schaltgeräte*) encased. – **3.** *metall.* (*Hochofen*) jacketed. — **~verˌar·bei·tung** *f* sheet-metal working. — **~verˌklei·dung** *f tech.* sheeting, sheet-metal casing. — **~ˌwal·ze** *f metall.* plate roll. — **~ˌwalzˌwerk** *n* a) (*für Feinbleche*) sheet-(-rolling) mill, b) (*für Grobbleche*) plate(-rolling) mill. — **~ˌwan·ne** *f* **1.** tin (bath)-tub. – **2.** *tech.* sheet-metal trough. — **~ˌwa·ren** *pl* tinware *sg*, sheet-metal ware *sg*.

'blecken (*getr.* -k·k-) ['blɛkən] *v/t* ⟨h⟩ **die Zähne ~** to bare (*od.* show) one's teeth; **die Zunge ~** *dial.* to stick out one's tongue.

Blei[1] [blaɪ] *n* ⟨-(e)s; -e⟩ **1.** ⟨*only sg*⟩ *chem.* a) lead, plumbum (*scient.*) (Pb), b) *hist.* saturnum: **aus ~** (of) lead, leaden; **gediegenes [gereinigtes, gewalztes] ~** native [refined, rolled] lead; **metallisches [entsilbertes] ~** blue [desilverized] lead; **schwefelsaures ~** lead sulfate; **silberhaltiges [verzinntes] ~** argentiferous (*od.* silver-bearing) [tinned] lead; **~ gießen** a) to cast lead, b) (*an Silvester*) to foretell the future by casting lead; **~ zusammenschmelzen** (*od.* **verschweißen**) to burn lead; **in ~ fassen** to lead; **schwer wie ~** *fig.* heavy as lead; **es liegt mir wie ~ in den Gliedern** *fig.* my arms and legs feel like lead. – **2.** *hunt.* a) (*Schrot, leichtes Blei*) shot, b) (*Bleikugel für ein Schrotgewehr, schweres Blei*) slug, *Am. auch* (pumpkin) ball, c) (*Geschoß für Büchse*) bullet: **Pulver und ~** a) powder and shot, b) ball and powder. – **3.** ⟨*only sg*⟩ *colloq.* (*Bleistift*) pencil: **(etwas) mit ~ schreiben** to write (s.th.) in pencil. – **4.** (*sport*) (*beim Angeln*) sinker. – **5.** *civ.eng. cf.* Senkblei, Senklot 1.

Blei[2] *m* ⟨-(e)s; -e⟩ *colloq. cf.* Blei[1] 3.

Blei[3] *m* ⟨-(e)s; -e⟩ *zo. cf.* Brachse.

'Blei|ˌabˌgang *m metall. cf.* Bleikrätze. — **~ˌabˌschir·mung** *f nucl.* lead shield (*od.* screen). — **~aceˌtat** *n chem.* lead acetate ($Pb(C_2H_3O_2)_2 \cdot 3\ H_2O$). — **~ˌader** *f* (*mining*) lead vein. — **~ak·ku·muˌla·tor** *m electr.* lead storage battery. — **~ˌar·beit** *f* **1.** *metall.* lead smelting. – **2.** *tech.* plumbing. — **~ˌar·bei·ter** *m* **1.** *metall.* lead smelter. –

2. *tech.* plumber. — **~ar·seˌnat** *n chem.* (*Pflanzenschutzmittel*) lead arsenate ($PbHAsO_4$). — **~arˌsenˌglanz** *m min.* sartorite. — **b~ˌar·tig** *adj* leadlike, *Br.* lead-like, leady, leaden, plumbeous (*scient.*). — **~ˌasche** *f* **1.** lead dross (*od.* ashes *pl*). – **2.** *chem.* lead monoxide (PbO). — **~ˌausˌbrin·gen** *n metall.* lead yield. — **~azid** [-ʔaˌtsiːt] *n chem.* lead azide ($Pb(N_3)_2$). — **~ˌbad** *n* lead bath. — **~ˌbar·ren** *m* lead pig. — **~ˌbaum** *m* **1.** *bot.* lead tree (*Leucaena glauca*). – **2.** *chem.* lead tree.

Blei·be [ˈblaɪbə] *f* ⟨-; *no pl*⟩ *colloq.* lodging, (place of) abode, dwelling: eine ~ suchen to look for a place to stay; keine ~ haben to have nowhere to stay (*od.* live).

blei·ben [ˈblaɪbən] **I** *v/i* ⟨bleibt, blieb, geblieben, sein⟩ **1.** (*sich aufhalten*) stay, remain: zu Hause ~ to stay at home (*od.* keep indoors); im Bett ~ to stay in bed; draußen ~ to keep out; bis zum letzten Augenblick ~ to sit it out; bei j-m ~ to stay with s.o.; zum Essen ~ to stay for dinner; bitte, ~ Sie am Apparat! hold the line, please! ich werde noch einen Tag in Berlin ~ I will stay in Berlin for another day; länger als die anderen ~ to outsit (*od.* outstay) the others; nicht wissen, wo man ~ soll not to know where to stay; und wo bleibe ich? *colloq.* and where do I come in? sieh zu, wo du bleibst! look after (*od.* fend for) yourself! sie blieben bei Stalingrad *euphem.* they were killed (*od.* fell) at Stalingrad; → Ball[1] 1; Land 5; Schuster 1; Strecke 2. – **2.** bei etwas ~ to keep (*od.* stick, adhere) to s.th.: bei seiner Meinung ~ to keep to one's opinion; er bleibt immer bei der Wahrheit he always sticks to the truth; bei der Behauptung ~, daß to persist in maintaining that; ich bleibe bei dem, was ich gesagt habe I stick to what I have said; bei der Stange ~ *colloq.* to stick it out, to stick to one's guns; bei der Sache ~ to keep (*od.* stick) to the subject; seinen Grundsätzen (*od.* seiner Sache) treu ~ to abide by (*od.* adhere to) one's principles, to stick to one's guns; sie bleibt bei ihrem Entschluß she keeps to her decision, *Am. colloq. auch* she stands pat; im Takt ~ to keep time; fest ~ (bei) to stand firm (by). – **3.** (*in einem Zustand*) remain, continue (to be), keep: gesund [glücklich] ~ to keep well (*od.* healthy, in good health) [happy]; geschlossen [geöffnet] ~ to remain closed [open]; kalt [kühl, warm] ~ to continue cold [cool, warm]; er blieb die ganze Zeit ruhig he kept (*od.* controlled) his temper all the time; ledig ~ to stay single; ~ Sie ruhig! keep calm! sauber [trocken] ~ to stay clean [dry]; j-m [einer Sache] treu ~ to remain faithful to s.o. [s.th.]; unbestraft [unbelohnt, verborgen] ~ to go unpunished [unrewarded, undiscovered]; ich bleibe dein Freund I remain your friend; mit j-m in Verbindung ~ to keep in touch with s.o.; wir wollen (weiterhin) Freunde ~ we'll remain friends; sich selbst überlassen ~ to be left to oneself; fest ~ to stand one's ground; unbeachtet ~ to escape notice; ungenannt ~ to be (*od.* remain) nameless; schlank ~ wollen to want to keep one's figure; ~ Sie (doch) sitzen! don't get up! keep your seat! in Bewegung ~ to keep moving; im Gedächtnis ~ to stick in the memory; ohne Erfolg ~ to meet with no success; nicht ohne Folgen ~ to have its consequences; das bleibt unter uns we must keep that to ourselves; bleib mir vom Leibe! keep away from me! – **4.** (*übrigbleiben*) remain, be left: dir bleibt nichts als there is nothing left for you but; das bleibt abzuwarten that remains to be seen; in den zwei Wochen, die uns noch ~ in the two weeks that remain (*od.* are left) to us; es bleibt ihm keine Wahl he has no choice; die Sache bleibt ihm (vorbehalten) the matter remains with him (*od.* is reserved for him). – **5.** (*wegbleiben*) stay away: wo bleibt er denn? where can he be? wo bist du so lange geblieben? where have you been all this time? wo ist er nur geblieben? whatever became of him? ich bleibe nicht lange I won't be long; bleibe nicht länger als nötig don't be longer than you can help; → Hals 2; Leib 1. – **II** *v/impers* **6.** es bleibt dabei! that's settled; und dabei bleibt es! and that's that! bei dieser Entscheidung bleibt es this decision is final; dabei wird es nicht ~ it won't rest there; es bleibt abzuwarten, ob it remains to be seen whether; es bleibt uns noch Zeit (, etwas zu tun) we have time enough (to do s.th.); es bleibt sich gleich it makes no difference, it comes to the same thing; es bleibt nur noch wenig zu tun little now remains to be done; es bleibt Ihnen überlassen zu it rests with you to. – **III B~** *n* ⟨-s⟩ **7.** *verbal noun*: hier ist meines B~s nicht mehr (*od.* länger) *lit.* I can remain here no longer. — **ˈblei·bend I** *pres p.* – **II** *adj* permanent, lasting, abiding (*lit.*): ~e Werte permanent (*od.* lasting) values; es ist eine ~e Sorge it is a lasting worry; mit ~er Besorgnis with abiding concern; einen ~en Eindruck hinterlassen to leave a lasting impression; in ~er Erinnerung behalten to keep in lasting memory; ~er Zahn permanent tooth; ~e Härte *chem.* permanent hardness.

ˈblei·benˌlas·sen *v/t* ⟨*irr, sep, no* -ge-, h⟩ etwas ~ *colloq.* a) to leave (*od.* let) s.th. alone, b) to discontinue (*od.* stop, quit) s.th.: laß es lieber bleiben! you'd better leave it alone; laß das bleiben! stop that! du solltest das Rauchen ~ you should stop (*bes. Am.* quit) smoking; das werde ich hübsch ~ I will do nothing of the kind.

ˈBlei|ben,zin *n* lead(ed) gasoline (*Br.* petrol). — **~ˌbergˌwerk** *n* lead mine. — **~ˌblech** *n tech.* sheet lead. — **~ˌblock** *m nucl.* lead brick.

bleich [blaɪç] *adj* ⟨-er; -st⟩ pale, pallid, wan: ~ vor Schreck pale with fright; ~ wie Wachs (*od.* wie der Tod, wie die Wand) *fig.* as pale as death, as white as chalk; ~ werden to pale, to turn pale; das ~e Mondlicht *lit.* the pale light of the moon.

ˈBleichˌanˌstalt *f* bleachery.

Blei·chart [ˈblaɪçart] *m* ⟨-s; -e⟩ *cf.* Bleichert.

ˈBleich|ˌbad *n phot.* bleaching bath. — **~ˌböck·chen** *n zo.* oribi, *auch* ourebi (*Gattg Ourebia*).

ˈBlei·che *f* ⟨-; -n⟩ **1.** *cf.* Bleichplatz. – **2.** (*Bleichanstalt*) bleachery. – **3.** ⟨*only sg*⟩ *rare for* Blässe 1.

ˈbleichˌecht *adj chem.* bleach-proof. — **ˈBleichˌecht·heit** *f* resistance to bleach.

blei·chen [ˈblaɪçən] **I** *v/t* ⟨h⟩ **1.** (*Haare, Wäsche*) bleach: sich (*dat*) die Haare ~ lassen to have one's hair bleached (*od.* peroxided). – **2.** *chem.* a) discharge, b) (*Papier*) poach. – **II** *v/i* ⟨bleicht, *obs.* blich, *obs.* geblichen, sein⟩ **3.** bleach, turn pale. – **III B~** *n* ⟨-s⟩ **4.** *verbal noun.*

ˈBlei·cher *m* ⟨-s; -⟩ **1.** (*Person*) bleacher. – **2.** *tech.* bleacher.

ˈBleichˌer·de *f min.* fuller's earth.

ˈBlei·chert *m* ⟨-s; -e⟩ *gastr.* rosé, pale red wine.

ˈBleich|ˌfaß *n* (*paper*) bleaching vat (*od.* chest). — **~ˌflüs·sig·keit** *f* bleaching liquor (*od.* liquid), bleach.

ˈBleich·geˌsicht *n humor.* paleface. — **ˈbleich·geˌsich·tig** *adj* palefaced.

ˈBleich·heit *f* ⟨-; *no pl*⟩ paleness, pallidness, wanness.

ˈBleich|ˌhol·län·der *m* (*paper*) bleaching engine, potcher. — **~ˌkalk** *m chem.* **1.** bleaching powder. – **2.** (*Chlorkalk*) chloride of lime, chlorinated lime ($CaOCl_2$). — **~ˌkes·sel** *m* (*paper*) kier.

ˈBlei·chloˌrid *n chem.* lead (*od.* plumbic) chloride ($PbCl_2$).

ˈBleichˌplatz *m* (*für Wäsche*) bleaching ground (*od.* field).

ˈBlei·chroˌmat *n* lead chromate, chrome yellow ($PbCrO_4$).

ˈBleich|ˌso·da *f, auch n* washing soda. — **~ˌsucht** *f* **1.** *med.* greensickness; chlorosis, chloran(a)emia (*scient.*). – **2.** *bot.* chlorosis. — **b~ˌsüch·tig** *adj* **1.** *med.* greensick, chlorotic (*scient.*). – **2.** *bot.* chlorotic.

ˈBlei·chung *f* ⟨-; *no pl*⟩ **1.** *cf.* Bleichen. – **2.** *bot.* (*von Pflanzen*) whitening, blanching, etiolation.

ˈBlei|di·oxyd [-dioˌksyːt] *n chem.* lead dioxide (*od.* peroxide) (PbO_2). — **~ˌeinˌfas·sung** *f tech.* (*eines Fensters*) lead tracery. — **~empˌfind·lich·keit** *f* **1.** *chem.* (*des Benzins*) fuel response to tetraethyl lead, rate of octane increase by tetraethyl lead addition. – **2.** *auto.* (*der Zündkerze*) fouling tendency due to lead deposits.

blei·en [ˈblaɪən] *v/t* ⟨h⟩ *tech.* lead.

ˈBleiˌer·de *f min. cf.* Weißbleierz.

ˈblei·ern *adj* **1.** ⟨*attrib*⟩ (*aus Blei*) (of) lead, leaden, leady; plumbeous, plumbic (*scient.*). – **2.** *fig.* leaden, as heavy as lead: ~e Glieder leaden limbs; ~er Schlaf leaden sleep; ~e Schwüle (*od.* Schwere) leadenness; → Ente 1. – **3.** *cf.* bleifarben.

ˈBlei|ˌerz *n min.* lead ore. — **~ˌes·sig** *m chem. pharm.* vinegar of lead, Goulard's extract. — **~ˌfar·be** *f* **1.** (*Farbstoff*) lead paint. – **2.** (*Farbton*) leaden color (*bes. Br.* colour). — **b~ˌfar·ben, b~ˌfar·big** *adj* leady, lead-colored (*bes. Br.* -coloured), livid: ~er Himmel leaden sky. — **~ˌfas·sung** *f tech.* lead mount. — **~ˌfe·der** *f* lead pencil. — **~ˌfo·lie** *f tech.* lead foil. — **b~ˌfrei** *adj* free from lead. — **~geˌhalt** *m* lead content. — **~ˌgelb** *n chem.* massicot. — **~ˌgie·ßen** *n New Year's Eve custom of fortune-telling by pouring molten lead into water.* — **~gie·ßeˌrei** *f metall. cf.* Bleihütte.

ˈBleiˌglanz *m chem.* galena, lead glance (*od.* sulfide) (PbS). — **b~ˌar·tig** *adj min.* galenic(al). — **b~ˌhal·tig** *adj* galenic(al).

ˈBlei|ˌglas *n tech.* lead glass (*od.* silicate). — **~glaˌsur** *f chem.* glost. — **~ˌglät·te** *f* litharge, lead monoxide (PbO). — **b~ˌgrau** *adj* **1.** lead-gray (*bes. Br.* -grey). – **2.** *fig.* leaden. — **~ˌgrau·pe** *f min.* pea. — **~ˌgru·be** *f cf.* Bleibergwerk. — **~ˌgum·miˌschür·ze** *f nucl.* lead-rubber apron. — **b~ˌhal·tig** *adj* containing lead, plumbiferous (*scient.*). — **~ˌhär·tung** *f metall.* **1.** lead hardening. – **2.** (*von Draht*) patenting. — **~ˌhornˌerz** *n min.* phosgenite. — **~ˌhüt·te** *f metall.* lead smeltery, lead refining plant.

ˈblei·ig *adj cf.* bleiern 1.

ˈBleiˌka·bel *n* lead-covered cable.

ˈBlei|ˌkam·mer *f* **1.** *chem. tech.* lead chamber. – **2.** die ~n von Venedig *hist.* the lead chambers of Venice. — **~verˌfah·ren** *n chem.* (lead-)chamber process.

ˈBlei|ˌkap·pe *f mil.* (*einer Mine*) horn. — **~kaˌtho·de** *f electr.* lead cathode. — **~ˌklum·pen** *m* lump of lead. — **~ˌko·lik** *f med.* lead (*od.* painter's) colic. — **~ˌkrank·heit** *f med. cf.* Bleivergiftung. — **~ˌkrät·ze** *f metall.* lead dross (*od.* scoria). — **~ˌkraut** *n bot. cf.* Bleiwurz. — **~kriˌstall** *n* lead crystal. — **~ˌku·gel** *f* lead ball (*od.* bullet). — **~ˌläh·mung** *f med.* painters' (*od.* lead) palsy, lead neuropathy. — **~leˌgie·rung** *f* lead alloy. — **~ˌlot** *n* **1.** *metall.* lead solder. – **2.** *tech. cf.* Senklot 1. — **~ˌman·tel** *m* **1.** lead casing (*od.* covering, sheathing). – **2.** *electr.* (*eines Kabels*) lead sheath. – **3.** *mil.* (*einer Patrone, Granate etc*) lead jacket. — **~ˌmen·ni·ge** *f metall.* red lead, minium. — **~niˌtrat** *n chem.* lead nitrate ($Pb(NO_3)_2$). — **~oxyd** [-ʔɔˌksyːt] *n* lead (mon)oxide (PbO): rotes ~ minium (Pb_3O_4). — **~ˌplat·te** *f* **1.** *tech.* plate (*od.* sheet) of lead. – **2.** (*in der Röntgenographie*) lead sheathing. — **~ˌplom·be** *f* lead seal. — **~ˌpro·be** *f metall.* lead assay. — **~raf·fi·neˌrie** *f* lead refinery. — **b~ˌreich** *adj* rich in lead. — **~ˌrohr** *n, auch* **~ˌröh·re** *f* lead pipe (*od.* tube). — **~ˌrot** *n chem.* red lead (Pb_3O_4). — **~ˌsalz** *n* lead salt. — **~ˌsamm·ler** *m cf.* Bleiakkumulator. — **~ˌsaum** *m med.* lead line. — **~ˌschrot** *m, n* lead shot. — **~ˌschutzˌman·tel** *m nucl. cf.* Bleiabschirmung. — **~ˌschwarz** *n mar.* pot lead. — **~ˌschweif** *m min.* compact galena. — **b~ˈschwer** *adj fig.* (*Glieder etc*) leaden, (as) heavy as lead. — **~ˌsei·fe** *f chem.* lead soap. — **~ˌsi·che·rung** *f electr.* lead fuse. — **~solˌdat** *m* tin (*od.* lead) soldier. — **~ˌspat** *m min.* black-lead spar. — **~ˌstein** *m tech.* leady matte.

ˈBleiˌstift *m* (lead) pencil: mit ~ geschrieben written in pencil; eine mit ~ geschriebene Randbemerkung a penciled (*bes. Br.* pencilled) note in the margin. — **~ˌabˌsatz** *m* (*fashion*) stiletto heel. — **~ˌhal·ter** *m cf.* Bleistiftverlängerer. — **~ˌholz** *n bot.* pencil (*od.* red) cedar (*bes. Juniperus bermudiana*). — **~ˌhül·se** *f* (pencil) point protector. — **~ˌmi·ne** *f* **1.** (pencil) lead. – **2.** (*für Drehbleistifte*) refill lead. — **~ˌskiz·ze** *f* pencil sketch. — **~ˌspit·zer** *m,* **~ˌspitz·maˌschi·ne** *f* (pencil) sharpener. — **~ˌstrich** *m* pencil mark: ~e pencil marks, penciling *sg, bes. Br.* pencilling *sg.* — **~ˌstum·mel** *m* pencil stub. — **~verˌlän·ge·rer** *m* pencil holder (*od.* lengthener). — **~ˌzeich·nung** *f* pencil drawing.

ˈBlei|sulˌfat *n chem.* lead sulfate (*bes. Br.* -ph-) ($PbSO_4$). — **~sulˌfid, ~sul·fuˌrat** *n* lead sulfide (*bes. Br.* -ph-) (PbS). — **~su·per·oxyd** [-zupɛrʔɔˌksyːt] *n cf.* Bleioxyd. — **~te·tra·aceˌtat** [-tetraʔatseˌtaːt] *n* lead tetraacetate ($Pb(C_2H_3O_2)_4$). — **~te·tra·äthyl** [-tetraʔɛˌtyːl] *n* tetraethyl lead ($Pb(C_2H_5)_4$). — **~ˌüberˌzug** *m tech.* lead coat(ing). — **~verˌbin·dung** *f chem.* lead compound. — **~verˌgif·tung** *f med.* lead poisoning; plumbism, saturnism (*scient.*). — **~verˌgla·sung** *f tech.* lead glazing. — **~verˌschluß** *m econ.* leading: unter ~ leaded, lead sealed. — **~vi·triˌol** *n obs. for* Bleisulfat. — **~ˌweiß** *n* (*paints*) white lead, ceruse (*scient.*).

ˈBleiˌwurz *f bot.* leadwort (*Gattg Plumbago*). — **~geˌwäch·se** *pl* plumbaginaceous plants (*Fam. Plumbaginaceae*).

ˈBlei|ˌzei·le *f print.* slug. — **~ˌzel·le** *f electr.* lead (storage) cell. — **~ˌzucker** (*getr.* -k·k-) *m chem.* sugar of lead, lead acetate ($Pb(C_2H_3O_2)_2 \cdot 3H_2O$).

ˈBlend·arˌka·de *f arch.* arcature.

Blen·de [ˈblɛndə] *f* ⟨-; -n⟩ **1.** *phot.* a) diaphragm, b) (light) stop, f-stop, c) (*als Öffnung*) aperture: (bei) ~ 8 (at) f-8. – **2.** (*fashion*) trimming, braiding, facing. – **3.** (*einer Lampe etc*) shade, screen, shield, blind. – **4.** *arch.* (*eines Fensters*) transom. – **5.** *min.* blende, glance, sphalerite. – **6.** *mil.* a) (*Sicherung vor Sprenggeschossen*) blind, b) (*am Geschütz*) gun shield (*od.* mantlet), c) (*auf der Schießbahn*) screen. – **7.** *mar.* (*am Bullauge*) deadlight. – **8.** (*Scheuklappe*) blinker, blinder. – **9.** *bot. cf.* Buchweizen. — **b~ˌhal·tig** *adj min.* blendous.

blen·den [ˈblɛndən] **I** *v/t* ⟨h⟩ **1.** blind, dazzle: das Licht blendet mich the light dazzles me. – **2.** *fig.* (*beeindrucken*) dazzle, (*stärker*) fascinate: ihr Anblick blendete ihn *fig.* her appearance dazzled him. – **3.** *fig.* (*täuschen*) (be)dazzle, blind, deceive, delude, hoodwink: laß dich vom äußeren Schein nicht ~! don't let yourself be dazzled by outward appearances; er blendet alle he hoodwinks everybody. – **4.** (*Pelze*) dye (*s.th.*) dark. – **5.** j-n ~ *obs.* to gouge out s.o.'s eyes, to blind s.o., to deprive s.o. of his sight. – **II** *v/i* **6.** dazzle, glare. – **III B~** *n* ⟨-s⟩ **7.** *verbal noun.* – **8.** *cf.* Blendung.

ˈblen·dend I *pres p.* – **II** *adj* **1.** blinding, dazzling, glaring: ein ~es Weiß a dazzling white. – **2.** *fig. colloq.* (*Rechner etc*) brilliant, splendid, magnificent, wonderful. – **3.** *fig. colloq.* (*Erscheinung etc*) wonderful, fine, dazzling, stunning, 'grand' (*colloq.*): du siehst heute ~ aus you look (*od.* are looking) wonderful today. – **III** *adv* **4.** *fig.* awfully well (*colloq.*), wonderfully: ~ miteinander auskommen to get on wonderfully with one another; sich ~ amüsieren to have a marvel(l)ous time, to amuse oneself wonderfully. — **~ˌweiß** *adj* ⟨*attrib*⟩ (*Zähne, Wäsche etc*) dazzling-white.

ˈBlen·den|ˌeinˌstel·lung *f phot.* aperture setting, diaphragm (*od.* aperture) control. — **~ˌöff·nung** *f* aperture, stop, (size of) lens opening. — **~ˌrech·ner** *m* aperture computer. — **~ˌvorˌwahl** *f* **1.** preset diaphragm mechanism. – **2.** presetting of aperture(s). — **~ˌwei·te** *f cf.* Blendenöffnung. — **~ˌzahl** *f* **1.** f-stop. – **2.** (*Öffnungsgrad*) f-number.

ˈBlen·der *m* ⟨-s; -⟩ *fig. contempt.* bluff(er); faker, 'dazzler' (*colloq.*), *bes. Am. colloq.* phon(e)y.

ˈBlend|ˌfar·be *f* (*textile*) colors (*bes. Br.* colours) *pl* for sighting purposes. — **b~ˌfrei** *adj* **1.** (*Spiegel, Lampe, Schutzbrille etc*) antidazzle, *Br.* anti-dazzle (*attrib*), nondazzling *Br.* non-, antiglare, *Br.* anti-glare (*attrib*), nonglare *Br.* non- (*attrib*), glarefree: ~er Rückspiegel anti(-)dazzle (*od.* anti[-]glare) rear-view mirror. – **2.** (*Schalter, Hebel*) mat-finished. — **~laˌter·ne** *f tech.* a) dark lantern, b) (*mit Konvexlinse*) bull's-eye (lantern).

Blend·ling [ˈblɛntlɪŋ] *m* ⟨-s; -e⟩ *zo.* cross-[breed, mongrel.]

ˈBlend|ˌrah·men *m* **1.** *arch.* window frame. – **2.** (*art*) canvas stretcher. — **~ˌschei·be** *f auto. cf.* Blendschutzscheibe.

ˈBlendˌschutz *m* **1.** *tech.* glare shield (*od.* eliminator). – **2.** *aer.* antiglare (*Br.* anti-glare) curtain. — **~ˌbril·le** *f* antiglare (*od.* antidazzle, *Br.* anti-dazzle) goggles *pl* (*od.* glasses *pl*). — **~ˌfar·be** *f* dazzle (*od.* antiglare) paint. — **~ˌleuch·tenˌschal·ter** *m auto.* antidazzle switch. — **~ˌschei·be** *f* antidazzle (*od.* antiglare) shield, *bes. Am.* sun visor (*Br. auch* vizor). — **~ˌschein·ˌwer·fer** *m* sealed-beam headlight. — **~ˌvorˌrich·tung** *f* antidazzling (*od.* antiglare) device. — **~ˌwir·kung** *f* antidazzle effect. — **~ˌzaun** *m* antidazzle barrier.

ˈBlendˌstein *m arch.* facing brick (*od.* stone).

ˈBlen·dung *f* ⟨-; -en⟩ **1.** *cf.* Blenden. – **2.** (*optics*) glare, dazzle: psychologische [physiologische] ~ discomfort [disability] glare. – **3.** *auto.* dazzling, dazzle, glare, (*einer Scheibe durch Tröpfchen bei Nachtfahrt*) blinding. – **4.** *fig.* (*Täuschung*) (be)dazzlement, deception, delusion.

ˈBlen·dungsˌwin·kel *m* **1.** (*optics*) angle of glare. – **2.** *auto.* antidazzle (*Br.* anti-dazzle) angle.

ˈBlend|ˌwerk *n fig. lit.* deception, illusion, tricks *pl*: es ist alles ~ it is all a fake (*od. sl.* all eyewash). — **~ˌwin·kel** *m cf.* Blendungswinkel. — **~ˌwir·kung** *f auto.* antidazzle (*Br.* anti-dazzle) effect. — **~ˌzeug** *n hunt.* foils *pl.* — **~ˌzie·gel** *m arch. cf.* Blendstein.

ˈBleßˌbock [ˈblɛs-] *m zo.* blesbock, *auch* blesbuck (*Damaliscus albifrons*).

Bles·se [ˈblɛsə] *f* ⟨-; -n⟩ **1.** blaze (*on face of horse etc*). – **2.** animal with a blaze.

ˈBleßˌhuhn *n zo. cf.* Bläßhuhn.

bles·sie·ren [blɛˈsiːrən] *v/t* ⟨*no* ge-, h⟩ *obs. for* verwunden.

ˈBleßˌmull *m zo.* Cape mole rat (*Georychus capensis*).

Bles'sur [-ˈsuːr] *f* ⟨-; -en⟩ *obs. for* Verwundung.

bleu [bløː] **I** *adj* ⟨*invariable*⟩ (pale) blue. – **II B~** *n* ⟨-s; *no pl*⟩ (pale) blue.

Bleu·el [ˈblɔʏəl] *m* ⟨-s; -⟩ *obs. for* Schlegel 1.

bleu·en [ˈblɔʏən] *v/t* ⟨h⟩ *colloq.* beat, thrash.

blich [blɪç] *1 u. 3 sg pret obs. of* bleichen II.

Blick [blɪk] *m* ⟨-(e)s; -e⟩ **1.** look, glance: mit einem (*od.* auf einen) ~ at a glance; flüchtiger ~ glimpse, fleeting glance; neugieriger (*od.* heimlicher) ~ peep, peek; starrer ~ gaze, stare; finsterer ~ scowl, frown, black look; funkelnder ~ glare, angry look; durchdringender ~ piercing look; unsteter ~ unsteady gaze; schräger (*od.* mißgünstiger) ~ side-glance, sidelong glance; vielsagender ~ significant (*od.* meaningful) look; mit leerem ~ with a vacant look; einen ~ werfen auf (*acc*) etwas to cast (*od.* take) a look (*od.* glance) at s.th., to glance at s.th.; einen verstohlenen ~ auf (*acc*) etwas werfen to steal a glance (*od.* look) at s.th., to cast a furtive glance at s.th.; einen ~ in die Zeitung tun (*od.* werfen) to glance (*od.* have a look) at the newspaper; j-m einen ~ zuwerfen to glance at s.o., to give s.o. a look; j-m verliebte ~e zuwerfen to cast fond (*od.* amorous) glances at s.o.; j-s ~e fesseln to arrest (*od.* hold) s.o.'s eye; einen ~ von etwas erhaschen to catch a glimpse of s.th.; er wandte keinen ~ von ihr he did not take his eyes off her; sein ~ fiel auf ihn his gaze fell on him; den ~ heben [senken] to raise [to lower] one's eyes; ihre ~e begegneten sich their eyes met; wenn ~e töten könnten if looks could kill; den bösen ~ haben *lit.* to have the evil eye. – **2.** (*Aussicht*) view, vista: mit ~ auf die Berge with a view of the mountains; etwas in den ~ bekommen to get a clear view of s.th.; dem ~ entschwinden *lit.* to disappear from view (*od.* sight). – **3.** *fig.* insight, eye: einen ~ für etwas haben to have an eye for s.th.

Blicke (*getr.* -k·k-) [ˈblɪkə] *f* ⟨-; -n⟩ *zo. cf.* Güster 1.

ˈBlickˌebe·ne *f* visual plane, plane of vision.

blicken (*getr.* -k·k-) [ˈblɪkən] **I** *v/i* ⟨h⟩ look: flüchtig ~ auf (*acc*) etwas to glance (*od.* to take a quick look, to glimpse) at s.th.; verstohlen (*od.* heimlich) ~ auf j-n [etwas] to look furtively (*od.* to peep, to peek) at s.o. [s.th.]; durchdringend ~ to glare; finster ~ to glower, to scowl, to frown; Mitleid blickte aus ihren Augen there was a look of compassion in her eyes; die Sonne blickte durch die Wolken *lit.* the sun was peeping (*od.* shining) through the clouds; in die Zukunft ~ to look into the future; um sich ~ to look (a)round; das läßt tief ~ *colloq.* that is revealing, that speaks volumes. – **II** *v/t* sich ~ lassen *colloq.* to show oneself, to let oneself be seen: laß dich hier nicht mehr ~! never show your face here again! er hat sich jahrelang nicht ~ lassen he hasn't been seen (*od.* heard of) for years.

ˈBlicken (*getr.* -k·k-) *m* ⟨-s; -⟩ *agr. bot.* common spelt (*Triticum spelta*).

ˈBlick|ˌfang *m colloq.* eye-catcher. — **~ˌfeld** *n* **1.** field (*od.* range) of vision (*od.* view), visual field: ein weites [begrenztes] ~ *auch fig.* a wide [limited] field of vision; in j-s ~ geraten to come in s.o.'s field of vision; aus j-s ~ verschwinden to disappear from s.o.'s sight. – **2.** *fig. cf.* Blickpunkt 2. – **3.** *psych.* field of fixation (*od.* vision). — **~ˌfüh·rungsˌli·nie** *f econ.* (*in der Werbung*) eye-catching line. — **~ˌli·nie** *f* line of vision (*od.* sight), visual line. — **b~los** *adj lit.* unseeing. — **~ˌpunkt** *m* **1.** (*optics*) visual point, center (*bes. Br.* centre) of vision. – **2.** *fig.* focal point: im ~ des Interesses stehen to be the focal point of interest, to be in the center (*bes. Br.* centre) of things. – **3.** *cf.* Blickwinkel 2. — **~ˌrich·tung** *f* line (*od.* direction) of sight (*od.* vision). — **~ˌwei·te** *f* range of vision, view. — **~ˌwin·kel** *m* **1.** angle of view, visual angle. – **2.** *fig.* point of view, aspect.

blieb [bliːp] *1 u. 3 sg pret of* bleiben.

blies [bliːs] *1 u. 3 sg pret of* blasen.

blind [blɪnt] **I** *adj* ⟨*no comp, no sup*⟩ **1.** blind: von Geburt an ~ blind from birth, congenitally blind; auf einem Auge ~ blind in one eye; ~er Fleck *med.* blind spot; ~ vor Wut *fig.* blind with rage; ~er Haß *fig.* blind (*od.* unreasoning) hatred; ~er Gehorsam blind (*od.* unquestioning, implicit) obedience; ~er Zufall pure chance; sie ist ~ für seine Fehler she is oblivious of (*od.* blind to) his faults; Liebe macht ~ love is blind; → Eifer 1, 2; Huhn 3. – **2.** (*Spiegel*) clouded, cloudy, (*Metall*) *auch* mat, dull, tarnished. – **3.** (*verborgen*) hidden: ~er Passagier *fig.* stowaway, (*railway*) deadhead (*colloq.*); ~e Klippe submerged rock (*od.* reef); ~er Stich blind stitch; mit ~en Stichen nähen to blind-stitch. – **4.** (*vorgetäuscht*) false, feigned, sham: ~er Alarm false alarm; ~er Angriff sham (*od.* mock, feigned) attack; ~es Knopfloch false buttonhole; ~er Schornstein (*an Schiffen*) dummy funnel; ~e Patrone *mil.* blank (*od.* dummy) cartridge. – **5.** *tech.* blind, dead: ~e Fenster [Türen] blind windows [doors]; ~e Mauer dead wall; ~es Ende *electr.* dead end; ~e Zeile *print.* blind (*od.* blank) line; ~es Kaliber (*eines Walzwerks*) inoperative pass. – **II** *adv fig.* **6.** ~ darauflosschlagen to strike (*od.* hit) out blindly; ~ in die Gegend schießen to shoot wildly (*od.* at random). – **7.** *fig. cf.* blindlings 2.

ˈBlind|ˌabˌwurf *m aer. mil.* blind bombing. **~ˌanˌflug** *m* instrument (*od.* blind) approach. — **~ˌband** *m print.* dummy. — **~beˌla·stung** *f electr.* reactive load. — **~ˌbo·den** *m arch.* counter (*od.* dead) floor. — **~ˌbu·chung** *f* (*film*) blind booking.

ˈBlindˌdarm *m med.* **1.** appendix; den ~ entfernen lassen to have one's appendix removed. – **2.** blind gut; c(a)ecum, coecum, typhlon (*scient.*). — **~ˌdurchˌbruch** *m* appendiceal perforation. — **~entˌzün·dung** *f* **1.** appendicitis. – **2.** c(a)ecitis, typhlitis. — **~ope·ra·tiˌon** *f* appendectomy. — **~ˌrei·zung** *f* appendiceal irritation.

ˈBlindˌdruck *m* ⟨-(e)s; *no pl*⟩ *print.* blind tooling (*od.* blocking).

ˈBlin·de[1] *m* ⟨-n; -n⟩ **1.** blind man: die ~n the blind; das sieht selbst ein ~r *fig.* you can see that with half an eye; wie ein ~r von der Farbe reden *fig.* to talk like the blind man describing the elephant; unter (den) ~n ist der Einäugige König (*Sprichwort*) in the kingdom of the blind the one-eyed man is king. – **2.** (*games*) dummy.

ˈBlin·de[2] *f* ⟨-n; -n⟩ blind woman.

ˈBlin·deˌkuh *f* ⟨-; *no pl*⟩ (*games*) blindman's buff: ~ spielen to play blindman's buff.

ˈBlin·den|ˌanˌstalt *f* institution (*od.* institute, home) for the blind. — **~ˌfürˌsor·ge** *f sociol.* care of the blind, blind welfare. — **~ˌheim** *n cf.* Blindenanstalt. — **~ˌhund** *m* guide dog, *Am.* seeing-eye dog. — **~ˌleh·rer** *m* teacher of the blind. — **~ˌschrift** *f* Braille, braille: Bücher in ~ braille books. — **~ˌschu·le** *f* school for the blind. — **~ˌsen·dun·gen** *pl* (*postal service*) articles for the blind. — **~ˌuhr** *f* braille watch.

ˈBlind|ex·emˌplar *n print. cf.* Blindband. — **~ˌflansch** *m tech.* blind flange. — **b~ˌflie·gen** *v/i* ⟨*irr, sep,* -ge-, sein⟩ *aer.* fly blind (*od.* by instruments). — **~ˌflug** *m* blind (*od.* instrument) flight (*od.* flying).

ˈBlindˌgän·ger *m* ⟨-s; -⟩ **1.** *mil.* dud, blind shell. – **2.** *fig. colloq.* 'dud', 'washout', 'flop' (*alle colloq.*). — **~beˌsei·ti·gung** *f mil.* a) explosive ordnance disposal, b) (*bei Bomben*) bomb disposal.

ˈblind·geˌbo·ren *adj* ⟨*attrib*⟩ born blind, blind from birth. — **ˈBlind·geˌbo·re·ne** *m, f* ⟨-n; -n⟩ person blind from birth.

ˈblindˌgläu·big *adj* blindly believing (*od.* credulous).

ˈBlindˌha·fer *m bot.* wild oat (*Avena fatua*).

ˈ**Blind·heit** *f* ⟨-; *no pl*⟩ blindness, cecity (*scient.*): angeborene ~ congenital blindness; seine ~ war angeboren he was born blind; mit ~ geschlagen sein *auch fig.* to be struck with blindness.
ˈ**Blind|ˌholz** *n* **1.** wood for veneering, inferior wood. – **2.** *agr. cf.* Blindrebe. — **~kom·poˌnen·te** *f electr.* reactive (*od.* reactance) component. — **~ˌlan·de·ˌpi·ste** *f aer.* runway equipped for instrument landings. — **~ˌlan·dung** *f* instrument (*od.* blind) landing. — **~ˌlast** *f electr.* reactive (*od.* inductance) load. — **~ˌlei·stung** *f* reactive (*od.* wattless) volt-amperes (*od.* power), blind power. — **~ˌleitˌwert** *m* susceptance.
blind·lings [ˈblɪntlɪŋs] *adv* **1.** blindly, headlong, wildly: ~ ins Verderben rennen to rush headlong to one's destruction; sich ~ in eine Sache stürzen to plunge blindly into s.th.; ~ auf j-n einschlagen to lash out wildly at s.o., to rain blows upon s.o. – **2.** (*bedingungslos*) blindly, unconditionally, implicitly: j-m ~ folgen [gehorchen] to follow [to obey] s.o. blindly.
ˈ**Blind|ˌmaulˌwurf** *m zo.* blind mole (*Talpa caeca*). — **~ˌmaus** *f* mole rat (*Spalax typhlus*). — **~mu·ni·tiˌon** *f mil.* blank ammunition. — **~ˌmu·ster** *n econ.* dummy. — **~ˌmut·ter** *f* (*am Fahrrad*) blind nut. — **~ˌort·verˌsatz** *m* (*mining*) dummy-road packing. — **b~ˌprä·gen** *v/t* ⟨*sep*, -ge-, h⟩ *print. cf.* blindpressen. — **~ˌprä·gung** *f cf.* Blindpressung. — **b~ˌpres·sen** *v/t* ⟨*sep*, -ge-, h⟩ blind-stamp. — **~ˌpres·sung** *f* blind stamping. — **~ˌre·be** *f agr.* vine cutting (*od.* shoot). — **~ˌsack** *m med. zo. biol.* blind sac, vesicle, cul-de-sac. — **~ˌschacht** *m* (*mining*) staple shaft (*od.* pit). — **~ˌschlan·ge** *f zo.* two-headed snake, blind snake (*Fam.* *Typhlopidae*). — **~ˌschlei·che** *f* blindworm, slowworm (*Anguis fragilis*). — **b~ˌschrei·ben** *v/i* ⟨*irr, sep*, -ge-, h⟩ touch-type. — **~ˌschreib·verˌfah·ren** *n* touch-typing system. — **~ˌspan·nung** *f electr.* reactive voltage. — **~ˌspiel** *n* (*beim Schach*) (game of) blindfold chess. — **~ˌstart** *m aer.* blind takeoff.
ˈ**Blindˌstich** *m* (*beim Nähen*) blind stitch. — **~ˌnaht** *f* blind-stitch seam.
ˈ**Blind|ˌstrom** *m electr.* reactive (*od.* wattless, blind, idle) current. — **~ˌstromˌzäh·ler** *m* var-hour meter, reactive-current meter. — **~verˌbrauchsˌzäh·ler** *m* reactive-power meter, *auch* wattless component meter. — **~ˌwal·ze** *f metall.* idle roll. — **~ˌwan·ze** *f zo.* plant (*od.* leaf) bug, capsid (*scient.*) (*Fam.* *Capsidae*). — **~ˌwi·derˌstand** *m electr.* reactance. — **~ˌwüh·le** *f zo.* caecilian, coecilian (*Fam.* *Caeciliidae*). — **b~ˌwü·tig** *adj* blind with rage.
blink [blɪŋk] *adj only in* ~ und blank *colloq.* spic(k)-and-span.
ˈ**Blinkˌba·ke** *f aer. mar.* flashing beacon.
blin·ken [ˈblɪŋkən] **I** *v/i* ⟨h⟩ **1.** (*funkeln*) sparkle, glitter, gleam: die Sterne ~ the stars twinkle. – **2.** (*aufleuchten*) flash, blink. – **3.** (*Lichtzeichen geben*) (flash a) signal, blink, flicker: er blinkte, weil er überholen wollte he signal(l)ed that he wanted to pass. – **4.** *cf.* zwinkern. – **II B~** *n* ⟨-s⟩ **5.** *verbal noun.* – **6.** blink.
ˈ**Blin·ker** *m* ⟨-s; -⟩ **1.** *auto.* direction (*od.* turn) indicator, blinker, *bes. Am.* directional (*od.* turn) signal, *bes. Br.* traffic (*od.* winking) indicator, *Br.* (flashing *od.* blinking) trafficator: den ~ betätigen to signal (a turn), to blink. – **2.** (*beim Angeln*) spoon (of a spinner). — **~ˌhe·bel** *m auto.* directional-signal lever, blinker.
blin·kern [ˈblɪŋkərn] *v/i* ⟨h⟩ *rare for* blinken.
ˈ**Blin·kerˌschal·ter** *m auto.* direction (*od.* flasher) indicator switch.
ˈ**Blink|ˌfeu·er** *n aer. mar.* flashing light. — **~fol·ge** *f* flash period. — **~ˌge·ber** *m auto.* flasher unit, turn indicator relay. — **~geˌrät** *n* blinker-signal equipment, blinker (apparatus). — **~kom·paˌra·tor** *m astr.* blink comparator. — **~ˌlam·pe** *f* signal lamp (*od.* lantern). — **~ˌleuch·te** *f auto.* turn (indicator) signal (*od.* flash, *bes. Br.* lamp), blinker, blinking (*od.* flashing) light.
ˈ**Blinkˌlicht** *n* ⟨-(e)s; -er⟩ **1.** *bes. mar.* flashing (*od.* intermittent) light. – **2.** *auto. cf.* Blinker 1. – **3.** (*an Straßenkreuzungen*) blinker, flashing (*od.* blinking, pulsating) light, *Br.* (*an Fußgängerübergängen*) *auch* (pedestrian) beacon. — **~ˌanˌla·ge** *f* flashing signal. — **~ˌschal·ter** *m auto.* blinker (*od.* flasher) switch.
ˈ**Blink|ˌparkˌleuch·te** *f auto.* flasher parking light. — **~ˌschlußˌleuch·te** *f* combined flasher and taillight (*Br.* tail light, *auch* tail lamp). — **~siˌgnal** *n* signal (given by a flashing light), flashing signal. — **~ˌspruch** *m bes. mar. mil.* signal-lamp (*od.* blinker) message. — **~ˌtrupp** *m mil.* signal-lamp team, blinker squad. — **~ˌzei·chen** *n* **1.** (*einer Lampe etc*) flash (*od.* light) signal: ~ geben to flash a signal. – **2.** *auto.* a) (*des Richtungsanzeigers*) (flasher *od.* flash) signal, blinker light, b) (*Überholsignal*) overtake (*od.* passing) signal.
blin·zeln [ˈblɪntsəln] **I** *v/i* ⟨h⟩ **1.** blink, wink: verschlafen ~ to blink with sleep, to half-close one's eyes (with tiredness); Sterne ~ am Himmel stars twinkle in the sky. – **2.** j-m ~ (*zuzwinkern*) to wink (*od.* blink) at s.o. – **II B~** *n* ⟨-s⟩ **3.** *verbal noun.* – **4.** blink.
Blitz [blɪts] *m* ⟨-es; -e⟩ **1.** (*bei Gewittern*) lightning, flash of lightning: gespaltener ~ forked lightning; zickzack- (*od.* ketten-) förmiger ~ chain lightning; der ~ schlägt (ins Haus) ein the lightning strikes (the house); vom ~ erschlagen (*od.* getroffen) struck by lightning; die Nachricht schlug ein wie ein (*od.* der) ~ the news struck like a bombshell; (schnell) wie der ~ *fig.* with lightning speed, like (a streak of) lightning; wie ein geölter ~ *fig. colloq.* like greased lightning (*colloq.*), *Am.* like a blue streak; wie vom ~ getroffen *fig. colloq.* thunderstruck; potz ~! (good) heavens! – **2.** (*Lichtschein*) flash. – **3.** (*Blitzschlag*) thunderbolt: wie ein ~ aus heiterem Himmel kommen *colloq.* to come like a bolt from the blue. — **~ˌabˌlei·ter** *m tech.* lightning conductor (*od.* arrester, *Am. auch* rod): der ~ für j-n sein *fig.* to serve as a lightning rod for s.o. — **~ˌabˌlei·terˌstan·ge** *f* lightning rod. — **~ak·tiˌon** *f* lightning action. — **~ˌanˌschluß** *m phot.* a) (*außen*) flash socket, b) (*innen*) flash contact. — **b~ˌar·tig** *adj* like lightning. — **~ˌaufˌhel·lung** *f phot.* synchro-sunlight (technique). — **~ˌaufˌnah·me** *f* flash exposure, flash(light) shot (*od.* photo). — **~beˌsuch** *m bes. pol.* lightning visit. — **~ˌbir·ne** *f phot. cf.* Blitzlampe. — **b~ˈblank** *adj* spic(k)-and-span, sparkling. — **b~ˈblau** *adj* **1.** shining blue. – **2.** *colloq.* blind drunk (*sl.*), blotto (*sl.*). — **~ˌdau·er** *f phot.* flash duration. — **b~ˈdumm** *adj colloq.* blockheaded.
ˈ**blit·zeˈblank** *adj cf.* blitzblank.
blit·zen [ˈblɪtsən] **I** *v/impers* ⟨h⟩ **1.** es blitzt it is lightening (*bes. Am.* lightning). – **2.** bei dir blitzt es *fig. colloq.* your slip is showing. – **II** *v/i* **3.** *fig.* (*von Metall, Glas etc*) flash, sparkle, gleam: das Messer blitzte in seiner Hand the knife flashed in his hand; die Diamanten blitzten im Kerzenlicht the diamonds flashed in the candlelight; ihre Augen ~ vor Vergnügen her eyes are flashing (*od.* glowing) with delight; das Haus blitzt vor Sauberkeit the house is sparkling with cleanliness. – **4.** *phot.* take pictures with flashlight. – **III** *v/t* **5.** *phot.* take (*a picture*) with flashlight. – **IV B~** *n* ⟨-s⟩ **6.** *verbal noun.* – **7.** *colloq.* flashlight photography.
ˈ**Blitz·entˌla·dung** *f* lightning discharge.
ˈ**Blit·zer** *m* ⟨-s; -⟩ *colloq. for* Blitzgerät.
ˈ**Blit·zes|ˈei·le**, **~ˈschnel·le** *f* lightning speed: mit (*od.* in *dat*) ~ with lightning speed, as quick as a flash (of lightning).
ˈ**Blitz|ˌfeu·er** *n mar.* quick-flashing (*od.* blinker) light, feu-éclair. — **~ˌfol·ge** *f phot.* recycling time. — **~geˌfahr** *f* danger of lightning. — **~geˌrät** *n phot.* a) (*für Blitzbirnchen*) flashgun, b) (*elektronisches*) electronic flash unit. — **b~geˈscheit** *adj colloq.* bright, smart. — **~geˌspräch** *n tel.* special priority call, lightning call. — **~ˌjun·ge** *m archaic humor.* devil of a boy. — **~ˌka·bel** *n phot.* flash cable. — **~konˌtakt** *m cf.* Blitzanschluß. — **~ˌkrieg** *m mil.* blitzkrieg, lightning war. — **~ˌku·chen** *m gastr.* cake-mix. — **~ˌkur·ve** *f phot.* a) (*Anzeige der Blitzdauer*) flash graph, b) (*Kurve allein*) flash curve. — **~ˌlam·pe** *f* flashbulb, photoflash: ~ mit Bajonettsockel S.C.C. (*od.* plug-in, bayonet) cap bulb. — **~ˌlam·penˌanˌschluß** *m* flashbulb holder. — **~ˌleuch·te** *f cf.* Blitzgerät.
ˈ**Blitzˌlicht** *n phot.* flash(light): mit ~ photographieren to make (a) flash exposure, to shoot (a picture) with flashlight, to flash (*a scene*). — **~ˌanˌschluß** *m* a) (*außen*) flash socket, b) (*innen*) flash contact: synchronisierter ~ flash flood. — **~ˌaufˌnah·me** *f* flashlight photograph. — **~ˌbom·be** *f mil.* flash bomb. — **~ˌlam·pe** *f cf.* Blitzlampe. — **~pho·to·graˌphie** *f* flashlight photography. — **~-Pho·toˌly·se** *f chem.* flash photolysis.
ˈ**Blitz|ˌmä·del** *n* **1.** *archaic humor.* devil of a girl. – **2.** *mil. hist. colloq. for* Nachrichtenhelferin. — **~ˌmel·dung** *f* flash message (*od.* report). — **~ˌpul·ver** *n bot.* lycopodium powder. — **~ˌrei·se** *f* **1.** (nach to) lightning (*od.* quick) trip. – **2.** (durch of) whirlwind tour. — **~ˌriß** *m* (*wood*) lightning shake. — **~ˌrohr** *n geol. cf.* Blitzröhre 1. — **~ˌröh·re** *f* **1.** *geol.* fulgurite, lightning tube (*od.* stone). – **2.** *phot.* (*im Elektronenblitz*) flashtube. — **b~ˈsau·ber** *adj colloq.* **1.** (*Wohnung etc*) spic(k)-and-span, as neat as a (new) pin, as clean as a whistle. – **2.** *Southern G.* (*Mädchen*) spruce. — **~ˌscha·den** *m* damage by lightning. — **~ˌschlag** *m* (stroke of) lightning: vom ~ getroffen struck by lightning. — **b~ˈschnell** **I** *adj* as quick as a flash (*od.* lightning, streak of lightning): ein ~er Entschluß a split-second decision. – **II** *adv* as quick as a flash (*od.* lightning), with lightning speed, like a flash: er hatte ~ begriffen, daß he understood in a flash that; ~ reagieren to react instantaneously; die Nachricht verbreitete sich ~ the news spread like wildfire.
ˈ**Blitzˌschutz** *m* lightning protection. — **~ˌanˌla·ge** *f* lightning-arrester equipment. — **~ˌsi·che·rung** *f* lightning protection fuse.
ˈ**Blitz|ˌsieg** *m mil.* lightning victory. — **~ˌsin·ter** *m geol. cf.* Blitzröhre 1. — **~ˌstart** *m auto.* lightning start. — **~ˌstrahl** *m* flash (*od.* streak of) lightning, (thunder)bolt (*auch fig.*): wie ein ~ aus heiterem Himmel like a bolt from the blue. — **~syn·chro·ni·saˌtiˌon** *f phot.* flash synchronization. — **~te·leˌgramm** *n* special priority telegram. — **~ˌtem·po** *n* lightning speed. — **~viˌsi·te** *f colloq.* flying visit. — **~ˌwür·fel** *m phot.* flash cube. — **~ˌzug** *m* (*railway*) express train.
Bliz·zard [ˈblɪzərt; ˈblɪzəd] (*Engl.*) *m* ⟨-s; -s⟩ [*meteor.* blizzard.]
Bloch [blɔx] *m, auch n* ⟨-(e)s; ⸗er⟩ *Southern G., Swiss, Austrian and dial. for* Holzblock.
blo·chen [ˈblɔxən] *v/t* ⟨h⟩ *Swiss for* bohnern. — ˈ**Blo·cher** *m* ⟨-s; -⟩ *Swiss for* Bohner.
Block[1] [blɔk] *m* ⟨-(e)s; ⸗e⟩ **1.** (*aus Stein, Holz etc*) block: ein unbehauener ~ aus Marmor an unhewn block of marble. – **2.** (*Holzklotz*) log. – **3.** (*Hackblock*) chopping block. – **4.** im ~ kaufen *econ.* to buy en bloc (*od.* in the lump, wholesale). – **5.** *geol.* a) block, massif, b) (*Findling*) (erratic) block, boulder, *auch* foundling stone. – **6.** *tech.* (*eines Getriebes*) cluster. – **7.** *metall.* a) (*im Stahlwerk*) ingot, b) (*Metallblock, Barren*) pig, c) (*bei der Kokerei*) battery, block: im ~ gegossen cast en bloc. – **8.** *mar.* (*im Ladegeschirr*) block: dreischeibiger ~ treble (*od.* three)-sheaved block; ~ an ~ block, block and block, two-blocks. – **9.** *med.* (*des Herzens*) block. – **10.** (*railway*) (*Sicherheitsanlage*) block (section). – **11.** ⟨*pl auch* Blocks⟩ *econ. pol.* bloc: einen ~ bilden to form a bloc. – **12.** *hist.* a) (*als Folter*) stocks *pl*, b) (*Henkersblock*) (execution) block: j-n in den ~ legen (*od.* schließen) to put s.o. in the stocks.
Block[2] *m* ⟨-(e)s; -s, *auch* ⸗e⟩ **1.** (*Schreib-, Zeichenblock*) block, pad: Papier zu einem ~ zusammenkleben to pad paper. – **2.** *cf.* a) Fahrkartenblock, b) Kalenderblock. – **3.** (*Häuserblock*) block (of houses). – **4.** *philat.* souvenir sheet, (*Viererblock*) block of four stamps. – **5.** (*beim Kartenspiel*) pool.
ˈ**Blockˌabˌstrei·fer** *m metall.* ingot stripper.
Blocka·de (*getr.* -k·k-) [blɔˈkaːdə] *f* ⟨-; -n⟩ **1.** *mil. econ.* blockade: die ~ verhängen [aufheben, (durch)brechen] to impose [to lift, to run] the blockade. – **2.** *print.* turned letter. – **3.** *med.* (nerve) block. — **~ˌbre·chen** *n mar. mil. econ.* blockade-running. — **~ˌbre·cher** *m mar. mil.* blockade-runner. — **~ˌschiff** *n* blockader. — **~ˌzuˌstand** *m* blockade: Aufhebung des ~es the lifting of the blockade.
ˈ**block|ˌähn·lich**, **~ˌar·tig** *adj* blocklike, blocky.

'**Block|ˌaufˌsatz** *m metall.* hob top, feeder head. — **~ˌbandˌsä·ge** *f tech.* ripping (*od.* wide band) saw. — **~ˌbil·dung** *f pol.* forming of blocs. — **~ˌblei** *n metall.* pig lead. — **~ˌbre·cher** *m tech.* (*eines Walzwerks*) breaker block. — **~ˌbuch** *n print. hist.* block book. — **~ˌbu·chen** *n* (*film*) block booking. — **~ˌbuchˌsta·be** *m* block letter. — **~dia·ˌgramm** *n* (*computer*) block diagram. — **~ˌdrehˌbank** *f tech.* ingot turning lathe. — **~ˌdruck** *m* ⟨-(e)s; -e⟩ (*textile*) *print.* block printing. — **~ˌdrücker** (*getr.* -k·k-) *m metall.* ingot pusher. — **~ˌeinˌsetzˌkran** *m* ingot charging crane. — **~ˌeinˌsetzˌwa·gen** *m* ingot charging car.

blocken (*getr.* -k·k-) ['blɔkən] **I** *v/t* ⟨h⟩ **1.** *tech.* (*Hüte, Schuhe*) block. – **2.** (*sport*) (*Schlag, Ball*) block. – **3.** (*Bahnstrecke*) block (*a line*) (by signal). – **4.** *metall.* (*Walzwerk*) *Am.* bloom, *Br.* cog. – **5.** (*Billardball*) pocket. – **6.** *Southern G. and Swiss for* bohnern. – **II** *v/i* **7.** *hunt.* (*von Raubvogel*) perch. – **III B~** *n* ⟨-s⟩ **8.** *verbal noun.*

'**Blocker** (*getr.* -k·k-) *m* ⟨-s; -⟩ **1.** *Southern G. and Swiss* floor polisher, polishing block. – **2.** *chem.* blocker, inhibitor.

'**Block|erˌzeu·gung** *f metall.* ingot production. — **~ˌfeld** *n geol. cf.* Blockmeer. — **~ˌflö·te** *f mus.* recorder. — **~ˌform** *f metall.* ingot mold (*bes. Br.* mould). — **b~ˌfrei** *adj pol.* uncommitted, nonaligned *Br.* non-, unaligned: die ~en Staaten the uncommitted countries. — **~geˌrüst** *n metall.* (*im Walzwerk*) *Am.* blooming stand, bloomer, *Br.* cogging (*od.* roughing) stand. — **~ˌgrei·fer** *m metall.* ingot gripper. — **~ˌhaus** *n* log cabin (*od.* house, hut), *bes. mil.* blockhouse. — **~ˌheft·maˌschi·ne** *f print.* book stitching machine. — **~ˌhüt·te** *f* log cabin (*od.* hut).

blockie·ren (*getr.* -k·k-) [blɔ'kiːrən] *v/t* ⟨*no* ge-, h⟩ **1.** (*Straße, Leitung, Verkehr etc*) block, *auch* blockade, obstruct: den Eingang ~ to block (up) the entrance; Verhandlungen ~ *fig.* to block negotiations; schlechtes Wetter blockierte den Flugverkehr the planes were grounded by bad weather. – **2.** *mar. mil.* (*Hafen etc*) blockade. – **3.** *tech.* (*Rad, Bremse etc*) block, jam, lock. – **4.** *econ.* a) (*sperren*) (*Guthaben*) block, b) (*einfrieren*) freeze, c) (*Preis, Miete etc*) peg. – **5.** (*Billard*) *cf.* blocken 5. – **6.** *med.* (*Gefäß*) block, obstruct. – **II** *v/i* **7.** *tech.* a) (*von Rad*) block, jam, seize, lock up, b) (*von Bremse*) drag. – **III B~** *n* ⟨-s⟩ **8.** *verbal noun.*

Blockie·rung (*getr.* -k'k-) *f* ⟨-; -en⟩ **1.** *cf.* Blockieren. – **2.** (*einer Straße, des Verkehrs etc*) blockage, blockade, obstruction, stoppage. – **2.** *mil. mar.* blockade. – **3.** *tech.* a) (*der Räder*) lock-up, b) (*der Achsen*) lock.

'**blockig** (*getr.* -k·k-) *adj* blocklike, blocky.

'**Block|kaˌli·ber** *n metall. Am.* blooming pass, *Br.* cogging (*od.* roughing) pass. — **~ˌket·te** *f* block chain. — **~kon·denˌsa·tor** *m electr.* blocking condenser (*od.* capacitor). — **~ˌkopf** *m metall.* top end of an ingot: verlorener ~ (ingot) crop end, hot top. — **~ˌkran** *m* ingot crane. — **~ˌkup·fer** *n* ingot copper. — **~ˌla·va** *f geol.* block lava. — **~ˌla·vaˌfeld** *n* clinker field. — **~ˌlehm** *m geol.* boulder clay, pebble till. — **~ˌlei·ter** *m* (*in NS-Zeit*) *party warden who supervised a block of houses.* — **~ˌmaß** *n tech.* (*bei Holzbearbeitung*) log measure. — **~ˌmeer** *n geol.* block (*od.* boulder) field. — **~ˌmo·tor** *m auto.* monobloc engine. — **~ˌnickel** (*getr.* -k·k-) *n metall.* pig nickel, nickel ingots *pl.* — **~parˌtei·en** *pl pol.* coalition *sg* (of parties). — **~po·liˌtik** *f* bloc policy. — **~po·ly·me·ri·sa·tiˌon** *f chem.* bulk (*od.* mass) polymerization. — **~ˌrei·fen** *m auto.* block tire (*bes. Br.* tyre). — **~reˌvol·ver** *m tech.* four-station turret. — **~ˌsä·ge** *f* log (*od.* drag) saw. — **~ˌsatz** *m print.* grouped style.

'**Blocksˌberg, der** the Brocken (*the gathering place for the witches in the Walpurgis night*): j-n auf den ~ wünschen *colloq.* to wish s.o. to Jericho.

'**Block|ˌschaltˌbild** *n electr.* block diagram. — **~ˌschal·tung** *f* single-unit circuit. — **~scho·koˌla·de** *f gastr.* cooking chocolate in blocks. — **~ˌschrift** *f* block capitals *pl* (*od.* letters *pl*) (*auch print.*): in ~ schreiben to write in block capitals, to print. — **~ˌsei·ge·rung** *f metall.* ingotism. — **~siˌgnal** *n* (*railway*) block signal. — **~siˌgnal·syˌstem** *n* block signal system. — **~ˌstahl** *m metall.* ingot steel. — **~ˌstel·le** *f* (*railway*) *Br.* signal box, *Am.* signal (*od.* switch) tower. — **~ˌstra·ße** *f* **1.** *metall.* blooming (*Br.* cogging) mill train. – **2.** *auto.* (*Prüfstrecke*) hump track. — **~ˌstrecke** (*getr.* -k·k-) *f* **1.** *cf.* Blockstraße 1. – **2.** (*railway*) block (section). — **~syˌstem** *n* (*railway*) block system.

'**Blockung** (*getr.* -k·k-) *f* ⟨-; *no pl*⟩ *cf.* Blocken.

'**Block|verˌband** *m arch.* (old) English bond. — **~ˌwa·gen** *m* **1.** (*railway*) *Br.* bogie, *Am.* box car. – **2.** *metall.* ingot car. – **3.** *tech.* (*Holz*) log carriage. — **~ˌwal·ze** *f metall. Am.* blooming roll, bloomer, *Br.* cogging roll. — **~ˌwal·zen** *n Am.* blooming, *Br.* cogging. — **~ˌwalz·geˌrüst** *n* blooming (*Br.* cogging) mill stand. — **~ˌwalzˌwerk** *n* blooming (*Br.* cogging) mill. — **~ˌwa·re** *f tech.* (*Holz*) block goods *pl.* — **~ˌwärm·ˌofen** *m metall.* ingot reheating furnace. — **~ˌwär·ter** *m* (*railway*) signalman, towerman. — **~ˌwerk** *n* block. — **~ˌwin·de** *f tech.* (*Holz*) *Am.* logger, *Br.* log hoist. — **~ˌzinn** *n metall.* block tin. — **~ˌzucker** (*getr.* -k·k-) *m gastr.* glucose.

blöd [bløːt] *adj* ⟨-er; -est⟩ *cf.* blöde.

'**Blödˌau·ge** *n zo.* blind (*od.* two-headed) snake (*Typhlops vermicularis*).

blö·de ['bløːdə] *adj* ⟨-r; -st⟩ **1.** (*schwachsinnig*) feebleminded, half-witted, mentally deficient, imbecilic, idiotic: ein ~r Kerl *colloq.* a silly fool, an idiot; so ein ~r Hund! *vulg.* what an idiot! what a feebleminded bastard! (*vulg.*). – **2.** *colloq.* (*dumm, ungeschickt*) stupid, foolish, silly: sei doch nicht so ~! don't be so stupid (*od.* silly)! ein ~r Fehler a silly mistake; ich kam mir dabei so ~ vor I felt so foolish doing this. – **3.** *colloq.* (*unangenehm*) awkward, embarrassing, disagreeable: eine ~ Situation an embarrassing situation. – **4.** *obs. for* schüchtern, verlegen[2] 1. — **Blö·de'lei** *f* ⟨-; -en⟩ *colloq.* fooling around (*od.* about).

blö·deln ['bløːdəln] *v/i* ⟨h⟩ *colloq.* fool around (*od.* about).

'**BlödˌHam·mel** *m contempt.* fool, idiot.

'**Blöd·heit** *f* ⟨-; -en⟩ **1.** ⟨*only sg*⟩ (*Schwachsinnigkeit*) feeblemindedness, half-wittedness, mental deficiency, imbecility, idiocy. – **2.** *colloq.* (*Dummheit, Ungeschicklichkeit*) stupidity, foolishness, silliness.

Blö·di·an ['bløːdiaːn] *m* ⟨-(e)s; -e⟩ *colloq.* fool, idiot, blockhead, boob(y).

Blö·dig·keit ['bløːdɪçkaɪt] *f* ⟨-; *no pl*⟩ *obs. for* Schüchternheit, Verlegenheit 1, Schwäche 1.

Blö·dit [blø'diːt; -'dɪt] *m* ⟨-s; -e⟩ *min.* bloedite, *auch* blödite, blodite.

Blöd·ling ['bløːtlɪŋ] *m* ⟨-s; -e⟩ *colloq. for* Blödian.

'**Blödˌmann** *m* ⟨-(e)s; "er⟩ *contempt. cf.* [Blödhammel.]

'**Blödˌsinn** *m* ⟨-(e)s; *no pl*⟩ *colloq.* **1.** (*Unsinn*) nonsense, rubbish, (tommy)rot: ~! (stuff and) nonsense! rot! bosh! (*sl.*); das ist völliger (*od.* höherer, blühender, ausgemachter) ~! that's utter nonsense! so ein ~! what nonsense! mach keinen ~! don't be silly (*od.* foolish)! – **2.** (*Unfug*) nonsense, tricks *pl*, antics *pl*: ~ treiben to play tricks, to fool around, to skylark. – **3.** *med.* mental deterioration, dementia (*scient.*).

'**blödˌsin·nig I** *adj* **1.** (*schwachsinnig*) feebleminded, imbecile, *bes. med.* mentally deteriorated, demented (*scient.*): von Geburt ~ mentally retarded. – **2.** *colloq.* (*dumm, sinnlos*) stupid, foolish, (*stärker*) idiotic(al), lunatic: ein ~es Geschwätz foolish talk. – **3.** *fig. colloq.* (*wahnsinnig*) shocking, frightful, insane, mad. – **II** *adv* **4.** *fig. colloq.* shockingly: ~ teuer shockingly expensive. — '**Blödˌsin·ni·ge** *m, f* ⟨-n; -n⟩ imbecile, idiot, mentally retarded. — '**Blödˌsin·nig·keit** *f* ⟨-; *no pl*⟩ *colloq.* (*Sinnlosigkeit*) stupidity, foolishness, (*stärker*) idiocy, absurdity.

blö·ken ['bløːkən] **I** *v/i* ⟨h⟩ **1.** (*von Schaf etc*) bleat, *auch* ba(a). – **2.** (*von Rind*) low. – **II B~** *n* ⟨-s⟩ **3.** *verbal noun.* – **4.** bleat, *auch* ba(a). – **5.** low.

blond [blɔnt] **I** *adj* ⟨-er; -est⟩ **1.** blond(e), fair: eine ~e Frau a fair-haired woman, a blond(e); ~es Gift *fig. colloq.* blond vamp (*colloq.*). – **2.** (*hellfarbig*) blond(e), light-colored (*bes. Br.* -coloured): ~e Pelze blonde furs; ~es Bier *colloq.* frothy light ale; ~er Tabak blond(e) tabacco. – **II B~** *n* ⟨-s⟩ **3.** blond(e).

Blond·chen ['blɔntçən] *n* ⟨-s; -⟩ fair(-haired) little girl.

'**Blon·de**[1] *m, f* ⟨-n; -n⟩ fair-haired person.

'**Blon·de**[2] *f, n only in* eine kühle ~, ein kühles ~s *colloq.* a glass of Berlin pale beer.

'**blond|geˌlockt** *adj* with blond(e) (*od.* fair) curls. — **B~ˌhaar** *n* blond(e) (*od.* fair) hair. — **~ˌhaa·rig** *adj* fair-haired, fair, blond(e).

'**Blond·heit** *f* ⟨-; *no pl*⟩ fairness.

blon·die·ren [blɔn'diːrən] *v/t* ⟨*no* ge-, h⟩ (*Haar*) dye blond, bleach.

Blon·di·ne [blɔn'diːnə] *f* ⟨-; -n⟩ blond(e).

'**Blond|ˌkopf** *m* fair-haired child, *Am. auch* towhead. — **b~ˌlockig** (*getr.* -k·k-) *adj cf.* blondgelockt.

bloß[1] [bloːs] *adj* ⟨*no comp, no sup*⟩ **1.** naked, bare, uncovered: mit ~en Füßen barefoot(ed); mit ~em Haupte barehead(ed); nackt und ~ a) naked, b) *fig.* impoverished; etwas mit ~en Händen anfassen to touch s.th. with one's bare hands; für das ~e Auge sichtbar *fig.* visible to the naked eye; mit ~em Schwert *fig.* with the bare (*od.* naked) sword; auf der ~en Erde schlafen to sleep on the bare ground. – **2.** mere: ~e Worte mere words; eine ~e Formsache (*od.* Formalität) a mere (matter of) form (*od.* formality); der ~e Gedanke daran the mere (*od.* very) thought of it; eine ~e Vermutung a mere presumption (*od.* hypothesis); auf (den) ~en Verdacht hin on mere (*od.* bare) suspicion; der ~e Anblick genügt the mere sight of it is enough; ~er Neid sheer (*od.* pure) envy; es war kein ~er Zufall it was not a mere coincidence; ~er Fels *lit.* sheer rock; ~es Eigentum(srecht) (*ohne Nutzungsrecht*) *jur.* mere right; ~ Gedachtes *philos.* abstraction, mere thought.

bloß[2] *adv* (*nur*) only, merely, simply, just: es kostet ~ zwei Mark it's only two marks; ich habe ~ noch das I only (*od.* just) have this left; ~ aus Spaß only for a joke; ~ ein Mechaniker a mere mechanic; das tut er ~, um he is only doing that to; das stimmt schon, ~ that's true but; wenn ich ~ daran denke at the mere thought of it; das sagen Sie ~! you are just saying that, you don't mean it; sei ~ nicht so dumm! *colloq.* don't be so stupid! wie macht er das ~? how does he do it I ask you; sag (mir) ~ nicht, du hast es vergessen don't (you) dare tell me you forgot it; wo er ~ bleibt? I wonder what has become of him.

Blö·ße ['bløːsə] *f* ⟨-; -n⟩ **1.** nakedness: seine ~ (be)decken to cover one's nakedness (*od.* shame). – **2.** *fig.* weak point (*od.* spot, side): sich (*dat*) eine ~ geben to show one's weak point; j-m eine ~ bieten to expose a weak point to s.o. – **3.** (*forestry*) (*Lichtung*) clearance, gap. – **4.** (*leather*) pelt. – **5.** (*sport*) a) (*Boxen*) loophole, opening, b) (*Fechten*) target, opening: eine ~e bieten to offer a target; sich (*dat*) eine ~e geben to present an opening with one's guard down.

'**bloßˌfü·ßig** *adj* barefoot(ed).

'**bloßˌle·gen** *v/t* ⟨*sep*, -ge-, h⟩ (*Wurzel, Fehler etc*) lay bare (*od.* open), uncover, expose. — '**Bloßˌle·gung** *f* ⟨-; *no pl*⟩ laying bare, exposure.

'**bloßˌlie·gen** *v/i* ⟨*irr, sep*, -ge-, h⟩ lie (*od.* be) uncovered (*od.* exposed) (*auch fig.*).

'**bloßˌstel·len I** *v/t* ⟨*sep*, -ge-, h⟩ expose, unmask, compromise: ich wollte niemanden ~ I didn't want to compromise anyone. – **II** *v/reflex* sich ~ expose (*od.* compromise) oneself, give oneself away. — '**Bloßˌstel·lung** *f* ⟨-; *no pl*⟩ *fig.* exposure.

'**bloßˌstram·peln** *v/reflex* ⟨*sep*, -ge-, h⟩ sich ~ (*von Kleinkind*) kick the covers off.

blub·bern ['blʊbərn] *v/i* ⟨h⟩ *colloq.* **1.** (*von Wasser etc*) gurgle, bubble. – **2.** *fig. dial.* (*von Person*) gabble, babble. – **3.** (*von Motorboot etc*) put-put, putt-putt. – **4.** *electr.* (*durch Kippschwingungen geringer Frequenz*) motorboat.

Blü·cher ['blʏçər] *m only in* drauflos- (*od.* ran)gehen wie ~ *fig. colloq.* to go hard at it.

Blue Jeans ['bluːdʒiːns; 'bluː'dʒiːnz] (*Engl.*) *pl* blue jeans. [blues.]

Blues [bluːs; bluːz] (*Engl.*) *m* ⟨-; -⟩ *mus.*

Bluff [blʊf; blœf] *m* ⟨-s; -s⟩ *contempt.* bluff: das ist alles ~ that's all a bluff. — '**bluf·fen** *v/i u. v/t* ⟨h⟩ bluff: er versucht zu ~ he tries to bluff. — '**Bluf·fer** *m* ⟨-s; -⟩ bluffer, bluff.

blü·hen ['blyːən] **I** *v/i* ⟨h⟩ **1.** bloom, blossom, flower, be in bloom (*od.* blossom, flower): alle Rosen ~ schon the roses are all in (full) bloom; die Apfelbäume ~ the apple trees are in blossom; die Wiesen [Gärten] ~ the meadows [gardens] are full of (*od.* gay with) flowers; der Mais blüht the Indian corn is tassel(l)ing. – **2.** *fig.* blossom, bloom, *auch* flower, flourish, thrive, prosper, (*vom Geschäft*) *auch* boom: Kunst und Wissenschaft ~ art and science are blooming (*od.* flowering); nach dem Krieg blühte der Schwarzhandel after the war the black market flourished; sein Geschäft blüht his business is booming; die Kinder ~ und gedeihen *colloq.* the children are flourishing (*od.* doing fine); sein Weizen blüht *fig. colloq.* he is in clover, his ship has come in; sein Talent blüht im verborgenen *lit.* his talent is undiscovered. – **3.** *fig. colloq.* (*in Wendungen wie*) wer weiß, was uns noch blüht who knows what is in store for us (*od.* what we are in for); ihm blüht heute noch was *iron.* he'll catch it, he's in for it (*beide colloq.*); das kann mir auch noch ~ *iron.* that may well happen to me too. – **4.** (*von Gesicht*) have (*od.* break out in) pimples. – **II B~** *n* ⟨-s⟩ **5.** *verbal noun*: eine Blume zum B~ bringen to make a flower bloom, to bring a flower to bloom. — **ˈblü·hend I** *pres p.* – **II** *adj* **1.** flowery, in (full) blossom (*od.* bloom, flower), florescent (*lit.*): ~e Felder flowery fields, fields full of (*od.* gay with) flowers; ~e Rose blooming rose, rose in bloom; im Frühling ~ *bot.* vernal; nachmittags ~ *bot.* blossoming after noon, pomeridian (*scient.*); zur Nacht(zeit) ~ *bot.* night-blooming, noctiflorous (*scient.*); ein junges, ~es Mädchen *fig.* a girl in the full bloom of youth; sie starb im ~en Alter she died in the flower of her youth (*od.* in the prime of life). – **2.** *fig.* (*Aussehen etc*) flourishing, *auch* radiant, glowing: er sieht ~ (*od.* wie das ~e Leben) aus he looks flourishing, he's the very picture of health; eine ~e Gesundheit haben to be radiant (*od.* glowing) with health. – **3.** *fig.* (*Gesichtsfarbe etc*) florid, rosy, fresh. – **4.** *fig.* (*Geschäft etc*) prosperous, thriving, flourishing: ~e Handelsstädte prosperous trading cities. – **5.** *fig.* (*Phantasie etc*) lively. – **6.** *fig.* (*Unsinn etc*) pure, arrant, 'blooming' (*colloq.*).

Blü·het [ˈblyːət] *m* ⟨-s; *no pl*⟩ *Swiss for* Blütezeit 1.

ˈBlüh,rhyth·mus *m bot.* (*der Pflanzen*) flowering cycle.

Blüm·chen [ˈblyːmçən] *n* ⟨-s; -⟩ **1.** *dim. of* Blume. – **2.** *bot.* floret. — **~ˌkaf·fee** *m colloq. humor.* weak (*od.* substitute) coffee. — **~ˌmu·ster** *n* (*auf Stoffen etc*) floral pattern.

Blu·me [ˈbluːmə] *f* ⟨-; -n⟩ **1.** flower: gefüllte [ungefüllte] ~ double [single] flower; eine geschlechtslose ~ a sterile flower; künstliche ~ artificial flower; wild(wachsend)e ~ wild flower; ~n aus Eis frostwork *sg*, *auch* ice (*od.* frost) flowers; ~ aus Papier flower made of paper; mit ~n geschmückt decorated with flowers, flowered; eine mit ~n übersäte Wiese a meadow covered with flowers; die ~n blühen the flowers are out; ~n pflücken (*od. poet.* brechen) to pick (*od.* gather) flowers; ~n züchten to grow flowers; an einer ~ riechen to smell a flower; ~n streuen to scatter (*od.* strew) flowers; er streute ihr ~n auf den Weg *fig.* he made life pleasant for her, he made her life a bed of roses; j-m etwas durch die ~ sagen (*od.* zu verstehen geben) *fig.* a) to give s.o. a gentle hint, to say s.th. diplomatically, b) to hint s.th. to s.o., to allude to s.th.; durch die ~ sprechen *fig.* a) to drop a gentle hint, b) to speak in a veiled manner, to speak indirectly (*od.* allusively); laßt ~n sprechen! say it with flowers! vielen Dank für die ~n! *colloq. iron.* thanks for the bouquet! – **2.** (*des Weines*) bouquet, bloom, aroma. – **3.** (*des Bieres*) froth, head, top. – **4.** *hunt.* a) (*des Hasen*) tail, scut, b) (*des Fuchses, Wolfs*) tip of the brush, tag. – **5.** die Blaue ~ (*literature*) the blue flower, *auch* the Blue Flower (*symbol of longing in Romanticism*). – **6.** *poet.* flower, choice: die ~ der Jugend the flower of youth. – **7.** *poet. obs.* maidenhead, virginity. – **8.** (*in der Rhetorik*) flower (of speech). – **9.** *cf.* Blesse 1. – **10.** *gastr.* rump, *bes. Br.* silverside. – **11.** *pl chem.* flowers. – **12.** (*Färberei*) flower.

Blü·me·lein [ˈblyːməlaɪn] *n* ⟨-s; -⟩ *poet. dim. of* Blume.

ˈBlu·men|ˌam·pel *f* hanging flowerpot. — **~ar·ran·ge,ment** *n* flower arrangement. — **b~ˌar·tig** *adj* flowerlike: mit ~en Verzierungen *arch.* floriated. — **~ˌasche** *f bot. cf.* Blumenesche. — **~ˌausˌstel·lung** *f* flower show. — **~ˌbank** *f* ⟨-; ⸚e⟩ flower (pot) stand, jardiniere, shelf for (pots of) flowers. — **~ˌbau** *m* ⟨-(e)s; *no pl*⟩ flower cultivation, growing of flowers. — **~ˌbeet** *n* flower bed. — **b~beˌkränzt** *adj* with a wreath of flowers, wreathed with flowers. — **~ˌbild** *n* (*art*) flower piece. — **~bin·de·ˈrei** [ˌbluːmən-] *f* **1.** art of wreath and bouquet making. – **2.** florist's department for making wreaths and bouquets. — **~ˌbin·de·rin** *f* wreath-and-bouquet-maker. — **~ˌbin·se** *f bot.* flowering rush (*Butomus umbellatus*).

ˈBlu·menˌblatt *n* (*Kronblatt*) petal. — **b~ˌar·tig** *adj* petaloid, petaline. — **b~ˌför·mig** *adj* petal-shaped, petal(l)ed.

ˈblu·menˌblatt·los *adj bot.* without petals, apetalous (*scient.*).

ˈblu·menˌblätt·rig *adj bot.* petal(l)ed.

ˈBlu·men|ˌblau *n* anthocyanin. — **~ˌbrett** *n* window box. — **~ˌdecke** (*getr.* -k·k-) *f* **1.** *lit.* carpet of flowers. – **2.** *bot. cf.* Blütenhülle. — **~ˌdol·de** *f bot.* umbel. — **~ˌdraht** *m* florist's wire, flower wire. — **~ˌduft** *m* fragrance (*od.* scent) of flowers. — **~ˌdün·ger** *m hort.* fertilizer for flowers. — **~ˌer·de** *f* garden mold (*bes. Br.* mould). — **~ˌesche** *f bot.* flowering ash (*Fraxinus ornus*). — **~ˌfen·ster** *n* **1.** window with flowers. – **2.** window for flowers. — **~ˌfest** *n* flower fête, festival of flowers. — **~ˌflie·ge** *f zo.* maggot, anthomyiid (*scient.*) (*Unterfam. Anthomyiinae*). — **~ˌflor** *m lit. for* Blumenfülle. — **b~ˌför·mig** *adj* **1.** flower-shaped. – **2.** *arch.* floriated. — **~ˌfrau** *f colloq.* flower woman. — **~ˌfreund** *m* lover of flowers, flower fancier. — **~ˌfül·le** *f* abundance (*od.* mass) of flowers. — **~ˌgar·ten** *m* flower garden. — **~ˌgärt·ner** *m* florist, floriculturist, horticulturist, nurseryman, flower gardener. — **~geˌhän·ge** *n cf.* Blumengewinde. — **~geˌschäft** *n* florist's (shop), flower shop. — **b~geˌschmückt** *adj* decorated with flowers. — **~geˌstell** *n* flower stand. — **~geˌwächs** *n* flowering plant. — **~geˌwin·de** *n lit.* **1.** garland, festoon. – **2.** *arch.* pampre. — **~girˌlan·de** *f* garland, festoon. — **~ˌgruß** *m* sending of flowers: sie freute sich sehr über seinen ~ she was very pleased to receive his flowers. — **b~haft** *adj* flowerlike, flowery, bloomy. — **~ˌhänd·ler** *m*, **~ˌhänd·le·rin** *f* florist: beim Blumenhändler at the florist's. — **~ˌhand·lung** *f* florist's (shop), flower shop. — **~ˌhartˌrie·gel** *m bot.* Indian arrowwood, flowering dogwood (*Cornus florida*). — **~ˌhül·le** *f cf.* Blütenhülle. — **~ˌkä·fer** *m zo.* rose beetle (*od.* chafer) (*Cetonia aurata*). — **~ˌka·sten** *m* window (*od.* flower) box. — **~ˌkelch** *m bot. cf.* Blütenkelch. — **~ˌken·ner** *m* flower expert, person who knows flowers, connoisseur of flowers. — **~ˌknos·pe** *f* flower bud.

ˈBlu·menˌkohl *m bot.* cauliflower (*Brassica oleracea var. botrytis*). — **~geˌwächs** *n med.* cauliflower-shaped tumor (*bes. Br.* tumour).

ˈBlu·men|ˌköpf·chen *n cf.* Blütenköpfchen. — **~ˌkorb** *m* **1.** flower basket. – **2.** *bot.* involucre. — **~ˌkor·so** *m* floral parade, carnival of flowers. — **~ˌkranz** *m* wreath of flowers, floral wreath. — **~ˌkraut** *n bot. cf.* Schuppenwurz. — **~ˌkro·ne** *f* corolla. — **~ˌkü·bel** *m* (large) flowerpot, flower tub. — **~ˌla·den** *m cf.* Blumengeschäft. — **~ˌle·se** *f lit. rare for* Blütenlese. — **~ˌliebˌha·ber** *m cf.* Blumenfreund. — **~ˌmäd·chen** *n* flower girl. — **~ˌma·ler** *m* flower painter. — **~ma·leˌrei** *f* flower painting. — **~ˌmarkt** *m* flower market. — **~ˌmeer** *n lit.* mass (*od.* sea) of flowers. — **~ˌmo·nat** *m* month of flowers (*May*). — **~ˌmu·ster** *n* floral pattern (*od.* design): mit ~ (geschmückt) flowered. — **~ˌnel·ke** *f bot. cf.* Federnelke. — **~ˌnes·sel** *f* coleus (*Gattg Coleus*, *bes. C. blumei*). — **~or·naˌment** *n* (*auf Gebäuden, Münzen etc*) fleuron: kleines ~ fleurette. — **~poˌlyp** *m zo.* sea anemone (*Ordng Actinaria*). — **~ˌpracht** *f* splendid array of flowers. — **~raˌbat·te** *f* (flower) ridge (*od.* border, bed). — **b~ˌreich** *adj* **1.** flowery, rich in flowers. – **2.** *fig.* (*Rede, Stil etc*) flowery, florid, ornate. — **~ˌreich·tum** *m* abundance (*od.* mass) of flowers. — **~ˌrohr** *n bot.* a) canna (*Gattg Canna*), b) achira (*C. edulis*): Indisches ~ Indian shot (*od.* cane), flowering shot (*od.* reed) (*C. indica*). — **~ˌsa·me** *m* flower seed. — **~ˌscha·le** *f* flower bowl. — **~ˌschau** *f cf.* Blumenausstellung. — **~ˌschei·de** *f bot.* (*Hochblatt*) spathe. — **~ˌschmuck** *m* **1.** floral decoration. – **2.** floral jewelry (*bes. Br.* jewellery). – **3.** *arch.* floral work. — **~ˌspen·de** *f* **1.** contribution to buy flowers. – **2.** floral tribute, flowers *pl*: ~n verbeten (*in Todesanzeigen*) no flowers by request. — **~ˌspie·re** *f bot.* pearl bush (*Exochorda racemosa*). — **~ˌspra·che** *f* language of flowers. — **~ˌsprit·ze** *f* sprinkler. — **~ˌstand** *m* flower stall (*od.* stand). — **~ˌstän·der** *m cf.* Blumengestell. — **~ˌsten·gel** *m bot. cf.* Blütenstiel. — **~ˌste·tig·keit** *f zo.* (*der Bienen*) preference for one flower. — **~ˌstiel** *m bot. cf.* Blütenstiel. — **~ˌstock** *m* **1.** flowering pot plant. – **2.** (*zum Anbinden*) flower stake (*od.* cane). — **~ˌstrauß** *m* bunch of flowers, bouquet, (*bes. zum Anstecken*) nosegay: j-m einen ~ bringen to bring s.o. a bouquet (*od.* flowers); er brachte einen ~ mit he brought flowers. — **~ˌstück** *n* (*art*) flower piece. — **~ˌtep·pich** *m lit.* carpet of flowers. — **~ˌtie·re** *pl zo.* animal flowers; anthozoans, anthozoa (*scient.*) (*Klasse Anthozoa*). — **~ˌtisch** *m* jardiniere.

ˈBlu·menˌtopf *m* flowerpot: damit ist kein ~ zu gewinnen *fig. colloq.* that won't bring you any success. — **~ˌer·de** *f* garden mold (*bes. Br.* mould). — **~manˌschet·te** *f* florist's fluted paper wrapping (*for a flowerpot*). — **~ˌschlan·ge** *f zo.* Brahminy blind snake (*Typhlops braminus*). — **~ˌun·terˌsatz** *m* flowerpot saucer.

ˈBlu·men|ˌuhr *f* floral (*od.* flower) clock (*flower bed in shape of a dial*). — **~ˌva·se** *f* (flower) vase. — **~verˌkäu·fe·rin** *f* **1.** flower saleswoman (*od.* salesgirl). – **2.** (*auf der Straße*) flower girl. — **~ˌwan·ze** *f zo.* flower bug (*Fam. Anthocoridae*). — **~ˌwie·se** *f lit.* flowery meadow. — **~ˌzucht** *f* breeding of flowers, floriculture. — **~ˌzüch·ter** *m* flower grower, florist, floriculturist. — **~ˌzwie·bel** *f* (flower) bulb, set.

blü·me·rant [blyməˈrant] *adj colloq. humor.* giddy, dizzy: mir ist ganz ~ zumute I feel quite dizzy, my head is spinning.

ˈblu·mig *adj* **1.** flowery, flowering, full of flowers. – **2.** *fig. contempt.* (*Reden, Stil*) flowery, florid, ornate. – **3.** (*Wein*) with a fine bouquet, flowery. – **4.** *bot.* glaucous.

Blüm·lein [ˈblyːmlaɪn] *n* ⟨-s; -⟩ *poet. dim. of* Blume.

Blu·se [ˈbluːzə] *f* ⟨-; -n⟩ **1.** blouse: ~ mit langem Arm *colloq.* long-sleeved blouse; eine ~ mit tiefem Ausschnitt a blouse with a low neck; eine ~ tragend bloused. – **2.** *mil.* a) (*Waffenrock*) *Am.* blouse, *Br.* tunic, b) (*Feldbluse*) *Br.* battle dress jacket, *Am.* battle jacket.

Blü·se [ˈblyːzə] *f* ⟨-; -n⟩ *mar.* blue (*od.* flare-up) light, flare (light).

blu·sen [ˈbluːzən] *v/i* ⟨h⟩ (*fashion*) blouse.

ˈblu·sen|ˌar·tig *adj* (*fashion*) blouselike, bloused. — **B~ˌausˌschnitt** *m* neckline of a blouse. — **B~ˌschnitt** *m* (*fashion*) **1.** cut of a blouse. – **2.** blouse pattern.

ˈblu·sig I *adj* (*fashion*) bloused: ~er Schnitt bloused cut (*od.* style). – **II** *adv* ~ geschnitten cut in a bloused style.

Blust [bluːst] *m, n* ⟨-(e)s; *no pl*⟩ *Swiss and archaic for* Blühen.

Blut [bluːt] *n* ⟨-(e)s; *no pl*⟩ **1.** blood: geronnenes ~ coagulated (*od.* clotted) blood, coagulum (*scient.*); konserviertes ~ conserved blood; mit ~ befleckt (*od.* besudelt) bloodstained, *Br.* blood-stained; ~ husten [spucken] to cough [to spit] blood; voll ~ gory; das ~ stillen to stop (*od.* sta[u]nch) the bleeding (*od.* blood); ~ saugen *auch fig.* to suck blood; ~ spenden to donate (*od.* give) blood; ~ übertragen to transfuse blood, to make a blood transfusion; ~ vergießen to shed (*od.* spill) blood; ein Schuß griechischen ~(e)s a strain of Greek blood; sie kann kein ~ sehen she cannot stand the sight of blood; er lag in seinem ~(e) he was lying in his (*od.* a pool of) blood; das ~ pocht in seinen Adern the blood throbs in his veins; das ~ stieg ihm zu Kopfe (*od.* in den Kopf) [schoß ihm ins Gesicht] the blood raced to his head [rushed to his face]; **alles ~ war aus seinem Gesicht gewichen** all the blood had left (*od.* was drained from) his face; **viel (unschuldiges) ~ wurde vergossen** (*od.* **ist geflossen**) much (innocent) blood was shed (*od.* spilt), much blood has flown, there was much bloodshed; **einen Hund an ~ gewöhnen** *hunt.* to blood a dog; **die Bande** (*od.* **Fesseln**) **des ~(e)s** *fig.* the bonds (*od.* ties) of blood; **die Stimme des ~(e)s** *fig.* the call of (the) blood; **blaues ~** *fig.* blue blood; **sie hat blaues ~ in den Adern** *fig.* she has blue blood in her veins, she is of noble birth; **er ist von edlem ~(e)** *fig.* he is of noble blood (*od.* high birth); **dickes ~ haben** *fig. colloq.* to be slow (*od.* lethargic); **feuriges** (*od.* **heißes**) [**kühles**] **~ haben** *fig.* to be passionate (*od.* hot-blooded) [cool-blooded]; **leichtes** [**schweres**] **~ haben** *fig.* to be light(-)hearted [serious-minded]; **kaltes ~ bewahren** *fig.* to remain calm, to keep a cool head, to keep cool(-headed), to maintain one's sangfroid (*lit.*); **nur ruhig ~!** *fig.* keep cool! keep your hair (*od.* shirt) on! (*colloq.*), (take it) easy! **er tat es kalten ~es** *fig.* he did it in cold blood; **böses ~ machen** *fig.* to make (*od.* breed) bad blood, to cause ill feeling; **sein ~ kochte** (*od.* **geriet in Wallung**) *fig.* his blood boiled (*od.* was up); **j-s ~ zum Kochen** (*od.* **in Wallung**) **bringen** *fig.* to make s.o.'s blood boil; **~ (und Wasser) schwitzen** *fig. colloq.* to sweat blood, to be scared to death; **er hat ~ geleckt** *fig.* he has tasted blood; **das ~ gerann** (*od.* **stockte**) **ihm in den Adern** *fig.* his blood ran cold (*od.* curdled); **er vergoß sein ~ fürs Vaterland** *fig.* he gave (*od.* laid down) his life for his country; **mit ~ geschrieben** *fig.* written with (*od.* in) blood; **die Erde ist mit ~ getränkt** *fig.* the earth is blood-soaked; **an seinen Händen klebt ~** *fig.* there is blood on his hands; **sie stand wie mit ~ übergossen da** *fig.* she was flushed (*od.* scarlet) with embarrassment; **nach ~ dürsten** *fig.* to thirst for blood; **sein ~ schreit nach Rache** *fig. poet.* his blood cries (out) for vengeance; **eine Kränkung mit ~ abwaschen** *fig. poet.* to take revenge in blood for an insult; **sein ~ komme über uns** *Bibl.* his blood be on us; **das ~ verleugnet sich nicht** *fig.* blood will out; **j-n bis aufs ~ peinigen** (*od.* **quälen**) *fig.* to worry (*od.* pester) the life out of s.o.; **j-n bis aufs ~ hassen** *fig.* to hate (*od.* loathe) s.o. like poison; **j-n bis aufs ~ reizen** *fig.* to irritate s.o. to the utmost degree (*od.* to tears), to annoy s.o. to death; **j-n bis aufs ~ aussaugen** *fig.* to bleed s.o. dry (*od.* white); **das steckt ihm im ~(e)** *fig.* that runs in his blood; **die Musik geht ins ~** *fig.* the music gets in one's blood; **einem Unternehmen neues ~ zuführen** *fig.* to introduce (*od.* infuse) new blood into an undertaking; **~ ist dicker als Wasser** (*Sprichwort*) blood is thicker than water (*proverb*); **~ und Boden** (*in der NS-Zeit*) 'blood and soil'; → Fleisch 3; Gut 1; Milch 1. – **2. ein junges ~** *poet.* a young blood, a young man (*od.* woman); **ein lustiges** [**unschuldiges, wildes**] **~** a gay [innocent, wild] young man (*od.* woman); **junges ~ hat Mut** (*Sprichwort*) *etwa* young blood has courage. – **3.** *lit.* (*der Rebe*) juice, blood. – **4.** (*des Pferdes, Rindes*) blood, breed: **von reinem ~** of thoroughbred.

'**Blut|abˌfluß** *m med.* veinous return (of blood), veinous outflow. — **~ˌacker** (*getr.* **-k·k-**) *m* aceldama, akeldama (*auch Bibl.*). — **~ˌader** *f med.* vein, blood vessel. — **~ˌagar** *m* blood agar. — **b~ˌähn·lich** *adj* having the appearance of blood, h(a)ematoid (*scient.*). — **~ˌal·ge** *f bot. cf.* Rotalge. — **~ˌal·ko·hol** *m med.* percentage of alcohol in the blood, blood-alcohol level. — **~ˌamp·fer** *m bot.* bloodwort (*Rumex sanguineus*). — **~ˌanˌdrang** *m med.* congestion, plethora (*scient.*). — **~ˌanˌsamm·lung** *f* pooling of blood, stasis (*scient.*). — **~ˌap·fel** *m bot.* red calville. — **~ˌap·felˌsi·ne** *f bot. cf.* Blutorange.

'**blutˌarm**¹ *adj med.* an(a)emic (*auch fig.*).

'**blut'arm**² *adj fig.* extremely poor, as poor as a church mouse.

'**Blut|ˌar·mut** *f med.* an(a)emia. — **b~ˌar·tig** *adj cf.* blutähnlich. — **~ˌaufˌfri·schung** *f biol.* introduction of new blood. — **~ˌau·ge** *n bot.* marsh cinquefoil (*od.* five-finger, finger fern) (*Comarum palustre*). — **~ˌausˌfluß** *m med.* discharge of blood. — **~ˌausˌsau·ger** *m fig. cf.* Blutsauger 2. — **~ˌausˌstrich** *m med.* blood smear. — **~ˌausˌwurf** *m* sputum containing blood. — **~ˌbad** *n fig.* bloodbath, massacre, slaughter, carnage. — **~ˌbahn** *f med.* bloodstream. — **~ˌbank** *f* ⟨-; ⸚e⟩ blood bank. — **~ˌbann** *m jur. hist.* judicial power over life and death. — **~ˌbaum** *m bot.* **1.** logwood (*Gattg Haematoxylon*). – **2.** *cf.* Drachenbaum. — **b~beˌdeckt** *adj* bloody, bloodstained, *Br.* blood-stained, gory (*lit.*). — **b~beˌfleckt** *adj* **1.** *cf.* blutbedeckt. – **2.** *fig.* bloodguilty, *Br.* blood-guilty, bloodstained, *Br.* blood-stained. — **b~beschmiert** *adj cf.* blutbedeckt. — **b~beˌspritzt** *adj* blood-spattered. — **b~beˌsu·delt** *adj cf.* blutbefleckt 2. — **~ˌbeu·le** *f med.* h(a)ematoma. — **~ˌbild** *n* blood count, h(a)emogram (*scient.*): **weißes** [**rotes, großes**] **~** white [red, complete] blood count. — **b~ˌbil·dend** *adj* increasing the formation of blood cells: **~es Medikament** (*od.* **Mittel**) h(a)ematinic, h(a)ematic. — **~ˌbil·dung** *f* **1.** formation of blood, h(a)ematopoiesis (*scient.*). – **2.** *biol.* sanguification. — **~ˌbla·se** *f med.* blood blister. — **~ˌblu·me** *f bot.* **1.** blood lily, bloodflower (*Gattg Haemanthus*). – **2.** *cf.* Blutauge. — **~ˌbre·chen** *n med.* vomiting of blood, h(a)ematemesis (*scient.*). — **~ˌbu·che** *f bot.* (copper) beech (*Fagus silvatica var. atropurpurea*).

Blüt·chen ['blyːtçən] *n* ⟨-s; -⟩ **1.** *dim. of* Blüte. – **2.** *bot.* (*bei Kompositen etc*) floret.

'**BlutˌDruck** *m med.* blood pressure: **bleibender** (*od.* **dauernd vorhandener**) **~** usual blood pressure; **hoher** [**niedriger**] **~** high [low] blood pressure; **j-s ~ messen** to take s.o.'s blood pressure; **den ~ niedrig halten** to keep the blood pressure down. — **~ˌabˌfall** *m* drop in blood pressure. — **~ap·paˌrat** *m cf.* Blutdruckmesser. — **b~erˌhö·hend** *adj* raising blood pressure: **~e Wirkung** pressor effect. — **~erˌhö·hung** *f* (*plötzliche*) rise in blood pressure, (*stetige*) high blood pressure, hypertension. — **~ˌmes·ser** *m* blood pressure apparatus, sphygmomanometer (*scient.*). — **~ˌmessung** *f* measuring (*od.* taking) the blood pressure. — **b~ˌsen·kend** *adj* hypotensive: **~es Mittel** anti-hypertensive medication, medication with hypotensive effect. — **~ˌsen·kung** *f* (*plötzliche*) drop in blood pressure, (*stetige*) low blood pressure, hypotension. — **~ˌstei·ge·rung** *f* **1.** rise in blood pressure. – **2.** (*Bluthochdruck*) high blood pressure, hypertension. — **~taˌbel·le** *f* blood pressure chart. — **~verˌmin·derung** *f cf.* Blutdrucksenkung. — **~ˌwert** *m* blood pressure value.

'**Blut|ˌdrü·se** *f med.* ductless (*od.* endocrine) gland. — **~ˌdurst** *m fig.* blood-lust, thirst for blood, bloodthirstiness.

'**blutˌdür·stig** [-ˌdʏrstɪç] *adj fig.* bloodthirsty, *Br.* blood-thirsty. — '**Blutˌdürstig·keit** *f* ⟨-; *no pl*⟩ *cf.* Blutdurst.

Blü·te ['blyːtə] *f* ⟨-; -n⟩ **1.** *bot.* flower, (*bes. eines Baumes*) blossom, *bes. collect.* bloom (*auch poet.*): **gefüllte** [**ungefüllte**] **~** double [single] flower; **männliche** [**weibliche**] **~** staminiferous [pistilliferous] flower, staminate [pistillate] flower; **eingeschlechtige** [**zwittrige** *od.* **hermaphrodite**] **~** unisexual (*od.* imperfect) [hermaphrodite *od.* perfect] flower; **gestielte ~** ray (flower); **zusammengesetzte ~** compound flower; **~ ohne Staubgefäße und Stempel, geschlechtslose ~** neuter; **der Strauch ist voller ~n** the bush is flowering (*od.* blossoming); **~n treiben** (*od.* **hervorbringen**) to blossom, to put forth flowers; **~n tragen** to flower; **mit ~n geschmückt** flowered; **die Mode treibt seltsame** (*od.* **wunderliche**) **~n** *fig.* fashion produces some strange results (*od.* effects). – **2.** ⟨*only sg*⟩ (*Blütezeit*) flowering, (*bes. bei Bäumen*) blossom (time), flowerage; (in)florescence, anthesis (*scient.*): **alle Sträucher stehen in ~** all the bushes are in flower (*od.* flowering, in bloom); **alle Bäume stehen in voller ~** all the trees are in full bloom; **diese Orchidee hat man noch nie zur ~ gebracht** this orchid has never been flowered; **die Zeit der ~ ist vorbei** blossom time (*od.* the bloom) is over. – **3.** *fig.* (*Höhepunkt*) climax, height, *auch* heyday: **er stand in der ~ seiner Macht** he was in the heyday (*od.* at the height) of his power; **die Industrie steht in höchster ~** (the) industry is at its height; **die ~ Roms** *hist.* the heyday of Rome; **etwas hat eine neue ~ erlebt** s.th. went through a time of revival; **etwas gelangt zur (vollen) ~** s.th. comes to fruition; **der Impressionismus war Ende des 19. Jahrhunderts in seiner vollen ~** impressionism flourished at the end of the 19th century; **er** [**es**] **hatte seine ~ bald hinter sich** he [it] soon went (*od.* ran) to seed. – **4.** *fig.* (*der Jahre*) bloom, prime: **er steht in der ~ des Lebens** [**seiner Jugend**] he is in the prime of life [prime (*od.* bloom) of his youth]; **sie starb in der ~ ihrer Jahre** she died in her prime; **die ~ der Jugend** the bloom (*od.* flush) of youth. – **5.** *fig.* (*Elite*) flower, bloom, cream, elite: **die ~ unserer Jugend fiel im Krieg** the flower (*od.* bloom, cream) of our youth was killed in the war. – **6.** *fig.* (*Wohlstand*) prosperity, bloom, florescence (*lit.*). – **7.** (*unfreiwilliger Witz*) gem, howler. – **8.** (*thieves' Latin*) forged note (*bes. Am.* bill). – **9.** *min.* bloom.

'**Blut|ˌegel** *m* **1.** *zo.* leech (*Ordng Hirudinea*): **Medizinischer ~** medicinal leech (*Hirudo medicinalis*); **j-m ~ (an)setzen** to leech s.o., to apply leeches to s.o. – **2.** *med.* (*künstlicher*) leech. – **3.** *fig.* bloodsucker. — **~ˌeinˌdickung** (*getr.* **-k·k-**) *f med.* h(a)emoconcentration.

blu·ten ['bluːtən] *v/i* ⟨h⟩ **1.** (**aus** from) bleed: **seine Nase blutet** his nose is bleeding; **er blutet aus der Nase** [**an der Stirn, aus einer Wunde**] he is bleeding from the nose [from the forehead, from a wound]; **seine Wunde blutet heftig** his wound is bleeding heavily (*od.* profusely); **er wird sich zu Tode ~** he will bleed to death; **er blutete wie ein Schwein** *vulg.* he was bleeding like a pig (*vulg.*); **mir blutet das Herz bei diesem Anblick** *fig.* my heart is bleeding at the sight of it. – **2.** (*von Bäumen, Trauben etc*) bleed, exude sap (*od.* juice): **der Baum blutet** the tree is bleeding, sap is coming out of the tree. – **3.** *colloq.* (*zahlen*) (**für** for) pay up; 'bleed', cough up (*od.* fork out) money (*colloq.*): **er mußte schwer dafür ~** he had to pay through the nose, he had to fork out a lot of money (*colloq.*). – **4.** (*von Farben*) bleed. – **5.** (*von Beton*) sweat, bleed, pond.

'**Blü·ten|ˌach·se** *f bot.* receptacle, receptaculum (*scient.*). — **~ˌäh·re** *f* spire, spike. — **b~ˌar·tig** *adj* blossomy. — **~ˌbaum** *m* blossoming (*od.* flowering) tree. — **~ˌbe·cher** *m* cupule, cupula, cup; hypanthium (*scient.*). — **~beˌschrei·bung** *f* anthography. — **~beˌstäu·bung** *f* pollination. — **~ˌbil·dung** *f cf.* Blütenentwicklung. — **~ˌblatt** *n* petal: **mit vier** [**fünf, schmalen**] **Blütenblättern** tetrapetalous [pentapetalous, stenopetalous]; **ohne Blütenblätter** apetalous. — **~ˌbo·den** *m cf.* Blütenachse. — **~ˌbü·schel** *n* fascicle of flowers.

'**blu·tend I** *pres p.* – **II** *adj* bleeding: **~en Herzens, mit ~em Herzen** *fig.* with a heavy (*od.* an aching) heart.

'**Blü·ten|ˌdeckung** (*getr.* **-k·k-**) *f bot.* (a)estivation. — **~ˌdol·de** *f* umbel. — **~ˌduft** *m* fragrance (*od.* scent) of blossoms. — **~entˌwick·lung** *f* development of flowers. — **~ˌesche** *f* flowering ash (*Fraxinus ornus*). — **~ˌfäu·le** *f* blossom blight. — **~ˌflor** *m lit. for* Blütenfülle. — **~ˌfül·le** *f* abundance (*od.* mass) of blossoms. — **b~haft** *adj* like a blossom. — **~ˌho·nig** *m agr.* honey (of blossoms and flowers). — **~ˌhüllˌblatt** *n bot.* floral (*od.* involucral) leaf. — **~ˌhül·le** *f* floral envelope, perianth(ium) (*scient.*). — **~ˌkä·fer** *m zo.* museum beetle (*Anthrenus museorum*). — **~ˌkätz·chen** *n bot.* catkin. — **~ˌkelch** *m* calyx. — **~ˌkelchˌblatt** *n* sepal. — **~ˌkleid** *n poet.* raiment of blossom(s). — **~ˌknäu·el** *m* glomerule. — **~ˌknos·pe** *f* (flower) bud, germ. — **~ˌkol·ben** *m* spadix. — **~ˌköpfchen** *n* (flower) head, capitulum (*scient*). — **~ˌkörb·chen** *n* **1.** *cf.* Blütenköpfchen. – **2.** *cf.* Hüllkelch. — **~ˌkranz** *m cf.* Blumenkranz. — **~ˌkro·ne** *f cf.* Blumenkrone. — **~ˌle·se** *f* anthology, florilegium. — **b~los** *adj bot.* flowerless, blind: **~e Pflanze** cryptogam. — **~ˌmeer** *n lit.* abundance (*od.* mass) of blossoms (*od.* flowers). — **~ˌöl** *n chem.* essence (*od.* essential oil) of flowers. — **~ˌpflan·ze** *f bot.* flowering plant, phanerogam (*scient.*). — **~ˌpracht** *f* magnificent array of blossoms (*od.* flowers). — **b~ˌreich** *adj* blossomy, flowery, rich in blossoms (*od.* flowers), floriferous. — **~ˌreich·tum** *m* abundance (*od.* mass) of blossoms (*od.* flowers). — **~ˌrückˌbil·dung** *f* antholysis. — **~ˌschaft** *m* scape. — **~ˌschei·be** *f* disk, disc. — **~ˌschei·de** *f* spathe. — **b~ˌschei·dig** [-ˌʃaɪdɪç] *adj* spathaceous. — **~ˌschmuck** *m lit.* **1.** floral decoration. – **2.** blossom: alle Bäume standen im schönsten ~ all trees were in full blossom. — **~ˌschopf** *m* desmanthus. — **~ˌschrau·be** *f* ladies' tresses *pl* (*construed as sg or pl*) (*Gattg Spiranthes*). — **~ˌsproß** *m* fertile shoot. — **~ˌstand** *m* inflorescence.

'Blü·tenˌstaub *m* pollen: den ~ übertragen auf (*acc*) to pollinate. — **~ˌmas·se** *f* (*bei Orchideen*) pollinium.

'Blü·ten|ˌste·cher *m zo.* (*Rüsselkäfer*) blossom weevil (*Gattg Anthonomus*). — **~ˌstiel** *m bot.* pedicel. — **~ˌtep·pich** *m lit.* carpet of blossom(s) (*od.* flowers).

'Blut·entˌnah·me *f med.* withdrawal of blood, bloodletting, *Br.* blood-letting.

'blü·ten|ˌtra·gend *adj bot.* floriferous. — **B~ˌtrau·be** *f* cluster (of blossoms), raceme (*scient.*): kleine ~ racemule; in ~n wachsend racemose, racemulose.

'Blut·entˌste·hung *f med.* h(a)ematogenesis.

'Blü·ten|verˌwach·sung *f bot.* synanthy. — **b~'weiß** *adj* (pure) white, snow-white, white as snow, sparkling white. — **~-ˌWolfsˌmilch** *f bot.* blooming spurge (*Euphorbia corollata*). — **~ˌzweig** *m* spray.

'Blu·ter *m* ⟨-s; -⟩ *med.* bleeder, h(a)emophiliac (*scient.*).

'Blut|er|ˌbre·chen *n med.* h(a)ematemesis. — **~erˌguß** *m* effusion of blood, h(a)ematoma (*scient.*): ein ~ im Knie a bloody effusion in the knee.

'Blu·terˌkrank·heit *f med.* h(a)emophilia: an ~ leidend h(a)emophilic.

'Blut|er|ˌsatzˌmit·tel *n med.* blood substitute, plasma-expander. — **~ex·tra·vaˌsat** *n* extravasation of blood, bruise.

'Blü·teˌzeit *f* **1.** flowering (time), (*bes. bei Bäumen*) blossom (time), flowerage; (in)florescence, florification, anthesis (*scient.*). – **2.** *fig. lit.* spring (time), bloom, blossom time, heyday, prime (*lit.*): in der ~ des Lebens in the spring (*od.* full flower) of life; die ~ der mittelalterlichen Literatur the prime of medi(a)eval literature.

'Blut|ˌfah·ne *f* **1.** *hist.* (*im römisch-deutschen Reich*) red banner (*used in feudal times*). – **2.** *pol.* (*in der NS-Zeit*) blood flag. — **b~ˌfar·big** *adj med.* having the color (*bes. Br.* colour) of blood, sanguineous. — **~ˌfarbˌstoff** *m med. zo.* h(a)emochrome: roter ~ h(a)emoglobin. — **~faˌsan** *m zo.* blood pheasant (*Ithaginis cruentus*). — **~ˌfa·serˌstoff** *m med.* fibrin: krankhafte Vermehrung des ~s fibrination. — **~ˌfeh·de** *f hist.* blood feud, vendetta. — **~ˌfei·ge** *f bot.* Indian fig (*Opuntia ficus-indica*). — **~ˌfett** *n med.* blood lipids *pl.* — **~ˌfettˌwert** *m* blood lipid concentration. — **~ˌfleck** *m* bloodstain: ~ auf der Haut pelioma; ~en (unter der Haut) petechiae. — **~ˌfluß** *m* flow of blood, h(a)emorrhage (*scient.*): den ~ stillen to sta(u)nch the flow of blood. — **~ˌflüs·sig·keit** *f* blood plasma, h(a)emolymph. — **~ˌfül·le** *f* congestion, plethora.

'Blut·geˌfäß *n med.* blood vessel: Geschwulst eines ~es angioma, h(a)emangioma. — **b~ˌbil·dend** *adj* vasoformative. — **~geˌschwulst** *f* angioma, h(a)emangioma. — **b~ˌhal·tig** *adj* vascular. — **~ˌleh·re** *f* angiology. — **~syˌstem** *n* vascular (*od.* circulatory) system.

'Blut|ˌgeld *n* **1.** *fig. contempt.* blood money. – **2.** *hist. jur.* bloodwit(e). — **~geˌrinn·sel** *n med.* blood clot, coagulum (*scient.*). — **~geˌrin·nung** *f* blood clotting (*od.* coagulation). — **~geˌrin·nungsˌzeit** *f* clotting time. — **~geˌrüst** *n* (*Schafott*) scaffold. — **~geˌschwulst** *f med.* h(a)ematoma. — **~geˌschwür** *n* **1.** boil. – **2.** (*Furunkel*) furuncle. – **3.** (*Phlegmone*) phlegmon. — **b~geˌtränkt** *adj* blood-drenched (*od.* -soaked). — **~ˌgier** *f cf.* Blutdurst. — **b~ˌgie·rig** *adj cf.* blutdürstig. — **~ˌgift** *n med.* h(a)ematoxin.

'Blutˌgrup·pe *f med.* blood group: j-s ~ bestimmen (*od.* feststellen) to determine s.o.'s blood group, to type s.o.'s blood; seine ~ wurde bestimmt his blood group was typed.

'Blutˌgrup·pen|beˌstim·mung, **~ˌfestˌstel·lung** *f* blood typing: ~ und Verträglichkeitsbestimmung (*mit Spenderblut*) typing and cross matching. — **~ˌun·terˌsu·chung** *f* blood typing.

'Blut|ˌhänf·ling *m zo.* linnet, red poll (*Carduelis cannabina*). — **~ˌharn** *m med.* bloody (*od.* blood-tinged) urine. — **~ˌhar·nen** *n med. vet.* h(a)ematuria. — **~ˌha·selˌnuß** *f bot.* **1.** red filbert (*Corylus avellana var. rubra*). – **2.** *cf.* Lambertsnuß. — **~ˌheil** *n cf.* Tüpfelhartheu. — **~ˌhir·se** *f* finger grass (*Digitaria sanguinalis*). — **~ˌhochˌdruck** *m med.* hypertension, high blood pressure. — **~ˌhochˌzeit** *f* die Pariser ~ *hist.* the massacre of St. Bartholomew('s Day). — **~ˌholz** *n bot.* logwood, campeachy wood. — **~ˌhund** *m* **1.** *zo.* (*Hunderasse*) bloodhound. – **2.** *fig.* bloodthirsty (*Br.* blood-thirsty) person, butcher. — **~ˌhu·sten** *m med.* h(a)emoptysis.

'blu·tig *adj* **1.** bloody: er schlug ihm die Nase ~ he gave him a bloody nose, he blooded his nose; sie schlugen sich die Köpfe ~ they gave each other a bloody nose; ~e Rache nehmen to take bloody revenge; mit ~en Lettern geschrieben *fig.* written in blood; Maria die B~e *hist.* Bloody Mary; ~es Opfer *relig.* bloody offering. – **2.** (*blutbefleckt*) bloody, bloodstained, *Br.* blood-stained, gory (*lit.*): ~e Hände bloody (*od.* blood[-]stained) hands. – **3.** (*Schlachten etc*) bloody, murderous, sanguinary, gory (*lit.*): ~e Kämpfe sanguinary battles; ~e Zwischenfälle bloody clashes. – **4.** (*blutgierig*) sanguineous, *auch* bloodthirsty, *Br.* blood-thirsty. – **5.** (*Wunde*) bleeding. – **6.** *med.* sanguinolent; ~er Auswurf sanguinolent (*od.* bloody) sputum, blood-tinged (*od.* -streaked) sputum. – **7.** *gastr.* (*Fleisch*) underdone, rare. – **8.** *fig.* (*in Wendungen wie*) es war sein ~er Ernst he was dead serious; ein ~er Laie *colloq.* a mere (*od.* complete) layman; sie ist eine ~e Anfängerin *colloq.* she is a mere beginner, she is a greenhorn (*colloq.*); sie vergoß ~e Tränen she shed bitter tears; ihm ist ~es Unrecht geschehen he has been done a gross injustice.

'Blut|ˌin·sel *f meist pl zo.* (*im Mesoblast des Embryos*) blood island (*auch* islet). — **~ˌjas·pis** *m min.* bloodstone, heliotrope. — **b~'jung** *adj* very young: das Mädchen war noch ~ the girl was of tender years. — **~ˌkie·me** *f zo.* blood gill. — **~ˌkir·sche** *f bot. cf.* Amarelle. — **~ˌklee** *m* flesh-colored (*bes. Br.* -coloured) trefoil, scarlet clover (*Trifolium incarnatum*). — **~ˌklum·pen** *m med.* blood clot. — **~konˌser·ve** *f* (*in der Blutbank*) unit of (stored) blood. — **~kon·serˌvie·rung** *f* banking (*od.* storing) of blood.

'Blutˌkör·per·chen *n* **1.** *med.* (blood) corpuscle, blood cell: weißes ~ white corpuscle, leukocyte (*scient.*); rotes ~ red blood cell (*od.* corpuscle), erythrocyte (*scient.*); (krankhafte) Vermehrung der roten ~ polycythemia, *auch* polycythaemia; Zusammenballung der ~ h(a)emagglutination. – **2.** *zo.* (*kernloses*) blood disk. — **~ˌsen·kung** *f* blood sedimentation. — **~ˌzählˌkam·mer** *f* counting chamber for blood cells, h(a)emocytometer (*scient.*). — **~ˌzäh·lung** *f* blood count. — **~zerˌfall** *m* h(a)emolysis.

'Blut|ˌkrank·heit *f med.* blood disease. — **~ˌkraut, Ka'na·di·sches** *n bot.* bloodroot, *auch* bloodwort (*Sanguinaria canadensis*). — **~ˌkrautˌwurz** *f* common meadowsweet (*Spiraea ulmaria*). — **~ˌkreisˌlauf** *m med.* (blood) circulation, blood flow: großer ~ body (*od.* systematic) circulation; kleiner ~ pulmonary circulation; arterieller [venöser] ~ arterial [venous] system. — **~ˌkru·ste** *f* scab, crust. — **~ˌku·chen** *m* blood clot, coagulum (*scient.*). — **~kulˌtur** *f* blood culture. — **~ˌla·che** *f* pool of blood. — **~ˌlauf** *m cf.* Blutkreislauf. — **~ˌlau·genˌsalz** *n chem.* a) gelbes ~ potassium ferrocyanide, yellow prussiate of potash ($K_4Fe(CN)_6$), b) rotes ~ *bes. phot.* potassium ferricyanide, red prussiate of potash ($K_3Fe(CN)_6$). — **~ˌlaus** *f zo.* wool(l)y (apple) aphid, *auch* wool(l)y plant louse, American (*od.* apple) blight (*Eriosoma lanigerum*). — **b~ˌleer** *adj* **1.** bloodless. – **2.** (*blutarm*) an(a)emic. — **~ˌlee·re** *f* **1.** isch(a)emia, an(a)emia. – **2.** (*im Gehirn*) cerebral hypox(a)emia. — **~ˌlei·ter** *m* venous sinus. — **~ˌli·nie** *f agr.* pedigree. — **b~los** *adj* bloodless (*auch fig.*). — **~ˌman·gel** *m med.* blood deficiency, an(a)emia. — **~ˌmä·ßig** *adj* by one's (*od.* the) blood. — **~ˌmehl** *n agr.* blood meal. — **~ˌmen·ge** *f med.* blood volume: im Umlauf befindliche ~ circulating blood volume. — **~ˌnachˌweis** *m* blood test. — **~ˌnel·ke** *f bot.* blood pink (*Dianthus cruentus*). — **~ˌop·fer** *n* (*Todesopfer*) blood sacrifice. — **~oran·ge** [-ʔoˌrɑ̃ːʒə] *f bot.* blood orange. — **~ˌor·den** *m pol.* (*NS-Zeit*) Blood Order. — **~pa·raˌsit** *m zo.* h(a)ematozoon. — **~ˌpaß** *m med.* blood-group (*od.* blood donors) card. — **~ˌpfropf** *m* blood clot, thrombus. — **~ˌplas·ma** *n* (blood) plasma. — **~ˌplätt·chen** *n* (blood) platelet, thrombocyte. — **~ˌpro·be** *f* **1.** *med.* a) blood test, b) blood sample. – **2.** *jur.* blood (alcohol) test. — **~ˌra·che** *f* blood vengeance (*od.* revenge), *auch* blood feud, vendetta. — **~ˌrausch** *m* bloodlust. — **~ˌre·gen** *m meteor.* blood rain. — **b~ˌreich** *adj med.* (*Organ etc*) blood-filled, plethoric (*scient.*). — **b~ˌrei·ni·gend** *adj* blood-cleansing, depurative: ~es Mittel depurative. — **~ˌrei·ni·gungsˌmit·tel** *n* depurative, depuration medicine, blood cleanser. — **~ˌrei·ni·gungsˌtee** *m pharm.* blood-cleansing tea. — **b~ˌrot** *adj* blood-red, (as) red as blood, (dark) crimson; sanguine, sanguineous, incarnadine (*alle lit.*): die Sonne ging ~ unter the setting sun was blood-red. — **~ˌruhr** *f med.* dysentery (with bloody diarrh[o]ea). — **b~ˌrün·stig** [-ˌrʏnstɪç] *adj* **1.** (*mordgierig*) bloodthirsty, *Br.* blood-thirsty, bloody. – **2.** *fig.* (*Film, Geschichte etc*) bloodcurdling, *Br.* blood-curdling, gory (*lit.*). — **~ˌrün·stig·keit** *f* **1.** bloodthirstiness. – **2.** *fig.* goriness. — **b~ˌsau·gend** *adj zo.* bloodsucking, *Br.* blood-sucking, sanguivorous (*scient.*). — **~ˌsau·ger** *m* **1.** *zo.* a) bloodsucker, *Br.* blood-sucker, animal that sucks blood, b) *cf.* Schönechse. – **2.** *fig.* bloodsucker, *Br.* blood-sucker, leech, vampire, extortioner. — **~sau·ge'rei** [ˌbluːt-] *f fig.* bloodsucking, *Br.* blood-sucking. — **b~ˌsau·geˌrisch** *adj fig.* bloodsucking, *Br.* blood-sucking, vampiric.

'Bluts|ˌbru·der *m* blood brother. — **~ˌbrü·der·schaft** *f* blood brotherhood: mit j-m ~ schließen *fig.* to become a blood brother to s.o.

'Blut|ˌschan·de *f* **1.** *jur.* incest: der ~ schuldig incestuous. – **2.** *pol.* (*NS-Zeit*) race defilement (*through marriage with non-Aryans*). — **~ˌschän·der** *m jur.* incestuous person, person guilty of incest. — **b~ˌschän·de·risch** *adj* incestuous. — **~ˌschat·ten** *m med.* blood ghost, phantom corpuscle. — **~schmaˌrot·zer** *m zo. cf.* Blutparasit. — **~ˌschuld** *f lit.* bloodguilt, bloodguiltiness, murder: eine ~ auf sich laden to become guilty of murder, to have s.o.'s blood on one's hand. — **~ˌschwamm** *m* **1.** *bot.* hepatic fistulina (*Fistulina hepatica*). – **2.** *med.* angioma, h(a)emangioma. — **~ˌsen·kung** *f med.* (blood) sedimentation: eine ~ machen to test the sedimentation rate of the blood. — **~ˌsen·kungs·geˌschwin·dig·keit** *f* blood sedimentation rate. — **~ˌse·rum** *n* blood serum.

'bluts|ˌfremd *adj* alien to one's blood. — **~ˌmä·ßig** *adj cf.* blutmäßig.

'Blut|ˌspat *m vet.* bog (*od.* blood) spavin. — **~ˌspei·en** *n med. cf.* Blutspucken. — **~ˌspendeˌdienst** *m* blood donor service. — **~ˌspen·den** *n* donation of blood. — **~ˌspen·der** *m*, **~ˌspen·de·rin** *f* blood donor (*od.* giver). — **~ˌspen·der·zenˌtra·le** *f* blood donor center (*bes. Br.* centre). — **~ˌspie·gel** *m* blood level. — **~ˌspucken** (*getr.* -k·k-) *n* spitting of blood, h(a)emoptysis (*scient.*). — **~ˌspur** *f* **1.** (*eines Tieres etc*) trail (*od.* track) of blood. – **2.** *pl* (*als Indiz*) blood stains (*od.* marks). — **~ˌsta·tus** *m med. cf.* Blutbild. — **~ˌstau·ung** *f* engorgement, congestion, passive (*od.* venous) hyper(a)emia (*scient.*). — **~ˌstein** *m min.* bloodstone, hematite, *auch* haematite. — **b~ˌstil·lend** *adj med.* blood-sta(u)nching; styptic, h(a)emostatic (*scient.*): ~es Mittel styptic, h(a)emostat; ~er Stift styptic pencil. — **~ˌstil·lung** *f* sta(u)nching (*od.* stopping) of bleeding, h(a)emostasis (*scient.*). — **~ˌstockung** (*getr.* -k·k-) *f* stagnation of blood. — **~ˌstrahl** *m* jet (*od.* gush) of blood. — **~ˌstrei·fen** *m* (*im Auswurf*) bloody streak, vibox (*scient.*): Auswurf mit ~ blood-streaked sputum. — **~ˌstrie·men** *m* red bruise, suggilation (*scient.*). — **~ˌstrom** *m* **1.** *med.* bloodstream.

– 2. *lit.* stream of blood: ein ~ sickerte aus seiner Wunde a stream of blood trickled from his wound.

'Bluts|ˌtröpf·chen *n* **1.** *bot.* a) pheasant's eye (*Adonis autumnalis*), b) red marocco (*A. annua*), c) maiden pink (*Dianthus deltoides*). – **2.** *zo.* burnet (*auch* forester) (moth) (*Gattg Zygaena*). — **~ˌtrop·fen** *m* drop of blood: sie sind bereit, ihre Freiheit bis zum letzten ~ zu verteidigen they are ready (*od.* prepared) to defend their freedom to the last drop of blood.

'Blut|ˌstuhl *m med.* h(a)emorragic stools *pl*, black f(a)eces *pl.* — **~ˌsturz** *m* h(a)emorrhage: einen ~ erleiden to suffer a h(a)emorrhage.

'bluts·verˌwandt *adj* of the same blood, related by blood, consanguineous: mit j-m ~ sein to be related by blood to s.o. — **'Bluts·verˌwand·te** *m, f* ⟨-n; -n⟩ blood relative (*od.* relation). — **'Bluts·verˌwandt·schaft** *f* blood relationship, kinship, consanguinity.

'Blut·syˌstem *n med.* blood system.

blutt [blʊt] *adj Swiss for* nackt 1, 2, 3, 7 b.

'Blut|ˌtat *f* bloody deed, (act of) murder. — **~ˌtau·fe** *f relig.* blood baptism, baptism of blood. — **~trans·fu·siˌon** *f med.* blood transfusion. — **b~ˌtrie·fend** *adj* dripping (*od.* reeking) with blood. — **b~ˌüberˌfüllt** *adj med.* congested with blood. — **~ˌüber·ˌfül·lung** *f* (*bei Entzündungen*) hyper(a)emia. — **b~ˌüberˌströmt** *adj* covered with blood, bloody, all bloody (*nachgestellt*). — **~ˌüberˌtra·gung** *f med.* blood transfusion. — **~ˌumˌlauf** *m cf.* Blutzirkulation. — **~ˌumˌlei·tung** *f* (*zur Herz-Lungenmaschine*) extracorporeal circulation.

'Blu·tung *f med.* ⟨-; -en⟩ bleeding, (*starke*) h(a)emorrhage: innere ~ internal (*od.* concealed) h(a)emorrhage; monatliche ~ menstruation, menstrual flow, menses *pl* (*construed as sg or pl*), period; eine ~ stillen to sta(u)nch (*od.* stop) a bleeding.

'Blu·tungs|beˌreit·schaft *f med.* predisposition to bleeding. — **~ˌkrank·heit** *f bot.* (*der Palme*) bleeding disease. — **~ˌnei·gung** *f med.* tendency to h(a)emorrhage: er hat eine ~ he has a bleeding tendency.

'blutˌun·terˌlau·fen *adj med.* **1.** (*Auge*) bloodshot. – **2.** suffused with blood.

'Blut|ˌun·terˌlau·fung *f med.* h(a)ematoma, extravasation, suffusion. — **~ˌun·terˌsu·chung** *f* blood test. — **~ˌur·teil** *n jur.* unjust sentence of death. — **~verˌdün·nung** *f med.* h(a)emodilution, hydr(a)emia. — **~verˌgie·ßen** *n* bloodshed, shedding of blood: ein Sieg ohne ~ a bloodless victory. — **~verˌgif·tung** *f med.* blood poisoning; sepsis, septic(a)emia, tox(a)emia (*scient.*). — **~verˌlust** *m* loss of blood, blood loss. — **~verˌsor·gung** *f* blood supply. — **~verˌtei·lung** *f* (*im Körper*) blood distribution. — **b~ˌvoll** *adj fig. poet.* full of life, lively. — **b~ˌwarm** *adj* blood-warm. — **~ˌwär·me** *f* blood temperature (*od.* heat). — **~ˌwä·sche** *f* detoxification of the blood (*as by an artificial kidney*). — **~ˌwas·ser** *n* (blood) serum. — **~ˌweg** *m* bloodstream: durch Verbreitung auf dem ~ by way of the bloodstream. — **~ˌwei·de·rich** *m bot.* spiked purple loosestrife (*Lythrum salicaria*). — **~ˌwel·le** *f lit.* rush (*od.* wave) of blood: eine ~ schoß ihr zu Kopfe the blood rushed (*od.* shot) to her head. — **b~'we·nig** *adj* ⟨*pred*⟩ *colloq.* damned (*od.* wretchedly, precious) little, next to nothing. — **~ˌwurst** *f gastr. Am.* blood sausage, blutwurst, *Br.* black (*od.* blood) pudding. — **~ˌwurz** *f* **1.** *f bot.* a) tormentil, *Br.* bloodroot, bloodwort (*Potentilla erecta*), b) *cf.* Blutkraut. – **2.** *med.* sanguinaria. — **~ˌzehnt** *m hist.* tithe of livestock. — **~ˌzel·le** *f med.* blood cell (*od.* corpuscle): rote ~n red blood cells, erythrocytes (*scient.*); weiße ~n white (blood) cells, leukocytes (*scient.*). — **~zen·triˌfu·ge** *f* h(a)ematocrit. — **~zerˌset·zung** *f* decomposition of the blood. — **~ˌzeu·ge** *m lit. for* Märtyrer. — **~zir·ku·la·tiˌon** *f med.* (blood) circulation. — **~ˌzoll** *m lit.* toll of lives: einen schweren ~ fordern to take a heavy toll (of lives).

'BlutˌZucker (*getr.* -k·k-) *m* blood sugar. — **~ˌanˌstieg** *m* (*bei Diabetes*) blood sugar increase, hyperglyc(a)emia (*scient.*). — **~beˌstim·mung** *f* blood sugar determination. — **~ˌman·gel** *m* low blood sugar level, hypoglyc(a)emia (*scient.*). — **~ˌspie·gel** *m* blood sugar level.

'BlutˌzuˌFuhr *f med.* blood supply.

b-ˌMoll ['beː-] *n* ⟨-; *no pl*⟩ *mus.* B flat minor.

Bö [bøː] *f* ⟨-; -en⟩ **1.** (*Windstoß*) gust, squall, flaw, scud: in ~en auffrischende Winde winds in gusts, gusty winds; ~ in wolkenfreier Luft white squall, clear-air gust. – **2.** (*mit Schauer*) squall, *auch* flaw, scud: ~ mit breiter Front line squall.

Boa ['boːa] *f* ⟨-; -s⟩ **1.** *zo.* boa, boa constrictor (*Fam. Boidae*). – **2.** (*Halspelz*) boa: eine ~ umnehmen to put a boa around one's shoulders. — **~ˌzäh·ner** [-ˌtsɛːnər] *m zo.* house snake (*Gattg Boaedon*): Gemeiner ~ common (*od.* brown) house snake (*B. guttatus*).

Bob [bɔp] *m* ⟨-s; -s⟩ (*sport*) bobsled, *auch* bobsleigh, bob (*colloq.*).

Bo·bak ['boːbak] *m* ⟨-s; -s⟩ *zo.* bobac, *auch* boback (*Marmota boback*).

'Boˌbaum ['boː-] *m bot.* pipal (*od.* pipul, peepul, *auch* peepal, bo) (tree), *auch* sacred fig.

'Bobˌbahn *f* (*sport*) bob(sled) run.

bob·ben ['bɔbən] *v/i* ⟨h⟩ (*sport*) bob.

'bob|ˌfah·ren (*sport*) **I** *v/i* ⟨*irr, sep,* -ge-, sein⟩ bobsled, *auch* bobsleigh. – **II B~** *n* bobsledding, *auch* bobsleighing. — **B~ˌfah·rer** *m* bobsledder, bobber.

Bo·bi·ne [bo'biːnə] *f* ⟨-; -n⟩ **1.** bobbin, spool. – **2.** (*mining*) sheave, flat rope winding drum.

Bo·bi·net ['boːbinɛt; bobi'nɛt] *m* ⟨-s; -s⟩ (*textile*) bobbinet, *auch* bobinet.

'Bob|ˌmann·schaft *f* (*sport*) bob(sled) team. — **~ˌmei·ster·schaft** *f* bob(sled) championship. — **~ˌren·nen** *n* bob(sled) race. — **~ˌschlit·ten** *m cf.* Bob.

Boc·ca ['bɔka] *f* ⟨-; Boccen [-kən]⟩ *geol.* bocca.

Boc·cia ['bɔtʃa] *n, f* ⟨-; -s⟩ boccie, bocci, bocce, *auch* boccia (*an Italian form of lawn bowling*). — **~ˌku·gel** *f* boccia ball. — **~ˌspiel** *n* (game of) boccie.

Boche [bɔʃ] (*Fr.*) *m* ⟨-; -s [bɔʃ]⟩ *contempt.* Boche, *auch* Bosche (*a German*).

Bock[1] [bɔk] *m* ⟨-(e)s; ⸚e⟩ **1.** *zo.* a) (*von Ziegen*) he-goat, billy-goat (*colloq.*), b) (*von Schafen*) ram, c) (*von Rehen*) (roe)buck, d) (*von Gemsen, Hasen, Kaninchen*) buck: nach (dem) ~ stinken to smell (*od.* stink) like a goat; den ~ zum Gärtner machen *fig. humor.* to set the fox to keep the geese (*proverb*); die Schafe von den Böcken scheiden (*od.* trennen) *fig.* to separate the sheep from the goats; auf etwas Lust haben wie der ~ aufs Messer *fig. humor.* to want s.th. like a hole in the head (*colloq.*). – **2.** *fig. colloq.* (*Dickkopf*) pigheaded person, mule (*colloq.*): einen ~ haben to be as stubborn (*od.* obstinate) as a mule; so ein sturer ~! what a (stubborn) mule! ihn stößt der ~ a) he is being stubborn (*od.* difficult), b) he's sobbing convulsively. – **3.** *fig. contempt.* (*Lüstling*) goat, lecher: ein geiler ~ a randy (*od.* lascivious) (old) goat. – **4.** *only in* steifer ~ *fig. contempt.* clumsy (*od.* awkward) fellow, gawk. – **5.** *fig. colloq.* (*Fehler*) blunder, slip, *bes. Br. colloq.* bloomer, *Am. colloq.* boner, *Am. sl.* boo-boo: einen ~ schießen to (make a) blunder, to pull a boner (*colloq.*). – **6.** *tech.* a) (*für Reparaturzwecke*) stand, b) (*Auflagebock*) rest, support, c) (*Hebebock*) jack, d) (*einer Feder*) bracket, e) (*Sägebock*) *Am.* sawbuck, *Br.* saw-horse. – **7.** *mar.* (masting) shears (*auch* sheers, sheerlegs) *pl.* – **8.** (*sport*) buck: ~ springen a) to vault over the buck, b) to (play) leapfrog; j-m ~ stehen to give a back to s.o. (at leapfrog). – **9.** (*hochbeiniger Schemel*) (high) stool. – **10.** (*Kutschersitz*) (coach) box, coachman's (*od.* driver's) seat. – **11.** (*Kaminbock*) firedog, andiron. – **12.** *hist. mil.* battering ram. – **13.** *hist. torture instrument for squeezing thumbs and big toes.* – **14.** *mus.* a) bagpipe, b) stop (of organ).

Bock[2] *m* ⟨-(e)s; -⟩ *colloq. for* Bockbier.

'bockˌbei·nig [-ˌbaɪnɪç] *adj cf.* bockig 2. — **'Bockˌbei·nig·keit** *f* ⟨-; *no pl*⟩ *cf.* Bockigkeit 1.

'Bock|ˌbier *n brew.* bock beer, *auch* bock. — **~ˌbrücke** (*getr.* -k·k-) *f mil.* trestle bridge.

Böck·chen ['bœkçən] *n* ⟨-s; -⟩ *zo.* **1.** *dim. of* Bock[1]. – **2.** (male) kid, young male goat. – **3.** (male) fawn, young buck. – **4.** royal antelope (*Gattg Neotragus*).

bocken (*getr.* -k·k-) ['bɔkən] *v/i* ⟨h⟩ **1.** (*von Tier*) be stubborn, be obstinate, balk, *auch* baulk, *Am. colloq.* buck, *bes. Br.* jib. – **2.** (*von Reittier*) buck: dieses Pferd bockt this horse tends to buck. – **3.** *fig.* (*bes. von Kind*) be obstinate (*od.* stubborn, mulish), 'kick' (*colloq.*), be refractory (*od.* recalcitrant) (*lit.*): die Kleine bockt heute the little one is obstinate today. – **4.** *fig.* (*schmollen*) sulk, be sulky. – **5.** *auto. colloq.* a) (*von Motor etc*) misfire, conk (out) (*colloq.*), b) (*von Wagen*) jerk, bounce, *Am. colloq.* buck. – **6.** *zo.* (*von Ziege, Schaf*) be in heat (*od.* season), rut. – **7.** smell of goat.

'Bock|ˌfrä·se *f tech.* single-spindle upright shaper. — **~geˌstell** *n* trestle. — **~ˌhuf** *m vet.* (*beim Pferd*) contracted hoof.

'bockig (*getr.* -k·k-) *adj* **1.** goatish, goaty, goatlike, hircine (*scient.*). – **2.** *fig.* obstinate, stubborn, mulish, pigheaded; intractable, recalcitrant, refractory (*lit.*). – **3.** *aer.* (*Wetter*) bumpy, turbulent. — **'Bockig·keit** (*getr.* -k·k-) *f* ⟨-; *no pl*⟩ **1.** *fig.* stubbornness, obstinacy, mulishness. – **2.** *aer.* (*des Wetters*) bumpiness, turbulence.

'Bock|ˌkä·fer *m zo.* longicorn, longhorn (*od.* long-horned) beetle, cerambycid (*scient.*) (*Fam. Cerambycidae*). — **~ˌkran** *m tech.* gantry (*od.* portal) crane, transfer gantry. — **~ˌlamm** *n zo.* male lamb.

Böck·lein ['bœklaɪn] *n* ⟨-s; -⟩ *cf.* Böckchen.

'Bock|ˌlei·ter *f* stepladder, double ladder, *Br.* (pair *od.* set of) steps *pl.* — **~ˌmist** *m fig. colloq.* rubbish, 'bilge' (*sl.*): so ein ~! rubbish! er hat lauter ~ geredet he talked a lot of (*od.* nothing but) rubbish. — **~ˌmüh·le** *f* German mill, postmill. — **~ˌsä·ge** *f* bucksaw. — **~ˌsat·tel** *m* Hungarian (*od.* hussar, light cavalry) saddle.

'Bocks|ˌbart *m* **1.** (*des Ziegenbocks*) goat's beard. – **2.** *fig.* goatee. – **3.** *bot.* a) goatsbeard (*Gattg Tragopogon*), b) *cf.* Borstengras 1, c) *cf.* Silbergras, d) *cf.* Mädesüß, e) *cf.* Waldrebe, f) *cf.* Ziegenbart 3. — **~ˌbeu·tel** *m* **1.** bocksbeutel wine (*from Franconia*). – **2.** bocksbeutel (*flask shaped like a goat's scrotum*). — **~ˌdorn** *m bot.* matrimony vine, boxthorn (*Gattg Lycium*).

Böck·ser ['bœksər] *m* ⟨-s; -⟩ rank-tasting wine.

'Bocks|ˌfuß *m* **1.** goat's foot. – **2.** *myth.* cloven foot (*od.* hoof). — **b~ˌfü·ßig** *adj* goat-footed, cloven-footed (*od.* -hoofed): ein ~er Faun a cloven-footed satyr. — **~geˌruch** *m* goatish (*od.* hircine) smell.

'Bocksˌhorn *n* **1.** goat's (*od.* buck's) horn: j-n ins ~ jagen *fig. colloq.* to intimidate s.o., to browbeat (*od.* bully) s.o., (*stärker*) to frighten s.o. out of his wits, *Am. colloq.* to throw a scare into s.o.; laß dich nicht ins ~ jagen! *fig. colloq.* don't let yourself be intimidated. – **2.** *bot.* carob (pod) (*of the carob tree Ceratonia siliqua*). — **~ˌbaum** *m bot.* carob tree (*Ceratonia siliqua*). — **~ˌklee, 'Ech·ter** *m* fenugreek (*Trigonella foenum-graecum*).

'Bocks|ˌkraut *n bot.* common goat's rue (*Galega officinalis*). — **~ˌmel·de** *f* stinking goosefoot (*Chenopodium vulvaria*). — **~ˌpe·terˌsi·lie** *f* bennet, pimpinella, burnet saxifrage (*Pimpinella saxifraga*).

'Bockˌsprin·gen *n* **1.** (*Turnübung*) buck vaulting. – **2.** (*games*) leapfrog.

'Bockˌsprung *m* **1.** (*eines Tieres*) spring, leap, bound: Bocksprünge machen a) to frolic, to gambol, to frisk (about), to caper, to cut capers (*alle auch fig.*), b) *fig.* to play (one's) pranks, to be up to (one's) tricks. – **2.** (*sport*) buck vault. – **3.** (*games*) leapfrog: einen ~ über j-n machen to leapfrog over s.o., to do a leapfrog over s.o.

'Bocksˌrie·menˌzun·ge *f bot.* lizard orchis (*Himantoglossum hircinum*).

'bock'steif *adj u. adv cf.* stocksteif 1, 3.

'Bock|ˌwin·de *f tech.* hoisting crab, winch. — **~ˌwurst** *f gastr.* thick Frankfurter. — **~ˌzaun** *m* (*railway*) (portable) snow fence.

Bod·den ['bɔdən] *m* ⟨-s; -⟩ *Low G. for* Strandsee, Bucht[1] 1.

Bo·de·ga [bo'deːga] *f* ⟨-; -s⟩ bodega (*wineshop or wine cellar*).

Bo·den ['boːdən] *m* ⟨-s; ⸚⟩ **1.** (*Erde*) soil, earth, ground, land: fruchtbarer [unfruchtbarer] ~ fertile [infertile *od.* poor] soil; gesunder ~ *agr.* healthy (*od.* sweet) soil; schwerer ~ heavy soil (*od.* ground, earth); steiniger ~ stony ground; frisch gepflügter ~ newly ploughed (*bes. Am.* plowed) land; morastiger [saurer] ~ boggy (*od.* marshy) [acid] soil; ausgelaugter [ausgewaschener] ~ impoverished (*od.* exhausted) [washed-out] soil; angeschwemmter ~ *geol.* alluvial deposits *pl*; heimatlicher ~ *fig.* native soil; deutschen ~ betreten *fig.* to step on German soil; mit dem ~ verbunden (od. verwachsen) sein fig. to be bound to the soil; den ~ für etwas bereiten fig. to prepare the ground for s.th.; auf fruchtbaren ~ fallen fig. to fall on fertile ground (od. soil); wie Pilze aus dem ~ schießen fig. to spring up (od. grow) like mushrooms, to mushroom; je fetter der ~, um so fetter das Unkraut (Sprichwort) the better the soil the bigger the weeds (proverb); → Handwerk 1. – 2. (Erdboden) ground: fester ~ firm ground; festen ~ gewinnen to get (od. gain) a footing (od. foothold); festen ~ finden fig. a) (von Personen) to find one's feet, b) (von Unternehmen etc) to get on its feet; festen ~ unter den Füßen haben, auf festem ~ stehen a) to stand on firm ground, to be on terra firma (od. dry land), b) fig. to be on sure (od. firm) ground, to be sure of one's ground; den Fuß wieder auf festen ~ setzen to set foot on firm ground (od. terra firma) again; ~ fassen fig. a) (von Menschen) to put down roots, b) (von Ideen etc) to take root; den ~ unter den Füßen verlieren a) to be swept (od. carried) off one's feet, to lose one's footing, b) (beim Schwimmen) to get out of one's depth, c) fig. to get (od. be) out of one's depth; j-m den ~ unter den Füßen wegziehen fig. to cut the ground from under s.o.'s feet; j-m ~ abgewinnen fig. to gain ground on s.o.; j-m den ~ ebnen fig. to smooth the way for s.o.; j-s Behauptung den ~ entziehen fig. to knock the bottom out of s.o.'s statement; der ~ brannte ihm unter den Füßen fig. the place became too hot for him; am (od. auf dem) ~ on the ground; am ~ liegen a) to lie on the ground, b) (mit dem Gesicht nach unten) to lie prostrate; etwas am ~ zertreten to tread s.th. under foot; am ~ zerstört sein fig. colloq. to be floored; (an) ~ gewinnen fig. to gain ground; ~ gutmachen (bes. sport) to close the gap; ~ verlieren (od. einbüßen) a) to lose ground, b) (bes. sport) to lag behind; auf den (od. zu) ~ fallen to fall on (od. to) the ground; auf dem ~ kriechen to crawl (od. creep) on the ground, to grovel; sich auf den ~ setzen to seat oneself (od. to sit) on the ground; sich auf gefährlichem ~ befinden fig. to be on dangerous ground; auf dem ~ der Tatsachen fig. on a factual basis, on the basis of (the) facts; sich auf den ~ der Tatsachen stellen fig. to take a factual (od. realistic) view, to face facts, to base one's views (od. arguments) on facts; auf dem ~ der Verfassung stehen fig. to be founded (od. based) on the constitution, to be within (od. in accordance with) the constitution; etwas aus dem ~ stampfen fig. colloq. to produce s.th. out of thin air; vor Scham in den ~ sinken fig. to sink through the ground with shame; j-n in Grund und ~ verdammen fig. to roundly condemn s.o.; j-n unter den ~ bringen fig. to be the death of s.o.; vom ~ freikommen aer. to become airborne, to take off; etwas vom ~ aufheben to pick s.th. off (od. up from) the ground; zu ~ stürzen a) to fall down (od. to the ground), b) (vom Pferd etc fallen) to fall off; etwas [j-n] zu ~ werfen (od. schleudern) to throw (od. fling) s.th. [s.o.] down (od. to the ground); j-n am ~ festhalten to hold s.o. on the ground; j-n zu ~ schlagen (od. strecken) a) to knock (od. strike) s.o. down, to floor s.o., b) to send s.o. sprawling, to stretch s.o. out (od. on the ground); die Augen zu ~ schlagen lit. to cast one's eyes down; j-n zu ~ drücken fig. to crush s.o. down; es war so voll, daß keine Stecknadel zu ~ fallen konnte fig. etwa it was so full that one couldn't move an inch. – 3. Grund und ~ landed property, land, Am. real estate: eigenen Grund und ~ haben (od. besitzen) Am. to have (od. own) real estate, Br. to own land. – 4. (Fußboden) floor: den ~ fegen [bohnern] to sweep [to polish] the floor; einen ~ legen to lay a floor; auf dem ~ on the floor; auf den ~ fallen to fall to the floor; etwas auf den ~ werfen to throw (od. fling) s.th. down; auf dem ~ übernachten to sleep (od. to spend the night) on the floor. – 5. (Meeresgrund) bottom, floor, bed: auf dem ~ des Meeres ruhen to rest on the bottom of the sea, to have gone to Davy Jones's locker. – 6. (Talgrund) floor. – 7. (eines Behältnisses) bottom: ~ eines Fasses bottom of a barrel (od. cask); ~ einer Flasche [Vase] bottom of a bottle [vase]; auf dem ~ der Tasche at (od. in, on) the bottom of the bag; ein Koffer mit doppeltem ~ a suitcase (od. bag) with a false (od. double) bottom; Moral mit doppeltem ~ fig. double morality (od. standards pl); → Faß 1. – 8. (Speicher) attic, garret, loft. – 9. (einer Uhr) frame. – 10. gastr. (einer Torte) a) bottom, undercrust, b) shell, pastry case. – 11. (fashion) (einer Hose) seat. – 12. mar. (eines Schiffes) bottom. – 13. mus. a) (der Geige) back, b) (der Orgel) foot. – 14. med. a) (des Mundes) floor, b) (des Magens, des Uterus) fundus, c) (des Beckens) (pelvic) floor, d) (eines Geschwüres) bottom, base. – 15. mil. (eines Geschosses) base. – 16. chem. (bei Destillationskolonnen) plate. – 17. (sport) (beim Boxen, Ringen) canvas, floor: am ~ sein to be down (od. on the canvas); er war bis drei am ~ he took a count of three; zu ~ gehen to go down, to hit the canvas.

'Bo·den|,ab,dich·tung f civ.eng. soil (od. earth) waterproofing. — ~,ab,spü·lung f geol. soil erosion. — ~,ab,stand m 1. auto. road (od. ground) clearance. – 2. aer. ground clearance. — ~,ab,trag m geol. denudation. — ~,ab,wehr f mil. ground defence(s pl) (Am. defense[s pl]). — ~akro,ba·tik f tumbling. — ~ana,ly·se f 1. agr. geol. soil analysis. – 2. meteor. surface (weather) analysis. — ~,an,laß·ge,rät n aer. ground starter. — ~,an,schwem·mung f geol. accretion through alluviation, aggradation. — ~,ar·beit f (beim Ringen) ground work. — ~,art f agr. geol. soil class. — ~,auf,bau m ⟨-(e)s; no pl⟩ structure of the soil. — ~,auf,locke·rung (getr. -k·k-) f loosening (od. breaking up) of the soil. — ~,auf,schüt·tung f geol. soil aggradation. — ~,aus,wa·schung f soil erosion. — ~be,ar·bei·tung f agr. cultivation (of the soil), soil tilling, tillage. — b~be,dingt adj biol. influenced by factors inherent in the soil, edaphic (scient.). — ~be,lag m flooring, floor covering (od. surfacing). — ~be,leuch·tung f aer. ground lighting. — ~be,ob·ach·ter m mil. ground observer. — ~be,schaf·fen·heit f 1. ground (od. surface) conditions pl, natural features pl of an area. – 2. agr. properties pl of the soil. — ~be,sitz m 1. real estate (od. landed) property. – 2. landowning. — ~be,stand,teil m meist pl soil constituent. — ~be,stel·lung f agr. cultivation (of the soil), soil tilling, tillage. — ~be,we·gung f 1. geol. soil creep. – 2. civ.eng. (im Erdbau) earth (od. soil) movement (od. shifting). — ~be,wirt·schaf·tung f agr. cultivation (of land). — ~,bil·dung f geol. soil formation, pedogenesis (scient.). — ~-'Boden-,Flug,kör·per m mil. surface-to-surface missile. — ~,bö f ground squall. — ~,boh·ne f agr. dwarf kidney bean. — ~-'Bord-Ver,bin·dung f, ~-'Bord-Ver,kehr m aer. ground-to-air communication. — ~,brett n 1. baseboard. – 2. auto. floorboard. – 3. metall. (in der Formerei) bottom board. — ~,brü·ter m zo. ground-nesting bird. — ~che,mie f soil chemistry. — ~,decke (getr. -k·k-) f 1. geol. blanket (od. covering) of soil. – 2. hort. herbaceous soil covering. — ~,dich·te f agr. geol. soil density. — ~,dienst m aer. ground services pl. — ~,druck m ⟨-(e)s; ⸚e⟩ 1. civ.eng. ground-(bearing) pressure, bearing load. – 2. meteor. surface pressure. – 3. phys. (einer Flüssigkeit) pressure on the bottom of a container. — ~,dün·ger m agr. 1. (natürlicher) manure. – 2. (künstlicher) fertilizer. — ~,dün·gung f 1. (natürliche) manuring. – 2. (künstliche) fertilizing. — ~,dunst m meteor. 1. ground haze. – 2. (wasserhaltiger) ground mist. — ~,durch,läs·sig·keit f agr. geol. soil porosity, permeability. — ~,durch,lüf·tung f soil aeration. — ~ef,fekt m aer. (beim Hubschrauber) ground effect. — b~,ei·gen adj geol. autochthonous. — ~,eis n ground ice. — ~ent,la·der, auch ~ent,lee·rer m (railway) bottom discharge car. — ~er,he·bung f geol. elevation, rise (in the ground). — ~ero·si,on f soil erosion. — ~er,trag m agr. crop yield, produce of the soil. — ~er,zeug·nis n product of the soil. — ~,fen·ster n 1. attic (od. garret) window. – 2. dormer window. — ~,feuch·tig·keit f agr. geol. soil moisture (od. humidity). — ~,feu·er n aer. ground light, beacon. — ~,flä·che f 1. agr. area, acreage. – 2. civ.eng. a) ground space, b) floor space. — ~,flie·se f floor tile. — ~,frä·se f aer. rotary cultivator (od. hoe). — ~,frei·heit f auto. (road) clearance. — b~,fremd adj geol. allochthonous. — ~,front f meteor. surface front.

'Bo·den,frost m meteor. ground frost: verbreitet ~ extensive ground frost. — ~ge,fahr f danger of ground frost.

'Bo·den|,fund m (arch[a]eological) find. — ~,funk,stel·le f aer. aeronautical (od. ground radio) station. — ~,ga·re f agr. good tilth (od. soil conditions pl). — ~ge,fäl·le n geol. gradient, slope of the ground: dem ~ entgegenlaufend anaclinal. — ~ge,fü·ge n agr. geol. cf. Bodenstruktur. — b~ge,lenkt adj (Flugzeug, Modell etc) ground-control(l)ed. — ~geo,lo·ge m geol. agrogeologist. — ~geo·lo,gie f agrogeology. — ~,hei·zung f floor heating. — ~ge,stalt f geol. topography. — ~gym,na·stik f (sport) cf. Bodenturnen. — ~,haf·tung f auto. road grip (od. hugging, adhesion). — ~,hö·he f ground level. — ~,imp·fung f agr. soil inoculation. — ~in·ge,nieur m civ.eng. soil(s) engineer (od. mechanician). — ~,kam·mer f 1. cf. Dachkammer. – 2. mil. (einer Granate) shell base. — ~ka·pi,tal n econ. capital invested in land (Am. real estate). — ~,kap·pe f mil. 1. (einer Patrone) (percussion) cap. – 2. (einer Granate) base plate. — ~,kip·pe f (sport) 1. (Nackenkippe) upstart (from the floor od. in free exercise). – 2. (Kopfkippe) headspring. — ~,klap·pe f 1. (eines Dachbodens) trapdoor. – 2. tech. a) (eines Silos) hinged bottom door, b) (eines Selbstentladers) bottom gate. – 3. metall. (eines Kupolofens) drop bottom. — ~,kohl,ra·bi m, ~,kohl,rü·be f bot. underground kohlrabi (Brassica napus var. napobrassica).

'Bo·den·kre,dit m econ. loan on land (Am. real estate). — ~,an,stalt, ~,bank f, ~in·sti,tut n Am. real estate bank, Br. land-bank.

'Bo·den|,kru·me f 1. agr. topsoil. – 2. geol. surface soil. — ~,kru·ste f geol. residual soil, soil mantle: obere ~ mantle rock, regolith; verkalkte ~ caliche. — ~kul,tur f agr. soil cultivation. — ~,kun·de f soil science; pedology, edaphology (scient.). — ~,le·der n (des Schuhs) sole leather. — ~,le·ger m floorer.

'bo·den·los I adj 1. bottomless, fathomless: ein ~ Abgrund an abyss, a bottomless gulf. – 2. fig. abysmal, bottomless, unbounded, boundless: von ~er Dummheit of abysmal (od. crass) stupidity; ~e Unwissenheit verraten to reveal abysmal ignorance. – 3. fig. colloq. (unerhört) incredible, (stärker) indescribable, outrageous: eine ~e Gemeinheit an incredibly mean trick; eine ~e Unverschämtheit indescribable (od. unbounded) cheek; ~e Lügen verbreiten to spread incredible (od. colossal, colloq. thumping, whacking) lies; sein Verhalten war einfach ~ his conduct was simply outrageous. – II adv 4. fig. abysmally, excessively, exceedingly, crassly: ~ dumm sein to be excessively (od. exceedingly) stupid; j-n ~ anlügen to tell s.o. colossal lies. – 5. fig. colloq. outrageously: an j-m ~ handeln to treat s.o. outrageously. — 'Bo·den·lo·sig·keit f ⟨-; no pl⟩ fig. colloq. outrageousness.

'Bo·den|,luft f agr. geol. soil atmosphere. — ~,luft,druck m meteor. surface pressure, air pressure at ground level. — ~-'Luft-,Flug,kör·per m mil. surface-to-air missile. — ~,lüf·tung f agr. aeration of the soil, soil ventilation. — ~,lu·ke f (eines Bodenraumes) trapdoor. — ~,mann·schaft f aer. ground crew. — ~ma·te·ri,al n flooring, floor covering. — ~,mat·te f (floor) mat. — ~,mehl n chem. starch, bes. Br. farina. — ~me·lio·ra·ti,on f agr. improvement of the soil. — ~,mul·de f hollow (od. cavity) in the ground. — ~,na·gel m floor brad. — ~,nä·he f 1. ground level: Frost in ~ frost near the ground, ground frost. – 2. aer. low (od. zero) altitude: in ~ at ground level; Fliegen in ~ low-level (od. contour) flying; Steiggeschwindigkeit in ~ initial rate of climb. — ~,nähr,stoff m agr. soil nutrient. — ~,ne·bel m meteor. ground fog: flacher ~ shallow fog. — ~,nut·zung f agr. land use (od. utilization). — ~or·ga·ni·sa·ti,on f aer. 1. (militärische) ground organization (od. echelon). – 2. ground services pl. — ~,peil,stel·le f ground direction-finding station. — ~per·so,nal n aer. 1. (militärisches) ground crew. – 2. (ziviles) ground personnel (*od.* staff). — **~phyˌsik** *f* soil physics *pl* (*construed as sg*), soil science. — **~ˌplat·te** *f* **1.** *tech.* (*einer Maschine*) bedplate, baseplate. – **2.** (*einer Schreibmaschine etc*) baseboard. – **3.** *metall.* a) (*eines Kupolofens*) bottom plate, b) (*eines Konverters*) tuyere plate. – **4.** *mil.* a) (*eines Geschützes*) bed, b) (*eines Granatwerfers*) baseplate. – **5.** *electr.* groundplate. — **~ˌpreis** *m econ.* price of land (*Am.* real estate). — **~ˌpro·be** *f agr.* soil sample (*od.* specimen). — **~proˌdukt** *n econ.* (raw) produce, agricultural product: die inländischen ~e (the) home produce *sg.* — **~proˌfil** *n* **1.** *geol.* a) (*des Festlandes*) soil profile, b) (*des Meeres*) bottom profile. – **2.** *agr.* soil profile. — **~ˌpunkt** *m* (*bei Bildmessung*) trigonometric (*od.* triangulation) point. — **~ˌraum** *m* **1.** storage space. – **2.** *cf.* Dachkammer. — **~ˌrecht** *n jur.* land law. — **~ˌrechts·reˌform** *f* reform of (the) land law. — **~reˌform** *f* **1.** land (*od.* agrarian, agricultural) reform. – **2.** (*Bodenverteilung*) land distribution. — **~reˌfor·mer** *m* land reformer. — **~ˌsaite** *f mus.* snare (of drum). — **~ˌsatz** *m* **1.** deposit, sediment, residuum: einen ~ ablagern to deposit. – **2.** (*einer Flüssigkeit*) settlings *pl.* – **3.** (*des Weins, Biers*) lees *pl.* – **4.** (*des Öls, Zuckers*) foot. – **5.** (*des Essigs*) mother. – **6.** (*des Malzes*) draff. – **7.** *chem.* a) residuum, precipitate, sediment, b) (*eines Salzes*) bitterings *pl*, c) (*der Öldestillation*) bottoms *pl*: einen ~ ablagern to precipitate. — **~ˌsäu·re** *f agr.* soil acidity. — **~ˌschät·ze** *pl* mineral resources. — **~ˌschicht** *f* **1.** *agr.* soil layer, layer of soil (*od.* earth). – **2.** *geol.* (soil) horizon, stratum (of soil). — **~ˌschich·tung** *f* soil horizons *pl*, formation of strata (*od.* layers) of soil, stratification. — **~ˌschlamm** *m* sludge, bottom mud. — **~ˌschutz** *m agr.* soil conservation. — **~ˌschwel·le** *f* **1.** *civ.eng. cf.* Grundschwelle. – **2.** (*railway*) tie, *bes. Br.* sleeper. – **3.** *geol.* (*Lagergang*) sill. — **~ˌsen·ke** *f* depression, dip: sumpfige ~ swale. — **~ˌsen·kung** *f* **1.** sinking (*od.* subsidence) of ground. – **2.** *cf.* Bodensenke. — **~ˌsicht** *f aer.* ground visibility (*od.* contact): auf ~ fliegen to fly with ground contact; Flug [Landung] mit ~ contact flight [landing]. — **~ˌspal·te** *f* crack (*od.* fissure, crevice) in the ground. — **~spe·kuˌlant** *m econ.* land (*Am.* real estate) speculator. — **~spe·ku·la·tiˌon** *f* land speculation, speculation in land (*Am.* real estate). — **~ˌstampf·maˌschi·ne** *f metall.* (*für Konverter*) plug ramming machine.

'bo·denˌstän·dig *adj* **1.** (*Kultur, Bevölkerung etc*) indigenous, native, sedentary. – **2.** (*Sprache*) native, vernacular. – **3.** (*Brauchtum etc*) native, local, indigenous. – **4.** (*Industrie etc*) attached to (*od.* rooted in) the soil (*od.* region). – **5.** *geol.* autochthonous, in situ. – **6.** *mil.* home, internal. – **7.** *bot.* radical, basal: ~e Blätter radical (*od.* root) leaves. — **'Bo·denˌstän·dig·keit** *f* ⟨-; *no pl*⟩ **1.** (*der Kultur, Bevölkerung*) nativeness, sedentariness. – **2.** (*der Sprache etc*) nativeness. – **3.** *geol.* autochthony.

'Bo·den|sta·tiˌon *f* **1.** *aer. tel.* ground station. – **2.** (*space*) ground (tracking) station. — **~ˌstein** *m* **1.** (*der Mühle*) lower millstone, bed stone. – **2.** *metall.* (*des Hochofens*) hearth bottom. — **~ˌstreitˌkräf·te** *pl mil.* ground forces. — **~strukˌtur** *f agr. geol.* soil structure. — **~ˌstück** *n* **1.** (*an Konstruktionen*) basis. – **2.** *tech.* floor board. – **3.** *mil.* (*eines Geschützes*) breech. — **~tem·pe·ra·ˌtur** *f meteor.* **1.** soil temperature. – **2.** (*oberflächliche*) surface temperature. — **~ˌtrep·pe** *f* attic staircase. — **~ˌtur·nen** *n* (*sport*) floor exercises *pl.* — **~ˌtyp** *m agr. geol.* soil type. — **~ˌübung** *f* (*sport*) free (*od.* floor) exercise. — **~ˌunˌru·he** *f geol.* microseismic movement. — **~ˌun·terˌsu·chung** *f* **1.** *agr.* soil investigation, testing (*od.* analysis) of the soil. – **2.** *min.* prospecting. — **~ˌun·terˌstüt·zung** *f mil.* close support. — **~venˌtil** *n* **1.** *tech.* (*einer Pumpe*) foot (*od.* bottom) valve. – **2.** *mar.* self-closing valve. — **~verˌbes·se·rung** *f agr. hort.* improvement (*od.* amelioration) of the soil, soil improvement. — **~verˌhält·nis·se** *pl* soil conditions. — **~verˌkru·stung** *f* surface crusting. — **~verˌla·ge·rung**, **~verˌset·zung** *f agr. geol.* displacement of soil. — **~verˌtie·fung** *f cf.* Bodensenke. — **~ˌwaa·ge** *f tech.* weighbridge. — **~ˌwär·me** *f* **1.** soil temperature, heat in the ground. – **2.** (*an der Bodenoberfläche*) temperature of the soil surface. — **~ˌwas·ser** *n* **1.** *geol.* a) ground water, b) (*eines Sees etc*) bottom water. – **2.** *agr.* soil water. — **~ˌwe·ge·rung** *f mar.* bottom (*od.* floor) ceiling. — **~ˌwel·le** *f* **1.** bump. – **2.** *geol.* topographical (*od.* ground) undulation. – **3.** (*beim Radar*) ground wave. — **~ˌwert** *m econ.* land value. — **~ˌwet·terˌkar·te** *f meteor.* surface weather map (*od.* chart). — **~ˌwich·se** *f Southwestern G. and Swiss for* Bohnerwachs. — **~ˌwind** *m meteor.* surface wind. — **~ˌwran·ge** [-ˌvraŋə] *f mar.* **1.** (*hölzerne*) floor timber. – **2.** (*stählerne*) floor plate. — **~ˌzins** *m econ.* land (*od.* ground) rent. — **~ˌzün·der** *m mil.* base (detonating) fuse, tail fuse.

bo·di·gen ['boːdɪgən] *v/t* ⟨h⟩ j-n ~ *Swiss* to throw s.o. to the ground.

bod·men ['boːdmən] *v/t mar.* (*verpfänden*) bottomry.

Bod·me·rei [boːdmə'raɪ] *f* ⟨-; -en⟩ *mar.* bottomry. — **~ˌbrief** *m* bottomry bond (*od.* letter).

Bod·me·rist [boːdmə'rɪst] *m* ⟨-en; -en⟩ lender (*od.* advancer) on bottomry, bottomry creditor.

Bo'do·ni(ˌschrift) [bo'doːni-] *f print.* Bodoni (type).

Bo·dy·buil·der ['bɔdiˌbɪldər; 'bɔdɪˌbɪldə] (*Engl.*) *m* ⟨-s; -⟩ (*sport*) bodybuilder. — **Bo·dy·buil·ding** ['bɔdiˌbɪldɪŋ; 'bɔdɪ-] (*Engl.*) *n* ⟨-(s); *no pl*⟩ bodybuilding.

Bo·dy·check ['bɔdiˌtʃɛk; 'bɔdɪˌtʃɛk] (*Engl.*) *m* ⟨-s; -s⟩ (*beim Eishockey*) body check.

Böe ['bøːə] *f* ⟨-; -n⟩ *meteor. cf.* Bö.

'Bö·en|beˌanˌspru·chung *f aer.* gust load. — **~ˌfront** *f meteor.* (secondary) squall front (*od.* line). — **~ˌkra·gen** *m* roll cloud, arcus (*scient.*). — **~ˌna·se** *f* squall crochet. — **~ˌschrei·ber** *m* gust recorder (*od. scient.* anemobiagraph). — **~ˌwar·nung** *f* squall warning. [Geschwätz.]

Bo·fel ['boːfəl] *m* ⟨-s; -⟩ *dial. colloq. for*

Bo·fist ['boːfɪst; bo'fɪst] *m* ⟨-es; -e⟩ *bot.* puffball (*Gattg Bovista*).

bog [boːk] *1 u. 3 sg pret*, **bö·ge** ['bøːgə] *1 u. 3 sg pret subj of* biegen.

Bo·gen ['boːgən] *m* ⟨-s; -, *bes. Southern G.* ¨⟩ **1.** (*Biegung*) bend, curve, arc, bow: ein weiter [enger] ~ a wide [narrow] curve; einen ~ machen (*od.* beschreiben) to make a bend (*od.* curve), to bend, to curve; einen ~ um etwas machen to curve round s.th.; in einem ~ fließen to flow in a curve (*od.* sweep); im hohen ~ spucken *colloq.* to spit in a high (*od.* neat) arc; die Straße macht dort einen ~ the road bends (*od.* makes a bend) there; der Fluß fließt im ~ um die Stadt the river curves round the town, the river flows in a curve (*od.* sweep) round the town. – **2.** (*Umweg*) detour: wir sind im ~ gegangen we made a detour. – **3.** (*Wölbung*) arch, bow: einen kühnen ~ bilden über (*dat, acc*) etwas to form a bold arch over s.th. – **4.** *fig.* (*in Wendungen wie*) um j-n einen (großen) ~ machen to keep clear of s.o., to keep well out of s.o.'s way, to give s.o. a wide berth, to shun s.o.; etwas in Bausch und ~ verdammen to condemn s.th. indiscriminately (*od.* in the lump); im hohen ~ (hinaus)fliegen *colloq.* to be turned out on one's ear (*colloq.*), to be pitched (*od.* slung) out (*colloq.*); große ~ (*od.* Bögen) spucken *colloq.* to talk big, to show off, to draw the longbow; er hat den ~ heraus (*od.* 'raus) *colloq.* he has (got) the hang (*od.* knack, way) of it (*colloq.*). – **5.** *arch.* arch: durchlaufende ~ series of arches, continuous arches. – **6.** (*sport*) a) (*beim Skilauf*) turn, b) (*beim Eislauf*) curve, circle: einen ~ fahren to make a turn; ~ laufen to do curves. – **7.** *math.* (*einer Kurve*) arc: der ~ eines Kreises [einer Ellipse] the arc of a circle [an ellipse]; mit dem Zirkel einen ~ schlagen to draw (*od.* trace) a curve (*od.* to describe an arc) with a pair of compasses. – **8.** *print.* a) (*unbedruckter*) sheet (of paper), b) (*Druckbogen*) (printed) sheet: einseitig bedruckter ~ sheet printed on one side; verdruckter ~ faulty sheet; signierter ~ signature. – **9.** *mil. hist.* (*sport*) (*Schußwaffe*) (archer's) bow: Pfeil und ~ bow and arrow(s *pl*); mit dem ~ schießen to shoot with bow and arrow(s); den ~ spannen to draw (*od.* bend) the bow; den ~ zu straff spannen (*od.* überspannen) to overbend the bow; den ~ überspannen *fig.* a) to overdo it (*od.* things), to go too far, b) to overstrain (*od.* overtax) oneself. – **10.** *mus.* a) (*der Violine etc*) bow, b) (*der Trompete etc*) crook, c) (*Bindebogen*) tie, bind, d) (*Legatobogen*) slur, bind: den ~ führen to bow. – **11.** (*games*) a) (*beim Krocket etc*) hoop, b) (*beim Billard*) port. – **12.** *med.* superciliary arch (*od.* ridge), brow ridge. – **13.** *electr.* (electric) arc: leitender ~ conducting arc. – **14.** *tech.* a) (*einer Bogensäge*) frame, b) (*Rohrkrümmer*) bend, elbow.

'Bo·gen|ˌabˌle·ger *m print.* layboy, laying machine. — **~ˌach·ter** *m* (*Pflichtfigur beim Eiskunstlauf*) figure eight, *auch* figure of eight: ~ auf einem Fuß one-foot eight. — **~ˌanˌfän·ger** *m civ.eng.* springer, impost. — **~ˌanˌle·ger** *m print.* **1.** (sheet) feeder. – **2.** (*Maschine*) automatic feeder, *Br.* layer-on, stroker-in. — **b~ˌar·tig I** *adj* arch-like. – **II** *adv* archwise. — **~ˌausˌla·ge** *f print.* (sheet) delivery. — **~ˌbau** *m* ⟨-(e)s; *no pl*⟩ *civ.eng.* arched (*od.* arcuated) construction. — **~ˌblen·de** *f* blind arch. — **~ˌboh·rer** *m* fiddle (*od.* bow) drill. — **~ˌbrücke** (*getr.* -k·k-) *f* arch (*od.* arched) bridge. — **~ˌdach** *n* arched roof. — **~ˌdü·ne** *f geol.* barchan(e), barkhan. — **~ˌein·heit** *f math.* radian. — **~eleˌment** *n* (*einer Kurve*) element of arc (*od.* length). — **~ˌfachˌwerk** *n civ.eng.* arch truss. — **~ˌfän·ger** *m print.* taker-off. — **~ˌfen·ster** *n* arched window. — **~ˌfi·bel** *f antiq.* bow fibula (*fibula with a high arch*). — **~ˌform** *f* form of an arch, arched (*od.* curved) form. — **b~ˌför·mig** *adj* **1.** arch-shaped, arched; arcual, arcuate(d), arciform (*lit.*). – **2.** curved. – **3.** bow-shaped. — **~ˌfüh·rung** *f* **1.** *mus.* bowing (technique): eine gute ~ haben to bow well. – **2.** *print.* feeding. — **~ˌgang** *m* **1.** *arch.* a) arcade, b) (*Verbindungsgang*) archway. – **2.** *med.* (*im Innenohr*) semicircular canal. — **~geˌrüst** *n civ.eng. cf.* Lehrgerüst. — **~geˌwöl·be** *n arch.* arched vault. — **~ˌgrad** *m math.* degree of arc. — **~ˌgrö·ße** *f print.* size of (a) sheet. — **~ˌhaar** *n meist pl mus.* bow hair. — **~ˌhal·le** *f arch. cf.* Bogengang 1. — **~ˌhal·ter** *m print.* (blanket) pin. — **~ˌhanf** *m bot.* bowstring hemp (*Gattg Sansevieria*). — **~ˌhö·he** *f civ. eng.* rise (of arch), upward camber, versed sine. — **~kaˌlan·der** *m* (*paper*) sheet calender. — **~ˌkan·te** *f print.* edge of a sheet (of paper). — **~ˌkrüm·mung** *f civ.eng.* curvature. — **~ˌlam·pe** *f electr.* arc lamp. — **~ˌlän·ge** *f math.* arc length. — **~ˌlau·fen** *n* (*sport*) figure skating. — **~ˌleh·re** *f* **1.** *math.* theory of curves. – **2.** *civ.eng. cf.* Lehrgerüst. — **~ˌlicht** *n electr.* arc light. — **~ˌlied** *n Bibl.* David's lament for Saul and Jonathan. — **~ˌli·lie** *f bot.* cyrtanthus (*Gattg Cyrtanthus*). — **~ˌli·nie** *f* curved line, arc. — **~ˌma·cher** *m* bowmaker, bowyer. — **~ˌmaß** *n math.* radian (*od.* circular) measure. — **~ˌmau·er** *f civ. eng.* (*einer Talsperre*) arch(ed) dam. — **~miˌnu·te** *f math. astr.* minute of arc. — **~ˌöff·nung** *f* **1.** *arch.* included (*od.* central) angle of arch. – **2.** *civ.eng.* (*einer Pfeilerstaumauer*) buttress spacing, *bes. Br.* spacing of counterforts. – **3.** *math.* angular measurement of an arc. — **~ˌpfei·ler** *m arch.* arched (*od.* flying) buttress. — **~ˌra·di·us** *m math.* radius of curvature. — **~ˌrip·pe** *f arch.* arch rib. — **~ˌrohr** *n tech.* bent (*od.* elbow) pipe, bend. — **~ˌrücken** (*getr.* -k·k-) *m civ.eng.* extrados. — **~ˌsä·ge** *f tech.* coping saw. — **~ˌschen·kel** *m arch.* hance, haunch (of an arch). — **~ˌschie·ßen** *n* archery. — **~ˌschiff·chen** *n* (*textile*) curved shuttle. — **~ˌschluß** *m arch.* keystone. — **~ˌschub** *m tech.* tangential thrust. — **~ˌschuß** *m* bowshot. — **~ˌschüt·ze** *m hist.* archer, bowman. — **~ˌseh·ne** *f* **1.** bowstring. – **2.** *math.* chord of an arc. — **~seˌkun·de** *f math.* second of arc. — **~ˌsi·nus** *m* sine of arc. — **~ˌspek·trum** *n electr.* arc spectrum. — **~ˌsperrˌmau·er** *f civ.eng.* arch(ed) dam. — **~ˌsprung** *m* (*Hohe Schule*) curvet. — **~ˌstrich** *m mus.* **1.** stroke of the bow. – **2.** (*Bogenführung*) bowing (technique). — **~ˌträ·ger** *m civ.eng.* arch(ed girder). — **~ˌtür** *f* arched (*od.* vaulted) door. — **~viaˌdukt** *m civ.eng.* arch-type viaduct. — **b~ˌwei·se** *adv* by the sheet: etwas ~ verkaufen (*Papier etc*) to sell s.th. by the sheet. — **~ˌwei·te** *f arch.* span of an arch. — **~ˌzahl** *f print.* number of pages. — **~ˌzei-**

chen *n print.* (sheet) signature, signature mark. — **~ˌzir·kel** *m tech.* wing divider. — **~ˌzwickel** (*getr.* -k·k-) *m civ.eng.* spandrel.

'bo·gig *adj* arched.

Bo·heme [bo'ɛːm(ə)] *f* ⟨-; *no pl*⟩ Bohemia (*unconventional life and world of bohemians*). — **~ˌle·ben** *n* Bohemianism, Bohemian way of life.

Bo·he·mi·en [boe'mĭɛ̃ː] *m* ⟨-s; -s⟩ bohemian.

Boh·le ['boːlə] *f* ⟨-; -n⟩ (thick) plank: mit ~n belegen to plank.

boh·len ['boːlən] *v/t* ⟨h⟩ plank.

'Boh·len|beˌlag *m* planking, plank covering (*od.* flooring). — **~ˌbo·gen** *m* rib of planks. — **~ˌbrett** *n cf.* Bohle. — **~ˌbrücke** (*getr.* -k·k-) *f* plank bridge. — **~ˌdach** *n* curved plank roof. — **~ˌweg** *m* corduroy road.

'Bohl|ˌwand *f*, **~ˌwerk** *n civ.eng.* planking, timber legging (*od.* sheeting).

Böh·me ['bøːmə] *m* ⟨-n; -n⟩ Bohemian.

'Böh·merˌland ['bøːmər-] *n poet.* Bohemia.

'Böh·min *f* ⟨-; -nen⟩ Bohemian (woman *od.* girl).

'böh·misch I *adj* Bohemian: die ~en Brüder *relig.* the Bohemian brethren; das sind mir (*od.* für mich) ~e Dörfer *fig. colloq.* that's (all) Greek to me. – **II** *ling.* **B~** ⟨*generally undeclined*⟩, **das B~e** ⟨-n⟩ Bohemian, the Bohemian language.

Böhn·chen ['bøːnçən] *n* ⟨-s; -⟩ *dim. of* Bohne.

Boh·ne ['boːnə] *f* ⟨-; -n⟩ **1.** *bot.* bean (*bes. Gattg Phaseolus*): Chinesische ~ cow pea (*Vigna sinensis*); Türkische ~ scarlet runner (*P. coccineus*). – **2.** *hort. gastr.* bean: grüne ~n *bes. Am.* green (*od.* string, snap) beans, *bes. Br.* French (*od.* runner) beans; gelbe ~n wax beans; große (*od.* dicke) ~n broad beans; weiße ~n navy (*bes. Br.* haricot) beans. – **3.** *cf.* a) Kaffeebohne, b) Kakaobohne. – **4.** blaue ~n *humor.* (rifle) bullets. – **5.** *vet.* mark (on horse's tooth). – **6.** *fig. colloq.* (*in Wendungen wie*) nicht die ~! not a bit! not in the least! das ist nicht die (*od.* keine) ~ wert that's not worth a bean (*colloq.*); ich mache mir nicht die ~ daraus I don't care a fig (*od.* bean); er versteht nicht die ~ davon he doesn't have a clue about it (*colloq.*), *Am. colloq.* he doesn't know beans about it.

boh·nen ['boːnən] *v/t* ⟨h⟩ *Northern G. for* bohnern.

'boh·nenˌar·tig *adj bot.* beanlike, fabaceous [(*scient.*).]

'Boh·nen|ˌblattˌlaus, **'Schwar·ze** *f zo.* bean aphid (*Aphis rumicis*). — **b~ˌför·mig** *adj* bean-shaped. — **~geˌmü·se** *n gastr.* (*auf Speisekarten*) (*bes. Br.* French, *bes. Am.* green, string) beans *pl*: mit ~ with green beans. — **~ˌhül·se** *f* bean pod. — **~ˌkä·fer** *m zo.* bean seed beetle, *Am.* bean weevil (*Acanthoscelides obtectus*). — **~ˌkaf·fee** *m* (pure) coffee. — **~ˌkraut** *n bot.* savory, *bes. Br.* savoury (*Satureia hortensis*). — **~ˌlied** *n only in* das geht übers ~ *colloq.* (now) that's too much. — **~ˌmehl** *n* bean flour (*od.* meal). — **~ˌmu·schel** *f zo.* margin shell, marginella (*scient.*) (*Marginella faba*). — **~ˌran·ke** *f bot.* beanstalk. — **~saˌlat** *m gastr.* French (*bes. Am.* green) bean salad. — **~ˌstan·ge** *f* **1.** bean pole (*od.* stalk). – **2.** *fig. colloq.* (*großer dünner Mensch*) 'bean pole' (*colloq.*): dürr wie eine ~ as thin as a rake; lang wie eine ~ as tall as a lamppost. — **~ˌstein** *m min.* phacolite. — **~ˌstrauch** *m bot.* laburnum (*Gattg Cytisus*). — **~ˌstroh** *n* bean stalks *pl*: dumm wie ~ *fig. colloq.* as stupid (*od.* dumb) as they come. — **~ˌsup·pe** *f gastr.* bean soup. — **~ˌwicke** (*getr.* -k·k-) *f bot. cf.* Wicke.

'Boh·ner *m* ⟨-s; -⟩ *colloq.*, **~ˌbe·sen** *m* floor polisher. — **~ˌbür·ste** *f* polishing brush. — **~ˌlap·pen** *m* polishing cloth. — **~maˌschi·ne** *f* (electric) floor polisher.

boh·nern ['boːnərn] *v/t* ⟨h⟩ (*Fußboden*) (wax and) polish.

'Boh·nerˌwachs *n* floor (*od.* wax) polish.

'Bohnˌerz *n min.* bean (*od.* pisolitic) iron ore.

'Bohr|anˌla·ge *f tech.* drilling rig. — **~apˌpaˌrat** *m* **1.** portable drill, small drilling machine. – **2.** *cf.* Bohrwinde. — **~ˌar·beit** *f* **1.** (*Vollbohrarbeit*) drilling work (*od.* operation). – **2.** (*Innenausdreharbeit*) boring work (*od.* operation). — **~au·toˌmat** *m* automatic boring machine. — **~ˌbank** *f cf.* Bohrwerk. — **~ˌbrun·nen** *m* bore (*od.* drilled, tube) well. — **~diaˌmant** *m tech.* (*an Bohrkronen*) black diamond, bort, *auch* bortz. — **~emulsiˌon** *f* cutting solution, diluted soluble oil.

boh·ren ['boːrən] **I** *v/t* **1.** bore: einen Stock in die Erde ~ to bore (*od.* drive) a stick into the ground; j-m ein Messer in den Leib ~ to plunge a knife into s.o.'s body. – **2.** *bes. tech.* a) (*ausbohren, vollbohren*) drill, b) (*aufbohren, innenausdrehen*) bore: aus dem vollen ~ to drill from the solid; auf volle Tiefe ~ to drill to depth. – **3.** *civ.eng.* a) (*Schacht*) sink, b) (*Brunnen*) drill, c) (*Tunnel, Stollen*) drive, bore. – **II** *v/i* **4.** *bes. tech.* a) drill, b) bore, c) tap, d) taper bore. – **5.** (*mining*) (*nach Öl etc*) drill, bore. – **6.** (*vom Zahnarzt*) drill. – **7.** (*in Wendungen wie*) in der Nase ~ to pick one's nose; in j-s Vergangenheit ~ *fig.* to probe (*od.* dig) into s.o.'s past. – **8.** *fig. colloq.* persist, keep at it: er bohrte so lange, bis er die Wahrheit heraus hatte he kept at it until he had dug out the truth. – **9.** *fig.* (*von Reue etc*) torment, torture, plague: Eifersucht bohrte in ihm he was tormented (*od.* tortured, plagued) by jealousy. – **III** *v/reflex* **10.** sich in (*acc*) etwas ~ to bore (*od.* work) one's way into s.th.: sein Blick bohrte sich in ihre Augen *fig. lit.* his eyes pierced hers. – **IV B~** *n* ⟨-s⟩ **11.** *verbal noun.* – **12.** *cf.* Bohrung. — **'boh·rend I** *pres p.* – **II** *adj* **1.** (*Blick etc*) piercing, boring. – **2.** (*Schmerz*) piercing, gnawing. – **3.** (*Fragen*) persistent, keen.

'Boh·rer *m* ⟨-s; -⟩ **1.** *tech.* a) (*Spiralbohrer*) twist drill, b) (*Gewindebohrer*) tap, c) (*Holzbohrer*) wood (*od.* boring) bit, d) (*Holzspiralbohrer*) bit stock drill, e) (*Nagelbohrer*) gimlet, f) (*Gesteinsbohrer*) rock drill. – **2.** *med.* a) (*Zahnbohrer*) drill, b) (*Schädelbohrer*) trephine, trepan. — **~ˌfut·ter** *n tech.* a) (*für Spiralbohrer*) drill chuck, b) (*für Gewindebohrer*) tap holder. — **~ˌhal·ter** *m* drill holder (*od.* chuck). — **~ˌschaft** *m* a) (*eines Spiralbohrers*) twist drill shank, b) (*eines Gewindebohrers*) tap shank. — **~ˌspit·ze** *f* drill point.

'Bohr|ˌflie·ge *f zo. cf.* Essigfliege. — **~ˌfräsˌwerkˌzeug** *n tech.* combined drill and milling cutter. — **~ˌfut·ter** *n* **1.** (*für Vollbohrarbeiten*) drill jig. – **2.** (*für Innenausdreharbeiten*) boring jig. — **~ˌgang** *m zo.* (*eines Käfers etc*) gallery, boring, burrow, boring tunnel. — **~geˌrüst** *n cf.* Bohrturm. — **~geˌstän·ge** *n civ.eng.* (*für Ölbohrungen*) drill pipe. — **~ˌgrat** *m* burr. — **~ˌham·mer** *m civ.eng.* drill hammer, hammer (*od.* rock) drill: ~ mit Leitervorschub *cf.* Leiterbohrer. — **~ˌjum·bo** *m* (drilling *od.* tunnel) jumbo. — **~ˌkä·fer** *m zo. a beetle of the family Anobiidae.* — **~ˌkern** *m* (*mining*) *geol.* (drill) core. — **~ˌknar·re** *f tech.* ratchet brace (*od.* drill). — **~ˌkopf** *m* **1.** (*für Spezialbohrer*) drilling head, drill holder. – **2.** (*für Bohrmeißel*) boring head. — **~ˌkro·ne** *f* (*bei Ölbohrungen*) drilling bit. — **~ˌleh·re** *f* **1.** (*für Vollbohrarbeiten*) drill jig. – **2.** (*für Aufbohrarbeiten*) boring jig. — **~ˌlei·er** *f* brace. — **~ˌloch** *n* **1.** *tech.* a) (*durch Vollbohrung*) drill hole, b) (*durch Aufbohrung mittels Bohrmeißel*) borehole, bore, c) (*ohne Verfahrensbezug*) tap-hole, d) (*in Holz*) borehole. – **2.** *civ.eng.* (*bei Erdölbohrungen*) drill hole. — **~maˌschi·ne** *f* **1.** *tech.* a) (*für Vollbohrarbeiten*) drilling machine, *bes. Am.* drill press, drill, b) (*in Säulenausführung*) round column type drill press, c) (*in Ständerausführung*) box column type drill press, d) (*für Aufbohrarbeiten*) boring machine, e) (*als Bohrwerk*) boring mill, f) (*für Gewindebohrarbeiten*) tapping machine, *bes. Am.* tapper, g) (*für Holzbearbeitung*) boring machine. – **2.** *med.* (*Zahnbohrer*) drill. — **~ˌmehl** *n* fine drillings *pl.* — **~ˌmei·ßel** *m* **1.** *tech.* a) boring tool (*od.* cutter), b) (*für Innenausdreharbeiten*) inside turning tool. – **2.** (*mining*) drilling bit. — **~ˌmu·schel** *f zo.* a) boring clam, borer, b) piddock (*Gattg Pholas*). — **~ˌöl** *n* water-soluble oil. — **~paˌtro·ne** *f* blasting (*od.* explosive) cartridge. — **~ˌpfahl** *m cf.* Ortpfahl. — **~ˌpro·be** *f* (*mining*) *geol.* core drilling, drill sample. — **~proˌfil** *n geol.* well log. — **~ˌrat·sche** *f tech.* ratchet brace (*od.* drill). — **~schaˌblo·ne** *f* **1.** (*für Feinstbohrarbeiten*) boring jig. – **2.** (*für Ausbohrarbeiten*) drill jig. — **~ˌschlamm** *m civ.eng.* sludge. — **~ˌschwen·gel** *m* walking-beam, drilling lever. — **~ˌseil** *n* drilling cable. — **~ˌspä·ne** *pl tech.* **1.** (*von Spiralbohrerarbeit*) drill chips, drillings. – **2.** (*von Aufbohrarbeit*) borings. — **~ˌspin·del** *f* drilling (*od.* boring) spindle. — **~ˌstahl** *m cf.* Bohrmeißel. — **~ˌstan·ge** *f* **1.** *tech.* boring bar. – **2.** *civ.eng.* drill (*od.* auger) stem. — **~ˌtech·nik** *f* drilling engineering. — **~ˌteu·fe** *f civ.eng.* (*mining*) drilling depth. — **~ˌtie·fe** *f* **1.** *tech.* a) (*einer Bohrmaschine*) depth of drilling (*od.* boring), b) (*als Arbeitsergebnis*) depth of drill (*od.* bore) hole. – **2.** *civ.eng.* (*mining*) *cf.* Bohrteufe. — **~turˌbi·ne** *f tech.* turbodrill. — **~ˌturm** *m* (drilling) derrick (*od.* tower).

'Boh·rung *f* ⟨-; -en⟩ **1.** (*nach Öl, Wasser etc*) drilling. – **2.** *tech. civ.eng. cf.* Bohrloch. – **3.** *tech.* (*eines Zylinders*) bore. – **4.** (*zur Kühlung od. Schmierung eines Werkzeugs*) duct.

'Boh·rungs|ˌmaß *n tech.* size of bore (*od.* hole). — **~ˌtie·fe** *f* depth of (bore)hole. — **~ˌwan·dung** *f* bore wall.

'Bohr|verˌsuch *m civ.eng.* (*bei Bohrungen*) trial (*od.* experimental) drilling, drilling test. — **~vorˌrich·tung** *f tech.* **1.** (*als Spannvorrichtung für das Werkzeug*) drilling (*od.* boring) fixture. – **2.** (*als Spannvorrichtung für das Werkstück*) drill (*od.* boring) jig. — **~ˌwerk** *n* horizontal boring machine, boring mill, *bes. Am.* borer. — **~ˌwerkˌzeug** *n* **1.** (*Ausbohrwerkzeug*) drilling tool. – **2.** (*Aufbohrwerkzeug*) boring tool. – **3.** (*Bohrstange*) boring bar. – **4.** (*elektroerosive Bearbeitung*) drilling electrode. — **~ˌwin·de** *f* bit (*od.* sleeve, plain) brace: ~ mit Knarre ratchet bit brace. — **~ˌwurm** *m zo.* ship worm (*Teredo navalis*).

'bö·ig *adj* **1.** *meteor.* (*Wind*) gusty, (*mit Schauern*) squally. – **2.** *aer. colloq.* bumpy. — **'Bö·ig·keit** *f* ⟨-; *no pl*⟩ **1.** *meteor.* gustiness. – **2.** *aer. colloq.* bumpiness.

Boi·ler ['bɔylər] *m* ⟨-s; -⟩ boiler, water heater, *Br. auch* geyser.

Bo·jar [bo'jaːr] *m* ⟨-en; -en⟩, **Bo'ja·rin** *f* ⟨-; -nen⟩ *hist.* boyar, *auch* boyard, boiar.

Bo·je ['boːjə] *f* ⟨-; -n⟩ *mar.* buoy: eine ~ auslegen to lay (*od.* to establish) a buoy; etwas an einer ~ vertäuen to moor s.th. to a buoy.

Bol [boːl] *m* ⟨-s; -⟩ *min. cf.* Bolus 1.

Bo·la ['boːla] *f* ⟨-; -s⟩ (cowboy's) bola(s).

Bo·le·ro [bo'leːro] *m* ⟨-s; -s⟩ **1.** *mus.* bolero. – **2.** (*fashion*) *cf.* Bolerojäckchen. — **~ˌjäck·chen** *n* (*fashion*) bolero.

Bo·lid [bo'liːt] *m* ⟨-s *u.* -en [bo'liːdən]; -e *u.* -en⟩ **1.** *astr.* bolide, fireball, aerolite. – **2.** (*sport*) *cf.* Bolide.

Bo·li·de [bo'liːdə] *m* ⟨-n; -n⟩ (*sport*) racing car, racer.

Bo·link ['boːlɪŋk] *m* ⟨-s; -e⟩ *zo.* (bo)bolink, *auch* reedbird, ricebird (*Dolichonyx orizivorus*).

Bo·li·var [bo'liːvar] *m* ⟨-(s); -(s)⟩ *econ.* bolivar (*monetary unit of Venezuela*).

Bo·li·via·ner [boli'vĭaːnər] *m* ⟨-s; -⟩, **Bo·li·via·ne·rin** [-'vĭaː-] *f* ⟨-; -nen⟩ Bolivian. — **bo·li·via·nisch** [-'vĭaːnɪʃ] *adj* Bolivian.

böl·ken ['bœlkən] *v/i* ⟨h⟩ *Low G. for* blöken.

Bol·lan·dist [bɔlan'dɪst] *m* ⟨-en; -en⟩ *relig. hist.* Bollandist.

Bol·le ['bɔlə] *f* ⟨-; -n⟩ **1.** *bot.* (*Wurzelknolle*) bulb. – **2.** *Northern G. dial. for* Zwiebel 1.

'Bol·len·geˌwächs *n bot. cf.* Zwiebelgewächs.

Böl·ler ['bœlər] *m* ⟨-s; -⟩ saluting gun.

bol·lern ['bɔlərn] *v/i* ⟨h⟩ *dial. for* a) poltern 1, b) ballern.

böl·lern ['bœlərn] *v/i* ⟨h⟩ fire a saluting gun.

'Böl·lerˌschuß *m* gun salute: die Geburt eines Thronfolgers mit Böllerschüssen begrüßen to announce the birth of a successor to the throne by gun salutes.

'Bollˌwerk *n* **1.** *mil. hist.* bulwark, stronghold, bastion: halbes ~ demibastion; ein ~ gegen den Feind errichten to build up (*od.* to establish) a bulwark against the enemy; ein ~ des Friedens *fig.* a bulwark of peace. – **2.** *mar.* bulwark.

Bo·lo·gne·ser [bolən'jeːzər] *adj* ⟨*invariable*⟩ Bolognese: ~ Flasche *phys.* Bologna flask (*od.* phial); ~ Hündchen *zo.* Maltese; ~ Spat *min.* Bologna stone; ~ Wurst bologna (sausage), bolony, baloney.

bo·lo·gne·sisch [bolən'jeːzɪʃ] *adj cf.* Bologneser.

Bo·lo·me·ter [bolo'meːtər] *n* ⟨-s; -⟩ *phys.* bolometer: registrierendes ~ bolograph.

Bol·sche·wik [bɔlʃe'vɪk; -'viːk] *m* ⟨-en; -en *od.* -i [-ki]⟩ *pol.* Bolshevik, Bolshevist. — **bol·sche·wi'sie·ren** [-vi'ziːrən] *v/t* ⟨*no* ge-, h⟩ bolshevize. — **Bol·sche·wi'sie·rung** *f* ⟨-; *no pl*⟩ bolshevization. — **Bol·sche'wis·mus** [-'vɪsmus] *m* ⟨-; *no pl*⟩ Bolshevism. —

Bol·sche'wist [-'vɪst] *m* ⟨-en; -en⟩ Bolshevik, Bolshevist. — **bol·sche'wi·stisch** *adj* Bolshevik, Bolshevist.

Bol·to·nit [bɔlto'niːt; -'nɪt] *m* ⟨-(e)s; -e⟩ *min.* boltonite.

Bo·lus ['boːlʊs] *m* ⟨-; -⟩ **1.** *min.* bolus, bole. – **2.** *med.* (*große Pille*) bolus. — **b~ˌar·tig** *adj min.* bolar.

Bol·ty ['bɔlti] *m* ⟨-s; -s⟩ bolti, *auch* bolty, bulti, Nile mouth breeder (*Tilapia nilotica*).

Bolz [bɔlts] *m* ⟨-es; -e⟩ *cf.* Bolzen 2.

Bol·zen ['bɔltsən] *m* ⟨-s; -⟩ **1.** *tech.* bolt, pin, stud: abgesetzter ~ stepped bolt; durchgehender ~ through bolt; vernieteter ~ riveted bolt; etwas mit einem ~ befestigen to bolt s.th. – **2.** *mil. hist.* (*der Armbrust*) bolt, quarrel: gerade wie ein ~ bolt upright, as straight as a rod (*od.* dart); er hat alle seine ~ verschossen he has shot his last bolt. – **3.** (*eines Luftgewehrs*) (air rifle) dart. – **4.** (*für Kindergewehr*) (suction) bolt.

'bol·zen *v/i* ⟨h⟩ (*sport*) *colloq.* **1.** kick (haphazardly), boot the ball. – **2.** play rough.

'Bol·zen|ˌab·schnei·der *m tech.* bolt clipper. — **~ˌaus·zie·her** *m* bolt (*od.* screw) extractor. — **~au·toˌmat** *m* automatic stub lathe. — **~ˌbüch·se** *f cf.* Bolzengewehr. — **~ˌbü·gelˌei·sen** *n obs.* box iron. — **b~ge'ra·de** *adj u. adv* bolt upright. — **~geˌwehr** *n* (*Spielzeug*) popgun. — **~geˌwin·de** *n tech.* (*einer Schraube*) bolt (*od.* external, outside, male) thread. — **~ˌkopf** *m* bolt head. — **~ˌkupp·lung** *f* bolt (*od.* pin-type) coupling. — **~ˌlän·ge** *f* (*einer Schraube*) length under head. — **~ˌschei·be** *f cf.* Unterlegscheibe 2. — **~ˌschieß·geˌrät** *n* bolt-driving gun. — **~ˌschnei·der** *m* bolt clipper (*od.* cutter): ~ mit nachstellbaren Messern adjustable jaw bolt clipper. — **~ˌschneid·maˌschi·ne** *f* bolt-cutting machine, bolt cutter. — **~ˌschuß·ap·paˌrat** *m vet.* bolt apparatus (*for stunning cattle*), humane killer. — **~ˌschweiß·verˌfah·ren** *n* stud welding. — **b~'steif** *adj u. adv cf.* bolzengerade. — **~verˌbin·dung, ~verˌschrau·bung** *f tech.* bolted joint, screw connection (*Br. auch* connexion), screwed fastening.

Bom·bar·de [bɔm'bardə] *f* ⟨-; -n⟩ **1.** *mil. hist.* bombard. – **2.** *mus. cf.* Bomhart.

Bom·bar·de·ment [bɔmbardə'mãː] *n* ⟨-s; -s⟩ **1.** *mil.* bombardment (*auch fig.*), bombing, (*der Artillerie*) *auch* shelling. – **2.** *nucl. cf.* Beschießung 3.

bom·bar·die·ren [bɔmbar'diːrən] *v/t* ⟨*no* ge-, h⟩ **1.** *mil.* (mit with) bombard (*auch fig.*), bomb, (*mit Granaten*) *auch* shell: j-n mit Fragen ~ *fig.* to bombard s.o. with questions. – **2.** *nucl. cf.* beschießen 5a. – **3.** sich ~ bombard each other (*od.* one another): sich mit Schneebällen ~ *colloq.* to bombard one another with snowballs.

Bom·bar'dierˌkä·fer *m zo.* bombardier beetle (*Gattg Brachynus*).

Bom·bar'die·rung *f* ⟨-; -en⟩ *mil. cf.* Bombardement 1.

Bom·bar·don [bɔmbar'dõː; bõbar'dõː] *n* ⟨-s; -s⟩ *mus.* (*Baßtuba*) bombardon, bass tuba, helicon.

Bom·bast [bɔm'bast] *m* ⟨-(e)s; *no pl*⟩ *contempt.* bombast, fustian (*lit.*). — **bom'ba·stisch** *adj* bombastic, pompous, fustian (*lit.*).

'Bom·bayˌhanf ['bɔmbe-] *m bot.* sunn, *auch* Bombay (*od.* Bengal, Indian) hemp (*fiber of Crotolaria juncea*).

Bom·be ['bɔmbə] *f* ⟨-; -n⟩ **1.** *mil. aer.* bomb: selbstgesteuerte ~ robot bomb; ~ mit Zeitzünder time (*od.* delayed-action) bomb; ~n abwerfen (auf *acc*) to drop bombs (on), to bomb (*acc*); mit ~n belegen to bomb; ~n im Notwurf auslösen to jettison bombs; wie eine ~ einschlagen *fig. colloq.* (*von Lied, Theaterstück*) to be a smash hit; die Nachricht schlug wie eine ~ ein *fig. colloq.* the news fell (*od.* came, struck) like a bombshell; wie eine ~ hereinplatzen *fig. colloq.* to come bursting in; die ~ ist geplatzt *fig. colloq.* now the bomb (*od.* storm) has burst, the worst has happened; eine ~ platzen lassen *fig. colloq.* to let a bomb go off; mit ~n und Granaten durchfallen *fig. colloq.* to fail miserably, to be a resounding failure; (potz) ~n und Granaten! *fig. obs.* hang it all! zounds! (*archaic*). – **2.** (*sport*) (*kräftiger Schuß*) bullet (shot), cannonball: eine ~ abfeuern to fire a cannonball. – **3.** *geol.* volcanic bomb. – **4.** *gastr. cf.* Eisbombe.

'Bom·benˌabˌwurf *m aer. mil.* bomb release (*od.* dropping), bombing: ~ auf Flächenziel area bombing; gezielter [ungezielter] ~ precision [random] bombing. — **~ˌziel·geˌrät** *n* bomb sight, *Br.* bomb-sight.

'Bom·ben|ˌanˌgriff *m aer. mil.* bomb(ing) attack. — **~ˌanˌschlag** *m* **1.** (*auf ein Gebäude etc*) bomb attack (*od.* outrage). – **2.** *cf.* Bombenattentat. — **~at·tenˌtat** *n* (auf j-n on s.o.'s life) bomb attempt, bomb plot. — **~ˌaufˌschlag** *m aer. mil.* bomb impact.

'Bom·benˌaufˌtrag[1] *m aer. mil.* bombing mission.

'Bom·ben'aufˌtrag[2] *m econ. colloq.* huge (*od. colloq.* colossal) order.

'Bom·ben|ˌausˌlö·seˌvorˌrich·tung *f aer. mil.* bomb-release mechanism (*od.* gear). — **~ˌausˌlö·sung** *f* bomb release. — **b~beˌschä·digt** *adj* (*Haus etc*) bomb-damaged, blitzed. — **~be'set·zung** *f colloq.* (*eines Films etc*) (all) star cast. — **~ˌeinˌschlag** *m aer. mil.* bomb hit (*od.* burst). — **~ele'ment!** *interj obs.* good gracious! — **~entˌschär·fer** *m mil.* bomb disposal expert. — **~er'folg** *m colloq.* huge (*od. colloq.* smashing) success, smash hit (*colloq.*): das Stück war ein ~ the play was a great hit. — **~ex·plo·siˌon** *f aer. mil.* bomb explosion. — **~ˌfallˌkur·ve** *f* bomb trajectory.

'bom·benˌfest[1] *adj* (*Keller, Unterstand etc*) bombproof, *Br.* bomb-proof.

'bom·ben'fest[2] *fig. colloq.* **I** *adj* (*in Wendungen wie*) das steht ~ that's dead certain. – **II** *adv* (*in Wendungen wie*) er ist ~ davon überzeugt, daß he is firmly convinced (*od. colloq.* dead sure) that.

'Bom·ben|ˌflä·chenˌwurf *m aer. mil.* area bombing. — **~ˌflug** *m* bombing mission. — **~ˌflugˌzeug** *n* bomber. — **~ge'halt** *n colloq.* huge (*od. colloq.* colossal, fantastic) salary. — **~'geld** *n colloq.* huge (*od. colloq.* colossal) sum, big money (*colloq.*). — **b~geˌschä·digt** *adj aer. mil.* (*Person*) bombed-out (*attrib*). — **~geˌschä·dig·te** *m, f* ⟨-n; -n⟩ bombed-out person. — **~ge'schäft** *n econ. colloq.* roaring business. — **~'hit·ze** *f colloq.* stifling (*od.* murderous) heat. — **~'hun·ger** *m colloq. cf.* Mordshunger. — **~'kerl** *m colloq. cf.* Pfundskerl. — **~ˌklap·pe** *f aer. mil.* bomb(-bay) door. — **~ˌkra·ter** *m cf.* Bombentrichter. — **~ˌla·dung** *f cf.* Bombenlast. — **~ˌlast** *f* bomb load. — **~ˌloch** *n cf.* Bombentrichter. — **~ma·gaˌzin** *n aer. mil. cf.* Bombenschacht. — **~marˌkie·rung** *f* **1.** target indicator. – **2.** ⟨*only sg*⟩ (*Vorgang*) target marking. — **~ˌräumˌtrupp** *m* bomb disposal squad. — **~ˌräu·mung** *f* bomb disposal. — **~ˌrei·henˌwurf** *m aer. mil.* trail (*od.* pattern, stick) bombing. — **~ˌrohr** *n chem.* bomb tube. — **~'rol·le** *f* (*film, theater*) *colloq.* dream (*od.* peach) of a part, role any actor would give his right arm for. — **~ˌschacht** *m aer. mil.* bomb bay (*od.* recess). — **~ˌscha·den** *m* air-raid damage. — **~ˌschüt·ze** *m* bombardier.

'bom·benˌsi·cher[1] *adj* bombproof, *Br.* bomb-proof.

'bom·ben'si·cher[2] *adj fig. colloq.* dead certain: das Geld ist dir ~ you can be dead certain of the money; es ist eine ~e Sache it's a sure thing.

'Bom·ben|ˌsplit·ter *m* bomb splinter. — **~'stim·mung** *f colloq.* high spirits *pl*: er ist immer in einer ~ he is always in high spirits. — **~ˌtep·pich** *m aer. mil.* bomb carpet. — **~ˌtep·pichˌwurf** *m* carpet bombing.

'Bom·benˌtref·fer[1] *m aer. mil.* bomb hit.

'Bom·ben'tref·fer[2] *m colloq.* smash hit.

'Bom·ben|ˌtrich·ter *m aer. mil.* bomb crater. — **~viˌsier** *n* bombsight, *Br.* bomb-sight. — **~ˌvollˌtref·fer** *m* direct bomb hit. — **~ˌwurf** *m cf.* Bombenabwurf. — **~ˌziel·geˌrät** *n*, **~ˌzielˌvorˌrich·tung** *f cf.* Bombenabwurfzielgerät. — **~ˌzün·der** *m* bomb fuse (*bes. Am.* fuze).

Bom·ber ['bɔmbər] *m* ⟨-s; -⟩ *colloq. for* Bombenflugzeug. — **~ˌflot·te** *f aer. mil.* bomber fleet (*od.* force): strategische ~ strategic bomber force. — **~geˌschwa·der** *n* bomber group (*Am.* wing). — **~piˌlot** *m* bomber pilot. — **~ˌstaf·fel** *f* bomber squadron. — **~ˌstützˌpunkt** *m* bomber base. — **~verˌband** *m* bomber formation (*od.* force).

bom·bie·ren [bɔm'biːrən] **I** *v/t* ⟨*no* ge-, h⟩ camber. – **II** *v/i gastr.* (*von Konservendosen*) bulge. — **bom'biert I** *pp.* – **II** *adj* (*Walze*) convex. — **Bom'bie·rung** *f* ⟨-; -en⟩ **1.** *metall.* (*des Bleches*) camber. – **2.** *tech.* (*des Glases*) bending. – **3.** (*einer verdorbenen Konserve*) bulging, blown condition.

'bom·big *adj colloq.* super (*colloq.*), smashing (*colloq.*).

Bom·hart ['bɔmhart] *m* ⟨-s; -s⟩ *mus. hist.* bombard, bass shawm.

Bom·mel ['bɔməl] *f* ⟨-; -n⟩ *Northern G. dial. for* Bummel[2].

Bon [bõː] *m* ⟨-s; -s⟩ **1.** (*Gutschein*) voucher, ticket. – **2.** *bes. econ.* (*Gratisgutschein*) coupon. – **3.** (*Kassenbon*) receipt(ed bill).

bo·na fi·de ['boːna 'fiːde] *adv jur.* bona fide, in good faith.

Bo·nan·za [bo'nan(t)sa] *f* ⟨-; *no pl*⟩ *geol.* bonanza.

Bo·na'par·te-ˌMö·we [bona'parte-] *f zo.* Bonaparte's gull (*Larus philadelphia*).

Bo·na·par·tis·mus [bonapar'tɪsmʊs] *m* ⟨-; *no pl*⟩ *hist.* Bonapartism. — **Bo·na·par'tist** [-'tɪst] *m* ⟨-en; -en⟩ Bonapartist.

Bon·bon [bõ'bõː; bɔŋ'bɔŋ] *m, n* ⟨-s; -s⟩ *gastr.* **1.** *Am.* candy, *bes. Br.* sweet, bonbon, goody (*colloq.*): gefüllter ~ candy with a filling. – **2.** *Austrian* (*Praline*) chocolate. — **~ˌla·den** *m Am.* candy store, *Br.* sweetshop.

Bon·bon·nie·re [bõbɔ'nɪɛːrə; bɔŋ-] *f* ⟨-; -n⟩ **1.** box of chocolates. – **2.** (*Behälter, Dose*) bonbon dish, bonbonnière.

Bon'bonˌtü·te *f* bag of candy (*bes. Br.* sweets).

bon·dern ['bɔndərn] (*TM*) *v/t* ⟨h⟩ *tech.* bonderize.

'Bond·paˌpier ['bɔnt-] *n* bond (paper).

bon·gen ['bɔŋən] *v/t* ⟨h⟩ *econ. colloq.* issue a voucher for.

Bon·go ['bɔŋgo] *m* ⟨-s; -s⟩ **1.** *mus. meist pl* bongo (drum). – **2.** *zo.* bongo (*Tragelaphus euryceros*).

'BönˌhaSe ['bøːn-] *m Low G. for* Pfuscher.

Bon·ho·mie [bɔno'miː] *f* ⟨-; -n [-ən]⟩ *obs. for* Gutmütigkeit, Einfalt 1.

Bon·homme [bɔ'nɔm] *m* ⟨-; -s⟩ *obs.* simpleton.

Bo·ni·fa·zi·us [boni'faːtsɪʊs] *npr m* ⟨-; *no pl*⟩ Boniface. — **~ˌpfen·nig** *m geol.* columnal, (stem) joint, trochite (*of fossile crinoids*).

Bo·ni·fi·ka·ti·on [bonifika'tsɪoːn] *f* ⟨-; -en⟩ *econ.* **1.** compensation, allowance. – **2.** (*Wiederverkauf von Wertpapieren*) bonus. — **bo·ni·fi'zie·ren** [-'tsiːrən] *v/t* ⟨*no* ge-, h⟩ *econ.* **1.** compensate, indemnify. – **2.** (*Wertpapiere*) grant bonuses on.

Bo·ni·tät [boni'tɛːt] *f* ⟨-; -en⟩ **1.** *econ.* solvency, (good) standing, financial reliability (*od.* stability). – **2.** *agr.* quality of the soil, grade of fertility. — **bo·ni'tie·ren** [-'tiːrən] *v/t* ⟨*no* ge-, h⟩ (*Grundstücke, Böden etc*) classify, value, appraise, estimate. — **Bo·ni'tie·rung** *f* ⟨-; *no pl*⟩ classification, valuation, appraisement.

Bo·ni·to [bo'niːto] *m* ⟨-s; -s⟩ *zo.* (*Thunfischart*) bonito (thuna) (*Katsuwonus pelamys*).

Bon·mot [bõ'moː] *n* ⟨-s; -s⟩ (bon) mot, witty remark.

Bon·ne ['bɔnə] *f* ⟨-; -n⟩ *obs.* bonne, governess.

Bon·ne·te·rie [bɔnɛtə'riː; -'triː] *f* ⟨-; -n [-ən]⟩ *Swiss for* Kurzwarengeschäft.

Bo·nus ['boːnʊs] *m* ⟨- *u.* -ses; - *u.* -se⟩ *econ.* a) bonus, *auch* premium, b) extra (*od.* special) dividend. — **~ˌak·ti·en** *pl* bonus shares. — **~di·vi·denˌdenˌausˌschüt·tung** *f* payment of bonus dividends. — **~syˌstem** *n* bonus system: nach einem ~ arbeiten to work on a bonus system.

Bon·vi·vant [bõvi'vãː] *m* ⟨-s; -s⟩ bon vivant.

Bon·ze ['bɔntsə] *m* ⟨-n; -n⟩ **1.** *relig.* bonze (*Buddhist monk of the Far East*). – **2.** *contempt.* high priest, bigwig, big shot (*Am. sl.* wheel), boss (*colloq.*): die ~n der Wirtschaft the tycoons of industry. — **'Bon·zen·tum** *n* ⟨-s; *no pl*⟩, **'Bon·zenˌwirt·schaft** *f pol. contempt.* bossdom, *bes. Am.* boss rule.

Bon·zo·kra·tie [bɔntsokra'tiː] *f* ⟨-; -n [-ən]⟩ *pol. cf.* Bonzentum.

Boo·gie-Woo·gie ['bʊgi'vʊgi; 'bʊgɪ'wʊgɪ] (*Engl.*) *m* ⟨-(s); -s⟩ *mus.* boogie-woogie.

Boom [buːm] (*Engl.*) *m* ⟨-s; -s⟩ *econ.* boom, period of expanding business activity.

Boot [boːt] *n* ⟨-(e)s; -e⟩ **1.** boat: flaches ~ flat-bottomed boat, (*mit Staken fortbewegt*) punt; zusammenlegbares ~ collapsible boat; kleines ~ small boat, dinghy; großes ~ (*mit Motor*) launch; seetüchtiges ~ a) seagoing craft, b) seaworthy boat; wir sitzen alle im gleichen ~ *fig.* we are all in the same boat; ein ~ aussetzen [losmachen] to launch (*od.* lower) [to cast off] a boat; ~ fahren to go boating; ein ~ an Land ziehen to pull a boat ashore; das ~ ist leck the boat is leaky (*od.* has a leak); in die ~e gehen *mar.* to take to the boats; das ~ ist in den Klampen *mar.* the boat is on the chocks; ~ mit Zweimannsduchten *mar.* double-banked boat; das ~ führen a) (*sport*) to cox the boat, b) (*Segelboot*) to stand at the helm. – **2.** (pleasure) boat. – **3.** *cf.* Motor-, Paddel-, Rettungs-, Ruderboot. — **b~ˌähn·lich** *adj* boatlike. — **~ˌaxt** *f archeol.* boat ax(e).

Bo·otes [bo'oːtɛs] *npr m* ⟨-; *no pl*⟩ *astr.* Boötes.

'bootˌför·mig *adj* boat-shaped, cymbiform (*scient.*): mit ~em Schwanz *zo.* boat-tailed.

Bo·oti·den [boo'tiːdən] *pl astr.* Boötids.

Bö·oti·er [bø'oːtsiər] *m* ⟨-s; -⟩ Boeotian (*auch fig.*). — **bö'otisch** [-tɪʃ] *adj* Boeotian (*auch fig.*).

'Boots|ˌan·ker *m mar.* boat's anchor. — **~ˌaufˌhän·gung** *f* lifeboat launching gear. — **~ˌausˌrü·stung** *f* boat equipment (*od.* gear). — **~ˌbau** *m* ⟨-(e)s; *no pl*⟩ boatbuilding. — **~ˌbau·er** *m* boatbuilder. — **~beˌman·nung**, **~beˌsat·zung** *f* boat's crew. — **~beˌzug** *m* boat cover. — **~ˌda·vit** *m meist pl mar.* boat davit. — **~ˌdeck** *n* boat deck. — **~ˌdol·le** *f* thole, tholepin, *Br.* thole-pin. — **~ˌducht** *f* thwart. — **~ˌfahrt** *f* boat trip, (*mit Ruderboot*) row, (*mit Segelboot*) sail: eine ~ machen to go boating. — **~ˌfüh·rer** *m* **1.** boat(s)man. – **2.** *cf.* Steuermann 1. — **~ˌgast** *m* ⟨-(e)s; -en⟩ oarsman. — **~ˌgrab** *n archeol.* boat grave. — **~ˌha·fen** *m* boat harbor (*bes. Br.* harbour). — **~ˌha·ken** *m* boathook, *Br.* boat-hook. — **~ˌhaus** *n* boathouse, *Br.* boat-house. — **~ˌhaut** *f* **1.** *mar.* boat skin, planking. – **2.** *aer.* (*eines Flugboots*) skin of the hull. — **~ˌklam·pe** *f* boat chock. — **~ˌkör·per** *m* hull, body of the boat. — **~ˌlack** *m* spar (*od.* boat) varnish. — **~ˌla·dung** *f* boatload. — **~ˌlän·ge** *f* boat-length: sie gewannen mit einer ~ they won by one length. — **~ˌmaat** *m* petty officer. — **~ˌmann** *m* ⟨-(e)s; Bootsleute⟩ *mar.* **1.** (*Deckoffizier*) boatswain. – **2.** *mil.* petty officer. — **~maˌnö·ver** *n* boat drill. — **~ˌmast** *m* boat mast. — **~ˌmo·tor** *m* boat engine (*od.* motor). — **~ˌpfrop·fen** *m* boat plug. — **~ˌren·nen** *n* (*sport*) a) boat race, *Br.* boat-race, b) boat racing. — **~ˌrie·men** *m mar.* (boat) oar. — **~ˌrumpf** *m cf.* Bootskörper. — **~ˌschup·pen** *m cf.* Bootshaus. — **~ˌschwert** *n* **1.** (*Mittelschwert*) centerboard, *Br.* centreboard. – **2.** (*Seitenschwert*) leeboard. — **~ˌse·gel** *n* boat sail. — **~ˌsteg** *m* landing stage, *Br.* landing-stage. — **~ˌsteu·erˌmann** *m* coxswain, cockswain. — **~ˌstum·mel** *m aer.* (*an Flugbooten*) wing stump. — **~ˌtal·je** *f mar.* boat fall. — **~ˌtank** *m* air (*od.* buoyancy) tank. — **~verˌkehr** *m* boat traffic. — **~verˌleih** *m* boat hire. — **~verˌlei·her**, **~verˌmie·ter** *m* boatkeeper, boatman. — **~verˌmie·tung** *f cf.* Bootsverleih. — **~ˌwand** *f* boat's side. — **b~ˌwei·se** *adv* boat by boat. — **~ˌwerft** *f* boatyard, boat-building yard, boat builders *pl.* — **~ˌwin·de** *f* boat winch (*od.* hoist).

Bor [boːr] *n* ⟨-s; *no pl*⟩ *chem.* boron (B).

Bo·ra ['boːra] *f* ⟨-; *no pl*⟩ *meteor.* bora.

Bo·ra·ne [bo'raːnə] *pl chem.* boranes, borohydrides.

Bo·rat [bo'raːt] *n* ⟨-s; -e⟩ *chem.* borate.

Bo·rax ['boːraks] *m* ⟨-es; *no pl*⟩ *chem. min.* **1.** borax ($Na_2B_4O_7 \cdot 10H_2O$): ~ enthaltend boracic; gebrannter ~ boiled borax, calcined borax ($Na_2B_4O_7$); natürlicher [roher] ~ native [raw, crude] borax, tincal, *auch* tinkal. – **2.** sodium tetraborate ($Na_2B_4O_7 \cdot 10H_2O$). — **~ˌglas** *n* borax glass. — **b~ˌhal·tig** *adj* boracic. — **~ˌper·le** *f* borax bead. — **~ˌsalz** *n* borax salt. — **~ˌsäu·re** *f* bor(ac)ic acid. — **~ˌsei·fe** *f* borax soap. — **~ˌwas·ser** *n* boracic water.

Bo·ra·zit [bora'tsiːt; -'tsɪt] *m* ⟨-s; *no pl*⟩ *min.* boracite.

Bor·bo·ryg·mus [borbo'rygmus] *m* ⟨-; *no pl*⟩ *med.* (*Darmkollern*) borborygmus.

'Bor·buˌtan *n chem.* borobutane (tetraborane) (B_4H_{10}).

Bord[1] [bɔrt] *m* ⟨-(e)s; -e⟩ **1.** *bes. aer. mar.* board: an ~ aboard, on board; an ~ eines Schiffes gehen to go on board (a) ship, to board (*od.* go aboard) a ship; an ~ bringen to ship; an ~ nehmen to take aboard (*od.* on board); ~ an ~ *mar.* a) board to (*od.* and, on) board, b) (*längsseits*) alongside; alle Mann an ~! all hands aboard! frei an ~ *econ.* free on board, prices quoted on board; Mann über ~! man overboard! über ~ fallen [gehen] to fall [to go] overboard; über ~ gespült werden to be swept overboard; über ~ werfen a) to throw overboard (*auch fig.*), b) (*Ladung etc*) to jettison; alle Vorsicht [Sorgen] über ~ werfen *fig.* to cast all prudence (*od.* caution) [worries] overboard (*od.* to the winds); von ~ gehen to leave the ship, to go ashore, to land. – **2.** (*Rand*) edge, border. – **3.** *her.* coat of arms border.

Bord[2] *n* ⟨-(e)s; -e⟩ *dial.* board, plank, shelf.

Bord[3] *n* ⟨-(e)s; -e⟩ *Swiss for* a) Rand 3, 4, b) Abhang 1, Böschung 3.

'Bord|ag·greˌgat *n* **1.** *aer.* airborne equipment. – **2.** *mar.* marine set. — **~anˌten·ne** *f* **1.** *aer.* aircraft aerial. – **2.** *mar.* ship's aerial. — **~ˌaufˌklä·rer** *m* shipboard reconnaissance plane. — **~beˌschei·ni·gung** *f econ.* board receipt. — **~-'Bo·den-VerˌbinꞏdungA** *f aer.* air-(to-)ground communication. — **~-'Bord-VerˌbinꞏdungA** *f* **1.** *aer.* air-to-air communication. – **2.** *mar.* ship-to-ship communication. — **~ˌbuch** *n* **1.** *aer.* pilot's log. – **2.** *mar.* logbook, *Br.* log-book. — **~ˌcase** [-ˌkeɪs] (*Engl.*) *m* (*für Flugreisen*) board case. — **~ˌdienst** *m* service aboard, (*in der Zivilluftfahrt*) *auch* catering service.

Bör·de ['bœrdə; 'bøːrdə] *f* ⟨-; -n⟩ *Low G.* fertile plain.

Bor·deaux [bɔr'doː] *m* ⟨- [-'doː(s)]; - [-'doːs]⟩ *gastr. cf.* Bordeauxwein. — **~ˌbrü·he** *f chem. agr. cf.* Bordelaiser Brühe. — **b~ˌrot** *adj* Bordeaux (red), claret. — **~ˌwein** *m gastr.* Bordeaux (wine), (*roter*) *auch* claret.

Bor·de'lai·ser 'Brü·he [bɔrdə'lɛːzər] *f chem. agr.* Bordeaux mixture.

'Bör·del|au·toˌmat *m tech.* automatic flanging machine (*od.* press). — **~ˌblech** *n* **1.** (*bei der Kaltarbeit*) sheet steel suitable for beading. – **2.** (*bei der Warmarbeit*) steel plate suitable for flanging. — **~ˌei·sen** *n* tinners' seaming stake, bordering tool.

Bor·de·le·se [bɔrdə'leːzə] *m* ⟨-n; -n⟩ inhabitant of Bordeaux.

Bor·dell [bɔr'dɛl] *n* ⟨-s; -e⟩ brothel, bordello. — **~beˌtrieb** *m* brothel. — **~ˌmut·ter** *f* madam. — **~ˌvier·tel** *n* red-light district.

'Bör·del·maˌschi·ne *f tech.* **1.** (*für Feinbleche*) beading machine. – **2.** (*für Grobbleche u. Rohre*) flanging machine.

bör·deln ['bœrdəln] *v/t* ⟨h⟩ *tech.* **1.** (*bei der Kaltarbeit*) a) (*abkanten, falzen*) seam, b) (*sicken*) bead. – **2.** (*bei der Warmarbeit*) flange.

'Bör·del|ˌnaht *f* (*beim Schweißen*) double-flanged seam. — **~ˌnie·tung** *f* flanged seam riveting. — **~ˌpres·se** *f* flanging press.

Bor·de·reau [bɔrdə'roː] *m, n* ⟨-s; -s⟩ *econ.* specification sheet, specified statement (of goods consigned), list of bills to be discounted.

'Bord|ˌfest *n mar.* ship's party. — **~ˌflugˌzeug** *n aer.* ship- (*od.* carrier-)based aircraft. — **~ˌfunk** *m* **1.** *mar.* ship's radio (*bes. Br.* wireless). – **2.** *aer.* aircraft (*od.* airborne) radio equipment. — **~ˌfunkˌan·la·ge** *f* airborne radio system. — **~ˌfun·ker** *m* radio (*bes. Br.* wireless) operator. — **~ˌfunkˌstel·le**, **~ˌfunk·sta·tiˌon** *f* board radio station. — **~geˌmein·schaft** *f mar.* ship's company. — **~geˌrät** *n aer.* aircraft (*od.* airborne) equipment, *auch* airborne unit.

'Bor·diaˌmant *m chem.* crystallized boron.

bor·die·ren [bɔr'diːrən] **I** *v/t* ⟨*no* ge-, h⟩ (*textile*) border, edge, trim, braid. – **II B~** *n* ⟨-s⟩ *verbal noun.* — **Bor'die·rung** *f* ⟨-; -en⟩ **1.** *cf.* Bordieren. – **2.** *cf.* Bordüre 1a. – **3.** *her.* bordure.

'Bord|in·ge·niˌeur *m aer.* flight engineer. — **~in·struˌment** *n* aircraft instrument. — **~ˌjä·ger** *m* (*eines Flugzeugträgers*) ship-based interceptor (aircraft). — **~ka·meˌrad** *m mar.* shipmate. — **~kaˌno·ne** *f aer. mil.* air(craft) cannon. — **~ˌkan·te** *f civ.eng. Am.* curb, *Br.* kerb. — **~ˌki·no** *n bes. Br.* ship's cinema, *bes. Am.* ship's theater. — **~kon·nos·seˌment** *n econ.* shipped bill of lading, on board B/L. — **~ˌkü·che** *f mar. aer.* galley. — **~-'Land-VerˌbinꞏdungA** *f mar.* ship-to-shore communication. — **~ˌlenk·syˌstem** *n* (*space*) on-board guidance system. — **~me·cha·ni·ker** *m aer.* flight mechanic. — **~ˌmit·tel** *pl mar.* ship's own means.

bor'doˌrot [bɔr'doː-] *adj cf.* bordeauxrot.

'Bord|paˌpie·re *pl* **1.** *mar.* ship's papers (*od.* books). – **2.** *aer.* plane's papers. — **~ˌpei·ler** *m*, **~ˌpeil·geˌrät** *n* airborne direction-finding equipment. — **~per·soˌnal** *n* (*eines Flugzeuges*) air crew, *collect. auch* flying personnel. — **~ˌschüt·ze** *m aer. mil.* air (*od.* aerial) gunner. — **~ˌschwel·le** *f civ.eng. cf.* Bordkante. — **~ˌsei·te** *f mar.* side (of the ship). — **~ˌsprechˌanˌla·ge** *f*, **~ˌsprech·geˌrät** *n aer.* intercommunication system, radio interphone system, intercom (*colloq.*).

'BordˌStein *m civ.eng. Am.* curbstone, *Br.* kerbstone. — **~ˌfüh·ler**, **~ˌta·ster** *m auto.* curb (*Br.* kerb) feeler.

'Bord|ˌsuch·geˌrät *n aer.* airborne detection equipment. — **~te·leˌfon**, **~te·leˌphon** *n mar.* intercommunication telephone, intercom (*colloq.*), *Am. auch* interphone.

Bor·dun [bɔr'duːn] *m* ⟨-s; -e⟩ *mus.* **1.** (*ausgehaltener Ton*) drone, bourdon. – **2.** (*Summpfeife am Dudelsack*) drone (pipe). – **3.** (*Orgelregister*) bourdon. – **4.** *cf.* Bordunsaite. — **~ˌsai·te** *f* drone string.

Bor·dü·re [bɔr'dyːrə] *f* ⟨-; -n⟩ **1.** (*textile*) a) (*Rand*) border, b) (*Besatz*) trimming, braiding. – **2.** *print.* (ornamental) border. – **3.** (*paper*) frieze.

Bor'dü·renˌstoff *m* (*textile*) trimming (*od.* bordering) fabric.

'Bord·verˌpfle·gung *f aer.* flight rations *pl.*

'Bordˌwaf·fen *pl* **1.** *aer. mil.* aircraft armament *sg* (*od.* weapons): mit ~ beschießen to strafe. – **2.** *mil.* (*eines Panzers*) tank armament *sg.* — **~beˌschuß** *m* strafing.

'Bord|ˌwa·gen *m* (*railway*) *Am.* gondola car, *Br.* (open) goods wag(g)on. — **~ˌwand** *f* **1.** (*eines Lastwagens*) dropside, platform gate, sideboard. – **2.** *mar.* ship's wall: eingezogene ~ turnover. — **~ˌwart** *m aer.* aircraft (*od.* flight) mechanic. — **~ˌzeit** *f mar.* ship's time.

bo·re·al [bore'aːl] **I** *adj* boreal, northern. – **II B~** *n* ⟨-s; *no pl*⟩ *geol. hist.* Boreal period.

Bo·re·as ['boːreas] *npr m* ⟨-; *no pl*⟩ **1.** *myth.* Boreas. – **2.** *meteor. u. poet.* north wind, boreas (*poet.*).

Bo·retsch ['boːrɛtʃ] *m* ⟨-es; *no pl*⟩ *bot. cf.* Borretsch.

'Bor·fluoˌrid *n chem.* boron trifluoride (BF_3).

Borg [bɔrk] *m only in* auf ~ on credit, *bes. Br. colloq.* on tick: j-m etwas auf ~ geben to give s.th. to s.o. on loan (*od.* credit), to lend (*bes. Am.* loan) s.th. to s.o.; (sich *dat*) etwas auf ~ kaufen to buy s.th. on credit; auf ~ leben to live by borrowing (*od.* on borrowed money); etwas auf ~ nehmen to borrow s.th., to get s.th. on credit.

bor·gen ['bɔrgən] **I** *v/t* ⟨h⟩ **1.** borrow: (sich *dat*) etwas von (*od.* bei) j-m ~ to borrow s.th. from s.o.; dieses Buch hatte ich (mir) von dir geborgt I had borrowed this book from you; fremde Gedanken ~ *lit.* to borrow (*od.* take over) ideas from s.o. else. – **2.** lend, *bes. Am.* loan: j-m etwas ~ to lend s.th. to s.o.; dieses Buch hat man mir geborgt this book has been lent to me; borg mir deinen Bleistift! lend me your pencil. – **3.** *math.* borrow. – **II** *v/i* **4.** borrow: mancher borgt gern, gibt es aber nicht zurück some people are good at borrowing but bad at giving back. – **III B~** *n* ⟨-s⟩ **5.** borrowing: B~ macht Sorgen (*Sprichwort*) he who goes a-borrowing goes a-sorrowing (*proverb*). — **'Bor·ger** *m* ⟨-s; -⟩ **1.** borrower. – **2.** lender. — **Bor·ge'rei** *f* ⟨-; *no pl*⟩ *colloq.* (habit of) borrowing.

Bor·gis ['bɔrgɪs] *f* ⟨-; *no pl*⟩, **~ˌschrift** *f print.* bourgeois.

'Bor·gly·zeˌrin *n pharm.* glycerin(e) of boracic acid, boroglycerin(e).

'borgˌwei·se *adv cf.* leihweise 1.

'Bor·hyˌdrid *n chem.* borane, borohydride.

Bo·rid [bo'riːt] *n* ⟨-(e)s; -e⟩ *chem.* boride.

Bo·ri·um ['boːrium] *n* ⟨-s; *no pl*⟩ *chem. cf.* Bor.

'Bor·karˌbid *n chem.* boron carbide (B_4C).

Bor·ke ['bɔrkə] *f* ⟨-; -n⟩ **1.** *bot.* bark. – **2.** *med. cf.* Schorf 1.

'Bor·ken|ˌflech·te *f med. vet.* ringworm, herpes tonsurans (*scient.*). — **~ˌkä·fer** *m zo.* bark (*od.* ambrosia, engraver) beetle, shot-hole (*od.* pinhole) borer (*Fam. Ipidae*). — **~ˌkrepp** *m* (*textile*) bark weave. — **~ˌrat·te** *f zo.* slender-tailed cloud rat (*Phloeomys cumingi*). — **~ˌtier** *n* Steller's sea cow (*Rytina stelleri*).

'bor·kig *adj* **1.** barky: ~e Rinde tough (*od.* furrowed) bark. – **2.** *med.* scabby, crusty.

'**Bor·meˌtall** *n chem.* boride.

Born [bɔrn] *m* ⟨-(e)s; -e⟩ *poet.* fountain, fount (*poet.*): ein unerschöpflicher ~ der Weisheit *fig.* an inexhaustible fount of wisdom; der ~ des Lebens the fount (*od.* fountain) of life; aus dem ~ seiner Erfahrung schöpfen *fig.* to draw on one's fount (*od.* fund) of experience.

'**Bor·neoˌkamp·fer** ['bɔrneo-] *m bot. chem.* Borneo camphor, borneol ($C_{10}H_{17}OH$).

bor·niert [bɔr'niːrt] *adj* **1.** (*engstirnig*) limited, narrow-minded, borné (*lit.*). – **2.** (*beschränkt*) slow-witted, dense. — **Bor'niert·heit** *f* ⟨-; -en⟩ **1.** limitedness, narrow-mindedness. – **2.** slow-wittedness, denseness.

Bor·nit [bɔr'niːt; -'nɪt] *m* ⟨-s; -e⟩ *min.* bornite.

'**Bor·niˌtrid** *n* ⟨-(e)s; *no pl*⟩ *chem.* boron nitride (BN).

'**Borˌpu·der** *m med. pharm.* boracic (*od.* boric acid) powder.

Bor·ra·go [bɔ'raːgo] *m* ⟨-s; *no pl*⟩ *bot. cf.* Borretsch.

Bor·retsch ['bɔrɛtʃ] *m* ⟨-es; *no pl*⟩ *bot.* borage (*Borago officinalis*). — **b~ˌar·tig** *adj* boraginaceous.

'**Bor|ˌsal·be** *f med. pharm.* boric acid ointment. — **b~ˌsau·er** *adj chem.* bor(ac)ic. — **~ˌsäu·re** *f* bor(ac)ic acid (H_3BO_3).

Borscht(sch) [bɔrʃt(ʃ)] *m* ⟨-; *no pl*⟩ *gastr.* borsch(t), bortsch.

Bör·se ['bœrzə; 'bøːrzə] *f* ⟨-; -n⟩ **1.** *econ.* a) (*Effektenbörse*) stock exchange, bourse, b) (*Warenbörse*) (commodity) exchange: an der ~ on the stock exchange, in the money market; an der ~ gehandelte Aktien shares dealt in on the (stock) exchange; an der ~ notierte Aktien officially quoted shares, listed stock *sg*; an der ~ zugelassene Wertpapiere securities listed on the stock exchange, listed securities; an der ~ einführen to introduce on the stock exchange; an der ~ kaufen [verkaufen] to buy [to sell] on the stock exchange; an der ~ spekulieren [spielen] to speculate [to dabble] in stocks (*od.* on the stock exchange), *bes. Am.* to play the stock market; feste ~ firm market; gedrückte ~ depressed market; flaue (*od.* lustlose, matte, ruhige, unbelebte) ~ dull (*od.* slack) market; die ~ eröffnete flau [schloß fest] the market opened slack [closed firm]. – **2.** die ~ (*Gebäude*) the Stock Exchange. – **3.** (*Geldbeutel*) purse. – **4.** (*beim Boxsport*) purse.

'**Bör·sen|ˌabˌtei·lung** *f econ.* stock exchange department. — **~agent** [-ˀaˌgɛnt] *m* (stock exchange) broker. — **~ˌaufˌtrag** *m* stock exchange order. — **~ˌausˌschuß** *m* stock exchange committee. — **~beˌricht** *m* exchange (*od.* money market) report, (*im weitesten Sinn*) financial news *pl.* — **~ˌblatt** *n* financial (news)paper, money market intelligence, (*einer Zeitung*) financial section: ~ für den Deutschen Buchhandel German Book Trade Gazette. — **~efˌfek·ten** *pl* stocks, bonds and shares, market effects. — **~ˌeinˌfüh·rung** *f* (*von Wertpapieren*) admission (*od.* introduction) (*of securities*) to the stock exchange. — **b~ˌfä·hig** *adj* **1.** negotiable on the stock exchange, marketable. – **2.** admitted to the exchange (*od.* to the official quotations), listed: ~e Papiere (*od.* Werte) shares (*od.* stocks) admitted to quotation, shares (*od.* stocks) quoted on the exchange. — **b~ˌgän·gig** *adj* **1.** marketable (*od.* quoted) on the exchange: ~es Wertpapier marketable stock exchange security. – **2.** currently dealt in on the exchange. — **~geˌschäf·te** *pl* stock exchange business *sg* (*od.* transactions, dealings, operations): ~ betreiben to deal on the stock exchange. — **~ˌhan·del** *m* stock exchange dealings *pl.* — **~ˌhänd·ler** *m* stockjobber. — **~ˌhaus·se** *f* market boom, bullish market. — **~ˌin·dex** *m* stock exchange index, stock price averages *pl.* — **~ˌjob·ber** *m contempt.* stockjobber. — **~ˌkli·ma** *n* tone of the stock exchange. — **~kon̦sor·ti·um** *n* market syndicate. — **~ˌkrach** *m* collapse (*od.* crash) of the market. — **~ˌkurs** *m* market rate, quotation. — **~ˌkursˌzet·tel** *m* list of daily quotations, stock prices and yields *pl.* — **~ˌmak·ler** *m* **1.** (stock)broker. – **2.** (*Börsenfachhändler*) jobber, dealer. — **b~ˌmä·ßig** *adj* according to stock exchange rules. — **~ˌmitˌglied** *n* member of the exchange. — **~ˌnachˌrich·ten** *pl* financial news, money market (*od.* stock exchange) intelligence *sg.* — **b~noˌtiert** *adj* quoted (on the stock exchange): ~e Werte officially quoted securities. — **~noˌtie·rung** *f* stock exchange quotation. — **~ˌord·nung** *f* rules and regulations *pl* of the stock exchange. — **~orˌga·ne** *pl* stock exchange authorities. — **~paˌpie·re** *pl* stock exchange securities, stocks, listed securities, securities admitted to the stock exchange. — **~ˌpreis** *m* current (*od.* market) price: einen ~ haben to be quoted on the exchange. — **~ˌrecht** *n* stock exchange regulations *pl.* — **~reˌgi·ster** *n* stock exchange register, official list. — **~ˌschie·ber** *m contempt. cf.* Börsenspekulant. — **~ˌschluß** *m* **1.** close of the exchange (*od.* market). – **2.** (*Abschlußeinheit*) trading unit, *bes. Am.* lot. — **~ˌschwan·kun·gen** *pl* fluctuations of the market. — **~ˌschwin·del** *m* stock exchange swindle. — **~ˌschwind·ler** *m* stock exchange swindler. — **~spe·kuˌlant** *m* stock exchange (*od.* market) speculator (*od.* gambler). — **~spe·ku·la·tiˌon** *f* (stock) exchange speculation. — **~ˌsteu·er** *f cf.* Börsenumsatzsteuer. — **~ˌstim·mung** *f* tone of the market. — **~ˌströ·mung** *f* tendency of the stock market. — **~ˌsturz** *m* collapse of the market. — **~te·leˌgraf, ~te·leˌgraph** *m* (stock) ticker. — **~tenˌdenz** *f* stock exchange trend, tendency of the money market. — **~ˌtip** *m* market tip. — **~ˌumˌsät·ze** *pl* stock exchange dealings (*od.* sales). — **~ˌumˌsatzˌsteu·er** *f* stock exchange turnover tax. — **~usan·cen** [-ˀyˌzãːsən] *pl* stock exchange customs. — **~verˌein** *m* ~ des Deutschen Buchhandels e.V. Association of the German Book Trade (Registered). — **~verˌkehr** *m* stock exchange transactions *pl* (*od.* operations *pl*). — **~verˌtre·ter** *m* representative (of a bank) on the stock exchange. — **~ˌvorˌstand** *m* stock exchange committee (*od.* managers *pl*), (*der Londoner Börse*) The Council of the Stock Exchange, (*der New Yorker Börse*) Governing Committee of the New York Stock Exchange. — **~ˌwert** *m* market (*od.* exchange) value. — **~ˌwer·te, ~ˌwert·paˌpie·re** *pl* stock exchange securities, stocks. — **~ˌzeit** *f* hours *pl* of exchange, market time. — **~ˌzei·tung** *f* financial paper. — **~ˌzet·tel** *m* stock list, list of quotations, market report. — **~ˌzuˌlas·sung** *f* admission to the (*od.* quotation on the) exchange.

Bör·sia·ner [bœr'zi̯aːnər] *m* ⟨-s; -⟩ *contempt.* *for* Börsenspekulant.

'**Bor|ˌstab** *m nucl.* (*im Reaktor*) boron rod. — **~ˌstahl** *m* boron steel.

Bor·ste ['bɔrstə] *f* ⟨-; -n⟩ **1.** *bot. zo.* bristle, seta (*scient.*). – **2.** *meist pl* (*eines Pinsels etc*) bristle: eine Bürste mit echten ~n a brush made of pure bristle(s); seine ~n hervorkehren *fig. colloq.* to bristle. – **3.** *pl colloq. humor.* (*Haare*) hair *sg*, bristles (*humor.*): seine Haare stehen wie ~n nach oben his hair stands up like bristles.

'**bor·stenˌar·tig** *adj* bristly, setaceous (*scient.*).

'**Bor·sten|ˌbe·sen** *m* bass (*od.* coarse) broom. — **~ˌbin·se** *f bot.* stool-bent (*Iuncus squarrosus*). — **~ˌdi·stel** *f* thistle (*Gattg Carduus*). — **~ˌdol·de** *f* hedge parsley (*Gattg Torilis*). — **~ˌfer·kel** *n zo.* cane rat (*Thryonomys swinderianus*). — **~ˌgras** *n bot.* **1.** matgrass, matweed (*Nardus stricta*). – **2.** *cf.* Borstenhirse. — **~ˌgür·telˌtier** *n zo.* hairy armadillo (*Gattg Euphractus*). — **~ˌhaar** *n* **1.** bristle, seta (*scient.*). – **2.** (*textile*) bristly wool. — **~ˌhaa·rig·keit** *f bot.* hispidity. — **~ˌhir·se** *f bot.* a) bristle grass (*Gattg Setaria*), b) foxtail (*od.* Italian) millet, *auch* Bengal (*bes. Am.* Hungarian) grass (*S. italica*). — **~ˌhül·le** *f* (*der Moose*) perichaeth(ium). — **~ˌigel** *m zo.* tenrec, *auch* tendrac (*Tenrec ecaudatus*). — **~ˌkraut** *n bot.* common bastard saffron, dyer's safflower (*Carthamus tinctorius*). — **~ˌläu·se** *pl zo.* bristle aphids (*Klasse Chaetophoridae*). — **~ˌli·lie** *f bot.* aristea (*Gattg Aristea*). — **~ˌpin·sel** *m* bristle brush. — **~ˌrin·gelˌwurm** *m zo.* bristle worm (*Gattg Hesione*). — **~ˌro·se** *f bot.* prairie rose (*Rosa setigera*). — **~ˌschwän·ze** *pl zo.* bristletails (*Ordng Thysanura*). — **~ˌtier** *n* swine, pig (*Fam. Suidae*). — **b~ˌtra·gend** *adj bot. zo.* setiferous, setigerous. — **~ˌvieh** *n colloq. humor.* pigs *pl.* — **~ˌwür·mer** *pl* bristle worms, chaetopods (*scient.*) (*Klasse Chaetopoda*). — **~ˌzäh·ner** [-ˌtsɛːnər] *pl* butterfly fish (*Fam. Chaetodontidae*).

'**Borˌstickˌstoff** *m chem. cf.* Bornitrid.

'**bor·stig** *adj* **1.** bristly, setaceous (*scient.*): ~es Haar bristly hair. – **2.** *fig. colloq.* (*grob*) gruff, crusty, surly: ~ werden to bristle, to become irritable. — '**Bor·stig·keit** *f* ⟨-; -en⟩ **1.** bristliness. – **2.** *fig. colloq.* gruffness, crustiness.

Bort [bɔrt] *m* ⟨-(e)s; *no pl*⟩ bort (stone), bortz, boart.

Bor·te ['bɔrtə] *f* ⟨-; -n⟩ **1.** (*textile*) a) (*Saum*) border, b) (*Besatz*) braid(ing), trimming, lace, c) (*Tresse*) galloon: mit ~n besetzt (*od.* eingefaßt) braided, gallooned, trimmed. – **2.** (*eines Polsters etc*) edge, galloon, welt.

'**Bor·ten|we·beˌrei, ~wir·keˌrei** *f* braid-making.

Bo·rus·se [bo'rʊsə] *npr m* ⟨-n; -n⟩ *hist. for* Preuße.

'**Bor|verˌbin·dung** *f chem.* compound of boron. — **~ˌwas·ser** *n* ⟨-s; *no pl*⟩ *med. pharm.* boric acid solution.

bös [bøːs] *adj u. adv cf.* böse.

'**bösˌar·tig** *adj* **1.** malicious, malignant, ill-natured, (*stärker*) vicious: eine ~e Bemerkung a malicious (*od.* nasty) remark; ein ~er Blick an evil look; einen ~en Charakter haben to be ill-natured, to have a malicious (*od.* nasty) nature. – **2.** (*Hund etc*) vicious. – **3.** *med.* (*Geschwulst*) malignant, (*Krankheit*) *auch* pernicious. — '**Bösˌar·tig·keit** *f* ⟨-; -en⟩ **1.** maliciousness, malignancy, *auch* malignance, ill nature, (*stärker*) viciousness. – **2.** viciousness. – **3.** *med.* malignancy, *auch* malignance.

bö·schen ['bœʃən] *v/t* ⟨h⟩ *civ.eng.* slope.

'**Bö·schung** *f* ⟨-; -en⟩ **1.** *civ.eng.* slope, (*aufgeschüttete*) embankment: ~ im Auftrag *cf.* Auffüllböschung; befestigte ~ paved embankment; natürliche ~ natural slope. – **2.** *civ.eng.* (*beim Mauerwerk*) batter. – **3.** *geol.* (*Abdachung, Abhang*) slope, (*steile*) scarp, escarpment.

'**Bö·schungs|beˌfe·sti·gung** *f civ.eng.* slope stabilization. — **~ˌho·bel** *m* (back)sloper, slope grader. — **~ˌkopf** *m* embankment crown retainer. — **~ˌmau·er** *f* toe (*od.* embankment) wall. — **~ˌnei·gung** *f* inclination of slope. — **~ˌrut·schung** *f* failure by spreading, lateral slide. — **~ˌstandˌfe·stig·keit** *f* slope stability. — **~verˌklei·dung** *f* revetment. — **~ˌwaa·ge** *f* clinometer.

bö·se ['bøːzə] **I** *adj* ⟨-r; -st⟩ **1.** bad: eine ~ Angelegenheit a bad (*od.* nasty) affair; ein ~r Leumund a bad reputation; ein ~s Beispiel sein [geben] to be [to act as] a bad example; in ~ Gesellschaft geraten to get into bad company; j-n in ~n Ruf bringen to bring s.o. into ill repute; ~ Beispiele verderben gute Sitten (*Sprichwort*) bad examples undermine good manners. – **2.** (*verrucht*) bad, evil, wicked: ein ~r Mensch a bad (*od.* wicked, an evil) person; eine ~ Tat an evil deed; der ~ Feind *relig.* the Devil, the Evil (*od.* Wicked) One; der böse Geist the evil spirit, the demon; ~ Menschen kennen (*od.* haben) keine Lieder the wicked know no true happiness, there's no rest for the wicked (*proverb*); → Blick 1. – **3.** (*bösartig, böswillig*) malicious, malevolent, spiteful, mean, (*stärker*) vicious, malignant: eine ~ Zunge haben, ein ~s Maul (*od.* Mundwerk) haben *colloq.* to have a malicious (*od.* wicked, spiteful, sharp, venomous, an evil) tongue; sie ist eine ~ Sieben *colloq.* she is a vixen (*od.* shrew [of a woman], scold, termagant, virago); in ~r Absicht a) with malicious intent, maliciously, b) *jur.* with malice aforethought, with (*od.* of) malice prepense; etwas in ~r Absicht (*od.* aus ~m Willen) tun to do s.th. with malicious intent (*od.* evil intentions), to do s.th. out of ill will; es war kein ~r Wille dabei there was no malice (*od.* ill will) in it (*od.* attached to it); j-m einen ~n Streich spielen to play a spiteful (*od.* nasty, mean) trick on s.o. – **4.** (*unerfreulich*) bad, unpleasant, *auch* nasty: ~ Nachrichten bad news; eine ~ Geschichte a nasty business, a sorry mess (*colloq.*), a nice state of affairs (*iron.*); ein ~s Wetter heute! nasty weather today! die ~ Sieben the unlucky seven; das nimmt ein ~s Ende that will end badly; er wird noch ein ~s Ende nehmen he will come to a bad end (yet); es kommen ~ Zeiten bad (*od.* hard) times are in the offing; das wird ~ Folgen haben that will have bad (*od.* dire) consequences; es sieht ~ aus *colloq.* things look bad (*od.* black), things are in a bad way; in guten und in ~n Tagen through good and evil, through good and bad times (*od.* days); gute Miene zum ~n Spiel machen to make the best of a bad job (*od.* bargain), to put a brave face on things, to grin and bear it. – **5.** (*unartig*) bad, naughty, mischievous: ein ~r kleiner Junge a naughty little boy; er ist ein ~r Bube (*od.* Bursche) *colloq.* he's a rascal (*od.* rogue), he's a bad boy (*humor.*), he's a bad egg (*od.* lot) (*colloq.*). – **6.** (*schädlich*) bad, pernicious, harmful, hurtful: einen ~n Einfluß auf j-n ausüben to have a pernicious influence on s.o. – **7.** *colloq.* (*Erkältung, Fehler etc*) bad, nasty, serious: ein ~s Gewitter a bad (*od.* nasty) thunderstorm; er hat einen ~n Schreck(en) bekommen that was a bad (*od.* nasty) shock for him; er geriet in ~ Bedrängnis he got into bad (*od.* serious) trouble. – **8.** *colloq.* (*groß*) great, extreme: es gab eine ~ Aufregung there was great excitement; er hat mich in ~ Verlegenheit gebracht he embarrassed me greatly (*od.* deeply). – **9.** (*Gewissen*) bad, guilty. – **10.** (*Hund etc*) vicious, nasty, 'mean' (*colloq.*). – **11.** (*ärgerlich, zornig*) angry, annoyed, cross, (*stärker*) 'mad' (*colloq.*): ~ sein to be angry (*od.* annoyed), to be ill-tempered, to be in a bad temper; j-n ~ machen to make (*od.* get) s.o. angry (*od. colloq.* mad), to rile s.o. (*colloq.*); sie ist mir (*od.* mit mir, auf mich) ~ she is angry (*od.* cross, offended, vexed) with me, she bears me a grudge (*od.* has a grudge against me), she is out (*Am.* at outs) with me (*colloq.*); sie sind sich (*dat*) ~ they are on bad terms (*od.* at loggerheads) with one another; sei mir bitte nicht ~ please don't be cross (*od.* angry) with me, please don't be mad at me; ich habe nie ein ~s Wort von ihm gehört I have never heard a cross word from him; er wird immer gleich ~ he is easily annoyed (*od.* put out of temper); sich ~ stellen, ~ tun to feign anger; bist du mir ~, wenn do you mind if; → Blut 1. – **12.** *colloq.* (*krank, entzündet*) bad, sore: ein ~r Finger a bad (*od.* sore) finger. – **13.** (*child's language*) naughty: der ~ Tisch the naughty table. – **14.** ~s Wetter (*mining*) chokedamp. – **15.** *med. cf.* bösartig 3. – **II** *adv* **16.** badly: er ist ~ dran a) he is badly off, b) he is in a bad way; es war nicht ~ (von mir) gemeint I meant no harm; die Krankheit hat ihn ~ mitgenommen *colloq.* he has been hit hard by his illness; das Leben hat ihm ~ mitgespielt *colloq.* life has treated him badly (*od.* harshly, shabbily, scurvily); es wird wohl ~ kommen (*od.* verlaufen, ausgehen) *colloq.* it will probably end badly; der Mantel hat schon ~ gelitten *colloq.* the coat has suffered badly already; ich war ~ erschrocken *colloq.* I was badly frightened; sie hat mich ~ blamiert *colloq.* she has made me look a real fool; er hat sich ~ geirrt *colloq.* he has made a bad mistake. – **17.** j-n ~ ansehen to look at s.o. angrily, to frown at s.o.

'Bö·se[1] *n* ⟨-n; *no pl*⟩ **1.** evil, ill: er haßt das ~ he hates evil; das ~ auf der Welt the evil in the world; das ~ meiden to shun evil; ~s tun to do evil; du mußt dich vom ~n abwenden you should renounce (*od.* forsake) your evil ways; das Gute und das ~ unterscheiden, das Gute vom ~n trennen to know good from evil; → gut 31. – **2.** harm, ill, evil: j-m ~s antun (*od.* zufügen) to do s.o. harm, to inflict an injury on s.o.; ~s im Schilde führen (*od.* im Sinn haben) to have evil intentions (*od.* designs), to be up to (some) mischief; mir schwant ~s, ich ahne ~s I have a foreboding of evil, I have dark forebodings; er dachte sich (*dat*) nichts ~s dabei, er beabsichtigte nichts ~s a) he meant no harm (*od.* nothing nasty) by it, b) he saw nothing wrong in it; j-m ~s nachsagen, ~s über j-n reden to speak ill of s.o., to run s.o. down; j-m nichts ~s wünschen to wish s.o. no harm (*od.* ill, evil); im ~n auseinandergehen to part on bad terms; das wirst du nur im ~n erreichen you will have to resort to nasty methods to get that; sein Schicksal wendete sich zum ~n his fate took a turn for the worse; ~s mit Gutem [Gutes mit ~m] vergelten to return good for evil [evil for good], to return good with evil [evil with good]; man muß ~s mit ~m vergelten desperate cases require desperate remedies.

'Bö·se[2] *m, f* ⟨-n; -n⟩ **1.** bad (*od.* wicked, evil) person: du bist ja ein ganz ~r (*von Kindern*) you are a wicked (*od.* nasty) little boy (*od.* devil). – **2.** *bes. relig.* evildoer, *Br.* evil-doer, impious (*od.* ungodly) person: der ~ the Evil (*od.* Wicked) One, the Devil, the Foul Fiend (*archaic*); die ~n the ungodly, the wicked.

'Bö·se,wicht *m* ⟨-(e)s; -er, *auch* -e⟩ **1.** *humor.* rogue, rascal, scamp. – **2.** *archaic* villain, rascal, rogue, scoundrel, ruffian, wretch.

bos·haft ['bo:shaft] **I** *adj* **1.** (*bösartig*) malicious, malevolent, spiteful, mean, ill-natured, (*stärker*) vicious, malignant, evil(-minded), wicked: eine ~e Anspielung a malicious (*od.* a nasty, an unkind) allusion. – **2.** (*tückisch*) spiteful, nasty, mean, (*stärker*) vicious: ein ~es Tier a vicious (*od. colloq.* mean) animal. – **3.** (*mutwillig*) mischievous, naughty, 'wicked' (*colloq.*): ein ~er Streich a mischievous (*od.* mean, shabby) trick. – **4.** (*schadenfroh*) gloating: ein ~er Blick a gloating look. – **II** *adv* **5.** ~ grinsen to grin maliciously. — **'Bos·haf·tig·keit** *f* ⟨-; -en⟩ *cf.* Bosheit.

Bos·heit ['bo:shaɪt] *f* ⟨-; -en⟩ **1.** ⟨*only sg*⟩ malice, maliciousness, malevolence, malignance, malignancy, malignity, evil(-mindedness), evilness, wickedness: die ~ steht ihm in (*od.* schaut ihm aus) den Augen malice is written all over him; mit konstanter ~ with unceasing malice; sie ist voller ~ she is full of spite; etwas aus reiner ~ tun to do s.th. out of pure (*od.* sheer) spite (*od.* malice); seine ganze ~ an j-m auslassen to vent one's spite on s.o. – **2.** (piece of) malice, malicious (*od.* spiteful) act (*od.* remark): ~en begehen (*od.* verüben) to do s.th. spiteful (*od.* malicious); j-m ~en sagen to make spiteful remarks to s.o., to taunt s.o., to say all manner of unkind things to s.o.; ~en aushecken (*od.* ersinnen) to think up nasty tricks; er war keiner ~ fähig he was incapable of (doing) anything malicious; du solltest eine solche ~ überhören you should ignore such a malicious remark; dahinter steckt eine ~ there is a piece of malice at the bottom of that. – **3.** ⟨*only sg*⟩ (*Mutwille*) mischievousness, mischief, naughtiness, 'wickedness' (*colloq.*).

Bos·kett [bɔs'kɛt] *n* ⟨-s; -e⟩ **1.** *hort. archaic* (ornamental) shrubbery bed. – **2.** *cf.* Hain.

Bos·kop ['bɔskɔp] *m* ⟨-s; -⟩ (*Apfelsorte*) russet apple.

Bos·nia·ke [bɔs'nĭa:kə] *m* ⟨-n; -n⟩ *cf.* Bosnier.

'Bos,nickel (*getr.* -k·k-) ['bo:s-] *m* ⟨-s; -⟩ *Austrian* malicious (*od.* spiteful) person.

Bos·ni·er ['bɔsnĭər] *m* ⟨-s; -⟩ Bosnian, *auch* Bosniac, Bosniak. — **'bos·nisch** [-nɪʃ] **I** *adj* Bosnian, *auch* Bosniac, Bosniak. – **II** *ling.* **B~** ⟨*generally undeclined*⟩, **das B~e** ⟨-n⟩ Bosnian, the Bosnian language.

Boß [bɔs] *m* ⟨-sses; -sse⟩ *colloq.* boss (*colloq.*).

Bos·se ['bɔsə], *auch* **'Bos·sel** [-səl] *f* ⟨-; -n⟩ **1.** *arch.* boss. – **2.** (*art*) roughed-out figure. – **3.** *mil. hist.* (*am Schild*) a) umbo, b) boss.

Bo·ßel ['bo:səl] *m* ⟨-s; -⟩, *f* ⟨-; -n⟩ *Low G. for* a) Kegelkugel, b) Kugel 7, 9.

Bos·se'lei *f* ⟨-; -en⟩ *colloq.* **1.** small (*od.* odd) job. – **2.** tedious (*od.* fiddling, painstaking) job.

bos·se·lie·ren [bɔsə'li:rən] *v/t* ⟨*no* ge-, h⟩ *cf.* bossieren.

bos·seln ['bɔsəln] **I** *v/i* ⟨h⟩ **1.** *colloq.* potter, do small (*od.* odd) jobs. – **2.** *fig. colloq.* fumble (*od.* play) about: an einem Plan ~ to fumble (*od.* play) about with a plan. – **II** *v/t* **3.** (*art*) *cf.* bossieren 2.

bo·ßeln ['bo:səln] *v/i* ⟨h⟩ *Low G.* **1.** *etwa* curl. – **2.** (lawn) bowl, *bes. Br.* play (at) bowls.

'Boß,ham·mer ['bɔs-] *m tech. cf.* Bossierhammer.

Bos'sier,ar·beit *f* **1.** *tech.* a) embossed work, b) embossing. – **2.** (*art*) embossment.

bos·sie·ren [bɔ'si:rən] *v/t* ⟨*no* ge-, h⟩ **1.** *tech.* emboss. – **2.** (*art*) a) (*Rohform*) roughhew, *Br.* rough-hew, block out, rough in, b) (*weiches Material*) mold, *bes. Br.* mould, bulge, shape. – **3.** *civ.eng.* a) dress, hammerdress, pave, shape, square, b) rusticate. — **Bos'sie·rer** *m* ⟨-s; -⟩ embosser.

Bos'sier,ham·mer *m tech.* **1.** embossing iron. – **2.** (*als Steinhammer*) stonemason's hammer for paving, paving hammer.

bos'siert **I** *pp.* – **II** *adj* **1.** *tech.* embossed. – **2.** (*art*) worked in relief, toreutic. – **3.** *civ.eng.* hammerdressed.

Bos'sier,wachs *n* (*art*) molding (*bes. Br.* moulding) wax.

Bo·ston[1] ['bɔstən; -tən] *m* ⟨-s; -s⟩ (*langsamer Walzer*) Boston.

'Bo·ston[2] *n* ⟨-s; *no pl*⟩ (*Kartenspiel*) Boston.

'Bo·ston,pres·se *f print.* (jobbing) handpress, lever press.

'bös,wil·lig **I** *adj* **1.** malevolent, ill-willed, malicious: eine ~e Verleumdung a malevolent defamation. – **2.** *jur.* malicious, wilful, *bes. Am.* willful: in ~er Absicht with malice aforethought (*od.* prepense); ~es Verlassen (*von Ehegatten*) wil(l)ful (*od.* malicious) desertion, malicious abandonment, desertion without cause. – **II** *adv* **3.** malevolently, maliciously. – **4.** *jur.* wilfully, *bes. Am.* willfully, with malice aforethought (*od.* prepense): ~ handeln to act with malice aforethought; j-n ~ verlassen to desert s.o. wil(l)fully. — **'Bös,wil·lig·keit** *f* ⟨-; *no pl*⟩ **1.** malevolence, ill will, malice, maliciousness. – **2.** *jur.* wilfulness, *bes. Am.* willfulness, malice, maliciousness.

bot [bo:t] *1 u. 3 sg pret of* bieten.

Bot [bɔt] *n* ⟨-(e)s; -e⟩ **1.** *rare* (*Gebot, Vorladung*) summons. – **2.** *Swiss for* Mitgliederversammlung.

Bo·ta·nik [bo'ta:nɪk] *f* ⟨-; *no pl*⟩ botany: beschreibende ~ descriptive botany, phytography (*scient.*). — **Bo'ta·ni·ker** [-nikər] *m* ⟨-s; -⟩ botanist. — **bo'ta·nisch** [-nɪʃ] *adj* botanical, *auch* botanic: ~er Garten botanical garden(s *pl*).

Bo·ta·ni'sier|,aus,flug *m* botanizing excursion. — **~,büch·se** *f* (botanist's) vasculum, botanizing (*od.* collecting) box (*bes. Br.* tin), specimen box.

bo·ta·ni·sie·ren [botani'zi:rən] *v/i* ⟨*no* ge-, h⟩ botanize.

Bo·ta·ni'sier,trom·mel *f cf.* Botanisierbüchse.

'Bo·ta·ny,wol·le ['bɔtəni-] *f* **1.** (*unbearbeitet*) merino (wool). – **2.** (*bearbeitet*) botany (wool).

Böt·chen ['bø:tçən] *n* ⟨-s; -⟩ *dim. of* Boot.

Bo·te ['bo:tə] *m* ⟨-n; -n⟩ **1.** messenger: geheimer ~ secret messenger; durch ~n by messenger; einen Brief durch ~n schicken to send a letter by messenger (*od.* hand); ein ~ des Friedens *fig.* a messenger (*od.* an ambassador) of peace. – **2.** (*Kurier*) courier, messenger, *Br.* express: reitender ~ mounted courier (*od.* messenger). – **3.** (*Hausbote*) (interoffice) messenger, *Br.* commissionaire. – **4.** (*Laufbursche*) errand boy. – **5.** (*Postbote*) postman. – **6.** (*Abgesandter*) deputy, emissary. – **7.** (*Fuhrmann*) carrier (for short distances), carter. – **8.** *fig.* bearer, bringer: der hinkende ~ kommt nach *etwa* worse (news) is to follow, trouble (*od.* bad news) is on the way. – **9.** *fig. lit.* (*Vorbote*) herald, harbinger: ~n des Frühlings harbingers of spring; Stürme als ~n des Herbstes storms as heralds of autumn; die ~n des Todes the (first) signs of death. – **10.** *Bibl.* a) messenger, angel, b) apostle: ein ~ Gottes a messenger from God, an angel of the Lord; die ~n Christi a) the twelve apostles, b) the emissaries of Christ.

bö·te ['bø:tə] *1 u. 3 sg pret subj of* bieten.

'Bo·ten|,dienst *m* messenger service: ~e tun (*od.* verrichten, versehen) to carry messages (for s.o.). — **~,gang** *m* errand, message: Botengänge besorgen (*od.* machen) to run errands (*od.* messages). — **~,gän·ger** *m* messenger. — **~,geld** *n cf.* Botenlohn. — **~,jun·ge** *m obs.* errand boy. — **~,lohn** *m* **1.** messenger's fee. – **2.** delivery fee, porterage. – **3.** *humor.* reward for bringing good news. — **~,zu,stel·lung** *f* delivery by messenger, *Am.* special delivery, *Br.* express delivery.

'Bo·tin *f* ⟨-; -nen⟩ **1.** messenger (woman), (female) messenger. – **2.** *fig. lit. cf.* Bote 9.

Böt·lein ['bø:tlaɪn] *n* ⟨-s; -⟩ *dim. of* Boot.

'bot,mä·ßig ['bo:t-] *adj archaic* **1.** (*untertan*) subject, in subjection, tributary: sich (*dat*) j-n ~ machen to bring s.o. under one's sway, so subject s.o.; j-m ~ sein to be in subjection to, to be under s.o.'s dominion, to be s.o.'s vassal. – **2.** (*gehorsam*) obedient, submissive: eine ~e Stille a submissive silence. — **'Bot,mä·ßig·keit** *f* ⟨-; -en⟩ *lit.* **1.** (*Herrschaft, Gewalt*) dominion, rule, jurisdiction, sway: j-n unter seine ~ bringen to bring s.o. under one's sway, to gain dominion over s.o.; unter fremder ~ stehen (*od.* leben) to live under foreign rule (*od.* sway). – **2.** (*Gehorsam*) obedience, submissiveness.

Bo·to·ku·de [boto'kuːdə] *m* ⟨-n; -n⟩ Botocudo (*Brazilian Indian*). — **bo·to'ku·disch** *adj* Botocudo.

bo·tryo·id [botryo'iːt] *adj min. geol.* botryoidal, *auch* botryoid.

Bot·schaft ['boːtʃaft] *f* ⟨-; -en⟩ **1.** message, communication: j-m eine ~ senden (*od.* schicken, zukommen lassen) to send a message to s.o.; eine ~ übermitteln to deliver a message. – **2.** (*Nachricht*) news *pl* (*construed as sg or pl*), tidings *pl* (*lit.*): eine freudige (*od.* frohe) ~ good news, glad tidings; die Frohe ~ *Bibl.* the Gospel, the Word of God. – **3.** (*Kunde*) intelligence. – **4.** (*Auftrag*) errand, mission, message. – **5.** *pol.* embassy: die Deutsche ~ in London the German Embassy in London; eine ~ errichten to establish (*od.* create) an embassy. – **6.** *cf.* Botschaftsgebäude. – **7.** *pol. only in* ~ zur Lage der Nation (*des amer. Präsidenten*) State of the Union Message.

'Bot·schaf·ter *m* ⟨-s; -⟩ *pol.* **1.** ambassador: fliegender ~ roving ambassador; j-n zum ~ ernennen to appoint s.o. ambassador; ~ in London ambassador in London; ~ in Deutschland ambassador to Germany; päpstlicher ~ nuncio. – **2.** (*in Commonwealth-Ländern*) High Commissioner.

'Bot·schaf·terˌebe·ne *f* ambassadorial level: eine Konferenz auf ~ a conference at (the) ambassadorial level.

'Bot·schaf·te·rin *f* ⟨-; -nen⟩ *pol.* ambassadress.

'Bot·schaf·ter|kon·feˌrenz *f* ambassadorial conference. — ~**ˌpo·sten** *m* ambassadorship, post of (an) ambassador.

'Bot·schafts|at·taˌché *m* attaché of an embassy, embassy attaché. — ~**geˌbäu·de** *n* embassy (building). — ~**per·soˌnal** *n* embassy staff (*od.* personnel). — ~**ˌrat** *m* (embassy) counsel(l)or. — ~**se·kreˌtär** *m* secretary at an embassy.

Bo·tsua·ner [bo'tsŭaːnər] *m* ⟨-s; -⟩ Batswana. — **bo·tsua·nisch** [-'tsŭaːnɪʃ] *adj* Batswana.

Bott [bɔt] *n* ⟨-(e)s; -e⟩ *cf.* Bot.

Bött·cher ['bœtçər] *m* ⟨-s; -⟩ *cf.* Küfer 2. — ~**ˌar·beit** *f cf.* Küferarbeit.

Bött·che·rei [bœtçə'raɪ] *f* ⟨-; -en⟩ *cf.* Küferei.

Bot·te·lier [bɔtə'liːr] *m* ⟨-s; -s⟩ *mar.* steward.

bot·ten ['bɔtən] *v/t* ⟨h⟩ (*Flachs etc*) brake.

Bot·tich ['bɔtɪç] *m* ⟨-(e)s; -e⟩ **1.** tub, vat. – **2.** washtub. – **3.** *bes. brew.* vat, tun: etwas in einen ~ füllen to tub (*od.* vat) s.th.; ein ~ voller Wein a tubful (*od.* vatful) of wine. – **4.** *bes. tech.* tank, vat, tub, vessel.

Bott·ler ['bɔtlər] *m* ⟨-s; -⟩ *mar. cf.* Bottelier. — **Bott·le'rei** *f* ⟨-; -en⟩ steward's room, storeroom.

bott·nisch ['bɔtnɪʃ] *adj geogr.* Bothnian: B~er Meerbusen Gulf of Bothnia.

Bo·tu·lin [botu'liːn] *n* ⟨-s; -e⟩ *biol.* botulin.

Bo·tu·lis·mus [botu'lɪsmʊs] *m* ⟨-; *no pl*⟩ *med.* botulism.

Bou·clé[1] [bu'kleː] *m* ⟨-s; -s⟩ **1.** (*textile*) (*Gewebe*) bouclé, boucle. – **2.** *cf.* Bouclé-teppich.

Bou'clé[2] *n* ⟨-s; -s⟩, ~**ˌgarn** *n* (*textile*) bouclé, boucle, *auch* bouclé yarn.

Bou'cléˌtep·pich *m* bouclé carpet.

Bou·doir [bu'dŏaːr] *n* ⟨-s; -s⟩ boudoir.

Bouf·fon·ne·rie [bufɔnə'riː] *f* ⟨-; -n [-ən]⟩ *lit.* buffoonery.

Bou·gain·vil·lea [bugɛ̃'vɪlea] *f* ⟨-; *no pl*⟩ *bot.* bougainvillea, bougainvillia (*Gattg Bougainvillea*).

Bou·gie [bu'ʒiː] *f* ⟨-; -s⟩ *med.* bougie. — **bou·gie·ren** [bu'ʒiːrən] **I** *v/t* ⟨*no* ge-, h⟩ apply bouginage to. – **II B~** *n* ⟨-s⟩ bouginage.

Bouil·la·baisse [buja'bɛːs] *f* ⟨-; -s [-'bɛːs]⟩ *gastr.* bouillabaisse.

Bouil·lon [bʊl'jõː; bu'jõ; bʊl'jɔŋ] *f* ⟨-; -s⟩ *gastr.* (beef) bouillon, meat broth, beef tea: ~ mit Ei egg bouillon; ~ mit Mark marrow bouillon. — ~**karˌtof·feln** *pl* potatoes boiled in bouillon. — ~**kulˌtur** *f biol.* broth culture. — ~**ˌreis** *m gastr.* rice with broth. — ~**ˌsup·pe** *f cf.* Bouillon. — ~**ˌwür·fel** *m* bouillon cube, *auch* beef cube.

Bou·lan·ge·rit [bulãʒə'riːt; -'rɪt] *m* ⟨-s; -e⟩ *min.* boulangerite, antimony lead sulfide (*bes. Br.* -ph-).

Bou·let·te [bu'lɛtə] *f* ⟨-; -n⟩ *gastr. cf.* Bulette.

Bou·le·vard [bulə'vaːr; bʊl'vaːr] *m* ⟨-s; -s⟩ boulevard. — ~**ˌblatt** *n contempt.* tabloid (paper). — ~**ˌpres·se** *f contempt.* sensational (*od. contempt.* yellow, gutter) press. — ~**ˌstück** *n Am. etwa* Broadway play, *Br. etwa* West End play, — ~**ˌzei·tung** *f contempt.* (daily) rag (*contempt.*).

Bou·quet [bu'keː] *n* ⟨-s; -s⟩ *cf.* Bukett.

Bour·bo·ne [bʊr'boːnə] *m* ⟨-n; -n⟩ *hist.* Bourbon. — **bour'bo·nisch** *adj* Bourbonian.

Bour·don [bʊr'dõː] *m* ⟨-s; -s⟩ *mus. cf.* Bordun. — ~**ˌfe·der** *f* (*bei der Meßtechnik*) Bourdon tube.

bour·geois [bʊr'ʒŏa] *adj* **1.** middle-class (*attrib*), bourgeois. – **2.** *contempt.* bourgeois, Philistine.

Bour·geois[1] [bʊr'ʒŏa] *m* ⟨- [-'ʒŏa(ːs)]; - [-'ʒŏaːs]⟩ **1.** member of the middle class, middle-class person, bourgeois. – **2.** *contempt.* bourgeois, Philistine.

Bour'geois[2] *f* ⟨-; *no pl*⟩ *print. cf.* Borgis.

Bour·geoi·sie [bʊrʒŏa'ziː] *f* ⟨-; -n [-ən]⟩ middle class, burgeoisie, bourgeois *pl.*

Bour·no·nit [burno'niːt; -'nɪt] *m* ⟨-s; -e⟩ *min.* bournonite.

Bour·ret·te [bʊ'rɛtə] *f* ⟨-; -n⟩ (*textile*) **1.** bourette, silk waste, floss silk. – **2.** (*Gewebe*) bourette. — ~**ˌgarn** *n* bourette (yarn).

Bou·teil·le [bu'tɛljə; bʊ'tɛːj(ə)] *f* ⟨-; -n [-jən]⟩ *obs. od. humor.* bottle.

Bou·tique [bu'tiːk] *f* ⟨-; -s *u.* -n [-kən]⟩ boutique.

Bou·ton [bu'tõː] *m* ⟨-s; -s⟩ button-shaped earring.

Bo·vi·den [bo'viːdən] *pl zo.* Bovidae, bovines.

Bo·vist ['boːvɪst; bo'vɪst] *m* ⟨-(e)s; -e⟩ *bot. cf.* Bofist.

'Bow·denˌzug ['baʊdən-] *m tech.* Bowden cable (*od.* wire).

'Bo·wieˌmes·ser ['boːvi-] *n* bowie (knife).

Bow·le ['boːlə] *f* ⟨-; -n⟩ **1.** *gastr.* a) cold drink with fruit or herbs soaked in white wine with champagne or mineral water added, b) (cold) punch, cup: eine ~ ansetzen (*od. colloq.* brauen) to prepare a cold punch; eine ~ ziehen lassen to let a cold punch stand. – **2.** (*Bowlengefäß*) bowl. – **3.** (*Terrine*) tureen.

'Bow·len|geˌfäß *n* bowl. — ~**ˌglas** *n* punch glass (*od.* cup). — ~**ˌlöf·fel** *m* punch ladle.

Bow·ling ['boːlɪŋ] *n* ⟨-s; -s⟩ **1.** bowling. – **2.** lawn bowling, *bes. Br.* bowls *pl* (*construed as sg*): ~ spielen to (lawn) bowl, to play (at) bowls.

Box [bɔks] *f* ⟨-; -en⟩ **1.** (*für Pferd*) box (stall), *Br.* loose box. – **2.** (*für Rennwagen*) pit. – **3.** (*Ausstellungsstand*) stand, *auch* box. – **4.** *phot.* box camera. – **5.** (*für Gepäck*) locker.

'Box|ˌball *m* (*sport*) punching bag, *Br.* punch(ing)-ball. — ~**ˌcalf** [-ˌkalf] *n* ⟨-s; -s⟩ (*leather*) box calf.

Bo·xe ['bɔksə] *f* ⟨-; -n⟩ **1.** *cf.* Box 1, 2, 3, 5. – **2.** (*einer Garage*) box, *bes. Br.* lock-up. – **3.** *aer.* a) aircraft revetment, b) (*für Strahlflugzeuge*) blast bay.

bo·xen ['bɔksən] **I** *v/t* ⟨h⟩ **1.** punch, hit: j-n (*auch* j-m) ins Gesicht ~ to punch s.o. in the face; j-n zu Boden ~ to knock s.o. down, to floor s.o. (*colloq.*); sich mit j-m ~ to fight s.o.; die Jungen ~ sich ständig the boys are constantly fighting (*od.* knocking one another around); man muß ihn erst ~, bevor er es tut *fig.* he needs pushing until he does it. – **2.** (*sport*) box, fight: X boxt den Amerikaner Y X boxes (against) the American Y. – **II** *v/i* **3.** box, (have a) fight. – **4.** (*sport*) a) box, b) (*mit einem Übungspartner*) spar: gegen j-n ~ to box against s.o. – **III** *v/reflex* **5.** sich durch das Leben ~ *fig. colloq.* to fight one's way through life. – **IV B~** *n* ⟨-s⟩ **6.** *verbal noun.* – **7.** (*sport*) boxing, pugilism.

'Bo·xenˌhalt *m* (*beim Autorennen*) pit stop.

'Bo·xer *m* ⟨-s; -⟩ **1.** (*sport*) a) boxer, fighter, b) (*Berufsboxer*) pro(fessional) boxer. – **2.** *zo.* (*Hunderasse*) boxer. – **3.** *hist.* Boxer. — ~**ˌaufˌstand** *m hist.* (Chinese) Boxer Rebellion (*od.* Rising) (*1900*).

Bo·xe'rei *f* ⟨-; *no pl*⟩ *colloq.* fighting, boxing.

'bo·xe·risch *adj* boxing, (*faustkämpferisch*) *auch* pugilistic.

'Bo·xer|ˌmo·tor *m auto.* flat opposed piston engine, pancake (*od.* boxer) engine: ein Vierzylinder ~ a flat-four engine. — ~**ˌohr** *n med.* cauliflower (*Am. sl.* tin) ear.

'Box|ˌhandˌschuh *m* (*sport*) boxing glove. — ~**ˌhieb** *m* blow: kurzer, gerader ~ jab.

Bo·xin [bɔ'ksiːn] *n* ⟨-s; *no pl*⟩ imitation leather, leatherette.

'Box|ˌkalb *n, auch* ~**ˌkalf** [-ˌkalf] *n* ⟨-s; -s⟩ (*leather*) box calf. — ~**ˌkampf** *m* boxing match, bout. — ~**ˌkämp·fer** *m cf.* Boxer 1. — ~**ˌlän·derˌkampf** *m* international boxing contest. — ~**ˌmei·ster·schaf·ten** *pl* boxing championships. — ~**ˌre·gel** *f meist pl* boxing rule. — ~**ˌring** *m* (boxing) ring. — ~**ˌschlag** *m cf.* Boxhieb. — ~**ˌschuh** *m* boxing shoe. — ~**ˌsport** *m* boxing. — ~**ˌstaf·fel** *f* boxing team. — ~**verˌband** *m* boxing association.

Boy [bɔʏ] *m* ⟨-s; -s⟩ **1.** (*Laufbote*) errand boy. – **2.** (*eines Hotels*) pageboy, *Am.* bellboy. – **3.** (*textile*) coarse flannel.

Boy·kott [bɔʏ'kɔt] *m* ⟨-(e)s; -e⟩ boycott: über j-n den ~ verhängen to boycott s.o.; j-m den ~ androhen to threaten to boycott s.o. — ~**ˌhet·ze** *f* incitement to boycott.

boy·kot·tie·ren [bɔʏkɔ'tiːrən] *v/t* ⟨*no* ge-, h⟩ boycott.

'Boyle-Ma·ri'otte·sches Ge'setz ['bɔʏlma'rĭɔtʃəs] *n phys.* Boyle's law.

Boy-Scout ['bɔʏˌskaʊt] *m* ⟨-(s); -s⟩ boy scout.

Bra·ban·ter [bra'bantər] **I** *m* ⟨-s; -⟩ **1.** Brabantine. – **2.** *zo.* Brabançon. – **II** *adj* **3.** Brabantine. — **bra'ban·tisch** *adj* Brabantine.

brab·beln ['brabəln] *v/t u. v/i* ⟨h⟩ *colloq.* mumble, mutter.

brach[1] [braːx] *1 u. 3 sg pret of* brechen[1].

brach[2] *adj* **1.** *agr.* fallow, uncultivated, untilled. – **2.** *fig.* idle, fallow, unused.

'Brach|ˌacker (*getr.* -k·k-) *m agr.* fallow land (*od.* field): einen ~ umbrechen (*od.* umgraben, umpflügen) to break the ground. — ~**ˌdi·stel** *f bot.* **1.** feverweed (*Eryngium campestre*). – **2.** Canada (*od.* creeping, corn) thistle (*Cirsium arvense*).

'Bra·che *f* ⟨-; -n⟩ **1.** *agr.* fallow (land): reine (*od.* volle) ~ bare (*od.* full) fallow. – **2.** (period of) fallow.

brä·che ['brɛːçə] *1 u. 3 sg pret subj of* brechen[1].

bra·chen ['braːxən] *v/t* ⟨h⟩ *agr.* **1.** (*brachliegen lassen*) fallow. – **2.** *dial.* plough, *bes. Am.* plow.

'Bra·chenˌkres·se *f bot.* cow cress (*Lepidium campestre*).

Bra·chet ['braːxət] *m* ⟨-s; -e⟩ *archaic* June.

'Brach|ˌfeld *n agr. cf.* Brachacker. — ~**ˌflie·ge** *f zo.* wheat bulb fly (*Hylomyia coarctata*). — ~**ˌflur** *f agr. cf.* Brache 1.

bra·chi·al [bra'xĭaːl] *adj* **1.** *med.* brachial. – **2.** *lit.* brutish, brutal: mit ~er Gewalt by brute force (*od.* strength). — **B~geˌwalt** *f lit.* muscular strength, brute force (*od.* strength): mit ~ by brute force.

Bra·chio·po·de [braxĭo'poːdə] *m* ⟨-n; -n⟩ *zo.* brachiopod, lamp shell (*Fam. Brachiopoda*).

'Brach|ˌkä·fer *m zo.* summer chafer (*Rhizotrogus solstitialis*). — ~**ˌland** *n agr.* fallow (land). — **b~ˌle·gen** *v/t* ⟨*sep*, -ge-, h⟩ **1.** *agr.* (*Land*) lay fallow: große Flächen mußten brachgelegt werden large areas had to be laid fallow. – **2.** *fig.* waste: seine Kräfte waren brachgelegt worden his abilities had gone to waste. — **b~ˌlie·gen** *v/i* ⟨*irr*, *sep*, -ge-, h *u.* sein⟩ **1.** *agr.* be fallow: er ließ das Feld ein Jahr ~ he let the field lie fallow for a year. – **2.** *fig.* go (*od.* run) to waste, lie fallow (*od.* idle): er läßt sein Talent ~ he lets his talent go to waste. — ~**ˌmänn·chen**, ~**ˌmänn·lein** *n bot.* mushroom, field agaric (*Agaricus campestris*). — ~**ˌmo·nat**, ~**ˌmond** *m archaic* June. — ~**ˌpie·per** *m zo.* tawny pipit (*Anthus campestris*). — ~**ˌpilz** *m bot. cf.* Champignon. — ~**ˌschwal·be** *f zo.* collared pratincole (*Glareola pratincola*).

Brach·se ['braksə] *f* ⟨-; -n⟩, **'Brach·sen** *m* ⟨-s; -⟩ *zo.* bream (*Abramis brama*; *fish*).

'Brach·sen|ˌkraut *n bot.* a) quillwort (*Gattg Isoetes*), b) Merlin's grass, common quillwort (*I. lacustris*). — ~**maˌkre·le** *f zo.* bulleye, angelfish (*Brama raii*).

brach·te ['braxtə] *1 u. 3 sg pret*, **bräch·te** ['brɛçtə] *1 u. 3 sg pret subj of* bringen.

'Brach|ˌvo·gel *m zo.* a) Großer ~ (common) curlew (*Numenius arquata*), b) Kleiner ~ whimbrel (*N. phaeopus*). — ~**ˌwei·de** *f agr.* fallow pasture.

Bra·chy..., bra·chy... *combining form denoting* brachy...

bra·chy·ce·phal [braxytse'faːl] *adj med. cf.* brachyzephal. — **Bra·chy·ce·pha'lie** [-fa'liː] *f* ⟨-; -n [-ən]⟩ *cf.* Brachyzephalie.

bra·chy·ke·phal [braxyke'faːl] *adj med. cf.* brachyzephal. — **Bra·chy·ke·pha'lie** [-fa'liː] *f* ⟨-; -n [-ən]⟩ *cf.* Brachyzephalie.

Bra·chy·lo·gie [braxylo'gi:] *f* ⟨-; -n [-ən]⟩ *ling.* brachylogy.

Bra·chy·uren [braxy'u:rən] *pl zo.* Brachyura (*Unterordng Brachyura; crabs*).

bra·chy·ze·phal [braxytse'fa:l] *adj med.* brachycephalous, brachycephalic. — **Bra·chy·ze'pha·le** *m, f* ⟨-n; -n⟩ brachycephal. — **Bra·chy·ze·pha'lie** [-fa'li:] *f* ⟨-; -n [-ən]⟩ brachycephalism, brachycephaly.

'**Brach,zeit** *f agr.* fallow(ing) season.

Brack [brak] *n* ⟨-(e)s; -e⟩ *Low G. for* Ausschuß 3.

Bracke[1] (*getr.* -k·k-) ['brakə] *m* ⟨-n; -n⟩ **1.** *hunt.* hound, hunting dog. – **2.** *zo.* male young animal.

'**Bracke**[2] (*getr.* -k·k-) *f* ⟨-; -n⟩ *tech.* (*am Wagen*) doubletree.

bracken (*getr.* -k·k-) ['brakən] *v/t* ⟨h⟩ *Low G. for* aussondern 2.

'**Bracker** (*getr.* -k·k-) *m* ⟨-s; -⟩ *Low G. for* Warenprüfer.

'**brackig** (*getr.* -k·k-) *adj Low G.* (*Wasser*) brackish.

Bräckin (*getr.* -k·k-) ['brɛkɪn] *f* ⟨-; -nen⟩ female dog, bitch.

'**brackisch** (*getr.* -k·k-) *adj* (*Wasser*) brackish: ~es Sediment *geol.* sedimentary formation in brackish water.

'**Brack|,was·ser** *n* brackish water. — ~,**wes·pe** *f zo.* braconid (wasp) (*Fam. Braconidae*).

Bra·dy·kar·die [bradykar'di:] *f* ⟨-; -n [-ən]⟩ *med.* bradycardia.

Brä·gen ['brɛ:gən] *m* ⟨-s; -⟩ *gastr. cf.* Bregen.

Bra·gi ['bra:gi] *npr m* ⟨-s; *no pl*⟩ *myth.* Bragi (*Old Norse god of poetry*).

Brah·ma ['bra:ma] *m* ⟨-s; *no pl*⟩ *relig.* Brahma.

Brah·ma·is·mus [brama'ɪsmʊs] *m* ⟨-; *no pl*⟩ *cf.* Brahmanismus.

Brah·man ['bra:man] *n* ⟨-s; *no pl*⟩ (*Weltseele*) Brahma, *auch* Brahman.

Brah·ma·ne [bra'ma:nə] *m* ⟨-n; -n⟩ *relig.* Brahman, Brahmin. — **Brah'ma·nen·tum** *n* ⟨-s; *no pl*⟩ Brahmanism. — **Brah'ma·nin** *f* ⟨-; -nen⟩ Brahmanee, Brahmani. — **brah'ma·nisch** *adj* Brahmanic(al). — **Brah·ma'nis·mus** [-ma'nɪsmʊs] *m* ⟨-; *no pl*⟩ Brahmanism.

Brah·mi·ne [bra'mi:nə] *m* ⟨-n; -n⟩ *relig. cf.* Brahmane.

'**Brah·mi,schrift** ['bra:mi-] *f* Brahmi.

'**Braille|al·pha,bet** ['braj-] (*Fr.*) *n* Braille alphabet. — ~,**schrift** *f* Braille, *auch* braille: in ~ geschrieben (written) in Braille.

brai·sie·ren [brɛ'zi:rən] *v/t* ⟨h⟩ *gastr.* (*schmoren*) braise.

Brak·te·at [brakte'a:t] *m* ⟨-en; -en⟩ *hist.* bracteate (coin).

Brak·tee [brak'te:ə] *f* ⟨-; -n⟩ *bot.* bract.

Brak·teo·le [brakte'o:lə] *f* ⟨-; -n⟩ *bot.* bracteole.

Bram [bra:m] *f* ⟨-; -en⟩ *mar. cf.* Bramstenge.

Bra·mar·bas [bra'marbas] *m* ⟨-; -se⟩ *lit. contempt.* braggart, swaggerer. — **bra·mar·ba'sie·ren** [-ba'zi:rən] *v/i* ⟨*no* ge-, h⟩ brag, swagger.

Brä·me ['brɛ:mə] *f* ⟨-; -n⟩ (*fashion*) (precious) trimming. — '**brä·men** *v/t* ⟨h⟩ *cf.* verbrämen 1.

Bra'mi·nen,star [bra'mi:nən-] *m zo.* pagoda starling (*Temenuchus pagodarum*).

Bram·me ['bramə] *f* ⟨-; -n⟩ *metall.* slab (ingot).

'**Bram|,rah** *f mar.* topgallant yard. — ~,**se·gel** *n* topgallant sail. — ~,**sten·ge** *f* topgallant mast. — ~,**tuch** *n* duck. — ~,**wan·ten** *pl* topgallant shrouds.

Bran·che ['brã:ʃə] *f* ⟨-; -n⟩ *econ.* line (of business), branch, trade: in welcher ~ ist er tätig? what is his line (of business)? er ist nicht aus meiner ~ he and I work in different fields (of activity); die ~ wechseln to change over to a different line.

'**Bran·chen|er,fah·rung** *f econ.* experience in the trade. — **b~,fremd** *adj* inexperienced (*od.* not versed) in the trade. — ~,**kennt·nis** *f* knowledge of the trade. — **b~,kun·dig** *adj* experienced in the trade: ~ sein to be well acquainted with a certain line of business, to be well versed in the trade. — **b~,mä·ßig** *adj* relating (*od.* applying) to particular trades (*od.* branches of activity). — **b~,üb·lich** *adj* usual in the trade (*od.* business) concerned. — ~**ver,zeich·nis** *n* classified directory, *Am. colloq.* yellow pages *pl.*

Bran·chie ['brançĭə] *f* ⟨-; -n⟩ *zo. cf.* Kieme.

Brand [brant] *m* ⟨-(e)s; ⸚e⟩ **1.** fire, blaze: in ~ on fire, burning, in flames, ablaze (*pred*); ausgedehnter ~ conflagration, widespread fire; ein verheerender ~ a disastrous (*od.* devastating) fire; in ~ geraten to catch (*od.* take) fire; ein Haus in ~ stekken (*od.* setzen) to set a house on fire, to set fire to a house; in ~ stehen to be on fire (*od.* ablaze); einen ~ (an)legen to ignite (*od.* kindle) a fire; einen ~ anfachen to fan a fire; einen ~ schüren to poke a fire; einen ~ löschen [eindämmen] to extinguish [to check the spread of, to localize] a fire; ein ~ ist ausgebrochen a fire broke out; der ~ greift um sich the fire is spreading; die Stadt wurde von einem ~ heimgesucht the town was ravaged by fire; eine Pfeife in ~ erhalten to keep a pipe burning (*od. colloq.* going); der ~ der Sonne *poet.* the glowing heat of the sun; von einem inneren ~ verzehrt *poet.* consumed by a burning passion. – **2.** ⟨*only sg*⟩ *fig. colloq.* unquenchable thirst: einen tüchtigen ~ haben a) to be parched with thirst, b) to be drunk (*od. colloq.* tight); seinen ~ löschen to quench one's burning thirst. – **3.** ⟨*only sg*⟩ *med.* gangrene, mortification, sphacelation. – **4.** *bot.* blight, smut, brand, mildew: Nackter ~ loose smut of barley (*Ustilago nuda*); Gedeckter ~ covered smut of barley (*Ustilago hordei*). – **5.** *agr.* (*Gestütszeichen*) brand. – **6.** *tech.* a) ⟨*only sg*⟩ (*von Ziegeln*) burning, baking, b) ⟨*only sg*⟩ (*von Keramik etc*) burning, (*bei höheren Temperaturen*) firing, c) ⟨*only sg*⟩ (*von Kalk*) calcination, d) batch: ein ~ Ziegel a batch of bricks. – **7.** ⟨*only sg*⟩ (*Heizmaterial*) fuel. – **8.** (*brennendes Holzstück*) (fire)brand. — **b~,ar·tig** *adj med.* gangrenous, sphacelate(d) (*scient.*). — ~**as·se·ku,ranz** *f Swiss for* Feuerversicherung. — ~**be,kämp·fung** *f* fire fighting. — ~,**bin·de** *f med.* bandage for burns (impregnated with bismuth). — ~,**bla·se** *f* burn blister. — ~,**bom·be** *f mil.* incendiary (*od.* fire) bomb. — ~,**bras·sen** *m zo.* oldwife, black sea bream (*Cantharus lineatus*). — ~,**brief** *m colloq.* **1.** a) letter urgently demanding money (*od.* payment of a debt), b) dunning letter. – **2.** sharp letter. — ~,**damm** *m* (*mining*) fire seal (*od.* dam, wall), firestopping. — ~**di,rek·tor** *m Am.* head of fire department, *bes. Br.* fire(-brigade) chief. — **b~'ei·lig** *adj colloq.* very urgent, pressing. — ~,**ei·sen** *n* branding iron.

bran·deln ['brandəln] *v/impers* ⟨h⟩ *Southern G. and Austrian dial.* es brandelt there is a smell of burning.

bran·den ['brandən] *v/i* ⟨h⟩ (*von Meer, Wellen*) surge, break, roar: das Meer brandet an (*od.* gegen) die Felsen the sea breaks against the rocks; um ihn herum brandete der Verkehr *fig.* he was surrounded by the roaring traffic.

Bran·den·bur·ger ['brandən,bʊrgər] *geogr.* **I** *m* ⟨-s; -⟩ **1.** inhabitant of Brandenburg. – **II** *adj* (of) Brandenburg: das ~ Tor the Brandenburg Gate. — '**bran·den,bur·gisch** *adj* (of) Brandenburg: die B~en Konzerte *mus.* the Brandenburg Concertos (*by Bach*).

'**Brand,en·te** *f zo.* sheldrake, shelduck (*Tadorna tadorna*).

'**Bran·der** *m* ⟨-s; -⟩ *mar. hist.* fire ship (*od.* raft), *Br.* fire-ship.

'**Brand|,erz** *n min.* bituminous cinnabar. — ~,**fackel** (*getr.* -k·k-) *f* firebrand, torch (*auch fig.*). — ~,**fäu·le** *f agr.* brown rot. — ~,**feld** *n* (*mining*) area of fire: abgedämmtes ~ sealed area. — **b~,fest** *adj cf.* feuerfest. — ~,**fla·sche** *f* Molotov cocktail. — ~,**fleck**, ~,**flecken** (*getr.* -k·k-) *m* **1.** burn (mark), scorch, singed spot. – **2.** *med.* gangrenous spot. – **3.** *tech.* (*auf Porzellan*) burn, fire check. — ~,**fuchs** *m* **1.** *hunt.* red fox. – **2.** (*Pferd*) sorrel (horse). – **3.** (*in Studentenverbindungen*) fresher, *Br. colloq.* fag. — ~,**gans** *f zo. cf.* Brandente. — ~,**ga·se** *pl* (*mining*) (foul) gas(es), noxious fumes. — ~,**gas·se** *f* narrow lane (*between two houses to prevent the spreading of fire*). — ~**ge,fahr** *f* fire risk (*od.* hazard). — ~**ge,fähr·dung** *f cf.* Brandgefahr. — ~**ge,ruch** *n* burnt smell, smell of burning. — ~**ge,schoß** *n mil.* incendiary bullet (*od.* shell, projectile). — ~**ge,schwür** *n med.* gangrenous ulcer. — ~,**glocke** (*getr.* -k·k-) *f* fire alarm, *Br.* fire-alarm, fire bell, *auch* tocsin. — ~,**grab** *n archeol.* cremation burial (*od.* grave). — ~,**gra·ben** *m* (*im Wald etc*) fire lane. — ~,**hahn** *m aer.* fuel (*od.* safety) cock. — ~,**herd** *m* **1.** seat (*od.* source) of a fire. – **2.** *fig.* trouble spot. — ~,**hirsch** *m hunt. an unusually dark-colored* (*bes. Br. -coloured*) *stag.* — ~,**horn** *n zo.* straight-spine murex (*Murex brandaris*).

bran·dig ['brandɪç] *adj* **1.** having a burnt smell (*od.* taste), burnt: ein ~er Geruch a burnt smell. – **2.** *med.* gangrenous: ~ werden to become gangrenous. – **3.** *agr.* (*Getreide*) blighted, smutted.

'**Brand|,kas·se** *f econ.* fire insurance company. — ~**ka·ta,stro·phe** *f* conflagration. — ~,**korn** *n agr.* blighted grain (*bes. Br.* corn). — ~,**krank·heit** *f vet.* necrobacillosis. — ~,**kraut** *n bot.* lampwick (*Phlomis lychnitis*). — ~,**ku·gel** *f mil. hist.* fireball, *Br.* fire-ball, incendiary bullet. — ~**kul,tur** *f agr. shifting cultivation in clearings made by burning.* — ~,**lat·tich** *m bot. cf.* Alpenlattich. — ~,**le·der** *n* leather for insoles. — ~,**le·gung** *f bes. Austrian for* Brandstiftung. — ~,**lei·ter** *f cf.* Feuerleiter. — ~,**mal** *n* ⟨-s; -e, -mäler⟩ **1.** brand. – **2.** *fig. lit.* stigma, brand. — ~**ma·le,rei** *f* poker work, *Br.* poker-work; pyrography, pyrogravure (*scient.*).

'**brand,mar·ken** [-,markən] *v/t* ⟨*insep*, ge-, h⟩ **1.** *fig. contempt.* brand, stigmatize: j-n als Verräter ~ to brand s.o. (*od.* denounce s.o. as) a traitor. – **2.** *archaic* (*Vieh*) brand. — '**Brand,mar·kung** *f* ⟨-; -en⟩ **1.** *fig. contempt.* stigmatization. – **2.** *archaic* (*von Vieh*) branding.

'**Brand|,mas·se** *f mil. cf.* Brandsatz. — ~,**mau·er** *f civ.eng.* fire wall, common (gable) wall. — ~,**maus** *f zo.* striped field mouse (*Apodemus agrarius*). — ~,**mei·se** *f cf.* Kohlmeise. — ~,**mei·ster** *m* divisional officer of the fire department (*bes. Br.* fire-brigade). — ~,**mit·tel** *n med.* remedy for burns and scalds. — ~**mu·ni·ti,on** *f mil.* incendiary ammunition. — ~,**nar·be** *f med.* scar from a burn. — ~,**nes·sel** *f bot. cf.* Brennessel. — **b~'neu** *adj colloq.* brand-new, bran-new. — ~,**op·fer** *n* **1.** *relig. Bibl.* burnt offering (*od.* sacrifice), *auch* holocaust. – **2.** victim of a fire. — ~,**pfeil** *m mil. hist.* fire arrow. — ~,**pfla·ster** *n med.* plaster for burns. — ~,**pilz** *m bot.* smut (*Gattg Ustilago*). — ~,**pro·be** *f* fire test. — ~**ra,ke·te** *f mil.* incendiary rocket. — ~,**re·de** *f fig.* inflammatory speech (*od.* address). — ~,**ro·dung** *f agr. cf.* Brandkultur. — **b~'rot** *adj lit. for* feuerrot. — ~,**sal·be** *f med. pharm.* ointment (*od.* salve) for burns and scalds, antiburn (*Br.* anti-burn) ointment. — ~,**satz** *m mil.* incendiary composition. — ~,**scha·den** *m* fire damage.

'**brand,schat·zen** [-,ʃatsən] **I** *v/t* ⟨*insep*, ge-, h⟩ **1.** sack, pillage, plunder, ravage. – **2.** *mil. hist.* lay (*s.o., s.th.*) under contribution. – **II** *v/i* **3.** plunder. – **III B~** *n* ⟨-s⟩ **4.** *verbal noun.* — '**Brand,schat·zung** *f* ⟨-; -en⟩ **1.** *cf.* Brandschatzen. – **2.** (*Plünderung*) sack, pillage, plunder, ravage. – **3.** *mil. hist.* (war) contribution.

'**Brand|,schie·fer** *m geol.* carbonaceous shale. — ~,**schnei·se** *f* fire lane, firebreak. — ~,**schott** *n aer. mil.* fireproof bulkhead (*od.* wall), fire wall. — ~,**schutz** *m* fire protection (*od.* prevention). — ~,**see,schwal·be** *f zo.* sandwich tern (*Sterna sandvicensis*). — **b~,si·cher** *adj* fireproof, *Br.* fire-proof. — ~,**soh·le** *f* (*im Schuh*) insole. — ~,**spant** *n aer. mil. cf.* Brandschott. — ~,**spo·ren** *pl bot.* brand spores. — ~,**stät·te** *f lit. for* Brandstelle 1. — ~,**stel·le** *f* **1.** scene of (a) fire. – **2.** *cf.* Brandfleck. — ~,**stif·ter** *m* incendiary, arsonist, *Br.* fire-raiser, *Am. colloq.* 'firebug'. — ~,**stif·tung** *f* incendiarism, arson, *Br.* fire-raising: ~ begehen *jur.* to commit arson. — ~,**stoff** *m tech.* incendiary material. — ~,**teig** *m gastr.* cream puff paste. — ~,**tür** *f* fire door.

'**Bran·dung** *f* ⟨-; *no pl*⟩ surf, breakers *pl*: das Spritzen und Schäumen der ~ the splashing and foaming of the surf; eine ~ von Begeisterung *fig.* a surge (*od.* wave) of enthusiasm; die ~ des Verkehrs *fig.* the roar of the traffic.

'**Bran·dungs|,boot** *n mar.* surfboat, *Br.* surf-boat. — ~,**höh·le** *f geol.* sea cave. — ~,**schwim·men** *n* surf-riding. — ~,**wel·le** *f* breaker, surf wave.

'**Brand|,ur,sa·che** *f* cause of (a) fire. — ~**ver,hü·tung** *f* fire prevention. — ~**ver,let-**

zung *f* burn (injury). — **~ˌwa·che** *f* **1.** fire watch(ing duty), fireguard, *Br.* fire-guard. – **2.** (*Wachhabender*) fire watcher, *Br.* fire-watcher, fireguard, *Br.* fire-guard, *bes. Am.* firewarden. — **~ˌwei·zen** *m agr.* blighted wheat. — **~ˌwirt·schaft** *f* cultivation of land by burn-beating. — **~ˌwun·de** *f med.* burn, (*durch Verbrühen*) scald.

Bran·dy ['brɛndi; 'brændɪ] (*Engl.*) *m* ⟨-s; -s⟩ *gastr.* brandy.

'Brand|ˌzei·chen *n* brand marks *pl*, brands *pl.* — **~ˌzie·gel** *m* firebrick.

Bran·ne·rit [branə'riːt; -'rɪt] *m* ⟨-s; -e⟩ *min.* brannerite.

brann·te ['brantə] *1 u. 3 sg pret of* brennen.

'Brannt|ˌhe·fe ['brant-] *f brew.* spent yeast. — **~ˌkalk** *m chem.* (burnt) lime, quicklime, caustic lime.

'Branntˌwein *m* **1.** (*Schnaps*) spirits *pl*: ~ brennen to distil(l) spirits. – **2.** (*Weinbrand*) brandy. — **~ˌbren·ner** *m* distiller. — **~bren·neˌrei** *f* distillery. — **~de·stil·la·tiˌon** *f* distillation. — **~ˌes·sig** *m* brandy vinegar. — **~geˌnuß** *m* drinking of brandy. — **~mo·noˌpol** *n econ.* (state) monopoly on spirits (*od.* liquor). — **~ˌna·se** *f colloq. cf.* Schnapsnase. — **~ˌsteu·er** *f econ.* excise on spirits, *bes. Am.* tax on liquor.

Bran·te ['brantə] *f* ⟨-; -n⟩ *hunt.* paw (of predatory animals).

Bra·sil[1] [bra'ziːl] *m* ⟨-s; -e *od.* -s⟩ **1.** Brazil coffee. – **2.** Brazil tobacco.

Bra'sil[2] *f* ⟨-; -⟩ Brazil cigar.

Bra·si'let·toˌholz [brazi'lɛto-] *n* brazilwood.

Bra·si·li·an [brazi'lĭaːn] *m* ⟨-s; -e⟩ *min.* Brazilian topaz.

Bra·si·lia·ner [brazi'lĭaːnər] *m* ⟨-s; -⟩, **Bra·si·lia·ne·rin** [-'lĭaː-] *f* ⟨-; -nen⟩ Brazilian. — **bra·si·lia·nisch** [-'lĭaːnɪʃ] **I** *adj* Brazilian. – **II** *ling.* **B~** ⟨*generally undeclined*⟩, **das B~e** ⟨-n⟩ Brazilian (dialect *od.* Portuguese).

Bra'sil|kaˌsta·nie *f bot. cf.* Brasilnuß. — **~ˌkie·fer** *f* Brazilian (*od.* Paraná) pine (*Araucaria angustifolia*). — **~ˌnuß** *f* Brazil nut. — **~nußˌbaum** *m* Brazil-nut tree (*Bertholletia excelsa*).

Bras·se[1] ['brasə] *f* ⟨-; -n⟩ *mar.* brace.

'Bras·se[2] *f* ⟨-; -n⟩ *Low and Middle G. for* Brachse.

Bras·se·lett [brasə'lɛt] *n* ⟨-s; -e⟩ **1.** bracelet. – **2.** (*thieves' Latin*) handcuff.

bras·sen ['brasən] *v/t* ⟨h⟩ *mar.* brace: vierkant ~ to square.

'Bras·sen *m* ⟨-s; -⟩ *Low and Middle G. for* Brachse.

'Bras·sen|ˌfarn *m*, **~ˌkraut** *n bot. cf.* Brachsenkraut.

brät [brɛːt] *3 sg pres of* braten.

'Brat|ˌaal *m gastr.* spitchcock. — **~ˌap·fel** *m* **1.** baked (*od.* roasted) apple. – **2.** baking (*od.* cooking) apple.

brä·teln ['brɛːtəln] *v/t* ⟨h⟩ *gastr.* (*leicht anbraten*) sear.

bra·ten ['braːtən] **I** *v/t* ⟨brät, briet, gebraten, h⟩ a) (*Fleisch*) roast, b) (*im Ofen*) bake, c) (*auf dem Rost*) grill, broil, d) (*in der Pfanne*) fry: etwas knusprig ~ to fry s.th. until crisp, to frizzle s.th.; etwas am Spieß ~ to roast s.th. on a spit, *bes. Am.* to barbecue s.th.; Zwiebeln braun ~ to brown (up) onions; etwas bei kleinem Feuer ~ to fry s.th. on a low fire; → Extrawurst 1; Storch. – **II** *v/i* a) (*im Topf od. im Ofen*) roast, bake, b) (*mit Zusatz von Flüssigkeit*) braise, c) (*auf dem Rost*) grill, d) (*in der Pfanne*) fry: in der Sonne ~, sich (*acc*) in der Sonne ~ lassen *fig.* to roast (*od.* bask) in the sun; dafür mußt du in der Hölle ~ *fig.* you will have to roast in hell for that.

'Bra·ten *m* ⟨-s; -⟩ roast (meat): den ~ begießen to baste the roast; kalter ~ cold meat; ein fetter ~ *fig. colloq.* a fat morsel, a good catch; er scheint den ~ zu riechen *fig. colloq.* he seems to smell a rat; j-m den ~ versalzen *fig. colloq.* to knock s.o.'s plans on the head; er traut dem ~ nicht *fig. colloq.* that seems fishy to him. — **~ˌbrü·he** *f cf.* Bratensaft. — **~ˌduft** *m* smell of a roast, smell of roasting. — **~ˌfett** *n* dripping. — **~ˌfleisch** *n* roast (meat), meat for roasting. — **~ˌga·bel** *f* carving fork. — **~geˌruch** *m cf.* Bratenduft. — **~ˌplat·te** *f* meat platter. — **~ˌsaft** *m* **1.** meat juice. – **2.** gravy, sauce. — **~ˌsau·ce** *f cf.* Bratensoße. — **~ˌschüs·sel** *f* meat dish. — **~ˌso·ße** *f* gravy, sauce. — **~ˌspicker** (*getr.* -k·k-) *m cf.* Spicknadel. — **~ˌstück** *n* piece of meat for a roast, joint. — **~ˌtun·ke** *f cf.* Bratensoße. — **~ˌwen·der** *m* roasting jack, turnspit.

'Bra·ter *m* ⟨-s; -⟩ roasting jack, turnspit.

'Brat|ˌfett *n gastr.* cooking fat. — **~ˌfisch** *m* **1.** fried fish. – **2.** fish for frying. — **~ˌhähn·chen** *n cf.* Brathuhn. — **~ˌhen·del** *n bes. Bavarian and Austrian colloq. for* Brathuhn. — **~ˌhe·ring** *m* fried (*od.* grilled) herring (*usually pickled*). — **~ˌhuhn**, **~ˌhühn·chen** *n* **1.** roast (*od.* broiled, grilled) chicken. – **2.** (*zum Braten*) broiler. — **~karˌtof·feln** *pl* fried potatoes.

Brat·ling ['braːtlɪŋ] *m* ⟨-s; -e⟩ *gastr.* vegetarian cutlet (*od.* rissole).

Brät·ling ['brɛːtlɪŋ] *m* ⟨-s; -e⟩ **1.** *bot. cf.* Milchreizker. – **2.** *zo. cf.* Sprotte.

'Brat|ˌofen *m* (roasting) oven. — **~ˌpfan·ne** *f* **1.** frying pan, *Am. auch* griddle, skillet. – **2.** (*fürs Backrohr*) baking dish, dripping (*od.* roasting) pan. — **~ˌpilz** *m bot. cf.* Milchreizker. — **~ˌröh·re** *f* (roasting) oven. — **~ˌrost** *m* grid(iron), grill, broiler.

Brat·sche ['braːtʃə] *f* ⟨-; -n⟩ *mus.* viola. — **'Brat·scher** ⟨-s; -⟩, **Brat·schist** [bra'tʃɪst] *m* ⟨-en; -en⟩ viola player, violist.

'Brat|ˌspieß *m* spit, broach. — **~ˌwurst** *f* **1.** (*zum Braten*) frying sausage. – **2.** (*aus der Pfanne*) fried sausage, (*vom Rost*) broiled (*od.* grilled) sausage.

Bräu [brɔʏ] *n* ⟨-(e)s; -e *od.* -s⟩ *Southern G. and Austrian* **1.** beer. – **2.** brewery. – **3.** *cf.* Bräustübe(r)l.

'brau|be,rech·tigt *adj* licensed (*Br. auch* licenced) to brew. — **B~ˌbot·tich** *m* brewing vat (*od.* tun).

Brauch [braux] *m* ⟨-(e)s; Bräuche⟩ **1.** custom, practice, *auch* practise: alter (*od.* herkömmlicher) ~ old custom, tradition; nach altem ~ according to an old custom; einen ~ bewahren to keep a custom (*od.* practice) (up); alte Bräuche wiederaufleben lassen to revive old customs; so ist es bei uns der ~ that's the custom (*od.* practice) with us, that's the way we do it; das ist bei uns nach und nach ~ geworden that has gradually become (the) custom with us; etwas ist außer ~ gekommen s.th. is not done any longer, s.th. has fallen out of use; etwas nach altem ~ feiern to celebrate s.th. in the traditional way. – **2.** (*Sprachgebrauch*) usage: allgemeiner (*od.* fester) ~ common usage. – **3.** (*Geschäftsbrauch etc*) practice, *auch* practise. – **4.** *relig.* (*festgesetzter*) ordinance. – **5.** *obs. for* Anwendung 3, Gebrauch 5.

'brauch·bar *adj* **1.** (*Person*) useful: ein zu vielem ~er Mensch a person useful (*od.* suitable) for many things; er ist einer der ~sten von allen he is one of the most useful of them all; er ist zu nichts ~ he is of no use, he is useless. – **2.** (*Gegenstand*) usable, serviceable, (*Kleidung*) *auch* wearable: noch ~e Schuhe shoes that can still be worn (*od.* used); diese Hose ist noch halbwegs ~ these trousers are still quite wearable; ein ~es Messer a serviceable knife. – **3.** (*Rat etc*) useful, practicable, workable: er machte ~e Vorschläge he made useful suggestions; ein ~er Plan a plan that works. — **'Brauch·bar·keit** *f* ⟨-; *no pl*⟩ **1.** (*einer Person*) usefulness. – **2.** (*eines Gegenstandes*) usability, serviceability, (*der Kleidung*) *auch* wearability. – **3.** (*eines Rates etc*) usefulness, practicability, workability.

brau·chen ['brauxən] **I** *v/t* ⟨h⟩ **1.** (*nötig haben*) need, want, be in need (*od.* want) of, require: wir ~ viel Geld für Kleider we need a lot of money for clothing; ich brauche eine Brille zum Lesen I need glasses for reading; etwas dringend ~ to require s.th. urgently, to be in great need (*od.* want) of s.th.; ich brauche ihn sehr nötig I need him very badly; sonst brauche ich nichts mehr I need nothing more; haben Sie alles, was Sie ~? have you all you need (*od.* want)? das ist gerade, was ich brauche that is just what I need (*od.* was looking for); dich ~ wir gerade *auch iron.* you are the very person we need; er kann mich jetzt nicht ~ he doesn't need me at the moment. – **2.** (*Zeit*) need, take: ich brauche Zeit I need time; wie lange wirst du ~? how long will it take you? das Schiff braucht drei Tage für die Reise the ship takes (*od.* needs) three days for the voyage; er brauchte einen Monat, bis er dort war it took him (*od.* he took) a month to get there; lange zu etwas ~ to be long in doing s.th.; sie hat aber lange gebraucht! what a time she has been! – **3.** (*mit zu u. Infinitiv, oft mit reinem Infinitiv*): need, have to: das einzige, was Sie (zu) wissen ~ the only thing you need (*od.* have) to know; du brauchst es ja nur (zu) sagen you need only say so, you only have to say so; morgen brauche ich nicht (zu) arbeiten tomorrow I don't have to (*od.* I need not, I don't need to) work; das brauchst du dir nicht gefallen (zu) lassen you don't have to stand for that; du brauchst es mir nicht (zu) sagen you need not tell me; das hättest du ihm nicht (zu) sagen ~ you did not need to tell him that; man braucht nicht mehr (zu) heizen we don't need to heat (*od.* to have the fire on) any more; das hättest du nicht (zu) tun ~ there was no need for you to do this; er hätte nicht (zu) kommen ~ he need not have come, there was no need for him to come; das braucht niemand (zu) wissen no one need know this; du brauchst dich nicht darum (zu) bemühen you don't have to trouble yourself with this. – **4.** (*verwenden, gebrauchen*) use, make use of: das Fahrrad kann ich nicht ~ I have no use for the bicycle; das könnte ich ~ I could make use of (*od.* do with) that; das könnte ich so ~! *iron.* that's just what I need! dazu kann man ihn gut ~ he is quite useful for that purpose; wozu läßt sich das ~? what is the use of this? er brauchte Gewalt he used force; er ist nicht (*od.* zu nichts) zu ~ he is of no use (*od.* useless); das kann ich nicht ~ it is of no use to me. – **5.** (*verbrauchen*) use (up), consume: wir haben viel Geld gebraucht we used (*od.* spent) a lot of money; der Wagen braucht viel Benzin the car consumes (*od.* uses) a lot of gasoline (*Br.* petrol). – **II** *v/impers* **6.** das braucht (seine) Zeit it requires (*od.* takes) time; das braucht es nicht there is no need for it; es braucht keines Beweises mehr *lit.* there is no need for further proof; es braucht keiner weiteren Worte mehr *lit.* (there is) no need to add another word; es braucht kaum etwas hinzugefügt (zu) werden it scarcely needs adding to; es braucht nicht gleich (zu) sein it doesn't have to be (done) at once.

'Brauch·tum *n* ⟨-s; -tümer⟩ *lit.* custom(s *pl*), usage and customs *pl*: altes ~ tradition; die Erhaltung des früheren ~s the preservation of former customs; sein ~ pflegen to foster one's tradition.

'Brauchˌwas·ser *n tech.* industrial water.

Braue ['brauə] *f* ⟨-; -n⟩ (eye)brow: die ~n runzeln to knit one's brows.

brau·en ['brauən] **I** *v/t* ⟨h⟩ **1.** (*Bier*) brew. – **2.** (*Tee, Punsch etc*) brew, *auch* make: sie braute (sich *dat*) einen starken Kaffee she made a strong coffee; sich (*dat*) etwas ~ *humor.* to brew oneself s.th. – **3.** *fig. contempt.* (*Unheil etc*) brew, hatch, concoct. – **II** *v/i* **4.** *poet.* (*von Nebel*) be brewing, be thickening. – **III** *v/reflex* sich ~ **5.** *poet.* (*von Nebel, Unwetter etc*) be brewing. – **IV B~** *n* ⟨-s⟩ **6.** *verbal noun.*

'Brau·er *m* ⟨-s; -⟩ brewer.

Braue'rei *f* ⟨-; -en⟩ **1.** brewery, *auch* brewhouse. – **2.** *cf.* Brauen. — **~beˌtrieb** *m* brewery. — **~ˌfach** *n* brewing business: er arbeitet (*od.* ist) im ~ he is in the brewing business. — **~geˌnos·sen·schaft** *f* brewers' co(-)operative. — **~geˌwer·be** *n cf.* Braugewerbe. — **~ˌhe·fe** *f* brewer's (*od.* brewers') yeast. — **~ˌwa·gen** *m* **1.** beer truck (*Br.* van). – **2.** (*von Pferden gezogen*) brewer's dray.

'Brau·er|ˌgil·de, **~ˌin·nung** *f* brewers' guild.

'Brau|ˌfaß *n* brewing vat. — **~ˌger·ste** *f* brewing (*od.* malting) barley. — **~geˌwer·be** *n* brewing industry, brewer's trade. — **~ˌhaus** *n cf.* Brauerei 1. — **~ˌkes·sel** *m* (brewer's) coop (*od.* copper). — **~ˌmalz** *n* brewing malt. — **~ˌmei·ster** *m* head (*od.* master) brewer, *bes. Am.* brewmaster.

braun [braun] *adj* ⟨-er; -(e)st⟩ **1.** brown: ~e Haut [Haare] brown skin [hair]; ~ aussehen to look brown; ~ färben (*od.* beizen, machen) to (make) brown; ~e Handschuhe [Lederschuhe] brown (*od.* tan) gloves [leather shoes]; j-n ~ und blau schlagen *colloq.* to beat s.o. black and blue (*colloq.*). – **2.** (*sonnenbraun*) brown, (sun-)tanned: ~ werden to become (*od.* get) brown, to get a tan, to get tanned. – **3.** (*Rasse, Hautfarbe*) brown(-skinned), dark(-skinned): ein Mädchen von ~er Hautfarbe, ein ~es Mädchen a) a dark(-skinned) girl, b) (*der weißen Rasse*) *auch* a brunette; ~er Teint dark complexion. – **4.** *gastr.* brown: ~e Butter butter heated in a frying pan till brown; ~ braten [rösten] to fry [to roast] till brown. – **5.** er hat eine ~e Vergangenheit *contempt.* he was a Brownshirt (*od.* one of the Brownshirts).

Braun *n* ⟨-s; *no pl*⟩ **1.** brown: (die Farbe) ~ (the colo[u]r) brown; ein helles [kräftiges] ~ a bright [strong] brown; ins ~e gehen to border on brown. – **2.** Meister ~ (*in Fabel*) Bruin, Mr. Bear.

ˈ**Braun|ˌal·gen** *pl bot.* brown algae (*Klasse Phaeophyceae*). — **b~ˌäu·gig** *adj* brown-eyed. — **~ˌbär** *m zo.* brown bear (*Ursus arctos*). — **~ˌbee·re** *f bot.* **1.** *cf.* Aalbeere. – **2.** arctic (*od.* northern) bramble (*Rubus arcticus*). — **~ˌbier** *n* brown beer. — **~ˌblei·ˌerz** *n min.* pyromorphite, *auch* green lead ore. — **~ˌbrustˌschilfˌfink** *m zo.* chestnut-breasted finch (*Donacola castaneothorax*).

ˈ**Brau·ne**¹ *m* ⟨-n; -n⟩ **1.** *colloq.* bay (horse), chestnut (horse). – **2.** *hist. colloq.* National Socialist, Brownshirt, Nazi.

ˈ**Brau·ne**² *m* ⟨-n; -n⟩ **1.** *Austrian a cup of coffee with a dash of milk* (*or cream*).

ˈ**Brau·ne**³ *f* ⟨-; -n⟩ *obs. for* Braue.

Bräu·ne [ˈbrɔʏnə] *f* ⟨-; *no pl*⟩ brownness, (*durch Sonne*) *auch* (sun)tan.

ˈ**Braunˌei·sen** *n min.* limonite. — **~ˌerz** *n* brown hematite, limonite. — **~ˌstein** *m* brown iron ore, (*schlackiger*) limonite.

Brau·nel·le [brauˈnɛlə] *f* ⟨-; -n⟩ **1.** *zo.* a) hedge sparrow (*Prunella modularis*), b) alpine accentor (*P. collaris*). – **2.** *bot.* a) prunella (*Gattg Prunella*), b) allheal, self-heal (*P. vulgaris*).

bräu·nen [ˈbrɔʏnən] **I** *v/t* ⟨h⟩ **1.** brown, make (*s.th., s.o.*) brown, (*durch Sonne*) *auch* tan: die Sonne hat ihm das Gesicht gebräunt the sun tanned his face. – **2.** *gastr.* (*Zwiebeln, Mehl etc*) brown. – **II** *v/i* ⟨sein⟩ **3.** brown, get (*od.* become) brown, (*durch Sonne*) *auch* tan, get a tan: an (*od.* in) der Sonne ~ to tan (*od.* get brown) in the sun; wir ließen uns von der Sonne ~ we were sunbathing. – **III** *v/reflex* ⟨h⟩ sich ~ **4.** *cf.* bräunen 3. – **IV B~** *n* ⟨-s⟩ **5.** *verbal noun.*

ˈ**Braun|ˌer·de** *f geol.* brown earth (*od.* soil). — **~ˌfäu·le** *f bot.* brown rot. — **~ˌfisch** *m zo.* common porpoise (*Phocaena phocaena*). — **b~ˌfleckig** (*getr.* -k·k-) *adj* **1.** *cf.* braungefleckt 1. – **2.** *print.* (*Papier etc*) foxed. — **b~geˌbrannt** *adj* **1.** (*Haut*) tanned, bronzed. – **2.** *gastr.* (*Zwiebeln, Mehl etc*) browned. — **b~geˌfleckt** *adj* **1.** brown-spotted (*od.* -speckled), with brown spots (*od.* speckles). – **2.** (*Kuh*) brindle(d). – **3.** (*Pferd*) brown-piebald. — **b~ˌgelb** *adj* brownish-yellow, tawny. — **b~geˌstreift** *adj* brown-striped, with brown stripes. — **b~ˌhaa·rig** *adj* brown-haired. — **~ˌheil** *m bot. cf.* Braunelle 2b. — **~ˌhemd** *n* (*NS-Zeit*) **1.** brown shirt. – **2.** *contempt.* (*Person*) Brownshirt, *auch* brownshirt. — **~ˌheu** *n agr.* brown hay.

Brau·nit [brauˈniːt; -ˈnɪt] *m* ⟨-(e)s; -e⟩ *min.* braunite.

ˈ**Braunˌkehlˌam·mer** *f zo.* red-headed bunting (*Emberiza icterica*).

ˈ**Braunˌkehl·chen** *n* ⟨-s; -⟩ *zo.* whinchat (*Saxicola rubetra*).

ˈ**Braunˌkohl** *m bot.* curly (*od.* green) kale (*od.* kail), borecole (*Brassica oleracea var. acephala*).

ˈ**Braunˌkoh·le** *f* (*mining*) brown coal, lignite (*scient.*).

ˈ**Braunˌkoh·len|ˌbergˌbau** *m* brown-coal (*od.* lignite) mining (industry). — **~ˌberg·ˌwerk** *n* brown-coal (*od.* lignite) mine. — **~briˌkett** *n* brown-coal (*od.* lignite) briquet(te). — **~ˌför·de·rung** *f* brown-coal mining. — **~for·ma·tiˌon** *f geol.* tertiary system containing lignite. — **b~ˌhal·tig** *adj min.* lignitic. — **~ˌla·ger** *n* lignite bed (*od.* deposit). — **~ˌta·geˌbau** *m* brown-coal opencast mining. — **~ˌteer** *m* lignite tar.

ˈ**Braunˌkopfˌam·mer** *f zo.* red-headed bunting (*Emberiza icterica*).

bräun·lich [ˈbrɔʏnlɪç] *adj* brownish, browny: ein ~er Schimmer a brownish sheen.

ˈ**braun|ˌlockig** (*getr.* -k·k-) *adj* with brown curls. — **B~ˌrost** *m agr.* brown rust: ~ des Weizens brown (leaf) rust of wheat. — **~ˌrot I** *adj* **1.** brown-red, russet. – **II B~** *n* **2.** brown red. – **3.** *her.* murrey.

Braunsch [braunʃ] *adj* ~e Röhre *phys.* cathode ray (*od.* Braun) tube.

ˈ**braun|ˌscheckig** (*getr.* -k·k-) *adj* **1.** brown-flecked (*od.* -mottled). – **2.** *cf.* braungefleckt 2, 3. — **B~ˌschim·mel** *m* bay (horse). — **B~ˌschliff** *m* (*papermaking*) leather board (*od.* brown mechanical) pulp. — **B~ˌschnäp·per** *m zo.* brown flycatcher (*Br.* fly-catcher) (*Muscicapa latirostris*).

Braun·schwei·ger [ˈbraunˌʃvaɪgər] **I** *m* ⟨-s; -⟩ native (*od.* inhabitant) of Brunswick. – **II** *adj* (of) Brunswick: ~ Grün Brunswick green; ~ (Wurst) Brunswick sausage. — ˈ**braunˌschwei·gisch** *adj cf.* Braunschweiger II.

ˈ**Braun|ˌsil·ge** *f bot.* common basil (*Ocimum basilicum*). — **~ˌskink** *m zo.* brown skink (*Leiolopisma laterale*). — **~ˌspat** *m min.* brown spar.

ˈ**Braunˌstein** *m min.* manganese dioxide. — **~ˌblen·de** *f cf.* Manganblende. — **~ˌerz** *n* manganese ore: graues ~ pyrolusite. — **~ˌkie·sel** *m* spessartite, *auch* spessartine. — **~ˌrahm** *m* bog manganese.

ˈ**Bräu·nung** *f* ⟨-; *no pl*⟩ **1.** *cf.* Bräunen. – **2.** (*durch Sonne*) brownness, (sun)tan. – **3.** (*der Blätter etc*) brownness, brown color (*bes. Br.* colour).

ˈ**Braun|ˌvieh** *n agr.* brown cattle. — **~ˌwer·den** *n* **1.** *cf.* Bräunen. – **2.** (*des Weins*) darkening. – **3.** *phot.* brownish staining, discoloration, *bes. Br.* discolouration. — **~ˌwurz** *f bot.* brownwort (*Gattg Scrophularia*): Knotige ~ figwort (*S. nodosa*). — **~ˌwurzˌblü·tenˌkä·fer** *m zo.* carpet beetle (*Anthrenus scrophulariae*).

ˈ**Brau|ˌpfan·ne** *f* (brewer's) copper. — **~ˌrecht** *n* right (*od.* privilege) of brewing.

Braus [braus] *m only in* in Saus und ~ leben *colloq.* to live it up (*colloq.*).

Brau·sche [ˈbrauʃə] *f* ⟨-; -n⟩ *Eastern G. dial.* bump.

Brau·se [ˈbrauzə] *f* ⟨-; -n⟩ **1.** shower (bath): die ~ aufdrehen to turn on the shower; unter die ~ gehen to have (*od.* take) a shower. – **2.** (*einer Gießkanne*) spray, sprinkler, rose, sprinkling nozzle. – **3.** *short for* Brauselimonade. – **4.** *tech.* (*textile*) multiple (*od.* spraying) nozzle. — **~ˌbad** *n* shower (bath). — **~bat·teˌrie** *f tech.* shower-mixing tap. — **~gar·ni·tur** *f tech.* (complete set of) shower fittings *pl.* — **~geˌle·gen·heit** *f* (use of a) shower. — **~kaˌbi·ne** *f* shower cabin (*od.* cubicle). — **~ˌkopf** *m* **1.** *tech.* spray nozzle (*od.* head), rose, rose head. – **2.** *fig. colloq.* hothead. — **b~ˌköp·fig** [-ˌkœpfɪç] *adj colloq.* hotheaded, *Br.* hot-headed. — **~li·moˌna·de** *f* carbonated (*od.* effervescent) drink, 'pop' (*colloq.*), *Br. auch* mineral (water).

brau·sen [ˈbrauzən] **I** *v/i* ⟨h *u.* sein⟩ **1.** ⟨h⟩ (*vom Wind*) roar, rage, bluster, (*von den Wellen*) *auch* boom, thunder: der Wind braust um das Haus the wind rages (*od.* roars) around the house; ich höre die See ~ I hear the roar of the sea; es braust mir in den Ohren my ears are buzzing; lauter Beifall brauste durch den Raum loud applause rang out through the room, thunders of applause filled the room. – **2.** ⟨sein⟩ *fig. colloq.* (*vom Auto, Flugzeug etc*) roar, dash: das Auto brauste um die Ecke the car roared round the corner. – **3.** ⟨sein⟩ *fig. colloq.* (*von Personen*) rush, dash: er brauste ins Zimmer he rushed (*od.* dashed) into the room. – **4.** ⟨h⟩ (*duschen*) have (*od.* take) a shower (bath), *bes. Am.* shower. – **5.** ⟨h⟩ (*von Limonade etc*) fizz, bubble, effervesce. – **II** *v/t* ⟨h⟩ **6.** (*besprengen*) spray, (*stärker*) shower. – **III** *v/reflex* ⟨h⟩ sich ~ **7.** (*sich duschen*) have (*od.* take) a shower (bath), *bes. Am.* shower: ich brause mich täglich kalt I have (*od.* take) a cold shower every day. — ˈ**brau·send I** *pres p.* – **II** *adj* **1.** roaring: er erntete ~en Beifall he got thunders of (*od.* tumultuous) applause, he brought down the house (*colloq.*); ~es Gelächter roaring (*od.* boisterous) laughter. – **2.** effervescent.

ˈ**Brau·se|ˌpul·ver** *n* effervescent (*od.* sherbet) powder. — **~ˌraum** *m cf.* Duschraum. — **~ˌvorˌrich·tung** *f tech.* spraying device. — **~ˌwas·ser** *n* carbonated (*od.* soda, sparkling) water. — **~ˌwind** *m* **1.** *poet.* roaring wind. – **2.** *fig. lit.* rash young person. — **~ˌwür·fel** *m* effervescent tablet.

ˈ**Brauˌsteu·er** *f econ.* brewing tax.

ˈ**Bräuˌstü·be(r)l** [-ˌʃtyːbə(r)l] *n Southern G. and Austrian* beer (*od.* ale, tap) room.

Braut [braut] *f* ⟨-; ¨e⟩ **1.** (*am Hochzeitstag*) bride: ~ und Bräutigam bride and (bride)groom; die glückstrahlende ~ the radiant (*od.* blissful) bride; eine ~ heimführen *obs.* to get married; die ~ zum Altar führen *lit.* to lead the bride to the altar; wer das Glück hat, führt die ~ heim (*Sprichwort*) the lucky one gains the prize (*od.* wins the lady); ~ Christi *relig.* bride of Christ, nun; „Die verkaufte ~" "The Bartered Bride" (*opera by Smetana*). – **2.** (*Verlobte*) fiancée, betrothed (*lit.*), intended (*colloq.*): sie ist seine ~ she is his fiancée, she is engaged to him; er sieht sich nach einer ~ um *humor. colloq.* he is thinking of getting married. – **3.** *contempt. for* Geliebte² 1. – **4.** ~ in Haaren *bot.* love-in-a-mist (*Nigella damascena*). — **~ˌausˌstat·tung** *f cf.* Aussteuer 1. — **~ˌbett** *n* bridal (*od.* marriage) bed. — **~ˌbit·ter** *m obs. cf.* Brautwerber. — **~buˌkett** *n* bride's (*od.* bridal) bouquet. — **~ˌel·tern** *pl* parents of the bride. — **~ˌen·te** *f zo.* wood duck (*Aix sponsa*). — **~entˌfüh·rung** *f* abduction of the bride. — **~exˌamen** *n röm.kath.* ecclesiastical examination of engaged person(s). — **~ˌfüh·rer** *m* bride's male attendant. — **~geˌmach** *n lit.* bridal (*od.* nuptial) chamber. — **~ge·ˌschen·ke** *pl presents exchanged by fiancés* (*which can be reclaimed if the engagement is broken off*): sie mußte die ~ zurückgeben she had to give back the presents (which) she had received from her fiancé.

Bräu·ti·gam [ˈbrɔʏtɪgam] *m* ⟨-s; -e⟩ **1.** (*am Hochzeitstag*) (bride)groom. – **2.** (*Verlobter*) fiancé, betrothed (*lit.*).

ˈ**Braut|ˌjung·fer** *f* bridesmaid, *bes. Am.* maid of honor. — **~ˌkauf** *m anthrop.* purchase of a bride. — **~ˌkind** *n* child born to an engaged couple. — **~ˌkleid** *n* wedding dress (*od.* gown). — **~ˌkranz** *m* bridal wreath. — **~ˌkro·ne** *f* bridal crown. — **~ˌleu·te** *pl cf.* Brautpaar 2.

bräut·lich [ˈbrɔʏtlɪç] *adj obs. lit.* bridal, nuptial.

ˈ**Braut|ˌlied** *n* nuptial (*od.* wedding) song; epithalamium, epithalamion (*lit.*). — **~ˌmes·se** *f röm.kath.* nuptial mass. — **~ˌmut·ter** *f* mother of the bride. — **~ˌnacht** *f* wedding night. — **~ˌpaar** *n* **1.** (*am Hochzeitstag*) bride and (bride)groom. – **2.** engaged couple. — **~ˌraub** *m anthrop.* abduction of the bride. — **~ˌschatz** *m obs. for* Mitgift. — **~ˌschau** *f only in* auf (die) ~ gehen, ~ halten *humor.* to look (out) for a wife. — **~ˌschlei·er** *m* bridal veil. — **~ˌschmuck** *m* **1.** bride's dress. – **2.** bride's jewelry (*bes. Br.* jewellery). — **~ˌse·gen** *m röm.kath.* nuptial blessing (*as part of nuptial mass*). — **~ˌstaat** *m* ⟨-(e)s; *no pl*⟩ bridal array (*od.* attire). — **~ˌstand** *m* ⟨-(e)s; *no pl*⟩ *lit.* time of engagement (*od.* betrothal). — **~ˌsu·che** *f only in* auf ~ looking for a wife. — **~ˌun·terˌricht** *m röm.kath. instruction given by priest to couple about to marry.* — **~ˌva·ter** *m* father of the bride. — **~ˌwer·ber** *m obs.* (professional) matchmaker. — **~ˌwer·bung** *f lit.* courting, wooing. — **~ˌzeit** *f* time of engagement. — **~ˌzug** *m* bridal procession.

ˈ**Brauˌwe·sen** *n* ⟨-s; *no pl*⟩ brewing industry (*od.* trade).

brav [braːf] **I** *adj* ⟨-er [ˈbraːvər; ˈbraːfər]; -st⟩ **1.** (*artig*) good, well-behaved: sei ~! be good; sie ist viel zu ~ she is much (*od.* far) too well-behaved. – **2.** (*anständig, ehrlich*) good, honest, worthy, upright: er hat eine ~e Frau he has a good wife; es sind ~e Leute they are honest people; → Mann 1. – **3.** *obs.* (*tapfer*) brave: ein ~er Soldat a brave soldier. – **4.** ~e Westwinde *meteor.* brave west winds, brave westerlies. – **II** *adv* **5.** ~ gemacht! well done! er hat ~ seine Aufgaben gemacht he did his home work like a good boy; nun geh hübsch ~ ins Bett now go to bed like a good boy (*od.* girl).

ˈ**Brav·heit** *f* ⟨-; *no pl*⟩ **1.** good behavior (*bes. Br.* behaviour). – **2.** honesty, uprightness.

bra·vis·si·mo [braˈvɪsimo] *interj* bravissimo! very well done!

bra·vo [ˈbraːvo] *interj* bravo! well done! ~ rufen to shout bravo.

ˈ**Bra·vo**¹ *n* ⟨-s; -s⟩ (shout of) bravo.

ˈ**Bra·vo**² *m* ⟨-s; -s *u.* Bravi [-vi]⟩ *obs.* bravo, (hired) assassin.

ˈ**Bra·vo|ˌruf** *m cf.* Bravo¹. — **~ˌru·fen** *n* cheers *pl*, cries *pl* (*od.* shouts *pl*) of bravo.

Bra·vour [braˈvuːr] *f* ⟨-; -en⟩ **1.** ⟨*only sg*⟩ bravery, courage. – **2.** ⟨*only sg*⟩ (*Schwung*) dash: etwas mit ~ tun to do s.th. with dash (*od.* gusto, spirit). – **3.** *bes. mus.* bravura, brilliance: mit ~ spielen to play brilliantly. — **~ˌarie** *f* bravura aria, aria di bravura. — **~ˌlei·stung** *f* **1.** act of daring (*od.* bravura), stunt. – **2.** *cf.* Bravourstück 1.

bra·vou·rös [bravuˈrøːs] *adj* **1.** brave,

courageous. – **2.** *mus.* brilliant, bravura (*attrib*).

Bra'vour,stück *n* **1.** act of bravery, daring feat, bravura. – **2.** *mus.* bravura: **er spielte ein ~** he played a bravura.

'Brav,sein *n* ⟨-s; *no pl*⟩ good behavior (*bes. Br.* behaviour).

break [breːk; breɪk] (*Engl.*) *interj* (*beim Boxsport*) break!

Break [breːk; breɪk] (*Engl.*) *m, n* ⟨-s; -s⟩ **1.** *mus.* (*im Jazz*) break. – **2.** (*sport*) break. – **3.** (*Kutsche*) break, *auch* brake.

'Brec·cia,mar·mor ['brɛtʃa-] *m geol.* brecciated marble.

Brec·cie ['brɛtʃə] *f* ⟨-; -n⟩ *geol.* breccia.

brec·ciös [brɛ'tʃøːs] *adj geol.* brecciated.

'Brech|,akt *m med.* act of vomiting. — **~,an,la·ge** *f tech.* crushing plant (*od.* equipment), breaker plant. — **~arz,nei** *f med.* emetic.

'brech·bar *adj* breakable. — **'Brech·bar·keit** *f* ⟨-; *no pl*⟩ breakability.

'Brech|,boh·ne *f bot.* string (*bes. Br.* French) bean (*Phaseolus vulgaris*). — **~,durch,fall** *m med.* diarrh(o)ea with vomiting.

Bre·che ['brɛçə] *f* ⟨-; -n⟩ *agr.* (*für Flachs, Hanf etc*) break.

'Brech,ei·sen *n* **1.** *tech.* crowbar. – **2.** (*Einbruchswerkzeug*) *Br.* jemmy, *Am.* jimmy.

bre·chen[1] ['brɛçən] **I** *v/t* ⟨bricht, brach, gebrochen, h⟩ **1.** break: **ein Loch in die Mauer ~** to break (*od.* make) a hole in the wall; **etwas in tausend Stücke ~** to break (*od.* shatter, smash) s.th. into a thousand pieces; **Brot ~** a) to break off pieces of bread, b) *Bibl.* to break bread; **Blumen ~** *poet.* to pick (*od.* pluck) flowers; **den Boden ~** to break the soil; **er hat nichts zu ~ und zu beißen** *fig. colloq.* he hasn't a crust of bread to eat, he has neither bite nor sup; **einer Flasche den Hals ~** *fig. colloq.* to crack a bottle; **das wird ihm den Hals** (*od.* **das Genick**) **~** *fig. colloq.* that will break his neck (*od.* ruin him); **er hat schon viele Herzen gebrochen** *fig.* he has already broken many a heart; **der Anblick brach mir das Herz** *fig.* my heart broke at the sight of it; **endlich brach er sein Schweigen** *fig.* at last he broke his silence; **er bricht gern(e) einen Streit vom Zaun(e)** *fig.* he likes to pick a quarrel, he is fond of picking quarrels; **einen Krieg vom Zaun(e) ~** *fig.* to start (*od.* unleash) a war; **ich würde die Angelegenheit nicht übers Knie ~** *fig. colloq.* I wouldn't rush it (*od.* things); **j-s Widerstand [Stolz] ~** *fig.* to break s.o.'s resistance [pride]; **die Gewalt der Wellen ~** *fig.* to break the force of the waves; **Not bricht Eisen** (*Sprichwort*) necessity knows no law (*proverb*); → Bahn[2] 1; Blockade 1; Lanze; Rückgrat 2; Stab 1. – **2.** *bes. jur.* (*nicht halten*) break, violate, (*Gesetz*) *auch* infringe: **Bundesrecht bricht Landesrecht** Federal law supersedes Land law; **die Ehe ~** to commit adultery; **j-m die Treue ~** to be untrue to s.o.; **er hat sein Wort [den Eid] gebrochen** he broke his word [oath]. – **3.** *civ.eng.* (*Stein, Marmor etc*) crush, break, (*im Steinbruch*) quarry. – **4.** *brew.* (*Malz etc*) bruise. – **5.** *chem.* (*Emulsionen*) split. – **6.** (*abtönen*) (*Farben*) tone down. – **7.** (*Nüsse*) crack. – **8.** *mar.* a) (*Tau*) break, part, b) (*Anker*) break out. – **9.** *med.* (*Arm, Bein etc*) break, fracture: **ich brach (mir) den Arm** I broke my arm. – **10.** *med.* (*Blut, Galle etc*) vomit. – **11.** (*optics*) *phys.* (*Strahlen etc*) diffract, break, refract: **die Wellen werden gebrochen** the waves are refracted. – **12.** *print.* a) (*Papier*) fold, crease, b) (*abteilen*) (*Wort*) divide, (*Zeile*) break, c) (*beim Umbruch*) run over, d) (*Spalten*) make up, adjust. – **13.** (*sport*) (*Rekord*) break, beat. – **14. das Wild bricht den Boden** *hunt.* the game paws (*od.* roots, grubs) the earth. – **II** *v/i* ⟨sein *u.* h⟩ **15.** ⟨sein⟩ break: **die Vorderachse ist gebrochen** the front axle has broken; **das Eis bricht** the ice breaks (*od.* gives way); **die Äste ~ unter der Last des Schnees** the branches break under the load (*od.* weight) of the snow; **Seide [Leder] bricht** silk [leather] breaks; **die Schale brach in tausend Stücke** the bowl broke into a thousand pieces; **die Quelle bricht aus der Erde** the spring gushes out of the earth; **die Sonne bricht durch die Wolken** the sun breaks through the clouds; **endlich war die Kälte gebrochen** *fig.* at last the cold weather was over; **endlich war der Bann [das Eis] gebrochen** *fig.* at last the spell [ice] was broken; **das Herz brach ihr vor Kummer** *fig.* sorrow (*od.* grief) broke her heart; **die Stimme brach ihr, ihre Stimme brach** *fig.* her voice broke; **sie brach in die Knie** *fig.* she fell on her knees; **seine Augen brachen** *fig. lit.* his eyes were growing dim in death; **Tränen brachen ihr aus den Augen** *fig.* tears poured (*od.* gushed) from her eyes; **Glück und Glas, wie leicht bricht das** (*Sprichwort*) happiness is brittle stuff; **der Krug geht so lange zum Wasser** (*od.* **Brunnen**), **bis er bricht** (*Sprichwort*) the last straw breaks the camel's back (*proverb*), the pitcher goes often to the well, but it is broken at last. – **16.** ⟨h⟩ **mit j-m [etwas] ~** to break with s.o. [s.th.]: **er hat mit ihr gebrochen** he broke with her; **mit der Vergangenheit ~** to break with the past; **mit einer Gewohnheit ~** to break with a habit, to break oneself of a habit; **mit einer Tradition ~** to break (with, away from) a tradition; **er hat mit der Welt gebrochen** he has finished with the world. – **17.** ⟨sein⟩ (*von Wellen*) break. – **18.** ⟨h⟩ *med.* vomit, be sick, throw up. – **III** *v/reflex* ⟨h⟩ **sich ~ 19.** (*von Wellen etc*) break: **die Brandung bricht sich an den Felsen** the waves break on the rocks. – **20.** (*optics*) *phys.* (*vom Schall, Licht*) diffract, refract, be refracted: **das Echo bricht sich an der Mauer** the echo breaks on the wall. – **IV B~** *n* ⟨-s⟩ **21.** *verbal noun*: **das B~ eines Gesetzes** *fig.* the breaking (*od.* breach, violation) of a law; **er versuchte, es auf Biegen oder B~ zu erreichen** *fig.* he tried to achieve it by hook or by crook; **es geht auf Biegen oder B~** *fig.* it's all (*od.* neck) or nothing, it's now or never; **der Raum war zum B~ voll** *fig.* the room was cram-full (*od.* full to bursting point); **das ist einfach zum B~** *fig. colloq.* it's enough to make one sick. – **22.** *cf.* Brechung. – **23.** *cf.* Bruch[1] 2, 3, 4, 6.

'bre·chen[2] *v/t* ⟨brecht, brechte, gebrecht, h⟩ *agr.* (*Flachs, Hanf etc*) beat, brake, *auch* break.

'bre·chend I *pres p.* – **II** *adj* (*optics*) refractive. – **III** *adv* **~ voll sein** *colloq.* to be cram-full, to be full to bursting point.

'Bre·cher *m* ⟨-s; -⟩ **1.** *mar.* (*Sturzsee*) breaker. – **2.** *tech.* breaker, crusher, breaking (*od.* crushing) machine: **~ mit Stachelwalzen** spiked roll crusher. — **~,zo·ne** *f mar.* surf zone.

'Brech|,flä·che *f* (*optics*) refracting surface, refraction plane. — **~,ha·sel,kraut** *n bot.* European asarum (*Asarum europaeum*). — **~,koh·le** *f* (*mining*) broken (*od.* crushed) coal. — **~,kör·ner** *pl bot.* castor beans (*Ricinus communis*).

'Brech,kraft *f* (*optics*) refracting (*od.* refractive, focal) power: **~ des Auges** (*od.* **einer Linse**) refraction. — **~-,Ein·heit** *f* diopter, *auch* dioptre, dioptry.

'Brech|ma,schi·ne *f tech. cf.* Brecher 2. — **~,mit·tel** *n med.* emetic, anacathartic (*scient.*): **er ist ein wahres ~** *fig. contempt.* he is enough to turn your stomach (*od.* to make you throw up). — **~,nuß** *f*, **~,nuß,baum** *m bot.* **1.** poison nut, nux vomica (*scient.*) (*Strychnos nux-vomica*). – **2.** jatropha, physic nut (*Jatropha curcas*). — **~,pflan·ze** *f cf.* Brechwurzel.

'Brech,reiz *m med.* nausea, feeling of sickness. — **b~er,re·gend** *adj* nauseating.

'Brech|,ruhr *f med. cf.* Brechdurchfall. — **~,sand** *m civ.eng.* crushed stone sand, screening(s *pl*). — **~,schnecke** (*getr.* -k·k-) *f tech.* crusher worm. — **~,stan·ge** *f cf.* Brecheisen.

'Bre·chung *f* ⟨-; *no pl*⟩ **1.** *cf.* Brechen[1]. – **2.** *phys.* (*optics*) (*des Lichts*) refraction. – **3.** *ling.* (*eines Vokals*) fracture. – **4.** *mus.* (*eines Akkords*) arpeggio.

'Bre·chungs|,ab,wei·chung *f* (*optics*) refractive aberration. — **~,ebe·ne** *f cf.* Brechfläche. — **~ex·po,nent** *m cf.* Brechungsindex. — **~,feh·ler** *m med.* (*des Auges*) refractive error. — **~ge,setz** *n* (*optics*) law of refraction. — **~,in·dex**, **~ko·ef·fi·zi,ent** *m* refractive index. — **~,leh·re** *f* dioptrics *pl* (*construed as sg*). — **~,spek·trum** *n* prismatic (*od.* refraction) spectrum. — **~ver,mö·gen** *n* **1.** *cf.* Brechungsindex. – **2.** *cf.* Brechkraft. — **~,win·kel** *m* angle of refraction, refracting angle.

'Brech|,wal·ze *f tech.* crusher (*od.* crushing) roll. — **~,walz,werk** *n* crushing mill (*od.* plant). — **~,wei·de** *f bot. cf.* Bruchweide. — **~,wein,stein** *m pharm.* antimoniated tartar, tartar emetic, potassium antimonyl tartrate. — **~,werk** *n tech.* **1.** *cf.* Brechanlage. – **2.** *cf.* Brechwalzwerk. — **~,wur·zel** *f bot.* ipecac, ipecacuanha (*Cephaelis ipecacuanha*). — **~,zahl** *f* (*optics*) *cf.* Brechungsindex.

Bre·douil·le [bre'duljə] *f* ⟨-; *no pl*⟩ *colloq.* (*in Wendungen wie*) **in der ~ sein** (*od.* **sitzen**) to be in a scrape (*od.* mess, fix) (*colloq.*); **in die ~ geraten** to get in a scrape, to land oneself in trouble (*beide colloq.*).

Bree·ches ['brɪtʃɪs; 'brɪtʃɪz] (*Engl.*) *pl* breeches.

Bre·gen ['breːgən] *m* ⟨-s; -⟩ *Northern G. gastr.* brain.

Brei [braɪ] *m* ⟨-(e)s; -e⟩ **1.** *gastr.* a) (*aus Haferflocken*) porridge, (*dünner*) gruel, b) (*aus Reis, Gries etc*) pudding, c) *Am.* (*bes. aus Mais*) mush, d) (*für Kleinkinder*) pap: **einen ~ kochen** to make porridge (*od.* a pudding); **er geht** (*od.* **schleicht**) **wie die Katze um den heißen ~** *fig. colloq.* he is beating about the bush; **viele Köche verderben den ~** (*Sprichwort*) too many cooks spoil the broth (*proverb*); **um den ~ herumreden** *fig. colloq.* to talk in a roundabout way. – **2.** (*Breimasse*) pulp, mash, mush: **etwas zu ~ schlagen** (*od.* **stampfen**) to mash (*od.* pulp) s.th.; **j-n zu ~ schlagen** *fig. sl.* to beat s.o. to a pulp (*od.* jelly). – **3.** (*Teig*) paste. – **4.** *tech.* (*Papierbrei etc*) pulp. – **5.** *chem.* paste, (*durch Aufschlämmung*) slurry. — **~,ap·fel** *m bot.* **1.** (*Baum*) sapodilla, *auch* sapotilla, naseberry (*Achras sapota*). – **2.** (*Frucht*) sapodilla (plum). — **b~,ar·tig** *adj cf.* breiig.

'brei·ig *adj* **1.** pulpy, mashy, mushy. – **2.** pasty.

'Brei|,kost *f gastr.* spoon (*od.* pappy) food. — **~,nah·rung** *f cf.* Breikost.

'Breis,lauch ['braɪs-] *m bot. cf.* Porree.

breit [braɪt] **I** *adj* ⟨-er; -est⟩ **1.** (*bei Maßangaben*) wide, broad: **2 Zoll [Fuß] ~** 2 inches [feet] wide (*od.* across, in width); **der Stoff liegt 80 Zentimeter ~** the material is 80 centimeters wide; **6 Zoll lang und 3 Zoll ~** 6 inches long and 3 inches wide, 6 inches by 3; **eine drei Finger ~e Lücke** a gap of three fingers' width (*od.* breadth); **es ist so lang wie ~** it's as broad as it is long. – **2.** (*von großer Ausdehnung*) broad, wide: **eine ~e Straße** a broad (*od.* wide) road; **sie hat ~e Schultern** she has broad shoulders; **eine ~e Nase** a broad nose; **der Vorhang ist so ~ wie (er) lang (ist)** the curtain is as wide as it is long; **etwas ~er machen** to broaden (*od.* widen) s.th.; **~er werden** to grow broader (*od.* wider); **einen Nagel ~ schlagen** to hammer a nail flat; **seine Schuhe waren ~ getreten** his shoes were trodden down; **auf ~ester Grundlage arbeiten** *fig.* to work on a very broad basis; **die ~e Öffentlichkeit** *fig.* the general public; **die ~e Masse des Volkes** *fig.* the broad (*od.* great) mass of the people; **~e Schichten der Bevölkerung** *fig.* large sections of the population; **ein ~es Publikum** *fig.* a wide (*od.* large) public; **etwas findet ein ~es Interesse [eine ~e Zustimmung]** *fig.* s.th. arouses widespread interest [finds wide approval]; **etwas in ~em Umfang(e) durchführen** *fig.* to carry s.th. out on a large scale; → Buckel[1] 3; Rücken 1; Weg 1. – **3.** *fig.* (*Aussprache*) broad. – **4.** *fig.* (*ausführlich*) long-winded, lengthy, diffuse: **ein ~er Stil** a diffuse style; **seine Darstellung ist zu ~** his account is too lengthy (*od.* detailed). – **5.** *mar.* (*Schiff*) broad, wide, beamy. – **6.** *mus.* largo. – **7.** *print.* a) (*Buchstaben*) extended, expanded, b) (*Satz*) wide: **ungleich ~** of unequal length. – **II** *adv* **8.** broadly, widely: **er stand groß und ~ da** he stood there as large as life; **er hat es mir lang und ~** (*od. lit.* **des langen und ~en**) **erklärt** *fig.* he explained it to me at great length; **etwas des ~eren darlegen** *fig.* to give a full account of s.th.; **die Erzählung war ~ angelegt** *fig.* the story was told at great length (*od.* on a large scale); **etwas lang** (*od.* **groß**) **und ~ erzählen** *fig.* to make a long story of s.th.; **es steht groß und ~ an der Tafel** *fig.* it's there on the board for everyone to see; **weit und ~ konnten wir niemanden sehen** *fig.* we couldn't see anyone far and wide (*od.* for miles); **sie ist weit und ~ bekannt** *fig.* she is known everywhere; **~ grinsen** *fig.* to grin broadly. – **9.** *mus.* largo, largamente: **~ gestrichen** (*Vortragsbezeichnung*) with long, strong strokes (of the bow).

ˈ**Breitˌband** *n* **1.** (*radio*) broad (*od.* wide) band. – **2.** *metall.* wide strip. — **~ˌab·ˌstim·mung** *f* (*radio*) broad tuning. — **~ˌstra·ße** *f*, **~ˌwalzˌwerk** *n metall.* wide (*od.* broad) strip mill.

ˈ**Breit|ˌbeil** *n tech.* (*des Zimmermanns*) broad hatchet. — **b~ˌbei·nig** [-ˌbaɪnɪç] *adv* straddle-legged, with legs apart: **~ gehen** to straddle.

ˈ**Breitˌbild** *n* (*film*) wide-screen picture. — **~ˌfilm** *m* wide-screen film.

ˈ**breit|ˌblät·te·rig, ~ˌblätt·rig** *adj bot.* broad-leaved (*od.* -leafed), latifoliate (*scient.*). — **~ˌbrü·stig** [-ˌbrʏstɪç] *adj* broad-breasted (*od.* -chested).

Brei·te [ˈbraɪtə] *f* ⟨-; -n⟩ **1.** ⟨*only sg*⟩ (*als Maßangabe*) width, breadth: **die Straße hat eine ~ von 6 Metern** the road is 6 meters in width (*od.* breadth); **die ~ eines Zimmers** the width of a room; **die ~ eines Stoffes** the width of a material; **er wich nicht um eines Haares ~** *fig.* he didn't give way an inch; **um eines Haares ~ wäre er gefallen** *fig.* he only escaped falling by a hair's breadth, he very nearly fell; **er ist um eines Haares ~ zu weit gegangen** *fig.* he went a shade too far. – **2.** ⟨*only sg*⟩ (*große Ausdehnung*) breadth, width: **die ~ seiner Schultern** the breadth of his shoulders; **etwas der ~ nach legen** to lay s.th. breadthways (*od.* breadthwise, broadwise); **er stand in seiner vollen ~ da** he stood there as large as life; **sie ist in die ~ gegangen** *fig. colloq.* she has grown broad (*od.* become stout). – **3.** ⟨*only sg*⟩ *fig.* (*Ausführlichkeit*) long-windedness, lengthiness, diffuseness: **diese Darstellung geht zu sehr in die ~** this account is too diffuse (*od.* detailed); **etwas in epischer ~ erzählen** to tell s.th. in epic breadth (*od.* with an epic wealth of details). – **4.** *mar.* (*eines Schiffes*) breadth, width, beam: **größte ~** extreme (*od.* maximum) beam (*od.* breadth). – **5.** *print.* (*des Satzes*) width. – **6.** *astr. geogr.* latitude: **geographische ~** geographical (*od.* terrestrial) latitude; **54 Grad nördlicher ~** 54 degrees latitude north; **in diesen [(den) südlichen] ~n** in these [southern] latitudes.

brei·ten [ˈbraɪtən] **I** *v/t* ⟨h⟩ **1.** (*über acc* over, on) spread: **sie breitete eine Decke über den Tisch** she spread a cloth on the table. – **2.** *metall.* a) flatten, b) (*Walzgut*) spread. – **II** *v/reflex* **3. sich ~** spread: **eine Ebene breitete sich vor uns** a plain spread (out) in front of us; **Nebel breitet sich über das Tal** fog is spreading over the valley.

ˈ**Brei·ten|ˌgrad** *m geogr.* **1.** degree of latitude. – **2.** (*Breitenkreis*) parallel (of latitude): **am** (*od.* **auf dem**) **38. ~** on the 38th parallel. — **~ˌkreis** *m* **1.** *geogr. cf.* Breitengrad 2. – **2.** *mar.* circle of latitude. — **~ˌwir·kung** *f fig.* broad effect.

ˈ**breit|ˌflü·ge·lig** [-ˌflyːɡəlɪç] *adj zo.* broad-winged. — **~ˌfü·ßig** [-ˌfyːsɪç] *adj* **1.** flat-footed. – **2.** *zo.* platypod. — **B~ˌfuß·ˌschie·ne** *f tech.* (*railway*) flat bottom rail.

Breit·haup·tit [braɪthaupˈtiːt; -ˈtɪt] *m* ⟨-s; -e⟩ *min.* breithauptite.

ˈ**Breit·heit** *f* ⟨-; *no pl*⟩ broadness, wideness.

ˈ**breit|ˌhüf·tig** [-ˌhʏftɪç] *adj* broad-hipped. — **~ˌköp·fig** [-ˌkœpfɪç] *adj* **1.** *med.* brachycephalic. – **2.** *zo.* platycephalous. — **~·ˌkrem·pig** [-ˌkrɛmpɪç] *adj* (*Hut etc*) broad-brimmed.

Breit·ling [ˈbraɪtlɪŋ] *m* ⟨-s; -e⟩ *zo. cf.* Sprotte.

ˈ**breit|ˌlip·pig** [-ˌlɪpɪç] *adj* thick-lipped. — **~ˌma·chen** *v/reflex* ⟨*sep*, -ge-, h⟩ **sich ~ 1.** *colloq.* take up room, spread oneself (out): **sich auf dem Stuhl ~** to spread oneself (out) on the chair; **mach dich nicht so breit!** don't take up so much room. – **2.** *colloq. contempt.* show off. – **3.** *fig.* spread: **die Angst vor einem Krieg machte sich im ganzen Land breit** the fear of war spread through the whole country. — **~ˌmäu·lig** [-ˌmɔʏlɪç] *adj* broad-mouthed. — **B~ˌmaulˌnasˌhorn** *n zo.* white rhinoceros (*Ceratotherium simum*). — **B~ˌmei·ßel** *m tech.* (*Zerspanwerkzeug*) broad cutting (*od.* broad nose) tool. — **B~ˌna·sen** *pl zo.* Platyr(r)hina, Platyr(r)hini (*new-world monkeys*). — **~·ˌna·sig** [-ˌnaːzɪç] *adj* **1.** broad- (*od.* flat-) -nosed. – **2.** *zo.* (*Affen*) platyr(r)hine, platyr(r)hinian. — **~ˌran·dig** [-ˌrandɪç] *adj* **1.** *cf.* breitkrempig. – **2.** *print.* (*Buch*) with wide margins. — **B~ˌsaat** *f agr.* broadcast sowing, broadcasting. — **B~ˌsä·ma·ˌschi·ne** *f* broadcast seeder, seed broadcaster. — **B~ˌschä·del** *m med.* eurycephalic skull. — **~ˌscha·rig** [-ˌʃaːrɪç] *adj agr.* (*Pflug*) broadshare (*attrib*). — **B~ˌschar·ˌpflug** *m* broadshare plough (*bes. Am.* plow). — **~ˌschla·gen** *v/t* ⟨*irr*, *sep*, -ge-, h⟩ **1. j-n ~** *fig. colloq.* to talk (*od.* bring) s.o. round: **man hat mich breitgeschlagen, mit ihnen zu gehen** I was talked into going with them; **er ließ sich nicht (dazu) ~** he could not be talked round. – **2. etwas ~** *fig. colloq.* to give undue importance (*od.* publicity) to s.th. — **~ˌschnä·be·lig** [-ˌʃnɛːbəlɪç], **~ˌschnäb·lig** [-ˌʃnɛːblɪç] *adj zo.* broad-billed, broad-beaked; latirostral, latirostrate (*scient.*). — **~ˌschul·te·rig** [-ˌʃʊltərɪç], **~ˌschul·trig** [-ˌʃʊltrɪç] *adj* broad-shouldered.

ˈ**Breitˌschwanz** *m*, **~ˌfell** *n zo.* broadtail. — **~ˌschaf** *n* broadtail (sheep), karakul, *auch* karacule.

ˈ**Breitˌsei·te** *f mar.* broadside.

ˈ**Breitˌspur** *f* **1.** (*railway*) broad (*od.* wide) ga(u)ge. – **2.** (*beim Skilauf*) wide track. — **~ˌbahn** *f* broad-ga(u)ge railroad (*bes. Br.* railway). — **~ˌfahrˌwerk** *n auto.* wide-tread design of chassis.

ˈ**breit|ˌspu·rig** [-ˌʃpuːrɪç] *adj* **1.** (*railway*) broad-ga(u)ge (*attrib*). – **2.** *aer.* wide-track (*attrib*). – **3.** (*Skispur*) wide-track (*attrib*). – **4.** *fig. contempt.* self-important. — **~ˌstir·nig** [-ˌʃtɪrnɪç] *adj* having a broad forehead. — **B~ˌstrah·ler** *m auto.* broad (*od.* wide-) beam headlight (*od.* headlamp). — **~ˌtre·ten** *v/t* ⟨*irr*, *sep*, -ge-, h⟩ **etwas ~** *fig. colloq.* to enlarge (*od.* dwell) on s.th.: **die ganze Sache wurde viel zu (sehr) breitgetreten** the whole thing was talked about far too much. — **~ˌwal·zen** *v/t* ⟨*sep*, -ge-, h⟩ *fig. colloq. cf.* breittreten.

ˈ**Breitˌwand** *f* (*im Kino*) wide (*od.* large) screen. — **~ˌfilm** *m* wide-screen film. — **~pro·jek·tiˌon** *f* wide-screen projection. — **~verˌfah·ren** *n* wide-screen process. — **~vorˌfüh·rung** *f* wide-screen presentation.

ˈ**Breit|ˌwe·ge·rich** *m bot.* greater plantain (*Plantago major*). — **b~ˌwüch·sig** [-ˌvyːksɪç] *adj med.* pyknic, *auch* pycnic. — **~·ˌwurf** *m agr.* broadcast (sowing). — **b~ˌzäh·nig** [-ˌtsɛːnɪç] *adj zo.* broad-toothed, latidentate (*scient.*).

ˈ**BreiˌumˌschIag** *m med.* cataplasm, poultice.

Brek·zie [ˈbrɛktsĭə] *f* ⟨-; -n⟩ *geol. min.* breccia.

Bre·me [ˈbreːmə] *f* ⟨-; -n⟩ *Southern G., Austrian and Swiss for* Bremse[2].

Bre·mer [ˈbreːmər] *adj* (of) Bremen: „**Die ~ Stadtmusikanten**" "The Town Band of Bremen" (*fairy tale*). — **~ˌblau** *n* (*paints*) Bremen blue. — **~ˌgrün** *n* Bremen green.

ˈ**bre·misch** *adj* (of) Bremen.

ˈ**Brems|ˌabˌstand** *m auto.* stopping distance. — **~ˌanˌhän·ger** *m* power absorption trailer. — **~ˌanˌla·ge** *f* brake, (*als Bauteil*) brake assembly. — **~ˌbacke** (*getr.* -k·k-) *f* (brake) shoe. — **~ˌbahn** *f cf.* Bremsweg. — **~ˌband** *n auto.* brake band: **hinteres ~** low reverse band; **vorderes ~** intermediate band. — **~beˌlag** *m* brake lining: **die Bremsbeläge erneuern** to reline the brakes. — **~beˌla·stung** *f tech. phys.* brakeload. — **~ˌberg** *m* (*mining*) brake incline, gravity plane, *Am.* go-devil (gravity plane). — **~ˌdich·te** *f nucl.* slowing-down density. — **~ˌdruck** *m* ⟨-(e)s; ⸚e⟩ brake pressure.

Brem·se[1] [ˈbrɛmzə] *f* ⟨-; -n⟩ **1.** *tech.* brake(s *pl*): **selbstwirkende ~** power (*od.* servo) brake; **die ~(n) anziehen** to brake, to put on (*od.* apply) the brakes; **die ~n belegen** to line the brakes; **die ~n neu belegen** to (re)line the brakes; **die ~ blokkierte** the brakes jammed; **die ~n greifen** (*od.* **fassen**) the brakes are gripping (*od.* grabbing); **die ~(n) nachstellen** to adjust the brakes; **die ~n haben versagt** the brakes have failed. – **2.** *agr.* (*für Pferde, Rinder*) barnacles *pl.*

ˈ**Brem·se**[2] *f* ⟨-; -n⟩ *zo.* horsefly, *auch* gadfly (*Fam. Tabanidae*).

brem·sen [ˈbrɛmzən] **I** *v/t* ⟨h⟩ **1.** *tech.* brake: **er versuchte, den Wagen zu ~** he tried to stop the car. – **2.** *nucl. phys.* moderate, slow down. – **3.** *fig.* check, curb: **diese Tatsache bremste die Entwicklung** this fact slowed down (*od.* retarded) the development; **seine Ungeduld ~** to curb one's impatience; **man muß ihn ~** he needs keeping in check; **er ist nicht zu ~** *fig. colloq.* there is no holding him. – **II** *v/i* **4.** brake, slow down. – **5.** *tech.* brake, put on (*od.* apply) the brake(s): **gleichmäßig ~** to apply the brakes uniformly; **mit der Handbremse ~** to pull the hand brake; **scharf ~** to jam on one's brakes, to floor the brake pedal; **plötzlich ~** to brake suddenly. – **6. er muß mit dem Trinken ~** *fig.* he has to cut down on drinking. – **III** *v/reflex* **sich ~ 7.** *fig.* restrain (*od.* check) oneself: **ich kann mich ~** *colloq.* I can control myself, don't you worry! not likely! (*iron.*). – **IV B~** *n* ⟨-s⟩ **8.** *verbal noun*: **ruckartiges [scharfes, weiches] B~** jerky [sudden, smooth] braking. – **9.** *cf.* Bremsung.

ˈ**Brem·sen|ˌschwarm** *m* swarm of horseflies. — **~ˌstich** *m* horsefly bite.

ˈ**Brems·entˌlüf·tung** *f auto.* bleeding of the brake(s).

ˈ**Brem·ser** *m* ⟨-s; -⟩ **1.** (*beim Bobsport*) brake, *auch* brakeman, *bes. Br.* brakesman. – **2.** (*railway*) brakeman, *bes. Br.* brakesman. — **~ˌhaus, ~ˌhäus·chen** *n* (*railway*) brakeman's (*bes. Br.* brakesman's) box (*od.* hut, cabin).

ˈ**Brems|ˌfallˌschirm** *m* **1.** *aer.* (*space*) brake (*od.* deceleration) parachute. – **2.** *mil.* drogue chute. — **~ˌflä·che** *f nucl.* slowing-down area. — **~ˌflüs·sig·keit** *f auto.* brake fluid. — **~ˌfußˌhe·bel** *m cf.* Bremspedal. — **~ˌfut·ter** *n cf.* Bremsbelag. — **~geˌstän·ge** *n* (brake) linkage. — **~ˌgit·ter** *n electr.* suppressor (*od.* cathode) grid. — **~ˌhas·pel** *f tech.* brake winch. — **~ˌhe·bel** *m* **1.** *auto.* (actuating) brake lever, brake handle. – **2.** (*eines Fahrrads*) brake arm. — **~ˌhil·fe** *f auto.* brake booster. — **~ˌke·gel** *m tech.* friction cone. — **~ˌkeil** *m* **1.** (brake) block. – **2.** (*eines Fahrrads*) brake expander. — **~ˌklap·pe** *f aer.* **1.** (*auf den Tragflügeln*) air (*od.* speed) brake. – **2.** (*Störklappe*) spoiler flap. — **~ˌklotz** *m tech.* **1.** (brake) shoe, (brake) block, chock. – **2.** *cf.* Bremskeil. — **~ˌkol·ben** *m mil.* recoil piston. — **~ˌkraft** *f tech. cf.* Bremsleistung. — **~ˌkraftˌreg·ler** *m auto.* braking force controller, brake pressure regulator. — **~ˌkraft·ver·ˌstär·ker** *m* brake booster, servo assistance unit. — **~ˌkupp·lung** *f* brake coupling. — **~ˌkur·bel** *f tech.* brake handle (*od.* crank). — **~ˌlän·ge** *f* **1.** *cf.* Bremsweg. – **2.** *nucl.* slowing-down length. — **~ˌlast** *f tech.* brakeload. — **~ˌlei·stung** *f phys.* braking (*od.* brake) power: **~ in PS** brake horsepower. — **~ˌleuch·te** *f* **1.** stop lamp. – **2.** *cf.* Bremslicht. — **~ˌlicht** *n Am.* stop light, *Br.* stop signal, braking signal light. — **~ˌlüf·ter** *m tech.* brake lifter. — **~ˌluftˌschlauch** *m auto.* air brake hose. — **~ˌluftˌschrau·be** *f aer.* brake (*od.* club) propeller. — **~maˌgnet** *m tech.* brake (*od.* damping) magnet. — **~manˌschet·te** *f auto.* brake piston cup, brake sealing cup. — **~moˌment** *n electr. auto.* braking torque. — **~ˌmo·tor** *m auto.* self-braking motor. — **~ˌnut·zung** *f nucl. cf.* Resonanzfluchtfaktor. — **~peˌdal** *n auto.* brake pedal. — **~ˌpro·be** *f tech.* brake (*od.* braking) test. — **~ˌprüfˌstand** *m auto.* braking test station, brake testing stand. — **~-PS** [-peːˌʔɛs] *m phys.* brake horsepower. — **~ˌquerˌschnitt** *m nucl.* stopping cross section. — **~raˌke·te** *f* (*space*) braking rocket, retro-rocket. — **~ˌrei·bung** *f tech.* braking friction. — **~ˌschei·be** *f auto.* brake disc (*od.* disk). — **~ˌschirm** *m aer. cf.* Bremsfallschirm 1. — **~ˌschlauch** *m* (*railway*) brake hose. — **~ˌschlußˌlicht** *n auto.* tail and stop light, stop and tail light. — **~ˌschub** *m* (*space*) retrothrust. — **~ˌschuh** *m* brake shoe. — **~ˌseil** *n* (*der Handbremse*) brake cable, Bowden cable. — **~ˌseilˌzug** *m* brake cable assembly. — **b~ˌsi·cher** *adj* (*Reifen, Profil*) skidproof. — **~ˌsi·cher·heit** *f* **1.** (*eines Reifens etc*) skid resistance. – **2.** (*der Bremse*) brake efficiency. — **~ˌspur** *f* (*eines Autos etc*) skid marks *pl* (*od.* track). — **~ˌstel·lung** *f aer.* (*einer Luftschraube*) reverse (*od.* braking) pitch. — **~ˌstoppˌlicht** *n auto. cf.* Bremsschlußlicht. — **~ˌstrahl** *m aer.* (*eines Düsenmotors*) decelerating (*od.* reverse) thrust, retardation jet. — **~ˌstrah·lung** *f nucl.* deceleration (*od.* retardation) radiation, bremsstrahlung. — **~ˌstrecke** (*getr.* -k·k-) *f* **1.** *cf.* Bremsweg. – **2.** *aer.* braking run, braking distance. — **~subˌstanz** *f nucl.* (*in Reaktoren*) moderator. — **~ˌtrom·mel** *f auto.* brake drum.

'Brem·sung *f* ⟨-; -en⟩ **1.** *cf.* Bremsen. – **2.** *tech.* braking effect. – **3.** *nucl.* a) slowdown (process), b) (*der Neutronen*) moderation, retardation.

'Brems|venˌtil *n auto.* brake valve. — **~verˌmö·gen** *n nucl.* stopping power. — **~verˌzö·ge·rung** *f* **1.** *tech.* braking retardation. – **2.** *auto.* brake system application time. — **~ˌvorˌrich·tung** *f tech.* brake mechanism. — **~ˌwäch·ter** *m* brake control device. — **~ˌweg** *m* (*eines Fahrzeugs etc*) braking distance. — **~ˌwel·le** *f auto.* brake toggle shaft. — **~ˌwir·kung** *f* braking power (*od.* action), brake effect. — **~ˌzaum** *m tech.* Prony brake. — **~ˌzeit** *f* **1.** *auto.* braking (*od.* stopping) time, time of active braking. – **2.** *nucl.* (*der Neutronen*) slowing-down time (*od.* period). — **~ˌzug** *m cf.* Bremsseil. — **~zyˌlin·der** *m* **1.** *tech.* brake cylinder, dashpot. – **2.** *mil.* recoil cylinder.

'Brenn|ˌach·se *f* (*optics*) focal axis. — **~ap·paˌrat** *m* **1.** *tech. chem.* (*für Branntwein*) distilling apparatus, still. – **2.** (*für Holz etc*) burning brand.

'brenn·bar *adj* **1.** burnable. – **2.** *bes. chem. tech.* combustible, inflammable, *auch* flammable. — **'Brenn·bar·keit** *f* ⟨-; *no pl*⟩ combustibility, inflammability, *auch* flammability.

'Brenn|ˌbla·se *f chem.* distilling (*od.* distillery) apparatus, still. — **~ˌdau·er** *f* **1.** (*einer Glühbirne etc*) lighting hours *pl.* – **2.** (*space*) (*einer Rakete etc*) combustion period, duration of combustion. – **3.** *tech.* (*einer Lötlampe*) burning life. – **4.** *phot.* (*eines Blitzes*) flash duration. — **~ˌdü·se** *f tech.* (*im Ofen*) burner jet. — **~ˌebe·ne** *f* (*optics*) **1.** focal plane. – **2.** *cf.* Katakaustik. — **~ˌei·sen** *n* **1.** *cf.* Brennschere. – **2.** *agr.* (*zum Einbrennen von Brandmalen*) branding iron. – **3.** (*zum Markieren von Holz*) branding tool. – **4.** *med.* cautery. — **~eleˌment** *n chem.* fuel cell (*od.* element).

bren·nen ['brɛnən] **I** *v/i* ⟨brennt, brannte, gebrannt, h⟩ **1.** burn: hell ~ to burn bright(ly); lichterloh ~ to be ablaze; schlecht ~ to burn poorly (*od.* badly); unruhig ~ to flicker; das trockene Holz brennt gut the dry wood burns well; das Streichholz brennt nicht the match does not strike; das Haus brennt the house is on fire; es brennt in der Stadt there is a fire in (the) town; ihr Kleid brannte her dress caught fire; wo brennt's denn? *auch fig. colloq.* what's your hurry? what's bothering you? where is the fire? es brennt! (*Ausruf*) fire! laß das Licht ~! leave the light on! die Sonne brennt *fig.* the sun is burning (*od.* scorching); die Arbeit brannte mir auf den Nägeln *fig.* a) there was plenty that I was keen to get on with, b) my work simply couldn't wait; er brennt darauf, etwas zu tun *fig.* he is burning to do s.th.; der Boden brennt ihm unter den Füßen *fig. colloq.* the place is (getting) too hot for him (*colloq.*); das Geld brennt ihm in der Tasche *fig.* the money is burning a hole in his pocket; er brannte vor Wut *fig.* he was burning with fury; sie brannte vor Ungeduld *fig.* she was burning with impatience; er brennt vor Neugierde *fig.* he is burning with curiosity. – **2.** *gastr.* (*von Gewürzen*) burn, bite. – **3.** *bot.* (*von Nesseln*) sting. – **4.** *med.* (*von Wunden, Augen etc*) smart, burn: mir ~ die Augen my eyes are smarting; meine Haut brennt my skin is burning. – **II** *v/t* **5.** burn: Holz ~ to burn wood; ein Loch in die Tischdecke ~ to burn a hole in the tablecloth; Kohlen aus Holz ~ to burn charcoal, to char; → Pelz 1. – **6.** *tech.* a) (*Kalk*) burn, calcine, b) (*Ton, Ziegel etc*) bake, c) (*Porzellan*) fire, sinter, d) (*Kohle*) burn, fire. – **7.** *gastr.* (*Kaffee, Mehl*) roast. – **8.** *chem.* (*Schnaps*) distil, *bes. Am.* distill. – **9.** *med.* (*Wunde*) cauterize. – **10.** *agr.* (*Vieh*) brand, mark. – **11.** (*textile*) (*Wollstück*) crab. – **12.** (*cosmetics*) (*Haare*) curl, wave. – **III** *v/reflex* sich ~ **13.** burn oneself: sich an Brennnesseln ~ to be stung by nettles; da brennst du dich *fig. colloq.* you are mistaken (there). – **IV B~** *n* ⟨-s⟩ **14.** *verbal noun.* – **15.** *tech.* (*von Erz*) calcination. – **16.** *chem.* (*von Schnaps*) distillation. – **17.** *med.* a) B~ im Magen (*Sodbrennen*) heartburn, b) (*Ätzen*) cauterization.

'bren·nend I *pres p.* – **II** *adj* **1.** (*Kerze, Zigarette etc*) burning, lighted, lit. – **2.** *fig.* burning: ~e Frage burning (*od.* urgent, pressing) question; eine ~e Aufgabe an urgent task; ein ~er Wunsch a burning (*od.* fervent) desire; ~es Interesse burning (*od.* intense) interest; ein ~es Problem an acute problem; ~e Liebe ardent love; ~e Sonnenglut parching (*od.* scorching) heat of the sun; ~er Durst parching thirst; ~es Rot glaring red. – **3.** *chem. med.* a) (*ätzend*) caustic, b) (*scharf*) acrid. – **III** *adv* **4.** ~ heiß burning (*od. colloq.* roasting) hot. – **5.** *fig. colloq.* es interessiert ihn ~ he is keenly interested in it; es interessiert mich ~, ob I am dying to know if; er hat es ~ nötig he needs it very badly, he is in dire need of it.

'Bren·ner *m* ⟨-s; -⟩ **1.** *tech.* a) (*am Gasherd etc*) burner, b) (*zum Schweißen*) torch, blowpipe. – **2.** (*in Düsentriebwerken*) combustor. – **3.** (*Arbeiter*) burner. – **4.** (*Destillateur*) distiller. – **5.** *bot.* (*Pflanzenkrankheit*) Roter ~ *Am.* red fire disease; Schwarzer ~ anthracnose. – **6.** *zo.* apple curculio (*Tachypterellus quadrigibbus*). — **~ˌdü·se** *f tech.* burner nozzle.

Bren·ne'rei *f* ⟨-; -en⟩ **1.** (*von Branntwein*) a) ⟨*only sg*⟩ (*Vorgang*) distilling, distillation, b) (*Betrieb*) distillery. – **2.** *tech.* (*Ziegelbrennerei*) brickworks *pl* (*construed as sg or pl*). – **3.** *chem. tech.* calcination.

'Brennes·sel (*getr.* -nnˌn-) *f* ⟨-; -n⟩ *bot.* nettle (*Gattg Urtica*): Große ~ stinging nettle (*U. dioica*); Kleine ~ small nettle (*U. urens*).

'Brenn|ˌfeld *n* (*optics*) field of focus. — **~ˌflä·che** *f* **1.** (*optics*) focal plane. – **2.** *chem.* caustic surface. — **~ˌfleckenˌkrank·heit** (*getr.* -k·k-) *f bot.* leaf spot, anthracnose (*scient.*). — **~ˌgas** *n tech.* cumbustion gas, fuel (*od.* power) gas. — **~geˌmisch** *n* combustible mixture, carbureted (*bes. Br.* carburetted) (*od.* fuel) mixture. — **~ˌger·ste** *f* (*Branntweinherstellung*) barley for distilling purposes. — **~ˌglas** *n* burning glass. — **~ˌhaar** *n bot.* stinging hair, sting. — **~ˌhär·ten** *n tech.* flame hardening. — **~ˌherd** *m* **1.** hearth. – **2.** *cf.* Brennofen. — **~ˌholz** *n* firewood. — **~ˌkam·mer** *f* **1.** (*space*) (*einer Rakete etc*) combustion chamber. – **2.** *tech.* (*eines Motors*) combustion (*od.* firing) chamber. — **~ˌke·gel** *m metall. cf.* Segerkegel. — **~ˌkol·ben** *m chem.* still. — **~ˌkraft·maˌschi·ne** *f tech.* internal combustion engine. — **~ˌli·nie** *f* (*optics*) (*kaustische Kurve*) caustic curve, focal line (*od.* curve). — **~ˌlin·se** *f cf.* Brennglas. — **~ma·te·riˌal** *n* fuel. — **~ˌmit·tel** *n* caustic. — **~ˌofen** *m* **1.** *tech.* (*für Ton, Kalk, Ziegel*) burning oven (*od.* kiln). – **2.** *metall.* (*für Erz*) roasting furnace (*od.* kiln), calcining kiln. – **3.** (*für Keramik*) (baking) oven, kiln. — **~ˌöl** *n tech.* fuel oil. — **~ˌpal·me** *f bot.* jaggery palm (*Caryota urens*). — **~ˌpro·be** *f* (*textile*) burning test.

'Brennˌpunkt *m* **1.** (*optics*) focal point, focus: auf den ~ einstellen to focus; mit zwei ~en bifocal; in den ~ rücken to bring into focus, to focus. – **2.** *fig.* focal point: er steht im ~ des Interesses *fig.* all eyes are focus(s)ed on him, he is the focus of interest; ein ~ des Verkehrs a focal point of traffic. – **3.** *math.* focus. – **4.** *chem.* burning (*od.* fire) point. – **5.** (*textile*) ignition point. — **~ˌabˌstand** *m* (*optics*) focal length (*od.* distance).

'Brenn|ˌrecht *n jur.* distilling right (*od.* licence, *Am.* license). — **~ˌsche·re** *f* (*cosmetics*) curling tongs *pl* (*sometimes construed as sg*) — **~ˌschluß** *m aer.* (*space*) burnout. — **~ˌschnei·de·maˌschi·ne** *f metall.* gas (*od.* flame) cutting machine. — **~ˌschnei·den** *n tech.* gas (*od.* flame) cutting. — **~ˌschnei·der** *m* oxyacetylene (*auch* gas, flame) cutting torch. — **~ˌschorf** *m med.* eschar. — **~ˌschwei·ßen** *n tech.* flash welding. — **~ˌspan·nung** *f electr.* operating voltage, tube voltage drop. — **~ˌspie·gel** *m phys.* focus(s)ing mirror, burning mirror (*od.* reflector). — **~ˌspi·ri·tus** *m chem.* denatured alcohol. — **~ˌstahl** *m metall.* blister steel. — **~ˌstaub** *m tech.* (*Feuerungstechnik*) powdered (*od.* pulverized) fuel. — **~ˌstaubˌfeue·rung** *f* coal dust firing. — **~ˌstem·pel** *m* burning brand.

'Brennˌstoff *m* **1.** *tech.* fuel: hochwertiger ~ high-grade fuel; fester [flüssiger, gasförmiger] ~ solid [liquid, gaseous] fuel; klopffester ~ antiknock (*Br.* anti-knock) fuel; den ~ erneuern to refuel. – **2.** *nucl.* nuclear fuel: angereicherter [ausgebrannter, bestrahlter] ~ enriched [spent, irradiated] fuel; Abbrand von ~ fuel burnup. – **3.** *auto. cf.* Kraftstoff 2. — **~ˌaufˌnah·me** *f tech.* fuel(l)ing, refuel(l)ing. — **~beˌhäl·ter** *m auto.* fuel tank (*od.* reservoir). — **~cheˌmie** *f* fuel chemistry. — **~ˌdü·se** *f tech.* fuel jet (*od.* nozzle). — **~ˌeinˌsatz** *m nucl.* fuel insert(ion). — **~eleˌment** *n* fuel element. — **~-'Luft-Geˌmisch** *n tech.* fuel-air mixture. — **~ˌpum·pe** *f auto.* fuel pump. — **~ˌstab** *m nucl.* fuel rod. — **~ˌtech·nik** *f* fuel engineering. — **~ˌumˌhül·lung** *f nucl.* fuel can (*od.* jacket), *auch* canning. — **~verˌbrauch** *m auto.* fuel consumption. — **~verˌsor·gung** *f econ.* fuel supply. — **~ˌzel·le** *f* (*space*) fuel cell. — **~ˌzuˌfuhr** *f* fuel supply. — **~ˌzuˌlei·tung** *f tech.* fuel feed. — **~ˌzy·klus** *m nucl.* fuel cycle.

'Brenn|ˌstrahl *m math.* focal radius. — **~ˌstun·de** *f electr.* lighting (*od.* burning) hour. — **~ˌsup·pe** *f Southern G. and Austrian* brown roux soup: nicht auf der ~ dahergeschwommen sein *fig. colloq.* not to be just anybody. — **~tem·pe·raˌtur** *f tech.* (*Keramik, Porzellan*) a) (*niedrige*) baking temperature, b) (*hohe*) firing temperature. — **~verˌlauf** *m phys.* combustion process. — **~ˌwär·me** *f tech. phys.* heat of combustion, combustion heat. — **~ˌwei·te** *f* (*optics*) focal length (*od.* distance). — **~ˌwei·tenˌmes·ser** *m* focometer, focimeter. — **~ˌwert** *m tech.* (*des Gases, der Kohle etc*) calorific (*od.* fuel) value, heating power. — **~ˌwin·de** *f bot.* loasa (*Cajophora lateritia*). — **~ˌwurz** *f cf.* Seidelbast. — **~ˌzeit** *f cf.* Brenndauer. — **~ˌzeitˌzün·der** *m mil.* combustion time fuse. — **~ˌzie·gel** *m tech.* kiln-burnt (*od.* fire) brick. — **~ˌzo·ne** *f* (*in Feuerungsanlagen*) firing (*od.* combustion) zone. — **~ˌzün·der** *m mil. cf.* Brennzeitzünder.

Bren·ze ['brɛntsə] *pl* inflammables, combustibles, inflammable (*od.* combustible) minerals.

bren·zeln ['brɛntsəln] *v/i* ⟨h⟩ smell (*od.* taste) of burning.

'Brenz·ka·teˌchin [-katɛˌçiːn] *n* ⟨-s; *no pl*⟩ *chem. phot.* pyrocatechol, *auch* catechol, pyrocatechin ($C_6H_4(OH)_2$).

'brenz·lich *adj Southern G. and Austrian for* brenzlig.

'brenz·lig *adj* **1.** smelling (*od.* tasting) of burning, burnt: ein ~er Geruch a burnt smell; es riecht ~ im Haus there is a strong burnt smell in the house, it smells of burning in the house. – **2.** *fig.* critical, ticklish, delicate, dangerous, precarious: eine ~e Lage a dangerous situation; eine ~e Angelegenheit a dangerous matter, a matter of touch and go (*Br.* touch-and-go); jetzt wird es ~ things are getting critical now. – **3.** *chem.* empyreumatic: ~e Säure pyroacid.

'Brenz|ˌschleimˌsäu·re *f chem.* pyromucic (*od.* furoic) acid ($C_4H_3OCO_2H$). — **~ˌtrau·benˌsäu·re** *f* pyruvic (*od.* pyroracemic) acid (CH_3COCOH). — **~verˌbin·dun·gen** *pl* pyro-compounds.

Bre·sche ['brɛʃə] *f* ⟨-; -n⟩ **1.** breach, gap: in (*acc*) etwas eine ~ legen (*od.* schießen) to make a breach in s.th., to breach s.th.; eine ~ schlagen (für) *auch fig.* to clear the way (for); in die ~ springen *fig.* to fill the breach (*od.* gap); für j-n [etwas] in die ~ springen *fig.* to come to the rescue of s.o. [s.th.]; sich für j-n [etwas] in die ~ werfen *fig.* to throw oneself into the breach for s.o. [s.th.]. – **2.** *geol. cf.* Brekzie.

Brest [brɛst] *m* ⟨-(e)s; -e⟩ *obs.* decrepitude. — **b~haft** *adj obs. for* gebrechlich 3.

Bre·ta·gner [bre'tanjər; brə-] *m* ⟨-s; -⟩ *rare for* Bretone.

Bre·to·ne [bre'toːnə] *m* ⟨-n; -n⟩, **Bre'to·nin** *f* ⟨-; -nen⟩ Breton. — **bre'to·nisch I** *adj*

Breton. – **II** *ling.* **B~** ⟨*generally undeclined*⟩, **das B~e** ⟨-n⟩ Breton, the Breton language.

Brett [brɛt] *n* ⟨-(e)s; -er⟩ **1.** board, (*bis 10 cm breit u. bis 22 mm dick*) deal: **gesäumtes [ungesäumtes] ~** squared [unsquared *od.* untrimmed] board; **verleimtes ~** glued board; **~er sägen** to saw boards; **mit ~ern belegen** (*od.* **verschalen**) to floor, to board; **etwas mit ~ern vernageln** to board s.th. up; **ein ~ vor dem Kopf haben** *fig. colloq.* to be slow in (*od.* on) the uptake, to be dense (*od.* a blockhead, very stupid); **bei j-m einen Stein im ~ haben** *fig. colloq.* to be in s.o.'s good books (*od.* graces), to be well in with s.o. (*colloq.*); **hier ist die Welt mit ~ern vernagelt** *fig. colloq.* a) this is a dead end (*od.* an impasse), b) this is the end of the world, this is where civilization ends, this is the back of beyond; **das ~ bohren, wo es am dünnsten ist** *fig. colloq.* to take the easy way out; **sie ist flach wie ein ~** *colloq.* she is as flat as a board (*colloq.*), she's flat-chested; **j-n auf die ~er schicken** (*sport*) to knock s.o. down, to floor s.o. – **2.** (*Latte*) lath, batten. – **3.** (*für Anschläge*) board: **Schwarzes ~** *bes. Br.* notice-board, *bes. Am.* bulletin board; **etwas am Schwarzen ~ anschlagen** to put s.th. up on the (notice-)-board. – **4.** *obs. for* **Tablett.** – **5.** (*games*) (*eines Dame-, Schachspiels etc*) board: **er spielte am ersten ~** (*Schach*) he played on board 1. – **6.** (*Regal*) shelf. – **7.** *pl* (*theater*) boards, stage *sg*: **die ~er besteigen** to mount the boards (*od.* stage); **auf den ~ern, die die Welt bedeuten** on the stage; **über die ~er gehen** to be put on the stage, to be staged; **das Stück ging 200mal über die ~er** *fig.* this play ran for (*od.* had) 200 performances; **die ~er erobern** to make a career on the stage. – **8.** (*sport*) (*in einer Badeanstalt*) diving board, springboard: **vom 3-Meter-~ springen** to dive from the 3-meter board. – **9.** (*sport*) (*beim Turnen*) springboard. – **10.** *pl* 'boards' (*colloq.*), skis.

'Brett·chen *n* ⟨-s; -⟩ **1.** *dim. of* **Brett.** – **2.** thin board. – **3.** a) little breadboard, b) small chopping board. – **4.** (*beim Weben*) comber (*od.* hole) board. — **~we·beˌrei** *f* (*textile*) tablet-weaving.

'Bret·tel *n* ⟨-s; -(n)⟩ *Southern G. and Austrian for* **Ski.** — **~ˌkoh·le** *f geol.* Boghead (coal).

'Bret·ter|ˌbahn *f* (*sport*) board track. — **~baˌracke** (*getr.* -k·k-) *f* wooden barracks *pl* (*construed as sg or pl*). — **~ˌbo·den** *m cf.* **Bretterfußboden.** — **~ˌbu·de** *f* **1.** wood(en) hut, shack, shed, shanty. – **2.** (*Marktstand*) (market) stall (*od.* stand, booth). — **~ˌbüh·ne** *f* (*theater*) **1.** platform, scaffold, *auch* scaffoldage. – **2.** portable stage. — **~ˌdach** *n arch.* **1.** board (*od.* plank) roof. – **2.** *cf.* **Schindeldach.** — **~ˌfußˌbo·den** *m* board(ed) floor(ing). — **~geˌrüst** *n civ.eng.* (wooden) scaffold(ing). — **~ˌki·ste** *f* crate. — **~ˌla·ger** *n* lumberyard.

'bret·tern *adj* (made *od.* consisting) of boards, boarded, board (*attrib*).

'Bret·ter|ˌscha·lung *f civ.eng.* boarding. — **~ˌschup·pen** *m* (wooden) shed. — **~ˌsteg** *m* duckboards *pl.* — **~ˌtür** *f* door made of boards, plank door. — **~verˌklei·dung** *f* wood panel(l)ing, board sheeting. — **~verˌscha·lung** *f cf.* **Bretterschalung.** — **~verˌschlag** *m* **1.** wooden (*od.* board) partition, partition of boards (*od.* planks). – **2.** *cf.* **Bretterschuppen.** – **3.** (*Lattenkiste*) crate (for goods). — **~ˌwand** *f* **1.** *cf.* **Bretterverschlag 1.** – **2.** (outer) wooden (*od.* board) wall. – **3.** (*für Plakate etc*) *Am.* billboard, *Br.* hoarding. — **~ˌwerk** *n* boarding, planking. — **~ˌwur·zel** *f bot.* buttress root. — **~ˌzaun** *m* **1.** wooden (*bes. Am.* board) fence. – **2.** (*für Baustellen*) *bes. Am.* (temporary) board fence, *bes. Br.* hoarding.

'brett'hart *adj* boardlike, (as) hard as a board.

'bret·tig *adj* (*textile*) boardy: **~er Griff** boardy feel.

Brettl ['brɛtəl] *n* ⟨-s; -⟩ **1.** (*theater*) a) cabaret, b) (kind of) variety theater, *bes. Br.* music hall. – **2.** *Southern G. and Austrian for* **Ski.** — **~ˌdi·va** *f contempt.* cabaret star. — **~ˌkünst·le·rin** *f* cabaret performer.

'Brett|ˌsä·ge *f tech. cf.* **Spaltsäge.** — **~ˌschal·tung** *f electr.* breadboard layout. — **~ˌschau·kel** *f* seesaw, *Am. auch* teeter-totter. — **~ˌspiel** *n* game played on a board, board game. — **~ˌspielˌfal·ter** *m zo.* white-skirted hairstreak (*Melanargia galathea*). — **~ˌsprin·gen** *n* (*sport*) (springboard) diving. — **~ˌstein** *m* (*games*) man, piece: **~ beim Schach** chessman; **~ beim Damespiel** *Am.* checker (piece), *Br.* draughtsman.

Breun·ne·rit [brɔʏnə'riːt; -'rɪt] *m* ⟨-s; -e⟩ *min.* breunnerite.

Bre·ve ['breːvə] *n* ⟨-s; -n *u.* -s⟩ *röm.kath.* brief, *auch* breve.

Bre·vet [bre'veː; bre'vɛ(ː)] *n* ⟨-s; -s⟩ *hist. jur.* brevet.

bre·ve·tie·ren [breve'tiːrən] *v/t* ⟨*no* ge-, h⟩ brevet.

Bre·via·ri·um [bre'vïaːrïum] *n* ⟨-s; -rien⟩ *relig. cf.* **Brevier 1.**

Bre·vier [bre'viːr] *n* ⟨-s; -e⟩ **1.** *relig.* breviary: **sein ~ beten** to say one's breviary. – **2.** *print.* brevier. – **3.** (*literature*) anthology.

Bre·vi·lo·quenz [brevilo'kvɛnts] *f* ⟨-; -en⟩ *ling.* breviloquence.

Bre·vis ['breːvɪs] *f* ⟨-; Breves [-vɛs]⟩ *mus.* breve.

Bre·ze ['breːtsə] *f* ⟨-; -n⟩ *Bavarian and Austrian for* **Brezel.**

Bre·zel ['breːtsəl] *f* ⟨-; -n⟩ pretzel, *Br. auch* bretzel.

'Bre·zel|ˌbacken (*getr.* -k·k-) *n only in* **das geht wie das** (*od.* **wie 's**) **~** *fig. colloq.* that goes like greased lightning (*colloq.*). — **~ˌbäcker** (*getr.* -k·k-) *m* baker of pretzels. — **~verˌkäu·fer** *m* pretzel vender (*od.* seller).

Bri·ard [bri'aːr] (*Fr.*) *m* ⟨-; -s⟩ *zo.* (*Hunderasse*) briard.

bricht [brɪçt] *3 sg pres of* **brechen**[1].

Bricke (*getr.* -k·k-) ['brɪkə] *f* ⟨-; -n⟩ *zo. cf.* **Neunauge.**

Bridge [brɪtʃ; brɪdʒ] (*Engl.*) *n* ⟨-; *no pl*⟩ (*games*) bridge: **eine Partie ~ spielen** to play a game of bridge. — **~ˌkar·te** *f* bridge card. — **~ˌnachˌmit·tag** *m* afternoon devoted to playing bridge, bridge afternoon. — **~parˌtie** *f* game of bridge, bridge game. — **~ˌpart·ner** *m*, **~ˌpart·ne·rin** *f* bridge partner. — **~ˌrun·de** *f* rubber of bridge. — **~ˌspie·ler** *m*, **~ˌspie·le·rin** *f* bridge player. — **~ˌtisch** *m* bridge (*od.* card) table.

bri·die·ren [bri'diːrən] *v/t* ⟨*no* ge-, h⟩ *gastr.* (*Geflügel, Braten*) tie (*s.th.*) up before roasting.

Brie [briː] *m* ⟨-; *no pl*⟩ *gastr.* Brie (cheese).

Brief [briːf] *m* ⟨-(e)s; -e⟩ **1.** letter, (*formeller*) epistle (*auch colloq. iron.*): **ein einfacher [eingeschriebener] ~** a single-rate [registered] letter; **ein kurzer ~** a short letter, a note, a few lines *pl* (*colloq.*); **ein nicht freigemachter ~** a nonprepaid (*Br.* non-prepaid) letter; **ein unzustellbarer ~** an undeliverable letter; **ein postlagernder ~** a letter to be called for, *Am.* a general delivery letter, *bes. Br.* a poste-restante letter; **~ mit Wertangabe** insured letter, letter with value declared; **~e fürs Inland [Ausland]** inland [foreign, *bes. Br.* overseas] letters; **einen geharnischten ~ schreiben** to write a sharp letter; **einen ~ an j-n richten** to address a letter to s.o.; **unsere ~e haben sich gekreuzt** our letters crossed in the mail; **einen ~ bestätigen** to confirm a letter; **im Besitze Ihres ~es vom 16. Juli** *econ.* in receipt of your letter of July 16th; **ein offener ~** *auch pol.* an open letter; **j-m ~ und Siegel auf etwas geben** a) *jur.* to give s.o. s.th. under one's hand and seal (*od.* signed and sealed), b) *fig.* to assure s.o. of s.th., to guarantee s.o. s.th.; **diesen ~ wird er sich nicht hinter den Spiegel stecken** *fig. colloq.* this letter is too embarrassing for him to mention, he won't show (*od.* display) this letter to anyone. – **2.** *pl* letters, correspondence *sg*: **er muß viele ~e erledigen** he has a large correspondence to deal with. – **3.** *cf.* **Briefkarte.** – **4.** *Bibl.* Epistle: **der erste ~ des Paulus an die Korinther** The First Epistle of Paul the Apostle to the Corinthians. – **5.** *jur.* (*Urkunde*) deed, document, charter, letters *pl* patent. – **6.** *econ.* (*auf Kurszetteln*) offers *pl*, sellers *pl*, asked prices *pl*: **~ angeboten** mainly sellers; **~ und Geld** sellers and buyers, asked and bid. – **7. blauer ~** *ped. notice sent by school to inform parents of pupil's unsatisfactory progress.* – **8.** *cf.* **Briefchen 3, 4.** – **9.** *cf.* **Begleitbrief.**

'Brief|ˌabˌho·lung *f* calling for letters and parcels (by addressee). — **~ˌabˌla·ge** *f* letter file. — **~ˌabˌla·geˌka·sten** *m* letter tray. — **~ˌadel** *m jur.* **1.** (letters *pl*) patent of nobility. – **2.** (title of) nobility (conferred) by letters patent. — **~ˌanˌfang** *m* opening of a letter. — **~ˌanˌnah·me** *f*, **~ˌanˌnah·meˌschal·ter** *m* letter acceptance counter. — **~ˌanˌschrift** *f* (postal) address. — **~ˌantˌwort** *f* answer to a letter. — **~ˌaufˌga·be** *f cf.* **Briefeinlieferung.** — **~ˌaufˌschrift** *f* address (on a letter). — **~ˌaufˌstellˌanˌla·ge** *f* letter facing system. — **~ˌaufˌstellˌund 'Stem·pel·maˌschi·ne** *f* facer-canceler (*bes. Br.* -canceller), facing and canceling (*bes. Br.* cancelling) machine. — **~ˌausˌga·be** *f* **1.** (*Postschalter*) a) (*der Schalter selbst*) letter counter, b) (*Tätigkeit*) delivery at the counter. – **2.** (*Zustellung u. Aushändigung*) postal delivery. — **~ˌausˌtausch** *m cf.* **Briefwechsel.** — **~ˌbahn** *f* letter track (*od.* path). — **~ˌband** *m* volume of letters. — **~beˌför·de·rung** *f* conveyance of letter mail. — **~beˌhäl·ter** *m* letter rack. — **~beˌschwe·rer** *m* letterweight, *Br.* letter-weight, paperweight, *Br.* paper-weight. — **~beˌstel·lung** *f* mail order. — **~ˌbeu·tel** *m* mailbag. — **~ˌblatt** *n cf.* **Briefpapier.** — **~ˌblock** *m* ⟨-(e)s; -s, *auch* ≃e⟩ (writing *od.* letter) pad. — **~ˌbo·gen** *m* sheet of (note)-paper (*od.* letter paper). — **~ˌbo·te** *m colloq. for* **Briefträger.** — **~ˌbuch** *n econ.* **1.** (*für Ausgang*) register of outgoing mail. – **2.** (*für Eingang*) register of incoming mail. — **~ˌbund** *n* letter bundle: **Verwerfen von ~en und Stücksendungen** sorting of letter bundles and single items into bags.

'Brief·chen *n* ⟨-s; -⟩ **1.** *dim. of* **Brief 1.** – **2.** (short) note, *bes. Br.* chit. – **3.** (*mit Nadeln*) packet (*od.* paper) (of needles). – **4.** (*mit Zündhölzern*) book (of matches).

'Brief|ˌdienst *m* (*postal service*) letter post service. — **~ˌdruckˌsa·chen** *pl* "Briefdrucksachen" (*category of printed matter in which hand- or type-written alterations up to ten words are admitted*). — **~ˌeinˌgangsˌdienst** *m* incoming letter service. — **~ˌeinˌlie·fe·rung** *f* mailing (*Br.* posting) of letters. — **~ˌeinˌwurf(ˌschlitz)** *m* **1.** (*eines Briefkastens*) slot of a letter box, letter slot. – **2.** (*im Postamt, an Stelle eines Briefkastens*) letter box, *Br.* letter-box, postbox, *bes. Am.* mailbox, *Br.* posting box. — **~empˌfän·ger** *m* addressee (*od.* recipient) of a letter. — **~entˌwurf** *m* draft of a letter. — **~ˌfach** *n* **1.** (*im Schreibtisch etc*) pigeonhole, *Br.* pigeon-hole. – **2.** (*postal service*) post-office box. — **~ˌform** *f* **1.** letter form (*od.* style). – **2.** *only in* **in ~** by letter, in letter form. — **~forˌmat** *n* format (*od.* size) of a letter. — **~fragˌment** *n* fragment of a letter. — **~franˌkier·maˌschi·ne** *f cf.* **Freistempelmaschine.** — **~ˌfreund** *m*, **~ˌfreun·din** *f* pen friend, *bes. Am. colloq.* pen pal. — **~geˌbühr** *f* postage (*od.* postal service) rate. — **~geˌheim·nis** *n jur.* privacy (*od.* secrecy) of correspondence: **das ~ verletzen** to violate the secrecy of correspondence. — **~ˌhef·ter** *m cf.* **Briefordner.** — **~hy·poˌthek** *f jur.* certified (*od.* certificated) mortgage. — **~ˌinˌhalt** *m* text (*od.* body) of a letter. — **~ˌkar·te** *f* correspondence card (*with envelope*). — **~kasˌset·te** *f* writing case.

'Briefˌka·sten *m* ⟨-s; ≃⟩ **1.** letter box, *Br.* letter-box, *Am.* mailbox, (*Säulenbriefkasten*) *Br.* pillar box, posting box: **den ~ leeren** to empty (*od.* clear) the letter box, to collect the mail. – **2.** (*im Haus*) letter box, *Br.* letter-box, *bes. Am.* mailbox. – **3.** (*für Wünsche etc*) suggestion box. – **4.** (*Zeitungsrubrik*) Question and Answer Column. – **5.** *cf.* **Briefeinwurf 2.** — **~ˌecke** (*getr.* -k·k-) *f cf.* **Briefkasten 4.** — **~ˌlee·rung** *f* postal collection. — **~ˌon·kel** *m* editor in charge of the Question and Answer Column.

'Brief|ˌklam·mer *f* paper clip. — **~ˌkopf** *m* letterhead, *auch* letter heading. — **~ko·pierˌpres·se** *f print.* letter (*od.* copying) press. — **~ˌkorb** *m* letter (*od.* desk) tray, letter basket. — **~ˌkurs** *m econ.* price (*od.* rate) asked, selling rate. — **~kuˌvert** *n cf.* **Briefumschlag.**

'Brief·lein *n* ⟨-s; -⟩ *cf.* **Briefchen.**

'brief·lich I *adj* by letter, in writing: **~e Anfrage** letter of inquiry; **~er Verkehr** correspondence. – **II** *adv* by letter, in writing: **mit j-m ~ verkehren** to correspond with s.o.; **sie teilten mir ~ mit, daß** they sent me a letter to the effect that.

'Briefˌmap·pe *f* letter (*od.* writing) case, portfolio.

'Briefˌmar·ke *f* (postage) stamp: gebrauchte [ungebrauchte] ~ used [unused] stamp; postfrische ~ mint stamp.

'Briefˌmar·ken|ˌabˌle·sen, ~ˌabˌta·sten *n* stamp reading and recognition. — **~ˌab·ˌtastˌvorˌrich·tung** *f* stamp detection unit. — **~ˌal·bum** *n* stamp album. — **~auk·tiˌon** *f* stamp auction. — **~ˌausˌstel·lung** *f* stamp (*od.* philatelic) exhibition, exhibition of stamps. — **~au·toˌmat** *m* stamp (*bes. Am.* stamp vending) machine. — **~ˌblock** *m* ⟨-(e)s; -s⟩ block of stamps. — **~ˌbo·gen** *m* sheet of stamps. — **~ˌecke** (*getr.* -k·k-) *f* (*in Zeitung*) stamp corner. — **~ˌhänd·ler** *m* stamp dealer. — **~ˌheft·chen** *n* book of stamps, *bes. Am.* stamp booklet. — **~ka·taˌlog** *m* stamp catalog(ue). — **~ˌkun·de** *f* philately. — **~ˌpaar** *n* pair of stamps. — **~ˌsam·meln** *n* stamp collecting. — **~ˌsamm·ler** *m*, **~ˌsamm·le·rin** *f* stamp collector, *Br.* stamp-collector, philatelist. — **~ˌsamm·lung** *f* stamp collection, collection of stamps. — **~ˌse·rie** *f* (*Ausgabe mit mehreren Werten*) stamp issue. — **~ˌstem·pelˌvor·ˌrich·tung** *f* stamp canceling (*bes. Br.* cancelling) unit. — **~ˌstrei·fen** *m* strip of postage stamps. — **~ˌtausch** *m* exchange of stamps. — **~verˌkauf** *m* sale of postage stamps. — **~ˌvorˌrat** *m* stamp supply.

'Brief|ˌmu·ster *n* model (*od.* specimen) letter. — **~ˌna·del** *f* paper pin. — **~ˌöff·ner** *m* letter opener: elektrischer ~ electric letter opener. — **~ˌöff·nungs·maˌschi·ne** *f* letter-opening machine. — **~ˌord·ner** *m* letter file. — **~ˌpacken** (*getr.* -k·k-) *m* pile of letters. — **~paˌpier** *n* **1.** letter (*od.* writing) paper, *Br.* letter- (*od.* writing-) -paper, stationery. – **2.** (*bedruckt*) letterhead paper. – **3.** (*mit Trauerrand*) mourning paper. – **4.** (*für Luftpost*) airmail paper. — **~ˌpart·ner** *m*, **~ˌpart·ne·rin** *f cf.* Brieffreund(in). — **~ˌpor·to** *n* letter postage (*od.* rate). — **~ˌpost** *f* (*Briefe u. Postkarten*) letter mail, *Br. auch* letter post, *Am. auch* first-class mail. — **~ˌpres·se** *f print. cf.* Briefkopierpresse. — **~proˌspekt** *m econ.* (advertising) circular. — **~roˌman** *m* (*literature*) epistolary novel.

'Brief·schaf·ten *pl* **1.** correspondence *sg*, letters. – **2.** papers.

'Brief|ˌschal·ter *m* (*im Postamt*) (letter) counter (*od.* wicket, *bes. Am.* window). — **~ˌschluß** *m* letter ending (*od.* conclusion, close, closing). — **~ˌschrei·ber** *m* letter writer, *Br.* letter-writer, writer of a letter, correspondent. — **~ˌschul·den** *pl* arrears of correspondence: seine ~ aufarbeiten (*od.* erledigen) to catch up on one's correspondence; ich habe noch so viele ~ I am so far behind with my correspondence; ich stehe bei ihm in ~ I owe him a letter. — **~ˌsen·dung** *f Am.* first-class (*od.* letter) mail, *bes. Br.* letter post. — **~sorˌtie·rer** *m* (*Person*) letter sorter. — **~sorˌtier·maˌschi·ne** *f* letter sorting machine. — **~ˌstän·der** *m* letter rack. — **~ˌstel·ler** *m* ⟨-s; -⟩ **1.** (*Buch*) letter writer's (*Br.* letter-writer's) guide, *Br. auch* letter-writer. – **2.** *obs. for* Briefschreiber. — **~ˌstem·pel** *m* postmark, letter stamp, cancel(l)ation (mark). — **~ˌstem·pel·maˌschi·ne** *f* letter stamping machine. — **~ˌstil** *m* style of a letter, epistolary style. — **~ˌta·sche** *f* **1.** wallet, *Am. auch* billfold: seine ~ zücken to pull out one's wallet; er mußte die ~ zücken *fig. colloq.* he had to cough up (*od.* fork out) (*sl.*). – **2.** (*des Briefträgers*) postman's bag. – **3.** *cf.* Geldbeutel 1.

'Briefˌtau·be *f* carrier (*od.* homing, messenger) pigeon, *Br.* carrier-pigeon.

'Briefˌtau·ben|ˌpost *f* pigeon post. — **~ˌzucht** *f* breeding of carrier pigeons. — **~ˌzüch·ter** *m* breeder of carrier pigeons.

'Brief|te·leˌgramm *n* (*postal service*) letter telegram. — **b~te·leˌgra·phisch** *adj u. adv* by letter telegram. — **~ˌträ·ger** *m* postman, *Am.* mailman, *Am. auch* mail (*od.* letter) carrier. — **~ˌträ·ge·rin** *f* postwoman, *Am. auch* (woman) mail carrier. — **~ˌumˌschlag** *m* envelope. — **~- ˌund 'Geldˌzuˌstellˌdienst** *m* letter mail and money delivery service. — **~verˌkehr** *m cf.* Briefwechsel. — **~verˌteilˌanˌla·ge** *f* mail sorting machine. — **~verˌtei·ler** *m* (*Person*) letter sorter. — **~verˌteil·ma·ˌschi·ne** *f* letter sorting machine. — **~·ˌwaa·ge** *f* letter balance (*od.* scales *pl*), *Br.* letter-balance. — **~ˌwahl** *f pol.* postal vote, *Am.* absentee voting (*od.* ballot). — **~·ˌwech·sel** *m* correspondence, exchange of letters: mit j-m in ~ stehen to correspond (*od.* exchange letters) with s.o.; in ~ treten to enter into correspondence; unser ~ schlief ein *colloq.* we gradually ceased writing to each other. — **~zenˌsur** *f* postal censorship. — **~ˌzuˌstel·ler** *m*, **~ˌzuˌstel·le·rin** *f cf.* Briefträger(in). — **~ˌzuˌstel·lung** *f* letter (mail) delivery.

'Brieˌkä·se *m gastr.* Brie (cheese).

Bries [briːs] *n* ⟨-es; -e⟩ **1.** *zo.* (*der Wirbeltiere*) thymus (gland). – **2.** *gastr.* sweetbread.

'Bries·chen, Brie·sel ['briːzəl] *n* ⟨-s; -⟩ *gastr. cf.* Bries 2.

briet [briːt] *1 u. 3 sg pret of* braten.

Bri·ga·de [bri'gaːdə] *f* ⟨-; -n⟩ **1.** *mil.* brigade. – **2.** *DDR pol.* work brigade. – **3.** (*bes. bei der Bahn*) (work) gang. — **~ge·neˌral** *m mil.* **1.** (*des Heeres*) *Br.* Brigadier, *Am.* Brigadier General. – **2.** (*der Luftwaffe*) *Br.* Air Commodore, *Am.* Brigadier General. — **~kom·manˌdeur** *m* brigade commander.

Bri·ga·di·er [briga'dieː] *m* ⟨-s; -s⟩ *mil. cf.* Brigadegeneral.

Bri·gan·di·ne [brigan'diːnə] *f* ⟨-; -n⟩ *mil. hist.* brigandine.

Bri·gant [bri'gant] *m* ⟨-en; -en⟩ *archaic* brigand. — **Bri'gan·ten·tum** *n* ⟨-s; *no pl*⟩ brigandage, *auch* brigandism.

Bri·gan·ti·ne [brigan'tiːnə] *f* ⟨-; -n⟩ *mar.* brigantine.

Brigg [brɪk] *f* ⟨-; -s⟩ *mar.* brig.

'Bright·sche 'Krank·heit ['braɪtʃə] *f med.* Bright's disease, chronic nephritis.

Bri·kett [bri'kɛt] *n* ⟨-(e)s; -s, *rare* -e⟩ briquette, *auch* briquet. — **~ˌei·mer** *m* (briquette) scuttle. — **~faˌbrik** *f* briquette works *pl* (*construed as sg or pl*), briquetting plant.

bri·ket·tie·ren [brikɛ'tiːrən] *v/t* ⟨*no* ge-, h⟩ briquette, form (*s.th.*) into briquettes.

Bri'kettˌpres·se *f tech.* briquetting press.

Bri·ko·le [bri'koːlə] *f* ⟨-; -n⟩ (*beim Billard*) bricole. — **bri·ko'lie·ren** [-ko'liːrən] *v/t* ⟨*no* ge-, h⟩ bricole.

bril·lant [brɪl'jant] **I** *adj* **1.** *fig.* (*Einfall etc*) brilliant. – **2.** *colloq.* (*sehr gut*) splendid, superb: in ~er Stimmung sein to be in a splendid mood; ~ aussehen to look splendid. – **II** *adv* **3.** *fig.* brilliantly. – **4.** *colloq.* splendidly: ich habe ~ geschlafen I slept splendidly.

Bril'lant[1] *m* ⟨-en; -en⟩ (cut) diamond, brilliant: ~en in Gold fassen to set brilliants in gold; mit ~en besetzt set with brilliants.

Bril'lant[2] *f* ⟨-; *no pl*⟩ *print.* brilliant.

bril·lan·te [brɪ'lante] *adv u. adj mus.* brillante.

bril·lan·ten [brɪl'jantən] *adj* (made) of brilliants.

Bril'lant|ˌfal·ter *m zo.* diamondback (moth) (*Plutella maculipennis*). — **~ˌfeu·er·ˌwerk** *n* brilliant display of fireworks.

Bril·lan·tin [brɪljan'tiːn] *n* ⟨-s; *no pl*⟩ *Austrian for* Brillantine.

Bril·lan·ti·ne [brɪljan'tiːnə] *f* ⟨-; -n⟩ (*Haarpomade*) brilliantine.

Bril'lant|ˌkä·fer *m zo.* diamond beetle (*Entimus imperialis*). — **~kol·liˌer** *n* brilliant necklace, necklace set with brilliants. — **~ˌlack** *m* (*paints*) high-gloss varnish. — **~ˌna·del** *f* breastpin with a brilliant. — **~paˌpier** *n print.* glazed paper. — **~ˌring** *m* brilliant ring, ring set with brilliants. — **~ˌsalm·ler** *m zo.* Pittier's tetra (*Moenkhausia pittieri*). — **~ˌschliff** *m* **1.** (*jewelry*) brilliant cut. – **2.** *tech.* (*Glasschliff*) grinding with facets. — **~ˌschmuck** *m* brilliant jewelry (*bes. Br.* jewellery), brilliants *pl.* — **~ˌschnitt** *m* (*jewelry*) *cf.* Brillantschliff 1. — **~ˌschrift** *f print cf.* Brillant[2]. — **~ˌstaub** *m tech.* tinsel dust, *auch* diamond dust (*od.* powder). — **~·ˌsu·cher** *m phot.* brilliant (view) finder (*Br.* [view-]finder).

Bril·lanz [brɪl'jants] *f* ⟨-; *no pl*⟩ brilliance, brilliancy: durch die ~ seiner Formulierung *fig.* with his brilliant wording; mit ~ spielen *fig.* to play with brilliance.

Bril·le ['brɪlə] *f* ⟨-; -n⟩ **1.** (a pair of) glasses *pl*, (a pair of) spectacles *pl*, specs *pl* (*colloq.*): randlose [goldene, starke] ~ rimless [gold-rimmed, strong] glasses; eine ~ für die Nähe [Ferne] glasses for near work [the distance]; eine ~ brauchen [tragen] to need [to wear] glasses; (sich *dat*) eine ~ aufsetzen to put on glasses; etwas durch eine rosarote ~ (an)sehen (*od.* betrachten) *fig.* to see s.th. through rose-colo(u)red glasses; etwas durch die schwarze ~ (an)sehen (*od.* betrachten) *fig.* to take a pessimistic (*od.* gloomy, dim) view of s.th.; etwas durch eine gefärbte ~ (an)sehen (*od.* betrachten) *fig.* to see s.th. with a bias(s)ed view; etwas durch eines anderen ~ sehen *fig.* to see s.th. with (*od.* through) another person's eyes, to see s.th. from another person's point of view; setz deine ~ auf! *iron. colloq.* put your glasses on! (*iron.*), you had better take a closer look! – **2.** *colloq.* lavatory (*od.* toilet) seat. – **3.** *tech.* a) (*der Stopfbüchse*) gland, b) (*einer Drehmaschine*) steadyrest. – **4.** (*textile*) draft (*bes. Br.* draught) board. – **5.** *mar.* (*am Segel*) spectacle (*od.* clew) iron. – **6.** *colloq.* (*Eislauffigur*) figure eight, *Br.* 'spectacles' *pl* (*colloq.*). – **7.** *mus.* (*an der Klarinette*) ring key. – **8.** *zo.* spectacle.

'bril·lenˌähn·lich *adj* spectacle-shaped: mit ~er Zeichnung *zo.* spectacled.

'Bril·len|ˌalk *m zo.* spectacled (*od.* great) auk (*Alca impennis*). — **~ˌbär** *m* spectacled bear (*Tremarctos ornatus*). — **~ˌbäs·se** *pl mus. humor.* spectacle basses. — **~ˌbü·gel** *m* sidepiece (*od.* arm) of glasses. — **~ˌen·te** *f zo.* surf scoter (*Melanitta perspicillata*). — **~etui** [-ʔɛtˌviː] *n* glasses (*od.* spectacle) case. — **~ˌfas·sung** *f* spectacle frame(s *pl*), (*aus Metall*) *auch* spectacle mount(ing). — **~fut·teˌral** *n cf.* Brillenetui. — **~geˌstell** *n cf.* Brillenfassung. — **~ˌglas** *n* (*optics*) **1.** (*ungeschliffenes*) spectacle glass. – **2.** (*geschliffenes*) (spectacle) lens, lens for glasses (*od.* spectacles). – **3.** *pl* glasses *pl*, spectacles *pl*: die Brillengläser putzen to clean one's glasses; j-n über die Brillengläser ansehen to look at s.o. over the top of one's glasses. — **~ˌglas·beˌstim·mung** *f* (*optics*) refraction. — **~ˌgrasˌmücke** (*getr.* -k·k-) *f zo.* spectacled warbler (*Sylvia conspicillata*). — **~ˌibis** *m* black-faced ibis (*Theristicus caudatus melanopis*). — **~ˌkai·man** *m* spectacled alligator (*od.* caiman) (*Caiman crocodilus*). — **~ˌma·cher** *m* spectacle maker (*od.* manufacturer). — **~ˌmensch** *m colloq. for* Brillenträger. — **~ˌpe·li·kan** *m zo.* spectacled (*od.* Australian) pelican (*Pelecanus conspicillatus*). — **~ˌpin·gu·in** *m* jackass (*od.* cape) penguin (*Spheniscus demersus*). — **~ˌrand** *m* rim (of glasses). — **~sa·laˌman·der** *m zo.* tarantolin (*Salamandrina terdigitata*). — **~ˌschlan·ge** *f* **1.** *zo.* spectacled (*od.* hooded) snake, spectacled cobra (*Naja tripudians*): Ägyptische ~ Egyptian cobra, Egyptian (*od.* Cleopatra's) asp, Cleopatra's snake, haje (*N. haje*). – **2.** *fig. contempt.* spectacled female, four-eyes *pl* (*construed as sg*) (*contempt.*). — **~ˌschlei·fer** *m* (*optics*) (spectacle) lens grinder. — **~ˌschöt·chen** *n*, **~ˌscho·te** *f bot.* buckler mustard (*Gattg Biscutella*). — **~ˌsteg** *m* (*optics*) bridge. — **b~ˌtra·gend** *adj* spectacled, wearing glasses (*od.* spectacles). — **~ˌträ·ger** *m*, **~ˌträ·ge·rin** *f* person wearing glasses (*od.* spectacles). — **~verˌord·nung** *f* (*optics*) spectacle prescription. — **~ˌvo·gel** *m zo.* white-eye (*Gattg Zosterops*). — **~ˌwür·ger** *m* wood shrike (*Fam. Prionopidae*).

bril·lie·ren [brɪl'jiːrən] *v/i* ⟨*no* ge-, h⟩ *lit.* sparkle, shine, scintillate: er hat in der Diskussion geradezu brilliert he positively scintillated in the discussion.

Bril·lo·net·ten [brɪljo'nɛtən] *pl* (*jewelry*) half brilliants.

'Brillˌschan·ze *f mil. hist.* lunette.

Brim·bo·ri·um [brɪm'boːrɪum] *n* ⟨-s; -rien⟩ *colloq.* fuss, ado, to-do: viel ~ machen (um) to make a great fuss (*od.* to-do) (about); etwas mit (großem) ~ aufziehen to make a big fuss over (*od.* show of) s.th.

Brim·sen ['brɪmzən] *m* ⟨-s; -⟩, **~ˌkä·se** *m gastr. Austrian* ewes-milk cheese.

Bri'nellˌhär·te [bri'nɛl-] *f metall.* Brinell hardness. — **~ˌprü·fer** *m* Brinell hardness tester.

Bri'nellˌzahl *f* Brinell hardness number.

brin·gen ['brɪŋən] *v/t* ⟨bringt, brachte, gebracht, h⟩ **1.** (*herantragen, heranbringen*) bring, fetch, get: ~ Sie mir ein Glas Wasser!

bring me a glass of water; ~ Sie das Essen! bring in the dinner, bring the food; bitte bringe (mir) den Stuhl! please fetch (me) the chair; j-m Bescheid [Nachricht, Antwort] ~ to bring s.o. word [news, an answer]; was ~ Sie Neues? what is the news? what's new? was bringt dich hierher? *fig.* what (business) brings you here? der Lärm brachte ihn ans Fenster *fig.* the noise brought him to the window; ~ Sie ihn hierher! bring him here; ich bringe dir Grüße von ihm I bring you greetings from him; einen Freund mit nach Hause ~ to bring a friend (to one's) home; die Wolken ~ Regen the clouds (will) bring rain; → Hilfe 1; Kunde[2] 1; Trost 1. – **2.** (*hinwegtragen, -führen*) take, get: ~ Sie den Stuhl ins Haus! take the chair inside (*od.* into the house); etwas zu j-m ~ to take s.th. to s.o.; ich bringe das Buch in die (*od.* zur) Bibliothek I am taking the book to the library; bringe die Briefe auf die (*od.* zur) Post! take the letters to the post office; Geld zur (*od.* auf die) Bank ~ to put (*od.* to deposit) money in the bank; ein Kind zur (*od.* auf die) Welt ~ to give birth to a child; j-n zu (*od.* ins) Bett ~ to put s.o. to bed; die Kohlen in den Keller ~ to take (*od.* carry) the coal (in)to the cellar; den Verletzten ins Krankenhaus ~ to take the injured (person) to (the) hospital; j-n zur (*od.* auf die) Polizei(wache) ~ to take s.o. to the police station; die Koffer an Bord ~ to carry the bags on board; den Wagen in die Garage ~ to put the car in(to) the garage; den Wagen in eine Werkstatt ~ to take the car to a garage; j-n nach X ~ to take s.o. to X; j-n im Auto nach X ~ to drive s.o. to X; ein Bus bringt die Arbeiter zur Fabrik a bus takes the workers to the factory; hoffentlich bringe ich es heil nach Hause I hope I'll (manage to) get it home all right. – **3.** (*begleiten*) take, see: j-n nach Hause ~ to take (*od.* see) s.o. home; sich von j-m nach Hause ~ lassen to be taken (*od.* seen) home by s.o.; j-n (bis) vor das Haus ~ to take s.o. (right) up to the house; j-n an die (*od.* zur) Bahn ~ to go to the station with s.o., to see s.o. off at the station; ich bringe dich noch ein Stück (Weges) *colloq.* I'll come along with you part of the way. – **4.** (*verschaffen*) bring: j-m Glück [Unglück] ~ to bring s.o. good [bad] luck; das wird dir keinen Dank [Segen] ~ that won't bring you thanks [blessings]; die Arznei hat mir keine Linderung gebracht the medicine has not brought me any relief; j-m Nutzen [Vorteile] ~ to be of use [advantage] to s.o.; der März bringt oft warme Tage March often brings some warm days; Scherben ~ Glück (*Sprichwort*) broken dishes bring good luck. – **5.** *fig.* (*verursachen*) cause, produce, bring: das bringt Ärger that will cause (*od.* bring) trouble; seine Neugier brachte ihm den Tod his curiosity caused (*od.* brought about) his death. – **6.** (*einen Gewinn abwerfen*) bring, yield, produce, (*Zinsen*) *auch* bear, pay: dies Geschäft bringt so und so viel this business brings in (*od.* yields) so and so much (profit); das Bild brachte 500 Mark the picture brought (in) (*od.* raised) 500 marks; Zinsen ~ to yield (*od.* bear) interest. – **7.** *agr.* a) (*Frucht*) bear, b) (*Feldfrüchte*) produce, yield: dieser Boden bringt nicht genug Getreide this soil does not produce (*od.* yield) sufficient grain; Pflanzen, die keine Blüten und doch Früchte ~ plants that have no blossoms (*od.* flowers) and yet bear fruit. – **8.** (*Theaterstück, Film etc*) present, bring: die BBC bringt the BBC presents; das Buch bringt nichts Neues the book brings (*od.* offers, presents) nothing new; der Sänger brachte Arien von Mozart the singer sang Mozart arias. – **9.** (*Artikel, Nachricht etc*) bring, print, have, publish, carry: die Illustrierte bringt einen neuen Fortsetzungsroman the magazine is bringing a new serial (novel); die Zeitung brachte nichts darüber the newspaper did not publish anything about it, there was nothing in the newspaper about it. – **10.** (*darbringen*) offer: (j-m) ein Opfer ~ to offer (*od.* make) a sacrifice (to s.o.); j-m ein Ständchen ~ to serenade s.o. – **11.** *colloq.* (*schaffen, erreichen*) get, manage, contrive: das ~ wir auch we can do that too; j-n satt ~ *Northern G.* to satisfy s.o.'s appetite. – **12.** Junge ~ *hunt.* to bring forth young. –

Verbindungen mit Präpositionen:

brin·gen | **an** (*acc*) *v/t* etwas an sich ~ to acquire s.th., to appropriate s.th., to take possession of s.th.: etwas widerrechtlich an sich ~ to appropriate s.th. unlawfully, to misappropriate s.th.; ans Licht ~ to bring to light; die Sonne bringt es an den Tag truth will come out in time; etwas an die Öffentlichkeit ~ to make s.th. public; etwas an die Luft ~ to put s.th. in the open air, to air s.th.; j-n an den Rand des Verderbens ~ to bring s.o. to the brink of disaster; das bringt ihn an den Galgen that will bring him to the gallows; → Bettelstab; Mann 2. — ~ **auf** (*acc*) *v/t* einen Satelliten auf eine Bahn ~ to put a satellite into orbit; Waren auf den Markt ~ to put (*od.* place) goods in (*od.* on) the market, to offer (*od.* market) goods; Waren auf Lager ~ to warehouse goods; ein Stück auf die Bühne ~ to put on (*od.* present) a play; ein Gericht auf den Tisch ~ to serve a dish; etwas auf die Seite ~ (*auch Geld*) to put (*od.* lay) s.th. aside; j-n auf seine Seite ~ to win s.o. over to one's side; etwas mit auf die Welt ~ to be born with s.th.; j-n auf eine Idee (*od. colloq.* auf etwas) ~ to put s.th. (*od.* an idea) into s.o.'s head, to suggest s.th. to s.o.; j-n darauf ~, daß a) to put it into s.o.'s head that, b) to remind s.o. that; j-n auf andere Gedanken ~ to divert s.o.'s thoughts; die Sprache (*od.* Rede) auf etwas ~ to bring (*od.* turn) the conversation round to s.th.; auf gleiche Höhe ~ to bring to an equal level; auf Linie ~ *fig.* to bring into line; etwas auf die einfachste Formel ~ to reduce s.th. to the simplest formula (*od.* to its simplest form); eine Abteilung auf Kampfstärke ~ *mil.* to bring a detachment up to fighting strength; j-n auf Trab (*od.* Touren, Zack) ~ *colloq.* to get s.o. moving; j-n auf den Hund ~ *colloq.* to ruin s.o.; es (bis) auf 80 Jahre ~ *colloq.* to live to (the age of) eighty; es auf 15 Bier an einem Abend ~ *colloq.* to manage 15 beers in an evening; Putz auf eine Mauer ~ to apply plaster to a wall; ein Desinfektionsmittel auf eine Wunde ~ to apply an antiseptic to a wound; → Bein 1; Fährte 2; Nenner; Palme 1; Spur 1; Stand[1] 7; Tapet 2; Weg 10. — ~ **aus** *v/t* j-n aus der Fassung (*od. colloq.* aus dem Häuschen) ~ to disconcert (*od.* upset, ruffle) s.o.; j-n aus dem Konzept (*od. colloq.* Text) ~ to put (*od.* throw) s.o. off (*colloq.*), to make s.o. lose his train of thought; er läßt sich nicht aus der Ruhe ~ nothing can upset him (*od.* ruffle him); Flecke aus einem Stoff ~ *colloq.* to remove stains from a material; ich bringe die Melodie nicht aus dem Kopf I can't get this tune out of my head; → Gleichgewicht 1. — ~ **au·ßer** *v/t* Waren außer Landes ~ to take goods out of the country; j-n außer sich ~ *fig.* to exasperate s.o. — ~ **durch** *v/t* etwas (gut) durch den Winter ~ *colloq.* to get (*od.* bring) s.th. through the winter. — ~ **hin·ter** (*acc*) *v/t* etwas hinter sich ~ *colloq.* a) to get s.th. over (and done with), b) (*Strecke*) to cover s.th.; → Schloß[1] 1. — ~ **in** (*acc*) *v/t* Abwechslung in etwas ~ to introduce (*od.* get, put) variety into s.th.; Licht in eine Sache ~ *fig.* a) to throw light on a matter, b) to clear up a matter; Leben in die Bude ~ *colloq.* to liven things up, to liven up the place (*colloq.*); etwas in den Handel ~ to put s.th. on the market; etwas in Mode ~ to bring s.th. into fashion, to make s.th. fashionable; j-n ins Gerede ~ to make s.o. the talk of the town; j-n in eine schwierige Lage (*od.* in Schwierigkeiten) ~ to put (*od.* get) s.o. into a difficult position (*od.* situation); das brachte ihn ins Gefängnis that landed him in prison; etwas in ein System ~ to reduce s.th. to a system; etwas in Verse ~ to render s.th. into verse; etwas ins reine ~ *colloq.* to straighten s.th. out, to clear s.th. up; etwas ins gleiche ~ to even (*od.* square) s.th.; etwas in seine Gewalt ~ a) to bring (*od.* get) s.th. under control, b) to bring s.th. into one's power; j-n in Verdacht ~ to lay s.o. open to suspicion, to cast suspicion on s.o.; sich in Verdacht ~ to lay oneself open to suspicion, to draw suspicion to oneself; etwas [j-n] in Sicherheit ~ to remove s.th. [s.o.] to (a place of) safety; sich in Sicherheit ~ to find safety, to get into a safe place; etwas in Gang ~ to start s.th., to set s.th. going; etwas in Ordnung (*od. colloq.* Schuß) ~ to put (*od.* set) s.th. in order, to set s.th. right; j-n in Wut (*od.* Rage, Harnisch) ~ *colloq.* to get s.o. into a rage; j-s Blut in Wallung ~ to make s.o.'s blood boil, to get s.o.'s blood up; zwei Dinge [Personen] (miteinander) in Berührung ~ to bring two things [persons] into contact (with one another); j-m etwas in Erinnerung ~ to remind s.o. of s.th.; etwas in Erfahrung ~ a) to learn (*od.* hear) s.th., b) (*ermitteln*) to ascertain s.th.; etwas mit etwas in Beziehung [Verbindung *od.* Zusammenhang] ~ to bring s.th. into relationship [connection] with s.th.; etwas in Anwendung ~ (*officialese*) to apply s.th., to employ s.th.; etwas in Wegfall ~ (*officialese*) a) to omit s.th., to leave s.th. out, b) to abolish s.th., to suppress s.th.; etwas [j-n] in Vorschlag ~ (*officialese*) to propose (*od.* suggest) s.th. [s.o.]; etwas in Anrechnung (*od.* Rechnung) ~ to take s.th. into account, to take s.th. into consideration, to allow for s.th.; → Besitz 1; Einklang 2; Elend 1; Fluß 13; Gefahr 1; Grab 4; Höhe 6; Mißkredit; Not 9; Ruf 5; Schäfchen 1; Schwung 2; Spiel 5; Stellung 8; Stimmung 2; Umlauf 1; Unglück 3; Unordnung 2, 3; Verlegenheit. — ~ **mit** *v/t* etwas mit sich ~ a) to bring s.th. (along) with one, b) *fig.* to bring s.th. about, to produce (*od.* have) s.th. as a consequence; es mit sich ~, daß a) to bring it about that, to involve (*od.* entail) that, b) (*erfordern*) to require (*od.* make it unavoidable) that; meine Jahre ~ es mit sich, daß it is due to my age that; die Umstände ~ es mit sich circumstances make it unavoidable; das bringt das Leben eben so mit sich such is life; sein Beruf bringt es mit sich, daß er viel unterwegs ist his job involves a great deal of travel(l)ing. — ~ **über** (*acc*) *v/t* es über sich (*od.* übers Herz) ~, etwas zu tun to find it in one's heart to do s.th., to bring oneself to do s.th.; kein Wort über die Lippen ~ not to be able to utter a word; Unglück über j-n ~ to bring down misfortune upon s.o. — ~ **um** *v/t* j-n um etwas ~ a) to rob (*od.* deprive) s.o. of s.th., b) (*betrügerisch*) to cheat (*od. colloq.* do) s.o. out of s.th.; das wird dich noch um deine Stellung ~ that will cost (*od.* lose) you your job (in the end); sich (selbst) um etwas ~ to deprive (*od.* rob) oneself of s.th.; sie haben ihn um sein letztes Geld gebracht they stripped him of his last penny; das bringt mich (noch) um den Verstand *colloq.* that will drive me mad, that will drive me out of my senses; j-n ums Leben ~ to kill s.o.; sich ums Leben ~ to commit suicide; j-n um die Ecke ~ *sl.* to get rid of s.o., to kill s.o., to bump s.o. off (*sl.*), to do s.o. in (*sl.*). — ~ **un·ter** (*acc*) *v/t* etwas unter sich ~ to get (*od.* gain) control over s.th., to get s.th. in(to) one's power; j-n unter die Erde ~ to cause s.o.'s death, to be the death of s.o.; das läßt sich nicht unter eine Regel ~ that can't be reduced to a rule; Geld unter die Leute ~ *colloq.* a) to spend money freely (*od.* lavishly), b) to bring (*od.* get) money into circulation; → Dach 4; Hammer 2; Haube 1; Herrschaft 1; Hut[1] 1; Volk 3. — ~ **von** *v/t* j-n [etwas] von der Stelle (*od. colloq.* vom Fleck) ~ to (re)move s.o. [s.th.]; er ist nicht vom Fleck zu ~ *colloq.* he won't stir (*od. colloq.* budge); sie bringt den Ring nicht vom Finger *colloq.* she cannot get the ring off her finger. — ~ **vor** (*acc*) *v/t* etwas [j-n] vor Gericht (*od.* vor den Richter) ~ to take (*od.* bring) s.th. [s.o.] into court (*od.* before the judge), to go to court with s.th. [s.o.]. — ~ **zu** *v/t* j-n zu etwas ~, j-n dazu ~, etwas zu tun a) to make s.o. (*od.* to get s.o. to) do s.th., b) to induce (*od.* to prevail on) s.o. to do s.th.; j-n zum Lachen ~ to make s.o. laugh; keine 10 Pferde ~ mich dazu *colloq.* wild horses would not bring me to do it; j-n zum Rasen (*od.* zur Raserei) ~ *colloq.* to drive s.o. wild (*od.* mad); einen Wagen zum Stehen (*od.* Halten) ~ to bring a car to a halt (*od.* standstill); das bringt das Faß zum Überlaufen *fig. colloq.* that's the last straw, that's the limit (*colloq.*); etwas zum Blühen ~ to make s.th. blossom; etwas zum Kochen ~ to bring s.th. to the (*od.* a) boil; etwas zur Entscheidung ~ to bring s.th. to a head (*od.* decision); etwas zum Ausdruck ~ to express s.th.; ein Thema zur Sprache ~ to broach a subject; etwas zur Abstimmung ~ to put s.th. to

the vote; **etwas zum Verkauf** ~ to sell s.th.; **etwas zum Vorschein** ~ to produce s.th., to bring s.th. to light; **etwas zur Explosion** ~ to explode s.th.; **j-n zur Verzweiflung** ~ to drive s.o. to despair, to drive s.o. up the wall (*colloq.*); **j-n zur Besinnung** (*od.* **Vernunft, Räson**) ~ to bring s.o. to his senses (*od.* to reason); **j-n zu der Auffassung** ~, **daß** to convert s.o. to the opinion that; **das brachte ihn zu der Erkenntnis, daß** that made him recognize (*od.* realize) that; **j-m etwas zum Bewußtsein** ~ to make s.o. realize s.th., to make s.o. aware of s.th.; **j-m etwas zur Kenntnis** ~, **etwas zu j-s Kenntnis** ~ to inform s.o. of s.th., to bring s.th. to s.o.'s notice; **es zu etwas** ~ a) to make one's way, to succeed, b) to become wealthy; **er hat es zum Minister gebracht** he rose to be a minister; **es bis zum General** ~ to rise to (*od.* to attain) the rank of general; **es zu Ansehen** ~ to acquire (great) esteem; **es dazu** ~, **daß** to achieve that; **etwas zur Stelle** ~ to bring s.th. to the spot; **etwas zu Papier** ~ to put s.th. on paper, to take (*od.* to write) s.th. down; **etwas zur Reparatur** ~ to take (*od.* bring) s.th. to be repaired; **den Wagen zum Waschen** ~ to take the car to be washed (*od.* cleaned); **j-n (wieder) zu sich** ~ to bring s.o. round, to restore s.o. to consciousness; **j-m etwas zum Opfer** ~ to offer s.th. (up) as a sacrifice to s.o.; **j-m etwas zum Geschenk** ~ to give s.th. to s.o. as a present; → **Einsturz** 1; **Ende** 3; **Entfaltung** 2; **Fall**[1] 2, 3, 4; **Geltung** 7; **Schweigen** 7; **Stillstand** 2; **Weißglut** 2. – *Verbindungen mit Adverbien*:
etwas beiseite ~ to put (*od.* lay) s.th. aside; **es dahin** ~, **daß** to manage (*od.* contrive) to, to bring it about that; **j-n dahin** ~, **daß** to persuade (*od.* induce, bring) s.o. to; **das bringt uns dem Ziel nahe** that brings us near to our goal; **es weit** ~ to get on (in the world); **er wird es weit** ~ he will go far, he will be a success, he will get on in the world; **es so weit** ~, **daß** to bring things to such a pass that; **er wird es nicht weiter** ~ **als zum Vorarbeiter** he will never be more than a foreman; **in diesem Fach hat er es nicht weit gebracht** he is not very advanced in this subject, he has not got (*Am. auch* gotten) very far in this subject; **du hast es weit gebracht!** *iron.* a (fine) lot you've achieved! **etwas zuwege** (*od.* **zustande**) ~ to accomplish (*od.* to achieve, effect) s.th.; **es zuwege** ~, **etwas zu tun** to manage (*od.* contrive) to do s.th.

'Brin·ger *m* ⟨-s; -⟩ *archaic* bringer, conveyor.

'Bring,schuld *f jur.* debt to be discharged at creditor's domicile, debt payable at the domicile of the creditor.

Brio ['bri:o] *n* ⟨-s; *no pl*⟩ *mus.* brio: **con b**~ con brio.

Bri·oche [bri'ɔʃ] *f* ⟨-; -s [bri'ɔʃ]⟩ *gastr.* brioche.

Brio·lette [brio'lɛt] *f* ⟨-; -s⟩ (*jewelry*) briolette.

brio·so [bri'o:zo] *adv u. adj mus.* con brio.

bri·sant [bri'zant] *adj* **1.** *fig.* (*Thema, Situation etc*) explosive. – **2.** *mil.* (*Sprengstoff*) high-explosive.

Bri·sanz [bri'zants] *f* ⟨-; -en⟩ **1.** *fig.* explosiveness. – **2.** *mil.* brisance, explosive (*od.* fragmentation) effect: **Sprengstoff geringer [hoher]** ~ low- [high-]brisance explosive. — ~**,kraft** *f cf.* Brisanz 2. — ~**,wert** *m* explosion energy.

Bri·se ['bri:zə] *f* ⟨-; -n⟩ breeze: **eine steife** ~ a stiff (*od.* strong) breeze; **es weht eine frische** ~ there is a fresh breeze blowing; **die** ~ **frischt auf** *mar.* the breeze is freshening.

Bri·so·lett [brizo'lɛt] *n* ⟨-s; -e⟩, **Bri·so'let·te** [-tə] *f* ⟨-; -n⟩ *gastr.* (slice of) meat loaf.

'Bri·stol|kar,ton ['brɪstəl-] *m* Bristol board. — ~**pa,pier** *n* Bristol paper. — ~**,stein** *m min.* Bristol stone.

Bri'tan·nia·me,tall [bri'tania-] *n metall.* Britannia metal: **Eßbestecke aus** ~ Britannia table cutlery *sg.*

Bri·tan·ni·en [bri'tanĭən] *n* ⟨-s; *no pl*⟩ *hist.* Britain, Britannia (*poet.*). — **Bri'tan·ni·er** *m* ⟨-s; -⟩, **Bri'tan·nie·rin** *f* ⟨-; -nen⟩ Briton.

Bri·te ['brɪtə; 'bri:tə] *m* ⟨-n; -n⟩ **1.** Briton, *bes. Am. od. Br. humor.* Britisher: **die** ~**n** the British. – **2.** *hist.* Briton. — **'Bri·tin** *f* ⟨-; -nen⟩ **1.** Briton, British woman. – **2.** *hist.* Briton. — **'bri·tisch** *adj* British: **die B**~**en** Inseln the British Isles; **das** ~**e Weltreich** *hist.* the British Empire; **das B**~**e Museum** the British Museum.

Britsch·ka ['brɪtʃka] *f* ⟨-; -s⟩ (*Kutsche*) britska, britzka.

Bro·ché [brɔ'ʃe:] *m* ⟨-s; -s⟩ (*textile*) broché.

Bröck·chen ['brœkçən] *n* ⟨-s; -⟩ *dim. of* Brocken 1.

'Brockel,erb·se (*getr.* -k·k-) ['brɔkəl-] *f bot. Southwestern G.* green pea (*Pisum sativum*).

'bröcke·lig (*getr.* -k·k-) *adj* crumbly, friable. — **'Bröcke·lig·keit** (*getr.* -k·k-) *f* ⟨-; *no pl*⟩ crumbliness, friability, friableness.

bröckeln (*getr.* -k·k-) ['brœkəln] **I** *v/i* ⟨sein⟩ (*von Gestein etc*) crumble: **der Putz bröckelt von der Wand** the plaster is crumbling off the wall. – **II** *v/t* ⟨h⟩ *rare for* brocken 1.

Brocken (*getr.* -k·k-) ['brɔkən] *m* ⟨-s; -⟩ **1.** (*Bissen*) piece, bit, morsel: **ein** ~ **Brot** a piece of bread; **sie gab dem Hund einen** ~ **Fleisch** she gave the dog a lump (*od.* chunk) of meat; **j-m den besten** ~ **wegschnappen** *fig. colloq.* to snatch the choice morsels away from s.o.; **das war ein fetter** ~ **für ihn** *fig. colloq.* that was a juicy (*od.* fat) deal for him (*colloq.*); **ein harter** ~ a tough nut to crack (*colloq.*), a hard task. – **2.** (*Klumpen*) lump, clod: **ein** ~ **Ton** a lump of clay. – **3.** *fig. colloq.* (*Worte*) scraps *pl*: **er sprach ein paar** ~ **Französisch** he knew a few words (*od.* scraps) of French; **er warf ihr ein paar** ~ **hin** he threw a few scraps (of conversation) her way; **ein paar** ~ **des Gespräches auffangen** to catch a few scraps (*od.* snatches, fragments) of the conversation; **er wirft mit lateinischen** ~ **um sich** *colloq. contempt.* he is parading his knowledge of Latin. – **4.** *fig. colloq.* lump (of a man) (*colloq.*). – **5.** *mil. sl.* heavy bomb (*od.* shell). – **6.** (*sport*) *sl.* (*beim Boxen*) heavy punch (*od.* blow), whack (*colloq.*): **er mußte schwere** ~ **einstecken** he took some heavy blows. – **7.** *hunt.* bait. – **8.** *colloq.* (*von Erz, Gestein*) lump.

'brocken (*getr.* -k·k-) *v/t* ⟨h⟩ **1.** break (*s.th.*) (into small pieces): **Brot in die Suppe** ~ to break bread into the soup. – **2.** *Southern G. and Austrian for* **pflücken**.

'Brocken|ge,stein (*getr.* -k·k-) *n min. geol. cf.* Breccie. — ~**,moos** *n bot. cf.* Islandmoos. — **b**~**,wei·se** *adv* bit by bit, little by little, piecemeal: **er antwortete** ~ he answered little by little (*od.* by fits and starts).

Bröck·lein ['brœklaɪn] *n* ⟨-s; -⟩ *dim. of* Brocken 1.

'bröck·lig *adj cf.* bröckelig. — **'Bröck·lig·keit** *f* ⟨-; *no pl*⟩ *cf.* Bröckeligkeit.

Bro·del ['bro:dəl] *m* ⟨-s; *no pl*⟩ **1.** steam, vapor, *bes. Br.* vapour. – **2.** *geol.* involution.

bro·deln ['bro:dəln] *v/i* ⟨h⟩ **1.** (*von kochendem Wasser*) boil, (*schwächer*) simmer: **das Wasser brodelt im Kessel** the water is simmering in the kettle. – **2.** (*von flüssigen Massen*) bubble. – **3.** (*von Flut, Nebel*) whirl. – **4.** *fig.* seethe: **es brodelte im Volk** there was seething unrest among the people (*od.* masses); **es brodelt in ihm vor Zorn** *lit.* he is seething with anger. – **5.** *Austrian colloq. for* trödeln.

Bro·dem ['bro:dəm] *m* ⟨-s; *no pl*⟩ **1.** *poet.* (*Hauch*) waft, whiff. – **2.** *cf.* Brodel 1. – **3.** *rare contempt.* (heavy) smell: **der** ~ **von Schweiß** the (heavy) smell of sweat.

Bro·de·rie [brodə'ri:] *f* ⟨-; -n [-ən]⟩ *obs. for* Stickerei 1, 2, Einfassung 2.

Bro·kat [bro'ka:t] *m* ⟨-(e)s; -e⟩ (*textile*) brocade: **in** ~ **gekleidet** brocaded.

Bro'kat|far·be *f chem.* brocade color (*bes. Br.* colour) (*od.* dye). — ~**,kleid** *n* brocade dress. — ~**pa,pier** *n* brocade(d) paper. — ~**,stoff** *m* brocade fabric(s *pl*), brocades *pl.*

Brok·ko·li ['brɔkoli] *pl cf.* Spargelkohl.

Brom [bro:m] *n* ⟨-s; *no pl*⟩ *chem.* bromine (Br): **mit** ~ **behandeln** a) to treat with bromine, b) *phot.* to bromize. — ~**ar·gy,rit** [-ˀargy,ri:t; -,rɪt] *m cf.* Bromsilber 2.

Bro·mat [bro'ma:t] *n* ⟨-s; -e⟩ *chem.* bromate.

'Brom|äthan [-ˀɛ,ta:n] *n chem.* ethyl bromide, bromoethane (C_2H_5Br). — ~**aze,ton** *n* brom(o)acetone (CH_3COCH_2Br).

'Brom,bee·re ['brɔm-] *f* ⟨-; -n⟩ blackberry, *bes. Br.* bramble(berry) (*Gattg Rubus*): **gemeine** ~ (common) blackberry (*R. fruticosus*); **in die** ~**n gehen** to go blackberrying.

'Brom,beer|,fal·ter *m zo.* green hairstreak (*Callophrys rubi*). — ~**ge,büsch**, ~**ge,strüpp** *n* blackberry bushes *pl.* — ~**kom,pott** *n gastr.* stewed blackberries *pl.* — ~**mar·me,la·de** *f* blackberry jam. — ~**,spin·ner** *m zo.* fox moth (*Macrothylacia rubi*). — ~**,strauch** *m bot.* blackberry bush.

'Brom|ben,zyl·zya,nid *n chem.* brom(o)benzyl cyanide ($C_6H_5CHBrCN$). — ~**,dampf** *m* bromine vapor (*bes. Br.* vapour). — ~**,druck** *m* ⟨-(e)s; -e⟩ *phot.* bromide print.

Bro·me·lie [bro'me:lĭə] *f* ⟨-; -n⟩ *bot.* bromelia (*Gattg Bromelia*).

Bro·mid [bro'mi:t] *n* ⟨-(e)s; -e⟩ *chem.* bromide. — ~**pa,pier** *n phot.* bromide paper.

bro·mie·ren [bro'mi:rən] *v/t* ⟨*no* ge-, h⟩ *chem.* brominate. — **Bro'mie·rung** *f* ⟨-; *no pl*⟩ bromination.

Bro·mis·mus [bro'mɪsmus] *m* ⟨-; *no pl*⟩ *med.* brominism, bromism.

Bro·mit[1] [bro'mi:t; -'mɪt] *m* ⟨-s; *no pl*⟩ *min. cf.* Bromsilber 1.

Bro'mit[2] *n* ⟨-s; -e⟩ *chem.* bromite.

'Brom|,ka·li(·um) *n chem. cf.* Kaliumbromid. — ~**,koh·len,was·ser,stoff** *m* alkyl bromide.

Bro·mo·form [bromo'fɔrm] *n* ⟨-s; *no pl*⟩ *chem.* bromoform, tribromomethane ($CHBr_3$).

'Brom,öl,druck *m* ⟨-(e)s; -e⟩ *phot.* **1.** ⟨*only sg*⟩ bromoil process. – **2.** bromoil (print).

'Brom|,salz *n chem.* **1.** (*des Bromwasserstoffs*) bromide. – **2.** (*der Bromsäure*) bromate. — **b**~**,sau·er** *adj* bromate: **bromsaures Kalium** potassium bromate ($KBrO_3$); **bromsaures Salz** bromate. — ~**,säu·re** *f* bromic acid ($HBrO_3$). — ~**,sil·ber** *n* **1.** *min.* argentic bromide, bromyrite. – **2.** *chem. phot.* silver bromide (AgBr). — ~**,spat** *m min. cf.* Bromsilber 1.

Bro·mür [bro'my:r] *n* ⟨-s; -e⟩ *chem. obs. for* Bromid.

'Brom|ver,gif·tung *f med.* bromine poisoning, brom(in)ism (*scient.*). — ~**,was·ser** *n chem.* bromine water.

'Brom,was·ser,stoff *m chem.* a) hydrogen bromide (HBr), b) hydrobromic acid (HBr). — ~**,säu·re** *f* hydrobromic acid (HBr).

bron·chi·al [brɔn'çĭa:l] *adj med.* bronchial. — **B**~**,asth·ma** *n* bronchial asthma, asthma bronchiale (*od.* convulsivum) (*scient.*). — **B**~**er,wei·te·rung** *f* bronchodilatation. — **B**~**ka,tarrh** *m* bronchial catarrh, bronchitis. — **B**~**,stein** *m* broncholith. — **B**~**ver,en·gung** *f* bronchial obstruction; bronchostenosis, bronchoconstriction (*scient.*).

Bron·chie ['brɔnçĭə] *f* ⟨-; -n⟩ *med.* bronchial tube, bronchus (*scient.*): **die** ~**n** the bronchial tubes, the bronchi(a) (*scient.*).

Bron·chi·ek·ta·sie [brɔnçĭɛkta'zi:] *f* ⟨-; -n [-ən]⟩ *med.* bronchiectasis.

Bron·chio·le [brɔn'çĭo:lə] *f* ⟨-; -n⟩ *med.* bronchiole: **die** ~**n** the bronchioli.

Bron·chi·tis [brɔn'çi:tɪs] *f* ⟨-; -tiden [-çi'ti:dən]⟩ *med.* bronchitis. — **bron'chi·tisch** *adj* bronchitic.

Bron·cho..., **bron·cho...** *combining form denoting* broncho...

Bron·cho·gramm [brɔnço'gram] *n* ⟨-s; -e⟩ *med.* bronchogram.

Bron·cho·gra·phie [brɔnçogra'fi:] *f* ⟨-; -n [-ən]⟩ bronchography.

Bron·cho·lith [brɔnço'li:t; -'lɪt] *m* ⟨-en; -en⟩ *cf.* Bronchialstein.

Bron·cho·pho·nie [brɔnçofo'ni:] *f* ⟨-; -n [-ən]⟩ bronchophony.

Bron·cho·pneu·mo·nie [brɔnçopnɔʏmo'ni:] *f* ⟨-; -n [-ən]⟩ bronchopneumonia.

Bron·cho·skop [brɔnço'sko:p] *n* ⟨-s; -e⟩ bronchoscope. — **Bron·cho·sko·pie** [-sko'pi:] *f* ⟨-; -n [-ən]⟩ bronchoscopy.

Bron·chus ['brɔnçus] *m* ⟨-; Bronchen⟩ *med.* bronchus. — ~**,stein** *m cf.* Bronchialstein.

Bronn [brɔn] *m* ⟨-(e)s; -en⟩, **'Bron·nen** *m* ⟨-s; -⟩ *poet. for* Brunnen 2, 3, 6.

Bron·to·sau·rus [brɔnto'zaurus] *m* ⟨-; -saurier [-rĭər]⟩ *zo. hist.* brontosaur, *auch* brontosaurus (*Gattg Apatosaurus*).

Bronx [brɔŋks] *m* ⟨-; -⟩ *gastr.* Bronx (cocktail).

Bron·ze ['brõ:sə] *f* ⟨-; -n⟩ **1.** bronze (color, *bes. Br.* colour *od.* paint): **echte** ~ real bronze; **gefirnißte** (*od.* **unechte**) ~ varnished bronze. – **2.** ⟨*only sg*⟩ *metall.* bronze.

– **3.** (*art*) bronze (object). — ~ˌ**ar·beit** *f* (*art*) bronze (work). — **b~ˌar·tig** *adj* bronzelike. — ~ˌ**blatt** *n bot.* galax (*Galax aphylla*). — **b~ˌbraun** *adj* **1.** (*Gegenstand*) bronzed. – **2.** (*Haut*) bronzed, deeply tanned. — ~-ˌ**buch·se** *f tech.* bronze bushing. — ~-**Diaˌbe·tes** *m med.* bronze diabetes; pigmentary cirrhosis, h(a)emochromatosis (*scient.*). — ~ˌ**druck** *m* ⟨-(e)s; -e⟩ *print.* bronze (*od.* metallic) printing. — ~ˌ**far·be** *f cf.* Bronze 1. — **b~ˌfar·ben** *adj* bronze(-colored, *bes. Br.* -coloured). — ~**fiˌgur** *f* (*art*) *cf.* Bronze 3. — ~ˌ**fo·lie** *f tech.* bronze foil. — ~ˌ**gie·ßer** *m metall.* bronze founder. — ~**gie·ßeˌrei** *f* bronze foundry. — ~ˌ**guß** *m* **1.** (*Tätigkeit*) bronze casting. – **2.** (*Ergebnis*) cast bronze. — ~ˌ**krank·heit** *f med.* bronzed disease, Addison's disease. — ~-ˌ**kunst** *f* art of working in bronze. — ~ˌ**lack** *m tech.* bronze varnish (*od.* lacquer). — ~**meˌdail·le** *f* bronze medal.

'**bron·zen** *adj* **1.** bronze (*attrib*). – **2.** (*Gesichtsfarbe*) bronze(d), suntanned.

'**Bron·ze|paˌpier** *n print.* bronze paper. — ~ˌ**pul·ver** *n* bronze powder. — ~ˌ**schrift** *f print.* bronze type. — ~ˌ**staub** *m* bronze dust (*od.* powder). — ~ˌ**wa·ren** *pl* bronze ware *sg*, bronzes. — ~ˌ**zeit** *f archeol.* Bronze Age.

Bron'zier|ap·paˌrat *m tech. cf.* Bronziermaschine. — ~ˌ**druck** *m* ⟨-(e)s; -e⟩ *cf.* Bronzedruck.

bron·zie·ren [brõ'siːrən] **I** *v/t* ⟨*no* ge-, h⟩ (*Metall etc*) bronze. – **II B~** *n* ⟨-s⟩ *verbal noun.* — **Bron'zie·rer** *m* ⟨-s; -⟩ *tech.* bronzer.

Bron'zier|maˌschi·ne *f tech.* bronzing machine, bronzer. — ~ˌ**salz** *n chem.* bronzing salt.

Bron'zie·rung *f* ⟨-; *no pl*⟩ *cf.* Bronzieren.

Brook [broːk] *f* ⟨-; -s⟩ *mar.* **1.** net sling. – **2.** canvass sling.

Broo·kit [bru'kiːt; -'kɪt] *m* ⟨-s; *no pl*⟩ *min.* brookite.

Bro·sa·me ['broːzaːmə] *f* ⟨-; -n⟩ *meist pl* (bread) crumb: **da werden für dich auch noch ein paar ~n abfallen** *fig.* there will be some crumbs (*od.* something in it) for you as well.

Bro·sche ['brɔʃə] *f* ⟨-; -n⟩ brooch: **kleine ~** brochette.

Brös·chen ['brøːsçən] *n* ⟨-s; -⟩ *Middle G. gastr.* sweetbread.

bro·schie·ren [brɔ'ʃiːrən] **I** *v/t* ⟨*no* ge-, h⟩ **1.** *print.* a) stitch, sew, b) bind (*s.th.*) in paper covers. – **2.** (*textile*) figure, brocade. – **II B~** *n* ⟨-s⟩ **3.** *verbal noun.* – **4.** *cf.* Broschur 2. — **bro'schiert I** *pp.* – **II** *adj* **1.** *print.* a) stitched, sewed, sewn, b) (*mit losem Umschlag*) wrappered, c) paperback(ed), paperbound: **steif ~** in stiff covers, (bound) in boards. – **2.** (*textile*) brocaded, broché: **~es Gewebe** brocaded (*od.* broché) fabric, brocade. — **Bro'schie·rung** *f* ⟨-; -en⟩ *print. cf.* Broschur.

Bro'schierˌwa·ren *pl* (*textile*) figured fabrics.

Bro·schur [brɔ'ʃuːr] *f* ⟨-; -en⟩ *print.* **1.** *cf.* Broschieren. – **2.** paper cover: **im Falz geheftete ~** saddle-stitched pamphlet.

Bro·schü·re [brɔ'ʃyːrə] *f* ⟨-; -n⟩ *print.* **1.** brochure, pamphlet, booklet. – **2.** leaflet, folder.

Bro'schü·ren|ˌform *f print.* booklet form: **etwas in ~ veröffentlichen** to publish s.th. in the form of a booklet. — ~**maˌschi·ne** *f* brochure binding machine. — ~ˌ**schrei·ber** *m* pamphleteer.

Brö·sel ['brøːzəl] *m, Austrian n* ⟨-s; -, *Austrian auch* -n⟩ crumb. — '**brö·se·lig** *adj* (*Kuchen etc*) crumbly. — '**brö·seln I** *v/t* ⟨h⟩ (*Brot*) crumb. – **II** *v/i* ⟨h *u.* sein⟩ (*vom Kuchen etc*) crumble. — **brös·lig** ['brøːzlɪç] *adj cf.* bröselig.

Brot [broːt] *n* ⟨-(e)s; -e⟩ **1.** bread: **ein ~** a loaf (of bread); **zwei ~e** two loaves; **eine Scheibe ~** a slice of bread; **ein Stück ~** a piece of bread; **dunkles [schwarzes] ~** brown [black *od.* rye] bread; **altbackenes ~** old (*od.* stale) bread; **frisches ~** fresh (*od.* new) bread; **haus(ge)backenes** (*od.* **selbstgebackenes**) **~** home(-)made bread; **[un]gesäuertes ~** [un]leavened bread; **geröstetes ~** a) toast, b) (*in Fett*) fried bread; **flüssiges ~** *humor.* beer; **~ backen** to bake bread; **sich** (*dat*) **das ~ vom Munde absparen** to deny oneself food; **sein eignes ~ essen** *fig.* to be one's own master; **fremdes ~ essen** *fig.* to work for other people; **so nötig wie das tägliche** (*od.* **liebe**) **~** *fig.* as necessary as the air we breathe; **er kann mehr als ~ essen** *fig. colloq.* he knows a thing or two (*colloq.*); **j-m etwas auf das ~ schmieren** *fig. colloq.* to keep reminding s.o. of s.th., to keep rubbing s.th. in (*colloq.*), to keep ramming s.th. down s.o.'s throat; **unser täglich ~ gib uns heute** *Bibl.* give us this day our daily bread; **im Schweiße deines Angesichts sollst du dein ~ essen** *Bibl.* in the sweat of thy face shalt thou eat bread; **der Mensch lebt nicht vom ~ allein** *Bibl.* man shall not live by bread alone; **wes ~ ich ess', des Lied ich sing'** (*Sprichwort*) he who pays the piper calls the tune (*proverb*); → Butter; Wasser 1. – **2.** (*Schnitte*) sandwich: **belegtes ~** open sandwich; **~e zurechtmachen** to make sandwiches; **darf ich dir ein ~ anbieten?** may I offer you a sandwich? **auf diesem ~ ist Käse** this is a cheese sandwich. – **3.** ⟨*only sg*⟩ *fig.* bread, living, livelihood: **der Kampf um das tägliche ~** the struggle for one's daily bread; **sein ~ verdienen** to earn a (*od.* one's) living; **ein hartes ~ haben** to have to work hard for one's living; **sein gutes ~ haben** to have a comfortable income; **er hat sich sein ~ sauer erworben** he has worked hard for his living; **j-n um sein ~ bringen** to deprive s.o. of his livelihood (*od.* living), to take the bread out of s.o.'s mouth (*colloq.*); **sein ~ durch Nichtstun verdienen** to eat the bread of idleness; → Kunst 1. – **4.** *relig.* (*Hostie*) bread: **~ und Wein** bread and wine; **~ brechen** to break bread.

'**Brot|ˌaufˌstrich** *m gastr.* (sandwich) spread. — ~ˌ**backen** (*getr.* -k·k-) *n* bread-making. — ~ˌ**bäcker** (*getr.* -k·k-) *m* baker. — ~ˌ**baum** *m bot.* breadfruit (*Br.* bread-fruit) (tree), artocarpus (*scient.*) (*Gattg Artocarpus*). — ~**beˌlag** *m gastr.* sandwich filling. — ~**beˌruf** *m rare* bread-and-butter profession. — ~ˌ**beu·tel** *m* **1.** bread bag. – **2.** *mil.* haversack, field (*Am.* musette) bag. — ~ˌ**boh·rer** *m zo.* biscuit (*od.* bread, *bes. Am.* drugstore) beetle (*od.* weevil) (*Stegobium paniceum*). — ~ˌ**bre·chen** *n relig.* breaking of the bread. — ~ˌ**büch·se** *f* sandwich box.

Bröt·chen ['brøːtçən] *n* ⟨-s; -⟩ roll, *Am. auch* brötchen: **belegtes ~ mit Schinken [Käse]** roll with ham [cheese], ham [cheese] roll; **(sich** (*dat*) **seine ~ verdienen** *humor. colloq.* to earn one's bread and butter (*od.* a living). — ~ˌ**ge·ber** *m humor. colloq. for* Arbeitgeber. — ~ˌ**teig** *m* dough for rolls.

'**Brot·erˌwerb** *m econ.* (earning one's) living (*od.* livelihood): **als** (*od.* **zum**) **~** for a living, professionally, as a trade.

'**Brotˌfrucht** *f bot.* breadfruit. — ~ˌ**baum** *m cf.* Brotbaum.

'**Brot|ˌge·ber** *m obs. for* Arbeitgeber. — ~**geˌlehr·sam·keit** *f contempt.* bread-and-butter scholarship. — ~**geˌlehr·te** *m obs.* bread-and-butter (*od.* professional) scholar. — ~**geˌtrei·de** *n agr.* breadgrain, bread cereals *pl.* — ~ˌ**herr** *m obs. for* Arbeitgeber. — ~ˌ**ho·bel** *m* bread cutter (*od.* slicer). — ~ˌ**kä·fer** *m zo. cf.* Brotbohrer. — ~ˌ**kan·ten** *m* hunk (*od.* crust) of bread. — ~ˌ**kar·te** *f* (*bei Rationierung*) bread (ration) card, *Br.* bread-ticket. — ~ˌ**ka·sten** *m* bread bin, *bes. Am.* breadbox. — ~ˌ**korb** *m* breadbasket, *Br.* bread-basket: **j-m den ~ höher hängen** *fig. colloq.* to make s.o. tighten his belt, to put s.o. on short rations (*od.* commons). — ~ˌ**krüm·chen** *pl* (bread) crumbs. — ~ˌ**kru·me** *f* (bread) crumb. — ~ˌ**kru·menˌschwamm** *m zo.* bread crumb sponge (*Halichondria panicea*). — ~ˌ**kru·ste** *f* (bread) crust. — ~ˌ**laib** *m* loaf (of bread). — ~**lie·feˌrant** *m* supplier of bread, breadman (*colloq.*).

'**brot·los** *adj* **1.** unemployed, without means of support (*od.* livelihood): **~ werden** to lose one's job (*od.* livelihood, employment); **j-n ~ machen** to throw s.o. out of work, to deprive s.o. of his living. – **2.** unprofitable, unremunerative: → Kunst 3.

'**Brot|ˌman·gel** *m* shortage (*od.* scarcity) of bread. — ~ˌ**mar·ke** *f meist pl* (*bei Rationierung*) bread (ration) coupon. — ~**maˌschi·ne** *f cf.* Brotschneidemaschine. — ~ˌ**mehl** *n* flour for bread(-making). — ~-ˌ**mes·ser** *n* bread knife. — ~ˌ**neid** *m fig.* professional jealousy: **aus ~ handeln** to act out of professional jealousy. — ~ˌ**nuß·ˌbaum** *m bot.* breadnut (tree) (*Brosimum alicastrum*). — ~ˌ**pud·ding** *m gastr.* bread pudding. — ~**ra·tiˌon** *f* bread ration. — ~**ra·tioˌnie·rung** *f* rationing of bread. — ~ˌ**re·ste** *pl* (bread) leftovers. — ~ˌ**rin·de** *f cf.* Brotkruste. — ~ˌ**rö·ster** *m* (*elektrischer*) toaster. — ~ˌ**sä·ge** *f* (saw-edged) bread knife. — ~ˌ**schei·be** *f* slice of bread. — ~ˌ**schie·ber** *m* (*in Bäckerei*) peel. — ~-ˌ**schim·mel** *m bot.* bread mold (*bes. Br.* mould) (*bes. Rhizopus nigricans*). — ~-ˌ**schnei·de·maˌschi·ne** *f* bread slicer (*od.* cutter), bread-slicing machine. — ~-ˌ**schnit·te** *f* slice of bread. — ~ˌ**schrift** *f print.* body (*od.* text) type. — ~ˌ**stu·di·um** *n* bread-and-butter education. — ~ˌ**sup·pe** *f gastr.* a) bread soup, b) (*aus Weißbrot*) panada. — ~ˌ**teig** *m* (bread) dough. — ~ˌ**tel·ler** *m* (bread) board. — ~ˌ**tor·te** *f gastr.* bread cake. — ~ˌ**trom·mel** *f cf.* Brotkasten. — ~ˌ**wür·fel** *m gastr.* bread cube: **gerösteter ~** crouton. — ~ˌ**wur·zel** *f bot.* **1.** cassava (*plant or rootstock of Manihot utilissima*). – **2.** yam, *bes.* batatas (*od.* Indian) yam (*Gattg Dioscorea, bes. D. batatas*). — ~ˌ**zeit** *f Bavarian* **1.** break (*od.* pause) for a snack, *bes. Br.* tea break, *bes. Am.* coffee break: **~ machen** to break off (*od.* to take a break, to pause) for a snack. – **2.** ⟨*only sg*⟩ snack: **die ~ auspacken** to unwrap one's snack; **ich lasse mir jetzt eine ~ holen** I am going to send out for a snack now. — ~ˌ**zucker** (*getr.* -k·k-) *m* loaf sugar.

Brow·ning ['braunɪŋ] (*Engl.*) *m* ⟨-s; -s⟩ automatic (pistol), Browning.

Brownsch [braunʃ] *adj* ⟨*attrib*⟩ Brownian: **~e Bewegung** *phys.* Brown(ian) motion.

brr [br] *interj* (*an Zugtiere*) whoa! ho(a)!

Bru·cel·lo·se [brutsɛ'loːzə] *f* ⟨-; -n⟩ *med.* brucellosis, brucelliasis, *auch* Malta (*od.* undulant) fever.

Bruch[1] [brux] *m* ⟨-(e)s; ⸚e⟩ **1.** *cf.* Brechen[1]. – **2.** (*einer Achse etc*) breakage, fracture: **wir hörten den ~ der Achse** we heard the axle break; **ein Auto zu ~ fahren** *colloq.* to smash a car. – **3.** *fig.* (*von Beziehungen, einer Freundschaft etc*) break, rupture: **zum ~ der diplomatischen Beziehungen führen** to lead to the break of diplomatic relations; **es kam zum offenen ~ zwischen ihnen** it came to an open breach between them, they broke off their friendship. – **4.** *fig.* (*eines Eides, Versprechens, Vertrages etc*) break, breach, violation, infringement, infraction: **der ~ des Vertrauens** the breach of confidence. – **5.** *fig.* (*einer Ehe*) breakup. – **6.** *fig.* (*mit einer Tradition*) break (with), breaking away (from): **der ~ mit der Vergangenheit** the (clean) break with the past. – **7.** **zu ~ gehen, in die Brüche gehen** *colloq.* a) to break, to get broken, b) *fig.* to fail, to come to naught, to fall through: **mein Plan ging zu ~** my plan came to naught; **die Ehe ging in die Brüche** the marriage broke up (*od. colloq.* went on the rocks). – **8.** **sich** (*dat*) **einen ~ lachen** *fig. colloq.* to split one's sides (with laughter). – **9.** *med.* broken bone, fracture, 'break' (*colloq.*): **einfacher [komplizierter** *od.* **offener] ~** simple [compound] fracture; **einen ~ einrichten** to set (*od.* reduce) a fracture. – **10.** *med.* rupture, hernia: **eingeklemmter ~** incarcerated (*od.* strangulated) hernia; **sich** (*dat*) **einen ~ heben** (*od.* **zuziehen**) to rupture oneself; **ein ~ tritt aus** a hernia comes down. – **11.** (*Riß, Sprung*) crack, crevice, fissure, break. – **12.** *geol.* a) fault, b) (*Einbruch*) break, disruption: **tektonischer ~** fracture. – **13.** (*mining*) a) (*des Hangenden*) thrust, b) cleat, slip: **zu ~ gehen** to cave in, *auch* to come down. – **14.** *min.* a) (*Bruchfläche*) fracture, b) (*auf das Gefüge bezogen*) structure. – **15.** *aer.* crash, *bes. Am.* crack-up, *Br. sl.* prang: **bei der Landung machte das Flugzeug ~** the plane crashed on landing (*od.* made a crash landing). – **16.** *tech.* (*Ausschuß, bes. von Metall*) scrap. – **17.** *math.* fraction: **echter [unechter] ~** proper [improper] fraction; **einfacher [gemeiner** *od.* **gewöhnlicher] ~** simple [common *od.* vulgar] fraction; **einen ~ erweitern** to reduce a fraction to higher terms; **einen ~ (durch einen Faktor) kürzen** to abbreviate (*od.* reduce) a fraction (by a factor). – **18.** *civ. eng.* quarry, *auch* stone pit, b) *cf.* Bruchstein. – **19.** (*Hosenfalte etc*) crease, fold. – **20.** *agr.* (*an Bäumen*) breakage. – **21.** *hunt.*

small green branch affixed to the cap of a huntsman. – **22.** *econ.* a) (*Bruchschaden*) breakage, b) (*von Schokolade*) broken chocolate. – **23.** *contempt.* junk, trash: **das ist ~** *colloq.* that's junk.

Bruch[2] [brux; bruːx] *m, n* ⟨-(e)s; =e(r)⟩ bog, marsh, swamp(land), *Br.* fen.

ˈ**Bruchˌamp·fer** *m,* **~ˌkraut** *n bot.* cuckoo (*od.* wood) sorrel (*od.* meat), shamrock (*Oxalis acetosella*).

ˈ**Bruch|ˌbacke** (*getr.* -k·k-) *f geol.* fault jaw. — **~ˌband** *n* ⟨-(e)s; =er⟩ *med.* truss, hernia support. — **~ˌbau** *m* ⟨-(e)s; *no pl*⟩ (*mining*) caving. — **~beˌanˌspru·chung** *f tech.* breaking stress. — **~ˌbe·ben** *n geol.* rift (*od.* tectonic) earthquake. — **~ˌbee·re** *f bot.* bog whortleberry (*od.* bilberry) (*Vaccinium uliginosum*). — **~beˌla·stung** *f tech.* (*bei Materialprüfung*) breaking (*od.* maximum, ultimate) load. — **~beˌwe·gung** *f geol.* fault movement. — **~ˌbil·dung** *f* **1.** *min.* fracturing, fracture (formation). – **2.** *geol.* faulting. – **3.** *med.* herniation. — **~ˌblei** *n tech.* scrap lead. — **~ˌbo·den** *m geol.* boggy (*od.* marshy) ground. — **~ˌbu·de** *f colloq. contempt.* **1.** ramshackle building. – **2.** 'dump', 'hole', *bes. Am.* 'joint' (*alle colloq.*). — **~ˌeinˌklem·mung** *f med.* strangulation of a hernia, hernial incarceration (*scient.*). — **~ˌei·sen** *n metall.* (*Gußbruch*) iron scrap. — **~ˌfak·tor** *m* **1.** *tech.* breaking factor. – **2.** *metall.* (*im Prüfwesen*) single blow impact value. — **~ˌfal·te** *f geol.* disrupted (*od.* faulted) fold. — **~ˌfeld** *n* rift zone. — **b~ˌfest** *adj* breakproof, fracture-proof. — **~ˌfe·stig·keit** *f* ultimate breaking strength. — **~ˌflä·che** *f* **1.** (area *od.* surface of) fracture, fractured surface. – **2.** *geol.* fault (*od.* disruption) plane, fault surface. – **3.** *tech.* fracture. — **b~ˌfrei** *adj econ.* free from breakage. — **~geˌbir·ge** *n geol.* fault(ed) (*od.* scarp) mountains *pl.* — **~geˌfahr** *f econ. tech.* risk of breakage. — **~ˌglas** *n* broken glass, *auch* cullet. — **~ˌglei·chung** *f math.* fractional equation. — **~ˌgren·ze** *f metall. phys.* breaking limit, point of maximum load, ultimate stress limit. — **~ˌha·fer** *m bot. cf.* Barthafer. — **~ˌheil** *n bot.* deer grass (*Gattg Rhexia*).

bru·chig [ˈbruxɪç; ˈbruːxɪç] *adj* boggy, marshy.

brü·chig [ˈbrʏçɪç] *adj* **1.** fragile. – **2.** full of cracks, cracked: **die Mauern sind ~** the walls are full of cracks; **~es Gestein** creviced rocks *pl;* **das Leder ist ~ geworden** the leather has become cracked (*od.* brittle). – **3.** *metall.* (*spröde*) brittle, short. – **4.** *tech.* (*fehlerhaft*) flawy, weak. – **5.** (*zerreibbar*) friable: **~e Stelle** flaw, weak spot. – **6.** (*textile*) brittle, tender, friable: **~ werden** to become brittle (*od.* tender). – **7.** *biol. med.* brittle. – **8.** *fig.* (*Stimme*) cracked. – **9.** *lit.* (*Existenz, Welt etc*) fragile, shaky. — ˈ**Brü·chig·keit** *f* ⟨-; *no pl*⟩ **1.** fragility. – **2.** crackedness. – **3.** *tech.* brittleness, shortness. – **4.** *tech.* flawy state, weakness. – **5.** friability, friableness. – **6.** (*textile*) brittleness, tenderness, fragility. – **7.** *biol. med.* brittleness. – **8.** *fig.* (*der Stimme*) crackedness. – **9.** *lit.* fragility, shakiness.

ˈ**Bruch|ˌinˌhalt** *m med.* contents *pl* of a hernial sac. — **~ˌklee** *m bot. cf.* Bruchampfer. — **~ˌkna·benˌkraut** *n* broad-leaved orchis (*Orchis latifolia*). — **~ˌkraft** *f tech.* breaking strength (*od.* stress, strain). — **~ˌkraut** *n bot.* herniary (*Gattg Herniaria*). — **~ˌland** *n geol.* swampland, marshland. — **b~ˌlan·den** *v/i* ⟨*inf u. pp,* -ge-, sein⟩ *aer.* crash-land, make a crash landing, *Br. sl.* prang. — **~ˌlan·dung** *f aer.* crash landing: **eine ~ machen** *cf.* bruchlanden. — **~ˌlast** *f* **1.** *metall.* (*im Prüfwesen*) fracture load, ultimate (breaking) load, load at rupture. – **2.** (*des Klebstoffes*) failing (*od.* failure) load. – **3.** *aer.* failing load. — **~ˌli·nie** *f* **1.** *cf.* Bruchstelle. – **2.** *arch.* (*eines Bogens*) rupture line. – **3.** *geol.* a) fault line, b) line of (volcanic) rent. — **~ˌman·del** *f bot. cf.* Knackmandel. — **~meˌtall** *n metall.* scrap metal. — **~ˌmu·ster** *n min.* fracture pattern. — **~ˌnaht** *f med.* herniorrhaphy. — **~ˌnei·gung** *f med.* **1.** tendency toward(s) (*od.* proneness to) hernia (*od.* rupture). – **2.** (*bei Knochen*) brittleness, fragility of the bones. — **~ope·ra·tiˌon** *f* hernia(l) operation, herniotomy (*scient.*). — **~ˌpfor·te** *f* hernial orifice (*od.* opening, ring). — **~piˌlot** *m aer. colloq.* hard-luck pilot. — **~ˌpro·be** *f tech. phys.* breaking (*od.* fracture) test. — **~ˌrech·nen** *n,* **~ˌrech·nung** *f math.* fractional arithmetic, (operation with) fractions *pl.* — **~ˌreis** *m econ.* broken rice. — **~ˌring** *m med.* hernial ring. — **~ˌsack** *m med.* hernial sac. — **~ˌscha·den** *m econ.* **1.** (damage by) breakage. – **2.** (*in der Betriebsbilanz*) manufacturing loss. — **~ˌschie·fe·rung** *f geol.* fracture cleavage. — **~ˌschie·ne** *f med.* splint. — **~scho·koˌla·de** *f econ.* broken chocolate. — **~ˌschrift** *f print. cf.* Fraktur 2. — **~ˌseg·ge** *f bot.* fox carex (*Carex vulpina*). — **b~ˌsi·cher I** *adj* breakproof. – **II** *adv* **etwas ~ verpacken** to pack s.th. so it won't break. — **~ˌspal·te** *f geol.* fault cleft (*od.* fissure). — **~ˌspan·nung** *f tech. phys.* ultimate breaking stress, failure stress.

ˈ**Bruchˌstein** *m civ.eng.* **1.** quarrystone. – **2.** (*beim Mauern*) rubble(stone). — **~ˌmau·er** *f* rubble wall. — **~ˌmau·erˌwerk** *n* rubble masonry: **geschichtetes [ungeschichtetes] ~** coursed [random] rubble masonry.

ˈ**Bruch|ˌstel·le** *f* **1.** location (*od.* point) of fracture. – **2.** (*Schadensstelle*) break, fracture, crack, split. — **~ˌstrich** *m math.* fraction bar (*od.* stroke), fraction(al) line. — **~strukˌtur** *f* **1.** *min.* fracture pattern. – **2.** *geol.* fault structure.

ˈ**Bruchˌstück** *n* **1.** fragment, (broken) piece, (fractional) part. – **2.** splinter, shiver, sliver. – **3.** *pl geol.* debris *sg, Br. auch* débris *sg.* – **4.** *meist pl* fragment, part, piece: **das Gedicht ist in ~en erhalten** the poem is preserved in fragments; **aus ~en bestehend** *cf.* fragmentarisch; **~e einer Unterhaltung** *fig.* snatches of a conversation; **~e eines Briefes** *fig.* scraps of a letter. — **b~haft I** *adj* fragmentary. – **II** *adv cf.* bruchstückweise. — **b~ˌwei·se** *adv fig.* in fragments, fragmentarily: **~ erhalten** preserved as (*od.* in) fragments (*od.* in fragmentary form); **~ erzählen** to tell s.th. in bits and pieces.

ˈ**Bruch|ˌstu·fe** *f geol.* fault cliff (*od.* scarp), step fault. — **~ˌteil** *m* **1.** small portion, fraction: **im ~ einer Sekunde** in a split second, in the fraction of a second. – **2.** *math.* fraction, fractional part. — **~ˌwald** *m bot.* fenwood, carr. — **~ˌwas·serˌläu·fer** *m zo.* wood sandpiper (*Tringa glareola*). — **~ˌwei·de** *f bot.* brittle (*od.* crack) willow, withy (*Salix fragilis*). — **~ˌwurz** *f bot.* agrimony (*Gattg Agrimonia*). — **~ˌzahl** *f math.* fraction(al) number. — **~ˌzif·fern** *pl print.* fractions: **~ mit waagerechtem Strich** split (*od.* piece) fractions. — **~ˌzo·ne** *f* **1.** *geol.* fault(ed) (*od.* rift) zone. – **2.** *min.* zone of fracture (*od.* rupture), fractured zone.

Bru·cin [bruˈtsiːn] *n* ⟨-s; *no pl*⟩ *chem.* brucine, *auch* brucin ($C_{23}H_{26}N_2O_4$).

Bru·cit [bruˈtsiːt; -ˈtsɪt] *n* ⟨-s; *no pl*⟩ *min.* brucite.

Brück·chen [ˈbrʏkçən] *n* ⟨-s; -⟩ *dim. of* Brücke 1.

Brücke (*getr.* -k·k-) [ˈbrʏkə] *f* ⟨-; -n⟩ **1.** bridge: **bewegliche ~** movable (*od.* opening) bridge; **schwimmende ~** floating (*od.* pontoon) bridge; **eine ~ über** (*acc*) **etwas bauen** (*od.* **schlagen**) to build (*od.* construct, lay, throw) a bridge across s.th.; **eine ~ in die Luft sprengen** to blow up a bridge; **die ~ überspannt [führt über] den Fluß** the bridge spans [crosses] the river; **alle ~n hinter sich abbrechen** *fig.* to burn all one's bridges (*bes. Br.* boats) behind one; **j-m goldene ~n bauen** *fig.* to help s.o. (to get) out of a difficulty, to build s.o. a golden bridge (to cross). – **2.** *fig.* bridge, link: **~ zur Vergangenheit** link with the past; **Sport schlägt ~n von Volk zu Volk** sport bridges the gaps between nations. – **3.** (*kleiner Teppich*) rug. – **4.** *mar.* a) (captain's) bridge, b) *cf.* Landungsbrücke 1. – **5.** (*optics*) (*einer Brille*) bridge. – **6.** *med.* (dental) bridge. – **7.** *med.* (*Gehirnteil*) pons: **zur ~ gehörig** pontine; **vor der ~ liegend** prepontile. – **8.** (*sport*) a) (*Gymnastik*) bridge position, b) (*beim Ringen*) bridge: **in die ~ gehen** to go to bridge. – **9.** *electr.* a) bridge, b) (*kurze, zwischen Klemmen*) stud: **Wheatstonesche ~** Wheatstone('s) bridge; **in ~ schalten** to bridge (*od.* to tee) (across). – **10.** *tech.* (*einer Brückenwaage*) platform, table. – **11.** *print.* (*an der Presse*) till, shelves *pl.* – **12.** (*games*) a) **goldene ~** (*Kinderspiel*) thread-needle, b) (*Billard*) bridge, jigger. – **13.** *Swiss for* Heuboden.

ˈ**Brücken|ˌach·se** (*getr.* -k·k-) *f civ.eng.* center (*bes. Br.* centre) line of a bridge. — **~ˌarm** *m med.* (*im Gehirn*) brachium pontis. — **~ˌbal·ken** *m civ.eng.* beam, girder. — **~ˌbau** *m* ⟨-(e)s; -ten⟩ bridge building (*od.* construction). — **~ˌbau·er** *m* bridge builder. — **~ˌbauˌtrupp** *m mil.* bridging party. — **~ˌbil·dung** *f geol.* arching. — **~ˌbock** *m civ.eng.* trestle of a bridge. — **~ˌbo·gen** *m* arch of a bridge: **Spannweite eines ~s, lichte Weite eines ~s** clear span of a bridge arch. — **~ˌdeck** *n mar.* bridge deck. — **~ˌech·se** *f zo.* tuatara, *auch* tuatera, sphenodon (*Sphenodon punctatum*). — **~ˌfeld** *n civ.eng.* span. — **~fiˌgur** *f* (sculptured) figure on a bridge. — **~geˌlän·der** *n* bridge railing. — **~ˌgeld** *n econ.* bridge toll (*od.* money). — **~ˌglied** *n civ.eng.* bridge element. — **~ˌhaus** *n* **1.** *mar.* pilothouse, wheelhouse. – **2.** *rare* tollhouse (on a bridge). — **~ˌjoch** *n* bridge bent. — **~ˌklap·pe** *f tech.* (bridge) leaf (*od.* flap), bascule. — **~ˌkopf** *m* **1.** *mil.* bridgehead. – **2.** *fig.* toehold. — **~ˌkran** *m tech.* bridge (*od.* gantry) crane. — **~ˌnock** *f* (*in Flußschiffahrt*) cab. — **~ˌoberˌbau** *m* ⟨-(e)s; -ten⟩ bridge superstructure. — **~ˌpfei·ler** *m* bridge pier. — **~ˌpla·stik** *f med.* pedicle (*od.* double-end) graft. — **~ˌram·pe** *f cf.* Brückenzufahrt. — **~ˌschal·tung** *f electr.* bridge connection (*Br. auch* connexion) (*od.* circuit). — **~ˌschlag** *m* bridging (*auch fig.*): **ein ~ über die Donau** bridging the Danube; **ein ~ von Ost nach West** *fig.* a bridging (*od.* linking) of East and West. — **~ˌträ·ger** *m civ.eng.* bridge girder. — **~ˌwaa·ge** *f tech.* **1.** scale platform. – **2.** (*für Wagenlast*) weighbridge. — **~ˌzoll** *m econ. cf.* Brückengeld. — **~ˌzuˌfahrt** *f* bridge approach.

ˈ**Brück·lein** *n* ⟨-s; -⟩ *dim. of* Brücke 1.

Brück·ner [ˈbrʏknər] *m* ⟨-s; -⟩ *obs.* bridge keeper.

Brü·den [ˈbryːdən] *m* ⟨-s; -⟩ **1.** *tech.* water vapor (*bes. Br.* vapour). – **2.** *Low G. dial. for* Brodel 1, Schwaden[2] 2, 3, Wrasen.

Bru·der [ˈbruːdər] *m* ⟨-s; =⟩ **1.** brother: **mein älterer [jüngerer] ~** my elder [younger] brother; **mein großer [kleiner] ~** my older (*od.* big) [young *od.* small] brother; **leiblicher ~** full brother, *auch* brother-german, *Br.* brother german, own (*od.* blood) brother; **~ väterlicherseits** brother on the father's side; **die Brüder X** the X brothers, the brothers X; **an j-m wie ein ~ handeln** to treat s.o. like one's (*od.* a) brother; **er ist zu mir wie ein ~** he is just like a brother to me; **gleiche Brüder, gleiche Kappen** (*Sprichwort*) birds of a feather flock together (*proverb*); **und willst du nicht mein ~ sein, so schlag' ich dir den Schädel ein** (*Sprichwort*) *etwa* as long as you agree with me, we'll get along fine. – **2.** *fig.* brother, friend: **mir, unter Brüdern, kannst du es ja sagen** *colloq.* just between friends tell me; **das ist unter Brüdern 200 Mark wert** *colloq.* between friends it would be 200 marks; **der Schlaf ist ein ~ des Todes** *poet.* sleep is a brother of death; → Apollo 1. – **3.** *relig.* a) brother, b) (*bes. Bettelmönch*) friar, c) (*Laie*) lay brother, d) (*als Anrede*) Brother: **meine lieben Brüder** dearly beloved brethren; **Brüder in Christo** brethren (*od.* brothers) in Christ; **Brüder im Geiste** spiritual brothers; **ihr aber seid alle Brüder** *Bibl.* and all ye are brethren. – **4.** *colloq.* 'fellow' (*colloq.*), *Br. colloq.* bloke, *bes. Am. colloq.* guy: **~ Leichtfuß [Liederlich, Lustig]** *colloq.* happy-go-lucky [careless, jolly] fellow; **ein sauberer** (*od.* **übler**) **~** *iron. contempt.* a bad egg (*od.* penny) (*colloq.*); **ein lustiger ~** a gay fellow; **den ~ kennen wir** we know that customer (*colloq.*); **die Brüder werde ich mir kaufen!** I'll tell them a thing or two! (*colloq.*). – **5. ein warmer ~** *vulg. contempt.* a homosexual, a queer (*sl.*), a pansy (*colloq.*), *bes. Am. colloq.* a fairy.

Brü·der·chen [ˈbryːdərçən] *n* ⟨-s; -⟩ **1.** little brother. – **2.** baby brother.

ˈ**Brü·der·geˌmei·ne** *f* ⟨-; -n⟩, *auch* Herrnhuter **~** *relig.* Bohemian Brethren *pl, auch* Moravians *pl.*

ˈ**Bru·der|ˌhand** *f* ⟨-; *no pl*⟩ **1.** *fig.* hand of brotherhood: **j-m die ~ reichen** to extend the hand of brotherhood to s.o. – **2.** *lit.* hand of one's brother: er starb durch ~ he was killed by his brother. — ~ˌ**haß** *m* fraternal hate. — ~ˌ**herz** *n fig. colloq. humor.* dear (*od.* beloved) brother. — ~ˌ**kind** *n bes. Southwestern G. for* a) Nichte, b) Neffe. — ~ˌ**krieg** *m* **1.** *bes. hist.* war between brothers, fratricidal war. – **2.** *lit.* (*Bürgerkrieg*) civil war. — ~ˌ**kuß** *m fig.* fraternal kiss, kiss of friendship. — ~ˌ**land** *n lit.* sister nation.

Brü·der·lein ['bryːdərlaɪn] *n* ⟨-s; -⟩ *cf.* Brüderchen.

'**brü·der·lich I** *adj* brotherly, fraternal: ~e Liebe brotherly love; ein ~er Kuß a brotherly kiss; ~e Verbundenheit fraternal relationship; meine ~e Liebe *humor.* my beloved brother. – **II** *adv* in a brotherly (*od.* fraternal) manner, brotherly, fraternally: ~ teilen to share equally, to share and share alike; ~ zusammenstehen to stand by each other like brothers. — '**Brü·der·lich·keit** *f* ⟨-; *no pl*⟩ brotherliness, brotherhood, fraternity: Freiheit, Gleichheit, ~ liberty, equality, fraternity.

'**Bru·der|ˌlie·be** *f* brotherly (*od.* fraternal) love. — ~ˌ**mord** *m* fratricide. — ~ˌ**mör·der** *m*, ~ˌ**mör·de·rin** *f* fratricide. — **b**~ˌ**mör·de·risch** *adj* fratricidal. — ~ˌ**pflicht** *f* brotherly duty.

'**Bru·der·schaft** *f* ⟨-; -en⟩ **1.** *relig.* brotherhood, fraternity: ~ von Laienbrüdern open religious order, confraternity; karitative ~ sodality; Präraffaelitische ~ (*arts*) Pre-Raphaelite Brotherhood. – **2.** ⟨*only sg*⟩ *Austrian and Southern G. for* Brüderschaft 1.

'**Brü·der·schaft** *f* ⟨-; -en⟩ **1.** ⟨*only sg*⟩ brotherhood, intimate friendship: ~ schließen mit j-m to fraternize (*od.* make close friends) with s.o.; mit j-m ~ trinken to drink with s.o. and pledge friendship. – **2.** *hist.* guild, (con)fraternity.

'**Bru·der|ˌvolk** *n* sister nation, cousins *pl.* — ~ˌ**zwist** *m bes. hist.* fraternal strife (*od.* feud).

Brü·he ['bryːə] *f* ⟨-; -n⟩ **1.** *gastr.* a) (*Fleischbrühe etc*) broth, consommé, b) (*als Suppen- u. Soßengrundlage*) stock, bouillon, c) (*Soße*) sauce, d) (*Fleischsaft*) gravy, e) vegetable water: klare ~ clear broth, consommé; gekörnte ~ desiccated soup; die ~ ist oft teurer als der Braten (*Sprichwort*) the additional trimmings are often more expensive than the original purchase. – **2.** *colloq.* (*schmutziges Wasser etc*) dirty water, slop(s *pl*): in der ~ stecken *fig.* to be in the soup; j-n in der ~ sitzenlassen *fig.* to leave s.o. in the lurch. – **3.** *colloq.* (*Flüssigkeit*) juice. – **4.** *colloq. contempt.* (*minderwertige Getränke od. Suppe etc*) slop(s *pl*), (*bes. Kaffee, Tee*) *auch* dishwater, (hog)-wash: dünne ~ pure dishwater. – **5.** (*leather*) ooze, liquor. – **6.** (*Tabakbeize*) sauce.

brü·hen ['bryːən] *v/t* ⟨h⟩ **1.** *gastr.* scald. – **2.** (*Wäsche*) soak. – **3.** (*textile*) a) treat with hot (*od.* boiling) water, b) (*entfetten*) scour, kier-boil.

'**Brüh|ˌfut·ter** *n agr.* scalded fodder. — **b**~ˌ**gar** *adj* (*leather*) liquor-tanned. — **b**~'**heiß** *adj* scalding (*od.* boiling, piping) hot.

'**brü·hig** *adj* brothlike.

'**Brüh|kar,tof·feln** *pl gastr.* potatoes boiled in stock, bouillon potatoes. — ~ˌ**kes·sel** *m* scalding tub. — ~ˌ**malz** *n brew.* proteolytic malt. — **b**~'**warm** *fig. colloq.* **I** *adv only in* j-m etwas ~ berichten (*od.* erzählen) to take (*od.* report) s.th. directly (*od.* straightaway) to s.o., to bring s.o. hot news of s.th. – **II** *adj rare* (*Nachricht etc*) (red) hot. — ~ˌ**wür·fel** *m gastr.* soup (*od.* bouillon) cube. — ~ˌ**würst·chen** *n* boiling sausage.

'**Brüllˌaf·fe** *m zo.* howling (*od.* howler) monkey, ursine howler, alouatte (*Gattg Alouatta*).

brül·len ['brʏlən] **I** *v/i* ⟨h⟩ **1.** *zo.* a) (*von Raubtieren etc*) roar, b) (*vom Stier*) bellow, c) (*vom Esel*) bray, d) (*von der Kuh*) low. – **2.** (*von Menschen*) roar, bellow, bawl: vor Lachen ~ to roar (*od.* scream, yell) with laughter, to guffaw; vor Wut ~ to roar with anger; vor Schmerz ~ to scream with pain. – **3.** *colloq.* (*bes. von Kindern*) cry, scream, bawl, howl, holler (*colloq.*): wie am Spieß ~ to bawl one's head off. – **4.** *poet.* (*von Brandung, Geschützen etc*) roar, boom. – **II** *v/t* **5.** (*Befehl etc*) roar (out), bawl, bellow. – **III** *v/reflex* **6.** sich heiser ~ to roar oneself hoarse. – **IV B**~ *n* ⟨-s⟩ **7.** *verbal noun*: er [es] ist zum B~ (komisch) *fig. colloq.* he [it] is a scream (*od.* riot). – **8.** (*Schmerzensschreie etc*) scream. – **9.** *poet.* (*der Geschütze*) roar, boom. — '**brül·lend I** *pres p.* – **II** *adj* roaring: ~es Gelächter roars (*od.* screams) *pl* of laughter. – **III** *adv* roaringly: ~ lachen to roar (*od.* scream, yell) with laughter, to guffaw.

'**Brül·ler** *m* ⟨-s; -⟩ **1.** one who roars. – **2.** *colloq. for* Gebrüll.

Brumm [brʊm] *m* ⟨-s; *no pl*⟩ *electr.* hum: magnetischer ~ magnetic hum (*od.* ripple). — ~ˌ**bär**, ~ˌ**bart** *m fig. colloq.* crosspatch (*colloq.*), grumbler, growler, *Am. colloq.* grouch. — ~ˌ**baß** *m colloq. humor.* **1.** double bass. – **2.** deep (*od.* rumbling) bass, growling (bass) voice. — ~**ef,fekt** *m electr.* hum effect. — ~ˌ**ei·sen** *n mus. cf.* Maultrommel.

brum·meln ['brʊməln] **I** *v/t* ⟨h⟩ mutter, mumble: er brummelte etwas vor sich hin he muttered s.th. to himself. – **II** *v/i* mutter (*od.* mumble) (to oneself).

brum·men ['brʊmən] **I** *v/i* ⟨h⟩ **1.** (*von Bären etc*) growl. – **2.** (*von Motoren etc*) drone, hum, buzz, (*von Flugzeug*) *auch* zoom. – **3.** (*summen*) drone, hum. – **4.** (*schnurren*) purr. – **5.** (*von Baß, Orgel etc*) boom. – **6.** (*von Kreisel*) spin, hum. – **7.** *electr.* hum, buzz. – **8.** *fig.* (*von Personen*) (über *acc* at, about) growl, grumble, grunt: der Alte brummt schon wieder the old man is grumbling again. – **9.** *fig.* (*vor Behagen etc*) purr (with). – **10.** er muß ~ *fig. colloq.* a) (*im Gefängnis*) he is doing (*od.* serving) time, b) (*in der Schule*) he is kept in. – **11.** *fig. colloq.* (*in Wendungen wie*) mir brummt der Schädel (*od.* Kopf) my head is buzzing (*od.* throbbing); der brummt ja vor Dummheit he is thick(-skulled), he is bird-brained. – **II** *v/t* **12.** mutter, mumble, (*unfreundlicher*) snarl: etwas in seinen Bart ~ *colloq.* to mumble s.th. in one's beard; was brummst du da vor dich hin? *colloq.* what are you growling about? – **III B**~ *n* ⟨-s⟩ **13.** *verbal noun.* – **14.** growl. – **15.** hum, drone, buzz. – **16.** boom.

'**Brum·mer** *m* ⟨-s; -⟩ **1.** *zo. colloq. for* a) Schmeißfliege, b) Hummel 1. – **2.** *mus.* (*Stimme am Dudelsack*) drone. – **3.** *mil. colloq.* a) (*schweres Geschütz*) heavy gun, b) (*schweres Geschoß*) heavy shell. – **4.** *colloq. cf.* Brummbär. – **5.** *colloq.* (*Auto, Flugzeug*) buzzer.

'**Brumm|ˌflie·ge** *f zo. cf.* Schmeißfliege. — **b**~ˌ**frei** *adj electr.* hum-free. — ~**fre,quenz** *f* hum (*od.* ripple) frequency.

'**brum·mig** *adj* **1.** (*Person, Antwort etc*) grumpy, sulky, grouchy, bearish: eine ~e Antwort a grumpy (*od.* gruff) answer. – **2.** (*Stimme*) growling. — '**Brum·mig·keit** *f* ⟨-; *no pl*⟩ **1.** grumpiness, grumbling (*od.* growling) mood, bearishness. – **2.** (*Barschheit*) gruffness.

'**Brumm|ˌkä·fer** *m colloq.* buzzing beetle. — ~ˌ**krei·sel** *m* humming top. — ~ˌ**laut** *m* **1.** (*radio*) hum. – **2.** *electr.* ripple. — ~ˌ**ochs**, ~ˌ**och·se** *m fig. colloq.* fool, blockhead. — ~ˌ**pe·gel** *m electr.* hum level. — ~**po·ten·tio,me·ter** *n* hum eliminator. — ~ˌ**schä·del** *m fig. colloq.* **1.** headache. – **2.** hangover, (thick) head: einen ~ haben to have a thick head. — ~ˌ**span·nung** *f electr.* ripple, hum (*od.* ripple) voltage. — ~ˌ**stim·me** *f mus.* **1.** *meist pl* (*beim Dudelsack*) drone. – **2.** deep bass (voice). — ~ˌ**stö·rung** *f electr.* buzzing (*od.* hum) interference. — ~ˌ**ton** *m* hum, humming noise. — ~ˌ**zei·chen** *n electr.* buzzer signal.

Bru·nel·le [bru'nɛlə] *f* ⟨-; -n⟩ *bot.* self-heal (*Prunella vulgaris*).

Brü·nel·le [bry'nɛlə] *f* ⟨-; -n⟩ *gastr.* **1.** (*getrocknete Pflaume*) prune, prunelle, prunello. – **2.** (*Likörsorte*) prunelet, prunelle.

Bru'nelˌschie·ne [bru'nɛl-] *f tech.* bridge rail.

brü·nett [bry'nɛt] *adj* brunet(te). — **Brü'net·te** *f* ⟨-n; -n⟩ brunet(te).

Brunft [brʊnft] *f* ⟨-; ⸚e⟩ *hunt.* a) (*beim männlichen Wild*) rut, rutting time (*od.* season), b) (*beim weiblichen Tier*) heat, (o)estrus (*scient.*): der Hirsch steht in der ~ the stag is in (the) rut.

brunf·ten ['brʊnftən] *v/i* ⟨h⟩ *hunt.* a) (*vom männlichen Wild*) rut, b) (*vom weiblichen Tier*) be in (*od.* on) heat.

'**Brunft|ˌfei·ge** *f hunt.* (*der Gemse*) scent gland. — ~ˌ**hirsch** *m* rutting stag.

'**brunf·tig** *adj hunt.* a) (*männliches Wild*) rutting, b) (*weibliches Tier*) in (*od.* on) heat: ~ sein *cf.* brunften.

'**Brunft|ˌmäh·ne** *f hunt.* mane of stag in rut (*od.* rutting stag). — ~ˌ**platz** *m* place of rutting. — ~ˌ**ruf** *m cf.* Brunftschrei. — ~ˌ**ru·te** *f* pizzle. — ~ˌ**schrei** *m* bellow (*od.* call) of rutting deer. — ~ˌ**wild** *n* rutting animals *pl.* — ~ˌ**zeit** *f* rutting season (*od.* time).

Brü'nierˌei·sen *n tech.* burnishing iron, burnisher.

brü·nie·ren [bry'niːrən] *v/t* ⟨*no* ge-, h⟩ *metall.* brown, burnish.

Brunn [brʊn] *m* ⟨-(e)s; -en⟩ *poet.* fount (*poet.*).

Brünn·chen ['brʏnçən] *n* ⟨-s; -⟩ *dim. of* Brunnen.

Brün·ne ['brʏnə] *f* ⟨-; -n⟩ *hist.* (*Panzerhemd*) coat of mail.

Brun·nen ['brʊnən] *m* ⟨-s; -⟩ **1.** *bes. civ.eng.* (*gegrabener*) water well: einen ~ bohren to bore a well; abessinischer [artesischer] ~ Abyssinian [artesian] well; den ~ zudecken, wenn das Kind hineingefallen ist *fig.* to lock the stable door after the horse has bolted (*od.* is stolen); → Krug 1. – **2.** (*ungefaßte Quelle*) spring, fount (*poet.*). – **3.** (*eingefaßte Quelle*) fountain. – **4.** (*Ziehbrunnen*) draw well. – **5.** (*Mineralquelle*) mineral spring: ~ trinken to take (*od.* drink) the waters. – **6.** *fig.* well, spring, fountain. – **7.** *rare for* Bad 5.

'**Brun·nen|ˌab,teu·fung**, ~ˌ**ab,sen·kung** *f civ.eng.* well sinking. — ~ˌ**bau** *m* ⟨-(e)s; -ten⟩ construction of wells, well construction. — ~ˌ**bau·er** *m* water-well builder, pitmaker. — ~ˌ**becken** (*getr.* -k·k-) *n* basin. — ~ˌ**bohr,an,la·ge** *f* water-well drilling jig. — ~ˌ**boh·rer** *m* pitmaker's auger. — ~ˌ**boh·rung** *f* well boring (*od.* drilling). — ~ˌ**deckel** (*getr.* -k·k-) *m* well cover. — ~ˌ**ei·mer** *m* well bucket. — ~ˌ**ein,fas·sung** *f* curb (*od.* brim) of a well. — ~ˌ**fa·den** *m biol.* crenothrix (*Crenothrix polyspora*). — ~**fi,gur** *f* figure on a fountain. — ~ˌ**grün·dung** *f civ.eng.* **1.** sunk well (*od.* well-sunk) foundation. – **2.** (*für Brückenpfeiler etc*) caisson foundation. — ~ˌ**haus** *n* well house, (*eines Kurortes*) pump room. — ~ˌ**hof** *m* (*eines Schlosses etc*) courtyard with a fountain. — ~ˌ**kam·mer** *f tech. cf.* Brunnenstube. — ~ˌ**ka·sten** *m* water cistern. — ~ˌ**kranz** *m civ.eng.* (*Senkschacht*) shaft (*od.* shell) (of a well). — ~ˌ**krebs** *m zo.* well shrimp (*Niphargus aquilex*). — ~ˌ**kres·se** *f bot.* watercress (*Nasturtium officinale*). — ~ˌ**kur** *f med.* mineral-water cure: eine ~ machen to take the waters. — ~ˌ**lat·tich** *m bot.* common coltsfoot, farfara (*Tussilago farfara*). — ~ˌ**loch** *n civ.eng.* well hole. — ~ˌ**moos** *n bot.* fountain moss (*Fontinalis antipyretica*). — ~ˌ**pest** *f biol. cf.* Brunnenfaden. — ~ˌ**pe·ter·lein** *n* ⟨-s; -⟩ *bot.* large-leaved sium (*Sium latifolium*). — ~ˌ**rand** *m* edge of a well. — ~ˌ**rohr** *n*, ~ˌ**röh·re** *f* **1.** pump tube (*od.* pipe). – **2.** spout of a fountain. — ~ˌ**schacht** *m* **1.** well shaft. – **2.** (*bei der Brunnengründung*) sunk well, caisson. — ~ˌ**scha·le** *f* basin (*od.* vase) of a fountain. — ~ˌ**schwen·gel** *m* well sweep. — ~ˌ**stu·be** *f tech.* well chamber (*od.* house). — ~ˌ**tie·fe** *f* depth of a well. — ~ˌ**trog** *m* trough of a fountain. — ~**ver,gif·ter** *m fig. contempt.* vicious calumniator. — ~**ver,gif·tung** *f* **1.** *fig. contempt.* vicious (political) calumny. – **2.** well poisoning. — ~ˌ**was·ser** *n* well (*od.* pump) water.

Brünn·lein ['brʏnlaɪn] *n* ⟨-s; -⟩ **1.** *dim. of* Brunnen. – **2.** springlet, small fountain (*od.* well).

'**Brünnˌras·se** ['brʏn-] *f anthrop.* Brünn race.

Brunst [brʊnst] *f* ⟨-; ⸚e⟩ **1.** *zo.* a) (*bei männlichen Tieren*) rut(ting), b) (*bei weiblichen Tieren*) heat; (o)estrus, *auch* (o)estrum (*scient.*): in der ~ *cf.* brünstig 1. – **2.** *zo.* (*Paarungszeit*) rutting season (*od.* time). – **3.** *archaic for* Inbrunst.

brun·sten ['brʊnstən] *v/i* ⟨h⟩ a) (*vom männlichen Tier*) (be in) rut, b) (*vom weiblichen Tier*) be in (*od.* on) heat.

'**Brunst·hor,mo·ne** *pl biol.* **1.** (o)estral hormones. – **2.** (o)estrogen hormones.

brün·stig ['brʏnstɪç] *adj* **1.** *zo.* a) (*männliche Tiere*) rutting, ruttish, b) (*weibliche Tiere*) in (*od.* on) heat, in season. – **2.** *archaic for* inbrünstig I.

'**Brunst|pe·ri,ode** *f zo.* **1.** (o)estrus, *auch* (o)estrum. – **2.** *cf.* Brunstzyklus. — ~ˌ**zeit** *f* season of heat, period of sexual excitement. — ~ˌ**zy·klus** *m* (o)estrous (*auch* [o]estral *od.* [o]estrual) cycle.

brüsk [brʏsk] **I** *adj* ⟨-er; -est⟩ **1.** (*Antwort,*

Verhalten etc) brusque, *Am. auch* brusk, curt, blunt, (*stärker*) gruff, rude: ~e Antwort curt (*od.* blunt, rude) reply; ~es Auftreten brusque (*od.* rude) manner. – **2.** (*plötzlich*) abrupt: ~es Anhalten abrupt stop. – **II** *adv* **3.** brusquely, *Am. auch* bruskly, curtly, bluntly: j-n ~ abfertigen to be very short with s.o.; etwas ~ ablehnen to refuse s.th. brusquely.

brüs·kie·ren [brʏs'kiːrən] **I** *v/t* ⟨*no* ge-, h⟩ j-n ~ to snub (*od.* rebuff) s.o., (*stärker*) to affront s.o. – **II B~** *n* ⟨-s⟩ *verbal noun.* — **brüs'kiert I** *pp.* – **II** *adj* snubbed, rebuffed: sich ~ fühlen to feel snubbed. — **Brüs'kie·rung** *f* ⟨-; -en⟩ **1.** *cf.* Brüskieren. – **2.** snub, rebuff, (*stärker*) affront.

Brüs·se·ler ['brʏsələr] **I** *m* ⟨-s; -⟩, **'Brüs·se·le·rin** *f* ⟨-; -nen⟩ native (*od.* inhabitant) of Brussels. – **II** *adj* (of) Brussels: ~ Spitze Brussels lace; ~ Teppich Brussels carpet.

Brust [brʊst] *f* ⟨-; ¨e⟩ **1.** ⟨*only sg*⟩ chest, breast, thorax, pectus (*scient.*): breite [flache] ~ broad (*od.* large, wide) [flat] chest; j-n an seine ~ drücken to press (*od.* clasp) s.o. to one's breast; ~ 'raus! chest out! sich an die ~ schlagen *fig.* to beat one's breast; j-m die Pistole auf die ~ setzen *fig.* to hold a pistol to s.o.'s head; den Kopf auf die ~ sinken lassen to drop one's head on one's chest; sich in die ~ werfen *fig.* to bridle (up), to give oneself airs, to strike an attitude. – **2.** ⟨*only sg*⟩ (*Organe der Brusthöhle*) chest: es auf der ~ haben to have chest trouble; schwach auf der ~ sein a) to have a weak chest, b) *fig. colloq.* to be (rather) hard up. – **3.** (*weibliche*) breast(s *pl*), mamma(e *pl*) (*scient.*), (*Busen*) bosom, (*Büste*) bust: einem Kind die ~ geben to nurse (*od.* suckle, breast-feed) a baby; die ~ nehmen to suck the breast, to be breast-fed. – **4.** ⟨*only sg*⟩ *fig.* (*Herz, Gefühl*) breast, heart, soul: eine fühlende ~ a feeling heart; aus voller ~ singen to sing at the top of one's voice. – **5.** ⟨*only sg*⟩ *gastr. cf.* Bruststück 2. – **6.** ⟨*only sg*⟩ (*fashion*) a) (*Vorderteil*) front, b) *rare* (*Mieder*) bodice. – **7.** ⟨*only sg*⟩ *tech.* a) (*Stirn, Vorderseite*) front, face, b) (*des Schneidmeißels*) rake, c) (*eines Sägezahnes*) breast, d) (*eines Fräserzahnes, Bohrers etc*) cutting face. – **8.** ⟨*only sg*⟩ (*sport*) (*beim Schwimmen*) breaststroke: 100 m ~ 100 m breaststroke. – **9.** ~ an ~ (*sport*) in line abreast, neck and neck, shoulder to shoulder.

'Brust|ˌabˌschnitt *m zo.* (*bei Insekten*) thorax. — **~aor·ta** [-ˀaˌɔrta] *f med.* thoracic aorta. — **~arˌte·rie** *f* thoracic artery. — **~ˌat·mung** *f* thoracic (*od.* costal) respiration (*od.* breathing). — **~ˌband-ˌSturm-ˌschwal·be** *f zo.* white-winged petrel (*Pterodroma leucoptera*). — **~ˌbaum** *m* (*am Webstuhl*) breast beam. — **~ˌbee·re** *f bot.* **1.** Indische (*od.* Rote) ~ a) jujube (tree) (*Zizyphus sativa*), b) (*Frucht*) jujube (fruit). – **2.** Schwarze ~ a) (*Baum*) sebesten (*Cordia myxa*), b) (*Frucht*) sebesten plum. — **~ˌbein** *n* **1.** *med.* breastbone, sternum (*scient.*). – **2.** (*bei Geflügel*) wishbone, *Br. auch* merrythought. — **~beˌklem·mung** *f med.* oppression on (*od.* tightness in) the chest. — **~beˌschwer·den** *pl* chest trouble *sg.* — **~ˌbeu·le** *f vet.* (*der Pferde u. Rinder*) anticor. — **~ˌbeu·tel** *m bes. mil.* money bag (*worn round the neck*). — **~ˌbild** *n* head-and-shoulders (*od.* half-length) portrait (*od.* photo). — **~ˌbin·de** *f med.* **1.** breast bandage. – **2.** (*für Wöchnerinnen*) breast binder. — **~ˌblatt** *n agr.* (*des Pferdegeschirrs*) breast collar. — **~bonˌbon** *m, n* cough drop, *Br. auch* cough-sweet, pectoral bonbon (*scient.*). — **~ˌbrei·te** *f* (*sport*) um ~ gewinnen to win by inches (*od.* by a whisker, by a margin); er wurde um ~ geschlagen he was nosed out. — **~ˌdrü·se** *f med.* **1.** (*der weiblichen Brust*) mamma, mammary gland. – **2.** (*Thymusdrüse*) thymus (gland). — **~ˌdrü·sen·ent·ˌzün·dung** *f* mastitis.

brü·sten ['brʏstən] *v/reflex* ⟨h⟩ sich ~ boast, brag, swagger, give oneself airs: sich ~ mit to boast (*od.* vaunt) (of), to pride (*od.* pique, plume) oneself on.

'Brustˌfallˌschirm *m aer.* chest-pack parachute.

'Brustˌfell *n med.* pleura. — **~entˌzün·dung** *f* pleurisy, pleuritis.

'Brust|ˌflos·se *f zo.* pectoral fin. — **~ˌgang** *m med.* thoracic duct. — **~ˌge·gend** *f* thoracic region. — **~ˌgurt** *m* **1.** *aer.* (*am Fallschirm*) breast (*od.* chest) strap. – **2.** *agr.* (*am Pferdegeschirr*) breastplate. — **~ˌhar·nisch** *m hist.* (*der Ritterrüstung*) breastplate, cuirass. — **~ˌhe·bung** *f med.* mastopexy. — **~ˌhieb** *m* (*sport*) (*beim Fechten*) cut at chest. — **b~ˌhoch** *adj* breast-high. — **~ˌhö·he** *f* chest (*od.* breast) height. — **~ˌhöh·le** *f med. zo.* thoracic cavity. — **~ˌka·sten** *m colloq.* chest, thorax (*scient.*). — **~ˌkern** *m gastr.* brisket. — **~ˌkind** *n med.* breast-fed child (*od.* baby). — **~ˌkno·chen** *m colloq. for* Rippe 1. — **~ˌknor·pel** *m med.* sternal (*od.* rib) cartilage. — **~ˌkorb** *m* rib cage, chest; thorax, thoracic cage (*scient.*). — **~ˌkra·gen** *m* (*der Nonnentracht*) wimple. — **b~ˌkrank** *adj colloq.* suffering from the (*od.* a weak) chest, having a chest disease. — **~ˌkrank·heit** *f med.* disease (*od.* affection) of the chest (*od.* lungs). — **~ˌkraul** *m* (*Schwimmstil*) front crawl (stroke). — **~ˌkrau·se** *f* (*fashion*) jabot. — **~ˌkrebs** *m med.* cancer of the breast; mastocarcinoma, mammary carcinoma (*scient.*). — **~ˌkreuz** *n relig.* pectoral cross. — **~ˌla·ge** *f* (*sport*) prone position. — **~ˌlat·tich** *m bot. cf.* Huflattich. — **~ˌlatz** *m* bib. — **~ˌle·der** *n* **1.** (*der Kohlenträger etc*) leather apron. – **2.** (*beim Fechten*) *cf.* Brustschutz 2. — **~ˌlei·den** *n med. cf.* Brustkrankheit. — **b~ˌlei·dend** *adj cf.* brustkrank. — **~ˌlei·er** *f tech. cf.* Handbohrmaschine. — **~ˌlymphˌgang** *m med. cf.* Brustgang. — **~mi·kroˌphon** *n mil.* chest set microphone (*od.* transmitter). — **~ˌmus·kel** *m* pectoralis, pectoral muscle. — **~ˌna·del** *f* (*jewelry*) breastpin, *Br.* breast-pin. — **~ˌnah·rung** *f med.* breast feeding. — **~ope·ra·tiˌon** *f* operation of the chest, thoracic surgery. — **~ˌpan·zer** *m* **1.** *hist.* cuirass. – **2.** *zo.* a) (*der Schildkröte etc*) plastron, plastrum, buckler, b) (*der Insekten*) thorax. — **~ˌplat·te** *f* **1.** *hist.* (*der Rüstung*) cuirass, pectoral. – **2.** *tech.* a) (*einer Bohrwinde*) breastplate, b) (*eines Elektrobohrers*) spade handle. — **~ˌpum·pe** *f med.* (*Milchpumpe*) breast pump. — **~ˌquart** *f* (*beim Fechten*) low forth. — **~ˌraum** *m med. cf.* Brusthöhle. — **~re·ˌgi·ster** *n mus.* chest register. — **~ˌring** *m zo.* (*der Insekten*) thoracic(al) segment.

'Brustˌschild[1] *m* **1.** *hist. cf.* Brustplatte 1. – **2.** *zo.* a) (*von Schildkröten, Vögeln*) plastron, plastrum, buckler, b) (*der Insekten*) sternum. – **3.** *tech.* dozer plate (*od.* apron, blade), *Br.* pusher blade.

'Brustˌschild[2] *n relig.* (*der Priester*) pectoral.

'Brust|ˌschmer·zen *pl med.* pains in the chest. — **~ˌschutz** *m* (*sport*) **1.** (*beim Eishockey*) breast pad. – **2.** (*beim Fechten*) plastron, breast protectors *pl.* – **3.** (*beim Baseball*) chest protector. — **~ˌschwim·men** *n* breaststroke (swimming): 200 m ~ 200 meters (*bes. Br.* metres) breaststroke. — **~ˌschwim·mer** *m* breaststroke swimmer, breaststroker. — **~ˌsei·te** *f* side of the chest. — **~ˌseu·che** *f vet.* equine contagious pleuropneumonia. — **~staˌtiv** *n phot.* chestpod. — **~ˌsti·che** *pl med.* stabbing pains in the chest. — **~ˌstil** *m* (*beim Schwimmen*) breaststroke. — **~ˌstim·me** *f mus.* chest voice (*Am.* tone). — **~ˌstrei·fen** *m* (*sport*) chest band. — **~ˌstück** *n* **1.** *hist. cf.* Brustharnisch. – **2.** *gastr.* a) (*vom Rind etc*) brisket, b) (*vom Lamm*) breast, c) (*vom Schwein*) belly, d) (*vom Geflügel*) breast. — **~ˌta·sche** *f* breast pocket. — **~ˌtee** *m med. pharm.* expectorant tea. — **b~ˌtief** *adj* breast-deep, up to one's breast. — **~ˌton** *m mus.* chest note (*Am.* tone): mit dem (*od.* im) ~ der Überzeugung *fig.* with the (true) ring of conviction. — **~ˌtuch** *n* **1.** kerchief. – **2.** *hist.* gorget, tucker. — **~ˌumˌfang** *m* chest measurement.

'Brü·stung *f* ⟨-; -en⟩ **1.** *arch.* a) (*unter Fenstern*) breast, b) (*steinernes Geländer*) parapet, (*beim Balkon*) *auch* balustrade. – **2.** *mil. cf.* Brustwehr. – **3.** (*wood*) shoulder.

'Brü·stungs|geˌsims *n arch.* (*einer Fensterbank*) breast mo(u)lding. — **~ˌmau·er** *f* breast (*od.* parapet) wall.

'Brust|verˌband *m med.* thoracic dressing (*od.* bandage), chest bandage. — **~verˌschlei·mung** *f* phlegm on (*od.* mucosity of) the chest, bronchial catarrh. — **~voˌlu·men** *n* (*sport*) vital capacity. — **~ˌwal·ze** *f print.* breast roll.

'Brustˌwand *f med.* chest (*od.* thoracic) wall. — **~ˌschnitt** *m* thoracotomy.

'Brust|ˌwar·ze *f med.* nipple; mammilla, mammary papilla (*scient.*). — **~ˌwehr** *f mil. hist.* breastwork, parapet. — **~ˌwei·te** *f cf.* Brustumfang. — **~ˌwen·de** *f* (*beim Schwimmen*) breaststroke turn. — **~ˌwickel** (*getr.* -k·k-) *m med.* stupe (for the chest). — **~ˌwin·kel** *m tech.* (*eines Schneidmeißels*) cutting face angle, hook angle. — **~ˌwir·bel** *m* **1.** *med.* thoracic (*od.* dorsal) vertebra. – **2.** *zo.* dorsal vertebra. — **~ˌwurz** *f bot.* wild angelica (*Angelica silvestris*).

Brut [bruːt] *f* ⟨-; -en⟩ **1.** ⟨*only sg*⟩ *zo.* brood(ing), breeding, hatch(ing), sitting, incubation (*scient.*): natürliche ~ natural hatch(ing); künstliche ~ (artificial) incubation; die Vögel sind in der ~ the birds are hatching (*od.* sitting). – **2.** *zo.* a) brood, b) (*von Hühnern*) clutch, c) (*von Singvögeln u. Insekten*) nest, d) (*von Rebhühnern*) covey, e) (*von Fischen*) fry. – **3.** *bot.* a) (*Ableger*) offset, offshoot, progeny, b) (*der Pilze*) spawn, c) offset-bulb. – **4.** ⟨*only sg*⟩ *fig. colloq.* (*von Menschen*) brood, offspring, spawn, brats *pl* (*contempt.*). – **5.** *fig. contempt.* (*Gesindel*) lot, pack, rabble.

bru·tal [bru'taːl] **I** *adj* ⟨-er; -st⟩ brutal, bestial, brutish: ein ~es Verbrechen a brutal crime; mit ~er Grausamkeit with brutal cruelty; mit ~er Gewalt with brute force; ein ~er Mensch a brute, a beast. – **II** *adv* j-n ~ behandeln to treat s.o. brutally. — **Bru·ta·li'tät** [-tali'tɛːt] *f* ⟨-; -en⟩ brutality, bestiality: eine ~ a piece of brutality.

'Brut|ˌanˌstalt *f agr.* (*für Geflügel, Fische*) hatchery, (*für Geflügel*) *auch* brooder. — **~ap·paˌrat** *m* **1.** *agr.* brooder, incubator. – **2.** *med.* (*für Frühgeburten*) incubator, *auch* couveuse. — **~ˌbe·cher** *m bot.* (*bei Moosen*) gemma cup, cupule. — **~ˌbeu·tel** *m zo.* (*bes. bei Beuteltieren*) marsupium. — **~ˌdau·er** *f zo.* breeding (*od.* incubation) period. — **~ˌei** *n agr. zo.* **1.** egg for hatching. – **2.** addled (*od.* rotten) egg.

brü·ten ['bryːtən] **I** *v/i* ⟨h⟩ **1.** *zo.* (*von Vögeln*) brood, hatch, incubate, (*bes. von Hennen*) sit: die Henne brütet the hen is brooding (*od.* sitting). – **2.** *fig.* (*grübeln*) brood: über (*dat*) etwas ~ to brood over s.th., (*schwächer*) to muse (*od.* meditate, ponder) on s.th.; er brütet über seinem Unglück he is brooding over his misfortune; er sitzt da und brütet vor sich hin he sits there brooding. – **3.** *fig.* (*von Hitze etc*) brood: die Sonne brütet über dem Land the sun is brooding over the land. – **II** *v/t* **4.** (*Eier*) hatch, brood. – **5.** *fig.* (*aushecken*) hatch (up), plan, brew: Rache ~ to plan revenge; etwas gegen j-n ~ *colloq.* to hatch s.th. (up) against s.o. – **III B~** *n* ⟨-s⟩ **6.** *verbal noun.* – **7.** *zo.* incubation: während des B~s during the incubation; künstliches B~ artificial incubation. – **8.** *nucl.* (*im Reaktor*) breeding. — **'brü·tend I** *pres p.* – **II** *adj* (*Hitze*) brooding, stifling.

'Brü·ter *m* ⟨-s; -⟩ **1.** *agr.* brooder, broody hen, hatcher, sitter: diese Henne ist ein guter ~ this hen is a good hatcher (*od.* sitter). – **2.** *nucl. cf.* Brutreaktor. — **Brü·te'rei** *f* ⟨-; -en⟩ **1.** ⟨*only sg*⟩ *contempt.* brooding. – **2.** *agr. cf.* Brutanstalt.

'Brut|ˌfleck *m* **1.** *zo.* (*bei brütenden Vögeln*) brooding spot. – **2.** *biol.* (*im Ei*) *cf.* Keimfleck. — **~ˌgang** *m zo.* (*bei minierenden Insekten*) breeding gallery. — **~geˌschäft** *n* hatching, brooding. — **~geˌwinn** *m nucl.* breeding gain. — **~ˌhen·ne** *f agr.* sitting (*od.* brooding) hen: eine gute ~ a good sitter. — **~ˌherd** *m* **1.** *fig. cf.* Brutstätte 2. – **2.** *med. cf.* Infektionsherd. — **~ˌhit·ze** *f* **1.** *agr. cf.* Brutwärme. – **2.** *colloq.* stifling heat. — **~ˌhöh·le** *f zo.* (*des Spechtes etc*) nesting hole (*od.* cavity).

'brü·tig *adj* **1.** *agr.* (*Henne*) broody: ~ werden to go broody. – **2.** *Southern G. dial. for* brütend II.

'Brut|ˌka·sten *m* **1.** *med.* (*für Frühgeburten*) incubator. – **2.** *zo.* (*Seidenspinnerei*) case for cocoon spinning. — **~ˌkleid** *n zo.* nuptial plumage. — **~ˌkorn** *n bot.* gemma, germ. — **~ˌman·tel** *m nucl.* breeder blanket. — **~maˌschi·ne** *f agr. cf.* Brutapparat 1. — **~ˌmast** *f hunt.* (*im Boden, Untermast*) worms and maggots *pl* (*eaten by wild boars etc*). — **~ˌmau·ser** *f zo.* postnuptial molting (*bes. Br.* moulting). — **~ˌofen**, *auch* **'Brütˌofen** *m agr. cf.* Brutapparat 1. — **~pa·raˌsit** *m zo. cf.* Brutschmarotzer. — **~ˌpest** *f* *agr.* foulbrood. — **~ˌpfle·ge** *f zo.* brood care. — **~ˌplatz** *m zo.* breeding place, (*von Geflügel, Fischen*) *auch* hatchery, (*von Seevögeln, Robben*) *auch* rookery. — **~ˌraum** *m agr.* brood chamber. — **~reˌak·tor** *m nucl.* a) breeder (reactor), b) (*Umformer*) converter: **schneller [thermischer] ~** fast [thermal] breeder. — **~ˌsack** *m zo.* (*bes. bei Beuteltieren*) marsupial pouch. — **~schmaˌrot·zer** *m* brood parasite. — **~schmaˌrot·zer·tum** *n* (*bei Vögeln*) brood parasitism. — **~ˌschrank** *m cf.* Brutapparat. — **~ˌstät·te** *f* **1.** *zo.* a) (*der Vögel*) breeding ground (*od.* place), b) (*der Insekten, Bakterien*) nidus, c) (*der Fische*) spawning ground. – **2.** *fig.* breeding ground (*od.* place), hotbed: **~ der Krankheit** breeding ground (*od.* place) of disease; **~ der Revolution** hotbed of revolution. — **~ˌstoff** *m nucl.* fertile (*od.* breeder) material. — **~ˌta·sche** *f zo.* nidamental bag. — **~ˌteich** *m* (*Fischzucht*) spawning pond. — **~tem·pe·raˌtur** *f zo. cf.* Brutwärme.

brut·to ['bruto] *adv* **~ für netto** *econ.* (*Handelsklausel*) gross for net; **300 Mark ~** 300 marks before tax; **~ wiegen** to weigh in the gross; **~ 1000 Mark verdienen** to have a gross income of 1,000 marks.

'Brut·to|beˌstand *m econ.* gross total: **der ~ an Ware beträgt** the gross total of the goods amounts to. — **~beˌtrag** *m* gross amount. — **~ˌeinˌfuhr** *f* gross imports *pl.* — **~ˌeinˌkom·men** *n* gross income. — **~-ˌeinˌnah·men** *pl* gross receipts. — **~-erˌtrag** *m* gross proceeds (*od.* receipts, results) *pl.* — **~ˌfor·mel** *f chem.* empirical formula. — **~geˌhalt** *n econ.* gross salary. — **~geˌwicht** *n* gross weight. — **~geˌwinn** *m* gross profits *pl.* — **~ˌpreis** *m* gross price. — **~prinˌzip** *n principle of itemizing all entries in accounts and statements.* — **~re·ak·tiˌon** *f phys.* gross reaction. — **~reˌgi·sterˌton·ne** *f mar.* gross (register) ton. — **~ˌren·te** *f econ.* gross revenue rent (*from real estate*). — **~re·pro·duk·tiˌonsˌzif·fer** *f sociol.* gross reproduction rate. — **~so·ziˌal·proˌdukt** *n econ.* gross national product. — **~tonˌna·ge** *f*, **~-ˌton·nen·geˌhalt** *m mar.* gross tonnage. — **~ˌumˌsatz** *m econ.* gross turnover (*od.* sales *pl*). — **~verˌdienst** *m econ. cf.* Bruttoeinkommen. — **~verˌkaufsˌpreis** *m* gross selling price. — **~verˌzin·sung** *f* gross interest return. — **~ˌwert** *m econ.* gross value.

'Brut|verˌhält·nis *n nucl.* breeding ratio. — **~ˌvorˌgang** *m* breeding process. — **~ˌwa·be** *f agr.* (*Bienenzucht*) brood comb. — **~ˌwär·me**, *auch* **'Brütˌwär·me** *f agr. zo.* incubation heat. — **~ˌzeit**, *auch* **'Brütˌzeit** *f zo.* **1.** (*Dauer*) hatching time, breeding period. – **2.** (*Jahreszeit*) breeding season. — **~ˌzel·le** *f* brood cell.

brut·zeln ['brutsəln] **I** *v/t* ⟨h⟩ *colloq.* (*Fleisch*) fry: **sich** (*dat*) **etwas ~** to fry oneself s.th. – **II** *v/i* (*von Braten, Fett etc*) sizzle, crackle, sputter.

'Brut|ˌzo·ne *f nucl.* breeder (*od.* breeding) zone, fertile zone. — **~ˌzy·klus** *m nucl. zo.* breeding cycle.

Bru'yère|ˌholz [bry'jɛːr-] *n bot.* brier, briar (*Erica arborea*). — **~ˌpfei·fe** *f* briar (pipe).

Bru·zel·lo·se [brutsɛ'loːzə] *f* ⟨-; -n⟩ *med. cf.* Brucellose.

Bryo·lo·gie [bryolo'giː] *f* ⟨-; *no pl*⟩ *bot.* bryology.

Bryo·nie [bry'oːnĭə] *f* ⟨-; -n⟩ *bot.* bryony, *auch* briony (*Gattg Bryonia*).

Bryo·phy·ten [bryo'fyːtən] *pl bot.* bryophytes, Bryophyta.

Bryo·zo·on [bryo'tsoːən] *n* ⟨-s; Bryozoen⟩ *zo.* bryozoan, bryozoon.

bst [pst] (*mit silbischem* [s]) *interj cf.* pst.

B-Tek·to·nit ['beːtɛktoˌniːt; -ˌnɪt] *m geol.* B-tectonite.

Bub [buːp] *m* ⟨-en; -en⟩ *Southern G., Austrian, and Swiss for* Junge[1] 1.

bub·bern ['bʊbərn] *v/i* ⟨h⟩ *Northern G. colloq.* pound, throb: **ihr Herz bubberte vor Angst** her heart throbbed with fear.

Büb·chen ['byːpçən] *n* ⟨-s; -⟩ little (*od.* baby) boy.

Bu·be ['buːbə] *m* ⟨-n; -n⟩ **1.** *archaic contempt.* rogue, scoundrel, rascal: **ein feiger ~** a mean rascal. – **2.** (*games*) jack, knave: **~ ist Trumpf** the jack is trump.

'bu·ben·haft *adj Southern G. for* jungenhaft I, knabenhaft 1.

'Bu·ben|ˌstreich *m* **1.** boyish prank, lark. – **2.** *cf.* Bubenstück. — **~ˌstück** *n* roguish (*od.* knavish) trick, (piece of) knavery (*od.* villainy).

Bü·be·rei [byːbə'raɪ] *f* ⟨-; -en⟩ *contempt. for* Bubenstück.

Bu·bi ['buːbi] *m* ⟨-s; -s⟩ **1.** (*Kosewort*) sonny, darling. – **2.** *colloq. contempt.* sissy, *Br. auch* cissy. — **~ˌkopf** *m* (*Frisur*) bobbed hair: **sie hat einen ~** she has bobbed hair, she wears her hair bobbed. — **~ˌkra·gen** *m* (*fashion*) Peter Pan collar.

Bü·bin ['byːbɪn] *f* ⟨-; -nen⟩ *contempt.* minx.

bü·bisch ['byːbɪʃ] *adj* (*schurkisch*) roguish, knavish, villainous.

Bu·bo ['buːbo] *m* ⟨-s; -nen [bu'boːnən]⟩ *med.* bubo.

Bu'bo·nenˌpest, **'Bu·boˌpest** *f med.* bubonic plague.

Buc·ci·na·tor [buktsi'naːtər] *m* ⟨-s; *no pl*⟩ *med.* buccinator.

Buch [buːx] *n* ⟨-(e)s; =er⟩ **1.** book: **gebundenes ~** bound book; **ungebundenes ~** unbound book, book in sheets; **broschiertes ~** paper-backed book, paperback; **sprechendes ~** (*für Blinde*) talking book; **das ~ des Lebens [der Natur]** *fig.* the book of life [nature]; **das ~ der Geschichte** *fig.* the pages *pl* (*od.* annals *pl*) of history; **das Goldene ~ einer Stadt** (distinguished) visitors' book; **ein ~ schreiben [veröffentlichen]** to write [to publish] a book; **ein ~ rezensieren** to review a book; **ein ~ auf den Index setzen** *röm.kath.* to put a book on the Index; **j-m ein ~ widmen** to dedicate a book to s.o.; **das ~ ist vergriffen** the book is out of print; **über seinen Büchern sitzen** to sit over one's books; **sich in ein ~ vertiefen** to become absorbed in a book; **wie ein ~ reden** *fig.* to talk like a book; **ein Engländer wie er im ~e steht** *fig.* the very model of an Englishman; **das ist ein ~ mit sieben Siegeln für mich** *fig.* that is a sealed book to me, that is s.th. outside my knowledge and experience (*od.* beyond my ken, beyond me [*colloq.*]). – **2.** (*Band, Teil*) book, volume: **ein Roman in drei Büchern** a novel in three volumes. – **3.** *econ.* account books *pl*, books *pl*: **~ führen über** (*acc*) **etwas** to keep an account of s.th.; **zu ~e bringen** to enter (in the books); **zu ~e schlagen** to show favo(u)rably in the books; **zu ~e stehen mit** to have a book value of; **in j-s ~ stehen** to be in s.o.'s debt. – **4.** *Bibl.* book: **das ~ der Bücher** the Book of Books, the Bible; **das ~ der Könige** the Book of Kings; **das 1. ~ Mose** Genesis; **das 2. ~ Mose** Exodus; **das 3. ~ Mose** Leviticus; **das 4. ~ Mose** Numbers *pl*; **das 5. ~ Mose** Deuteronomy; **die 5 Bücher Mose** (the) Pentateuch. – **5.** (*sport*) **ein ~ machen** (*Pferderennen*) to make a book. – **6.** ⟨*undeclined*⟩ **zehn ~ Papier** ten quires of paper; **drei ~ Blattgold** three books of leaf gold. – **7.** (*games*) (*Kartenspiel*) a) full suit, b) (*bei Whist etc*) book. – **8.** *zo. cf.* Blättermagen.

'Buch|ˌabˌschluß *m econ.* closing (*od.* balancing) of books (*od.* accounts). — **~ˌadel** *m cf.* Briefadel. — **~ˌamp·fer** *m bot.* sheep('s) (*od.* wood) sorrel (*Rumex acetosella*).

Bu·cha·ra [bu'xaːra] *m* ⟨-(s); -s⟩ Bokhara carpet (*od.* rug).

'Buch|aufˌla·ge *f print.* edition. — **~ˌausˌstat·tung** *f* book design, getup (*Br.* get-up) of a book. — **~ˌausˌstel·lung** *f* book exhibition. — **~ˌausˌzug** *m* **1.** *print.* extract. – **2.** *econ.* abstract of an account. — **~beˌschlag** *m print. cf.* Beschlag[1] 3. — **~beˌspre·chung** *f* book review: **~en schreiben** to review books. — **~ˌbin·de** *f* **1.** (*Bauchbinde*) band. – **2.** (*Buchumschlag*) jacket.

'Buchˌbin·der *m print.* bookbinder. — **~ˌar·beit** *f* binding.

ˌBuchˌbin·de'rei *f print.* **1.** bookbinding. – **2.** binding department. – **3.** *cf.* Buchbinderwerkstatt. — **~maˌschi·ne** *f* bookbinding machine.

'Buchˌbin·der|ˌfar·be *f print.* bookbinder's ink. — **~geˌsel·le** *m* journeyman bookbinder. — **~ˌleim** *m* bookbinding glue. — **~ˌleinˌwand** *f* book cloth, bookbinder's linen (*od.* cloth). — **~ˌmei·ster** *m* skilled bookbinder: **selbständiger ~** master bookbinder.

'buchˌbin·dern [-ˌbɪndərn] *v/i* ⟨h⟩ *colloq.* do (amateur) bookbinding.

'Buchˌbin·der|ˌpres·se *f print.* screw (*od.* binding) press, bookbinder's press. — **~ˌschrift** *f* bookbinder's type. — **~ˌstem·pel** *m* bookbinder's brass. — **~ˌwerkˌstatt** *f* (book)bindery, binder's workshop.

'Buch|ˌblock *m* ⟨-(e)s; -s⟩ *print.* inner book, cahier: **geheftêter ~** sewn book. — **~ˌbör·se** *f econ.* book exchange, (*in London*) Stationer's Hall. — **~ˌdecke** (*getr.* -k·k-) *f print.* (book) cover, side, board. — **~ˌdeckel** (*getr.* -k·k-) *m* cover. — **~ˌdra·ma** *n* (*literature*) *cf.* Lesedrama.

Buchˌdruck *m* ⟨-(e)s; *no pl*⟩ *print.* (book)-printing, typography, letterpress printing. — **~ˌät·zung** *f* photoengraving.

'Buchˌdrucker (*getr.* -k·k-) *m* **1.** *print.* (letterpress) printer, typographer: **~ und Verleger** printer and publisher. – **2.** *zo.* eight-dentated bark beetle, typographer, typographical beetle (*Ips typographus*).

ˌBuch·drucke'rei (*getr.* -k·k-) *f print.* **1.** printing. – **2.** printing establishment (*od.* works *pl* [*construed as sg or pl*]), letterpress office (*od.* plant). — **~maˌschi·ne** *f* (letterpress) printing machine.

'Buchˌdrucker|ˌfar·be (*getr.* -k·k-) *f print. cf.* Buchdruckfarbe. — **~ˌkunst** *f* typography, (art of) printing: **die Erfindung der ~** the invention of the printing press. — **~ˌlei·ste** *f* a) border, b) headpiece, c) tailpiece. — **~ˌzei·chen** *n* printer's mark.

'Buchˌdruck|ˌfar·be *f print.* printer's ink, printing ink. — **~ˌfir·nis** *m* letterpress varnish: **~ für Bronze [Blattgold]** bronze [gold leaf] varnish. — **~geˌwer·be** *n cf.* Druckereigewerbe. — **~maˌschi·ne** *f cf.* Buchdruckereimaschine.

Bu·che ['buːxə] *f* ⟨-; -n⟩ *bot.* beech (tree) (*Gattg Fagus*).

'Buchˌecker (*getr.* -k·k-) *f* ⟨-; -n⟩ *bot.* beechnut. — **'Buchˌeckernˌöl** (*getr.* -k·k-) *n gastr.* beechnut (*od.* mast) oil.

'Buch|ˌei·gen·tum *n jur.* (*an Grundstücken*) listed (*od.* inscribed, registered) ownership, ownership of property listed in the Land Register. — **~ˌeinˌband** *m* **1.** (book) cover (*od.* binding): **~ in Ganzleder** full-bound book; **~ in Halbleder** half-bound book. – **2.** (*Umschlag*) cover. — **~ˌeinˌgän·ge** *pl* books received.

bu·chen[1] ['buːxən] *adj* beech (*attrib*), of beech(wood).

'bu·chen[2] **I** *v/t* ⟨h⟩ **1.** (*Flug, Passage etc*) book, reserve. – **2.** *econ.* (*verbuchen*) book, enter (*s.th.*) in the books, make an entry of: **gleichlautend ~** to book (*od.* pass an entry) in conformity with; **etwas ins Haben ~** to credit s.th.; **etwas ins Soll ~** to debit s.th.; **etwas als Erfolg ~** *fig.* to put (*od.* set) s.th. down as a success. – **II B~** *n* ⟨-s⟩ **3.** *verbal noun.* – **4.** *cf.* Buchung.

'Bu·chen|alˌlee *f* avenue of beeches. — **~ˌbaum** *m bot. cf.* Buche. — **~ˌfarn** *m* beech fern (*Phegopteris polypodioides*). — **~ˌgallˌap·fel** *m* beech gall. — **~ˌhain** *m* beech grove. — **~ˌholz** *n* beech(wood). — **~ˌholzˌteer** *m* beech tar. — **~ˌpilz**, **'Eß·ba·rer** *m bot.* beech fungus (*Cytharia Darwinii*). — **~ˌrüß·ler** [-ˌrʏslər] *m zo.* beech flea weevil (*Rhynchaenus fagi*). — **~ˌschwamm** *m bot. cf.* Buchenpilz. — **~ˌspin·ner** *m zo.* lobster moth (*Stauropus fagi*). — **~ˌwald** *m* beech forest. — **~-ˌwür·ger** *m bot.* beechdrops *pl* (*construed as sg or pl*) (*Epifagus virginiana*).

'Bü·cher|ˌabˌschluß *m econ.* closing of accounts. — **~auk·tiˌon** *f econ.* book auction. — **~ˌausˌga·be** *f* **1.** lending department. – **2.** (*Schalter*) lending (*bes. Am.* loan) desk. — **~beˌstand** *m* stock of books. — **~beˌstellˌkar·te** *f cf.* Bücherzettel. — **~ˌbord**, **~ˌbrett** *n* (book)shelf. — **~ˌbus** *m* mobile library, *bes. Am.* bookmobile. — **~ˌdieb** *m* book thief, biblioklept (*lit.*).

Bü·che·rei [byːçə'raɪ] *f* ⟨-; -en⟩ library: **öffentliche ~** public library.

'Buch·erˌfolg *m* best seller.

'Bü·cher|ˌfreund *m* booklover, bibliophile (*lit.*). — **~geˌstell** *n* bookcase. — **~ˌgil·de** *f* book club. — **~ˌhal·ter** *m* **1.** (*Lesepult*) bookholder. – **2.** *print.* (*Buchbinderei*) book clamp. — **~ˌkauf** *m* book purchase. — **~ˌkun·de** *f* bibliography. — **b~ˌkund·lich** [-ˌkʊntlɪç] *adj* bibliographic(al). — **~ˌla·den** *m cf.* Buchhandlung. — **~ˌlaus** *f zo.* book louse (*Liposcelis divinatorius*). — **~ˌlieb·ha·ber** *m cf.* Bücherfreund. — **~ˌlieb·ha·beˌrei** *f* love of books, bibliophilism (*lit.*). — **~ma·gaˌzin** *n* (book) stacks *pl.* — **~ˌmap·pe** *f* briefcase, (*Schulranzen*) satchel. — **~ˌmar·der** *m* book thief. — **~ˌmarkt** *m* book market. — ~ˌ**narr** *m* bibliomaniac, bibliomane. — ~**paˌpier** *n print.* book paper. — ~**reˌgal** *n* bookrack, bookshelf. — ~ˌ**rei·he** *f* **1.** row of books. – **2.** series of books. — ~**re·vi·siˌon** *f econ.* audit(ing) (*od.* examination) of books (*od.* accounts). — ~**reˌvi·sor** *m* (public) accountant: vereidigter (*od.* öffentlich beglaubigter) ~ auditor, *Am.* certified public accountant, *bes. Br.* chartered accountant. — ~ˌ**samm·ler** *m* book collector, collector of (rare) books. — ~ˌ**samm·lung** *f* book collection, library. — ~ˌ**schatz** *m* collection of precious books. — ~ˌ**schau** *f* **1.** book exhibition. – **2.** (*als Rubrik*) book review. — ~ˌ**schrank** *m* bookcase. — ~ˌ**schrei·ber** *m contempt.* hack (writer), scribbler. — ~**skor·piˌon** *m zo.* book scorpion (*Chelifer cancroides*). — ~ˌ**spra·che** *f* book language. — ~ˌ**stand** *m* bookstall. — ~ˌ**stän·der** *m* bookcase: drehbarer ~ revolving bookcase. — ~ˌ**sta·pel** *m* pile of books. — ~ˌ**staub** *m* dust of books. — ~ˌ**stoß** *m cf.* Bücherstapel. — ~ˌ**stu·be** *f* **1.** reading room, reading center (*bes. Br.* centre). – **2.** *cf.* Buchhandlung. — ~ˌ**stu·di·um** *n ped.* book study. — ~ˌ**stüt·ze** *f* book end. — ~ˌ**ta·sche** *f cf.* Büchermappe. — ~**verˌbot** *n pol.* book ban. — ~**verˌbren·ner** *m* book burner. — ~**verˌbren·nung** *f* book burning, burning of books. — ~**verˌeh·rer** *m* bibliolater, *auch* bibliolatrist. — ~**verˌeh·rung** *f* bibliolatry. — ~**verˌzeich·nis** *n print.* **1.** (book) catalog (*bes. Br.* catalogue), list of books. – **2.** (*in einem Buch*) bibliography. — ~ˌ**wand** *f* wall lined with bookshelves. — ~ˌ**weis·heit** *f* book (*od.* theoretical) knowledge. — ~ˌ**wis·sen** *n* book learning. — ~ˌ**wurm** *m* **1.** *fig.* bookworm. – **2.** *zo.* bookworm (*bes. Ptinus brunneus u. Sitodrepa panicea*). — ~ˌ**wut** *f* mania for books, bibliomania (*scient.*). — **b**~ˌ**wü·tig** *adj* bibliomaniac. — ~ˌ**zei·chen** *n* (*Eignerzeichen*) bookplate, ex libris. — ~**zenˌsur** *f* censorship of the press: kirchliche ~ Index (librorum prohibitorum). — ~**zerˌstö·rer** *m* biblioclast. — ~**zerˌstö·rung** *f* biblioclasm. — ~ˌ**zet·tel** *m* **1.** (*für Bestellungen per Post*) order form for books. – **2.** (*in Leihbüchereien*) request (*bes. Am.* call) slip.

ˈ**Buch|ˌesche** *f bot.* hornbeam (*Carpinus betulus*). — ~**exˌper·te** *m econ. Swiss for* Buchprüfer. — ~ˌ**fink** *m zo.* chaffinch (*Fringilla coelebs*). — ~ˌ**for·de·run·gen** *pl econ.* (*Bilanz*) accounts receivable. — ~ˌ**form** *f print.* book form (*od.* size): in ~ in book form. — ~**forˌmat** *n print.* (book) format. — ~ˌ**füh·rer** *m econ. cf.* Buchhalter.

ˈ**Buchˌfüh·rung** *f econ.* bookkeeping, *Br.* book-keeping, (*Rechnungs-, Prüfungswesen*) accountancy, accounting: einfache [doppelte] ~ single [double] entry (bookkeeping), bookkeeping by single [double] entry; ordnungsgemäße ~ proper bookkeeping; die ~ machen to keep the books.

ˈ**Buchˌfüh·rungs|ˌpflicht** *f* compulsory bookkeeping (*Br.* book-keeping). — ~**syˌstem** *n* accounting (*od.* bookkeeping) system (*od.* method).

ˈ**Buch|ˌgeld** *n econ.* deposit money (*od.* currency). — ~**geˌlehr·sam·keit** *f* book learning (*od.* knowledge). — **b**~**geˌlehrt** *adj rare* book-learned. — ~**geˌmein·schaft** *f* book club (*od.* society). — ~**geˌwer·be** *n print.* printing trade. — ~ˌ**gläu·bi·ger** *m econ. jur.* book creditor. — ~ˌ**gut·schein** *m* book token.

ˈ**Buch|ˌhal·ter** *m* ⟨-s; -⟩, ~ˌ**hal·te·rin** *f* ⟨-; -nen⟩ **1.** bookkeeper, *Br.* book-keeper. – **2.** (*Hauptbuchhalter*) accountant, senior bookkeeper. — ˈ**buchˌhal·te·risch** *adj* bookkeeping, *Br.* book-keeping (*attrib*).

ˈ**Buchˌhal·terˌna·se** *f econ.* oblique stroke (*used to bridge gap between entries*).

ˈ**Buchˌhal·tung** *f* ⟨-; -en⟩ *econ.* **1.** ⟨*only sg*⟩ *cf.* Buchführung. – **2.** (*Abteilung*) bookkeeping (*Br.* book-keeping) (*od.* accounting, accounts) department.

ˈ**Buchˌhan·del** *m print.* book trade: im ~ erhältlich obtainable at the bookseller's.

ˈ**Buch|ˌhänd·ler** *m* ⟨-s; -⟩, ~ˌ**händ·le·rin** *f* ⟨-; -nen⟩ bookseller. — ~ˌ**händ·lerˌbör·se** *f cf.* Buchbörse.

ˈ**buchˌhänd·le·risch** *adj* connected with the book trade, *auch* bibliopolic.

ˈ**Buchˌhänd·lerˌpreis** *m econ.* bookseller's price.

ˈ**Buch|ˌhand·lung** *f bes. Br.* bookshop, *bes. Am.* bookstore. — ~ˌ**hül·le** *f* (*aus Papier*) book (*od.* dust) jacket, (*aus Leder, Plastik etc*) book (*od.* reading) cover. — ~**hy·poˌthek** *f jur.* uncertified (*od.* uncertificated, inscribed) mortgage. — ~**il·lu·stra·tiˌon** *f print.* book illustration. — ~**kreˌdit** *m econ.* **1.** book credit, current account credit, credit account. – **2.** (*einer Bankbilanz*) advance. — ~**kriˌtik** *f* book review(ing). — ~ˌ**kri·ti·ker** *m* book reviewer (*od.* critic). — ~ˌ**la·den** *m cf.* Buchhandlung.

Büch·lein [ˈbyːçlaɪn] *n* ⟨-s; -⟩ little book, booklet.

ˈ**Buch|ˌlei·nen** *n print. cf.* Buchbinderleinwand. — ~ˌ**liebˌha·ber** *m* lover of books, bibliophile (*lit.*).

ˈ**Buchˌma·cher** *m* ⟨-s; -⟩ (*sport*) (*bei Rennwetten*) bookmaker, *Br.* book-maker, bookie (*colloq.*). — ˌ**Buch·ma·cheˈrei** *f* ⟨-; *no pl*⟩ bookmaking, *Br.* book-making.

ˈ**Buch|ˌma·gen** *m zo.* omasum, *auch* manyplies *pl* (*construed as sg*), psalterium. — ~**ma·leˌrei** *f print. hist.* book illumination, miniaturism. — ~ˌ**markt** *m econ. cf.* Büchermarkt. — **b**~ˌ**mä·ßig I** *adj* as shown by (*od.* in) the books: ~e Kursgewinne exchange profits as shown by the books; ~es Vermögen (*einer Gesellschaft etc*) total book value of assets. – **II** *adv* ~ erfassen to record in books. — ~ˌ**mast** *f agr.* beech mast. — ~ˌ**mes·se** *f econ.* book fair.

ˈ**Buch|ˌnuß** *f bot. cf.* Buchecker. — ~**paˌpier** *n print.* (*zum Druck*) plate paper. — ~ˌ**prä·mie** *f* book prize. — ~ˌ**pres·se** *f print.* **1.** (*Buchbinderei*) press. – **2.** (*Buchdruckpresse*) letterpress, printing machine. — ~ˌ**prü·fer** *m econ.* auditor, accountant: beeidigter ~ sworn (*od.* chartered) accountant. — ~ˌ**prü·fung** *f* audit(ing) (*od.* examination) of the books (*od.* accounts). — ~ˌ**rol·le** *f hist.* (*bes. Pergamentrolle*) scroll. — ~ˌ**rücken** (*getr.* -k·k-) *m print.* spine (*od.* back) (of a book).

Buchs [bʊks] *m* ⟨-es; -e⟩ *bot. cf.* Buchsbaum. — ~ˌ**baum** *m* box(tree), boxwood, Buxus (*scient.*) (*Gattg der Fam. Buxaceae*).

ˈ**buchsˌbau·men** *adj* (made) of boxwood.

ˈ**Buchsˌbaum|ge̦ˌwäch·se** *pl bot.* Buxaceae. — ~ˌ**holz** *n* boxwood.

Büchs·chen [ˈbʏksçən] *n* ⟨-s; -⟩ *dim. of* Büchse 1, 2.

ˈ**Buch|ˌschmuck** *m print.* book ornamentation (*od.* decoration). — ~ˌ**schnitt** *m* (book) edge: marmorierter ~ marble(d edge). — ~ˌ**schrift** *f* book face. — ~ˌ**schul·den** *pl econ.* book debts, accounts payable.

Buch·se [ˈbʊksə] *f* ⟨-; -n⟩ **1.** *electr.* socket, jack. – **2.** *tech.* a) (*eines Lagers*) bush(ing), b) (*eines Zylinders etc*) liner, c) (*einer Kette*) barrel, d) (*Hülse*) sleeve.

Büch·se [ˈbʏksə] *f* ⟨-; -n⟩ **1.** (*Dose*) box, can, tin. – **2.** (*Konservendose*) *bes. Am.* can, *bes. Br.* tin: in ~n verpackt *bes. Am.* canned, *bes. Br.* tinned. – **3.** (*Sammelbüchse*) collecting box: mit der ~ herumgehen to pass round the collecting box. – **4.** *hunt.* rifle, rifled gun: doppelläufige ~ double-barrel(l)ed rifle; Wild vor die ~ bekommen to sight a quarry. – **5.** *bot.* pyxis, pyxidium, theca. – **6.** *tech.* (*eines Schmierapparats*) cup. – **7.** die ~ der Pandora *myth.* Pandora's box.

ˈ**Buchˌsei·te** *f print.* (printed) page, book page, page of a book.

ˈ**Büch·sen|ˌbier** *n gastr.* canned (*bes. Br.* tinned) beer. — ~ˌ**fil·ter** *n, m mil.* (*an Gasmasken*) canister. — ~ˌ**fleisch** *n gastr.* canned (*bes. Br.* tinned) meat. — **b**~ˌ**för·mig** *adj* **1.** box-shaped. – **2.** *bot.* pyxidate. — ~ˌ**füh·rung** *f tech.* (*einer Schneidkluppe*) ring bushing, guide. — ~**fut·teˌral** *n hunt.* gun case. — ~**geˌmü·se** *n gastr.* canned (*bes. Br.* tinned) vegetables *pl.* — ~ˌ**heft** *n tech.* (*eines Handbohrers*) magazine handle: abschraubbares ~ hollow (end) handle with screw cap. — ~**konˌser·ven** *pl gastr.* canned (*bes. Br.* tinned) food *sg.* — ~ˌ**lauf** *m hunt.* rifle barrel. — ~ˌ**licht** *n* gutes [schlechtes] ~ *hunt.* good [bad] light for shooting. — ~ˌ**ma·cher** *m* ⟨-s; -⟩ gunsmith, gunmaker. — ~**meˌtall** *n tech.* bush (*od.* box) metal. — ~ˌ**milch** *f gastr.* canned (*bes. Br.* tinned) milk. — ~ˌ**mu·schel** *f zo.* pandora (*Gattg Pandora*). — ~ˌ**öff·ner** *m bes. Am.* can opener, *bes. Br.* tin-opener. — ~ˌ**ran·zen** *m hunt.* hunting bag. — ~ˌ**schin·ken** *m gastr.* canned (*bes. Br.* tinned) ham. — ~ˌ**schloß** *n hunt.* gunlock, action. — ~ˌ**schuß** *m* rifle shot: einen ~ weit within gunshot. — ~ˌ**schüt·ze** *m* **1.** *obs.* rifleman. – **2.** *hist.* (h)arquebusier. — ~ˌ**span·ner** *m hunt.* gun charger (*od.* loader, carrier).

ˈ**Büchsˌflin·te** *f hunt.* combination over-and-under rifle and shotgun.

ˈ**Buchˌsta·be** [-ˌʃtaːbə] *m* ⟨-ns, *rare* -n; -n⟩ **1.** letter (*auch fig.*), (*Schriftzeichen*) character: großer ~ capital (letter); in großen ~n in capitals, in large characters; mit großen ~n schreiben to capitalize; kleiner ~ small letter; stummer ~ *ling.* silent letter, mute; verzierter ~ ornamented letter; tote ~n *fig. jur.* dead letters; etwas auf den ~n genau erfüllen *fig.* to carry s.th. out to the letter; sich zu sehr an den ~n halten *fig.* to keep (*od.* adhere) too strictly to the letter; an dem ~n kleben *fig.* to adhere to the letter; man darf nicht nur nach dem ~n gehen *fig.* one shouldn't go by the letter only; auf den ~n genau *fig.* exact, punctilious; ~ für ~ letter by letter; nach dem ~n des Gesetzes to the letter of the law; die vier ~n *colloq.* one's bottom (*od.* behind) (*colloq.*); setz dich auf deine vier ~n! *colloq. humor.* park it! (*colloq.*), sit down! er sieht die ~n doppelt *colloq. humor.* he's seeing double, he's tipsy. – **2.** *print.* letter, type, character: lateinischer ~ roman type; fetter ~ bold face; erhabener [stehender] ~ raised [superior] letter; ~ mit Oberlänge [Unterlänge] ascender [descender]; hochgestellter ~ superior; ~ mit Grundstrich minim letter; in kleinen ~n drucken to lowercase.

ˈ**Buchˌsta·ben|ˌausˌdruck** *m math.* algebraic expression. — ~**beˌzeich·nung** *f* **1.** *math.* literal notation (of numbers). – **2.** *print.* (*Signatur*) class number (*od.* letter). — ~ˌ**bild** *n print.* (type) face. — ~ˌ**blatt** *n bot.* letterleaf (*Grammatophyllum speciosum*). — ~ˌ**chif·fre** *f* substitution cipher. — ~ˌ**deu·tung** *f relig.* numerology. — ~ˌ**fol·ge** *f* alphabetic(al) order. — ~ˌ**form** *f print.* type mold (*bes. Br.* mould). — ~ˌ**for·mel** *f math.* formula with letters. — ~**geˌlehr·te** *m* scholastic. — **b**~**geˌtreu I** *adj* literal, word-for-word, verbatim: ~e Übersetzung literal translation. – **II** *adv* literally, word for word, verbatim: etwas ~ wiederholen to repeat s.th. verbatim (*od.* word for word). — ~ˌ**glau·be** *m* ⟨-ns; *no pl*⟩ *relig.* **1.** biblicism, bibliolatry, *Am.* fundamentalism. – **2.** scriptural literalism, belief in literal inspiration (*od.* inerrancy) of the Scriptures. — ~ˌ**gleichˌklang** *m* alliteration. — ~ˌ**glei·chung** *f math.* literal equation. — ~ˌ**grö·ße** *f* **1.** *print.* size of letter (*od.* character, type). – **2.** *math.* literal number. — ~ˌ**ke·gelˌschnecke** (*getr.* -k·k-) *f zo.* lettered cone (*Conus literatus*). — ~ˌ**klau·ber** *m cf.* Wortklauber. — ~**kom·bi·na·tiˌon** *f tech.* (*am Vexierschloß etc*) letter combination. — ~ˌ**mu·schel** *f zo.* lettered cone (*Conus literalis*). — ~**no·ta·tiˌon** *f mus.* letter notation. — ~ˌ**pun·ze** *f tech.* letter punch. — ~ˌ**rät·sel** *n* anagram, logogriph. — ~ˌ**rech·nung** *f math.* algebra. — ~ˌ**reim** *m metr.* alliteration. — ~ˌ**schloß** *n tech.* letter (*od.* combination, puzzle) lock. — ~ˌ**schmuckˌschildˌkrö·te** *f zo.* lettered terrapin, yellow-bellied turtle (*Pseudomys scripta*). — ~ˌ**schrift** *f* alphabetic script (*od.* writing), alphabet. — ~**setz·maˌschi·ne** *f print.* typesetting machine. — ~ˌ**spiel** *n* anagram, word game. — ~ˌ**stem·pel** *m* steel letter, letter stamp. — ~ˌ**sup·pe** *f gastr.* alphabet soup. — ~-ˌ**Tonˌschrift** *f mus. cf.* Buchstabennotation. — ~**verˌtau·schung** *f ling.* permutation of letters.

ˌ**Buch·staˈbierˌbuch** *n* spelling book.

ˌ**buch·staˈbie·ren** [-ʃtaˈbiːrən] **I** *v/t* ⟨*no* ge-, h⟩ spell (out): wie ~ Sie Ihren Namen? how do you spell your name? falsch ~ to misspell, to spell (*s.th.*) wrongly (*od.* incorrectly). – **II** *v/i* spell (out): ich buchstabiere: A wie Anton let me spell it: A for Abel (*Br.* Andrew).

ˌ**Buch·staˈbie·rer** *m* ⟨-s; -⟩ speller.

ˌ**Buch·staˈbier|meˌtho·de** *f* alphabetical method. — ~ˌ**ta·fel** *f* (*bes. Fernmeldewesen*) spelling table (*od.* list), phonetic alphabet.

ˈ**buchˌstäb·lich** [-ˌʃtɛːplɪç] **I** *adj* literal, verbal: der ~e Sinn eines Wortes the literal sense of a word; ~e Vernichtung *fig.* literal annihilation. – **II** *adv* etwas ~ aus-

legen [übersetzen] to take [to translate] s.th. literally (*od.* in a literal sense); es ist ~ wahr *fig.* it is literally true; er wurde ~ in Stücke gerissen *fig.* he was literally torn to pieces; ~ nichts *fig.* absolutely nothing.
'Buch|ˌstein|ˌdruck *m print.* lithotypy, typolithography. — **~ˌstüt·ze** *f* book end.
Bucht¹ [buxt] *f* ⟨-; -en⟩ **1.** *geogr.* bay, *auch* bight: kleine, schmale ~ inlet; Deutsche ~ Heligoland Bight; Schiffe in eine ~ legen to embay ships. – **2.** *geol.* basin, embayment: Kölner ~ Cologne Embayment; Mainzer ~ Mainz Basin. – **3.** *mar.* (*Durchgang einer Leine*) bight: in ~en festigen to bight. – **4.** *med.* sinus, fossa. – **5.** *bot.* (*am Blattrand*) sinus. – **6.** *agr. Northern G.* a) (*für Schweine*) pigsty, box, b) (*für Schafe*) sheepfold.
Bucht² *f* ⟨-; *no pl*⟩ *Eastern Middle G. contempt. for* Gesindel, Pack².
'Buchˌtaub·ling *m bot.* green agaric (*Agaricus furcatus*).
Buch·tel ['buxtəl] *f* ⟨-; -n⟩ *Austrian gastr.* (kind of) yeast dumpling (*baked in the oven*).
'buch·tenˌreich *adj* with many bays (*od.* inlets).
'buch·tig *adj* **1.** (*Küste*) indented. – **2.** *bot.* (*Blattrand*) sinuate(d).
'Buch|ˌti·tel *m print.* title (of a book): aufgeprägter ~ titling. — **~ˌumˌschlag** *m print. cf.* Buchhülle. — **~ˌun·terˌla·ge** *f* bookrack, book rest (*od.* support).
'Bu·chung *f* ⟨-; -en⟩ **1.** *cf.* Buchen². – **2.** (*für Flug, Passage etc*) booking, reservation: eine ~ rückgängig machen to cancel a reservation. – **3.** *econ.* a) booking, entering (in the books), b) (*Eintrag*) entry, item passed to account: einfache ~ single entry; gleichlautende ~ entry in conformity; nachträgliche ~ postentry, *Br.* post-entry, postdate (*Br.* post-date) entry; provisorische (*od.* vorläufige) ~ provisional entry; eine ~ berichtigen [stornieren] to adjust [to cancel (*od.* reserve)] an entry; eine ~ vornehmen to make an entry; falsche ~ misentry; Hauptbuch für vorläufige ~en suspense ledger.
'Bu·chungs|au·toˌmat *m econ.* (automatic) bookkeeping (*Br.* book-keeping) (*od.* accounting) machine. — **~beˌleg** *m* (accounting) voucher. — **~ˌfeh·ler** *m* misentry, error in the books. — **~for·muˌlar** *n* bookkeeping form. — **~maˌschi·ne** *f* bookkeeping (*od.* accounting) machine. — **~ˌnum·mer** *f* number of entry. — **~ˌstel·le** *f* accountancy department. — **~ˌstem·pel** *m* entry stamp. — **b~ˌtech·nisch** *adj* relating to (the technicalities of) accounting (*od.* bookkeeping): ~e Schwierigkeiten difficulties in booking. — **~ˌun·terˌla·ge** *f cf.* Buchungsbeleg.
'Buch|verˌlag *m print.* book publisher. — **~verˌleih** *m* lending of books.
'Buchˌwei·zen *m bot.* buckwheat (*Fagopyrum esculentum*). — **~ˌgrüt·ze** *f gastr.* buckwheat groats *pl* (*construed as sg or pl*). — **~ˌmehl** *n* buckwheat flour.
'Buch|ˌwert *m econ.* book value. — **~ˌwis·sen** *n* book knowledge (*od.* learning). — **~ˌwort** *n* ⟨-(e)s; ⸚er⟩ learned word. — **~ˌzei·chen** *n* bookmark(er).
Bücke (*getr.* -k·k-) ['bʏkə] *f* ⟨-; -n⟩ (*sport*) (*Turnen*) stoop.
Buckel¹ (*getr.* -k·k-) ['bukəl] *m* ⟨-s; -⟩ **1.** (*Ausbuchtung*) bulge, hump. – **2.** *med.* hump(back), hunch(back), kyphosis (*scient.*): einen ~ haben to be (*od.* have) a humpback (*od.* hunchback). – **3.** *colloq.* (*Rücken*) back (*auch fig.*): die Katze macht einen ~ the cat arches her back; einen ~ machen *fig.* to bow and scrape, to crawl; er hat einen breiten ~ he has broad shoulders (*od.* a broad back), he is able to stand a good deal; er hat genug auf dem ~ he has enough on his shoulders (*od.* to worry about); du kannst mir den ~ 'runterrutschen go and take a running jump at yourself! go jump in the lake! drop dead! (*alle colloq.*); j-m den ~ vollhauen to give s.o. a good hiding (*od.* thrashing); einem den ~ vollügen to tell s.o. a pack of lies; etwas auf seinen ~ nehmen to shoulder the responsibility for s.th.; j-m den ~ zudrehen to turn one's back on s.o., to take no notice of s.o.; er hat siebzig Jahre auf dem ~ he has seen seventy summers; mir lief es eiskalt den ~ herunter chills (*od.* cold shivers, cold shudders) ran down my spine; sich (*dat*) einen ~ lachen to split one's sides with laughter. – **4.** (*kleiner Hügel*) knoll, hillock, hummock.
'Buckel² (*getr.* -k·k-) *m* ⟨-s; -⟩, *auch f* ⟨-; -n⟩ **1.** *metall.* boss, knob, buckle, projection: mit ~n verziert bossed, bossy; mit ~n beschlagen (*od.* besetzen) to boss. – **2.** *agr.* (*am Pferdezaun*) boss. – **3.** *hist.* (*am Schild*) umbo. – **4.** *math.* hump.
'buckelˌar·tig (*getr.* -k·k-) *adj* umbonal.
'Buckel|ˌblech (*getr.* -k·k-) *n tech.* buckled plate. — **~ˌflie·ge** *f zo.* hump-backed fly (*Fam. Phoridae*).
'bucke·lig (*getr.* -k·k-) *adj cf.* bucklig. — **'Bucke·li·ge** (*getr.* -k·k-) *m, f* ⟨-n; -n⟩ *cf.* Bucklige. — **Bucke·lig·keit** (*getr.* -k·k-) *f* ⟨-; *no pl*⟩ *cf.* Buckligkeit.
Bucke·lin·ski (*getr.* -k·k-) [bukə'lınski] *m* ⟨-s; -s⟩ *colloq. contempt.* humpback, hunchback.
'Buckel|keˌra·mik (*getr.* -k·k-) *f archeol.* embossed pottery. — **~ˌkra·xe** *f Bavarian and Austrian* carrying frame.
buckeln (*getr.* -k·k-) ['bukəln] **I** *v/i* ⟨h⟩ **1.** (*einen Buckel machen*) arch (*od.* hump) one's back. – **2.** *fig. colloq. contempt.* cringe, bow and scrape, kowtow: vor j-m ~ to bow and scrape to s.o., to crawl to s.o.; unten treten, oben ~ to bow to the Gods but tread on mortals. – **II** *v/t* **3.** *colloq.* shoulder: einen Koffer zum Bahnhof ~ to shoulder a suitcase to (take it to) the station.
'Buckel|ˌnaht (*getr.* -k·k-) *f tech.* projection weld. — **~ˌoch·se** *m zo. cf.* Buckelrind. — **~ˌplat·te** *f tech.* buckle plate, buckled (*od.* dished) plate. — **~ˌrind** *n zo.* zebu (*Bos indicus*). — **~ˌschild** *m hist.* buckler. — **~ˌwal** *m zo.* humpback (whale) (*Megaptera novaeangliae*). — **~ˌwan·ze** *f* lace bug (*Fam. Tingidae*). — **~ˌzir·pe** *f* tree hopper (*Fam. Membracidae*).
bücken (*getr.* -k·k-) ['bʏkən] **I** *v/reflex* ⟨h⟩ sich ~ **1.** bend (down), stoop: sich nach etwas ~ to bend down (*od.* stoop) to pick s.th. up; er kann sich gar nicht mehr ~ he is too stiff to bend down; sich rasch ~ to duck (down); sich hastig nach etwas ~ to make a dive at s.th. – **2.** *fig. obs.* cringe, bow and scrape, kowtow: sich vor seinem Vorgesetzten ~ to bow to one's superior. – **3.** (*sich unterwerfen*) (*dat* to) submit. – **4.** *archaic* (*sich verbeugen*) bow: sich vor j-m ~ to bow to s.o. – **II** *v/t* **5.** *cf.* beugen 1. – **III B~** *n* ⟨-s⟩ **6.** *verbal noun*: das B~ fällt ihr schwer bending down is hard for her; ihm tut vom vielen B~ der Rücken weh his back aches from bending down so often.
Buckerl (*getr.* -k·k-) ['bukərl] *n* ⟨-s; -(n)⟩ *Austrian colloq. for* Verbeugung.
Bücking (*getr.* -k·k-) ['bʏkıŋ] *m* ⟨-s; -e⟩ *dial. for* Bückling 1.
'buck·lig *adj* **1.** hunchbacked, humpbacked: den Rücken ~ machen to hump (*od.* hunch) one's back; sich ~ lachen *fig. colloq.* to double up with laughter, to split one's sides with laughter (*od.* laughing). – **2.** (*Straße*) bumpy. – **3.** (*Landschaft*) hilly, undulated. – **4.** (*Verzierung*) (em)bossed, bossy, studded. — **'Buck·li·ge** *m, f* ⟨-n; -n⟩ humpback, hunchback: Richard der ~ *hist.* Richard Crookback. — **'Buck·lig·keit** *f* ⟨-; *no pl*⟩ **1.** hump(back), hunch(back). – **2.** bumpiness.
Bück·ling ['bʏklıŋ] *m* ⟨-s; -e⟩ **1.** *gastr.* bloater, *auch* buckling, red herring. – **2.** *colloq.* (*Verbeugung*) bow: einen ~ (vor j-m) machen to bow (to s.o.); geh und mach deinen ~ vor ihm go and pay your respects to him. [*print.* buckram.]
Buck·ram ['bukram] *m* ⟨-s; *no pl*⟩ (*textile*)
Buck·skin ['bukˌskın] *m* ⟨-s; -s⟩ (*textile, leather*) buckskin.
'Bucky|ˌblen·de (*getr.* -k·k-) ['buki-] *f med.* (*am Röntgengerät*) Bucky's diaphragm.
Bud·del ['budəl] *f* ⟨-; -n⟩ *bes. Northern G. colloq.* bottle.
Bud·de'lei *f* ⟨-; -en⟩ *bes. Northern G. colloq. contempt.* digging.
'Bud·delˌkas·ten *m bes. Northern G. colloq.* sandbox, *bes. Br.* sand pit.
bud·deln ['budəln] **I** *v/t* ⟨h⟩ *bes. Northern G. colloq.* **1.** (*Loch etc*) dig: sich (*dat*) ein Loch ~ to dig oneself a hole. – **2.** (*Kartoffeln etc*) dig (up). – **II** *v/i* **3.** (*graben, wühlen*) dig: im Sand ~ to dig in the sand.
Bud·dha ['buda] *npr m* ⟨-s; *no pl*⟩ Buddha. — **~ˌtem·pel** *m* Buddhist temple, vihara.
Bud·dhis·mus [bu'dısmus] *m* ⟨-; *no pl*⟩ *relig.* Buddhism. — **Bud'dhist** [-'dıst] *m* ⟨-en; -en⟩, **Bud'dhi·stin** *f* ⟨-; -nen⟩ Buddhist. — **bud'dhi·stisch** *adj* Buddhist(ic), *auch* Buddhistical: ~es Mönchskloster Buddhist monastery, vihara.
Bud·dho·lo·gie [budolo'giː] *f* ⟨-; *no pl*⟩ *relig.* Buddhology.
bud·di·sie·ren [budi'ziːrən] *v/t* ⟨*no* ge-, h⟩ (*Milch*) sterilize (*milk*) by peroxide of hydrogen.
Bu·de ['buːdə] *f* ⟨-; -n⟩ **1.** (*Verkaufsstand*) stall, booth, stand, *bes. Br.* kiosk: ~n mit Süßigkeiten und Spielzeug stalls with sweets and toys. – **2.** (*Bretterhütte*) hut, cabin. – **3.** *colloq.* room, lodgings *pl*, 'place' (*colloq.*), (*Studentenbude*) *auch bes. Br. colloq.* digs *pl*: j-m auf die ~ rücken (*od.* steigen) a) to drop in on s.o., b) to call s.o. to account; j-m in die ~ schneien to pay s.o. a surprise visit, to blow in on s.o. (*colloq.*); die ~ auf den Kopf stellen to turn the place upside down; das bringt Leben in die ~ that will liven the place (*od.* things) up; er läuft mir wegen dieses Buches die ~ ein he keeps pestering me for this book; die Gläubiger laufen ihm die ~ ein his creditors are always on his doorstep (*od.* at his door); es regnet ihm in die ~ he is in a bad way (*od.* badly off); immer 'rin in die ~! come right (*od.* on) in everybody! er hat eine sturmfreie ~ he can have visitors at his place at all times, he has (got) the place all to himself, he can do as he likes at his place; seine ~ aufgeben to give up one's room (*bes. Br. colloq.* digs); wo hast du deine ~? where do you hang out? (*sl.*). – **4.** *contempt.* (ramshackle) house, hovel, shanty, *bes. Am.* shack; hole, dump (*contempt.*): eine elende ~ an old shack; j-m die ~ über dem Kopf anzünden to set fire to s.o.'s house. – **5.** *colloq.* (*Geschäft*) shop: die ~ zumachen a) to close (the) shop, to close up, to shut up shop (*auch fig.*), b) *fig.* to pack up (*colloq.*), to knock off (*colloq.*).
Bu·del ['buːdəl] *f* ⟨-; -(n)⟩ *Bavarian and Austrian colloq. for* Ladentisch.
'Bu·den|ˌangst *f* ⟨-; *no pl*⟩ *colloq.* claustrophobia. — **~beˌsit·zer** *m* owner (*od.* proprietor) of a stall (*od.* stand, booth), stallkeeper, stallman. — **~ˌfest** *n colloq. cf.* Budenzauber.
Bu·deng ['buːdɛŋ] *m* ⟨-s; -s⟩ *zo.* silvered leaf monkey, budeng (*Presbytis cristatus*).
'Bu·den|ˌrei·he, **~ˌstra·ße** *f* row of booths (*od.* stalls). — **~ˌzau·ber** *m colloq.* lively party in s.o.'s (decorated) lodgings.
Bud·get [bʏ'dʒeː] *n* ⟨-s; -s⟩ **1.** (*Staatshaushalt*) budget, (annual) estimates *pl*: das ~ einbringen (*od.* vorlegen) to present (*od.* introduce, open) the budget; das ~ überschreiten to exceed the budget; etwas im ~ vorsehen to budget for s.th., to include s.th. in the budget; Vorgriff auf das ~ incurring budgetary expenditure in anticipation. – **2.** (*Haushaltskasse etc*) budget. — **~ˌabˌstrich** *m meist pl* curtailment (*od.* cut) of budget appropriations.
bud·ge·tär [bʏdʒe'tɛːr] *adj econ.* budgetary.
Bud'get|ˌausˌgleich *m econ.* balancing of the budget. — **~ˌausˌschuß** *m* **1.** budget committee. – **2.** (*als Plenum*) *Am.* Committee of Ways and Means. — **~beˌra·tung** *f* debate on the budget, budgetary debate. — **~deˌbat·te** *f* budget debate, *Br. auch* debate on the finance bill. — **~ˌde·fi·zit** *n* deficit in the budget, budgetary deficit. — **~ˌeinˌspa·run·gen** *pl* budgetary economies. — **~entˌwurf** *m* budgetary draft.
bud·ge·tie·ren [bʏdʒe'tiːrən] *v/i* ⟨*no* ge-, h⟩ budget: für Ausgaben ~ to budget for expenditure. — **Bud·ge'tie·rung** *f* ⟨-; -en⟩ budgeting.
Bud'get|ˌjahr *n cf.* Haushaltsjahr. — **~ˌkür·zung** *f meist pl cf.* Budgetabstrich. — **~ˌvorˌanˌschlag** *m* estimate of the budget. — **~ˌvorˌla·ge** *f* presentation (*od.* submission) of the budget.
Bu·di·ke [bu'diːkə] *f* ⟨-; -n⟩ *Northern G. colloq. contempt.* **1.** small shop. – **2.** small tavern. – **3.** *cf.* Bude 1, 3. — **Bu'di·ker** *m* ⟨-s; -⟩ *colloq.* **1.** *Northern G.* keeper of a small tavern. – **2.** keeper of a small shop.
Büd·ner ['byːdnər] *m* ⟨-s; -⟩ **1.** *Northern G. dial. for* Kleinbauer. – **2.** *cf.* Budenbesitzer.
Bü·fett [by'feː; -'fɛt] *n* ⟨-s; -s [-'feːs; -'fɛts]; *od.* -es [-'fɛtəs]; -s⟩ **1.** (*Anrichte*) buffet, sideboard, *auch* cupboard. – **2.** (*Küchenschrank*) kitchen cupboard (*od.* cabinet). – **3.** (*Ausschank*) (refreshment) bar (*od.* counter), *auch* buffet. – **4.** (*bes. für kalte Speisen*) buffet, (snack) counter. – **5.** (*in einem Re-*

staurant etc) counter (*for pastry, etc*). – **6.** *cf.* Büfettrestaurant. – **7.** **kaltes** ~ (cold) buffet, buffet meal, buffet (*od.* stand-up) supper. — ~ˌ**da·me** *f* **1.** *cf.* Büfettfräulein. – **2.** (woman) buffet supervisor. — ~ˌ**fräu·lein** *n* **1.** girl at the (buffet) counter, countergirl. – **2.** *bes. Br.* barmaid, *Am.* (woman) bartender.
Bü·fet·tier [byfɛˈtieː] *m* ⟨-s; -s⟩ **1.** counterman. – **2.** barman, *Am.* bartender. – **3.** buffet manager.
Büˈfett·re·stauˌrant *n* buffet, snack bar.
Buf·fa·lo [ˈbʊfalo] *m* ⟨-s; -s⟩ *zo.* buffalo, (American) bison (*Bubalus bison*). — ~ˌ**gras** *n bot. cf.* Büffelgras.
Büf·fel [ˈbʏfəl] *m* ⟨-s; -⟩ **1.** *zo.* buffalo (*Gattg Bubalus u. Bos*). – **2.** *colloq.* boor, lout, oaf. — ~ˌ**bee·re** *f bot.* a) buffalo berry, b) (*Strauch*) buffalo berry (*od.* bush), beef-suet tree (*Shepherdia argentea u. S. canadensis*).
Büf·feˈlei *f* ⟨-; *no pl*⟩ *colloq.* grind (*colloq.*), 'cramming' (*colloq.*), *Am. colloq.* 'boning', *Br. sl.* swot(ting).
ˈ**Büf·fel**|ˌ**en·te** *f zo.* buffle duck, bufflehead, butterball (*Clangula albeola*). — ~ˌ**fell** *n* **1.** buffalo hide. – **2.** (*Reisedecke*) buffalo (robe). — ~ˌ**fisch** *m zo.* buffalo fish (*Gattg Ictiobus*). — ~ˌ**gras** *n bot.* buffalo grass (*Buchloë dactyloides*). — ~ˌ**haut** *f* buffalo hide. — ~ˌ**her·de** *f* buffalo herd. — ~ˌ**horn** *n* buffalo (horn). — ~ˌ**kalb** *n* buffalo calf, young buffalo. — ~ˌ**klee** *m bot.* buffalo clover (*Trifolium reflexum u. T. stoloniferum*). — ~ˌ**jagd** *f* buffalo hunt(ing). — ~ˌ**jä·ger** *m* buffalo hunter. — ~ˌ**kopf**ˌ**en·te** *f zo.* bufflehead, buffle-headed duck (*Bucephala od. Charitonetta albeola*). — ~ˌ**kuh** *f* buffalo cow, cow buffalo. — ~ˌ**le·der** *n* buffalo skin (*od.* leather). — ~ˌ**mücke** (*getr.* -**k·k**-) *f zo.* blackfly, *auch* buffalo gnat (*Unterfam. Chaoborinae*).
büf·feln [ˈbʏfəln] *colloq.* **I** *v/i* ⟨h⟩ 'cram', 'grind' (*beide colloq.*), *Am. colloq.* bone (up), *Br. sl.* swot, mug (up); study hard: **für ein Examen** ~ to cram for an exam. – **II** *v/t* cram (up on), grind away at (*beide colloq.*), *Am. colloq.* bone up on, *Br. sl.* swot, mug (up): **Geschichte** ~ to cram history.
ˈ**Büf·fel**ˌ**we·ber** *m zo.* buffalo weaver (*Unterfam. Ploceidae*).
Buf·fer [ˈbʊfər] *m* ⟨-s; -⟩ *cf.* Puffer 1.
Buf·fet [*Austrian* bʏˈfeː, *Swiss* ˈbʏfe], **Büf·fet** [*Austrian* bʏˈfeː] *n* ⟨-(e)s; -s⟩ *Austrian and Swiss for* Büfett.
Buff·ke [ˈbʊfkə] *m* ⟨-s; -s⟩ *Northern G. colloq. for* Rüpel.
ˈ**Büff·ler** *m* ⟨-s; -⟩ *colloq. u. contempt.* crammer (*colloq.*), *Am. colloq.* grind, *Br. sl.* swot, *auch* swotter.
Buf·fo [ˈbufo] *m* ⟨-s; -s *u.* Buffi [-fi]⟩ *mus.* buffo. — ~ˌ**arie** *f* buffo aria. — ~ˌ**oper** *f* opera bouffe.
Bug [buːk] *m* ⟨-(e)s; *rare* -e *u.* ⸚e⟩ **1.** ⟨*pl only* -e⟩ *mar.* a) bow(s *pl*), b) (*bes. äußerste Spitze*) prow, head: **vom** ~ **zum Heck** from stem to stern; **scharfer [voller]** ~ lean [bluff] bow; (**Wasser**) **mit dem** ~ **durchschneiden** to bow; **durch den Wind auf den anderen** ~ **gehen** to tack, to go about; **vor dem Wind auf den anderen** ~ **gehen** to wear; **j-m einen Schuß vor den** ~ **geben** *fig. colloq.* to give s.o. a shot across the bows; **das war ein Schuß vor den** ~ *fig. colloq.* that was a shot across the bows (*od.* a warning shot); **du kriegst eine vor den** ~, **daß dir Hören und Sehen vergeht!** *fig. colloq.* I'll knock you into the middle of next week! (*colloq.*). – **2.** *aer.* nose. – **3.** *zo.* a) shoulder, bladebone, b) (*Gelenk*) joint, (*Knieflechse*) hock. – **4.** *gastr.* a) (*beim Kalb, Hammel*) shoulder, b) (*beim Schwein*) shoulder, hand, picnic, c) (*beim Rind*) brisket, chuck. – **5.** (*Faltstelle*) bend, crease. – **6.** *lit. u. obs.* (*Biegung*) bend, curve.
ˈ**Bug**|ˌ**an·ker** *m mar.* bower (anchor). — ~**be**ˌ**waff·nung** *f aer.* (*des Flugzeugs*) front armament.
Bü·ge [ˈbyːgə] *f* ⟨-; -n⟩ *arch.* brace, strut.
Bü·gel [ˈbyːgəl] *m* ⟨-s; -⟩ **1.** (*Kleiderbügel*) coat hanger. – **2.** (*Steigbügel*) stirrup: **j-m die** ~ **halten** a) to help s.o. into the saddle, b) *fig.* to give s.o. a good start, to start s.o. off on the right foot; **fest in den** ~**n sitzen** a) to be firmly in command, b) *fig.* to have a safe position. – **3.** (*einer Brille*) temple, (side)bow. – **4.** (*eines Kompasses*) gimbals *pl.* – **5.** (*einer Handtasche, Geldbörse etc*) frame. – **6.** (*einer Säge*) bow, frame. – **7.** (*einer Taschenuhr*) bow, pendant. – **8.** (*eines Säbels*) bow. – **9.** *mil.* (*am Flintenschloß*) (trigger) guard. – **10.** *electr.* a) (*Halteklammer*) clamp, clip, b) (*am Kupplungsschalter*) stirrup, c) (*des Stromabnehmers*) (sliding) bow (*od.* shoe). – **11.** (*radio*) (*des Kopfhörers*) harness. – **12.** *tech.* a) (*am Vorhängeschloß etc*) shackle, b) (*einer Kettentrommel*) stirrup, cleat, c) (*einer Schlagnietmaschine*) bale, yoke, d) (*einer Schraublehre*) frame, e) (*einer Feder*) clip, saddle. – **13.** *civ.eng.* (*Eisenbetoneinlage*) stirrup. — ~ˌ**an**ˌ**satz** *m tech.* (*einer Schraublehre*) measuring point, contact point (*od.* face). — ~ˌ**an**ˌ**stalt** *f* (steam) laundry. — **b**~ˌ**arm** *adj* (*Kleidung etc*) requiring little ironing. — ~ˌ**auf**ˌ**zug** *m* (*einer Uhr*) stem winding: **Uhr mit** ~ stem-winder. — ~**au·to**ˌ**mat** *m electr.* electric iron (with automatic heat control), heat-controlled (*od.* thermostatic) iron. — ~ˌ**blech** *n aer.* trim(ming) tab. — ~ˌ**brett** *n* ironing board. — ~ˌ**ei·sen** *n* **1.** iron, flatiron: **elektrisches** ~ electric iron; **schweres** ~ sadiron; (**gewerbliches**) ~ pressing iron. – **2.** (*des Schneiders*) goose. – **3.** *civ.eng.* (asphalt) smoothing iron. — ~ˌ**fal·le** *f hunt.* jaw trap, (steel) trap. — ~ˌ**fal·te** *f* crease. — **b**~ˌ**fer·tig** *adj* (*Wäsche*) ready for ironing. — **b**~ˌ**fest** *adj* **1.** firm in one's stirrups. – **2.** (*Stoff*) unaffected (*od.* unharmed) by ironing. — ~ˌ**fi·bel** *f archeol.* bow fibula. — ~ˌ**filz** *m* damping felt. — **b**~ˌ**för·mig** *adj* hooped, stirrup-shaped, bow-shaped. — **b**~ˌ**frei** *adj* (*Hemden etc*) noniron, drip-dry. — ~ˌ**griff** *m* **1.** (*einer Handtasche etc*) curved handle. – **2.** *tech.* (*einer Bohrwinde*) sweep handle. — ~ˌ**horn** *n mus.* bugle. — ~ˌ**kan·ne** *f archeol.* stirrup jar. — ~ˌ**kis·sen** *n* ironing pad. — ~**kon**ˌ**takt** *m nucl.* bow contact. — ~ˌ**kro·ne** *f* crown with arches. — **b**~**los** *adj* without stirrups: ~ **werden** (*beim Reiten*) to lose one's stirrups. — ~**ma**ˌ**schi·ne** *f electr.* ironing machine, ironer.
bü·geln [ˈbyːgəln] **I** *v/t* ⟨h⟩ **1.** (*Wäsche etc*) iron. – **2.** (*Hosen etc*) press. – **II** *v/i* **3.** iron: **ich muß noch** ~ I have still some ironing to do.
ˈ**Bü·gel**|ˌ**na·del** *f archeol. cf.* Bügelfibel. — ~ˌ**pres·se** *f electr.* ironing (*od.* laundry) press. — ~ˌ**rie·men** *m* (*am Reitsattel*) stirrup leather (*od.* strap). — ~ˌ**sä·ge** *f tech.* **1.** hacksaw. – **2.** (*mechanische*) power hacksaw.
ˈ**Bü·gel**ˌ**schleif**|ˌ**koh·le** *f electr.* sliding-bow carbon brush. — ~**kon**ˌ**takt** *m* **1.** sliding bow (*od.* shoe). – **2.** sliding-bow contact.
ˈ**Bü·gel**|ˌ**schrau·be** *f tech.* U-bolt. — ~ˌ**strom**ˌ**ab**ˌ**neh·mer** *m* bow collector (*od.* trolley). — ~ˌ**tisch** *m* ironing table. — ~ˌ**tuch** *n* ironing cloth.
ˈ**Bug**|ˌ**fahr**ˌ**werk** *n aer.* nose (landing) gear. — ~ˌ**fen·ster** *n* nose window. — ~**fi**ˌ**gur** *f mar. hist. cf.* Galionsfigur. — ~ˌ**flag·ge** *f mar.* jack. — ~ˌ**flag·gen**ˌ**stock** *m* jackstaff. — ~**ge**ˌ**fechts**ˌ**kopf** *m mil.* nose warhead. — ~ˌ**hö·hen**ˌ**ru·der** *n aer.* (*eines Luftschiffs*) bow (*od.* forward) elevator. — ~ˌ**kan·zel** *f aer.* **1.** cockpit, (*in Zivilflugzeugen*) *auch* pilot's compartment, flight deck. – **2.** (*in Bombenflugzeugen*) nose turret. — ~ˌ**kap·pe** *f* (*eines Luftschiffes*) bow cap. — ~ˌ**klap·pe** *f aer. mar.* nose door, bow doors *pl.* — ~ˌ**klü·se** *f mar.* (bow) hawse pipe. — **b**~ˌ**lahm** *adj vet.* (*Pferd*) shoulder-pegged (*od.* -lame).
ˈ**bug**ˌ**la·stig** [-ˌlastɪç] *adj aer. tech.* nose-heavy. — ˈ**Bug**ˌ**la·stig·keit** *f* ⟨-; *no pl*⟩ nose-heaviness.
ˈ**Bug**ˌ**lei·ne** *f mar.* bow (*od.* head) rope, head fast.
ˈ**Büg·ler** *m* ⟨-s; -⟩ **1.** ironer. – **2.** (*bes. Kleiderbügler*) presser. — ˈ**Büg·le·rin** *f* ⟨-; -nen⟩ (woman) ironer.
ˈ**Bug**|ˌ**licht** *n* **1.** *aer.* nose light. – **2.** *mar.* head (*od.* front, bow) light. — ~ˌ**mann** *m* ⟨-(e)s; ⸚er⟩ **1.** (*beim Rudern*) bowman, bow (oarsman). – **2.** *mar.* bowman. — ~**-MG** [-ʔɛmˌgeː] *n aer. mil.* nose gun. — ~ˌ**rad** *n aer.* nose wheel. — ~ˌ**rad**ˌ**fahr**ˌ**werk** *n cf.* Bugfahrwerk. — ~ˌ**raum** *m mar.* front (*od.* forward, bow) compartment. — ~ˌ**rie·men** *m* (*eines Ruderboots*) bow (oar). — ~ˌ**rohr** *n mar. mil.* bow (torpedo) tube. — ~ˌ**ru·der** *n* **1.** bow rudder. – **2.** (*am U-Boot*) bow plane: **die** ~ **ausbringen** to rig out the bow planes. — ~ˌ**schüt·ze** *m aer. mil.* front gunner. — ~ˌ**schutz·ge**ˌ**rät** *n mar.* paravane. — ~ˌ**see** *f mar. cf.* Bugwelle. — ~ˌ**sei·ten**ˌ**lei·ne** *f aer.* (*in Luftschiffen*) yaw guy (wire).
Bugˈsierˌ**boot** *n mar. cf.* Bugsierschlepper.
bug·sie·ren [bʊˈksiːrən] **I** *v/t* ⟨*no* ge-, h⟩ **1.** *mar.* (*Schiff*) tug, tow, take (*s.th.*) in tow. – **2.** *fig. colloq.* steer, man(o)euver, *bes. Br.* manœuvre: **er bugsierte ihn aus dem Zimmer** he steered (*od.* maneuvered) him out of the room. – **II B**~ *n* ⟨-s⟩ **3.** *verbal noun.* – **4.** *mar.* towage. — **Bugˈsie·rer** *m* ⟨-s; -⟩ *mar. cf.* Bugsierschlepper.
Bugˈsier|ˌ**lei·ne** *f mar. cf.* Bugsiertrosse. — ~ˌ**lohn** *m* towage. — ~ˌ**schlep·per** *m* tug(boat), towboat. — ~ˌ**tros·se** *f* towline, towrope, towing line (*od.* rope).
ˈ**Bug**|ˌ**spit·ze** *f* **1.** *mar.* prow, head. – **2.** *aer.* nose tip. – **3.** *gastr.* top end of brisket. — ~ˌ**spriet** *n, m mar.* bowsprit. — ~ˌ**stand** *m aer.* nose-gun position, forward gunner's station. — ~ˌ**stück** *n gastr. cf.* Bug 4. — ~-ˌ**und-ˈHeck·ver**ˌ**täu·ung** *f mar.* fore-and-aft mooring(s *pl*). — ~**ver**ˌ**stei·fung** *f aer.* (*in Luftschiffen*) bow stiffener. — ~ˌ**wel·le** *f mar.* bow wave (*od.* wash). — ~ˌ**zap·fen** *m tech.* staggered tenon.
buh [buː] *interj* boo!
Bü·ha [ˈbyːˌhaː] *m* ⟨-s; -s⟩ *colloq.* bra (*colloq.*), brassière.
Bü·hel [ˈbyːəl] *m* ⟨-s; -⟩ **1.** *Southern G., Swiss and Austrian* hill, hillock. – **2.** *geol.* neck (*consisting of lava*).
bu·hen [ˈbuːən] *v/i* ⟨h⟩ *colloq.* boo.
Bühl [byːl] *m* ⟨-(e)s; -e⟩ *cf.* Bühel.
ˈ**Buhl**ˌ**dir·ne** *f obs.* whore, bawd.
Buh·le[1] [ˈbuːlə] *f* ⟨-; -n⟩ **1.** *poet.* (*Geliebte*) love, beloved. – **2.** (*im ritterlichen Sinne*) lady. – **3.** *contempt.* paramour, mistress.
ˈ**Buh·le**[2] *m* ⟨-n; -n⟩ **1.** *poet.* lover, love. – **2.** *contempt.* paramour.
buh·len [ˈbuːlən] *v/i* ⟨h⟩ **1. um etwas** ~ *lit.* to strive for (*od.* after) s.th., to court (*od.* woo) s.th.: **um die Gunst der Öffentlichkeit** ~ to court the public's favo(u)r, to curry favo(u)r with the public. – **2. mit j-m** ~ *archaic bes. contempt.* to have illicit relations with s.o. – **3. mit j-m [etwas]** ~ *archaic lit.* to toy (*od.* play, dally, wanton) with s.o. [s.th.], to caress s.o. [s.th.]: **die Winde** ~ **mit den Wellen** the winds toy with the waves.
ˈ**Buh·ler** *m* ⟨-s; -⟩ *archaic* **1.** *cf.* Buhle[2]. – **2.** *lit.* suitor, wooer (*auch fig.*).
Buh·leˈrei *f* ⟨-; -en⟩ **1.** ~ **um etwas** *lit.* courting (*od.* wooing) of s.th., striving for (*od.* after) s.th. – **2.** *archaic* wantonness, lechery, (*stärker*) fornication.
ˈ**Buh·le·rin** *f* ⟨-; -nen⟩ *archaic* **1.** paramour, mistress. – **2.** courtesan, (*stärker*) strumpet, wanton.
ˈ**buh·le·risch** *adj* **1.** *lit.* (*schmeichelnd*) playful, caressing. – **2.** *archaic contempt.* amorous, lascivious, lecherous, wanton.
ˈ**Buh·lin** *f* ⟨-; -nen⟩ *cf.* Buhle[1].
ˈ**Buhl**ˌ**kraut** *n bot.* stinking goosefoot (*Chenopodium vulvaria*).
ˈ**Buhl·schaft** *f* ⟨-; -en⟩ *obs. contempt.* amour, love affair, illicit relations *pl*: **mit j-m in** ~ **leben** to have a love affair with s.o.
ˈ**Buh**ˌ**mann** *m* ⟨-(e)s; ⸚er⟩ *colloq.* (*Sündenbock*) scapegoat.
Buh·ne [ˈbuːnə] *f* ⟨-; -n⟩ *civ.eng.* groin, *bes. Br.* groyne, warping dam.
Büh·ne [ˈbyːnə] *f* ⟨-; -n⟩ **1.** stage, boards *pl* (*colloq.*): **Beifall auf offener** ~ applause during the act; **hinter der** ~ a) off the stage, offstage, b) *fig.* behind the scenes, backstage; **auf die** ~ **treten, die** ~ **betreten** to enter (*od.* appear on, come on to, step on to) the stage; **von der** ~ **abgehen** to leave the stage, to make one's exit; **ein Stück auf die** ~ **bringen** a) to stage (*od.* produce, put on) a play, to put a play on the stage, b) to act (*od.* perform) a play; **für die** ~ **bearbeitet** adapted for the stage, dramatized; **das Stück ist erfolgreich über die** ~ **gegangen** *colloq.* the play was acted (*od.* performed) successfully; **das Stück hält sich lange auf der** ~ the play holds the stage for a very long time (*od.* run); **die Veranstaltung geht gerade über die** ~ the performance is in progress (*od.* on); **es ging alles glatt über die** ~ *fig. colloq.* everything went off smoothly; **von der diplomatischen** ~ **abtreten** *fig.* to make one's exit from the diplomatic stage, to quit the diplomatic scene; **von der** ~ **des Lebens abtreten** *fig.* to quit the scene. – **2.** (*theater*) (the) stage, theater, *bes. Br.* theatre: **zur** ~ **gehen** to go on (*od.* take to) the stage; **es zieht sie zur** ~ she is stage-struck, she has stage fever; **er hat sich von der** ~ **zurückgezogen** he has left (*od.* retired from, quit) the stage; **das Programm der**

Städtischen ~n the program(me) of the Municipal Theaters; Künstler von ~ und Film stars from stage and screen; an allen deutschen ~n in all German theaters, on the German stage (*collect.*). – **3.** *antiq.* stage (building) (*of a Greek or Roman theater*). – **4.** (*erhöhte Plattform, Podium*) stage, platform, dais: eine ~ errichten to build a platform. – **5.** *tech.* platform, scaffold(age), stage, crib. – **6.** *metall.* (*eines Ofens*) platform. – **7.** *geol.* bank, bench, berm. – **8.** *Southwestern G. for* Dachboden. – **9.** *auto. cf.* Hebebühne.

ˈBüh·nen|ˌan·geˌstell·te *m, f* ⟨-n; -n⟩ stage employee. — **~ˌanˌwei·sung** *f meist pl* stage direction. — **~ˌar·bei·ter** *m* stagehand, sceneshifter, *Am. colloq.* 'grip'. — **~ˌaufˌfüh·rung** *f* stage performance, staging. — **~ˌaufˌtre·ten** *n* stage appearance, appearance on the stage. — **~ˌausˌga·be** *f* stage (*od.* acting) version (*od.* edition). — **~ˌausˌspra·che** *f* standard pronunciation (of the stage). — **~ˌausˌstat·tung** *f* scenery, set(ting). — **~ˌau·tor** *m* playwright, dramatist. — **~beˌar·bei·tung** *f* stage adaptation, staging, adaptation for the stage, (*eines Romans*) dramatization. — **~beˌleuch·tung** *f* stage lighting. — **~ˌbild** *n* scenery, scene, (stage) set(ting), décor, stage design: ständiges ~ permanent set; die ~er zu einem Stück entwerfen to design the sets for a play. — **~ˌbild·ner** *m*, **~ˌbild·ne·rin** *f* ⟨-; -nen⟩ stage designer, *auch* scenewright. — **~ˌbo·den** *m* stage floor. — **~de·ko·ra·tiˌon** *f* décor, setting. — **~ˌdeutsch** *n* standard German (pronunciation). — **~ˌdich·tung** *f* (stage) play, drama. — **~efˌfekt** *m* stage effect. — **~ˌeinˌgang** *m* stage door (*od.* entrance). — **~erˌfah·rung** *f* theatrical experience, (knowledge of) stagecraft, (*von Schauspielern*) *auch* acting experience, (*eines Autors*) *auch* dramatic experience. — **~ˌfas·sung** *f* stage (*od.* acting) version. — **~geˌnos·sen·schaft** *f* cooperative society for stage employees. — **b~geˌrecht** *adj* (*Stück*) actable, suitable for the stage, playable. — **~geˌstal·tung** *f* stage design, mise en scène. — **~ˌgrö·ße** *f* **1.** size of the stage. – **2.** *fig.* (*Person*) star of the stage. — **~ˌhaus** *n* stage house. — **~ˌheld** *m* (stage) hero. — **~ˌhel·din** *f* (stage) heroine. — **~ˌhim·mel** *m* stage horizon, cyclorama. — **~ˌhin·terˌgrund** *m* back of the stage: im ~ upstage. — **~ˌkennt·nis** *f* stage experience.

ˈBuh·nenˌkopf *m civ.eng.* groin (*bes. Br.* groyne) head.

ˈBüh·nenˌkri·ti·ker *m* stage (*od.* theater, *bes. Br.* theatre) critic.

ˈBuh·nenˌkro·ne *f civ.eng.* surface of a groin (*bes. Br.* groyne).

ˈBüh·nen|ˌkunst *f* dramatic (*od.* theatrical, scenic) art. — **~ˌkünst·ler** *m* stage artist (*od.* actor). — **~ˌkünst·le·rin** *f* stage artist (*od.* actress). — **~ˌlaufˌbahn** *f* stage career. — **~ˌlei·ter** *m* stage manager, *auch* producer. — **~ˌlei·tung** *f* stage management. — **~ˌlicht** *n* footlights *pl*, *bes. Br.* limelight, *auch* spotlight. — **~li·te·raˌtur** *f cf.* Theaterliteratur. — **~ˌlo·ge** *f* stage box. — **~ˌma·ler** *m* scene painter. — **~ma·leˌrei** *f* scene painting. — **~ma·nuˌskript** *n* stage script. — **~ma·schi·neˌrie** *f tech.* stage machinery. — **b~ˌmä·ßig** *adj* suitable for the stage, *auch* theatrical, stagy, stagey, dramatic. — **~me·chaˌnis·mus** *m* stage mechanism (*od.* mechanics *pl* [*construed as sg or pl*]). — **~ˌmei·ster** *m* **1.** (*theater*) a) stage manager, b) (master) carpenter. – **2.** (*film*) studio manager. — **~muˌsik** *f* **1.** (*für die Bühne*) incidental music. – **2.** (*auf der Bühne*) stage music. — **~ˌnachˌweis** *m* theatrical agency. — **~ˌna·me** *m* stage name. — **~ˌöff·nung** *f* proscenium arch. — **~per·soˌnal** *n* stage personnel. — **~ˌpro·be** *f* stage rehearsal. — **~ˌrah·men** *m* proscenium frame. — **~ˌraum** *m* stage. — **~ˌrech·te** *pl* stage (*od.* dramatic) rights. — **b~ˌreif** *adj* **1.** (*Schauspielschüler*) qualified (for the stage). – **2.** (*Stück*) actable, playable, ready for the stage. — **~ˌrei·fe** *f* qualification (for the stage). — **~re·quiˌsi·ten** *pl* (stage) properties, props (*colloq.*). — **~ˌschaf·fen** *n* **1.** (*eines Dichters*) dramatic works *pl*. – **2.** (*eines Landes*) theater, *bes. Br.* theatre: das deutsche ~ der Gegenwart the German theater (of) today. — **~ˌscheinˌwer·fer** *m* (stage) spotlight. — **~ˌschriftˌstel·ler** *m* playwright, dramatist. — **~ˌspra·che** *f* **1.** *cf.* Bühnenaussprache. – **2.** language of the theater (*bes. Br.* theatre). — **~ˌstück** *n* (stage) play. — **~ˌtech·nik** *f* stagecraft, stage technique. — **~ˌtech·ni·ker** *m* stage mechanic. — **b~ˌtech·nisch** *adj* scenic, theatrical: ~e Anweisungen scenic (*od.* stage) directions. — **~ver·siˌon** *f* acting (*od.* stage) version. — **~verˌtrieb** *m* play agency. — **~ˌvorˌhang** *m* stage curtain. — **~ˌwerk** *n* dramatic work, play, drama: die ~e unseres Jahrhunderts the theater (*bes. Br.* theatre) of our century. — **b~ˌwirk·sam** *adj* theatrically effective, effective on the stage: dieses Stück ist ~ this play is good theater (*bes. Br.* theatre). — **~ˌwirk·sam·keit** *f* stage effectiveness. — **~ˌwir·kung** *f cf.* Bühneneffekt.

ˈBuh·nenˌwur·zel *f mar.* land end of the groin (*bes. Br.* groyne).

ˈBuhˌruf *m meist pl* hissing, boo.

buk [buːk] *1 u. 3 sg pret of* backen[1].

Bu·ka·ni·er [buˈkaːnĭər] *m* ⟨-s; -⟩ *hist.* buccaneer, pirate.

bu·ka·nie·ren [bukaˈniːrən] *v/t* ⟨*no* ge-, h⟩ *gastr.* (*Fleisch*) buc(c)an, boucan.

bü·ke [ˈbyːkə] *1 u. 3 sg pret subj of* backen[1].

Bu·kett [buˈkɛt] *n* ⟨-(e)s; -e⟩ **1.** (*Blumenstrauß*) bouquet, nosegay, posy: ein ~ binden to make a bouquet. – **2.** (*des Weins etc*) bouquet, aroma, flavor, *bes. Br.* flavour. — **b~ˌreich** *adj* (*Wein etc*) of great bouquet. — **~ˌzweig** *m bot.* compound fruit spur.

ˈBuk·koˌstrauch [ˈbʊko-] *m bot.* barosma (*Fam. Rutaceae*).

Bu·ko·li·ka [buˈkoːlika] *pl* ⟨*invariable*⟩ (*literature*) bucolics, bucolic (*od.* pastoral) poems (*od.* poetry *sg*), eclogues. — **Bu·ˈko·li·ker** *m* ⟨-s; -⟩ bucolic, bucolic (*od.* pastoral) poet. — **buˈko·lisch** [-lɪʃ] *adj* bucolic, *auch* bucolical, pastoral: die ~e Dichtung *cf.* Bukolika.

bu·ko·wi·nisch [bukoˈviːnɪʃ] *adj* Bukovinian.

bul·bär [bʊlˈbɛːr] *adj med.* bulbar. — **B~pa·raˌly·se** *f* bulbar paralysis (*od.* palsy).

Bul·be [ˈbʊlbə] *f* ⟨-; -n⟩ *bot.* **1.** (*der epiphytischen Orchideen*) pseudobulb, *Br.* pseudo-bulb. – **2.** (*von Zwiebeln etc*) bulb.

bul·ben [ˈbʊlbən] *v/i* ⟨h⟩ *bot.* (*von Zwiebeln*) bulb.

ˈBulb|ˌform *f mar.* bulbous bowform. — **b~ˌför·mig** *adj* bulb-shaped, bulbiform, bulbous.

Bul·bil·le [bʊlˈbɪlə] *f* ⟨-; -n⟩ *bot.* bulbil, bulbel, bulblet.

bul·bös [bʊlˈbøːs] *adj bes. bot.* bulbous, bulbiform.

Bül·bül [ˈbʏlbʏl] *m* ⟨-s; -s⟩ **1.** *zo.* bulbul (*Fam. Pycnonotidae*). – **2.** (*literature*) bulbul, Persian nightingale (*a Persian songbird mentioned in poetry*).

Bul·bus [ˈbʊlbʊs] *m* ⟨-; Bulbi [-bi]⟩ *med. bot.* bulb.

Bu·let·te [buˈlɛtə] *f* ⟨-; -n⟩ *Northern G.* (*bes. Berlin*) *gastr.* meatball, *Am. auch* hamburger: immer (*od.* nur) 'ran an die ~n *fig. colloq.* go ahead; laß dem Kind die ~ *fig. colloq.* don't spoil his [her] illusions.

Bul·ga·re [bʊlˈgaːrə] *m* ⟨-n; -n⟩ Bulgarian. — **Bulˈga·rin** *f* ⟨-; -nen⟩ Bulgarian (woman). — **bulˈga·risch I** *adj* Bulgarian. – **II** *ling.* **B~** ⟨*generally undeclined*⟩, **das B~e** ⟨-n⟩ Bulgarian, the Bulgarian language.

Bu·lin [buˈliːn] *f* ⟨-; -en⟩, **Buˈli·ne** *f* ⟨-; -n⟩ *mar.* bowline.

ˈBulk|ˌla·dung [ˈbʊlk-] *f mar.* bulk cargo (*od.* shipment). — **~ˌwa·re** *f meist pl* bulk commodity.

Bul·la [ˈbʊla] *f* ⟨-; Bullae [-lɛ]⟩ **1.** *med.* bulla. – **2.** *cf.* Bulle[2] 2.

Bul·la·ri·um [bʊˈlaːrĭʊm] *n* ⟨-s; -rien⟩ *relig.* bullarium, bullary.

ˈBullˌau·ge [ˈbʊl-] *n mar.* port(hole), bull's-eye. — **ˈBullˌau·genˌklap·pe** *f* deadlight.

ˈBullˌdog [-ˌdɔk] (*TM*) *m* ⟨-s; -s⟩ *tech.* (farm) tractor.

ˈBullˌdog·ge *f* ⟨-; -n⟩ *zo.* (English) bulldog.

ˈBullˌdog·gen|geˌsicht *n humor.* face of a bulldog, bulldog face. — **~-ˌFle·derˌmaus** *f zo.* mastiff (*od.* bulldog) bat (*Fam. Molossidae*).

ˈBullˌdo·zer [-ˌdoːzər; -ˌdoʊzə] (*TM*) (*Engl.*) *m* ⟨-s; -⟩ *tech.* bulldozer.

Bul·le[1] [ˈbʊlə] *m* ⟨-n; -n⟩ **1.** *zo.* bull: stark wie ein ~ *fig.* (as) strong as an ox (*od.* a bull). – **2.** *fig. colloq.* (*großer, starker Mann*) bull, bear, he-man: ein ~ von einem Kerl a bull of a fellow, a hefty chap. – **3.** *fig. colloq. contempt.* (*Polizeibeamter*) cop(per) (*colloq.*), 'flatfoot' (*sl.*), *Am. colloq.* dick, *Am. sl.* 'bull'. – **4.** *mil. sl.* big shot. – **5.** *dial. for* Pulle.

ˈBul·le[2] *f* ⟨-; -n⟩ **1.** *bes. relig.* (*Urkunde*) bull: päpstliche ~ papal bull; Goldene ~ *hist.* Golden Bull. – **2.** (*Urkundensiegel*) bull, bulla. – **3.** (*Kapsel für Urkunde*) case for a bull.

bul·len [ˈbʊlən] *v/i* ⟨h⟩ (*von Kühen*) be on (*od.* in) heat, (take the) bull, be bullish.

ˈBul·lenˌbei·ßer *m* ⟨-s; -⟩ **1.** *zo. cf.* Bulldogge. – **2.** *fig. colloq.* aggressive person, snapper.

ˈBul·len|ˌhet·ze *f* bullbaiting. — **~ˈhit·ze** *f colloq.* scorching (*od.* boiling, awful) heat: eine ~ heute *colloq.* a hell of a heat today (*colloq.*), it's hellish (*od.* boiling) hot today. — **~ˌkalb** *n zo.* bull calf, *Br.* bull-calf. — **~ˌring** *m agr.* bullring, nose ring.

ˈbul·le·rig *adj colloq. for* aufbrausend 2.

bul·lern [ˈbʊlərn] *v/i* ⟨h⟩ *colloq.* **1.** (*von Feuer etc*) roar. – **2.** (*von Wasser etc*) boil, bubble, seethe. – **3.** gegen etwas ~ (*von Personen*) to drum against s.th., (*stärker*) to knock loudly on (*od.* pound against) s.th. – **4.** (*von Gewitter etc*) rumble, grumble. – **5.** *fig.* (*von Personen*) storm, rage.

Bulle·tin [bʏlˈtɛ̃ː; bʏləˈtɛ̃ː] *n* ⟨-s; -s⟩ *bes. pol. med.* bulletin: ein ~ veröffentlichen to publish a bulletin.

ˈBullˌfrosch *m zo.* bullfrog (*bes. Rana catesbeiana*).

ˈbul·lig I *adj colloq.* **1.** (*Person*) bull-like, like a bull, hefty, beefy. – **2.** (*Hitze*) parching, scorching. – **II** *adv* **3.** ~ heiß sein to be scorching (*od.* boiling) hot.

bul·lös [bʊˈløːs] *adj med.* bullous.

ˈBull·richˌsalz [ˈbʊlrɪç-] (*TM*) *n* ⟨-es; *no pl*⟩ *pharm.* sodium bicarbonate, *auch* sodium acid carbonate.

ˈBullˌter·ri·er *m zo.* bullterrier, *Br.* bull-terrier.

Bul·ly [ˈbʊli] *n* ⟨-s; -s⟩ **1.** (*beim Hockey*) bully. – **2.** (*beim Eishockey*) face-off.

ˈBultˌbee·re [ˈbʊlt-] *f bot. colloq. for* Moosbeere.

Bül·te [ˈbʏltə] *f* ⟨-; -n⟩ *Low G.* **1.** hillock, earth hummock. – **2.** tussock.

ˈBultˌgras *n bot.* tufted hair grass (*Deschampsia caespitosa*).

Bul·ti [ˈbʊlti] *m* ⟨-s; -s⟩ *zo.* bolti, *auch* bolty, bulti (*Tilapia nilotica*).

ˈBul·werˌsturm|ˌschwal·be [ˈbʊlvər-] *f*, **~ˌvo·gel** *m zo.* Bulwer's petrel (*Bulweria bulwerii*).

bum [bʊm] *interj* boom, bang: bim, bam, ~ (*Glockengeläut*) ding-dong; ~, ~ (*vom Gewehr*) boom-boom.

ˈBumˌboot *n mar.* bumboat.

Bu·me·rang [ˈbuːməraŋ; ˈbʊ-] *m* ⟨-s; -e⟩ *auch fig.* boomerang.

Bum·mel[1] [ˈbʊməl] *m* ⟨-s; -⟩ *colloq.* stroll, ramble, saunter: einen (kleinen) ~ machen, auf den ~ gehen a) to go for (*od.* to take) a stroll, b) to go on a spree (*colloq.*); ich habe sie neulich auf dem ~ in der Stadt gesehen I saw her the other day strolling through the city.

ˈBum·mel[2] *f* ⟨-; -n⟩ *bes. Northern G. colloq.* tassel.

Bum·me·lant [bʊməˈlant] *m* ⟨-en; -en⟩ *colloq. cf.* Bummler 1—4.

Bum·meˈlan·ten·tum *n* ⟨-s; *no pl*⟩ absenteeism.

Bum·meˈlei *f* ⟨-; *rare* -en⟩ *colloq.* **1.** (*von Personen*) dawdling, loitering, loafing: mit der ~ ist jetzt Schluß from now on there will be no more dawdling. – **2.** (*eines Zuges etc*) (extreme) slowness, crawling, *Am. colloq.* pokiness. – **3.** (*Nachlässigkeit*) negligence, carelessness, slackness, (*stärker*) slovenliness, sloppiness. – **4.** (*Müßiggang*) idling, idleness, loafing.

ˈBum·melˌfrit·ze *m* ⟨-n; -n⟩ *colloq. cf.* Bummler 1—4.

ˈbum·me·lig *adj colloq.* **1.** (*Zug, Fahrt etc*) slow, *Am. colloq.* poky, *auch* pokey. – **2.** (*träge*) slow, dallying, sluggish, dawdling. – **3.** (*nachlässig*) negligent, careless, slack, (*stärker*) slovenly, sloppy.

ˈBum·mel|ˌle·ben *n colloq.* idle (*od.* lazy) life, life of idleness (*od.* loafing): ein ~ führen to lead a life of idleness. — **~ˌlie·se** *f colloq. cf.* Bummler 1—4.

ˈBum·melˌmüt·ze *f Northern G. colloq.* wool(l)en cap with a tassel.

bum·meln [ˈbʊməln] **I** *v/i* ⟨sein *u.* h⟩ *colloq.*

1. ⟨sein⟩ (*schlendern*) stroll, saunter, ramble: **durch die Straßen** ~ to stroll through (*od.* ramble about) the streets; ~ **gehen** to go for (*od.* to take) a stroll. – **2.** ⟨h⟩ (*von Zug etc*) crawl, *Am.* poke (along). – **3.** ⟨h⟩ (*von Personen*) be slow, work slowly, dawdle, slack, dally, be sluggish: **wenn du weiter so bummelst, wirst du nie fertig mit der Arbeit** if you go on dawdling like that you will never finish your work. – **4.** ⟨h⟩ (*faulenzen*) loaf, be idle, waste one's time, *Am. colloq.* bum: **er bummelt, statt zu studieren** he loafs instead of studying. – **5.** ⟨h⟩ (*sich amüsieren*) gad (*od.* knock) about: **er geht jede Nacht** ~ he goes out every night; **wir wollen heute** ~ **gehen** let's paint the town red (*od.* let's go on a spree) tonight (*colloq.*). – **6.** *econ.* ⟨h⟩ go slow, (*Dienst nach Vorschrift tun*) *bes. Br.* work to rule. – **II B**~ *n* ⟨-s⟩ **7.** *verbal noun*: **er verbringt sein Leben mit B**~ he is idling away his life, he eats the bread of idleness.

ˈBum·mel|ˌstreik *m econ.* go-slow (strike), *bes. Am.* slowdown, (*Dienst nach Vorschrift*) *bes. Br.* work-to-rule campaign. — ~**ˌzug** *m humor. colloq.* slow (*od. colloq.* milk) train, *bes. Am.* accommodation (*od.* way) train.

Bum·merl [ˈbumərl] *n* ⟨-s; -(n)⟩ *Austrian dial. only in* **das** ~ **bekommen** (*od.* **haben**) to be the loser (of a game of cards).

bum·mern [ˈbumərn] *v/i* ⟨h⟩ *colloq.* (*klopfen*) knock, bang, bump.

ˈBumm·ler *m* ⟨-s; -⟩ *colloq.* **1.** (*Spaziergänger*) stroller, saunterer. – **2.** (*langsamer Mensch*) dawdler, dallier, *bes. Br. colloq.* slowcoach, *Am. colloq.* slowpoke. – **3.** (*Nichtstuer, Herumtreiber*) loafer, idler, lounger, *Am. colloq.* bum, *auch* bummer. – **4.** (*vergnügungssüchtiger Mensch*) gadabout (*colloq.*). – **5.** *Swiss for* **Bummelzug.**

ˈBumm·le·rin *f* ⟨-; -nen⟩ *colloq. cf.* **Bummler** 1—4.

ˈbumm·lig *adj colloq. cf.* **bummelig.**

ˈBumpˌgarn [ˈbump-] *n* (*textile*) bump yarn.

bums [bums] *interj* bang! bump! thud!: ~ **machen** to make a bang; ~, **da liegt er** bang, there he lies.

Bums *m* ⟨-es; -e⟩ *colloq.* **1.** bang, bump, thud. – **2.** *contempt. cf.* **Bumslokal.**

bum·sen [ˈbumzən] *v/i* ⟨h⟩ **1.** *colloq.* bang, bump, thump, thud: **gegen etwas** ~ to bang (*od.* bump) against s.th. – **2.** *fig. colloq.* (*in Wendungen wie*) **wenn du es nicht tust, bumst es** if you don't do it you are in for it; **jetzt hat es gebumst!** a) that's done it! that's enough! b) (*auf der Straße*) there has been a crash. – **3.** *vulg.* fuck (*vulg.*).

ˈBums|ˌlan·dung *f aer. sl.* pancake (*od.* bumpy) landing, pancaking. — ~**loˌkal** *n contempt.* low-class dance hall, (low) dive (*colloq.*), *bes. Am. colloq.* joint, honky-tonk. — ~**muˌsik** *f contempt.* loud vulgar music.

Bu·na [ˈbuːna] (*TM*) *m, n* ⟨-(s); *no pl*⟩ *synth.* buna. — ~**ˌrei·fen** *m auto.* buna rubber tire (*Br.* tyre).

Bund[1] [bunt] *m* ⟨-(e)s; =e⟩ **1.** (*feste Verbindung gleichgesinnter Personen*) bond: ~ **der Freundschaft** bond of friendship; **der** ~ **der Ehe** the bond of marriage; **den** ~ **fürs Leben schließen, den** ~ **der Ehe eingehen** *lit.* to take the marriage vows; **einen alten** ~ **erneuern** to renew an old friendship. – **2.** (*Pakt, Übereinkunft*) agreement, compact, pact, (*formeller*) covenant: **der Dritte im** ~**e sein** a) to be the third party in an agreement, b) to be (*od.* form, make up) the third in a trio; **laß mich der Dritte im** ~**e sein** let me be one of you, count me in; **sich** (*dat*) **die Hand zum** ~**e reichen, den** ~ **durch einen Händedruck besiegeln** to shake hands on an (*od.* as a sign of) agreement, to seal an agreement by (*od.* with) a handshake; **im** ~**e mit seinen Freunden** together (*od.* jointly, in conjunction) with his friends. – **3.** (*bes. Geheimabkommen*) league, compact, (*stärker*) confederacy, (*im schlechten Sinne*) conspiracy, collusion: **mit j-m im** ~**e sein** (*od.* **stehen**) to be in league with s.o., to be s.o.'s accomplice; **er ist mit dem Teufel im** ~**e** he is in league with the devil. – **4.** *pol.* a) (*Bündnis*) alliance, b) (*Koalition*) coalition, c) (*politischer od. wirtschaftlicher Bund zwischen Staaten*) union: **einem** ~ **beitreten** to join (*od.* enter into) an alliance; **einen** ~ **eingehen** (*od.* **schließen**) to form (*od.* enter into) an alliance, to ally oneself; **im** ~**e mit** allied with. – **5.** *pol.* **der** ~ a) (*in Deutschland, in der Schweiz*) the Federal Government, b) (*in Deutschland*) *short for* **Bundesrepublik: der** ~ **als Arbeitgeber** the Federal Government as employer; **die Außenpolitik unterliegt dem** ~ foreign policy is under the responsibility of the Federal Government. – **6.** *pol. hist.* confederation, confederacy, league: **Deutscher [Norddeutscher]** ~ German [North German] Confederation; **Schwäbischer** ~ Swabian League; **der Ewige** ~ the Everlasting League; **Schmalkaldischer** ~ League of Smalkalde. – **7.** (*Organisation*) association, *auch* union, organization: ~ **Deutscher Ärzte** Association of German Physicians. – **8.** *relig.* covenant, testament: **der Alte [Neue]** ~ the Old [New] Testament (*od.* Covenant). – **9.** *ped.* students' society, *bes. Am.* fraternity.

Bund[2] *m* ⟨-(e)s; =e⟩ **1.** (*an Hosen, Röcken etc*) (waist)band: **sich** (*dat*) **den** ~ **enger schnallen** a) to tighten one's waistband, b) *fig.* to economize, to tighten one's belt. – **2.** *tech.* a) (*einer Schraube*) collar, shoulder, flange, b) (*einer Blattfeder*) shackle, c) (*eines Rohres*) lap, d) (*Draht*) coil, bundle. – **3.** *print.* a) (*am Buch*) tape, b) (*als Papierrand*) back. – **4.** *mus.* (*einer Gitarre, Zither etc*) fret.

Bund[3] *n* ⟨-(e)s; -e⟩ **1.** bundle: **ein** ~ **Reisig** a bundle (*od.* fag[g]ot) of brushwood. – **2.** (*gleicher Dinge*) bunch: **ein** ~ **Schlüssel** a bunch of keys; **zwei** ~ **Radieschen** two bunches of radishes. – **3.** (*von Stroh etc*) bundle. – **4.** (*von Zwiebeln etc*) rope.

ˈBund|ˌaxt *f tech.* carpenters' ax(e). — ~**ˌbal·ken** *m civ.eng.* joining ba(u)lk. — ~**ˌbol·zen** *m tech.* collar (*od.* shoulder) stud, flange bolt. — **b**~**ˌbrü·chig** *adj* **1.** treacherous: ~ **werden** to break (*od.* violate) an alliance (*od.* agreement, a treaty, a contract). – **2.** perfidious. – **3.** (*meineidig*) perjured.

Bünd·chen [ˈbʏntçən] *n* ⟨-s; -⟩ **1.** *dim. of* **Bund**[2,3]. – **2.** (*an Ärmeln etc*) cuff. — ~**ˌär·mel** *m* cuffed sleeve.

Bün·del [ˈbʏndəl] *n* ⟨-s; -⟩ **1.** (*Pack*) bundle: **ein** ~ **alter Kleider** a bundle of old clothes; **ein** ~ **Banknoten** a bundle (*od. colloq.* wad) of bank notes; **etwas zu einem** ~ **zusammenschnüren** to tie s.th. into a bundle, to bundle s.th.; **in** ~**n** in (*od.* by) bundles; **sein** ~ **schnüren** *fig. colloq.* to prepare to go, to pack up; **sie ist ein** ~ **Nerven** *fig. colloq.* she is a bundle of nerves. – **2.** (*gleicher Dinge*) bunch: **ein** ~ **Spargel** a bunch of asparagus. – **3.** (*von Stroh etc*) bundle, truss. – **4.** (*von Briefen, Pfeilen etc*) bundle, sheaf. – **5.** (*Paket*) packet, parcel, package. – **6.** *fig.* (*in Wendungen wie*) **jeder hat sein** ~ **zu tragen** *colloq.* everyone has to bear his burden (*od.* cross); **sie saß da wie ein** ~ **Elend** she was sitting there like a picture of misery; **ein schreiendes** ~ *humor.* a crying baby. – **7.** (*optics*) (*von Lichtstrahlen*) bundle, pencil, beam: **ein** ~ **von Lichtstrahlen** a bundle (*od.* pencil) of light rays, a beam of light. – **8.** *math.* sheaf, two-parameter family. – **9.** *electr.* (*Gruppe abgehender Leitungen*) group, bank. – **10.** *nucl.* (*von Ionen*) cluster. – **11.** *med.* (*von Muskeln etc*) bundle, fascicle, tract(us) (*scient.*): **kleines** ~ fasciculus. — ~**ˌdurchˌschnitt** *m* (*optics*) beam width.

Bün·deˈlei *f* ⟨-; -en⟩ **1.** *cf.* **Bündeln.** – **2.** *colloq.* conspiracy, plot.

ˈBün·delˌholz *n* bundled wood.

bün·deln [ˈbʏndəln] **I** *v/t* ⟨h⟩ **1.** (*Kleider, Banknoten etc*) bundle (up), make a bundle (*od.* bundles) of, tie (*s.th.*) up in(to) bundles. – **2.** (*Schlüssel, Früchte etc*) bunch (together). – **3.** (*Stroh etc*) bundle, truss (up). – **4.** (*optics*) focus, concentrate, beam. – **II** *v/i* **5.** *colloq.* plot, conspire, form a conspiracy. – **III B**~ *n* ⟨-s⟩ **6.** *verbal noun.*

ˈBün·del|ˌno·te *f mus.* tone cluster. — ~**ˌpfei·ler** *m arch.* multiple rib (*od.* bundle) pillar. — ~**ˌpres·se** *f tech.* bundling (*od.* baling) press. — ~**ˌsäu·le** *f arch. phys.* clustered column.

ˈBün·de·lung *f* ⟨-; -en⟩ **1.** *cf.* **Bündeln.** – **2.** (*optics*) concentration, focus(s)ing. – **3.** *electr.* (*Radar*) directivity: **scharfe** ~ great directivity.

ˈBün·de·lungs|elekˌtro·de *f electr.* (*Radar*) focus(s)ing electrode. — ~**ˌlin·se** *f* (*optics*) focus(s)ing lens.

ˈbün·delˌwei·se *adv* in (*od.* by) bundles: **etwas** ~ **verpacken [ordnen]** to pack [to arrange] s.th. in bundles.

Bun·der [ˈbundər] *m* ⟨-s; -⟩ *zo. cf.* **Rhesusaffe.**

ˈBun·des|ˌak·te *f hist.* Act of the German Confederation. — ~**ˌamt** *n pol.* Federal Office. — ~**ˌan·geˌle·gen·heit** *f* Federal matter. — ~**ˌanˌlei·he** *f* Federal loan. — ~**ˌanˌstalt** *f* Federal institution (*od.* agency). — ~**ˌanˌwalt** *m jur.* (*am Bundesgerichtshof*) *etwa* Federal Prosecutor. — ~**ˌanˌwalt·schaft** *f etwa* Federal Prosecutor's Office. — ~**ˌanˌzei·ger** *m* Federal Gazette. — ~**ˌar·beits·geˌricht** *n jur.* (German) Federal Labor (*bes. Br.* Labour) Court. — ~**ˌar·beits·miˌni·ster** *m pol.* Federal Minister of Labor (*bes. Br.* Labour). — ~**ˌar·beits·mi·niˌste·ri·um** *n* Federal Ministry of Labor (*bes. Br.* Labour). — ~**ˌaufˌsicht** *f pol.* Federal supervision. — ~**ˌaufˌsichts·ˌamt** *n* Federal Supervisory Office. — ~**ˌausˌgleichsˌamt** *n* Federal Compensation Office. — ~**ˌau·ßen·miˌni·ster** *m* Federal Minister of Foreign Affairs. — ~**ˌau·ßen·mi·niˌste·ri·um** *n* Federal Ministry of Foreign Affairs, Federal Foreign Ministry. — ~**ˌau·toˌbahn** *f* Federal autobahn. — ~**ˌbahn** *f Am.* Federal Railroad(s *pl*), *bes. Br.* Federal Railway(s *pl*). — ~**ˌbank** *f econ.* Federal Bank, *Am.* Federal Reserve Bank. — ~**beˌam·te** *m* Federal official, Federal government employee. — ~**be·ˌaufˌtrag·te** *m* ⟨-n; -n⟩ Federal commissary (*in Germany*). — ~**beˌdien·ste·te** *m* ⟨-n; -n⟩ *cf.* **Bundesbeamte.** — ~**be·ˌhör·de** *f* Federal authority (*od.* agency). — ~**ˌbeiˌhil·fe** *f* Federal aid (*od.* grant). — ~**beˌschluß** *m jur. Swiss* Federal act. — ~**beˌtei·li·gung** *f meist pl econ.* participation of the 'Bund', (interest-)holding by the 'Bund'. — ~**beˌtrieb** *m meist pl Austrian for* **Bundesunternehmen.** — ~**ˌbru·der** *m* fellow member of a student society, *Am.* fraternity brother. — ~**ˌbür·ger** *m*, ~**ˌbür·ge·rin** *f* citizen of the Federal Republic (of Germany *od.* Austria). — **b**~**ˌdeutsch** *adj* of (*od.* relating to) the German Federal Republic. — ~**ˌdeut·sche** *m, f* ⟨-n; -n⟩ citizen of the German Federal Republic. — ~**dis·zi·pliˌnarˌhof** *m jur.* Disciplinary Court (*for German Civil Service*). — ~**ˌebe·ne** *f only in* **auf** ~ at (the) Federal level. — **b**~**ˌei·gen** *adj* Federal: ~**e Steuer** Federal tax; ~**e Verwaltung** a) Federal administration, b) direct administration by the federation. — ~**entˌschä·di·gungs·geˌsetz** *n* Federal Indemnification Law. — ~**erˌnäh·rungs·miˌni·ster** *m* Federal Minister of Food, Agriculture and Forestry. — ~**er·ˌnäh·rungs·mi·niˌste·ri·um** *n* Federal Ministry of Food, Agriculture and Forestry. — ~**faˌmi·li·en·miˌni·ster** *m* Federal Minister for Family and Youth Questions. — ~**faˌmi·li·en·mi·niˌste·ri·um** *n* Federal Ministry for Family and Youth Questions. — ~**ˌfei·er** *f Swiss national holiday in commemoration of the first Swiss league, 1st August.* — **b**~**ˌfeind·lich** *adj* antifederal. — ~**ˌfilmˌpreis** *m* Federal film prize (*od.* award). — ~**fiˌnanzˌhof** *m* (German) Federal Fiscal Court. — ~**fiˌnanz·miˌni·ster** *m* Federal Minister of Finance. — ~**fiˌnanz·mi·niˌste·ri·um** *n* Federal Ministry of Finance. — ~**fiˌnanzˌord·nung** *f econ. Swiss* Finance Program (*bes. Br.* Programme) of the 'Bund'. — ~**ˌfürst** *m hist. meist pl sovereign of one of the principalities of the German Confederation.* — ~**geˌbiet** *n* **1.** federal territory. – **2.** (*der Bundesrepublik od. Österreichs*) territory of the Federal Republic. – **3.** (*der Schweiz*) territory of the Confederation. — ~**geˌnos·se** *m* ally, confederate. — ~**geˌnos·sen·schaft** *f* **1.** *pol.* alliance. – **2.** *hist.* confederacy. — ~**geˌnos·sin** *f* ally, confederate. — **b**~**geˌnös·sisch** [-gəˌnœsɪʃ] *adj pol.* federal, of the alliance, belonging to an ally.

ˈBun·des·geˌricht *n jur.* federal court (*od.* tribunal): **obere** ~**e in Deutschland** Federal High Courts of Germany; **oberste** ~**e** a) (*in der Bundesrepublik*) Supreme Federal (*od.* Federal Constitutional) Courts, b) (*in Österreich*) Constitutional (*od.* Administrative, Supreme) Courts, c) (*in der Schweiz*) Federal Supreme Courts.

ˈBun·des·geˌrichts·bar·keit *f jur.* Federal jurisdiction.

'Bun·des·geˌrichts|entˌschei·dung *f*, *Swiss* **~entˌscheid** *m jur.* judg(e)ment by the federal court(s). — **~ˌhof** *m* **1.** (German) Federal High Court. – **2.** (Austrian) Federal Supreme Court (*1934—38*). — **~prä·siˌdent** *m* president of the Federal High Court.

'Bun·des·geˌsetz *n* Federal law: ~ **über das Kreditwesen** Federal law on the credit system. — **~ˌblatt** *n* Official Bulletin (*od.* Gazette).

'Bun·des|geˌsund·heits·miˌni·ster *m* Federal Minister of Health. — **~geˌsund·heits·mi·niˌste·ri·um** *n* Federal Ministry of Health. — **~geˌwalt** *f jur.* Federal authority. — **~ˌgrenzˌschutz** *m* Federal Border Police. — **~ˌhauptˌstadt** *f* Federal capital. — **~ˌhaus** *n* (German) Parliament Buildings *pl.* — **~ˌhausˌhalt** *m* Federal budget. — **~ˌheer** *n* (Austrian) Army. — **~ˌhüt·te** *f relig.* Tabernacle, *auch* tent of meeting (*portable sanctuary of the Israelites*). — **~ˌhym·ne** *f* (Austrian) national anthem. — **~ˌin·nen·miˌni·ster** *m* Federal Minister of the Interior. — **~ˌin·nen·mi·niˌste·ri·um** *n* Federal Ministry of the Interior. — **~ˌju·gendˌring** *m* Association of German Youth Organizations. — **~juˌstiz·miˌni·ster** *m* Federal Minister of Justice. — **~juˌstiz·mi·niˌste·ri·um** *n jur.* Federal Ministry of Justice. — **~ka·biˌnett** *n* Federal cabinet. — **~ˌkam·mer** *f Austrian* Department of Interstate Trade. — **~kanzˌlei** *f Swiss pol.* headquarters *pl* (*construed as sg or pl*) of the Federal Council. — **~ˌkanz·ler** *m* **1.** (*der Bundesrepublik od. Österreichs*) Federal Chancellor. – **2.** *Swiss* (*hoher Verwaltungsbeamter*) Chancellor of the Confederation. — **~ˌkanz·lerˌamt** *n* Office of the Federal Chancellor, Federal Chancellery. — **~ˌkas·se** *f* Federal Treasury. — **~kom·misˌsar** *m pol.* Federal commissioner. — **~kri·miˌnalˌamt** *n* **1.** (*in der Bundesrepublik*) Federal Criminal Investigation Office (*od.* Department). – **2.** (*in den USA*) Federal Bureau of Investigation. — **~ˌla·de** *f Bibl.* ark of the covenant. — **~ˌland** *n pol.* **1.** (*in der Bundesrepublik*) Land of the Federal Republic (of Germany). – **2.** (*in Österreich*) Province. — **~ˌli·ga** *f* (*sport*) federal league. — **~ˌmäch·te** *pl pol.* confederate (*od.* federal) powers. — **~miˌni·ster** *m* Federal Minister: ~ **für Angelegenheiten des Bundesrates u. der Länder** Federal Minister of Bundesrat and Länder Affairs; ~ **für Arbeit u. Sozialordnung** *cf.* Bundesarbeitsminister; ~ **für besondere Aufgaben** Federal Minister for Special Tasks; ~ **des Auswärtigen** *cf.* Bundesaußenminister; ~ **für innerdeutsche Beziehungen** Federal Minister for Intra-German Relations; ~ **für Bildung u. Wissenschaft** *cf.* Bundeswissenschaftsminister; ~ **für Ernährung, Landwirtschaft u. Forsten** *cf.* Bundesernährungsminister; ~ **der Finanzen** *cf.* Bundesfinanzminister; ~ **des Innern** *cf.* Bundesinnenminister; ~ **für Jugend, Familie u. Gesundheit** Federal Minister for Youth, Family Affairs and Health; ~ **der Justiz** *cf.* Bundesjustizminister; ~ **für das Post- u. Fernmeldewesen** *cf.* Bundespostminister; ~ **für Verkehr** *cf.* Bundesverkehrsminister; ~ **der Verteidigung** *cf.* Bundesverteidigungsminister; ~ **für Wirtschaft** *cf.* Bundeswirtschaftsminister; ~ **für Wohnungswesen, Städtebau u. Raumordnung** *cf.* Bundeswohnungsbauminister; ~ **für wirtschaftliche Zusammenarbeit** Federal Minister for Economic Co-operation. — **~mi·niˌste·ri·um** *n* Federal Ministry: ~ **für Angelegenheiten des Bundesrates u. der Länder** Federal Ministry of Bundesrat and Länder Affairs; ~ **für Arbeit u. Sozialordnung** *cf.* Bundesarbeitsministerium; ~ **des Auswärtigen** *cf.* Bundesaußenministerium; ~ **für innerdeutsche Beziehungen** Federal Ministry for Intra-German Relations; ~ **für Bildung u. Wissenschaft** *cf.* Bundeswissenschaftsministerium; ~ **für Ernährung, Landwirtschaft u. Forsten** *cf.* Bundesernährungsministerium; ~ **der Finanzen** *cf.* Bundesfinanzministerium; ~ **des Innern** *cf.* Bundesinnenministerium; ~ **für Jugend, Familie u. Gesundheit** Federal Ministry for Youth, Family Affairs and Health; ~ **der Justiz** *cf.* Bundesjustizministerium; ~ **für das Post- u. Fernmeldewesen** *cf.* Bundespostministerium; ~ **für Verkehr** *cf.* Bundesverkehrsministerium; ~ **der Verteidigung** *cf.* Bundesverteidigungsministerium; ~ **für Wirtschaft** *cf.* Bundeswirtschaftsministerium; ~ **für Wohnungswesen, Städtebau u. Raumordnung** *cf.* Bundeswohnungsbauministerium; ~ **für wirtschaftliche Zusammenarbeit** Federal Ministry for Economic Co-operation. — **~ˌnachˌrich·tenˌdienst** *m* Federal Information Service. — **~par·laˌment** *n pol.* Federal parliament. — **~ˌpost** *f* **1.** Federal Postal Administration. – **2.** (*in den USA*) Federal Postal Services *pl.* — **~ˌpost·miˌni·ster** *m* Federal Minister of Post and Telecommunications. — **~ˌpost·mi·niˌste·ri·um** *n* Federal Ministry of Post and Telecommunications. — **~prä·siˌdent** *m* **1.** (*der Bundesrepublik od. Österreichs*) Federal President. – **2.** (*der Schweiz*) President of the Confederation. — **~prä·si·diˌalˌamt** *n* Office of the President of the Federal Republic. — **~ˌpres·seˌamt** *n* Federal Press Office. — **~ˌrat** *m* **1.** (*in der Bundesrepublik od. Österreich*) Bundesrat, Upper House of Parliament. – **2.** (*in der Schweiz*) Executive Federal Council. – **3.** *hist.* Federal Council (*in Germany 1871—1919*). — **~ˌrech·nungsˌhof** *m jur.* **1.** (*in der Bundesrepublik*) Federal Audit Office. – **2.** (*in den USA*) General Accounting Office. — **~ˌrecht** *n jur.* Federal law: ~ **bricht Landesrecht** Federal law abrogates the law of a Land. — **b~ˌrecht·lich** *adj* under Federal law. — **~reˌgie·rung** *f* Federal government: **die Deutsche** ~ the German Federal Government. — **~re·puˌblik** *f* Federal republic: **die** ~ **Deutschland [Österreich]** the Federal Republic of Germany [Austria]. — **~resˌsort** *n* Federal department: **das beteiligte** ~ the Federal department concerned. — **~ˌrich·ter** *m* (*in der Bundesrepublik*) Federal High Court judge. — **~ˌschatz·miˌni·ster** *m* Federal Minister of the Treasury. — **~ˌschatz·mi·niˌste·ri·um** *n* Federal Ministry of the Treasury. — **~so·ziˌal·geˌricht** *n jur.* (German) Federal Social Court. — **~ˌstaat** *m* ⟨-(e)s; -en⟩ **1.** Bundesstaat, Federal state. – **2.** (*Gesamtheit*) confederation. — **b~ˌstaat·lich** *adj* federal, Federal, of the federal state: ~**e Instanzen** federal authorities. — **~ˌstadt** *f Swiss* Federal Capital (*Bern*). — **~ˌstel·le** *f econ.* Federal agency (*od.* office, board): ~ **für den Warenverkehr** Federal Agency for Goods Traffic. — **~ˌstra·ße** *f* Federal highway (*od.* road).

'Bun·desˌtag *m* ⟨-(e)s; *no pl*⟩ **1.** *pol.* (*in der Bundesrepublik*) Bundestag, Lower House of Parliament. – **2.** *hist.* Assembly of the German Diet (*1815—66*).

'Bun·desˌtags|ˌab·geˌord·ne·te *m, f* ⟨-n; -n⟩ member of the Bundestag. — **~ausˌschuß** *m* committee of the Bundestag: ~ **für Verteidigung** Parliamentary Committee on Defence (*Am.* Defense). — **~deˌbat·te** *f* debate of the Bundestag. — **~ˌmitˌglied** *n* member of the Bundestag. — **~prä·siˌdent** *m* President of the Bundestag. — **~ˌwahl** *f meist pl* election to the Bundestag.

'Bun·des|ˌtrai·ner *m* (*sport*) coach (*od.* trainer) of the (German) national team. — **b~ˌunˌmit·tel·bar** *adj* (*Unternehmen etc*) directly accountable to the Federal authority. — **~ˌun·terˌneh·men** *n meist pl* Federal (*od.* public) enterprises *pl.* — **~verˌband** *m econ.* Federal association, Federation: ~ **der Deutschen Industrie** Federation (*od.* Federal Association) of German Industries. — **~verˌdienstˌkreuz** *n* (*in der Bundesrepublik*) Federal Service Cross. — **~verˌei·ni·gung** *f econ.* federal union (*od.* association): ~ **der Arbeitgeberverbände** Federal Union of Employers' Associations. — **~verˌfas·sung** *f* Federal Constitution. — **~verˌfas·sungs·geˌricht** *n* (German) Federal Constitutional Court. — **~verˌkehrs·miˌni·ster** *m* Federal Minister of Communications (*od.* Transport). — **~verˌkehrs·mi·niˌste·ri·um** *n* Federal Ministry of Communications (*od.* Transport). — **~verˌmö·gen** *n* Federal property. — **~verˌsamm·lung** *f pol.* **1.** (*in der Bundesrepublik u. der Schweiz*) Federal Assembly. – **2.** *hist.* Diet of the German Confederation. — **~verˌsi·che·rungsˌanˌstalt** *f only in* ~ **für Angestellte** Federal Social Insurance Institution for Employees. — **~verˌsor·gungs·geˌsetz** *n* Federal Law on Pensions to War Victims. — **~verˌtei·di·gungs·miˌni·ster** *m* Federal Minister of Defence (*Am.* Defense). — **~verˌtei·di·gungs·mi·niˌste·ri·um** *n* Federal Ministry of Defence (*Am.* Defense). — **~verˌtrag** *m pol. Swiss* Confederate Pact. — **~verˌtrie·be·nen·geˌsetz** *n jur.* Federal Law on Expelled Persons. — **~verˌwal·tung** *f* Federal administration. — **~verˌwal·tungs·geˌricht** *n jur.* Federal Administrative Court. — **~ˌvöl·ker** *pl* confederate nations. — **~ˌwahl·geˌsetz** *n* **1.** *pol.* Federal electoral law. – **2.** *jur.* Federal Electoral Act.

'Bun·desˌwehr *f* ⟨-; *no pl*⟩ *mil.* German Federal Armed Forces *pl.* — **~erˌsatzˌamt** *n* Federal Recruiting Office. — **~verˌwal·tung** *f* Federal Armed Forces Administration.

'Bun·des|ˌwirt·schafts·miˌni·ster *m* Federal Minister for Economic Affairs. — **~ˌwirt·schafts·mi·niˌste·ri·um** *n* Federal Ministry for Economic Affairs (*od.* of Economics). — **~ˌwis·sen·schafts·miˌni·ster** *m* Federal Minister of Education and Science. — **~ˌwis·sen·schafts·mi·niˌste·ri·um** *n* Federal Ministry of Education and Science. — **~ˌwoh·nungsˌbau·miˌni·ster** *m* Federal Minister of Housing, Town and Regional Planning. — **~ˌwoh·nungsˌbau·mi·niˌste·ri·um** *n* Federal Ministry of Housing, Town and Regional Planning. — **~ˌzelt** *n relig. cf.* Bundeshütte. — **~ˌzwang** *m pol. Federal measures of coercion (toward a Land).*

'Bundˌflansch *m tech.* union, coupling.

'bundˌfrei *adj mus.* (*Klavichord*) unfretted, fretless.

'Bund|geˌspär·re *n* ⟨-s; *no pl*⟩ *arch.* principal rafters *pl.* — **~ˌholz** *n* fag(g)ot wood, (fire)wood in bundles.

'Bundˌho·se *f* (*fashion*) knickers *pl*, knee breeches *pl.* — **'Bundˌho·senˌstrümp·fe** *pl* knee socks.

bün·dig ['bʏndɪç] **I** *adj* **1.** (*Antwort, Rede etc*) concise, precise, succinct, terse, curt, to the point: ~**er Stil** precise (*od.* compact) style; **kurz und** ~ **sein** a) to be brief and to the point, to be terse (*od.* laconic), b) (*stärker*) to be point-blank, to be blunt. – **2.** (*Beweis etc*) convincing, valid, (*stärker*) conclusive: ~**es Argument** valid argument. – **3.** (*verpflichtend*) obligatory. – **4.** *archaic* (*rechtsgültig*) binding, valid. – **5.** *tech.* (*Balken etc*) flush, level: ~**er Stoß** flush joint; **etwas** ~ **machen mit** to make s.th. flush (*od.* level) with. – **II** *adv* **6. kurz und** ~ → kurz 17. — **'Bün·dig·keit** *f* ⟨-; *no pl*⟩ **1.** (*der Rede, des Stils etc*) conciseness, precision, succinctness, terseness. – **2.** (*Beweiskräftigkeit*) validity, conclusiveness.

'Bund·in·struˌment *n mus.* fretted instrument.

bün·disch ['bʏndɪʃ] *adj* **1.** belonging to an association (*od.* a union, a league): ~**e Jugend** young people *pl* belonging to youth organizations. – **2.** *obs. for* **verbündet II.**

Bünd·ler ['bʏntlər] *m* ⟨-s; -⟩ *contempt.* member of a league.

'Bundˌmut·ter *f tech.* flanged (*od.* collar) nut.

Bünd·ner ['bʏndnər] *m* ⟨-s; -⟩ **1.** *obs.* ally, confederate. – **2.** *Swiss short for* Graubündner.

'Bünd·ner ˌFleisch *n Swiss gastr.* dry-cured beef.

'bünd·ne·risch *adj Swiss short for* graubündnerisch.

Bünd·nis ['bʏntnɪs] *n* ⟨-ses; -se⟩ **1.** (*zwischen Personen etc*) alliance, league: **ein enges** ~ **mit j-m eingehen** to form a close alliance with s.o., to ally oneself closely with s.o. – **2.** *pol.* (*zwischen Ländern etc*) alliance, league, confederacy, confederation: **internationales** ~ pact; **ein militärisches** ~ **zur gegenseitigen Unterstützung schließen** to enter into a military alliance (*od.* agreement) for mutual support. – **3.** *lit. for* **Bund**[1] 1, 2, 3, 4, 6. — **~po·liˌtik** *f* policy of alliances. — **~syˌstem** *n* system of alliances.

'Bund|ˌring *m tech.* end collar (*od.* ring). — **~ˌsä·ge** *f* two-man cross-cut saw. — **~saˌlat** *m* **1.** *bot.* cos (*od.* romaine) lettuce (*Lactua sativa longifolia*). – **2.** *gastr.* cos lettuce salad. — **~ˌschrau·be** *f tech.* collar screw. — **~ˌschuh** *m* **1.** (a kind of) peasants' boot. – **2.** *hist.* (*name or symbol of*) rebels *pl* in the Peasants' Insurrections (*1492—1514*). — **~-**

ˌ**stahl** *m metall.* fag(g)ot steel. — ~ˌ**steg** *m print.* gutter (stick), gutter (*od.* back) margin. — **b~ˌwei·se** *adv* in bundles (*od.* fag[g]ots). — ~ˌ**wei·te** *f* **1.** waist (size). – **2.** *tech.* distance between roof trusses.

Bun·ga·low ['buŋgalo] *m* ⟨-s; -s⟩ bungalow.

Bun·gar ['buŋgar] *m* ⟨-s; -s⟩, ~ˌ**schlan·ge** *f* krait, korait, *auch* karait (*Gattg Bungarus*).

Bun·ge ['buŋə] *f* ⟨-; -n⟩ **1.** (*Fischreuse*) drum net. – **2.** (*Trommel*) drum. – **3.** *bot. cf.* Bachbunge.

Bun·ker¹ ['buŋkər] *m* ⟨-s; -⟩ **1.** (*Schutzraum*) (air-raid) shelter: ~ gegen radioaktive Strahlung fallout (*Br.* fall-out) shelter. – **2.** *mil.* (*mit Geschützen*) bunker, pillbox. – **3.** *econ.* a) (*Behälter*) bin, b) (*zur Lagerung von Kohle etc*) bunker, c) (*für Getreide*) (grain) silo, *Am.* (grain) elevator. – **4.** (*beim Golf*) bunker. – **5.** *colloq. for* Gefängnis 1, 2.

'**Bun·ker**² *m* ⟨-s; -⟩ *zo.* Atlantic menhaden (*Brevortia tyrannus*).

'**Bun·kerˌkoh·le** *f mar.* bunker coal.

bun·kern ['buŋkərn] *v/t* ⟨h⟩ **1.** *mar.* (*Kohle, Öl etc*) bunker, (re)fuel. – **2.** (*beim Golf*) (*Ball*) bunker.

'**Bun·ker·sta·tiˌon** *f mar.* bunkering station.

Bünn [byn] *f* ⟨-; -en⟩ *mar.* fish well.

'**Bun·sen|ˌbren·ner** ['bunzən-] *m chem.* Bunsen burner. — ~**eleˌment** *n electr.* Bunsen cell. — ~ˌ**flam·me** *f* Bunsen flame.

bunt [bunt] **I** *adj* ⟨-er; -est⟩ **1.** (*gefärbt*) colored, *bes. Br.* coloured: ~e Eier colo(u)red eggs; ~es Glas colo(u)red (*od.* stained) glass; ~e Wäsche colo(u)red washing. – **2.** (*mehrfarbig*) colorful, *bes. Br.* colourful, multicolored, *bes. Br.* multicoloured, many-colo(u)red, parti-colo(u)red, variegated, varied, varicolo(u)red: ~es Kleid colo(u)rful dress; ~er Rock *Bibl.* coat of many colo(u)rs; → bekannt 1. – **3.** (*farbenfroh*) bright, gay, colorful, *bes. Br.* colourful, brightly (*od.* gaily) colored (*bes. Br.* coloured): ~e Blumen bright flowers; ~e Dekorationen gaily colo(u)red decorations; eine ~e Wiese a meadow gay with flowers; ein (viel) zu ~es Muster a gaudy (*od.* loud) design. – **4.** (*buntgefleckt, scheckig*) variegated, spotted, motley. – **5.** (*bes. Tiere*) dappled, pied, spotted, piebald. – **6.** *fig.* (*gemischt*) mixed, motley, mottled: ~e Menschenmenge motley crowd of people; ~es Gemisch motley; ~e Reihe machen, eine ~e Reihe bilden to pair off, to mix the sexes, to arrange men and women alternately (*od.* in couples). – **7.** *fig.* (*abwechslungsreich*) varied, variegated, full of variety: ~er Abend a) varied evening entertainment, b) (*im Radio*) variety program(me); in ~er Folge in colo(u)rful succession; → Teller 1, 11. – **8.** *fig.* (*wirr*) confused, jumbled, mixed-up (*attrib*), promiscuous: ein ~es Durcheinander (a) complete confusion, a thorough mix-up, a jumble; das wird mir zu ~! *colloq.* I've had enough of that! that's the limit! that's going too far! mir wird ~ vor den Augen *colloq.* my head begins to whirl (*od.* swim), it makes me feel dizzy. – **9.** *fig.* (*froh*) gay, lively: es herrschte ein ~es Treiben there were gay goings-on. – **II** *adv* **10.** in bright (*od.* gay) colors (*bes. Br.* colours), colorfully, *bes. Br.* colourfully: ~ gemustert with a colo(u)rful (*od.* gay) pattern; ~ gekleidet sein a) to be colo(u)rfully dressed, b) to be gaudily dressed. – **11.** *fig. colloq.* (*in Wendungen wie*) er trieb es zu ~ he carried things too far; alles lag ~ durcheinander everything was in confusion; es ging recht ~ zu a) everybody was in high spirits, b) *contempt.* things were in great confusion (*od.* disorder), everything was at sixes and sevens, everything was topsy--turvy (*od.* higgledy-piggledy).

'**Bunt|achat** [-ʔaˌxaːt] *m min.* variegated agate. — ~ˌ**barsch** *m zo.* cichlid (*Fam. Cichlidae*). — **b~beˌmalt** *adj* ⟨*attrib*⟩ painted in bright colors (*bes. Br.* colours), gaily colo(u)red. — **b~ˌblät·te·rig, b~ˌblätt·rig** *adj bot.* with variegated leaves. — ~ˌ**bleiˌerz** *n min.* phosphate of lead, pyromorphite (*scient.*). — ~ˌ**bock** *m zo.* blesbock, *auch* blesbuck (*Damaliscus albifrons*). — ~ˌ**buch** *n pol.* Red (*od.* Blue, White, etc) Book (*of diplomatic documents*). — ~ˌ**druck** *m* ⟨-(e)s; -e⟩ *print. cf.* Farbendruck. — ~ˌ**fal·ke** *m zo.* sparrow hawk (*Falco sparverius*). — ~ˌ**far·benˌdruck** *m print.* polichrome printing. — ~ˌ**film** *m colloq. for* Farbfilm. — **b~geˌblümt** *adj* ⟨*attrib*⟩ with colored (*bes. Br.* coloured) flowers, with bright flowers. — **b~geˌfie·dert** *adj* ⟨*attrib*⟩ of colorful (*bes. Br.* colourful) (*od.* gay) plumage. — **b~geˌfleckt** *adj* ⟨*attrib*⟩ **1.** variegated, spotted. – **2.** (*bes. Tiere*) dappled, pied, spotted, piebald. — **b~geˌmu·stert** *adj* ⟨*attrib*⟩ gaily patterned, with a colorful (*bes. Br.* colourful) pattern. — **b~geˌsprenkelt** *adj* ⟨*attrib*⟩ mottled. — **b~geˌstreift** *adj* ⟨*attrib*⟩ with colored (*bes. Br.* coloured) stripes. — **b~geˌtupft** *adj* ⟨*attrib*⟩ mottled. — **b~geˌwür·felt** *adj* ⟨*attrib*⟩ *cf.* buntkariert. — ~ˌ**glas** *n* stained glass.

'**Bunt·heit** *f* ⟨-; *no pl*⟩ **1.** gay colors *pl* (*bes. Br.* colours *pl*), colorfulness, *bes. Br.* colourfulness, brightness, gayness, color, *bes. Br.* colour. – **2.** *fig.* variety, diversity.

'**Bunt|ˌkä·fer** *m zo. cf.* Bienenwolf. — **b~kaˌriert** *adj* ⟨*attrib*⟩ **1.** *Am.* checkered, *bes. Br.* chequered. – **2.** (*bes. von Stoffen*) *Am.* checked, *bes. Br.* chequed, plaid: ~er (schottischer) Wollstoff tartan (plaid). — ~ˌ**kuckuck** (*getr.* -k·k-) *m zo.* hawk cuckoo (*Hierococcyx varius*). — ~ˌ**kup·ferˌerz** *n*, ~ˌ**kup·ferˌkies** *m min. cf.* Bornit. — ~ˌ**lo·ri** *m zo.* varied lorikeet (*Psitteuteles versicolor*). — ~ˌ**mei·se** *f* red-sided titmouse (*Sittiparus varius*). — ~**meˌtall** *n meist pl metall.* nonferrous (*Br.* non-ferrous) metal, brass and bronze. — ~ˌ**mu·ster** *n* (*textile*) multicolored (*bes. Br.* multicoloured) pattern. — ~ˌ**nes·sel** *f bot.* coleus (*Gattg Coleus*). — ~**paˌpier** *n* colored (*bes. Br.* coloured) paper, tinted paper. — ~ˌ**sandˌstein** *m geol.* new red sandstone, Bunter (*od.* mottled) sandstone. — **b~ˌscheckig** (*getr.* -k·k-) *adj* **1.** variegated, spotted, motley. – **2.** (*bes. Tiere*) dappled, pied, spotted, piebald: ~es Pferd piebald (horse). — **b~ˌschil·lernd** *adj* opalescent, opaline. — ~ˌ**sit·tich** *m zo.* roselle parakeet (*Platycercus eximius*). — ~ˌ**specht** *m* spotted woodpecker (*Gattg Dendrocopos*): Großer ~ great spotted woodpecker (*D. major*). — ~**stickeˌrei** (*getr.* -k·k-) *f* colored (*bes. Br.* coloured) embroidery. — ~ˌ**stift** *m* colored (*bes. Br.* coloured) pencil, crayon. — ~ˌ**ton** *m geol.* motley (*od.* mottled) clay. — ~ˌ**wä·sche** *f* colored (*bes. Br.* coloured) washing. — **b~ˌwe·ben** *v/i* ⟨*sep*, -ge-, h⟩ (*textile*) weave in colors (*bes. Br.* colours). — ~**we·beˌrei** *f* (*textile*) colored (*bes. Br.* coloured) weaving. — ~ˌ**wurz** *f bot.* caladium (*Gattg Caladium*).

Bun·zen ['buntsən] *m* ⟨-s; -⟩ *print.* eye (of type).

Bür·de ['byrdə] *f* ⟨-; -n⟩ **1.** *fig.* burden, weight, load: j-m eine ~ auferlegen to burden s.o., to impose (*od.* put) a burden on s.o.; j-m eine ~ abnehmen to relieve s.o. of a burden; Würde bringt ~ (*Sprichwort*) *etwa* hono(u)rs bring burdens with them; unter der ~ der Jahre under the weight of years; eine ~ für j-n sein to be a burden on (*od.* to) s.o. – **2.** *archaic od. lit.* (heavy) burden, load. – **3.** *obs. for* Leibesfrucht. – **4.** *electr.* apparent ohmic resistance, burden.

Bu·re ['buːrə] *m* ⟨-n; -n⟩ Boer.

Bu·reau [by'roː] *n* ⟨-s; -s⟩ *obs. for* Büro.

'**Bu·renˌkrieg** *m hist.* Boer War (*1899—1902*).

Bü·ret·te [by'rɛtə] *f* ⟨-; -n⟩ *chem.* burette, buret.

Burg [burk] *f* ⟨-; -en⟩ **1.** (fortified) castle, stronghold, fortress, citadel, *auch* burg: von einer ~ gekrönt castellated; ein' feste ~ ist unser Gott a mighty fortress is our God. – **2.** (*aus Sand etc*) castle: sich (*dat*) eine ~ bauen to build a castle for oneself. – **3.** *hunt.* (*eines Bibers*) (beaver's) lodge, burrow. – **4.** die ~ *colloq.* the Burg Theater (*bes. Br.* Theatre) (*in Vienna*). — **b~ˌar·tig** *adj* castlelike, *auch* castellated. — ~ˌ**bann** *m hist.* **1.** castle yard. – **2.** castle jurisdiction. — ~ˌ**berg** *m* castle mountain.

Bür·ge ['byrgə] *m* ⟨-n; -n⟩ **1.** guarantor: er ist mir ~ dafür, daß he is my guarantor that. – **2.** *jur.* a) (*im Zivilrecht*) guarantor, security, b) (*im Strafprozeß*) bail(sman), surety, bondsman, c) (*für Einwanderer, Schulden etc*) *Am.* sponsor: einen ~n stellen to offer (*od.* give) bail (*od.* surety); ~ für j-n sein to go (*od.* stand) bail for s.o.; ~ für etwas sein, als ~ für etwas haften a) to stand guarantee for s.th., b) *fig.* to answer (*od.* vouch) for s.th., to guarantee s.th.; sich (*dat*) einen ~n verschaffen to find bail (*od.* surety).

bür·gen ['byrgən] *v/i* ⟨h⟩ **1.** (für etwas) ~ *fig.* to vouch (*od.* answer) for s.th., to guarantee (*od.* warrant) s.th.; j-m für etwas ~ to answer to s.o. for s.th., to vouch for s.th. to s.o.; mit seinem Wort ~ (für) to pledge one's word (to); Sie müssen mir dafür ~ you have to answer to me for that; wer bürgt mir dafür, daß das stimmt? who guarantees that this is true? how am I to be sure that this is true? ich bürge für seine Ehrlichkeit I will answer (*od.* vouch) for his honesty. – **2.** (für j-n) ~ *jur.* a) to stand surety (*od.* security, guaranty) (for s.o.), b) (*im Strafprozeß*) to go (*od.* stand) bail (for s.o.).

'**bur·genˌlän·disch** *adj* of (*od.* relating to) the province of Burgenland (*in Austria*).

'**Bür·ger** *m* ⟨-s; -⟩ **1.** (*Stadtbewohner*) citizen, resident: ein angesehener ~ a respectable citizen. – **2.** (*Staatsbürger*) citizen: ein ~ der USA an American citizen. – **3.** (*Angehöriger des Mittelstandes*) middle-class citizen (*od.* person), bourgeois (*bes. contempt.*). – **4.** akademischer ~ *ped.* member of a university, student. – **5.** *hist.* (*bes. im Mittelalter*) burgher, freeman, townsman. – **6.** *cf.* Bürgerliche. — ~ˌ**adel** *m hist.* patricians *pl*, patrician class. — ~**faˌmi·lie** *f archaic* middle-class family. — ~ˌ**haus** *n* **1.** house of a (wealthy) middle-class citizen. – **2.** *fig. archaic for* Bürgerfamilie.

'**Bür·ge·rin** *f* ⟨-; -nen⟩ **1.** *cf.* Bürger 1, 2, 4. – **2.** (*Angehörige des Mittelstandes*) middle--class citizen (*od.* woman), bourgeoise (*bes. contempt.*). – **3.** *hist.* (*bes. im Mittelalter*) freewoman, townswoman. – **4.** *cf.* Bürgerliche.

'**Bür·ger|ini·ti·aˌti·ve** *f* citizens' initiative. — ~ˌ**kö·nig** *m hist.* Citizen King (*Louis Philippe 1830—1848 in France*). — ~ˌ**krieg** *m* civil war.

'**Bür·gerˌkun·de** *f ped.* civics *pl* (*construed as sg*). — '**bür·gerˌkund·lich** [-ˌkuntlıç] *adj* civic, pertaining to civics.

'**bür·ger·lich I** *adj* **1.** *bes. jur.* a) civil, b) civic: Verlust der ~en Ehrenrechte loss of civil (*od.* civic) rights, infamy; B~es Gesetzbuch German Civil Code; Allgemeines B~es Gesetzbuch Austrian Civil Code; ~es Leben civil life; ~e Freiheit civil liberty; ~es Recht civil law; ~e Pflicht civil (*od.* civic) duty; ~er Tod civil death; ~er Ungehorsam civil disobedience. – **2.** (*mittelständisch*) middle-class (*attrib*), bourgeois (*bes. contempt.*): ~e Vorurteile haben to have middle-class prejudices; aus ~em Hause sein to come (*od.* be) from a middle--class home (*od.* family). – **3.** (*literature*) (*Drama, Trauerspiel etc*) domestic. – **4.** *pol.* (*Staat etc*) bourgeois, capitalistic, nonsocialist *Br.* non-. – **5.** (*einfach*) plain, simple, honest, unpretentious: ~e Küche plain cooking, home cooking. – **6.** *contempt.* (*spießerhaft*) bourgeois, plebeian, *auch* philistine. – **7.** (*nichtadlig*) untitled. – **8.** *lit.* civilian, civil: im ~en Leben in civilian life. – **II** *adv* **9.** plainly, simply: wir essen ~ we prefer plain (*od.* home) cooking.

'**Bür·ger·li·che** *m, f* ⟨-n; -n⟩ commoner: eine(n) ~(n) heiraten to marry a commoner.

'**Bür·ger·lich·keit** *f* ⟨-; *no pl*⟩ **1.** middle--classness, middle-class mentality. – **2.** respectability.

'**Bür·gerˌmei·ster** *m* ⟨-s; -⟩ mayor, (*in deutschsprachigen Ländern, den Niederlanden etc*) burgomaster, (*in Schottland*) provost: der Regierende [amtierende] ~ von Berlin the Governing [acting] Mayor of Berlin; zweiter ~ deputy mayor. — ~ˌ**amt** *n* **1.** office of mayor, mayoralty. – **2.** (*Dienststelle*) mayor's office, (*im weiteren Sinne*) town (*Am. auch* city) hall.

ˌ**Bür·ger·mei·ste'rei** *f* ⟨-; -en⟩ *cf.* Bürgermeisteramt 2.

'**Bür·ger|ˌpflicht** *f pol.* civic (*od.* civil) duty, duty as a citizen: Ruhe ist die erste ~ order (*od.* peacefulness) is a citizen's first duty. — ~ˌ**recht** *n* **1.** *jur. pol.* a) civil (*od.* civic) rights *pl*, b) citizenship, c) honorary citizenship. – **2.** *fig.* freedom of the city, full rights *pl* (*od.* acceptance).

'**Bür·ger·schaft** *f* ⟨-; -en⟩ **1.** (*eines Staats od. einer Gemeinde*) (the) citizens *pl*, (the) citizenry, (*einer Stadt*) *auch* (the) inhabitants *pl*. – **2.** *pol.* (*in Bremen, Hamburg*) (the) City Parliament.

'**Bür·gersˌfrau** *f obs.* middle-class woman.

'**Bür·gerˌsinn** *m* public spirit, civism, *stärker* patriotism.

'**Bür·gersˌmann** *m* ⟨-(e)s; -leute⟩ *obs.* [middle-class man.]

'**Bür·ger|ˌstand** *m* ⟨-(e)s; *no pl*⟩ *archaic* (the) middle class(es *pl*), (the) bourgeoisie.

— **~ˌsteig** *m Br.* pavement, *Am.* sidewalk. — **~ˌsteu·er** *f hist.* poll tax.

'Bür·gersˌtoch·ter *f obs.* daughter of a (respectable) middle-class family.

'Bür·ger|ˌstolz *m* **1.** civic pride. – **2.** *contempt.* (complacent) middle-class (*od.* bourgeois) pride. — **~ˌtu·gend** *f* civic virtue, civism.

'Bür·ger·tum *n* ⟨-s; *no pl*⟩ (the) middle class(es *pl*), (the) bourgeoisie.

'Bür·gerˌwehr *f mil. hist.* civic (*od.* home) guard(s *pl*), militia.

'Burg|ˌflecken (*getr.* -k·k-) *m hist.* borough, bourg. — **~ˌfrau** *f* lady of the castle, chatelaine. — **~ˌfräu·lein** *n* young lady of the castle. — **~ˌfried** [-ˌfriːt] *m* ⟨-(e)s; -e⟩ *cf.* Bergfried. — **~ˌfrie·de, ~ˌfrie·den** *m* **1.** *fig.* truce (*auch pol.*): ~n schließen to make a truce (mit with). – **2.** *hist.* a) peace within the precincts of a castle, b) (*Gebiet*) precincts *pl.* — **~ˌgra·ben** *m* (castle) moat. — **~ˌgraf** *m hist.* burgrave. — **~ˌgrä·fin** *f* chatelaine. — **~ˌherr** *m* lord (*od.* knight) of the castle. — **~ˌher·rin** *f* lady of the castle, chatelaine. — **~ˌhof** *m* bailey, castle yard.

'Bür·gin *f* ⟨-; -nen⟩ *cf.* Bürge.

'Burg·rui·ne [-ruˌiːnə] *f* ruins *pl* of a castle, castle in ruins, castle ruin.

'Bürg·schaft *f* ⟨-; -en⟩ **1.** *jur.* a) (*im Zivilrecht*) guaranty, guarantee, surety, security, *auch* bond, b) (*im Strafrecht*) bail, surety: gegen (eine) ~ freilassen to release on bail; ~ für etwas leisten to guarantee s.th.; ~ für j-n übernehmen (*od.* leisten) a) to be a guarantor (*od.* stand security) for s.o., b) to stand surety for s.o., to give (*od.* go) bail for s.o.; Freilassung (*od.* Übergabe) gegen ~ bailment. – **2.** *fig.* guarantee, security, assurance: die ~ für j-n übernehmen to guarantee (*od.* sponsor) s.o.

'Bürg·schafts|erˌklä·rung *f jur.* declaration of surety(ship). — **b~ˌfä·hig** *adj rare* bailable. — **~ˌge·ber** *m cf.* Bürge. — **~kreˌdit** *m* credit by means of a guarantee. — **~ˌlei·stung** *f* **1.** *jur.* a) guarantee, b) suretyship, c) granting (*od.* offer) of bail. – **2.** *econ.* guarantee. — **~ˌneh·mer** *m* a) person guaranteed, guarantee, b) receiver of a surety. — **~pro·vi·siˌon** *f* guarantor's commission. — **~ˌschein** *m jur.* **1.** (*im Zivilrecht*) surety bond. – **2.** (*im Strafrecht*) bail bond. — **~ˌsum·me** *f* **1.** amount of guarantee. – **2.** bail. — **~ˌüberˌnah·me** *f cf.* Bürgschaftsleistung. — **~verˌtrag** *m* contract of suretyship (*od.* guarantee).

'Burg|thea·ter, das [-teˌaːtər] the Burg Theater (*bes. Br.* Theatre) (*in Vienna*). — **~ˌtor** *n* castle (*od.* outer) gate.

Bur·gun·der [bur'gundər] **I** *m* ⟨-s; -⟩ **1.** *geogr. hist.* Burgundian. – **2.** Burgundy (wine). – **II** *adj* ⟨*undeclined*⟩ **3.** Burgundian. — **~ˌwein** *m* Burgundy (wine).

bur'gun·disch *adj* Burgundian: B~e Pforte *geogr.* Belfort Gap.

'Burg|verˌlies *n* dungeon, oubliette. — **~ˌvogt** *m hist.* castellan, governor of a castle. — **~ˌwall** *m* (castle) mound. — **~ˌwar·te** *f* watchtower (*Br.* watch-tower) (of a castle). — **~ˌzin·ne** *f* castle battlement.

'bu·risch *adj* Boer (*attrib*).

'Burk,hardsˌkraut ['burkˌharts-] *n bot.* garden orache (*Atriplex hortensis*).

bur·lesk [bur'lɛsk] *adj* burlesque, farcical.

Bur'les·ke *f* ⟨-; -n⟩ burlesque, farce.

Bur·ma·ne [bur'maːnə] *m* ⟨-n; -n⟩ *cf.* Birmane. — **bur'ma·nisch** *adj cf.* birmanisch.

Bur·nus ['burnus] *m* ⟨- *u.* -ses; -se⟩ burnous, burnoose (*Arab cloak*).

Bü·ro [by'roː] *n* ⟨-s; -s⟩ **1.** (*Dienststelle*) office, bureau: ins ~ gehen a) to go to the office, b) to be a clerk. – **2.** (office) staff (*od.* clerks *pl*, employees *pl*), office. — **~ˌan·geˌstell·te** *m, f* ⟨-n; -n⟩ office employee (*od.* worker), clerk. — **~ˌar·beit** *f* office (*od.* clerical) work. — **~beˌdarf** *m* office supplies *pl.* — **~ˌchef** *m cf.* Bürovorsteher. — **~ˌdie·ner** *m* office porter, *bes. Br.* commissionaire. — **~ˌeinˌrich·tung** *f* office equipment. — **~geˌbäu·de, ~ˌhaus** *n* office building. — **~ˌhengst** *m colloq. humor. od. contempt.* pen-pusher (*colloq.*). — **~ˌklam·mer** *f* paper clip. — **~ˌkraft** *f* office worker (*od.* clerk, employee).

Bü·ro·krat [byro'kraːt] *m* ⟨-en; -en⟩ *bes. contempt.* bureaucrat. — **Bü·ro·kra'tie** [-kra'tiː] *f* ⟨-; -n [-ən]⟩ **1.** bureaucracy, officialdom. – **2.** (*Amtsschimmel*) bureaucracy, red tape, officialism. — **bü·ro'kra·tisch** **I** *adj* bureaucratic, red-tape (*attrib*). – **II** *adv* bureaucratically. — **bü·ro·kra·ti'sie·ren** [-krati'ziːrən] *v/t* ⟨*no* ge-, h⟩ bureaucratize. — **Bü·ro·kra·ti'sie·rung** *f* ⟨-; *no pl*⟩ bureaucratization. — **Bü·ro·kra'tis·mus** [-kra'tɪsmus] *m* ⟨-; *no pl*⟩ bureaucracy, bureaucratism, red-tap(e)ism, red tape.

Bü·ro·kra·ti·us [byro'kraːtsĭus] *m* ⟨-; *no pl*⟩ *only in* heiliger ~ *humor.* red tape, red-tap(e)ism.

Bü'ro|ˌlam·pe *f* desk lamp. — **~ˌluft** *f* (stale) office air. — **~maˌschi·ne** *f* office machine. — **~ma·te·riˌal** *n* office supplies *pl.* — **~ˌmensch** *m* office worker, pen-pusher (*colloq.*). — **~ˌmö·bel** *pl* office furniture *sg.* — **~per·soˌnal** *n* office staff (*od.* personnel). — **~ˌschlaf** *m* a sleep at the office. — **~ˌschluß** *m* (office) closing hours *pl* (*od.* time): nach ~ after (office) hours. — **~ˌschrank** *m* office cabinet. — **~ˌstuhl** *m* office chair: drehbarer ~ swivel chair. — **~ˌstun·den** *pl* office hours. — **~ˌvorˌste·her** *m* office chief (*od.* head, senior) clerk. — **~ˌzeit** *f* office hours *pl*: während der ~ during office hours.

'Burrˌstein ['bur-] *m min.* buhrstone, *auch* bur(r)stone, bur(r).

Bur·sa ['burza] *f* ⟨-; -sae [-zɛ]⟩ *med. zo.* bursa.

Bürsch·chen ['bʏrʃçən] *n* ⟨-s; -⟩ little fellow (*od.* boy), laddie: ein sauberes ~ *humor. iron.* a bad egg (*colloq.*); ein verwöhntes ~ a spoilt brat.

Bur·sche ['burʃə] *m* ⟨-n; -n⟩ **1.** young fellow, lad, youth, youngster: ein junger ~ a boy, a kid (*colloq.*); ein heller ~ *colloq.* a bright (*od.* smart) lad. – **2.** *colloq.* (*Kerl*) fellow, *bes. Br. colloq.* chap, *bes. Am. colloq.* guy: ein toller ~ a devil of a fellow; ein übler ~ a bad egg (*od.* lot) (*colloq.*); na, alter ~! (*als Anrede*) well, old boy (*bes. Am. colloq.* buddy); was für ein prächtiger ~! *fig. colloq.* (*Tier*) what a beautiful (*od.* big) fellow! – **3.** (*einer Studentenverbindung*) *etwa* (senior) member of a fraternity (*bes. Br.* students' society). – **4.** *mil.* (*eines Offiziers*) orderly, *Br. auch* batman.

'bur·schen·haft *adj cf.* burschikos.

'Bur·schenˌherr·lich·keit *f etwa* glorious college days *pl.*

'Bur·schen·schaft *f* ⟨-; -en⟩ students' society, *bes. Am.* fraternity, *auch* Burschenschaft.

'Bur·schen·schaf·ter, *auch* **'Bur·schen·schaft·ler** *m* ⟨-s; -⟩ member of a Burschenschaft.

'Bur·schen·tum *n* ⟨-s; *no pl*⟩ student life.

bur·schi·kos [burʃi'koːs] *adj* **1.** (*bes. von Mädchen*) tomboyish, boyish, unladylike. – **2.** (*ungezwungen*) unconventional, unrestrained, free (and easy), hearty. – **3.** (*unmanierlich*) unmannerly, (*stärker*) boorish. — **Bur·schi·ko·si'tät** [-kozi'tɛːt] *f* ⟨-; *no pl*⟩ **1.** (*bes. von Mädchen*) tomboyishness, unladylikeness. – **2.** (*Ungezwungenheit*) unconventionalism, unconventionality, unrestrainedness. – **3.** (*Unmanierlichkeit*) unmannerliness, boorishness.

Bürsch·lein ['bʏrʃlaɪn] *n* ⟨-s; -⟩ *cf.* Bürschchen.

Bur·se ['burzə] *f* ⟨-; -n⟩ **1.** *hist.* bursa, students' hostel. – **2.** *röm.kath.* burse.

Bur·si·tis [bur'ziːtɪs] *f* ⟨-; -tiden [-zi'tiːdən]⟩ *med.* bursitis.

Bür·ste ['bʏrstə] *f* ⟨-; -n⟩ **1.** brush (*auch electr.*): ~ zum Schrubben scrub(bing) brush, scrubber. – **2.** *colloq. for* Bürstenschnitt. – **3.** (*Schnurrbart*) short (*od.* clipped, toothbrush) m(o)ustache. – **4.** *zo.* a) (*an Bienenbeinen*) pollen combs *pl*, b) (*an Spinnenbeinenden*) scopula: mit ~n an den Hinterbeinen scopulate.

bür·sten ['bʏrstən] **I** *v/t* ⟨h⟩ brush: sich (*dat*) die Haare ~ to brush one's hair; etwas tüchtig ~ to give s.th. a good brush(ing); etwas gegen den Strich ~ to brush s.th. the wrong way. – **II** *v/i* brush: gegen den Strich ~ to brush the wrong way.

'Bür·sten|ˌabˌzug *m print.* galley (proof), *auch* brush proof. — **b~ˌar·tig** *adj* **1.** brush-shaped. – **2.** *zo.* scop(ul)ate. — **~ˌbin·der** *m* brushmaker: er säuft wie ein ~ *fig. colloq.* he drinks like a fish; laufen wie ein ~ *fig. colloq.* to run like mad (*od.* like a hare). — **~ˌbin·derˌwa·ren** *pl* brushware *sg.* — **~ˌerz** *n* brush ore. — **~ˌfe·der** *f electr.* brush spring. — **b~ˌför·mig** **1.** brush-shaped. – **2.** *zo.* scopuliform. — **~ˌgras** *n bot.* **1.** brush grass (*Andropogon gryllus*). – **2.** beard grass (*Gattg Polypogon*). — **~ˌhal·ter** *m bes. electr.* brush holder. — **~konˌtakt** *m electr.* brush contact. — **~ˌma·cher** *m cf.* Bürstenbinder. — **~masˌsa·ge** *f med.* brush massage. — **~ˌrau·pe** *f zo.* tufted caterpillar. — **~ˌschal·ter** *m electr.* brush switch. — **~ˌschnitt** *m* (*Haarschnitt*) crew cut, brush cut. — **~ˌspin·ner** *m zo.* tussock moth (*Gattg Orgyia*). — **~verˌstellˌmo·tor** *m electr.* brush-shifting motor. — **~ˌwal·ze** *f tech.* rotating (*od.* rotary) brush.

Bur·to·nie [bur'toːnĭə] *f* ⟨-; *no pl*⟩ *bot.* pea bush (*Burtonia scabra*).

Bür·zel ['bʏrtsəl] *m* ⟨-s; -⟩ **1.** *zo.* (*eines Vogels*) rump, uropygium (*scient.*). – **2.** *hunt.* (*eines Bären, Dachses u. von Schwarzwild*) tail. – **3.** *colloq. gastr.* pope's (*od.* parson's) nose (*colloq.*). – **4.** *bot. cf.* Burzelkraut. — **~ˌdrü·se** *f zo.* preen (*od. scient.* uropygial) gland.

'Bur·zel|ˌkraut ['burtsəl-] *n bot.* purslane (*Portulaca oleracea*). — **~ˌtau·be** *f zo.* tumbler pigeon.

Bus [bus] *m* ⟨-ses; -se⟩ bus, omnibus, autobus, motor bus, (*Reisebus*) coach: mit dem ~ fahren to travel (*od.* go) by bus (*od.* coach), to bus.

Busch [buʃ] *m* ⟨-es; ⸚e⟩ **1.** bush, shrub: der ~ steht in Blüte the bush is blossoming; der feurige ~ *Bibl.* the burning Bush. – **2.** *pl* (*Dickicht*) bushes, shrubs, bush *sg*, shrubbery *sg*, brush(wood) *sg*, thicket *sg*, copse *sg*, *bes. Br.* coppice *sg*, scrub *sg*. – **3.** ⟨*only sg*⟩ (*Urwald*) bush: der afrikanische ~ the African bush; im ~ leben to live in the bush. – **4.** ⟨*only sg*⟩ *poet.* small wood(s *pl*), grove. – **5.** (*großer ungeordneter Strauß*) bunch. – **6.** (*eines Helms*) crest, plume. – **7.** *cf.* Büschel 1, 2, 3, 4, 10. – **8.** *fig.* (*in Wendungen wie*) bei j-m auf den ~ klopfen *colloq.* to sound s.o. (out), to pump s.o., to feel s.o.'s pulse; da muß ich doch mal auf den ~ klopfen *colloq.* I'll have to stretch out my feelers (*od.* to see how things stand, to sound out the situation); er hält mit seinen Plänen hinter dem (*od.* hinterm) ~ he keeps his plans quiet (*od.* to himself, concealed); er hat sich (seitwärts) in die Büsche geschlagen *colloq.* a) he slipped away, he slinked off (*od.* away) (into the bushes), b) *euphem.* he has gone behind a bush.

'Busch|ˌamp·fer *m bot.* wood sorrel (*Oxalis acetosella*). — **~ane,mo·ne** *f* grove windflower, wood anemone (*Anemone nemorosa*). — **~ˌap·fel** *m cf.* Holzapfel. — **~ˌba·by** *n zo.* bush baby (*Galago senegalensis*). — **~ˌbaum** *m hort.* bush, dwarf tree. — **~ˌbock** *m zo.* (*Antilope*) bushbuck, guib (*Tragelaphus scriptus*). — **~ˌboh·ne** *f bot.* bush bean, dwarf bean (*Phaseolus vulgaris humilis*). — **~ˌeg·ge** *f agr.* brush (*od.* bush) harrow.

Bü·schel ['bʏʃəl] *n* ⟨-s; -⟩ **1.** (small) bunch: ein ~ Radieschen a bunch of radishes; in ~ binden to bunch. – **2.** bunch, cluster: in ~n in clusters (*od.* bunches); ein ~ Blätter a cluster of leaves. – **3.** (*aus Haaren, Federn, Gras etc*) tuft: in ~n wachsend growing in tufts, tufted. – **4.** (*aus Stroh*) wisp. – **5.** (*Garbe*) sheaf. – **6.** *bot.* (*Blütenstand*) tuft, cluster, bunch, fascicle: in ~n, ~ tragend fasciculate(d), fascicled, penicillate(d), penciled, *bes. Br.* pencilled; in dichten ~n wachsend c(a)espitose. – **7.** *zo.* a) (*Schopf der Vögel*) crest, tuft, b) pencil, arbuscule (*scient.*): mit ~n, ~ tragend crested, tufted; penciled, *bes. Br.* pencilled, penicillate(d) (*scient.*). – **8.** *math.* (*von Geraden etc*) pencil, sheaf. – **9.** *electr.* brush: elektrische ~ electric brush aigrettes. – **10.** (*aus Reisig*) (small) fag(g)ot. – **11.** (*als Kopfschmuck*) plume, aigrette. — **b~ˌar·tig** *adj cf.* büschelförmig. — **~entˌla·dung** *f electr.* brush discharge. — **~ˌfarn** *m bot.* salvinia (*Gattg Salvinia*). — **b~ˌför·mig** **I** *adj* **1.** bunched, bunchy, in bunches. – **2.** *bes. bot.* clustered; fascicular, penicillate(d) (*scient.*). – **3.** *bes. zo.* tufted; arbusculate, penicillate(d) (*scient.*). – **II** *adv* **4.** ~ wachsen *bes. bot.* to cluster.

'bü·sche·lig *adj math.* (*optics*) penciled, *bes. Br.* pencilled, bundlelike.

'Bü·schel|ˌkie·fer *f bot.* Weymouth (*od.* white) pine (*Pinus strobus*). — **~ˌkie·mer** [-ˌkiːmər] *m* ⟨-s; -⟩ *zo.* lophobranch, lophobranchiate (*Gruppe Lophobranchii*): zu den ~n gehörig lophobranch, lophobranchiate. — **~ˌkohl** *m bot.* curly kale (*Brassica oleracea var. acephala*). — **~ˌlicht**

n electr. brush light. — **~ˌmücke** (*getr.* **-k·k-**) *f zo.* phantom midge (*Fam. Chaoborinae*). — **~ˌnel·ke** *f bot.* sweet william (*od.* William), bunch pink (*Dianthus barbatus*). — **~ˌrohr** *n* common reed (*Phragmiles communis*). — **b~ˌwei·se** *adv* in bunches (*od.* tufts, clusters). — **~ˌwels** *m zo.* striped catfish, barbed eel, barber (*Plotosus anguillaris*).

Bu·schen ['bʊʃən] *m* ⟨-s; -⟩ **1.** *Southern G. and Austrian for* Busch 5. – **2.** *Austrian* bush (*as a tavern sign*): einen ~ ausstecken to hang out a bush (*as a sign that new wine is on sale*). — **~ˌschen·ke** *f Austrian for* Straußwirtschaft.

'Buschˌfeu·er *n* brush fire. — **~ˌkrieg** *m mil.* brush-fire war.

'Busch|ˌfie·ber *n med. cf.* Gelbfieber. — **~ˌgras** *n bot. cf.* Knäuelgras. — **~ˌhei·de** *f* heather, ling (*Calluna vulgaris*). — **~ˌhemd** *n* (*fashion*) bush jacket (*od.* shirt). — **~ˌhornˌblattˌwes·pe** *f zo.* spruce sawfly (*Fam. Diprionidae*).

Bu·schi·do ['bʊʃido] *n* ⟨-(s); *no pl*⟩ *hist.* Bushido (*code of the samurai*).

bu·schie·ren [bʊ'ʃiːrən] *v/i* ⟨*no* ge-, h *u.* sein⟩ *hunt.* hunt (*od.* flush) game (*od.* birds) in heavy cover.

'bu·schig I *adj* **1.** (*Haar etc*) bushy: ~e Augenbrauen bushy eyebrows; ~er Schweif bushy tail, brush. – **2.** (*Gelände etc*) covered with bushes (*od.* scrub), bushy, scrubby. – **3.** *bot.* fruticose. – **II** *adv* **4.** ~ wachsen (*von Haar etc*) to grow bushy.

'Busch|ˌkat·ze *f zo.* serval, bush (*od.* tiger) cat (*Felis serval*). — **~ˌklep·per** *m obs. for* Strauchdieb. — **~ˌkrieg** *m mil.* bush-fighting, *Br.* bush-fighting. — **~ˌkrö·tenˌgras** *n bot.* soft rush, *auch* round rush (*Juncus effusus*). — **~ˌland** *n* bushland, bush, (*in Südafrika*) bushveld. — **~ˌmann** *m* ⟨-(e)s; ⸗er⟩ **1.** bushman. – **2.** *anthrop.* Bushman, Bosjesman. — **b~ˌmän·nisch** [-ˌmɛnɪʃ] *adj* bushman (*attrib*). — **~ˌmei·ster** *m zo.* bushmaster, *auch* sirocucu (*Lachesis mutus*). — **~ˌmensch** *m* bushman. — **~ˌmes·ser** *n* bush knife, (*in Südamerika*) *auch* machete. — **~ˌmöh·re** *f bot.* large chervil (*Anthriscus silvestris*). — **~ˌne·ger** *m* **1.** *anthrop.* Bush Negro. – **2.** Maroon (*especially in the West Indies and in Guiana*). — **~ˌobst** *n hort.* bush fruit. — **~ˌro·se** *f bot.* polyantha (rose), bush rose (*Rosa polyantha*). — **~ˌsän·ger** *m zo.* bush warbler (*Fam. Drymoicinae*). — **~ˌspin·ne** *f cf.* Vogelspinne. — **~ˌtrutˌhahn** *m* brush turkey (*Alectura lathami*). — **~ˌvo·gel** *m* scrubbird (*Atrichornis rufescens*). — **~ˌwald** *m* bushwood, scrub. — **~ˌwei·de** *f bot.* rose willow (*Salix triandra*): Langblättrige ~ peachleaf (*od.* peach-leaved) willow, *auch* almond-leaved willow (*S. amygdalina*). — **~ˌwerk** *n* ⟨-(e)s; *no pl*⟩ bushes *pl*, shrubbery, scrub, *Am.* brush. — **~ˌwindˌrös·chen** *n bot.* wood anemone, lady's-nightcap, cuckoo spit (*Anemone nemorosa*). — **~zyˌpres·se** *f* ground cypress (*Santolina chamaecyparissus*).

Bu·sen ['buːzən] *m* ⟨-s; -⟩ **1.** (*einer Frau*) bosom, breast(s *pl*), bust: ein üppiger ~ an ample (*od.* full) bosom. – **2.** *fig.* bosom, breast, heart: am ~ der Natur *poet.* in the bosom of nature; an seinen ~ drücken *poet.* to draw to one's bosom; eine Schlange am ~ nähren *lit.* to cherish (*od.* nourish) a viper (*od.* snake) in one's bosom; im tiefsten ~ *lit.* at the bottom of one's heart, in one's heart of hearts; ein Geheimnis in seinem (*od.* seinen) ~ verschließen (*od.* in seinem ~ bewahren) *lit.* to keep a secret to oneself; einen Wunsch im ~ hegen *poet.* to harbo(u)r a wish in one's heart; er nährte (*od.* hegte) Haß in seinem ~ *lit.* he nourished hatred in his bosom (*od.* heart). – **3.** (*Halsausschnitt*) bosom, breast: sie steckte schnell den Brief in ihren ~ she quickly put the letter into her bosom. – **4.** *geogr.* gulf, bay.

'Bu·sen|ˌfreund *m*, **~ˌfreun·din** *f oft iron.* bosom friend. — **~ˌna·del** *f* (*jewelry*) breastpin, brooch. — **~ˌtuch** *n obs.* neckcloth.

'Bus|ˌfah·rer *m* bus (*od.* coach) driver. — **~ˌhal·teˌstel·le** *f* bus (*od.* coach) stop.

Bu·shi·do ['bʊʃido] *n* ⟨-(s); *no pl*⟩ *hist. cf.* Buschido.

'bu·sig *adj rare* big- (*od.* ample-)bosomed.

Busi·neß ['bɪznɪs] (*Engl.*) *n* ⟨-; *no pl*⟩ business.

'Busˌli·nie *f* bus (*od.* coach) line.

Bus·sard ['bʊsart] *m* ⟨-(e)s; -e⟩ *zo.* buteo, *bes. Br.* buzzard (*Gattg Buteo*).

'Buß|ˌbuch *n relig.* penitential (book). — **~dis·ziˌplin** *f hist.* penitential discipline.

Bu·ße ['buːsə] *f* ⟨-; -n⟩ **1.** *bes. relig.* a) penance, b) (*Reue*) repentance, penitence, c) (*Sühnung*) atonement, expiation, *auch* satisfaction: j-n zur ~ ermahnen to exhort s.o. to do penance; ~ predigen to preach penance; ~ tun a) (*innerlich*) to repent, b) (*Bußleistung erbringen*) to do penance; j-m eine ~ auferlegen a) *relig.* to impose a penance on s.o., b) to make s.o. atone for s.th. – **2.** *röm.kath.* (sacrament of) penance. – **3.** (*Strafe*) punishment, penalty: j-m eine ~ erlassen to let s.o. go unpunished. – **4.** *jur.* (*Geldstrafe*) fine, *auch* forfeit: eine ~ entrichten (*od.* zahlen) to pay a fine; j-n mit einer ~ belegen to impose a fine on (*od.* to fine) s.o.; er wurde zu einer ~ von 5 Dollar verurteilt he was fined $ 5; er wurde zu einer schweren ~ verurteilt he was heavily fined. – **5.** *jur. econ.* a) punitive (*od.* exemplary) damages *pl*, b) (*Abfindung bei Nichteinhaltung eines Vertrages*) smart money.

Bus·sel ['bʊsəl] *n* ⟨-s; -(n)⟩ *colloq. cf.* Bus-serl 1.

bus·seln ['bʊsəln] *v/t u. v/i* ⟨h⟩ *Bavarian and Austrian colloq.* kiss.

bü·ßen ['byːsən] **I** *v/t* ⟨h⟩ **1.** (*Verbrechen etc*) expiate, atone for, pay the penalty for, pay (*od.* suffer) for, (*im weiteren Sinne*) make amends for: er mußte seine Sünden ~ he had to expiate (*od.* atone for) his sins; etwas mit dem Leben ~ to pay for s.th. with one's life; er mußte seine Dummheit schwer ~ he had to pay (*od.* suffer) dearly (*od.* heavily) for his foolishness; sie büßte es schwer, daß sie ihm vertraute she had to suffer severely for trusting him, her trust in him cost her dear(ly); das soll er mir ~ he'll pay (*od.* smart, suffer) for that, I'll pay him back in his own coin. – **2.** *relig.* repent, do penance for. – **3.** *Swiss for* bestrafen. – **4.** *obs. for* befriedigen 2. – **II** *v/i* **5.** für etwas ~ to expiate (*od.* atone for) s.th., to pay the penalty for s.th., to pay (*od.* suffer) for s.th., (*im weiteren Sinne*) to make amends for s.th.: er mußte für seine Sünden ~ he had to expiate (*od.* atone for) his sins; er mußte für seine Dummheit ~ he had to pay (*od.* suffer) for his foolishness; dafür muß er mir ~ he'll pay (*od.* smart, suffer) for that, I'll pay him back in his own coin. – **6.** *relig.* (für for) do penance. – **III B~** *n* ⟨-s⟩ **7.** *verbal noun.*

'Bü·ßen·de *m, f* ⟨-n; -n⟩ *cf.* Büßer(in).

'Bü·ßer *m* ⟨-s; -⟩ *relig.* penitent (sinner). — **~ˌbank** *f* seat of repentance. — **~ˌeis** *n geogr. cf.* Büßerschnee. — **~geˌwand** *n relig.* penitential robe (*worn by a public penitent*). — **~ˌhemd** *n* penitential robe, hair shirt.

'Bü·ße·rin *f* ⟨-; -nen⟩ *relig.* penitent (sinner).

Bus·serl ['bʊsərl] *n* ⟨-s; -(n)⟩ **1.** *Bavarian and Austrian colloq.* kiss. – **2.** *gastr.* kiss.

'Bü·ßer|ˌor·den *m relig.* order of penitents. — **~ˌschnee** *m geogr.* nieves *pl* penitentes, ice penitents *pl*, sun spikes *pl*.

'bußˌfäl·lig *adj bes. Swiss jur. cf.* straffällig.

'bußˌfer·tig *adj relig.* repentant, willing to repent, penitent, contrite. — **'Bußˌfer·tig·keit** *f* ⟨-; *no pl*⟩ repentance, penitence, contrition.

'Buß|ˌgang *m* (penitential) pilgrimage (*od.* procession). — **~geˌbet** *n* prayer of repentance. — **~ˌgeld** *n jur.* fine, penalty. — **~ˌgeld·beˌscheid** *m* fixed penalty notice. — **~ˌgeld·ka·taˌlog** *m* fixed penalty code. — **~geˌricht** *n röm.kath.* (*päpstliches*) penitentiary. — **~geˌsang** *m* hymn of repentance. — **~geˌwand**, **~ˌkleid** *n relig.* penitential robe (*worn by a public penitent*).

Bus·so·le [bʊ'soːlə] *f* ⟨-; -n⟩ **1.** *bes. mar.* magnetic (*od.* floating card, box) compass. – **2.** (*Winkelmeßinstrument*) goniometer, protractor. – **3.** *cf.* Bussolentheodolit.

Bus'so·len|geˌhäu·se *n tech.* compass box (*od.* housing). — **~theo·doˌlit** *m* theodolite with compass.

'Buß|ˌpil·ger *m relig.* penitential pilgrim. — **~ˌpre·di·ger** *m* preacher of repentance. — **~ˌpre·digt** *f* penitential sermon, sermon calling (all) to repentance. — **~ˌpsalm** *m* penitential psalm. — **~sa·kraˌment** *n* sacrament of penance. — **~ˌtag** *m* **1.** day of repentance. – **2.** *cf.* Buß- und Bettag. — **~ˌübung** *f* penitential exercise. — **~- ˌund 'Betˌtag** *m* Day of Prayer and Repentance.

'Bü·ßung *f* ⟨-; -en⟩ **1.** *cf.* Büßen. – **2.** atonement, expiation.

Bü·ste ['bʏstə] *f* ⟨-; -n⟩ **1.** (*Plastik*) bust: eine ~ aus Marmor a marble bust; eine ~ in Stein meißeln to carve a bust in stone. – **2.** (*weibliche Brust*) bust, bosom. – **3.** (*Schneiderpuppe*) dressmaker's dummy.

'Bü·sten|ˌfor·mer *m* contour-mo(u)lding (*od.* pre-shaped) brassiere (*bes. Br.* brassière). — **~ˌhal·ter** *m* brassiere, *bes. Br.* brassière, bra (*colloq.*): trägerloser ~ strapless brassiere. — **~ˌscha·le** *f* brassiere (*bes. Br.* brassière) cup.

Bu·stro·phe·don [bustrofe'dɔn] *n* ⟨-s; *no pl*⟩ *bes. antiq.* b(o)ustrophedon, *auch* b(o)ustropheidon.

Bu·ta·di·en [buta'dieːn] *n* ⟨-s; *no pl*⟩ *chem.* butadiene, *auch* bivinyl ($CH_2 = CHCH = CH_2$).

Bu·tan [bu'taːn] *n* ⟨-s; *no pl*⟩ *chem.* butane (C_4H_{10}). — **~ˌgas** *n* butane gas.

Bu·ta·nol [buta'noːl] *n* ⟨-s; *no pl*⟩ *chem.* butanol ($CH_3CH_2CH_2CH_2OH$).

Bu·ta·non [buta'noːn] *n* ⟨-s; *no pl*⟩ *chem.* butanone, methyl-ethyl-ketone ($CH_3COC_2H_5$).

Bu·ten [bu'teːn] *n* ⟨-s; *no pl*⟩ *chem.* butene, butylene (C_4H_8).

bu·ten ['buːtən] *adv Low G. for* draußen, jenseits 3.

Bu·ti·ke [bu'tiːkə] *f* ⟨-; -n⟩ *cf.* Budike. — **Bu'ti·ker** *m* ⟨-s; -⟩ *cf.* Budiker.

Bu·tin [bu'tiːn] *n* ⟨-s; *no pl*⟩ *chem.* butyne (C_4H_6).

But·ler ['batlər; 'bʌtlə] (*Engl.*) *m* ⟨-s; -⟩ butler.

Butt [bʊt] *m* ⟨-(e)s; -e⟩ *meist pl zo.* lefteye flounder, flatfish, but(t) (*Fam. Bothidae*). — **~ˌas·sel** *f* salve bug (*Aega psora*).

Büt·te ['bʏtə] *f* ⟨-; -n⟩ **1.** *dial.* (high) tub, vat, butt. – **2.** back basket (*for carrying grapes, etc*). – **3.** (*paper*) vat, pan. – **4.** *dial.* speaker's platform (*in the shape of a cask; in the Rhenish carnival*).

But·tel ['bʊtəl] *f* ⟨-; -n⟩ *colloq. cf.* Buddel.

Büt·tel ['bʏtəl] *m* ⟨-s; -⟩ **1.** *contempt. for* Polizist. – **2.** *obs. for* Gerichtsbote 2, Häscher 1. – **3.** *contempt.* servant, slave: ich bin nicht dein ~ I'm not your servant. — **~ˌdienst** *m contempt.* menial task, drudgery.

Büt·ten ['bʏtən] *n* ⟨-s; *no pl*⟩ *cf.* Büttenpapier. — **~ˌbrett** *n tech.* (*paper*) couch, plank. — **~paˌpier** *n* handmade (*od.* vat) paper. — **~ˌpres·se** *f* vat press.

'Büt·tenˌrand *m* (*paper*) deckle (*od.* rough) edge. — **~paˌpier** *n* deckle-edged (*od.* Dutch) paper.

'Büt·tenˌre·de *f* carnival jester's speech (*in the Rhenish carnival*). — **~ˌred·ner** *m* carnival orator.

But·ter ['bʊtər] *f* ⟨-; *no pl*⟩ butter: braune ~ brown (*od.* black) butter; frische [zerlassene] ~ fresh [melted] butter; gesalzene ~ salt(ed) butter; ungesalzene ~ unsalted (*Am. auch* sweet) butter; ~ zum Kochen cooking butter; ein Stück [Stückchen] ~ a piece [pat] of butter; Toast mit ~ buttered toast; mit ~ bestreichen to (spread with) butter; ~ aufs Brot schmieren to butter (one's) bread; ~ nach Müllerinart butter meunière style; die Birne ist weich wie ~ the pear is as soft as butter; sie hat ein Herz wie ~ *fig.* her heart is as soft as butter; mein Geld schmilzt wie ~ an (*od.* in) der Sonne *fig. colloq.* my money melts away like butter in the sun (*od.* disappears in no time); ihm ist die ~ vom Brot gefallen *fig. colloq.* he's bitterly disappointed, he's very down in the mouth; da ist mir die ~ vom Brot gefallen *fig. colloq.* I was shocked (*od.* taken aback), I was bowled over (*colloq.*); er läßt sich nicht die ~ vom Brot nehmen *fig. colloq.* he knows how to look after himself (*od.* his own interests), he doesn't let himself be put upon, you can't put anything over on him (*colloq.*); er sieht aus, als hätte man ihm die ~ vom Brot genommen (*od.* gestohlen) *fig. colloq.* he looks as if s.o. had taken the bite out of his mouth; (es ist) alles in ~ *fig. colloq.* everything's fine (*od. colloq.* okay, just rosy, in apple-pie order, *Am.* hunky-dory); ~ auf dem Kopf haben *fig. dial. bes. Austrian* to have a bad conscience; → Kamm 1.

'But·ter|ˌahorn *m bot.* butternut tree (*Rhizobolus butyrosus*). — **~ˌamp·fer** *m* curled dock (*Rumex crispus*). — **b~ˌar·tig**

adj buttery, butterlike. — **~,bal·len** *m* (big) ball of butter. — **~,bem·me** *f* *Eastern Middle G. colloq. for* Butterbrot. — **b~-be,stri·chen** *adj* buttered, spread with butter. — **~,bir·ne** *f* *bot.* butter pear. — **~,blu·me** *f* **1.** *bot.* a) buttercup, *auch* butterflower, goldcup, kingcup (*Gattg Ranunculus*), b) *cf.* Sumpfdotterblume, c) *cf.* Trollblume, d) *cf.* Löwenzahn, e) *cf.* Ringelblume, f) *cf.* Scharbockskraut, g) *cf.* Kettenblume. – **2.** *colloq. humor.* round straw hat, *bes. Br.* boater. — **~,boh·nen** *pl gastr.* **1.** golden waxpod (*od.* butter) beans (*cooked in the pod*). – **2.** large dried haricot beans. — **~,bre·zel** *f* **1.** buttered pretzel. – **2.** butter cracknel. — **~,brot** *n* (slice *od.* piece of) bread and butter: ein ~ streichen to butter a slice of bread; belegtes ~ open sandwich; sie schmiert ihm seine Fehler immer wieder aufs ~ *fig. colloq.* she keeps rubbing in his faults to him; du brauchst es mir nicht immer wieder aufs ~ zu schmieren *fig. colloq.* you needn't keep rubbing it in; etwas für ein ~ bekommen *fig. colloq.* to get s.th. for next to nothing (*od.* dirt cheap, for a [mere] song); für ein ~ arbeiten *fig. colloq.* to work for a mere pittance (*od.* next to nothing). — **~,bröt·chen** *n* buttered roll. — **~,brot·pa,pier** *n* greaseproof (*Br.* grease-proof) paper. — **~,creme** *f* **1.** buttercream. – **2.** buttercream icing (*od.* filling). — **~,creme,tor·te** *f* buttercream-filled cake. — **~,do·se** *f* butter dish (*od.* container).

But·te'rei *f* ⟨-; -en⟩ creamery.

'But·ter|,fach *n* (*im Kühlschrank*) butter compartment. — **~,faß** *n* (butter) churn. — **~,fett** *n* butterfat. — **~,fisch** *m zo.* gunnel, butterfish (*Pholis gunnellus*). — **~,flöck·chen** *n meist pl* small pat of butter.

But·ter·fly ['batər,flaı; 'bʌtə,flaı] (*Engl.*) *n* ⟨-; *no pl*⟩ (*sport*) butterfly: 100 m ~ 100 meters butterfly. — **~,stil** *m* butterfly (stroke).

'But·ter|,form *f* butter mo(u)ld, butter pat: hölzerne ~ butter print. — **~ge,bäck** *n* rich biscuits *pl* (*bes. Am.* cookies *pl*). — **b~,gelb** *adj* butter-colored (*bes. Br.* -coloured). — **~ge,schmack** *m* taste of butter. — **~-,glocke** (*getr.* -k·k-) *f* butter-dish cover. — **b~,hal·tig** *adj* containing butter.

'but·te·rig *adj* buttery.

'But·ter|,kam·mer *f* (farmhouse) dairy. — **~,keks** *m, n* (butter) biscuit. — **~,kne·ter** *m,* **~,knet·ma,schi·ne** *f* butter churner. — **~,krebs** *m zo.* soft-shell(ed) crab. — **~-,ku·chen** *m gastr.* buttered almond cake. — **~,ku·gel** *f* pat of butter. — **~,küh·ler** *m* butter cooler. — **~ma,schi·ne** *f* (butter) churn. — **~,mes·ser** *n* butter knife, spreader. — **~,milch** *f* buttermilk.

but·tern ['butərn] **I** *v/t* ⟨h⟩ **1.** (spread with) butter. – **2.** *fig. colloq.* Geld in (*acc*) etwas ~ to put (more and more) money into s.th.; er hat schon viel Geld in das Haus gebuttert he has put a lot of money into the house. – **II** *v/i* **3.** (*Butter machen*) churn, make butter. – **4.** (*zu Butter werden*) thicken, turn to butter. – **5.** *med. colloq.* (*von Wunde*) fester, discharge matter. – **III B~** *n* ⟨-s⟩ **6.** *verbal noun.*

'But·ter|,nuß *f,* **~,nuß,baum** *m bot.* butternut (*od.* oil nut) (tree), shell bark (*od.* white) walnut (tree) (*Juglans cinerea*). — **~,pilz** *m* ringed boletus (*Boletus luteus*). — **~,pin·sel** *m* pastry brush. — **~,reis** *m* buttered rice. — **~,röll·chen** *n* roll (*od.* pat) of butter. — **~,säu·re** *f chem.* butyric acid, *auch* butanoic acid ($CH_3CH_2CH_2$-COOH). — **~,scha·le** *f* butter dish. — **~-,schmalz** *n* clarified (*od.* run) butter. — **~,schnit·te** *f bes. Northern G. for* Butterbrot. — **~,sei·te** *f* buttered side of a slice of bread: die ~ des Lebens *fig. colloq.* the pleasant side of life; er fällt immer auf die ~ *fig. colloq.* he always falls on his feet (*od.* the right way up). — **~,sem·mel** *f* buttered roll. — **~,stem·pel** *m* **1.** churn staff (*od.* dasher). – **2.** butter print. — **~,stö·ßel** *m* churn staff (*od.* dasher). — **~,stul·le** *f* *Northern G. for* Butterbrot. — **~,teig** *m* (rough) puff pastry (*od.* paste). — **~,vo·gel** *m zo. cf.* Zitronenfalter. — **b~'weich** *adj* (as) soft as butter. — **~,wurz, ~,wur·zel** *f* *bot. cf.* Fettkraut, Gemeines.

Bütt·ner ['bytnər] *m* ⟨-s; -⟩ *Middle G. for* Küfer 2.

But·top ['buːt,tɔp] *m* ⟨-s; -s⟩ *mar.* boot top(ping).

'butt·rig *adj cf.* butterig.

Bu·tyl [bu'tyːl] *n* ⟨-s; *no pl*⟩ *chem.* butyl (C_4H_9). — **~,al·ko·hol** *m* butanol, butyl alcohol (C_4H_9OH).

Bu·tyl·amin [butyla'miːn] *n* ⟨-s; -e⟩ *chem.* butylamine ($C_4H_9NH_2$).

Bu·ty·len [buty'leːn] *n* ⟨-s; *no pl*⟩ *chem. cf.* Buten.

Bu'tyl,kau·tschuk *m synth.* butyl rubber.

Bu·tyr·al·de·hyd [butyralde'hyːt] *n chem.* butyraldehyde (C_3H_7CHO).

Bu·ty·rat [buty'raːt] *n* ⟨-(e)s; -e⟩ *chem.* butyrate.

Bu·ty·ro·me·ter [butyro'meːtər] *n* ⟨-s; -⟩ *chem.* butyrometer.

Butz [buts] *m* ⟨-en; -en⟩, **'But·ze**[1] *m* ⟨-n; -n⟩ *dial. for* Kobold, Knirps 1, 2.

'But·ze[2] *f* ⟨-; -n⟩ *Low G. for* a) Verschlag 1, 3, b) Wandbett.

'But·ze,mann *m* ⟨-(e)s; -männer⟩ (*Kobold, Kinderschreck*) bog(e)yman, *Am.* boogeyman, *Am. auch* boogerman, boogieman.

But·zen ['butsən] *m* ⟨-s; -⟩ **1.** (*Klümpchen*) lump, clump. – **2.** (*Kerzenschnuppe*) snuff. – **3.** *Southern G. and Austrian dial. for* Kerngehäuse. – **4.** *bes. tech.* bow (in a window). – **5.** *min.* pocket, nest, bunch.

'But·zen,klet·te *f bot.* cocklebur(r) (*Arctium lappa*).

'But·zen,schei·be *f* bull's-eye (pane), crown glass.

'But·zen,schei·ben,ly·rik *f* (*literature*) *medievalizing mid-nineteenth century German poetry.*

Bux [buks] *m* ⟨-es; -en⟩ *bot. cf.* Buchsbaum.

Büx [byks] *f* ⟨-; -en⟩ *Northern G. colloq. for* Hose 1—5.

Bu·xa·ze·en [buksa'tseːən] *pl bot.* buxaceae (*Fam. Buxaceae*).

'Bux,baum *m bot. cf.* Buchsbaum.

Bu·xe ['buksə] *f* ⟨-; -n⟩ *Northern G. colloq. for* Hose 1—5.

Bux·te·hu·de [,bukstə'huːdə] *only in* in ~ *colloq.* at the back of beyond.

Bu·zen·taur [butsen'tauər] *m* ⟨-en [-'taurən]; -en [-'taurən]⟩ *hist.* bucentaur (*Venetian state ship*).

By·li·ne [by'liːnə] *f* ⟨-; -n⟩ *mus.* bylina (*old Russian folk epic or ballad*).

Bys·sus ['bysus] *m* ⟨-; *no pl*⟩ *zo.* (*Haftfaden*) byssus. — **~,drü·se** *f* byssal gland.

By·zan·ti·ner [bytsan'tiːnər] *m* ⟨-s; -⟩ **1.** *hist.* a) Byzantine, b) (*Goldmünze*) bezant. – **2.** *fig. obs. for* Kriecher, Schmeichler 1, 3. — **by·zan'ti·nisch** *adj* **1.** *hist.* Byzantine: ~e Zeitrechnung Byzantine calendar; das B~e Reich the Byzantine Empire. – **2.** *fig. obs. for* schmeichlerisch 1, unterwürfig 2. — **By·zan·ti'nis·mus** [-ti'nısmus] *m* ⟨-; *no pl*⟩ *fig.* sycophancy, obsequiousness. — **By·zan·ti'nist** [-ti'nıst] *m* ⟨-en; -en⟩ Byzantine scholar. — **By·zan·ti·'ni·stik** [-ti'nıstık] *f* ⟨-; *no pl*⟩ Byzantine studies *pl.*

C

C, c [tseː] *n* ⟨-; -⟩ **1.** C, c (*third letter of the German alphabet; second consonant*): ein großes C a capital (*od.* large) C; ein kleines C a small (*od.* little) c. – **2.** *mus.* a) (the note) C, *auch* c, b) c (= *c-Moll*) C minor, c) C (= *C-Dur*) C major: das Stück steht in C(-Dur) the piece is in (the key of) C (major); das hohe C (the) top C; Ritter vom hohen C *humor.* tenor. – **3.** C, c *math.* C, c: nehmen wir an, C ist gleich B let C be equal to B. – **4.** C *math.* (*geometric point*) C. – **5.** C *antiq.* (*Roman numeral*) C. – **6.** C, c *print.* C, c. – **7.** C (*someone third in order or class*) C: A verkauft etwas an B, dieser an C A sells s.th. to B who in turn sells it to C. – **8.** C (*something having the shape of the capital letter C*) C. – **9.** Vitamin C *biol.* vitamin C, ascorbic acid. – **10.** *electr.* (*Kurzzeichen für elektrische Kapazität*) capacitance C. – **11.** C *chem.* (*symbol of carbon*) C. – **12.** C *meteor.* (*centigrade*) C. – **13.** C *phys. electr.* (*Coulomb*) C.

Ca·bal·le·ro [kabal'jeːro; kaval-] (*Span.*) *m* ⟨-s; -s⟩ **1.** caballero. – **2.** gentleman.

Ca·bo·chon [kabɔ'ʃõː] *m* ⟨-s; -s⟩ (*jewelry*) cabochon. — **~,schliff** *m* cabochon.

Ca·brio·let [kabrio'leː] *n* ⟨-s; -s⟩ *auto.* cabriolet, convertible.

Ca·che·nez [kaʃ(ə)'neː] *n* ⟨- [-(s)]; - [-s]⟩ *obs.* (silk) neckerchief (*od.* scarf).

Ca·chet [ka'ʃeː] *n* ⟨-s; -s⟩ **1.** *obs. for* Siegel. – **2.** *fig. obs. for* Eigentümlichkeit 1, Gepräge 2.

Cä·ci·lia·nis·mus [tsɛtsilia'nɪsmʊs] *m* ⟨-; *no pl*⟩ *mus. röm.kath.* Cecilian movement.

Cä'ci·li·en·ver,ein [tsɛ'tsiːliən-] *m mus. röm.kath. organization in Germany, Austria and Switzerland for the cultivation of Catholic church music.*

Ca·da·ve·rin [kadave'riːn] *n* ⟨-s; -e⟩ *chem.* cadaverin(e) ($H_2N(CH_2)_5NH_2$).

Cad·die ['kɛdi; 'kædɪ] (*Engl.*) *m* ⟨-s; -s⟩ (*beim Golfsport*) caddie, *Am. auch* caddy.

cad·mie·ren [kat'miːrən] *v/t* ⟨*no* ge-, h⟩ *chem. tech. cf.* verkadmieren.

Cad·mi·um ['katmiʊm] *n* ⟨-s; *no pl*⟩ *chem. cf.* Kadmium.

Ca·du·ce·us [ka'duːtseʊs] *m* ⟨-; Caducei [-tsei]⟩ **1.** *myth.* caduceus (*Mercury's staff*). – **2.** *med.* caduceus (*symbol of a physician*).

Cae·cum ['tsɛːkʊm] *n* ⟨-s; Caeca [-ka]⟩ *med. cf.* Zäkum.

Cae·sal·pi·nie [tsɛzal'piːnĭə] *f* ⟨-; -n⟩ *bot.* peacock (*Am.* paradise) flower (*Caesalpinia pulcherrima*).

Ca·fé [ka'feː] *n* ⟨-s; -s⟩ café, coffeehouse, *Br.* coffee-house, coffee bar (*Am.* shop).

Ca·fe·te·ria [kafete'riːa] *f* ⟨-; -s⟩ cafeteria, snack bar.

Ca·fe·tier [kafe'tĭeː] *m* ⟨-s; -s⟩ *Austrian* proprietor of a coffeehouse.

Ca·fe·tie·re [kafe'tĭɛːrə] *f* ⟨-; -n⟩ **1.** *Austrian* proprietress of a coffeehouse. – **2.** *rare* coffeepot.

Cairn·gorm ['kɛrn,gɔrm] *m* ⟨-; -e⟩ *min.* cairngorm, *auch* Cairngorm stone.

Cais·son [kɛ'sõː] *m* ⟨-s; -s⟩ *civ.eng.* (*Senkkasten*) caisson. — **~,krank·heit** *f med.* bends *pl* (*construed as sg or pl*), caisson disease, diver's paralysis.

'Ca·jan-,Strauch,boh·ne ['kaːjan-] *f bot.* pigeon pea (*Cajanus indicus*).

Ca·la·die [ka'laːdĭə] *f* ⟨-; -n⟩ *bot.* caladium (*Gattg Caladium*).

Cal·ci·fe·rol [kaltsife'roːl] *n* ⟨-s; *no pl*⟩ *med. pharm.* calciferol (*vitamin D_2*).

cal·ci·fug [kaltsi'fuːk] *adj bot.* calcifuge.

cal·ci·phil [kaltsi'fiːl] *adj bot.* calciphilic, calciphilous: ~e Pflanze calcicole.

Cal·ci·um ['kaltsĭʊm] *n* ⟨-s; *no pl*⟩ *chem. cf.* Kalzium.

Cal·da·ri·um [kal'daːrĭʊm] *n* ⟨-s; Caldarien⟩ *antiq.* caldarium.

Cal·de·ra [kal'deːra] *f* ⟨-; Calderen *u.* -s⟩ *geol. cf.* Kaldera.

Ca·le·do·nit [kaledo'niːt; -'nɪt] *m* ⟨-s; -e⟩ *min.* caledonite.

Ca·lem·bour(g) [kalã'buːr] (*Fr.*) *m* ⟨-s; -s⟩ *obs. for* Wortspiel 1, Kalauer.

Ca·li·che [ka'liːtʃə] *f* ⟨-; *no pl*⟩ *min.* caliche.

Ca·li·for·ni·um [kali'fɔrnĭʊm] *n* ⟨-s; *no pl*⟩ *chem.* californium (Cf).

Ca·lit [ka'liːt; -'lɪt] *n* ⟨-s; *no pl*⟩ (*Isolierstoff*) calite.

Cal·la ['kala] *f* ⟨-; -s⟩ *bot.* **1.** calla (*Calla palustris*). – **2.** calla, *auch* calla lily (*Zantedeschia aethiopica*).

Call-Girl ['koːl,gøːrl; 'kɔːl,gəːl] (*Engl.*) *n* ⟨-s; -s⟩ call girl. — **~-,Ring** *m* call girl ring.

Cal·mar [kal'maːr] *m* ⟨-(s); -s⟩ *zo. cf.* Kalmar.

Cal·me ['kalmə] *f* ⟨-; -n⟩ *meteor.* calm.

Cal·va·dos [kalva'dɔs] *m* ⟨-; -⟩ *gastr.* calvados (*brandy distilled from apples*).

Cal·va·ria [kal'vaːrĭa] *f* ⟨-; Calvarien⟩, **Cal'va·ri·um** [-rĭʊm] *n* ⟨-s; Calvarien⟩ *med.* calvaria, calvarium, cranium.

cal·vi·nisch [kal'viːnɪʃ] *adj relig.* Calvinistic, *auch* Calvinist. — **Cal·vi'nis·mus** [-vi'nɪsmʊs] *m* ⟨-; *no pl*⟩ Calvinism. — **Cal·vi'nist** [-vi'nɪst] *m* ⟨-en; -en⟩, **Cal·vi'ni·stin** *f* ⟨-; -nen⟩ Calvinist. — **cal·vi'ni·stisch** *adj* Calvinistic, *auch* Calvinist.

Ca·lyp·so [ka'lɪpso; -'lʏpso] *m* ⟨-(s); -s⟩ *mus.* calypso.

Ca·lyx ['kaːlʏks] *m* ⟨-; Calyces [-lytsɛs]⟩ *bot. zo. cf.* Kelch 5, 6.

Ca·ma·ieu [kama'jøː] *m* ⟨-; *no pl*⟩ **1.** (*jewelry*) cameo. – **2.** (*art*) monochrome (*painting in a single line*).

Ca·mem·bert ['kaməmbɛːr; kamã'bɛːr] (*Fr.*) *m* ⟨-s; -s⟩ *gastr.* Camembert (cheese).

Ca·me·ra ob·scu·ra ['kamera ɔps'kuːra] *f* ⟨- -; -rae -rae [-rɛ -rɛ]⟩ *phot.* camera obscura.

Ca·mi·on [ka'mĭõː] (*Fr.*) *m* ⟨-s; -s⟩ *Swiss for* Lastkraftwagen.

Ca·mi·on·na·ge [kamĭɔ'naːʒə] (*Fr.*) *f* ⟨-; -n⟩ *Swiss for* Spedition 1.

Ca·mi·on·neur [kamĭɔ'nøːr] (*Fr.*) *m* ⟨-s; -e⟩ *Swiss for* Spediteur.

Ca·mi·sol [kami'zoːl] *n* ⟨-s; -e⟩ (*textile*) short jacket.

Ca·mor·ra [ka'mɔra] *f* ⟨-; *no pl*⟩ *hist.* Camorra (*Neapolitan secret organization*).

Ca·mou·fla·ge [kamu'flaːʒə] *f* ⟨-; -n⟩ **1.** *obs. for* Tarnung 3. – **2.** *mil.* camouflage. — **ca·mou'flie·ren** [-'fliːrən] *v/t* ⟨*no* ge-, h⟩ **1.** *obs. for* tarnen 2. – **2.** *mil.* camouflage.

Camp [kɛmp; kæmp] (*Engl.*) *n* ⟨-s; -s⟩ **1.** *mil.* a) (military) camp, b) (prison) camp. – **2.** *short for* Campingplatz.

Cam·pa·ni·le [kampa'niːlə] *m* ⟨-; -⟩ (*Glokkenturm*) campanile.

Cam'pe·che,holz [kam'pɛtʃə-] *n cf.* Blauholz. — **~,baum** *m bot. cf.* Blauholzbaum.

cam·pen ['kɛmpən] *v/i* ⟨h⟩ (*zelten*) camp (out). — **'Cam·per** *m* ⟨-s; -⟩ camper.

Cam·pher ['kamfər] *m* ⟨-s; *no pl*⟩ *chem. cf.* Kampfer.

Cam·ping ['kɛmpɪŋ; 'kampɪŋ] *n* ⟨-s; *no pl*⟩ camping. — **~ar,ti·kel** *m* camping article. — **~,aus,rü·stung** *f* camping equipment (*od.* outfit). — **~,bett** *n* camp bed, cot. — **~,club** *m* camping club. — **~,füh·rer** *m* camping guide(book). — **~,klei·dung** *f* camping wear, sportswear. — **~,kof·fer** *m* camping (*od.* picnic) case. — **~,la·ger** *n* camp (*bes. Br.* camping) ground. — **~,mö·bel** *pl* camp (*bes. Br.* camping) furniture *sg.* — **~,platz** *m* camp, camping site (*od.* ground), *bes. Am.* campsite, campground, (*für Wohnwagen*) *auch* caravan site. — **~,stuhl** *m* camp (*od.* folding) chair. — **~,tisch** *m* camp (*od.* folding) table. — **~,zu·be,hör** *n* camping equipment (*od.* outfit, accessories *pl*).

Ca·nail·le [ka'naljə] *f* ⟨-; -n⟩ *colloq. cf.* Kanaille.

Ca·na·sta [ka'nasta] (*Span.*) *n* ⟨-s; *no pl*⟩ (*games*) canasta.

Can·can [kã'kãː] *m* ⟨-s; -s⟩ *mus.* cancan.

Can·de·la [kan'deːla] *f* ⟨-; -⟩ *phys.* candela, (new) candle (*unit of luminous intensity*).

Ca'nel·la,rin·de [ka'nɛla-] *f bot.* canella, canella alba (*od.* bark) (*of Canella alba*).

Ca·ni·nus [ka'niːnʊs] *m* ⟨-; Canini [-ni]⟩ *med.* canine (tooth), caninus (*scient.*).

Can·na ['kana] *f* ⟨-; -s⟩ *bot.* canna (*Gattg Canna*): Indische ~ flowering reed (*C. indica*).

Can·na·bis·mus [kana'bɪsmʊs] *m* ⟨-; *no pl*⟩ *med.* cannabism, poisoning with Indian hemp.

Can·nae ['kanɛ] *npr n* ⟨-; *no pl*⟩ *cf.* Kannä.

Cä·no·ge·ne·se [tsɛnoge'neːzə] *f* ⟨-; *no pl*⟩ *geol.* cenogenesis.

Ca·ñon ['kanjən; kan'joːn] *m* ⟨-s; -s⟩ *geol.* canyon, *auch* cañon.

Ca·nos·sa [ka'nɔsa] *npr n* ⟨-; *no pl*⟩ *cf.* Kanossa.

Cant [kɛnt; kænt] (*Engl.*) *m* ⟨-s; *no pl*⟩ **1.** (*heuchlerische Sprache*) cant. – **2.** hypocrisy. – **3.** *rare for* Gaunersprache.

can·ta·bi·le [kan'taːbile] *adj u. adv mus.* cantabile.

Can·tha·ri·de [kanta'riːdə] *f* ⟨-; -n⟩ *meist pl cf.* Kantharide.

Can·to ['kanto] *m* ⟨-s; -s⟩ *mus.* cantus. — **~ 'fer·mo** ['fɛrmo] *m* ⟨- -; Canti fermi [-ti -mi]⟩ plain song.

Can·tus ['kantʊs] *m* ⟨-; -⟩ **1.** *mus.* cantus. – **2.** *colloq.* (*Studentenlied*) students' song: einen ~ steigen lassen to sing (*od.* strike up) a song. — **~ 'fir·mus** ['fɪrmʊs] *m* ⟨- -; - firmi [-mi]⟩ *mus.* cantus firmus. — **~ 'pla·nus** ['plaːnʊs] *m* ⟨- -; - plani [-ni]⟩ plain song.

Ca'nut-,Strand,läu·fer [ka'nuːt-] *m zo.* knot (*Calidris canutus*).

Cao-Dai ['ka:o'daɪ] *m* ⟨-; *no pl*⟩, **Cao·da·is·mus** [kaoda'ɪsmʊs] *m* ⟨-; *no pl*⟩ *relig.* Cao Dai, Caodaism (*Indo-Chinese religion*).

Cape [ke:p] *n* ⟨-s; -s⟩ (*textile*) **1.** (*Umhang*) cape. – **2.** (*Überwurf*) cloak.

Ca·pel·la [ka'pɛla] *f* ⟨-; *no pl*⟩ *astr.* Capella.

Cap·puc·ci·no [kapʊ'tʃi:no] *m* ⟨-(s); -s *u.* Cappuccini [-ni]⟩ *gastr.* cappuccino (*espresso with milk*).

Ca·pric·cio [ka'prɪtʃo] *n* ⟨-s; -s⟩ *mus.* capriccio, caprice: „~" "Capriccio" (*opera by Richard Strauss*).

Ca·pri·ce [ka'pri:sə] *f* ⟨-; -n⟩ **1.** (*Laune*) caprice, whim. – **2.** *mus. cf.* Capriccio.

'Ca·pri,ho·se ['ka:pri-] *f* Capri slacks *pl* (*sometimes construed as sg*).

ca'prin|,sau·er [ka'pri:n-] *adj chem.* capric: caprinsaures Salz, caprinsaurer Ester caprate. — **C~,säu·re** *f* capric acid (CH_3-$(CH_2)_8COOH$).

Ca'pron,säu·re [ka'pro:n-] *f chem.* caproic acid ($CH_3(CH_2)_4COOH$).

Ca'pryl,säu·re [ka'pry:l-] *f chem.* caprylic acid ($CH_3(CH_2)_6COOH$).

Ca·pu·chon [kapy'ʃõ:] *m* ⟨-s; -s⟩ **1.** monk's hood. – **2.** (*fashion*) lady's coat with a hood.

Carb·amid [karba'mi:t] *n* ⟨-s; -e⟩ *chem. cf.* Karbamid.

Carb·azol [karba'tso:l] *n* ⟨-s; *no pl*⟩ *chem. cf.* Karbazol.

Car·bid [kar'bi:t] *n* ⟨-(e)s; -e⟩ *chem. cf.* Karbid.

Car·bol [kar'bo:l] *n* ⟨-s; *no pl*⟩, **~,säu·re** *f chem. cf.* Phenol.

Car·bo·na·do [karbo'na:do] *m* ⟨-s; -s⟩ *min.* carbonado, bort.

Car·bo·na·ri [karbo'na:ri] *pl hist.* Carbonari (*Italian secret society*).

Car'bon,säu·re [kar'bo:n-] *f chem.* carboxylic acid.

Car·bo·nyl [karbo'ny:l] *n* ⟨-s; -e⟩ *chem.* carbonyl.

Car·bo·rund [karbo'rʊnt], **Car·bo'run·dum** [-'rʊndʊm] (*TM*) *n* ⟨-s; *no pl*⟩ *chem. tech. cf.* Karborund(um).

Car·bo·xyl [karbo'ksy:l] *n* ⟨-s; -e⟩ *chem.* carboxyl. — **~,grup·pe** *f chem.* carboxyl group (COOH): mit zwei ~n dicarboxylic; von einer ~ befreien to decarboxylate.

Car·bu·ra·tor [karbu'ra:tər] *m* ⟨-s; -en [-ra'to:rən]⟩ *chem. metall.* carburetor, *auch* carbureter, *bes. Br.* carburetter.

car·bu·rie·ren [karbu'ri:rən] *chem. tech.* **I** *v/t* ⟨*no* ge-, h⟩ **1.** (*mit Kohlenstoff verbinden*) carburize, cement. – **2.** (*Kohlenwasserstoffe zufügen*) carburet. – **II C~** *n* ⟨-s⟩ **3.** *verbal noun.* — **Car·bu'rie·rung** *f* ⟨-; *no pl*⟩ **1.** *cf.* Carburieren. – **2.** carburization. – **3.** carburation.

Car·dia·zol [kardĭa'tso:l] *n* ⟨-s; *no pl*⟩ *med. pharm.* pentetrazole, cardiazol.

Car·di·tis [kar'di:tɪs] *f* ⟨-; *no pl*⟩ *med.* carditis.

'CARE-Pa,ket ['kɛ:r-] *n* CARE package.

Ca·ria·ma [ka'rĭa:ma] *m* ⟨-; -s⟩ *zo.* crested seriema (*Cariama cristatus*).

Ca·ri·es ['ka:rĭɛs] *f* ⟨-; *no pl*⟩ *med. cf.* Karies.

Ca·ril·lon [kari'jõ:] *n* ⟨-(s); -s⟩ *mus.* carillon.

Ca·ri·na [ka'ri:na] *f* ⟨-; -nae [-nɛ]⟩ *zo.* (*der Vögel*) carina, keel.

Ca·ri·tas ['ka:ritas] *f* ⟨-; *no pl*⟩ **1.** (Christian) charity. – **2.** *cf.* Caritasverband. — **~ver,band** *m bes.* Deutscher ~ *röm.kath.* (German) association of (Roman Catholic) charitable organizations, 'Caritas'.

ca·ri·ta·tiv [karita'ti:f] *adj cf.* karitativ.

„Car·men" ['karmən] *f* "Carmen" (*opera by Bizet*).

Car·nal·lit [karna'li:t; -'lɪt] *m* ⟨-s; *no pl*⟩ *min. cf.* Karnallit.

Car·ni·vo·ren [karni'vo:rən] *pl bot. zo. cf.* Karnivoren.

Ca·ro·tin [karo'ti:n] *n* ⟨-s; *no pl*⟩ *chem. cf.* Karotin.

Ca·ro·tis [ka'ro:tɪs] *f* ⟨-; Carotiden [-ro'ti:dən]⟩ *med. cf.* Karotis.

Car·ra·ra [ka'ra:ra], **~,mar·mor** *m* ⟨-s; *no pl*⟩ Carrara (marble).

car·ra·risch [ka'ra:rɪʃ] *adj* of Carrara: ~er Marmor Carrara (marble).

Car·te blanche ['kartə 'blã:ʃ] *f* ⟨- -; -s -s ['kartə 'blãʃ]⟩ carte blanche, full discretionary power(s *pl*): ~ erhalten to be given carte blanche.

Car·tha·min [karta'mi:n] *n* ⟨-s; *no pl*⟩ *chem.* (*roter Farbstoff*) carthamin, *auch* carthame, carthamin acid.

Ca·sa·no·va [kaza'no:va] *m* ⟨-(s); -s⟩ *fig.* Casanova.

Cä·sar ['tsɛ:zar] **I** *npr m* ⟨-; *no pl*⟩ Caesar. – **II** *m* ⟨-en [tsɛ'za:rən]; -en [tsɛ'za:rən]⟩ *antiq.* Caesar (*title of Roman emperors*).

Cä'sa·ren·tum *n* ⟨-s; *no pl*⟩ Caesarism.

Cä'sa·ren|,wahn, ~,wahn,sinn *m* caesarean (*od.* caesarian) madness, megalomania.

cä·sa·risch [tsɛ'za:rɪʃ] *adj* **1.** *antiq.* Caesarean, Caesarian. – **2.** *fig.* (*selbstherrlich*) overbearing, high-handed.

Cä·sa·ris·mus [tsɛza'rɪsmʊs] *m* ⟨-; *no pl*⟩ *hist.* Caesarism.

Cae·sa·ro·pa·pis·mus [tsɛzaropa'pɪsmʊs] *m* ⟨-; *no pl*⟩ *relig. hist.* Caesaropapism.

Cas·ca'ril·len,strauch [kaska'rɪlən-] *m bot.* cascarilla, eleuthera (*od.* sweetwood) bark (*Croton eluteria*).

Ca·se·in [kaze'i:n] *n* ⟨-s; -e⟩ *biol. chem.* casein.

'Cash-and-'car·ry-,Klau·sel ['kɛʃ?ɛnt-'kɛri-; 'kæʃənd'kærɪ-] (*Engl.*) *f econ.* cash-and-carry clause.

'Ca·shew,nuß ['kɛʃu-] *f bot. cf.* Acajounuß.

Cae·si·um ['tsɛ:zĭʊm] *n* ⟨-s; *no pl*⟩ *chem.* c(a)esium (Cs).

Cas·sa ['kasa] *f* ⟨-; *no pl*⟩ *rare for* Kasse 10: per c~ *econ.* in cash.

Cas·sa·ta [ka'sa:ta] *f* ⟨-; -s⟩ *gastr.* cassata (*Italian ice cream containing chopped glacé fruit*).

cas·si·nisch [ka'si:nɪʃ] *adj math.* Cassinian: ~e Linie (*od.* Kurve) Cassinian oval (*od.* ellipse), oval of Cassini; ~e Teilung *astr.* (*des Saturnringes*) Cassini's division in Saturn's ring.

Cas·sio·pei·um [kasio'paɪʊm] *n* ⟨-s; *no pl*⟩ *chem. cf.* Lutetium.

Ca·stel·la·nus [kastɛ'la:nʊs] *m* ⟨-; Castellani [-ni]⟩ *meteor.* (*Türmchenwolke*) altocumulus castellanus.

Ca·stor ['kastər] **I** *m* ⟨-s; *no pl*⟩ *astr.* Castor (*Alpha Geminorum*): ~ und Pollux Castor and Pollux, the Gemini *pl.* – **II** *npr m* ⟨-s; *no pl*⟩ *myth. cf.* Kastor I.

Cä·sur [tsɛ'zu:r] *f* ⟨-; -en⟩ *cf.* Zäsur 1, 2.

Ca·sus ['ka:zʊs] *m* ⟨-; -⟩ *ling. cf.* Kasus 1. — ~ **'bel·li** ['bɛli] *m* ⟨- -; - -⟩ *pol.* (*Kriegsgrund*) casus belli. — ~ **'foe·de·ris** ['fø:dərɪs] *m* ⟨- -; - -⟩ *pol.* (*Bündnisfall*) casus foederis. — ~ **ob'li·quus** [o'bli:kvʊs] *m* ⟨- -; - obliqui [-kvi]⟩ *ling.* (*abhängiger Fall*) oblique case. — ~ **'rec·tus** ['rɛktʊs] *m* ⟨- -; - recti [-ti]⟩ *ling.* (*unabhängiger Fall*) casus rectus.

Catch-as-catch-can ['kɛtʃ?ɛs'kɛtʃ,kɛn; 'kætʃəz'kætʃ'kæn] (*Engl.*) *n* ⟨-; *no pl*⟩ catch-as-catch-can. — **cat·chen** ['kɛtʃən] *v/i* ⟨h⟩ *colloq.* practice (*bes. Br.* practise) catch-as-catch-can. — **Cat·cher** ['kɛtʃər] *m* ⟨-s; -⟩ catch-as-catch-can wrestler.

Catch·up ['kɛtʃap; 'kætʃəp] (*Engl.*) *m, n* ⟨-(s); -s⟩ *gastr. cf.* Ketchup.

Ca·te·chin [katɛ'çi:n] *n* ⟨-s; -e⟩ *chem.* catechin ($C_{15}H_{14}O_6$).

Ca·te·chu ['katɛçu] *n* ⟨-(s); *no pl*⟩ *chem.* catechu.

Cat·gut ['kat,gʊt] *n* ⟨-s; *no pl*⟩ *med.* catgut. — **~,naht** *f* catgut suture.

Ca·the·dra ['ka:tedra] *f* ⟨-; *no pl*⟩ *relig.* cathedra: ex c~ *röm.kath.* ex cathedra.

cau·dal [kaʊ'da:l] *adj med. zo. cf.* kaudal.

cau·li·flor [kauli'flo:r] *adj bot. cf.* kauliflor.

Cau·sa ['kaʊza] *f* ⟨-; -sae [-zɛ]⟩ **1.** *philos.* (*Ursache, Grund*) cause: c~ finalis [materialis] final [material] cause. – **2.** *jur.* cause: c~ civilis [criminalis] civil [criminal] cause.

Cause cé·lè·bre ['ko:s se'lɛ:bər; kozse'lɛbr] (*Fr.*) *f* ⟨- -; -s -s ['ko:s se'lɛ:bər; kozse'lɛbr]⟩ **1.** *jur.* cause célèbre. – **2.** *fig.* cause célèbre, notorius incident.

Cau·se·rie [kozə'ri:] *f* ⟨-; -n [-ən]⟩ *obs.* causerie, chat, talk. — **Cau·seur** [ko'zø:r] *m* ⟨-s; -e⟩ *obs.* (*Plauderer*) causeur.

Ca-Ver,dacht [,tse:'?a:-] *m med.* suspected carcinoma.

Ca'yenne|-,Kie·bitz [ka'jɛn-] (*Fr.*) *m zo.* terutero, teruteru (*Vanellus cayennensis*). — **~,pfef·fer** *m* **1.** *bot.* cayenne (*od.* bird, red) pepper (*Gattg Capsicum, bes. C. annuum u. C. longum*). – **2.** *gastr.* cayenne pepper, *auch* cayenne, Cayenne.

C-,Dur ['tse:-] *n* ⟨-; *no pl*⟩ *mus.* C major.

'Ce·bu,hanf ['tse:bu-] *m bot. cf.* Manilahanf.

Ce·dil·le [se'di:j(ə)] *f* ⟨-; -n [-jən]⟩ *ling.* cedilla.

'Ce·dron-,Baum ['tse:drən-] *m bot.* cedron (*Simaba cedron*).

'Cei·ba,wol·le ['saɪba-] *f* (*Kapok*) ceiba.

Ce·le·sta [tʃe'lɛsta] *f* ⟨-; -s *u.* Celesten⟩ *mus.* (*Stahlplattenklavier*) celesta.

Cel·la ['tsɛla] *f* ⟨-; -lae [-lɛ]⟩ *antiq.* cella, *auch* naos.

Cel·list [tʃɛ'lɪst] *m* ⟨-en; -en⟩, **Cel'li·stin** *f* ⟨-; -nen⟩ *mus.* (violon)cellist, celloist (*colloq.*).

Cel·lo ['tʃɛlo] *n* ⟨-s; -s *od.* **Celli** [-li]⟩ *mus.* (violon)cello.

Cel·lo·bio·se [tsɛlobi'o:zə] *f* ⟨-; *no pl*⟩ *chem.* cellobiose, *auch* cellose ($C_{12}H_{22}O_{11}$).

'Cel·lo·kon,zert *n mus.* concerto for violoncello, cello concerto.

Cel·lo·phan [tsɛlo'fa:n] (*TM*) *n* ⟨-s; *no pl*⟩, **Cel·lo'pha·ne** *f* ⟨-; *no pl*⟩ *synth.* cellophane.

'Cel·lo,spie·ler *m cf.* Cellist.

Cel·lu·la·se [tsɛlu'la:zə] *f* ⟨-; *no pl*⟩ *biol.* cellulase.

Cel·si·us ['tsɛlzĭʊs] *n* ⟨*undeclined*⟩ *phys.* Celsius: 30 Grad ~ 30 degrees centigrade. — **~,grad** *m* Celsius degree, centigrade. — **~,ska·la** *f* Celsius (*od.* centigrade) scale, metric temperature scale. — **~ther·mo,me·ter** *n* centigrade (*od.* Celsius) thermometer.

Cem·ba·list [tʃɛmba'lɪst] *m* ⟨-en; -en⟩, **Cem·ba'li·stin** *f* ⟨-; -nen⟩ *mus.* harpsichordist.

Cem·ba·lo ['tʃɛmbalo] *n* ⟨-s; -s *od.* **Cembali** [-li]⟩ *mus.* harpsichord.

Cent [tsɛnt; sɛnt] *m* ⟨-(s); -(s)⟩ **1.** *econ.* cent (*Dutch, US-American, Canadian, and Chinese coin*), *Am. colloq.* 'penny'. – **2.** *nucl.* (*Reaktivitätseinheit*) cent.

Cen·ta·vo [sɛn'ta:vo] *m* ⟨-s; -s⟩ *econ.* centavo (*Middle and South American and Portuguese coin*).

Cen·te·si·mo [tʃɛn'te:zimo] *m* ⟨-(s); Centesimi [-mi]⟩ *econ.* centesimo (*Italian coin*).

Cen·té·si·mo [sɛn'te:zimo] *m* ⟨-(s); -(s)⟩ *econ.* centesimo (*South American coin*).

Cen·time [sã'ti:m] *m* ⟨-s; -s⟩ *econ.* centime (*French and Belgian coin*).

Cén·ti·mo ['sɛntimo] *m* ⟨-(s); -(s)⟩ *econ.* centimo (*Spanish coin*).

Cen·tri·ol [tsɛntri'o:l] *n* ⟨-s; -en⟩ *biol.* centriole.

Cen·tro·som [tsɛntro'zo:m] *n* ⟨-s; -e⟩ *biol. cf.* Zentrosom.

Ce·pha·lo..., ce·pha·lo... *cf.* Zephalo..., zephalo...

Cer [tse:r] *n* ⟨-s; *no pl*⟩ *chem. cf.* Cerium.

Cer·cle ['sɛrkəl] *m* ⟨-s; -s⟩ *obs.* **1.** (*Empfang*) reception: ~ halten to have an at-home. – **2.** (*Gesellschaftskreis*) circle. — **~,sitz** *m* (*theater*) *Austrian* orchestra seat, *Br.* seat in the orchestra stalls.

Ce·rea·li·en [tsere'a:lĭən] *pl antiq.* Cerealia.

ce·re·bel·lar [tserebɛ'la:r] *adj med.* cerebellar. — **Ce·re'bel·lum** [-lʊm] *n* ⟨-s; Cerebella [-la]⟩ *med.* (*Kleinhirn*) cerebellum.

ce·re·bral [tsere'bra:l] *adj med.* cerebral.

Ce·re·brum ['tse:rebrʊm] *n* ⟨-s; Cerebra [-bra]⟩ *med.* (*Großhirn*) cerebrum, brain, cerebral hemispheres *pl.*

'Cer,ei·sen *n chem.* ferrocerium.

Ce·res ['tse:rɛs] *npr f* ⟨-; *no pl*⟩ *myth.* Ceres (*goddess of plant growth*).

Ce·rit [tse'ri:t; -'rɪt] *m* ⟨-s; -e⟩ *min.* a) cerite, b) *pl* cerium metals.

Ce·ri·um ['tse:rĭʊm] *n* ⟨-s; *no pl*⟩ *chem.* cerium (Ce).

ce·ro... *combining form denoting chem.* cerous.

Cer·to·sa [tʃɛr'to:za] *f* ⟨-; Certosen⟩ *röm. kath. cf.* Kartause.

Ce·ru·men [tse'ru:mən] *n* ⟨-s; *no pl*⟩ *med.* (*Ohrenschmalz*) cerumen, *auch* earwax.

Cer·ve·lat ['sɛrvəla] *m* ⟨-s; -s⟩ *Swiss for* Zervelatwurst.

cer·vi·cal [tsɛrvi'ka:l] *adj med.* cervical.

Cer·vix ['tsɛrvɪks] *f* ⟨-; Cervices [-'vi:tsɛs]⟩ *med.* cervix.

Ce'ryl,al·ko·hol [tse'ry:l-] *m chem.* ceryl alcohol ($C_{26}H_{53}OH$).

ces, Ces [tsɛs] *n* ⟨-; -⟩ *mus.* C flat: ces, ces-Moll C flat minor; Ces, Ces-Dur C flat major.

'ces'es, 'Ces'es *n* ⟨-; -⟩ *mus.* C double flat.

Ce·tan [tse'ta:n] *m* ⟨-s; *no pl*⟩ *chem.* cetane ($C_{16}H_{34}$). — **~,zahl** *f* cetane number (*od.* rating).

Ce·ten [tse'te:n] *n* ⟨-s; *no pl*⟩ *chem.* cetene ($C_{16}H_{32}$).

Ce'tyl,al·ko·hol [tse'ty:l-] *m chem.* cetyl alcohol ($C_{16}H_{33}OH$).

Cey·lo·ne·se [tsaɪlo'ne:zə] *m* ⟨-n; -n⟩ Ceylonese: die ~n the Ceylonese. — **cey·lo'ne·sisch** *adj* Ceylonese.

'Cey·lon|-,Moos ['tsaɪlən-] *n bot.* Ceylon moss (*Gracilaria lichenoides*). — **~,tee** *m* Ceylon tea. — **~,zimt,baum** *m* cassia (*Cinnamomum ceylanicum*).

C-ˌFal·ter ['tse:-] *m zo.* white C, anglewing, white comma (*Polygonia C-album*).
C-ˌför·mig ['tse:-] *adj* C-shaped: **~e Presse** *tech.* gap frame press.
CGS-ˌMaß·syˌstem [tse:ge:'ˀɛs-] *n phys.* CGS system, centimeter- (*bes. Br.* centimetre-)gram(me)-second system.
Cha·ba·sit [çaba'zi:t; -'zɪt] *m* ⟨-en; -en⟩ *min.* chabazite, chabasite.
Cha·blis [ʃa'bli:] *m* ⟨- [-(s)]; - [-s]⟩ *gastr.* Chablis (*dry white Burgundy table wine*).
Cha-cha-cha ['tʃa'tʃa'tʃa] *m* ⟨-; -s⟩ *mus.* (*Tanz*) cha-cha, *auch* cha-cha-cha.
Cha·conne [ʃa'kɔn] *f* ⟨-; -s *u.* -n [-nən]⟩ *mus.* chaconne.
Cha·grin [ʃa'grɛ̃:] *n* ⟨-s; *no pl*⟩ (*Narbenleder*) shagreen. — **cha·gri'nie·ren** [-gri'ni:rən] *v/t* ⟨*no* ge-, h⟩ (*Leder*) print, pebble.
Cha'grinˌle·der *n cf.* Chagrin.
Chai·se ['ʃɛ:zə] *f* ⟨-; -n⟩ **1.** *colloq.* (*ausgedientes Fahrzeug*) ramshackle (*od.* rickety) vehicle, rattletrap. – **2.** *obs.* (*Kutsche mit Halbverdeck*) chaise. – **3.** *obs.* (arm)chair.
Chai·se·longue [ʃɛz(ə)'lõ:; -'lɔŋ] *f* ⟨-; -n [-'lɔŋən] *od.* -s⟩, *colloq. auch n* ⟨-s; -s⟩ (*Liege*) chaise longue, divan, couch.
Cha·la·za ['ça:latsa] *f* ⟨-; Chalazen [ça'la:tsən]⟩, *auch* **Cha·la·ze** [ça'la:tsə] *f* ⟨-; -n⟩ *biol.* chalaza.
Cha·la·zi·on [ça'la:tsiɔn], **Cha'la·zi·um** [-tsiʊm] *n* ⟨-s; Chalazien⟩ *med.* chalazion.
Chal·ce·don [kaltse'do:n] *m* ⟨-s; -e⟩ *min.* chalcedony.
Chal·dä·er [kal'dɛ:ər] *m* ⟨-s; -⟩ *hist.* (*Aramäer*) Chaldean. — **chal'dä·isch I** *adj* Chaldean, Chaldee. – **II** *ling.* **C~** ⟨*generally undeclined*⟩, **das C~e** ⟨-n⟩ Chaldean, Chaldee.
Cha·let [ʃa'le:] *n* ⟨-s; -s⟩ *Swiss* **1.** (*Landhaus*) chalet, country cottage. – **2.** (*Sennhütte*) chalet, herdsman's hut.
Chal·ko·che·mi·gra·phie [çalkoçemigra'fi:] *f* ⟨-; -n [-ən]⟩ *print.* metal engraving.
Chal·ko·gra·phie [çalkogra'fi:] *f* ⟨-; -n [-ən]⟩ **1.** *min.* chalcography, minera(lo)graphy. – **2.** *obs. for* Kupferstechen.
Chal·ko·lith [çalko'li:t; -'lɪt] *m* ⟨-s *od.* -en; -e *od.* -en⟩ *min.* torbernite, chalcolite.
Chal·ko·py·rit [çalkopy'ri:t; -'rɪt] *m* ⟨-s; -e⟩ *min.* chalcopyrite.
Chal·ko·sin [çalko'zi:n] *m* ⟨-s; *no pl*⟩ *min. cf.* Kupferglanz.
Chal·ze·don [kaltse'do:n] *m* ⟨-s; -e⟩ *min. cf.* Chalcedon.
Cha·mä·le·on [ka'mɛ:leɔn] *n* ⟨-s; -s⟩ **1.** *zo.* chameleon (*Fam. Chamaeleonidae*). – **2.** *fig.* (*Person*) chameleon, weathercock, opportunist.
cha·mois [ʃa'mŏa] *adj* (*gelbbräunlich*) chamois, buff, cream(-tinted): **~-matt** *phot.* cream matt; **~-glänzend** *phot.* cream glossy.
Cha'mois *n* ⟨- [-'mŏa(s)]; *no pl*⟩ (*leather*) chamois (*od.* shammy) (leather).
cha'mois|ˌfar·ben *adj cf.* chamois. — **C~-ˌle·der** *n cf.* Chamois. — **C~paˌpier** *n phot.* cream(-tinted) paper.
Cha·mo·sit [ʃamo'zi:t; -'zɪt] *m* ⟨-s; -e⟩ *min.* chamosite.
'Cham·pa·caˌbaum ['tʃampaka-] *m bot.* champac (*auch* champax, champaca, champaxa) (tree) (*Michelia champaca*).
Cham·pa·gner [ʃam'panjər] *m* ⟨-s; -⟩ *gastr.* (*Schaumwein*) champagne, *Br. colloq.* bubbly, fizz. — **~ˌwein** *m gastr. cf.* Champagner. — **~ˌzan·ge** *f tech.* side cutting pliers *pl* (*construed as sg or pl*).
Cham·pi·gnon ['ʃampɪnjõ; -jɔŋ] *m* ⟨-s; -s⟩ *bot.* (button *od.* field) mushroom, whitecap, *bes. Br. auch* champignon (*Gattg Psalliota, bes. P. campestris*). — **~ˌbrut** *f* (*Myzel*) mushroom spawn, mycelium (*scient.*). — **~kulˌtur, ~ˌzucht** *f agr.* **1.** (*Anbau*) cultivation of mushrooms, mushroom growing. – **2.** (*die angebauten Pilze*) mushroom culture.
Cham·pi·on ['tʃɛmpiən; ʃã'pĭõ:] *m* ⟨-s; -s⟩ (*sport*) *colloq.* champion. — **Cham·pio·nat** [ʃampĭo'na:t] *n* ⟨-(e)s; -e⟩ championship.
Cham·sin [xam'zi:n; kam-] *m* ⟨-s; -s⟩ *meteor.* (*heißer Wüstenwind*) khamsin, *auch* khamseen, chamsin.
Chan [ka:n; xa:n] *m* ⟨-s; -e⟩ *cf.* Khan.
Chan·ce ['ʃã:sə; 'ʃaŋsə] *f* ⟨-; -n⟩ **1.** chance, opportunity; 'break', 'show' (*beide colloq.*): **eine geringe ~** a small (*od.* slim, slight) chance, an off-chance; **er hatte nicht die geringste ~** he had not the slightest (*od.* least) chance, he did not stand the slightest chance; he had not an earthly chance, he had not a dog's chance (*beide colloq.*); **gib ihm eine ~!** give him a chance (*od.* break)! **ich muß diese ~ ausnutzen** I must take advantage of this opportunity; **sie hat keine ~n, die Prüfung zu bestehen** she has no chance of passing the examination; **seine ~ verpassen** to miss one's chance, to miss the bus (*od.* boat) (*colloq.*); **sie haben gleiche ~n** a) they have equal (*od.* even) chances, b) (*bei einem Wettbewerb*) they meet on even ground (*od.* equal terms); **er hat ~n bei ihr** *colloq.* he stands a chance (of success) with her, his chances with her are good. – **2.** (*Aussicht*) prospect, outlook: **wie sind die ~n?** what is the outlook? what are the prospects? **diese Laufbahn bietet gute ~n** this career offers good prospects; **die ~n stehen fünfzig zu fünfzig** the odds are fifty-fifty.
Chan·chi·to [tʃan'tʃi:to] *m* ⟨-s; -s⟩ *zo.* chanchito (*Cichlasoma facetum*).
Chan·del·le [ʃã'dɛlə] *f* ⟨-; -n⟩ *aer.* (*Kunstflugfigur*) chandelle, zoom.
chan·geant [ʃã'ʒã:] (*textile*) *adj* shot, iridescent, chatoyant, (*Farbe*) *auch* changeable.
Chan'geant *m* ⟨-(s); -s⟩ shot (*od.* iridescent, chatoyant) material.
chan·gie·ren [ʃã'ʒi:rən; ʃaŋ'ʒi:rən] **I** *v/i* ⟨*no* ge-, h⟩ **1.** (*textile*) be iridescent (*od.* chatoyant, shot). – **2.** (*sport*) (*beim Reiten*) change step (*Am. auch* leads). – **II** *v/t* **3.** *obs.* change. — **chan'gie·rend I** *pres p.* – **II** *adj* shot, iridescent, chatoyant, (*Farbe*) *auch* changeable.
Chan·son [ʃã'sõ:] *n* ⟨-s; -s⟩ *mus.* chanson.
Chan·so(n)·net·te [ʃãsə'nɛtə] *f* ⟨-; -n⟩ *mus.* **1.** (*kleines Lied*) chansonette. – **2.** (*Sängerin*) chanson (*od.* cabaret) singer, chanteuse.
Chan·son·ni·er [ʃãsə'nĭe:] *m* ⟨-s; -s⟩ *mus.* chansonnier, cabaret singer.
Cha·nuk·ka [xanu'ka:] *f* ⟨-; *no pl*⟩ *relig.* (*jüdisches Fest*) Hanuk(k)ah, Chanuk(k)ah.
Cha·os ['ka:ɔs] *n* ⟨-; *no pl*⟩ chaos, utter confusion, turmoil, tumult, muddle (*colloq.*): **es entstand ein unbeschreibliches ~** an indescribable confusion arose. — **chao·tisch** [ka'o:tɪʃ] *adj* chaotic, *auch* chaotical: **~e Unordnung** chaotic disorder; **~e Zustände** a state *sg* of chaos.
Cha·peau [ʃa'po:] *m* ⟨-s; -s⟩ *archaic humor.* hat.
Cha·peau claque [ʃa'po: 'klak] *m* ⟨- -; -x -s [-'po: 'klak(s)]⟩ (*Klappzylinder*) opera hat.
Cha·pe·ron [ʃapə'rõ:] *m* ⟨-(s); -s⟩ **1.** *hist.* (*Kopfbedeckung*) chaperon(e). – **2.** *fig. obs.* (*Begleitperson*) chaperon(e). — **cha·pe·ro·nie·ren** [ʃapəro'ni:rən] *v/t* ⟨*no* ge-, h⟩ *obs.* chaperon(e).
Cha·ra·ban [ʃara'ba:n] *m* ⟨-s; -e⟩ *obs. for* Kremser.
Cha·rak·ter [ka'raktər] *m* ⟨-s; Charaktere [-'te:rə]⟩ **1.** (*eines Menschen*) character, nature: **ein Mensch mit gutem [edlem] ~** a person of good [noble] character; **seinen wahren ~ zeigen** to show one's true character (*od.* colo[u]rs *pl*). – **2.** (*Persönlichkeit*) character, personality: **ein Mann von** (*od.* **mit**) **~** a man of (strong) character (*od.* with a strong personality); **er hat ~, er ist ein ~** he has character (*od.* a strong personality); **den ~ bilden [stählen]** to mold (*bes. Br.* mould) (*od.* shape, form) [to steel *od.* harden] the character; **~ beweisen** to give proof of moral strength (*od.* of backbone); **er hat keinen ~** he lacks character, he is a man of no character, he has no backbone; **der Mann hat ~!** *colloq.* that man (certainly) has character (*od.* personality)! **ihre ~e sind grundverschieden** their characters are entirely different; **die ~e in einem Theaterstück** the characters in a play. – **3.** (*einer Sache*) character: **der ~ dieser Landschaft** the character of this landscape; **der ~ eines Musikstücks [einer Epoche]** the character of a piece of music [of an epoch]; **der feierliche ~ des Ereignisses** the solemnity of the occasion; **die Besprechungen trugen vertraulichen ~** the talks were of a confidential nature. – **4.** *mil. hist.* (*Rang*) (honorary) rank, brevet: **den ~ eines Majors erhalten** to be brevet(t)ed a major. – **5.** *pl obs.* (*Schriftzeichen*) characters.
Cha'rak·ter|ˌanˌla·ge *f* **1.** disposition, trait, characteristic. – **2.** *cf.* Charakterzug. — **~-ˌbild** *n* **1.** portrayal of character, character study. – **2.** character, disposition. — **c~ˌbil·dend** *adj* character-molding, *bes. Br.* character-moulding. — **~ˌbil·dung** *f* formation of character, character formation (*od.* training, *colloq.* building), personality formation (*scient.*). — **~ˌdarˌstel·ler** *m* (*theater*) character actor. — **~ˌei·gen·schaft** *f cf.* Charakterzug. — **~ˌfeh·ler** *m* character defect, fault (*od.* defect) (in s.o.'s character). — **c~ˌfest** *adj* of (firm *od.* steady) character, of strong character, stable. — **~ˌfe·stig·keit** *f* strength (*od.* firmness) of character.
cha·rak·te·ri·sie·ren [karakteri'zi:rən] **I** *v/t* ⟨*no* ge-, h⟩ characterize: **j-n ~** to characterize s.o., to portray (*od.* delineate, depict) s.o.'s character; **dieses Verhalten charakterisiert ihn** this conduct is characteristic of him. – **II C~** *n* ⟨-s⟩ *verbal noun.*
Cha·rak·te·ri'sie·rung *f* ⟨-; -en⟩ **1.** *cf.* Charakterisieren. – **2.** characterization, portrayal (*od.* delineation, depiction) of character.
Cha·rak·te·ri·stik [karakte'rɪstɪk] *f* ⟨-; -en⟩ **1.** characterization, (*einer Person*) *auch* portrait, portrayal (*od.* delineation, depiction) of character. – **2.** *math.* (*Kennziffer eines Logarithmus*) characteristic. – **3.** *tech.* (*Kennlinie*) characteristic curve (*od.* line).
Cha·rak·te·ri·sti·kum [karakte'rɪstikʊm] *m* ⟨-s; -stika [-ka]⟩ **1.** characteristic (feature), (distinctive) mark. – **2.** *math.* (*bes. in der Statistik*) parameter.
cha·rak·te·ri·stisch [karakte'rɪstɪʃ] **I** *adj* **1.** (für) characteristic (of), typical (of), peculiar (to), distinctive (of, to): **~es Merkmal** characteristic (feature *od.* trait); **ein ~es Profil** a characteristic (*od.* distinctive) profile; **das ist ~ für ihn** that is characteristic of him. – **2.** *biol.* (für of) characteristic, distinctive, diagnostic. – **II** *adv* **3.** characteristically. – **III C~e, das** ⟨-n⟩ **4.** the characteristic (feature): **seine Sprechweise hat etwas sehr C~es** there is something very characteristic about his way of speech.
Cha'rak·ter|koˌmö·die *f* (*theater*) comedy of character, humorous character play. — **~ˌkopf** *m* **1.** striking (*od.* strong) head, head full of character, expressive features *pl.* – **2.** person with a head full of character. — **~ˌkun·de** *f cf.* Charakterologie.
cha'rak·ter·lich I *adj* of (one's) character: **~e Eignung** fitness of character; **~e Schwäche** weakness of character, inherent weakness; **seine ~en Vorzüge** the merits of his character. – **II** *adv* in character: **~ einwandfrei** impeccable in character, of impeccable character, clean-living.
cha'rak·ter·los *adj* **1.** (*Person*) of no character (*od.* principles), characterless: **er ist ~** he is a man of no character (*od.* principles). – **2.** *fig.* (*Gesicht*) expressionless, blank. – **3.** *fig.* (*Stil etc*) without distinctive features, characterless. — **Cha'rak·ter·lo·sig·keit** *f* ⟨-; *no pl*⟩ **1.** lack of character (*od.* principles). – **2.** *fig.* (*Ausdruckslosigkeit*) lack of expression, blankness.
Cha'rak·terˌmerkˌmal *n cf.* Charakteristikum 1.
Cha·rak·te·ro·lo·ge [karaktero'lo:gə] *m* ⟨-n; -n⟩ *psych.* characterologist. — **Cha·rak·te·ro·lo'gie** [-lo'gi:] *f* ⟨-; *no pl*⟩ characterology, personality study. — **cha·rak·te·ro'lo·gisch** *adj* characterological, *auch* characterologic: **~e Diagnostik** personality (*od.* characterologic[al]) diagnostics *pl.*
Cha'rak·ter|ˌrol·le *f* (*theater*) character rôle (*od.* part). — **~ˌsa·che** *f only in* **das ist ~** *colloq.* that is a matter of character, that depends on one's character. — **~ˌschil·de·rung** *f* (*einer Person*) characterization, portrayal (*od.* depiction) of (s.o.'s) character. — **c~ˌschwach** *adj* (*Person*) of weak character, weak(-kneed): **ein ~er Mensch** a person of weak character. — **~ˌschwä·che** *f* weakness (of character). — **~ˌskiz·ze** *f* (*literature*) character sketch. — **~ˌspie·ler** *m* (*theater*) *cf.* Charakterdarsteller. — **c~-ˌstark** *adj cf.* charakterfest. — **~ˌstär·ke** *f cf.* Charakterfestigkeit. — **~ˌstück** *n mus.* character piece. — **~ˌstu·die** *f* character study. — **c~ˌvoll** *adj* **1.** characterful, full of character. – **2.** (*markant*) striking, strong. — **~ˌzahl** *f meist pl phys.* characteristic. — **~ˌzeich·nung** *f cf.* Charakterschilderung. — **~ˌzug** *m* trait (of character), (*ererbter*) strain, (*kennzeichnender*) (distinctive *od.* characteristic) mark.
Char·cu·te·rie [ʃarkytə'ri:] *f* ⟨-; -n [-ən]⟩ *Southern G. obs.* (pork) butcher's shop.
Char·cu·ti·er [ʃarky'tĭe:] *m* ⟨-s; -s⟩ *Southern G. obs.* (pork) butcher.
Char·ge ['ʃarʒə] *f* ⟨-; -n⟩ **1.** *metall.* (*Schmelzgut*) charge. – **2.** *metall.* (*Schmelzgang*) a) heat, b) (*bei Konvertern*) *auch* blow. –

3. *tech.* (*textile*) charge, batch, lot, load. – **4.** *nucl.* (*eines Kernreaktors*) charge. – **5.** (*theater, film*) supporting (*od.* minor) rôle (*od.* part, character). – **6.** *cf.* Chargierte. – **7.** *mil. obs.* commissioned rank, officer status.

char·gie·ren [ʃarˈʒiːrən] **I** *v/t* ⟨*no* ge-, h⟩ **1.** (*theater*) (*Rolle*) overact (*a part*), overplay (*a rôle*). – **2.** (*textile*) (*beschweren*) load, weight. – **3.** *metall. tech.* charge, feed. – **4.** *mil. hist.* a) (*Feind*) attack, charge, assail, b) (*Gewehr etc*) load, charge. – **5.** *rare for* beauftragen 1, 2. – **II** *v/i* **6.** (*von Korpsstudenten*) *appear in full dress as a delegate of a student association.*

Charˈgierˌkran *m metall.* charging crane.

Charˈgier·te *m* ⟨-n; -n⟩ *one of the three officers of a student association.*

Charˈgie·rung *f* ⟨-; *no pl*⟩ (*textile*) charging, loading, weighting.

Chaˈrier|ˌei·sen [ʃaˈriːr-] *n tech. cf.* Scharriereisen. — **~ˌham·mer** *m cf.* Scharrierhammer.

Cha·ris [ˈçaːrɪs] *npr f* ⟨-; Chariten [çaˈriːtən]⟩ *myth.* Charis (*personification of grace and beauty*): die drei Chariten the three Graces.

Cha·ris·ma [çaˈrɪsma; ˈça(ː)-] *n* ⟨-s; -men [çaˈrɪsmən] *u.* -mata [çaˈrɪsmata]⟩ *relig.* charisma, charism. — **cha·ris·ma·tisch** [çarɪsˈmaːtɪʃ] *adj* charismatic.

Cha·ri·ten [çaˈriːtən] *pl of* Charis.

Cha·ri·tin [çaˈriːtɪn] *npr f* ⟨-; -nen⟩ *myth. cf.* Charis.

Cha·ri·va·ri [ʃariˈvaːri] *n* ⟨-s; -s⟩ **1.** *cf.* Katzenmusik. – **2.** *cf.* Durcheinander.

Charles·ton [ˈtʃarlstən; ˈtʃɑːlstən] (*Engl.*) *m* ⟨-; -(s)⟩ (*Modetanz*) Charleston.

Char·lot·te [ʃarˈlɔtə] *f* ⟨-; -n⟩ *gastr.* charlotte.

char·mant [ʃarˈmant] *adj* **1.** charming, engaging, winning, pleasant: eine ~e Dame a charming lady; sie ist nicht schön, aber ~ she is not beautiful but she has charm (*od.* is charming, attractive); ich finde sie ~ I find her charming, I find she has charm. – **2.** *colloq.* nice, fine, wonderful: ~, daß Sie gekommen sind how very nice of you to come.

Charme [ʃarm] *m* ⟨-s; *no pl*⟩ charm: sie hat ~ she has charm; sie bot ihren ganzen ~ auf she exercised all her charm.

Char·meur [ʃarˈmøːr] *m* ⟨-s; -s *u.* -e⟩ charmer, charmeur.

Char·meu·se [ʃarˈmøːzə] *f* ⟨-; *no pl*⟩ (*Seiden- od. Kunstseidentrikot*) charmeuse.

char·mie·ren [ʃarˈmiːrən] *v/t* ⟨*no* ge-, h⟩ j-n ~ *obs.* to charm s.o.

Cha·ron [ˈçaːrɔn] *npr m* ⟨-; *no pl*⟩ *myth.* Charon (*ferryman of the river Styx*).

Char·ta [ˈkarta] *f* ⟨-; -s⟩ *pol.* charter: die ~ der Vereinten Nationen the United Nations Charter.

Char·te [ˈʃartə] *f* ⟨-; -n⟩ *cf.* Charta.

ˈChar·te·parˌtie *f mar.* charter party.

Char·ter [ˈ(t)ʃartər; ˈtʃɑːtə] (*Engl.*) *m* ⟨-s; -s⟩ **1.** (*Urkunde, Freibrief*) charter. – **2.** *aer. mar.* (*Frachtvertrag*) charter (party). — **~ˌdienst** *m aer.* (air) charter service, charter operations *pl.*

ˈChar·ter·er *m* ⟨-s; -⟩ *aer. mar.* charterer.

ˈChar·ter|ˌflugˌzeug *n* charter plane, chartered aircraft (*od.* plane). — **~geˌschäft** *n* **1.** charter operation (*od. colloq.* deal). – **2.** (*Branche*) charter trade (*od.* business). — **~maˌschi·ne** *f aer. cf.* Charterflugzeug.

char·tern [ˈ(t)ʃartərn] *v/t* ⟨h⟩ **1.** (*Schiff, Flugzeug*) charter, hire. – **2.** sich (*dat*) j-n [etwas] ~ *fig. colloq.* to hire (*od.* get hold of) s.o. [s.th.].

ˈChar·te·rung *f* ⟨-; -en⟩ charter(ing).

ˈChar·ter·verˌtrag *m aer. mar. cf.* Charter 2.

Char·tis·mus [(t)ʃarˈtɪsmʊs] *m* ⟨-; *no pl*⟩ *hist.* Chartism (*social reform movement in England*). — **Charˈtist** [-ˈtɪst] *m* ⟨-en; -en⟩ Chartist.

Char·treu·se [ʃarˈtrøːzə] *m* ⟨-; *no pl*⟩ (*Likör*) Chartreuse.

Cha·ryb·dis [çaˈrʏpdɪs] *npr f* ⟨-; *no pl*⟩ *myth.* Charybdis: ich befand mich zwischen Szylla und ~ I was between the devil and the deep blue sea.

Cha·san [xaˈzaːn] *m* ⟨-s; -e⟩ *relig.* (*Vorbeter in der Synagoge*) hazan, hazzan, chazan, chazzan.

chas·mo·gam [çasmoˈgaːm] *adj bot.* chasmogamic, *auch* chasmogamous. — **Chas·mo·gaˈmie** [-gaˈmiː] *f* ⟨-; -n [-ən]⟩ chasmogamy.

Chas·seur [ʃaˈsøːr] *m* ⟨-s; -e⟩ *mil.* chasseur, rifleman.

Chas·si·dim [xasiˈdiːm] *pl relig.* Hasidim, Chas(s)idim. — **Chas·siˈdis·mus** [-ˈdɪsmʊs] *m* ⟨-; *no pl*⟩ Hasidism, Chas(s)idism.

chas·sie·ren [ʃaˈsiːrən] *v/i* ⟨*no* ge-, sein⟩ *choreogr.* (execute a) chassé.

Chas·sis [ʃaˈsiː] *n* ⟨- [-(s)]; - [-s]⟩ **1.** *auto.* chassis. – **2.** (*radio*) chassis. – **3.** *synth.* chase, frame, bolster. – **4.** (*textile*) trough. — **~ˌrah·men** *m auto.* chassis framework.

Châ·teau [ʃaˈtoː] *n* ⟨-s; -s⟩ *obs. for* a) Schloß[2], b) Landhaus.

Cha·teau·bri·and [ʃatobriˈãː] *n* ⟨-s; -s⟩ *gastr.* Chateaubriand.

Chaˈtonˌfas·sung [ʃaˈtõː-] *f* (*jewelry*) **1.** chaton (foil). – **2.** (*Kastenfassung*) box-mount.

Chat·ten [ˈkatən; ˈçatən] *pl hist.* C(h)atti.

Chau·deau [ʃoˈdoː] *n* ⟨-(s); -s⟩ *gastr.* sweet wine cream, *etwa* syllabub.

Chauf·feur [ʃɔˈføːr] *m* ⟨-s; -e⟩ chauffeur, driver. — **chaufˈfie·ren** [-ˈfiːrən] *v/t u. v/i* ⟨*no* ge-, h⟩ drive.

Chaulˈmoo·gra|ˌbaum [tʃɔːlˈmuːgra-] *m bot.* chaulmoogra (*Hydnocarpus kurzii*). — **~ˌöl** *n pharm.* (*Heilmittel gegen Aussatz*) chaulmoogra oil.

Chaus·see [ʃoˈseː] *f* ⟨-; -n [-ən]⟩ **1.** (*Landstraße*) high road, *bes. Am.* highway, (macadamized) country road. – **2.** (*in der Stadt*) avenue. — **~ˌbaum** *m* roadside tree. — **~ˌgra·ben** *m* roadside ditch. — **~ˌwan·ze** *f colloq.* **1.** (*kleines Auto*) bubble (*od.* baby) car. – **2.** (*Motorrad*) motorcycle, motorbike (*colloq.*).

chaus·sie·ren [ʃoˈsiːrən] **I** *v/t* ⟨*no* ge-, h⟩ *civ.eng.* (*Straße*) macadamize. – **II C~** *n* ⟨-s⟩ *verbal noun.* — **Chausˈsie·rung** *f* ⟨-; *no pl*⟩ **1.** *cf.* Chaussieren. – **2.** (*Schotterdecke*) macadam.

Chau·vi·nis·mus [ʃoviˈnɪsmʊs] *m* ⟨-; *no pl*⟩ *pol.* **1.** chauvinism. – **2.** (*kriegerischer*) jingoism, *Am. colloq.* spread-eagle(ism). — **Chau·viˈnist** [-ˈnɪst] *m* ⟨-en; -en⟩ **1.** chauvinist, flag-waver (*colloq.*). – **2.** (*kriegerisch gesinnter*) jingoist, *Am. colloq.* spread-eagleist. — **chau·viˈni·stisch** *adj* **1.** chauvinist(ic). – **2.** (*kriegerisch*) jingo(istic), *Am. colloq.* spread-eagle (*attrib*): die ~e Partei the war party, the jingoes *pl.*

Cha·yo·te [tʃaˈjoːtə] *f* ⟨-; -n⟩ *bot.* chayote (*Sechium edule*).

ˈChayˌwur·zel [ˈtʃaɪ-] *f bot.* chay (*of Oldenlandia umbellata*).

Check [tʃɛk] *m* ⟨-s; -s⟩ (*sport*) **1.** (*beim Eishockey*) check. – **2.** (*Zügel der Traberpferde*) checkrein.

Ched·dit [ʃɛˈdiːt; -ˈdɪt] *m* ⟨-s; *no pl*⟩ (*Sprengstoff*) cheddite.

Chef [ʃɛf] *m* ⟨-s; -s⟩ **1.** (*einer Firma, Behörde etc*) head, chief; boss, ‘governor’ (*colloq.*): ~ des Hauses a) head of the firm, b) (*im Hotel etc*) chef (de cuisine); ~ vom Dienst *print.* chief sub-editor; ~ des Protokolls a) (*im Auswärtigen Amt*) head (*Am.* chief) of protocol, b) (*bei offiziellen Empfängen etc*) master of ceremonies, MC; er ist der ~ vom Ganzen *colloq.* he bosses the show. – **2.** *colloq.* (*Vorgesetzter*) boss (*colloq.*): wer ist dein ~? who is your boss? – **3.** *colloq.* (*in der Anrede*) *bes. Br.* mate, ‘governor’ (*colloq.*), *bes. Am.* chief, Mac: ~, wo kann ich hier tanken? hey, mate, where can I fill up here? – **4.** *mil.* chief, (*einer Kompanie*) (company) commander: ~ des Stabes Chief of Staff. — **~ˌarzt** *m med.* **1.** head (*od.* chief) physician, physician in charge of a department (*od.* hospital). – **2.** *mil.* chief medical officer. — **~de·leˌgier·te** *m pol.* head of the delegation. — **~ˌdol·met·scher** *m* **1.** chief (*od.* head) interpreter. – **2.** (*Leiter einer Gruppe von Konferenzdolmetschern*) head of interpretation service(s), team leader.

ˈChe·fin *f* ⟨-; -nen⟩ **1.** (*einer Firma etc*) (woman) head, (female) boss (*colloq.*). – **2.** *colloq.* boss's wife.

ˈChef|in·ge·niˌeur *m* chief engineer. — **~ˌkoch** *m* head cook, chef (de cuisine). — **~kon·strukˌteur** *m* chief designer. — **~piˌlot** *m aer.* chief pilot. — **~re·dakˌteur** *m* editor(-in-chief). — **~se·kreˌtä·rin** *f* head secretary.

Chel·lé·en, das [ʃɛleˈɛ̃ː] ⟨-(s); *no pl*⟩ *archeol.* Chellian (*od.* Chellean) culture.

Che·mie [çeˈmiː] *f* ⟨-; *no pl*⟩ chemistry: [an]organische [analytische, angewandte] ~ [in]organic [analytical, applied] chemistry: physikalische ~ physical chemistry; subatomare ~ metachemistry. — **~erˌzeug·nis** *n* product of the chemical industry. — **~ˌfa·ser** *f synth.* chemical (*od.* synthetic, man-made) fiber (*bes. Br.* fibre). — **~la·boˌrant** *m*, **~la·boˌran·tin** *f* (chemical) laboratory assistant. — **~ˌleh·rer** *m ped.* chemistry master (*Am.* teacher). — **~ˌleh·re·rin** *f* chemistry mistress (*Am.* teacher). — **~ˌwer·te** *pl econ.* chemical securities (*od.* stocks), chemicals.

Che·mi·graph [çemiˈgraːf] *m* ⟨-en; -en⟩ *print.* process engraver, blockmaker. — **Che·mi·graˈphie** [-graˈfiː] *f* ⟨-; *no pl*⟩ *print.* **1.** (*Ätzverfahren*) photoengraving, process engraving. – **2.** (*Werkstatt*) process room.

Che·mi·ka·lie [çemiˈkaːlĭə] *f* ⟨-; -n⟩ *meist pl* **1.** *chem.* chemical. – **2.** *med. pharm.* chemical drug.

Che·mi·ker [ˈçeːmikər] *m* ⟨-s; -⟩, **ˈChe·mi·ke·rin** *f* ⟨-; -nen⟩ chemist, chemical engineer: technischer [wissenschaftlicher] ~ industrial [scientific *od.* research] chemist.

che·misch [ˈçeːmɪʃ] **I** *adj* chemical: ~e Erzeugnisse (*od.* Produkte) chemicals; ~e Fabrik [Industrie] chemical works *pl* (*construed as sg or pl*) [industries *pl*]; ~e Kriegführung (*od.* Kampfführung) *mil.* chemical warfare; ~e Reinigung dry cleaning, *Br.* dry-cleaning; ~es Triebwerk (*space*) chemical (fuel) engine; ~e Verbindung chemical compound; ~e Verwitterung *geol.* chemical weathering, decomposition; ~e Versuche machen to make chemical experiments. – **II** *adv* ~ rein chemically pure; einen Anzug ~ reinigen lassen to have a suit dry-cleaned; das Haar ~ bleichen to bleach one's hair chemically; ~ gebunden [beständig] chemically combined [immune]; ~ behandeltes Holz modified wood; ~ nachgewiesen proved by chemical tests; ~ zersetzen to chemolyze.

ˈChe·misch|ˌgelb *n* patent (*od.* Cassel) yellow. — **c~-phy·siˈka·lisch** *adj* chemico-physical, physicochemical. — **c~-ˈtech·nisch** *adj* technochemical.

Che·mi·se [ʃəˈmiːzə] *f* ⟨-; -n⟩ (*fashion*) *archaic* chemise.

Che·mi·sett [ʃəmiˈzɛt] *n* ⟨-(e)s; -s *u.* -e⟩, **Che·miˈset·te** [-ˈzɛt(ə)] *f* ⟨-; -n [-tən]⟩ **1.** (*Hemdbrust*) shirt front. – **2.** (*Einsatz an Damenkleidern*) chemisette.

Che·mis·mus [çeˈmɪsmʊs] *m* ⟨-; *no pl*⟩ *chem. biol.* chemism, reaction mechanism.

che·mo|tak·tisch [çemoˈtaktɪʃ] *adj biol.* chemotactic. — **C~ˈta·xis** [-ˈtaksɪs] *f* chemotaxis, chemotaxy, chemotropism. — **C~ˈtech·nik** [-ˈtɛçnɪk] *f* technochemistry. — **C~ˈtech·ni·ker** [-ˈtɛçnikər] *m* (chemically-trained) laboratory technician. — **~ˈtech·nisch** [-ˈtɛçnɪʃ] *adj* technochemical. — **C~the·raˈpeut** [-teraˈpɔʏt] *m med.* chemotherapist. — **~the·raˈpeu·tisch** *adj pharm. med.* chemotherapeutical. — **C~the·raˈpie** *f med.* chemotherapy, chemotherapeutics *pl* (*construed as sg*). — **C~troˈpis·mus** [-troˈpɪsmʊs] *m bot.* chemotropism.

Che·nil·le [ʃəˈnɪljə; ʃəˈniːjə] *f* ⟨-; -n⟩ (*textile*) chenille. — **~ˌtep·pich** *m* chenille carpet (*od.* rug).

Cher·ry Bran·dy [ˈ(t)ʃɛri ˈbrɛndi; ˈtʃɛrɪ ˈbrændɪ] (*Engl.*) *m* ⟨- -s; - -s⟩ *gastr.* cherry brandy.

Che·rub [ˈçeːrʊp] *m* ⟨-s; -im [ˈçeːrubiːm] *u.* -inen [çeruˈbiːnən]⟩ *Bibl.* cherub (*auch fig.*): die ~im (*od.* ~inen) a) the cherubim, b) *fig.* the cherubs. — **che·ru·bi·nisch** [çeruˈbiːnɪʃ] *adj* cherubic.

Che·rus·ker [çeˈrʊskər] *m* ⟨-s; -⟩ *hist.* Cheruscan. — **cheˈrus·kisch** *adj* Cheruscan.

Che·ster [ˈtʃɛstər; ˈtʃɛstə] (*Engl.*) *m* ⟨-s; *no pl*⟩, **~ˌkä·se** *m* Cheshire (cheese).

che·va·le·resk [ʃəvaləˈrɛsk] *adj archaic* chivalrous, chivalric, chivalresque, gallant.

Che·va·li·er [ʃəvaˈlĭeː] *m* ⟨-s; -s⟩ knight, nobleman.

Che·vi·ot [ˈ(t)ʃɛvĭɔt; ˈ(t)ʃeːvĭɔt] *m* ⟨-s; -s⟩ (*Kammgarn*) cheviot.

Che·vreau [ʃəˈvroː; ˈʃɛvro] *n* ⟨-s; -s⟩, **~ˌle·der** *n* glazed (*od.* glacé) kid.

Che·vret·te [ʃəˈvrɛt] *f* ⟨-; -n [-tən]⟩ (*Schafleder*) chevrette.

Chev·ron [ʃəˈvrõː] *m* ⟨-s; -s⟩ **1.** *her.* (*Sparren*) chevron, cheveron. – **2.** *mil.* chevron, sleeve badge, stripe.

Chi [çiː] *n* ⟨-(s); -s⟩ chi (*22nd letter of the Greek alphabet*).
Chi·an·ti ['kĭanti] *m* ⟨-s; *no pl*⟩, **~ˌwein** *m* Chianti.
Chi·ar·os·cu·ro [kĭarɔs'kuːro] *n* ⟨-s; *no pl*⟩ (*art*) (*Helldunkel*) chiaroscuro, *auch* chiaro-oscuro.
Chi·as·ma [çi'asma] *n* ⟨-s; -asmen⟩ *med. biol.* chiasma.
Chi·as·mus [çi'asmʊs] *m* ⟨-; *no pl*⟩ *ling.* chiasmus. — **chia·stisch** [-'astɪʃ] *adj* chiastic.
Chia·sto·lith [çiasto'liːt; -'lɪt] *m* ⟨-s; -e⟩ *min.* chiastolite.
chic [ʃɪk] *adj u. adv cf.* schick.
Chic *m* ⟨-s; *no pl*⟩ *cf.* Schick 1.
'**Chi·cle**ˌ**gum·mi** ['tʃiːkle-] *n*, *auch m* chicle (gum).
Chi·co·rée [ʃiko'reː] *f* ⟨-; *no pl*⟩ *bot.* chicory, endive, witloof (*Cichorium endivia*). — **~saˌlat** *m gastr.* chicory salad.
Chif·fon [ʃɪ'fõː] *m* ⟨-s; -s⟩ (*textile*) chiffon. — **~ˌkleid** *n* chiffon dress. — **~ˌsamt** *m* chiffon velvet.
Chif·fre ['ʃɪfər] *f* ⟨-; -n⟩ **1.** cipher, code. – **2.** (*in Zeitungsannoncen*) box number: unter einer ~ annoncieren to advertise under a box number. – **3.** *philos.* cipher. — **~ˌanˌzei·ge** *f* box number advertisement: ich habe eine ~ aufgegeben I advertised under a box number. — **~ˌnum·mer** *f* (*in Annoncen*) box (number), reference number. — **~ˌschlüs·sel** *m* cipher key, code key, cryptograph. — **~ˌschrift** *f* **1.** cipher (notation), (secret) code: in ~ in ciphers. – **2.** (*als Wissenschaft*) cryptography. — **~te·leˌgramm** *n* code (*od.* cipher) telegram.
Chif·freur [ʃɪ'frøːr] *m* ⟨-s; -e⟩ cipher (*od.* cryptographic) clerk, codifier, decoder, cryptographer.
chif·frie·ren [ʃɪ'friːrən] **I** *v/t* ⟨*no* ge-, h⟩ (en)cipher, codify, (en)code. – **II C~** *n* ⟨-s⟩ *verbal noun.*
Chif'frier·maˌschi·ne *f* cipher (*od.* ciphering, encoding) machine, coder.
chif'friert I *pp.* – **II** *adj* in cipher (*od.* code), enciphered, encoded: die Mitteilung ist nicht ~ the message is written in plain language.
Chif'frie·rung *f* ⟨-; -en⟩ *cf.* Chiffrieren.
Chi·gnon [ʃɪn'jõː] *m* ⟨-s; -s⟩ (*Haarknoten*) chignon.
Chi·hua·hua [tʃi'ŭaŭa] (*Span.*) *m* ⟨-s; -s⟩ *zo.* (*Hunderasse*) chihuahua.
Chi·le·ne [tʃi'leːnə; çi-] *m* ⟨-n; -n⟩, **Chi'le·nin** *f* ⟨-; -nen⟩ Chilean. — **chi'le·nisch** *adj* Chilean, Chilian.
'**Chi·le·salˌpe·ter** *m chem.* Chile saltpeter (*bes. Br.* saltpetre), sodium nitrate ($NaNO_3$).
Chi·li ['tʃiːli] *m* ⟨-s; *no pl*⟩ *bot. cf.* Chilipfeffer.
Chi·lia·de [çi'lĭaːdə] *f* ⟨-; -n⟩ *archaic* (*Jahrtausend*) chiliad, millennium.
Chi·li·as·mus [çi'lĭasmʊs] *m* ⟨-; *no pl*⟩ *relig.* chiliasm, millenarianism. — **Chi·li'ast** [-'lĭast] *m* ⟨-en; -en⟩ chiliast, millenarian. — **chi·lia·stisch** [-'lĭastɪʃ] *adj* chiliastic, millenarian.
'**Chi·liˌpfef·fer** *m bot.* chili, chile, chilli (*Capsicum frutescens*).
Chi·lo·po·de [çilo'poːdə] *m* ⟨-n; -n⟩ *meist pl zo.* chilopod (*Klasse Chilopoda*).
Chi·mä·ra [çi'mɛːra] *f* ⟨-; *no pl*⟩ *myth.* (*Ungeheuer*) chimera, chimaera.
Chi·mä·re [çi'mɛːrə; ʃi-] *f* ⟨-; -n⟩ **1.** *cf.* Schimäre. – **2.** *myth. cf.* Chimära. – **3.** *agr.* (*Pfropfbastard*) chimera, chimaera. – **4.** *zo. cf.* Seedrachen.
'**Chi·na**|ˌ**aster** *f bot.* China aster (*Callistephus sinensis*). — **~ˌbaum** *m bot. cf.* Chinarindenbaum. — **~ˌfah·rer** *m mar.* Chinaman (*a ship bound for China*). — **~ˌgras** *n* **1.** *bot.* cambric grass, ramie, ramee (*Boehmeria nivea*). – **2.** (*textile*) ramie, ramee, china grass. — **~ˌkrepp** *m* (*textile*) crepe de chine (*od.* Chine).
'**Chi·naˌkun·de** *f* sinology. — '**chi·naˌkund·lich** [-ˌkʊntlɪç] *adj* sinological, *auch* sinologic.
Chi·nal·din [çinal'diːn] *n* ⟨-s; *no pl*⟩ *chem.* quinaldine ($CH_3C_9H_6N$).
'**Chi·naˌrin·de** *f med. pharm.* cinchona (bark), *auch* chinchona, chincona, Jesuits' (*od.* Peruvian) bark: Rote ~ red bark; Gelbe ~ calisaya bark. — '**Chi·naˌrin·denˌbaum** *m bot.* cinchona, *auch* chinchona, chincona, bark tree (*Gattg Cinchona*).
'**Chi·na**|ˌ**säu·re** *f chem.* quinic acid (C_6H_7-$(OH)_4COOH$). — **~tinkˌtur** *f med. pharm.* tincture of cinchona. — **~ˌwur·zel** *f bot.* chinaroot (*Smilax china*).
Chin·chil·la[1] [tʃɪn'tʃɪl(j)a] *f* ⟨-; -s⟩, *bes. Austrian n* ⟨-s; -s⟩ *zo.* chinchilla (*Chinchilla laniger*): Große ~ mountain vizcacha (*Gattg Lagidium*).
Chin'chil·la[2] *m* ⟨-s; -s⟩ (*Chinchillapelz*) chinchilla.
Chi·né [ʃi'neː] *m* ⟨-(s); *no pl*⟩ (*textile*) chiné.
Chi·ne·se [çi'neːzə] *m* ⟨-n; -n⟩ Chinese, Chinaman (*bes. contempt.*), Chink (*contempt.*). — **Chi'ne·sin** *f* ⟨-; -nen⟩ Chinese (woman).
chi'ne·sisch I *adj* Chinese: die C~e Mauer the Great Wall of China; ~e Pagode t'a, taa; ~e Seide Chinese silk; ~e Tusche Chinese (*od.* India[n]) ink; ~-japanisch Sino-Japanese. – **II** *ling.* **C~** ⟨*generally undeclined*⟩, **das C~e** ⟨-n⟩ Chinese, the Chinese language.
Chin·ga ['tʃɪŋga] *f* ⟨-; -s⟩ *zo.* Canadian (*od.* common) skunk (*Mephitis mephitis*).
chi·niert [ʃi'niːrt] *adj* (*textile*) chiné.
Chi·nin [çi'niːn] *n* ⟨-s; *no pl*⟩ *med. pharm.* quinine ($C_{20}H_{24}N_2O_2$). — **~ˌrausch** *m med. cf.* Chininvergiftung. — **~sulˌfat** *n chem.* quinine sulfate (*bes. Br.* -ph-). — **~verˌgif·tung** *f med.* quinine poisoning; quininism, *auch* quinism, cinchonism (*scient.*).
Chi·noi·se·rie [ʃinŏazə'riː] *f* ⟨-; -n [-ən]⟩ (*art*) chinoiserie (*style in art reflecting Chinese artistic qualities*).
Chi·no·lin [çino'liːn] *n* ⟨-s; *no pl*⟩ *chem.* quinoline (C_9H_7N).
Chi·non [çi'noːn] *n* ⟨-s; -e⟩ *chem.* quinone ($C_6H_4O_2$).
Chintz [tʃɪnts] *m* ⟨-(es); -e⟩ (*textile*) chintz.
Chip [tʃɪp] (*Engl.*) *m* ⟨-s; -s⟩ **1.** (*games*) chip. – **2.** *pl gastr.* potato chips, *bes. Br.* (potato) crisps.
Chip·pen·dale ['tʃɪpənˌdeːl; 'tʃɪpənˌdeɪl] (*Engl.*) *n* ⟨-(s); *no pl*⟩ Chippendale (*style of furniture*).
Chir·agra ['çiːragra] *n* ⟨-s; *no pl*⟩ *med.* pain in the hand, chiragra (*scient.*).
chi·ral [çi'raːl] *adj chem.* chiral, dissymmetric. — **Chi·ra·li'tät** [-rali'tɛːt] *f* ⟨-; *no pl*⟩ chirality, dissymmetry.
Chi·ro·gno·mie [çirogno'miː] *f* ⟨-; *no pl*⟩ *cf.* Chiromantie.
Chi·ro·graph [çiro'graːf] *n* ⟨-s; -en⟩, **Chi'ro·gra·phum** [-'roːgrafʊm] *n* ⟨-s; -graphen [-ro'graːfən] *u.* -grapha [-'roːgrafa]⟩ *röm.kath. hist.* chirograph.
Chi·ro·lo·gie [çirolo'giː] *f* ⟨-; *no pl*⟩ *cf.* Chiromantie.
Chi·ro·mant [çiro'mant] *m* ⟨-en; -en⟩ palmist, chiromancer, *auch* chiromancist, chirognomist. — **Chi·ro·man'tie** [-'tiː] *f* ⟨-; *no pl*⟩ palmistry, chiromancy, *auch* cheiromancy, chirognomy.
Chi·ro·prak·tik [çiro'praktɪk] *f* ⟨-; *no pl*⟩ *med.* chiropractic, chiropraxis. — **Chi·ro'prak·ti·ker** [-tikər] *m* ⟨-s; -⟩ *med.* chiropractor.
Chir·urg [çi'rʊrk] *m* ⟨-en; -en⟩ *med.* (operating) surgeon: behandelnder [beratender] ~ attending [consulting] surgeon; ~ sein to profess surgery. — **Chir·ur'gie** [-'giː] *f* ⟨-; -n [-ən]⟩ surgery: klinische [kosmetische, plastische] ~ clinical [cosmetic, plastic] surgery. — **chir'ur·gisch** [-gɪʃ] *adj* surgical.
Chi·tin [çi'tiːn] *n* ⟨-s; *no pl*⟩ *zo.* chitin. — **chi'tinˌar·tig, chi'ti·nig** *adj zo.* chitinous.
Chi·ton [çi'toːn] *m* ⟨-s; -e⟩ *antiq.* chiton (*basic garment of ancient Greece*).
Chlad·nisch ['kladnɪʃ] *adj* ~e Klangfiguren *phys.* Chladni (*od.* sonorous) figures.
Chla·mys ['çlaːmʏs; çla'mʏs] *f* ⟨-; -⟩ *antiq.* (*Überwurfmantel*) chlamys.
Chlod·wig ['kloːtvɪç] *npr m* ⟨-s; *no pl*⟩ *hist.* Clovis (*Frankish King*).
Chloe ['kloːe; 'xloːe] *npr f* ⟨-; *no pl*⟩ *myth.* Chloe: Daphnis und ~ Daphnis and Chloe.
Chlor [kloːr] *n* ⟨-s; *no pl*⟩ *chem.* chlorine (Cl): mit ~ behandeln *cf.* chloren, chlorieren.
Chlo·ral [klo'raːl] *n* ⟨-s; *no pl*⟩ *chem.* chloral, trichloroacetaldehyde($CCl_3 \cdot CHO$). — **~hyˌdrat** *n chem.* chloral hydrate (CCl_3—$CH(OH)_2$). — **~verˌgif·tung** *f med.* chloral poisoning.
Chlo·rat [klo'raːt] *n* ⟨-s; -e⟩ *chem.* chlorate.
'**Chlor**|**äthyl** [-ˀɛˌtyːl] *n* ethyl chloride (C_2H_5Cl). — **~-ˌBromˌsil·ber** *n* **1.** *chem.* chlorobromide of silver. – **2.** *min.* embolite.
chlo·ren ['kloːrən] **I** *v/t* ⟨h⟩ **1.** *chem.* (*Wasser*) chlorinate. – **2.** (*textile*) (*Stoffe, Garne*) chlorinate, chemick, gas. – **II C~** *n* ⟨-s⟩ **3.** *verbal noun.* – **4.** chlorination.
'**Chlor**ˌ**es·sig**|ˌ**ester** *m chem.* chlor(o)acetic ester. — **~ˌsäu·re** *f* chlor(o)acetic acid ($ClCH_2COOH$).
Chlo·rid [klo'riːt] *n* ⟨-s; -e⟩ *chem.* chloride: ein ~ enthaltend muriate(d).
chlo·rie·ren [klo'riːrən] *v/t* ⟨*no* ge-, h⟩ *chem.* chlorinate. — **Chlo'rie·rung** *f* ⟨-; *no pl*⟩ chlorination: vollständige ~ perchloration.
'**chlo·rig** *adj chem.* chlorous: ~e Säure chlorous acid ($HClO_2$).
Chlo·rit[1] [klo'riːt; -'rɪt] *m* ⟨-s; -e⟩ *min.* chlorite, green earth.
Chlo'rit[2] *n* ⟨-s; -e⟩ *chem.* chlorite.
'**Chlor**|ˌ**ka·li·um** *n cf.* Kaliumchlorid. — **~ˌkalk** *m* chloride of lime, chlorinated lime, *auch* bleaching powder [$CaCl(ClO)$]. — **~ˌkal·zi·um** *n cf.* Kalziumchlorid. — **~ˌna·tri·um** *n cf.* Natriumchlorid.
Chlo·ro·form [kloro'fɔrm] *n* ⟨-s; *no pl*⟩ *chem. med.* chloroform ($CHCl_3$). — **chlo·ro·for'mie·ren** [-'miːrən] *v/t* ⟨*no* ge-, h⟩ *med.* chloroform.
Chlo·ro·phyll [kloro'fʏl] *n* ⟨-s; *no pl*⟩ *bot.* chlorophyl(l), leaf green: ~ enthaltend chlorophyllose, chlorophyllous; kein ~ enthaltend achlorophyllous.
Chlo·ro·pren [kloro'preːn] *n* ⟨-s; *no pl*⟩ *chem.* chloroprene (C_4H_5Cl).
Chlo·ro·se [klo'roːzə] *f* ⟨-; -n⟩ **1.** *med.* green-sickness, chlorosis (*scient.*). – **2.** *bot.* (*Chlorophyllmangel*) chlorosis.
'**Chlor**|**pi**ˌ**krin** *n* chloropicrin (CCl_3NO_2). — **c~ˌsau·er** *adj* chloric: chlorsaures Salz chlorate. — **~ˌsäu·re** *f* chloric acid ($HClO_3$). — **~ˌsäu·re·an·hyˌdrid** *n* chloric anhydride (Cl_2O_5). — **~ˌsil·ber** *n* **1.** *chem.* silver chloride ($AgCl$). – **2.** *min.* horn silver, cerargyrite (*scient.*).
Chlo·rür [klo'ryːr] *n* ⟨-s; -e⟩ *chem. obs.* [chloride.]
'**Chlor**|**ver**ˌ**bin·dung** *f chem.* chlorine compound, chloride. — **~ˌwas·ser** *n* chlorine water. — **~ˌwas·serˌstoff** *m* hydrogen chloride, hydrochloric (*od.* muriatic) acid (HCl).
Choke [tʃoːk; tʃoʊk] (*Engl.*) *m* ⟨-(s); -s⟩ *auto.* choke. — **~ˌboh·rung** *f tech. mil.* choke(bore).
Chol·ago·gum [çola'goːgʊm] *n* ⟨-s; Chola-goga [-ga]⟩ *med. pharm.* (*Gallemittel*) cholagogue.
Chol·ämie [çolɛ'miː] *f* ⟨-; -n [-ən]⟩ *med.* chol(a)emia (*the presence of excess bile in the blood*).
Cho·le·do·chus [ço'leːdɔxʊs; -le'dɔxʊs] *m* ⟨-; -dochi [-xi]⟩ *med.* common bile duct, choledochus (*scient.*).
Cho·le·lith [çole'liːt; -'lɪt] *m* ⟨-s *od.* -en; -e(n)⟩ *med.* gallstone, cholelith (*scient.*).
Cho·le·li·thia·sis [çoleli'tiːazɪs] *f* ⟨-; *no pl*⟩ *med.* gallstone trouble, cholelithiasis (*scient.*).
Cho·le·ra ['koːlera] *f* ⟨-; *no pl*⟩ *med.* cholera: asiatische ~ Asiatic cholera; ~ nostras (*Sommerdiarrhö*) summer cholera, cholera nostras. — **~ˌanˌfall** *m* fit of cholera. — **~baˌzil·lus** *m* vibrio comma. — **~epi·deˌmie** *f* cholera epidemic. — **~ˌschutzˌimp·fung** *f* cholera inoculation. — **~verˌdacht** *m* in ~ stehen to be suspected of having cholera. — **~verˌdäch·ti·ge** *m, f* cholera suspect.
Cho·le·ri·ker [ko'leːrikər] *m* ⟨-s; -⟩ *psych.* choleric (*od.* irascible) person.
Cho·le·ri·ne [kole'riːnə] *f* ⟨-; -n⟩ *med.* cholerine.
cho·le·risch [ko'leːrɪʃ] *adj psych.* choleric, irascible: ~es Temperament choleric temperament.
Cho·le·ste·rin [çolɛste'riːn] *n* ⟨-s; *no pl*⟩ *chem.* cholesterol, cholesterin ($C_{27}H_{45}OH$). — **~ˌspie·gel** *m med.* (*im Blut*) cholesterol level, serum cholesterol.
Cho·le·zyst·ek·to·mie [çoletsʏstɛkto'miː] *f* ⟨-; -n [-ən]⟩ *med.* removal of the gallbladder, cholecystectomy (*scient.*).
Cho·le·zy·sti·tis [çoletsʏs'tiːtɪs] *f* ⟨-; -stitiden [-ti'tiːdən]⟩ *med.* cholecystitis.
chol·iam·bisch [ço'lĭambɪʃ] *adj metr.* choliambic. — **Chol·iam·bus** [-'lĭambʊs] *m* ⟨-; -iamben⟩ choliamb(us), scazon.
Cho·lin [ço'liːn] *n* ⟨-s; *no pl*⟩ *pharm. chem.* choline ($C_5H_{15}NO_2$).
Chon·dren ['çɔndrən] *pl min.* chondres, chondrules.

Chon·drit [çɔnˈdriːt; -ˈdrɪt] *m* ⟨-s; -e⟩ *min.* chondrite.

Chon·drom [çɔnˈdroːm] *n* ⟨-s; -e⟩ *med.* chondroma.

Chor[1] [koːr] *m* ⟨-(e)s; ⸗e⟩ **1.** *mus.* (*Sängergruppe*) choir, chorus: gemischter ~ mixed choir; im ~ singen to sing in chorus, to chorus; im ~ einfallen to start singing (*od.* to join) in chorus; im ~ sprechen *fig.* to speak in chorus; sie riefen im ~ *fig.* they all shouted together. – **2.** (*Chorsatz, Chorgesang*) chorus: einstimmiger [vierstimmiger] ~ unison [four-part] chorus; Symphonie mit ~ choral symphony; einen ~ einstudieren to rehearse a chorus. – **3.** (*Instrumentengruppe*) section: ~ der Streicher string section. – **4.** (*gleichgestimmte Saiten*) strings *pl* in unison. – **5.** *antiq.* (*im Drama*) chorus.

Chor[2] *m, rare n* ⟨-(e)s; -e *u.* ⸗e⟩ *arch.* **1.** (*Altarraum*) choir, chancel. – **2.** (*Orgelempore*) gallery, loft.

Chor[3] *n* ⟨-s; *no pl*⟩ *colloq.* (*Gesindel*) pack, lot, gang.

Cho·ra·ge [koˈraːgə] *m* ⟨-n; -n⟩ *antiq. cf.* Chorege.

Cho·ral [koˈraːl] *m* ⟨-s; Choräle⟩ *relig.* **1.** (*katholischer*) (Gregorian) chant, plainsong. – **2.** (*protestantischer*) chorale, hymn. — **~be,ar·bei·tung** *f mus.* composition based on chorales. — **~,buch** *n relig.* hymn book. — **~no·ta·ti,on** *f* plainsong notation.

ˈChor·al,tar *m relig.* high altar.

Choˈral,vor,spiel *n mus.* choral prelude.

ˈChor|,amt *n relig.* cathedral service. — **c~,ar·tig** *adj* **1.** *mus.* choral. – **2.** *arch.* in the form of a choir. — **~,buch** *n mus. hist.* (*14.—17. Jh., Mensuralnotation*) choir book.

Chor·da [ˈkɔrda] *f* ⟨-; -den⟩ *zo.* notochord, chorda dorsalis.

Chor·da·ten [kɔrˈdaːtən] *pl zo.* chordates, chordata (*Stamm Chordata*).

ˈChor·di,rek·tor *m* choirmaster.

Cho·rea [koˈreːa] *f* ⟨-; *no pl*⟩ *med.* (*Veitstanz*) chorea, Saint Vitus's dance: Huntingtonsche ~ choreomania, chronic (*od.* hereditary) chorea; ~ major [minor] dancing (*od.* epidemic) [Sydenham's *od.* saltatory] chorea. — **cho·rea·tisch** [-reˈaːtɪʃ] *adj* choreic, choreatic, choreal.

Cho·re·ge [koˈreːgə] *m* ⟨-n; -n⟩ *antiq.* choragus, choregus.

choˈre·gisch *adj antiq.* choragic.

ˈChor·em,po·re *f arch.* choir loft.

Cho·reo·graph [koreoˈgraːf] *m* ⟨-en; -en⟩ choreographer. — **Cho·reo·graˈphie** [-graˈfiː] *f* ⟨-; -n [-ən]⟩ choreography. — **cho·reoˈgra·phisch** *adj* choreographic.

Cho·re·us [çoˈreːʊs] *m* ⟨-; Choreen [-ən]⟩ *metr.* choreus, trochee.

Cho·reut [çoˈrɔʏt] *m* ⟨-en; -en⟩ *antiq.* choreutic (*od.* choral) dancer. — **Choˈreu·tik** [-tɪk] *f* ⟨-; *no pl*⟩ (art of) choral dancing. — **choˈreu·tisch** *adj* choreutic.

ˈChor|,frau *f röm.kath.* canoness. — **~,füh·rer** *m antiq. cf.* Chorege. — **~ga·le,rie** *f arch. cf.* Chorempore. — **~,gang** *m* choir aisle. — **~ge,bet** *n röm.kath.* chancel office. — **~ge,sang** *m mus.* choral (*od.* choir) singing (*od.* music): Gottesdienst mit ~ *relig.* choral service. — **~ge,stühl** *n arch.* choir stalls *pl.* — **~ge,wand** *n relig.* (*des Priesters*) choral vestment. — **~,haupt** *n arch. cf.* Apsis. — **~,hemd** *n relig.* **1.** (*der Chorknaben u. des Priesters*) surplice, (*kurzes*) cotta. – **2.** (*des Priesters*) alb. – **3.** (*des Bischofs*) rochet. — **~,herr** *m röm.kath.* canon: regulierte ~en canons regular.

chor·iam·bisch [çoˈrĭambɪʃ] *adj metr.* choriambic. — **Chor·iam·bus** [-ˈrĭambʊs] *m* ⟨-; Choriamben⟩ *metr.* choriamb, choriambus.

Cho·ri·oi·dea [korĭoˈiːdea] *f* ⟨-; *no pl*⟩ *med. cf.* Aderhaut.

Cho·ri·on [ˈkoːrĭɔn] *n* ⟨-s; *no pl*⟩ *biol.* chorion.

cho·ri·pe·tal [koripeˈtaːl] *adj bot.* choripetalous.

ˈcho·risch *adj* **1.** *mus.* choral: mit ~er Besetzung written (*od.* scored) for several players. – **2.** *antiq.* choric.

Cho·rist [koˈrɪst] *m* ⟨-en; -en⟩ *cf.* Chorsänger.

Choˈri·stin *f* ⟨-; -nen⟩ *cf.* Chorsängerin.

ˈChor|kan,ta·te *f mus.* choral cantata. — **~,kna·be** *m* choirboy. — **~,lei·ter** *m* choirmaster, *Am.* choir leader (*od.* director). — **~,lied** *n* **1.** *antiq.* choral ode. – **2.** choral song, chorus. — **~,man·tel** *m relig.* cope, (*mit Kapuze*) anabata. — **~mu,sik** *f* choral music. — **~,ni·sche** *f arch.* apse, apsis.

Cho·ro·gra·phie [çorograˈfiː] *f* ⟨-; -n [-ən]⟩ *geogr.* chorography.

Cho·roi·dea [koroˈiːdea] *f* ⟨-; *no pl*⟩ *med. cf.* Aderhaut.

Cho·roi·di·tis [koroiˈdiːtɪs] *f* ⟨-; *no pl*⟩ *med.* choroiditis.

Cho·ro·lo·gie [çoroloˈgiː] *f* ⟨-; -n [-ən]⟩ *geogr. biol.* chorology. — **cho·roˈlo·gisch** [-ˈloːgɪʃ] *adj* chorologic(al).

ˈChor|,or·gel *f mus.* choir organ. — **~,pult** *n* (*in der Kirche*) lectern. — **~,rock** *m relig. cf.* Chorhemd. — **~,sän·ger** *m,* **~,sän·ge·rin** *f mus.* choir singer, *auch* chorister. — **~,schran·ken** *pl arch.* parclose *sg.* — **~,stuhl** *m* choir stall. — **~,ton** *m mus. cf.* Kammerton. — **~,um,gang** *m arch.* ambulatory.

Cho·se [ˈʃoːzə] *f* ⟨-; *no pl*⟩ *cf.* Schose.

Chre·sto·ma·thie [krɛstomaˈtiː] *f* ⟨-; -n [-ən]⟩ (*literature*) chrestomathy.

Chri·sam [ˈçriːzam] *n, m* ⟨-s; *no pl*⟩, **Chris·ma** [ˈçrɪsma] *n* ⟨-s; *no pl*⟩ *relig.* chrism, consecrated oil.

Chris·ma·to·ri·um [çrɪsmaˈtoːrĭʊm] *n* ⟨-s; Chrismatoria [-rĭa]⟩ *relig.* chrismatory, chrismal (*receptacle for the chrism*).

Christ [krɪst] **I** *npr m* ⟨-s; *no pl*⟩ Christ: der heilige ~ *obs. od. dial.* Christmas. – **II** *m* ⟨-en; -en⟩ Christian: als guter ~ like a good (*od.* true) Christian; als guter ~ sterben to die a good Christian; ~en aller Konfessionen Christians of all denominations; die Deutschen ~en (*in der NS-Zeit*) the German Christian Church *sg.*

ˈChrist,abend *m* Christmas Eve.

ˈChrist,baum *m* **1.** Christmas tree: den ~ schmücken to decorate the Christmas tree; unter dem ~ bescheren to put presents under the Christmas tree; er hat nicht alle auf dem ~ *fig. colloq.* he has bats in his belfry (*colloq.*). – **2.** *aer. mil.* target marker. – **3.** *civ.eng.* (*bei Ölbohrungen*) Christmas tree. — **~,schmuck** *m* Christmas-tree decoration.

ˈChrist|,bee·re *f bot.* smooth currant (*Ribes grossularia*). — **~,blu·me** *f cf.* Christrose. — **~de·mo,krat** *m pol.* Christian Democrat. — **~,dorn** *m bot. cf.* Christusdorn.

ˈChri·sten|,feind *m,* **~,fein·din** *f* antichristian. — **c~,feind·lich** *adj* antichristian. — **~ge,mein·de** *f relig.* Christian community: die frühen ~n the early Christian churches. — **~ge,mein·schaft** *f a religious society incorporating Christian and anthroposophical elements.*

ˈChri·sten·heit *f* ⟨-; *no pl*⟩ die ~ Christendom, *Am. auch* Christianity, the Christian world.

ˈChri·sten|,leh·re *f relig.* instruction in the Christian faith. — **~,mensch** *m cf.* Christ II. — **~,pflicht** *f* a Christian's duty, one's duty as a Christian. — **~,see·le** *f obs.* **1.** soul of a Christian. – **2.** (*Mensch*) Christian.

ˈChri·sten·tum *n* ⟨-s; *no pl*⟩ Christianity: das ~ the Christian faith (*od.* religion); das ~ annehmen to adopt (*od.* espouse) Christianity; sich zum ~ bekennen to profess Christianity; zum ~ bekehren to convert (*s.o.*) to Christianity, to Christianize; das ~ unter den Heiden verbreiten to spread Christianity among the heathen.

ˈChri·sten·ver,fol·gung *f* persecution of Christians.

ˈChrist,fest *n* Christmas.

Chri·stia·nia [krɪsˈtĭaːnĭa] *m* ⟨-s; -s⟩ (*sport*) (*Skischwung*) Christiania (turn).

chri·stia·ni·sie·ren [krɪstĭaniˈziːrən] *v/t* ⟨*no* ge-, h⟩ *relig.* Christianize, convert (*s.o.*) to Christianity. — **Chri·stia·niˈsie·rung** *f* ⟨-; *no pl*⟩ Christianization, conversion to Christianity.

ˈChri·stin *f* ⟨-; -nen⟩ Christian (woman).

ˈchrist|ka,tho·lisch *adj Swiss for* altkatholisch. — **C~ka·tho·li,zis·mus** *m Swiss for* Altkatholizismus.

ˈChrist,kind *n* ⟨-(e)s; *no pl*⟩ **1.** the infant Jesus, the Holy Child. – **2.** Santa Claus, *Br.* Father Christmas. – **3.** *colloq. cf.* Christkindel 1.

ˈChrist|,kin·del *n,* **~,kindl** [-ˌkɪndəl] *n* **1.** Christmas present(s *pl*). – **2.** *cf.* Christkind 1, 2. — **~,kindl,markt** *m Bavarian and Austrian* Christmas fair.

ˈChrist,kö·nigs,fest *n röm.kath.* Feast of Jesus Christ the King.

ˈchrist·lich I *adj* Christian, Christianlike, Christianly: ~e Lehre Christian doctrine; ~e Taufe Christian baptism, palingenesis; ~e Überlieferung Christian tradition; ~e Zeitrechnung Christian era; C~er Verein Junger Männer Young Men's Christian Association; C~e Wissenschaft (*Religionsgemeinschaft*) Christian Science; ein Akt ~er Nächstenliebe an act of Christian charity; mit ~en Grundsätzen nicht zu vereinbaren incompatible with Christian ideas; etwas mit dem Mantel ~er Nächstenliebe zudecken *fig.* to cover s.th. up under the cloak of Christian charity. – **II** *adv* as (*od.* like) a Christian: ~ handeln to act in a Christian manner.

ˈchrist·lich-de·moˈkra·tisch *adj pol.* Christian Democrat: C~-D~e Union Christian Democratic Union.

ˈChrist·lich·keit *f* ⟨-; *no pl*⟩ Christianity, Christian spirit.

ˈchrist·lich-so·ziˈal *adj pol.* Christian Social: C~-S~e Union Christian Social Union.

ˈChrist|,markt *m obs.* Christmas fair. — **~,mes·se** *f relig.* Christmas mass. — **~,met·te** *f relig.* midnight service on Christmas Eve. — **~,mo·nat** *m archaic* December. — **~,nacht** *f* Christmas Eve, night before Christmas.

Chri·sto·gramm [krɪstoˈgram] *n* ⟨-s; -e⟩ *relig. cf.* Christusmonogramm.

Chri·sto·lo·gie [krɪstoloˈgiː] *f* ⟨-; -n [-ən]⟩ *relig.* Christology. — **chri·stoˈlo·gisch** [-ˈloːgɪʃ] *adj* christological.

Chri·sto·pho·rus [krɪsˈtoːforʊs] *npr m* ⟨-; *no pl*⟩ *relig.* (Saint) Christopher.

ˈChri·stophs|,kraut [ˈkrɪstɔfs-] *n bot.* baneberry, herb Christopher (*Actaea spicata*): Rotes ~ red baneberry, *auch* redberry (*A. rubra*). — **~,wurz** *f root of herb Christopher* (*Actaea spicata*).

ˈChrist|,ro·se *f bot.* Christmas rose (*od.* flower) (*Helleborus niger*). — **~,stol·len** *m gastr.* Christmas stollen (*sweet yeast loaf with fruits and nuts*).

Chri·stus [ˈkrɪstʊs] *npr m* ⟨Christi [-ti] *u.* -; *no pl*⟩ **1.** Christ: Geburt Christi birth of Christ, Nativity; die Wiederkunft Christi the Second Advent; das tausendjährige Reich Christi the millennium; die Jünger Christi the Disciples of Christ; vor ~, vor Christi Geburt (*abbr. v. Chr.*) before Christ (*abbr. B.C.*); nach ~, nach Christi Geburt (*abbr. n. Chr.*) after Christ, anno Domini (*abbr. A.D.*); in Christi Namen in the name of Christ; um Christi willen for Christ's sake; → Bruder 3; Leiden 1. – **2.** (*art*) *cf.* Christusfigur. — **~aka·zie** [-ˀaˌkaːtsĭə] *f bot.* honey locust, thorn tree, three-thorned acacia (*Gleditschia triacanthos*). — **~,au·ge** *n* Christ's-eye (*Inula oculus-christi*). — **~,bild** *n* (*art*) image of Christ (*auch fig.*). — **~,dorn** *m bot.* Christ's-thorn (*Paliurus spina-christi u. Ziziphus jujuba*). — **~fi,gur** *f* (*art*) figure of Christ. — **~,kind** *n relig. cf.* Christkind 1. — **~,kopf** *m* (*art*) head of Christ. — **~mo·no,gramm** *n relig.* Christogram. — **~sym,bol** *n* symbol of Christ, Christogram. — **~,trä·nen** *pl bot.* Job('s) tears (*Coix lacryma-jobi*).

ˈChrist|,ves·per *f relig. service on Christmas Eve with musical interludes.* — **~,wurz** *f bot.* **1.** *cf.* Christrose. – **2.** mountain arnica, panacea (*Arnica montana*). – **3.** tuberous bitter vetch (*Lathyrus tuberosus*). – **4.** *cf.* Adonisröschen 1.

Chrom [kroːm] *n* ⟨-s; *no pl*⟩ **1.** *chem.* chromium (Cr). – **2.** *metall.* chrome, chromium.

ˈChrom·alaun [-ˀaˌlaʊn] *m chem.* chrome alum, chromium potassium alum ($KCr(SO_4)_2 \cdot 12H_2O$).

Chro·mat [kroˈmaːt] *n* ⟨-(e)s; -e⟩ *chem.* chromate. — **~,druck** *m* ⟨-(e)s; -e⟩ *print.* chromatic print(ing).

Chro·ma·ti·den [kromaˈtiːdən] *pl biol.* chromatids.

Chro·ma·tik [kroˈmaːtɪk] *f* ⟨-; *no pl*⟩ **1.** *mus.* chromaticism. – **2.** *phys. cf.* Farbenlehre.

Chro·ma·tin [kromaˈtiːn] *n* ⟨-s; -e⟩ *biol.* chromatin, karyotin.

chroˈma·tisch *adj* chromatic: ~e Tonleiter *mus.* chromatic scale; ~e Aberration (*od.* Abweichung) (*optics*) chromatic aberration, chromatism.

Chro·ma·tis·mus [kromaˈtɪsmʊs] *m* ⟨-; *no pl*⟩ **1.** *mus.* chromaticism. – **2.** *phys.* chromatism.

Chro·ma·to·gra·phie [kromatograˈfiː] *f* ⟨-; *no pl*⟩ *chem.* chromatography, chromatographic analysis. — **chro·ma·to·graˈphie·ren** [-rən] *v/t* ⟨*no* ge-, h⟩ chromatograph.

— **chro·ma·to'gra·phisch** [-'gra:fɪʃ] *adj* chromatographic.
Chro·ma·to·phor [kromato'fo:r] *n* ⟨-s; -en⟩ *bot. zo.* chromatophore.
'**Chrom**|₁**ei·sen**₁**erz** *n*, ~₁**ei·sen**₁**stein** *m min.* chromite, chrome iron ore. — ~₁**far·be** *f chem.* chrome dye. — ~₁**gelb** *n* chrome yellow. — ~₁**ger·ben** *n tech.* chrome tanning. — ~₁**grün** *n* chrome (*od.* viridian) green. — **c**~₁**hal·tig** *adj* **1.** *chem.* chromous. – **2.** *min.* chromiferous.
chro·mie·ren [kro'mi:rən] *v/t* ⟨*no* ge-, h⟩ **1.** (*textile*) chrome. – **2.** *tech. cf.* verchromen.
Chro·mit [kro'mi:t; -'mɪt] *m* ⟨-s; -e⟩ *min. cf.* Chromeisenerz.
'**Chrom**|₁**le·der** *n* chrome (*od.* chrome-tanned) leather. — ~₁**nickel**₁**stahl** (*getr.* -k·k-) *m metall.* chrome-nickel steel, nickel-chromium steel.
Chro·mo·gen [kromo'ge:n] *chem.* **I** *n* ⟨-s; *no pl*⟩ chromogen. – **II c**~ *adj* chromogenic.
Chro·mo|**li·tho·graph** [kromolito'gra:f] *m print.* chromolithographer. — ~**li·tho·gra'phie** [-gra'fi:] *f* **1.** chromolithography. – **2.** chromolithograph, chromolithographic print. — **c**~**li·tho'gra·phisch** *adj* chromolithographic.
'**Chro·mo·pa**₁**pier** ['kro:mo-] *n print.* chromopaper.
Chro·mo·plast [kromo'plast] *m* ⟨-en; -en⟩ *biol. bot.* chromoplast.
Chro·mo·som [kromo'zo:m] *n* ⟨-s; -en⟩ *meist pl biol.* chromosome: mit gedoppeltem ~ disomic. — **chro·mo·so'mal** [-zo'ma:l] *adj* chromosomal.
Chro·mo'so·men|₁**an**₁**ord·nung** *f biol.* arrangement of chromosomes. — ~₁**paar** *n* bivalent: Genaustausch zwischen ~en crossing-over. — ~₁**paa·rung** *f* pairing of chromosomes. — ~₁**tren·nung** *f* disjunction. — ~₁**zahl** *f* chromosome number.
Chro·mo·sorb [kromo'zɔrp] (*TM*) *n* ⟨-s; -s⟩ *chem.* chromosorb.
Chro·mo|**sphä·re** [kromo'sfɛ:rə] *f* ⟨-; *no pl*⟩ *astr.* chromosphere. — **c**~'**sphä·risch** *adj* chromospheric.
Chro·mo·ty·pie [kromoty'pi:] *f* ⟨-; *no pl*⟩ *print.* chromotype.
'**Chrom**|**oxyd** [-ˀɔ₁ksy:t] *n chem.* chromic (*od.* chromium) oxide (Cr_2O_3). — ~₁**rot** *n* chrome red. — ~₁**salz** *n* chromic (*od.* chromous) salt. — **c**~₁**sau·er** *adj* chromic: chromsaures Salz *cf.* Chromat; chromsaures Kali potassium chromate (K_2CrO_4).
'**Chrom**₁**säu·re** *f chem.* chromic acid (H_2CrO_4). — ~**an·hy**₁**drid** *n* chromic anhydride, chromium trioxide (CrO_3).
'**Chrom**|₁**stahl** *m metall.* chrome (*od.* chromium) steel. — ~**ver**₁**zie·rung** *f auto.* chrome trimming.
Chro·nik ['kro:nɪk] *f* ⟨-; -en⟩ **1.** chronicle: sie ist eine wandelnde ~ *fig. humor.* she is a (regular) gossipmonger. – **2.** die Bücher der ~ *Bibl. cf.* Chronika.
Chro·ni·ka ['kro:nika] *pl* die Bücher der ~ *Bibl.* the Chronicles.
chro·nisch ['kro:nɪʃ] *adj med.* chronic (*auch fig.*): eine ~e Krankheit a chronic disease; an ~er Faulheit leiden *fig. humor.* to have a chronic aversion to work; in ~en Geldschwierigkeiten stecken *fig.* to be in chronic financial difficulties.
Chro·nist [kro'nɪst] *m* ⟨-en; -en⟩ chronicler, annalist.
Chro·no·gramm [krono'gram] *n* ⟨-s; -e⟩ *hist.* chronogram.
Chro·no·graph [krono'gra:f] *m* ⟨-en; -en⟩ *tech.* chronograph, time meter (*od.* recorder). — **Chro·no·gra'phie** [-gra'fi:] *f* ⟨-; -n [-ən]⟩ chronography.
Chro·no·lo·ge [krono'lo:gə] *m* ⟨-n; -n⟩ chronologer, chronologist. — **Chro·no·lo'gie** [-lo'gi:] *f* ⟨-; *no pl*⟩ chronology. — **chro·no'lo·gisch** *adj* chronological: in ~er Reihenfolge in chronological order.
Chro·no·me·ter [krono'me:tər] *n* ⟨-s; -⟩ chronometer. — **Chro·no·me'trie** [-me'tri:] *f* ⟨-; -n [-ən]⟩ chronometry. — **chro·no'me·trisch** [-'me:trɪʃ] *adj* chronometric(al).
Chro·no·skop [krono'sko:p] *n* ⟨-s; -e⟩ chronoscope, time meter.
Chry·sa·li·de [çryza'li:də] *f* ⟨-; -n⟩, *auch* **Chry·sa·lis** ['çry:zalɪs] *f* ⟨-; Chrysaliden [çryza'li:dən]⟩ *zo.* chrysalis.
Chrys·an·the·me [çryzan'te:mə; kry-] *f* ⟨-; -n⟩ *bot.* chrysanthemum (*Gattg Chrysanthemum*).
Chry'sip·pus₁**fal·ter** [çry'zɪpʊs-] *m zo.* a) (*in Europa*) monarch (butterfly) (*Danaus chrysippus*), b) (*in Amerika*) milkweed butterfly, monarch (*D. plexippus*).
Chry·so·be·ryll [çryzobe'rʏl] *m min.* chrysoberyl.
Chry·so·lith [çryzo'li:t; -'lɪt] *m* ⟨-s *od.* -en; -e(n)⟩ *min.* chrysolite, olivine.
Chry·so·pras [çryzo'pra:s] *m* ⟨-es; -e⟩ *min.* chrysoprase.
chtho·nisch ['çto:nɪʃ] *adj myth.* chtonian, of the underworld: ~e Gottheiten chthonian deities, gods of the underworld.
chy·lös [çy'lø:s] *adj med.* chylous, like chyle. — **Chy·lus** ['çy:lʊs] *m* ⟨-; *no pl*⟩ chyle.
Chy·mus ['çy:mʊs] *m* ⟨-; *no pl*⟩ *med.* chyme.
Cia·co·na [tʃa'ko:na] *f* ⟨-; -s⟩ *mus. cf.* Chaconne.
Ci·bo·ri·um [tsi'bo:rĭʊm] *n* ⟨-s; Ciborien⟩ **1.** *relig.* ciborium, pyx. – **2.** *arch.* ciborium.
Ci·ce·ro ['tsi:tsero] *f* ⟨-; *no pl*⟩ *print.* pica, twelve-point type.
Ci·ce·ro·ne [tʃitʃe'ro:nə] *m* ⟨-(s); -s *od.* Ciceroni [-ni]⟩ guide, cicerone.
Ci·ce·ro·nia·ner [tsitsero'nĭa:nər] *m* ⟨-s; -⟩ *hist.* Ciceronian. — **ci·ce·ro·nia·nisch** [-'nĭa:nɪʃ] *adj* Ciceronian. — **Ci·ce·ro·nia'nis·mus** [-nĭa'nɪsmʊs] *m* ⟨-; *no pl*⟩ Ciceronianism. — **ci·ce'ro·nisch** [-'ro:nɪʃ] *adj cf.* ciceronianisch.
'**Ci·ce·ro**₁**schrift** *f print. cf.* Cicero.
Ci·li'ar₁**kör·per** [tsi'lĭa:r-] *m med.* ciliary body.
Cim·ba·lon ['tsɪmbalɔn] *n* ⟨-s; -s⟩ *mus.* cimbalon, *auch* cymbalom, cymbalon.
Ci·ne·ast [sine'ast] *m* ⟨-en; -en⟩ (*film*) cineast, *auch* cinéaste.
Ci·ne·ma·scope [sinema'sko:p] (*TM*) *n* ⟨-; *no pl*⟩ (*film*) cinemascope.
Ci·ne·ma·thek [sinema'te:k] *f* ⟨-; -en⟩ *cf.* Filmothek.
Ci·ne·ra·ma [sine'ra:ma] (*TM*) *n* ⟨-; *no pl*⟩ (*film*) cinerama.
Cin·na·ba·rit [tsɪnaba'ri:t; -'rɪt] *m min.* cinnabar.
Cin·que·cen·tist [tʃɪŋkvetʃɛn'tɪst] *m* ⟨-en; -en⟩ (*art*) cinquecentist. — **Cin·que'cen·to** [-to] *n* ⟨-s; *no pl*⟩ (*Epoche der ital. Kunst, 16. Jh.*) cinquecento.
Ci·pol·lin [tʃipɔ'li:n] *m* ⟨-s; *no pl*⟩ *min.* cipolin.
cir·ca ['tsɪrka] *adv cf.* zirka.
Cir·ce ['tsɪrtse] *npr f* ⟨-; *no pl*⟩ *myth.* Circe (*auch fig.*).
Cir·cu·lus| **vi·tio·sus** ['tsɪrkulʊs vi'tsĭo:zʊs] *m* ⟨- -; Circuli vitiosi [-li -zi]⟩ *philos. med.* vicious circle. — ~-**vi·tio·sus-Axi**₁**om** [-vi'tsĭo:zʊs-] *n philos.* vicious-circle principle, principle excluding impredicative concept-formation.
Cir·ro·cu·mu·lus [tsɪro'ku:mulʊs] *m* ⟨-; -li [-li]⟩ *meteor. cf.* Zirrokumulus. — **Cir·ro'stra·tus** [-'stra:tʊs] *m* ⟨-; -⟩ *cf.* Zirrostratus.
Cir·rus ['tsɪrʊs] *m* ⟨-; -⟩ *meteor. cf.* Zirrus.
cis, Cis [tsɪs] *n* ⟨-; -⟩ *mus.* C sharp: cis, cis-Moll C sharp minor; Cis, Cis-Dur C sharp major.
cis·al·pin [tsizal'pi:n] *adj cf.* zisalpin.
'**Cis-**₁**Form** *f chem.* cis-form.
cis·is, Cis·is ['tsɪsˀɪs] *n* ⟨-; -⟩ *mus.* C double sharp.
Ci·toy·en [sitŏa'jɛ̃:] *m* ⟨-s; -s⟩ *hist.* French citizen.
Ci·tral [tsi'tra:l] *n* ⟨-s; -e⟩ *chem.* citral, *auch* geranial ($C_9H_{15}CHO$).
Ci·trat [tsi'tra:t] *n* ⟨-s; -e⟩ *chem.* citrate.
Ci·trin[1] [tsi'tri:n] *n* ⟨-s; -e⟩ *chem.* citrin.
Ci'trin[2] *m* ⟨-s; *no pl*⟩ *min.* citrine.
'**Ci·trus**₁**frucht** ['tsi:trʊs-] *f meist pl cf.* Zitrusfrucht.
Ci·vet [si've:] *n* ⟨-s; -s⟩ *gastr.* **1.** (*Wildragout*) civet. – **2.** (*Hasenragout*) jugged hare.
Ci·vet·te [(t)si'vɛtə] *f* ⟨-; -n⟩ *zo.* African civit (*Civettictis civetta*).
Claim [kle:m; kleɪm] (*Engl.*) *m* ⟨-(s); -s⟩ (*Anrecht, Besitztitel*) claim.
Clai·rette [klɛ'rɛt] (*Fr.*) *f* ⟨-; *no pl*⟩ *gastr. a light rosé wine.*
Clair-ob·scur [klɛrɔp'sky:r] (*Fr.*) *n* ⟨-s; *no pl*⟩ (*art*) (*Helldunkel*) claire- (*od.* clare-, clear-)obscure, chiaroscuro, *auch* chiaro-oscuro.
Clan [kla:n; klɛn; klæn] (*Engl.*) *m* ⟨-s; -e ['kla:nə] *od.* -s [klɛns; klænz]⟩ clan.
Claque [klak] (*Fr.*) *f* ⟨-; *no pl*⟩ *contempt.* claque, hired applauders *pl.* — **Cla'queur** [-'kø:r] *m* ⟨-s; -e⟩ claqueur, *auch* claquer, hired applauder.
Clau·su·la ['klauzula] *f* ⟨-; -lae [-lɛ]⟩ *cf.* Klausel: ~ rebus sic stantibus *jur.* clausula rebus sic stantibus.
Cla·ve·cin [klavə'sɛ̃:] *n* ⟨-s; -s⟩, **Cla·vi·cem·ba·lo** [klavi'tʃɛmbalo] *n mus. cf.* Cembalo.
Cla·vi·chord [klavi'kɔrt] *n* ⟨-(e)s; -e⟩ *mus. cf.* Klavichord.
Cla·vi·cu·la [kla'vi:kula] *f* ⟨-; -lae [-lɛ]⟩ *med.* clavicle, collar bone.
Clay·to·nie [kleɪ'to:nĭə; kle-] *f* ⟨-; -n⟩ *bot.* spring beauty (*Gattg Claytonia*).
Clea·ring ['kli:rɪŋ; 'klɪərɪŋ] (*Engl.*) *n* ⟨-s; -s⟩ *econ.* clearing. — ~₁**ab**₁**kom·men** *n* clearing agreement. — ~₁**haus** *n* clearing house. — ~**ver**₁**kehr** *m* clearing (system): im ~ verrechnen (lassen) to clear, to settle by clearing.
Cle·ma·tis [kle'ma:tɪs; 'kle:matɪs] *f* ⟨-; -⟩ *bot. cf.* Klematis.
cle·ver ['klɛvər; 'klɛvə] (*Engl.*) *adj* ⟨-er; -st⟩ clever.
Cliff-dwel·ler ['klɪf₁dvɛlər; 'klɪf₁dwɛlə] (*Engl.*) *m* ⟨-s; -s⟩ *geogr.* cliff dweller.
Clinch [klɪntʃ] (*Engl.*) *m* ⟨-es; *no pl*⟩ (*beim Boxen*) clinch: in den ~ gehen to clinch. — '**clin·chen** *v/i* ⟨h⟩ clinch.
Clip [klɪp] *m* ⟨-s; -s⟩ *cf.* Klipp.
Cli·que ['kli:kə; 'klɪkə] *f* ⟨-; -n⟩ *meist contempt.* **1.** clique, coterie, clan: eine ~ von Gaunern a clique of gangsters. – **2.** *pol.* (*Interessenpartei*) faction, cabal (*contempt.*).
'**cli·quen·haft** *adj* cliquish, click(e)y.
'**Cli·quen**|₁**we·sen** *n*, ~₁**wirt·schaft** *f* cliquism, cliquish practices *pl.*
Clo·chard [klɔ'ʃa:r] (*Fr.*) *m* ⟨-(s); -s⟩ *colloq.* (*in Paris*) clochard, tramp.
Cloi·son·né [klŏazɔ'ne:] *n* ⟨-s; -s⟩ (*art*) cloisonné (enamel).
clo·nisch ['klo:nɪʃ] *adj med.* clonic.
Clo·qué [klo'ke:] *m* ⟨-(s); -s⟩ (*textile*) cloque (*od.* blister) cloth, cloque.
Clou [klu:] *m* ⟨-s; -s⟩ *colloq.* **1.** (important) point: das war der ~ des Ganzen this was the whole point of it. – **2.** chief attraction, highlight: der ~ des Abends the main attraction of the evening. – **3.** climax.
Clown [klaun] (*Engl.*) *m* ⟨-s; -s⟩ clown (*auch fig.*): den ~ machen *colloq. contempt.* to clown; das ist aber ein komischer ~ *colloq. contempt.* this is a funny man indeed. — **Clow·ne'rie** [-nə'ri:] *f* ⟨-; -n [-ən]⟩ clownery, clownishness.
Club [klʊp] *m* ⟨-s; -s⟩ *cf.* Klub.
c-₁**Moll** ['tse:-] *n* ⟨-; *no pl*⟩ *mus.* C minor.
Coach [ko:tʃ; koutʃ] (*Engl.*) *m* ⟨-; -es [-tʃɪs; -tʃɪz]⟩ (*sport*) coach.
Co·agu·lum [ko'a:gulʊm] *n* ⟨-s; -gula [-la]⟩ *med.* blood clot, coagulum (*scient.*).
Cobb·ler ['kɔblər; 'kɔblə] (*Engl.*) *m* ⟨-s; -s⟩ *gastr.* cobbler.
Co·ca-Co·la [koka'ko:la] (*TM*) *n* ⟨-(s); -⟩ *u. f* ⟨-; -⟩ *gastr.* Coca-Cola, Coke.
Co·ca·in [koka'i:n] *n* ⟨-s; *no pl*⟩ *chem. cf.* Kokain.
Coc·cus ['kɔkʊs] *m* ⟨-; Coccen ['kɔkən]⟩ *med. cf.* Kokke.
Co·che·nil·le [kɔʃə'nɪljə] *f* ⟨-; -n⟩ *chem. zo.* cochineal. — ~₁**schild**₁**laus** *f zo.* cochineal insect (*Coccus cacti*).
Co·chlea ['kɔxlea] *f* ⟨-; -chleae [-leɛ]⟩ *med.* cochlea.
Co·chon [kɔ'ʃõ:] *m* ⟨-s; -s⟩ *contempt. vulg.* dirty pig, swine (of a man). — **Co·chon·ne'rie** [-ʃɔnə'ri:] *f* ⟨-; -n [-ən]⟩ obscenity, filth, 'smut' (*colloq.*).
'**Cocker**₁**spa·ni·el** (*getr.* -k·k-) ['kɔkər-] *m* ⟨-(s); -s⟩ *zo.* (*Hunderasse*) cocker spaniel.
Cock·pit ['kɔk₁pɪt] (*Engl.*) *n* ⟨-s; -s⟩ *aer. mar.* cockpit.
Cock·tail ['kɔk₁te:l; 'kɔk₁teɪl] (*Engl.*) *m* ⟨-s; -s⟩ *gastr.* cocktail. — ~₁**glas** *n* cocktail glass. — ~₁**kleid** *n* (*fashion*) cocktail dress. — ~₁**par·ty** *f* cocktail party.
Co·coo·ni'sie·rungs·ver₁**fah·ren** [kokoni'zi:rʊŋs-] *n synth.* cocooning (process), coconization.
Co·da ['ko:da] *f* ⟨-; -s⟩ *mus. metr. phys. cf.* Koda.
Code [ko:t] *m* ⟨-s; -s⟩ *auch tel.* code. — ~₁**buch** *n* code (*od.* signal) book.
Code civil ['ko:t si'vi:l] *m* ⟨- -; *no pl*⟩ *jur.* (*in Frankreich*) Code civil.
Co·de·in [kode'i:n] *n* ⟨-s; *no pl*⟩ *med. pharm. cf.* Kodein.
Co·der ['ko:dər] *m* ⟨-s; -⟩ *tel.* coder.
'**Code**|₁**schlüs·sel** *m* cipher key, code. — ~**te·le**₁**gramm** *n* code telegram.
Co·dex ['ko:dɛks] *m* ⟨-es; -e *od.* Codices [-ditsɛs]⟩ *cf.* Kodex.
co·die·ren [ko'di:rən] *v/t* ⟨*no* ge-, h⟩ *cf.*

chiffrieren. — **Co'die·rung** *f* ⟨-; *no pl*⟩ *cf.* Chiffrieren.
Co·en·du [ko'ɛndu] *n* ⟨-s; -s⟩ *zo.* porcupine, coendu (*Gattg Coendu*).
Co·en·zym [koɛn'tsyːm; 'koː-] *n med. cf.* Koenzym.
Cœur [køːr] *n* ⟨-(s); -(s)⟩ (*Spielkartenfarbe*) hearts *pl.*
Cof·fe·in [kɔfe'iːn] *n* ⟨-s; *no pl*⟩ *chem. cf.* Koffein.
Co·ha·bi·ta·tio [kohabi'taːtsio] *f* ⟨-; *no pl*⟩ *med.* sexual intercourse.
Coif·feur [kŏa'føːr] *m* ⟨-s; -e⟩ hairdresser, coiffeur. — **Coif'feu·se** [-'føːzə] *f* ⟨-; -n⟩ (female) hairdresser, coiffeuse. — **Coif'fure** [-'fyːrə] *f* ⟨-; -n⟩ **1.** hairstyling, coiffure. – **2.** *obs.* headdress.
Co·ir [ko'iːr] *n* ⟨-(s); *no pl*⟩, *f* ⟨-; *no pl*⟩ (*textile*) coir.
Co·itus ['koːitus] *m* ⟨-; *no pl*⟩ *med. cf.* Koitus.
Coke [koːk; kouk] (*Engl.*) (*TM*) *n* ⟨-s; -s⟩ *cf.* Coca-Cola.
Col·amin [kola'miːn] *n* ⟨-s; *no pl*⟩ *chem.* colamine ($CH_2NH_2 \cdot CH_2OH$).
Col·chi·cin [kɔlçi'tsiːn] *n* ⟨-s; *no pl*⟩ *chem.* colchicine ($C_{22}H_{25}NO_6$).
Col·co·thar [kɔlko'taːr] *n* ⟨-s; *no pl*⟩ *chem.* colcothar, English red (Fe_2O_3).
Cold Cream ['koːlt 'kriːm; 'kould 'kriːm] (*Engl.*) *n* ⟨- -; - -s⟩ (*cosmetics*) cold cream.
Col·ek·to·mie [kolɛkto'miː] *f* ⟨-; -n [-ən]⟩ *med.* colectomy.
Co·li·tis [ko'liːtɪs] *f* ⟨-; Colitiden [-li'tiːdən]⟩ *med. cf.* Kolitis.
Col·la·ge [kɔ'laːʒə] *f* ⟨-; -n⟩ (*art*) collage.
Col·lege ['kɔlɪtʃ; 'kɔlɪdʒ] (*Engl.*) *n* ⟨-(s); -s [-dʒɪs; -dʒɪz]⟩ *ped.* college.
Col·li·din [kɔli'diːn] *n* ⟨-s; *no pl*⟩ *chem.* collidine, *auch* collidin ($C_8H_{11}N$).
Col·lie ['kɔli] *m* ⟨-s; -s⟩ *zo.* (*Hunderasse*) collie.
Col·li·er [kɔ'lieː] *n* ⟨-s; -s⟩ *cf.* Kollier.
Co·log·arith·mus [kologa'rɪtmus; 'koː-] *m math.* cologarithm.
Co·lon ['koːlən] *n* ⟨-s; -s *od.* Cola [-la]⟩ *ling. metr. med. cf.* Kolon.
Co·lón [ko'lɔn] *m* ⟨-(s); -(s)⟩ *econ.* colon (*Costa Rican coin*).
Co·lo'ra·do,kä·fer [kolo'raːdo-] *m zo. cf.* Kartoffelkäfer.
Colt [kɔlt] (*TM*) *m* ⟨-s; -s⟩ colt.
Com·bo ['kɔmbo] *f* ⟨-; -s⟩ *mus.* combo.
Come·back [kam'bɛk; 'kʌm,bæk] (*Engl.*) *n* ⟨-(s); -s⟩ *colloq.* comeback.
Co·mics ['kɔmɪks], **Co·mic strips** ['kɔmɪk 'strɪps] (*Engl.*) *pl* comics, comic strips, *Am. colloq.* funnies.
Com·me·li·ne [kɔme'liːnə] *f* ⟨-; -n⟩ *bot.* dayflower (*Gattg Commelina*).
Com·mu·ni·qué [kɔmyni'keː] *n* ⟨-s; -s⟩ *pol. cf.* Kommuniqué.
Com·plet [kõ'pleː] *n* ⟨-(s); -s⟩ *cf.* Komplet[1].
'Com·pound|,kern ['kɔmpaunt-] *m nucl.* compound nucleus. — **~ma,schi·ne** *f* **1.** *tech.* compound engine. – **2.** *electr.* compound generator. — **~,wick·lung** *f electr.* compound winding.
Comp·toir [kõ'tŏaːr] *n* ⟨-s; -s⟩ *econ. obs. for* Kontor 1, 2a, 3.
Com'pur·ver,schluß [kɔm'puːr-] (*TM*) *m phot.* Compur shutter.
Com·pu·ter [kɔm'pjuːtər; kəm'pjuːtə] (*Engl.*) *m* ⟨-s; -⟩ *tech.* computer.
con·axi·al [kɔnˀa'ksĭaːl] *adj cf.* koaxial.
Con·cer·tan·te [kɔntsɛr'tantə] *f* ⟨-; -n⟩ *mus.* concertante.
Con·cer·ti·na [kɔntʃɛr'tiːna] *f* ⟨-; -s⟩ *mus.* concertina.
Con·cer·ti·no [kɔntʃɛr'tiːno] *n* ⟨-s; -s⟩ *mus.* concertino.
Con·cer·to [kɔn'tʃɛrto] *n* ⟨-s; -s *od.* -certi [-ti]⟩ *mus.* concerto. — **~ 'gros·so** ['grɔso] *n* ⟨- -; concerti grossi [-ti -si]⟩ concerto grosso.
Con·cha ['kɔnça] *f* ⟨-; -s *od.* Conchen⟩ *med.* concha.
Con·fé·rence [kõfe'rãːs] (*Fr.*) *f* ⟨-; *no pl*⟩ (*radio*) (*film*) **1.** announcement. – **2.** narration. — **Con·fé·ren·ci·er** [-rã'sĭeː] *m* ⟨-s; -s⟩ conférencier, *Br.* compère, *Am.* master of ceremonies.
Con·fi·te·or [kɔn'fiːteɔr] *n* ⟨-; *no pl*⟩ *röm. kath.* confiteor.
Co·ni·in [koni'iːn] *n* ⟨-s; *no pl*⟩ *chem.* coniine, *auch* conine ($C_8H_{17}N$).
Con·se·cu·tio tem·po·rum [kɔnze'kuːtsĭo 'tɛmporum] *f* ⟨- -; *no pl*⟩ *ling.* sequence of tenses.

Con·sen·sus [kɔn'zɛnzus] *m* ⟨-; -⟩ *philos. relig. jur.* consensus.
Con·si·li·um [kɔn'ziːlĭum] *n* ⟨-s; Consilien⟩ **1.** *hist.* council, body of advisers. – **2.** *med.* consultation: ein ~ halten to hold a consultation. — **~ ab·eun·di** [abe'undi] *n* ⟨- -; *no pl*⟩ *ped.* warning prior to expulsion (*Br.* rustication).
Con·sti·tu·ante [kõstity'ãːt] *f* ⟨-; -s [-'ãːt]⟩ *pol. hist.* constituency, constituent assembly.
Con·tai·ner [kɔn'teːnər; kən'teɪnə] (*Engl.*) *m* ⟨-s; -⟩ (*railway*) (*Großbehälter*) container.
Con·te ['kɔntə] *m* ⟨-; -s *od.* Conti [-ti]⟩ (*ital. Graf*) count. — **Con·tes·sa** [kɔn'tɛsa] *f* ⟨-; Contessen⟩ (*ital. Gräfin*) contessa.
Con·ti·nuo [kɔn'tiːnuo] *m* ⟨-s; -s⟩ *mus.* (basso) continuo, thorough-bass.
Con·tra..., **con·tra** *cf.* Kontra..., kontra...
Co·nus ['koːnus] *m* ⟨-; Coni [-ni]⟩ *med.* cone.
Con·vul·sio [kɔn'vulzĭo] *f* ⟨-; -nen [-'zĭoːnən]⟩ *med. cf.* Konvulsion.
'Coo·lidge-,Rönt·gen,röh·re ['kuːlɪtʃ-] *f phys.* Coolidge X-ray tube.
Co·py·right ['kɔpi,raɪt; 'kɔpɪ,raɪt] (*Engl.*) *n* ⟨-s; -s⟩ *jur.* copyright.
co·ram pu·bli·co ['koːram 'puːbliko] *adv* in public, publicly.
Cord [kɔrt] *m* ⟨-(e)s; -e⟩ (*textile*) *cf.* Kord.
Cor·nea ['kɔrnea] *f* ⟨-; *no pl*⟩ *med.* cornea.
Cor·ne'al,scha·le [kɔrne'aːl-] *f* (*optics*) corneal (*od.* contact) lens.
Cor·ned beef ['kɔrnət 'biːf; 'kɔːnd -] (*Engl.*) *n* ⟨- -; *no pl*⟩ *gastr.* corned beef.
Cor·ner ['kɔrnər; 'kɔːnə] (*Engl.*) *m* ⟨-s; -(s)⟩ (*sport*) **1.** (*beim Boxen*) corner. – **2.** (*beim Fußball*) *obs. od. Austrian and Swiss for* Eckball.
Cor·ni·chon [kɔrni'ʃõː] *n* ⟨-s; -s⟩ *gastr.* cocktail gherkin.
'Corn·wall|,kes·sel ['kɔrnval-] *m tech.* Cornwall (*od.* Cornish) boiler. — **~,ul·me** *f bot.* Cornish elm (*Ulmus stricta*).
Co·ro·na [ko'roːna] *f* ⟨-; Coronen⟩ *cf.* Korona 1, 2.
Cor·po·ra·le [kɔrpo'raːlə] *n* ⟨-; *no pl*⟩ *röm. kath. cf.* Korporale.
Corps [koːr] *n* ⟨- [koːr(s)]; - [koːrs]⟩ *mil. ped. pol. cf.* Korps. — **~ de bal·let** ['koːr də ba'leː] *n* ⟨- - -; - - -⟩ (*theater*) corps de ballet. — **~ di·plo·ma·tique** ['koːr diploma'tiːk] *n* ⟨- -; - -s [-'tiːk]⟩ *pol.* corps diplomatique, diplomatic corps.
Cor·pus ['kɔrpus] *m* ⟨-; Corpora [-pora]⟩ corpus, body: ~ uteri *med.* body of the womb, corpus uteri (*scient.*).
'Cor·pus 'Chri·sti ['krɪsti] *n* ⟨- -; *no pl*⟩ *relig.* **1.** Eucharist. – **2.** *cf.* Fronleichnam.
Cor·pu·scu·lum [kɔr'puskulum] *n* ⟨-s; -scula [-la]⟩ *med.* corpuscle.
'Cor·pus de'lic·ti [de'lɪkti] *n* ⟨- -; Corpora -⟩ *jur.* corpus delicti.
'Cor·pus 'ju·ris ['juːrɪs] *n* ⟨- -; *no pl*⟩ *jur.* corpus juris.
Cor·sa·ge [kɔr'zaːʒə] *f* ⟨-; -n⟩ *cf.* Korsage.
Cor·tex ['kɔrtɛks] *m* ⟨-(es); -e⟩ *biol. cf.* Kortex.
'Cor·ti·sches Or'gan ['kɔrtiʃəs] *n* ⟨-n -s; -n -e⟩ *med.* organ of Corti, Corti's organ.
Cor·ti·son [kɔrti'zoːn] *n* ⟨-s; *no pl*⟩ *pharm.* cortisone.
Co·se·cans ['koːzekans] *m* ⟨-; -⟩ *math. cf.* Kosekans.
Co·si·nus ['koːzinus] *m* ⟨-; -⟩ *math. cf.* Kosinus.
Cos·mo·tron ['kɔsmotroːn] *n* ⟨-s; -e⟩ *nucl. cf.* Protonen-Synchrotron.
Co·sta·ri·ca·ner [kɔstari'kaːnər] *m* ⟨-s; -⟩ Costa Rican. — **co·sta·ri'ca·nisch** *adj* Costa Rican.
Co·tan·gens ['koːtaŋgɛns] *m* ⟨-; -⟩ *math. cf.* Kotangens.
Co·te·lé [kotə'leː] *m* ⟨-(s); -s⟩ (*fashion*) *cf.* Kord.
Cot·tage ['kɔtɪdʒ] (*Engl.*) *n* ⟨-; -s [-dʒɪz]⟩ **1.** cottage. – **2.** [*meist* kɔ'teːʃ] *Austrian* (*bes. in Wien*) *for* Villenviertel.
Cot·ton ['kɔtən; kɔtn] (*Engl.*) *m, n* ⟨-s; *no pl*⟩ (*textile*) cotton.
cot·to·ni·sie·ren [kɔtoni'ziːrən] *v/t* ⟨*no* ge-, h⟩ *cf.* kotonisieren.
'Cot·ton|ma,schi·ne *f* (*textile*) full-fashioned knitting machine, Cotton's (hosiery-knitting) machine. — **~,öl** *n* cottonseed oil. — **~,stuhl** *m cf.* Cottonmaschine.
Couch [kautʃ] (*Engl.*) *f* ⟨-; -es [-tʃɪs; -tʃɪz]⟩ couch, *Am. auch* davenport. — **~,decke** (*getr.* -k·k-) *f* couch rug. — **~gar·ni,tur** *f* suite of two armchairs and a settee. — **~,tisch** *m* sofa table.

Cou·leur [ku'løːr] *f* ⟨-; -en *od.* -s⟩ **1.** color, *bes. Br.* colour. – **2.** *ped.* colo(u)rs *pl* (*of certain German student societies*): ~ tragen to wear the colo(u)rs of one's society. – **3.** (*games*) trump. – **4.** *gastr. cf.* Zuckercouleur. — **~,band** *n ped. colo(u)red sash worn by members of certain German student societies.* — **~,bru·der** *m cf.* Korpsbruder. — **~,da·me** *f* lady of hono(u)r. — **~stu,dent** *m* member of a student society wearing colo(u)rs.
Cou·lomb [ku'lõː] *n* ⟨-s; -s⟩ *electr.* coulomb, ampere-second. — **~,mes·ser** *m* coulometer, coulombmeter.
Cou·lo·me·ter [kulo'meːtər] *n* ⟨-s; -⟩ *electr. cf.* Coulombmesser. — **Cou·lo·me'trie** [-me'triː] *f* ⟨-; *no pl*⟩ *electr. chem.* coulometry.
Count [kaunt] (*Engl.*) *m* ⟨-s; -s⟩ count.
Count·down ['kaunt'daun] (*Engl.*) *m, n* ⟨-(s); -s⟩ (*space*) countdown.
Coun·ter·parts ['kauntər,parts; 'kauntə,pɑːts] (*Engl.*) *pl econ.* counterpart funds.
Coun·teß ['kauntɛs] *f* ⟨-; Countessen [-'tɛsən] *od.* Countesses [-'tɛsɪs]⟩ countess.
Coup [kuː] *m* ⟨-s; -s⟩ *colloq.* coup, stroke, 'deal' (*colloq.*): einen ~ landen to pull off a coup, to strike a blow; einen großen ~ machen to make a great coup.
Cou·pé [ku'peː] *n* ⟨-s; -s⟩ **1.** *auto.* coupé. – **2.** *obs. od. Austrian for* Zugabteil. – **3.** *obs.* (*Kutsche*) coupé, coupe.
cou·pie·ren [ku'piːrən] *v/t* ⟨*no* ge-, h⟩ *med.* cut, interrupt, finish.
Cou·plet [ku'pleː] *n* ⟨-s; -s⟩ *mus.* **1.** (*satirisches Lied*) music hall (*od.* vaudeville) song: politisches ~ political song. – **2.** (*im franz. Rondeau*) couplet.
Cou·pon [ku'põː] *m* ⟨-s; -s⟩ **1.** (*Gutschein*) coupon, *Br. auch* voucher: einen ~ abtrennen to take (*od.* tear) off a coupon. – **2.** *econ.* a) (*Zinsschein*) interest, b) (*Dividendenanteilschein*) dividend warrant. – **3.** (*in Zeitung etc*) coupon. – **4.** (*textile*) length (of material). — **~,steu·er** *f econ.* (*auf Gewinnausschüttungen*) coupon tax.
Cour [kuːr] (*Fr.*) *f* ⟨-; *no pl*⟩ *colloq.* courtship: einer Dame die ~ machen (*od. colloq.* schneiden) to court (*od.* wait upon) a lady; sie läßt sich gern die ~ machen she is fond of being courted.
Cou·ra·ge [ku'raːʒə] *f* ⟨-; *no pl*⟩ *colloq.* courage, spirit, 'pluck' (*colloq.*): er hat nicht die ~, es ihm zu sagen he has not the courage to tell him this; er hat Angst vor der eigenen ~ he is afraid of his own boldness. — **cou·ra'giert** [-ra'ʒiːrt] *adj* courageous, plucky (*colloq.*): er ist ein ~er Mann he is a courageous man.
Cou·ran·te [ku'rãːtə] *f* ⟨-; -n⟩ *mus.* courante.
'Cour|,ma·cher, **~,schnei·der** *m obs. contempt.* gallant, ladies' man, beau.
Cour·ta·ge [kur'taːʒə] *f* ⟨-; -n⟩ *econ.* brokerage, commission.
Cour·toi·sie [kurtŏa'ziː] *f* ⟨-; -n [-ən]⟩ *lit.* courtesy, courteousness, politeness.
Cou·sin [ku'zɛ̃ː] *m* ⟨-s; -s⟩ (male) cousin.
Cou·si·ne [ku'ziːnə] *f* ⟨-; -n⟩ (female) cousin.
Cou·va·de [ku'vaːdə] *f* ⟨-; -n⟩ (*Männerkindbett*) couvade.
Cou·veu·se [ku'vøːzə] *f* ⟨-; -n⟩ *med.* couveuse, incubator.
Co·ver·coat ['kavər,koːt; 'kʌvə,kout] (*Engl.*) *m* ⟨-(s); -s⟩ (*textile*) **1.** (*Wollstoff*) cover-coating. – **2.** (*Mantel aus diesem Stoff*) covercoat.
Cow·boy ['kau,bɔʏ; 'kau,bɔɪ] (*Engl.*) *m* ⟨-s; -s⟩ cowboy, *auch* (cow) puncher, cowhand. — **~,fest** *n Am.* rodeo. — **~,hut** *m* cowboy hat.
Cow·per ['kaupər; 'kaupə] (*Engl.*) *m* ⟨-s; -s⟩ *metall.* Cowper stove, hot-blast stove.
Co·xa ['kɔksa] *f* ⟨-; -xae [-ksɛ]⟩ *med.* (*Hüfte*) coxa. — **Cox·al'gie** [-ksal'giː] *f* ⟨-; -n [-ən]⟩ coxalgia.
Co·yo·te [ko'joːtə] *m* ⟨-n; -n⟩ *zo.* coyote, (*Canis latrans*).
Crab·wood ['krɛp,vut; 'kræb,wud] (*Engl.*) *n* ⟨-s; *no pl*⟩ (*wood*) crabwood.
Crack [krɛk; kræk] (*Engl.*) *m* ⟨-s; -s⟩ (*sport*) *colloq.* crack.
Cracker (*getr.* -k·k-) ['krɛkər] *m* ⟨-s; -s⟩ *meist pl* **1.** *gastr.* cocktail biscuit, *Am.* cracker. – **2.** *cf.* Knallbonbon.
'Cra·mer,schie·ne ['kraːmər-] *f med.* Cramer's (*od.* wire) splint.
cra·ni·al [kra'nĭaːl] *adj med.* cranial.

Cra·nio..., **cra·nio...** *med. cf.* Kranio..., kranio...
Cra·ni·um ['kra:nĭum] *n* ⟨-s; Crania [-nĭa]⟩ *med.* cranium.
Cra·que·lé [krakə'le:] *n* ⟨-s; -s⟩, **Cra·que'lée** [-'le:] *f* ⟨-; -s⟩ *tech.* (*auf Keramik u. Glas*) crackle.
Cre·do ['kre:do] *n* ⟨-s; -s⟩ *relig. cf.* Kredo 1.
Creme [krɛ:m; kre:m] *f* ⟨-; -s⟩ **1.** (*Hautpflegemittel*) cream. – **2.** *gastr.* a) creamy dessert, crème, b) (*als Pralinenfüllung etc*) cream. – **3.** *colloq.* (*Sahne*) cream. – **4.** ⟨*only sg*⟩ ~ der Gesellschaft *lit. iron.* the cream of society, the crème de la crème (*lit.*).
creme *adj* ⟨*pred*⟩ cream-colored, *bes. Br.* cream-coloured.
'**Creme**|,**far·be** *f* cream color (*bes. Br.* colour). — **c~**,**far·ben**, **c~**,**far·big** *adj cf.* creme.
cre·men ['krɛ:mən; 'kre:mən] *v/t* ⟨h⟩ *cf.* eincremen I.
'**Creme**|,**rol·le** *f gastr.* cornet, cream horn. — **~**,**schnit·te** *f* cream slice. — **~**,**spei·se** *f* crème. — **~**,**sup·pe** *f* cream soup. — **~**,**tört·chen** *n Br.* cream pastry, *Am.* cream tart. — **~**,**tor·te** *f* buttercream-filled cake.
Crêpe [krɛ:p] *m* ⟨-(s); -s⟩ (*textile*) crepe: ~ de Chine crepe de Chine; ~ Georgette georgette; ~ Marocain crepe Marocain; ~ Satin satin crepe.
Crêpe Su·zette ['krɛ:p zy'zɛt] *m* ⟨- -; -s -s ['krɛ:p zy'zɛt]⟩ *gastr.* (*Pfannkuchen*) crepe suzette.
cre·scen·do [krɛ'ʃɛndo] *mus.* **I** *adj u. adv* crescendo. – **II C~** *n* ⟨-s; Crescendi [-di]⟩ crescendo.
Cre·tonne [kre'tɔn] *m, f* ⟨-; -s⟩ (*textile*) cretonne.
Crew [kru:] (*Engl.*) *f, rare m* ⟨-; -s⟩ *mar.* a) (*Mannschaft*) crew, b) cadets *pl* of the same age-group.
Cri·sto·ba·lit [krɪstoba'li:t; -'lɪt] *m* ⟨-s; -e⟩ *min.* cristobalite.
Cro·ce·tin [krotse'ti:n] *n* ⟨-s; *no pl*⟩ *chem.* crocetin ($C_{20}H_{24}O_4$).
Cro·cin [kro'tsi:n] *n* ⟨-s; *no pl*⟩ *chem.* crocin ($C_{44}H_{64}O_{24}$).
Croi·sé [krŏa'ze:] *n* ⟨-(s); -s⟩ **1.** (*textile*) twill. – **2.** *mus.* croisé.
Cro·ma'gnon|,**mensch** [kroman'jõ:-] *m archeol.* Cro-Magnon man. — **~**,**ras·se** *f* Cro-Magnon race.
'**Crookes**,**glas** ['krʊks-] *n* (*optics*) Crookes glass.
'**Crookes·sche** '**Röh·re** ['krʊksʃə] *f phys.* Crookes tube.
Cro·quet·te [kro'kɛtə] *f* ⟨-; -n⟩ *gastr.* croquette.
Cro·quis [kro'ki:] *n* ⟨- [-(s)]; - [-s]⟩ *cf.* Kroki.
Cros·sing-over ['krɔsɪŋ'ˀo:vər; 'krɔsɪŋ-'oʊvə] (*Engl.*) *n* ⟨-; *no pl*⟩ *biol.* (*von Chromosomen*) crossing-over.
Croup [krʊp] *f* ⟨-; -en⟩ *med.* croup.
Crou·pi·er [kru'pĭe:] *m* ⟨-s; -s⟩ (*beim Roulette etc*) croupier.

Crou·pon [kru'põ:] *m* ⟨-s; -s⟩ (*leather*) crop, butt. — **crou·po'nie·ren** [-po'ni:rən] *v/t* ⟨*no* ge-, h⟩ crop, round.
Crou·ton [kru'tõ:] *m* ⟨-(s); -s⟩ *gastr.* crouton.
Crux [krʊks] *f* ⟨-; *no pl*⟩ *colloq.* crux, difficult matter.
Cryp·to..., **cryp·to...** *cf.* Krypto..., krypto...
Csár·dás ['tʃardas] *m* ⟨-; -⟩ *mus.* czardas, csardas (*Hungarian dance*).
C-,**Schlüs·sel** ['tse:-] *m mus.* (*Alt- od. Tenorschlüssel*) C clef.
'**Cuite**,**sei·de** [ky'i:t-] *f* (*textile*) boiled-off silk.
Cul de Pa·ris ['ky: də pa'ri:] *m* ⟨- - -; -s - - ['ky: də pa'ri:]⟩ (*fashion*) bustle.
cum [kʊm] *prep* with: ~ laude *ped.* with distinction, cum laude; ~ tempore *ped.* 15 minutes past the full hour; ~ grano salis *fig.* with a grain (*od.* pinch) of salt, cum grano salis.
Cu·ma·rin [kuma'ri:n] *n* ⟨-s; *no pl*⟩ *chem.* coumarin, *auch* cumarin ($C_9H_6O_2$).
Cu·ma·ron [kuma'ro:n] *n* ⟨-s; *no pl*⟩ *chem.* coumarone, *auch* cumarone (C_8H_6O). — **~**,**harz** *n* coumarone resin.
Cu·mol [ku'mo:l] *n* ⟨-s; *no pl*⟩ *chem.* cumene, isopropyl-benzene [$(CH_3)_2CHC_6H_5$].
Cu·mu·lus..., **cu·mu·lus...** ['ku:mulʊs] *cf.* Kumulus..., kumulus...
Cun·ning·ha·mie [kunɪŋ'ha:mĭə] *f* ⟨-; -n⟩ *bot.* broad-leaved china fir, cunninghamia (*Gattg Cunninghamia*).
Cu·on ['ku:ən] *m* ⟨-(s); -s⟩ *zo.* a) dhole, red dog, cuon (*Gattg Cuon*), b) adjag (*C. javanicus*).
Cup [kap; kʌp] (*Engl.*) *m* ⟨-s; -s⟩ **1.** (*sport*) cup. – **2.** (*fashion*) (*beim Büstenhalter*) cup. — '**Cup·fi**,**na·le** *n* (*sport*) cup final.
Cu·pi·do [ku'pi:do] **I** *npr m* ⟨-s; *no pl*⟩ *myth.* Cupid (*Roman god of love*). – **II** *m* ⟨-; -s⟩ (*art*) cupid, cherub.
Cu·pren [ku'pre:n] *n* ⟨-s; *no pl*⟩ *chem.* cuprene.
Cu·pu·la ['ku:pula] *f* ⟨-; -lae [-lɛ]⟩ *bot.* cup, cupule, cupula (*scient.*).
Cu·ra·çao [kyra'sa:o] (*TM*) *m* ⟨-(s); -s⟩ *gastr.* curaçao, *auch* curaçoa.
Cu·ra·re [ku'ra:rə] *n* ⟨-(s); *no pl*⟩ (*Pfeilgift*) curare, *Am. auch* curara.
Cur·cu·ma ['kʊrkuma] *f* ⟨-; -cumen [-'ku:mən]⟩ *bot.* curcuma, turmeric (*Fam. Zingiberaceae, bes. Curcuma longa*).
Cu·ret·ta·ge [kyrɛ'ta:ʒə] *f* ⟨-; -n⟩ *med. cf.* Kürettage. — **Cu'ret·te** [-tə] *f* ⟨-; -n⟩ *cf.* Kürette. — **cu·ret'tie·ren** [-'ti:rən] *v/t* ⟨*no* ge-, h⟩ *cf.* kürettieren.
Cu·rie [ky'ri:] *n* ⟨-; -⟩ *nucl.* curie (*unit quantity of radioactivity*).
Cu·ri·um ['ku:rĭum] *n* ⟨-s; *no pl*⟩ *chem.* curium (Cm).
Cur·ling ['kœrlɪŋ; 'kə:lɪŋ] (*Engl.*) *n* ⟨-s; *no pl*⟩ (*sport*) curling.
Cur·ri·cu·lum vi·tae [ku'ri:kulum 'vi:tɛ] *n* ⟨- -; -la - [-la]⟩ *cf.* Lebenslauf 2.

Cur·ry ['kari; 'kœri; 'kʌrɪ] (*Engl.*) *m, auch n* ⟨-s; *no pl*⟩ *gastr.* **1.** (*Gewürz*) curry (powder): mit ~ würzen to flavo(u)r (*od.* season) with curry (powder), to curry. – **2.** (*ind. Gericht*) curry, *auch* currie. — **~**,**reis** *m* curried rice. — **~**,**so·ße** *f* curry sauce.
'**Cur·zon**,**li·nie** ['kœrzən-; 'kə:zn-] *f pol. hist.* Curzon Line.
Cu·sto·dia [kʊs'to:dĭa] *f* ⟨-; Custodien⟩ *röm.kath.* custodial (*receptacle for sacred objects like the Host*).
Cut(·away) ['kœt(ə,ve:); 'kat(ə,ve:); 'kʌt(ə,weɪ)] (*Engl.*) *m* ⟨-s; -s⟩ (*fashion*) cutaway (coat), morning coat.
Cu·tis ['ku:tɪs] *f* ⟨-; *no pl*⟩ *med. zo.* cutis.
Cut·ter ['katər; 'kʌtə] (*Engl.*) *m* ⟨-s; -⟩, '**Cut·te·rin** *f* ⟨-; -nen⟩ (*film*) cutter.
Cu·vée [ky've:] *f* ⟨-; -s⟩ *gastr.* cuvée, *auch* cuvee (*blend of wines for the production of champagne*).
Cyan..., **cyan...** *cf.* Zyano..., zyano...
Cya·ne [tsy'a:nə] *f* ⟨-; -n⟩ *bot. cf.* Kornblume 1.
Cya·nid [tsya'ni:t] *n* ⟨-s; -e⟩ *chem. cf.* Zyanid.
Cya·no..., **cya·no...** *cf.* Zyano..., zyano...
Cya·thi·um [tsy'a:tĭum] *n* ⟨-s; Cyathia [-tĭa]⟩ *bot.* cyathium (*Gattg Cyathium*).
Cy·be·le ['tsy:bele] *npr f* ⟨-; *no pl*⟩ *myth.* Cybele (*Phrygian goddess of nature*).
Cy·cla·men [tsy'kla:mən] *n* ⟨-s; -⟩ *bot. cf.* Alpenveilchen.
cy·clisch ['tsy:klɪʃ] *adj* **1.** *chem.* cyclic, cyclical: ~es Amin cyclamine; ~e Verbindung cyclic (*od.* ring) compound. – **2.** *cf.* zyklisch.
Cy·clo..., **cy·clo...** *cf.* Zyklo..., zyklo....
Cy·clops ['tsy:klɔps] *m* ⟨-; Cyclopiden [tsyklo'pi:dən]⟩ *zo.* cyclops (*Fam. Cyclopidae*).
Cy·clo·tron ['tsy:klotrɔn] *n* ⟨-s; -e [-tro:nə; -'tro:nə], *auch* -s⟩ *nucl.* cyclotron.
Cy·ka·de·en [tsyka'de:ən] *pl bot. cf.* Zykadeen.
Cym·bal ['tsʏmbal] *n* ⟨-s; -s⟩ *mus. cf.* Zymbal.
cy·mös [tsy'mø:s] *adj bot. cf.* zymös.
'**Cy·per**|,**baum** ['tsy:pər-] *m bot. cf.* Zypresse. — **~**,**gras** *n cf.* Zypergras.
'**Cy·pern**,**holz** ['tsy:pərn-] *n cf.* Zypernholz.
'**Cy·per**|,**seg·ge** *f bot.* cyperus-like carex (*Carex pseudocyperus*). — **~**,**wurz** *f* ⟨-; *no pl*⟩ *cf.* Zyperwurz.
Cy·pres·se [tsy'prɛsə] *f* ⟨-; -n⟩ *bot. cf.* Zypresse.
cy·ril·lisch [tsy'rɪlɪʃ] *ling.* **I** *adj cf.* kyrillisch. – **II C~** ⟨*generally undeclined*⟩, **das C~e** ⟨-n⟩ *cf.* Kyrillisch.
Cy·sto..., **cy·sto...** *cf.* Zysto..., zysto...
Cy·sto·ce·le [tsʏsto'tse:lə] *f* ⟨-; -n⟩ *med.* cystocele.
Cy·ti·sus ['tsy:tizʊs] *m* ⟨-; *no pl*⟩ *bot. cf.* Bohnenstrauch.
Cy·to..., **cy·to...** *cf.* Zyto..., zyto...

D

D, d [deː] *n* ⟨-; -⟩ **1.** D, d (*fourth letter of the German alphabet; third consonant*): ein großes D a capital (*od.* large) D; ein kleines D a small (*od.* little) d. – **2.** *mus.* a) (the note) D, *auch* d, b) d (= *d-Moll*) D minor, c) D (= *D-Dur*) D major: das Werk steht in D(-Dur) the work is in (the key of) D (major). – **3.** *math.* a) D (*point of geometrical figure*) D, b) d (*fourth known quantity*) d, c) d (*differential*) d. – **4.** D *antiq.* (*Roman numeral*) D. – **5.** D (*s.o. fourth in order or class*) D. – **6.** D (*s.th. having the shape of the capital letter D*) D. – **7.** Vitamin D *biol.* vitamin D.

da [daː] **I** *adv* **1.** (*dort*) there: hier und ~ here and there; ~ drüben over there; ~ hinauf up there; ~ hinein in there; ~ draußen out there; ~ vorn there at (*od.* in) the front, in front; genau ~ right there; von ~ aus from there, thence (*lit.*); ~ kommt er there he comes; ~ herum thereabouts; ~ hinten a) there at (*od.* in) the back, back there, b) behind; ~, wo where; warst du schon ~? have you been there already? wir haben ihn ~ gesehen we saw him there; darf ich ~ sitzen? may I sit there? ~ ist viel zu sehen there is a lot to be seen (there); du ~! hey, you there! das Buch ~ that book there; wer ~? *mil.* halt! who goes there? ~ ist es there it is; ~ hast du etwas Dummes gemacht you acted stupidly there, that was a stupid thing to do; ~ liegt die Schwierigkeit there is the difficulty; er ist dort, aber ~ kann er nicht bleiben he is over there but he cannot stay there; der Schlüssel hängt ~, wo er hingehört the key is in its proper place; von ~ (aus) fahren wir nach München from there we shall go to Munich; ~ und ~ at such and such a place; Platz ~! *colloq.* make way! move along! → dasein. – **2.** (*hier*) here: ~ und dort here and there; ~ bin ich here I am; ich bin gleich wieder ~ I'll be back in a minute; ist er ~? is he here? nein, er ist nicht ~ no, he is not here; wann können Sie ~ sein? when can you come (here)? ~ sind sie here they are; ~, nimm es! here, take it! ~ hast du einen Groschen here's a penny for you. – **3.** der (*od.* die, das) ~ that one; dieser (*od.* diese, dieses) ~ this one. – **4.** (*vorhanden*) there, here: wozu ist der Tisch ~? what is the table (there) for? – **5.** (*als Füllwort*) als ~ sind such as (are) for instance; komme, was ~ wolle come what may; (~) lache, wer ~ will laugh if you like; wer ~ nur mag, der gehe whoever likes to go may (go); ~ hast du es a) take it! b) there (*od.* here) you are! what did I tell you! ~ haben wir es! a) here it is, here (*od.* there) we are, b) *colloq.* now we are in for it! ~ hast du was verpaßt! you have missed s.th.; als ich ihn sah, ~ lachte er when I saw him he laughed; was ~ auch kommen mag whatever may happen; wo (denn) ~? where (then)? – **6.** (*als Ausruf*) sieh ~! look there! look at that now! siehe ~! a) *lit.* behold! (*lit.*), lo! (*lit.*), look at that now! b) *colloq.* lo and behold! (*colloq.*); nichts ~! by no means! nothing of the kind! nothing doing! (*colloq.*); ~, horch! there, listen; ~ hört (sich) doch alles auf! that's too much! that's really the limit! – **7.** (*zeitlich*) then, at that time: von ~ an since then (*od.* that time), from that time on; ~ erst bemerkte er es only then did he notice it; ~ hat er es erst gesagt not till then did he say it; hie(r) und ~ now and then (*od.* again), sometimes, occasionally; er ging gerade, ~ fing es an zu regnen he was just leaving when the rain started; ~ erfuhr ich endlich die Wahrheit then (*od.* finally) I learned the truth; ~ gab es noch keine Autos there were no cars then; ~ lachte ihn jeder aus then everybody laughed at him; ~ werde ich nicht mehr leben I shall not be alive then. – **8.** (*in diesem Fall*) there, here, in that case, under the circumstances, in that (*od.* this) matter: ~ irren Sie sich you are mistaken there; was läßt sich ~ machen? what can be done in that case? ~ gehe ich lieber zu Fuß in that case I would rather walk; ~ wäre ich doch dumm that would be silly of me; ~ wird man sich (wohl erst) besinnen müssen that requires thinking over first; ~ stimme ich mit Ihnen überein I do agree with you there (*od.* here); ~ bin ich einverstanden in this case I agree. – **9.** (*dennoch*) yet, nevertheless: und ~ wagt man noch zu sagen and yet (*od.* for all that) people venture (*od. stärker* have the effrontery) to say; und ~ überlegst du noch lange? and yet you still hesitate? – **II** *conj* **10.** (*kausal*) as, since, because: ~ dem so ist as this is the case, that being so; ~ er taub war, hörte er es nicht as he was deaf he did not hear it; jetzt, ~ du es gesagt hast now since you've said it; ~ er arm war, konnte er uns nicht helfen since he was poor (*od.* being poor) he could not help us; nun (*od.* jetzt) ~ now that; ~ doch, ~ ja, ~ nun einmal (now) since, since indeed, in view of the fact that; ~ ich keine Nachricht erhalten hatte, ging ich weg having received no news I went away. – **11.** (*insofern*) inasmuch as. – **12.** (*als Gegensatz*) ~ aber, ~ jedoch but since, since however: um so mehr, ~ the more so because; ~ hingegen whereas. – **13.** *lit. od. obs.* (*zeitlich*) when. – **III** *relative pron* **14.** *lit. archaic cf.* wo 3, 4.

'da·be,hal·ten *v/t* ⟨*irr, sep, no* -ge-, h⟩ keep (there): sie will die Bücher ~ she wants to keep the books with her; sie haben ihn gleich ~ they kept him there (*od.* with them).

da·bei [da'baɪ; 'daː,baɪ] **I** *adv* **1.** (*nahe, dicht*) near (at hand), near (*od.* close, hard) by, nearby. – **2.** (*angeschlossen*) attached to it: ein Haus und ein Garten ~ a house with a(n adjoining) garden. – **3.** ~ sein, etwas zu tun to be about (*od.* going) to do s.th., to be on the point of doing s.th., to be in the act (*od.* on the verge) of doing s.th.: ich war gerade ~ zu packen I was about to pack, I was just packing; er war gerade ~ aufzubrechen he was on the point of leaving. – **4.** (*gleichzeitig*) at the same time, in (*od.* while) doing so: du kannst nicht Radio hören und ~ lesen you cannot listen to the radio and read at the same time; essen und ~ stehen to eat while standing; und ~ sah er mich strafend an and with that he looked at me reprovingly; du kannst ~ sitzen bleiben in doing so you may remain seated. – **5.** (*überdies*) besides, moreover, as well, in addition, into the bargain: sie ist hübsch und ~ auch noch klug she is pretty and intelligent into the bargain; das Kleid ist alt und ~ schmutzig the dress is old and dirty as well (*od.* into the bargain). – **6.** (*dennoch*) nevertheless, yet (at the same time), for all that: er ist zurückhaltend und ~ freundlich he is reserved and yet friendly at the same time; und ~ ist er schon alt and yet he is an old man after all; und ~ hatte er es gut gemeint and yet he had meant it well; sie sind reich und ~ nicht stolz they are rich and yet not proud; und ~ ist er ein netter Mann and yet at the same time he is a nice man. – **7.** (*bei diesem Anlaß*) on the occasion, then: ~ kam es zu einer heftigen Auseinandersetzung then a heated argument took place, this occasioned (*od.* gave rise to, resulted in) a heated argument. – **8.** (*dadurch*) by it, by (*od.* with) that, as a result, thereby (*lit.*): ich habe nichts ~ gewonnen I have gained nothing by it; alle ~ entstehenden Kosten all resulting costs, any costs incident thereto (*officialese*); alle ~ erzielten Gewinne all profits accruing therefrom (*officialese*). – **9.** (*hierbei*) in this connection (*Br. auch* connexion): ~ dürfen wir nicht vergessen in this connection (*od.* here) we must not forget. – **10.** (*in Wendungen wie*) ich dachte mir nichts ~ a) (*bei eigenen Worten*) I meant no harm (by it), b) (*bei Worten anderer*) I gave it no thought, I paid no attention to it; was wird (wohl) ~ herauskommen? what will be the upshot of it (all)? ~ kommt nichts heraus nothing is to be gained by it, it is (of) no use, it is not worth it (*od.* the trouble), it doesn't pay; ~ kam nicht viel heraus nothing much came of it, it did not come (*od.* amount) to much; was ist schon ~? a) what harm is there in that? what does it matter? b) what of it? what is there to it? what is there to crow (*od.* shout) about? (*colloq.*); ~ bleibt es! there the matter rests; es bleibt ~! agreed! done! settled! ~ blieb es nicht that was not the end of it; lassen wir es ~! let's leave it at that! er blieb ~ he adhered (*od.* kept, stuck) to his opinion, he did not budge from his opinion; wie muß man ~ zu Werke gehen? how shall we go to work (*od.* set) about it? das kommt ~ mit in Betracht that must also be taken into consideration; was soll ich ~ tun? what should I do about it? – **II** *conj* **11.** (*doch*) but, yet, for all that: er sagte, wir seien Freunde, ~ kenne ich ihn gar nicht he said we were friends, but I do not even know him; ~ kann ich ihn nicht ausstehen I cannot stand him for all that; ~ hat er das Zeug dazu *colloq.* yet he has got it in him.

da'bei|,blei·ben *v/i* ⟨*irr, sep,* -ge-, sein⟩ stay (*od.* remain) with it (*od.* them). — **~,ha·ben** *v/t* ⟨*irr, sep,* -ge-, h⟩ *colloq.* **1.** have (*s.o.,* *s.th.*) there: **sage mir, wen du ~ möchtest** tell me whom you want to have there (*od.* whom you want to have invited). – **2.** *Southern G.* have (*s.th.*) with (*od.* on) one: **ich habe kein Geld dabei** I have no money on me; **hast du deine Badesachen dabei?** have you brought your bathing things with you? — **~ˌlie·gen** *v/i* ⟨*irr, sep,* **-ge-**, h *u.* sein⟩ lie beside it: **der Stift muß ~** the pencil has to lie beside it. — **~ˌsein** *v/i* ⟨*irr, sep,* **-ge-**, sein⟩ be present (*od.* there), take part: **er möchte auf jeden Fall** (*od.* **unter allen Umständen**) **~** he wants to be present (*od.* take part, attend) under all circumstances; **er war mit seinen Gedanken nicht dabei** he was elsewhere with his thoughts; **ich war dabei, als es geschah** I was there when it happened; **willst du ~?** do you want to be there? do you want to be in on it? **ich bin dabei!** *fig.* I'm with you! I'm game! count me in! I am on! (*colloq.*); **er war mit Ehrgeiz dabei** he took part in it ambitiously; **er war mit Leib und Seele dabei** he took part in it with heart and soul, his whole heart and soul was in it. — **~ˌsit·zen** *v/i* ⟨*irr, sep,* **-ge-**, h *u.* sein⟩ sit there (*od.* by): **er saß dabei, während die anderen Karten spielten** he sat there while the others played cards. — **~ˌste·hen** *v/i* ⟨*irr, sep,* **-ge-**, h *u.* sein⟩ stand by (*od.* there, near): **er stand stundenlang dabei** he stood there for hours and hours; **untätig ~** to look on.

Da'beiˌste·hen·de *m, f* ⟨-n; -n⟩ onlooker, looker-on, bystander.

'daˌblei·ben *v/i* ⟨*irr, sep,* **-ge-**, sein⟩ **1.** stay, remain: **ich kann nicht länger ~** I cannot stay longer; **bleib doch noch einen Augenblick da!** do stay (here) a moment! – **2.** *ped.* **~ müssen** to be kept in, to be detained: **die Schüler mußten nach dem Unterricht ~** the pupils were kept in (*od.* had to stay in) after school.

da ca·po [da 'ka:po] *adv* **1.** *mus.* da capo. – **2.** (*theater*) encore: **~ rufen** to call for an encore, to shout encore.

Da·ca·po [da'ka:po] *n* ⟨-s; -s⟩ *mus. cf.* Dakapo. — **~-ˌArie** *f* da capo aria.

Dach [dax] *n* ⟨-(e)s; ⸚er⟩ **1.** roof: **spitzes ~** pointed roof; **steiles [tonnenförmiges] ~** high-pitched (*od.* steep) [arched *od.* barrel] roof; **zurückschiebbares [einrollbares] ~** sliding [folding] roof; **ohne ~** roofless; **ein mit Stroh [Schindeln] gedecktes ~** a thatch(ed) [shingle(d)] roof; **ein ~ decken** to cover a roof; **das Haus soll bald unter ~ sein** the house is to be roofed soon; **der Regen trommelt auf das ~** the rain is beating on the roof; **sich unter ein ~ flüchten** to take refuge under a roof; **wir wollen den Bau noch unter ~ bringen** we want to roof (*od.* put the roof on) the building; **mit einem ~ versehen** to roof; **der Sturm hat das ~ abgedeckt** the storm has unroofed (*od.* taken the roof off) the house; **er wohnt unter dem ~e** he lives immediately under the roof (*od.* in the garret); **das grüne ~** *poet. etwa* the green (*od.* leafy) vault of the forest; **das ~ des Himmels** *poet.* the roof (*od.* vault, canopy) of heaven; **das ~ der Welt** the roof of the world (*the plateau of the Pamirs*); **die Spatzen pfeifen es schon von den** (*od.* **allen**) **Dächern** *fig. colloq.* it is all over the town, it is the talk of the town, it is being shouted from the housetops; → Sperling. – **2.** (*Bedachung*) roof, roofing, roofage: **das ~ ist in schlechtem Zustand** the roof(ing) is in a bad state. – **3.** (*Haus*) roof, house: **kein ~ über dem Kopf haben** to have no roof over one's head; **er weilt unter meinem ~** he is staying under my roof; **sie wohnen unter einem** (**gemeinsamen**) **~e** they live under (*od.* share) the same roof; **j-m das ~ über dem Kopf anzünden** to set s.o.'s house on fire; **sie setzten ihm den roten Hahn aufs ~** *fig.* they set his house on fire. – **4.** *fig.* roof, shelter: **wir sind endlich unter ~ und Fach** we are under cover (*od.* safely housed, in safety) at last, we have found shelter at last; **j-n unter ~ und Fach bringen** to shelter (*od.* house) s.o.; **etwas unter ~ und Fach bringen** a) to shelter (*od.* house) s.th., b) *fig.* (*arrangieren*) to settle s.th., to get s.th. settled (*od.* arranged), c) *fig.* (*fertigstellen*) to complete (*od.* finish) s.th., to bring s.th. to completion; **die Ernte unter ~** (**und Fach**) **bringen** to bring in the harvest. – **5.** *fig. colloq.* (*in Wendungen wie*) **eins aufs ~ bekommen** to get a good dressing down (*od. colloq.* ticking off), to get a scolding, to be slated (*od.* rebuked); **j-m aufs ~ steigen, j-m eins aufs ~ geben** to come down on s.o., to haul s.o. over the coals, to talk to s.o. like a Dutch uncle (*colloq.*); **er hat gleich Feuer im ~** he flares up quickly, he's hotheaded, he flies into a passion readily, he goes off the deep end (*od.* flies off the handle) instantly (*colloq.*); **bei ihr ist es unter dem ~ nicht ganz richtig** she has bats in the belfry (*colloq.*), she is not quite right in the upper stor(e)y (*colloq.*); **er hat etwas** (*od.* **einen**) **unterm ~** *dial.* he is drunk, he's got a few under his belt (*colloq.*). – **6.** (*eines Autos*) roof, top. – **7.** *med.* (*des Gaumens*) roof. – **8.** *geol.* crest, crown, summit, top, upper apex. – **9.** *mus.* (*einer Laute*) table, sound board. – **10.** *biol.* vault. – **11.** (*mining*) *cf.* Firste.

'Dach|anˌten·ne *f* **1.** *electr.* roof antenna (*bes. Br.* aerial). – **2.** *auto.* top antenna (*Br.* aerial), *Am.* overcar antenna, *Br.* over-car aerial. — **~ˌar·beit** *f* roofing. — **d~ˌarˌtig** *adj* rooflike, roof-shaped. — **~ˌaufˌsatz** *m arch.* ridge turret. — **~ˌbal·ken** *m* roof beam: **schräger ~** *cf.* Dachsparren. — **~beˌdeckungs·ma·te·riˌal** (*getr.* **-k·k-**) *n* roofing (material). — **~beˌlag** *m cf.* Dach(ein)deckung. — **~ˌbin·der** *m* roof truss. — **~ˌblech** *n* roofing sheet. — **~ˌbo·den** *m* loft, attic. — **~ˌbund** *m* couple.

'Dachˌdecker (*getr.* **-k·k-**) *m* ⟨-s; -⟩ roofer: **~** (**für Ziegeldächer**) tiler; **~** (**für Schieferdächer**) slater; **~** (**für Schindeldächer**) shingler; **~** (**für Strohdächer**) thatcher. — **~ˌar·beit** *f cf.* Dach(ein)deckung.

ˌDach·decke'rei (*getr.* **-k·k-**) *f* ⟨-; -en⟩ *cf.* Dach(ein)deckung.

'Dach(ˌein)ˌdeckung (*getr.* **-k·k-**) *f* ⟨-; *rare* -en⟩ *arch.* roofing, roof covering: **~** (**mit Ziegeln**) tiling; **~** (**mit Schiefer**) slating; **~** (**mit Schindeln**) shingling; **~** (**mit Stroh**) thatching.

da·chen ['daxən] *v/t* ⟨h⟩ *rare* roof.

'Dach|ˌfen·ster *n* **1.** dormer window. – **2.** skylight, roof light. — **~ˌfilz** *m* roofing felt. — **~ˌfirst** *m* (roof) ridge. — **~ˌflä·che** *f* **1.** *arch.* a) pane of a roof, roof area, slope, b) hip of a roof, c) roofage. – **2.** *geol.* superface, upper surface, top (surface). — **~ˌform** *f arch.* shape (*od.* style) of a roof. — **d~ˌförmig** *adj* roof-shaped: **~e Antenne** *electr.* roof-shaped antenna (*bes. Br.* aerial). — **~ˌfuß** *m arch.* eaves *pl* (*construed as sg or pl*). — **~gaˌra·ge** *f* rooftop garage. — **~ˌgar·ten** *m* roof garden. — **~ˌgau·be, ~ˌgau·pe** *f* dormer window. — **~geˌbälk** *n* roof beams *pl.*

'Dach·geˌschoß *n* top (*od.* attic) storey (*bes. Am.* story), attic. — **~ˌwoh·nung** *f* attic apartment (*bes. Br.* flat).

'Dach|geˌsell·schaft *f econ.* holding (*od.* parent) company. — **~geˌsims** *n arch.* eaves molding (*bes. Br.* moulding), (roof) cornice, eaves *pl* (*construed as sg or pl*). — **~geˌspär·re** *n* rafters *pl.* — **~geˌstän·ge** *n electr.* roof standard (*od.* pole). — **~ˌgie·bel** *m* (roof) gable. — **~ˌglei·che** *f* ⟨-; -n⟩, **~ˌglei·chenˌfei·er** *f Austrian for* Richtfest. — **~ˌha·ken** *m* roof hook. — **~ˌham·mer** *m* slater's hammer. — **~ˌha·se** *m colloq. humor.* cat. — **~ˌhau·be** *f arch.* cap (of building). — **~ˌhausˌwurz** *f bot.* common houseleek (*Sempervivum tectorum*). — **~ˌhaut** *f arch. cf.* Dach(ein)deckung. — **~juchˌhe** *n humor. colloq. only in* **unter dem** (*od.* **im**) **~ wohnen** to live under the roof (*od.* in the garret). — **~ˌkam·mer** *f* garret, attic (storeroom, *Br.* boxroom). — **~ˌkan·te** *f* eaves *pl* (*construed as sg or pl*): **überstehende ~** verge. — **~ˌkeh·le** *f arch.* (roof) valley. — **~kon·struk·tiˌon** *f* roof structure. — **~ˌlan·deˌplatz** *m aer.* rooftop landing (place). — **~ˌlat·te** *f* roof lath (*od.* batten). — **~ˌlat·tung** *f* roof lathing (*od.* battens *pl*). — **~ˌlauch** *m bot. cf.* Dachhauswurz. — **d~los** *adj* **1.** roofless. – **2.** *antiq. arch.* (*Tempel etc*) hypaethral. — **~ˌlüf·ter** *m arch.* roof ventilator. — **~ˌlu·ke** *f* skylight, roof light. — **~ˌmar·der** *m* cat burglar. — **~ˌnei·gung** *f arch.* pitch (*od.* slope) of a roof. — **~or·ga·ni·sa·tiˌon** *f* **1.** *econ.* holding (*od.* parent, umbrella) organization. – **2.** *pol.* federation. — **~ˌpal·me** *f bot.* thatch palm (*od.* tree) (*Gattg Sabal*). — **~ˌpap·pe** *f tech.* roofing board (*od.* felt), *Am.* tar (*od.* roofing) paper. — **~ˌpfan·ne** *f arch.* pantile. — **~ˌpfet·te** *f* purlin, *auch* purline. — **~ˌpippau** *m bot.* bastard hawkweed (*Crepis tectorum*). — **~ˌplat·te** *f* roofing panel (*od.* slab). — **~ˌrat·te** *f zo.* roof rat (*Rattus rattus alexandrinus*). — **~ˌraum** *m arch. cf.* Dachkammer. — **~ˌrei·ter** *m* ridge turret. — **~ˌrin·ne** *f* **1.** (*eines Hauses etc*) (eaves) gutter, eaves *pl* (*construed as sg or pl*), guttering, *Am.* eave(s) trough. – **2.** (*eines Autos*) (roof)drip molding (*bes. Br.* moulding), rain channel, drip rail.

Dachs [daks] *m* ⟨-es; -e⟩ **1.** *zo.* (old world) badger, *auch* brok (*Meles meles*): **Amerikanischer ~** American badger (*Taxidea taxus*); **Indischer ~** hog badger (*Arctonyx collaris*); **den ~ aus dem Bau graben** *hunt.* to unearth (*od.* dig up) the badger; **wie ein ~ schlafen** *fig.* to sleep like a log (*od.* a top). – **2.** *fig. colloq.* fellow: **ein frecher ~** a (young) whippersnapper, a pup, a puppy; **so ein junger ~** such a cheeky young pup.

'Dachˌsat·tel *m arch.* saddle (of roof).

'Dachs|ˌbau *m* ⟨-(e)s; -e⟩ *hunt.* badger's burrow (*od.* hole, lodge, earth), badger hole. — **~ˌbeil** *n tech. cf.* Dexel.

'Dach|ˌscha·den *m* ⟨-s; ⸚⟩ **1.** damage to the roof. – **2.** ⟨*only sg*⟩ *fig. humor. colloq.* mental deficiency: **er hat einen ~** he is not quite right in the head (*od.* upper stor[e]y) (*colloq.*). — **~ˌscha·lung** *f arch.* roof boarding. — **~ˌschie·fer** *m* (roofing) slate. — **~ˌschifter** *m arch.* hip rafter. — **~ˌschin·del** *f* (roof) shingle. — **~ˌschrä·ge** *f* (roof) tilt. — **~ˌschwel·le** *f* pole plate.

'Dachsˌei·sen *n hunt.* spring trap.

Däch·sel ['dɛksəl] *m* ⟨-s; -⟩ *hunt. cf.* Dachshund.

'Dachs|ˌfal·le *f hunt.* badger gin (*od.* trap). — **~ˌfell** *n* badger's skin. — **~ˌgra·ben** *n hunt.* unearthing (*od.* drawing) of a badger.

'Dachsˌhaar *n* badger's hair. — **~ˌpin·sel** *m* badger's-hair brush.

'Dachs|ˌhet·ze *f hunt.* badger baiting (*od.* drawing). — **~ˌhöh·le** *f cf.* Dachsbau. — **~ˌhund** *m* dachshund, *auch* badger dog: **langhaariger [kurzhariger] ~** long-haired [short-haired] dachshund.

Däch·sin ['dɛksɪn] *f* ⟨-; -nen⟩ *zo.* female (*od.* she-)badger.

'Dachsˌjagd *f* badger hunt(ing).

'Dachˌspar·ren *m arch.* rafter.

'Dachs|ˌröh·re *f* entrance to a badger's burrow (*od.* hole). — **~ˌschwar·te** *f* badger skin.

'Dach|ˌstän·der *m* **1.** (*für Auto*) car roof rack, roof luggage rack (*od.* carrier). – **2.** *electr. cf.* Dachgestänge. — **~ˌstein** *m cf.* Dachziegel. — **~ˌstroh** *n* (roofing) thatch. — **~ˌstüb·chen** *n* **1.** *dim. of* Dachstube. – **2.** *fig. colloq.* head, 'top (*od.* upper) storey (*bes. Am.* story)' (*colloq.*): **sie ist nicht ganz richtig im ~** she is not quite right in the head (*od.* upper stor[e]y). — **~ˌstu·be** *f cf.* Dachkammer.

'Dachˌstuhl *m* roof frame(work) (*od.* timbering). — **~ˌbrand** *m* fire in the framework of a roof.

dach·te ['daxtə] *1 u. 3 sg pret*, **däch·te** ['dɛçtə] *1 u. 3 sg pret subj of* denken.

Dach·tel ['daxtəl] *f* ⟨-; -n⟩ *Southern G. for* Ohrfeige 1.

'Dach|terˌras·se *f cf.* Dachgarten. — **~ˌtrau·fe** *f cf.* Dachrinne 1. — **~ˌtürm·chen** *n* louver, *bes. Br.* louvre. — **~verˌband** *m econ. cf.* Dachorganisation. — **~verˌblechung** *f arch.* plate roofing. — **~verˌschalung** *f* ashlar(ing). — **~verˌschluß** *m auto.* roof lock. — **~ˌvorˌsprung** *m arch. cf.* Dachgesims. — **~ˌwer·bung** *f econ.* roof advertising. — **~ˌwerk** *n arch.* roof(ing). — **~ˌwoh·nung** *f cf.* Mansardenwohnung. — **~ˌwurz** *f bot. cf.* Dachhauswurz. — **~ˌziegel** *m* roof(ing) tile, tile: **~ mit Aufhängnase** nibbed tile; **doppelter ~** double tile; **~ einhängen** to lay the tiles. — **~ˌzim·mer** *n cf.* Dachkammer.

Da·cit [da'tsi:t; -'tsɪt] *m* ⟨-s; *no pl*⟩ *min.* dacite.

Dackel (*getr.* **-k·k-**) ['dakəl] *m* ⟨-s; -⟩ **1.** *zo.* dachshund, *auch* badger dog. – **2.** *Southern G. colloq.* (*Person*) stupid fellow, fool: **du ~!** you stupid! — **d~ˌbei·nig** [-ˌbaɪnɪç] *adj colloq. humor.* bandy-legged.

Da·cryo·cy·sti·tis [dakryotsys'ti:tɪs] *f* ⟨-; *no pl*⟩ *med. cf.* Tränensackentzündung.

Da·da·is·mus [dada'ɪsmʊs] *m* ⟨-; *no pl*⟩ (*art*) Dadaism. — **Da·da'ist** [-'ɪst] *m* ⟨-en; -en⟩, **Da·da'istin** *f* ⟨-; -nen⟩ Dadaist. — **da·da'istisch** *adj* dadaistic.

Dä·da·lus ['dɛːdalus] *npr m* ⟨-; *no pl*⟩ *myth.* Daedalus.

da·durch [da'durç; 'daːˌdurç] **I** *adv* **1.** (*örtlich*) through it (*od.* there), that way: **dort ist eine Tür, soll ich ~ gehen?** there is a door, shall I go through it? – **2.** (*auf solche Weise*) by it, thereby, from (*od.* with, through) it: **er gewann nichts ~** he gained nothing by it; **was hat er ~ erreicht?** what did he gain by it? **alle ~ verursachten Schäden** any damage *sg* caused thereby; **er hat ~ viel gelernt** he has learned quite a lot by it (*od.* thereby). – **3.** (*aus diesem Grund*) for this reason, in this manner (*od.* way), by this means, thus: **~ wurde sie berühmt** thus she became famous; **~ geschah es, daß er gerettet wurde** for this reason it happened that he was saved; **sie hat den Bus verpaßt, ~ kam sie zu spät** she had missed the bus and therefore (*od.* so) she was late; **~ gelang es ihm** thus (*od.* in this way) he succeeded. – **II** *conj* **~, daß 4.** owing to (the fact that), thanks to: **~, daß es regnete, konnten wir nicht kommen** owing to the rain we could not come. – **5.** (*weil*) as, because, in that: **~, daß sie krank wurde, mußte sie ihre Reise absagen** as she had fallen ill she had to cancel her trip. – **6.** (*indem*) by: **~, daß er sparte, hat er jetzt eine Menge Geld** through having saved he has a large amount of money by now.

da·für [da'fyːr; 'daːˌfyːr] **I** *adv* **1.** for it (*od.* that, them): **er bekam 20 Mark ~** he got 20 marks for it (*od.* them); **~ bekommen Sie es nicht** you will not get it for that; **er bekam eine Auszeichnung ~** he got a medal for it; **j-n ~ bestrafen** to punish s.o. for it; **~ büßen müssen** to have to suffer (*od.* pay) for that; **sie zeigt wenig Verständnis ~** she shows little understanding for this; **es gibt kein Mittel ~** there is no remedy for it; **man hat keinen Beweis ~** there is no proof of it (*od.* that it is so); **das ist ein Beispiel ~** that is an example of it; **ich bin ~ verantwortlich** I am responsible for this; **ich bürge ~** a) I am answerable for it, b) I'll guarantee it; **er ist kein Verbrecher, aber man muß ihn ~ halten** he is not a criminal but people must think he is (one). – **2.** (*als Ersatz*) instead (of it), in return (for it), in exchange, in lieu of it (*lit.*): **gib mir dies ~** give me this in return (*od.* in exchange). – **3.** (*zu Gunsten einer Sache*) for it, in favor (*bes. Br.* favour) (of it): **ich bin ~** I'm for it, I am in favo(u)r of it, I advocate (*od.* support, endorse) it; **sind Sie ~?** are you in favo(u)r of it? **~ sein, etwas zu tun** to be for (*od.* to advocate) doing s.th.; **es läßt sich vieles ~ und dagegen sagen** much can be said in favo(u)r of it and against it, there are two sides to it, it has its pros and cons (*colloq.*); **er hat sich ~ ausgesprochen** he spoke (out) in favo(u)r of it; **100 stimmten ~, 50 dagegen** 100 voted in favo(u)r, 50 against; **vieles spricht ~** there is much to be said in its favo(u)r; **alles spricht ~** everything speaks for it; **die, welche ~ sind** those in favo(u)r; **die Mehrheit ist ~** *pol.* the ayes have it; **~ ist er nicht zu haben** *colloq.* he does not like that (*od.* this), he won't have any of that. – **4.** (*bezüglich einer Sache*) with regard to it (*od.* that), in reference to it (*od.* that): **~ wird eine besondere Regelung getroffen** with regard to this a special arrangement will be made, the matter will be subject to a special arrangement. – **5.** (*schließlich*) after all: **es ist sein Recht, ~ ist er der Chef** he has the right to do so, after all he is the boss. – **II** *conj* **6. ~, daß** for, because, as, in that: **er wurde ~ bestraft, daß er gelogen hatte** he was punished for telling (*od.* having told) a lie, he was punished as (*od.* because) he had told a lie; **er wird ~ sorgen, daß es nicht noch einmal geschieht** he will see so it that it does (*od.* will) not happen again. – **7.** (*stattdessen*) instead: **er trinkt nicht, ~ raucht er** he does not drink, he smokes instead (*od.* but he smokes). – **8.** (*als Ersatz*) but (then), on the other hand: **sie sind arm, ~ aber glücklich** they are poor but happy; **er ist noch sehr jung, aber ~ sehr gescheit** he is still very young but then he is very intelligent; **wir haben nicht viel Geld, ~ sind wir aber gesund** we have not much money but we make up for it by being healthy.

da'für|ˌhal·ten I *v/t* ⟨*irr, sep,* -ge-, h⟩ *archaic* think, be of the opinion: **er hält dafür, daß** he thinks (*od.* his opinion is) that. – **II D~** *n* ⟨-s⟩ *lit.* opinion: **nach meinem D~** in my opinion (*od.* estimation), to my way of thinking. — **~ˌkön·nen** *v/t* ⟨*irr, sep,* -ge-, h⟩ *colloq.* be to blame: **er kann nichts dafür** he can't help it, he is not to blame (for it), it's not his fault; **was kann ich dafür?** is it my fault? am I to be blamed for it? — **~ˌste·hen** *v/i* ⟨*irr, sep,* -ge-, h *u.* sein⟩ **1.** *archaic* answer for it, guarantee it. – **2.** *bes. Austrian only in* **das steht nicht dafür** *colloq.* that's not worth one's while.

da·ge·gen [da'geːgən; 'daːˌgeːgən] **I** *adv* **1.** (*räumlich*) against it: **sie hatte den Zaun nicht gesehen und lief ~** she had not seen the fence and ran against it (*od.* into it); **lehn dich nicht ~!** don't lean against it (*od.* that). – **2.** (*Ausdruck des Angriffs*) against it (*od.* that): **wir sollten energisch ~ vorgehen** we should take energetic steps against it (*od.* that), we should take active countermeasures; **es muß mit allen Mitteln ~ gekämpft werden** it should be opposed (*od.* resisted) with all available means; **es ist noch kein Mittel ~ gefunden** no remedy has been found for it yet; **~ ist kein Kraut gewachsen** *humor.* there is nothing one can do about it, there is no remedy at all for that. – **3.** (*Ausdruck der Opposition*) against (it): **wir sind ~** we are against (*od.* opposed to) it; **er ist nicht dafür und nicht ~** he is neither for it nor against it; **~ stimmen** to vote against it; **~ ist nichts zu sagen** there is nothing one could say against it; **er hatte nichts ~ einzuwenden** he had no objections (to it); **haben Sie etwas ~, wenn ich rauche?** do you mind if I smoke (*od.* my smoking)? → **dafür** 3. – **4.** *cf.* **demgegenüber.** – **5.** (*im Vergleich dazu*) by comparison: **er hat ein tolles Auto — deins ist nichts ~** he has a marvellous car — yours is nothing by (*od.* in) comparison; **alles andere ist ~ ein Kinderspiel** all the rest is mere child's play by comparison; **das ist doch nichts ~!** what's that (*od.* that's nothing) by comparison! – **6.** (*im Austausch dafür*) in exchange (for it): **wenn man den Pfandschein vorlegt, kann man das Pfand ~ einlösen** one can redeem the pawned article(s) in exchange for the pawn ticket. – **II** *conj* **7.** (*jedoch, hingegen*) however, on the other hand, but, whereas: **er raucht nicht, ~ ißt er gern Süßigkeiten** he doesn't smoke but (on the other hand) he likes to eat sweets; **sie wandert gern, er ~ gar nicht** she likes walking whereas he doesn't (like it) at all; **er saß, wir ~ mußten stehen** he was sitting whereas we had to stand.

da'ge·gen|ˌhal·ten *v/t* ⟨*irr, sep,* -ge-, h⟩ *fig.* **1.** (*erwidernd*) argue (against), hold (*s.th.*) against it: **es läßt sich ~, daß** it can be argued, however, that. – **2.** (*vergleichend*) compare, set (*s.th.*) against it: **wenn man die Vorteile betrachtet und dann die Nachteile dagegenhält** when you consider the advantages and then compare them with the disadvantages. — **~ˌhan·deln** *v/i* ⟨*sep,* -ge-, h⟩ act against it. — **~ˌset·zen** *v/t* ⟨*sep,* -ge-, h⟩ *fig.* retort, put forward as an alternative. — **~ˌspre·chen** *v/i* ⟨*irr, sep,* -ge-, h⟩ *fig.* be (*od.* speak) against it: **die Tatsachen sprechen dagegen** the facts speak against it. — **~ˌstel·len** *v/reflex* ⟨*sep,* -ge-, h⟩ **sich ~** *fig.* oppose it. — **~ˌstem·men** *v/reflex* ⟨*sep,* -ge-, h⟩ **sich ~** *fig.* firmly oppose (*od.* resist) it. — **~ˌwir·ken** *v/i* ⟨*sep,* -ge-, h⟩ act against it.

'da·geˌwe·sen I *pp of* dasein. – **II D~e** *n* ⟨-n⟩ *only in* **das übertrifft alles D~e** that beats everything (yet) (*colloq.*).

Da·guer·reo·ty·pie [dagɛroty'piː] *f* ⟨-; -n [-ən]⟩ *phot.* **1.** ⟨*only sg*⟩ (*Verfahren*) daguerreotype, daguerreotypy. – **2.** daguerreotype (picture). — **da·guer·reo·ty'pie·ren** [-rən] *v/t* ⟨*no* ge-, h⟩ daguerreotype.

da·heim [da'haɪm] **I** *adv chiefly Southern G., Austrian and Swiss* **1.** at home: **ist sie ~?** is she in (*od.* at home)? **sie wird bald ~ sein** she will be home soon; **~ bleiben** to stay at home; **~ ist's am schönsten, ~ ist ~** there is no place like home; **wie geht's ~?** *colloq.* how is your family? **in einer Wissenschaft ~ sein** *fig. colloq.* to be at home in a science. – **2.** (*in der Heimat*) in one's own (*od.* native, mother) country, at home: **er ist in Frankreich ~** his native country is France; **er vergleicht die Verhältnisse im Ausland immer mit denen ~** he always compares (the) conditions abroad with those at home. – **II D~** *n* ⟨-s⟩ **3.** home: **er hat ein sehr nettes ~** he has a very nice home.

Da'heim·geˌblie·be·ne *m, f* ⟨-n; -n⟩ person who has stayed at home.

da·her [da'heːr; 'daːˌheːr] **I** *adv* **1.** (*von da, von dort*) from there, thence (*lit.*): **ich komme auch gerade ~** I have just come from there too; **alle waren aus Berlin, nur einer war nicht ~** with one exception they were all from Berlin; **ich vermute, daß er von ~ kommt** I gather (*od.* have a hunch) he (*od.* that he) comes from there; **~ weht also der Wind** *fig. colloq.* so that's the way (*od.* how) the wind blows. – **2.** (*Ursache*) therefore, for this reason, that is why; hence, thence (*lit.*): **~ die ganze Aufregung** so that is the reason for all the excitement; **die Verspätung kam ~, daß** the reason for the delay was that; **~ der Name Bratkartoffeln!** *fig. colloq. humor.* that accounts for the milk in the coconut! – **3.** *dial.* (*hierher*) here: **das Wasser ging bis ~** the water came up to here (*od.* as far as here). – **II** *conj* **4.** (*deshalb*) therefore, for this reason, that is why: **er kannte die Stadt und fand ~ schnell den Weg** he knew the town and therefore found the way quickly; **er kannte die Gefahren und war ~ vorsichtig** he knew the dangers and therefore was very careful. – **5.** (*folglich*) consequently: **meine Uhr ging nach, ~ kam ich zu spät** my watch was slow and consequently I was late. – **III** *relative pron* **6.** *lit. archaic cf.* **woher** II.

da'her|ˌbrin·gen *v/t* ⟨*irr, sep,* -ge-, h⟩ *Southern G. and Austrian colloq.* bring along. — **~ˌei·len** *v/i* ⟨*sep,* -ge-, sein⟩ approach in a hurry: **dahergeeilt kommen** to come hurrying along. — **~ˌfah·ren** *v/i* ⟨*irr, sep,* -ge-, sein⟩ drive along (*od.* up): **er kam in seinem neuen Sportwagen dahergefahren** he came driving along (*od.* up) in his new sports car. — **~ˌflie·gen** *v/i* ⟨*irr, sep,* -ge-, sein⟩ fly along: **Blätter und Staub kamen mit dem Wind dahergeflogen** leaves and dust came flying along with the wind. — **~ˌge·hen** *v/i* ⟨*irr, sep,* -ge-, sein⟩ **1.** go (*od.* walk) along: **er kam ganz langsam dahergegangen** he came walking along very slowly. – **2.** *fig. colloq.* (*sich zutragen*) *cf.* **hergehen** 4. — **~geˌlau·fen** *adj* ⟨*attrib*⟩ *colloq. contempt.* **(ein) jeder ~e Kerl** any Tom, Dick or Harry (*Am. colloq.* any old guy) who comes along. — **~ˌkom·men** *v/i* ⟨*irr, sep,* -ge-, sein⟩ **1.** approach, come (nearer *od.* up, along): **mit großen Schritten kam er daher** he approached with long strides. – **2.** *fig.* come up, appear: **Probleme können in sehr verschiedener Form ~** problems can present themselves in many different ways. – **3.** *only in* **wie kommst denn du daher!** *colloq.* Good Heavens! You do look a sight! — **~ˌma·chen** *v/t* ⟨*sep,* -ge-, h⟩ *colloq.* fuss about: **du sollst wirklich nicht soviel ~** you really shouldn't make such a fuss. — **~ˌre·den** *contempt.* **I** *v/t* ⟨*sep,* -ge-, h⟩ talk: **red nicht so dummes Zeug daher!** don't talk such nonsense! – **II** *v/i* talk: **dumm [geschwollen, unverständlich] ~** to talk foolishly [pompously, unintelligibly]. — **~ˌrei·ten** *v/i* ⟨*irr, sep,* -ge-, sein⟩ approach on horseback, ride up: **dahergeritten kommen** to come riding along (*od.* up). — **~ˌren·nen** *v/i* ⟨*irr, sep,* -ge-, sein⟩ approach running, run along (*od.* up): **er kam dahergerannt** he came running along (*od.* up). — **~ˌschlei·chen** *v/i* ⟨*irr, sep,* -ge-, sein⟩ creep (*od.* sneak) up: **er kam dahergeschlichen** he came creeping along (*od.* up). — **~ˌschrei·ten** *v/i* ⟨*irr, sep,* -ge-, sein⟩ stride along: **dahergeschritten kommen** to come striding along (*od.* up). — **~stolˌzie·ren** *v/i* ⟨*sep, no* -ge-, sein⟩ strut along: **daherstolziert kommen** to come strutting along (*od.* up).

da·her·um [dahɛ'rum; 'daːhɛˌrum] *adv* thereabout(s).

da·hier [da'hiːr; 'daːˌhiːr] *adv archaic* here.

da·hin [da'hɪn; 'daːˌhɪn] *adv* **1.** (*dorthin, nach dort*) there, to that place, thither (*lit.*): **~ und dorthin** here and there, hither and thither (*lit.*); **ist es noch weit bis ~?** is it much further (along)? **das gehört nicht ~** that doesn't belong there; **mir steht's** (*od.* **geht's**) **bis ~, ich hab's bis ~ satt** *fig. colloq.* I'm completely fed up (colloq.), I'm sick (and tired) of everything (colloq.). – 2. (zeitlich) only in bis ~ a) till (od. until) then, till that time, b) by then, by that time: bis ~ ist es noch lange Zeit it's quite a long time until then; bis ~ bin ich bestimmt fertig I shall undoubtedly have finished by then; bis ~ fließt noch viel Wasser den Fluß hinab colloq. a lot of water may flow under the bridge before then. – 3. (Ziel, Zweck) to that effect: die allgemeine Ansicht (od. Meinung) geht ~, daß the general opinion (od. consensus) is that; die Antwort lautete ~ (gehend), daß the answer was to the effect that; wir haben uns ~ (gehend) geeinigt, daß we agreed to the effect that; die Maßnahmen tendieren ~, die Lage zu entspannen the measures are intended to ease the situation; ~ arbeiten [streben, zielen], die Leistungen des Betriebes zu verbessern to work [strive, aim] to improve the output of the firm. – 4. (so weit) so far, to that point: es ~ bringen, daß to carry matters to such a point that; j-n ~ bringen, daß er etwas tut to induce (od. prevail [up]on) s.o. to do s.th.; sein grenzenloser Egoismus hat ihn ~ gebracht his boundless ego(t)ism has brought him to that point; es ist ~ gekommen, daß things have come to such a pass that; ~ ist es also schon mit ihm gekommen! so things are really as bad as that with him! mußte es ~ kommen? did it have to come to such a (od. that) point?

da·hin·ab [dahɪˈnap; ˈdaːhɪˌnap] adv down there.

da·hin·auf [dahɪˈnauf; ˈdaːhɪˌnauf] adv up there.

da·hin·aus [dahɪˈnaus; ˈdaːhɪˌnaus] adv out there.

daˈhin|ˌbrau·sen v/i ⟨sep, -ge-, sein⟩ 1. rush along (od. off). – 2. lit. (von Sturm etc) rage, storm. — ~ˌdäm·mern v/i ⟨sep, -ge-, h u. sein⟩ drowse, doze. — ~ˌei·len v/i ⟨sep, -ge-, sein⟩ 1. hurry along (od. past). – 2. fig. (von Zeit) rush by, pass swiftly, fly (by).

da·hin·ein [dahɪˈnaɪn; ˈdaːhɪˌnaɪn] adv in(to) there.

daˈhin|ˌfah·ren v/i ⟨irr, sep, -ge-, sein⟩ 1. drive along (od. off, past). – 2. lit. pass away, die. – 3. lit. slip: sein Glück ~ lassen to let one's chance slip, to pass up a chance. — ~ˌfal·len v/i ⟨irr, sep, -ge-, sein⟩ Swiss for entfallen 3. — ~ˌflie·gen v/i ⟨irr, sep, -ge-, sein⟩ 1. fly (along). – 2. fig. (von Zeit etc) rush by, pass swiftly, fly (by). — ~ˌflie·ßen v/i ⟨irr, sep, -ge-, sein⟩ 1. (von Fluß etc) flow on (od. by, along). – 2. fig. (von Jahren etc) pass quietly by, flow by. — ~ˌflit·zen v/i ⟨sep, -ge-, sein⟩ colloq. rush (od. whiz[z], flit, dash) along (od. off). — ~ˌge·ben v/t ⟨irr, sep, -ge-, h⟩ lit. sacrifice, give away.

Daˈhin·geˌgan·ge·ne m, f ⟨-n; -n⟩ only in der [die] ~ lit. the deceased, the departed.

da·hin·ge·gen [dahɪnˈgeːgən] conj on the other hand, however.

daˈhin|ˌge·hen v/i ⟨irr, sep, -ge-, sein⟩ 1. go (od. walk) along. – 2. fig. (von Zeit etc) pass, go by: leider gehen die glücklichen Tage viel zu schnell dahin unfortunately the days of happiness (od. good times) pass all too quickly. – 3. lit. (sterben) pass away, die.

Daˈhin·geˌschie·de·ne m, f ⟨-n; -n⟩ lit. cf. Dahingegangene.

daˈhin|geˌstellt adj (in Wendungen wie) etwas ~ sein lassen a) to leave s.th. open (od. undecided, in the air), b) to leave s.th. out of account, c) not to go (further) into s.th., d) to form no opinion on (od. as to) s.th.; das bleibt ~, das mag ~ bleiben that remains to be seen; es sei ~, ob no matter whether; ich möchte es ~ sein lassen I don't want to go into the matter. — ~ˌglei·ten v/i ⟨irr, sep, -ge-, sein⟩ glide along. — ~ˌha·ben v/t ⟨irr, sep, -ge-, h⟩ dial. etwas ~ to have received s.th.: sie hatte ihren Teil dahin she had got her share. — ~ˌja·gen v/i ⟨sep, -ge-, sein⟩ (von Wolken etc) race (along), scud. — ~ˌle·ben v/i ⟨sep, -ge-, h⟩ 1. live: glücklich ~ to live peacefully. – 2. contempt. vegetate, go on existing. — ~ˌraf·fen v/t ⟨sep, -ge-, h⟩ lit. carry off, snatch (away): die Pest hat Tausende dahingerafft the plague carried off thousands (of people). — ~ˌra·sen v/i ⟨sep, -ge-, sein⟩ speed (od. race, dash, rush) along (od. off), tear along (colloq.). — ~ˌre·den, ~ˌsa·gen v/t ⟨sep, -ge-, h⟩ say (s.th.) without thinking. — ~ˌsau·sen v/i ⟨sep, -ge-, sein⟩ colloq. cf. dahinflitzen. — ~ˌschei·den v/i ⟨irr, sep, -ge-, sein⟩ lit. pass away, die. — ~ˌschie·ßen v/i ⟨irr, sep, -ge-, sein⟩ fig. dash (od. shoot) along: wie ein Pfeil ~ to shoot along like a flash of lightning. — ~ˌschlach·ten v/t ⟨sep, -ge-, h⟩ contempt. butcher, massacre, slaughter. — ~ˌschlän·geln v/reflex ⟨sep, -ge-, h⟩ sich ~ colloq. 1. (von Schlangen etc) wriggle along. – 2. fig. (von Flüssen etc) meander along, wind about. — ~ˌschlei·chen v/i ⟨irr, sep, -ge-, sein⟩ creep (od. crawl) along (auch fig.): die Stunden schlichen dahin the hours crept (by). — ~ˌschlen·dern v/i ⟨sep, -ge-, sein⟩ stroll (od. saunter) along. — ~ˌschlep·pen v/reflex ⟨sep, -ge-, h⟩ sich ~ 1. (von Personen) drag oneself along. – 2. fig. (Verfahren, Zeit etc) drag (on od. along, out). — ~ˌschmach·ten v/i ⟨sep, -ge-, sein⟩ languish, be languishing (auch fig.). — ~ˌschmel·zen v/i ⟨irr, sep, -ge-, sein⟩ 1. melt away. – 2. fig. melt away, dwindle (away): seine Barschaft war dahingeschmolzen his funds had dwindled away; seine Wut schmolz dahin his rage melted away; bei dieser Musik schmilzt sie immer völlig dahin colloq. humor. when she listens to this music she always melts completely. — ~ˌschrei·ten v/i ⟨irr, sep, -ge-, sein⟩ lit. stride along. — ~ˌschwan·ken v/i ⟨sep, -ge-, sein⟩ sway (od. swing) along. — ~ˌschwe·ben v/i ⟨sep, -ge-, sein⟩ glide along (od. over): man sah sie über die Tanzfläche ~ one could see them gliding over the dance floor. — ~ˌschwin·den v/i ⟨irr, sep, -ge-, sein⟩ lit. fade (od. dwindle) (away): sie fühlte ihre Sicherheit ~ she felt her confidence dwindling away; ihre Schönheit schwindet dahin her beauty is fading (away); man sah die kränkelnde Frau immer mehr ~ one could see how the ailing woman was (gradually) wasting away; vor Gram ~ to pine away with grief. — ~ˌsein v/i ⟨irr, sep, -ge-, sein⟩ 1. have gone (od. disappeared): die Zeiten sind dahin those days have gone (od. are over); die schönen Frühlingstage sind dahin the beautiful spring days are over. – 2. be dead, have passed away: er ist schon lange dahin he has been dead for a long time. – 3. be broken: jetzt ist die letzte Tasse auch dahin the last cup is also broken now. — ~ˌsie·chen v/i ⟨sep, -ge-, sein⟩ waste away: vor Gram ~ to waste away with grief, to pine away. — ~ˌstap·fen v/i ⟨sep, -ge-, sein⟩ plod along. — ~ˌste·hen v/impers ⟨irr, sep, -ge-, h u. sein⟩ archaic only in es steht noch dahin, ob it is still uncertain (od. it is not yet decided, it is still a matter of doubt, it remains to be seen) whether. — ~ˌster·ben v/i ⟨irr, sep, -ge-, sein⟩ lit. die (away); perish, expire (lit.). — ~ˌstür·men v/i ⟨sep, -ge-, sein⟩ rush along.

da·hin·ten [daˈhɪntən; ˈdaːˌhɪntən] adv 1. (dort hinten) back there, there at the back. – 2. (hinter etwas) behind there.

da·hin·ter [daˈhɪntər; ˈdaːˌhɪntər] adv 1. behind (him od. her, it), at the back (of him [od. her, it]), Am. back of him (od. her, it): ein Haus mit einer Garage ~ a house with a garage behind (it) (od. at the rear). – 2. fig. behind it, at the bottom of it, in it: es ist nichts ~ a) there is nothing behind it, b) there is nothing in (od. to) it; es ist was ~ colloq. there is more in (od. to) it than meets the eye; viel Worte und nichts ~ much ado about nothing. — ~ˌgucken (getr. -k·k-) v/i ⟨sep, -ge-, h⟩ fig. colloq. look at (od. inspect, examine) it (od. things, the matter) (more) closely: wenn man dahinterguckt on closer inspection.

da·hin·ter·her [daˌhɪntərˈheːr; ˈdaːˌhɪntərˌheːr] adv colloq. (in Wendungen wie) (sehr) ~ sein cf. dahintersein 2; er ist tüchtig ~ a) he is very keen on it, b) he is taking great pains over it; ~ sein, daß to see to it that.

daˈhin·ter|ˌklem·men, ~ˌknien v/reflex ⟨sep, -ge-, h⟩ sich ~ colloq. cf. dahintersetzen I. — ~ˌkom·men v/i ⟨irr, sep, -ge-, sein⟩ colloq. 1. (ausfindig machen) find out, discover (od. detect) it: ich komme schon noch dahinter I shall find out the secret. – 2. (erfahren) find out, learn. – 3. (erraten, durchschauen) see through it. — ~ˌma·chen I v/reflex ⟨sep, -ge-, h⟩ sich ~ cf. dahintersetzen I. – II v/t only in Dampf (od. Druck) ~ fig. colloq. a) to go at it full steam (od. with a will), b) to give things a push, to get things rolling. — ~ˌsein v/i ⟨irr, sep, -ge-, sein⟩ colloq. 1. cf. dahinterstecken. – 2. a) be after (od. out for) it, be (very) keen on it, b) (sich anstrengen) spare no effort, take (great) pains over it, c) (darauf bestehen) insist (up)on it, make a point of it. — ~ˌset·zen I v/reflex ⟨sep, -ge-, h⟩ sich ~ colloq. 1. (sich anstrengen) buckle (od. get) down to work, set to work with vigor (bes. Br. vigour), go hard at it, buckle down (od. to), set to: du mußt dich ordentlich ~ you have to put your back into it, you have to pull up your socks (colloq.). – 2. (sich einsetzen) do one's utmost (od. best), pull one's weight. – II v/t 3. only in Dampf (od. Druck) ~ fig. colloq. cf. dahintermachen II. – 4. put (s.o.) on to it. — ~ˌstecken (getr. -k·k-) v/i ⟨sep, -ge-, h⟩ colloq. be behind it, be at the bottom of it, be in it, be to it: da steckt mehr dahinter there is more in (od. to) it than meets the eye; da steckt eine Frau dahinter there is a woman behind it, auch cherchez la femme! es steckt nichts dahinter a) there is nothing behind it, b) there is nothing in (od. to) it; wer steckt dahinter? who is behind it? da steckt etwas Wahres dahinter there is some truth in (od. to) it. — ~ˌste·hen v/i ⟨irr, sep, -ge-, h u. sein⟩ colloq. 1. (unterstützen) be behind it, back it: die gesamte Bevölkerung steht dahinter the whole population is backing it. – 2. cf. dahinterstecken.

daˈhinˌtrei·ben v/i ⟨irr, sep, -ge-, h u. sein⟩ drift (od. float) along.

da·hin·über [dahɪˈnyːbər; ˈdaːhɪˌnyːbər] adv over there.

da·hin·un·ter [dahɪˈnʊntər; ˈdaːhɪˌnʊntər] adv down there.

daˈhin|ve·geˌtie·ren v/i ⟨sep, no -ge-, h⟩ contempt. 1. vegetate (along). – 2. (kümmerlich) scrape along. — ~ˌwel·ken v/i ⟨sep, -ge-, sein⟩ fade (od. wither) away. — ~ˌwur·steln v/i ⟨sep, -ge-, h⟩ colloq. muddle on (od. along). — ~ˌzie·hen v/i ⟨irr, sep, -ge-, sein⟩ 1. move (od. go, travel) along. – 2. (von Wolken etc) drift (od. sail) along.

Dah·lie [ˈdaːliə] f ⟨-; -n⟩ bot. dahlia (Gattg Dahlia). — **ˈDah·li·enˌknol·le** f dahlia bulb.

Dai·mo·ni·on [daɪˈmoːnĭɔn] n ⟨-s; -nien⟩ philos. daimon, d(a)emon.

Dai·na [ˈdaɪna] f ⟨-; -s⟩ mus. daina (Latvian folksong).

Da·ka·po [daˈkaːpo] n ⟨-s; -s⟩ mus. 1. encore. – 2. da capo.

da·kisch [ˈdaːkɪʃ] adj hist. cf. dazisch.

Da·ko·ta [daˈkoːta] m ⟨-(s); -(s)⟩ Dakota (Indian), auch Dacota, Dacotah.

dak·ty·lisch [dakˈtyːlɪʃ] adj metr. dactylic.

Dak·ty·lo [ˈdaktylo] f ⟨-; -s⟩ Swiss short for Daktylographin.

Dak·ty·lo..., dak·ty·lo... combining form denoting dactylo..., finger.

Dak·ty·lo·gramm [daktyloˈgram] n ⟨-s; -e⟩ (Fingerabdruck) dactylogram, dactylograph.

Dak·ty·lo·gra·phie [daktylograˈfiː] f ⟨-; -n [-ən]⟩ dactylography. — **dak·ty·lo·graˈphie·ren** [-rən] v/t u. v/i ⟨no ge-, h⟩ Swiss for maschineschreiben[1]. — **Dak·ty·loˈgra·phin** [-ˈgraːfɪn] f ⟨-; -nen⟩ Swiss for Maschinenschreiberin. — **dak·ty·loˈgra·phisch** [-ˈgraːfɪʃ] adj dactylographic.

Dak·ty·lo·lo·gie [daktylolo'giː] f ⟨-; no pl⟩ (Zeichensprache der Taubstummen) dactylology.

Dak·ty·lo·sko·pie [daktyloskoˈpiː] f ⟨-; -n [-ən]⟩ dactyloscopy.

Dak·ty·lus [ˈdaktylus] m ⟨-; Daktylen [-ˈtyːlən]⟩ metr. dactyl.

Da·lai-La·ma [ˈdaːlaɪˈlaːma] m ⟨-(s); -s⟩ Dalai (od. Grand) Lama (spiritual head of Tibetan Buddhism).

ˈdaˌlas·sen v/t ⟨irr, sep, -ge-, h⟩ (zurücklassen) leave (s.th.) here (od. behind): ich habe meinen Hut dagelassen I left my hat behind.

Dal·be [ˈdalbə] f ⟨-; -n⟩, auch **ˈDal·ben** [-bən] m ⟨-s; -⟩ mar. short for Duckdalbe.

ˈdaˌlie·gen v/i ⟨irr, sep, -ge-, h u. sein⟩ lie (there): ausgestreckt ~ to sprawl, to lie (there) stretched out; tot ~ to lie (there) dead.

Dalk [dalk] m ⟨-(e)s; -e⟩ Bavarian and Austrian fool, simpleton.

Dal·les [ˈdaləs] m ⟨-; no pl⟩ colloq. 1. shortage (od. lack) of money: im ~ sein, den (od. einen) ~ haben to be hard up (colloq.), to be broke (colloq.), Am. colloq. to be flat (broke); aus dem ~ herauskommen to get out of a tight spot (financially) (*colloq.*). – **2.** poverty. – **3.** distress.

dal·li ['dali] *adv colloq. only in* ~, ~! **mach** ~! **ein bißchen** ~! hurry up! at (*Am.* on) the double! make it snappy! (*colloq.*); get a move on! (*colloq.*); get cracking! (*colloq.*).

Dal·ma·tik [dal'maːtɪk], **Dal'ma·ti·ka** [-tika] *f* ⟨-; -tiken⟩ *relig.* dalmatic (*liturgical vestment*).

Dal·ma·ti·ner [dalma'tiːnər] *m* ⟨-s; -⟩ **1.** Dalmatian. – **2.** *zo.* Dalmatian (dog), *auch* coach dog. – **3.** *gastr.* Dalmatian wine. — **dal·ma'ti·nisch, dal'ma·tisch** [-'maːtɪʃ] *adj geogr.* Dalmatian.

Dal·to·nis·mus [dalto'nɪsmus] *m* ⟨-; *no pl*⟩ *med.* red-green blindness, daltonism (*scient.*).

'**Dal·ton·sches Ge'setz** ['daltənʃəs] *n phys.* Dalton's law.

'**Da·ma·ga,zel·le** ['daːma-] *f zo.* Clarke's gazelle, dibatag (*Ammodorcas clarkei*).

da·ma·lig ['daːˌmaːlɪç] *adj* ⟨*attrib*⟩ then, at (*od.* of) that (*od.* the) time (*nachgestellt*): **die** ~**en Besitzer [Herrscher]** the then owners [rulers]; **sein** ~**es Alter** [~**er Beruf**] his age [profession] at that time; **ihr** ~**es Versprechen** the promise then given by her; **in** ~**er** (*od.* **der** ~**en**) **Zeit** at that time, in those days; **die** ~**en Bestimmungen** the regulations of that time (*od.* of those days).

da·mals ['daːˌmaːls] **I** *adv* **1.** then, at that time: **seit** ~ since then, since that time; ~, **als in the days** (*od.* at the time) when; **bis** ~ (up) till that time; **erst** ~ only then, not till then; **schon** ~ even then; **die Leute (von)** ~ the people of that time. – **2.** (*seinerzeit*) in those days. – **II D**~ *n* ⟨-; *no pl*⟩ **3. das D**~ that time, the past: **das Jetzt mit dem D**~ **vergleichen** to compare the present with the past.

Da·mas·kus [da'maskus] *n only in* **sein** ~ **erleben** (*od.* **finden**) *fig.* a) to be converted, to change for the better, b) to see the light.

Da·mas·sé [dama'seː] *m* ⟨-s; -s⟩ (*textile*) damask style.

Da·mas'se·ner,stahl [dama'seːnər-] *m cf.* Damaszenerstahl.

da·mas·sie·ren [dama'siːrən] *v/t* ⟨*no* **ge-**, **h**⟩ **1.** (*textile*) (*Stoffe*) damask, figure. – **2.** *metall. cf.* damaszieren 1.

Da·mast [da'mast] *m* ⟨-es; -e⟩ (*textile*) damask. — ~**,ar·beit** *f* damasking. — **d**~**,ar·tig** *adj* like damask, damasklike. — ~**,decke** (*getr.* -k·k-) *f* damask tablecloth. — ~**,druck** *m* ⟨-(e)s; -e⟩ damask print(ing).

da'ma·sten *adj* (of) damask.

Da'mast|,lei·nen *n*, ~**,lein,wand** *f* (*textile*) damask linen. — ~**pa,pier** *n* linen paper. — ~**,we·ber**, ~**,wir·ker** *m* damask weaver.

Da·mas·ze·ne [damas'tseːnə] *f* ⟨-; -n⟩ *bot. cf.* Damaszenerpflaume.

Da·mas'ze·ner I *m* ⟨-s; -⟩ Damascene, inhabitant of Damascus. – **II** *adj* Damascene. — ~**,klin·ge** *f* Damascus (*od.* damask) blade. — ~**,pflau·me** *f bot.* **1.** a) (*Baum*) damson (*Prunus* [*domestica*] *insititia*), b) (*Frucht*) damson (plum), damascene. – **2.** caimitillo, *auch* satinleaf (*Chrysophyllum oliviforme*). — ~**,ro·se** *f* damask rose (*Rosa damascena*). — ~**,schwert** *n* Damascus sword. — ~**,stahl** *m metall.* Damascus (*od.* damask) steel. — ~**,trau·be**, ~**zi,be·be** *f bot.* damask raisin.

da·mas'ze·nisch *adj* Damascene.

da·mas·zie·ren [damas'tsiːrən] *v/t* ⟨*no* **ge-**, **h**⟩ **1.** (*Metall*) damascene, damaskeen, damask. – **2.** (*Stoff*) damask. — **da·mas'ziert I** *pp.* – **II** *adj* **1.** (*Arbeit*) damascene. – **2.** (*Schwertgriff*) damascened.

'**Dam,bock** ['dam-] *m hunt. cf.* Damhirsch.

'**Dam,brett** ['daːm-] *n cf.* Damebrett.

Däm·chen ['dɛːmçən] *n* ⟨-s; -⟩ **1.** *contempt.* lady of easy virtue, loose woman. – **2.** *colloq. iron.* overdressed (*od. colloq.* dolled-up) woman. – **3.** *contempt.* spoilt (young) lady. – **4.** *rare* little lady.

Da·me ['daːmə] *f* ⟨-; -n⟩ **1.** lady: **eine gebildete junge** ~ a cultured young lady; **eine große** ~ a great (*od.* fine) lady; **eine** ~ **aus gutem Hause, eine vornehme** ~ a lady, a gentlewoman; **die feine** ~ **spielen** to play the fine lady; **sie ist ganz** ~ she is every inch a lady, she is a perfect (*od.* quite a) lady; **die** ~ **des Hauses** a) the lady of the house, b) (*Gastgeberin*) the hostess; **meine** ~! madam; **meine** ~**n und Herren!** ladies and gentlemen; **wird die** ~ **schon bedient?** is somebody waiting on you, madam? are you being served, madam? „~**n**" (*Aufschrift*) "Ladies"; **meine alte** ~ *colloq.* my mother (*od. colloq.* old lady), *Br. colloq.* the mater; **eine leichte** (*od.* **zweifelhafte**) ~ *contempt.* a lady of easy virtue, a loose woman. – **2.** (*beim Tanz*) partner. – **3.** (*games*) a) (*Spiel*) *Am.* checkers *pl* (*construed as sg*), *Br.* (game of) draughts *pl* (*construed as sg or pl*), b) (*Stein*) king: ~ **spielen** to play (*od.* have a game of) checkers; **eine** ~ **machen** to crown a man, to make a king. – **4.** (*games*) (*beim Schach*) queen: **einen Bauern zur** ~ **machen, sich** (*dat*) **eine** ~ **machen** to queen a pawn, to go to queen. – **5.** (*games*) (*beim Kartenspiel*) queen. – **6.** ~ **in Trauer** *bot.* flag flower (*Iris susiana*). – **7. Lange** ~ (*Sommerbirne*) jargonelle (pear).

'**Da·me,brett** *n* (*games*) *Am.* checkerboard, *Br.* draughtboard.

Dä·mel ['dɛːməl] *m* ⟨-s; -⟩ *colloq.* fool; blockhead, ass, 'noodle' (*colloq.*).

Dä·me·lack ['dɛːməlak] *m* ⟨-s; -e *u.* -s⟩ *rare for* Dämlack.

Dä·me'lei *f* ⟨-; -en⟩ *colloq.* **1.** foolishness, stupidity. – **2.** foolish act, tomfoolery.

'**dä·me·lich** *adj u. adv rare for* dämlich.

da·meln ['daːməln], **dä·meln** ['dɛːməln] *v/i* ⟨**h**⟩ *colloq.* **1.** behave foolishly, fool about (*od.* around). – **2.** talk foolishly (*od.* nonsense). – **3.** be giddy, be dizzy (*od. colloq.* dopey).

'**Da·men|,bart** *m* hypertrichosis of the upper lip (in women). — ~**,bau·er** *m* (*beim Schach*) queen's pawn. — ~**be,glei·tung** *f* company of a lady (*od.* of ladies), female company: **er kam in** ~ he came in the company of a lady, he was accompanied by a lady. — ~**be,kannt·schaft** *f* lady acquaintance (*od.* friend). — ~**be,klei·dung** *f cf.* Damenkleidung. — ~**be,such** *m* visit from a lady (*od.* woman), visit from ladies (*od.* women), lady (*od.* woman) visitor(s *pl*). — ~**,bin·de** *f med.* sanitary napkin (*Br.* towel). — ~**,dop·pel** *n* (*beim Tennis*) women's doubles *pl* (*Br. auch* double). — ~**,ein·zel** *n* (*beim Tennis*) women's singles *pl* (*Br. auch* single). — ~**,fahr,rad** *n* lady's bicycle. — ~**fri,seur** *m* (ladies') hairdresser. — ~**fri,sier·sa,lon** *m cf.* Damensalon 1. — ~**fri,sur** *f* ladies' hairstyle. — ~**,fuß,ball** *m* ⟨-(e)s; *no pl*⟩ (*sport*) women's football. — ~**gar·de,ro·be** *f* **1.** ladies' cloakroom. – **2.** (*Umkleideraum*) ladies' dressing (*od.* changing) room. — ~**gar·ni,tur** *f* set of women's (*od.* ladies') underwear. — ~**ge,sell·schaft** *f* **1.** ladies' gathering, party for ladies, hen party (*colloq.*). – **2.** company (*od.* group, party) of ladies. – **3.** *cf.* Damenbegleitung. — ~**,gür·tel** *m med.* sanitary belt.

'**da·men·haft I** *adj* **1.** ladylike. – **2.** *rare* (*Mädchen*) grown-up (*attrib*). – **II** *adv* **3.** in a ladylike manner: **sich** ~ **benehmen** to behave like a lady.

'**Da·men|,hand,schuh** *m* woman's (*od.* lady's) glove. — ~**,hand,ta·sche** *f* handbag. — ~**,hemd** *n* (lady's) vest, chemise. — ~**,ho·se** *f* women's (*od.* ladies') slacks *pl* (*sometimes construed as sg*). — ~**,hut** *m* lady's hat. — ~**,jacke** (*getr.* -k·k-) *f* lady's jacket. — ~**ka,pel·le** *f mus.* ladies' band. — ~**,kleid** *n* **1.** lady's dress. – **2.** *pl* women's (*od.* ladies') dresses (*od.* clothes). — ~**,klei·dung** *f* women's (*od.* ladies') wear (*od.* clothes *pl*, clothing). — ~**kon·fek·ti,on** *f* women's (*od.* ladies') ready-made (*od.* ready-to-wear) clothes *pl*, *Am.* ladies' ready-to-wear. — ~**,kränz·chen** *n archaic for* Kaffeekränzchen. — ~**,lan·dung** *f aer. colloq.* **1.** (*eines Ballons*) smooth landing. – **2.** nose-over (*od.* upside-down) landing. — ~**,läu·fer** *m* (*beim Schach*) queen's bishop. — ~**,mann·schaft** *f* (*sport*) women's team. — ~**,man·tel** *m* lady's coat. — ~**,mo·de** *f* women's (*od.* ladies') fashion. — ~**,ober·be,klei·dung** *f* women's (*od.* ladies') outer wear (*od.* garments *pl*). — ~**,rad** *n cf.* Damenfahrrad. — ~**,reit,kleid** *n* lady's riding habit. — ~**,rock** *m* skirt: **enger** ~ tight (*od.* narrow, pencil) skirt; **gerader** ~ straight (*od.* slim) skirt; **geschlitzter** ~ slit skirt. — ~**sa,lon** *m* **1.** (ladies') hairdresser's, hair stylist's, *Am. auch* hairdresser shop. – **2.** (*Kosmetiksalon*) beauty salon, *Am.* beauty parlor (*auch* shop). — ~**,sat·tel** *m* (*sport*) sidesaddle: **im** ~ **reiten** to ride sidesaddle. — ~**,schirm** *m* lady's umbrella. — ~**,schlüp·fer** *m* (*Höschen*) panties *pl*, *Br.* knickers *pl*: **kurzer** ~ briefs *pl*. — ~**,schnei·der** *m* ladies' tailor. — ~**schnei·de,rei** *f* **1.** dressmaking, *auch* ladies' tailoring. – **2.** dressmaker's (*od.* tailor's) shop. — ~**,schnei·de·rin** *f* dressmaker, ladies' tailoress. — ~**,schuh** *m* **1.** lady's shoe. – **2.** *pl* women's (*od.* ladies') shoes. — ~**,sitz** *m* (*beim Reiten*) sidesaddle: **im** ~ **reiten** to ride sidesaddle. — ~**,slip** *m cf.* Damenschlüpfer. — ~**,sport** *m* women's sports *pl*. — ~**,sprin·ger** *m* (*beim Schach*) queen's knight. — ~**,stie·fel** *m* **1.** lady's boot. – **2.** *pl* women's (*od.* ladies') boots. — ~**,stift** *n* **1.** (religious) institution (for ladies of rank). – **2.** *relig.* endowment (for ladies of rank). — ~**,strumpf** *m* **1.** lady's stocking. – **2.** *pl* women's (*od.* ladies') stockings (*od.* hose *sg*). — ~**,ta·schen,tuch** *n* lady's handkerchief. — ~**toi,let·te** *f* **1.** ladies' room, *Br. auch* ladies' cloak-room, powder-room, *bes. Am.* (ladies') rest room. – **2.** ladies' dress (*od.* toilette). — ~**,uhr** *f* lady's watch. — ~**,un·ter,wä·sche** *f cf.* Damenwäsche. — ~**,wahl** *f* (*beim Tanz*) ladies' choice (*od.* turn). — ~**,wä·sche** *f* women's (*od.* ladies') underwear (*od.* underclothes *pl*), undies *pl* (*colloq.*): **elegante** ~ lingerie. — ~**,welt, die** *f humor.* the ladies *pl*, the fair sex: **bei der** ~ **beliebt sein** to be popular with the ladies. — ~**,zim·mer** *n obs.* boudoir.

'**Da·me|,spiel** *n* (*games*) **1.** *Am.* checkers *pl* (*construed as sg*), *Br.* (game of) draughts *pl* (*construed as sg or pl*). – **2.** *Am.* checkerboard and checkers *pl*, *Br.* draughtboard and pieces *pl*. — ~**,stein** *n* piece, man, *Am.* checker, *Br.* draughtsman.

'**Dam,hirsch** ['dam-] *m zo.* fallow buck (*Dama dama*). — ~**,kuh** *f* fallow doe.

da·misch ['daːmɪʃ] *Bavarian and Austrian colloq.* **I** *adj* **1.** foolish, silly, stupid. – **2.** ⟨*pred*⟩ (*schwindelig*) giddy, dizzy: **ich bin ganz** ~ **im Kopf** my head is quite dizzy. – **3.** much, 'terrific' (*colloq.*): **er hat** ~**es Glück gehabt** he has been mighty lucky. – **II** *adv* **4.** (*sehr*) very, awfully (*colloq.*), *Br. colloq.* 'beastly': **es ist** ~ **kalt** it's freezing.

da·mit [da'mɪt; 'daːˌmɪt] **I** *adv* **1.** (*mit dem*) with it (*od.* them), therewith (*officialese or archaic*), (*betont*) with that (*od.* those): **er nahm das Buch [die Bücher] und ging damit fort** he took the book [books] and went away with it [them]; ~ **kann ich nichts anfangen** I cannot do anything with it; ~ **will ich nichts zu tun haben** I don't want to have anything to do with it; **lassen Sie mich in Ruhe** ~! don't bother me with it! ~ **rechnen [zufrieden sein]** to reckon [to be satisfied] with it; **was hat das** ~ **zu tun?** what has that (got) to do with it? **heraus** ~! out with it (*od.* them)! **zum Teufel** ~! *colloq.* to hell with it! **jegliche** ~ **verbundenen Ausgaben** (*officialese*) any expenditure *sg* connected therewith (*od.* incidental thereto); ~ **eilt es nicht** (*od.* **hat es keine Eile, hat es noch Zeit**) there is no hurry about (*od.* with) it, that can wait, it's not urgent; **im Zusammenhang** ~ connected (*od.* in connection) with it, in this connection; **was soll ich** ~ **(anfangen)?** what am I (supposed) to do with it? **es ist nichts** ~ a) there is nothing wrong with it, b) it won't do, it's no go (*colloq.*); **ich bin** ~ **einverstanden** I am in agreement with that, I agree (*od.* consent) to that; **wie steht es** ~? a) how about it? b) how do things stand with it (*od.* in that regard)? ~ **ist es aus** (*od.* **vorbei**) that's the end of it, there is an end to it, it's all over with that; **und** ~ **basta** (*od.* **genug**)! *colloq.* that's enough (of that)! that's the end (of that)! ~ **ist mir nicht gedient** that won't help me (*od.* serve my purpose). – **2.** (*mittels dessen*) by (*od.* with) it (*od.* them), thereby (*lit. or officialese*), (*betont*) by (*od.* with) that (*od.* those): **was meinen Sie** ~? **was wollen Sie** ~ **sagen?** what do you mean by it? ~ **soll nicht gesagt sein** (*od.* **werden**), **daß** I don't mean by it (*od.* this) that; **er wird nichts** ~ **erreichen** he won't get anywhere with that (*od.* that way), that won't get him anywhere. – **3.** (*somit*) with that (*od.* this), thereupon (*lit.*): **und** ~ **erhob er sich** and with that he rose, whereupon he rose; ~ **ist der Fall erledigt** with that the matter is ended, that ends the matter, so much for this case; ~ **war ein neues Zeitalter angebrochen** this marked the beginning of (*od.* ushered in) a new epoch. – **4. er fing** ~ **an, zu versuchen** (*od.* **daß er versuchte**) he began by trying; ~, **daß du dich beschwerst, erreichst du nichts** you will not achieve anything by complaining; **ich rechne** ~, **einen Preis zu gewinnen** I am counting on winning a prize; **er war ~ beschäftigt, Briefe zu schreiben** he was busy writing letters; **ich bin ~ einverstanden, daß du morgen kommst** I agree (*od.* consent) to your coming tomorrow. – **5. ich rechne ~, daß es 100 Mark kostet** I expect it to cost one hundred marks. – **II** *conj* **6.** so (*od.* in order) that, (to the end) that: **ich sage es, ~ es alle wissen** I say it so that everyone knows (*od.* may know) it, I say it for everyone to know (it); **ich habe sie hergebracht, ~ du sie ansiehst** I have brought them here that you may look at them; **dreh das Licht an, ~ wir besser sehen** switch the light on so that we may see better; **~ nichts vergessen wird** in order that nothing may (*od.* might) be forgotten. – **7.** (*bei gleichem Subjekt*) (in order) to, so as to: **ich beeilte mich, ~ ich rechtzeitig käme** I hurried (up) to arrive (*od.* so that I would arrive) in time; **er hielt inne, ~ er sehe** (*od.* **sähe**) he stopped in order to see (*od.* that he might see); **~ ich es kurz mache** in order to be brief. – **8. ~ nicht** a) (so *od.* in order) that ... not, (so as) to avoid that, for fear that, lest, b) (*bei gleichem Subjekt*) in order (*od.* so as) not to: **ich verstecke es, ~ er es nicht findet** I'll hide it so that he won't find it (*od.* lest he should find it); **ich sperrte ab, ~ nicht eingebrochen werden kann** I locked up that nobody might break into the house; **ich schreibe es (mir) auf, ~ ich es nicht vergesse** I write it down so as not to forget it (*od.* lest I should forget it).

'**Dam|ˌkalb** *n*, **~ˌkitz** *n zo.* fawn (of fallow deer).

Däm·lack ['dɛːmlak] *m* ⟨-s; -e *u.* -s⟩ *colloq. for* Dummkopf.

'**damˌle·dern** *adj* buckskin (*attrib*).

Däm·lein ['dɛːmlaɪn] *n* ⟨-s; -⟩ *cf.* Dämchen.

däm·lich ['dɛːmlɪç] *colloq. contempt.* **I** *adj* stupid, silly, foolish, idiotic, asinine; dopey, *auch* dopy, 'dizzy' (*alle colloq.*): **sich dumm und ~ nach etwas suchen** *fig.* to look oneself silly for s.th. – **II** *adv* stupidly, silly, sillily, foolishly, idiotically: **frag nicht so ~!** don't ask such silly questions! **stell dich nicht so ~ an!** a) don't be so silly! b) (*ungeschickt*) don't be so awkward! — '**Däm·lich·keit** *f* ⟨-; -en⟩ stupidity, silliness, idiocy, idioticalness; dopiness, *auch* dopeyness, 'dizziness' (*alle colloq.*).

Damm [dam] *m* ⟨-(e)s; ⸚e⟩ **1.** (*Staudamm*) (fill *od.* embankment-type) dam. – **2.** (*Deich*) dike, *auch* dyke: **einen ~ bauen** (*od.* **aufführen, aufwerfen**) to build a dike. – **3.** (*Hafendamm*) dyke, embankment, pier, mole, jetty. – **4.** (*Wellenbrecher*) break-water. – **5.** (*eines Flusses*) river embankment, *Am.* levee. – **6.** (*railway*) embankment. – **7.** *fig. lit.* (*Hindernis*) barrier, dam: **einer Sache einen ~ entgegensetzen** to put a stop to s.th., to stem the rising tide of s.th. – **8.** *fig. colloq.* (*in Wendungen wie*) **j-n auf den ~ bringen** to set s.o. up, to put s.o. on his feet again; **auf dem ~ sein** a) (*gesund u. frisch sein*) to be fit, to be in good shape, b) (*wachsam sein*) to be wide awake; **ich bin heute nicht auf dem ~** I don't feel up to the mark today, I am out of sorts today. – **9.** *med.* perineum: **den ~ betreffend** perineal. – **10.** *mus.* (*beim Orgelbau*) cross bar, traverse. – **11.** *Northern and Eastern G.* (*Fahrbahn*) roadway, *Br.* carriage-way.

Dam·mar ['damar] *n* ⟨-s; *no pl*⟩ dam(m)ar (resin), gum dammar.

Dam'ma·ra|ˌbaum [da'maːra-] *m*, **~ˌfich·te** *f bot.* a) kauri (*od.* kaury) (pine) (*Agathis australis*), b) dammar (*od.* Amboina) pine (*A. alba*), c) pitch tree (*Dammara australis*).

'**Damm|ˌar·bei·ten** *pl civ.eng.* earthwork *sg.* — **~ˌar·bei·ter** *m* **1.** (*für Uferböschungen*) banker. – **2.** (*für Deichbau*) diker.

'**Dam·marˌharz** *n cf.* Dammar.

'**Damm|ˌbal·ken** *m civ.eng.* stop log. — **~ˌbau** *m* **1.** building of a dam, embanking. – **2.** (*Deichbau*) building of a dike.

'**Dämm·beˌton** *m civ.eng.* insulating concrete.

'**Damm|ˌbö·schung** *f* embankment slope, slope of embankment. — **~ˌbruch** *m* **1.** bursting of a dam (*od.* dike). – **2.** dam (*od.* dike) burst. – **3.** *med.* perineal hernia.

däm·men ['dɛmən] **I** *v/t* ⟨h⟩ **1.** (*stauen*) dam (up). – **2.** (*eindeichen*) dike. – **3.** (*eindämmen*) embank, *Am.* levee. – **4.** *fig.* (*bremsen*) dam (up), check, block, stem, curb, restrain: **seine Gefühle ~** to dam up one's feelings; **j-s Rede ~** to dam up s.o.'s eloquence. – **5.** *fig. cf.* dämpfen 7. – **6.** *civ.eng.* insulate. – **II D~** *n* ⟨-s⟩ **7.** *verbal noun.*

'**Däm·mer** *m* ⟨-s; *no pl*⟩ *poet. for* Dämmerung 1-3.

'**Dammˌer·de** *f tech.* (*bei der Ziegelherstellung*) kelly.

'**däm·me·rig** *adj* **1.** (*morgens*) dawning: **es wird ~** day is dawning. – **2.** (*abends*) dusky, twilight (*attrib*): **es wird ~** dusk is falling. – **3.** (*Licht*) dim, faint: **~er Kerzenschein** dim light of candles. – **4.** (*trübe*) dull, gloomy: **ein ~er Tag** a dull day. – **5.** *fig.* (*Vorstellungen etc*) dim, obscure, vague.

'**Däm·merˌlicht** *n* **1.** (*morgens*) dawn. – **2.** (*abends*) twilight, dusk, half-light. – **3.** *fig.* dim light, dimness.

däm·mern ['dɛmərn] **I** *v/impers* ⟨h⟩ **1.** (*vom Morgen*) dawn, break: **es dämmert** day is breaking (*od.* dawning), it is dawning (*od.* getting light). – **2.** (*vom Abend*) come on: **es dämmert** night is coming on (*od.* approaching), it is getting dark (*od.* dusky). – **3. es dämmert (bei) ihm** *fig. colloq.* it dawns (*od.* is beginning to dawn) on him. – **II** *v/i* **4.** *fig.* (*von Erkenntnis, Ahnung etc*) dawn, (a)rise: **ihm dämmerte eine Ahnung** a suspicion arose in him; **mir dämmert manches** I begin to see the light. – **5. vor sich hin ~** *fig.* to doze, to drowse.

'**däm·mernd I** *pres p.* – **II** *adj* **1.** (*Morgen*) dawning. – **2.** (*Abend*) dusky, twilight (*attrib*). – **3.** (*Licht*) dim, faint. – **4.** *fig.* dawning, rising, nascent.

'**Däm·mer|ˌschein** *m poet. for* Dämmerlicht. — **~ˌschlaf** *m* **1.** (*Halbschlaf*) half-sleep, light sleep. – **2.** *med.* twilight sleep. — **~ˌschop·pen** *m* sundowner (*colloq.*). — **~ˌstun·de** *f* twilight hour: **~ halten** *fig.* to tell stories in the twilight (*od.* while sitting together in the dark).

'**Däm·me·rung** *f* ⟨-; -en⟩ **1.** (*morgens*) dawn: **die ~ bricht an** day is dawning; **in der ~** at dawn (*od.* daybreak). – **2.** (*abends*) dusk, twilight: **die ~ brach an** dusk was falling; **bei Einbruch der ~** at dusk (*od.* nightfall). – **3.** (*Halbdunkel*) half-light: **das Zimmer war in tiefe ~ getaucht** the room was (*od.* looked) gloomy. – **4.** *astr.* (morning *od.* evening) twilight: **astronomische [bürgerliche] ~** astronomical [civil] twilight. – **5.** (*space*) crepusculum.

'**Däm·me·rungs|ˌbo·gen** *m meteor.* twilight arch (*od.* curve). — **~efˌfekt** *m* (*radio*) night error, night (*od.* sunset, twilight) effect, (*bes. eines Peilers*) night deviation. — **~freˌquenz** *f* transition frequency. — **~ˌkreis** *m* (*space*) crepuscular circle. — **~ˌlicht** *n* **1.** *astr.* morning (*od.* evening) twilight. – **2.** (*space*) crepuscular light. — **~ˌse·hen** *n med.* vision which functions in very dim light, scotopic vision (*scient.*). — **~ˌstrahl** *m meist pl* (*space*) (*der Sonne*) crepuscular ray.

'**Däm·merˌzuˌstand** *m* **1.** *med.* semiconscious state, stupor, partial (*od.* near complete) unconsciousness. – **2.** (*Halbschlaf*) dazed (*od.* half-awake) condition, dreamy state.

'**Dammˌge·gend** *f med.* perineal region.

'**Dämmit·tel** (*getr.* -mmˌm-) *n civ.eng. cf.* Dämmstoff.

'**Damm|ˌkern** *m civ.eng.* (impervious) core (*od.* diaphragm). — **~ˌkör·per** *m* (*railway*) solid body of an embankment. — **~ˌkro·ne** *f* top of an embankment. — **~ˌnaht** *f med.* perineal suture, perineorrhaphy (*scient.*). — **~ˌpla·stik** *f* plastic operation on the perineum, perineal reconstruction operation.

'**Dämmˌplat·te** *f civ.eng.* insulating panel (*od.* board): **~ gegen Schall [Wärme]** sound [thermal] insulating.

'**Dammˌriff** *n geol.* barrier reef.

'**dämm·rig** *adj cf.* dämmerig.

'**Dammˌriß** *m med.* perineal rupture (*od.* tear). — **~ope·ra·tiˌon** *f* perineal repair operation.

'**Dammˌrutsch** *m* (*railway*) slip of an embankment.

'**Dämmˌschicht** *f civ.eng.* insulating course (*od.* layer).

'**Damm|ˌschnitt** *m med.* episiotomy. — **~ˌschüt·tung** *f civ.eng.* embankment. — **~ˌschutz** *m med.* support of the perineum. — **~ˌsoh·le** *f* (*railway*) base of an embankment.

'**Dämmˌstoff** *m civ.eng.* insulating material.

'**Dammˌstra·ße** *f* causeway, *auch* causey.

'**Däm·mung** *f* ⟨-; *no pl*⟩ **1.** *cf.* Dämmen. – **2.** *civ.eng.* insulation.

'**Damm|ˌweg** *m* causeway, *auch* causey. — **~ˌwei·de** *f bot.* red osier (*Salix rubra*).

Dam·no ['damno] *m, n* ⟨-s; *no pl*⟩, '**Dam·num** [-nʊm] *n* ⟨-s; *no pl*⟩ *econ.* **1.** (*Differenz bei Kursen*) loss, discount. – **2.** (*bei Hypothekengeschäften*) rebate, discount.

'**Da·mo·klesˌschwert** ['daːmoklɛs-] *n fig.* sword of Damocles: **etwas hängt** (*od.* **schwebt**) **wie ein ~ über j-m** s.th. hangs over s.o. like the sword of Damocles.

Dä·mon ['dɛːmɔn] *m* ⟨-s; -en [dɛ'moːnən]⟩ **1.** (*böser Geist*) demon, *auch* daemon, evil spirit, devil: **von einem ~ besessen sein** to be possessed by a demon. – **2.** *myth.* daemon (*inferior Greek divinity*). – **3.** *philos.* daemon.

Dä'mo·nen|beˌschrei·bung *f* demonography. — **~ˌglau·be** *m cf.* Dämonismus.

dä'mo·nen·haft *adj cf.* dämonisch I.

Dä'mo·nen|ˌkult *m relig.* d(a)emon cult. — **~ˌleh·re** *f cf.* Dämonologie. — **~verˌeh·rung** *f* demonolatry, *auch* daemonolatry.

Dä·mo·nie [dɛmo'niː] *f* ⟨-; -n [-ən]⟩ **1.** *relig.* (state of) possession by an evil spirit. – **2.** (*des Charakters etc*) demonic nature (*od.* element).

dä·mo·nisch [dɛ'moːnɪʃ] **I** *adj* **1.** (*teuflisch*) demonic, *auch* daemonic, demonical, demonian, daemonian. – **2.** (*übernatürlich*) demoniac, *auch* demoniacal, d(a)emonic: **~e Kräfte [Leidenschaften]** demoniac(al) forces [passions]. – **II D~e, das** ⟨-n⟩ **3.** the d(a)emonic (*od.* demoniac) element.

dä·mo·ni·sie·ren [dɛmoni'ziːrən] *v/t* ⟨*no* ge-, h⟩ demonize.

Dä·mo·nis·mus [dɛmo'nɪsmʊs] *m* ⟨-; *no pl*⟩ demonism.

Dä·mo·no·lo·gie [dɛmonolo'giː] *f* ⟨-; -n [-ən]⟩ demonology, *auch* daemonology.

Dampf [dampf] *m* ⟨-(e)s; ⸚e⟩ **1.** steam, vapor, *bes. Br.* vapour: **in der Waschküche war alles voller ~** the washhouse was full of steam; **~ wallt auf [verzieht sich]** steam rises [disperses]. – **2.** (*Dunst*) mist, haze, vapor, *bes. Br.* vapour. – **3.** (*Rauch, Pulverdampf*) smoke. – **4.** (*Ausdünstung*) exhalation, vapor, *bes. Br.* vapour. – **5.** *phys. chem. tech.* (*Wasserdampf*) steam, vapor, *bes. Br.* vapour: **chemische Dämpfe** vapo(u)rs, fumes; **direkter [indirekter] ~** live [exhaust] steam; **gesättigter [überhitzter] ~** saturated [superheated] steam; **~ von hoher [niedriger] Spannung** high- [low-]pressure steam; **~ ablassen [aufmachen, erzeugen]** to blow off [raise, generate] steam; **etwas mit ~ behandeln** (*od.* **kochen**) to steam s.th.; **mit ~ betrieben** (*od.* **angetrieben**) **werden** to be operated by (*od.* to run on) steam, to be steam-driven. – **6.** *mar.* steam: **unter ~ sein** to be under steam, to have steam up; **mit halbem ~ fahren** to run half steam. – **7.** *fig. colloq.* (*in Wendungen wie*) **mit ~ arbeiten** to get up steam; **vor j-m ~ haben** to fear s.o., to be afraid (*od. colloq.* in a blue funk) of s.o.; → **dahintermachen II.**

'**Dampf|ˌabˌblasˌrohr, ~ˌabˌflußˌrohr, ~ˌabˌlei·tungsˌrohr** *n tech.* steam blow-off pipe, exhaust- (*od.* waste-)steam pipe. — **~ˌabˌsperrˌhahn** *m* steam shutoff valve. — **~ˌabˌsperrˌschie·ber** *m* gate-type steam shutoff valve. — **~ˌabˌsper·rung** *f* **1.** (*Vorgang*) steam shutoff. – **2.** (*Bauteil*) steam shutoff device. — **~ˌabˌsperr·venˌtil** *n* steam stop (*od.* shutoff) valve. — **~ˌabˌzug** *m* steam offtake, steam discharge pipe, steam outlet. — **~ˌanˌtrieb** *m* steam drive (*od.* propulsion).

'**Dämpf·ap·paˌrat** *m* (*textile*) ager, steaming apparatus.

'**Dampf|ar·maˌtur** *f tech.* steam fitting. — **d~ˌar·tig** *adj* vaporous, steamy. — **~ˌaus·nüt·zung** *f* utilization of steam. — **~ˌausˌtritt** *m* steam outlet, escape of steam. — **~ˌausˌtrittsˌöff·nung** *f* **1.** (*am Zylinder*) exhaust port. – **2.** (*am Kessel*) steam port. — **~ˌbad** *n* **1.** (*Schwitzbad*) steam (*od.* vapo[u]r) bath. – **2.** (*Baderaum*) hot room. – **3.** (*textile*) steam (*od.* water) bath. — **~ˌbag·ger** *m* **1.** (*Trockenbagger*) steam excavator. – **2.** (*Naßbagger*) steam dredger. – **3.** (*Löffelbagger*) steam shovel.

'**Dämpf·beˌhand·lung** *f* (*textile*) ag(e)ing.

'**dampf·beˌstän·dig** *adj* resistant (*od.* impervious) to steam.

'**Dampf·beˌtrieb** *m tech.* operation (*od.* drive) by steam. — **d~beˌtrie·ben** *adj*

(*Schiffe etc*) steam-propelled (*od.* -powered). — **~ˌbil·dung** *f* formation of steam. — **~ˌboot** *n* steamboat. — **~ˌbrem·se** *f* (*railway*) steam brake. — **~ˌbü·gelˌei·sen** *n* steam iron. — **d~ˌdicht** *adj tech.* (*Gewinde etc*) steamtight, steamproof, *Br.* steam-proof. — **~ˌdom** *m tech.* (steam) dome.

'Dampfˌdruck *m* ⟨-(e)s; "e⟩ *phys.* **1.** (*Gasdruck*) vapo(u)r tension. – **2.** (*von Wasserdampf*) steam pressure. — **~ˌmes·ser** *m* manometer, steam (pressure) ga(u)ge.

'Dampfˌdü·se *f tech.* steam nozzle.

damp·fen ['dampfən] **I** *v/i* ⟨h *u.* sein⟩ **1.** ⟨h⟩ steam, give off (*od.* emit) steam (*od.* vapo[u]r): die Suppe dampft the soup is steaming (hot); in der Kälte dampfte sein Atem his breath was steaming in the cold; die Moore ~ bei Sonnenaufgang the marshes steam at sunrise. – **2.** ⟨h⟩ (*rauchen*) smoke, fume: in der Ferne dampft der Vulkan the volcano is smoking in the distance. – **3.** ⟨h⟩ *fig. colloq.* smoke: er dampft wie ein Schlot he smokes like a chimney. – **4.** ⟨sein⟩ (*von Zug, Schiff etc*) steam, puff: die Lokomotive dampfte aus dem Bahnhof the engine puffed out of the station. – **II** *v/t* ⟨h⟩ **5.** (*Pfeife, Zigarre etc*) smoke, puff.

dämp·fen ['dɛmpfən] **I** *v/t* ⟨h⟩ **1.** (*Geräusch, Schall etc*) deaden, subdue, muffle, mute, damp, *bes. Am.* dampen: den Straßenlärm ~ to deaden street noises (*od.* the noise from the street). – **2.** (*Stimme*) lower, subdue, (*stärker*) muffle. – **3.** (*Licht, Farbe etc*) soften, subdue, (*Farbe*) *auch* mute, tone down: das Licht im Krankenzimmer ~ to dim the light in the sickroom. – **4.** (*Stoß, Schlag*) cushion, absorb, buffer. – **5.** (*Feuer*) damp (down), check, (*stärker*) smother. – **6.** *fig.* (*Stimmung etc*) damp, *bes. Am.* dampen, put (*od.* cast) a damper on, throw cold water on: die allgemeine Stimmung ~ to put a damper on the general atmosphere; j-s Freude ~ to damp(en) s.o.'s joy. – **7.** *fig.* (*Leidenschaft, Gefühle etc*) subdue, check, curb, restrain. – **8.** *med.* (*Schmerzen, Fieber*) lessen, reduce, allay, alleviate. – **9.** *fig. archaic* (*Aufruhr etc*) suppress, put down, quell. – **10.** *mus.* a) (*Blas-, Streichinstrumente*) mute, b) (*Schlaginstrumente*) choke, damp, *bes. Am.* dampen. – **11.** *gastr.* a) (*Fleisch, Gemüse etc*) steam, braise, b) (*dünsten*) stew, simmer. – **12.** (*textile*) (*Kostüme, Hosen etc*) steam. – **13.** *tech.* a) (*Bewegung*) cushion, b) (*Stoßwirkung*) absorb, c) (*elektromagnetische Schwingung*) damp. – **14.** (*in Akustik*) mute, muffle, deaden. – **15.** *electr.* a) (*Schwingkreise*) damp, flatten, b) (*Energieverbrauch von Übertragungsleitungen*) attenuate. – **16.** *aer.* (*Steuervorgänge*) stabilize. – **17.** *metall.* (*Hochofen*) damp (down), bank. – **18.** (*wood*) steam. – **II D~** *n* ⟨-s⟩ **19.** *verbal noun.* – **20.** *cf.* Dämpfung.

'Dampf|entˌwei·chung *f tech. cf.* Dampfaustritt. — **~entˌwick·lung** *f* steam generation.

'Damp·fer *m* ⟨-s; -⟩ *mar.* steamer, steamship, steamboat: mit dem ~ by steamer; auf dem falschen ~ sitzen (*od.* sein) *fig. colloq.* to be on the wrong tack (*od.* track).

'Dämp·fer *m* ⟨-s; -⟩ **1.** *mus.* a) (*an Streich- u. Blasinstrumenten*) mute, b) (*am Klavier*) damper, c) (*am Harmonium*) sourdine: ohne ~ undamped. – **2.** *fig. colloq.* (*in Wendungen wie*) j-m einen ~ aufsetzen to put a damper on s.o., to take s.o. down a peg or two, to rein s.o. in; j-s Begeisterung einen ~ aufsetzen to damp (*bes. Am.* dampen) s.o.'s enthusiasm, to put (*od.* cast) a damper on s.o.'s enthusiasm; ein ~ würde ihm ganz gut tun a rap over the knuckles would do him good; sie hat einen ~ bekommen she got a rap over the knuckles. – **3.** (*radio*) (*des Lautsprechers*) baffle. – **4.** *tech.* damper. – **5.** *auto.* a) (*gegen Stoß*) (shock) absorber, *Br.* dashpot, b) (*Auspufftopf*) *Am.* muffler, *Br.* silencer. – **6.** (*in der Akustik*) damper. – **7.** *aer.* damping device, blade damper. – **8.** *electr.* (*von Freileitungsdrähten*) damper. – **9.** *gastr. cf.* Dampfkochtopf.

'Damp·ferˌanˌle·geˌstel·le *f* landing stage (*od.* landing place, landing jetty) for steamers, steamer wharf.

'Dämp·ferˌarm *m mus.* (*am Klavier*) damper lever.

'Damp·fer|ˌen·te *f zo.* steamer duck, *auch* loggerhead duck (*Tachyeres cinereus*). — **~ˌfahrt** *f* steamer excursion. — **~ˌhochˌsee·fi·scheˌrei** *f* deep-sea trawler fishery. — **~ˌli·nie** *f* steamship line.

'Dämp·ferˌrohr *n* (*des Motorrads*) damper tube.

'Damp·fer|verˌkehr *m mar.* steamship traffic. — **~ˌweg** *m* (shipping) lane.

'Dämp·ferˌwick·lung *f electr.* damper winding.

'dampf|erˌzeu·gend *adj* steam-producing (*od.* -generating). — **D~erˌzeu·ger** *m tech. cf.* Dampfkessel. — **D~ˌfeuch·tig·keit** *f phys.* moisture of steam.

'Dämpfˌfleisch *n gastr.* **1.** stewed meat. – **2.** stewing meat.

'Dampf|fonˌtä·ne *f* (*eines Geysirs*) steam jet (*od.* column, fountain). — **~ˌform** *f phys.* vapor (*bes. Br.* vapour) phase: in ~ in vaporous form. — **d~ˌför·mig** *adj* vaporous. — **~geˌblä·se** *n tech.* steam blower, steam-driven blowing engine. — **d~geˌheizt** *adj* steam-heated. — **~ge·neˌra·tor** *m* steam generator. — **~ˌham·mer** *m* steam hammer. — **~ˌhei·zung** *f* **1.** *tech.* steam heating. – **2.** *civ.eng.* central heating (by steam). — **~ˌhei·zungsˌrohr** *n* steam-heating pipe.

'damp·fig *adj* steamy, vaporous.

'dämp·fig *adj vet.* (*Pferd*) broken-winded. — **'Dämp·fig·keit** *f* ⟨-; *no pl*⟩ chest founder(ing), broken wind.

'Dampf|in·ha·la·tiˌon *f med.* steam inhalation. — **~ˌkam·mer** *f tech.* steam chamber.

'Dampf·karˌtof·feln, *auch* **'Dämpf·karˌtof·feln** *pl gastr.* steamed potatoes.

'Dampfˌkes·sel *m tech.* (steam) boiler: ~ mit zwei Feuerungen twin boiler. — **~ˌanˌla·ge** *f* boiler plant. — **~ˌblech** *n* boiler plate. — **~ex·plo·siˌon** *f* boiler explosion.

'Dampf|ˌkochˌtopf *m* **1.** steamer. – **2.** pressure cooker. — **~ˌko·chung** *f* ⟨-; *no pl*⟩ steam cooking, steaming. — **~ˌkol·ben** *m tech.* steam piston. — **~ˌkraft** *f tech.* steam power. — **~ˌkraftˌwerk** *n* steam power station. — **~ˌkran** *m* steam crane. — **~ˌku·gel** *f phys. antiq.* aeolipile, *auch* aeolipyle, eolipile. — **~ˌküh·ler** *m tech.* desuperheater. — **~ˌlei·tung** *f* steam line (*od.* conduit). — **~ˌlei·tungsˌrohr** *n* steam pipe. — **~ˌlöf·felˌbag·ger** *m civ.eng.* steam shovel-type excavator, *Br.* steam navvy excavator. — **~lo·ko·moˌti·ve,** *auch* **~ˌlok** *f* (*railway*) steam locomotive. — **~ˌman·tel** *m tech.* steam jacket: mit einem ~ umgeben to steam-jacket. — **~ma·ˌschi·ne** *f* steam engine: einfachwirkende [doppeltwirkende] ~ single-acting [double-acting] steam engine. — **~maˌschi·nen·ˌanˌlage** *f* steam engine plant. — **~ma·ˌschi·nenˌsteue·rung** *f* steam engine control gear. — **~ˌmes·ser** *m phys.* steam ga(u)ge. — **~mo·leˌkül** *n* steam molecule. — **~ˌmo·tor** *m tech. cf.* Dampfmaschine. — **~ˌmüh·le** *f* steam-powered mill. — **~ˌne·bel** *m meteor.* a) steam fog, b) arctic (sea) smoke, arctic mist, c) (*aus Eispartikeln*) frost smoke. — **~ˌnu·deln** *pl gastr.* (sweet yeast) dumplings. — **~ˌor·gel** *f mus.* calliope. — **~ˌpfei·fe** *f tech.* steam whistle, (*eines Schiffes*) *auch* siren. — **~ˌpflug** *m agr.* steam plough (*bes. Am.* plow).

'Dämpf·proˌzeß *m* **1.** (*textile*) steaming process. – **2.** *gastr.* a) (*von Fleisch*) stewing (*od.* braising) process, b) (*von Fisch, Gemüse*) steaming process.

'Dampf|ˌpum·pe *f tech.* steam (*od.* donkey) pump: kolbenlose ~ pulsating (*od.* pistonless) steam pump. — **~ˌram·me** *f* steam piling hammer, steam-operated pile driver. — **~ˌraum** *m mar.* steam space. — **~ˌrohr** *n*, **~ˌröh·re** *f* steam pipe. — **~ˌroß** *n humor.* 'iron horse' (*colloq.*), locomotive.

'Dampfˌschiff *n cf.* Dampfer.

'Dampf|ˌschiffahrt (*getr.* -ffˌf-) *f mar.* steam(ship) navigation. — **~ˌschiffahrts·geˌsell·schaft** (*getr.* -ffˌf-) *f* steamship company (*od.* line).

'Dampfˌschiffˌen·te *f zo. cf.* Dampferente.

'Dampf|ˌschlan·ge *f tech.* steam coil. — **~siˌre·ne** *f* steam siren.

'Dampfˌstrahl *m* steam jet (*od.* blast). — **~geˌblä·se** *n* steam jet blower. — **~ˌpum·pe** *f* steam ejector.

'Dämpfˌtopf *m cf.* Dampfkochtopf.

'Dampf|ˌtrock·ner *m tech.* steam drying apparatus. — **~turˌbi·ne** *f* steam turbine. — **~ˌüberˌdruck** *m* excess vapor (*bes. Br.* vapour) pressure, excess steam pressure. — **~ˌüberˌhit·zer** *m* steam superheater.

'Dämp·fung *f* ⟨-; -en⟩ **1.** *cf.* Dämpfen. – **2.** *fig.* subdual. – **3.** *mus.* a) (*eines Klaviers*) damper action, b) *cf.* Dämpfer 1 b. – **4.** *med.* (*von Schmerzen*) alleviation. – **5.** *tech.* a) (*von Stoßwirkungen*) absorption, b) (*des Energieverbrauchs von Übertragungsleitungen*) attenuation. – **6.** *aer.* (*von Steuervorgängen*) stabilization. – **7.** *phys.* (*von Energien*) loss.

'Dämp·fungs|entˌzer·rer *m electr.* (*im Fernmeldewesen*) attenuation equalizer (*od.* compensator). — **~ˌfak·tor** *m* (*eines Schwingkreises*) attenuation (*od.* damping) factor (*od.* coefficient). — **~ˌfe·der** *f tech.* shock absorber spring. — **~ˌflä·che,** **~ˌflos·se** *f aer.* **1.** stabilizing fin (*od.* surface). – **2.** (*am Höhenleitwerk*) stabilizer. — **~ˌglied** *n electr.* attenuator (pad). — **~ma·te·riˌal** *n tech.* (*in der Akustik*) muffling (*od.* sound-absorbing) material. — **~ˌmes·ser** *m electr.* transmission-efficiency measuring set. — **~ˌmes·sung** *f* (*eines Schwingkreises*) attenuation measurement (*od.* test), transmission test. — **~peˌdal** *n mus.* (*des Klaviers*) soft pedal. — **~ˌwick·lung** *f electr. tech.* damping winding.

'Dampf|venˌtil *n tech.* steam valve. — **~verˌbrauch** *m* steam consumption. — **~verˌtei·ler** *m* steam header (*od.* distributor). — **~ˌwa·gen** *m obs.* steamer. — **~ˌwal·ze** *f civ.eng.* steam roller: wie eine ~ *fig.* like a steam roller. — **~wä·scheˌrei** *f* steam laundry. — **~ˌwin·de** *f tech.* steam winch. — **~ˌwol·ke** *f* cloud of steam. — **~ˌzuˌlei·tung** *f tech.* steam supply line. — **~ˌzuˌstand** *m phys.* vaporous state. — **~zyˌlin·der** *m tech.* steam cylinder.

'Dam|ˌschauf·ler *m zo.* fallow buck with palmated (*od.* shovel) antlers. — **~ˌschmalˌtier** *n* young fallow doe. — **~ˌtier** *n* doe (of fallow deer). — **~ˌwild** *n* fallow deer (*Gattg Dama*).

da·nach [da'na:x; 'da:ˌna:x] *adv* **1.** after (that), afterward(s), thereafter (*lit.*): bald ~ soon (*od.* shortly) after; drei Tage ~ three days after (*od.* later); er bekam eine Lungenentzündung, ~ hat er sich nie wieder erholt he got pneumonia, after that he never got well again. – **2.** (*später*) later (on), afterward(s), subsequently: sie sahen ein Kriminalstück, ~ gingen sie noch in eine Bar they saw a detective play, later on they went to a bar. – **3.** then, next, after (them, it), behind: voraus schritten Rektor und Senat, ~ folgten die Professoren und die Studenten the President (*od.* Chancellor) and the Senate preceded, next came the professors and then the students. – **4.** for it (*od.* this, that, them): sich ~ sehnen, ~ verlangen to long for it; die Arme ~ ausstrecken to reach for it; ~ suchen to look for it; ich habe kein Verlangen ~ I don't wish for it; er ist nicht der Mann ~ he is not the man for it. – **5.** to it (*od.* this, that, them): sich ~ umsehen (*od.* umschauen, umblicken) to turn (a)round to (*od.* for) it; sich ~ richten to conform to it. – **6.** about it (*od.* this, that, them): sich ~ erkundigen to enquire about it; ~ fragen to ask about it; sie fragt nicht viel ~ *colloq.* she doesn't care a fig about it. – **7.** according to (*od.* in accordance with) it (*od.* this, that, them), accordingly: Grundsätze haben und ~ handeln to have principles and act accordingly; das Essen ist billig, aber es ist auch ~ the food is cheap but it tastes accordingly. – **8.** like it: es sieht ganz ~ aus it really looks like it; es sieht nicht ~ aus it doesn't look like it; du siehst ganz ~ aus *iron.* you look just like it; mir ist nicht ~ *colloq.* I don't feel like it. – **9.** (*in Wendungen wie*) er fragt nicht ~, ob er tüchtig ist oder nicht he doesn't care whether he is efficient or not; er strebt ~, der Beste zu sein he aims at being the best.

Da·na·er ['da:naər] *pl* **1.** *antiq. hist.* Danai, Argives. – **2.** *poet.* (*bei Homer*) Danai, Greeks. — **~geˌschenk** *n fig.* Greek gift, fatal (*od.* treacherous) gift: etwas erweist sich als ein ~ something turns out to be a Greek gift.

Da·nai·de[1] [dana'i:də] *npr f* ⟨-; -n⟩ *meist pl myth.* Danaid (*a daughter of Danaus*): das Faß der ~n füllen *fig.* to perform an endless (*od.* a hopeless) task, to perform a Sisyphean (*od.* Danaidean) labo(u)r.

Da·nai·de² [dana'iːdə] *m* ⟨-n; -n⟩ *meist pl zo.* milkweed butterfly, danaus, danaid (*Fam. Danaidae*).

Da·nai·den|ˌar·beit [dana'iːdən-] *f fig.* Sisyphean (*od.* Danaidean) labor (*bes. Br.* labour), endless (*od.* hopeless) task. — **~ˌfaß** *n myth.* Danaidean tub, sieve of the Danaides.

Da·na·it [dana'iːt; -'ɪt] *m* ⟨-s; -e⟩ *min.* danaite.

Da·na·lith [dana'liːt; -'lɪt] *m* ⟨-s; *no pl*⟩ *min.* danalite.

Dan·bu·rit [danbu'riːt; -'rɪt] *m* ⟨-s; -e⟩ *min.* danburite.

Dan·dy ['dɛndi; 'dændɪ] (*Engl.*) *m* ⟨-s; -s⟩ (*Geck*) dandy, 'swell' (*colloq.*), *Br. sl.* toff: **sich wie ein ~ kleiden** to dress like a dandy. — **~ˌfie·ber** *n med. cf.* Denguefieber.

'dan·dy·haft *adj* dandified: **in ~er Aufmachung** dressed like a dandy.

'Dan·dyˌrol·ler *m tech.* (*paper*) *cf.* Egoutteur.

'Dan·dy·tum *n* ⟨-s; *no pl*⟩ dandyism.

'Dan·dyˌwal·ze *f tech.* (*paper*) *cf.* Egoutteur.

Dä·ne ['dɛːnə] *m* ⟨-n; -n⟩ Dane.

da·ne·ben [da'neːbən; 'daːˌneːbən] **I** *adv* **1.** (*neben etwas*) next to it (*od.* them), beside it (*od.* them), near it (*od.* them): **dicht** (*od.* **gleich**) **~** close beside (*od.* close to) it (*od.* them), close (*od.* hard) by, *bes. Am.* near by; **im Haus ~** (in the house) next door. – **2.** (*an der Seite*) alongside: **das Haus war düster, denn es standen hohe Bäume ~** the house was gloomy, for there were tall trees growing alongside (it). – **3.** (*außerdem*) in addition, as well, besides, moreover: **er hat eine gute Stellung und noch mehrere Ämter ~** he has a good job and several other positions besides. – **4.** (*gleichzeitig, nebenher*) at the same time: **er studiert und verdient sein Lebensunterhalt ~** he studies and earns his living at the same time. – **5.** (*im Vergleich*) in comparison: **sie sieht sehr klein aus ~** she looks rather small in comparison. – **6.** (*am Ziel vorbei*) beside (*od.* off, wide of) the mark. – **II** *conj* **7.** (*außerdem*) besides, moreover, in addition: **~ möchte ich noch erwähnen** I should like to mention besides. – **8.** (*gleichzeitig*) at the same time, parallel to it: **~ hielt er Vorlesungen** at the same time he gave lectures.

da'ne·ben|beˌneh·men *v/reflex* ⟨*irr, sep, no* -ge-, h⟩ **sich ~** *colloq.* misbehave, behave badly. — **~ˌfal·len** *v/i* ⟨*irr, sep,* -ge-, sein⟩ miss, fall beside it. — **~ˌge·hen** *v/i* ⟨*irr, sep,* -ge-, sein⟩ **1.** (*von Schüssen*) miss the target (*od.* mark), go wide of the mark, fail to hit. – **2.** *fig. colloq.* (*mißglücken*) go wrong, misfire: **der Witz ist ihm danebengegangen** his joke misfired. — **~geˌlin·gen** *v/i* ⟨*irr, sep, pp* danebengelungen, sein⟩ *humor. colloq. for* mißlingen. — **~geˌra·ten** *v/i* ⟨*irr, sep, pp* danebengeraten, sein⟩ *colloq. for* mißraten¹. — **~ˌglücken** (*getr.* -k·k-) *v/i* ⟨*sep,* -ge-, sein⟩ *humor. colloq. for* mißlingen. — **~ˌgrei·fen** *v/i* ⟨*irr, sep,* -ge-, h⟩ **1.** *mus.* (*beim Klavierspiel etc*) strike (*od.* hit, play) a wrong note. – **2.** *fig.* (*fehlgehen*) go wrong, miss (*od.* be wide of) the mark: **man greift sicher nicht daneben, wenn man vermutet, daß** I'm sure one doesn't go wrong in suspecting that. – **3.** *fig. colloq.* (*einen Fehlgriff tun*) strike (*od.* sound) a false note, (*stärker*) drop a brick: **er hat heute abend sehr danebengegriffen** he really did drop a brick tonight. — **~ˌhal·ten** *v/t* ⟨*irr, sep,* -ge-, h⟩ compare (*s.th.*) with it. — **~ˌhau·en** *v/i* ⟨*irr, sep,* -ge-, h⟩ **1.** miss, fail to hit: **beim Tennisspielen ~** to miss the ball while playing tennis. – **2.** *colloq. cf.* danebengreifen 2. — **~ˌra·ten** *v/i* ⟨*irr, sep,* -ge-, h⟩ *colloq.* make a wrong guess, fail to make the right guess. — **D~ˌre·den** *n psych.* paralalia. — **~ˌschie·ßen** *v/i* ⟨*irr, sep,* -ge-, h⟩ **1.** shoot wide of the mark, miss (the target). – **2.** (*sport*) miss the goal, shoot wide. – **3.** *fig. colloq.* miss the mark. — **~ˌset·zen I** *v/t* ⟨*sep,* -ge-, h⟩ place (*od.* put) (*s.th.*) beside it. – **II** *v/reflex* **sich ~** miss (the seat). — **~ˌtip·pen** *v/i* ⟨*sep,* -ge-, h⟩ *colloq. cf.* danebenraten. — **~ˌtref·fen** *v/i* ⟨*irr, sep,* -ge-, h⟩ **1.** *humor. colloq.* miss (the target). – **2.** *fig. lit.* miss the mark: **ihr Spott trifft daneben** her derision misses the (*od.* its) mark. — **~ˌtre·ten** *v/i* ⟨*irr, sep,* -ge-, sein⟩ **1.** miss one's footing. – **2.** *fig. colloq.* drop a brick.

Da·ne·brog ['daːnəˌbroːk] *m* ⟨-s; *no pl*⟩ Dan(n)ebrog (*the national flag of Denmark*). — **~ˌor·den** *m* (Order of the) Dan(n)ebrog.

'Da·neˌgeld *n Br. hist.* Danegeld, *auch* Danegelt (*Old English land tax*).

Dä·ne·mark ['dɛːnəˌmark] *npr n* ⟨-s; *no pl*⟩ Denmark: **etwas ist faul im Staate ~** *fig.* something is rotten in the state of Denmark.

'Da·neˌwerk *n* ⟨-(e)s; *no pl*⟩ *hist.* Danewerk.

dang [daŋ] *rare 1 u. 3 sg pret,* **dän·ge** ['dɛŋə] *1 u. 3 sg pret subj of* **dingen.**

da·nie·den [da'niːdən] *adv obs. od. poet.* down here, herebelow (*lit.*).

da·nie·der [da'niːdər] *adv lit.* down, downward(s). — **~ˌlie·gen I** *v/i* ⟨*irr, sep,* -ge-, h *u.* sein⟩ **1.** (*krank*) **~** *lit.* to be ill, to be laid up (*od.* low): **an Grippe ~** to be laid up (*od.* to be down) with influenza. – **2.** *fig. lit.* be brought down, be lacking in vigor (*bes. Br.* vigour), (*stärker*) be exhausted (*od.* spent): **seine Kräfte lagen danieder** his powers were exhausted (*od.* spent). – **3.** *econ.* languish, stagnate, slump. – **II D~** *n* ⟨-s⟩ **4.** *verbal noun.* – **5.** *econ.* slump, depression: **das D~ des Handels** the sluggishness of trade. — **~ˌlie·gend I** *pres p.* – **II** *adj* **~e Abwehrkräfte** *med.* broken(-down) (*od.* low) resistance *sg.* — **~ˌwer·fen** *v/t* ⟨*irr, sep,* -ge-, h⟩ *lit.* **1.** throw (*s.o.*) down (*od.* to the ground). – **2.** lay (*s.o.*) low, prostrate: **eine schwere Krankheit warf ihn danieder** a severe illness laid him low.

Da·ni·el ['daːnɪ̯ɛl] *npr m* ⟨-s; *no pl*⟩ *Bibl.* (*Prophet*) Daniel: **~ in der Löwengrube** Daniel in the lion's den.

'Da·ni·ell·eleˌment ['dɛnɪ̯ɛl-; 'dænjəl-] (*Engl.*) *n electr.* Daniell cell.

'Dä·nin *f* ⟨-; -nen⟩ Dane, Danish girl (*od.* woman).

'dä·nisch I *adj* Danish. – **II** *ling.* **D~** ⟨*generally undeclined*⟩, **das D~e** ⟨-n⟩ Danish.

dä·ni·sie·ren [dɛni'ziːrən] *v/t* ⟨*no* ge-, h⟩ make (*s.o., s.th.*) Danish.

Dank [daŋk] *m* ⟨-(e)s; *no pl*⟩ **1.** thanks *pl:* **vielen ~!** many thanks! **herzlichen ~!** thank you very (*od.* so) much! **vielen (herzlichen) ~!** thank you very much indeed! **besten** (*od.* **verbindlichsten**) **~!** best (*od.* sincerest) thanks! **tausend ~!** *colloq.* a thousand thanks! **schönen** (*od.* **heißen**) **~!** *colloq.* thanks very much! thanks a lot! (*colloq.*); thanks awfully! (*colloq.*); thanks ever so much! (*colloq.*); **meinen aufrichtigen ~!** my sincerest thanks! **Gott sei ~!** thank God (*od.* the Lord)! praise the Lord! thank Heaven(s)! **dem Himmel sei ~, daß** Heaven be thanked that; **j-m seinen ~ ausdrücken** (*od.* **aussprechen**) to express one's thanks to s.o.; **dem Bürgermeister seinen ~ abstatten** to offer (*od.* extend) one's thanks to the mayor; **Gott ~ sagen** *lit.* to give (*od.* render one's) thanks to God; **j-s ~ entgegennehmen** to accept s.o.'s thanks; **etwas mit ~ annehmen [entgegennehmen]** to accept [to receive] s.th. with thanks; **Geliehenes mit ~ zurückgeben** to return s.th. borrowed with thanks; **einen Brief mit ~ erhalten** to receive a letter with thanks; **ihm allein gebührt unser ~** *lit.* our thanks are due only to him; **haben Sie vielen ~ für die Auskunft** thank you very much for the information; **nehmen Sie meinen allerherzlichsten ~ für die herrlichen Blumen** please accept my grateful (*od.* wholehearted, heartiest) thanks for the beautiful flowers; **soll ich dich naßspritzen? Vielen ~!** *humor.* shall I make you wet? No thanks! – **2.** (*Dankbarkeit*) gratitude, thanks *pl:* **~ ernten** to earn gratitude, to be thanked, to reap thanks (*lit.*); **wenig** (*od.* **schlechten**) **~ für etwas ernten** to get small thanks for s.th.; **j-m ~ schulden** to be indebted to s.o., to owe s.o. thanks; **j-m ~ wissen für etwas** *lit.* to be (*od.* feel) obliged (*od.* grateful) to s.o. for s.th.; **j-m keinen** (*od.* **schlechten**) **~ für etwas wissen** *lit.* to give s.o. no thanks for s.th., not to thank s.o. for s.th.; **j-n zu ~ verpflichten** to oblige s.o.; **j-m zu ~ verpflichtet sein** to be indebted to s.o.; **ich wäre Ihnen sehr zu ~ verpflichtet, wenn I** should be greatly obliged to you if; **unser ~ ist dir gewiß** *lit.* you can be confident (*od.* sure, certain) of our gratitude. – **3.** (*Lohn*) reward, return, (token of) thanks *pl:* **als** (*od.* **zum**) **~** as a reward; **j-m etwas als ~ geben** to give s.o. s.th. by way of thanks; **zum ~ erhielt ich von ihm 100 Mark** in return I received from him 100 marks; **das ist der ~ (dafür)!** that's all the thanks one gets! **das ist der ~ für deine Güte!** a poor return for your kindness! – **4.** (*Anerkennung*) acknowledg(e)ment, recognition: **zum ~ für seine Dienste** as an acknowledgement (*od.* in recognition) of his services. – **5. j-m etwas [nichts] zu ~(e) tun** *obs. od. dial.* [not] to please s.o. – **6.** *hist.* (*Siegerpreis*) prize.

dank *prep* ⟨*dat, auch gen*⟩ *auch iron.* thanks (*od.* owing) to: **~ seinen** (*od.* **seiner**) **Bemühungen** thanks to his efforts.

'Dank·adres·se [-ˀaˌdrɛsə] *f lit.* address of thanks: **eine ~ unterzeichnen** to sign an address of thanks; **an den Bundestag eine ~ richten** to direct an address of thanks to the Bundestag.

'dank·bar I *adj* **1.** (*dankerfüllt*) grateful, thankful: **j-m für etwas ~ sein** to be grateful to s.o. for s.th.; **sich j-m für etwas ~ zeigen** (*od.* **erweisen**) to show oneself thankful to s.o. for s.th., to show gratitude to s.o. for s.th.; **j-m ein ~es Lächeln schenken** to give s.o. a grateful smile; **j-m eine ~e Erinnerung bewahren** to hold s.o. in grateful remembrance; **dafür bin ich dir ewig ~** I shall be eternally grateful to you for this; **wir sind Ihnen für ihre Empfehlung ~** we are thankful to you for your recommendation; **sie ist für jede Ablenkung ~** she welcomes every distraction. – **2.** (*verbunden*) obliged: **wir wären Ihnen für eine schnelle Erledigung ~** we should be obliged to you for an early settlement, we should appreciate an early settlement. – **3.** (*lohnend*) rewarding, profitable, worthwhile: **ein ~es Gesprächsthema** a rewarding topic (*od.* subject of conversation); **eine ~e Aufgabe übernehmen** to take on a worthwhile task. – **4.** (*Publikum*) appreciative. – **5.** (*Material*) hard-wearing, durable: **Tweed ist ~ im Tragen** tweed is hard-wearing. – **II** *adv* **6.** gratefully, thankfully: **j-n ~ anblicken [anlächeln]** to glance [to smile] at s.o. gratefully; **etwas ~ anerkennen** to acknowledge s.th. with gratitude. — **'Dank·bar·keit** *f* ⟨-; *no pl*⟩ **1.** gratitude, gratefulness, thankfulness: **in aufrichtiger ~** with sincere gratitude; **als Ausdruck meiner ~** as an expression of my gratitude; **~ gegen j-n für etwas empfinden** to feel grateful to s.o. for s.th.; **j-m seine ~ (be)zeigen [ausdrücken]** to show [to express] one's gratitude to s.o.; **wenig ~ an den Tag legen** to show no gratitude, to show oneself ungrateful; **etwas aus (bloßer) ~ tun** to do s.th. out of (*od.* from) (pure) gratitude. – **2.** profitableness: **die ~ dieser Aufgabe** the profitableness of this task. – **3.** (*des Publikums*) appreciativeness.

'Dank·bar·keits|beˌweis *m* proof of gratitude. — **~geˌfühl** *n* feeling of gratitude.

'dank·beˌflis·sen *adj lit.* keen on showing one's gratitude.

dan·ken ['daŋkən] **I** *v/i* ⟨h⟩ **1.** thank: **nichts zu ~!** not at all! don't mention it! *Am.* you're welcome! **j-m herzlich** (*od.* **von Herzen**) **[überschwenglich] für etwas ~** to thank s.o. sincerely (*od.* heartily) [effusively, exuberantly] for s.th.; **j-m ~ lassen** to send one's thanks to s.o.; **er läßt Ihnen ~** he asked me to thank you; **ich kann dir nicht genug ~** I hardly know how to thank you, I can't thank you enough; **Gott sei's gedankt!** *colloq.* thank God (*od.* the Lord)! praise the Lord! thank Heaven(s)! thank goodness! **ich habe Gott auf den Knien gedankt** I thanked God on my knees; **danke!** a) thank you! thanks! (*colloq.*), b) no, thank you! no, thanks! **nein, danke!** no, thank you! no, thanks! **danke schön** (*od.* **vielmals**) thank you very much! thanks very (*od.* so) much! **danke verbindlichst!** I'm much obliged! **nein, ich danke!** *iron. colloq.* no, thank you! **danke für Backobst** (*od.* **Obst u. Südfrüchte**)! *iron. colloq.* no, thanks! no, thank you, I'm not having any! – **2.** (*ablehnen*) decline, refuse: **man hat ihm die deutsche Staatsbürgerschaft angeboten, aber er hat gedankt** he was offered German citizenship but he declined (*od.* refused) it. – **3.** (*wiedergrüßen*) return (*od.* acknowledge) a greeting: **ich grüßte ihn, und er dankte freundlich** I greeted him and he returned (*od.* acknowledged) my greeting in a friendly manner. – **II** *v/t* **4.** (*lohnen*) thank, reward: **j-m etwas ~** to reward s.o. for s.th.; **kein Mensch wird es dir ~!** no one will thank you for it! – **5.** (*verdanken*) thank, owe: **j-m etwas ~** to owe s.th. to s.o., to thank s.o. for s.th.; **das hast du dir selbst zu ~** a) you have only yourself to thank for it, b) you must blame yourself for it, it's your own fault; **es ist nur ihm zu ~, daß der Patient noch lebt** it is due solely to him that the patient is still alive, thanks only to him the patient is still alive. – **III D~** *n* ⟨-s⟩ **6.** *verbal noun*: **beim D~** in saying thank you, while expressing one's thanks; **D~ will gelernt sein** one has to learn how to say thank you gracefully. — **'dan·kend I** *pres p.* – **II** *adv* with thanks: **~ erhalten** received with thanks; **im voraus ~** thanking you in anticipation; **etwas ~ annehmen [ablehnen]** to accept [to decline] s.th. with thanks.

'dan·kensˌwert *adj* **1.** commendable, laudable, praiseworthy, deserving (of thanks), meritorious: **ein ~er Versuch, den Armen zu helfen** a laudable attempt to help the poor; **in ~er Weise** commendably, kindly. – **2.** *cf.* dankbar 3.

'dan·kensˌwer·ter'wei·se *adv* kindly: **er hat ~ seine Hilfe angeboten** he has kindly offered to help.

'dank·erˌfüllt *adj* filled with (*od.* full of) gratitude.

'Dan·kes|beˌsuch *m* visit to express one's thanks: **j-m einen ~ machen** (*od.* **abstatten**) to pay s.o. a thank-you visit. — **~beˌzei·gung** *f* (expression of) thanks *pl*: **mit vielen ~en** with overflowing thanks. — **~ˌblick** *m* grateful glance: **j-m einen ~ zuwerfen** to give s.o. a grateful glance, to glance at s.o. gratefully. — **~ˌbrief** *m* letter of thanks (*od.* acknowledg[e]ment), thank-you letter (*colloq.*): **~ für empfangene Gastfreundschaft** bread-and-butter letter (*colloq.*).

'Dan·keˌschön *n* ⟨-; *no pl*⟩ thank-you: **er sagte ein herzliches ~** he said thank you in a most cordial way.

'Dan·kes|ˌpflicht *f* ⟨-; *no pl*⟩ obligation of gratitude: **eine ~ erfüllen** to fulfil(l) an obligation of gratitude. — **~ˌschrei·ben** *n* letter of thanks. — **~ˌschuld** *f* debt of gratitude, indebtedness: **eine ~ abtragen** *lit.* to pay a debt of gratitude. — **~ˌwort** *n* ⟨-(e)s; -e⟩ *meist pl* word of thanks: **j-m ein paar ~e sagen** to thank s.o. with a few words.

'Dank|ˌfest *n relig.* celebration of thanksgiving. — **~geˌbet** *n relig.* (prayer of) thanksgiving. — **~geˌfühl** *n* feeling of gratitude. — **~ˌgot·tesˌdienst** *m relig.* service of thanksgiving, thanksgiving service. — **~ˌop·fer** *n* thank-offering.

'dankˌsa·gen *v/i* ⟨*sep*, -ge-, h⟩ *bes. relig.* give (*od.* return) thanks, say grace. — **'DankˌSa·gung** *f* ⟨-; -en⟩ **1.** *lit.* expression of thanks (*od.* one's gratitude): **unter den ~en aller** amid expressions of thanks from everyone. – **2.** (*bes. für Beileidsschreiben*) note of thanks. – **3.** *relig.* thanksgiving.

'Dankˌschrei·ben *n* letter of thanks: **ein ~ aufsetzen [erhalten]** to write [to receive] a letter of thanks.

dann [dan] **I** *adv* **1.** (*darauf, danach*) then, next, after that, afterward(s): **und was geschah ~?** and what happened next? **erst so, ~ so** *colloq.* you don't know your (own) mind, first this then that, now this now that; **erst starb seine Frau, ~ sein Kind** first his wife died then his child; **erst wägen, ~ wagen** (*Sprichwort*) look before you leap (*proverb*). – **2.** (*um die Zeit*) then, at that time: **~ und ~** at such and such a time; **von ~ bis ~** from then to then; **~ und wann** (every) now and then, from time to time; **erst ~** not until (*od.* till) then, only then; **bis ~!** *colloq.* until (*od.* till) later! so long! see you (later)! **noch zwei Wochen, ~ ist Ostern** another two weeks till Easter. – **3.** (*in diesem Falle*) then, in that case: **was ~?** what then? **nur ~** then only; **~ und nur ~** then and then only; **selbst ~, wenn es wahr wäre** even if it were true; **was soll ~ aus ihr werden?** what will become of her then? **wenn du nicht willst, ~ laß es bleiben!** take it or leave it! **eßt Obst und Gemüse, ~ bleibt ihr gesund!** for your health eat fruit and vegetables; **wenn er es nicht weiß, wer soll es ~ wissen?** if he doesn't know it (then) who should? – **II** *conj* **4.** (*außerdem*) besides, moreover, furthermore: **~ ist noch zu bedenken, daß** besides you have to consider that. – **5.** *colloq.* (well) then, all right then, so: **~ (eben) nicht!** all right then, don't! **~ bis morgen!** see you tomorrow then! **also ~: Auf Wiedersehen!** all right then, good-bye! **~ komm doch!** well then why don't you come! **~ bist du also älter als er** so you are older than he (is); **~ glaubst du also, daß er kommt?** so you think that he will come? – **6.** *dial. for* denn I.

dan·nen ['danən] *only in* **von ~ I** *adv* **1.** *lit.* (*weg*) away, off, (from) hence (*od.* thence) (*lit.*): **von ~ eilen** to hasten away; **von ~ gehen** (*od.* **ziehen**) to go away, to leave, to depart, to march off; **von ~ gehen** *euphem.* to go hence, to die. – **2.** *fig.* (gut) **von ~ gehen** *obs.* (*vonstatten*) to proceed, to get on well, to prosper. – **II** *relative adv* **3.** *Bibl.* (from) whence: **von ~ er kommen wird** whence he shall come.

dann·zu·mal ['dantsuˌmaːl] *adv Swiss* **1.** then. – **2.** at that moment.

Danse ma·ca·bre ['dãːs ma'kaːbər] *m* ⟨--; -s -s ['dãːs ma'kaːbər]⟩ danse macabre, dance of death.

'Dan·te|ˌfor·scher ['dantə-], **~ˌken·ner** *m* Dante scholar (*od.* expert).

Dan·tes ['dantəs] *pl* (*games*) *obs.* (*Spielmarken*) counters.

dan·tesk [dan'tɛsk] *adj* Dantesque.

'dan·tisch *adj* Dantesque, Dantean: **D~e Gedichte** poems by Dante; **~e Bilder** (*in der Art Dantes*) Dantesque similes.

Dan·zi·ger ['dantsɪgər] *adj* (of) Danzig: **~ Goldwasser (Danziger)** Goldwasser, goldwater, Danzig brandy.

Daph·ne I ['dafnə] *npr f* ⟨-; *no pl*⟩ *myth.* Daphne (*a nymph*). – **II** [-nə] *f* ⟨-; -n⟩ *bot.* daphne (*Gattg Daphne*).

dar·an [da'ran; 'daːˌran] **I** *adv* **1.** on it (*od.* them), (*betont*) on that (*od.* those): **du kannst das Hemd nicht anziehen, es sind keine Knöpfe ~** you can't wear that shirt, there are no buttons on it; **die Wand ist schräg, man kann keine Bilder ~ aufhängen** the wall slants, you can't hang any pictures on it. – **2.** to it (*od.* them), to that (*od.* those): **er befestigte die Antenne ~** he mounted the antenna (*bes. Br.* aerial) on to it; **seine Annahme ist falsch, aber er hält ~ fest** his conjecture is wrong but he clings to it. – **3.** of it (*od.* them), of that (*od.* those): **denk nicht ~!** don't think of it; **ich denke nicht ~!** I wouldn't think (*od.* dream) of it; **Schnupfen ist unangenehm, aber man stirbt nicht ~** colds are unpleasant but one doesn't die of them. – **4.** in it (*od.* them), in that (*od.* those): **du mußt nur ~ glauben!** you only have to believe in it! **man sagt, er wolle heiraten, vielleicht ist etwas ~** there's a rumo(u)r that he is going to get married, perhaps there's something in (*od.* to) it; **es ist kein wahres Wort ~** there's not a word of truth in (*od.* to) it. – **5.** at it (*od.* them), at that (*od.* those): **der Tisch ist groß, es ist genug Platz für zehn Personen ~** the table is large, there is enough space for ten people at it; **das Schubfach steht offen, bist du ~ gewesen?** the drawer is open, have you been at it? – **6.** against it (*od.* them), against that (*od.* those): **der Zaun ist frisch gestrichen, lehne dich nicht ~** there's wet paint on the fence, don't lean against it. – **7.** from it (*od.* them), from that (*od.* those): **sie leidet ~** she suffers from it; **~ erkennt man den Unterschied** from that (*od.* by that) you can see (*od.* feel) the difference. – **8.** for it (*od.* them), for that (*od.* those): **er ist nicht schuld ~** he's not to blame for it, it's not his fault. – **9.** *colloq.* on to it (*od.* them), on to that (*od.* those): **halt dich ~ fest!** hold on to it tight. – **10. nahe ~** near (*od.* close) to it (*od.* them), near (*od.* close) to that (*od.* those): **er ist nicht gestorben, aber er war nahe ~** he didn't die but he was close to it; **nahe ~ sein, etwas zu tun** to be on the point (*od.* verge) of doing s.th.; **sie war nahe ~, in Tränen auszubrechen** she was on the verge of bursting into tears. – **11. anschließend** (*od.* **im Anschluß**) **~** afterward(s), thereafter: **sie gingen essen; anschließend** (*od.* **im Anschluß**) **~ besuchten sie eine Bar** they went out for dinner, afterwards they went to a bar. – **12.** (*in Wendungen wie*) **es liegt mir sehr viel ~** it's very important to me; **~ liegt's also!** that's why! that's what it is! **du tust gut ~** you are wise, it's a good idea of yours, you do well; **ich hoffe, du nimmst keinen Anstoß ~** I hope you don't mind (*od.* object to it); **halt dich ~!** act accordingly! **es ist nicht** (*od.* **gar nicht**) **~ zu denken** it's out of the question; **er hat ~ glauben müssen** *fig. colloq.* a) he had to accept (*od.* take) it, b) he has met his fate; **ich zweifle nicht ~** I don't doubt it, there is no doubt about it; **was liegt schon ~?** what does it matter? – **13.** (*in Wendungen wie*) **er denkt nicht ~, mir zu helfen** he wouldn't think (*od.* dream) of helping me, he has no intention of helping me; **du tust gut ~, das Gesicht zu wahren** you do well (*od.* are wise) to save your face; **ich bin nicht schuld ~, daß wir den Unfall hatten** it's not my fault that we had the accident; **glaubst du ~, daß du dein Geld wiederbekommst?** do you honestly think you will get your money back? – **II** *relative adv* **14.** *lit. archaic* in which, whereon, whereof, wherein, whereat: **etwas, ~ das Herz sich erfreuen könnte** something the heart could delight in.

Dar'anˌga·be *f* ⟨-; *no pl*⟩ *lit.* (*Aufopferung*) sacrifice.

dar'an|ˌge·ben *v/t* ⟨*irr, sep*, -ge-, h⟩ **1.** (*hinzufügen*) add: **die Suppe ist nüchtern, man muß noch etwas Salz ~** the soup has too little salt, we must add some. – **2.** *lit. archaic* (*opfern*) give up: **er hat sein Leben darangegeben** he has sacrificed his life. — **~ˌge·hen** *v/i* ⟨*irr, sep*, -ge-, sein⟩ set to work on it, set about it, (*stärker*) set to: **ich muß endlich ~, meine Papiere zu ordnen** I must at last set about sorting my papers; **mit Siebzig ging er daran, seine Memoiren zu veröffentlichen** at seventy he set about publishing his memoirs; **sie gingen freudig daran, das Zimmer zu schmücken** they happily set to and decorated the room. — **~ˌhal·ten** *v/reflex* ⟨*irr, sep*, -ge-, h⟩ **sich ~** *cf.* dranhalten. — **~ˌkom·men** *v/i* ⟨*irr, sep*, -ge-, sein⟩ *cf.* drankommen. — **~ˌma·chen** *v/reflex* ⟨*sep*, -ge-, h⟩ **sich ~** *colloq.* set to work (on it), go at it: **sich ~, etwas zu tun** to set about doing s.th., to get down to doing s.th.; **du mußt dich sofort ~** you must set to work at once. — **~ˌneh·men** *v/t* ⟨*irr, sep*, -ge-, h⟩ *cf.* drannehmen. — **~ˌset·zen I** *v/t* ⟨*sep*, -ge-, h⟩ **1. alles ~, um etwas zu bekommen** to spare no effort (*od.* to do one's utmost) to get s.th. – **2.** (*aufs Spiel setzen*) stake, risk, hazard: **sein Leben ~** to risk one's life. – **II** *v/reflex* **sich ~ 3.** (*anfangen*) set about, set to work: **sich ~, etwas zu tun** to set about doing s.th., to set to work to do s.th.; **sich ~, einen Brief zu schreiben** to set about writing a letter. — **~ˌwa·gen** *v/reflex* ⟨*sep*, -ge-, h⟩ **sich ~, etwas zu tun** *colloq.* to venture (*od.* dare) to do s.th. — **~ˌwen·den** *v/t* ⟨*bes. irr, sep*, -ge-, h⟩ *lit.* **1. alles ~, daß** to do one's utmost to, to try everything to. – **2.** (*ausgeben*) spend: **ich will etwas ~** I shall spare no expense. — **~ˌwol·len** *v/i* ⟨*sep*, -ge-, h⟩ *only in* **nicht (recht) ~** to (try to) avoid s.th., to fight shy of s.th.

dar·auf [da'rauf; 'daːˌrauf] **I** *adv* **1.** (up)on it (*od.* them), (*betont*) (up)on that (*od.* those): **sie deckte den Tisch und stellte Blumen ~** she set (*od.* laid) the table and put some flowers on it; **ich bestehe ~** I insist on it; **kann ich mich ~ verlassen?** can I rely (*od.* depend) on that? **~ möchte ich wetten!** I'll bet on it! **~ kannst du Gift nehmen!** you can bet your life on that! **~ steht eine hohe Belohnung** there is a high reward on (*od.* for) it; **ich bin nicht scharf** (*od.* **erpicht**) **~** I am not keen on it; **soll ich dir die Hand ~ geben?** shall I give you my hand on it? **wir müssen ~ achten** we must keep an eye on it. – **2.** to it (*od.* them), to that (*od.* those): **hör nicht ~!** don't pay any attention to it! don't listen to it! **ich werde später ~ zurückkommen** I shall come back to it later; **wir haben ~ keine Antwort erhalten** he haven't had an answer to it; **er erwiderte nichts ~** he made no reply to it; **freust du dich ~?** are you looking forward to it? **~ wollen wir trinken!** let's drink to it! – **3.** in it (*od.* them), in that (*od.* those): **grüne Wiesen mit vielen Schafen ~** green meadows with lots of sheep in them; **ich lege keinen besonderen Wert ~** I am not particularly interested in it; **lasse dich nicht ~ ein** don't let yourself get involved in it. – **4.** for it (*od.* them), for that (*od.* those): **sie ging schnurstracks ~ los** she went straight for (*od.* toward[s]) it; **er muß sich noch ~ vorbereiten** he has still got to prepare himself for it; **~ steht Gefängnis** for that the penalty is prison; **ist sie ~ hereingefallen?** has she fallen for it? – **5.** of it (*od.* them), of that (*od.* those): **er ist stolz ~** he is proud of it; **wie kommst du bloß ~?** whatever made you think of that? however did you get that idea? **ich komme im Augenblick nicht ~** I can't think of it at the moment. – **6.** after (that), afterward(s):

bald [gleich] ~ soon [directly] after; tags (*od.* den Tag, am Tage) ~ the day after; eine Woche ~ a week later; im Sommer ~ (in) the next summer; man speiste im Hilton, ~ ging man in die Oper they dined at the Hilton, afterward(s) they went to the opera. – 7. whereupon: sie nannte ihn einen Lügner, ~ ließ er sie stehen she called him a liar, whereupon he turned his back on her. – 8. (*in Wendungen wie*) es kommt (ganz) ~ an it (all) depends; es kommt (mir) nicht ~ an it doesn't make any difference (to me), it doesn't matter (to me); ich muß es ~ ankommen lassen I must take my chance; man sollte ihn ~ aufmerksam machen it should be pointed out to him, one should draw his attention to it; sie wird ~ Rücksicht nehmen she will take it into consideration. – 9. (*in Wendungen wie*) mit Rücksicht ~, daß making allowance for the fact that; sie besteht ~, daß er sich entschuldigt she insists on his apologizing; wie kommst du nur ~, daß ich dir böse bin? how on earth do you get the idea that I am angry (*od.* cross) with you? er ist stolz ~, der Sohn eines berühmten Vaters zu sein he is proud of being the son of a famous father; ich lege keinen Wert ~, daß er kommt I am not anxious for him to come, I am not anxious that he should come; du mußt ~ gefaßt sein, daß er dir kündigt you must be prepared for his firing you. – II *relative pron* 10. *lit. archaic* on which, whereon: ein tröstliches Zeichen, ~ er seine Hoffnung baute a comforting sign on which he built his hope.

dar'auf|,fol·gend *adj* ⟨*attrib*⟩ ensuing, subsequent, following: jedes ~e Jahr each succeeding year; am ~en Tage (on) the following day. — **~,ge·hen** *v/i* ⟨*irr, sep,* -ge-, sein⟩ *cf.* draufgehen 1, 5. — **~,gie·ßen** *v/t* ⟨*irr, sep,* -ge-, h⟩ pour over it: heißes Wasser ~ to pour hot water over it.

dar·auf·hin [darauf'hın; 'daːrauf,hın] *adv* 1. after that, thereupon. – 2. (*auf Grund dessen*) as a result, on the strength of it, therefore. – 3. (*als Antwort*) in answer to it.

dar'auf|,las·sen *v/t* ⟨*irr, sep,* -ge-, h⟩ leave (*s.th.*) on (it): den Deckel ~ to leave the lid on. — **~,le·gen** *v/t* ⟨*sep,* -ge-, h⟩ lay (*od.* put) (*s.th.*) on (it): einen Teller hinstellen und ein Stück Kuchen ~ to put out a plate and lay a piece of cake on it. — **~,set·zen I** *v/t* ⟨*sep,* -ge-, h⟩ 1. etwas ~ to put (*od.* place) s.th. on it. – 2. j-n ~ to place (*od.* seat) s.o. on it. – II *v/reflex* sich ~ 3. sit down (*od.* seat oneself) on it: da darfst du dich nicht ~ don't sit on it, you mustn't sit on it. — **~,stel·len I** *v/t* ⟨*sep,* -ge-, h⟩ etwas [j-n] ~ to put (*od.* place) s.th. [s.o.] on it. – II *v/reflex* sich ~ step on to it.

dar·aus [da'raus; 'daː,raus] I *adv* 1. from (*od.* out of) it (*od.* them), (*betont*) from (*od.* out of) that (*od.* those): etwas ~ abschreiben to copy s.th. from (*od.* out of) it; etwas ~ herleiten to deduce s.th. from it; ~ lernen to learn from it; ~ schließen to conclude (*od.* infer) from it; etwas ~ vorlesen to read s.th. from (*od.* out of) it; etwas ~ entnehmen a) to take s.th. from (*od.* out of) it, b) *fig.* to note s.th. from it; es ist ~ ableitbar it is derivable from that, you may derive (*od.* deduce) it from that; Schwierigkeiten in Kauf nehmen, die sich ~ ergeben könnten to put up with difficulties that might arise from it; als Sieger ~ hervorgehen *fig.* to emerge victorious, to come out of it with flying colo(u)rs. – 2. of it (*od.* them), (*betont*) of that (*od.* those): ~ gemacht made of (*od.* out of, from) it; etwas ~ machen *auch fig.* a) to make s.th. of (*od.* out of, from) it, b) *fig.* to make the best of it; das Beste ~ machen *fig.* to make the best of it; ~ läßt sich was machen *auch fig.* you can make s.th. of (*od.* out of, from) it; ~ wird nichts! that's out of the question! that won't do! nothing doing! (*colloq.*); ~ wird nichts werden nothing will come of it, it will come to nothing; was soll nur ~ werden? what on earth is to become of it? was ist ~ geworden? what has become of it? ich werde nicht klug ~ I can't make head or tail of it, I can make nothing of it, *bes. Am. colloq.* I can't figure it out; sie macht kein Geheimnis (*od.* gar keinen Hehl) ~ she makes no secret of it, she doesn't make a secret of it; mach keine große Sache ~! don't make a big thing (out) of it! don't turn it into s.th. big! don't make a fuss about it! ~ wird nichts Gutes no good will come of it. – 3. for it (*od.* them), (*betont*) for that (*od.* those): ich mache mir nichts ~ a) (*uninteressiert*) I don't care for it, it doesn't interest me, it means nothing to me, b) (*unbekümmert, unbesorgt*) I don't care (*od.* mind) (about it). – 4. about it (*od.* them), (*betont*) about that (*od.* those): sie macht sich etwas ~ she cares about it, it means s.th. to her. – 5. (*am Satzeingang, betont*) from this (*od.* that), hence (*lit.*), thence (*lit.*): ~ folgt, daß hence (*od.* thence) it follows that, it follows from this (*od.* that). – II *relative pron* 6. *lit. archaic* out of (*od.* from, of) which, whence (*lit.*): ich will wieder umkehren in mein Haus, ~ ich gegangen bin *Bibl.* I will return into my house from whence I came out.

dar·ben ['darbən] I *v/i* ⟨h⟩ *lit.* 1. (*Mangel leiden*) want, live in want (*od.* poverty), suffer want (*od.* privations), be needy, go short: freiwillig ~ to deprive oneself of necessaries (*od.* necessities). – 2. (*hungern*) starve, famish: j-n ~ lassen to let s.o. starve, to starve s.o. – II D~ *n* ⟨-s⟩ 3. *verbal noun.* – 4. want, need, (*stärker*) privation, destitution. – 5. starvation.

'dar,bie·ten ['daːr-] I *v/t* ⟨*irr, sep,* -ge-, h⟩ *lit.* 1. (*aufführen*) perform, present, offer: Volkstänze ~ to perform folk dances; Werke von Haydn ~ to perform (*od.* play) works by Haydn. – 2. (*Lehrstoff etc*) present, set forth. – 3. *lit.* (*anbieten*) offer, present: j-m seinen Arm ~ to offer one's arm to s.o.; einen erfreulichen Anblick ~ to present a pleasant sight; so dir jemand einen Streich gibt auf deinen rechten Backen, dem biete den andern auch dar *Bibl.* whosoever shall smite thee on thy right cheek, turn to him the other also. – II *v/reflex* sich ~ 4. offer oneself: sich zum Opfer ~ to sacrifice oneself, to offer oneself as a sacrifice. – 5. present itself, offer, arise: sobald sich eine Gelegenheit darbietet as soon as an opportunity arises (*od.* offers, presents itself); welch ein Anblick bot sich uns dar! what a sight met our eyes! – 6. (*von Aspekten, Ideen*) emerge. – III D~ *n* ⟨-s⟩ 7. *verbal noun.* — **'Dar,bie·tung** *f* ⟨-; -en⟩ 1. presentation: die verschiedensten ~en all kinds of entertainment. – 2. (*theater*) a) performance, b) (*beim Varieté*) number, item. – 3. (*eines Programms*) number, item. – 4. (*art*) display. – 5. *lit. for* Darbieten.

'dar,brin·gen I *v/t* ⟨*irr, sep,* -ge-, h⟩ 1. *lit.* (*Gaben*) give, offer, present: (j-m) etwas als (*od.* zum) Geschenk ~ to give (*od.* offer) s.th. as a present (to s.o.). – 2. (*Opfer*) offer (up), make. – 3. *fig.* (*Huldigung etc*) (j-m to s.o.) pay, render. – 4. *fig.* (*Dank, Verehrung etc*) (j-m to s.o.) express. – 5. *fig.* (*Ovationen*) (j-m s.o.) give. – II D~ *n* ⟨-s⟩ 6. *verbal noun.* — **'Dar,brin·gung** *f* ⟨-; *no pl*⟩ 1. *cf.* Darbringen: die ~ seiner Glückwünsche *lit. fig.* the offering of one's congratulations. – 2. *relig.* presentation: ~ des Brotes und Weines oblation.

Dar·by·sten [dar'bıstən] *pl relig.* Darbyites, Plymouth Brethren.

Dar·da·ner ['dardanər] *pl* 1. *hist.* Dardani, Dardans, Dardanians (*ancient Illyrian people*). – 2. *poet.* (*bei Homer*) Trojans.

dar·ein [da'raın; 'daː,raın] I *adv* 1. to it (*od.* them): sich ~ ergeben to submit (*od.* yield) to it. – 2. in it (*od.* them): sich ~ vertiefen to become engrossed in it. – II *relative pron* 3. *lit. archaic* in which, wherein: Kanaan, ~ ich euch führen will *Bibl.* Canaan whither I bring you.

dar'ein|,fah·ren *v/i* ⟨*irr, sep,* -ge-, sein⟩ *fig.* intervene (*od.* interfere) brusquely. — **~,fin·den** *v/reflex* ⟨*irr, sep,* -ge-, h⟩ sich ~ *lit.* become resigned to it, get used to it, put up with it: ich kann mich nicht ~ I cannot get used (*od.* reconciled) to it. — **~,fü·gen** *v/reflex* ⟨*sep,* -ge-, h⟩ sich ~ *lit.* agree to it, fit in with it, submit to it. — **~,ge·ben** *v/t* ⟨*irr, sep,* -ge-, h⟩ (*Geld etc*) give (*s.th.*) into the bargain. — **~,le·gen** *v/t* ⟨*sep,* -ge-, h⟩ *lit.* put (*s.th.*) into it: seine ganze Seele ~ to put one's heart and soul into it. — **~,men·gen, ~,mi·schen** *v/reflex* ⟨*sep,* -ge-, h⟩ sich ~ interfere (in it), join in: bei Streitereien sich nicht ~ not to interfere in quarrels. — **~,re·den** *v/i* ⟨*sep,* -ge-, h⟩ *cf.* dreinreden. — **~,schau·en** *v/i* ⟨*sep,* -ge-, h⟩ *cf.* dreinblicken. — **~,schicken** (*getr.* -k·k-) *v/reflex* ⟨*sep,* -ge-, h⟩ sich ~ *lit. cf.* dareinfinden. — **~,schla·gen** *v/i* ⟨*irr, sep,* -ge-, h⟩ *cf.* dreinschlagen. — **~,wil·li·gen** [-,vılıgən] *v/t* ⟨*sep,* -ge-, h⟩ consent (*od.* agree) (to it).

darf [darf] *1 u. 3 sg pres,* **darfst** *2 sg pres of* dürfen[1].

Darg [dark] *m* ⟨-s; -e⟩ *geol.* phragmites (*od.* sandy) peat.

Dar·ge ['dargə] *f* ⟨-; -n⟩ *a trolling angle with artificial bait.*

'Dar·ge,bot *n* ⟨-(e)s; *no pl*⟩ supply, occurrence: das ~ von Wasser in der Natur the supply of water in nature.

dar·in [da'rın; 'daː,rın] I *adv* 1. in it (*od.* them), (*betont*) in that (*od.* those): etwas ~ aufbewahren to keep s.th. in it; sich ~ aufhalten to stay in it; sich ~ befinden to be in it; etwas ~ finden to find s.th. in it; ~ schwelgen to revel (*od.* luxuriate) in it; ein Haus und keine Möbel ~ a house and no furniture in it; was ist ~? what is inside? du hast ~ nichts zu suchen you have no business in there; hast du die Annoncen gesehen? Stand etwas ~? have you seen the advertisements? was anything in them? – 2. (*betont*) there, in that, in this: ~ irrt er there he is mistaken; ich kann dir ~ nicht recht geben I can't agree with you there; ~ ähnelt er ihr there (*od.* in this, in this respect) he resembles her; ~ bin ich wie mein Vater in this (*od.* there, in this respect) I'm like my father; ~ ist er nicht erfahren he's not experienced in this; hast du Übung ~? have you had any practice in this? ich sehe ~ keinen Vorteil I find no advantage in this. – 3. at it, (*betont*) at that: er ist ~ nicht sehr gut he is not very good at it; ~ ist er Meister (*od. colloq.* [ganz] groß) he is a past master at (*Br.* in, of) it. – 4. (*in Wendungen wie*) die Schwierigkeit liegt ~, daß the difficulty is that, the difficulty lies in the fact that. – II *relative pron* 5. *lit. archaic* in which, wherein: das Land, ~ sie Fremdlinge waren *Bibl.* the land wherein they were strangers.

dar·in·nen [da'rınən] I *adv lit.* within, inside (it). – II *relative pron lit. archaic* wherein.

Dark [dark] *m* ⟨-s; -e⟩ *geol. cf.* Darg.

'dar,le·gen I *v/t* ⟨*sep,* -ge-, h⟩ *lit.* 1. (*ausführen, auseinandersetzen*) explain, make clear, expound: ausführlich ~ to elaborate; j-m seine Theorie ~ to expound (*od.* explain) one's theory to s.o.; j-m seine Gründe Punkt für Punkt ~ to explain one's reasons to s.o. in detail. – 2. (*feststellen, darstellen*) state, define: im einzelnen ~ to state in detail, to specify, to particularize; j-m seinen Standpunkt ~ to define one's position to s.o. – 3. (*kundtun*) set forth, declare: seine politischen Ansichten öffentlich ~ to set forth one's political views in public. – 4. (*enthüllen*) lay open, expose, disclose, unfold: seine Pläne ~ to expose one's plans. – 5. (*klarmachen, erklären*) explain, represent, make clear: die Notwendigkeit sofortiger Hilfe ~ to represent the necessity of prompt aid. – 6. (*zeigen, aufzeigen*) show, point out, demonstrate: etwas in einem Aufsatz ~ to show s.th. (*od.* to point s.th. out) in an essay. – II D~ *n* ⟨-s⟩ 7. *verbal noun.* — **'Dar,le·gung** *f* ⟨-; -en⟩ *lit.* 1. *cf.* Darlegen. – 2. (*Ausführung*) explanation, exposition, exposé: ~en, denen die Sachlichkeit fehlt explanations (*od.* words) that are lacking objectivity. – 3. (*Feststellung*) statement: eine schriftliche ~ der näheren Umstände a written statement of the exact circumstances. – 4. (*Enthüllung*) exposure, disclosure: durch ~ seiner Motive by exposing (*od.* disclosing, revealing) his motives. – 5. (*Erklärung*) explanation, representation. – 6. (*Aufzeigung*) demonstration.

'Dar,le·hen *n* ⟨-s; -⟩ *econ.* loan: befristetes ~ time loan, loan for a fixed term; gedecktes (*od.* gesichertes) ~ secured loan; kündbares ~ loan at notice; unkündbares ~ irredeemable loan; täglich kündbares ~ loan (*od.* money) at call; kurzfristiges [langfristiges] ~ short-term(ed) [long-term(ed)] loan; unbefristetes ~ undated loan; zinsloses ~ noninterest (*Br.* non-interest) loan; ~ auf Hypotheken mortgage loan; ~ gegen Pfand loan on pawn, secured loan; ~ gegen Sicherheit secured loan, loan against security; als ~ as a loan, on loan; ein ~ aufnehmen [kündigen, zurückzahlen] to raise (*od.* take up) [to call in, to repay (*od.* redeem)] a loan; j-m ein ~

geben (*od.* gewähren) to grant (*od.* make) s.o. a loan.

'Darˌle·hens|ˌaufˌnah·me *f econ.* taking up of a loan. — **~ˌbank** *f* loan (*od.* lending) bank, loan institution. — **~beˌdin·gung** *f meist pl* condition of loan. — **~ˌge·ber** *m* lender, loaner. — **~geˌschäft** *n* loan business, lending operation. — **~ˌkas·se** *f* loan bank. — **~ˌkas·senˌschein** *m* loan certificate. — **~ˌkas·sen·verˌein** *m* loan association, *Am.* credit corporation. — **~ˌkon·to** *n* loan account. — **~ˌneh·mer** *m* borrower, taker of a loan. — **~ˌschuld** *f* loan debt. — **~ˌsum·me** *f* sum of loan, loan amount. — **~verˌtrag** *m* loan contract. — **~ˌzins** *m meist pl* interest on loan capital. — **~ˌzu-ˌsa·ge** *f* (formal) consent (*od.* promise) to grant a loan.

'Darˌlehn [-ˌleːn] *n* ⟨-s; -⟩ *econ. cf.* Darlehen.

'Darˌlei·her *m* ⟨-s; -⟩ *jur. econ. cf.* Darlehensgeber.

Dar·ling ['darlɪŋ; 'dɑːlɪŋ] (*Engl.*) *m* ⟨-s; -s⟩ *humor.* darling.

Darm [darm] *m* ⟨-(e)s; ⸚e⟩ **1.** *med.* bowel(s *pl*), intestine(s *pl*), gut(s *pl*): **Erkrankungen des ~es** intestinal diseases; **den ~ betreffend** intestinal, enteric (*scient.*); **den ~ entleeren** to empty (*od.* evacuate) the bowels, to defecate; **den ~ reinigen** to purge the intestine; **durch den ~ eingeben** to administer (*s.th.*) rectally; **in den ~ einführen** to pass (*od.* introduce) (*s.th.*) into the rectum. – **2.** *vet.* gut(s *pl*). – **3.** *gastr.* (*der Wurst*) (sausage) skin. – **4.** *cf.* Darmsaite. — **~ˌabˌschnitt** *m med.* portion of intestine. — **~ˌausˌgang** *m* anus. — **~ˌausˌlee·rung** *f cf.* Darmentleerung. — **~ˌbad** *n* colonic irrigation (*od.* lavage): **subaquales ~** high colonic irrigation. — **~bakˌte·ri·en** *pl biol.* intestinal flora *sg.*

'Darmˌbein *n med.* ilium, iliac bone: **über dem ~ (gelegen)** suprailiac. — **~ˌgru·be** *f* iliac fossa.

'Darm|beˌschwer·den *pl med.* intestinal complaints (*od.* trouble *sg*). — **~beˌwe·gung** *f* peristaltic motion (*od.* movement), peristalsis. — **~ˌblä·hung** *f* flatulence. — **~ˌblu·ten** *n*, **~ˌblu·tung** *f* intestinal h(a)emorrhage, enteroh(a)emorrhage. — **~ˌbruch** *m* (intestinal) hernia, enterocele (*scient.*). — **~ˌdurchˌbruch** *m cf.* Darmperforation. — **~ˌeinˌklem·mung** *f* intestinal strangulation. — **~ˌeinˌlauf** *m* enema. — **~entˌlee·rung** *f* **1.** (*natürliche*) bowel movement (*od.* evacuation), defecation. – **2.** (*durch Abführmittel*) purgation. — **~entˌzün·dung** *f* inflammation of the bowels, (*des Dünndarms*) enteritis (*scient.*), (*des Dickdarms*) colitis (*scient.*). — **~erˌkran·kung** *f* intestinal disease. — **~ˌfau·na** *f biol.* intestinal parasites *pl.* — **~ˌfell** *n cf.* Bauchfell. — **~ˌfi·stel** *f* intestinal (*od.* f[a]ecal, stercoral) fistula. — **~fla·tuˌlenz** *f* (intestinal) flatulence. — **~ˌflo·ra** *f biol.* intestinal flora. — **~ˌgas** *n* intestinal gas, flatulence. — **~geˌbiet** *n* intestinal region. — **~geˌräusch** *n* intestinal (*od.* peristaltic) sounds *pl*, borborygmus (*scient.*). — **~geˌschwulst** *f* intestinal tumor (*bes. Br.* tumour), intestinal growth. — **~geˌschwür** *n* intestinal ulcer. — **~ˌgrim·men** *n cf.* Darmkolik. — **~ˌgrip·pe** *f* abdominal (*od.* gastroenteric, *Br.* gastro-enteric) influenza. — **~in·fu·siˌon** *f* enteroclysis. — **~ˌinˌhalt** *m* (*des Dünndarms*) intestinal contents *pl*, (*des Dickdarms*) f(a)ecal matter. — **~kaˌnal** *m* intestinal canal (*od.* tract), enteron (*scient.*). — **~kaˌtarrh** *m* intestinal catarrh, enteritis (*scient.*). — **~ˌko·lik** *f* intestinal colic, gripes *pl* (*colloq.*). — **~ˌkol·lern** *n* intestinal rumbling, borborygmus (*scient.*). — **~ˌkrampf** *m* enterospasm. — **~ˌkrank·heit** *f* intestinal disease. — **~ˌkrebs** *m* intestinal cancer. — **~ˌläh·mung** *f* paralysis of the bowels; paralytic ileus, enteroparesis (*scient.*). — **~ˌlei·den** *n* intestinal disease, enteropathy (*scient.*). — **~ˌlym·phe** *f* chyle. — **~ˌnaht** *f* intestinal suture, enterorrhaphy (*scient.*). — **~ˌnetz** *n* epiploon, omentum. — **~neuˌro·se** *f* intestinal neurosis. — **~pa·raˌsit** *m meist pl* intestinal (*od.* entozoic) parasite. — **~paˌre·se** *f cf.* Darmlähmung. — **~per·fo·ra·tiˌon** *f* intestinal perforation. — **~pe·riˌstal·tik** *f* (intestinal) peristalsis. — **~proˌlaps** *m* intestinal prolapse. — **~ˌrei·ni·gung** *f* cleansing of the intestine, intestinal cleaning (*od.* purgation). — **~ˌrei·zung** *f* intestinal irritation. — **~re·sek·tiˌon** *f* bowel (*od.* intestinal) resection, enterectomy (*scient.*). — **~ˌriß** *m* rupture of the intestine, enterorrhexis (*scient.*). — **~ˌrohr** *n* intestinal (*od.* rectal) tube. — **~ˌsaft** *m* intestinal juice. — **~ˌsai·te** *f* **1.** *mus.* catgut (string). – **2.** (*für Tennisschläger etc*) catgut (string), gut. — **~ˌsche·re** *f med.* enterotome. — **~ˌschleim** *m* intestinal mucus. — **~ˌschleimˌhaut** *f* intestinal mucosa (*od.* mucous membrane). — **~ˌschlin·ge** *f* intestinal (*od.* bowel) loop. — **~ˌschnitt** *m* enterotomy. — **~ˌschnur** *f* (*der Angel*) tippet. — **~ˌsen·kung** *f med.* enteroptosis. — **~ˌspü·lung** *f* colonic irrigation (*od.* lavage). — **~ˌstein** *m* coprolith, enterolith. — **~ˌstö·rung** *f* intestinal trouble (*od.* disturbance). — **~strikˌtur** *f cf.* Darmverengung. — **~syˌstem** *n* intestinal tract. — **~ˌtä·tig·keit** *f* bowel function (*od.* movement, action), peristalsis (*scient.*): **die ~ hemmend** antiperistaltic; **die ~ regulieren** to regulate the function of the bowels. — **~ˌträg·heit** *f* a) sluggishness of the bowels, b) (*Verstopfung*) constipation: **hartnäckige ~** obstipation; **habituelle ~** habitual constipation. — **~ˌtrakt** *m* intestinal tract (*od.* canal). — **~triˌchi·ne** *f* intestinal trichinella. — **~tu·ber·kuˌlo·se** *f* intestinal tuberculosis. — **~verˌen·gung** *f* intestinal constriction (*od.* stricture, stenosis), enterostenosis (*scient.*). — **~verˌschlin·gung** *f* twisting of the bowels, volvulus (*scient.*). — **~verˌschluß** *m* intestinal obstruction (*od.* occlusion), ileus (*scient.*). — **~ˌvorˌfall** *m cf.* Darmprolaps. — **~ˌwand** *f* intestinal wall. — **~ˌwind** *m* (intestinal) wind. — **~ˌwurm** *m zo. cf.* Eingeweidewurm. — **~ˌzot·ten** *pl med.* villosity *sg*, villi. — **d~ˌzot·tenˌför·mig** *adj* villiform. — **~ˌzwang** *m* tenesmus. — **~ˌzy·ste** *f* enteric cyst, enterocyst.

dar·nach [dar'naːx; 'darˌnaːx] *adv obs. for* danach.

dar·ne·ben [dar'neːbən] *adv obs. for* daneben.

dar·nie·der [dar'niːdər] *adv obs. for* danieder. — **~ˌlie·gen** *v/i* ⟨*irr, sep,* -ge-, h *u.* sein⟩ *cf.* daniederliegen.

dar·ob [da'rɔp; 'daːˌrɔp] *adv rare for* darüber 5.

'Darr|ˌanˌla·ge *f brew.* kiln-drying plant. — **~ˌar·beit** *f* kiln-drying work. — **~ˌbo·den** *m* kiln floor.

Dar·re ['darə] *f* ⟨-; -n⟩ **1.** *tech. chem. brew.* a) (*Anlage*) drying kiln (*od.* oven), b) (*Vorgang*) kiln-drying. – **2.** *metall.* liquation hearth. – **3.** *cf.* Darrkammer.

'darˌrei·chen I *v/t* ⟨*sep,* -ge-, h⟩ *lit.* **1.** present, offer, hold out, hand: **j-m eine Gabe ~** to present s.o. with a gift. – **2.** (*Speisen*) dispense. – **3.** (*Medizin*) administer. – **II D~** *n* ⟨-s⟩ **4.** *verbal noun.* — **'Darˌrei·chung** *f* ⟨-; -en⟩ *lit.* **1.** *cf.* Darreichen. – **2.** *med.* administration.

dar·ren ['darən] **I** *v/t* ⟨h⟩ **1.** *tech. chem. brew.* (*trocknen, dörren*) kiln-dry, kiln, dry. – **2.** *metall.* (*Kupfer*) liquate. – **II D~** *n* ⟨-s⟩ **3.** *verbal noun.*

'Darr|ˌfax *m* ⟨-en; -en⟩ *brew.* kilnman. — **~geˌwicht** *n* kiln- (*od.* oven-)dry weight. — **~ˌgras** *n bot.* **1.** hierochloe (*Gattg Hierochloe*). – **2.** velvet grass (*Holcus lanatus*). — **~ˌkam·mer** *f* drying room. — **~ˌkup·fer** *n metall.* liquated copper. — **~ˌmalz** *n brew.* cured (*od.* kiln-dried) malt. — **~meˌtho·de** *f* kiln-drying method. — **~ˌofen** *m* **1.** *tech.* (*wood*) (drying) kiln. – **2.** *metall.* (*für Kupfer*) liquation hearth. — **~ˌsau** *f brew.* kiln sow. — **~ˌtrom·mel** *f* **1.** *brew.* curing drum. – **2.** (*wood*) kilning drum.

'Dar·rung *f* ⟨-; *no pl*⟩ **1.** *cf.* Darren. – **2.** *tech.* a) kiln-drying, b) torrefaction, c) desiccation. – **3.** *metall.* liquation.

'darˌstell·bar *adj* **1.** (*Ereignis etc*) representable, *auch* describable, portrayable: **die Schönheit der Landschaft ist in Worten nicht ~** the beauty of the landscape cannot be described (*od.* expressed, portrayed) in (*od.* by) words. – **2.** (*Rolle etc*) actable, playable, portrayable: **die Rolle ist sehr schwer ~** the part is hard to play. – **3.** *chem.* a) capable of being prepared (*od.* synthesized), b) (*industriell*) producible.

'darˌstel·len I *v/t* ⟨*sep,* -ge-, h⟩ **1.** (*beschreiben*) represent, describe, set forth, depict, picture, portray: **etwas erschöpfend ~** to give an exhaustive description of s.th., to exhaust s.th.; **etwas genau ~** to describe s.th. in detail, to delineate s.th.; **ein Ereignis falsch ~** to misrepresent (*od.* misinterpret) an event, to give a false account (*od.* distorted picture) of an event; **etwas in großen Zügen** (*od.* **Umrissen**) **~** to describe s.th. in outline, to outline s.th.; **so wie du ihn darstellst** the way you describe (*od.* portray) him. – **2.** (*wiedergeben, zeigen*) represent, depict, picture, portray, show: **was soll das Gemälde ~?** what is the painting supposed to represent? **das Bild stellt den jungen Goethe dar** the picture shows Goethe as a young man. – **3.** (*bedeuten*) be, constitute, represent, *auch* mean: **sein Sieg stellte eine Überraschung dar** his victory represented (*od.* was) a surprise; **der Fremdenverkehr stellt eine wichtige Einnahmequelle dar** tourist traffic constitutes (*od.* provides) an important source of income; **er stellt alles für mich dar** he means everything to me; **was soll das Zeichen ~?** what does this symbol mean (*od.* stand for)? what does this mark (*od.* sign) symbolize? **er stellt wirklich etwas dar** *colloq.* he really is an impressive figure. – **4.** (*theater*) a) act (*od.* play, do, perform) (the part of), portray, (re)present, (im)personate, b) (*interpretieren*) interpret: **ein Gast wird das Gretchen ~** a guest will play (the part of) Gretchen. – **5.** *chem.* a) prepare, synthesize, b) (*industriell*) produce: **ein Element rein ~** to isolate an element; **ein Metall elektrolytisch ~** to prepare a metal by electrolysis. – **6.** *math.* describe, construct, represent: **etwas graphisch [schematisch] ~** to represent s.th. graphically [schematically]; **eine Kurve graphisch** (*od.* **zeichnerisch**) **~** to trace (*od.* graph, chart, plot) a curve; **etwas in einem Diagramm ~** to draw a diagram (*od.* graph) of s.th., to diagram (*od.* graph) s.th. – **7.** *mil.* (*beim Manöver*) simulate. – **II** *v/reflex* **sich ~ 8.** *lit.* present itself, appear: **das Problem stellte sich (als) schwierig dar** the problem appeared (to be) (*od.* presented itself as) difficult. – **III D~** *n* ⟨-s⟩ **9.** *verbal noun.* – **10.** *cf.* Darstellung. — **'darˌstel·lend I** *pres p.* – **II** *adj* **1.** representative, descriptive. – **2.** *math.* (*Geometrie*) descriptive. – **3.** (*Kunst, Künstler*) interpretative, interpretive: **~e Künste** a) (*Schauspiel, Tanz*) interpretative (*od.* performing) arts, b) (*Malerei etc*) plastic (*od.* pictorial) arts.

'Darˌstel·ler *m* ⟨-s; -⟩ actor, *auch* player, performer, interpreter (of a part): **der ~ des Faust** the actor playing (the part of) Faust. — **'Darˌstel·le·rin** *f* ⟨-; -nen⟩ actress, *auch* player, interpretress.

'darˌstel·le·risch *adj* ⟨*attrib*⟩ acting, performing: **seine ~e Leistung** his performance (as an actor); **ihr ~es Können** her acting ability.

'Darˌstel·lung *f* ⟨-; -en⟩ **1.** *cf.* Darstellen. – **2.** (*Beschreibung*) representation, description, depiction, picture, portrayal: **eine ausführliche ~** a detailed description (*od.* portrayal), a delineation; **eine ungenaue ~** a misrepresentation, an inaccurate account; **eine ~ in Umrissen** a condensed description, an outline; **eine bildliche ~** a pictorial representation; **eine plastische ~** a vivid (*od.* plastic, graphic) depiction; **seine ~ des Vorfalls** his version (*od.* account, interpretation) of the incident; **falsche ~ des Sachverhaltes** *jur.* incorrect account (*od.* recital) of fact, misrepresentation of fact. – **3.** (*Wiedergabe*) representation, depiction, portrayal, *auch* reproduction: **eine ausgezeichnete ~ meines Vaters** an excellent portrait of my father; **die ~ der Natur bei den alten Meistern** the reproduction (*od.* handling, treatment, rendering) of nature by the old masters. – **4.** (*Reproduktion*) reproduction: **moderne ~en sammeln** to collect modern reproductions. – **5.** (*theater*) a) acting, portrayal, performance, (re)presentation, (im)personation, b) (*Interpretation*) interpretation: **seine ~ des Faust** his interpretation of (the part of) Faust. – **6. die ~ Christi im Tempel** (*art*) the presentation of Christ in the Temple. – **7.** *chem.* a) preparation, synthesis, b) (*industrielle*) production. – **8.** *math.* description, representation: **eine graphische ~** a graph(ic representation), a diagram (*od.* figure, chart).

'Darˌstel·lungs|ˌart *f* **1.** manner (*od.* style) of representation. – **2.** *chem. cf.* Darstellungsweise 2. — **d~ˌfä·hig** *adj cf.* darstellbar. — **~ˌform** *f* form of representation. — **~ˌga·be** *f* **1.** (*eines Schriftstellers, Malers etc*) gift of (re)presentation. – **2.** (*eines Schauspielers*) gift of (re)presentation, acting ability. — **~ˌkraft** *f* **1.** (*eines Schriftstellers, Malers etc*) power of representation, (*eines Schriftstellers*) *auch* descriptive power. – **2.** (*eines Schauspielers*) power of (re)presentation. — **~ˌkunst** *f* **1.** (*eines Schriftstellers, Malers etc*) art of representation. – **2.** (*eines Schauspielers*) art of (re)presentation, acting (ability). — **~ˌmit·tel** *n* means *pl* (*construed as sg or pl*) of performance (*od.* representation). — **~obˌjekt** *n* object represented (*od.* described), subject: das ~ des Künstlers the artist's subject. — **~ˌstil** *m* **1.** style of representation (*od.* production, performance). – **2.** (*literature*) style (*od.* manner) of presentation. — **~verˌfah·ren** *n* **1.** *chem.* method of preparation. – **2.** *tech.* (*zeichnerisch*) manner of representation. — **~ˌwei·se** *f* **1.** *cf.* Darstellungsart 1. – **2.** *chem.* method of preparation (*od.* synthesis).

'darˌstrecken (*getr.* -k·k-) *v/t* ⟨*sep*, -ge-, h⟩ *lit. for* hinstrecken 1.

'darˌtun *v/t* ⟨*irr, sep*, -ge-, h⟩ *lit.* (*darlegen*) show, prove, set forth: etwas praktisch ~ to demonstrate s.th.; einen Rechtsanspruch ~ *jur.* to clear a title.

dar·über [da'ryːbər; 'daːˌryːbər] *adv* **1.** (*räumlich*) over it (*od.* that, them), above it (*od.* that, them), (*querüber*) across it (*od.* that, them), (*betont*) *auch* over (*od.* above, across) there: das Buch lag genau ~ the book lay precisely over (*od.* above, on top of) it; steig ~! step over (*od.* across) it! das Flugzeug flog ~ hin(weg) the plane flew over (*od.* across) it; er ist ~ erhaben *fig.* a) he is above (all) that, b) that doesn't touch him; Schwamm ~! *fig. colloq.* (let's) forget (about) it! ~ geht nichts *fig.* there is nothing like that, that surpasses everything, that's (the) tops (*colloq.*). – **2.** ~ hinaus a) beyond (*od.* past) it (*od.* that, them), b) *fig.* moreover, in addition (to this *od.* that), over and above that, on top of that; er ist ~ hinaus *fig.* he is past (all) that; das Regengebiet reicht weit ~ hinaus the rain area stretches far beyond that. – **3.** (*zeitlich*) in the meantime, meanwhile: ~ kann es Abend werden it may become evening meanwhile (*od.* before that); ~ ist er alt geworden he has grown old and is still at it, he has grown old in the process (*od.* over it); ~ war ich eingeschlafen I fell asleep over (*od.* while doing) it; ~ werden Jahre vergehen it will take years. – **4.** (*mehr*) more: es kostet 100 Mark oder ~ it costs a hundred marks or more; er arbeitet 12 Stunden und ~ he works twelve hours and more (*od.* longer); zwei Pfund ~ two pounds more; es ist zehn Minuten ~ it is ten minutes past (*od.* after); drei Jahre und ~ over three years, three years and upward(s). – **5.** *fig.* (*über eine Sache*) about it (*od.* that): ich bin froh ~ I am glad about (*od.* of) it, I am pleased about (*od.* with) it, I am happy about (*auch* over) it; sie freute sich ~, daß sie ein neues Kleid hatte she was happy at having (*od.* to have) a new dress; ich bin überrascht ~, daß I am surprised (to learn) that; wir sind uns ~ einig we are in agreement (*od.* agree) on this (matter); eine Erklärung ~, daß a statement to the effect that; ~ vergaß er seinen Kummer he forgot his grief over it, this made him forget his grief; ~ muß ich erst nachdenken I'll have to think about that first, I'll have to think that over first; sie sind ~ in Streit geraten they got into a quarrel about (*od.* over) it; ~ läßt sich streiten one can argue about that, that is debatable. – **6.** (*in Wendungen wie*) er beklagt sich ~, daß er betrogen wurde he complains of having been deceived; man kann ruhig ~ sprechen it is quite all right to speak of (*od.* mention) it; er ist ~ hinweggegangen he passed over it (*od.* it over), he took no notice of it, he ignored it; er machte sich sofort ~ her *colloq.* a) he fell upon it immediately, b) he set about it immediately; sich ~ hinwegsetzen to pay no attention to (*od.* to disregard) it; ~ lasse ich mir keine grauen Haare wachsen *colloq.* I won't let it give me gray (*bes. Br.* grey) hair.

dar'über|ˌdrucken (*getr.* -k·k-) *v/t* ⟨*sep*, -ge-, h⟩ *print.* surprint. — **~ˌma·chen** *v/reflex* ⟨*sep*, -ge-, h⟩ sich ~ *colloq.* set about (*od.* work on) it, go at (*od.* attack) it. — **~ˌste·hen** *v/i* ⟨*irr, sep*, -ge-, h *u.* sein⟩ be (*od.* stand) above it, be superior to it.

da·rum [da'rum; 'daːˌrum] **I** *adv* **1.** (*räumlich*) (a)round it (*od.* that, them), (*betont*) *auch* (a)round there: ein Paket mit einer Schnur ~ a parcel with a string (tied) (a)round it; binde die Schnur ~, bitte! (would you) tie the string around it, please! ~ herumreden *fig.* to talk around it; nicht ~ herumkommen *fig.* not to be able to get around (*od.* help, avoid) it. – **2.** *fig.* about it (*od.* that, them): er weiß ~ he knows about it, he is aware of it; ~ sei unbesorgt don't worry about that. – **3.** (*deswegen*) because of it (*od.* that): ich bin ~ nicht unglücklicher I am not less happy for (*od.* because of) that. – **4.** (*in Wendungen wie*) er bat ihn darum a) he asked him for it, b) he asked him to do it; ich bitte dich ~! a) I beg (of) you! b) (*in negativen Sätzen*) I beg you not to! please don't! wie steht es ~? how does the matter stand? how are things going in that regard? es handelt sich ~ festzustellen the point is to find out, it's a matter of finding out; ~ handelt (*od. colloq.* dreht) es sich ja! that's just the point! ~ geht es nicht that's beside the point, it's not a matter (*od.* question) of that; es ist mir nur ~ zu tun all I am asking is, my only object is; es ist mir sehr ~ zu tun, daß er freigelassen wird I am very anxious to have him released; niemand kümmert sich ~ a) no one cares about it, b) no one takes care of it; ~ hast du dich nicht zu kümmern that's none of your business; sei es ~! a) let it be, b) never mind; ich gäbe viel ~ zu wissen, ob I'd give a lot to know if; ich habe mich ~ bemüht a) I've been trying to get it, b) I've been working on it. – **II** *conj* **5.** therefore, for that reason, on that account: ~ ist es besser, wenn therefore it is better if; und ~ kam er and that's (the reason) why he came; eben ~ that's just (*od.* precisely) why; warum taten Sie das? ~! why did you do that? because! (ach) ~! (so) that's why! er tat es ~, weil er Geld brauchte the reason he did it was that he needed money.

dar'um|ˌbin·den *v/t* ⟨*irr, sep*, -ge-, h⟩ tie (*od.* bind) (*s.th.*) around it (*od.* them). — **~ˌkom·men** *v/i* ⟨*irr, sep*, -ge-, sein⟩ **1.** lose it. – **2.** come away empty-handed, get nothing. — **~ˌle·gen** *v/t* ⟨*sep*, -ge-, h⟩ put (*od.* lay) (*s.th.*) around it (*od.* them).

dar·un·ter [da'runtər; 'daːˌruntər] **I** *adv* **1.** (*räumlich*) under(neath) (*od.* beneath, *auch* below) it (*od.* that, them), underneath: die Wohnung ~ ist leer the apartment (*bes. Br.* flat) underneath (*od.* beneath, below) is empty; ich fand nichts ~ I did not find anything underneath. – **2.** (*weniger*) less, under: 50 Mark und ~ fifty marks and under (*od.* less); zwei Jahre oder noch ~ two years or even less; eher ~ als darüber rather less than more; ~ macht er es nicht *colloq.* he won't do it for less. – **3.** (*dazwischen*) among(st) them: mein Freund war mitten ~ my friend was right among (*od.* in the midst of) them; es sind schlechte Äpfel ~ there are bad apples among them; ~ auswählen to choose (from) among them (*od.* the number). – **4.** (*einschließlich*) including, among them: es waren 50 Personen anwesend, ~ auch der Bürgermeister there were fifty people present including the mayor. – **5.** (*in Wendungen wie*) was verstehst du ~? what do you understand by it? ~ kann ich mir nichts vorstellen that does not mean anything to me, I can't make head or tail of it; er leidet sichtlich ~ he obviously suffers from it; diese Gesetze gelten nur für Inländer, Ausländer fallen nicht ~ these laws are valid for citizens only, foreign residents do not come (*od.* fall) under them. – **II** *conj* **6.** among them: in verschiedenen Ländern, ~ (in) der Schweiz in various countries, among them Switzerland.

dar'un·ter|ˌle·gen *v/t* ⟨*sep*, -ge-, h⟩ lay (*s.th.*) under(neath) it (*od.* them). — **~ˌlie·gen** *v/i* ⟨*irr, sep*, -ge-, h *u.* sein⟩ lie under(neath) it (*od.* them). — **~ˌmen·gen** *v/t* ⟨*sep*, -ge-, h⟩ *cf.* daruntermischen I. — **~ˌmi·schen I** *v/t* ⟨*sep*, -ge-, h⟩ mix (*s.th.*) among(st) (*od.* with) it (*od.* them). – **II** *v/reflex* sich ~ mix among(st) (*od.* with) it (*od.* them). — **~ˌset·zen I** *v/t* ⟨*sep*, -ge-, h⟩ put (*od.* set) (*s.th.*) under(neath) it: seinen Namen ~ to put one's signature to it. – **II** *v/reflex* sich ~ sit (down) under(neath) it (*od.* them). — **~ˌzie·hen** *v/t* ⟨*irr, sep*, -ge-, h⟩ **1.** pull (*s.th.*) under(neath) it (*od.* them). – **2.** (*Kleidungsstück*) put (*od.* pull) (*s.th.*) on underneath (it): ein warmes Hemd ~ to put on a warm shirt underneath.

dar'wi·nisch [dar'viːnɪʃ] *adj* Darwinian, Darwinist(ic): D~e Lehre Darwinian theory, Darwinism. — **Dar·wi'nis·mus** [-vi'nɪsmus] *m* ⟨-; *no pl*⟩ Darwinism. — **Dar·wi·nist** [-vi'nɪst] *m* ⟨-en; -en⟩ Darwinian, Darwinist. — **dar·wi'ni·stisch** *adj* Darwinian, Darwinist(ic). — **'dar·winsch** [-viːnʃ] *adj cf.* darwinisch: D~er Höcker *med.* Darwinian tubercle (of the auricle).

das [das] **I** *definite article* **1.** *n* ⟨*nom sg*⟩ the: das Buch des Jahres the book of the year; ~ Deutschland des letzten Jahrhunderts the Germany of the last century; ~ Gute the good. – **2.** ⟨*acc sg*⟩ the: ~ Schöne lieben to love the beautiful; ~ Feuer schüren to poke the fire; ~ Laster hassen to despise (the) vice; über ~ Mißgeschick lachen to laugh at (*od.* about) the misfortune. – **II** *demonstrative pron* **3.** *n* ⟨*nom sg*⟩ this (one), that (one): ~ ist der neue Chef this is the new boss; ~ ist genau (~), was ich immer gesagt habe this is exactly what I have always said; was soll denn ~ (heißen)? what do you mean by that? ~ heißt that (*od.* it) is (to say) (*od.* means); war ~ ein Glück that was luck; ~ ist gut that's good; ja, ~ ist es yes, that's (exactly) it; ~ da that one (over here *od.* there); sie wurde gelobt, und ~ mit Recht she was praised, and rightly so; ~ ist aber nett von dir! well, that is nice of you; ~ sind seine Bücher those are his books; ~ war ich it (*od.* that) was me. – **4.** *n* ⟨*acc sg*⟩ this (one), that (one): ~ alles können wir uns schenken we can do without all that; nur (*od.* bloß) ~ nicht! anything but this (*od.* that)! nimm ~! take this (one); ~ hätte ich dir nicht zugetraut I never thought you would (*od.* could) do this (*od.* s.th. like that). – **III** *relative pron* **5.** *n* ⟨*nom sg*⟩ a) (*bei Personen*) who, b) (*bei Sachen*) which. – **6.** ⟨*acc sg*⟩ a) (*bei Personen*) whom, *colloq. auch* who: das Gedicht, ~ ich meine the poem (which) I am talking about; das Thema, über ~ wir gerade diskutierten the subject (which) we were just discussing. – **IV** *personal pron* **7.** *colloq. for* es[1] 1, 2.

'daˌsein *v/i* ⟨*irr, sep*, -ge-, sein⟩ **1.** (*anwesend sein*) be there (*od.* present), attend: viele Zuschauer waren da many spectators were present (*od.* attended). – **2.** (*existieren*) exist, be in existence: es ist alles schon dagewesen everything has existed (*od.* happened) before, there is nothing new under the sun; das ist noch nicht dagewesen this is unprecedented (*od.* unparalleled, unheard-of, without precedent). – **3.** (*verfügbar sein*) be available (*od.* there): ich werde immer für dich ~ I'll always be there for you.

'Daˌsein *n* ⟨-s; *no pl*⟩ **1.** (*Leben*) life, existence: ein kümmerliches ~ führen, sein ~ fristen to lead (*od.* live) a miserable life; der Kampf ums ~ the struggle for existence; seinem ~ einen Sinn geben (*od.* verleihen) to give meaning to one's life; sein ~ beschließen *lit. euphem.* to pass away, to die. – **2.** (*Existenz*) existence, Dasein (*philos.*): das ~ Gottes leugnen to deny the existence of God; ins ~ treten to come into existence (*od.* being). – **3.** *rare* (*Anwesenheit*) presence: sein bloßes ~ genügte his mere presence was enough.

'Daˌseins|anaˌly·se *f philos.* existential analysis. — **~ˌangst** *f philos. psych.* anxiety (*auch* angst) of existence. — **~beˌrech·ti·gung** *f philos.* **1.** right to exist. – **2.** (*Grund*) reason for existence, raison d'être. — **~ˌfreu·de** *f* joie de vivre, joy of life. — **d~ˌhung·rig** *adj* hungry for life. — **~ˌkampf** *m* struggle for existence (*od.* life). — **d~ˌmü·de** *adj* tired (*od.* weary) of life. — **~ˌwei·se** *f* mode of being. — **~ˌwil·le(n)** *m* will to be. — **~ˌzweck** *m* reason for existence, raison d'être.

da'selbst [da-] *adv obs. or dial. for* dort 1: wohnhaft ~ (*officialese*) residing at the same (*od.* said) place (*od.* address).

Dash [dɛʃ; dæʃ] (*Engl.*) *m* ⟨-s; -s⟩ (*bei Cocktailbereitung*) dash.

da·sig[1] ['daːzɪç] *adj Southern G. and Austrian colloq. for* verwirrt 3, verschüchtert II.

'da·sig² *adv Austrian and Swiss obs. for* hiesig 1, 2.

'da,sit·zen *v/i* ⟨*irr, sep,* -ge-, h *u.* sein⟩ **1.** sit here. – **2.** sit idly.

'das,je·ni·ge [-ˌjeːnɪgə] *demonstrative pron n* ⟨desjenigen; diejenigen⟩ **1.** that: mein Buch und ~ meines Freundes my book and my friend's (*od.* that of my friend). – **2.** ~, das (*od.* welches) a) that ... which, the one ... which, b) (*mit Substantiv*) the ... who (*od.* which): ~ Mädchen, das (*od.* welches) am meisten redet the girl who talks most; es ist genau ~, was ich suche this is exactly what I am looking for.

daß [das] *conj* **1.** (*vor Subjektsatz*) that: es ist gut, ~ ihr kommt it's good (that) you are coming; es tut mir leid, ~ ich mich verspätet habe I am sorry (that) I am late; es sind zwei Jahre her, ~ ich ihn nicht gesehen habe it is (*od.* has been) two years since I last saw him; es war sehr nett von ihm, ~ er anrief it was very nice of him to call; ~ er recht hat, ist uns allen klar we all realize that he is right; eines tut mir leid, ~ ich dich nämlich nicht besuchen kann I am sorry for one thing, namely that I can't come to see you. – **2.** (*vor Objektsatz*) that: ich weiß, ~ er hier war I know (that) he was here; wir fürchten, ~ alle Mühe vergeblich ist we are afraid that (*od. lit.* lest) every effort is in vain; entschuldigen Sie, ~ ich Sie störe please excuse me for (*od.* my) disturbing you; ~ du glücklich bist, (das) kann ich mir vorstellen I can very well imagine that you are happy. – **3.** (*vor Attributivsatz*) that: wir sind der Überzeugung [Ansicht], ~ we are convinced [of the opinion] that; die Tatsache, ~ the fact that; unter der Bedingung (*od.* Voraussetzung), ~ under the condition (*od.* provided) that; für den Fall, ~ du doch kommst in case you come after all; auf die Gefahr hin, ~ mich alle für dumm halten running the risk that they all take me for a fool. – **4.** (*mit Präpositionalausdrücken*) that: ich bleibe dabei, ~ ich morgen abreise I am keeping to my decision to leave tomorrow; sie hatte dafür zu sorgen, ~ Ruhe herrschte she had to maintain peace and quiet; ich bin dagegen, ~ er mitkommt I am against (*od.* I object to) his coming along; sein Hunger kommt (*od.* rührt) daher (*od.* davon), ~ er kein Frühstück ißt his hunger is due to (*od.* caused by) (*od.* the reason for his hunger lies in) the fact that he does not eat breakfast; du mußt dich damit abfinden, ~ you have to put up with the fact that; man spricht davon, ~ das Wetter bald besser wird people say that the weather will become better soon. – **5.** (*vor Konsekutivsatz*) so that: hier ist es so kalt, ~ man den Atem sieht it's so cold here that you can see your breath; er benimmt sich, ~ es eine Schande ist it's a shame the way he behaves (himself); bist du so töricht, ~ du ihm glaubst? are you such a fool as to believe him? – **6.** (*vor Modalsatz*) that: es war keineswegs (*od.* nicht) so, ~ it was by no means (*od.* not) that; nicht, ~ er dazu zu dumm gewesen wäre not that he had been too stupid for it; dadurch, ~ du mich tröstest, kannst du mir helfen you can help me by comforting me; man soll nicht ein Buch verurteilen, ohne ~ man es gelesen hat one should not condemn a book without having even read it. – **7.** (*vor Komparativsatz*) als ~ rather than: er verhungert eher (*od.* lieber), als ~ er bettelt he would rather starve than beg; sie ist zu häßlich, als ~ ich sie lieben könnte she is too ugly for me to love (her). – **8.** (*vor Finalsatz*) so (*od.* in order) that: wir werden uns sehr bemühen, ~ (*od. obs.* auf ~) Ihre Wünsche erfüllt werden we'll make every effort to fulfil(l) your wishes (*od.* so that your wishes will be fulfilled); ~ ich's nicht vergesse *colloq.* before I forget (it). – **9.** (*begründend*) that: Gott sei Dank, ~ du da bist thank goodness (that) you are here; er hat sich geärgert, ~ er Fehler gemacht hat he was angry that (*od.* because) he had made mistakes; er ist offenbar krank, ~ er heute nicht kommt *colloq.* he must be sick (*od. Br.* ill) that (*od.* because) he does not come today. – **10.** (*in Wendungen wie*) angenommen, ~ assuming that; (an)statt ~ instead of; außer (*od.* es sei denn,) ~ unless; kaum, ~ wir fort waren we had hardly (*od.* hardly had we) been gone; bis ~ until; nur ~ only that; vorausgesetzt, ~ provided that. – **11.** (*in Ausrufen*) oh ~ doch alles nur ein Traum wäre! if only (*od.* I wish) all (that) were just a dream! nicht, ~ ich wüßte not that I know of; ~ ihn der Teufel hole! the devil take him! ~ Gott erbarm! may God have mercy! ~ du (mir) das ja bleiben läßt! *colloq.* you just dare do it! ~ ich das vergessen habe! how could I (possibly) forget that! ~ ich nicht lache! *colloq.* don't make me laugh! ~ du (mir) ja kommst! *colloq.* be sure to come! nicht, ~ du dich beschwerst but don't complain.

ˌdas'sel·be *demonstrative pron n* ⟨desselben; dieselben⟩ **1.** the same: ein und ~ (Mädchen) one and the same (girl), the very same (girl); das ist genau (*od.* ein und) ~ Muster this is exactly the same pattern; ~ noch einmal once more the same; ~ tun [sagen] to do [to say] the same (thing); wir wohnen schon 10 Jahre in (ein[em] und) demselben Haus we have been living in (one and) the same house for 10 years now; das läuft auf ~ hinaus that amounts (*od.* comes) to the same thing. – **2.** *colloq.* (*das gleiche*) the same: sie hat ~ Kleid an wie ihre Schwester she wears the same dress as her sister. – **3.** (*an Stelle eines Personalpronomens*) a) it, b) *pl* they: nachdem sie das Buch ausgelesen hatte, brachte sie ~ zur Bibliothek zurück after she had finished the book she brought it back to the library. – **4.** (*gen an Stelle eines Possessivpronomens*) a) its, b) *pl* their: im Regal ist ein Buch; der Einband desselben ist grün there is a book on the shelf; its cover is green.

'Das·sel,beu·le ['dasəl-] *f vet.* warble.

ˌdas'sel·bi·ge *demonstrative pron n obs. for* dasselbe.

'Das·sel,flie·ge *f zo.* (ox-)warble fly, bomb fly (*Hypoderma bovis*).

'da,ste·hen *v/i* ⟨*irr, sep,* -ge-, h *u.* sein⟩ **1.** stand there: untätig ~ to stand idly; wie er dasteht! look how he stands there! unbeweglich [wie versteinert] ~ to stand there motionless [petrified]; er stand da wie ein begossener Pudel *colloq.* he stood there looking like a lost sheep; →Maulaffen; Ölgötze. – **2.** *fig. colloq.* stand: unerreicht ~ to stand alone, to have no equal; gut [schlecht] ~ to be in a good [bad] position; mittellos ~ to be left without means; wie stehe ich nun da! a) (*positiv*) just look at me now! b) (*negativ*) what a fool I look now! seine Leistung steht einzigartig da his achievement is unmatched.

Da·sy·me·ter [dazy'meːtər] *n* ⟨-s; -⟩ *phys.* (*Gasdichtemesser*) gas density meter, gas densimeter, dasymeter (*scient.*).

Da·tar [da'taːr] *m* ⟨-s; -e⟩ *röm.kath.* datary. — **Da·ta·rie** [-ta'riː] *f* ⟨-; *no pl*⟩ datary (*office of the Roman Curia*).

Da·ten ['daːtən] *pl* **1.** (*Angaben, Werte*) data, facts: technische ~ technical data, specifications. – **2.** (*computer*) data: numerische ~ numerical data. – **3.** (*Personalangaben*) particulars. – **4.** *pl of* Datum 1. — **~ˌauf·ˌzeich·nung** *f* (*computer*) data recording. — **~ˌbank** *f* data bank (*od.* base). — **~·erˌfas·sung** *f* data gathering (*od.* acquisition). — **~ˌfluß** *m* data flow. — **d~ge·ˌsteu·ert** *adj* numerically- (*od.* computer)-controlled: ~e Maschine numerically-controlled machine. — **~ˌket·tung** *f* data chaining. — **~ˌsatz** *m* data record. — **~ˌspei·cher** *m* data logger (*od.* store). — **~ˌsteue·rung** *f* numerical (*od.* computer) control, numerical positioning. — **~·ˌumˌset·zer** *m* data translator.

'da·ten·verˌar·bei·tend *adj* (*computer*) (*Maschine*) data-processing.

'Da·ten·verˌar·bei·ter *m* (*computer*) *Br.* data-processing machine, *Am.* data processor.

'Da·ten·verˌar·bei·tung *f* (*computer*) data processing.

'Da·ten·verˌar·bei·tungs|ˌanˌla·ge *f* (*computer*) data-processing plant. — **~ma·ˌschi·ne** *f* (elektronische) ~ (electronic) data-processing machine.

da·tie·ren [da'tiːrən] **I** *v/t* ⟨*no* ge-, h⟩ **1.** (*Brief, Schriftstück etc*) date: etwas falsch [später, früher] ~ to misdate [postdate, predate] s.th.; der Brief ist vom 1. März datiert the letter is dated March 1st. – **2.** (*Handschrift etc*) date, give the date of: das Manuskript kann nicht datiert werden one can't find out the date of this manuscript. – **II** *v/i* ⟨*no* ge-, h⟩ **3.** (aus, von from) date: der Brief datiert vom 1. März the letter is dated March 1st; die Urkunde datiert aus dem 4. Jahrhundert the document dates from (*od.* back to) the fourth century.

Da'tie·rung *f* ⟨-; -en⟩ dating: ~en vornehmen to establish dates.

Da·tiv ['daːtiːf] *m* ⟨-s; -e⟩ *ling.* dative (case). — **~ˌen·dung** *f* dative ending. — **~obˌjekt** *n* dative (*od.* indirect) object.

da·to ['daːto] *adv econ.* bis ~ (up) to now (*od.* this day), so far; 3 Monate ~ *econ.* three months (after) date.

'Da·toˌwech·sel *m econ.* dated bill, draft.

Da·tscha ['datʃa] *f* ⟨-; -s *u.* Datschen⟩, **'Da·tsche** [-tʃə] *f* ⟨-; -n⟩ da(t)cha (*a country* [*od. summer*] *house in Russia*).

Dat·tel ['datəl] *f* ⟨-; -n⟩ **1.** date. – **2.** *bot. cf.* Dattelpalme. — **~ˌbaum** *m bot. cf.* Dattelpalme. — **~ˌbrot** *n gastr.* dates *pl* dried and pressed into a slab. — **~ˌkern** *m* date kernel. — **~ˌmu·schel** *f zo.* lithodomus, lithophagus, rock-eater (*Pholas dactylus*). — **~ˌöl** *n gastr.* date palm oil. — **~ˌpal·me** *f bot.* date (palm) (*Phoenix dactylifera*). — **~ˌpflau·me** *f* **1.** (*Frucht*) date plum. – **2.** *bot. cf.* Dattelpflaumenbaum. — **~ˌpflau·men·ˌbaum** *m bot.* a) persimmon (*Diospyros virginiana*), b) kaki, Japanese persimmon (*D. kaki*). — **~ˌschnecke** (*getr.* -k·k-) *f zo.* red-mouthed olive (*Olivia erythrostoma*). — **~ˌwein** *m gastr.* date wine.

Dat·te·rich ['datərɪç] *m* ⟨-(e)s; *no pl*⟩ *cf.* Tatterich.

Da·tum ['daːtum] *n* ⟨-s; Daten⟩ **1.** date: gleichen ~s of even date; heutigen ~s of today's date; neueren ~s of recent date; ohne ~ undated; das ~ einsetzen to insert the date; das ~ vom 1. Mai tragen to be dated (as of) May 1st; welches ~ haben wir heute? what's the date today? von welchem ~ ist der Brief? what's the date of the letter? ein früheres ~ (auf *acc* etwas) setzen to predate (s.th.); ~ des Poststempels date of postmark. – **2.** *pl cf.* Daten 1—3.

'Da·tums|ˌanˌga·be *f* date: ohne ~ undated. — **~ˌaufˌdruck** *m* date mark. — **~ˌgren·ze** *f geogr.* (international) date line.

'Da·tum(s)ˌstem·pel *m* **1.** date stamp. – **2.** (*Gerät*) dater.

Da·tu·ra [da'tuːra] *f* ⟨-; -turen⟩ *bot. cf.* Stechapfel.

Dau [dau] *f* ⟨-; -en⟩ *mar.* d(h)ow (*an Arab lateen-rigged boat*).

Dau·be ['daubə] *f* ⟨-; -n⟩ *tech.* (*Faßdaube*) (barrel) stave.

'Dau·benˌholz *n* stavewood.

Dau·er ['dauər] *f* ⟨-; *no pl*⟩ **1.** duration: für die (*od.* während der) ~ der Konferenz for the duration of (*od.* during) the conference; seine Freude war nicht von ~ his joy was of short duration (*od.* did not last long, was short-lived). – **2.** (*Zeitspanne*) period (of time): für die ~ von zwei Jahren gewählt werden to be elected for a period (*od.* term) of two years; auf (*od.* für) unbestimmte ~ for an indefinite period of time. – **3.** (*lange Zeit*) length of time, (long) duration: auf die ~ a) for a long time, b) in the long run; auf die ~ ist mir das zuviel this is too much for me in the long run; das Geräusch kann man auf die ~ nicht ertragen one cannot bear that noise for any length of time; wir können auf die ~ nicht so weitermachen we can't carry on like that indefinitely. – **4.** (*Fortdauer*) duration, continuance. – **5.** (*Länge*) length: die ~ der Rundfunkübertragung beträgt the length of the radio broadcast will be. – **6.** *cf.* Dauerhaftigkeit 1. – **7.** *ling.* (*eines Lautes*) quantity, duration. – **8.** *mus.* duration.

'Dau·er|ˌabˌta·stung *f mil.* (*Radar*) continuous scanning. — **~ˌan·geˌstell·te** *m, f* ⟨-n; -n⟩ **1.** permanent employee. – **2.** *pl* established personnel *sg.* — **~ˌanˌla·ge** *f meist pl econ.* long-term investment. — **~·ˌanˌmel·dung** *f tel.* booked call. — **~ˌap·fel** *m gastr.* keeping apple. — **~ap·preˌtur** *f* (*textile*) permanent finish. — **~arˌrest** *m jur.* imprisonment for no fixed duration. — **~ˌaufˌtrag** *m econ.* **1.** standing order. – **2.** (*Überweisung*) banker's order. — **~ˌaus·ˌschei·der** *m med.* (*Bazillenträger*) bacterial (*od.* permanent) carrier. — **~ˌausˌstel·lung** *f* permanent exhibition. — **~ˌausˌweis** *m cf.* Dauerkarte. — **~ˌbackˌwa·ren** *pl gastr.* cakes (*od.* biscuits) that keep. — **~ˌbad** *n med.* (*Heilbad*) water bed. — **~beˌanˌspru-**

chung *f tech.* endurance (*od.* fatigue) stress. — **~beˌhand·lung** *f med.* long-term treatment. — **~beˌla·stung** *f tech.* **1.** continuous (*od.* constant) load. – **2.** (*Dauerschwingbelastung*) repetitive stress. — **~beˌrie·se·lung** *f agr. med.* continuous irrigation. — **~beˌschäf·ti·gung** *f econ.* permanent occupation (*od.* employment). — **~beˌschuß** *m mil.* **1.** (*eines Zieles*) sustained bombardment. – **2.** (*eines Rohres*) endurance firing test. — **~beˌset·zung** *f mil. tel.* continuous watch, around-the-clock operation. — **~beˌtrieb** *m* **1.** (*einer Maschine*) continuous operation. – **2.** (*eines Gerätes*) continuous service. – **3.** *electr.* permanent service. — **~ˌbie·geˌfe·stig·keit** *f tech.* (*im Prüfwesen*) endurance (*od.* fatigue) bending strength. — **~ˌblüt·ler** [-ˌblyːtlər] *m bot.* long-flowering plant. — **~ˌbrandˌofen** *m cf.* Dauerbrenner 1. — **~ˌbren·ner** *m* **1.** slow-burning stove. – **2.** *colloq.* long burning kiss. — **~ˌbruch** *m tech.* fatigue (*od.* endurance) failure. — **~ˌbut·ter** *f gastr.* preserved butter. — **~deˌlikt** *n jur. crime consisting in the continuance of a certain behavio(u)r.* — **~ˌdreh·moˌment** *n electr.* continuous torque. — **~ˌei** *n meist pl zo.* winter (*od.* resting) eggs *pl*, resting zygotes *pl.* — **~ˌei·gen·schaf·ten** *pl tech.* (*von Werkstoffen*) permanent properties. — **~ˌeinˌrich·tung** *f fig.* permanent institution. — **~eleˌment** *n electr.* insert cell, reserve-type battery. — **~erˌfolg** *m bes. med.* permanent success. — **~erˌhit·zung** *f tech.* permanent heating. — **~erˌlaß** *m jur.* standing order. — **~erˌpro·bung** *f tech.* endurance (*od.* fatigue) test. — **~erˌschei·nung** *f fig.* permanent phenomenon (*od.* feature). — **~ˌfal·te** *f* (*textile*) permanent pleat (*od.* crease). — **~ˌfar·be** *f* lasting (*od.* durable) color (*bes. Br.* colour). — **~ˌfe·stig·keit** *f tech.* endurance (limit), fatigue limit (*od.* strength, life). — **~ˌfe·stig·keitsˌprü·fung** *f* endurance (*od.* fatigue) test. — **~ˌfeu·er** *n* **1.** *mil.* a) sustained fire, b) automatic fire. – **2.** *aer.* fixed light. — **~ˌflam·me** *f* (*beim Gasofen*) pilot flame (*od.* jet, burner). — **~ˌfleisch** *n gastr.* preserved (*od.* smoked, pickled) meat. — **~ˌflug** *m aer.* endurance flight. — **~ˌform** *f* **1.** *metall.* permanent (*od.* longlife, *Br.* long-life) mold (*bes. Br.* mould). – **2.** *biol.* a) permanent form (*od.* species), b) (*von Mikroorganismen*) cyst, spore. – **3.** *ling.* progressive (*od.* durative) form. — **~ˌfrost** *m geogr.* permafrost, perennially (*od.* permanently) frozen ground (*od.* soil). — **~ˌgast** *m* **1.** (*in einem Hotel*) permanent resident. – **2.** *colloq.* permanent fixture (*colloq.*). — **~geˌmü·se** *n gastr.* dehydrated vegetables *pl.* — **~geˌschwin·dig·keit** *f* (*eines Autos etc*) cruising (*od.* sustained) speed. — **~geˌwächs** *n bot.* perennial (plant). — **~geˌwe·be** *n* permanent tissue. — **~ˌgrünˌland** *n agr.* permanent grassland.

'dau·er·haft I *adj* **1.** (*Friede etc*) lasting, enduring, durable, permanent. – **2.** (*Material, Stoff etc*) durable, long-lasting, hard(*od.* long-)wearing, robust, resistant, *auch* resistent: **~er sein als etwas** to outwear s.th. – **3.** (*Lebensmittel etc*) durable. – **4.** (*Farbe*) fast. – **5.** (*Gebäude*) solid, stable. – **II** *adv* **6.** durably, solidly: **~ gearbeitet** made to last; **~ gebaut** solidly built. —

'Dau·er·haf·tig·keit *f* ⟨-; *no pl*⟩ **1.** (*des Friedens etc*) lastingness, enduringness, durability, permanence. – **2.** (*von Material, Stoff etc*) durability, lasting quality, solidity. – **3.** (*von Lebensmitteln etc*) durability. – **4.** (*von Farben*) fastness. – **5.** (*von Gebäuden*) solidity, stability.

'Dau·er|ˌhalt·bar·keit *f tech.* (*von Geräten*) service life. — **~ˌhe·fe** *f brew.* dried (*od.* permanent) yeast. — **~ˌkar·te** *f* season ticket, (*für Bahn*) *Am. auch* commutation ticket. — **~ˌkar·tenˌinˌha·ber** *m* **1.** holder of a season ticket. – **2.** holder of a subscription ticket. — **~ˌklee** *m bot. cf.* Luzerne. — **~ˌknick·verˌsuch** *m tech.* repeated flexure test. — **~kreˌdit** *m econ.* perpetual loan. — **~ˌkri·senˌzuˌstand** *m* state of continual crisis. — **~ˌkun·de** *m*, **~ˌkund·schaft** *f* regular customer. — **~ˌlauf** *m sport* (*Ausdauerübung*) endurance run. — **~ˌlaut** *m ling.* continuant. — **~ˌlei·stung** *f tech.* **1.** capacity under continuous operating conditions, continuous service. – **2.** (*eines Motors*) constant power. – **3.** (*einer Kraftmaschine*) continuous rating (*od.* output). — **~ˌlut·scher** *m colloq.* lollipop. — **~maˌgnet** *m phys.* permanent magnet. — **~manˌdat** *n jur. pol.* continuous mandate. — **~ˌmie·te** *f* **1.** permanent tenancy. – **2.** *cf.* Abonnement 2a. — **~ˌmie·ter** *m* permanent tenant. — **~ˌmilch** *f gastr.* (*sterilisierte Milch*) sterilized (*od.* homogenized) milk.

dau·ern[1] ['dauərn] *v/i* ⟨h⟩ **1.** last, go on: **die Aufführung dauerte 2 Stunden** the performance lasted (for) 2 hours; **die Konferenz dauert immer noch** the conference is still going on; **der Unterricht dauert von 8 bis 12** school is from 8 to 12; **das dauert jetzt schon drei Wochen** it has been going on for three weeks now; **dauert das denn ewig?** is that going on (*od.* to continue) for ever? **solange die Welt dauert** as long as the world continues to exist. – **2.** (*Zeit beanspruchen*) take: **die Reise wird 2 Tage ~** the trip will take 2 days; **es wird lange ~, bis er kommt** it will be a long time before he comes; **wie lange dauert es noch, bis du fertig bist?** how much longer will it take you to get ready? **das dauert mir zu lange** that's too long for me; **das dauert aber!** *colloq.* that does take a long time!

'dau·ern[2] *v/t* ⟨h⟩ (*leid tun*) *only in* **er [es] dauert mich** I feel (*od.* I am) sorry for him [it]: **der arme Kerl dauert mich** I pity (*od.* feel pity for) the poor chap; **er kann einen ~** *colloq.* one could really feel sorry for him; **mich dauert jeder Pfennig** every penny hurts, I regret every penny.

'Dau·erˌna·del *f* (*eines Plattenspielers*) long-playing needle.

'dau·ernd I *pres p.* – **II** *adj* **1.** (*ständig*) continual, continuous, perpetual, constant: **ihre ~en Klagen** her constant (*od.* incessant) complaints. – **2.** *cf.* dauerhaft 1. – **3.** (*Wohnsitz*) permanent. – **III** *adv* **4.** continuously, constantly, incessantly, always: **es regnete ~** it rained incessantly; **er fragte mich ~ nach dir** he kept asking me after (*od.* for) you.

'Dau·er|ˌobst *n* fruit that keeps a long time. — **~ˌpar·ker** *m auto.* long-term (*od.* all-day) parker. — **~plisˌsé** *n* (*textile*) permanently pleated material, permanent pleats *pl.* — **~ˌpo·sten** *m econ. cf.* Dauerstellung. — **~prä·paˌrat** *n med.* permanent specimen. — **~ˌpro·be**, **~ˌprü·fung** *f tech.* endurance (*od.* fatigue) test. — **~ˌprü·fungsˌfahrt** *f auto.* endurance run. — **~ˌred·ner** *m contempt.* interminable (*od.* marathon) speaker. — **~ˌre·gen** *m meteor.* continuous rain. — **~ˌren·nen** *n* (*sport*) endurance run (*od.* race). — **~ˌren·te** *f econ.* perpetual annuity. — **~ˌriß** *m tech.* fatigue crack. — **~ˌruf** *m tel.* permanent call (*od.* signal). — **~schaˌblo·ne** *f print.* **1.** duplicator stencil. – **2.** (*aus Wachs*) wax stencil. – **3.** (*eines Trockenvervielfältigers*) dry stencil. — **~ˌscha·den** *m med.* permanent damage. — **~ˌschlaf** *m* prolonged sleep.

'Dau·erˌschlag|ˌbie·geˌfe·stig·keit *f metall.* repeated impact bending strength. — **~verˌsuch** *m* repeated impact test. — **~ˌzug·verˌsuch** *m* repeated impact tension test.

'Dau·er|ˌschmie·rung *f tech.* permanent lubrication. — **~ˌschuld** *f econ.* long-term debt.

'Dau·er|ˌsicht·verˌmerk *m cf.* Dauervisum. — **~siˌgnal** *n tel.* continuous signal. — **~ˌsit·zung** *f* permanent session. — **~ˌspei·cher** *m* (*computer*) permanent memory. — **~ˌspo·re** *f meist pl* **1.** *bot.* (*bei Pilzen*) resting spore, teliospore (*scient.*). – **2.** *med.* permanent spore. — **~ˌstandˌfe·stig·keit** *f metall.* creep limit (*od.* resistance, strength). — **~ˌstel·lung** *f* permanent situation (*od.* position, employment).

'Dau·erˌstrich *m tel.* continuous wave. — **~verˌfah·ren** *n* continuous wave operation, continuous (carrier) signal.

'Dau·er|ˌstrom *m electr.* continuous current. — **~ˌton** *m* **1.** (*im Funkverkehr*) continuous sound (*od.* tone). – **2.** *mus.* continuous tone. — **~ˌty·pus** *m biol.* permanent type. — **~verˌsuch** *m tech.* endurance (*od.* fatigue) test. — **~verˌsuchs·maˌschi·ne** *f tech.* endurance (*od.* fatigue) testing machine. — **~ˌvi·sum** *n* (*im Paß*) permanent visa. — **~ˌwald** *m* (*forestry*) continuous (*od.* selection, permanent) forest. — **~ˌwa·ren** *pl gastr.* nonperishable foodstuff (*Br.* food-stuff) *sg.* — **~ˌwei·de** *f agr.* permanent pasture. — **~ˌwel·le** *f* permanent (wave), perm (*colloq.*): **sich** (*dat*) **~n machen lassen** to have one's hair permed; **sie hat ~n** she has a perm. — **~ˌwir·kung** *f* (auf *acc* on) permanent (*od.* lasting) effect. — **~ˌwohnˌrecht** *n* permanent residential rights *pl.* — **~ˌwurst** *f gastr.* long-keeping (*od.* strongly smoked) sausage. — **~ˌzel·le** *f* **1.** *biol.* a) cell of permanent tissue, b) (*bes. von Algen u. Bakterien*) cyst, resting spore. – **2.** *zo.* cyst, resting cell. — **~ˌzuˌstand** *m* **1.** permanent condition: **das darf kein ~ werden** don't make a habit of it. – **2.** *med.* permanent condition.

Dau·las ['daulas] *n* ⟨-; *no pl*⟩ (*textile*) (*grobe Leinwand*) dowlas.

Dau·men ['daumən] *m* ⟨-s; -⟩ **1.** thumb, pollex (*scient.*): **ohne ~** thumbless, epollicate (*scient.*); **der ~ meines linken Handschuhs hat ein Loch** there is a hole in the thumb of my left glove; **(am) ~ lutschen** (*od.* **saugen**) a) to suck one's thumb, b) *fig. colloq.* to suffer privations (*od.* live in poverty); **(die) ~ drehen** *fig. colloq.* to twiddle (*od.* twirl) one's thumbs; **etwas über den ~ peilen** *fig. colloq.* to estimate (*od.* judge) s.th. roughly; **drück** (*od.* **halt**) **mir den** (*od.* **die**) **~** *fig. colloq.* cross your fingers (*od.* keep your fingers crossed) for me; **j-n unter dem ~ haben** *fig. colloq.* to have s.o. under one's thumb; **den ~ auf** (*acc*) **etwas halten** (*od.* **drücken**) *fig. colloq.* a) to insist on s.th., b) to keep a close check on s.th.; **j-m den ~ aufs Auge halten** (*od.* **setzen, drücken**) *fig. colloq.* to force s.o. to do s.th.; **den ~ auf den Beutel halten** *fig. colloq.* to spend money wisely (*od.* very economically); **mit dem ~ greifen** (*od.* **spielen**) *mus.* to thumb. – **2.** *tech.* a) (*an einem Sperrhebel*) tappet, b) (*Stift, Bolzen*) finger, c) (*Nocken*) cam, dog.

'Dau·men|ˌabˌdruck *m* ⟨-(e)s; ¨e⟩ thumbmark, *Br.* thumb-mark, (*bes. zur Identifizierung*) thumbprint, *Br.* thumb-print. — **~ˌabˌzie·her** *m med.* abductor pollicis. — **~ˌanˌzie·her** *m* adductor pollicis. — **~ˌbal·len** *m* ball of the thumb, thenar eminence (*od.* prominence) (*scient.*). — **~ˌbeu·ger** *m* flexor pollicis longus (*od.* brevis). — **d~ˌbreit** *adj* as broad (*od.* wide) as your thumb. — **~ˌbrei·te** *f* ⟨-; *no pl*⟩ thumb's breadth: **um ~ by** about an inch. — **d~ˌdick** *adj* as thick as a thumb. — **~ˌdre·her** *m fig. contempt.* lazy-bones *pl* (*construed as sg or pl*) loafer. — **d~ˌgroß** *adj* of a thumb's length. — **~ˌkap·pe** *f cf.* Däumling 2. — **~ˌkup·pe** *f* tip of the thumb. — **d~los** *adj* thumbless, epollicate (*scient.*). — **~ˌlut·schen** *n* thumb-sucking. — **~ˌlut·scher** *m* thumb-sucker. — **~ˌmut·ter** *f tech.* thumb nut. — **~ˌna·gel** *m* thumbnail, *Br.* thumb-nail. — **~reˌgi·ster** *n* (*eines Buches etc*) thumb index. — **~ˌschei·be** *f tech. cf.* Nockenscheibe. — **~ˌschrau·ben** *pl hist.* (*Folterwerkzeug*) thumbscrews: **j-m (die) ~ ansetzen** *auch fig.* to put the (thumb)screws on s.o. — **~ˌschutz**, **~ˌschüt·zer** *m* thumbstall, *Br.* thumb-stall. — **~ˌsprung** *m* (*zum Entfernungsmessen*) thumb jump. — **d~ˌstark** *adj cf.* daumendick. — **~ˌstock** *m hist. cf.* Daumenschrauben. — **~ˌstrecker** (*getr.* -k·k-) *m med.* extensor of (the) thumb. — **~ˌwel·le** *f tech. cf.* Nockenwelle.

'Dau·mesˌbrei·te *f* ⟨-; *no pl*⟩ *cf.* Daumenbreite.

Däum·ling ['dɔʏmlɪŋ] **I** *npr m* ⟨-s; *no pl*⟩ **1.** Tom Thumb (*fairy-tale figure*). – **II** *m* ⟨-s; -e⟩ **2.** (*Schutzkappe*) thumbstall, *Br.* thumb-stall. – **3.** (*eines Handschuhs*) thumb. – **4.** *tech. cf.* Daumen 2.

Dau·ne ['daunə] *f* ⟨-; -n⟩ down(y) feather, down: **mit ~n füllen** to fill (*s.th.*) with down, to down.

'Dau·nen|ˌbett *n* feather bed. — **~ˌdecke** (*getr.* -k·k-) *f* eiderdown, down quilt. — **~ˌfe·der** *f cf.* Daune. — **~ˌgras** *n bot. cf.* Wollgras. — **~ˌkis·sen** *n* down(y) pillow. — **~ˌkleid** *n zo.* down. — **d~'weich** *adj* as soft as down.

Dau·phin [do'fɛ̃ː] *m* ⟨-s; -s⟩ *hist.* dauphin.

Daus[1] [daus] *m only in* **ei der ~! potz ~!** *colloq.* a) goodness (gracious) me! gracious me! b) what the deuce (*od.* devil)!

Daus[2] *m* ⟨-es; ¨er, *auch* -e⟩ (*games*) **1.** *dial. for* As[2] 1. – **2.** (*im Würfelspiel*) deuce.

Da·vids|bünd·ler ['daːfɪtsˌbʏntlər] *pl mus. members of Schumann's 'League of David'* (*od.* '*David's Band*'). — **~ˌger·ste** *f bot.*

many-rowed spring-barley (*Hordeum caeleste*). — **~ˌhar·fe** *f zo.* harp shell (*Gattg Harpa*). — **~ˌhirsch** *m zo.* mi-lu, Père David's deer (*Elaphurus davidianus*). — **~ˌkorn** *n bot. cf.* Davidsgerste.

'Da·vid(s)ˌstern *m* hexagram, Star (*od.* Shield) of David.

'Da·vis|-ˌCup ['deːvɪs-], **~-Poˌkal** *m* (*sport*) Davis Cup.

Da·vit ['deːvɪt; 'daːvɪt] *m* ⟨-s; -s⟩ *mar.* davit.

da·von [da'fɔn; 'daːˌfɔn] *adv* **1.** (*räumlich*) (away) from it (*od.* that, them), away: die Stadt ist nicht weit ~ (entfernt) the town is not far from it; Eiszapfen hängen ~ herab icicles hang (down) from it; Hände (*od.* Finger) weg ~! *colloq.* hands off! ich bin weit ~ entfernt *fig.* far be it from me; ich bin weit ~ entfernt zu glauben I am far from believing. – **2.** (*dadurch*) by (*od.* because of) it (*od.* that, them): der Lärm war unerträglich, ich wurde ~ aufgeweckt the noise was unbearable, I awoke because of it (*od.* was awakened by it); ~ betroffene Rechtsansprüche *jur.* legal claims thereby affected. – **3.** of it (*od.* that, them): genug ~! enough of it; willst du noch etwas ~? do you want (some) more of it? laß die Bücher hier, ich brauche einen Teil ~ leave the books here, I need some of them; es ist nicht viel ~ übrig there is not much of it left; er hat drei Brüder, einen ~ kenne ich he has three brothers, of whom I know one; ~ kann keine Rede sein that's completely out of the question. – **4.** (*darüber*) about (*od.* of) it: die ganze Stadt weiß [spricht] ~ the whole town knows [is talking] about it; er will ~ nichts hören he does not want to hear about (*od.* of) it. – **5.** from it: er nahm ~ Abstand he refrained from it; ich komme ~ nicht los I can't get away from it, I can't do without it; wenn man vier ~ abzieht if one subtracts four from it. – **6.** (*in Wendungen wie*) er nahm keine Notiz ~ he paid no attention to (*od.* took no notice of) it; das hast du nun ~ *colloq.* that's what you get; das kommt ~(, wenn) *colloq.* that's what happens (if), that's what comes of it (if). – **7.** (*fort, weg*) auf und ~ off and away: er ist auf und ~ *colloq.* he is off and away; auf und ~ rennen *colloq.* a) to run away, to take to one's heels (*colloq.*), b) to take flight.

da'von|ˌblei·ben *v/i* ⟨*irr, sep, -ge-, sein*⟩ *colloq.* keep away (*od.* one's hands off), not touch (*s.th.*). — **~ˌei·len** *v/i* ⟨*sep, -ge-, sein*⟩ hurry (*od.* hasten) away (*od.* off). — **~ˌfah·ren** *v/i* ⟨*irr, sep, -ge-, sein*⟩ leave, (*im Auto etc*) *auch* drive off (*od.* away): der Zug ist mir beinahe davongefahren the train almost left without me. — **~ˌflie·gen** *v/i* ⟨*irr, sep, -ge-, sein*⟩ fly off (*od.* away): mein Drachen ist mir davongeflogen my kite flew off; das Flugzeug ist mir davongeflogen the plane took off without me. — **~ˌge·hen** *v/i* ⟨*irr, sep, -ge-, sein*⟩ **1.** go away, leave, (*zu Fuß*) *auch* walk off (*od.* away). – **2.** *euphem.* die. — **~ˌhu·schen** *v/i* ⟨*sep, -ge-, sein*⟩ scurry (*od.* slip) away. — **~ˌja·gen I** *v/t* ⟨*sep, -ge-, h*⟩ **1.** (*Hund etc*) chase away. – **2.** *fig.* (*Politiker etc*) chase away, tumble, oust. – **II** *v/i* ⟨*sein*⟩ **3.** (*von Fahrzeugen*) move (*od.* tear) off at (a) great speed. – **4.** (*vom Reiter*) ride (*od.* gallop) off at (a) great speed. — **~ˌkom·men** *v/i* ⟨*irr, sep, -ge-, sein*⟩ get away (*od.* off), escape: ungeschoren ~ *colloq.* to get off, to go scot-free; ungestraft ~ to go unpunished, to get away with it (*colloq.*); nur wenige kamen (mit dem Leben) davon only a few survived (*od.* were saved); wir sind noch einmal davongekommen we escaped by the skin of our teeth; mit knapper Not ~ to have a narrow escape (*od. colloq.* a close shave); mit dem Schrecken ~ to get off with a fright; mit heiler Haut ~ to save one's skin (*od.* hide); mit einem blauen Auge ~ *colloq.* to get off lightly (*od.* cheaply). — **~ˌlau·fen I** *v/i* ⟨*irr, sep, -ge-, sein*⟩ **1.** run away, bolt: vor der Polizei ~ to run away (*od.* flee) from the police. – **2.** *fig.* (*von Preisen*) increase (*od.* rise, accelerate) faster: die Preise laufen den Löhnen davon prices rise faster than wages. – **II D~** *n* ⟨-s⟩ **3.** *verbal noun*: es ist zum D~ *fig. colloq.* it's unbearable, it's enough to drive one (*od.* you) mad. — **~ˌma·chen** *v/reflex* ⟨*sep, -ge-, h*⟩ sich ~ *colloq.* **1.** make (*od.* run) off, bolt, clear out (*colloq.*): sich heimlich ~ to steal (*od.* sneak, slip) away. – **2.** *euphem.* die. — **~ˌrei·ten** *v/i* ⟨*irr, sep, -ge-, sein*⟩ ride off. — **~ˌren·nen** *v/i* ⟨*irr, sep, -ge-, sein*⟩ *colloq. for* davonlaufen 1. — **~ˌschlei·chen** *v/i* ⟨*irr, sep, -ge-, sein*⟩ *u.* sich ~ *v/reflex* ⟨*h*⟩ sneak (*od.* steal, slip) away. — **~ˌspren·gen** *v/i* ⟨*sep, -ge-, sein*⟩ *cf.* davonjagen 4. — **~ˌsteh·len** *v/reflex* ⟨*irr, sep, -ge-, h*⟩ sich ~ *cf.* davonschleichen. — **~ˌstie·ben** *v/i* ⟨*irr, sep, -ge-, sein*⟩ *lit.* rush away. — **~ˌstür·zen** *v/i* ⟨*sep, -ge-, sein*⟩ (*von Personen*) dart off. — **~ˌtra·gen** *v/t* ⟨*irr, sep, -ge-, h*⟩ **1.** (*Beute etc*) carry away (*od.* off): den Sieg ~ *fig.* to carry off (*od.* away) (*od.* to gain) the victory; einen Preis ~ *fig.* to walk away with a prize. – **2.** (*Schaden, Verletzung etc*) incur, suffer, sustain. – **3.** (*Krankheit*) get, catch. — **~ˌzie·hen** *v/i* ⟨*irr, sep, -ge-, sein*⟩ **1.** (*von Vögeln etc*) go (*od.* move) away, migrate. – **2.** (*von Soldaten*) move off: aus einer Stadt ~ to move off (*od.* evacuate) a town. – **3.** (*sport*) outstrip s.o.: er zog allen davon he left them all (far) behind, he distanced (*od.* outdistanced, outstripped) them all.

da·vor [da'foːr; 'daːˌfoːr] **I** *adv* **1.** (*räumlich*) before (*od.* in front of) it (*od.* that, them): siehst du das Haus? ~ steht eine Bank can you see the house? in front of it there is a bench; er setzte sich genau ~ he sat down right in front of it. – **2.** (*zeitlich*) before it (*od.* that): ~ hatte noch nie eine Konferenz stattgefunden before that there had never been a conference. – **3.** (*mit Bezug auf etwas*) ~ behüte (*od.* bewahre) uns Gott God may save us from this; ~ habe ich keine Angst, ~ fürchte ich mich nicht I am not afraid of it; er hat mich ~ gewarnt he warned me of it; ~ geschützt (*od.* sicher) sein to be protected from (*od.* against) it. – **II** *relative pron* **4.** *archaic lit. for* wovor 3.

da'vor|ˌle·gen *v/t* ⟨*sep, -ge-, h*⟩ lay (*od.* put) (*s.th.*) in front of (*od.* before) it (*od.* that, them). — **~ˌlie·gen** *v/i* ⟨*irr, sep, -ge-, h u. sein*⟩ lie in front of (*od.* before) it (*od.* that, them). — **~ˌset·zen** *v/t* ⟨*sep, -ge-, h*⟩ put (*s.o., s.th.*) in front of (*od.* before) it (*od.* that, them): ich habe mich davorgesetzt I sat down in front of it. — **~ˌsit·zen** *v/i* ⟨*irr, sep, -ge-, h u. sein*⟩ sit in front of (*od.* before) it (*od.* that, them). — **~ˌste·hen** *v/i* ⟨*irr, sep, -ge-, h u. sein*⟩ stand in front of (*od.* before) it (*od.* that, them). — **~ˌstel·len** *v/t* ⟨*sep, -ge-, h*⟩ put (*od.* place) (*s.th.*) in front of (*od.* before) it (*od.* that, them): ich habe mich davorgestellt I placed myself (*od.* stepped) in front of it.

da·wi·der [da'viːdər; 'daːˌviːdər] *adv archaic lit. for* dagegen 3. — **~ˌre·den** *v/i* ⟨*sep, -ge-, h*⟩ speak up against.

da·zisch ['daːtsɪʃ] *adj hist.* Dacian.

da·zu [da'tsuː; 'daːˌtsuː] *adv* **1.** (*zu diesem Zweck*) for it (*od.* this, that): der Stoff eignet sich nicht ~ the material is not suited for it (*od.* this purpose); ~ ist er ja da! but that's what he is here for! er ist ~ da, um it is his duty to; ~ brauche ich viel mehr Zeit I need much more time for this purpose (*od.* to reach this target); folgendes ist ~ nötig the following is necessary for it; das Geld ist ~ da, daß man es ausgibt money is made for spending; ich habe keine Lust ~ I am in no mood for it; ~ komme ich nicht hierher that's not what I come here for; ~ bin ich euch gut genug for that I am good enough for you, that's all I am good for in your view; ich bin ~ nicht in der Lage I am in no position to do it; jegliche ~ erforderlichen Unterlagen any documents and data required therefore. – **2.** (*außerdem*) besides, in addition to it (*od.* this, that), at that: er ist Geiger und ~ Dirigent he is a violinist and also a conductor; noch ~ into the bargain, on top of it (*od.* that). – **3.** (*dabei*) (together) with: wenn du ißt, willst du nichts ~ trinken? while you are eating don't you want to drink s.th. with it? essen Sie den Salat lieber ~ oder nachher? do you prefer to have your salad with or after the main course? – **4.** (*in Wendungen wie*) ich riet ihm ~ I advised him to it; er hat das (nötige) Geld ~ he can afford it; wie ist es ~ gekommen? how did it happen? es wird nicht ~ kommen it won't come to that; wie kommt er ~, es zu tun? a) why should he be the unlucky one? b) how does he come to do it? du hast das Buch; wie bist du ~ gekommen? you have the book, how did you get it? ich kann ~ nur schweigen there is nothing I can say; sich [nicht] ~ entschließen to decide [not] to do it.

da'zu|ˌbut·tern *v/t* ⟨*sep, -ge-, h*⟩ *colloq.* (*Geldbetrag*) add, 'throw in' (*colloq.*). — **~ˌge·ben** *v/t* ⟨*irr, sep, -ge-, h*⟩ **1.** contribute (*s.th.*) to it: etwas umsonst ~ to give s.th. in(to) the bargain, to throw s.th. in (*colloq.*); seinen Senf ~ *fig. colloq.* to put one's oar in. – **2.** *gastr.* add. — **~geˌhö·ren** *v/i* ⟨*sep, pp* dazugehört, h⟩ belong to it (*od.* them): hast du alle Teile, die ~? do you have all the parts which belong to it? in diesem Kreis habe ich immer das Gefühl dazuzugehören I always feel that I'm one of this crowd; Eiswürfel gehören unbedingt dazu icecubes form an essential part of it. — **~geˌhö·rig** *adj* belonging to it (*od.* them), proper, appropriate: ein Schloß und der ~e Schlüssel a lock and the key belonging to (*od.* fitting) it; die ~en Werkzeuge nicht besitzen not to possess the appropriate (*od.* necessary) tools; ein Topf samt dem ~en Deckel a pot with its lid; ein Gewehr und die ~e Munition a rifle and ammunition for it. — **~ˌhal·ten** *v/reflex* ⟨*irr, sep, -ge-, h*⟩ sich ~ *cf.* dranhalten 1. — **~ˌkom·men** *v/i* ⟨*irr, sep, -ge-, sein*⟩ **1.** arrive (accidentally), happen to come (*od.* arrive): ich kam gerade dazu, als der Unfall geschah I just arrived as the accident happened. – **2.** be added: kommen noch mehr Gäste dazu? are there (still) more guests to come? kommt noch etwas dazu? is there anything else you want (to order)? dazukommt (noch), daß add to this that. — **~ˌkön·nen** *v/i* ⟨*irr, sep, -ge-, h*⟩ *dial. for* dafürkönnen. — **~ˌle·gen** *v/t* ⟨*sep, -ge-, h*⟩ **1.** put (*od.* lay) (*s.o., s.th.*) (down) beside s.o. (*od.* s.th.): ich legte mich dazu I lay down beside him (*od.* her). – **2.** *cf.* dazugeben 1. — **~ˌler·nen** *v/t* ⟨*sep, -ge-, h*⟩ learn (*s.th.*) new, add (*s.th.*) to one's knowledge: er hat nichts dazugelernt he has not learnt a thing.

'da·zuˌmal [-tsu-] *adv archaic* then, in those days, at that time: → Anno.

da'zu|ˌschla·gen *v/t* ⟨*irr, sep, -ge-, h*⟩ (*Zinsen etc*) add (*s.th.*) (to it). — **~ˌschrei·ben** *v/t* ⟨*irr, sep, -ge-, h*⟩ add (*s.th.*) (in writing): einige Zeilen ~ to add a few lines. — **~ˌset·zen I** *v/reflex* ⟨*sep, -ge-, h*⟩ sich ~ sit down with s.o., join s.o.: willst du dich nicht ~? wouldn't you like to join us? – **II** *v/t rare* (*Unterschrift etc*) add, append. — **~ˌtun I** *v/t* ⟨*irr, sep, -ge-, h*⟩ *colloq.* add (*s.th.*) (to it): du solltest noch etwas Salz ~ you should add some more salt (to it); das Seine ~ to do one's share, to do one's bit, to pull one's weight. – **II** *v/i colloq.* (*sich beeilen*) hurry up. – **III D~** *n* ⟨-s⟩ *only in* ohne j-s D~ without anyone's help (*od.* intervention), without anyone so much as lifting a finger. — **~ˌzäh·len** *v/t* ⟨*sep, -ge-, h*⟩ add (*s.th.*) (to it).

da·zwi·schen [da'tsvɪʃən; 'daːˌtsvɪʃən] *adv* **1.** (*räumlich*) between them, (in) between: 2 Räume mit einer Schiebetür ~ 2 rooms with a sliding door in between; siehst du dort die beiden Hochhäuser? ~ ist die Straße zum Bahnhof do you see the two high buildings over there? the road to the station is in between. – **2.** (*zeitlich*) in between: ~ liegen 2 Monate there are 2 months in between, there is an interval of two months; es wurden mehrere Einakter aufgeführt, ~ gab es kurze Pausen they gave several one-act plays with short intervals in between (*od.* between them). – **3.** (*darunter*) among(st) them: von ihr ist kein Brief ~ there is no letter from her among(st) them. — **~ˌdrän·gen** *v/reflex* ⟨*sep, -ge-, h*⟩ sich ~ push (*od.* force) one's way (in) between. — **~ˌfah·ren** *v/i* ⟨*irr, sep, -ge-, sein*⟩ **1.** jump (*od.* step) in to intervene, step in: die Kinder schlugen sich, aber der Vater fuhr schnell dazwischen the children had a fight but the father jumped in to intervene. – **2.** (*mit Worten*) intervene (forcibly), put one's foot down, lay down the law: wenn der Streit nicht sofort aufhört, mußt du einmal ganz energisch ~ if they don't stop quarrel(l)ing this minute you really must put your foot down. – **3.** (*im Gespräch*) interrupt, cut in, butt (*od.* chip) in (*colloq.*). — **~ˌfun·ken** *v/i* ⟨*sep*, -ge-, h⟩ *colloq. for* dazwischenfahren. — **~geˌra·ten** *v/i* ⟨*irr, sep*, -ge-, sein⟩ get involved (*od.* mixed up) (in it). — **~geˌwor·fen I** *pp of* dazwischenwerfen. – **II** *adj* (*Bemerkung etc*) interjectional. — **~ˌhau·en** *v/i* ⟨*irr, sep*, -ge-, h⟩ *colloq. for* dazwischenschlagen. — **~ˌkom·men I** *v/i* ⟨*irr, sep*, -ge-, sein⟩ **1.** (*von Ereignis etc*) intervene, interfere, happen, turn up (*colloq.*): wenn nichts dazwischenkommt if nothing unexpected turns up (*od.* arises), if nothing happens; es kommt mir immer etwas dazwischen there is always s.th. interfering (*od.* preventing me), s.th. always keeps getting in the (*od.* my) way. – **2.** (*von Personen*) intervene, interfere, step in, interpose: die Einbrecher fürchteten, daß ihnen die Polizei ~ würde the burglars were afraid that the police would interfere. – **II D~** *n* ⟨-s⟩ **3.** *verbal noun.* – **4.** intervention, interference.

Da'zwi·schenˌkunft *f* ⟨-; *no pl*⟩ *obs. for* Dazwischenkommen.

da'zwi·schen|ˌle·gen *v/t* ⟨*sep*, -ge-, h⟩ place (*od.* put) (*s.th.*) (in) between. — **~ˌlie·gen** *v/i* ⟨*irr, sep*, -ge-, h *u.* sein⟩ lie (in) between, intervene: die Jahre, die ~ the intervening years. — **~ˌlie·gend I** *pres p.* – **II** *adj* (*Jahre, Seiten etc*) intervening, interjacent (*lit.*). — **~ˌmi·schen** *v/reflex* ⟨*sep*, -ge-, h⟩ sich ~ interfere, intervene, meddle, butt in (*colloq.*). — **~ˌpfu·schen** *v/i* ⟨*sep*, -ge-, h⟩ *colloq. contempt.* meddle, butt in (*colloq.*). — **~ˌre·den** *v/i* ⟨*sep*, -ge-, h⟩ **1.** interrupt, butt (*od.* chip) in (*colloq.*): j-m ~ to interrupt s.o.; rede mir nicht immer dazwischen! don't keep interrupting me! – **2.** *fig.* meddle, busy oneself with s.o.'s affairs, butt in (*colloq.*). — **~ˌru·fen I** *v/i* ⟨*irr, sep*, -ge-, h⟩ interrupt (by shouting), shout (interruptions): er rief ständig dazwischen he kept interrupting. – **II** *v/t* shout, interrupt with: dumme Bemerkungen ~ to shout (*od.* interrupt with) stupid remarks. — **~ˌschal·ten I** *v/t* ⟨*sep*, -ge-, h⟩ call (*od.* bring) (*s.o., s.th.*) in: eine weitere Behörde ~ to call in yet another authority. – **II** *v/reflex* sich ~ step in, interpose. — **~ˌschie·ben** *v/t* ⟨*irr, sep*, -ge-, h⟩ squeeze (*s.o., s.th.*) (in) between. — **~ˌschie·ßen** *v/i* ⟨*irr, sep*, -ge-, h⟩ shoot (in) between. — **~ˌschla·gen** *v/i* ⟨*irr, sep*, -ge-, h⟩ **1.** intervene (*od.* step in) forcibly, use force (*od.* blows, clubs) (to stop a fight): die Polizei wird mit Gummiknüppeln ~ müssen the police will have to step in with their clubs (*Br.* truncheons). – **2.** *fig. colloq.* do away with it, make a clean sweep: er wird bald ordentlich ~ he will soon put an end to it by (using) force. — **~ˌschwat·zen** *v/i* ⟨*sep*, -ge-, h⟩ *cf.* dazwischenreden 1. — **~ˌset·zen** *v/t* ⟨*sep*, -ge-, h⟩ put (*od.* place) (*s.th.*) (in) between, interpose. — **~ˌsit·zen** *v/i* ⟨*irr, sep*, -ge-, h *u.* sein⟩ sit (in) between. — **~ˌsprin·gen** *v/i* ⟨*irr, sep*, -ge-, sein⟩ spring (*od.* jump) (in) between. — **~ˌstecken** (*getr.* -k·k-) **I** *v/t* ⟨*sep*, -ge-, h⟩ put (*od.* place) (*s.th.*) (in) between. – **II** *v/reflex* sich ~ *Northern G. for* dazwischenmischen. — **~ˌste·hen** *v/i* ⟨*irr, sep*, -ge-, h *u.* sein⟩ stand (*od.* be) (in) between (two opposing parties *od.* opinions). — **~ˌstel·len** *v/reflex* ⟨*sep*, -ge-, h⟩ sich ~ *cf.* dazwischentreten 1. — **~ˌtre·ten I** *v/i* ⟨*irr, sep*, -ge-, sein⟩ **1.** intervene, interfere, step in, interpose: in einem Streit ~ to intervene in a quarrel; die beiden waren so in Zorn geraten, daß sie ~ mußte the two of them had got(ten) so angry that she had to step in. – **II D~** *n* ⟨-s⟩ **2.** *verbal noun.* – **3.** intervention, interference. — **~ˌtre·tend I** *pres p.* – **II** *adj* intervenient. — **~ˌwer·fen I** *v/t* ⟨*irr, sep*, -ge-, h⟩ throw in, interject, interpose: eine Bemerkung ~ to throw in a remark. – **II** *v/reflex* sich ~ (*zwischen Streitende etc*) throw oneself (*od.* jump, spring) (in) between, intervene.

D-ˌDur ['de:-] *n* ⟨-; *no pl*⟩ *mus.* D major.

De·ba·kel [de'ba:kəl] *n* ⟨-s; -⟩ **1.** debacle, collapse, breakdown. – **2.** debacle, humiliating defeat.

de·bar·die·ren [debar'di:rən] **I** *v/i* ⟨*no* ge-, h⟩ unload (a ship). – **II** *v/t* unload.

De·bat·te [de'batə] *f* ⟨-; -n⟩ **1.** (*Meinungsstreit*) debate, (*schwächer*) discussion: in eine ~ eingreifen to join (od. engage) in a debate; in eine ~ eintreten to enter into (*od.* upon) a debate; zur ~ stehen to be under (*Am.* up for) discussion (*od.* at issue), to be debated; ein Problem zur ~ stellen to put a problem forward for discussion, to have a problem discussed (*od.* debated), to put a problem to the debate, to make a problem a matter (*od.* subject) for discussion; das steht hier nicht zur ~ that's beside the point, that's not the issue here; ein Wort in die ~ werfen a) to throw in a word into the discussion, b) to throw in (*od.* make) a suggestion; ich lasse mich mit ihm in keine ~ ein I am not going to enter into a debate with him; die zur ~ stehende Sache the point in question (*od.* at issue). – **2.** *pol.* debate: innenpolitische [außenpolitische] ~ debate on home (*od.* domestic) [foreign] policy; eine heftige [stürmische] ~ a heated [stormy] debate; die ~ eröffnen [schließen] to open [to end, to close] the debate; Schluß einer ~ closure, *bes. Am.* cloture, gag.

de'bat·te·los *adj* **1.** without debate (*od.* discussion). – **2.** *fig.* without difficulties.

De'bat·tenˌred·ner *m* debater.

de·bat·tie·ren [deba'ti:rən] **I** *v/t* ⟨*no* ge-, h⟩ debate, argue, (*schwächer*) discuss. – **II** *v/i* debate, (*schwächer*) discuss, deliberate: mit j-m über (*acc*) etwas ~ to debate (*od.* deliberate) with s.o. on s.th., to discuss s.th. with s.o. — **De·bat'tie·ren·de** *m, f* ⟨-n; -n⟩ debater.

De·bat'tierˌklub *m* debating society (*od.* club).

De·bet ['de:bɛt] *n* ⟨-s; -s⟩ *econ.* debit (side): im ~ stehen to be on the debit side; etwas in das ~ eintragen to debit s.th. — **~ˌanˌzei·ge** *f* debit note. — **~ˌno·te** *f cf.* Debetanzeige. — **~ˌpo·sten** *m* debit item (*od.* entry). — **~ˌsal·do** *m* debit balance (*od.* owing), balance due: mein gegenwärtiger ~ the balance standing to my debit. — **~ˌsei·te** *f* debit side, *Am. auch* (the) red: die ~ mit etwas belasten to put s.th. to the debit side; auf die ~ kommen (*od.* gesetzt werden) to go (*od.* be put) to the debit side. — **~ˌspal·te** *f* debit column. — **~ˌzins** *m* debit interest.

de·bil [de'bi:l] *adj* **1.** *med.* mentally deficient, feebleminded, *Br.* feeble-minded. – **2.** (*schwach*) feeble, weak. — **De·bi·li'tät** [-bili'tɛ:t] *f* ⟨-; *no pl*⟩ **1.** mental deficiency (*od.* debility), feeblemindedness, *Br.* feeble-mindedness. – **2.** debility, feebleness.

De·bit [de'bi:(t)] *m* ⟨-s; *no pl*⟩ *econ. obs.* (retail) sale.

de·bi·tie·ren [debi'ti:rən] *v/t* ⟨*no* ge-, h⟩ *econ.* **1.** debit, charge: eine Summe einem Konto ~ to charge a sum to an account; j-m einen Betrag ~, j-n mit einem Betrag ~ to debit s.o. with a sum, to charge a sum to s.o.'s account. – **2.** *obs. for* verkaufen 1.

De·bi·tor ['de:bitɔr] *m* ⟨-s; -en [debi'to:rən]⟩ *econ.* **1.** debtor. – **2.** *pl* (*in der Bilanz*) outstanding debts, accounts receivable, receivables, advances (and loans). — **De·bi'to·renˌgutˌha·ben** *n* claims *pl* against sundry debtors.

de·blockie·ren (*getr.* -k·k-) [deblɔ'ki:rən] *v/t* ⟨*no* ge-, h⟩ **1.** *print.* invert turned letters in. – **2.** (*Stadt, Hafen etc*) lift the blockade of.

de·bou·chie·ren [debu'ʃi:rən] *mil. archaic* **I** *v/i* ⟨*no* ge-, h⟩ **1.** debouch. – **II D~** *n* ⟨-s⟩ *verbal noun.* – **3.** debouchment.

De·bre·zi·ner ['dɛbrɛtsi:nər], *auch* '**De·bre·czi·ner** [-tsi:nər] *f* ⟨-; -⟩ *meist pl gastr.* highly spiced small sausage.

De·büt [de'by:] *n* ⟨-s; -s⟩ debut, *auch* début, first appearance: sein ~ geben (*od.* machen, liefern) to make one's debut. — **De·bü'tant** [-by'tant] *m* ⟨-en; -en⟩ **1.** (male) performer making his debut, debutant, *auch* débutant. – **2.** (*Anfänger*) beginner. — **De·bü'tan·tin** *f* ⟨-; -nen⟩ **1.** (female) performer making her debut. – **2.** beginner. – **3.** debutante, *auch* débutante, deb (*colloq.*).

de·bü·tie·ren [deby'ti:rən] *v/i* ⟨*no* ge-, h⟩ **1.** make one's debut (*od.* first appearance), debut: als Hamlet [in Othello] ~ to make one's debut as Hamlet [in Othello]. – **2.** make one's debut, debut, come out, make one's formal entrance into society.

de·car·bo·ni·sie·ren [dekarboni'zi:rən] *v/t* ⟨*no* ge-, h⟩ *cf.* entkohlen.

De·cha·nat [dɛça'na:t] *n* ⟨-(e)s; -e⟩ *röm.kath.* deanery (*office or deanship, jurisdiction of a dean*). — **De·cha'nei** [-'naɪ] *f* ⟨-; -en⟩ deanery, dean's residence. — **De·chant** [-'çant; 'dɛçant] *m* ⟨-en [-'çantən]; -en [-'çantən]⟩ dean. — **De·chan'tei** *f* ⟨-; -en⟩ *Austrian obs.* deanery.

De·char·ge [de'ʃarʒə] *f* ⟨-; -n⟩ *econ. obs. for* Entlastung 4 a, b. — **de·char'gie·ren** [-'ʒi:rən] *v/t* ⟨*no* ge-, h⟩ *obs. for* entlasten 6 a, b.

De·cher ['dɛçər] *n, m* ⟨-s; -⟩ *econ. hist.* dicker (*the number or quantity of ten*).

de·chif'frier·bar *adj* decipherable. — **de·chif·frie·ren** [deʃɪ'fri:rən] **I** *v/t* ⟨*no* ge-, h⟩ **1.** (*Geheimschrift etc*) decipher. – **2.** (*mit Schlüssel*) decode. – **II D~** *n* ⟨-s⟩ **3.** *verbal noun.* — **De·chif'frie·rung** *f* ⟨-; *no pl*⟩ *cf.* Dechiffrieren.

Dech·sel ['dɛksəl] *f* ⟨-; -n⟩ *tech.* adz(e). — '**dech·seln** *v/t* ⟨h⟩ adz(e).

De·ci·bel [detsi'bɛl; -'be:l] *n* ⟨-s; -⟩ *phys. cf.* Dezibel.

Deck [dɛk] *n* ⟨-(e)s; -s, *rare* -e⟩ **1.** *mar.* deck: an (*od.* auf) ~ on deck; unter ~ below deck; untere ~s lower decks; alle Mann an ~! all hands on deck! auf ~ spazierengehen (*od.* promenieren) to promenade the deck; das ~ schrubben, rein ~ machen to wash (*od.* scrub) the deck; die ganze Mannschaft wurde auf (*od.* an) ~ gepfiffen all hands were piped on deck; von ~ gehen to go below deck. – **2.** (*eines Busses*) top, upper deck. – **3.** *aer.* deck.

'**Deck|adres·se** [-ˀaˌdrɛsə] *f* cover (*Br. auch* accommodation) address. — **~ˌakt** *m zo.* covering, mating. — **~ˌanˌschrift** *f cf.* Deckadresse. — **~ˌanˌstrich** *m* **1.** (*einer Farbe*) top (*od.* finishing, final) coat. – **2.** *mar.* deck paint, topcoating. — **~ˌaufˌbau** *m mar. cf.* Decksaufbau. — **~ˌbal·ken** *m cf.* Decksbalken. — **~beˌlag** *m mar.* decking, deck covering. — **~ˌbett** *n* feather quilt, eiderdown. — **~beˌzeich·nung** *f cf.* Deckname. — **~ˌblatt** *n* **1.** *bot.* bract: ohne Deckblätter ebracteate(d); mit drei Deckblättern tribracteate(d). – **2.** (*einer Zigarre*) wrapper. – **3.** *print.* a) (*Vorsatzblatt*) fly leaf, b) (*durchsichtiges*) overlay, c) (*zur Berichtigung, Ergänzung etc*) change (*od.* correction) sheet, d) *cf.* Deckbogen. – **4.** (*wood*) face. — **~ˌblätt·chen** *n bot.* bracteole, *auch* bractlet. — **~ˌbo·gen** *m print.* top drawsheet. — **~ˌbrett** *n civ.eng.* covering board. — **~ˌbrücke** (*getr.* -k·k-) *f* deck bridge (*od.* truss).

'**Deck·chen** *n* ⟨-s; -⟩ **1.** small cloth. – **2.** (*auf Tischen etc*) doily. – **3.** (*auf Sesseln etc*) antimacassar, tidy.

Decke (*getr.* -k·k-) ['dɛkə] *f* ⟨-; -n⟩ **1.** (*Wolldecke*) blanket: sich in eine ~ (ein)wickeln to wrap oneself (up) in a blanket, to wrap a blanket round oneself; sich in eine ~ kuscheln to snuggle up in a blanket. – **2.** (*Bettdecke*) (bed)cover: unter die ~ kriechen to pull the cover(s) over one's head; mit j-m unter einer ~ stecken *fig. colloq.* to be hand in glove (*od.* in league, in collusion, *Am. sl.* in cahoots) with s.o., to conspire with s.o., to plot together; sich nach der ~ strecken *fig. colloq.* to cut one's coat according to one's cloth, to make (both) ends meet, to make the best of it. – **3.** (*Tagesdecke*) bedspread, coverlet. – **4.** (*Steppdecke*) quilt, counterpane, *Am.* comforter. – **5.** (*Reisedecke*) *Am.* lap robe, *bes. Br.* (travelling) rug. – **6.** (*Pferdedecke*) horse blanket. – **7.** (*Tischdecke*) (table)cloth, cover. – **8.** (*Plane*) awning: geteerte ~ tarpaulin. – **9.** (*Zimmerdecke*) ceiling: getäfelte ~ panel(l)ed ceiling; ein Raum mit niedriger [hoher] ~ a low- [high-]ceilinged room; an der ~ on the ceiling; eine ~ (in einen Raum) einziehen to ceil (a room); vor Freude (bis) an die ~ springen *fig. colloq.* to jump (*od.* leap) for joy, to stand on one's head with joy, to be in the seventh heaven (of delight), to go through the ceiling (with joy) (*colloq.*); an die ~ gehen *fig. colloq.* to hit the roof (*od.* ceiling), to blow one's top (*colloq.*). – **10.** (*Hülle*) envelope. – **11.** (*Überzug*) lining. – **12.** (*Oberfläche*) surface. – **13.** (*Bedeckung, Lage*) covering). – **14.** (*Schicht*) layer, coat: eine ~ von Eis a layer (*od.* sheet) of ice; eine ~ von Schnee a blanket (*od.* layer, covering) of snow. – **15.** (*auf Flüssigkeiten*) head, top. – **16.** (*einer Zigarre*) wrapper. – **17.** *fig.* cover, blanket, cloak. – **18.** *print.* (book) cover: in fester ~ gebunden case-bound. – **19.** *civ.eng.* (*einer Straße etc*) pavement: mit fester ~ hard-surfaced. – **20.** *auto.* a) (*eines Reifens*) outer cover, *bes. Am.* casing, b) (*der Karosserie*) ceiling, roof, dome. – **21.** *med.*

tegmen. – **22.** *zo.* tegmen: aus einer ~ bestehend tegumentary; knöcherne ~ (*beim Krokodil*) osteoderm. – **23.** *geol.* a) (*Schuttdecke etc*) mantlerock, sedimentary mantle, overburden, b) (*Basaltdecke*) basaltic layer (*od.* flow), c) (*Überschiebungsdecke*) nappe. – **24.** *hunt.* (*bes. beim Schalenwild*) coat, skin: einem Reh die ~ abziehen to skin a deer. – **25.** *mus.* (*eines Saiteninstruments*) soundboard, belly. – **26.** (*theater*) ceiling. – **27.** *mar.* (*einer Kabine*) deckhead.

ˈDeckel (*getr.* -k·k-) *m* ⟨-s; -⟩ **1.** (*eines Gefäßes etc*) lid, cover, top: mit einem ~ (versehen *od.* verschlossen) provided with a lid, lidded; ohne ~ without a lid, lidless; runder ~ round lid, disc, disk; der ~ schließt nicht gut the lid does not close well; ~ zum Aufklappen hinged cover (*od.* lid), flap; Topf und ~ *fig.* (well-matched) couple; jeder Topf findet seinen ~, für jeden Topf (*od.* Hafen) findet sich ein ~ (*Sprichwort*) every Gill finds her Jack (*proverb*), there's a nut for every bolt (*proverb*). – **2.** (*Klappe*) top, cap: ~ zum Aufschrauben screw top (*od.* cap). – **3.** (*Uhrdeckel*) watch cap. – **4.** (*Schiebedeckel*) sliding cover. – **5.** (*eines Pults etc*) top, lid: ein Schreibpult mit schrägem ~ a sloping- (*od.* slant-)top desk. – **6.** *humor.* (*Hut*) 'lid' (*sl.*), hat: er hat eins auf den ~ bekommen *fig. colloq.* a) he got a knock on the head, he got a crack on the nut (*sl.*), b) he got a good dressing down (*bes. Br. colloq.* ticking-off), he was hauled over the coals; j-m eins auf den ~ geben *fig. colloq.* a) to give s.o. a knock on the head (*od. sl.* a crack on the nut), b) to give s.o. a good dressing down, to haul s.o. over the coals. – **7.** *bot. zo.* operculum. – **8.** *print.* a) (*Buchdeckel*) (book) cover, b) tympan. – **9.** *tech.* a) cover, cap, b) (*eines Zündverteilers*) cap, head, c) (*eines Lagers*) cap. – **10.** *mus.* a) (*des Klaviers*) lid, b) (*des Flügels*) top, lid, c) (*der Orgelpfeife*) cap, stopper, tampion, d) (*bei Holzblasinstrumenten*) cup. – **11.** (*mining*) (*der Sicherheitslampe*) bonnet. – **12.** *mar.* (*einer Luke*) cover.

ˈdeckel|ˌähn·lich (*getr.* -k·k-), **~ˌar·tig** *adj* lidlike.

ˈDeckel·beˌzug (*getr.* -k·k-) *m print.* covering.

ˈDeckel·chen (*getr.* -k·k-) *n* **1.** *dim. of* Deckel. – **2.** *bot. zo.* operculum.

ˈDeckel|ˌdoh·le (*getr.* -k·k-) *f civ.eng.* closed culvert (with flat top). — **~ˌfe·der** *f tech.* cover spring. — **~fiˌgur** *f* (*art*) *ornamental figure on the lid of a vessel* (*od. container*). — **~ˌflansch** *m tech. cf.* Blindflansch. — **d~ˌför·mig** *adj* **1.** lidlike, lid-shaped. – **2.** *bot. zo.* operculiform: ~er Hinterleib (der Krabben) apron. — **~ˌfüt·te·rung** *f print.* tympan cover. — **~ˌglas** *n* **1.** glass with a lid. – **2.** screw-top glass jar. — **~ˌhal·ter** *m* **1.** (*housekeeping*) (pan-)lid rack. – **2.** *print.* frisket (of handpress). — **~ˌkan·ne** *f* **1.** jug (*od.* pitcher) with a lid. – **2.** (lidded) tankard. — **~ˌkap·sel** *f bot.* lid, pyxidium (*scient.*). — **~ˌkar·de** *f* (*textile*) flat card. — **~ˌkorb** *m* **1.** basket with a lid, lidded basket. – **2.** (*bes. für Picknick etc*) hamper. — **~ˌkrug** *m* (lidded) tankard, mug with a lid. — **d~los** *adj* **1.** lidless, without a lid. – **2.** *zo.* inoperculate: ~es Tier inoperculate.

ˈDeckel|ˌputz (*getr.* -k·k-) *m* (*textile*) carding waste. — **~ˌrah·men** *m* **1.** *print.* tympan frame. – **2.** *tech.* deckle frame. — **~ˌrie·men** *m tech.* (*paper*) deckle (*od.* boundary) strap. — **~sa·tiˌna·ge** *f* (*paper*) board glazing. — **~ˌschloß** *n* (*eines Kofferraums*) lid lock. — **~ˌschrau·be** *f tech.* cover bolt. — **~ˌstein** *m arch.* block of capping. — **~ˌstuhl** *m print.* gallows. — **~verˌschluß** *m* (*eines Kofferraums*) lid lock.

decken (*getr.* -k·k-) [ˈdɛkən] **I** *v/t* ⟨h⟩ **1.** (*Dach*) cover: ein Dach mit Stroh [Schiefer, Ziegeln, Schindeln] ~ to cover a roof with thatch [slates, tiles, shingles], to thatch [to slate, to tile, to shingle] a roof. – **2.** (*Haus*) roof, cover (*s.th.*) with a roof. – **3.** (*Tisch*) lay, set: den Tisch für drei Personen ~ to lay (*od.* set) the table for three (persons), to lay covers for three (persons). – **4.** etwas über (*od.* auf) (*acc*) etwas ~ to cover s.th. with s.th., to put s.th. on (*od.* over) s.th., to spread s.th. over s.th.; ein Tuch über das Brot ~ to cover the bread with a cloth, to put a cloth on the bread. – **5.** (*abschirmen*) protect, shelter, screen, shield, cover: j-n mit seinem Körper ~ to protect (*od.* screen) s.o. with one's body. – **6.** *fig.* (*Verbrecher etc*) shield, screen, cover: j-n gegen Verdacht ~ to shield s.o. from suspicion. – **7.** *fig.* (*schützen*) defend, shield, protect, stand up for, stick up for (*colloq.*): j-m den Rücken ~ to support s.o., to back s.o. (up), to stand up for s.o., to stand by s.o. – **8.** *fig.* (*Vorschub leisten*) cover up for, cover: j-s Lügen ~ to cover up for s.o.'s lies. – **9.** *econ.* a) (*Deckung beschaffen*) provide cover for, b) (*Auslagen*) reimburse, c) (*Bedarf*) cover, meet, satisfy, supply, d) (*Defizit, Verlust, Schaden*) cover, make up (*od.* good), e) (*Kosten*) cover, meet, defray, f) (*Scheck*) cover, g) (*Schuld*) pay, meet, cover, h) (*Währung*) cover, guarantee, support, i) (*Wechsel*) meet, honor, *bes. Br.* honour. – **10.** (*sport*) a) (*beim Fußball etc*) cover, *Br. auch* mark, b) (*beim Boxen*) guard. – **11.** *mil.* a) cover, b) (*taktisch*) cover, support, c) (*geleiten*) escort: den Rückzug der Armee ~ to cover the army's retreat. – **12.** *zo.* (*begatten*) cover, serve. – **13.** (*games*) a) (*beim Schach*) protect, cover, b) (*beim Bridge*) stop. – **14.** *tech.* a) (*in der Färberei*) fill up, top, b) (*Zucker*) clay, whiten. – **15.** *mus.* (*Orgelpfeife*) stop. – **16.** *lit.* (*bedecken*) cover: Schnee deckt die Flur snow covers the field; ihn deckt schon seit langem der grüne Rasen *euphem.* he has been dead (*od.* below the ground) for a long time. – **17.** *Bibl. od. poet.* (*verbergen*) conceal, hide. – **II** *v/reflex* sich ~ **18.** *auch mil.* cover (*od.* guard, shield, protect) oneself: er weiß sich durch geschickte Lügen zu ~ he knows how to cover himself by clever lies; sich den Rücken ~ to cover oneself; sich nach allen Seiten ~ to protect oneself on all sides. – **19.** *hunt.* hide oneself. – **20.** *econ.* a) cover oneself, b) provide cover, c) insure oneself: sich gegen Verlust ~ to cover oneself (*od.* take precautions) against loss. – **21.** *math.* coincide (with one another), be congruent (*od.* in congruity, coincident, superposable, identical, equal): sich teilweise ~ to overlap one another; die Dreiecke ~ sich the triangles coincide. – **22.** *fig.* (mit) coincide (with), correspond (to), be (*od.* fall) in line (with), square (*od.* tally) (with), be identical (*od.* in accord) (with), conform (to *od.* with): unsere Auffassungen ~ sich our views coincide (*od.* are in accord); unsere Interessen ~ sich nicht our interests differ; die Behauptung deckt sich nicht mit den Tatsachen the allegation is not supported by the facts, the statement does not tally with the facts. – **23.** *poet. for* bedecken 7. – **III** *v/i* **24.** (*von Farbe etc*) cover: die Farbe deckt gut the colo(u)r covers well (*od.* has body). – **25.** (*sport*) a) (*von Fußballspieler etc*) cover, *Br. auch* mark, b) (*von Boxer*) cover (up), guard. – **26.** gut [schlecht] ~ *hunt.* (*von Schrotgewehr*) to have a good [bad] pattern. – **IV D~** *n* ⟨-s⟩ **27.** *verbal noun.* – **28.** *cf.* Deckung.

ˈDecken|ˌbal·ken (*getr.* -k·k-) *m civ.eng.* ceiling joist (*od.* beam). — **~ˌbau** *m* (*beim Straßenbau*) paving (*od.* surfacing) work (*od.* operations *pl*). — **~beˌleuch·tung** *f* **1.** *electr.* ceiling lighting. – **2.** ceiling lamp(s *pl*), ceiling light(s *pl*). – **3.** *auto.* a) interior lighting, b) *cf.* Deckenleuchte 2. — **~ˌfeld** *n arch.* coffer ceiling panel, *auch* caisson, lacunar. — **~ˌfen·ster** *n cf.* Oberlicht 2a. — **~ˌfres·ko** *n* (*art*) ceiling fresco. — **~geˌmäl·de** *n* **1.** ceiling painting, painting on a ceiling. – **2.** ceiling fresco. — **~ˌhei·zung** *f tech.* overhead radiation heating. — **~ˌkran** *m tech.* overhead traveling (*bes. Br.* travelling) crane. — **~ˌlam·pe** *f* **1.** ceiling lamp. – **2.** *auto cf.* Deckenleuchte 2. — **~ˌleuch·te** *f* **1.** *cf.* Deckenlampe 1. – **2.** *auto.* roof (*od.* dome) lamp, courtesy (*od.* ceiling) lamp. — **~ˌlicht** *n* **1.** *cf.* Deckenbeleuchtung 1, 2. – **2.** *auto. cf.* Deckenleuchte 2. – **3.** *rare for* Oberlicht 1. — **~ma·leˌrei** *f* **1.** art of painting ceilings. – **2.** *cf.* Deckengemälde. — **~ˌoberˌlicht** *n cf.* Oberlicht 1. — **~ˌputz(ˌmör·tel)** *m* ceiling plaster(ing). — **~ˌsat·tel** *m geol.* axial culmination. — **~ˌschal·ter** *m* ceiling-light switch. — **~ˌscha·lung** *f civ.eng.* ceiling work. — **~ˌstrah·ler** *m* ceiling reflecting lamp. — **~ˌstrah·lungsˌhei·zung** *f tech. cf.* Deckenheizung. — **~ˌträ·ger** *m civ.eng.* ceiling beam (*od.* girder). — **~ven·tiˌla·tor** *m* **1.** ceiling ventilator. – **2.** ceiling fan. — **~verˌklei·dung** *f* **1.** ceiling cover. – **2.** (*aus Holz*) ceiling paneling (*bes. Br.* panelling). — **~ˌvor·geˌle·ge** *n* overhead countershaft. — **~ˌwulst** *m auto.* (*am Reifen*) bead.

ˈDeck|er|ˌin·ne·rung *f psych.* screen (*od.* cover) memory. — **d~ˌfä·hig** *adj* **1.** (*Farbe etc*) of good covering power, of good coverage. – **2.** *zo. cf.* zeugungsfähig. — **~ˌfä·hig·keit** *f* ⟨-; *no pl*⟩ **1.** (*einer Farbe etc*) covering power (*od.* capacity), coverage. – **2.** *zo. cf.* Zeugungsfähigkeit. — **~ˌfar·be** *f* **1.** (*art*) opaque (*od.* covering, body) color (*bes. Br.* colour) (*od.* paint). – **2.** (*paints*) final (*od.* finishing) coat (of paint). — **~ˌfe·der** *f meist pl zo.* (*der Vögel*) deck feather, cover, (quill) covert; penna, tectrix (*scient.*). — **~ˌfisch** *m zo.* butterfish, Cape lady (*Stromateus fiatola*). — **~ˌflä·che** *f math.* upper (*od.* covering) surface (*od.* base). — **~ˌflü·gel** *m zo.* (*der Käfer, Wanzen etc*) wing case (*od.* cover); elytron, elytrum (*scient.*). — **~ˌfrucht** *f agr.* cover (*od.* nurse) crop. — **~furˌnier** *n* (*wood*) surface veneer. — **~ˌgarn** *n hunt. cf.* Decknetz. — **~geˌwe·be** *n med.* epithelial tissue, epithelium: inneres ~ endothelium. — **~ˌglas**, **~ˌgläs·chen** *n* **1.** (*für Mikroskoppräparate*) cover glass (*od.* slip). – **2.** *phot.* (*für Dias*) cover glass. — **~ˌgut** *n mar. cf.* Decksladung. — **~ˌhaar** *n* hair on top, top portion of the hair. — **~ˌhengst** *m agr.* stallion, stud(horse). — **~ˌkno·chen** *m med.* membrane bone. — **~ˌknor·pel** *m* (*im Gelenk*) articular (*od.* investing, covering) cartilage. — **~ˌkraft** *f* (*einer Farbe etc*) cover(ing) (*od.* hiding) power. — **~ˌkran** *m mar.* deck crane. — **~ˌlack** *m* surface (*od.* coating) lacquer, coating varnish. — **~ˌla·dung** *f mar. cf.* Decksladung. — **~ˌlei·ste** *f arch.* cover molding (*bes. Br.* moulding). — **~ˌmann·schaft** *f mar.* deck crew, deckhands *pl.* — **~ˌman·tel** *m* ⟨-s; *no pl*⟩ *fig.* **1.** cloak, mask, veil, disguise, cover(t): unter dem ~ der Nächstenliebe under the cloak (*od.* guise) of charity; etwas als ~ benutzen to use s.th. as a cloak. – **2.** (*Vorwand*) pretext, pretence. — **~ˌna·me** *m* **1.** (*falscher Name*) assumed name, alias: unter einem ~n reisen to travel under an alias. – **2.** (*Pseudonym*) pseudonym, (*eines Schriftstellers*) *auch* pen name, nom de plume: unter einem ~n schreiben to write under a nom de plume; ein unter einem ~n erschienener Roman a novel published under a pseudonym. – **3.** (*Allonym*) allonym (*name that belongs to another person*). – **4.** *mil.* a) code (*od.* cover) name, b) (*für Manöver*) nickname, designation. — **~ˌnetz** *n hunt.* net for catching wildfowl. — **~ˌnum·mer** *f* secret number. — **~ˌplat·te** *f* **1.** *civ.eng.* coping (slab), covering slab, cover plate. – **2.** *tech.* a) (*Abdeckplatte*) cover(ing) plate, b) (*in Trennwand zum Motor*) bulkhead inspection plate. – **3.** *med.* membrana tectoria. — **~ˌrohr** *n bot.* common reed (*Phragmites communis*).

ˈDecks|ˌaufˌbau *m mar.* superstructure. — **~ˌbal·ken** *m* deck beam.

ˈDeck|ˌschicht *f* **1.** top layer (*od.* coating), protective cover, covering layer. – **2.** (*paints*) top coat (*od.* layer), surface layer. – **3.** *geol.* a) sedimentary mantle (*od.* cover), b) (*über Erz, Kohle etc*) overburden, overlay, c) (*über Salzlagern*) cap, supercap strata *pl.* – **4.** *med.* cover (*od.* protective) layer, cover, coat. — **~ˌschup·pe** *f* **1.** *bot.* (*bei Nadelhölzern*) bract, scale. – **2.** *zo.* covering scale; tegula, bracteum (*scient.*). — **~ˌschwab·ber** *m mar.* swab.

ˈDecks|ˌglas *n mar.* deck light (*od.* prism, glass). — **~ˌhaus** *n* deckhouse. — **~ˌjun·ge** *m* deck boy. — **~ˌklü·se** *f* deck (*od.* spurling) pipe. — **~ˌla·dung**, **~ˌlast** *f* deck cargo (*od.* load). — **~ˌlu·ke** *f* deck hatch. — **~pasˌsa·ge** *f* deck passage. — **~pas·saˌgier** *m* deck passenger.

ˈDeckˌspel·ze *f bot.* (*der Gräser*) (flowering) glume, lemma.

ˈDecksˌplan·ke *f mar.* deck plank.

ˈDeck|ˌsprung *m mar.* sheer. — **~ˌstein** *m* (*jewelry*) cap jewel. — **~ˌste·ward** *m mar.* deck steward. — **~ˌstrin·ger** *m* deck stringer. — **~ˌstuhl** *m* **1.** deck chair. – **2.** *civ.eng.* slater's plank, roof trestle. — **~ˌstüt·ze** *f mar.* deck pillar (*od.* stanchion).

ˈDeckung (*getr.* -k·k-) *f* ⟨-; *no pl*⟩ **1.** *cf.* Decken. – **2.** *bes. mil.* a) cover, shelter, protection, b) (*Tarnung*) concealment, camouflage: ~! take cover! ohne ~ without cover, uncovered; unter ~ under cover; volle ~ full cover; ~ gegen Fliegersicht concealment from air observation; in ~ gehen, ~ nehmen (*od.* suchen) to take cover; die ~ des Rückzug(e)s the covering (*od.* protection) of the retreat; das Gelände bietet gute ~ the terrain offers (*od.* provides) good cover (*od.* shelter); über die ~ springen to go over the top; Vorgehen von ~ zu ~ advance from cover to cover; etwas in ~ bringen to shelter (*od.* conceal) s.th. – **3.** *econ.* a) (*des Bedarfs*) supply, b) (*der Währung*) cover, backing, reserve, c) (*Bezahlung*) payment, d) (*Rückerstattung*) reimbursement, e) (*Kapital, Mittel*) funds *pl*, provision, f) (*Sicherheit*) cover, security, collateral: keine ~ no funds *pl*; ohne ~ unsecured, without cover (*od.* funds), uncovered; ohne ~ verkaufen to sell short; ohne ~ verkaufte Waren [Wertpapiere] shorts; ungenügende (*od.* mangelnde) ~ insufficient funds *pl*, insufficiency of assets; ~ in Händen haben to be covered, to hold security; für ~ sorgen to provide cover; sich (*dat*) ~ verschaffen to cover oneself; für diesen Scheck ist ~ da (*od.* vorhanden) this check (*Br.* cheque) is covered; ~ durch Hypotheken cover (*od.* security) in the form of mortgages; ~ fordern (*od.* verlangen) to ask for security; ~ geben to provide cover. – **4.** (*sport*) a) (*beim Fußball*) *Br.* defence, *Am.* defense, b) (*beim Boxen u. Fechten*) guard: die ~ durchschlagen, die ~ aufreißen to break through the guard; seine ~ vernachlässigen to drop one's guard. – **5.** *math.* coincidence, congruence, congruency: (etwas) zur ~ bringen to superimpose (s.th.), to bring (s.th.) to coincidence. – **6.** *fig.* (*von Begriffen etc*) coincidence. – **7.** *med.* (*bes. von Hautdefekten*) closure, repair. – **8.** (*games*) (*beim Schach*) protection, cover, guard: die ~ abziehen to leave a piece uncovered (*od.* undefended). – **9.** *phot.* a) *cf.* Schwärzung 2, b) bringing into register, registering. – **10.** *hunt.* cover, blind.

'Deckungs|be,scheid (*getr.* -k·k-) *m econ.* covering note. — **d~,fä·hig** *adj* eligible (*od.* valid) as cover. — **~,feu·er** *n mil.* covering fire. — **~ge,schäft** *n econ.* hedge, hedging transaction. — **d~,gleich** *adj math.* congruent, identical: nicht ~ incongruent. — **~,gleich·heit** *f* congruence, congruency. — **~,gra·ben** *m mil.* **1.** shelter (*od.* cover) trench. – **2.** *cf.* Splittergraben. — **~,gren·ze** *f econ.* limit of cover. — **~ka·pi,tal** *n* funds *pl* (*od.* capital) required as cover. — **~,kauf** *m* covering purchase, *auch* (short) covering. — **~,klau·sel** *f* cover clause. — **~,loch** *n mil.* foxhole. — **d~los** *adj* **1.** *mil.* uncovered: ~es Gelände open ground. – **2.** (*beim Boxen*) unguarded. — **~,mit·tel** *pl econ.* covering funds, cover *sg.* — **~,si·cher·heit** *f* collateral security. — **~,spie·ler** *m* (*sport*) defender. — **~,sum·me** *f econ.* insured sum, amount insured (*od.* covered). — **~ver,hält·nis** *n econ.* (*einer Währung etc*) cover ratio. — **~,wech·sel** *m* security credit note. — **~,win·kel** *m* **1.** *math.* angle of coincidence. – **2.** angle of site to mask.

'Deck|,weiß *n* (*paints*) opaque white. — **~,werk** *n civ.eng.* **1.** (*von Seedeichen*) breakwater glacis. – **2.** (*beim Uferbau*) rubble slope, sloping rubble wall. — **~,wort** *n* ⟨-(e)s; ⸗er⟩ code word.

De·co·der [de'ko:dər; dɪ'koudə] (*Engl.*) ⟨-s; -⟩ *m electr.* decoder.

De·col·la·ge [deko'la:ʒə] *f* ⟨-; -n⟩ (*art*) decollage.

de·cou·ra·gie·ren [dekura'ʒi:rən] *v/t* ⟨*no* ge-, h⟩ j-n ~ to discourage (*od.* dishearten) s.o., to make s.o. despondent (*od.* lose heart).

de·cres·cen·do [dekrɛ'ʃɛndo] **I** *adv u. adj mus.* decrescendo, diminuendo. – **II D~** *n* ⟨-s; -s *u.* Decrescendi [-di]⟩ decrescendo, diminuendo.

De·cre·ta·les [dekre'ta:lɛs] *pl relig.* decretals, decretal epistles.

De·cu·bi·tus [de'ku:bitus] *m* ⟨-; *no pl*⟩ *med.* bedsore, decubitus (ulcer) (*scient.*).

De·di·ka·ti·on [dedika'tsi̯o:n] *f* ⟨-; -en⟩ **1.** (*Widmung*) dedication. – **2.** (*Geschenk*) present (with a dedication). – **3.** *relig. hist.* dedication. — **De·di·ka·ti'ons·ex·em,plar** *n* presentation copy.

de·di·zie·ren [dedi'tsi:rən] *v/t* ⟨*no* ge-, h⟩ j-m etwas ~ a) (*widmen*) to dedicate s.th. to s.o., b) (*schenken*) to present (*od.* give) s.th. to s.o.; j-m ein Buch ~ to dedicate a book to s.o.

De·duk·ti·on [deduk'tsi̯o:n] *f* ⟨-; -en⟩ *philos.* deduction, proof.

De·duk·ti'ons|theo,rie *f math. philos. cf.* Beweistheorie 2. — **~ver,fah·ren** *n* deductive method.

de·duk·tiv [deduk'ti:f] *adj philos.* deductive.

de·du'zier·bar *adj philos. math.* deducible.

de·du·zie·ren [dedu'tsi:rən] *v/t* ⟨*no* ge-, h⟩ deduce: X läßt sich aus Y ~ X can be deduced from Y.

De·em·pha·sis [de'ʔɛmfazɪs] *f* ⟨-; *no pl*⟩ *electr. cf.* Nachentzerrung.

Deep-free·zer ['di:p,fri:zər; 'di:p,fri:zə] (*Engl.*) *m* ⟨-s; -⟩ (deep) freezer, Deepfreeze (*TM*).

de fac·to [de 'fakto] *adv jur. pol.* de facto, in fact.

De-'fac·to|-,An·er,ken·nung *f jur. pol.* de facto recognition. — **~-Re,gie·rung** *f* de facto government.

De·fai·tis·mus [defɛ'tɪsmus] *m* ⟨-; *no pl*⟩ *cf.* Defätismus.

De·fä·ka·ti·on [defɛka'tsi̯o:n] *f* ⟨-; -en⟩ *med.* defecation.

De·fä·tis·mus [defɛ'tɪsmus] *m* ⟨-; *no pl*⟩ defeatism. — **De·fä'tist** [-'tɪst] *m* ⟨-en; -en⟩ defeatist. — **de·fä'ti·stisch** *adj* defeatist.

de·fekt [de'fɛkt] *adj* ⟨-er; -est⟩ **1.** *bes. tech.* defective, faulty, imperfect, damaged: ~er Buchstabe *print.* damaged (*od.* battered, bad) letter, batter; ~es Buch defective (*od.* incomplete) book. – **2.** *med. psych.* deficient, defective.

De'fekt *m* ⟨-(e)s; -e⟩ **1.** defect, fault, imperfection, flaw: einen ~ am Auto beheben to repair a defect in the car; einen ~ erleiden to be damaged. – **2.** *pl print.* a) (*Reservebuchstaben*) sorts, b) *cf.* Defektbogen. – **3.** *med. psych.* defect, deficiency: er hat einen geistigen ~ he is mentally deficient. — **~,bil·dung** *f med.* formation of a defect. — **~,bo·gen** *m print.* imperfect (*od.* overplus) sheet. — **~,elek·tron** *n nucl.* hole.

De'fek·ten,ka·sten *m print.* (*für Reservebuchstaben*) sorts box.

de·fek·tiv [defɛk'ti:f] *adj* **1.** defective, faulty, incomplete. – **2.** *ling.* defective.

De·fek·ti·vum [defɛk'ti:vum] *n* ⟨-s; -tiva [-va]⟩ *ling.* defective (word).

De'fekt,lei·ter *m nucl.* hole conductor.

de·fen·siv [defɛn'zi:f] **I** *adj* (*Fahrweise, Haltung, Maßnahme etc*) defensive. – **II** *adv* defensively: ~ fahren to drive defensively; sich ~ verhalten to be (*od.* act, stand) on the defensive.

De·fen'siv|al·li,anz *f*, **~,bünd·nis** *n pol.* defensive alliance.

De·fen·si·ve [defɛn'zi:və] *f* ⟨-; -n⟩ defensive: in der ~ on the defensive; in die ~ gedrängt werden to be forced onto the defensive; aus der ~ in die (*od.* zur) Offensive übergehen to change from the defensive to the offensive, to go over to the offensive.

De·fen'siv|,krieg *m mil.* defensive war. — **~,pakt** *m* defensive pact (*od.* agreement). — **~,spiel** *n* (*sport*) defensive play(ing).

De·fi·lee [defi'le:] *n* ⟨-s; -n [-ən]⟩ **1.** *Swiss mil.* march-past. – **2.** *cf.* Engpaß 1.

de·fi·lie·ren [defi'li:rən] *v/i* ⟨*no* ge-, h *u.* sein⟩ **1.** *cf.* vorbeidefilieren. – **2.** *cf.* vorbeimarschieren.

de·fi'nier·bar *adj* definable: schwer ~ difficult to define, elusive. — **De·fi'nier·bar·keit** *f* ⟨-; *no pl*⟩ definability.

de·fi·nie·ren [defi'ni:rən] *v/t* ⟨*no* ge-, h⟩ (*Wort, Begriff*) define: etwas genauer ~ to define s.th. more precisely (*od.* specifically); sich nicht ~ lassen to defy (*od.* evade, elude) definition; ein Wort grammatisch ~ *ling.* to parse a word. — **de·fi'niert I** *pp.* – **II** *adj* defined: nicht ~ indeterminate, not defined.

de·fi·nit [defi'ni:t] *adj math. ling.* definite.

De·fi·ni·ti·on [definiˈtsi̯o:n] *f* ⟨-; -en⟩ definition: eine ~ von etwas geben to define s.th., to give a definition of s.th.; implizite ~ *philos.* implicit definition; dogmatische ~ *relig.* definition of dogma.

De·fi·ni·ti'ons·be,reich *m math.* range of definition.

de·fi·ni·tiv [defini'ti:f] **I** *adj* **1.** (*endgültig*) definitive, final: ~es Angebot definitive (*od.* final) offer; ~er Bescheid definitive reply; ~er Titel *econ.* definitive bond. – **2.** (*eindeutig, bestimmt*) definitive, definite, positive: eine ~e Zusage a positive promise; eine ~e Antwort a definitive answer. – **II** *adv* **3.** definitely, definitively, undoubtedly: er hat ~ versagt undoubtedly he has failed; etwas ~ entscheiden to rule on s.th. definitively; das steht ~ fest that is an accepted fact; es steht noch nicht ~ fest it is not yet definitively settled.

De·fi·ni·ti·vum [defini'ti:vum] *n* ⟨-s; -tiva [-va]⟩ final state, finality.

de·fi·zi·ent [defi'tsi̯ɛnt] **I** *adj* **1.** *math.* (*Zahl etc*) deficient, defective. – **II D~** *m* ⟨-en; -en⟩ **2.** *obs.* person unfit for service. – **3.** *bes. Southern G. and Austrian Catholic clergyman who is no longer fit for service.*

De·fi·zit ['de:fitsɪt] *n* ⟨-s; -e⟩ *econ.* deficit, deficiency, shortage, debit balance: ein wachsendes ~ a mounting (*od.* growing) deficit; ein ~ aufweisen to show a deficit; ein ~ ausgleichen (*od.* decken) to make up (*od.* good) a deficit; mit einem ~ von $ 100 abschließen to show a (final) deficit of $ 100; ein ~ von $ 100 haben to have a deficit of $ 100, to be $ 100 short; aus dem ~ kommen to overcome a deficit, to get out of the red.

de·fi·zi·tär [defitsi'tɛ:r] *adj* in deficit, deficitary.

'De·fi·zit|po·li,tik *f* policy of deficit budgeting (*od.* spending). — **~,wirt·schaft** *f* deficit budgeting (*od.* spending).

De·fla·gra·ti·on [deflagra'tsi̯o:n] *f* ⟨-; -en⟩ *chem.* deflagration. — **De·fla'gra·tor** [-'gra:tər] *m* ⟨-s; -en [-gra'to:rən]⟩ **1.** *chem.* deflagrator. – **2.** *phys.* calorimotor. — **de·fla'grie·ren** [-'gri:rən] *v/t* ⟨*no* ge-, h⟩ *chem.* deflagrate.

De·fla·ti·on [defla'tsi̯o:n] *f* ⟨-; -en⟩ **1.** *econ.* deflation: eine ~ durchführen to deflate. – **2.** *geol.* (wind) deflation. — **de·fla·tio'när** [-tsi̯o'nɛ:r] *adj econ.* deflationary. — **de·fla·tio'ni·stisch** [-tsi̯o'nɪstɪʃ] *adj* deflationary, deflationist.

De·fla·ti'ons|be,we·gung *f econ.* deflationary movement (*od.* trend). — **~po·li,tik** *f* deflationary policy, policy of deflation.

de·fla·to·risch [defla'to:rɪʃ] *adj econ.* deflationary.

De·flek·tor [de'flɛktər] *m* ⟨-s; -en [-'to:rən]⟩ *tech. cf.* Prallblech.

De·fle·xi·on [deflɛ'ksi̯o:n] *f* ⟨-; -en⟩ (*optics*) deflection, *Br. auch* deflexion.

De·flo·ra·ti·on [deflora'tsi̯o:n] *f* ⟨-; -en⟩ defloration. — **de·flo·rie·ren** [deflo'ri:rən] *v/t* ⟨*no* ge-, h⟩ deflower.

de·form [de'fɔrm] *adj* deformed.

De·for·ma·ti·on [defɔrma'tsi̯o:n] *f* ⟨-; -en⟩ **1.** deformation. – **2.** *tech.* a) (*Verformung*) deformation, b) (*Verzug*) distortion: elastische [plastische] ~ elastic [plastic] deformation. – **3.** *med.* a) deformation, b) (*bes. des Gesichts*) disfigurement, disfiguration.

De·for·ma·ti'ons|,flä·che *f math.* deformation area. — **~,punkt** *m synth.* set point. — **~,wi·der,stand** *m tech.* resistance to deformation.

de·for'mier·bar *adj* deformable. — **de·for·mie·ren** [defɔr'mi:rən] *v/t* ⟨*no* ge-, h⟩ **1.** deform, disfigure. – **2.** *phys. tech.* deform, distort. — **de·for'miert I** *pp.* – **II** *adj* **1.** *auch med.* deformed, disfigured. – **2.** *tech.* deformed, distorted. — **De·for'mie·rung** *f* ⟨-; -en⟩ *cf.* Deformation. — **De·for·mi'tät** [-mi'tɛ:t] *f* ⟨-; -en⟩ *med.* deformity.

De·frau·dant [defrau'dant] *m* ⟨-en; -en⟩ *jur.* **1.** defrauder. – **2.** (*Veruntreuer*) embezzler. — **De·frau·da·ti'on** [-da'tsi̯o:n] *f* ⟨-; -en⟩ **1.** defraudation. – **2.** embezzlement. — **de·frau'die·ren** [-'di:rən] **I** *v/t* ⟨*no* ge-, h⟩ **1.** defraud. – **2.** embezzle. – **II** *v/i* **3.** defraud.

De·fro·ster [de'frɔstər] *m* ⟨-s; -⟩ *tech.* defroster. — **~,an,la·ge** *f auto.* defrosting device, defroster system.

def·tig ['dɛftɪç] **I** *adj bes. Northern G. colloq.* **1.** (*Witz, Worte etc*) coarse, broad, gross. – **2.** (*Essen etc*) solid, substantial, hefty (*colloq.*). – **3.** (*Ohrfeige, Kritik etc*) sharp, hefty (*colloq.*). – **4.** (*Stoff, Material etc*) good, solid. – **5.** (*Mensch, Bauer etc*) solid, strong, hefty (*colloq.*). – **6.** (*Preis etc*) sound, hefty (*colloq.*). – **II** *adv* **7.** (*tüchtig, sehr*) thoroughly: j-n ~ verprügeln to give s.o. a thorough (*od.* sound) thrashing.

De·ga·ge·ment [degaʒə'mã:] *n* ⟨-s; -s⟩ **1.** disengagement, relaxation. – **2.** (*von einer Verbindlichkeit*) release. — **de·ga'gie·ren** [-'ʒi:rən] *v/t* ⟨*no* ge-, h⟩ disengage (*od.* release, free) (*s.o.*) (from an obligation). — **de·ga'giert I** *pp.* – **II** *adj* **1.** relaxed. – **2.** free, unrestricted.

De·gen[1] ['deːgən] *m* ⟨-s; -⟩ **1.** sword: den ~ (blank)ziehen (*od.* zücken, entblößen) to draw the sword; den ~ einstecken to sheathe (*od.* put up) the sword; mit j-m die ~ kreuzen to cross swords with s.o. – **2.** (*sport*) épée, *auch* epee.

'**De·gen**[2] *m* ⟨-s; -⟩ *poet. u. archaic* **1.** warrior. – **2.** (young) hero, blade (*poet.*). – **3.** (*Gefolgsmann*) retainer (*hist.*).

'**De·gen|ˌblatt** *n cf.* Degenklinge. — **d~-ˌblät·te·rig** *adj bot.* with ensiform leaves, ensifoliated. — **~ˌbü·gel** *m* fingerguard, *Br.* finger-guard.

De·ge·ne·ra·ti·on [degenera'tsĭoːn] *f* ⟨-; -en⟩ *bes. biol. med.* degeneration.

De·ge·ne·ra·ti'ons|erˌschei·nung *f* sign (*od.* phenomenon) of degeneration. — **~psy-ˌcho·se** *f psych.* senile psychosis. — **~ˌzei·chen** *n meist pl* symptom (*od.* stigma) of degeneration.

de·ge·ne·ra·tiv [degenera'tiːf] *adj med. biol.* degenerative.

de·ge·ne·rie·ren [degene'riːrən] *v/i* ⟨*no* ge-, sein⟩ degenerate. — **de·ge·ne'riert I** *pp.* – **II** *adj* degenerate. — **De·ge·ne'riert·heit** *f* ⟨-; *no pl*⟩ degeneration, degeneracy. — **De·ge·ne'rie·rung** *f* ⟨-; *no pl*⟩ *cf.* Degeneration.

'**De·gen|ˌfech·ten** *n* (*sport*) épée fencing. — **~ˌfech·ter** *m* épée fencer, épéeist. — **~-ˌfisch** *m zo.* ribbonfish, snakefish, bandfish (*Trichiurus lepturus*). — **~geˌfäß** *n cf.* Degenglocke. — **~geˌhenk** *n* sword belt. — **~ˌglocke** (*getr.* -k·k-) *f* guard. — **~ˌgriff** *m* hilt (of sword). — **~ˌhieb** *m* **1.** stroke (*od.* blow) with the sword, sword stroke. – **2.** (*sport*) cut (with the épée). — **~ˌklin·ge** *f* sword blade. — **~ˌknauf** *m* pommel. — **~ˌkop·pel** *n* sword belt. — **~ˌkorb** *m* **1.** *cf.* Degenglocke. – **2.** (*Korbgriff*) basket hilt. — **~ˌqua·ste** *f* sword knot. — **~ˌschei·de** *f* sheath (*od.* scabbard) of a sword: Ortband einer ~ chape. — **~ˌschlucker** (*getr.* -k·k-) *m* sword swallower. — **~ˌschnei·de** *f* edge of the sword. — **~ˌspit·ze** *f* point of the sword. — **~ˌstoß** *m* **1.** sword thrust. – **2.** (*sport*) épée thrust.

De·glu·ti·na·ti·on [deglutina'tsĭoːn] *f* ⟨-; -en⟩ *ling.* deglutination.

De·gor·ge·ment [degɔrʒə'mãː] *n* ⟨-s; -s⟩ removal of the sediment from champagne. — **de·gor'gie·ren** [-'ʒiːrən] *v/t* ⟨*no* ge-, h⟩ (*Sekt*) remove the sediment from.

De·gout [de'guː] *m* ⟨-s; *no pl*⟩ disgust, (*schwächer*) distaste. — **de·gou'tant** [-gu'tant] *adj* disgusting. — **de·gou'tie·ren** [-gu'tiːrən] *v/t* ⟨*no* ge-, h⟩ **1.** j-n ~ to disgust s.o. – **2.** etwas ~ to dislike s.th. strongly, to be disgusted by s.th.

De·gra·da·ti·on [degrada'tsĭoːn] *f* ⟨-; -en⟩ **1.** *röm.kath.* degradation, expulsion from clerical office. – **2.** *nucl.* degradation: ~ der Energie von Spaltungsneutronen degradation of energy of fission neutrons.

de·gra'die·ren [degra'diːrən] **I** *v/t* ⟨*no* ge-, h⟩ **1.** *bes. mil.* a) degrade, demote, reduce (*s.o.*) in rank, break, *Am. auch* bust, b) (*in der Marine*) disrate, reduce (*s.o.*) to lower rating: j-n ~ to reduce s.o. to the ranks. – **2.** *fig.* (*herabwürdigen*) degrade, abase, reduce. – **3.** *relig.* degrade, unfrock. – **4.** *phys.* degrade. – **5.** *agr.* (*Boden*) degrade. – **II D~** *n* ⟨-s⟩ **6.** *verbal noun.* — **De·gra'die·rung** *f* ⟨-; -en⟩ **1.** *cf.* Degradieren. – **2.** *bes. mil.* degradation, demotion. – **3.** *fig.* degradation, abasement. – **4.** *phys.* degradation.

De·gras [de'gra] *n* ⟨-; *no pl*⟩ (*leather*) degras, moellon.

De·gres·si·on [degrɛ'sĭoːn] *f* ⟨-; -en⟩ *econ.* degression. — **de·gres'siv** [-'siːf] *adj* degressive: ~e Abschreibung degressive depreciation.

De·gu ['deːgu] *m* ⟨-(s); -s⟩ *zo.* degu (*Octodon degus*).

de·gum·mie·ren [degu'miːrən] *v/t* ⟨*no* ge-, h⟩ (*Rohseide etc*) degum.

De·gu·sta·ti·on [degusta'tsĭoːn] *f* ⟨-; -en⟩ *bes. Swiss* tasting. — **de·gu'stie·ren** [-'tiːrən] *v/t* ⟨*no* ge-, h⟩ *bes. Swiss* taste.

De·his·zenz [dehɪs'tsɛnts] *f* ⟨-; *no pl*⟩ *bot. med.* dehiscence.

'**dehn·bar** *adj* **1.** (*Material etc*) stretchable, elastic, expandable, expansible, extensible, extendible, extendable. – **2.** (*elastisch*) *auch fig.* flexible, elastic: ein ~es Gesetz a flexible law; ein ~es Gewissen an elastic conscience; Gerechtigkeit ist ein ~er Begriff *fig.* justice is a notion that can be variously (*od.* loosely) interpreted. – **3.** *bes. metall.* a) (*bildsam*) ductile, elastic, b) (*kaltverformbar*) malleable, c) (*biegsam*) flexible. – **4.** *min.* ductile. – **5.** *phys.* a) (*fester Körper*) dilatable, b) (*feste Körper, Gase*) expansive, expansible. – **6.** *econ.* (*Preis*) yielding, soft. – **7.** *ling. mus.* (*Vokal, Note etc*) capable of lengthening: ist ~ can be lengthened. – **8.** (*leather*) extensible, capable of being stretched. — '**Dehn·bar·keit** *f* ⟨-; *no pl*⟩ **1.** stretchability, expandability, expansibility, extensibility, extendibility, elasticity. – **2.** *auch fig.* flexibility, elasticity. – **3.** *bes. metall.* ductibility, elasticity, flexibility, malleability, pliability. – **4.** *min.* ductility. – **5.** *phys.* a) (*von festen Körpern*) dilatability, b) (*von festen Körpern, Gasen*) expansivity, expansiveness, expansibility. – **6.** *econ.* (*eines Preises etc*) yielding, softness. – **7.** *ling. mus.* (*eines Vokals, einer Note etc*) capacity for lenghtening. – **8.** (*leather*) extensibility.

deh·nen ['deːnən] **I** *v/t* ⟨h⟩ **1.** (*in die Länge od. Breite ziehen*) stretch: einen Pullover ~ to stretch a pullover. – **2.** (*in die Länge ziehen*) stretch, draw out, extend, lengthen: ein Gummiband ~ to stretch a rubber band; eine Besprechung in die Länge ~ *fig.* to draw out (*od.* extend, spin out) a discussion. – **3.** (*in die Breite ziehen*) stretch, widen: Schuhe beim Schuster ~ lassen to have one's shoes stretched (*od.* widened) at the shoemaker's. – **4.** (*übermäßig*) distend. – **5.** (*Volumen vergrößern*) stretch, dilate, expand, extend: Wärme dehnt das Material heat stretches (*od.* expands) the material. – **6.** (*Glieder etc*) stretch, extend. – **7.** *fig.* (*Worte etc*) drawl, draw out. – **8.** *fig.* (*Recht etc*) stretch, extend, make (*s.th.*) elastic (*od.* flexible). – **9.** *metall.* a) lengthen, extend, draw (out), b) (*elastische Werkstoffe*) stretch, c) (*dreidimensional*) expand, d) (*eine Probe bis zur Fließgrenze*) stress, e) (*verformend bis zum Bruch*) elongate. – **10.** *ling.* (*Vokal etc*) lengthen. – **11.** *mus.* (*Ton*) hold (on to), sustain. – **II** *v/reflex* sich ~ **12.** (*in die Länge od. Breite*) stretch: der Stoff dehnt sich the material stretches; sich ~ wie Gummi to stretch like rubber. – **13.** (*in die Länge*) stretch, draw out, extend, lengthen. – **14.** (*in die Breite*) stretch, widen: die Handschuhe werden sich mit der Zeit ~ the gloves will stretch (*od.* widen) in the course of time. – **15.** (*übermäßig*) distend. – **16.** (*Volumen vergrößern*) dilate, expand, extend: Gase ~ sich unter Wärmeeinfluß gases expand under the influence of heat. – **17.** (*von Personen*) stretch (oneself): sich ~ und strecken to stretch (oneself) (*od.* one's limbs). – **18.** *fig.* (*von Landschaft, Straße etc*) extend, stretch out, spread out: vor uns dehnte sich eine fruchtbare Ebene a fertile plain stretched out in front of us; endlos dehnte sich die Straße the road extended (*od.* stretched out) endlessly. – **19.** *fig.* (*von der Zeit*) stretch (out), creep (*od.* drag) on: die Minuten ~ sich wie Stunden the minutes stretch out (*od.* creep, drag on) like hours. – **20.** *metall.* a) stretch, extend, draw (out), b) expand. – **III D~** *n* ⟨-s⟩ **21.** *verbal noun.* – **22.** *cf.* Dehnung.

'**Deh·ner** *m* ⟨-s; -⟩ *med. cf.* Dehnmuskel.

'**Dehn|ˌfu·ge** *f tech. cf.* Dehnungsfuge. — **~ˌgren·ze** *f metall.* proof stress, ultimate strength: ~ von 0,1 % offset yield strength; ~ von 0,2 % creep limit. — **~in·struˌment** *n med.* dilator, *auch* dilater, divulsor. — **~-ˌlän·ge** *f metall.* linear extension. — **~ˌmus·kel** *m med.* dilator, *auch* dilater, dilatator. — **~ˌson·de** *f* dilator, *auch* dilater, dilatable (*od.* dilating) bougie. — **~ˌstu·fe** *f ling.* lengthened grade. — **~ˌübung** *f* (*sport*) stretching exercise.

'**Deh·nung** *f* ⟨-; -en⟩ **1.** *cf.* Dehnen. – **2.** *bes. metall.* a) (*Längung*) extension, b) (*elastische*) elongation, stretch, stress, c) (*bleibend verformende*) elongation, d) (*Ausdehnung*) expansion, e) (*unter Wärmeeinwirkung*) dilation. – **3.** (*Spannung*) longitudinal stress. – **4.** *phys.* (*von festen Körpern, Gasen etc*) expansion. – **5.** *ling.* (*eines Vokals etc*) lengthening. – **6.** *med.* a) (*des Herzens*) diastole, b) (*einer Striktur*) stretching, (instrumental) dilation. – **7.** *only in* metrische ~ diastole. – **8.** (*des Brustkorbes etc*) expansion. – **9.** *fig.* extension.

'**deh·nungs|ˌfä·hig** *adj cf.* dehnbar 1—5, 7, 8. — **D~ˌfä·hig·keit** *f cf.* Dehnbarkeit 1—5, 7, 8. — **D~ˌfu·ge** *f tech.* expansion joint.

'**Deh·nungs-ˌH** [-ˌhaː] *n* ⟨-; -⟩ *ling. h indicating length of a* (*preceding*) *vowel.*

'**Deh·nungs|ˌhub** *m tech.* (*eines Motorkolbens*) expansion stroke. — **~ko·ef·fi·ziˌent** *m* **1.** *tech.* coefficient of expansion. – **2.** *metall.* (*im Prüfwesen*) modulus of specific extension. — **~ˌmes·ser** *m* **1.** *phys.* dilatometer. – **2.** *tech.* (*im Prüfwesen*) extensometer, *auch* extensimeter, strain gauge (*auch* gage). — **~ˌmeßˌuhr** *f* elongation dial indicator. — **~ˌmo·dul** *m tech.* module (*od.* modulus) of elasticity. — **~ˌmus·kel** *m med.* extensor (muscle). — **~ˌriß** *m metall.* expansion crack. — **~ˌspan·nung** *f tech.* (*im Prüfwesen*) tensile stress, (*bleibend deformierende*) tensile strength. — **~ver-ˌmö·gen** *n cf.* Dehnbarkeit 1—5, 7, 8. — **~ˌwert** *m tech.* elongation value. — **~ˌzahl** *f cf.* Dehnungskoeffizient. — **~ˌzei·chen** *n ling.* length mark.

'**Dehn|verˌhal·ten** *n tech.* (*im Prüfwesen*) creep behavior (*bes. Br.* behaviour). — **~-ˌwei·te** *f* spread.

De·hors [de'oːr(s)] *pl* social appearances (*od.* decorum *sg*).

De·hy·dra·se [dehy'draːzə] *f* ⟨-; -n⟩ *chem.* dehydrogenase.

De·hy·dra·ta·ti·on [dehydrata'tsĭoːn] *f* ⟨-; -en⟩ *chem.* dehydration. — **de·hy'drie·ren** [-'driːrən] *v/t* ⟨*no* ge-, h⟩ dehydrogenate, dehydrogenize, oxidize. — **De·hy'drie·rung** *f* ⟨-; *no pl*⟩ dehydrogenation, oxidation.

De·hy·dro·ben·zol [dehydrobɛn'tsoːl] *n chem.* benzyne.

Dei·bel ['daɪbəl] *m* ⟨-s; *no pl*⟩ *bes. Northern G. colloq. for* Teufel 1.

Deich [daɪç] *m* ⟨-(e)s; -e⟩ **1.** (*Seedeich*) dike, dyke: einen ~ bauen (*od.* aufwerfen) to build a dike. – **2.** (*Flußdeich*) (river) embankment, bank, *Am.* levee, *auch* dike, dyke. — **~ˌamt** *n* office dealing with administration of dikes, dike office. — **~ˌauf-ˌse·her** *m* dike master. — **~ˌbau** *m* ⟨-(e)s; *no pl*⟩ **1.** (*Seedeichbau*) diking, dyking. – **2.** (*Flußdeichbau*) (river) embankment construction. — **~ˌbö·schung** *f* **1.** (*an Seedeichen*) dike batter (*od.* slope). – **2.** (*an Flußdeichen*) (river) embankment batter (*od.* slope). — **~(ˌein)ˌbruch** *m* dike breach.

dei·chen ['daɪçən] *v/t* ⟨h⟩ *cf.* eindeichen.

'**Dei·cher** *m* ⟨-s; -⟩ diker, *auch* dyker.

'**Deich|geˌnos·sen·schaft** *f* **1.** dike union. – **2.** *hist.* co(-)operative society of owners of diked land. — **~geˌschwo·re·ne** *m obs.* sworn inspector (*od.* overseer, superintendent) of a dike. — **~geˌsetz** *n* dike law. — **~ˌgraf** *m obs. for* Deichhauptmann. — **~-ˌhauptˌmann** *m* dike master. — **~inˌspek·tor** *m* dike inspector. — **~ˌkern** *m* core of a dike. — **~ˌkro·ne** *f* dike top (*od.* summit). — **~ˌland** *n* dike land, innings *pl.* — **~ˌord·nung** *f* laws *pl* concerning dikes. — **~ˌrecht** *n cf.* Deichordnung. — **~ˌscha·den** *m* damage to a dike. — **~ˌschleu·se** *f* floodgate, *Br.* flood-gate, sluice (gate). — **~ˌschul·ze** *m obs. cf.* Deichgeschworene.

Deich·sel ['daɪksəl] *f* ⟨-; -n⟩ **1.** (*eines Fuhrwerks*) tongue, tree, pole. – **2.** (*Gabeldeichsel*) shaft(s *pl*), thill(s *pl*): ein Pferd in der ~ a horse in (*od.* between) the shafts. – **3.** (*eines Hubwagens*) drawbar. — **~ˌarm** *m cf.* Deichsel 2. — **~ˌblech** *n* pole plate. — **~ˌbol·zen** *m* pole pin. — **~ˌga·bel** *f* shafts *pl*, thills *pl.* — **~ˌha·ken** *m* pole hook. — **~ˌket·te** *f* pole chain. — **~ˌkreuz** *n* **1.** *relig.* y-shaped cross. – **2.** *her.* (cross) pall.

deich·seln ['daɪksəln] *v/t* ⟨h⟩ *colloq. humor.* manage, manipulate, engineer; pull off, wangle (*colloq.*): ich werde das (*od.* die Sache) schon ~ I'll manage (*od.* wangle) it all right.

'**Deich·sel|ˌna·gel** *m* pole (*od.* thill) pin. — **~ˌpferd** *n* shaft (*od.* thill, pole) horse, thiller. — **~ˌstan·ge** *f* pole. — **~ˌstück** *n*, **~ˌstüt·ze** *f her.* gusset.

'**Deich|ˌsiel** *m, n civ.eng. cf.* Deichschleuse. — **~ˌvogt** *m obs. for* Deichhauptmann. — **~-ˌwär·ter** *m cf.* Deichaufseher. — **~ˌweg** *m* dike path.

Dei·fi·ka·ti·on [deifika'tsĭoːn] *f* ⟨-; -en⟩ *relig.* deification. — **dei·fi'zie·ren** [-'tsiːrən] *v/t* ⟨*no* ge-, h⟩ deify.

deik·tisch ['daɪktɪʃ] *adj ling.* deictic.

dein [daɪn] *possess pron* **1.** ⟨*used as adj*⟩ a) your, b) *poet.* ⟨*nachgestellt, undeclined*⟩ your: ~e Tochter your daughter; eine ~er Töchter one of your daughters; ~ Arzt your doctor; war ~ Flugzeug pünktlich? did your plane arrive on time? das ist ~e Sache that's your business; tu ~ möglichstes do your utmost, do the best you can; **herzliche Grüße, D~ X** (*im Brief*) best wishes, yours, X, with all good wishes from X; **D~ Dich liebender X** (*im Brief*) your loving X; **du mit ~en Kirchen!** *colloq.* you and your churches! **~ Wille geschehe** *Bibl.* Thy will be done; **die Mutter ~** *poet.* your mother. – **2.** ⟨*used as pred*⟩ a) **~er, ~e, ~(e)s; der, die, das ~e** yours, b) ⟨*undeclined*⟩ yours: **sein Haus ist größer als ~es** (*od.* **das dein[ig]e**) his house is bigger than yours; **ist dieser Wagen ~er?** is this car yours? **alles, was ~ ist** all that is yours; **denn ~ ist das Reich** *Bibl.* for Thine is the kingdom. – **3.** ⟨*used as noun*⟩ **der, die, das D~e** your own, yours: **der Dein(ig)e** your husband; **stets der D~e, X** (*im Brief*) yours ever, X; **die Dein(ig)e** your wife; **ich will die D~e werden** I want to be yours; **du hast das Dein(ig)e dazu beigetragen** you have made your contribution; **du hast das D~e getan** you did your part (*od.* all you could); **hast du all das Dein(ig)e verloren?** have you lost all your property? **die Dein(ig)en** your family, your people (*od. colloq.* folks). – **II** *personal pron* **4.** ⟨*gen of* **du**⟩ *poet. od. archaic* you: **wir gedachten ~** we thought of you; **wir werden ~ nicht vergessen** we won't forget you.

'dei·ner I *personal pron* ⟨*gen of* **du**⟩ **1.** (of) you: **er erinnerte sich ~ nicht mehr** he didn't remember you; **sie ist ~ nicht wert** she is not worthy of you; **das ist ~ nicht würdig** it is not worthy of you. – **2. ~ (selbst)** yourself: **du warst ~ selbst nicht mehr Herr** you had no control over yourself any more; **du warst ~ (selbst) auch nicht ganz sicher** you were not quite sure either.

'dei·ner'seits *adv* for (*od.* on) your part, on (*od.* from) your side: **bestehen irgendwelche Bedenken ~?** are there any objections on your part?

'dei·nes'glei·chen *indef pron* ⟨*undeclined*⟩ **1.** your equals, people like yourself, your own kind: **du verkehrst nur mit ~** you only mix with people like yourself. – **2.** people such as you: **~ kann sich so etwas eben leisten** people such as you can afford such things.

'dei·nes'teils *adv cf.* **deinerseits.**

dei·net·hal·ben ['daɪnət'halbən] *adv obs. od. lit. for* **deinetwegen.**

'dei·net'we·gen *adv* **1.** for your sake: **ich habe ~ gelogen** I told a lie for your sake; **ich tat es ~** I did it for your sake. – **2.** on your account, because of you: **sie hat ~ den Zug verpaßt** she missed the train because of you; **~ mußte ich das Haus verlassen** I had to leave the house because of you. – **3.** on your behalf: **ich habe ~ mit dem Lehrer gesprochen** I spoke to the teacher on your behalf.

'dei·net'wil·len *adv* (**um**) **~** *cf.* **deinetwegen 1, 2.**

'dei·nig *possess pron* **I der, die, das ~e** *cf.* **dein 2a.** – **II der, die, das D~e** *cf.* **dein 3.**

De·io·ni·sa·ti·on [deˀioniza'tsĭoːn] *f* ⟨-; -en⟩ *phys.* deionization.

De·is·mus [de'ɪsmʊs] *m* ⟨-; *no pl*⟩ *relig.* deism. — **De·ist** [de'ɪst] *m* ⟨-en; -en⟩ *relig.* deist. — **dei·stisch** [de'ɪstɪʃ] *adj* deistic, *auch* deistical.

Dei·wel ['daɪvəl] *m* ⟨-s; *no pl*⟩ *bes. Northern G. colloq. for* **Teufel 1.**

De·jekt [de'jɛkt] *n* ⟨-(e)s; -e⟩ *med.* **1.** excrement. – **2.** *pl* dejecta, feces, *bes. Br.* faeces, excrements. — **De·jek·ti'on** [-'tsĭoːn] *f* ⟨-; -en⟩ **1.** dejection, defecation. – **2.** *pl cf.* **Dejekt 2.**

De·jeu·ner [deʒø'neː] *n* ⟨-s; -s⟩ *obs. for* **Frühstück.** — **de·jeu'nie·ren** [-'niːrən] *v/i* ⟨*no* **ge-, h**⟩ *obs. for* **frühstücken.**

de ju·re [de 'juːrə] *adv pol. jur.* de jure: **eine Regierung ~ anerkennen** to recognize a government de jure.

De-'ju·re-,An·er,ken·nung *f pol.* de-jure recognition.

De·ka ['dɛka] *n* ⟨-(s); -⟩ *Austrian for* **Dekagramm.**

De·ka..., de·ka... *combining form denoting* dec(a)..., dek(a)..., ten.

De·ka·brist [deka'brɪst] *m* ⟨-en; -en⟩ *hist.* Decembrist (*participant in the unsuccessful liberal uprising against the Russian emperor Nicholas I*). — **De·ka'bri·sten,auf,stand** *m hist.* Decembrist Conspiracy (*1825*).

De·ka·de [de'kaːdə] *f* ⟨-; -n⟩ **1.** set (*od.* series) of ten, decade. – **2.** decade, period of ten years: **in der ersten ~ unseres Jahrhunderts** in the first decade of our (*od.* this) century. – **3.** period of ten days: **die erste ~ des Monats** the first ten days of the month. – **4.** (*literature*) decade: **die ~n des Livius** the Decades of Livy.

De'ka·den|rheo,stat *m electr.* decimal rheostat. — **~sy,stem** *n* decadic (*od.* decimal) system.

de·ka·dent [deka'dɛnt] *adj* decadent: **ein ~er Mensch** a decadent.

De'ka·den,wi·der,stand *m electr.* decimal (*od.* decade) resistance.

De·ka·denz [deka'dɛnts] *f* ⟨-; *no pl*⟩ decadence, *auch* decadency. — **~,dich·ter** *m* poet (*od.* writer) of the decadence. — **~er,schei·nung** *f* symptom of decadence. — **~li·te·ra,tur** *f* literature of the decadence.

De·ka·dik [de'kaːdɪk] *f* ⟨-; *no pl*⟩ decimal system. — **de'ka·disch** *adj* decadic, decimal: **~es (Zahlen)System** decadic (number) system, decimal system (*od.* notation); **~er Logarithmus** common logarithm.

De·ka·eder [dekaˀeːdər] *n* ⟨-s; -⟩ *math.* decahedron. — **de·ka'edrisch** [-'ˀeːdrɪʃ] *adj* decahedral.

De·ka·gon [deka'goːn] *n* ⟨-s; -e⟩ *math.* decagon. — **de·ka·go'nal** [-go'naːl] *adj* decagonal.

De·ka·gramm [deka'gram] *n* ⟨-s; -e⟩ decagram, *bes. Br.* decagramme.

De·ka·les·zenz [dekalɛs'tsɛnts] *f* ⟨-; *no pl*⟩ *phys.* decalescence.

De·ka·lin [deka'liːn] *n* ⟨-s; *no pl*⟩ *chem.* Decalin (*TM*), decahydronaphthalene ($C_{10}H_{18}$).

De·ka·li·ter [deka'liːtər] *n, auch m* decaliter, *bes. Br.* decalitre.

De·ka·lo [de'kaːlo] *m, n* ⟨-; -kali [-li]⟩ *obs. for* **Gewichts-, Maßverlust.**

De·ka·log [deka'loːk] *m* ⟨-(e)s; *no pl*⟩ *relig.* decalogue, *Am. auch* decalog: **Erklärer des ~s** decalogist.

Dek·ame·ron“, „Das [de'kaːmerən] ⟨-s; *no pl*⟩ (*literature*) "the Decameron" (*by Boccaccio*).

De·ka·me·ter [deka'meːtər] *m, n* ⟨-s; -⟩ decameter, *bes. Br.* decametre.

De·kan [de'kaːn] *m* ⟨-s; -e⟩ **1.** *relig.* a) (*der protestantischen Kirche*) superintendent, b) (*der katholischen u. anglikanischen Kirche*) dean. – **2.** *ped.* (*einer Fakultät*) dean.

De·ka·nat [deka'naːt] *n* ⟨-(e)s; -e⟩ **1.** *relig. ped.* a) office (*od.* dignity) of a dean, deanship, deanery, b) term of office of a dean. – **2.** *ped.* dean's office. – **3.** *relig.* a) deanery, b) district under the supervision of a superintendent (*in the Protestant Church*).

De·ka·nei [deka'naɪ] *f* ⟨-; -en⟩ *relig.* deanery.

de·kan·tie·ren [dekan'tiːrən] *chem.* **I** *v/t* ⟨*no* **ge-, h**⟩ **1.** decant. – **II D~** *n* ⟨-s⟩ **2.** *verbal noun.* – **3.** decantation.

De·kan'tier·ge,fäß *n chem.* decanter.

de·ka·pie·ren [deka'piːrən] *v/t* ⟨*no* **ge-, h**⟩ *tech.* (*Bleche etc*) pickle, descale.

De·ka·po·de [deka'poːdə] *m meist pl* ⟨-n; -n⟩ *zo.* decapod.

De·ka·po·lis [de'kaːpolɪs] *f* ⟨-; *no pl*⟩ *antiq.* Decapolis.

Dek·ar [de'kaːr] *n* ⟨-s; -e⟩ *obs.* decare (*10 ares*).

de·kar·bo·ni·sie·ren [dekarboni'ziːrən], **de·kar·bu'rie·ren** [-bu'riːrən] *v/t* ⟨*no* **ge-, h**⟩ *tech. cf.* **entkohlen.**

Dek·are ['dɛkaːrə] *f* ⟨-; -n⟩ *Swiss for* **Dekar.**

de·kar·tel·lie·ren [dekartɛ'liːrən], **de·kar·tel·li'sie·ren** [-li'ziːrən] *v/t* ⟨*no* **ge-, h**⟩ *econ.* decartelize.

De·ka·sti·chon [de'kastɪçən] *n* ⟨-s; -stichen *u.* -sticha [-ça]⟩ *metr.* decastich.

De·ka·teur [deka'tøːr] *m* ⟨-s; -e⟩ (*textile*) (cloth) sponger.

de·ka·tie·ren [deka'tiːrən] *v/t* ⟨*no* **ge-, h**⟩ (*textile*) **1.** (*in kochendem Wasser*) decatize. – **2.** (*unter Dampf*) shrink, steam. – **3.** (*durch Einfeuchten*) sponge.

De·ka'tier·ma,schi·ne *f* (*textile*) decatizing (*od.* steaming) machine.

De·ka·tur [deka'tuːr] *f* ⟨-; -en⟩ (*textile*) decatizing, hot pressing, steaming.

De·kla·ma·ti·on [deklama'tsĭoːn] *f* ⟨-; -en⟩ **1.** declamation, recitation. – **2.** *contempt.* (lengthy) harangue, declamation: **sich in ~en über** (*acc*) **etwas ergehen** to deliver a lengthy harangue about s.th. – **3.** *mus.* declamation.

De·kla·ma·ti'ons,stil *m* declamatory style.

De·kla·ma·tor [dekla'maːtər] *m* ⟨-s; -en [-ma'toːrən]⟩ **1.** reciter, declaimer. – **2.** *contempt.* haranguer, declaimer; spouter, ranter (*contempt.*). — **de·kla·ma'to·risch** [-ma'toːrɪʃ] *adj* declamatory.

de·kla·mie·ren [dekla'miːrən] **I** *v/t* ⟨*no* **ge-, h**⟩ **1.** recite, declaim. – **2.** *contempt.* declaim, spout (*contempt.*). – **II** *v/i* **3.** recite, declaim. – **4.** *contempt.* harangue, declaim; spout, rant (*contempt.*).

De·kla·ra·ti·on [deklara'tsĭoːn] *f* ⟨-; -en⟩ **1.** declaration. – **2.** *econ.* a) (customs) declaration, b) (bill of) entry, c) statement of value: **eine ~ abgeben** to make (*od.* issue) a declaration. – **3.** *pol.* (*eines Vertrages etc*) proclamation, announcement. – **4.** *cf.* **Steuer-, Einkommenserklärung.**

De·kla·ra·ti'ons|eti,ket·te *f econ.* declaration label. — **~,pflicht** *f* obligation to make a declaration. — **~,schein** *m* declaration certificate. — **~,zwang** *m* compulsory declaration.

de·kla·ra·to·risch [deklara'toːrɪʃ] *adj* (*Urkunde etc*) declaratory, declarative.

de·kla·rie·ren [dekla'riːrən] **I** *v/t* ⟨*no* **ge-, h**⟩ **1.** *econ.* declare. – **2.** (*games*) (*Billard*) call. – **II D~** *n* ⟨-s⟩ **3.** *verbal noun.* — **De·kla'rie·rung** *f* ⟨-; -en⟩ **1.** *cf.* **Deklarieren.** – **2.** *cf.* **Deklaration.**

de·klas·sie·ren [dekla'siːrən] **I** *v/t* ⟨*no* **ge-, h**⟩ **1.** declass, lower the social position of, bring (*s.o.*) down in the world. – **2.** (*entwürdigen*) degrade. – **3.** *bes.* (*sport*) outclass. – **II D~** *n* ⟨-s⟩ **4.** *verbal noun.* — **de·klas'siert I** *pp.* – **II** *adj* declassé(e). — **De·klas'sier·te** *m, f* ⟨-n; -n⟩ **1.** declassé(e). – **2.** *bes.* (*sport*) outclassed person. — **De·klas'sie·rung** *f* ⟨-; -en⟩ **1.** *cf.* **Deklassieren.** – **2.** (*Entwürdigung*) degradation.

de·klas·si·fi·zie·ren [deklasifi'tsiːrən] *v/t* ⟨*no* **ge-, h**⟩ *econ.* convey (*s.th.*) to a lower tariff bracket.

de·kli·na·bel [dekli'naːbəl] *adj ling.* declinable.

De·kli·na·ti·on [deklina'tsĭoːn] *f* ⟨-; -en⟩ **1.** *ling.* declension: **schwache [starke] ~** weak [strong] declension. – **2.** *astr.* declination: **südliche [nördliche] ~** southern [northern] declination; **Komplement der ~** codeclination, *Br.* co-declination. – **3.** *phys.* declination, variation: **magnetische ~** magnetic declination; **von gleicher magnetischer ~** isogonic.

De·kli·na·ti'ons|,ach·se *f astr.* declination axis. — **~,kreis** *m* declination circle. — **~,win·kel** *m* declination angle.

de·kli'nier·bar *adj ling.* declinable. — **De·kli'nier·bar·keit** *f* ⟨-; *no pl*⟩ declinability.

de·kli·nie·ren [dekli'niːrən] *v/t* ⟨*no* **ge-, h**⟩ decline.

De·kli·no·graph [deklino'graːf] *m* ⟨-en; -en⟩ *phys.* declinograph.

De·kokt [de'kɔkt] *n* ⟨-(e)s; -e⟩ *med. pharm.* decoction.

De·kol·le·té [dekɔl'teː] *n* ⟨-s; -s⟩ (low) neckline, décolletage, *auch* decolletage, décolleté, *auch* decollete: **kleines ~** high neckline; **tiefes ~** low (*od.* plunging) neckline, décolleté. — **de·kolle'tie·ren** [-'tiːrən] *v/t* ⟨*no* **ge-, h**⟩ (*Kleid etc*) cut (*s.th.*) low. — **de·kolle'tiert I** *pp.* – **II** *adj* **1.** (*Kleid*) low(-necked), décolleté, *auch* decollete: **ein ~es Kleid** a décolletage. – **2.** (*Dame*) décolleté, *auch* decollete.

De·kom·pen·sa·ti·on [dekɔmpɛnza'tsĭoːn] *f* ⟨-; -en⟩ *med.* (*eines Organs*) decompensation.

De·kom·po·si·ti·on [dekɔmpozi'tsĭoːn] *f* ⟨-; -en⟩ *cf.* **Zersetzung 2, 4.**

De·kom·po·si·tum [dekɔm'poːzitʊm] *n* ⟨-s; -sita [-ta]⟩ *ling.* decomposite, decompound.

De·kom·pres·si·on [dekɔmprɛ'sĭoːn] *f* ⟨-; -en⟩ *tech.* (*space*) (*Druckabfall*) decompression. — **de·kom·pri'mie·ren** [-pri'miːrən] *v/t* ⟨*no* **ge-, h**⟩ decompress.

De·kon·ta·mi·na·ti·on [dekɔntamina'tsĭoːn] *f* ⟨-; -en⟩ *mil. nucl.* decontamination. — **de·kon·ta·mi'nie·ren** [-'niːrən] *v/t* ⟨*no* **ge-, h**⟩ decontaminate.

De·kor [de'koːr] *m, auch n* ⟨-s; -s *u.* -e⟩ **1.** decoration, ornamentation. – **2.** (*Bühnenbild*) décor, decor, scenery, set(ting).

De·ko·ra·teur [dekora'tøːr] *m* ⟨-s; -e⟩ **1.** (painter and) decorator. – **2.** (*Geschäftsdekorateur*) display artist. – **3.** (*von Schaufensterauslagen*) window dresser. – **4.** (*für Gardinen*) curtain fitter. – **5.** (*Polsterer*) upholsterer. – **6.** (*theater*) a) scene painter, b) set designer (*od.* dresser).

De·ko·ra·ti·on [dekora'tsĭo:n] *f* ⟨-; -en⟩ **1.** *cf.* Dekorieren. – **2.** (*Verzierung*) decoration, ornamentation. – **3.** (*Einrichtung*) furnishings *pl.* – **4.** (*mit Stoffen*) drapery. – **5.** (*eines Schaufensters*) (window) display, window dressing. – **6.** (*Bühnenbild*) décor, decor, scenery, set(ting). – **7.** (*Orden etc*) decoration.

De·ko·ra·ti'ons|ˌar·beit *f* (work of) decoration, work on the set. — **~ˌla·ger, ~ma·gaˌzin** *n* (*eines Theaters*) scenery store. — **~ˌma·ler** *m* **1.** painter and decorator. – **2.** (*theater*) scene painter, scenic artist. — **~ma·leˌrei** *f* **1.** painting and decorating. – **2.** (*theater*) scene painting. — **~ˌpflan·ze** *f* decoration (*od.* decorative, ornamental) plant. — **~ˌstoff** *m* decoration (*od.* decorative, furnishing) material, drapery. — **~ˌstück** *n* set piece, piece of decoration, ornament (*auch fig.*).

de·ko·ra·tiv [dekora'ti:f] *adj* decorative, ornamental: rein ~ purely ornamental.

de·ko·rie·ren [deko'ri:rən] **I** *v/t* ⟨*no* ge-, h⟩ **1.** (*Saal etc*) decorate. – **2.** (*mit Gardinen, Stoffen etc*) drape. – **3.** (*mit Ornamenten etc*) ornament, adorn. – **4.** (*Schaufenster*) decorate, dress. – **5.** j-n ~ (*mit Orden*) to decorate s.o. – **II D~** *n* ⟨-s⟩ **6.** *verbal noun.* — **De·ko'rie·rung** *f* ⟨-; -en⟩ **1.** *cf.* Dekorieren. – **2.** *cf.* Dekoration 2—7.

De·kort [de'kɔrt] *m* ⟨-s; -s *u.* -e⟩ *econ.* **1.** discount, deduction. – **2.** abatement.

De·ko·rum [de'ko:rum] *n* ⟨-s; *no pl*⟩ decorum: das ~ wahren to maintain one's decorum.

De·kre·ment [dekre'mɛnt] *n* ⟨-(e)s; -e⟩ **1.** *med. cf.* Abnahme[2] 12 b, Verfall 2. – **2.** *math.* decrement: logarithmisches ~ logarithmic decrement.

de·kre·pit [dekre'pi:t] *adj bes. med.* decrepit, weak, feeble.

De·kre·pi·ta·ti·on [dekrepita'tsĭo:n] *f* ⟨-; *no pl*⟩ *chem.* decrepitation. — **de·kre·pi·'tie·ren** [-'ti:rən] *v/i* ⟨*no* ge-, h⟩ decrepitate.

De·kre·scen·do [dekrɛ'ʃɛndo] *n* ⟨-s; -s *u.* -scendi [-di]⟩ *mus. cf.* Decrescendo.

De·kret [de'kre:t] *n* ⟨-(e)s; -e⟩ *jur.* decree, order: ein ~ erlassen to issue (*od.* pass) a decree, to decree, to order; ein ~ widerrufen to revoke a decree.

De·kre'talˌbrief [dekre'ta:l-] *m*, **De·kre·'ta·le** *n* ⟨-; -lien [-lĭən]⟩, *f* ⟨-; -n⟩ *meist pl relig.* decretal, decretal epistle.

de·kre·tie·ren [dekre'ti:rən] *v/t* ⟨*no* ge-, h⟩ *jur.* decree, order (*s.th.*) (by decree).

de·ku·bi·tal [dekubi'ta:l] *adj med.* decubital. — **D~geˌschwür** *n* decubitus ulcer.

De·ku·bi·tus [de'ku:bitus] *m* ⟨-; *no pl*⟩ *med.* bedsore, decubitus (ulcer) (*scient.*).

de·ku·pie·ren [deku'pi:rən] *v/t* ⟨*no* ge-, h⟩ (*wood*) scroll-saw, cut (*od.* saw) (*s.th.*) in scrolls (*od.* irregular designs).

De·ku'pierˌsä·ge *f tech.* scroll saw.

De·ku·rie [de'ku:rĭə] *f* ⟨-; -n⟩ *antiq.* decury.

De·ku·rio [de'ku:rĭo] *m* ⟨-s *u.* -nen [-ku'rĭo:nən]; -nen⟩ *antiq.* decurion.

de·kus·siert [deku'si:rt] *adj bot.* cruciate, decussate.

De·la·ti·on [dela'tsĭo:n] *f* ⟨-; -en⟩ (*Vermögensübertragung, bes. einer Erbschaft*) delation.

De·la·wa·ren [dela'va:rən] *pl* (*Indianerstamm*) Delawares, Leni-Lenapes.

De·lea·tur [dele'a:tur] *n* ⟨-s; -⟩, **~ˌzei·chen** *n print.* delete mark, dele.

De·le·gat [dele'ga:t] *m* ⟨-en; -en⟩ **1.** *röm. kath.* apostolic delegate. – **2.** *pol. cf.* Delegierte.

De·le·ga·ti·on [delega'tsĭo:n] *f* ⟨-; -en⟩ **1.** *pol.* delegation, deputation, delegacy: eine ~ schicken (*od.* entsenden) to send a delegation; j-n zum Mitglied einer ~ machen to appoint s.o. to (*od.* a member of) a delegation. – **2.** *jur.* (act of) delegating, delegation, (*Übertragung*) transfer.

De·le·ga·ti'ons|ˌlei·ter *m* head (*od.* leader) of a delegation. — **~ˌmitˌglied** *n*, **~ˌteil·ˌneh·mer** *m* member of a delegation.

de·le'gier·bar *adj jur.* (*Recht, Vollmacht etc*) delegable.

de·le·gie·ren [dele'gi:rən] **I** *v/t* ⟨*no* ge-, h⟩ **1.** *pol.* delegate, depute: j-n zu einer Konferenz [in ein Komitee] ~ to delegate s.o. to a conference [committee]. – **2.** *jur.* delegate: seine Befugnisse ~ to delegate one's authority (*od.* powers); j-m eine Sache ~, eine Sache an j-n ~ to delegate s.th. to s.o. – **II D~** *n* ⟨-s⟩ **3.** *verbal noun.* — **de·le'giert I** *pp.* – **II** *adj jur.* delegate, delegatory: ~e Vollmacht delegacy. — **De·le'gier·te** *m, f* ⟨-n; -n⟩ *pol.* delegate, deputy, representative: die ~n the delegation *sg*; ständiger ~r permanent delegate. — **De·le'gie·rung** *f* ⟨-; -en⟩ *pol. jur.* **1.** *cf.* Delegieren. – **2.** *cf.* Delegation 2.

de·lek·tie·ren [delɛk'ti:rən] *v/t u.* sich ~ *v/reflex* ⟨*no* ge-, h⟩ *obs. for* ergötzen.

D-Elekˌtro·de ['de:-] *f nucl.* (*eines Zyklotrons*) dee, *auch* duant.

de·le·tär [dele'tɛ:r] *adj med.* (*schädlich*) deleterious, noxious.

Delf·ter ['dɛlftər] *adj* delft, *auch* delf, delph: ~ Fayencen (*od.* Zeug) delft, *auch* delf, delftware, *auch* delphware; ~ Kachel Dutch tile.

'Delftˌwa·re ['dɛlft-] *f* delftware, *auch* delphware.

de·li·be·ra·li·sie·ren [deliberali'zi:rən] *v/t* ⟨*no* ge-, h⟩ *econ.* (*Handel etc*) deliberalize, (re)establish restrictions in.

De·li·be·ra·ti·on [delibera'tsĭo:n] *f* ⟨-; -en⟩ *rare* deliberation, consideration. — **de·li·be'rie·ren** [-'ri:rən] *v/t* ⟨*no* ge-, h⟩ *obs.* deliberate (over), consider.

de·li·kat [deli'ka:t] **I** *adj* **1.** (*Speisen etc*) delicious, luscious, delightful, exquisite, delicate, dainty. – **2.** *lit.* (*Frage, Thema etc*) delicate, difficult, awkward, ticklish: er ist in einer ~en Lage he is in a delicate (*od.* precarious) situation. – **3.** *lit.* (*Gesundheit*) delicate, fragile, shaky. – **4.** (*Ausdrucksweise etc*) delicate, gentle, tactful, discrete. – **II** *adv* **5.** *lit.* (*taktvoll*) delicately, gently, tactfully, discretely, with tact (*od.* delicacy): er drückte sich ~ aus he expressed himself delicately, he chose his words tactfully.

De·li·ka·tes·se [delika'tɛsə] *f* ⟨-; -n⟩ **1.** (*Speise etc*) delicacy, dainty: ~n *pl* delicatessen *pl.* – **2.** ⟨*only sg*⟩ *lit.* (*Behutsamkeit*) delicacy, gentleness, tact, discretion: eine Sache mit äußerster ~ behandeln to deal with s.th. with the utmost delicacy. – **3.** *fig.* exquisite example.

De·li·ka'tes·sen|geˌschäft *n*, **~ˌhand·lung** *f cf.* Delikateßgeschäft.

De·li·ka'teß|geˌschäft *n* delicatessen shop (*od.* store), delicatessen. — **~ˌgur·ke** *f meist pl* gherkin. — **~ˌhand·lung** *f cf.* Delikateßgeschäft. — **~ˌwa·ren** *pl* delicatessen.

De·likt [de'lɪkt] *n* ⟨-(e)s; -e⟩ *jur.* **1.** (*im bürgerlichen Recht*) tort, tortious act, *Am.* delict. – **2.** (*im Strafrecht*) (penal) offence (*Am.* offense), punishable act, delict: schweres (*od.* verbrecherisches) ~ crime; minderes ~ misdemeano(u)r; eigenhändiges ~ self-perpetrated offence; fortgesetztes ~ continued offence; ~ gegen die persönliche Freiheit offence against the freedom of the person; ~ gegen Leib und Leben offence against the integrity of the person.

de'liktsˌfä·hig *adj jur.* **1.** (*im bürgerlichen Recht*) responsible (*od.* accountable) for tort. – **2.** (*im Strafrecht*) responsible (*od.* accountable, liable) for a crime. — **De·'liktsˌfä·hig·keit** *f* ⟨-; *no pl*⟩ responsibility (*od.* accountability) for tort (*od.* a crime).

De'likts|ˌhand·lung *f jur. cf.* Delikt. — **~ˌkla·ge** *f* action for tort.

De·li·la [de'li:la] *npr f* ⟨-; *no pl*⟩ *Bibl.* Delilah: Simson und ~ Samson and Delilah.

De·lin·quent [delɪŋ'kvɛnt] *m* ⟨-en; -en⟩, **De·lin'quen·tin** *f* ⟨-; -nen⟩ *jur.* a) offender, b) (*Angeklagter*) accused, *Am.* defendant, c) (*Verbrecher*) criminal: junge ~en a) delinquent minors, b) (*jugendliche Übeltäter*) youthful offenders, c) (*jugendliche Verbrecher*) juvenile delinquents.

de·li·rant [deli'rant] *adj med. psych.* delirious. — **de·li'rie·ren** [-'ri:rən] *v/i* ⟨*no* ge-, h⟩ be delirious.

De·li·ri·um [de'li:rĭum] *n* ⟨-s; -rien⟩ *med. psych.* delirium, phrenitis, 'the horrors' *pl* (*colloq.*): ~ tremens delirium tremens, DT's *pl* (*colloq.*); leichtes ~ subdelirium; ~ erzeugend delirifacient; an ~ leidend delirious.

de·lisch ['de:lɪʃ] *adj* Delian: das ~e Problem *math.* the Delian problem; der D~e Bund *hist.* the Delian League (*od.* Confederacy); der D~e Gott *myth.* Apollo.

de·li·zi·ös [deli'tsĭø:s] *adj* delicious.

Del·kre·de·re [dɛl'kre:dərə] *n* ⟨-; -⟩ *econ.* del credere. — **~geˌschäft** *n* del credere business. — **~ˌkon·to** *n* del credere account. — **~pro·vi·siˌon** *f* del credere commission. — **~reˌser·ve, ~ˌrückˌstel·lung** *f* del credere (*od.* contingency) reserve. — **~verˌsi·che·rung** *f* del credere (*od.* credit) insurance.

Del·le ['dɛlə] *f* ⟨-; -n⟩ **1.** *colloq.* (*Beule*) dent. – **2.** *med.* impression, pit, imprint; fossula, fossule, fossulet (*scient.*): ~n bilden to pit. – **3.** *geogr.* (*Vertiefung*) dell, depression, hollow, *auch* dale. – **4.** *auto.* depression.

de·lo·gie·ren [delo'ʒi:rən] **I** *v/t* ⟨*no* ge-, h⟩ *bes. Austrian* turn (*od.* drive) (*s.o.*) out, evict. – **II** *v/i* ⟨sein⟩ *mil. obs.* decamp, march off.

Del·phi·er ['dɛlfĭər] *m* ⟨-s; -⟩, **'Del·phie·rin** *f* ⟨-; -nen⟩ Delphian.

Del·phin [dɛl'fi:n] *m* ⟨-s; -e⟩ **1.** *zo.* dolphin (*Fam. Delphinidae*): Gemeiner ~ common dolphin (*Delphinus delphis*); zu den ~en gehörig delphinoid. – **2.** *astr.* Delphinus, Dolphin. – **3.** (*sport*) *cf.* Delphinschwimmen. — **~ˌschwim·men** *n* (*sport*) **1.** dolphin swimming. – **2.** *cf.* Delphinstil. — **~·ˌschwim·mer** *m*, **~ˌschwim·me·rin** *f* dolphin swimmer. — **~ˌstil** *m* dolphin stroke.

del·phisch ['dɛlfɪʃ] *adj hist. myth.* Delphian, Delphic (*auch fig.*): das D~e Orakel the Delphic Oracle.

Del·ta[1] ['dɛlta] *n* ⟨-(s); -s⟩ delta (*fourth letter of the Greek alphabet*).

'Del·ta[2] *n* ⟨-s; -s *u.* Delten⟩ *geogr.* delta.

'Del·ta|ˌabˌla·ge·rung *f geogr.* delta deposit. — **~ˌarm** *m* distributary. — **d~ˌar·tig** *adj cf.* deltaförmig. — **~ˌbil·dung** *f* delta formation, deltafication. — **~ˌbucht** *f* delta bay. — **~ˌdamm** *m* deltaic embankment. — **~ˌebe·ne** *f* delta plain. — **~ˌflü·gel** *m aer.* delta wing. — **~ˌflüg·ler** [-ˌfly:glər] *m* ⟨-s; -⟩, **~ˌflugˌzeug** *n* delta aircraft. — **d~ˌför·mig** *adj geol.* deltaic, deltic, deltoid(al): verkehrt ~ obdeltoid. — **~funk·tiˌon** *f math.* delta function. — **~isoˌla·tor** *m electr.* delta high-tension insulator. — **~ˌke·gel** *m geol.* delta cone. — **~meˌtall** *n* (*Messinglegierung*) delta metal. — **~ˌmün·dung** *f geol.* delta mouth (*od.* pass). — **~ˌmus·kel** *m med.* deltoid (muscle). — **~·ˌnel·ke** *f bot.* maiden pink (*Dianthus deltoides*). — **~ˌrhyth·mus** *m psych.* delta rhythm. — **~ˌschal·tung** *f electr. cf.* Dreieckschaltung. — **~ˌstrahl** *m meist pl phys.* delta ray.

Del·to·id [dɛlto'i:t] *n* ⟨-(e)s; -e⟩ *math.* deltoid.

dem I [dem] *definite article* ⟨*dat sg of* der 1, das 1⟩ to the: ~ Jungen [Mädchen] to the boy [girl]. – **II** [de:m] *demonstrative pron* ⟨*dat sg of* der 5, das 3⟩ ~ steht nichts im Wege there is no obstacle (to it); es ist nicht an ~ it is not the case; wenn ~ so ist if that's the case; wie ~ auch sei, sei ~, wie ihm wolle be that as it may. – **III** [dem] *relative pron* ⟨*dat sg of* der 7, das 5⟩ der, ~ ich es erzählte he whom I told. – **IV** [dem, de:m] *personal pron colloq. for* ihm 1.

Dem·ago·ge [dema'go:gə] *m* ⟨-n; -n⟩ demagogue, *Am. auch* demagog.

Dem·ago·genˌherr·schaft [dema'go:gən-] *f pol. hist.* demagogy, demagogism. — **Dem·ago·gen·tum** [-'go:-] *n* ⟨-s; *no pl*⟩ demagogism.

Dem·ago·gie [demago'gi:] *f* ⟨-; -n [-ən]⟩ demagogy. — **dem·ago·gisch** [-'go:gɪʃ] *adj* demagogic(al).

De·mant ['de:mant; de'mant] *m* ⟨-(e)s; -e⟩ *poet. u. dial. for* Diamant[1]. — **de'man·ten** *adj poet. u. dial. for* diamanten 1, 2, 4.

'De·mantˌspat *m min.* adamantine spar.

Dem·arch [de'març] *m* ⟨-en; -en⟩ **1.** *pol.* demarch (*head of a commune in modern Greece*). – **2.** *antiq.* demarch (*head of a deme*).

De·mar·che [de'marʃə] *f* ⟨-; -n⟩ *pol.* demarche, *bes. Br.* démarche: eine ~ unternehmen to make a demarche.

De·mar·ka·ti·on [demarka'tsĭo:n] *f* ⟨-; -en⟩ *pol. med.* **1.** demarcation, *Am. auch* demarkation. – **2.** *cf.* Demarkationslinie.

De·mar·ka·ti'onsˌli·nie *f pol. med.* line of demarcation, demarcation line.

de·mar·kie·ren [demar'ki:rən] *v/t* ⟨*no* ge-, h⟩ *pol.* demarcate, delimit.

de·mas·kie·ren [demas'ki:rən] *v/t u.* sich ~ *v/reflex* ⟨*no* ge-, h⟩ **1.** unmask (*auch fig.*). – **2.** *mil.* (*Geschütz etc*) unmask.

De·me·lee [deme'le:] *n* ⟨-(s); -s⟩ *obs. for* Streit 1, 3, 4, Handgemenge 1.

'dem·ent'ge·gen *adv cf.* demgegenüber.

De·men·ti [de'mɛnti] *n* ⟨-s; -s⟩ *pol.* **1.** dementi, (official *od.* formal) denial: ein ~ veröffentlichen to publish (*od.* issue) a denial. – **2.** (*Richtigstellung*) (official *od.* formal) correction.

De·men·tia [de'mɛntsĭa] *f* ⟨-; -menzen [-tsən]⟩ *psych. med.* dementia, insanity: ~ praecox dementia praecox; ~ senilis senile dementia.

de·men·tie·ren [demɛn'tiːrən] *v/t* ⟨*no* ge-, h⟩ *pol.* **1.** deny (officially *od.* formally), disclaim. – **2.** rectify (*od.* correct) (officially *od.* formally).

'dem·ent'spre·chend I *adv* **1.** consequently, accordingly. – **II** *adj* **2.** as expected: der Erfolg war ~, der ~e Erfolg trat ein the success was (as great) as expected. – **3.** corresponding.

De·menz [de'mɛnts] *f* ⟨-; -en⟩ *med.* dementia.

De·me·ter [de'meːtər] *npr f* ⟨-; *no pl*⟩ *myth.* Demeter (*Greek goddess of the earth*).

'dem,ge·gen'über *adv* in contrast (*od.* opposition) to this (*od.* that), as opposed to this (*od.* that).

'dem·ge'mäß *adv cf.* dementsprechend 1.

De·mi·john ['deːmidʒən] *m* ⟨-s; -s⟩ (*Korbflasche*) demijohn, *Am. auch* carboy.

De·mi·li·ta·ri·sa·ti·on [demilitariza'tsĭoːn] *f* ⟨-; *no pl*⟩ *pol.* demilitarization. — **de·mi·li·ta·ri'sie·ren** [-'ziːrən] *v/t* ⟨*no* ge-, h⟩ demilitarize. — **de·mi·li·ta·ri'siert I** *pp.* – **II** *adj* (*Zone etc*) demilitarized.

De·mi'monde [dəmi'mõːt; dəmi'mõːd] (*Fr.*) *f* ⟨-; *no pl*⟩ (*Halbwelt*) demimonde, *Br.* demi-monde.

de·mi·nu·tiv [deminu'tiːf] *ling.* **I** *adj cf.* diminutiv. – **II D~** *n* ⟨-s; -e⟩ *cf.* Diminutiv.

De·mis·si·on [demɪ'sĭoːn] *f* ⟨-; -en⟩ *pol.* resignation: seine ~ einreichen to tender (*od.* submit) one's resignation, to resign. — **de·mis·sio'nie·ren** [-sĭo'niːrən] *v/i* ⟨*no* ge-, h⟩ resign, tender (*od.* submit) one's resignation.

De·mi·urg [demi'urk] *m* ⟨-en *u.* -s; *no pl*⟩ *philos.* demiurge. — **de·mi'ur·gisch** [-gɪʃ] *adj* demiurgic(al), demiurgeous.

'dem'nach *adv u. conj* **1.** (*also*) consequently, therefore, so, thence (*lit.*). – **2.** (*demgemäß*) accordingly, according to this (*od.* that).

'dem'nächst *adv* shortly, soon, in the near future, before long: ~ in diesem Theater a) coming soon (to this cinema [*Am.* movie]), b) *colloq. humor.* (*nicht jetzt*) later, soon; ~ stattfindend [erscheinend] forthcoming.

De·mo·bi·li·sa·ti·on [demobiliza'tsĭoːn] *f* ⟨-; -en⟩ *mil. cf.* Demobilisierung. — **de·mo·bi·li'sie·ren** [-'ziːrən] *v/t u. v/i* ⟨*no* ge-, h⟩ demobilize. — **De·mo·bi·li'sie·rung** *f* demobilization.

de·mo'bil,ma·chen [demo'biːl-] *v/t u. v/i* ⟨-ge-, h⟩ demobilize. — **De·mo'bil,ma·chung** *f* ⟨-; *no pl*⟩ demobilization.

De·mo·du·la·ti·on [demodula'tsĭoːn] *f* ⟨-; -en⟩ *electr.* demodulation.

De·mo·du·la·tor [demodu'laːtər] *m* ⟨-s; -en [-la'toːrən]⟩ demodulator, (signal) detector.

de·mo·du·lie·ren [demodu'liːrən] *v/t* ⟨*no* ge-, h⟩ demodulate, detect, rectify.

De·mo·graph [demo'graːf] *m* ⟨-en; -en⟩ *sociol.* demographer. — **De·mo·gra'phie** [-gra'fiː] *f* ⟨-; *no pl*⟩ demography. — **de·mo'gra·phisch** *adj* demographic(al).

De·moi·selle [dəmŏa'zɛl] *f* ⟨-; -n [-lən]⟩ *obs. for* Fräulein 1—5.

De·mo·krat [demo'kraːt] *m* ⟨-en; -en⟩ *pol.* **1.** democrat. – **2.** Democrat (*member of a democratic party*). — **De·mo·kra'tie** [-kra'tiː] *f* ⟨-; -n [-ən]⟩ democracy: repräsentative [unmittelbare] ~ representative [absolute *od.* pure] democracy. — **De·mo'kra·tin** *f* ⟨-; -nen⟩ *cf.* Demokrat. — **de·mo'kra·tisch I** *adj* **1.** democratic. – **2.** (*Partei*) Democratic: ein ~er Abgeordneter a Democratic representative, a Democrat. – **II** *adv* **3.** democratically. — **de·mo·kra·ti'sie·ren** [-krati'ziːrən] *v/t* ⟨*no* ge-, h⟩ democratize. — **De·mo·kra·ti'sie·rung** *f* ⟨-; -en⟩ democratization.

De·mo·kra·ti'sie·rungs|be,we·gung *f pol.* democratic movement. — **~pro,zeß** *m* process of democratization.

de·mo·kri·tisch [demo'kriːtɪʃ] *adj philos.* Democritean.

de·mo·lie·ren [demo'liːrən] **I** *v/t* ⟨*no* ge-, h⟩ (*Auto, Möbel etc*) demolish, wreck, ruin. – **II D~** *n* ⟨-s⟩ *verbal noun.* — **De·mo'lie·rung** *f* ⟨-; -en⟩ **1.** *cf.* Demolieren. – **2.** demolition.

de·mo·ne·ti·sie·ren [demoneti'ziːrən] *v/t* ⟨*no* ge-, h⟩ *econ.* demonetize, deprive (*coin*) of legal tender quality, deprive (*metal*) of its status as money. — **De·mo·ne·ti'sie·rung** *f* ⟨-; -en⟩ demonetization.

De·mon·strant [demən'strant] *m* ⟨-en; -en⟩, **De·mon'stran·tin** *f* ⟨-; -nen⟩ *pol.* demonstrator, demonstrant.

De·mon·stra·ti·on [demənstra'tsĭoːn] *f* ⟨-; -en⟩ **1.** *cf.* Demonstrieren. – **2.** (*Kundgebung*) demonstration, manifestation: eine ~ gegen den Krieg veranstalten to hold a demonstration (*od.* to demonstrate) against war. – **3.** (*Vorführung*) demonstration, presentation: die ~en während der Anatomievorlesungen the demonstrations during (the) anatomy classes. – **4.** *fig.* (*Bekundung*) demonstration, manifestation, show: eine ~ des guten Willens a manifestation of good will; eine ~ der Macht a show of force.

De·mon·stra·ti'ons|ap·pa,rat *m tech.* demonstration apparatus. — **~,art** *f philos.* deictic function. — **~,recht** *n pol.* right to demonstrate (*od.* of demonstration). — **~,zug** *m* protest march.

de·mon·stra·tiv [demənstra'tiːf] **I** *adj* **1.** demonstrative, ostentatious, pointed: ein ~es Schweigen a pointed silence. – **2.** (*anschaulich*) graphic, descriptive, expressive: ein ~es Beispiel a descriptive example. – **3.** *ling.* (*Pronomen*) demonstrative. – **II** *adv* **4.** demonstratively, ostentatiously, pointedly: die Delegation verließ ~ den Saal the delegation left the hall ostentatiously (*od.* walked out).

De·mon·stra'tiv *n* ⟨-s; -e⟩, **~pro,no·men** *n*, **De·mon·stra'ti·vum** [-'tiːvum] *n* ⟨-s; -tiva [-va]⟩ *ling.* demonstrative (pronoun).

De·mon·stra·tor [demən'straːtər] *m* ⟨-s; -en [-stra'toːrən]⟩ (*Beweis-, Vorführer*) demonstrator.

de·mon·strie·ren [demən'striːrən] **I** *v/i* ⟨*no* ge-, h⟩ **1.** demonstrate, hold a demonstration: die Studenten ~ gegen den Film the students demonstrate against the picture. – **II** *v/t* **2.** (*darlegen, vorführen*) demonstrate, present, show: er demonstrierte uns den Vorgang he showed us how it works. – **3.** *fig.* (*bekunden*) demonstrate, manifest, show, prove: sein Handeln demonstrierte, was für ein guter Mensch er war his action manifested how good a person he was. – **III D~** *n* ⟨-s⟩ **4.** *verbal noun.*

De·mon·ta·ge [demən'taːʒə] *f* ⟨-; -n⟩ **1.** *cf.* Demontieren. – **2.** *tech.* (*von Maschinen, Anlagen*) disassembly, dismantlement. – **3.** *pol. hist.* dismantling program(me) (*1945—1950 in Germany*). — **de·mon'tier·bar** *adj tech.* removable, detachable, separable. — **de·mon'tie·ren** [-'tiːrən] **I** *v/t* ⟨*no* ge-, h⟩ (*Maschinen, Anlagen*) demount, disassemble, dismantle, take (*s.th.*) apart. – **II D~** *n* ⟨-s⟩ *verbal noun.* — **De·mon'tie·rung** *f* ⟨-; -en⟩ **1.** *cf.* Demontieren. – **2.** *cf.* Demontage 2.

De·mo·ra·li·sa·ti·on [demoraliza'tsĭoːn] *f* ⟨-; -en⟩ *cf.* Demoralisierung. — **de·mo·ra·li'sie·ren** [-'ziːrən] *v/t* ⟨*no* ge-, h⟩ (*Truppen etc*) demoralize, corrupt. — **de·mo·ra·li'sie·rend I** *pres p.* – **II** *adj* (*Wirkung, Einfluß etc*) demoralizing, corruptive. — **De·mo·ra·li'sie·rung** *f* ⟨-; -en⟩ demoralization, corruption.

De·mos ['deːmɔs] *m* ⟨-; Demen⟩ **1.** *antiq.* deme. – **2.** *pol.* deme (*commune in Greece*).

De·mo·skop [demo'skoːp] *m* ⟨-en; -en⟩ *sociol.* pollster. — **De·mo·sko'pie** [-sko'piː] *f* ⟨-; -n [-ən]⟩ public opinion survey (*od.* research). — **de·mo'sko·pisch** *adj* related to public opinion survey (*od.* research): ~e Umfrage public opinion poll.

de·mo·sthe·nisch [deməs'teːnɪʃ] *adj antiq.* Demosthenic, Demosthenian.

de·mo·tisch [de'moːtɪʃ] **I** *adj auch ling.* demotic. – **II** *ling.* **D~** ⟨*generally undeclined*⟩, **das D~e** *n* ⟨-n⟩ demotic.

,dem'sel·ben *demonstrative pron dat sg of* derselbe, dasselbe.

De·mut ['deːmuːt] *f* ⟨-; *no pl*⟩ *lit.* **1.** humility, humbleness, meekness: mit (*od.* in) ~ dienen to serve in humility. – **2.** (*Unterwürfigkeit*) submissiveness.

'de,mü·tig ['deː-] **I** *adj lit.* **1.** humble, meek, lowly: einen ~en Brief schreiben to write a humble (*od.* supplicant) letter. – **2.** (*unterwürfig*) submissive. – **II** *adv* **3.** ~ bitten to ask humbly (*od.* cap in hand), to supplicate. – **4.** submissively.

de·mü·ti·gen ['deːˌmyːtɪgən] **I** *v/t* ⟨h⟩ **1.** humble, humiliate: mit dieser Arbeit wollte er mich nur ~ he just meant to humiliate me with this work. – **2.** (*kränken*) insult, offend, mortify: j-n durch eine Bemerkung ~ to insult s.o. with a remark. – **II** *v/reflex* sich ~ **3.** humble (*od.* humiliate, abase) oneself. — **'de,mü·ti·gend I** *pres p.* – **II** *adj* **1.** (*Arbeit, Beschäftigung etc*) humiliating. – **2.** (*Bemerkung etc*) insulting, offending. — **'De,mü·ti·gung** *f* ⟨-; -en⟩ **1.** humiliation, abasement: eine ~ erleiden to suffer a humiliation; ihm blieb keine ~ erspart he was spared no humiliation. – **2.** (*Kränkung*) insult, *Br.* offence, *Am.* offense, mortification: eine ~ hinnehmen (*od. colloq.* einstecken) to take (*od. colloq.* pocket, swallow) an insult.

'de,mut(s),voll *adj cf.* demütig I.

'dem·zu'fol·ge [-tsu-] *adv cf.* demnach.

den I [den] *definite article* **1.** ⟨*acc sg of* der 1⟩ the. – **2.** ⟨*dat pl of* der 1, die 1, das 1⟩ to the. – **II** [deːn] *demonstrative pron* **3.** ⟨*acc sg of* der 5⟩ this (one), that (one). – **III** [den] *relative pron* **4.** ⟨*acc sg of* der 7⟩ a) (*bei Personen*) whom, *colloq. auch* who, b) (*bei Sachen*) which. – **IV** [den, deːn] *personal pron* **5.** *colloq. for* ihn.

De·nar [de'naːr] *m* ⟨-s; -e⟩ *antiq.* denarius (*Roman coin*).

De·na·tu·ra·li·sa·ti·on [denaturaliza'tsĭoːn] *f* ⟨-; -en⟩ *pol.* denaturalization. — **de·na·tu·ra·li'sie·ren** [-'ziːrən] *v/t* ⟨*no* ge-, h⟩ j-n ~ to denaturalize s.o.

de·na·tu·rie·ren [denatu'riːrən] *v/t* ⟨*no* ge-, h⟩ *bes. chem. nucl.* denature. — **de·na·tu'riert I** *pp.* – **II** *adj* denatured: ~er Alkohol *chem.* denatured alcohol; ~er Spiritus *chem.* methylated spirit. — **De·na·tu'rie·rung** *f* ⟨-; -en⟩ denaturation.

De·na·tu'rie·rungs,mit·tel *n chem.* denaturant.

Den·drit [dɛn'driːt; -'drɪt] *m* ⟨-en; -en⟩ **1.** *min.* dendrite, arborization. – **2.** *med.* dendrite, dendron, neurodendron. — **den'dri·ten,ar·tig, den'dri·tisch** *adj med. min.* dendritic(al), arborescent.

Den·dro·lo·gie [dɛndrolo'giː] *f* ⟨-; *no pl*⟩ dendrology. — **den·dro'lo·gisch** [-'loːgɪʃ] *adj* dendrologic(al).

Den·dro·me·ter [dɛndro'meːtər] *n* ⟨-s; -⟩ *tech.* (*wood*) dendrometer, dendrograph.

de·nen ['deːnən] **I** *demonstrative pron* ⟨*dat pl of* der 5, die 5, das 3⟩ trau ~ nicht! don't trust these (people). – **II** *relative pron* ⟨*dat pl of* der 7, die 9, das 5⟩ die Leute [Gerüchte], ~ er mißtraute the people [rumo(u)rs] (whom [which]) he distrusted. – **III** *personal pron colloq. for* ihnen 1, 2, 3.

'Den·gel|,am·boß *m tech. agr.* scythe anvil. — **~,ham·mer** *m* scythe-sharpening hammer.

den·geln ['dɛŋəln] *v/t* ⟨h⟩ (*Sensen, Sicheln etc*) sharpen (*s.th.*) by hammering.

'Den·gel,stock *m cf.* Dengelamboß.

'Den·gue,fie·ber ['dɛŋge-] *n med.* dengue (fever), *auch* breakbone (*od.* three-day) fever.

De·ni·er [də'nĭeː] *n* ⟨-(s); -⟩ (*textile*) denier.

De·nim [də'niːm] *m* ⟨-s; -⟩ (*textile*) denim.

de·ni·trie·ren [deni'triːrən] *v/t* ⟨*no* ge-, h⟩ *chem.* denitrate. — **De·ni'trie·rung** *f* ⟨-; -en⟩ denitration.

De·ni·tri·fi·ka·ti·on [denitrifika'tsĭoːn] *f* ⟨-; -en⟩ *chem.* denitrification. — **de·ni·tri·fi'zie·ren** [-'tsiːrən] *v/t* ⟨*no* ge-, h⟩ denitrify.

'Denk|,ar·beit *f* (hard) thought, mental effort, headwork: viel ~ (er)fordern to demand a good deal of thought; die ~ darin unbeachtet lassen to disregard the mental effort involved. — **~,art** *f* **1.** way (*od.* mode) of thinking. – **2.** (*Mentalität*) mentality, mental attitude, attitude of mind. — **~,auf,ga·be** *f* brain twister (*od.* teaser), puzzle, problem.

'denk·bar I *adj* **1.** thinkable, conceivable, imaginable, possible: es wäre nicht ~, ohne ihn zu leben it would not be possible (*od.* it would be inconceivable) to live without him; es ist durchaus ~, daß er schon morgen kommt it's easily possible that he will come tomorrow, he is quite likely to come tomorrow. – **II** *adv* **2.** very: es geht ihnen ~ gut they are very well indeed; eine ~ leichte Sache the easiest thing imaginable, an inconceivably easy thing. – **3.** (*mit*

Superlativ) mach es in der ~ kürzesten Zeit do it as fast as you possibly can; die ~ beste Erziehung the best education imaginable; ich habe mir die ~ größte Mühe gegeben I have taken the greatest pains conceivable.

den·ken ['dɛŋkən] **I** *v/i* ⟨denkt, dachte, gedacht, h⟩ **1.** think: laut ~ to think aloud; edel ~ to think magnanimously, to be noble- (*od.* high-)minded; gemein ~ to think the worst of people, to have a coarse (*od.* mean) attitude of mind; anders ~ a) to be of a different opinion, b) to hold unorthodox views; für (*od.* bei) sich ~ to think to oneself; folgerichtig (*od.* logisch) ~ to think (*od.* reason) logically; nur in Formeln ~ to think only in formulas (*od.* formulae); denkste! *colloq.* that's what you think! (*colloq.*), what a thought! what an idea! man muß heute europäisch ~ today one has to think in terms of Europe, nowadays one has to be Europe-minded; englisch (*od.* auf Englisch) ~ to think in English; das gibt einem zu ~ a) that makes you think, that's s.th. to think about, b) that's puzzling (*od.* bemusing); wo ~ Sie hin! what in the world are you thinking of? ich denke, also bin ich I think therefore I am (*Descartes*); sie denkt nicht mit dem Gehirn, sondern mit dem Herzen *fig.* she is guided by her heart rather than by her head; gedacht, getan no sooner said than done; der Mensch denkt, Gott lenkt (*Sprichwort*) man proposes, God disposes (*proverb*). – **2.** (*annehmen*) think, believe, suppose, imagine, *bes. Am.* guess: ich denke schon I think (*od.* guess) so; ich denke nicht (*od.* nein) I don't suppose so, I think not; ich dächte doch I should imagine so; machen Sie es, wie Sie ~ a) do as you think best (*od.* fit), b) do as you please. – **3.** (*sich vorstellen*) think, imagine, fancy: denk (dir) nur! (just) imagine! (just) think! denk mal an! *colloq.* well, what do you know! well, how about that! (just) think of that! (just) imagine! – **4.** (*sich erinnern*) remember, recall: solange ich ~ kann as long (*od.* far back) as I can remember. – **5.** an j-n [etwas] ~ a) to have s.o. [s.th.] in mind, to think of (*od.* about) s.o. [s.th.], to consider s.o. [s.th.], b) to think of (*od.* remember) s.o. [s.th.], not to forget s.o. [s.th.]: wenn ich nur daran denke only thinking of it, the mere thought of it; man kann nicht an alles ~ one can't think of everything; nur an sich selbst ~ to think only of oneself, to have no thought (*od.* consideration) for anyone but oneself, to consider only oneself; ich muß immer daran ~ I can't help thinking about it; denke daran, daß du rechtzeitig zurückkommst don't forget to come back in time; ich denke immer noch an die schönen Tage I still think of (*od.* remember, have not forgotten) those wonderful days; man muß an seine alten Tage ~ one has to think of (*od.* provide for) one's old age; er denkt nicht an morgen he never thinks of tomorrow (*od.* the future); an Schlaf war nicht zu ~ one could not even think about sleep(ing), sleep was out of the question; wie können Sie nur an so etwas ~! how can you even think of such a thing! woran denkst du? what are you thinking about? a penny for your thoughts! (*colloq.*); woran denkst du dabei? a) what exactly do you have in mind? b) what does this remind you of? der Partner, an den ich denke the partner (whom) I have in mind; an nichts anderes ~ als to think of nothing else but; er denkt aber auch an gar nichts! he never remembers (*od.* thinks of) anything; denk an meinen Rat! think of (*od.* don't forget) my piece of advice! wir hatten eigentlich an eine größere Wohnung gedacht we had actually thought of (*od.* wanted) a larger apartment (*bes. Br.* flat). – **6.** (*erwägen*) think of, consider, contemplate: wir ~ daran, unser Haus umzubauen a) we are thinking of (*od.* we had some thought of) remodel(l)ing our house, b) we intend (*od.* plan, mean) to remodel our house; er dachte gar nicht daran, mir zu helfen he would not even think of helping me; ich denke gar nicht daran I am not even thinking of (doing) it, it never entered my head, (*stärker*) I would not dream (*od.* think) of it, I'll be hanged if I will (*colloq.*); es ist gar nicht daran zu ~, daß du morgen fahren kannst it is out of the question for you to leave tomorrow. – **7.** über j-n (*od.* von j-m) [etwas] ~ a) to think about (*od.* of) s.o. [s.th.], to have an opinion of s.o. [s.th.], b) *cf.* nachdenken: wie ~ Sie darüber? what do you think of it? what's your opinion of (*od.* on) it? wie denkt er wohl über mich? what does he actually think of me? er denkt gewiß gering von mir he certainly thinks little of me, he does not esteem me very highly; darüber (*od.* in diesem Punkt) denke ich anders in this respect I hold a different view; wie denkt er über (die) Religion? what are his thoughts (*od.* ideas, conceptions) on religion? ich denke wie Sie darüber I share your view (*od.* I am of the same opinion) in this matter. – **8.** auf (*acc*) etwas ~ *esp. Bavarian and Austrian* to think of (*od.* about) s.th., to have s.th. in mind: er denkt stets auf seinen Vorteil he constantly thinks of his advantage. – **9.** *obs. for* gedenken 1. – **II** *v/t* **10.** think: einen Gedanken zu Ende ~ to think (*od.* pursue) a thought to the end, to think out a thought; wie können Sie so etwas ~! how can you think such a thing! how can you have such an idea! sich (*dat*) etwas ~ a) to think (of) s.th., to have (*od.* bear) s.th. in mind, b) to imagine (*od.* believe) s.th.; was hast du dir eigentlich gedacht, als a) what did you actually have in mind when? b) what did you think (*od.* imagine) you were doing when? ich dachte (mir) nichts Böses, als a) I did not think (of) anything bad (*od.* evil) when, b) I meant no harm when, I had no thought of harm when, I had no bad intentions when; ich dachte mir die Sache so I thought of the matter as follows, I had the following in mind; was ich denk' und tu', trau' ich andern zu (*Sprichwort*) *etwa* don't judge others by yourself! – **11.** (*annehmen*) think, believe, suppose, imagine, *bes. Am.* guess: wer hätte das gedacht! who would have thought it! man soll nicht immer das Schlimmste ~ one should not always think (*od.* believe, expect) the worst; ich denke, es wird so gehen I imagine (*od.* suppose, trust) that's the way to do it; das wird, denk' ich, wohl stimmen I believe this is correct, that's right I guess; ich denke, es ist Zeit zu gehen I suppose it is time (for us) to go; ich dachte, es hätte geklappt I thought it had worked out; man könnte ~, man sei zu Hause you might believe you were at home; ich dachte ihn mir viel größer I believed (*od.* imagined) him to be much taller; man sollte ~, daß one would think that; ich dachte, ihn unterwegs zu treffen I thought I would (*od.* I expected to) meet him on the way; das habe ich mir gleich gedacht that's what I thought (right) from the start (*od.* all along), I thought so (*od.* as much); ich dachte mir schon, daß I almost believed that; das hätte ich nie gedacht I would never have thought (*od.* believed) it. – **12.** (*sich vorstellen*) think (of), imagine, fancy, *auch* visualize, picture, conceive: das kann ich mir (*od.* das läßt sich) ~ I can (well) imagine that; denke dich an meine Stelle imagine (*od.* put, picture) yourself in my position (*od.* place); ich hatte mir alles so schön gedacht I had imagined everything (as being) so lovely (*od.* beautiful); er denkt, wunder wer er sei he thinks he is it, he thinks he is the last word; er denkt, wunder was er getan hat he thinks wonders (*od.* no end) of what he has done; das hättest du dir wohl ~ können you could have (well) imagined that; du kannst dir meine Freude ~ you can imagine my joy; er denkt sich sein(en) Teil he has his own opinion, he thinks his own thoughts; denke dir eine Zahl zwischen 1 und 10 think of a number between 1 and 10; er denkt sie sich schon als seine Frau he already imagines (*od.* sees) her as his wife; ich kann mir keine Lösung ~ I can't think (*od.* conceive) of a solution; → dabei 10. – **13.** (*erwägen*) think (of), consider, contemplate, intend, plan: ich denke, morgen abzureisen I am thinking of leaving tomorrow, I think I will leave tomorrow, I intend (*od.* mean, want) to leave tomorrow. – **14.** (*bedenken*) consider, bear (*s.th.*) in mind, realize: wenn man denkt, daß sie erst 18 ist considering (*od.* when one realizes) that she is only 18 years old; ohne sich etwas dabei zu ~ without realizing the full implications. – **15.** etwas über j-n (*od.* von j-m) [über (*od.* von) etwas] ~ to think s.th. of s.o. [s.th.], to hold (*od.* have) an opinion (*od.* view) on s.o. [s.th.]; was ~ Sie von ihm [darüber]? what do you think of (*od.* say to) him [it]? – **16.** etwas für j-n [etwas] ~ to mean (*od.* intend) s.th. for s.o. [s.th.]: das Buch habe ich für dich gedacht the book is meant for you. – **III D~** *n* ⟨-s⟩ **17.** *verbal noun*: j-n zu selbständigem D~ erziehen to educate s.o. to independent thinking. – **18.** thought: störe mich nicht im (*od.* beim) D~! don't disturb my thoughts! – **19.** (way of) thinking: ein präzises D~ a precise (*od.* logical) way of thinking (*od.* reasoning).

'den·kend I *pres p.* – **II** *adj* thinking: jeder ~e Mensch every thinking man; vernünftig ~ rational; wissenschaftlich ~e Leute people thinking in scientific terms, scientifically-minded people.

'Den·ker *m* ⟨-s; -⟩ thinker, (*im engeren Sinne*) philosopher.

'den·ke·risch *adj* ⟨*attrib*⟩ thinking, intellectual.

'Den·ker,stirn *f* thinker's brow: er hat eine ~ he has the brow of a thinker.

'denk,fä·hig *adj* **1.** able (*od.* capable) to think (*od.* reason), capable of thought, *auch* intelligent. – **2.** (*denkend*) rational. — **'Denk,fä·hig·keit** *f* ⟨-; *no pl*⟩ **1.** ability (*od.* capability) to think (*od.* reason), capacity of thinking (*od.* for thought). – **2.** (*Intelligenz*) intelligence.

'Denk,fal·te *f colloq.* wrinkle (*od.* crease) from worry.

'denk,faul *adj* mentally lazy, too lazy to think. — **'Denk,faul·heit** *f* ⟨-; *no pl*⟩ mental laziness.

'Denk|,feh·ler *m* **1.** mistake (*od.* error) in reasoning (*od.* logic), false reasoning: einen ~ machen to make a mistake in (one's) reasoning. – **2.** (*Trugschluß*) fallacy. — **~,form** *f* **1.** *philos.* form (*od.* law) of thought. – **2.** *cf.* Denkart 1. — **~,frei·heit** *f* freedom (*od.* liberty) of thought. — **~,ge·gen,stand** *m* **1.** (*Gedanke*) thought. – **2.** (*Bild*) mental image, object of thought. — **~ge,setz** *n meist pl psych.* law of thought (*od.* thinking). — **~ge,wohn·heit** *f* habit of thinking, thinking habit. — **~,kraft** *f cf.* Denkvermögen. — **~,leh·re** *f archaic for* Logik 2. — **~,lei·stung** *f* intellectual feat (*od.* achievement).

'Denk,mal *n* ⟨-(e)s; ⸚er, *rare* -e⟩ **1.** (*Säule, Statue etc*) monument, (*bes. Ehrenmal*) memorial (*beide auch fig.*): ein ~ für die im Krieg Gefallenen a monument (*od.* memorial) to the fallen; j-m ein ~ setzen a) to erect (*od.* put up) a monument in s.o.'s hono(u)r, b) *fig.* to perpetuate s.o.'s memory; mit diesem Roman hat er sich ein ~ gesetzt *fig.* this novel of his will be a memorial to him. – **2.** *meist pl fig.* (historical) monument (*od.* relic): die Denkmäler einer vergangenen Zeit the monuments (*od.* relics) of a bygone age (*od.* another time); Denkmäler der Literatur monuments of literature. — **~,amt** *n* office for the preservation of (historical) monuments. — **~,pfle·ge** *f* preservation of monuments. — **~,pfle·ger** *m* curator of monuments. — **~,schutz** *m* protection of monuments: unter ~ stehen to be classified as a(n) historical monument, *Br.* to be under (a) preservation order.

'Denk,mals|,pfle·ge *f cf.* Denkmalpflege. — **~,schutz** *m cf.* Denkmalschutz.

'denk,mä·ßig *adj* logical.

'Denk|me,tho·de *f* method of thinking (*od.* thought). — **~mo,dell** *n* model for further discussion. — **~,mün·ze** *f* commemorative coin (*od.* medal). — **d~,not,wen·dig** *adj* logically necessary. — **~öko·no,mie** *f philos.* conceptual economy. — **~,pau·se** *f* pause for thought. — **~pro,zeß** *m* thinking (*od.* thought) process. — **~psy·cho·lo,gie** *f psych.* psychology of thought perception (*od.* thinking). — **~,raum** *m* **1.** *philos.* subjective (*od.* phenomenal) space. – **2.** *fig.* ideology, world of thought. — **~,re·de** *f* commemorative address. — **d~,rich·tig** *adj* logical. — **~scha,blo·ne** *f* (prejudiced) thought pattern. — **~,sche·ma** *n* thought scheme. — **~,schrift** *f* **1.** *bes. pol.* memorandum: eine ~ herausgeben to issue a memorandum. – **2.** (*Bittschrift*) petition. – **3.** (*Abhandlung*) memoir. – **4.** *hist.* memorial: eine ~ einreichen to submit a memorial.

'**Denk,sport** *m* mental exercise (*od.* acrobatics *pl* (*construed as sg or pl*). — **~,auf,ga·be** *f cf.* Denkaufgabe.

'**Denk|,spruch** *m archaic* **1.** maxim, motto. – **2.** (*Aphorismus*) aphorism. — **~,stein** *m* memorial (stone). — **~,stö·rung** *f* thought disturbance. — **~,tä·tig·keit** *f* mental activity. — **~,träg·heit** *f* (mental) indolence. — **~,übung** *f* mental exercise, exercise of the mind.

'**Den·kungs|,art** *f* **1.** *cf.* Denkart. – **2.** (*Gesinnung*) feeling(s *pl*), conviction(s *pl*), mind: edle ~ high-mindedness, noble-mindedness; von edler ~ high-minded, noble-minded; die Milch der frommen ~ *humor.* the milk of human kindness. — **~,wei·se** *f cf.* Denkart.

'**Denk|ver,mö·gen** *n* thinking (*od.* reasoning) power, power to think (*od.* reason). — **~,vers** *m* mnemonic (rhyme *od.* verse). — **~,vor,gang** *m cf.* Denkprozeß. — **~,wei·se** *f cf.* Denkart. — **d~,wid·rig** *adj* illogical. — **d~,wür·dig** *adj* (*Augenblick, Feier etc*) memorable, noteworthy: ein ~er Tag a day worth remembering. — **~,wür·dig·keit** *f* **1.** memorability, noteworthiness. – **2.** memorable occurrence (*od.* event), s.th. worth remembering. – **3.** *pl* (*literature*) memoirs, memorabilia (*lit.*). — **~,zeit** *f* **1.** time for thought (*od.* consideration). – **2.** *philos.* subjective (*od.* phenomenal) time. — **~,zen·trum** *n* thought center (*bes. Br.* centre). — **~,zet·tel** *m* **1.** *colloq.* (unpleasant) reminder, (object) lesson: dem habe ich einen ordentlichen ~ verpaßt *colloq.* a) I gave him a good lesson (*od.* talking-to, dressing down), I gave him s.th. to remember me by, b) I gave him a hiding he won't forget (*colloq.*). – **2.** note, memorandum.

denn [dɛn] **I** *conj* **1.** because, since, for: sie konnte nicht kommen, ~ sie war krank she could not come for she was sick; ich bleibe hier, ~ ich habe noch zu arbeiten I'll stay here because I still have some work to do. – **2.** (*nach Komparativ*) than: mehr ~ je more than ever; besser ~ je zuvor better than (ever) before; er war als Dichter besser ~ als Dramatiker *lit.* he was a better poet than playwright. – **3.** (*einräumend*) (*in Wendungen wie*) es sei (*od.* wäre) ~ (*ausgenommen*) unless, *auch* except; ich gehe nicht, es sei ~, du kommst mit I won't go unless you come along; es sei ~, daß die Sonne scheint unless the sun shines; ich lasse dich nicht, du segnest mich ~ *Bibl.* I will not let thee go, except thou bless me. – **II** *adv* **4.** (*verstärkend*) then: was machen wir ~ nun? what are we going to do then? er ist ~ also gekommen (so) he has come then. – **5.** (*oft nicht übersetzt*) warum ~ nicht? (well,) why not? ist es ~ wirklich so schwer? is it really so hard? wo steckt er ~? wherever may he be? wie heißt du ~? and what's your name? was war ~ gestern mit dir los? what was the matter with you yesterday? ich habe ihn gesehen — wo ~? I saw him — where? – **6.** *colloq.* (*dann*) then: es ist ihm ~ doch gelungen he finally succeeded; wenn schon, ~ schon *etwa* if it's worth doing at all then do it right, *auch* you may as well be hanged for a lamb as for a sheep.

den·noch ['dɛnɔx] *conj* (but) still, yet, nevertheless, all the same: es regnete, ~ war der Urlaub schön it rained but nevertheless we had a beautiful holiday (*Am.* vacation); sie blieb kalt und ~ höflich she remained cold, yet polite; ~ bist du mir lieber I like you better though, but (nevertheless) I still prefer you.

De·no·mi·na·ti·on [denomina'tsĭoːn] *f* ⟨-; -en⟩ **1.** denomination, appellation. – **2.** *relig.* denomination, persuasion.

de·no·mi·na·tiv [denomina'tiːf] *ling.* **I** *adj* denominative. – **II D~** *n* ⟨-s; -e⟩ denominative. — **De·no·mi·na'ti·vum** [-vʊm] *n* ⟨-s; -tiva [-va]⟩ *cf.* Denominativ.

de·no·mi·nie·ren [denomi'niːrən] *v/t* ⟨*no* ge-, h⟩ denominate.

,**den'sel·ben** *demonstrative pron* **1.** *acc sg of* derselbe. – **2.** *dat pl of* derselbe, dieselbe, dasselbe.

Den·si·me·ter [dɛnzi'meːtər] *n* ⟨-s; -⟩ *chem. phys.* densimeter. — **den·si'me·trisch** [-'meːtrɪʃ] *adj* densimetric.

Den·si·tät [dɛnzi'tɛːt] *f* ⟨-; -en⟩ density.

Den·si·to·me·ter [dɛnzito'meːtər] *n* ⟨-s; -⟩ **1.** *cf.* Densimeter. – **2.** *phot.* densitometer. — **Den·si·to·me'trie** [-me'triː] *f* ⟨-; *no pl*⟩ *phot.* densitometry.

den·tal [dɛn'taːl] *adj bes. ling. med.* dental.

Den'tal *m* ⟨-(e)s; -e⟩, **Den'ta·lis** [-lɪs] *f* ⟨-; -tales [-lɛs]⟩ *ling.* dental.

Den'tal|la,bor *n med.* dental laboratory. — **~,laut** *m ling. cf.* Dental.

den·te·lie·ren [dɑ̃tə'liːrən] *v/t* ⟨*no* ge-, h⟩ (*Spitzen*) notch, indent.

den·ti·lin·gu·al [dɛntilɪŋ'gŭaːl] *adj ling.* dentilingual.

Den·tin [dɛn'tiːn] *n* ⟨-s; *no pl*⟩ *med.* dentin(e). — **~,bil·dung** *f* dentinification. — **~ka,näl·chen** *n* dentinal canal.

Den·tist [dɛn'tɪst] *m* ⟨-en; -en⟩ *med. obs.* dentist (*without university training*).

Den·ti·ti·on [dɛnti'tsĭoːn] *f* ⟨-; *no pl*⟩ *med.* teething, dentition (*scient.*).

den·to·gen [dɛnto'geːn] *adj med.* dentogenic.

De·nu·da·ti·on [denuda'tsĭoːn] *f* ⟨-; -en⟩ *geol. med.* denudation. — **de·nu'die·ren** [-'diːrən] *v/t* ⟨*no* ge-, h⟩ denude.

De·nun·zi·ant [denʊn'tsĭant] *m* ⟨-en; -en⟩ *contempt.* (common) informer, informant, denouncer. — **De·nun·zi'an·ten·tum** *n* ⟨-s; *no pl*⟩ **1.** denouncing, denunciations *pl.* – **2.** denouncers *pl.* — **De·nun·zi'an·tin** *f* ⟨-; -nen⟩ *cf.* Denunziant.

De·nun·zi·at [denʊn'tsĭaːt] *m* ⟨-en; -en⟩ denounced person. — **De·nun·zia·ti'on** [-tsĭa'tsĭoːn] *f* ⟨-; -en⟩ *contempt.* denunciation, *auch* information: die ~ eines Freundes the denunciation (*od.* denouncing) of a friend, the informing against (*od.* on) a friend. — **de·nun'zie·ren** [-'tsiːrən] *v/t* ⟨*no* ge-, h⟩ j-n ~ to denounce s.o., to inform against (*od.* on) s.o.

Deo'da·ra,ze·der [deo'daːra-] *f bot.* deodar (*Cedrus deodara*).

Deo·do'rant|,spray [deˀodo'rant-] *n* (*cosmetics*) deodorant spray. — **~,stift** *m* deodorant stick.

De·on·to·lo·gie [deɔntolo'giː] *f* ⟨-; *no pl*⟩ *philos.* deontology (*ethics of duty*).

De·par·te·ment [depart(ə)'mɑ̃ː] *n* ⟨-s; -s, *Swiss* -e [-tə'mɛntə]⟩ **1.** [-tə'mɛnt] *Swiss pol.* a) (*auf Bundesebene*) ministry, b) (*auf Kantonal-, Stadtebene*) department. – **2.** *pol.* (*in Frankreich*) departement. – **3.** *obs. for* Abteilung[2] 2, Geschäftsbereich 1.

De·part·ment [di'partmənt; dɪ'pɑːtmənt] (*Engl.*) *n* ⟨-s; -s⟩ department.

De·pen·dance [depɑ̃'dɑ̃ːs] *f* ⟨-; -n [-sən]⟩ *bes. Austrian and Swiss* annex (to a hotel), *bes. Br.* annexe, *bes. Am.* dependency.

De·pen·denz [depɛn'dɛnts] *f* ⟨-; -en⟩ **1.** *philos.* dependence. – **2.** *obs. cf.* Dependance.

De·per·so·na·li·sa·ti·on [depɛrzonaliza'tsĭoːn] *f* ⟨-; -en⟩ *psych.* depersonalization, self-estrangement.

De·pe·sche [de'pɛʃə] *f* ⟨-; -n⟩ **1.** *pol. hist.* (official) dispatch, *auch* despatch: die Emser ~ *hist.* the Ems telegram (*1870*). – **2.** *obs.* telegram. — **De'pe·schen,wech·sel** *m pol.* exchange of dispatches (*auch* despatches).

de·pe·schie·ren [depɛ'ʃiːrən] *v/i u. v/t* ⟨*no* ge-, h⟩ *obs. for* telegraphieren.

De·phleg·ma·tor [deflɛ'gmaːtər] *m* ⟨-s; -en [-gma'toːrən]⟩ *chem.* dephlegmator, water separator. — **de·phleg'mie·ren** [-'gmiːrən] *v/t* ⟨*no* ge-, h⟩ (*Flüssigkeit*) dephlegmate. — **De·phleg'mie·rung** *f* ⟨-; *no pl*⟩ dephlegmation.

De·pig·men·ta·ti·on [depɪgmɛnta'tsĭoːn] *f biol.* depigmentation.

De·pi·la·ti·on [depila'tsĭoːn] *f* ⟨-; -en⟩ (*cosmetics*) depilation, removal of hair.

De·pi·la·to·ri·um [depila'toːrĭʊm] *n* ⟨-s; -torien⟩ (*cosmetics*) (*Enthaarungsmittel*) depilatory.

de·pi·lie·ren [depi'liːrən] *v/t* ⟨*no* ge-, h⟩ (*cosmetics*) (*Gesicht etc*) depilate, remove the hair from. — **de·pi'lie·rend I** *pres p.* – **II** *adj* depilatory.

De·pla·ce·ment [deplas(ə)'mɑ̃ː] *n* ⟨-s; -s⟩ *mar. phys.* displacement. — **~,schwer,punkt** *m mar.* center (*bes. Br.* centre) of displacement.

de·pla·cie·ren [depla'siːrən; -'tsiːrən] *v/t* ⟨*no* ge-, h⟩ *obs. for* a) verrücken 1, b) verdrängen 1. — **de·pla'ciert I** *pp.* – **II** *adj fig.* (*Person etc*) out of place, (*Bemerkung*) *auch* misplaced: er fühlt sich hier ~ he feels out of place here. — **De·pla'cie·rung** *f* ⟨-; -en⟩ *obs. for* a) Verrückung 1, 2, b) Verdrängung 1, 2.

De·po·la·ri·sa·ti·on [depolariza'tsĭoːn] *f* ⟨-; -en⟩ *electr.* depolarization. — **De·po·la·ri'sa·tor** [-'zaːtər] *m* ⟨-s; -en [-za'toːrən]⟩ depolarizer. — **de·po·la·ri'sie·ren** [-'ziːrən] *v/t* ⟨*no* ge-, h⟩ depolarize. — **De·po·la·ri'sie·rung** *f* depolarization.

De·po·ly·me·ri·sa·ti·on [depolymeriza'tsĭoːn] *f* ⟨-; -en⟩ *chem.* depolymerization. — **de·po·ly·me·ri'sie·ren** [-'ziːrən] *v/t* ⟨*no* ge-, h⟩ depolymerize.

De·po·nens [de'poːnɛns] *n* ⟨-; -nentia [-po'nɛntsĭa] *u.* -nentien [-po'nɛntsĭən]⟩ *ling.* deponent (verb).

De·po·nent [depo'nɛnt] *m* ⟨-en; -en⟩ **1.** *econ.* depositor. – **2.** *jur.* (*Zeuge*) deponent.

de·po·nie·ren [depo'niːrən] *econ.* **I** *v/t* ⟨*no* ge-, h⟩ deposit: Geld auf der Bank [bei einem Freund, in einem Safe] ~ to deposit money at the bank [with a friend, in a safe]. – **II D~** *n* ⟨-s⟩ *verbal noun.* — **De·po'nie·rung** *f* ⟨-; *no pl*⟩ **1.** *cf.* Deponieren. – **2.** deposit.

De·po·pu·la·ti·on [depopula'tsĭoːn] *f* ⟨-; -en⟩ *obs. for* Entvölkerung.

De·port [de'pɔrt; de'poːr] *m* ⟨-s; -e [-'pɔrtə] *u.* -s [-'poːrs]⟩ *econ.* (*an der Börse*) backwardation.

De·por·ta·ti·on [depɔrta'tsĭoːn] *f* ⟨-; -en⟩ **1.** *pol.* deportation. – **2.** *hist.* transportation (of convicts).

De·por·ta·ti'ons,la·ger *n pol.* camp for deportees.

De'port·ge,schäft *n econ. cf.* Deport.

de·por·tie·ren [depɔr'tiːrən] **I** *v/t* ⟨*no* ge-, h⟩ *pol.* deport. – **II D~** *n* ⟨-s⟩ *cf.* Deportation. — **De·por'tier·te** *m, f* ⟨-n; -n⟩ deported person, deportee. — **De·por'tie·rung** *f* ⟨-; -en⟩ deportation.

De·po·si·tar [depozi'taːr], *auch* **De·po·si'tär** [-'tɛːr] *m* ⟨-s; -e⟩ *jur. econ.* depositary.

De·po·si·ten [depo'ziːtən] *pl econ.* deposits. — **~,bank** *f* (commercial) bank, (*bes. in Deutschland*) deposit bank. — **~,gel·der** *pl cf.* Depositen. — **~,heft** *n Swiss* deposit book. — **~,in,ha·ber** *m rare for* Konteninhaber. — **~,kas·se** *f* local branch of a bank. — **~,kon·to** *n* deposit account. — **~vo,lu·men** *n* total deposits *pl.* — **~,zins** *m* **1.** deposit rate. – **2.** *pl* interest *sg* on deposit.

De·po·si·ti·on [depozi'tsĭoːn] *f* ⟨-; -en⟩ **1.** *röm.kath.* deposition. – **2.** *econ. obs. for* Deponierung.

de·pos·se·die·ren [depɔse'diːrən] *v/t* ⟨*no* ge-, h⟩ *obs. for* enteignen 2.

De·pot [de'poː] *n* ⟨-s; -s⟩ **1.** depot, depository. – **2.** *econ.* deposit, item deposited: geschlossenes ~ deposit in a strong box; gesperrtes ~ blocked deposit (*od.* account); offenes ~ open account; im ~ on deposit; in ~ geben to (place on) deposit; ~ unter Streifband safe custody deposit. – **3.** *mil.* depot. – **4.** *med.* deposit. – **5.** *cf.* a) Straßenbahndepot, b) Wagendepot. — **~,ab,tei·lung** *f econ.* securities department. — **~,auf,stel·lung** *f* statement of a deposit (*od.* of securities deposited). — **~,aus,zug** *m cf.* Depotaufstellung. — **~,bank** *f* bank at which securities are deposited. — **~be,hand·lung** *f med.* a) injection of depot medication, b) (*bei Allergie*) repository injection. — **~,fund** *m archeol.* deposit of prehistoric artifacts (*od.* artefacts). — **~,in,stand,set·zung** *f mil.* depot maintenance. — **~prä·pa,rat** *n med. pharm.* (*langwirkendes Arzneimittel*) depot (*od.* repository) preparation. — **~,quit·tung** *f econ.* certificate of deposit. — **~,schein** *m* deposit receipt. — **~,zin·sen** *pl* interest *sg* on deposits.

Depp [dɛp] *m* ⟨-en; -en⟩ *Southern G., Austrian, and Swiss colloq.* fool, idiot, blockhead, *bes. Am. sl.* 'dope'. — '**dep·pen·haft** *adj* foolish, stupid.

De·pra·va·ti·on [deprava'tsĭoːn] *f* ⟨-; -en⟩ *obs. for* Verschlechterung 1, 2, 4. — **de·pra'vie·ren** [-'viːrən] *v/t* ⟨*no* ge-, h⟩ *obs. for* verschlechtern 1, 3.

De·pre·ka·ti·on [depreka'tsĭoːn] *f* ⟨-; -en⟩ *obs. for* Abbitte.

De·pres·si·on [deprɛ'sĭoːn] *f* ⟨-; -en⟩ **1.** *psych.* depression, dejection: an ~en leiden to suffer from fits of depression. – **2.** *econ.* depression, slackness of business activity, general state of inactivity, (*bes. plötzliche*) slump. – **3.** *meteor.* depression, low (pressure area). – **4.** *geol.* depression, structural saddle: axiale (*od.* longitudinale) ~ axial depression, saddle.

De·pres·si'ons|,bruch *m med.* depressed fracture. — **~,win·kel** *m astr.* angle of depression. — **~,zu,stand** *m psych.* (state of) depression, depressed state.

de·pres·siv [deprɛ'si:f] *adj psych.* depressive, depressed.

de·pre·zie·ren [depre'tsi:rən] *v/i* ⟨*no* ge-, h⟩ (*von korporierten Studenten*) to apologize formally.

de·pri·mie·ren [depri'mi:rən] *v/t* ⟨*no* ge-, h⟩ *psych.* depress, deject. — **de·pri'mie·rend I** *pres p.* – **II** *adj* depressing, depressant. — **de·pri'miert I** *pp.* – **II** *adj* depressed, dejected: er ging ~ nach Hause he went home depressed.

De·pri·va·ti·on [depriva'tsĭo:n] *f* ⟨-; -en⟩ *röm.kath.* (*eines Geistlichen*) deprivation, deposition, dismissal.

Dep·sid [dɛ'psi:t] *n* ⟨-(e)s; -e⟩ *chem.* depside.

De·pu·tant [depu'tant] *m* ⟨-en; -en⟩ *person entitled to allowances in kind.*

De·pu·tat [depu'ta:t] *n* ⟨-(e)s; -e⟩ **1.** *econ.* a) allowance in kind, b) (*bes. in Form von Sozialleistungen*) fringe benefits *pl.* – **2.** *jur. hist.* service.

De·pu·ta·ti·on [deputa'tsĭo:n] *f* ⟨-; -en⟩ *pol.* deputation, delegation.

De·pu'tat|,koh·le *f econ.* (*für Bergarbeiter*) free (*od.* allowance) coal. — **~,lohn** *m* wages *pl* in kind. — **~,zah·lung** *f* payment (*od.* allowance) in kind.

de·pu·tie·ren [depu'ti:rən] *v/t* ⟨*no* ge-, h⟩ *pol.* depute, delegate. — **De·pu'tier·te** *m, f* ⟨-n; -n⟩ deputy, delegate.

De·pu'tier·ten,kam·mer *f* (*in Frankreich*) Chamber of Deputies.

der I [der] *definite article* **1.** *m* ⟨*nom sg*⟩ the: ~ Tisch the table; ~ Kaiser von Japan the Emperor of Japan; ~ gleiche the same; ~ eine ist fleißig, ~ andere ist faul one is industrious, (and) the other is lazy; ~ Ärmste! (the) poor fellow! ~ Goethe des 18. Jahrhunderts (*literature*) the Goethe of the 18th century; ~ Pazifische Ozean the Pacific (Ocean); ~ Peter *Southern G., Middle G., and Austrian colloq.* Peter. – **2.** ⟨*gen sg of* die 1⟩ of the: die Mauern ~ Stadt the walls of the city. – **3.** ⟨*dat sg of* die 1⟩ to the: den Schlüssel gab ich ~ Nachbarin I gave the key to the (*od.* my) neighbo(u)r. – **4.** ⟨*gen pl of* der 1, die 1, das 1⟩ of the: die Ankunft ~ Staatsmänner [Freundinnen, Kinder] the arrival of the statesmen [friends, children]. – **II** [de:r] *demonstrative pron* **5.** *m* ⟨*nom sg*⟩ this (one), that (one): ~ Dichter gefällt mir am besten I like this poet best; mein Hut und ~ des Gastes my hat and that of the guest; ~ ist der Netteste von allen that one is the nicest of all; nur ~ ist glücklich, ~ sich zu bescheiden weiß only he (*od.* that man) is happy who knows how to content himself; ~ und sein Wort halten! *contempt.* him — keep his word? keep his promise — what, him? – **6.** ⟨*dat sg of* die 5⟩ zu ~ und ~ Zeit at that and that time. – **III** [der] *relative pron* **7.** *m* ⟨*nom sg*⟩ a) (*bei Personen*) who, b) (*bei Sachen*) which: ~ Wissenschaftler, ~ das erfunden hat the scientist who invented that; ich, ~ ich das selbst gesehen habe I (*od. colloq.* me) who has seen this myself; er war der erste, ~ es sagte he was the first to mention it; der erste Stein, ~ geworfen wurde the first stone which was (*od.* to be) thrown. – **8.** ⟨*dat sg of* die 9⟩ die Freundin, ~ ich meine Sorgen erzählte the (girl) friend (to) whom I told my worries, the (girl) friend (whom) I told my worries to; die Angelegenheit, ~ ich meine Aufmerksamkeit schenkte the matter to which I directed my attention; die Dame, ~ ich begegnete the lady (whom) I met; die Ruhe, mit ~ er handelte the calmness with which he acted (*od.* took care of the matter). – **IV** [der, de:r] *personal pron* **9.** *colloq. for* er 1—3, ihr 2—5.

De·ran·ge·ment [derãʒə'mã:] *n* ⟨-s; -s⟩ *obs. for* Störung 1, 2, Verwirrung 1, 3. — **de·ran'gie·ren** [-'ʒi:rən] *v/t* ⟨*no* ge-, h⟩ *obs. for* stören 1, 6, verwirren 2. — **de·ran'giert I** *pp.* – **II** *adj fig.* untidy, messy: du siehst so ~ aus you look so untidy.

der·art ['de:r'ʔa:rt] *adv* so, in such a manner (*od.* way): das hat ihn ~ gefreut, daß that pleased him so much that; die Auswirkungen waren ~, daß the effects were such that; man kann mich nicht ~ behandeln one can't treat me in such a manner (*od.* like that); es hat lange nicht mehr ~ geregnet it has not rained like that for a long time; er hat sich ~ erkältet, daß he has caught such a cold that.

'der'ar·tig I *adj* such: ~e Worte können mich nicht erschüttern such words (*od.* words like that) can't upset me. – **II** *adv cf.* derart. – **III D~e, das** (*in Wendungen wie*) etwas D~es such a thing, something like that; nichts D~es no such thing, nothing like that.

derb [dɛrp] **I** *adj* ⟨-er; -st⟩ **1.** *fig.* coarse, crude, rough, uncouth, rude: ein ~er Fluch a coarse (*od.* round) oath; ~e Späße crude jokes; ~e Worte gebrauchen to use coarse (*od.* rough) language; einen ~en Verweis bekommen to receive a coarse (*od.* rough) rebuke. – **2.** (*stark, kräftig*) strong, sturdy, robust: ~e Fäuste strong fists; ~e Arme sturdy arms. – **3.** (*rauh, grob*) coarse, rough: ~es Gewebe coarse fabric. – **4.** (*strapazierfähig*) solid, sturdy, stout, hard-wearing. – **5.** (*Kost*) coarse, solid, substantial. – **6.** *min.* (*Erz, Gestein*) massive. – **II** *adv* **7.** coarsely, roughly, rudely: j-n ~ anfassen (*od. colloq.* anpacken) to treat s.o. roughly, to manhandle s.o.; j-n ~ anfahren to turn (up)on s.o. rudely, to go for s.o.

'Derb,erz *n min.* massive ore.

'Derb·heit *f* ⟨-; -en⟩ **1.** *fig.* coarseness, crudeness, roughness, uncouthness, rudeness. – **2.** (*Kräftigkeit*) strength, sturdiness, robustness. – **3.** (*Grobheit*) coarseness, roughness. – **4.** (*Strapazierfähigkeit*) solidness, sturdiness, stoutness. – **5.** *min.* (*von Erzen, Gestein etc*) massiveness.

'Derb|,holz *n* (*forestry*) *wood of tree trunks or branches with a minimum diameter of 7 cm.* — **d~,kno·chig** *adj med.* big-boned.

Der·by ['dɛrbi; 'dœrbi] *n* ⟨-(s); -s⟩ (*sport*) Derby. — **~,ren·nen** *n* Derby.

,der'einst *adv* **1.** some day, in days to come. – **2.** *archaic od. poet. for* einst 3.

,der'ein·stens *adv obs. for* dereinst.

der'ein·stig *adj* ⟨*attrib*⟩ future.

De·re·lik·ti·on [derelɪk'tsĭo:n] *f* ⟨-; -en⟩ *jur.* dereliction.

de·ren ['de:rən] **I** *relative pron* **1.** ⟨*gen sg of* die 9⟩ whose, (*bei Dingen*) *auch* of which: die Mutter, ~ Kinder am lautesten sind the mother whose children are the noisiest. – **2.** ⟨*gen pl of* der 7, die 9, das 5⟩ die Berge, ~ Gipfel mit Schnee bedeckt sind the mountains whose peaks (*od.* the peaks of which) are covered with snow. – **3.** (*von v od. prep abhängig*) a) (*bei Personen*) whom, b) (*bei Dingen*) which: die Patientin, ~ er sich annahm the patient (whom) he looked after; die Zeit, innerhalb ~ *obs.* the time within which. – **II** *demonstrative pron* **4.** ⟨*gen sg of* die 5⟩ ~ erinnere ich mich nicht I don't remember her. – **5.** ⟨*gen pl of* der 5, die 5, das 3⟩ of these (*od.* those, them): ich habe ~ viele I have plenty of these; wenn es ~ noch welche gibt if there are any of them left. – **III** *possessive pron* **6.** ⟨*gen sg f*⟩ her: die alte Dame und ~ Sohn the old lady and her son. – **7.** ⟨*gen pl*⟩ their: die Eltern und ~ Kinder the parents and their children.

de·rent·hal·ben ['de:rənt'halbən] *adv archaic for* derentwegen.

'de·rent'we·gen I *adv* **1.** a) (*auf Personen bezogen*) ⟨*sg*⟩ because of her (*od.* it), on her (*od.* its) account, b) ⟨*pl*⟩ because of them, on their account: einige waren krank, ~ mußten alle zu Hause bleiben some were sick, because of them all had to stay home. – **2.** (*auf Dinge bezogen*) a) ⟨*sg*⟩ because of this (*od.* that), b) ⟨*pl*⟩ because of them. – **II** *relative pron* **3.** because of whom (*od.* which), on whose account: Ereignisse, ~ er seinen Urlaub unterbrach events because of which he interrupted his holiday.

'de·rent'wil·len I *adv* (um) ~ **1.** (*auf Personen bezogen*) a) ⟨*sg*⟩ for her (*od.* its) sake, b) ⟨*pl*⟩ for their sake. – **2.** (*auf Dinge bezogen*) a) ⟨*sg*⟩ because (*od.* for the sake) of that, b) ⟨*pl*⟩ because (*od.* for the sake) of them. – **II** *relative pron* **3.** (um) ~ for whose sake.

de·rer ['de:rər] *demonstrative pron* ⟨*gen pl of* der 5, die 5, das 3⟩ of those: die Zahl ~, die the number of those who; trotz seiner Einwände und ~ seiner Mutter in spite of his objections and those of his mother.

de·ret|hal·ben ['de:rət'halbən], **~'we·gen** *adv archaic for* derentwegen.

'de·ret'wil·len *adv archaic for* derentwillen.

'der·ge'stalt *adv lit. for* derart.

'der'glei·chen I *demonstrative pron* ⟨*invariable*⟩ **1.** such: ~ Dinge kommen oft vor such things (*od.* things like that, things of that kind) happen very often. – **2.** (*substantivisch*) such a thing (*od.* things), a thing (*od.* things) like that (*od.* of that kind): ~ habe ich noch nie gehört I have never heard (of) anything like that, I have never heard of such a thing; und ~ (mehr) and so forth, and so on, and the like. – **II** *adv* **3.** nicht ~ tun *colloq.* not to react, to take no notice: ich redete ihn an, aber er tat nicht ~ I talked to him but he did not react.

De·ri·vat [deri'va:t] *n* ⟨-(e)s; -e⟩ **1.** *chem. ling.* derivative, derivate. – **2.** *biol.* derivate: die Leber ist ein ~ des Entoderms the liver is a derivate of the entoderm.

De·ri·va·ti·on [deriva'tsĭo:n] *f* ⟨-; -en⟩ *chem. ling.* derivation.

de·ri·va·tiv [deriva'ti:f] *adj* derivative: ~er Eigentumserwerb *jur.* derivative acquisition.

De·ri·va'tiv *n* ⟨-s; -e⟩, **De·ri·va'ti·vum** [-'ti:vum] *n* ⟨-s; -tiva [-va]⟩ *ling.* derivative.

de·ri·vie·ren [deri'vi:rən] *v/t* ⟨*no* ge-, h⟩ derive. — **de·ri'viert I** *pp.* – **II** *adj ling.* (*Wort*) derivative.

'der,je·ni·ge *demonstrative pron m* ⟨desjenigen; diejenigen⟩ **1.** that: mein Brief und ~ meines Freundes my letter and that of my friend. – **2.** ~, der (*od.* welcher) a) he ... who, the one ... who, b) (*mit Substantiv*) the ... who (*od.* which): du bist also ~, welcher! *colloq. iron.* so you are the one; ~ [Kellner], der das gesehen hat he [the waiter] who saw it.

'der'lei *demonstrative pron* ⟨*invariable*⟩ *cf.* dergleichen I.

der·mal [dɛr'ma:l] *adj med.* dermal, relating to the skin.

'der'ma·lig *adj obs. for* jetzig 2, augenblicklich 1.

'der'ma·ßen *adv cf.* derart.

Der·ma·ti·tis [dɛrma'ti:tɪs] *f* ⟨-; -titiden [-ti'ti:dən]⟩ *med.* dermatitis.

Der·ma·to·lo·ge [dɛrmato'lo:gə] *m* ⟨-n; -n⟩ *med.* dermatologist, skin specialist. — **Der·ma·to·lo'gie** [-lo'gi:] *f* ⟨-; *no pl*⟩ dermatology. — **der·ma·to'lo·gisch** *adj* dermatologic(al).

Der·ma·tom [dɛrma'to:m] *n* ⟨-s; -e⟩ *med.* **1.** (*Hautsegment*) dermatome, dermatotome, dermatomere. – **2.** (*Instrument*) dermatome.

Der·ma·to·my·ko·se [dɛrmatomy'ko:zə] *f* ⟨-; -n⟩ *med.* dermatomycosis.

Der·ma·to·pla·stik [dɛrmato'plastɪk] *f* ⟨-; -en⟩ *med.* dermatoplasty.

Der·ma·to·se [dɛrma'to:zə] *f* ⟨-; -n⟩ *med.* dermatosis, skin disease: berufsbedingte ~ occupational dermatosis.

Der·mo·gra·phie [dɛrmogra'fi:] *f* ⟨-; -n [-ən]⟩, **Der·mo·gra'phis·mus** [-'fɪsmus] *m* ⟨-; -men⟩ dermographia, dermographism.

der·mo·id [dɛrmo'i:t] *adj* derm(at)oid, *auch* dermoidal.

Der·mo·pla·stik [dɛrmo'plastɪk] *f* ⟨-; -en⟩ *cf.* Dermatoplastik.

Der·ni·er cri [dɛr'nĭe: 'kri:] *m* ⟨- -; -s -s [-'nĭe: 'kri:]⟩ dernier cri, last cry, latest fashion.

de·ro ['de:ro] *pron obs.* **1.** *cf.* deren. – **2. D~** (*in der Anrede*) your: D~ Gnaden Your Honor (*bes. Br.* Honour).

De·ro·ga·ti·on [deroga'tsĭo:n] *f* ⟨-; -en⟩ *jur.* (*eines Gesetzes*) derogation. — **de·ro·ga'tiv** [-'ti:f], **de·ro·ga'to·risch** [-'to:rɪʃ] *adj* derogative, derogatory. — **de·ro'gie·ren** [-'gi:rən] *v/t* ⟨*no* ge-, h⟩ **1.** annul (*od.* repeal) (*a law*) in part. – **2.** restrict the force of (*a law*).

Der·rick ['dɛrɪk] *m* ⟨-s; -s⟩ **1.** *tech.* (*Öl-Bohrturm*) oil derrick. – **2.** *mar. cf.* Derrickkran. — **~,kran** *m mar.* derrick (crane): mit einem ~ heben to derrick.

,der'sel·be *demonstrative pron m* ⟨desselben; dieselben⟩ **1.** the same: ein und ~ (Mann) one and the same (man), the very same (man); ~ (*bes. beim Zitieren*) idem; genau (*od.* ganz) ~ exactly the same, the selfsame (*lit.*); sie trägt immer denselben Hut she always wears the same hat; ich kam noch an demselben Tag (*lit.* noch desselben Tags) dort an I arrived there the same day; ~ Mann, der gestern hier war the same man as was here yesterday; er ist immer ~ geblieben he always remained the same, he has not changed. – **2.** *colloq.* (*der gleiche*) the same: sie trägt denselben Hut wie ihre Freundin she wears the same hat as her friend. – 3. (*anstelle eines Personalpronomens*) a) he, b) *pl* they: als er seinen Lehrer traf, begrüßte er denselben sehr höflich when he met his teacher he greeted him very politely. – 4. (*anstelle eines Possessivpronomens*) a) his, b) *pl* their: sie erwähnte Herrn X und sagte, sie sei die Schwester desselben she mentioned Mr. X and said she was his sister.

ˌder'sel·bi·ge *demonstrative pron m obs. for* derselbe.

'der'weil, 'der'wei·len [-'vaɪlən] **I** *adv* meanwhile, (in the) meantime, the while. – **II** *conj* while, *Br. auch* whilst.

Der·wisch ['dɛrvɪʃ] *m* ⟨-(e)s; -e⟩ dervish: heulender [tanzender] ~ howling [whirling *od.* dancing] dervish.

'der'zeit *adv* **1.** (*jetzt*) at present, at the moment, now, for the time being. – **2.** *obs. for* früher 9, damals 2. — **'der'zei·tig** *adj* **1.** (*jetzig*) present. – **2.** (*augenblicklich*) current, actual, present. – **3.** (*damalig*) then, of that time.

des[1] [dɛs] **I** *definite article* ⟨*gen sg of* der 1, das 1⟩ of the. – **II** *relative pron obs. for* dessen I. – **III** *demonstrative pron obs. for* dessen II.

des[2], **Des** *n* ⟨-; -⟩ *mus.* D flat: des, des-Moll D flat minor; Des, Des-Dur D flat major.

des·avou·ie·ren [dezavu'iːrən; dɛsˀa-] *v/t* ⟨*no* ge-, h⟩ *lit.* **1.** (*ableugnen*) disavow, disown, disclaim, repudiate. – **2.** j-n ~ a) to disappoint s.o., to let s.o. down, b) to compromise s.o.

De·sen·si·bi·li·sa·tor [dezɛnzibili'zaːtər] *m* ⟨-s; -en [-za'toːrən]⟩ *med. phot.* desensitizer. — **de·sen·si·bi·li'sie·ren** [-'ziːrən] *v/t* ⟨*no* ge-, h⟩ desensitize.

De·ser·teur [dezɛr'tøːr] *m* ⟨-s; -e⟩ *mil.* deserter, *auch* runaway. — **de·ser'tie·ren** [-'tiːrən] *v/i* ⟨*no* ge-, sein⟩ *mil.* desert, *auch* run away: zum Feinde ~ to desert (*od.* go over) to the enemy; vom Dienst ~ to desert one's duty; vom Schiff ~ *mar.* to desert a ship, to jump ship (*colloq.*). — **De·ser·ti'on** [-'tsǐoːn] *f* ⟨-; -en⟩ *mil.* desertion.

'des'es, 'Des'es *n* ⟨-; -⟩ *mus.* D double flat.

'des'falls *adv archaic* in that case.

'des'glei·chen I *adv* (*ebenso*) in the same manner, likewise, similarly, ditto: er tat ~ he did the same (*od.* likewise); ich ging nach Hause, und mein Freund tat ~ I went home and so did my friend. – **II** *conj* also, likewise, as well: ~ darf nicht vergessen werden, daß it must also not be forgotten that; die Rechnung an Herrn X ist geschrieben, ~ die an Herrn Y the invoice to Mr X has been written, ditto that to Mr Y. – **III** *demonstrative pron n archaic* the like, such a thing: ~ habe ich noch nie gesehen I never saw such a thing before.

'des'halb I *adv* **1.** (*als Folge davon*) therefore, for that reason, on that account: er war krank und konnte ~ nicht kommen he was ill and therefore (*od.* for that reason) he couldn't come; sei mir ~ bitte nicht böse please don't be angry with me on that account; gerade ~ (*als Antwort*) that is exactly why; ach, ~ (hast du das getan)! so that's why (you did it)! – **2.** (*zu diesem Zweck*) for that purpose, to that end. – **II** *conj* **3.** (*infolgedessen*) therefore, for that reason, on that account, that is why, hence (*lit.*): es ist spät, ~ müssen wir jetzt gehen it is late, therefore (*od.* consequently) we have to go now. – **4.** (*einschränkend*) nevertheless, all the same: die Lage ist zwar ernst, aber wir brauchen ~ die Hoffnung nicht aufzugeben the situation is serious, nevertheless we need not give up hope; er hat schnelle Fortschritte gemacht, ist aber ~ noch lange nicht perfekt he has made quick progress, nevertheless he is far from being perfect; ich bin nicht deiner Meinung, aber ~ (doch) keine Feindschaft! *colloq.* I can't agree with you but let's remain friends all the same. – **5.** (*aus dem Grunde*) *meist* ~, weil because, for the reason that: das kann schon ~ nicht stimmen, weil that cannot be so if for no other reason than (*od.* for the simple reason that); er hat es mir nur ~ erlaubt, weil he allowed me to do it only because; es ist eher ~, weil it is rather that; ich habe es ~ nicht getan, weil ich ihn nicht verärgern wollte I didn't do it because I didn't want to annoy him.

de·si·de·ra·bel [dezide'raːbəl] *adj lit.* (*wünschenswert*) desirable.

De·si·de·rat [dezide'raːt] *n* ⟨-(e)s; -e⟩ **1.** (*Erwünschtes*) desideratum, desideration. – **2.** *cf.* Desideratenbuch.

De·si·de'ra·ten|ˌbuch *n* book of special (library) requests (*od.* wanted items). — **~ˌli·ste** *f* list of desired books.

de·si·de·ra·tiv [dezidera'tiːf] *adj ling.* desiderative.

De·si·de·ra·tum [dezide'raːtum] *n* ⟨-s; -rata [-ta]⟩ *cf.* Desiderat 1.

De·sign [di'zaɪn] *n* ⟨-s; -s⟩ *econ.* (*Entwurf, Modell*) design.

De·si·gna·ti·on [dezɪgna'tsǐoːn] *f* ⟨-; -en⟩ *pol.* designation: ~ zum Botschafter designation as ambassador; ~ zu einem Amt designation to (*od.* for) an office.

de·si·gna·tus [dezɪ'gnaːtus] **I** *adj archaic od. Swiss* nominated, designate (*nachgestellt*): Bischof ~ bishop designate. – **II D~** *m* ⟨-; -gnati [-ti]⟩ designee.

De·si·gner [di'zaɪnər] *m* ⟨-s; -⟩ *econ.* (*Formgestalter für Gebrauchsgegenstände*) designer.

de·si·gnie·ren [dezɪ'gniːrən] *v/t* ⟨*no* ge-, h⟩ *bes. pol.* designate: j-n zu einem Amt ~ to designate s.o. to (*od.* for) an office; j-n zu j-s Nachfolger ~ to designate s.o. as s.o.'s successor. — **de·si'gniert I** *pp.* – **II** *adj* designate (*nachgestellt*): der ~e Botschafter the ambassador designate. – **III D~e** *m, f* ⟨-n; -n⟩ nominee.

Des·il·lu·si·on [dɛsˀɪlu'zǐoːn; dezɪ-] *f* ⟨-; -en⟩ disillusion(ment), disenchantment. — **des·il·lu·sio'nie·ren** [-zǐo'niːrən] *v/t* ⟨*no* ge-, h⟩ disillusion, *auch* disillusionize, disenchant.

Des·in·fek·ti·on [dɛsˀɪnfɛk'tsǐoːn; dezɪn-] *f* ⟨-; -en⟩ *med.* disinfection: ~ durch Dämpfe fumigation.

Des·in·fek·ti'ons|ˌanˌstalt *f* disinfecting station. — **~ap·paˌrat** *m* disinfector. — **~ˌflüs·sig·keit** *f* disinfecting fluid (*od.* solution), disinfectant. — **~ˌkam·mer** *f* disinfecting chamber. — **~ˌkraft** *f* **1.** disinfecting power. – **2.** (*bes. bei Wundbehandlung*) germicidal activity. — **~ˌlö·sung** *f* disinfectant solution. — **~ˌmit·tel** *n* **1.** *chem.* a) disinfectant, b) (*Räucherungsmittel*) fumigant, c) (*Bakterizid*) bactericide. – **2.** *med.* disinfectant, (*bes. zur Wundbehandlung*) antiseptic. — **~ˌtrupp** *m mil.* disinfection squad. — **~ˌwir·kung** *f med.* disinfecting action (*od.* effect).

Des·in·fek·tor [dɛsˀɪn'fɛktər; dezɪn-] *m* ⟨-s; -en [-'toːrən]⟩ disinfector.

des·in·fi·zie·ren [dɛsˀɪnfi'tsiːrən; dezɪn-] *v/t* ⟨*no* ge-, h⟩ disinfect, disinfest. — **des·in·fi'zie·rend I** *pres p.* – **II** *adj* disinfectant, disinfective. — **Des·in·fi'zie·rung** *f* ⟨-; -en⟩ *cf.* Desinfektion.

Des·in·te·gra·ti·on [dɛsˀɪntegra'tsǐoːn; dezɪn-] *f* ⟨-; -en⟩ disintegration. — **Des·in·te'gra·tor** [-'graːtər] *m* ⟨-s; -en [-gra'toːrən]⟩ **1.** *phys.* disintegrator. – **2.** *tech.* (*Schleudermühle*) centrifugal mill. – **3.** (*paper*) disintegrator. — **des·in·te'grie·ren** [-'griːrən] *v/i* ⟨*no* ge-, h⟩ disintegrate.

Des·in·ter·es·se [dɛsˀɪnte'rɛsə; dezɪn-] *n* ⟨-s; *no pl*⟩ **1.** (*Gleichgültigkeit*) disinterest(edness), uninterestedness, indifference, apathy, unconcern. – **2.** (*unparteiische Haltung*) disinterest(edness), detachment, unselfishness, freedom from selfish motives. — **Des·in·ter·es·se'ment** [-rɛs(ə)'mãː] *n* ⟨-s; *no pl*⟩ **1.** *pol.* declaration of neutrality. – **2.** *cf.* Desinteresse. — **des·in·ter·es'siert** [-'siːrt] *adj* **1.** (*gleichgültig*) disinterested, uninterested, indifferent, apathetic, unconcerned. – **2.** (*unparteiisch*) disinterested, detached, unselfish.

De·skrip·ti·on [deskrɪp'tsǐoːn] *f* ⟨-; -en⟩ description. — **de·skrip'tiv** [-'tiːf] *adj* (*Grammatik, Wissenschaft*) descriptive.

Des·man ['dɛsman] *m* ⟨-(s); -s⟩ *zo.* desman (*Gattg Desmana*).

Des·min [dɛs'miːn] *m* ⟨-s; -e⟩ *min.* stilbite, *auch* desmine.

Des·mo·tro·pie [dɛsmotro'piː] *f* ⟨-; *no pl*⟩ *chem.* desmotropy, *auch* desmotropism.

Des·odo·rans [dɛsˀo'doːrans; dezo-] *n* ⟨-; -rantien [-do'rantsǐən]⟩ deodorant, deodorizer. — **des·odo'rie·ren** [-do'riːrən] *v/t u. v/i* ⟨*no* ge-, h⟩ deodorize. — **des·odo'rie·rend I** *pres p.* – **II** *adj* deodorant: ~es Mittel deodorant, deodorizer.

Des·odo'rie·rungsˌmit·tel *n cf.* Desodorans.

des·odo·ri·sie·ren [dɛsˀodori'ziːrən; dezo-] *v/t u. v/i* ⟨*no* ge-, h⟩ *cf.* desodorieren.

de·so·lat [dezo'laːt] *adj* desolate.

Des·or·ga·ni·sa·ti·on [dɛsˀɔrganiza'tsǐoːn; dezɔr-] *f* ⟨-; -en⟩ disorganization. — **des·or·ga·ni'sie·ren** [-'ziːrən] *v/t* ⟨*no* ge-, h⟩ disorganize, disarrange.

des·ori·en·tie·ren [dɛsˀoriɛn'tiːrən; dezo-] *v/t* ⟨*no* ge-, h⟩ **1.** *psych.* a) disorient(ate), b) (*verwirren*) confuse. – **2.** j-n ~ *rare* not to inform s.o. — **des·ori·en'tiert I** *pp.* – **II** *adj* **1.** *bes. psych.* a) disorient(at)ed, b) (*verwirrt*) confused. – **2.** *rare* not informed. — **Des·ori·en'tiert·heit** *f* ⟨-; *no pl*⟩ *cf.* Desorientierung. — **Des·ori·en'tiertˌsein** *n* ⟨-s; *no pl*⟩ state of being disorient(at)ed (*od.* confused). — **Des·ori·en'tie·rung** *f* ⟨-; *no pl*⟩ *psych.* a) disorientation, b) (*Verwirrung*) confusion.

Des·oxy·da·ti·on [dɛsˀɔksyda'tsǐoːn; dezɔ-] *f* ⟨-; -en⟩ *chem. metall.* a) deoxidation, b) reduction.

Des·oxy·da·ti'onsˌmit·tel *n chem. metall.* deoxidizer, deoxidizing agent.

des·oxy·die·ren [dɛsˀɔksy'diːrən; dezɔ-] *v/t* ⟨*no* ge-, h⟩ *chem. metall.* a) deoxidize, b) reduce.

de·spek·tier·lich [despɛk'tiːrlɪç] *lit.* **I** *adj* disrespectful, discourteous, contemptuous, insolent. – **II** *adv* ~ reden to talk disrespectfully.

De·spe·ra·do [despe'raːdo] *m* ⟨-s; -s⟩ **1.** desperado, bandit. – **2.** *pol. contempt.* radical.

de·spe·rat [dɛspe'raːt] *adj lit.* desperate.

Des·pot [dɛs'poːt] *m* ⟨-en; -en⟩ despot, tyrant: aufgeklärter ~ enlightened despot. — **Des·po'tie** [-po'tiː] *f* ⟨-; -n [-ən]⟩ despotism, tyranny. — **Des'po·tin** *f* ⟨-; -nen⟩ (female) despot (*od.* tyrant). — **des'po·tisch I** *adj* despotic(al), tyrannical. – **II** *adv* despotically, tyrannically.

des·po·ti·sie·ren [dɛspoti'ziːrən] *v/t u. v/i* ⟨*no* ge-, h⟩ despotize, tyrannize.

Des·po·tis·mus [dɛspo'tɪsmus] *m* ⟨-; *no pl*⟩ *cf.* Despotie.

Des·qua·ma·ti·on [dɛskvama'tsǐoːn] *f* ⟨-; -en⟩ *med. zo.* desquamation.

des·sau·isch ['dɛsauɪʃ] *adj* of (*od.* from) Dessau.

ˌdes'sel·ben *demonstrative pron gen sg of* derselbe, dasselbe.

ˌdes'sel·bi·gen *demonstrative pron gen sg of* derselbige, dasselbige.

des·sen ['dɛsən] **I** *relative pron* **1.** ⟨*gen sg of* der 7, das 5⟩ whose, (*bei Dingen*) *auch* of which: das Kind, ~ Vater krank ist the child whose father is ill; ein Faß, ~ Boden ein Loch hat a barrel the bottom of which has a hole. – **2.** (*von v od. prep abhängig*) a) (*bei Personen*) (of) whom, who (*colloq.*), b) (*bei Dingen*) (of) which: ein Waisenknabe, ~ er sich angenommen hatte an orphan boy (whom *od.* that) he had looked after (*od.* he had taken under his wing [*lit.*]), an orphan boy of whom he had taken care (*od.* [whom] he had taken care of); ein Raum, an ~ einem Ende ein Tisch steht a room at the one end of which there is a table. – **II** *demonstrative pron* ⟨*gen sg of* der 5, das 3⟩ **3.** sich (*dat*) ~ bewußt sein, daß to be aware of the fact that; er ist ~ ganz sicher he is quite sure of that; ich erinnere mich alles ~, was er mir erzählt hat I remember every word of what he has told me. – **III** *possessive pron* **4.** a) (*bei Personen*) his, b) (*bei Dingen*) its: Herr X und ~ Tochter Mr. X and his daughter; der Baum und ~ Zweige the tree and its branches.

des·sent|hal·ben ['dɛsənt'halbən], **~'we·gen I** *adv* **1.** (*auf Personen bezogen*) because of him, on his account. – **2.** (*auf Dinge bezogen*) because of it, on account of it. – **II** *conj* **3.** *obs. for* deshalb II.

'des·sent'wil·len I *adv* (um) ~ **1.** (*auf Personen bezogen*) for his sake. – **2.** (*auf Dinge bezogen*) for its sake. – **II** *relative pron* **3.** (um) ~ a) (*auf Personen bezogen*) for whose sake, b) (*auf Dinge bezogen*) for the sake of which.

'des·senˌun·ge'ach·tet *adv* nevertheless, none the less, all the same, notwithstanding (that), however, for all that: er war stark erkältet, ging aber ~ ins Kino he had a bad cold but went to the pictures (*Am.* motion picture) all the same.

Des·sert [dɛ'sɛːr; -'sɛrt] *n* ⟨-s; -s⟩ *gastr.* dessert. — **~beˌsteck** *n* dessert set (*od.*

cutlery). — **~ˌga·bel** *f* dessert fork. — **~ˌlöf·fel** *m* dessertspoon, *Br.* dessert-spoon. — **~ˌmes·ser** *n* dessert knife. — **~ˌtel·ler** *m* dessert plate. — **~ˌwein** *m* dessert wine.

Des·sin [dɛ'sɛ̃ː] *n* ⟨-s; -s⟩ (*Muster*) design, pattern, ornament, style.

Des·si·na·teur [dɛsina'tøːr] *m* ⟨-s; -e⟩ stylist. — **des·si'nie·ren** [-'niːrən] *v/t* ⟨*no* ge-, h⟩ design, pattern, figure.

De·stil·lat [dɛstɪ'laːt] *n* ⟨-(e)s; -e⟩ *chem.* distillate.

De·stil·la·teur [dɛstɪla'tøːr] *m* ⟨-s; -e⟩ distiller.

De·stil·la·ti·on [dɛstɪla'tsĭoːn] *f* ⟨-; -en⟩ *chem.* distillation: azeotrope [extraktive] ~ azeotropic [extractive] distillation; fraktionierte [trockene] ~ fractional [dry *od.* destructive] distillation; durch ~ gewinnen (aus) to distil(l) (from).

De·stil·la·ti'ons|ˌanˌla·ge *f* *chem. tech.* distilling plant. — **~ˌbla·se** *f* still. — **~-ko·keˌrei** *f* *tech.* a) (*Anlage*) by-product coke-oven plant, b) (*Betrieb*) by-product coke-oven practice (*od.* plant operation), c) (*Prozeß*) by-product coking. — **~-ˌkol·ben** *m* distilling flask. — **~proˌdukt** *n* distillation product, distillate.

De·stil·le [dɛs'tɪlə] *f* ⟨-; -n⟩ *colloq.* brandy shop.

De·stil'lier|ˌanˌstalt *f* *chem. cf.* Brennerei 1 b. — **~ap·paˌrat** *m* distilling apparatus, still, distiller.

de·stil'lier·bar *adj chem.* distillable.

de·stil·lie·ren [dɛstɪ'liːrən] *chem.* **I** *v/t* ⟨*no* ge-, h⟩ **1.** distil(l), rectify. – **II D~** *n* ⟨-s⟩ **2.** *verbal noun.* – **3.** distillation: beim D~ verbrennen to still-burn. — **de·stil'lie·rend I** *pres p.* – **II** *adj* zu ~es Material *chem.* distilland.

De·stil'lier|geˌfäß *n*, **~ˌkol·ben** *m chem. cf.* Destillationskolben. — **~ˌofen** *m* **1.** *metall.* (*Kokerei*) by-product coke oven. – **2.** *chem.* distilling (*od.* distillation) furnace.

de·stil'liert I *pp.* – **II** *adj chem.* distilled: ~es Wasser distilled water; leicht ~ sein to be topped. — **De·stil'lie·rung** *f* ⟨-; *no pl*⟩ *cf.* Destillation.

De·sti·na·tar [dɛstina'taːr], **De·sti·na'tär** [-'tɛːr] *m* ⟨-s; -e⟩ *jur. Swiss* intended recipient (*od.* beneficiary).

De·sti·na·ti·on [dɛstina'tsĭoːn] *f* ⟨-; -en⟩ destination.

de·sti·tu·ie·ren [dɛstitu'iːrən] *v/t* ⟨*no* ge-, h⟩ *lit.* remove (*s.o.*) (from office), dismiss.

de·sto ['dɛsto] **I** *adv* (all) the: er war stark gebräunt, so daß sein Haar ~ weißer wirkte he was deeply tanned so that his hair looked all the whiter; er ist sehr intelligent, sie dagegen ~ dümmer he is very intelligent, she, however, all the more stupid; ~ besser! *colloq.* all (*od.* so much) the better! ~ schlimmer! *colloq.* so much the worse! das ist ~ interessanter für mich, als ich die Zusammenhänge kenne that is all the more interesting for me because (*od.* since) I know the background (*od.* the story behind it); das ist ~ schwerer zu ertragen, als es so unerwartet kommt that is the harder to bear since it comes so unexpectedly. – **II** *conj* je …, ~ the … the: je mehr, ~ besser the more the better; je eher, ~ lieber the sooner the better; je später der Abend, ~ schöner die Gäste *etwa* the later it is (in the evening) the nicer the guests.

De·struk·ti·on [dɛstrʊk'tsĭoːn] *f* ⟨-; -en⟩ **1.** *geol.* destruction: flächenhafte [lineare, punktweise] ~ areal [linear, pointwise] destruction. – **2.** *rare for* Zerstörung 2.

De·struk·ti'ons|ˌebe·ne, **~ˌflä·che** *f geol.* destructional (*od.* structural) plain, plain of destruction. — **~geˌbir·ge** *n* mountains *pl* of destruction. — **~ˌtrieb** *m psych.* instinct for destruction.

de·struk·tiv [dɛstrʊk'tiːf] *adj* destructive.

de·sul·to·risch [dezʊl'toːrɪʃ] *adj obs. for* unbeständig 1, wankelmütig.

'desˌun·ge'ach·tet *adv cf.* dessenungeachtet.

'des'we·gen *adv u. conj cf.* deshalb.

'des'wil·len *adv u. relative pron cf.* dessentwillen.

Des·zen·dent [dɛstsɛn'dɛnt] *m* ⟨-en; -en⟩ (*Abkömmling*) descendant, *auch* descendent.

des·zen'dent *adj geol.* descendent, descending: ~e Lösungen downward circulation waters, supergene solutions; ~e Salze descendent (*od.* redeposited, secondary) salts; ~er Gang vein formed by descending meteoric waters.

Des·zen'den·tin *f* ⟨-; -nen⟩ (female) descendant (*auch* descendent).

Des·zen·denz [dɛstsɛn'dɛnts] *f* ⟨-; -en⟩ **1.** (*Nachkommenschaft*) descendants *pl*, *auch* descendents *pl.* – **2.** (*Abstammung*) descent, descendance, *auch* descendence, *rare* descension. – **3.** *zo.* evolution. — **~ˌleh·re**, **~theoˌrie** *f zo. cf.* Abstammungslehre.

des·zen·die·ren [dɛstsɛn'diːrən] *v/i* ⟨*no* ge-, sein⟩ descend.

Des·zen·si'ons·theoˌrie [dɛstsɛn'zĭoːns-] *f geol.* descension theory.

dé·ta·ché [deta'ʃeː] *mus.* **I** *adj u. adv* detaché. – **II D~** *n* ⟨-s; -s⟩ detaché.

De·ta·che·ment [detaʃ(ə)'mãː; *Swiss auch* -ʃə'mɛnt] *n* ⟨-s; -s, *Swiss auch* -e [-ʃə'mɛntə]⟩ *mil. obs.* detachment, detail.

de·ta·chie·ren [deta'ʃiːrən] *v/t* ⟨*no* ge-, h⟩ **1.** (*textile*) remove stains from. – **2.** *tech.* (*Mahlgut*) detach. – **3.** *mil. obs.* detach.

De·ta'chierˌmit·tel *n* (*textile*) stain- (*od.* spot-)remover, cleaning agent.

De·tail [de'taɪ] *n* ⟨-s; -s⟩ **1.** detail: Liebe zum ~ love of detail(s); ins ~ gehen to go into detail(s) (*od.* particulars); einen Vorfall bis ins kleinste ~ (*od.* bis in die kleinsten ~s) schildern to describe an event (down) to the last detail; eine Schilderung mit ~s ausschmücken to embellish a narrative with details; sich in ~s verlieren to lose oneself in details. – **2.** *econ.* im ~ *cf.* en detail 2.

De'tail|ˌar·beit *f* detail(s *pl*). — **~beˌra·tung** *f pol.* (*eines Gesetzentwurfs*) detailed discussion. — **~beˌricht** *m* detailed (*od.* minute, circumstantial) account (*od.* report, statement), particularization: einen ~ von einer Sache geben to give a detailed account of s.th. — **~geˌschäft** *n econ.* **1.** retail (trade). – **2.** retail shop (*Am.* store). — **~ˌhan·del** *m cf.* Einzelhandel. — **~ˌhänd·ler** *m cf.* Einzelhändler.

de·tail·lie·ren [deta'jiːrən] *v/t* ⟨*no* ge-, h⟩ **1.** detail, particularize, specify, itemize: könntest du deinen Bericht vielleicht ein bißchen mehr ~? could you possibly report (*od.* relate) some more details? – **2.** *econ.* retail, sell at retail. — **de·tail'liert I** *pp.* – **II** *adj* detailed, particularized, specified, itemized: ~e Aufstellung specification; ~e Auskunft detailed information, full particulars *pl.* — **De·tail'lie·rung** *f* ⟨-; -en⟩ particularization, specification, itemization.

De·tail·list [deta'jɪst] *m* ⟨-en; -en⟩ *econ. obs. for* Einzelhändler.

De'tail|ˌschil·de·rung *f cf.* Detailbericht. — **~verˌkauf** *m econ.* retail sale. — **~ˌzeich·nung** *f* detail drawing.

De·tek·tiv [detɛk'tiːf] *m* ⟨-s; -e⟩ **1.** (*Privatdetektiv*) detective, *bes. Am. colloq.* 'sleuth', *Am. colloq.* dick: den ~ spielen *fig.* to play the detective; sie ließen ihn von einem ~ überwachen they had him watched by a detective. – **2.** (*Polizeidetektiv*) detective, plainclothesman, plainclothes police officer. — **~büˌro** *n* detective agency. — **~geˌschich·te** *f cf.* Kriminalgeschichte. — **~in·stiˌtut** *n cf.* Detektivbüro. — **~roˌman** *m cf.* Kriminalroman.

De·tek·tor [de'tɛktɔr] *m* ⟨-s; -en [-'toːrən]⟩ *electr.* detector. — **~ˌdräht·chen** *n* cat's whisker. — **~empˌfän·ger** *m*, **~geˌrät** *n* detector, crystal receiver. — **~ˌröh·re** *f* detector (*od.* rectifying) tube (*bes. Br.* valve).

Dé·tente [de'tãːt] (*Fr.*) *f* ⟨-; *no pl*⟩ *pol.* (*Entspannung*) détente.

De·ten·ti·on [detɛn'tsĭoːn] *f* ⟨-; -en⟩ **1.** *jur. hist.* (*im röm. Recht*) (*bloße Innehabung, Detinierung*) detention. – **2.** *obs. for* Haft 1, Gewahrsam[1] 2.

De·ter·gens [de'tɛrgɛns] *n* ⟨-; -gentia [-'gɛntsĭa] *u.* -gentien [-'gɛntsĭən]⟩ *meist pl chem.* detergent.

De·ter·mi·nan·te [detɛrmi'nantə] *f* ⟨-; -n⟩ *biol. math.* determinant.

De·ter·mi·na·ti·on [detɛrmina'tsĭoːn] *f* ⟨-; -en⟩ determination.

de·ter·mi·na·tiv [detɛrmina'tiːf] *adj* determinative.

De·ter·mi·na'tiv *n* ⟨-s; -e⟩, **~proˌno·men** *n*, **De·ter·mi·na'ti·vum** [-'tiːvʊm] *n* ⟨-s; -tiva [-va]⟩ *ling.* determinative.

De·ter·mi·na·tor [detɛrmi'naːtɔr] *m* ⟨-s; -en [-na'toːrən]⟩ *biol.* determiner.

de·ter·mi·nie·ren [detɛrmi'niːrən] *v/t* ⟨*no* ge-, h⟩ determine. — **de·ter·mi'niert I** *pp.* – **II** *adj* determinate. — **De·ter·mi'niert·heit** *f* ⟨-; *no pl*⟩ determinacy.

De·ter·mi·nis·mus [detɛrmi'nɪsmʊs] *m* ⟨-; *no pl*⟩ *philos.* determinism. — **De·ter·mi'nist** [-'nɪst] *m* ⟨-en; -en⟩ determinist. — **de·ter·mi'ni·stisch** *adj* determinist(ic).

De·ter·si·on [detɛr'zĭoːn] *f* ⟨-; -en⟩ *geol.* glacial polishing.

de·te·sta·bel [detɛs'taːbəl] *adj obs. for* verabscheuungswürdig, verwünschenswert. — **de·te'stie·ren** [-'tiːrən] *v/t* ⟨*no* ge-, h⟩ *obs. for* verabscheuen, verwünschen 2.

De·to·na·ti·on[1] [detona'tsĭoːn] *f* ⟨-; -en⟩ detonation, burst, explosion: etwas zur ~ bringen to cause s.th. to explode, to explode s.th.

De·to·na·ti'on[2] *f* ⟨-; -en⟩ *mus.* singing (*od.* playing) off pitch, wavering in pitch.

De·to·na·ti'ons|ˌdruck *m* blast (pressure), force of an explosion. — **~ˌhö·he** *f mil.* (*einer Bombe*) height of burst. — **~ˌkap·sel** *f cf.* Detonator. — **~ˌla·dung** *f* detonation charge. — **~ˌwel·le** *f* detonating (*od.* blast) wave.

De·to·na·tor [deto'naːtɔr] *m* ⟨-s; -en [-na'toːrən]⟩ detonator.

de·to·nie·ren[1] [deto'niːrən] *v/i* ⟨*no* ge-, sein⟩ explode, detonate: ohne Verzögerung ~ to explode instantaneously.

de·to'nie·ren[2] *v/i* ⟨*no* ge-, h⟩ *mus.* sing (*od.* play) out of tune, waver in pitch.

Deu·bel ['dɔʏbəl] *m* ⟨-s; -⟩ *dial. for* Teufel 1.

deucht [dɔʏçt] *archaic 3 sg pres*, **'deuch·te** *archaic 1 u. 3 sg pret of* dünken.

Deu·ka·li·on [dɔʏ'kaːlĭɔn] *npr m* ⟨-s; *no pl*⟩ *myth.* Deucalion.

Deul [dɔʏl] *m* ⟨-s; -e⟩ *metall.* (iron)ball, lump.

Deut [dɔʏt] *m* ⟨-(e)s; -e⟩ **1.** *fig. colloq.* (brass) farthing, *Am. colloq.* red cent: keinen ~ wert sein not to be worth a brass farthing; ich würde keinen ~ dafür geben I would not give a brass farthing (*bes. Am.* a plugged nickel) for it; (um) keinen ~ besser sein (als), nicht (um) einen ~ besser sein (als) not to be one whit (*od.* jot, iota, rap) better (than). – **2.** *obs.* doit(kin) (*an old Dutch coin*).

'deut·bar *adj* interpretable, explicable, explainable.

Deu·te'lei *f* ⟨-; -en⟩ *contempt.* **1.** quibble, quibbling, hairsplitting, *Br.* hair-splitting, niggling, subtilization. – **2.** pedantic (*od.* fussy) interpretation.

deu·teln ['dɔʏtəln] *v/i* ⟨h⟩ (an *dat* etwas about s.th.) quibble, niggle, split hairs, subtilize: daran ist (*od.* gibt es) nichts zu ~, daran läßt sich nicht ~ there can be no argument about that.

deu·ten ['dɔʏtən] **I** *v/t* ⟨h⟩ **1.** interpret, explain: ein Zeichen ~ to interpret a sign; etwas als ein Zeichen von etwas ~ to interpret s.th. as a sign of s.th.; j-m einen Traum ~ to interpret (*od.* explain) a dream to s.o. – **2.** (*auslegen*) interpret, construe, expound, read: und wie ~ Sie die Stelle? and how do you construe (*od.* read) the passage? etwas falsch ~ a) to misinterpret s.th., b) *fig.* to misconstrue s.th., to put a false construction on s.th.; j-m etwas übel ~ *fig.* to interpret (*od.* take) s.o.'s action(s) (*od.* words) the wrong way. – **II** *v/i* **3.** point: auf (*acc*) etwas [j-n] ~ to point to s.th. [s.o.]; mit dem Finger auf etwas [j-n] ~ to point (one's finger) at s.th. [s.o.]; er deutete in die entgegengesetzte Richtung he pointed in the opposite direction. – **4.** *fig.* auf (*acc*) etwas ~ a) to point to (*od.* indicate, suggest, signify, betoken) s.th., b) to (fore)bode (*od.* portend, presage) s.th.: alle Zeichen ~ auf eine Änderung all signs point to a change; alles deutet darauf, daß everything indicates that, everything points to the fact that, there is every indication that; das deutet auf nichts Gutes that bodes no good. – **III D~** *n* ⟨-s⟩ **5.** *verbal noun.* – **6.** *cf.* Deutung.

'Deu·ter *m* ⟨-s; -⟩ **1.** interpreter, explainer, explicator. – **2.** *relig.* exegete. – **3.** *colloq.* hint: j-m einen ~ geben to give s.o. a hint.

Deu·ter·ago·nist [dɔʏterago'nɪst] *m* ⟨-en; -en⟩ *antiq.* (*theater*) deuteragonist.

Deu·te'rei *f* ⟨-; *no pl*⟩ *colloq.* quibbling, hairsplitting, *Br.* hair-splitting.

Deu·te·ri·um [dɔʏ'teːrĭʊm] *n* ⟨-s; *no pl*⟩ *chem. nucl.* deuterium, heavy hydrogen (D *od.* ²H). — **~oxyd** [-ʔɔˌksyːt] *n chem.* deuterium oxide, heavy water (D_2O).

deu·te·ro·ka·no·nisch [dɔʏteroka'noːnɪʃ] *adj Bibl.* deuterocanonical.

Deu·te·ron ['dɔʏterɔn] *n* ⟨-s; -en [-'roːnən]⟩ *nucl.* deuteron.

deu·te·ro·no·misch [dɔʏtero'noːmɪʃ] *adj*

Bibl. Deuteronomic. — **Deu·te·ro·no'mist** [-no'mɪst] *m* ⟨-en; -en⟩ deuteronomist. — **Deu·te·ro'no·mi·um, das** [-mĭum] ⟨-s; *no pl*⟩ (*5. Buch Mose*) Deuteronomy.

'Deut·ler *m* ⟨-s; -⟩ *contempt.* quibbler, cavil(l)er, hairsplitting (*Br.* hair-splitting) pedant.

'deut·lich I *adj* **1.** distinct, clear: ~e Umrisse distinct (*od.* bold, sharp) outlines; er hat keine ~e Erinnerung mehr daran he has no distinct (*od.* clear) recollection of it. – **2.** (*eindeutig, erkennbar*) plain, clear, obvious, definite, positive: ~e Anzeichen einer Krise plain (*od.* clear) indications of a crisis; eine ~e Antwort a plain answer; ein ~er Beweis positive proof; ein ~er Wink a broad (*od.* unmistakable, pointed) hint; etwas ~ machen (*od.* werden lassen) to make s.th. clear (*od.* plain), to show s.th. clearly; j-m etwas ~ machen a) to explain s.th. (*od.* point s.th. out) to s.o., b) to bring s.th. home to s.o. – **3.** (*augenfällig*) evident, obvious, clear: sein Vortrag machte ~, daß his lecture made it clear that. – **4.** (*verständlich*) clear, lucid, intelligible, perspicuous (*lit.*): eine ~e Erklärung a clear (*od.* lucid) explanation. – **5.** (*unmißverständlich*) plain, blunt, outspoken: eine ~e Sprache reden to be plain-spoken, not to mince matters; (mit j-m) sehr ~ werden to use words of one syllable (with s.o.), to speak in very plain terms (with s.o.); das war (aber) ~! that was plain speaking! that was blunt! – **6.** (*ausgesprochen*) pronounced, marked. – **7.** (*lesbar*) distinct, clear, legible, readable, (*Druck*) *auch* plain. – **8.** (*artikuliert*) articulate. – **9.** (*spürbar*) perceptible, palpable. – **10.** (*sichtbar*) conspicuous, visible. – **11.** (*hörbar*) audible. – **II** *adv* **12.** distinctly, clearly: ~ sprechen to speak distinctly; etwas wird ~ sichtbar s.th. becomes clearly visible. – **13.** (*unmißverständlich*) plainly, bluntly, outspokenly: du brauchtest es nicht so ~ zu sagen you needn't say it so bluntly. – **14.** (*lesbar*) distinctly, clearly, legibly, readably: ~ schreiben to write clearly (*od.* legibly). — **'Deut·lich·keit** *f* ⟨-; -en⟩ **1.** ⟨*only sg*⟩ distinctness, clearness, clarity. – **2.** ⟨*only sg*⟩ (*Eindeutigkeit*) plainness, clearness, clarity, obviousness, definiteness: etwas mit der nötigen (*od.* mit aller) ~ sagen to say s.th. with the necessary clarity; j-m etwas mit voller ~ vor Augen führen to make s.o. see a matter quite clearly, to bring s.th. home to s.o. – **3.** ⟨*only sg*⟩ (*Augenfälligkeit*) evidentness, obviousness, clearness, clarity. – **4.** ⟨*only sg*⟩ (*Verständlichkeit*) clearness, clarity, lucidity, lucidness, intelligibility, intelligibleness, perspicuity (*lit.*), perspicuousness (*lit.*). – **5.** ⟨*only sg*⟩ (*Unmißverständlichkeit*) plainness, bluntness, outspokenness: seine Worte ließen an ~ nichts zu wünschen übrig his words could not have been blunter, the bluntness of his words left nothing to be desired. – **6.** *pl* abuse *sg*, incivilities. – **7.** ⟨*only sg*⟩ markedness. – **8.** ⟨*only sg*⟩ distinctness, clearness, clarity, legibility, readability, (*eines Drucks*) *auch* plainness.

'deut·lich·keits,hal·ber *adv* for the sake of clarity (*od.* clearness), for clarity's sake.

Deu·to·plas·ma [dɔʏto'plasma] *n biol.* deutoplasm, yolk.

deutsch [dɔʏtʃ] **I** *adj* German: das ~e Volk the German people; die ~e Sprache the German language; er ist ~er Nationalität he is of German nationality; auf (*od.* in, zu) ~ in German; ~er Herkunft a) of German descent, German, b) German-born; der ~e Michel the simple honest German, the German Michael; etwas in ~er Übersetzung lesen to read s.th. in the German translation, to read the German translation of s.th.; die ~e Schweiz German(-speaking) Switzerland; die ~e Bundesrepublik the Federal Republic of Germany; die D~e Demokratische Republik the German Democratic Republic; das D~e Reich *hist.* the (German) Reich; die D~e Mark the German mark, *auch* the deutschmark; der D~e Orden the Teutonic Order; der ~e Gruß (*in NS-Zeit*) the German salute; die D~en Christen *pl relig.* (*in NS-Zeit*) the German Christian Church *sg*; eine ~e Wendung *ling.* a Germanism; auf (gut) ~ *fig.* in plain language (*od.* English); auf gut ~ gesagt *fig. colloq.* to put it bluntly, plainly spoken. – **II** *adv* ~ denken to think in a German way (*od.* manner), to think German; ~ sprechen to speak (in) German; ~ geschrieben written in German; sich (auf) ~ unterhalten to converse (*od.* talk) in German; mit j-m ~ reden *fig. colloq.* to speak frankly with s.o. – **III** *ling.* **D~** ⟨*generally undeclined, rarely* des -s⟩, **das D~e** ⟨-n⟩ German, the German language: D~ können to know German; ich kann kein D~ I don't know German; sich eines guten D~ (*od.* D~s) befleißigen to endeavo(u)r to speak (*od.* write) good German; er studiert D~ im Hauptfach he is studying German as his main subject, *bes. Am.* he is majoring in German; der Unterricht in D~ the instruction in German; aus dem D~en übersetzt translated from (the) German.

'Deutsch|ame·ri,ka·ner *m*, **~ame·ri,ka·ne·rin** *f* German-American. — **d~ame·ri·,ka·nisch** *adj* German-American: ~er Abstammung of German-American origin. — **d~,blü·tig** [-ˌblyːtɪç] *adj* of German blood.

'Deut·sche *m, f* ⟨-n; -n⟩ German: wir ~(n) we Germans; sie ist eine ~ she is (a) German.

'Deut·schen,freund *m* Germanophil(e).

'deutsch-'eng·lisch *adj* (*Wörterbuch*) German-English.

'Deut·schen|,haß *m* hatred of the Germans, Germanophobia. — **~,has·ser** *m* Germanophobe.

'deutsch|,feind·lich *adj* anti-German, Germanophobic. — **~-fran'zö·sisch** *adj* **1.** Franco-German: die ~e Freundschaft the Franco-German (*od.* German-French) friendship; der D~e Krieg *hist.* the Franco-Prussian War (*1870—71*). – **2.** (*Wörterbuch etc*) German-French. — **~,freund·lich** *adj* pro-German, Germanophil(e). — **D~,freund·lich·keit** *f* Germanism: übertriebene ~ Germanomania.

'Deutsch,her·ren, die *hist. cf.* Deutschritterorden. — **~,or·den, der** *cf.* Deutschritterorden.

'Deutsch,kun·de *f* ⟨-; *no pl*⟩ *ped.* study of German language, literature, and civilization. — **'deutsch,kund·lich** [-ˌkʊntlɪç] *adj* relating to the study of German language, literature, and civilization: ~er Unterricht lessons *pl* in German civilization.

'Deutsch,land *n* ⟨-s; *no pl*⟩ Germany: in ~ hergestellt made in Germany; eine Reise nach ~ a trip to Germany. — **~,fra·ge** *f pol.* German question. — **~,lied, das** the German national anthem. — **~po·li,tik** *f* (*der Alliierten etc*) German policy. — **~ver·,trag** *m hist.* German Treaty (*1952*).

'Deutsch|,leh·rer *m*, **~,leh·re·rin** *f* teacher of German, German teacher. — **~,mei·ster** *m* **1.** *hist.* German Master of the Teutonic Order. – **2.** *pl mil. hist. former Austrian military regiment.* — **~,or·dens,rit·ter** *m hist.* Teutonic Knight. — **~,rit·ter,or·den, der** *hist.* the Teutonic Order (*od.* Knights *pl*). — **~,schwei·zer** *m*, **~,schwei·ze·rin** *f* German-Swiss. — **d~-,schwei·ze·risch** *adj* German-Swiss.

'deutsch,spra·chig [-ˌʃpraːxɪç] *adj* **1.** (*Personen etc*) German-speaking: ~e Gebiete German-speaking areas. – **2.** (*Zeitung etc*) German-language (*attrib*). – **3.** *ped.* (*Vorlesung, Unterricht*) given in German. — **'Deutsch,spra·chi·ge** *m, f* ⟨-n; -n⟩ speaker of German, German speaker.

'deutsch|,sprach·lich *adj* German: ~er Unterricht *ped.* German lessons *pl* (*od.* classes *pl*), German language teaching, instruction in the German language. — **D~,spre·chen** *n* speaking German. — **~,spre·chend** *adj* German-speaking.

'Deutsch·tum *n* ⟨-s; *no pl*⟩ **1.** (*deutsche Art*) Germanness, Germanity, German national characteristics *pl*: er konnte sein ~ nicht verleugnen he couldn't deny his German origin. – **2.** (*deutsche Kultur*) German culture and civilization. – **3.** (*deutsche Gruppen*) Germans *pl*: das ~ im Ausland German people and culture *pl* abroad.

,Deutsch·tü·me'lei [-tyːmə'laɪ] *f* ⟨-; *no pl*⟩ *contempt. iron.* **1.** petty (*od.* excessive) display of Germanness. – **2.** Germanomania, Teutomania, affection of things German. — **'Deutsch·tüm·ler** [-tyːmlər] *m* ⟨-s; -⟩ **1.** person displaying excessive Germanness. – **2.** Germanomaniac, Teutomaniac.

'Deutsch,un·ter,richt *m ped.* German language instruction (*od.* teaching), instruction in German: er gibt ~ he teaches German.

'Deu·tung *f* ⟨-; -en⟩ **1.** *cf.* Deuten. – **2.** (*eines Textes, Traums etc*) interpretation, explanation. – **3.** (*Auslegung*) interpretation, construction: eine falsche ~ a) a misinterpretation, b) *fig.* a misconstruction. – **4.** *relig.* exegesis.

'Deu·tungs|,ga·be *f* talent (*od.* gift) of interpretation. — **~ver,such** *m* attempt at interpretation.

Deut·zie ['dɔʏtsĭə] *f* ⟨-; -n⟩ *bot.* deutzia (*Gattg Deutzia*).

De·val·va·ti·on [devalva'tsĭoːn] *f* ⟨-; -en⟩ *econ.* (*einer Währung*) devaluation. — **de·val'vie·ren** [-'viːrən] *v/t* ⟨*no* ge-, h⟩ devalue, devaluate.

De·va·sta·ti·on [devasta'tsĭoːn] *f* ⟨-; -en⟩ *obs. for* Verwüstung. — **de·va'stie·ren** [-'tiːrən] *v/t* ⟨*no* ge-, h⟩ *obs. for* verwüsten 1.

De·ver·ba·tiv [devɛrba'tiːf] *n* ⟨-s; -e⟩, **De·ver·ba'ti·vum** [-vʊm] *n* ⟨-s; -tiva [-va]⟩ *ling.* deverbative.

de·ve·stie·ren [devɛs'tiːrən] *v/t* ⟨*no* ge-, h⟩ **1.** *hist.* deprive (*s.o.*) of a fief. – **2.** *relig.* divest, devest, unfrock. — **De·ve·sti'tur** [-ti'tuːr] *f* ⟨-; -en⟩ **1.** *hist.* depriving of a fief. – **2.** *relig.* divestiture, unfrocking.

De·via·ti·on [devia'tsĭoːn] *f* ⟨-; -en⟩ *aer. mar.* deviation.

de·vi·ie·ren [devi'iːrən] *v/i* ⟨*no* ge- h⟩ deviate.

De·vi·se [de'viːzə] *f* ⟨-; -n⟩ **1.** motto, slogan. – **2.** *her.* motto, device. – **3.** *pl econ.* foreign currency *sg* (*od.* exchange *sg*): ~n anmelden to declare foreign currency; 100 Mark in ~n 100 marks of foreign exchange.

De'vi·sen|,ab,kom·men *n econ.* foreign exchange agreement. — **~,ab,tei·lung** *f* foreign exchange department. — **~,aus,län·der** *m* nonresident (*Br.* non-resident) alien. — **~be,schrän·kung** *f meist pl* foreign exchange restriction. — **~be,stand** *m meist pl* foreign exchange reserve. — **~be,stim·mung** *f meist pl* currency (*od.* foreign exchange) regulation. — **~be,wirt·schaf·tung** *f* (foreign) exchange control. — **~bi,lanz** *f* balance of foreign exchange payments. — **~,bör·se** *f* foreign exchange market. — **d~,brin·gend** *adj* exchange-yielding: ~e Waren goods yielding (*od.* producing) foreign exchange. — **~ge,schäft** *n* foreign exchange transaction(s *pl*). — **~ge,setz** *n* foreign exchange law (*od.* regulations *pl*). — **~,han·del** *m* foreign exchange dealings *pl*: intervalutarischer ~ cross-exchange dealings *pl*, multilateral exchange dealings *pl*. — **~,in·,län·der** *m* resident. — **~,knapp·heit** *f* shortage of foreign exchange. — **~kon·tin·,gent** *n* foreign exchange (*od.* currency) quota. — **~kon·tin·gen,tie·rung** *f* foreign exchange rationing. — **~kon,trol·le** *f* (foreign) exchange control. — **~,kurs** *m* rate of (foreign) exchange, (foreign) exchange rate: amtlicher [freier] ~ official [free] rate of foreign exchange. — **~no,tie·rung** *f* foreign exchange quotation. — **~,pol·ster** *n* foreign exchange cushion (*od.* reserve). — **d~,recht·lich** *adj* in accordance with (foreign) exchange regulations. — **~re,ser·ve** *f cf.* Devisenpolster. — **~,schie·ber** *m* currency smuggler. — **~,schie·bung** *f* illegal transference of foreign currency. — **~,schmugg·ler** *m cf.* Devisenschieber. — **~spe·ku·la·ti,on** *f* speculation in foreign exchange (*od.* currency). — **~,sper·re** *f* exchange embargo. — **~ver,kehr** *m* foreign exchange operations *pl*. — **~,vor,schrift** *f meist pl* foreign exchange regulation. — **~,wer·te** *pl* foreign exchange assets. — **~,zu,tei·lung** *f* foreign currency allocation (*od.* allowance). — **~,zwangs,wirt·schaft** *f* (foreign) exchange control.

de·vi·ta·li·sie·ren [devitali'ziːrən] *v/t* ⟨*no* ge-, h⟩ *med.* devitalize.

De·vo·lu·ti·on [devolu'tsĭoːn] *f* ⟨-; -en⟩ **1.** *relig.* devolution. – **2.** *jur. obs. for* Heimfall.

De·vo·lu·ti'ons,krieg *m hist.* War of Devolution, *auch* Queen's War (*1667—68*).

De·vo·lu'tiv·ef,fekt [devolu'tiːf-] *m jur.* devolutionary effect.

de·vol·vie·ren [devɔl'viːrən] *v/i u. v/t* ⟨*no* ge-, h⟩ *jur. obs.* devolve.

De·von [de'voːn] *n* ⟨-(s); *no pl*⟩ *geol.* Devonian. — **de'vo·nisch** *adj* Devonian: ~e Formation Devonian formation (*od.* system).

de·vot [de'voːt] *adj* **1.** *lit.* (*unterwürfig*) submissive, deferential, humble. – **2.** *contempt.* servile, cringing, abject. – **3.** (*gottergeben*) devout, pious.

De·vo·ti·on [devo'tsĭo:n] *f* ⟨-; -en⟩ **1.** *lit.* (*Unterwürfigkeit*) submissiveness, deference, humbleness. – **2.** *contempt.* servility, cringingness, abjectness. – **3.** (*Gottergebenheit*) devoutness, devotion, piety, piousness. – **4.** *relig.* (*Andacht*) devotions *pl.*

De·vo·tio·na·li·en [devotsĭo'na:lĭən] *pl röm.kath.* devotional articles (*od.* objects).

De·wa·na·ga·ri [deva'na:gari] *f* ⟨-; *no pl*⟩ *ling.* Devanagari, Nagari.

De·xel ['dɛksəl] *f* ⟨-; -⟩ *tech.* adze. — **'de·xeln** *v/t* ⟨h⟩ adze.

dex·tral [dɛks'tra:l] *adj* dexter, dextral.

Dex·trin [dɛks'tri:n] *n* ⟨-s; -e⟩ *chem.* dextrin, *auch* dextrine, starch (*od.* artificial) gum [$(C_6H_{10}O_5)_n$].

Dex·tro..., dex·tro... *combining form denoting* dextro...

dex·tro·gyr [dɛkstro'gy:r] *adj* dextrorotatory, *auch* dextrorotary, dextrogyratory, dextrogyrate.

Dex·tro·se [dɛks'tro:zə] *f* ⟨-; *no pl*⟩ *chem.* dextrose, *auch* dextro-glucose, grape (*od.* corn) sugar ($C_6H_{12}O_6$).

Dez [de:ts] *m* ⟨-es; -e⟩ *dial. colloq.* 'onion' (*sl.*), head.

De·zem ['de:tsɛm] *m* ⟨-s; -s⟩ *hist.* tithe.

De·zem·ber [de'tsɛmbər] *m* ⟨-(s); *rare* -⟩ December: im (Monat) ~ in (the month of) December.

de'zem·ber·lich *adj* Decemberlike, Decemberish, December (*attrib*).

De·zem·vir [de'tsɛmvɪr] *m* ⟨-n *u.* -s; -n⟩ *antiq.* decemvir. — **de·zem·vi'ral** [-vi'ra:l] *adj* decemviral. — **De·zem·vi'rat** [-vi'ra:t] *n* ⟨-(e)s; -e⟩ decemvirate.

De·zen·ni·um [de'tsɛnĭum] *n* ⟨-s; -nien⟩ *lit.* decennium, decade, decennary.

de·zent [de'tsɛnt] **I** *adj* **1.** (*Eleganz, Verhalten etc*) discreet, unobtrusive, restrained: ein ~es Parfüm a discreet perfume. – **2.** (*Kleidung, Auftreten etc*) modest, unpretentious, decent. – **3.** (*Musik, Farbe etc*) subdued, quiet, soft: ~es Licht subdued (*od.* soft) light. – **4.** *rare* (*Benehmen etc*) decent, proper, seemly. – **II** *adv* **5.** discreetly: ~ gekleidet discreetly dressed; ~ auf (*acc*) etwas hinweisen to point s.th. out discreetly.

de·zen·tral [detsɛn'tra:l] *adj* decentralized. — **De·zen·tra·li·sa·ti'on** [-traliza'tsĭo:n] *f* ⟨-; -en⟩ decentralization. — **de·zen·tra·li'sie·ren** [-trali'zi:rən] *v/t* ⟨*no* ge-, h⟩ decentralize. — **De·zen·tra·li'sie·rung** *f* ⟨-; -en⟩ *cf.* Dezentralisation.

De·zenz [de'tsɛnts] *f* ⟨-; *no pl*⟩ *obs. for* a) Anstand[1] 1, b) Zurückhaltung 3.

De·zer·nat [detsɛr'na:t] *n* ⟨-(e)s; -e⟩ *jur.* **1.** (*einer Behörde*) department. – **2.** (*eines Beamten*) field (of activity), department, *bes. Br.* terms *pl* of reference. — **De·zer'nent** [-'nɛnt] *m* ⟨-en; -en⟩ (*bei Behörden*) department head.

De·zi..., de·zi... *combining form denoting* deci...

De·zi·bel [detsi'bɛl; -'be:l] *n* ⟨-s; -⟩ *phys.* decibel.

de·zi·die·ren [detsi'di:rən] *v/t* ⟨*no* ge-, h⟩ *rare for* entscheiden I. — **de·zi'diert I** *pp.* – **II** *adj rare bes. Austrian* decided, determined. – **III** *adv* decidedly, determinedly: ~ Stellung nehmen to take a determined stand.

De·zi|gramm [detsi'gram] *n* decigram, *bes. Br.* decigramme. — **~'li·ter** [-'li:tər] *m, n* deciliter, *bes. Br.* decilitre.

De·zil·li·on [detsɪ'lĭo:n] *f* ⟨-; -en⟩ *math. Br.* decillion, *Am.* novemdecillion (10^{60}).

de·zi·mal [detsi'ma:l] *adj math.* decimal. — **D~ˌbruch** *m* decimal (fraction): endlicher ~ terminate decimal; periodischer ~ periodic (*od.* circulating, recurring, repeating) decimal; vierstelliger ~ decimal of four figures.

De·zi'ma·le *f* ⟨-(n); -n⟩ *math.* decimal (place): auf eine ~ berechnet calculated to one decimal (place).

De·zi'mal|klas·si·fi·ka·ti,on *f* **1.** decimal classification. – **2.** (Dewey) decimal classification (*library classification system*). — **~ˌkom·ma** *n math.* decimal point: das ~ verschieben to shift the decimal point. — **~log·arith·mus** [-logaˌrɪtmus] *m* common (*od.* Brigg's, decimal) logarithm. — **~ˌmaß** *n* decimal measure, metric measure. — **~ˌpunkt** *m* decimal point. — **~ˌrech·nung** *f* **1.** (*Verfahren*) decimal arithmetic. – **2.** (*Beispiel*) calculation (*od.* computation, sum) with decimals, metric calculation. — **~ˌrei·he** *f cf.* Dezimalsystem. — **~ˌstel·le** *f* decimal (place). — **~syˌstem** *n* decimal (*od.* decadic) system: nach dem ~ decimally. — **~ˌwaa·ge** *f* decimal balance. — **~ˌwäh·rung** *f* decimal coinage. — **~ˌzahl** *f* **1.** decimal (number): einstellige [zweistellige] ~ one-figure (*od.* one-place) [two-figure (*od.* two-place)] decimal; vielstellige ~ decimal of many places. – **2.** (*Dezimalbruch*) decimal fraction.

De·zi·ma·ti·on [detsima'tsĭo:n] *f* ⟨-; -en⟩ **1.** *mil. hist.* (*Strafe*) decimation. – **2.** *obs.* decimation, taking of tithes.

De·zi·me ['de:tsimə; de'tsi:mə] *f* ⟨-; -n⟩ **1.** *mus.* (interval of a) tenth. – **2.** *metr.* ten-line stanza.

De·zi·me·ter [detsi'me:tər] *m, n* decimeter, *bes. Br.* decimetre. — **~-Te·leˌphon** *n tel. electr.* portable radiotelephone set for decimeter waves. — **~ˌwel·le** *f phys.* decimeter (*od.* decimetric, high frequency) wave, microwave.

de·zi·mie·ren [detsi'mi:rən] *v/t* ⟨*no* ge-, h⟩ (*Bevölkerung, Truppen etc*) decimate, thin (*s.th.*) out, reduce (*s.th.*) (drastically). — **de·zi'miert I** *pp.* – **II** *adj* (*Truppen etc*) decimated. — **De·zi'mie·rung** *f* ⟨-; -en⟩ decimation, drastic reduction.

de·zi·siv [detsi'zi:f] *adj* (*entscheidend*) decisive.

De·zi·ster [dezi'ste:r] *m* ⟨-s; -e *u.* -s⟩ decistere.

'Dhakˌbaum ['da:k-] *m bot.* dhak, *auch* dak, palas (*Butea frondosa*).

Dhar·ma ['darma] *n* ⟨-(s); *no pl*⟩ *relig.* (*in Indien*) dharma.

Dhau [dau] *f* ⟨-; -en⟩, **Dhaw** [dau] *f* ⟨-; -en⟩ *mar. cf.* Dau.

Dia ['di:a] *n* ⟨-s; -s⟩ *phot. short for* Diapositiv.

Dia·bas [dia'ba:s] *m* ⟨-es; -e⟩ *min.* diabase, *Br.* dolerite. — **~ˌschie·fer** *m* diabasic slate. — **~ˌtuff** *m* diabasic (*od.* greenstone) tuff.

Dia·be·tes [dia'be:tɛs] *m* ⟨-; *no pl*⟩ *med.* diabetes. — **~beˌhand·lung** *f* treatment of diabetes, diabetotherapy (*scient.*). — **~diˌät** *f* diabetic diet. — **~ˌko·ma** *n* diabetic coma. — **~ˌkost** *f* diabetic diet.

Dia·be·ti·ker [dia'be:tikər] *m* ⟨-s; -⟩ *med.* diabetic. — **~ˌbrot** *n* diabetic bread. — **~ˌle·bensˌmit·tel** *pl* diabetic foods, prepared food *sg* for diabetics.

dia·be·tisch [dia'be:tɪʃ] *adj med.* diabetic.

'Dia·beˌtrach·ter *m phot.* slide (*od.* transparency) viewer.

dia·bla·stisch [dia'blastɪʃ] *adj geol.* diablastic.

Dia·bo·lie [diabo'li:] *f* ⟨-; *no pl*⟩, **Dia'bo·lik** [-'bo:lɪk] *f* ⟨-; *no pl*⟩ diabolism. — **dia'bo·lisch** [-'bo:lɪʃ] *adj* diabolic(al).

Dia·bo·lo [di'a:bolo] (*TM*) *n* ⟨-s; -s⟩ (*games*) Diabolo.

Dia·bo·lo·la·trie [diabolola'tri:] *f* ⟨-; -n [-ən]⟩ *relig.* diabolism.

Dia·bo·loˌspiel [di'a:bolo-] *n* (*games*) *cf.* Diabolo.

Dia·bo·lus [di'a:bolus] *m* ⟨-; *no pl*⟩ devil.

Di·ace·tat [diˀatse'ta:t] *n chem.* diacetate.

Di·ace'tonˌal·ko·hol [diˀatse'to:n-] *m chem.* diaceton alcohol ($CH_3COCH_2C(OH)(CH_3)_2$).

Di·acetˌsäu·re [diˀa'tse:t-] *f med.* acetoacetic acid, *auch* diacetic acid.

Di·ace'tyl·morˌphin [diˀatse'ty:l-] *n chem.* diacetylmorphine, heroin, *auch* heroine ($C_{21}H_{23}NO_5$).

Dia·chro·nie [diakro'ni:] *f* ⟨-; *no pl*⟩ *ling.* diachrony. — **dia'chro·nisch** [-'kro:nɪʃ] *adj* diachronic.

di·adel·phisch [diˀa'dɛlfɪʃ] *adj bot.* diadelphous.

Dia·dem [dia'de:m] *n* ⟨-s; -e⟩ **1.** diadem. – **2.** (*Damenstirnreif*) tiara. — **~ˌkra·nich, ~ˌrei·her** *m zo.* crowned (*od.* Balearic) crane, balearican (*Balearica od. Grus pavonia*). — **~ˌspin·ne** *f cf.* Kreuzspinne.

Dia·do·che [dia'dɔxə] *m* ⟨-n; -n⟩ **1.** *antiq.* diadochus: die ~n the Diadochi. – **2.** *pl fig.* *petty successors of a great leader.*

Dia'do·chen|ˌkampf *m pol. fig.* struggle for succession. — **~ˌzeit** *f antiq.* period of the Diadochi.

Dia·ge·ne·se [diage'ne:zə] *f* ⟨-; *no pl*⟩ *geol. min.* diagenesis: durch ~ verändert diagenetically changed. — **dia·ge'ne·tisch** [-tɪʃ] *adj* diagenetic.

Dia·gno·se [dia'gno:zə] *f* ⟨-; -n⟩ **1.** diagnosis: vorläufige ~ *med.* tentative diagnosis; eine ~ stellen *med.* to make a diagnosis, to diagnose; ~ aus dem Gewebsbefund histodiagnosis. – **2.** *biol.* description, diagnosis.

Dia'gno·senˌstel·lung *f med.* making (*od.* giving) a diagnosis.

Dia·gno·stik [dia'gnɔstɪk] *f* ⟨-; *no pl*⟩ *med.* diagnostic(s *pl*), diagnosis. — **Dia'gno·sti·ker** [-tikər] *m* ⟨-s; -⟩ diagnostician. — **dia'gno·stisch** *adj* diagnostic. — **dia·gno·sti'zie·ren** [-ti'tsi:rən] **I** *v/t* ⟨*no* ge-, h⟩ diagnose, *auch* diagnosticate. – **II** *v/i* make a diagnosis, diagnose.

dia·go·nal [diago'na:l] **I** *adj* **1.** diagonal. – **II** *adv* **2.** ~ angeordnet sein to be arranged diagonally (*od.* in diagonals); ein Buch ~ lesen *colloq.* to skip through a book. – **3.** *her.* bendwise.

Dia·go'nal *m* ⟨-(s); -s⟩ (*textile*) diagonal (cloth). — **~ˌbin·dung** *f* diagonal (*od.* twill) weave. — **~ˌboot** *n mar.* diagonally planked boat.

Dia·go'na·le *f* ⟨-; -n⟩ **1.** *math.* diagonal (line). – **2.** *civ.eng.* diagonal (member *od.* rod).

Dia·go'nal|eleˌment *n math.* (*einer Determinante*) leading element. — **~ˌflä·che** *f* diagonal surface. — **~ˌkraft** *f phys.* diagonal force, resultant (of two forces). — **~ˌschich·tung** *f geol.* false (*od.* diagonal, current) bedding. — **~ˌschnitt** *m* diagonal section. — **~ˌstre·be** *f* **1.** *aer.* diagonal strut. – **2.** *civ.eng. tech.* diagonal brace. — **~verˌfah·ren** *n math. philos.* diagonal procedure (*od.* principle, method). — **~verˌstei·fung** *f tech.* diagonal bracing (*od.* ribbing).

Dia·gramm [dia'gram] *n* ⟨-s; -e⟩ diagram, graph, chart. — **~paˌpier** *n* graph paper.

Dia·graph [dia'gra:f] *m* ⟨-en; -en⟩ diagraph. — **Dia'gra·phik** [-fɪk] *f* ⟨-; *no pl*⟩ diagraphics *pl* (*construed as sg*).

'Diaˌka·sten *m phot.* slide box, transparency container.

Dia·kau·stik [dia'kaustɪk] *f* ⟨-; -en⟩ (*optics*) diacaustic (curve *od.* surface). — **dia'kau·stisch** *adj* diacaustic.

Dia·kla·se [dia'kla:zə] *f* ⟨-; -n⟩ *geol.* diaclase, joint. — **dia'kla·stisch** [-'klastɪʃ] *adj* diaclastic.

Dia·kon [dia'ko:n] *m* ⟨-s *u.* -en; -e(n)⟩ *relig.* deacon. — **Dia·ko'nat** [-ko'na:t] *n, auch m* ⟨-(e)s; -e⟩ diaconate, deaconry, deaconship.

Dia·ko·nie [diako'ni:] *f* ⟨-; *no pl*⟩ *relig.* **1.** (professional) charitable service. – **2.** office of a deacon, diaconate, deaconry: männliche [weibliche] ~ male [female] diaconate.

Dia'ko·nin *f* ⟨-; -nen⟩ *relig.* deaconess (*working in the parish*).

Dia·ko·nis·se [diako'nɪsə] *f* ⟨-; -n⟩ *relig.* deaconess (*member of a Protestant sisterhood*).

Dia·ko'nis·sen|ˌanˌstalt *f*, **~ˌhaus** *n relig.* deaconesses' home.

Dia·ko'nis·sin *f* ⟨-; -nen⟩ *relig. cf.* Diakonisse.

Dia·ko·nus [di'a(:)konus] *m* ⟨-; -kone(n) [dia'ko:nə(n)]⟩ *relig.* (*in protestantischen Kirchen*) *etwa* assistant minister.

dia·kri·tisch [dia'kri:tɪʃ] *adj ling.* diacritic(al): ~es Zeichen diacritic(al mark), graphic accent.

Di·aku·stik [dia'kustɪk] *f* ⟨-; *no pl*⟩ *phys.* diacoustics *pl* (*construed as sg*).

Dia·lekt [dia'lɛkt] *m* ⟨-(e)s; -e⟩ dialect, vernacular: ~ sprechen to speak dialect. — **~ˌausˌdruck** *m* dialect(al) expression (*od.* word). — **~ˌdich·ter** *m* (*literature*) **1.** dialect writer. – **2.** (*Versautor*) dialect poet. — **~ˌfor·schung** *f* dialect research, dialectology (*scient.*). — **d~ˌfrei** *adj* free from dialect, pure, standard (*attrib*). — **~geoˌgraph** *m* linguistic (*od.* dialect) geographer. — **~geo·graˌphie** *f* linguistic (*od.* dialect) geography. — **~ˌgren·ze** *f* dialect boundary.

Dia·lek·tik [dia'lɛktɪk] *f* ⟨-; *no pl*⟩ *philos.* dialectic, dialectics *pl* (*often construed as sg*). — **Dia'lek·ti·ker** [-tikər] *m* ⟨-s; -⟩ dialectician. — **dia'lek·tisch** *adj* **1.** *bes. philos.* dialectic(al): die ~e Methode the dialectical method; → Materialismus; Theologie. – **2.** *ling.* dialectal, *auch* dialectic(al).

Dia·lek·to·lo·ge [dialekto'lo:gə] *m* ⟨-n; -n⟩ *ling.* dialectologist. — **Dia·lek·to·lo'gie** [-lo'gi:] *f* ⟨-; *no pl*⟩ dialectology, study of dialects. — **dia·lek·to'lo·gisch** *adj* dialectological.

Dia'lekt|ˌwort *n* ⟨-(e)s; -wörter⟩ *ling.* dialect word. — **~ˌwör·terˌbuch** *n* dialect dictionary, idioticon.

Dia·log [dia'lo:k] *m* ⟨-(e)s; -e⟩ **1.** dialogue, *Am. auch* dialog: der ~ bei Schiller (the) dialogue in the works of Schiller, Schiller's dialogue; einen ~ führen to carry on a dialogue. – **2.** (*Zwiegespräch*) dialogue, *Am. auch* dialog, duologue. — **~,form** *f* dialogue, dialogic(al) form: in ~ dialogic(al), in dialogue (form). — **~,füh·rung** *f* dialogue.

dia·lo·gisch [dia'lo:gɪʃ] *adj* dialogic(al), in dialogue (form). — **dia·lo·gi'sie·ren** [-logi'zi:rən] *v/t* ⟨*no* ge-, h⟩ write (*s.th.*) in dialogue, turn (*s.th.*) into a dialogue.

Dia'log·re,gie *f* (*film*) direction of dialogues.

Dia·ly·sa·tor [dialy'za:tɔr] *m* ⟨-s; -en [-za'to:rən]⟩ *chem.* dialyzer *Br.* -s-. — **Dia'ly·se** [-'ly:zə] *f* ⟨-; -n⟩ dialysis. — **dia·ly'sier·bar** *adj* dialyzable *Br.* -s-. — **dia·ly'sie·ren** [-'zi:rən] *v/t* ⟨*no* ge-, h⟩ dialyze *Br.* -s-. — **dia'ly·tisch** [-'ly:tɪʃ] *adj* dialytic.

dia·ma·gne·tisch [diama'gne:tɪʃ] *adj phys.* diamagnetic. — **Dia·ma·gne'tis·mus** [-gne'tɪsmʊs] *m* ⟨-; *no pl*⟩ diamagnetism.

Dia·mant[1] [dia'mant] *m* ⟨-en; -en⟩ *min. tech.* diamond: ungeschliffener ~ uncut (*od.* rough) diamond; schwarzer ~ carbonado, black (*od.* carbon) diamond, bort (diamond); schwarze ~en *pl fig.* black diamonds, coal *sg*; einen ~en fassen to set a diamond; hart wie ein ~ sein to be (as) hard as a diamond.

Dia'mant[2] *f* ⟨-; *no pl*⟩ *print.* diamond.

dia'mant|,ar·tig *adj* **1.** diamondlike. – **2.** *fig.* (as) hard as a diamond, adamantine (*lit.*). — **D~,barsch** *m zo. a centrarchid* (*Enneacanthus obesus*). — **D~,boh·rer** *m tech.* diamond drill. — **D~,druck,aus,ga·be** *f print.* diamond edition.

dia'man·ten *adj* **1.** (*Schmuckstück etc*) diamond (*attrib*). – **2.** (*Glanz etc*) adamantine. – **3.** (*Hochzeit, Jubiläum etc*) diamond (*attrib*). – **4.** *lit.* (as) hard as a diamond, adamantine (*lit.*).

dia'man·ten|be,setzt *adj* set with diamonds, diamonded, diamondized. — **~,füh·rend** *adj min.* diamondiferous, diamantiferous. — **D~ge,schmei·de** *n* (*jewelry*) *cf.* Diamantschmuck. — **D~,gru·be** *f* (*mining*) diamond mine. — **~,hal·tig** *adj min.* diamondiferous, diamantiferous. — **D~kol·li,er** *n* (*jewelry*) diamond necklace.

Dia'mant|,far·be *f tech.* gray (*bes. Br.* grey) minium (*od.* lead). — **~,farb,stoff** *m* diamond dye. — **~fa,san** *m zo.* Lady Amherst's pheasant (*Chrysolophus amherstiae*). — **~,fas·sung** *f* diamond mount (*od.* holding unit). — **~ge,wicht** *n* carat. — **~,glanz** *m* adamantine luster (*bes. Br.* lustre). — **~,hals,ket·te** *f* diamond necklace. — **~,händ·ler** *m* diamond merchant. — **~,klap·per,schlan·ge** *f zo.* diamondback (rattlesnake), diamond rattlesnake (*Crotalus adamanteus*). — **~,na·del** *f* **1.** *tech.* diamond point. – **2.** (*jewelry*) diamond breastpin. — **~,pul·ver** *n tech.* diamond powder. — **~,ring** *m* diamond ring. — **~,sä·ge** *f tech.* diamond saw. — **~,schild,krö·te** *f zo.* diamondback terrapin (*Malaclemys terrapin*). — **~,schlei·fer** *m* diamond cutter. — **~schlei·fe,rei** *f* **1.** diamond cutting. – **2.** diamond-cutting shop. — **~,schleif,schei·be** *f tech.* diamond wheel. — **~,schliff** *m* (*jewelry*) diamond (*od.* facet) cut. — **~,schmuck** *m* diamond jewelry (*bes. Br.* jewellery). — **~,schnei·der** *m tech.* diamond cutter, diamond (cutting) point. — **~,schrift** *f print. cf.* Diamant[2]. — **~,spat** *m min.* adamantine spar, corundum (*scient.*). — **~,spit·ze** *f tech.* diamond nib (*od.* tip). — **~,split·ter** *m* diamond chip. — **~,staub** *m* diamond dust. — **~,täub·chen** *n zo.* diamond dove (*Geopelia cuneata*). — **~,tin·te** *f* diamond ink. — **~,vo·gel** *m zo.* diamond bird (*od.* sparrow), pardalote (*Pardalotus punctatus*). — **~,werk,zeug** *n tech.* diamond tool, diamond-tipped cutting tool.

Dia·mat [dia'mat] *m* ⟨-; *no pl*⟩ *pol. colloq.* dialectical materialism, diamat (*colloq.*).

Dia·me·ter [dia'me:tər] *m* ⟨-s; -⟩ *math.* diameter.

dia·me·tral [diame'tra:l] **I** *adj* **1.** *bes. math.* diametral, diametric(al). – **2.** *fig.* diametric(al): ~e Gegensätze diametric opposites. – **II** *adv* **3.** *fig.* diametrically: ~ entgegengesetzt diametrically opposed (*od.* opposite). — **D~,ebe·ne** *f math.* diametral plane.

dia·me·trisch [dia'me:trɪʃ] *adj math.* diametral, diametric(al).

Di·amid [di?a'mi:t] *n* ⟨-s; *no pl*⟩ *chem.* diamide (NH_2NH_2).

Di·amin [di?a'mi:n] *n* ⟨-s; -e⟩ *chem.* diamine.

Dia·na ['dĭa:na] *npr f* ⟨-; *no pl*⟩ *myth.* Diana (*Roman goddess of hunting*). — **~,af·fe** *m*, **~,meer,kat·ze** *f zo.* Diana monkey (*Cercopithecus diana*).

Dia·pa·son [dia'pa:zɔn] *m, n* ⟨-s; -s *u.* -e [-pa'zo:nə]⟩ *mus.* diapason.

Dia·pen·te [dia'pɛntə] *f* ⟨-; -n⟩ *mus. antiq.* diapente, (interval of a) fifth.

dia·phan [dia'fa:n] *adj* diaphanous.

Dia·pho·nie [diafo'ni:] *f* ⟨-; -n [-ən]⟩ **1.** *mus. antiq.* diaphony. – **2.** *tel.* (*Übersprechen*) cross talk. — **dia'pho·nisch** [-'fo:nɪʃ] *adj* diaphonic.

Dia·pho·ra [di'a(:)fora] *f* ⟨-; *no pl*⟩ (*in der Rhetorik*) diaphora.

Dia·phrag·ma [dia'fragma] *n* ⟨-s; -phragmen⟩ **1.** *med. biol.* diaphragm. – **2.** (*optics*) diaphragm, (glare) stop. – **3.** *chem.* (*durchlässige Scheidewand*) diaphragm. — **dia·phrag'ma·tisch** [-'gma:tɪʃ] *adj med.* diaphragmatic(al).

Dia'phrag·men|,strom *m phys.* diaphragm current. — **~ver,fah·ren** *n chem. electr.* diaphragm process.

Dia·phy·se [dia'fy:zə] *f* ⟨-; -n⟩ *med.* diaphysis, shaft of a long bone.

Dia·po·si·tiv [diapozi'ti:f; 'di:a-] *n* ⟨-s; -e⟩ *phot.* (lantern) slide, transparency, diapositive (*scient.*). — **~,hal·ter** *m* slide holder. — **~,plat·te** *f* lantern plate.

'Dia|pro,jek·tor *m phot.* slide (*od.* transparency) projector. — **~,rah·men** *m* slide frame.

Di·ar·chie [diar'çi:] *f* ⟨-; -n [-ən]⟩ *pol.* dyarchy, *auch* diarchy.

Di·äre·sis [di'ɛ:rezɪs], *auch* **Di·äre·se** [-ɛ're:zə] *f* ⟨-; -äresen [-ɛ're:zən]⟩ **1.** *ling.* (*literature*) diaeresis, *auch* dieresis. – **2.** *philos.* (method of) division, diaeresis, *auch* dieresis. — **di·äre·tisch** [-ɛ're:tɪʃ] *adj* diaeretic, *auch* dieretic.

Dia·ri·um ['dĭa:rĭʊm] *n* ⟨-s; -arien⟩ **1.** diary. – **2.** (*Kladde*) notebook.

Di·ar·rhö [dia'rø:], *auch* **Di·ar'rhöe** [-'rø:] *f* ⟨-; -rhöen [-ən]⟩ *med.* diarrhea, *bes. Br.* diarrhoea. — **di·ar'rhö·isch** *adj* diarrh(o)eal, diarrh(o)eic, *auch* diarrh(o)etic.

Di·ar·thro·se [diar'tro:zə] *f* ⟨-; -n⟩ *med.* diarthrosis, abarticulation. — **di·ar'thro·tisch** [-tɪʃ] *adj* diarthrodial.

dia·schist [dia'sçɪst; -'ʃɪst] *adj geol.* diaschistic.

Dia·skop [dia'sko:p] *n* ⟨-s; -e⟩ *phot.* diascope. — **Dia·sko'pie** [-sko'pi:] *f* ⟨-; -n [-ən]⟩ slide projection.

Dia·spor [dia'spo:r] *m* ⟨-s; -e⟩ *min.* diaspore.

Dia·spo·ra [di'aspora] *f* ⟨-; *no pl*⟩ *relig.* **1.** *hist.* (*der Juden*) Diaspora. – **2.** diaspora, dispersion: in der ~ leben to live in the diaspora (*od.* dispersed).

Dia·sta·se [dia'sta:zə] *f* ⟨-; -n⟩ **1.** *biol. chem.* (*Ferment*) diastase, amylase. – **2.** *med.* diastasis. — **dia·sta·tisch** [dia'sta:tɪʃ] *adj* diastasic, diastatic: ~e Kraft diastatic activity.

Di·aster [di'astər] *m* ⟨-s; *no pl*⟩ *biol.* diaster.

Dia·sto·le [di'astole; -'sto:lə] *f* ⟨-; -n [-'sto:lən]⟩ **1.** *med. zo.* diastole. – **2.** *metr.* diastole. — **dia'sto·lisch** [-'sto:lɪʃ] *adj* diastolic.

Di·ät [di'ɛ:t] *f* ⟨-; -en⟩ *med.* diet: eiweißreiche [kalorienarme, strenge] ~ high-protein [low-calory, strict] diet; ~ halten to (keep to a) diet; einen Patienten auf ~ setzen to put a patient on a diet.

di'ät *adv med. only in* ~ leben to be (*od.* live) on a diet, to (take a) diet.

Diä·tar [diɛ'ta:r] *m* ⟨-s; -e⟩ *jur. obs.* employee paid on a daily basis.

Diä·ten [di'ɛ:tən] *pl econ. pol.* **1.** (*Entschädigungen*) emoluments, remuneration *sg.* – **2.** daily (expense) allowance *sg.* – **3.** (*Tagegelder, Sitzungsgelder*) attendance fees. — **~do,zent** *m ped.* supernumerary university lecturer. — **~do·zen,tur** *f* position of a supernumerary university lecturer.

Dia·tes·sa·ron [dia'tɛsarɔn] *n* ⟨-s; -sara [-ra]⟩ **1.** *relig.* diatessaron (*combination of the four gospels*). – **2.** *mus. antiq.* diatessaron, (interval of a) fourth.

Diä·te·tik [diɛ'te:tɪk] *f* ⟨-; -en⟩ *med.* dietetics *pl* (*construed as sg or pl*). — **Diä'te·ti·ker** [-tikər] *m* ⟨-s; -⟩ dietitian, *auch* dietician. — **Diä'te·ti·kum** [-tikʊm] *n* ⟨-s; -tika [-ka]⟩ dietary food. — **diä'te·tisch** *adj* dietary, dietetic, *auch* dietetical.

Di'ät|,feh·ler *m med.* dietary indiscretion. — **~ge,stal·tung** *f* regulation of diet.

Dia·thek [dia'te:k] *f* ⟨-; -en⟩ *phot.* collection of slides.

dia·ther·man [diatɛr'ma:n] *adj meteor. med.* diathermal, diathermic, diathermanous.

Dia·ther·mie [diatɛr'mi:] *f* ⟨-; *no pl*⟩ *med.* diathermy: j-n mit ~ behandeln to treat s.o. with diathermy. — **~be,hand·lung** *f* treatment with diathermy, diathermotherapy.

Dia·the·se [dia'te:zə] *f* ⟨-; -n⟩ *med.* diathesis. — **dia'the·tisch** [-tɪʃ] *adj* diathetic.

Di·äthyl·amin [di?ɛ'ty:l?a,mi:n] *n* ⟨-s; -e⟩ *chem.* diethylamine [$(C_2H_5)_2NH$].

Diä·ti·stin [diɛ'tɪstɪn] *f* ⟨-; -nen⟩ *med.* (woman) dietitian (*auch* dietician).

Di'ät|,koch *m*, **~,kö·chin** *f* diet cook. — **~,kost** *f* diet(ary) food, dietary. — **~,kü·che** *f* **1.** (*im Krankenhaus etc*) diet kitchen. – **2.** diet(ary) cuisine. — **~,kun·de** *f* dietetics *pl* (*construed as sg or pl*), sitology. — **~,kur** *f* dietetic treatment, (dietetic) regimen, diet cure. — **~,leh·re** *f* dietetics *pl* (*construed as sg or pl*).

Dia·to·mee [diato'me:ə] *f* ⟨-; -n⟩ *meist pl biol.* diatom.

Dia·to'me·en|,er·de *f min.* diatomite, *auch* diatomaceous earth. — **~,schlamm** *m geol.* diatom ooze. — **~,zel·le** *f biol.* frustule.

Dia·to·mit [diato'mi:t; -'mɪt] *m* ⟨-s; *no pl*⟩ *min.* diatomite, *auch* diatomaceous earth.

Dia·to·nik [dia'to:nɪk] *f* ⟨-; *no pl*⟩ *mus.* diatonicism, *auch* diatonism. — **dia'to·nisch** *adj* diatonic.

Di'ät|,plan *m*, **~,re·gel** *f cf.* Diätvorschrift.

Dia·tri·be [dia'tri:bə] *f* ⟨-; -n⟩ diatribe.

Di'ät|,salz *n med.* dietetic salt. — **~,sche·ma** *n* dietary plan. — **~ver,fah·ren** *n* dietary method. — **~ver,ord·nung** *f* dietary schedule. — **~,vor,schrift** *f* dietary (prescription).

'Dia,wer·bung *f econ.* slide advertising.

Di'azo|,pro·be [di'?atso-] *f med.* diazo test. — **~rea·gens** [-re,a:gɛns] *n* diazo reagent. — **~re·ak·ti,on** *f* diazo reaction. — **~ver,bin·dung** *f chem.* diazo (compound).

'Dib·bel|,holz *n agr.* dibble. — **~ma,schi·ne** *f* dibbling machine, dibbler, spacing drill.

dib·beln ['dɪbəln] *v/t u. v/i* ⟨h⟩ *agr.* dibble.

'Dib·bel,saat *f* ⟨-; *no pl*⟩ *agr.* **1.** dibbling, pocket drilling. – **2.** dibbled seeds (*pl*).

Dib·buk ['dɪbʊk] *m* ⟨-s; -bukim [-'ki:m]⟩ dybbuk, dibbuk (*in Jewish folklore*).

Di·bra·chys ['di:braxʏs] *m* ⟨-; -⟩ *metr. antiq.* dibrach, pyrrhic.

Di·bro·mid [dibro'mi:t] *n chem.* dibromide.

Di·car'bon,säu·re [dikar'bo:n-] *f chem.* dicarboxylic acid.

dich [dɪç] **I** *personal pron* ⟨*acc of* du⟩ **1.** you, thee (*poet. Bibl.*): ich kenne ~ nicht I do not know you; wir flehen ~ an we beseech you. – **II** *reflexive pron* ⟨*acc of 2nd person*⟩ **2.** yourself, thyself (*poet. Bibl.*): beruhige ~! calm yourself. – **3.** (*nach Präpositionen*) you, thee (*poet. Bibl.*): sieh hinter ~! look behind you.

Di·cha·si·um [dɪ'ça:zĭʊm] *n* ⟨-s; -sien⟩ *bot.* dichasium.

Di·chlo·rid [diklo'ri:t] *n chem.* dichloride, [*auch* dichlorid.]

di·cho·gam [dɪço'ga:m] *adj bot.* dichogamic, dichogamous. — **Di·cho·ga'mie** [-ga'mi:] *f* ⟨-; -n [-ən]⟩ dichogamy.

di·cho·tom [dɪço'to:m] *adj biol.* dichotomous, dichotomal, dichotomic. — **Di·cho·to'mie** [-to'mi:] *f* ⟨-; -n [-ən]⟩ dichotomy. — **di·cho'to·misch** *adj cf.* dichotom.

Di·chro·is·mus [dikro'ɪsmʊs] *m* ⟨-; *no pl*⟩ *phys.* dichroism.

di·chroi·tisch [dikro'i:tɪʃ] *adj phys.* (*Kristalle, Spiegel etc*) dichroic, *auch* dichroitic: ~er Schleier *phot.* dichroic fog.

Di·chro·ma·sie [dikroma'zi:] *f* ⟨-; -n [-ən]⟩ *med.* dichromatism, dichromatopsia.

Di·chro·mat [dikro'ma:t] *n* **1.** *chem.* dichromate, *auch* bichromate. – **2.** *med.* dichromat.

di·chro'mat, di·chro'ma·tisch *adj bes. biol.* dichromatic.

Di·chro·skop [dikro'skoːp] *n* ⟨-s; -e⟩ dichroscope, *auch* dichroiscope, dichrooscope.

dicht [dɪçt] **I** *adj* ⟨-er; -est⟩ **1.** (*Nebel, Menschenmenge, Wald etc*) dense, thick: eine ~e Hecke a thick (*od.* close-set) hedge; ein ~er Schwarm von Vögeln a thick swarm of birds; sie hat ~es Haar her hair is thick (*od.* bushy); über ihnen war ein ~es Laubdach there was a dense canopy of leaves over their heads. – **2.** (*Gewebe, Vorhang etc*) dense, close-woven: ein ~es Netz von Wachen *fig.* a dense (*od.* close) net of guards. – **3.** (*rasch aufeinander*) close: in ~er Folge in rapid succession. – **4.** (*Verkehr etc*) dense, thick, heavy. – **5.** (*Dach, Schuhe etc*) watertight, waterproof: das Dach ist nicht mehr ~ the roof is no longer watertight (*od.* rainproof). – **6.** (*Gefäß, Boot etc*) leakproof, watertight. – **7.** (*Fugen, Fenster etc*) tight. – **8.** *mar.* tight: die Luken ~ machen to batten down the hatches; mach's Schott ~! a) close the bulkhead! b) *Northern G. colloq.* shut your mouth (*od. sl.* trap). – **9.** (*in Wendungen wie*) er ist nicht ganz ~ *sl.* he's off his rocker (*sl.*), he's got bats in the belfry (*sl.*). – **10.** *min. geol.* compact, massive. – **11.** *phys.* a) (*Atmosphäre etc*) dense, b) (*Strahlung etc*) intense: in dieser Höhe ist die Luft nicht ~ at this height the air is rare. – **12.** *phot.* (*Negativ*) dense, strong. – **13.** ~er Kupferstein *tech.* close metal. – **14.** ~ester Wert (*in der Statistik*) modal value. – **II** *adv* **15.** densely, thickly: der Himmel ist ~ mit Wolken verhangen the sky is densely covered with clouds; das Korn steht ~ the grain is thick; die Hecke ist ~ gepflanzt it is a close-set hedge; die Zuschauer standen ~ gedrängt the spectators stood in a thick mass; das Land ist ~ bevölkert the country is densely populated. – **16.** closely, densely: der Stoff ist besonders ~ gewebt the material is particularly closely woven; du mußt die Pflanzen nicht so ~ setzen you should not set the plants so close together; das Blatt ist sehr ~ beschrieben the page is very closely covered with writing; die Fenster waren ~ verhängt the windows were closely (*od.* heavily) curtained; solche Posten sind nicht ~ gesät *colloq.* positions like these are few and far between. – **17.** closely: ~ aufeinanderfolgen to follow each other (*od.* one another) closely; ~ zusammengehend *bot. zo.* connivent. – **18.** tight, tightly: die Tür schließt nicht mehr ~ the door no longer shuts tight; die Wärmeflasche hat nicht ~ gehalten *colloq.* the hot-water bottle has leaked. – **19.** (*mit Präpositionen und Adverbien*) ~ am Rand close to the edge; sich ~ am Ufer halten *mar.* to keep close to (*od.* to hug) the shore; ~ am Wind(e) *mar.* close-hauled; ~ am Wind(e) fahren *mar.* to sail close to the wind; das Boot ~ am Wind(e) halten *mar.* to keep the boat close to the wind; j-m ~ auf den Fersen sein *fig. colloq.* to be hard (*od.* hot) on s.o.'s heels; ~ bei *mar.* close; ~ beim Haus close to the house; ~ beisammen close together; ~ daneben hard by; er war ~ daran aufzugeben *fig.* he was very close to giving up, he was about to give up; ~ hinter j-m folgen to follow hard after (*od.* behind) s.o.; die Schläge kamen ~ hintereinander the blows came (*od.* fell) thick and fast; ~ nebeneinander cheek by jowl; ~ unter dem Dach close under the roof; ~ vor seiner Nase *colloq.* close before him (*od.* his eyes), right under his nose; wir stehen ~ vor einer Entscheidung we are close to a decision; ~ vor Ablauf der Frist shortly before the time had elapsed; ~ vor seinem Tode *lit.* shortly before his death.

'**dicht**|'**auf** *adv* closely: ~ folgen to follow closely. — **~beˌbaut** *adj* ⟨*attrib*⟩ densely built-up. — **~beˌhaart** *adj* ⟨*attrib*⟩ with thick hair. — **~beˌlaubt** *adj* ⟨*attrib*⟩ densely foliated. — **~beˌsetzt** *adj* ⟨*attrib*⟩ **1.** (*Zweig etc*) thickset. – **2.** (*Lokal etc*) crowded. — **~beˌsie·delt, ~beˌvöl·kert** *adj* ⟨*attrib*⟩ densely populated. — **~beˌwach·sen** *adj* ⟨*attrib*⟩ thickly covered with vegetation, thick-grown. — **~beˌwal·det** *adj* ⟨*attrib*⟩ densely (*od.* thickly) wooded.

'**Dich·te** *f* ⟨-; *rare* -n⟩ **1.** (*des Nebels, eines Waldes etc*) density, denseness, thickness. – **2.** (*eines Gewebes etc*) density, denseness, closeness. – **3.** (*des Verkehrs etc*) density, denseness, heaviness. – **4.** *fig.* (*eines Programms etc*) fullness. – **5.** *min. geol.* compactness, massiveness. – **6.** *phys.* a) (*der Atmosphäre etc*) density, denseness, b) (*einer Strahlung etc*) intensity. – **7.** *phys.* specific gravity: magnetische ~ magnetic flux. – **8.** (*in der Statistik*) density. – **9.** *chem.* a) (*von Flüssigkeiten*) density, b) (*von Feststoffen*) compactness. – **10.** *tech.* a) (*eines Gusses*) compactness, b) (*von Sand*) closeness, c) (*einer Fuge*) tightness.

'**Dich·teˌfeld** *n phys.* density distribution.

'**Dichtˌei·sen** *n mar. cf.* Kalfateisen.

'**Dich·teˌmes·ser** *m* **1.** *phys.* a) densimeter, b) (*für Flüssigkeiten*) hydrometer, areometer, c) (*für Luft*) aerometer. – **2.** *phot. cf.* Densitometer 2.

dich·ten[1] ['dɪçtən] **I** *v/i* ⟨h⟩ **1.** write (*od.* compose) poetry (*od.* verse, *auch* novels, plays): er dichtet aus dem Stegreif he writes impromptu verse. – **2.** *fig. colloq.* dream, have fancy ideas: du dichtest wohl! you're dreaming! – **II** *v/t* **3.** (*Vers, Epos etc*) write, compose: einen Liedertext ~ to write the lyrics to a song. – **4.** *rare for* erdichten. – **III D~** *n* ⟨-s⟩ **5.** *verbal noun*: er versucht sich im D~ he tries to write poetry. – **6.** composition, versification. – **7.** (*Sinnen*) thinking, thoughts *pl*, meditation: sein D~ und Trachten auf (*acc*) etwas richten to direct all one's thoughts and endeavo(u)rs toward(s) s.th.; sein ganzes D~ und Trachten geht dahin, wie his whole mind is set on the problem how.

'**dich·ten**[2] *v/t* ⟨h⟩ *tech.* a) (*Fugen*) make (*s.th.*) tight, seal, b) (*mittels einer Packung*) pack, c) (*zuschmieren*) (*mittels Kitt, Fett, plastischen Holzes etc*) lute, d) (*verstemmen*) ca(u)lk, e) (*abdichten*) (*Fässer*) tighten, f) (*verdichten*) condense, g) (*wasserdicht machen*) (*Stoff*) proof: etwas mit Werg ~ *mar.* (*kalfatern*) to ca(u)lk s.th. with oakum; etwas mit Kitt ~ to lute s.th.; ein Leck ~ *mar.* to seal a leak.

'**Dich·ter** *m* ⟨-s; -⟩ **1.** poet, writer (of poetry): ein verhinderter ~ a poet manqué; j-n für einen großen ~ halten to look (up)on s.o. as a great poet. – **2.** (*Prosaschriftsteller*) author, writer. — **Dich·te'rei** *f* ⟨-; -en⟩ *colloq. contempt.* versifying, poetast(e)ry, poetastering (*alle contempt.*).

'**Dich·ter**|**ˌfürst** *m fig.* prince of poets. — **~ˌga·be** *f* poetic gifts *pl* (*od.* talent, inspiration). — **~geˌnie** *n* poetic genius.

'**Dich·te·rin** *f* ⟨-; -nen⟩ **1.** (woman) poet, poetess. – **2.** (woman) author, authoress.

'**dich·te·risch I** *adj* poetic, *auch* poetical: ~es Schaffen a) poetic work, poetry, b) literary work; ~e Freiheit poetic licence (*Am.* license); ~e Sprache poetic diction; er hat eine ~e Ader *colloq.* he has a gift for poetry, he has a poetic vein. – **II** *adv* ~ veranlagt poetically inclined; etwas ~ darstellen to poet(ic)ize s.th.

'**Dich·ter**|**kom·poˌnist** *m* poet (*od.* author) and composer (in one person). — **~ˌkreis** *m* circle of poets. — **~ˌle·sung** *f* reading by a poet from his works: eine ~ halten to read from one's works.

'**Dich·ter·ling** *m* ⟨-s; -e⟩ *contempt.* poetaster, rhymester, rimester, would-be poet, versifier (*alle contempt.*).

'**Dich·ter**|**narˌzis·se** *f bot.* poet's narcissus (*Narcissus poeticus*). — **~naˌtur** *f* poetic disposition. — **~phi·loˌsoph** *m* poet philosopher (*od.* thinker). — **~ˌruhm** *m* fame as a poet. — **~ˌschu·le** *f* school of poets: die romantische ~ the Romantic school of poets. — **~ˌspra·che** *f* poetic diction. — **~taˌlent** *n* poetic talent.

'**Dich·ter·tum** *n* ⟨-s; *no pl*⟩ *lit.* poetic calling (*od.* vocation).

'**Dich·ter**|**ˌwerk** *n* poetic work. — **~ˌwort** *n* **1.** poet's word. – **2.** (*im weiteren Sinne*) poetical expression.

'**Dich·te**|**ˌsprung** *m meteor.* density discontinuity. — **~ver·ˌhält·nis** *n phys.* density ratio. — **~ˌzahl** *f* density index.

'**dicht**|**geˌdrängt** *adj* ⟨*attrib*⟩ tightly (*od.* closely) packed: die ~en Zuhörer the closely packed audience *sg.* — **~geˌwebt** *adj* ⟨*attrib*⟩ (*textile*) closely woven, close-woven. — **D~geˌwin·de** *n tech.* tight (*od.* sealing) thread.

'**dichtˌhal·ten** *v/i* ⟨*irr, sep, -ge-, h*⟩ *colloq.* keep silent (*od.* silence, *colloq.* mum), hold one's tongue, keep one's mouth shut (*colloq.*): er hält dicht he can keep his mouth shut; sie wird ~ she won't say anything; j-d hat nicht dichtgehalten there must have been a leak.

'**Dichtˌham·mer** *m mar. cf.* Kalfathammer.

'**Dicht·heit** *f* ⟨-; *no pl*⟩ **1.** *cf.* Dichte 1, 2, 3, 4, 6. – **2.** (*einer Masse*) compactness, closeness. – **3.** (*einer Flüssigkeit*) consistency, consistence. – **4.** (*einer Schweiße*) tightness.

'**Dich·tig·keit** *f* ⟨-; *no pl*⟩ **1.** *phys.* a) (*Porenfreiheit*) density, b) (*von Sand*) closeness, compactness. – **2.** *tech.* (*textile*) (*eines Gewebes*) body. – **3.** *min. geol. cf.* Dichte 5. – **4.** (*einer Schweißstelle, Fuge etc*) tightness. – **5.** *photo.* (*eines Negativs*) density. – **6.** *phys. cf.* Dichte 6 *u.* 7. – **7.** *chem. cf.* Dichte 9.

'**Dich·tig·keits**|**ˌmes·ser** *m phys. cf.* Dichtemesser 1.

'**dichtˌkör·nig** *adj tech.* **1.** (*Sand*) compact, close. – **2.** (*Guß*) close-grained.

'**Dichtˌkunst** *f* ⟨-; *no pl*⟩ **1.** (art of) creative writing. – **2.** (*in Versen*) (art of) poetry.

'**dichtˌma·chen** *colloq.* **I** *v/t* ⟨*sep, -ge-, h*⟩ (*Laden, Betrieb etc*) close, shut up. – **II** *v/i* close (*od.* shut up) the shop.

'**Dicht**|**ˌnaht** *f tech.* tight joint (*od.* weld), seal weld. — **~ˌring** *m cf.* Dichtungsring. — **~ˌschei·be** *f cf.* Dichtungsscheibe. — **~ˌschrau·be** *f* lock screw.

'**Dich·tung**[1] *f* ⟨-; -en⟩ **1.** ⟨*only sg*⟩ (*einer Epoche, eines Volkes*) literature: im Reiche der ~ in the realm of literature. – **2.** ⟨*only sg*⟩ (*in Versform*) poetry: lyrische [dramatische] ~ lyric [dramatic] poetry. – **3.** ⟨*only sg*⟩ (*Gesamtwerk eines Dichters*) a) writing(s *pl*), literary work(s *pl*), b) poetry, poetic work(s *pl*). – **4.** (*Sprachkunstwerk*) work of literature. – **5.** (*Gedicht*) work of poetry, poem. – **6.** *fig.* (*Erfindung*) fiction, invention: ~ und Wahrheit fact(s *pl*) and fiction; was er sagt, ist bloße ~ *colloq.* what he says is all invented. – **7.** symphonische ~ *mus.* symphonic poem.

'**Dich·tung**[2] *f* ⟨-; -en⟩ *tech.* **1.** (*als Bauelement*) (*für Wellen*) seal. – **2.** (*Dichtungsmanschette*) gasket. – **3.** (*Packung*) packing. – **4.** (*Dichtungsfuge*) joint. – **5.** (*Vorgang*) sealing, jointing. – **6.** *chem.* (*in Gaschromatographie*) septum.

'**Dich·tungs**|**ˌart** *f* (*literature*) **1.** literary genre. – **2.** (*Versdichtung*) poetic genre, genre of poetry. — **~ˌfilz** *m* packing felt. — **~ˌform, ~ˌgat·tung** *f* (*literature*) *cf.* Dichtungsart. — **~geˌhäu·se** *n tech.* seal casing. — **~ˌgum·mi** *n, m* sealing rubber. — **~ˌhaut** *f* sealing film. — **~ˌkern** *m civ.eng.* (*bei Talsperren etc*) watertight (*od.* impervious) core (*od.* diaphragm). — **~ˌkitt** *m tech.* luting agent, putty. — **~ˌlei·ste** *f* **1.** *tech.* packing strip. – **2.** *auto.* weather-strip, *Br.* weather-strip. — **~manˌschet·te** *f* gasket. — **~ˌmas·se** *f* **1.** sealing material (*od.* compound). – **2.** (*in schlauchlosen Reifen etc*) sealant. — **~ma·te·riˌal** *n* sealing compound, packing material. — **~ˌmit·tel** *n* **1.** sealing (*od.* packing) material (*od.* agent). – **2.** (*für Beton*) waterproofer, concrete waterproofing compound (*od.* agent). — **~ˌmuf·fe** *f* sealing (*od.* packing) sleeve (*od.* collar). — **~ˌnaht** *f mar.* **1.** ca(u)lking seam. – **2.** ca(u)lk seam. – **3.** ca(u)lked seam. — **~ˌplat·te** *f tech.* packing sheet. — **~ˌring** *m* **1.** packing (*od.* sealing) ring. – **2.** (oil) retainer ring. — **~ˌschei·be** *f* (sheet) gasket. — **~ˌschirm** *m civ.eng.* grout(ing) curtain, diaphragm. — **~ˌschnur** *f* packing cord. — **~ˌschür·ze** *f civ.eng.* waterproof (*od.* impervious) blanket. — **~ˌschwei·ßung** *f tech.* **1.** ca(u)lk welding. – **2.** ca(u)lk weld. — **~ˌstoff** *m* sealing material (*od.* compound), packing material. — **~ˌstrei·fen** *m* **1.** *auto.* weather-strip, *Br.* weather-strip. – **2.** *pl* (*gegen Zugluft*) draft (*bes. Br.* draught) excluders. — **~ˌstul·pe** *f tech.* **1.** rubber sleeve. – **2.** (*für Druckluftkolben*) packing cup. — **~ˌvorˌla·ge** *f civ.eng. cf.* Dichtungsschürze.

'**dicht**|**verˌschlos·sen** *adj* ⟨*attrib*⟩ tightly closed. — **~verˌschneit** *adj* ⟨*attrib*⟩ (*Wald etc*) thickly covered with snow. — **D~ˌwerg** *n tech.* packing hemp. — **D~ˌwerk** *n lit. for* Dichtung[1] 2–5.

dick [dɪk] **I** *adj* ⟨-er; -st⟩ **1.** thick: ein ~es Brett a thick board; eine ~e Scheibe Brot a thick slice of bread; Brot in ~e Scheiben schneiden to cut bread thick (*od.* into thick slices); 2 Meter ~e Mauern walls 2 meters (*bes. Br.* metres) thick, two-meter-thick walls; das Eis war einen Meter ~ the ice was one (*od.* a) meter thick; ein ~er

Stoff a thick (*od.* heavy) material; **ein ~es Fell** (*od.* **eine ~e Haut**) **haben** *fig. colloq.* to have a thick skin (*od.* hide), to be thick--skinned; **mit j-m durch ~ und dünn gehen** *fig. colloq.* to go through thick and thin with s.o. – **2.** (*massig*) thick, big, large: **ein ~er Baumstamm** a big trunk. – **3.** (*Person*) fat, stout, corpulent, obese (*lit.*): **~ werden** to get (*od.* grow) fat, to put on fat (*od.* weight), to get stout; **sie ist ein bißchen zu ~** she is a little too heavy; **Suppen machen ~** soups are fattening; **sich ~ und satt** (*od.* **voll, rund**) **essen** *colloq.* to eat one's fill. – **4.** (*Bauch etc*) big, fat, large: **einen ~en Bauch haben** a) to have a large stomach, to have a paunch (*od.* big belly), to be potbellied, b) *vulg.* (*von Frau*) to have a bun in the oven (*sl.*), to be with child. – **5.** (*Beine etc*) thick, fat, heavy. – **6.** (*Wangen etc*) chubby, fat, round. – **7.** (*Lippen etc*) full, thick. – **8.** (*Buch etc*) thick, voluminous, bulky, 'fat' (*colloq.*): **~e Wälzer** *colloq.* fat tomes; **ein ~er Geldbeutel** *colloq.* a fat purse. – **9.** (*Brei, Suppe, Soße etc*) thick: **~ werden** to thicken; **eine Creme ~ werden lassen** to thicken a cream; **so klar wie ~e Tinte** *fig. colloq.* (as) clear as day, (as) plain as the nose on your face (*colloq.*). – **10.** **~e Milch** *gastr. cf.* Dickmilch. – **11.** (*Blut*) thick, clotted: **~ werden** (*von Eiweiß, Blut etc*) to coagulate. – **12.** *cf.* dickflüssig. – **13.** *colloq.* (*Kaffee*) strong. – **14.** (*Tropfen etc*) thick, large, heavy: **~e Tränen vergießen** *colloq.* to shed large tears. – **15.** (*geschwollen*) swollen: **eine ~e Backe haben** to have a swollen cheek. – **16.** (*Nebel, Rauch etc*) thick, dense, heavy: **~es Wetter** *mar.* thick (*od.* foggy) weather. – **17.** *cf.* dicht 4. – **18.** *fig.* (*Freundschaft etc*) close, intimate: **sie sind ~e Freunde** they are close friends, they are (as) thick as thieves. – **19.** *fig. colloq.* (*groß*) big: **ein ~es Lob ernten** to reap (*od.* draw) big (*od.* lavish) praise; **ein ~er Auftrag** (*od.* **ein ~es Geschäft**) a big (*od.* large, heavy) order; **~e Töne reden** (*od. colloq.* **spucken**) to boast, to brag, to show off, to talk big (*colloq.*); **ich muß noch eine ~e Rechnung bezahlen** I have to pay a big bill yet; **ein ~er Unternehmer** a big (*od.* large) industrialist. – **20.** *fig. colloq.* (*in Wendungen wie*) **~e Beziehungen haben** to have influential friends; **ein ~er Brocken** a) a hard nut to crack, b) *mil.* a heavy bomb (*od.* shell); **ein ~er Bruder** *Swiss* a wealthy (*od.* well--to-do) man; **das ~e Ende kommt noch** (*od.* **nach**)! a) the worst is still to come, b) this is where the catch comes in; **~e Gelder haben** to have lots (*od.* heaps) of money, to have money to burn; **das ist ein ~er Hund!** that's the limit! **einen ~en Kopf haben** a) to have a heavy head, to be bowed down with care, b) to have a thick head (*od.* a hangover); **hier ist** (*od.* **herrscht**) **~e Luft** a) s.th. is in the air (*od.* wind) here, s.th. is up, b) the atmosphere is tense here, feeling is running high; **bei j-m eine ~e Nummer haben** to be in s.o.'s good books; **einen ~en Schädel haben** a) to be stubborn (*od.* pigheaded), b) to be unreasonable. – **21.** *hunt.* (*trächtig*) big with young: **~ sein** (*od.* **gehen**) to be big with young. – **22.** *colloq. for* schwanger 1. – **II** *adv* **23.** thickly, thick: **das Buch ist ~ mit Staub bedeckt** the book is thickly covered (*od.* thick) with dust; **streich die Butter nicht zu ~** (**auf**) don't spread the butter too thick(ly); **das Brot ~ schneiden** to cut the bread thick; **ein ~ mit Butter bestrichenes Brot** a slice of bread thickly spread with butter; **Farben ~ auftragen** to put paints on thickly (*od.* in a thick layer); **~ fließen** to run (*od.* flow) thickly; **es ~ hinter den Ohren haben** *fig. colloq.* a) to be cunning (*od.* astute, sly, *colloq.* sharp), b) to look as if butter wouldn't melt in one's mouth; **j-m etwas ~ ankreiden** *fig. colloq.* to bear s.o. a grudge, to have it in for s.o. (*colloq.*); → **auftragen** 10. – **24.** (*sehr*) very: **~ geschwollen sein** to be very swollen; **~ mit j-m befreundet sein** *fig. colloq.* to be on close terms with s.o., to be very thick with s.o. – **25.** (*warm*) warmly: **sich ~ anziehen** to dress warmly. – **26.** (*in Wendungen wie*) **j-n [etwas] ~ haben** *colloq.* to be fed up with (*od.* tired of) s.o. [s.th.], to have had enough (*od.* one's fill) of s.o. [s.th.], to be sick of s.o. [s.th.] (*colloq.*); **es ist ein wenig** (*od.* **bißchen**) **~ gekommen** *colloq.* this was too much (to take *od.* bear), this was a bit thick.

ˈ**dick|ˌbäckig** (*getr.* -k·k-) [-ˌbɛkɪç] *adj* chubby-cheeked. — **~ˌbän·dig** [-ˌbɛndɪç] *adj cf.* dick 8. — **D~ˌbauch** *m colloq.* **1.** big (*od.* large, fat) belly, potbelly, paunch. – **2.** *cf.* Dickwanst 1. — **~ˌbau·chig, ~ˌbäu·chig** *adj* **1.** (*Person*) potbellied, big-bellied, paunchy, corpulent. – **2.** (*Flasche etc*) big-bellied, bulgy, convex. — **~ˌbei·nig** [-ˌbaɪnɪç] *adj* big-legged, with fat legs. — **D~ˌblatt** *n bot.* thickleaf (*Gattg Crassula*). — **~ˌblät·te·rig** *adj cf.* dickblättrig. — **D~ˌblatt·geˌwäch·se** *pl* orpine family *sg* (*Fam. Crassulaceae*). — **~ˌblätt·rig** *adj* thick-leaved, crassulaceous (*scient.*). — **D~ˌboh·ne** *f* broad bean.

ˈ**Dick·chen** *n* ⟨-s; -⟩ *colloq. humor. cf.* Dickerchen.

ˈ**Dickˌdarm** *m med.* large intestine, colon (*scient.*). — **~ˌdrü·se** *f* gland of the large intestine. — **~entˌzün·dung** *f*, **~kaˌtarrh** *m* inflammation of the colon, colitis (*scient.*).

ˈ**Dickˌdruck·paˌpier** *n* bulky paper.

ˈ**Dicke**[1] (*getr.* -k·k-) *f* ⟨-; *rare* -n⟩ **1.** thickness: **eine Mauer von einem Meter ~** a wall with a thickness of one meter (*bes. Br.* metre), a wall one meter thick; **Bretter von verschiedener ~** (*od. rare* **von verschiedenen ~n**) boards of varying thicknesses. – **2.** (*Massigkeit*) thickness, bigness, largeness. – **3.** (*einer Person*) fatness, stoutness, corpulence, obesity (*lit.*): **seine ~ ist beängstigend** his corpulence is alarming. – **4.** (*eines Bauches*) bigness, fatness, largeness. – **5.** (*von Beinen etc*) thickness, fatness. – **6.** (*von Wangen etc*) chubbiness, fatness, roundness. – **7.** (*von Lippen etc*) fullness, thickness. – **8.** (*eines Buches etc*) thickness, voluminousness, bulkiness, 'fatness' (*colloq.*). – **9.** (*einer Suppe, Soße etc*) thickness. – **10.** *cf.* Dickflüssigkeit. – **11.** (*des Nebels, Rauchs etc*) thickness, density, heaviness. – **12.** *cf.* Dichte 3. – **13.** *tech.* a) thickness, b) (*Durchmesser*) diameter, c) (*von Blech, Draht etc*) ga(u)ge.

ˈ**Dicke**[2] (*getr.* -k·k-) *m, f* ⟨-n; -n⟩ *colloq.* fat (*od.* stout, corpulent) person, fatty (*colloq.*).

dicken (*getr.* -k·k-) [ˈdɪkən] *v/t* ⟨h⟩ *u. v/i* ⟨sein⟩ *gastr.* thicken.

ˈ**Dicken|ˌabˌwei·chung** (*getr.* -k·k-) *f tech.* variation in (*od.* deviation from) thickness. — **~ˌmes·ser** *m* thickness ga(u)ge (*od.* indicator).

ˈ**Dicker·chen** (*getr.* -k·k-) *n* ⟨-s; -⟩ *colloq. humor.* **1.** fatty (*colloq.*). – **2.** roly-poly, 'little dumpling' (*colloq.*), fat child.

ˈ**dickeˌtun** (*getr.* -k·k-) *v/i u.* **sich ~** *v/reflex* ⟨*irr, sep,* -ge-, h⟩ *Eastern Middle G. for* dicktun.

ˈ**dickˌfel·lig** [-ˌfɛlɪç] *adj fig. colloq.* **1.** thick--skinned, callous, insensitive: **~ sein** to be thick-skinned, to have a thick skin (*od.* hide). – **2.** sluggish, phlegmatic. — ˈ**Dickˌfel·lig·keit** *f* ⟨-; *no pl*⟩ **1.** callousness, callosity, insensitivity. – **2.** sluggishness, phlegma.

ˈ**dickˌflei·schig** *adj* **1.** (*Hände, Beine*) fleshy, pudgy. – **2.** *bot.* (*Blätter, Stengel*) succulent, fleshy.

ˈ**dickˌflüs·sig** *adj* **1.** (*zähflüssig*) syrupy, sirupy, consistent. – **2.** (*halbflüssig*) semiliquid, semifluid. – **3.** *bes. tech.* viscous: **~es Öl** high-viscosity (*od.* thick-bodied) oil. — ˈ**Dickˌflüs·sig·keit** *f* ⟨-; *no pl*⟩ **1.** syrupy consistency. – **2.** semiliquid (*od.* semifluid) state. – **3.** *bes. tech.* viscosity.

ˈ**Dick|ˌfuß** *m meist pl zo. cf.* Triel. — **d~geˌpol·stert** *adj* ⟨*attrib*⟩ **1.** (*Sessel etc*) thickly upholstered. – **2.** (*Tür etc*) thickly padded. — **d~geˌschwol·len** *adj* ⟨*attrib*⟩ markedly swollen. — **~ˌglas** *n tech.* plate glass. — **d~ˌgrif·fig** *adj* (*Papier*) bulky. — **d~ˌhaa·rig** *adj* **1.** with coarse hair. – **2.** (*Wolle*) coarse. — **~ˌhäu·ter** [-ˌhɔytər] *m* ⟨-s; -⟩ **1.** *zo.* pachyderm. – **2.** *fig. colloq.* thick-skinned (*od.* insensitive) person. — **d~ˌhäu·tig** *adj* **1.** *zo.* pachyderm(at)ous, pachydermic. – **2.** *fig. colloq.* thick-skinned, insensitive. — **~ˌhorn, ~ˌhornˌschaf** *n zo.* bighorn (sheep), *auch* Rocky Mountain bighorn (*od.* sheep), mountain sheep (*Ovis canadensis*).

ˈ**Dickicht** (*getr.* -k·k-) *n* ⟨-(e)s; -e⟩ **1.** thicket, brush(wood), shrubbery, jungle. – **2.** *cf.* Dickung. – **3.** *fig.* thicket, tangle, labyrinth: **sich im ~ der Sprache verfangen** to get caught in the thicket of (the) language.

Dickit (*getr.* -k·k-) [dɪˈkiːt; -ˈkɪt] *m* ⟨-s; *no pl*⟩ *min.* dickite.

ˈ**dickˌko·chen** *v/t* ⟨*sep,* -ge-, h⟩ *gastr.* reduce, boil down, thicken, concentrate.

ˈ**Dickˌkopf** *m* **1.** *fig. colloq.* stubborn (*od.* headstrong, pigheaded) fellow, 'mule' (*colloq.*): **einen ~ haben** to be stubborn; **seinen ~ aufsetzen** to remain obstinate. – **2.** *zo.* skipper (*Fam. Hesperidae*). — **~ˌfal·ter** *m zo. cf.* Dickkopf 2.

ˈ**dickˌköp·fig** [-ˌkœpfɪç] *adj fig. colloq.* stubborn, headstrong, pigheaded, mulish. — ˈ**Dickˌköp·fig·keit** *f* ⟨-; *no pl*⟩ stubbornness, headstrongness, pigheadedness, mulishness.

ˈ**Dickkopf|ˌnat·ter** *f zo.* snail-eating snake, dipsas (*scient.*) (*Gattg Dipsas*). — **~ˌwei·zen** *m agr.* squarehead wheat.

ˈ**dickˌlei·big** [-ˌlaɪbɪç] *adj* **1.** *cf.* beleibt. – **2.** *med.* obese. – **3.** *fig.* voluminous, (very) thick, bulky, 'fat' (*colloq.*): **~e Wälzer** *colloq.* fat tomes (*od.* volumes). — ˈ**Dickˌlei·big·keit** *f* ⟨-; *no pl*⟩ **1.** *cf.* Beleibtheit. – **2.** *med.* obesity. – **3.** *fig.* (*von Büchern*) voluminousness, (extreme) thickness, bulkiness, 'fatness' (*colloq.*).

ˈ**dick·lich** *adj* **1.** (*Person*) plump, fattish, stoutish, chubby, tubby. – **2.** (*Flüssigkeit*) thickish, consistent. – **3.** (*Frucht etc*) largish. — ˈ**Dick·lich·keit** *f* ⟨-; *no pl*⟩ **1.** plumpness, fattishness, chubbiness, tubbiness. – **2.** thickish consistency.

ˈ**dick|ˌlip·pig** *adj* thick-lipped, with full lips. — **~ˌma·chen** *v/reflex* ⟨*sep,* -ge-, h⟩ **sich ~** *colloq.* take up a lot of space. — **D~ˌmai·sche** *f brew.* thick mash. — **D~ˌmilch** *f gastr.* curdled (*od.* sour) milk, curds *pl.* — **~ˌna·sig** [-ˌnaːzɪç] *adj* thick-nosed, having a thick (*od.* fat) nose. — **D~ˌnuß** *f bot.* Constantinople hazelnut, Turkish hazel (*Corylus colurna*). — **D~ˌrü·be** *f cf.* Runkelrübe. — **D~ˌschä·del** *m dial. cf.* Dickkopf 1. — **~ˌschä·de·lig** [-ˌʃɛːdəlɪç], **~ˌschäd·lig** [-ˌʃɛːdlɪç] *adj dial. cf.* dickköpfig. — **~ˌscha·lig** [-ˌʃaːlɪç] *adj* **1.** (*Apfel etc*) with a thick skin (*od.* peel), thick-skinned. – **2.** (*Nuß, Ei etc*) thick-shelled. – **3.** (*Getreide*) husky. — **~ˌschnä·be·lig** [-ˌʃnɛːbəlɪç] *adj zo.* thick--billed. — **D~ˌschna·belˌlum·me** *f* thick--billed murre (*od.* guillemot) (*Uria lomvia*). — **~ˌschnäb·lig** [-ˌʃnɛːblɪç] *adj cf.* dickschnäbelig. — **~ˌstäm·mig** *adj* (*Baum*) with a thick (*od.* big, large) trunk.

ˈ**Dick·te** *f* ⟨-; -n⟩ **1.** *tech. cf.* Dicke[1] 13. – **2.** *print.* (*einer Type*) set, width (of letter).

ˈ**Dick·tenˌho·bel·maˌschi·ne** *f tech.* timber sizer.

ˈ**Dickˌtest** *m med.* Dick test.

ˈ**Dickˌtu·er** *m* ⟨-s; -⟩ *colloq. contempt.* **1.** boaster, braggart, show-off. – **2.** self--important person. — ˌ**Dick·tueˈrei** *f* ⟨-; *no pl*⟩ **1.** boasting, talking big, bragging, showing off. – **2.** self-imporant behavior (*bes. Br.* behaviour). — ˈ**dickˌtue·risch** *adj* **1.** boastful, boasting, bragging. – **2.** self-important. — ˈ**dickˌtun** *v/i u.* **sich ~** *v/reflex* ⟨*irr, sep,* -ge-, h⟩ *colloq.* **1.** boast, brag, show off: (**sich**) **mit etwas ~** to boast (with) (*od.* show off) s.th. – **2.** puff oneself up, give oneself airs.

ˈ**Dickung** (*getr.* -k·k-) *f* ⟨-; -en⟩ young forest stand (*before the beginning of self--pruning*).

ˈ**dick|ˌwan·dig** [-ˌvandɪç] *adj* thick-walled, heavy-sectioned. — **D~ˌwanst** *m colloq.* **1.** potbellied man (*od.* fellow), potbelly. – **2.** *cf.* Dickbauch 1. — **~ˌwan·stig** *adj colloq. for* dickbauchig 1. — **~ˌwol·lig** *adj* (*Schaf*) thick-fleeced, with a thick fleece. — **D~ˌwurz** *f bot. cf.* Runkelrübe.

Dic·tum [ˈdɪktʊm] *n* ⟨-s; Dicta [-ta]⟩ *cf.* Diktum.

Di·cy·an [ditsyˈaːn] *n* ⟨-s; *no pl*⟩ *chem.* (di)cyanogen (C_2N_2 *od.* NC-CN). — **~di·amid** [-diˀaˌmiːt] *n* dicyan(o)diamide, cyanoguanidine ($H_2NC(=NH)NHCN$).

Di·dak·tik [diˈdaktɪk] *f* ⟨-; *no pl*⟩ **1.** *ped.* didactics *pl* (*construed as sg or pl*). – **2.** didacticism, didactic manner. — **Di**ˈ**dak·ti·ker** [-tikər] *m* ⟨-s; -⟩ **1.** didactician. – **2.** didactic person. — **di**ˈ**dak·tisch** *adj* didactic, *auch* didactical.

Di·das·ka·li·en [didasˈkaːlĭən] *pl antiq.* didascalies (*production record of Greek drama*).

di·del·dum [ˌdiːdəlˈdʊm], ˌ**di·delˌdumˈdei** [-ˈdaɪ] *interj* tra-la(-la), *auch* tralira.

Di·do [ˈdiːdo] *npr f* ⟨-; *no pl*⟩ Dido (*foundress of Carthago*).

Di·dym [diˈdyːm] *n* ⟨-s; *no pl*⟩ *chem.* didymium.

die I [diː] *definite article* **1.** *f* ⟨*nom sg*⟩ the: ~ Flasche the bottle; ~ Maria *Southern G., Middle G., and Austrian colloq.* Mary. – **2.** ⟨*acc sg*⟩ the: ~ Regel kennen to know the rule. – **3.** ⟨*nom pl of* der 1, die 1, das 1⟩ the: ~ Menschen sind sterblich man is mortal. – **4.** ⟨*acc pl of* der 1, die 1, das 1⟩ the: ~ Bücher lesen to read the books. – **II** [diː] *demonstrative pron* **5.** *f* ⟨*nom sg*⟩ this (one), that (one): ~ nicht! not she! die Frage ist ~ the question is. – **6.** ⟨*acc sg*⟩ this (one), that (one). – **7.** ⟨*nom pl of* der 5, die 5, das 3⟩ these, those: ~ und ~ Personen such and such persons. – **8.** ⟨*acc pl of* der 5, die 5, das 3⟩ these, those. – **III** [di] *relative pron* **9.** *f* ⟨*nom sg*⟩ a) (*bei Personen*) who, b) (*bei Sachen*) which: ~ Stewardeß, ~ uns an Bord des Flugzeugs begrüßte the stewardess who welcomed us aboard the plane. – **10.** ⟨*acc sg*⟩ a) (*bei Personen*) whom, *colloq. auch* who, b) (*bei Sachen*) which: ~ Antwort [Dame], ~ ich erwarte the answer [lady] (which [whom]) I expect. – **11.** ⟨*nom pl of* der 7, die 9, das 5⟩ a) (*bei Personen*) who, b) (*bei Sachen*) which. – **12.** ⟨*acc pl of* der 7, die 9, das 5⟩ a) (*bei Personen*) whom, *colloq. auch* who, b) (*bei Sachen*) which. – **IV** [di, diː] *personal pron* **13.** *colloq. for* sie[1] 6, 7.

Dieb [diːp] *m* ⟨-(e)s; -e⟩ **1.** thief: kleiner ~ petty thief, pilferer, filcher; haltet den ~! stop thief! wie ein ~ in der Nacht kommen *fig.* to come like a thief in the night; Gelegenheit macht ~e (*Sprichwort*) opportunity makes the thief (*proverb*); die kleinen ~e hängt man, die großen läßt man laufen (*Sprichwort*) petty thieves are hanged, the big ones go free, *auch* one law for the rich and another for the poor. – **2.** *jur.* larcenist, larcener. – **3.** (*Einbrecher*) (*bei Tag*) housebreaker, (*bei Nacht*) burglar. – **4.** *colloq.* (*Lichtschnuppe*) thief, stranger.

ˈ**Die·belˌei·sen** [ˈdiːbəl-] *n tech.* dowel iron.

Die·beˈrei *f* ⟨-; -en⟩ *colloq. contempt.* **1.** thieving, thievery. – **2.** (petty) theft.

ˈ**Die·bes|ˌban·de** *f* gang (*od.* pack) of thieves. — **~ˌbeu·te** *f* thieves' booty. — **~ˌfal·le** *f* **1.** thieves' snare (*od.* trap). – **2.** burglar (*od.* thief) alarm. — **~geˌschich·te** *f* story about thieves, thieves' story. — **~geˌsin·del** *n cf.* Diebsgesindel. — **~ˌgut** *n* stolen goods *pl*, booty; 'haul', loot, 'swag' (*alle colloq.*). — **~ˌhand,werk** *n* thief's trade, thieving, thievery. — **~ˌhöh·le** *f*, **~ˌnest** *n* den of thieves. — **~ˌpack** *n cf.* Diebsgesindel. — **d~ˌsi·cher** *adj* **1.** thiefproof, (*diebstahlsicher*) theftproof. – **2.** (*einbruchssicher*) burglarproof. – **3.** (*Türschloß etc*) unpickable. — **~ˌspra·che** *f* thieves' Latin (*od.* slang, cant).

Die·bin [ˈdiːbɪn] *f* ⟨-; -nen⟩ **1.** (female) thief. – **2.** *jur.* (female) larcenist (*od.* larcener). – **3.** (*bei Einbruch am Tag*) (female) housebreaker, (*bei Einbruch bei Nacht*) (female) burglar.

die·bisch [ˈdiːbɪʃ] **I** *adj* **1.** thievish, thieving, pilfering: ein ~es Volk a race of thieves; sie ist eine ~e Elster *fig.* she is as thievish as a magpie; „Die D~e Elster" *mus.* "The Thievish Magpie" (*opera by Rossini*). – **2.** *fig. colloq.* (*Freude, Vergnügen etc*) malicious, fiendish. – **II** *adv* **3.** *fig. colloq.* maliciously, fiendishly: sich ~ [über (*acc*) etwas] freuen a) to gloat [over s.th.], b) *rare* to be as pleased as Punch [about s.th.], to be tickled pink [over s.th.] (*colloq.*).

ˈ**Diebs|ˌamei·se** *f zo.* thief ant (*bes. Solenopsis molestus*). — **~geˌlich·ter** *n colloq. for* Diebsgesindel. — **~geˌsin·del** *n* pack of thieves. — **~ˌgut** *n cf.* Diebesgut. — **~ˌkä·fer** *m zo.* ptinid beetle (*Fam. Ptinidae*), *bes.* spider beetle (*Gattg Ptinus*). — **~ˌkrab·be** *f cf.* Palmendieb.

ˈ**Diebˌstahl** *m* ⟨-(e)s; ⸚e⟩ **1.** theft, stealing: kleiner ~ petty theft, pilfering, filching. – **2.** *jur.* larceny, theft: einfacher ~ petty (*od.* simple) larceny, plain theft; schwerer ~ a) grand larceny, aggravated larceny (*od.* theft), b) robbery; geistiger ~ *fig.* plagiarism; literarischer ~ *fig.* literary theft, plagiarism, piracy; räuberischer ~ open (*od.* violent) larceny; ~ unter erschwerenden Umständen compound larceny; bewaffneter ~ armed robbery; einen ~ begehen to commit larceny (*od.* a theft).

ˈ**Diebˌstahl·afˌfä·re** *f* case of theft.

ˈ**Diebˌstahlsˌklau·sel** *f jur.* theft clause.

ˈ**Diebˌstahl·verˌsi·che·rung** *f econ.* **1.** insurance against pilferage and theft. – **2.** (*gegen Einbruch*) burglary insurance.

Di·ege·se [dieˈgeːzə] *f* ⟨-; -n⟩ *obs. for* Erörterung 2, Ausführung 11. — **di·ege·tisch** [dieˈgeːtɪʃ] *adj obs.* narrative, descriptive.

ˈ**die,je·ni·ge** *demonstrative pron f* ⟨derjenigen; diejenigen⟩ **1.** that: meine Tasche und ~ meiner Freundin my purse and my friend's (*od.* that of my friend). – **2.** ~, die (*od.* welche) a) she ... who, the one ... who, b) (*mit Substantiv*) the ... who (*od.* which): sie ist ~, die es am nötigsten braucht she is the one (*od.* it is she) who needs it most; ~ Frau, die the woman who; sie ist immer ~, welche! *colloq. iron.* it's always her! du bist also ~, welche! *colloq. iron.* it's you then! – **3.** *pl* these, those, the ones: ~n, die unsere Hilfe brauchen those who (*od.* such as) need our help.

Die·le [ˈdiːlə] *f* ⟨-; -n⟩ **1.** (*Fußbodenbrett*) (floor)board, flooring board (*od. stärker* plank): eine ~ knarrt a board creaks. – **2.** ⟨*only sg*⟩ (*Boden*) (boarded) floor, flooring. – **3.** (*Vorraum*) (entrance) hall, vestibule, *Am.* hallway. – **4.** (*in Hotels etc*) lounge. – **5.** *cf.* Tanzlokal.

Di·elek·tri·kum [diˀeˈlɛktrikʊm] *n* ⟨-s; -trika [-ka]⟩ *electr.* dielectric (material *od.* medium). — **di·elek·trisch** [-ˈlɛktrɪʃ] *adj* dielectric.

Di·elek·tri·ziˈtäts·konˌstan·te [diˀelɛktritsiˈtɛːts-] *f electr.* dielectric constant, permittivity.

die·len [ˈdiːlən] **I** *v/t* ⟨h⟩ **1.** (*Fußböden etc*) board (*od.* plank) over. – **2.** (*Zimmer etc*) floor, lay a floor in. – **II D~** *n* ⟨-s⟩ **3.** *verbal noun*.

ˈ**Die·len|ˌbal·ken** *m* boarding (*od.* bridging) joist. — **~ˌbrett** *n* (floor)board, flooring board. — **~ˌfuß,bo·den** *m* wooden (*od.* boarded) floor(ing). — **~gar·niˌtur** *f* (*Sessel, Tische etc*) hall furniture. — **~ˌle·ger** *m* floorer, floor layer.

ˈ**Die·lung** *f* ⟨-; -en⟩ **1.** *cf.* Dielen. – **2.** floor boarding, flooring.

Die·me [ˈdiːmə] *f* ⟨-; -n⟩, ˈ**Die·men** *m* ⟨-s; -⟩ *Northern G. for* Feim.

Di·en [diˈeːn] *n* ⟨-s; -e⟩ *meist pl chem.* diene.

Di·en·ce·pha·lon [diɛnˈtseːfalən] *n* ⟨-s; *no pl*⟩ *med.* interbrain, diencephalon (*scient.*).

die·nen [ˈdiːnən] **I** *v/i* ⟨h⟩ **1.** (*dem Staat, der Allgemeinheit etc*) serve: dem allgemeinen Wohl ~ to serve the general welfare (*od.* the well-being of the community); er hat sein Leben lang dem Frieden gedient he served peace all his life, he devoted all his life to the cause (*od.* service) of peace; der Wahrheit ~ to serve (the) truth; der Wissenschaft ~ to serve science. – **2.** (*den Mitmenschen*) serve, do good (deeds *od.* services) (to): sie hat immer den Alten und Kranken gedient she always devoted (*od.* dedicated) herself to the old and sick. – **3.** (*als Hausangestellte etc*) serve, be a servant, be in service: sie dient [bei dieser Familie] seit 30 Jahren she has been in service [with this family] for 30 years; sie dient ihnen schon seit dem Krieg she has been in service with them (*od.* in their employ) since the war. – **4.** *mil.* (*Soldat sein*) serve, do military service, *auch* serve one's time: beim Heer ~ to serve in (*od.* with) the Army; bei den Fallschirmjägern ~ to serve with the paratroopers; wo haben Sie gedient? where did you do (*od.* have you done) your military service? er hat schon gedient he has already done his military service (*od.* served his time); als Freiwilliger ~ to volunteer; er hat von der Pike (*od.* von unten) auf gedient a) he has risen from the ranks, b) *fig. colloq.* he has worked his way up (from the bottom). – **5.** (*einem König etc*) serve, do service (to), be subservient (to), be (*s.o.'s*) subject: er hat seinem Kaiser treu gedient he served his emperor loyally, he was a loyal subject of his emperor. – **6.** *relig.* (*Gott, der Kirche etc*) serve: dem Herrn ~ to serve the Lord; ihr könnt nicht Gott ~ und dem Mammon *Bibl.* you cannot serve God and mammon; niemand kann zween (*od.* zwei) Herren ~ *Bibl.* no man can serve two masters; bei der Messe ~ to serve (a priest) at mass; am Altar ~ a) to serve (at) the altar, b) to be a priest; dem Altar ~ to be a priest; im Tempel ~ to serve in the temple. – **7.** (*einem Götzen*) serve, worship. – **8.** (*einem Laster*) be a slave (to): der Sünde ~ to be a slave to sin. – **9.** (*j-s Interessen etc*) serve. – **10.** (*j-s Bedürfnissen etc*) minister (to), provide (for): jedermanns Wünschen ~ to provide for (*od.* minister to) everyone's wishes. – **11.** (*von Nutzen sein*) (*von Sachen*) serve, be useful, stand in good stead (*lit.*): dieser Mantel hat mir viele Jahre gedient this coat has served me (*od.* has stood me in good stead) for many years. – **12.** j-m [in etwas, mit etwas] ~ to help (*od.* assist) s.o. [in s.th., with s.th.], to be of use (*od.* help, assistance) to s.o. [in s.th., with s.th.], to be of service to s.o. [in s.th., with s.th.]: womit kann ich ~? a) (*im Geschäft*) can I help you? b) *auch humor.* what can I do for you? zu ~ *obs. u. humor.* at your service; damit kann ich leider nicht ~ sorry, I can't help you, (*im Geschäft*) *auch* sorry, we don't keep that in stock; ich kann Ihnen in dieser Sache nicht ~ I cannot help (*od.* I cannot be of any help *od.* service to) you in this matter; ist dir mit 100 Mark gedient? will 100 marks help you (*od.* do, be of any use to you)? mir wäre schon mit 50 Mark gedient 50 marks would help me, 50 marks would do (me) (*colloq.*); damit ist mir nur halb gedient that will only help me partially. – **13.** als etwas ~ to serve as s.th., *auch* to serve for s.th., to be used as s.th.: dieses Schloß dient nun als Museum this castle serves now (*od.* is now used) as a museum; es dient (mir) als Ersatz it serves (me) as a substitute; das diente als Mittel zum Zweck that served as a means to an end; er hat ihr nur als Sprungbrett gedient *colloq.* he served only as (*od.* was only) a stepping-stone for her, she used him only as a stepping-stone; j-m als Zielscheibe des Spotts ~ to be the butt of s.o.'s jokes. – **14.** als (*od.* zu) etwas ~ to serve as s.th.: das laß dir als (*od.* zur) Warnung ~ let this serve as (*od.* be) a warning to you; das diente ihm nur als (*od.* zum) Vorwand that served him only as (*od.* was only) a pretext (*od.* an excuse); etwas dient zur (*od.* als) Illustration s.th. serves as an illustration. – **15.** einer Sache ~, ~ zu etwas to serve s.th., to be useful for s.th., ([*zu*] *einem Zweck*) *auch* to answer s.th.: diese Erfindung dient (zu) vielen Zwecken this invention serves (*od.* answers) many purposes; (zu) welchem Zweck (*od.* wozu) dient das? what is the use (*od.* purpose) of this? what is this (good) for? es dient nur dazu, ihn zu reizen it only serves the purpose of irritating him, it will only irritate him; es kann dazu ~, die Lage völlig zu verändern it is apt (*od.* may help) to alter the situation completely. – **16.** *lit.* (*in Wendungen wie*) er diente allen zum Gelächter he was a laughingstock (*Br.* laughing-stock) to everyone; das dient ihm nur zum Besten (*od.* nur zu seinem Besten) this will only be for his benefit (*od.* good). – **II D~** *n* ⟨-s⟩ **17.** *verbal noun*.

ˈ**die·nend I** *pres p.* – **II** *adj* **1.** *relig.* lay (*attrib*): ~e Brüder lay brothers. – **2.** in ~er Stellung sein to go into service.

ˈ**Die·ner**[1] *m* ⟨-s; -⟩ **1.** (*Hausangestellter*) servant, domestic servant, domestic, man, manservant. – **2.** (*junger*) boy. – **3.** *fig.* servant: ein ~ des Fortschritts a servant of progress; ein ~ des Staates a servant of the state. – **4.** *relig.* (*Gottes*) servant, minister: ~ des Evangeliums minister of the Gospel; die Obrigkeit ist Gottes ~ the authorities are ministers of God. – **5.** (*Leib-, Kammerdiener*) valet, manservant, body servant. – **6.** (*in Livree*) footman, lackey, lacquey. – **7.** (*Gefolgsmann*) attendant. – **8.** (*Untergebener*) subordinate. – **9.** stummer ~ *fig.* a) (*Serviertisch*) dumbwaiter, *Br.* dumb-waiter, cakestand, b) (*für Kleider*) valet. – **10.** *obs.* (*Höflichkeitsbezeugung*) servant: Ihr ergebenster [gehorsamster] ~! Your most humble [obedient] servant! Ihr ~! your servant, Sir!

ˈ**Die·ner**[2] *m* ⟨-s; -⟩ bow: der kleine Junge machte [(vor) seiner Tante] einen ~ the little boy bowed [to his aunt]; einen tiefen ~ machen to make a low bow.

Die·neˈrei *f* ⟨-; -en⟩ *colloq. contempt.* **1.** bowing and scraping. – **2.** *fig.* bowing and scraping, obsequiousness, obsequious behavior (*bes. Br.* behaviour).

ˈ**Die·ner·geˌfol·ge** *n* train (*od.* retinue) of servants (*od.* attendants), attendance, suite.

ˈ**Die·ne·rin** *f* ⟨-; -nen⟩ **1.** maid, maid (*od.*

woman) servant, *auch* (female) attendant. – 2. *fig.* handmaid(en), *auch* servant.

die·nern ['diːnərn] *v/i* ⟨h⟩ *contempt.* bow and scrape (*auch fig.*).

'Die·ner·schaft *f* ⟨-; *no pl*⟩ **1.** servants *pl*, domestics *pl*, domestic staff. – **2.** (*Gefolge*) attendants *pl*.

'Die·ner|,schar *f* (body of) servants *pl*. — **~,tracht** *f* (servant's) livery.

'dien·lich *adj* **1.** (*nützlich*) useful, serviceable, helpful: **~e Auskünfte** *pl* useful information *sg*; **j-m ~ sein (mit etwas)** to be useful (*od.* helpful, of use) to s.o. (with s.th.); **sein Hinweis war mir sehr ~** his hint was of great use (*od.* help, service) to me; **kann ich Ihnen ~ sein?** can I be of any service to you? – **2.** (*zweckdienlich*) expedient, suitable, convenient, *auch* 'handy' (*colloq.*): **diese Änderung war seinem Zweck nur ~** this change only served (*od.* fitted, answered) his purpose, this change came in handy (*colloq.*); **er tat nur, was ihm ~ erschien** he only did what seemed expedient (*od.* fit) to him. – **3. der Gesundheit ~** salutary, wholesome. – **4. einer Sache ~ sein** (*fördern*) to be conducive (*od.* to contribute) to a thing, to promote (*od.* further) a thing: **das wäre unserer Sache keineswegs ~** that would not help us at all, that would not further our cause at all. – **5.** (*ratsam, vorteilhaft*) advisable, expedient, advantageous: **ich erachte es für ~ nachzugeben** I consider it advisable (*od.* expedient) to give in. — **'Dien·lich·keit** *f* ⟨-; *no pl*⟩ **1.** (*Nützlichkeit*) usefulness, serviceableness, helpfulness. – **2.** (*Zweckdienlichkeit*) expedience, suitability, convenience. – **3.** (*Ratsamkeit*) expedience, advantage.

Dienst [diːnst] *m* ⟨-es; -e⟩ **1.** (*an der Allgemeinheit, am Volk etc*) service: **~ am Mitmenschen** service to one's fellowmen; **sich in den ~ der Nation stellen** to offer one's services to one's country; **im ~(e) der Wissenschaft stehen** to devote oneself to (the service of) science; **er hat sich in den ~ einer guten Sache gestellt** he devoted himself to (the service of) (*od.* he offered his services to) a good cause. – **2.** (*beim Staat etc*) service, *auch* employment: **öffentlicher ~** a) public service, b) (*Staatsdienst*) civil service; **einfacher [gehobener, mittlerer, höherer] ~** lower (*od.* minor) [clerical, ancillary clerical, executive] service (*od.* grade); **konsularischer ~** consular service; **Minister außer ~** former (*od.* ex-)minister (*Am.* secretary); **er steht im französischen ~** (*od.* **in französischen ~en**) a) he works for France, b) *bes. contempt.* he is in the pay of France. – **3.** (*im Beruf*) duty: **~ nach Vorschrift** go-slow; **außer ~** (*dienstfrei*) off (*od.* not on) duty; **außerhalb des ~es** off duty; **im ~** on duty; **der Arzt vom ~** the doctor on duty (*od.* on call); **Apotheke vom ~** pharmacy open (*for dispensing of prescriptions*); **er hat ~** he is on duty; **wann hast du ~?** when are you (*od.* do you go) on duty? **zum ~ antreten, sich zum ~ melden** to report for duty; **jetzt beginnt sein ~** he has to go on duty now; **Trunkenheit im ~** drunkenness while on duty; **er handelte in Ausübung seines ~es** he acted in (the) line of duty; **einen Beamten im ~ beleidigen** to insult an official in the exercise of his duty (*od.* functions); **vom ~ abgelöst werden** to be relieved of one's duties; **~ an Bord** duty afloat (*od.* on board). – **4.** (*Stellung*) position, post, situation, employment, *auch* employ, (*bes. bei der Regierung*) *auch* office: **er steht im ~(e) dieser Firma** he is in the employ of (*od.* has a position in, works for) this firm; **in den ~ einer Firma** (*od.* **bei einer Firma in ~**) **treten, bei einer Firma seinen ~ antreten** to take up a position (*od.* a post, an employment) in a firm; **seinen ~ bei der Regierung antreten** to enter into (*od.* upon) (an) office in the government service; **den ~ kündigen** (*od.* **quittieren**) a) to resign one's position, to quit, b) (*bes. von Beamten*) to resign (*od.* quit) office; **aus dem ~ (aus)scheiden** a) to leave one's position, b) (*bes. von Beamten*) to leave office; **j-n aus dem ~ entlassen** to dismiss s.o. (from his post), to fire s.o. (*colloq.*); **j-n seines ~es entheben** a) to relieve s.o. of his post (*od.* office), b) (*zeitweilig*) to suspend s.o. from office; **j-n in ~ nehmen** to engage (*bes. Am.* hire) s.o.; **außer ~** a) (*ohne Stellung*) out of work (*od.* a job), b) (*im Ruhestand*) retired, in retirement; **Beamter außer ~** retired official, official in retirement; **er ist seit 3 Jahren nicht mehr im ~** he retired 3 years ago; **er ist seit 30 Jahren im ~** he has been in office (*od.* has held this position) for 30 years, he has seen 30 years of service. – **5.** (*Arbeit*) work: **der ~ beginnt um 9 Uhr** work starts at 9 o'clock; **seinen ~ gut ausüben** (*od.* **verrichten, versehen**) to do one's work well; **~ ist ~** (, **und Schnaps ist Schnaps**) (*Sprichwort*) work is work, everything at its time. – **6.** (*von Dienstboten*) (domestic) service, *auch* employ: **bei j-m im ~** (*od.* **in j-s ~en**) **sein** to be in s.o.'s service (*od.* employ), to be employed by s.o.; **j-n in ~ nehmen** to take s.o. into (one's) service (*od.* employ), to engage (*bes. Am.* hire) s.o.; **bei j-m in ~** (*od.* **in j-s ~e**) **treten** to enter s.o.'s service; **im ~ ergrauen** to grow gray (*bes. Br.* grey) (*od.* old) in service; **einen ~ annehmen** to go into service. – **7.** *mil.* a) service, b) duty: **Offizier vom ~** duty officer, officer on duty (*od.* of the day); **Unteroffizier vom ~** NCO in charge, *bes. Br.* orderly NCO; **Hauptmann außer ~** retired captain; **j-n außer ~ stellen** to place s.o. on the retired list; **~ bei der Fahne** service with the colo(u)rs; **~ bei der Truppe** field service; **aktiver ~** active (*od.* regular) service, service with the colo(u)rs; **sich zum ~ melden** to report for duty; **~ tun** (*od.* **haben**) to be on duty; **keinen ~ haben** to be off duty; **den ~ verweigern** to refuse duty; **den ~ quittieren** to leave service; **~ kloppen** *colloq.* to do one's turn. – **8.** (*bei einem König etc*) service: **er steht in des Kaisers ~** (*od.* **im ~ des Kaisers**) he is in service with (*od.* serves) the emperor, he is in the emperor's service. – **9.** *hist.* (*bei Hof*) attendance, *auch* waiting: **im [vom] ~** in waiting; **~ haben** to be in waiting. – **10.** *relig.* ministry: **~ am Evangelium** (*od.* **Wort**) ministry of the Gospel; **er will in den ~ der Kirche treten** he wants to become a minister; **für den ~ der Kirche ausersehen sein** to be destined for the ministry. – **11.** *relig.* service: **~ am Altar** service at the altar, ministry; **~ im Tempel** service in the temple. – **12.** (*Verehrung eines Götzen etc*) worship, adoration. – **13.** (*Hilfeleistung, Freundlichkeit*) service, turn, *auch* office: **j-m einen guten ~ leisten** (*od.* **erweisen**) to do (*od.* render) s.o. a service, to do s.o. a good turn (*od.* office); **damit hat er mir einen schlechten ~ erwiesen** he has done me a bad service (*od.* a disservice) by that; **du könntest mir einen großen ~ erweisen** you could do me a great favo(u)r (*od.* kindness); **gute ~e** *pol.* good offices; **geleistete ~e** services rendered; **ein ~ ist des anderen wert** (*Sprichwort*) one good turn (*od.* service) deserves another. – **14.** (*Dienstleistung*) service, *auch* attention, (*bes. eines Arztes*) *auch* attendance: **ärztlicher ~** medical service; **die ~e eines Rechtsanwalts** the services of a lawyer; **j-s ~e in Anspruch nehmen** to make use of s.o.'s services; **~ am Kunden** *econ.* (prompt) service to the customer, attention to the customer. – **15.** (*eines Pfarrers, Priesters etc*) ministration: **die ~e einer Schwester** the ministrations of a nurse. – **16.** *hist.* (*eines Ritters, Lehnsmanns etc*) service. – **17.** **~** (*od.* **~e**) **tun** (*od.* **leisten**) *fig.* a) (*von Gegenständen, bes. Kleidern*) to serve, to do (good) service, to stand in good stead (*lit.*), b) (*von Erlerntem*) to serve, to stand in good stead (*lit.*), c) (*von einer Kur etc*) to do good, d) (*von einem Fahrzeug etc*) to work: **der Mantel hat mir gute ~e geleistet** the coat has done me good service (*od.* served me well); **dein Wissen wird dir gute ~e leisten** your knowledge will stand you in good stead; **die Behandlung hat ihm gute ~e getan** the treatment has done him good; **trotz seines Alters tut unser Wagen noch seinen ~** our car still works although it is rather old. – **18. den ~ versagen** *fig.* a) (*von Organen etc*) to fail, b) (*von Fahrzeugen etc*) to stop: **die Stimme versagte ihr den ~** her voice failed; **der Motor versagte den ~** a) the engine stopped (working), b) the engine wouldn't work (*od.* go). – **19.** (*Verfügung*) service, disposal, command: **meine Bücher stehen dir zu ~en** my books are at your disposal; **er steht immer zu ~en** he is always at one's command; **er steht mir zu** (*od.* **zu meinen**) **~en** he is at my disposal; **was steht zu (Ihren) ~en?** *obs. od. humor.* what can I do for you? – **20.** (*einer Organisation, Verkehrsverbindung etc*) service: **der ~ der Air France** the service of Air France. – **21.** (*öffentliche Einrichtung*) service. – **22. in ~ stellen** (*Flugzeug, Schiff etc*) to put (*s.th.*) into service, (*Schiff*) *auch* to commission; **aus dem ~ nehmen, außer ~ stellen** to put (*s.th.*) out of service, (*Schiff*) *auch* to put (*a ship*) out of commission, to lay (*a ship*) up. – **23. Chef vom ~** (*bei einer Zeitung*) chief subeditor. – **24.** *cf.* **Dienstzeit.**

'Dienst|,ab,lauf *m* office routine. — **~,ab,lö·sung** *f* **1.** (*Wechsel*) relief: **um zwei Uhr ist ~** relief will come at two o'clock. – **2.** (*Mannschaft*) relief. — **~,ab,teil** *n* (*railway*) railway (*Am.* railroad) service compartment, compartment for train personnel, *bes. Am.* caboose, *Br.* guard's compartment. — **~,adel** *m* **1.** *hist. nobility whose title derived from being in the king's service.* – **2.** *cf.* **Amtsadel.**

'Diens,tag ['diːns-] *m* ⟨-(e)s; -e⟩ Tuesday: **am ~** on Tuesday; **ich fahre (am) ~ morgen** (*od.* **früh**) I'll leave (on) Tuesday morning (*od.* early on Tuesday); **~ vormittag** Tuesday morning; **~ mittag [nachmittag] wird sie kommen** she'll be here (on) Tuesday noon (*od.* midday) [afternoon]; **er kommt immer ~ morgens [abends]** he always comes on Tuesday mornings [evenings *od.* nights], he comes every Tuesday morning [evening *od.* night]; **~ mittags [nachmittags] habe ich für dich Zeit** I have time for you every Tuesday (at) noon (*od.* [at] midday) [afternoon]. — **~'abend** *m* Tuesday evening (*od.* night).

'diens,tä·gig *adj* (on) Tuesday: **die ~e Veranstaltung war erfolgreich** the meeting on Tuesday was a success, the Tuesday meeting was a success.

'diens,täg·lich I *adj* Tuesday('s), on Tuesday(s): **unsere ~e Veranstaltung muß ausfallen** our meeting on Tuesday has to be cancel(l)ed. – **II** *adv cf.* **dienstags.**

'Diens,tag'mor·gen *m* Tuesday morning: **sie wird am ~ ganz früh abreisen** she'll leave very early on Tuesday morning.

'diens,tags *adv* on Tuesday(s), every (*od.* each) Tuesday, *bes. Am.* Tuesdays: **ich kann nächste Woche nur ~ kommen** next week I can only come on Tuesday; **die Stunde findet ~ statt** the lesson is held on Tuesdays (*od.* every Tuesday); **~ abends** (on) Tuesday evenings (*od.* nights).

'Dienst,al·ter *n* length (*od.* years *pl*) of service, seniority: **nach dem ~** by seniority.

'dienst,äl·ter *adj* (als to) senior.

'Dienst,al·ters|,gren·ze *f* age limit. — **~,stu·fe** *f* age group.

'Dienst,al·ter,zu,la·ge *f* seniority allowance.

'dienst,äl·test *adj* (most) senior, in charge (*nachgestellt*). — **'Dienst,äl·te·ste** *m, f* ⟨-n; -n⟩ **1.** senior. – **2.** (*Dienstführende*) senior in charge. – **3.** *mil.* senior officer.

'Dienst|,an·ge,le·gen·heit *f* official matter (*od.* business). — **~,an,schluß** *m* (*postal service*) service telephone. — **~,an,tritt** *m* **1.** starting of work (*od.* duty), entrance into (an) office, assumption of duties (*od.* office): **bei ~** a) on taking up one's duty, b) when entering into office. – **2.** entering into (*od.* upon) service. – **3.** *bes. pol.* (*eines Präsidenten etc*) installation. — **~,an,wei·sung** *f* (service) instruction(s *pl*) (*od.* regulation[s *pl*]). — **~,an,zug** *m mil.* service uniform (*bes. Br.* dress): **großer ~** dress uniform; **kleiner ~** semidress. — **~,auf,fas·sung** *f* conception of one's duty (*od.* duties). — **~,auf,sicht** *f* supervision: **die ~ haben** (*od.* **führen**) (**über** *acc* of) to be in charge. — **~,auf,sichts·be,schwer·de** *f* **1.** complaint to official in charge. – **2.** complaint by a higher supervising official. — **~,auf,trag** *m* official order: **j-m einen ~ geben** to give s.o. an official order. — **~,auf,wand** *m* service (*od.* duty, office) expenditure. — **~,auf,wands·ent,schä·di·gung** *f* service allowance (*for expenses incurred when on duty*). — **~,aus,rü·stung** *f* service equipment. — **~,aus,weis** *m* (duty) pass, identification card. — **~,aus,zeich·nung** *f* medal for (long) service.

'dienst·bar *adj* **1.** *hist.* a) (*verpflichtet, Dienste zu leisten*) subject, tributary, subservient, *auch* dependent, b) (*im Lehnswesen*) liable to statute (*od.* forced) labor (*bes. Br.* labour): **die Römer machten sich** (*dat*) **die Germanen ~** the Romans subjected (*od.* subdued) the Teutons, the Romans brought the Teutons under their rule; j-m ~ sein to serve s.o., to be in s.o.'s servitude; die Bauern wurden ~ gemacht the peasants were made tributary (*od.* were subdued). – **2.** (*unterwürfig, ergeben*) submissive, obedient, subservient: ~er Geist a) *Bibl.* ministering spirit (*od.* angel), b) *fig. humor.* 'ministering angel', servant, domestic, factotum. – **3.** sich (*dat*) etwas ~ machen *fig.* a) to make s.th. serve one's purpose, b) (*nutzbar*) to harness (*od.* utilize) s.th.: der Mensch machte sich (*dat*) die Atomenergie ~ man made nuclear energy serve his purpose, man harnessed (*od.* utilized, became master of) nuclear energy. — **ˈDienst·bar·keit** *f* ⟨-; -en⟩ **1.** ⟨*only sg*⟩ *hist.* a) subjection, servitude, bondage, subservience, *auch* subserviency, b) bond service: die Bauern wurden in ~ gehalten the peasants were kept in subjection (*od.* bondage, servitude); sie befreiten sich von der ~ they freed themselves from servitude (*od.* dependence). – **2.** ⟨*only sg*⟩ (*Unterwürfigkeit, Ergebenheit*) submissiveness, obedience, subservience. – **3.** *jur.* (*Servitut*) a) servitude, b) (*Realservitut*) easement, real servitude: ländliche [städtische] ~ rural [urban] servitude; eine ~ ablösen to commute an easement.

ˈDienst|be,fehl *m* **1.** *mil.* service (*od.* routine) order. – **2.** (*an Beamte etc*) official order. — **d~be,flis·sen** *adj* **1.** (*diensteifrig*) zealous, assiduous (in office *od.* in one's duties), eager, full of zeal. – **2.** (*übereifrig*) overzealous *Br.* over-, overeager *Br.* over-, officious. – **3.** (*gewissenhaft*) conscientious. — **~be,flis·sen·heit** *f* ⟨-; *no pl*⟩ **1.** zeal, assiduity (in office *od.* in one's duties), eagerness. – **2.** (*Übereifer*) officiousness. – **3.** (*Gewissenhaftigkeit*) conscientiousness. — **~be,ginn** *m* **1.** starting time. – **2.** *cf.* Dienstantritt. — **~be,hör·de** *f* service authority. — **d~be,rech·tigt** *adj* entitled to service. — **~be,reich** *m, rare n* sphere (*od.* area) of responsibility, competence: zugewiesener ~ terms of reference. — **d~be,reit** *adj* **1.** ready (*od.* willing) to help (*od.* to be of service), obliging, helpful. – **2.** (*Apotheke*) open (*for dispensing of prescriptions*). – **3.** (*Arzt*) on duty, on call. — **~be,reit·schaft** *f* ⟨-; *no pl*⟩ **1.** readiness (*od.* willingness) to help (*od.* to be of service), obligingness, helpfulness. – **2.** (*von Apotheken*) service (after normal hours). – **3.** (*von Ärzten*) ~ haben to be on duty (*od.* on call). — **~be,schä·di·gung** *f med.* **1.** injury sustained (*od.* received) while at work. – **2.** *bes. mil.* injury sustained (*od.* received) while on duty (*od.* in service). — **~be,trieb** *m* (daily) office routine, routine working: geregelter ~ regular service. — **~be,zeich·nung** *f* service designation. — **~be,zü·ge** *pl* **1.** earnings, emoluments. – **2.** (*bei Beamten*) salary *sg.* – **3.** *mil.* pay *sg* (and allowances).

ˈDienst,bo·te *m archaic* (domestic) servant, domestic, *bes. Am.* help: die ~n *pl* the (staff *sg* of) servants.

ˈDienst,bo·ten|,ein,gang *m* service (*od.* tradesmen's) entrance, back door (*od.* entrance). — **~ˌtrep·pe** *f* backstairs *pl*, back staircase.

ˈDienst|,brücke (*getr.* -k·k-) *f bes. civ.eng.* service gantry. — **~ˌbuch** *n* **1.** *obs.* servant's book of character. – **2.** (*Dienstliste*) roster. – **3.** (*einer Polizeistation*) register, *Am.* police blotter. — **~ˌeid** *m* official oath, oath of service (*od.* office): den ~ leisten to be sworn in. — **~ˌei·fer** *m cf.* Dienstbeflissenheit 1, 2. — **d~ˌeif·rig** *adj cf.* dienstbeflissen 1, 2. — **~ˌein,tei·lung** *f* **1.** duty (*od.* work, service) schedule. – **2.** *mil.* duty roster. — **~ent,he·bung** *f* **1.** (*zeitweilig*) suspension from office (*od.* duty). – **2.** *cf.* Dienstentlassung. — **d~-ent,ho·ben** *adj lit.* **1.** (*zeitweilig*) suspended from office (*od.* duty). – **2.** dismissed, discharged. — **~ent,las·sung** *f* dismissal (*od.* discharge, removal) from service (*od.* office, duty). — **~ent,set·zung** *f* (*von Beamten*) dismissal, discharge, removal. — **~er,fah·rung** *f* experience gained through service (*od.* work). — **d~ˌfä·hig** *adj cf.* diensttauglich. — **~ˌfä·hig·keit** *f* ⟨-; *no pl*⟩ *cf.* Diensttauglichkeit. — **~ˌfahr,plan** *m* (*railway*) timetable. — **~ˌfahrt** *f* official trip. — **d~ˌfer·tig I** *adj* **1.** ready to help (*od.* to be of service). – **2.** *cf.* dienstbeflissen 1, 2. — **~ˌfer·tig·keit** *f* ⟨-; *no pl*⟩ **1.** readiness to help (*od.* to be of service). – **2.** *cf.* Dienstbeflissenheit 1, 2.

ˈDienst|,flag·ge *f* official flag (*od.* colors, *bes. Br.* colours *pl*). — **d~ˌfrei** *adj* **1.** off duty: ~ haben to be off duty; ~er Tag off day. – **2.** (*Zeit*) leisure (*attrib*): in den ~en Stunden in one's leisure hours. – **3.** *hist.* exempt from feudal service. — **~ˌgang** *m* routine inspection (*od.* tour). — **~ge,bäu·de** *n* office (building). — **~ˌge·ber** *m*, **~ˌge·be·rin** *f* employer. — **~ge,brauch** *m* official use: „nur für den ~" "for official use only", *bes. Am.* "restricted (matter)". — **~ge,halt** *n cf.* Gehalt[1]. — **~ge,heim·nis** *n* **1.** official secret. – **2.** (*Geheimhaltungspflicht*) official secrecy. — **~ge,schäf·te** *pl* official transactions (*od.* business *sg*). — **~ge,spräch** *n* **1.** official (*od.* business) call. – **2.** *mil.* service call. — **~ge,walt** *f* (official) authority. — **~ˌgip·fel,hö·he** *f aer.* operational (*od.* service) ceiling.

ˈDienst,grad *m* ⟨-(e)s; -e⟩ **1.** grade, rank. – **2.** *mil.* (*von Offizieren*) rank, *Am. auch* grade: ~ mit Patent permanent (*bes. Br.* substantive) rank; ohne ~ private; zeitweiliger ~ temporary rank. – **3.** *mar.* (*der Mannschaft*) rate, rating. — **~ˌab,zei·chen** *n meist pl* **1.** *mil.* insignia *pl.* – **2.** (*eines Polizisten etc*) badge (of rank), rank marking. — **~be,zeich·nung** *f* **1.** description (*od.* designation) of grade. – **2.** *mil.* rank. — **d~ˌmä·ßig I** *adj* **1.** according to one's rank. – **II** *adv* **2.** according to one's rank. – **3.** *colloq. humor.* (*in Wendungen wie*) die Ohrfeige steht dir auch ~ zu the slap serves you right; zwei neue Kleider stehen mir auch ~ zu I think two new dresses are just what I deserve (*od.* what is due to me).

ˈdienst,ha·bend *adj* **1.** on duty, *auch* in charge: die ~e Schwester the nurse on duty; der ~e Arzt the doctor on duty (*od.* on call). – **2.** *mil.* on duty: der ~e Offizier the officer on duty. – **3.** (*bei Hof*) in waiting.

ˈDienst,ha·ben·de[1] *m* ⟨-n; -n⟩ **1.** *mil.* officer on duty. – **2.** (*von einem Beamten*) official on duty.

ˈDienst,ha·ben·de[2] *f* ⟨-n; -n⟩ **1.** (*von einer Schwester*) nurse on duty. – **2.** (*von einer Beamtin*) official on duty.

ˈDienst|,hand·lung *f* act (performed in line *od.* in the course) of duty, official act. — **~ˌherr** *m* **1.** (*vorgesetzte Dienstbehörde*) (official) employer. – **2.** *obs. for* Vorgesetzte. – **3.** *hist.* (feudal) lord. — **~-,herr·schaft** *f obs.* master and mistress *pl*, employers *pl.* — **~ˌhund** *m* **1.** *dog trained for guard work.* – **2.** (*bei der Polizei*) police dog. — **~ˌjahr** *n* **1.** year of (*od.* spent in) (civil) service: anzurechnende ~e service credit, *bes. Br.* reckonable service. – **2.** *mil.* year of (*od.* spent in) (military) service. — **~ju·bi,läum** *n* anniversary: vierzigjähriges ~ fortieth anniversary. — **~ˌklei·dung** *f* **1.** work dress. – **2.** *mil.* uniform. – **3.** (*eines Dieners*) livery. — **~ˌkraft,fahr,zeug** *n cf.* Dienstwagen. — **~ˌlast** *f aer.* service load. — **~ˌlauf,bahn** *f* (service) career. — **~-,le·hen** *n hist.* soc(c)age. — **d~ˌlei·stend** *adj* (*Gewerbe, Handwerk etc*) service-rendering.

ˈDienst,lei·stung *f* **1.** service (rendered), *auch* office: gelegentliche kleine ~en odd jobs. – **2.** *pl econ.* (commercial) services: aktive ~en services rendered by a country to foreign countries; passive ~en services rendered by foreign countries to one's own country. – **3.** *hist.* boon, *auch* boon work.

ˈDienst,lei·stungs|be,reich *m econ.* services *pl* (sector). — **~be,trieb** *m* services enterprise (*od.* concern): öffentlicher ~ public services enterprise. — **~bi,lanz** *f* balance of services: Saldo der ~ net position on services. — **~ge,schäft** *n* service transaction. — **~ge,wer·be** *n* services trade, service industries *pl.* — **~ˌpflicht** *f* obligation to render services. — **~ver,trag** *m* service contract. — **~ˌwirt·schaft** *f* services *pl.*

ˈDienst|,lei·tung *f tel.* service (*od.* order) line, speaker circuit. — **~ˌleu·te** **1.** *pl hist. bes. Austrian of* Dienstmann[2]. – **2.** *pl obs. for* Dienerschaft. – **3.** *pl of* Dienstmann[1].

ˈdienst·lich I *adj* official: ~e Angelegenheit official matter (*od.* business); ~er Befehl official order; ~es Verschulden breach of duty; aus ~en Gründen for official reasons; in ~er Eigenschaft in an official capacity; plötzlich wurde er ganz ~ all of a sudden he became quite official. – **II** *adv* officially, on official business, in an official capacity: er ist ~ verhindert he is detained by official duties (*od.* business); er mußte ~ verreisen he had to leave on an official (*od.* business) journey; ~ (gegen j-n) vorgehen to act (*od.* proceed) officially (against s.o.); mit j-m ~ reden a) to talk to s.o. about official matters, b) to talk to s.o. in an official capacity.

ˈDienst|,lohn *m rare* servant's wages *pl.* — **~ˌmäd·chen** *n colloq.* maid(servant), servant(-girl), domestic servant, help. — **~ˌmäd·chen,knie** *n med.* housemaid's knee. — **~ˌmä·del** *n colloq. cf.* Dienstmädchen. — **~ˌmagd** *f cf.* Bauernmagd.

ˈDienst,mann[1] *m* ⟨-(e)s; ⸗er *u.* -leute⟩ *bes. Southern G. and Austrian* porter.

ˈDienst,mann[2] *m* ⟨-(e)s; -en, *Austrian auch* -leute⟩ *meist pl hist.* **1.** (feudal) vassal, liege man, feudatory. – **2.** retainer.

ˈDienst|,mar·ke *f philat.* official stamp (*used by government departments*). — **d~ˌmä·ßig** *adj* according to one's duty. — **~me,dail·le** *f* service medal. — **~ˌmüt·ze** *f* cap, *bes. mil.* service cap. — **~ˌob,lie·gen·heit** *f meist pl* (official) duty: seinen ~en nachgehen to do (*od.* fulfil[l]) one's duties. — **~ˌord·nung** *f* **1.** *bes. mil.* service regulations *pl.* – **2.** official regulations *pl.* — **~ˌort** *m* **1.** (*eines Beamten*) station, post. – **2.** *mil.* (*eines Soldaten*) duty station. — **~ˌpaß** *m* official passport. — **~per·so,nal** *n* ⟨-s; *no pl*⟩ **1.** (*Personal*) (service) staff, personnel. – **2.** (*Dienstboten*) servants *pl*, help. — **~ˌpflicht** *f* **1.** (official) duty: in Erfüllung seiner ~en in the performance of his duties; seine ~ verletzen to neglect (*od.* infringe) one's duty. – **2.** (*bei Notstand etc*) forced (*od.* statute, compulsory) labor (*bes. Br.* labour). – **3.** *mil.* (allgemeine) ~ (compulsory) military service, *Br.* national service. – **4.** *hist.* feudal service. — **d~-,pflich·tig** *adj* **1.** (*bei Notstand etc*) liable to forced (*od.* statute, compulsory) labor (*bes. Br.* labour). – **2.** *mil.* liable to (military) service: er ist im ~en Alter he is of military age. – **3.** *hist.* liable to feudal service. — **~ˌpflich·ti·ge** *m* ⟨-n; -n⟩ *mil.* conscript, *bes. Am.* draftee. — **~pi,sto·le** *f* service pistol. — **~ˌplan** *m bes. mil.* duty roster (*od.* schedule). — **~ˌpost** *f* official mail. — **~prag,ma·tik** *f Austrian jur.* **1.** Civil Service Regulations *pl.* – **2.** (*Beamtengesetz*) Civil Service Act. — **~ˌprä·mie** *f* service bonus. — **~ˌrang** *m cf.* Dienstgrad. — **~ˌraum** *m* office. — **~ˌrei·se** *f* official (*od.* business) journey (*od.* trip). — **~ˌsa·che** *f* official matter (*od.* business). — **~ˌschluß** *m* end of office hours: nach ~ after work (*od.* office hours). — **~ˌschrei·ben** *n* official letter. — **~ˌsie·gel** *n* official seal. — **~-,stel·le** *f* **1.** (administrative) department, office: untergeordnete [zuständige] ~ subordinate [competent, proper] department. – **2.** *mil.* (*Stab*) headquarters *pl* (*often construed as sg*). — **~ˌstel·len,lei·ter** *m* department head (*od.* chief), head of an office. — **~ˌstel·lung** *f* **1.** position. – **2.** (*Stand*) status. – **3.** *mil.* appointment. — **~ˌstem·pel** *m* official stamp (*od.* seal).

ˈDienst,stra·fe *f* **1.** disciplinary penalty (*od.* punishment). – **2.** (*Geldstrafe*) disciplinary fine.

ˈDienst,straf|ge,walt *f jur.* disciplinary power(s *pl*). — **~ˌord·nung** *f* disciplinary rules *pl.* — **~ˌrecht** *n cf.* Disziplinarrecht. — **~ver,fah·ren** *n cf.* Disziplinarverfahren.

ˈDienst|,stun·de *f meist pl* office hour. — **~ˌtä·tig·keit** *f* occupation, job: eine verantwortungsvolle ~ a responsible job. — **d~ˌtaug·lich** *adj* **1.** fit for service (*od.* duty). – **2.** *mil.* fit for (military) service. — **~ˌtaug·lich·keit** *f* **1.** fitness for service (*od.* duty). – **2.** *mil.* fitness for (military) service. — **~te·le,fon**, **~te·le,phon** *n* office (*od.* official) telephone. — **~ˌtreue** *f* loyalty. — **d~ˌtu·end** *adj cf.* diensthabend. — **~-,tur·nus** *m* rotation in office, *bes. Br.* rota. — **d~ˌun,fä·hig** *adj* **1.** unfit for service (*od.* duty) (*bes. on account of illness*). – **2.** *cf.* dienstuntauglich 2. — **~ˌun,fä·hig·keit** *f* ⟨-; *no pl*⟩ **1.** unfitness for service (*od.* duty) (*bes. on account of illness*). – **2.** *cf.* Dienstuntauglichkeit 2. — **d~ˌun,taug·lich** *adj* **1.** unfit for service (*od.* duty). – **2.** *mil.*

unfit for (military) service. — **~,un,taug·lich·keit** *f* **1.** unfitness for service (*od.* duty). – **2.** *mil.* unfitness for (military) service. — **~,un·ter,richt** *m mil.* instruction. — **~ver,ge·hen** *n* **1.** breach of duty, malfeasance in office. – **2.** *mil.* offence (*Am.* offense) against military regulations. — **~ver,hält·nis** *n* **1.** (contract of) employment, service: ein ~ eingehen to enter into a contract of employment, to take up an employment; in einem festen ~ sein (*od.* stehen) to be in fixed employment. – **2.** *pl* terms of employment. — **~ver,kehr** *m* official transactions *pl*: im ~ (*Dienstweg*) through (official) channels. — **~ver,merk** *m* official entry. — **~ver,nach,läs·si·gung** *f* dereliction (*od.* neglect) of duty, negligence in office. — **d~ver,pflich·ten** *v/t* ⟨*insep, no* -ge-, h⟩ **1.** *mil.* subject (*s.o.*) to (military) service. – **2.** (*arbeitsverpflichten*) subject (*s.o.*) to compulsory work. — **d~ver,pflich·tet I** *pp.* – **II** *adj* **1.** *mil.* subject(ed) to (military) service. – **2.** (*arbeitsverpflichtet*) subject(ed) to compulsory work. – **3.** (*bei Notstand*) under obligation to serve. — **~ver,pflich·te·te** *m, f* ⟨-n; -n⟩ **1.** employee. – **2.** (*Soldat*) conscript soldier. – **3.** *pl* (*Arbeitskräfte*) conscript labor (*bes. Br.* labour) *sg* (*construed as pl*). – **4.** (*Zwangsarbeiter*) forced laborer (*bes. Br.* labourer). — **~ver,pflich·tung** *f* **1.** *cf.* Dienstleistungspflicht. – **2.** *cf.* Dienstpflicht 2, 3. — **~ver,rich·tung** *f* **1.** official function (*od.* duty). – **2.** service: einfache ~en simple services. — **~ver,trag** *m* contract of (*od.* for) service (*od.* employment), employment (*od.* service) contract. — **~ver,wei·ge·rung** *f* refusal to do duty. — **~,vor,schrift** *f* **1.** service regulation (*od.* instruction). – **2.** *mil.* service regulation (*od.* manual). — **~,wa·gen** *m* official car. — **~,weg** *m* official channels *pl*: auf dem ~(e) through (official) channels; den (vorgeschriebenen) ~ einhalten to act through the official (*od.* usual, proper) channels. — **d~,wid·rig** *adj* against (*od.* contrary to) service regulations. — **~,wid·rig·keit** *f cf.* Dienstvergehen. — **d~,wil·lig** *adj cf.* dienstbereit 1. — **~,woh·nung** *f* **1.** (*eines Beamten etc*) official apartment (*bes. Br.* flat): eine ~ haben to have (*od.* live in) an official apartment. – **2.** (*Haus*) official residence (*auch* residency). – **3.** *mil.* quarters *pl.* — **~,zeit** *f* **1.** (*im Büro etc*) office (*od.* working) hours *pl.* – **2.** ⟨*only sg*⟩ (period of) service: seine ~ ableisten (*od.* abdienen) to complete (*od.* do) one's service. — **~,zeug·nis** *n* (character) reference, testimonial. — **~,zim·mer** *n* office. — **~,zu,la·ge** *f* service bonus. — **~,zweig** *m* branch of (a) service.

Di·er·gol [diˀɛrˈgoːl] (*TM*) *n* ⟨-s; *no pl*⟩ [aer. bipropellant.]

dies [diːs] *demonstrative pron n* ⟨*invariable*⟩ *short for* dieses *cf.* dieser.

Di·es [ˈdiːɛs] *m* ⟨-; *no pl*⟩ day: ~ academicus holiday (*at University*); ~ ater black day.

ˈdies·be,züg·lich I *adj* in this connection (*Br. auch* connexion) (*od.* matter), concerning (*od.* regarding) this, with respect to (*od.* relating to) this: eine ~e Erklärung a statement in this connection; in ~em Sinne in the relevant sense; er stellte mir eine ~e Frage he asked me about this, he put a question concerning this. – **II** *adv* in this connection (*Br. auch* connexion) (*od.* matter), with respect to (*od.* relating to) this: es gibt ~ noch ein paar Fragen, die geklärt werden müssen there are still a few questions in this matter (*od.* regard) which must be settled; sie hatte ~ nichts mehr zu sagen there was nothing else for her to say in this matter.

ˈdie·se *demonstrative pron f u. pl cf.* dieser.

Di·ese [diˈeːzə] *f* ⟨-; -n⟩ *mus. cf.* Diesis.

Die·sel [ˈdiːzəl] *m* ⟨-s *u.* -; -⟩ *tech. colloq. short for* a) Dieselmotor, b) Dieselkraftstoff, c) Dieselkraftfahrzeug. — **~ag·gre,gat** *n* diesel generator set. — **~,an,trieb** *m* diesel drive (*od.* operation): mit ~ diesel-driven (*od.* -powered).

,dieˈsel·be *demonstrative pron f* ⟨derselben; dieselben⟩ **1.** the same: ein und ~ (Frau) one and the same (woman), the very same (woman); von derselben Art of the same kind. – **2.** *colloq.* (*die gleiche*) the same. – **3.** (*an Stelle eines Personalpronomens*) a) she, b) *pl* they.

,dieˈsel·bi·ge *demonstrative pron f obs. for* dieselbe.

ˈDie·sel|,ein,spritz,lei·tung *f tech.* diesel injection pipe. — **d~elek·trisch** [-ˀe,lɛktrɪʃ] *adj* (*Antrieb, Lokomotive etc*) diesel-electric. — **~,kraft,fahr,zeug** *n* diesel automobile (*Br.* car). — **~,kraft,stoff** *m* diesel oil (*od.* fuel), fuel (*od.* automotive gas) oil. — **~lo·ko·mo,ti·ve,** *auch* **~,lok** *f* (*railway*) diesel(-electric) locomotive, diesel-electric: ~ mit Turbogetriebe turbo-diesel locomotive. — **~ma,schi·ne** *f cf.* Dieselmotor.

ˈDie·sel,mo·tor *m* diesel (oil) (*od.* compression-ignition, injection-oil) engine. — **~-,Last,wa·gen** *m* diesel truck (*bes. Br.* lorry).

ˈDie·sel|,öl *n cf.* Dieselkraftstoff. — **~-,treib,stoff** *m cf.* Dieselkraftstoff. — **~,trieb,wa·gen** *m* (*railway*) diesel railcar.

die·ser [ˈdiːzər] *demonstrative pron m,* **ˈdie·se** *f,* **ˈdie·ses,** *auch* **dies** *n,* **ˈdie·se** *pl* **I** (*adjektivisch*) **1.** this, *pl* these: dies(es) Bild gefällt mir I like this picture; dieses Mal hatten wir Glück this time we were lucky; dies(es) eine Mal this once; dieses Kleid ist hübscher als jenes this dress is prettier than that one; dieses nämliche Buch this very book; mußtest du ausgerechnet diese Leute einladen? why did you have to ask these of all people? diese seine Bemerkung (*od.* diese Bemerkung von ihm) war unnötig this remark of his was unnecessary; er spricht nie über diese Dinge he never talks about these (*od.* those, such) things; der Schreiber [Überbringer] dieses Briefes *econ.* the writer [bearer] of these lines (*od.* this letter). – **2.** (*mit Zeitbestimmungen*) (am) Ende dieses Jahres a) at the end of the (*od.* this, the current) year, b) at the end of the (*od.* that) year; er hat ihn ~ Tage gesprochen he talked to him the other day (*od.* recently); ich habe ihn ~ Tage noch nicht gesehen I haven't seen him lately; sie wird uns ~ Tage (*od.* in diesen Tagen) besuchen she'll come to see us one of these days; er will ~ Tage vorbeikommen he'll drop in one of these days (*od.* within the next few days, in a day or so); diese Nacht a) this night, b) last night; seit diesem Tag, von diesem Tag an since this (*od.* that) day, from this (*od.* that) day on(wards). – **3.** (*als Ausruf*) ~ Schurke! the scoundrel! dieses Durcheinander! what a muddle! diese Frechheit! what cheek! warum gibt er es denn nicht zu, ~ Dummkopf! why doesn't he admit it, the fool! – **II** (*substantivisch*) **4.** this (one), *pl* these: welcher Hut gefällt dir? – D~ da which hat do you like? – This one; von seinen Freunden ist ~ der beste of all his friends this (one) is the best; ich mag diese lieber als jene a) (*von Sachen*) I like this one (*pl* these) more than that one (*pl* those), b) (*von Personen*) I like her (*pl* them) more than the other one (*pl* the others); ich will diese oder keine a) (*von Sachen*) I want this (one) or nothing at all, b) (*von Personen*) I want her or no one at all; möchten Sie dieses oder jenes (*od.* dies oder das da)? would you like this (one) or that (one)? – **5.** (*in Wendungen wie*) all dies(es) (*od.* dies alles) hat er geschrieben he has written all this; dieses und jenes (*od.* dies und das) hat sich ereignet, seit du gingst this and that has happened since you left; ~ und jener hat sich dafür interessiert (*einige*) some (people) have been interested in it; ~ und jener wird sicher kommen (*einige*) some (*od.* a few) people will certainly come; wir sprachen von diesem und jenem (*od.* über dies und jenes, dies und das) we talked about this and that (*od.* various things); ich muß noch dies und das erledigen I've got to see to a few things (*od.* to this and that); wir wissen nur dies(es) we know only this; dies(es) ist der Grund this is the reason; ~ ist es! this is the one! sind dies deine Geschwister? are these your brothers and sisters? dies ist unser neues Mitglied this is our new member; dies (*rare* dieses) ist sehr schade this is a great pity; eben dies(es) verstehe ich nicht that is exactly (*od.* just) what I don't understand; sie ist verärgert und dies mit Recht she is angry and rightly so (*od.* and with good cause); wir gaben ihm Geld, doch dies war anscheinend falsch we gave him money but this (*od.* it) seemed to be wrong; hol ihn doch ~ und jener! *colloq.* (may) the devil take him! vom 3. dieses (*Monats*) *econ. obs.* of the third instant. – **6.** he, she, it, *pl* they: man fragte den Mann, doch ~ stritt es ab they asked the man but he denied it; ich bot der Frau einen Stuhl an, doch diese lehnte ab I offered the woman a chair but she refused to take it; man probierte das neue Gerät aus, doch dieses funktionierte nicht they tried the new apparatus but it did not work; man warf die alten Maschinen weg, da diese unbrauchbar geworden waren the old machines were thrown away since they had become useless. – **7.** (*letztere[r], letzteres*) the latter: ich traf heute Frau Huber und Tochter; diese trug ein Kleid, jene ein Kostüm I met Frau Huber and her daughter today — the latter wore a dress, the former a suit; er fragte seinen Rechtsanwalt; ~ riet es ihm he asked his lawyer — he (*od.* the latter) gave him this advice.

ˈdie·serˈart *adv bes. Austrian* thus.

ˈdie·ses *demonstrative pron n cf.* dieser.

ˈdiesˈfalls *adv* (*officialese*) in this case.

die·sig [ˈdiːzɪç] *adj* **1.** (*Wetter*) hazy, misty: ~ werden to become hazy, to haze. – **2.** *fig.* (*Blick*) misty. — **ˈDie·sig·keit** *f* ⟨-; *no pl*⟩ haziness, mistiness.

Di·esis [ˈdiːezɪs] *f* ⟨-; Diesen [diˈeːzən]⟩ *mus.* **1.** *antiq.* diesis. – **2.** *cf.* Erhöhungszeichen.

ˈdies,jäh·rig *adj* this year's (*attrib*), of this year.

ˈdies,mal *adv* this time (*od.* once): für ~ genügt es it's enough for this time (*od.* for this once, for once).

ˈdies,ma·lig *adj* present, this time (*nachgestellt*).

ˈdies,sei·tig *adj* **1.** (*örtlich*) near, on this side (*nachgestellt*), hither (*lit.*): das ~e Ufer (des Flusses) the near bank, (the bank on) this side of the river. – **2.** *fig.* (*weltlich*) of this world, worldly(-minded), secular. – **3.** *philos.* immanent. — **ˈDies,sei·tig·keit** *f* ⟨-; *no pl*⟩ *fig.* worldliness, worldly-mindedness, secularity.

ˈdies,seits I *prep* ⟨*gen*⟩ on this side (of): ~ der Alpen on this side (of) the Alps, cisalpine (*lit.*). – **II** *adv* on this side.

ˈDies,seits, das ⟨-; *no pl*⟩ this life (*od.* world): im ~ in this life; aufs ~ gerichtet worldly(-minded); das ~ und das Jenseits this life (*od.* world) and the life to come (*od.* the other world). — **~,glau·be** *m* belief in this world.

Diet·rich [ˈdiːtrɪç] *m* ⟨-s; -e⟩ **1.** picklock: ein Schloß mit einem ~ öffnen to pick a lock. – **2.** (*Nachschlüssel*) skeleton key, passkey.

,dieˈweil, ,dieˈwei·len [-ˈvaɪlən] *obs.* **I** *conj* **1.** (*zeitlich*) while. – **2.** (*kausal*) because, since. – **II** *adv* **3.** in the meantime, meanwhile.

Dif·fa·ma·ti·on [dɪfamaˈtsĭoːn] *f* ⟨-; -en⟩ *jur. cf.* Diffamierung. — **dif·fa·maˈto·risch** [-ˈtoːrɪʃ] *adj* defamatory, slanderous, calumnious (*lit.*).

dif·fa·mie·ren [dɪfaˈmiːrən] **I** *v/t* ⟨*no* ge-, h⟩ defame, slander, calumniate (*lit.*). – **II D~** *n* ⟨-s⟩ *verbal noun.* — **dif·faˈmie·rend I** *pres p.* – **II** *adj* defamatory, defaming. — **Dif·faˈmie·rung** *f* ⟨-; -en⟩ **1.** *cf.* Diffamieren. – **2.** defamation, slander, calumny (*lit.*).

dif·fe·rent [dɪfeˈrɛnt] *adj* different.

dif·fe·ren·ti·al [dɪferɛnˈtsĭaːl] *adj* differential.

Dif·fe·ren·tiˈal *n* ⟨-s; -e⟩ **1.** *math.* a) differential, b) (*bes. positives*) increment: partielles [totales] ~ partial [total] differential. – **2.** *auto. cf.* Ausgleichgetriebe. — **~be,ob·ach·tung** *f astr.* differential observation. — **~,bre·chung** *f phys.* differential refraction. — **~dia,gno·se** *f med.* differential diagnosis. — **~geo·me,trie** *f math.* differential geometry. — **~ge,trie·be** *n auto. cf.* Ausgleichgetriebe. — **~,glei·chung** *f math.* differential equation. — **~kon·den,sa·tor** *m electr.* differential capacitor. — **~ma·no,me·ter** *n phys.* differential (pressure) ga(u)ge (*od.* manometer). — **~,mel·der** *m tel.* differential fire alarm (*Br.* fire-alarm). — **~quo·ti,ent** *m math.* differential quotient, derived function. — **~,rech·nung** *f* differential calculus. — **~re,lais** *n electr.* differential relay. — **~,ren·te** *f econ.* differential return (*od.* profit). — ~,**schutz** *m electr.* differential (*od.* core balance) protection. — ~**ta,rif** *m econ.* differential tariff. — ~**ther·mo,me·ter** *n phys.* differential thermometer, aethrioscope (*scient.*). — ~,**zoll** *m meist pl econ.* differential (*od.* discriminating) duty.

Dif·fe·ren·tia·ti·on [dıferɛntsĭa'tsĭo:n] *f* ⟨-; -en⟩ *math. geol.* differentiation.

dif·fe·ren·ti·ell [dıferɛn'tsĭɛl] *adj* differential: ~e Psychologie *psych.* differential psychology.

Dif·fe·renz [dıfe'rɛnts] *f* ⟨-; -en⟩ **1.** (*Unterschied zweier Größen*) difference. – **2.** *math.* difference, residual. – **3.** *econ.* a) difference, b) balance, margin, surplus: rechnungsmäßige ~en differences in accounts; die ~ bezahlen [halbieren] to pay (*od.* meet) [to split] the difference. – **4.** *meist pl fig.* (*Unstimmigkeit*) difference (of opinion), disagreement: ~en mit j-m haben to have differences (*od.* to disagree) with s.o. — ~**be,trag** *m* **1.** *econ.* a) difference, b) balance. – **2.** *math.* residual quantity.

Dif·fe'ren·zen|,glei·chung *f math.* difference equation. — ~**me,tho·de** *f* method of differences.

Dif·fe'renz|fre,quenz *f electr.* difference (*od.* intermediate) frequency. — ~**ge,schäft** *n econ.* time (*od.* option) bargain, margin business.

dif·fe·ren'zier·bar *adj* **1.** differentiable, distinguishable. – **2.** *math.* differentiable. — **Dif·fe·ren'zier·bar·keit** *f* ⟨-; *no pl*⟩ **1.** differentiability, distinguishability. – **2.** *math.* differentiability.

dif·fe·ren·zie·ren [dıferɛn'tsi:rən] **I** *v/t* ⟨*no* ge-, h⟩ **1.** differentiate (between), distinguish between, show (*od.* mark) the difference between: zwei Ausdrücke (voneinander) ~ to differentiate between two expressions. – **2.** (*Wort*) differentiate. – **3.** *math.* differentiate, derive. – **II** *v/i* **4.** differentiate, distinguish, show (*od.* mark) the difference, make distinctions: zwischen zwei Dingen ~ to differentiate (*od.* make distinctions) between two things; sie wissen nicht zu ~ they are unable to make distinctions. – **III** *v/reflex* sich ~ **5.** differentiate, be differentiated, differ. – **6.** *bes. biol.* differentiate, be differentiated. – **IV D~** *n* ⟨-s⟩ **7.** *verbal noun.* – **8.** *cf.* Differenzierung. — **dif·fe·ren'ziert I** *pp.* – **II** *adj* **1.** *fig.* (*Geschmack etc*) discriminating, refined, sophisticated. – **2.** *econ.* (*Angebot etc*) varied. – **3.** *biol.* differentiated, varied, (*bes. Gewebe*) permanent: nicht ~ indifferentiated, embryonic. — **Dif·fe·ren'ziert·heit** *f* ⟨-; *no pl*⟩ **1.** *fig.* discrimination, refinedness. – **2.** *econ.* (*des Marktes*) (great) variety. – **3.** *biol.* differentiation, variety.

Dif·fe·ren'zie·rung *f* ⟨-; -en⟩ **1.** *cf.* Differenzieren. – **2.** differentiation (*auch psych.*), distinction. – **3.** *ling.* differentiation. – **4.** *math.* differentiation, derivation. – **5.** *biol.* differentiation, morphogenesis (*scient.*): histologische ~ histogenesis.

Dif·fe'renz|,mes·sung *f electr.* differential measurement. — ~,**schal·tung** *f* differentiating circuit, peaker. — ~,**ton** *m mus.* difference (*od.* differential) tone (*od.* note). — ~,**trä·ger** *m* **1.** (*radio*) difference carrier. – **2.** *telev.* intercarrier.

dif·fe·rie·ren [dıfe'ri:rən] *v/i* ⟨*no* ge-, h⟩ differ, be different: um etwas ~ to differ by s.th.; unsere Meinungen ~ sehr (voneinander) our opinions differ (*od.* diverge) very much (from one another).

dif·fi·zil [dıfi'tsi:l] *adj* **1.** (*Personen*) difficult, awkward, hard to please (*nachgestellt*): er ist sehr ~ a) he is very difficult, b) (*schwer zu behandeln*) he is very difficult to deal with, c) (*schwer zufriedenzustellen*) he is very hard to please. – **2.** (*Problem etc*) difficult, awkward, ticklish, (*Situation*) *auch* delicate. – **3.** (*sehr genau*) very exact, meticulous.

dif·form [dı'fɔrm] *adj* deformed. — **Dif·for·mi'tät** [-mi'tɛ:t] *f* ⟨-; -en⟩ deformity.

dif·frakt [dı'frakt] *adj bot.* diffracted, broken. — **Dif·frak·ti'on** [-'tsĭo:n] *f* ⟨-; -en⟩ (*optics*) diffraction.

dif·fun·die·ren [dıfʊn'di:rən] **I** *v/t* ⟨*no* ge-, h⟩ **1.** (*Licht*) diffuse, scatter, spread. – **II** *v/i* **2.** *chem.* (*von zwei Flüssigkeiten*) diffuse, mix. – **3.** *phys.* (*von Gasen etc*) diffuse: in (*acc*) [durch] etwas ~ to diffuse into [through] s.th.

dif·fus [dı'fu:s] *adj* ⟨-er; -est⟩ **1.** (*Licht*) diffuse, diffused, scattered. – **2.** *fig.* (*Gerede*) vague, indistinct.

Dif·fu·sat [dıfu'za:t] *n* ⟨-(e)s; -e⟩ *chem. tech.* diffusate.

Dif·fu·seur [dıfu'zø:r] *m* ⟨-s; -e⟩ **1.** *chem.* diffuser, diffusion apparatus. – **2.** *tech.* (*in der Papierherstellung*) blowpit, tank, vat.

Dif·fu·si·on [dıfu'zĭo:n] *f* ⟨-; *no pl*⟩ diffusion.

Dif·fu·si'ons|ap·pa,rat *m chem. tech.* diffuser. — **d~,fä·hig** *adj* diffusible. — ~,**fä·hig·keit** *f* ⟨-; *no pl*⟩ diffusibility, diffusivity. — ~,**kam·mer** *f chem.* spray chamber. — ~,**re·gel** *f sociol.* law of diffusion.

Dif·fu·sor [dı'fu:zɔr] *m* ⟨-s; -en [-fu'zo:rən]⟩ *aer. tech.* diffuser, *Br. auch* diffusor.

dif·teln ['dıftəln] *v/i* ⟨h⟩ *Middle G. for* tüfteln.

Di·gam·ma [di'gama] *n* ⟨-(s); -s⟩ digamma (*sixth letter of the oldest Greek alphabet*).

di·gen [di'ge:n] *adj biol.* digenetic, digenous: ~e Fortpflanzung digenetic reproduction. — **Di·ge'nie** [-ge'ni:] *f* ⟨-; -n [-ən]⟩ digenesis.

Di·gest ['daıdʒɛst] (*Engl.*) *m, n* ⟨-(s); -s⟩ digest, collection of (condensed) articles.

Di·ge·sten, die [di'gɛstən] *pl jur.* the Digest *sg* (*main part of the Corpus iuris civilis*).

Di·ge·sti·on [digɛs'tĭo:n] *f* ⟨-; -en⟩ *med. chem.* digestion.

di·ge·stiv [digɛs'ti:f] *adj med.* digestive. — **D~,mit·tel** *n* digestive.

di·gi·tal [digi'ta:l] *adj* digital. — **D~an,zei·ge** *f* (*computer*) digital display.

Di·gi·ta·lin [digita'li:n] *n* ⟨-s; *no pl*⟩ *chem.* digitalin ($C_{36}H_{56}O_{14}$).

Di·gi·ta·lis [digi'ta:lıs] *n* ⟨-; *no pl*⟩ *med. pharm.* digitalis. — ~**ver,gif·tung** *f med.* digitalism, digitalis intoxication.

Di·gi'tal|,re·chen·ma,schi·ne *f,* ~,**rech·ner** *m tech.* digital computer (*od.* calculator).

Di·glyph [di'gly:f] *m* ⟨-s; -e⟩ *arch.* diglyph.

Di·gni·tar [dıgni'ta:r], *auch* **Di·gni'tär** [-'tɛ:r] *m* ⟨-s; -e⟩ *relig.* dignitary.

Di·gni·tät [dıgni'tɛ:t] *f* ⟨-; -en⟩ *relig.* dignity.

Di·graph [di'gra:f] *m* ⟨-s; -e(n)⟩ *ling.* digraph, *auch* digram.

Di·gres·si·on [digrɛ'sĭo:n] *f* ⟨-; -en⟩ *astr.* digression.

di·gyn [di'gy:n], **di'gy·nisch** *adj bot.* digynian, digynous.

Di·he·xa·eder [dihɛksa'ʔe:dər] *n* ⟨-s; -⟩ *math.* dihexahedron. — **di·he·xa'edrisch** [-'ʔe:drıʃ] *adj* dihexahedral.

di·he·xa·go·nal [dihɛksago'na:l] *adj* dihexagonal.

di·hy·brid [dihy'bri:t] *adj biol.* dihybrid. — **Di·hy'bri·de** *m, f* ⟨-n; -n⟩ dihybrid.

di·iam·bisch [di'ĭambıʃ] *adj,* **Di·iam·bus** [-'ĭambʊs] *m metr. cf.* dijambisch, Dijambus.

di·jam·bisch [di'jambıʃ] *adj metr.* di(i)ambic. — **Di'jam·bus** [-bʊs] *m* ⟨-; Dijamben⟩ di(i)amb.

'Di·ka|,brot ['di:ka-] *n* dika (bread). — ~,**fett** *n* dika butter (*od.* fat).

Di·kast [di'kast] *m* ⟨-en; -en⟩ *antiq.* dicast, member of a dicastery.

Di·ka·ste·ri·on [dikas'te:rĭɔn], *auch* **Di·ka'ste·ri·um** [-rĭʊm] *n* ⟨-s; -sterien⟩ *antiq.* dicastery.

Di·ke ['di:ke] *npr f* ⟨-; *no pl*⟩ *myth.* Dice, Dike (*one of the Horae*).

di·klin [di'kli:n] *adj bot.* diclinous.

Di·ko·ty·le [diko'ty:lə], **Di·ko·ty·le'do·ne** [-tyle'do:nə] *f* ⟨-; -n⟩ *bot.* dicotyledon, *auch* dicot(yl).

di·krot [di'kro:t] *adj med.* (*Puls*) dicrotic. — **Di·kro'tie** [-kro'ti:] *f* ⟨-; -n [-ən]⟩ dicrotism.

Di·ktam ['dıktam] *m* ⟨-s; *no pl*⟩ *bot. cf.* Diptam.

Dik·tat [dık'ta:t] *n* ⟨-(e)s; -e⟩ **1.** dictation: nach ~ schreiben to write from (*od.* to) s.o.'s dictation; das ~ aufnehmen to take dictation; [Fräulein,] bitte zum ~! take a letter, please! ~ schreiben *ped.* to write (*od.* do) dictation. – **2.** *fig.* (*Befehl*) dictate, dictation, *pol. auch* diktat: sie mußten sich seinem ~ fügen they had to submit to his dictate; das Versailler ~ *hist.* the diktat of Versailles. – **3.** *fig.* (*Zwang*) dictate: das ~ der Mode the dictate of fashion. — ~,**auf,nah·me** *f* taking (of) dictation. — ~,**frie·den** *m pol.* dictated peace.

Dik·ta·tor [dık'ta:tɔr] *m* ⟨-s; -en [-ta'to:rən]⟩ *pol.* dictator. — **dik·ta'to·risch** [-'to:rıʃ] **I** *adj* dictatorial: ~e Gewalt dictatorial power. – **II** *adv* dictatorially: ~ auftreten to behave in (*od.* to have) a dictatorial manner.

Dik·ta·tur [dıkta'tu:r] *f* ⟨-; -en⟩ dictatorship: die ~ des Proletariats the dictatorship of the proletariat.

Dik'tat,zei·chen *n* reference sign.

Dik'tier·ap·pa,rat *m cf.* Diktiergerät.

dik·tie·ren [dık'ti:rən] **I** *v/t* ⟨*no* ge-, h⟩ **1.** (*Brief etc*) dictate: etwas in die Maschine [aufs Tonband] ~ to dictate s.th. into the machine [on to the tape]; j-m etwas ~ to dictate s.th. to s.o. – **2.** (*Bedingungen etc*) dictate, lay down. – **II** *v/i* **3.** dictate (letters): er diktiert gerade he is dictating letters at the moment. – **4.** (*befehlen*) dictate, order.

Dik'tier|ge,rät *n,* ~**ma,schi·ne** *f* dictating machine.

Dik·ti·on [dık'tsĭo:n] *f* ⟨-; -en⟩ **1.** diction, manner (*od.* mode) of speech, way of speaking. – **2.** (*Ausdrucksweise*) diction, manner (*od.* mode) of expression, style.

Dik·tio·när [dıktsĭo'nɛ:r] *n, m* ⟨-s; -e⟩ *obs.* dictionary.

Dik·tum ['dıktʊm] *n* ⟨-s; -ta [-ta]⟩ dictum, saying, apo(ph)thegm.

di·la·ta·bel [dila'ta:bəl] *adj phys.* dilatable, expandable, expansible, *auch* expandible.

di·la·tant [dila'tant] *adj phys.* dilatant.

Di·la·ta·ti·on [dilata'tsĭo:n] *f* ⟨-; -en⟩ **1.** (*Wärmedehnung*) dilatation, dilation, expansion. – **2.** *med. phys.* dilatation.

Di·la·ta·ti'ons|,fu·ge *f tech. cf.* Dehnungsfuge. — ~,**son·de** *f med.* dilator probe.

Di·la·ta·tor [dila'ta:tɔr] *m* ⟨-s; -en [-ta'to:rən]⟩ *med.* dilator. — **di·la'tie·ren** [-'ti:rən] *v/t* ⟨*no* ge-, h⟩ dilate.

Di·la·ti·on [dila'tsĭo:n] *f* ⟨-; -en⟩ **1.** *jur. rare for* Aufschub 2, Frist 6. – **2.** *ling.* dilation.

Di·la·to·me·ter [dilato'me:tər] *n* ⟨-s; -⟩ [*phys.* dilatometer.]

di·la·to·risch [dila'to:rıʃ] **I** *adj* **1.** dilatory. – **2.** *jur.* dilatory: ~e Einrede dilatory plea (*od.* defence, *Am.* defense). – **II** *adv* **3.** dilatorily, in a dilatory manner: etwas ~ behandeln to treat s.th. in a dilatory manner.

Di·lem·ma [di'lɛma] *n* ⟨-s; -s *u.* -ta [-ta]⟩ **1.** dilemma, (*stärker*) quandary: in einem ~ sein, sich in einem ~ befinden to be in (*od.* on the horns of) a dilemma, to be in a quandary; er weiß nicht, wie er aus diesem ~ wieder herauskommen soll he doesn't know how to get out of (*od.* off the horns of) this dilemma; da ist er ja in ein schönes ~ geraten *colloq.* he got himself in a fine dilemma (*od. colloq.* mess, 'pickle', fix, 'jam'). – **2.** (*in der Logik*) dilemma. — **di·lem'ma·tisch** [-'ma:tıʃ] *adj* dilemmatic, *auch* dilemmatical, dilemmic.

Di·let·tant [dilɛ'tant] *m* ⟨-en; -en⟩ **1.** dilettante, *auch* dilettant, dillettante. – **2.** (*Amateur*) amateur, dilettante. – **3.** *contempt.* (*Stümper*) dabbler, dilettante, dabster (*colloq.*). – **4.** (*Laie*) layman. – **5.** (*sport*) 'rabbit' (*sl.*).

di·let'tan·ten·haft *adj u. adv cf.* dilettantisch.

Di·let'tan·ten·tum *n* ⟨-s; *no pl*⟩ *cf.* Dilettantismus.

Di·let'tan·ten,vor,stel·lung *f* dilettante (*od.* very poor) performance.

Di·let'tan·tin *f* ⟨-; -nen⟩ *cf.* Dilettant.

di·let'tan·tisch I *adj meist contempt.* **1.** (*ungekonnt*) dilettante (*attrib*), dilettantish, amateurish: sein Spiel ist ~ he plays like a dilettante (*od.* an amateur). – **2.** (*unfachmännisch*) inexpert, incompetent, dilettante (*attrib*), dilettantish: ~e Versuche inexpert attempts. – **II** *adv* **3.** etwas ~ tun to do (*od.* pursue) s.th. like a dilettante (*od.* amateurishly).

Di·let·tan·tis·mus [dilɛtan'tısmʊs] *m* ⟨-; *no pl*⟩ **1.** dilettantism, amateurism, amateurishness. – **2.** inexpertness, incompetence, dilettantism.

di·let·tie·ren [dilɛ'ti:rən] *v/i* ⟨*no* ge-, h⟩ in (*dat*) etwas ~ *rare* to be a dilettante (*od.* amateur) in s.th., to do s.th. in a dilettante (*od.* amateurish) way.

Di·li·gence [dili'ʒã:s] *f* ⟨-; -n [-sən]⟩ *obs.* diligence, stagecoach, *Br.* stage-coach.

Dill [dıl] *m* ⟨-(e)s; -e⟩ **1.** *bot.* (garden) dill (*Anethum graveolens*): Wilder ~ *cf.* Bärenwurz(el). – **2.** (*Gewürz*) dill(seed).

Dil·le[1] ['dılə] *f* ⟨-; -n⟩ *Austrian for* Dill.

'Dil·le[2] *f* ⟨-; -n⟩ *tech. cf.* Tülle 2.

Dil·le·nie [dı'le:nĭə] *f* ⟨-; -n⟩ *bot.* dillenia (*Gattg Dillenia*).

'Dill|ˌfen·chel *m bot. cf.* Dill 1. — **~ˌkraut** *n* dill (leaves *pl*), anethum (*scient.*). — **~ˌso·ße** *f gastr.* dill sauce.

Di·lu·ti·on [dilu'tsĭo:n] *f* ⟨-; -en⟩ *med.* dilution.

di·lu·vi·al [dilu'vĭa:l] *adj geol.* **1.** diluvial, diluvian. – **2.** glacial, Pleistocene (*attrib*). — **D~ˌbil·dung** *f* diluvial formation. — **D~ˌzeit** *f cf.* Diluvium 3.

Di·lu·via·nis·mus [diluvĭa'nɪsmʊs] *m* ⟨-; *no pl*⟩ *geol.* diluvianism.

Di·lu·vi·um [di'lu:vĭʊm] *n* ⟨-s; *no pl*⟩ *geol.* **1.** glacial epoch (*od.* period), *auch* Drift period. – **2.** (*Schwemmland*) diluvium. – **3.** (*Diluvialzeit*) Pleistocene (age).

Dime [daɪm] (*Engl.*) *m* ⟨-s; -s⟩ dime (*North American coin*): 2 ~ 2 dimes.

Di·men·si·on [dimɛn'zĭo:n] *f* ⟨-; -en⟩ **1.** *phys. math.* dimension: **lineare [räumliche]** ~ linear [spatial] dimension; **die vierte** ~ the fourth dimension. – **2.** *pl* (*Umfang*) dimensions, proportions, size *sg*: **die äußeren ~en einer Maschine** the outside (*od.* overall) dimensions of a machine; **von gewaltigen ~en** of enormous (*od.* vast) dimensions, of an enormous size. – **3.** *pl fig.* (*Ausmaß*) dimensions, proportions, *auch* extent *sg*: **die Katastrophe nahm immer riesigere ~en an** the disaster was assuming more and more gigantic dimensions.

di·men·sio·nal [dimɛnzĭo'na:l] *adj* dimensional. — **Di·men·sio·na·li'tät** [-nali'tɛ:t] *f* ⟨-; -en⟩ dimensionality.

di·men·sio·nie·ren [dimɛnzĭo'ni:rən] *v/t* ⟨*no* ge-, h⟩ **1.** *bes. tech.* dimension, size. – **2.** *psych.* dimensionalize. — **Di·men·sio'nie·rung** *f* ⟨-; *no pl*⟩ dimensioning, sizing.

Di·men·si'ons·anaˌly·se *f phys.* dimension analysis.

di·men·si'ons|los *adj bes. math. tech.* nondimensional *Br.* non-, dimensionless: **~e Größe** dimensionless factor (*od.* quantity). — **~ˌmä·ßig** *adj* from the dimension standpoint, dimensional. — **D~ˌzahl** *f math.* dimension (number).

di·mer [di'me:r] *adj biol.* dimerous.

Di·me·ter [di'me:tər] *m* ⟨-s; -⟩ *metr. antiq.* dimeter.

Di·me·thyl|amin [dime'ty:lʔaˌmi:n] *n chem.* dimethylamine [$(CH_3)_2NH$]. — **~ˌäther** *m* dimethyl ether. — **~form·amid** [-fɔrmaˌmi:t] *n* dimethyl formamide ($HCON(CH_3)_2$). — **~sulˌfat** *n* dimethyl sulfate (*bes. Br.* sulphate) [$(CH_3)_2SO_4$].

di·me·trisch [di'me:trɪʃ] *adj* **1.** *math.* dimetric (*tetragonal or hexagonal*). – **2.** *metr. antiq.* dimetric.

di·mi·nu·en·do [dimi'nŭɛndo] *mus.* **I** *adv u. adj* diminuendo. – **II D~** *n* ⟨-s; -s *u.* -endi [-di]⟩ diminuendo.

Di·mi·nu·ti·on [diminu'tsĭo:n] *f* ⟨-; -en⟩ *mus. ling.* diminution.

di·mi·nu·tiv [diminu'ti:f] *adj ling.* diminutive.

Di·mi·nu'tiv *n* ⟨-s; -e⟩ *ling.* diminutive. — **~ˌform** *f* diminutive form.

Di·mi·nu·ti·vum [diminu'ti:vʊm] *n* ⟨-s; -tiva [-va]⟩ *ling. cf.* Diminutiv.

Di·mis·si·on [dimɪ'sĭo:n] *f* ⟨-; -en⟩ *obs. for* Demission.

Di·mis·so·ria·le [dimɪso'rĭa:lə] *n* ⟨-s; -rialien [-lĭən]⟩ *relig.* dimissorial (*od.* dimissory) letter.

di·mit·tie·ren [dimɪ'ti:rən] *v/t* ⟨*no* ge-, h⟩ *obs. for* entlassen 1, verabschieden 2, 3.

di·morph [di'mɔrf] *adj biol. min.* dimorphous, dimorphic. — **Di·mor'phie** [-'fi:] *f* ⟨-; -n [-ən]⟩, **Di·mor'phis·mus** [-'fɪsmʊs] *m* ⟨-; -phismen⟩ dimorphism.

Di·nar [di'na:r; 'di:nar] *m* ⟨-s; -e [-'na:rə]⟩ *econ.* dinar (*monetary unit of Yugoslavia, Iraq and Iran*).

di·na·risch [di'na:rɪʃ] *adj anthrop. geogr.* Dinaric: **~e Rasse** Dinaric (*auch* Adriatic) race; **D~e Alpen** Dinaric Alps.

Di·ner [di'ne:] *n* ⟨-s; -s⟩ *lit.* (formal) dinner, dinner (party): **ein ~ geben** to give (*od.* have) a dinner party.

di·ne·risch [di'ne:rɪʃ] *adj phys.* dineric: **~e Lösung** dineric solution.

'DIN-Forˌmat ['di:n-] *n* German standard paper size.

Ding¹ [dɪŋ] *n* ⟨-(e)s; -e, *colloq. contempt.* -er⟩ **1.** (*Sache*) thing: **vor allen ~en** above all (things), first and foremost, first of all; **man muß vor allen ~en diplomatisch sein** above all (things) you must be diplomatic; **vor allen ~en muß er wieder gesund werden** first of all (*od.* above all) he must get well again; **das ist ein ander ~** *archaic* that's another (*od.* a different) thing; **das ist ein ~ der Unmöglichkeit** that is an impossibility (*od.* quite impossible); **guter ~e sein** *fig.* a) to be in good spirits, to be cheerful, b) to be full of hope; **sei guter ~e!** *fig.* cheer up! **die tausend kleinen ~e des täglichen Lebens** the thousand little things of everyday life; **jedes ~ zu seiner Zeit** everything at the proper time; **der Mensch ist das Maß aller ~e** man is the measure of all things; **den Weg aller ~e gehen** to go the way of all flesh; **der ~e harren, die da kommen sollen** to await the things that are to be; **bei Gott ist kein ~ unmöglich** *Bibl.* with God nothing is impossible; **Gott, der Schöpfer aller ~e** *Bibl.* God, the Creator of all things; **jedes ~ hat (seine) zwei Seiten** (*Sprichwort*) there are two sides to every question; **gut ~ will Weile haben** (*Sprichwort*) a thing done well cannot be done quickly; **aller guten ~e sind drei** (*Sprichwort*) all good things come in (*od.* by) threes. – **2.** (*Gegenstand*) thing, object. – **3.** *pl* (*Angelegenheiten etc*) things, matters, affairs: **der Stand der ~e** the state of affairs; **nach (der) Lage der ~e, wie die ~e liegen** (*od.* **stehen**) in (*od.* under) the circumstances, as things are, as matters stand; **so, wie die ~e liegen, gehen wir heute nicht aus** as it is now (*od.* as things are, as matters stand) we are not going out tonight; **der Verlauf** (*od.* **Lauf, Gang**) **der ~e** the course of things, the way things are going; **den ~en ihren (freien) Lauf lassen** to let things (*od.* matters) take their course, to let things slide; **das geht nicht mit rechten ~en zu** *fig. colloq.* there is s.th. fishy (*od.* funny, queer) about it, things are not all aboveboard (*Br.* above-board); **es müßte nicht mit rechten ~en zugehen, wenn ich diesmal wieder kein Glück habe** *fig. colloq.* the devil must be in it if I'm not lucky this time; **so, wie ich die ~e sehe** the way I see things, looking at things from my point of view; **er steht über den ~en** he is above (petty) things (*od.* matters); **er nennt die ~e immer beim (rechten) Namen** he always calls a spade a spade; **er hat immer viele ~e (gleichzeitig) im Kopf** he always thinks of many things (at the same time); **es bereiten sich große ~e vor** great things are on the way; **er hat noch große ~e vor** he has great plans; **das sind ja schöne ~e, die ich über euch höre!** *iron.* nice things I've been hearing about you, I must say! **misch dich nicht in ~e, die dich nichts angehen** don't meddle in (*od.* butt in on) things that are no concern of yours; **er ist zu großen ~en bestimmt** he is destined for great things; **reden wir lieber von erfreulicheren ~en** let's talk about s.th. more pleasant; **man muß die ~e nehmen, wie sie sind** you have to take things as they are; **alle ~e im Zusammenhang sehen** to see all things as part of a whole; **er läßt alle ~e ruhig an sich herankommen** he awaits everything (*od.* the course of events) calmly; **unverrichteter ~e** *Austrian for* **unverrichteterdinge.** – **4.** *philos.* thing, substance, entity, ens: **das ~ an sich** (*bei Kant*) the thing-in-itself, the transcendental object. – **5.** *relig.* **die Lehre von den Letzten ~en** the doctrine of the last things, eschatology (*scient.*). – **6.** ⟨-(e)s; -er⟩ *colloq.* (*Kind, Mädchen, Tier*) thing, creature: **die armen ~er** the poor (little) things; **so ein freches ~!** what a cheeky (*od.* saucy) thing! **du dummes ~!** you silly (old) thing! – **7.** ⟨-(e)s; -er⟩ *colloq. u. contempt.* (*irgendein Gegenstand*) thing: **gib mir mal die ~er her** give me those things. – **8.** ⟨-(e)s; -er⟩ *colloq., auch contempt.* (*bemerkenswerte Sache*) thing: **ein tolles ~** a) a smashing (*od.* a whale of a) thing (*colloq.*), *Am. sl.* a crazy thing, b) *iron.* a crazy thing; **das war ein ~!** a) th*a*t was really s.th.! b) that was a great show! **hast du von dem Einbruch gehört? So ein** (*od.* So 'n) **~!** Have you heard of the burglary? What a crazy thing! **das ist ein ~ mit 'nem** (*od.* **mit'm**) **Pfiff** that's a tricky (*od.* catchy, clever) thing; **ein ~ steigen lassen** to be up to s.th.; **ein ~ drehen** a) (*von Gaunern*) to do (*od.* pull [off]) a job (*sl.*), b) (*etwas Tolles unternehmen*) to do s.th. smashing (*od.* crazy); **j-m ein ~ verpassen** to play a trick on s.o., *Am. colloq.* to pull s.th. funny on s.o.; **ihr macht ja schöne ~er!** *iron.* you are making a fine (*od.* pretty) mess! fine goings-on these! **krumme ~er machen** to be up to some dirty work.

Ding² *n* ⟨-(e)s; -e⟩ *hist.* thing, *auch* ting (*public assembly*).

'Din·gel *m* ⟨-s; -⟩ *bot.* limodorum (*Limodorum abortivum*).

din·gen ['dɪŋən] **I** *v/t* ⟨dingt, dingte, *rare* dang, gedungen, *rare* gedingt, h⟩ *obs.* **1.** (*in Dienst nehmen*) hire, engage. – **2.** (*Mörder etc*) hire. – **II** *v/i* **3.** *obs.* bargain, wrangle, haggle. – **III D~** *n* ⟨-s⟩ **4.** *verbal noun.*

'Din·ger·chen *pl colloq.* little things: **kleine ~** tiny little things.

'Ding|ˌfeld *n* (*optics*) visual (*od.* vision) field (on the object side). — **d~ˌfest** *adj only in* **j-n ~ machen** *jur.* to arrest (*od.* apprehend) s.o., to take s.o. into custody, to put s.o. in prison, to put s.o. behind bars. — **~geˌdicht** *n* (*literature*) *short descriptive poem concentrating on an isolated object.* — **~ˌgeld** *n obs. for* Handgeld 1.

'ding·haft *adj bes. philos.* real, objective, tangible. — **'Ding·haf·tig·keit** *f* ⟨-; *no pl*⟩ reality, objectivity, tangibility.

Din·g(h)i ['dɪŋgi] *n* ⟨-s; -s⟩ *mar.* dinghy.

'ding·lich I *adj* **1.** *philos.* real. – **2.** *jur.* real: **~er Anspruch** real claim, claim ad rem; **~er Arrest** distraint; **~e Klage** real action, action in rem; **~e Lasten** real liabilities; **~es Recht** right in rem, real right; **~er Vertrag** real contract. – **II** *adv* **3. ~ berechtigt** *jur.* holding interests in rem. — **'Ding·lich·keit** *f* ⟨-; *no pl*⟩ **1.** *philos.* reality. – **2.** *jur.* real rights *pl*, reality.

Din·go ['dɪŋgo] *m* ⟨-s; -s⟩ *zo.* dingo (*Canis familiaris dingo*).

'Dingˌpfen·nig *m obs. for* Handgeld 1.

'DIN-ˌGrad *m* ⟨-(e)s; -e⟩ *meist pl phot.* DIN speed.

Dings¹ [dɪŋs] *n* ⟨-; *no pl*⟩ *colloq., auch contempt.* **1.** (*junge Person*) thing: **sie ist ein freches ~** she is a cheeky (*od.* saucy, *bes. Am. colloq.* fresh) thing; **was für ein dummes ~** what a stupid thing. – **2.** *cf.* Dingsda¹.

Dings² *m, f* ⟨-; -⟩ *colloq., auch contempt. cf.* Dingsda².

'Dingsˌbums¹ *n* ⟨-; *no pl*⟩ *colloq., auch contempt. cf.* Dingsda¹.

'Dingsˌbums² *m, f* ⟨-; *no pl*⟩ *colloq. cf.* Dingsda².

'Dingsˌda¹ *n* ⟨-; *no pl*⟩ *colloq., auch contempt.* **1.** thingumabob, thingamabob, thingumajig, thingamajig, thingummy, *bes. Br.* thingamy, whoosis (*alle colloq.*): **laß das ~ liegen** leave that thingumabob alone; **stell das ~ auf den Tisch** put that thingumajig on the table; **was ist denn das für ein komisches ~?** what a funny thing is this? – **2.** (*without article*) (*Ort*) what's-its-name, what-d'you-call-it: **er stammt aus ~** he comes from what's-its-name.

'Dingsˌda² *m, f* ⟨-; *rare* -s⟩ *colloq., auch contempt.* **Herr ~** Mr. what's-his-name, Mr. what-d'you-call-him, Mr. whoosis, Mr. so-and-so, *bes. Br. auch* Mr. thingumabob (*od.* thingumajig, thingamy, thingummy); **die ~, Frau [Fräulein] ~** Mrs. [Miss] what's-her-name (*od.* what-d'you-call-her); **die ~s** the what's-their-name, the what-d'you-call-'em, the whoosises; **gestern traf ich den ~** yesterday I met (Mr.) what's-his-name.

'Dingsˌkir·chen *n* ⟨-s; *no pl*⟩ *colloq. cf.* Dingsda¹ 2.

'Dingˌstät·te *f hist.* meeting place for the t(h)ing.

'Din·gung *f* ⟨-; -en⟩ *obs. cf.* Dingen.

'Ding|ˌwelt *f* world of (concrete) things, material world. — **~ˌwort** *n* ⟨-(e)s; ⸚er⟩ *ling. archaic* noun, substantive. — **d~ˌwört·lich** *adj* substantival, nominal.

di·nie·ren [di'ni:rən] *v/i* ⟨*no* ge-, h⟩ *lit.* (mit *od.* bei j-m with s.o.) dine (formally).

Di·ni·tril [dini'tri:l] *n* ⟨-s; *no pl*⟩ *chem.* dicyanide, *auch* dicyanid.

Di·ni·tro·phe·nol [dinitrofe'no:l] *n* ⟨-s; *no pl*⟩ *chem.* dinitrophenol [$(NO_2)_2C_6H_3OH$].

Din·kel ['dɪŋkəl] *m* ⟨-s; -⟩ *agr.* (common) spelt (*Triticum spelta*).

Din·ner ['dɪnər; 'dɪnə] (*Engl.*) *n* ⟨-s; -(s)⟩ dinner.

'DIN-ˌNorm *f tech.* DIN standard.

Di·no·fla·gel·la·ten [dinoflage'la:tən] *pl biol.* dinoflagellates, peridinians (*Ordng Dinoflagellata*).

Di·no·kri·stall [dinokrɪs'tal] *n geol.* phenocryst.

Din·or·nis [di'nɔrnɪs] *f* ⟨-; *no pl*⟩ *zo.* dinornis.

Di·no·sau·ri·er [dino'zaurĭər] *m* ⟨-s; -⟩, **Di·no'sau·rus** [-rʊs] *m* ⟨-; -saurier [-rĭər]⟩ *zo.* dinosaur(ian) (*Gruppe Dinosauria*).

Di·no·the·ri·um [dino'teːrĭʊm] *n* ⟨-s; -therien⟩ *zo.* dinothere (*Gattg D[e]inotherium*).

'DIN-₁Pas·sung *f tech.* DIN fit (tolerance), quality of fit conforming to DIN.

Di·öcie [diø'tsiː] *f* ⟨-; *no pl*⟩ *biol. cf.* Diözie. — **di'öcisch** [-'øːtsɪʃ] *adj cf.* diözisch.

Di·ode [di'oːdə] *f* ⟨-; -n⟩ *electr.* diode, two-electrode valve.

Di'oden₁gleich|₁rich·ter *m electr.* diode detector (*od.* rectifier). — **~₁röh·re** *f cf.* Diode.

Dio·ge·nes|₁krab·be ['dĭoːgenɛs-] *f zo.* Diogenes crab (*Cenobita diogenes*). — **~₁krebs** *m* burrowing crayfish (*Cambarus diogenes*).

dio·kle·tia·nisch [dĭokle'tsĭaːnɪʃ] *adj* of (*od.* relating to) Diocletian: die D~e Verfolgung the persecution under Diocletian.

Di·ok·ta·eder [di'ʔɔkta'ʔeːdər] *n* ⟨-s; -⟩ *min.* dioctahedron. — **di·ok·ta'edrisch** [-'ʔeːdrɪʃ] *adj* dioctahedral.

Dio·näa [dĭo'nɛːa] *f* ⟨-; -näen⟩ *bot.* Dionaea (*Dionaea muscipula*).

Dio·ny·si·en [dĭo'nyːzĭən] *pl antiq.* Dionysia (*Greek religious festivals held in hono[u]r of Dionysus*).

dio·ny·sisch [dĭo'nyːzɪʃ] **I** *adj* **1.** *myth.* Dionysiac, *auch* Dionysiacal, Dionysic, Dionysian. – **2.** Dionysian: D~e Zeitrechnung Dionysian era (*od.* period). – **3.** *fig. lit.* (*rauschhaft*) Dionysian, Dionysiac, *auch* Dionysiacal, Dionysic. – **II D~e, das** ⟨-n⟩ **4.** *philos.* the Dionysian.

Dio·ny·sos ['dĭoːnyzɔs] *npr m* ⟨-; *no pl*⟩ *myth.* Dionysus (*Greek god of wine*).

dio·phan·tisch [dĭo'fantɪʃ] *adj math.* diophantine: ~e Gleichung diophantine (*od.* indeterminate) equation.

Di·op·sid [diɔ'psiːt] *m* ⟨-(e)s; -e⟩ *min.* diopside, alalite.

Di·op·tas [diɔp'taːs] *m* ⟨-; *no pl*⟩ *min.* dioptase.

Di·op·ter [di'ɔptər] *n* ⟨-s; -⟩ (*optics*) peep sight. — **~₁bril·le** *f* (*optics*) diopter (*bes. Br.* dioptre) spectacles *pl.* — **~bus₁so·le** *f* surveying compass. — **~li·ne₁al** *n* **1.** (*optics*) alidade (*auch* alidad) (ruler), index. – **2.** *astr. math.* alidade, *auch* alidad. — **~te·le₁skop** *n* (*optics*) dioptric glass (*od.* telescope).

Di·op·trie [diɔp'triː] *f* ⟨-; -n [-ən]⟩ (*optics*) *phys.* diopter, *bes. Br.* dioptre, dioptry: eine Linse von 5 ~n a lens of 5 diopters.

Di·op'tri·en-₁Meß·ge₁rät *n* (*optics*) dioptrometer.

Di·op·trik [di'ɔptrɪk] *f* ⟨-; *no pl*⟩ *phys.* (*optics*) *obs.* dioptrics *pl* (*construed as sg*). — **di'op·trisch** *adj* dioptric, *auch* dioptrical, dioptral.

Di·ora·ma [dio'raːma] *n* ⟨-s; -ramen⟩ diorama. — **di·ora·misch** [-'raːmɪʃ] *adj* dioramic.

Di·orit [dio'riːt; -'rɪt] *m* ⟨-s; -e⟩ *min.* diorite.

Di·os·ku·ren [dĭɔs'kuːrən] *pl myth.* (the) Dioscuri (*auch fig.*) (*Castor and Pollux*).

Di·oxid [di'ʔɔ'ksiːt], **Di·oxyd** [-'ksyːt] *n* ⟨-(e)s; -e⟩ dioxide, *auch* binoxide.

Di·öze·san [diøtse'zaːn] *m* ⟨-en; -en⟩ *relig.* diocesan. — **~₁bi·schof** *m* diocesan (bishop), bishop.

Di·öze·se [diø'tseːzə] *f* ⟨-; -n⟩ *relig.* diocese.

Di·özie [diø'tsiː] *f* ⟨-; *no pl*⟩ *biol.* dioecism. — **di'özisch** [-'øːtsɪʃ] *adj* (*zweihäusig*) dioecian, dioecious.

di·pha·sisch [di'faːzɪʃ] *adj electr.* diphase (*attrib*), *auch* diphasic.

Di·phe·nyl [dife'nyːl] *n* ⟨-s; *no pl*⟩ *chem.* diphenyl, biphenyl ($C_6H_5 \cdot C_6H_5$).

Diph·the·rie [dɪfte'riː] *f* ⟨-; -n [-ən]⟩ *med.* diphtheria. — **d~₁äh·lich, ~₁ar·tig** *adj* diphtherialike, diphtheroid. — **~ba₁zil·lus** *m* diphtheria bacillus. — **~₁schutz₁imp·fung** *f* inoculation against diphtheria. — **~₁se·rum** *n* diphtheria antitoxin, antidiphtheritic serum. — **~to₁xin** *n* diphtheritic toxin.

diph·the·risch [dɪf'teːrɪʃ] *adj* diphther(it)ic, *auch* diphtherial. — **Diph·the'ri·tis** [-te'riːtɪs] *f* ⟨-; *no pl*⟩ diphtheria.

Di·phthong [dɪf'tɔŋ] *m* ⟨-s; -e⟩ *ling.* diphthong: fallender [steigender] ~ falling [rising] diphthong. — **di·phthon'gie·ren** [-tɔŋ'giːrən] *v/t u. v/i* ⟨*no* ge-, h⟩ diphthongize, diphthong. — **Di·phthon'gie·rung** *f* ⟨-; -en⟩ diphthongization. — **di'phthon·gisch** [-'tɔŋgɪʃ] *adj* diphthongal, diphthongic.

Di·plei·do·skop [diplaɪdo'skoːp] *n* ⟨-(e)s; -e⟩ (*optics*) dipleidoscope.

Di·plo·do·kus [di'ploːdokʊs] *m* ⟨-; -ken [-plo'doːkən]⟩ *zo.* diplodocus (*dinosaur of North America*).

di·plo·id [diplo'iːt] *adj biol.* diploid. — **Di·ploi'die** [-i'diː] *f* ⟨-; *no pl*⟩ diploidy.

Di·plo·kok·kus [diplo'kɔkʊs] *m* ⟨-; -ken⟩ *med.* diplococcus.

Di·plom [di'ploːm] *n* ⟨-(e)s; -e⟩ **1.** *ped.* a) (*einer Universität etc*) diploma, b) (*einer Fachschule etc*) certificate, diploma. – **2.** *ped.* (*akademischer Grad*) degree. – **3.** (*Ehrenurkunde*) diploma.

Di'plom... *combining form for which there is no exact British or American equivalent; it denotes academic qualification in the respective subject such as* holding (*od.* with) a diploma (*od.* certificate), (academically) qualified, graduate: *z. B.* Diplomarchitekt, Diplomlandwirt, Diplomübersetzer.

Di·plo·mand [diplo'mant] *m* ⟨-en; -en⟩ *student taking his diploma examination.*

Di'plom₁ar·beit *f* thesis (submitted for a diploma *od.* degree).

Di·plo·mat [diplo'maːt] *m* ⟨-en; -en⟩ **1.** *pol.* diplomat, *bes. Br.* diplomatist. – **2.** *fig.* diplomat, *auch* diplomatist.

Di·plo'ma·ten|₁art *f gastr. only in* nach ~ diplomat style. — **~₁lauf₁bahn** *f* diplomatic career. — **~₁paß** *m* diplomatic passport. — **~₁schreib₁tisch** *m colloq.* massive writing desk. — **~₁spra·che** *f* language of diplomacy. — **~₁ta·sche** *f* portfolio. — **~₁vi·sum** *n* diplomatic visa.

Di·plo·ma·tie [diploma'tiː] *f* ⟨-; *no pl*⟩ *pol.* **1.** diplomacy (*auch fig.*): offene [geheime, ständige] ~ open [secret, permanent] diplomacy. – **2.** *collect.* (the) diplomatic corps.

Di·plo·ma·tik [diplo'maːtɪk] *f* ⟨-; *no pl*⟩ (*Urkundenlehre*) diplomatics *pl* (*construed as sg*). — **Di·plo'ma·ti·ker** [-tikər] *m* ⟨-s; -⟩ expert in diplomatics.

Di·plo'ma·tin *f* ⟨-; -nen⟩ (woman) diplomat (*bes. Br.* diplomatist).

di·plo'ma·tisch I *adj* **1.** *pol.* diplomatic (*auch fig.*): ~er Dienst [Vertreter] diplomatic service [agent *od.* representative]; ~es Korps diplomatic corps (*bes. Br.* body), corps diplomatique; ~e Note memorandum, diplomatic note; ~es Rundschreiben diplomatic circular; ~er Schritt demarche; ~e Vertretung (*eines Staates im Ausland*) diplomatic representation; auf ~em Wege through diplomatic channels; in ~en Kreisen in diplomatic circles; die ~en Beziehungen zu einem Land abbrechen [aufnehmen, wiederaufnehmen] to break off (*od.* sever) [to enter into, to restore] diplomatic relations with a country; in den ~en Dienst treten to enter the diplomatic service. – **2.** (*urkundlich genau*) diplomatic. – **II** *adv* **3.** diplomatically: ~ vorgehen to proceed diplomatically, to act with diplomacy, to diplomatize.

Di'plom|₁che·mi·ker *m etwa* Bachelor of Science in Chemistry, B.Sc.(Chem.). — **~₁han·dels₁leh·rer** *m etwa* certified teacher at a commercial college.

di·plo·mie·ren [diplo'miːrən] *v/t* ⟨*no* ge-, h⟩ award (*od.* grant) a diploma (*od.* certificate) to, *auch* diploma, certify, certificate. — **di·plo'miert I** *pp.* – **II** *adj* holding (*od.* with) a diploma (*od.* certificate): ~er Übersetzer certified translator; ~e Kinderschwester trained (*Am.* graduate) nurse.

Di'plom|in·ge₁nieur *m etwa* graduate engineer, B.Eng., B.Tech., B.Sc.(Eng.). — **~₁kauf₁mann** *m etwa* Bachelor of Commerce, B.Com., B.C.: er ist ~ he has a diploma in business studies, he is a B.C. — **~₁phy·si·ker** *m etwa* Bachelor of Science in Physics, B.Sc.(Physics). — **~₁prü·fung** *f* diploma examination, examination conferring a diploma. — **~₁volks₁wirt** *m etwa* Bachelor of Economic Science, B.Sc.(Econ.).

Di·plont [di'plɔnt] *m* ⟨-en; -en⟩ *biol.* diplont, diploid stage of an organism.

Di·plo·pie [diplo'piː] *f* ⟨-; *no pl*⟩ *med. cf.* Doppelsehen.

Dip·no·er [dɪp'noːər] *m* ⟨-s; -⟩ *zo.* lungfish, *Br.* lung-fish; dipnoan, dipnoi (*scient.*) (*Ordng Dipnoi*).

Di·po·die [dipo'diː] *f* ⟨-; -n [-ən]⟩ *metr.* dipody. — **di'po·disch** [-'poːdɪʃ] *adj* dipodic.

Di·pol ['diː₁poːl] *m* ⟨-s; -e⟩ *electr. phys.* dipole. — **~an₁ten·ne** *f* dipole (antenna, *bes. Br.* aerial).

di·po·lar [dipo'laːr] *adj nucl.* dipolar, dipole (*attrib*).

Dip·pel ['dɪpəl] *m* ⟨-s; -⟩ **1.** *Southern G. and Austrian for* Dübel. – **2.** *Austrian colloq. for* Beule 3.

dip·pen ['dɪpən] *v/t* ⟨h⟩ **1.** *mar.* dip: die Flagge (zum Gruß) ~ to dip the flag. – **2.** *agr.* (*Schafe*) dip. – **3.** *auto.* a) (*Vergaser etc*) tickle, flood, b) (*Scheinwerfer*) dip.

Dip·so·ma·ne [dɪpso'maːnə] *m, f* ⟨-n; -n⟩ *psych.* dipsomaniac. — **Dip·so·ma'nie** [-ma'niː] *f* ⟨-; -n [-ən]⟩ dipsomania.

Di·ptam ['dɪptam] *m* ⟨-s; *no pl*⟩ *bot.* fraxinella, *auch* (bastard *od.* white) dittany (*Dictamnus albus*).

Di·pte·re [dɪp'teːrə] *m* ⟨-n; -n⟩ *meist pl zo.* (*Zweiflügler*) dipteron, *auch* dipteran, dipter (*Ordng Diptera*).

Di·pte·ros ['dɪpterɔs] *m* ⟨-; -roi [-rɔʏ]⟩ *arch.* dipteros, dipteral temple.

Di·pty·chon ['dɪptʏçɔn] *n* ⟨-s; -chen *u.* -cha [-ça]⟩ diptych.

dir [diːr] **I** *personal pron* ⟨*dat of* du⟩ **1.** you: er wird dir helfen he will help you; nach ~! after you! wenn es immer nach ~ ginge if you always had your way; von ~ aus kann ich also gehen? so you don't mind if I go? ein Buch von ~ a) a book written by you, b) a book belonging to you; ein Freund von ~ a friend of yours, one of your friends. – **2.** to you: er wird ~ das Buch geben he will give the book to you, he will give you the book; er wird es ~ erklären he will explain it to you; er war ~ stets ein guter Freund he has always been a good friend to you. – **3.** (*ethical dative, often not translated*) for you: das war ~ eine schöne Geschichte! *colloq. iron.* (I tell you) that was a nice affair! that was a nice affair for you! – **4.** (*in Wendungen wie*) mir nichts, ~ nichts *colloq.* a) without (any) more (*od.* further) ado, without (further) ceremony, without ado, b) all of a sudden, without (further) hesitation, c) (quite) easily (*od.* coolly); und dann ließ sie ihn einfach mir nichts, ~ nichts stehen and then without ceremony (*od.* ado) she left him; die schwierigsten Berechnungen macht er so mir nichts, ~ nichts he does the most difficult calculations quite easily; wie du mir, so ich ~ (*Sprichwort*) tit for tat (*proverb*). – **5.** *poet. Bibl.* (to) thee. – **II** *reflexive pron* ⟨*dat of 2nd person sg*⟩ **6.** yourself: du bist außer ~ you are beside yourself. – **7.** (*in Verbindung mit ‚unechten' reflexiven Verben*) your (*often not translated*): du hast ~ den Arm gebrochen you have broken your arm. – **8.** *poet. Bibl.* thee, thyself.

Di·rec·toire [dirɛk'tŏaːr] *n* ⟨-(s); *no pl*⟩ **1.** (*art*) Directoire. – **2.** *hist. cf.* Direktorium 2.

di·rekt [di'rɛkt] **I** *adj* **1.** (*gerade*) direct: eine ~e Verbindung a direct connection; den ~en Weg benutzen to take the direct way. – **2.** (*unmittelbar*) direct, immediate: wir haben keinen ~en Schaden erlitten we did not suffer (any) immediate injury. – **3.** (*unverblümt*) direct, plain, straight, straightforward, (*stärker*) outspoken, blunt: eine sehr ~e Antwort a very direct (*od.* plain) answer; er wird immer gleich so ~ *colloq.* he is always very outspoken. – **4.** (*ausgesprochen*) perfect, sheer, plain, decided: das ist doch ~er Wahnsinn isn't that sheer madness. – **5.** (*Abstammung*) lineal, direct. – **6.** (*Informationen etc*) firsthand, *Br.* first-hand, direct. – **7.** (*railway*) *aer.* through, *auch* direct: ein ~er Zug nach Berlin a through train to Berlin. – **8.** *ling.* direct: ~e Rede direct speech; die ~e Methode im Sprachunterricht the direct method in language teaching. – **9.** *pol.* direct: ~e Wahl direct voting. – **10.** *econ.* (*Steuern*) direct. – **11.** *tel.* direct: ~e Wahl direct dial(l)ing. – **II** *adv* **12.** (*geradewegs*) direct, directly, straight: diese Straße führt ~ in die Stadt this road goes straight into town; er kam ~ auf mich zu he came straight toward(s) me; er lief ~ gegen die Wand he ran directly (*od. colloq.* smack) into the wall; der Zug geht ~ nach Berlin the train goes direct to Berlin; sich ~ an j-n wenden to contact s.o. direct; wir beziehen die Waren ~ (vom Erzeuger) we obtain the goods direct (*od.* straight) from the producer; er kommt ~ von London he comes direct (*od.* straight) from London; es ist ~ unter deiner Nase *colloq.* it is under your very nose, it is right under your nose. – **13.** (*unmittelbar*) directly, immediately: das

Hotel liegt ~ am Bahnhof the hotel is (situated) immediately at the station, the hotel is directly (*od.* right) beside the station. – **14.** (*genau*) directly, exactly: ~ gegenüber directly (*od.* exactly) opposite; ~ proportional *math.* directly proportional; die Wohnung liegt ~ nach Süden the apartment (*bes. Br.* flat) faces directly (*od.* due, full to the) south. – **15.** *colloq.* (*sofort*) directly, immediately, at once: sie gingen ~ nach der Sitzung in ihr Hotel they went to their hotel immediately (*od.* right) after the meeting. – **16.** (*geradeheraus*) direct, plainly, point-blank, straightforward: er drückt sich immer sehr ~ aus *colloq.* he always uses very straightforward language; j-m die Wahrheit ~ ins Gesicht sagen to tell s.o. the truth point-blank (*od.* straight to his face). – **17.** *colloq.* (*ausgesprochen*) really, downright: das stört ~ that is really disturbing; das ist ja ~ lächerlich that's downright ridiculous; mit eurem Einkauf habt ihr ~ Glück gehabt you were really lucky with your purchase. – **18.** *telev.* (*radio*) live: ein Programm ~ senden (*od.* übertragen) to broadcast a program(me) live.

Diˈrekt|beˌzug, ~ˌeinˌkauf *m econ.* direct purchase. — **~ˌfar·be** *f* (*paints*) flushed color (*bes. Br.* colour). — **~ˌflug** *m aer.* direct (*od.* nonstop, *Br.* non-stop) flight. — **~geˌschäft** *n econ.* direct business.

Diˈrekt·heit *f* ⟨-; *no pl*⟩ directness.

Di·rek·ti·on [dirɛkˈtsĭoːn] *f* ⟨-; -en⟩ **1.** (*Leitung*) direction. – **2.** *econ.* a) (*Verwaltung*) management, administration, b) (*Vorstand*) (the) directors *pl*, board of directors. – **3.** *econ.* a) director's (*od.* manager's) office, b) offices *pl* of management (*od.* of the board). – **4.** *archaic for* Richtung 1.

Di·rek·tiˈons|as·siˌstent *m* assistant director (*od.* manager). — **~ˌmitˌglied** *n* member of the board of directors, board member. — **~se·kreˌtär** *m*, **~se·kreˌtä·rin** *f* director's (*od.* executive) secretary. — **~ˌzim·mer** *n* director's room.

Di·rek·ti·ve [dirɛkˈtiːvə] *f* ⟨-; -n⟩ directive, (general) instruction(s *pl*): j-m ~n geben to give instructions to s.o.

Di·rek·tor [diˈrɛktɔr] *m* ⟨-s; -en [-ˈtoːrən]⟩ **1.** (*einer Firma etc*) director, head, *auch* manager: kaufmännischer ~ commercial (*od.* business) manager; leitender ~ managing director, manager; stellvertretender ~ acting (*od.* deputy) director; technischer ~ managing engineer; ausscheidender ~ retiring manager. – **2.** (*einer Schule*) *Br.* headmaster, *Am.* principal. – **3.** (*einer Bank*) director, *bes. Br.* governor, *Am.* president. – **4.** (*eines Gefängnisses*) director, *bes. Br.* governor, *Am.* warden.

Di·rek·to·rat [dirɛktoˈraːt] *n* ⟨-(e)s; -e⟩ **1.** (*einer Firma etc*) directorship, directorate, *auch* managership, position as a director. – **2.** (*einer Schule*) *Br.* headmastership, *Am.* principalship, position as a headmaster (*od.* principal). – **3.** director's office. – **4.** *Br.* headmaster's office, *Am.* principal's office.

Di·rekˈto·ren|kon·feˌrenz *f* conference of directors. — **~verˌsamm·lung** *f* meeting of directors, directors' meeting.

di·rek·to·ri·al [dirɛktoˈrĭaːl] *adj* directorial, *auch* managerial.

Di·rekˈto·rin *f* ⟨-; -nen⟩ **1.** (*einer Firma etc*) directress, manageress. – **2.** (*einer Schule*) *Br.* headmistress, *Am.* (woman) principal.

Di·rek·to·ri·um [dirɛkˈtoːrĭum] *n* ⟨-s; -rien⟩ **1.** *econ.* a) board of directors, directorate, (the) directors *pl*, b) (*Vorstandsdirektorium*) management committee, managing board, c) (*Aufsichtsrat*) supervisory board, d) (*bei Zentralbanken*) board of managers and governors. – **2.** das ~ *hist.* the Directory, the Directoire (*in France 1795—1799*).

Diˈrek·torˌstel·le *f econ.* post of a director.

Di·rek·tri·ce [dirɛkˈtriːsə] *f* ⟨-; -n⟩ (*in Bekleidungsgeschäften*) directress, *auch* directrice.

Di·rek·trix [diˈrɛktrɪks] *f* ⟨-; *no pl*⟩ *math.* (*Leitlinie*) directrix.

Diˈrekt|ˌsen·dung *f* (*radio*) *telev.* live program (*bes. Br.* programme), live (*od.* outside) broadcast. — **~ˌspiel** *n* (*sport*) direct passing. — **~stuˌdent** *m* (*an Universitäten*) **1.** full-time (*Br.* registered intramural) student. – **2.** student in residence. — **~ˌstu·di·um** *n* full-time (*Br.* registered intramural) (university) study. — **~ˌüberˌtra·gung** *f* (*radio*) *telev.* live transmission (*od.* broadcast). — **~verˌkehr** *m econ.* direct traffic. — **~ˌwer·bung** *f* direct advertising. — **d~ˌwir·kend** *adj tech.* direct-acting.

Di·rex [ˈdiːrɛks] *m* ⟨-; *rare* -e⟩ *ped. sl. Br.* head, headmaster, *Am.* principal.

Di·ri·gent [diriˈgɛnt] *m* ⟨-en; -en⟩ *mus.* **1.** (*eines Orchesters, Chors etc*) conductor, *auch* leader. – **2.** (*einer Kapelle*) leader.

Di·riˈgen·ten|ˌpult *n mus.* (conductor's) desk (*od.* rostrum). — **~ˌstab, ~ˌstock** *m* (conductor's) baton.

di·riˈgier·bar *adj* controllable.

di·ri·gie·ren [diriˈgiːrən] **I** *v/t* ⟨*no* ge-, h⟩ **1.** (*lenken*) direct, control. – **2.** *mus.* (*Orchester etc*) conduct, *auch* lead, direct. – **3.** *econ.* (*Handel, Wirtschaft etc*) control. – **4.** *fig.* (*kommandieren*) direct, boss (*colloq.*). – **5.** (*Weg weisen*) direct, show (*s.o.*) the way, point the way out for (*s.o.*): j-n zum Eingang ~ to show s.o. the way to the entrance; einen Wagen zum Bahnhof ~ to direct a car to the station. – **6.** (*senden*) send, direct, dispatch, *auch* despatch: Waren an ihren Bestimmungsort ~ to send goods to their (place of) destination. – **7.** *archaic for* leiten 1. – **II D~** *n* ⟨-s⟩ **8.** *verbal noun.*

Di·ri·gis·mus [diriˈgɪsmʊs] *m* ⟨-; *no pl*⟩ *pol. econ.* stat(e)ism, planned (*od.* controlled) economy, dirigisme, regimentation (of planning *etc*). — **di·riˈgi·stisch** [-tɪʃ] *adj* statist (*attrib*), planned, state-controlled: ~e Maßnahmen measures of central (*od.* official) control; ~e Eingriffe *pl* interference *sg* by the authorities.

Di·ri·men·ti·en [diriˈmɛntsĭən] *pl jur. relig.* diriment impediments.

Dirk [dɪrk] *m* ⟨-s; -e⟩ *mar.* topping lift.

Dirn [dɪrn] *f* ⟨-; -en⟩ *dial. for* a) Mädchen 1, b) Magd 1.

Dirndl [ˈdɪrndəl] *n* ⟨-s; -⟩ **1.** *Bavarian and Austrian* (young) girl, lass(ie). – **2.** *cf.* Dirndlkleid. — **~ˌblu·se** *f* dirndl blouse. — **~ˌkleid** *n* dirndl. — **~ˌrock** *m* dirndl skirt. — **~ˌschür·ze** *f* dirndl apron.

Dir·ne [ˈdɪrnə] *f* ⟨-; -n⟩ prostitute, streetwalker, harlot, whore.

ˈDir·nen|ˌhaus *n cf.* Bordell. — **~ˌspra·che** *f* prostitutes' cant.

ˈDirt-ˌTrack-ˌRen·nen [ˈdœrtˌtrɛk-; ˈdəːtˌtræk-] (*Engl.*) *n* (*sport*) dirt-track race.

dis, Dis [dɪs] *n* ⟨-; -⟩ *mus.* D sharp: dis, dis-Moll D sharp minor; Dis, Dis-Dur D sharp major.

Dis..., dis... *combining form denoting* dis...

Dis·agio [dɪsˈˀaːdʒo] *n* ⟨-s; *no pl*⟩ *econ.* disagio, discount.

Disˈazo·farbˌstoff [dɪsˈˀatso-] *m chem.* [disazo dye.]

Dis·can·tus [dɪsˈkantʊs] *m* ⟨-; -⟩ *mus.* descant, discant, *auch* discantus.

Dis·coun·ter [dɪsˈkaʊntər; dɪsˈkaʊntə] (*Engl.*) *m* ⟨-s; -⟩ discounter, operator of a discount shop (*Am.* store).

Disˈcount|geˌschäft [dɪsˈkaʊnt-], **~ˌhaus** *n*, **~ˌla·den** *m* discount shop (*Am.* store). — **~ˌpreis** *m* discount price.

Dis·en·gage·ment [dɪsɪnˈgeɪdʒmənt] (*Engl.*) *n* ⟨-s; *no pl*⟩ *pol.* disengagement.

Di·seur [diˈzøːr] *m* ⟨-s; -e⟩ (*im Kabarett*) diseur. — **Diˈseu·se** [-zə] *f* ⟨-; -n⟩ diseuse.

Dis·har·mo·nie [dɪsharmoˈniː] *f* ⟨-; -n [-ən]⟩ **1.** *mus.* dissonance, discord, disharmony. – **2.** *fig.* disharmony, misunderstanding, discord. — **dis·har·moˈnie·ren** [-rən] *v/i* ⟨*no* ge-, h⟩ **1.** *mus.* be discordant (*od.* dissonant), disharmonize. – **2.** *fig.* disharmonize, be out of harmony, clash. — **dis·harˈmo·nisch** [-ˈmoːnɪʃ] *adj* dissonant, discordant, disharmonious, *auch* disharmonic (*alle auch fig.*).

dis·is, Dis·is [ˈdɪsˈˀɪs] *n* ⟨-; -⟩ *mus.* D dou-[ble sharp.]

Dis·junk·ti·on [dɪsjʊŋkˈtsĭoːn] *f* ⟨-; -en⟩ *philos. ling.* disjunction. — **dis·junkˈtiv** [-ˈtiːf] *adj* disjunctive: ~e Konjunktion *ling.* disjunctive (conjunction).

Dis·kant [dɪsˈkant] *m* ⟨-s; -e⟩ *mus.* descant, discant, treble, soprano.

Disˈkant|ˌflö·te *f mus.* **1.** treble flute. – **2.** descant (*od.* soprano) recorder. — **~ˌgam·be** *f* treble gamba.

dis·kanˈtie·ren [-ˈtiːrən] *v/i* ⟨*no* ge-, h⟩ descant, discant.

Disˈkant|ˌla·ge *f* treble register. — **~reˌgi·ster** *n* **1.** treble register. – **2.** (*beim Akkordeon*) treble coupler. — **~ˌsän·ger** *m*, **~ˌsän·ge·rin** *f* descant singer, descanter, treble. — **~ˌschlüs·sel** *m* treble (*od.* G, descant) clef. — **~ˌstim·me** *f* descant (*od.* treble, soprano) (part *od.* voice).

ˈDisk-ˌjockey (*getr.* -k·k-) [ˈdɪsk-] *m* ⟨-s; -s⟩ disc (*od.* disk) jockey.

Dis·kont [dɪsˈkɔnt] *m* ⟨-s; -e⟩ *econ.* **1.** discount: einen Wechsel zum ~ geben to have a bill (of exchange) discounted, to discount a bill; einen Wechsel in ~ nehmen to take a bill (of exchange) on discount. – **2.** *cf.* Diskontsatz. — **~ˌbank** *f* discount bank.

Disˈkon·ten *pl econ.* discounted bills.

Disˈkont|erˌhö·hung *f econ.* **1.** raising of the discount rate. – **2.** (*des amtlichen Rediskontsatzes*) raising of the bank rate. — **d~ˌfä·hig** *adj* discountable, eligible for discount. — **~ˌge·ber** *m* **1.** discounter, discounting bank. – **2.** bill broker. — **~geˌfäl·le** *n* divergence between discount rates. — **~geˌschäft** *n* discount transaction. — **~geˌsell·schaft** *f* discount company. — **~herˌabˌset·zung** *f cf.* Diskontsenkung.

dis·konˈtier·bar *adj econ.* discountable.

dis·kon·tie·ren [dɪskɔnˈtiːrən] *v/t* ⟨*no* ge-, h⟩ *econ.* discount: einen Wechsel ~ to discount a bill (of exchange); einen Wechsel ~ lassen to have a bill (of exchange) discounted. — **Dis·konˈtie·rung** *f* ⟨-; -en⟩ discounting: ~ ohne Regreß discounting without recourse.

dis·kon·ti·nu·ier·lich [dɪskɔntinuˈiːrlɪç] *adj* discontinuous, intermittent, interrupted. — **Dis·kon·ti·nuiˈtät** [-iˈtɛːt] *f* ⟨-; -en⟩ discontinuity.

Dis·kon·ti·nuiˈtätsˌflä·che *f phys.* surface [of discontinuity.]

Disˈkont|ˌmak·ler *m econ.* discount (*od.* bill) broker. — **~ˌmarkt** *m* discount market.

Dis·kon·to [dɪsˈkɔnto] *m* ⟨-(s); -s *u.* -ti [-ti]⟩ *econ. cf.* Diskont. — **~po·liˌtik** *f Swiss for* Diskontpolitik. — **~ˌsatz** *m Swiss for* Diskontsatz.

Disˈkont|po·liˌtik *f econ.* **1.** discount policy. – **2.** bank rate policy. — **~pro·vi·siˌon** *f* discount commission. — **~ˌsatz** *m* **1.** discount rate. – **2.** bank rate. — **~ˌsen·kung** *f* **1.** lowering of the discount rate. – **2.** (*des amtlichen Rediskontsatzes*) lowering of the bank rate. — **~ˌspe·sen** *pl* discount charges. — **~ˌwech·sel** *m* discounted bill.

dis·kor·dant [dɪskɔrˈdant] *adj* **1.** discordant. – **2.** *geol.* discordant, unconformable: ~e Lagerung disconformity.

Dis·kor·danz [dɪskɔrˈdants] *f* ⟨-; -en⟩ **1.** discordance, discordancy. – **2.** *geol.* discordance, unconformity: tektonische ~ structural discordance. — **~ˌflä·che** *f geol.* (surface of) unconformity.

Dis·ko·thek [dɪskoˈteːk] *f* ⟨-; -en⟩ **1.** record collection (*od.* library). – **2.** discotheque.

Dis·kre·dit [dɪskreˈdiːt] *m* ⟨-(e)s; *no pl*⟩ discredit, disrepute. — **dis·kre·diˈtie·ren** [-diˈtiːrən] *v/t* ⟨*no* ge-, h⟩ discredit, bring (*s.th., s.o.*) into discredit (*od.* disrepute), bring discredit on. — **Dis·kre·diˈtie·rung** *f* ⟨-; -en⟩ discrediting.

dis·kre·pant [dɪskreˈpant] *adj* discrepant, differing, different. — **Dis·kreˈpanz** [-ˈpants] *f* ⟨-; -en⟩ discrepancy, difference: die ~ zwischen Plan und Ist *econ.* the difference between estimates and results; zeitliche ~ time lag.

dis·kret [dɪsˈkreːt] **I** *adj* **1.** (*Mensch, Benehmen etc*) discreet, tactful: ~en Gebrauch von etwas machen to make discreet use of s.th., to use s.th. discreetly (*od.* with tact). – **2.** (*Geste, Zeichen etc*) discreet. – **3.** (*Angelegenheiten, Ratschläge etc*) discreet, confidential. – **4.** *cf.* dezent 1, 2. – **5.** *math.* discrete. – **6.** *phys.* continuous. – **7.** *nucl.* (*Elementarteilchen*) discrete. – **II** *adv* **8.** discreetly, tactfully, with discretion (*od.* tact). — **Disˈkret·heit** *f* ⟨-; *no pl*⟩ **1.** *cf.* Diskretion. – **2.** *math.* discreteness.

Dis·kre·ti·on [dɪskreˈtsĭoːn] *f* ⟨-; *no pl*⟩ **1.** (*Takt*) discretion, discreetness: sie ignorierte den peinlichen Zwischenfall mit vornehmer ~ she ignored the embarrassing incident with great discretion. – **2.** (*Verschwiegenheit*) discretion, secrecy: ~ ist Ehrensache für uns you may count on (*od.* we assure you of) our strictest confidence; ~ wahren to preserve confidence; etwas mit ~ behandeln to treat s.th. discreetly (*od.* with discretion). — **dis·kre·tioˈnär** [-tsĭoˈnɛːr] *adj* discretionary.

Dis·kri·mi·nan·te [dɪskrimiˈnantə] *f* ⟨-; -n⟩ *math.* discriminant.

Dis·kri·mi·na·ti·on [dɪskriminaˈtsĭoːn] *f* ⟨-; *no pl*⟩ *rare for* Diskriminierung.

Dis·kri·mi·na·tor [dɪskrimiˈnaːtɔr] *m* ⟨-s; -en [-naˈtoːrən]⟩ *electr.* discriminator.

dis·kri·mi'nie·ren [-'niːrən] *v/t* ⟨*no* ge-, h⟩ discriminate against. — **dis·kri·mi'nie·rend I** *pres p.* – **II** *adj* discriminating, discriminatory, discriminative. — **Dis·kri·mi·'nie·rung** *f* ⟨-; -en⟩ discrimination: diese Maßnahme stellt eine ~ der farbigen Bevölkerung dar this measure is a discrimination against the colo(u)red population.

dis·kur·rie·ren [dɪskʊ'riːrən] *v/i* ⟨*no* ge-, h⟩ *obs. od. dial.* (über *acc*) hold discourse (on), converse (on, about).

Dis·kurs [dɪs'kʊrs] *m* ⟨-es; -e⟩ discourse, conversation. — **dis·kur'siv** [-'ziːf] *adj* **1.** discursive. – **2.** *philos.* discursive, conceptual.

Dis·kus ['dɪskʊs] *m* ⟨-; -se *u.* -ken⟩ **1.** (*sport*) discus: den ~ werfen to throw the discus. – **2.** *med. zo.* intervertebral disc (*od.* disk), discus intervertebralis (*scient.*). – **3.** *bot. zo.* disc, disk.

Dis·kus·si·on [dɪskʊ'sĭoːn] *f* ⟨-; -en⟩ discussion, (*stärker*) debate: eine ~ über aktuelle Probleme a discussion on present-day problems; das zur ~ stehende Thema the topic under discussion (*od.* in dispute); das steht außer ~ that is out of the question; eine Frage kommt zur ~ a question comes up for discussion; zur ~ stehen to be under discussion; etwas zur ~ stellen to put s.th. up for discussion; sich mit j-m in eine ~ einlassen to enter into a discussion with s.o.

Dis·kus·si'ons|,abend *m* evening of (*od.* for, devoted to) discussion. — **~,ba·sis** *f* basis for discussion. — **~,bei,trag** *m* contribution to a discussion. — **~,ge·gen,stand** *m* subject of (*od.* matter for) discussion. — **~,geg·ner** *m* opponent in a discussion. — **~,grund·,la·ge** *f cf.* Diskussionsbasis. — **~,lei·ter** *m* (panel) chairman. — **~,red·ner** *m* speaker (in a discussion). — **~,teil,neh·mer** *m* **1.** participant in a discussion. – **2.** panel member.

'Dis·kus|,wer·fen *n* (*sport*) throwing the discus, discus throwing. — **~,wer·fer** *m* **1.** (*sport*) discus thrower. – **2.** (*art*) Discobolus, (the) Discus Thrower (*statue by Myron*). — **~,wurf** *m* (*sport*) **1.** discus throw. – **2.** *cf.* Diskuswerfen.

dis·ku·ta·bel [dɪsku'taːbəl] *adj* discussible, debatable: das ist nicht ~ a) that's not worth discussing (*od.* talking about), b) (*stärker*) that's out of the question.

dis·ku'tier·bar *adj cf.* diskutabel.

dis·ku·tie·ren [dɪsku'tiːrən] **I** *v/i* ⟨*no* ge-, h⟩ discuss, (*stärker*) debate, argue: über (*acc*) etwas ~ to discuss s.th., to have a discussion about s.th. – **II** *v/t* discuss, (*stärker*) debate: eine Gesetzesvorlage in dritter Lesung ~ *pol.* to debate a bill on (the) third reading.

Dis·lo·ka·ti·on [dɪsloka'tsĭoːn] *f* ⟨-; -en⟩ **1.** *med.* dislocation. – **2.** *geol.* dislocation, displacement. – **3.** *mil.* deployment.

Dis·lo·ka·ti'ons|,be·ben *n geol.* tectonic earthquake. — **~,li·nie** *f* furrow.

dis·loy·al [dɪslŏa'jaːl] *adj* disloyal.

dis·lo·zie·ren [dɪslo'tsiːrən] *v/t* ⟨*no* ge-, h⟩ **1.** *med.* dislocate. – **2.** *geol.* dislocate, displace. – **3.** *mil.* deploy.

Dis·mem·bra·ti·on [dɪsmɛmbra'tsĭoːn] *f* ⟨-; -en⟩ (*bes. von Staaten*) dismemberment.

Dis·pa·che [dɪs'paʃə] *f* ⟨-; -n⟩ *mar.* average statement (*od.* adjustment). — **Dis·pa·'cheur** [-'ʃøːr] *m* ⟨-s; -e⟩ average adjuster. — **dis·pa'chie·ren** [-'ʃiːrən] *v/t* ⟨*no* ge-, h⟩ adjust (*od.* settle) the average on.

dis·pa·rat [dɪspa'raːt] *adj* disparate. — **Dis·pa·ri'tät** [-ri'tɛːt] *f* ⟨-; -en⟩ disparity.

Dis·pat·cher [dɪs'pɛtʃər; dɪs'pætʃə] (*Engl.*) *m* ⟨-s; -⟩ *tech.* dispatcher, *auch* despatcher.

Dis·pens [dɪs'pɛns] *m* ⟨-es; -e⟩, *Austrian and relig. only f* ⟨-; -en⟩ **1.** dispensation, exemption: j-m ~ von etwas erteilen to grant s.o. (a) dispensation from (doing) s.th., to exempt s.o. from (doing) s.th. – **2.** *jur. relig.* dispensation.

Dis·pen·sa·ti·on [dɪspɛnza'tsĭoːn] *f* ⟨-; -en⟩ **1.** *cf.* Dispens. – **2.** *med. pharm.* dispensation.

Dis·pen·sa·ti'ons,recht *n med. pharm. cf.* Dispensierrecht.

Dis·pen·sa·to·ri·um [dɪspɛnza'toːrĭʊm] *n* ⟨-s; -rien⟩ *med. pharm. archaic* dispensatory, pharmacopoeia.

Dis'pens|,ehe *f jur. relig.* dispensation marriage. — **~ge,walt** *f* (*bes. des Papstes*) power to dispense.

dis·pen·sie·ren [dɪspɛn'ziːrən] *v/t* ⟨*no* ge-, h⟩ **1.** j-n von etwas ~ a) to dispense (*od.* exempt, excuse) s.o. from (doing) s.th., b) *relig.* to dispense s.o. from (doing) s.th. – **2.** *med. pharm.* (*Arzneien*) dispense.

Dis·pen'sier,recht *n med. pharm.* right to dispense medicines.

Dis·pen'sie·rung *f* ⟨-; -en⟩ dispensation, exemption.

Dis·per·ga·tor [dɪspɛr'gaːtər] *m* ⟨-s; -en [-ga'toːrən]⟩ *chem.* dispersing agent, emulsifier.

Dis·per·gens [dɪs'pɛrgɛns] *n* ⟨-; -genzien [-'gɛntsĭən] *u.* -gentia [-'gɛntsĭa]⟩ *chem.* dispersion medium, dispersing agent. — **dis·per'gie·ren** [-'giːrən] *v/t* ⟨*no* ge-, h⟩ disperse.

dis·pers [dɪs'pɛrs] *adj bes. chem.* disperse(d): ~e Phase solid phase, disperse(d) phase; ~es System (*od.* Gebilde) *cf.* Dispersion 2. — **Dis·per·si'on** [-'zĭoːn] *f* ⟨-; -en⟩ **1.** dispersion. – **2.** *chem.* dispersion, dispersoid, disperse system.

Dis·per·si'ons|,mit·tel *n chem.* **1.** dispersing agent. – **2.** dispersion medicine. — **~ver,mö·gen** *n* (*optics*) dispersive power.

Dis·per·si·tät [dɪspɛrzi'tɛːt] *f* ⟨-; -en⟩ *chem.* degree of dispersion.

Di·spon·de·us [dɪspɔn'deːʊs] *m* ⟨-; -deen⟩ *metr.* double spondee.

Dis·po·nen·den [dɪspo'nɛndən] *pl print.* unsold copies.

Dis·po·nent [dɪspo'nɛnt] *m* ⟨-en; -en⟩ *econ.* managing clerk.

dis·po·nie·ren [dɪspo'niːrən] **I** *v/i* ⟨*no* ge-, h⟩ **1.** (*planen*) plan ahead, make (preliminary) arrangements: er disponierte so, daß er den Abend frei hatte he arranged matters so that he had the evening off. – **2.** über j-n [etwas] ~ a) to have s.o. [s.th.] at one's disposal (*od.* service), b) to dispose of s.o. [s.th.], to deal with s.o. [s.th.] as one likes, to do what one will with s.o. [s.th.]: ihr könnt jederzeit über uns ~ we are entirely at your disposal (*od.* service); er kann nach Belieben über seine Zeit ~ he can dispose of his time as he likes, his time is completely his own; über ein Konto ~ *econ.* to operate an account. – **3.** *econ.* place orders: vorsichtig ~ to be cautious in placing orders and in making arrangements. – **II** *v/t* **4.** allot, apportion, dispose of: er hat eine bestimmte Summe dafür disponiert he has allotted a certain sum (*od.* amount) for it. — **dis·po'niert I** *pp.* – **II** *adj* (*in Wendungen wie*) gut [schlecht] ~ sein to be in good [bad] humo(u)r (*od.* form); ~ sein, etwas zu tun to feel disposed (*od.* inclined) to do s.th., to be in the humo(u)r (*od.* mood) to do s.th., to feel like doing s.th.; für (*od.* zu) etwas ~ sein to be disposed (*od.* inclined, prone) to s.th.; für bestimmte Krankheiten ~ sein to be prone to certain diseases, to have a tendency (*od.* predisposition) to certain illnesses.

Dis·po·si·ti·on [dɪspozi'tsĭoːn] *f* ⟨-; -en⟩ **1.** *meist pl* (*Planung*) plan, arrangement, disposition: ~en (für *od.* zu etwas) machen (*od.* treffen) to make arrangements (for s.th.), to plan ahead (for s.th.); seine ~en umwerfen (*od.* umstoßen) to make new (*od.* other) arrangements; das wirft meine sämtlichen ~en über den Haufen *colloq.* that upsets all my plans, that knocks all my plans on the head (*colloq.*). – **2.** (*eines Aufsatzes etc*) layout, plan, outline. – **3.** (*Verfügung*) disposal: zu j-s ~ stehen (*od.* sein) to be available for s.o., to be at s.o.'s disposal. – **4.** (*Stimmung*) disposition, mood, humor, *bes. Br.* humour, state (*od.* frame) of mind. – **5.** *meist pl econ.* a) (preliminary) arrangements *pl*, preparations *pl*, b) placing of orders, ordering, c) (*Anweisung*) order, instructions *pl*: laut ~ according to instructions; saisonale ~en (*der Industrie etc*) seasonal preparations. – **6.** j-n zur ~ stellen *jur.* a) to send s.o. into temporary retirement, b) to lay s.o. off until further assignment, c) *mil. obs.* to place (*od.* put) s.o. on half-pay. – **7.** *med. psych.* (pre)disposition, inclination, proneness: eine ~ zu bestimmten Krankheiten haben to have a predisposition to certain diseases. – **8.** *mus.* a) (*der Orgel*) specification, b) (*Glockengeläut*) ring of bells, peal.

dis·po·si·ti'ons|,fä·hig *adj* qualified to act (*od.* contract). — **D~,fonds** *m pol.* (*eines Ministeriums etc*) reserve funds *pl.* — **D~,recht** *n jur.* right of disposal (of one's property).

dis·po·si·tiv [dɪspozi'tiːf] *adj jur.* (*Recht*) dispositive.

Dis·pro·por·ti·on [dɪsprɔpɔr'tsĭoːn] *f* ⟨-; -en⟩ disproportion. — **dis·pro·por·tio'nal** [-tsĭo'naːl] *adj* disproportionate, disproportional. — **Dis·pro·por·tio·na·li'tät** [-tsĭonali'tɛːt] *f* ⟨-; -en⟩ disproportion, disproportionality, disproportionalness. — **dis·pro·por·tio'niert** [-tsĭo'niːrt] *adj* disproportionate, disproportioned.

Dis·put [dɪs'puːt] *m* ⟨-(e)s; -e⟩ *lit.* dispute, argument, controversy: einen ~ über (*acc*) etwas haben to have a dispute (*od.* an argument) about (*od.* over) s.th.; einen ~ (mit j-m) anfangen to start an argument (with s.o.); es entspann sich ein heftiger ~ a violent controversy arose. — **dis·pu'ta·bel** [-pu'taːbəl] *adj obs. for* strittig. — **Dis·pu·'tant** [-pu'tant] *m* ⟨-en; -en⟩ disputant. — **Dis·pu·ta·ti'on** [-puta'tsĭoːn] *f* ⟨-; -en⟩ *obs.* disputation. — **dis·pu'tie·ren** [-pu'tiːrən] *v/i* ⟨*no* ge-, h⟩ **1.** *lit.* dispute, debate, discourse (argumentatively), have (*od.* hold) a debate, argue: mit j-m über eine Frage ~ to dispute with (*od.* against) s.o. on (*od.* about) a question, to debate (*od.* argue) a question with s.o. – **2.** (*von Gelehrten etc*) (über *acc* on, about) dispute, hold a disputation. – **3.** *colloq.* (*streiten*) quarrel, wrangle, argue: mit j-m über (*acc*) etwas ~ to quarrel with s.o. over (*od.* about) s.th.

Dis·qua·li·fi·ka·ti·on [dɪskvalifika'tsĭoːn] *f* ⟨-; -en⟩ (*bes. sport*) disqualification: ~ wegen unfairen Spiels disqualification for unfair play; X siegt über Y durch ~ X beats Y on disqualification. — **dis·qua·li·fi'zie·ren** [-'tsiːrən] **I** *v/t* ⟨*no* ge-, h⟩ (*Person, Mannschaft etc*) disqualify: j-n wegen unfairen Spiels ~ to disqualify s.o. for unfair play (*od.* playing unfairly). – **II D~** *n* ⟨-s⟩ *verbal noun.* — **Dis·qua·li·fi'zie·rung** *f* ⟨-; -en⟩ **1.** *cf.* Disqualifizieren. – **2.** *cf.* Disqualifikation.

Dis·se·mi·na·ti·on [dɪsemina'tsĭoːn] *f* ⟨-; -en⟩ *med.* dissemination. — **dis·se·mi'nie·ren** [-'niːrən] *v/t* ⟨*no* ge-, h⟩ disseminate.

Dis·sens [dɪ'sɛns] *m* ⟨-es; -e⟩ *jur.* dissent, disagreement: offener [versteckter] ~ open [hidden *od.* secret] dissent.

Dis·sen·ter [dɪ'sɛntər; dɪ'sentə] (*Engl.*) *m* ⟨-s; -s⟩ *relig.* dissenter, nonconformist. — **dis·sen'tie·ren** [-'tiːrən] *v/i* ⟨*no* ge-, h⟩ **1.** dissent, differ: von j-m ~ to dissent (*od.* differ) from s.o. – **2.** *relig.* leave (*od.* renounce) the church.

Dis·ser·ta·ti·on [dɪserta'tsĭoːn] *f* ⟨-; -en⟩ *ped.* dissertation, (doctoral) thesis: eine ~ über (*acc*) etwas schreiben to write a dissertation on s.th. — **dis·ser'tie·ren** [-'tiːrən] *v/i* ⟨*no* ge-, h⟩ write a dissertation (*od.* [doctoral] thesis): über (*acc*) etwas ~ to write a dissertation on s.th.

Dis·si·dent [dɪsi'dɛnt] *m* ⟨-en; -en⟩ *relig.* **1.** dissident. – **2.** *cf.* Dissenter.

Dis·si·mi·la·ti·on [dɪsimila'tsĭoːn] *f* ⟨-; -en⟩ **1.** *biol.* dissimilation, disassimilation, catabolism. – **2.** *ling.* dissimilation. — **dis·si·mi'lie·ren** [-'liːrən] *v/t* ⟨*no* ge-, h⟩ **1.** *biol.* dis(as)similate, catabolize. – **2.** *ling.* dissimilate. — **dis·si·mi'lie·rend I** *pres p.* – **II** *adj* dissimilative.

Dis·si·mu·la·ti·on [dɪsimula'tsĭoːn] *f* ⟨-; -en⟩ *med.* dissimulation (of illness). — **dis·si·mu'lie·ren** [-'liːrən] *v/i* ⟨*no* ge-, h⟩ dissimulate, conceal symptoms of disease.

Dis·si·pa·ti·on [dɪsipa'tsĭoːn] *f* ⟨-; -en⟩ *phys.* dissipation.

dis·so·lu·bel [dɪso'luːbəl] *adj chem.* dissoluble: dissoluble Mischungen dissoluble mixtures.

dis·so·lut [dɪso'luːt] *adj* dissolute. — **Dis·so·lu·ti'on** [-lu'tsĭoːn] *f* ⟨-; -en⟩ **1.** *chem.* dissolution. – **2.** (*Tod*) dissolution, death. – **3.** (*Zügellosigkeit*) dissoluteness, dissolution.

Dis·sol·vens [dɪ'sɔlvɛns] *n* ⟨-; -ventia [-'vɛntsĭa] *u.* -ventien [-'vɛntsĭən]⟩ *med. pharm.* (*Lösungsmittel*) solvent.

dis·so·nant [dɪso'nant] *adj mus.* dissonant, discordant (*beide auch fig.*). — **Dis·so'nanz** [-'nants] *f* ⟨-; -en⟩ **1.** *mus.* dissonance, *auch* dissonancy, discord(ance) (*alle auch fig.*). – **2.** kognitive ~ *psych.* cognitive dissonance. — **dis·so'nie·ren** [-'niːrən] *v/i* ⟨*no* ge-, h⟩ *mus.* be dissonant (*od.* discordant) (*auch fig.*).

Dis·so·zia·ti·on [dɪsotsĭa'tsĭoːn] *f* ⟨-; -en⟩ *bes. chem. med. psych.* dissociation, disassociation: elektrolytische [elektrochemische, thermische] ~ *chem.* electrolytic [electrochemical, thermal] dissociation.

Dis·so·zia·ti'ons|ener,gie *f chem.* energy of

dissociation, dissociation energy. — **~er,schei·nung** *f med.* dissociation symptom. — **~ver,mö·gen** *n psych.* dissociation power. — **~,wär·me** *f chem. phys.* heat of dissociation.

dis·so·zia·tiv [dɪsotsĭa'tiːf] *adj bes. chem. med. psych.* dissociative.

dis·so·zi'ier·bar *adj chem. phys.* dissociable. — **dis·so·zi·ie·ren** [dɪsotsi'iːrən] *v/t* ⟨*no* ge-, h⟩ dissociate, disassociate.

di·stal [dɪs'taːl] *adj med. zo.* (von to) distal.

Di·stanz [dɪs'tants] *f* ⟨-; -en⟩ **1.** distance: auf eine große ~ etwas erkennen to distinguish s.th. at a great distance; auf ~ fahren to drive at a distance from one another. – **2.** ⟨*only sg*⟩ *fig.* distance: die (gebührende) ~ (j-m gegenüber) halten (*od.* wahren) a) to keep one's distance (from s.o.), b) to keep oneself (*od.* to remain) aloof (from s.o.); auf ~ halten to be reserved. – **3.** ⟨*only sg*⟩ *fig.* detachment: der Historiker betrachtet die Geschichte mit ~ the historian has a detached view of history; ~ von einem Ereignis gewinnen to get a detached view of an incident. – **4.** (*beim Pferderennen*) (running) distance, course. – **5.** (*sport*) distance: er mußte mit seinem Gegner über die volle ~ gehen (*beim Boxsport*) he had to go the scheduled distance with his opponent; in der ~ (*beim Boxsport*) at long range. — **~,block** *m synth.* spacer block. — **~,buch·se** *f tech.* spacing (*od.* spacer) sleeve, spacer bushing. — **~,fracht** *f econ.* freight pro rata. — **~ge,schäft** *n cf.* Termingeschäft.

di·stan·zie·ren [dɪstan'tsiːrən] **I** *v/reflex* ⟨*no* ge-, h⟩ *fig.* **1.** sich ~ keep one's distance, hold aloof. – **2.** sich von etwas [j-m] ~ to dissociate (*od.* disassociate, distance) oneself from s.th. [s.o.]: sich von j-s Anschauungen ~ to disassociate oneself (*od.* hold aloof, express dissent) from s.o.'s views. – **3.** sich von etwas ~ to look at s.th. dispassionately, to view s.th. objectively (*od.* with detachment). – **II** *v/t* **4.** (*sport*) (*Gegner*) outdistance, outrun, outstrip, outpace. — **di·stan'ziert I** *pp.* – **II** *adj* **1.** (*Benehmen etc*) distant, reserved, aloof: mit ~er Höflichkeit with reserved politeness. – **2.** (*Betrachtungsweise etc*) detached. – **3.** (*sport*) distanced: ~es Pferd distanced horse.

Di'stanz|,kampf *m* (*beim Boxen*) outfighting, boxing at long range. — **~,lat·te** *f* (*für Vermessung*) ranging rod (*od.* pole). — **~,lauf** *m* (*sport*) long-distance run. — **~,mes·ser** *m tech.* telemeter. — **~,muf·fe** *f* spacer sleeve. — **~,pfo·sten** *m* (*beim Pferderennen*) distance post. — **~,punkt** *m math. cf.* Augenpunkt. — **~,ren·nen** *n* (*sport*) long-distance race. — **~,ring** *m tech.* spacing collar (*od.* ring). — **~,schei·be** *f* spacer, washer, shim. — **~,stück** *n* spacer. — **~,vor,ga·be** *f* (*sport*) distance allowance. — **~,wech·sel** *m econ.* out-of-town bill.

Di·stel ['dɪstəl; 'diːstəl] *f* ⟨-; -n⟩ *bot.* thistle (*bes. Gattgen Cirsium u. Carduus*): Duftende ~ pasture thistle (*C. odoratum*); Mexikanische ~ Mexican thistle (*C. conspicuum*); Nickende ~ musk thistle (*C. nutans*); voller ~n thistly. — **d~,ar·tig** *adj* thistly, thistle-like. — **~,fal·ter** *m zo.* painted lady (*Vanessa cardui*). — **~,feld** *n* field covered with thistles. — **~,fink** *m zo. cf.* Stieglitz. — **d~,för·mig** *adj* thistle-shaped.

'di·ste·lig *adj* thistly, overgrown with thistles.

'Di·stel|,kar·de *f bot. cf.* Karde 1. — **~,klet·te** *f* bur thistle, clotbur, burdock, cuckold (*Gattg Arctium*). — **~,wol·le** *f* thistledown.

Di·sthen [dɪs'teːn] *m* ⟨-s; -e⟩ *min.* disthene: blauer ~ cyanite, *auch* kyanite.

di·sti·chi·tisch [dɪstɪ'çiːtɪʃ] *adj metr.* distichal.

Di·sti·chon ['dɪstɪçɔn] *n* ⟨-s; -chen⟩ *metr.* distich.

di·stin·guie·ren [dɪstɪŋ'giːrən; -gu'iːrən] *v/t* ⟨*no* ge-, h⟩ *obs.* distinguish. — **di·stin·guiert** [dɪstɪŋ'giːrt] **I** *pp.* – **II** *adj lit.* distinguished.

di·stinkt [dɪs'tɪŋkt] *adj obs.* distinct, clear.

Di·stink·ti·on [dɪstɪŋk'tsĭoːn] *f* ⟨-; -en⟩ **1.** (*hoher Rang*) distinction, eminence, significance: eine Person von ~ a person of distinction. – **2.** (*Vornehmheit*) distinction: die ~ ihrer Erscheinung her distinguished appearance. – **3.** *Austrian for* Rangabzeichen. – **4.** *obs. for* a) Auszeichnung 2, b) Wertschätzung.

di·stink·tiv [dɪstɪŋk'tiːf] *adj* (*unterscheidend*) distinctive, distinguishing.

Dis·tor·si·on [dɪstər'zĭoːn] *f* ⟨-; -en⟩ **1.** *med.* sprain, strain. – **2.** (*optics*) distortion.

Dis·trak·ti·on [dɪstrak'tsĭoːn] *f* ⟨-; -en⟩ **1.** *obs. for* Zerstreuung 2. – **2.** *med.* (*Streckung*) traction.

dis·tri·bu·ie·ren [dɪstribu'iːrən] *v/t* ⟨*no* ge-, h⟩ distribute.

Dis·tri·bu·ti·on [dɪstribu'tsĭoːn] *f* ⟨-; -en⟩ distribution (*auch ling.*).

dis·tri·bu·tiv [dɪstribu'tiːf] **I** *adj* distributive: ~es Gesetz *math. cf.* Distributivgesetz; ~e Funktion distributive function; ~es Zahlwort *ling.* distributive. – **II D.** *n* ⟨-s; -e⟩ *ling. cf.* Distributivum 1. — **D~ge,setz** *n math.* distributive principle (*od.* law).

Dis·tri·bu·ti·vum [dɪstribu'tiːvʊm] *n* ⟨-s; -tiva [-va]⟩ **1.** *ling.* distributive. – **2.** *math. cf.* Distributivzahl.

Dis·tri·bu'tiv,zahl *f math.* distributive (number).

Di·strikt [dɪs'trɪkt] *m* ⟨-(e)s; -e⟩ **1.** (*Gebiet*) district, region, area. – **2.** (*Bezirk*) district.

di·syl·la·bisch [dizʏ'laːbɪʃ] *adj ling.* disyllabic. — **Di'syl·la·bum** [-'zʏlabʊm] *n* ⟨-s; -laba [-ba] *u.* -laben [-'laːbən]⟩ *ling.* disyllable.

Dis·zi·plin [dɪstsi'pliːn] *f* ⟨-; -en⟩ **1.** ⟨*only sg*⟩ discipline: eiserne [militärische, strenge] ~ iron [military, strict] discipline; die ~ aufrechterhalten, ~ halten to keep (*od.* maintain) discipline; auf ~ halten to lay stress on discipline; die ~ lockern to relax (*od.* loosen) discipline; Mangel an ~ lack (*od.* want) of discipline, indiscipline; j-n an ~ gewöhnen to accustom s.o. to discipline, to discipline s.o.; die ~ untergraben to undermine discipline; zur ~ bringen *pol.* (*Parteimitglieder*) to bring (*s.o.*) under the whip. – **2.** (*wissenschaftliche Fachrichtung*) discipline, branch (*od.* department) of learning. – **3.** (*sport*) a) sport, b) style, c) event, *auch* discipline: die Olympischen ~en the Olympic events. – **4.** *relig.* discipline.

dis·zi·pli·när [dɪstsipli'nɛːr] *adj u. adv bes. Austrian for* disziplinarisch.

Dis·zi·pli'nar|,aus,schuß [dɪstsipli'naːr-] *m* disciplinary committee (*od.* board), court of discipline. — **~be,hör·de** *f* disciplinary authority. — **~,fall** *m* disciplinary case. — **~ge,richt** *n* disciplinary court. — **~ge,richts·bar·keit** *f* disciplinary jurisdiction. — **~ge,setz** *n jur.* **1.** disciplinary law. – **2.** *cf.* Disziplinarordnung. — **~ge,walt** *f* disciplinary power(s *pl*): die ~ haben to have disciplinary powers. — **~,hof** *m cf.* Disziplinargericht.

dis·zi·pli'na·risch I *adj* (*Maßnahme, Strafe etc*) disciplinary, disciplinal. – **II** *adv* by disciplinary measures: ~ geahndet (*od.* bestraft) werden to be punished by disciplinary measures; ~ gegen j-n vorgehen to take disciplinary action against s.o.; j-n ~ bestrafen to discipline s.o.

Dis·zi·pli'nar|,kam·mer *f* disciplinary board. — **~,maß,nah·me** *f* disciplinary action. — **~,ord·nung** *f* disciplinary regulations (*od.* rules) *pl.* — **~,recht** *n* disciplinary code (*od.* law). — **~,stra·fe** *f* disciplinary punishment (*od.* penalty). — **~,straf,ord·nung** *f* disciplinary regulations *pl.* — **~,un·ter,su·chung** *f* disciplinary investigation. — **~,ur·teil** *n* judg(e)ment given by a disciplinary court. — **~ver,fah·ren** *n* disciplinary proceedings *pl* (*od.* action): ein ~ (gegen j-n) einleiten to take (*od.* initiate) disciplinary proceedings (*od.* action) (against s.o.). — **~ver,ge·hen** *n* disciplinary offence (*Am.* offense), breach of discipline. — **~,weg** *m* disciplinary proceedings *pl* (*od.* action): auf dem (*od.* im) ~(e) by way of disciplinary proceedings.

dis·zi·pli·nell [dɪstsipli'nɛl] *adj u. adv cf.* disziplinarisch.

dis·zi·pli·nie·ren [dɪstsipli'niːrən] *rare* **I** *v/t* ⟨*no* ge-, h⟩ **1.** (*Mannschaft etc*) discipline. – **2.** (*art*) (*Hand etc*) discipline, train. – **II** *v/reflex* sich ~ **3.** discipline oneself.

dis·zi·pli'niert I *pp.* – **II** *adj* disciplined. — **Dis·zi·pli'niert·heit** *f* ⟨-; *no pl*⟩ discipline.

dis·zi'plin·los *adj* undisciplined, indisciplined, unruly. — **Dis·zi'plin·lo·sig·keit** *f* ⟨-; *no pl*⟩ lack of discipline, indiscipline.

Dis·zi'plin|,schwie·rig·kei·ten *pl* difficulties in maintaining discipline. — **d~,wid·rig** *adj* against (*od.* contrary to) discipline.

Di·the·is·mus [dite'ɪsmʊs] *m* ⟨-; *no pl*⟩ *relig.* ditheism.

di·thio·nig [di'tĭoːnɪç] *adj chem.* dithionous.

Di·thi'on,säu·re [di'tĭoːn-] *f chem.* dithionic acid ($H_2S_2O_6$).

Di·thy·ram·be [dity'rambə] *f* ⟨-; -n⟩ (*literature*) dithyramb (*auch fig.*). — **Di·thy'ram·ben,dich·ter** *m* dithyrambic poet, writer of dithyrambs. — **di·thy'ram·bisch** *adj auch fig.* dithyrambic. — **Di·thy'ram·bus** [-bʊs] *m* ⟨-; -ramben⟩ *cf.* Dithyrambe.

di·to ['diːto] *adv bes. econ.* ditto.

'Di·to *n* ⟨-s; -s⟩ (*Einerlei*) ditto.

dit·to ['dɪto] *adv Austrian for* dito.

Dit·to·gra·phie [dɪtogra'fiː] *f* dittography. — **dit·to'gra·phisch** [-'graːfɪʃ] *adj* dittographic.

Di·ure·se [diu're:zə] *f* ⟨-; -n⟩ *med.* diuresis: die ~ anregen to bring about a diuresis.

Di·ure·ti·kum [diu're:tikʊm] *n* ⟨-s; -tika [-ka]⟩ *med. pharm.* diuretic. — **di·ure·tisch** [-'reːtɪʃ] *adj* diuretic.

Di·ur·nal [dĭʊr'naːl] *n* ⟨-s; -e⟩, **Di·ur'na·le** *n* ⟨-; -nalia [-lĭa]⟩ *röm.kath.* diurnal.

Di·va ['diːva] *f* ⟨-; -s *u.* Diven⟩ diva, prima donna, star.

Di·van ['diːva(ː)n] *m* ⟨-s; -e⟩ *cf.* Diwan.

di·ver·gent [divɛr'gɛnt] *adj* divergent: ~es Schielen *med.* walleye.

Di·ver·genz [divɛr'gɛnts] *f* ⟨-; -en⟩ **1.** *auch fig.* divergence, divergency: die ~ zwischen Schein und Wirklichkeit the divergence between appearance and reality; ~en hervorrufen [beilegen] to raise [to settle] divergences (*od.* differences of opinion). – **2.** *geol.* divergence, divergency, adaptive radiation.

di·ver·gie·ren [divɛr'giːrən] *v/i* ⟨*no* ge-, h⟩ *auch fig.* diverge. — **di·ver'gie·rend I** *pres p.* – **II** *adj auch fig.* divergent: ~e Zeugenaussagen *jur.* divergent evidence *sg.*

di·vers [di'vɛrs] *adj* ⟨-er; -est⟩ **1.** diverse, different, varied. – **2.** ⟨*attrib*⟩ various, several, sundry, miscellaneous: aus ~en Gründen *colloq.* for various reasons; ~e Kosten *econ. cf.* Diverses 2; ~e Artikel sundries.

Di·ver·sa [di'vɛrza] *pl cf.* Diverses.

Di·ver·sant [divɛr'zant] *m* ⟨-en; -en⟩ *DDR pol.* saboteur (against Communist countries).

Di'ver·ses *n* ⟨*without article*⟩ **1.** *bes. econ.* **1.** sundries *pl*, sundry (*od.* miscellaneous) goods *pl.* – **2.** *econ.* sundry expenses *pl* (*od.* charges *pl*). – **3.** (*in Aufstellungen, Zeitungen etc*) miscellaneous (items *pl*).

Di·ver·si·on [divɛr'zĭoːn] *f* ⟨-; -en⟩ **1.** *obs. for* Ablenkung. – **2.** *DDR pol.* sabotage (against Communist countries).

di·ver·tie·ren [divɛr'tiːrən] *obs.* **I** *v/t* ⟨*no* ge-, h⟩ divert. – **II** *v/reflex* sich ~ divert oneself.

Di·ver·ti·men·to [diverti'mɛnto] *n* ⟨-s; -s *u.* -menti [-ti]⟩ *mus.* divertimento.

Di·ver·tis·se·ment [divɛrtɪs(ə)'mãː] *n* ⟨-s; -s⟩ **1.** *mus.* divertissement. – **2.** divertissement, diversion, entertainment.

Di·vi·dend [divi'dɛnt] *m* ⟨-en; -en⟩ *math.* dividend.

Di·vi·den·de [divi'dɛndə] *f* ⟨-; -n⟩ **1.** *econ.* a) (*Gewinnanteil*) dividend, b) (*Satz*) dividend (rate): mit [ohne] ~ cum [ex] dividend, *Am.* dividend on [off]; laufende ~ accrued dividend; fällige ~ dividend due (*od.* payable); ~ in Form von Interimsscheinen scrip dividend; eine ~ ausschütten [erklären] to pay (*od.* distribute) [to declare] a dividend; ~n beziehen to draw dividends; keine ~ zahlen to pass the dividend. – **2.** *jur.* (*Konkursquote*) dividend.

Di·vi'den·den|,ab,ga·be *f econ.* tax on dividends, dividend tax. — **~,aus,schüt·tung** *f* distribution of dividends. — **d~be,rech·tigt** *adj* **1.** entitled to (a) dividend. – **2.** (*Kapital*) ranking for dividend. — **~er,hö·hung** *f* increase of dividends. — **~er,klä·rung** *f* declaration of dividends. — **~her,ab,set·zung** *f* curtailment (*od.* cut) of dividends. — **~ku,pon** *m* dividend coupon (*od.* warrant). — **~pa,pie·re** *pl* dividend-bearing securities, shares, stocks, equities. — **~,rück,la·ge** *f* dividend reserve fund. — **~,satz** *m* dividend rate. — **~,schein** *m cf.* Dividendenkupon. — **~,steu·er** *f* dividend (*od.* coupon) tax. — **~ver,tei·lung** *f* distribution of dividends. — **~,wer·te** *pl cf.* Dividendenpapiere.

di·vi·die·ren [divi'diːrən] **I** *v/t* ⟨*no* ge-, h⟩ **1.** divide: 10 durch 5 ~ to divide 10 by 5. – **II** *v/i* **2.** divide. – **III D~** *n* ⟨-s⟩ **3.** *verbal noun.* – **4.** division.

Di·vi·na·ti·on [divina'tsĭoːn] *f* ⟨-; -en⟩ divination.
di·vi·na·to·risch [divina'toːrɪʃ] *adj* divinatory.
Di·vi·ni·tät [divini'tɛːt] *f* ⟨-; *no pl*⟩ *relig.* divinity.
Di·vis [di'viːs] *n* ⟨-es; -e⟩ *print.* hyphen.
di·vi·si·bel [divi'ziːbəl] *adj math.* divisible.
Di·vi·si·on[1] [divi'zĭoːn] *f* ⟨-; -en⟩ *math.* division: die ~ geht auf the division is exact; abgekürzte [unabgekürzte] ~ short (*od.* abridged) [long] division; ~ durch Null division by zero.
Di·vi·si'on[2] *f* ⟨-; -en⟩ *mil.* division: mechanisierte ~ mechanized division.
Di·vi·sio·när [divizĭo'nɛːr] *m* ⟨-s; -e⟩ *bes. mil. Swiss for* Divisionskommandeur.
Di·vi·si'ons|ˌab|ˌschnitt *m mil.* division combat sector, divisional sector. — **~ar·til·leˌrie** *f mil.* division artillery. — **~ˌaufˌga·be** *f math.* division task. — **~be|fehl** *m mil.* division order. — **~ge|ˌfechtsˌstand** *m* division command post. — **~kom·manˌdeur** *m* division(al) commander. — **~ˌstab** *m* division(al) headquarters *pl* (*construed as sg or pl*). — **~ˌzei·chen** *n math.* division sign, symbol of division.
Di·vi·sor [di'viːzɔr] *m* ⟨-s; -en [-vi'zoːrən]⟩ *math.* divisor.
Di·wan ['diːva(ː)n] *m* ⟨-s; -e⟩ **1.** (*Sofa*) divan, sofa, couch, ottoman, *Am. auch* davenport. – **2.** (*literature*) divan, diwan (*a collection of Persian or Arabic poems*): „Westöstlicher ~" "West-Eastern Divan" (*collection of poems by Goethe*). – **3.** *hist.* divan, diwan (a) *a Muslim council of state*, b) *a room where a divan is held*, c) *a Muslim court of justice*).
Di·xie ['dɪksi] *m* ⟨-s; *no pl*⟩ *mus. colloq. for* Dixieland.
Di·xie·land ['dɪksiˌlɛnt; 'dɪksɪˌlænd] (*Engl.*) *m* ⟨-(s); *no pl*⟩ *mus.* Dixie(land). — **~-Jazz** *m* Dixieland jazz.
d-ˌMoll ['deː-] *n* ⟨-; *no pl*⟩ *mus.* D minor.
Do [doː] *n* ⟨-; -⟩ *mus.* do (*in sol-fa systems*).
Dö·bel ['døːbəl] *m* ⟨-s; -⟩ **1.** *zo.* chub, dobule (*Leuciscus cephalus*). – **2.** *bot.* (bearded) darnel (*Lolium temulentum*).
'Do·berˌmann ['doːbər-] *m* ⟨-s; ⸗er⟩, **~ˌpin·scher** *m zo.* Doberman (pinscher).
doch [dɔx] **I** *adversative conj* **1.** (*aber*) but, however, yet: ich bat ihn, ~ er wollte nicht I asked him but he would not do it; ich war dort, ~ ich habe ihn (*od. lit.* habe ich ihn) nicht angetroffen I was there but I did not meet him; ich habe es dir erzählt, ~ du hast ja nicht zugehört I told you (about it) but you did not listen; ich habe mir große Mühe gegeben, ~ leider war es umsonst I took a great deal of trouble but unfortunately it was in vain; er ist arm, ~ (ist er) glücklich he is poor but (*od.* yet) he is happy. – **II** *causative conj* **2.** wo ~, wenn ~ when, since: warum hast du mich nicht gefragt, wo du ~ wußtest, daß why didn't you ask me when you knew that; warum fragst du, wenn du es ~ schon weißt? why do you ask when (*od.* if) you know it anyway? – **3.** *lit.* since: er schwieg, sah er ~, daß alle Worte sinnlos waren he was silent since he saw that all his words were in vain (*od.* useless); ich war ihm sehr dankbar, hatte er mir ~ stets geholfen I was very grateful to him since he had always helped me. – **III** *adv* **4.** (*trotzdem, dennoch*) yet, however, still, nevertheless, all the same: er ist sehr krank, und ~ verliert er nicht den Mut he is very ill and yet he hasn't lost his courage; er sagte, daß er ~ gehen wollte he said that he would go all the same; das Wetter war zwar nicht schön, aber ich habe die Ferien ~ sehr genossen although the weather was not nice I still enjoyed my holidays very much; sie hat eine sehr kleine und ~ gut leserliche Handschrift her handwriting is very small and yet easily legible; die Lage ist ernst aber ~ nicht hoffnungslos the situation is serious but not hopeless. – **5.** (*Angezweifeltes richtigstellend*) after all: ich habe also ~ recht so I'm right after all; er hat es ~ noch geschafft he has made it after all; so ist es ihm denn ~ noch gelungen so he has been successful after all; also ~! I knew it, I was right after all, just as I thought. – **6.** (*widersprechend*) but: er hat es ~ gesagt but he did say it; es gibt ~ noch eine andere Möglichkeit but there is still another possibility. – **7.** *colloq.* (*nach verneinter Frage, Feststellung etc*) yes: siehst du es nicht? ~! don't you see it? Yes, I do! du kommst wohl nicht mit? ~! you won't come with us I suppose? Oh yes, I will! daran kannst du dich wohl nicht mehr erinnern? ~, ~! I don't suppose you can still remember that? Oh yes, I can! – **IV** *particle* (*unstressed, often not translated*) **8.** (*zur Verstärkung einer Aussage*) du weißt ~, daß surely (*od.* I'm sure) you know that; sei ~ vernünftig! do be sensible! es ist ~ wunderschön hier! it is really lovely here! das ist ~ eine verflixte Sache! *colloq.* isn't it the devil! das ist ~ Unsinn! that's really nonsense! du kommst ~? you will come, won't you? du läßt mich ~ nicht im Stich? you won't let me down, will you? das kann ~ nicht dein Ernst sein! you don't really mean it, do you? das ist ~ zu arg! that's altogether too much! daß Sie ~ nie pünktlich sein kann! why on earth can't she ever be on time; komme ich ~ gestern nach Hause und *colloq.* just imagine — when I came home yesterday; was ~ nur der Grund sein mag? whatever may be the reason? er ist ~ wirklich zu bedauern! he really is to be pitied! er ist ~ nicht (etwa) tot? he is not dead I hope? so war er ~ früher nicht! I'm sure he wasn't like that before; das kann dir ~ nicht(s) schaden! it surely can't hurt you (*od.* do you any harm); wie war ~ gleich sein Name? what did you say his name was (again)? laß das ~! don't (do it)! ja ~! yes, for Heaven's sake! nein ~! no indeed! certainly not! nicht ~! a) don't! b) (*gewiß nicht*) certainly not! – **9.** (*auffordernd*) do ...: kommen Sie ~ herein! do come in! komm ~ mit uns! do come with us (*od.* along)! sei ~ lieb! (*zu Kindern*) be a good boy [girl]; sei ~ geduldig! do be patient! be patient, will you! frag ihn ~! do ask him! why not ask him! – **10.** (*wünschend*) if only: wäre es ~ hell! if only it were light! wenn er ~ käme! if only he would come! wenn (*od.* o daß) es ~ wahr wäre! if only it were true! hättest du das ~ gleich gesagt! if only you had said so at the beginning! – **11.** (*an bereits Bekanntes erinnernd*) as you know: ich muß ~ morgen nach Berlin fahren as you know I have to go to Berlin tomorrow; er hat ~ noch nie gern Fisch gegessen as you know he has never been fond of fish. – **12.** (*Vorausgehendes begründend*) after all: ich helfe dir — ich bin ~ deine Schwester I will help you — after all I'm your sister. – **13.** (*Rechtfertigung auf einen Vorwurf*) but: er hat es ~ selbst gesagt! but he said so himself! ich habe es ~ nicht gewußt! but I didn't know! – **14.** (*Überraschung ausdrückend*) why: das ist ~ Michael! why, it's Michael!
doch·misch ['dɔxmɪʃ] *adj metr. antiq.* dochmiac(al): ~er Vers *cf.* Dochmius. — **'Doch·mi·us** [-mĭus] *m* ⟨-; Dochmien⟩ dochmius, dochmiac (verse).
Docht [dɔxt] *m* ⟨-(e)s; -e⟩ wick. — **~ˌhal·ter** *m* wick holder. — **~ˌkoh·le** *f* cored carbon. — **~ˌschmie·rung** *f* wick oiling (*od.* lubrication).
Dock [dɔk] *n* ⟨-(e)s; -s, *rare* -e⟩ *mar.* dock: ins ~ bringen to bring (*od.* put) into dock; ins ~ gehen to (go into) dock; im ~ liegen to lie (*od.* be) in dock; Unterbringung im ~ dockage. — **~ˌanˌla·ge** *f* docks *pl*, dockyard. — **~ˌar·bei·ter** *m* dock laborer (*bes. Br.* labourer), docker.
Docke (*getr.* -k·k-) ['dɔkə] *f* ⟨-; -n⟩ **1.** (*Strähne Garn*) skein, hank. – **2.** small bundle. – **3.** *arch.* baluster. – **4.** *mus.* (*am Cembalo etc*) jack. – **5.** *Southern G. dial. for* Puppe 1.
'docken[1] (*getr.* -k·k-) ['dɔkən] **I** *v/t* ⟨h⟩ **1.** *mar.* dock. – **II** *v/i* **2.** *mar., auch* (*space*) dock. – **III D~** *n* ⟨-s⟩ **3.** *verbal noun.* – **4.** dockage.
'docken[2] (*getr.* -k·k-) *v/t* ⟨h⟩ **1.** (*textile*) a) (*Garn*) wind (*s.th.*) (up) in skeins, b) (*Seide*) sleave. – **2.** *agr.* a) (*Flachs*) bundle, bind, b) (*Tabak*) roll, twist, c) (*Getreide*) shock.
'Docken·geˌlän·der (*getr.* -k·k-) *n arch.* balustrade.
'Docker (*getr.* -k·k-) *m* ⟨-s; -⟩ *mar. cf.* Dockarbeiter.
'Dock|geˌbühr *f meist pl mar.* **1.** dock dues *pl* (*od.* charges *pl*), *Br.* dock-dues *pl*, dockage. – **2.** (*Kaigebühr*) quayage. — **~ˌha·fen** *m* dock harbor (*bes. Br.* harbour). — **~ˌmei·ster** *m* dockmaster, *Br.* dock-master. — **~ˌschleu·se** *f* entrance lock, lock entrance. — **~ˌtor** *n* dock gates *pl.*
Do·de·cyl [dode'tsyːl] *n* ⟨-s; -e⟩ *chem.* dodecyl ($C_{12}H_{25}$).
Do·de·ka..., **do·de·ka...** *combining form denoting* dodeca..., twelve.
do·de·ka·disch [dode'kaːdɪʃ] *adj math.* duodecimal, proceeding by twelfths.
Do·de·ka·eder [dodeka'ˀeːdər] *n* ⟨-s; -⟩ *math.* dodecahedron. — **do·de·ka'edrisch** [-'ˀeːdrɪʃ] *adj* dodecahedral.
Do·de·ka·gon [dodeka'goːn] *n* ⟨-s; -e⟩ *math.* dodecagon. — **do·de·ka·go'nal** [-go'naːl] *adj* dodecagonal.
Do·de·ka·pho·nie [dodekafo'niː] *f* ⟨-; *no pl*⟩ *mus.* twelve-tone (*bes. Br.* -note) music, dodecaphony (*scient.*).
Do·do ['doːdo] *m* ⟨-s; -s⟩ *zo.* dodo (*Raphus apterornis*).
Doe·skin ['doːˌskɪn; 'doʊˌskɪn] (*TM*) (*Engl.*) *n* ⟨-(s); *no pl*⟩ (*textile*) doeskin.
Dog·cart ['dɔkart; 'dɔgˌkɑːt] (*Engl.*) *m* ⟨-s; -s⟩ dogcart.
Do·ge ['doːʒə] *m* ⟨-n; -n⟩ *hist.* doge.
'Do·gen|ˌamt *n hist.* dogeship, dog(e)ate. — **~paˌlast** *m* Doge's (*od.* Ducal) Palace. — **~ˌwür·de** *f cf.* Dogenamt.
Dog·ge ['dɔgə] *f* ⟨-; -n⟩ *zo.* mastiff: Englische ~ mastiff; Dänische ~ Great Dane; Deutsche ~ (German breed of) Great Dane; schwarzweißgefleckte ~ Harlequin Dane.
'Dog·genˌhai *m zo.* Port Jackson shark, bullhead (*Heterodontus japonicus*).
Dog·ger[1] ['dɔgər] *m* ⟨-s; *no pl*⟩ *geol.* Dogger.
'Dög·ger[2] *m* ⟨-s; -⟩ *mar.* dogger (boat).
Dög·ling ['døːglɪŋ] *m* ⟨-(e)s; -e⟩ *zo. cf.* Entenwal.
Dog·ma ['dɔgma] *n* ⟨-s; -men⟩ **1.** dogma: eine Lehre zum ~ erheben to raise a doctrine to a dogma; ein ~ verwerfen to reject a dogma; (über *acc* etwas) ein ~ aufstellen to dogmatize (on a subject). – **2.** *relig.* dogma, article of faith: Verkündigung (einer Lehre) als ~ dogmatization. — **Dog'ma·tik** [-'gmaːtɪk] *f* ⟨-; -en⟩ *relig.* dogmatics *pl* (*construed as sg or pl*), *auch* dogmatic theology. — **Dog'ma·ti·ker** [-'gmaːtikər] *m* ⟨-s; -⟩ **1.** *relig. philos.* dogmatist, dogmatician. – **2.** dogmatic person, dogmatist. — **dog'ma·tisch** [-'gmaːtɪʃ] **I** *adj* dogmatic, *auch* dogmatical: in ~er Hinsicht dogmatically. – **II** *adv* dogmatically: ~ festgelegt sein to be laid down as dogma. — **dog·ma·ti'sie·ren** [-ti'ziːrən] **I** *v/t* ⟨*no* ge-, h⟩ dogmatize, state (*od.* establish) (*s.th.*) as a dogma. – **II** *v/i* dogmatize. — **Dog·ma'tis·mus** [-'tɪsmus] *m* ⟨-; *no pl*⟩ dogmatism.
'Dog·men·geˌschich·te *f relig.* history of dogmatic theology (*od.* of Christian doctrine).
Doh·le ['doːlə] *f* ⟨-; -n⟩ **1.** *zo.* a) (jack)daw (*Coloeus monedula*), b) *cf.* Alpendohle. – **2.** *colloq.* black hat.
Doh·ne ['doːnə] *f* ⟨-; -n⟩ *hunt.* bird snare (*od.* noose), springe: ~n stellen to lay springes; Vögel in einer ~ fangen to noose (*od.* springe) birds.
'Doh·nen|ˌfang *m hunt.* snaring of birds. — **~ˌschnei·se** *f*, **~ˌsteig**, **~ˌstieg**, **~ˌstrich** *m hunt.* line of springes (*od.* snares).
Do·ke·tis·mus [doke'tɪsmʊs] *m* ⟨-; *no pl*⟩ *relig.* Docetism.
dok·tern ['dɔktərn] *v/i* ⟨h⟩ *colloq.* **1.** an j-m ~ to doctor s.o.: ich doktere an mir I am doctoring myself (up). – **2.** (*rare*) practice medicine, (be a) doctor (*colloq.*).
Dok·tor ['dɔktɔr] *m* ⟨-s; -en [-'toːrən]⟩ **1.** doctor: ~ der Medizin [Philosophie, Theologie] Doctor of Medicine [Philosophy, Divinity]; ~ ehrenhalber *cf.* Ehrendoktor; den (*od.* seinen) ~ machen (*od. colloq.* bauen), ~ werden to take (*od.* work for) one's doctor's degree (*od.* doctorate); j-n zum ~ machen (*od.* promovieren) to make s.o. a doctor, to confer the degree of doctor on s.o.; zum ~ promoviert werden to have the degree of doctor conferred on one; j-n mit (*od.* als) ~ anreden to address s.o. as doctor, to doctor s.o.; Herr [Fräulein] ~ N. Dr. N.; Frau ~ N. a) Dr. N., b) *bes. Southern G. and Austrian archaic* (*Frau eines Doktors*) Mrs. N.; sehr geehrter Herr ~! dear doctor. – **2.** *colloq.* (*Arzt*)

physician, doctor: **den ~ holen** to fetch (*od.* call, send for) the doctor; **er ist unser ~** he is our family doctor; **die Frau ~** a) Dr. N., b) *bes. Southern G. and Austrian archaic* (*Arztfrau*) the doctor's wife.

Dok·to·rand [dɔkto'rant] *m* ⟨-en; -en⟩, **Dok·to'ran·din** [-dɪn] *f* ⟨-; -nen⟩ candidate for a doctor's degree, doctoral candidate, doctorand.

'Dok·tor,ar·beit *f* (doctoral) thesis (*od.* dissertation), doctorate thesis.

Dok·to·rat [dɔkto'ra:t] *n* ⟨-(e)s; -e⟩ doctorate, degree of doctor.

'Dok·tor|di,plom *n* doctor's diploma. — **~ex,amen** *n* doctoral examination: **das ~ [mit Auszeichnung] bestehen** to pass the doctoral examination [with distinction]; **das ~ ablegen** to take one's doctoral examination. — **~,fisch** *m zo.* surgeonfish, doctorfish, *auch* tang (*Fam. Tenthididae*). — **~,fra·ge** *f fig.* ticklish question (*od.* problem). — **~,grad** *m* doctor's degree, doctorate: **den ~ erwerben** to take one's doctor's degree. — **~,hut** *m* **1.** *hist.* doctor's hood. – **2.** *fig. cf.* Doktorgrad: **den ~ erwerben** (*od.* **erhalten**) to take (*od.* receive) one's doctor's degree.

dok·to·rie·ren [dɔkto'ri:rən] *v/i* ⟨*no* ge-, h⟩ *colloq.* **1.** take one's doctorate (*od.* doctor's degree). – **2.** work on one's doctoral thesis.

Dok·to·rin [dɔk'to:rɪn; 'dɔktorɪn] *f* ⟨-; -nen⟩ **1.** lady (*od.* woman) doctor. – **2.** *colloq.* doctor's wife.

'Dok·tor|in·ge·ni,eur *m* Doctor of Engineering (Science). — **~kan·di,dat** *m cf.* Doktorand. — **~pro·mo·ti,on** *f* **1.** conferment (*od.* receiving) of the degree of doctor. – **2.** ceremony at which doctorates are conferred. — **~,prü·fung** *f cf.* Doktorexamen. — **~,rech·nung** *f colloq.* doctor's bill. — **~,ti·tel** *m* doctor's degree (*od.* title): **den ~ erwerben** to take one's doctor's degree; **j-m den ~ verleihen** to confer the degree of doctor on s.o. — **~,va·ter** *m colloq.* (doctoral) supervisor. — **~,wür·de** *f* doctorate, doctorship: **die ~ erlangen** (*od.* **erhalten**) to receive (*od.* attain) one's doctorate; **j-m die ~ verleihen** to confer the degree of doctor on s.o.

Dok·trin [dɔk'tri:n] *f* ⟨-; -en⟩ *auch pol.* doctrine: **starr an einer ~ festhaltend** doctrinaire; **eine ~ aufstellen** to establish a doctrine.

dok·tri·när [dɔktri'nɛ:r] **I** *adj* doctrinaire, *auch* doctrinarian. – **II D~** *m* ⟨-s; -e⟩ doctrinaire, doctrinarian, political theorist.

Dok·tri·na·ris·mus [dɔktrina'rɪsmʊs] *m* ⟨-; *no pl*⟩ doctrinarism, *auch* doctrinarianism.

Do·ku·ment [doku'mɛnt] *n* ⟨-(e)s; -e⟩ **1.** (*Urkunde*) document: **authentisches [gefälschtes] ~** authentic [forged] document; **ein ~ beglaubigen lassen** to have a document authenticated. – **2.** *jur.* (legal) document, instrument, deed. – **3.** *meist pl* (*Unterlage*) document, paper, record: **haben Sie irgendwelche ~e bei sich?** have you got any papers on you? – **4.** *meist pl econ. mar.* (shipping) document (*od.* papers *pl*): **~e gegen Akzept [Zahlung]** documents on (*od.* against) acceptance [payment]. – **5.** *fig.* document, record: **ein ~ von weltweiter Bedeutung** a document of worldwide importance. – **6.** *fig.* (*Beweis*) proof, evidence: **ein ~ der Schande** a proof of ignominy. – **7.** *DDR pol.* membership book of the Socialist Unity Party.

Do·ku·men·ta·list [dokumɛnta'lɪst] *m* ⟨-en; -en⟩ *print.* documentalist.

Do·ku·men'tar|,auf,nah·me [dokumɛn'ta:r-] *f phot.* documentary photograph, news photo (*colloq.*). — **~be,richt** *m* **1.** documentary (*od.* documented) report. – **2.** *cf.* Dokumentarfilm. — **~,film** *m* documentary (film).

do·ku·men'ta·risch **I** *adj* documentary, documental: **~er Beweis** documentary evidence (*od.* proof). – **II** *adv* documentarily, by documents: **etwas ~ belegen** (*od.* **nachweisen**) to prove s.th. by documents, to document s.th., to show s.th. by documentary proof; **~ belegt** documented, supported by documents (*od.* by documentary evidence).

Do·ku·men'tar|pho·to·gra,phie *f phot.* documentary photography. — **~,stück** *n* (*theater*) documentary play.

Do·ku·men·ta·ti·on [dokumɛnta'tsĭo:n] *f* ⟨-; -en⟩ **1.** documentation, documentary evidence (*od.* proof). – **2.** (collection of) documents *pl*, documentation. – **3.** documentary (report). – **4.** ⟨*only sg*⟩ documentation department. – **5.** *fig.* demonstration.

Do·ku·men·ta·ti'ons|,film *m cf.* Dokumentarfilm. — **~ge,rät** *n* **1.** document recorder. – **2.** microcopying apparatus.

Do·ku'men·ten|ak·kre·di,tiv *n econ.* documentary letter of credit. — **d~,echt** *adj* (*Kugelschreibermine etc*) accepted for use on official documents. — **~in,kas·so** *n* collection of documents. — **~,ord·ner** *m* file. — **~,ta·sche** *f* briefcase. — **~,trat·te** *f econ.* documentary draft.

do·ku·men·tie·ren [dokumɛn'ti:rən] **I** *v/t* ⟨*no* ge-, h⟩ **1.** document, prove (*od.* establish) (*s.th.*) by documents (*od.* documentary evidence). – **2.** (*auswerten*) document. – **3.** *fig.* demonstrate, show, reveal: **etwas öffentlich ~** to demonstrate s.th. publicly. – **II** *v/reflex* **sich ~ 4.** *fig.* reveal itself, be shown. — **Do·ku·men'tie·rung** *f* ⟨-; -en⟩ *cf.* Dokumentation 1, 5.

dol·ce ['dɔltʃe] *adv u. adj mus.* dolce.

Dol·ce·far·ni·en·te [dɔltʃefar'nĭɛnte] *n* ⟨-; *no pl*⟩ dolce far niente.

Dol·ce vi·ta ['dɔltʃe 'vi:ta] *n, f* ⟨- -; *no pl*⟩ dolce vita.

Dolch [dɔlç] *m* ⟨-(e)s; -e⟩ **1.** dagger: **malaischer ~** kris(s), *auch* creese; **~ der Gurkhas** kukri, *auch* kukeri, Gurkha knife; **j-n mit einem ~ erstechen** to stab s.o. with a dagger; **den ~ zücken** to draw one's dagger; **ihre Worte trafen ihn wie ~e** *fig.* her words wounded him to the core (*od.* heart); **seine Blicke waren wie ~e** *fig.* he looked daggers. – **2.** *cf.* Stilett. — **d~,ar·tig** *adj* daggerlike. — **~,klin·ge** *f* blade of a dagger. — **~,mes·ser** *n* **1.** dagger knife. – **2.** hunting knife, *Am.* bowie knife. — **~,stab** *m hist.* Bronze Age halberd.

'Dolch,stich *m cf.* Dolchstoß 1. — **~,tau·be** *f zo.* bleeding-heart pigeon (*Gallicolumba luzonica*).

'Dolch,stoß *m* **1.** dagger thrust, thrust with a dagger. – **2.** *fig.* stab in the back. — **~le,gen·de** *f hist.* legend of the 'stab in the back' (*1918*).

'Dolch,wes·pe *f zo.* scoliid (*od.* dagger) wasp (*Fam. Scoliidae*).

Dol·ci·an ['dɔltsĭa:n] *n* ⟨-s; -e⟩ *mus.* **1.** *obs. for* Fagott 1. – **2.** (*Orgelregister*) dulciana, dolcan.

Dol·de ['dɔldə] *f* ⟨-; -n⟩ *bot.* umbel, umbella, (flower) cluster: **einfache [zusammengesetzte] ~** simple [compound] umbel; **kleine ~** umbellule, umbellet.

'dol·den,ar·tig *adj bot. cf.* doldig.

'Dol·den|,blu·me, ~,blü·te *f bot.* umbellate flower. — **d~,blu·mig, ~,blü·tig** [-,bly:tɪç] *adj* umbellate(d), umbellar, umbelliferous: **D~es Wintergrün** pipsissewa (*Chimaphila maculata u. umbellata*). — **~,blüt·ler** [-,bly:tlər] *m* ⟨-s; -⟩ umbellate (*od.* umbelliferous) plant, umbellifer (*Fam. Umbelliferae*). — **~,erb·se** *f* crown pea (*Pisum sativum var. umbellatum*). — **d~,för·mig** *adj* umbelliform, umbellate(d). — **~ge,wächs** *n*, **~,pflan·ze** *f meist pl cf.* Doldenblütler. — **~,ris·pe** *f* paniculate inflorescence, corymbose cyme. — **d~,tra·gend** *adj* umbelliferous. — **~,trau·be** *f* corymb(us): **kleine ~n tragend** corymbulose, corymbulous. — **d~,trau·big** *adj* corymb(ifer)ous.

'dol·dig *adj bot.* (*Blütenstand*) umbellate(d), umbellar, umbelliferous.

Dold·rum ['dɔldrʊm] *n* ⟨-s; -s⟩ *geogr.* (the) doldrums *pl*.

Do·le ['do:lə] *f* ⟨-; -n⟩ *civ.eng.* drainage culvert.

do·len·do [do'lɛndo], **do·len·te** [do'lɛnte] *adv u. adj mus.* dolente.

Do·le·rit [dole'ri:t; -'rɪt] *m* ⟨-s; -e⟩ *min.* dolerite. — **do·le'ri·tisch** *adj* doleritic.

do·li·cho·ze·phal [dolɪçotse'fa:l] *adj med.* long-headed; dolichocephalic, *auch* dolichocephalous (*scient.*). — **Do·li·cho·ze'pha·le** *m, f* ⟨-n; -n⟩ dolichocephal. — **Do·li·cho·ze·pha'lie** [-fa'li:] *f* ⟨-; *no pl*⟩ dolichocephalism, dolichocephaly.

do·lie·ren [do'li:rən] *v/t* ⟨*no* ge-, h⟩ *cf.* dollieren.

Do·li·man ['do:lima:n] *m* ⟨-s; -e⟩ *cf.* Dolman.

Do·li·ne [do'li:nə] *f* ⟨-; -n⟩ *geol.* dolina, *auch* doline, sink(hole).

Do'li·nen,see *m geol.* sinkhole pond (*od.* lake).

doll [dɔl] *adj* ⟨-er; -st⟩ *colloq. for* toll 4-7.

Dol·lar ['dɔlar] *m* ⟨-s; -s⟩ dollar, *Am. colloq.* 'buck': **tausend ~** a (*od.* one) thousand dollars, *bes. Am. sl.* one grand, one G, one gee; **er bezahlte 50 ~** he paid 50 dollars. — **~,an,lei·he** *f econ.* dollar loan. — **~,ba·sis** *f* dollar basis. — **~bi,lanz** *f* dollar balance of payments. — **~,block** *m* dollar bloc(k). — **~di·plo·ma,tie** *f* dollar diplomacy. — **~,gut,ha·ben** *n* dollar holdings *pl*. — **~in·ve·sti·tio·nen** [-ˀɪnvɛsti,tsĭo:nən] *pl* dollar investments. — **~,län·der** *pl* dollar countries. — **~,lücke** (*getr.* -k·k-) *f* dollar gap. — **~mil·lio,när** *m* dollar millionaire. — **~pa·ri,tät** *f* dollar parity.

'Dol·lar·prin,zes·sin", **„Die** *mus.* "The Dollar Princess" (*operetta by Leo Fall*).

'Dol·lar|,raum *m econ.* dollar area. — **~rem,bours** *m* dollar documentary credit. — **~,schwund** *m* dollar drain. — **~,wäh·rung** *f* dollar currency. — **~,wäh·rungs·ge,biet** *n* dollar area. — **~,zei·chen** *n* dollar sign.

'Doll,bord *m* ⟨-(e)s; -e⟩ *mar.* gunwale.

Dol·le ['dɔlə] *f* ⟨-; -n⟩ *mar.* (*eines Ruderbootes*) thole(pin).

dol·lie·ren [dɔ'li:rən] *v/t* ⟨*no* ge-, h⟩ (*Leder*) fluff.

Dol·man ['dɔlman] *m* ⟨-s; -e⟩ dolman (*Turkish robe, mil. part of hussar's uniform*).

Dol·men ['dɔlmən] *m* ⟨-s; -⟩ *hist.* dolmen, cromlech.

Dol·metsch ['dɔlmɛtʃ] *m* ⟨-es; -e⟩ **1.** *fig. lit.* spokesman, mouthpiece, advocate: **er machte sich zum ~ einer Sache** he became the spokesman for s.th. – **2.** *rare od. Austrian for* Dolmetscher 1.

'Dol·metsch,an,la·ge *f* interpreting installation.

dol·met·schen ['dɔlmɛtʃən] **I** *v/i* ⟨h⟩ **1.** interpret, act as (an) interpreter: **aus dem Deutschen ins Englische ~** to interpret (*od.* translate) from German into English. – **II** *v/t* **2.** (*Gespräch etc*) interpret, translate (*s.th.*) (orally). – **III D~** *n* ⟨-s⟩ **3.** *verbal noun.* – **4.** interpretation.

'Dol·met·scher *m* ⟨-s; -⟩ **1.** interpreter: **vereidigter ~** sworn (*od.* official) interpreter; **einen ~ zuziehen** to call in an interpreter. – **2.** *hist.* (*im Orient*) dragoman. – **3.** *rare for* Dolmetsch 1.

Dol·met·sche'rei *f* ⟨-; *no pl*⟩ interpreting.

'Dol·met·sche·rin *f* ⟨-; -nen⟩ (woman) interpreter, interpretress.

'Dol·met·scher|in·sti,tut *n* **1.** interpreters' school, school for interpreters. – **2.** (university) institute for interpreters. — **~,schu·le** *f* interpreters' school. — **~,we·sen** *n* interpreting, (oral) translating.

Do·lo·mit [dolo'mi:t; -'mɪt] *m* ⟨-s; -e⟩ *min.* dolomite, *auch* bitterspar. — **~,brenn,ofen** *m metall.* dolomite calcining kiln. — **~ge,stein** *n min.* dolomite (rock).

do·lo'mi·tisch *adj min.* dolomitic.

do·lo·mi·ti·sie·ren [dolomiti'zi:rən] *v/t* ⟨*no* ge-, h⟩ *geol.* dolomitize. — **Do·lo·mi·ti'sie·rung** *f* dolomitization.

Do·lo'mit|,kalk *m* **1.** *min. cf.* Dolomit. – **2.** *metall. cf.* Bitterspat. — **~,stein** *m* dolomite (brick). — **~,zu,stel·lung** *f metall.* dolomite lining.

do·lo·ro·so [dolo'ro:zo] *adv u. adj mus.* doloroso.

do·los [do'lo:s] *adj jur.* dolose, *auch* dolous: **~e Täuschung** fraud.

Do·lus ['do:lʊs] *m* ⟨-; *no pl*⟩ *jur.* dolus.

Dom[1] [do:m] *m* ⟨-(e)s; -e⟩ **1.** cathedral (church), *bes. Br.* minster: **der Kölner ~** Cologne Cathedral. – **2.** *poet.* dome, vault, canopy: **des Himmels ~** the vault of heaven. – **3.** *arch.* (*Kuppel*) dome, cupola. – **4.** *tech.* (*auf Dampfkesseln*) dome. – **5.** *geol.* dome, cupola, pericline. – **6.** *brew.* head (of still).

Dom[2] [dɔm] *m* ⟨-; *no pl*⟩ dom (*Portuguese title*).

Do·ma ['do:ma] *n* ⟨-s; Domen⟩ *min.* dome.

Do·mä·ne [do'mɛ:nə] *f* ⟨-; -n⟩ **1.** *jur.* domain, demesne, state property. – **2.** *hist.* (*eines Landesherrn*) demesne. – **3.** *fig.* domain, province, field, sphere: **seine ~ ist die Mathematik** mathematics is his province.

Do'mä·nen|,gut *n* government estate (*od.* farm). — **~,land** *n* demesne land, domain. — **~,päch·ter** *m* tenant (*od.* leaseholder) of a domain. — **~ver,wal·tung** *f* administration of domains (*od.* a domain).

Do·ma·ni'al,gut [doma'nĭaːl-] *n cf.* Domänengut.
'dom,ar·tig *adj* domelike, domy.
'Dom|be,zirk *m relig.* precincts *pl* of a cathedral. — **~,chor** *m* cathedral choir. — **~de,chant** *m* dean (of a cathedral). — **~,deckel** (*getr.* -k·k-) *m tech.* dome cover. — **~de,kan** *m relig. cf.* Domdechant.
Do·me·stik [domɛs'tiːk] *m* ⟨-en; -en⟩ *meist pl* **1.** *archaic* domestic, household servant. – **2.** (*sport*) *cyclist who is one of a racing team and rides mainly for the victory of the star member of that team.*
Do·me·sti·ka·ti·on [domɛstika'tsĭoːn] *f* ⟨-; *no pl*⟩ domestication (*auch fig.*). — **do·me·sti'zie·ren** [-'tsiːrən] *v/t* ⟨*no* ge-, h⟩ domesticate, domesticize.
'dom,för·mig *adj* dome-shaped, domed.
'Dom|,frei·heit *f relig. hist.* cathedral close. — **~,glocke** (*getr.* -k·k-) *f* cathedral bell. — **~,herr** *m* canon.
Do·mi·na ['doːmina] *f* ⟨-; -minä [-nɛ]⟩ *röm.kath.* (*Titel*) lady (*od.* mother) superior, abbess.
do·mi·nant [domi'nant] *adj* **1.** (pre)dominant. – **2.** *biol.* dominant: ~er Erbgang dominant inheritance; ~e Erbanlage dominant; ~e Art dominant species.
Do·mi'nant|ak,kord *m mus.* dominant chord. — **~,drei,klang** *m* dominant triad.
Do·mi'nan·te *f* ⟨-; -n⟩ **1.** *mus.* a) dominant, b) dominant chord. – **2.** dominant factor.
do·mi'nan·tisch *adj mus.* dominant.
Do·mi,nant'sept·ak,kord *m mus.* dominant seventh (chord).
Do·mi·nanz [domi'nants] *f* ⟨-; -en⟩ **1.** (pre)dominance. – **2.** *biol.* dominance.
do·mi·nie·ren [domi'niːrən] *v/i* ⟨*no* ge-, h⟩ **1.** (*vorherrschen*) (pre)dominate, prevail, be predominant: die Abendkleider dominierten evening gowns predominated (*od.* were most in evidence, were most to be seen); unsere Mannschaft dominierte in den letzten Olympischen Spielen our team dominated (in) (*od.* had the upper hand in) the last Olympic Games. – **2.** *biol.* dominate, be dominant: x-Gene ~ über y-Gene x-genes dominate (over) y-genes, x-genes are dominant while y-genes are recessive. — **do·mi'nie·rend I** *pres p.* – **II** *adj* **1.** (*Einfluß, Stellung etc*) (pre)dominant, commanding, preponderant: eine ~e Stellung einnehmen to take (*od.* occupy) a dominant position. – **2.** (*Wesenszug etc*) prevailing. – **3.** (*herausragend*) pre-eminent.
Do·mi·ni·ka·ner [domini'kaːnər] *m* ⟨-s; -⟩ **1.** *röm.kath.* Dominican (friar), Black Friar. – **2.** Dominican, inhabitant of the Dominican Republic.
Do·mi·ni'ka·ne·rin *f* ⟨-; -nen⟩ **1.** *röm.kath.* Dominican (nun). – **2.** Dominican.
Do·mi·ni'ka·ner|kar·di,nal *m zo.* Dominican cardinal (*Gattg Paroaria*). — **~,kloster** *n röm.kath.* Dominican monastery. — **~,mönch** *m cf.* Dominikaner 1. — **~,or·den** *m* **1.** Order of St. Dominic, Dominican order. – **2.** *collect.* Dominicans *pl.* — **~,wit·we** *f zo.* dominican widow (*Vidua macroura*).
do·mi·ni·ka·nisch [domini'kaːnɪʃ] *adj* **1.** *röm.kath.* Dominican. – **2.** Dominican, of (*od.* relating to) the Dominican Republic.
Do·mi·ni·on [do'mɪnĭən] *n* ⟨-s; -s *u.* -minien⟩ *pol.* dominion.
Do·mi·ni·um [do'miːnĭum] *n* ⟨-s; -s *u.* -minien⟩ **1.** *antiq.* dominium. – **2.** *cf.* Domäne 1.
Do·mi·no¹ ['doːmino] *m* ⟨-s; -s⟩ **1.** (*Kostüm u. Person*) domino: mit einem ~ tanzen to dance with a domino; im Kostüm eines ~s in a domino. – **2.** *Austrian for* Dominostein.
'Do·mi·no² *n* ⟨-s; -s⟩ game of dominoes, dominoes *pl* (*construed as sg*): (eine Partie) ~ spielen to play (a game of) dominoes.
'Do·mi·no|,mas·ke *f* domino. — **~,spiel** *n cf.* Domino². — **~,stein** *m* **1.** (*games*) domino. – **2.** *gastr.* small chocolate-covered square.
Do·mi·zil [domi'tsiːl] *n* ⟨-s; -e⟩ **1.** *lit. oft humor.* domicile, *auch* domicil, abode: er hat sein ~ in Berlin aufgeschlagen he settled in Berlin. – **2.** *econ.* domicile, place of payment. — **do·mi·zi'lie·ren** [-tsi'liːrən] **I** *v/t* ⟨*no* ge-, h⟩ *econ.* (*Wechsel*) domicile, domiciliate: einen Wechsel bei einer Bank ~ to domicile a bill of exchange at a bank (*od.* with a banker). – **II** *v/i lit.* (in *dat* in) be domiciled, be resident, reside, domiciliate (*lit.*). — **do·mi·zi'liert I** *pp.* – **II** *adj* **1.** *econ.* (*Wechsel*) domiciled. – **2.** ~ sein *cf.* domizilieren II. — **Do·mi·zi'lie·rung** *f* ⟨-; *no pl*⟩ *econ.* domiciliation, domiciling.
Do·mi'zil,wech·sel *m econ.* domiciled bill (of exchange).
'Dom|ka,pi·tel *n relig.* chapter of a cathedral. — **~ka·pi·tu,lar** *m* canon. — **~,kir·che** *f* cathedral church.
Dom·mel ['dɔməl] *f* ⟨-; -n⟩ *zo. cf.* Rohrdommel.
'Dom|,pal·me *f bot. cf.* Dumpalme. — **~,pfaff** *m zo.* bullfinch (*Pyrrhula pyrrhula*). — **~,pre·di·ger** *m relig.* cathedral preacher. — **~,propst** *m* dean of a cathedral.
Domp·teur [dɔmp'tøːr] *m* ⟨-s; -e⟩ (animal) tamer, (animal) trainer.
Domp·teu·se [dɔmp'tøːzə] *f* ⟨-; -n⟩ (woman) animal tamer.
'Dom|,schu·le *f* **1.** *hist.* cathedral school. – **2.** choir school. — **~,stift** *n* cathedral chapter.
Don [dɔn] *m* ⟨-(s); -s⟩ Don (*Italian and Spanish title*).
Do·ña ['dɔnja] *f* ⟨-; -s⟩ Doña (*Spanish title*).
Do·nar ['doːnar] *npr m* ⟨-s; *no pl*⟩ *myth.* Thor. — **~,di·stel** *f bot.* eryngo (*Gattg Eryngium*).
Do·na·tar [dona'taːr] *m* ⟨-s; -e⟩ *jur. obs. for* Beschenkte 2.
'Do·nau|,becken (*getr.* -k·k-) *n geogr.* Danube basin. — **~,lachs** *m zo. cf.* Huchen. — **~mon·ar,chie** *f hist.* Danubian (*od.* Habsburg) monarchy, Austro-Hungarian Empire. — **~,raum** *m geogr.* Danube area (*od.* basin): Länder im ~ Danubia. — **~,staa·ten** *pl geogr.* Danubian States. — **~,völ·ker** *pl* Danubian peoples, Danubians.
„Don Car·los" [dɔn'karlɔs] *npr m* ⟨-; *no pl*⟩ "Don Carlos" (*drama by Schiller and opera by Verdi*).
„Don Gio·van·ni" [dɔndʒo'vani] *npr m* ⟨-; *no pl*⟩ *mus.* "Don Giovanni" (*opera by Mozart*).
Don·ja ['dɔnja] *f* ⟨-; -s⟩ *humor. iron. cf.* Donna².
Don·jon [dõ'ʒõː] *m* ⟨-s; -s⟩ *arch. hist.* donjon, dungeon.
Don Ju·an [dɔnxu'an] **I** *npr m* ⟨-s; *no pl*⟩ **1.** Don Juan. – **2.** *mus.* "Don Juan" (*symphonic poem by Strauss*). – **II** *m* ⟨-s; -s⟩ **3.** *fig.* (*Frauenheld*) Don Juan: er ist ein richtiger ~ he is a regular (*od.* real) Don Juan.
'Don·ko,sa·ken *pl* **1.** Don Cossacks. – **2.** *colloq. for* Donkosakenchor. — **~,chor** *m mus.* Don Cossack choir.
Don·na¹ ['dɔna] *f* ⟨-; -s *u.* Donnen⟩ Donna (*Italian title*).
'Don·na² *f* ⟨-; *no pl*⟩ *humor. iron.* **1.** girl friend. – **2.** *archaic* maidservant.
Don·ner ['dɔnər] *m* ⟨-s; -⟩ **1.** thunder: der ~ rollt (*od.* grollt) the thunder rumbles (*od.* roars, peals, rolls); Blitz und ~ thunder and lightning; Lehre vom ~ *phys.* brontology; wie vom ~ gerührt *fig.* thunderstruck; ~ und Doria! *colloq.* confound it! damn and blast! – **2.** *fig.* (*von Geschützen, Wasserfall, Zug, Pferdehufen etc*) thunder(ing), roar. — **d~,ähn·lich, d~,ar·tig** *adj* like thunder, thunderlike, *auch* thunderous. — **~,bal·ken** *m mil. sl. bes. Am.* privy, *Br. sl.* 'bog'. — **~,blech** *n* (*theater*) thunder sheet. — **~,büch·se** *f* **1.** *mil. hist.* blunderbuss. – **2.** *archaic humor.* shotgun.
'Don·ne·rer *m* ⟨-s; -⟩ *myth. cf.* Donnergott.
'Don·ner|ge,brüll *n* noise like thunder, roar(ing). — **~ge,pol·ter, ~ge,tö·se** *n* clatter, din. — **~,gott** *m myth.* **1.** god of thunder. – **2.** (*Jupiter*) Thunderer, Thunder-bearer, *Br.* Thunder-bearer, Jupiter Tonans. – **3.** (*Thor*) god of thunder. — **~,kä·fer** *m zo. Swiss for* Hirschkäfer. — **~keil I** ['dɔnər,kaɪl] *m* **1.** *myth.* thunderbolt. – **2.** *geol.* thunderstone, *auch* thunderbolt, belemnite (*scient.*). – **II** ['dɔnər'kaɪl] *interj* **3.** *colloq. cf.* Donnerwetter 3. — **~'kiel** *interj colloq. cf.* Donnerwetter 3. — **~,kraut** *n bot. cf.* Hauswurz.
'Don·ner'litt·chen [-'lɪtçən] *interj colloq. dial. for* Donnerwetter 3.
'Don·ner·ma,schi·ne *f* (*theater*) thunder(ing) machine.
don·nern ['dɔnərn] **I** *v/impers* ⟨h⟩ **1.** thunder: es donnert it is thundering: dastehen wie die Gans (*od.* Kuh), wenn's donnert *colloq.* to stand there bewildered (*od.* nonplussed, flabbergasted). – **II** *v/i* **2.** *fig.* (*von Geschütz, Wasserfall, Hufschlag etc*) thunder, roar, (*schwächer*) rumble: die Geschütze donnerten the guns thundered (*od.* boomed); die Züge ~ über die Schienen the trains thunder over the rails. – **3.** *fig.* (*schlagen*) thunder, hammer (away), pound (away): an (*acc*) (*od.* gegen) etwas ~ to thunder (*od.* hammer, pound) at (*od.* on, against) s.th.: er donnerte an die Tür he hammered at the door; auf den Tisch ~ to pound (on) the table. – **4.** *fig. lit.* (*wettern*) thunder, fulminate, rage, bluster: er donnerte gegen die Maßnahmen der Regierung he fulminated against the government's measures; er donnerte und wetterte in einem fort he blustered continuously. – **5.** *fig.* (*von Stimme*) roar, thunder. – **III** *v/t* **6.** *fig.* (*brüllen*) roar, thunder (out): ‚Ruhe!' donnerte er 'be quiet!' he roared. – **7.** *fig. colloq.* slam, 'thunder' (*colloq.*): er donnerte den Ball ins Tor he slammed the ball into the goal. – **IV D~** *n* ⟨-s⟩ **8.** *verbal noun.* – **9.** *fig.* thunder, roar, (*schwächer*) rumble.
'Don·ner,näg·lein *n bot.* triangle (*od.* maiden) pink (*Dianthus deltoides*).
'don·nernd I *pres p.* – **II** *adj fig.* **1.** thundering, thunderous, roaring: ~er Beifall thunderous applause; ~es Gelächter roaring (*od.* peals *pl* of) laughter; ~e Hochrufe rousing cheers; mit ~er Stimme in a thunderous voice, in (*od.* with) a voice like (*od.* of) thunder. – **2.** (*Reden etc*) fulminating, fulminant. – **III** *adv* **3.** like thunder: die Lawine kam ~ zu Tal the avalanche came thundering down; der Zug fuhr ~ über die Brücke the train thundered over the bridge.
'Don·ner|,nel·ke *f bot. cf.* Donnernäglein. — **~,rol·len** *n* rumble (*od.* rumbling) of thunder. — **~,schlag** *m* **1.** thunderclap, burst (*od.* peal, stroke, crash) of thunder. – **2.** *fig.* thunderbolt: die Nachricht wirkte auf ihn wie ein ~ the news struck him like a thunderbolt.
'Don·ners,tag *m* ⟨-(e)s; -e⟩ Thursday: (am) ~ morgen (on) Thursday morning; ~ vormittag Thursday morning; ~ abends (on) Thursday evenings (*od.* nights). — **~,abend** *m* Thursday evening.
'don·ners,tags *adv* on Thursdays, every (*od.* each) Thursday, *bes. Am.* Thursdays: ~ abends (on) Thursday evenings (*od.* nights).
'Don·ner|,stein *m geol. cf.* Donnerkeil 2. — **~,stim·me** *f colloq.* thundering (*od.* thunderous) voice: mit ~ sprechen to thunder. — **~,trä·ger** *m myth.* (*Jupiter*) Thunderbearer, *Br.* Thunder-bearer. — **~wet·ter** *colloq.* **I** *n* **1.** ['dɔnər,vɛtər] (*heftige Schelte*) row, blowup, *Br.* blow-up, outburst, explosion, squall: das wird ein schönes ~ geben (*od.* setzen) that will cause a fine row, that will raise the dust (*od.* a stink) (*colloq.*); du kannst dich auf ein (gehöriges) ~ gefaßt machen you will be in for it, you will catch it, you can expect a good telling off; ein ~ loslassen, wie ein (heiliges) ~ dreinfahren to make a frightful row, to kick up a terrible fuss (*colloq.*), to raise the roof (*od.* merry hell) (*colloq.*); ein ~ über sich ergehen lassen to face the music (*colloq.*). – **2.** ['dɔnər,vɛtər] *rare for* Gewitter. – **II** *interj* **3.** ['dɔnər'vɛtər] ~! (*überrascht, anerkennend*) you don't say! wow! (*colloq.*), *bes. Br.* my word! *bes. Br.* blimey! (*vulg.*). – **4.** ['dɔnər,vɛtər] (*als Fluch*) zum ~ (noch mal *od.* auch)! da soll doch gleich das (*od.* ein) ~ dreinfahren! damn it! hang it (all)! damnation! wer, zum ~, hat dir das gesagt? who the devil told you that? warum, zum ~ why in the name of thunder; wo, zum ~, ist mein Mantel? confound it, where's my coat? was, zum ~, wollen Sie hier? what the hell do you want here?
Don·qui·cho·te·rie [dõkiʃɔtə'riː; dɔn-] ⟨-; -n [-ən]⟩ *Austrian for* Donquichotterie. — **Don Qui'chotte** [-'ʃɔt] *npr m* ⟨-s; *no pl*⟩ Don Quixote (*auch fig.*): „~" *mus.* "Don Quixote" (*symphonic poem by Strauss*). — **Don·qui·chot·te'rie** [-ʃɔtə'riː] *f* ⟨-; -n [-ən]⟩ quixotism, quixotry. — **Don Qui·jo·te** [dɔnki'xoːtə] *m cf.* Don Quichotte.
'Dont·ge,schäft ['dõː-] *n econ. cf.* Termingeschäft.
doof [doːf] **I** *adj* ⟨-er; -st⟩ *colloq. contempt.*

1. stupid, silly, foolish, 'dense' (*colloq.*), *Am. colloq.* dopey, goofy (*sl.*): ein ~er Kerl (*od.* Heini) a stupid fellow; so eine ~e Nuß! *fig.* what a stupid (*od.* blithering) idiot. – 2. boring, dull. – 3. silly, crazy: sie trägt einen ~en Hut she is wearing a silly hat. – 4. (*als milde Verwünschung*) confounded, damned, blasted: dieses ~e Wetter this confounded weather; mach das ~e Fenster zu! close that damned window. – II *adv* 5. stupid(ly), silly: guck nicht so ~! don't look so silly! — '**Doof·heit** *f* ⟨-; *no pl*⟩ *colloq. contempt.* 1. stupidity, silliness, foolishness, 'denseness' (*colloq.*), *Am. colloq.* dopeyness, goofiness (*sl.*). – 2. boringness, dullness. – 3. silliness, craziness.

'**Doom,pal·me** ['du:m-; 'do:m-] *f bot. cf.* Dumpalme.

do·pen ['dɔpən; 'do:pən] (*sport*) I *v/t* ⟨h⟩ dope. – II *v/reflex* sich ~ dope oneself. — '**Do·ping** [-pɪŋ] *n* ⟨-s; -s⟩ doping.

Dop·pel¹ ['dɔpəl] *n* ⟨-s; -⟩ 1. (*Zweitschrift*) duplicate. – 2. (*beim Tennis*) a) doubles *pl*, *Br. auch* double, b) doubles team, c) doubles match: gemischtes ~ mixed doubles *pl*: er ist gut im ~ he's good in doubles, he's a good doubles player; ein ~ spielen to play doubles.

'**Dop·pel**² *m* ⟨-s; -⟩ *Swiss* stake at a shooting competition.

'**Dop·pel,acht** *m* ⟨-; -⟩ *m phot.* double run 8-mm film, double-eight film (*colloq.*).

'**Dop·pel|,ach·ter** *m* (*sport*) (*beim Rudern*) sculling (*auch* skulling) eight. — ~,**acht·,film** *m phot. cf.* Doppelacht. — ~,**ader** *f electr.* twin leader (*od.* wire), two-wire core. — ~,**ad·ler** *m* (*Wappentier*) double(-headed) eagle. — **d~,ar·mig** [-,ˀarmɪç] double- (*od.* two-)armed. — **d~ato·mig** [-ˀa,to:mɪç] *adj phys.* diatomic. — ~,**auf,hän·gung** *f tech.* dual suspension. — ~,**aus,fer·ti·gung** *f* duplicate. — ~,**aus,ga·be** *f print.* double (*od.* joint) issue. — ~,**aus,puff,rohr** *n auto.* twin exhaust pipe. — ~,**aus,schal·ter** *m electr.* double cutout (*Br.* cut-out). — ~,**axt** *f* 1. *archeol.* double ax(e), twibil(l). – 2. *tech.* double-bit ax(e). — ~-**B** [-,be:] *n mus.* double flat. — ~,**band** *m* ⟨-(e)s; ¨e⟩ *print.* double volume. — ~,**bar·chent** *m* (*textile*) dimity. — ~**be,deu·tung** *f* double meaning. — ~**be,lich·tung** *f phot.* double exposure. — ~**be,rei·fung** *f auto.* dual (*od.* twin) tires *pl* (*Br.* tyres *pl*), duals *pl*. — ~**be,schäf·ti·gung** *f* double employment. — ~**be,steue·rung** *f econ.* double taxation. — ~,**bett** *n* double bed: Zimmer mit ~ double room. — ~,**bett,couch** *f* double divan, studio couch. — ~**be,wußt·sein** *n psych.* multiple (*od.* dual, alternating) personality. — ~,**bier** *n brew.* double ale, strong beer. — ~,**bild** *n telev.* (*optics*) double image, 'ghost' (*colloq.*). — ~,**bin·dung** *f chem.* (chemical) double bond. — ~,**blatt** *n* 1. *tech.* wood table scarf. – 2. (*paper*) double sheet. — ~-,**Blink·,leuch·te** *f auto.* twin-bulb flasher lamp. — ~,**bock** *m brew.* Doppelbock (*very strong German beer*). — ~,**bo·den** *m* double bottom: mit ~ double-bottomed. — **d~-,bo·dig** [-,bo:dɪç], **d~,bö·dig** [-,bø:dɪç] *adj* 1. (*Koffer etc*) with a double (*od.* false) bottom, double-bottomed. – 2. *fig.* ambiguous, two-faced. — ~,**bö·dig·keit** *f* ⟨-; *no pl*⟩ 1. (*eines Koffers etc*) double bottomedness. – 2. *fig.* ambiguity, two-facedness.

'**Dop·pel,bo·gen** *m* 1. *print.* double sheet. – 2. *tech.* (*eines Rohres etc*) double bend. – 3. *arch.* twin arch. – 4. (*Schußwaffe*) Grecian bow. — ~,**falz·ma,schi·ne** *f print.* two-sheet folder.

'**Dop·pel|,boot** *n* catamaran. — **d~,bre·chend** *adj phys.* (*optics*) doubly refractive, double-refractive, birefractive, birefringent. — ~,**bre·chung** *f* double refraction, birefraction, birefringence. — **d~,breit** *adj* (*Stoff*) of double width. — ~,**bren·ner** *m* double burner. — ~,**brief** *m* (*postal service*) overweight letter. — ~,**bril·le** *f* (*optics*) double spectacles *pl*. — ~,**bruch** *m* 1. *med.* compound fracture. – 2. *math.* compound (*od.* complex) fraction. — ~,**brücke** (*getr.* -k·k-) *f* 1. *civ.eng.* twin bridge. – 2. *electr.* (*in der Meßtechnik*) duplex bridge, Thomson (*od.* Kelvin) bridge. — ~,**büch·se** *f hunt.* double-barreled (*bes. Br.* -barrelled) gun, *auch* double-barrel. — ~,**buch,sta·be** *m* 1. double letter, digraph. – 2. *print.* ligature. — ~,**chor** *m arch. mus.* double choir. — **d~,chö·rig** [-,kø:rɪç] *adj* with two choirs. — ~,**ci·ce·ro** *f print.* two-line Pica. — ~,**decker** (*getr.* -k·k-) *m* ⟨-s; -⟩ 1. *aer.* biplane. – 2. *colloq.* double-decker (bus), double-deck(ed) bus. – 3. *print.* two-magazine composing machine, double-decker.

'**dop·pel,deu·tig** [-,dɔʏtɪç] *adj* ambiguous, equivocal, with a double meaning. — '**Dop·pel,deu·tig·keit** *f* ⟨-; *no pl*⟩ ambiguity, equivocalness, equivocality.

'**Dop·pel|,drei·er** *m* (*beim Eiskunstlauf*) double three. — ~,**drib·bel** *n* (*beim Basketball*) second dribble. — ~,**druck** *m* ⟨-(e)s; -e⟩ 1. *print.* mackle, blur, double impressum. – 2. *meist pl* (*Buch*) twin issue. – 3. (*textile*) reversible (*od.* duplex) print. — ~,**druck·ma,schi·ne** *f* 1. *print.* perfecting machine. – 2. (*textile*) duplex printing machine. — ~,**dü·sen·ver,ga·ser** *m tech.* double-jet carburetor (*bes. Br.* carburettor). — ~,**ehe** *f* bigamy: in ~ leben to be a bigamist, to live in bigamy. — ~,**end·,ball** *m* (*sport*) (*beim Boxen*) floor-to-ceiling ball. — **d~,fä·dig** [-,fɛ:dɪç] *adj electr.* bifilar. — ~,**falz** *m tech.* double seam. — **d~,far·big** *adj* two- (*od.* double-)colo(u)red; dichroic, dichromatic (*scient.*). — ~,**far·big·keit** *f* dichroism. — ~,**fär·bung** *f* double colo(u)ring. — ~,**feh·ler** *m* (*beim Tennis*) double fault. — ~,**fen·ster** *n* double window. — ~,**fern,rohr** *n* (*optics*) binocular telescope. — ~,**flin·te** *f hunt. cf.* Doppelbüchse. — ~,**flö·te** *f mus.* (*Orgelregister*) double flute. — **d~,flu·tig** [-,flu:tɪç] *adj aer.* (*Verdichter*) double-entry (*attrib*). — ~,**fo·kus,glas** *n* (*optics*) bifocal (lens). — ~,**form** *f ling.* 1. doublet. – 2. alternative form (*od.* derivation). — ~,**foul** *n* (*beim Basketball*) double foul. — ~,**fu·ge** *f mus.* double fugue. — ~,**fü·ßer** *m* ⟨-s; -⟩ *zo.* diplopod. — **d~,fü·ßig** *adj* diplopod.

'**Dop·pel,gän·ger** *m* [-,gɛŋər] ⟨-s; -⟩ double, doppelgänger, doppelganger, *auch* doppelgaenger, doubleganger, *Br.* double-ganger.

'**dop·pel,gän·gig** *adj tech.* (*Schraube*) double--threaded.

'**Dop·pel|ga,ra·ge** *f* double (*od.* two-car) garage. — **d~ge,sich·tig** [-gə,zɪçtɪç] *adj* 1. double-faced. – 2. *fig.* double-faced, insincere, ambiguous. — ~**ge,stirn** *n astr. cf.* Doppelstern. — ~**ge,we·be** *n* (*textile*) double(-woven) (*od.* reversible) cloth. — ~,**gleis** *n* (*railway*) double track (*od.* line). — **d~,glei·sig** [-,glaɪzɪç] I *adj* 1. (*railway*) double-track(ed). – 2. *fig. contempt. cf.* doppelgesichtig 2. – II *adv* 3. ~ fahren *fig. colloq.* to go off in different directions, to be on a different track. — ~,**griff** *m mus.* double (*od.* multiple) stop: ~e (*od.* in ~en) spielen to double-stop. — ~,**hahn** *m tech. cf.* Zweiwegehahn. — ~,**ha·ken** *m* double hook. — ~,**haus** *n* semi-detached house. — ~,**he·bel** *m* push and pull lever, twin lever. — ~,**heft** *n* 1. exercise book of extra thickness. – 2. *cf.* Doppelnummer. — ~,**hoch·,zeit** *f* double wedding. — ~,**hub** *m tech.* (*eines Kolbens*) double stroke. — ~-,**Ich** *n psych.* dual (*od.* double, split) personality. — ~**in·te,gral** *n math.* double integral. — ~**ka,bi·ne** *f* 1. *auto.* (*eines Lastwagens*) twin compartment, double cab. – 2. *mar.* two- (*od.* double-)bed cabin, double berth cabin. — ~,**kinn** *n* double chin: mit einem ~ double-chinned. — ~,**kol·ben·,mo·tor** *m tech.* double- (*od.* opposed-)piston engine. — ~**kon·so,nant** *m ling.* double consonant. — ~**kon,zert** *n mus.* double concerto. — ~,**kopf** *m* 1. ⟨*only sg*⟩ doppelkopf (*card game*). – 2. *med.* dicephalus. — ~,**kopf,hö·rer** *m electr.* (pair of) headphones *pl*, headset. — **d~,köp·fig** [-,kœpfɪç] *adj med. zo.* double-headed; bicephalous, bicephalic (*scient.*). — ~,**kreuz** *n* 1. *mus.* double sharp. – 2. *relig.* (*eines Erzbischofs*) cross of Lorraine. – 3. *print.* double dagger, *auch* diesis. – 4. *her.* patriarchal cross, cross of Lorraine. — ~,**lauf** *m* (*einer Flinte etc*) double barrel. — **d~,läu·fig** *adj* (*Flinte etc*) double-barreled (*bes. Br.* -barrelled). — ~,**laut** *m ling.* diphthong. — ~,**le·ben** *n only in* ein ~ führen to lead a double life. — ~,**lei·tung** *f* 1. *electr.* twin conductor (*od.* cable). – 2. *tel.* loop circuit. — ~,**li·nie** *f* 1. double line. – 2. (*optics*) doublet. — **d~-,li·nig** [-,li:nɪç] *adj* bilinear. — **d~,mäu·lig** [-,mɔʏlɪç] *adj tech.* (*Schraubenschlüssel*) double-ended, double-head (*attrib*).

'**Dop·pel,maul|,schlüs·sel**, ~,**schrau·ben,schlüs·sel** *m tech.* double-head wrench, *bes. Br.* double-ended spanner.

'**Dop·pel|,mit,glied·schaft** *f* double membership. — ~,**mit·tel** *f print.* 28-point type. — ~**mon·ar,chie** *f hist.* Dual Monarchy (*Austria-Hungary; 1867—1918*). — ~,**mord** *m* double murder. — ~,**muf·fe** *f tech.* double socket. — ~,**müh·le** *f* (*beim Mühlespiel*) double row.

dop·peln ['dɔpəln] I *v/t* ⟨h⟩ 1. (*verdoppeln*) double, duplicate. – 2. *Bavarian dial. and Austrian* (*Schuhe*) sole. – 3. (*textile*) a) (*Tuch*) fold, b) (*Garn etc*) twist, ply. – II *v/i* 4. (*games*) a) (*würfeln*) dice, b) (*betrügen*) cheat. – 5. (*film, theater*) double, play as double.

'**Dop·pel|,nach,stoß** *m* (*sport*) (*beim Fechten*) double thrust. — ~,**naht** *f* double stitch(ing). — ~,**na·me** *m* 1. hyphenated (*od.* compound) name, double-barreled (*bes. Br.* -barrelled) name (*colloq.*). – 2. *biol.* binomial. — ~,**nel·son** *m* (*beim Ringen*) full nelson. — ~,**num·mer** *f print.* double copy (*od.* issue). — ~**ok,ta·ve** *f mus.* double octave, superoctave. — ~,**packung** (*getr.* -k·k-) *f* double-sized package. — ~,**pad·del** *n* double paddle. — ~**par,tie** *f cf.* Doppel¹ 2a, c. — ~,**paß** *m* (*beim Fußball*) wall pass. — **d~,po·lig** [-,po:lɪç] *adj* 1. *electr.* bipolar, double- (*od.* two-)pole (*attrib*). – 2. *nucl. cf.* dipolar. — ~,**po·sten** *m mil.* double sentry. — ~,**pris·ma** *n* (*optics*) double (image) prism, biprism. — ~,**punkt** *m* 1. *ling.* colon. – 2. *math.* (*einer Kurve*) double point, crunode. — ~,**quit·tung** *f econ.* receipt in duplicate. — ~,**rei·fen** *m auto.* double (*od.* dual, twin) tire (*Br.* tyre). — ~,**rei·he** *f* 1. double row. – 2. *math.* double series. – 3. *mil.* column of twos, double file: in ~, angetreten! in column of twos, fall in! — ~,**rei·hen,mo·tor** *m tech.* double-tandem engine. — ~-,**rei·her** *m colloq.* double-breasted suit. — **d~,rei·hig** [-,raɪɪç] *adj* double-row (*attrib*): ~er Anzug double-breasted suit. — ~,**reim** *m metr.* double rhyme. — ~,**rohr,blatt·in·stru,ment** *n* double-reed instrument. — ~,**rol·le** *f* 1. *auch fig.* double role (*auch* rôle), double part: eine ~ spielen to play a double role. – 2. *aer.* double roll.

'**Dop·pel,rumpf** *m aer.* twin fuselage. — ~-,**flug,zeug** *n* twin-boom aircraft.

'**Dop·pel|,sal·to** *m* (*sport*) double somersault. — ~,**salz** *n chem.* double salt. — ~-,**satz** *m print.* double. — ~,**schal·ter** *m electr.* twin (*od.* duplex, two-way) switch. — ~,**schei·ben,wi·scher** *m auto.* tandem (*od.* dual) wiper. — ~,**schicht** *f* 1. double layer. – 2. (*einer Farbe*) double coating. – 3. *geol.* double stratum. – 4. *econ.* double shift. — **d~,schich·tig** *adj* two-layered. — ~,**schlag** *m mus.* 1. turn. – 2. (*auf Schlaginstrumenten*) double beat. — **d~,schlä·gig** [-,ʃlɛ:gɪç] *adj med.* (*Puls*) dicrotic. — ~,**schlä·gig·keit** *f* ⟨-; *no pl*⟩ dicrotism. — ~,**schlei·che** *f*, ~,**schlei·cher** *m zo.* worm lizard (*Fam. Amphisbaenidae*).

'**Dop·pel,schluß|ge·ne,ra·tor** *m electr.* compound(-wound) dynamo (*od.* generator). — ~**ma,schi·ne** *f* compound(-wound) machine.

'**Dop·pel|,schrau·ben,damp·fer** *m mar.* twin-screw steamer. — ~,**schrei·ber** *m tel.* diplograph, diplex telegraph recorder. — ~,**schritt** *m* 1. (*als Maß*) geometrical (*od.* great) pace (*5 feet*): römischer ~ Roman pace (*4.85 feet*). – 2. (*beim Tanzen*) double step. — ~,**schuß** *m hunt.* double shot. — ~-,**se·hen** *n med.* double vision, diplopia (*scient.*). — ~,**sei·te** *f* 1. double page. – 2. *print.* double page (*od.* spread).

'**dop·pel,sei·tig** I *adj* 1. double(-sided), bilateral: ~e Lungenentzündung [Lähmung] *med.* double pneumonia [paralysis]; ~er Leistenbruch bilateral inguinal hernia. – 2. (*textile*) (*Gewebe*) reversible, double-faced (*od.* -sided). – 3. *print.* two-page, double-page (*attrib*). – 4. *ling.* (*Assimilation*) reciprocal. – II *adv* 5. on both sides: ~ bespielte Schallplatte two-sided record. — '**Dop·pel,sei·tig·keit** *f* ⟨-; *no pl*⟩ bilateralism, bilaterality, bilateralness.

'**Dop·pel|,selbst,laut** *m ling.* diphthong. — ~,**ses·sel** *m* (*eines Skiliftes etc*) double (*od.* two-seat) chair.

'**dop·pel,sich·tig** *adj med.* diplopic. — '**Dop·pel,sich·tig·keit** *f* ⟨-; *no pl*⟩ *cf.* Doppelsehen.

'**Dop·pel,sieg** *m* (*sport*) double win (*od.* victory).

ˈDop·pel|ˌsinn *m* double meaning, ambiguity. — **d~ˌsin·nig I** *adj* **1.** of (*od.* with) a double meaning, ambiguous, equivocal. – **2.** *med.* (*Nervenfasern etc*) antidromic. – **II** *adv* **3.** ambiguously. — **~ˌsin·nig·keit** *f* ⟨-; -en⟩ ambiguity, equivocality, equivocalness, equivocation.

ˈDop·pel|ˌsitz *m* **1.** (*eines Motorrads etc*) twin (*od.* dual) seat. – **2.** *cf.* Doppelsessel. — **~ˌsit·zer** [-ˌzɪtsər] *m* ⟨-s; -⟩ two-seater. — **d~ˌsit·zig** [-ˌzɪtsɪç] *adj tech.* (*Ventil*) double-beat (*od.* -seated). — **~ˌsoh·le** *f* double sole: dicke ~ clump sole. — **~ˌspat** *m min.* Iceland (*od.* double) spar, *auch* Iceland crystal. — **~ˌspiel** *n* **1.** *fig. contempt.* double game, double dealing: ein ~ treiben to play a double game. – **2.** *rare for* Doppel[1] 2a, c. — **~ˌspie·ler** *m* **1.** (*beim Tennis*) doubles player. – **2.** (*film*) double, stand-in. — **d~ˌspit·zig** *adj* **1.** double-pointed. – **2.** *bot. zo.* bicuspid, *auch* bicuspidate. — **~ˌsporn** *m bot.* showy dicentre (*Dicentra spectabilis*). — **~ˌsprung** *m* (*sport*) (*beim Eiskunstlauf*) double jump. — **~ˌspurˌaufˌzeich·nung** *f electr.* twin-track recording. — **~ˌsteckˌdo·se** *f electr.* twin (*od.* two-way) socket. — **~ˌstecker** (*getr.* -k·k-) *m* **1.** two-way (*od.* double) plug. – **2.** (*Verteiler*) two-way adapter (*auch* adaptor). — **~ˌstern** *m astr.* double star, binary (star). — **~ˌsternˌmo·tor** *m aer.* twin-row (*od.* double-row) radial engine. — **~ˌsteu·er** *n* dual (flight) controls *pl.*

ˈdop·pelˌstöckig [-ˌʃtœkɪç] (*getr.* -k·k-) *adj* two-storeyed, *bes. Am.* two-storied: ~er Bus double-decker, double-deck(ed) bus; ~es Bett two-bunk bed, double-decker.

ˈDop·pelˌstrich *m mus.* double bar.

ˈdop·pelt I *adj* **1.** double: ~e Blüte double blossom; ~er Boden double (*od.* false) bottom; ~e Buchführung *econ.* double entry, double-entry bookkeeping; mit ~er Kraft ans Werk gehen to double one's efforts; ~e Moral *fig.* double set (*od.* code) of morals, double standard; ~e Schneide double edge; ~er Sinn double meaning; ein ~es Spiel mit j-m treiben (*od.* spielen) *fig.* to play a double game with s.o., to double-cross s.o. (*colloq.*); ~er Vorteil double advantage; ~er Whisky double whisky; → Freude 1. – **2.** (*doppelt soviel*) double, twice: ~e Arbeit leisten to do double (*od.* twice as much) work; die ~e Summe double (*od.* twice) the sum; den ~en Preis zahlen müssen to have to pay double the price. – **3.** (*zweifach*) double, dual, twofold: aus ~em Grunde for two reasons; das hat ein ~es Gesicht *fig.* there are two sides to it, that has two aspects, it is a two-sided matter; einem ~en Zweck dienen to serve a dual purpose; ~e Staatsbürgerschaft *jur.* dual nationality. – **4.** (*doppelt vorhanden*) duplicate: in ~er Ausfertigung in duplicate, in two copies; etwas ~ haben to have two copies (*od.* to have duplicates) of s.th., to have s.th. twice (*od.* in duplicate); ~es Vorhandensein duplicity. – **5.** *bes. electr.* duplex. – **6.** *tech.* a) (*Motor etc*) twin (*attrib*), dual, double, b) (*Übersetzung etc*) two-speed (*attrib*). – **7.** (*textile*) (*Stoffbreite*) double. – **8.** *ling.* (*Geschlecht*) common. – **9.** *biol.* bigeminal. – **II** *adv* **10.** (*zweimal*) double, twice, doubly: ~ so groß [lang] (wie) twice as large [long] (as); er ist ~ so alt wie ich he is twice as old as I (am), he is double (*od.* twice) my age; ~ soviel bezahlen to pay double (*od.* twice) as much, to pay double the price; ~ verbucht werden *econ.* to be entered twice (*od.* doubly); ~ sehen *colloq.* (*von Betrunkenen*) to see double; ~ prismatisch *min.* diprismatic; ~ sehend *med.* diplopic; ~ geöhrt [gesägt, zusammengesetzt] *bot.* biauriculate [biserrate, decomposite]; ~ geschwänzt *zo.* bicaudal, bicaudate; ~ genäht hält besser (*Sprichwort*) two are better than one, better safe than sorry, it is better to be on the safe side; ~ gibt, wer gleich (*od.* schnell) gibt (*Sprichwort*) he gives twice who gives quickly; → gemoppelt. – **11.** (*verstärkend vor Adjektiven*) doubly: ~ schmerzlich [unglücklich] doubly painful [unhappy]; es tut mir ~ leid, daß I am doubly sorry that. – **12.** (*textile*) double, doubly: der Stoff liegt ~ breit the cloth is double width; ~ gewebt double- (*od.* two-)ply (*attrib*). – **13.** ~ und dreifach *colloq.* doubly (and trebly), doubled (and trebled), twofold: j-n ~ und dreifach entschädigen to compensate s.o. doubly; das zählt ~ und dreifach that counts doubly and trebly; er zahlte es ihm ~ und dreifach heim he made him pay for it doubly (and trebly). – **III D~e, das** ⟨-n⟩ **14.** (the) double: die Preise sind um das D~e gestiegen prices are now double what they were, prices have doubled; um das (*od.* ums) D~e spielen to double the stake; um das (*od.* ums) D~e größer twice as big, double the size; das D~e bezahlen to pay twice as much (*od.* double the sum); das D~e leisten to do double (*od.* twice) the work, to do twice as much work.

ˈDop·pel·taˌrif *m econ.* double tariff.

ˈDop·pel·te *m* ⟨-n; -n⟩ double (drink): geben Sie mir einen ~n *colloq.* make it a double.

ˈdop·pelt|geˌfie·dert *adj bot.* bipennate(d), bipinnate. — **~geˌsägt** *adj* (*Blatt*) biserrate. — **~geˌzahnt** *adj* bidentate. — **~ˌkoh·lenˌsau·er** *adj chem.* bicarbonate of, bicarbonate (*nachgestellt*): doppeltkohlensaures Natron sodium bicarbonate, bicarbonate of soda ($NaHCO_3$). — **~log·arith·misch** [-logaˌrɪtmɪʃ] *adj math.* with logarithmic scale on both axes; ~es Koordinatensystem log-log system of coordinates.

ˈDop·pel|ˌtref·fer *m* (*sport*) **1.** (*beim Fechten*) double hit (*od.* touch), simultaneous touch. – **2.** (*beim Schießen*) doublet, double hit. — **~ˌtril·ler** *m mus.* trill (*od.* shake) with turn. — **~troˌchä·us** *m metr.* ditrochee.

ˈDop·pelt|ˌse·hen *n med.* double vision, diplopia (*scient.*). — **d~ˌsich·tig** *adj* diplopic.

ˈDop·pel-ˌT-ˌTrä·ger [-ˌteː-] *m tech.* I-beam, (*breitflanschiger*) wide-flange (*od.* broad-flanged) beam.

ˈDop·pel|ˌtu·bus *m tech.* binocular tube. — **~ˌtür** *f* double door.

ˈdop·peltˌwir·kend *adj tech.* (*Bremse, Kolben, Pumpe*) double-action (*attrib*), double-acting.

ˈDop·pe·lung *f* ⟨-; -en⟩ **1.** *tech.* (*von Blechen*) doubling. – **2.** *metall.* (*als Walzfehler*) lamination.

ˈDop·pel|verˌanˌstal·tung *f* (*sport*) two games played consecutively on the same day, *Am.* doubleheader. — **~verˌdie·ner** *m econ.* **1.** two-job man, double wage-earner. – **2.** *pl* a married couple having two incomes, husband and wife who are both earning. — **~verˌdienst** *m* double earnings *pl* (*od.* profit). — **~verˌhält·nis** *n math.* double (*od.* cross) ratio: nichtharmonisches ~ anharmonic ratio. — **~verˌkehr** *m tel.* two-way communication (*od.* traffic), duplex communication (*od.* operation). — **~ˌvers** *m metr.* distich. — **~verˌsi·che·rung** *f econ.* double insurance. — **~ˌvie·rer** *m* (*beim Rudern*) sculling four. — **~voˌkal** *m ling.* diphthong. — **~ˌwäh·rung** *f econ.* bimetal currency, bimetallism, double standard. — **~ˌwand** *f* double wall. — **d~ˌwan·dig** [-ˌvandɪç] *adj* double-walled. — **d~ˌwer·tig** *adj chem. cf.* zweiwertig. — **~ˌzent·ner** *m* metric (*od.* double) centner, quintal (*100 kilograms*). — **~ˌzim·mer** *n* double room. — **~ˌzün·der** *m mil.* **1.** double-action fuse, combination fuse. – **2.** (*bei Fla*) time and percussion fuse. — **~ˌzün·dung** *f tech.* (*im Motor*) dual ignition.

ˈdop·pelˌzün·gig [-ˌtsʏŋɪç] *adj fig.* **1.** (*Person*) two-faced, double-tongued, double-dealing. – **2.** (*Bemerkung etc*) disingenuous. – **3.** *zo.* diploglossate. — **ˈDop·pelˌzün·gig·keit** *f* ⟨-; -en⟩ *fig.* **1.** ⟨*only sg*⟩ two-facedness, double-dealing. – **2.** disingenuity, disingenuousness.

ˈDop·pelˌzwei·er *m* (*beim Rudern*) double sculls *pl.*

Döp·per [ˈdœpər] *m* ⟨-s; -⟩ *tech.* header, heading set, *bes. Br.* snap die.

Dop·pik [ˈdɔpɪk] *f* ⟨-; *no pl*⟩ *econ.* double-entry bookkeeping (*Br.* book-keeping).

ˈDopp·ler·efˌfekt [ˈdɔplər-] *m* ⟨-(e)s; *no pl*⟩ *phys.* Doppler effect (*od.* shift).

ˈDopp·lung *f* ⟨-; -en⟩ *cf.* Doppelung.

Do·ra·de [doˈraːdə] *f* ⟨-; -n⟩ *zo.* silver bream (*Gattg Acanthopagrus*).

Do·ra·do [doˈraːdo] *n* ⟨-s; -s⟩ *lit. cf.* Eldorado.

Do·rant [doˈrant], **ˈBlau·er** *m* ⟨-s; -e⟩ *bot.* harvest bell (*Gentiana pneumonanthe*).

Do·rer [ˈdoːrər] *m* ⟨-s; -⟩ *antiq. cf.* Dorier.

Dorf [dɔrf] *n* ⟨-(e)s; =er⟩ **1.** village: auf dem ~ in the village; das ~ X the village of X, X village; das olympische ~ the Olympic village; das sind mir (*od.* für mich) böhmische Dörfer *fig. colloq.* that's all Greek to me; die Welt ist (doch) ein ~! *colloq.* it's a small world! how small is the world! → Kirche 1. – **2.** (*Land*) country: er kommt (*od.* stammt, ist) vom ~(e) he comes from the country; auf dem ~ wohnen to live in the country; aufs ~ ziehen to go to the country; du bist wohl vom ~? *colloq. iron.* where did you learn your manners? don't act like a country bumpkin! – **3.** *collect.* (inhabitants *pl* of the) village: das ganze ~ lief herbei the entire village turned out. – **4.** auf die Dörfer gehen a) (*games*) *colloq.* to discard, b) (*theater*) to barnstorm.

ˈDorf|ˌäl·te·ste *m* ⟨-n; -n⟩ *hist.* village elder (*od.* senior). — **~ˌan·ger** *m* village green. — **~beˌwoh·ner** *m*, **~beˌwoh·ne·rin** *f* villager, inhabitant of a village.

Dörf·chen [ˈdœrfçən] *n* ⟨-s; -⟩ small village, hamlet.

ˈDorf|ˌflur *f agr.* village (farm)land. — **~ˌgastˌhaus** *n*, **~ˌgastˌhof** *m* village inn. — **~ˌgeist·li·che** *m cf.* Dorfpfarrer. — **~geˌmein·de** *f* **1.** rural (*od.* village) community. – **2.** *collect.* villagers *pl.* – **3.** *relig.* rural parish. — **~geˌmein·schaft** *f* village community. — **~geˌnos·sen·schaft** *f* **1.** *agr. econ.* village co(-)operative. – **2.** *cf.* Dorfgemeinschaft. — **~geˌschich·te** *f* **1.** village tale, story of country life, peasant story. – **2.** history of a (*od.* the) village.

dör·fisch [ˈdœrfɪʃ] *adj contempt.* villagey, rural, rustic.

ˈDorf|ˌju·gend *f collect.* young people *pl* of the (*od.* a) village. — **~ˌkind** *n* village child. — **~ˌkir·che** *f* village church. — **~ˌkir·chen·beˌwe·gung** *f relig.* rural church movement. — **~ˌklatsch** *m* village gossip. — **~ˌknei·pe** *f colloq. contempt. for* Dorfschenke. — **~ˌkrug** *m bes. Northern G. dial. for* Dorfschenke. — **~ˌle·ben** *n* village (*od.* country) life.

Dörf·lein [ˈdœrflaɪn] *n* ⟨-s; -⟩ *cf.* Dörfchen.

Dörf·ler [ˈdœrflər] *m* ⟨-s; -⟩ villager, (*im weiteren Sinn*) countryman, rustic.

ˈDorfˌleu·te *pl* villagers, village folk *sg.*

dörf·lich [ˈdœrflɪç] *adj* ⟨*attrib*⟩ **1.** village: ~es Leben village life; die Stadt hat sich ihren ~en Charakter bewahrt the town has kept its village character. – **2.** (*bäuerlich*) rural, country.

ˈDorf|ˌlin·de *f* village linden. — **~mu·siˌkant** *m* village musician. — **~ˌpfar·rer** *m* **1.** country parson (*od.* pastor). – **2.** *röm. kath.* village priest. — **~ˌplatz** *m* village square.

Dorf·sa·me [ˈdɔrfzaːmə] *f* ⟨-; *no pl*⟩ *Swiss* village community.

ˈDorf·schaft *f* ⟨-; *no pl*⟩ *obs. collect.* villagers *pl.*

ˈDorf|ˌschen·ke *f* village inn (*Br. colloq.* pub). — **~ˌschmied** *m* village blacksmith. — **~ˌschö·ne** *f meist iron.* village belle (*od.* beauty), belle of the village. — **~ˌschu·le** *f* village school. — **~ˌschulˌleh·rer** *m* village schoolmaster. — **~ˌschult·heiß**, **~ˌschul·ze** *m* village magistrate, mayor of a village. — **~ˌschwal·be** *f zo. cf.* Rauchschwalbe. — **~ˌstra·ße** *f* village street. — **~ˌteich** *m* village pond. — **~ˌtrot·tel** *m contempt.* village idiot. — **~ˌwie·se** *f* village green. — **~ˌwirtsˌhaus** *n cf.* Dorfschenke.

Do·ri·er [ˈdoːrɪər] *m* ⟨-s; -⟩ *antiq.* Dorian.

Do·ris [ˈdoːrɪs] *f* ⟨-; Doriden [doˈriːdən]⟩ *zo.* (*Sternschnecke*) sea lemon, warty slug (*Doris tuberculata*).

ˈdo·risch I *adj* **1.** *antiq.* Dorian, Doric: die D~e Wanderung the Dorian invasion. – **2.** *ling.* Doric, Dorian. – **3.** (*art*) *arch.* Doric: ~e Säulenordnung Doric (order); ~er Stil Doric style. – **4.** *mus.* Dorian: ~e Tonart Dorian mode. – **II** *ling.* **D~** ⟨*generally undeclined*⟩, **das D~e** ⟨-n⟩ **5.** Doric, the Doric dialect.

ˈDor·kas·Ga,zel·le [ˈdɔrkas-] *f zo.* dorcas gazelle (*Gazella dorcas*).

ˈDor·kingˌhuhn [ˈdɔrkɪŋ-] *n zo.* (*Haushuhnrasse*) Dorking (*od.* fire-toed) fowl, dorking.

Dor·meu·se [dɔrˈmøːzə] *f* ⟨-; -n⟩ lounge (*od.* easy) chair.

Dor·mi·to·ri·um [dɔrmiˈtoːrɪʊm] *n* ⟨-s; -torien⟩ (*in Kloster, Internat*) dormitory.

Dorn[1] [dɔrn] *m* ⟨-(e)s; -en, *colloq. auch* =er⟩ **1.** thorn: voll(er) ~en thorny; sich (*dat*) einen ~ in den Fuß treten to get a thorn in one's foot; sein Lebensweg war voll(er) ~en *lit.* he (has) had a hard life, he had a thorny path to tread (*lit.*); j-m ein ~ im Auge sein *fig.* to be a thorn in s.o.'s side (*od.* flesh); keine Rose ohne ~en (*Sprichwort*) no rose without a thorn. – **2.** *bot.* a) thorn, b) spine, spinule, c) prickle: ohne ~en *cf.* dornenlos. – **3.** *bot. cf.* Dornbusch 1. – **4.** *zo.* spine: über einem ~ liegend supraspinal. – **5.** *poet.* thorn(bush).

Dorn² *m* ⟨-(e)s; -e⟩ **1.** *tech.* a) (*für Fräsen, Reibahlen, Kreissägen, Schleifscheiben etc*) arbor, b) (*einer Lehre*) plug, c) (*für Dreharbeiten*) mandrel, d) (*für Schweißarbeiten*) contact bar, e) (*für Preßarbeiten*) piercing die. – **2.** a) (*einer Türangel*) (hinge) pin, b) (*einer Schnalle*) tongue, fang. – **3.** *tech.* (*Handwerkzeug*) a) (*Durchtreiber*) drift pin, b) (*zum Ein- u. Ausdrücken auf der Dornpresse*) arbor, mandrel. – **4.** *tech.* (*als Drehstift*) pivot pin, pintle. – **5.** *metall.* (*im Walzwerk*) a) (*von Röhrenwalzen*) plug, piercing mandrel, b) (*einer Ablaufhaspel*) mandrel. – **6.** *meist pl* (*an Sportschuhen etc*) spike. – **7.** *mus.* (*am Cembalo*) quill.

'Dorn|ˌap·fel *m bot. cf.* Stechapfel. — **d~ˌar·tig** *adj* thornlike, spiny, spinelike, spiniform (*scient.*). — **~ˌausˌzie·her** *m* (*art*) Boy with a Thorn (*classic statue*). — **~ˌbusch** *m* **1.** *bot.* thornbush, brier, briar, bramble. – **2.** Moses und der brennende ~ *Bibl.* Moses and the burning bush.

Dörn·chen ['dœrnçən] *n* ⟨-s; -⟩ **1.** *dim. of* Dorn¹. – **2.** thornlet. – **3.** *bot. zo.* spinule: mit ~ besetzt spinulose.

'Dornˌdre·her *m* ⟨-s; -⟩ *zo.* red-backed shrike, *auch* butcher-bird (*Lanius collurio*). — **~ˌei·dech·se** *f* spiny sand lizard (*Lacerta echinata*).

dor·nen¹ ['dɔrnən] *v/t* ⟨h⟩ *metall.* (*Röhrenwalzen*) pierce.

'dor·nen² *adj poet.* thorny, of thorns.

'dor·nen|ˌar·tig *adj* thornlike, spiny. — **~beˌsetzt** *adj* thorny. — **~ˌför·mig** [-ˌfœrmɪç] *adj* thorn-shaped; spiniform, spinate (*scient.*). — **~geˌkrönt** *adj Bibl.* crowned with thorns.

'Dor·nen|geˌstrüpp *n cf.* Dorngebüsch. — **~ˌhecke** (*getr.* -k·k-) *f* thorn hedge, hedge of thorns. — **~ˌkro·ne** *f, auch* **~ˌkranz** *m* crown of thorns. — **d~los** *adj* thornless, without thorns. — **d~ˌreich** *adj* **1.** thorny, full of thorns. – **2.** *fig.* (*Weg, Leben etc*) thorny, hard, difficult. — **~ˌstrauch** *m* thornbush, brier, briar, bramble: voller Dornensträucher briery, briered. — **d~ˌtra·gend** *adj bot. zo.* spiny, spined, spine-bearing; spinose, spinous (*scient.*). — **d~ˌvoll** *adj fig.* thorny, spiny: ein ~er Weg a thorny path (*od.* road).

'dornˌför·mig *adj* **1.** thorn-shaped. – **2.** *med. zo.* spinal.

'Dorn|ˌfortˌsatz *m med. zo.* spinal (*od.* spinous) process: ~ eines Wirbels neural spine; über einem ~ liegend supraspinal. — **~geˌbüsch, ~geˌstrüpp** *n* thornbushes *pl*, brambles *pl*, brier, briar, brake. — **~ˌgras,mücke** (*getr.* -k·k-) *f zo.* (greater) whitethroat (*Sylvia communis*). — **~ˌgrundel** *f cf.* Steinbeißer. — **~ˌhai** *m* (piked *od.* spiny) dogfish, spiky Jack (*Acanthias acanthias*). — **~ˌhecke** (*getr.* -k·k-) *f cf.* Dornenhecke. — **~ˌherz** *n zo.* heart-shell, *bes.* heart cockle (*Isocordia cor*).

'dor·nig *adj* **1.** thorny, spiny, prickly. – **2.** *fig. cf.* dornenvoll. – **3.** (*voller Dornsträucher*) brambly, briery, briary. – **4.** *bot.* spinous, spiny, acanthaceous (*scient.*).

Dörn·ling ['dœrnlɪŋ] *m* ⟨-s; -e⟩ *bot.* plum agaricus (*Agaricus muzeron od. prunulus*).

'dorn·los *adj* thornless, without thorns.

'Dorn|ˌmyr·te *f bot. cf.* Mäusedorn. — **~ˌpres·se** *f tech.* arbor (*od.* mandrel, piercing) press. — **~ˌro·chen** *m zo. cf.* Nagelrochen.

'Dornˌrös·chen *npr n* ⟨-s; *no pl*⟩ (*Märchengestalt*) (The) Sleeping Beauty: schlafen wie ein ~ *fig.* to sleep like a top. — **~ˌschlaf** *m fig.* long (period of) sleep, hundred years' sleep: einen ~ halten, in einem ~ liegen a) to lie dormant, b) to be behind the times; in einen ~ sinken (*od.* fallen) to sink (*od.* fall) into a long sleep; die Stadt wurde aus ihrem ~ geweckt the city was wakened from its long sleep; aus langem ~ erwachen a) to wake from a long sleep, b) to wake up to reality.

'Dorn|ˌro·se *f bot.* **1.** a) dog (*od.* hip) rose, *bes. Br.* dogrose (*Rosa canina*), b) sweet briar, eglantine (*R. eglanteria*). – **2.** (*Auswuchs am Dorn*) thorn-gall. — **~ˌrücken-ˌfisch** (*getr.* -k·k-) *m* pearl fish (*Carapus fierasfer*). — **~ˌschloß** *n tech.* pinlock. — **~ˌschuh** *m meist pl* (*sport*) track (*od.* spiked, running) shoe. — **~ˌschwanz·aga·me** [-ˀaˌgaːmə] *f zo.* mastigure (*Gattg Uromastix*). — **d~ˌschwän·zig** [-ˌʃvɛntsɪç] *adj zo.* (*Eidechse etc*) thorn-tailed. — **~ˌstrauch** *m bot.* **1.** thornbush, brier, briar, bramble. – **2.** (*bes. Weißdorn*) thorn (*Gattg Crataegus*). — **~ˌteu·fel** *m zo. cf.* Moloch² 2. — **~ˌwal·ze** *f metall.* (*für Rohre*) mandrel roll. — **~ˌziˌkade** *f zo.* treehopper (*Fam. Membracidae*).

dor·ren ['dɔrən] *v/i* ⟨sein⟩ dry (up), become dry, wither.

dör·ren ['dœrən] **I** *v/t* ⟨h⟩ **1.** (*Gemüse, Obst etc*) dry; desiccate, dehydrate (*scient.*). – **2.** (*Boden etc*) parch, bake. – **3.** *tech. cf.* darren 1. – **II D~** *n* ⟨-s⟩ **4.** *verbal noun.* – **5.** desiccation, dehydration. — **'dör·rend I** *pres p.* – **II** *adj* (*Hitze etc*) torrid.

'Dörr|ˌfleisch *n gastr.* **1.** smoked side of bacon. – **2.** smoked bacon. – **3.** dried meat. — **~geˌmü·se** *n* dried vegetables *pl.* — **~ˌobst** *n* dried (*od.* desiccated) fruit. — **~ˌsieb** *n tech.* crib. — **~ˌzwetsch·ge** *f gastr. cf.* Backpflaume.

dor·sal [dɔr'zaːl] *adj* **1.** *med. ling.* dorsal. – **2.** *bot.* dorsal. – **3.** *zo.* a) (*die Rückenseite betreffend*) dorsal, b) (*zum Rücken hin gerichtet*) dorsad.

Dor'sal¹ *m* ⟨-s; -e⟩ *ling. cf.* Dorsallaut.

Dor'sal² *n* ⟨-s; -e⟩, *auch* **Dor'sa·le** *n* ⟨-s; -⟩ *arch.* back of a choir stall.

Dor'sal|fle·xi,on *f biol.* dorsiflexion. — **~ˌkrüm·mung** *f med.* (*der Wirbelsäule*) dorsal curve of the spine, kyphosis (*scient.*). — **~ˌlaut** *m ling.* dorsal (sound).

Dorsch [dɔrʃ] *m* ⟨-es; -e⟩ *zo.* cod(fish) (*Gadus morrhua*): junger ~ codling. — **~ˌle·ber** *f* cod liver.

dor·so·ven·tral [dɔrzovɛn'traːl] *adj med.* dorsoventral.

dort [dɔrt] **I** *adv* **1.** there: nach ~ that way; von ~ from there, thence (*lit.*); von ~ ab (*od.* an) from there on; da (*od.* hier) und ~ a) here and there, b) now and then; ~, wo where; er war ~ he was there; bleib ~! stay there; kannst du ihn von ~ aus sehen? can you see him from there? wer ist ~? (*am Telephon*) who's that? to whom am I speaking? who am I speaking to? (*colloq.*); ~ entlang along there; ~ drüben a) over there, yonder (*lit.*), b) on the other side; ~ herum a) thereabout(s), (somewhere) around there, b) round that way; ~ unten a) down there, b) down below, c) under there; ~ oben up there; bald hier, bald ~ now here, now there; lieferbar ab ~ *econ.* to be delivered from there; franko ~ *econ.* carriage paid. – **2.** *fig.* (*im künftigen Leben*) hereafter, in the other world, beyond the grave. – **II D~** *n* ⟨-; *no pl*⟩ **3.** *fig.* hereafter.

'dor·ten *adv lit. archaic for* dort I.

'dort|'her *adv* (von) ~ from there. — **~'hin** *adv* there: bitte, wenden Sie sich ~ please apply (*od.* ask) there (*od.* at that address); bis ~ as far as there, up to there, up to that point, thither (*lit.*); hierhin und ~, dahin und ~ here and there, hither and thither (*lit.*); ~ ist es mit ihm gekommen *fig.* that's what he has come to. — **~hin'ab** *adv* down there. — **~hin'aus** *adv* **1.** (out) there: ~ liegt das Schloß out there is the castle. – **2.** *only in* bis ~ *fig. colloq.* exceedingly, terribly (*colloq.*), frightfully (*colloq.*), *Am. sl.* as all get-out: er ärgerte sich bis ~ he was terribly (*od.* frightfully) annoyed; sie ist dumm bis ~ she is exceedingly stupid, *Am. sl.* she is as dumb as all get-out. — **~hin'über** *adv* over there. — **~hin'un·ter** *adv* down there.

'dor·tig *adj* ⟨*attrib*⟩ there, at (*od.* of, in) that place: unsere ~e Filiale a) our branch office there, b) our branch office in your town; die ~en Theater the theaters (*bes. Br.* theatres) there; die ~en Verhältnisse a) the conditions there, b) *econ.* (*bei Ihnen*) the conditions at your end.

'dortˌsei·tig *adj officialese for* dortig.

'dortˌseits *adv officialese for* dort 1, dorther.

'dort'selbst *adv archaic and officialese* there, at (*od.* in) that (very) place.

'dort·zuˌlan·de [-tsu-] *adv lit.* there, in those parts, in that country (*od.* region).

Do·ry·pho·ros [do'ryːforɔs] *m* ⟨-; *no pl*⟩ (*art*) doryphorus (*classic statue*).

Dos [doːs] *f* ⟨-; Dotes ['doːtɛs]⟩ *jur. cf.* Mitgift.

Dös·chen ['døːsçən] *n* ⟨-s; -⟩ *dim. of* Dose.

Do·se ['doːzə] *f* ⟨-; -n⟩ **1.** (lidded) box: mit Diamanten besetzte ~ box (*od.* case) set with diamonds. – **2.** (*für Kaffee etc*) (lidded) container, can, *bes. Br.* tin. – **3.** (*aus Glas, Porzellan*) jar. – **4.** (*Konservendose*) can, *bes. Br.* tin: etwas in ~n einmachen to can s.th., *bes. Br.* to tin s.th. – **5.** *electr.* a) (plug) socket, b) (*Abzweigdose*) distribution (*od.* junction) box. – **6.** *pharm. med. cf.* Dosis 1. – **7.** *cf.* Schnupftabak(s)dose.

dö·sen ['døːzən] **I** *v/i* ⟨h⟩ **1.** doze, drowse. – **2.** daydream. – **II D~** *n* ⟨-s⟩ **3.** *verbal noun.*

'Do·sen|ˌbier *n brew.* canned (*bes. Br.* tinned) beer. — **~ˌfisch** *m gastr.* canned (*bes. Br.* tinned) fish. — **~ˌfleisch** *n* canned (*bes. Br.* tinned) meat. — **~liˌbel·le** *f tech.* leveling (*bes. Br.* levelling) indicator, box (*od.* round, circular) spirit level, circular bubble. — **~ˌmilch** *f* canned (*bes. Br.* tinned) milk, evaporated (*od.* condensed) milk. — **~niˌveau** *n tech. cf.* Dosenlibelle. — **~ˌöff·ner** *m* can opener, *bes. Br.* tin opener. — **~ˌschal·ter** *m electr.* rotary (*od.* branch, box) switch. — **~ˌschildˌkrö·te** *f zo.* box tortoise, box turtle (*Gattg Terrapene*). — **~ˌsi·che·rung** *f electr.* box fuse.

Dö·se'rei *f* ⟨-; *no pl*⟩ *colloq. cf.* Dösen.

Do'sierˌeinˌrich·tung *f tech. synth.* metering device, dosing (*Am.* weigh) feeder.

do·sie·ren [do'ziːrən] **I** *v/t* ⟨*no* ge-, h⟩ **1.** *med. pharm.* measure out (*od.* administer) the (proper) dosage of, dose: ein Mittel zu gering ~ to underdose a drug (*od.* medication). – **2.** (*Zutaten etc*) measure (off *od.* out). – **3.** *fig.* give (*od.* administer) (*s.th.*) in proper doses. – **4.** *tech.* a) (*meßbar*) meter, b) (*zeitlich*) time, c) (*anteilig im Verhältnis*) proportion, proportionate, d) (*Beton*) batch. – **II D~** *n* ⟨-s⟩ **5.** *verbal noun.* — **Do'sie·rung** *f* ⟨-; -en⟩ **1.** *cf.* Dosieren. – **2.** *med. pharm.* (*Dosis*) dose, dosage: ~ für Erwachsene adult dose. – **3.** *fig.* dose, dosage. – **4.** *tech.* a) (*meßbar*) metering, b) (*zeitlich*) timing, c) (*anteilig im Verhältnis*) proportioning.

'dö·sig *adj colloq.* **1.** dozy, drowsy, sleepy. – **2.** *Northern G.* daft, silly, foolish, dopey (*colloq.*): sei doch nicht so ~! don't be daft! – **3.** *rare for* stumpfsinnig 2.

Do·si·me·ter [dozi'meːtər] *n* ⟨-s; -⟩ **1.** *tech.* weighing and measuring machine. – **2.** *med. pharm.* dosimeter, *auch* dosemeter.

Do·si·me·trie [dozime'triː] *f* ⟨-; *no pl*⟩ *med. pharm.* dosimetry.

Do·sis ['doːzɪs] *f* ⟨-; Dosen⟩ **1.** *med. pharm.* dose, dosage: zu große (*od.* starke) ~ overdose; zu kleine (*od.* schwache, geringe) ~ underdose; tödliche ~ lethal dose; höchstzulässige ~ *nucl.* (*von Strahlen*) maximum permissible dose; j-m etwas in kleinen Dosen verabreichen *auch fig.* to give (*od.* administer) s.o. s.th. in small doses. – **2.** *fig.* dose, portion: mit einer leichten ~ Sarkasmus with a touch (*od.* dash) of sarcasm. — **~ˌlei·stung** *f med. nucl.* dose rate.

'DösˌkopF, *auch* **'Dösˌkopp** [-ˌkɔp] *m Northern G. colloq.* blockhead, idiot.

Dos·si·er [dɔ'sieː] *m, auch n, Swiss only n* ⟨-s; -s⟩ dossier, file.

dos·sie·ren [dɔ'siːrən] *v/t* ⟨*no* ge-, h⟩ *civ.eng.* (*abböschen*) slope. — **Dos'sie·rung** *f* ⟨-; -en⟩ slope.

Dost [dɔst] *m* ⟨-es; -e⟩ *bot.* a) marjoram (*Gattgen Majorana u. Origanum*), b) origan, origanum (*Gattg Origanum*): Brauner (*od.* Roter) ~ (common *od.* wild) marjoram (*O. vulgare*).

'Do·stenˌkraut *n bot. cf.* Alpenlattich.

Do·ta·ti·on [dota'tsioːn] *f* ⟨-; -en⟩ **1.** *lit.* donation. – **2.** *econ.* a) endowment, donation (of money), b) allocation (of funds), c) initial supply of new currency.

do·tie·ren [do'tiːrən] *v/t* ⟨*no* ge-, h⟩ *econ.* a) endow, donate (money to), b) allocate (funds to): eine Anstalt mit 10 000 DM ~ to endow an institution with 10,000 marks, to donate 10,000 marks to an institution; eine Rücklage aus dem Gewinn ~ to build up (*od.* increase, feed) a reserve fund out of the profit. — **do'tiert I** *pp.* – **II** *adj* **1.** endowed: ein Rennen, das mit 400 000 DM ~ war a race with a 400,000 mark purse (*od.* prize). – **2.** (*bezahlt*) paid, remunerated. — **Do'tie·rung** *f* ⟨-; -en⟩ *econ.* **1.** a) endowment, donation, b) allocation: ~ eines Fonds allocation to a fund. – **2.** (*Bezahlung*) payment, remuneration.

Dot·ter¹ ['dɔtər] *m, n* ⟨-s; -⟩ **1.** yolk (*od.* yellow) (of an egg): das ~ vom Eiweiß trennen (*zum Backen*) to separate the yolk from the white of the egg; mit zwei ~n double-yolked; ohne ~ yolkless. – **2.** *biol. zo.* yolk, vitellus (*scient.*).

Dot·ter² *f, m* ⟨-; -⟩ *bot.* gold of pleasure (*Camelina sativa*).

ˈdot·ter|ˌähn·lich *adj biol.* yolklike, yolky. — **D~ˌblu·me** *f bot.* **1.** marsh marigold (*Caltha palustris*): Nordamerikanische ~ elkslip (*C. rotundifolia*). – **2.** *colloq. for* a) Trollblume, b) Löwenzahn. — **D~ˌeiˌweiß** *n biol.* vitellin, *auch* ovovitellin. — **D~ˌgang** *m* vitelline (*od.* yolk) duct. — **~ˌgelb** *adj* yolk-yellow, yolk-colored (*bes. Br.* -coloured). — **D~ˌhaut** *f* yolk (*od.* vitelline) membrane, (*nach Befruchtung*) *auch* fertilization membrane.

ˈdot·te·rig *adj* yolky.

ˈDot·ter|ˌkern *m biol.* yolk nucleus. — **d~los** *adj* yolkless. — **~ˌsack** *m* yolk sac (*od.* bag). — **~ˌwei·de** *f bot.* golden (*od.* yellow) willow (*Salix alba var. vitellina*).

ˈdott·rig *adj cf.* dotterig.

dou·beln [ˈduːbəln] (*film*) *v/t u. v/i* ⟨h⟩ double. — **Dou·bla·ge** [duˈblaːʒə] *f* ⟨-; -n⟩ doubling.

Dou·ble [ˈduːbəl] *n* ⟨-s; -s⟩ **1.** (*film*) double, *Am. colloq.* stunt man. – **2.** *mus.* double.

Dou·blé [duˈbleː] *n* ⟨-s; -s⟩ *cf.* Dublee.

Dou·ble·face [ˈdabəlˌfeːs; ˈdʌblˌfeɪs] (*Engl.*) *m, n* ⟨-; -s [-sɪs; -sɪz]⟩ (*textile*) double face.

dou·blie·ren [duˈbliːrən] *v/t* ⟨*no* ge-, h⟩ **1.** (*textile*) double. – **2.** *metall.* plate.

ˈDou·glas|ˌfich·te [ˈduːglas-] *f bot. cf.* Douglasie. — **~ˌhörn·chen** *n zo.* Douglas squirrel (*Tamiasciurus douglasi*).

Dou·gla·sie [duˈglaːzĭə] *f* ⟨-; -n⟩ *bot.* Douglas fir (*od.* hemlock, pine, spruce), *auch* Oregon pine, red fir (*Pseudotsuga Douglasii od. taxifolia*).

ˈDou·glasˌtan·ne *f bot. cf.* Douglasie.

ˈDou·raˌbaum [ˈduːra-] *m bot.* a) African locust (*Parkia africana*), b) nitta tree (*P. africana u. P. biglandulosa*).

ˈDow·meˌtall [ˈdaʊ-] *n tech.* Dowmetal.

down [daʊn] (*Engl.*) *adj* ⟨*pred*⟩ *colloq. for* a) bedrückt II, b) ermattet 2.

Do·xo·lo·gie [dɔksoloˈgiː] *f* ⟨-; -n [-ən]⟩ *relig.* doxology. — **do·xoˈlo·gisch** [-ˈloːgɪʃ] *adj* doxological.

Doy·en [dŏaˈjɛ̃ː] *m* ⟨-s; -s⟩ *pol.* doyen, *auch* dean (*of a diplomatic corps*).

Do·zent [doˈtsɛnt] *m* ⟨-en; -en⟩ *ped.* (university) lecturer; *Am. auch* docent, dozent, *Br. auch* reader: ~ für Wirtschaftswissenschaften lecturer in economics.

Doˈzen·ten·schaft *f* ⟨-; -en⟩ *collect. ped.* (university) lecturers *pl.*

Doˈzen·tin *f* ⟨-; -nen⟩ *ped.* (woman) (university) lecturer; *Am. auch* docent, dozent, *Br. auch* reader.

Do·zen·tur [dotsɛnˈtuːr] *f* ⟨-; -en⟩ *ped.* (university) lectureship, *Am. auch* docentship: eine ~ innehaben to hold a lectureship, to be a lecturer.

do·zie·ren [doˈtsiːrən] **I** *v/t* ⟨*no* ge-, h⟩ **1.** give lectures (*od.* be a lecturer) in: er doziert Philosophie he gives lectures in philosophy. – **2.** deliver a lecture on. – **II** *v/i* **3.** lecture, be a lecturer: über (*acc*) etwas ~ to deliver a lecture on s.th. – **4.** *fig.* (*lehrhaft sprechen*) (über *acc* on) hold forth, lecture, 'pontificate' (*colloq.*).

Dra·cä·ne [draˈtsɛːnə] *f* ⟨-; -n⟩ *bot. cf.* Drachenbaum.

Dra·che [ˈdraxə] *m* ⟨-n; -n⟩ **1.** *myth. her.* dragon: kleiner ~ dragonet; Roter ~ *her.* Rouge Dragon; geflügelter ~ *her.* wyvern, *auch* wivern. – **2.** *zo.* a) *cf.* Flugdrache, b) *cf.* Drachenfisch. – **3.** *astr.* Draco, (the) Dragon. – **4.** *mil. hist.* dragon, drake. – **5.** *mar. hist.* dragon, longship, drake (*Viking ship*). – **6.** *Bibl.* a) dragon, serpent, b) *cf.* Satan 1. – **7.** *fig. colloq. cf.* Drachen 2.

ˈDra·chen *m* ⟨-s; -⟩ **1.** *auch meteor.* kite: einen ~ steigen lassen to fly (*od.* send up) a kite. – **2.** *fig. colloq. contempt.* dragon, virago, termagant, 'battle-ax(e)' (*colloq.*): sie ist ein richtiger ~ she is a real (*od.* regular) dragon. – **3.** *math.* kite, deltoid. – **4.** *cf.* Drache 1—6. — **~ˌan·ten·ne** *f* kite(-lifted) antenna (*bes. Br.* aerial). — **d~ˌar·tig** *adj* dragonlike, dragonish, draconic (*lit.*). — **~ˌaufˌstieg** *m* kite ascent (*od.* flight). — **~balˌlon** *m aer. meteor.* kite balloon. — **~ˌbaum** *m bot.* dracaena (palm), dracena (*Gattg Dracaena*): Echter ~ dragon tree (*D. draco*). — **~ˌblatt** *n bot.* dragon's leaf (*Gattg Dracophyllum*). — **~ˌblut** *n auch chem.* dragon's blood. — **~ˌblutˌbaum** *m bot. cf.* Drachenbaum. — **~ˌboot** *n* (*sport*) dragon boat. — **~ˌbrut** *f fig. contempt.* vipers *pl.* — **~ˌfisch** *m zo.* weever (fish), *auch* weaver (*Fam. Trachinidae*). — **~ˌflos·ser** [-ˌflɔsər] *m* ⟨-s; -⟩ *zo.* dragon-finned characin (*Pseudocorynopoma doriae*). — **~ˌflugˌzeug** *n aer. hist.* fixed-wing aircraft. — **d~ˌför·mig** [-ˌfœrmɪç] *adj* **1.** *cf.* drachenartig. – **2.** *her.* dragonné. — **~ˌgift** *n* dragon's poison. — **~ˌkopf** *m* **1.** head of a dragon, *astr. auch* dragon's head: mit ~ *her.* snake-headed. – **2.** *bot.* dragon('s-)head (*Gattg Dracocephalum*). – **3.** *zo.* a) scorpion fish, scorpaen(o)id, stingfish (*Fam. Scorpaenidae*), b) bighead (*Scorpaenichthys marmoratus*), c) viuva (*Sebastodes ovalis*). — **~ˌmo·nat** *m astr.* draconic period (*od.* month), nodical month. — **~ˌmu·ster** *n* (*auf Porzellan*) dragon pattern. — **~ˌsaat** *f lit.* dragon's teeth *pl*, seeds *pl* of discord, evil seeds *pl*: die ~ war aufgegangen the seeds of discord had sprouted; eine ~ aussäen to sow the seeds of discord. — **~ˌschlan·ge** *f her.* winged dragon. — **~ˌschnur** *f* (*für Spielzeugdrachen*) kite string (*od.* cord). — **~ˌschwanz** *m* **1.** tail of a dragon, *astr. auch* dragon's tail. – **2.** (*eines Spielzeugdrachens*) kite's tail. — **~ˌstei·gen, ~ˌstei·genˌlas·sen** *n* kiteflying. — **~ˌstein** *m min.* draconites, *auch* serpent stone. — **~ˌtö·ter** *m fig.* dragon slayer. — **~ˌwurz** *f bot.* a) arum (*Gattg Dracunculus*), b) green dragon (*D. vulgaris*), c) calla, water arum (*Calla palustris*): Stinkende ~ *Am.* polecat weed (*Symplocarpus foetidus*).

Drach·me [ˈdraxmə] *f* ⟨-; -n⟩ **1.** *econ.* drachma (*monetary unit of Greece*). – **2.** *med. pharm.* dram, drachm.

Dra·gée [draˈʒeː] *n* ⟨-s; -s⟩ *od. f* ⟨-; -n [-ən]⟩ **1.** *pharm.* dragée, sugarcoated (*Br.* sugar-coated) pill. – **2.** *gastr.* sugarcoated (*Br.* sugar-coated) candy (*bes. Br.* sweetmeat).

Drag·gen [ˈdragən] *m* ⟨-s; -⟩ *mar.* grapnel, grappling (anchor), drag (anchor).

ˈdrag·gen *v/i* ⟨h⟩ *mar.* drag.

dra·gie·ren [draˈʒiːrən] *v/t* ⟨*no* ge-, h⟩ *gastr. pharm.* sugarcoat, *Br.* sugar-coat.

Dra·go·man [ˈdraːgoman] *m* ⟨-s; -e⟩ [dragoman.]

Dra·gon [draˈgoːn] *m, n* ⟨-s; *no pl*⟩ *bot.* tarragon (*Artemisia dracunculus*).

Dra·go·na·de [dragoˈnaːdə] *f* ⟨-; -n⟩ *pol. hist.* drago(n)nade(s *pl*).

Dra·go·ner [draˈgoːnər] *m* ⟨-s; -⟩ **1.** *mil. hist.* dragoon. – **2.** *Austrian* (*fashion*) belt on the back of a coat. – **3.** *fig. colloq. u. contempt.* (*robuste, grobe Frau*) virago. – **4.** *fig. contempt.* (*böses Weib*) vixen, shrew, 'battle-ax(e)' (*colloq.*).

Dra·gun [draˈguːn] *m, n* ⟨-s; *no pl*⟩ *bot. cf.* Dragon.

Draht [draːt] *m* ⟨-(e)s; ⸚e⟩ **1.** wire: blanker (*od.* nackter) ~ bare wire; geflochtener [bewehrter] ~ braided [armo(u)red] wire; gewalzter ~ *tech.* wire rod; seidenumsponnener ~ *bes. electr.* silk wire; stromführender ~ *electr.* live wire; ~ ziehen to draw wire; etwas mit ~ befestigen to wire s.th. – **2.** *only in* auf ~ sein *fig. colloq.* a) to be in good form, to be up to the mark, to be up to scratch, b) (*wachsam*) to be on one's toes, *bes. Am. sl.* to be on the ball, c) (*wissensmäßig*) to know one's stuff (*colloq.*): ich bin heute nicht ganz auf ~ I don't feel quite up to the mark today. – **3.** (*Telephonverbindung*) telephone connection (*Br. auch* connexion), line: er hat einen direkten ~ zum Chef *fig. colloq.* he has a direct connection to the boss. – **4.** *tel.* (*postal service*) (telegraph) wire: per ~ antworten to reply by wire (*od.* telegram). – **5.** *electr.* (*in einer Röhre*) filament. – **6.** *sl. bes. Am. sl.* 'dough', 'jack', *Br. sl.* 'lolly', 'brass', money. — **~ˌabˌschnei·der** *m tech.* wire cutter(s *pl*). — **~akˌzept** *n econ.* telegraphic acceptance. — **~ˌanˌschrift** *f tel.* cable (*od.* telegraphic) address. — **~ˌantˌwort** *f* telegraphic reply, reply by wire (*od.* telegram, cable). — **~ˌanˌwei·sung** *f* telegraphic money order. — **~ˌar·beit** *f* **1.** *tech.* wirework. – **2.** (*jewelry*) filigree. — **~ˌausˌlö·ser** *m phot.* cable (*od.* antinous) release. — **~beˌricht** *m tel.* telegraphic (*od.* cable) report. — **~ˌbe·sen** *m* wire broom. — **~ˌblu·me** *f bot.* thrift, sea pink, sea gilliflower (*Armeria maritima*). — **~ˌbür·ste** *f* wire brush.

Dräht·chen [ˈdrɛːtçən] *n* ⟨-s; -⟩ **1.** *dim. of* Draht. – **2.** thin (*od.* small) wire.

ˈDrahtˌeinˌle·ge·maˌschi·ne *f tech.* wiring machine.

drah·ten¹ [ˈdraːtən] *v/t* ⟨h⟩ **1.** wire, telegraph. – **2.** (*von Übersee*) cable. – **3.** *tech.* (*zusammenflechten*) wire. – **4.** *med.* (*Knochenbrüche etc*) wire.

ˈdrah·ten² *adj* (made) of wire.

ˈDraht|ˌesel *m colloq. humor.* steed, *Br. auch* iron horse (*humor.*), bicycle. — **~faˌbrik** *f* wire factory, wireworks *pl* (*often construed as sg*). — **~ˌfal·le** *f* wire trap. — **~ˌfe·der** *f print.* (*Schriftgießerei*) bow. — **~ˌfen·ster** *n* wire-gauze window. — **~ˌfunk** *m* (*radio*) wired radio (*od.* broadcasting). — **~ˌga·bel** *f electr.* (*zum Drahtverlegen*) crook stick. — **~ˌga·ze** *f tech.* wire gauze. — **~geˌflecht** *n tech.* wire netting (*od.* cloth, mesh). — **~geˌstell** *n* wire frame. — **~geˌwe·be** *n tech. cf.* Drahtnetz 1. — **~ˌgit·ter** *n* wire grating (*od.* fence, netting). — **~ˌglas** *n* wire(d) glass.

ˈDrahtˌhaar *n zo.* (*bes. von Hund*) wiry hair. — **~ˌdackel** (*getr.* -k·k-) *m* wirehair (*od.* wirehaired, *Br.* wire-haired) dachshund. — **~ˌfox** *m cf.* Drahthaarterrier.

ˈdrahtˌhaa·rig *adj* (*Hund etc*) wirehaired, *Br.* wire-haired.

ˈDrahtˌhaarˌter·ri·er *m zo.* (*Hunderasse*) wirehaired (*Br.* wire-haired) (fox) terrier, wirehair.

ˈDraht|ˌhas·pel *f tech.* wire (*od.* rod) reel: liegende ~ pay-out reel. — **~ˌhef·ter** *m* (*Büroartikel*) wire stitcher. — **~ˌheftˌklam·mer** *f tech.* wire staple, binder. — **~ˌheft·maˌschi·ne** *f print. tech.* wire stitcher, wire-stitching machine. — **~ˌhef·tung** *f print.* wire stitching. — **~ˌhin·der·nis** *n mil.* wire entanglement.

ˈdrah·tig *adj* **1.** (*Haar etc*) wirelike, wiry: ~es Fell *zo.* wire coat. – **2.** *fig. colloq.* (*Person*) wiry.

ˈDraht|ˌka·bel *n electr.* uncovered cable. — **~ˌkä·fig** *m* wire cage. — **~ˌkern** *m* (*einer Matratze*) wire core. — **~ˌklem·me** *f* **1.** *tech.* wire clip. – **2.** *electr.* wire grip. — **~komˌmo·de** *f colloq. humor.* (jangle-toned) piano. — **~ˌkorb** *m* wire basket. — **~ˌleh·re** *f tech.* wire ga(u)ge. — **~ˌlei·tung** *f electr.* wire line: mit ~en versehen wired.

ˈdraht·lich *adj u. adv rare for* telegraphisch.

ˈdraht·los I *adj* wireless: ~e Bildtelegraphie radio picture telegraphy, facsimile; ~e Telegraphie radiotelegraphy, wireless telegraphy; ~e Telephonie radiotelephony, wireless telephony; ~e Nachrichtenübermittlung radio communication; ~e Übertragung elektrischer Energie *electr.* power transmission. – **II** *adv* by radio, *bes. Br.* by wireless: ~ senden (*od.* telegraphieren) to radio, *bes. Br.* to wireless.

ˈDraht|maˌtrat·ze *f* wire mattress. — **~ˌmel·dung** *f tel.* wire message, telegram. — **~ˌnachˌricht** *f* telegram, wire. — **~ˌnachˌrich·tenˌtech·nik** *f* telephony and telegraphy. — **~ˌna·gel** *m cf.* Drahtstift. — **~ˌnaht** *f med.* wire suture. — **~ˌnetz** *n* **1.** *tech.* a) wire netting, b) (*Gaze*) wire gauze, c) (*Geflecht*) wire mesh. – **2.** *tel.* (*Funk*) wire (communication) system. — **~ˌöse** *f tech.* staple. — **~ˌpup·pe** *f* puppet, marionette. — **~ˌre·chen** *m* wire rake. — **~ˌrei·fen** *m auto.* wired (*od.* straight-side) tire (*Br.* tyre). — **~ˌring** *m* **1.** *metall. tech.* wire coil. – **2.** *electr.* (*in der Hochfrequenztechnik*) annular wire loop. — **~ˌrol·le** *f tech.* wire coil. — **~ˌsai·te** *f mus.* wire (string). — **~ˌsche·re** *f tech.* wire shears *pl* (*od.* cutter[s *pl*]). — **~ˌschie·ne** *f med.* cradle, wire splint. — **~ˌschie·nung** *f* (*Zahntechnik*) wiring. — **~ˌschlei·fe** *f electr. tech.* wire loop. — **~ˌschlin·ge** *f hunt.* wire (snare). — **~ˌschnei·der** *m tech.* wire cutter(s *pl*). — **~ˌschutzˌmas·ke** *f* **1.** (wire-mesh) face guard. – **2.** (*beim Fechten*) fencing mask.

ˈDrahtˌseil *n* **1.** *tech.* wire rope (*od.* cable): ~ mit Hanfseele wire rope with hemp core; Nerven wie ~e *fig. colloq.* nerves like steel. – **2.** (*in der Artistik*) tightrope, tightwire, high wire. — **~akroˌbat** *m*, **~akroˌba·tin** *f* tightrope acrobat, wire walker. — **~arˌtist** *m*, **~arˌti·stin** *f cf.* Drahtseilakrobat(in). — **~ˌbahn** *f tech.* (aerial) cableway, wire ropeway, funicular (railway). — **~ˌbrücke** (*getr.* -k·k-) *f* wire rope bridge, cable bridge. — **~ˌfäh·re** *f* cable ferry.

ˈDraht|ˌsieb *n* **1.** *tech.* wire sieve (*od.* screen): grobes ~ riddle. – **2.** (*housekeep-*

ing) wire sieve (*od.* strainer). — **~ˌspu·le** *f electr.* solenoid. — **~ˌstär·ke** *f tech.* diameter of wire, wire ga(u)ge (*od.* thickness). — **~ˌstift** *m* wire nail (*od.* brad), tack. — **~ˌstra·ße** *f metall.* wire-rod rolling train, wire mill: belgische ~ Belgian mill, looping mill. — **~te·le·graˌfie, ~te·le·graˌphie** *f tel.* wire (*od.* line) telegraphy. — **~ˌtonˌaufˌnah·me** *f electr.* (*radio*) pickup-type sound recording. — **~ˌton·geˌrät** *n* pickup-type sound recorder.

'Drah·tung *f* ⟨-; -en⟩ **1.** *tel. cf.* Drahtmeldung. – **2.** *med.* wiring.

'Draht|verˌbin·dung *f* **1.** *tech.* wire connection (*Br. auch* connexion). – **2.** *tel. collect.* communication. — **~verˌhau** *m, n mil.* wire entanglement. — **~ˌwal·zen** *n metall.* wire rolling. — **~ˌwalzˌwerk** *n* wire(-rod) mill. — **~ˌwebˌstuhl** *m tech.* wire loom. — **~ˌwen·del** *f* helix of wire. — **~ˌwerk** *n* wirework. — **~ˌwi·derˌstand** *m electr.* wire-wound (*od.* wire) resistor. — **~ˌwort** *n tel.* telegraphic address. — **~ˌwurm** *m zo.* wireworm. — **~ˌzan·ge** *f tech.* cutting plier(s *pl*), wire cutter(s *pl*). — **~ˌzaun** *m* wire fence: elektrisch geladener ~ electric fence. — **~ˌziehˌbank** *f metall.* wire-drawing bench. — **~ˌziehˌei·sen** *n* drawplate, wire-drawing block. — **~ˌzie·hen** *n* wiredrawing, *Br.* wire-drawing. — **~ˌzie·her** *m* **1.** *tech.* (*Beruf*) wiredrawer, *Br.* wire-drawer. – **2.** *fig. contempt.* wire-puller: der ~ sein to wire-pull, to pull the wires (*od.* strings). — **~zie·he·rei** *f* **1.** ['draːttsiːəˌraɪ] *metall.* (wire-)drawing mill, wire mill. – **2.** ['draːttsiːəˌraɪ] *metall.* wiredrawing, *Br.* wire-drawing. – **3.** [ˌdraːttsiːə'raɪ] *fig. contempt.* wire- (*od.* string)-pulling.

Drain [drɛ̃ː; drɛːn] *m* ⟨-s; -s⟩ **1.** *med.* a) drainage tube, drain, b) (*einer Hohlnadel*) stylet, stilet, *auch* stilette, mandrin. – **2.** *civ.eng. cf.* Drän 1.

Drai·na·ge [drɛ'naːʒə] *f* ⟨-; -n⟩ **1.** *med.* drainage. – **2.** *civ.eng. rare for* Dränierung 2, Dränung. — **~ˌrohr** *n*, **~ˌröh·re** *f med.* drainage tube. — **~ˌweg** *m* drainage tract.

drai·nie·ren [drɛ'niːrən] *v/t* ⟨*no* ge-, h⟩ **1.** *med.* drain. – **2.** *civ.eng. cf.* dränieren 1.

Drai·si·ne [draɪ'ziːnə; drɛ-] *f* ⟨-; -n⟩ (*railway*) *Am.* (track) motor car, *Br.* rail cycle (*od.* trolley): ~ mit Handantrieb *tech. Am.* handcar, *Br.* rail trolley.

dra·ko·nisch [dra'koːnɪʃ] *adj* Draconian, draconian, draconic, Draconic, harsh, rigorous.

drall [dral] *adj* ⟨-er; -st⟩ **1.** (*Mädchen, Frau*) plump, strapping, buxom. – **2.** (*Wangen etc*) chubby, full, plump.

Drall *m* ⟨-(e)s; -e⟩ **1.** (*textile*) (*des Garns etc*) twist. – **2.** *mil.* a) (*des Gewehrlaufs*) rifling, twist, b) (*eines Geschosses*) twist, spin, rotation. – **3.** *tech.* a) twist, b) (*einer Schnecke*) spiral, helix, c) (*Drehmoment*) torque, d) (*Drehimpuls*) angular momentum, e) (*von Drahtlitzen*) lay. – **4.** *auto.* (*der angesaugten Verbrennungsluft*) turbulence swirl. – **5.** (*sport*) (*eines Balls*) spin, twist: einem Ball einen ~ geben to put spin (*od.* a twist) on a ball. — **~ˌausˌgleich** *m mil.* (*in der Ballistik*) twist balance, compensation of twist. — **d~ˌför·mig** *adj tech.* spiral, helical (*scient.*). — **d~ˌfrei** *adj phys.* irrotational, nontwisting *Br.* non-: ~e Strömung irrotational flow. — **~ˌfrei·heit** *f* absence of twist. — **~ˌfüh·rung** *f metall.* (*im Walzwerk*) twisting guide.

'Drall·heit *f* ⟨-; *no pl*⟩ *fig.* **1.** plumpness, buxomness. – **2.** (*der Wangen etc*) chubbiness, fullness, plumpness.

Dra·lon ['draːlɔn; dra'loːn] (*TM*) *n* ⟨-s; *no pl*⟩ (*textile*) dralon.

Dra·ma ['draːma] *n* ⟨-s; Dramen⟩ **1.** (*literature*) a) (*Gattung*) drama, dramatic art, b) (*einzelnes Bühnenwerk*) drama, dramatic play. – **2.** *fig.* drama, (*stärker*) tragedy, tragic event: hier hat sich ein ~ abgespielt this was the scene of a drama (*od.* dramatic event); es ist doch immer das gleiche ~ mit ihm! *colloq.* he is just hopeless! er machte daraus ein [kein] ~ *colloq.* he dramatized [did not dramatize] the matter.

Dra·ma·tik [dra'maːtɪk] *f* ⟨-; *no pl*⟩ **1.** (*literature*) dramatic art, drama. – **2.** *fig.* drama: die ~ dieser Situation the drama of this situation. — **Dra'ma·ti·ker** [-tikər] *m* ⟨-s; -⟩ (*literature*) dramatist, playwright.

dra·ma·tisch [dra'maːtɪʃ] **I** *adj* **1.** (*literature*) dramatic: die ~e Dichtung a) (*als Sammelbegriff*) drama, dramatic literature, b) (*eines Dichters*) drama(s *pl*), dramatic works *pl* (*od.* writings *pl*), c) (*einzelnes Stück*) drama, play, d) (*in Versen*) dramatic poem; ~e Situation (dramatic) situation; der ~e Konflikt the dramatic conflict; ~es Rezitativ, ~e Soloszene *mus.* scena. – **2.** *fig.* (*spannend, aufregend*) dramatic, thrilling: ein ~es Endspiel (*sport*) a sensational final; das ~e Geschehen der letzten Tage the recent dramatic events; ein ~er Fluchtversuch a dramatic attempt to escape. – **II** *adv* **3.** dramatically: ~ bearbeiten *cf.* dramatisieren 1.

dra·ma·ti·sie·ren [dramati'ziːrən] **I** *v/t* ⟨*no* ge-, h⟩ **1.** (*literature*) dramatize, adapt (*s.th.*) for the stage. – **2.** *fig.* dramatize: wir wollen die Sache nicht ~ let's not dramatize the matter. – **II D~** *n* ⟨-s⟩ **3.** *verbal noun.* — **Dra·ma·ti'sie·rung** *f* ⟨-; -en⟩ **1.** *cf.* Dramatisieren. – **2.** (*Bühnenbearbeitung*) dramatization, adaptation for the stage, stage adaptation. – **3.** *fig.* dramatization.

Dra·ma·turg [drama'tʊrk] *m* ⟨-en; -en⟩ **1.** (*theater*) dramatic (*od.* literary) adviser. – **2.** (*film*) scenario editor.

Dra·ma·tur·gie [dramatʊr'giː] *f* ⟨-; -n [-ən]⟩ (theory of) dramatic art, dramaturgy. — **dra·ma'tur·gisch** [-gɪʃ] *adj* relating to (the principles of) dramatic art, dramaturgic(al).

'Dra·men|ˌaufˌfüh·rung *f* (*theater*) dramatic performance. — **~ˌdich·ter** *m* playwright, dramatist. — **~ˌdich·tung** *f* drama, *auch* dramatic art (*od.* writing). — **~ˌform** *f* dramatic form. — **~ˌschaf·fen** *n* drama, *auch* dramatic work (*od.* writings *pl*). — **~ˌzy·klus** *m* drama (*od.* play) cycle.

Dra·mo·lett [dramo'lɛt] *n* ⟨-s; -e⟩ (*literature*) short drama, sketch, playlet, curtain raiser.

dran [dran] *adv* **1.** *colloq. for* daran I: man gewöhnt sich ~ one gets used to it; du mußt nicht ~ denken don't think about it; ich denke ja nicht ~! I wouldn't think (*od.* dream) of it! da (*od.* es) ist was (Wahres) ~ there is s.th. (*od.* some truth) in it; an diesem Hühnchen ist nicht viel ~ there is not much flesh on this chicken; am Motor ist was ~ there is something wrong with the motor; ~ glauben müssen a) to meet one's fate, b) to have to pay the price, to have to face it (*od.* the music); da ist alles ~! that's got everything! das gibt ein Unwetter, da ist (aber) alles ~! there is going to be a thunderstorm as heavy as you ever saw one; er war nahe ~ (*od.* drauf und ~) zu schreien he was on the point (*od.* verge) of shouting, he was ready (*od.* about) to shout; → drum 2. – **2.** (*in Wendungen wie*) er ist ~ (*od. humor.* am dransten) it's his turn (*od.* go); jetzt sind Sie ~! *auch fig.* now it's your turn; wenn etwas schiefgeht, ist er ~ if anything goes wrong he'll be held responsible (*od.* be blamed) (for it); der ist bald ~ *sl.* he is going to die, he's not long to live, his time is up (*colloq.*). – **3.** gut ~ sein a) to be lucky (*od.* fortunate), to be sitting pretty (*colloq.*), b) to be well off, c) to be in good health; übel (*od.* schlecht) ~ sein to be in a bad way (*od.* position); ich weiß nie, wie ich mit ihm ~ bin I never know what to make of (*od.* to expect from) him, I never know where I am with him; spät ~ sein to be (*od.* come, arrive) late.

Drän [drɛːn] *m* ⟨-s; -s *u.* -e⟩ **1.** *agr. civ.eng.* drain: unterirdischer ~ underdrain. – **2.** *med. cf.* Drain 1.

Drä·na·ge [drɛ'naːʒə] *f* ⟨-; -n⟩ *rare for* Dränierung 2, Dränung. — **~ˌrohr** *n* **1.** *civ.eng.* drain(age) pipe. – **2.** *med.* drainage tube. — **~syˌstem** *n civ.eng.* drainage system.

'Drän·beˌwäs·se·rung *f* **1.** *civ.eng.* subterraneous irrigation. – **2.** *agr.* subsurface irrigation, subirrigation.

'dranˌblei·ben *v/i* ⟨*irr, sep,* -ge-, sein⟩ *colloq.* **1.** an (*dat*) etwas ~ (*von Dingen*) to be left on s.th., to remain on s.th.: die Bilder müssen (an der Wand) ~ the pictures must be left (on the wall); der Apfel wird nicht mehr lange (am Baum) ~ the apple is not going to remain on the tree much longer. – **2.** an (*dat*) etwas ~ (*von Personen*) to stick to s.th.: bleib (am Apparat) dran! hold the line! am Ball ~ (*sport*) to keep the ball; ~, etwas zu tun *fig.* to keep (on) doing s.th. – **3.** an j-m ~ to keep close to s.o.: der Fahrer blieb am Vordermann dran the driver kept close to the one ahead of him.

drang [draŋ] *1 u. 3 sg pret of* dringen.

Drang *m* ⟨-(e)s; *rare* ⸗e⟩ **1.** pressure, stress: der ~ der Geschäfte the pressure of business, the urgency of affairs; im ~ der Not under the stress of circumstances, under the pressure of necessity. – **2.** (*Dringlichkeit*) urgency. – **3.** (*Eile*) hurry. – **4.** (*Trieb*) urge, drive: der ~ nach (*od.* zur) Freiheit the urge for freedom; der ~ nach Osten *pol. hist.* the drive (for expansion) to the east; er hat einen unwiderstehlichen ~ zum Stehlen he has an irresistible urge (*od.* a compulsion) to steal things. – **5.** (*Verlangen*) (strong) desire, yearning, want, thirst: der ~ nach Süden (*als Reiseland*) the yearning (*od.* longing) for the south. – **6.** (*Streben*) eagerness, aspiration: der ~ nach Höherem the aspiration to (*od.* eagerness for) higher things. – **7.** (*Tendenz*) drift, trend: der ~ in die Stadt the drift (*od.* trend) to the city, the attraction of the cities. – **8.** (*Antrieb*) impetus, impulse: im ~ des Augenblicks on the impulse (*od.* spur) of the moment. – **9.** (*Bedrängnis*) oppression, need, distress. – **10.** *med.* desire to pass water (*od.* to evacuate the bowels), urge (*euphem.*), tenesmus (*scient.*): einen heftigen ~ verspüren to feel a motion coming, to need the lavatory badly, to feel nature's call (*euphem.*). – **11.** (*literature*) *cf.* Sturm und Drang.

'dranˌge·ben *v/t* ⟨*irr, sep,* -ge-, h⟩ *colloq.* sacrifice, suffer (the) loss of, give up: er mußte seine gesamte Barschaft ~ he had to sacrifice all his ready cash (*od.* money).

'dranˌge·hen *v/i* ⟨*irr, sep,* -ge-, sein⟩ *colloq. for* darangehen.

Drän·ge'lei *f* ⟨-; -en⟩ *colloq.* push(ing), shoving, jostle, jostling.

drän·geln ['drɛŋəln] *colloq.* **I** *v/t* ⟨h⟩ **1.** j-n ~ a) to push (*od.* shove, jostle) s.o., b) *auto.* to tailgate s.o.: j-n zur Seite ~ to push s.o. aside. – **2.** j-n ~, etwas zu tun *fig.* to push (*od.* urge, pester, badger) s.o. to do s.th. – **II** *v/i* **3.** push, shove, jostle: hör auf zu ~! stop shoving! – **4.** *fig.* pester s.o., badger s.o., keep on at s.o. (*colloq.*): er drängelte so lange, bis die Mutter ihm etwas kaufte he kept pestering (*od.* kept on at) his mother until she bought him s.th. – **III** *v/reflex* **5.** sich nach vorn ~ to squeeze (*od.* force, push, shove) one's way to the front. – **6.** *cf.* drängen 8. – **IV D~** *n* ⟨-s⟩ **7.** *verbal noun.* – **8.** *cf.* Drängelei.

drän·gen ['drɛŋən] **I** *v/t* ⟨h⟩ **1.** push, shove, press, thrust, force: j-n ~ to push (*od.* shove) s.o.; sich (gegenseitig) ~ to push one another; j-n beiseite ~ to push (*od.* shove, thrust) s.o. aside; j-n in eine Ecke ~ to push (*od.* force) s.o. into a corner; den Gegner gegen die Seile ~ (*Boxen*) to push (*od.* drive, force) the opponent against the ropes; → Defensive; Wand 1. – **2.** *fig.* j-n zu etwas ~ *od.* j-n ~, etwas zu tun to push (*od.* press, urge) s.o. to do s.th.: einen Schuldner (zur Zahlung) ~ to push (*od.* press, dun) a debtor for payment; er wollte sie nicht ~ he didn't want to push (*od.* rush) her. – **3.** *tech.* force. – **II** *v/i* **4.** push, shove, press: die Zuschauer drängten zum Ausgang the spectators pushed for (*od.* thronged towards) the exit; dränge nicht so! don't push (*od.* shove)! – **5.** *fig.* be pressing, be urgent: die Zeit drängt time is pressing (*od.* running short); diese Sache drängt nicht this matter is not urgent; die Sache drängt zur Entscheidung the matter must be decided immediately, a decision is urgent. – **6.** *fig.* (*dringlich machen*) press: auf Zahlung ~ to press for (*od.* insist on) payment; mit der Arbeit ~ to press on with the work. – **7.** nach etwas ~ *fig.* to aspire after (*od.* to) s.th., to strive for s.th.: nach Erkenntnis ~ to aspire after knowledge. – **III** *v/reflex* sich ~ **8.** crowd, throng, press: am Schalter drängten sich die Wartenden the ticket office was crowded (*od.* packed) with people waiting; die Schüler drängten sich um ihren Lehrer the pupils were pressing round their teacher. – **9.** (*sich einen Weg bahnen*) push (*od.* force, thrust) one's way: sich zur Tür ~ to push (*od.* force) one's way toward(s) the door; sich durch die Menge ~ to push (*od.* force) one's way through the crowd; sich in den Vordergrund ~ *fig.* to push (one's way) to the front, to get into the limelight. – **10.** sich an j-n [etwas] ~ to press (*od.* push up) against s.o. [s.th.]. – **11.** sich zu (*od.* nach) etwas ~ to be keen on s.th.: sich zu (*od.* nach) einer Arbeit ~ to be keen on a job. – **IV** *v/impers* **12.** es drängt j-n (*od.* j-n drängt es), etwas zu tun a) s.o. feels prompted (*od.* moved, called upon) to do s.th., b) s.o. feels forced (compelled, impelled, pressed) to do s.th. – **V D~** *n* ⟨-s⟩ **13.** *verbal noun.* – **14.** push, press, thrust. – **15.** *fig.* insistence: auf sein D~ hin on (*od.* at) his insistence. – **16.** *fig.* (*Streben*) aspiration. — **'drän·gend I** *pres p.* – **II** *adj* (*Frage, Bitte etc*) urgent, instant.

'Drän·ger *m* ⟨-s; -⟩ **1.** pusher. – **2.** slave driver. – **3.** (*literature*) *cf.* Stürmer und Dränger.

Drän·ge'rei *f* ⟨-; -en⟩ *colloq.* pushing, shoving.

'Drang·sal *f* ⟨-; -e⟩, *obs. n* ⟨-(e)s; -e⟩ *lit.* **1.** (*Not*) affliction, distress: in großer ~ sein to be in great distress. – **2.** (*seelische Qual*) anguish, agony. – **3.** (*Ungemach*) tribulation, hardship, affliction: die ~e des Krieges the tribulations (*od.* hardships) of war; ~e auf sich nehmen to take hardships (*od.* sufferings) upon oneself.

drang·sa·lie·ren [draŋza'liːrən] *v/t* ⟨*no* ge-, h⟩ **1.** (*Untergebenen etc*) pressure, put pressure on, (*bes. durch Kritik*) pick on. – **2.** (*durch Bitten etc*) harass, annoy, plague, vex: j-n ständig mit Fragen ~ to keep harassing s.o. with questions. – **3.** (*quälen*) torment, bully.

'drang,voll *adj lit.* **1.** crowded, thronged. – **2.** *fig.* (*bedrückend*) oppressive: in ~er Zeit in oppressive times.

'dran,hal·ten *v/reflex* ⟨*irr, sep,* -ge-, h⟩ sich ~ *colloq.* **1.** hurry, hasten, speed up: wenn du noch rechtzeitig fertig werden willst, mußt du dich aber ~ if you want to be ready in time you will really have to hurry up (*colloq.* to step on it). – **2.** apply oneself, keep at it.

'dran,hän·gen *colloq.* **I** *v/t* ⟨*sep,* -ge-, h⟩ (*Tage, Stunden*) add (on): noch zwei Stunden ~, um mit der Arbeit fertig zu werden to add (*od.* stay) another two hours in order to finish one's work. – **II** *v/i* ⟨*irr, sep,* -ge-, h⟩ be connected with it: die Arbeit selbst ist nicht übel — aber was sonst noch alles dranhängt the work itself is not bad — it's what is connected (*od.* what goes) with it.

drä'nier·bar *adj civ.eng.* drainable. — **drä·nie·ren** [drɛ'niːrən] **I** *v/t* ⟨*no* ge-, h⟩ **1.** (*Boden, Land etc*) drain. – **2.** *med. cf.* drainieren 1. – **II D~** *n* ⟨-s⟩ **3.** *verbal noun.*

Drä'nier|,gra·ben *m civ.eng.* draining ditch. — **~,rohr** *n cf.* Dränrohr.

Drä'nie·rung *f* ⟨-; -en⟩ **1.** *cf.* Dränieren. – **2.** *civ.eng.* drainage: unterirdische ~ underground (*od.* subterranean) drainage, underdrainage: durch unterirdische ~ trockenlegen to underdrain. – **3.** *med. cf.* Drainage 1.

'dran,kom·men *v/i* ⟨*irr, sep,* -ge-, sein⟩ *colloq.* have one's turn: wer kommt jetzt dran? whose turn is it? who is next (, please)? als erster [letzter] ~ to be (*od.* come) first [last]; du mußt warten, bis du drankommst you've got to wait and take your turn; jeden ~ lassen to give everybody his turn; jetzt kommst du dran now it's your turn.

'dran,krie·gen *v/t* ⟨*sep,* -ge-, h⟩ j-n ~ *colloq.* a) to get s.o. to do it, to make s.o. do it, b) to take s.o. in, to fool s.o.: ihn werde ich auch noch ~ I'll get him to do it yet.

'dran,ma·chen *v/reflex* ⟨*sep,* -ge-, h⟩ sich ~ *colloq. cf.* daranmachen.

'dran,müs·sen *v/i* ⟨*irr, sep,* -ge-, h⟩ *colloq.* have to take one's turn: jetzt muß ich endlich mal dran this time I have to take my turn.

'dran,neh·men *v/t* ⟨*irr, sep,* -ge-, h⟩ j-n ~ *colloq.* a) to let s.o. have a turn, b) (*in einer Prüfung*) to take s.o.: der Lehrer nimmt immer mich dran the teacher always asks me; der Friseur nimmt mich zuerst dran the hairdresser (*od.* barber) takes me first.

'Drän|,netz *n civ.eng.* drainage system. — **~,rohr** *n* drainpipe, *Br.* drain-pipe.

'dran,set·zen *v/t* ⟨*sep,* -ge-, h⟩ *colloq. for* daransetzen.

'Drä·nung *f* ⟨-; -en⟩ *civ.eng.* drainage.

'dran,wol·len *v/i* ⟨*sep,* -ge-, h⟩ *colloq.* **1.** want to get one's turn. – **2.** nicht an (*acc*) etwas ~ (*an eine Arbeit etc*) not to want to go at (*od.* start) s.th.; er will nicht (recht *od.* gern) dran he fights shy of it, he tries to avoid it.

'Drän,zie·gel *m civ.eng.* draintile.

Dra·pé [dra'peː] *m* ⟨-(s); -s⟩ (*textile*) drapé fabric.

Dra·pe·rie [drapə'riː] *f* ⟨-; -n [-ən]⟩ **1.** (*Faltenwurf*) drapery. – **2.** *meist pl* (*Stoffdekoration*) drapery, curtain, hanging(s *pl*). — **dra'pie·ren** [-'piːrən] *v/t* ⟨*no* ge-, h⟩ drape. — **Dra'pie·rung** *f* ⟨-; -en⟩ **1.** draping. – **2.** drapery: die ~ von etwas entfernen to undrape s.th.

drapp [drap] *adj,* **~,far·ben, ~,far·big** *adj Austrian for* sandfarben.

Drasch [draʃ] *m* ⟨-es; *no pl*⟩ *Eastern Middle G. colloq. for* Hast 1, Eile 1.

drasch [draːʃ] *1 u. 3 sg pret obs.,* **drä·sche** ['drɛːʃə] *1 u. 3 sg pret subj obs. of* dreschen.

Dra·stik ['drastɪk] *f* ⟨-; *no pl*⟩ graphic vividness: die Schilderung war an ~ nicht zu überbieten the description was unbelievably vivid.

Dra·sti·kum ['drastikʊm] *n* ⟨-s; -stika [-ka]⟩ *med. pharm.* drastic.

dra·stisch ['drastɪʃ] **I** *adj* **1.** (*sehr wirksam*) drastic, rigorous, radical: ~e Maßnahmen drastic (*od.* strong) measures; ein ~es Beispiel a drastic example. – **2.** (*anschaulich*) vivid, graphic, *auch* graphical: etwas mit ~en Worten schildern to describe s.th. in vivid words (*od.* graphically). – **3.** (*derb, unverblümt*) drastic, blunt. – **4.** *med. pharm.* (*schnellwirkend*) drastic. – **II** *adv* **5.** etwas ~ ausdrücken to express s.th. drastically.

drauf[1] [drauf] *adv* **1.** *colloq. for* darauf I: ~ und dran sein, etwas zu tun to be on the verge (*od.* point) of doing s.th., to be ready to do s.th.; ich war ~ und dran zu gehen for two pins I would have left. – **2.** *colloq. for* daraufhin.

drauf[2] *interj* **1.** go at it! come on! get cracking! (*colloq.*). – **2.** immer tüchtig (auf ihn) ~! give him what for! (*colloq.*), let him have it! (*colloq.*).

'Drauf,ga·be *f* **1.** *cf.* Draufgeld 1. – **2.** *econ.* makeweight, extra weight (*od.* bit, piece) (*one is not charged for*). – **3.** *Austrian* (*eines Künstlers*) encore, repetition.

'Drauf,gän·ger [-,gɛŋər] *m* ⟨-s; -⟩ **1.** daredevil, *Br.* dare-devil, reckless (*od.* foolhardy) person (*od.* fellow). – **2.** (*Erfolgsmensch*) go-ahead fellow, hustler (*colloq.*), *bes. Am. colloq.* go-getter. – **3.** *colloq.* (*in der Liebe*) woman chaser (*colloq.*), Casanova (*colloq.*), 'wolf' (*sl.*). — **'drauf,gän·ge·risch** *adj* **1.** daredevil, *Br.* dare-devil (*attrib*), reckless, (*tollkühn*) foolhardy. – **2.** (*energisch*) enterprising, go-ahead (*attrib*), *bes. Am. colloq.* go-getting. – **3.** *colloq.* aggressive. — **'Drauf,gän·ger·tum** *n* ⟨-s; *no pl*⟩ **1.** daredeviltry, *Br.* dare-deviltry, *auch* daredevilry, *Br.* dare-devilry, recklessness, (*Tollkühnheit*) foolhardiness. – **2.** enterprise, go-ahead, *bes. Am. colloq.* go-getting. – **3.** *colloq.* aggressiveness.

'drauf,ge·ben *v/t* ⟨*irr, sep,* -ge-, h⟩ *colloq.* **1.** add, throw (*s.th.*) into the bargain. – **2.** j-m eins ~ a) to land (*od.* deal) s.o. a blow, to give s.o. a swipe (*colloq.*), b) *fig.* to rebuke s.o., to put s.o. in his place, to sit (up)on s.o. (*colloq.*): man muß ihm eins ~ *fig.* he wants sitting (up)on (*od.* taking down a peg or two).

'drauf,ge·hen *v/i* ⟨*irr, sep,* -ge-, sein⟩ *colloq.* **1.** (*zugrunde gehen*) die, go west (*sl.*), kick the bucket (*sl.*): er ging bei der Schufterei beinahe drauf he nearly killed himself working so hard (*colloq.*); ich gehe noch vor Langeweile drauf I will be bored to death. – **2.** (*von Energie etc*) be spent, get used up in the process: sonst geht deine Gesundheit drauf otherwise you will wreck your health. – **3.** (*von Zeit etc*) be spent: da gehen Tage drauf you will need days. – **4.** (*von Geld*) be spent: das ganze Geld ging für den Haushalt drauf all my money went on household expenses; beim Karneval ging das ganze Geld drauf the carnival broke me; es ist schon zuviel Geld draufgegangen too much money has gone down the drain as it is (*colloq.*). – **5.** (*kaputtgehen*) be damaged, (*von Geschirr etc*) be broken. – **6.** (*verlorengehen*) be lost.

'Drauf,geld *n* ⟨-(e)s; *no pl*⟩ **1.** *econ.* bargain money, additional payment. – **2.** *cf.* Handgeld.

'drauf,hal·ten *v/t* ⟨*irr, sep,* -ge-, h⟩ (*Finger*) hold (*s.th.*) on it.

'drauf,hau·en *v/i* ⟨*irr, sep,* -ge-, h⟩ *colloq.* j-m eins ~ to land (*od.* deal) s.o. a blow.

'drauf,hel·fen *v/i* ⟨*irr, sep,* -ge-, h⟩ j-m ~ *fig. colloq.* to help s.o. to remember s.th.: kannst du mir nicht ~? can't you help me to remember?

'drauf,knal·len *colloq.* **I** *v/t* ⟨*sep,* -ge-, h⟩ (*Summe*) raise the price by, *Am. sl.* smack on: das Auto sollte 1000 Mark kosten, aber dann hat er (uns) noch 100 Mark draufgeknallt the car was only supposed to cost 1,000 marks but then he raised the price by (*od.* he smacked on) another 100 marks. – **II** *v/i* ⟨sein⟩ hit (*od.* collide with) the other car.

'drauf,krie·gen *v/t* ⟨*sep,* -ge-, h⟩ **1.** *colloq.* get (*s.th.*) on it. – **2.** *only in* eins ~ *colloq.* to get what one isn't looking for: sonst kriegst du eins drauf or you'll get what you're not looking for (*colloq.*).

'drauf,le·gen *v/t* ⟨*sep,* -ge-, h⟩ **1.** *colloq. for* darauflegen. – **2.** *colloq.* (*Geld*) pay (*od.* give) (*money*) in addition, pay (*money*) in(to) the bargain, *bes. Am. colloq.* lay out (*money*) extra (on it): ich mußte noch 50 Mark ~ I had to pay (*od.* lay out) another 50 marks (on it). – **3.** *colloq. for* zusetzen 2.

,drauf'los[1] *adv* straight on (*od.* ahead).

,drauf'los[2] *interj* (nur) ~! on with it! go on! immer ~! keep at it! go on!

,drauf'los|,ar·bei·ten *v/i* ⟨*sep,* -ge-, h⟩ *colloq.* work away like mad (*colloq.*). — **~,fah·ren** *v/i* ⟨*irr, sep,* -ge-, sein⟩ **1.** (*schnell*) step on it (*colloq.*), drive like the devil (*colloq.*). – **2.** (*ziellos*) drive aimlessly. — **~,ge·hen** *v/i* ⟨*irr, sep,* -ge-, sein⟩ *colloq.* **1.** go at it: wie der Teufel ~ to go at it hammer and tongs (*od.* like mad) (*colloq.*); mit Schwung ~ to go at it full swing. – **2.** (*auf ein Ziel*) make straight for it: immer ~ to keep straight ahead, to keep straight forward, to make a beeline (*Br.* bee-line) for it. — **~,la·chen** *v/i* ⟨*sep,* -ge-, h⟩ laugh away. — **~,knal·len** *v/i* ⟨*sep,* -ge-, h⟩ bang away. — **~,re·den** *v/i* ⟨*sep,* -ge-, h⟩ talk without thinking, rattle on (*od.* away), prattle. — **~,rei·ten** *v/i* ⟨*irr, sep,* -ge-, sein⟩ **1.** ride (straight) at it (*od.* them), ride straight ahead. – **2.** ride like mad (*colloq.*). — **~,ren·nen** *v/i* ⟨*irr, sep,* -ge-, sein⟩ *colloq.* **1.** rush (straight) at it (*od.* them), run straight ahead. – **2.** run like mad (*colloq.*). — **~,schie·ßen** *v/i* ⟨*irr, sep,* -ge-, h *u.* sein⟩ **1.** ⟨h⟩ blaze away, shoot wildly (*od.* at random). – **2.** ⟨sein⟩ *cf.* drauflosrennen. — **~,schimp·fen** *v/i* ⟨*sep,* -ge-, h⟩ *colloq.* grumble away, (*stärker*) rail away. — **~,schla·gen** *v/i* ⟨*irr, sep,* -ge-, h⟩ *colloq.* hit (*od.* strike) out blindly (*od.* wildly). — **~,wirt·schaf·ten** *v/i* ⟨*sep,* -ge-, h⟩ *colloq.* **1.** spend (one's) money recklessly. – **2.** (*von Regierung etc*) go along without any planning, muddle along.

'drauf,schla·gen *v/t* ⟨*irr, sep,* -ge-, h⟩ *colloq. for* aufschlagen 9.

'Drauf,sicht *f* ⟨-; *no pl*⟩ *arch.* top view, *bes. Am.* plan view.

'drauf,zah·len *v/t* ⟨*sep,* -ge-, h⟩ *colloq.* **1.** *cf.* drauflegen 2. – **2.** *fig.* pay for it: du wirst doppelt ~ you will pay for it doubly.

draus [draus] *adv colloq. for* daraus I: ich mache mir nichts ~ I am not fond of it, I don't care for it; mach dir nichts ~ never mind, don't let it bother you.

'draus,kom·men *v/i* ⟨*irr, sep,* -ge-, sein⟩ *Southern G.* get out of step.

'drau·ßen *adv* **1.** outside, without (*lit.*), (*mit folgender Präposition*) out: da ~ out there; ~ und drinnen outside and inside; von ~ from (the) outside; nach ~ sehen to look outside; ~ bleiben to stay outside; bleibt ~! ~ bleiben! don't come in! keep out! er ist ~ he is outside; ~ auf der Terrasse out on the terrace; ~ im Garten out in the garden; hier ~ out there. – **2.** (*außerhalb des Raums*) outside the room. – **3.** (*im Freien*) out of doors, outdoors, in the open (air), outside. – **4.** (*in der Fremde*) abroad, out of the country: ihr Sohn ist ~ geblieben her son stayed abroad (*od.* did not come home); ~ in der Welt out in the world. –

5. (im Krieg) in the war: er blieb ~ he was killed in the war (od. on the battlefield). – 6. (auf See) at sea.

Dra·wi·da [dra'viːda; 'draːvida] m ⟨-(s); -(s)⟩ anthrop. Dravidian. — **~,spra·chen** pl ling. Dravidian languages.

dra'wi·disch [-dɪʃ] I adj Dravidian, auch Dravidic. – II ling. D~ ⟨generally undeclined⟩, das D~e ⟨-n⟩ Dravidian.

Dra·zä·ne [dra'tsɛːnə] f ⟨-; -n⟩ bot. cf. Drachenbaum.

'Drech·sel,bank f tech. cf. Drechslerbank.

Drech·se'lei f ⟨-; -en⟩ 1. tech. a) turned (wood)work, b) turnery. – 2. fig. stilted eloquence, stiltedness, affectation.

drech·seln ['drɛksəln] I v/t ⟨h⟩ 1. tech. turn (od. shape) (s.th.) on the lathe. – 2. fig. iron. (Gedicht, Vers) turn out. – II v/i 3. tech. work on a wood-turning lathe. – 4. an (dat) etwas ~ fig. to elaborate s.th., to work on s.th.

'Drech·sel,roll,schnecke (getr. -k·k-) f zo. lathe shell (Tornatina punctistriata).

'Drechs·ler m ⟨-s; -⟩ tech. wood turner. — **~,ar·beit** f tech. 1. cf. Drechslerei 1. – 2. (piece of) turned work, turnery (collect). — **~,bank, ~,dreh,bank** f wood-turning lathe.

Drechs·le'rei f ⟨-; -en⟩ 1. turnery, (wood) turning. – 2. wood turner's workshop, turnery.

drechs·lern ['drɛkslərn] v/t u. v/i ⟨h⟩ cf. drechseln 1, 3.

Dreck [drɛk] m ⟨-(e)s; no pl⟩ 1. colloq. (Schmutz) dirt: diese Arbeit macht viel ~ colloq. this is very dirty work; im ~ sitzen (od. stecken) a) to sit in the dirt, b) fig. to be (od. live) in a (nice) mess, c) fig. to be badly off (colloq.); wir sitzen ganz schön im ~ fig. a fine mess we are in; da habe ich sauber in den ~ gelangt fig. I got into a fine mess; j-n wie (den letzten) ~ behandeln fig. to treat s.o. like dirt; aus dem gröbsten (od. größten, dicksten) ~ heraus sein fig. to be over the worst, to be nearly out of the wood (Am. woods); ~ am Stecken haben fig. not to be without blemish, to have a skeleton in one's cupboard (od. Am. closet). – 2. colloq. (Schlamm) mud, dirt, (bes. dicker, tiefer) mire: im ~ steckenbleiben to get stuck in the mud; etwas aus dem ~ ziehen to pull s.th. out of the mud; etwas in den ~ ziehen fig. to treat s.th. like dirt (od. with utter contempt); j-n in (od. durch) den ~ ziehen fig. to drag s.o.'s name in the mud; j-n mit ~ bewerfen auch fig. to sling mud at s.o., to throw dirt at s.o.; → Karre 1. – 3. colloq. (großer Schmutz) dirt, filth, muck: in ~ und Speck fig. in utter filth, covered with dirt. – 4. (Kot) muck, dung, excrement(s pl), droppings pl: in ~ treten to step in muck, to get muck on one's shoes. – 5. fig. colloq. (Kram, Plunder) (old) stuff, 'truck' (colloq.): kümmere du dich um deinen eigenen ~ mind your own business; (immer wieder) den alten ~ aufrühren to stir up the same old stuff; mach deinen ~ alleine (od. alleene)! do your own dirty work! – 6. colloq. (Schund) rubbish, trash, garbage, bes. Br. colloq. muck, shit (vulg.): mit dem ~ kann man nichts anfangen that rubbish is of no use. – 7. fig. colloq. trifle, triviality: sich um jeden ~ kümmern to concern oneself with every little thing (od. every trifle); er kümmert sich um jeden ~, er steckt seine Nase in jeden ~ he pokes his nose into everything. – 8. sl. (in Wendungen wie) einen ~ nothing (at all); das geht dich einen (feuchten) ~ an that's none of your business; davon verstehst du einen ~ you don't know a damn thing about it (colloq.); ich mache mir einen ~ daraus I don't care (od. give) a damn (od. straw, pin) (colloq.); einen ~ wert sein not to be worth a damn (colloq.).

'Dreck|,ar·beit f colloq. dirty work. — **~,bu·de** f contempt. pigsty. — **~,bür·ste** f colloq. (hard) shoe-cleaning brush. — **~,ding** n colloq. 1. dirty thing: dieses ~ nehme ich nicht I am not going to take that dirty thing. – 2. fig. contempt. rubbish, trash. – 3. fig. contempt. damned (od. wretched, bes. Br. colloq. beastly) thing. — **~,ei·mer** m colloq. for Abfalleimer. — **~,fink** m 1. contempt. dirty (od. filthy) fellow. – 2. colloq. (bes. Kind) dirty little beggar, grubby little thing, mud lark, Br. mudlark. — **~,fleck** m colloq. dirt mark, smudge. — **~,ham·mel** m contempt. dirty fellow. — **~,hau·fen** m colloq. 1. muckheap. – 2. fig. mess.

'dreckig (getr. -k·k-) colloq. I adj 1. (schmutzig) dirty: ~e Fingernägel dirty nails; ~ sein to be dirty; etwas ~ machen to make s.th. dirty; mach dich nicht ~! don't make yourself dirty; er macht sich die Finger nicht gern ~ he does not like to dirty his hands. – 2. (beschmutzt) dirty, soiled: ~e Wäsche dirty (od. soiled) laundry. – 3. (schlammig) muddy. – 4. (unordentlich) dirty, filthy. – 5. fig. (gemein) dirty, nasty, mean: eine ~e Bemerkung a nasty remark; so ein ~es Benehmen! sl. what nasty behavio(u)r! sein ~es Lachen sl. his dirty laughter. – 6. fig. (Witz) dirty, vulgar. – 7. fig. (Wetter) dirty, nasty, foul. – 8. contempt. (wertlos) worthless, paltry: für ~e 10 Mark for a paltry 10 marks. – II adv 9. fig. (gemein) in a dirty (od. nasty) manner, dirtily: ~ lachen to give a dirty laugh, to laugh wickedly. – 10. (schlecht) badly: ihm geht es ziemlich ~ a) things are going very badly with him, he is in a bad way (od. tight spot), b) he feels terrible.

'Dreck|,kä·fer m zo. dung beetle, auch dung chafer. — **~,kerl** m sl. swine, dirty lout, bes. Am. 'stinker' (alle sl.). — **~,lap·pen** m colloq. cleaning rag. — **~,loch** n colloq. 1. quagmire, slough. – 2. cf. Dreckbude. – 3. cf. Drecknest. — **~,nest** n contempt. (Ort) godforsaken place, awful hole (contempt.). — **~,pfo·te** f sl. dirty hand (od. fingers pl, colloq. paw): wasch dir deine ~n! go and wash your dirty hands! — **~,sack** m sl. cf. Dreckfink 1.

'Drecks,ar·beit f colloq. cf. Dreckarbeit.

'Dreck|,sau f vulg. dirty creature (od. fellow, contempt. swine), (dirty) skunk (contempt.). — **~,schleu·der** f sl. malicious (od. filthy) tongue. — **~,schwein** n vulg. cf. Drecksau.

'Drecks|,kerl m sl. cf. Dreckkerl. — **~,le·ben** n colloq. miserable (od. rotten) life.

'Dreck|,spatz m colloq. cf. Dreckfink 2. — **~,sprit·zer** m colloq. splash of mud.

'Drecks,zeug n colloq. rubbish, trash.

'Dreck|,wet·ter n colloq. dirty (od. nasty, foul, filthy) weather. — **~,zeug** n colloq. cf. Dreckszeug.

Dred·sche ['drɛdʒə] f ⟨-; -n⟩ mar. dredge, dragnet.

Dreesch [dreːʃ] agr. I m ⟨-es; -e⟩ fallow land (od. field). – II d~ adj fallow, uncultivated. — **~,wirt·schaft** f ley farming (agricultural system whereby land is used alternately for crop growing and pasture).

'Dregg,an·ker m mar. grapnel, drag (anchor).

dreg·gen ['drɛgən] v/t ⟨h⟩ (nach for) drag, sweep.

Dreh [dreː] m ⟨-(e)s; -s u. -e⟩ colloq. 1. (Idee) idea: auf einen guten ~ kommen to get a good idea; auf den ~ wäre ich nicht gekommen I would not have thought of that. – 2. (Trick) trick, gag: die finden bestimmt einen ~, um uns das Geld aus der Tasche zu ziehen they will find a way of getting us to pay, they will find a trick (od. way) to make us pay; einer Sache den richtigen ~ geben to arrange s.th. in a clever (od. crafty) way. – 3. (Handgriff) knack, 'hang' (colloq.): jetzt habe ich den ~ heraus (od. 'raus, weg) now I have (got) the hang of it; den richtigen ~ kriege ich nicht 'raus I can't get the knack of it; er hat den ~ noch nicht (richtig) 'raus he hasn't got the knack (od. hang) of it yet; hinter den ~ kommen to get on to it. – 4. (unerlaubte Handlungsweise) mean trick. – 5. (geschickte Wendung) twist: man muß der Angelegenheit nur den richtigen ~ geben one has to give the matter the right twist.

'Dreh|,ach·se f 1. center (bes. Br. centre) of rotation. – 2. math. axis of rotation. – 3. tech. (eines Pendels) pivot (od. fulcrum) pin. – 4. auto. fulcrum shaft axle. — **~ap·pa,rat** m metall. turner: ~ mit Rollengegenhalter roller back rest turner. — **~,ar·beit** f 1. meist pl (film) shooting: mit den ~en beginnen to start shooting. – 2. tech. a) (Vorgang) turning (operation), lathe operation, b) turning job, c) (Produkt) turned work. — **~,arm** m 1. tech. a) (eines Krans) jib, b) (einer Vorrichtung) swivel arm. – 2. electr. (in der Nachrichtentechnik) wiper. — **~au·to,mat** m tech. automatic lathe.

'Dreh,bank f ⟨-; =e⟩ tech. cf. Drehmaschine.

'dreh·bar I adj 1. that can be turned (nachgestellt), turnable. – 2. (schwenkbar) swiveling, bes. Br. swivelling. – 3. (im Drehgelenk) pivoted. – 4. (an Angeln) hinged. – 5. (Antenne etc) revolving. – 6. (Trommel etc) rotating, rota(to)ry. – II adv 7. ~ eingelagert (od. eingesetzt) pivoted; ~ lagern to pivot.

'Dreh|,bas·se f ⟨-; -n⟩ mil. hist. swivel gun. — **~be,an,spru·chung** f torsional stress (od. strain). — **~be,we·gung** f 1. tech. a) rotary motion (od. movement), b) (Drehung) rotation, c) (um einen Zapfen) pivoting, d) (Schwenkbewegung) swiveling (Br. swivelling) motion. – 2. geol. torsional (od. vorticose) movement. – 3. (sport) turn. — **~,blei,stift** m Am. mechanical pencil, Br. propelling pencil. — **~,blen·de** f phot. rotating stop plate. — **~,bol·zen** m tech. pivot (od. swivel, fulcrum) pin. — **~,brücke** (getr. -k·k-) f civ.eng. swing (od. swivel, pivot, turn) bridge.

'Dreh,buch n (film) script, scenario, shooting script. — **~,au·tor** m (film) scriptwriter.

'Dreh|,büh·ne f 1. (theater) revolving stage, 'revolver' (colloq.). – 2. tech. turntable, Br. turn-table. — **~,dol·le** f mar. 1. (am Ruderboot) swivel oarlock (bes. Br. rowlock). – 2. (am Rennboot) outrigged oarlock.

'Dre·he f ⟨-; no pl⟩ Eastern G. dial. for Umkreis 1, Gegend 2, 6.

'Dreh,ei·sen·in·stru,ment n electr. moving-iron instrument.

dre·hen ['dreːən] I v/t ⟨h⟩ 1. (Knopf, Kurbel, Lichtschalter, Rad etc) turn: etwas im Kreis ~ to turn s.th. round; den Schlüssel im Schloß ~ to turn the key in the lock; das Gas [die Flamme] kleiner (od. auf klein) [größer] ~ to turn down [up] the gas [flame]; die Hand nach links [rechts] ~ to turn one's hand to the left [to the right]; den Fuß einwärts [auswärts] ~ to turn in [out] one's foot; er hatte kaum den Rücken gedreht, als he had hardly turned his back when; j-m den Rücken ~ to turn one's back on s.o., to give s.o. the cold shoulder; eine Sache ~ und wenden, wie man will fig. to look at a matter from whatever angle one likes. – 2. (winden) twist, wrench, wrest, wring: j-m etwas aus der Hand ~ to wrench s.th. out of s.o.'s hand; → Nase 2; Mantel 1; Strick 1. – 3. (verdrehen) auch fig. twist: j-m den Arm auf den Rücken ~ to twist s.o.'s arm to the back. – 4. (Drehorgel etc) grind. – 5. (Nummernscheibe) turn. – 6. (Bart etc) twirl: → Daumen 1. – 7. (um eine Achse) rotate, turn, revolve. – 8. (schwenken) swivel. – 9. (Faden etc) twist, twine. – 10. (formen) make, form: eine Tüte aus einer Zeitung ~ to make a bag out of a paper; Locken ~ to make curls, to curl hair. – 11. (Pille, Zigarette etc) roll, make (s.th.) by rolling. – 12. (durch Fleischwolf etc) grind, put (od. pass) (s.th.) through the grinder. – 13. (film) shoot, make: einen Film ~ to make a film, to film; eine Szene ~ to shoot a scene. – 14. fig. colloq. (in den Wendungen) ein Ding ~ to do (bes. Am. to pull) a job (sl.); wir werden das Ding schon ~ we'll see to that, we'll manage it all right; das (Ding) hat er sehr geschickt gedreht he has managed it very cleverly. – 15. tech. a) (längs) turn, b) (plan) face, surface, c) (spanlos) flow-turn. – 16. tech. a) (Schaltscheibe) dial, b) (um einen Zapfen) pivot. – 17. metall. (Walzgut im Kaliber) turn (s.th.) on edge, twist. – 18. mar. (Schiff) turn, swing: ein Schiff um 180° ~ to wind ship, to turn a ship end for end; ein Schiff unbeabsichtigt nach Luv ~ to broach ship. – 19. (Scheinwerfer) turn (auf acc on). – 20. (in Wendungen wie) eine Kurve ~ cf. drehen 22, 23; einen Looping ~ aer. to loop the loop; eine Pirouette ~ to turn a pirouette, to pirouette; eine Runde ~ a) to go for a stroll, b) (mit Auto, Boot etc) to go for a (short) ride, to go for (od. to take) a spin (colloq.), c) (sport) to go for (od. to do) a lap. – 21. cf. kurbeln 3. – II v/i 22. (von Flugzeug etc) (fly a) curve. – 23. (von Auto etc) (make a) curve. – 24. (von Schiff) (nach to) turn, swing: auf der Stelle ~ to pinwheel; vor dem Wind ~ (beim Segeln) to veer. – 25. (von Wind) veer (round) (nach to), shift, turn: der Wind dreht nach achtern mar. the wind hauls aft. – 26. an (dat) etwas ~ a) to turn s.th., b) (spielend) to play (od. fiddle) with s.th.: am Türknopf ~ to turn the doorknob; ich bin sicher, daß j-d daran gedreht hat I am sure (that) s.o. has turned it (od. twiddled with it); j-n an etwas ~ lassen to let s.o. turn s.th. – 27. an (dat) etwas ~ *fig.* to twist s.th.: **daran gibt es nichts zu ~ und zu deuteln** *colloq.* it is no use niggling (*od.* quibbling, cavil[l]ing) about it. – **III** *v/reflex* **sich ~ 28.** (*von Rad etc*) turn, rotate, go round, revolve: **sich im Kreise ~** to go round in a circle; **sich schnell ~** to spin (*od.* reel, twirl) round; **sich um eine Achse ~** a) to rotate (about an axis), b) to rotate (*od.* revolve) on an axle; **die Erde dreht sich um ihre Achse** the earth rotates on its axis; **die Erde dreht sich um die Sonne** the earth revolves about the sun; **sich um die eigene Achse ~** to turn right round (*od.* full circle); **es läßt sich nicht ~** it won't turn. – **29.** (*von Drehstuhl etc*) swivel. – **30.** (*von Tür*) swing, turn: **die Tür dreht sich in den Angeln** the door swings (*od.* turns) on its hinges. – **31.** (*von Schiff*) turn, swing. – **32.** (*von Wind*) veer (round), shift, turn. – **33.** (*von Person*) turn (**nach** to): **sich im Kreise ~** to turn in a circle, (*schnell*) to spin round; **sich im Tanze ~** to dance (in circles), to whirl; **sich nach rechts ~** to turn to the right. – **34.** *fig.* (*von Gedanken*) revolve, go round: **die Gedanken drehten sich im Kreise** the thoughts revolved in a circle. – **35.** *only in* **alles dreht sich mir (in meinem Kopf)** my head is spinning, my head is going round (and round). – **36. sich ~ um** *fig. colloq.* to pivot on, to revolve round: **ihre Gedanken ~ sich nur um ihn** all her thoughts revolve round him; **alles dreht sich um das Baby** the baby is the center (*bes. Br.* centre) of everything, everything revolves about the baby; **alles dreht sich um die Liebe** it's love that makes the world go round; **alles dreht sich ums Geld** money makes the mare to go (*proverb*). – **37.** *fig.* (*lavieren*) veer: **sich ~ und wenden** to wriggle like an eel, to hedge. – **IV** *v/impers* **38.** *only in* **es dreht sich darum, ob** it's a matter (*od.* question) of, the principle involved (*od.* the point at issue) is whether; **darum dreht es sich eben** (*od.* **gerade**) that's just the point; **darum dreht es sich überhaupt nicht** that's not the point (*od.* question) at all; **um was dreht es sich eigentlich?** what is it all about? **es dreht sich darum, den besten Weg zu finden** the problem (*od.* point) is to find the best way. – **V D~** *n* ⟨-s⟩ **39.** *verbal noun.* – **40.** *cf.* Drehung.

— **'dre·hend I** *pres p.* – **II** *adj* **sich ~** rotary, rotating, revolving, rotatory, rotative: **sich nach links ~** *bes. tech.* left-handed; **sich um die Sonne ~** *astr.* circumsolar.

'Dre·her *m* ⟨-s; -⟩ **1.** *tech.* latheman, lathe operator, turner. – **2.** (*Töpfer*) thrower. – **3.** *mus.* round dance. – **4.** *med. zo.* axis, epistropheus (*scient.*).

Dre·he'rei *f* ⟨-; -en⟩ **1.** *tech.* a) (*als Betriebsabteilung*) lathe shop (*od.* room), b) (*Dreharbeit*) lathe (*od.* turning) work. – **2.** *colloq. meist contempt. for* Drehen 39.

'Dreh|ˌfe·der *f auto.* torsion spring. — **~ˌfeld** *n electr.* rotating (*od.* rotary) field. — **~ˌfen·ster** *n auto.* pivoted (*od.* swivel, ventilation) window. — **~ˌfe·stig·keit** *f tech.* torsion(al) (*od.* twisting) strength. — **~ˌfeu·er** *n aer. mar. cf.* Drehfunkfeuer.

'Drehˌflü·gel *m aer.* (*des Hubschraubers*) rotating airfoil, rotary wing, rotor. — **~ˌfen·ster** *n* **1.** *auto.* vent wing. – **2. ~ nach außen [innen]** *arch.* out-swinging [in-swinging] casement window. — **~ˌflugˌzeug** *n aer.* rotary-wing aircraft, rotorcraft, rotorplane.

'Dreh|ˌfunkˌfeu·er *n aer.* rotating (*od.* omnirange, omnidirectional) radio beacon. — **~ˌfut·ter** *n tech.* lathe chuck. — **~geˌlenk** *n* **1.** *med.* pivot joint. – **2.** *tech.* a) swivel-joint, b) (*einer Fettspritze*) swivel union. — **~geˌschwin·dig·keit** *f tech.* **1.** (*Umlaufgeschwindigkeit*) speed of rotation, (*meist kurz*) speed. – **2.** a) (*eines Gebläses*) rotary speed, b) (*Drehzahl je Zeiteinheit, U/min*) number of revolutions, *abgekürzt* rpm, c) (*einer Werkzeugmaschine*) turning speed. – **3.** (*Winkelgeschwindigkeit*) angular velocity. — **~geˌstell** *n tech. auto.* (*railway*) bogie: **Radachse mit ~** bogie unit. — **~ˌgriff** *m* **1.** star handle (*od.* knob): **gerändelter ~** knorled handle. – **2.** (*an Motorrädern*) twistgrip. — **~ˌha·ken** *m mar.* swivel hook. — **~ˌhals** *m med.* wryneck, torticollis (*scient.*). — **~ˌherz** *n tech.* lathe (*od.* driving) dog, driver, carrier. — **~imˌpuls** *m phys.* angular momentum. — **~ˌkä·fer** *m zo.* whirlwig, whirligig (beetle) (*Gyrnius natator*). — **~ˌkie·fer** *f bot.* tamarack (*od.* lodgepole) pine (*Pinus contorta u. P. murrayana*). — **~ˌkip·pe** *f* (*sport*) (*beim Turnen*) upstart with half turn. — **~ˌknopf** *m bes. tech.* turning (*od.* control) knob.

'Drehˌkol·ben *m tech.* **1.** (*eines Getriebes, eines Wankelmotors*) rotary piston. – **2.** (*eines Bootsgebläses*) rotor. — **~ˌmo·tor** *m* rotary-piston engine, Wankel engine.

'Dreh|kon·denˌsa·tor *m electr.* rotary (*od.* variable) condenser. — **~ˌkör·per** *m* **1.** *math.* (*Rotationskörper*) solid (*od.* body) of revolution. – **2.** (*Rohling für Metallverarbeitung*) blank. — **~ˌkraft** *f phys.* **1.** turning force (*od.* effort). – **2.** (*Drehmoment*) torque. – **3.** (*Verdrehkraft*) twisting force. — **~ˌkran** *m tech.* rotary (*od.* swing, slewing) crane: **fahrbarer [feststehender] ~** locomotive [pillar] crane; **feststehender ~ mit Ausleger** pillar jib-crane. — **d~ˌkrank** *adj vet.* sturdied. — **~ˌkrankheit** *f* (*der Schafe*) gid, *auch* sturdy, circling disease, turn-sick, waterbrain, (blind) staggers *pl* (*construed as sg*), coenurosis (*scient.*). — **~ˌkranz** *m* **1.** *tech.* turntable, *Br.* turn-table. – **2.** *mil.* a) (*eines Maschinengewehrs*) skate mount, b) (*eines Panzers*) turret (*od.* turning) ring, c) (*eines Geschützes*) azimuth (*od.* race) ring. — **~ˌkreis** *m mar.* (*eines Schiffes*) turning circle. — **~ˌkreuz** *n* **1.** (*für Einzeldurchlaß*) turnstile. – **2.** (*an Arbeitsmaschinen für Schaltungen*) stan wheel (*od.* handle). — **~ˌkup·pel** *f* **1.** (*in Sternwarten etc*) revolving dome. – **2.** *mil.* revolving turret. — **~ˌkur·bel** *f tech.* crank. — **~ˌla·ger** *n* pivot bearing. — **~ˌlei·er** *f mus.* hurdy-gurdy. — **~ˌlei·stung** *f aer.* (*einer Luftschraube*) torque horsepower.

'Dreh·ling *m* ⟨-s; -e⟩ **1.** *bot. cf.* Austernpilz. – **2.** *tech.* a) (*Arbeitsstück für die Drehmaschine*) blank, b) (*auf der Drehmaschine gefertigtes Teil*) turned part, c) *obs. for* Drehzahn.

'Dreh|maˌgnet *m electr.* moving (*od.* rotary) magnet. — **~ˌman·gel** *f* (*für Wäsche*) mangle.

'Dreh·maˌschi·ne *f tech.* (turning) lathe, [turning machine.]

'Dreh·maˌschi·nen|ˌbau *m tech.* **1.** lathe construction. – **2.** lathe manufacture. — **~ˌbett** *n* lathe bed. — **~supˌport** *m* **1.** slide rest. – **2.** (*Kreuzschlitten*) compound slide rest. – **3.** (*Planschlitten*) cross slide rest. – **4.** (*Meißelhalter*) toolholder.

'Dreh|ˌmas·se *f phys. cf.* Trägheitsmoment. — **~ˌmei·ßel** *m tech.* turning (*od.* cutting, lathe) tool.

'Dreh·moˌment *n* **1.** *phys.* moment of rotation. – **2.** *tech.* (*Anzugsmoment*) torque. — **~anˌzei·ger** *m auto.* torque indicator. — **~ˌschlüs·sel** *m tech.* torque wrench, *bes. Br.* torque spanner. — **~ˌwand·ler** *m auto.* torque converter.

'Dreh|ˌmoos *n bot.* cord moss (*Funaria hygrometrica*). — **~ˌmus·kel** *m med.* rotator (muscle). — **~ˌofen** *m tech.* **1.** rotary furnace. – **2.** (*mining*) a) (*zur Erzaufbereitung*) rotary kiln (*od.* calciner), b) (*zur Kohlendestillation*) rotary retort furnace. – **3.** *civ. eng.* (*eines Zementwerks*) rotary kiln.

'Drehˌor·gel *f mus.* barrel (*od.* street, hand) organ, hurdy-gurdy. — **~ˌspie·ler** *m* organ grinder.

'Dreh|ˌort *m* (*film*) scene of shooting. — **~ˌpau·se** *f* shooting break. — **~ˌpfan·ne** *f* (*railway*) bogie bolster. — **~ˌpol** *m phys.* (momentary) center (*bes. Br.* centre) of rotation. — **~ˌpunkt** *m* **1.** *tech.* a) pivot(al) point, b) (*eines Hebels*) fulcrum. – **2.** *fig. cf.* Angelpunkt 2—4. — **~ˌra·di·us** *m* (*eines Autos etc*) turning radius. — **~ˌreg·ler** *m electr.* **1.** variable (*od.* turnable) resistor (*od.* regulator, controller). – **2.** induction regulator. — **~ˌrich·tung** *f* **1.** direction of rotation. – **2.** (*textile*) direction of twist. — **~ˌröh·re** *f tech.* turning gouge: **~ mit Drille** socket firmer gouge. — **~ˌrost** *m metall.* (*eines Gaserzeugers*) revolving grate. — **~ˌsäu·le** *f* **1.** *tech.* (*eines Schleifmaschinentisches*) swivel column. – **2.** *auto.* (*eines Abschleppwagens*) pivot post. — **~ˌschal·ter** *m electr.* rotary (*od.* revolving) switch.

'Drehˌschei·be *f* **1.** *tech.* a) (*eines Meßgerätes*) circular base, b) (*einer Hobelmaschine*) swivel, c) (*einer Karusselldrehmaschine*) turntable, *Br.* turn-table. – **2.** (*railway*) turntable, *Br.* turn-table. – **3.** (*Töpferscheibe*) potter's wheel. – **4.** *tel.* (*Wählscheibe*) dial.

'Drehˌsche·mel *m* **1.** (*railway*) *auto.* pivoted bogie, swivel(l)ing bolster. – **2.** (*Schreibmaschinen-, Klavierstuhl*) revolving stool. — **~ˌlen·kung** *f auto.* fifth wheel steering.

'Dreh|ˌschie·ber *m tech.* rotary slide valve, cylindrical rotary valve. — **~ˌschran·ke** *f* (*railway*) revolving (*od.* swing) gate. — **~ˌschraubˌstock** *m tech.* swivel vice (*Am.* vise). — **~ˌschwin·del** *m med.* rotatory (*od.* rotational) vertigo. — **~ˌschwin·gung** *f phys.* torsional vibration. — **~ˌses·sel** *m* swivel chair. — **~ˌsitz** *m* revolving seat. — **~ˌspä·ne** *pl tech.* **1.** (*Metall- u. Holzbearbeitung*) turnings. – **2.** (*oft für Schneidspäne*) cuttings. — **~ˌspie·gel** *m* **1.** swing mirror, cheval (*od.* swing) glass. – **2.** *tech. phys.* revolving (*od.* rotating) mirror (*od.* reflector). — **~ˌspin·del** *f tech.* (*der Drehmaschine*) workspindle, main (*od.* lathe, headstock) spindle. — **~ˌspit·ze** *f tech.* **1.** (*der Drehmaschine*) lathe (*od.* turning) center (*bes. Br.* centre). – **2.** (*eines Gewindes*) crest, top. — **~ˌspren·ger** *m agr.* rotating sprinkler. — **~ˌspu·le** *f electr.* moving coil. — **~ˌstab** *m* **1.** *tech.* torque shaft. – **2.** *auto.* torsion bar. — **~ˌstahl** *m tech.* turning (*od.* lathe, cutting) tool. — **~ˌstän·der** *m* (*für Bücher etc*) rotating shelf. — **~ˌsti·chel** *m tech. cf.* Drehstahl. — **~ˌstift** *m* **1.** (*watchmaking*) turning arbor. – **2.** *cf.* Drehbleistift.

'Drehˌstrom *m electr.* three-phase current. — **~ge·neˌra·tor** *m* three-phase generator (*od.* alternator). — **~ˌlicht·maˌschi·ne** *f auto.* three-phase generator. — **~ˌmo·tor** *m* three-phase A.C. motor.

'Dreh|ˌstuhl *m* **1.** swivel (*od.* pivot) seat (*od.* chair). – **2.** (*railway*) heel chair. – **3.** *tech.* a) (*Kleindrehbank*) dead center (*bes. Br.* centre) hand tool lathe, turning bench, speed lathe, b) (*für Uhrmacher*) watchmakers' lathe. – **4.** (*Klavierstuhl*) revolving stool. — **~ˌsucht** *f vet. cf.* Drehkrankheit. — **~ˌtag** *m* (*film*) shooting day. — **~ˌteil** *n tech.* **1.** (*als Bauteil*) pivoted member, swivel. – **2.** (*als Arbeitsstück in der Dreherei*) lathe work. – **3.** (*auf der Drehmaschine gefertigtes Teil*) turned part. — **~ˌtisch** *m* **1.** *tech.* a) (*eines Gerätes, einer Arbeitsmaschine*) rotary table, b) (*einer Großwerkzeugmaschine*) turntable, *Br.* turn-table. – **2.** (*optics*) revolving stage. — **~ˌtrom·mel** *f tech.* rotary (*od.* revolving) drum. — **~ˌtür** *f* revolving (*od.* swing) door. — **~ˌturm** *m mil. mar.* revolving turret.

'Dre·hung *f* ⟨-; -en⟩ **1.** *cf.* Drehen. – **2.** turn: **schnelle ~** spin, whirl; **eine einmalige ~ des Griffs** a single turn of the handle; **eine leichte ~** a slight turn; **eine scharfe ~ nach rechts** a sharp turn to the right. – **3.** (*um die Achse*) rotation, revolution: **~ im Uhrzeigersinn** clockwise rotation; **~ im Gegenuhrzeigersinn** counterclockwise (*Br.* counter-clockwise) (*od.* anticlockwise, *Br.* anti-clockwise) rotation; **~ um x Grad** rotation of x degrees; **die ~ der Erde um ihre Achse** the rotation of the earth on its axis; **die ~ der Erde um die Sonne** the revolution of the earth (a)round the sun. – **4.** (*Drall*) twist. – **5.** (*Verdrehung*) torsion. – **6.** (*Schraubengang*) helix. – **7.** (*Umlauf*) turn, winding. – **8.** *zo.* turn, torsion, (*bei Schnecken*) volute. – **9.** (*sport*) (*eines Balles*) spin: **einem Ball eine ~ geben** to spin (*od. beim Golf* slice) a ball, to put spin on a ball, to give (*od.* impart) spin to a ball.

'Dre·hungs|ˌach·se *f* **1.** *min.* axis of symmetry. – **2.** *cf.* Drehachse 1. — **~ˌsinn** *m cf.* Drehrichtung 1. — **~ˌwin·kel** *m phys.* angle of rotation.

'Dreh|verˌmö·gen *n phys.* (*bes. bei Magnetismus*) rotary power. — **~vorˌrich·tung** *f* **1.** *tech.* turning attachment. – **2.** *metall.* (*im Walzwerk*) turning gear. — **~ˌwaa·ge** *f phys. tech.* torsion balance. — **~ˌwäh·ler** *m electr.* rotary selector (*od.* switch), line switch. — **~ˌwerkˌzeug** *n tech.* lathe (*od.* turning) tool. — **~ˌwi·derˌstand** *m electr.* variable (*od.* turning) resistor. — **~ˌwuchs** *m* (*forestry*) spiral (*od.* twisted) growth. — **d~ˌwüch·sig** [-ˌvyːksɪç] *adj* (*Baum*) twisted, torse (*od.* spiral) grained. — **~ˌwurm** *m* **1.** *zo.* dog tapeworm, coenurus (*scient.*) (*Taenia coenurus*). – **2. den ~ haben** *fig. colloq.* to feel giddy. — **~ˌwurz** *f bot.* **1.** ladies' (*od.* lady's) tresses (*auch* traces) *pl* (*construed as sg or pl*) (*Gattg Spiranthes*). – **2.** (field) bindweed, convolvulus (*scient.*) (*Convolvulus arvensis*).

ˈDrehˌzahl *f tech.* a) (*Umdrehungszahl*) number of revolutions, b) (*Umlaufgeschwindigkeit*) rotational speed, c) (*Drehgeschwindigkeit*) speed: ~ pro Minute revolutions *pl* per minute; gleichbleibende [regelbare, veränderliche] ~ constant [adjustable, variable] speed. — **~ˌanˌzei·ger** *m auto.* revolution (*od.* speed) indicator. — **~beˌreich** *m* speed range. — **~ˌmes·ser** *m* **1.** *tech.* revolution counter. – **2.** *auto.* rev(olution) counter. — **~ˌre·ge·lung** *f tech.* speed control (*od.* adjustment). — **~ˌreg·ler** *m* speed regulator (*od.* governor). — **~ˌreg·lung** *f cf.* Drehzahlregelung.

ˈDreh|ˌzahn *m tech.* cutter (*od.* tool holder) bit. — **~ˌzap·fen** *m* **1.** *tech.* a) pivot, swivel (*od.* fulcrum) pin, b) (*Schildzapfen*) trunnion, c) (*am Kran*) slewing journal. – **2.** (*railway*) *bes. Br.* bogie pin, *Am.* truck center pin. — **~ˌzeit** *f* (*film*) shooting time (*od.* schedule).

drei [draɪ] **I** *adj* ⟨*cardinal number*⟩ **1.** three: ~ mal vier ist zwölf three times four is (*od.* makes) twelve; ~ zu vier three to four; ~ Uhr three o'clock; es ist ~ *colloq.* it's three (o'clock); Punkt (*od.* Schlag) ~ three o'clock sharp; die Uhr schlug ~ the clock struck three; ~ Viertel zehn a quarter to ten; halb ~ half past two; in ~ Viertelstunden (with)in three quarters of an hour; sie [wir] waren zu ~en, es waren ihrer [unser] ~ there were three of them [of us], they [we] were three in number; die nächsten ~ the next three; diese ~ these three; (sie) alle ~ all three of them; zu (*od.* je) ~ und ~ by (*od.* in) threes, three by three; Mutter ~er Kinder (*od.* von ~ Kindern) mother of three children; die ~ da sind unschuldig those three are innocent; ein Kind von ~ Jahren a three-year-old child; das Kind ist ~ (Jahre alt) the child is three (years old); bis ~ zählen to count up to three; ehe man bis ~ zählen konnte *fig. colloq.* in the twinkling of an eye, before you could say Jack Robinson; sie sieht aus, als ob sie nicht bis (auf) ~ zählen könnte *fig. colloq.* she looks as if she doesn't know how many beans make five; sie tut, als ob sie nicht bis ~ zählen könnte *fig. colloq.* she acts as if butter wouldn't melt in her mouth; sich j-n ~ Schritte vom Leib halten *fig.* to keep s.o. at arm's length; ~ Schritte vom Leib! *fig.* keep (*od.* hands) off! das war eins, zwei, ~ getan *fig. colloq.* it was done in no time; er arbeitet für ~ *fig. colloq.* he's doing the work of three (people); etwas mit (*od.* in) ~ Worten sagen *fig.* to say s.th. briefly (*od.* in a few words); Hunger für ~ haben *fig. colloq.* to be as hungry as a bear (*bes. Br.* hunter), to be as hungry as three people; er kommt alle ~ Tage *fig. colloq.* he comes very often (*od.* every few days); das dauerte (ja) ewig und ~ Tage *fig. colloq.* that took ages; in ~ Teufels (*od.* Deibels) Namen *colloq.* for Heaven's sake, (what) the devil, in the name of thunder; die Heiligen D~ Könige *Bibl.* the Three Magi (*od.* Wise Men, Kings); → Ding[1] 1; Finger (*bes. Redewendungen*); Grazie II; Kreuz 1, 4; Regenwetter. – **II D~** *f* ⟨-; -en⟩ **2.** (number *od.* figure) three: die D~ ist eine heilige Zahl three is a sacred number. – **3.** *ped.* a) (*in Klassenarbeit etc*) satisfactory mark, b) (*im Examen*) pass: vier D~en im Zeugnis haben to get four passes on (*od.* in) one's school report; eine D~ in Mathematik schreiben (*od.* bekommen) to get a satisfactory mark in mathematics. – **4.** *colloq.* (streetcar, *Br.* tram) number three. – **5.** (*eines Würfels*) (the number) three: zwei D~en würfeln to throw two threes.

ˈDreiˌach·ser [-ˌʔaksər] *m* ⟨-s; -⟩ *auto.* ten-wheeler, three-axle vehicle. — **ˈdreiˌach·sig** [-ˌʔaksɪç] *adj* **1.** *bes. math.* triaxial. – **2.** *auto.* three-axle (*attrib*), with (*od.* having) three axles.

ˌDreiˈach·telˌtakt *m mus.* three-eight time.

ˈDreiˌak·ter [-ˌʔaktər] *m* ⟨-s; -⟩ (*theater*) three-act play. — **ˈdreiˌak·tig** [-ˌʔaktɪç] *adj* three-act (*attrib*).

ˈdrei|ˌar·mig [-ˌʔarmɪç] *adj* (*Leuchter etc*) three-armed, with (*od.* having) three arms. — **~ato·mig** [-ʔaˌtoːmɪç] *adj chem.* triatomic.

ˈDreiˌbackenˌfut·ter (*getr.* -k·k-) *n tech.* three-jaw chuck.

ˈdreiˌbah·nig [-ˌbaːnɪç] *adj* (*Straße*) three-lane(d).

ˈDreiˌban·denˌspiel *n* (*beim Billard*) three-cushion cannon (*bes. Am.* carom, *auch* carrom).

ˈdrei|ˌbän·dig [-ˌbɛndɪç] *adj* three-volume (*attrib*), in (*od.* of) three volumes: ein ~es Werk a three-volume work. — **~ˌba·sig** [-ˌbaːzɪç], **~ˌba·sisch** *adj chem.* (*Säure*) tribasic: ~es Salz triple salt.

ˈDreiˌbein *n* **1.** *colloq. for* Dreifuß. – **2.** *tech.* a) (*als Stativ*) tripod, b) (*eines Flaschenzugs*) shear (*od.* sheer) legs *pl* (*construed as sg or pl*). – **3.** *math.* trihedral. — **ˈdreiˌbei·nig** [-ˌbaɪnɪç] *adj* (*Schemel etc*) three-legged, *auch* three-foot(ed), tripodal (*lit.*).

ˈDreiˌbein·staˌtiv *n phot.* tripod: ~ mit Mittelsäule tripod with center (*bes. Br.* centre) pillar.

ˈDreiˌblatt *n* **1.** *bot.* trefoil, clover. – **2.** *arch. her.* trefoil. – **3.** (*beim Kartenspiel*) three-card sequence. — **ˈdreiˌblät·te·rig, ˈdreiˌblätt·rig** *adj bot.* three-leaf(ed), three-leaved, trefoiled; trifoliate(d), triphyllous (*scient.*).

ˈDreiˌblatt·verˌzie·rung *f arch.* trefoil.

ˈdrei|ˌblu·mig, ~ˌblü·tig [-ˌblyːtɪç] *adj bot.* three-flowered; trifloral, triflorate, triflorous (*scient.*).

ˈDreiˌbock *m cf.* Dreibein 2.

ˈDreiˌbund *m* ⟨-(e)s; *no pl*⟩ *pol. hist.* Triple Alliance (*1882*).

ˈdreiˌchö·rig [-ˌkøːrɪç] *adj mus.* trichord: ~es Klavier trichord (piano).

ˈDreiˌdecker (*getr.* -k·k-) *m* ⟨-s; -⟩ **1.** *aer.* triplane. – **2.** *mar. hist.* three-decker.

ˈdrei·di·men·sioˌnal *adj* three-dimensional, tridimensional: ~er Film three-dimensional film; ~er Klang stereophonic sound; ~es Sehen stereoscopy. — **ˈDrei·di·men·sio·na·liˌtät** *f* ⟨-; *no pl*⟩ tridimensionality, three-dimensionality.

ˈdreiˌdräh·tig [-ˌdrɛːtɪç] *adj* three-cored, three-wired.

ˈDreiˌeck *n* ⟨-(e)s; -e⟩ **1.** *bes. math.* triangle: ähnliche [flächengleiche] ~e similar [equal] triangles; gleichschenkliges [gleichseitiges, rechtwinkliges, schiefwinkliges] ~ isosceles [equilateral, right-angled, oblique (*od.* scalene)] triangle; spitzwinkliges [stumpfwinkliges, ungleichseitiges] ~ acute [obtuse, scalenous] triangle; sphärisches ~ spherical (*od.* circular) triangle; ein ~ aufzeichnen (*od.* entwerfen) to lay out a triangle; aus ~en zusammengesetzt triangulate; ein ~ bestimmen to solve a triangle; zwei ~e zur vollen Deckung bringen to make two triangles coincide. – **2.** (*Zeichengerät*) (drawing) triangle: das ~ an eine Linie anlegen to put the triangle to a line. – **3.** *fig.* triangle (*love affair involving three persons*). – **4.** *electr.* delta. — **~ˌach·se** *f auto.* wishbone (*Br.* wish-bone) pin. — **~geˌschäft** *n econ.* triangular transaction.

ˈdreiˌeckig (*getr.* -k·k-) *adj* **1.** three-cornered, triangular. – **2.** *math.* triangular.

ˈDreiˌeck|ˌlen·ker *m auto.* wishbone, *Br.* wish-bone. — **~ˌmu·schel** *f zo.* bean shell, coquina (*Gattg Donax*).

ˈDreiˌecksˌaufˌnah·me *f* (*bei Vermessung*) triangulation.

ˈDreiˌeckˌschal·tung *f electr.* delta connection (*Br. auch* connexion) (*od.* circuit), mesh connection.

ˈDreiˌecks|geˌschich·te *f* story about the eternal triangle. — **~ˌkrab·be** *f zo.* spider crab (*Fam. Majidae*). — **~ˌleh·re** *f math.* trigonometry. — **~ˌmes·sung** *f* triangulation, trigonometry. — **~ˌmu·schel** *f zo.* migratory shell (*Dreissenia polymorpha*). — **~ˌspan·nung** *f electr.* delta (*od.* mesh) voltage. — **~ˌspiel** *n* (*sport*) (*beim Fußball etc*) triangular passing. — **~verˌhält·nis** *n fig. colloq.* three-cornered relationship, ménage à trois.

ˈDreiˌeck|ˌtuch *n med.* triangular bandage. — **~ˌwick·lung** *f electr.* delta winding.

ˌdreiˌeinˈhalb *adj* three and a half.

ˌdreiˈei·nig *adj relig.* triune: die ~e Gottheit the triune Godhead; der ~e Gott the triune God, the Trinity. — **ˌDreiˈei·nig·keit** *f* ⟨-; *no pl*⟩ Trinity, Triunity: die ~ Gottes the triune nature of God.

ˌDreiˈei·nig·keits|beˌken·ner *m relig.* Trinitarian. — **~ˌfest** *n* Trinity Sunday. — **~ˌleh·re** *f* doctrine of the Trinity.

ˈDrei·er *m* ⟨-s; -⟩ **1.** *bes. Southern G. for* Drei 2-5. – **2.** (*sport*) a) (*beim Eiskunstlauf etc*) (figure) three, b) (*beim Golf*) match between three persons, threesome. – **3.** (*im Lotto etc*) three (numbers) right: einen ~ haben to have three right. – **4.** *hist.* three-pfennig coin: dafür bekommst du keinen ~ mehr *fig. colloq.* this isn't worth a rap. — **~ˌeinˌmalˌeins** *n math.* three-times table. — **~enˌtente** *f pol. hist.* Triple Entente (*1906*). — **~ˌgrup·pe** *f* group of three, triad (*bes. math.*). — **~kon·feˌrenz** *f pol.* tripartite conference.

ˈdrei·erˈlei *adj* ⟨*invariable*⟩ of three kinds (*od.* sorts): es gibt ~ Gründe there are three reasons; ~ Brot three (different) kinds of bread; ich wünsche mir ~ I'd like to have three things.

ˈDrei·er|ˌpakt *m pol.* tripartite pact. — **~ˌrei·he** *f* row of three: in ~n marschieren to march three abreast (*od.* in threes); in ~n antreten to line up in threes. — **~ˌtakt** *m mus.* triple (*od.* ternary) time. — **~verˌtrag** *m pol.* tripartite treaty (*od.* agreement).

ˈdrei·eta·gig [-ʔeˌtaːʒɪç] *adj* three-storey, *bes. Am.* three-story, three-level (*alle attrib*): ~e Kreuzung triple-deck (*od.* three-level) intersection.

ˈdreiˌfach I *adj* **1.** threefold, triple, treble: in ~er Ausfertigung (*od.* Ausführung) in three copies, in triplicate; eine ~e Niederlage a triple (*od.* threefold) defeat; die ~e Menge three times the amount; ~er Weltmeister (*sport*) triple world champion. – **2.** (*textile*) (*Garn*) three-ply (*attrib*). – **3.** *tech.* (*Übersetzung*) triple. – **4.** *bot.* tern, ternate. – **II** *adv* **5.** triply: das Papier ~ nehmen to fold the paper into three; ~ gerippt *bot.* trinerve(d), trinervate; ~ geschlitzt *bot.* trisected; → doppelt 13. – **III D~e, das** ⟨-n⟩ **6.** three times the amount, triple: neun ist das D~e von drei nine is three times three; sich um das D~e vermehren to treble, to triple, to increase threefold; das D~e nehmen to take three times as much, to take three times the amount.

ˈdreiˌfä·che·rig *adj* **1.** *bot.* a) trilocular, b) (*dreikapselig*) tricapsular, tricoccous, three-celled (*od.* -grained). – **2.** *rare* (*Schrank etc*) with (*od.* having) three shelves.

ˈDreiˌfach·heit *f* ⟨-; *no pl*⟩ triplicity.

ˈDreiˌfach|ˌlei·tung *f* three-core (*od.* triple-concentric) cable. — **~ˌschal·ter** *m electr.* three-circuit double-pole switch. — **~ˌste·cker** (*getr.* -k·k-) *m* three-pole pin plug. — **~verˌstär·ker** *m* three-phase amplifier.

ˈDreiˌfa·denˌlam·pe *f electr.* three-filament (incandescent) lamp.

ˌdreiˈfal·tig *adj relig. cf.* dreieinig. — **ˌDreiˈfal·tig·keit** *f* ⟨-; *no pl*⟩ *cf.* Dreieinigkeit.

ˌDreiˈfal·tig·keits|ˌblu·me *f bot.* herb trinity (*Viola tricolor*). — **~ˌfest** *n relig. cf.* Dreieinigkeitsfest.

ˌDreiˈfar·ben|ˌdruck *m* ⟨-(e)s; -e⟩ *print.* three-color (*bes. Br.* three-colour) print(ing). — **~fo·to·graˌfie, ~pho·to·graˌphie** *f* three-color (*bes. Br.* three-colour) photography.

ˈdreiˌfar·big *adj* **1.** three-color, *bes. Br.* three-colour (*attrib*), three-colo(u)red, tricolor, *bes. Br.* tricolour. – **2.** *phot.* trichromatic, tricolor, *bes. Br.* tricolour. — **ˈDreiˌfar·big·keit** *f* ⟨-; *no pl*⟩ trichroism.

ˌDreiˈfel·der|ˌwirt·schaft *f agr.* three-course (crop), three-field system rotation.

ˈdreiˌfin·ge·rig [-ˌfɪŋərɪç] *adj zo.* three-fingered; tridactyl, tridactylous, *auch* tridactyle, tridigitate (*scient.*).

ˈdreiˌflä·chig *adj* **1.** three-faced. – **2.** *math.* trihedral. — **ˈDreiˌfläch·ner** [-ˌflɛçnər] *m* ⟨-s; -⟩ *math.* trihedron.

ˈdrei|ˌflam·mig *adj* (*Gasherd etc*) triple-burner (*attrib*). — **~ˌflü·ge·lig** [-ˌflyːɡəlɪç], **~ˌflüg·lig** [-ˌflyːɡlɪç] *adj bot.* tripterous. — **~ˌför·mig** *adj* triform(ed). — **D~ˌfuß** *m* **1.** three-legged stand (*od.* stool), tripod. – **2.** (*Untersetzer*) trivet. – **3.** *mil.* (*Schießgerüst*) tripod. — **~ˌfü·ßig** *adj cf.* dreibeinig. — **~ˌga·be·lig** *adj* three-forked; trifurcate, trichotomous, trichotomic (*scient.*).

ˈDreiˌgang|geˌtrie·be *n tech.* three-speed gear (*od.* transmission). — **~ˌschal·tung** *f* three-speed gearshift: Fahrrad mit ~ three-speed bicycle.

ˈDrei·geˌspann *n* **1.** team of three horses. – **2.** three-horse carriage, troika. – **3.** *fig. colloq.* trio, threesome.

ˈdrei·geˌstal·tig [-ɡəˌʃtaltɪç] *adj* **1.** triform(ed). – **2.** *min. biol.* trimorph. — **ˈDrei·geˌstal·tig·keit** *f* ⟨-; *no pl*⟩ trimorphism.

ˈDrei|geˌstirn *n astr.* triple star. — **d~geˌstri·chen** *adj mus.* thrice-accented, three--line (*attrib*). — **d~geˌteilt** *adj* **1.** divided into three (parts), tripartite. – **2.** *bot.* trichotomic, trichotomous, tripartite. — **d~ˌglei·sig** [-ˌglaɪzɪç] *adj* (*railway*) three-rail (*attrib*). — **d~ˌglie·de·rig d~ˌglied·rig** *adj* **1.** three-membered. – **2.** *math.* a) (*Ausdruck*) trinomial, three-termed, b) (*Operation*) triadic: ~e Größe trinomial. – **3.** *zo. biol.* a) trimerous, b) (*Nomenklatur*) trinomial. — **~ˌgrif·fe·lig** [-ˌgrɪfəlɪç] *adj bot.* tristylous.

ˌDreiˈgro·schen|ˌheft *n colloq. contempt. Am.* dime thriller, *Br.* penny dreadful. — **~ˌoper**", „**Die** *mus.* "The Threepenny Opera" (*by Brecht and Weill*).

ˈdreiˌhän·dig [-ˌhɛndɪç] *adj* three-handed.

ˈDrei·heit *f* ⟨-; *no pl*⟩ triad, triplicity, threeness, trinity.

ˈDreiˌhorn *n myth.* tricorn.

ˈdreiˈhun·dert *adj* ⟨*cardinal number*⟩ three hundred. — **D~ˈjahrˌfei·er** [ˌdraɪˌhʊndərt-] *f* tercentenary, tercentennial. — **~ˌjäh·rig** *adj* tercentenary, tercentennial.

ˈdreiˈhun·dertst *adj* ⟨*ordinal number*⟩ three hundredth, tercentenary, *auch* tercentennial. — **ˈDreiˈhun·dert·stel** *n* three hundredth.

ˌDreiˈjah·resˌplan *m econ. pol.* three-year plan.

ˈdrei|ˌjäh·rig I *adj* **1.** three-year (*attrib*), lasting (*od.* of) three years, triennial. – **2.** three-year-old (*attrib*), of three (years): ein ~es Kind a three-year-old child. – **II D~e** *m, f* ⟨-n; -n⟩ **3.** three-year-old (child). — **~jähr·lich** *adj* (occurring) every three years, triennial.

ˌDreiˈkai·ser|ˌbünd·nis *n hist.* Three Emperors' League (*1872*). — **~ˌjahr** *n* year of the Three Emperors (*1888*). — **~ˌschlacht** *f* Battle of Austerlitz (*December 2, 1805*).

ˈDreiˌkampf *m* (*sport*) triathlon.

ˈDreiˌkant *n, m* ⟨-(e)s; -e⟩ *math.* trihedral, trihedron.

ˈDreiˌkan·ter *m* ⟨-s; -⟩ *geol.* dreikanter.

ˈDreiˌkantˌfei·le *f tech.* three-square (*od.* triangular) file.

ˈdreiˌkan·tig *adj* **1.** (*Feile etc*) three-square (*attrib*), triangular. – **2.** (*Klinge etc*) three--edged. – **3.** *math.* trihedral, three-cornered. – **4.** *bot. zo.* trigonal, triquetrous.

ˌDreiˈkä·seˌhoch *m* ⟨-s; -(s)⟩ *colloq. humor.* midget, runt, Tom Thumb, hop-o'-my--thumb, 'half-pint' (*colloq.*), *bes. Br. colloq.* 'nipper', *Br. colloq.* titch.

ˈDreiˌklang *m mus.* triad. — **~ˌhorn** *n auto.* triple-tone horn, three-horn set (*od.* signal).

ˈdreiˌklap·pig [-ˌklapɪç] *adj zo.* trivalve, trivalvular.

ˌDreiˈklas·senˌwahl *f*, **~ˌrecht** *n*, **~syˌstem** *n pol. hist.* three-class electoral system.

ˈDreiˌklaue *f zo.* soft-shell, soft-shelled turtle (*Fam. Trionychidae*).

ˌDreiˈkö·ni·ge *pl relig.* Epiphany *sg*, Twelfth day *sg*: an (*od.* zu) ~ on Epiphany.

ˌDreiˈkö·nigs|ˌabend *m relig.* Twelfth night. — **~ˌfest** *n* Epiphany, Twelfth day (*od.* night). — **~ˌtag** *m cf.* Dreikönigsfest.

ˈdreiˌköp·fig [-ˌkœpfɪç] *adj* **1.** (consisting) of three (persons): eine ~e Familie a family of three. – **2.** *myth.* triple-headed, three--headed, tricephalous (*lit.*). – **3.** ~er Muskel *med.* triceps.

ˌDreiˈkör·per·proˌblem *n astr.* (*space*) three-body problem.

ˈdrei|ˌlap·pig *adj bot.* trilobate(d), three--lobed, trilobed. — **D~ˌlaut** *m ling.* triphthong.

ˌDreiˈlei·ter·syˌstem *n electr.* three-wire system.

ˈdreiˌli·nig [-ˌliːnɪç] *adj math.* trilinear.

ˌDreiˈmäch·te|ˌabˌkom·men *n pol.* tripartite (*od.* three-power) agreement. — **~ˌausˌschuß** *m* tripartite commission (*od.* committee).

ˌDreiˈmä·derlˌhaus [-ˈmɛːdərl-] *n colloq.* family of three daughters.

ˈdreiˌmäh·dig [-ˌmɛːdɪç] *adj agr. cf.* dreischürig.

ˈdreiˌmal *adv* three times, thrice (*lit.*): ~ pro (*od.* in der) Woche triweekly, three times a week; ~ täglich three times a day; ~ soviel three times as much; ~ so lang wie three times as long as.

ˈdreiˌma·lig *adj* ⟨*attrib*⟩ done (*od.* repeated) three times, triple: nach ~em Versuch after the third attempt, after three attempts; er erhielt eine ~e Aufforderung he was requested three times.

ˈDreiˌma·ster [-ˌmastər] *m* ⟨-s; -⟩ **1.** *mar.* three-master, three-masted sailing vessel. – **2.** *hist. cf.* Dreispitz.

ˈDreiˌmastˌgaf·felˌscho·ner *m mar.* three--masted fore-and-aft schooner, tern schooner.

ˈdreiˌma·stig [-ˌmastɪç] *adj mar.* three--masted.

ˈDreiˌmastˌscho·ner *m mar.* three-masted schooner.

ˌDreiˈmei·len|ˌgren·ze *f mar. jur.* three--mile limit. — **~ˌzo·ne** *f* three-mile zone (*od.* belt).

ˌDreiˈme·terˌbrett *n* (*sport*) (*beim Kunstspringen*) three-meter (*bes. Br.* three-metre) (diving) board.

ˈdrei|ˌmo·na·tig *adj* **1.** three-month (*attrib*), lasting (*od.* of) three months, three months'. – **2.** (*Baby etc*) three-month-old (*attrib*). — **~ˌmo·nat·lich I** *adj* trimonthly, trimestrial, *auch* trimestral, quarterly. – **II** *adv* every three months.

ˌDreiˈmo·nats|akˌzept *n econ.* three months' acceptance (*od.* bill). — **~ˌwech·sel** *m* three months' bill. — **~(ˌzah·lungs)ˌziel** *n* three months' credit.

ˈdrei·moˌto·rig [-moˌtoːrɪç] *adj aer.* three- (*od.* triple-)engined.

drein [draɪn] *adv colloq. for* darein I.

ˈdreinˌblicken (*getr.* -k·k-) *v/i* ⟨*sep*, -ge-, h⟩ *colloq.* look: ernst [lustig, vergnügt] ~ to have (*od.* wear) a concerned [gay, happy] expression; traurig (*od.* trübe) ~ to look sad (*od.* blue).

ˈdreinˌfah·ren *v/i* ⟨*irr, sep*, -ge-, sein⟩ *colloq. for* dazwischenfahren.

ˈdreinˌfin·den *v/reflex* ⟨*irr, sep*, -ge-, h⟩ sich ~ *colloq.* get used to it, put up with it: Sie werden sich ~ müssen you will have to put up with it.

ˈdreinˌfü·gen *v/reflex* ⟨*sep*, -ge-, h⟩ sich ~ *colloq. for* dareinfügen.

ˈdreinˌfun·ken *v/i* ⟨*sep*, -ge-, h⟩ *colloq. cf.* dazwischenfahren.

ˈdreinˌge·ben *v/t* ⟨*irr, sep*, -ge-, h⟩ *colloq.* give (*s.th.*) into the bargain.

ˈdreinˌhau·en *v/i* ⟨*irr, sep*, -ge-, h⟩ *colloq. cf.* dreinschlagen.

ˈdreinˌmen·gen, ˈdreinˌmi·schen *v/reflex* ⟨*sep*, -ge-, h⟩ sich ~ *colloq.* interfere (in it), mix in, stick one's nose in (*colloq.*).

ˈdreinˌre·den *v/i* ⟨*sep*, -ge-, h⟩ *colloq.* interfere (in it), put one's oar in (*colloq.*): rede mir nicht immer drein! wait till I'm finished before you put your oar in; j-m überall ~ to interfere in everything s.o. does.

ˈdreinˌschau·en ⟨*sep*, -ge-, h⟩ *colloq. cf.* dreinblicken.

ˈdreinˌschicken (*getr.* -k·k-) *v/reflex* ⟨*sep*, -ge-, h⟩ sich ~ *cf.* dreinfinden.

ˈdreinˌschla·gen *v/i* ⟨*irr, sep*, -ge-, h⟩ *colloq.* interfere (forcibly): mit der Faust ~ to put one's foot down; da soll doch gleich ein Donnerwetter ~! thunder and blast! blast it!

ˈdreinˌse·hen *v/i* ⟨*irr, sep*, -ge-, h⟩ *cf.* dreinblicken.

ˌDrei·parˈtei·en·syˌstem *n pol.* three--party system.

ˈDreiˌpaß *m* ⟨-passes; -passe⟩ *arch.* trefoil. — **~ˌpfundˌbrot** *n gastr.* three-pound loaf. — **~ˌpfün·der** [-ˌpfʏndər] *m* ⟨-s; -⟩ **1.** *mil. hist.* three-pounder. – **2.** *colloq. for* Dreipfundbrot.

ˌDreiˈpha·senˌstrom *m electr. cf.* Drehstrom. — **ˈdreiˌpha·sig** [-ˌfaːzɪç] *adj* three--phase (*attrib*): ~er Stromkreis three-phase circuit.

ˈdrei|ˌpo·lig [-ˌpoːlɪç] *adj* three-pole, triple--pole, three-pin (*alle attrib*): ~er Ausschalter [Schalter] three-pole circuit-breaker [switch]; ~er Stecker three-pin plug. — **~proˌzen·tig** [-proˌtsɛntɪç] *adj* **1.** *chem. pharm.* (*Lösung etc*) three percent (*attrib*). – **2.** *econ.* three percent (*attrib*), bearing three percent interest.

ˌDreiˈpunktˌlan·dung *f aer.* three-point landing.

ˈDreiˌrad *n* **1.** (*Kinderfahrrad*) tricycle, three-wheeler: ~ fahren to (ride a) tricycle. – **2.** *auto.* three-wheeled car (*od.* truck, vehicle). — **~ˌfah·rer** *m* tricyclist.

ˈdrei|ˌrä·de·rig [-ˌrɛːdərɪç], **~ˌräd·rig** [-ˌrɛːdrɪç] *adj* three-wheeled. — **~ˌrei·hig** [-ˌraɪɪç] *adj* **1.** placed in three rows (*od.* lines), three- (*od.* triple-)row (*attrib*). – **2.** *bot.* trifarious, tristichous. — **D~ˌring** *m chem.* three-membered ring. — **D~ˌru·derer** *m antiq.* trireme. — **~ˌsai·tig** [-ˌzaɪtɪç] *adj mus.* three-stringed: ~es Instrument three-stringed instrument, trichord. — **~ˌsa·mig** [-ˌzaːmɪç] *adj bot.* three-seeded, trispermous (*scient.*).

ˈDreiˌsatz *m*, **~ˌrech·nung** *f math.* rule of three (*od.* of proportion).

ˈDreiˌschen·kel *m her.* triskele, triskelion, triskelis. — **ˈdreiˌschen·ke·lig** [-ˌʃɛŋkəlɪç], **~ˌschenk·lig** [-ˌʃɛŋklɪç] *adj* **1.** *math.* (*Zirkel etc*) triangular. – **2.** *tech.* three--legged.

ˈDreiˌschich·ten|ˌfarbˌfilm *m phot.* **1.** tripack color (*bes. Br.* colour) film. – **2.** (*mit Lichthofschutz*) integral tripack film. — **~ˌglas** *n* (*optics*) triplex glass.

ˈdreiˌschich·tig *adj* **1.** three-layered: ~er Mauerbewurf *civ.eng.* three-coat work. – **2.** (*wood*) three-ply (*attrib*).

ˈDreiˌschlag *m mus.* triple time. — **ˈdreiˌschlä·gig** [-ˌʃlɛːgɪç] *adj med.* (*Puls etc*) trigeminal, tricrotic.

ˈDrei|ˌschlitz *m arch.* triglyph. — **d~ˌschnei·dig** *adj* **1.** (*Schwert etc*) three--edged. – **2.** *tech.* (*Spiralsenker*) three--lipped. — **~ˌschneuß** *m arch.* flamboyant trefoil.

ˈdreiˌschü·rig [-ˌʃyːrɪç] *adj agr.* (*Wiese*) mown three times a year.

ˈDreiˌseit *n* ⟨-(e)s; -e⟩ *math.* three-sided figure, trilateral. — **ˈdreiˌsei·tig** *adj* **1.** *math.* three-sided, trilateral, triangular. – **2.** *pol.* (*Abkommen etc*) tripartite.

ˌDreiˈsil·ben·geˌsetz *n ling.* three-syllable law. — **ˈdreiˌsil·big** [-ˌzɪlbɪç] *adj* three--syllable(d), trisyllabic: ~es Wort three--syllable word, trisyllabic (word).

ˈDrei|ˌsit·zer *m* ⟨-s; -⟩ *aer. auto.* three--seater. — **d~ˌspal·tig I** *adj* **1.** (*Zeitungsartikel etc*) three-column(ed). – **2.** *bes. bot. zo.* trifid. – **II** *adv* **3.** eine Seite ~ bedrukken to print a page in three columns.

ˈDreiˌspän·ner [-ˌʃpɛnər] *m* ⟨-s; -⟩ three--horse carriage. — **ˈdreiˌspän·nig** [-ˌʃpɛnɪç] *adj* (*Wagen etc*) three-horse (*attrib*).

ˈDrei|ˌspitz *m* ⟨-es; -e⟩ *hist.* three-cornered (*od.* cocked) hat, tricorn. — **d~ˌspra·chig** [-ˌʃpraːxɪç] *adj* trilingual, three-language (*attrib*): eine ~e Erklärung an explanation in three languages. — **~ˌsprin·ger** *m* (*sport*) triple jumper. — **~ˌsprung** *m* triple jump. — **d~ˌspu·rig** [-ˌʃpuːrɪç] *adj* (*Fahrbahn*) three-lane(d).

drei·ßig [ˈdraɪsɪç] *adj* ⟨*cardinal number*⟩ thirty: ~ sein to be thirty; im Alter von ~ Jahren at thirty (years of age), at the age of thirty; eine ~ Jahre alte Frau a thirty--year-old woman, a woman of thirty; (auf) Seite ~ (on) page thirty; ~ (Kilometer in der Stunde) fahren to go at a speed of thirty kilometers, to do thirty (kilometers) (*colloq.*); ~ beide (*im Tennis*) thirty all.

ˈDrei·ßig[1] *f* ⟨-; -en⟩ **1.** (number) thirty. – **2.** ⟨*only sg*⟩ thirties *pl*: Mitte [Ende] ~ sein to be in one's middle [late] thirties.

ˈDrei·ßig[2], **die** *pl antiq.* the Thirty (Tyrants).

ˈdrei·ßi·ger *adj* ⟨*invariable*⟩ *only in* die ~ Jahre the thirties; in den ~ Jahren (*Zeit*) in the thirties; die Mode der ~ Jahre the fashion of the thirties.

ˈDrei·ßi·ger[1] *m* ⟨-s; -⟩ **1.** man of thirty, man in his thirties. – **2.** man born in the year '30. – **3.** wine of the vintage '30. – **4.** die ~ *pl* (*Alter*) the thirties: in den ~n sein to be in one's (*od.* the) thirties; Mitte [Ende] der ~ sein to be in one's middle [late] thirties; hoch in den ~n sein to be in one's late thirties.

ˈDrei·ßi·ger[2] *f* ⟨-; -⟩ *colloq.* thirty-pfennig stamp.

ˈDrei·ßi·ge·rin *f* ⟨-; -nen⟩ **1.** woman of thirty, woman in her thirties. – **2.** woman born in the year '30.

ˈdrei·ßigˌfach *adj* thirtyfold: in ~er Ausfertigung in thirty copies.

ˈdrei·ßigˌjäh·rig I *adj* **1.** thirty-year-old (*attrib*), of thirty (years): ein ~er Mann a thirty-year-old man, a man of thirty. – **2.** thirty-year (*attrib*), lasting (*od.* of) thirty years: der D~e Krieg *hist.* the Thirty Years' War (*1618—48*). – **II D~e** *m, f* ⟨-n; -n⟩ **3.** thirty-year-old (person).

ˈdrei·ßigˌmal *adv* thirty times.

ˌDrei·ßigˈpfen·nig(ˌbrief)ˌmar·ke *f* thirty--pfennig stamp.

ˈdrei·ßigst I *adj* ⟨*ordinal number*⟩ thirtieth: am ~en Tage on the thirtieth day, after thirty days. – **II D~e, der** ⟨-n⟩ the thirtieth: am D~n (des Monats) on the thirtieth (of the month).

'drei·ßig·stel I *adj* thirtieth. – **II D~** *n* ⟨-s; -⟩ thirtieth (part).

'drei·ßig·stens *adv* in the thirtieth place.

'drei·ßig,tä·gig *adj* thirty-day (*attrib*), lasting (*od.* of) thirty days.

dreist [draɪst] **I** *adj* ⟨-er; -est⟩ **1.** (*Person, Benehmen etc*) audacious, presumptuous, bold, brazen, forward, brash: er hat ein ~es Wesen he is a presumptuous character; er war so ~ zu kommen he presumed (*od.* made bold) to come. – **2.** (*Behauptung, Bemerkung etc*) brazen(faced), bold: eine ~e Lüge a brazen (*od.* barefaced, shameless) lie. – **3.** (*unverschämt, frech*) impertinent, impudent, cheeky, saucy, *bes. Am. colloq.* 'fresh'. – **4.** (*zudringlich*) persistent, importunate (*lit.*): ein ~er Bettler an importunate beggar. – **5.** (*Forderung etc*) excessive, exorbitant, unconscionable. – **6.** (*skrupellos*) unscrupulous. – **7.** *lit. od. obs. for* kühn 3. – **II** *adv* **8.** boldly, brazenly: ~ lügen to lie boldly, to tell a barefaced (*od.* shameless) lie; er behauptete ~, daß he made bold to say that. – **9.** *colloq.* (*sogar*) even. – **10.** *colloq.* (*als Verstärkung*) ich glaube ~ behaupten zu können, daß I dare say that; fragen Sie nur ~ drauflos! come right out with your questions!

,Drei'stär·ken,glas *n* (*optics*) trifocal lens.

'drei,stel·lig [-,ʃtɛlɪç] *adj math.* **1.** (*Zahl*) three-figure (*attrib*), three-digit (*attrib*). – **2.** (*Dezimalbruch*) three-place (*attrib*).

'Dreist·heit *f* ⟨-; -en⟩ *cf.* Dreistigkeit.

'Drei·stig·keit *f* ⟨-; -en⟩ **1.** ⟨*only sg*⟩ (*einer Person, des Benehmens*) audacity, presumption, presumptuousness, boldness brazenness, forwardness: die ~ haben zu behaupten to have the audacity (*od.* nerve, cheek) to assert; eine unerhörte ~, eine ~ sondergleichen an incredible boldness (*od.* cheek). – **2.** ⟨*only sg*⟩ (*einer Behauptung, Bemerkung*) brazenness, boldness. – **3.** ⟨*only sg*⟩ (*Frechheit*) impertinence, impudence, cheekiness, cheek, sauciness. – **4.** ⟨*only sg*⟩ (*Zudringlichkeit*) persistence; importunity, importunateness (*lit.*). – **5.** ⟨*only sg*⟩ (*einer Forderung etc*) excessiveness, exorbitance, unconscionableness. – **6.** ⟨*only sg*⟩ (*Skrupellosigkeit*) unscrupulousness. – **7.** *meist pl* liberty: sich (j-m gegenüber) ~en herausnehmen to take liberties (with s.o.). – **8.** ⟨*only sg*⟩ *lit. od. obs. for* Kühnheit 3.

'drei|,stim·mig I *adj mus.* **1.** (*Lied, Gesang etc*) for (*od.* in) three voices, in three parts, three-part (*attrib*). – **2.** (*Fuge etc*) in three parts, three-part (*attrib*). – **II** *adv* **3.** ~ singen to sing in three voices. — **~,stöckig** (*getr.* -k·k-) [-,ʃtœkɪç] *adj* three-storey, *bes. Am.* three-story (*attrib*), three-storeyed, *bes. Am.* three-storied. — **~,stof·fig** [-,ʃtɔfɪç] *adj chem.* ternary. — **~,strah·lig** *adj* **1.** *bot. phys.* triradiate(d). – **2.** *aer.* (*Strahltriebwerk*) three-jet (*attrib*). – **3.** *zo.* tridactylous.

,Drei'stu·fen|,mo·tor *m tech.* three-speed motor. — **~ra,ke·te** *f* (*space*) three-stage rocket. — **~,schal·ter** *m electr.* (*eines Elektrogerätes*) three-heat switch.

'drei|,stu·fig *adj* **1.** of (*od.* with) three steps. – **2.** *tech.* a) (*Motor*) three-speed (*attrib*), b) (*Vorgelege*) three-step (*attrib*). – **3.** (*space*) (*Rakete*) three-stage (*attrib*). — **~,stün·dig** [-,ʃtʏndɪç] *adj* three-hour (*attrib*), lasting (*od.* of) three hours: in einer ~en Unterredung in a three-hour conference, in a conference lasting three hours; der Zug kam mit ~er Verspätung an the train was three hours late. — **~,stünd·lich I** *adj* occurring every three hours. – **II** *adv* every three hours, at three-hour intervals.

,Drei'ta·ge,fie·ber *n med.* three-day fever, roseola infantium (*scient.*).

'drei,tä·gig *adj* **1.** three-day, three days' (*beide attrib*), lasting (*od.* of) three days: ein ~er Ausflug a three-day trip; ~e Gültigkeitsdauer haben to have three days' validity, to be valid for three days. – **2.** *med.* (*Fieber*) three-day (*attrib*), tertian (*scient.*). – **3.** (*rare*) three days old.

'Drei,takt,rhyth·mus *m med.* (*des Herzens*) gallop rhythm, Traube's murmur.

'drei'tau·send *adj* ⟨*cardinal number*⟩ three thousand.

'Drei,tau·sen·der *m* ⟨-s; -⟩ *colloq.* (*Berg*) three-thousand-meter (*bes. Br.* three-thousand-metre) mountain, threethousander (*colloq.*).

'drei'tau·sendst *adj* ⟨*ordinal number*⟩ three thousandth.

'drei,tei·len *v/t* ⟨*insep*, -ge-, h⟩ **1.** divide (*s.th.*) into three (parts). – **2.** *math.* trisect. — **'Drei,tei·ler** *m math.* trisector. — **'drei,tei·lig** *adj* **1.** (consisting) of three pieces (*od.* parts), three-piece (*attrib*): eine ~e Möbelgruppe a three-piece set of furniture; ~er Spiegel triple mirror; ein ~er Anzug a three-piece suit; ~es Altarbild triptych. – **2.** in three parts, three-part (*attrib*), tripartite (*lit.*): ein ~er (*od.* ~es) Essay a three-part essay, an essay in three parts. – **3.** *med. biol.* a) threefold, trichotomous (*scient.*), b) (*dreispaltig*) trifid, c) *cf.* dreizellig. — **'Drei,tei·lung** *f* **1.** division into three (parts), tripartition (*lit.*). – **2.** *math.* (*eines Winkels*) trisection.

'Drei,ton·ner [-,tɔnər] *m* ⟨-s; -⟩ *auto. Br.* three-ton lorry, *Am.* three-tonner.

,Drei'tou·ren,plat·ten,spie·ler *m* three-speed record player.

'drei,und,ein'halb *adj cf.* dreieinhalb.

'Drei·ver,band *m hist. cf.* Tripelentente.

'drei'vier·tel I *adj* ⟨*attrib, invariable*⟩ three-quarter: in ~ Länge in three-quarter length; in einer ~ Stunde in three quarters of an hour; ~ Liter three quarters of a liter (*bes. Br.* litre). – **II** *adv* three-quarters: der Krug ist ~ voll the pitcher is three-quarters full. – **III D~** ⟨*undeclined*⟩ three quarters *pl*: ~ des Weges [des Inhalts] three quarters of the way [of the contents].

,Drei'vier·tel|,är·mel *m meist pl* (*fashion*) three-quarter(-length) sleeve. — **~,band** *m print.* three-quarter binding. — **~,gei·ge** *f mus.* three-quarter(-size) violin. — **~,ho·se** *f* three-quarter(-length) slacks *pl* (*sometimes construed as sg*). — **d~,lang** *adj* (*Mantel etc*) three-quarter(-length) (*attrib*). — **~,man·tel** *m* three-quarter(-length) coat. — **~,mehr·heit** *f pol.* three-quarters (*od.* three-fourths) majority. — **~,spie·ler** *m* (*sport*) (*im Rugby*) three-quarter back. — **~,stun·de** ['draɪ,fɪrtəl-] *f* three quarters *pl* of an hour. — **~,takt** *m mus.* **1.** three-four (*bes. Am.* three-quarter) time: ein ~ a three-four bar. – **2.** (*Walzertakt*) waltz time.

'Drei,weg..., **'Drei,we·ge...** *electr. tech.* three-way...

'Drei,weg|,hahn *m tech.* three-way cock. — **~,schal·ter** *m electr.* three-way (*od.* three-point) switch. — **~,steck,do·se** *f* three-way socket. — **~,stecker** (*getr.* -k·k-) *m* three-way plug.

'drei,wer·tig *adj* **1.** *chem. nucl.* trivalent: ~es Element trivalent element, triad. – **2.** *math.* three-valued. — **'Drei,wer·tig·keit** *f* ⟨-; *no pl*⟩ **1.** *chem. nucl.* trivalence. – **2.** *math.* three-valuedness, triplicity.

'drei|,win·ke·lig, **~,wink·lig** *adj math.* triangular.

'drei,wö·chent·lich I *adj* three-weekly, triweekly. – **II** *adv* every three weeks.

'drei,wö·chig [-,vœçɪç] *adj* three-week (*attrib*), lasting (*od.* of) three weeks: ~er Urlaub three-week holiday.

'Drei,zack *m* ⟨-(e)s; -e⟩ **1.** *myth.* (*Neptuns*) trident. – **2.** *bot.* arrow grass (*Gattg Triglochin*): Gemeiner ~ marshy arrow grass (*T. palustris*). — **'drei,zackig** (*getr.* -k·k-) *adj* **1.** three-pronged: eine ~e Krone a crown with three points (*od.* prongs); ~er Speer trident. – **2.** *bes. bot. zo.* tridentate(d), tridental, trifid. – **3.** *med.* tricuspid(ate).

'Drei,zahl *f* **1.** *math.* triad. – **2.** die ~ *lit.* the number three.

'Drei,zahn *m bot.* heath grass (*Sieglingia decumbens*).

'Drei,ze·hen|,faul,tier *n zo.* three-toed sloth (*Bradypus tridactylus*). — **~,mö·we** *f* kittiwake (*Rissa tridactyla*). — **~,specht** *m* three-toed woodpecker (*Picoides tridactylus*).

'drei,ze·hig [-,tseːɪç] *adj zo.* (*Faultier etc*) three-toed; tridigitate, tridactyl(ous) (*scient.*).

'drei,zehn I *adj* ⟨*cardinal number*⟩ thirteen: das Kind ist ~ (Jahre alt) the child is thirteen (years old); jetzt schlägt's (aber) ~ *colloq.* that's the limit, that does it, that takes the cake, that's finished it (*alle colloq.*). – **II D~, die** ⟨-; -en⟩ (number) thirteen: die böse (*od.* verhängnisvolle) ~ the unlucky thirteen.

'drei,zehn,jäh·rig *adj* **1.** thirteen-year-old (*attrib*): ein ~er Junge a thirteen-year-old boy, a boy of thirteen. – **2.** thirteen-year (*attrib*), lasting (*od.* of) thirteen years: eine ~e Unterbrechung a thirteen-year interval (*od.* interruption).

'drei,zehnt I *adj* ⟨*ordinal number*⟩ **1.** thirteenth. – **II D~e, der** ⟨-n⟩ **2.** the thirteenth: am D~n des Monats on the thirteenth of the month. – **3.** *hist.* Ludwig der D~e Louis the Thirteenth, Louis Treize.

'drei,zehn·tel I *adj* thirteenth. – **II D~** *n* ⟨-s; -⟩ thirteenth (part).

'drei,zehn·tens *adv* in the thirteenth place.

'drei|,zei·lig [-,tsaɪlɪç] *adj* **1.** three-line (*attrib*), of (*od.* having) three lines. – **2.** *bot.* trifarious. — **~,zel·lig** [-,tsɛlɪç] *adj med.* tricellular, trilocular.

'drei|,zif·fe·rig [-,tsɪfərɪç], **~,ziff·rig** [-,tsɪfrɪç] *adj* three-figure (*attrib*).

,Drei'zim·mer,woh·nung *f* three-room apartment (*bes. Br.* flat).

'drei|,zip·fe·lig [-,tsɪpfəlɪç], **~,zipf·lig** [-,tsɪpflɪç] *adj* **1.** *bot.* trifid. – **2.** *med.* a) (*zahnartig*) trident, tridentate(d), b) (*hökkerig*) tricuspid(ate). — **~,zöl·lig** [-,tsœlɪç] *adj* three-inch (*attrib*).

Drell [drɛl] *m* ⟨-s; -e⟩ *Northern G. for* Drillich.

Drem·pel ['drɛmpəl] *m* ⟨-s; -⟩ *civ.eng. bes. Northern G.* (*einer Schleuse*) sill, apron.

'Dresch|,bo·den *m*, **~,die·le** *f agr.* threshing floor.

Dre·sche ['drɛʃə] *f* ⟨-; *no pl*⟩ *colloq.* (*Prügel*) thrashing; hiding, licking (*colloq.*): tüchtig (*od.* eine tüchtige) ~ kriegen (*od.* bekommen, beziehen) to get a good hiding.

dre·schen ['drɛʃən] **I** *v/t* ⟨drischt, drosch, *obs.* drasch, gedroschen, h⟩ **1.** *agr.* (*Getreide etc*) thresh, thrash: leeres Stroh ~ *fig. colloq.* to indulge in empty talk, to beat the air; Phrasen ~ *fig. colloq.* to utter (*od.* let out) a string of platitudes, to let off hot air (*colloq.*). – **2.** j-n ~ *colloq.* (*prügeln*) to thrash s.o., to give s.o. a thrashing (*od. colloq.* hiding, licking): j-n windelweich (*od.* grün und blau) ~ to thrash the life out of s.o., to thrash s.o. till he is black und blue. – **3.** *colloq.* (*Klavier etc*) hammer (away) on, pound. – **4.** *colloq.* (*Musikstück*) hammer (out): einen Schlager auf dem Klavier ~ to hammer out a hit tune on the piano. – **5.** Skat ~ *colloq.* to play skat. – **II** *v/i* **6.** *agr.* thresh, thrash: mit dem Flegel ~ to (thresh with the) flail.

'Dre·scher *m* ⟨-s; -⟩ **1.** thresher, thrasher. – **2.** *cf.* Dreschmaschine. – **3.** *zo.* thresher (shark), *auch* fox shark (*Alopias vulpinus*).

'Dresch|,fle·gel *m agr.* flail. — **~ma,schi·ne** *f* threshing machine, thresher. — **~,ten·ne** *f cf.* Dreschboden.

Dreß [drɛs] *m* ⟨- *u.* -sses; *rare* - *u.* -sse⟩, *Austrian f* ⟨-; -ssen⟩ sports clothing (*od.* outfit): in vollem ~ *fig. colloq.* in full dress (*od. colloq.* getup, *Br.* get-up), all dressed up (*colloq.*).

Dres·seur [drɛ'søːr] *m* ⟨-s; -e⟩ **1.** animal trainer. – **2.** (*Bändiger*) tamer.

dres·sie·ren [drɛ'siːrən] **I** *v/t* ⟨*no* ge-, h⟩ **1.** (*Tier*) train: einen Hund darauf ~, etwas zu tun to train a dog to do s.th.; einen Hund auf den Mann ~ to train a dog to attack (*od.* go for) men; ein Pferd ~ a) to train (*od.* school, teach) a horse, b) (*zureiten*) to break in a horse. – **2.** (*bändigen*) tame. – **3.** *fig. contempt.* (*Kinder*) drill, coach. – **4.** j-n (mit etwas) ~ *fig. colloq.* to pester s.o. (with s.th.). – **5.** *tech.* (*Filzhut*) a) press, steam, b) block. – **6.** *gastr.* a) (*Speisen*) (*gefällig anrichten*) make (*s.th.*) ready (*od.* prepare [*s.th.*]) for the table, b) (*Geflügel*) truss up. – **7.** *metall.* a) (*Bleche*) cold-finish, temper-roll, stretcher-level, b) (*Walzgut*) skin-pass roll, re-roll. – **8.** (*textile*) (*Stoffe*) dress. – **II D~** *n* ⟨-s⟩ **9.** *verbal noun.* — **dres'siert I** *pp.* – **II** *adj* **1.** trained. – **2.** (*Tiger etc*) performing.

Dress·man ['drɛsmən] (*Engl.*) *m* ⟨-s; Dressmen ['drɛsmən]⟩ (*fashion*) male (fashion) model.

Dres·sur [drɛ'suːr] *f* ⟨-; -en⟩ **1.** *cf.* Dressieren. – **2.** training method, (kind of) training. – **3.** *cf.* Dressurakt. – **4.** (*Dressurreiten*) dressage. — **~,akt** *m* (*im Zirkus*) act of performing animals. — **~,hals,band** *n* ⟨-(e)s; =er⟩ (*für Hunde*) choke collar. — **~,lei·stung** *f* (trained) performance. — **~,num·mer** *f cf.* Dressurakt. — **~,pferd** *n* (*sport*) dressage horse. — **~,prü·fung** *f* dressage competition. — **~,rei·ten** *n* dressage. — **~ˌrei·ter** *m* dressage rider. — **~ˌvierˌeck** *n* arena for dressage competitions.

drib·beln ['drɪbəln] *v/i* ⟨h⟩ (*sport*) (*beim Fußball etc*) dribble: mit dem Ball ~ to dribble the ball. — **'Dribb·ler** *m* ⟨-s; -⟩ dribbler. — **Dribb·ling** ['drɪblɪŋ] *n* ⟨-s; -s⟩ dribble.

Drift[1] [drɪft] *f* ⟨-; -en⟩ *mar.* drift (current).

Drift[2] *m* ⟨-(e)s; -e⟩ *tech.* (*in der Färberei*) strainer, dyer's net.

'Driftˌeis *n mar.* drift ice.

drif·ten ['drɪftən] *v/i* ⟨h⟩ *mar.* (*treiben*) drift.

'Drift|geˌschwin·dig·keit *f mar.* drift. — **~ˌströ·mung** *f* drift (current). — **~ˌwin·kel** *m aer.* angle of crab.

Drilch [drɪlç] *m* ⟨-(e)s; -e⟩ (*textile*) *Swiss for* Drillich.

Drill[1] [drɪl] *m* ⟨-(e)s; *no pl*⟩ **1.** *mil.* drill, drilling. – **2.** *fig.* drill, discipline: scharfer ~ rigid discipline.

Drill[2] *m* ⟨-(e)s; -e⟩ *zo.* drill (*Mandrillus leucophaeus*).

Drill[3] *m* ⟨-(e)s; -e⟩ *Northern G. for* Drillich.

'Drill|ˌbo·gen *m tech.* drill bow. — **~ˌboh·rer** *m* spiral drill.

dril·len ['drɪlən] **I** *v/t* ⟨h⟩ **1.** *mil.* (*Soldaten etc*) drill. – **2.** (*Untergebene*) drill, discipline. – **3.** *ped. colloq.* drill, coach. – **4.** *agr.* (*Samen*) drill. – **5.** (*textile*) (*Faden*) drill. – **II D~** *n* ⟨-s⟩ **6.** *verbal noun.*

Dril·lich ['drɪlɪç] *m* ⟨-(e)s; -e⟩ (*textile*) **1.** drill, drilling. – **2.** (*für Matratzen*) ticking. — **~ˌanˌzug** *m* **1.** (cotton twill) overalls *pl*, dungarees *pl*, denims *pl*. – **2.** *mil.* fatigue (*od.* work) uniform, fatigues *pl.* — **~ˌho·se** *f* **1.** dungarees *pl*, denims *pl.* – **2.** jeans *pl.* — **~ˌrock** *m mil.* canvas jacket. — **~ˌzeug** *n* fatigues *pl*, fatigue clothes *pl.*

Dril·ling ['drɪlɪŋ] *m* ⟨-s; -e⟩ **1.** (*Kind*) triplet, one of triplets: ~e gebären to give birth to triplets; sie sind ~e they are triplets; eineiige ~e *med.* identical (*od. scient.* uniovular) triplets. – **2.** (*Jagdgewehr*) three-barrel gun. – **3.** *min.* (*Kristall*) trilling. – **4.** (*games*) (*beim Pokern etc*) triplets *pl*, three of a kind. – **5.** (*sport*) (*beim Angeln*) treble hook.

'Dril·lings|ˌblu·me *f bot.* bougainvillea (*Gattg Bougainvillea*). — **~ˌbo·gen** *m arch.* triple arch. — **~ˌbru·der** *m* triplet brother. — **~ˌdampf·maˌschi·ne** *f tech.* triple-expansion engine. — **~geˌburt** *f med.* triplet birth, birth of triplets. — **~ˌkind** *n cf.* Drilling 1. — **~kriˌstall** *m min.* trilling. — **~ˌpreßˌpum·pe** *f tech.* three-piston pump. — **~ˌschwe·ster** *f* triplet sister. — **~ˌturm** *m mil.* triple gun turret.

'Drill|maˌschi·ne *f agr.* drilling machine, (seed) drill. — **~ˌmei·ster** *m mil.* drill-master. — **~ˌplatz** *m mil.* drill ground. — **~ˌsaat** *f agr.* **1.** drill seed(s *pl*). – **2.** drill sowing, drilling. — **~ˌschar** *f* drill ploughshare, *bes. Am.* drill plowshare.

'Dril·lung *f* ⟨-; *no pl*⟩ **1.** *cf.* Drillen. – **2.** *tech.* (*Drall*) torsion, twist.

drin [drɪn] *adv* **1.** *colloq. for* darin I. – **2.** *colloq. for* drinnen 3. – **3.** *colloq.* (*in Wendungen wie*) das ist nicht ~ that's not possible, that's out of the question, that's no go (*colloq.*); Urlaub nehmen? (das ist) einfach nicht ~ take a holiday? it's no go; mehr war nicht ~ that was the utmost; das ist bei mir nicht ~ you can't do that with me; solche teuren Geschenke sind nicht ~ we can't afford such expensive presents; in diesem Spiel ist noch alles ~ the game (*bes. Br.* match) is still undecided, anything's possible in this game still. – **4.** *colloq.* (*unübersetzt*) es ist nichts im Koffer ~ there is nothing in the suitcase, the suitcase is empty. – **5.** *colloq.* in it (*od.* them), in there (*od.* here): ist hier j-d ~? is somebody in here? ist er im Haus? ja, er ist ~ is he in the house? yes, he is (in).

drin·gen ['drɪŋən] *v/i* ⟨dringt, drang, gedrungen, h *u.* sein⟩ **1.** ⟨sein⟩ durch etwas ~ a) to force one's way through s.th., to break (*od.* get, pass) through s.th., b) (*von Messer, Kugel, Licht etc*) to penetrate (*od.* pierce) s.th., c) (*von Wasser etc*) to force (*od.* work) it's way through s.th., to penetrate s.th., to permeate s.th., d) *fig.* (*von Idee etc*) to permeate s.th.: durch die Menge ~ to squeeze (*od.* elbow) one's way through the crowd; j-m durch Mark und Bein ~ a) to cut s.o. to the marrow, b) *fig.* to pierce s.o. to the quick; Rauch drang durch die Tür smoke was coming through (*od.* belching out of) the door; die Feuchtigkeit dringt durch alle Ritzen the damp is seeping through all the cracks; der Regen ist durch meine Kleider gedrungen the rain has soaked (*od.* drenched, penetrated through) my clothes; ein Schrei drang durch die Nacht a cry rang through (*od.* into) the night; laute Stimmen drangen durch das Haus loud voices rang through the house; seine Stimme drang durch den Lärm his voice could be heard above the noise; durch die feindlichen Linien ~ to penetrate (through) the enemy lines. – **2.** ⟨sein⟩ aus etwas ~ a) to break out of (*od.* forth from) s.th., b) (*von Geräusch etc*) to come from s.th., c) (*von Menschenmenge*) surge (*od.* throng) out of s.th.: sie drangen aus der Stadt they surged out of the town; ein lauter Schrei drang aus dem Zimmer a loud cry came from (*od.* was heard from inside) the room. – **3.** ⟨sein⟩ in (*acc*) etwas ~ a) to penetrate (into) s.th., to make (*od.* force) one's (*od.* it's) way into s.th., to get into s.th., b) (*eindringen*) to invade s.th., to enter s.th. by force, c) (*von Wasser etc*) to penetrate (*od.* get into) s.th., to permeate s.th., d) *fig.* (*in ein Geheimnis etc*) to penetrate (*od.* search, see) into s.th., to get to the bottom of s.th., e) *fig.* (*von Idee etc*) to permeate s.th.: der Splitter war tief ins Fleisch gedrungen the splinter had lodged itself deep in the flesh; in die Öffentlichkeit ~ *fig.* to leak out, to transpire, to become (*od.* reach the) public, to get abroad. – **4.** ⟨sein⟩ bis zu etwas [j-m] ~ to get (*od.* go, advance) as far as s.th. [s.o.], to reach s.th. [s.o.]: ihre Stimmen drangen bis zu mir their voices reached me, I could hear their voices; bis ins Herz (*od.* zum Herzen) ~ *lit.* to touch (*od.* move) one's heart (deeply). – **5.** ⟨h⟩ auf (*acc*) etwas ~ to press for s.th., to insist on s.th., to demand s.th.: darauf ~, daß etwas geschieht to press for s.th. to be done, to urge that s.th. (should) be done, to insist on s.th. being done; auf eine Antwort [Entscheidung] ~ to press for an answer [a decision]; auf Zahlung ~ to demand (*od.* press for) payment; bei j-m auf etwas ~ to press s.o. for s.th. – **6.** ⟨sein *u.* h⟩ in j-n ~ to press s.o., to plead with s.o., to beseech (*od.* beg, urge) s.o.: mit Bitten in j-n ~ to plead with (*od.* entreat) s.o., to prevail on s.o.; mit Fragen in j-n ~ to press (*od.* ply) s.o. with questions; nicht länger (*od.* weiter) in j-n dringen a) not to plead with s.o. any longer (*od.* further), b) to stop questioning s.o.; immer weiter in j-n ~ a) to keep begging (*od.* urging) s.o., b) to keep questioning s.o., to pester s.o. with questions. – **7.** ⟨sein⟩ *only in* hinter die Geheimnisse ~ *fig.* to see through (*od.* penetrate) the mysteries. — **'drin·gend I** *pres p.* – **II** *adj* **1.** (*Arbeit etc*) urgent, pressing: die Angelegenheit ist ~ the matter (*od.* case) is urgent; ein ~er Fall an urgent case, a case of emergency, an emergency; ~er Mangel urgent (*od.* extreme) need; ~e Not crying need; ~e Bitte urgent (*od.* insistent) request (*od.* entreaty); äußerst ~ most urgent; ~es Telegramm urgent telegram. – **2.** (*Notwendigkeit etc*) imperative, imperious, extreme. – **3.** (*Gefahr etc*) imminent, instant. – **4.** (*Verdacht, Rat etc*) strong: ~es Anraten strong recommendation. – **5.** (*Gründe etc*) compelling, cogent. – **III** *adv* **6.** urgently: ich muß dich ~ sprechen I have s.th. urgent to discuss with you; eine ~ notwendige Maßnahme a measure of pressing necessity; etwas ~ benötigen (*od.* erfordern) to need (*od.* exact, want) s.th. urgently (*od.* desperately, badly), to be in urgent need of s.th.; ~st geboten (*od.* notwendig) imperative, of the utmost urgency; ~ um Ruhe bitten to insist on silence; j-n ~ bitten (*od.* ersuchen) to ask (*od.* request) s.o. urgently (*od.* earnestly), to plead hard with s.o.; ~ verlangen nach to cry (*od.* call) for. – **7.** strongly: etwas ~ anraten (*od.* empfehlen, nahelegen) to advise (*od.* recommend) s.th. strongly; er riet mir ~, dies zu tun he urged me to do that. – **8.** highly: ~ verdächtig highly suspicious. – **IV D~e, das** ⟨-n⟩ **9.** urgent matter: dem D~en den Vorrang geben to put first things first.

'dring·lich I *adj* **1.** (*Geschäfte, Problem etc*) urgent, pressing: die Sache ist ~ the matter is urgent (*od.* brooks no delay). – **2.** (*Rat etc*) strong. – **3.** *lit.* emphatic. – **II** *adv* **4.** j-n ~ bitten to request s.o. urgently (*od.* earnestly), to plead hard with s.o.; j-n ~ auffordern to urge s.o. — **'Dring·lich·keit** *f* ⟨-; *no pl*⟩ **1.** urgency: äußerste ~ utmost urgency; nur in Fällen besonderer ~ only in cases of compelling urgency. – **2.** (*Vordringlichkeit*) priority: von größter ~ of first (*od.* top) priority.

'Dring·lich·keits|ˌanˌtrag *m pol.* emergency motion: einen ~ stellen [ablehnen] to propose [reject] an emergency motion. — **~beˌschei·ni·gung** *f* certificate of urgent need. — **~ˌfall** *m* urgent case: im ~ in case of emergency. — **~ˌgrad** *m* (degree of) priority. — **~ˌklau·sel** *f Swiss pol. a clause providing for exclusion of a bill from normal plebiscitory vote.* — **~ˌli·ste** *f* priority list: auf der ~ stehen to be on the priority list. — **~ˌmaßˌnah·me** *f* emergency (*od.* urgency) measure. — **~ˌstu·fe** *f* priority (class): höchste ~ top priority. — **~verˌmerk** *m* priority note.

Drink [drɪŋk] (*Engl.*) *m* ⟨-(s); -s⟩ drink.

drin·nen ['drɪnən] *adv* **1.** *colloq. for* darinnen I. – **2.** indoors, inside: heute ist es draußen wärmer als ~ today it is warmer outdoors than indoors. – **3.** inside, within. – **4.** *cf.* drin 3, 4, 5. – **5.** *obs. for* worin 2.

Dri·schel ['drɪʃəl] *m* ⟨-s; -⟩ *od. f* ⟨-; -n⟩ *Southern G. and Austrian for* Dreschflegel.

dritt [drɪt] *adj* **1.** ⟨*ordinal number*⟩ third: zum ~en Mal for the third time; am ~en Mai on May third, on the third of May; an ~er Stelle stehen to be in (the) third place, to be (placed) third; an einem ~en Ort at a third place; etwas von ~er Seite erfahren to learn (of) s.th. from a third party (*od.* person), to learn (of) s.th. from another source; der ~e Mann beim Skat the third man (*od.* hand) in a game of skat; jedes ~e Wort bei ihm ist Lüge his every third (*od.* every other) word is a lie; ~e Klasse third class; ein Hotel ~er Klasse a third-class hotel; etwas aus ~er Hand erwerben to buy s.th. thirdhand (*Br.* third-hand); ~en Ranges third-rate; zum ersten, zum zweiten, zum ~en! (*auf Versteigerung*) going, going, gone! der ~e Stand *hist.* the third estate; der D~e Orden *relig.* the Third Order, the lay order, the Tertiaries *pl*; das D~e Reich *hist.* the Third Reich; die ~e Kraft *pol.* the third force; ~e Person a) *ling. jur.* third person, b) *econ. jur.* third party; der Autor schreibt in der ~en Person the author uses (*od.* writes in) the third person; ein Artikel ~er Wahl *econ.* an article of third quality; eine Zahl in die ~e Potenz erheben *math.* to raise a number to the third power, to cube a number; → Fall[2] 9; Grad 4, 9. – **2.** zu ~ three of us (*od.* you, them): zu ~ sein to be three; wir waren zu ~ there were three of us; zu ~ marschieren to march three abreast (*od.* in threes); sie kamen zu ~ the three of them came.

'dritt'äl·test I *adj* third (eldest *od.* oldest), eldest but two: das ~e Kind the third child. – **II D~e, der** ⟨-n; -n⟩ the third eldest (*od.* oldest).

'Dritt|ˌausˌfer·ti·gung *f econ.* (*eines Wechsels*) third of exchange. — **d~'best** *adj* third best. — **~beˌtei·lig·te** *m econ.* (participating *od.* intervening) third party.

'Drit·te *m, f* ⟨-n; -n⟩, *n* ⟨-n; *no pl*⟩ **1.** third: er ist der ~ in seiner Klasse he is (the) third in his class; der ~ des Monats the third of the month; als ~r das Ziel erreichen to come in (*od.* finish) third; entweder — oder, es gibt kein ~s either — or, there is no third possibility (*od.* other alternative); einen Streit von einem ~n entscheiden lassen to have a dispute settled by a third (*od.* disinterested, neutral) person; der lachende ~e the lucky bystander (*od.* onlooker), the tertius gaudens; wenn zwei sich streiten, freut sich der ~ (*Sprichwort*) *etwa* when two people quarrel there is always a third one who rejoices; ein ~r a) *jur.* a third person, b) *jur. econ.* a third party; im Auftrag [zugunsten] eines ~n *jur.* by order [for the benefit] of a third party (*od.* person); unbeschadet der Rechte ~r *jur.* without prejudice to the right of third parties; gegen ~ (*od.* gegenüber ~n) wirksam sein *jur.* to be effective (*od.* have effect) against third parties; Prinzip des ausgeschlossenen ~n *philos.* principle of excluded middle, *auch* tertium non datur; → Bund[1] 2. – **2.** (*substantiviert mit Kleinschreibung*) third: der d~ von links the third from the left. – **3.** Heinrich III. (*od.* der ~) *hist.* Henry III (*od.* the Third).

'Drit·tel I *n, Swiss usually m* ⟨-s; -⟩ third (part): zwei ~ two thirds; ein ~ des Gewichts a third of the weight. – **II d~** *adj* ⟨*attrib*⟩ third: eine d~ Seite the third part of a page, a third of a page.

'Drit·tel,bo·gen *m print.* third of a sheet.

drit·teln ['drɪtəln] *v/t* ⟨h⟩ divide (*s.th.*) into thirds (*od.* three parts).

'Drit·ten,ab,schla·gen *n only in* ~ spielen (*games*) to play twos and threes.

'drit·tens *adv* thirdly, in the third place.

'dritt|'größt *adj* ⟨*attrib*⟩ third biggest (*od.* largest). — **~'höchst** *adj* ⟨*attrib*⟩ third highest. — **D~in·ter,es·se** *n* third-party interest, interest of a third person. — **~'jüngst** *adj* ⟨*attrib*⟩ third youngest. — **~,klas·sig** [-,klasɪç] *adj* **1.** third-class: ~e Waren *econ.* third-class goods, thirds. – **2.** *cf.* drittrangig. — **~'letzt I** *adj* ⟨*attrib*⟩ third last, last but two: das ~e Haus the third house from the end, the last house but two; er kam als ~er an he was the third last to arrive; ~e Silbe *ling.* antepenultimate (syllable), antepenult, *auch* antepenultima. – **II D~e, der** ⟨-n; -n⟩ the last but two. — **D~op·po·si·ti,on** *f pol.* third opposition. — **~,ran·gig** *adj* (*Hotel, Künstler etc*) third-rate. — **D~,scha·den** *m jur.* damage(s *pl*) suffered by (a) third party. — **D~,schrift** *f* third copy. — **D~,schuld·ner** *m jur.* a) garnishee, b) (*bei Schuldabtretung*) assigned debtor.

Drive-in-Film·thea·ter [draɪ'vɪn,fɪlmte,aːtər] *n* drive-in (cinema, *bes. Am.* movie).

Dri·ver ['draɪvər; 'draɪvə] (*Engl.*) *m* ⟨-s; -⟩ (*Golfschläger*) driver.

drob [drɔp] *adv obs. for* darüber 5.

dro·ben ['droːbən] *adv* up (there), above: da ~ up there; ~ in den Bergen up in the mountains; im Himmel ~ in the heaven above; die Sterne ~ the stars overhead.

Dro·ge ['droːgə] *f* ⟨-; -n⟩ *med. pharm.* drug, pharmaceutical product.

'Dro·gen|,kun·de *f med. pharm.* pharmacognosy. — **~,miß,brauch** *m* abuse (*od.* misuse) of drugs. — **d~,süch·tig** *adj* given to drugs.

Dro·ge·rie [drogə'riː] *f* ⟨-; -n [-ən]⟩ *Br.* chemist's (shop), *bes. Am.* druggist's, *Am.* drugstore (*without prescription drugs*). — **~,wa·ren** *pl* pharmaceutical products.

Dro·gist [dro'gɪst] *m* ⟨-en; -en⟩ *Br.* chemist, *bes. Am.* druggist: beim ~en at the chemist's (*bes. Am.* druggist's).

'Droh,brief *m* threatening letter.

dro·hen ['droːən] **I** *v/i* ⟨h⟩ **1.** threaten, menace: j-m (mit etwas) ~ to threaten (*od.* menace) s.o. (with s.th.); j-m mit dem Finger ~ to wag (*od.* shake) one's finger at s.o.; j-m mit der Faust [dem Stock] ~ to shake one's fist [a stick] at s.o.; j-m mit Strafe [der Entlassung] ~ to threaten s.o. with punishment [dismissal]; mit Krieg ~ to threaten war, to rattle the sabre. – **2.** (*von Gefahr, Unheil etc*) threaten, impend, be impending, be imminent, loom: es droht ein Unglück misfortune threatens, a disaster is impending (over us); er weiß noch nicht, was ihm droht he doesn't know (yet) what he is in for (*od.* what is in store for him); ihm droht der Bankrott the threat of bankruptcy is hanging over his head. – **3.** ~, etwas zu tun a) to threaten (*od.* menace) to do s.th., b) *fig.* to be in danger of (doing) s.th.: sie drohte, ihn anzuzeigen she threatened to bring a charge against him; das Haus droht einzustürzen the house threatens to collapse (*od.* is in danger of collapsing); sein Herz drohte zu versagen his heart was in danger of failing; die Firma drohte zusammenzubrechen the firm was on the verge of collapse, the firm was near (*od.* in danger of) going bankrupt; es drohte zu regnen it threatened to rain. – **II D~** *n* ⟨-s⟩ **4.** *verbal noun.* – **5.** threat(s *pl*), menace: es half kein Bitten und kein D~ neither pleas nor threats had any effect. – **6.** imminence, imminency. – **7.** *cf.* Drohung. — **'dro·hend I** *pres p.* – **II** *adj* **1.** (*Ton, Bewegung etc*) threatening, menacing, minatory (*lit.*): eine ~e Haltung einnehmen to assume a threatening attitude. – **2.** (*Blick etc*) threatening, menacing, lowering, *auch* louring. – **3.** (*Gefahr, Unglück etc*) threatening, impending, imminent: ein ~es Unheil abwenden to avert an impending disaster; ~e Gefahr impending danger, threat. – **III** *adv* **4.** threateningly, menacingly: j-n ~ ansehen to give s.o. a threatening (*od.* menacing, lowering) look; die Hand ~ erheben to raise one's hand in a threatening manner (*od.* threateningly); Gewitterwolken standen ~ am Himmel thunderclouds hung lowering in the sky.

Drohn [droːn] *m* ⟨-en; -en⟩ *zo. cf.* Drohne 1.

Droh·ne ['droːnə] *f* ⟨-; -n⟩ **1.** *zo.* male (honey)bee (*Br.* [honey-]bee), drone (bee), *Br.* drone(-bee). – **2.** *fig.* drone, parasite, sponger, idler: eine ~ der Gesellschaft a drone of society.

dröh·nen ['drøːnən] **I** *v/i* ⟨h⟩ **1.** (*von Stimme etc*) resound, (*stärker*) boom, roar: sein Gelächter dröhnte durch den ganzen Saal his laughter boomed through the hall. – **2.** (*von Schritt etc*) resound, ring (out), (re)echo, *Br.* (re-)echo. – **3.** (*von Donner, Geschütz etc*) rumble, roll, (*stärker*) roar, boom. – **4.** (*von Maschine etc*) hum, throb, (*stärker*) roar, boom: der Lärm der Motoren dröhnt mir in den Ohren the noise of the engines is roaring (*od.* booming, ringing) in my ears; mein Kopf dröhnt *fig.* my head is humming (*od.* buzzing, ringing). – **5.** (*von Boden, Halle etc*) vibrate, be resonant, ring, (re)echo, *Br.* (re-)echo: die Fabrikhallen dröhnten von dem Lärm der Maschinen the workshops resounded (*od.* were resonant) with the noise of the engines. – **6.** *fig.* (*erzittern*) vibrate, shake, quake: die Erde dröhnte unter der Erschütterung the ground vibrated with the concussion. – **7.** *dial.* (*eintönig dahinreden*) drone. – **II D~** *n* ⟨-s⟩ **8.** *verbal noun.* – **9.** (*der Stimme etc*) boom, roar. – **10.** (*der Schritte etc*) echo. – **11.** (*des Donners, der Geschütze etc*) rumble, roll, (*stärker*) roar, boom. – **12.** (*von Maschinen etc*) hum, throb, (*stärker*) roar, boom. – **13.** (*des Bodens, einer Halle etc*) vibration, resonance, echo. – **14.** *fig.* (*Erzittern*) vibration, shake, quake.

'Droh·nen,brut *f zo.* eggs *pl* producing drones.

'dröh·nend I *pres p.* – **II** *adj* resounding, (*stärker*) roaring, booming: ~es Gelächter roaring laughter; eine ~e Stimme a resounding (*od.* booming, ringing) voice.

'droh·nen·haft *adj* **1.** *zo.* like a drone, dronelike, dronish. – **2.** *fig.* like a drone, dronelike, dronish, parasitic, sponging, idle.

'Droh·nen|,schlacht *f zo.* slaughter (*od.* killing) of the drones (*by the workers*). — **~,zel·le** *f* drone cell.

'Droh,re·de *f* threatening (*od.* intimidating) speech.

'Dro·hung *f* ⟨-; -en⟩ **1.** *cf.* Drohen. – **2.** threat, menace: leere ~en empty (*od.* idle, vain) threats, bluff *sg*; prahlerische ~ bravado; schwere ~ vehement menace, fulmination (*lit.*); tätliche ~ *jur.* assault; eine ~ wahrmachen to carry out a threat; schreckliche ~en ausstoßen to utter frightful threats; sich durch ~en nicht einschüchtern lassen not to be intimidated by threats. – **3.** (*Einschüchterung*) intimidation.

'Droh,wort *n* ⟨-(e)s; -e⟩ (word of) threat, threatening word.

Dro·le·rie [drolə'riː] *f* ⟨-; -n [-ən]⟩ **1.** (*art*) grotesque ornamentation (*on Gothic choir stalls etc*). – **2.** *obs. od. lit.* (*drollige Komik*) drollery.

drol·lig ['drɔlɪç] *adj* **1.** (*spaßig*) amusing, funny, droll, ludicrous: eine ~e Geschichte an amusing story; es ist zu ~! it is too funny (for words)! – **2.** (*komisch*) comical, quaint, queer, odd: ein ~er kleiner Kerl a quaint (*od.* queer) little fellow. — **'Drol·lig·keit** *f* ⟨-; -en⟩ **1.** ⟨*only sg*⟩ drollery, drollness: die ~ ihres Wesens her drollery. – **2.** ⟨*only sg*⟩ quaintness. – **3.** drollery, amusing (*od.* funny, droll) story (*od.* action): ~en erzählen to tell funny stories.

Dro·me·dar [drome'daːr; 'droː-] *n* ⟨-s; -e⟩ *zo.* dromedary, Arabian camel (*Camelus dromedarius*).

Drom·me·te [drɔ'meːtə] *f* ⟨-; -n⟩ *poet.* trumpet.

Dron·go ['drɔŋgo] *m* ⟨-s; -s⟩ *zo.* drongo(-shrike) (*Fam. Dicruridae*). — **~,kuckuck** (*getr.* -k·k-) *m* drongo cuckoo (*Surniculus lugubris*).

Dron·te ['drɔntə] *f* ⟨-; -n⟩ *zo.* dodo (*Raphus cucullatus*).

'Drop,kick ['drɔp-] (*Engl.*) *m* (*sport*) (*im Fußball, Rugby*) dropkick, *Br.* drop-kick.

Drops [drɔps] (*Engl.*) *m* ⟨-; -⟩ *meist pl* (fruit) drop: saure ~ *bes. Br.* acid drops, *bes. Am.* sour balls.

drosch [drɔʃ] *1 u. 3 sg pret*, **drö·sche** ['drœʃə] *1 u. 3 sg pret subj of* dreschen.

Drosch·ke ['drɔʃkə] *f* ⟨-; -n⟩ **1.** (*Pferdedroschke*) cab, hackney (carriage *od.* coach), *Am.* hack. – **2.** (*Autodroschke*) taxi(cab), *Br.* taxi(-cab), cab, *Am.* hack. – **3.** (*russischer Wagen*) droshky.

'Drosch·ken|,gaul *m* cab horse. — **~,kut·scher** *m* cabman, cabdriver, *Br.* cab-driver, *Am.* hack(man), cabby (*colloq.*). — **~,pferd** *n cf.* Droschkengaul. — **~,stand(,platz)** *m* cabstand, taxi stand.

drö·seln ['drøːzəln] *dial. colloq.* **I** *v/t* ⟨h⟩ **1.** (*Faden*) twist. – **II** *v/i* **2.** an (*dat*) etwas ~ to undo (*od.* untwist, unknot) s.th. – **3.** (*dösen*) doze, drowse.

Dro·so·me·ter [drozo'meːtər] *n* ⟨-s; -⟩ *meteor.* drosometer.

Dros·sel[1] ['drɔsəl] *f* ⟨-; -n⟩ *zo.* thrush (*Fam. Turdidae*).

'Dros·sel[2] *f* ⟨-; -n⟩ *hunt.* (*des Schalenwildes*) throat.

'Dros·sel[3] *f* ⟨-; -n⟩ **1.** *tech.* (*Drosselklappe*) throttle (*od.* butterfly) valve. – **2.** *auto.* a) (*für Vergasergemisch*) throttle, b) (*für Luft*) choke. – **3.** *electr. cf.* Drosselspule. – **4.** *aer.* throttle valve.

'Dros·sel|,ab,sperr,klap·pe *f tech. cf.* Drosselklappe 1. — **~,ader** *f med.* jugular (vein). — **d~,ar·tig** *adj zo.* turdiform. — **~,bee·re** *f bot. cf.* Eberesche. — **~,klap·pe** *f* **1.** *tech.* throttle (*od.* butterfly) valve. – **2.** *auto. cf.* Drossel[3] 2.

dros·seln ['drɔsəln] **I** *v/t* ⟨h⟩ **1.** *tech.* a) (*Dampf, Motor, Zufuhr*) throttle, choke, b) (*Drehzahlen*) slow down, retard. – **2.** *electr.* choke. – **3.** *fig.* (*Einfuhr, Ausgaben etc*) throttle, curb, choke. – **II D~** *n* ⟨-s⟩ **4.** *verbal noun.*

'Dros·sel|,rohr,sän·ger *m zo.* reed thrush, great reed warbler (*Acrocephalus arundinaceus*). — **~,schie·ber** *m tech. cf.* Drosselklappe 1. — **~,schnäp·per** *m zo.* thrush nightingale (*Luscinia luscinia*). — **~,spinn·ma,schi·ne** *f tech.* throstle, *auch* throstle frame. — **~,spu·le** *f electr.* choke (coil). — **~,steue·rung, ~,steu·rung** *f tech.* throttle control. — **~,stoß** *m* **1.** *electr.* (*in der Nachrichtentechnik*) choke joint. – **2.** (*railway*) (*Signalanlage*) impedance bond.

'Dros·se·lung *f* ⟨-; -en⟩ *cf.* Drosseln.

'Dros·sel|,ve·ne *f med. cf.* Drosselader. — **~ven,til** *n tech. cf.* Drosselklappe 1. — **~,wi·der,stand** *m electr.* choke impedance.

'Droß·lung *f* ⟨-; -en⟩ *cf.* Drosseln.

Drost [drɔst] *m* ⟨-es; -e⟩ *hist.* bailiff.

Dro'stei *f* ⟨-; -en⟩ *hist.* **1.** bailiwick, bailiffry. – **2.** bailiff's residence (*od.* court).

drü·ben ['dryːbən] *adv* **1.** (over) there, yonder (*lit.*): da (*od.* dort) ~ over there; er wohnt in dem Hotel da ~ he lives in that hotel over there; j-d läuft dort ~ somebody is running over there. – **2.** on the other side: ~ über dem Fluß on the other side of (*od.* across) the river; ich ging über die Straße, meine Frau war schon ~ I crossed the road, my wife was already on the other side; er schwamm von ~ (*vom andern Ufer*) herüber he swam across the river from the other side; hüben und (*od.* wie) ~ *auch fig.* on this side and on that side, here and there, on both sides. – **3.** *fig. colloq.* (*in Amerika*) across the sea (*od.* the Atlantic), on the other side: sie leben schon lange ~ they have been living in America for a long time; nach ~ auswandern to emigrate to America. – **4.** *fig.* (*im Jenseits*) in the other world: er glaubte Stimmen von ~ zu hören he thought he heard voices from the other side (*od.* from beyond the grave, from beyond); wir werden uns ~ wiedersehen we shall meet again in the next world.

'Drü·ben, das ⟨-; *no pl*⟩ the beyond, the other world.

drü·ber ['dryːbər] *adv colloq. for* darüber: Schwamm ~! *colloq.* (let's) forget it; → drunter 2.

Druck[1] [drʊk] *m* ⟨-(e)s; ⸗e⟩ **1.** ⟨*only sg*⟩ *bes. tech.* pressure: ein stetiger [starker] ~ a constant [great] pressure; ~ einer Sache auf (*acc*) etwas pressure (*od.* pressing) of s.th. on s.th.; der Deich hat dem ~ des

Wassers nicht standgehalten the dike yielded to the pressure of the water; durch den ~ des Windes by the pressure of the wind; das Gas [Wasser] hat heute keinen [zu wenig] ~ *colloq.* there is no [too little] pressure in the gas [water] today, the gas [water] pressure is nil [too low] today; ~ dahintersetzen *fig. colloq.* to get things moving; ~ hinter (*acc*) etwas machen, ~ auf (*acc*) etwas setzen *fig. colloq.* to bring pressure to bear on s.th., to see to it that s.th. is (being) done. – 2. ⟨*only sg*⟩ (*mit der Hand etc*) pressure, squeeze: mit leichtem ~ seiner Hand with a light pressure (*od.* gentle squeeze) of his hand; ein Pferd mit einem ~ der Schenkel dirigieren to direct a horse by a squeeze of one's thighs. – 3. (*auf einen Knopf etc*) pressure, push: ein ~ auf den Knopf betätigt die Maschine the machine is operated by pressing (*od.* pushing) a button; ein ~ auf den Knopf genügt just press (*od.* push) the button. – 4. *fig.* (*Druckgefühl*) (sensation of) pressure, pressing (*od.* oppressive) feeling: einen ~ im Kopf [Magen] haben (*od.* fühlen, [ver]spüren) to have a sensation of pressure in one's head [stomach]. – 5. ⟨*only sg*⟩ *fig.* (*Zwang*) pressure, *auch* force, compulsion: (einen) ~ auf j-n ausüben to exert (*od.* put) pressure on s.o., to bring pressure to bear on s.o.; j-n unter ~ setzen *colloq.* to exert (*od.* put) pressure on s.o., to put the screw(s) on s.o., to force s.o.'s hand, *Am. auch* to pressurize s.o.; unter ~ handeln [arbeiten] to act [work] under pressure; unter dem ~ der Verhältnisse under the pressure (*od.* force) of circumstances; dem ~ der öffentlichen Meinung nachgeben to yield to the pressure of public opinion. – 6. ⟨*only sg*⟩ *fig.* (*Bedrängnis*) pressure, stress, strain: finanzieller ~ financial pressure; (schwer *od.* mächtig) im ~ sein (*od.* stecken, sitzen) *colloq.* a) to be under pressure (*od.* in a quandary, *colloq.* in a fix), to be hard put to it, b) (*zeitlich*) to be very rushed, to be (hard) pressed for time, to be under time pressure; mit der Arbeit in ~ kommen to get under time pressure with one's work. – 7. ⟨*only sg*⟩ *fig.* (*Belastung, Bürde*) burden, weight, oppression: ein schwerer ~ lastet auf ihm he has a heavy burden to bear. – 8. *phys. tech.* a) pressure, b) (*dreidimensionaler*) compression, c) (*axialer*) thrust, d) (*radial wirkender*) pressure, e) (*Stoßdruck*) push, f) (*Quetschdruck*) squeeze, g) (*Lastdruck*) load, h) (*Druckkraft*) (compressive) force: atmosphärischer [dynamischer] ~ atmospheric [dynamic] pressure; hydraulischer ~ hydraulic (*od.* fluid) pressure; artesischer ~ artesian pressure; ein ~ von 7 Atmosphären a pressure of seven atmospheres; ~ von tausend Kilogramm auf den Quadratmeter pressure of one thousand kilograms to the square meter; negativer ~ negative pressure; etwas unter ~ setzen to pressurize s.th.; einen Kessel unter ~ setzen to get up pressure (*od.* steam); den ~ herabmindern (in) to decompress (*s.th.*). – 9. ⟨*only sg*⟩ *jur.* a) (*Zwang*) duress, b) (*Freiheitsberaubung*) constraint: ein unter ~ abgelegtes Geständnis a confession made under duress (*od.* stress).

Druck^{2} *m* ⟨-(e)s; -e⟩ 1. ⟨*only sg*⟩ printing: etwas in ~ geben to send s.th. to the press (*od.* to print, to the printers); im ~ sein to be in the press, to be (in the process of) printing; das Manuskript geht in ~ the manuscript goes to the press; zum ~ fertig sein to be ready for the press (*od.* printer); den ~ eines Buches übernehmen a) (*von Druckerei*) to undertake the printing of (*od.* to print) a book, b) (*von Verlag*) to undertake the publication of (*od.* to publish) a book; den ~ überwachen a) to supervise the printing, b) to supervise the publication; ~ und Satz composition and presswork; ~ und Verlag L printed and published by L, Printers and Publishers L. – 2. ⟨*only sg*⟩ print: im ~ erscheinen to appear in print, to be published (*od.* printed); im ~ in printed form, in print. – 3. (*Abdruck*) impression, print: photographischer ~ photoprint. – 4. ⟨*only sg*⟩ (*Auflage*) edition, run: 5000 ~ a run (*od.* edition) of 5,000 (copies). – 5. (*Schriftart*) print, type: kleiner [sauberer, nasser] ~ fine (*od.* small) [clean, wet] print; verwischter ~ mackle. – 6. print(ing), impression, edition: ein alter [seltener, unbekannter] ~ an old [a rare, an unknown] edition. – 7. (*Kunstdruck*) print, engraving. – 8. (*textile*) print(ing), printed material: bunter ~ colored (*bes. Br.* coloured) material.

'**Druck|ˌabˌfall** *m* 1. *tech.* pressure drop, fall (*od.* decrease) in pressure. – 2. *med.* (*im Gefäßsystem*) decompression, decrease in pressure. — ~ˌ**abˌnah·me** *f* decrease (*od.* lowering) of pressure. — ~ˌ**abˌstel·ler** *m print.* throw-off. — ~ˌ**ach·se** *f print.* printing shaft. — ~ˌ**än·de·rung** *f* 1. *tech.* pressure variation, variation in pressure. – 2. *meteor.* a) pressure change, b) (*Druckschwankung*) pressure oscillation (*od.* variation). — ~ˌ**anˌstalt** *f print.* printing plant. — ~ˌ**anˌstieg** *m* 1. *tech.* increase in pressure. – 2. *meteor.* rise (*od.* increase) of pressure. — ~ˌ**anˌzei·ger** *m* pressure ga(u)ge, manometer. — ~ˌ**anˌzug** *m aer.* pressure suit. — ~**ap·paˌrat** *m tech.* (*einer Sandstrahlanlage*) pressure tank. — ~ˌ**ar·beit** *f print.* presswork. — ~**arˌmie·rung** *f civ.eng.* compressive reinforcement. — ~ˌ**aufˌla·ge** *f print.* print order, circulation printed. — ~ˌ**aufˌtan·kung** *f aer.* pressure refueling (*bes. Br.* refuelling). — ~ˌ**aufˌtrag** *m print.* print(ing) order, print contract. — ~ˌ**ausˌgleich** *m tech.* pressure balance (*od.* equalization). — ~ˌ**ausˌgleichs·kaˌbi·ne** *f aer.* pressurized cabin. — ~ˌ**ausˌgleich·venˌtil** *n* pressure-equalizing valve. — ~ˌ**bal·ken** *m tech. print.* crosspiece (*Br.* cross-piece) (of the press).

'**Drückˌbank** *f tech.* spinning lathe.

'**druck·bar** *adj* 1. printable, fit to be printed. – 2. (*druckfertig*) ready for the printer (*od.* press).

'**Druck|beˌanˌspru·chung** *f* compressive (*od.* compression) stress. — ~**beˌginn** *m print.* start of printing: ~ am 10. printing to start on the tenth. — ~**beˌhäl·ter** *m tech.* pressure tank (*od.* vessel). — ~**beˌla·stung** *f* compressive load (application). — **d~beˌlüf·ten** *v/t* ⟨*no* ge-, h⟩ (*Kabine*) pressurize. — ~**beˌlüf·tung** *f* pressurization. — ~**beˌstän·dig·keit** *f tech.* (*von Rohr etc*) resistance to pressure. — ~**beˌweh·rung** *f civ.eng. cf.* Druckarmierung. — ~**beˌwil·li·gung** *f print.* permission to print, imprimatur. — ~ˌ**bild** *n* typography. — ~ˌ**bin·de** *f med.* pressure bandage (*od.* dressing). — ~ˌ**bleiˌstift** *m* pencil with a retractable point. — ~ˌ**blen·de** *f phot.* automatic diaphragm-presetting mechanism, automatic (*od.* pressure-release) diaphragm control. — ~ˌ**bo·gen** *m print.* printed sheet: fehlerhafter ~ spoil sheet. — ~ˌ**bol·zen** *m tech.* thrust bolt. — ~ˌ**buchˌsta·be** *m* 1. block capital (*od.* letter): in ~n schreiben to write in block capitals (*od.* letters), to print. – 2. *print.* letter, type. — **d~ˌdicht** *adj* 1. *tech.* pressure-tight. – 2. *aer.* pressurized. — ~ˌ**dü·se** *f tech.* pressure (*od.* discharge) nozzle.

'**Drückeˌber·ger** (*getr.* -k·k-) [-ˌbɛrɡər] *m* ⟨-s; -⟩ *colloq.* 1. shirker, slacker, dodger, *Br.* skulker. – 2. *bes. mil.* malingerer, *Br. sl.* skiver. — ˌ**Drücke·ber·ge'rei** (*getr.* -k·k-) *f* ⟨-; *no pl*⟩ *colloq.* 1. shirking, slacking, dodging. – 2. *bes. mil.* malingering, *Br. sl.* skiving.

'**Druck|ˌein·heit** *f phys.* unit of pressure. — ~ˌ**einˌsprit·zung** *f auto.* solid (*od.* pump) injection. — **d~empˌfind·lich** *adj* 1. sensitive to pressure: ~er Punkt *med. psych.* pressure spot. – 2. (*Frucht etc*) easily bruised. – 3. (*Samt etc*) easily crushed. — ~**empˌfind·lich·keit** *f* sensitivity to pressure. — ~**empˌfin·dung** *f* sensation of pressure.

drucken (*getr.* -k·k-) ['drʊkən] I *v/t* ⟨h⟩ 1. (*Buch, Zeitschrift*) print: Flugblätter ~ to print leaflets; etwas ~ lassen a) to have s.th. printed, b) to have s.th. published; ein Buch ~ lassen to have a book printed; etwas wieder (*od.* neu) ~ to reprint s.th.; 1000 Exemplare ~ to run off 1,000 copies; im Offsetverfahren ~ to offset; schräg (*od.* kursiv) ~ to print in italics, to italicize. – 2. (*veröffentlichen*) print, bring out, publish. – 3. (*textile*) (*Muster etc*) print: Muster auf Stoff ~ to print patterns on material, to print material (with patterns). – II D~ *n* ⟨-s⟩ 4. *verbal noun.* – 5. *cf.* Druck^{2} 1.

drücken (*getr.* -k·k-) ['drʏkən] I *v/t* ⟨h⟩ 1. press: etwas ~ to press s.th., to give s.th. a press; etwas nach unten [oben außen, innen] ~ to press (*od.* force, push) s.th. down (*od.* downward[s]) [upward(s), outward(s), inward(s)]; die Nase an die Fensterscheibe ~ to press one's nose against the windowpane; j-n an sein Herz (*od.* an die Brust) ~ to press (*od.* clasp) s.o. to one's heart, to embrace (*od.* hug) s.o.; j-n an die Wand ~ a) to press s.o. against the wall, b) *fig.* to push (*od.* thrust) s.o. aside (*od.* to the wall), to make s.o. powerless; etwas auf (*acc*) etwas ~ to press s.th. (up)on s.th.; j-m einen Kuß auf die Stirn ~ to press (*od.* plant) a kiss on s.o.'s forehead; das Gesicht in die Kissen ~ to press one's face into the pillows; j-m etwas in die Hand ~ *fig.* a) to give s.o. s.th., to put s.th. into s.o.'s hand, b) (*Geld*) to slip s.th. into s.o.'s hand; j-m den (*od.* die) Daumen ~ *fig. colloq.* to keep one's fingers crossed for s.o. – 2. (*quetschen*) press, squeeze: den Saft aus einer Zitrone ~ to squeeze the juice out of a lemon; etwas in eine Schachtel ~ to press s.th. into a box; Eiter aus einer Wunde ~ to squeeze pus out of a wound; j-m die Hand (*od.* j-s Hand) ~ a) to press (*od.* squeeze) s.o.'s hand, b) to shake hands with s.o. – 3. (*Knopf, Taste etc*) press, push: einen Hebel nach unten ~ to push a lever down (*od.* downward[s]). – 4. etwas auf (*acc*) etwas ~ (*Siegel etc*) to impress (*od.* [im]print, stamp) s.th. on s.th.: einen Stempel auf einen Brief ~ to stamp a letter. – 5. (*verformen*) shape (*od.* distort) (*s.th.*) by pressure: etwas platt (*od.* breit) ~ to flatten s.th., to press s.th. flat. – 6. (*Kleid etc*) crush: die Kleider wurden im Koffer sehr gedrückt the clothes were crushed in the suitcase. – 7. (*von Schuh etc*) pinch: der Schuh drückt mich the shoe is too tight; wissen, wo j-n der Schuh drückt *fig.* to know where the shoe pinches s.o. – 8. *colloq.* (*von Magen*) pain, hurt: mich drückt der Magen I have a feeling of pressure in my stomach. – 9. j-n ~ *fig.* (*von Gewissen, Schulden*) to press (*od.* weigh) heavily (up)on s.o., to weigh s.o. down, to weigh on s.o.'s mind, to oppress (*od.* depress) s.o.: schwere Sorgen ~ ihn *fig.* he is weighed down by worries; die Schulden ~ ihn sehr the debts weigh heavily upon him. – 10. (*umarmen*) embrace, hug: das Kind drückte die Mutter the child hugged his mother; sie drückten sich they embraced (*od.* hugged) one another. – 11. (*ziehen*) pull: den Hut ins Gesicht ~ to pull one's hat (down) over one's eyes. – 12. *fig.* (*Leistung etc*) lower, force down. – 13. *fig.* (*Stimmung etc*) cast a gloom (*od.* damper) on, damp, *bes. Am.* dampen, depress: j-s Stimmung ~ to make s.o. feel depressed. – 14. *fig. colloq. only in* die Schulbank ~ to go to school, to be at school; die Anklagebank ~ *jur.* to sit (*od.* be) in the dock. – 15. *econ.* (*Preise, Löhne etc*) depress, bring (*od.* force) down: den Markt ~ to depress market values. – 16. (*sport*) (*Rekord*) break, beat, lower: einen Rekord um 2 Sekunden ~ to beat (*od.* better) a record by 2 seconds. – 17. (*sport*) (*Hantel, Gewicht*) press. – 18. (*games*) (*Kartenspiel*) discard: die falschen Karten ~ to discard the wrong cards. – 19. *aer.* (*Flugzeug*) push down. – 20. *tech.* a) (*Schaltorgan*) press, depress, push, b) (*Hohlgefäß auf der Drückbank*) spin, c) (*Gewinde*) roll, d) (*prägen*) stamp. – 21. *hunt.* (*Hochwild*) rouse. – II *v/i* 22. press: auf (*acc*) etwas ~ a) to press (on) s.th., b) (*auf einen Knopf etc*) to press (*od.* push) s.th.; der Arzt drückte auf die schmerzende Stelle the doctor pressed (*od.* applied pressure to) the place where it hurt; auf die Türklinke ~ to press the door handle down; auf die Tube (*od.* aufs Tempo) ~ *fig. colloq.* to step on the gas (*od.* on it) (*colloq.*); auf die Stimmung ~ *fig.* to make s.o. feel depressed, to get s.o. down (*colloq.*); dieser Film drückt auf die Tränendrüsen *fig. colloq.* this film plays on the emotions (*od. colloq.* is a tearjerker); gegen etwas ~ to press (*od.* be pressing) against s.th.; „~" (*Aufschrift auf Türen*) "push". – 23. (*von Rucksack etc*) press, hurt, rub: der Rucksack drückt auf meine Schultern the rucksack is pressing (*od.* hurting) my shoulders. – 24. (*von Schuh etc*) pinch, be too tight: der Schuh drückt vorne the shoe pinches (*od.* is too tight) at the toes; wo drückt der Schuh? *fig. colloq.* what's the trouble? – 25. (*von Nebel etc*) drift, swell: der Nebel drückt auf die Dächer the fog drifts around the rooftops. – 26. (*von Sonne, Hitze etc*) be oppressive. – III *v/reflex* sich ~ 27. sich in (*acc*) etwas ~ a) to huddle (*od.* crouch) in s.th., b) to squeeze (*od.* force) one's way into s.th.: der Hase drückte sich ins Gras the hare crouched (*od.* huddled) in the grass; sich in ein überfülltes Abteil ~ to squeeze (*od.* force) one's way into an overcrowded compartment; sich in eine Ecke ~ to squeeze oneself into (*od.* huddle, crouch in) a corner. – **28.** dodge, shirk, back out: sich vor (*dat*) (*od.* um) etwas ~ *colloq.* to avoid (doing) s.th., to shirk (doing) s.th., to evade (*od.* dodge) s.th.: sich vor einer Arbeit [der Verantwortung] ~ to shirk (*od.* dodge) a job [responsibility]; sich vor einer (*od.* um eine) Entscheidung ~ to avoid making a decision; sich vor dem Militärdienst ~ to dodge (*od.* evade [one's]) military service; er möchte sich gerne davor ~ he wants to get (*od.* back) out of it; er drückt sich, wo er nur kann he tries to get out of everything he can. – **29.** *colloq.* (*unauffällig verschwinden*) slip (*od.* sneak) away, steal off, make oneself scarce (*colloq.*), *bes. Am. sl.* beat it. – **IV D~** *n* ⟨-s⟩ **30.** *verbal noun.* – **31.** *med.* (*im Magen etc*) feeling of pressure. – **32.** *econ.* (*der Preise etc*) depression, forcing down. – **33.** (*games*) (*Kartenspiel*) discard. – **34.** (*sport*) (*beim Gewichtheben*) clean and press. – **35.** *cf.* Druck[1] 1—4. — **ˈdrückend** (*getr.* -k·k-) **I** *pres p.* – **II** *adj* **1.** (*Last, Steuern etc*) heavy, onerous (*lit.*). – **2.** (*Schulden etc*) pressing, heavy, oppressive. – **3.** (*Armut etc*) wretched, dire, grinding, grave. – **4.** (*Stimmung, Schweigen etc*) gloomy, dismal, leaden, oppressive, depressing. – **5.** (*Wetter*) sultry, close, oppressive. – **6.** (*Schwüle etc*) oppressive, suffocating. – **7.** (*Raumluft etc*) stuffy, stifling.

ˈDruck·entˌla·stung *f tech.* release of pressure, pressure relief.

ˈDrucker (*getr.* -k·k-) *m* ⟨-s; -⟩ **1.** printer, typographer (*scient.*): ~ und Verleger printer(s *pl*) and publisher(s *pl*). – **2.** (*art*) relief.

ˈDrücker (*getr.* -k·k-) *m* ⟨-s; -⟩ **1.** (*Türklinke*) (door) handle. – **2.** (*eines Kastenschlosses etc*) latch. – **3.** (*Türknopf*) doorknob. – **4.** *electr.* a) (*Bedienungsknopf*) push button, b) (*einer Klingel*) bell push. – **5.** (*am Gewehr etc*) trigger: die Hand am ~ haben *fig. colloq.* to be ready to act; am ~ sitzen (*od.* sein) *fig. colloq.* to be in a key position. – **6.** auf den letzten ~ *fig. colloq.* at the last minute. – **7.** *tech.* (*an der Nähmaschine*) presser bar. – **8.** *metall.* (*im Walzwerk*) pusher.

ˈDruckerˌar·beit (*getr.* -k·k-) *f print.* presswork.

Druckeˈrei (*getr.* -k·k-) *f* ⟨-; -en⟩ **1.** printing. – **2.** (*Betrieb*) printing office (*od.* shop), printery, printers *pl*: ~ und Verlag printers and publishers; in einer ~ arbeiten to work at a printer's. – **3.** (*kleine*) job press, jobber. – **4.** (*Druckereiraum*) pressroom.

Drückeˈrei (*getr.* -k·k-) *f* ⟨-; *no pl*⟩ (*vor Arbeit, Verantwortung etc*) shirking, slacking, dodging.

Druckeˈrei|ˌanˌstalt (*getr.* -k·k-) *f print. cf.* Druckerei 2. — **~geˌwer·be** *n* printing trade.

ˈDruckerˌfar·be (*getr.* -k·k-) *f print. cf.* Druckfarbe 1.

ˈDrückerˌfisch (*getr.* -k·k-) *m zo.* triggerfish, leatherjacket, sandpaper fish, filefish (*Fam. Balistidae*).

ˈDruck·erˌhit·zung *f tech.* heating under pressure.

ˈDruck·erˌlaub·nis *f cf.* Druckbewilligung.

ˈDrucker|ˌlehr·ling (*getr.* -k·k-) *m* printer's devil. — **~ˌpres·se** *f* (printing) press. — **~ˌschwär·ze** *f* printer's (*od.* printing) ink. — **~ˌzei·chen** *n* **1.** printer's mark. – **2.** (*Schlußzeichen*) colophon.

ˈDruck|er,zeu·ger *m tech.* pressure generator. — **~er,zeug·nis** *n print.* product of the press. — **~er,zeu·gung** *f tech.* generation of pressure. — **d~ˌfä·hig** *adj print.* **1.** (*Papier*) printable. – **2.** *cf.* druckreif. — **~ˌfah·ne** *f* (printing) proof, galley. — **~ˌfallˌkrank·heit** *f aer. med.* dysbarism. — **~ˌfar·be** *f print.* **1.** a) printing (*od.* printer's) color (*bes. Br.* colour) (*od.* ink), b) (*für Vervielfältigungsapparat*) mimeograph ink. – **2.** (*textile*) printing colo(u)r. — **~fär·beˌrei** *f* pressure dyeing. — **~ˌfas·sung** *f print.* final version for printing. — **~ˌfe·der** *f tech.* compression spring.

ˈDruckˌfeh·ler *m* misprint, printer's (*od.* typographical) error, erratum (*lit.*). — **~ˌteu·fel** *m fig. colloq.* the gremlin causing misprints. — **~verˌzeich·nis** *n* **1.** (list of) errata *pl.* – **2.** (*mit Verbesserung*) corrigenda *pl* (*construed as sg*).

ˈDruck|ˌfeld *n meteor.* pressure field, field of pressure. — **d~ˌfer·tig** *adj print.* ready for (the) press, ready to go to press (*od.* to be printed), press (*attrib*): ~er Korrekturbogen press proof; ~es Manuskript fair copy; ~er Satz live matter. — **d~ˌfest** *adj* **1.** *tech.* resistant to compression. – **2.** *aer.* pressurized: ~ machen to pressurize. — **~ˌfe·stig·keit** *f tech.* **1.** resistance to pressure. – **2.** a) (*statische*) compression (*od.* compressive) strength, b) (*dynamische*) crushing strength. — **d~ˌfeucht** *adj print.* wet from the press. — **~fiˌgur** *f min.* pressure figure. — **~ˌfil·ter** *n, m tech.* pressure filter. — **~ˌfir·nis** *m print.* printer's (*od.* litho) varnish. — **~ˌflä·che** *f* **1.** *phys.* pressure area (*od.* plane). – **2.** *meteor.* pressure level. – **3.** *auto.* (*eines Kolbens*) thrust. – **4.** (*textile*) print(ing). — **~ˌform** *f print.* (printing) form (*od.* block). — **~for·muˌlar** *n* printed form (*od.* blank). — **~ˌgang** *m* printing (operation): in einem ~ in one printing. — **~ˌgas** *n tech.* compressed gas. — **~geˌfäl·le** *n meteor. phys.* pressure gradient (*od.* head). — **~geˌfäß** *n tech.* a) pressure vessel, b) (*einer Druckgußmaschine*) gooseneck. — **~geˌfühl** *n med.* feeling (*od.* sensation) of pressure. — **~geˌneh·mi·gung** *f print. cf.* Druckbewilligung. — **~geˌschwür** *n med.* bedsore, decubitus (ulcer) (*scient.*). — **~geˌwer·be** *n print.* printing trade. — **~ˌgie·ßen** *n metall.* pressure die-casting. — **~ˌgie·ßer** *m* die-caster. — **~gie·ßeˌrei** *f* die-casting foundry (*od.* shop). — **~gra·diˌent** *m meteor.* pressure gradient. — **~ˌguß** *m metall.* **1.** *cf.* Druckgießen. – **2.** (pressure) die-castings *pl.* — **~ˌhaus** *n print.* printing house (*od.* firm). — **~ˌhö·he** *f* **1.** *meteor.* pressure height (*od.* altitude). – **2.** *civ.eng.* (*in der Hydraulik*) pressure (*od.* delivery) head. — **~ˌhö·henˌmes·ser** *m meteor.* pressure altimeter.

ˈDrückˌjagd *f hunt. cf.* Treibjagd 1.

ˈDruck|ˌjahr *n print.* year (*od.* date) of publication. — **~ka,bi·ne** *f aer.* pressure (*od.* pressurized) cabin. — **~ˌkam·mer** *f* **1.** *tech.* (*radio*) pressure chamber. – **2.** *civ.eng.* air caisson. – **3.** *synth.* transfer pot (*bes. Br.* chamber). — **~ˌkap·sel** *f* (*mining*) flame-proof casing (*od.* protection). — **~ˌka·sten** *m* (*Spielzeug*) (toy) printing set. — **~ˌkes·sel** *m tech.* a) air pressure tank, b) (*eines Sandstrahlgebläses*) blast pressure tank.

ˈDruckˌknopf *m* **1.** (*Verschluß*) *bes. Am.* dome (*od.* snap) fastener, *Br.* press fastener (*od.* stud). – **2.** *tech. electr.* push (*od.* press) button. — **~ˌabˌstim·mung** *f electr.* push-button (*od.* press-selector) tuning. — **~ˌanˌlas·ser** *m tech.* (*an Motoren*) push-button starter. — **~ˌschal·ter** *m electr.* push-button switch. — **~ˌsteue·rung** *f* push-button control. — **~ˌta·fel** *f* push-button panel.

ˈDruck|ˌkochˌtopf *m* pressure cooker. — **~ˌkol·ben** *m* **1.** *tech.* (*der hydraulischen Presse*) ram, plunger. – **2.** *chem.* (*Laborgerät*) digestion flask. — **~konˌtakt** *m electr.* pressure (*od.* press-button) contact. — **~ˌkör·per** *m mar.* (*eines Unterseeboots*) pressure hull. — **~ˌko·sten** *pl print.* printing costs (*od.* expenses, charges). — **~ˌkraft** *f* **1.** *phys.* compressive force, pressure, compression stress. – **2.** (*in der Müllerei*) crushing stress. – **3.** *tech.* (*eines Schneidwerkzeugs*) thrust force. — **~ˌku·gelˌla·ger** *n tech.* ball thrust bearing. — **~ˌküh·lung** *f auto.* forced-draft (*bes. Br.* forced-draught) cooling. — **~ˌla·ger** *n tech.* a) thrust bearing, b) (*Druckkugellager*) thrust ball bearing: ~ mit Tauchschmierung flood-lubricated thrust bearing. — **~ˌläh·mung** *f med.* pressure paralysis. — **~ˌlast** *f tech.* (compressive) load. — **~ˌle·gung** *f print.* printing: während der ~ dieses Berichtes while this report was being printed (*od.* going to press); rechtzeitig für die ~ in time for the press. — **~ˌlei·stung** *f* **1.** *print.* printing capacity: ~ je Stunde impressions *pl* per hour. – **2.** *tech.* pressure capacity. — **~ˌlei·tung** *f tech.* **1.** (*in der Hydraulik*) pressure (*od.* delivery) pipe (*od.* line). – **2.** (*in der Schmiertechnik*) feed line. — **~ˌli·nie** *f* pressure line. — **d~los** *adj* pressureless, without pressure.

ˈDruckˌluft *f* compressed air: mit ~ betätigt pneumatically operated, air-operated (*od.* -actuated). — **~ˌanˌla·ge** *f* compressed-air plant, pneumatic system. — **~ˌanˌlas·ser** *m auto.* compressed-air starter, pneumatic starting device. — **~beˌhäl·ter** *m tech.* compressed-air vessel. — **d~beˌtä·tigt** *adj* air-operated, pneumatically operated, air-actuated. — **~ˌbrem·se** *f* (compressed)-air brake: Vorsicht, ~! caution! air brakes. — **~ˌeinˌsprit·zung** *f auto.* air injection. — **~erˌzeu·ger** *m* air compressor. — **~ˌham·mer** *m* pneumatic (*od.* air) hammer. — **~ˌkam·mer** *f tech.* compressed-air chamber. — **~ˌkrank·heit** *f med.* (the) bends *pl* (*construed as sg or pl*). — **~ˌlei·tung** *f auto.* compressed-air pipe (*od.* line). — **~ˌmes·ser** *m* **1.** *auto.* tire (*Br.* tyre) (*od.* air) ga(u)ge, air inflation indicator. – **2.** *tech.* (*Manometer*) air pressure ga(u)ge, manometer. — **~piˌsto·le** *f* (*paints*) blowgun. — **~ˌpum·pe** *f auto.* air (*od.* inflation) pump, tire (*Br.* tyre) inflator (*od.* pump). — **~ˌschlauch** *m tech.* compressed-air hose. — **~ˌwerkˌzeu·ge** *pl* pneumatic tools.

ˈDruck|maˌschi·ne *f print.* printing machine. — **~ˌmes·ser** *m tech.* **1.** air pressure ga(u)ge, manometer. – **2.** (*space*) (*für Gase u. Flüssigkeiten*) fluid-pressure transmitter. — **~ˌmin·de·rer** *m* ⟨-s; -⟩ pressure-relief (*od.* -reducing) valve. — **~ˌmit·tel** *n fig.* lever, means *pl* of bringing pressure (to bear). — **~ˌmu·ster** *n* (*bes. für Stoffe*) print pattern, printing design. — **~niˌveau** *n tech.* pressure level.

ˈDruckˌöl *n tech.* hydraulic oil. — **~beˌhäl·ter** *m* hydraulic-oil reservoir.

ˈDruckˌöler *m* ⟨-s; -⟩ *tech.* pressure lubricator, force(d)-feed oiler.

ˈDruckˌöl|geˌtrie·be *n tech.* hydraulic transmission. — **~ˌlei·tung** *f* hydraulic pipeline (*od.* line). — **~ˌschmie·rung** *f cf.* Druckschmierung.

ˈDruck|ˌölung *f tech. cf.* Druckschmierung. — **~ˌort** *m print.* (*eines Buches etc*) place of publication. — **~paˌpier** *n* printing paper: holzfreies [holzhaltiges] ~ woodfree [woody] printing paper. — **~ˌplat·te** *f* **1.** *electr.* armature head (*od.* end plate). – **2.** *print.* (printing) plate, stereotype, cliché. – **3.** *civ.eng.* compression slab (*od.* plate), pressure plate. — **~ˌpo·sten** *m colloq.* soft (*od.* cushy) job (*colloq.*). — **~ˌpres·se** *f print.* printing press. — **~ˌpro·be** *f* **1.** *print.* proof sheet, specimen, *bes. Am.* galley. – **2.** *tech.* a) (*statische*) compression test specimen, b) (*dynamische*) crushing test specimen. — **~ˌpum·pe** *f tech.* a) pressure pump, b) (*hydraulische*) force (*od.* hydraulic) pump. — **~ˌpunkt** *m* **1.** *aer.* (*am Tragflügel*) center (*bes. Br.* centre) of pressure, aerodynamic center. – **2.** *med.* pressure point (*od.* spot). – **3.** (*beim Schießen*) trigger slack: ~ nehmen take up the slack (of the trigger). — **~ˌre·ge·lung** *f tech.* pressure adjustment. — **~ˌre·gel·venˌtil** *n* pressure control valve. — **~ˌreg·ler** *m* pressure regulator (*od.* governor). — **d~ˌreif** *adj print.* **1.** ready for publication. – **2.** *cf.* druckfertig. — **~ˌring** *m tech.* thrust collar. — **~ˌrohr** *n* **1.** *tech.* pressure pipe. – **2.** *auto.* (*der Einspritzpumpe*) delivery pipe. — **~ˌrol·le** *f agr.* compaction roller, press wheel, land packer. — **~ˌrol·lenˌla·ger** *n tech.* roller-thrust bearing.

ˈDruckˌsa·che *f* (*postal service*) printed matter, *Br.* printed paper(s *pl*), *Am.* second- (*od.* third-)class mail: ~ zu ermäßigter Gebühr printed papers at reduced rate; etwas als ~ schicken (*od.* senden) to send s.th. at printed-paper rate.

ˈDruckˌsa·chenˌwer·bung *f econ.* direct-mail advertising.

ˈDruck|ˌsatz *m print.* matter. — **~schaˌblo·ne** *f* (*textile*) printing screen. — **~ˌschal·ter** *m tech.* push- (*od.* press-)button switch. — **~ˌschei·be** *f* thrust washer. — **~ˌschie·fe·rung** *f geol.* (rock) cleavage. — **~ˌschmerz** *m med.* tenderness, pain caused by pressure.

ˈDruckˌschmier|ap·paˌrat *m tech.* pressure lubricator. — **~ˌpres·se** *f* lubricating (*od.* grease) gun. — **~ˌpum·pe** *f* one-shot lubricating pump.

ˈDruck|ˌschmie·rung *f tech.* force(d)-feed lubrication, pressure lubrication. — **~ˌschrau·be** *f* **1.** *tech.* a) thrust screw (*od.* bolt): ~ mit Vierkantkopf set screw. – **2.** *aer.* pusher (airscrew *od.* propeller).

ˈDruckˌschrift *f* **1.** block capitals *pl* (*od.* letters *pl*): in ~ schreiben to print. –

2. *print.* printing, type. – **3.** (*Veröffentlichung*) publication.

'Druck|ˌschwan·kung *f tech.* pressure fluctuation. — **~ˌsei·te** *f* **1.** *print.* printed page. – **2.** *aer.* a) (*einer Tragfläche*) bottom (*od.* lower, pressure) side (*od.* surface), b) (*einer Luftschraube*) thrust face.

druck·sen ['drʊksən] *v/i* ⟨h⟩ *colloq.* hum and haw, shilly-shally, beat about the bush, hesitate: **er druckste etwas, bevor er antwortete** he hummed and hawed before he finally answered. — **Druck·se'rei** *f* ⟨-; -en⟩ humming and hawing, shilly-shallying.

'Druck|ˌsinn *m med.* sense of pressure, pressure sense. — **~ˌspan·nung** *f tech.* compression (*od.* compressive) stress (*od.* strain). — **~ˌspei·cher** *m* **1.** pressure accumulator. – **2.** *cf.* Druckwasserspeicher. — **~ˌstel·le** *f* **1.** pressure point. – **2.** mark (caused by pressure). – **3.** *med.* pressure sore. – **4.** (*auf Obst etc*) bruise. — **~ˌstem·pel** *m* **1.** *print.* printing stamp. – **2.** *tech.* a) piston, b) (*Pressenstößel*) ram, c) plunger, d) punch, die. — **~ˌstift** *m cf.* Druckbleistift. — **~ˌstock** *m print.* (printing) block, plate, cut. — **~ˌstoff** *m* (*textile*) print (cloth). — **~ˌstück** *n tech.* **1.** thrust piece, liner, shim. – **2.** (*für Räumarbeiten*) thrust block (*od.* rest). – **3.** (*als Spannvorrichtung*) locator. — **~ˌta·ste** *f electr.* **1.** press key. – **2.** (*knopfartige*) push (*od.* press) button. — **~ˌta·sten·beˌdie·nung** *f* push-button control. — **d~ˌtech·nisch** *adj print.* typographic(al). — **~te·leˌgraf, ~te·leˌgraph** *m tel.* printing telegraph, typotelegraph. — **~ˌtie·gel** *m print.* platen. — **~ˌtopf** *m* **1.** (*im Haushalt*) pressure cooker. – **2.** (*in der Industrie*) autoclave. — **~ˌträ·ger** *m print.* printing carrier. — **~ˌty·pe** *f* type: **schmale ~** condensed type. — **~ˌun·terˌla·gen** *pl* **1.** printing details. – **2.** (*Manuskripte*) copy *sg.* — **~ˌun·terˌschied** *m tech.* pressure difference. — **~ven,til** *n* pressure (*od.* discharge, delivery) valve. — **~verˌband** *m med.* pressure dressing. — **~verˌbot** *n print.* printing interdiction, injunction forbidding printing. — **~verˌfah·ren** *n* printing process. — **~verˌhält·nis** *n tech.* pressure (*od.* compression) ratio. — **~verˌmerk** *m print.* (*im Buch*) imprint. — **~verˌsuch** *m tech.* **1.** compression test. – **2.** crushing test. — **~verˌtei·lung** *f* pressure distribution (*od.* pattern). — **~ˌvorˌla·ge** *f print.* composition pattern. — **~ˌvorˌschrift** *f mil.* field (*od.* official) regulations *pl*, (official service) publication, manual. — **~ˌwal·ze** *f* **1.** *print.* (*zum Bedrucken*) a) printing roll, b) (*Wasserzeichenwalze*) dandyroll. – **2.** *tech.* press roll.

'Druckˌwas·ser *n tech.* pressure water. — **~ˌschutz** *m tech.* **1.** watertight protection. – **2.** (*eines Motors*) watertight enclosure. — **~ˌspei·cher** *m* hydraulic accumulator. — **~zyˌlin·der** *m* hydraulic cylinder.

'Druck|ˌwel·le *f* **1.** *phys.* pressure wave. – **2.** *aer.* compression wave. – **3.** (*einer Explosion*) shock wave. — **~ˌwerk** *n print.* printed work. — **~ˌzei·le** *f* line of print, printed line. — **~ˌzeit** *f* **1.** *print.* printing time. – **2.** *synth.* molding (*bes. Br.* moulding) time. — **~zyˌlin·der** *m print.* printing (*od.* impression) cylinder.

Dru·de ['druːdə] *f* ⟨-; -n⟩ *archaic* **1.** witch. – **2.** (*Nachtgeist*) elf, pixie.

'Dru·den|ˌbaum *m myth.* witches' tree, *bes.* oak. — **~ˌbeu·tel** *m bot. cf.* Riesenstäubling. — **~ˌfuß** *m myth.* pentacle, pentagram, pentalpha, pentangle. — **~ˌkraut** *n bot. cf.* Bärlapp.

Drui·de [dru'iːdə] *m* ⟨-n; -n⟩ *hist.* Druid, druid (*priest among the Celts of Gaul and Britain*).

Drui·den|alˌtar [dru'iːdən-] *m archeol.* druids' altar, cromlech, dolmen. — **~amuˌlett** *n* druidical bead, adder stone. — **~ˌdienst** *m* druidism. — **~ˌstein** *m* **1.** *min.* druid (*od.* sarsen) stone. – **2.** *pl archeol. cf.* Druidenaltar. — **~ˌtem·pel** *m archeol.* druidical (*od.* stone) circle.

Drui·den·tum [dru'iːdəntuːm] *n* ⟨-s; *no pl*⟩ *hist.* druidism.

Drui·din [dru'iːdɪn] *f* ⟨-; -nen⟩ *hist.* Druidess, druidess.

drui·disch [dru'iːdɪʃ] *adj hist.* druidic(al), *auch* druid (*attrib*).

drum [drʊm] *colloq.* **I** *adv* **1.** *cf.* darum 1—4. – **2.** *only in* **~ und dran: alles, was so ~ und dran hängt** (*od.* ist) everything connected with it, the whole paraphernalia (*od.* works) *pl*, all the trimmings *pl*. – **3. sei's ~!** so what! never mind! what's the difference! – **II D~** *n* ⟨*undeclined*⟩ **4.** (*in Wendungen wie*) **das** (**ganze**) **D~ und Dran** everything connected with it, everything that goes with it, the whole paraphernalia (*od.* works) *pl*, the whole bag of tricks (*colloq.*); **mit allem D~ und Dran** with everything connected with it, with all the trimmings, *auch* lock, stock, and barrel.

'drum·her'um *adv colloq.* around it. — **~ˌkom·men** *v/i* ⟨*irr, sep,* -ge-, sein⟩ *cf.* drumrumkommen. — **~ˌre·den** *v/i* ⟨*sep,* -ge-, h⟩ *cf.* drumrumreden.

Drum·lin ['drʊmlɪn] *m* ⟨-s; -s⟩ *geol.* drum(lin).

Drum·mer ['dramər; 'drʌmə] (*Engl.*) *m* ⟨-s; -⟩ *mus.* (*für Jazz-Musik*) drummer.

'drum'rum *adv colloq. cf.* drumherum.

'drum'rum|ˌkom·men *v/i* ⟨*irr, sep,* -ge-, sein⟩ **um etwas ~** *colloq.* to get out of doing s.th. — **~ˌre·den** *v/i* ⟨*sep,* -ge-, h⟩ *colloq.* beat about (*od.* around) the bush.

drun·ten ['drʊntən] *adv bes. Southern G. and Austrian* **1.** down, below: **da ~** down there. – **2.** (*im Hause*) downstairs.

drun·ter ['drʊntər] *adv colloq.* **1.** *cf.* darunter. – **2. es** (*od.* **alles**) **geht ~ und drüber** everything is in confusion (*od.* higgledy-piggledy, at sixes and sevens, topsy-turvy).

Drusch [drʊʃ] *m* ⟨-(e)s; -e⟩ *agr.* **1.** (*Vorgang*) threshing, thresh. – **2.** (*Dreschertrag*) (number of) sheaves *pl* threshed.

Drüs·chen ['dryːsçən] *n* ⟨-s; -⟩ *med.* **1.** *dim. of* Drüse. – **2.** glandule, glandula.

Dru·se[1] ['druːzə] *f* ⟨-; -n⟩ **1.** *min.* druse, geode. – **2.** ⟨*only sg*⟩ *vet.* strangles *pl* (*construed as sg or pl*). – **3.** *med. auch pl* sulfur (*bes. Br.* sulphur) granule(s *pl*). – **4.** *pl chem.* lees (of wine).

'Dru·se[2] *m* ⟨-n; -n⟩ *relig.* Druze, Druse (*member of Muslim sect in Syria*).

Drü·se ['dryːzə] *f* ⟨-; -n⟩ *med.* gland: **~ mit innerer Sekretion** endocrine (*od.* ductless) gland; **~ mit äußerer Sekretion** exocrine gland; **aus ~n bestehend** glandular, glandulous; **es an den ~n haben** *colloq.* a) to have gland trouble, b) to have swollen glands.

'Drü·sen|ˌabˌson·de·rung *f med.* glandular secretion. — **~abˌszeß** *m* glandular (*od.* lymphatic) abscess. — **d~ˌähn·lich** *adj* glandlike; glandular, glandulous (*scient.*). — **~ˌanˌschwel·lung** *f* glandular swelling, swelling of the glands. — **d~ˌar·tig** *adj cf.* drüsenähnlich. — **~ˌausˌfüh·rungsˌgang** *m* excretory glandular duct. — **~ˌbläs·chen** *n* acinus of a gland, follicle. — **~entˌzün·dung** *f* inflammation of a gland, (lymph)adenitis (*scient.*). — **~erˌwei·te·rung** *f* glandular dilatation. — **~ˌfie·ber** *n* glandular fever: **Pfeiffersches ~** infectious mononucleosis.

'dru·senˌför·mig [-ˌfœrmɪç] *adj min.* drusy.

'drü·senˌför·mig [-ˌfœrmɪç] *adj med.* glandiform, adeniform, glandulous.

'Drü·sen|geˌschwulst *f med.* glandular tumor (*bes. Br.* tumour), adenoma (*scient.*). — **~ˌglocke** (*getr.* -k·k-) *f bot.* adenophora (*Adenophora liliifolia*). — **~ˌgöt·terˌbaum** *m* glandulous ailant(h)us (*Ailanthus glandulosa*). — **~ˌhaar** *n* gland-bearing (*od.* glandular) hair.

'Dru·senˌkopf *m zo.* land iguana (*Conolophus subcristatus*).

'Drü·sen|ˌkrank·heit *f med.* glandular disease. — **~ˌkrebs** *m* glandular cancer, adenocarcinoma (*scient.*). — **~ˌlei·den** *n cf.* Drüsenkrankheit. — **~ˌma·gen** *m zo.* (glandular) stomach, (*bei Vögeln*) proventriculus (*scient.*).

'Dru·senˌmar·mor *m min.* shell marble.

'Drü·sen|ˌschwel·lung *f med.* swelling of the glands, glandular swelling. — **~ˌstö·rung** *f* glandular disturbance (*od. scient.* dysfunction). — **~ˌtä·tig·keit** *f* gland (*od.* glandular) activity. — **~verˌhär·tung** *f* glandular induration.

'dru·sig *adj min.* drusy.

'drü·sig *adj med. biol.* glandular, glandulous.

'dru·sisch *adj relig.* Druzean, Drusian.

dry [draɪ] (*Engl.*) *adj* (*Sekt etc*) dry.

Drya·de [dry'aːdə] *f* ⟨-; -n⟩ *meist pl myth.* dryad, wood nymph. — **drya·disch** [-'aːdɪʃ] *adj* dryadic.

D-ˌSai·te ['deː-] *f mus.* D-string.

Dschai·na ['dʒaɪna] *m* ⟨-; -(s)⟩ *relig.* Jain, Jaina, Jainist (*an adherent of Jainism*). — **Dschai'nis·mus** [-'nɪsmʊs] *m* ⟨-; *no pl*⟩ Jainism (*a religion of India*).

'Dschar·raˌbaum ['dʒara-] *m bot.* jarrah (*Eucalyptus marginata*).

Dsche·bel ['dʒɛbəl; 'dʒeːbəl] *m* ⟨-(s); *no pl*⟩ *geogr.* jebel.

Dsche·la·da [dʒe'laːda] *m* ⟨-s; -s⟩ *zo.* gelada (baboon) (*Theropithecus gelada*).

D-ˌSchicht ['deː-] *f phys.* (*der Ionosphäre*) D-layer.

Dschig·ge·tai [dʒɪge'taɪ] *m* ⟨-s; -s⟩ *zo.* chigetai, dzeggetai, kulan (*Equus hemionus*).

Dschi·had [dʒi'haːt] *m* ⟨-; *no pl*⟩ *relig. hist.* jihad, *auch* jehad.

Dschi·nis·mus [dʒi'nɪsmʊs] *m* ⟨-; *no pl*⟩ *relig. cf.* Dschainismus.

Dschinn [dʒɪn] *m* ⟨-s; - *u.* -en⟩ jinn, *auch* jinni, jinnee, djinn(i) (*supernatural spirit in Islam*).

Dschiu-Dschi·tsu ['dʒiːu'dʒɪtsu] *n* ⟨-(s); *no pl*⟩ (*sport*) *cf.* Jiu-Jitsu.

Dschon·ke ['dʒɔŋkə] *f* ⟨-; -n⟩ *cf.* Dschunke.

Dschun·gel ['dʒʊŋəl] *m, rare n* ⟨-s; -⟩, *rare f* ⟨-; -n⟩ jungle (*auch fig.*): **sich im ~ der Bürokratie verirren** *fig.* to lose oneself in the jungle of bureaucracy. — **d~ˌar·tig** *adj* junglelike, jungly. — **~ˌfie·ber** *n med.* jungle fever. — **~ˌkrieg** *m mil.* jungle warfare.

Dschun·ke ['dʒʊŋkə] *f* ⟨-; -n⟩ junk.

du [duː] **I** *personal pron* ⟨*of the second person sg*⟩ **1.** (*capitalized in letters*) you: **kommst ~?** are you coming? **wer, ~ oder ich?** who, you or me? **wenn ich ~ wäre** if I were you; **bist ~ es?** is it you? is that you? **~, der ~ mein Freund bist** you who are my friend; **j-n mit ~ anreden, j-n ~ nennen, ~ zu j-m sagen** to use the familiar form of address to s.o.; **mit j-m auf ~ und ~ stehen** to be on familiar (*od.* intimate) terms with s.o.; **mit etwas auf ~ und ~ stehen** *fig.* to be well acquainted with (*od.* well versed in) s.th., to be on familiar terms with s.th. (*colloq.*); **hast ~ dir weh getan?** did you hurt yourself? (**ach**) **~ lieber Gott!** (good) gracious! heavens! good Lord! good God! **~ Dummkopf!** you fool! **geh ~ doch!** then go yourself! **siehst ~!** there you are! what did I tell you! **was hast ~, was kannst ~** (*od.* **hast ~ nicht gesehen**) **war er verschwunden** he disappeared before you could say Jack Robinson; **wie ~ mir, so ich dir** (*Sprichwort*) tit for tat (*proverb*). – **2.** *Bibl. obs. od. lit.* thou: **~ sollst nicht töten!** *Bibl.* thou shalt not kill! – **3.** (*man*) you: **da freust ~ dich das ganze Jahr darauf, und dann** you look forward to it the whole year and then. – **II Du** *n* ⟨-(s); -(s)⟩ **4.** you: **das vertraute Du** the familiar 'Du'; **j-m das Du anbieten** to suggest to s.o. that he use the familiar form of address (*od.* that he call one 'du').

du·al [du'aːl] *adj* **1.** *ling. electr.* dual. – **2.** *math.* (*Zahlensystem*) binary.

Du·al ['duːaːl; du'aːl] *m* ⟨-s; -e [du'aːlə]⟩ **1.** *ling.* dual (number). – **2.** (*als Schachproblem*) dual.

Dua·lis [du'aːlɪs] *m* ⟨-; Duale⟩ *ling. cf.* [Dual 1.]

Dua·lis·mus [dua'lɪsmʊs] *m* ⟨-; *no pl*⟩ dualism. — **Dua'list** [-'lɪst] *m* ⟨-en; -en⟩ *philos.* dualist. — **dua'li·stisch** *adj* dualistic, *auch* dualist (*attrib*).

Dua·li·tät [duali'tɛːt] *f* ⟨-; *no pl*⟩ duality.

Dua·li'täts·prinˌzip *n math.* principle of duality.

Du'al·syˌstem *n math.* binary (*od.* dyadic) system.

Dü·bel ['dyːbəl] *m* ⟨-s; -⟩ *tech.* a) dowel (pin), b) (wall) plug: **etwas mit** (**Hilfe von**) **~n festmachen** to fasten s.th. with dowels, to dowel s.th. — **~ˌloch** *n* dowel hole. — **~ˌmas·se** *f* dowel compound.

dü·beln ['dyːbəln] *v/t* ⟨h⟩ dowel.

du·bi·os [du'bïoːs], *rare* **du·bi'ös** [-'bïøːs] *adj* ⟨-er; -est⟩ dubious: **ein ~es Unternehmen** a somewhat dubious enterprise.

Du·bio·sa [du'bïoːza], **Du·bio·sen** [-'bïoːzən] *pl econ.* bad (*od.* doubtful) debts.

du·bi·ta·tiv [dubita'tiːf] *ling.* **I** *adj* dubitative. – **II D~** *m* ⟨-s; -e⟩ dubitative subjunctive.

Du·blee [du'bleː] *n* ⟨-s; -s⟩ **1.** ⟨*only sg*⟩ (*jewelry*) rolled gold. – **2.** (*beim Billard*) stroke off the cushion. — **~ˌgold** *n* (*jewelry*) rolled gold.

Du·blet·te [du'blɛtə] *f* ⟨-; -n⟩ **1.** (*Doppelstück*) duplicate, double (specimen). – **2.** *hunt.* doublet (shot). – **3.** (*jewelry*) doublet. – **4.** (*sport*) a) (*beim Fechten*) double hit (*od.* touch), b) (*beim Boxen*) double blow.

du·blie·ren [du'bliːrən] *v/t* ⟨*no* ge-, h⟩ **1.** (*textile*) (*Garn etc*) double, ply. – **2.** *tech.* (*Metall*) double. – **3.** (*beim Billard*) (car[r]om [*bes. Br.* cannon] off the) cushion. – **4.** *mar.* double. – **5.** *print.* double, mackle.

Du'blier·ma‚schi·ne *f tech.* (*textile*) **1.** (*in der Spinnerei*) doubling frame (*od.* machine). – **2.** (*in der Tuchmacherei*) folding machine.

Du·blo·ne [du'bloːnə] *f* ⟨-; -n⟩ *hist.* doubloon (*Spanish gold coin*).

Du·chesse¹ [dy'ʃɛs] *f* ⟨-; -n [-sən]⟩ duchess.

Du'chesse² *f* ⟨-; *no pl*⟩ (*textile*) duchess(e) (satin).

Du·cho·bor·ze [duxo'bɔrtsə] *m* ⟨-n; -n⟩ *relig.* Doukhobor, *auch* Dukhobor (*a member of a Russian sect*).

Ducht [duxt] *f* ⟨-; -en⟩ *mar.* **1.** (*Ruderbank*) thwart. – **2.** (*eines Taues*) strand.

Duck·dal·be ['duk‚dalbə], *auch* **'Dück‚dal·be** ['dʏk-] *m* ⟨-n; -n⟩ *meist pl mar.* dolphin.

ducken (*getr.* -k·k-) ['dukən] **I** *v/t* ⟨h⟩ **1.** **den Kopf** ~ to duck (*od.* lower, stoop) one's head. – **2.** **j-n** ~ *fig. colloq.* (*demütigen*) to humble (*od.* cow) s.o., to bring (*od.* put) s.o. down, to break s.o.'s spirit, to take s.o. down a peg (or two) (*colloq.*), to cut s.o. down to size (*colloq.*). – **3.** **j-n** ~ *dial.* to duck s.o. – **II** *v/reflex* **sich** ~ **4.** duck, stoop: **er duckte sich vor dem Schlag** he ducked to avoid the blow, he dodged the blow. – **5.** (*sich niederkauern*) duck (down), crouch (down), cower, *Am. auch* scrooch (down): **er duckte sich hinter einen Felsen** he ducked (*od.* dodged) behind a rock. – **6.** (*von Tieren*) crouch (down), duck (down): **das Kaninchen duckte sich in der Furche** the rabbit crouched in the furrow; **die Katze duckte sich zum Sprung** the cat crouched (down) ready to spring. – **7.** **sich (vor j-m)** ~ *fig. colloq.* a) to bow (to s.o.), b) (*vor Angst*) to humble oneself (*od.* cringe, cower) (before s.o.), to knuckle under (to s.o.).

'Duck‚en·te *f zo. cf.* Zwergsteißfuß.

'Ducker¹ (*getr.* -k·k-) *m* ⟨-s; -⟩ *zo.* duiker, *auch* duyker (*Fam. Cephalophinae*).

'Ducker² (*getr.* -k·k-) *m* ⟨-s; -⟩ *tech. cf.* Düker.

'Duck‚mäu·ser [-‚mɔyzər] *m* ⟨-s; -⟩ *colloq. contempt.* **1.** (*Kriecher*) cringer, yes-man, servile person. – **2.** (*Schleicher*) sneak, sly (*od.* underhand) person. – **3.** (*Scheinheiliger*) hypocritical person, hypocrite. — **‚Duck·mäu·se'rei** *f* ⟨-; *no pl*⟩ **1.** (*Kriecherei*) cringing, servility. – **2.** (*Schleicherei*) sneaking, slyness. – **3.** (*Scheinheiligkeit*) hypocrisy. — **'duck‚mäu·se·risch** *adj* **1.** (*kriecherisch*) cringing, servile. – **2.** (*schleicherisch*) sneaking, sly, underhand(ed). – **3.** (*scheinheilig*) hypocritic(al). — **'duck‚mäu·sern** *v/i* ⟨ge-, h⟩ **1.** (*kriechen*) cringe. – **2.** (*schleichen*) sneak.

'Duck‚stein *m geol.* calc-tufa, calc-tuff, calcareous tufa.

Duc·tus ['duktus] *m* ⟨-; -⟩ *med. biol.* tube: ~ **thoracicus** thoracic duct.

Du·del·dei [‚duːdəl'daɪ] *n* ⟨-s; *no pl*⟩ **1.** drone, monotonous sound. – **2.** (*des Dudelsacks*) skirl.

du·del·dum [‚duːdəl'dum], **‚du·del‚dum'dei** [-'daɪ] *interj cf.* dideldum.

Du·de'lei *f* ⟨-; -en⟩ *colloq. contempt.* **1.** (*eines Blasinstruments*) (constant) toot(l)ing. – **2.** (*des Radios etc*) drone, droning. – **3.** (*einer Drehorgel*) (constant) grinding.

'Du·de·ler *m* ⟨-s; -⟩ *cf.* Dudler.

du·deln ['duːdəln] **I** *v/i* ⟨h⟩ *colloq.* **1.** (*von Radio etc*) drone, hum: **aus den Lautsprechern dudelte den ganzen Tag Musik** music was droning from the loudspeakers the whole day long. – **2.** (*von Drehorgel*) grind away. – **3.** (*von Blasinstrument*) toot(le). – **4.** (*von Dudelsack*) skirl. – **II** *v/t* **5.** (*Lied*) sing (*s.th.*) monotonously, chant.

'Du·del‚sack *m mus.* bagpipe(s *pl*), pipe(s *pl*): **den** ~ **spielen, auf dem** ~ **spielen** to play the bagpipe(s), to skirl. — ~**‚mu‚sik** *f* bagpipe music, piping. — ~**‚pfei·fer** *m* (bag)piper, bagpipe player. — ~**‚spie·len** *n* (bag)piping.

'Dud·ler *m* ⟨-s; -⟩ toot(l)er.

Du·du ['duːdu] *m* ⟨-s; -s⟩ *zo. cf.* Dronte.

Du·ell [du'ɛl] *n* ⟨-s; -e⟩ **1.** duel: **ein** ~ **austragen** (*od.* **ausfechten**) to fight a duel; **j-n zum** ~ **(heraus)fordern** to challenge s.o. to duel, to call s.o. out; **ein** ~ **auf Pistolen [Degen]** a duel with pistols [swords]. – **2.** *fig.* duel, contest, fight. – **3.** *fig.* verbal contest (*od.* duel), argument, war of words.

Du·el·lant [duɛ'lant] *m* ⟨-en; -en⟩ duelist, *bes. Br.* duellist, dueler, *bes. Br.* dueller.

du·el·lie·ren [duɛ'liːrən] *v/reflex* ⟨*no* ge-, h⟩ **sich (mit j-m)** ~ to duel (with s.o.), to fight a duel (with s.o.).

Du'ell|‚platz *m* field of honor (*bes. Br.* honour). — ~**‚re·gel** *f meist pl* law of dueling (*bes. Br.* duelling).

Du·en·ja ['dŭɛnja] *f* ⟨-; -s⟩ *obs.* duenna, chaperon.

Du·ett [du'ɛt] *n* ⟨-(e)s; -e⟩ *mus.* duet.

duff [duf] *adj Northern G. dial. for* matt 8.

Düf·fel ['dʏfəl] *m* ⟨-s; -⟩ (*textile*) duffel, duffle.

Duf·fle·coat ['dafəl‚koːt; 'dʌfl‚kout] (*Engl.*) *m* ⟨-s; -s⟩ (*fashion*) duffel (*od.* duffle) coat.

Duft [duft] *m* ⟨-(e)s; ⸚e⟩ **1.** (pleasant) smell (*od.* odor, *bes. Br.* odour), fragrance, aroma, scent, perfume, redolence (*lit.*): **ein süßer [betäubender]** ~ a sweet [an intoxicating] smell (*od.* perfume); **ein zarter** ~ a faint smell, a waft, a whiff; **der** ~ **einer guten Zigarre** the aroma (*od.* whiff) of a good cigar. – **2.** *poet.* (*feiner Dunst*) fine vapor (*bes. Br.* vapour), exhalation, mist, haze. – **3.** *fig. lit.* charm, fragrance, perfume, aura: **der romantische** ~ **dieser Verse** the romantic charm (*od.* fragrance) of these verses. – **4.** *iron.* unpleasant (*od.* bad, offensive, nasty) smell (*od.* scent): **der** ~ **des Käses** the unpleasant smell of cheese. – **5.** (*forestry*) hoarfrost. — ~**‚bruch** *m* (*forestry*) breaking of boughs through hoarfrost.

Düft·chen ['dʏftçən] *n* ⟨-s; -⟩ *dim. of* Duft.

'Duft‚drü·se *f zo.* scent gland.

duf·te ['duftə] *adj* ⟨-r; -st⟩ **1.** *colloq.* (*ausgezeichnet*) fine, grand, 'great' (*colloq.*), super (*colloq.*), *Am. sl.* swell, *bes. Br. colloq.* 'smashing', 'ripping': → Biene 2. – **2.** *dial. for* gerissen 1, raffiniert 2.

duf·ten ['duftən] **I** *v/i* ⟨h⟩ **1.** smell (pleasantly *od.* fragrantly), have a scent (*od.* perfume), be fragrant, be aromatic: **süß** ~ to smell sweet, to have a sweet scent; **stark** ~ to have a strong perfume (*od.* scent, fragrance); **die Rosen** ~ **herrlich** the roses smell wonderful; **diese Blumen** ~ **nicht** these flowers have no smell (*od.* scent), these flowers don't smell; **der Garten duftete von unzähligen Rosen** *lit.* the garden was fragrant with countless roses. – **2.** *iron.* (*unangenehm*) smell unpleasantly (*od.* offensively), have a bad smell, reek: **Knoblauch duftet** garlic has a bad smell. – **II** *v/impers* **3.** smell (pleasantly *od.* fragrantly): **es duftet nach Äpfeln** there is a smell of apples; **es duftete überall nach frischem Heu** everywhere the air was scented with newly mown grass. — **'duf·tend I** *pres p.* – **II** *adj* sweet-smelling, fragrant, sweet-scented, aromatic: **stark** ~**e Essenzen** strong-smelling essences.

'Duft‚hauch *m* ⟨-(e)s; *no pl*⟩ faint smell, breath (*od.* waft) of perfume.

'duf·tig *adj* **1.** (*Kleid, Stoff etc*) filmy, (*offenmaschig*) gauzy: **ein** ~**es Kleid** a pretty light dress. – **2.** (*Spitze etc*) frothy, foamy. – **3.** (*Farbe*) pastel. – **4.** *cf.* duftend II. — **'Duf·tig·keit** *f* ⟨-; *no pl*⟩ **1.** filminess. – **2.** frothiness, foaminess. – **3.** pastel.

'Duft‚kis·sen *n* sachet.

'duft·los *adj* odorless, *bes. Br.* odourless, scentless, unscented.

'Duft|‚no·te *f* (*eines Parfüms*) quality (*od.* state) of fragrance. — ~**or‚gan** *n zo.* scent organ. — **d**~**‚reich** *adj lit.* rich in smells (*od.* perfume), richly scented (*od.* perfumed). — ~**‚schup·pe** *f zo.* (*bei Schmetterlingen*) scent scale, androconia (*scient.*). — **d**~**‚schwer** *adj lit.* heavy with scent (*od.* perfume), heavily scented (*od.* perfumed). — ~**‚spur** *f zo.* scent mark. — ~**‚stoff** *m* **1.** *biol.* a) odoriferous (*od.* odorous) substance, b) perfume, scent, aroma. – **2.** *chem.* aroma, essential oil. — ~**‚ta·sche** *f zo.* scent bag. — ~**‚was·ser** *n* ⟨-s; -wässer⟩ perfume, scent, toilet water. — ~**‚wol·ke** *f* cloud of perfume (*od.* scent).

Du·gong ['duːgɔŋ] *m* ⟨-s; -e *u.* -s⟩ *zo.* dugong, sea cow (*Dugong dugong*).

Du·ka·ten [du'kaːtən] *m* ⟨-s; -⟩ *hist.* (*Goldmünze*) ducat. — ~**‚esel** *m colloq. humor.* golden goose: **ich bin doch kein** ~**!** I'm not made of money! — ~**‚fal·ter** *m zo.* copper (butterfly) (*Fam. Lycaenidae*), *bes.* ducat copper (*Chrysophanus virgaureae*). — ~**‚gold** *n* ducat (*od.* fine) gold. — ~**‚schei·ßer** *m vulg. for* Dukatenesel.

Dü·ker ['dyːkər] *m* ⟨-s; -⟩ *civ.eng.* (inverted) siphon (*od.* syphon).

duk·til [duk'tiːl] *adj tech.* ductile. — **Duk·ti·li'tät** [-tili'tɛːt] *f* ⟨-; *no pl*⟩ ductility.

Duk·tor ['duktər] *m* ⟨-s; -en [-'toːrən]⟩ *print.* ductor, drop roller.

Duk·tus ['duktus] *m* ⟨-; *no pl*⟩ ductus (*general appearance of handwriting*).

Dul·cin [dul'tsiːn] *n* ⟨-s; *no pl*⟩ *pharm.* dulcin.

Dul·cit [dul'tsiːt; -'tsɪt] *n* ⟨-s; *no pl*⟩ *chem.* dulcitol ($HOCH_2(CHOH)_4CH_2OH$).

'duld·bar *adj* **1.** bearable, endurable, sufferable, tolerable. – **2.** allowable, permissible.

dul·den ['duldən] **I** *v/t* ⟨h⟩ **1.** (*Schmerzen, Leid etc*) bear, endure, suffer, stand, tolerate, put up with. – **2.** *fig.* (*Unrecht, Widerspruch etc*) tolerate, suffer, put up with, endure, bear, stand, countenance, stomach: **er duldet keinen Widerspruch** he will tolerate (*od.* brook) no disobedience, he will not be disobeyed; **sie duldet keine Kritik** she doesn't tolerate (*od.* isn't tolerant of) criticism; **ich kann es nicht** ~**, daß man mich so behandelt** I can't tolerate (*od.* bear) being treated in this way; **j-s Eigenarten** ~ to put up with (*od.* endure) s.o.'s peculiarities; **sie** ~ **zu viel** they put up with too much, they are too indulgent. – **3.** *fig.* (*Ausnahme, Zuspätkommen etc*) allow (of), permit, tolerate: **ich dulde es nicht** I won't have it; **nicht** ~**, daß j-d etwas tut** not to allow s.o. to do s.th.; **die Angelegenheit duldet keinen Aufschub** the matter allows of (*od.* brooks) no delay, the matter cannot be delayed; **etwas stillschweigend** ~ to shut one's eyes to s.th., to connive at s.th. (*auch jur.*); **ich werde ihn nicht in meinem Hause** ~ I won't allow him in my house; **er wird hier nur geduldet** he is only tolerated here, he is only here on (*od.* by) sufferance (*lit.*). – **II** *v/i* **4.** suffer, bear one's sufferings: **standhaft** ~ to bear one's sufferings heroically. – **III** *v/impers* **5.** **es duldet ihn nicht länger** *lit.* he is impatient to go. – **IV D**~ *n* ⟨-s⟩ **6.** *verbal noun.* – **7.** *cf.* Duldung.

'Dul·der *m* ⟨-s; -⟩ (patient) sufferer: **er ist ein stiller** ~ he suffers in silence. — ~**‚mie·ne** *f iron.* (specious) air of suffering, martyred expression: **mit** ~ with an air of suffering, like a martyr. — ~**‚sinn** *m* ⟨-(e)s; *no pl*⟩ resignation.

'duld·sam *adj* **1.** tolerant: ~ **sein gegen j-n** to be tolerant toward(s) (*od.* of) s.o., to tolerate s.o.; ~ **sein gegen Andersgläubige** to be tolerant toward(s) persons of a different faith. – **2.** (*nachsichtig, geduldig*) indulgent, patient, forbearing. — **'Duld·sam·keit** *f* ⟨-; *no pl*⟩ **1.** tolerance, toleration: **viel** ~ **im Umgang mit Menschen zeigen** to show much tolerance in dealing with people. – **2.** (*Nachsicht, Geduld*) indulgence, patience, forbearance.

'Dul·dung *f* ⟨-; -en⟩ **1.** *cf.* Dulden. – **2.** (*von Schmerzen, Leid etc*) endurance, tolerance. – **3.** *fig.* (*von Unrecht, Widerspruch etc*) toleration, tolerance, endurance, countenance: **die** ~ **der Behörden finden** to be tolerated by the authorities. – **4.** *fig.* (*von Ausnahmen etc*) allowance, permission, toleration, tolerance: **stillschweigende** ~ tacit permission, connivance (*auch jur.*).

'Dül·fer‚sitz ['dʏlfər-] *m* (*in der Alpinistik*) free rappel.

'Düll‚bei·tel ['dʏl-] *m tech.* socket chisel.

'Dull‚dill ['dul-] *m bot.* henbane (*Hyoscyamus niger*).

Dül·le ['dʏlə] *f* ⟨-; -n⟩ *tech.* **1.** (*einer Säge*) socket. – **2.** (*einer Schaufel*) back strap.

'Dull‚kraut *n bot. cf.* Dulldill.

'Düll|‚si·chel *f tech.* socket hook. — ~**‚spa·ten** *m* socket spade.

Dult [dult] *f* ⟨-; -en⟩ *Bavarian* fair.

Dul·zi·an ['dultsĭaːn] *n* ⟨-s; -e⟩ *mus. cf.* Dolcian.

Dul·zi·nea [dultsi'neːa] *f* ⟨-; -neen *u.* -s⟩ *colloq. humor.* dulcinea, ladylove, *Br.* lady-love, sweetheart.

Du·ma ['duːma] *f* ⟨-; -s⟩ *hist.* Duma, *auch* Douma (*legislative assembly in czarist Russia*).

Dum·dum ['dum‚dum; ‚dum'dum] *n* ⟨-(s); -(s)⟩ *mil. cf.* Dumdumgeschoß. — ~**ge‚schoß** *n mil.* dumdum (bullet).

Dum·ka ['dumka] *f* ⟨-; Dumki [-ki]⟩ *mus.* dumka.

dumm [dum] **I** *adj* ⟨⸚er; ⸚st⟩ **1.** stupid, unintelligent, dense, thick, *Am. colloq.* dumb: **er ist nicht** ~ he is no fool; **das ist eine** ~**e**

Frage that's a stupid question; er ist nicht so ~ wie er aussieht he is not as (*od.* so) stupid as he looks, he is not such a fool as he looks; auf eine ~e Frage bekommt man eine ~e Antwort a stupid question deserves a stupid answer; er ist dümmer als die Polizei erlaubt *colloq.* he's impossibly stupid, he's too stupid to live (*od.* to come out of the rain); j-n für ~ verkaufen (wollen) *colloq.* (to try) to make a fool of s.o., (to try) to dupe s.o., *Am. sl.* (to try) to play s.o. for a sucker; er ist ~ wie Bohnenstroh (*od.* die Sünde) *colloq.* he's as dense (*Am.* dumb) as they come; er will dich ~ machen he is trying to get the better of you; die dümmsten Bauern haben die größten Kartoffeln (*Sprichwort*) fortune favo(u)rs fools (*proverb*); ~ geboren und nichts dazugelernt *colloq.* born a fool always a fool (*proverb*). – **2.** (*töricht*) stupid, foolish, silly: ein ~er Kerl a stupid fellow, (*stärker*) a blockhead, a dolt; ~e Gans (*od.* Pute, Trine)! silly goose! so ein ~er Esel! what a silly ass he is! sei nicht so ~, ihm zu glauben don't be so stupid as to believe him; das war ein ~er Streich that was a silly prank; eine ~e Bemerkung a silly remark; ~es Gerede foolish talk, 'eyewash' (*colloq.*); ~e Witze machen to make silly jokes; das war ~ von mir that was foolish of me, how stupid of me; da müßte ich schön ~ sein! *colloq.* no, thanks! not me! I wouldn't be such a fool! I'm not having any! (*colloq.*); sich ~ stellen a) to play the fool, to pretend to be stupid, b) to pretend to know nothing (about it), to look innocent, c) *auch* sich ~ anstellen to be clumsy; ~es Zeug! *colloq.* (stuff and) nonsense! rubbish! bosh! fiddlesticks! ~es Zeug reden *colloq.* to talk nonsense (*od.* rubbish, piffle), to talk through one's hat; ein ~es Gesicht machen a) to look foolish (*od.* silly), b) *fig.* to look flabbergasted, c) *fig.* to look disappointed; → August[2] 2; Gedanke 1; Wäsche 5. – **3.** (*unangenehm*) unpleasant, awkward, annoying, bad: eine ~e Sache (*od.* Geschichte) an unpleasant business; das ist (aber) ~! that's too bad; zu ~! wie ~! what a nuisance (*od.* bore)! too bad! schließlich wurde mir diese Sache zu ~ in the end the whole thing began to bore me (*od.* I lost patience); die Sache wird mir zu ~! I've had just about enough of it, that's too much, that's going too far. – **4.** *colloq.* (*benommen, schwindlig*) confused, dizzy, giddy: mir ist ganz ~ im Kopf I am (*od.* feel) dizzy, my head is swimming (*od.* going round); dieser Lärm macht einen ganz ~ this noise makes my head swim (*od.* go round), this noise makes me stupid; j-n ~ und dämlich reden to talk s.o. silly (*od.* s.o.'s head off), to talk till s.o.'s head begins to go round (*od.* swim). – **5.** *colloq.* (*jung*) young, green: damals war er noch ein ~er Junge he was only a silly boy (*od.* still green) then; → Ding[1] 6. – **6.** *colloq.* (*merkwürdig*) awkward, peculiar: das kannst du nicht machen, das sieht zu ~ aus a) you can't do that, it looks too awkward, b) you can't do that, it looks too obvious. – **7.** (*taktlos*) tactless, indiscrete. – **II** *adv* **8.** stupidly, unintelligently, densely, *Am. colloq.* dumbly. – **9.** (*töricht*) stupidly, foolishly, sillily, silly: frag nicht so ~! don't ask such silly questions; sie haben sich ziemlich ~ benommen they behaved rather stupidly. – **10.** (*unangenehm*) unpleasantly, awkwardly, annoyingly, badly: das hätte ~ ausgehen können that could have ended badly. – **11.** (*taktlos*) tactlessly, indiscretely. – **12.** ~ tun *colloq.* to act offended.

'Dumm|ˌbart, ~ˌbar·tel [-ˌbartəl] *m* ⟨-s; -⟩ *colloq.* fool, silly (ass), ninny, simpleton, *Am. sl.* 'dumbbell'.

'Dumm·chen *n* ⟨-s; -⟩ *colloq. cf.* Dummerchen.

'dummˌdreist *adj colloq.* impudent, impertinent, cheeky, saucy. — **'Dummˌdrei·stig·keit** *f* ⟨-; *no pl*⟩ impudence, impudency, impertinence, cheekiness, sauciness.

'Dum·me *m, f* ⟨-n; -n⟩ fool: den ~n spielen to play (*od.* act) the fool; der ~ sein *colloq.* a) to be the dupe (*od.* loser), to be left holding the baby (*Am.* bag) (*colloq.*), b) to have to take the consequences, to (have to) pay the piper; die ~n werden nicht alle (*od.* sterben nicht aus) (*Sprichwort*) there's a fool (*bes. Am. colloq.* sucker) born every minute, fools never die out; da mußt du dir einen Dümmeren suchen no, thanks! not me! I wouldn't be such a fool!

ˌDum·me'jun·genˌstreich *m* ⟨Dumme(n)-jungenstreich(e)s; Dumme(n)jungenstreiche⟩ (foolish) prank, lark.

'Dum·menˌfang *m* looking for a dupe, attempt to catch a dupe (*bes. Am. colloq.* sucker): auf ~ ausgehen to go looking for a dupe (*bes. Am. colloq.* sucker).

'Dum·mer·chen *n* ⟨-s; -⟩ *colloq.* little fool (*od.* silly, ninny), silly little boy (*od.* girl).

Dum·mer·jan ['dʊmərˌjaːn] *m* ⟨-s; -e⟩ *colloq.* (little) fool, silly, ninny.

'dum·mer'wei·se *adv colloq.* **1.** stupidly, foolishly, like a fool (*od.* ass): ich habe es ~ vergessen like a fool I forgot it. – **2.** unfortunately: ~ fährt der Zug heute nicht it's too bad that the train doesn't go today.

'Dumm·heit *f* ⟨-; -en⟩ **1.** ⟨*only sg*⟩ stupidity, unintelligence, denseness, *Am. colloq.* dumbness: seine ~ ist unbeschreiblich his stupidity is indescribable (*od.* undescribable), he is indescribably stupid; grenzenlose ~ abysmal ignorance; die ~ steht ihm auf der Stirn geschrieben you can see how stupid he is just by looking at him. – **2.** ⟨*only sg*⟩ (*Torheit*) stupidity, foolishness, folly, silliness: das hast du deiner eigenen ~ zuzuschreiben you have only your own stupidity (*od.* folly) to thank (*od.* blame) for that. – **3.** stupid (*od.* foolish) action (*od.* thing), tomfoolery: eine ~ machen (*od.* begehen) to do s.th. stupid (*od.* foolish), to do a stupid (*od.* foolish) thing; er hat nichts als ~en im Kopf he plays the fool (*od.* clown) all the time; j-n vor ~en bewahren to keep s.o. out of mischief; mach keine ~en! a) don't do anything stupid! don't cut any capers! b) (*drohend*) don't get any funny ideas! hör auf mit diesen ~en! stop these foolish pranks (*od.* tricks)! – **4.** (*Fehler*) mistake, blunder: er machte eine ~ nach der anderen he made one mistake after the other. – **5.** (*Taktlosigkeit*) indiscretion, faux pas, gaffe: damit hat er eine ~ begangen he put his foot in it there (*colloq.*), he dropped a brick there (*colloq.*).

'Dumm|ˌkol·ler *m vet. cf.* Koller[1] 1. — **~ˌkopf** *m colloq. contempt.* fool, ninny, blockhead, fathead, dunderhead, ass, duffer; *Am. sl.* 'dumbbell', dumbhead, dummkopf: er ist kein ~ he's no fool; du ~! you silly fool (*od.* ass); so ein ~! fool that he is! what a fathead!

Dumm·ri·an ['dʊmriaːn] *m* ⟨-s; -e⟩ *colloq. cf.* Dummerjan.

'Dummsˌdorf *n only in* aus (*od.* von) ~ sein *colloq.* to be stupid (*od.* dense, thick).

'dummˌstolz *adj* stupidly proud.

'Dumˌpal·me ['duːm-] *f bot.* doom (*od.* dum) palm, doum (palm) (*Hyphaene thebaica*).

düm·peln ['dʏmpəln] *v/i* ⟨h⟩ *mar.* roll.

Dum·per ['dampər; 'dʌmpə] (*Engl.*) *m* ⟨-s; -⟩ *civ.eng.* (*Kippwagen*) dumper.

dumpf [dʊmpf] **I** *adj* ⟨-er; -(e)st⟩ **1.** (*Ton, Geräusch etc*) dull, muffled, hollow: ein ~er Aufprall a (dull) thud; mit einem ~en Schlag with a thud (*od.* thump). – **2.** (*muffig*) musty, fusty, stuffy, stale: die ~e, feuchte Kellerluft the damp and musty air of the cellar; eine ~e Stube a fusty room. – **3.** (*drückend*) oppressive, close, heavy, sultry: ~e, schwüle Luft schlug mir entgegen I was met by an oppressive and sultry air. – **4.** (*modrig*) moldy, *bes. Br.* mouldy, musty: ~es Heu mo(u)ldy hay. – **5.** (*Wetter*) muggy, stifling. – **6.** *fig.* (*Gefühl etc*) dull, oppressed, numb, torpid, apathetic. – **7.** *med.* (*Schmerz*) dull. – **8.** *fig.* (*Schweigen, Stimmung etc*) heavy, gloomy, sullen, dismal, somber, *bes. Br.* sombre: in ~es Brüten versinken to lapse into gloomy (*od.* brooding) meditation. – **9.** *fig.* (*undeutlich, dunkel*) vague, dark, dim, faint: eine ~e Ahnung haben to have a vague (*od.* dim) feeling; ein ~es Schuldgefühl a vague feeling of guilt. – **II** *adv* **10.** ~ dröhnen to give a dull rumble; ~ zu Boden fallen to fall down with a thud. — **'Dumpf·heit** *f* ⟨-; *no pl*⟩ **1.** (*eines Tones, Geräusches etc*) dul(l)ness, hollowness. – **2.** (*Muffigkeit*) mustiness, fustiness, stuffiness, staleness. – **3.** (*Schwüle*) oppressiveness, closeness, heaviness, sultriness. – **4.** (*Modrigkeit*) moldiness, *bes. Br.* mouldiness, mustiness. – **5.** (*des Wetters*) mugginess. – **6.** *fig.* (*des Gefühls etc*) dul(l)ness, numbness, torpor, apathy. – **7.** (*des Schmerzes*) dul(l)ness. – **8.** *fig.* (*der Stimmung etc*) heaviness, gloominess, sullenness, dismalness, dismality, somberness, *bes. Br.* sombreness.

'dump·fig *adj* **1.** *cf.* dumpf 2. – **2.** (*feucht*) damp, moist, humid, (*stärker*) dank. — **'Dump·fig·keit** *f* ⟨-; *no pl*⟩ **1.** *cf.* Dumpfheit 2. – **2.** (*Feuchtigkeit*) dampness, moistness, humidity, (*stärker*) dankness.

'dumpf|ˌrie·chend *adj* with a stuffy (*od.* musty) smell. — **~ˌtö·nend** *adj* with a dull (*od.* muffled) sound.

Dum·ping ['dampɪŋ; 'dʌmpɪŋ] (*Engl.*) *n* ⟨-s; *no pl*⟩ *econ.* dumping.

dun [duːn] *adj Low G. for* betrunken II.

Du·ne ['duːnə] *f* ⟨-; -n⟩ *Low G. for* Daune.

Dü·ne ['dyːnə] *f* ⟨-; -n⟩ dune, *Br. auch* dene.

'dü·nen|ˌar·tig *adj* like a dune, dunelike. — **D~ˌbil·dung** *f* formation of dunes. — **D~ˌdi·stel** *f bot.* sea holly (*Eryngium maritimum*). — **D~ˌgras** *n*, **D~ˌha·fer** *m bot. cf.* Strandhafer. — **D~ˌro·se** *f bot.* rusty sweetbrier (*od.* sweetbriar), eglantine rose (*Rosa rubiginosa*). — **D~ˌsand** *m* sand (of dunes).

Dung [dʊŋ] *m* ⟨-(e)s; *no pl*⟩ *agr.* dung, manure. — **~ˌabˌla·ge** *f* (shallow) manure pit.

'Dün·geˌmit·tel *n agr.* fertilizer. — **~in·du·strie** *f* fertilizer industry.

dün·gen ['dʏŋən] *agr.* **I** *v/t* ⟨h⟩ **1.** (*Boden*) a) fertilize, dress, b) (*mit natürlichem Dünger*) manure, dung. – **II** *v/i* **2.** fertilize: gut [schlecht] ~ to be a good [bad] fertilizer. – **III D~** *n* ⟨-s⟩ **3.** *verbal noun.* – **4.** *cf.* Düngung.

'Dün·ger *m* ⟨-s; -⟩ *agr.* a) fertilizer, b) (*natürlicher*) manure, dung: künstlicher ~ commercial fertilizer, chemical (*od.* artificial) fertilizer; ~ streuen to spread manure. — **~beˌdarf** *m*, **~beˌdürf·nis** *n* fertilizer requirement.

'Dungˌer·de *f agr.* mold, *bes. Br.* mould, compost, vegetable earth.

'Dün·ger|ˌeinˌle·ger *m agr.* jointer. — **~ˌfres·sen** *n vet.* dung eating. — **~ˌhau·fen** *m cf.* Dunghaufen. — **~ˌstreu·er** *m*, **~ˌstreu·maˌschi·ne** *f* manure spreader. — **~ˌwa·gen** *m* dung (*od.* manure) cart.

'Dün·ge|ˌsalz *n agr.* fertilizer salt. — **~ˌtorf** *m* peat fertilizer. — **~ˌwert** *m* manurial quality.

'Dung|ˌflie·ge *f zo.* dung fly (*Fam. Scatophagidae*). — **~ˌga·bel** *f agr.* manure (*od.* dung) fork. — **~ˌgru·be** *f* manure (*od.* dung) pit. — **~ˌhau·fen** *m* dunghill. — **~ˌjau·che** *f* liquid manure. — **~ˌkä·fer** *m zo.* dung beetle, *auch* dung chafer (*Gattg Aphodiinae*). — **~ˌkar·ren** *m agr.* dung (*od.* manure) cart. — **~ˌla·der** *m* manure loader. — **~ˌle·ge** *f* dung dump. — **~ˌstreu·er** *m* manure spreader.

'Dün·gung *f* ⟨-; *no pl*⟩ **1.** *cf.* Düngen. – **2.** fertilization.

Du·nit [du'niːt; -'nɪt] *m* ⟨-(e)s; -e⟩ *geol.* dunite.

dun·kel ['dʊŋkəl] **I** *adj* ⟨dunkler; -st⟩ **1.** (*Raum etc*) dark: eine dunkle Zelle a dark cell; es war ~ im Raum a) the room was dark, b) the room was in darkness; es wurde immer dunkler it grew (*od.* got) darker and darker; in einer dunklen Nacht one dark night; es wird ~ it is getting (*od.* growing, becoming) dark; als es ganz ~ war a) when it was quite dark, b) when night had set in, after dark; ihm wurde es ~ vor den Augen a) everything went dark before his eyes, b) his head swam (*od.* began to go round). – **2.** (*Farbe etc*) dark, deep: sie bevorzugte dunkle Farben she preferred dark (*od.* somber, *bes. Br.* sombre) colo(u)rs; ein dunkles Rot a dark (*od.* deep) red. – **3.** (*Anzug etc*) dark, dark-colored (*bes. Br.* -coloured). – **4.** (*Haar etc*) dark, brunette: sie hat eine dunkle Perücke she has a dark wig. – **5.** (*Hautfarbe etc*) dark, dusky, swarthy: er hat einen dunklen Teint he has a swarthy complexion; eine dunkle Hautfarbe haben to have a dark skin, to be dark-skinned. – **6.** (*Wolken etc*) dark, (*stärker*) black: der dunkle Himmel kündigte ein Gewitter an the dark sky presaged a thunderstorm. – **7.** (*Stimme etc*) dark, deep, somber, *bes. Br.* sombre: sie spricht mit dunkler Stimme she speaks with a somber voice. – **8.** (*Kerzenlicht etc*) dim, faint, murky: beim dunklen Schein der Laterne in the dim light of the lantern. – **9.** (*düster*) dark, gloomy, dim, dusky. – **10.** *fig.* (*düster, trübe*) dark, black, somber, *bes. Br.* sombre, gloomy, sad, dismal: **es war der ~ste Tag meines Lebens** this was the darkest day of my life; **diese Zeit gehört zu den ~sten Kapiteln der Geschichte** this period is one of the blackest chapters of history. – **11.** *fig.* (*unbestimmt, unklar*) dim, faint, vague, hazy, obscure: **eine dunkle Vorstellung haben** to have a vague idea; **er hat nur eine dunkle Vorstellung davon** he has but a vague (*od.* faint, unclear) idea of it, he has no clear idea of it; **sie hat eine dunkle Vorahnung** she has a vague (*od.* dark) premonition (*od.* foreboding). – **12.** *fig.* (*Ungewißheit etc*) dark, obscure, uncertain, doubtful: **j-n (über** *acc* **etwas) im dunkeln lassen** to leave s.o. in the dark (about s.th.); **das liegt noch im dunkeln** that's still uncertain (*od.* in the dark); **man hat mich darüber völlig im dunkeln gelassen** I was completely left in the dark about it; **im dunkeln tappen** *colloq.* to grope in the dark. – **13.** *fig.* (*Sinn etc*) obscure, dark, mysterious, opaque, puzzling: **eine dunkle Textstelle** an obscure (*od.* a dark) passage in a text. – **14.** *fig.* (*Existenz, Geschäft etc*) shady, dubious, obscure, mysterious, sinister: **dunkle Geschäfte** shady (*od.* dubious) transactions; **ich kenne seine dunklen Geschäfte** I know his dubious dealings; **ein dunkler Ehrenmann** a shady gentleman; **das ist ein dunkler Punkt in seinem Leben** that is a dubious (*od.* murky) point in his life. – **15.** *fig.* (*Erdteil etc*) dark: **das dunkle Mittelalter** *hist.* the Dark Ages *pl.* – **16.** *fig.* (*Machenschaften etc*) dark, evil, sinister, suspicious. – **17.** *ling.* (*Vokal*) deep. – **18.** *gastr.* (*Bier*) dark, brown. – **II** *adv* **19.** darkly. – **20.** darkly, deeply, somberly, *bes. Br.* sombrely: **die Turmuhr schlägt ~** the tower clock is striking heavily. – **21.** *fig.* dimly, faintly, vaguely: **ich kann mich ~ daran erinnern** I remember it dimly (*od.* vaguely), I have a dim (*od.* hazy) recollection of it; **sie fühlt ~, wie es enden wird** she feels vaguely what will come of it. – **22.** darkly, obscurely, doubtfully: **die Zukunft liegt ~ vor uns** the future is unknown to us, we cannot see into the future. – **III Dun·kle, das** ⟨-n⟩ **23.** the darkness: **ein Sprung ins Dunkle** a leap in the dark; **im Dunkeln ist gut munkeln** (*Sprichwort*) (*etwa*) darkness favo(u)rs secret dealings.

'Dun·kel *n* ⟨-s; *no pl*⟩ **1.** dark, darkness: **das ~ der Nacht** the darkness of the night; **in tiefes ~ gehüllt** shrouded in darkness; **im ~ des Waldes** in the darkness of the forest; **das abendliche ~** the darkness of the evening; **sie starrte ins ~** she stared into the darkness; **sich im ~ verlieren** to be swallowed up in the dark; **durch das ~ stolpern** to blunder through the dark; **im ~ lauern** to lurk in the dark. – **2.** *fig.* (*Geheimnis*) obscurity, darkness, mystery: **im ~ liegen** to lie in obscurity; **sich [etwas] in geheimnisvolles ~ hüllen** to wrap (*od.* shroud) oneself [s.th.] in mystery; **das Verbrechen blieb im ~** the crime remained an unsolved mystery; **das ~ um diesen Fall wurde gelichtet** the mystery surrounding this case was cleared up. – **3.** *fig. lit.* (*Vergessenheit*) obscurity, oblivion: **eine Komposition dem ~ der Vergessenheit entreißen** to save a composition from obscurity. – **4.** *fig.* (*Ungewißheit*) darkness, unenlightenment: **das ~ des Mittelalters** the darkness of the Middle Ages. – **5.** *fig.* (*Anonymität*) anonymity. – **6.** (*art*) dark, shade: **Hell und ~** light and shade.

Dün·kel ['dʏŋkəl] *m* ⟨-s; *no pl*⟩ *contempt.* **1.** (self-)conceit, conceitedness, vanity: **j-m seinen ~ austreiben** to cure s.o. of his self-conceit; **er hat einen gewaltigen ~** he is immensely conceited, he has a very high opinion of himself; **sie hat einen akademischen ~** she is very conceited about her academic education. – **2.** (*Arroganz*) arrogance, presumption: **sein ~ stößt alle seine Kollegen ab** all his colleagues are disgusted with his arrogance. – **3.** (*Snobismus*) snobbery.

'Dun·kel|ad·ap·ti,on *f med.* dark adaptation, scotopia (*scient.*). — **d~,äu·gig** *adj* dark-eyed. — **d~,blau** *adj* dark- (*od.* deep-)blue. — **d~,blond** *adj* (*Haar*) dark-blond, light-brown. — **d~,braun** *adj* **1.** dark- (*od.* deep-)brown. – **2.** (*Haut etc*) tanned, tawny. – **3.** (*Pferd*) bay(-colored, *bes. Br.* -coloured). — **~ent,la·dung** *f phys.* dark discharge. — **d~,far·ben** *adj lit. for* dunkelfarbig. — **d~,far·big** *adj* **1.** dark-colored (*bes. Br.* -coloured), somber, *bes. Br.* sombre. – **2.** (*Haut etc*) dark, swarthy.

'Dun·kel,feld *n* (*optics*) dark field (*od.* ground). — **~be,leuch·tung** *f* dark-field (*od.* dark-ground) illumination.

'dun·kel|ge,färbt *adj* dark- (*od.* black)-colored (*bes. Br.* -coloured). — **~ge,klei·det** *adj* dressed in dark clothes. — **~,gelb** *adj* dark- (*od.* deep-)yellow, tawny. — **~ge,streift** *adj* dark-striped. — **~,grau** *adj* dark- (*od.* deep-)gray (*bes. Br.* grey). — **~,grün** *adj* dark- (*od.* deep-)green. — **~,haa·rig** *adj* dark-haired.

'dün·kel·haft *adj contempt.* **1.** (self-)conceited, vain. – **2.** (*arrogant*) arrogant, presumptuous.

'Dun·kel,häu·ter [-,hɔʏtər] *m* ⟨-s; -⟩ *anthrop.* **1.** darkskinned (*Br.* dark-skinned) person, darkskin, *Br.* dark-skin. – **2.** (*Rasse*) Melanian person.

'dun·kel,häu·tig *adj* darkskinned, *Br.* dark-skinned, swarthy; melanodermic, melanochroous, melanous (*scient.*). — **'Dun·kel,häu·tig·keit** *f* ⟨-; *no pl*⟩ darkness (*od.* swarthiness) of skin, melanoderma (*scient.*).

'Dun·kel·heit *f* ⟨-; *no pl*⟩ **1.** darkness: **die tiefe ~ des Waldes** the black darkness of the forest; **die Stadt lag in völliger ~** the town lay in total darkness; **die Augen gewöhnen sich langsam an die ~** the eyes grow used to the dark(ness) very slowly. – **2.** (*abendliche*) darkness, dark: **im Schutze der ~** under cover of (the) dark; **nach [bei] Einbruch der ~** after dark (*od.* nightfall) [at dusk]; **sie wurden von der ~ überrascht** they were overtaken by darkness (*od.* by the dark). – **3.** (*Düsternis*) darkness, gloom(iness), dimness: **die ~ der Kirche** the gloominess of the church. – **4.** (*dunkle Farbe*) darkness, dark color (*bes. Br.* colour): **die ~ ihrer Augen** the dark colo(u)r of her eyes. – **5.** (*dunkler Teint*) darkness, swarthiness: **die ~ seiner Haut** the swarthiness of his complexion. – **6.** *fig.* (*Geheimnis*) obscurity, dark(ness), mystery, shadowiness: **etwas in ~ hüllen** to wrap s.th. in obscurity, to spread a veil of mystery over s.th., to robe s.th. in night (*lit.*). – **7.** *fig. lit.* darkness, gloom, unenlightened state: **die ~ des frühen Mittelalters** the unenlightened state of the early Middle Ages. – **8.** *fig.* (*Unverständlichkeit*) obscurity, darkness, opacity: **die ~ einer Bedeutung** the obscurity of a meaning.

'Dun·kel,kam·mer *f* **1.** *phot.* darkroom, *Br.* dark-room. – **2.** *phys.* (*optics*) camera obscura. — **~,aus,rü·stung** *f phot.* darkroom (*Br.* dark-room) equipment. — **~,fil·ter** *n, m* safelight screen. — **~,leuch·te** *f* safelight.

'Dun·kel,mann *m* ⟨-(e)s; ⁼er⟩ **1.** *hist.* (*literature*) obscurantist, obscurant. – **2.** *colloq.* shady character.

'Dun·kel,män·ner,brie·fe *pl hist.* Epistolae Obscurorum Virorum.

dun·keln ['duŋkəln] **I** *v/impers u. v/i* ⟨h⟩ **1.** grow dark, darken: **es dunkelt**, *lit.* **der Abend dunkelt** it is getting (*od.* growing) dark, it darkens. – **II** *v/i* ⟨sein⟩ **2.** grow dark, darken: **ihr Haar ist gedunkelt** her hair has grown dark. – **III** *v/t* ⟨h⟩ **3.** (*Farben*) darken, deepen. – **4.** (*Stoff etc*) make (*s.th.*) dark, sadden. – **IV D~** *n* ⟨-s⟩ **5.** *verbal noun*: **das D~ des Abends** *lit.* the darkening of the evening, the fall of evening.

'Dun·kel|,ne·bel *m astr.* dark nebula. — **~,pau·se** *f* (*film*) blackout, *Br.* black-out, obscuring (*od.* cutoff, *Br.* cut-off) period. — **~re·ak·ti,on** *f chem.* dark reaction. — **d~,rot** *adj* **1.** dark- (*od.* deep-)red. – **2.** *fig.* red, scarlet: **~ werden vor Zorn** to turn red (*od.* scarlet) with anger; **er wurde ~ im Gesicht** his face turned dark red, his face became a deep pink. — **~,schal·ter** *m electr.* dimmer switch. — **~,stoß** *m nucl.* background (counts *pl*) in counter tube. — **d~,tö·nend** *adj* (*Horn, Stimme etc*) having a dark (*od.* deep) sound. — **~,wer·den** *n* **1.** dark, dusk: **vor dem ~** before it gets dark; **bei(m) ~** at dusk, at nightfall; **nach dem ~** after dusk. – **2.** (*Nachdunkeln*) darkening. — **~,zif·fer** *f jur.* percentage of undetected crimes.

dün·ken ['dʏŋkən] *lit.* **I** *v/t u. v/impers* ⟨dünkt, dünkte, *rare* deucht, deuchte, gedünkt, *rare* gedeucht, h⟩ fancy, imagine, think, seem, appear: **mir** (*od.* **mich**) **dünkt, es dünkt mir** (*od.* **mich**) it seems to me, I fancy, I feel, I think, methinks (*archaic od. lit.*); **ihn** (*od.* **ihm**) **dünkt die Antwort gut** he thinks that this is a good answer; **mir** (*od.* **mich**) **dünkt, ich hätte sie neulich gesehen** it seems to me that I saw her the other day; **es dünkt ihm** (*od.* **ihn**) **lächerlich** it appears ridiculous to him, he thinks it ridiculous. – **II** *v/reflex* **sich etwas ~** *contempt.* to think (*od.* fancy, imagine) oneself s.th.: **sich weise ~** to fancy oneself wise; **er dünkt sich unentbehrlich (zu sein)** he thinks himself (to be) irreplaceable.

dünn [dʏn] **I** *adj* ⟨-er; -st⟩ **1.** thin: **ein ~es Blatt Papier** a thin sheet of paper; **der Anzug hat schon ~e Stellen** the suit has thin places already; **sich ~ machen** to make room, to squeeze up; **etwas hängt an einem ~en Fädchen** *fig. colloq.* s.th. hangs by a (thin) thread; → **dick** 1. – **2.** (*fast durchsichtig*) thin, fine, delicate, flimsy: **ein ~er Stoff** a fine fabric; **das ist ~ wie Seide** this is as fine (*od.* delicate) as silk. – **3.** (*Draht, Faden etc*) thin, fine. – **4.** (*Personen etc*) thin, spare, lean, meager, *bes. Br.* meagre, *bes. Am.* scrawny: **~ aussehen** to look thin; **~ werden** to grow (*od.* become) thin, to loose flesh; **er ist ~ wie ein Faden** *fig. colloq.* he is as thin as a rake. – **5.** (*schlank*) slight, slender, slim: **ein Mädchen mit einer ~en Taille** a girl with a slim waist, a slim-waisted girl. – **6.** (*Finger*) thin, slender. – **7.** (*Beine*) thin, *bes. Am.* scrawny. – **8.** (*Gesicht*) thin, meager, *bes. Br.* meagre. – **9.** (*Flüssigkeiten*) thin, watery, weak, poor: **~es Bier** *cf.* Dünnbier; **~er Kaffee** weak coffee. – **10.** (*verdünnt*) dilute(d). – **11.** (*schwach*) thin, weak: **sie sprach mit ~er Stimme** she spoke in a weak (*od.* reedy) voice. – **12.** (*Haarwuchs, Vegetation etc*) thin, sparse, scanty: **sein Haar ist schon recht ~** his hair is rather thin. – **13.** (*Luft, Atmosphäre etc*) thin, rare, rarefied, attenuated. – **14.** (*Nebel etc*) thin, fine, tenuous: **ein ~er Dunstschleier lag über den Wiesen** a fine haze hung over the meadows. – **15.** *fig. colloq.* (*dürftig, unbedeutend*) weak, poor: **das Ergebnis war ~** the result was poor (*od.* meager, *bes. Br.* meagre). – **16.** *mus.* (*Geigentöne etc*) stringy. – **17.** *print.* (*Schriftzeichen*) thin. – **18.** *med.* (*Stuhl*) thin, fluid. – **II** *adv* **19.** **Farbe ~ auftragen** to apply (the) paint thinly; **diese Gegend ist ~ besiedelt** this area is thinly (*od.* sparsely) populated; **Tankstellen sind hier ~ gesät** *fig.* there are only a few scattered gasoline (*Br.* petrol) stations in this area, gasoline stations in this area are few and far between.

'dünn|,bei·nig [-,baɪnɪç] *adj* thin-legged, with thin legs. — **~be,sie·delt, ~be,völ·kert** *adj* ⟨*attrib*⟩ thinly populated. — **D~,bier** *n brew.* weak (*od.* near, small) beer. — **~,blät·te·rig, ~,blätt·rig** *adj bot.* thin-leaved, tenuifolious (*scient.*). — **D~,blech** *n tech.* light-ga(u)ge steel sheet.

'Dünn,darm *m med.* small intestine (*od.* gut). — **~ent,zün·dung** *f* enteritis. — **~ge,krö·se** *n* mesentery, mesostenium. — **~,schlin·ge** *f* loop of the small intestine.

'Dünn,druck *m* ⟨-(e)s; -e⟩ *print. cf.* Dünndruckausgabe: **in ~** printed on thin (*od.* India, Bible) paper, thin- (*od.* India-)paper edition. — **~,aus,ga·be** *f* thin- (*od.* India)-paper edition. — **~pa,pier** *n* India (*od.* Bible) paper, thin printing paper.

'Dün·ne[1] *f* ⟨-; *no pl*⟩ **1.** thinness. – **2.** (*eines Gewebes etc*) thinness, fineness, delicateness. – **3.** (*eines Drahts etc*) thinness, fineness. – **4.** (*einer Person etc*) thinness, spareness, leanness, meagerness, *bes. Br.* meagreness, *bes. Am.* scrawniness. – **5.** (*Schlankheit*) slightness, slenderness, slimness. – **6.** (*der Finger*) thinness, slenderness. – **7.** (*der Beine*) thinness, *bes. Am.* scrawniness. – **8.** (*einer Flüssigkeit*) thinness, wateriness, weakness, poorness. – **9.** (*verdünnter Zustand*) dilute(d)ness. – **10.** (*eines Tons, einer Stimme etc*) thinness, weakness. – **11.** (*des Haarwuchses, der Vegetation etc*) thinness, sparseness, scantiness. – **12.** (*der Atmosphäre, Luft etc*) thinness, rareness, rarefication.

'Dün·ne[2] *m, f* ⟨-n; -n⟩ thin person: **er liebt die ~n** *colloq.* he likes thin girls, he likes the thin (*od. colloq.* the skinny) ones.

'dün·neˌma·chen *v/reflex* ⟨*sep*, -ge-, h⟩ *cf.* **dünnmachen.**

'dünnˌfä·dig [-ˌfɛːdɪç] *adj* (*textile*) thin-spun.

'dünnˌflüs·sig *adj* **1.** highly liquid (*od.* fluid), thin. – **2.** (*wässerig*) watery. – **3.** *phys. tech.* a) light, highly fluid, b) (*Öl*) thin-bodied. — **'Dünnˌflüs·sig·keit** *f* ⟨-; *no pl*⟩ **1.** thinness, liquidity, liquidness, fluidity, low viscosity. – **2.** wateriness. – **3.** *phys. tech.* a) lightness, fluidity, b) (*von Öl*) thin-bodiedness.

'dünn|geˌsät *adj* ⟨*attrib*⟩ **1.** thin-sown. – **2.** (*verstreut*) thinly scattered. – **3.** *fig.* sparse, scarce. — **~ˌhaa·rig** *adj* having thin hair. — **~ˌhäu·tig** *adj* with a thin skin, thin-skinned (*auch fig.*).

'Dünn·heit *f* ⟨-; *no pl*⟩ thinness.

'dünn|ˌlei·big [-ˌlaɪbɪç] *adj* thin(-bodied). — **~ˌlip·pig** *adj* thin-lipped. — **~ˌma·chen** *v/reflex* ⟨*sep*, -ge-, h⟩ **sich ~** *colloq.* make oneself scarce (*colloq.*), clear off (*od.* out), hook it (*sl.*), *bes. Br. sl.* hop it, *Am. sl.* scram.

'Dünn|ˌpfiff *m colloq. for* **Durchfall** 1. — **~ˌsaat** *f agr.* small seed. — **d~ˌscha·lig** [-ˌʃaːlɪç] *adj* **1.** (*Ei, Nuß etc*) with a thin shell, thin-shelled. – **2.** (*Frucht etc*) with a thin skin (*od.* peel), thin-skinned. – **3.** *civ.eng.* thin-shell (*attrib*).

'DünnˌSchicht *f synth.* thin layer, film. — **~chro·ma·to·gra·ˌphie** *f chem.* thin-layer chromatography. — **~ˌfilm** *m phot.* thin-emulsion film.

'Dünn|ˌschiß *m vulg. for* **Durchfall** 1. — **~ˌschliff** *m min.* thin section (*od.* slide). — **d~ˌschnä·be·lig** [-ˌʃnɛːbəlɪç] *adj zo.* slender- (*od.* thin-)billed, tenuirostral (*scient.*). — **~ˌschna·belˌsturmˌtau·cher** *m* short-tailed shearwater, muttonbird (*Puffinus tenuirostris*). — **d~ˌschnäb·lig** [-ˌʃnɛːblɪç] *adj cf.* **dünnschnäbelig.** — **~ˌstein** *m* (*jewelry*) *cf.* **Tafelstein.**

Dün·nung ['dʏnʊŋ] *f* ⟨-; -en⟩ *gastr. hunt.* (*des Wildes*) flank.

'dünn|ˌwa·dig [-ˌvaːdɪç] *adj* spindle-legged. — **~ˌwan·dig** [-ˌvandɪç] *adj* thin-walled.

Dunst [dʊnst] *m* ⟨-es; =e⟩ **1.** ⟨*only sg*⟩ (*leichter Dampf*) vapor, *bes. Br.* vapour, steam. – **2.** ⟨*only sg*⟩ (*Rauch*) smoke, fume(s *pl*). – **3.** ⟨*only sg*⟩ (*Nebel*) mist, haze: **ein nebliger ~** a foggy mist; **die Berge sind in ~ gehüllt** the mountains are enveloped in haze; **die fernen Berge scheinen im ~ zu schwimmen** the distant mountains seem to fade away in blue haze; **~ in der Ferne** *phot.* atmospheric haze. – **4.** ⟨*only sg*⟩ (*Feuchtigkeit*) damp, moisture: **~ stieg von den Wiesen auf** there was damp rising from the meadows. – **5.** (*Geruch*) smell, fume(s *pl*), (*stärker*) reek: **der üble ~ von Fäulnis** the nasty fumes *pl* (*od.* smell) of rottenness. – **6.** (*Ausdünstung*) exhalation, vapor, *bes. Br.* vapour, fume(s *pl*): **schädliche Dünste** poisonous vapo(u)rs (*od.* fumes). – **7.** ⟨*only sg*⟩ (*zerstäubte Flüssigkeit*) (fine) spray, mist: **die herunterstürzenden Wassermassen lösten sich in ~ auf** the falling masses of water turned into (a) fine spray. – **8.** *fig.* (*in Wendungen wie*) **j-m (blauen) ~ vormachen** *colloq.* to throw dust in s.o.'s eyes, to humbug (*od.* dupe, hoodwink) s.o., to bamboozle s.o. (*sl.*); **er hat keinen (blassen) ~ davon** *colloq.* he hasn't the faintest (*od.* foggiest) idea (*od.* the ghost of an idea) about it, he doesn't know the first thing about it; **alles, was er sagt, ist leerer ~** *colloq.* he is talking mere nonsense; **alle unsere Pläne gingen in ~ und Rauch auf** all our plans went up in smoke (*od.* came to nothing). – **9.** ⟨*only sg*⟩ *fig.* (*Berauschung*) drunkenness, intoxicated state: **im ~ sein** to be drunk (*od.* intoxicated). – **10.** ⟨*only sg*⟩ *hunt.* dust shot, fine bird shot, *Am.* mustard seed. – **11. ~ bekommen** *mil. sl.* to be fired at, to come under heavy fire.

'dunstˌar·tig *adj* vaporish, *bes. Br.* vapourish, vapory, *bes. Br.* vapoury.

dun·sten ['dʊnstən] *v/i* ⟨h⟩ *lit.* **1.** emit (*od.* exhale) vapor (*bes. Br.* vapour). – **2.** (*dampfen*) steam, fume, give off fumes: **die feuchte Erde dunstet** the damp soil is steaming. – **3. j-n ~ lassen** *Austrian colloq.* to keep s.o. waiting (*od.* in suspense, on a string), to leave s.o. in uncertainty: **ich würde ihn bis morgen ~ lassen** I'd keep him dangling till tomorrow.

dün·sten ['dʏnstən] **I** *v/t* ⟨h⟩ *gastr.* **1.** (*schmoren*) stew, braise: **etwas auf kleiner Flamme ~** to stew s.th. on (a) low heat. – **2.** (*dämpfen*) steam. – **II** *v/i* **3.** *gastr.* stew: **das Fleisch dünstet seit einer Stunde** the meat has been stewing for an hour. – **4.** *cf.* **dunsten** 1, 2.

'Dunst|ˌglocke (*getr.* -k·k-) *f* (layer of) smog: **über der Stadt hängt eine dicke ~** there's a thick smog over the city. — **~ˌgren·ze** *f meteor.* limit of (dust) haze: **obere ~** top of haze. — **~ˌhau·be** *f cf.* **Dunstglocke.** — **~ˌhül·le** *f meteor.* veil of haze, (*über einer Stadt*) smoke pall.

'dun·stig *adj* **1.** vaporous, steamy. – **2.** (*rauchig*) smoky, *auch* smokey, fumy: **eine ~e Stube** a fumy room. – **3.** (*neblig*) misty, hazy: **~es Wetter** hazy weather. – **4.** (*feucht*) damp. – **5.** (*übelriechend*) smelly, fumy, reeky. – **6.** (*ausdünstend*) exhalant.

'Dunst|ˌkreis *m lit.* **1.** atmosphere. – **2.** aura, (personal) atmosphere. – **3.** (*Umgebung*) environment, milieu. — **~ˌobst** *n Austrian for* **Dünstobst.**

'Dünstˌobst *n* stewed (*od.* steamed) fruit.

'Dunst|ˌschicht *f meteor.* **1.** (*trockene*) layer of dust. – **2.** (*feuchte*) layer of mist. — **~ˌschlei·er** *m* (veil of) haze, vapory (*bes. Br.* vapoury) veil. — **~ˌschwa·den** *m meist pl* cloud of vapor (*bes. Br.* vapour), (*mit Verunreinigungen*) cloud of (dust) haze (*od.* mist). — **~ˌwol·ke** *f meteor.* **1.** (*trockene*) cloud of haze. – **2.** (*feuchte*) cloud of mist.

'Dü·nung *f* ⟨-; -en⟩ *mar.* **1.** (*lange Wellen*) swell. – **2.** (*nach Sturm*) ground swell.

Duo ['duːo] *n* ⟨-s; -s⟩ *mus.* **1.** (*Komposition*) duet. – **2.** (*Ausführende*) duettists *pl*, duet.

duo·de·nal [duode'naːl] *adj med.* duodenal. — **D~geˌschwür** *n* duodenal ulcer.

Duo·de·num [duo'deːnʊm] *n* ⟨-s; -dena [-na]⟩ *med.* (*Zwölffingerdarm*) duodenum.

Duo·dez [duo'deːts] *n* ⟨-es; *no pl*⟩ *print.* duodecimo, twelvemo: **in ~** in twelves. — **~ˌausˌga·be** *f* duodecimo (*od.* twelvemo) edition, edition in duodecimo (*od.* twelvemo). — **~ˌband** *m* ⟨-(e)s; =e⟩ duodecimo (volume). — **~forˌmat** *n* duodecimo, twelvemo, 12mo, twelves *pl*: **in ~** in duodecimo (*od.* twelvemo, 12mo, twelves). — **~ˌfürst** *m hist.* duodecimo (*od.* petty) prince, princeling. — **~ˌfür·sten·tum** *n hist.* duodecimo princedom.

Duo·de·zi'malˌrech·nung [duodetsi'maːl-] *f* duodecimal calculation, duodecimals *pl.*

Duo·de·zi·me [duo'deːtsimə] *f* ⟨-; -n⟩ *mus.* **1.** twelfth. – **2.** (*Intervall*) twelfth, *auch* duodecimo.

'Duo·diˌode *f* ⟨-; -n⟩ *electr.* duodiode, double (*od.* twin) diode.

'Duo·geˌrüst *n metall.* two-high stand.

dü·pie·ren [dy'piːrən] *v/t* ⟨*no* ge-, h⟩ (*täuschen*) dupe, gull.

Du·plet [du'pleː] *n* ⟨-s; -s⟩ (*optics*) doublet [(lens).]

Du·plex ['duːplɛks] *n* ⟨-; -plices [-plitsɛs]⟩ **1.** *relig.* double (feast). – **2.** (*textile*) duplex.

'Du·plex... *combining form denoting* double, duplex, two-party (*attrib*).

'Du·plex|beˌtrieb *m* **1.** *tel.* duplex working (*od.* operation). – **2.** *metall.* duplexing practice. — **~ˌbrem·se** *f auto.* duplex (*od.* servo, power) brake, booster brake. — **~ˌbren·ner** *m* duplex burner (*od.* lamp). — **~ˌdruck** *m* ⟨-(e)s; -e⟩ *print.* duotone. — **~ˌfin·ger** *m* (*watchmaking*) duplex hook. — **~ˌhem·mung** *f* (*watchmaking*) duplex escapement. — **~syˌstem** *n tel.* duplex system. — **~te·le·graˌfie, ~te·le·graˌphie** *f* duplex telegraphy.

du·plie·ren [du'pliːrən] *v/t* ⟨*no* ge-, h⟩ *cf.* **verdoppeln** 1.

Du'plier·maˌschi·ne *f* (*textile*) doubler, doubling frame.

Du·plik [du'pliːk] *f* ⟨-; -en⟩ *jur. obs.* (defendant's) rejoinder: **eine ~ einreichen** to make a rejoinder.

Du·pli·kat [dupli'kaːt] *n* ⟨-(e)s; -e⟩ **1.** (*Doppel, Zweitschrift*) duplicate. – **2.** (*Abschrift, Kopie*) (exact *od.* identical) copy. – **3.** *jur.* counterpart. – **4.** (*art*) replica. — **~ˌfracht·ˌbrief** *m econ.* duplicate consignment note.

Du·pli·ka·ti·on [duplika'tsĭoːn] *f* ⟨-; -en⟩ duplication.

Du·pli'kat·ne·gaˌtiv *n phot.* duplicate negative.

Du·pli·ka·tor [dupli'kaːtɔr] *m* ⟨-s; -en [-ka'toːrən]⟩ **1.** *electr. tech.* electric charge duplicating device. – **2.** *math. cf.* **Multiplikator.**

Du·pli'katsˌquit·tung *f econ.* duplicate receipt.

Du·pli·ka·tur [duplika'tuːr] *f* ⟨-; -en⟩ *med.* **1.** duplication. – **2.** (*Umschlagfalte*) duplicature.

du·pli·zie·ren [dupli'tsiːrən] *v/t* ⟨*no* ge-, h⟩ **1.** double, duplicate. – **2.** duplicate, make duplicates of.

Du·pli·zi·tät [duplitsi'tɛːt] *f* ⟨-; -en⟩ duplicity, duplexity, doubleness: **die ~ der Ereignisse** the duplication (*od.* repetition) of events.

Du·plum ['duːplʊm] *n* ⟨-s; -pla [-pla]⟩ duplicate.

Düp·pel ['dʏpəl] *m* ⟨-s; -⟩ *aer.* window, (radar) chaff.

Dur [duːr] *n* ⟨-; -⟩ *mus.* major (mode *od.* key): **in ~** in major, in the major mode (*od.* key).

du·ra·bel [du'raːbəl] *adj* durable. — **Du·ra·bi·li'tät** [-rabili'tɛːt] *f* ⟨-; *no pl*⟩ durability.

'Dur·akˌkord *m mus.* major chord.

du·ral [du'raːl] *adj med.* dural.

Dur·alu·min ['duːralumiːn] (*TM*) *n* ⟨-s; *no pl*⟩ *metall.* duralumin.

du·ra·tiv ['duːratiːf; dura'tiːf] *ling.* **I** *adj* durative. – **II D~** *m* ⟨-s; -e⟩ durative.

durch [dʊrç] **I** *prep* ⟨*acc*⟩ **1.** through, *Am. colloq. auch* thru: **~ die Tür eintreten** to enter through the door; **~ die Straße gehen** to walk through (*od.* along) the street, to go along the street; **das Licht fällt ~ den Vorhang** the light falls through the curtain; **~ viele Gefahren gehen** *fig.* to go (*od.* pass) through many dangers; **sich ~ den Schnee kämpfen** to fight one's way through the snow; **der Zug fuhr ~ den Tunnel** the train passed through the tunnel; **der Einbrecher kam ~ das Fenster** the burglar came through the window; **er zwängte sich ~ die Menge** he forced (*od.* pushed) his way through the crowd; **er spricht ~ die Nase** he speaks through his nose; → **dick** 1; **Kakao** 1; **Kopf** (*Verbindungen mit Präpositionen*); **Lappen** 2; **Mark**[3] 1; **Wand** 1. – **2.** (*quer hindurch*) across, through: **er schwamm ~ den Fluß** he swam across the river; **sie ging ~ die ganze Stadt (hindurch)** she walked right across (the) town; **er ging (quer) ~ das Zimmer zum Fenster** he went across the room to the window; **die Karawane zog ~ die Wüste** the caravan moved across the desert; **er ist ~ die ganze Welt gereist** he has travel(l)ed across (*od.* all over, through[out]) the whole world; **ein Gedanke fuhr ihm ~ den Kopf** *fig.* an idea flashed through his mind, an idea crossed his mind, an idea struck (*od.* occurred to) him. – **3.** (*bes. im Passiv*) by: **Amerika wurde ~ Kolumbus entdeckt** America was discovered by Columbus. – **4.** (*mittels*) by, by way (*od.* means) of, through: **etwas ~ einen Boten schicken** to send s.th. by (a) messenger; **ich habe sie ~ meinen Freund kennengelernt** I got to know her through a friend of mine; **ich habe es ~ die Zeitung erfahren** I learned (*od.* came to know) of it through the newspaper; **~ Zufall habe ich es erfahren** I (have) learned it by mere accident; **~ einen glücklichen Zufall** by way of a happy coincidence; **etwas ~ Kauf erwerben** to acquire s.th. by purchase; **etwas ~ den Lautsprecher bekanntgeben** to announce s.th. through (*od.* over) the loudspeaker; **er wurde zum Tode ~ den Strang verurteilt** he was condemned to death by hanging; **~ die Einführung neuer Methoden** by the introduction of (*od.* by introducing) new methods; **j-n ~ Schmeichelei für sich gewinnen** to win s.o. over by means of flattery; **etwas ~ etwas hervorrufen** to bring s.th. about by s.th.; **etwas ~ Unterschrift und Siegel beglaubigen** to certify s.th. by signature and seal; **~ Gottes Güte** by God's grace, by the grace of God; → **Blume** 1. – **5.** (*infolge von*) owing to, due to, because of, as a result of, through: **wir wurden ~ das schlechte Wetter daran gehindert zu kommen** owing (*od.* due) to bad weather we could not come; **~ sein unvorsichtiges Fahren hatten wir einen Unfall** our accident was due to his careless driving; **~ seine harte Arbeit brachte er es zu etwas** owing to his (*od.* by dint of) hard work (*od.* by working hard) he achieved quite a lot in life; **~ seine Vermittlung bekamen wir diese Stellung** we got this job as a result (*od.* in consequence) of his good offices (*od.* assistance); ~

Fasten wurde er dünner owing to (*od.* by, with) fasting he grew thinner; etwas ~ eigene Schuld verlieren to lose s.th. owing to one's own failure, to have oneself to blame for losing s.th., to lose s.th. through no one's fault but one's own; → Schaden 1, 3. – 6. *bes. Austrian* (*zeitlich*) for, over, through(out), during: ~ eine lange Zeit (hindurch) for a long time, over a long period; ~ das ganze Leben (hindurch) through(out) life, during life; ~ alle Jahrhunderte through all ages, down through the ages; das ganze Jahr ~ throughout the year, the whole year through; den ganzen Tag ~ all day (long), round the clock; die ganze Nacht ~ the whole night through, all night (long), through(out) the night; ~ manche Jahre (hindurch) for (*od.* over) many years; die Nächte ~ weinte sie she wept incessantly night after night; er war den ganzen Winter ~ krank he was ill throughout the winter. – 7. *math.* a) divided by, b) (*bei Brüchen*) over: 15 ~ 3 a) 15 divided by 3, b) 15 over 3. – II *adv* 8. through: → unten 7. – 9. ~ und ~ through and through, thoroughly, completely, out-and-out (*attrib*): sie ist ~ und ~ ehrlich she is honest through and through, she is thoroughly (*od.* completely) honest; er ist ~ und ~ verdorben he is rotten through and through (*od.* to the core); er ist ein Egoist ~ und ~ he is an out-and-out egoist, he is a thoroughpaced egoist; er ist ~ und ~ ein Ehrenmann he is a thorough gentleman, he is every inch a gentleman; er ist ~ und ~ ein Politiker he is a politician through and through, he is a politician to the core (*od.* to the backbone), he is a dyed-in-the-wool (*od.* ingrained, engrained) politician; ich kenne diese Stadt ~ und ~ I know this town through and through (*od.* like the back of my hand, like a book); der Apfel ist ~ und ~ faul this apple is completely rotten (*od.* rotten to the core); wir waren ~ und ~ naß we were wet (*od.* drenched) to the skin, we were soaked (*od.* wet through); sein Blick ging mir ~ und ~ his look pierced me to the core (*od.* marrow).

'durch,ackern *v/t* ⟨*sep*, -ge-, h⟩, *auch* **,durch'ackern** (*getr.* -k·k-) *v/t* ⟨*insep, no* -ge-, h⟩ 1. (*Feld*) plough (up), *bes. Am.* plow (up). – 2. *fig. colloq.* (*Buch etc*) plough (*bes. Am.* plow) through, work through (*s.th.*) thoroughly: ich habe es kreuz und quer durchgeackert I have ploughed through it again and again, I have gone (*od.* been) over and over the same ground.

,durch'ädert *adj* veined.

'durch,ar·bei·ten I *v/t* ⟨*sep*, -ge-, h⟩ 1. study (*s.th.*) thoroughly, make a thorough study of: ein Gebiet tüchtig (*od.* gründlich) ~ to make a thorough study of a subject; er hat das Buch durchgearbeitet he has made a thorough study of the book. – 2. (*eingehend bearbeiten*) go (*od.* work) through: Sie haben den Artikel nicht sorgfältig genug durchgearbeitet you have not worked the article through carefully enough; der Komponist hat die Partien noch nicht durchgearbeitet the composer has not yet worked out the parts in detail. – 3. (*zu Ende führen*) complete, finish. – 4. *gastr.* work (*od.* knead) (*s.th.*) thoroughly: den Teig gut ~ to knead the dough thoroughly. – 5. *med.* massage (*s.th.*) thoroughly. – 6. (*textile*) pole. – II *v/i* 7. work (through), work through (a period of time) without stopping: wir arbeiten durch we are working through without a break. – III *v/reflex* sich ~ 8. *colloq.* work oneself (*od.* one's way) through, elbow one's way through: es gelang ihm, sich bis zum Ausgang durchzuarbeiten he succeeded in working his way through to the exit; sie haben sich mit Mühe durch die Menge durchgearbeitet they have elbowed (*od.* pushed) their way through the crowd. – 9. *colloq.* (*studieren*) work (one's way) through, plough (*bes. Am.* plow) (one's way) through: ich habe mich endlich durch das Buch durchgearbeitet I have worked through the book at last. – IV D~ *n* ⟨-s⟩ 10. *verbal noun.*

,durch'ar·bei·tet *adj* (*Nacht etc*) spent working (*od.* at work) (*nachgestellt*).

'Durch,ar·bei·tung *f* ⟨-; -en⟩ 1. *cf.* Durcharbeiten. – 2. thorough study (*od.* examination).

'durch,at·men[1] *v/i* ⟨*sep*, -ge-, h⟩ breathe deeply: tief (*od.* fest) ~ to breathe deeply, to take deep breaths.

,durch'at·men[2] *v/t* ⟨*insep, no* -ge-, h⟩ *fig.* breathe through, fill, pervade (*lit.*): seine Werke werden von Goethes Geist durchatmet Goethe's spirit pervades his works.

'durch'aus *adv* 1. thoroughly, throughout (*nachgestellt*), altogether, entirely: ~ unerfreulich thoroughly (*od.* downright) unpleasant; ein ~ ehrlicher Mann an honest man throughout; das Buch ist ~ lesbar the book is thoroughly readable (*od.* enjoyable). – 2. (*unbedingt*) quite, definitely, positively, absolutely, by all means, entirely: er hat ~ recht he is quite (*od.* absolutely, altogether) right; er will ~ recht haben he is absolutely certain, he insists he is right, he refuses to be contradicted; das ist ~ in Ordnung this is quite all right; es ist ~ nützlich it is definitely useful; es ist ~ denkbar it is quite (*od.* altogether) possible, it is in (*od.* on) the cards; es ist ~ sicher it is absolutely safe, it is safe enough, *bes. Am.* it is good and safe; er will ~ daran teilnehmen he is quite determined to take part in it, he absolutely insists on taking part in it; was Sie sagen, ist ~ richtig you are absolutely (*od.* perfectly) right; er hat sich in dieser Angelegenheit ~ richtig verhalten he behaved quite (*od.* perfectly) properly in this matter; ich habe das ~ erwartet I definitely expected that; ich bin ~ damit einverstanden I quite (*od.* entirely) agree; es ist ~ möglich, daß it is quite possible that; halten Sie das für wahrscheinlich? ~! do you think this likely? absolutely! certainly! quite! by all means! – 3. (*ganz und gar*) through and through, out-and-out, outright. – 4. ~ nicht not at all, not in the least, by no means, in no way: störe ich Sie? ~ nicht am I disturbing you? not at all! das geht mich ~ nichts an that is absolutely no concern of mine, this is by no means a concern of mine; ich wollte dich ~ nicht kränken I did not mean to hurt you in the least (*od.* by any means); er ist ~ nicht reich he is by no means rich, he is far from being rich; das ist ~ nicht unmöglich that is by no means (*od.* certainly not) impossible; er wollte es ~ nicht zugeben he was by no means prepared to admit it, he absolutely refused to admit it; sie ist ~ nicht so klug, wie man meint she is by no means (*od.* not in any way) as clever as people think; das ist ~ nicht so einfach that is by no means so simple; ich bin ~ nicht Ihrer Meinung I am not in the least of your opinion, I do not share your opinion in the least; das ist ~ noch nicht erwiesen this is by no means proven; ihn rührte das ~ nicht he did not mind that in the least (*od.* at all), *Am.* he did not mind that any.

'durch,backen[1] (*getr.* -k·k-) I *v/t* ⟨*irr, sep*, -ge-, h⟩ 1. bake (*s.th.*) thoroughly (*od.* through). – II *v/i* 2. (*von Kuchen*) bake through. – 3. bake through: er hat die ganze Nacht durchgebacken he baked the whole night through, he spent the whole night baking.

,durch'backen[2] (*getr.* -k·k-) *v/t* ⟨*irr, insep, no* -ge-, h⟩ etwas mit etwas ~ to bake s.th. with s.th.: den Kuchen mit Rosinen ~ to bake the cake with raisins.

,durch'be·ben *v/t* ⟨*insep, no* -ge-, h⟩ *lit.* thrill (through), make (*s.o.*) quiver (*od.* throb), pulsate (*od.* vibrate, tremble) through, (*schwächer*) go through, pervade: Fieberschauer durchbebten sie shivers of fever thrilled through her.

'durch,bei·ßen[1] I *v/t* ⟨*irr, sep*, -ge-, h⟩ bite through, bite (*s.th.*) in two: beim Nähen beißt sie immer die Fäden durch when sewing she always bites through the thread. – II *v/reflex* sich ~ *fig. colloq.* fight one's way through, struggle through, *auch* weather the storm: der Junge wird sich schon ~ the boy will surely fight his way through (*od.* overcome the difficulties); die erste Zeit wird schwierig sein, aber da mußt du dich eben ~ it will be hard at first but you will just have to struggle through it (*od.* get yourself through) somehow; sie hat sich durch alle Schwierigkeiten durchgebissen she (has) fought her way through (*od.* out of) all difficulties.

,durch'bei·ßen[2] *v/t* ⟨*irr, insep, no* -ge-, h⟩ bite (through *od.* off, in two): der Hund durchbiß ihm den Finger the dog bit through his finger.

'durch·be,kom·men *v/t* ⟨*irr, sep, no* -ge-, h⟩ 1. get (*s.th.*) through: den Finger ~ to get one's finger through. – 2. (*Gesetz etc*) get (*s.th.*) passed (*od.* through), make (*s.th.*) pass. – 3. (*Kandidaten etc*) get (*od.* pull) (*s.o.*) through: j-n durch eine Prüfung ~ to get s.o. through an examination.

'durch·be,ra·ten *v/t* ⟨*irr, sep, no* -ge-, h⟩ 1. discuss (*s.th.*) (thoroughly), debate: sie haben die Vorschläge sehr gründlich ~ they have discussed the proposals in great detail; eine Sache sorgfältig ~ to discuss s.th. with great care, to go over and over the same ground. – 2. *pol.* read: die Gesetzesvorlage wurde im Parlament ~ the bill was read in Parliament.

'durch,bet·teln[1] *v/reflex* ⟨*sep*, -ge-, h⟩ sich ~ *colloq.* beg one's way, make one's living by begging, support oneself by begging, live on begging (*od.* alms): er hat sich durchgebettelt he begged his way through life; sich (bis) nach Berlin ~ to beg one's way to Berlin.

,durch'bet·teln[2] *v/t* ⟨*insep, no* -ge-, h⟩ beg one's way through: er hat das ganze Land durchbettelt he begged his way through the whole country.

'durch,beu·teln *v/t* ⟨*sep*, -ge-, h⟩ j-n (tüchtig) ~ *colloq.* to give s.o. a (good) shaking, to shake s.o. like a rat.

'durch,bie·gen I *v/t* ⟨*irr, sep*, -ge-, h⟩ 1. (*Rute etc*) bend (*s.th.*) (as far as possible). – 2. (*Rücken*) arch, bend. – 3. *tech.* (*Balken etc*) deflect, bend. – II *v/i* 4. *tech.* (*durchhängen*) sag. – 5. *arch.* (*nach oben*) hog. – III *v/reflex* sich ~ 6. bend (through), sag: die Äste bogen sich unter der Last des Schnees durch the branches were bending (*od.* sagging) under the weight of the snow. – 7. *civ.eng.* (*von Trägern etc*) sag. – IV D~ *n* ⟨-s⟩ 8. *verbal noun.* — **'Durch,bie·gung** *f* ⟨-; *no pl*⟩ 1. *cf.* Durchbiegen. – 2. *tech.* a) bend, b) (*elastische*) deflection, *Br. auch* deflexion, c) (*quer*) flexure: bleibende ~ permanent set. – 3. *mar.* sag.

'Durch,bie·gungs,fe·stig·keit *f metall.* (*von Guß*) transverse bending strength.

'durch,bil·den *v/t* ⟨*sep*, -ge-, h⟩ 1. train (*od.* educate) (*s.o.*) thoroughly, perfect (*s.o.'s*) education. – 2. (*entwickeln*) improve, perfect, develop (*s.th.*) fully (*od.* to perfection): seinen Geist ~ to develop one's intellect. – 3. (*entwerfen*) design. – 4. (*trainieren*) exercise.

'durch,bla·sen[1] I *v/t* ⟨*irr, sep*, -ge-, h⟩ 1. blow (*s.th.*) through. – 2. blow through: j-m die Ohrtrompete ~ *med.* to inflate s.o.'s Eustachian tube. – 3. (*Musikstück etc*) play through. – II *v/i* 4. blow through: der Wind blies mir durch die Haare durch the wind blew through my hair. – III D~ *n* ⟨-s⟩ 5. *verbal noun.* – 6. *med.* (*der Tuben*) inflation, perflation.

,durch'bla·sen[2] *v/t* ⟨*irr, insep, no* -ge-, h⟩ blow through: der Wind durchblies ihre Haare the wind blew through her hair.

'Durch,bla·se·ven,til *n tech.* blow valve.

'durch,blät·tern[1] *v/t* ⟨*sep*, -ge-, h⟩ leaf through, turn over the pages of, *bes. Am.* page through: ein Buch flüchtig ~ to leaf (*od.* thumb) through a book, to dip into a book, to glance (*od.* skim) through a book.

,durch'blät·tern[2] *v/t* ⟨*insep, no* -ge-, h⟩ *cf.* durchblättern[1].

,durch'blät·tert I *pp of* durchblättern[2]. – II *adj zo.* (*Fühler*) perfoliate.

'durch,bleu·en *v/t* ⟨*sep*, -ge-, h⟩ j-n ~ *colloq.* to thrash (*od.* beat) s.o., to give s.o. a good (*od.* sound) thrashing (*od. colloq.* hiding, leathering), to beat s.o. black and blue, to tan s.o.'s hide (*colloq.*).

'Durch,blick *m* 1. view, vista, perspective: durch die Bäume hindurch hat man einen einmaligen ~ auf das Meer through the trees you have a unique vista (*od.* view) of the sea; vom Dachfenster hat man einen schmalen ~ auf den Marktplatz from the dormer window you have a narrow view of the market place. – 2. (*Sicht*) view, peep, glimpse.

'durch,blicken[1] (*getr.* -k·k-) *v/i* ⟨*sep*, -ge-, h⟩ 1. look (*od.* peer) through: durch etwas ~ to look through s.th.; er konnte durch eine Öffnung ~ he was able to look through an aperture; blick mal durch die Lupe durch! have a look through the magnifying glass; laß mich mal ~! let me have a look (through it). – **2.** *fig.* become apparent, peep through (*od.* out), show: **bei allen seinen Handlungen blickte seine Güte durch** his kindness became apparent in all his actions. – **3. etwas ~ lassen** *fig.* a) to let s.th. be seen, b) to give to understand s.th., to hint at s.th., to intimate (*od.* indicate, imply, insinuate) s.th.: **er ließ ~, daß er darüber gut unterrichtet sei** he intimated that he was well informed about it; **sie ließ ~, daß sie gerne käme** she intimated her desire to come; **sie ließ ihren Ärger ~** she let her pique be seen, she made no attempt to conceal her vexation; **er ließ ~, daß ihm die Sache mißfiel** he hinted that the whole business did not please him. – **4.** *fig.* (*in Wendungen wie*) **da blicke ich nicht mehr durch** I have lost track (of things), I can't make head or tail of it (*od.* that); **blickst du da durch?** can you make head or tail of that?

ˌdurch'blicken² (*getr.* -k·k-) *v/t* ⟨*insep, no* -ge-, h⟩ *fig. archaic for* durchschauen¹.

'Durchˌblickˌöff·nung *f* (*optics*) observation (*od.* inspection, sighting) aperture.

'durchˌblin·ken *v/i* ⟨*sep*, -ge-, h⟩ (*von See, Sternen etc*) gleam (*od.* twinkle) through.

'durchˌblit·zen¹ *v/i* ⟨*sep*, -ge-, h⟩ (*von Sonnenstrahl etc*) flash (*od.* shine) through.

ˌdurch'blit·zen² *v/t* ⟨*insep, no* -ge-, h⟩ **1.** shine (*od.* flash) through: **die Sonne durchblitzt die Wolken** the sun flashes through the clouds. – **2.** *fig.* (*durchzucken*) flash through: **ein Gedanke durchblitzte ihn** a thought flashed through his mind.

'durchˌblu·ten¹ *v/i* ⟨*sep*, -ge-, h⟩ (*von Wunde etc*) bleed through.

ˌdurch'blu·ten² **I** *v/t* ⟨*insep, no* -ge-, h⟩ **1.** *med.* supply (*s.th.*) with blood, vascularize: **dadurch wird die Haut besser durchblutet** this promotes blood circulation in the skin. – **2.** *fig.* (*in Wendungen wie*) **das wiedererwachte Lebensgefühl durchblutete sie** *poet.* she was full of the newly wakened joy of life. – **II D~** *n* ⟨-s⟩ **3.** *verbal noun.*

ˌdurch'blu·tet **I** *pp of* durchbluten². – **II** *adj med.* supplied with blood, vascularized: **die Haut ist gut [schlecht] ~** the skin is well [poorly] supplied with blood; **~e Haut** skin supplied with blood, live skin.

ˌDurch'blu·tung *f* ⟨-; -en⟩ **1.** *cf.* Durchbluten². – **2.** *med.* (blood) circulation, supply of blood: **gute ~** good circulation (of the blood).

ˌdurch'blu·tungsˌˌför·dernd *adj* stimulating the circulation (of the blood). — **D~ˌstö·rung** *f* disturbed circulation, circulatory disturbance.

'durchˌboh·ren¹ **I** *v/t* ⟨*sep*, -ge-, h⟩ **1.** (*durchlochen*) pierce. – **2.** *tech.* a) bore through, b) (*mittels Spiralbohrer*) drill through, c) (*mittels Bohrmeißel*) bore through: **ein Loch durch das Brett ~** to bore a hole through the board. – **II** *v/i* **3.** bore through. – **III** *v/reflex* **sich ~ 4.** bore (*od.* work) (one's way) through. – **IV D~** *n* ⟨-s⟩ **5.** *verbal noun.*

ˌdurch'boh·ren² **I** *v/t* ⟨*insep, no* -ge-, h⟩ **1.** pierce, bore through: **ein Werkstück ~** to pierce a workpiece; **eine Kugel durchbohrte die Tür** a bullet pierced the door; **das Leder mit einer spitzen Nadel ~** to pierce the leather with a pointed needle; **er wurde von feindlichen Kugeln durchbohrt** he was pierced by the enemy's bullets; **j-s Körper ~** to pierce s.o.'s body, to transfix s.o.; **j-n mit seinen Blicken ~** *fig.* to gaze (*od.* stare) hard at s.o., to look s.o. through and through, to look daggers at s.o. – **2.** (*mit Dolch*) stab. – **3.** (*durchlöchern*) perforate. – **4.** (*durchstanzen*) punch. – **5.** (*durchstechen*) puncture: **Reifen mit einem spitzen Gegenstand ~** to puncture tires (*Br.* tyres) with a pointed object. – **II** *v/reflex* **sich ~ 6.** stab oneself: **sich mit dem Schwert ~** to run oneself through, to fall on one's sword. – **III D~** *n* ⟨-s⟩ **7.** *verbal noun.*

ˌdurch'boh·rend **I** *pres p of* durchbohren². – **II** *adj* **1.** *fig.* (*Blick etc*) penetrating, piercing, keen. – **2.** *fig.* (*Schmerz etc*) stabbing, acute, agonizing, excruciating, shooting.

'Durchˌboh·rung¹ *f* ⟨-; -en⟩ *cf.* Durchbohren¹.

ˌDurch'boh·rung² *f* ⟨-; -en⟩ *cf.* Durchbohren².

'Durchˌbol·zen *m tech. mar.* in-and-out bolt, through bolt.

'durchˌbo·xen **I** *v/t* ⟨*sep*, -ge-, h⟩ *fig. colloq.* (*Projekt etc*) force (*s.th.*) through. – **II** *v/reflex* **sich ~** *fig. colloq.* fight (*od.* battle) one's way through: **er mußte sich ganz schön ~** he really had to battle his way through.

'durchˌbra·ten **I** *v/t* ⟨*irr, sep*, -ge-, h⟩ (*Fleisch etc*) roast (*od.* fry, cook) (*s.th.*) thoroughly. – **II** *v/i* (*von Fleisch*) roast (*od.* fry, cook) thoroughly.

'durchˌbrau·sen¹ *v/i* ⟨*sep*, -ge-, sein⟩ (*von Fahrzeugen etc*) roar through.

ˌdurch'brau·sen² *v/t* ⟨*insep, no* -ge-, h⟩ **1.** (*von Sturm etc*) (*Wald*) tear (*od.* rage) through. – **2.** (*von Auto etc*) (*Stadt etc*) tear (*od.* rush) through.

'durchˌbre·chen¹ **I** *v/t* ⟨*irr, sep*, -ge-, h⟩ **1.** (*entzwei*) break (*s.th.*) in two, break (*s.th.*) through: **er brach den Ast nicht ganz durch** he didn't break the branch quite through. – **2.** *tech.* a) (*Mauer etc*) make (*od.* break, cut) an opening (*od.* a hole) in, break through, breach, b) (*Tür, Fenster etc*) break through (*od.* breach) a wall for (*s.th.*), make (*od.* put in, let in) (*s.th.*) in a wall: **ein Fenster ~** to make (*od.* put in) a window (in a wall); **eine Verbindungstür ~ lassen** to have a connecting door put (*od.* let) into a wall. – **II** *v/i* ⟨sein⟩ **3.** (*von Brettern etc*) break in two, break (through). – **4.** (*unter einer Last*) break (*od.* cave) in, collapse: **das Dach brach unter der Schneelast durch** the roof broke in under the weight of snow. – **5.** break through: **er brach durch die dünne Eisdecke durch** he broke through the thin surface of ice; **die Sonne brach wieder durch** the sun broke through (*od.* came out) again; **durch die gegnerischen Linien ~** *mil.* to break through (*od.* penetrate) (the) enemy lines. – **6.** *fig.* (*von Charaktereigenschaften*) come out, show (*od.* reveal, assert) itself. – **7.** (*sport*) break through. – **8.** *med.* a) (*von Kinderzähnen*) be cut, come through, erupt, b) (*von Abszessen*) come to a head, erupt, c) (*von Blinddarm etc*) perforate, d) (*von Krankheiten*) appear, become manifest. – **III D~** *n* ⟨-s⟩ **9.** *verbal noun.* – **10.** *cf.* Durchbruch 1b, 2, 5, 7, 8, 9.

ˌdurch'bre·chen² **I** *v/t* ⟨*irr, insep, no* -ge-, h⟩ **1.** break through: **einen Polizeikordon ~** to break through a police cordon. – **2.** (*Mauer etc*) break through, breach: **die Fluten durchbrachen den Damm** the floods breached (*od.* burst) the dam. – **3.** (*Blockade etc*) break through, run. – **4.** (*Monopol etc*) break (up). – **5.** *fig.* (*übertreten*) break, transgress, violate, infringe: **seine Grundsätze ~** to break (*od.* violate) one's principles; **alle Regeln ~** to break (*od.* ignore) all (the) rules; **ein Verbot ~** to transgress (*od.* infringe, ignore) a prohibition. – **6.** *aer.* (*Schallmauer*) break (through), crash. – **II D~** *n* ⟨-s⟩ **7.** *verbal noun.* – **8.** *cf.* Durchbruch 1a, 3, 4, 6.

'Durchˌbre·chung¹ *f* ⟨-; *no pl*⟩ *cf.* Durchbrechen¹.

ˌDurch'bre·chung² *f* ⟨-; -en⟩ **1.** *cf.* Durchbrechen². – **2.** breach, violation, transgression.

'durchˌbren·nen **I** *v/t* ⟨*irr, sep*, -ge-, h⟩ **1.** burn through, burn a hole in. – **II** *v/i* ⟨h *u.* sein⟩ **2.** ⟨h⟩ (*von Ofen, Licht etc*) keep burning, stay alight. – **3.** ⟨sein⟩ (*von Kohle etc*) burn (right) through, be in full flame. – **4.** ⟨sein⟩ (*von Geschirr etc*) have a hole burnt through. – **5.** ⟨sein⟩ *electr.* a) (*von Sicherungen*) blow, b) (*von Glühbirnen etc*) burn out, c) (*von Glühfäden etc*) fuse, melt. – **6.** ⟨sein⟩ *fig. colloq.* run away, make off, abscond, *Am. sl.* vamoose: **mit dem Geld ~** to make off (*od.* to bolt) with the money; **mit seinem Liebhaber ~** to make off (*od.* elope) with one's lover; **er brannte von der Schule durch** he ran away (*od.* absconded) from school. – **III D~** *n* ⟨-s⟩ **7.** *verbal noun.* – **8.** *nucl.* burnout, *Br.* burn-out.

'Durchˌbren·ner *m* ⟨-s; -⟩ *colloq. for* Ausreißer 1.

'durchˌbrin·gen *colloq.* **I** *v/t* ⟨*irr, sep*, -ge-, h⟩ **1.** get (*od.* bring) (*s.th.*) through: **werden Sie so viele Zigaretten (an der Grenze) ~?** will you be able to get so many cigarettes through (the border)? **er konnte nur den Kopf durch den Spalt ~** he could only get his head through the gap. – **2.** *fig.* (*einen Kranken*) bring (*od.* pull) (*s.o.*) through: **der Arzt hofft, ihn durchzubringen** the doctor hopes to pull him through. – **3.** *fig.* (*Kandidaten etc*) get (*s.o.*) through: **j-n bei einer Prüfung ~** to get s.o. through an examination. – **4.** *fig.* (*ernähren*) support: **sie mußte ihre Kinder allein ~** she had to support (*od.* bring up, rear) her children (all) by herself; **er bringt seinen Vater mit durch** he supports his father as well. – **5.** *fig.* (*Geld etc*) go (*od.* run, get) through, squander, dissipate, *Am. sl.* blow, *Br. sl.* blue. – **6.** *bes. pol.* carry, pass, push (*s.th.*) through (*colloq.*). – **II** *v/reflex* **sich ~ 7.** support oneself, make (both) ends meet: **sich ehrlich ~** to make an honest living; **sich kümmerlich ~** to make (*od.* eke out) a poor living, to (barely) scrape through.

ˌdurch'bro·chen **I** *pp of* durchbrechen². – **II** *adj* **1.** (*textile*) openwork, *Br.* open-work (*attrib*), open-worked: **~e Spitze** open-worked (*od.* a jour, *auch* ajouré, ajourisé) lace; **~e Handschuhe** open-worked (*od.* lace) gloves; **~e Arbeit** openwork, cutwork, a jour work. – **2.** (*Schmuck*) filigree, *auch* filagree (*attrib*). – **3.** (*Schnitzerei, Ziegel etc*) perforate(d), pierced. – **4.** *her.* perforate(d), pierced: **~es Kreuz** cross quarter-pierced.

'Durchˌbruch *m* ⟨-(e)s; ⸚e⟩ **1.** *civ.eng.* (*einer Mauer etc*) a) cutting through, opening up, b) breach, cut, opening. – **2.** (*eines Dammes etc*) breakthrough, *Br.* break-through, rupture, bursting. – **3.** *mil.* breakthrough, *Br.* break-through, penetration. – **4.** (*sport*) breakthrough, *Br.* break-through. – **5.** *metall.* (*eines Schmelzofens*) breakout, *Br.* break-out. – **6.** (*mining*) opening. – **7.** *med.* a) (*der Kinderzähne*) cutting, eruption, b) (*des Blinddarms etc*) perforation, rupture: **zum ~ kommen** a) to come to a head (*od.* point), b) *fig.* to become manifest, to show (*od.* appear), (*stärker*) to burst forth. – **8.** *geol.* eruption. – **9.** *fig.* breakthrough, *Br.* break-through: **~ eines Gefühls** outburst (*od.* bursting out) of an emotion; **einer Idee zum ~ verhelfen** to help propagate an idea, to aid in bringing an idea to fruition; **die Tendenz würde stärker zum ~ kommen** the tendency would become more apparent. – **10.** (*textile*) *cf.* Durchbruchstickerei.

'Durchˌbruchˌar·beit *f* **1.** (*textile*) openwork, *Br.* open-work, cutwork, a jour (*od.* ajouré, ajourisé) work. – **2.** (*bes. aus Silber etc*) filigree (*od.* filagree) (work).

'Durchˌbruch(s)ˌgeˌstein *n geol. cf.* Ergußgestein. — **~ope·ra·tiˌon** *f mil.* breakthrough (*Br.* break-through) operation. — **~ˌstel·le** *f* **1.** *med.* a) head (of a boil), b) point of perforation. – **2.** *mil.* point of penetration. — **~sticke rei** (*getr.* -k·k-) *f* (*textile*) openwork (*Br.* open-work) (embroidery), broderie anglaise (*lit.*). — **~ˌstoß** *m* (*Radar*) burst pulse. — **~ˌtak·tik** *f mil.* shock tactics *pl* (*construed as sg*). — **~ˌtal** *n geol.* water gap: **vom Wasser verlassenes ~** wind (*od.* air) gap. — **~verˌsuch** *m* attempted breakthrough (*Br.* break-through), *Am.* probe.

'durchˌbum·meln¹ **I** *v/t* ⟨*sep*, -ge-, h⟩ **eine Nacht [einen Abend] ~** *colloq.* to make a night [an evening] of it, to be out (on a spree) all night [evening]. – **II** *v/i* ⟨sein⟩ (*durch Stadt, Straßen etc*) wander through.

ˌdurch'bum·meln² *v/t* ⟨*insep, no* -ge-, h⟩ *cf.* durchbummeln¹ I.

'durchˌbür·sten *v/t* ⟨*sep*, -ge-, h⟩ brush (*s.th.*) (thoroughly).

ˌdurch'dacht **I** *pp of* durchdenken². – **II** *adj* thought-out (*attrib*): **gründlich ~** well thought out (*od.* reasoned, weighed).

'durchˌden·ken¹ *v/t* ⟨*irr, sep*, -ge-, h⟩ **1.** (*bis zu Ende denken*) think (*s.th.*) out (*od.* through): **er dachte das Problem durch** he thought the problem out. – **2.** (*logisch*) reason (*s.th.*) out.

ˌdurch'den·ken² *v/t* ⟨*irr, insep, no* -ge-, h⟩ think (*s.th.*) over (thoroughly), turn (*s.th.*) over in one's mind: **er durchdachte den Vorschlag** he thought the proposal over.

'durch·dis·kuˌtie·ren *v/t* ⟨*sep, no* -ge-, h⟩ discuss (*s.th.*) (thoroughly).

'durchˌdrän·geln *v/t u.* **sich ~** *v/reflex* ⟨*sep*, -ge-, h⟩ *colloq. for* durchdrängen.

'durchˌdrän·gen **I** *v/t* ⟨*sep*, -ge-, h⟩ push (*od.* force) (*s.o., s.th.*) through. – **II** *v/reflex* **sich ~** push (*od.* force, elbow, shoulder) one's way through.

'durchˌdre·hen **I** *v/t* ⟨*sep*, -ge-, h⟩ **1.** (*Fleisch etc*) mince, put (*od.* pass) (*s.th.*) through the meat grinder (*bes. Br.* mincer). – **2.** (*Wäsche etc*) wring (dry), put (*s.th.*) through the wringer (*bes. Br.* mangle). – **3.** *auto.* a) (*Motor*) rev (up), b) (*von Hand*) crank. – **4.** *aer.* a) (*Luftschraube*) turn, b) (*von Hand*) swing, pull through, c) (*Strahltriebwerk*) motor. – **II** *v/i* **5.** *auto.* a) (*von Rädern*) spin, race, b) (*von Motor*) rev (up) (*auch aer.*), c) (*bei zu geringer Belastung*) overspeed (*auch aer.*): den Motor ~ lassen a) to rev (up) the engine, b) to race the engine, to roar the motor. – **6.** *fig. colloq.* have a nervous (*od.* mental) breakdown, crack up (*colloq.*), go to pieces (*colloq.*), *bes. Br. sl.* go round the bend.

'Durchˌdrehˌgeˌschwin·dig·keit *f auto.* (*des Motors*) cranking speed. — **~konˌtakt** *m tel.* overflow contact. — **~ˌsen·der** *m electr.* (*u. in der Elektronik*) wide-band sweep transmitter. — **~ˌstar·ter** *m auto. aer.* direct-cranking motor, direct-crank starter.

ˌdurch'dring·bar *adj* **1.** (*Strahl etc*) penetrable, permeable. – **2.** *chem.* interpenetrable. — **ˌDurch'dring·bar·keit** *f* ⟨-; *no pl*⟩ **1.** penetrability, permeability. – **2.** *chem.* interpenetrability.

'durchˌdrin·gen[1] *v/i* ⟨*irr, sep,* -ge-, sein⟩ **1.** (*von Flüssigkeiten, Schall, Strahlen etc*) penetrate: sie drangen bis ins Landesinnere durch they penetrated to the interior of the country; die Neuigkeit drang durch the news came (*od.* got, seeped) through, the news leaked out (*od.* got abroad); er konnte (mit seiner Stimme) nicht ~ his voice did not come through (*od.* was drowned, could not be heard). – **2.** mit etwas ~ *fig.* a) to get s.th. accepted, b) to succeed with s.th.: mit seinen Forderungen nicht ~ to fail to get one's claims accepted, to fail to win acceptance for one's claims; schließlich drang er doch damit durch but in the end he carried his point (*od.* won through, won out). – **3.** *med.* (*von Flüssigkeiten*) seep through, permeate: es dringt durch die Poren durch it permeates the pores.

ˌdurch'drin·gen[2] **I** *v/t* ⟨*irr, insep, no* -ge-, h⟩ **1.** penetrate, get through, pierce (through): das Schreien durchdrang die Wände the cries penetrated the walls; das Schwert durchdrang seinen Panzer the sword pierced (*od.* penetrated) his armo(u)r. – **2.** *fig.* penetrate, pervade, permeate: etwas mit dem Verstand ~ to penetrate (*od.* fathom, grasp) s.th. with one's intellect; Liebe zur Natur durchdringt das ganze Buch love of nature pervades (*od.* imbues, fills) the whole book; eine Idee hatte ihn durchdrungen an idea had pervaded him. – **3.** *math.* (*Fläche, Körper etc*) penetrate, cut into: einander ~ to intersect. – **4.** *phys.* (*von Strahlen*) pass through, penetrate. – **5.** *chem.* a) (*Feuchtigkeit*) permeate, b) (*Kristalle*) interpenetrate. – **II D~** *n* ⟨-s⟩ **6.** *verbal noun.*

'durchˌdrin·gend[1] **I** *pres p of* durchdringen[1]. – **II** *adj* **1.** penetrating, penetrant, piercing: ~e Stimme penetrating (*od.* shrill) voice; ~er Geruch penetrating (*od.* pungent) smell; ~e Kälte piercing (*od.* biting) cold. – **2.** *fig.* (*Verstand etc*) penetrating, penetrative, keen, acute, incisive. – **III** *adv* **3.** piercingly: j-n ~ ansehen to look at s.o. piercingly, to give s.o. a piercing look.

ˌdurch'drin·gend[2] **I** *pres p of* durchdringen[2]. – **II** *adj u. adv cf.* durchdringend[1] II, III.

ˌDurch'drin·gung *f* ⟨-; *no pl*⟩ **1.** *cf.* Durchdringen[2]. – **2.** penetration (*auch fig.*), permeation: gegenseitige ~ interpenetration; friedliche ~ eines Landes *pol.* peaceful penetration of a country. – **3.** *fig.* (*mit Ideen etc*) pervasion. – **4.** *math.* (*einer Fläche, eines Körpers*) a) penetration, b) (*gegenseitige*) intersection.

ˌDurch'drin·gungsˌ|fä·hig·keit *f* ⟨-; *no pl*⟩ *phys.* penetrating power. — **~komˌplex** *m chem.* convalent complex. — **~ˌkraft** *f* ⟨-; *no pl*⟩ *cf.* Durchdringungsfähigkeit. — **~ˌli·nie** *math.* (*zweier Flächen*) line of penetration (*od.* intersection). — **~ˌmit·tel** *n* (*textile*) penetrating assistant (*od.* agent). — **~verˌmö·gen** *n cf.* Durchdringungsfähigkeit.

ˌdurch'dröh·nen *v/t* ⟨*insep, no* -ge-, h⟩ boom through.

'durchˌdrücken (*getr.* -k·k-) **I** *v/t* ⟨*sep,* -ge-, h⟩ **1.** (*durchpressen*) push (*od.* force, press, squeeze) (*s.th.*) through. – **2.** *fig. colloq.* (*durchsetzen*) force (*od. colloq.* push) (*s.th.*) through, force acceptance of: einen Antrag ~ to force (the) acceptance of a proposal; seinen Willen ~ to get one's (own) way; eine Gesetzesvorlage im Senat ~ to force (*Am. colloq.* railroad) a bill through the Senate. – **3.** (*die Knie etc*) straighten. – **4.** (*Wäsche etc*) wash (*s.th.*) through lightly. – **5.** (*durchbiegen*) sag, cause to sag. – **II** *v/reflex* sich ~ **6.** *colloq.* (*von Personen*) squeeze through, push (*od.* force) one's way through. – **7.** (*von Schrift etc*) come through, show: der Stempel hat sich durchgedrückt the (impression of the) stamp shows on the next page.

'Durchˌdrückˌpackung (*getr.* -k·k-) *f* push-out package.

ˌdurch'drun·gen I *pp of* durchdringen[2]. – **II** *adj fig. lit.* filled, pervaded, imbued (*lit.*), infused (*lit.*): von Begeisterung ~ sein to be full of (*od.* imbued with) enthusiasm; von Haß ~ sein to be filled with hatred.

ˌdurch'duf·ten *v/t* ⟨*insep, no* -ge-, h⟩ (*Raum*) fill (*od.* pervade) (*s.th.*) with perfume (*od.* scent, fragrance), perfume, scent.

'durchˌei·len[1] *v/i* ⟨*sep,* -ge-, sein⟩ hurry (*od.* hasten, rush) through: er eilte durch das Zimmer durch he rushed through the room.

ˌdurch'ei·len[2] *v/t* ⟨*insep, no* -ge-, h⟩ hurry (*od.* hasten, rush) through: er durcheilte das Land he hurried through (*od.* across) the country; die Nachricht von seinem Tod durcheilte die Welt *fig. lit.* the news (*od.* message) of his death flashed around the world.

ˌdurchˌein'an·der *adv* **1.** ~ sein (*von Dingen*) to be in disorder (*od.* disarray, confusion), to be in a mess, to be at sixes and sevens, to be topsy-turvy (*od.* higgledy-piggledy, upside down). – **2.** ~ sein *fig.* (*von Personen*) to be confused (*od.* flustered, mixed up), to be at sixes and sevens: ich bin noch ganz ~ I am still quite confused. – **3.** (*wahllos*) indiscriminately: alles ~ essen [trinken] to eat [to drink] everything indiscriminately (*od.* as it comes).

ˌDurchˌein'an·der *n* ⟨-s; *no pl*⟩ **1.** (*Unordnung*) disorder, disarray, confusion, mess. – **2.** *fig.* confusion, muddle, jumble, mess, mix-up: ein heilloses ~ utter confusion, a frightful muddle; Ordnung in ein ~ bringen to straighten out a muddle (*od.* mess). – **3.** *fig.* (*von Stimmen*) hubbub, babel.

ˌdurchˌein'an·der|ˌbrin·gen *v/t* ⟨*irr, sep,* -ge-, h⟩ **1.** *cf.* durcheinanderwerfen. – **2.** *fig.* (*Person etc*) confuse, fluster, mix up. — **~geˌra·ten** ⟨*irr, sep, pp* durcheinandergeraten, sein⟩ **1.** (*von Dingen etc*) get into disorder (*od.* disarray, confusion), become disarranged (*od.* disordered). – **2.** *fig.* (*von Begriffen etc*) get (*od.* become) confused (*od.* mixed up). — **~ˌlau·fen** *v/i* ⟨*irr, sep,* -ge-, sein⟩ run about in confusion. — **~ˌlie·gen** *v/i* ⟨*irr, sep,* -ge-, h *u.* sein⟩ lie about in disorder (*od.* disarray, confusion): wie Kraut und Rüben ~ *colloq.* to be all higgledy-piggledy. — **~ˌmen·gen**, **~ˌmi·schen** *v/t* ⟨*sep,* -ge-, h⟩ mix (up). — **~ˌre·den** *v/i* ⟨*sep,* -ge-, h⟩ talk all at once (*od.* all at the same time). — **~ˌren·nen** *v/i* ⟨*irr, sep,* -ge-, sein⟩ *cf.* durcheinanderlaufen. — **~ˌwer·fen** *v/t* ⟨*irr, sep,* -ge-, h⟩ **1.** (*Sachen etc*) throw (*s.th.*) into disorder (*od.* disarray, confusion), mix up, muddle (*od.* jumble) up, make a muddle (*od.* mess) of, turn (*s.th.*) upside down (*od.* topsy-turvy). – **2.** *fig.* (*Begriffe etc*) confuse, mix up, muddle.

'durchˌei·tern *v/i* ⟨*sep,* -ge-, h⟩ *med.* **1.** (*von Verband etc*) become soaked with pus. – **2.** (*von Haut etc*) let pus penetrate (*od.* come through).

'durchˌes·sen *v/reflex* ⟨*irr, sep, pp* durchgegessen, h⟩ sich ~ *colloq.* **1.** eat at other people's expense. – **2.** sich durch etwas ~ *humor.* to eat one's way through s.th.

'durch·ex·erˌzie·ren *v/t* ⟨*sep, no* -ge-, h⟩ etwas ~ to go through s.th.

'durchˌfä·deln *v/t* ⟨*sep,* -ge-, h⟩ pass (*s.th.*) through (a needle's eye).

'durchˌfah·ren[1] **I** *v/i* ⟨*irr, sep,* -ge-, sein⟩ **1.** go (*od.* travel, pass) straight through (*od.* without stopping): das Schiff ist nur durchgefahren the boat went (*od.* sailed) right through (without landing); der Zug fährt in X durch the train doesn't stop at X; der Zug fuhr bis Wien durch the train went straight through (*od.* went nonstop [*Br.* non-stop]) to Vienna; wir mußten durch die ganze Stadt ~ we had to go right through (*od.* across) the whole town. – **2.** (*eine bestimmte Zeit*) travel: die ganze Nacht ~ to travel all night (long). – **3.** (*von Auto*) go (*od.* drive) through: er fuhr bei gelbem Licht durch he went through (*od. Am. colloq.* ran) a yellow (*Br.* an amber) light. – **II** *v/t* ⟨h⟩ **4.** (*Reifen etc*) wear (*s.th.*) out by driving. – **III D~** *n* ⟨-s⟩ **5.** *verbal noun.* – **6.** *cf.* Durchfahrt 1.

ˌdurch'fah·ren[2] **I** *v/t* **1.** ⟨*irr, insep, no* -ge-, h⟩ go (*od.* drive, pass, travel) through, pass: einen Kanal ~ to pass (*od.* sail) through a canal (*od.* channel); die Rennstrecke mußte dreimal ~ werden they had to go (*od.* drive, do) three laps; ein Land auf dem kürzesten Weg ~ a) to cross a country by the shortest (possible) route, b) to rush through a country. – **2.** j-n ~ *fig.* (*von Gedanken etc*) to go (*od.* pass, run) through s.o.'s mind, (*stärker*) to flash through (*od.* into) s.o.'s mind: ein Gedanke durchfuhr ihn an idea went through (*od.* crossed) his mind, an idea struck him. – **3.** *fig.* (*von Schrecken etc*) go (*od.* pass, run) through. – **II D~** *n* ⟨-s⟩ **4.** *verbal noun.*

'Durchˌfahrt *f* ⟨-; -en⟩ **1.** ⟨*only sg*⟩ (*Durchfahren*) passage (through): freie ~ (clear) passage; „keine ~", „~ verboten" "no thoroughfare"; „~ auf eigene Gefahr" "drive at your own risk". – **2.** (*Durchfahrtstelle*) passage, way through: „~ freihalten" "don't block the passage (*od.* drive, *Am. auch* driveway)". – **3.** (*Tordurchfahrt*) gate(way). – **4.** ⟨*only sg*⟩ *cf.* Durchreise. – **5.** *mar. cf.* Gat(t) 5. — **~ˌbrei·te** *f* clearance width. — **~ˌhö·he** *f* clearance height, overhead clearance. — **~ˌrecht** *n jur.* **1.** right of passage. – **2.** (*Wegerecht*) right-of-way, *Br.* right of way. — **~siˌgnal** *n* (*railway*) through (*od.* clear) signal. — **~ˌstra·ße** *f* through street (*od.* road). — **~verˌbot** *n* no thoroughfare.

'Durchˌfall *m* **1.** *med.* diarrh(o)ea: ~ haben to have diarrh(o)ea. – **2.** *fig. colloq.* (*Mißerfolg*) failure, fiasco, 'flop' (*colloq.*): ~ (bei einer Prüfung) failure, 'washout', *Br.* 'wash-out' (*colloq.*), *Am. colloq.* flunk, *Br. sl.* 'plough'; die Oper erlebte bei der Premiere einen ~ the premiere of the opera was a fiasco.

'durchˌfal·len[1] **I** *v/i* ⟨*irr, sep,* -ge-, sein⟩ **1.** fall (*od.* drop) through: Staub fiel durch die Ritzen durch dust fell through the cracks. – **2.** *fig.* (*von Licht etc*) fall (*od.* shine) through. – **3.** *fig. colloq.* fail: bei einer Prüfung ~ to fail (*Am. colloq.* wash out) in an exam(ination), *Am. colloq.* to flunk, *Br. sl.* to be plucked (*od.* ploughed); der Kandidat fiel (bei der Wahl) durch the candidate was unsuccessful (*od.* defeated) (in the election), the candidate lost (*od.* did not get in, was not elected); der Film ist bei der Premiere durchgefallen the film was (*od.* turned out to be) a failure (*od. colloq.* flop) at the first night; der Vorschlag ist durchgefallen the proposal was rejected (*od.* turned down, defeated). – **II D~** *n* ⟨-s⟩ **4.** *verbal noun.* – **5.** *cf.* Durchfall 2.

ˌdurch'fal·len[2] *v/t* ⟨*irr, insep, no* -ge-, h⟩ (*Raum, Höhe etc*) fall (*od.* drop) through.

'durchˌfär·ben I *v/t* ⟨*sep,* -ge-, h⟩ (*Stoff etc*) color, *bes. Br.* colour, dye. – **II** *v/i* (*von Farbe etc*) come through, bleed. – **III D~** *n* ⟨-s⟩ *verbal noun.* — **'Durchˌfär·bung** *f* ⟨-; *no pl*⟩ **1.** *cf.* Durchfärben. – **2.** color(ing), *bes. Br.* colour(ing), dye.

'durchˌfau·len *v/i* ⟨*sep,* -ge-, sein⟩ rot through, grow (completely) rotten.

'durchˌfech·ten I *v/t* ⟨*irr, sep,* -ge-, h⟩ **1.** *bes. fig.* fight (*od.* battle, see) (*s.th.*) through: eine Sache ~ *fig.* a) to fight a matter through (*od.* out), b) to carry one's point. – **II** *v/reflex* sich ~ **2.** fight one's way through. – **3.** *fig. colloq. cf.* durchbetteln[1].

'durchˌfe·dern I *v/i* ⟨*sep,* -ge-, h⟩ *auto.* jounce. – **II D~** *n* ⟨-s⟩ spring action.

'durchˌfe·gen[1] **I** *v/t* ⟨*sep,* -ge-, h⟩ (*Raum etc*) sweep (*s.th.*) (out). – **II** *v/i* ⟨sein⟩ sweep through.

ˌdurch'fe·gen[2] *v/t* ⟨*insep, no* -ge-, h⟩ (*von Wind*) (*Tal, Wald etc*) sweep through.

'durchˌfei·ern *v/i* ⟨*sep,* -ge-, h⟩ celebrate all night: bis zum nächsten Morgen ~ to make merry till next morning, to make a night of it.

'durchˌfei·len *v/t* ⟨*sep,* -ge-, h⟩ **1.** (*Eisenstab etc*) file through, file (*s.th.*) in two. – **2.** *fig.* (*Aufsatz etc*) polish, revise, straighten out.

ˌdurch'feuch·ten I *v/t* ⟨*insep, no* -ge-, h⟩ moisten (*s.th.*) thoroughly (*od.* completely), (*stärker*) soak, saturate. – **II D~** *n* ⟨-s⟩ *verbal noun.*

ˌdurchˈfeuch·tet I *pp.* – **II** *adj* (*Holz etc*) moist, damp, wet, (*stärker*) soaked, saturated. — **ˌDurchˈfeuch·tung** *f* ⟨-; *no pl*⟩ *cf.* Durchfeuchten.

ˈDurch·fi·nanˌzie·rung *f* ⟨-; *no pl*⟩ **1.** (*eines Projekts*) financing to completion. – **2.** thorough finance calculation.

ˈdurchˌfin·den *v/i u.* sich ~ *v/reflex* ⟨*irr, sep,* -ge-, h⟩ **1.** find one's way (through). – **2.** (sich) nicht mehr ~ *fig.* to be at one's wits' end, to be (quite) at a loss.

ˌdurchˈflam·men *v/t* ⟨*insep, no* -ge-, h⟩ j-n ~ (*von Zorn etc*) *lit.* to burn in s.o.('s heart). — **ˌdurchˈflammt I** *pp.* – **II** *adj lit.* (von with) inflamed, aflame: er ist von diesem Glauben ~ he is aflame with this belief (*od.* faith).

ˌdurchˈflech·ten *v/t* ⟨*irr, insep, no* -ge-, h⟩ (mit with) interlace, intertwine, interweave: Zöpfe mit Bändern ~ to interlace tresses with ribbons; er hatte seine Predigt mit Zitaten durchflochten *fig.* his sermon was interwoven with quotations.

ˈdurchˌflie·gen[1] **I** *v/i* ⟨*irr, sep,* -ge-, sein⟩ **1.** fly through: der Stein ist durch die Scheibe durchgeflogen the stone flew through the windowpane. – **2.** *aer.* fly (straight) through, fly nonstop (*Br.* non-stop) (*od.* without a stop). – **3.** *fig. colloq. cf.* durchfallen[1] 3. – **II D~** *n* ⟨-s⟩ **4.** *verbal noun.* – **5.** *cf.* Durchflug 2.

ˌdurchˈflie·gen[2] **I** *v/t* ⟨*irr, insep, no* -ge-, h⟩ **1.** (*Luft etc*) fly through. – **2.** *aer.* a) (*Wolken*) fly through, b) (*Land*) fly over, c) (*Strecke*) fly (*od.* cover) (*a distance*) nonstop (*Br.* non-stop) (*od.* without intermediate landing). – **3.** *fig. colloq.* (*Buch etc*) skim (*od.* glance, run) through. – **4.** *fig. lit.* rush (*od.* run) over: er durchflog im Geiste die Vergangenheit his mind rushed over the past, he ran over the past in his mind. – **II D~** *n* ⟨-s⟩ **5.** *verbal noun.* – **6.** *cf.* Durchflug 2.

ˈdurchˌflie·ßen[1] *v/i* ⟨*irr, sep,* -ge-, sein⟩ flow (*od.* run) through: tropfenweise ~ to trickle (*od.* drip) through.

ˌdurchˈflie·ßen[2] *v/t* ⟨*irr, insep, no* -ge-, h⟩ **1.** flow (*od.* pass) through: der Fluß durchfließt mehrere Provinzen the river flows through several provinces. – **2.** *electr.* flow (*od.* pass) through.

ˈDurchˌflug *m aer.* **1.** *cf.* Durchfliegen[1] *u.* [2]. – **2.** a) flight (*od.* passage) through, flight over, b) (*im Luftrecht*) (air) transit. – **3.** (*Unterbrechung*) stopover, *Am.* layover: auf dem ~ besuchte ich meine Freundin in London during the stopover I visited my girl friend in London. — **~ˌrecht** *n* right (*od.* freedom) of (air) transit.

ˈDurchˌfluß *m* **1.** flow(ing) through, flow. – **2.** *tech.* flow, discharge. – **3.** *geol.* percolation. — **~erˌhit·zer** *m tech.* flow heater. — **~geˌschwin·dig·keit** *f* **1.** *bes. tech.* rate of flow. – **2.** *geol.* percolation rate. — **~ˌmen·ge** *f* flow: gesamte ~ total (rate of) flow, volume. — **~ˌmes·ser** *m tech. phys.* flowmeter. — **~ˌöff·nung** *f* discharge opening (*od.* outlet). — **~ˌra·te** *f* flow rate, rate of flow. — **~ˌre·ge·lung** *f* flow control. — **~ˌreg·ler** *m* **1.** flow controller (*od.* regulator). – **2.** (*Nadelventil*) restrictor. — **~ˌzeit** *f med.* (*des Blutes*) flow time.

ˈdurchˌflu·ten[1] *v/i* ⟨*sep,* -ge-, sein⟩ (*durch Öffnung etc*) rush (*od.* flow, pour, flood) through.

ˌdurchˈflu·ten[2] *v/t* ⟨*insep, no* -ge-, h⟩ **1.** flow (*od.* run) through: der Strom durchflutet das Land the river flows through the country. – **2.** flood, suffuse, transfuse: Licht durchflutete den Raum light flooded the room. – **3.** *fig.* flow (*od.* pass, run, go, spread) through, pervade: ein warmes Gefühl durchflutete sie a feeling of warmth flowed through (*od.* pervaded) her; Schauer durchfluteten ihn shivers ran through him.

ˈdurchˌflut·schen *v/i* ⟨*sep,* -ge-, sein⟩ *Northern G. colloq.* slip straight through.

ˈdurchˌfor·men I *v/t* ⟨*sep,* -ge-, h⟩ **1.** (*Statue etc*) mold (*bes. Br.* mould) (*s.th.*) into its final shape (*od.* form), shape (*s.th.*) finally. – **2.** *fig.* (*Stil, Roman etc*) develop, work (*s.th.*) out thoroughly: seinen Stil ~ to develop (*od.* polish) one's style. – **3.** *fig.* (*Charakter*) develop (*s.th.*) fully. – **II D~** *n* ⟨-s⟩ **4.** *verbal noun.* — **ˈDurchˌfor·mung** *f* ⟨-; *no pl*⟩ **1.** *cf.* Durchformen. – **2.** *fig.* development.

ˌdurchˈfor·schen I *v/t* ⟨*insep, no* -ge-, h⟩ **1.** (*Fachgebiet etc*) investigate, carry out research in(to), research, examine, explore: etwas genau ~ to scrutinize s.th., to examine s.th. thoroughly; er durchforschte das Gebiet der Psychoanalyse he made an exhaustive study of psychoanalysis, he explored (*od.* carried out research in) the field of psychoanalysis. – **2.** (*Land etc*) explore. – **3.** *fig.* (*Gesicht, Wald etc*) search (*s.th.*) (carefully), examine. **II D~** *n* ⟨-s⟩ **4.** *verbal noun.* — **ˌDurchˈfor·schung** *f* ⟨-; -en⟩ **1.** *cf.* Durchforschen. – **2.** (*eines Fachgebietes*) investigation, research (in *od.* into), examination, exploration: genaue ~ scrutiny. – **3.** (*eines Landes etc*) exploration. – **4.** *fig.* search, examination.

ˈdurchˌfor·sten I *v/t* ⟨*sep,* -ge-, h⟩, *auch* **ˌdurchˈfor·sten** ⟨*insep, no* -ge-, h⟩ (*Wald etc*) thin (out), *auch* clear. – **II D~** *n* ⟨-s⟩ *verbal noun.* — **ˈDurchˌfor·stung,** *auch* **ˌDurchˈfor·stung** *f* ⟨-; -en⟩ **1.** *cf.* Durchforsten. – **2.** selective cutting.

ˈDurchˌfracht *f* ⟨-; *no pl*⟩ *econ.* transit (*od.* through) freight. — **~ˌbrief** *m,* **~kon·nos·seˌment** *n* through bill of lading. — **~ˌsatz** *m* through (*od.* transit) rate. — **~verˌla·dung** *f* through-freight shipment.

ˈdurchˌfra·gen I *v/reflex* ⟨*sep,* -ge-, h⟩ sich ~ ask one's way, find one's way by asking: sich zu j-m [etwas] ~ to ask one's way to s.o. [s.th.]. – **II** *v/t* (*Zeugen, Schüler etc*) ask (*people*) one after another, question (*od.* interrogate) (*people*) successively (*od.* in turn).

ˈdurchˌfres·sen[1] **I** *v/t* ⟨*irr, sep,* -ge-, h⟩ **1.** eat through: die Motten hatten das Kleid durchgefressen the moths had eaten through (*od.* holes in) the dress. – **2.** *chem.* eat through, corrode, eat away, erode. – **II** *v/reflex* sich ~ **3.** eat through: das Feuer hatte sich bis in den Keller durchgefressen the fire had eaten (*od.* burned its way) through to the cellar. – **4.** *chem.* eat through, corrode, erode. – **5.** sich bei j-m ~ *colloq.* to sponge on s.o. – **6.** *colloq.* (*durch ein Buch etc*) wade (*od.* plod, plough, *bes. Am.* plow) through.

ˌdurchˈfres·sen[2] *adj* eaten through: der Apfel ist von Maden ~ the apple is worm-eaten; von Lauge ~ sein to be corroded by lye.

ˈdurchˌfrie·ren[1] **I** *v/i* ⟨*irr, sep,* -ge-, sein⟩ **1.** (*von Teich etc*) freeze through. – **2.** *fig. cf.* durchfrieren[2]. – **II** *v/t* ⟨h⟩ **3.** freeze (*s.th.*) through.

ˌdurchˈfrie·ren[2] *v/i* ⟨*irr, insep, no* -ge-, sein⟩ *fig.* freeze through (*od.* stiff).

ˌdurchˈfro·ren I *pp of* durchfrieren[2]. – **II** *adj* frozen through (*od.* stiff): das Kind war ~ the child was frozen stiff (*od.* chilled to the marrow, nearly frozen to death).

ˈdurchˌfüh·len *v/t* ⟨*sep,* -ge-, h⟩ **1.** feel (*s.th.*) through. – **2.** *fig.* realize (*s.th.*) dimly, have a dim sensation of.

ˈDurchˌfuhr *f* ⟨-; -en⟩ *econ.* (*von Waren*) transit.

ˈdurchˌführ·bar *adj* (*Plan etc*) practicable, feasible, workable: schwer [nicht] ~ sein to be difficult [impossible] to carry out. — **ˈDurchˌführ·bar·keit** *f* ⟨-; *no pl*⟩ practicability, feasibility, workability.

ˈDurchˌfuhr|beˌrech·ti·gungsˌschein *m econ.* transit permit. — **~beˌschei·ni·gung** *f* transit bill (*od.* bond). — **~beˌwil·li·gung** *f* transit permit. — **~de·kla·ra·tiˌon** *f* transit (*od.* through) declaration.

ˈdurchˌfüh·ren I *v/t* ⟨*sep,* -ge-, h⟩ **1.** lead (*od.* take) (*s.o., s.th.*) through (*od.* across): j-n durch den Garten ~ to take s.o. through the garden; die Pferde durch den Fluß ~ to lead the horses through (*od.* across) the river. – **2.** (*Kabel, Leitung etc*) lead (*od.* pass, lay) (*s.th.*) through. – **3.** *econ.* a) (*Waren etc*) carry (*s.th.*) through (a country), b) (*Geschäft etc*) transact, c) (*Auftrag*) execute, fulfil(l), complete. – **4.** *jur.* (*Gesetz etc*) a) enforce, b) carry out, implement. – **5.** (*Straße etc*) extend (*od.* put) (*s.th.*) through: die Eisenbahnlinie ist bis X durchgeführt worden the railroad (track) (*bes. Br.* railway line) has been extended to X. – **6.** (*Reparatur etc*) carry out, make. – **7.** (*Messungen*) take. – **8.** (*Aufgabe, Arbeit*) perform. – **9.** *fig.* (*Plan etc*) carry out (*od.* through), execute, implement, *auch* realize: eine Reform ~ to carry out (*od.* put through) a reform; eine Untersuchung ~ to carry out (*od.* conduct, make) an investigation. – **10.** (*Verfahren, Methode*) practice, *bes. Br.* practise. – **11.** *fig.* (*zu Ende führen*) carry out (*od.* through), finish, complete, accomplish, wind up. – **12.** *fig.* (*Rolle etc*) keep up, maintain, sustain: seine Rolle ~ to play one's part out to the end, to remain in character. – **13.** *mus.* a) (*Thema*) develop, elaborate, b) (*Fuge*) develop. – **II D~** *n* ⟨-s⟩ **14.** *verbal noun.* – **15.** *cf.* Durchführung.

ˈDurchˌfuhr|erˌlaub·nis *f econ. cf.* Durchfuhrbewilligung. — **~ˌhan·del** *m* transit trade (*od.* business). — **~ˌland** *n* transit country. — **~ˌrecht** *n* right of transit. — **~taˌrif** *m* transit rate (*od.* tariff).

ˈDurchˌfüh·rung *f* ⟨-; -en⟩ **1.** *cf.* Durchführen. – **2.** *econ.* a) (*von Waren*) transport(ation) in transit, b) (*von Geschäften*) transaction, c) (*von Aufträgen*) execution, completion. – **3.** *jur.* a) (*von Gesetzen, Verordnungen etc*) enforcement, b) (*von Verträgen etc*) implementation. – **4.** *fig.* execution, implementation, *auch* realization. – **5.** *fig.* completion. – **6.** *mus.* a) (*einer Sonate*) development, b) (*einer Fuge*) exposition. – **7.** *electr.* lead-in, lead-out, lead-through.

ˈDurchˌfüh·rungs|ˌabˌkom·men *n* implementation agreement. — **~beˌstim·mung** *f* **1.** (implementation) regulation. – **2.** *jur.* executory provision: ~ zu einem Gesetz provision in the execution of a law. — **~ˌhül·se** *f tech.* grommet, *auch* grummet. — **~isoˌla·tor** *m electr.* bushing (*od.* lead-through) insulator. — **d~ˌreif** *adj* (*Plan*) ripe for execution. — **~ˌrohr** *n tech.* bushing (*od.* lead-in) pipe (*od.* tube). — **~ˌteil** *m mus.* (*einer Sonate*) development section. — **~verˌord·nung** *f jur.* executive order (to a law).

ˈDurchˌfuhr|verˌbot *n econ.* transit embargo. — **~verˌkehr** *m cf.* Durchgangsverkehr. — **~ˌwa·ren** *pl* goods in transit, transit goods. — **~ˌzoll** *m* transit duty.

ˈdurchˌfun·keln *v/i* ⟨*sep,* -ge-, h⟩ sparkle through.

ˌdurchˈfur·chen *v/t* ⟨*insep, no* -ge-, h⟩ *lit.* **1.** (*die See etc*) plough, *bes. Am.* plow, furrow (through): Schiffe ~ die Wellen ships furrow the waves. – **2.** *fig.* (*Gesicht etc*) furrow, line. — **ˌdurchˈfurcht I** *pp.* – **II** *adj fig.* (*Gesicht etc*) furrowed, furrowy, lined, wrinkled: ein von Gram ~es Gesicht a face furrowed with sorrow.

ˈdurchˌfüt·tern *v/t* ⟨*sep,* -ge-, h⟩ **1.** (*Vieh*) feed (*cattle*) through the winter. – **2.** *colloq.* (*Person*) feed, support, keep: sich von j-m ~ lassen to be kept by s.o., to sponge (*od.* live) on s.o.

ˈDurchˌga·be *f* ⟨-; -n⟩ **1.** *cf.* Durchgeben 5—7. – **2.** *cf.* Durchsage. – **3.** *cf.* Durchreiche.

ˈDurchˌgang *m* ⟨-(e)s; ¨e⟩ **1.** *cf.* Durchgehen 13. – **2.** (*Verbindungsweg*) (connecting) passage(way), passage (*od.* way) through: einen ~ hauen to cut (*od.* hew) a passage (through); „~ verboten", „kein ~" a) "no thoroughfare", b) "private (road)", c) "no passage", d) "do not proceed beyond this point"; ~ zwischen Sitzreihen aisle, *Br.* gangway. – **3.** *econ.* (*von Waren*) transit. – **4.** *astr.* a) (*von Merkur od. Venus vor der Sonne*) transit, b) (*eines Himmelskörpers*) passage, c) (*durch den Meridian*) transit, culmination. – **5.** *mus.* passing note (*od.* tone). – **6.** (*sport*) a) (*im Slalom etc*) run, b) (*beim Springen*) jump, c) (*in der Leichtathletik*) round. – **7.** *tech.* a) (*einer Presse*) throat, b) (*einer Zweiständermaschine*) width between the housings, daylight, clearance capacity, c) (*einer Maschinenspindel*) opening, d) (*des Werkstoffs auf der Maschine*) pass. – **8.** *metall.* a) (*des Walzgutes*) travel, b) (*zwischen den Walzen*) pass. – **9.** *electr.* a) passage, flow, b) (*eines Kabels*) grommet, *auch* grummet. – **10.** *auto.* (traffic) passage. – **11.** *fig.* (*Zeitabschnitt*) rotation (period).

ˈDurchˌgän·ger *m* ⟨-s; -⟩ **1.** (*Pferd*) runaway, bolter. – **2.** *fig. colloq.* (*Person*) fugitive, runaway, absconder.

ˈdurchˌgän·gig I *adj* **1.** (*Meinung etc*) general, universal. – **2.** (*Preise*) uniform. – **3.** (*ständig*) constant, continual. – **4.** *med.* a) (*Gang*) open, free, patent, b) (*Tube*) permeable. – **II** *adv* **5.** generally, universally, as a rule. – **6.** throughout, right through, at all points. — **ˈDurchˌgän·gig·keit** *f* ⟨-; *no pl*⟩ *med.* a) (*eines Ganges,*

Kanals etc) patency, b) (*einer Tube*) permeability.

'Durchˌgangs|ˌamt *n tel.* tandem office (*od.* exchange), transit exchange. — **~ˌbahnˌhof** *m* through station. — **~beˌtrieb** *m tel.* tandem (*od.* transit) system. — **~ˌboh·rung** *f tech.* throughhole. — **~dis·soˌnanz** *f mus. cf.* Durchgangston. — **~ˌfernˌamt** *n tel.* through trunk (*Am.* long-distance) exchange. — **~ˌflugˌha·fen** *m* intermediate (*od.* transit) airport. — **~geˌspräch** *n tel.* through (*od.* transit) call. — **~ˌgü·ter** *pl econ.* transit goods. — **~ˌhan·del** *m cf.* Durchfuhrhandel. — **~in·struˌment** *n astr.* transit instrument. — **~ˌkreis** *m* transit circle. — **~ˌla·ger** *n* transit camp. — **~ˌno·te** *f mus. cf.* Durchgangston. — **~per·soˌnal** *n mil.* personnel in transit. — **~ˌrecht** *n jur.* right-of-way, *bes. Br.* right of way, right of passage (*od.* passing). — **~ˌsen·dung** *f econ.* through consignment (*od.* shipment). — **~ˌsta·di·um** *n* transition stage (*od.* period). — **~sta·tiˌon** *f* **1.** *cf.* Durchgangsbahnhof. – **2.** *fig. cf.* Durchgangsstadium. — **~ˌstel·le** *f* transit point. — **~ˌstra·ße** *f* through street (*od.* road), thoroughfare. — **~taˌrif** *m econ. cf.* Durchfuhrtarif. — **~ˌton** *m mus.* passing note. — **~venˌtil** *n tech.* straightway (*od.* throughway, *Br.* through-way) valve. — **~verˌbin·dung** *f tel.* through (*od.* built-up) connection (*Br. auch* connexion). — **~verˌkehr** *m* transit (*od.* through) traffic: für den ~ gesperrt, closed to through traffic. — **~ˌwa·gen** *m* (*railway*) corridor coach (*bes. Am.* car, *Br.* carriage). — **~ˌwa·ren** *pl cf.* Durchgangsgüter. — **~ˌwi·derˌstand** *m electr.* (volume) resistance: spezifischer ~ volume resistivity. — **~ˌzim·mer** *n* room leading to another. — **~ˌzo·ne** *f mil.* staging area. — **~ˌzug** *m* (*railway*) *cf.* D-Zug.

'durch·geˌbacken (*getr.* -k·k-) **I** *pp of* durchbacken[1] 1. – **II** *adj* (*Brot, Kuchen etc*) done: (noch) nicht ~ not done (yet), underdone.

'durchˌge·ben I *v/t* ⟨*irr, sep,* -ge-, h⟩ **1.** (*Befehl, Meldung etc*) pass (on), circulate, transmit: die Nachricht wurde durchgegeben, daß word was passed that. – **2.** (*Telegramm etc*) send: ein Telegramm telephonisch ~ a) to send a telegram by phone, to telephone (*od. colloq.* phone) a telegram, b) to deliver a telegram by phone; etwas drahtlos ~ to send (*od.* transmit) s.th. by radio, to radio s.th. – **3.** (*radio*) broadcast, announce: etwas im Rundfunk ~ to announce (*od.* give out) s.th. on the radio, to make an announcement on the radio; den Wetterbericht ~ to broadcast (*od.* bring, read) the weather report; das wurde gestern (im Rundfunk) durchgegeben this was announced (*od.* stated) on the radio yesterday. – **4.** (*durchreichen*) hand (*od.* pass) (*s.th.*) through. – **II D~** *n* ⟨-s⟩ **5.** *verbal noun.* – **6.** circulation. – **7.** announcement. – **8.** *cf.* Durchsage.

'durch·geˌbra·ten I *pp of* durchbraten. – **II** *adj* (*Fleisch, Pfannengerichte*) (well) done.

'durch·geˌbro·chen I *pp of* durchbrechen[1]. – **II** *adj med.* **1.** (*Abszeß*) ruptured. – **2.** *cf.* perforiert II.

'durch·geˌdreht I *pp.* – **II** *adj colloq.* **1.** confused, mixed-up (*attrib*). – **2.** crazy, mad, off one's rocker (*sl.*). – **3.** exhausted, dead tired (*od.* beat), all in (*pred*), washed-out (*colloq.*) (*attrib*).

'durch·geˌfro·ren I *pp of* durchfrieren[1]. – **II** *adj cf.* durchfroren II.

'durchˌge·hen[1] I *v/i* ⟨*irr, sep,* -ge-, sein⟩ **1.** (*von Personen etc*) walk (*od.* pass, go) through: darf ich ~? may I pass? bitte ganz ~ (im Wagen)! pass right down the car, please! der Fluß ist so seicht, daß man ~ kann the river is so shallow that one can go (*od.* walk) through (*od.* across) it. – **2.** (*von Dingen etc*) pass (*od.* go) through: der Niet geht nicht durch the rivet will not go through; größere Teilchen gehen nicht durch das Sieb durch larger particles will not go (*od.* pass) through the sieve; der Regen ging durch das Dach durch the rain went (*od.* came) through (*od.* penetrated) the roof. – **3.** (*von Straße, Fluß etc*) go (*od.* run) right through (*od.* across): der Weg geht durch einen Wald durch the path goes (*od.* passes, runs) through a forest; das Rohr geht von unten bis oben durch the pipe goes right through (*od.* runs) from (the) bottom to (the) top; der Gedanke geht durch den ganzen Roman durch *fig.* the idea runs through the whole novel. – **4.** (*durchbrennen*) run away, bolt: mit dem Geld ~ *colloq.* to run away (*od.* make off, abscond) with the money; mit seinem Liebhaber ~ *colloq.* to run away (*od.* elope) with one's lover; seine Phantasie ging mit ihm durch *fig.* his imagination ran away with him, he was carried away by his imagination; → Temperament 2. – **5.** (*railway*) go (right *od.* straight) through, not to stop. – **6.** *fig.* (*von Anträgen etc*) get through, pass, be accepted (*od.* adopted, carried): die Gesetzesvorlage ging im Bundestag durch the bill got (*od.* went) through (*od.* passed) the Bundestag, the bill was passed by the Bundestag. – **7.** etwas ~ lassen *fig. colloq.* to let s.th. pass, to overlook (*od.* excuse) s.th., to close one's eyes to s.th.; j-m etwas ~ lassen to let s.o. get away with s.th. (*colloq.*); ein solches Betragen kann man nicht ~ lassen such behavio(u)r cannot be allowed to pass (unnoticed) (*od.* be overlooked, be tolerated); sie lassen ihm nichts ~ they are very hard on him, they don't let him get away with anything (*colloq.*). – **8.** *astr.* (*von Himmelskörpern*) transit, pass. – **9.** *tech.* (*von Motoren*) race, overspeed, run away. – **10.** *electr.* a) (*von Sicherung*) blow, fuse, b) (*von Maschine*) race. – **II** *v/t* ⟨h⟩ **11.** (*Aufgabe, Notizen etc*) go through (*od.* over), look through (*od.* over): eine Liste noch einmal ~ to go through (*od.* to check) a list once again, to look (*od.* read) through a list once again; ein Buch schnell ~ to skim (*od.* glance) through a book. – **12.** (*rare*) (*Schule etc*) go through, pass (through). – **III D~** *n* ⟨-s⟩ **13.** *verbal noun.* – **14.** *fig.* (*eines Antrags etc*) passage (through parliament).

ˌdurch'ge·hen[2] *v/t* ⟨*irr, insep, no* -ge-, h⟩ (*Straße, Wald etc*) walk through.

'durchˌge·hend I *pres p of* durchgehen[1]. – **II** *adj* **1.** (*Zug, Flug etc*) through (*attrib*), nonstop *Br.* non- (*attrib*), direct. – **2.** (*Wagen*) through (*attrib*), direct. – **3.** (*Fahrkarte*) through (*attrib*): eine ~e Fahrkarte lösen to book through. – **4.** (*Betrieb etc*) continuous, uninterrupted: ~er Dienst twenty-four-hour (*od.* round-the--clock) service. – **5.** *econ.* (*Verkehr*) transit (*attrib*), in transit. – **6.** *tech.* a) straight, b) (*Tragfläche, Sitzbank etc*) one-piece (*attrib*), single-piece (*attrib*), continuous: ~e Bohrung throughhole, straight bore. – **7.** *print.* (*Breite*) full. – **II** *adv* **8.** continuously: das Geschäft ist ~ (von 8 bis 18 Uhr) geöffnet the shop is continuously open (*od.* open all day) (from 8 a.m. to 6 p.m.). – **9.** from top to bottom: das Kleid ist ~ geknöpft the dress is buttoned from top to bottom (*od.* all the way up). – **10.** *cf.* durchweg(s) 2.

'durchˌge·hends *adv Austrian od. colloq. for* durchgehend 8.

ˌdurch'gei·stigt [-'gaɪstɪçt] *adj* (*Mensch, Gesicht*) spiritual, (highly) intellectual.

'durch·geˌknöpft I *pp.* – **II** *adj* (*Kleid etc*) button-through, button-front (*beide attrib*).

'durch·geˌle·gen I *pp of* durchliegen. – **II** *adj med.* suffering from bedsores, bedsore.

'durch·geˌlie·ren *v/i* ⟨*sep, pp* durchgeliert, h⟩ *tech.* (*bei der Latexherstellung*) gel(ate) completely. — **'Durch·geˌlie·rung** *f* complete gelation.

ˌdurch'gel·len *v/t* ⟨*insep, no* -ge-, h⟩ yell (*od.* shriek) through.

'durchˌger·ben *v/t* ⟨*sep,* -ge-, h⟩ **1.** (*Häute*) tan (*s.th.*) thoroughly. – **2.** *fig. colloq. for* durchhauen[2] I.

'durch·geˌreg·net I *pp.* – **II** *adj* ~ sein to be soaked (*od.* soaking wet, wet through, drenched) (with rain).

'durch·geˌstal·ten *v/t* ⟨*sep, pp* durchgestaltet, h⟩ (*Motiv, Thema etc*) work (*s.th.*) out to the last detail. — **'Durch·geˌstal·tung** *f* working out to the last detail.

'durch·geˌzo·gen I *pp of* durchziehen[1]. – **II** *adj* (*Linie*) solid.

'durchˌgie·ßen *v/t* ⟨*irr, sep,* -ge-, h⟩ **1.** pour (*s.th.*) through. – **2.** (*durch ein Sieb*) strain, filter.

'durchˌglei·ten *v/i* ⟨*irr, sep,* -ge-, sein⟩ glide (*od.* slide, slip) through.

'durchˌglie·dern *v/t* ⟨*sep,* -ge-, h⟩, *auch* **ˌdurch'glie·dern** ⟨*insep, no* -ge-, h⟩ (*Aufsatz, Buch etc*) organize (*od.* arrange) (*s.th.*) (well), lay out.

'durchˌglü·hen[1] I *v/i* ⟨*sep,* -ge-, sein⟩ **1.** (*von Glühlampe etc*) burn out. – **2.** (*von Kohle etc*) glow (with heat). – **II** *v/t* ⟨h⟩ **3.** *tech.* a) (*Stahl*) heat (*s.th.*) red hot, b) (*Temperguß*) soak.

ˌdurch'glü·hen[2] *v/t* ⟨*insep, no* -ge-, h⟩ *lit.* **1.** make (*s.th.*) glow. – **2.** j-n ~ *fig.* to make s.o. glow: Begeisterung durchglühte ihn he was aglow (*od.* inspired, fired) with enthusiasm.

ˌdurch'glüht I *pp of* durchglühen[2]. – **II** *adj fig.* aglow (*pred*), glowing, inspired: von Liebe ~ sein to be aglow with love.

'durchˌgra·ben I *v/t* ⟨*irr, sep,* -ge-, h⟩ (*Loch, Tunnel*) dig (*s.th.*) through. – **II** *v/reflex* sich ~ dig one's way through.

'durchˌgrei·fen I *v/i* ⟨*irr, sep,* -ge-, h⟩ **1.** (*durch eine Öffnung*) reach through, put (*od.* pass) one's hand through. – **2.** *fig.* take (vigorous *od.* decisive) action, take drastic (*od.* strong, energetic) measures: gegen diese Mißstände muß rücksichtslos [energisch] durchgegriffen werden ruthless [energetic] measures have to be taken against these abuses; die Polizei hat endlich durchgegriffen finally the police took (decisive) action. – **II D~** *n* ⟨-s⟩ **3.** *verbal noun.* — **'durchˌgrei·fend I** *pres p.* – **II** *adj* **1.** (*einschneidend*) decisive, energetic, vigorous, strong, effective, trenchant (*lit.*). – **2.** (*drastisch*) drastic, energetic: ~e Maßnahmen drastic measures. – **3.** (*tiefgreifend, weitreichend*) thorough(going), far-reaching, sweeping, uncompromising: ~e Änderungen thoroughgoing (*od.* far-reaching) changes; eine ~e Reform a thorough (*od.* sweeping) reform. – **4.** ~e Lagerung *geol.* (*eines Erzgangs etc*) crossing, cutting.

'Durchˌgriff *m electr.* (*bei Elektronenröhren*) attractive power, reciprocal of amplification (*od.* inverse amplification) factor.

'durchˌgrü·beln *v/t* ⟨*sep,* -ge-, h⟩ *rare* ponder (*od.* brood) over.

'durchˌgucken (*getr.* -k·k-) *v/i* ⟨*sep,* -ge-, h⟩ *colloq.* look (*od.* peep) through.

'durchˌha·ben *v/t* ⟨*irr, sep,* -ge-, h⟩ *colloq.* (*Buch etc*) have finished (reading).

'durchˌhacken (*getr.* -k·k-) *v/t* (*sep,* -ge-, h⟩ (*Holzklotz etc*) hack (*od.* chop) (*s.th.*) through.

ˌdurch'hal·len *v/t* ⟨*insep, no* -ge-, h⟩ (*Saal etc*) resound (*od.* reverberate) through, fill (*s.th.*) with loud (*od.* echoing, ringing) sounds.

'durchˌhal·ten I *v/i* ⟨*irr, sep,* -ge-, h⟩ **1.** hold out (to the end), see it through (to the end), last, stick it out (*colloq.*): bis zum letzten Mann ~ to hold out to the last man; bis zum äußersten ~ to hold out to the last (*od.* end); verzweifelt ~ to hang on for dear life; mutig ~ to keep one's end up, to keep it up. – **2.** (*bes. sport*) stay, last, stay the course. – **3.** *colloq.* (*von Patient etc*) pull through, last. – **II** *v/t* **4.** (*Lebensweise etc*) keep up. – **5.** (*Tempo etc*) keep up, stand. – **6.** *mar.* (*Kurs*) keep (*one's course*), stand on.

'Durchˌhal·te|po·liˌtik *f* die-hard policy. — **~verˌmö·gen** *n* stamina, staying power, endurance.

'Durchˌhang *m* ⟨-(e)s; *no pl*⟩ *tech.* (*von Leitung etc*) sag, slack.

'durchˌhän·gen I *v/i* ⟨*irr, sep,* -ge-, h⟩ **1.** (*von Leitung, Seil etc*) sag. – **2.** (*von Balken etc*) sag, deflect. – **II D~** *n* ⟨-s⟩ **3.** *verbal noun.* – **4.** (*eines Trägers etc*) sag, deflection.

'durchˌhär·ten I *v/t* ⟨*sep,* -ge-, h⟩ **1.** *metall.* (*Stahl*) full-harden, quench out. – **2.** *synth.* (*Kunststoffe*) cure. – **II** *v/i* ⟨sein⟩ **3.** *metall.* harden through. — **'Durchˌhär·tung** *f* **1.** *metall.* a) (*Vorgang*) through (*od.* full) hardening, quenching out, b) (*Ergebnis*) hardness penetration. – **2.** *synth.* curing.

'Durchˌhau *m* ⟨-(e)s; *no pl*⟩ (*forestry*) break, clearing.

'durchˌhau·en[1] I *v/t* ⟨*irr, sep,* -ge-, h⟩ **1.** hack (*od.* chop, hew) through, hack (*od.* chop) (*s.th.*) in half. – **2.** (*spalten*) cleave, split: einen Holzklotz ~ to cleave a block of wood; → gordisch. – **II** *v/reflex* sich ~ **3.** (*durch Gestrüpp, Dschungel etc*) hack (*od.* cut, chop, force) one's way through.

'durchˌhau·en[2] I *v/t* ⟨*irr, sep,* -ge-, h⟩ j-n ~ *fig. colloq.* to thrash (*od.* trounce) s.o., to give s.o. a beating (*od.* thrashing), to give s.o. a (good) hiding (*colloq.*). – **II** *v/impers electr.* es hat die Sicherung durchgehauen the fuse has blown.

ˌdurch'hau·en[3] *v/t* ⟨*irr, insep, no* -ge-, h⟩ **1.** *cf.* durchhauen[1] 1, 2. – **2.** (*forestry*) (*Wald*) a) thin, cut over, b) cut a break (*od.* cut a lane, clear a line) through.

ˌdurch'hau·en[4] **I** *pp of* durchhauen[3]. – **II** *adj* (*Wald*) thinned.

'Durchˌhaus *n Austrian* house with a public thoroughfare.

'durchˌhe·cheln *v/t* ⟨*sep*, -ge-, h⟩ **1.** (*Flachs etc*) hackle, heckle, gill. – **2.** j-n [etwas] ~ *fig. colloq. contempt.* to gossip about s.o. [s.th.], to speak ill of s.o. [s.th.], to run s.o. [s.th.] down: die (lieben) Verwandten ~ to gossip about one's relatives, to pull (*od.* pick) one's relatives to pieces, to run one's relatives down; etwas in der Presse ~ to drag s.th. through the press.

'durchˌhef·ten *v/t* ⟨*sep*, -ge-, h⟩ (*Matratzen etc*) tuft.

'durchˌhei·zen[1] **I** *v/t* ⟨*sep*, -ge-, h⟩ **1.** (*Haus, Raum*) heat (*s.th.*) thoroughly, warm (*s.th.*) through. – **II** *v/i* **2.** heat thoroughly, warm through. – **3.** heat night and day.

ˌdurch'hei·zen[2] *v/t* ⟨*insep, no* -ge-, h⟩ *cf.* durchheizen[1] 1.

'durchˌhel·fen *v/i* ⟨*irr, sep*, -ge-, h⟩ **1.** j-m ~ (*durch eine Öffnung etc*) to help s.o. (to get) through. – **2.** j-m ~ (*durch Schwierigkeiten etc*) to help (*od.* see, pull) s.o. through, help s.o. out of a difficulty: Freunde halfen ihm durch friends helped him through. – **3.** sich (*dat*) ~ get by, manage, scrape through: sich kümmerlich ~ to eke out a bare existence; sich mit etwas ~ a) to get by (*od.* manage) on s.th., b) (*behelfen*) to make shift with s.th.

'Durchˌhieb *m* **1.** (*mining*) (*beim Streckenvortrieb*) breakthrough, *Br.* break-through, cutthrough, *Br.* cut-through. – **2.** (*forestry*) a) improvement cutting, thinning, culling, b) (*zur Auswahl nutzbarer Bäume*) selective cutting.

ˌdurch'hit·zen *v/t* ⟨*insep, no* -ge-, h⟩ heat (*s.th.*) thoroughly.

'durchˌhocken (*getr.* -k·k-) (*sport*) **I** *v/i* ⟨*sep*, -ge-, h⟩ (*beim Turnen*) **1.** squat through. – **II D~** *n* ⟨-s⟩ **2.** *verbal noun.* – **3.** squat-through.

ˌdurch'höh·len *v/t* ⟨*insep, no* -ge-, h⟩ hollow out, undermine.

'durchˌho·len I *v/t* ⟨*sep*, -ge-, h⟩ *mar.* (*Tau*) reeve, haul in the slack of. – **II** *v/i dial.* breathe deeply.

'durchˌhö·ren *v/t* ⟨*sep*, -ge-, h⟩ **1.** hear (*s.th.*) through. – **2.** hear (*s.th.*) out.

'durchˌhun·gern *v/reflex* ⟨*sep*, -ge-, h⟩ sich ~ *colloq.* scrape a living.

'durchˌhu·schen *v/i* ⟨*sep*, -ge-, sein⟩ slip (*od.* glide) through.

ˌdurch'ir·ren *v/t* ⟨*insep, no* -ge-, h⟩ (*Wald, Straßen etc*) wander through, rove, roam, stray through (*od.* about).

'durchˌixen [-ˌʔɪksən] *v/t* ⟨*sep*, -ge-, h⟩ (*Tippfehler etc*) x (*s.th.*) out.

'durchˌja·gen[1] **I** *v/t* ⟨*sep*, -ge-, h⟩ **1.** (*Pferd, Feind etc*) drive (*od.* chase) (*s.o., s.th.*) through. – **2.** *fig.* (*Werkstück, Auftrag etc*) rush (*od.* force) (*s.th.*) through. – **II** *v/i* ⟨sein⟩ **3.** (*von Auto etc*) rush (*od.* dash, race, tear) through: ein Reiter jagte durch a horseman dashed (*od.* galloped) through.

ˌdurch'ja·gen[2] *v/t* ⟨*insep, no* -ge-, h⟩ **1.** (*Stadt, Gelände etc*) rush (*od.* dash, race, tear) through: etwas zu Pferd ~ to gallop through s.th. – **2.** *hunt.* (*Revier*) (nach for) hunt. – **3.** j-n ~ *fig.* (*von Gedanken*) to flash through s.o.'s mind.

ˌdurch'käl·ten *lit.* **I** *v/t* ⟨*insep, no* -ge-, h⟩ (*Körper, Raum, Getränk etc*) chill. – **II** *v/i* (*von Person, Raum, Getränk etc*) (become) chill.

'durchˌkäm·men[1] *v/t* ⟨*sep*, -ge-, h⟩ **1.** (*Haar*) comb (*s.th.*) through. – **2.** *fig. cf.* durchkämmen[2].

ˌdurch'käm·men[2] *v/t* ⟨*insep, no* -ge-, h⟩ *fig.* (*Wald, Stadt*) comb, search: die Wälder (nach einem Verbrecher) ~ to comb the woods (for a criminal).

'Durchˌkäm·mung[1] *f* ⟨-; *no pl*⟩ **1.** combing through. – **2.** *fig.* combing, searching.

ˌDurch'käm·mung[2] *f* ⟨-; *no pl*⟩ *cf.* Durchkämmung[1] 2.

'durchˌkämp·fen[1] **I** *v/t* ⟨*sep*, -ge-, h⟩ etwas ~ to fight s.th. out (to the end): einen Streik ~ to fight out a strike; einen Prozeß ~ to fight (out) a case. – **II** *v/reflex* sich ~ to fight one's way through (*auch fig.*): sich zum Ausgang ~ to fight one's way through to the exit; man muß sich im Leben ~ one has to fight (*od.* struggle, battle) one's way through life.

ˌdurch'kämp·fen[2] *v/t* ⟨*insep, no* -ge-, h⟩ Stunden [Tage] ~ *lit.* to fight for hours [days].

'durchˌkau·en *v/t* ⟨*sep*, -ge-, h⟩ **1.** (*Speisen*) chew (*s.th.*) (well *od.* thoroughly). – **2.** *fig. colloq.* (*Unterrichtsstoff etc*) go over (*od.* work on) (*s.th.*) for a long time: etwas immer wieder ~ to go over (*od.* repeat) s.th. time after time (*od.* over and over again), to belabo(u)r s.th.

'durchˌklet·tern[1] *v/i* ⟨*sep*, -ge-, sein⟩ climb through: durch einen Zaun ~ to climb through a fence.

ˌdurch'klet·tern[2] *v/t* ⟨*insep, no* -ge-, h⟩ [(*Felswand etc*) climb.]

'durchˌklin·gen[1] *v/i* ⟨*irr, sep*, -ge-, h *u.* sein⟩ (*von Stimme, Instrument etc*) sound (*od.* come) through, penetrate (through), be heard (through) (*alle auch fig.*): der alte Haß klang immer wieder durch the old hatred still came through from time to time; durch seine Worte klang durch, daß a) his words somehow conveyed the idea that, b) I understood him to say that; in seinen Worten klang eine leichte Wehmut durch his words sounded slightly melancholic; etwas ~ lassen a) to give (*s.o.*) to understand s.th., b) to insinuate s.th.

ˌdurch'klin·gen[2] *v/t* ⟨*irr, insep, no* -ge-, h⟩ *lit.* (*Saal etc*) sound (*od.* ring) through.

'durchˌklop·fen *v/t* ⟨*sep*, -ge-, h⟩ (*Teppich*) beat (*s.th.*) well (*od.* thoroughly).

ˌdurch'klüf·tet [-'klʏftət] *adj* fissured, jointed.

'durchˌkne·ten *v/t* ⟨*sep*, -ge-, h⟩ **1.** (*Teig etc*) knead (*od.* work) (*s.th.*) (thoroughly): j-s Muskeln ~ *fig. colloq.* to knead s.o.'s muscles. – **2.** *tech.* (*Mörtel, Stoffbrei etc*) pug, knead (*s.th.*) thoroughly.

'durchˌknöp·fen *v/t* ⟨*sep*, -ge-, h⟩ (*Kleid*) button (*s.th.*) from top to bottom (*od.* all the way up).

'durchˌko·chen *v/t* ⟨*sep*, -ge-, h⟩ *gastr.* (*Fleisch etc*) boil (*od.* cook) (*s.th.*) thoroughly.

'durchˌkom·men I *v/i* ⟨*irr, sep*, -ge-, sein⟩ **1.** (*von Zug, Fahrzeug etc*) come (*od.* pass) through: ist der Bus schon durchgekommen? has the bus come through yet? der Festzug wird hier ~ the procession will come (*od.* pass) through here. – **2.** get through: die Straßen sind verstopft, du wirst nicht ~ the streets are jammed, you won't be able to get through (*od.* pass); ich versuchte ihn anzurufen, kam aber nicht durch I tried to phone him but didn't get through; ich komme mit meiner Arbeit nicht mehr durch *fig. colloq.* I can't get through my work any more, I am no longer able to cope with (*od.* get through) my work. – **3.** (*von Patienten*) come (*od.* pull) through, recover. – **4.** *fig. colloq.* (*von Prüfling*) pass, get through, be successful. – **5.** (*mit Geld, Können etc*) get by (*od.* along), manage: ich komme mit meinem Gehalt kaum durch I can hardly get by (*od.* manage) on my salary, I can barely make (both) ends meet on my salary; nur kümmerlich ~ to scrape through, to make (both) ends meet; ich komme mit meinem Französisch ganz gut durch I get along (*od.* manage) quite well with my French. – **6.** (*mit Ausrede, Schwindelei etc*) get away (*od.* by), succeed: mit dieser Entschuldigung kommt er nicht durch he won't get away (*od.* by) with this excuse, this excuse won't help him; damit kommst du bei ihm nicht durch that won't work (*od. colloq.* cut any ice) with him, that won't get you anywhere with him (*colloq.*). – **7.** (*von Zahn etc*) come through, appear. – **8.** (*von Nachricht etc*) come through, be passed on. – **9.** (*von Charakterzug etc*) come through, appear, become apparent. – **II D~** *n* ⟨-s⟩ **10.** *verbal noun*: es ist kein D~, alle Straßen sind blockiert there is no getting through, all the roads are blocked.

'durch·kom·poˌnie·ren *v/t* ⟨*sep, no* -ge-, h⟩ **1.** *mus.* compose (*s.th.*) with different music for each stanza. – **2.** *fig.* (*Roman, Gemälde etc*) work (*s.th.*) out to the last detail. — **'durch·kom·poˌniert** *mus.* **I** *pp.* – **II** *adj* through-composed, continuously set, durchkomponiert.

'durch·kon·juˌgie·ren *v/t* ⟨*sep, no* -ge-, h⟩ *ling.* (*Verb*) conjugate (*s.th.*) (through all its grammatical forms).

'durchˌkön·nen *v/i* ⟨*irr, sep*, -ge-, h⟩ *colloq.* be able to get through.

'Durch·kon·nos·seˌment *n econ.* through bill of lading.

'durch·kon·struˌie·ren *v/t* ⟨*sep, no* -ge-, h⟩ *tech.* (*Maschine etc*) construct (*s.th.*) well (*od.* thoroughly), devise, engineer.

'Durchˌkör·ner *m* ⟨-s; -⟩ *tech.* pin punch.

'durchˌko·sten[1] *v/t* ⟨*sep*, -ge-, h⟩ **1.** (*Speisen etc*) taste (*things*) one after the other. – **2.** *fig. lit.* taste, go through: alle Freuden [Leiden] des Lebens ~ to taste (*od.* enjoy) all the pleasures [to endure all the sorrows] of life.

ˌdurch'ko·sten[2] *v/t* ⟨*insep, no* -ge-, h⟩ *cf.* durchkosten[1].

'durchˌkra·men[1] *v/t* ⟨*sep*, -ge-, h⟩ *colloq.* (*Papiere, Handtasche etc*) rummage.

ˌdurch'kra·men[2] *v/t* ⟨*insep, no* -ge-, h⟩ *cf.* durchkramen[1].

'durchˌkreu·zen[1] **I** *v/t* ⟨*sep*, -ge-, h⟩ (*Zahl, Namen etc*) cross. – **II D~** *n* ⟨-s⟩ *verbal noun.*

ˌdurch'kreu·zen[2] **I** *v/t* ⟨*insep, no* -ge-, h⟩ **1.** (*Plan, Absicht etc*) cross, thwart, foil, frustrate: j-s Intrigen ~ to cross s.o.'s intrigues. – **2.** (*Meere etc*) cross: ein Gedanke durchkreuzte meinen Sinn *fig. lit.* a thought crossed my mind. – **II** *v/reflex* sich ~ **3.** (*von Linien etc*) cross (*od.* intersect) (each other *od.* one another), decussate (*scient.*). – **III D~** *n* ⟨-s⟩ **4.** *verbal noun.*

ˌDurch'kreu·zung[1] *f* ⟨-; *no pl*⟩ **1.** *cf.* Durchkreuzen[1], [2]. – **2.** (*eines Plans etc*) frustration. – **3.** (*von Linien etc*) intersection, decussation (*scient.*).

'Durchˌkreu·zung[2] *f* ⟨-; *no pl*⟩ *cf.* Durchkreuzen[1].

ˌDurch'kreu·zungsˌzwil·ling *m min.* interpenetrant (*od.* penetration) twin.

'durchˌkrie·chen[1] *v/i* ⟨*irr, sep*, -ge-, sein⟩ creep (*od.* crawl) through.

ˌdurch'krie·chen[2] *v/t* ⟨*irr, insep, no* -ge-, h⟩ **1.** (*Gelände, Stollen etc*) creep (*od.* crawl) through. – **2.** *fig. lit.* come (*od.* creep) over: ein Gefühl des Grauens durchkroch uns a feeling of horror came (*od.* crept) over us.

'durchˌkrie·gen *v/t* ⟨*sep*, -ge-, h⟩ *colloq. cf.* a) durchbekommen, b) durchbringen 1—6.

'durchˌla·den I *v/t* ⟨*irr, sep*, -ge-, h⟩ charge, (*Pistole*) *auch* work the slide of. – **II** *v/i* charge, (*bei Pistole*) *auch* work the slide.

'durchˌlan·gen *v/i* ⟨*sep*, -ge-, h⟩ *colloq.* reach (*od.* put one's hand) through.

'Durchˌlaß *m* ⟨-sses; ⸚sse⟩ **1.** ⟨*only sg*⟩ (permission of) passage: um ~ bitten to ask for permission to pass; j-m ~ gewähren to allow s.o. to pass. – **2.** (*Öffnung*) passage(way), *Br.* passage(-way), way through, opening, gap: ~ nach innen inlet; ~ nach außen outlet; einen schmalen ~ bilden to form a narrow passage. – **3.** *civ.eng.* a) (*Abzugskanal*) (drainage) culvert, b) (*Leitung*) conduit, duct, c) (*Schleuse*) gate. – **4.** *tech.* a) (*Ventil*) opening, outlet, port, b) (*Filter*) filter, sieve, c) (*eines Drehfutters*) center (*bes. Br.* centre) hole, d) (*einer Spannzange*) (bar) capacity. – **5.** *electr.* band pass. — **~beˌreich** *m*, **~ˌbrei·te** *f electr.* band-(pass) width.

'durchˌlas·sen I *v/t* ⟨*irr, sep*, -ge-, h⟩ **1.** let (*s.o., s.th.*) pass (through), let (*s.o., s.th.*) through: wir wurden ohne Eintrittskarte nicht durchgelassen we were not allowed through (*od.* to pass) without a ticket; j-n durch eine Prüfung ~ *colloq.* to pass s.o. in an examination, to let s.o. through an examination. – **2.** *colloq.* (*durchgehen lassen*) let (*s.th.*) pass: ich will es noch einmal ~ I'll let it pass one last time (*od.* just this once). – **3.** (*Wasser, Licht etc*) let (*s.th.*) through, be pervious to, be permeable to: der Stoff läßt kein Wasser durch the material is impermeable (*od.* impervious) to water; Glas läßt Licht durch glass lets light through, glass transmits light; die Verschalung läßt Wasser durch the planking leaks. – **4.** (*filtern*) filter, strain. – **5.** *phys.* (*bes. Strahlen*) transmit. – **6.** *electr.* let (*s.th.*) pass, transmit. – **II D~** *n* ⟨-s⟩ **7.** *verbal noun.* – **8.** *phys.* transmission, transmittance. – **9.** *electr.* transmission.

'durchˌläs·sig *adj* **1.** (*für Wasser, Luft, Licht etc*) pervious (to), permeable (to). – **2.** (*porös*) porous. – **3.** (*undichtes Dach, Gefäß etc*) leaky. – **4.** *phys.* a) (*für Licht etc*) transparent, diaphanous, translucent, b) (*für Wärmestrahlen*) diathermic, diathermanous. – **5.** (*sport*) (*Pferd*) responsive. — **'Durch-**

ˌ**läs·sig·keit** *f* ⟨-; *no pl*⟩ **1.** (*für Wasser, Luft etc*) perviousness, permeability. – **2.** (*Porosität*) porosity, porousness. – **3.** (*Undichtheit eines Daches, Gefäßes etc*) leakiness. – **4.** *phys.* a) (*für Licht*) transparency, diaphanousness, b) (*für Wärmestrahlen*) diatherma(n)cy. – **5.** *electr.* a) transmissibility, transmissivity, b) permeability. – **6.** (*optics*) transparency, transmission factor. – **7.** (*sport*) (*eines Pferdes*) responsiveness.

ˈ**Durchˌläs·sig·keitsˌmes·ser** *m electr.* permeameter.

ˈ**Durchˌlaß|ˌrohr** *n civ.eng.* discharge pipe. — **~ˌschein** *m* permit (to pass).

ˈ**Durchˌlaucht** [-ˌlauxt] *f* ⟨-; -en⟩ (*Adelstitel und Anrede*) (Serene) Highness: Seine ~ a) (*Fürst*) His (Serene) Highness, b) (*Herzog*) His Grace; Eure ~ a) (*Fürst*) Your Serene Highness (*od.* Serenity), b) (*Herzog*) Your Grace.

ˌ**durchˈlauch·tig** *adj* Serene: der ~ste Fürst His Most Serene Highness.

ˈ**Durchˌlauf** *m* **1.** *tech.* a) (*von Öl*) flow, b) (*von Werkstücken*) pass, c) (*einer Strecke*) travel, traverse. – **2.** *pol.* (*eines Gesetzes*) passage through parliament. — **~ˌbal·ken** *m civ.eng.* continuous beam (*od.* girder).

ˈ**durchˌlau·fen**[1] **I** *v/i* ⟨*irr, sep,* -ge-, sein⟩ **1.** run through: durch viele Räume ~ to run through many rooms; unter etwas ~ to run under s.th.; unter der Latte ~ (*sport*) to pass under the bar. – **2.** (*durcheilen*) run (*od.* rush) through: wir sind durch die Ausstellung nur durchgelaufen *colloq.* we just rushed through the exhibition (*od.* exposition). – **3.** (*weiterlaufen*) run: er kann lange ~, ohne müde zu werden he is able to run long distances (*od.* for a long time) without getting tired. – **4.** (*von Flüssigkeit*) run (*od.* flow, pass) through: das Wasser muß durch diese Rohre ~ the water has to run through these pipes (*od.* tubes); Kaffee (durch einen Filter) ~ lassen to filter (*od.* percolate) coffee; durch ein Sieb ~ to percolate (*od.* filter, seep) through a sieve. – **5.** *tech.* (*von Werkstück etc*) run (*od.* pass) through: Stoffe durch ein Farbbad ~ lassen to run (*od.* pass) fabrics through a dyebath. – **6.** *tech.* (*von Tragbalken etc*) be continuous. – **II** *v/t* ⟨h⟩ **7.** (*Schuhe, Sohlen*) wear out, (*stärker*) wear (*s.th.*) down to the uppers (*colloq.*): sich (*dat*) die Schuhe ~ to wear out (*od.* go through) one's shoes. – **8.** sich (*dat*) die Füße ~ to walk one's feet sore (*od.* raw, *colloq.* off).

ˌ**durchˈlau·fen**[2] **I** *v/t* ⟨*irr, insep, no* -ge-, h⟩ **1.** (*Gebiet, Straßen etc*) run through. – **2.** *fig.* go (*od.* pass, run) through: die Schule ~ to pass through school; verschiedene Entwicklungsstadien ~ to go (*od.* pass) through various phases of development; dieses Gerücht durchlief mit Windeseile die ganze Stadt *colloq.* this rumo(u)r spread like wildfire through (*od.* over) the whole town. – **3.** j-n ~ *fig.* to run through s.o., to run down s.o.'s spine: ein Schauder durchlief uns a shiver ran through us (*od.* down our spines). – **4.** (*bes. sport*) (*Strecke etc*) cover, run. – **5.** *astr.* (*Gestirnbahn*) travel, describe: eine Bahn ~ to describe an orbit. – **II** *v/impers* **6.** es durchlief ihn eiskalt cold fear ran through him, his blood ran cold; bei dem Gedanken an diese Prüfung durchlief es mich heiß I was (*od.* turned) sick with fear at the thought of this examination.

ˈ**durchˌlau·fend I** *pres p of* durchlaufen[1]. – **II** *adj* **1.** *tech.* (*Balken, Träger etc*) continuous. – **2.** *tech.* ~es Kolbenvolumen swept volume, piston displacement. – **3.** *econ.* (*Geldmittel, Posten*) transmitted, transitory: ~e Kredite transmitted loans, loans granted on a trust basis. – **4.** *bot.* percurrent.

ˈ**Durchˌlauf|erˌhit·zer** *m tech. cf.* Durchlauf-Wassererhitzer. — **~ˌfräs·maˌschi·ne** *f* continuous milling machine. — **~ˌgleis** *n* (*railway*) through line. — **~ˌglühˌofen** *m tech.* continuous annealing furnace. — **~ˌofen** *m* continuous heating (*od.* conveyor) furnace. — **~ˌpo·sten** *m econ.* transitory item. — **~ˌschlei·fen** *n tech.* through-feed grinding. — **~ˌschmie·rung** *f* total-loss (*od.* noncirculatory, *Br.* non-circulatory) lubrication. — **~ˌträ·ger** *m civ.eng. cf.* Durchlaufbalken. — **~ˌtrock·ner** *m tech.* continuous (*od.* tunnel) dryer (*od.* drier). — **~-ˌWas·ser·erˌhit·zer** *m* continuous-flow water heater, flow heater. — **~ˌzeit** *f* machining time.

ˈ**durch·laˌvie·ren** *v/reflex* ⟨*sep, no* -ge-, h⟩ sich ~ *fig. colloq.* pick (*od.* steer) one's way through.

ˌ**durchˈle·ben**[1] *v/t* ⟨*insep, no* -ge-, h⟩ live (*od.* pass, go) through, live, experience: dunkle Stunden ~ to live (*od.* go) through dark (*od.* black) hours; etwas im Geiste noch einmal ~ to relive s.th. (*od.* live s.th. over again) in one's imagination; er hat gute und schlechte Zeiten durchlebt he has seen good days and bad.

ˈ**durchˌle·ben**[2] *v/t* ⟨*sep,* -ge-, h⟩ live (*od.* go) through, experience: ich habe alles mit ihm durchgelebt I lived through everything with him, we have been through everything together.

ˈ**durchˌlecken** (*getr.* -k·k-) *v/i* ⟨*sep,* -ge-, h *u.* sein⟩ (*von Wasser etc*) leak (*od.* come) through.

ˈ**durchˌle·gen** *v/t* ⟨*sep,* -ge-, h⟩ *civ.eng.* (*Straße etc*) cut (*s.th.*) through (*od.* across).

ˌ**durchˈlei·den** *v/t* ⟨*irr, insep, no* -ge-, h⟩ *lit.* (*Schmerzen etc*) suffer, endure.

ˈ**durchˌlei·ten** *v/t* ⟨*sep,* -ge-, h⟩ **1.** (*Draht, Wasser etc*) lead (*od.* pass, conduct) (*s.th.*) through. – **2.** *econ.* (*Gelder*) transmit, (*Kredite*) *auch* pass on (*od.* through).

ˈ**durchˌle·sen**[1] **I** *v/t* ⟨*irr, sep,* -ge-, h⟩ read (*s.th.*) (through *od.* over): etwas auf Fehler (hin) ~ to read s.th. through for mistakes; etwas sorgfältig ~ to read s.th. through carefully, to peruse s.th.; etwas flüchtig ~ to skim (*od.* glance, run) through s.th.; etwas von Anfang bis Ende ~, etwas ganz ~ to read s.th. right through (*od.* to the end); ich habe das Buch schon durchgelesen I have finished (reading) the book. – **II D~** *n* ⟨-s⟩ *verbal noun:* sorgfältiges D~ perusal.

ˌ**durchˈle·sen**[2] *v/t* ⟨*irr, insep, no* -ge-, h⟩ *cf.* durchlesen[1].

ˌ**durchˈleuch·ten**[1] **I** *v/t* ⟨*insep, no* -ge-, h⟩ **1.** *med.* a) fluoroscope, b) *cf.* röntgen 1, c) transilluminate: ich habe mich ~ lassen I had a fluoroscopic examination. – **2.** (*Eier etc*) candle, test. – **3.** *fig.* (*untersuchen*) examine, investigate, analyze: einen Fall [j-s Verhalten] ~ to examine (*od.* analyze) a case [s.o.'s behavio(u)r]; j-s Vergangenheit ~ to examine (*od.* probe into) s.o.'s past; etwas auf (*acc*) etwas ~ to analyze s.th. for s.th. – **4.** *fig.* (*aufklären*) illumine, clear (*s.th.*) up. – **5.** *poet.* fill (*od.* pervade) (*s.th.*) with light. – **II D~** *n* ⟨-s⟩ **6.** *verbal noun.*

ˈ**durchˌleuch·ten**[2] *v/i* ⟨*sep,* -ge-, h⟩ **1.** (*von Licht etc*) shine (*od.* gleam) through. – **2.** *fig.* (*von Charaktereigenschaft etc*) come to light, become apparent, show, shine (*od.* peep) through.

ˌ**Durchˈleuch·tung** *f* ⟨-; -en⟩ **1.** *cf.* Durchleuchten[1]. – **2.** *med.* a) fluoroscopy, fluoroscopic examination, b) X-ray examination, c) transillumination. – **3.** *fig.* examination, investigation, analysis. – **4.** *fig.* (*Aufklärung*) illumination.

ˌ**Durchˈleuch·tungs|ap·paˌrat** *m,* **~geˌrät** *n med.* **1.** X-ray (*od.* roentgen) apparatus. – **2.** fluoroscope. — **~ˌschirm** *m* fluorescent (*od.* fluoroscope) screen.

ˈ**Durchˌlicht** *n* ⟨-(e)s; *no pl*⟩ *phys. phot.* transmitted light: im ~ *phot.* by transmitted light.

ˈ**durchˌlie·gen I** *v/t* ⟨*irr, sep,* -ge-, h⟩ **1.** (*Bett, Matratze*) wear (*s.th.*) out (by lying on it). – **II** *v/reflex* ⟨h⟩ sich ~ **2.** *med.* get bedsore, develop bedsores, develop decubitus ulcers (*scient.*). – **III** *v/i* ⟨h *u.* sein⟩ **3.** *mar.* (*bes. beim Segeln*) stand on. – **IV D~** *n* ⟨-s⟩ **4.** *verbal noun.* – **5.** *med.* bedsore, decubitus (ulcer) (*scient.*).

ˌ**durchˈlo·chen I** *v/t* ⟨*insep, no* -ge-, h⟩ **1.** pierce (a hole in[to]), make (*od.* punch) a hole in. – **2.** (*Sieblöcher*) perforate. – **3.** (*mit Lochzange*) punch. – **II D~** *n* ⟨-s⟩ **4.** *verbal noun.*

ˌ**durchˈlö·chern I** *v/t* ⟨*insep, no* -ge-, h⟩ **1.** perforate, make (*od.* pierce, prick) holes in (*od.* through). – **2.** (*mit Kugeln*) riddle: j-n mit Kugeln ~ to riddle s.o. with bullets. – **3.** (*durchbohren*) pierce. – **4.** *fig. colloq.* (*Prinzip, Vorschrift*) make (*od.* render) (*s.th.*) meaningless (*od.* void), reduce (*s.th.*) to nothing, undermine (*s.th.*) completely, riddle. – **II D~** *n* ⟨-s⟩ **5.** *verbal noun.*

ˌ**durchˈlö·chert I** *pp.* – **II** *adj* **1.** full of holes, perforate(d): siebartig ~ *biol.* cribrate. – **2.** *bot.* perforated. – **3.** (*Schuhe etc*) full of holes, in holes: ~e Socken socks in holes. – **4.** (*von Kugeln*) riddled: von Kugeln ~ sein (wie ein Sieb) to be riddled with bullets. — ˌ**Durchˈlö·che·rung** *f* ⟨-; -en⟩ **1.** *cf.* Durchlöchern. – **2.** perforation.

ˌ**Durchˈlo·chung** *f* ⟨-; -en⟩ **1.** *cf.* Durchlochen. – **2.** perforation.

ˈ**durchˌlot·sen** *v/t* ⟨*sep,* -ge-, h⟩ (*Schiff, Person*) pilot (*s.th., s.o.*) through.

ˈ**durchˌlüf·ten**[1] **I** *v/t* ⟨*sep,* -ge-, h⟩ (*Kleider, Raum etc*) air (*s.th.*) thoroughly: ein Zimmer ~ to air (*od.* ventilate) a room. – **II** *v/i* air (*od.* ventilate) the room. – **III D~** *n* ⟨-s⟩ *verbal noun.*

ˌ**durchˈlüf·ten**[2] **I** *v/t* ⟨*insep, no* -ge-, h⟩ **1.** *cf.* durchlüften[1] I. – **2.** (*Erdreich, Getreide, Aquarium etc*) aerate, ventilate. – **II D~** *n* ⟨-s⟩ **3.** *verbal noun.*

ˌ**Durchˈlüf·ter** *m* ⟨-s; -⟩ *tech.* aerator, ventilator.

ˈ**Durchˌlüf·tung**[1] *f* ⟨-; *no pl*⟩ **1.** *cf.* Durchlüften[1]. – **2.** ventilation.

ˌ**Durchˈlüf·tung**[2] *f* ⟨-; -en⟩ **1.** *cf.* Durchlüften[2]. – **2.** ventilation. – **3.** (*des Erdreichs, Getreides, eines Aquariums etc*) aeration.

ˌ**Durchˈlüf·tungsˌzo·ne** *f geol.* zone of aeration.

ˈ**durchˌlü·gen** *v/reflex* ⟨*irr, sep,* -ge-, h⟩ sich ~ *colloq.* **1.** lie one's way through. – **2.** get out of it (*od.* get off) by lying.

ˈ**durchˌlum·pen** *v/t* ⟨*sep,* -ge-, h⟩ *only in* eine Nacht ~ *colloq.* to make a night of it.

ˈ**durchˌma·chen I** *v/t* ⟨*sep,* -ge-, h⟩ **1.** (*Krankheit etc*) go through, endure, suffer: schwere Zeiten ~ to go through difficult times; er hat viel durchgemacht he has been through (*od.* has suffered) a lot; eine schwere Operation ~ to have (to undergo) a serious operation. – **2.** (*Schule etc*) pass (*od.* go) through: eine Lehre ~ to serve one's apprenticeship; etwas bis zu Ende ~ to finish (*od.* complete) s.th. – **3.** (*Wandel etc*) undergo. – **II** *v/i* **4.** *colloq.* work through without stopping (*od.* a break). – **5.** bis zum anderen Morgen (*od.* die ganze Nacht) ~ *colloq.* to make a night of it, to keep it up till dawn.

ˈ**Durchˌmarsch** *m* **1.** *mil.* (*von Truppen*) passage, march (*od.* way) through: den ~ erzwingen to force one's passage through; beim ~ der Truppen while the troops were marching through. – **2.** *colloq. humor. for* Durchfall 1.

ˈ**durch·marˌschie·ren** *v/i* ⟨*sep, no* -ge-, sein⟩ *mil.* march through.

ˈ**Durchˌmarschˌrecht** *n* right of passage (through a country).

ˈ**durchˌmei·ßeln** *v/t* ⟨*sep,* -ge-, h⟩ chisel through.

ˈ**durchˌmen·gen** *v/t* ⟨*sep,* -ge-, h⟩ mix (*s.th.*) thoroughly.

ˈ**durchˌmes·sen**[1] *v/t* ⟨*irr, sep,* -ge-, h⟩ (*Raum etc*) take the measurement(s) of.

ˌ**durchˈmes·sen**[2] *v/t* ⟨*irr, insep, no* -ge-, h⟩ **1.** pace: er durchmaß das Zimmer mit langen Schritten a) he crossed the room with long strides, b) he paced up and down the room, he paced the floor with long strides. – **2.** (*Strecke etc*) cover, traverse, travel. – **3.** *lit.* (*Gebiet, Raum*) traverse, travel (over), cross.

ˈ**Durchˌmes·ser** *m* ⟨-s; -⟩ diameter: der Tisch mißt (*od.* hat) 2 Meter im ~ the table measures (*od.* is) 2 meters in diameter, the table has a diameter of 2 meters; von gleichem ~ isodiametric; äußerer ~ outside (*od.* external) diameter; innerer (*od.* lichter) ~ a) internal (*od.* inner) diameter, b) *tech.* inside diameter, c) (*eines Rohrs*) caliber, calibre; den ~ bestimmen to measure the diameter; konjugierter ~ *math.* conjugate diameter; scheinbarer ~ eines Himmelskörpers *astr.* apparent diameter of a celestial body.

ˈ**durchˌmi·schen**[1] *v/t* ⟨*sep,* -ge-, h⟩ mix (*s.th.*) thoroughly.

ˌ**durchˈmi·schen**[2] *v/t* ⟨*insep, no* -ge-, h⟩ (mit with) mix, intermix.

ˈ**durchˌmo·geln** *v/reflex* ⟨*sep,* -ge-, h⟩ sich ~ *colloq.* swindle (*od.* cheat) one's way through.

ˈ**durchˌmüs·sen** *v/i* ⟨*irr, sep,* -ge-, h⟩ have to go (*od.* pass) through.

ˈ**durchˌmu·stern**[1] *v/t* ⟨*sep,* -ge-, h⟩ **1.** (*Waren, Papiere etc*) look through, examine (*od.* inspect) closely, scrutinize. – **2.** *astr.* scan, survey.

ˌ**durchˈmu·stern**[2] *v/t* ⟨*insep, no* -ge-, h⟩ *cf.* durchmustern[1].

ˈ**Durchˌmu·ste·rung,** *auch* ˌ**Durchˈmu·ste·rung** *f* **1.** close examination (*od.* inspection), scrutiny. – **2.** *astr.* sky survey, star atlas, star chart(s *pl*).

'durchˌna·gen[1] **I** *v/t* ⟨*sep*, -ge-, h⟩ (*Brett, Karton etc*) gnaw (a hole) through: ein Seil ~ to gnaw a rope in two. – **II** *v/reflex* sich (durch etwas) ~ (*von Maus etc*) gnaw one's way through (s.th.).

ˌdurch'na·gen[2] *v/t* ⟨*insep, no* -ge-, h⟩ *cf.* durchnagen[1] I.

'durchˌnä·hen *v/i u. v/t* ⟨*sep*, -ge-, h⟩ stitch through, quilt.

'Durchˌnah·me *f* ⟨-; *no pl*⟩ **1.** *ped.* a) doing, dealing (*gen* with), treating, b) treatment. – **2.** (*textile*) (*in der Färberei*) passing (*od.* running) through.

ˌdurch'näs·sen[1] *v/t* ⟨*insep, no* -ge-, h⟩ (*Kleidung etc*) make (*s.o., s.th.*) wet (right) through, soak (*s.o., s.th.*) (through), drench: der Regen durchnäßte uns bis auf die Haut the rain soaked us to the skin.

'durchˌnäs·sen[2] **I** *v/i* ⟨*sep*, -ge-, h⟩ soak through. – **II** *v/impers* es hat durchgenäßt the moisture (*od.* damp) has come through.

ˌdurch'näßt I *pp of* durchnässen[1]. – **II** *adj* wet through, soaked (through), soaking (wet), drenched: völlig (*od.* bis auf die Haut) ~ sein to be wet (*od.* soaked, drenched) to the skin, to be soaking wet.

'durchˌneh·men *v/t* ⟨*irr, sep*, -ge-, h⟩ **1.** *ped.* (*Unterrichtsstoff*) do, deal with, treat, go through: mit einer Klasse den Dreißigjährigen Krieg ~ to take a class through the Thirty Years' War; das haben wir schon durchgenommen we have done (*od.* gone through, learned) that already. – **2.** (*textile*) (*Färberei*) pass (*od.* run) (*s.th.*) through. – **3.** *dial. for* durchhecheln 2.

'durch·nu·meˌrie·ren I *v/t* ⟨*sep, no* -ge-, h⟩ (*Blätter etc*) number (*s.th.*) consecutively. – **II D~** *n* ⟨-s⟩ *verbal noun.* — **'Durch·nu·meˌrie·rung** *f* ⟨-; *no pl*⟩ *cf.* Durchnumerieren.

'durch·or·ga·niˌsie·ren *v/t* ⟨*sep, no* -ge-, h⟩ organize (*s.th.*) thoroughly (*od.* to the last detail). — **'Durch·or·ga·niˌsie·rung** *f* ⟨-; -en⟩ thorough (*od.* detailed) organization.

ˌdurch'ör·tern *v/t* ⟨*insep, no* -ge-, h⟩ (*mining*) (*Gebirge*) work (*od.* cut) through.

'durch·paˌrie·ren *v/i* ⟨*sep, no* -ge-, h⟩ (*von Reiter*) draw rein.

'durch·pasˌsie·ren *v/t* ⟨*sep, no* -ge-, h⟩ (*Suppe, Kartoffeln etc*) strain, sieve, pass (*s.th.*) through a sieve.

'durchˌpau·ken *v/t* ⟨*sep*, -ge-, h⟩ *colloq.* **1.** (*Unterrichtsstoff*) study (*s.th.*) thoroughly, cram (*colloq.*), *Am. sl.* bone up on, *Br. sl.* swot up. – **2.** *pol.* (*Gesetz*) force (*od.* ram) (*s.th.*) through, steamroller, *Br.* steam-roller, *auch* steamroll, *Am. auch* railroad.

'durchˌpau·sen *v/t* ⟨*sep*, -ge-, h⟩ **1.** (*mit Kohlepapier*) transfer (*s.th.*) with carbon paper, draw (*od.* write) (*s.th.*) through carbon paper. – **2.** (*mit Pergamentpapier etc*) trace, transfer, copy. – **3.** (*textile*) (*mit Pauspulver*) pounce, trace. – **4.** (*Töpferei*) (*Muster*) print.

'durchˌpeit·schen I *v/t* ⟨*sep*, -ge-, h⟩ **1.** (*Hund, Person*) whip (*od.* flog) (*s.th., s.o.*) (soundly). – **2.** *pol. contempt.* rush (*s.th.*) through, *Am. auch* railroad. – **3.** *fig. colloq.* (*Unterrichtsstoff etc*) hurry (*od.* rush) (*s.th.*) through. – **II D~** *n* ⟨-s⟩ **4.** *verbal noun.* — **'Durchˌpeit·schung** *f* ⟨-; *no pl*⟩ *cf.* Durchpeitschen.

'durchˌpfei·fen *v/i* ⟨*irr, sep*, -ge-, h⟩ (*von Wind etc*) whistle through.

'durchˌpflü·gen[1] *v/t* ⟨*sep*, -ge-, h⟩ *agr.* (*Acker, Feld etc*) plough (*bes. Am.* plow) (*s.th.*) thoroughly.

ˌdurch'pflü·gen[2] *v/t* ⟨*insep, no* -ge-, h⟩ **1.** *lit.* (*Meer*) plough (*bes. Am.* plow) (through), (*Wellen*) *auch* cut through. – **2.** *fig.* (*Lehrstoff etc*) plough (*bes. Am.* plow) through, work through (*s.th.*) with great thoroughness.

'durchˌpicken (*getr.* -k·k-) *v/t* ⟨*sep*, -ge-, h⟩ (*Eierschale*) break (open), pip.

'durchˌpil·gern[1] *v/i* ⟨*sep*, -ge-, sein⟩ pass through.

ˌdurch'pil·gern[2] *v/t* ⟨*insep, no* -ge-, h⟩ (*Land*) travel (*od.* wander) through.

'durchˌplump·sen *v/i* ⟨*sep*, -ge-, sein⟩ *colloq. cf.* durchfallen[1] 1.

'durchˌpres·sen *v/t* ⟨*sep*, -ge-, h⟩ **1.** press (*od.* squeeze) (*s.th.*) through. – **2.** *gastr.* (*Kartoffeln etc*) mash, *Am. auch* rice. – **3.** (*filtern*) strain.

'durchˌpro·ben *v/t* ⟨*sep*, -ge-, h⟩ (*Theaterstück etc*) rehearse (*s.th.*) from the beginning to the end, run through.

'durch·proˌbie·ren *v/t* ⟨*sep, no* -ge-, h⟩ **1.** (*Speisen*) try (*od.* taste) (*dishes*) one after the other. – **2.** (*Kleider etc*) try (*clothes*) on one after the other.

'durchˌprü·fen *v/t* ⟨*sep*, -ge-, h⟩ examine (*od.* test, check) (*s.th.*) thoroughly.

'durchˌprü·geln *v/t* ⟨*sep*, -ge-, h⟩ *colloq. for* durchhauen[2] I.

ˌdurch'pul·sen *v/t* ⟨*insep, no* -ge-, h⟩ *lit.* pulse (*od.* pulsate) through (*auch fig.*): buntes Leben durchpulste die Straßen *fig.* the streets were pulsating (*od.* vibrating) with life. — **ˌdurch'pulst** *lit.* **I** *pp.* – **II** *adj* puls(at)ing, vibrating: von Begeisterung ~ *fig.* filled (*od.* vibrating) with enthusiasm.

ˌdurch'quer·bar *adj* crossable, traversable.

ˌdurch'que·ren I *v/t* ⟨*insep, no* -ge-, h⟩ **1.** (*Raum, Gebiet etc*) cross, traverse, pass through: einen Fluß ~ to cross (*od.* ford) a river; einen Erdteil ~ to travel across a continent. – **2.** *fig. cf.* durchkreuzen[2] 1. – **II D~** *n* ⟨-s⟩ **3.** *verbal noun.* — **ˌDurch'que·rung** *f* ⟨-; -en⟩ **1.** *cf.* Durchqueren. – **2.** traversal.

'durchˌquet·schen I *v/t* ⟨*sep*, -ge-, h⟩ **1.** squeeze (*od.* press) (*s.th.*) through. – **2.** *gastr.* a) *cf.* durchpassieren, b) *cf.* durchpressen 2. – **II** *v/reflex* sich ~ **3.** squeeze (one's way) through.

'durchˌra·sen[1] *v/i* ⟨*sep*, -ge-, sein⟩ race (*od.* tear, rush, dash, shoot) through: der Schnellzug raste soeben durch the express train tore (*od.* roared) through just now; er raste einfach durch he rushed through at full speed.

ˌdurch'ra·sen[2] *v/t* ⟨*insep, no* -ge-, h⟩ (*Ort, Gebiet etc*) race (*od.* tear, rush, dash) through.

'durchˌras·seln *v/i* ⟨*sep*, -ge-, sein⟩ *colloq. for* durchfallen[1] 3.

'durchˌräu·chern[1] *v/t* ⟨*sep*, -ge-, h⟩ **1.** (*Fleisch, Wurst etc*) smoke (*s.th.*) thoroughly. – **2.** (*Zimmer etc*) fumigate.

ˌdurch'räu·chern[2] *v/t* ⟨*insep, no* -ge-, h⟩ *cf.* durchräuchern[1].

'durchˌrau·schen[1] *v/i* ⟨*sep*, -ge-, sein⟩ *colloq. humor.* **1.** (*von Person*) sweep (*od.* sail) through. – **2.** *cf.* durchfallen[1] 3.

ˌdurch'rau·schen[2] *v/t* ⟨*insep, no* -ge-, h⟩ *poet.* (*von Wind*) (*Wald etc*) rush (*od.* sweep, bluster) through.

'durchˌrech·nen I *v/t* ⟨*sep*, -ge-, h⟩ **1.** (*Aufgabe etc*) calculate, go through: rechne es noch einmal durch go through it again. – **2.** (*überprüfen*) check: eine Kalkulation noch einmal ~ to check a calculation. – **II D~** *n* ⟨-s⟩ **3.** *verbal noun.* — **'Durchˌrech·nung** *f* **1.** *cf.* Durchrechnen. – **2.** calculation.

'durchˌreg·nen[1] *v/impers* ⟨*sep*, -ge-, h⟩ **1.** es regnet durch (*durchs Dach etc*) it is raining through, the rain is coming through. – **2.** es hat die ganze Nacht durchgeregnet it rained all night long.

ˌdurch'reg·net *adj cf.* durchgeregnet II.

'durchˌrei·ben I *v/t* ⟨*irr, sep*, -ge-, h⟩ **1.** (*Stoff etc*) rub (*s.th.*) through, chafe (*s.th.*) (through), fray: ein Kabel ~ to chafe (*od.* gall) a cable. – **II** *v/reflex* sich ~ **2.** (*von Stoff etc*) rub through, chafe (through), get chafed, fray. – **3.** rub oneself sore, chafe (*od.* gall) oneself.

'Durchˌrei·che *f* ⟨-; -n⟩ serving (*od.* service) hatch. — **'durchˌrei·chen** *v/t* ⟨*sep*, -ge-, h⟩ (*Gegenstand*) pass (*od.* hand, reach) (*s.th.*) through.

'Durchˌrei·se *f* journey (*od.* way) through (*od.* across), passage: auf der ~ (durch) on my way through, when passing through; ich bin (hier) nur auf der ~ I am only passing (*od.* travel[l]ing) through; j-m die ~ gestatten to allow s.o. transit (*od.* to travel through). [mission.]

'Durchˌrei·se·erˌlaub·nis *f* transit per-

'durchˌrei·sen[1] *v/i* ⟨*sep*, -ge-, sein⟩ travel (*od.* pass, go) through: ich bin durch diese Stadt mehrmals durchgereist I have passed (*od.* travel[l]ed) through this town several times.

ˌdurch'rei·sen[2] *v/t* ⟨*insep, no* -ge-, h⟩ (*Land etc*) travel (over *od.* through, across), traverse: ganz Europa ~ to travel (*od.* tour) all over Europe.

'Durchˌrei·sen·de *m, f* ⟨-n; -n⟩ **1.** person travel(l)ing (*od.* passing) through, *Am.* transient (guest *od.* visitor). – **2.** *bes.* (*railway*) through passenger.

'Durchˌrei·se·viˌsum *n* transit visa.

'durchˌrei·ßen[1] **I** *v/t* ⟨*irr, sep*, -ge-, h⟩ **1.** (*Papier, Stoff etc*) tear (*s.th.*) (in two *od.* apart, *lit.* asunder): etwas in der Mitte ~ to tear s.th. in half (*od.* two); eine Schnur ~ to tear (*od.* break) a string. – **II** *v/i* ⟨sein⟩ **2.** (*von Schnur etc*) break (in half *od.* two), sever, snap. – **3.** (*von Stoff etc*) tear (in half *od.* two), get torn. – **4.** ⟨h⟩ *mil.* pull the trigger prematurely.

ˌdurch'rei·ßen[2] *v/t* ⟨*irr, insep, no* -ge-, h⟩ **1.** *cf.* durchreißen[1] 1. – **2.** (*sport*) (*Zielband*) breast.

'durchˌrei·ten[1] **I** *v/i* ⟨*irr, sep*, -ge-, sein⟩ **1.** ride through: durch einen Wald ~ to ride through a forest, to cross a forest on horseback. – **II** *v/t* ⟨h⟩ **2.** (*Pferd*) gall (*od.* chafe) (*horse*) by riding. – **3.** (*Hose*) wear (*s.th.*) out by riding. – **III** *v/reflex* ⟨h⟩ sich ~ **4.** get chafed (*od.* make oneself sore) by riding.

ˌdurch'rei·ten[2] *v/t* ⟨*irr, insep, no* -ge-, h⟩ (*Land, Fluß etc*) ride through, cross (*od.* traverse) (*s.th.*) on horseback.

'durchˌren·nen[1] *v/i* ⟨*irr, sep*, -ge-, sein⟩ run (*od.* dash, race) through.

ˌdurch'ren·nen[2] *v/t* ⟨*irr, insep, no* -ge-, h⟩ **1.** run (*od.* dash, race) through. – **2.** (*mit der Klinge etc*) run (*s.o.*) through.

'durchˌrie·seln[1] *v/i* ⟨*sep*, -ge-, sein⟩ (*von Sand, Wasser etc*) trickle (*od.* run) through.

ˌdurch'rie·seln[2] **I** *v/t* ⟨*insep, no* -ge-, h⟩ **1.** j-n ~ *fig. lit.* to run (*od.* pass, thrill) through s.o., to pervade s.o.: ein Gefühl der Wärme durchrieselte ihn a feeling of warmth pervaded him. – **2.** *poet.* trickle (*od.* run, flow) through: ein Bächlein durchrieselt den Park a little stream trickles (*od.* murmurs) through the park. – **II** *v/impers* **3.** es durchrieselte mich kalt a cold shiver ran through me, cold shivers ran (up and) down my spine.

'durchˌrin·gen *v/reflex* ⟨*irr, sep*, -ge-, h⟩ sich ~ **1.** fight one's way through: sich zu etwas ~ a) to struggle through to s.th., to fight one's way through to s.th., b) *fig.* to bring oneself to do s.th. (after a long struggle), to decide to do s.th. after long soul-searching; sich zu einem Entschluß [der Überzeugung] ~ to come to a decision [the conviction] after much soul-searching. – **2.** come to be accepted, gain acceptance, win through: diese Ansicht ringt sich mehr und mehr durch this view is becoming more and more prevalent.

'durchˌrin·nen *v/i* ⟨*irr, sep*, -ge-, sein⟩ leak (through).

'Durchˌritt *m* ride (*od.* riding) through: auf dem ~ (while) riding through, on the ride through.

'durchˌrol·len *v/i* ⟨*sep*, -ge-, sein⟩ (*von Wagen etc*) roll through.

'durchˌro·sten *v/i* ⟨*sep*, -ge-, sein⟩ (*von Rohr, Metallteil etc*) rust through.

'durchˌrücken (*getr.* -k·k-) *v/i* ⟨*sep*, -ge-, sein⟩ *mil.* (*von Truppen*) move (*od.* march) through.

'durchˌru·dern *v/i* ⟨*sep*, -ge-, sein⟩ row through.

'durchˌrüh·ren *v/t* ⟨*sep*, -ge-, h⟩ *gastr.* **1.** (*Teig etc*) mix (*od.* stir) (*s.th.*) well (*od.* thoroughly). – **2.** *cf.* durchpassieren.

'durchˌrut·schen *v/i* ⟨*sep*, -ge-, sein⟩ **1.** slip through (*auch fig.*): bei einer Prüfung gerade noch ~ *fig.* to scrape (*od.* squeeze) through an examination. – **2.** (*unterlaufen*) slip (*od.* creep) in: ihm ist ein Fehler durchgerutscht he let a mistake (*od.* error) slip in (*od.* through), he slipped up.

'durchˌrüt·teln *v/t* ⟨*sep*, -ge-, h⟩ shake (*s.o., s.th.*) thoroughly (*od.* up): wir wurden in der Bahn tüchtig durchgerüttelt we were badly shaken about in the train.

durchs *prep short for* durch das: ~ Fenster steigen to climb through the window; ~ Haus laufen to run through the house; ~ ganze Leben *fig.* throughout one's life; Hand in Hand ~ Leben gehen *fig.* to go through life together; → Feuer 1.

'durchˌsä·beln *v/t* ⟨*sep*, -ge-, h⟩ *colloq.* cut (*s.th.*) (through) (roughly).

'durchˌsacken (*getr.* -k·k-) *v/i* ⟨*sep*, -ge-, sein⟩ *aer.* **1.** (*im Flug*) stall. – **2.** (*bei Landung*) pancake.

'Durchˌsack·geˌschwin·dig·keit *f aer.* critical (*od.* stalling) speed.

'Durchˌsa·ge *f* ⟨-; -n⟩ (*im Lautsprecher,*

Radio etc) announcement, message: **Achtung, eine ~!** attention, please, for the following announcement; **diese ~ erfolgt ohne Gewähr** no guarantee is given for the accuracy of this announcement.

'durchˌsa·gen *v/t* ⟨*sep*, -ge-, h⟩ **1.** (*Meldung etc*) announce: **etwas telephonisch ~** to pass s.th. through over the telephone; **ein Telegramm telephonisch ~** a) to dictate a telegram over the telephone, b) to deliver a telegram by telephone; **etwas im Radio ~** to broadcast s.th.; **es wurde im Radio durchgesagt** it was announced on the radio, it was broadcast(ed); **die Nachrichten ~** to read the news. – **2.** (*Parole etc*) pass (*s.th.*) along (*auch mil.*).

'durchˌsä·gen *v/t* ⟨*sep*, -ge-, h⟩ saw (*s.th.*) through, cut (*s.th.*) with a saw: **einen Ast ~** *fig. humor.* to snore loudly, to saw logs (*colloq.*).

'durchˌsal·zen *v/t* ⟨*meist irr, sep*, -ge-, h⟩ *gastr.* salt (*s.th.*) thoroughly.

'Durchˌsatz *m* ⟨-es; "e⟩ **1.** *tech. metall.* throughput, *Br.* through-put. – **2.** (*space*) fuel consumption.

'durchˌsau·sen[1] *v/i* ⟨*sep*, -ge-, sein⟩ *colloq.* **1.** run through. – **2.** *colloq. for* durchfallen[1] 3.

ˌdurch'sau·sen[2] *v/t* ⟨*insep, no* -ge-, h⟩ *poet.* rush (*od.* roar) through.

'durchˌscha·ben I *v/t* ⟨*sep*, -ge-, h⟩ wear (*od.* scrape) (*s.th.*) through. – **II** *v/reflex* **sich ~** (*von Ärmel, Hose etc*) wear through, be worn through.

ˌdurch'schal·len[1] *v/t* ⟨*insep, no* -ge-, h⟩ *tech.* (*Werkstück etc*) irradiate (*s.th.*) with supersonic waves.

'durchˌschal·len[2] *v/i* ⟨*auch irr, sep*, -ge-, h⟩ (*von Lärm etc*) penetrate.

ˌDurch'schal·lung *f* ⟨-; -en⟩ *tech.* irradiation with supersonic waves.

'durchˌschal·ten I *v/t* ⟨*sep*, -ge-, h⟩ **1.** *tel.* (*Gespräch etc*) connect (*od.* switch, put) (*s.th.*) through. – **2.** *auto.* change up. – **3.** *tech.* (*Spindel eines Drehautomaten*) index. – **II** *v/i* **4.** *tel.* make a connection (*Br. auch* connexion). — **'Durchˌschal·tung** *f* ⟨-; *no pl*⟩ *tel.* through connection, *Br. auch* through-connexion.

ˌdurch'schau·bar *adj* obvious, transparent: **seine Beweggründe sind leicht [schwer] ~** his motives are [not] easily seen through; **ein sehr schwer ~er Mensch** a person of a very puzzling (*od.* enigmatic) character.

ˌdurch'schau·en[1] *v/t* ⟨*insep, no* -ge-, h⟩ **j-n [etwas] ~** to see through s.o. [s.th.], to find s.o. [s.th.] out: **ich habe deine Absichten** (*od.* **dich**) **durchschaut** I know what you are up to, *Am. sl.* I've got your number; **j-s Spiel [Pläne] ~** to see through s.o.'s game [plans *od.* schemes]; **ich beginne, die Sache zu ~** I'm beginning to see through it.

'durchˌschau·en[2] *v/i* ⟨*sep*, -ge-, h⟩ *Southern G. for* durchsehen 1, 2.

ˌdurch'schau·ern *v/t u. v/impers* ⟨*insep, no* -ge-, h⟩ *lit. cf.* durchrieseln[2] 1, 3.

'durchˌschei·nen *v/i* ⟨*irr, sep*, -ge-, h⟩ **1.** (*von Licht etc*) shine through. – **2.** (*von Schrift, Ader etc*) show through. – **3.** *fig.* (*von Charakterzug etc*) become evident (*od.* apparent), be seen, show (*od.* peep) through. — **'durchˌschei·nend I** *pres p.* – **II** *adj* (*Papier, Gewebe etc*) transparent, translucent, diaphanous.

'durchˌscheu·ern I *v/t* ⟨*sep*, -ge-, h⟩ **1.** (*Kragen, Ärmel etc*) wear (*s.th.*) through, fray. – **2.** *colloq.* rub (*od.* wash) (*s.th.*) sore: **sich** (*dat*) **die Haut ~** to chafe (*od.* gall) one's skin. – **II** *v/reflex* **sich ~ 3.** (*von Ärmel etc*) wear through, be worn through.

'durchˌschie·ben *v/t* ⟨*irr, sep*, -ge-, h⟩ push (*od.* shove) (*s.th.*) through.

'durchˌschie·ßen[1] *v/i* **1.** ⟨*irr, sep*, -ge-, h⟩ shoot through: **er hat durch die Scheibe durchgeschossen** he shot through the (window)pane. – **2.** ⟨sein⟩ (*von Wasser, Luft etc*) shoot (*od.* race) through. – **3.** ⟨sein⟩ (*von Person*) dash (*od.* race, shoot, tear) through.

ˌdurch'schie·ßen[2] *v/t* ⟨*irr, insep, no* -ge-, h⟩ **1.** shoot through: **seine Lunge wurde von einer Kugel durchschossen** a shot passed through his lungs; **den Rumpf eines Schiffes ~** *mar.* to shoot through the hull of a ship, to hull a ship. – **2.** *fig.* flash (*od.* shoot) through: **ein Gedanke durchschoß ihn** a thought flashed through his brain (*od.* mind). – **3.** *print.* a) (*Satz*) lead, b) (*Buch, Text*) interleave, slip-sheet. – **4.** (*textile*) interweave: **ein Gewebe (mit Silberfäden) ~** to interweave woven fabric (with silver threads).

ˌdurch'schif·fen *v/t* ⟨*insep, no* -ge-, h⟩ (*Meere*) sail across (*od.* through), cross, navigate.

'durchˌschim·mern[1] *v/i* ⟨*sep*, -ge-, h⟩ shimmer (*od.* glimmer, gleam) through: **zwischen den Ritzen schimmerte Licht durch** light was shimmering through the cracks.

ˌdurch'schim·mern[2] *v/t* ⟨*insep, no* -ge-, h⟩ shimmer (*od.* glimmer, gleam) through.

'durchˌschla·fen[1] *v/i* ⟨*irr, sep*, -ge-, h⟩ sleep through (*od.* without waking): **heute nacht hat der Patient durchgeschlafen** last night the patient slept through without waking; **das Baby schläft bis 7 Uhr durch** the baby sleeps right through until 7.

ˌdurch'schla·fen[2] *v/t* ⟨*irr, insep, no* -ge-, h⟩ (*Nacht, Stunden etc*) sleep through.

ˌdurch'schla·fen[3] I *pp of* durchschlafen[2]. – **II** *adj* **~e Tage** days spent (in) sleeping.

'Durchˌschlag *m* ⟨-(e)s; "e⟩ **1.** (*eines Briefes etc*) (carbon) copy, carbon: **3 Durchschläge machen** to make 3 carbons (*od.* copies). – **2.** (*großes Sieb*) colander, *auch* cullender, strainer. – **3.** *electr.* disruptive discharge, breakdown, b) (*einer Sicherung*) blowout, *Br.* blow-out. – **4.** *tech.* drift (*od.* backing-out) punch, drift pin. – **5.** (*mining*) crosscut, *Br.* cross-cut, breakoff, *Br.* break-off, intersection. – **6.** *mil.* (*eines Geschosses etc*) penetration, piercing. – **7.** *auto.* (*einer Zündkerze*) flashover.

'durchˌschla·gen[1] I *v/t* ⟨*irr, sep*, -ge-, h⟩ **1.** (*Brett etc*) cut (*od.* hew) (*s.th.*) in two. – **2.** (*Gemüse, Obst etc*) pass (*od.* run) (*s.th.*) through a strainer (*od.* sieve, colander), strain. – **3.** (*mining*) break open. – **II** *v/i* **4.** (*von Nässe, Tinte etc*) go (*od.* come) through, (*von Farbe*) *auch* show through: **das Papier ist zu dünn, die Tinte schlägt durch** the paper is too thin — the ink comes through (on the other side). – **5.** *fig.* (*von Charaktereigenschaft etc*) come (*od.* show) through, appear, be dominant: **bei ihm schlägt der Großvater durch** he takes after his grandfather. – **6.** *fig.* (*von Argument, Maßnahme etc*) be effective, have (*od.* take) effect: **seine Beweisführung schlug durch** his argumentation was effective (*od.* convincing). – **7.** *fig. colloq.* (*von Obst, Arznei etc*) have a purgative (*od.* laxative, cathartic) effect. – **8.** *electr.* a) (*von Sicherung*) blow (out), fuse, strike, b) (*von Isolation etc*) puncture, spark through, c) (*Überschreiten der elektr. Festigkeit*) break down, disrupt. – **9.** (*radio*) (*von Sendung*) break through. – **III** *v/reflex* **sich ~ 10.** fight one's way through: **sich durch die feindlichen Linien ~** to fight one's way through the enemy (lines). – **11.** *fig. colloq.* make one's way, get along, fend for oneself: **sich recht und schlecht ~** to get along (*od.* by) as well as one can, to make (both) ends meet, to scrape along (*od.* through); **er mußte sich immer allein ~** he always had to manage by (*od.* fend for) himself. – **IV D~** *n* ⟨-s⟩ **12.** *verbal noun.* – **13.** *fig.* (*einer Charaktereigenschaft etc*) appearance.

ˌdurch'schla·gen[2] I *v/t* ⟨*irr, insep, no* -ge-, h⟩ **1.** knock a hole in (*od.* through), pierce, penetrate: **die Mauer ~** to knock a hole in the wall; **das Geschoß durchschlug die Panzerung** the projectile pierced the armo(u)r. – **II D~** *n* ⟨-s⟩ **2.** *verbal noun.* – **3.** *cf.* Durchschlag 6.

'durchˌschla·gend I *pres p of* durchschlagen[1]. – **II** *adj* **1.** (*Erfolg, Sieg etc*) sweeping, striking, smashing, *auch* brilliant, sensational. – **2.** (*Beweis etc*) convincing, conclusive, irrefutable. – **3.** (*Grund etc*) compelling, cogent. – **4.** (*wirkungsvoll*) effective, thorough, telling, striking.

'Durchˌschlag|ˌfe·stig·keit *f electr. cf.* Durchschlagsfestigkeit. — **~ˌham·mer** *m tech.* drift. — **~paˌpier** *n* **1.** manifold (paper), flimsy. – **2.** carbon paper. — **~ˌrohr** *n geol.* volcanic vent (*od.* pipe).

'Durchˌschlags|ˌfe·stig·keit *f electr.* **1.** electric (*od.* dielectric) strength, electrical insulation value. – **2.** (*bes. von Kondensator*) punctive (*od.* disruptive) strength. — **~ˌfun·ken** *m* jumping spark.

'durchˌschlagˌsi·cher *adj electr.* (*Isolatoren etc*) puncture-proof.

'Durchˌschlags|ˌkraft *f* ⟨-; *no pl*⟩ **1.** (*eines Geschosses etc*) penetrating power, percussive (*od.* striking) force. – **2.** *fig.* (*eines Beweises etc*) effectiveness, convincing power, convincingness, conclusiveness. – **3.** *fig.* (*einer Idee etc*) force, impact. – **4.** (*sport*) (*einer Sturmreihe etc*) striking power. — **~ˌspan·nung** *f electr.* disruptive (*od.* puncture, breakdown) voltage.

'durchˌschlän·geln *v/reflex* ⟨*sep*, -ge-, h⟩ **sich ~ 1.** (*von Flüssen*) wind (its way) through, meander (through). – **2.** (*von Personen*) *auch fig.* thread one's way through, wriggle (one's way) through.

'durchˌschlau·chen *v/reflex* ⟨*sep*, -ge-, h⟩ **sich ~** *colloq. dial.* sponge (on other people) (*colloq.*).

'durchˌschlei·chen[1] *v/i* ⟨*irr, sep*, -ge-, sein⟩ *u.* **sich ~** *v/reflex* ⟨h⟩ creep (*od.* steal, sneak, slip) through.

ˌdurch'schlei·chen[2] *v/t* ⟨*irr, insep, no* -ge-, h⟩ creep (*od.* steal, sneak, slip) through.

'durchˌschlei·fen *v/t* ⟨*sep*, -ge-, h⟩ *colloq. contempt, cf.* durchschleppen 1.

'durchˌschlep·pen I *v/t* ⟨*sep*, -ge-, h⟩ *colloq.* **1. etwas ~** to drag (*od.* pull) s.th. through. – **2. j-n (mit sich) ~** *fig.* to drag s.o. along (with one). – **II** *v/reflex* **sich ~ 3.** drag oneself along.

'durchˌschleu·sen I *v/t* ⟨*sep*, -ge-, h⟩ **1.** (*Schiff*) pass (*s.th.*) through a lock, lock (*s.th.*) through. – **2. j-n ~** *fig.* to guide (*od.* get, see) s.o. through: **j-n durch eine Prüfung ~** to push s.o. through an examination. – **3.** (*durch Zoll, Behörden etc*) pass (*od.* channel) (*s.o.*) through, *Am. auch* process. – **4.** *mil.* (*Panzer, Truppen etc*) marshal. – **II D~** *n* ⟨-s⟩ **5.** *verbal noun.* – **6.** (*eines Schiffs*) lockage.

'durchˌschlin·gen *v/t* ⟨*irr, sep*, -ge-, h⟩ (*Band etc*) pass (*od.* twist) (*s.th.*) through.

'Durchˌschlupf *m* ⟨-es; -e⟩ (*durch Mauer, Zaun etc*) hole (*od.* way) through, gap.

'durchˌschlüp·fen *v/i* ⟨*sep*, -ge-, sein⟩ slip through (*auch fig.*): **durch den Stacheldraht ~** to slip through the barbed wire; **der Dieb ist der Polizei durchgeschlüpft** *fig.* the thief has escaped the police.

'durchˌschmecken (*getr.* -k·k-) *colloq.* **I** *v/t* ⟨*sep*, -ge-, h⟩ (*Gewürz etc*) taste. – **II** *v/i* (*von Gewürz etc*) come through: **der Pfeffer schmeckt durch** the taste of the pepper comes through.

'durchˌschmel·zen I *v/i* ⟨*irr, sep*, -ge-, sein⟩ *electr.* (*von Sicherungen etc*) fuse. – **II** *v/t* ⟨h⟩ *metall.* melt through.

'durchˌschmo·ren *v/i* ⟨*sep*, -ge-, sein⟩ *electr.* (*von Kabel*) char (*od.* scorch) through.

'durchˌschmug·geln *v/t* ⟨*sep*, -ge-, h⟩ smuggle (*s.th.*) through: **Kaffee durch den Zoll ~** to smuggle (*od.* get) coffee through (the) customs.

'durchˌschnei·den[1] I *v/t* ⟨*irr, sep*, -ge-, h⟩ **1.** (*Brot, Schnur etc*) cut through, cut (*s.th.*) in two: **ein Seil ~** to cut through (*od.* sever) a rope, to cut a rope in two; **etwas quer ~** to cut s.th. across, to crosscut s.th.; **etwas in der Mitte ~** to cut s.th. in the middle (*od.* in half, in two). – **2.** (*Stamm etc*) cut (*od.* saw) through. – **3. j-m die Kehle ~** to cut s.o.'s throat. – **4.** *med.* cut through, intersect, sever. – **II** *v/i* **5. durch etwas ~** to cut through s.th. – **III D~** *n* ⟨-s⟩ **6.** *verbal noun.*

ˌdurch'schnei·den[2] I *v/t* ⟨*irr, insep, no* -ge-, h⟩ **1.** *cf.* durchschneiden[1] 1—4. – **2.** (*Linie, Land etc*) cut through, cross, intersect: **Kanäle ~ das ganze Land** the entire country is intersected by canals; **die Linien ~ sich** (*od.* **einander**) the lines cross (*od.* intersect). – **3.** (*kreuzen*) cross, traverse. – **4.** *fig.* (*Wellen*) cleave, cut (through), plough (through), *bes. Am.* plow (through). – **5.** *fig.* (*Bande etc*) part, sever, cut (off). – **6.** *fig.* (*Herz*) pierce: **so etwas durchschneidet mir das Herz** things like that cut me to the heart. – **II D~** *n* ⟨-s⟩ **7.** *verbal noun.*

ˌDurch'schnei·dung *f* ⟨-; *no pl*⟩ **1.** *cf.* Durchschneiden[1], [2]. – **2.** intersection. – **3.** *med.* a) (*in Teile*) division, section, b) (*völlige*) severance.

'Durchˌschnitt *m* **1.** average: **wir produzieren im ~ 1000 Tonnen** on an (*od.* the) average we produce 1,000 tons, we produce an average of 1,000 tons, our production averages (up to) 1,000 tons; **einen ~ von 80 Mark am Tag erreichen** to average 80 marks a day; **den ~ nehmen [be-**

rechnen] to take (*od.* strike) [to calculate *od.* find] the average; seine Leistungen liegen über [unter] dem ~ his achievements are above [below] (the) average (*od.* standard); der Schüler ist guter ~ the pupil is up to the average (*od.* keeps a good average); er ist nur ~ he is only average, he has only average abilities; der (große) ~ der Bevölkerung the majority (*od.* common run) of people, most people *pl*, people *pl* in general; die Deutschen sind im ~ the majority (*od.* common run) of Germans are, German people in general are, the average German is. – **2.** *math.* (*Mittelwert*) average, (arithmetic) mean: der ~ von 5 und 3 ist 4 the average of 5 and 3 is 4; fortschreitender [gleitender] ~ progressive [moving] average. – **3.** (*Schnitt*) section: etwas im ~ zeichnen to draw a section of s.th. – **4.** *cf.* Durchschneidung.

ˌdurchˈschnit·ten I *pp of* durchschneiden[2]. – **II** *adj* cut: mit ~er Kehle with one's throat cut; zwischen uns beiden ist das Tischtuch ~ *fig.* we have nothing more to do with each other.

ˈdurchˌschnitt·lich I *adj* **1.** average, mean, *auch* normal, ordinary: unser ~es Einkommen beträgt our average (*od.* normal, ordinary) income is, we have an average income of; von ~er Größe of average (*od.* medium) size. – **2.** (*mittelmäßig*) average, mediocre, middling: er verfügt über eine ziemlich ~e Begabung his talents are very average; seine Arbeit war nie mehr als ~ his work was never more than average. – **II** *adv* **3.** on an average: er raucht ~ 10 Zigaretten am Tag he smokes an average of (*od.* he normally smokes) 10 cigarettes a day; ~ jeder dritte leidet an Karies on an average every third person suffers from caries; die Dividenden betragen ~ on an average the dividends are, the dividends average (up to). — **ˈDurchˌschnitt·lich·keit** *f* ⟨-; *no pl*⟩ averageness.

ˈDurchschnitts|ˌal·ter *n* average age. — **~ˌaufˌla·ge** *f print.* (*einer Zeitung etc*) average circulation. — **~beˌga·bung** *f* average (*od.* norm) ability. — **~beˌtrag** *m* average amount. — **~ˌbil·dung** *f* average education. — **~ˌbür·ger** *m* average citizen. — **~ˌdeut·sche, der** the average German. — **~ˌeinˌkom·men** *n* average income: ~ pro Kopf der Bevölkerung average per capita income. — **~ˌeinˌnah·me** *f* **1.** (*bes. von Privatpersonen*) average income. – **2.** (*bes. vom Staat*) average revenue. – **3.** (*von Unternehmen*) average receipts *pl* (*od.* takings *pl*). — **~erˌgeb·nis** *n* average result. — **~erˌtrag** *m* average yield (*od.* returns *pl*). — **~geˌschwin·dig·keit** *f* **1.** average speed. – **2.** *phys.* average velocity. — **~geˌsicht** *n* nondescript face. — **~geˌwicht** *n* average weight. — **~ˌgrö·ße** *f* **1.** average size. – **2.** (*des Körpers*) average height. — **~ˌlaufˌzeit** *f econ.* **1.** (*von Wechsel*) average currency. – **2.** (*von Verträgen*) average validity (*od.* tenure). — **~ˌlei·stung** *f* **1.** average achievement (*od.* performance). – **2.** *econ.* average (*od.* mean) output. – **3.** average (*od.* mediocre, middling) achievement (*od.* performance). — **~ˌle·ser** *m* average reader. — **~ˌlohn** *m* average wages *pl.* — **~ˌmensch** *m* **1.** average (*od.* ordinary, common) person, man in the street. – **2.** man of mediocre abilities. — **~niˌveau** *n* average level (*od.* standard). — **~ˌpreis** *m* average (*od.* ruling) price. — **~pro·duk·tiˌon** *f* average production. — **~qua·liˌtät** *f* average quality: gute ~ fair average quality. — **~ˌrech·nung** *f* average calculation. — **~ˌschü·ler** *m* average pupil. — **~ˌsum·me** *f* average sum. — **~taˌlent** *n* **1.** average ability (*od.* talent). – **2.** man (*od.* woman) of average ability. — **~tem·pe·raˌtur** *f* average (*od.* mean) temperature. — **~verˌbrauch** *m* average consumption. — **~ˌwa·re** *f* merchandise of average quality. — **~ˌwert** *m bes. math.* average (*od.* mean) value. — **~ˌzahl** *f* **1.** average number. – **2.** *math. cf.* Durchschnittswert.

ˌdurchˈschnüf·feln[1] *v/t* ⟨*insep, no* -ge-, h⟩ nose (*od.* ferret) through, poke one's nose into: sie durchschnüffelten alle Winkel they poked their noses into every nook and cranny.

ˈdurchˌschnüf·feln[2] *v/t* ⟨*sep*, -ge-, h⟩ *cf.* durchschnüffeln[1].

ˌdurchˈschos·sen I *pp of* durchschießen[2]. – **II** *adj print.* a) (*Satz*) leaded, b) (*Buch, Text etc*) interleaved: ~er Satz leaded matter; ein mit Anzeigen ~er Text a text with advertisements inserted.

ˈDurchˌschrei·be|ˌblock *m* ⟨-(e)s; -s⟩ duplicating pad. — **~ˌbuch** *n* duplicating book. — **~ˌbuchˌfüh·rung** *f econ.* multiple copy system (of bookkeeping). — **~ˌfe·der** *f* manifold pen.

ˈdurchˌschrei·ben *v/t* ⟨*irr, sep*, -ge-, h⟩ (*Rechnung etc*) make a (carbon) copy of.

ˈDurchˌschrei·be·verˌfah·ren *n econ.* duplicating (process).

ˈDurchˌschreib|paˌpier *n cf.* Durchschlagpapier. — **~ˌstift** *m* stylus, *auch* stilus.

ˈdurchˌschrei·ten[1] *v/i* ⟨*irr, sep*, -ge-, sein⟩ walk (*od.* stride, step) through, pass (through).

ˌdurchˈschrei·ten[2] *v/t* ⟨*irr, insep, no* -ge-, h⟩ (*Raum etc*) cross, traverse, (*Fluß*) *auch* ford.

ˈDurchˌschrift *f* carbon copy, carbon.

ˈDurchˌschuß *m* **1.** *med.* penetration wound: es ist ein glatter ~ durch den Oberarm the bullet has passed clean through the (upper) arm. – **2.** *mil.* full penetration. – **3.** *print.* (interlinear) space. – **4.** (*textile*) woof, weft, pick. — **~ˌblatt** *n print.* slip sheet, interleave. — **~ˌli·nie** *f* space line.

ˈdurchˌschüt·teln *v/t* ⟨*sep*, -ge-, h⟩ *colloq.* shake (*s.th.*, *s.o.*) (up) thoroughly: wir wurden auf den holprigen Straßen tüchtig durchgeschüttelt we were badly shaken about on the bumpy roads.

ˈdurchˌschüt·ten *v/t* ⟨*sep*, -ge-, h⟩ pour (*s.th.*) through.

ˌdurchˈschwär·men *v/t* ⟨*insep, no* -ge-, h⟩ **1.** (*Straßen etc*) roam (*od.* wander) through. – **2.** eine Nacht ~ *fig.* to pass a night in revelry, to make a night of it.

ˌdurchˈschwei·fen *v/t* ⟨*insep, no* -ge-, h⟩ (*Land, Wälder etc*) roam (*od.* rove, wander) through (*od.* across).

ˈdurchˌschwei·ßen *v/t* ⟨*sep*, -ge-, h⟩ *tech.* through-weld.

ˈdurchˌschwim·men[1] *v/i* ⟨*irr, sep*, -ge-, sein⟩ **1.** (*von Person*) swim through (*od.* across). – **2.** (*von Dingen*) float through (*od.* across).

ˌdurchˈschwim·men[2] *v/t* ⟨*irr, insep, no* -ge-, h⟩ (*Fluß, See, Meer*) swim (across).

ˌDurchˈschwim·mung *f* ⟨-; -en⟩ swimming (through *od.* across).

ˈdurchˌschwin·deln *v/reflex* ⟨*sep*, -ge-, h⟩ sich ~ *colloq.* swindle (*od.* cheat) one's way through.

ˈdurchˌschwin·gen I *v/t* ⟨*irr, sep*, -ge-, h⟩ (*sport*) **1.** (*Stock etc*) swing (*s.th.*) through. – **2.** (*Arme, Beine*) swing (*arms*) forward(s) and backward(s). – **II** *v/i* **3.** (*mit Schläger*) follow through. – **III D~** ⟨-s⟩ **4.** *verbal noun.* – **5.** (*beim Golf etc*) follow-through.

ˈdurchˌschwit·zen *v/t* ⟨*sep*, -ge-, h⟩ (*Kleidung*) soak (*s.th.*) with perspiration (*od.* sweat), sweat (*s.th.*) through.

ˌdurchˈseelt *adj lit.* (*Ausdruck, Gesicht*) soulful.

ˈdurchˌse·geln[1] *v/i* ⟨*sep*, -ge-, sein⟩ **1.** *mar.* sail through (*od.* across). – **2.** *fig. colloq. for* durchfallen[1] 3.

ˌdurchˈse·geln[2] *v/t* ⟨*sep, no* -ge-, h⟩ die Meere ~ to sail (*od. lit.* plough, *bes. Am.* plow) the seas.

ˈdurchˌse·hen I *v/i* ⟨*irr, sep*, -ge-, h⟩ **1.** see (*od.* look) through: durch diese Fenster kann man kaum mehr ~ one can hardly see through these windows. – **2.** *fig. colloq.* see one's way through it, get it straight, grasp it: die Verhältnisse sind so kompliziert, ich sehe da nicht mehr durch the situation is so complicated that I can't get it straight (*od. colloq.* make head or tail of it). – **II** *v/t* **3.** (*durchgehen*) look (*od.* go) through (*od.* over): etwas flüchtig ~ to glance through (*od.* over) s.th., to run through s.th.; ein Manuskript ~ to read over (*od.* revise) a manuscript. – **4.** (*prüfen*) examine, inspect, check: Bücher ~ *econ.* to examine (*od.* check) books. – **III D~** *n* ⟨-s⟩ **5.** *verbal noun.* – **6.** *cf.* Durchsicht 1, 2.

ˈdurchˌsei·hen *v/t* ⟨*sep*, -ge-, h⟩ (*Milch, Tee etc*) strain, pass (*s.th.*) through a filter, filter, *auch* percolate. — **ˈDurchˌsei·her** *m tech.* strainer, filter, percolator.

ˈdurchˌsein *v/i* ⟨*irr, sep*, -ge-, sein⟩ *colloq.* **1.** (*von Zug etc*) have already left (*od.* passed through). – **2.** (*von Schuhsohlen, Hosenboden etc*) be worn out (*od.* through). – **3.** (*von Prüfling*) be through, have passed (*od.* been successful). – **4.** *gastr.* a) (*von Käse etc*) be ripe, b) (*von Fleisch*) be done. – **5.** (*von Patienten*) be out of danger, have pulled through.

ˈdurchˌsen·ken *v/t* ⟨*sep*, -ge-, h⟩ (*mining*) dint.

ˈdurchˌset·zen[1] **I** *v/t* ⟨*sep*, -ge-, h⟩ **1.** (*Plan, Vorhaben etc*) get (*s.th.*) through (*od.* carried out), put (*s.th.*) through, succeed with (*od.* in): seine Meinung ~ to get others to accept (*od.* to gain acceptance for) one's opinion; seinen Willen (*od.* Kopf) ~ to have one's (own) way; seine Ziele ~ to achieve one's objectives, to succeed in one's intentions; einen Anspruch ~ *jur.* a) to make good a claim, to get a claim accepted, b) (*geltend machen*) to enforce a claim; etwas mit Gewalt ~ to force s.th. through; (es) ~, daß etwas geschieht to succeed in getting (*od.* to manage to get) s.th. done. – **2.** *metall.* (*Charge*) feed (*od.* put) (*s.th.*) through. – **II** *v/reflex* sich ~ **3.** (*von Person*) have (*od.* get) one's way, be successful: dieser Lehrer kann sich nicht ~ this teacher has no control over (*od.* authority in) his class; sich im Leben ~ to make one's way; er hat sich schließlich durchgesetzt he finally met with success (*od.* asserted himself). – **4.** (*von Neuerung, Idee etc*) find (*od.* gain) acceptance, become generally accepted, win favor (*bes. Br.* favour), (*sich behaupten*) prevail: diese Ansicht setzt sich mehr und mehr durch this view is gradually gaining ground (*od.* gaining more adherents); der Roman setzte sich sofort durch the novel caught on immediately (*od.* was an immediate success). – **III D~** *n* ⟨-s⟩ **5.** *verbal noun.* – **6.** *cf.* Durchsetzung[1].

ˌdurchˈset·zen[2] **I** *v/t* ⟨*sep, no* -ge-, h⟩ **1.** (*mit Zitaten etc*) intersperse, interlard. – **2.** (*mit Propaganda etc*) intersperse, permeate, pervade. – **3.** (*mit Agenten etc*) infiltrate. – **4.** *chem.* a) (*durchdringen*) infiltrate, b) (*imprägnieren*) impregnate. – **5.** *min.* intermingle, intersperse. – **II D~** *n* ⟨-s⟩ **6.** *verbal noun.* – **7.** *cf.* Durchsetzung[2].

ˌdurchˈsetzt I *pp of* durchsetzen[2]. – **II** *adj* interspersed (*auch min.*): der Nadelwald ist mit Laubbäumen ~ the coniferous forest is interspersed with deciduous trees, deciduous trees are scattered throughout the coniferous forest; Quarzgestein, mit Schwefelkies ~ *min.* quartz interspersed with iron sulfide (*bes. Br.* -ph-); die Luft ist mit Fäulnisstoffen ~ the air is permeated (*od.* vitiated) with putrid matter; mit Tuberkelbazillen ~ *med.* infested with tubercle bacilli.

ˈDurchˌset·zung[1] *f* ⟨-; *no pl*⟩ (*eines Plans, Vorhabens etc*) getting (*od.* putting) through.

ˌDurchˈset·zung[2] *f* ⟨-; *no pl*⟩ **1.** interspersion, *auch* permeation, pervasion. – **2.** *fig.* infiltration. – **3.** *chem.* infiltration, impregnation.

ˌdurchˈseucht *adj* infected, contaminated.

ˈDurchˌsicht *f* ⟨-; -en⟩ **1.** ⟨*only sg*⟩ looking (*od.* going) through (*od.* over), perusal (*lit.*): bei flüchtiger ~ der Unterlagen on glancing through the documents; etwas zur ~ erhalten to get s.th. to go (*od.* look) through (*od.* for inspection). – **2.** (*Prüfung*) examination, inspection: bei (der) ~ unserer Bücher *econ.* (up)on perusal of (*od.* checking) our books. – **3.** (*Durchblick*) view through. – **4.** *phys.* transmitted light: in Aufsicht und ~ by reflected and transmitted light.

ˈdurchˌsich·tig *adj* **1.** (*Glas, Wasser etc*) transparent, (*bes. Stoff*) *auch* diaphanous: eine ~e Flüssigkeit a transparent (*od.* clear, limpid) fluid; ein ~es Gesichtchen *fig.* a pale and delicate (little) face, a porcelainlike little face. – **2.** *fig.* (*Absicht, Beweggrund*) transparent, obvious. — **ˈDurchˌsich·tig·keit** *f* ⟨-; *no pl*⟩ **1.** transparency, (*bes. von Stoff*) *auch* diaphanousness, diaphaneity: die ~ dieser Gewässer the limpidity (*od.* limpidness, clearness) of these waters. – **2.** *fig.* (*einer Absicht, eines Beweggrundes*) transparency, obviousness.

ˈDurchˌsichtsˌsu·cher *m phot.* direct viewfinder (*Br.* view-finder), direct-vision finder.

ˈdurchˌsickern (*getr.* -k·k-) **I** *v/i* ⟨*sep*, -ge-, sein⟩ **1.** (*von Flüssigkeit*) seep (*od.* ooze, trickle, *auch* percolate) through. – **2.** *fig.* (*von Geheimnis, Information etc*) leak (*od.* get) out: Einzelheiten über den Vorfall sind schon durchgesickert details of the incident (*od.* event) have already leaked out. – **II D~** *n* ⟨-s⟩ **3.** *verbal noun.* – **4.** seepage, *auch* percolation. – **5.** *fig.* leakage.

ˈdurchˌsie·ben[1] *v/t* ⟨*sep*, -ge-, h⟩ **1.** (*Mehl etc*) sift, sieve, pass (*s.th.*) through a sieve. – **2.** *fig. colloq.* (*Kandidaten etc*) screen, sift (out). – **3.** *tech.* (*Erde, Sand etc*) screen, riddle.

ˌdurchˈsie·ben[2] *v/t* ⟨*insep, no* -ge-, h⟩ (*mit Kugeln etc*) riddle (*s.o., s.th.*) with bullets.

ˈdurchˌsin·gen *v/t* ⟨*irr, sep*, -ge-, h⟩ (*Lied, Opernpart etc*) sing (*s.th.*) through (*od.* to the end).

ˈdurchˌsin·ken *v/i* ⟨*irr, sep*, -ge-, sein⟩ sink through.

ˈdurchˌsit·zen[1] *v/t* ⟨*irr, sep*, -ge-, h⟩ **1.** (*Hose, Stuhl*) wear out (*od.* through): ich habe (mir) die Hose durchgesessen I have worn through the seat of my trousers. – **2.** ⟨h *u.* sein⟩ *cf.* durchsitzen[2].

ˌdurchˈsit·zen[2] *v/t* ⟨*irr, insep, no* -ge- h⟩ sit up: wir haben die ganze Nacht durchsessen we sat up all (*od.* the whole) night.

ˌdurchˈson·nen *adj* thought-out (*attrib*): ein ~er Plan a well thought-out plan.

ˌdurchˈsonnt *adj* (*Zimmer etc*) sunny, bathed in sunshine.

ˈdurchˌspä·hen *v/i* ⟨*sep*, -ge-, h⟩ look (*od.* spy) through.

ˈdurchˌspal·ten *v/t* ⟨*auch irr, sep*, -ge-, h⟩ (*Holzklotz etc*) split (*od.* cut) (*s.th.*) in two.

ˌdurchˈspicken (*getr.* -k·k-) *v/t* ⟨*insep, no* -ge-, h⟩ *gastr.* lard, interlard.

ˈdurchˌspie·len[1] **I** *v/t* ⟨*sep*, -ge-, h⟩ (*Musikstück, Rolle*) play (*s.th.*) through (*od.* over): etwas ganz ~ to play s.th. to the end. – **II** *v/i* (*sport*) play (*od.* pass) (through): zur Mitte ~ to play to (the) center (*bes. Br.* centre). – **III** *v/reflex* sich ~ (*sport*) get (*od.* play one's way) through, (*beim Fußball etc*) dribble through.

ˌdurchˈspie·len[2] *v/t* ⟨*insep, no* -ge-, h⟩ die (ganze) Nacht ~ to spend the night playing, to play all night (long).

ˌdurchˈspie·ßen *v/t* ⟨*insep, no* -ge-, h⟩ spear, pierce.

ˌDurchˈspie·ßungsˌfal·ten *pl geol.* diapir(ic) folds.

ˈdurchˌspre·chen *v/t* ⟨*irr, sep*, -ge-, h⟩ (*Fragen, Plan etc*) talk (*s.th.*) over, discuss (*s.th.*) thoroughly, go through: etwas in Ruhe ~ to talk s.th. over calmly (*od.* quietly).

ˈdurchˌsprin·gen[1] *v/i* ⟨*irr, sep*, -ge-, sein⟩ jump (*od.* leap) through.

ˌdurchˈsprin·gen[2] *v/t* ⟨*irr, insep, no* -ge-, h⟩ jump (*od.* leap) through (*od.* across).

ˈdurchˌspü·len *v/t* ⟨*sep*, -ge-, h⟩ **1.** (*Wäsche*) rinse (*s.th.*) thoroughly. – **2.** *med.* (*Magen etc*) irrigate, wash, rinse.

ˈdurchˌspü·ren[1] *v/t* ⟨*sep*, -ge-, h⟩ feel (*s.th.*) through.

ˌdurchˈspü·ren[2] *v/t* ⟨*insep, no* -ge-, h⟩ *hunt.* (*Wald etc*) scour (*od.* search) (*s.th.*) for game.

ˈdurchˌstaf·feln *v/t* ⟨*sep*, -ge-, h⟩ *econ.* (*Steuern*) graduate (*s.th.*) thoroughly.

ˈdurchˌstar·ten *aer.* **I** *v/i* ⟨*sep*, -ge-, sein⟩ **1.** climb and reaccelerate (*when overshooting touchdown point*), go round again (*colloq.*). – **II D~** *n* ⟨-s⟩ **2.** *verbal noun.* – **3.** missed approach, go-around.

ˈDurchˌstartˌhö·he *f aer.* missed-approach altitude.

ˈdurchˌste·chen[1] **I** *v/i* ⟨*irr, sep*, -ge-, h⟩ (*durch Tuch, Papier etc*) stick (*od.* pierce) through: durch etwas ~ prick a hole in s.th. – **II** *v/t* (*Nadel, Ahle etc*) stick (*od.* pierce, pass) (*s.th.*) through.

ˌdurchˈste·chen[2] **I** *v/t* ⟨*irr, insep, no* -ge-, h⟩ **1.** (*Blase, Papier etc*) pierce (*s.th.*) (through), prick: j-m das Ohrläppchen ~ to pierce s.o.'s earlobe. – **2.** (*mit einem Degen etc*) run (*s.o.*) through, transfix. – **3.** *civ.eng.* (*Damm, Landenge etc*) cut (*od.* pierce, dig) through. – **II D~** *n* ⟨-s⟩ **4.** *verbal noun.* – **5.** *cf.* Durchstich 1, 2.

ˌDurch·ste·cheˈrei *f* ⟨-; -en⟩ *rare for* Betrug, Täuschung 2—4.

ˌDurchˈste·chung *f* ⟨-; *no pl*⟩ *cf.* Durchstechen[2].

ˈdurchˌstecken (*getr.* -k·k-) *v/t* ⟨*sep*, -ge-, h⟩ etwas ~ to stick (*od.* put, pass) s.th. through.

ˈDurchˌsteckˌschrau·be *f tech.* bolt.

ˈdurchˌste·hen *v/t* ⟨*irr, sep*, -ge-, h⟩ **1.** *colloq.* (*schwere Zeit, Verlust etc*) go (*od.* come) through, endure: etwas ~ müssen to have to see s.th. through; Probleme, die man nicht allein ~ kann problems you can't cope with by yourself. – **2.** (*sport*) complete (*s.th.*) (successfully).

ˈdurchˌsteh·len *v/reflex* ⟨*irr, sep*, -ge-, h⟩ sich ~ **1.** sneak (*od.* steal, slip) through. – **2.** make a living out of stealing.

ˈdurchˌstei·gen[1] *v/i* ⟨*irr, sep*, -ge-, sein⟩ **1.** (*durch Fenster etc*) climb through. – **2.** *colloq.* understand, get it (*colloq.*): da steige ich nicht durch that's beyond me.

ˌdurchˈstei·gen[2] *v/t* ⟨*irr, insep, no* -ge-, h⟩ (*Felswand etc*) climb.

ˈdurchˌstel·len *v/t* ⟨*sep*, -ge-, h⟩ *tel.* (*Ferngespräch etc*) put (*s.th.*) through.

ˈDurchˌstich *m* **1.** cut(ting through). – **2.** *civ.eng.* cut, *bes. Br.* cutting. – **3.** *philat.* roulette.

ˈdurchˌstö·bern[1] *v/t* ⟨*sep*, -ge-, h⟩ **1.** search (*od.* hunt) (through), rummage through, ransack: alle Schubladen nach etwas ~ to search (*od.* rummage through) all the drawers for s.th.; ein Gebiet ~ to scour an area. – **2.** *hunt.* (*Dickicht etc*) beat, work out.

ˌdurchˈstö·bern[2] *v/t* ⟨*insep, no* -ge-, h⟩ *cf.* durchstöbern[1] 1.

ˈdurchˌstop·fen *v/t* ⟨*sep*, -ge-, h⟩ stuff (*od.* ram, press) (*s.th.*) through.

ˈDurchˌstoß *m mil.* breakthrough, *Br.* break-through, penetration.

ˈdurchˌsto·ßen[1] **I** *v/t* ⟨*irr, sep*, -ge-, h⟩ **1.** etwas [j-n] (durch etwas) ~ to push (*od.* thrust) s.th. [s.o.] through (s.th.). – **2.** (*Eis, Fensterscheibe etc*) knock (a hole) through (*od.* in): eine Fensterscheibe ~ to smash a (window)pane. – **3.** (*Kragen, Ärmel etc*) wear (*s.th.*) threadbare, (*stärker*) wear (*s.th.*) through. – **II** *v/i* ⟨sein⟩ **4.** break through, penetrate, pierce: durch die Wolkendecke ~ to break (*od.* fly) through the overcast; durch die Front ~ *mil.* to penetrate (*od.* break through) the enemy lines; bis zur Küste ~ to break through to the coast.

ˌdurchˈsto·ßen[2] *v/t* ⟨*irr, insep, no* -ge-, h⟩ **1.** (*Wolkendecke, Front etc*) break through, penetrate, pierce: das Küken hat die Schale ~ the chick has broken through the shell. – **2.** *cf.* durchbohren[2] 2.

ˈDurchˌstoß|ˌlan·dung *f aer.* descent-through-cloud landing. — **~verˌfah·ren** *n* let-down procedure, descent-through-cloud.

ˌdurchˈstrah·len *v/t* ⟨*insep, no* -ge-, h⟩ **1.** *metall.* (*Stahl etc*) radiograph. – **2.** *lit.* (*Raum etc*) illuminate, irradiate, light up, *auch* brighten. — **ˌDurchˈstrah·lung** *f* **1.** *phys.* penetration with rays, irradiation. – **2.** *metall.* (*bei der Werkstoffprüfung*) radiography, radiographic test.

ˈdurchˌstrei·chen[1] **I** *v/t* ⟨*irr, sep*, -ge-, h⟩ **1.** (*Geschriebenes etc*) cross out, strike out (*od.* through), run through, delete, cancel. – **2.** *gastr. cf.* durchpassieren. – **II** *v/i* ⟨sein⟩ **3.** *hunt.* (*von Vögeln etc*) pass (through).

ˌdurchˈstrei·chen[2] *v/t* ⟨*irr, insep, no* -ge-, h⟩ **1.** *cf.* durchstreifen[2]. – **2.** blow (*od.* sweep) through: ein Wind durchstreicht das Tal *lit.* a breeze blows through the valley.

ˈdurchˌstrei·fen[1] *v/t* ⟨*sep*, -ge-, h⟩ draw (*s.th.*) through.

ˌdurchˈstrei·fen[2] *v/t* ⟨*insep, no* -ge-, h⟩ (*Land etc*) roam (*od.* rove, wander) through (*od.* across): suchend den Wald ~ to scour the forest; ein Verbrecher durchstreifte die Nachbarschaft a criminal was prowling about in the vicinity.

ˈdurchˌströ·men[1] *v/i* ⟨*sep*, -ge-, sein⟩ (*von Menschenmengen etc*) stream (*od.* pour, rush) through.

ˌdurchˈströ·men[2] *v/t* ⟨*insep, no* -ge-, h⟩ **1.** flow (*od.* run) through: der Rhein durchströmt viele Länder the Rhine flows through many countries; ein angenehmes Gefühl durchströmte ihn *fig.* a pleasant feeling flowed (*od. stärker* flooded) through him. – **2.** *med.* flow (*od.* run, stream) through.

ˈdurchˌstuˌdie·ren *v/t* ⟨*sep, no* -ge-, h⟩ **1.** study (*od.* examine) (*s.th.*) thoroughly. – **2.** (*Nacht etc*) spend (*s.th.*) studying.

ˌdurchˈstür·men[1] *v/t* ⟨*insep, no* -ge-, h⟩ rush (*od.* sweep) through (*auch fig.*).

ˈdurchˌstür·men[2] *v/i* ⟨*sep*, -ge-, sein⟩ *cf.* durchrennen[1].

ˈdurchˌstür·zen *v/i* ⟨*sep*, -ge-, sein⟩ fall (*od.* tumble) through.

ˌdurchˈsu·chen I *v/t* ⟨*insep, no* -ge-, h⟩ **1.** (*Haus, Koffer etc*) search (through), look (*od.* go) through, ransack: j-n nach Waffen ~ to search (*od. sl.* frisk) s.o. for weapons. – **2.** (*Gebiet, Wald etc*) scour, comb. – **II D~** *n* ⟨-s⟩ **3.** *verbal noun.*

ˌDurchˈsu·cher *m* searcher.

ˌDurchˈsu·chung *f* ⟨-; -en⟩ **1.** *cf.* Durchsuchen. – **2.** search: eine ~ vornehmen to make a search; eine ~ anordnen to order a search (to be made).

ˌDurchˈsu·chungs|beˌfehl *m jur.* search warrant. — **~ˌrecht** *n* right of search.

ˈdurchˌsump·fen *v/i* ⟨*sep*, -ge-, h⟩ *colloq.* *for* durchzechen[1].

ˈdurchˌtan·zen[1] *v/t* ⟨*sep*, -ge-, h⟩ **1.** (*Schuhe etc*) wear (*s.th.*) through (*od.* out) by dancing. – **2.** *choreogr.* (*Figur etc*) dance (*s.th.*) through.

ˌdurchˈtan·zen[2] *v/t* ⟨*insep, no* -ge-, h⟩ (*Nacht etc*) spend (*s.th.*) dancing: die Nacht ~ to spend the night dancing, to dance all night. — **ˌdurchˈtanzt I** *pp of* durchtanzen[2]. – **II** *adj* **1.** ~e Nacht night spent dancing. – **2.** (*Schuhe etc*) worn out by dancing.

ˈDurch·taˌrif *m econ.* through rate.

ˈdurchˌta·sten *v/reflex* ⟨*sep*, -ge-, h⟩ sich ~ feel (*od.* grope) one's way through.

ˌdurchˈto·ben *v/t* ⟨*insep, no* -ge-, h⟩ *lit.* rage (*od.* roar) through: ein Bürgerkrieg durchtobte das Land a civil war raged through the country.

ˈdurch·traiˌnie·ren *v/t* ⟨*sep, no* -ge-, h⟩ (*Körper etc*) train (*s.th.*) thoroughly, to bring (*s.th.*) into (top) form (*od.* condition). — **ˈdurch·traiˌniert I** *pp.* – **II** *adj* thoroughly trained, in top form (*od.* condition).

ˌdurchˈträn·ken *v/t* ⟨*insep, no* -ge-, h⟩ **1.** soak, saturate, steep, impregnate: einen Schwamm mit Wasser ~ to soak a sponge in water. – **2.** *fig. rare* fill, imbue, steep. — **ˌdurchˈtränkt I** *pp.* – **II** *adj* soaked, saturated, steeped, impregnated: ein mit Öl ~er Lappen an oil-soaked rag; mit (*od.* von) etwas ~ sein a) to be soaked (*od.* drenched) in s.th., b) *fig.* to be filled (*od.* imbued) with (*od.* steeped in) s.th. — **ˌDurchˈträn·kung** *f* ⟨-; *no pl*⟩ soaking, saturation, steeping, impregnation.

ˈdurchˌtrei·ben *v/t* ⟨*irr, sep*, -ge-, h⟩ **1.** (*Nagel etc*) drive (*od.* force) (*s.th.*) through. – **2.** *agr.* (*Vieh etc*) drive (*s.th.*) through. – **3.** *gastr.* a) press (*od.* force) (*s.th.*) through (a strainer), b) *cf.* durchdrehen 1. – **4.** *hunt.* (*Wald etc*) make a drive through. — **ˈDurchˌtrei·ber** *m* ⟨-s; -⟩ *tech.* backing-out (*od.* drift) punch.

ˈdurchˌtren·nen[1] **I** *v/t* ⟨*sep*, -ge-, h⟩ **1.** divide, split, cut (*s.th.*) in two. – **2.** *med.* divide, separate, cut, sever. – **II D~** *n* ⟨-s⟩ **3.** *verbal noun.*

ˌdurchˈtren·nen[2] **I** *v/t* ⟨*insep, no* -ge-, h⟩ *cf.* durchtrennen[1]. – **II D~** *n* ⟨-s⟩ *verbal noun.*

ˌDurchˈtren·nung *f* ⟨-; *no pl*⟩ **1.** *cf.* Durchtrennen[1], [2]. – **2.** *med.* division, severance.

ˈdurchˌtre·ten I *v/t* ⟨*irr, sep*, -ge-, h⟩ **1.** (*Schuhe etc*) wear out. – **2.** *auto.* (*Gaspedal*) floor. – **3.** (*beim Motorrad etc*) (*Starter*) kick. – **4.** sich (*dat*) die Füße ~ to get fallen arches. – **II** *v/i* ⟨sein⟩ **5.** (*durch eine Tür etc*) step (*od.* walk, go) through. – **6.** (*von Gas, Wasser etc*) come (*od.* pass) through. – **III D~** *n* ⟨-s⟩ **7.** *verbal noun.* – **8.** passage.

ˈDurchˌtrieb *m agr.* **1.** cattle road (*od.* lane), *Br.* driftway. – **2.** right of way for cattle.

ˌdurchˈtrie·ben *adj colloq.* **1.** cunning, crafty, wily, sly, 'sharp' (*colloq.*): er ist ein ganz ~er Kerl *contempt.* he's a slippery customer (*colloq.*). – **2.** (*schalkhaft*) mischievous, roguish. — **ˌDurchˈtrie·ben·heit** *f* ⟨-; *no pl*⟩ **1.** cunning, craftiness, wiliness, slyness. – **2.** (*Schalkhaftigkeit*) mischievousness, roguishness.

ˈDurchˌtritt *m* passage.

ˈDurchˌtrittsˌstel·le *f* (*eines Nervs etc*) point of exit.

ˈdurchˌtrock·nen *v/t* ⟨*sep*, -ge-, h⟩ dry (*s.th.*) thoroughly.

ˈdurchˌtrop·fen *v/i* ⟨*sep*, -ge-, sein⟩ trickle (*od.* drip) through.

ˈdurchˌun·terˌsu·chen *v/t* ⟨*sep, no* -ge-, h⟩ j-n ~ to examine s.o. thoroughly.

ˈdurch·verˌbin·den *v/t* ⟨*irr, sep, no* -ge-, h⟩ (*Telefongespräch etc*) put through, connect.

ˌdurchˈwa·chen[1] *v/t* ⟨*insep, no* -ge-, h⟩ stay (*od.* remain) awake during: die Nacht ~ a) to stay (*od.* lie) awake all night, b) to keep watch (*od.* sit up) all night.

ˈdurchˌwa·chen[2] *v/t* ⟨*sep*, -ge-, h⟩ *cf.* durchwachen[1].

'durchˌwach·sen[1] *v/i* ⟨*irr, sep,* -ge-, sein⟩ grow through.

ˌdurch'wach·sen[2] *adj* **1.** (*Fleisch etc*) marbled, streaky. – **2.** (*Wald etc*) intermixed, interspersed: von Unkraut ~e Blumenbeete flowerbeds overgrown with weeds. – **3.** *bot.* perfoliate: paarig ~ connate-perfoliate.

ˌDurch'wach·sung *f* ⟨-; -en⟩ *geol.* intergrowth.

ˌdurch'wacht I *pp of* durchwachen[1]. – **II** *adj* sleepless: bang ~e Nächte nights of anxious vigil.

'durchˌwa·gen *v/reflex* ⟨*sep,* -ge-, h⟩ sich ~ dare to go through, venture through.

'Durchˌwahl *f tel.* through (*od.* direct) dialing (*bes. Br.* dialling). — **'durchˌwäh·len** *tel.* **I** *v/t* ⟨*sep,* -ge-, h⟩ (*Nummer etc*) dial (*s.th.*) through, dial (*s.th.*) direct. – **II** *v/i* dial through (*od.* direct): nach Wien ~ to dial through to Vienna, to dial Vienna direct.

'durchˌwal·ken *v/t* ⟨*sep,* -ge-, h⟩ **1.** (*textile*) full, mill. – **2.** (*leather*) tumble (*od.* drum, mill) (*s.th.*) (thoroughly). – **3.** *colloq. for* durchhauen[2] I.

'durchˌwam·sen *v/t* ⟨*sep,* -ge-, h⟩ *colloq. for* durchhauen[2] I.

'durchˌwan·dern[1] *v/i* ⟨*sep,* -ge-, sein⟩ hike (*od.* walk, pass) through: durch ein Gebiet ~ to hike through a district, to cross a district on foot.

ˌdurch'wan·dern[2] *v/t* ⟨*insep, no* -ge-, h⟩ **1.** hike (*od.* walk, pass) through: ein Gebiet kreuz und quer ~ to hike (*od.* travel) all over a district (*od.* an area); planlos die Stadt ~ to wander aimlessly through the city; er durchwanderte das ganze Land he crossed the whole country on foot. – **2.** *med.* (*Zellen etc*) transmigrate, pass through.

ˌDurch'wan·de·rung *f* **1.** hiking (*od.* walking, passing) through. – **2.** *med.* transmigration, passing through, diapesis (*scient.*).

'durchˌwär·men[1] **I** *v/t* ⟨*sep,* -ge-, h⟩ warm (*s.o., s.th.*) through (*od.* up): dieses Getränk wird Sie ~ this drink will warm you up. – **II** *v/reflex* sich ~ warm oneself through, get warm (*od.* warmed through).

ˌdurch'wär·men[2] *v/t u.* sich ~ *v/reflex* ⟨*insep, no* -ge-, h⟩ *cf.* durchwärmen[1].

'durchˌwa·schen *v/t* ⟨*irr, sep,* -ge-, h⟩ (*Wäsche etc*) wash through.

ˌdurch'wat·bar *adj* wadable, *auch* wadeable, fordable.

'durchˌwa·ten[1] *v/i* ⟨*sep,* -ge-, sein⟩ **1.** wade through (*od.* across). – **2.** (*an einer Furt*) ford.

ˌdurch'wa·ten[2] *v/t* ⟨*insep, no* -ge-, h⟩ **1.** (*Bach, Fluß etc*) wade through (*od.* across). – **2.** (*Furt*) ford.

'durchˌwe·ben[1] *v/t* ⟨*sep,* -ge-, h⟩ interweave.

ˌdurch'we·ben[2] *v/t* ⟨*meist irr, insep, no* -ge-, h⟩ (*Stoff etc*) interweave: eine Decke mit Mustern ~ to weave a pattern into a blanket; sein Stil ist von Metaphern durchwoben *fig.* his style is interwoven with metaphors.

'Durchˌweg *m cf.* Durchgang 2.

durch·weg ['dʊrçˌvɛk; ˌdʊrç'vɛk], *auch* **durch·wegs** ['dʊrçˌveːks; ˌdʊrç'veːks] *adv* **1.** (*ohne Ausnahme*) altogether, throughout, without exception, *auch* all down the line (*colloq.*). – **2.** (*ohne Unterbrechung*) right through, all the time, consistently.

'durchˌwe·hen[1] *v/i* ⟨*sep,* -ge-, h⟩ (*von Wind etc*) blow (*od.* sweep) through.

ˌdurch'we·hen[2] *v/t* ⟨*insep, no* -ge-, h⟩ **1.** (*Raum*) blow (*od.* sweep) through. – **2.** *fig. poet.* (*von Idee etc*) pervade, fill.

'durchˌwei·chen[1] **I** *v/t* ⟨*sep,* -ge-, h⟩ **1.** soak, drench, make (*s.th.*) wet (*od.* soggy), wet (*s.th.*) through. – **2.** soften. – **II** *v/i* ⟨sein⟩ **3.** become wet (*od.* soggy).

ˌdurch'wei·chen[2] *v/t* ⟨*insep, no* -ge-, h⟩ *cf.* durchweichen[1] I.

ˌdurch'weicht I *pp of* durchweichen[2]. – **II** *adj* **1.** soaked, drenched, wet, soggy. – **2.** soft.

ˌDurch'wei·chung *f* ⟨-; *no pl*⟩ soaking.

'durchˌwer·fen *v/t* ⟨*irr, sep,* -ge-, h⟩ throw (*od.* fling, cast) (*s.th.*) through.

'durchˌwet·zen *v/t* ⟨*sep,* -ge-, h⟩ *colloq.* wear a hole in.

'durchˌwich·sen *v/t* ⟨*sep,* -ge-, h⟩ *colloq. for* durchhauen[2] I.

'durchˌwin·den[1] *v/reflex* ⟨*irr, sep,* -ge-, h⟩ sich ~ **1.** (*von Flüssen etc*) wind (*od.* twist, meander) through. – **2.** (*von Personen etc*) worm (*od.* thread, wind) one's way through: sich durch Schwierigkeiten ~ *fig.* to wriggle (*od.* squeeze) through difficulties.

ˌdurch'win·den[2] *v/t* ⟨*irr, insep, no* -ge-, h⟩ etwas mit etwas ~ *lit.* to entwine (*auch* intwine) s.th. with s.th.

ˌdurch'win·tern *v/t* ⟨*insep, no* -ge-, h⟩ (*Vieh, Pflanzen etc*) winter. — **ˌDurch'win·te·rung** *f* ⟨-; *no pl*⟩ wintering.

'durchˌwir·ken[1] *v/t* ⟨*sep,* -ge-, h⟩ (*Teig etc*) knead (*od.* work) thoroughly.

ˌdurch'wir·ken[2] *v/t* ⟨*insep, no* -ge-, h⟩ (*Stoff etc*) (mit with) interweave, interlace.

ˌdurch'wirkt I *pp of* durchwirken[2]. – **II** *adj* interwoven: mit Seidenfäden ~ interwoven with silk thread.

'durchˌwi·schen I *v/t* ⟨*sep,* -ge-, h⟩ (*Schrift etc*) wipe (*s.th.*) out. – **II** *v/i* ⟨sein⟩ *fig. colloq. for* durchschlüpfen.

'durchˌwit·schen *v/i* ⟨*sep,* -ge-, sein⟩ *colloq. for* durchschlüpfen.

'durchˌwol·len *v/i* ⟨*irr, sep,* -ge-, h⟩ want (*od.* wish) to pass (*od.* go through).

ˌdurch'wu·chern *v/t* ⟨*insep, no* -ge-, h⟩ (*Acker etc*) grow exuberantly all over.

'durchˌwüh·len[1] **I** *v/t* ⟨*sep,* -ge-, h⟩ **1.** *cf.* durchwühlen[2] 1. – **2.** *fig. colloq.* (*Bücher etc*) work (*od.* plough, *bes. Am.* plow) through. – **II** *v/reflex* sich ~ **3.** (*von Maus etc*) burrow (*od.* dig, mole) through. – **4.** *fig. colloq.* work (*od.* plough, *bes. Am.* plow) (one's way) through.

ˌdurch'wüh·len[2] *v/t* ⟨*insep, no* -ge-, h⟩ **1.** (*Gepäck, Schrank etc*) search (*od.* rummage) through, ransack, forage (about) in, root in (*od.* among). – **2.** (*Erde etc*) burrow through, root up.

'Durchˌwurf *m* **1.** *civ.eng.* (*Gittersieb*) riddle. – **2.** *tech.* a) (*Siebmaschenweite*) mesh, b) (*Siebdurchfall von Sand*) screenings *pl*, c) (*von Koks*) through-breeze.

'durchˌwur·steln *v/reflex* ⟨*sep,* -ge-, h⟩ sich ~ *colloq.* **1.** muddle through. – **2.** scrape (*od.* squeeze) through.

ˌdurch'wür·zen *v/t* ⟨*insep, no* -ge-, h⟩ *gastr.* (*Speisen etc*) season.

'durchˌzäh·len I *v/t* ⟨*sep,* -ge-, h⟩ (*Personen, Dinge*) count (off *od.* over). – **II** *v/i* count (off), number (off): ~! *mil.* count over! *Br.* by the left (*od.* right) number! — **'Durchˌzäh·lung** *f* ⟨-; *no pl*⟩ **1.** counting (off *od.* over). – **2.** numbering (off).

'durchˌze·chen[1] *v/i* ⟨*sep,* -ge-, h⟩ go on drinking: wir haben bis heute morgen durchgezecht we went on drinking till this morning.

ˌdurch'ze·chen[2] *v/t* ⟨*insep, no* -ge-, h⟩ (*Nacht etc*) spend (*a night*) drinking (*od.* carousing).

'durchˌzeich·nen *v/t* ⟨*sep,* -ge-, h⟩ **1.** trace, make a tracing of. – **2.** draw (*s.th.*) in detail. — **'Durchˌzeich·nung** *f* ⟨-; *no pl*⟩ **1.** tracing. – **2.** *phot.* (*der Schatten*) definition, detail recording.

'durchˌzie·hen[1] **I** *v/t* ⟨*irr, sep,* -ge-, h⟩ **1.** pull (*od.* draw) (*s.th.*) through: einen Faden durch das Nadelöhr ~ to pull (*od.* pass) a thread through the eye of a needle; einen Wagen durch den Graben ~ to draw a cart through the ditch. – **2.** (*Graben etc*) cut (*od.* run) through. – **3.** (*Ruder etc*) pull (*s.th.*) all the way (*od.* right through). – **4.** *metall.* (*in der Formerei*) strip. – **5.** *fig. colloq.* (*Gesetzesvorlage, Plan etc*) get (*od.* push) (*s.th.*) through. – **II** *v/i* ⟨sein⟩ **6.** pass (*od.* come, go, travel) through: die Prozession ist hier durchgezogen the procession passed through here. – **7.** ⟨h⟩ (*sport*) (*beim Schlag*) follow through. – **8.** etwas ~ lassen *colloq. gastr.* (*Fisch, Fleisch etc*) to steep s.th. – **III** *v/reflex* ⟨h⟩ sich durch etwas ~ **9.** (*von Strom etc*) run (*od.* go, pass) through s.th. – **10.** *fig.* (*von Thema etc*) run (*od.* go) through s.th., pervade s.th. – **IV D~** *n* ⟨-s⟩ **11.** *verbal noun.* – **12.** *cf.* Durchzug 3.

ˌdurch'zie·hen[2] *v/t* ⟨*irr, insep, no* -ge-, h⟩ **1.** (*Land, Stadt etc*) pass (*od.* come, go, travel) through, traverse: die Kreuzfahrer durchzogen Ungarn the crusaders passed through Hungary. – **2.** (*Fläche etc*) run (*od.* go) through (*od.* across), cross: zwei Flüsse ~ die Ebene two rivers run through (*od.* flow across, traverse) the plain; Risse ~ die Mauern cracks run across the walls. – **3.** *fig.* run (*od.* go) through: die gleiche Tendenz durchzieht alle seine Werke the same tendency runs through all of his works. – **4.** (*Haus etc*) fill, pervade: der Geruch durchzieht das ganze Haus the smell (*od.* scent) fills the whole house; Rauch durchzieht die Luft smoke fills the air. – **5.** (*von Graben*) cut through, traverse. – **6.** *fig. lit. cf.* durchdringen[2] 2.

'Durchˌzieh|ˌna·del *f* bodkin. — **~ˌschlaufe** *f* (*eines Gürtels*) sliding sloop, *Br.* chape.

ˌdurch'zo·gen I *pp of* durchziehen[2]. – **II** *adj* **1.** *gastr.* (*Speck etc*) streaky, streaked. – **2.** (*Stoff etc*) shot, interwoven: mit Silberfäden ~ shot with silver threads. – **3.** (*Landschaft etc*) traversed, crisscrossed, *Br.* criss-crossed: von Straßen ~ traversed by roads, roaded; von einem Netz von Kanälen ~ traversed (*od.* reticulated) by canals.

ˌdurch'zucken (*getr.* -k·k-) *v/t* ⟨*insep, no* -ge-, h⟩ **1.** flash through (*auch fig.*): Blitze durchzuckten die Nacht lightning flashed through the night; ein Gedanke durchzuckte ihn *fig.* an idea flashed through (*od.* crossed) his mind. – **2.** *fig.* (*von Gefühl etc*) thrill (*od.* shoot) through. – **3.** *fig.* (*von Schmerz etc*) shoot through.

'Durchˌzug *m* ⟨-(e)s; ⸚e⟩ **1.** (through) draft (*bes. Br.* draught), *auch* circulation: ~ machen to let in fresh air, to make a through draft, to ventilate the room. – **2.** *cf.* Durchziehen[1] 11. – **3.** (*von Truppen, Zugvögeln etc*) passage (through). – **4.** (*textile*) a) darning stitch, b) hem with ribbon drawn through. – **5.** *civ.eng.* intermediate tie, support. – **6.** (*sport*) (*im Rudern*) stroke.

'Durchˌzüg·ler [-ˌtsyːklər] *m* ⟨-s; -⟩ **1.** *zo.* bird of passage, migratory bird. – **2.** *colloq.* s.o. passing through.

'Durchˌzugs|ˌkraft *f tech.* (*eines Motors*) pulling (*od.* traction) power. — **~ˌrecht** *n mil.* right to march through.

'durchˌzwän·gen I *v/t* ⟨*sep,* -ge-, h⟩ force (*od.* squeeze, ram) (*s.th.*) through. – **II** *v/reflex* sich ~ force one's way through, squeeze (oneself) through.

'DurˌdreiˌKlang *m mus.* major triad.

dür·fen[1] ['dʏrfən] **I** *v/aux* ⟨darf, durfte, dürfen, h⟩ **1.** (*Erlaubnis od. ein Recht haben*) etwas tun ~ to be allowed (*od.* permitted) to do s.th.; darfst du kommen? are you allowed to (*od.* can you) come? sie hat nicht ausgehen ~ she was not allowed to go out; darf ich ausgehen? may (*od.* can) I go out? man darf ihnen nicht glauben you can't believe them; Sie ~ mir trauen you can trust me; darf hier geraucht werden? is smoking permitted (*od.* allowed) here? may one smoke here? are you allowed to smoke here? seinen Namen ~ wir nicht bekanntgeben we are not permitted (*od.* at liberty) to disclose his name; hat er mitkommen ~? did they let him go along? das hätte nicht vorkommen ~ that ought not to have happened (*od.* occurred), that should not have happened. – **2.** (*als Höflichkeitsform*) darf ich bitten? a) may I ask you for this dance? may I have (the pleasure of) this dance? b) would you come in, please? c) would you come this way, please? darf ich Sie bitten, das zu tun? would you be good enough (*od.* so good as) to do that? etwas lauter, wenn ich bitten darf! a little louder, (if you) please! wenn ich es so nennen darf if I may (*od.* can) call it that; darf ich Sie daran erinnern, daß I should like to remind you that, may I remind you that; dürfte ich mir die Frage erlauben may I be allowed the question (*od.* to ask). – **3.** (*bei Verbot, Mahnung, Wunsch etc*) du darfst das nicht tun you must (*od. schwächer* should) not do that; du darfst dich nicht wundern you mustn't be surprised; das darf nicht wieder vorkommen that must not happen again; das hättest du nicht tun ~! you shouldn't have (*od.* ought not to have) done that! er darf sich nicht aufregen he must not get excited; er darf es nicht wissen he must not know (*od.* is not to know) (about it), it must be kept from him. – **4.** (*bei Annahmen, Behauptungen etc*) man darf erwarten it is to be expected; das dürfte wohl der Grund sein that must (*od.* may well) be the reason, that's probably the reason; ich darf (wohl) sagen I dare say, (I believe) I am correct in saying; ich glaube behaupten zu ~, daß I believe I can say that; es dürfte schon Mitternacht sein it must be about midnight; es dürfte Ihnen bekannt sein, daß you are no doubt (*od.* I presume you are) aware of the fact that; das dürfte sich erübrigen it would seem superfluous; das dürfte ein neues Mitglied sein that seems to be a new member; das dürfte genügen that should be enough; das dürfte richtig sein that must be right, that is surely right; das dürfte wohl das beste sein that would probably be the best thing; diese Statistik dürfte übertrieben sein these statistics are likely to be exaggerated; das dürfte ihnen zu schwierig sein that's too difficult for them, surely. – II *v/t* ⟨*pp* gedurft⟩ 5. (*in Wendungen wie*) warum darf ich es nicht? andere ~ es why can't I (do it)? others are allowed to (do it); das darf man nicht! that simply isn't done, (*stärker*) you can't (possibly) do that. – III *v/i* ⟨*pp gedurft*⟩ 6. (*in Wendungen wie*) wenn ich dürfte if I were permitted (*od.* allowed) (to); darf ich auch mal? *colloq.* may I (have a look *od.* try, turn, go) too? die Kinder ~ heute nicht aus dem Haus the children mustn't (*od.* are not allowed to) leave the house today.

'dür·fen² *pp of* dürfen¹ I.

durf·te ['dʊrftə] *1 u. 3 sg pret*, **dürf·te** ['dʏrftə] *1 u. 3 sg pret subj of* dürfen¹.

dürf·tig ['dʏrftɪç] I *adj* 1. (*Kleidung, Einrichtung etc*) poor, wretched, shabby, sorry (*attrib*). – 2. (*Verhältnisse*) humble, needy, straitened: in ~en Verhältnissen leben to live in needy circumstances, to be poorly off. – 3. (*Einkommen etc*) meager, *bes. Br.* meagre, scant(y), paltry, measly, slim, slender. – 4. (*Kenntnisse etc*) scanty, sketchy. – 5. *fig. humor.* (*Badeanzug etc*) scanty, *bes. Am.* skimpy: ein ~es Röckchen a skimpy little skirt. – 6. *fig.* (*Ausrede etc*) poor, feeble, lame, sorry (*attrib*), wretched: ein ~er Ersatz a poor substitute. – 7. *cf.* schmächtig 1. – II *adv* 8. poorly: ein ~ besuchter Vortrag a poorly attended lecture.

'Dürf·ti·ge *m, f* ⟨-n; -n⟩ *obs. od. Bibl.* needy person.

'Dürf·tig·keit *f* ⟨-; *no pl*⟩ 1. (*der Kleidung etc*) poorness, poverty, wretchedness, shabbiness. – 2. (*der Verhältnisse*) humbleness, neediness. – 3. (*des Einkommens etc*) meagerness, *bes. Br.* meagreness, paltriness. – 4. (*der Kenntnisse etc*) scantiness, sketchiness. – 5. *fig. humor.* (*eines Badeanzugs etc*) scantiness, *bes. Am.* skimpiness. – 6. *fig.* (*einer Ausrede etc*) poorness, feebleness. – 7. *cf.* Schmächtigkeit 1.

'Dur·ge,schlecht *n mus.* major mode.

Du·ri·an ['duːriaːn] *m* ⟨-s; -s⟩ *bot.* durian, *auch* durion (*Durio zibethinus*).

Du·ri·ne [du'riːnə] *f* ⟨-; -n⟩ *vet.* dourine.

Du·rit [du'riːt; -'rɪt] *m* ⟨-s; -e⟩ *min.* durite.

Dür·lit·ze [dʏr'lɪtsə] *f* ⟨-; -n⟩ *bot. cf.* Kornelkirsche.

Du·ro·plast [duro'plast] *n* ⟨-(e)s; -e⟩ *synth.* thermosetting plastics *pl* (*construed as sg*).

dürr [dʏr] *adj* ⟨-er; -st⟩ 1. (*Äste, Holz etc*) dry, dried up, (*stärker*) dead, (*Blätter*) *auch* withered; sere, sear (*lit.*). – 2. (*Boden, Land etc*) dry, arid, parched, (*im weiteren Sinne*) barren, infertile, sterile. – 3. *fig.* (*Mensch*) thin, lean, gaunt, skinny, meager, *bes. Br.* meagre: ein großer, ~er Mensch a tall gaunt man; sie war nur ein ~es Gerippe she was only (*od.* nothing but) skin and bones. – 4. (*Hals, Arme etc*) thin, lean, skinny, scraggy, *Am.* scrawny: sie streckte ihre ~en Ärmchen aus she stretched out her skinny little arms. – 5. (*zusammengeschrumpft*) dried up, wizened, wizen. – 6. *fig.* (*in Wendungen wie*) in ~en Worten in plain terms, in so many words.

Dur·ra ['dʊra] *f* ⟨-; *no pl*⟩ *bot.* durra, *auch* doura(h), dhurra, dura, doora, Guinea corn, Indian millet (*Sorghum vulgare*).

'Dürr,busch *m bot.* xerophytic scrub, macchia.

'Dür·re *f* ⟨-; -n⟩ 1. (*Regenmangel*) drought, *Am. od. poet. auch* drouth: die schwerste ~ der letzten 50 Jahre the worst drought of the last 50 years; geistige ~ *fig.* drought of intellect. – 2. (*des Bodens etc*) dryness, aridity, aridness, parchedness, (*im weiteren Sinne*) barrenness, infertility, sterility. – 3. *rare for* Magerkeit 1-3. — **~,jahr** *n* year of drought. — **~pe·ri,ode** *f* drought, dry period. — **~re·gi,on** *f* drought region, *Am.* dust bowl. — **~re·si,stenz** *f* (*der Pflanzen etc*) drought resistance.

'Dürr,erz *n min.* dry ore.

'Dür·re,schä·den *pl* drought damage *sg*.

'Dürr,fut·ter *n agr.* dry fodder.

Dur·rha ['dʊra] *f* ⟨-; *no pl*⟩ *bot. cf.* Durra.

'Dürr|,holz *n* dry wood. — **~,wurz** *f bot.* fleawort, ploughman's (*bes. Am.* plowman's) spikenard (*Inula conyza*).

,Dur'sept·ak,kord *m mus.* major seventh chord.

Durst [dʊrst] *m* ⟨-es; *no pl*⟩ 1. thirst: großer ~ great (*od.* extreme) thirst; krankhafter ~ pathological thirst, dipsosis (*scient.*): ~ bekommen to get (*od.* become) thirsty; ~ auf ein Glas Bier haben to be thirsty for a glass of beer; den ~ löschen (*od.* stillen) to quench (*od.* slake) one's thirst; ~ machen to make one thirsty, to cause thirst: diese Arbeit macht ~ this work makes one thirsty, this is thirsty work; vor ~ sterben *colloq.* to be dying of thirst, to be parched; er hat einen über den ~ getrunken *colloq.* he has had one too many (*od.* a drop too much), *Br. colloq.* he has had one over the eight. – 2. *fig.* thirst(ing), craving, longing: der ~ nach Ruhm [Macht] the thirst for glory [power]; ~ nach Blut thirst for (*od.* after) blood.

dur·sten ['dʊrstən] *v/i* ⟨h⟩ 1. be (*od.* go) thirsty, (suffer) thirst: das Vieh mußte ~ the animals were left thirsty (*od.* had to go without water); j-n lange ~ lassen to let s.o. go thirsty for a long time, to leave s.o. for a long time without anything to drink. – 2. *rare for* dürsten II.

dür·sten ['dʏrstən] *lit.* I *v/impers* ⟨h⟩ be thirsty, thirst: mich dürstet, es dürstet mich I am (*od.* feel) thirsty; I thirst, I am athirst (*lit.*); ihn dürstet nach Ruhm, es dürstet ihn nach Ruhm *fig.* he is thirsting (*od.* thirsty, craving, longing, *lit.* avid) for fame. – II *v/i fig.* thirst, long, crave: er dürstet nach Rache he thirsts (*od.* longs) for revenge.

'durst|er,re·gend *adj* causing thirst, dipsetic (*scient.*). — **D~ge,fühl** *n* sensation (*od.* feeling) of thirst.

'dur·stig *adj* 1. thirsty, 'dry' (*colloq.*): ein ~er Bruder, eine ~e Seele *colloq.* a thirsty soul (*colloq.*); auf (*acc*) etwas ~ sein to be thirsty for s.th.; → Kehle 1. – 2. *fig. lit.* thirsty, craving, longing: ~ nach etwas sein to be thirsty (*od. lit.* avid) for s.th. — **'Dur·sti·ge** *m, f* ⟨-n; -n⟩ thirsty person, thirster. — **'Dur·stig·keit** *f* ⟨-; *no pl*⟩ thirstiness, thirst.

'durst,lö·schend *adj* thirst-quenching: ~es Getränk thirst-quenching drink, thirst quencher (*colloq.*).

'Durst,lö·scher *m colloq.* thirst-quenching drink (*od.* fruit), thirst quencher (*colloq.*).

'durst,stil·lend *adj cf.* durstlöschend.

'Durst,strecke (*getr.* -k·k-) *f* 1. waterless track, *Am. auch* thirstland. – 2. *fig.* period of reduced (*od.* straitened) circumstances.

'Dur,ton|,art *f mus.* major (key). — **~,lei·ter** *f* major scale.

Du·ru·ku·li [duru'kuːli] *m* ⟨-; -s⟩ *zo.* douroucouli, *auch* dourocouli, durukuli (*Gattg Aotes*).

'Dusch|,an,la·ge *f* shower (facilities *pl*). — **~,bad** *n* shower (bath), *Br.* shower(-bath): ein ~ nehmen to have a shower.

Du·sche ['duʃə; 'duːʃə] *f* ⟨-; -n⟩ 1. shower (bath), *Br.* shower(-bath): eine kalte ~ a cold shower (*auch fig.*); eine ~ nehmen to have a shower; das war eine kalte ~ für ihn *fig.* that threw cold water on him, that brought him (down) out of the clouds. – 2. *fig. colloq.* soaking, dousing: eine kalte ~ abbekommen to get soaking wet, to get a soaking. – 3. *med.* a) (vaginal) douche, b) (*Gerät*) feminine syringe, douche.

'Dusch,ecke (*getr.* -k·k-) *f cf.* Duschnische.

du·schen ['duʃən; 'duːʃən] I *v/i u.* sich ~ *v/reflex* ⟨h⟩ have a shower (bath) (*Br.* shower[-bath]), *bes. Am.* shower. – II *v/t* j-n ~ to give s.o. a shower (bath) (*Br.* shower[-bath]).

'Dusch|ge,le·gen·heit *f* shower (facility). — **~,hau·be** *f* shower cap. — **~ka,bi·ne** *f* shower cabinet. — **~,ni·sche** *f* shower cubicle. — **~,raum** *m* shower room.

Dü·se ['dyːzə] *f* ⟨-; -n⟩ 1. *tech.* a) (*Mundstück*) nozzle, b) (*eines Brenners*) tip, c) (*einer Lötlampe*) orifice, d) (*eines Schachtofens*) tuyere, e) (*Ziehwerkzeug*) (drawing) die. – 2. *auto.* a) (*einer Einspritzanlage*) nozzle, b) (*des Vergasers*) jet.

Du·sel ['duːzəl] *m* ⟨-s; *no pl*⟩ *colloq.* 1. luck, good fortune: ~ haben to be lucky (*od.* in luck); da haben wir noch einmal ~ gehabt! were we lucky! that was a close shave! (*colloq.*); so ein ~! what luck! what a (lucky) break! (*colloq.*). – 2. (*Rausch*) *dial.* fuddle, tipsiness, intoxication, inebriation. – 3. (*Schläfrigkeit, Schlaftrunkenheit*) drowsiness, sleepiness.

Du·se'lei *f* ⟨-; *no pl*⟩ *colloq.* 1. (*Gedankenlosigkeit*) thoughtlessness, absentmindedness, *Br.* absent-mindedness. – 2. (*Nachlässigkeit*) carelessness, negligence. – 3. *cf.* Dußligkeit.

'du·se·lig *adj colloq.* 1. (*schwindlig*) dizzy, giddy: mir ist ganz ~ (im Kopf) I feel quite dizzy (*od. colloq.* dop[e]y), my head is swimming. – 2. (*schläfrig*) drowsy, sleepy. – 3. *cf.* dusselig.

du·seln ['duːzəln] *v/i* ⟨h⟩ *colloq.* 1. doze, be half asleep, be drowsy. – 2. (*träumen*) be daydreaming (*Br.* day-dreaming), daydream, *Br.* day-dream.

'Dü·sen|,an,trieb *m aer.* (*Strahlantrieb*) jet propulsion: mit ~ *cf.* düsengetrieben. — **~,bom·ber** *m mil.* jet bomber. — **~,ein·,stel·lung** *f* 1. *auto.* (*einer Einspritzpumpe*) injection timing. – 2. *aer.* (*des Vergasers*) nozzle area setting. — **~,flä·chen·ver·,hält·nis** *n* nozzle-contraction area ratio. — **~,flug·ver,kehr** *m* jet air traffic. — **~,flug·,zeug** *n* jet aircraft (*od.* plane). — **d~ge,färbt** *adj* (*textile*) spun- (*od.* dope-)dyed. — **d~ge,trie·ben** *adj aer.* jet-propelled, jet-powered. — **~,hal·ter** *m tech.* nozzle holder. — **~,jä·ger** *m aer. mil.* 1. jet fighter. – 2. (*Pilot*) jet fighter pilot. — **~,kopf** *m* 1. *auto. aer.* nozzle head (*od.* body). – 2. *metall.* (*einer Windform*) tuyere nozzle. — **~ma,schi·ne** *f aer. cf.* Düsenflugzeug. — **~,mo·tor** *m* jet engine. — **~,na·del** *f aer. auto.* nozzle pin, jet needle. — **~,öff·nungs,win·kel** *m* nozzle throat. — **~,prüf·ge,rät** *n auto.* nozzle tester. — **~,stock** *m metall.* (*eines Schachtofens*) tuyere stock, penstock. — **~,trieb,werk** *n aer. cf.* Strahltriebwerk. — **~ver,kehrs·,flug,zeug** *n* jet airliner, *Am. auch* jetliner. — **~,zeit,al·ter** *n* jet age.

Dus·sel ['dʊsəl] *m* ⟨-s; -⟩ *colloq.* idiot, simpleton, blockhead, nincompoop, *Am. sl.* 'dope'. — **Dus·se'lei** *f* ⟨-; -en⟩ *colloq.* silly (*od.* stupid, idiotic) action. — **'dus·se·lig** *adj colloq.* silly, stupid, idiotic, *Am. sl.* dopey, *auch* dopy.

'Dus·sel,kopf *m cf.* Dussel.

dus·seln ['dʊsəln] *v/i* ⟨h⟩ *colloq. cf.* duseln.

duß·lig ['dʊslɪç] *adj colloq. cf.* dusselig. — **'Duß·lig·keit** *f* ⟨-; *no pl*⟩ silliness, stupidity, idiocy, *Am. sl.* dopiness, *auch* dopeyness.

du·ster ['duːstər] *adj* ⟨dust(e)rer; -st⟩ *dial. for* düster 1, 2.

dü·ster ['dyːstər] I *adj* ⟨düst(e)rer; -st⟩ 1. (*dunkel, finster*) dark, gloomy, somber, *bes. Br.* sombre: ~e Farben dark colo(u)rs; ~es Gewölbe dark vault; ~er Himmel gloomy (*od.* cloudy, heavy, overcast) sky; ~e Nacht dark (*od.* black, murky) night; ~er Tag gloomy day; ~er Wald dark forest; ~es Wetter gloomy (*od.* dull) weather. – 2. (*dämmerig*) dark, dusky: es wird ~ it is getting (*od.* growing) dark, it begins to dusk (*poet.*). – 3. (*trüb*) dim, faint: ~es Licht, ~er Lichtschein dim light; ein ~es Licht (auf *acc* etwas) werfen a) to cast a dim light (on s.th.), b) *fig.* to cast a lurid light (on s.th.). – 4. *fig.* (*finster*) gloomy, somber, *bes. Br.* sombre, dark: ~er Blick gloomy (*od.* sullen) look; ein ~es Bild von etwas entwerfen to paint a gloomy picture of s.th.; die Zukunft in ~en Farben malen to paint (*od.* depict) the future in dark (*od.* dull, somber) colo(u)rs; die Lage sieht ~ aus *colloq.* things look black; ~ aussehen to look gloomy. – 5. *fig.* (*bedrückt*) gloomy, melancholy, dismal, depressed, depressing, sad: ~e Gedanken gloomy (*od.* melancholy, sad) thoughts; ~es Schweigen gloomy (*od.* dismal) silence; ~e Stimmung gloomy (*od.* black, dismal) mood. – 6. *fig.* (*unheilvoll*) gloomy, ominous. – 7. *fig.* (*verdächtig*) shady. – II D~, das ⟨-n⟩ 8. the dark, the darkness, the gloom: im D~n sitzen to sit in the dark.

'Dü·ster *n* ⟨-s; *no pl*⟩ *lit.* dark(ness), gloom(iness).

'Dü·ster·heit *f* ⟨-; *no pl*⟩ 1. darkness, gloom(iness). – 2. (*des Lichts*) dimness, faintness. – 3. *fig.* (*von Blick etc*) gloom(iness), somberness, *bes. Br.* sombreness, darkness: die ~ eines Gesichts the gloom(iness) (*od.* sullenness) of a face. – 4. *fig.* (*von Stimmung etc*) gloom(iness), melancholy, sadness.

'Dü·ster·keit *f* ⟨-; *no pl*⟩ *cf.* Düsterheit 3, 4.

dü·stern ['dyːstərn] *v/impers* ⟨h⟩ es düstert *poet.* it is getting (*od.* growing) dark (*od.* dusky), it begins to dusk (*poet.*).
'Dü·ster·nis *f* ⟨-; *no pl*⟩ *lit. for* Düsterheit 1, 3.
Dutt [dʊt] *m* ⟨-(e)s; -s *u.* -e⟩ *dial. for* a) Haarknoten, b) Knirps 1, 2.
Dut·te ['dʊtə] *f* ⟨-; -n⟩ *dial. for* Zitze.
Dut·zend ['dʊtsənt] *n* ⟨-s; -e⟩ **1.** ⟨*pl* Dutzend⟩ dozen: ein [zwei] ~ one [two] dozen; ein halbes ~ (Gläser) half a dozen (glasses), a half-dozen (glasses); 10 Mark das ~ 10 marks a dozen; etwa ein ~ Leute some (*od.* about a) dozen people; einige (*od.* mehrere) ~ Leute some dozens of people, a few (*od.* several) dozen people; ein knappes ~ a bare dozen, a dozen or less; ein gutes ~ a good dozen, a dozen or more; ein volles ~ a full (*od.* round) dozen; im ~ billiger cheaper by the dozen; etwas per (*od.* nach dem) ~ verkaufen to sell s.th. in (sets of) dozens (*od.* by the dozen); das ~ vollmachen to make up the dozen. – **2.** dozen: (viele) ~e von Leuten (many) dozens of people; in (*od.* zu) ~en in dozens.
dut·zen·de'mal *adv* dozens of times.
dut·zend,fach I *adj* (*zahlreich*) dozens of, by the dozen, repeated, frequent. – **II** *adv* dozens (and dozens) of times, (very) often, frequently, repeatedly: er hat es ~ bewiesen he has proved it dozens of times.
'dut·zend'mal *adv* a dozen times, dozens of times: ein halbes ~ half a dozen (*od.* a half-dozen) times; mehrere ~ several dozen times; viele ~ many dozens of times, many a dozen times; ich habe dir das schon ~ gesagt *colloq.* I've told you (so) dozens (and dozens) of times.
'Dut·zend|,mensch *m contempt.* commonplace (*od.* mediocre, nondescript) person, one of the crowd, nonentity. — **~,preis** *m econ.* price by the dozen. — **~,wa·re** *f contempt.* cheap (*od.* mediocre, mass-produced) merchandise.
'dut·zend'wei·se *adv* by the dozen, in dozens.
Du·um·vir [du'ʊmvɪr] *m* ⟨-n; -n, *auch* -viri [-viri]⟩ *meist pl antiq.* duumvir. — **Du·um·vi'rat** [-vi'raːt] *n* ⟨-(e)s; -e⟩ duumvirate.
Du·wock ['duːvɔk] *m* ⟨-s; -s⟩ *Low G. for* Schachtelhalm.
Dux [dʊks] *m* ⟨-; Duces ['duːtsɛs]⟩ *mus.* dux, antecedent.
'Duz|,bru·der *m cf.* Duzfreund. — **~,brü·der·schaft** *f cf.* Duzfreundschaft.
du·zen ['duːtsən] *v/t* ⟨h⟩ j-n (*od.* sich mit j-m) ~ to address s.o. with 'du', to use the familiar form of address to s.o.: sie ~ sich they address one another (*od.* each other) with 'du', they are on familiar terms (*od.* on a first-name basis) with one another (*od.* each other).
'Duz|,freund *m*, **~,freun·din** *f* friend whom one addresses with 'du', friend with whom one is on a first-name basis, intimate friend. — **~,freund·schaft** *f* intimate friendship: ~ schließen to form an intimate friendship, to seal a friendship (by using 'du'). — **~,fuß** *m colloq. only in* (miteinander) auf (dem) ~ stehen to address one another (*od.* each other) with 'du', to be on familiar terms (*od.* on a first-name basis) with one another (*od.* each other).
D-,Wa·gen ['deː-] *m* ⟨-s; -⟩ (*railway*) *short for* Durchgangswagen.
dwars [dvars] *adv mar.* abeam.
'Dwars|,li·nie *f mar. mil.* line abreast. — **~,sa·ling** [-,zaːlɪŋ] *f mar. cf.* Quersaling. — **d~,schiffs** *adv cf.* querschiffs. — **~,see** *f* beam sea. — **~,wind** *m* beam wind.
Dweil [dvaɪl] *m* ⟨-s; -e⟩ *mar.* swab, mop.
Dya·de [dy'aːdə] *f* ⟨-; -n⟩ *bes. math. sociol.* dyad, *auch* diad.
Dya·dik [dy'aːdɪk] *f* ⟨-; *no pl*⟩ *math. cf.* Dualsystem. — **dya·disch** [-'aːdɪʃ] *adj* **1.** dyadic, *auch* diadic: ~es System *math.* dyadic (number) system. – **2.** *geol. cf.* permisch.
Dy·as ['dyːas] *f* ⟨-; *no pl*⟩, **~for·ma·ti,on** *f geol. cf.* Perm.
dy·as·sisch [dy'asɪʃ] *adj geol. cf.* permisch.
Dy·buk ['dyːbʊk] *m* ⟨-s; -bukim [dybu'kiːm]⟩ *cf.* Dibbuk.
Dyn [dyːn] *n* ⟨-s; -⟩ *phys.* dyne (*unit of force*).
Dy·na·me·ter [dyna'meːtər] *n* ⟨-s; -⟩ *phys.* dynameter. — **dy·na'me·trisch** [-'meːtrɪʃ] *adj* dynametric(al).
Dy·na·mik [dy'naːmɪk] *f* ⟨-; *no pl*⟩ **1.** *phys.* dynamics *pl* (*often construed as sg*). – **2.** *fig.* dynamics *pl* (*often construed as sg*), dynamic (*od.* motive, driving) force(s *pl*): die innere ~ eines Romans the inner dynamics (*od.* the tension) of a novel.
dy·na·misch [dy'naːmɪʃ] *adj* **1.** dynamic, *auch* dynamical: ~e Viskosität *phys.* dynamic (*od.* absolute) viscosity; ~er Auftrieb *aer.* dynamic lift; ~e Rente *econ.* dynamic (*od.* progressive, productivity) pension, pension adapted to productivity changes; ~er Akzent *ling.* dynamic (*od.* stress) accent. – **2.** *fig.* dynamic, *auch* dynamical, forceful, energetic: eine ~e Persönlichkeit a dynamic personality.
Dy·na·mis·mus [dyna'mɪsmʊs] *m* ⟨-; *no pl*⟩ *philos.* dynamism.
Dy·na·mit [dyna'miːt; -'mɪt] *n* ⟨-s; *no pl*⟩ dynamite: etwas mit ~ sprengen to dynamite s.th., to blow s.th. up with dynamite. — **~,la·dung** *f* dynamite charge. — **~pa,tro·ne** *f* dynamite cartridge. — **~,stan·ge** *f* stick of dynamite.
Dy·na·mo [dy'naːmo; 'dyːnamo] *m* ⟨-s; -s⟩ *electr.* dynamo, generator. — **~,an·ker** *m* dynamo armature. — **d~elek·trisch** [dynamoʔe'lɛktrɪʃ] *adj* dynamoelectric, *Br.* dynamo-electric. — **~ma,schi·ne** *f cf.* Dynamo. — **~me·ta·mor·pho·se** [dynamometamɔr'foːzə] *f geol.* dynamic metamorphism. — **~me·ter** [dynamo'meːtər] *n* ⟨-s; -⟩ *electr.* dynamometer: mechanisches ~ absorption dynamometer.
Dy·nast [dy'nast] *m* ⟨-en; -en⟩ *pol.* hereditary ruler. — **Dy·na'stie** [-'tiː] *f* ⟨-; -n [-ən]⟩ dynasty. — **dy'na·stisch** *adj* dynastic, *auch* dynastical.
Dyn·ode [dy'noːdə] *f* ⟨-; -n⟩ *telev.* dynode.
Dyo·pol [dyo'poːl] *n* ⟨-s; -e⟩ *econ.* dyopoly. — **dyo·po'li·stisch** [-po'lɪstɪʃ] *adj* dyopolistic.
Dys..., dys... *combining form denoting* dys...
Dys·äs·the·sie [dʏsʔɛste'ziː] *f* ⟨-; *no pl*⟩ *med.* dys(a)esthesia.
Dys·en·te·rie [dʏsʔɛnte'riː] *f* ⟨-; -n [-ən]⟩ *med.* dysentery.
Dys·funk·ti·on [dʏsfʊŋk'tsĭoːn] *f med. sociol.* dysfunction, *auch* disfunction.
Dys·kra·sie [dʏskra'ziː] *f* ⟨-; -n [-ən]⟩ *med.* dyscrasia.
Dys·lo·gie [dʏslo'giː] *f* ⟨-; -n [-ən]⟩ *med.* dyslogia.
Dys·me·nor·rhö [dʏsmeno'røː] *f* ⟨-; -en⟩ *med.* dysmenorrh(o)ea.
Dys·odil [dʏsʔo'diːl] *n* ⟨-s; -e⟩ *min.* dysodile.
Dys·pep·sie [dʏspɛ'psiː] *f* ⟨-; -n [-ən]⟩ *med.* dyspepsia, indigestion. — **Dys'pep·ti·ker** [-'pɛptikər] *m* ⟨-s; -⟩ dyspeptic (person). — **dys'pep·tisch** [-'pɛptɪʃ] *adj* dyspeptic, *auch* dyspeptical.
Dys·pho·nie [dʏsfo'niː] *f* ⟨-; -n [-ən]⟩ *med.* dysphonia. — **dys'pho·nisch** [-'foːnɪʃ] *adj* dysphonic.
Dys·pla·sie [dʏspla'ziː] *f* ⟨-; -n [-ən]⟩ *med.* dysplasia. — **dys'pla·stisch** [-'plastɪʃ] *adj* dysplastic.
Dys·pnoe [dʏs'pnoːe] *f* ⟨-; *no pl*⟩ *med.* dyspnea, *auch* dyspnoea.
Dys·pro·si·um [dʏs'proːzĭʊm] *n* ⟨-s; *no pl*⟩ *chem.* dysprosium (Dy).
Dys·to·nie [dʏsto'niː] *f* ⟨-; -n [-ən]⟩ *med.* dystonia: vegetative ~ neurodystonia.
Dys·tro·phie [dʏstro'fiː] *f* ⟨-; -n [-ən]⟩ *med.* dystrophy, *auch* dystrophia.
Dys·urie [dʏsʔu'riː] *f* ⟨-; -n [-ən]⟩ *med.* dysuria.
D-,Zug ['deː-] *m* (*railway*) **1.** express (*od.* through, fast) train. – **2.** corridor train. — **~-,Wa·gen** *m* express-train coach (*Am.* car, *Br.* carriage). — **~-,Zu,schlag** *m* extra charge for express trains.

E

E, e [eː] *n* ⟨-; -⟩ **1.** E, e (*fifth letter of the German alphabet; second vowel*): **ein großes E** a capital (*od.* large) E; **ein kleines E** a small (*od.* little) e; **das e in ‚Zwerg'** the e in 'Zwerg'. – **2.** *mus.* a) (the note) E, *auch* e, b) e (= *e-Moll*) E minor, c) E (= *E-Dur*) E major: **das Werk steht in E(-Dur)** the work is in (the key of) E (major). – **3.** *math.* a) E (*point of geometrical figure*) E, b) e (*fifth known quantity*) e, c) e (*base of natural logarithms*) e. – **4.** E (*s.o. fifth in order or class*) E. – **5.** E (*s.th. having the shape of the capital letter E*) E. – **6. Vitamin E** *biol.* vitamin E.

Earl [øːrl; œrl; əːl] (*Engl.*) *m* ⟨-s; -s⟩ earl.

Eau de Co·lo·gne ['oː də ko'lənj(ə); odkə'lɔɲ] (*Fr.*) *n u. f* ⟨- - -; *no pl*⟩ *cf.* Kölnischwasser.

Eau de Ja·velle ['oː də ʒa'vɛl; odʒa'vɛl] (*Fr.*) *n u. f* ⟨- - -; *no pl*⟩ *chem.* Javel(le) water, eau de Javel(le).

Eau de vie ['oː də 'viː; od'vi] (*Fr.*) *n u. f* ⟨- - -; *no pl*⟩ brandy, eau-de-vie.

Eb·be ['ɛbə] *f* ⟨-; -n⟩ **1.** (*Fallen des Wassers*) ebb (tide), *Br.* ebb(-tide): **~ und Flut** ebb and flow, the tides *pl*; **zwischen ~ und Flut lebend** *zo.* intertidal. – **2.** (*Niedrigwasser*) low tide, ebb tide, *Br.* ebb-tide, low water: **mit der ~ auslaufen** to go out with the tide; **die ~ tritt ein, es tritt ~ ein** the tide is going out (*od.* is ebbing); **es ist ~** the tide is out. – **3.** *fig.* (*in Wendungen wie*) **bei mir** (*od.* **in meinem Geldbeutel, in meiner Kasse**) **ist** (*od.* **herrscht**) **~** *colloq.* my funds are at a low ebb, I am low in funds, I am at low tide; **wirtschaftliche ~** recession, slump; **im Touristenverkehr herrscht zur Zeit ~** tourist traffic is at a low ebb (*od.* at the ebb) at the moment.

eb·ben ['ɛbən] **I** *v/i* ⟨h⟩ ebb. – **II** *v/impers* **es ebbt** it is ebb tide (*Br.* ebb-tide), the tide is (going) out.

'Eb·be-ˌund-'Flut-ˌKraftˌwerk *n* tidal power plant (*Br.* power-plant).

'Ebbˌstrom *m mar.* ebb current.

eben[1] ['eːbən] **I** *adj* ⟨-er; -st⟩ **1.** even, level: **~e Fläche** even surface; **~e Straße** level road; **zu ~er Erde wohnen** to live at street level, to live on the ground floor (*Am.* first floor); **etwas ~ machen** to make s.th. even, to even (*od.* level) s.th. – **2.** (*flach*) flat, level: **~es Land** flat country; **~er Boden** flat bottom (*od.* ground); **~e Platte** (*in Aerodynamik*) flat plate. – **3.** (*glatt*) smooth. – **4.** (*gleichmäßig*) even, regular. – **5.** *math.* plane: **~e Figur** plane figure; **~e Fläche [Kurve]** plane surface [curve]; **~e Geometrie** plane geometry, planimetry. – **II** *adv* **6.** evenly: **die Straße verläuft ~** the road is level. – **7.** (*gleichmäßig*) evenly, regularly.

'eben[2] *adv* **1.** (*gerade*) just (now), this moment, (just) a moment ago: **er ist ~ abgereist** he (has) just left; **~ als ich einen Brief schrieb, klopfte es** just as (*od.* when) I was writing a letter s.o. knocked at the door; **ich habe es ~ erst erfahren** I have only just now (*od.* this moment) learnt of it, I learnt of it only just now (*od.* only a moment ago); **er war ~ noch hier** he was here just now; **ich wollte ~ gehen, ich war ~ dabei** (*od.* **im Begriff**) **zu gehen** I was just about (*od.* going) to leave, I was (just) on the point of leaving; **der ~ Genannte** (*od.* **genannte Herr**) the gentleman just mentioned. – **2.** (*im Augenblick*) (just) now, (just) this (very) moment, at the moment: **da kommt er ~** there he comes now. – **3.** (*genau, gerade*) just, exactly, precisely: **~ das wollte ich sagen** that is just what I was going to say; **~ darum** (*od.* **deshalb, deswegen**) just for that reason, for that very reason; **das ist es (ja) ~** that's just (*od.* precisely) it (*od.* the point); **das will ich (ja) ~ vermeiden** that's exactly what (*od.* the very thing) I want to avoid; **~ deine Mitarbeit brauchen wir** that is just what we want — your co(-)operation; **~ an der Stelle** just (*od.* exactly) at that place, at that very spot; **~ damals, ~ zu der Zeit** just then (*od.* at that time); **~ an dem Tage** on that very day; **es ist ~ 1 Uhr** it is just (*od.* exactly) 1 o'clock; **(ja** *od.* **na) ~!** *colloq.* quite (so)! exactly! precisely! that's just it! *bes. Am. colloq.* you said it! **(das nun) ~ nicht!** not exactly (*od.* precisely) that! not at all! **er tat es ~ nicht!** that's just the point — he didn't (do it)! that's just what he didn't do! – **4.** (*gerade noch, zur Not*) just: **das Geld wird ~ reichen** the money will just be enough (*od.* do); **es wird ~ reichen** it will just (*od.* barely) do; **mit 3 Mark komme ich ~ aus** I can just manage on 3 marks; **wir haben (nur) ~ genug, um uns über Wasser zu halten** we have only just enough to keep our heads above water; **~ groß genug, um** just big enough to; **ich habe den Zug ~ (noch) erwischt** I (only) just managed to catch the train; **wir kamen nur so ~ davon** we narrowly (*od.* only just) escaped, we escaped by the skin of our teeth; **er hat die Prüfung nur so ~ bestanden** he only just passed (*od.* scraped through) the examination. – **5.** (*nun einmal*) simply, just: **er mag ~ nicht (kommen)** he simply doesn't want to (come); **das ist ~ so** that's how it is, that's just the way it is; **ich weiß es ~ nicht** I simply don't know; **dann komme ich ~ nicht** in that case I simply (*od.* just) won't come; **du hättest ihm das Geld ~ nicht geben sollen** you should have known better than to give him the money; **er ist ~ schon alt** he is an old man after all; **da läßt sich** (*od.* **kann man**) **~ nichts machen, da ist ~ nichts zu machen** there is just (*od.* simply) nothing one can do (about it), it can't be helped I'm afraid; **es ist ~ zu gefährlich** it's (just) too risky; **man muß das Leben nehmen, wie es ~ ist** one (just *od.* simply) has to take life as it is; **er ist ~ zu nichts zu gebrauchen** he is no good for (*od.* at) anything (just) as I told you; **dann ~ nicht!** have it your own way! – **6. nicht ~** *colloq. iron.* not exactly: **sie ist nicht ~ schön** she is not exactly a beauty, she is not what I would call a beauty; **er ist nicht ~ klug** he is not exactly clever. – **7.** *bes. Northern G.* just: **komm ~ mal her!** just come here; **ich wollte ihn nur ~ (mal) anrufen** I just wanted to ring him up.

'Ebenˌbild *n* image, (exact) likeness: **Gottes ~** God's image; **(ganz) das ~ seines Vaters** the very image (*od.* picture) of his father, the spitting image (*od.* the spit and image) of his father (*colloq.*).

'Ebenˌbild·lich·keit *f* ⟨-; *no pl*⟩ likeness, similarity, resemblance.

'ebenˌbür·tig [-ˌbʏrtɪç] *adj* **1.** *fig.* (*gleichwertig*) equal, of equal rank (*od.* quality, value): **j-m ~ sein** to be of equal rank with s.o., to be the equal of s.o., to be a match for s.o., to be on a par with s.o.; **ein mir geistig ~er Mensch** a man of my own level of intelligence. – **2.** *fig.* (*Nachfolger, Gegner etc*) worthy. – **3.** of equal birth. — **'Ebenˌbür·tig·keit** *f* ⟨-; *no pl*⟩ **1.** *fig.* equality (of rank, of quality, of value). – **2.** *fig.* worthiness. – **3.** equality of birth.

'eben|'da *adv* **1.** at the very (same) place, just there. – **2.** (*in Quellenangaben*) ibidem, ibid., ib. — **~da'her** *adv rare* **1.** from the very (same) place. – **2.** for that very reason. — **~da'hin** *adv rare* to the very (same) place. — **~dar'um** *adv cf.* ebendeshalb. — **~da'selbst** *adv cf.* **ebenda.**

'eben'der, 'ebenˌder'sel·be, 'eben'die, 'ebenˌdie'sel·be, 'eben'das, 'ebenˌdas'sel·be I *demonstrative pron* the very same, that same (*od.* very) one. – **II** *adj* that very, that same: **ebendie(selbe) Dame sagte uns** that very lady told us.

'eben|ˌdes'halb, ~ˌdes'we·gen *adv* for that very reason, that's just why (*colloq.*).

'eben'die·ser, 'eben'die·se, 'eben'die·ses I *demonstrative pron* the very same, this same (*od.* very) one. – **II** *adj* this very, this same.

'eben'dort *adv* at that very (same) place.

'Ebe·ne *f* ⟨-; -n⟩ **1.** *geogr.* plain, level (*od.* flat) land, flat (open) country(side): **in der ~** in (*od.* on) the plain; **fruchtbare ~** fertile plain; **Bewohner der ~** plainsman. – **2.** *math.* plane: **projizierende ~** projecting plane; **in derselben ~ liegend** lying in the same plane, coplanar (*scient.*). – **3.** *phys. tech.* plane (surface): **schiefe ~** inclined plane; **auf die schiefe ~ geraten** *fig.* to get into bad ways, to go astray (*od.* wrong), to go off the straight and narrow. – **4.** *fig.* level, *auch* plane: **auf privater ~** privately; **auf regionaler ~** at the regional level; **auf staatlicher ~** at government level; **Besprechungen auf höherer ~** high-level talks; **auf höchster ~** at the highest level, at top level; **auf der gleichen ~ liegen** (*od.* **sein**) **wie** (*od.* **mit**) to be on a level with, to be on the same level (*od.* plane) with.

'Ebe·nen,paar *n math.* sliding pair.

'ebenˌer·dig *adj* **1.** on a level with the ground, at ground level: **~e Kreuzung** grade (*bes. Br.* level) crossing. – **2.** ground-floor (*attrib*), *Am.* first-floor (*attrib*), on the ground (*Am.* first) floor: **~es Fenster** ground-floor window. – **3.** *bes. Br.* one-storey (*attrib*), *bes. Am.* one-story (*attrib*), *bes. Br.* one-storeyed, *bes. Am.* one-storied.

'ebenˌfalls *adv* **1.** likewise, also, too, as well: **er kam ~** he came likewise (*od.* too, also, as well), he too (*od.* also) came; **er ist krank, sie ~** he is ill and she (is) too (*od.* also, as well), he is ill and so is she; **ich werde kommen — ich ~** I shall come — so shall I; **~ möchte ich betonen** likewise I want to stress; **er ist ~ kein Philologe** he is also no philologist, he as well (*od.* too) is no philologist, he is not a philologist either; **ich wünsche Ihnen alles Gute — danke, (Ihnen) ~!** I wish you all the best — thank you, (the) same to you. – **2. ~ nicht** not ... either: **sein Bruder kam ~ nicht** his brother did not come either, nor did his brother come.

'ebenˌflä·chig *adj bes. math. phys.* plane, with plane (*od.* flat) surfaces, flat-surfaced.

'Eben·heit *f* ⟨-; *no pl*⟩ **1.** evenness, levelness. – **2.** (*Flachheit*) flatness, levelness. – **3.** (*Glattheit*) smoothness.

'Ebenˌholz *n* ebony: **echtes** (*od.* **schwarzes**) **~** black ebony; **unechtes** (*od.* **künstliches**) **~** laburnum; **(so) schwarz wie ~** (as) black as ebony; **Stab aus ~** ebony wand. — **~ˌbaum** *m bot.* ebony (tree) (*Diospyros ebenum*). — **~geˌwäch·se** *pl* Ebenaceae (*Fam. Ebenaceae*).

ebe·nie·ren [ebe'niːrən] *v/t* ⟨*no* ge-, h⟩ **1.** inlay (*s.th.*) with ebony. – **2.** (*Holz*) ebonize.

'eben'je·ner, 'eben'je·ne, 'eben'je·nes I *demonstrative pron* that same (*od.* very) one. – **II** *adj* that very, that same.

'Ebenˌmaß *n* ⟨-es; *no pl*⟩ regularity, harmony, harmoniousness, symmetry, harmonious (*od.* regular) proportion(s *pl*): **das ~ seiner Züge** the regularity (*od.* evenness) of his features, the harmony of his face; **das ~ ihres Körpers** the harmonious proportions *pl* (*od.* the shapeliness) of her body. — **'ebenˌmä·ßig** *adj* regular, harmonious, symmetric(al), well-proportioned (*attrib*): **~e Gesichtszüge** regular (*od.* even) features. — **'Ebenˌmä·ßig·keit** *f* ⟨-; *no pl*⟩ *cf.* Ebenmaß.

'ebenˌso I *adv* **1.** (*vor adj u. adv*) just as, equally: **~ gefürchtet** equally dreaded; **er ist ~ reich wie ich** he is just as rich as I am; **das ist ein ~ spannendes wie lehrreiches Buch** that book is just as exciting as (it is) instructive; **~ gute Freunde** just as (*od.* equally) good friends; **es ist ~ wahrscheinlich, daß** it is just as likely that, it is as likely as not that; **~ gut spielen wie** to play just as well as. – **2.** (just) in the same way, just so: **sich ~ verhalten** to behave in just the same way; **uns erging es ~** the same (thing) happened to us; **~ wie** in the same way as (*od.* that). – **3.** *cf.* ebenfalls 1, auch. – **II** *conj* **4. ~, wie** just as, exactly as: **er muß sich ~ quälen, wie ich mich früher gequält habe** he has to struggle just as much (*od.* exactly) as I had to.

'ebenˌso|'gern *adv* **1.** just as well (*od.* much): **ich mag ihn ~** I like him just as much, I like him equally (well). – **2.** just as well (*od.* soon): **ich würde ~ auch ins Kino gehen** I would just as soon go to the cinema. — **~'gut** *adv* (just *od.* quite) as well: **wir hätten ~ zu Hause bleiben können** we might just as well have stayed at home. — **~'häu·fig** *adv* just as often (*od.* frequently), just as many times. — **~'lang, ~'lan·ge** *adv* just as long.

'eben'solch, 'eben'sol·cher, 'eben'sol·che, 'eben'sol·ches *demonstrative pron* just (*od.* exactly) such a one: **ich möchte ebensolch einen Hut** (*od.* **einen ebensolchen Hut**) I want just such a hat (*od.* a hat just like this one).

'ebenˌso|'oft *adv cf.* ebensohäufig. — **~'sehr** *adv* just as much, no less: **er freute sich ~ wie ich** he was just as pleased as I (was), he was no less pleased than I. — **~'viel** *indefinite pron* **1.** just as much: **~ Glück** just as much luck. – **2.** just as many: **~ schöne Tage** just as many fine days. — **~'weit** *adv* just as far. — **~'we·nig I** *indefinite pron* **1.** (just) as little: **~ Glück** just as little luck. – **2.** (just) as few: **~ schöne Tage** just as few fine days. – **II** *adv* **3.** just as little: **ich mag das ~** a) I like that just as little, b) I don't like that either. – **III** *conj* **4. ~ wie** just as little as: **sie mag Fisch ~ wie ihr Mann** a) she likes fish just as little as her husband, b) she doesn't like fish and her husband doesn't either (*od.* nor does her husband). – **5.** (*rare*) nor. — **~'wohl** *adv cf.* ebensogut.

'Ebenˌstrauß *m bot.* corymb.

¹Eber *m* ⟨-s; -⟩ *zo.* boar (*Sus domesticus*): **Wilder ~** wild boar (*S. scrofa*); **wütend wie ein angeschossener** (*od.* **angestochener**) **~** *colloq.* as mad as a bull at a red rag, raving mad. — **~ˌesche** *f bot.* rowan (tree), (European) mountain ash, sorb (*Sorbus aucuparia*). — **~ˌfisch** *m zo.* boarfish (*Antigonia rubescens*). — **~ˌjagd** *f* boar hunt. — **~ˌrau·te** *f*, **~ˌreis** *n bot.* southernwood, old man, *Br.* boy's- (*od.* lad's-)love, abrotanum (*scient.*) (*Artemisia abrotanum*). — **~ˌwurz** *f* carline thistle (*Gattg Carlina*). — **~ˌzahn** *m zo.* fang, tusk.

eb·nen ['eːbnən] **I** *v/t* ⟨h⟩ **1.** make (*s.th.*) even, even (up), level, smooth, *auch* plane. – **2.** (*planieren*) grade. – **3.** (*glätten*) smooth, flatten. – **4.** (*Steine*) face. – **5.** *fig.* (*in Wendungen wie*) **j-m den Weg ~** to smooth (*od.* pave, clear) the way for s.o.; **j-m alle Wege ~** to remove all obstacles from s.o.'s path; **einer Sache den Weg ~** to prepare (*od.* clear) the ground for a thing. – **6.** *ling.* (*in der Phonetik*) smooth, *auch* monophthongize. – **II E~** *n* ⟨-s⟩ **7.** *verbal noun.* — **'Eb·nung** *f* ⟨-; -en⟩ **1.** *cf.* Ebnen. – **2.** *ling.* smoothing, *auch* monophthongization.

Ebo·nit [ebo'niːt; -'nɪt] *n* ⟨-s; *no pl*⟩ *chem.* ebonite, vulcanite, hard rubber.

Ecaille·ma·leˌrei [e'ka(ː)j-] *f* (*art*) ecaille decoration.

Ecar·té [ekar'teː] *n* ⟨-s; -s⟩ *cf.* Ekarté.

Ec·ce-Ho·mo ['ɛktse'hoːmo] *n* ⟨-(s); -(s)⟩ (*art*) *relig.* ecce homo, *bes. Br.* Ecce Homo (*representation of Christ crowned with thorns*).

Ec·chy·mose [ɛkçy'moːzə] *f* ⟨-; -n⟩ *med.* ecchymosis.

Echap·pe·ment [eʃap(ə)'mãː] *n* ⟨-s; -s⟩ **1.** (*watchmaking*) escapement. – **2.** *mus.* (*im Klavier*) escapement. – **3.** *obs. for* Flucht¹ 1. — **echap'pie·ren** [-'piːrən] *v/i* ⟨*no* ge-, sein⟩ *obs. for* entweichen 1.

Echarpe [e'ʃarp] (*Fr.*) *f* ⟨-; -s⟩ *obs. or Swiss for* Schal 1, Schärpe.

echauf·fie·ren [eʃo'fiːrən] *v/reflex* ⟨*no* ge-, h⟩ **sich ~ 1.** get (*od.* become) warm (*od. stärker* hot). – **2.** *fig.* get (*od.* become) heated (*od.* excited), excite oneself. — **echauf'fiert I** *pp.* – **II** *adj* **1.** warm, (*stärker*) hot. – **2.** *fig.* heated, excited.

Echi·nit [ɛçi'niːt; -'nɪt] *m* ⟨-s *u.* -en; -e(n)⟩ *zo.* echinite.

Echi·no·der·me [ɛçino'dɛrmə] *m* ⟨-n; -n⟩ *meist pl zo. cf.* Stachelhäuter.

Echi·noi·de [ɛçino'iːdə] *m* ⟨-n; -n⟩ *meist pl zo. cf.* Seeigel.

Echi·no·kok·kus [ɛçino'kɔkʊs] *m* ⟨-; -kokken⟩ *med. vet. zo.* echinococcus (*Gattg Echinococcus*). — **~ˌbla·se, ~geˌschwulst** *f* hydatid cyst.

Echi·nus [ɛ'çiːnʊs] *m* ⟨-; -⟩ **1.** *zo. cf.* Seeigel. – **2.** *arch.* echinus.

Echo¹ ['ɛço] *n* ⟨-s; -s⟩ **1.** echo: **einfaches [mehrfaches, fünffaches] ~** single [repeated (*od.* multiple), fivefold] echo; **ohne ~** echoless; **ein ~ geben** to echo, *auch* to reecho, *Br.* to re-echo, to resound, to reverberate; **ein ~ hervorrufen** to (create an) echo; **zweites ~** reecho, *Br.* re-echo; **er ist nur das ~ seiner Frau** *fig.* he merely echoes the opinion of his wife, he is a mere echo of his wife. – **2.** *fig.* echo, response, repercussion: **seine Worte fanden ein lebhaftes ~** his words met with a lively response; **das Ereignis rief ein weltweites ~ hervor** the incident caused world-wide repercussions. – **3.** *electr. mus.* echo.

'Echo² *npr f* ⟨-; *no pl*⟩ *myth.* Echo (*Greek nymph*).

'echoˌar·tig *adj* echolike, echoic.

'Echo|ˌbild *n telev.* double image, ghost. — **~ˌdämp·fung** *f* **1.** *electr.* echo attenuation (*od.* suppression). – **2.** *tel.* return loss. — **~efˌfekt** *m phys.* doubling effect.

echo·en ['ɛçoən] **I** *v/t u. v/impers* ⟨h⟩ echo: **es echot** it is echoing. – **II** *v/i* (*von Stimme etc*) echo, reecho, *Br.* re-echo, resound.

'Echo|-Entˌfer·nungsˌmes·ser *m phys.* (*beim Radar*) sonic range finder. — **~ˌfal·le** *f tel.* echo trap. — **e~ˌfrei** *adj* (*Raum etc*) free from echoes, anechoic. — **~geˌwöl·be** *n arch.* whispering vault.

Echo·la·lie [ɛçola'liː] *f* ⟨-; -n [-ən]⟩ *psych.* echolalia, echophrasia.

'Echoˌlot *n* ⟨-(e)s; -e⟩ *mar.* echo (depth) sounder. — **~ˌmes·sung** *f cf.* Echolotung.

'Echo|ˌlo·tung *f mar.* echo sounding. — **~ˌor·tung** *f electr.* echolation.

Echo·phra·sie [ɛçofra'ziː] *f* ⟨-; -n [-ən]⟩ *psych. cf.* Echolalie.

'Echo|reˌgi·ster *n mus.* (*der Orgel*) echo stop. — **~ˌsper·re** *f tel.* echo suppressor. — **~ˌun·terˌdrückung** (*getr.* -k·k-) *f* echo suppression (*od.* current attenuation). — **~ˌvers** *m metr.* echo verse. — **~ˌwerk** *n mus.* echo organ. — **~ˌzei·chen** *n* (*beim Radar*) blip, echo (pulse). — **~ˌzug** *m mus. cf.* Echoregister.

Ech·se ['ɛksə] *f* ⟨-; -n⟩ *zo.* **1.** saurian (*Unterordng Sauria od. Lacertilia*). – **2.** *cf.* Eidechse 1. — **'ech·senˌar·tig** *adj* saurian.

echt [ɛçt] **I** *adj* ⟨-er; -est⟩ **1.** (*Gold, Schmuck etc*) real, genuine: **~er Diamant** real diamond; **~e Havanna(zigarre)** real Havana; **~es Leder** genuine leather; **~e Perlen** real pearls; **ein ~er Perser(teppich)** a real Persian carpet (*od.* rug); **~er Schmuck** real jewelry (*bes. Br.* jewellery); **~e Seide** real (*od.* pure) silk; **~es Silber** genuine (*od.* pure, solid, sterling) silver; **garantiert ~** guaranteed (*od.* warranted) genuine. – **2.** (*Gemälde, Urkunde, Unterschrift etc*) genuine, authentic: **ein ~er Rembrandt** a genuine Rembrandt. – **3.** (*Wein etc*) genuine, pure, unadulterated: **~er Burgunder(wein)** genuine Burgundy. – **4.** *fig.* (*Gefühl, Freundschaft etc*) genuine, sincere, true, real: **ein ~es Gefühl der Dankbarkeit** a sincere feeling of gratitude; **ein ~er Freund** a true (*od.* real, sta[u]nch) friend; **~e Freude** true (*od.* unmixed, unalloyed) joy; **ihre Tränen waren ~** her tears were genuine; → Schrot 3. – **5.** *fig.* (*Charakter etc*) genuine, unaffected, sincere. – **6.** *fig.* (*typisch*) typical, real, true (to type *od.* form): **ein ~er Deutscher** a typical (*od.* true[-born], regular) German, a German born and bred (*od.* through and through); **ein ~es Kind seiner Zeit** a typical child of his time; **ein ~er Sozialist** a thorough-going (*od.* dyed-in-the wool) socialist; **das war wieder (einmal) ~ von ihm** *colloq.* that was typical of him, that was just like him, that was him all over. – **7.** (*Haarfarbe etc*) natural: **sie ist eine ~e Blondine** she is a natural blonde. – **8.** *fig.* (*wirklich*) real, true, genuine: **es ist mir ein ~es Anliegen** it is a matter of real concern to me. – **9.** (*bes. textile*) (*Farbe*) fast. – **10.** *math. phys.* proper: **~er Bruch [Teiler]** proper fraction [divisor]; **~es Vakuum** complete vacuum. – **11.** *biol.* true: **eine Eidechse ist ein ~es Reptil** a lizard is a true reptile. – **II** *adv* **12. ~ englischer Stoff** genuine English cloth. – **13.** *fig.* truly, really: **~ demokratisch** truly democratic. – **14.** *fig.* typically: **sein Verhalten ist ~ deutsch** his behavio(u)r is typically German; **diese Stelle ist ~ Mozart** this passage is typically Mozartian (*od.* typical of Mozart); **das ist (wieder einmal) ~ Hans** *colloq.* that's typically John, that's just like John, that's John all over.

'echt|ˌfar·big *adj* (*textile*) colorfast, *bes. Br.* colour-fast, fast-dyed. — **E~ˌfarbˌstoff** *m* fast color (*bes. Br.* colour) (*od.* dye). — **E~ˌgold** *n* genuine (*od.* pure, solid) gold: **aus ~** of solid gold. — **~ˌgol·den** *adj* ⟨*attrib*⟩ genuine- (*od.* pure-, solid-)gold.

'Echt·heit *f* ⟨-; *no pl*⟩ **1.** genuineness: **die ~ des Silbers garantieren** to guarantee (*od.* warrant) the genuineness (*od.* purity) of the silver; **etwas mit dem Stempel der ~ versehen** to hallmark s.th. – **2.** (*eines Gemäldes, einer Urkunde, einer Unterschrift etc*) genuineness, authenticity. – **3.** (*eines Weins etc*) genuineness, purity. – **4.** *fig.* (*eines Gefühls, einer Freundschaft etc*) genuineness, sincerity, trueness. – **5.** *fig.* (*des Charakters etc*) genuineness, unaffectedness, sincerity. – **6.** (*einer Farbe*) fastness, stability, resistance. – **7.** *jur. obs. for* Gesetzmäßigkeit 2.

'Echt·heits|beˌweis *m jur.* proof of authenticity (*od.* genuineness): **den ~ für etwas antreten** to prove the authenticity of s.th., to prove s.th. to be genuine. — **~ˌnachˌweis** *m* verification. — **~ˌpro·be** *f* (*textile*) fastness test, test of colorfastness (*bes. Br.* colour-fastness). — **~ˌprü·fung** *f* **1.** test of genuineness, verification. – **2.** (*textile*) *cf.* Echtheitsprobe. — **~ˌzeug·nis** *n econ.* certificate of authenticity.

'Echt|ˌsil·ber *n* genuine (*od.* pure, solid, sterling) silver: **aus ~** of solid silver. — **e~ˌsil·bern** *adj* ⟨*attrib*⟩ genuine- (*od.* pure-, solid-)silver, sterling(-silver): **~er Löffel** solid-silver spoon.

Eck [ɛk] *n* ⟨-(e)s; -e; *Austrian* -en⟩ *Southern*

G. and Austrian corner: über ~ cornerwise, across (a corner), diagonally.

ˈEck|ˌball *m* (*sport*) a) (*beim Fußball*) corner (kick), b) (*beim Hockey*) corner (hit), c) (*beim Hand- u. Wasserball*) corner (throw): einen ~ ausführen (*Fußball etc*) to take a corner; einen ~ geben to award (*od.* give) a corner. — **~ˌbank** *f* ⟨-; ¨e⟩ corner (*od.* nook) bench. — **~beˌschlag** *m* (*einer Truhe etc*) (ornamental *od.* decorative) corner fittings *pl.* — **~ˌblech** *n tech.* gusset plate. — **~ˌbrett** *n* corner shelf.

Ecke [ˈɛkə] *f* ⟨-; -n⟩ **1.** (*eines Hauses, Zimmers, einer Straße etc*) corner: die ~n des Buches sind (*od.* das Buch ist an den ~n) abgestoßen the corners of the book are worn (off); abgerundete ~n round corners; eine gemütliche ~ a snug (*od.* cozy, *bes. Br.* cosy) corner; an der ~ at the corner; an den ~n at the corners; der Laden liegt an der ~ the shop is (situated) on (*od.* at) the corner; in der linken oberen [unteren] ~ der Seite in the top [bottom] left-hand corner of the page; j-n in die ~ drängen a) to push s.o. into the corner, b) *fig.* to corner s.o.; etwas in die ~ stellen a) to put (*od.* stand) s.th. in the corner, b) *fig.* to put s.th. aside, to shelve s.th., to pigeonhole s.th.; stell dich (zur Strafe) in die ~! go and stand in the corner; etwas in allen ~n und Winkeln suchen to look (*od.* search) for s.th. in every (hole and) corner (*od.* in every nook and cranny, high and low); mit der ~ nach vorn cornerways, cornerwise; Eingang um die ~ entrance (a)round the corner; um die ~ biegen (*od.* fahren, gehen) to turn the corner; gehen Sie um die erste ~ rechts take the first turn(ing) on your right; eine gefährliche ~ a dangerous corner (*od.* crossing, intersection); er wohnt gleich um die ~ *colloq.* he lives just (a)round the corner. – **2.** *fig. colloq.* (*in Wendungen wie*) an allen ~n und Enden (*od.* Kanten) (here, there, and) everywhere, at every corner (*od.* turn[ing]); du fehlst mir an allen ~n und Enden I miss you at every turn, I am quite lost without you; es fehlt (*od.* hapert) an allen ~n und Enden there is a shortage of everything; es brannte an allen ~n und Enden a) (*Haus etc*) it was burning from end to end, b) *fig.* everything was in a commotion (*od.* an uproar), there was a tremendous stir; an allen ~n und Enden sparen to save everywhere one can, to save resolutely, to make a point of saving; j-n um die ~ bringen to do s.o. in, to get rid (*od.* dispose) of s.o., to do (*od.* make) away with s.o., *bes. Am. sl.* to bump s.o. off; Geld um die ~ bringen to waste (*od.* squander) money; um die ~ gehen to bite the dust, to kick the bucket (*beide sl.*); mit j-m um die ~ herum (*od.* um ein paar ~n [herum], um sechs ~n) verwandt sein to be distantly (*od.* remotely) related to s.o., *Am. colloq.* to be a shirttail relative of s.o.; j-m nicht um die ~ trauen not to trust s.o. out of one's sight (*od.* farther than one can throw s.o.). – **3.** (*Kante*) edge, corner: sich an einer ~ stoßen a) to knock (*od.* bump) against an edge, b) to knock one's head against a corner; sich (*dat*) die ~n und Kanten abstoßen *fig.* to acquire polish, to become more polished. – **4.** (*Nische*) nook, recess, corner. – **5.** (*spitzer Punkt*) angle. – **6.** *colloq.* (*Stück*) piece, wedge: eine ~ Kuchen [Käse] a piece of cake [cheese]. – **7.** *fig. colloq.* (*Strecke*) distance, stretch: das ist noch eine ziemliche ~ nach N. it's still quite a distance (*od.* it's still a good stretch) to N. – **8.** *fig. colloq.* (*Gegend*) corner, quarter: die südöstliche ~ Deutschlands the southeastern corner of Germany; sie kamen aus (*od.* von) allen ~n und Enden the came from all quarters (*od.* from everywhere under the sun); bläst der Wind aus der (*od.* dieser) ~? is that the way the wind blows? is that how matters stand? – **9.** *pl fig. colloq.* thinning hair above the temples: er hat hohe (*od.* kahle) ~n his hair is getting thin above the temples. – **10.** (*sport*) a) (*Torecke*) corner, b) *cf.* Eckball: lange ~ a) far corner (of the goal), b) (*beim Hockey*) (long) corner; kurze ~ a) near corner (of the goal), b) (*beim Hockey*) penalty corner. – **11.** (*sport*) (*beim Boxen*) corner: neutrale ~ (*im Ring*) neutral corner. – **12.** *math.* corner, vertex (*scient.*). – **13.** (*textile*) (*eines Kragens etc*) point. – **14.** *min.* (*eines Kristalls*) summit. – **15.** *civ.eng.* (*Mauerecke*) quoin.

ˈEcken|ˌabˌstoß·maˌschi·ne (*getr.* -k·k-) *f print.* beveling (*bes. Br.* bevelling) machine, cornering machine. — **~ˌausˌstei·fung** *f civ.eng.* corner trussing. — **e~los** *adj* cornerless. — **~ˌrundˌstoß·maˌschi·ne, ~ˌrun·dungs·maˌschi·ne** *f tech. print.* cornering machine. — **~ˌschnei·de·maˌschi·ne** *f* (*für Karten*) corner cutter. — **~ˌste·her** *m colloq.* **1.** loafer, *Br.* corner-boy, corner-man. – **2.** *child who has been stood in a corner* (*for punishment*). — **~ˌwin·kel** *m* corner radius. — **~ˌzahl** *f math.* number of vertices.

Ecker (*getr.* -k·k-) [ˈɛkər] *f* ⟨-; -n⟩ **1.** *bot.* a) *cf.* Buchecker, b) *rare for* Eichel 1. – **2.** *pl* (*games*) clubs (*in German cards*). — **~ˌbaum** *m bot. cf.* Eiche[1] 1. — **~ˌdop·pen** *pl* **1.** acorn cups (*od.* galls). – **2.** *econ.* (*u. für Gerberei*) val(l)onia *sg.* — **~ˌerb·se** *f bot.* square pea (*Pisum sativum quadratum*).

ˈEck|ˌfah·ne *f* (*sport*) (*beim Fußball etc*) corner flag. — **~ˌfeld** *n* (*auf Schachbrett etc*) corner square. — **~ˌfen·ster** *n* corner window. — **~ˌflüg·ler** [-ˌflyːglər] *m* ⟨-s; -⟩ *zo.* painted lady, vanessa (*Gattg Vanessa*). — **~ˌgrundˌstück** *n* corner lot (*od.* site). — **~ˌhaus** *n* corner house, house on (*od.* at) a corner.

ˈeckig (*getr.* -k·k-) **I** *adj* **1.** square: ein ~er Tisch a square table; ~er Flügel *aer.* rectangular wing; ~e Klammer (square) bracket; ein Kleid mit ~em Ausschnitt a dress with a square neck, a square-necked dress; ein ~es Gesicht a square (*od.* an angular) face; ~es Kinn square chin (*od.* jaw); mit ~en Schultern with (*od.* having) square shoulders, square-shouldered. – **2.** (*Gestalt etc*) square(-built), angularly built. – **3.** (*Form etc*) angular, (sharp)-cornered. – **4.** (*Handschrift*) angular. – **5.** *fig.* (*Bewegung etc*) angular, awkward, clumsy, stiff, jerky, wooden. – **6.** *fig.* (*ungeschliffen*) unpolished, uncouth. – **II** *adv* **7.** square(ly): ~ ausgeschnittenes Kleid square-cut (*od.* square-necked) dress. – **8.** sich ~ bewegen *fig.* to have angular movements, to move awkwardly. – **9.** sich ~ lachen *fig. colloq. humor.* to have a fit of laughter, to laugh uproariously. — **ˈEckig·keit** (*getr.* -k·k-) *f* ⟨-; *rare* -en⟩ **1.** squareness. – **2.** squareness, angularity. – **3.** *fig.* (*einer Handschrift etc*) angularity.

ˈEck|ˌke·gel *m* (*beim Kegeln*) corner pin. — **~ˌla·den** *m* corner shop (*bes. Am.* store). — **~ˌloch** *n* (*beim Billard*) corner pocket (*od.* bag). — **~ˌlohn** *m econ.* basic wage. — **~ˌmaß** *n tech.* (*einer Mutter od. Schraube*) width across corners. — **~ˌnaht** *f* (*beim Schweißen*) corner weld. — **~ˌpfei·ler** *m* **1.** *arch.* corner pillar (*od.* post). – **2.** *fig.* cornerstone, *Br.* corner-stone. — **~ˌpfo·sten** *m* corner post. — **~ˌplatz** *m* (*im Eisenbahnabteil etc*) corner seat. — **~ˌpunkt** *m math.* **1.** (*eines Dreiecks etc*) corner, vertex (*scient.*). – **2.** (*einer Kurve*) salient (*od.* corner) point. — **~ˌra·di·us** *m tech. cf.* Eckenwinkel. — **~ˌsatz** *m mus.* outer (*od.* outside) movement. — **~ˌschlag** *m* (*sport*) (*beim Hockey*) corner hit. — **~ˌschrank** *m* corner cupboard (*od.* cabinet). — **~ˌso·fa** *n* corner sofa (*od.* couch, settee). — **~ˌspar·ren** *m civ.eng.* (*eines Daches*) arris (*od.* corner) rafter. — **~ˌstahl** *m tech.* (*Schlichtmeißel*) bent finishing tool. — **~ˌstein** *m* **1.** *civ.eng.* cornerstone, *Br.* corner-stone, quoin, coign. – **2.** *fig. Bibl.* corner(-)stone. – **3.** (*games*) *cf.* Karo 2. — **~ˌstoß** *m* **1.** (*sport*) (*beim Fußball*) corner kick. – **2.** *tech.* (*Schweißen*) corner joint. — **~ˌstre·be** *f* **1.** (*am Pferdehuf*) summit of the bar. – **2.** *civ.eng.* strut. — **~ˌstun·de** *f ped.* first (*od.* last) lesson of the day. — **~ˌturm** *m* corner tower. — **~venˌtil** *n tech.* angle valve. — **~verˌband** *m* edge (*od.* angle) joint. — **~verˌzie·rung** *f print.* corner(piece), *Br.* corner(-piece). — **~ˌwert** *m econ.* basic (minimum agreed) value. — **~ˌwurf** *m* (*sport*) (*beim Hand- u. Wasserball*) corner throw. — **~ˌzahn** *m* **1.** *med.* canine (tooth), (*im Oberkiefer*) *auch* eyetooth, *Br.* eye-tooth. – **2.** *zo.* a) corner tooth, tusk, b) (*Fangzahn*) fang. — **~ˌzim·mer** *n* corner room. — **~ˌzins** *m econ.* basic interest rate.

Eclair [eˈklɛːr] (*Fr.*) *n* ⟨-s; -s⟩ *gastr.* (*Gebäck*) éclair.

Eclat [eˈkla(ː)] *m* ⟨-s; -s⟩ *cf.* Eklat.

Eco·no·mi·ser [iˈkɔnomaɪzər; ɪˈkɔnəmaɪzə] (*Engl.*) *m* ⟨-s; -⟩ *tech. cf.* Ekonomiser.

Eco·no·my-ˌKlas·se [iˈkɔnəmi-; ɪˈkɔnəmɪ-] (*Engl.*) *f aer.* economy (*od.* tourist) class.

Ecos·sai·se [ekɔˈsɛːzə] *f* ⟨-; -n⟩ *mus. choreogr.* ecossaise. [2. kid leather.]

Ecraˈséˌle·der [ekraˈzeː-] *n* **1.** goatskin. –

ecru [eˈkryː] *adj* (*textile*) ecru, unbleached, natural-colored, *bes. Br.* natural-coloured. — **E~ˌsei·de** *f* ecru (*od.* raw) silk.

Ecua·do·ria·ner [ekŭadoˈrĭaːnər] *m* ⟨-s; -⟩ Ecuadorian, *auch* Ecuador(e)an. — **ecua·do·ria·nisch** [-ˈrĭaːnɪʃ] *adj* Ecuadorian, *auch* Ecuador(e)an.

Eda·mer [ˈeːdamər] *m* ⟨-s; -⟩, *auch* ~ **ˈKä·se** *m gastr.* Edam (cheese).

eda·phisch [eˈdaːfɪʃ] *adj biol.* edaphic.

Eda·phon [ˈeːdafɔn] *n* ⟨-s; *no pl*⟩ *biol.* edaphon, soil organisms *pl.*

Ed·da [ˈɛda] *f* ⟨-; Edden⟩ (*literature*) Edda: die Ältere ~ the Elder (*od.* Poetic) Edda; die Jüngere ~ the Younger (*od.* Prose) Edda. — **~ˌlie·der** *pl* poems (*od.* lays) of the Edda.

ed·disch [ˈɛdɪʃ] *adj* Eddic, *auch* Eddaic: ~e Lieder Eddic poems (*od.* lays).

edel [ˈeːdəl] **I** *adj* ⟨edler; -st⟩ **1.** (*Abstammung, Familie etc*) noble, aristocratic: von edler Herkunft, aus edlem Geschlecht of noble birth (*od.* descent, extraction, blood, family), highborn, *Br.* high-born. – **2.** (*Pferd etc*) thoroughbred, noble. – **3.** *fig.* (*Gesinnung etc*) noble, lofty, high-minded, noble-minded: eine edle Tat a noble deed; ~ sei der Mensch! (*Goethe*) let man be noble! er bewies seine edle Gesinnung he gave proof of his noble-mindedness (*od.* his nobility of mind); ein edles Herz haben to have a lofty soul, to have a noble (*od.* generous) heart. – **4.** *fig.* (*Zweck etc*) lofty, noble, high: einen edlen Zweck verfolgen to pursue a high purpose. – **5.** *cf.* edeldenkend. – **6.** *fig.* (*Gestalt, Wuchs etc*) stately, noble. – **7.** *fig.* (*Gesichtszüge*) noble, fine. – **8.** *fig.* (*Wein etc*) noble, generous, excellent: ein edler Tropfen a noble wine. – **9.** *fig.* (*Qualität etc*) fine, superior, high-class, *auch* rare, special: edles Holz fine (*od.* fancy) wood; edles Obst fine fruit. – **10.** *fig.* (*Körperteil*) vital: der ~ste Körperteil *colloq. humor.* the backside (*od.* rump, bottom) (*colloq.*). – **11.** *fig. iron.* fine: ein edles Paar a fine couple. – **12.** (*sport*) *only in* die edle Kunst der Selbstverteidigung (*Boxsport*) the noble art of self-defence (*Am.* self-defense), the noble art (*od.* science) (of boxing). – **13.** *bes. min.* a) (*Metall, Stein*) noble, precious, b) (*Erz*) rich: edler Galmei native carbonate of zinc, calamine. – **14.** *chem.* a) electropositive, b) (*schwer oxydierbar*) noble, rare, inert. – **15.** (*mining*) (*Gang*) rich. – **II** *adv* **16.** *fig.* nobly, high-mindedly, noble-mindedly. – **17.** *fig.* nobly, magnificently: eine ~ geformte Hand [Nase] a nobly formed (*od.* fine) hand [nose].

ˈEdel|ˌbee·re *f meist pl agr.* specially selected grape. — **~ˌbür·ger** *m hist.* patrician. — **e~ˌbür·tig** [-ˌbyrtɪç] *adj* of noble birth (*od.* descent), nobly born. — **~ˌda·me** *f hist. cf.* Edelfrau. — **e~ˌden·kend** *adj* noble-minded, high-minded, magnanimous. — **~ˌfal·ke** *m zo.* **1.** (trained) falcon, noble hawk (*Gattg Falco*). – **2.** (*Wanderfalke*) peregrine falcon (*Falco peregrinus*). — **~ˌfall** *m min.* shoot of precious metal ore. — **~ˌfal·ter** *m zo.* swallowtail (*Br.* swallow-tail) (butterfly) (*Gattg Papilio*). — **~fa·san** *m* (common) pheasant (*Phasianus colchicus*). — **~ˌfäu·le** *f agr.* (*der Trauben*) noble rot. — **~ˌfäu·leˌpilz** *m bot.* noble rot, *auch* noble mold (*bes. Br.* mould) (*Botrytis cinerea*). — **~ˌfink** *m zo. cf.* Buchfink. — **~ˌfi·sche** *pl* noble fishes, salmonids (*scient.*) (*Fam. Salmonidae*). — **~ˌfrau** *f hist.* noblewoman, noble lady, gentlewoman. — **~ˌfräu·lein** *n* (unmarried) noblewoman. — **~ˌgas** *n chem.* inert (*od.* noble) gas. — **e~geˌbo·ren** *adj cf.* edelbürtig. — **e~geˌsinnt** *adj cf.* edeldenkend. — **~ˌguß** *m tech.* high-strength (*od.* special-grade) cast iron. — **e~ˌher·zig** *adj* **1.** noble-hearted. – **2.** (*großmütig*) magnanimous. — **~ˌhirsch** *m zo.* red deer (*Cervus elaphus*). — **~ˌholz** *n* fine (*od.* fancy, rare, precious, luxury) wood.

Ede·ling [ˈeːdəlɪŋ] *m* ⟨-s; -e⟩ **1.** *hist.* (freeborn, *Br.* free-born) nobleman. – **2.** *bot.* a) scion, graft, b) grafted shoot.

'Edel|kaˌmil·le *f bot. pharm.* large chamomile (*od.* camomile). — **~kaˌsta·nie** *f bot.* 1. (*Frucht*) edible (*od.* sweet) chestnut. – 2. (*Baum*) (Spanish, sweet, Italian) chestnut (tree) (*Castanea vesca od. sativa*). — **~ˌkitsch** *m colloq. contempt.* (pretentious kind of) rubbish (*od.* trash, kitsch). — **~ˌkna·be** *m hist.* page. — **~ˌknecht** *m hist.* squire. — **~koˌral·le** *f zo.* precious coral (*Gattg Corallium*): Rote ~ red coral (*C. rubrum*). — **~ˌkrebs** *m* brook crayfish (*Potamobius fluviatilis*). — **~ˌkunstˌharz** *n synth.* cast resin. — **~ˌmann** *m* ⟨-(e)s; Edelleute⟩ nobleman, noble, gentleman. — **~ˌmar·der** *m zo.* beech (*od.* stone) marten (*Martes foina*). — **~meˌtall** *n* precious (*od.* noble) metal. — **~ˌmist** *m agr.* fermented manure.

'Edelˌmut *m* 1. noble-mindedness. – 2. (*Großmut*) magnanimity, generosity. — **'edelˌmü·tig** *adj* 1. noble, noble-minded. – 2. (*großmütig*) magnanimous, generous. — **'Edelˌmü·tig·keit** *f* ⟨-; no pl⟩ *cf.* Edelmut.

'Edel|ˌobst *n agr.* fancy fruit, finer sorts *pl* of fruits. — **~pa·paˌgei** *m zo. a subfamily of parrots* (*Unterfam. Psittacinae*). — **~ˌpas·sung** *f tech.* 1. (*bei Lehren*) force(d) fit, high-class fit. – 2. (*bei Gewinden*) close fit. — **~ˌpflau·me** *f bot.* greengage. — **~ˌpilz** *m bot. cf.* Champignon. — **~ˌpilzˌkä·se** *m gastr.* highly flavored (*bes. Br.* flavoured) blue-veined cheese, *bes.* a) Danish Blue (cheese), b) Blue Stilton, c) Roquefort. — **~ˌrei·fe** *f gastr.* (*des Käses etc*) ripeness, maturity. — **~ˌreis** *n bot.* 1. graft, scion. – 2. (grafted) shoot. — **~ˌreiz·ker** *m bot.* saffron milk cap (*Lactarius deliciosus*). — **~ˌrost** *m metall.* (*auf Kupfer u. Kupferlegierungen*) patina: mit ~ überzogen patinous; etwas mit ~ überziehen to patinate s.th. — **~salˌbei** *m, f bot. cf.* Salbei. — **~ˌschwein** *n agr.* pedigree pig (*of a large white variety bred in Germany*). — **~ˌsinn** *m* ⟨-(e)s; no pl⟩ noble- (*od.* high-)mindedness. — **e~ˌsin·nig** *adj* noble- (*od.* high-) minded. — **~ˌsor·te** *f* (*von Obst etc*) superior variety. — **~ˌstahl** *m metall.* fine (*od.* high-grade, high-quality) steel.

'Edelˌstein *m* (*jewelry*) a) precious stone, stone, b) (*geschliffen u. geschnitten*) jewel, gem: ungeschliffener (*od.* ungeschnittener) ~ rough (*od.* uncut) stone; künstlicher (*od.* synthetischer) ~ artificial (*od.* synthetic) stone (*od.* gem); mit ~en besetzen (*od.* schmücken) to (be)gem, to (be)jewel; ein in Gold gefaßter ~ a stone set in gold; ~e enthaltend *min.* gemmiferous. — **e~ˌar·tig** *adj* gemmy. — **~imi·ta·tiˌon** *f* imitation jewel (*od.* stone). — **~ˌkun·de** *f* gemmary, gem(m)ology. — **e~ˌkund·lich** [-ˌkʊntlɪç] *adj* gem(m)ological. — **~ˌro·se** *f zo.* gemmed anemone (*Bunodactis verrucosa*). — **~ˌschlei·fer** *m* gem cutter, lapidary.

'Edel|ˌtan·ne *f bot.* silver fir, fir (tree) (*Abies alba*).

'Edelˌweiß *n* ⟨-(es); -e⟩ *bot.* edelweiss, lion's foot (*Leontopodium alpinum*). — **~paˌpier** *n print. white paper for laminating.*

'Edelˌwild *n hunt.* red deer.

Eden ['e:dən] *npr n* ⟨-s; no pl⟩ *Bibl.* Eden: im Garten ~ in the Garden of Eden.

edes·si·nisch [edɛ'si:nɪʃ] *adj geogr. antiq.* Edessan, *auch* Edessene.

edie·ren [e'di:rən] *v/t* ⟨no ge-, h⟩ *print.* 1. (*als Bearbeiter*) edit, be the editor of. – 2. (*Buch*) publish.

Edikt [e'dɪkt] *n* ⟨-(e)s; -e⟩ *jur. hist.* edict: das ~ von Nantes the Edict of Nantes (*1598*); ein ~ erlassen [widerrufen] to issue [to revoke] an edict.

'Edi·son|ak·ku·muˌla·tor ['e:dizɔn-] *m electr.* Edison (*od.* iron-nickel) accumulator, Edison (storage) battery. — **~ˌfas·sung** *f* (*für Glühbirnen*) Edison socket.

Edi·ti·on [edi'tsĭo:n] *f* ⟨-; -en⟩ 1. *print.* a) (*Vorgang*) editing, b) (*Ausgabe*) edition. – 2. *print.* (*Veröffentlichung*) publication. – 3. *jur.* delivery of deeds and documents in court, production in court.

Edi·ti'onsˌar·beit *f print.* editing.

Edi·tio prin·ceps [e'di:tsĭo 'prɪntsɛps] *f* ⟨- -; Editiones principes [edi'tsĭo:nɛs 'prɪntsipɛs]⟩ *print.* first edition.

Edi·tor ['e:ditɔr] *m* ⟨-s; -en [edi'to:rən]⟩ 1. editor. – 2. publisher. — **edi·to·risch** [edi'to:rɪʃ] *adj* editorial.

'Ed·le[1] *m* ⟨-n; -n⟩ 1. *hist.* person of noble birth (*od.* rank), noble, nobleman: ~r von X *obs.* Lord X (*Austrian and Bavarian title of nobility*). – 2. *fig.* noble- (*od.* high-) minded person.

'Ed·le[2] *f* ⟨-n; -n⟩ 1. *hist.* person of noble birth (*od.* rank), noblewoman. – 2. *fig.* noble- (*od.* high-)minded woman.

Edo·mi·ter [edo'mi:tər] *m* ⟨-s; -⟩ *Bibl. hist.* Edomite. — **edo'mi·tisch** *adj* Edomitic.

Edu·ka·ti·on [eduka'tsĭo:n] *f* ⟨-; no pl⟩ *obs. for* Erziehung.

Edukt [e'dʊkt] *n* ⟨-(e)s; -e⟩ *chem.* educt.

'E-ˌDur *n* ⟨-; no pl⟩ *mus.* E major.

EEG-Ap·paˌrat [e:ʔe:'ge:-] *m med.* electroencephalograph, *Br.* electro-encephalograph.

Efen·di [e'fɛndi] *m* ⟨-s; -s⟩ effendi (*Turkish form of address*).

Efeu ['e:fɔʏ] *m* ⟨-s; no pl⟩ *bot.* ivy (*Hedera helix*). — **e~ˌähn·lich, e~ˌar·tig** *adj* ivylike. — **e~beˌkränzt** *adj* ivy-crowned. — **e~beˌwach·sen** *adj* ivy-covered. — **~ˌblatt** *n* ivy leaf. — **e~ˌblät·te·rig, e~ˌblätt·rig** *adj* ivy-leaved (*od.* -leafed). — **~ˌkranz** *m* ivy wreath (*od.* garland). — **~ˌli·nie** *f math.* cissoid. — **~ˌran·ke** *f* ivy twine. — **e~ˌumˌrankt** *adj* (*Fenster etc*) ivy-clad, ivy-covered, ivied.

Eff·eff ['ɛfˌʔɛf] *n* ⟨-; no pl⟩ *colloq. only in* aus dem ~ thoroughly: etwas aus dem ~ können to have s.th. at one's fingertips (*Br.* finger-tips), to know s.th. inside out, to know one's stuff (*colloq.*).

Ef·fekt [ɛ'fɛkt] *m* ⟨-(e)s; -e⟩ 1. (*Wirkung, Erfolg*) effect: auf ~ berechnet calculated for effect; einen großartigen ~ erzielen to produce a splendid effect; nach ~ haschen, auf ~ aus sein, auf ~ ausgehen to strive after (*od.* to be out for) effect, to play to the gallery (*Am.* grandstand); ~ machen to have (*od.* produce) an effect, to be effective. – 2. (*Ergebnis*) effect, result: der ~ seiner Arbeit war gering the result of his work was slight; der ~ ist gleich Null it is completely without effect. – 3. (*film, theater*) (special) effect. – 4. *phys.* performance. – 5. *math.* action. – 6. (*textile*) (*von Garn, Faden*) fancy. — **~beˌleuch·tung** *f* 1. *phot.* decorative lighting. – 2. (*beim Film*) effect lighting. — **~ˌbo·genˌlam·pe** *f electr.* flame arc lamp, arc lamp with carbon electrodes. — **~ˌdämp·fer** *m mus.* mute, sordine, sordino.

Ef'fek·ten *pl* 1. *econ.* a) securities, b) (*Aktien*) shares, *bes. Am.* stocks, c) (*Obligationen*) bonds: ~ mit Dividendenberechtigung dividend-bearing stocks; marktfähige ~ negotiable instruments. – 2. *obs. for* Habe 2. — **~ˌabˌrech·nung** *f econ.* statement of security transactions. — **~ˌabˌtei·lung** *f* securities department. — **~ˌbank** *f* bank dealing in securities. — **~beˌsit·zer** *m* holder of securities. — **~beˌstand** *m* securities *pl* on hand. — **~ˌbör·se** *f* stock exchange. — **~deˌpot** *n* securities deposit. — **~emis·siˌon** *f* issue of securities. — **~geˌschäft** *n* 1. security transaction. – 2. dealing in securities. — **~ˌgi·ro** *n* transfer of securities. — **~ˌhan·del** *m* dealing in securities. — **~ˌhänd·ler** *m* stock dealer, *bes. Br.* stockjobber. — **~ˌinˌha·ber** *m cf.* Effektenbesitzer. — **~kreˌdit** *m* 1. loan on securities. – 2. loan for the purchase of securities. — **~ˌkurs** *m* stock quotation (*od.* price), stock exchange rate. — **~ˌmak·ler** *m* stockbroker. — **~ˌmarkt** *m* stock market (*od.* exchange), securities market. — **~verˌkehr** *m* security transactions *pl*.

Ef'fekt|ˌfa·den *m*, **~ˌgarn** *n* (*textile*) fancy (*od.* effect) yarn.

Ef'fekt|ˌha·scher *m* ⟨-s; -⟩ *contempt.* person striving after effect, show-off, *Am.* grandstander, (*stärker*) sensationalist. — **e~ˌha·schend** *adj* striving after effect, showy, stag(e)y, claptrap. — **~ha·sche'rei** [ɛˌfɛkt-] *f* ⟨-; -en⟩ *contempt.* striving after effect, cheap showmanship, showing off, *Am.* grandstanding, claptrap, (*stärker*) sensationalism: aus ~ (in order) to play to the gallery (*Am.* grandstand); auf ~ verzichten to make no attempt to show off, to disdain to play to the gallery.

ef·fek·tiv [ɛfɛk'ti:f] I *adj* ⟨-er; -st⟩ 1. *bes. econ.* actual, real, effective: ~er Bestand *econ. cf.* Effektivbestand 1; ~e Rendite (*od.* Verzinsung) *econ.* net yield; der ~e Schaden the real (*od.* actual) damage; ~er Wert *econ. cf.* Effektivwert 1; er ist ein ~er Pazifist he is a real pacifist. – 2. (*wirksam*) effective, efficacious: die ~ste Form der Zusammenarbeit the most effective form of co(-)operation; ~er Schutz effective protection. — II *adv* 3. actually, really, in effect. – 4. (*in Verbindung mit Verneinung*) really, definitely, distinctly: sie kann dort ~ nicht bleiben she definitely cannot stay there; er hatte ~ keine Ahnung he had not the slightest idea.

Ef·fek'tiv *n* ⟨-s; -e⟩ *ling.* 1. effective (verb). – 2. factitive (verb).

Ef·fek'tiv|beˌstand *m* 1. *econ.* a) actual stock, b) realizable assets *pl*. – 2. *mil. cf.* Effektivstand. — **~geˌschäft** *n* actual (*od.* (effective) transaction.

Ef·fek·ti·vi·tät [ɛfɛktivi'tɛ:t] *f* ⟨-; no pl⟩ effectiveness, effectivity.

Ef·fek'tiv|ˌklau·sel *f econ.* effective clause. — **~ˌkraft** *f tech.* effective force (*od.* power). — **~ˌlei·stung** *f* 1. effective (*od.* actual) power. – 2. effective performance. — **~ˌlohn** *m econ.* actual wage. — **~ˌstand** *m*, **~ˌstär·ke** *f mil.* (*Iststärke*) effective (*od.* actual) force, total strength. — **~ˌstrom** *m electr.* effective current. — **~ˌwert** *m* 1. *econ.* real (*od.* actual) value. – 2. *math. electr.* root-mean-square value, virtual (*od.* effective) value.

Ef'fekt|ˌkoh·le *f electr.* flame carbon. — **~ˌlack** *m* (*paints*) effect varnish. — **e~los** *adj* ineffective, ineffectual, without effect. — **~ma·che'rei** [ɛˌfɛkt-] *f* ⟨-; -en⟩ *contempt. cf.* Effekthascherei. — **~ˌmit·tel** *n mus.* effect. — **~muˌsik** *f mus.* (*film*) additional sound effects *pl*.

ef·fek·tu·ie·ren [ɛfɛktu'i:rən] *v/t* ⟨no ge-, h⟩ *rare econ.* 1. (*Auftrag*) carry out, execute, *bes. Am.* fill. – 2. (*Zahlung*) effect, make.

ef'fektˌvoll *adj* 1. (*wirkungsvoll*) effective. – 2. (*eindrucksvoll*) effective, striking, impressive. – 3. (*großartig*) spectacular.

Ef·fe·mi·na·ti·on [ɛfemina'tsĭo:n] *f* ⟨-; -en⟩ *psych.* effemination. — **ef·fe·mi'nie·ren** [-'ni:rən] I *v/t* ⟨no ge-, h⟩ make (*s.o.*) effeminate, effeminate. – II *v/i* ⟨sein⟩ become effeminate. — **ef·fe·mi'niert** I *pp.* – II *adj* effeminate.

Ef·fen·di [ɛ'fɛndi] *m* ⟨-s; -s⟩ *cf.* Efendi.

ef·fer·ves·zie·ren [ɛfɛrvɛs'tsi:rən] *v/i* ⟨no ge-, h⟩ effervesce.

Ef·fet [ɛ'fe:] *m, auch n* ⟨-s; -s⟩ (*sport*) a) (*beim Tennis etc*) spin, twist, screw, b) (*beim Billard*) side, *Br.* screw: einem Ball ~ geben, einen Ball mit ~ spielen a) (*beim Tennis etc*) to put spin on a ball, to cut (*od.* slice) a ball, b) (*beim Billard*) to put side on a ball. — **~ˌball** *m* 1. (*sport*) (*beim Tennis etc*) spinner, twister, spin (*od.* cut, sliced) ball: einen ~ schlagen to put spin on a ball. – 2. *cf.* Effetstoß. — **~ˌstoß** *m* (*beim Billard*) twister, shot played with side (*Br.* screw).

ef·fi·lie·ren [ɛfi'li:rən] *v/t* ⟨no ge-, h⟩ (*Haare*) thin. — **Ef·fi'lierˌsche·re** *f* thinning scissors *pl* (*constued as sg or pl*).

Ef·fi·zi·enz [ɛfi'tsĭɛnts] *f* ⟨-; -en⟩ *econ. rare* efficiency.

Ef·flo·res·zenz [ɛflorɛs'tsɛnts] *f* ⟨-; -en⟩ 1. *med.* efflorescence, (skin) eruption. – 2. *bot.* flowering, efflorescence (*scient.*). – 3. *chem. min.* efflorescence. — **ef·flo·res'zie·ren** [-'tsi:rən] *v/i* ⟨no ge-, h⟩ 1. *med.* effloresce. – 2. *bot.* flower, blossom, effloresce (*scient.*). – 3. *chem. min.* effloresce.

Ef·fu·sat [ɛfu'za:t] *n* ⟨-(e)s; -e⟩ *phys.* effused substance.

Ef·fu·si·on [ɛfu'zĭo:n] *f* ⟨-; -en⟩ *geol. phys.* effusion.

ef·fu·siv [ɛfu'zi:f] *adj geol.* effusive. — **E~ˌausˌbruch** *m* lava eruption. — **E~geˌstein** *n* effusive rock.

egal[1] [e'ga:l] I *adj colloq.* 1. ⟨*pred*⟩ (*einerlei*) all the same: das ist mir (ganz) ~ a) it is all the same (*od.* all one) to me, it makes no difference to me, I don't mind either way, b) I don't care, why should I worry, I couldn't care less; das ist (ganz) ~ that doesn't matter, that makes no difference; das ist mir nicht ~ it matters to me, (*stärker*) it does matter to me, I do care (about it); ganz ~ warum [wer, wie, wo] no matter why [who, how, where]; ganz ~, wohin er geht wherever he goes. – 2. ⟨*pred*⟩ (*gleichartig*) alike, equal, uniform: die beiden Schuhe sind nicht (ganz) ~ the two shoes are not (quite) alike (*od.* do not match). – 3. (*gleichmäßig*) even, regular: eine ~e Linie ziehen to draw an even line. – II *adv* 4. ~ lang equally long; ~ geschnitten evenly cut.

egal[2] [eˈgaːl] *adv dial. u. colloq.* always, over and over again, constantly.

Egalˌfär·bung [eˈgaːl-] *f (textile)* even (*od.* level) dyeing.

ega·li·sie·ren [egaliˈziːrən] **I** *v/t* ⟨*no* ge-, h⟩ **1.** (*ausgleichen*) equalize, make (*s.th.*) equal: den Vorsprung des Läufers ~ to catch up with the runner. – **2.** (*bes. sport*) (*Rekord*) equal: der Weltrekord ist egalisiert worden the world record has been equal(l)ed. – **3.** *tech.* level, flatten. – **4.** *chem.* equalize. – **5.** (*textile*) level, dye evenly. – **6.** (*leather*) a) flatten, b) (*Sohlen*) level. – **II E~** *n* ⟨-s⟩ **7.** *verbal noun.* – **8.** *cf.* Egalisierung.

Ega·liˈsier|ˌfarbˌstoff *m (textile)* leveling (*bes. Br.* levelling) dyestuff (*Br.* dye-stuff). — **~ˌmit·tel** *n* level(l)ing agent. — **~ˌrah·men** *m* level(l)ing frame.

Ega·liˈsie·rung *f* ⟨-; -en⟩ **1.** *cf.* Egalisieren. – **2.** equalization.

Ega·li·tät [egaliˈtɛːt] *f* ⟨-; *no pl*⟩ *obs. for* Gleichheit.

ˈEgar·tenˌwirt·schaft [ˈeːgartən-], **ˈEgart·ˌwirt·schaft** [ˈeːgart-] *f Bavarian and Austrian for* Feldgraswirtschaft.

Egel [ˈeːgəl] *m* ⟨-s; -⟩ *zo.* **1.** leech (*Ordng Hirudinea*). – **2.** (*Trematode*) fluke. — **~be·ˌfall** *m vet.* **1.** leech infestation, hirudiniasis (*scient.*). – **2.** (*durch Trematoden*) fluke disease. — **~ˌkraut** *n bot.* spearwort, spear crowfoot (*Ranunculus flammula*). — **~ˌschnecke** (*getr.* -k·k-) *f zo.* land slug (*Fam. Limacidae, bes. Gattg Limax*).

Eger·ling [ˈeːgərlɪŋ] *m* ⟨-s; -e⟩ *bot. cf.* Champignon.

Eg·ge [ˈɛgə] *f* ⟨-; -n⟩ *agr.* harrow: schwere ~ drag. — **ˈeg·gen** *v/t* ⟨h⟩ harrow.

Ego [ˈeːgo] *n* ⟨-s; *no pl*⟩ *philos. psych.* ego.

Ego·is·mus [egoˈɪsmʊs] *m* ⟨-; *rare* -ismen⟩ **1.** egoism, egotism, selfishness: aus reinem ~ from (*od.* out of) pure egoism. – **2.** *philos.* egoism, individualism, doctrine of self-interest. — **Egoˈist** [-ˈɪst] *m* ⟨-en; -en⟩ **1.** egoist, egotist, selfish person: ein reiner ~ *contempt.* a pure egoist. – **2.** *philos.* egoist. — **Egoi·stin** [-ˈɪstɪn] *f* ⟨-; -nen⟩ egoist, egotist, selfish woman. — **egoi·stisch** [-ˈɪstɪʃ] *adj* **1.** egoistic, *auch* egoistical, egotistic(al), selfish. – **2.** *philos.* egoistic(al).

Ego·tis·mus [egoˈtɪsmʊs] *m* ⟨-; *no pl*⟩ egotism. — **Egoˈtist** [-ˈtɪst] *m* ⟨-en; -en⟩ egotist. — **egoˈti·stisch** [-tɪʃ] *adj* egotistic(al).

Egout·teur [egʊˈtøːr] *m* ⟨-s; -e⟩ *tech.* (*paper*) dandy roll(er).

Ego·zen·trik [egoˈtsɛntrɪk] *f* ⟨-; *no pl*⟩ egocentrism, egocentricity. — **Egoˈzen·tri·ker** [-trikər] *m* ⟨-s; -⟩ egocentric (person), self-centered (*Br.* self-centred) person. — **egoˈzen·trisch** *adj* self-cent(e)red, egocentric: ~er Mensch egocentric (person), self-cent(e)red person. — **Ego·zen·tri·ziˈtät** [-tritsiˈtɛːt] *f* ⟨-; *no pl*⟩ *cf.* Egozentrik.

egre·nie·ren [egreˈniːrən] *v/t* ⟨*no* ge-, h⟩ (*Baumwolle*) gin.

Egreˈnier|maˌschi·ne *f tech.* (*textile*) (cotton) gin. — **~ˌwerk** *n* ginnery.

Egyp·ti·enne [eʒɪˈpsiɛn] *f* ⟨-; *no pl*⟩, **~ˌschrift** *f print.* Egyptian (type), slab (*od.* square) serif.

eh[1] [eː] **I** *adv* **1.** *Bavarian and Austrian colloq. for* sowieso 1, ohnehin. – **2.** *only in* (seit) ~ und je at all times, for as long as anyone can remember, since time immemorial: das ist seit ~ und je so this has always been like that; wie ~ und je as always. – **II** *interj* **3.** eh! hey! – **4.** eh? eh? what?

eh[2] [eː] *conj colloq. for* ehe.

ehe [ˈeːə] *conj* **1.** before: ~ er kommt before he comes; noch ~ ich antworten konnte before I could answer. – **2.** until: ich glaube es nicht, ~ ich mich nicht davon überzeugt habe I shall not believe it until I have convinced myself of it. – **3.** rather than: ~ (daß) sie sich ergäben, würden sie (lieber) sterben they would die rather (*od.* rather die) than surrender.

ˈEhe *f* ⟨-; -n⟩ **1.** marriage: eine glückliche ~ a happy marriage; das ist eine junge ~ they have not been married long, that is a newly married couple; sie führen eine glückliche (*od.* harmonische) ~ they are happily married; rechtsgültige ~ legal marriage; zerrüttete ~ failed (*od.* wrecked) marriage; mit j-m eine ~ eingehen to marry s.o., to get married to s.o.; eine neue ~ eingehen to marry again (*od.* a second time), to remarry; eine ~ schließen to marry, to get married; im Hafen der ~ landen *humor.* to enter the haven of marital bliss (*lit. od. humor.*), to get hitched (*colloq.*); (mit j-m) die ~ brechen to commit adultery (with s.o.); j-m die ~ versprechen to promise marriage to s.o., to promise to marry s.o.; eine ~ für ungültig (*od.* nichtig) erklären to declare a marriage null and void, to annul a marriage; eine ~ scheiden (*od.* auflösen) to dissolve a marriage, to divorce a couple; eine ~ vollziehen *bes. jur.* to consummate a marriage; aus erster [zweiter] ~ of (*od.* by, from) the first (*od.* former) [the second] marriage; sein ältester Sohn aus zweiter ~ the eldest son of his second wife; der Sohn stammt aus erster ~ the son is by his (*od.* her) first marriage; aus der ~ gingen zwei Kinder hervor there were two children by the marriage, their union was blessed with two children; Geschwister aus derselben ~ sein to be children by (*od.* of) the same marriage; (mit j-m) in wilder ~ leben to live together (with s.o.) (without being married), to live in (open) sin (with s.o.); sie ist in zweiter ~ verheiratet she has married twice, it is her second marriage; Kinder in die ~ mitbringen to bring children into the marriage; sich in eine fremde ~ (ein)mischen to meddle in a marriage; j-m seine Tochter zur ~ geben to give s.o. one's daughter in marriage; j-n zur ~ nehmen to take s.o. in marriage, to marry s.o.; die ~ kam nicht zustande a) the marriage did not take place, b) *jur.* the marriage was not legally contracted; ~ zur linken Hand, morganatische ~ left-handed (*od.* morganatic) marriage; seine ~ mit X his marriage to X. – **2.** (*Ehestand*) marriage, matrimony, married state: in den Stand der (heiligen) ~ treten to be joined in (holy) matrimony. – **3.** (*Ehebund*) marriage, *auch* union (*auch fig.*), wedlock (*jur. od. lit.*). – **4.** *cf.* Eheleben.

ˈeheˌähn·lich *adj* (*Verhältnis, Zusammenleben*) similar to marriage.

ˈEhe|ˌanˌbah·nung *f*, **~ˌanˌbah·nungs·in·stiˌtut** *n cf.* Ehevermittlung 2. — **~ˌanˌfech·tung** *f jur.* petition for nullity of marriage, nullity suit. — **~ˌaufˌhe·bung** *f* annulment of marriage. — **~ˌaufˌhe·bungsˌkla·ge** *f* petition (*od.* suit) for annulment of marriage. — **~ˌaufˌlö·sung** *f* **1.** dissolution of marriage. – **2.** (*Scheidung*) divorce.

ˈeheˌbal·dig **I** *adj Austrian* (*officialese*) prompt, early: Ihrer ~en Rückäußerung entgegensehend looking forward to your prompt reply. – **II** *adv* as soon as possible.

ˈEhe|ˌband *n* ⟨-(e)s; -e⟩ *lit.* matrimonial (*od.* marital) bond, marriage tie, bond of wedlock. — **~beˌkannt·schaft** *f* friendship with a view to marriage: suche ~ wish to meet s.o. with a view to marriage. — **~beˌra·ter** *m*, **~beˌra·te·rin** *f* marriage (guidance) counsel(l)or. — **~beˌra·tung** *f* marriage guidance. — **~beˌra·tungsˌstel·le** *f* marriage guidance council (*od.* bureau). — **~beˌtrug** *m jur.* Eheerschleichung. — **~ˌbett** *n* marriage (*od.* matrimonial) bed. — **e~ˌbre·chen** *v/i* ⟨*only inf*⟩ *jur.* commit adultery. — **~ˌbre·cher** *m* ⟨-s; -⟩ adulterer. — **~ˌbre·che·rin** *f* ⟨-; -nen⟩ adulteress. — **e~ˌbre·che·risch** *adj* adulterous: ~e Beziehungen zu (*od.* ~er Umgang mit) j-m adulterous association (*od.* intercourse) with s.o. — **~ˌbruch** *m* adultery: doppelter (*od.* beiderseitiger) ~ adultery committed by both parties; ~ begehen (*od.* treiben) to commit adultery. — **~ˌbund** *m* ⟨-(e)s; ⸚e⟩, **~ˌbünd·nis** *n lit.* marriage (tie), wedlock (*lit.*): den Ehebund eingehen (*od.* schließen) to be joined in matrimony, to marry. — **~deˌlikt** *n jur.* matrimonial offence (*Am.* offense).

ˈeheˈdem *adv lit.* formerly, in former times.

ˈEhe|disˌpens *f relig.* marriage dispensation. — **~ˌdra·chen** *m contempt.* domineering wife, 'battle-ax(e)' (*sl.*). — **~erˌschlei·chung** *f jur.* (criminal obtainment of marriage by) concealment of an impediment to marriage. — **e~ˌfä·hig** *adj jur.* **1.** *cf.* ehemündig. – **2.** (*geschäftsfähig*) fit to marry. – **3.** (*noch unverheiratet*) free to marry. — **~ˌfä·hig·keit** *f* **1.** *cf.* Ehemündigkeit. – **2.** fitness to marry. – **3.** freedom to marry. — **~ˌfä·hig·keitsˌzeug·nis** *n* (*für Ausländer*) *certificate showing that there is no impediment to the proposed marriage.* — **~ˌfeind** *m* misogamist: er ist ein ~ he is opposed to marriage. — **e~ˌfeind·lich** *adj* misogamic. — **~ˌfrau** *f* married woman, wife: die ~ des Herrn X Mr X's wife. — **~ˌfreu·den** *pl colloq. iron.* joys of married life. — **~ˌgat·te** *m* **1.** *lit. for* Ehemann. – **2.** *jur.* marriage partner, spouse (*lit. od. jur.*): beide ~n both spouses, both husband and wife. — **~ˌgat·tin** *f lit. for* Ehefrau. — **~geˌlöb·nis**, **~geˌlüb·de** *n* marriage vow.

ˈEhe·geˌmahl[1] *m lit. for* Ehemann.

ˈEhe·geˌmahl[2] *n obs. for* Ehefrau.

ˈEhe|geˌmah·lin *f lit. for* Ehefrau. — **~geˌmein·schaft** *f jur.* marriage (*od.* married) partnership. — **~geˌsetz** *n jur.* marriage law. — **~geˌspons**[1] *m humor. for* Ehemann. — **~geˌspons**[2] *n humor. for* Ehefrau. — **~ˌglück** *n* wedded (*od.* married, conjugal) bliss (*od.* happiness). — **~ˌgut** *n jur.* dowry. — **~ˌha·fen** *m only in* im ~ landen *humor.* to enter the haven of marital bliss (*lit. od. humor.*), to get hitched (*colloq.*). — **~ˌhälf·te** *f colloq. humor.* better half. — **~ˌherr** *m obs. for* Ehemann. — **~ˌher·rin** *f obs. for* Ehefrau. — **e~ˌherr·lich** *adj* of a husband: ~e Gewalt authority of a husband, marital powers *pl.* — **~ˌhin·der·nis** *n jur.* **1.** impediment (*od.* obstacle) to marriage: aufschiebendes [trennendes] ~ suspensive [diriment] impediment. – **2.** *cf.* Eheverbot. — **~ˌjahr** *n* year of matrimony. — **~ˌjoch** *n colloq. iron.* yoke of matrimony. — **~kan·diˌdat** *m* marriage candidate. — **~konˌflikt** *m* matrimonial conflict. — **~konˌsens** *m jur.* (parent's or guardian's) consent to a marriage. — **~konˌtrakt** *m cf.* Ehevertrag. — **~ˌkrach** *m colloq.* marital quarrel(s *pl*). — **~ˌkreuz** *n colloq. humor.* **1.** troubles *pl* of married life. – **2.** *cf.* Hausdrachen. — **~ˌkri·se** *f* marriage crisis. — **~ˌle·ben** *n* married life. — **e~ˌleib·lich** *adj* (*Kind*) legitimate. — **~ˌleu·te** *pl* **1.** married people. – **2.** married couple *sg*, husband and wife.

ˈehe·lich **I** *adj* **1.** conjugal, marital, matrimonial: ~er Aufwand maintenance of wife and children; ~e Gemeinschaft *jur.* a) cohabitation as husband and wife, conjugal community, b) (*als Rechtsanspruch*) conjugal rights *pl*, consortium; ~e Gewalt marital powers *pl*; ~es Leben conjugal (*od.* married, wedded) life; ~e Nutznießung *jur.* usufruct(uary rights *pl*) of a spouse; Klage auf Wiederherstellung der ~en Gemeinschaft *jur.* petition for restitution of conjugal rights; ~e Rechte und Pflichten conjugal (*od.* marital) rights and duties; ~e Treue conjugal fidelity (*od.* faithfulness); ~es Glück conjugal happiness, wedded bliss; ~es Verhältnis marital relationship; ~er Verkehr conjugal intercourse; ~er Wohnsitz matrimonial domicil(e) (*od.* home); → Güterrecht. – **2.** (*legitim*) legitimate, (*Kind*) *auch* born in (lawful) wedlock; ~e Abstammung legitimate descent, legitimacy; ~es Kind legitimate child, child born in wedlock; ein Kind für ~ erklären to declare a child legitimate, to legitim(at)ize a child. – **II** *adv* **3.** matrimonially, in marriage: sich (mit j-m) ~ verbinden to join (*od.* be joined) (with s.o.) in marriage. – **4.** in wedlock: ~ geboren born in (lawful) wedlock.

ehe·li·chen [ˈeːəlɪçən] *v/t* ⟨h⟩ *lit.* marry, wed.

ˈEhe·lich·keit *f* ⟨-; *no pl*⟩ *jur.* legitimacy: die ~ eines Kindes anfechten to contest the legitimacy of a child.

ˈEhe·lich·keits|erˌklä·rung *f jur.* declaration of legitimacy. — **~verˌmu·tung** *f* presumption of legitimacy.

ˈehe·los *adj* **1.** unmarried, single. – **2.** *relig.* celibate. — **ˈEhe·lo·sig·keit** *f* ⟨-; *no pl*⟩ **1.** unwedded (*od.* single) state. – **2.** *relig.* celibacy.

ˈEheˌmak·ler *m colloq.* marriage broker (*od.* agent).

ˈeheˌma·lig *adj* ⟨*attrib*⟩ **1.** former, sometime, onetime, erstwhile, quondam: der ~e Präsident the former president, the ex-president; ein ~er Soldat a former (*od.* an old) soldier, an ex-soldier (*od.* ex-serviceman); ~er Schüler [Student] former pupil, *Br.* old boy [former *od.* old student], *Am.* alumnus. – **2.** (*verstorben*) late.

ˈeheˌmals *adv lit.* **1.** formerly, in former times, once. – **2.** (*vor alters*) of old, in the old days, in olden days.

ˈEhe|ˌmän·gel *pl jur.* **1.** (legal) defects of

marriage. – **2.** *cf.* Ehenichtigkeit. — **~ˌmann** *m* husband: alle Ehemänner all husbands (*od.* married men); der ~ der Frau X Mrs. X's husband. — **e~ˌmänn·lich** *adj* (*Pflicht, Gewalt etc*) of a husband. — **~ˌmitt·ler** *m*, **~ˌmitt·le·rin** *f* marriage broker (*od.* agent). — **e~ˌmün·dig** *adj jur.* marriageable, of marriageable age. — **~ˌmün·dig·keit** *f* marriageable age.

ˈEheˌnich·tig·keit *f* nullity of (the) marriage: Antrag auf ~ *cf.* Ehenichtigkeitsklage.

ˈEheˌnich·tig·keits|erˌklä·rung *f* decree of nullity (of a marriage). — **~ˌkla·ge** *f* petition for nullity of marriage, nullity suit.

ˈEhe|ˌpaar *n* (married) couple: jungvermähltes ~ newly married couple. — **~ˌpakt** *m Austrian jur. for* Ehevertrag. — **~ˌpart·ner** *m*, **~ˌpart·ne·rin** *f* marriage partner, spouse (*jur. od. lit. humor.*). — **~proˌzeß** *m jur.* matrimonial suit.

ˈeher *adv* **1.** (*früher*) earlier, sooner, *auch* before: ich konnte nicht ~ kommen I could not come (any) earlier, I could not come before; heute kam er ~ als sonst he was earlier today than usual; der Brief kam ~ als erwartet the letter came sooner than expected; ich war ~ da als du I was there earlier than you, I was there before you; das hättest du mir ~ sagen sollen you should have told me that earlier (*od.* sooner, before); ~ ging es nicht it could not be done any sooner; je ~, desto besser, je ~, je lieber the sooner the better; je ~ ich komme, desto (*od.* um so) ~ kann ich gehen the sooner I come the sooner I can leave. – **2.** nicht ~, als bis not until: er wird nicht ~ ruhen, als bis er hat, was er will he won't rest until he has got what he wants. – **3.** (*lieber*) rather, sooner, preferably: ich stehe ~ etwas früher auf I prefer to get up a bit earlier; sie würden ~ sterben als sich ergeben they would die rather (*od.* rather die) than surrender; ich mache alles ~ als das I do anything but that. – **4.** um so ~, als all the more as, the more so as: er wird es um so ~ tun, als er selbst daran interessiert ist he will do it — the more so as (*od.* all the more as) he is interested in it himself. – **5.** (*wahrscheinlicher*) more likely: das ist (schon) ~ möglich that is more likely; desto (*od.* um so) ~ wird er es tun he will be all the more likely to do it; es ist ~ anzunehmen, daß it is more likely that; das läßt sich (schon) ~ hören that sounds better (*od.* more reasonable); ~ stürzt der Himmel ein the end of the world is more likely. – **6.** (*leichter*) more easily: er kann sich das ~ leisten als ich he can afford that more easily than I (can); so wird es ~ gehen this way it will work more easily. – **7.** (*vielmehr*) rather: das Kleid ist ~ grau als braun the dress is gray rather than brown; man sollte ~ annehmen, daß it is rather to be expected that; es ist ~ umgekehrt it is rather the other way round; sie ist ~ klein als groß she is small rather than tall. – **8.** (*mehr*) more: ~ tot als lebendig more dead than alive; dieses Buch entspricht schon ~ meinem Geschmack this book is more to my taste; diese Bemerkung klingt schon ~ nach dir this remark sounds more like you.

ˈEhe|ˌrecht *n jur.* marriage law, law of marriage. — **e~ˌrecht·lich** *adj* under the (prevailing) marriage law. — **~ˌring** *m* wedding ring, *Br.* wedding-ring.

ehern [ˈeːərn] *adj* **1.** *lit.* (of) brass, brazen: ~es Standbild brazen (*od.* bronze) statue; das E~e Zeitalter *myth.* the brazen age, the age of brass; die ~en Säulen *Bibl.* the pillars of brass. – **2.** *fig. lit.* iron (*attrib*), firm, unshak(e)able, adamant, strong: sein ~er Wille his iron will; das ~e Lohngesetz *econ.* the iron (*od.* brazen) law of wages. – **3.** *fig. lit.* (*dreist, kühn*) bold, brazen(faced), *Br.* brazen(-faced), shameless: etwas mit ~er Stirn behaupten to state s.th. boldly (*od.* brazenfacedly). – **4.** *poet.* pitiless, merciless.

ˈEhe|roˌman *m* novel about (*od.* dealing with) marriage. — **~ˌsa·che** *f jur.* matrimonial cause (*od.* case). — **~sa·kraˌment** *n relig.* sacrament of matrimony. — **~ˌschän·der** *m* adulterer.

ˈEheˌschei·dung *f jur.* divorce, dissolution of marriage: die ~ beantragen to sue (*od.* petition) for a divorce, to institute divorce proceedings.

ˈEheˌschei·dungs|ˌgrund *m jur.* ground for divorce. — **~ˌkla·ge** *f* **1.** petition for divorce, divorce petition. – **2.** *cf.* Ehescheidungsprozeß. — **~proˌzeß** *m* divorce suit (*od.* proceedings *pl*). — **~ˌrecht** *n* law relating to divorce. — **~ˌur·teil** *n* decree of divorce, divorce decree. — **~verˌfah·ren** *n cf.* Ehescheidungsprozeß.

ˈeheˌscheu *adj* loath (*od.* loth) to marry, shy of marriage, (*stärker*) misogamist.

ˈEheˌscheu *f* loathing to marry, (*stärker*) misogamy.

ˈEhe|ˌschlie·ßung *f jur.* **1.** (contraction of) marriage: ~ vor dem Standesbeamten marriage before the registrar, civil marriage. – **2.** marriage (*od.* wedding) ceremony. — **~ˌse·gen** *m* **1.** nuptial blessing. – **2.** *fig.* (blessing of) children *pl*, issue.

ˈehest I *adj* ⟨*attrib*⟩ **1.** earliest, first: bei (*od.* mit) ~er Gelegenheit at the earliest opportunity (*od.* convenience), as soon as possible. – **II** *adv* am ~en **2.** (*zuerst*) (the) earliest, (the) soonest, first: ich war am ~en da I was there (the) earliest. – **3.** (*am besten, am leichtesten*) easiest, most easily, best: so geht es wohl am ~en this way it works most easily, this is perhaps the easiest (*od.* best) way of doing (*od.* dealing with) it. – **4.** most likely: er kann es (noch) am ~en he can do it if anyone can, he is the first (one) who can do it.

ˈEheˌstand *m* ⟨-(e)s; *no pl*⟩ matrimony, married state, wedlock (*lit. od. jur.*): im ~ in matrimony, in the married state; in den ~ treten to enter into matrimony (*od.* marriage), to marry, to get married.

ˈEheˌstands|ˌbeiˌhil·fe *f* marriage grant (*od.* allowance). — **~ˌdarˌle·hen** *n* (government) loan to young married couples.

ˈEhe·staˌti·stik *f* marriage statistics *pl* (*construed as sg or pl*).

ˈehe·stens *adv* **1.** (*frühestens*) at the earliest: ~ in 3 Tagen in 3 days at the earliest; ich kann ~ am Freitag kommen I can come on Friday at the earliest. – **2.** *Austrian* (*baldigst*) as soon as possible.

ˈEhe|ˌstif·ter *m*, **~ˌstif·te·rin** *f* matchmaker. — **~ˌstif·tung** *f* matchmaking. — **~ˌstreit** *m*, **~ˌstrei·tig·keit** *f meist pl* quarrel between husband and wife, domestic quarrel (*od. colloq.* tiff), domestic (*od.* matrimonial) dispute. — **~ˌstu·dio** *n Swiss for* Ehevermittlung 2. — **~ˌtren·nung** *f jur.* judicial separation. — **~ˌunˌmün·dig·keit** *f* want of marriageable age. — **~verˌbot** *n* **1.** *jur.* (prohibitive) bar to marriage: zwingende ~e diriment impediments. – **2.** *relig. cf.* Zölibat. — **~verˌfeh·lung** *f jur.* matrimonial offence (*Am.* offense): schwere ~ gross marital misconduct. — **~verˌkün·di·gung** *f* announcement of marriage. — **~verˌmitt·ler** *m cf.* Heiratsvermittler.

ˈEhe·verˌmitt·lung *f* **1.** arrangement of marriages, matchmaking. – **2.** marriage bureau (*od.* agency). — **ˈEhe·verˌmitt·lungs·büˌro** *n cf.* Ehevermittlung 2.

ˈEhe|verˌspre·chen *n* promise of marriage (*od.* to marry): einer Frau das ~ geben to promise a woman to marry her; Bruch des ~s breach of promise. — **~verˌtrag** *m jur.* **1.** marriage contract. – **2.** (*zwischen Verlobten*) marriage settlement (*od.* contract). — **~ˌvollˌzug** *m* consummation of marriage. — **~ˌwap·pen** *n her.* marshaled (*bes. Br.* marshalled) coat-of-arms. — **~ˌweib** *n obs. od. humor.* wife. — **e~ˌwid·rig** *adj jur.* constituting a matrimonial offence (*Am.* offense): ~e Beziehungen, ~es Verhältnis extramarital (*od.* adulterous) relations *pl*. — **~ˌwoh·nung** *f* matrimonial home. — **~ˌwunsch** *m* (*in Inseraten*) desire to marry. — **~zerˌrüt·tung** *f* breaking up (*od.* breakup, *Br.* break-up, wrecking) of a marriage. — **~ˌzwist** *m lit. for* Ehestreit.

ˈEhrˌabˌschnei·der *m* ⟨-s; -⟩ *contempt.* slanderer; calumniator, vilifier, denigrator (*lit.*).

ˌEhrˌab·schnei·deˈrei *f* ⟨-; *no pl*⟩ *colloq. for* Ehrabschneidung.

ˈEhrˌabˌschnei·dung *f* ⟨-; *no pl*⟩ slander, defamation (of character); vilification, denigration (*lit.*).

ˈEhrˌaufˌfas·sung *f cf.* Ehrbegriff.

ˈehr·bar I *adj* **1.** (*ehrenwert*) honorable, *bes. Br.* honourable, respectable, reputable, worthy: ~e Bürger [Leute] respectable (*od.* upright) citizens [people]; ~e Absichten [Motive] hono(u)rable intentions [motives]; ein ~es Handwerk an hono(u)rable (*od.* a reputable) trade. – **2.** (*anständig, sittsam*) respectable, modest, decent: ein ~es Mädchen a respectable girl. – **3.** (*ehrlich*) honest: eine arme, aber ~e Familie a poor but honest family. – **II** *adv* **4.** ~ handeln to act hono(u)rably. — **ˈEhr·bar·keit** *f* ⟨-; *no pl*⟩ **1.** honorableness, *bes. Br.* honourableness, respectability, reputability, worthiness. – **2.** respectability, modesty, decency. – **3.** honesty, integrity.

ˈEhr|beˌgriff *m* sense of honor (*bes. Br.* honour). — **~beˌlei·di·gung** *f* **1.** insult (to s.o.'s honor, *bes. Br.* honour). – **2.** *jur. cf.* Beleidigung 3.

Eh·re [ˈeːrə] *f* ⟨-; -n⟩ **1.** honor, *bes. Br.* honour: große [hohe] ~ great [high] hono(u)r; militärische ~n military hono(u)rs; nationale ~ national hono(u)r; er ist die ~ selbst (*od.* in Person) he is the soul of hono(u)r; tun, was die ~ gebietet to do what hono(u)r requires (*od.* demands); es ist mir (*od.* ich betrachte es als) eine große ~ it is a great hono(u)r (*od.* privilege) for me, I consider (*od.* deem) it a great hono(u)r, I am greatly hono(u)red; ~, wem ~ gebührt *humor.* hono(u)r to whom hono(u)r is due; j-m ~ erweisen to do (*od.* pay) s.o. hono(u)r; erweisen (*od.* geben, machen) Sie uns die ~, mit uns zu speisen do us the hono(u)r of dining with us; tu mir die ~ an! *humor.* do me the hono(u)r; Sie erweisen uns (damit) eine große ~ you are doing us a great hono(u)r; j-m die letzte ~ erweisen *lit.* to pay (*od.* render) the last hono(u)rs to s.o., to pay one's last respects to s.o.; wir geben uns die ~, Sie für morgen zum Tee einzuladen we have the hono(u)r of inviting you to tea tomorrow, we request the pleasure of your company for tea tomorrow; der Wahrheit die ~ geben *lit.* to tell (*od.* speak) the truth; ich habe die ~, Ihnen Herrn X vorzustellen [Ihnen mitzuteilen, daß] I have the hono(u)r (*od.* it is my privilege) to present Mr. X to you [to inform you that]; ich habe nicht die ~, Sie zu kennen I have not the pleasure (of your acquaintance), you have the advantage of me; mit wem habe ich die ~? to whom have I the hono(u)r of speaking? (ich) habe die ~! *Austrian and Southern G. colloq. archaic* a) how do you do? b) good-bye! j-s [seine] ~ retten [wahren] to save [to guard] s.o.'s [one's] hono(u)r; seine ~ aufs Spiel setzen to stake one's hono(u)r; seine ~ verlieren [verpfänden, wiederherstellen] to lose [pledge, redeem] one's hono(u)r; j-s ~ verletzen to wound s.o.'s hono(u)r; was verschafft mir die ~ (Ihres Besuchs)? to what do I owe the hono(u)r (*od.* what gives me the pleasure) (of your visit)? auf dem Felde der ~ bleiben (*od.* fallen) *lit.* to fall (*od.* die) on the field of hono(u)r; aller ~n wert most hono(u)rable; auf (*od.* bei meiner) ~! *lit.* (up)on my (word of) hono(u)r! hono(u)r bright! (*colloq.*), *Am. colloq.* honest Injun! auf ~ und Gewissen in all (*od.* upon my) conscience; sehr auf ~ halten (*od.* bedacht sein) to be very mindful of one's hono(u)r (*od.* good name); auf (*od.* bei seiner) ~ schwören to swear on one's hono(u)r; ein Fleck auf seiner ~ a blot on one's hono(u)r (*od.* escutcheon); j-n in ~n aufnehmen to receive s.o. hono(u)rably; etwas [j-n] in ~n halten to hold (*od.* have) s.th. [s.o.] in hono(u)r, to hono(u)r s.th. [s.o.]; j-s in ~n gedenken to hono(u)r the memory of s.o.; in allen ~n in due hono(u)r; dein Wort in ~n, aber ich denke anders with all due respect (*od.* deference) to you I still am of a different opinion; hoch in ~n stehen to be in high hono(u)r (*od.* esteem); er ist in ~n ergraut he has reached a venerable old age; etwas mit ~n bestehen, mit ~n aus einer Sache hervorgehen to come out of s.th. with hono(u)r, to acquit oneself creditably at s.th.; eine Prüfung mit ~n bestehen to pass an examination with hono(u)rs; er wurde mit (allen) militärischen ~n bestattet he was buried with (full) military hono(u)rs; j-n mit ~n überhäufen (*od.* überschütten) to shower s.o. with hono(u)rs; etwas um der ~ willen (*od.* der ~ wegen) tun to do s.th. for hono(u)r's sake; j-n um seine ~ bringen to dishono(u)r s.o., to rob s.o. of his hono(u)r; es geht um meine ~, meine ~ steht auf dem Spiel my hono(u)r is at stake; **wir bitten um die ~ Ihres Besuchs** a) we request the hono(u)r (*od.* pleasure) of your company, b) *bes. econ.* we shall be hono(u)red to receive your visit; **zu ~n des Gastes, dem Gast zu ~n** in hono(u)r of the guest; **zu seinen** (*od.* **ihm zu**) **~n** in his hono(u)r; **es sich zur ~ anrechnen** (*od.* **sich eine ~ daraus machen, es als eine ~ betrachten**), **etwas zu tun** to consider (*od.* deem) it an hono(u)r to do s.th.; **etwas wieder zu ~n bringen** to restore s.th. to favo(u)r; **wieder zu ~n kommen, zu neuen ~n gelangen** to come back into (*od.* to be restored to) favo(u)r; **er gelangte** (*od.* **brachte es**) **zu hohen ~n** he won high hono(u)r; **~ verloren, alles verloren** (*Sprichwort*) all is lost when hono(u)r is lost; → **abschneiden** 10; **Kuß** 1. – **2.** ⟨*only sg*⟩ (*Ehrgefühl*) (sense of) hono(u)r: **ein Mann von ~** a man of hono(u)r, an hono(u)rable man; **das verbietet mir** (*od.* **geht gegen, verstößt gegen**) **meine ~** that reflects on my personal hono(u)r; **das ist ein Gebot der ~** it is a point of hono(u)r, hono(u)r demands it; **keine ~ im Leib haben** to have no sense of hono(u)r (*od.* no self-respect); **seine ~ dareinsetzen, etwas zu tun** to make it a point of hono(u)r to do s.th.; **das bin ich meiner ~ schuldig** my hono(u)r demands that; **j-n bei seiner ~ packen, an j-s ~ appellieren** to put s.o. on his hono(u)r, to appeal to s.o.'s hono(u)r; **j-n in seiner ~ kränken** to wound s.o.'s hono(u)r. – **3.** ⟨*only sg*⟩ (*Selbstachtung*) self-respect, dignity, pride. – **4.** ⟨*only sg*⟩ (*Ansehen, Ruf*) credit, honor, *bes. Br.* honour, reputation, prestige, (high) esteem: **diese Tat macht dir** (*od.* **gereicht dir zur**) **~, diese Tat bringt dir ~ ein, mit dieser Tat legst du ~ ein** this action does you credit (*od.* reflects credit on you, redounds to your credit); **das wird uns keine ~ einbringen, damit werden wir keine ~ einlegen** that will do us no credit, that will not add to our credit (*od.* reputation); **mit dir kann ich keine ~ einlegen** you are no credit to me, you are nothing to be proud of; **seinem Beruf** [**seinen Eltern**] **~ machen** to be an hono(u)r (*od.* a credit) to one's profession [parents]; **er macht seinem Namen keine ~** he does no credit (*od.* hono[u]r) to his name; **j-m etwas zur ~ anrechnen** to give s.o. the credit for s.th.; **sich** (*dat*) **etwas zur ~ anrechnen** (*od.* **gereichen lassen**) a) to deem s.th. an hono(u)r, b) to take the credit for s.th.; **zur ~ gereichend** creditable, honorary; **zu seiner ~ sei es gesagt** to do him justice it must be said. – **5.** ⟨*only sg*⟩ (*einer Frau*) honor, *bes. Br.* honour: **jungfräuliche ~** virgin (*od.* maiden) hono(u)r; **einer Frau die ~ rauben** to rob a woman of her hono(u)r, to dishono(u)r a woman. – **6.** ⟨*only sg*⟩ *bes. relig.* (*Ruhm*) glory: **~ sei Gott in der Höhe!** Glory to God in the highest! **Gott die ~ geben** to ascribe the glory to God, to give all hono(u)r to God; **zur ~ Gottes** to the glory of God. – **7.** (*Auszeichnung*) distinction.

eh·ren ['eːrən] **I** *v/t* ⟨h⟩ **1.** honor, *bes. Br.* honour, pay hono(u)r (*od.* tribute) to, (*stärker*) revere, venerate: **j-n mit etwas ~** to hono(u)r s.o. with s.th.; **j-s Andenken ~** to hono(u)r (*od.* pay tribute to) s.o.'s memory; **dein Vertrauen ehrt mich sehr** your confidence is a great hono(u)r to me, I feel highly hono(u)red by your confidence; **du sollst deinen Vater und deine Mutter ~** *Bibl.* hono(u)r thy father and thy mother; **Gottes Namen ~** *relig.* to reverence the name of God; → **Pfennig** 2. – **2.** (*zur Ehre gereichen*) do credit to, reflect credit (*od.* hono[u]r) on, be a credit to, honor, *bes. Br.* honour: **es ehrt dich** it does you credit. – **3.** (*achten*) respect: **ich ehre deine Gefühle** [**deinen Schmerz**] I respect your feelings [sorrow]. – **4.** (*auszeichnen*) honor, *bes. Br.* honour, confer hono(u)r on: **j-n mit etwas ~** to hono(u)r s.o. with s.th. – **II E~** *n* ⟨-s⟩ **5.** *verbal noun.*

'Eh·ren|ˌabend *m* evening party in s.o.'s hono(u)r. — **~ˌabˌord·nung** *f bes. mil.* guard of hono(u)r. — **~ˌabˌzei·chen** *n* **1.** decoration. – **2.** (*Medaille*) medal. — **~ˌamt** *n* **1.** (*unbezahlt*) honorary post (*od.* office): **ein ~ bekleiden** to occupy (*od.* hold) an honorary office. – **2.** (*rare*) honorable (*bes. Br.* honourable) post (*od.* office). – **3.** (*rare*) (*Würde*) dignity. — **e~ˌamt·lich I** *adj* honorary: **~er Helfer** honorary assistant; **~e Stellung** *cf.* **Ehrenamt** 1. – **II** *adv* in an honorary capacity: **etwas ~ tun** to do s.th. in an honorary capacity. — **~banˌkett** *n* testimonial (*od.* complimentary) dinner (*od.* banquet). — **~beˌlei·di·gung** *f* insult (to s.o.'s hono[u]r). — **~beˌsuch** *m* ceremonial visit. — **~beˌzeich·nung** *f cf.* **Ehrentitel**. — **~beˌzei·gung, ~beˌzeu·gung** *f* **1.** mark of respect, tribute. – **2.** *mil. obs.* salute. — **~ˌbo·gen** *m* triumphal arch.

'Eh·renˌbür·ger *m* **1.** (*einer Stadt*) honorary citizen, freeman: **~ einer Stadt werden** to become an honorary citizen of a town (*od.* city), to be given the freedom of a town (*od.* city); **j-n zum ~ ernennen** to make s.o. an honorary citizen. – **2.** (*einer Universität*) honorary member. — **~ˌbrief** *m* document conferring honorary citizenship (*od.* freedom of a city). — **~ˌrecht** *n* honorary citizenship, freedom of a town (*od.* city): **j-m das ~ verleihen** to confer the freedom of the town on s.o.; **das ~ einer Stadt verliehen erhalten** to receive (*od.* be presented with) the freedom of a city.

'Eh·renˌbür·ger·schaft *f* ⟨-; *no pl*⟩ *cf.* **Ehrenbürgerrecht**.

'eh·rend I *pres p.* – **II** *adj* honorable, *bes. Br.* honourable: **j-m ein ~es Andenken bewahren** *lit.* to hono(u)r s.o.'s memory.

'Eh·ren|ˌda·me *f* maid of hono(u)r. — **~ˌde·gen** *m* sword of hono(u)r. — **~ˌdienst** *m* honorary service.

'Eh·renˌdok·tor *m* honorary doctor, doctor honoris causa: **er ist dreifacher ~** he has three honorary degrees. — **'Eh·ren·dok·toˌrat** *n* honorary doctorate, doctorate honoris causa. — **'Eh·renˌdok·torˌwür·de** *f* degree of honorary doctor: **j-m die ~ verleihen** to confer the degree of honorary doctor on s.o.

'Eh·ren|ˌeinˌtritt *m econ.* (hono[u]r) intervention (*of third party in favo[u]r of a bill of exchange*). — **~erˌklä·rung** *f bes. jur.* full apology, amende honorable: **eine ~** (**für j-n**) **abgeben** to make a full apology (to s.o.), to make the amende honorable. — **~erˌwei·sung** *f* compliment. — **~ˌfä·hig·keit** *f* ⟨-; *no pl*⟩ *jur.* (full enjoyment of) civil rights *pl.* — **~for·ma·tiˌon** *f mil.* guard of hono(u)r. — **~ˌfriedˌhof** *m* memorial cemetery. — **~ˌga·be** *f* complimentary (*od.* honorary) gift, testimonial. — **~ˌgar·de** *f mil.* guard of hono(u)r. — **~ˌgas·se** *f cf.* **Ehrenspalier**. — **~ˌgast** *m* guest of hono(u)r. — **~geˌfol·ge** *n* suite, retinue, train. — **~geˌhalt** *n jur.* honorarium. — **~geˌleit** *n bes. mil.* escort of (hono[u]r): **j-m das ~ geben** to escort s.o. — **~geˌricht** *n jur.* court of hono(u)r, disciplinary committee. — **e~geˌricht·lich** *adj* disciplinary, before a court of hono(u)r: **~es Verfahren** disciplinary action (*od.* proceedings *pl*). — **~geˌschenk** *n cf.* **Ehrengabe**. — **~ˌgrab, ~ˌgrabˌmal** *n* **1.** tomb of hono(u)r. – **2.** war memorial, cenotaph. — **~ˌgrad** *m* honorary degree.

'eh·ren·haft I *adj* **1.** honorable, *bes. Br.* honourable, respectable, worthy: **ein ~es Leben führen** to lead a respectable life; **~e Bedingungen** hono(u)rable terms. – **2.** (*ehrlich*) honest, upright: **auf ~e Art und Weise** honestly. – **II** *adv* **3.** hono(u)rably, with hono(u)r: **~ handeln** to act hono(u)rably. — **'Eh·ren·haf·tig·keit** *f* ⟨-; *no pl*⟩ **1.** honorableness, *bes. Br.* honourableness. – **2.** honesty, uprightness.

'Eh·renˌhain *m lit.* memorial grove, garden of remembrance.

'eh·renˌhal·ber *adv* **1.** for hono(u)r's sake. – **2.** *ped.* (*in Wendungen wie*) **Doktor ~** doctor honoris causa; **j-m den Doktor ~ verleihen** to confer the honorary degree of doctor on s.o.; **~ verliehener akademischer Grad** honorary degree.

'Eh·ren|ˌhal·le *f* hall of hono(u)r, pantheon. — **~ˌhan·del** *m* ⟨-s; ⁼⟩ duel. — **~ˌjungˌfrau** *f* maid of hono(u)r. — **~ˌkäm·me·rer** *m relig.* papal chamberlain. — **~ˌkar·te** *f* complimentary ticket. — **~ˌkleid** *n* robe of hono(u)r, honorary dress. — **~ˌko·dex** *m* code of ethics (*od.* hono[u]r, conduct). — **~ko·mi·tee** *n* committee of hono(u)r. — **~kom·paˌnie** *f mil.* guard of hono(u)r: **die ~ abschreiten** to inspect the guard of hono(u)r. — **~ˌkrän·kung** *f* **1.** insult (to s.o.'s hono[u]r), affront. – **2.** *cf.* **Verleumdung** 2, 4. — **~ˌkranz** *m* **1.** wreath of hon(u)r. – **2.** *antiq.* civic crown (*auch* wreath). — **~ˌkro·ne** *f* **1.** crown of hono(u)r. – **2.** *relig.* crown of glory. — **~le·giˌon** *f* ⟨-; *no pl*⟩ *mil.* Legion of Hono(u)r (*highest French order*). — **~ˌmahl** *n* dinner in s.o.'s hono(u)r, testimonial dinner. — **~ˌmal** *n* ⟨-s; -e *u.* ⁼er⟩ **1.** (honorary) monument, memorial. – **2.** war memorial, cenotaph. — **~ˌmann** *m* ⟨-(e)s; ⁼er⟩ man of hono(u)r, hon(u)rable man, *auch* gentleman. — **~meˌdail·le** *f* medal (of hono[u]r). — **~ˌmitˌglied** *n* honorary member. — **~ˌmitˌglied·schaft** *f* honorary membership. — **~ˌna·me** *m* name of hono(u)r, honorific. — **~ˌpa·ten·schaft** *f* honorary sponsorship. — **~pen·siˌon** *f* honorary pension. — **~ˌpflicht** *f* honorary obligation, obligation of hono(u)r: **es ist mir eine** (*od.* **ich halte es für meine**) **~** I regard it as an obligation (of hono[u]r), I am bound in hono(u)r. — **~ˌpfor·te** *f* triumphal arch. — **~ˌplatz** *m* place of hono(u)r: **den ~ einnehmen** to hold (*od.* occupy) the place of hono(u)r. — **~poˌkal** *m* cup of hono(u)r. — **~ˌpo·sten** *m* honorary post. — **~prä·siˌdent** *m* honorary chairman (*od.* president). — **~prä·si·di·um** *n cf.* **Ehrenvorsitz**.

'Eh·renˌpreis[1] *m* **1.** prize. – **2.** *ped. Br.* honorary award.

'Eh·renˌpreis[2] *n, m* ⟨-es; -e⟩ *bot.* (common) speedwell, veronica (*Veronica officinalis*).

'Eh·ren|pro·mo·tiˌon *f ped.* conferment of the degree of honorary doctor. — **~ˌrech·te** *pl only in* **bürgerliche ~** *jur.* civil rights: **Aberkennung** [**Verlust**] **der bürgerlichen ~** deprivation [loss] of civil rights; **j-m die bürgerlichen ~ aberkennen** to deprive s.o. of his civil rights. — **~ˌrechts·verˌlust** *m cf.* **Ehrverlust** 2. — **e~ˌreich** *adj lit.* rich in (*od.* loaded with) hono(u)rs. — **~ˌret·ter** *m* vindicator (of s.o.'s hono[u]r). — **~ˌret·tung** *f* **1.** vindication (of s.o.'s hono[u]r). – **2.** (*Rehabilitierung*) rehabilitation, whitewashing (*colloq.*). – **3.** (*Rechtfertigung*) justification, *auch* apology: **etwas zu j-s ~ sagen** to say s.th. for s.o.'s vindication. — **e~ˌrüh·rig** *adj* **1.** (*Beleidigung etc*) defamatory, slanderous, calumnious (*lit.*). – **2.** (*Verhalten*) disgraceful, shameful. — **~ˌrun·de** *f* (*sport*) lap of hono(u)r. — **~ˌsä·bel** *m cf.* **Ehrendegen**. — **~ˌsa·che** *f* **1.** ⟨*only sg*⟩ point of hono(u)r: **es ist für mich** (**eine**) **~, ich betrachte es als** (**eine**) **~** it is a point of hono(u)r for (*od.* to, with) me, I make (*od.* regard) it a point of hono(u)r; (**das ist doch**) **~!** *colloq.* hono(u)r bright! (*colloq.*), you can count (*od.* rely) on me! of course! – **2.** *jur.* action for slander (*od.* libel). — **~ˌsaˌlut** *m cf.* **Ehrensalve**. — **~ˌsal·ve** *f mil.* **1.** salute (of guns): **~n abfeuern** to fire salutes. – **2.** (*bei Beerdigung*) volley. — **~ˌsäu·le** *f* memorial column. — **~ˌschän·der** *m lit.* defamer, slanderer, calumniator (*lit.*). — **e~ˌschän·de·risch** *adj lit.* defamatory, slanderous, calumnious (*lit.*). — **~ˌschän·dung** *f lit.* defamation, slander, calumny (*lit.*). — **~ˌschei·be** *f* (*sport*) *a decorated target presented as a prize in rifle shooting.* — **~ˌschuld** *f* debt of hono(u)r. — **~ˌschüs·se** *pl mil.* salute *sg.* — **~ˌschutz** *m jur.* protection of (*s.o.'s*) hono(u)r. — **~ˌsitz** *m* seat of hono(u)r. — **~ˌsold** *m mil.* honorarium. — **~spaˌlier** *n* lane of hono(u)r. — **~ˌstel·le, ~ˌstel·lung** *f* honorary post (*od.* office). — **~ˌstra·fe** *f* **1.** *jur. cf.* **Ehrverlust**. – **2.** *mil.* degrading punishment. — **~ˌstuhl** *m* seat (*od.* chair) of hono(u)r. — **~ˌta·fel** *f* **1.** memorial tablet. – **2.** *mil.* roll of hono(u)r. — **~ˌtag** *m* **1.** day on which s.o. is hono(u)red, *auch* (great) day: **der Muttertag ist der ~ aller Mütter** Mother's Day is the day on which all mothers are hono(u)red; **an seinem ~** (*Geburtstag*) on his birthday. – **2.** *relig.* day of glory. — **~ˌtanz** *m* **1.** complimentary dance. – **2.** dance inserted to hono(u)r s.o. — **~ˌtem·pel** *m* pantheon. — **~ˌti·tel** *m* honorary (*od.* honorific) title. — **~ˌtod** *m* hono(u)rable death: **den ~ sterben** to die on the field of hono(u)r. — **~ˌtor** *n* **1.** memorial archway. – **2.** (*sport*) (*beim Fußball etc*) consolation goal. — **~ˌtrunk** *m* **1.** complimentary cup. – **2.** drink(ing) in hono(u)r of s.o., toast. — **~ˌurˌkun·de** *f* certificate of hono(u)r. — **~verˌlei·hung** *f* conferment of an hono(u)r (*od.* of hono[u]rs): **~en am Geburtstag des Landesherrn** Birthday Hono(u)rs. — **~verˌpflich·tung** *f* honorary commitment (*od.* engagement, obligation). — **e~ˌvoll I** *adj* **1.** hono(u)rable: **~er Ab-**

schied *mil.* hono(u)rable discharge; ~e Berufung [Erwähnung] hono(u)rable appointment [mention]; ich habe den ~en Auftrag, ihn zu begleiten I have the privilege of accompanying him. – **2.** (*ruhmvoll*) glorious. – **II** *adv* **3.** hono(u)rably: j-n ~ behandeln [verabschieden] to treat [to discharge] s.o. hono(u)rably (*od.* with hono[u]rs); ~ unterliegen to lose hono(u)rably (*od.* gallantly). — **~ˌvorˌsitz** *m* honorary chair (*od.* chairmanship). — **~ˌwa·che** *f mil.* guard of hono(u)r. — **e~ˌwert** *adj lit.* (*Person, Beruf etc*) hono(u)rable, respectable, reputable, worthy: ein ~er Mann *auch iron.* an hono(u)rable man. — **~ˌwort** *n* ⟨-(e)s; -e⟩ **1.** word of hono(u)r: (großes) ~! *colloq.* honestly! hono(u)r bright! (*colloq.*); Erfüllung auf ~ *econ. jur.* performance pledged by word of hono(u)r; sein ~ geben to give one's word of hono(u)r. – **2.** *bes. mil.* parole, *auch* parole of hono(u)r: auf ~ entlassen (*od.* verpflichtet) on parole. — **e~ˌwört·lich I** *adj* on one's word of hono(u)r: ~e Erklärung statement (made) on one's word of hono(u)r. – **II** *adv* ~ erklären to state on one's (word of) hono(u)r. — **~ˌzah·lung** *f jur.* (*eines Wechsels*) payment for hono(u)r (*od.* supra protest). — **~ˌzei·chen** *n* **1.** badge of hono(u)r. – **2.** decoration, medal.

ˈehr·erˌbie·tig [-ˀɛrˌbiːtɪç] **I** *adj* respectful, deferential, (*stärker*) reverential, reverent: gegen j-n ~ sein to be respectful toward(s) s.o. – **II** *adv* respectfully: j-n ~ grüßen to greet s.o. respectfully. — **ˈEhr·erˌbie·tig·keit** *f* ⟨-; *no pl*⟩ respectfulness, deferentiality, (*stärker*) reverentialness.

ˈEhr·erˌbie·tung [-ˀɛrˌbiːtʊŋ] *f* ⟨-; *no pl*⟩ respect, deference, (*stärker*) reverence: aus ~ gegen die Älteren out of respect (*od.* regard) for one's elders, in deference to one's elders; j-m ~ entgegenbringen (*od.* erweisen), j-m mit ~ begegnen to show (*od.* pay) respect to s.o., to show respect (*od.* reverence) for s.o.; mit der gehörigen ~ with (all) due respect (*od.* reverence); bei aller ~ vor ihm with all due respect for him.

ˈEhrˌfurcht *f* ⟨-; *no pl*⟩ **1.** respect, (*stärker*) reverence: tiefe ~ deep (*od.* profound) respect; aus ~ vor dem Alter out of reverence for old age; alle hatten ~ vor diesem berühmten Mann this famous man was held in reverence (*od.* respect) by all, all had respect for this famous man; j-m mit ~ begegnen to show reverence for (*od.* to) s.o.; vor etwas ~ empfinden to feel respect for s.th.; wir gedenken seiner in ~ *lit.* we shall think of him with respect, we shall treasure his memory; ~ vor dem Leben reverence for life. – **2.** (*Verehrung*) veneration, reverence. – **3.** (*Furcht, Scheu*) fear, awe, (*stärker*) dread: ~ vor Gott fear of God; j-m ~ einflößen to inspire (*od.* fill) s.o. with awe, to awe s.o., to hold (*od.* keep) s.o. in awe; von ~ ergriffen awestruck, awestricken; sie erstarben in ~ vor ihm *humor. od. iron.* they were awestruck (*od.* benumbed with awe) before him.

ˈehrˌfurcht·geˌbie·tend *adj* (*Person, Stimme etc*) awe-inspiring, awesome.

ˈehrˌfürch·tig [-ˌfʏrçtɪç] **I** *adj* **1.** respectful, (*stärker*) reverential, reverent: es herrschte ~es Schweigen there was reverent silence; sie näherten sich ihm mit (*od.* in) ~er Scheu they approached him with reverential awe. – **2.** (*vor Furcht, Scheu*) awestruck, awed. – **II** *adv* **3.** respectfully, reverently: sie beugten ~ die Knie they bent their knees in reverence, they genuflected (*lit.*).

ˈehrˌfurchts·los *adj* disrespectful, respectless, irreverent. — **ˈEhrˌfurchts·lo·sig·keit** *f* ⟨-; *no pl*⟩ disrespectfulness, respectlessness, irreverence.

ˈehrˌfurchtsˌvoll *adj u. adv cf.* ehrfürchtig.

ˈEhr·geˌfühl *n* **1.** sense of honor (*bes. Br.* honour): ein ausgeprägtes [falsches] ~ an acute (*od.* keen) [misplaced] sense of hono(u)r; er hat keinen Funken ~ (im Leib) he has not a spark of hono(u)r in him; an j-s ~ appellieren to appeal to s.o.'s sense of hono(u)r. – **2.** (*Selbstachtung*) self-respect. – **3.** (*Stolz*) pride: es geht gegen (*od.* es verletzt) sein ~ it hurts his pride.

ˈEhrˌgeiz *m* **1.** ambition, ambitiousness: aus ~ from (*od.* out of) ambition; gesunder ~ healthy ambition; krankhafter [übertriebener] ~ morbid [inordinate] ambition; er hat keinen ~ he lacks (*od.* has no) ambition; von ~ besessen sein to be obsessed with ambition; voll(er) ~ stecken *colloq.* to be full of ambition, to be brimming (over) with ambition. – **2.** (*Ehre*) (personal) pride: seinen ~ dareinsetzen, etwas zu tun to make it a point of hono(u)r to do s.th. – **3.** (*Energie*) push, drive. — **ˈehrˌgei·zig** *adj* **1.** ambitious: ~ sein to be ambitious, to have ambition(s); er hat ~e Pläne he has ambitious (*od.* high-flying, *Br.* high-flying) plans, he flies high, he has big ideas (*colloq.*). – **2.** pushing, pushful. – **3.** (*aufstrebend*) aspiring.

ˈEhrˌgeiz·ling *m* ⟨-s; -e⟩ *contempt.* **1.** ambitious person, (*stärker*) highflier, highflyer. – **2.** pusher.

ˈehr·lich I *adj* **1.** honest, fair, straight, *auch* square: ein ~er Geschäftsmann an honest businessman, a fair(-dealing) businessman; ein ~er Handel an honest (*od.* square) deal; auf ~e Art und Weise honestly, fairly, by fair means, on the square (*colloq.*); in ~em Kampf in a fair (*od.* straight, clean) fight. – **2.** (*aufrichtig*) honest, upright, straight(forward), truthful, sincere, aboveboard, *Br.* above-board (*pred*): er ist ~ he is honest, he is on the level (*od.* square) (*colloq.*); er hat einen ~en Charakter he has an honest nature, he is an upright character; sei ~! seien Sie ~! be honest! um ganz ~ zu sein to be quite honest, to tell the truth; ich will ganz ~ sein I will be quite honest (*od.* candid) (with you); du bist wenigstens ~ at least you are honest, you are honest at least; ~ währt am längsten (*Sprichwort*) honesty is the best policy (*proverb*), honesty pays, cheaters never prosper. – **3.** (*offen*) candid, frank, plain, honest, open: eine ~e Antwort a frank answer; das waren ~e Worte those were honest words, that was plain speech. – **4.** (*glaubwürdig*) credible: ein ~er Zeuge a credible witness. – **5.** (*echt*) sincere, genuine, real: mit (*od.* in) ~er Sorge (*od.* Besorgnis) with genuine concern; der ~e Wunsch zu sterben the sincere desire to die. – **6.** (*anständig*) honorable, *bes. Br.* honourable, honest, respectable, decent, good: ~er Leute Kind a child of respectable parents; er ist eine ~e Haut *fig. colloq.* he is a good (*od.* trustworthy, reliable) fellow; mein ~er Name my good (*od.* fair) name; er hat ihr gegenüber ~e Absichten his intentions toward(s) her are hono(u)rable; ein ~es Gewerbe an honest trade; j-n wieder ~ machen *archaic* to rehabilitate s.o., to restore s.o.'s hono(u)r (*od.* good name). – **7.** (*Gewissen*) clear, clean. – **II** *adv* **8.** honestly, fair(ly), straight(ly): er hat nicht ~ gespielt he did not play fair; ich werde dafür sorgen, daß es ~ zugeht I will see to it that there is fair play; es ging alles offen und ~ zu it was all fair and square, it was all open and aboveboard; sie schlägt sich ~ durch she turns an honest penny, she does her best to earn (*od.* make) an honest living; er hat es ~ verdient a) he earned it honestly, b) he thoroughly deserved it; ~ handeln to behave honestly (*od.* fairly), to be honest (*od.* straight) in one's dealings. – **9.** honestly, truly, truthfully, sincerely: er glaubt ~, daß sie ihn liebt he honestly believes that she loves him. – **10.** candidly, frankly, honestly, openly: ~ gesagt frankly (*od.* honestly) speaking, to tell the thruth, to be honest; ich muß ~ sagen, das gefällt mir nicht I must honestly say I don't like that, to be honest I must say I don't like that; soll ich Ihnen ~ meine Meinung sagen? shall I tell you my honest opinion? – **11.** sincerely, genuinely, really: ich bin ~ davon überzeugt I am genuinely convinced of it; wir bedauern ~, daß dies passiert ist we sincerely regret that this (has) happened; er hat sich ~ bemüht he has really tried, he has really done his best. – **12.** honorably, *bes. Br.* honourably, honestly, respectably, decently: er hat sich ~ geschlagen he fought hono(u)rably, he fought an honest fight; sie meinen es ~ mit dir they have hono(u)rable (*od.* good) intentions toward(s) you, they mean well by you. – **III E~e, das** ⟨-n⟩ **13.** (*in Wendungen wie*) etwas E~es zusammenreden *colloq.* to talk a great deal (*od.* a lot).

ˈehr·li·cherˈwei·se *adv* honestly, in (all) honesty.

ˈEhr·lich·keit *f* ⟨-; *no pl*⟩ **1.** (*des Handelns etc*) honesty, fairness, straightness. – **2.** (*einer Person etc*) honesty, uprightness, straightforwardness, truthfulness, sincerity. – **3.** (*Offenheit*) candidness, frankness, honesty, openness. – **4.** (*Glaubwürdigkeit*) credibility. – **5.** (*Echtheit*) sincerity, genuineness.

ˈEhrˌlie·be *f* love of honor (*bes. Br.* honour). — **ˈehrˌlie·bend** *adj* hono(u)r-loving.

ˈehr·los *adj* **1.** (*Person, Verhalten etc*) dishonorable, *bes. Br.* dishonourable, disreputable, disgraceful, (*stärker*) infamous. – **2.** *hist.* infamous: j-n ~ machen to brand s.o. with infamy. — **ˈEhr·lo·sig·keit** *f* ⟨-; *no pl*⟩ **1.** dishonorableness, *bes. Br.* dishonourableness, disreputability, disreputableness, disgracefulness, (*stärker*) infamy. – **2.** *hist.* infamy.

ˈehrˌpus·se·lig *adj colloq. iron.* fussy about one's reputation.

ˈehr·sam *adj u. adv lit. cf.* ehrbar. — **ˈEhr·sam·keit** *f* ⟨-; *no pl*⟩ *cf.* Ehrbarkeit.

ˈEhrˌsucht *f* ⟨-; *no pl*⟩ inordinate (*od.* immoderate) ambition, ambitiousness. — **ˈehrˌsüch·tig** *adj* inordinately (*od.* immoderately) ambitious, overambitious, *Br.* over-ambitious.

ˈEh·rung *f* ⟨-; -en⟩ **1.** *cf.* Ehren. – **2.** honor, *bes. Br.* honour, hono(u)rable distinction: ihm wurde eine hohe ~ zuteil a high hono(u)r was conferred on him; die ~ der drei Sieger fand gestern statt the three winners were hono(u)red yesterday; sie wurden mit ~en überhäuft they were loaded with hono(u)rs. – **3.** tribute: j-m eine ~ erweisen to pay (a) tribute to s.o.

ˈehr|verˌges·sen *adj lit. cf.* ehrlos 1. — **~verˌlet·zend** *adj* insulting, defamatory.

ˈEhr·verˌlust *m* **1.** loss of honor (*bes. Br.* honour) (*od.* reputation). – **2.** *jur.* loss of civil rights.

ˈEhrˌwür·den ⟨-; *no pl*⟩ *relig.* (*als Anrede*) (the) Reverend: ~ N the Reverend N.

ˈehrˌwür·dig *adj* **1.** venerable: eine ~e Erscheinung a man (*od.* woman) of venerable appearance; er erreichte ein ~es Alter he reached a venerable (old) age, he lived to a ripe old age. – **2.** (*achtbar*) respectable. – **3.** (*heilig*) sacred: in diesen ~en Hallen in these sacred halls. – **4.** *relig.* reverend: ~er Vater Reverend Father; ~e Mutter Reverend Mother (Superior). — **ˈEhrˌwür·dig·keit** *f* ⟨-; *no pl*⟩ **1.** venerability, venerableness: die ~ des Alters the venerability of old age. – **2.** (*Achtbarkeit*) respectability, respectableness.

ei [aɪ] *interj* **1.** oh, ah: ~, ~! a) oho! well, well! b) *iron.* fancy (that)! ~ je! oh dear! ~, wie schön! oh, how nice! ~, wer kommt denn da! (just) look who's here! ~, sieh da! ah look! there now! ~, ~, sieh mal an! a) oho, look at this! b) *iron.* just fancy that! ~ du meine Güte! Goodness me! dear me! Goodness gracious! ~ der Tausend! ~ der Daus! what the deuce! what the devil! what the dickens! ~ freilich! ~ ja doch! oh yes, of course! why, of course! (oh) yes, indeed! naturally! ~ was! (ah,) nonsense! – **2.** (*child's language*) *only in* ~(, ~) machen to stroke (*od.* pet, pat) s.o. (*od.* s.th.).

Ei *n* ⟨-(e)s; -er⟩ **1.** egg: ein frisch gelegtes ~ a new-laid (*od.* freshly laid) egg; alte ~er stale eggs; ein befruchtetes ~ a fertilized egg; ein hartes (*od.* hartgekochtes) ~ *gastr.* a hard-boiled egg; ein weiches (*od.* weichgekochtes) ~ *gastr.* a soft-boiled egg; gefüllte ~er *gastr.* stuffed eggs; Russische ~er *gastr.* (stuffed) eggs Russian style; eingelegte ~er *gastr.* preserved eggs; verlorene (*od.* pochierte) ~er *gastr.* poached eggs; ein ~ trennen to separate the yolk from the white; ein ~ schlagen *gastr.* a) to beat an egg, b) to whip (*od.* whisk) the white of an egg; (sich *dat*) ein ~ in die Pfanne schlagen to break an egg into the pan; das ~ wird hart the egg sets; die Henne hat ein ~ gelegt the hen (has) laid an egg; ~er ausbrüten to hatch eggs; aus dem ~ kriechen (*od.* schlüpfen) to break out of the shell; die Demonstranten bewarfen ihn mit faulen ~ern the demonstrators pelted him with rotten eggs. – **2.** *fig. colloq.* (*in Wendungen wie*) sie gleichen (*od.* ähneln) sich wie ein ~ dem andern they are as like as two peas (in a pod); man muß ihn wie ein rohes ~ behandeln he has to be handled with kid gloves (*od.* very carefully, gingerly, tactfully); wie auf ~ern gehen to walk (*od.* step, tread) gingerly, to walk (*od.* tread) as if on eggs; sie sieht aus (*od.* geht) wie aus dem ~ gepellt (*od.* geschält) she looks as neat as a new pin (*od.* spic[k]-and-span), she looks as if she had just stepped out of a bandbox; **ich hab's für einen Apfel und ein ~ gekriegt** I bought it for a song (*od.* mere trifle), I picked it up dirt-cheap, I got it for next to nothing; **er ist kaum aus dem ~ gekrochen** he is still a greenhorn (*od.* still unfledged), he is still wet behind the ears (*colloq.*); **kümmere dich nicht um ungelegte ~er!** don't cross your bridges before you come to them! **will das ~ klüger sein als die Henne?** are you trying to teach your grandmother to suck eggs? **das ~ des Kolumbus** a solution of striking simplicity, a pat solution, simplicity itself. – **3.** *biol.* egg, ovum (*scient.*): **~er ausbrüten [legen]** to hatch [to lay] eggs; **nur ein ~ legend** uniparous. – **4.** *pl zo.* a) (*der Insekten*) eggs, b) (*der Fische*) spawn *sg.* – **5.** *pl colloq.* (*Geld*) 'bucks' (*sl.*): **hundert ~er** a hundred bucks (*od.* marks). – **6.** *mil. sl.* 'egg' (*sl.*), bomb. – **7.** *only in* **das Nürnberger ~** *hist.* the Nuremberg egg (*an egg-shaped watch*). – **8.** *pl vulg.* 'balls', *Am.* 'nuts' (*beide vulg.*), testicles. – **9.** *tech.* (*einer Bohrwinde*) handle. – **10.** *arch.* ovolo, ovum.

eia ['aɪa] *interj* (*child's language*) ~(, ~) machen to stroke (*od.* pet, pat) s.o. (*od.* s.th.).

'Ei|ˌabˌla·ge *f zo.* oviposition. — **~al·buˌmin** *n biol.* egg albumin.

eia·po·peia [ˌaɪapo'paɪa] *interj* (*child's language*) hushaby (baby): ~ **machen** to lull (*od.* rock) a child to sleep.

'Ei|ap·paˌrat *m bot.* (*Teil des Embryosacks*) egg apparatus. — **~ˌaufˌnah·me** *f med. biol.* (*im Uterus*) reception of the fertilized ovum. — **~ˌausˌsto·ßung** *f,* **~ˌausˌtritt** *m biol.* ovulation.

Ei·be ['aɪbə] *f* ⟨-; -n⟩ **1.** *bot.* yew (tree), *Br.* yew(-tree) (*Taxus baccata*): **Japanische ~** Japanese yew (*T. baccata*); **Kurzblätt(e)rige ~** Pacific yew (*T. brevifolia*); **Kanadische ~** ground hemlock (*T. canadensis*). – **2.** *cf.* Eibenholz.

'Ei·beˌfruch·tung *f med.* fertilization.

'ei·ben *adj* yew (*attrib*), of yew(wood). — **~ˌar·tig** *adj bot.* yewlike. — **E~ˌbaum** *m cf.* Eibe 1. — **'E~geˌwäch·se** *pl* yew family *sg,* Taxaceae (*scient.*) (*Fam. Taxaceae*). — **E~ˌholz** *n* yew(wood). — **E~zyˌpres·se** *f* cypress, *auch* swamp (*od.* bald) cypress (*Taxodium distichum*).

'Eiˌbil·dung *f biol.* oogenesis, ovogenesis.

Ei·bisch ['aɪbɪʃ] *m* ⟨-es; -e⟩ *bot.* a) alth(a)ea (*Fam. Malvaceae*), b) hibiscus (*Gattg Hibiscus*): **Echter ~** marshmallow, *Br.* marsh mallow (*Althaea officinalis*); **Syrischer ~** rose of Sharon (*Hibiscus syriacus*); **Eßbarer ~** okra, bandak(k)a, bandikai (*H. esculentus*); **Pappelblätt(e)riger ~** portia (*od.* bendy, tulip) tree, seaside mahoe (*Thespesia populnea*); **Veränderlicher ~** change rose (*Hibiscus mutabilis*). — **~(ˌblät·ter)ˌtee** *m med. pharm.* marshmallow (*Br.* marsh-mallow) tea.

'Eich|ˌamt *n jur.* a) standards institution (*for the testing and calibration of measuring apparatus*), b) (*in USA*) Bureau of Standards, c) (*in England*) Office of Weights and Measures. — **~ˌap·fel** *m bot.* oak gall, *Br.* oak-gall, oak apple, *Br.* oak-apple, oak nut, *Br.* oak-nut. — **~ˌbaum** *m cf.* Eiche[1] 1. — **~beˌam·te** *m* inspector (*Am.* sealer) of weights and measures. — **~beˌhör·de** *f cf.* Eichamt. — **~ˌblatt** *n* **1.** *bot. cf.* Eichenblatt. – **2.** *zo. cf.* Kupferglucke.

Ei·che[1] ['aɪçə] *f* ⟨-; -n⟩ **1.** *bot.* oak (tree), *Br.* oak(-tree) (*Gattg Quercus*): **eine knorrige alte ~** a gnarled old oak; **eine junge** (*od.* **kleine**) **~** an oakling, an oaklet, an oak sapling; **so stark wie eine ~** *fig.* (as) sturdy as an oak; **er stand fest wie eine ~** *fig.* he stood (as) firm as a rock; **es fällt keine ~ von einem** (*od.* **vom ersten**) **Streiche** (*Sprichwort*) no tree falls at one blow, Rome was not built in a day (*proverb*), there is no shortcut (*Br.* short cut) to success; **von** (*od.* **vor**) **den ~n sollst du weichen** (*Sprichwort*) *etwa* flee the oaks in a thunderstorm. – **2.** (*Eichenholz*) oak, oakwood, *Br.* oak-wood: **Wohnzimmer in ~** living-room furniture in oak; **in dunkler ~** in dark oak.

'Ei·che[2] *f* ⟨-; -n⟩ *cf.* Eichung 1—4.

Ei·chel ['aɪçəl] *f* ⟨-; -n⟩ **1.** *bot.* acorn. – **2.** *med.* (*des Penis*) glans (penis). – **3.** *chiefly Southern G. and Austrian* (*Spielkartenfarbe*) acorn, club(s *pl*) (*on German cards*). — **~ˌbe·cher** *m bot.* acorn cup, cupule (*scient.*). — **~ˌboh·rer** *m zo.* acorn (*od.* oak) weevil (*Balaninus od. Curculio glandium*). — **~entˌzün·dung** *f med. cf.* Balanitis. — **e~ˌför·mig** *adj* acorn-shaped, balanoid (*scient.*). — **~ˌhä·her** *m zo.* jay (*Garrulus glandarius*). — **~ˌmast** *f agr.* acorn (*od.* oak) mast. — **~ˌmot·te** *f zo.* acorn moth (*Valentinia glandulella*). — **~ˌscha·le** *f bot.* acorn shell. — **~ˌtrip·per** *m med.* gonorrh(o)eal balanitis. — **~ˌwurm** *m zo.* **1.** whale's tongue (*Gattg Balanoglossus*). – **2.** *pl* acorn worms (*Stamm Hemichordata*).

'ei·chen[1] *adj* oaken, (of) oak: **~e Bretter** oak(en) boards.

'ei·chen[2] **I** *v/t* ⟨h⟩ **1.** (*Maße, Gewichte*) adjust. – **2.** (*Meßgeräte*) calibrate, standardize, ga(u)ge. – **3.** (*Gefäße*) ga(u)ge, calibrate. – **4.** (*Skalen, Thermometer etc*) calibrate. – **5.** *astr.* (*Sterne*) ga(u)ge. – **6.** *med. pharm.* (*Drogen etc*) standardize. – **7.** *psych.* (*Test*) standardize. – **II E~** *n* ⟨-s⟩ **8.** *verbal noun.* – **9.** *cf.* Eichung.

'Ei·chen[3] *n* ⟨-s; - *u.* Eierchen⟩ *dim. of* Ei.

'ei·chen|ˌähn·lich, ~ˌar·tig *adj bot.* oaky, quercine (*scient.*).

'Ei·chen|ˌbaum *m bot. cf.* Eiche[1] 1. — **~ˌblatt** *n* oak leaf. — **~ˌblät·terˌschwamm** *m* oak agaric, touchwood (*Agaricus quercinus*). — **~ˌbock** *m zo. cf.* Heldbock. — **~ˌboh·le, ~ˌdie·le** *f* oak(en) plank. — **~ˌfarn** *m bot.* oak fern, *Br.* oak-fern (*Phegopteris dryopteris*). — **~ˌgallˌwes·pe** *f zo.* oak gall (*Br.* oak-gall) (wasp), oak apple, *Br.* oak-apple (*Diplolepis quercus folii*). — **~ˌhain** *m* grove of oaks, oak grove. — **~ˌholz** *n* oak(wood), *Br.* oak(-wood): **aus ~** of oak, oaken; **Australisches ~** tallowwood (*Eucalyptus microcorys*); **Indisches ~** teak(wood) (*Tectona grandis*). — **~ˌklotz** *m* oak block (*od.* log). — **~ˌkranz** *m* **1.** oak wreath. – **2.** (*Kopfschmuck*) oak-leaf garland, crown of oak leaves. — **~ˌlaub** *n* **1.** oak leaves *pl*: **ein Kranz aus ~** an oak wreath. – **2.** *mil.* (*Auszeichnung*) oak-leaf cluster. — **~ˌlo·he** *f* (*leather*) tanbark (from oak): **mit ~ gegerbtes Leder** oak(-tanned) leather. — **~ˌmehlˌtau** *m* (*forestry*) oak blight (*od.* mildew) (*durch Microsphaera alphitoides*). — **~ˌmi·stel** *f bot.* (yellow-berried) mistletoe (*Loranthus europaeus*). — **~ˌreiz·ker** *m* mild toadstool (*Lactarius quietus*). — **~ˌrin·de** *f* oak bark. — **~ˌro·se** *f* oak gall, *Br.* oak-gall, oak apple, *Br.* oak-apple. — **~ˌschälˌwald** *m* (*forestry*) oak tanbark forest (*od.* coppice). — **~ˌschildˌlaus** *f zo.* (oak) pseudogall coccid (*Kermes quercus*). — **~ˌsei·denˌspin·ner** *m* giant (*od.* wild) silkworm (*Gattg Antheraea*): **Chinesischer ~** pernyi silkworm (*A. pernyi*); **Japanischer ~** yamamai silkworm (*A. yamamai*); **Indischer ~** muga (*od.* moonga) (silkworm) (*A. assamensis*). — **~ˌspan·ner** *m* oak beauty, *Br.* oak-beauty (*Ennomos quercinaria*). — **~ˌspin·ner** *m* oak eggar, *Br.* oak-egger (*Lasiocampa quercus*). — **~ˌstock** *m* oak stick. — **~ˌwald** *m* **1.** oak forest, *Br.* oak-forest. – **2.** (*kleiner*) oak wood, *Br.* oak-wood, *bes. Am.* oak woods *pl* (*construed as sg or pl*). — **~ˌwick·ler** *m zo.* green oak-leaf roller (*Tortrix viridana*).

'Ei·cher *m* ⟨-s; -⟩ *tech. cf.* Eichbeamte.

'Eich|ˌfel·der *pl astr.* selected areas. — **~freˌquenz** *f* (*radio*) calibration (*od.* standard) frequency. — **~geˌrät** *n tech.* calibration apparatus (*od.* meter, instrument). — **~geˌwicht** *n tech. phys.* standard weight. — **~ˌhorn** *n zo. cf.* Eichhörnchen. — **e~ˌhornˌar·tig** *adj* squirrel-like; sciurine, sciuroid (*scient.*). — **~ˌhörn·chen** *n* squirrel (*Gattg Sciurus*): **Europäisches ~** red squirrel (*S. vulgaris*).

Eich·hor·nie [aɪç'hɔrnɪə] *f* ⟨-; -n⟩ *bot.* water hyacinth (*Gattg Eichhornia*).

'Eich|ˌkätz·chen *n,* **~ˌkat·ze** *f zo. cf.* Eichhörnchen. — **~ˌkur·ve** *f tech. chem.* calibration curve. — **~ˌmar·ke** *f* **1.** *tech.* calibrating mark. – **2.** *pl mar.* (*bei Binnenschiffen*) draft (*bes. Br.* draught) marks. — **~ˌmaß** *n* **1.** *tech.* a) (*Eichnormale*) calibrating measure (*od.* standard), b) (*Eichgerät*) calibrating instrument. – **2.** *obs.* liquid standard measure, standard measure of capacity. — **~ˌmeister** *m tech. cf.* Eichbeamte. — **~ˌme·ter** *n, m* standard meter (*bes. Br.* metre). — **~ˌord·nung** *f jur.* standardization regulations *pl* (*for weights and measures and for the calibration of measuring apparatus*). — **~ˌpfahl** *m civ.eng.* (*Pegel*) tide ga(u)ge, *Br.* tide-ga(u)ge, water-level ga(u)ge. — **~ˌpunkt** *m tech.* ga(u)ge (*od.* reference) point. — **~ˌschein** *m mar.* (*eines Schiffes*) certificate of measurement. — **~ˌstab** *m* **1.** *tech.* ga(u)ge rod, ga(u)ging rule. – **2.** *auto.* (*Peilstab*) dipstick, *Br.* dip-stick. — **~ˌstem·pel** *m tech.* ga(u)ger's stamp (*od.* mark), verification stamp. — **~ˌstern** *m astr.* comparison star. — **~ˌstrich** *m tech.* calibration mark, ga(u)ge line. — **~taˌbel·le** *f* table of correction. — **~ˌton** *m* (*radio*) reference (*od.* calibration) tone.

'Ei·chung *f* ⟨-; -en⟩ **1.** *cf.* Eichen[2]. – **2.** (*von Maßen, Gewichten*) calibration, adjustment. – **3.** (*von Meßgeräten*) calibration, standardization. – **4.** (*von Gefäßen*) calibration. – **5.** (*von Skalen, Thermometern etc*) calibration. – **6.** *psych.* (*eines Tests*) standardization.

'Eich|ˌwert *m tech.* calibration value. — **~ˌzäh·ler** *m electr.* calibration meter. — **~ˌzei·chen** *n cf.* Eichstempel.

Eid [aɪt] *m* ⟨-(e)s; -e⟩ *bes. jur.* oath: **ein feierlicher ~** a solemn oath; **assertorischer [promissorischer] ~** affirmative [promissory] oath; **falscher ~** false oath, perjury; **hippokratischer ~** Hippocratic oath; **richterlicher ~** judicial oath; **an ~es Statt** *jur.* in lieu of an oath; **Erklärung an ~es Statt** affirmation in lieu of an oath, statutory declaration; **Sie stehen unter ~!** you are on (your) oath! you are under oath! **sie sagte unter ~ aus, daß** she stated (*od.* declared) under (*od.* on) oath that, she testified (*od.* deposed) that; **einen ~ ablegen** (*od.* **leisten, schwören**) to swear (*od.* take, make) an oath; **einen ~ auf die Bibel schwören** to swear on (*od.* by) the Bible, to swear on the Book (of God); **der Präsident legte den ~ auf die Verfassung ab** the president swore to uphold and defend the constitution; **er schwor einen falschen ~** he swore a false oath, he committed perjury, he perjured himself; **könntest du einen ~ darauf schwören** (*od.* **ablegen**)? *colloq.* could you swear to it? could you take an (*od.* your) oath on it? **das nehme ich auf meinen ~, darauf lege ich einen ~ ab** *colloq.* I would take my oath on it, I would swear to it; **j-m einen ~ abnehmen** to put s.o. on (his) oath, to take an oath from s.o., to administer an oath to s.o.; **den Zeugen unter ~ nehmen** to swear the witness, to administer the oath to the witness; **j-n in ~ und Pflicht nehmen** to swear s.o.; **ich kann diese Tatsache unter ~ bezeugen** (*od.* **bekunden**) I can testify to this fact (by [*od.* on, under] oath); **j-m einen ~ zuschieben** to tender an oath to s.o.; **er bekräftigte seine Aussage durch einen ~** he confirmed his statement by an oath; **einen ~ brechen [verletzen]** to break [violate] an oath; **sie wurden ihres ~es entbunden** they were released (*od.* relieved) from their oath, they were discharged of their oath; **er ist durch einen ~ gebunden** he is bound by an oath; **sie schwor tausend ~e, daß sie nichts gesagt hätte** *fig. colloq.* she swore by all that is holy (*od.* sacred) that she had not said anything.

Ei·dam ['aɪdam] *m* ⟨-(e)s; -e⟩ *obs. for* Schwiegersohn.

'Eidˌbruch *m jur.* breach (*od.* breaking) of an (*od.* one's) oath. — **'eidˌbrü·chig** *adj* perjured, guilty of perjury: **~ werden** to break one's oath. — **'Eidˌbrü·chi·ge** *m, f* ⟨-n; -n⟩ oath-breaker, perjurer.

Ei·dech·se ['aɪdɛksə] *f* ⟨-; -n⟩ **1.** *zo.* lizard; lacertilian, lacertian (*scient.*) (*Unterordng Lacertilia*). – **2.** *astr.* Lacerta.

'ei·dech·senˌar·tig *adj* lizardlike; lacertilian, lacertian, lacertine, saurian (*scient.*).

'Ei·dech·sen|ˌfisch *m zo.* lizard fish (*Fam. Synodontidae*). — **~ˌkuckuck** (*getr.* -k·k-) *m cf.* Rennkuckuck. — **~ˌnat·ter** *f* Montpellier snake (*Malpolon monspessulanus*). — **~ˌschwanz** *m bot.* lizard's-tail, *auch* breastweed (*Saururus cernuus*).

'Ei·derˌdä·nen ['aɪdər-] *pl hist.* Eider Danes (*Danish nationalists before 1864*).

'Ei·der|ˌdau·nen *pl* eiderdown, *Br.* eider-down *sg.* — **~ˌen·te, ~ˌgans** *f zo.* eider (duck) (*Somateria mollissima eider*).

'Ei·des|ˌabˌnah·me *f jur.* administering of an oath. — **~beˌleh·rung** *f* caution (as to the import of an oath): **~ des Zeugen** caution to the witness. — **~ˌfä·hig·keit** *f* capacity to take an oath. — **~ˌfor·mel** *f* form (*od.* wording) of an oath. — **e~-**

ˌ**gleich** *adj* (*Beteuerung*) solemn. — ~ˌ**hel·fer** *m jur. hist.* compurgator. — ~ˌ**hil·fe** *f* compurgation. — ~ˌ**lei·stung** *f jur.* taking of an (*od.* the) oath: die ~ verweigern to refuse to take an oath (*od.* to be sworn). — **e**~ˌ**mün·dig** *adj* of age (*od.* authorized) to take an oath. — ~ˌ**mün·dig·keit** *f* legal age (*od.* authorization) to take an oath. — ~ˌ**norm** *f cf.* Eidesformel. — ~ˌ**notˌstand** *m* necessity in cases of perjury. — ~ˌ**pflicht** *f* obligations *pl* of a person on (*od.* under) oath: Verletzung der ~ violation of the (*od.* one's) oath; die ~ verletzen to violate the sanctity of the oath. — **e**~ˌ**stät·tig** [-ˌʃtɛtɪç] *adj Austrian for* eidesstattlich. — **e**~ˌ**statt·lich** *adj u. adv* in lieu of an oath: eine ~e Erklärung abgeben to give an affirmation in lieu of an oath, to make a statutory declaration; ~ versichern, daß to affirm that. — **e**~ˌ**unˌfä·hig** *adj* incapacitated from taking an oath, incapable of being heard under oath. — ~ˌ**unˌfä·hig·keit** *f* incapacity of taking an oath, disability to be heard under oath. — ~ˌ**un·ˌmün·dig·keit** *f* incapacity to be sworn (*for want of age or reason*). — ~**ver·ˌwei·ge·rung** *f* refusal to take an oath. — ~ˌ**zuˌschie·bung** *f* tendering of an oath (to s.o.).

Ei·de·tik [aɪˈdeːtɪk] *f* ⟨-; *no pl*⟩ **1.** *philos.* theory of ideas. – **2.** *psych.* eidetic ability. — **Eiˈde·ti·ker** [-tikər] *m* ⟨-s; -⟩ eidetic. — **eiˈde·tisch** *adj* eidetic.

ˈ**eid·geˌbun·den** *adj* oath-bound, bound by (an) oath.

ˈ**Eid·geˌnos·se** *m* **1.** confederate. – **2.** (*Schweizer*) Swiss: die ~n the Swiss. — ˈ**Eid·geˌnos·sen·schaft** *f* **1.** confederacy, confederation. – **2.** die ~ *pol. Swiss* the federal government, the Confederation: die Schweizerische ~ the Swiss Confederation, the Helvetic Confederacy, Switzerland. — ˈ**eid·geˌnös·sisch** [-gəˌnœsɪʃ] *adj* **1.** federal, confederate. – **2.** Swiss.

ˈ**Eidˌhel·fer** *m jur. hist. cf.* Eideshelfer.

eid·lich [ˈaɪtlɪç] *jur.* **I** *adj* sworn, (up)on (*od.* under, by) oath: ~e Aussage sworn statement, statement on oath; ~e Erklärung a) sworn declaration (*od.* statement), b) (*im angelsächsischen Recht, nur schriftlich*) affidavit; eine ~e Erklärung abgeben a) to make a declaration on oath, b) to swear an affidavit. – **II** *adv* (up)on oath, under (*od.* by) oath: etwas ~ aussagen (*od.* bezeugen) to state (*od.* declare, depose) s.th. on oath, to swear (*od.* testify) to s.th.; ~ gebunden (*od.* verpflichtet) sein to be under oath, to be bound by (an) oath; j-n ~ verpflichten to take an oath from s.o., to bind s.o. by oath; j-n ~ zur Verschwiegenheit verpflichten to swear s.o. to secrecy, to take an oath of secrecy from s.o.; eine Aussage ~ erhärten to confirm a statement by oath.

Ei·do·lon [ˈaɪdolən] *n* ⟨-(s); -dola [-la]⟩ *philos.* eidolon, idolum, phantom, *auch* fantom, image.

ˈ**Eiˌdot·ter** *m, n* **1.** (egg) yolk. – **2.** *biol.* deutoplasm, vitellus, yolk. — **e**~ˌ**gelb** *adj* yolk-yellow, *auch* primuline-yellow.

ˈ**Eid**|ˌ**schwur** *m jur. cf.* Eid. — **e**~**ver·ˌges·sen** *adj cf.* eidbrüchig.

ˈ**Ei·entˌwick·lung** *f biol. cf.* Eibildung.

ˈ**Ei·er**|ˌ**ap·fel** *m bot. cf.* Eierfrucht. — ~ˌ**aufˌlauf** *m gastr.* soufflé (omelet[te]). — ~ˌ**be·cher** *m* eggcup, *Br.* egg-cup. — ~ˌ**beu·tel** *m zo. cf.* Eiersack 2. — ~ˌ**bo·vist** *m bot.* egg-shaped puffball (*Br.* puff-ball) (*Bovista nigrescens*). — ~**briˌkett** *n meist pl* egg-shaped briquette, *bes. Br.* (coal) ovoid.

Ei·er·chen [ˈaɪərçən] *pl of* Eichen[3].

ˈ**Ei·er**|**durchˌleuch·tungs·maˌschine** *f agr.* egg-candling machine. — ~**erˌzeug·nis** *n meist pl* egg product. — ~ˌ**far·be** *f* dye for coloring (*bes. Br.* colouring) Easter eggs. — ~ˌ**fla·den** *m gastr. dial. for* Eierkuchen 1. — ~ˌ**frau** *f colloq.* egg-woman. — ~ˌ**frucht** *f bot.* eggplant, *Br.* egg-plant, *auch* eggfruit, aubergine, brinja(u)l, garden egg (*Solanum melongena*). — ~ˌ**gang** *m med. cf.* Eileiter. — ~**geˌricht** *n gastr. cf.* Eierspeise. — ~**hand·graˌna·te** *f mil.* egg-shaped hand grenade, 'pineapple' (*sl.*). — ~ˌ**händ·ler** *m* egg dealer, egg-man. — ~ˌ**hau·be** *f cf.* Eierwärmer. — ~**isoˌla·tor** *m electr.* ball (*od.* egg) insulator. — ~ˌ**ket·te** *f* ball (*od.* egg) (insulator) chain. — ~ˌ**ki·ste** *f* egg box. — ~ˌ**ko·gnak** *m* brandy with egg yolks, brandy flip. — ~ˌ**koh·le** *f* egg coal. — ~ˌ**kopf** *m* **1.** egg-shaped head. – **2.** *fig. colloq.* egghead, *Br.* egg-head (*colloq.*). — ~ˌ**korb** *m* egg basket. — ~ˌ**krebs** *m zo.* **1.** crawfish with eggs. – **2.** female crawfish. — ~**kroˌket·te** *f gastr. meist pl* egg croquette. — ~ˌ**ku·chen** *m* **1.** pancake. – **2.** omlet, *auch* omelette. — ~ˌ**kun·de** *f zo.* oology. — ~ˌ**kund·lich** [-ˌkʊntlɪç] *adj* oological. — ~ˌ**kür·bis** *m bot.* egg-shaped gourd (*od.* pumpkin) (*Cucurbita ovifera*). — ~ˌ**lam·pe** *f agr. cf.* Eierspiegel. — ~**ˌlan·dung** *f aer. sl.* smooth (*od.* gentle) three-point landing. — ~ˌ**lau·fen** *n* (*games*) egg-and-spoon race. — ~ˌ**le·gen** *n* **1.** egg laying. – **2.** *zo.* (*bes. bei Insekten*) oviposition. — **e**~ˌ**le·gend** *adj* egg-laying, oviparous (*scient.*). — ~ˌ**le·ger** *m* **1.** *agr.* layer: diese Hennen sind gute ~ these hens are good layers. – **2.** *pl zo.* ovipara. — ~ˌ**leim** *m zo.* egg glue. — ~ˌ**lei·ste** *f* **1.** egg rack. – **2.** *arch. cf.* Eierstab. — ~**liˌkör** *m gastr.* liqueur with egg yolks. — ~ˌ**löf·fel** *m* egg spoon, *Br.* egg-spoon. — ~ˌ**mann** *m colloq.* egg-man. — ~ˌ**markt** *m* egg market.

ei·ern [ˈaɪərn] *v/i* ⟨h⟩ *colloq.* **1.** (*von Rädern*) wobble, run out of truth. – **2.** (*von Schallplatten*) waver, be bumpy.

ˈ**Ei·er**|ˌ**nu·deln** *pl gastr.* egg noodles. — ~ˌ**pfannˌku·chen** *m gastr. cf.* Eierkuchen. — ~ˌ**pflan·ze** *f bot. cf.* Eierfrucht. — ~**ˌpflau·me** *f hort.* large egg-shaped plum. — ~ˌ**pilz** *m bot. cf.* Pfifferling 1. — ~ˌ**prü·fer** *m agr. cf.* Eierspiegel. — ~ˌ**punsch** *m gastr.* egg flip, *Br.* egg-flip, eggnog, *Br.* egg-nog. — ~ˌ**sack** *m* **1.** *med.* ovarian follicle. – **2.** *zo.* a) (*bei Insekten*) egg case (*od.* sac), b) (*bei Würmern*) ovicapsula, c) (*bei Amphibien*) ovisac. — ~**saˌlat** *m gastr.* egg salad. — ~ˌ**sau·ce** *f cf.* Eiersoße. — ~ˌ**scha·le** *f* eggshell, *Br.* egg-shell: er hat noch die ~n hinter den Ohren *fig. colloq.* he is still wet behind the ears, he is not yet dry behind the ears; die ~n ablegen *fig. colloq.* to come of age. — ~ˌ**scha·len·por·zelˌlan** *n* eggshell (*Br.* egg-shell) porcelain (*od.* china). — ~ˌ**schaum** *m gastr. cf.* Eierschnee. — ~ˌ**schlan·ge** *f zo.* eggeater, *auch* egg-eating snake (*Dasypeltis scabra*). — ~ˌ**schnecke** (*getr.* -k·k-) *f zo.* great eggshell (*Br.* egg-shell) (*Ovula ovum*). — ~ˌ**schnee** *m gastr.* whipped white of an egg, stiff egg white. — ~ˌ**schnei·der** *m* (*housekeeping*) egg slicer (*od.* cutter). — ~ˌ**schwamm** *m bot. cf.* Pfifferling 1. — ~**sorˌtier·maˌschi·ne** *f agr.* egg grader, egg-sorting (*od.* -grading) machine. — ~**ˌso·ße** *f gastr.* egg sauce. — ~ˌ**spei·se** *f* **1.** egg dish. – **2.** *Austrian for* Rührei. — ~ˌ**spie·gel** *m agr.* egg lamp (*od.* tester). — ~ˌ**stab** *m arch.* egg-and-dart molding (*bes. Br.* moulding). — ~ˌ**stand** *m* egg (dealer's) stand (*od.* stall). — ~ˌ**stän·der** *m* egg stand. — ~ˌ**stich** *m* ⟨-(e)s; *no pl*⟩ *gastr.* royale, cooked-egg garnish.

ˈ**Ei·erˌstock** *m med.* ovary, oophoron (*scient.*). — ~ˌ**anˌla·ge** *f* primary ovary. — ~ˌ**bruch** *m* ovarian hernia. — ~**ent·ˌfer·nung** *f* oophorectomy, ovariectomy. — ~**entˌzün·dung** *f* oophoritis, ovaritis. — ~**geˌschwulst** *f* ovarial tumor (*bes. Br.* tumour). — ~ˌ**schwan·ger·schaft** *f* ovarian pregnancy. — ~ˌ**zy·ste** *f* ovarian cyst.

ˈ**Ei·er**|ˌ**tanz** *m* egg dance, *Br.* egg-dance: einen ~ aufführen *fig. colloq.* to tread warily (*od.* cautiously); sie führen einen wahren ~ um ihn auf *fig. colloq.* they are handling him with kid gloves, they are treating him overcautiously. — ~ˌ**ta·sche** *f zo. cf.* Eiersack 2. — ~ˌ**tätsch** *m gastr. Swiss dial. for* Eierkuchen. — ~ˌ**teig·ˌwa·re** *f meist pl collective term for noodles, macaroni, spaghetti and pasta made with eggs.* — **e**~ˌ**tra·gend** *adj zo.* bearing eggs; oviferous, ovigerous (*scient.*). — ~ˌ**uhr** *f* egg timer. — ~ˌ**wär·mer** *m* egg cozy (*od.* cosy), *Br.* egg-cosy (*od.* -cozy). — ~**ˌzwetsch·ge** *f hort. cf.* Eierpflaume.

Ei·fer [ˈaɪfər] *m* ⟨-s; *no pl*⟩ **1.** eagerness, zeal, enthusiasm, keenness, avidity: blinder ~ a) rashness, b) *relig.* zealotry; glühender ~ ardor, *bes. Br.* ardour, fervor, *bes. Br.* fervour; mit heiligem [fanatischem] ~ with holy [fanatic] zeal; mit übertriebenem ~ overzealously, overeagerly, with overeagerness; unermüdlicher ~ indefatigable (*od.* unflagging) enthusiasm (*od.* zeal); voller ~ full of enthusiasm; ihm fehlt der rechte ~ he is lacking (*od.* wanting) in zeal; mit ~ an die Arbeit gehen, sich mit ~ ans Werk machen to set to work with enthusiasm (*od.* a will), to buckle down to work; er ist mit ~ bei der Sache he puts his heart and soul into it, he shows great zeal (*od.* enthusiasm, keenness) for it; sich vor ~ überschlagen (*od.* umbringen wollen) *fig. colloq.* to outdo (*od.* excel) oneself with zeal; sein ~ ließ bald nach, sein ~ erkaltete (*od.* erlahmte) bald his enthusiasm soon cooled off. – **2.** (*Hast*) haste, hastiness: blinder ~ schadet nur (*Sprichwort*) haste makes waste (*proverb*), more haste, less speed. – **3.** (*Fleiß*) assiduity, application. – **4.** (*Hingabe*) devotion. – **5.** (*Erregung*) exitement: sich in ~ reden to talk oneself into a state of exitement (*od. colloq.* a tizzy); → Gefecht 2. – **6.** (*Zorn*) passion. – **7.** (*übertriebene Geschäftigkeit*) officiousness.

ˈ**Ei·fe·rer** *m* ⟨-s; -⟩ zealot, fanatic.

ei·fern [ˈaɪfərn] *v/i* ⟨h⟩ **1.** für etwas [j-n] ~ to agitate (*od.* campaign) for s.th. [s.o.]. – **2.** gegen etwas [j-n] ~ a) to agitate (*od.* campaign) against s.th. [s.o.], b) to declaim (*od.* inveigh, rail) against s.th. [s.o.]: der Prediger eiferte gegen den Sittenverfall the preacher railed against the moral corruption. – **3.** nach (*od.* um) etwas ~ to be eager (*od.* zealous) for s.th., to strive (*od.* strain) after (*od.* for) s.th.: mit j-m um die Wette ~ to vie (*od.* compete) with s.o. – **4.** *Southern G.* be jealous, be envious. — ˈ**ei·fernd I** *pres p.* – **II** *adj* **1.** zealous, zealotic. – **2.** *Bibl.* jealous.

ˈ**Ei·ferˌsucht** *f* ⟨-; *no pl*⟩ **1.** (auf *acc* of, toward[s]) jealousy: er tat es aus ~ he did it out of jealousy. – **2.** (*Neid*) envy, jealousy.

ˌ**Ei·fer·süch·teˈlei** [-zʏçtəˈlaɪ] *f* ⟨-; -en⟩ *colloq.* petty jealousy (*od.* rivalry).

ˈ**ei·ferˌsüch·tig I** *adj* (auf *acc* of) **1.** jealous: ein ~er Liebhaber a jealous lover; j-n ~ machen to make s.o. jealous. – **2.** (*neidisch*) envious, jealous: sie sind auf meine Erfolge ~ they are jealous of my successes. – **II** *adv* **3.** er wacht ~ über seine Rechte he guards his rights jealously.

ˈ**Ei·fer·suchts**|ˌ**anˌfall** *m* fit of jealousy. — ~ˌ**tat** *f* act of jealousy. — ~ˌ**wahn** *m psych.* pathological (*od.* insane) jealousy.

ˈ**Eif·elˌturm, der** [ˈaɪfəl-] the Eiffel tower.

ˈ**Eiˌform** *f* (*auch sport*) egg shape.

ˈ**eiˌför·mig** [-ˌfœrmɪç] *adj* egg-shaped, oval; ovate, ovoid, oviform (*scient.*).

eif·rig [ˈaɪfrɪç] **I** *adj* **1.** eager, zealous, enthusiastic, keen, avid, (*stärker*) ardent, fervent: ein ~er Anhänger der neuen Lehre a zealous adherent of the new teaching (*od.* doctrine); ein ~er Briefmarkensammler a keen (*od.* an enthusiastic, avid) stamp collector; ~er Leser eager (*od.* avid) reader; sein ~es Bemühen um (*od.* Streben nach) Anerkennung his zeal (*od.* zealous endeavo[u]r) for recognition; er war diesmal allzu ~ he was overzealous (*od.* overenthusiastic, overeager) this time. – **2.** (*fleißig*) assiduous. – **3.** (*emsig*) busy. – **4.** (*übertrieben geschäftig*) officious. – **II** *adv* **5.** ~ lernen to learn eagerly, to apply oneself to one's studies; sich ~ bemühen (um at, for) to make strenous efforts, to do one's best (*od.* utmost); er ist ~ bestrebt (*od.* bemüht, darauf bedacht) zu gefallen he is very anxious to please, he is keenly intent on pleasing; er war ~ damit beschäftigt zu kochen he was busy cooking. — ˈ**Ei·frig·keit** *f* ⟨-; *no pl*⟩ eagerness, zeal(ousness), enthusiasm, keenness.

Ei|ˌ**fur·chung** *f biol.* (egg) segmentation (*od.* cleavage). — ~ˌ**gang** *m* oviduct. — ~ˌ**gelb** *n* ⟨-(e)s; -e *u.* (*bei Mengenangabe*) -⟩ (egg) yolk, yellow (of an egg). — ~**geˌle·ge** *n* nest with (*od.* of) eggs.

ei·gen [ˈaɪgən] *adj* **1.** own, of one's own: meine ~en Kinder my own children; mein ~(es) Fleisch und Blut *fig. poet.* my own flesh and blood; sie haben ein ~es Haus they have a house of their own; in seinen ~en vier Wänden *fig. colloq.* within one's own four walls; das ~e Nest beschmutzen *fig. colloq.* to foul one's own nest; ich habe es mit ~en Augen gesehen I saw it with my own eyes; ich habe es am ~en Leibe erfahren *fig.* I have had a taste of it myself, I have felt (*od.* experienced) it myself; er schneidet sich ins ~e Fleisch *fig. colloq.* a) he is cutting off his nose to spite his face, b) he is cutting his own throat; **man kann ja vor Lärm sein ~es Wort nicht verstehen** *fig. colloq.* one cannot hear oneself speak (*od.* one's own voice) in the noise, you cannot hear yourself think in this noise; **kümmere dich um deine ~en Angelegenheiten!** mind your own business! **auf ~en Füßen stehen** *fig.* to stand on one's own feet (*od.* legs); **ich bin mein ~er Herr** I am my own master (*od. colloq.* boss); **sie folgt ihrem ~en Kopf** *fig.* she follows her bent; **er ging seine ~en Wege** *fig.* he went his own way; **ich habe keine ~en Mittel** I have no means (*od.* resources) of my own, I have no private means; **seinen ~en Vorteil suchen** to look after (*od.* seek) one's own advantage, to look after number one (*colloq.*); **j-n mit seinen ~en Waffen schlagen** *fig.* to beat s.o. at his own game; **auf ~e Gefahr, auf ~e Rechnung** *fig.* at one's own risk; **er tat es auf ~e Faust** *fig. colloq.* he did it on his own, he did it on his own initiative (*od.* responsibility); **auf ~e Kosten** at one's own cost (*od.* expense); **aus ~er Kraft** a) on one's own (resources), by oneself, off one's own bat (*colloq.*), b) under one's own power (*od.* steam); **aus ~em Antrieb** of one's own accord; **aus ~er Erfahrung** from one's own (*od.* personal) experience; **aus ~er Machtvollkommenheit** on one's own authority; **etwas aus der ~en Tasche bezahlen** *fig. colloq.* to pay (for) s.th. from (*od.* out of) one's own pocket; **durch ~es Verschulden** through one's own fault; **der Fürst kam in ~er Person** the prince came in person (*od.* personally, himself); **in ~er Sache** on one's own behalf; **im ~en Interesse** in one's own interest; **nach ~er Wahl** of one's own free choice (*od.* volition); **nach ~em Gutdünken** (*od.* **Ermessen**) **handeln** to use one's own discretion, to act at one's own discretion; **~er Bericht** (*in Zeitungen*) from our own correspondent; **auf ~em Platz** (*sport*) at home, on the home field; → Herd 2. – **2.** (*persönlich*) personal, private, own, of one's own: **nur für den ~en Bedarf, nur zum ~en Gebrauch** only for one's own (*od.* private) use. – **3.** (*Eingang etc*) separate, own. – **4.** (*Ernte etc*) homegrown, *Br.* home-grown. – **5.** ⟨*invariable*⟩ *lit.* own: **es ist mein ~** it is my own, it is mine, it is my property, it belongs to me; **etwas sein ~ nennen** to call s.th. one's own, to own s.th.; **wir sind alle des Todes ~** *poet.* we are all death's own; **etwas zu ~ bekommen** to get s.th. for one's own; **ich gab ihr das Buch zu ~** I gave her the book to keep (*od.* for her own); **sich** (*dat*) **j-s Gedanken zu ~ machen** to make s.o.'s ideas one's own, to adopt s.o.'s ideas; **wir können uns Ihre Auffassung nicht zu ~ machen** we cannot agree with your view (*od.* interpretation); **sich** (*dat*) **etwas zu ~ nehmen** to appropriate s.th., to bring (*od.* take) s.th. into one's own possession; **meinem hochverehrten Lehrer zu ~** dedicated (*od.* presented) to my highly esteemed teacher; **ein Kind als ~ annehmen** to adopt a child. – **6.** (*eigentümlich*) peculiar (*dat* to), characteristic (*dat* of): **mit der ihm ~en Wendigkeit** with the agility which is peculiar to (*od.* characteristic of) him, with his usual agility; **mit einer ihr ~en Gebärde** with a gesture peculiar to (*od.* characteristic of) her, with a gesture all her own; **er hat einen ~en Stil** he has a peculiar (*od.* individual) style, he has a style all his own. – **7.** (*besonder*) special, particular: **das Fest hatte eine ~e Note** the celebration had a special flavo(u)r; **diese Landschaft hat einen ganz ~en Reiz** this landscape has a charm all its own (*od.* a charm of its own). – **8.** (*seltsam*) strange, odd, curious, queer, peculiar: **wie ~!** how strange (*od.* odd)! **er ist etwas** (*od.* **ein bißchen**) **~** he is a little peculiar; **mir war ganz** (*od.* **so**) **~ zumute** I had the strangest feeling, I felt strange; **um die Freiheit ist es ein ~(es) Ding** it is a peculiar thing about freedom. – **9.** (*heikel*) particular, fastidious, fussy, finicky, finical: **er ist sehr ~ in** (*od.* **mit**) **seiner Kleidung** he is very particular (*od.* fastidious, fussy) about his clothes, he is very careful (*od.* tidy) with his clothes. – **10.** (*bedenklich*) delicate, nice, ticklish: **das ist eine ~e Sache** that is a delicate question. – **11.** *bot.* endemic: **nur gewissen Gebieten ~** only indigenous in certain areas. – **12.** *hist. cf.* leibeigen.

ˈEi·gen *n* ⟨-s; *no pl*⟩ *obs. for* a) Eigentum 1, b) Grundbesitz.

ˈEi·genˌanˌtrieb *m tech.* separate (*od.* individual) drive: **Fahrzeug mit ~** self-propelled (*od.* -driven, -powered) vehicle, vehicle with self-contained motor drive.

ˈEi·genˌart *f* **1.** peculiarity, characteristic, singularity: **das ist so eine ~ von ihr** that is a peculiarity of hers. – **2.** characteristic (*od.* peculiar, special) features *pl* (*od.* quality): **die ~ einer Stadt** the characteristic features (*od.* the individuality) of a city; **seine künstlerische ~** the special quality of his art, his artistic originality.

ˈei·genˌar·tig *adj* strange, odd, curious, queer, peculiar, singular, funny: **ein ~er Mensch** a peculiar (*od.* an odd) person; **eine ~ Gewohnheit** a strange habit; **ist es nicht ~, daß** isn't it odd that; **die Landschaft hat einen ~en Reiz** the landscape has a peculiar (*od.* singular) charm, the landscape has a charm all its own (*od.* of its own); **das ist ja ~!** that is strange indeed!

ˈei·genˌar·ti·gerˈwei·se *adv* strangely (enough), oddly (enough), strange to say.

ˈEi·genˌar·tig·keit *f* ⟨-; -en⟩ strangeness, oddness, curiousness, queerness, peculiarity, singularity.

ˈEi·gen|ˌausˌga·be *f meist pl econ.* one's own expenditure (*od.* expense, disbursement). — **~ˌbau** *m* **1.** homemade (*Br.* home-made) construction. – **2.** *auch* **Marke ~** *colloq. humor.* homegrown (*Br.* home-grown) tobacco. — **~beˌdarf** *m* **1.** personal needs (*od.* requirements) *pl*: **den ~ (selbst) decken** to supply one's own needs, to be self-sufficient. – **2.** (*eines Landes*) home (*od.* domestic) requirements *pl.* — **~beˌgriff** *m philos.* proper concept, essence. — **~beˌhalt** *m econ.* (*bei Rückversicherung*) retention. — **~beˌla·stung** *f phys. tech.* dead load (*od.* weight). — **~beˌricht** *m* (*in Zeitungen etc*) (report) from our own correspondent. — **~beˌsitz** *m jur.* **1.** possession in fact and law, proprietary possession. – **2.** (*irriger*) adverse possession. — **~beˌsit·zer** *m* **1.** owner and occupier, proprietary possessor, possessor in fact and law. – **2.** (*irriger*) adverse possessor. — **~beˌtrieb** *m econ.* own establishment (*od.* factory). — **~beˌwe·gung** *f* **1.** self-motion. – **2.** *phys. astr.* proper motion. — **~beˌwirt·schaf·tung** *f agr. econ.* self-management, owner occupancy (*od.* occupation). — **~beˌwußtˌsein** *n philos. cf.* Eigenpsyche. — **~ˌblut·beˌhand·lung** *f med.* autohemotherapy.

ˌEi·gen·brö·teˈlei [-brøːtəˈlaɪ] *f* ⟨-; -en⟩ *colloq.* **1.** solitary ways *pl.* – **2.** oddity, eccentricity, crankiness. — **ˈEi·genˌbröt·ler** [-ˌbrøːtlər] *m* ⟨-s; -⟩ **1.** (*Einzelgänger*) solitary person, recluse, outsider, 'lone wolf' (*colloq.*), *Am. sl.* loner. – **2.** (*Sonderling*) odd (*od.* eccentric) person, crank, 'odd fish' (*colloq.*); *Am. sl.* oddball, screwball. — **ˌEi·gen·bröt·leˈrei** *f* ⟨-; -en⟩ *colloq. cf.* Eigenbrötelei. — **ˈei·genˌbröt·le·risch** *adj* **1.** solitary, reclusive. – **2.** odd, eccentric, cranky.

ˈEi·gen|ˌdün·kel *m* self-conceit(edness), self-importance, presumption. — **~enerˌgie** *f phys.* natural energy. — **~erˌre·gung** *f phys. electr.* self-excitation. — **~erˌzeu·gung** *f* (*eines Landes*) domestic production. — **~fi·nanˌzie·rung** *f* self-financing. — **~freˌquenz** *f electr.* inherent (*od.* characteristic, natural, resonance) frequency. — **~funk·tiˌon** *f math.* proper (*od.* characteristic) function, eigenfunction. — **~geˌschäft** *n econ.* business transaction in one's own name (*od.* for one's own account). — **~geˌschwin·dig·keit** *f* **1.** proper speed. – **2.** *aer.* airspeed, *Br.* air speed. — **e~geˌsetz·lich** *adj* **1.** having its own laws, autonomous. – **2.** *philos.* entelechial. — **~geˌsetz·lich·keit** *f* **1.** inherent laws *pl*, autonomy. – **2.** *philos.* entelechy, autonomy. — **e~geˌstal·tig** [-gəˌʃtaltɪç] *adj* (*Minerale*) idiomorphic. — **~geˌwäs·ser** *pl jur.* territorial waters. — **~geˌwe·beˌüber·ˌtra·gung** *f med.* homotransplantation. — **~geˌwicht** *n* **1.** own weight. – **2.** empty weight, tare. – **3.** *econ.* net weight. – **4.** *tech.* dead weight, dead load. — **~ˌgrup·pe** *f sociol.* ingroup, *Br.* in-group.

ˈei·genˌhän·dig [-ˌhɛndɪç] **I** *adj* **1.** personal: **~e Unterschrift** personal signature, signature in one's own hand; **~e Übergabe** personal delivery; **~es Delikt** *jur.* personal crime, offence (*Am.* offense) committed manu propria (*scient.*); **~e Handlung** *jur.* personal act; **~es Testament** holograph(ic will); **~e Urkunde** *jur.* holograph(ic document), document in one's own hand(writing). – **II** *adv* **2.** with one's own hand(s), personally: **~ geschrieben** a) written in one's own hand, autographic(al), b) *bes. jur.* holograph, holographic(al); **Sie müssen ~ unterschreiben** you have to sign personally; **er pflanzte ~ den Baum** he planted the tree with his own hands (*od.* himself). – **3.** (*auf Briefen*) „**~ abzugeben**" "to be delivered to the addressee personally (*od.* in person)".

ˈEi·gen|ˌhänd·ler *m econ.* **1.** businessman trading for his own account. – **2.** firm trading for its own account. — **~ˌheim** *n* home of one's own.

ˈEi·gen·heit *f* ⟨-; -en⟩ **1.** *cf.* Eigenart. – **2.** *cf.* Eigenartigkeit.

ˈEi·gen|ˌhil·fe *f* self-help: **zur ~ greifen** to help oneself. — **e~ˌhö·rig** *hist. cf.* leibeigen. — **~ˌimpfˌstoff** *m med.* autogenous vaccine. — **~in·itiaˌti·ve** *f* personal (*od.* one's own) initiative, self-initiative. — **~in·ve·sti·tiˌon** *f econ.* self-financed investment, investment out of one's own resources. — **~ka·pa·ziˌtät** *f electr.* natural (*od.* self-)capacitance (*auch* capacity). — **~ka·piˌtal** *n econ.* firm's (*od.* person's) own capital funds *pl.* — **~ˌkir·che** *f relig.* proprietary church. — **~ˌklo·ster** *n relig. hist. monastery under the jurisdiction of a feudal landlord.* — **~ˌland** *n agr.* freehold land, estate (*od.* land) held in free tenure. — **~ˌle·ben** *n* **1.** individual existence. – **2.** one's own (way of) life: **diese Religionsgemeinschaft führt ein ~ in unserem Staat** this religious community lives (*od.* leads) its own life in our state. — **~ˌlie·be** *f* **1.** self-love, love of self, ego(t)ism, amour propre (*lit.*). – **2.** self-complacency, self-satisfaction. – **3.** *psych.* narcissism, narcism. — **~ˌlob** *n* self-praise, self-laudation, (*stärker*) self-adulation: **~ stinkt!** (*Sprichwort*) don't blow your own trumpet! self-praise is no recommendation!

ˈEi·genˌmacht *f* **1.** self-given (*od.* one's own) authority. – **2. verbotene ~** *jur.* trespass (to property).

ˈei·genˌmäch·tig I *adj* **1.** arbitrary, high-handed: **eine ~e Entscheidung** an arbitrary decision; **~es Handeln** (*od.* **Vorgehen**) arbitrary (*od.* high-handed) action. – **2.** (*unbefugt*) unauthorized. – **3.** (*selbständig*) independent. – **II** *adv* **4. ~ handeln** (*od.* **verfahren**) a) to act arbitrarily (*od.* high-handedly), b) to act on one's own authority; **er hat sich ~ Recht verschafft** he took the law into his own hands. — **ˈEi·genˌmäch·tig·keit** *f* ⟨-; -en⟩ **1.** arbitrary (*od.* high-handed, unauthorized) act (*od.* action): **grobe ~** grossly high-handed action. – **2.** ⟨*only sg*⟩ high-handedness.

ˈEi·gen|ˌmar·ke *f econ.* private brand. — **~ˌmas·se** *f phys.* proper mass. — **~ˌmit·tel** *pl econ.* own resources, capital and reserves. — **~ˌna·me** *m ling.* proper name (*od.* noun).

ˈEi·genˌnutz *m* ⟨-es; *no pl*⟩ **1.** self-interest, selfishness, ego(t)ism: **er handelte aus reinem ~** he acted from pure selfishness. – **2. strafbarer ~** *jur.* punishable act committed for personal gain. — **ˈei·genˌnüt·zig** [-ˌnʏtsɪç] *adj* self-interested, selfish, ego(t)istic(al), self-seeking. — **ˈEi·genˌnüt·zig·keit** *f* ⟨-; *no pl*⟩ self-interestedness, selfishness, ego(t)ism.

ˈEi·gen|ˌpeil·geˌrät *n* **1.** *aer.* airborne direction-finding equipment, automatic direction finder (*Br.* direction-finder), ADF (receiver). – **2.** *mar.* direction finder, *Br.* direction-finder. — **~pe·riˌode** *f phys.* (*einer Schwingung*) natural period. — **~ˌpsy·che** *f philos.* self, self-consciousness. — **~reˌflex** *m psych.* proprioceptive self-regulating reflex. — **~re·soˌnanz** *f* **1.** *mus.* (*des Resonanzbodens*) sympathetic resonance, resonant property. – **2.** *phys. cf.* Eigenschwingung 1.

ˈei·gens *adv* **1.** (*ausdrücklich*) (e)specially, expressly: **ich brauche das nicht ~ zu erwähnen** I need not mention it expressly. – **2.** (*ausschließlich*) (e)specially, purposely, for the sole purpose, solely: **er kam ~ nach Berlin, um sich diese Aufführung anzu-**

sehen he came to Berlin just (*od.* solely) to see this performance; das Zimmer wurde ~ für diesen Zweck eingerichtet the room was fitted up (e)specially for this purpose.

'Ei·gen·schaft *f* ⟨-; -en⟩ **1.** (*von Personen*) quality: ein Mann mit vielen guten ~en a man with many good qualities (*od.* points). – **2.** (*Merkmal*) attribute, (distinctive) feature, characteristic: die Allmacht ist eine göttliche ~ omnipotence is an attribute of God. – **3.** (*von Dingen*) property: chemische und physikalische ~en chemical and physical properties; Äther hat die ~, schnell zu verdunsten ether has the property of evaporating quickly. – **4.** (*Eigentümlichkeit*) peculiarity. – **5.** (*Wesen*) nature. – **6.** (*Stellung*) capacity, position: in seiner ~ als Vorsitzender in his capacity as (*od.* of) chairman, as the chairman, acting as (the) chairman; in amtlicher ~ in official capacity. – **7.** (*legale*) status. – **8.** Haftung für zugesicherte ~en *jur.* liability for representations (*made as to the quality of goods on sale*).

'Ei·gen·schafts|ˌwort *n* ⟨-(e)s; =er⟩ *ling.* adjective. — **e~ˌwört·lich I** *adj* adjectival. – **II** *adv* adjectivally.

'Ei·gen|ˌschnittˌpunkt *m math.* crunode. — **~ˌschwin·gung** *f* **1.** (*in der Akustik*) natural sound. – **2.** *electr.* natural (period of) oscillation. – **3.** *phys. tech.* (*eines Arbeitsmeißels*) self-induced vibration. — **e~ˌsi·cher** *adj* **1.** (*mining*) (*Grubenelektrizität*) intrinsically safe. – **2.** *nucl.* (*Reaktor*) self-regulating (*od.* -controlling).

'Ei·genˌsinn *m* ⟨-(e)s; *no pl*⟩ **1.** (*Trotz*) obstinacy, stubbornness, headstrongness, pigheadedness, mulishness: das ist nur ~ von (*od.* bei) ihr that is only obstinacy with her. – **2.** (*Eigenwille*) wilfulness, *Am.* willfulness. – **3.** *colloq.* obstinate person: das Mädchen ist ein kleiner ~ *colloq.* the girl will always have it her own way. — **'ei·genˌsin·nig** *adj* **1.** (*trotzig*) obstinate, stubborn, headstrong, pigheaded, mulish: ~ sein to be obstinate, to show obstinacy. – **2.** (*eigenwillig*) wilful, *Am.* willful. — **'Ei·genˌsin·nig·keit** *f* ⟨-; *no pl*⟩ *cf.* Eigensinn 1, 2.

'ei·genˌstaat·lich *adj jur. pol.* sovereign. — **'Ei·genˌstaat·lich·keit** *f* ⟨-; *no pl*⟩ *pol. cf.* Souveränität 3.

ei·gen·staˌbil *adj* (*Flugzeug*) inherently stable, with inherent stability. — **'Ei·gen·sta·bi·liˌtät** *f* (*eines Flugzeugs*) inherent stability.

'ei·genˌstän·dig *adj* independent. — **'Ei·genˌstän·dig·keit** *f* ⟨-; *no pl*⟩ independence.

'Ei·genˌstrah·lung *f phys.* **1.** characteristic (*od.* natural) radiation. – **2.** (*in der Röntgenographie*) characteristic X-rays *pl.*

'Ei·genˌsucht *f* ⟨-; *no pl*⟩ selfishness, self-seeking, ego(t)ism. — **'ei·genˌsüch·tig** *adj* selfish, self-seeking, ego(t)istic(al).

'ei·gent·lich I *adj* **1.** (*wirklich*) actual, real, true, proper: sein ~er Name war his real name was; der ~e Herrscher war nicht der König the actual ruler (*od.* the ruler in fact, the effective ruler) was not the king; der ~e Kern der Sache the real heart of the matter; der ~e Zweck der Maßnahme the real (*od.* true) purpose of the measure; die ~e Ansprache war sehr kurz the actual address was very short, the address proper (*od.* itself) was very short. – **2.** (*allein*) proper (*nachgestellt*): das ~e England England proper. – **3.** (*genau*) exact, precise, proper: im ~en Sinn des Wortes in the precise (*od.* literal, strict) sense of the word. – **4.** (*innewohnend*) intrinsic: der ~e Wert von etwas the intrinsic value of s.th. – **5.** (*ursprünglich*) original: das war der ~e Grund dafür that was the original reason for it. – **6.** (*wesentlich*) essential. – **II** *adv* **7.** (*in Wirklichkeit*) actually, really, in fact, in reality: das Buch gehört ~ nicht mir that book doesn't really belong to me; ~ sollte man darauf keine Antwort geben actually one should not reply to that; ich bin ~ froh, daß I am really (*od.* rather) glad that; das sollte ~ mir gehören that ought to be mine (by rights); was soll das ~ (bedeuten)? what do you mean (by that)? what is that supposed to mean? – **8.** (*genau*) exactly: was wollen Sie ~? what do you want exactly (*od.* anyhow)? wie ist es ~ geschehen? exactly how did it happen? – **9.** (*genaugenommen*) strictly speaking, really, actually, in fact: er müßte ~ schon hier sein strictly speaking he should be here by now; ~ müßte er das wissen he really ought to know that. – **10.** (*ursprünglich*) originally: ~ wollten wir nach Paris originally we wanted to go to Paris. – **11.** (*offen gesagt*) frankly speaking, as a matter of fact, in fact, to tell the truth: ~ ist er sehr nett, aber as a matter of fact he is very nice but; da haben Sie ~ recht as a matter of fact you are right; ~ weiß ich es nicht to tell the truth I don't know.

'Ei·gent·lich·keit *f* ⟨-; *no pl*⟩ *philos.* authentic being.

'Ei·gen|ˌton *m mus.* eigentone, proper tone: Mitschwingen im ~ sympathetic vibration. — **~ˌtor** *n* (*sport*) own goal. — **~ˌträg·heit** *f phys.* inertia. — **e~trasˌsiert** *adj econ.* (*Wechsel etc*) drawn by the drawer on himself.

'Ei·gen·tum *n* ⟨-s; =er⟩ **1.** (*Besitz*) property (owned), possession(s *pl*): bewegliches ~ personal property, goods and chattels *pl*, movables *pl*; unbewegliches ~ real property (*od.* estate), immovables *pl*; fremdes ~ other people's property, the property of others; sein rechtmäßiges ~ his rightful property; geistiges ~ a) intellectual property, b) (*an literarischen Werken*) literary property, c) (*urheberrechtlich geschütztes*) literary (*od.* musical, artistic) work protected by copyright; öffentliches [privates] ~ public [private] property; ~ der Stadtbücherei property of the city (*od.* municipal) library; das ist mein ~ that is my property (*od.* mine), that belongs to me, that is my own; es bleibt unser ~, bis der Gesamtbetrag bezahlt ist it remains our property until the amount is paid in full. – **2.** *jur.* (absolute and exclusive) ownership (*od.* title, property, estate): gewerbliches ~ industrial property; das ~ erwerben (*od.* erlangen) an (*dat*) to acquire the ownership of; das ~ haben an (*dat*) to have the ownership of, to be the absolute owner of, to own; das ~ steht dem Nachfolger zu the ownership (*od.* title) is vested in the successor; im öffentlichen ~ stehen to be publicly owned; das ~ übertragen to transfer the ownership (*od.* title); das ~ geht an den Käufer über the ownership (*od.* title) passes to the buyer. – **3.** *Bibl.* substance: er verpraßte sein ~ he wasted his substance (in riotous living). – **4.** *obs. for* Grundbesitz.

'Ei·gen·tü·mer [-tyːmər] *m* ⟨-s; -⟩ **1.** owner: eingetragener ~ registered owner; späterer ~ a) subsequent owner, b) *jur.* successor in title; rechtmäßiger ~ rightful (*od.* lawful) owner; ohne ~ ownerless. – **2.** (*Besitzer*) proprietor, *auch* possessor, owner: der ~ des Hauses the proprietor of the house, the landlord. – **3.** *econ.* (*eines Wechsels etc*) holder. — **~ˌgrundˌschuld** *f* owner's land charge. — **~hy·poˌthek** *f* owner's mortgage.

'Ei·gen·tü·me·rin *f* ⟨-; -nen⟩ **1.** owner. – **2.** (*Besitzerin*) proprietress.

'Ei·gen·tü·mer·schaft *f* ⟨-; *no pl*⟩ **1.** ownership. – **2.** proprietorship.

'ei·gen·tüm·lich I *adj* **1.** (*dat*) peculiar (to), characteristic (of): ein diesem Lande ~er Brauch a custom peculiar to this country; das ist ihm ~ that is characteristic of him, that is his peculiarity (*od.* peculiar way), that is just like him. – **2.** (*seltsam*) peculiar, strange, odd, singular, queer: ~er Mensch peculiar (*od.* funny) person; er hat die ~sten Vorstellungen he has the most peculiar (*od.* the quaintest) ideas. – **II** *adv* **3.** peculiarly, strangely, oddly, singularly: es hat mich sehr ~ berührt it struck me as very strange (*od.* queer, odd), it made a peculiar impression on me. – **III E~e, das** ⟨-n⟩ **4.** the peculiar (*od.* strange, odd) thing: das E~e an der Sache the peculiar thing about the matter.

'ei·gen·tüm·li·cher'wei·se *adv* oddly (*od.* strangely, curiously) enough.

'Ei·gen·tüm·lich·keit *f* ⟨-; -en⟩ **1.** peculiarity, characteristic, peculiar characteristic (*od.* feature): eine ~ der deutschen Sprache a peculiarity of the German language. – **2.** peculiarity, strangeness, oddness, queerness: man muß auf seine ~en Rücksicht nehmen one has to allow (*od.* make allowances) for his peculiarities, one has to take his peculiarities into account.

'Ei·gen·tums|ˌanˌspruch *m jur.* **1.** claim of ownership. – **2.** (*Anrecht*) title to property, property interest. — **~ˌaufˌga·be** *f* **1.** giving up (*od.* relinquishing) of ownership. – **2.** (*Besitzaufgabe*) dereliction. — **~be,einˌträch·ti·gung** *f cf.* Beeinträchtigung 5. — **~beˌschrän·kung** *f cf.* Beeinträchtigung 5. — **~ˌbil·dung** *f econ.* creation of private property. — **~deˌlikt** *n jur. cf.* Eigentumsvergehen. — **~entˌzie·hung** *f* expropriation of property. — **~erˌwerb** *m* acquisition of property. — **~ˌkla·ge** *f* action claiming property for its owner. — **~ˌman·gel** *m* defect (*od.* cloud) on title. — **~ˌnachˌweis** *m* **1.** evidence of ownership. – **2.** (*bei Liegenschaften*) abstract (*od.* evidence) of title. — **~ˌrecht** *n* (right of) ownership (*od.* property), property right (*od.* interest), proprietary right (*od.* title, estate). — **~ˌti·tel** *m* **1.** (*Urkunde*) title deed. – **2.** (*Recht*) title to (a) property. — **~ˌüberˌga·be** *f* conveyance (*od.* transfer) of property (*od.* title). — **~ˌüberˌgang** *m* passing of ownership (*od.* property). — **~ˌüberˌtra·gung** *f* transfer of ownership (*od.* title). — **~ˌurˌkun·de** *f* title deed. — **~verˌge·hen** *n* offence (*Am.* offense) against property. — **~verˌhält·nis** *n meist pl* **1.** legal position (*od.* relationship) concerning property. – **2.** question of ownership. — **~verˌlust** *m* loss of property. — **~verˌmu·tung** *f* presumption of ownership. — **~ˌvor·beˌhalt** *m* reservation of title (*od.* proprietary rights). — **~ˌwoh·nung** *f* owner-occupied apartment (*bes. Br.* flat).

'Ei·gen·vakˌzi·ne *f* ⟨-; -n⟩ *med.* autogenous vaccine.

'ei·gen·verˌantˌwort·lich *adj* solely responsible. — **'Ei·gen·verˌantˌwort·lich·keit** *f* ⟨-; -en⟩ sole responsibility.

'Ei·gen|verˌbrauch *m* **1.** (*von Lebensmitteln etc*) private (*od.* one's own) consumption. – **2.** *electr.* power consumption by a machine. — **~verˌgif·tung** *f med.* autointoxication, *Br.* auto-intoxication. — **~verˌmö·gen** *n econ.* **1.** separate property, own assets *pl.* – **2.** (*Bilanz*) capital and resources *pl.* — **~verˌsi·che·rung** *f* self-insurance. — **e~ˌwarm** *adj biol.* warm-blooded, idiothermic (*scient.*). — **~ˌwär·me** *f* **1.** (*des Körpers*) body temperature. – **2.** *biol. phys.* specific (*od.* sensible) heat, idiothermy (*scient.*). – **3.** *geol.* (*der Erde*) interior heat. — **~ˌwech·sel** *m econ.* promissory note. — **~ˌwel·lenˌlän·ge** *f* (*radio*) natural (*od.* resonant) wavelength (*Br.* wave length). — **~ˌwert** *m* **1.** *lit.* intrinsic (*od.* actual) value. – **2.** *math.* (*eines Parameters*) eigenvalue, intrinsic value. — **~ˌwi·derˌstand** *m electr.* resistivity, inherent resistance.

'Ei·genˌwil·le *m* self-will, (*stärker*) wilfulness, *Am.* willfulness. — **'ei·genˌwil·lig** *adj* **1.** self-willed, (*stärker*) wilful, *Am.* willful, obstinate, headstrong: ein ~es Kind a headstrong child; er ist sehr ~ he is very headstrong, he insists on getting his own way. – **2.** *fig.* (highly) individual, original, independent: ~er Stil highly individual (*od.* original) style, style of one's own. — **'Ei·genˌwil·lig·keit** *f* ⟨-; -en⟩ **1.** self-willedness, (*stärker*) wilfulness, *Am.* willfulness, obstinacy. – **2.** *fig.* (strong) individualism, individuality, originality, independence.

'Ei·gen|ˌzeit *f* **1.** *phys.* (*in der Relativitätstheorie*) proper time. – **2.** *electr.* (*eines Selbstschalters*) time element. — **~ˌzün·dung** *f auto.* compression ignition. — **~ˌzuˌstand** *m phys.* characteristic state, eigenstate.

eig·nen ['aɪgnən] **I** *v/reflex* ⟨h⟩ sich ~ **1.** (*von Personen*) be suitable (*od.* suited, qualified): er eignet sich nicht als (*od.* zum) Lehrer he is not suited (*od. colloq.* cut out) for (*od.* to be) a teacher, he is not made to be a teacher (*od.* for teaching), he has no aptitude for teaching; er eignet sich besonders dazu, diese schwierige Aufgabe zu bewältigen he is particularly well qualified to accomplish this difficult task. – **2.** (*von Dingen*) be suitable, be suited: sie ~ sich außerordentlich gut als Geschenk they are admirably suited as presents, they make wonderful presents; dieses Kleid eignet sich nicht für dich this dress does not suit you; dieses Buch eignet sich nicht für Kinder this book is not suitable (*od.* appropriate) for children; er eignet sich nicht zum Photographieren he is not photogenic, he does not photograph well; der Boden eignet sich zur Bestellung the soil lends itself to cultivation. – **II** *v/i* **3.** j-m ~ *lit. od. obs.* (*zugehören*) to be peculiar to (*od.* inherent in) s.o.: ihr eignet eine gewisse Scheu a certain shyness is peculiar to her.

'Eig·ner *m* ⟨-s; -⟩ *mar.* owner, proprietor.

'Eig·nung *f* ⟨-; *no pl*⟩ **1.** (*von Personen*) suitability, qualification, aptitude, fitness: seine ~ für diese (*od.* zu dieser) Arbeit ist fraglich his suitability for this kind of work is questionable; die körperliche ~ nachweisen to prove one's physical aptitude (*od.* fitness). – **2.** (*von Dingen*) suitability, appropriateness.

'Eig·nungs|ˌprü·fung *f* **1.** qualifying examination. – **2.** *cf.* Eignungstest. — **~ˌtest** *m* aptitude test. — **~ˌun·terˌsu·chung** *f* (*sport*) *med.* physical qualification examination, fitness test.

'Ei|ˌhaut *f biol. med.* **1.** egg membrane; chorion, indusium (*scient.*): erste ~ prochorion. – **2.** (*in der Embryologie*) f(o)etal membrane. — **~ˌholz** *n bot. cf.* Eibenholz. — **~ˌhül·le** *f* **1.** *cf.* Eihaut. – **2.** *zo.* a) (*primäre*) vitelline (*od.* yolk) membrane, b) (*sekundäre*) egg membrane, chorion (*scient.*), c) (*tertiäre*) eggshell, *Br.* egg-shell, ootheca (*scient.*). — **~im·plan·ta·tiˌon** *f* implantation of the ovum, embedding (*od.* embedment) of the egg. — **~ˌkap·sel** *f* **1.** *med.* Graafian follicle. – **2.** *zo.* a) (*von Haien, Rochen etc*) sea purse, b) (*von Würmern, Insekten etc*) egg case (*od.* capsule). — **~ˌkeim** *m biol.* ooblast. — **~ˌkern** *m* egg nucleus, female pronucleus.

'Eiˌklar *n* ⟨-s; -⟩ *Austrian for* Eiweiß 1.

'Eiˌland *n* ⟨-(e)s; -e⟩ *poet.* isle (*poet.*), island. — **'Eiˌlän·der** *m* ⟨-s; -⟩ *poet.* islander.

'Eil|ˌan·geˌbot ['aɪl-] *n* express offer. — **~ˌaufˌtrag** *m* urgent (*od.* rush) order. — **~beˌstel·lung** *f* (*postal service*) *cf.* Eilzustellung. — **~ˌbo·te** *m* special (*Br.* express) messenger: durch ~n by express (*Am.* by special) delivery. — **~ˌbo·tenˌzuˌstel·lung** *f cf.* Eilzustellung.

'Eilˌbrief *m* (*postal service*) express (*Am.* special-delivery) letter. — **~ˌzuˌstel·lung** *f cf.* Eilzustellung.

'Eilˌdamp·fer *m* express (steam)boat.

Ei·le ['aɪlə] *f* ⟨-; *no pl*⟩ **1.** haste, hurry, rush: ~ haben a) (*von Personen*) to be in a hurry, to be pressed for time, b) (*von Dingen*) to be urgent, to require immediate attention; immer in ~ sein to be always in a hurry; es hat keine ~ there is no hurry (about it), it isn't urgent, it can wait; in aller ~ in great haste, precipitately, posthaste, *Br.* post-haste; in größter ~ sein to be in a great (*colloq.* tearing) hurry; mit größter ~ *bes. econ.* with the utmost dispatch, with great expedition; j-n zur ~ antreiben to hurry s.o. up (*od.* along), to make s.o. hurry; er kam in großer ~ zurück he came back in a great hurry, he came tearing back (*colloq.*); in der ~ hatte er es vergessen he had forgotten about it in the rush. – **2.** (*Schnelligkeit*) speed. – **3.** (*Dringlichkeit*) urgency.

'Eiˌlei·ter *m biol.* Fallopian tube; oviduct, salpinx (*scient.*). — **~entˌzün·dung** *f med.* salpingitis. — **~ex·zi·siˌon** *f* Fallopian tube excision. — **~re·sek·tiˌon** *f* resection of a Fallopian tube, tubectomy (*scient.*). — **~ˌschwan·ger·schaft** *f* tubal (*scient.* ectopic) pregnancy. — **~ˌun·terˌbin·dung** *f* tubal ligation. — **~verˌschluß** *m* occlusion of a Fallopian tube.

ei·len ['aɪlən] **I** *v/i* ⟨sein *u.* h⟩ **1.** ⟨sein⟩ hasten, hurry, rush, make haste: j-m zu Hilfe ~ to rush to s.o.'s help (*od.* assistance); an j-s Krankenlager ~ to hasten to s.o.'s sickbed; nach Hause ~ to hurry home, to go home as quickly as possible; zu den Waffen ~ to hasten (*od.* fly) to arms; geschäftig ~ to bustle; wohin eilt sie? where is she going in such a hurry? er eilte sehr mit dem Essen he was in a hurry to get through eating; sie eilte nicht mit dem Aufräumen she took it rather easy (*od.* she took her time) with the tidying up; die Zeit eilt time flies (*od.* is rushing by); eile mit Weile (*Sprichwort*) more haste, less speed (*proverb*), haste makes waste (*proverb*), easy does it (*colloq.*). – **2.** ⟨h⟩ (*von Sachen*) be urgent (*od.* pressing): das eilt sehr this is very urgent, this is a matter of great urgency; diese Arbeit eilt sehr this work is very urgent (*od.* has priority); „eilt" (*als Aufschrift*) "urgent". – **II** *v/impers* ⟨h⟩ **3.** (*in Wendungen wie*) es eilt sehr there is no time to lose; es eilt nicht damit there is no hurry about it, it is not urgent. – **III** *v/reflex* ⟨h⟩ **4.** sich ~ *colloq.* for beeilen. — **'ei·lend I** *pres p.* – **II** *adj* hasty, hurrying, hurried, quick, speedy: ~en Fußes *poet. od. humor.* with hasty steps, at a quick pace.

'ei·lends *adv* hastily, in (great *od.* hot) haste, hurriedly, in a hurry, quickly, speedily.

'eilˌfer·tig *adj* **1.** hasty. – **2.** (*vorschnell*) rash. – **3.** *cf.* dienstbeflissen 2. — **'Eilˌfer·tig·keit** *f* ⟨-; *no pl*⟩ **1.** hastiness. – **2.** rashness. – **3.** *cf.* Dienstbeflissenheit 2.

'Eilˌfracht *f* **1.** (*Eilgut*) express goods *pl.* – **2.** (*Eilsendung*) express delivery, *bes. Am.* fast freight. — **~ˌbrief** *m* waybill (*Br.* way-bill) for express goods.

'Eil|ˌfrach·ter *m* **1.** *auto.* express-delivery vehicle. – **2.** *mar.* express-cargo liner, *Am.* express freighter. — **~ˌgang** *m* **1.** *auto.* overdrive. – **2.** *tech.* a) (*eines Schlittens etc*) rapid movement (*od.* traverse), b) (*maschineller*) rapid power traverse. — **~geˌbühr** *f* (*postal service*) express fee, express-delivery charge, *Am.* special-delivery charge, *Am. auch* expressage. — **~ˌgeld** *n mar.* dispatch money. — **~ˌgut** *n* express goods *pl*: als (*od.* mit, per) ~ (by) express. — **~ˌgü·terˌbahnˌhof** *m* fast-goods station. — **~ˌgü·terˌschiff** *n mar.* express-cargo boat. — **~ˌgü·terˌzug** *m* express (*od.* fast) freight (*Br.* goods) train.

'Eilˌgut·kon·nos·seˌment *n econ.* express bill of lading.

'ei·lig I *adj* **1.** hurried, hasty, quick, *auch* speedy: ~e Schritte hurried (*od.* quick) steps; es ~ haben to be in a hurry (*od.* rush), to be hurried (*od.* in haste, pressed for time); warum so ~? why the rush? what's your hurry? wohin so ~? where are you off to in such a hurry (*od.* rush)? where's the fire? (*colloq.*); er hat es immer ~ he is always in a hurry. – **2.** (*dringend*) urgent, pressing: ein ~er Brief an urgent letter; die Sache ist ~ the matter is urgent. – **II** *adv* **3.** hurriedly, hastily, quickly, in a hurry (*od.* rush), in haste: ~ einpacken to pack hastily (*od.* in a rush); das muß ~st erledigt werden that has to be done posthaste (*Br.* post-haste) (*od.* with utmost dispatch). – **III E~e, das** ⟨-n⟩ **4.** (*in Wendungen wie*) nichts E~eres zu tun haben, als to have nothing more urgent to do than; etwas E~es zu tun (*od.* zu besorgen) haben to have some urgent matter to attend to. — **'Ei·lig·keit** *f* ⟨-; *no pl*⟩ urgency.

'Eil|ˌkä·fer *m zo.* running ground beetle (*Notiophilus biguttatus*). — **~ˌmarsch** *m mil.* forced march. — **~paˌket** *n* (*postal service*) express parcel. — **~ˌschrift** *f* high-speed (*od.* abbreviated) shorthand. — **~ˌschritt** *m only in* im ~ walking (very) fast (*od.* quickly): wir gingen im ~ nach Hause we walked home very quickly (*Am. colloq.* lickety-split). — **~ˌsen·dung** *f* express item. — **~ˌzug** *m* express (*od.* fast) train. — **~ˌzuˌschrift** *f econ.* (*auf Offerte etc*) reply by express mail. — **~ˌzuˌstel·ler** *m cf.* Eilbote. — **~ˌzuˌstell·geˌbühr** *f* (*postal service*) express(-delivery) (*Am.* special-delivery) fee. — **~ˌzuˌstel·lung** *f* express (*Am.* special) delivery: Paket mit ~ express parcel.

'Ei·memˌbran *f biol.* egg membrane.

Ei·mer ['aɪmər] *m* ⟨-s; -⟩ **1.** pail, bucket: ein ~ voll Wasser a pail (*od.* bucket) full of water; einen ~ Wasser holen to get (*od.* fetch) a pail of water; es regnet (*od.* schüttet) wie mit ~n *fig. colloq.* it is raining buckets (*od. colloq.* cats and dogs, *Am. colloq.* pitchforks). – **2.** *tech.* (*eines Becherwerkes*) bucket. – **3.** *fig. colloq.* (*in Wendungen wie*) das ist im ~ that's a total loss (*colloq.* write-off), that's down the drain (*colloq.*), *bes. Br. colloq.* that's up the spout; in den ~ gucken to be the loser, to be left out in the cold. — **~ˌbag·ger** *m civ.eng.* bucket dredger (*Am.* dredge). — **~ˌket·te** *f* (*bei Brand*) bucket chain, chain of buckets. — **~ˌket·tenˌbag·ger** *m civ.eng.* **1.** (*naß*) bucket chain dredge. – **2.** (*trocken*) bucket excavator. — **~ˌseilˌbag·ger** *m* dragline excavator, *Am.* boom dragline. — **e~ˌwei·se** *adv* by the pail (*od.* bucket), in pailfuls, in bucketfuls.

'Eiˌmut·terˌzel·le *f biol.* oocyte.

ein[1] [aɪn], **ei·ne** ['aɪnə], **ein I** *indef article* **1.** a, (*vor Vokalen*) an: ein Mensch und ein Tier a human (being) and an animal; eine (gewisse) Frau X a (certain) Mrs. X; der Sohn eines Millionärs the son of a millionaire; welch eine Chance! what a chance! ein jeder a) each one, b) everyone; was für eine schöne Aussicht! what a lovely view! was für einen Wagen fährt er? what kind (*od.* sort) of (a) car does he drive? der Zweck war ein anderer the purpose was quite a different one; er hat eine unglaubliche Kraft he has incredible strength; diese Geige ist eine Stradivari this violin is a Stradivarius; was für eine Helene? Helen who? which Helen? – **2.** (*bei Zeitangaben*) one: eines Tages a) (*in der Vergangenheit*) one day, b) (*in der Zukunft*) one (*od.* some) day, one of these days; ein Sonntag, den wir zu Hause verbrachten a Sunday which we spent at home. – **3.** (*meist unübersetzt*) welch ein Glück! what luck! what a lucky break! j-m einen guten Abend wünschen to say good evening to s.o., to wish s.o. a good evening; war das ein Spaß! was that fun! hatten wir einen Hunger! *colloq.* were we hungry! (*colloq.*). – **II** *cardinal number* **4.** one, *auch* a, (*vor Vokalen*) an: um ein Uhr at one o'clock; ein halbes Pfund half a pound, one half pound; an einen Gott glauben to believe in one God; ein für allemal once (and) for all; nur ein einziges Mal only once, one (*od.* a single) time only; es war alles eine (einzige) Glut *colloq.* it was all one glowing fire; der eine Mann that one man; mit einem Blick übersah er die Situation he took in the situation at a (*od.* with one) glance; das eine Gute war the one (*od.* only) good thing was; nicht ein Ton not a sound; in einem Zuge in one gulp; sie ist sein ein und alles she is everything to him, she is his one and all, she means the world to him; → Herz (*Bes. Redewendungen*). – **5.** one, the same: ein und derselbe Mann the (very) same man, one and the same man; in ein(em) und demselben Jahr in the (very) same year; alle gingen in eine Richtung all went in one direction; sie waren alle eines Sinnes all were of one mind; alle Kinder waren in einer Klasse all the children were in the same (*od.* in one) classroom. – **III** *indef pron* **6.** der (die, das) eine (oder andere) one (or the other).

ein[2] *adv* **1.** (*bei Schaltern*) on: "ein-aus" "on-off". – **2.** (*in Wendungen wie*) ein und aus gehen to go (*od.* walk) in and out; bei j-m ein und aus gehen to be a frequent visitor in s.o.'s home (*od.* at s.o.'s home); weder ein noch aus wissen to be at one's wit's end, not to know which way to turn.

'Einˌachs|ˌanˌhän·ger *m auto.* single-axle(d) (*od.* two-wheel[ed]) trailer. — **~ˌfe·de·rung** *f* single-axle suspension.

'einˌach·sig [-ˌʔaksɪç] *adj* **1.** (*Anhänger etc*) single-axle(d). – **2.** *bot. min.* uniaxial, monaxial.

'einˌackern (*getr.* -k·k-) *v/t* ⟨*sep*, -ge-, h⟩ plough (*bes. Am.* plow) (*s.th.*) in, turn (*s.th.*) in.

'einˌad·rig *adj electr.* (*Kabel etc*) single-core (*attrib*).

'Einˌak·ter [-ˌʔaktər] *m* ⟨-s; -⟩ (*theater*) one-act play. — **'einˌak·tig** [-ˌʔaktɪç] *adj* (*Theaterstück, Oper*) one-act (*attrib*).

ein·an·der [ˌaɪ'nandər] *reciprocal pron* each other, one another: ~ im Wege sein to be in each other's way; ~ Vorwürfe machen to blame each other, (*stärker*) to hurl recriminations at each other; ~ helfen to help one another; ~ widersprechen to contradict each other; ~ entgegengesetzt contrary; ~ kennenlernen to become acquainted (with one another); sie gewannen ~ lieb they grew fond of one another, they became mutually attached.

'Einˌan·kerˌumˌfor·mer *m tech.* single-armature converter, rotary (*od.* synchronous) converter.

'Eiˌnar·be *f zo. cf.* Hahnentritt 1.

'einˌar·bei·ten I *v/t* ⟨*sep*, -ge-, h⟩ **1.** j-n ~ to train s.o. (for a job), to familiarize s.o. with new work, to make s.o. familiar (*od.* acquainted) with new work, *bes. Am.* to work (*od.* break) s.o. in: j-n in seine neue Aufgabe ~ to make s.o. familiar (*od.* to familiarize s.o.) with his new task (*od.* job). – **2.** etwas in etwas ~ to work s.th. into s.th.: eine Falte in den Rock ~ to work a pleat into the skirt; alle Änderungen in den Aufsatz ~ to incorporate (*od.* include) all changes in the essay. – **3.** (*Stunde, Tag etc*) make up for (*lost time*) by extra work, *Am.* work in. – **II** *v/reflex* sich ~ **4.** make oneself familiar (*od.* acquainted) with the subject (*od.* one's job): sich in (*acc*) etwas ~ to familiarize oneself with s.th., *bes. Am.* to break oneself in to s.th.; **sich in die Geschäftsroutine ~** to familiarize oneself with the business routine, to get into the business routine; **sie hat sich sehr schnell eingearbeitet** she made herself acquainted with her job very quickly, she has settled down in her job very quickly, she got the hang of her job very quickly (*colloq.*). – **III E~** *n* ⟨-s⟩ **5.** *verbal noun.* — **'Ein,ar·bei·tung** *f* ⟨-; *no pl*⟩ *cf.* Einarbeiten.

'Ein,ar·bei·tungs,zeit *f* training period.

'ein,ar·mig [-,ˀarmɪç] *adj* one-armed: **~er Handstand** (*sport*) one-hand handstand; **~e Presse** *tech.* open-front press.

'ein,äschern I *v/t* ⟨*sep*, -ge-, h⟩ **1.** reduce (*od.* burn) (*s.th.*) to ashes, lay (*s.th.*) in ashes, incinerate. – **2.** (*Leichen*) cremate. – **3.** *chem.* a) (*rösten*) calcine, b) (*veraschen*) (*Filter*) incinerate. – **II E~** *n* ⟨-s⟩ **4.** *verbal noun.* — **'Ein,äsche·rung** *f* ⟨-; -en⟩ **1.** *cf.* Einäschern. – **2.** incineration. – **3.** cremation. – **4.** *chem.* a) (*Rösten*) calcination, b) (*Veraschen*) incineration.

'Ein,äsche·rungs|,hal·le *f* crematorium. — **~,ofen** *m* crematory, cremating furnace, crematorium.

'ein,at·men I *v/t* ⟨*sep*, -ge-, h⟩ **1.** (*Luft, Rauch etc*) breathe in, inhale, inspire (*lit.*). – **2.** *fig.* drink in: **er atmete die fremde Atmosphäre (voll) ein** he drank in the strange atmosphere. – **II** *v/i* **3.** breathe in, inhale, inspire (*lit.*): **tief ~** to breathe in deeply, to draw a deep breath. – **III E~** *n* ⟨-s⟩ **4.** *verbal noun.* — **'Ein,at·mung** *f* ⟨-; *rare* -en⟩ **1.** *cf.* Einatmen. – **2.** inhalation, inspiration (*lit.*).

'Ein,at·mungs,luft *f med.* inspired air.

'ein·ato·mig [-ˀa,toːmɪç] *adj chem.* monatomic.

'ein,ät·zen *v/t* ⟨*sep*, -ge-, h⟩ etch (*s.th.*) in.

'Ein,au·gen,fal·ter *m zo.* polyphemus moth (*Telea polyphemus*).

'ein,äu·gig *adj* **1.** one-eyed, uniocular (*scient.*): **~es Sehen** *med. cf.* Einaugensehen. – **2.** (*optics*) (*von Instrumenten*) monocular. – **3.** *phot.* (*Kamera*) single-lens (*attrib*). — **'Ein,äu·gi·ge** *m, f* ⟨-n; -n⟩ one-eyed person: **unter den Blinden ist der ~ König** (*Sprichwort*) in the country of the blind the one-eyed man is king (*proverb*).

'Ein,aug,se·hen *n med.* monovision.

'Ein,back *m* ⟨-(e)s; -e *u.* ⸚e, *colloq.* -s⟩ soft (*od.* tea) rusk, milk roll.

'ein,backen (*getr.* -k·k-) *v/t* ⟨*irr*, *sep*, -ge-, h⟩ *gastr.* **etwas in** (*acc*) **etwas ~** to bake s.th. inside s.th. else.

'ein,bah·nig [-,baːnɪç] *adj* **1.** (*Straße etc*) one-way, single-lane (*beide attrib*). – **2.** (*Verkehr*) single-line, one-way (*beide attrib*). – **3.** *tech.* (*Werkzeuge*) single-face (*attrib*).

'Ein,bahn|,stra·ße *f* one-way street. — **~ver,kehr** *m* one-way (*od.* single-line) traffic.

'ein·bal,lie·ren [-ba,liːrən] *v/t* ⟨*sep*, *no* -ge-, h⟩ bale, pack (*s.th.*) (up) in bales.

'ein|,bal·lig, ~,bäl·lig [-,bɛlɪç] *adj* **1.** (*Schuh etc*) made to fit either foot. – **2.** (*Axt, Beil etc*) having a blade which is convex on one side.

'ein·bal·sa,mie·ren I *v/t* ⟨*sep*, *no* -ge-, h⟩ **1.** (*Leichen*) embalm. – **2. du kannst dich ~ lassen!** *fig. colloq.* go jump in the lake! (*colloq.*). – **II** *v/reflex* **sich ~ 3.** *fig. humor.* put too much perfume on. – **III E~** *n* ⟨-s⟩ **4.** *verbal noun.* — **'Ein·bal·sa,mie·rung** *f* ⟨-; -en⟩ **1.** *cf.* Einbalsamieren. – **2.** embalmment.

'Ein,band *m* ⟨-(e)s; ⸚e⟩ **1.** (*eines Buches*) binding: **ohne ~** unbound. – **2.** (book) cover: **ein Buch aus dem ~ nehmen** to take a book out of its cover; **(Buch) mit einem ~ aus Pappe** paperback. — **~,decke** (*getr.* -k·k-) *f* **1.** (book) cover. – **2.** (*für Akten etc*) binder. — **~ent,wurf** *m* (book)binding design.

'ein,bän·dig [-,bɛndɪç] *adj* one-volume(d), in one volume.

'Ein,band,lei·nen *n print.* binding cloth.

'ein|,ba·sig [-,baːzɪç], **~,ba·sisch** *adj chem.* monobasic.

'Ein,bau *m* ⟨-(e)s; -ten⟩ **1.** (*von Möbeln etc*) building in, accommodation, incorporation. – **2.** *tech.* a) (*von Maschinen etc*) installation, b) (*von Motoren etc*) mounting, c) (*eines Lagers*) application, d) (*von Maschinenausrüstungen*) attachment, e) (*von kleineren Bauelementen*) fitting, incorporation, assembly. – **3.** *civ.eng.* (*im Straßenbau*) (*von Beton*) placement. – **4.** *fig. cf.* Einfügung 2. — **~an,ten·ne** *f* (*radio*) built-in antenna (*bes. Br.* aerial). — **~au·to,mat** *m electr.* panel-mounting circuit breaker. — **~,ba·de,wan·ne** *f* **1.** tub for a built-in bath unit. – **2.** built-in tub.

'ein,bau·en I *v/t* ⟨*sep*, -ge-, h⟩ **1.** (*Möbel etc*) build in. – **2.** *tech.* a) install, b) mount, c) apply, d) attach, e) fit, incorporate, assemble: **einen neuen Motor in ein Auto ~** to install (*od.* fit) a new engine into a car. – **3.** *civ.eng.* place. – **4.** (*sport*) fit: **einen neuen Spieler in die Mannschaft ~** to fit a new player into the team, to put a new player on the team. – **5.** *fig. cf.* einfügen 2. – **II E~** *n* ⟨-s⟩ **6.** *verbal noun.* – **7.** *cf.* Einbau 1, 2.

'ein,bau|,fer·tig *adj tech.* ready for fitting (*od.* to install). — **E~in·stru,ment** *n* flush-type (*od.* -mounting) instrument. — **E~,kipp,schal·ter** *m electr.* flush-mounting toggle switch. — **E~,kü·che** *f* kitchen with built-in fitments, fitted kitchen.

'Ein,baum *m* dugout (*Br.* dug-out) (canoe).

'Ein,bau|,maß *n tech.* fitting (*od.* mounting) dimension. — **~,mö·bel** *pl* built-in furniture *sg*, unit furniture *sg*. — **~,mo·tor** *m* **1.** *auto.* a) built-in (*od.* installation) engine, b) (*Austauschmotor*) replacement engine. – **2.** *electr.* skeleton frame-type motor. — **~re,gal** *n* built-in shelves *pl.* — **~,schal·ter** *m electr.* recessed (*od.* flush-mounting) switch. — **~,schein,wer·fer** *m auto.* recessed headlight. — **~,schrank** *m* built-in cupboard (*od.* closet). — **~,vor,schrift** *f* mounting (*od.* assembly) instructions *pl*, installation rules *pl.* — **~,zeich·nung** *f tech.* installation drawing. — **~,zwecke** (*getr.* -k·k-) *pl only in* **für ~** for fitting (*od.* mounting, installation) purposes.

'Ein,bee·re *f bot.* (herb) Paris, truelove, *Br.* true-love (*Paris quadrifolia*).

'ein·be,grei·fen *v/t* ⟨*irr*, *sep*, *no* -ge-, h⟩ *lit.* include, contain, comprise: **etwas in seine Beurteilung mit ~** to include s.th. in one's judg(e)ment; **der Kundendienst ist im Kaufpreis (mit) einbegriffen** the service is included in the price.

'ein·be,hal·ten I *v/t* ⟨*irr*, *sep*, *no* -ge-, h⟩ retain, keep back, withhold, *auch* deduct: **die Steuern wurden zu Unrecht ~** the taxes were wrongfully deducted. – **II E~** *n* ⟨-s⟩ *verbal noun.* — **'Ein·be,hal·tung** *f* ⟨-; -en⟩ **1.** *cf.* Einbehalten. – **2.** retention, *auch* deduction: **unter ~ eines Betrags von 100 Mark** retaining an amount of 100 marks.

'Ein,bein,fahr,werk *n aer.* single-strut landing gear (*od.* undercarriage).

'ein,bei·nig [-,baɪnɪç] *adj* one-legged.

'Ein,bein·sta,tiv *n phot.* monopod, unipod.

'ein·be,ken·nen *v/t* ⟨*irr*, *sep*, *no* -ge-, h⟩ **1.** *Austrian for* **eingestehen.** – **2. seine Steuern ~** *Austrian econ.* to make one's income-tax return.

'ein·be,ru·fen I *v/t* ⟨*irr*, *sep*, *no* -ge-, h⟩ **1.** *mil.* call up, conscript, *Am. auch* draft, induct: **j-n zur Luftwaffe ~** to call s.o. up into (*od.* for) the air force. – **2.** (*Sitzung, Versammlung etc*) call (together), convene, convoke, summon: **eine Versammlung auf zehn Uhr ~** to call a meeting for ten o'clock. – **3.** (*das Parlament*) summon, convoke. – **II E~** *n* ⟨-s⟩ **4.** *verbal noun.* — **'Ein·be,ru·fe·ne** *m, f* ⟨-n; -n⟩ **1.** *mil.* conscript, *Am. auch* draftee. – **2.** person summoned. — **'Ein·be,ru·fer** *m* ⟨-s; -⟩ convener, convenor. — **'Ein·be,ru·fung** *f* ⟨-; -en⟩ **1.** *cf.* Einberufen. – **2.** *mil.* call-up, conscription, *Am. auch* draft, induction. – **3.** convocation.

'Ein·be,ru·fungs|be,fehl, ~be,scheid *m mil.* call-up order(s *pl*), *Am. auch* induction (*od.* draft) order(s *pl*) (*od.* notice). — **~,ort** *m* call-up (*Am. auch* induction) station. — **~,schrei·ben** *n cf.* Einberufungsbefehl.

'ein·be,schrei·ben *v/t* ⟨*irr*, *sep*, *no* -ge-, h⟩ *math.* inscribe.

'ein·be·to,nie·ren *v/t* ⟨*sep*, *no* -ge-, h⟩ *civ.eng.* concrete, set (*od.* embed, *auch* imbed, encase) (*s.th.*) in concrete. — **'ein·be·to,niert I** *pp.* – **II** *adj* concrete-encased, encased (*od.* set) in concrete.

'ein,bet·ten I *v/t* ⟨*sep*, -ge-, h⟩ **1. etwas in** (*acc*) **etwas ~** to put (*od.* lay, bed) s.th. in s.th.: **Blumenzwiebeln in Torf ~** to bed flower bulbs in turf; **eine Vase (zum Versand) in Holzwolle ~** to pack a vase in wood shavings (for mailing). – **2.** *bes. tech.* embed, *auch* imbed: **Ziegel in Mörtel ~** to embed bricks in mortar. – **3.** *geol.* intercalate. – **II E~** *n* ⟨-s⟩ **4.** *verbal noun.*

'ein,bet·tig [-,bɛtɪç] *adj* with one bed, one-bed (*attrib*).

'Ein,bett|ka,bi·ne *f* (*auf Schiffen etc*) single-berth cabin (*Am. auch* stateroom). — **~,mas·se** *f* (*beim Mikroskopieren*) embedding (*auch* imbedding) medium.

'Ein,bet·tung *f* ⟨-; -en⟩ **1.** *cf.* Einbetten. – **2.** embedding, *auch* imbedding, embedment.

'Ein,bett,zim·mer *n* single room.

'ein,beu·len I *v/t* ⟨*sep*, -ge-, h⟩ dent, make a dent in, dint, indent. – **II E~** *n* ⟨-s⟩ *verbal noun.* — **'Ein,beu·lung** *f* ⟨-; -en⟩ **1.** *cf.* Einbeulen. – **2.** dent, dint.

'Ein,beul·ver,such *m metall.* bulging test.

'ein·be,zie·hen I *v/t* ⟨*irr*, *sep*, *no* -ge-, h⟩ **1.** include: **er bezog alle Angestellten in das Lob (mit) ein** he included all employees in his praise (*od.* commendation); **Jugendliche wurden nicht in diese Zahlen einbezogen** young people were not included in these figures; **die Versicherung bezieht alle Familienmitglieder (mit) ein** the insurance includes (*od.* covers) all members of the family. – **2.** (*bes. Fremdkörper*) incorporate. – **II E~** *n* ⟨-s⟩ **3.** *verbal noun.* — **'Ein·be,zie·hung** *f* ⟨-; -en⟩ **1.** *cf.* Einbeziehen. – **2.** inclusion. – **3.** incorporation. — **'Ein·be,zug** *m* ⟨-(e)s; ⸚e⟩ *cf.* Einbeziehung.

'ein,bie·gen I *v/t* ⟨*irr*, *sep*, -ge-, h⟩ **1.** bend (*od.* turn) (*s.th.*) inward(s) (*od.* down). – **II** *v/i* ⟨sein⟩ **2.** (*von Fahrzeugen, Personen etc*) turn the corner, take a turn(ing): **links ~** to turn left, to make a left turn; **in die nächste Straße ~** to turn into (*od.* take) the next street, to turn off at the next street, to take the next turn(ing). – **3.** (*von Straßen etc*) turn. – **III** *v/reflex* ⟨h⟩ **sich ~ 4.** bend (*od.* turn) inward(s) (*od.* down). – **IV E~** *n* ⟨-s⟩ **5.** *verbal noun.* — **'Ein,bie·gung** *f* **1.** *cf.* Einbiegen. – **2.** inward bend. – **3.** curve.

'ein,bil·den I *v/t* ⟨*sep*, -ge-, h⟩ **1. sich** (*dat*) **etwas ~** (*sich fälschlich vorstellen*) to imagine (*od.* fancy, believe, think) s.th.: **das bildest du dir nur ein** that's just your imagination, you're only imagining that; **er bildet sich das steif und fest ein** he is firmly convinced of that; **bilde dir ja nicht ein, daß es leicht ist** don't get the idea that it's easy; **er bildet sich ein, ein Genie zu sein** he thinks (*od.* believes) he is a genius, he thinks himself (to be) a genius, he flatters himself with the belief that he is a genius; **ich bilde mir nicht ein, etwas davon zu verstehen** I am not under the delusion that I understand anything about it, I don't pretend (*od.* claim, profess) to understand anything about it; **bilde dir keine Schwachheiten ein!** *colloq.* don't be too sure of yourself! don't get funny ideas! *auch* nothing doing! **was bildest du dir (eigentlich) ein?** *colloq.* what's come into your head? – **2. sich** (*dat*) **etwas ~** (*eingebildet sein*) to be (self-)conceited, to fancy oneself, to have a high opinion of oneself, to think a lot of oneself (*colloq.*), to be stuck up (*colloq.*): **sich** (*dat*) **etwas auf** (*acc*) **etwas [j-n] ~** to be conceited about s.th. [s.o.], to be (over)proud of s.th. [s.o.]; **darauf brauchen Sie sich nichts einzubilden! bilde dir nur nicht so viel darauf ein!** that's nothing to be proud of, that's nothing to crow (*od.* be stuck up) about (*colloq.*), that's nothing to write a song (*od.* home) about (*colloq.*); **er bildet sich zu viel auf sein Französisch ein** he has too good an opinion of his French; **darauf können Sie sich etwas ~** that is s.th. to be proud of, that is a feather in your cap (*colloq.*). – **3. sich** (*dat*) **etwas ~** *colloq.* (*haben wollen*) to want (to have) s.th., to set one's mind on (having) s.th.: **sie hat sich eine Puppe zu Weihnachten eingebildet** she has set her mind on a doll for Christmas. – **II E~** *n* ⟨-s⟩ **4.** *verbal noun.* — **'Ein,bil·dung** *f* ⟨-; -en⟩ **1.** *cf.* Einbilden. – **2.** imagination, fancy, fantasy, phantasy: **das ist nur ~** that is only imagination, that is pure fancy; **es existiert nur in seiner ~** it exists only in his imagination, it is only an idea of his. – **3.** (*Trugbild*) illusion, delusion, (*stärker*) hallucination: **er leidet an ~en** he suffers from hallucinations. – **4.** (*Überheblichkeit*) conceit: **solch eine ~!** what conceit (*od.* presumption)! **ihre ~ macht sie unbeliebt** her conceit (*od.* arrogance) makes her unpopular. – **5.** (*Dünkel*) (self)-

-conceit, self-esteem: ~ **ist auch eine Bildung** *iron.* (*Sprichwort*) (*etwa*) self-conceit is also a form of self-culture.

ˈEinˌbil·dungs|ˌkraft *f* (power of) imagination, imaginative power (*od.* faculty), fantasy, phantasy, fancy: **seiner ~ freien Lauf lassen** to give rein (*od.* the reins) to one's imagination; **ohne ~** unimaginative. — **~verˌmö·gen** *n cf.* Einbildungskraft.

ˈeinˌbin·den I *v/t* ⟨*irr, sep,* -ge-, h⟩ **1. etwas in** (*acc*) **etwas ~** to tie s.th. into (*od.* up in) s.th. – **2.** (*einflechten*) interlace. – **3.** (*Buch, Heft etc*) put a cover on. – **4.** *print. cf.* binden 6. – **5.** *med.* (*Arm, Fuß etc*) bandage, dress. – **6.** *civ.eng.* (*Steine, Ziegel etc*) bond. – **7.** *hort.* (*Bäume*) tie (*s.th.*) up (with straw). – **II E~** *n* ⟨-s⟩ **8.** *verbal noun.*

ˈEinˌbin·den-ˌGür·telˌtier *n zo.* tatouay (*Cabassous unicinctus*).

ˈEinˌbiß *m* (location of) bite.

ˈEinˌbla·se|ap·paˌrat *m,* **~geˌrät** *n med.* insufflator.

ˈeinˌbla·sen I *v/t* ⟨*irr, sep,* -ge-, h⟩ **1.** (*Kartenhaus etc*) blow down. – **2.** *bes. tech.* (in *acc* in[to]) blow, blast. – **3.** *tech. metall.* (*Gas, unter Druck*) (in *acc* in[to]) blow, inject. – **4.** *med.* (in *acc* in[to]) blow, insufflate, inflate. – **5. j-m etwas ~** *fig. colloq. cf.* einflüstern 1. – **6.** *Bibl.* (*Odem*) (in *acc* in[to]) breathe. – **II** *v/i* **7.** *fig. colloq. cf.* einflüstern 2. – **III E~** *n* ⟨-s⟩ **8.** *verbal noun.*

ˈEinˌblä·ser *m* ⟨-s; -⟩ **1.** *bes. ped.* (*Vorsager*) prompter. – **2.** *med.* insufflator.

ˈEinˌbla·sung *f* ⟨-; -en⟩ **1.** *cf.* Einblasen. – **2.** *tech.* injection. – **3.** *med.* insufflation, inflation.

ˈEinˌblatt *n bot.* **1.** *cf.* Herzblatt 2. – **2.** adder's-tongue, *Br.* adder's tongue, *auch* adder tongue, ophioglossum (*scient.*) (*Gattg Ophioglossum*). — **~ˌdruck** *m* ⟨-(e)s; -e⟩ *print.* one-side print, broadsheet, broadside.

ˈein|blät·te·rig, ~ˌblätt·rig *adj bot.* one-leafed; unifoliate, *auch* unifoliar, unipetalous, monophyllous (*scient.*).

ˈeinˌbläu·en *v/t* ⟨*sep,* -ge-, h⟩ (*Wäsche*) blue.

ˈeinˌblen·den I *v/t* ⟨*sep,* -ge-, h⟩ **1.** (*Szene, Funksendung etc*) fade (*od.* blend) in. – **2.** (*dazwischenblenden*) cross-fade. – **3.** (*Farben*) blend. – **II E~** *n* ⟨-s⟩ **4.** *verbal noun.* — **ˈEinˌblen·dung** *f* ⟨-; -en⟩ **1.** *cf.* Einblenden. – **2.** (*von Bild, Ton etc*) fade-in. – **3.** (*Dazwischenblendung*) cross-fade.

ˈeinˌbleu·en *v/t* ⟨*sep,* -ge-, h⟩ **j-m etwas ~** *colloq.* a) (*einprägen*) to hammer (*od.* knock, drum, pound, ram, drive) s.th. into s.o. (*od.* into s.o.'s head), b) (*durch Schläge*) to beat (*od.* whip, flog) s.th. into s.o.: **ich hab' ihm eingebleut, das nicht zu tun** I drummed it into him (*od.* told him again and again) not to do it.

ˈEinˌblick *m* ⟨-(e)s; -e⟩ **1.** view: **~ in ein Zimmer** view into a room. – **2.** *fig.* (in *acc* etwas into s.th.) insight: **ein kurzer** (*od.* **flüchtiger**) **~ in etwas** a glimpse of s.th.; **einen ~ in etwas gewinnen [bekommen]** to gain [to get] an insight into s.th.; **sein Beruf gibt** (*od.* **gewährt**) **ihm** (*od.* **durch seinen Beruf bekommt er**) **einen ~ in dieses Problem** his occupation gives (*od.* affords, allows) him an insight into the problem; **einen (guten) ~ in etwas haben** a) to have a good insight into s.th., b) to be well up in s.th., to have the knack of s.th.; **sich** (*dat*) **~ in eine Sache verschaffen, ~ in eine Sache nehmen** a) to look (*od.* go) into a matter (thoroughly), b) (*in Dokumente etc*) to get access to s.th.; **ich möchte gern einen ~ erhalten** I'd like to get the idea (*od. colloq.* hang) of it. – **3.** (*optics*) a) (*Okular*) ocular, eye lens, b) (*Augenmuschel*) eyepiece.

ˈeinˌblü·tig [-ˌblyːtɪç] *adj bot.* monanthous, uniflorous, *auch* unifloral.

ˈeinˌboh·ren *v/reflex* ⟨*sep,* -ge-, h⟩ **sich ~** bore oneself in: **die Kugel bohrte sich in die Wand ein** the bullet bored itself (*od.* penetrated) into the wall.

ˈeinˌboo·ten I *v/t* ⟨*sep,* -ge-, h⟩ embark. – **II** *v/reflex* **sich ~** embark, go aboard.

ˈEinˌbrand *m tech.* (*beim Schweißen*) penetration.

ˈeinˌbre·chen I *v/t* ⟨*irr, sep,* -ge-, h⟩ **1.** (*Tür etc*) break (*od.* force) open, break down, smash in. – **2.** (*Pferd etc*) break (in). – **II** *v/i* ⟨sein⟩ **3.** ⟨sein *u.* h⟩ (*in ein Haus etc*) break in, enter forcibly: **man hat in unserer** (*od.* **ist in unsere**) **Wohnung eingebrochen** s.o. has broken into our apartment (*bes. Br.* flat); **in der Bank wurde gestern eingebrochen** yesterday the bank was broken into. – **4.** ⟨sein *u.* h⟩ (*im Schutz der Dunkelheit*) commit burglary, burgle (*colloq.*), *bes. Am.* burglarize: **bei uns wurde** (*od.* **ist jemand**) **eingebrochen** we have been burglarized, we had burglars; **Diebe versuchten(, in den Laden) einzubrechen** thieves tried to burgle (the shop). – **5.** (**ins Eis**) **~** break (*od.* go) through the ice. – **6.** *cf.* **einstürzen** 2. – **7.** *mil.* march in: (**in ein Land**) **~** to invade (*od.* enter, march into) a country; (**in die feindlichen Linien**) **~** to penetrate (*od.* pierce, *stärker* breach) the enemy's lines. – **8.** (*einfallen*) (*bes. von Tieren*) break in: **der Fuchs brach in den Hühnerstall ein** the fox broke into the chicken coop. – **9. bei j-m ~** *fig. colloq. humor.* to visit s.o. unexpectedly, to break (*od.* to drop) in (up)on s.o. – **10.** *fig.* (*von Kälte etc*) set in. – **11.** *fig. lit.* (*von Nacht etc*) fall, set in, close in: **die Nacht bricht ein** night is falling. – **12. auf j-n ~** *fig. lit.* (*von Unheil etc*) to overtake s.o. – **III E~** *n* ⟨-s⟩ **13.** *verbal noun.* – **14.** *cf.* Einbruch 1—6, 9, 10. — **ˈeinˌbre·chend I** *pres p.* – **II** *adj only in* **bei** (*od.* **mit**) **~er Nacht** (*od.* **Dunkelheit**) at nightfall (*od.* dusk), when night falls (*od.* sets in, closes in).

ˈEinˌbre·cher *m* ⟨-s; -⟩ **1.** (*nächtlicher*) burglar. – **2.** housebreaker, *auch* picklock. — **~alarm** [-ʔaˌlarm] *m* burglar alarm. — **~ˌban·de** *f* gang of burglars.

ˈeinˌbre·che·risch *adj* burglarious: **in ~er Absicht** with intent to commit burglary (*od. colloq.* to burgle, *bes. Am.* to burglarize).

ˈEinˌbre·cherˌwerkˌzeug *n* burglar's tool(s *pl*).

ˈEinˌbren·ne *f* ⟨-; -n⟩ *bes. Southern G. and Austrian gastr.* roux: **eine ~ machen** to make a roux, to brown flour.

ˈEinˌbrenn·email·le [-ʔeˌmaljə] *f tech.* baking enamel.

ˈeinˌbren·nen I *v/t* ⟨*irr, sep,* -ge-, h⟩ **1.** (in *acc* into) burn: **einem Tier ein Zeichen ~** to burn a mark into an animal's skin, to brand an animal. – **2.** (*paints*) (*Farben, Lacke*) burn in, bake. – **3.** *tech.* (*Schweißgut*) penetrate. – **4.** (*Faß*) match, sulfur *bes. Br.* -ph-. – **5.** *gastr.* (*Mehl*) brown, fry (*flour*) in fat (to make a brown roux). – **6.** (*textile*) crab. – **7.** (*Leder, Häute*) hot-stuff. – **8.** *dial. for* **bräunen** 1. – **II** *v/reflex* **9. sich in** (*acc*) **etwas ~** *fig.* (*von Erlebnis etc*) to burn itself into s.th.

ˈEinˌbrenn|ˌlack *m tech.* baking varnish. — **~ˌsup·pe** *f bes. Austrian and Southern G. gastr. cf.* Brennsuppe.

ˈeinˌbrin·gen I *v/t* ⟨*irr, sep,* -ge-, h⟩ **1.** bring (*od.* take) in: **das Heu ~** to bring (*od.* get) in the hay; **die Ernte ~** to bring (*od.* gather, get) in the harvest, to harvest. – **2.** *bes. mil.* (*Beute etc*) bring in, take, capture. – **3.** *cf.* ergreifen 2. – **4.** *pol.* (*Gesetzesvorlage etc*) bring forward (*od.* in), introduce, submit, present, propose, *Br. auch* table, (*Antrag*) *auch* make, put (down): **einen Antrag auf Vertagung der Sitzung ~** to make a motion (*od.* to move) that the meeting adjourn. – **5.** *jur.* (*Klage etc*) a) bring, lodge, b) file. – **6.** *econ.* (*Kapital in eine Firma*) invest, contribute, bring in. – **7.** (*in die Ehe*) bring (*s.th.*) (as a dowry). – **8.** *fig.* (*Nutzen, Ehre etc*) bring, gain, afford: **das bringt ihm viel Ruhm ein** that brings (*od.* does) him much credit, that reflects much credit on him; **Vorteil ~** to bring an advantage; **das bringt mir ein hübsches Taschengeld ein** that brings (*od.* earns) me a nice lot (*od.* tidy sum) of pocket money; **das brachte ihm den Ruf ein geizig zu sein** by this he gained (*od.* that gave him) the reputation of being a miser; **ihre Freundlichkeit bringt ihr viele Freunde ein** her friendliness brings (*od.* wins, makes) her many friends. – **9.** *econ.* (*Ertrag*) bring (in), yield, produce, bear, return, realize: **sein Geld bringt ihm hohe Zinsen ein** his money brings him high interest; **das Geschäft bringt einen hohen Gewinn ein** the business yields a high profit; **seine Spekulation bringt viel [wenig] ein** his speculation yields a large [small] return (*od.* returns much [little]); **Kapital, das nichts einbringt** sterile capital; **Geschäft, das nichts einbringt** unprofitable business; **einen Reingewinn von 1000 Mark ~** to net 1,000 marks; **das bringt gar nichts [sehr viel] ein** that doesn't pay at all [pays very well]. – **10.** *fig.* (*wiederwettmachen*) (*Verlust*) make up for, make good, retrieve. – **11.** *fig.* (*aufholen*) (*Zeit etc*) make up for, regain, *auch* redeem. – **12. ein Schiff (sicher) in den Hafen ~** *mar.* to bring (*od.* take) a ship (safely) into port; → Prise 2. – **13.** *print.* (*Zeile*) take in, break in. – **14.** (*mining*) a) (*Ausbau*) set, place, b) (*Versatz*) fill, stow. – **15.** *tech.* (*Werkzeug in die Maschine*) mount. – **II E~** *n* ⟨-s⟩ **16.** *verbal noun.* – **17.** *cf.* Einbringung.

ˈeinˌbring·lich *adj* (*Geschäft, Arbeit, Stellung etc*) profitable, paying, lucrative. — **ˈEinˌbring·lich·keit** *f* ⟨-; *no pl*⟩ profitableness, lucrativeness.

ˈEinˌbrin·gung *f* ⟨-; *no pl*⟩ **1.** *cf.* Einbringen. – **2.** *pol.* (*einer Gesetzesvorlage etc*) introduction, submission, presentation, proposal. – **3.** *jur.* (*einer Klage etc*) lodg(e)ment. – **4.** *econ.* (*von Kapital*) investment, contribution. – **5.** *cf.* Ergreifung 2.

ˈEinˌbrin·gungsˌwert *m econ.* bringing-in value, value of a capital investment.

ˈeinˌbrocken (*getr.* -k·k-) *v/t* ⟨*sep,* -ge-, h⟩ **1.** (*Brot etc*) crumble: **Brot in die Suppe ~** to crumble (*od.* break) bread into the soup. – **2. j-m [sich** *dat***] etwas ~** *fig. colloq.* to get s.o. [oneself] into trouble (*od.* a mess, a fix), to let s.o. [oneself] in for it: **da hast du dir [uns] etwas Schönes** (*od.* **eine schöne Suppe**) **eingebrockt** you got yourself [us] into a nice (*od.* fine) mess (*od.* fix, pickle), you let yourself [us] in for it; **das hat er sich selbst eingebrockt** he has only himself to thank for the mess he is in, he let himself in for it, he has only himself to blame for it; **wenn ich geahnt hätte, was ich mir da einbrockte** if I had known what I was letting myself in for; **was man sich eingebrockt hat, muß man auch ausessen** (*od.* **auslöffeln**) you must drink as you have brewed (*proverb*), *auch* as you make your bed so you must lie on it (*proverb*).

ˈEinˌbruch *m* ⟨-(e)s; ¨e⟩ **1.** *jur.* a) breaking and entering, b) housebreaking, c) (*bes. mit Diebstahl*) burglary: **einen ~ verüben** to commit burglary. – **2.** caving in. – **3.** *mil.* a) (*in ein Land*) invasion, incursion, b) (*in die feindlichen Linien*) penetration, (*stärker*) breach: **der ~ in die Front** the penetration of (*od.* breach in) the front. – **4.** (*von Kaltluft etc*) invasion, influx. – **5.** (*von Wasser etc*) invasion, incursion, irruption. – **6.** *lit.* (*der Nacht, Kälte etc*) setting in, beginning: **bei ~ der Nacht** (*od.* **Dunkelheit**) at nightfall (*od.* dusk), when night closes in (*od.* falls). – **7.** *lit.* (*von Tod, Unglück etc*) intrusion. – **8.** *geol.* a) *cf.* Einbruchtal, Einbruchgebiet, b) subsidence (of soil), down-faulting. – **9.** *med.* (*von Bakterien*) invasion. – **10.** *econ.* (*an der Börse*) break, drop, fall, slump. – **11.** *her.* ba(s)ton couped.

ˈEinˌbruch|ˌbecken (*getr.* -k·k-) *n geol.* trough, cauldron subsidence, syncline (*scient.*). — **~ˌdiebˌstahl** *m jur.* theft by breaking and entering, burglary. — **~geˌbiet** *n geol.* sinking area, depression. — **~ˌkes·sel** *m cf.* Einbruchgebiet.

ˈEinˌbruchs... *cf.* Einbruch...

ˈeinˌbruchˌsi·cher *adj* burglarproof, *Br.* burglar-proof.

ˈEinˌbruch|ˌsi·che·rung *f* safeguard against burglary. — **~ˌstel·le** *f* **1.** *mil.* breach, point of penetration. – **2.** *geol. cf.* Einbruchgebiet. — **~ˌtal** *n geol.* rift valley. — **~ˌtie·fe** *f mil.* depth of penetration. — **~verˌsi·che·rung** *f econ.* burglary insurance. — **~ˌwerkˌzeug** *n* housebreaking (*od.* burglary) tool(s *pl*). — **~ˌzo·ne** *f geol. cf.* Einbruchgebiet.

ˈeinˌbu·chen *v/t* ⟨*sep,* -ge-, h⟩ *econ.* (*Scheck etc*) give the value and/or date of.

ˈeinˌbuch·ten I *v/t* ⟨*sep,* -ge-, h⟩ **1.** indent. – **2. j-n ~** *fig. colloq.* to lock s.o. up, to imprison s.o., to jug s.o. (*sl.*). – **II E~** *n* ⟨-s⟩ **3.** *verbal noun.* — **ˈEinˌbuch·tung** *f* ⟨-; -en⟩ **1.** *cf.* Einbuchten. – **2.** indentation, dent. – **3.** *geol.* embayment, bay. – **4.** *fig. colloq.* imprisonment.

ˈeinˌbud·deln *Northern G. colloq.* **I** *v/t* ⟨*sep,* -ge-, h⟩ dig in. – **II** *v/reflex* **sich ~** dig oneself in.

ˈeinˌbüf·feln *v/t* ⟨*sep,* -ge-, h⟩ **1. j-m etwas ~** *colloq.* to hammer (*od.* drum) s.th. into s.o. (*od.* s.o.'s head). – **2. sich** (*dat*) **etwas ~** to bone (*Br.* to swot) up (on) s.th. (*sl.*).

'einˌbü·geln *v/t* ⟨*sep*, -ge-, h⟩ (*Falten etc*) press (*od.* iron) in.

'einˌbür·gern [-ˌbʏrgərn] **I** *v/t* ⟨*sep*, -ge-, h⟩ **1.** *jur.* naturalize, (*teilweise*) *auch* denizen. – **2.** *fig.* (*Bräuche, Wörter etc*) naturalize, establish, adopt. – **3.** *bot. zo.* a) (*Pflanze, Tier*) naturalize, *auch* acclimatize, b) (*Kulturpflanze*) establish. – **II** *v/reflex* **sich ~** **4.** *jur.* be (*od.* become) naturalized, (*teilweise*) *auch* denizen: **sich ~ lassen** a) to become naturalized, b) to apply for naturalization. – **5.** (*sich niederlassen*) settle (down), establish oneself. – **6.** (*von Pflanzen, Tieren*) be (*od.* become) naturalized, *auch* be (*od.* become) acclimatized (*od.* established). – **7.** *fig.* (*von Brauch, Wort etc*) become customary, become naturalized (*od.* established), be adopted, come into use: **es hat sich bei uns so eingebürgert** it has been adopted by us, it has become customary (*od.* a custom) with us; **diese Sitte hat sich bei uns fest eingebürgert** this custom has become established (*od.* come to stay) with us; **diese Wendung hat sich eingebürgert** this idiom has come into use (*od.* has gained currency, has taken root). – **III E~** *n* ⟨-s⟩ **8.** *verbal noun.* — **'Einˌbür·ge·rung** *f* ⟨-; -en⟩ **1.** *cf.* Einbürgern. – **2.** *jur.* naturalization. – **3.** settlement, establishment. – **4.** *bot. zo.* a) (*von Pflanzen, Tieren*) naturalization, *auch* acclimatization, b) (*von Kulturpflanzen*) establishment, ecesis (*scient.*). – **5.** *fig.* (*von Brauch, Wort etc*) naturalization, establishment, adoption.

'Einˌbür·ge·rungsˌanˌtrag *m*, **~geˌsuch** *n jur.* application for naturalization. — **~ˌurˌkun·de** *f* certificate of naturalization. — **~verˌsuch** *m* **1.** attempt to naturalize. – **2.** attempt to become naturalized.

'Einˌbu·ße *f* **1.** (*an Gesundheit, Geld, Ansehen etc*) loss, forfeiture: **eine ~ an Ehre erleiden** to suffer (*od.* sustain) the loss of one's hono(u)r; **er tat es unter ~ seines gesamten Vermögens** he did it with the loss (*od.* at the cost *od.* expense) of all his property; **durch seine Spekulation hat er eine große ~ erlitten** he suffered a heavy loss (*od.* lost heavily) by his speculation; **das tat seiner Beliebtheit [keine] ~** that cost him the loss of [did not detract from] his popularity. – **2.** (*des Auges etc*) loss. – **3.** (*Verminderung, Schaden*) loss, damage: **die Seuche tat dem Wildbestand schwere ~** the epidemic caused great damage to the (*od.* loss of) wildlife. — **'einˌbü·ßen I** *v/t* ⟨*sep*, -ge-, h⟩ **1.** (*Gesundheit, Geld, Ansehen etc*) lose, forfeit: **Stimmen ~** to lose votes, to suffer losses. – **2.** (*Auge etc*) lose. – **II** *v/i* **3. an** (*dat*) **etwas ~** to lose (in) s.th., to suffer (*od.* sustain) the loss of s.th.: **er hat viel an Einfluß eingebüßt** he lost much in (*od.* of his) influence, his influence was greatly impaired; **der Kaffee hat an Aroma eingebüßt** the coffee lost part of its aroma.

'einˌcre·men I *v/t* ⟨*sep*, -ge-, h⟩ put cream on, cream: **die Hände ~** to put cream on one's hands. – **II** *v/reflex* **sich ~** put on cream: **vor dem Sonnen mußt du dich ~** before sunbathing you must put on some cream (*od.* lotion).

'einˌdäm·men I *v/t* ⟨*sep*, -ge-, h⟩ **1.** (*Flüsse etc*) (em)bank. – **2.** (*Flut etc*) dam (up), stem, bay (up). – **3.** (*Land*) dike, dyke, *auch* levee. – **4.** *fig.* (*Einhalt tun*) check, control, bring (*od.* get) (*s.th.*) under control: **einen Waldbrand ~** to check a forest fire; **eine Epidemie ~** to check (*od.* stem) an epidemic. – **5.** *fig.* (*Redefluß etc*) stem, dam up. – **II E~** *n* ⟨-s⟩ **6.** *verbal noun.*

'einˌdäm·mern *v/i* ⟨*sep*, -ge-, sein⟩ fall into a doze (*od.* light sleep, slumber), doze off.

'Einˌdäm·mung *f* ⟨-; -en⟩ **1.** *cf.* Eindämmen. – **2.** (*von Flüssen etc*) embankment. – **3.** (*von Flut etc*) dam. – **4.** (*von Land*) dike, dyke, *auch* levee. – **5.** *fig.* (*Einhalt*) check, control. – **6.** *fig. pol.* (*von politischen Strömungen*) containment. — **'Einˌdäm·mungs·po·liˌtik** *f pol.* containment policy, policy of containment.

'Einˌdampf·ap·paˌrat *m chem. tech.* evaporator, vaporizer *Br. auch* -s-.

'einˌdamp·fen I *v/t* ⟨*sep*, -ge-, h⟩ *chem.* (*Flüssigkeit etc*) evaporate, boil down, concentrate by evaporation, vaporize. – **II E~** *n* ⟨-s⟩ *verbal noun.* — **'Einˌdamp·fung** *f* ⟨-; -en⟩ **1.** *cf.* Eindampfen. – **2.** *chem.* evaporation, concentration.

'Einˌdamp·fungs·geˌstein *n geol.* evaporite.

'einˌdecken (*getr.* -k·k-) **I** *v/t* ⟨*sep*, -ge-, h⟩ **1.** cover up (*od.* over): **Rosen zum Überwintern ~** to cover (up) roses for (the) winter. – **2.** *civ.eng.* a) (*Dach*) cover, b) (*Haus*) roof: **mit Ziegelpfannen ~** to pantile; **mit Ziegeln ~** to tile; **mit Stroh ~** to thatch. – **3. j-n mit etwas ~** to provide (*od.* supply) s.o. with s.th.: **sie deckten uns mit Kartoffeln ein** they supplied us with potatoes; **ich habe ihn mit Arbeit eingedeckt** *colloq.* I provided him with work, I stocked (*od.* *colloq.* piled) him up with work. – **4. j-n mit Schlägen ~** *fig. colloq.* to give s.o. a beating, to beat s.o. up. – **5.** *dial.* (*Tisch*) lay. – **II** *v/reflex* **sich ~** **6. sich ~ mit** to stock up on (*od.* with), to lay (*od.* to buy) in a stock of, to provide (*od.* to supply) oneself with: **sich mit Kohlen ~** to stock up on (*od.* lay in one's stock of) coal; **wir haben uns mit genügend Vorräten für den Winter eingedeckt** we laid (*od.* got) in a sufficient stock (*od.* supply) (of food) for the winter, we are sufficiently stocked (up) for the winter; **die Firma hat sich gut mit Rohmaterial eingedeckt** the firm laid in a good stock of raw material to cover (*od.* meet) its needs. – **7.** *econ.* (*an der Börse*) cover: **Baissiers beginnen sich einzudecken** bears begin to cover. – **III E~** *n* ⟨-s⟩ **8.** *verbal noun.*

'Einˌdecker (*getr.* -k·k-) *m* ⟨-s; -⟩ *aer.* [monoplane.]

'Einˌdeckˌschiff *n mar.* single-deck(ed) ship, single-decker.

'Einˌdeckung (*getr.* -k·k-) *f* ⟨-; *no pl*⟩ **1.** *cf.* Eindecken. – **2.** cover. – **3.** *civ.eng.* roof, roofing. – **4.** (*Versorgung*) provision, supply.

'einˌdei·chen I *v/t* ⟨*sep*, -ge-, h⟩ **1.** (*Land*) dike, dyke. – **2.** (*Flüsse etc*) (em)bank. – **II E~** *n* ⟨-s⟩ **3.** *verbal noun.* — **'Einˌdei·chung** *f* ⟨-; -en⟩ **1.** *cf.* Eindeichen. – **2.** (*des Küstengebietes*) dike, dyke. – **3.** (*von Flüssen etc*) embankment.

'einˌdel·len [-ˌdɛlən] **I** *v/t* ⟨*sep*, -ge-, h⟩ (*Hut, Gefäß etc*) dent, make a dent in. – **II** *v/reflex* **sich ~** *med.* pit.

'einˌdeu·tig [-ˌdɔʏtɪç] *adj* **1.** (*klar*) clear, plain, clear-cut, definite: **das war eine ~e Antwort** that was a clear answer; **ein ~er Beweis** a clear (*od.* definite) proof; **seine Stellungnahme ist ~** his comment leaves no doubt; **das war ein ~er Fall von Ungerechtigkeit** that was a clear case of injustice. – **2.** (*unzweideutig*) unambiguous, unequivocal: **der Sinn seiner Worte war ~** the meaning of his words was unambiguous (*od.* not to be mistaken). – **3.** *fig.* (*grob*) rude. – **4.** *math.* single-valued. – **II** *adv* **5.** clearly, plainly, definitely: **das war ganz ~ seine Schuld** that was quite definitely his fault, there's no doubt that it was his fault; **das geht ~ aus der Statistik hervor** the statistics show this clearly; **sie wurden ~ geschlagen** they were clearly defeated. – **6.** (*unmißverständlich*) unambiguously, unequivocally: **er gab das ganz ~ zu verstehen** he intimated this quite unambiguously (*od.* unmistakably). — **'Einˌdeu·tig·keit** *f* ⟨-; -en⟩ **1.** ⟨*only sg*⟩ clearness, plainness, definiteness. – **2.** ⟨*only sg*⟩ unambiguity, unambiguousness, unequivocalness. – **3.** *fig.* (*Grobheit*) rudeness: **j-m eine ~ sagen** to say s.th. rude to s.o., to insult s.o.

'Einˌdeu·tig·keits·prinˌzip *n math.* exclusion principle.

'einˌdeut·schen [-ˌdɔʏtʃən] **I** *v/t* ⟨*sep*, -ge-, h⟩ **1.** (*Namen, Personen etc*) Germanize. – **2.** *rare* translate (*s.th.*) into German. – **II E~** *n* ⟨-s⟩ **3.** *verbal noun.* — **'Einˌdeut·schung** *f* ⟨-; -en⟩ **1.** Germanization. – **2.** *rare* translation into German.

'einˌdicken (*getr.* -k·k-) [-ˌdɪkən] **I** *v/t* ⟨*sep*, -ge-, h⟩ **1.** *chem.* thicken, concentrate, condense, inspissate (*scient.*). – **2.** *gastr.* thicken. – **II** *v/i* ⟨sein⟩ **3.** *gastr.* thicken, become thick. – **4.** (*von Farbe*) thicken, get thick. – **III E~** *n* ⟨-s⟩ **5.** *verbal noun.* — **'Einˌdicker** (*getr.* -k·k-) *m* ⟨-s; -⟩ **1.** *chem.* thickener. – **2.** *tech.* (*paper*) concentrator, thickener. — **'Einˌdickung** (*getr.* -k·k-) *f* ⟨-; -en⟩ **1.** *cf.* Eindicken. – **2.** *chem.* concentration, condensation, inspissation (*scient.*).

'Einˌdick·zyˌlin·der *m tech.* (*paper*) *cf.* Eindicker 2.

'ein·di·men·sioˌnal *adj* one-dimensional, unidimensional.

'einˌdocken (*getr.* -k·k-) *v/t* ⟨*sep*, -ge-, h⟩ *mar.* (*Schiff*) (dry-)dock.

'Einˌdornˌfisch *m zo.* monacanthid, *auch* monacanthine (*Gattg Monacanthus*).

'einˌdor·ren *v/i* ⟨*sep*, -ge-, sein⟩ dry up, shrink.

'einˌdo·sen [-ˌdoːzən] *v/t* ⟨*sep*, -ge-, h⟩ *bes. Am.* can, *bes. Br.* tin, pack (*od.* preserve) (*s.th.*) in cans (*od.* tins).

'einˌdö·sen *v/i* ⟨*sep*, -ge-, sein⟩ *colloq. for* eindämmern.

'Einˌdraht·anˌten·ne *f electr.* single-wire antenna (*bes. Br.* aerial).

'einˌdräh·tig [-ˌdrɛːtɪç] *adj electr.* (*Leitung etc*) single-wire (*attrib*).

'Einˌdrahtˌlei·tung *f electr.* single(-wire) line (*od.* circuit).

'einˌdrän·gen I *v/i* ⟨*sep*, -ge-, h⟩ **1. auf j-n ~** *fig. lit.* to crowd in (up)on s.o.: **Erinnerungen drängten auf ihn ein** memories crowded in (up)on him. – **II** *v/reflex* **sich ~** **2. sich in** (*acc*) **etwas ~** a) (*sich hineindrängen*) to force (*od.* push, thrust) one's way into s.th., b) (*sich aufdrängen*) to intrude (*od.* force) oneself into s.th., c) *fig.* (*sich einmischen*) to intrude in (*od.* [up]on) s.th., to interfere (*od.* meddle) in (*od.* with) s.th.: **sich (ungebeten) in eine Party ~** to intrude oneself into (*od.* to crash) a party. – **3. sich (bei j-m) ~** to intrude (*od.* force) oneself (up)on s.o. – **III E~** *n* ⟨-s⟩ **4.** *verbal noun.* – **5.** intrusion, interference.

'einˌdre·hen I *v/t* ⟨*sep*, -ge-, h⟩ **1.** *tech.* a) (*Schraube*) screw in (*od.* tight, into place), b) (*aushalsen*) neck, c) (*aussparen*) recess. – **2.** (*Glühbirne etc*) screw (*od.* put) in. – **3.** (*Haare*) put (*hair*) in curlers, curl: **sie drehte sich** (*dat*) **Locken ein** she curled her hair. – **II** *v/i* **4.** *aer.* a) (*vom Flugzeug*) turn (*od.* swing) (on) to a new course, b) (*zum Angriff*) close in. – **III E~** *n* ⟨-s⟩ **5.** *verbal noun.* — **'Einˌdre·hung** *f* **1.** *cf.* Eindrehen. – **2.** *tech.* a) (*Aushalsung*) neck, b) (*Aussparung*) recess.

'ein·dresˌsie·ren *v/t* ⟨*sep*, *no* -ge-, h⟩ **1.** (*Tiere etc*) train: **einen Hund auf** (*acc*) **etwas ~** to train a dog to do s.th. – **2.** *auch contempt.* (*Person*) train, drill.

'einˌdril·len *v/t* ⟨*sep*, -ge-, h⟩ *colloq.* **1.** (*Rekruten*) drill, train. – **2. j-m etwas ~** to drill (*od.* drum) s.th. into s.o. (*od.* into s.o.'s head), to train s.o. in s.th.: **den Schülern lateinische Verben ~** to drill Latin verbs into the pupils, to drill the pupils in Latin verbs. – **3.** (*Schüler für eine Prüfung*) coach, cram.

'einˌdrin·gen I *v/i* ⟨*irr*, *sep*, -ge-, sein⟩ **1.** (*von Personen*) force one's way in, enter (by force), penetrate: **unbemerkt ~** to slip (*od.* glide) in; **allmählich ~** to work one's way in (gradually); (**gewaltsam**) **in ein Haus ~** a) to penetrate (*od.* force one's way) into a house, b) (*von Einbrechern*) to break into a house. – **2.** (*von Dingen*) penetrate (*od.* get, come) in: **das Wasser dringt von überall ein** the water comes in from everywhere; **langsam ~** (*von Wasser etc*) to ooze (*od.* seep) in. – **3.** (*sich einbohren*) penetrate, pierce: **der Splitter ist tief in den Arm eingedrungen** the splinter has penetrated deeply into the arm. – **4.** (*einsickern*) sink (*od.* soak, seep) in: **der Regen dringt in den Boden ein** the rain soaks into the ground. – **5.** (*von Wörtern in die Sprache*) infiltrate, permeate: **viele Fremdwörter sind in unsere Sprache eingedrungen** *fig.* many foreign words have infiltrated into our language. – **6.** (*ungeladen kommen*) intrude: **in eine Gesellschaft ~** to intrude into (*od.* *colloq.* crash, muscle in on) a party; **bei j-m ungebeten ~** to intrude (*od.* break in) (up)on s.o. – **7.** *bes. mil.* (*einfallen*) a) penetrate, pierce, b) invade, enter (by force): **in ein Land ~** to invade a country; **in die feindlichen Linien ~** to penetrate into (*od.* pierce) the enemy lines. – **8. in** (*acc*) **etwas ~** *fig.* (*sich eingehend befassen*) to go (*od.* delve) into s.th., to go to the bottom of s.th., to study s.th.: **er ist tief in die Materie eingedrungen** he has gone to the very bottom of (*od.* gone deeply into) the matter; **er ist nicht tief in das Problem eingedrungen** he has not studied (*od.* delved into) the problem very hard, he has only scratched the surface of the problem; **in den Geist einer Sprache ~** to comprehend (*od.* grasp) the spirit of a language. – **9.** in (*acc*) etwas ~ *fig.* to penetrate s.th., to pry into s.th.: in ein Geheimnis ~ to fathom a mystery. – **10.** auf j-n ~ a) to attack s.o., to fall (up)on s.o., to close in on s.o., b) *fig.* to press s.o., to urge s.o., c) *fig.* to try to persuade s.o.: sie drangen mit Messern auf ihn ein they attacked (*od.* closed in on) him with their knives; mit heftigen Worten auf j-n ~ *fig.* to press (*od.* urge) s.o. with strong words (*od.* language); dring nicht weiter auf ihn ein! *fig.* don't press him any harder! don't urge him any more! mit Bitten auf j-n ~ *fig.* to plead with (*od.* entreat, beg) s.o. – **11.** auf j-n ~ *fig. lit.* (*von Eindrücken etc*) to crowd (*od.* press) in (up)on s.o., (*von Gefühlen*) *auch* to throng in (up)on s.o. – **12.** *fig. lit.* (*einwirken*) have an effect: ihre Worte drangen tief in ihn ein her words had a deep effect on him, her words affected (*od.* moved) him deeply; eine Stimmung in sich ~ lassen to let an atmosphere have its effect on oneself. – **13.** *bes. chem. phys.* (*von Gasen*) (in *acc* into) diffuse. – **14.** *tech.* (*von Schmutzteilchen, Staub etc*) ingress, penetrate, enter, infiltrate. – **15.** *med.* a) infiltrate, b) (*von Bakterien*) enter, invade, c) (*von Instrument*) engage, enter. – **II E~** *n* ⟨-s⟩ **16.** *verbal noun.* – **17.** penetration. – **18.** *bes. chem. phys.* diffusion. – **19.** *tech.* (*von Schmutzteilchen, Staub etc*) ingress(ion), penetration, entrance, infiltration. – **20.** *med.* a) (*eines Tumors*) infiltration, b) (*von Bakterien*) invasion.

'einˌdring·lich I *adj* **1.** (*Warnung, Bitte etc*) urgent, pressing: ~e Ermahnung urgent warning. – **2.** (*Sprache, Worte etc*) powerful, impressive, insistent, forceful, forcible: eine ~e Rede halten to make an impressive (*od.* a powerful) speech; er schilderte es mit ~en Worten he described it with powerful words (*od.* with great insistence, with great insistency). – **3.** (*überzeugend*) convincing. – **4.** (*bewegend*) moving. – **5.** (*Stimme, Blicke etc*) penetrating, penetrative, piercing: er hat eine ~e Art, einen anzusehen he has a penetrating way of looking at you. – **II** *adv* **6.** (*warnen, bitten etc*) urgently: er bat sie aufs (*od.* auf das) ~ste he asked her most urgently; j-m ~ nahelegen (*od.* empfehlen), etwas zu tun to urge s.o. (strongly) to do s.th. – **7.** (*vortragen*) powerfully, impressively, insistently, forcefully, forcibly: j-m etwas ~ erklären to explain s.th. to s.o. in an insistent (*od.* forceful) way, to bring s.th. home to s.o. — **'Einˌdring·lich·keit** *f* ⟨-; *no pl*⟩ **1.** (*einer Warnung etc*) urgency: er versuchte mit aller ~, ihn von seinem Vorhaben abzuhalten he tried with all urgency to keep him from his intention. – **2.** (*einer Rede etc*) powerfulness, impressiveness, insistence, insistency, forcefulness, forcibleness. – **3.** (*Überzeugungskraft*) conviction. – **4.** (*von Stimme, Blick etc*) penetratingness, penetrativeness, piercingness.

'Einˌdring·ling *m* ⟨-s; -e⟩ **1.** intruder, *auch* interloper. – **2.** (*auf einer Gesellschaft etc*) intruder, gate-crasher (*colloq.*). – **3.** (*Angreifer*) invader.

'Einˌdringˌtie·fe *f mil. tech.* depth of penetration.

'Einˌdrin·gung *f* ⟨-; *no pl*⟩ *cf.* Eindringen.

'Einˌdrin·gungs|beˌreich *m mil. aer.* zone of penetration. — **~ˌfä·hig·keit** *f med.* ability to penetrate. — **~ˌtie·fe** *f mil. tech. cf.* Eindringtiefe. — **~verˌmö·gen** *n mil.* (*eines Geschosses*) penetration.

'Einˌdruck[1] *m* ⟨-(e)s; "e⟩ **1.** *fig.* impression: bleibender ~ lasting impression; unauslöschlicher ~ a) indelible impression, b) *psych.* trace; oberflächlicher [tiefer] ~ superficial (*od.* skin-deep) [profound *od.* deep] impression; für Eindrücke empfänglich impressionable; flüchtiger ~ fleeting impression, glimpse; einen guten ~ auf j-n machen to make a good impression on s.o., to impress s.o. favo(u)rably; das macht nicht den geringsten ~ auf mich that doesn't make the slightest impression on me, that cuts no ice with me (*colloq.*); er will stets einen möglichst guten ~ machen he always wants to make as good an impression as possible, *Am. auch* he always puts his best foot forward; das machte mir schweren ~ *colloq.* that made me sit up and take notice (*colloq.*); j-m einen falschen ~ von etwas geben (*od.* vermitteln) to give s.o. a wrong (*od.* false) impression of s.th.; der erste ~ ist entscheidend the first impression is decisive; es hat einen günstigen ~ bei mir hinterlassen it left a favo(u)rable impression on me, it left me with a favo(u)rable impression; ich habe den ~ (*od.* kann mich des ~(e)s nicht erwehren), daß er lügt I am under the impression (*od.* I can't help believing) that he is lying; er macht (*od.* erweckt) den ~ großer Verläßlichkeit he gives the impression of being very reliable, he appears to be very reliable; er will nur ~ schinden *colloq.* he only wants to show off; er tat es nur, um ~ zu schinden *colloq.* he did it only for show. – **2.** ⟨*only sg*⟩ *fig.* (*Nachwirkung*) effect: ich stand noch ganz unter dem ~ des großen Ereignisses I was still under the effect (*od.* spell) of the great event; sie steht noch ganz unter dem ~ seines Todes the impression of his death is still fresh in her mind; wir standen noch lange unter dem ~ des Unglücks for a long time we were greatly affected by the terrible disaster. – **3.** (*hinterlassene Spur*) imprint, impress(ion), mark: undeutliche Eindrücke im Sand blurred imprints in the sand. – **4.** *metall.* a) (*bei der Härteprüfung*) impression, indent, indentation, b) (*Oberflächenfehler*) indentation.

'Einˌdruck[2] *m* ⟨-(e)s; *no pl*⟩ **1.** *print.* printing in. – **2.** (*in Textilien*) blocking in.

'einˌdrucken (*getr.* -k·k-) *v/t* ⟨*sep*, -ge-, h⟩ **1.** *print.* a) print in, b) overprint, imprint, impress: einen Titel in roter Farbe ~ to print in a title in red. – **2.** (*textile*) (*Farbe*) block in.

'einˌdrücken (*getr.* -k·k-) **I** *v/t* ⟨*sep*, -ge-, h⟩ **1.** (*durch Druck zerbrechen*) break (in), push in, smash, shatter: die Tür ~ to push in (*od.* force) the door; der Sturm drückte die Fenster ein the storm blew the windows in; durch die Explosion wurden die Fenster eingedrückt the windows were broken (*od.* shattered) by the explosion. – **2.** (*zum Einsturz bringen*) cave in: die Lawine drückte das Haus ein the avalanche crushed (*od.* caved in) the house. – **3.** (*flach drücken*) flatten: die Kinder drückten sich ihre Nasen an der Fensterscheibe ein the children flattened (*od.* pressed) their noses against the windowpane. – **4.** (*zerdrücken*) crush, squash: sein Brustkorb wurde eingedrückt a) his chest was crushed, b) he had his ribs broken (*od.* fractured). – **5.** (*einbeulen*) dent, dint, indent, make a dent in: sein Kotflügel wurde eingedrückt his fender (*Br.* mudguard) was dented. – **6.** (*einpressen*) press in: Butter in ein Gefäß ~ to press butter into a dish. – **7.** (*hinterlassen*) (*Spur etc*) impress, imprint, press in: das Siegel ins Wachs ~ to impress the seal on (*od.* press the seal into) the wax. – **8.** die feindliche Front ~ *mil.* a) to make a dent in the enemy's lines, b) (*durchbrechen*) to make a breach in the enemy's lines. – **9.** die Brücke ~ (*sport*) (*beim Ringen*) to break the bridge. – **10.** (*Sporen*) dig in. – **II** *v/reflex* sich ~ **11.** (*Spuren etc hinterlassen*) make an impression (*od.* imprint), be impressed, be imprinted, press in: seine Fußtritte hatten sich tief in den Boden eingedrückt his footprints were deeply impressed on (*od.* pressed deeply into) the ground; seine Finger drückten sich in das Wachs ein his fingers made (*od.* left) an impression (*od.* imprint) in the wax. – **12.** *fig. rare for* einprägen 6.

'einˌdrück·lich *adj obs. od. Swiss* impressive.

'Einˌdrucksˌbil·dung *f psych.* impression formation.

'Einˌdruckˌschmie·rung *f tech.* one-shot lubrication.

'einˌdrucks|ˌfä·hig *adj* **1.** impressionable. – **2.** (*empfindsam*) sensitive. — **E~ˌfä·hig·keit** *f* ⟨-; *no pl*⟩ **1.** impressionability. – **2.** sensitiveness, sensitivity.

'Einˌdrucksˌkunst *f* (*art*) impressionism.

'einˌdrucks|los *adj* unimpressive. — **~ˌvoll** *adj* impressive: er ist eine ~e Erscheinung he is an impressive (*od.* imposing) figure; eine ~e Rede an impressive (*od.* powerful) speech; ein ~es Beispiel an impressive (*od.* striking) example.

'Einˌdruckˌtie·fe *f metall.* (*bei der Härteprüfung*) depth of indentation.

'einˌdü·beln *v/t* ⟨*sep*, -ge-, h⟩ *tech.* dowel (*s.th.*) in: etwas in die Wand ~ to dowel s.th. in(to) the wall.

'einˌdun·sten I *v/t* ⟨*sep*, -ge-, h⟩ *cf.* eindünsten. – **II** *v/i* ⟨sein⟩ evaporate, dry up, concentrate by evaporation.

'einˌdün·sten *v/t* ⟨*sep*, -ge-, h⟩ (*Flüssigkeit*) evaporate (down), concentrate (*s.th.*) by evaporation.

'Ein|ˌdun·stung, ~ˌdün·stung *f* ⟨-; *no pl*⟩ evaporation.

'einˌdu·seln *v/i* ⟨*sep*, -ge-, sein⟩ *colloq. for* eindämmern.

'ei·ne *f* **I** *indef article cf.* ein[1] I. – **II** *cardinal number cf.* ein[1] II. – **III** *indef pron cf.* einer, ein[1] III.

'einˌeb·nen I *v/t* ⟨*sep*, -ge-, h⟩ **1.** (*Hügel etc*) level (off). – **2.** (*Boden etc*) level, even (up), make (*s.th.*) even (*od.* flat). – **3.** (*planieren*) level, grade. – **4.** (*Stadt etc*) level, flatten, raze, rase: die Stadt wurde durch den Bombenangriff eingeebnet the town was razed by the bombing raid. – **5.** *fig. iron.* level (*od.* even, smooth) out. – **II E~** *n* ⟨-s⟩ **6.** *verbal noun.* — **'Einˌeb·nung** *f* ⟨-; -en⟩ **1.** *cf.* Einebnen. – **2.** *geol.* planation: ~ durch Flüsse stream planation.

'Einˌeb·nungsˌpflug *m civ.eng.* spreader-ditcher.

'einˌeg·gen *v/t* ⟨*sep*, -ge-, h⟩ *agr.* (*Saat etc*) cover (*s.th.*) up by harrowing.

'Einˌehe *f* monogamy.

'einˌei·ig [-ˌʔaɪɪç] *adj biol.* monovular, unioval, uniovular: ~e Zwillinge identical (*od.* uniovular, monozygotic) twins.

'einˌein'halb *adj* one and a half: ~ Stunden one and a half hours, an hour and a half. — **E~ˌdecker** (*getr.* -k·k-) *m aer.* sesquiplane. — **~ˌmal** *adv* one and a half times: ~ größer one and a half times larger; ~ soviel one and a half times as much.

ei·nen ['aɪnən] *v/t* ⟨h⟩ *u.* sich ~ *v/reflex lit.* unite.

'einˌen·gen I *v/t* ⟨*sep*, -ge-, h⟩ **1.** (*Person*) restrict, confine, cramp, hamper, constrict: mein Kleid engt mich ein my dress restricts me (*od.* my movements). – **2.** (*eng machen*) make (*s.th.*) small (*od.* narrow, look cramped): der große Tisch engt das Zimmer ein the large table makes the room small. – **3.** (*eng begrenzen*) hem in, confine: der Fluß wird durch die hohen Ufer eingeengt the river is confined by the high banks. – **4.** *fig.* (*abgrenzen*) (*Begriff etc*) narrow (down), restrict, limit, confine: den Sinn eines Wortes auf seine konkrete Bedeutung ~ to restrict the sense of a word to its concrete meaning. – **5.** *fig.* (*einschränken*) (*Freiheit etc*) restrict, limit, confine: j-s Rechte auf ein Minimum ~ to restrict s.o.'s rights to a minimum; j-s Macht ~ to limit (*od.* set limits to) s.o.'s power; die Gewerbefreiheit ~ to restrict trade. – **6.** *fig.* constrict, oppress: der Anblick engte mir das Herz ein the sight oppressed my heart. – **7.** *chem.* concentrate. – **II E~** *n* ⟨-s⟩ **8.** *verbal noun.* — **'Einˌen·gung** *f* ⟨-; *no pl*⟩ **1.** *cf.* Einengen. – **2.** restriction, confinement, constriction. – **3.** (*Eingrenzung*) confinement. – **4.** *fig.* (*Einschränkung, Abgrenzung*) restriction, limitation, confinement. – **5.** *chem.* concentration.

'ei·ner, 'ei·ne, 'ei·nes *indef pron* **1.** one: einer von euch (beiden) one of you (two); alles in einem *fig.* everything (*od.* all things) considered, on the whole, all in all; einer für alle und alle für einen one for all and all for one; einer zu viel one too many; einer von vielen one of many; alle bis auf einen all but one; er ist auch so einer *colloq.* he is one of the same sort, he is another (of them); einer wird es wissen someone will know (it); manch einer many a person (*od.* one). – **2.** der eine, die eine, das eine (the) one: das eine, was not tut the one thing necessary. – **3.** (*in Verbindung mit* der andere) one, *auch* some: die einen sagen so, die anderen so some say this, others (*od.* some) that; einer nach dem anderen one (person) after another, one by one; die eine so hübsch wie die andere (the) one just as pretty as the other (*od.* next); die einen hassen die anderen (the) one group hates the other; sie glaubt weder dem einen noch dem anderen she doesn't believe either one of them; einer von (*od.* unter) zehn (anderen) one in ten; auf die eine oder andere Art one way or another, one way or the other; was dem einen sin Uhl, ist dem andern sin Nachtigall (*Sprichwort*) one man's meat is another man's poison (*proverb*). – **4.** *colloq.* (*in Wendungen wie*) j-m **eine geben** (*od.* **langen, kleben**) to give s.o. a slap, to land (*od.* give, fetch) s.o. one; **einen ausgeben** to pay a round; **sich** (*dat*) **einen genehmigen, einen heben** to have a drink; **einen sitzen haben** to be tipsy (*od. colloq.* tight), to be a little high (*colloq.*); **in einem fort** incessantly, without interruption (*od.* a break). – **5.** *cf.* eins 3—5. – **6.** (*man, jemand*) one: **es kommt einem zu Bewußtsein** one realizes, you realize; **es erscheint einem unglaubwürdig** one finds (*od.* you find) it hard to believe; **es tut einem leid** one feels (*od.* you feel) sorry; **wie kann einer nur so dumm sein** *colloq.* how can (any)one be so stupid; **sieh mal einer an!** *colloq.* a) just look at that now! b) well, well! fancy that! well I never! **das soll einer glauben?** *colloq. iron.* is one supposed (*od.* do you expect one) to believe that?

ˈEi·ner *m* ⟨-s; -⟩ **1.** *math.* unit. – **2.** (*sport*) (*im Rudern*) single scull(er) (*od.* skiff): **er wurde Sieger im ~** he won the single sculls. — **~ˌklas·se** *f philos.* unit class (*od.* set).

ˈei·nerˈlei *adj* **1.** ⟨*pred*⟩ (*gleichgültig*) all (*od.* one and) the same, all one: **es ist ganz ~** it's all one (*od.* the same), it makes no difference, it doesn't matter; **es ist mir völlig ~, ob er kommt** it's all one (*od.* it's immaterial) to me if he comes (or not), it makes no (*od.* little) difference to me whether he comes, I don't care (one way or the other) whether he comes; **das ist ziemlich ~** it's six of one and half a dozen of the other; **~, was er dir gesagt hat, du mußt mir glauben** whatever (*od.* no matter what) he told you you must believe me; **~, wer** whoever; **~, wie** however; **~, wann** whenever; **~, welches** whichever; **~, wohin** wherever; **~, wir gehen hin!** all the same let's go (there), let's go (there) anyhow (*od.* anyway). – **2.** ⟨*invariable*⟩ (*gleich*) the same: **sie hatten ~ Sprache und Religion** they had the same language and religion. – **3.** ⟨*invariable*⟩ (*gleichartig*) of one (*od.* the same) kind (*od.* sort): **~ Stoff** material of the same kind. – **4.** ⟨*invariable*⟩ (*eintönig*) monotonous, dull: **~ Essen** dull food.

ˈEi·nerˈlei *n* ⟨-s; *no pl*⟩ (*einer Landschaft etc*) sameness, uniformity, monotony, (*des Lebens*) *auch* humdrum, tediousness, tedium: **das (ewige) ~ des Alltags** the monotony (*od.* humdrum) of life, the daily grind; **immer dasselbe** (*od.* **das ewige**) **~** *colloq.* always the same old thing (*colloq.*).

ˈEi·nerˌmen·ge *f philos. cf.* Einerklasse.

ˈeinˌern·ten *v/t* ⟨*sep*, -ge-, h⟩ *rare for* ernten 1.

ˈEi·nerˌren·nen *n* (*sport*) race of single scull(er)s.

ˈei·nerˈseits *adv* **1.** on the one hand (*od.* side), in one respect: **~ bin ich sogar froh darüber** in one respect I am even happy about it. – **2.** **~ ..., ander(er)seits** (*od.* **anderseits**) a) on the one hand (*od.* side) ..., on the other hand (*od.* side), b) for one thing ..., for another thing: **~ gefällt es ihr hier, (aber) anderseits wäre sie lieber in Spanien** on the one hand she likes it here but on the other hand she'd rather be in Spain; **ich komme mit, ~ weil ich mich hier langweile, anderseits, weil** I'll come with you—for one thing because I'm bored here—for another thing because.

ˈEi·ner|ˌstel·le *f math.* unit's place. — **~ˌzelt** *n mil.* one-man tent. — **~ˌzif·fer** *f math.* digit in the unit's place.

ˈei·nes I *indef pron cf.* einer. – **II** *indef article* ⟨*gen sg of* ein[1] 1, 2⟩ of a(n).

ˈei·nesˈteils *adv* **1.** on the one hand (*od.* side), in one respect. – **2.** **~ ..., ander(e)nteils** *cf.* einerseits 2.

ˌEin·eta·genˌpres·se [-ʔeˈtaːʒən-] *f* (*rubber*) single daylight press.

ˈein·ex·erˌzie·ren *v/t* ⟨*sep, no* -ge-, h⟩ **1.** *bes. mil.* a) drill (*od.* train) (*s.o.*) (thoroughly), b) (*Handgriff etc*) exercise. – **2.** *fig. colloq. cf.* eindrillen 2, 3.

ˈeinˌfach I *adj* **1.** single: **~e Breite eines Stoffes** single width of a material; **~er Faden** single thread; **~e Fahrkarte** single (*Am.* one-way) ticket; **Berlin ~, bitte** *colloq.* single to Berlin (*Am.* Berlin one-way), please. – **2.** (*nicht schwer, unkompliziert*) simple, easy: **das ist eine ~e Aufgabe** that is a simple (*od.* an easy) task (*od.* assignment); **~es (mathematisches) Problem** simple (*od.* straightforward) (mathematical) problem; **sich** (*dat*) **eine Arbeit ~ machen** to make a job easy for oneself; **das ist gar nicht so ~, wie es aussieht** that's not as simple as it looks; **es ist ganz ~** it's quite simple, there's nothing to it; **das ist gar nicht ~** that is not at all easy, that takes a bit of (*od.* some) doing; **etwas als ~ hinstellen** to describe s.th. as (being) simple, to simplify s.th.; **warum ~, wenn's auch kompliziert geht** *colloq. iron.* why do it the easy way. – **3.** (*Kleidung, Worte etc*) simple, plain, (*Essen*) *auch* frugal: **~es Haus** simple (*od.* unpretentious) house; **eine ~e Lebensweise** a simple way of life (*od.* living), a simple life; **~e Sitten** plain manners; **~e Kost** simple food (*od.* diet); **ein ~es Abendessen** a simple (*od.* homely) evening meal; **aus dem ~en Grunde** *fig.* for the simple reason; **die ~e Wahrheit** *fig.* the simple (*od.* unadorned) truth. – **4.** (*Mensch*) simple, plain, ordinary, common: **sie ist eine ~e Frau** she is a simple woman; **der ~e Mann von der Straße** the (ordinary) man in the street. – **5.** (*Briefporto*) normal, standard (*attrib*). – **6.** (*Briefumschlag etc*) plain. – **7.** (*Bier etc*) ordinary. – **8.** *pol.* (*Stimmenmehrheit*) simple, bare. – **9.** *ling.* (*Wort*) simple, uncompounded. – **10.** *math.* (*Gleichung, Bruch etc*) simple: **~e Größe** simple quantity, monomial (*scient.*). – **11.** *jur.* (*Diebstahl*) simple. – **12.** *med.* (*Bruch*) simple. – **13.** *mil.* (*Soldat*) private: **~er Soldat** ordinary soldier, private, *Am. sl.* buck private. – **14.** **~e Buchführung** *econ.* (book[-]keeping by) single entry. – **15.** *electr.* single: **~er Schalter** one-way switch. – **16.** *tel.* simplex. – **17.** *tech.* a) plain, b) single: **~e Fräsmaschine** plain milling machine; **~e Konstruktion** straightforward design. – **18.** *chem.* a) (*Körper*) simple, b) (*Reaktion*) elementary, c) (*Bindung*) single. – **II** *adv* **19.** simply, easily, in a simple (*od.* easy) way: **das läßt sich ganz ~ beantworten** that can be answered quite simply; **die Sache liegt ganz ~** the matter is quite simple. – **20.** simply, plainly, in a simple (*od.* plain) manner, (*vom Essen*) *auch* frugally: **er kleidet sich betont ~** he lays stress on simple (*od.* plain) clothing; **sich zu ~ kleiden** to dress too plainly, to underdress; **sie wohnen sehr ~** they live simply, they live in very simple circumstances. – **21.** *colloq.* (*verstärkend*) simply, just: **das ist ~ wunderbar [unmöglich]** that's simply (*od.* just) wonderful [absolutely impossible]; **die Sache ist ~ die, daß** the matter is simply that; **sie sieht ~ reizend aus** she looks simply (*od.* absolutely) charming; **ich kann dich ~ nicht verstehen** I simply can't understand you; **er hat sie ~ sitzenlassen** he simply walked out on her; **ich kann ihn ~ nicht sehen** I just cannot see him; **ich mußte ~ lachen** I couldn't help laughing (*od.* but laugh); **ich glaube es ~ nicht** I simply don't (*od.* I refuse to) believe it; **die Tür wollte ~ nicht aufgehen** the door just wouldn't open; **das ist doch ~ Irrsinn** that's simply (*od.* sheer, downright) madness; **das ist ~ verbrecherisch** that's simply (*od.* outright) criminal; **das ist ~ eine Lüge** that's simply a lie, that's a downright lie. – **III E~e, das** ⟨-n⟩ **22.** the simple (*od.* easy) thing: **etwas E~es** s.th. simple (*od.* easy); **das ist doch das E~ste von** (*od.* **in**) **der Welt** that's the simplest (*od.* most simple) thing in the world. – **23.** (*das Schlichte*) the simple (*od.* plain) thing: **wollen Sie etwas E~es oder etwas Besseres?** do you want s.th. simple or s.th. better? **das E~ste ist oft das Beste** the simplest thing often is the best.

ˈEinˌfach|beˌtrieb *m electr. tel.* simplex operation. — **~ˌbin·dung** *f chem.* single bond. — **~ˌbre·chung** *f* (*optics*) simple (*od.* single) refraction. — **e~ˌbreit** *adj* (*textile*) of single width. — **~ˌdün·ger** *m agr.* single-nutrient fertilizer. — **~ˌerdˌschluß** *m electr.* single earth (*bes. Am.* ground).

ˈeinˌfä·che·rig [-ˌfɛçərɪç] *adj bot.* one-celled; unilocular, monothecal (*scient.*).

ˈEinˌfach|ˌform *f synth.* single-cavity mold (*bes. Br.* mould). — **~ˌfräs·maˌschi·ne** *f tech.* plain milling machine. — **~ˌhahn** *m* one-way cock.

ˈEinˌfach·heit *f* ⟨-; *no pl*⟩ **1.** simplicity: **der ~ halber** (*od.* **wegen**) for the sake of simplicity, to make it (*od.* things) easier, to simplify matters, to save trouble. – **2.** (*Schlichtheit*) simplicity, plainness, (*eines Mahls*) *auch* frugality: **die ~ seiner Kleidung** the simplicity of his clothing; **strenge** (*od.* **spartanische**) **~** austere simplicity, austerity; **ländliche ~** rustic simplicity, rusticity.

ˈEinˌfach|ˌho·belˌei·sen *n tech.* uncut plane iron. — **~ˌka·bel** *n electr.* single-core cable. — **~ˌkreis** *m* simplex circuit. — **~ˌkreu·zung** *f bot.* single cross. — **~ˌrol·lenˌket·te** *f tech.* single-roller chain. — **~ˌschrau·ben-ˌschlüs·sel** *m* single-head wrench, *Br.* single-ended spanner. — **~ˌstrom·beˌtrieb** *m electr.* transmission by simplex current. — **~te·le·graˌfie, ~te·le·graˌphie** *f* simplex telegraphy. — **~turˌbi·ne** *f* single-stage turbine. — **~verˌkehr** *m electr. tel.* simplex operation. — **~ˌwen·del** *f electr.* single-coil filament, single coil. — **e~ˌwir·kend** *adj tech.* single-action (*attrib*), single-acting.

ˈEinˌfä·del·maˌschi·ne *f* (*textile*) threader.

ˈeinˌfä·deln I *v/t* ⟨*sep*, -ge-, h⟩ **1.** (*Nadel etc*) thread: **die Nähmaschine ~** to thread (up) the sewing machine. – **2.** (*Faden etc*) pass (*s.th.*) through the eye of a needle, thread. – **3.** *fig.* (*Fahrzeuge*) (*in acc* into) filter. – **4.** *fig. colloq.* (*Intrige etc*) scheme, engineer. – **5.** *fig. colloq.* (*Plan, Geschäft etc*) contrive, devise: **das hast du schlau eingefädelt** you contrived (*od.* managed, arranged) that cleverly. – **6.** *fig. colloq.* (*anfangen*) set (*od.* go) about, start: **ich weiß nicht, wie ich es ~ soll** I don't know how to set about it. – **7.** *fig. colloq.* (*Gespräch*) strike up, set afoot, start. – **II** *v/i* **8.** thread a needle: **ich habe weiß eingefädelt** *colloq.* I threaded the needle with white thread. – **9.** (*von Autos in Fahrbahn etc*) filter in. – **10.** (*sport*) (*im Slalom*) straddle. – **III** *v/reflex* **sich ~ 11.** (*Autos in Fahrbahn etc*) filter in: **die Fahrzeuge müssen sich von einer Spur in die andere ~** the vehicles have to filter (*od.* change) from one lane into another. – **IV E~** *n* ⟨-s⟩ **12.** *verbal noun.* — **ˈEinˌfä·de·lung** *f* ⟨-; -en⟩ **1.** *cf.* Einfädeln. – **2.** *fig.* contrivance.

ˈEinˌfa·den|ˌaufˌhän·gung *f electr.* unifilar suspension. — **~ˌlam·pe** *f* single-filament lamp.

ˈeinˌfä·dig [-ˌfɛːdɪç] *adj* **1.** (*Fäden etc*) single. – **2.** *phys. tech.* unifilar.

ˈEinˌfäd·ler [-ˌfɛːdlər] *m* ⟨-s; -⟩ **1.** (needle) threader. – **2.** *cf.* Einfädelmaschine.

ˈEinˌfäd·lung *f* ⟨-; -en⟩ *cf.* Einfädelung.

ˈeinˌfah·ren I *v/t* ⟨*irr, sep*, -ge-, h⟩ **1.** (*Auto etc*) *Am.* break in, *Br.* run in: „**wird eingefahren**" *Am.* "being broken in", *Br.* "running in". – **2.** (*Pferd*) break (in). – **3.** (*Ernte*) bring (*od.* take, gather, get) in (*in a wagon etc*). – **4.** (*Tor etc umfahren*) (drive into and) knock down: **j-d hat unseren Zaun eingefahren** s.o. (drove into and) knocked down our fence. – **5.** *civ.eng.* transport (*od.* drive) (*s.th.*) into place: **eine Schwimmbrücke ~** to float bridge sections (*od.* pontoons) into place. – **6.** *aer. mar.* (*Fahrgestell, Sehrohr etc*) retract. – **7.** (*sport*) (*Skipiste etc*) track. – **8.** *econ.* earn by transporting (*od.* travel[l]ing): **die deutsche Handelsflotte hat 900 Millionen DM an Deviseneinnahmen ~ können** the German merchant fleet was able to earn 900 million marks in foreign exchange. – **II** *v/i* ⟨sein⟩ **9.** (*von Zügen*) come (*od.* pull) in, enter: **pünktlich ~** come in on time; **in den Bahnhof ~** to pull into the station. – **10.** (*von Schiffen*) come in, sail in, enter. – **11.** (*in Straße, Hof etc*) drive in, enter. – **12.** (*bei der Ernte*) get the harvest (*od.* crop) in (the barn). – **13.** (*mining*) go down (*od.* descend) (into the pit). – **14.** *hunt.* (*von Fuchs etc*) *Br.* go to earth (*od.* ground), earth, *Am.* hole up. – **III** *v/reflex* ⟨h⟩ **sich ~ 15.** (*beim Auto etc*) get used to driving. – **16.** **es hat sich so eingefahren, daß wir mittwochs turnen gehen** *fig. colloq.* it has become a habit (*od.* custom) of ours (*od.* with us) to go to the gym on Wednesdays. – **IV E~** *n* ⟨-s⟩ **17.** *verbal noun.* – **18.** *cf.* Einfahrt 2, 3.

ˈEinˌfahr|geˌlei·se, ~ˌgleis *n* (*railway*) *cf.* Einfahrtgleis.

ˈEinˌfahrt *f* ⟨-; -en⟩ **1.** *cf.* Einfahren: **bei der ~ in den Bahnhof** when coming into (*od.* pulling into, entering) the station; **der Zug aus Berlin hat ~ auf Gleis 10** the train from Berlin is now coming in on track 10. – **2.** (in *acc* into) entry: „**keine ~!**" "no entry!"; **der Zug hat [keine] ~** the signal is at green (*od.* clear) [red *od.* stop]. – **3.** (*mining*) descent: **~ in die Grube** descent into the pit, going underground, riding (to the face). – **4.** (*eines Grundstücks, Gebäudes* *etc*) entrance, gateway, way in, entry, drive, *bes. Am.* driveway: „~ freihalten!" "keep clear of the gate". – **5.** (*als Verkehrszeichen*) a) "way in", b) (*zur Autobahn*) "entry". – **6.** (*einer Autobahn*) access (road), entrance, ramp, approach. – **7.** (*eines Hafens, Tunnels*) entrance, mouth.

'Einˌfahrt|geˌlei·se *n* (*railway*) *cf.* Einfahrtgleis. — **~geˌschwin·dig·keit** *f* **1.** (*railway*) pulling-in speed. – **2.** *auto. Am.* break-in (*Br.* running-in) speed. — **~ˌgleis** *n* (*railway*) entrance track. — **~ˌschleu·se** *f* *mar.* entrance lock. — **~siˌgnal** *n* (*railway*) home (*od.* arrival) signal. — **~ˌstra·ße** *f* access road. — **~ˌtor** *n* entrance (gate), entry. — **~ˌweg** *m* drive, *bes. Am.* driveway, approach.

'Einˌfahr|ˌvorˌschrift *f auto. Am.* break-in (*Br.* running-in) instructions *pl.* — **~ˌzeit** *f* *Am.* break-in (*Br.* running-in) time.

'Einˌfall *m* ⟨-(e)s; ⸚e⟩ **1.** *cf.* Einfallen. – **2.** *fig.* (sudden) idea, (sudden flash of) thought: (**plötzlicher**) ~ (sudden) inspiration, brain wave (*colloq.*), *Am. colloq. auch* brainstorm; **phantasievoller** ~ fancy; **glücklicher** ~ happy (*od.* fortunate) thought (*od.* idea); **guter** ~ good idea; **geistreiche Einfälle** bright (*od.* witty) ideas; **launische Einfälle** whims, caprices; **lustiger** ~ amusing (*od.* funny) idea; **sonderbare** (*od.* **wunderliche**) **Einfälle** odd (*od.* strange, weird, bizarre) ideas, whims, queer notions; **nachträglicher** ~ afterthought, second thought(s *pl*); **es war nur** (*od.* **bloß**) **so ein ~ von mir** *colloq.* it was only one of my sudden ideas; **plötzlich kam ihm der** (*od.* **er auf den**) **~ auszugehen** he had the sudden idea (*od.* he suddenly took it into his head) to go out, he suddenly hit upon the idea of going out; **was für ein ~!** what an idea! **er hatte einen ~** an idea struck him; **es kam mir der ~, daß** it occurred to me that; **er steckt** (*od.* **ist**) **voll witziger Einfälle** (*od.* **voll von witzigen Einfällen**) he is full of fun (*od.* of witty ideas); **du hast Einfälle wie ein altes Haus** *colloq. humor.* you're full of bright ideas (*iron.*). – **3.** *cf.* Einsturz 1. – **4.** *mil.* a) invasion, *auch* irruption, descent, b) (*plötzlicher Überfall*) raid, incursion, inroad: **der ~ der Goten in Italien** the invasion of Italy by the Goths; **~ in ein feindliches Land** invasion of (*od.* raid into, incursion into, inroad into) an enemy's country. – **5.** *phys.* (*des Lichts etc*) incidence. – **6.** (*watchmaking*) escapement.

Ein·fall..., ein·fall... *cf.* Einfalls..., einfalls...

'einˌfal·len I *v/i* ⟨*irr, sep,* -ge-, sein⟩ **1. j-m ~** *fig.* to occur to s.o. (*od.* to s.o.'s mind), to come to (*od.* enter) s.o.'s mind, to strike s.o.: **halt, mir fällt gerade ein, daß** wait a minute—it just occurs to me (*od.* comes to my mind) that, wait a minute—the thought (has) just struck me that; **mir fällt nichts Besseres ein** I can't think of anything better; **sagen, was einem gerade einfällt** to say the first thing that comes into one's head, to say whatever occurs to one; **zu diesem Thema fällt mir nichts ein** I can't think of anything (to say, to write) on this topic; **das fiele mir nie** (*od. colloq.* **nicht im Traum**) **ein** that would never enter my mind (*od.* head), I would never dream of that; **was fällt dir (eigentlich) ein?** what do you think you're doing? what's the (big) idea? what has come over you? **fällt mir gar nicht ein! das sollte mir (gerade) ~!** *colloq.* not on your life! (*colloq.*), not I! not likely! I haven't the slightest intention! **lassen Sie sich etwas ~** try to think of s.th., come up with some good ideas; **er könnte sich etwas Neues ~ lassen** he might (try to) think of s.th. new; **was fällt dir ein, mich zu schlagen?** what's the (big) idea of hitting me? how dare you hit me? **laß dir ja nicht etwa ~ wegzugehen** don't ever think of going away, don't (you) dare go away; **es fällt mir im Augenblick nicht ein** it doesn't occur to me at the moment, I can't think of it (*od.* don't remember it) at the moment; **dabei fällt mir ein, daß ich ja noch etwas zu tun habe** that reminds me that I've still got to do s.th.; **es wird mir schon wieder ~** it'll come to my mind (*od.* back to me) soon. – **2.** *cf.* einstürzen 1, 2. – **3.** *fig.* (*ins Gespräch etc*) break (*od. colloq.* butt, cut) in, interrupt: **er fiel in die Unterhaltung ein** he broke in on the conversation. – **4. bei j-m ~** *fig. colloq. humor.* to visit s.o. unexpectedly, to break (*od.* drop) in on s.o. – **5.** *fig.* sink in, become hollow (*od.* haggard): **seine Wangen fielen immer mehr ein** his cheeks sank in more and more. – **6.** *bes. mil.* a) (*in ein Land*) invade, make an invasion (*od.* incursion, inroad), b) (*plötzlich überfallen*) (make a) raid: **in ein feindliches Land ~** a) to invade an enemy country, to make an invasion of (*od.* incursion into, inroad into) an enemy country, b) to raid (*od.* make a raid into) an enemy country. – **7.** *bes. phys.* (*von Licht etc*) fall in, shine in, enter, be incident (*scient.*): **das Licht fiel durch die Läden ein** the light fell in through the shutters. – **8.** *hunt.* (*von Vögeln*) alight, come (*od.* settle) down. – **9.** *bes. mus.* a) (*von Instrumenten, Sängern*) come (*od.* join) in, enter, b) (*mit Refrain etc*) join in: **hier fällt die Orgel ein** the organ comes in here; **das ganze Publikum fiel ein** the whole audience joined in; **in j-s Wehklagen ~** *fig.* to join in (*od.* chime in on) s.o.'s lamentations. – **10.** *geol.* a) dip, pitch, rake, incline, b) underlay. – **11.** (*von Schloß etc*) click (to). – **12.** *fig. lit.* (*von Nacht etc*) fall. – **13.** *fig. lit.* (*von Kälte etc*) set in: **der Wind fiel unerwartet ein** the wind set in (*od.* arose) unexpectedly. – **II** *v/impers* **14.** (*in Wendungen wie*) **sie handelt immer so, wie es ihr gerade einfällt** she always does what comes to her mind first; **es fällt mir nichts ein** a) I have no idea, b) I have nothing to say (*od.* write); **es wäre mir nie eingefallen, ihm die Wahrheit zu sagen** it would never have occurred to me (*od.* come to my mind) to tell him the truth, I would never have thought of telling him the truth; **es fällt ihm gar nicht ein, das zu tun** he has no intention of doing that, he hasn't a notion of doing that; **hoffentlich läßt er es sich nicht ~, hier aufzukreuzen** I hope he doesn't take it into his head to turn up here. – **III E~** *n* ⟨-s⟩ **15.** *verbal noun.* – **16.** *phys.* incidence. – **17.** *geol.* a) dip, pitch, rake, inclination, b) underlie. – **18.** *cf.* Einfall 4. — **'einˌfal·lend I** *pres p.* – **II** *adj phys.* (*optics*) (*Licht, Strahl*) incident.

'Einˌfallicht (*getr.* -llˌl-) *n phys.* (*optics*) incident light.

'Einˌfalls|ˌbö·schung *f geol.* dip slope. — **~ˌebe·ne** *f* **1.** *geol.* dip plane. – **2.** *phys.* (*optics*) plane of incidence.

'einˌfalls·los *adj* unimaginative, lacking in imagination (*od.* ideas). — **'Einˌfalls·lo·sig·keit** *f* ⟨-; *no pl*⟩ unimaginativeness, lack of imagination (*od.* ideas).

'Einˌfalls|ˌlot *n phys. math.* axis of incidence, perpendicular. — **~ˌpfor·te** *f* gate of entry. — **~ˌpunkt** *m phys.* **1.** point of incidence. – **2.** (*perspektivischer*) accidental point. — **e~ˌreich** *adj* full of imagination (*od.* ideas), imaginative, inventive. — **~ˌreich·tum** *m* wealth of imagination (*od.* ideas). — **~ˌstrahl** *m phys.* (*optics*) incident ray. — **~ˌstra·ße** *f* access road. — **~ˌtor** *n* *cf.* Einfallspforte. — **~ˌwin·kel** *m* **1.** *phys.* (*optics*) (angle of) incidence. – **2.** *geol.* dip angle. – **3.** (*eines Geschosses etc*) angle of descent.

'Einˌfalt *f* ⟨-; *no pl*⟩ **1.** (*leichte Beschränktheit*) simpleness, simplemindedness, *Br.* simple-mindedness. – **2.** (*Torheit*) silliness, foolishness, (*stärker*) stupidity. – **3.** (*Leichtgläubigkeit*) credulity, gullibility. – **4.** *lit.* (*Schlichtheit der Kunst, des Gemüts etc*) simplicity: **~ des Herzens** simplicity of heart; **edle ~, stille Größe** noble simplicity and quiet grandeur. – **5.** (*eines Kindes*) simplicity, artlessness, ingenuousness. – **6.** (*Unschuld*) innocence, naïvety, naïveté, *auch* naiveté: **o heilige ~!** what innocence! sancta simplicitas! (*lit.*).

'einˌfal·ten *v/t* ⟨*sep,* -ge-, h⟩ **1.** (*Papier etc*) fold. – **2.** *bes. geol.* (*zusammenfalten*) interfold.

'einˌfäl·tig [-ˌfɛltɪç] **I** *adj* **1.** (*leicht beschränkt*) simple, simpleminded, *Br.* simple-minded: **er ist ein ~er Mensch** he is a simple soul. – **2.** (*töricht*) silly, foolish, fatuous, (*stärker*) stupid: **~e Bemerkungen** silly remarks; **~es Zeug reden** to talk rubbish (*od.* nonsense); **hör doch auf mit dem ~en Geschwätz!** stop talking rubbish (*od.* nonsense)! – **3.** (*leichtgläubig*) credulous, gullible. – **4.** *lit.* (*schlicht*) simple, artless, ingenuous. – **II** *adv* **5. er lächelte ~** he smiled foolishly (*od.* simperingly), he simpered. — **'Einˌfäl·tig·keit** *f* ⟨-; *no pl*⟩ **1.** simpleness, simplemindedness, *Br.* simple-mindedness. – **2.** silliness, foolishness, fatuity, (*stärker*) stupidity. – **3.** credulousness, gullibility. – **4.** *obs.* simplicity, artlessness, ingenuity.

'Einˌfaltsˌpin·sel *m colloq. contempt.* simpleton; ninny, Simple Simon, nincompoop, *Am.* dum(b)bell (*colloq.*).

'Einˌfal·tung *f* ⟨-; -en⟩ *geol.* interfolding. — **'Einˌfal·tungsˌfeld** *n* structural saddle.

'einˌfal·zen *v/t* ⟨*sep,* -ge-, h⟩ **1.** (*Papier*) fold (in *od.* up). – **2.** *tech.* a) (*in der Schreinerei*) rebate, b) (*Dauben*) notch, c) (*Boden eines Fasses*) bottom.

'Ein·faˌmi·li·enˌhaus *n* single-family house, one-family dwelling.

'Einˌfang *m* ⟨-(e)s; *no pl*⟩ *nucl.* capture, [*auch* lock-on.]

'einˌfan·gen I *v/t* ⟨*irr, sep,* -ge-, h⟩ **1.** (*Verbrecher etc*) catch, capture, lay hold of, apprehend: **einen Flüchtigen ~** to capture a fugitive. – **2.** (*Tiere etc*) catch, seize: **Pferde mit einem Lasso ~** to lasso horses. – **3.** (*Bienen*) hive. – **4.** *fig.* (*in Wort, Bild etc*) catch, capture: **etwas mit der Kamera ~** to catch s.th. with the camera; **er versuchte, sein Erlebnis in Worte einzufangen** he tried to capture (*od.* express) his experience in (*od.* put his experience into) words. – **5.** *fig. humor.* catch, (en)trap, hook (*colloq.*): (**sich** *dat*) **einen Mann ~** to hook a husband. – **6.** *fig. lit. for* **umfangen** 3. – **7.** *nucl.* capture, trap. – **II E~** *n* ⟨-s⟩ **8.** *verbal noun.* – **9.** capture, apprehension. – **10.** *nucl.* capture.

'Einˌfang|proˌzeß *m nucl.* radiative capture. — **~ˌquerˌschnitt** *m* capture cross section (*Br.* cross-section).

'einˌfär·ben I *v/t* ⟨*sep,* -ge-, h⟩ **1.** (*Stoff, Haar etc*) dye: **Kleider schwarz ~** to dye dresses black. – **2.** *print.* (*Druckwalzen etc*) ink. – **II E~** *n* ⟨-s⟩ **3.** *verbal noun.* — **'Einˌfär·ber** *m* ⟨-s; -⟩ *print.* inker.

'einˌfar·big *adj* **1.** of one color (*bes. Br.* colour), one-colo(u)red, unicolo(u)r(ed), self-colo(u)red, (*bes. Stoff*) *auch* plain: **ein ~es Kleid** a dress of one colo(u)r. – **2.** *phot.* (*Licht etc*) monochromatic, monochrome. – **3.** *print.* monochrome.

'einˌfär·big *adj Austrian for* **einfarbig.**

'Einˌfar·big·keit *f* ⟨-; *no pl*⟩ uniformity of color (*bes. Br.* colour), monotone.

'Einˌfär·bung *f* ⟨-; -en⟩ *cf.* Einfärben.

'Einˌfaß|ˌband *n* ⟨-(e)s; ⸚er⟩ (*textile*) binding, edging. — **~ˌbor·te** *f* trimming, edging.

'einˌfas·sen I *v/t* ⟨*sep,* -ge-, h⟩ **1.** (*umsäumen*) border, line, edge: **ein Blumenbeet mit Buchsbaum ~** to edge a flower bed with box. – **2.** (*umgeben*) surround, enclose, close in, encompass, bound: **ein Grundstück mit einer Mauer ~** to close in a piece of land (*od.* a plot) by a wall, to wall in a piece of land; **einen Garten mit einer Hecke [einem Zaun] ~** to hedge in [fence in] a garden. – **3.** (*Quelle etc*) curb, *Br.* kerb. – **4.** (*bes. fashion*) edge, border, trim, bind, braid, hem: **etwas mit Spitze ~** to edge s.th. with lace, to lace s.th.; **einen Kragen mit Pelz ~** to trim a collar with fur, to fur a collar. – **5.** (*Brillengläser, Druckstock etc*) frame. – **6.** (*jewelry*) (*Edelstein*) set, mount: **einen Stein in Gold ~** to set a jewel (*od.* gem) in gold. – **7.** (*Hutkrempe*) bind. – **8.** (*Schuh etc*) welt. – **II E~** *n* ⟨-s⟩ **9.** *verbal noun.* — **'Einˌfas·sung** *f* ⟨-; -en⟩ **1.** *cf.* Einfassen. – **2.** (*Umsäumung*) border, lining, edge, edging. – **3.** (*Umzäunung etc*) fence, enclosure. – **4.** (*einer Quelle etc*) curb, *Br.* kerb, lip. – **5.** (*bes. fashion*) edge, border, trim(ming), hem. – **6.** (*jewelry*) *cf.* Fassung 9. – **7.** (*eines Schuhs*) binding. – **8.** *bes. tech. cf.* Rahmen 4a. – **9.** (*Rand*) rim.

'einˌfet·ten I *v/t* ⟨*sep,* -ge-, h⟩ **1.** (*Körper, Haare etc*) cream: **sich** (*dat*) **die Haut ~, seine Haut ~** to rub cream into one's skin. – **2.** grease: **einen Kuchenblech [mit Butter] ~** to grease [to butter] a cake tin; **etwas mit Talg [Öl] ~** to tallow [to oil] s.th. – **3.** *tech.* (*Maschinenteile etc*) lubricate, grease. – **4.** (*leather*) stuff, dress. – **5.** (*textile*) (*Wolle*) oil. – **II** *v/reflex* **sich ~ 6.** cream oneself. – **7.** (*von Kanalschwimmern etc*) grease oneself. – **III E~** *n* ⟨-s⟩ **8.** *verbal noun.* — **'Einˌfet·tung** *f* ⟨-; -en⟩ **1.** *cf.* Einfetten. – **2.** *tech.* lubrication.

'einˌfeuch·ten *v/t* ⟨*sep,* -ge-, h⟩ **1.** damp, *bes. Am.* dampen, moisten, wet. – **2.** (*Wäsche etc*) damp, *bes. Am.* dampen, sprinkle. – **3.** (*paper*) spray.

ˈeinˌfie·ren *v/t* ⟨*sep*, -ge-, h⟩ *mar.* (*Tau*) slack.

ˈein·filˌtrie·ren *v/t* ⟨*sep, no* -ge-, h⟩ *colloq. for* einflößen 1.

ˈeinˌfin·den *v/reflex* ⟨*irr, sep*, -ge-, h⟩ sich ~ 1. come, appear, put in an appearance, turn (*od.* show) up: nur wenige Personen fanden sich ein only few people came; sich an einem Ort ~ to come to a place, to appear (*od.* turn up) at a place; sich bei j-m ~ to come to s.o.; sich zu etwas ~ to appear (*od.* turn up) for s.th., to come to s.th., to attend s.th.; auch Herr X fand sich ein Mr. X put in an appearance too. – 2. (*eintreffen*) arrive, come: sich pünktlich [zur verabredeten Zeit] ~ to arrive on time [at the appointed time]. – 3. (*zu einer Prüfung etc*) present oneself. – 4. (*sich versammeln*) assemble, come together, gather, meet, convene: der Rat fand sich zu einer Sitzung ein the council met for a session. – 5. sich in (*acc*) etwas ~ *rare* to get accustomed to s.th.

ˈein|ˌfin·ge·rig [-ˌfıŋərıç], **~ˌfing·rig** [-ˌfıŋrıç] *adj zo.* monodactylous, monodactyl.

ˈeinˌflam·mig *adj* 1. (*Gasherd etc*) one-burner (*attrib*). – 2. *tech.* (*Brenner*) single-flame, single-jet (*beide attrib*).

ˈEinˌflammˌrohrˌkes·sel *m tech.* Cornish (*od.* single-flue) boiler.

ˈeinˌflech·ten I *v/t* ⟨*irr, sep*, -ge-, h⟩ 1. (in *acc* into) weave, inweave, enweave: ein Muster in einen Teppich ~ to weave a pattern into a carpet. – 2. (in *acc* into) twist: Blumen in eine Girlande ~ to twist flowers into a garland. – 3. (in *acc* into) plait, braid: Bänder ins Haar ~ to plait ribbons into one's hair, to dress one's hair with ribbons; sich (*dat*) die Haare ~ to plait (*od.* braid) one's hair. – 4. etwas in (*acc*) etwas ~ *fig.* a) (*Episode in Roman etc*) to insert (*od.* introduce, weave) s.th. into s.th., b) (*Witze in Rede etc*) to work (*od.* put) in (*od.* insert, include, intersperse) s.th. into s.th.: Anekdoten in einen Vortrag ~ to intersperse anecdotes into a speech, to intersperse (*od.* interweave) a speech with anecdotes; eine Melodie in ein Musikstück ~ to weave a tune into a piece of music. – 5. *fig.* (*beiläufig erwähnen*) mention (*s.th.*) casually (*od.* in passing). – **II E~** *n* ⟨-s⟩ 6. *verbal noun.* — **ˈEinˌflech·tung** *f* ⟨-; -en⟩ 1. *cf.* Einflechten. – 2. *fig.* insertion, introduction. – 3. *fig.* insertion, inclusion, interspersion.

ˈeinˌflicken (*getr.* -k·k-) *v/t* ⟨*sep*, -ge-, h⟩ 1. *dial.* (*Stück Stoff etc*) insert, put in. – 2. *fig.* (*Textstelle etc*) add, insert, put in, work in, interpolate (*lit.*).

ˈeinˌflie·gen I *v/t* ⟨*irr, sep*, -ge-, h⟩ 1. *bes. mil.* (*Truppen, Proviant etc*) fly in, airlift (*Br.* air-lift) (*s.th.*) in: Lebensmittel wurden in die Stadt eingeflogen food was flown into the town. – 2. *aer.* (*Flugzeug*) flight-test, test-fly. – **II** *v/i* ⟨sein⟩ 3. fly in: in ein Gebiet ~ a) to fly into a territory, to enter a territory, b) *mil.* to penetrate (*od.* intrude into) a territory. – 4. *aer.* (*in die Flughafenzone*) approach, come in: auf dem Leitstrahl (*od.* Peilstrahl) ~ to come in on the beam. – **III** *v/reflex* ⟨h⟩ sich ~ 5. get used (*od.* accustomed) to flying. – **IV E~** *n* ⟨-s⟩ 6. *verbal noun.* – 7. (*Probeflug*) trial (*od.* test) flight. – 8. *cf.* Einflug 2—4.

ˈEinˌflie·ger *m aer.* test pilot.

ˈeinˌflie·ßen I *v/i* ⟨*irr, sep*, -ge-, sein⟩ 1. (*von Flüssigkeiten*) flow in: in (*acc*) etwas ~ to flow into s.th., to enter s.th. – 2. *econ. auch meteor.* flow in, come in. – 3. etwas ~ lassen *fig.* a) (*fallenlassen*) to drop s.th., to slip s.th. (in), to let s.th. fall, to slide s.th. in, b) (*durchblicken lassen*) to let s.th. be understood (*od.* known), c) (*hinzufügen*) to insert (*od.* include, add) s.th., to interpose s.th. (*lit.*): er ließ ~, daß er so ein Verhalten mißbilligte he let it be understood that he disapproved of such behavio(u)r; einige bissige Bemerkungen ~ lassen to insert some biting remarks; er ließ gesprächsweise ~, daß er dies nicht zu tun beabsichtigte in the course of the conversation he let it be known (*od.* gave a hint) that he had no intention of doing this. – **E~** *n* ⟨-s⟩ 4. *verbal noun.* – 5. influx, inflow.

ˈeinˌflö·ßen I *v/t* ⟨*sep*, -ge-, h⟩ 1. j-m etwas (Flüssigkeit) ~ a) to pour s.th. into s.o.'s mouth, to give s.o. s.th. (to drink), b) (*Suppe etc*) to feed s.o. with s.th.: j-m etwas tropfenweise ~ to instil(l) s.th. into s.o.; j-m ein Getränk mit Gewalt ~ to force a drink into s.o. (*od.* down s.o.'s throat). – 2. j-m etwas ~ *fig.* to inspire (*od.* fill, imbue) s.o. with s.th., to infuse (*od.* inject, instil[l], implant, put) s.th. into s.o., to impart s.th. to s.o.: j-m Achtung [Bewunderung] ~ to fill s.o. with respect [admiration], to command s.o.'s respect [admiration]; j-m Vertrauen ~ to inspire s.o. with confidence, to inspire s.o.'s confidence; j-m Mitleid ~ to fill s.o. with pity, to arouse s.o.'s pity, to move s.o. to pity; j-m Mut ~ to infuse (*od.* instil[l], put) courage into s.o., to inspire s.o. with courage, to arouse (*od.* raise, excite) s.o.'s courage, to encourage s.o. – **II E~** *n* ⟨-s⟩ 3. *verbal noun.* – 4. *cf.* Einflößung.

ˈEinˌflö·ßung *f* ⟨-; -en⟩ 1. *cf.* Einflößen. – 2. *fig. rare* inspiration, infusion, injection, instillation, instil(l)ment.

ˈeinˌfluch·ten I *v/t* ⟨*sep*, -ge-, h⟩ *tech.* align, *auch* aline, bring (*s.th.*) into line. – **II E~** *n* ⟨-s⟩ *verbal noun.* — **ˈEinˌfluch·tung** *f* ⟨-; *no pl*⟩ 1. *cf.* Einfluchten. – 2. alignment, *auch* alinement.

ˈEinˌflug *m* ⟨-(e)s; "e⟩ 1. *cf.* Einfliegen. – 2. *aer.* (*in ein Gebiet etc*) flight (into). – 3. a) (*in ein Land*) inbound (*od.* incoming) flight, b) (*in ein Gebiet*) entry (into). – 4. *mil.* a) (*von Feindflugzeug etc*) penetration, intrusion, b) (*Angriff*) raid. – 5. *rare for* Flugloch.

ˈein|ˌflü·ge·lig [-ˌflyːgəlıç], **~ˌflüg·lig** [-ˌflyːglıç] *adj* 1. *zo.* one-winged, monopteral (*scient.*). – 2. (*Tür*) single-flashed, single-winged. – 3. (*railway*) (*Signal*) single-arm(ed).

ˈEinˌflug|ˌpunkt *m aer.* point of entry (by air). — **~ˌschnei·se** *f* approach lane, air corridor. — **~ˌzei·chen** *n* marker (for approaching aircraft). — **~ˌzo·ne** *f* area for incoming aircraft.

ˈEinˌfluß *m* 1. *cf.* Einfließen. – 2. (*Einwirkung*) (auf *acc* on) influence: günstiger [schädlicher] ~ favo(u)rable [harmful] influence; Einflüsse von außen outside influences; die Einflüsse des tropischen Klimas the influences of the tropical climate; unter dem ~ von under the influence (*od.* sway) of; (einen) ~ auf (*acc*) etwas [j-n] ausüben (*od.* haben) to exert (*od.* exercise, have) an influence (up)on (*od.* over) s.th. [s.o.], to influence s.th. [s.o.]; unter dem ~ von Alkohol under the influence of alcohol. – 3. (*einer Person*) influence, pull (*colloq.*): ein Mann von [ohne] ~ a man of [without] influence (*od.* authority, weight, consequence), an [un]influential man; sein ~ auf das Volk his influence on (*od.* over) the people; seinen ganzen ~ aufbieten (*od.* geltend machen) to use all one's influence, to bring every influence to bear, to pull all strings (*colloq.*); j-s ~ brechen to break s.o.'s influence, to set s.o.'s influence at nought (*lit.*); ~ gewinnen to gain (*od.* obtain) influence; an ~ gewinnen to gain in influence; er hat ~ bei Hofe [beim König] he has influence at court [with the king]. – 4. (*Macht*) influence, power, control, sway: in einer Sache ~ haben to have influence (*od.* a voice, a say) in s.th., to have sway over s.th.; darauf habe ich keinen ~ this is beyond my control; unter j-s ~ stehen [geraten] to be [to come *od.* fall] under s.o.'s sway; großen ~ im Parlament haben to have great power in parliament; man sollte seinen ~ nicht unterschätzen his influence is not to be underestimated. – 5. (*Auswirkung*) influence, effect, bearing: der ~ dieser Entdeckung auf die weitere Entwicklung the influence (*od.* bearing) of this discovery on later developments; diese Tatsache hat keinen ~ auf die politische Situation this fact has no effect on the political situation, this fact does not affect the political situation. – 6. *phys.* influence. – 7. *bes. pol.* (controlling) influence, ascendancy, ascendency, domination. – 8. *med.* a) (*Einflußstelle*) mouth, b) (*Vereinigung*) confluence.

ˈEinˌfluß|beˌreich *m*, **~geˌbiet** *n* sphere of influence.

ˈeinˌfluß·los *adj* without influence, uninfluential, lacking (in) influence: ~e politische Minderheiten political minorities without influence. — **ˈEinˌfluß·lo·sig·keit** *f* ⟨-; *no pl*⟩ lack of influence.

ˈEinˌflußˌnah·me *f* ⟨-; *rare* -n⟩ (*officialese*) influencing control: ~ auf die Gesetzgebung influencing (*od.* exerting influence on) legislation.

ˈeinˌflußˌreich *adj* (*Person, Amt etc*) influential, of influence: sehr ~ sein to have great influence; to have a lot of pull, to cast a long shadow (*colloq.*).

ˈEinˌfluß|ˌrohr *n* inlet (*od.* inflow) pipe. — **~ˌsphä·re** *f cf.* Einflußbereich. — **~ˌstel·le** *f med.* mouth. — **~ˌzo·ne** *f cf.* Einflußbereich.

ˈeinˌflü·stern I *v/t* ⟨*sep*, -ge-, h⟩ 1. j-m etwas ~ a) to whisper s.th. to s.o. (*od.* into s.o.'s ear), b) (*vorsagen*) to prompt s.o. with s.th., c) *fig. oft contempt.* to insinuate s.th. to s.o., to put s.th. into s.o.'s head, to suggest s.th. to s.o.: er tat alles, was ihm sein Komplize einflüsterte *fig.* he did everything his accomplice suggested to him. – **II** *v/i* 2. (j-m) ~ (*vorsagen*) to prompt (s.o.). – 3. auf j-n ~ to urge s.o. in a whispering tone. – **III E~** *n* ⟨-s⟩ 4. *verbal noun.* — **ˈEinˌflü·ste·rung** *f* ⟨-; -en⟩ 1. *cf.* Einflüstern. – 2. *fig.* insinuation, suggestion.

ˈeinˌflu·ten *v/i* ⟨*sep*, -ge-, sein⟩ 1. (*von Wasser, Luftmassen etc*) flood in, stream in. – 2. auf j-n ~ (*von Eindrücken etc*) *fig.* to flood (*od.* pour) in on s.o., to overwhelm s.o.

ˈeinˌfor·dern I *v/t* ⟨*sep*, -ge-, h⟩ 1. *econ.* a) (*Schuld etc*) call up (*od.* in), demand payment of, claim, b) (*Steuern etc*) collect. – 2. (*Gutachten etc*) request, call for. – 3. (*Ausgeliehenes*) demand (*s.th.*) back, ask for the return of. – **II E~** *n* ⟨-s⟩ 4. *verbal noun.* — **ˈEinˌfor·de·rung** *f* ⟨-; -en⟩ 1. *cf.* Einfordern. – 2. *econ.* collection. – 3. (*eines Gutachtens etc*) request (for).

ˈeinˌför·mig [-ˌfœrmıç] *adj* 1. (*Arbeit, Rhythmus etc*) uniform, (*stärker*) monotonous. – 2. *cf.* eintönig 2. – 3. *lit.* uniform, homogeneous. – 4. *biol.* monoplastic. — **ˈEinˌför·mig·keit** *f* ⟨-; -en⟩ 1. uniformity, (*stärker*) monotony. – 2. *cf.* Eintönigkeit 2. – 3. *lit.* uniformity, homogeneity.

ˈeinˌfrä·sen *v/t* ⟨*sep*, -ge-, h⟩ *tech.* 1. eine Nut in (*acc*) etwas ~ to mill a groove into s.th. – 2. (*Gesenke*) sink.

ˈeinˌfres·sen *v/reflex* ⟨*irr, sep*, -ge-, h⟩ 1. sich in (*acc*) etwas ~ a) (*von Staub, Schmutz etc*) to penetrate s.th., b) (*von Säure etc*) to eat into s.th., to eat s.th. away, to corrode (*od.* erode, attack, pit) s.th.: die Säure hat sich in das Metall eingefressen the acid has eaten into the metal. – 2. sich in j-n [etwas] ~ *fig.* to gnaw into (*od.* at) s.o. [s.th.], to eat into s.o. [s.th.], to penetrate (*od.* pervade) s.o. [s.th.]: der Neid hat sich tief in seine Seele eingefressen envy has penetrated deep into his soul; der Gedanke fraß sich in ihn ein the idea pervaded (*od.* took root in) him. – 3. *rare* eat its way in: sich in (*acc*) etwas ~ (*von Wurm, Motten etc*) to eat (its way) into s.th.

ˈeinˌfrie·den I *v/t* ⟨*sep*, -ge-, h⟩ 1. (*Stück Land etc*) fence (in), enclose, inclose, close in: einen Garten mit einer Mauer [Hecke] ~ to enclose a garden with a wall [hedge], to surround a garden with (*od.* by) a wall [hedge], to wall [to hedge] in a garden. – **II E~** *n* ⟨-s⟩ 2. *verbal noun.* – 3. enclosure, inclosure.

ˈeinˌfrie·di·gen [-ˌfriːdıgən] *v/t* ⟨*sep*, -ge-, h⟩ *cf.* einfrieden. — **ˈEinˌfrie·di·gung** *f* ⟨-; -en⟩ *cf.* Einfriedung.

ˈEinˌfrie·dung *f* ⟨-; -en⟩ 1. *cf.* Einfrieden. – 2. enclosure, inclosure. – 3. (*Zaun*) fence, fencing. – 4. (*Mauer*) wall. – 5. (*Hecke*) hedge.

ˈEinˌfrie·dungs|ˌhecke (*getr.* -k·k-) *f* surrounding hedge. — **~ˌmau·er** *f* surrounding (*od.* enclosure) wall. — **~ˌzaun** *m* surrounding (*od.* enclosure) fence.

ˈeinˌfrie·ren I *v/i* ⟨*irr, sep*, -ge-, sein⟩ 1. (*von Wasserrohr etc*) freeze (up *od.* in). – 2. (*von Teich etc*) freeze (over). – 3. (*von Schiff etc*) become icebound (*od.* locked in the ice), freeze in. – 4. *fig.* (*von Lächeln etc*) freeze. – 5. *fig.* (*von Unterhaltung etc*) dry up. – 6. *econ.* (*von Kapital etc*) freeze, be blocked: etwas ~ lassen to freeze s.th. – 7. *pol.* (*von Verhandlungen etc*) (reach a) deadlock. – 8. *bes. chem.* freeze, solidify, congeal. – **II** *v/t* ⟨h⟩ 9. (*Nahrungsmittel*) (deep- *od.* quick-)freeze. – 10. *econ.* (*Preise etc*) freeze, block. – **III E~** *n* ⟨-s⟩ 11. *verbal noun.* — **ˈEinˌfrie·rung** *f* ⟨-; *no pl*⟩ 1. *cf.*

Einfrieren. – **2.** *bes. chem.* solidification, congelation, congealment.

'ein·friˌsie·ren *v/t* ⟨*sep, no* -ge-, h⟩ (*Haarteil*) comb in.

'einˌfro·sten *v/t* ⟨*sep*, -ge-, h⟩ *cf.* einfrieren 9. — **'Einˌfro·stung** *f* ⟨-; *no pl*⟩ (deep-*od.* quick-)freezing.

'einˌfuch·sen *colloq. v/t* ⟨*sep*, -ge-, h⟩ **1.** *cf.* einarbeiten 1. – **2.** j-n auf (*acc*) etwas ~, j-m etwas ~ to drum (*od.* cram, hammer) s.th. into s.o.

'einˌfü·gen I *v/t* ⟨*sep*, -ge-, h⟩ **1.** put (*od.* set, fit) (*s.th.*) in: **einen Stein in eine Mauer ~** to put (*od.* set, fit) a stone into a wall; **etwas zwischen zwei Dinge ~** to sandwich (*od.* squeeze) s.th. in between two things. – **2.** (*Textstelle etc*) put (*s.th.*) in, insert: **ein Wort in einen Text ~** to insert a word in(to) a text; **einen Artikel in die Verfassung ~** to insert an article in(to) the constitution; **Zahlen ~** to put in numbers. – **3.** (*Bemerkung etc*) put (*od.* throw) (*s.th.*) in; interpolate, interpose (*lit.*). – **4.** etwas in (*acc*) etwas ~ *lit.* to place (*od.* set, fit) s.th. into s.th.: **ein Gebäude harmonisch in seine Umgebung ~** to place a building harmoniously into its surroundings. – **5.** *print.* run in. – **II** *v/reflex* **sich ~ 6.** (*hineinpassen*) (in *acc* etwas with s.th.) fit in: **das Haus fügt sich in das Stadtbild ein** the house fits in well with (*od.* fits well into) the general aspect of the town; **sich in ein Ganzes ~** to fit into a whole; **sich gut in einen Plan ~** to fit in well with a plan. – **7.** (*sich eingliedern*) (in *acc* etwas to s.th.) adapt (*od.* adjust) oneself: **sich leicht in eine Gemeinschaft ~** to adapt oneself easily to a community; **er fügte sich rasch in die neue Umgebung ein** he rapidly adapted himself to the new environment. – **II E~** *n* ⟨-s⟩ **8.** *verbal noun.* — **'Einˌfü·gung** *f* ⟨-; -en⟩ **1.** *cf.* Einfügen. – **2.** insertion: **die ~ von Buchstaben** the insertion of letters; **~en in einen Text** insertions into a text. – **3.** inserted word (*od.* passage), insertion. – **4.** interpolation, interposition (*lit.*). – **5.** adaptation, adjustment: **die ~ in eine neue Umgebung** the adaptation to a new environment. – **6.** *bot. med. zo.* (*eines Organs*) insertion. – **7.** *tech.* insertion, admission, introduction.

'Einˌfü·gungsˌsatz *m ling.* incidental (*od.* parenthetical) clause.

'einˌfüh·len *v/reflex* ⟨*sep*, -ge-, h⟩ **1.** sich in (*acc*) **etwas ~** to get into the spirit of s.th., to project oneself into s.th., to acquire an insight into (*od.* understanding of) s.th.: **sich in das Milieu des 19. Jahrhunderts ~** to get into the spirit of the 19th century milieu. – **2.** sich in j-n ~ to project oneself into s.o.'s mind (*od.* into s.o.), to establish a sympathetic understanding of s.o., to feel with s.o., to empathize (*od.* establish empathy) with s.o. (*lit. od. psych.*): **sich in einen Dichter ~** to project oneself into the mind of a poet. — **'einˌfüh·lend I** *pres p.* – **II** *adj* **1.** (*verständnisvoll*) sympathetic, empathic (*lit. od. psych.*). – **2.** (*intuitiv*) intuitive.

'einˌfühl·sam *adj lit. for* einfühlend II.

'Einˌfüh·lung *f* ⟨-; *no pl*⟩ **1.** (in *acc*) projection (into), sympathetic understanding (of), empathy (with) (*lit.*). – **2.** *cf.* Einfühlungsgabe. – **3.** *psych. philos.* empathy, intuition, sympathy.

'Einˌfüh·lungs|ˌga·be *f*, **~ˌkraft** *f*, **~ver·ˌmö·gen** *n* **1.** capacity for getting (*od.* projecting oneself) into the spirit of things, intuition, intuitive power, emotional penetration (of things): **der Pianist bewies viel ~** the pianist gave proof of his great intuition. – **2.** capacity for projecting oneself into another person's mind, empathy (*lit. od. psych.*). – **3.** (tact and) understanding.

'Einˌfuhr *f* ⟨-; -en⟩ *econ.* **1.** ⟨*only sg*⟩ import, importation, importing: **die ~ von Gütern aus Italien** the import of goods from Italy; **bei der ~** on importation. – **2.** import(s *pl*): **die ~ übersteigt die Ausfuhr** imports exceed exports, the import exceeds the export; **die ~ bremsen** to restrict imports, to apply import restrictions. – **3.** *pl* imports, imported goods. – **4.** *med.* (*von Sauerstoff etc*) intake. — **~ar·ti·kel** *m* **1.** import (item). – **2.** *pl* articles for (*od.* of) importation. – **3.** *pl* imports, imported articles (*od.* goods). — **~-'Ausˌfuhr-ˌKur·ve** *f med.* intake and output chart.

'einˌführ·bar *adj econ.* importable.

'Einˌfuhr|beˌschrän·kung *f econ. meist pl* import restriction, restriction (*od.* limitation) on imports. — **~beˌstim·mung** *f meist pl* import regulation. — **~beˌwil·li·gung** *f* import permit (*od.* licence, *Am.* license, certificate). — **~de·kla·ra·tiˌon** *f cf.* Einfuhrerklärung.

'einˌfüh·ren I *v/t* ⟨*sep*, -ge-, h⟩ **1.** (*neues Lehrbuch, Neuheit etc*) introduce, adopt, bring in: **neue Methoden ~** to introduce (*od.* adopt) new methods; **das Rauchen wurde erst im 16. Jahrhundert in Europa eingeführt** smoking was not introduced into Europe until the 16th century. – **2.** (*Maßnahme, Mode, Gesetz, Währung etc*) introduce, initiate, establish, bring in, adopt, institute: **Reformen ~** to initiate (*od.* carry out) reforms; **eine Mode ~** to introduce (*od.* start, launch, set) a fashion; **er führte die Mode** (*od.* **Unsitte**) **ein, zu spät zur Arbeit zu kommen** *fig. colloq.* he started the fashion (*od.* bad habit) of being late for work; **so etwas wollen wir gar nicht erst ~** *fig. colloq.* don't let us (*od.* let's not) start anything like that; **eine Sitte ~** to introduce (*od.* inaugurate) a custom; **eine Geschwindigkeitsbegrenzung ~** to introduce a speed limit; **das Dezimalsystem ~** to introduce (*od.* adopt) the decimal system, to change over to the decimal system; **etwas zwangsmäßig ~** to enforce s.th. – **3.** (*vorstellen*) introduce, present: **j-n in eine Familie ~** to introduce s.o. into a family; **j-n in die Gesellschaft ~** to introduce s.o. (in)to society; **eine junge Dame in die Gesellschaft ~** to bring a young lady out; **in die Gesellschaft eingeführt werden** (*von junger Dame*) to come out, to debut; **j-n bei Hofe ~** to present s.o. at court; **j-n bei j-m ~** to introduce s.o. to s.o.; **im ersten Akt werden die Hauptpersonen des Stückes eingeführt** in the first act of the play the main characters are introduced. – **4.** (*Neuling in Arbeit etc*) introduce, initiate: **j-n in seine neue Aufgabe ~** to introduce s.o. to (*od.* initiate s.o. in) his new job; **j-n in eine Wissenschaft ~** to introduce s.o. to a science (*od.* branch of learning). – **5.** (*Person in Amt etc*) (in *acc*) introduce (to), induct (into), instal(l) (in), inaugurate (into): **einen Geistlichen in sein Amt ~** *relig.* to induct (*od.* instal[l]) a clergyman. – **6.** *auch med.* (*Gegenstand in Öffnung etc*) introduce, insert: **eine Sonde in die Wunde ~** to insert a probe into the wound; **einen Katheter in die Blase ~** to introduce a catheter into the bladder. – **7.** (*Bogen in Schreibmaschine etc*) insert, feed (*s.th.*) into. – **8.** *econ.* a) (*Waren*) import, bring in, b) (*Wertpapier an der Börse*) introduce, list, c) (*Artikel*) launch. – **9.** *electr.* (*Kabel etc*) lead in. – **10.** *biol.* (*Mikroorganismen etc*) inoculate. – **11.** *tech.* a) pass (*s.th.*) into, feed (*s.th.*) into, b) (*Werkzeuge*) insert, enter. – **12.** *metall.* (*Walzgut*) enter. – **II** *v/reflex* **sich ~ 13.** introduce oneself: **sich gut [nicht gut] bei j-m ~** to make a good [poor] initial impression on s.o.; **du hast dich hier ja gut eingeführt!** *colloq. iron.* you made (*od.* left) a nice impression here indeed. – **14.** *econ.* (*von Artikel*) establish itself: **dieser Artikel hat sich gut (auf dem Markt) eingeführt** this article has established itself well on the market. – **III E~** *n* ⟨-s⟩ **15.** *verbal noun.* – **16.** *cf.* Einführung. — **'einˌfüh·rend I** *pres p.* – **II** *adj* **1.** (*Worte etc*) introductory, initial. – **2.** (*Lehrbuch etc*) elementary.

'Einˌfüh·rer *m econ.* importer.

'Einˌfuhr|erˌklä·rung *f econ.* import declaration. — **~erˌlaub·nis** *f* Einfuhrbewilligung. — **~erˌleich·te·rung** *f meist pl* import facility. — **~geˌneh·mi·gung** *f cf.* Einfuhrbewilligung. — **~ˌgü·ter** *pl* import goods, articles of import, imports. — **~ˌhafen** *m* port of importation. — **~ˌhan·del** *m* import trade. — **~ˌhänd·ler** *m* importer. — **~kon·tinˌgent** *n* import quota. — **~kon·tin·genˌtie·rung** *f* quota allocation for imports. — **~ˌland** *n* importing country. — **~-ˌlen·kung** *f* import control. — **~ˌli·ste** *f* import list. — **~liˌzenz** *f* import licence (*Am.* license). — **~mo·noˌpol** *n* import monopoly. — **~paˌtent** *n* import patent. — **~plaˌfond** *m* import ceiling. — **~ˌpreis** *m* import price. — **~ˌquo·te** *f* **1.** import quota. – **2.** import ratio. — **~ˌsper·re** *f* embargo on imports. — **~staˌti·stik** *f* import statistics *pl* (*construed as sg or pl*). — **~ˌstel·le** *f* import agency. — **~ˌstopp** *m* import ban, ban (*od.* embargo) on imports, suspension of imports. — **~taˌrif** *m* tariff (import) rate, import tariff. — **~ˌüberˌschuß** *m* import surplus. — **~-ˌUn·beˌdenk·lich·keits·beˌschei·ni·gung** *f* certificate of nonobjection (*Br.* non-objection) to import.

'Einˌfüh·rung *f* ⟨-; -en⟩ **1.** *cf.* Einführen. – **2.** (*eines neuen Lehrbuches, einer neuen Methode etc*) introduction, adoption. – **3.** (*einer Maßnahme, Reform, Mode etc*) introduction, initiation, establishment, adoption, institution: **~ einer Sitte** introduction (*od.* inauguration) of a custom; **die ~ der allgemeinen Wehrpflicht** the introduction of compulsory (*od.* universal) military service; **zwangsmäßige ~** enforcement. – **4.** (*Vorstellung*) introduction, presentation: **~ in einen Klub** introduction (in)to a club; **~ bei Hofe** presentation at court. – **5.** (*eines Neulings in eine Arbeit etc*) introduction, initiation: **~ in eine Wissenschaft** introduction to (*od.* initiation in) a science. – **6.** (*in ein Amt etc*) introduction (to), induction (into), installation (in), inauguration (into). – **7.** (*zu einem literarischen Werk etc*) introduction, preface, foreword. – **8.** (*einführendes Buch*) introduction, guide: **eine ~ in die englische Literatur** an introduction to English literature. – **9.** *auch med.* (*eines Gegenstands in eine Öffnung etc*) introduction, insertion. – **10.** (*eines Bogens in eine Schreibmaschine etc*) insertion. – **11.** *econ.* a) *cf.* Einfuhr 1, b) (*eines Wertpapieres an der Börse*) introduction, c) (*eines Artikels*) launch. – **12.** *electr.* lead-in. – **13.** *biol.* (*von Mikroorganismen etc*) inoculation.

'Einˌfüh·rungs|ˌaufˌtrag *m econ.* initial order. — **~ˌbrief** *m* letter of introduction. — **~ˌdraht** *m electr.* lead(ing)-in wire, lead-in. — **~ˌka·bel** *n* lead(ing)-in cable. — **~ˌkurs** *m* **1.** *econ.* (*eines Wertpapiers*) issue price. – **2.** *ped.* introductory course. — **~ˌkur·sus**, **~ˌlehrˌgang** *m ped. cf.* Einführungskurs 2. — **~ˌlei·tung** *f electr.* lead(ing)-in cable (*od.* wire). — **~ˌpreis** *m econ.* introductory price. — **~reˌkla·me** *f* introductory (advertising) campaign. — **~ˌrohr** *n*, **~ˌröh·re** *f* **1.** *electr.* lead(ing)-in tube. – **2.** *tech.* induction pipe. — **~ˌschrei·ben** *n* letter of introduction. — **~ˌun·terˌricht** *m ped.* preliminary (*od.* preparatory) instruction. — **~ze·re·moˌnie** *f* inaugural ceremony.

'Einˌfuhr|verˌbot *n econ.* import embargo (*od.* ban). — **~ˌwa·ren** *pl* imports, import(ed) commodities (*od.* articles, goods). — **~ˌwert** *m* import value.

'Einˌführˌzäpf·chen *n med.* suppository.

'Einˌfuhr|ˌzoll *m econ.* import duty (*od.* tariff). — **~ˌzuˌschuß** *m* import subsidy.

'einˌfül·len I *v/t* ⟨*sep*, -ge-, h⟩ **1.** pour (*od.* put, fill) in: **etwas in** (*acc*) **etwas ~** to fill s.th. into s.th., to fill s.th. with s.th.; **etwas in Flaschen ~** to bottle s.th.; **etwas in Fässer ~** to barrel (*od.* cask, tun) s.th.; **etwas in Säcke ~** to sack s.th.; **Wasser in einen Behälter ~** to fill a container with water. – **2.** *metall.* charge: **Erz in einen Hochofen ~** to charge a blast furnace with ore. – **II E~** *n* ⟨-s⟩ **3.** *verbal noun.*

'Einˌfüll|ˌöff·nung *f* **1.** *tech.* (*für die Schmierung*) inlet. – **2.** *auto.* (*des Benzintanks*) filler hole. — **~ˌschrau·be** *f tech.* filler screw (plug). — **~ˌstop·fen** *m* filler plug. — **~ˌstut·zen** *m* **1.** *tech.* a) (*eines Großtanks*) tank filler pipe, b) (*eines Schmiersystems*) inlet connection (*Br. auch* connexion) piece. – **2.** *auto. aer.* (*am Tank*) filler neck (*od.* pipe). — **~ˌtrich·ter** *m* **1.** funnel, hopper. – **2.** *tech.* loading (*od.* feed, charging) hopper.

'Einˌfül·lung *f* ⟨-; *no pl*⟩ *cf.* Einfüllen.

'einˌfur·chen I *v/t* ⟨*sep*, -ge-, h⟩ **1.** furrow, make a furrow (*od.* furrows) in, make a groove (*od.* grooves) in: **das Alter hatte sein Gesicht eingefurcht** *fig. lit.* old age had furrowed his face. – **II** *v/reflex* **sich ~ 2.** become furrowed (*od.* grooved), develop furrows (*od.* grooves). – **3.** sich in (*acc*) **etwas ~** to furrow s.th., to make a furrow (*od.* furrows) in s.th., to make a groove (*od.* grooves) in s.th.: **der Fluß hat sich in die Ebene eingefurcht** the river has cut its bed deep into the plain.

'einˌfü·ßig *adj* **1.** (*Schemel etc*) one-footed (*od.* -legged). – **2.** *zo.* one-footed; uniped, monopode, monopodic, monopodous (*scient.*).

'Einˌga·be *f* ⟨-; -n⟩ **1.** *cf.* Eingeben. – **2.** (*Gesuch*) petition, application: **eine ~ an eine** (*od.* **bei einer**) **Behörde machen** to make (*od.* submit) a petition to an authority, to file a petition with an authority; **eine ~ um**

(od. für) etwas machen to make (od. present) a petition for s.th. – 3. ⟨only sg⟩ (Einreichen) presentation, submission: der Bericht ist fertig zur ~ the report is ready for submission. – 4. bes. med. (eines Arzneimittels etc) administration: tropfenweise ~ instillation. – 5. (computer) input. — **~ˌein·heit** f (computer) input unit. — **~ˌfrist** f time (od. deadline) for applications.

ˈeinˌga·beln v/t ⟨sep, -ge-, h⟩ mil. (Ziel) bracket, straddle.

ˈEinˌgang m ⟨-(e)s; =e⟩ 1. (eines Gebäudes etc) entrance, way in, entry: das Haus hat zwei Eingänge the house has two entrances; am ~ des Stadions at the entrance of (od. to) the stadium; bitte den ~ freihalten! keep clear of the entrance! – 2. (Eingangstor) door(way), gate(way), entrance(way): am (od. vor dem) ~ auf j-n warten to wait for s.o. at the doorway. – 3. ⟨only sg⟩ (Zutritt) admission, access, entry, entrance: sich (dat) den ~ erzwingen to force one's entry (od. way in); j-m den ~ verwehren to refuse s.o. entry (od. admittance); „kein ~!", „~ verboten!" "no admittance (od. entry)!". – 4. ⟨only sg⟩ fig. (in Wendungen wie) ~ in (acc) etwas finden a) to gain entry (od. access) to s.th., b) (in vornehme Kreise etc) to find favo(u)r with s.th., to gain the favo(u)r of s.th., to gain admission to s.th., to be accepted into s.th.; ~ beim Publikum finden to find acceptance with the public, to find (od. meet with) a favo(u)rable reception from the public, to be well received by the public, to appeal to the public; diese Mode hat nun auch bei uns ~ gefunden this fashion has at last been adopted (od. become popular, come into vogue) in our country too; ~ in ein Land finden (von Sitte etc) to be introduced into a country; j-m ~ verschaffen (zu od. in [acc] etwas to s.th.) a) to obtain access (od. admission, entry) for s.o., b) to clear a way (od. path) for s.o.; sich (dat) ~ in die Gesellschaft verschaffen to manage to gain access to society; einer Sache ~ verschaffen a) to introduce s.th., to bring in s.th., b) to open a door to s.th. – 5. ⟨only sg⟩ (Beginn) beginning: zu ~ des 20. Jahrhunderts at the beginning (od. lit. on the threshold) of the 20th century; zu (od. am) ~ seiner Rede at the beginning of his speech; zu (od. am) ~ der Feier wurde ein Lied gesungen the ceremony began with the singing of a song. – 6. (eines Ortes, einer Schlucht etc) entrance, (einer Höhle, eines Tunnels, eines Hafens etc) auch mouth. – 7. (Durchgang) passage, opening. – 8. (eines literarischen Werkes etc) beginning, opening, introduction, auch preamble (lit.). – 9. ⟨only sg⟩ econ. a) (von Waren) arrival, b) (eines Schreibens, einer Summe) receipt: bei (od. nach) ~ von on receipt of; nach ~ einer bestimmten Summe on receipt (od. payment) of a certain amount (of money); den ~ eines Briefes bestätigen to acknowledge receipt of a letter. – 10. pl econ. a) (im Finanzwesen) incomings, receipts, takings, b) (eingehende Post) incoming mail sg, c) (eingegangene Waren) goods received, arrivals, d) (Lieferungen) deliveries: die laufenden Eingänge current receipts; die Eingänge buchen to book the receipts; „Eingänge" (auf Ablagekörben) "In". – 11. econ. colloq. for Eingangsdatum. – 12. bes. med. zo. (zum Darm, Magen etc) inlet, aditus (scient.). – 13. electr. input.

ˈEinˌgän·ger [-ˌɡɛŋər] m ⟨-s; -⟩ hunt. solitary wild boar.

ˈeinˌgän·gig¹ adj 1. (Melodie etc) catchy. – 2. (Worte etc) comprehensible.

ˈeinˌgän·gig² adj tech. 1. (Gewinde) single-thread(ed). – 2. (Fräser, Schnecke) single-start (attrib).

ˈEinˌgän·gig·keit f ⟨-; no pl⟩ 1. (einer Melodie etc) catchiness. – 2. (von Worten etc) comprehensibility.

ˈeinˌgangs I adv at the beginning (od. outset): wie ich ~ erwähnte as I mentioned at the beginning; ~ erwähnt a) above-mentioned, b) aforementioned; die ~ gestellte Frage the question put at the beginning, the opening question. – **II** prep ⟨gen⟩ rare at the beginning of: ~ des Briefes [seiner Rede] at the beginning of the letter [of his speech].

ˈEinˌgangs|abˌfer·ti·gung f aer. formalities pl on arrival. — **~ˌanˌzei·ge** f econ. advice of receipt. — **~beˌstä·ti·gung** f acknowledg(e)ment (od. confirmation) of receipt. — **~biˌlanz** f cf. Eröffnungsbilanz. — **~ˌbuch** n book of receipts (od. entries). — **~ˌda·tum** n date (od. day) of receipt. — **~de·kla·raˌti·on** f cf. Einfuhrerklärung. — **~enerˌgie** f electr. input (power). — **~ˌfor·mel** f 1. jur. caption, preamble. – 2. (in einem Brief etc) introduction. — **~geˌwicht** n econ. weight delivered. — **~ˌha·fen** m port of entry. — **~ˌhal·le** f (entrance) hall, Am. auch hallway. — **~ˌklem·me** f electr. input terminal. — **~ˌlei·stung** f input power. — **~ˌlied** n relig. 1. introit. – 2. opening hymn. — **~ˌnum·mer** f econ. receipt number, number of entry. — **~ˌpfor·te** f 1. entrance gate. – 2. fig. gate(way), entrance, inlet. — **~porˌtal** n 1. cf. Eingangspforte 1. – 2. portal. — **~ˌre·de** f opening speech. — **~ˌspan·nung** f electr. input voltage. — **~ˌstem·pel** m econ. stamp (of date) of receipt. — **~ˌstrom** m electr. input current. — **~ˌstro·phe** f (eines Liedes etc) first strophe (od. stanza). — **~ˌtag** m econ. date (od. day) of receipt. — **~ˌtor** n 1. entrance gate, gateway. – 2. (eines großen Hauses) portal. – 3. fig. gate(way), entrance, inlet. — **~ˌtür** f 1. entrance door. – 2. front (od. street) door. — **~verˌmerk** m econ. notice of receipt. — **~ˌwi·derˌstand** m electr. input resistance. — **~ˌwor·te** pl opening words.

ˈein·geˌbaut I pp. – **II** adj 1. installed, mounted, built-in (attrib): ~er Schrank built-in wardrobe (od. closet); ~er hydraulischer Wagenheber permanently attached hydraulic jack.

ˈeinˌge·ben I v/t ⟨irr, sep, -ge-, h⟩ 1. (Medizin etc) administer, give: j-m etwas ~ a) to administer s.th. to s.o., b) (Suppe etc) to feed s.o. (with) s.th.; j-m Gift ~ to administer poison to s.o.; eine Arznei tropfenweise ~ to instil(l) a medicine. – 2. j-m etwas ~ fig. a) to inspire (od. imbue) s.o. with s.th., to put s.th. into s.o.'s mind (od. heart), b) to suggest s.th. to s.o., to prompt (od. tell) s.o. to do s.th.: j-m einen Gedanken ~ to inspire s.o. with an idea, to put an idea into s.o.'s head; das hat ihm der Teufel eingegeben the devil gave him the idea; das hat mir mein Gefühl eingegeben my heart prompted me to do so. – 3. (Bittschrift etc) present, hand in, submit. – 4. colloq. (vorschlagen) recommend, propose: j-n zur Beförderung ~ to recommend s.o. (od. to put s.o.'s name forward) for promotion. – 5. (computer) (Daten etc) input, feed: einem Elektronenrechner Daten zur Speicherung ~ to feed a computer with data, to feed data into a computer; Informationen über Wählscheiben ~ to set up dimensional data on dials. – **II** v/i 6. um etwas ~ to make (od. submit, file) an application for s.th., to apply for s.th. – **III E~** n ⟨-s⟩ 7. verbal noun. – 8. cf. Eingabe 1, 3—5.

ˈein·geˌbil·det I pp. – **II** adj 1. (Mensch) (self-)conceited, vain, self-important, swelled-headed (colloq.), stuck-up (colloq.): worauf ist er wohl so ~? what is he so conceited about? so ein ~er Affe! colloq. what a conceited ass! (colloq.); ~ bis dorthinaus sein colloq. to be unbearably conceited, to be full of (self-)conceit, to suffer from (a) swelled head (colloq.); sei bloß nicht so ~! don't be so conceited! don't put on such airs! – 2. (arrogant) arrogant, supercilious. – 3. imaginary, fancied: eine ~e Krankheit an imaginary disease; ein ~er Kranker a person who fancies himself ill; „Der ~e Kranke" "The Imaginary Invalid" (comedy by Molière). – 4. med. (Schwangerschaft) false. — **ˈEin·geˌbil·det·heit** f ⟨-; no pl⟩ 1. (self-)conceit, (self-)conceitedness, self-importance, swelled-headedness (colloq.). – 2. (Arroganz) arrogance, superciliousness.

ˈein·geˌblen·det I pp. – **II** adj (bes. film) faded-in (attrib): ~e Szene fade-in.

ˈein·geˌbo·gen I pp of einbiegen. – **II** adj 1. zo. retuse. – 2. med. a) (Knochen) inflexed, curved, sinuous, b) (Einbuchtungen aufweisend) crenate(d). – 3. her. arched.

ˈein·geˌbo·ren adj 1. (Bevölkerung etc) native, indigenous. – 2. (ureingesessen) aboriginal. – 3. lit. (angeboren) inborn, innate, inherent: sein ~es Gerechtigkeitsgefühl his inborn sense of justice; etwas ist j-m ~ s.th. is inborn (od. innate, inherent) in s.o. – 4. philos. innate. – 5. Gottes ~er Sohn Bibl. the only begotten Son of God.

ˈEin·geˌbo·re·ne¹ m, f ⟨-n; -n⟩ 1. native, indigene (lit.): die ~n Südamerikas the natives of South America. – 2. aborigine, aboriginal: die ~n Neuseelands the aborigines of New Zealand.

ˈEin·geˌbo·re·ne², der ⟨-n; no pl⟩ relig. the only begotten Son (of God).

ˈEin·geˌbo·re·nen|ˌaufˌstand m native rebellion (od. rising). — **~re·serˌvat** n, **~re·ser·va·tiˌon** f (native) reserve. — **~ˌspra·che** f ling. language of the natives, native (od. aboriginal) language. — **~ˌvier·tel** n native quarter.

ˈein·geˌbracht I pp of einbringen. – **II** adj jur. ~es Gut property brought in (by a spouse); ~e Sachen (des Mieters) tenant's personal property sg. — **ˈEin·geˌbrach·te** n ⟨-n; no pl⟩ obs. 1. property brought in (by a spouse). – 2. dowry.

ˈein·geˌbrannt I pp of einbrennen. – **II** adj 1. (Muster etc) burned(-in), burnt(-in). – 2. (art) ~e Holzmalerei pyrography, pyrogravure, poker work, Br. poker-work; ~e Wachsmalerei encaustic.

ˈein·geˌbuch·tet I pp. – **II** adj 1. (Küste etc) forming a bay. – 2. fig. sinuous. – 3. med. sinuous. – 4. mus. (Gitarre) cutaway.

ˈEinˌge·bung f ⟨-; -en⟩ 1. (Erleuchtung) inspiration: göttliche ~ divine inspiration; eine ~ haben to have an inspiration. – 2. (Regung) impulse, inspiration: einer plötzlichen ~ folgend acting upon a sudden impulse (od. on the spur of the moment). – 3. (Stimme) voice, suggestion, prompting, dictate: den ~en des Herzens folgen to follow the dictates of one's heart. – 4. (plötzlicher Einfall) bright idea, brain wave (colloq.), bes. Am. colloq. brainstorm.

ˈein·geˌbür·gert I pp. – **II** adj 1. (Ausländer) naturalized. – 2. (Familie etc) settled. – 3. ~ sein fig. (von Gebräuchen etc) to be generally adopted, to have taken root, to have come into general use. — **ˈEin·geˌbür·ger·te** m, f ⟨-n; -n⟩ naturalized person.

ˈein·geˌdeckt I pp. – **II** adj mit etwas ~ sein a) to have enough of s.th., to be sufficiently (od. well) provided (od. stocked, supplied) with s.th., b) contempt. to have enough of s.th., to be fed up with s.th. (colloq.): gut mit Vorräten ~ sein to have laid in a good stock of provisions.

ˈein·geˌdenk adj ⟨gen⟩ lit. mindful (of): einer Sache ~ sein [bleiben] to be mindful of a thing, to bear [to keep] s.th. in mind, to remember s.th.; ~ seiner Pflichten mindful of (od. remembering) one's duties; ~ der Toten mindful of (od. remembering, in memory of) the dead; ~ der Tatsache, daß bearing in mind that, in view of the fact that.

ˈein·geˌdeutscht I pp. – **II** adj (Wort) Germanized.

ˈein·geˌengt I pp. – **II** adj limited, restricted, confined: sich ~ fühlen a) to feel restricted (od. hampered), b) (beengt) to feel oppressed (od. shut in, hemmed in), c) (beim Atmen etc) to feel tight in the chest.

ˈein·geˌfah·ren I pp of einfahren. – **II** adj 1. (Auto) Am. broken-in, Br. run-in (beide attrib). – 2. ⟨pred⟩ ~ sein to be accustomed to driving: auf diesem Wagen bin ich noch nicht ~ I am not fully accustomed to this car yet. – 3. sich in (od. auf) ~en Gleisen bewegen fig. a) to keep to the beaten track, b) to be in a rut.

ˈein·geˌfal·len I pp of einfallen. – **II** adj 1. (Haus) dilapidated. – 2. (Wangen, Augen) hollow, sunken. – 3. (Gesicht) haggard, gaunt, hollow-cheeked, (Person) auch wasted, emaciated, fallen-in (od. -off, -away) (attrib).

ˈein·geˌfleischt adj ⟨attrib⟩ 1. confirmed, inveterate, thorough(going), staunch, dyed-in-the-wool (colloq.): ein ~er Junggeselle a confirmed bachelor; ein ~er Individualist [Spieler] an inveterate individualist [gambler]; er ist ein ~er Sozialist he is a dyed-in-the-wool socialist, he is a socialist to the core (od. backbone, bone). – 2. (Gewohnheit, Meinung etc) ingrained, engrained, deep-rooted, inveterate: ~e Vorurteile deep-rooted prejudices.

ˈein·geˌfro·ren I pp of einfrieren. – **II** adj 1. (Teich etc) frozen. – 2. (Schiff) icebound, frozen-in (attrib). – 3. (Lebensmittel etc) (quick- od. deep-)frozen. – 4. econ. (Kapital etc) frozen.

ˈein·geˌfuchst I pp. – **II** adj auf (acc) etwas ~ sein colloq. to be thoroughly skilled (od. trained, drilled) in s.th., to have s.th. drummed into one (colloq.); er ist noch nicht genügend ~ he's still not skilled enough.

'ein·ge,führt I *pp.* – **II** *adj* **1.** imported: aus Italien ~ imported from Italy. – **2.** *only in* in (*dat*) etwas ~ sein (*in Gesellschaftskreisen etc*) to have a place in s.th., to be (firmly) established in s.th.; gut ~ sein *econ.* a) (*von Firma etc*) to be well established, b) (*von Artikel*) to be well established (*od.* to have a good reputation) on the market.

'ein·ge,gos·sen I *pp of* eingießen. – **II** *adj* ~es Loch *metall.* cast (*od.* cored) hole.

'ein·ge,hä·kelt I *pp.* – **II** *adj colloq. cf.* eingehakt II.

'ein·ge,hakt I *pp.* – **II** *adj colloq.* arm in arm: ~ gehen to go arm in arm.

'ein·ge,hängt I *pp.* – **II** *adj colloq. cf.* eingehakt II.

'ein,ge·hen I *v/i* ⟨*irr, sep,* -ge-, sein⟩ **1.** in (*acc*) etwas ~ *fig.* to enter (into) s.th., to pass into s.th.: er wird als großer Staatsmann in die Geschichte ~ he will pass into (*od.* go down in) history as a great statesman; das Wort ist in die Gemeinsprache eingegangen the word has entered (*od.* found entrance in) the common language; in j-s Bewußtsein ~ to enter s.o.'s conscience; in die Unsterblichkeit ~ (*von Namen, Werk etc*) to attain immortality (*od.* lasting fame), to live for ever; in den Himmel (*od.* in das Himmelreich) ~ to enter into heaven; in den ewigen Frieden (*od.* zur ewigen Ruhe) ~ *lit. euphem.* to enter into (*od.* to find) eternal peace. – **2.** *bes. econ.* a) (*von Post, Waren etc*) arrive, be received, come in, b) (*von Geldern etc*) come in, be paid, be received, come to hand: zögernd (*od.* schleppend) ~ to come in slowly; zahlreich ~ to come in numerously, to flow in, to come pouring in; es ist ein Telegramm für Sie eingegangen a telegram for you has arrived, there is a telegram for you; das Geld ist bei uns noch nicht eingegangen we have not yet received the money. – **3.** bei j-m ein- und ausgehen to frequent s.o.'s house, to visit s.o. frequently, to be a frequent visitor to s.o. – **4.** j-m ~ *fig. colloq.* a) (*begreiflich sein*) to be understandable (*od.* comprehensible) to s.o., b) (*glaubhaft sein*) to be credible to s.o.: das will mir einfach nicht ~ I just cannot understand (*od.* grasp) that, that's beyond me (*colloq.*); das ging ihm anfangs nicht so recht ein he would not believe it at first. – **5.** *fig. colloq.* (*in Wendungen wie*) j-m geht etwas leicht ein s.o. grasps (*od.* learns) s.th. easily; Französisch ging ihm schwer (*od.* hart) ein he found French very difficult, French came hard to him; seine Schmeicheleien gingen ihr ein wie Honig his flatteries were sweet music to her ears (*od.* were as sweet as honey to her). – **6.** (*von Kleid, Stoff etc*) shrink. – **7.** (*von Tier, colloq. auch von Menschen*) die, perish: das Tier ist an einer Krankheit eingegangen the animal has died from a disease; wir wären vor Kälte [Langeweile] beinahe eingegangen *fig. colloq.* we nearly died of cold [boredom]. – **8.** (*von Pflanze*) die (off). – **9.** *fig.* (*von Firma, Betrieb etc*) close down, cease to exist, fold (*od.* pack) up (*colloq.*): eine Zweigstelle ~ lassen to close down (*od.* give up) a branch office. – **10.** *fig.* (*von Verein etc*) cease to exist, disband, dissolve. – **11.** *fig.* (*von Zeitung etc*) cease publication, cease to appear, perish, fold up (*colloq.*). – **12.** (*auf einen Plan, Vorschlag etc*) accept (*acc*), agree (to), consent (to), accede (to), comply (with): gehen Sie ja nicht auf diesen Vorschlag ein! do not on any account accept this proposal! er ging darauf ein, es zu tun he consented to doing it; auf Bedingungen ~ to accept (*od.* submit to) conditions; er ging auf meinen Wunsch ein he complied (*od.* fell in) with my request. – **13.** (*auf eine Frage, Details etc*) consider (*acc*), enter (into), go (into), deal (with), examine (*acc*): auf (*acc*) etwas näher ~ to consider s.th. in detail; darauf kann ich jetzt nicht ~ I cannot deal with that (right) now; er ging auf dieses Problem gar nicht erst ein he did not as much as (*od.* not even) enter into this problem. – **14.** (*auf eine Entschuldigung etc*) listen (to). – **15.** (*auf einen Scherz etc*) join (in), go along (with): sie ging nicht auf den Witz ein she ignored the joke. – **16.** auf j-n ~ a) to listen to s.o., b) to show understanding for s.o. – **17.** *dial. for* hereinfallen 2. – **II** *v/t* **18.** (*Verpflichtung etc*) enter into, contract, assume, accept, incur (*bes. jur.*): einen Vergleich ~ *jur.* to enter into (*od.* accept, agree to) an arrangement, to come to terms, to reach a settlement; eine Bürgschaft ~ *jur.* to accept (*od.* stand, go) surety, to stand as guarantor. – **19.** (*Vertrag etc*) enter into, conclude. – **20.** (*Ehe*) contract, conclude, enter into: die Ehe mit j-m ~ to contract a marriage with s.o., to be joined with s.o. in matrimony (*od.* marriage). – **21.** (*Bündnis, Verbindung etc*) enter into, form: eine Verbindung ~ *fig.* to combine. – **22.** (*Risiko etc*) incur, run, take: dieses Risiko gehe ich ein I'll take that risk; kein Risiko ~ not to take any risks, to play safe. – **23.** (*Wette etc*) make, take (up), lay: ich gehe jede Wette darauf ein (*od.* ich gehe mit dir jede Wette ein), daß er kommt *colloq.* I'll bet you anything (you like) that he comes. – **24.** (*Handel*) enter into, conclude, strike, make, clinch. – **25.** *chem.* a) (*Reaktion*) undergo, b) (*Verbindung*) form: eine chemische Verbindung ~ to form a chemical compound. – **III E~** *n* ⟨-s⟩ **26.** *verbal noun.* – **27.** *cf.* Eingang 9. – **28.** (*eines Stoffes etc*) shrinkage. – **29.** (*eines Tieres, einer Pflanze*) death. – **30.** (*einer Firma etc*) dissolution, extinction. – **31.** (*einer Zeitung etc*) cessation of publication. – **32.** (*auf einen Vorschlag etc*) acceptance (of), agreement (to), consent (to): E~ auf Bedingungen submission to conditions. – **33.** (*auf Frage etc*) consideration (of), examination (of). – **34.** *cf.* Eingehung.

'ein,ge·hend I *pres p.* – **II** *adj* **1.** (*detailliert*) detailed, comprehensive, circumstantial: ein ~er Bericht a detailed report. – **2.** (*umfassend*) comprehensive, profound, detailed, close: etwas einem ~en Studium unterziehen to make a comprehensive (*od.* an exhaustive) study of s.th. – **3.** (*gründlich*) thorough, close: ~e Untersuchung (*od.* Prüfung) thorough examination. – **4.** (*sorgfältig*) careful: nach ~er Überlegung after careful consideration. – **5.** *bes. econ.* (*Post, Waren etc*) incoming. – **6.** (*Stoff etc*) shrinking. – **7.** *math.* (*Winkel*) reentrant, *Br.* re-entrant. – **III** *adv* **8.** eine Frage ~ untersuchen to examine a problem in detail; sich ~ nach j-m erkundigen to inquire at length about s.o.; sich ~ mit etwas befassen to study s.th. thoroughly, to go into s.th. deeply; etwas ~ behandeln to deal with s.th. comprehensively; sich (*dat*) etwas ~ überlegen to consider s.th. carefully.

'Ein,ge·hung *f* ⟨-; *no pl*⟩ **1.** *cf.* Eingehen. – **2.** (*einer Verpflichtung etc*) contraction, assumption, acceptance, incurrence (*bes. jur.*): ~ eines Vergleichs *jur.* acceptance of (*od.* agreement to) an arrangement; ~ einer Bürgschaft acceptance of surety. – **3.** (*eines Vertrages etc*) conclusion. – **4.** (*einer Ehe*) contraction, conclusion. – **5.** (*eines Bündnisses etc*) formation. – **6.** (*eines Risikos etc*) incurrence. – **7.** (*eines Handels*) conclusion. – **8.** *chem.* (*einer Verbindung*) formation.

'ein,geiß·lig [-,gaislɪç] *adj zo.* monotrichous, monotrichic.

'ein·ge,kap·selt I *pp.* – **II** *adj med. biol.* **1.** (*Bakterien etc*) encapsulated. – **2.** (*Parasit etc*) (en)cysted, cystic.

'ein·ge,keilt I *pp.* – **II** *adj* **1.** wedged in: in eine(r) Menschenmenge ~ sein *fig.* to be wedged in in a crowd; er war zwischen zwei dicken Männern ~ *fig.* he was sandwiched in between two fat men. – **2.** *med.* (*Knochenbruch etc*) impacted.

'ein·ge,klam·mert I *pp.* – **II** *adj* (*Wort etc*) bracketed, in brackets, in parentheses.

'ein·ge,klemmt I *pp.* – **II** *adj* **1.** (*Schublade, Tür etc*) jammed. – **2.** *med.* (*Bruch*) a) strangulated, incarcerated, b) (*nicht reponierbar*) irreducible. – **3.** *colloq.* ~ sein (*von Personen*) (zwischen *dat* between) to be wedged (*od.* sandwiched, squeezed) in.

'ein·ge,klinkt I *pp.* – **II** *adj* (*Tür*) latched, on the latch.

'ein·ge,knif·fen I *pp of* einkneifen. – **II** *adj* **1.** (*Mund etc*) pinched. – **2.** (*Augen*) half-closed. – **3.** *only in* mit ~em Schwanz (*Hund etc*) with its tail between its legs.

'ein·ge,knöpft I *pp.* – **II** *adj* (*Futter etc*) buttoned-in (*attrib*).

'ein·ge,las·sen I *pp of* einlassen. – **II** *adj* **1.** (*Behälter etc*) sunk. – **2.** (*Diamant etc*) set, mounted: in den Dolchgriff waren Diamanten ~ the handle of the dagger was set with diamonds. – **3.** *tech.* a) sunk, flush(-mounted), b) (*Schraube*) countersunk.

'ein·ge,legt I *pp.* – **II** *adj* **1.** *gastr.* a) (*Früchte*) preserved, b) (*Fleisch*) salted, c) (*in Essig*) pickled: ~er Hering pickled herring; ~e Eier preserved (*od.* waterglass, *Br.* water-glass) eggs. – **2.** (*Möbelstück etc*) inlaid: ~e Arbeit a) inlay (work), inlaid work, b) (*in farbigem Holz*) *auch* marquetry, c) (*in Marmor etc*) incrusted work, incrustation; mit Perlmutt ~ inlaid with mother-of-pearl; mit Marmor ~ incrusted with marble. – **3.** (*mit Diamanten etc*) set (with).

'ein·ge,lei·sig [-gə,laizɪç] *adj* (*railway*) *cf.* eingleisig.

'ein·ge,macht I *pp.* – **II** *adj* **1.** (*Nahrungsmittel etc*) preserved: in Dosen ~ *bes. Am.* canned, *bes. Br.* tinned; in Essig ~ pickled; in Zucker ~ (*Früchte*) candied, crystallized. – **2.** preserved (*od.* bottled) in vacuum jars. — **'Ein·ge,mach·te** *n* ⟨-n; *no pl*⟩ *colloq.* **1.** preserved food, preserves *pl*: in Essig ~s pickles *pl.* – **2.** (*Obst*) preserved fruit. – **3.** *cf.* Eingeweckte.

'ein·ge,mein·den [-gə,maindən] *v/t* ⟨*sep, pp* eingemeindet, h⟩ (*Dorf etc*) incorporate: verschiedene Vororte wurden von München (*od.* in die Stadt München) eingemeindet several suburbs have been incorporated into (the city of) Munich. — **'Ein·ge,mein·dung** *f* ⟨-; -en⟩ incorporation.

'ein·ge,nom·men I *pp of* einnehmen. – **II** *adj* **1.** für j-n [etwas] ~ sein to be bias(s)ed (*od.* prejudiced, prepossessed) in favo(u)r of s.o. [s.th.], to be bias(s)ed toward(s) s.o. [s.th.], to have a bias toward(s) s.o. [s.th.], to be partial to s.o. [s.th.], to be well disposed toward(s) s.o. [s.th.]. – **2.** von j-m ~ sein a) to have a high opinion of s.o., b) to be taken with s.o., to like s.o., to be fond of s.o.: sehr von j-m ~ sein to be infatuated with s.o.; von etwas ~ sein to be taken with (*od.* captivated by, intrigued by) s.th.; sehr von etwas ~ sein to be enthusiastic about (*od.* *stärker* heart and soul for) s.th.; von sich ~ sein a) to be conceited, to be taken up with oneself, to be full of one's own importance, to think a lot of oneself (*colloq.*), to be opinionated; sehr von sich ~ sein to have a very high opinion of oneself, to think no end of oneself (*colloq.*). – **3.** gegen j-n [etwas] ~ sein to be prepossessed (*od.* prejudiced) against s.o. [s.th.], to be ill disposed toward(s) s.o. [s.th.]. – **4.** *rare for* benommen II. — **'Ein·ge,nom·men·heit** *f* ⟨-; *no pl*⟩ **1.** (für) bias (toward[s], in favo[u]r of), prepossession (in favo[u]r of), partiality (for). – **2.** (gegen against) bias, prejudice. – **3.** ~ von sich selbst *cf.* Eingebildetheit 1. – **4.** *rare for* Benommenheit.

'ein·ge,pö·kelt I *pp.* – **II** *adj gastr.* salted: ~es Rindfleisch salt beef.

'ein·ge,rech·net I *pp.* – **II** *adj* [nicht] ~ sein *bes. econ.* a) (*von Preis etc*) [not] to be included, b) (*von Verpackung etc*) [not] to be allowed for, c) (*von Außenständen etc*) [not] to be taken into account (*od.* entered); alles ~ a) all inclusive, b) *fig.* all things considered (*od.* taken into account), taking everything into account.

'Ein·ge,rich·te *n* ⟨-s; -⟩ *tech.* (*eines Türschlosses*) ward.

'ein·ge,rich·tet I *pp.* – **II** *adj* **1.** (*Wohnung etc*) furnished: elegant ~ elegantly furnished. – **2.** arranged: zweckmäßig ~er Arbeitsraum efficiently arranged working room. – **3.** auf (*acc*) etwas ~ sein *fig.* to be prepared for s.th.

'ein·ge,rollt I *pp.* – **II** *adj* **1.** *bot. zo.* involute(d). – **2.** *med.* curled in (*od.* under).

'ein·ge,ro·stet I *pp.* – **II** *adj* **1.** rusty. – **2.** *fig.* (*Kenntnisse etc*) rusty: mein Englisch ist etwas ~ my English is a little rusty. – **3.** *fig.* (*Sportler etc*) rusty, out of practice. – **4.** *fig.* (*Stimme*) hoarse, thick, rusty: eine ~e Stimme a rusty voice.

'ein·ge,sandt I *pp of* einsenden. – **II** *adj* sent in.

'ein·ge,schal·tet I *pp.* – **II** *adj* **1.** *electr.* switched (*od.* turned) on, connected to the circuit, closed: ~er Zustand "on" position. – **2.** *ling.* (*Wort, Satz etc*) interpolated, incidental, parenthetic(al). – **3.** (*Tag im Jahr etc*) intercalary. – **4.** *geol.* intercalated, intercalary.

'**ein·geˌschla·fen I** *pp of* einschlafen. – **II** *adj fig.* (*Körperglied*) numb, (fallen) asleep (*pred*).

'**ein·geˌschlech·tig** [-gəˌʃlɛçtɪç] *adj* unisexual: ~e Blüte *bot.* unisexual (*od.* diclinous) flower.

'**ein·geˌschlecht·lich** *adj* **1.** *med.* monosexual, unisexual. – **2.** *ling.* genderless.

'**ein·geˌschlos·sen I** *pp of* einschließen. – **II** *adj* **1.** locked in, shut in, enclosed, inclosed: vom Land ~e Bucht landlocked bay; von Eis ~ icebound. – **2.** *fig.* (*abgeschieden*) isolated, secluded. – **3.** included: im (*auch* in den) Preis ~ included in the price. — '**Ein·geˌschlos·sen·heit** *f* ⟨-; *no pl*⟩ *fig.* isolation, seclusion.

'**ein·geˌschnappt I** *pp.* – **II** *adj colloq.* offended, cross, piqued, peeved, miffed (*colloq.*): ~ sein to sulk, to be sulky (*od.* huffy, in a huff), to have the sulks (*colloq.*); er ist sehr leicht ~ he is easily offended, he takes offence (*Am.* offense) very easily, he is very touchy (*od.* thin-skinned).

'**ein·geˌschneit I** *pp.* – **II** *adj* **1.** (*Auto etc*) snowed over (*od.* under). – **2.** (*Haus, Dorf etc*) snowbound, *Br.* snow-bound, snowed up (*od.* in).

'**ein·geˌschnürt I** *pp.* – **II** *adj* **1.** *bot.* a) (*Schale etc*) angiospermous, b) (*Wurzel etc*) constricted, moniliform (*scient.*). – **2.** *biol.* (*Zelle*) segmented. – **3.** (*fashion*) (*Taille*) laced-up (*od.* -in) (*attrib*).

'**ein·geˌschos·sig** [-gəˌʃɔsɪç] *adj cf.* einstöckig.

'**ein·geˌschränkt I** *pp.* – **II** *adj* **1.** limited, confined, restricted: in seiner Bewegungsfreiheit ~ sein to be restricted in one's freedom of movement. – **2.** (*Lebensweise*) straitened. – **3.** (*Recht etc*) modified. – **4.** (*Antwort etc*) qualified. – **III** *adv* **5.** ~ leben to live in straitened circumstances. — '**Ein·geˌschränkt·heit** *f* ⟨-; *no pl*⟩ limitation, confinement, restriction.

'**ein·geˌschrie·ben I** *pp of* einschreiben[1]. – **II** *adj* **1.** (*postal service*) registered. – **2.** (*als Mitglied*) enrolled. – **3.** *math.* inscribed: ~er Kreis incircle, *Br.* in-circle; Mittelpunkt eines ~en Kreises incenter, *Br.* in-centre.

'**ein·geˌschwo·ren I** *pp of* einschwören. – **II** *adj* auf (*acc*) etwas [j-n] ~ sein to be committed (*od.* sworn) to s.th. [s.o.].

'**ein·geˌse·hen I** *pp of* einsehen: „~" (*bei Akten*) "seen". – **II** *adj mil.* exposed (to observation).

'**ein·geˌses·sen I** *pp of* einsitzen. – **II** *adj* **1.** (*ansässig*) resident, domiciled. – **2.** (*alteingesessen*) long- (*od.* old-)established. – **3.** *cf.* einheimisch 1. — '**Ein·geˌses·se·ne** *m, f* ⟨-n; -n⟩ **1.** inhabitant, resident. – **2.** *cf.* Einheimische.

'**ein·geˌsetzt I** *pp.* – **II** *adj* **1.** inserted: ~es Stück inserted piece, insert. – **2.** (*in ein Amt etc*) appointed.

'**ein·geˌspielt I** *pp.* – **II** *adj* **1.** (gut) aufeinander ~ sein a) (*von Mannschaft etc*) to play together perfectly, to be well co(-)ordinated, to show perfect teamwork, b) (*von Orchester etc*) to play together as one, c) *fig.* (*von Arbeitern etc*) to work together perfectly, to work together in thorough co(-)ordination. – **2.** *fig.* (*System etc*) well-established (*attrib*).

'**ein·geˌsprengt I** *pp.* – **II** *adj* **1.** (*Wäsche*) sprinkled. – **2.** *bes. geol. med.* scattered, interspersed, disseminated.

'**ein·geˌstan·de·ner'ma·ßen**, '**ein·geˌstand·ner'ma·ßen** *adv* (*officialese*) confessedly, admittedly, avowedly: er war ~ an dem Verbrechen beteiligt he was on his own confession (*od.* by his own admission) an accessory to the crime.

'**Ein·geˌständ·nis** *n* ⟨-ses; -se⟩ (*einer Schuld etc*) confession, admission, acknowledg(e)ment, avowal: auf Grund Ihres ~ses, nach Ihrem eigenen ~ by (*od.* on) your own confession.

'**ein·geˌste·hen I** *v/t* ⟨*irr, sep, pp* eingestanden, h⟩ confess, admit, acknowledge, own (up) to: j-m etwas eingestehen to admit (*od.* confess) s.th. to s.o.; sich (*dat*) seine Fehler ~ to admit one's faults to oneself. – **II E~** *n* ⟨-s⟩ *verbal noun.* — '**Ein·geˌste·hung** *f* ⟨-; *no pl*⟩ **1.** *cf.* Eingestehen. – **2.** confession, admission, acknowledg(e)ment.

'**ein·geˌstellt I** *pp.* – **II** *adj* **1.** auf j-n [etwas] ~ sein *fig.* a) (*vorbereitet*) to be prepared for s.o. [s.th.], b) (*abgestimmt*) to be adjusted (*od.* adapted) to s.o. [s.th.], c) (*ausgerichtet*) to have s.o. [s.th.] in mind: darauf bin ich nicht ~ I am not prepared for that; sie waren glänzend aufeinander ~ they were splendidly adjusted to one another; ganz auf Liebe ~ sein to have nothing in mind but love, to center all one's thoughts on love. – **2.** gegen [für] j-n [etwas] ~ sein to be unfavo(u)rably [favo(u)rably] disposed toward(s) s.o. [s.th.], to be opposed to [to be in favo(u)r of] s.o. [s.th.]. – **3.** (*in Verbindung mit vorausgehendem adj od. adv*) großzügig ~ sein to be generously minded, to be broad-minded, to have a broad mind; materialistisch ~ sein to be a materialist; sozialistisch ~ sein to be socialistic, to tend toward(s) socialism, to have socialistic leanings; wie ist er [dazu] ~? what is his opinion [about it]? what does he think [of this]? what is his attitude (*od.* stand) [toward(s) it]? ich mag derart ~e Leute nicht I don't like people who think that way; ich bin da anders ~ I am of a different view here. – **4.** (*optics*) focused, *auch* focussed: nicht richtig ~ out of focus.

'**ein·geˌstemmt I** *pp.* – **II** *adj* mit ~en Armen with one's arms akimbo.

'**ein·geˌstimmt I** *pp.* – **II** *adj* aufeinander ~ sein a) *mus.* (*von Instrumenten*) to be tuned to each other, b) *fig.* (*von Personen*) to be attuned to one another.

'**ein·geˌstri·chen I** *pp of* einstreichen. – **II** *adj mus.* (*Note, Oktave*) one-accented, one-line (*attrib*): ~es C middle C.

'**ein·geˌsun·ken I** *pp of* einsinken. – **II** *adj cf.* eingefallen 2.

'**ein·geˌtra·gen I** *pp of* eintragen. – **II** *adj* **1.** *econ.* a) (*Warenzeichen*) registered, b) (*Gesellschaft etc*) incorporated, registered, c) (*Mitglied*) enrolled: ~er (*od.* E~er) Verein registered association (*od.* club). – **2.** (*Anzug, Schuhe etc*) worn-in (*attrib*).

'**ein·geˌübt I** *pp.* – **II** *adj* in (*dat*) etwas ~ sein to be experienced in s.th., to have practice in s.th.

'**ein·geˌwach·sen I** *pp of* einwachsen[2]. – **II** *adj med.* (*Haar, Nagel*) ingrown.

'**Ein·geˌweck·te** *n* ⟨-n; *no pl*⟩ *gastr.* food preserved (*od.* bottled) in vacuum jars.

'**Ein·geˌwei·de** *n* ⟨-s; -⟩ *meist pl med. zo.* **1.** (*innere Organe*) entrails *pl*, insides *pl*, innards *pl* (*colloq.*), viscera *pl* (*scient.*): Lehre von den ~n splanchnology; der Schreck fuhr ihm in die ~ *colloq.* his stomach turned with fright (*colloq.*). – **2.** (*Gedärme*) intestines *pl*, entrails *pl*, bowels *pl*, guts *pl*: die ~ der Fische the guts; einem Tier die ~ herausnehmen to take out the entrails from an animal, to disembowel (*od. scient.* eviscerate) an animal, *Am.* to dress out an animal; einem Fisch die ~ herausnehmen to gut (*od.* clean) a fish; einer Ente die ~ herausnehmen to draw a duck. — **~ˌbruch** *m*, **~ˌher·nie** *f med.* intestinal hernia. — **~ˌleh·re** *f* splanchnology, enterology. — **~ˌnerv** *m* splanchnic (*od.* visceral) nerve. — **~ˌschau** *f antiq.* **1.** extispicy, haruspicy. – **2.** haruspication. — **~ˌschlagˌader** *f med.* co(e)liac artery. — **~ˌschmerz** *m* intestinal pain, enterodynia (*scient.*). — **~ˌsen·kung** *f* enteroptosis, splanchnoptosis, visceroptosis. — **~ˌvorˌfall** *m* **1.** eventration. – **2.** (*aus Bauchverletzung*) evisceration. – **3.** (*aus Körperöffnungen*) prolapse, prolapsus. — **~ˌwurm** *m* intestinal worm; entozoan, helminth (*scient.*).

'**ein·geˌweiht I** *pp.* – **II** *adj fig.* initiate(d), knowing, informed: in das Geheimnis ~ sein to be in (on) the secret, to be in the know (*colloq.*). — '**Ein·geˌweih·te** *m, f* ⟨-n; -n⟩ initiate, initiated (*od.* knowing, informed) person, insider.

'**ein·geˌwickelt** (*getr.* -k·k-) **I** *pp.* – **II** *adj bot.* involute.

'**ein·geˌwöh·nen I** *v/reflex* ⟨*sep, pp* eingewöhnt, h⟩ sich ~ **1.** get (*od.* become) acclimatized, acclimatize oneself: sich in (*dat u. acc*) etwas ~ to get (*od.* become) acclimatized to s.th., to acclimatize (*od.* accustom) oneself to s.th., to get (*od.* become) accustomed (*od.* used) to s.th., to begin to feel at home in s.th.; er hat sich in seiner neuen (*od.* in seine neue) Umgebung rasch eingewöhnt he quickly got used to (*od.* felt at home in) his new surroundings; er gewöhnte sich dort nur schwer ein it was a long time before he felt at home there. – **2.** (*in neuen Arbeitsplatz etc*) settle down: er hat sich gut hier eingewöhnt he settled down here very nicely; sich in einen Beruf ~ to settle (down) into (*od.* familiarize oneself with) a job. – **II** *v/t* **3.** accustom, acclimatize, *bes. Am.* acclimate, make (*s.o.*) feel at home: wir werden das Kind schon in seine neue Umgebung ~ we will accustom the child to (*od.* make the child feel at home in) its new surroundings. – **III E~** *n* ⟨-s⟩ **4.** *verbal noun.* — '**Ein·geˌwöh·nung** *f* ⟨-; *no pl*⟩ **1.** *cf.* Eingewöhnen. – **2.** acclimatization, *bes. Am.* acclimation. – **3.** familiarization.

'**ein·geˌwur·zelt I** *pp.* – **II** *adj* **1.** (*Brauch etc*) long- (*od.* old-)established. – **2.** (*Haß, Übel etc*) inveterate, deep-rooted, ingrained, engrained. – **3.** (*Glaube, Loyalität etc*) deep-rooted, deep-seated.

'**ein·geˌzahlt I** *pp.* – **II** *adj bes. econ.* (*Summe, Kapital etc*) paid-up (*attrib*), paid (in) (*nachgestellt*).

'**ein·geˌzo·gen I** *pp of* einziehen. – **II** *adj* **1.** *mil.* conscript (*attrib*). – **2.** *obs.* (*Leben*) secluded. — '**Ein·geˌzo·ge·ne** *m* ⟨-n; -n⟩ *mil.* conscript, *Am.* draftee.

'**einˌgie·ßen I** *v/t* ⟨*irr, sep,* -ge-, h⟩ **1.** (*Getränk*) pour (*s.th.*) (in *od.* out): sie goß sich (*dat*) eine Tasse Tee ein she poured (out) a cup of tea for herself; würden Sie bitte (den) Kaffee ~? would you please pour the coffee? Tee in eine Tasse ~ to pour tea into a cup. – **2.** *metall.* a) (*Schmelzgut*) (in *acc* into) pour, run, cast, b) (*Eisenstab etc*) cast (*s.th.*) integral: geschmolzenes Metall in eine Form ~ to cast molten metal into a mo(u)ld. – **3.** (*aufgießen*) *bes. med.* infuse. – **II** *v/i* **4.** pour (out) a cup (*od.* glass): darf ich Ihnen noch einmal ~? may I pour you (out) another cup (*od.* glass)? – **III E~** *n* ⟨-s⟩ **5.** *verbal noun.* — '**Einˌgie·ßung** *f* ⟨-; *no pl*⟩ **1.** *cf.* Eingießen. – **2.** *bes. med.* infusion.

'**einˌgip·sen** *v/t* ⟨*sep,* -ge-, h⟩ **1.** *med.* (*Arm etc*) put (*od.* set) (*s.th.*) in plaster (of Paris): j-s Fuß (*od. colloq.* j-n) ~ to put s.o.'s leg in plaster (of Paris). – **2.** *tech.* (*Haken etc*) fix (*od.* fasten) (*s.th.*) with plaster: einen Haken in eine Wand ~ to plaster a hook into a wall. – **3.** (*Loch, Riß etc*) plaster up.

'**einˌgit·tern** *v/t* ⟨*sep,* -ge-, h⟩ (*Vorgarten etc*) fence (*s.th.*) in, rail (*s.th.*) off, enclose (*od.* inclose) (*s.th.*) with railings.

'**Einˌglas** *n* ⟨-es; =er⟩ *cf.* Monokel.

'**einˌgla·sen** *v/t* ⟨*sep,* -ge-, h⟩ **1.** (*Fenster etc*) glaze: die Fenster sind neu eingeglast worden new glass has been put in the windows. – **2.** *phot.* (*Dias*) mount.

'**einˌglei·sen** *v/t* ⟨*sep,* -ge-, h⟩ (*railway*) rerail.

'**einˌglei·sig** [-ˌglaɪzɪç] *adj* (*railway*) single- (*od.* one-)track (*attrib*): ~e Strecke single track, single(-track) line; ~er Betrieb single-track (*od.* either-direction) working.

'**einˌglie·de·rig** [-ˌgliːdərɪç] *adj cf.* eingliedrig.

'**einˌglie·dern I** *v/t* ⟨*sep,* -ge-, h⟩ **1.** (in *acc* into) incorporate, integrate: Divisionen in das atlantische Verteidigungssystem ~ to integrate divisions into the Atlantic defence (*Am.* defense) system; j-n [etwas] in den Arbeitsprozeß ~ to incorporate s.o. [s.th.] into the working process. – **2.** (*Fakten, Erkenntnisse etc*) fit in, insert, incorporate, embody: etwas in (*acc*) etwas ~ to fit (*od.* insert, integrate) s.th. into s.th. – **3.** j-n in (*acc*) etwas ~ (*in Organisation etc*) a) to fit s.o. into s.th., b) to make s.o. a member of s.th., to enrol(l) s.o. in s.th. – **4.** (*Land*) annex: ein Land einem anderen ~ to incorporate a country into another one. – **II** *v/reflex* sich ~ **5.** (*von Fakten etc*) fit in: sich in (*acc*) etwas ~ to fit into s.th. – **6.** (*in einen Verband etc*) become a member: sich in eine Organisation ~ to become a member of (*od.* to join) an organization. – **7.** *fig.* (*in Umgebung etc*) adapt oneself: sie gliedert sich leicht ihrer (*od.* in ihre) Umgebung ein she adapts herself easily to her environment, she easily becomes (a) part of her environment. – **III E~** *n* ⟨-s⟩ **8.** *verbal noun.* — '**Einˌglie·de·rung** *f* ⟨-; -en⟩ **1.** *cf.* Eingliedern. – **2.** (in *acc* into) incorporation, integration: die ~ einer Sache in das

Wirtschaftsleben the incorporation of s.th. into (the) economic life. – 3. (*in acc* into) insertion, incorporation. – 4. (*in eine Organisation etc*) enrol(l)ment (into). – 5. (*eines Landes*) annexation: ~ eines Landes in ein anderes incorporation of a country into another (one). – 6. *fig.* (*in eine Umgebung etc*) adaptation (to).

ˈeinˌglied·rig [-ˌgliːdrɪç] *adj* 1. *math.* a) (*Ausdruck*) one-term(ed), monomial, b) (*Operation*) one-place (*attrib*), monadic: ~er Ausdruck monomial (expression). – 2. *bot.* monandrous.

ˈEinˌgottˌglau·be *m relig.* monotheism.

ˈeinˌgra·ben I *v/t* ⟨*irr, sep,* -ge-, h⟩ 1. (*Leichnam*) bury. – 2. (*Schätze, Vorräte*) bury, hide (*s.th.*) in the ground: seine Schätze im Garten ~ to bury one's treasures in the garden. – 3. (*Pfahl etc*) sink (*od.* drive, ram) in: einen Pfahl in die Erde ~ to sink a pile into the ground. – 4. (*Pflanze etc*) dig in: etwas ins Erdreich ~ to dig s.th. into the ground. – 5. *fig.* dig (*od.* sink) in: einem Pferd die Sporen ~ to dig one's spurs into a horse. – 6. sich (*dat*) etwas ins Gedächtnis ~, *rare* etwas seinem Gedächtnis ~ *fig. lit.* to engrave s.th. upon one's memory, to stamp s.th. upon one's mind. – 7. *geol.* wash, wear: eine Rinne in den Fels ~ to wash a channel in(to) the rock. – II *v/reflex* sich ~ 8. (*von Tier*) dig (itself) in, bury itself: sich in einen Bau ~ to burrow (itself) in; sich im Schlamm ~ to dig itself into the mud; sich tief in die Erde ~ to dig one's way deep into the ground. – 9. *mil.* dig (oneself) in, entrench oneself. – 10. (*von Geschoß etc*) bury (*od.* embed) itself: das Geschoß grub sich in die Erde [in das Fleisch] ein the projectile buried itself in the ground [in the flesh]. – 11. (*von Wagenrad etc*) dig in, become embedded, get stuck: die Räder gruben sich in den Sand ein the wheels dug into the sand. – 12. *fig.* (*ins Gedächtnis etc*) engrave itself (upon), be engraved (upon). – 13. *geol.* (*von Fluß etc*) (*in acc* into) incise, cut downward(s). – III E~ *n* ⟨-s⟩ 14. *verbal noun.* – 15. *mil.* entrenchment. — **ˈEinˌgra·bung** *f* ⟨-; *no pl*⟩ *cf.* Eingraben.

ˈEinˌgrät·schen *n* (*sport*) (*am Barren*) straddle round the hands.

ˈein·graˌvie·ren *v/t* ⟨*sep, no* -ge-, h⟩ (*in acc* on) engrave: eine Inschrift in Stein ~ to engrave an inscription on stone.

ˈEinˌgreif·di·vi·siˌon *f mil.* reserve (*od.* counterattack, *Br.* counter-attack) division.

ˈeinˌgrei·fen I *v/i* ⟨*irr, sep,* -ge-, h⟩ 1. (*von Polizei etc*) step in, take action, interfere, intervene: es ist Zeit einzugreifen it is time to take action (*od.* to act). – 2. (*in Streitfall etc*) intervene, interfere: in diesem (*od.* diesen) Fall kann ich nicht ~ I cannot interfere in this case; in ein schwebendes Verfahren ~ *jur.* to interfere with a pending case. – 3. (*in Gespräch etc*) join in, cut in: er griff in die Unterhaltung ein he joined (*od.* cut in on) the conversation. – 4. in (*acc*) etwas ~ (*von Ereignis etc*) to influence (*od.* have effect on, reflect on) s.th.: ein Ereignis, das tief in mein Leben eingriff an event that had far-reaching consequences for (*od.* thoroughly changed) my life; in den Gang der Ereignisse ~ wollen to try to influence the course of events. – 5. *bes. jur.* (*bes. in Rechte*) interfere (with), encroach (on), trespass (on), intrude (on), invade (*acc*), infringe (*acc*). – 6. *mil.* intervene: in den Kampf ~ to engage in (*od.* enter) the battle, to go into action. – 7. *tech.* (*in acc*) (*von Zahnrädern etc*) a) (be in) gear (*od.* mesh) (with), engage (*acc*), b) (*in Eingriff gelangen*) (come into *od.* move into) gear (*od.* mesh) (with), engage (*acc*), mate (*acc*). – II E~ *n* ⟨-s⟩ 8. *verbal noun.* – 9. intervention, interference. – 10. *mil.* intervention. – 11. *cf.* Eingriff 1—3, 5. — **ˈeinˌgrei·fend** I *pres p.* – II *adj fig.* 1. (*entscheidend*) decisive: von ~er Bedeutung sein to be of decisive importance. – 2. (*einschneidend*) far-reaching, incisive, (*stärker*) drastic: ~e Folgen haben to have far-reaching consequences. – 3. *cf.* durchgreifend 1, 3.

ˈEinˌgreif|reˌser·ve *f mil.* operational reserve. — **~ˌtrup·pe** *f*, **~verˌband** *m* strike force.

ˈeinˌgren·zen I *v/t* ⟨*sep,* -ge-, h⟩ 1. (*Garten etc*) enclose, inclose, close in. – 2. *fig.* (*Epidemie etc*) localize, contain. – 3. *fig.* (*Thema etc*) limit, narrow down. – 4. *fig.* (*Begriffsumfang, Machtbereich etc*) delimit, define, circumscribe. – II E~ *n* ⟨-s⟩ 5. *verbal noun.* — **ˈEinˌgren·zung** *f* ⟨-; -en⟩ 1. *cf.* Eingrenzen. – 2. enclosure, inclosure. – 3. *fig.* localization, containment. – 4. *fig.* limitation. – 5. *fig.* delimitation, definition, circumscription.

ˈEinˌgriff *m* 1. intervention, interference: staatliche ~e *pl* in die Wirtschaft state intervention *sg* in the economy. – 2. (*in einen Prozeß, eine Entwicklung*) interference (in), disruption (of): ein entscheidender ~ in sein Leben a decisive disruption (*od.* disturbance) of his life. – 3. *bes. jur.* (*in acc*) interference (with), encroachment (on), trespass (on), intrusion (on), infringement (of), invasion (of). – 4. *med.* operation, (surgical) intervention: kleiner ~ minor operation; an j-m einen ~ vornehmen to operate (*od.* perform an operation) on s.o.; verbotener (*od.* unerlaubter) ~ illegal operation. – 5. *tech.* a) (*von Zahnrädern*) engagement, mesh(ing), action, b) (*von Kupplungen*) engagement, c) (*eines Werkzeuges*) reentry, *Br.* re-entry: im ~ sein a) (*von Zahnrädern*) to be in mesh, b) (*von Schneidewerkzeugen*) to be in attack (*od.* action); in ~ bringen a) (*Zahnräder*) to throw (*s.th.*) into mesh, to bring (*s.th.*) into engagement, to mesh, to mate, b) (*Kupplung*) to throw (*s.th.*) into action, c) (*Schneidmeißel*) to bring (*s.th.*) into cutting action, to reenter, *Br.* to re-enter; nicht im ~ sein a) (*von Zahnrädern*) to be out of mesh, b) (*von Kupplungen*) to be out of engagement; außer ~ bringen a) (*Zahnräder*) to throw (*s.th.*) out of gear (*od.* mesh), to bring (*s.th.*) out of mesh, b) (*Kupplungen etc*) to bring (*s.th.*) out of engagement, to disengage; aus dem ~ kommen (*von Schneidwerkzeugen*) to come out of the cut. – 6. *meist pl hunt.* (*eines fliehenden Wilds*) spoor, (mark of) track.

ˈeinˌgrif·fe·lig [-ˌgrɪfəlɪç] *adj bot.* monostylous.

ˈEinˌgriffs|ˌwerkˌzeug *n* (*watchmaking*) pitching tool. — **~ˌzir·kel** *m* depthing tool.

ˈein·grupˌpie·ren I *v/t* ⟨*sep, no* -ge-, h⟩ 1. (*Personen, Tiere, Pflanzen etc*) (*in acc* among) group, classify, class. – II E~ *n* ⟨-s⟩ 2. *verbal noun.* – 3. classification. — **ˈEin·grupˌpie·rung** *f* 1. *cf.* Eingruppieren. – 2. group, classification, class.

ˈEinˌguß *m* 1. *cf.* Eingießen. – 2. *metall.* a) sprue, feeder, b) (*in der Anschnittstechnik*) downgate, ingate, c) (*in der Gießereitechnik*) *cf.* Eingußtrichter. – 3. *civ.eng.* (*von Fundamentschrauben*) grouting. — **~kaˌnal** *m metall.* (*in der Gießereitechnik*) downgate, ingate, down-runner. — **~ˌloch** *n* (*einer Sandform*) sprue hole (*od.* opening). — **~ˌtech·nik** *f* pouring practice. — **~ˌtrich·ter** *m* 1. (*einer Sandform*) pouring gate, feeding head. – 2. (*vertikaler Einlauf*) downgate. – 3. (*tangentialer Zulauf*) runner (gate).

ˈeinˌhacken (*getr.* -k·k-) I *v/i* ⟨*sep,* -ge-, h⟩ 1. auf etwas [j-n] ~ to hack at s.th. [s.o.]. – 2. auf eine Beute ~ (*von Vogel etc*) to peck (*od.* pick) at a prey. – 3. auf j-n ~ *fig. colloq.* to pick (*od.* carp) at s.o., to keep (*od.* go on) at s.o. – II *v/t* 4. die Krallen in (*acc*) etwas ~ to dig its claws into s.th.

ˈeinˌha·geln *v/i* ⟨*sep,* -ge-, sein⟩ auf j-n ~ *fig. colloq.* a) (*von Schlägen etc*) to fall as thick as hail on s.o., to hail (*od.* rain) on s.o., b) (*von Kugeln*) to hail on s.o., c) (*von Fragen etc*) to shower on s.o.: die Fragen hagelten nur so auf ihn ein he was showered with questions.

ˈeinˌhä·keln I *v/t* ⟨*sep,* -ge-, h⟩ edge (*od.* border) (*s.th.*) with crotchet(ing). – II *v/reflex* sich ~ *colloq. cf.* einhaken 6.

ˈeinˌha·ken I *v/t* ⟨*sep,* -ge-, h⟩ 1. hook, fasten (*s.th.*) (with a hook [*od.* clip, clasp]): Fensterläden ~ to fasten shutters back; die Sicherheitskette ~ to put the chain on (the door). – 2. (*Reißverschluß etc*) hook (in *od.* on), fasten. – 3. *bes. auto.* (*Anhänger etc*) hitch on. – 4. *bes. tech.* (*Verbindungsteile etc*) attach. – II *v/i* 5. (*bei Gespräch*) cut (*od.* break) in: bei dieser Bemerkung hakte er ein at this remark he cut in, he took (*od.* caught) up this remark, (*stärker*) he seized on this remark. – III *v/reflex* sich ~ 6. *colloq.* link arms: sich bei j-m ~ to take s.o.'s arm, to link arms with s.o.; ich hakte mich bei ihm ein I put (*od.* linked) my arm in his, I took his arm, I linked arms with him.

ˌeinˈhalbˌmal *adv* half: ~ so teuer half as expensive.

ˈeinˌhal·len *v/t* ⟨*sep,* -ge-, h⟩ (*Luftschiff*) dock, berth.

ˈEinˌhalt *m* ⟨*undeclined*⟩ *only in* j-m ~ gebieten [einer Sache ~ gebieten (*od.* tun)] to stop s.o. [s.th.], to put a stop to s.o. [s.th.], to halt (*od.* check) s.o. [s.th.]: dem feindlichen Vormarsch ~ gebieten *mil.* to check the enemy's advance.

ˈeinˌhal·ten I *v/t* ⟨*irr, sep,* -ge-, h⟩ 1. (*Versprechen etc*) keep: eine Verabredung [nicht] ~ to keep [to break] an appointment. – 2. (*Vorschrift etc*) observe, keep, abide by, follow, comply with. – 3. (*Verpflichtung etc*) meet, fulfil, *Am.* fulfill. – 4. (*Frist*) keep, observe: einen Termin ~ to keep to (*od.* observe) a time limit, to keep within a time limit, *bes. Am. auch* to meet a deadline; einen Termin nicht ~ to transgress a time limit; die Zeit ~ to be punctual, to observe the appointed time. – 5. (*Bedingungen etc*) keep to, adhere to, stick to. – 6. *bes. jur.* (*Vertrag*) abide by, perform. – 7. *bes. econ.* (*Zahlungen*) keep up, meet. – 8. (*Kurs etc*) keep (to), hold, follow: die Richtung ~ to follow the same direction. – 9. (*Diät etc*) keep to, observe: die Mahlzeiten ~ to have regular meals. – 10. (*textile*) a) (*Taille, Ärmel etc*) gather in, take in, b) (*Vorhang etc*) pull in. – 11. *rare* (*Schwungrad etc*) stop, check. – II *v/i* 12. *bes. Southern G. and Austrian for* innehalten I. – 13. *lit. for* aufhören 1. – III *v/reflex* sich ~ 14. *Southern G. dial. for* festhalten III. – IV E~ *n* ⟨-s⟩ 15. *verbal noun.* — **ˈEinˌhal·tung** *f* ⟨-; *no pl*⟩ 1. *cf.* Einhalten. – 2. (*einer Vorschrift etc*) observance (of), compliance (with), fulfil(l)ment (of). – 3. (*einer Frist*) observance (of). – 4. (*einer Bedingung etc*) adherence (to), fulfil(l)ment (of). – 5. *bes. jur.* (*eines Vertrages*) performance (of).

ˈeinˌhäm·mern *v/t* ⟨*sep,* -ge-, h⟩ 1. j-m etwas ~ *fig. colloq.* to hammer (*od.* drive, drum, pound) s.th. into s.o.'s mind (*od.* head), to hammer s.th. into s.o.: den Massen Schlagwörter ~ to hammer slogans into the minds of the masses. – 2. (*Nagel etc*) *cf.* einschlagen 1.

ˈeinˌham·stern *v/t* ⟨*sep,* -ge-, h⟩ *humor. for* einheimsen 2, 3.

ˈEinˌhand·beˌdie·nung *f bes. tech.* one- (*od.* single-)hand operation.

ˈeinˌhan·deln *v/t* ⟨*sep,* -ge-, h⟩ 1. etwas [von (*od.* bei) j-m] ~ a) to buy (*od.* purchase) s.th. [from s.o.], b) (*durch Tausch*) to barter s.th. [from s.o.], c) to bargain [with s.o.] for s.th.: etwas billig ~ to buy s.th. cheaply; etwas für (*od.* gegen) etwas (anderes) ~ to barter s.th. for s.th. (else); etwas mit ~ to get s.th. into the bargain; er wollte sich (*dat*) einen günstigeren Preis ~ *colloq.* he bargained for a more favo(u)rable price. – 2. *fig. colloq.* (*Vergünstigung etc*) get (*od.* obtain) (*s.th.*) by (*od.* through) bargaining: da hast du dir aber etwas Schönes eingehandelt *iron.* a) you've really made a good bargain here, b) you've landed yourself in a fine (*od.* nice) mess there.

ˈEinˌhandˌfeu·erˌzeug *n* one-handed lighter.

ˈeinˌhän·dig [-ˌhɛndɪç] I *adj* one- (*od.* single)-hand(ed). – II *adv* with one hand: ~ radfahren to ride a bicycle with one hand; ~ Klavier spielen to play the piano with one hand.

ˈeinˌhän·di·gen [-ˌhɛndɪgən] *v/t* ⟨*sep,* -ge-, h⟩ j-m etwas ~ a) to hand s.th. over to s.o., b) to deliver s.th. to s.o. — **ˈEinˌhän·di·gung** *f* ⟨-; *no pl*⟩ handing over, delivery.

ˈEinˌhandˌseg·ler *m mar.* single-hand boat (*od.* yacht).

ˈEinˌhän·ge·maˌschi·ne *f print.* casing-in machine.

ˈeinˌhän·gen I *v/t* ⟨*sep,* -ge-, h⟩ 1. (*Tür, Fenster etc*) put (*s.th.*) on its hinges, hang. – 2. hang (*od.* suspend) (*s.th.*) in (its) position: eine Glocke ~ to hang a bell; etwas in (*acc*) etwas ~ to hang (*od.* suspend) s.th. in(to) s.th. – 3. (*Telephonhörer*) hang up, replace. – 4. (*aufhängen*) hang up. – 5. *bes. tech.* (*Verbindungsglieder etc*) attach. – 6. *bes. auto.* (*Anhänger etc*) hitch on. – 7. (*railway*) a) (*Wagen*) couple to (*od.* on), b) (*Kupplung*) lock. – 8. *civ.eng.* (*Dachziegel*) lay. – 9. *print.* (*Buchblock*) case in, attach. – 10. *mar.*

(*Steuerruder*) ship. – **11.** *rare for* einhaken 1. – **II** *v/i* ⟨*auch irr*⟩ **12.** hang up (the receiver), replace the receiver, *Br. auch* ring off: hängen Sie bitte nicht ein! hold on (*od.* the line), please! er hängte einfach ein, als ich mit ihm sprach he hung up on me. – **III** *v/reflex* sich ~ **13.** *colloq. cf.* einhaken 6.

'Einˌhän·geˌöse *f tech.* eye hook.

'einˌhau·chen *v/t* ⟨*sep*, -ge-, h⟩ j-m [einer Sache] etwas ~ to breathe s.th. into s.o. [s.th.], to inspire s.o. [s.th.] with s.th.: j-m neues Leben ~ to breathe new life into s.o.; einer Sache Leben ~ to breathe life into s.th.

'einˌhau·en I *v/i* ⟨*irr, sep*, -ge-, h⟩ **1.** (mit den Fäusten) auf j-n [etwas] ~ to strike (at) (*od.* attack, go at) s.o. [s.th.] (with one's fists); sie hieben tüchtig mit dem Schwert auf die Feinde ein they laid about them with their swords. – **2.** *colloq.* pitch (*od.* tuck) in (*od.* into one's food) (*colloq.*), ply a good knife and fork: er haute tüchtig (*od.* wacker) ein he helped himself generously; ins Essen ~ to pitch (*od.* plough, *bes. Am.* plow) into one's food (*colloq.*). – **II** *v/t* **3.** *colloq. for* einschlagen 3—5. – **4.** (*Öffnung etc*) (in *acc* in) make, hew: einen Tunnel in einen Felsen ~ to hew a tunnel in(to) a rock. – **5.** (*Loch etc*) (in *acc* in) sink. – **6.** (*Inschrift etc*) (in *acc* in) carve. – **7.** (*Figur etc*) (in *acc* in) hew, carve.

'einˌhäu·sig [-ˌhɔʏzɪç] *adj bot.* mon(o)ecious: ~e Pflanzen mon(o)ecious plants, Monoecia, androtynes. — **'Einˌhäu·sig·keit** *f* ⟨-; *no pl*⟩ monoecism, monoecy.

'Einˌhe·bel|beˌdie·nung *f tech.* single-lever control (*od.* manipulation). — **~ˌbrem·se** *f auto.* single-lever brake.

'einˌhe·ben I *v/t* ⟨*irr, sep*, -ge-, h⟩ **1.** *cf.* einhängen 1. – **2.** *print.* (*Druckform*) lay (*s.th.*) on, put (*s.th.*) into the press. – **3.** *Southern G. and Austrian* (*Steuern etc*) collect, levy. – **II E~** *n* ⟨-s⟩ **4.** *verbal noun.* — **'Einˌhe·bung** *f* ⟨-; -en⟩ **1.** *cf.* Einheben. – **2.** *Southern G. and Austrian* (*von Steuern etc*) collection, levy.

'einˌhef·ten *v/t* ⟨*sep*, -ge-, h⟩ **1.** (*Dokument etc*) file, place (*od.* put) (*s.th.*) into a (loose-leaf) file. – **2.** (*Buchblatt etc*) sew in. – **3.** (*textile*) (*Futter*) tack in, baste on.

'einˌhe·gen *v/t* ⟨*sep*, -ge-, h⟩ *cf.* umzäunen. — **'Einˌhe·gung** *f* ⟨-; -en⟩ *cf.* Umzäunung.

'einˌhei·len *med.* **I** *v/i* ⟨*sep*, -ge-, sein⟩ (*von Transplantat*) take: das Transplantat heilt sehr gut ein the graft is taking very well. – **II E~** *n* ⟨-s⟩ *verbal noun.* — **'Einˌhei·lung** *f* ⟨-; *no pl*⟩ *med.* **1.** *cf.* Einheilen. – **2.** (*eines Transplantates*) take: vollständige ~ complete take.

'einˌhei·misch *adj* **1.** (*Bevölkerung etc*) native, indigenous, local, *auch* resident: die ~en Bewohner einer Stadt the local population *sg* of a town, the inhabitants (*od.* residents) of a town. – **2.** (*Brauchtum etc*) local, native: ~e Trachten native costumes. – **3.** (*Erzeugnisse*) home(-produced), home-made, *Br.* home-made, inland (*attrib*), local, domestic. – **4.** (*Industrie etc*) home (*attrib*), domestic, internal, local: der ~e Markt the home market; die ~e Wirtschaft the domestic economy. – **5.** *bes. agr.* a) (*Agrarprodukte, Früchte etc*) home(-grown), *Br.* home(-grown), domestic, b) (*Vieh etc*) homebred, *Br.* home-bred: ~e Hölzer homegrown timber *sg*, domestic woods. – **6.** *bot. zo.* (*Pflanzen, Tiere*) native, indigenous, endemic (*scient.*): ~es Tier, ~e Pflanze aboriginal, indigene; in den Tropen ~e Pflanzen plants native (*od.* indigenous) to the tropics. – **7.** (*Sprache etc*) native, vernacular. – **8.** *med.* (*Krankheit*) endemic. – **9.** (*sport*) (*Mannschaft*) home (*attrib*), local.

'Einˌhei·mi·sche *m, f* ⟨-n; -n⟩ native, local.

'einˌheim·sen [-ˌhaɪmzən] *v/t* ⟨*sep*, -ge-, h⟩ **1.** (*Früchte, Schätze etc*) gather, collect, garner. – **2.** *colloq.* (*Geld etc*) pocket, rake in. – **3.** *fig. colloq.* (*Lob etc*) reap, take: den Ruhm für sich ~ to take the glory for oneself.

'Einˌhei·rat *f* ~ in (*acc*) etwas marriage into s.th.; ~ in eine Familie [ein Geschäft] marriage into a family [a business]; j-m ~ in ein Geschäft bieten to offer s.o. the possibility of marrying into a business. — **'einˌhei·ra·ten** *v/i* ⟨*sep*, -ge-, h⟩ in (*acc*) etwas ~ to marry into s.th.

'Ein·heit *f* ⟨-; -en⟩ **1.** unit, homogeneous (*od.* integrated) whole: etwas zu einer ~ verschmelzen to weld parts into a homogeneous whole; das bildet eine geschlossene ~ this unites to form an integrated whole; eine wirtschaftliche ~ an economic unit. – **2.** (*Geschlossenheit*) unity: die ~ der Zeit, des Orts und der Handlung (*literature*) the unities *pl* of time, place and action, the dramatic unities *pl.* – **3.** (*eines Staates etc*) unity: die nationale ~ national unity; Tag der deutschen ~ day of German unity (*June 17*); etwas zu einer ~ zusammenschließen to unify s.th.; Zusammenschluß von Staaten zu einer ~ unification. – **4.** (*Einssein*) unity, oneness: für ihn ist die Natur eine ~ for him nature is one (entity); Mann und Frau bilden in der Ehe eine ~ in marriage, husband and wife become as one; ein Gefühl der ~ a sense of oneness. – **5.** *bes. phys. tech.* (*Maßeinheit etc*) unit, *auch* standard: die ~ des elektrischen Widerstandes the unit of electrical resistance; ~ der Wärmemenge thermal unit; die kleinste ~ the smallest unit; statistische ~ statistical unit. – **6.** *math.* a) unit, b) (*Eins*) unity, c) (*eines Vektorraums etc*) unit point: einen Koeffizienten auf die ~ zurückführen to reduce a coefficient to unity. – **7.** *mil.* unit: taktische [strategische] ~ tactical [strategical] unit; sich bei seiner ~ zurückmelden to report back to one's unit (*Am. colloq. auch* outfit). – **8.** *chem.* (*in Polymeren*) unit: sich wiederholende ~en repeating units. – **9.** *metr.* time. – **10.** *econ.* a) (*der Wertpapiere*) unit of trade, *Am.* full lot, b) (*Währungseinheit*) monetary unit, c) (*Wohnungseinheit*) dwelling unit, d) (*Verrechnungseinheit*) unit of account. – **11.** *philos.* unity, monad.

'ein·heit·lich I *adj* **1.** (*Ganzes*) homogeneous, integrated. – **2.** (*System, Muster etc*) homogeneous, uniform: ~e Gestaltung unity of form (*od.* design, construction); der Roman macht keinen ~en Eindruck there is not much unity in this novel. – **3.** (*Gedankengang etc*) uniform, coherent, consistent. – **4.** (*Plan, Vorgehen etc*) concerted. – **5.** (*Kleidung, Regelung etc*) uniform: ~e Kleidung tragen to be dressed alike; ~e Festlegung von Größen standardization of sizes; ~e Maßstäbe anwenden to apply uniform standards. – **6.** *fig.* united, undivided: eine ~e Front bilden to form a united front. – **7.** *bes. econ.* a) (*Preis, Zoll etc*) uniform, standard (*attrib*), b) (*Größenordnung*) standardized, c) (*Kurs*) regular: Waren von ~er Güte goods of uniform good quality; einen ~en Preis festsetzen to fix a standard price. – **8.** unter ~em Kommando *mil.* under unified command. – **9.** *pol.* a) (*Regierung etc*) centralized, b) (*Bestrebungen etc*) unionist(ic). – **10.** *bes. pol. econ.* (*Institution, Bank etc*) unitary. – **II** *adv* **11.** ~ gekleidet sein to be uniformly dressed, to be dressed alike; etwas ~ regeln to settle s.th. uniformly; etwas ~ durchführen to carry s.th. out uniformly; ~ vorgehen to act jointly (*od.* unitedly, concertedly), to act as a unit. — **'Einheit·lich·keit** *f* ⟨-; *no pl*⟩ **1.** (*eines Ganzen*) homogeneity, homogeneousness, integrity. – **2.** (*eines Systems, Musters etc*) homogeneity, homogeneousness, uniformity: ~ des Stils unity of style. – **3.** (*eines Gedankengangs etc*) uniformity, coherence, consistency: Ihren Ideen fehlt jede ~ your ideas are without any consistency. – **4.** (*eines Plans etc*) concertedness. – **5.** (*einer Kleidung, Regelung etc*) uniformity. – **6.** *fig.* unitedness, unity. – **7.** *bes. econ.* a) (*der Preise*) uniformity, b) (*der Größenordnungen*) conformity to standard, c) (*der Kurse*) regularity.

'Ein·heits|ˌbank *f econ.* unitary bank. — **~beˌstre·bun·gen** *pl pol.* tendencies toward(s) unification. — **~beˌwer·tung** *f econ.* uniform (*od.* standardized) evaluation. — **~ˌbild** *n med.* (*einer Krankheit*) clinical entity. — **~ˌboh·rung** *f tech.* standard (*od.* standardized) bore, basic hole. — **~ˌboot** *n* (*sport*) one-design (sailing) boat. — **~conˌtai·ner** *m econ.* unit container. — **~eleˌment** *n math.* identity element. — **~fa·bri·ka·tiˌon** *f econ.* standard production. — **~ˌform** *f* **1.** uniform shape, uniformity. – **2.** *math.* a) primitive polynomial, b) primitive form. — **~forˌmat** *n* standard size. — **~for·muˌlar** *n* standard form. — **~ˌfront** *f pol.* united front. — **~geˌbühr** *f econ.* standard rate. — **~geˌtrie·be** *n tech.* standard gear unit. — **~geˌwerk·schaft** *f pol.* unified trade union (*Am.* labor union). — **~geˌwicht** *n* standard weight. — **~geˌwinde** *n tech.* standard thread. — **~ˌgrö·ße** *f* standard size. — **~ˌklei·dung** *f* **1.** standardized clothing. – **2.** (*einer Anstalt*) uniform (clothing). — **~ˌkreis** *m math.* unit circle: Bogenlänge eins im ~ radian. — **~ˌku·gel** *f* unit sphere. — **~ˌkurs** *m econ.* (*von Wertpapieren*) uniform quotation (*od.* price). — **~ˌkurzˌschrift** *f* standard shorthand system. — **~ˌli·ste** *f pol.* single list. — **~ˌmaß** *n tech.* standard measure. — **~ˌmasse** *f tech. phys.* unit mass. — **~ˌma·trix** *f math.* unit (*od.* identity) matrix. — **~ˌmietverˌtrag** *m* standard lease form. — **~moˌdell** *n* standard model. — **~ˌmo·nat** *m* month adjusted for calendar variation. — **~parˌtei** *f pol.* unity party. — **~ˌpol** *m phys.* unit magnetic pole. — **~ˌpreis** *m econ.* **1.** uniform price. – **2.** (*Pauschalpreis*) flat rate price. — **~ˌsatz** *m econ.* standard rate. — **~ˌschlüs·sel** *m mus.* single clef: Notation im ~ single-clef scoring. — **~ˌschu·le** *f ped.* comprehensive school. — **~ˌstaat** *m pol.* centralized state. — **~ˌsteu·er** *f econ.* uniform tax. — **~ˌstra·fe** *f jur.* (*Jugendstrafrecht*) global punishment. — **~syˌstem** *n* standard (*od.* uniform) system. — **~taˌrif** *m econ.* **1.** uniform rate. – **2.** (*Tarifwerk*) uniform tariff. — **~ˌvek·tor** *m math.* unit vector. — **~ˌvorˌdruck** *m econ.* standard (printed) form. — **~ˌwäh·rung** *f econ.* standard currency. — **~ˌwel·le** *f tech.* basic (*od.* unit) shaft. — **~ˌwert** *m econ.* uniform (*od.* standard) value. — **~ˌwur·zeln** *pl math.* roots of unity.

'einˌhei·zen I *v/t* ⟨*sep*, -ge-, h⟩ **1.** (*Ofen*) light. – **2.** *colloq.* (*Zimmer*) heat. – **II** *v/i* **3.** make (*od.* light) a fire, light the stove. – **4.** j-m (gründlich *od.* tüchtig) ~ *fig. colloq.* to make things hot for s.o., to give s.o. hell. – **5.** er hatte gestern gut eingeheizt *fig. humor.* he had one too many (*od.* one over the eight) yesterday (*colloq.*).

'einˌhel·fen *v/i* ⟨*irr, sep*, -ge-, h⟩ j-m ~ *dial.* to prompt s.o.

'einˌhel·lig [-ˌhɛlɪç] **I** *adj* unanimous: ~e Zustimmung finden to find (*od.* meet with) unanimous approval; der ~e Protest der Mitglieder the unanimous protest of the members. – **II** *adv* unanimously: etwas ~ begrüßen to welcome s.th. with unanimous (*od.* by common) consent. — **'Einˌhel·lig·keit** *f* ⟨-; *no pl*⟩ unanimity.

'ein|ˌhen·ke·lig [-ˌhɛŋkəlɪç], **~ˌhenk·lig** [-ˌhɛŋklɪç] *adj* (*Gefäß*) one-handled.

ˌein'her|ˌfah·ren *v/i* ⟨*irr, sep*, -ge-, sein⟩ *lit.* drive along. — **~ˌge·hen** *v/i* ⟨*irr, sep*, -ge-, sein⟩ *lit.* walk along.

Ein·he·ri·er [aɪn'heːrĭər; 'aɪn-] *m* ⟨-s; -⟩ *myth. fallen warrior in Valhalla.*

ˌein'her|ˌschrei·ten *v/i* ⟨*irr, sep*, -ge-, sein⟩ *lit.* stalk along. — **~stolˌzie·ren** *v/i* ⟨*sep*, *no* -ge-, sein⟩ *lit.* strut along (*od.* about, around).

'einˌhie·big [-ˌhiːbɪç] *adj tech.* (*Feile*) single-cut.

'einˌhie·ven *v/t* ⟨*sep*, -ge-, h⟩ *mar.* (*Ankerkette etc*) heave (in).

'einˌhöcke·rig (*getr.* -k·k-) *adj* **1.** *med.* unicuspid. – **2.** *zo.* one-humped, with a single hump: → Kamel 1.

'einˌho·len I *v/t* ⟨*sep*, -ge-, h⟩ **1.** (*Läufer, Fahrzeug etc*) catch (*od.* pull) up with, draw level with: j-s Vorsprung ~ (*auch fig.*) to catch up with s.o.; er konnte seine Mitschüler nicht mehr ~ *fig.* he could not catch up with his classmates. – **2.** (*Versäumtes, verlorene Zeit etc*) make up for, catch up with, recover: die Verspätung läßt sich leicht ~ the time lost can easily be made up (*od.* recovered). – **3.** (*Auskunft, Rat etc*) ask for, seek, take: (sich *dat*) Erkundigungen über j-n ~ to make inquiries about s.o.; bei j-m Rat ~ to seek (*od.* take) advice from s.o., to consult s.o.; ein Gutachten über (*acc*) etwas ~ to seek (*od.* call for) expert opinion on s.th. – **4.** (*Erlaubnis, Zustimmung etc*) get, seek, obtain, procure. – **5.** (*Befehl etc*) receive, get: neue Instruktionen ~ to receive new instructions. – **6.** (*Flagge*) haul down, lower. – **7.** *colloq. for* einkaufen I. – **8.** j-n (feierlich) ~ *lit.* to receive s.o. ceremoniously (and escort him). – **9.** (*Ernte*) bring (*od.* take) in. – **10.** *mar.* a) (*Tau*) haul (in), b) (*Segel*) take (*od.* get) in. – **II E~** *n* ⟨-s⟩ **11.** *verbal noun.* – **12.** *cf.* Einholung.

'einˌhol·mig [-ˌhɔlmɪç] *adj aer.* (*Tragfläche*) monospar, single-spar (*attrib*).

'Einˌholˌta·sche *f* shopping bag.

'Einˌho·lung *f* ⟨-; *no pl*⟩ **1.** *cf.* Einholen: feierliche ~ der Fahne ceremonial lowering of the flag. – **2.** (*einer Erlaubnis, Zustimmung etc*) obtainment, procuration. – **3.** (*eines Befehls*) reception. – **4.** *lit.* ceremonious reception.

'Einˌhorn *n* ⟨-s; ¨er⟩ **1.** *myth. her.* unicorn. – **2.** *zo.* unicorn. — **~ˌfisch** *m zo.* unicorn fish (*Naso unicornis*).

'einˌhör·nig [-ˌhœrnɪç] *adj* unicorn.

'Einˌhorn|ˌschnecke (*getr.* -k·k-) *f zo.* unicorn (shell) (*Gattg Monoceros u. Latirus*). — **~ˌwal** *m zo.* sea unicorn, narw(h)al, unicorn whale (*Monodon monoceros*).

'Einˌhu·fer [-ˌhuːfər] *m meist pl* ⟨-s; -⟩ *zo.* perissodactyla *pl.* — **'einˌhu·fig** [-ˌhuːfɪç] *adj zo.* ungulate, perissodactylous (*scient.*).

'einˌhüf·tig [-ˌhʏftɪç] *adj arch.* inclined, rising, rampant.

'einˌhül·len I *v/t* ⟨*sep*, -ge-, h⟩ **1.** wrap (up): das Kind warm ~ to wrap (up) the baby warmly; er hüllte sich in (*od.* mit) Decken ein he wrapped himself (up) in blankets, he wrapped blankets around (*od.* about) him; j-n in ein Leichentuch ~ to shroud s.o. – **2.** *fig.* envelop, *auch* envelope, (en)wrap, enswathe (*lit.*): Nebel hüllt den Fluß ein fog envelops the river. – **3.** *nucl.* (*Brennelemente etc*) clad. – **4.** *math.* (*Kurve, Zylinder, Fläche*) envelop. – **5.** *tech.* a) envelop, b) (*einkapseln*) encase, incase, c) (*umschließen*) enclose, d) (*ummanteln*) sheathe, e) (*einbetten*) embed, imbed, f) (*einpacken*) pack up, g) (*umwickeln*) enwrap. – **6.** *med.* (*Organ durch Kapsel*) invest. – **II E~** *n* ⟨-s⟩ **7.** *verbal noun.* — **'einˌhül·lend I** *pres p.* – **II** *adj math.* (*Kurve, Fläche*) enveloping. — **'Einˌhül·len·de** *f* ⟨-n; -n⟩ *math.* envelope. — **'Einˌhül·lung** *f* ⟨-; *no pl*⟩ *cf.* Einhüllen.

'ein'hun·dert *adj* one (*od.* a) hundred.

'einˌhü·ten *v/i* ⟨*sep*, -ge-, h⟩ *Northern G.* baby-sit.

'ei·nig *adj* **1.** (*gleicher Ansicht*) agreed, in agreement (*od.* accord, concord), at one: sich ~ sein (über *acc* etwas on s.th.) to agree, to be agreed, to be in agreement, to be at one; darin (*od.* in diesem Punkt) sind wir uns ~ on this point we are agreed (*od.* in agreement, at one); sich nicht ~ sein (über *acc* on) to disagree, to differ: darüber sind sich die Gelehrten noch nicht ~ *auch colloq. humor.* authorities still differ on this point; die Fachwelt ist sich ~ darüber, daß there is agreement (*od.* consensus) among the experts that, the experts are agreed that; mit j-m ~ sein (in *dat* etwas) to agree (*od.* be agreed, be in agreement) with s.o. (on s.th.); sich ~ werden (über *acc* etwas) to agree (on, upon s.th.), to come to (*od.* reach) an agreement (on, about s.th.), to come to terms (on, about s.th.); mit j-m ~ werden to come to (*od.* reach) an agreement with s.o., to come to terms with s.o.; die beiden wurden (*od.* waren) sich ~ *humor.* the two wanted to get married; er ist sich selbst nicht ~, was er tun soll he can't make up his mind either; man ist sich allgemein darüber ~, daß there is general agreement (*od.* consensus) as to. – **2.** (*Volk etc*) united: seid ~! stand together!

ei·ni·ge *indef pron* **I** (*adjektivisch*) **1.** some, a few, several: ~ Male a few (*od.* a couple of) times, once or twice; ~ Wochen some (*od.* a few) weeks, a week or two; vor ~n Tagen the other day; ~ wenige some few; ~ hundert Mark a few hundred marks. – **2.** (*ziemlich*) some: es besteht noch ~ Hoffnung there is still some hope; über ~ Erfahrung verfügen to have some (*od.* a little) experience; ~s Aufsehen erregen to cause some (*od.* quite a) sensation; es hat mich ~ Mühe gekostet it was quite an effort; es wird noch ~ Zeit dauern it will still take some time (*od.* a little while); er verfügt über ~s Geld he has quite a bit of money; aus ~r Entfernung from a distance. – **3.** (*ungefähr*) odd, some: ~ 30 Seiten 30 odd pages, some 30 pages. – **II** *pl* (*substantivisch*) **4.** a few, some, several: ~ von ihnen some of them; ~ glauben, daß some (people) believe that; ich kenne ~ von ihnen I know some of them.

'einˌigeln [-ˌʔiːgəln] *v/reflex* ⟨*sep*, -ge-, h⟩ sich ~ **1.** *colloq.* curl up in a ball. – **2.** *mil.* take up a position of all-round defence (*Am.* defense). – **3.** *fig.* shut (*od.* cut) oneself off.

'ei·ni·geˌmal *adv* several (*od.* a few) times, once or twice.

'ei·ni·gen I *v/reflex* ⟨h⟩ sich ~ **1.** agree, come to (*od.* reach) an agreement (*od.* accord, understanding), come to terms, settle, get together (*colloq.*): sich mit j-m ~ to come to an agreement with s.o.; sie einigten sich auf den 2. April they agreed on April 2nd; sich auf die Gründung einer Gesellschaft ~ to agree to form a company; sie konnten sich nicht einmal über die Grundsätze ~ they could not even agree on the principles; sich gütlich ~ to reach an amicable agreement (*od.* settlement). – **2.** (*von Völkern etc*) unite. – **II** *v/t* **3.** (*Volk etc*) unite, unify. – **4.** (*Streitende*) (re)conciliate, reunite. – **III E~** *n* ⟨-s⟩ **5.** *verbal noun.*

'ei·ni·ger'ma·ßen *adv* to some (*od.* a certain) extent (*od.* degree), in some degree (*od.* measure), somewhat, 'some' (*colloq.*): ich war ~ überrascht I was to a certain degree (*od.* somewhat, rather, fairly) surprised; als ich mich ~ von dem Schreck erholt hatte when I had somewhat recovered from the shock; sprechen Sie Englisch? — ~ do you speak English? — to some extent, some; wie geht es Ihnen? — ~ how are you (doing)? — fair to middling, soso, just passable, I am just jogging along; wenn man auch nur ~ intelligent ist if you have any intelligence at all; ~ brauchbar somewhat (*od.* fairly) serviceable.

'ei·ni·ges *indef pron* something, a thing or two: dazu hätte ich ~ zu sagen I would like to say s.th. to (*od.* about) that; er hat ~ erfahren he learned a thing or two; er hat ~, was ich gerne kaufen möchte he has some things I would like to buy.

'ei·nigˌge·hen *v/i* ⟨*irr, sep*, -ge-, sein⟩ *colloq.* agree, concur, be in agreement: ich gehe mit Ihnen (völlig) einig I (completely) agree with you, I am in (complete) agreement with you; darin gehen wir einig there we agree, there we are in agreement, there (*od.* on this) I agree with you.

'Ei·nig·keit *f* ⟨-; *no pl*⟩ **1.** unity, union, concord, harmony: ~ macht stark (*Sprichwort*) union (*od.* unity) is strength. – **2.** (*der Ansichten etc*) unanimity, agreement, accord: es herrschte (*od.* bestand) ~ darüber, daß all were in agreement that.

'Ei·ni·gung *f* ⟨-; -en⟩ **1.** *cf.* Einigen. – **2.** agreement, accord, understanding, settlement: in allen Fragen wurde eine ~ erzielt an agreement was reached on all issues; zu keiner ~ gelangen not to come to an agreement (*od.* terms). – **3.** (*eines Volkes, Landes etc*) unification. – **4.** (*von Streitenden*) (re)conciliation, reunion.

'Ei·ni·gungs|ˌamt *n jur.* conciliation board. — **~ˌpunkt** *m math.* congruity. — **~ˌstel·le** *f jur.* settlement board (*in a company*). — **~verˌsuch** *m* attempt at (re)conciliation. — **~ˌvorˌschlag** *m* conciliatory proposal. — **~ˌwerk** *n pol.* work of unification.

'einˌimp·fen I *v/t* ⟨*sep*, -ge-, h⟩ **1.** *med.* (*Impfstoff etc*) inoculate: j-m ein Serum ~ to inoculate s.o. with vaccine, to vaccinate s.o. – **2.** j-m etwas ~ *fig.* to inoculate (*od.* indoctrinate) s.o. with s.th., to implant s.th. in s.o.; das war ihnen von Jugend an eingeimpft worden they have been indoctrinated with it from their early youth. – **II E~** *n* ⟨-s⟩ **3.** *verbal noun.* — **'Einˌimp·fung** *f* ⟨-; -en⟩ **1.** *cf.* Einimpfen. – **2.** *med.* inoculation: die ~ eines Serums the inoculation of a vaccine, the vaccination. – **3.** *fig.* inoculation, indoctrination, implantation.

'einˌja·gen *v/t* ⟨*sep*, -ge-, h⟩ j-m Angst (*od.* Furcht, einen Schrecken) ~ *colloq.* to frighten (*od.* scare, terrify) s.o., to give s.o. a fright, to throw s.o. into terror; da hast du mir einen schönen Schrecken eingejagt you did give me a fright.

'einˌjäh·rig *adj* **1.** (*ein Jahr alt*) one-year-old (*attrib*), (*Tier*) *auch* yearling (*attrib*): mein ~er Sohn my one-year-old son. – **2.** (*ein Jahr dauernd*) one year's, (of) one year: nach ~er Tätigkeit after one year's work, after working a year. – **3.** *bot.* annual: ~e Pflanze annual (plant), yearling.

'Einˌjäh·ri·ge[1] *m, f* ⟨-n; -n⟩ one-year-old.

'Einˌjäh·ri·ge[2] *n* ⟨-n; -n⟩, *auch* -s *ped. Am. etwa* Middle School Certificate, *Br. etwa* General Certificate of Education, Ordinary Level.

'Einˌjäh·rig-'Freiˌwil·li·ge *m mil. hist.* volunteer serving one year.

'Einˌjahrs|geˌwächs *n*, **~ˌpflan·ze** *f bot.* annual (plant).

'einˌjo·chen *v/t* ⟨*sep*, -ge-, h⟩ *agr.* (*Ochsen*) (put to the) yoke.

'ein·kal·kuˌlie·ren *v/t* ⟨*sep*, *no* -ge-, h⟩ *bes. econ.* (*Kosten, Steuern etc*) take (*s.th.*) into account (*od.* consideration), allow for: das ist im Preis einkalkuliert that is already included in the price; er kalkulierte die Kosten in seine Berechnung ein he took the cost(s) into account.

'einˌkäm·men *v/t* ⟨*sep*, -ge-, h⟩ *cf.* einfrisieren.

'einˌkam·me·rig [-ˌkamərɪç] *adj bes. zo.* monothalamous, *auch* monothalamic.

'Einˌkam·mer·syˌstem *n* ⟨-s; *no pl*⟩ *pol.* unicameral (*od.* single-chamber) system.

'einˌkamp·fern [-ˌkampfərn] *v/t* ⟨*sep*, -ge-, h⟩ treat (*od.* impregnate) (*s.th.*) with camphor, camphorate.

'ein·kaˌna·lig [-kaˌnaːlɪç] *adj mus.* one-channel (*attrib*), monaural (*scient.*).

'einˌkap·seln I *v/t* ⟨*sep*, -ge-, h⟩ **1.** *bes. med. vet. zo.* (enclose [*s.th.*] in a) capsule, encapsulate, *auch* encapsule, incapsulate, encyst (*scient.*). – **2.** *tech.* encase, incase, enclose, inclose. – **II** *v/reflex* sich ~ **3.** *med. vet. zo.* become encapsulated (*od.* incapsulated); become encysted, encyst (*scient.*). – **4.** *fig.* (*von Menschen*) shut oneself off (*od.* up), retire into one's shell. – **III E~** *n* ⟨-s⟩ **5.** *verbal noun.* — **'Einˌkap·se·lung**, **'Einˌkaps·lung** *f* ⟨-; -en⟩ **1.** *cf.* Einkapseln. – **2.** *bes. med. vet. zo.* encapsulation, incapsulation; encystment, encystation (*scient.*). – **3.** *tech.* encasement, incasement, enclosure, inclosure.

'ein·kasˌsie·ren I *v/t* ⟨*sep*, *no* -ge-, h⟩ **1.** (*Geld, Beiträge etc*) collect, cash. – **2.** *colloq.* take. – **II E~** *n* ⟨-s⟩ **3.** *verbal noun.* — **'Ein·kasˌsie·rung** *f* ⟨-; -en⟩ **1.** *cf.* Einkassieren. – **2.** *cf.* Inkasso.

'einˌka·steln [-ˌkastəln] *v/t* ⟨*sep*, -ge-, h⟩ j-n ~ *colloq. humor.* to put s.o. in prison (*od. colloq.* jug, clink), to jug s.o. (*colloq.*).

'einˌkä·steln *v/t* ⟨*sep*, -ge-, h⟩ *colloq.* (*Buchstaben etc*) draw a ring (*od.* box) around, ring.

'Einˌkauf *m* ⟨-(e)s; ¨e⟩ **1.** purchase: ~ und Verkauf purchase and sale; Einkäufe tätigen *econ.* to make purchases; ich muß einige Einkäufe machen (*od.* besorgen) I have some shopping to do. – **2.** (*das Einkaufen*) buying, purchasing, purchase: beim ~ von Lebensmitteln when buying food. – **3.** *econ. cf.* Einkaufsabteilung.

'einˌkau·fen I *v/t* ⟨*sep*, -ge-, h⟩ (*Waren etc*) buy, purchase: etwas bei j-m ~ to buy s.th. from s.o.; etwas im großen (*od.* en gros) ~ to buy s.th. wholesale. – **II** *v/i* (*Einkäufe machen*) shop, make (one's) purchases: ~ gehen to do one's (*od.* to go) shopping; ich muß noch ~ I have some shopping to do; bei j-m ~ to buy (regularly) from s.o. (*od.* at s.o.'s shop), *Am. auch* to trade with s.o. – **III** *v/reflex* sich in (*acc*) etwas ~ a) (*in Versicherung etc*) to take s.th. out, b) (*in Altersheim etc*) to purchase admission to (*od.* a place in) s.th. – **IV E~** *n* ⟨-s⟩ *verbal noun.*

'Einˌkäu·fer *m* ⟨-s; -⟩ *econ.* buyer: erster ~ chief buyer.

'Einˌkaufsˌabˌschluß *m econ.* purchase agreement (transaction). — **~ˌabˌtei·lung** *f* buying (*od.* purchasing) department. — **~ˌbuch** *n* purchase book (*od.* journal). — **~ˌbum·mel** *m* shopping stroll: einen ~ machen to go for a walk and do some shopping on the way. — **~geˌnos·sen·schaft** *f* cooperative (*Br. auch* co-operative) buying association. — **~kom·mis·siˌon** *f* buying commission. — **~kom·mis·sioˌnär** *m* buying agent. — **~konˌtor** *n* buying agency (office). — **~ˌkorb** *m* shopping basket. — **~ˌmög·lich·keit** *f* possibility to buy (*od.* purchase) s.th. — **~ˌnetz** *n* shopping net, string bag. — **~ˌpreis** *m econ.* purchase price: zum ~ at the purchase price. — **~pro·vi·siˌon** *f* buying commission. — **~ˌquel·le** *f* source of purchases (*od.* supply). — **~ˌta·sche** *f* shopping bag. — **~ˌzeit** *f* shopping hours *pl.* — **~ˌzen·trum** *n* shopping center (*bes. Br.* centre).

'Einˌkeh·le *f* ⟨-; -n⟩ *civ.eng.* (*eines Daches*) (roof) valley.

'Einˌkehr *f* ⟨-; *no pl*⟩ **1.** *lit.* (*Selbstbesinnung*) self-examination, (self-)communion: bei (*od.* in) sich (selbst) ~ halten to hold communion (*od.* to commune) with oneself, to search one's soul (*od.* heart). – **2.** *obs.* stop (at an inn): er fuhr ohne ~ weiter he went on without stopping; ~ halten to (make a) stop.

ˈeinˌkeh·ren *v/i* ⟨*sep*, -ge-, sein⟩ **1.** (make a) stop, put up (at an inn): **wir kehrten dreimal in einem** (*od. rare* **in ein**) **Gasthaus ein** we stopped at three inns; **bei j-m ~** a) to stop at s.o.'s inn, b) *humor.* to be s.o.'s guest, to call on s.o. – **2.** *fig. lit.* (*von Freude, Hoffnung etc*) come: **mit dem Kind kehrte das Glück bei ihnen ein** with the baby happiness came to them (*od.* entered their house); **Friede kehrte in ihr Herz ein** peace came into (*od.* entered) her heart.

ˈeinˌkei·len I *v/t* ⟨*sep*, -ge-, h⟩ **1.** wedge (*s.o., s.th.*) in (*auch fig.*): **eingekeilt sein zwischen zwei Autos** to be wedged in between two cars; **in eine(r) Menschenmenge eingekeilt sein** to be jammed in a crowd. – **2.** *med.* (*Knochensplitter etc*) impact, wedge (*s.th.*) in. – **3.** (*sport*) box (*s.o.*) in. – **II E~** *n* ⟨-s⟩ **4.** *verbal noun.* — **ˈEinˌkei·lung** *f* ⟨-; -en⟩ **1.** *cf.* Einkeilen. – **2.** *med.* a) (*anatomisch*) gomphosis, b) (*pathologisch*) impaction.

ˈeinˌkeim|ˌblät·te·rig *adj bot.* monocotyledonous: **unecht ~** pseudomonocotyledonous. — **E~ˌblät·te·ri·ge** *f* ⟨-n; -n⟩ monocotyledon. — **E~ˌblätt·ler** [-ˌblɛtlər] *m* ⟨-s; -⟩ endogen. — **~ˌblätt·rig** *adj cf.* einkeimblätterig. — **E~ˌblätt·ri·ge** *f* ⟨-n; -n⟩ *cf.* Einkeimblätterige.

ˈeinˌkel·lern [-ˌkɛlərn] **I** *v/t* ⟨*sep*, -ge-, h⟩ (*Kartoffeln, Kohlen etc*) lay (*s.th.*) in (a cellar), store (*s.th.*) in a cellar, cellar (*s.th.*) (in). – **II E~** *n* ⟨-s⟩ *verbal noun.* — **ˈEinˌkel·le·rung** *f* ⟨-; -en⟩ **1.** *cf.* Einkellern. – **2.** storage in a cellar.

ˈeinˌker·ben I *v/t* ⟨*sep*, -ge-, h⟩ **1.** *tech.* (*forestry*) slot, notch, nick, groove. – **2.** *metall.* (*Walzen*) rag, roughen. – **3.** *her.* engrail. – **II** *v/reflex* **sich ~ 4.** *fig.* draw lines (*od.* marks), show itself: **sein Gram hatte sich auf seinem Gesicht tief eingekerbt** his grief had etched deep lines in his face. – **III E~** *n* ⟨-s⟩ **5.** *verbal noun.* — **ˈEinˌker·bung** *f* ⟨-; -en⟩ **1.** *cf.* Einkerben. – **2.** *tech.* a) (*Kerbnut*) notch, groove, b) (*Schlitz*) slot, c) (*Aussparung*) recess. – **3.** *metall.* (*von Probestäben*) nick. – **4.** *civ. eng.* (*in Balken etc*) bird's-mouth. – **5.** *bot.* constriction.

ˈeinˌker·kern [-ˌkɛrkərn] *archaic* **I** *v/t* ⟨*sep*, -ge-, h⟩ **j-n ~** to put s.o. in jail (*Br. auch* gaol), to cast (*od.* put) s.o. in prison, to imprison s.o.; to incarcerate (*od.* immure) s.o. (*lit.*). – **II E~** *n* ⟨-s⟩ *verbal noun.* — **ˈEinˌker·ke·rung** *f* ⟨-; *no pl*⟩ **1.** *cf.* Einkerkern. – **2.** imprisonment; incarceration, immurement (*lit.*).

ˈeinˌker·nig *adj* **1.** *biol.* mononuclear, uninuclear. – **2.** *bot.* monopyrenous.

ˈeinˌkes·seln I *v/t* ⟨*sep*, -ge-, h⟩ **1.** *mil.* (*Truppen etc*) encircle, hem in, trap. – **2.** encircle, surround. – **3.** *hunt.* encircle. – **II** *v/reflex* **sich ~ 4.** *hunt.* (*von Wildschweinen*) lair. – **III E~** *n* ⟨-s⟩ **5.** *verbal noun.* — **ˈEinˌkes·se·lung** *f* ⟨-; -en⟩ **1.** *cf.* Einkesseln. – **2.** *mil.* encirclement.

ˈeinˌkit·ten I *v/t* ⟨*sep*, -ge-, h⟩ **1.** (*mit Ölkitt*) putty (*s.th.*) in: **eine Scheibe in den Fensterrahmen ~** to putty a pane into the window frame. – **2.** (*mit Mörtel, Zement verschmieren*) lute, cement. – **II E~** *n* ⟨-s⟩ **3.** *verbal noun.* – **4.** cementation.

ˈeinˌklag·bar *adj jur.* **1.** suable. – **2.** (*verfolgbar*) actionable. — **ˈeinˌkla·gen I** *v/t* ⟨*sep*, -ge-, h⟩ **1.** *jur.* sue for, *Am.* file a suit for: **eine Forderung (gegen j-n) ~** to sue (s.o.) for a debt, to file a claim (against s.o.) in court. – **II E~** *n* ⟨-s⟩ **2.** *verbal noun.* – **3.** prosecution.

ˈeinˌklam·mern I *v/t* ⟨*sep*, -ge-, h⟩ **1.** put (*s.th.*) in brackets (*od.* parentheses), bracket, parenthesize: **ein Wort ~** to put a word in brackets (*od.* parentheses), to bracket (*od.* parenthesize) a word. – **2.** *tech.* cramp. – **II E~** *n* ⟨-s⟩ **3.** *verbal noun.* — **ˈEinˌklam·me·rung** *f* ⟨-; -en⟩ **1.** *cf.* Einklammern. – **2.** *philos.* bracketing, epoche (*theoretical suspension of the existence of the external world*), transcendental reduction.

ˈEinˌklang *m* ⟨-(e)s; *no pl*⟩ **1.** *mus.* unison. – **2.** *fig.* concord, accord, accordance, harmony, consonance, agreement, congruity: **in ~** mit in harmony with, chiming (in) with; **nicht im** (*od.* **in**) **~ stehen mit** to be incompatible with; **zwei Sachen miteinander in ~ bringen** to harmonize two things, to bring two things into harmony (*od.* line) with each other, to reconcile (*od.* conciliate, square) two things with one another, to make two things consistent with one another; **miteinander im** (*od.* **in**) **~ stehen** a) (*von Tatsachen, Vorstellungen etc*) to agree, to be in accord, to harmonize, b) (*von Personen*) to be of one mind, to be of the same opinion, to be in accord, to be agreed; **mit etwas im** (*od.* **in**) **~ stehen** to be in agreement (*od.* accord, accordance, tune, line, keeping) with s.th., to be compatible (*od.* consonant) with s.th., to agree (*od.* accord, harmonize, square) with s.th.; **mit j-m im** (*od.* **in**) **~ stehen** to be of one mind with s.o., to be of s.o.'s mind, to be of the same mind as s.o., to be of the same opinion as s.o., to be of s.o.'s opinion; **das stand im ~ mit seinen Lehren** that was in keeping with his teachings; **seine Handlungen sind mit seinen Worten nicht in ~ zu bringen** his actions are incompatible (*od.* out of keeping, at variance) with what he says; **versuche nicht, unvereinbare Gegensätze in ~ zu bringen** don't try to reconcile incompatible contradictions; **sie lebte in vollkommenem ~ mit ihrer Umwelt** she lived in complete harmony (*od.* concord) with her environment.

ˈeinˌklap·pig [-ˌklapɪç] *adj bot. zo.* univalve (*attrib*), univalvular.

ˈein·klaˌrie·ren I *v/t* ⟨*sep*, *no* -ge-, h⟩ *mar.* (*Schiff*) clear in(ward[s]), enter. – **II E~** *n* ⟨-s⟩ *verbal noun.* — **ˈEin·klaˌrie·rung** *f* ⟨-; -en⟩ *mar.* **1.** *cf.* Einklarieren. – **2.** clearance (*od.* entry) inward(s).

ˈeinˌklas·sig [-ˌklasɪç] *adj. ped.* (*Schule etc*) one-class (*attrib*).

ˈeinˌklau·ben *v/t* ⟨*sep*, -ge-, h⟩ *Austrian and dial.* collect, gather: **Früchte in einen Korb ~** to collect (*od.* gather) fruit into a basket.

ˈeinˌkle·ben *v/t* ⟨*sep*, -ge-, h⟩ **1.** stick (*s.th.*) in, glue (*od.* paste) (*s.th.*) in: **etwas in** (*acc*) **etwas ~** to stick (*od.* glue, paste) s.th. into s.th.: **Photographien ~** to stick in photographs; **Marken in ein Album ~** to put (*od.* stick, affix) stamps in an album. – **2.** *print.* (*Vorsatz*) paper up.

ˈeinˌklei·den I *v/reflex* ⟨*sep*, -ge-, h⟩ **sich ~ 1.** fit oneself out (*od.* provide oneself) with a new set of clothes: **ich mußte mich ganz neu ~** my wardrobe needed to be renewed. – **II** *v/t* **2.** clothe, fit (*s.o.*) out, provide (*s.o.*) with a new set of clothes. – **3.** *mil.* fit (*s.o.*) out, issue clothing to, clothe. – **4.** *relig.* clothe (*s.o.*) in the habit of the order, robe. – **5.** *fig.* (*Gedanken*) clothe, couch. – **III E~** *n* ⟨-s⟩ **6.** *verbal noun.* — **ˈEinˌklei·dung** *f* ⟨-; -en⟩ **1.** *cf.* Einkleiden. – **2.** *relig.* investiture. – **3.** *mil.* accoutrement(s *pl*), equipment.

ˈeinˌklei·stern *v/t* ⟨*sep*, -ge-, h⟩ paste, cover (*s.th.*) with paste.

ˈeinˌklem·men I *v/t* ⟨*sep*, -ge-, h⟩ **1.** (*Finger etc*) catch, nip, pinch, squeeze: **er hat (sich** *dat*) **den Fuß in der Tür eingeklemmt** he squeezed his foot in the door. – **2.** (*Jacke etc*) catch: **sich** (*dat*) **den Mantel ~** to get one's coat caught, to catch one's coat. – **3.** (*dazwischenklemmen*) jam (*od.* wedge) (*s.th.*) in: **das Auto wurde zwischen zwei Lastwagen eingeklemmt** the car was wedged in between two trucks (*Br.* lorries). – **4.** (*Monokel*) insert. – **5.** *cf.* einkneifen. – **6.** (*Zettel etc*) grip (*s.th.*) in: **er klemmte das Formular in die Halteklammer ein** he gripped the form in the clip. – **7.** *tech. cf.* einspannen 6. – **II** *v/reflex* **sich ~ 8.** (*von Fenster, Schloß etc*) jam, get (*od.* become) jammed: **das Zahnrad hat sich eingeklemmt** the gear got jammed. – **9.** *med.* a) (*von Bruch*) become incarcerated (*od.* strangulated), b) (*von Gallenstein*) impact. – **III E~** *n* ⟨-s⟩ **10.** *verbal noun.* — **ˈEinˌklem·mung** *f* ⟨-; -en⟩ **1.** *cf.* Einklemmen. – **2.** *med.* a) (*eines Bruches*) incarceration, strangulation, b) (*eines Gallensteins*) impaction.

ˈeinˌklin·ken I *v/t* ⟨*sep*, -ge-, h⟩ **1.** (*Tür*) latch. – **2.** *tech.* (*Sperrklinke*) engage: **das Schleppseil ~** to engage (*od.* attach) the towing cable. – **II** *v/i* ⟨sein⟩ **3.** latch, engage, fall into a notch: **die Tür läßt sich nicht ~** the door won't latch.

ˈeinˌklop·fen *v/t* ⟨*sep*, -ge-, h⟩ **1.** (*Nagel etc*) knock (*od.* drive) in. – **2.** (*cosmetics*) pat in.

ˈeinˌknei·fen *v/t* ⟨*irr*, *sep*, -ge-, h⟩ (*in Wendungen wie*) **der Hund kniff den Schwanz ein** the dog tucked in its tail; **er hat den Schwanz eingekniffen** *fig. colloq.* he went off with his tail between his legs; **die Lippen ~** to press one's lips together.

ˈeinˌknicken (*getr.* -k·k-) **I** *v/t* ⟨*sep*, -ge-, h⟩ **1.** (*Papier etc*) fold (*od.* nip) (*s.th.*) in. – **2.** (*Buchseitenecken etc*) dog-ear. – **3.** (*Draht etc*) nick, kink. – **4.** (*Ast etc*) break, snap. – **5.** (*Tuch etc*) crease. – **6.** *tech.* (*Stütze etc*) buckle. – **7.** (*Arm*) bend. – **8.** *med.* (*Rippen etc*) snap, break. – **II** *v/i* ⟨sein⟩ **9.** (*von Knien*) give way, buckle: **die Knie knickten ihm ein** his knees gave way (*od.* buckled). – **10.** (*von Fuß*) turn one's ankle. – **11.** (*von Draht etc*) nick, kink. – **12.** (*von Ast etc*) break, snap. – **13.** *tech.* buckle, bend sharp. – **III E~** *n* ⟨-s⟩ **14.** *verbal noun.* — **ˈEinˌknickung** (*getr.* -k·k-) *f* ⟨-; -en⟩ **1.** *cf.* Einknicken. – **2.** *cf.* Knick[1] 2, 4. – **3.** *tech.* a) buckle, b) buckling, sharp bend. – **4.** *med.* infraction.

ˈEinˌknol·le *f bot.* musk orchis (*Herminium monorchis*).

ˈEinˌknopfˌabˌstim·mung *f electr.* single-dial control, single-knob control.

ˈeinˌknöpf·bar *adj* (*Futter*) button-in (*attrib*), detachable. — **ˈeinˌknöp·fen** *v/t* ⟨*sep*, -ge-, h⟩ button (*s.th.*) in: **Futter in einen Mantel ~** to button a lining into a coat. — **ˈEinˌknöpfˌfut·ter** *n* (*für Mäntel etc*) detachable (*od.* button-in) lining.

ˈeinˌknüp·fen *v/t* ⟨*sep*, -ge-, h⟩ knot (*s.th.*) in: **Perlen in ein Gewebe ~** to knot beads into a fabric.

ˈEinˌkoch·ap·paˌrat *m gastr.* fruit preserver, preserving pan, sterilizer.

ˈeinˌko·chen I *v/t* ⟨*sep*, -ge-, h⟩ *gastr.* **1.** (*Marmelade*) make. – **2.** (*Früchte, Gemüse etc*) preserve. – **3.** (*Saft etc*) boil down, thicken (*s.th.*) by boiling. – **4.** (*Tomatenmark*) concentrate. – **II** *v/i* ⟨sein⟩ **5.** (*von Wasser*) boil down (*od.* away), evaporate. – **6.** (*von Soße etc*) thicken: **die Suppe ~ lassen** to thicken the soup by boiling. – **III E~** *n* ⟨-s⟩ **7.** *verbal noun.* – **8.** preservation. – **9.** evaporation.

ˈEinˌkochˌkes·sel *m* preserving pan.

ˈeinˌkom·men *v/i* ⟨*sep*, -ge-, sein⟩ **1.** *econ.* (*von Geldern*) come in, be paid in. – **2. um etwas ~** (*officialese*) to apply for s.th., to make an application for s.th., to petition for s.th.: **bei einem Amt um etwas ~** to apply to an authority for s.th.; **um eine Gehaltserhöhung ~** to apply for an increase in salary; **er kam schriftlich darum ein** he made a written (*od.* formal) application for it; → **Abschied** 5; **Versetzung** 3. – **3.** (*von Läufer, Flugzeug etc*) come in.

ˈEinˌkom·men *n* ⟨-s; -⟩ *econ.* a) income, earnings *pl*, b) (*des Staates*) revenue, incomings *pl*: **festes ~** stable (*od.* fixed, regular, steady, settled) income; **jährliches ~** a) annual income, b) annuity; **steuerfreies ~** income exempt from taxes; **steuerpflichtiges ~** assessable (*od.* taxable) income; **sein ~ angeben** to make a return of one's income; **ein ~ beziehen** to draw an income.

ˈEinˌkom·mens|ˌausˌgleich *m econ.* equalization of incomes. — **~beˌsteue·rung** *f* income taxation. — **~erˌklä·rung** *f* return of one's income, income statement. — **~ˌgren·ze** *f* limit of revenue. — **~ˌgrup·pe** *f* income bracket (*od.* group).

ˈEinˌkom·menˌsteu·er *f econ.* income tax, *Br.* income-tax: **Veranlagung zur ~** assessment on income (*od.* for income tax). — **~beˌscheid** *m* income-tax assessment. — **~erˌklä·rung** *f* income-tax return: **seine ~ abgeben** to make a return of one's income, to file one's income-tax return. — **~for·muˌlar** *n* income-tax form. — **e~ˌfrei** *adj* exempt from income-tax. — **~geˌsetz** *n* income-tax law. — **~ˌhin·terˌzie·her** *m* income-tax dodger. — **~ˌhin·terˌzie·hung** *f* income-tax evasion. — **e~ˌpflich·tig** *adj* subject (*od.* liable) to income tax (*Br.* income-tax). — **~ˌrichtˌli·nie** *f* income-tax directive. — **~ˌsatz** *m* income-tax rate. — **~taˌbel·le** *f* income-tax table (*od.* schedule). — **~verˌanˌla·gung** *f* income-tax assessment.

ˈEinˌkom·mensˌüberˌtra·gung *f* income [transfer.]

ˈeinˌköp·fen *v/t u. v/i* ⟨*sep*, -ge-, h⟩ (*sport*) (*beim Fußball*) head in: **den Ball ~** to head the ball in (*od.* into goal).

ˈeinˌköp·fig [-ˌkœpfɪç] *adj* **1.** one-headed. – **2.** *bot.* monocephalous.

ˈein·koˌpie·ren *v/t* ⟨*sep*, *no* -ge-, h⟩ *print.* overprint.

ˈeinˌkop·peln *v/t* ⟨*sep*, -ge-, h⟩ (*Weideflächen etc*) fence in, enclose, inclose.

ˈEinˌkorn *n* ⟨-(e)s; *no pl*⟩ *bot.* one-grained spelt, spelt wheat, einkorn (*Triticum* *monococcum*). — **ˈeinˌkör·nig** *adj* one-grained, monococcous (*scient.*).

ˈeinˌkra·chen *v/i* ⟨*sep*, -ge-, sein⟩ *colloq. for* einstürzen 1, 2, einbrechen 5.

ˈeinˌkral·len I *v/reflex* ⟨*sep*, -ge-, h⟩ sich ~ **1.** (*von Tieren*) dig in its claws: sich in (*acc*) etwas ~ to dig its claws into s.th. – **2.** (*von Personen*) dig in one's nails: sich in (*acc*) etwas ~ to dig one's nails into s.th. – **3.** (*von Händen*) (in *acc* into) dig. – **II** *v/t* **4.** (*Fingernägel, Krallen*) dig (*s.th.*) in.

ˈeinˌkrat·zen I *v/t* ⟨*sep*, -ge-, h⟩ (*Zeichen etc*) scratch (*Am. auch* carve, cut) (*s.th.*) in: etwas in (*acc*) etwas ~ to scratch s.th. into s.th. – **II** *v/reflex* sich (bei j-m) ~ *colloq. contempt.* to soft-soap (s.o.).

ˈeinˌkräu·seln, ˈeinˌkrau·sen *v/t* ⟨*sep*, -ge-, h⟩ (*Kleid etc*) gather in.

ˈEinˌkreis·empˌfän·ger *m* (*radio*) single-circuit receiver.

ˈeinˌkrei·sen I *v/t* ⟨*sep*, -ge-, h⟩ **1.** *mil.* encircle, surround, envelop. – **2.** (*Wort, Zahl etc*) encircle. – **3.** *fig.* (*Problem etc*) attack (*od.* go at) (*s.th.*) systematically. – **4.** *pol.* (*isolieren, abschließen*) encircle, isolate. – **5.** *hunt.* (*Beute etc*) ring (*od.* close) in, encircle. – **II E~** *n* ⟨-s⟩ **6.** *verbal noun.*

ˈEinˌkrei·ser *m* ⟨-s; -⟩ (*radio*) *cf.* Einkreisempfänger.

ˈEinˌkrei·sung *f* ⟨-; -en⟩ **1.** *cf.* Einkreisen. – **2.** *mil.* encirclement. – **3.** *pol.* encirclement, isolation.

ˈEinˌkrei·sungs|maˌnö·ver *n mil. pol.* encircling man(o)euver (*bes. Br.* manœuvre). — **~po·liˌtik** *f pol.* policy of encirclement. — **~ˌschlacht** *f mil.* battle of encirclement.

ˈeinˌkre·men [-ˌkrɛːmən; -ˌkreːmən] **I** *v/t* ⟨*sep*, -ge-, h⟩ cream, apply cream to. – **II** *v/reflex* sich ~ cream one's skin, apply cream to one's skin.

ˈeinˌkreu·zen *v/t* ⟨*sep*, -ge-, h⟩ *biol.* cross (in *acc* with), interbreed, hybridize (*scient.*).

ˈeinˌkrie·gen *v/t* ⟨*sep*, -ge-, h⟩ *colloq. for* einholen 1.

ˈeinˌkrüm·men *v/t* ⟨*sep*, -ge-, h⟩ bend: die Finger ~ to bend (*od.* crook) one's fingers.

ˈeinˌküh·len *v/t* ⟨*sep*, -ge-, h⟩ *bes. Austrian* (*Getränk etc*) cool.

ˈEinˌkünf·te *pl* **1.** *econ.* a) (*durch Geschäfte etc*) earnings, receipts, takings, income *sg*, b) (*aus Kapitalbesitz*) unearned income *sg*, c) (*aus nichtselbständiger Arbeit*) earned income *sg*: ~ aus schriftstellerischen Arbeiten profits (*Am. auch* royalties) from writings; regelmäßige ~ haben to have a regular (*od.* steady, settled, fixed) income; j-m die ~ sperren to stop (*od.* freeze) s.o.'s receipts. – **2.** *pol.* (*des Staates*) revenue *sg*. – **3.** *jur.* (*eines Richters etc*) emoluments. – **4.** *agr.* esplees, issue *sg*. – **5.** *relig.* (*der Kirche*) spirituality *sg*: die ~ aus Pfründen the spirituality of benefits.

ˈeinˌkup·peln I *v/t* ⟨*sep*, -ge-, h⟩ **1.** *auto.* (*Gang*) engage. – **2.** *tech.* a) couple, connect, link, b) (*eine Kupplung*) clutch, c) (*Zahnräder*) throw (*s.th.*) into gear, engage. – **II** *v/i* **3.** let in (*Am.* out) (*od.* engage) the clutch.

ˈeinˌkur·ven *v/i* ⟨*sep*, -ge-, sein⟩ *aer.* (*von Flugzeug*) turn in: auf neuen Kurs ~ to turn to new heading; in Landeanflug ~ to turn into landing approach.

ˈeinˌku·scheln *v/reflex* ⟨*sep*, -ge-, h⟩ sich ~ snuggle up: sich in warme Decken ~ to snuggle up in warm blankets; sich bei j-m ~ to snuggle up to s.o.

ˈEinˌlad [-ˌlaːt] *m* ⟨-s; *no pl*⟩ *Swiss* (*von Waren*) loading, shipment.

ˈeinˌla·den I *v/t* ⟨*irr, sep*, -ge-, h⟩ **1.** (*Waren etc*) load (*s.th.*) in: Pakete in einen Waggon ~ to load parcels into a baggage car (*Br.* luggage van). – **2.** *bes. mar.* (*an Bord nehmen*) ship. – **3.** (*beladen*) load. – **4.** *fig.* (*bitten*) invite, ask: j-n zu sich ~ to ask (*od.* invite) s.o. to one's home (*od.* house); j-n zum Tee ~ to invite (*od.* ask) s.o. to tea; j-n eine Woche im voraus ~ to give s.o. a week's advance invitation, to invite s.o. a week in advance; j-n ~ lassen to send to invite s.o., to have s.o. invited; j-n ~, Platz zu nehmen to ask (*od.* invite) s.o. to sit down; j-n ~, an einer Tagung teilzunehmen to invite (*od.* ask, summon) s.o. to a conference (*od.* convention). – **5.** *fig.* (*bewirten*) entertain: Freunde zum Abendessen ~ to entertain friends to dinner. – **6.** *fig.* (*auffordern u. bezahlen*) treat: j-n zu einem Glas Wein ~ to treat s.o. to a glass of wine; ich lade dich dazu ein I treat you to it, this is on me, it's my treat. – **II** *v/reflex* sich ~ **7.** *fig.* invite oneself: er hat sich zum Mittagessen eingeladen he invited himself to dinner. – **III** *v/i* **8.** load. – **9.** *fig.* give (*od.* issue) an invitation. – **IV E~** *n* ⟨-s⟩ **10.** *verbal noun.* – **11.** *mar.* shipment, load, take over. — **ˈeinˌla·dend I** *pres p.* – **II** *adj* **1.** (*Wetter, Bank*) inviting, alluring, tempting. – **2.** (*Mahl etc*) inviting, tempting, appetizing. – **3.** (*Geste etc*) inviting: mit einer ~en Handbewegung with an inviting gesture, with a gesture of invitation. – **4.** (*Äußeres, Lächeln etc*) enticing, prepossessing.

ˈEinˌla·der *m* ⟨-s; -⟩ *hunt.* single loader, single-barreled (*bes. Br.* -barrelled) gun (*od.* rifle).

ˈEinˌla·dung *f* ⟨-; -en⟩ **1.** *cf.* Einladen. – **2.** invitation: eine schriftliche [mündliche] ~ a written [oral, spoken] invitation; auf ~ von at the invitation of; eine ~ annehmen [absagen] to accept [to decline] an invitation; ~en verschicken to send out invitations; sich für eine ~ bedanken to express one's thanks for an invitation; wir nehmen Ihre ~ dankend an we are pleased to accept your invitation. – **3.** (*Verabredung*) engagement: ich habe schon eine andere ~ I have a previous engagement. – **4.** (*Bewirtung*) hospitality: j-m für seine ~ danken to thank s.o. for his (*od.* her) hospitality. – **5.** (*sport*) (*beim Fechten*) invitation.

ˈEinˌla·dungs|ˌbrief *m cf.* Einladungsschreiben. — **~ˌkar·te** *f* (invitation) card. — **~ˌschrei·ben** *n* letter of invitation.

ˈEinˌla·ge *f* ⟨-; -n⟩ **1.** (*im Brief etc*) enclosure, inclosure. – **2.** (*in Büchern, Zeitungen etc*) insertion, insert, inset, interpolation. – **3.** (*in Ringbüchern etc*) set of loose leaves. – **4.** *meist pl* (*Fußstütze*) arch support: ~n tragen to wear (arch) supports. – **5.** (*Einlegesohle*) insole. – **6.** *med.* (*Zahneinlage*) temporary filling. – **7.** (*fashion*) a) (*weiche*) padding, wadding, b) (*steife*) stiffener, stiffening. – **8.** *gastr.* a) (*Suppeneinlage*) garnish, b) (*Zwischengang*) side dish, *Br.* side-dish, entrée, entree, entremets *pl* (*construed as sg or pl*). – **9.** (*der Zigarre*) filler, inside leaves *pl*. – **10.** (*theater etc*) interlude, intermezzo: musikalische ~n musical interludes; eine tänzerische ~ an interlude of ballet dancing. – **11.** *econ.* a) (*bei der Bank*) deposit, b) (*bei Unternehmen*) shareholding in a company, c) (*Investitionen*) investment, capital invested: täglich fällige ~ demand deposit; befristete ~ time deposit; kurzfristige ~ deposit on short notice. – **12.** (*games*) (*Spieleinsatz*) stake. – **13.** *civ.eng.* (*in Betonstraßen etc*) iron mesh reinforcement. – **14.** *tech.* a) (*Einsatzstück*) insert, b) (*Einlageplättchen*) shim, c) (*Bewehrung*) reinforcement.

ˈEinˌla·ge|ˌblatt *n* (*eines Albums etc*) (additional) loose leaf. — **~ˌfeld** *n mil.* (*einer Brücke*) insertion bay. — **~ka·piˌtal** *n econ.* capital invested (*od.* paid in), investment, initial share (*od.* contribution). — **~ˌkon·to** *n* **1.** (*bei der Bank*) deposit account. – **2.** (*bei Unternehmen*) investment account.

ˈEinˌla·gen|beˌstand *m econ.* (*der Bank*) total deposits *pl*. — **~entˌwick·lung** *f* movement of deposits.

ˈeinˌla·gern I *v/t* ⟨*sep*, -ge-, h⟩ **1.** (*Waren etc*) store (*s.th.*) (up), lay (*s.th.*) in, stockpile: neuen Vorrat ~ to restock; etwas in ein Lagerhaus ~ to warehouse s.th. – **2.** (*Möbel etc*) store (*s.th.*) (up). – **3.** (*Kartoffeln*) store, cellar. – **4.** (*Getreide etc*) store, silo. – **5.** *chem. med.* deposit, store, intercalate (*scient.*). – **6.** *geol.* (*Schicht etc*) embed, imbed, *auch* intercalate (*scient.*). – **II E~** *n* ⟨-s⟩ **7.** *verbal noun.* — **ˈEinˌla·ge·rung** *f* ⟨-; -en⟩ **1.** *cf.* Einlagern. – **2.** storage. – **3.** *chem. med.* deposit, storage, intercalation (*scient.*). – **4.** *geol.* intercalation, intercalary stratum, embedment. – **5.** *metall.* a) (*von Verunreinigungen*) inclusion, b) (*von Gasen*) occlusion. – **6.** *min.* interstratifaction.

ˈEinˌla·ge·rungs|geˌbühr *f econ.* storage (fee *od.* charge). — **~ka·pa·ziˌtät** *f* **1.** space for storing, storage space. – **2.** (*von Lagerhäusern*) warehousing space.

ˈEinˌla·ge|ˌschei·be *f tech. cf.* Zwischenlegscheibe. — **~ˌstoff** *m* (*textile*) *tech.* filling material.

ˈeinˌla·gig [-ˌlaːgɪç] *adj* **1.** *electr.* (*Wicklung*) single-layer (*attrib*). – **2.** *civ.eng.* (*Straßendecke*) single-coat (*attrib*).

ˈeinˌlan·gen *v/i* ⟨*sep*, -ge-, sein⟩ *Austrian for* eintreffen 1, 3.

ˈeinˌlap·pig *adj* **1.** *bot.* unilobed. – **2.** *zo.* unilobed, *auch* monolobular.

ˈEinˌlaß *m* ⟨-sses; ⸗sse⟩ **1.** (*Zugang*) admittance, admission: ~ fordern (*od.* begehren) to ask to be let in, to ask for admission; ~ finden (*od.* erhalten) to be admitted, to gain admission (*od.* admittance); j-m ~ gewähren to grant s.o. admission, to admit s.o., to let s.o. in; sich (*dat*) ~ verschaffen to get admitted; sich (*dat*) mit Gewalt ~ verschaffen to force an entrance, to force one's way in; j-m ~ verschaffen to get s.o. admitted, to gain admittance (*od.* admission) for s.o.; der ~ der Theaterbesucher beginnt um 19 Uhr doors open to the public at 7 p.m. – **2.** *tech.* a) (*Ventil*) inlet, intake, b) (*Zugang*) admission. – **3.** *rare* (*Tür, Öffnung*) opening, wicket. — **~ˌdienst** *m* **1.** doorkeeper. – **2.** door duty.

ˈeinˌlas·sen *v/t* ⟨*irr, sep*, -ge-, h⟩ **1.** admit, let (*s.o.*) in: j-n (*od.* etwas) ~ to let s.o. (*od.* s.th.) in, to admit s.o. (*od.* s.th.); frische Luft ~ to let fresh air in(to the room); Schuhe, die kein Wasser ~ shoes that let in (*od.* take) no water, waterproof shoes. – **2.** run, let (run): Wasser in die Wanne ~ to run (water into) the bath, to let water run into the bath tub, to draw a bath. – **3.** (*bei Intarsien*) set in, inlay: Perlmutt in Holz ~ to set mother-of-pearl in wood, to inlay wood with mother-of-pearl. – **4.** (*jewelry*) set in, mount: Perlen in einen Ring ~ to set (*od.* mount) pearls in a ring. – **5.** *civ.eng.* a) (*Säulen etc*) insert, embed, imbed, b) (*Platten etc*) let (*od.* fit) (*s.th.*) in, insert, embed, imbed, c) (*Verzierungen etc*) trim: ein Mosaik in die Fassade eines Gebäudes ~ to let a mosaic into the front of a building, to decorate the front of a building with a mosaic. – **6.** (*Dampf*) admit. – **7.** *Austrian for* einwachsen[1], bohnern. – **II** *v/reflex* **8.** sich auf (*acc*) etwas ~ a) to let oneself in for s.th., b) (*auf ein Abenteuer etc*) to venture (*od.* embark) on s.th., c) (*auf einen Vorschlag etc*) entertain, accept, d) (*näher eingehen*) to go into s.th.: da habe ich mich auf etwas Schönes eingelassen! *colloq.* what have I let myself in for! ich kann mich jetzt leider nicht auf diese Frage ~ I'm sorry, I can't go into this question just now; darauf lasse ich mich nicht ein I don't go in on it, I leave it alone, I will not have anything to do with it; laß dich auf keine leeren Versprechungen ein! don't be satisfied with mere promises! – **9.** sich auf (*od.* in) (*acc*) etwas ~ a) (*in unsaubere Geschäfte etc*) to get involved (*od.* mixed up) in s.th., b) (*in ein Gespräch etc*) engage in (*od.* enter into) s.th. – **10.** sich mit j-m ~ a) to enter into relations with s.o., to get mixed up with s.o., b) to start an affair with s.o. – **11.** sich auf eine Klage ~ *jur.* to enter an appearance, to appear (in an action), to defend a charge (*od.* an action). – **III E~** *n* ⟨-s⟩ **12.** *verbal noun.* – **13.** *civ.eng.* insertion. – **14.** *cf.* Einlaß 1.

ˈEinˌlaß|ˌkar·te *f* (admission) ticket, ticket of admission. — **~ˌlei·tung** *f tech.* inlet pipe (*od.* tube).

ˈeinˌläß·lich *adj Swiss for* gründlich 1—6.

ˈEinˌlaß|ˌnocken (*getr.* -k·k-) *m auto.* inlet cam. — **~ˌöff·nung** *f* **1.** *tech.* a) inlet (opening), b) (*für Flüssigkeit, Luft etc*) intake. – **2.** *auto.* admission port. — **~ˌrohr** *n* inlet pipe. — **~ˌstut·zen** *m* **1.** *tech.* inlet connection (*Br. auch* connexion). – **2.** *auto.* (*des Benzintanks*) neck.

ˈEinˌlas·sung *f* ⟨-; -en⟩ **1.** *cf.* Einlassen. – **2.** *jur.* ~ (zur Klage) (entering an) appearance, notice of intention to defend, joinder of issue.

ˈEinˌlaß|venˌtil *n tech.* inlet (*od.* induction, admission) valve. — **~ˌwal·ze** *f* (*textile*) feeding roller.

ˈEinˌlauf *m* ⟨-(e)s; ⸗e⟩ **1.** *med.* a) rectal injection, enema, b) (*Klistier*) clyster: einen ~ machen to give an enema. – **2.** *econ. cf.* Eingang 9, 10. – **3.** (*sport*) finish, arrival. – **4.** *gastr.* (*in Suppen*) thickening. – **5.** *tech.* a) (*für Luft etc*) inlet, intake, admission, b) (*eines Getriebes*) running-in, c) (*eines Gewindes*) run-in. – **6.** *auto.* initial run. – **7.** *metall.* (*Formerei*) downgate, ingate. – **8.** *hunt.* gap. – **9.** (*eines Schiffes*) arrival, entrance.

ˈeinˌlaufˌecht *adj* (*textile*) unshrinkable, shrink-resistant.

'ein,lau·fen I *v/i* ⟨*irr, sep*, -ge-, sein⟩ **1.** (*von Wasser etc*) flow in, run in, (*stärker*) stream in, flood in: **in die Wanne ~** to run into the bathtub (*Br.* bath-tub); **das Bad** (*od.* **Badewasser**) **~ lassen** to run (*od.* draw) the bath. – **2.** (*von Zug*) come (*od.* pull) in, arrive: **in den Bahnhof ~** to pull (*od.* draw) into the station, to enter the station; **der Zug läuft soeben ein** the train is just coming in. – **3.** (*von Schiff*) put in, sail in: **in den Hafen ~** to enter (the) harbo(u)r, to enter (*od.* put into, make) port. – **4.** (*von Klagen, Post etc*) arrive, come in, be received. – **5.** *econ.* (*von Spareinlagen*) come in (*od.* to hand), be paid (*od.* received). – **6.** (*schrumpfen*) shrink: **beim Waschen** (*od.* **bei der Wäsche**) **~** to shrink in the wash. – **7.** (*sport*) a) (*ins Ziel*) come (*od.* run) in, finish, b) (*ins Spielfeld*) take the field: **als erster ~** to finish first. – **8.** *print.* a) (*von Manuskript*) run in, b) (*von Farbe*) feed (ink). – **9.** *hunt.* (*von Wild*) run in, pass through the entrance: **in die Garnnetze ~** to run into the nets, to be caught in the nets. – **10.** *tech.* (*von Motor etc*) (be) run in: **die Maschine ~ lassen** to run (*bes. Am.* break) in the engine. – **11. Mehl in die Suppe ~ lassen** *gastr.* to add flour to the soup while stirring. – **II** *v/t* ⟨h⟩ **12.** (*neue Schuhe*) break in. – **13. j-m das Haus** (*od.* **die Bude, Tür**) **~** *colloq. fig.* to live on s.o.'s doorstep, to pester s.o. (with requests). – **III** *v/reflex* ⟨h⟩ **sich ~ 14.** (*sport*) (*von Läufern etc*) a) limber up, warm up, b) practice to regain running form. – **15.** *tech.* (*von Motor*) *Br.* (be) run in, *Am.* be broken in. – **16.** *fig.* (*von neuen Systemen etc*) get going, start running smoothly: **es muß sich alles erst ~** things have to get going (*od.* to run themselves in) first. – **IV E~** *n* ⟨-s⟩ **17.** *verbal noun.* – **18.** (*eines Zugs, Schiffs*) arrival. – **19.** (*von Stoff etc*) shrinkage, contraction. – **20.** *tech.* (*einer Kühlflüssigkeit*) flow. – **21.** *auto. Br.* run in, *Am.* break in. — **'ein,lau·fend I** *pres p.* – **II** *adj* **1.** *econ.* a) (*Post etc*) incoming, b) (*Rechnung etc*) inward. – **2.** (*textile*) shrinkable.

'Ein,läu·fer *m* ⟨-s; -⟩ **1.** *mil.* single-barreled (*bes. Br.* -barrelled) gun (*od.* rifle). – **2.** *hunt.* solitary (old) boar.

'Ein,lauf|,fe·stig·keit *f* (*textile*) resistance to shrinkage. — **~,fol·ge** (*sport*) order of arrival (*od.* finish). — **~,gleis** *n* (*railway*) *cf.* Einfahrtgleis.

'ein,läu·fig *adj* **1.** *mil.* (*Gewehr*) single-barreled (*bes. Br.* -barrelled). – **2.** *arch.* (*Treppe*) straight.

'Ein,lauf|,kurs *m mar. only in* **auf ~ liegen** to stand in (for the shore). — **~,sup·pe** *f gastr. clear soup into which an egg mixture is poured before serving.* — **~,trich·ter** *m tech.* feed hopper. — **~,wal·ze** *f print.* feed roller. — **~,zeit** *f tech.* (*einer Maschine, eines Motors etc*) run-in (*Am.* break-in) period.

'ein,läu·ten *v/t* ⟨*sep*, -ge-, h⟩ **1.** ring in: **den Sonntag ~** to ring in Sunday. – **2. eine Runde ~** (*beim Boxen*) to signalize the beginning of a round.

'ein,le·ben I *v/reflex* ⟨*sep*, -ge-, h⟩ **sich ~ 1.** (*in acc*) accustom oneself (to), get (*od.* become) accustomed (*od.* used) (to), acclimatize (*bes. Am.* acclimate) oneself (to), get (*od.* become) acclimatized (*od.* acclimated) (to), settle down (in), make oneself at home (in): **sich an** (*od.* **in**) **einem neuen Ort ~** to get acclimatized (*od.* to settle down) in a new place; **sich schwer ~** to have difficulties in getting acclimatized; **sich gut ~** to settle down well; **sie konnte sich hier nur schwer ~** she had difficulties in getting acclimatized here, she didn't settle down here easily, it was a long time before she felt at home here. – **2. sich in j-n ~** *lit.* to project oneself into s.o. (*od.* s.o.'s mind). – **3. sich in** (*acc*) **etwas ~** *lit.* to get (*od.* enter) into the spirit of s.th., to project oneself into s.th.; **sich in die Gedankenwelt Nietzsches ~** to project oneself into Nietzsche's world of thought. – **II E~** *n* ⟨-s⟩ **4.** *verbal noun.* – **5.** acclimatization. – **6.** *lit.* projection.

'Ein,le·ge|ap·pa,rat *m print.* feeder. — **~,ar·beit** *f* inlay, inlaid work, (*in Holz*) *auch* marquetry, *auch* marqueterie, intarsia, (*in Marmor, Mosaik etc*) *auch* incrustation. — **~,blatt** *n print.* loose leaf. — **~,brett** *n* (*am Ausziehtisch*) (extension) leaf. — **~,gur·ke** *f meist pl gastr.* a) pickled cucumber (*od.* gherkin), b) cucumber (*od.* gherkin) suitable for pickling. — **~,keil** *m tech.* sunk key. — **~,mes·ser** *n cf.* Klappmesser.

'ein,le·gen I *v/t* ⟨*sep*, -ge-, h⟩ **1.** put (*od.* lay, place) (*s.th.*) in: **Eier in kochendes Wasser ~** to put (*od.* lay) eggs in(to) boiling water. – **2.** (*in einen Brief*) enclose, inclose: **Geld in einen Brief ~** to enclose money with (*od.* in) a letter. – **3.** (*Blatt, Filmpatrone etc*) put in, insert: **einen Film in eine Kamera ~** to insert (*od.* put) a film in(to) a camera, to load a camera (with a film). – **4.** (*Zug, Straßenbahn*) put on: **einen Sonderzug ~** to put on (*od.* run) an extra train. – **5.** (*Haare*) set. – **6.** (*Sonderschicht etc*) insert, put (*od.* lay) on. – **7.** (*Ruhetag etc*) insert: **eine Pause ~** a) to insert an intermission, b) to (make a) pause, to take a break. – **8.** *fig.* (*in Wendungen wie*) **für j-n ein gutes Wort ~** to put in (*od.* say) a (good) word for s.o., (*stärker*) to plead for s.o., to intercede for s.o.; **für j-n eine Lanze ~** *lit.* to stand up for s.o., to break a lance for s.o.; **mit etwas Ehre ~** to bring hono(u)r (up)on (*od.* to) oneself with s.th.; **mit ihm wirst du keine Ehre ~** he will do you no credit, he won't reflect much credit on you. – **9.** (*eintauchen*) immerse, soak, steep. – **10.** *gastr.* a) (*Eier*) preserve, put (*od.* lay) (*s.th.*) down, b) (*in Marinade*) marinate, marinade, c) *cf.* einpökeln 1, d) (*in Töpfe*) pot. – **11.** (*Beschwerde etc*) lodge, make, *auch* lay: **Protest** (*od. lit.* **Verwahrung**) **gegen etwas ~** to lodge (*od.* enter) a protest against s.th., to protest (against) s.th. – **12.** *jur.* (*Rechtsmittel*) lodge, file, interpose: → **Berufung** 5. – **13.** *bes. pol.* (*Veto*) put, place, set. – **14.** *econ.* a) (*in Bank*) deposit, b) (*in Unternehmen etc*) invest. – **15.** *print.* a) (*Beilagen in Zeitungen*) insert, b) (*Schrift etc*) distribute, c) (*Bogen*) feed, insert. – **16.** *auto.* (*Gang*) engage. – **17.** *mar.* (*Riemen*) lay in, ship. – **18.** (*jewelry*) (*Edelsteine*) encrust, *auch* incrust. – **19.** *tech.* inlay: **Elfenbein in eine Tischplatte ~** to inlay a tabletop with ivory. – **20.** *hist.* (*Lanze*) place, couch, tilt. – **II E~** *n* ⟨-s⟩ **21.** *verbal noun.* – **22.** insertion.

'Ein,le·ge,plat·te *f* **1.** insertable leaf (*od.* shelf, board). – **2.** (*eines Tisches*) (extension) leaf.

'Ein,le·ger *m* ⟨-s; -⟩ **1.** *bes. print.* feeder, *Br.* layer-on. – **2.** *econ.* (*bei Bankgeschäften*) depositor, deposit holder.

'Ein,le·ge|,soh·le *f* insole, inner sole, *auch* slipsole, sock (lining). — **~,stück** *n tech.* shim. — **~,tisch** *m tech.* (feeding) table, loading tray.

'Ein,le·gung *f* ⟨-; -en⟩ *cf.* Einlegen.

'ein,lei·men *v/t* ⟨*sep*, -ge-, h⟩ glue (*s.th.*) in.

'ein,lei·ten I *v/t* ⟨*sep*, -ge-, h⟩ **1.** (*Verhandlungen etc*) begin, commence, start, open: **die Feier mit einem Festessen ~** to begin the celebration with a banquet; **eine Podiumsdiskussion leitete die Tagung ein** the conference was started with a round-table discussion. – **2.** (*vorangehen*) form the prelude of, *auch* prelude: **Vorgänge, welche die Katastrophe einleiteten** events that were a prelude to the catastrophe. – **3.** (*Rede, Aufsatz etc*) preface: **ein Buch ~** to preface a book, to write a preface (*od.* introduction) to a book. – **4.** (*Zeitalter etc*) inaugurate, introduce, usher in. – **5.** *bes. jur.* (*Verhandlungen, Untersuchung etc*) open, initiate, institute: **ein Verfahren ~** to initiate (*od.* order) proceedings; **einen Prozeß** (**gegen j-n**) **~** to bring an action (against s.o.), to go to law (with s.o.). – **6.** (*Reformen etc*) launch, initiate, set (*s.th.*) on foot: **Schritte** (*od.* **Maßnahmen**) **~** to take steps (*od.* measures). – **7.** *med.* (*Narkose, Geburt, Abort*) induce. – **8.** *ling.* (*Nebensatz etc*) introduce. – **9.** *electr.* (*Wärme, Strom etc*) pass (*s.th.*) into. – **10.** *tech.* (*Rohstoffe etc*) (*in acc* into) feed. – **II E~** *n* ⟨-s⟩ **11.** *verbal noun.* — **'ein,lei·tend I** *pres p.* – **II** *adj* **1.** (*Bemerkung, Erklärung etc*) introductory, opening: **ein paar ~e Worte sagen** to say a few introductory words, to say a few words of introduction. – **2.** (*Maßnahme etc*) preliminary: **~e Schritte unternehmen** to take preliminary steps, to arrange the preliminaries. – **III** *adv* **3. ~ möchte ich folgende Bemerkungen machen** by way of introduction (*od.* to begin with) I would like to make the following remarks.

'Ein,lei·ter|an,ten·ne *f electr.* single-wire antenna (*bes. Br.* aerial). — **~,ka·bel** *n* single(-core) cable. — **~-,Strom,wand·ler** *m* single-turn current transformer.

'Ein,lei·tung *f* ⟨-; -en⟩ **1.** *cf.* Einleiten. – **2.** (*von Ereignissen etc*) introduction, prelude: **zur ~** as an introduction; **als ~ zu etwas dienen** to serve as a prelude to s.th., to prelude s.th. – **3.** (*eines Buches etc*) introduction, preface. – **4.** (*eines Zeitungsartikels*) lead. – **5.** (*einer Rede*) introduction, exordium (*lit.*). – **6.** *bes. jur.* (*von Verhandlungen etc*) initiation, (*eines Verfahrens*) *auch* institution: **schriftliche ~** (*gen* to) preamble. – **7.** *med.* a) (*einer Krankheit etc*) prelude, first stage, b) (*einer Geburt, eines Aborts*) induction. – **8.** *ling.* introduction. – **9.** *electr.* conduction. – **10.** *mus.* prelude. – **11.** (*theater*) prologue, *auch* prolog.

'Ein,lei·tungs|be,schluß *m jur.* decision to institute proceedings. — **~,for·mel** *f* **1.** *pol.* protocol, introductory formula. – **2.** *jur.* caption, heading: **~ zu einer Urkunde** caption of a deed. — **~ka,pi·tel** *n* opening chapter. — **~,wort** *n* word(s *pl*) of introduction.

'ein,len·ken I *v/i* ⟨*sep*, -ge-, h⟩ **1.** *fig.* (*nachgeben*) give in, come round, relent, yield: **sie hielt es für klüger einzulenken** she thought it wiser to give in. – **2.** ⟨h *u.* sein⟩ (*mit einem Fahrzeug*) turn in: **in eine Seitenstraße ~** to turn into a side street. – **II E~** *n* ⟨-s⟩ **3.** *verbal noun*: **j-m das E~ schwer machen** *fig.* to make it difficult for s.o. to give in (*od.* come round), to make giving-in difficult for s.o. — **'Ein,len·kung** *f* ⟨-; -en⟩ **1.** *cf.* Einlenken. – **2.** *aer.* (*von Flugkörpern*) initial guidance (*od.* turn).

'ein,le·sen I *v/reflex* ⟨*irr, sep*, -ge-, h⟩ **sich ~** get used to s.th. (by reading), get into s.th. (by reading): **sich in alte Handschriften ~** to get used to reading old scripts (*od.* manuscripts); **sich in einen Dichter ~** to get used to the style of a poet, to become familiar (*od.* to familiarize oneself) with the style of a poet; **ich muß mich erst in Ihre Handschrift ~** I shall have to get used to your handwriting first. – **II** *v/t* (*computer*) (*Daten*) read (*s.th.*) in.

'ein,leuch·ten *v/i* ⟨*sep*, -ge-, h⟩ be evident (*od.* plain, clear, obvious, plausible): **es leuchtet ein, daß** it is evident that, it stands to reason that; **das muß doch jedem ~** that must be evident (*od.* apparent) to everyone; **es will mir nicht ganz ~** I cannot quite see that, it doesn't quite make sense to me; **es leuchtet mir nicht ein, warum er nicht kommen konnte** I don't (*od.* I fail to) see why he wasn't able to come. — **'ein,leuch·tend I** *pres p.* – **II** *adj* **1.** (*Erklärung etc*) evident, clear, obvious: **es ist sehr ~, daß** it's very obvious (*od.* plain) that; **aus ~en Gründen** for evident (*od.* plausible) reasons. – **2.** (*Argument etc*) convincing.

'ein,lie·fern I *v/t* ⟨*sep*, -ge-, h⟩ **1.** (*Personen*) (*in acc* to) take: **j-n ins Gefängnis ~** to take (*od.* commit, send) s.o. to prison; **j-n ins Krankenhaus ~** to take s.o. to (the) hospital, *Am. auch* to hospitalize s.o.; **der Patient wurde ins Krankenhaus eingeliefert** a) the patient was taken to (the) hospital, b) the patient was admitted to (the) hospital. – **2.** (*schriftliche Arbeiten etc*) hand in, submit. – **3.** *econ.* a) (*Waren etc*) deliver (*s.th.*) (up), b) (*Effekten*) deposit. – **4.** (*postal service*) send, *bes. Am.* mail, *bes. Br.* post: **einen Brief als Drucksache ~** to send a letter as printed matter. – **II E~** *n* ⟨-s⟩ **5.** *verbal noun.* — **'Ein,lie·fe·rung** *f* ⟨-; -en⟩ **1.** *cf.* Einliefern. – **2.** (*eines Patienten*) admission: **bei der ~** on admission. – **3.** (*eines Verbrechers*) commitment, committal. – **4.** *econ.* a) (*von Waren*) delivery, b) (*von Effekten*) deposit.

'Ein,lie·fe·rungs|be,fehl *m jur.* committal order. — **~be,schei·ni·gung** *f*, **~,schein** *m* (*postal service*) certificate (*od.* receipt) of posting.

'ein,lie·gend *adv officialese for* **inliegend I, anbei.**

'Ein,lie·ger *m* ⟨-s; -⟩ **1.** (sole) lodger. – **2.** *agr.* hired hand (living in).

'ein,lie·ken [-,liːkən] *v/t* ⟨*sep*, -ge-, h⟩ *mar.* (*Segel*) rope.

'ein,lip·pig [-,lɪpɪç] *adj bot.* unilabiate.

'ein,lo·chen *v/t* ⟨*sep*, -ge-, h⟩ **1. j-n ~** *colloq. humor.* to put s.o. in prison (*od.* behind bars), to jug s.o. (*colloq.*), to put s.o. in jug (*od.* clink, *Br.* quod) (*colloq.*). – **2.** (*Golfball*) putt in, hole (out).

'ein·lo,gie·ren I *v/t* ⟨*sep*, no -ge-, h⟩ lodge, put (*s.o.*) up: **wir haben dich in einem Hotel ~ müssen** we had to lodge you in a hotel. – **II** *v/reflex* **sich** (**bei j-m**) **~** to take lodgings (*od.* a room, rooms) (with s.o.): **sich in**

einem Hotel ~ to take a room (*od.* rooms) in (*od.* at) a hotel; **sich bei Freunden ~** to stay with friends; **sich als ungebetener Gast bei j-m ~** to stay with s.o. without having been asked.

'einˌlös·bar *adj* **1.** *econ.* a) (*Pfand, Hypotheken etc*) redeemable, b) (*Scheck, Wechsel etc*) payable, due to be paid, c) (*Banknoten*) convertible: **nicht ~** irredeemable; **in Gold ~es Papiergeld** convertible paper money (*Br.* paper-money), paper money (*Br.* paper-money) convertible into gold. – **2.** *fig.* redeemable: **das Versprechen ist leicht ~** the promise can be made good (*od.* redeemed, carried out) easily. — **'Einˌlös·bar·keit** *f* ⟨-; *no pl*⟩ **1.** *econ.* a) redeemability, b) payability, c) convertibility. – **2.** *fig.* (*von Versprechen etc*) redeemability.

'einˌlö·sen I *v/t* ⟨*sep*, -ge-, h⟩ **1.** (*Pfand etc*) redeem, take (*s.th.*) out of pawn (*od. colloq.* hock): **seinen Schmuck beim Pfandleiher ~** to redeem one's jewelry (*bes. Br.* jewellery) from pawn, to take one's jewelry out of pawn. – **2.** (*Garderobe, Gepäck etc*) collect. – **3.** *fig.* redeem, honor, *bes. Br.* honour, carry (*s.th.*) out: **ein Versprechen ~** to redeem (*od.* make good, keep) a promise; **eine Verpflichtung ~** to hono(u)r (*od.* discharge, meet) an obligation. – **4.** *econ.* a) (*Schecks etc*) cash, b) (*Wechsel, Akzepte*) honor, *bes. Br.* honour, meet, c) (*Wertpapiere*) redeem, pay (*s.th.*) off, d) (*Banknoten*) pay cash for, cash: **einen Wechsel nicht ~** to dishono(u)r a bill; **einen Wechsel bei Verfall ~** to protect a bill at maturity. – **5.** *mil.* (*Gefangene*) ransom, redeem. – **II E~** *n* ⟨-s⟩ **6.** *verbal noun.*

'Einˌlö·ser *m* ⟨-s; -⟩ *econ.* redeemer.

'Einˌlö·sung *f* ⟨-; -en⟩ **1.** *cf.* Einlösen. – **2.** *auch fig.* redemption. – **3.** *econ.* a) (*von Hypotheken*) redemption, b) (*von Wechseln*) payment, discharge, c) (*von Wertpapieren*) conversion: **zur ~ vorlegen** to present for payment; **~ zum Nennwert** redemption (*od.* conversion) at par. – **4.** *mil.* ransom.

'Einˌlö·sungs|ˌfrist *f econ.* term of redemption. — **~ˌkurs** *m* redemption rate (*od.* price). — **~ˌpflicht** *f* (*bei Goldwährungen*) obligation to convert, compulsory convertibility. — **~terˌmin** *m* redemption date. — **~ˌwert** *m* (*von Wertpapieren*) redemption (*od.* surrender) value.

'einˌlö·ten *v/t* ⟨*sep*, -ge-, h⟩ *tech.* solder (*s.th.*) in.

'einˌlot·sen *v/t* ⟨*sep*, -ge-, h⟩ *mar.* (*Schiff*) pilot (*ship*) in, take (*ship*) into port.

'einˌlul·len I *v/t* ⟨*sep*, -ge-, h⟩ **1.** lull (*s.o.*) to sleep (*od.* asleep). – **2.** *fig.* lull: **j-n ~** to lull s.o.'s suspicions; **j-n in trügerische Hoffnungen ~** to lull s.o. into deceptive hopes; **j-s Gewissen ~** to lull s.o.'s conscience. – **II** *v/i* ⟨sein⟩ **3.** (*vom Wind*) abate, subside, drop, go down.

'Einˌmach·ap·paˌrat *m gastr.* fruit preserver, sterilizer.

'Einˌma·che *f* ⟨-; -n⟩ *gastr. Austrian for* Mehlschwitze.

'einˌma·chen *gastr.* **I** *v/t* ⟨*sep*, -ge-, h⟩ **1.** preserve, *Am.* put (*s.th.*) up: **Preiselbeeren in Steinguttöpfe ~** to preserve cranberries in earthenware jars; **etwas (in Gläser) ~** to preserve (*bes. Am.* can) s.th. (in glass jars), *bes. Br.* to bottle s.th.; **etwas (in Büchsen) ~** *bes. Am.* to can s.th., *bes. Br.* to tin s.th.; **Gurken in Essig ~** to pickle gherkins; **Marmelade ~** to make jam; **etwas (in Töpfen) ~** to pot s.th. – **II E~** *n* ⟨-s⟩ **2.** *verbal noun.* – **3.** preservation.

'Einˌmach|ˌes·sig *m gastr.* preserving vinegar. — **~ˌglas** *n* preserving jar. — **~ˌhaut** *f* cellophane cover. — **~ˌsup·pe** *f Austrian* cream soup. — **~ˌtopf** *m* preserving jar. — **~ˌzucker** (*getr.* -k·k-) *m* preserving sugar.

'einˌmäh·dig [-ˌmɛːdɪç] *adj agr.* (*Wiese*) yielding one crop of hay.

'einˌmah·nen *v/t* ⟨*sep*, -ge-, h⟩ *econ. cf.* einfordern 1. — **'Einˌmah·nung** *f* ⟨-; -en⟩ *cf.* Einforderung 2.

'Einˌmaischˌbot·tich *m brew.* mash tun (*od.* tub), *Br.* mash-tub. — **'einˌmai·schen** *v/t* ⟨*sep*, -ge-, h⟩ mash.

'einˌmal *adv* **1.** once, one time: **nur ~** only (*od.* but) once, one time only; **~ im Jahr** once a year; **mehr als ~** more than once; **~ drei ist drei** once (*od.* one times) three is three; (**ausnahmsweise**) **~** for once, just this once (*od.* one time); **das gibt's nur ~** a) there is only one of that kind, that is unique, b) that happens only once; **~ und nicht** (*od.* **nie**) **wieder!** once and never again! never again! **~ ist keinmal** (*Sprichwort*) one does not count, one and none is all one; **auf ~** a) at once, at the same time, at a time, b) all at once, suddenly, all of a sudden; **auf ~ war es dunkel** suddenly it was dark; **alle(s) auf ~** all at the same time, all together, all at once; **zwei [drei] auf ~** two [three] at a time; **iß nicht alle Bonbons auf ~ (auf)** don't eat all the sweets (*Am.* candies) at one time; **~ mehr** once more (*od.* again); **ich bin nicht ~ zu spät gekommen** I have never been late (once); **noch ~** a) once more (*od.* again), b) (over) again, a second time: **sie wollte vor ihrem Tod die Heimat noch ~ wiedersehen** before her death she wanted to see her homeland once again (*od.* one last time); **ich will es dir noch ~ erklären** I will explain it to you once more; **sag [probier] es noch ~** say [try] it once more; **ich muß noch ~ anfangen** I have to start once (*od.* all over) again (*od.* afresh, anew); **bedienen** (*od.* **nehmen**) **Sie sich noch ~** have one more (*od.* a second) helping; **noch ~ so teuer [groß, alt]** twice as expensive [big, old], as expensive [big, old] again; **noch ~ so viel** twice (*od.* double) as much, as much again, double the number; **~ übers and(e)re, ~ ums and(e)re** time after time, again and again, time and (time) again; **er widersprach sich ~ ums and(e)re** he contradicted himself time after time. – **2.** (*in der Vergangenheit*) once, at one time, one day: **es war ~** once (upon a time) there was; **als ich ~ in London war** one day when I was in London; **das war ~** that is a thing of the past. – **3.** (*zuvor*) (once) before, formerly: **ich war (schon) ~ dort** I was there before; **das ist alles schon ~ dagewesen** that has all happened before. – **4.** (*in der Zukunft*) once, someday, *Br.* some day, one day, sometime, one of these days: **das wird er ~ büßen müssen** one day he will have to pay for that; **wenn das (je) ~ geschehen** (*od. colloq.* **passieren**) **sollte** if that should once (*od.* ever) happen; **wenn du ~ groß bist** once you are grown up; **früher oder später ~, irgendwann ~** sooner or later, at some time or another. – **5.** (*später*) later (on). – **6.** (*unbetont*) (*meist unübersetzt*) **das ist (nun) ~ so** that's the way it is, such is life (*od.* the world), it's just one of those things, that's the way it goes; **ich bin nun ~ so** that's how I am (made), I can't help being as I am; **da du (nun) ~ hier bist** now (that) (*od.* since) you are here; **ich muß mich erst ~ ausruhen** first I must have a rest; **hör erst ~ zu, bevor du widersprichst** you better listen before you contradict; **laßt mich endlich ~ in Ruhe** leave me in peace (for) once and for all; **nicht ~ höflich kann er sein** he cannot even (*od.* so much as) be polite; **er wollte mich nicht ~ anhören** he would not (*od.* never) so much as listen to me; **da er (nun) schon ~ um Verzeihung gebeten hat, könnt ihr ihm auch vergeben** as he begged your pardon you can (just as well) forgive him; **komm ~ her!** now (*od.* just) come here! **stell dir das ~ vor!** just fancy that! **nimm dir ~ ihn zum Vorbild!** take him for an example! – **7.** (*unbetont*) for once, for a change: **es ist schön, ~ zu Fuß zu gehen** it's nice to walk for a change; **Ferien ~ anders** *colloq.* holidays (*Am.* a vacation) with a difference. – **8.** **~... ~** now... now, now... then, now ... and again, sometimes ... sometimes, at one time ... at another time: **~ hell, ~ dunkel** now bright now dark; **~ sagt er dies, ~ das** one time (*od.* sometimes, first) he says this the next time (*od.* then) he says that; **~ ich, ~ du** now I then you. – **9.** **~ weil ..., zum anderen** (*od.* **sodann**) **weil** first because ..., then because, for one thing ... for another.

ˌEinˌmal'eins *n* ⟨-; *no pl*⟩ **1.** *math.* multiplication table(s *pl*): **großes [kleines] ~** multiplication table from eleven to twenty [up to ten]. – **2.** *fig.* (*Grundkenntnisse*) ABC, rudiments *pl*: **das ~ des Haushalts** the ABC of housekeeping.

'einˌma·lig I *adj* **1.** single: **nach ~em Durchlesen** after a single reading, after reading it once, after one perusal. – **2.** *bes. econ.* single, nonrecurring *Br.* non-: **eine ~e Ausgabe** a single (*od.* first-and-final) expense, a non(-)recurring expenditure; **~e Zahlung** single payment (*od.* sum); **~e Abfindung** single (*od.* lump-sum) payment. – **3.** *fig.* (*einzigartig*) unique, unequal(l)ed, singular, exceptional: **eine ~e Gelegenheit** a unique chance (*od.* opportunity), a chance in a thousand. – **II** *adv* **4.** uniquely, singularly, exceptionally: **~ schön** uniquely beautiful. — **'Einˌma·lig·keit** *f* ⟨-; *no pl*⟩ **1.** singleness. – **2.** *fig.* uniqueness, singularity.

'Einˌmalˌprä·mie *f econ.* single premium.

'Einˌmann|beˌtrieb *m* one-man service. — **~ˌbus** *m* one-man bus. — **~geˌsell·schaft** *f econ.* one-man business, corporation sole.

'einˌmän·nig [-ˌmɛnɪç] *adj bot.* monandrous: **~e Pflanze** monander. — **'Einˌmän·nig·keit** *f* ⟨-; -en⟩ monandry.

'Einˌmann|torˌpe·do *m mil.* one-man torpedo. — **~ˌun·terˌneh·men** *n econ.* one-man concern.

'Ein'markˌstück *n* one-mark coin.

'Einˌmarsch *m* **1.** marching in, entry. – **2.** (*Einfall*) invasion. — **'ein·marˌschie·ren** *v/i* ⟨*sep*, *no* -ge-, sein⟩ march in: **in ein Land ~** a) to march into (*od.* enter) a country, b) (*einfallen*) to invade a country.

'ein·masˌsie·ren *v/t* ⟨*sep*, *no* -ge-, h⟩ rub (*od.* massage) (*s.th.*) in.

'Einˌma·ster [-ˌmastər] *m* ⟨-s; -⟩ *mar.* single-masted (sailing) boat, single-master. — **'einˌma·stig** [-ˌmastɪç] *adj* single-masted.

'einˌmau·ern I *v/t* ⟨*sep*, -ge-, h⟩ **1.** wall (*s.th.*) in, immure. – **2.** (*einbauen*) fix (*od.* embed, imbed) (*s.th.*) in a wall. – **II E~** *n* ⟨-s⟩ **3.** *verbal noun.* — **'Einˌmaue·rung** *f* ⟨-; -en⟩ **1.** *cf.* Einmauern. – **2.** immurement.

'einˌmäu·lig [-ˌmɔʏlɪç] *adj tech.* (*Schraubenschlüssel*) single-ended.

'einˌmau·sen *v/t* ⟨*sep*, -ge-, h⟩ *mar.* (*Haken*) mouse.

'ein'mehrˌdeu·tig *adj math.* (*Beziehungen etc*) one-to-many (*attrib*).

'einˌmei·ßeln *v/t* ⟨*sep*, -ge-, h⟩ (*Inschrift etc*) chisel, carve (*od.* cut) (*s.th.*) with a chisel: **etwas in** (*acc*) **etwas ~** to chisel s.th. in s.th., to carve (*od.* cut) s.th. into s.th.

'einˌmen·gen *v/t u.* **sich ~** *v/reflex* ⟨*sep*, -ge-, h⟩ *cf.* einmischen.

'Einˌme·terˌbrett *n* (*sport*) one-meter board.

'einˌmie·ten[1] **I** *v/t* ⟨*sep*, -ge-, h⟩ **j-n (bei j-m) ~** to get (*od.* find) lodgings for s.o. (with s.o.). – **II** *v/reflex* **sich (bei j-m) ~** to take lodgings (with s.o.), to lodge (*Am.* to room) (with s.o.).

'einˌmie·ten[2] *v/t* ⟨*sep*, -ge-, h⟩ *agr.* **1.** (*Kartoffeln etc*) a) pit, b) stack (up). – **2.** *cf.* einsilieren.

'Einˌmie·ter *m zo.* guest, inquiline (*scient.*).

'einˌmi·schen I *v/reflex* ⟨*sep*, -ge-, h⟩ **sich ~** interfere, (inter)meddle, butt in, put in one's oar (*colloq.*), *Am. colloq.* mix in: **sich in** (*acc*) **etwas ~** a) to interfere in s.th., to meddle with (*od.* in) s.th., to poke one's nose into s.th. (*colloq.*), b) (*bes. vermittelnd*) to intercede (*od.* intervene) in s.th.: **misch dich nicht unnötig ein!** let well enough alone! **sich in ein Gespräch ~** a) to join (*od.* take part) in a conversation, b) (*störend*) to interrupt (*od.* butt in on) a conversation. – **II** *v/t* mix (*s.th.*) in, intermix. – **III E~** *n* ⟨-s⟩ *verbal noun.* — **'Einˌmi·schung** *f* ⟨-; -en⟩ **1.** *cf.* Einmischen. – **2.** interference: **er verbat sich jede ~ in sein Privatleben** he refused to tolerate any interference in his private life. – **3.** *bes. pol.* intervention.

'Einˌmi·schungs|ˌkla·ge *f jur. cf.* Hauptintervention. — **~po·liˌtik** *f pol.* policy of intervention, intervention (*od.* interventionist) policy.

'einˌmit·ten *v/t* ⟨*sep*, -ge-, h⟩ *tech.* center, *bes. Br.* centre.

'einˌmo·na·tig *adj* ⟨*attrib*⟩ of one month: **~e Dauer** one month's duration.

'einˌmo·nat·lich *adj* ⟨*attrib*⟩ *cf.* monatlich 1.

'ein·monˌtie·ren *v/t* ⟨*sep*, *no* -ge-, h⟩ *tech.* mount (*s.th.*) into place (*od.* position), fit (*s.th.*) on (to).

'ein·moˌto·rig [-moˌtoːrɪç] *adj aer.* (*Flugzeug*) single-engined.

'einˌmot·ten *v/t* ⟨*sep*, -ge-, h⟩ **1.** (*Pullover etc*) put (*s.th.*) in mothballs (*Br.* moth-balls). – **2.** *mil.* a) (*Flugzeuge etc*) cocoon, b) (*bes. Schiffe*) mothball.

'Einˌmul·dung [-ˌmʊldʊŋ] *f* ⟨-; -en⟩ *geol.* reentrant (*Br.* re-entrant) syncline.

'einˌmum·meln *v/t u.* **sich ~** *v/reflex* ⟨*sep*, -ge-, h⟩ *colloq. for* einmummen.

ˈeinˌmum·men I *v/t* ⟨*sep*, -ge-, h⟩ j-n ~ to muffle (*od.* wrap) s.o. up: ein Kind in Decken ~ to wrap a child up in blankets. – **II** *v/reflex* sich ~ muffle (*od.* wrap) oneself up.

ˈeinˌmün·den I *v/i* ⟨*sep*, -ge-, sein⟩ **1.** (*von Flüssen*) flow in, empty, discharge, debouch: der Bach mündet in einen kleinen See ein the brook flows (*od.* empties) into a little lake. – **2.** (*von Straßen etc*) join, lead in, run in: die Umleitung mündet hier in die Landstraße ein the detour joins (*od.* leads into) the highway here. – **3.** *fig. cf.* münden 5. – **II E~** *n* ⟨-s⟩ **4.** *verbal noun.* — **ˈEinˌmün·dung** *f* ⟨-; -en⟩ **1.** *cf.* Einmünden. – **2.** (*eines Flusses*) mouth, (*den Gezeiten ausgesetzte*) estuary. – **3.** (*einer Straße, Bahnlinie etc*) junction.

ˈEinˌmün·dungs|ˌdrän *m agr.* junction drain. — **~ˌwin·kel** *m* angle of discharge.

ˈeinˌmün·zen *v/t* ⟨*sep*, -ge-, h⟩ convert (*s.th.*) into coins, coin, mint.

ˈeinˌmü·tig I *adj* **1.** (*Beschluß etc*) unanimous, solid: sein Verhalten fand ~en Beifall his conduct met with unanimous approval; wir sind ~ für [gegen] eine Reform we are solid for [against] a reform. – **2.** (*Freunde etc*) harmonious, united. – **II** *adv* **3.** unanimously, by common consent, with one voice (*od.* consent, accord), solidly: ~ protestieren to protest with one voice; ~ hinter j-m stehen to stand unanimously (*od.* solidly) behind s.o. — **ˈEinˌmü·tig·keit** *f* ⟨-; *no pl*⟩ **1.** unanimity, concord, full accord. – **2.** harmony, unity, concord.

ˈeinˌnach·ten *v/impers* ⟨*sep*, -ge-, h⟩ *Swiss* become dark (*od.* dusk): es nachtet ein dusk (*od.* night) is falling.

ˈeinˌnä·hen *v/t* ⟨*sep*, -ge-, h⟩ **1.** sew (*s.th.*) in: Ärmel in ein Kleid ~ to sew sleeves into a dress. – **2.** (*in einen Sack etc*) sew (*s.th.*) up: Geld in den Kleidersaum ~ to sew up money in the hem of one's dress. – **3.** (*Kleid etc enger machen*) take (*s.th.*) in, make a tuck in. – **4.** *med.* (*Gewebe*) infold.

ˈEinˌnah·me *f* ⟨-; -n⟩ **1.** *cf.* Einnehmen. – **2.** *meist pl econ.* a) (*einer Firma*) takings *pl*, receipts *pl*, b) (*einer Person*) income, earnings *pl*, c) (*Erlös*) return(s *pl*), proceeds *pl*, d) (*des Staates*) revenue: tatsächliche ~n actual receipts, actuals; öffentliche ~n public (*od.* national) revenue *sg*; über die laufenden ~n Buch führen to keep book on the current takings; ~n und Ausgaben income and expenditure *sg.* – **3.** ⟨*only sg*⟩ *mil.* a) (*einer Festung etc*) capture, seizure, b) (*eines Gebietes etc*) conquest, occupation.

ˈEinˌnah·me|ˌpo·sten *m econ.* item of receipt (*od.* income). — **~ˌquel·le** *f* **1.** source of income. – **2.** (*des Staates*) source of revenue. — **~ˌrück·stand** *m* receipts *pl* in arrears. — **~ˌüberˌschuß** *m* surplus in income. — **~verˌlust** *m* loss in income.

ˈeinˌnar·big *adj bot.* monostigmatous.

ˈeinˌnäs·sen *v/i* ⟨*sep*, -ge-, h⟩ *med.* wet the bed.

ˈeinˌne·beln I *v/t* ⟨*sep*, -ge-, h⟩ **1.** *mil.* lay a smoke screen over, screen, shroud (*od.* blanket) (*s.th.*) in smoke (*od.* fog). – **2.** *fig.* deceive, delude: sich von schmeichlerischen Worten ~ lassen to let oneself be deceived by flattering words. – **3.** *fig. colloq.* (*Raum etc*) fill (*s.th.*) with smoke. – **II** *v/reflex* sich ~ **4.** *mil.* surround oneself with a smoke screen. – **III E~** *n* ⟨-s⟩ **5.** *verbal noun.* — **ˈEinˌne·be·lung** *f* ⟨-; -en⟩ *cf.* Einnebeln.

ˈeinˌnehm·bar *adj mil.* capable of being taken (*od.* captured), pregnable, capturable. — **ˈEinˌnehm·bar·keit** *f* ⟨-; *no pl*⟩ pregnability.

ˈeinˌneh·men I *v/t* ⟨*irr*, *sep*, -ge-, h⟩ **1.** (*Geld*) take (*s.th.*) (in), receive, cash. – **2.** (*Steuern*) collect. – **3.** (*verdienen*) earn, make. – **4.** (*Mahlzeit etc*) have, take. – **5.** (*Medizin etc*) take. – **6.** (*Platz, Raum etc*) take (up), fill, occupy: seinen Platz ~ to take one's seat; zuviel Platz ~ to take (*od.* occupy) too much room; j-s Stelle ~ to take s.o.'s place, to replace s.o., to step into s.o.'s shoes (*colloq.*); einen Sitz im Parlament ~ *pol.* to take a seat in parliament, to go into parliament. – **7.** (*innehaben*) hold, fill, occupy: die erste Stelle ~ *fig.* to rank first, to hold an eminent place, to lead. – **8.** (*Standort, Position*) take up. – **9.** *fig.* (*Haltung etc*) take (up), assume, adopt, strike. – **10.** j-n (für sich) ~ *fig.* to win (*od.* gain) s.o.'s favo(u)r, to prepossess s.o. (in one's favour), to engage s.o., (*stärker*) to captivate (*od.* charm) s.o.: das nimmt mich für ihn ein I like him for that; j-n gegen sich [etwas] ~ to prepossess (*od.* prejudice, bias, set) s.o. against oneself [s.th.]. – **11.** *mil.* a) (*Stadt*) take, capture, seize, b) (*Stellung*) carry, seize, c) (*Land*) conquer, occupy: etwas wieder ~ to retake s.th. – **12.** *mar.* a) (*Fracht, Brennstoff etc*) take (*s.th.*) in, take (*s.th.*) on, take (*s.th.*) on board (*od.* aboard), b) (*Segel*) take in, shorten, furl. – **13.** Startposition ~ (*sport*) to take one's place for the start, to get set. – **14.** (*fashion*) (*Stoffteil*) *cf.* einhalten 10. – **II** *v/i* **15.** etwas nimmt gegen [für] j-n ein s.th. prepossesses (*od.* prejudices) against [in favo(u)r of] s.o. – **III E~** *n* ⟨-s⟩ **16.** *verbal noun.* – **17.** *mar.* (in)take. – **18.** *cf.* Einnahme 3. — **ˈeinˌneh·mend I** *pres p.* – **II** *adj fig.* prepossessing, engaging, taking, winning, fetching, (*stärker*) captivating: sie hat ein ~es Wesen a) she has engaging manners (*od.* ways), she has an attractive personality, b) *colloq. humor.* she is greedy, she takes everything she can get.

ˈEinˌneh·mer *m* ⟨-s; -⟩ *econ.* collector.

ˈeinˌner·vig *adj bot.* one-nerved, one-ribbed.

ˈeinˌnicken (*getr.* -k·k-) *v/i* ⟨*sep*, -ge-, sein⟩ doze (*od.* drop, nod) off.

ˈeinˌnie·ten *v/t* ⟨*sep*, -ge-, h⟩ *tech.* rivet (*s.th.*) in.

ˈeinˌni·sten *v/reflex* ⟨*sep*, -ge-, h⟩ sich ~ **1.** (*von Vögeln*) nest, build (*od.* make) a nest, (*von Ungeziefer*) *auch* settle in (*od.* down). – **2.** *fig. humor.* (*von Person*) install oneself, settle down, park (oneself) (*colloq.*): sich bei j-m ~ to live on s.o., to park oneself on s.o. – **3.** *fig.* (*von Zweifel, schlechter Gewohnheit etc*) strike roots, become established.

ˈEinˌödˌbau·er *m agr.* holder of an isolated farm.

ˈEinˌöde *f* ⟨-; -n⟩ **1.** solitude, wilderness, waste. – **2.** desertion.

ˈEinˌödˌhof *m* solitary (*od.* isolated) farm.

ˈeinˌölen I *v/t* ⟨*sep*, -ge-, h⟩ **1.** (*Haut etc*) apply oil to, rub oil into, oil. – **2.** *tech.* (*gegen Rost*) oil, lubricate. – **II** *v/reflex* sich ~ **3.** oil one's skin. – **III E~** *n* ⟨-s⟩ **4.** *verbal noun.* – **5.** lubrication.

ˈeinˌord·nen I *v/t* ⟨*sep*, -ge-, h⟩ **1.** put (*s.th.*) in its proper place, place (*od.* arrange) (*s.th.*) (in proper order): etwas falsch [richtig] ~ to put s.th. in the wrong [right] place. – **2.** (*in Akten etc*) file: etwas alphabetisch ~ to file s.th. in alphabetical order. – **3.** (*klassifizieren*) classify: er hat das Tier falsch eingeordnet he classified the animal wrongly. – **4.** (*in ein System etc*) incorporate, integrate, fit (*s.th.*) in. – **II** *v/reflex* sich ~ **5.** take one's place: sich in die Riege ~ to take one's place in the section (*od.* squad). – **6.** (*im Verkehr*) get into the correct (traffic) lane: sich rechts ~ to move into the right lane of traffic. – **7.** *fig.* (*von Person*) fit in, adjust (*od.* integrate) oneself, fall into line (*od.* place). – **8.** *fig.* (*passen*) fit in: die Siedlung ordnet sich gut in die Landschaft ein the suburban colony fits perfectly into the landscape. – **III E~** *n* ⟨-s⟩ **9.** *verbal noun.* — **ˈEinˌord·nung** *f* ⟨-; *no pl*⟩ **1.** *cf.* Einordnen. – **2.** arrangement. – **3.** (*in eine Gruppe*) classification. – **4.** (*in ein Ganzes*) incorporation, integration. – **5.** (*einer Person*) adjustment, integration.

ˈeinˌpaa·rig *adj bot.* having only one pair of leaflets, unijugate (*scient.*).

ˈeinˌpacken (*getr.* -k·k-) **I** *v/t* ⟨*sep*, -ge-, h⟩ **1.** pack (*s.th.*) (up): etwas in eine Schachtel ~ to pack s.th. in a box; seine Sachen ~ to pack up one's things. – **2.** (*einwickeln*) wrap (*od.* do, put) (*s.th.*) up: soll ich es Ihnen ~? shall I wrap it (up) for you? do you want it wrapped (up)? – **3.** *fig. colloq.* (*Kind, Kranken etc*) wrap (*s.o.*) up, bundle (*s.o.*) up: j-n warm ~ to wrap s.o. up warm(ly). – **4.** *med.* a) (*in einen Umschlag*) pack, b) (*in einen Verband*) dress, c) (*bandagieren*) bandage. – **II** *v/i* **5.** (*für die Reise*) pack (up): ich muß noch heute abend ~ I still have to pack tonight, I still have to do my packing tonight. – **6.** *fig. colloq.* (*in Wendungen wie*) da kann ich ja gleich ~, da kann ich mich ja gleich ~ lassen I might as well pack up and go (home); packen Sie doch ein! be off! bundle off! pack up! gegen ihn können wir ~ he is more than a match for us; wenn wir nicht bald eine Tankstelle finden, können wir ~ if we don't find a filling (*Br.* petrol) station soon we shall be at the end of our tether; mit diesem Vorschlag kannst du gleich ~ you can keep your proposal. – **III** *v/reflex* sich ~ **7.** wrap (*od.* bundle) (oneself) up. – **IV E~** *n* ⟨-s⟩ **8.** *verbal noun.*

ˈEinˌpack·paˌpier *n* wrapping paper.

ˈEinˌpackung (*getr.* -k·k-) *f* ⟨-; -en⟩ **1.** *cf.* Einpacken. – **2.** *med.* pack(ing).

ˈeinˌpar·ken I *v/i* ⟨*sep*, -ge-, h⟩ park (*od.* pull in) (between two cars): in eine Parklücke ~ to pull into a parking space. – **II** *v/t* (*Auto*) park, pull (*a car*) in.

ˈEin·parˌtei·en|ˌherr·schaft *f pol. cf.* Einparteiensystem. — **~ˌstaat** *m* one-party state. — **~syˌstem** *n* one-party system.

ˈEinˌpaßˌar·beit *f tech.* fitting work.

ˈeinˌpas·sen I *v/t* ⟨*sep*, -ge-, h⟩ **1.** *tech.* etwas in (*acc*) etwas ~ to fit s.th. into s.th. – **II** *v/reflex* sich ~ **2.** *fig.* (*von Person*) adjust (oneself). – **III E~** *n* ⟨-s⟩ **3.** *verbal noun.* – **4.** *print.* shimming, carding.

ˈein·pasˌsie·ren I *v/i* ⟨*sep*, *no* -ge-, sein⟩ **1.** (*von Schiff etc*) pass in, enter. – **2.** *mil.* a) return to barracks, b) rejoin the unit. – **II** *v/t* ⟨h⟩ **3.** (*textile*) (*Faden*) enter, draw, draft, pass.

ˈEinˌpaßˌschlei·fen *n tech.* match grinding.

ˈEinˌpas·sung *f* ⟨-; -en⟩ *cf.* Einpassen.

ˈEinˌpaßˌzuˌga·be *f tech.* fitting allowance.

ˈeinˌpau·ken *v/t* ⟨*sep*, -ge-, h⟩ *colloq.* **1.** j-m etwas ~ to drum (*od.* hammer, knock, pound) s.th. into s.o., to drill s.o. in s.th.; to cram s.th. into s.o. (*colloq.*): sich (*dat*) etwas ~ to get s.th. up, to cram s.th. (*colloq.*), to grind away at s.th. (*colloq.*), *Am. sl.* to bone up on s.th., *Br. sl.* to swot s.th. up, to mug s.th. up. – **2.** j-n ~ *archaic* to coach s.o., (*stärker*) to cram s.o. (*colloq.*). — **ˈEinˌpau·ker** *m colloq.* crammer, *bes. Br.* coach(er).

ˈeinˌpeit·schen I *v/t* ⟨*sep*, -ge-, h⟩ (j-m) etwas ~ *fig. colloq.* to whip (*od.* drub, beat) s.th. in(to s.o.). – **II** *v/i* auf ein Pferd ~ to whip a horse.

ˈEinˌpeit·scher *m* ⟨-s; -⟩ *pol.* (*bes. in England*) (party) whip, *Br.* whipper-in, *Am.* floor leader.

ˈeinˌpen·deln *v/reflex* ⟨*sep*, -ge-, h⟩ sich ~ **1.** *tech.* fall into its normal swing. – **2.** *fig.* (*von Preisen etc*) find a level, reach equilibrium, settle down, even (*od.* balance) out.

ˈeinˌpen·nen *v/i* ⟨*sep*, -ge-, sein⟩ *colloq. for* einschlafen 1.

ˈeinˌpfäh·len *v/t* ⟨*sep*, -ge-, h⟩ fence (*s.th.*) (in) with pickets (*od.* pales), picket (*od.* pale (*s.th.*) (in), palisade, *auch* pallisade.

ˈeinˌpfar·ren [-ˌpfarən] *v/t* ⟨*sep*, -ge-, h⟩ assign (*od.* join) (*s.th.*) to a parish, unite (*s.th.*) with a parish.

ˈeinˌpfef·fern *v/t* ⟨*sep*, -ge-, h⟩ pepper.

ˌEinˈpfen·nigˌstück *n* one-pfennig coin.

ˈeinˌpfer·chen I *v/t* ⟨*sep*, -ge-, h⟩ **1.** (*Vieh etc*) pen (up *od.* in). – **2.** *fig.* (*Personen*) box (*od.* coop, pen) up, cram in, crowd in: die Flüchtlinge wurden in diesen kleinen Raum eingepfercht the refugees were crowded into this little room. – **3.** *fig.* (*einzwängen*) squeeze (in), sandwich (in), wedge in: er wurde zwischen den Wartenden eingepfercht he was squeezed in between the people waiting. – **II E~** *n* ⟨-s⟩ **4.** *verbal noun.* — **ˈEinˌpfer·chung** *f* ⟨-; *no pl*⟩ *cf.* Einpferchen.

ˈeinˌpflan·zen I *v/t* ⟨*sep*, -ge-, h⟩ **1.** *hort. agr.* a) (*Pflanze*) plant, b) (*Sämling*) prick out (*od.* off). – **2.** *med.* (*Gewebe etc*) implant. – **3.** j-m etwas ~ *fig.* to (im)plant (*od.* engraft, inseminate) s.th. in s.o.'s mind, to instill (*bes. Br.* instil) (*od.* infuse) s.th. into s.o., to impart s.th. to s.o.: j-m eine tiefe Frömmigkeit ~ to implant a deep piety in s.o.'s mind. – **II E~** *n* ⟨-s⟩ **4.** *verbal noun.* — **ˈEinˌpflan·zung** *f* ⟨-; -en⟩ **1.** *cf.* Einpflanzen. – **2.** *med.* implantation. – **3.** *fig.* implantation, engraftation, insemination, infusion, instillation.

ˈeinˌpflöcken (*getr.* -k·k-) *v/t* ⟨*sep*, -ge-, h⟩ (*Zelt etc*) fasten (*s.th.*) with pegs, peg.

ˈeinˌpflü·gen *v/t* ⟨*sep*, -ge-, h⟩ *agr.* (*Gras etc*) plough (*bes. Am.* plow) in.

ˈeinˌpfrop·fen *v/t* ⟨*sep*, -ge-, h⟩ **1.** *hort.* (in *acc* into) (en)graft, ingraft. – **2.** j-m etwas ~ *fig. colloq.* to stuff (*od.* cram) s.th. into s.o.

ˈEinˌpfün·der [-ˌpfʏndər] *m* ⟨-s; -⟩ (*Brot,*

Fisch etc) one-pounder. — **ˈeinˌpfün·dig** [-ˌpfʏndɪç] *adj* one-pound (*attrib*).
ˈEinˌpha·sen|ge·neˌra·tor *m electr.* single-phase alternator (*od.* generator). — **~-ˌmo·tor** *m* single-phase motor. — **~-ˌstrom** *m* single-phase current. — **~transˌforˌma·tor** *m* single-phase transformer.
ˈeinˌpha·sig [-ˌfaːzɪç] *adj electr.* single- (*od.* one-)phase (*attrib*), monophase, uniphase.
ˈeinˌpin·seln *v/t* ⟨*sep*, -ge-, h⟩ *med.* (*Mandeln etc*) paint, swab.
ˈeinˌpla·nen I *v/t* ⟨*sep*, -ge-, h⟩ **1.** include (*s.th.*) in a plan (*od.* in planning), plan: **ein Museumsbesuch war diesmal nicht eingeplant** a visit to the museum was not planned this time; **Kredite ~** *econ.* to schedule credits. – **2.** (*berücksichtigen*) take (*s.th.*) into account (*od.* consideration), allow for: **er hatte eine mögliche Verzögerung eingeplant** he had taken an eventual delay into account. – **II E~** *n* ⟨-s⟩ **3.** *verbal noun.*
ˈein·plaˌnie·ren *v/t* ⟨*sep*, *no* -ge-, h⟩ *cf.* einebnen 3.
ˈEinˌpla·nung *f* ⟨-; -en⟩ **1.** *cf.* Einplanen. – **2.** inclusion in a plan.
ˈeinˌpö·keln I *v/t* ⟨*sep*, -ge-, h⟩ **1.** *gastr.* a) salt (down), cure (*s.th.*) (by salting), pickle, corn, b) (*in Lake*) brine, souse. – **2.** (d)**er soll** (*od.* **kann**) **sich ~ lassen** *fig. colloq.* he can go (and) hang himself (*od.* jump in the lake) (*colloq.*).
ˈEinˌpol·ge·neˌra·tor *m electr.* unipolar generator.
ˈeinˌpo·lig [-ˌpoːlɪç] *adj* **1.** *electr.* a) unipolar, single-pole (*attrib*), b) (*Stecker*) one-pin (*attrib*): **~er Schalter** single-pole (*od.* -contact) switch. – **2.** *med.* (*Nervenzelle*) unipolar.
ˈeinˌprä·gen I *v/t* ⟨*sep*, -ge-, h⟩ **1.** (*ein Siegel, Prägeschrift etc*) (*in acc* on) impress, imprint, stamp. – **2. j-m etwas ~** *fig.* a) to impress s.th. (up)on s.o. (*od.* s.o.'s mind), to fix (*od.* imprint, [im]plant, engraft) s.th. in s.o.'s mind, to instill (*bes. Br.* instil) (*od.* infuse) s.th. into s.o., b) (*einschärfen*) to enjoin (*od.* urge) s.th. (up)on s.o., to impress s.th. (up)on s.o., to inculcate s.th. (up)on (*od.* in) s.o.: **j-m Grundsätze fest ~** to engraft principles (firmly) in s.o.'s mind; **du mußt dem Kind (fest) ~, daß es nicht mit Fremden mitgehen darf** you must urge (up)on the child (*od.* you must instruct the child strictly) not to go away with strangers. – **3. sich** (*dat*) **etwas ~** *fig.* a) to impress (*od.* imprint, stamp, engrave) s.th. (up)on (*od.* fix s.th. in) one's memory, b) to make a mental note of s.th., c) (*bes. Texte, Rollen etc*) to memorize s.th., to commit s.th. to memory, to learn s.th. by heart. – **4.** *print.* emboss. – **5.** *electr.* (*Spannung*) impress. – **II** *v/reflex* **sich ~ 6.** *fig.* (*von Namen, Worten etc*) impress (*od.* imprint, stamp, engrave) itself on s.o.'s mind, sink into (*od.* stick in) s.o.'s mind, sink in: **diese Zahlen prägen sich leicht ein** these numbers stick easily in the mind, these numbers are easy to remember; **sich in** (*acc u. dat*) **etwas ~** to imprint (*od.* impress, stamp) itself on s.th., to make (*od.* leave) an impression on s.th.; **diese Szene hat sich seinem Gedächtnis** (*od.* **ihm**) **tief eingeprägt** this scene has deeply imprinted (*od.* engraved) itself on his memory. – **III E~** *n* ⟨-s⟩ **7.** *verbal noun.*
ˈeinˌpräg·sam *adj* **1.** easily remembered, impressible (on the mind), catchy: **diese Melodie ist sehr ~** this melody is easy to remember; **ein ~er Werbespruch** a catchy slogan. – **2.** (*eindrucksvoll*) impressive. — **ˈEinˌpräg·sam·keit** *f* ⟨-; *no pl*⟩ **1.** quality of being easily remembered, impressibility, catchiness. – **2.** impressiveness.
ˈEinˌprä·gung *f* ⟨-; -en⟩ **1.** *cf.* Einprägen. – **2.** *auch fig.* impression, imprint, stamp. – **3.** *fig.* (*einer Idee etc*) impression, inculcation, engraftation, infusion, instillation.
ˈeinˌpras·seln *v/i* ⟨*sep*, -ge-, sein⟩ **auf j-n** [**etwas**] **~** *fig. colloq.* to rain (*od.* come pouring) down on s.o. [s.th.]: **Beschuldigungen prasselten auf sie ein** accusations were pouring down on them.
ˈeinˌpres·sen I *v/t* ⟨*sep*, -ge-, h⟩ **1.** press (*s.th.*) in, (*stärker*) squeeze (*od.* force) (*s.th.*) in. – **2.** *cf.* einpferchen 3. – **3.** *print.* a) (*Goldschrift etc*) engrave, b) (*einschnüren*) tie (*s.th.*) up. – **4.** *tech.* a) (*Schrott etc*) bale, b) (*Keil etc*) drive (*s.th.*) in. – **5.** *civ.eng.* (*Zement etc*) inject, grout (*s.th.*) under pressure. – **II E~** *n* ⟨-s⟩ **6.** *verbal noun.* — **ˈEinˌpres·sung** *f* ⟨-; -en⟩ **1.** *cf.* Einpressen. – **2.** *civ.eng.* injection, pressure grouting.
ˈEinˌpreß·verˌfah·ren *n civ.eng.* pressure-grouting (*od.* injection) process, (grout) injection.
ˈeinˌpro·ben *v/t* ⟨*sep*, -ge-, h⟩ (*Rolle etc*) rehearse, coach.
ˈeinˌpu·dern *v/t* ⟨*sep*, -ge-, h⟩ powder, sprinkle (*s.th.*) with powder.
ˈeinˌpum·pen *v/t* ⟨*sep*, -ge-, h⟩ (*Luft etc*) pump (*air*) in.
ˈeinˌpup·pen *v/reflex* ⟨*sep*, -ge-, h⟩ **sich ~** *zo.* (*von Raupen*) change into a chrysalis (*od.* pupa), pupate (*scient.*).
ˈein·quarˌtie·ren [-kvarˌtiːrən] **I** *v/t* ⟨*sep*, *no* -ge-, h⟩ **1.** *mil.* (*Truppen etc*) billet, quarter: **die Soldaten wurden in einer Stadt [bei einem Bauern] einquartiert** the soldiers were quartered in a town [with a farmer, on a farm]. – **2.** (*Besuch etc*) get lodgings for, lodge: **j-n bei einem Freund ~** to get lodgings for s.o. (*od. colloq.* to put s.o. up) with a friend; **j-n bei sich ~** to put s.o. up (*colloq.*). – **II** *v/reflex* **sich ~ 3.** take up quarters (*od.* lodgings), lodge, put (oneself) up (*colloq.*): **ich werde mich bei ihm ~** I shall lodge with him. – **III E~** *n* ⟨-s⟩ **4.** *verbal noun.* — **ˈEin·quarˌtier·te** *m* ⟨-n; -n⟩ *mil.* billetee. — **ˈEin·quarˌtie·rung** *f* ⟨-; -en⟩ **1.** *cf.* Einquartieren. – **2.** billetees *pl*, soldiers *pl* billet(t)ed (on s.o.).
ˈEin·quarˌtie·rungsˌschein *m mil.* billeting order, billet.
ˈeinˌquel·len *v/t* ⟨*sep*, -ge-, h⟩ *gastr.* soak.
ˈeinˌquet·schen *v/t* ⟨*sep*, -ge-, h⟩ squeeze, jam, (*stärker*) crush: **j-m einen Finger ~** to squeeze s.o.'s finger, (*schwächer*) to nip (*od.* pinch) s.o.'s finger; **etwas zwischen etwas ~** to squeeze (*od.* jam) s.th. in between s.th.; **sich** (*dat*) **den Fuß [Daumen] (in der Tür) ~** *colloq.* to get one's foot [thumb] squeezed (*od.* caught, jammed) (in the door), to jam one's foot [thumb] (in the door).
ˈeinˌquir·len *v/t* ⟨*sep*, -ge-, h⟩ *gastr.* (*Eigelb etc*) whisk (*s.th.*) in, whip (*s.th.*) in.
ˈeinˌräd·rig [-ˌrɛːdrɪç] *adj* one-wheeled.
ˈeinˌrah·men I *v/t* ⟨*sep*, -ge-, h⟩ **1.** (*Bild*) frame. – **2.** *fig.* frame, enframe: **er wurde von zwei Mädchen eingerahmt** he was framed (*od.* set off) by two girls. – **II E~** *n* ⟨-s⟩ **3.** *verbal noun.* — **ˈEinˌrah·mung** *f* ⟨-; -en⟩ **1.** *cf.* Einrahmen. – **2.** frame. – **3.** *fig.* enframement.
ˈeinˌram·men *v/t* ⟨*sep*, -ge-, h⟩ (*Pfähle etc*) ram (*od.* drive, sink) (*s.th.*) in, ram (*s.th.*) down, sink.
ˈeinˌran·den *v/t* ⟨*sep*, -ge-, h⟩, **ˈeinˌrän·dern** *v/t* ⟨*sep*, -ge-, h⟩ *colloq.* rim, border, margin.
ˈein·ranˌgie·ren *v/t* ⟨*sep*, *no* -ge-, h⟩ *colloq. for* einordnen 1, 2.
ˈeinˌra·sten I *v/i* ⟨*sep*, -ge-, sein *u.* h⟩ **1.** ⟨sein⟩ *tech.* a) (*von Sperrklinke*) engage, b) (*von Feder*) click into position, snap in. – **2.** ⟨sein⟩ *fig. colloq. cf.* einschnappen 2. – **3.** ⟨h⟩ **es hat (bei ihm) eingerastet** *fig. colloq.* he has caught on, the penny has dropped (*colloq.*). – **II** *v/t* ⟨h⟩ **4.** *tech.* engage, relocate, lock (*s.th.*) into place.
ˈeinˌräu·chern I *v/t* ⟨*sep*, -ge-, h⟩ fill (*s.th.*) with smoke: **räucher mir meine Bude nicht ein** *colloq.* don't smoke my place up (*colloq.*), don't fill my room with smoke. – **II E~** *n* ⟨-s⟩ *verbal noun.* — **ˈEinˌräu·cherung** *f* ⟨-; *no pl*⟩ *cf.* Einräuchern.
ˈeinˌräu·men I *v/t* ⟨*sep*, -ge-, h⟩ **1.** (*Wäsche, Bücher etc*) put (*s.th.*) in its place, put (*s.th.*) away: **Bücher in ein Regal ~** to put away (*od.* place, arrange) books in (*od.* on) a shelf. – **2.** (*Schrank etc*) put s.th. in(to). – **3.** (*Möbel etc*) put in: **die Möbel in ein Zimmer ~** to put the furniture in(to) a room. – **4.** (*Zimmer etc*) furnish. – **5.** (*Gegenstände*) clear (*od.* put, stow) (*s.th.*) away. – **6. j-m etwas ~** *fig.* a) (*Recht etc*) to concede (*od.* grant, accord) s.th. to s.o., b) (*Frist, Kredit etc*) to grant (*od.* give, allow) s.o. s.th., to let s.o. have s.th., c) (*Stellung, Zimmer, Platz etc*) to cede (*od.* yield, give up) s.th. to s.o.: **den finanziellen Problemen den Vorrang ~** to give precedence to (the) financial problems; **j-m seinen Platz ~** to cede one's place to s.o. – **7.** *fig.* (*zugeben*) admit, concede, grant, acknowledge: **ich mußte ~, daß er recht hatte** I had to admit that he was right. – **II E~** *n* ⟨-s⟩ **8.** *verbal noun.* – **9.** *cf.* Einräumung. — **ˈeinˌräu·mend I** *pres p.* – **II** *adj ling.* (*Satz*) concessive. — **ˈEinˌräu·mung** *f* ⟨-; *no pl*⟩ **1.** *cf.* Einräumen. – **2.** *fig.* (*eines Rechts etc*) concession, grant, accordance. – **3.** *fig.* (*einer Frist etc*) grant, allowance. – **4.** *fig.* (*eines Platzes etc*) cession. – **5.** ⟨-; -en⟩ (*Eingeständnis*) admission, concession, grant, acknowledg(e)ment.
ˈEinˌräu·mungsˌsatz *m ling.* concessive [clause.]
ˈeinˌrech·nen I *v/t* ⟨*sep*, -ge-, h⟩ **1.** (*mitrechnen, einschließen*) count (*od.* reckon) (in), include: **die Transportkosten [nicht] (mit) ~** [not] to include (*od.* count in) the transport costs; **wenn man den Rückweg einrechnet** if the way back (*od.* return journey) is included. – **2.** (*einkalkulieren*) take (*s.th.*) into account, allow for, take account of: **diese Fälle wurden nicht eingerechnet** these cases were not taken into account. – **II E~** *n* ⟨-s⟩ **3.** *verbal noun.* — **ˈEinˌrech·nung** *f* ⟨-; *no pl*⟩ **1.** *cf.* Einrechnen. – **2.** inclusion.
ˈEinˌre·de *f* ⟨-; -n⟩ **1.** (*Einwand*) objection, protest, remonstrance. – **2.** (*Widerspruch*) contradiction. – **3.** *jur.* (incidental) plea, exception, (statement of) defence (*Am.* defense), demurrer: **prozeßhindernde ~** demurrer to action, conclusion; **perem(p)torische ~** plea in bar, peremptory plea (*od.* exception); **~ der mangelnden Aktivlegitimation** plea of incompetence; **~ der mangelnden Passivlegitimation** plea of incapacity to be sued; **eine ~ erheben** to put in (*od.* enter) a plea, to raise an objection in law.
ˈeinˌre·den I *v/t* ⟨*sep*, -ge-, h⟩ **j-m etwas ~** a) to talk (*od.* argue) s.o. into (believing) s.th., b) to persuade (*od.* convince) s.o. of s.th., to make s.o. believe s.th., c) to put s.th. into s.o.'s head: **sie wollte mir ~, daß** she would have me believe that, she tried to put the idea into my head that; **das lasse ich mir nicht ~** I refuse to believe that, you'll never convince me of (*od.* talk me into believing) that; **sich** (*dat*) **etwas ~** a) to talk oneself into (believing) s.th., b) to persuade oneself of s.th., c) to imagine s.th., to get s.th. into one's head; **rede dir doch das nicht ein!** don't talk yourself into that; **sie redet sich das nur ein** she is only trying to make herself believe that, she is only imagining that; **sich** (*dat*) **~, daß** to make oneself believe that, to persuade oneself that. – **II** *v/i* **auf j-n ~** a) to talk (*od.* speak) (insistently *od.* persuasively) to s.o., b) to keep talking to s.o., to keep on at s.o., to buttonhole s.o. (*colloq.*), c) to try to persuade s.o., to urge s.o.
ˈeinˌref·fen *v/t* ⟨*sep*, -ge-, h⟩ *mar.* (*Segel*) reef.
ˈeinˌre·geln *v/t* ⟨*sep*, -ge-, h⟩ **1.** *tech.* (*Ventil etc*) adjust. – **2.** *auto.* (*Geschwindigkeit etc*) set. — **ˈEinˌre·ge·lung** *f* ⟨-; *no pl*⟩ adjustment.
ˈeinˌreg·nen I *v/i* ⟨*sep*, -ge-, sein⟩ **1.** be drenched (*od.* soaked) by the rain. – **2.** be trapped (*od.* caught, detained) by the rain. – **3.** ⟨h⟩ **auf j-n ~** *fig. colloq.* to pour in on s.o., to rain on s.o.: **gute Ratschläge regneten auf ihn ein** well-meant (*Br.* well meant) advice poured in on him, he was swamped with well-meaning advice. – **II** *v/impers* ⟨h⟩ **4. es regnet sich ein** the rain is settling in: **es scheint sich wieder für Wochen ~ zu wollen** the rain seems to be settling in for weeks.
ˈein·re·guˌlie·ren *v/t* ⟨*sep*, *no* -ge-, h⟩ *tech.* adjust, regulate.
ˈEinˌrei·be·ˌmit·tel *n med. pharm.* liniment, embrocation (*scient.*).
ˈeinˌrei·ben I *v/t* ⟨*irr*, *sep*, -ge-, h⟩ **1.** rub (*s.th.*) in: **Salbe in die Haut ~** to rub ointment into (*od.* to apply ointment to) the skin. – **2.** (*Haut, Gegenstand etc*) rub: **j-m den Rücken mit Sonnenöl ~** to rub (*od.* smear) s.o.'s back with suntan lotion; **seine Haare mit Pomade ~** to pomade one's hair; **sich** (*dat*) **das Gesicht mit Schnee ~** to rub one's face with snow; **die Schuhe mit Schuhkrem ~** to rub one's shoes with shoe polish; **Fleisch mit Salz ~** *gastr.* to rub salt into meat. – **3.** *med.* (*Körperteil etc*) rub in, embrocate (*scient*). – **II** *v/reflex* **4. sich (mit etwas) ~** to rub (*od.* smear) oneself (*od.* one's skin) with s.th., to rub s.th. on (*od.* in, into one's skin). – **III E~** *n* ⟨-s⟩ **5.** *verbal noun.* — **ˈEinˌrei·bung** *f* ⟨-; -en⟩ **1.** *cf.* Einreiben. – **2.** (*einer Salbe etc*) application. – **3.** *med.* embrocation.

ˈEinˌrei·bungsˌmit·tel *n med. pharm. cf.* Einreibemittel.

ˈeinˌrei·chen I *v/t* ⟨*sep*, -ge-, h⟩ **1.** (*Unterlagen, Papiere etc*) send in, submit, present: etwas persönlich ~ to hand s.th. in; eine Bewerbung ~ to send in (*od.* submit, *Am. auch* file) an application; → Abschied 4; Rücktritt 1; Urlaub 1; Versetzung 3. – **2.** (*Bittschrift etc*) present, submit: einen Bauplan zur Genehmigung ~ to submit an architect's plan for approval; einen Bericht ~ to present a report. – **3.** *jur.* a) (*Klage*) file, prefer, bring, lodge, present, b) (*Antrag, Gesuch etc*) file, c) (*Forderung*) lodge, put in, d) (*Vorschlag*) enter, make. – **4.** *econ.* a) (*Wechsel, Scheck*) present, b) (*Angebot*) submit: Rechnungen an die Versicherung ~ to present (*od.* send in) bills to the insurance company. – **5.** j-n ~ *Austrian* (*officialese*) to propose s.o. – **II E~** *n* ⟨-s⟩ **6.** *verbal noun.* — **ˈEinˌrei·chung** *f* ⟨-; -en⟩ **1.** *cf.* Einreichen. – **2.** (*einer Bittschrift etc*) presentation, submission. – **3.** *jur.* (*einer Klage*) preferment, lodg(e)ment, presentation.

ˈEinˌrei·chungs|ˌda·tum *n* date of presentation. — **~ˌfrist** *f* **1.** time limit (*od.* deadline) for presentation. – **2.** *econ.* tender period, closing date.

ˈeinˌrei·hen[1] I *v/t* ⟨*sep*, -ge-, h⟩ **1.** j-n (in *acc* etwas) ~ to incorporate s.o. (into s.th.), to fit s.o. (in s.th.): j-n in eine Gruppe ~ to incorporate s.o. into a group; die Frauen in den Arbeitsprozeß ~ to incorporate women into the economy (*od.* economic system); j-n in die Dringlichkeitsstufe ~ to give s.o. an emergency rating (*od.* a priority); ins Heer eingereiht werden *mil.* a) to be incorporated into the army, b) to be enrol(l)ed (*od.* enlisted) in the army. – **2.** j-n ~ to place (*od.* range) s.o. (among persons): j-n unter die großen Staatsmänner ~ to rank s.o. among the great statesmen. – **3.** *cf.* einordnen 1—4. – **II** *v/reflex* **4.** sich (in *acc* etwas) ~ to join (s.th.), to get into (s.th.): sich in eine Schlange (von Wartenden) ~ to get into a queue, to line (up), to queue (up). – **5.** sich in eine Marschkolonne ~ *bes. mil.* to fall in (*od.* into line). – **III E~** *n* ⟨-s⟩ **6.** *verbal noun.*

ˈeinˌrei·hen[2] *v/t* ⟨*sep*, -ge-, h⟩ (*Kleid etc*) [a) gather in, b) shirr.]

ˈEinˌrei·her *m* ⟨-s; -⟩ (*fashion*) single-breasted suit (*od.* jacket, overcoat). — **ˈeinˌrei·hig** *adj* **1.** (*Anzug*) single-breasted: ~er Überzieher single-breasted overcoat. – **2.** (*Perlenkette etc*) single-stranded. – **3.** *bot.* uniserial, uniseriate. – **4.** *tech.* (*Nietung, Lager etc*) single-row (*attrib*).

ˈEinˌrei·hung *f* ⟨-; -en⟩ **1.** *cf.* Einreihen[1]. – **2.** incorporation. – **3.** *bes. mil.* enrol(l)ment, enlistment. – **4.** *cf.* Einordnung 2, 3.

ˈEinˌrei·se *f* (*in ein fremdes Land*) entry: bei der ~ upon (*od.* when) entering; j-m die ~ (in ein Land) verweigern to refuse s.o. entry (into a country); ~ nach Polen entry into Poland. — **~be,wil·li·gung, ~erˌlaub·nis, ~geˌneh·mi·gung** *f* entry permit.

ˈeinˌrei·sen *v/i* ⟨*sep*, -ge-, sein⟩ enter: in ein Land [nach Polen] ~ to enter a country [Poland].

ˈEinˌrei·se|verˌbot *n* refusal of admission to a country. — **~ˌvi·sum** *n* entry visa.

ˈeinˌrei·ßen I *v/t* ⟨*irr*, *sep*, -ge-, h⟩ **1.** (*Papier, Stoff etc*) tear (*s.th.*) (at the edge), make a tear in (*s.th.*): ich habe mir den Ärmel eingerissen I have torn my sleeve; sich (*dat*) einen Fingernagel ~ to split one's (finger)nail. – **2.** (*Haus, Mauer etc*) pull (*od.* break, take) (*s.th.*) down, demolish. – **3.** *cf.* demontieren. – **4.** sich (*dat*) einen Splitter [Dorn] in den Finger ~ to run a splinter [thorn] in(to) one's finger. – **5.** *fig.* (*in Unordnung bringen*) throw (*s.th.*) into disorder (*od.* confusion), mess (*s.th.*) up (*colloq.*). – **6.** *fig.* (*zerstören*) destroy. – **II** *v/i* ⟨sein⟩ **7.** (*von Material*) tear, be (*od.* get) torn: dieser Stoff reißt leicht ein this cloth tears easily. – **8.** *fig.* (*von Unsitte etc*) spread, gain ground, become a habit: das dürfen wir gar nicht erst ~ lassen we must not let this become a habit (*od.* get started). – **III E~** *n* ⟨-s⟩ **9.** *verbal noun.* – **10.** demolition.

ˈEinˌreiß|ˌfe·stig·keit *f tech.* (*von Papier, Gummi, Textilien etc*) tear resistance, tearing strength. — **~ˌha·ken** *m* (*der Feuerwehr*) ceiling hook, *Am.* pike pole.

ˈeinˌrei·ten I *v/t* ⟨*irr*, *sep*, -ge-, h⟩ (*Pferde*) train, break (*horse*) in. – **II** *v/i* ⟨sein⟩ ride in, enter on horseback: ins Stadion ~ to ride into the stadium.

ˈeinˌren·ken I *v/t* ⟨*sep*, -ge-, h⟩ **1.** *med.* (*Bruch, Luxation*) set. – **2.** *fig.* (*eine Sache*) put (*od.* set) (*s.th.*) right (*od.* at rights), straighten (*s.th.*) out. – **II** *v/reflex* sich ~ **3.** *med.* (*von einem Knochen*) set, reduce. – **4.** *fig.* straighten itself out, right itself: die Sache wird sich schon (wieder) ~ it will straighten itself out in the end. – **III E~** *n* ⟨-s⟩ **5.** *verbal noun.* – **6.** *med.* reduction.

ˈeinˌren·nen *v/t* ⟨*irr*, *sep*, -ge-, h⟩ *colloq.* **1.** (*Tür etc*) break (*s.th.*) (open), crash through, (*stärker*) force (*od.* smash) (*s.th.*) open: er rannte das Fenster mit einem Brett ein he smashed the window with a board. – **2.** (*in Wendungen wie*) offene Türen ~ *fig.* to force an open door; j-m das Haus (*od.* die Bude) ~ *fig. contempt.* to pester s.o.; du wirst dir noch den Kopf (*od.* Schädel) ~ *auch fig.* you'll run your head against a wall (*od. fig.* brick wall).

ˈEinˌrich·teˌar·beit *f tech.* (*bei Werkzeugmaschinen*) setting-up work.

ˈeinˌrich·ten I *v/t* ⟨*sep*, -ge-, h⟩ **1.** (*Zimmer, Wohnung*) furnish, decorate. – **2.** (*Geschäft, Küche etc*) equip, outfit, fit (*s.th.*) out (*od.* up): er richtete sich die Küche als Werkstatt ein he fit(ted) the kitchen up as a workshop, he converted the kitchen into a workshop. – **3.** (*installieren*) install, equip. – **4.** (*errichten, eröffnen*) set up, establish: eine neue Buslinie [einen neuen Lehrstuhl] ~ to establish a new bus line [professorial chair]; er will eine Wäscherei ~ he wants to set up (*od.* start) a laundry; seine Eltern richteten ihm das Geschäft ein his parents set him up (*od.* settled him) in business. – **5.** (*gründen*) found, establish. – **6.** (*Handlungen, Verhalten etc*) (nach according to) regulate: du mußt die Geschwindigkeit nach der jeweiligen Situation ~ you must regulate the speed according to the existing conditions (*od.* as the situation may require). – **7.** (*ermöglichen, organisieren*) arrange, manage, organize: kannst du es ~, morgen hier zu sein? can you arrange to be here tomorrow? ich will versuchen, es einzurichten, ich will sehen, ob ich es ~ kann I shall try to arrange it; das wird sich ~ lassen that can be arranged; komm, wenn du es irgend(wie) ~ kannst come if you can manage to (*od.* if you possibly can); ich werde es zeitlich so ~, daß I'll time it so that. – **8.** (*justieren*) adapt, position, *bes. Am.* locate. – **9.** *med.* (*Knochen etc*) set, reduce, rejoin. – **10.** *math.* (*gemischte Zahl*) reduce. – **11.** *mil.* a) (*Geschütz*) lay, b) (*Karte*) set, orient, c) (*Stellung*) prepare. – **12.** *tech.* a) (*eine Maschine*) set (*s.th.*) (up), b) (*einen Drehautomaten*) tool (*s.th.*) (up), c) (*einen Betrieb*) equip, instal(l). – **13.** *tech.* a) (*anordnen*) arrange, b) (*einregeln*) adjust, c) (*versehen mit*) provide. – **14.** *mus.* (*bearbeiten*) arrange, set, adapt: ein Orchesterwerk für Klavier ~ to arrange an orchestral work for the piano. – **15.** *print.* (*Seiten*) lay. – **II** *v/reflex* sich ~ **16.** furnish one's home: sich geschmackvoll [wohnlich] ~ to furnish one's home with taste [comfortably]; sich neu ~ to refurnish one's home; sich bei j-m häuslich ~ *fig. humor.* to make oneself at home; sich (in einer neuen Umgebung) ~ *fig.* to get settled, to establish oneself. – **17.** (*sich einschränken*) live within one's means, manage, economize: er weiß sich nicht einzurichten he cannot make (both) ends meet (*colloq.*). – **18.** sich ~ auf (*acc*) prepare (*od.* make preparations, arrangements) for: ich habe mich nicht auf Besucher eingerichtet I am not prepared for visitors. – **III E~** *n* ⟨-s⟩ **19.** *verbal noun.*

ˈEinˌrich·ter *m* ⟨-s; -⟩ *tech.* (tool)setter, machine setter.

ˈEinˌrich·teˌzeit *f tech.* (*für eine Werkzeugmaschine*) tool setting time, set(ting)-up (*Am.* setup) time.

ˈEinˌrich·tung *f* ⟨-; -en⟩ **1.** *cf.* Einrichten. – **2.** furniture, furnishings *pl.* – **3.** (*eines Geschäftes etc*) equipment, fittings *pl.* – **4.** (*Installierung, Einbau*) installation. – **5.** (*Errichtung*) establishment. – **6.** (*Gründung*) foundation. – **7.** *meist pl* institution: öffentliche (*od.* gemeinnützige) ~en public institutions (*od.* services, utilities); soziale ~en social (*od.* welfare) institutions (*od.* services). – **8.** (*Amt etc*) agency. – **9.** *fig.* (*Gewohnheit*) institution: zu einer dauernden (*od.* ständigen, stehenden) ~ werden to become a permanent institution. – **10.** *bes. tech.* a) (*Anlage*) plant, installation, b) (*Ausrüstung, Ausstattung*) equipment, facilities *pl*: die sanitären ~en the sanitary installations, the sanitation *sg.* – **11.** *tech.* a) (*Vorrichtung*) device, apparatus, appliance, mechanism, b) (*Zusatzeinrichtung*) attachment.

ˈEinˌrich·tungs|ˌge·genˌstand *m* **1.** (*einer Wohnung etc*) piece of furniture. – **2.** *pl* furnishings, household articles. – **3.** (*eines Ladens, Büros etc*) piece of equipment. – **4.** *pl* fixtures, fittings, fitments. — **~ˌhaus** *n* firm (*od.* store) dealing in furniture and decorating.

ˈeinˌrie·geln I *v/t* ⟨*sep*, -ge-, h⟩ bolt (*od.* lock) (*s.o.*) up (*od.* in). – **II** *v/reflex* sich ~ lock (*od.* bolt) oneself up (*od.* in).

ˈeinˌrin·geln *v/t* ⟨*sep*, -ge-, h⟩ *colloq.* (*Zahlen, Buchstaben etc*) encircle.

ˈeinˌrip·pig [-ˌrɪpɪç] *adj bot. cf.* einnervig.

ˈEinˌriß *m* **1.** (*an Papier, Stoff etc*) tear, slit, rent. – **2.** (*in Erdreich, Fels*) score, cleft, crack. – **3.** *med.* fissure, crack, laceration (*scient.*). – **4.** *metall.* a) flaw, fissure, rupture, b) (*Anriß*) incipient crack.

ˈEinˌritt *m* entrance (*od.* entry) on horseback.

ˈeinˌrit·zen *v/t* ⟨*sep*, -ge-, h⟩ **1.** (*Buchstaben, Figuren etc*) (in *acc* etwas) scratch (on s.th.), cut (in s.th.), incise (in s.th.). – **2.** *tech.* (*Linien*) scribe. – **3.** *med.* (*Haut etc*) scratch, scarify.

ˈEinˌröh·ren·empˌfän·ger *m* (*radio*) single-tube (*bes. Br.* single-valve) receiver (*od.* set).

ˈeinˌrol·len I *v/t* ⟨*sep*, -ge-, h⟩ **1.** (*Teppich, Papier etc*) roll (*s.th.*) (up). – **2.** (*einwickeln*) wrap (*s.th.*) up: eine Flasche in ein Papier ~ to wrap (*od.* roll) up a bottle in a piece of paper. – **3.** (*Haare*) curl (*s.th.*) (up): sich (*dat*) die Haare ~ to put one's hair up in rollers (*od.* curlers). – **4.** *tech.* a) (*Blechkanten*) curl, b) (*Rohre*) roll (*s.th.*) up, c) (*Draht*) coil, reel, d) (*Zahnräder*) burnish. – **II** *v/reflex* sich ~ **5.** (*von Personen, Tier, Papier*) roll (*od.* curl) up: der Igel rollt sich ein the hedgehog rolls (up) in(to) a ball. – **6.** *bot.* (*von Blättern*) curl (up). – **III** *v/i* ⟨sein⟩ **7.** (*von Zug*) come in. – **IV E~** *n* ⟨-s⟩ **8.** *verbal noun.*

ˈEinˌrol·lung *f* ⟨-; -en⟩ **1.** *cf.* Einrollen. – **2.** *bot.* (*eines Blattes*) involution, convolution.

ˈeinˌro·sten *v/i* ⟨*sep*, -ge-, sein⟩ **1.** (*von Nagel etc*) rust in. – **2.** (*verrosten*) rust, get rusty, become covered with rust. – **3.** *fig. colloq.* 'get rusty' (*colloq.*): lassen Sie Ihr Englisch nicht ~! don't let your English get rusty.

ˈeinˌrücken (*getr.* -k·k-) **I** *v/t* ⟨*sep*, -ge-, h⟩ **1.** (*Zeile*) indent. – **2.** *print.* (*Anzeige etc*) put (*s.th.*) in, insert: etwas in die Spalte ~ to put s.th. in(to) the column. – **3.** *tech.* a) (*Hebel*) shift (*s.th.*) (into position), b) (*Kupplung*) engage, c) (*Getrieberäder*) throw (*s.th.*) into gear (*od.* mesh), d) (*Maschine, Motor*) start. – **4.** *auto.* (*Gang*) shift into, put in, engage: den ersten Gang ~ to shift into bottom (*od.* first) gear. – **II** *v/i* ⟨sein⟩ **5.** *bes. mil.* a) enter the forces, join the service (*Br.* services), b) (*von Truppen*) march in, enter: die Truppe rückte in die Garnison ein the troop marched into the garrison; in eine Stellung ~ to move into a position. – **III E~** *n* ⟨-s⟩ **6.** *verbal noun.* – **7.** *print.* insertion. – **8.** indent, indent(at)ion. – **9.** *tech.* engagement. – **10.** *mil.* return.

ˈEinˌrückˌhe·bel *m tech.* control (*od.* starting, engaging, operating) lever.

ˈEinˌrückung (*getr.* -k·k-) *f* ⟨-; -en⟩ *cf.* Einrücken. – **2.** *print.* (*einer Zeile*) indent, indent(at)ion. – **3.** *print.* (*einer Anzeige*) insertion. – **4.** *tech.* (*bei Getriebe*) engagement.

ˈEinˌrückungs·beˌfehl (*getr.* -k·k-) *m mil. cf.* Gestellungsbefehl.

ˈeinˌrüh·ren *v/t* ⟨*sep*, -ge-, h⟩ **1.** stir (*s.th.*) in: Milch in den Teig ~ to stir milk into the batter. – **2.** (*daruntermischen*) mix (*s.th.*) by stirring. – **3.** *civ.eng.* (*Mörtel, Ton*) temper.

ˈeinˌru·ßen *v/t* ⟨*sep*, -ge-, h⟩ (*optics*) soot.

ˈeinˌrü·sten *v/t* ⟨*sep*, -ge-, h⟩ *civ.eng.* (*Gebäude etc*) scaffold.

ˈeinˌrüt·teln *v/t* ⟨*sep*, -ge-, h⟩ *civ.eng.* (*Beton*) vibrate.

eins I *cardinal number* **1.** one: **Nummer ~** number one; **Kapitel ~** chapter one, first chapter; **zehn zu ~** ten to one; **~ und zwei sind** (*od.* **macht**) **drei** one and two are (*od.* make) three; **es ist ~** (*ein Uhr*) it is one (o'clock); **die Uhr schlägt ~** the clock strikes one; **zehn nach ~** ten past one; **halb ~** half past twelve; **~ a, Ia** first-class, first-rate, A-I; **zwanzig (und) ~** *econ.* twenty-one. – **2.** *math.* prime number. – **II** *indef pron* ⟨*short for* **eines**⟩ **3.** one: **~ der Bücher, ~ von den Büchern** one of the books. – **4.** one thing: **~ ist sicher** (*od.* **gewiß**) one thing is sure (*od.* remains certain); **~ muß noch geklärt werden** one thing still has to be cleared up; **~ gefällt mir nicht** there is one thing I don't like. – **5.** *colloq.* one: **will ~ von euch mitgehen?** does one of you want to come along? **j-m ~ langen** (*od.* **versetzen**) to deal s.o. a blow, to give s.o. a slap, *bes. Br.* to land s.o. one; **j-m ~ auf** (*od.* **über**) **den Kopf geben** to hit s.o. over the head; **trink noch ~!** have one more (drink); **er lachte sich ~** he laughed to himself; **noch ~!** (*in Unterhaltung*) one other thing (*od.* point); **j-m ~ auswischen** to play a dirty trick on s.o. – **III** *adj* ⟨*pred*⟩ **6.** (*einig*) agreed, in agreement: **~ sein mit j-m** to agree (*od.* to be in agreement) with s.o.; **~ werden mit j-m** to agree (*od.* to arrive at an agreement, to come to terms) with s.o., to see eye to eye; **sich mit j-m ~ fühlen** (*od.* **wissen**) to be in perfect harmony with s.o. – **7.** *colloq.* the same (thing), (all) one: **die beiden Begriffe sind ~** the two concepts are one (*od.* the same, identical); **es ist alles ~, es kommt alles auf ~ heraus** it all comes out (*od.* amounts) to the same thing (in the end); **es ist mir alles ~** it is all the same to me, I don't care one way or the other.

Eins *f* ⟨-; -en⟩ **1.** (figure) one: **eine arabische [römische] ~** an Arabic [a Roman] one; **eine Reihe von ~en** *ped.* a bunch of ones; **eine** (*od.* **die Note**) **~ bekommen** (*od.* **schreiben**) *ped.* to get a (mark of) one, *Br.* to get full marks; **eine Prüfung mit ~** (*od.* **der Note ~**) **bestehen** a) *bes. Am.* to get a (grade) one (*od.* first grade) in an examination, b) (*an Universität*) *Br.* to get full marks (*Am.* a straight A) in an examination; **mit der (Linie) ~ fahren** to go on the number one tram (*od.* bus). – **2.** (*games*) (*beim Würfelspiel*) one, ace. – **3.** *math.* unit, unity.

ˈEinˌsaat *f* ⟨-; *no pl*⟩ *agr. cf.* **Aussaat.**

ˈeinˌsäckeln (*getr.* -k·k-) *v/t* ⟨*sep*, -ge-, h⟩ *fig. colloq. cf.* **einsacken 2.**

ˈeinˌsacken (*getr.* -k·k-) **I** *v/t* ⟨*sep*, -ge-, h⟩ **1.** (*Mehl, Kartoffeln etc*) sack, put (*od.* fill, pack) (*s.th.*) into a sack (*od.* sacks, bags). – **2.** *fig. colloq.* (*Geld, Gewinn etc*) bag, pocket, take in. – **II** *v/i* ⟨*sein*⟩ **3.** (*von Schneedecke, Dach etc*) sag. – **III E~** *n* ⟨-s⟩ **4.** *verbal noun.*

ˈEinˌsack·maˌschi·ne *f agr.* bagger, sack filler.

ˈEinˌsackung (*getr.* -k·k-) *f* ⟨-; *no pl*⟩ *cf.* **Einsacken.**

ˈEinˌsackˌwaa·ge *f* bagging scale(s *pl*).

ˈeinˌsä·en *v/t* ⟨*sep*, -ge-, h⟩ *agr. cf.* **aussäen.**

ˈEinˌsä·ge·maˌschi·ne *f print.* (*Buchbinderei*) notching machine.

ˈeinˌsa·gen *Southern G. and Austrian bes. ped.* **I** *v/t* ⟨*sep*, -ge-, h⟩ **j-m etwas ~** to whisper s.th. to s.o. – **II** *v/i* **j-m ~** to prompt s.o.

ˈeinˌsä·gen *v/t* ⟨*sep*, -ge-, h⟩ (*Kerbe, Spalt*) saw (*s.th.*) (in): **etwas in ein Brett ~** to saw s.th. into a board.

ˈEinˌsa·ger *m* ⟨-s; -⟩ *Southern G. and Austrian bes. ped.* prompter.

ˈeinˌsai·tig [-ˌzaɪtɪç] *adj mus.* with one chord (*od.* string), one-stringed.

ˈeinˌsal·ben I *v/t* ⟨*sep*, -ge-, h⟩ *bes. med.* rub (*s.o., s.th.*) with ointment, apply ointment (*od.* a salve) to, rub ointment into, embrocate (*scient.*): **ich salbe meine Haut [mein Bein] ein** I rub my skin [leg] with a salve, I rub ointment into my skin [leg]; **j-m den Rücken mit Öl ~** to rub s.o.'s back with oil. – **II** *v/reflex* **sich ~** rub oneself with ointment (*od.* a salve).

ˈeinˌsal·zen *v/t* ⟨*sep*, -ge-, h⟩ *gastr. u. fig. colloq. cf.* **einpökeln.**

ˈein·sam *adj* **1.** lonely, solitary, lone (*attrib*), lonesome: **ein ~er Wanderer** a lonely wanderer; **~ und verlassen** forlorn, forsaken; **sich ~ fühlen** to feel lonely (*od.* lonesome). – **2.** (*zurückgezogen*) retired, secluded: **ein ~es Leben führen** to lead a secluded life, to live in seclusion. – **3.** (*abgelegen*) lonely, secluded, retired, unfrequented, isolated: **eine ~e Gegend [Insel]** a lonely region [island]; **ein ~er Ort** a secluded place; **ein ~es Gehöft** a lonely (*od.* solitary) farm. – **4.** (*menschenleer*) deserted: **er wanderte durch ~e Straßen** he walked through deserted streets. – **5. ~ lebend** *bot. zo.* solitary.

ˈeinˌsa·menˌlap·pig *adj bot.* monocotyledonous: **~e Pflanze** monocotyledon.

ˈeinˌsa·mig [-ˌzaːmɪç] *adj bot.* one- (*od.* single-)seeded; monospermous, *auch* monospermal (*scient.*).

ˈEin·sam·keit *f* ⟨-; *no pl*⟩ **1.** loneliness, solitude: **die ~ der Berge** the solitude of the mountains; **die ~ des modernen Menschen** the loneliness of modern man; **die ~ suchen** to seek solitude. – **2.** (*Abgeschiedenheit*) seclusion. – **3.** lonely (*od.* secluded) place, seclusion: **in diese ~ kommt selten ein Fremder** this lonely place is seldom visited by strangers.

ˈEin·sam·keits|beˌdürf·nis *n* desire for solitude (*od.* to be alone). — **~psyˌcho·se** *f psych.* isolation psychosis.

ˈeinˌsam·meln I *v/t* ⟨*sep*, -ge-, h⟩ **1.** (*Fallobst, Vorräte etc*) gather. – **2.** (*Geld, Spenden, Hefte etc*) collect: **nach der Vorstellung gingen sie (Geld) ~** after the performance they collected money (*od.* they sent *od.* passed round the hat). – **II E~** *n* ⟨-s⟩ **3.** *verbal noun.*

ˈEinˌsamm·ler *m* collector.

ˈEinˌsamm·lung *f* ⟨-; *no pl*⟩ **1.** *cf.* **Einsammeln.** – **2.** collection.

ˈeinˌsar·gen [-ˌzargən] **I** *v/t* ⟨*sep*, -ge-, h⟩ **1.** put (*s.o.*) in a coffin, coffin. – **2.** *fig.* (*Hoffnungen*) bury, abandon. – **II E~** *n* ⟨-s⟩ **3.** *verbal noun.* — **ˈEinˌsar·gung** *f* ⟨-; -en⟩ *cf.* **Einsargen.**

ˈEinˌsatt·lung *f* ⟨-; -en⟩ *geol.* structural saddle, depression.

ˈEinˌsatz *m* ⟨-es; ⸚e⟩ **1.** (*eines Kissens, Kleides etc*) inserted part (*od.* piece), insertion, insert: **~ aus Seide [Spitzen]** silk [lace] insert. – **2.** (*eines Behälters, Topfes etc*) inset, insertion. – **3.** (*eines Schiffskoffers etc*) tray. – **4.** (*eines Tisches*) extra (*od.* extension) leaf. – **5.** (*im Filter*) cartridge, (filter) element. – **6.** *tech.* a) (*Einsatzstück*) insert, b) (*Paßstück*) adapter, *auch* adaptor, c) (*eines Schraubenschlüssels*) socket. – **7.** *metall.* a) (*Ofeneinsatz*) charge, b) (*Einsatzschicht*) case, c) (*Einsatzhärtung*) case hardening: **im ~ gehärtet** case-hardened. – **8.** (*games*) a) (*im Glücksspiel*) stake(s *pl*), b) (*beim Kartenspiel*) stake(s *pl*), pool: **den ~ erhöhen [verdoppeln]** to raise [to double] the stakes; **ohne [mit hohem] ~ spielen** to play for love [high, for high stakes]; **den ~ machen** (*Roulette*) to put down the stakes; **wie hoch ist der ~?** how high are the stakes? – **9.** *econ.* (*Pfand*) deposit. – **10.** *mus.* entry, entrance, cue: **falscher ~** false beginning; **sauberer [unsauberer] ~** clean [ragged] entry; **den ~ geben** to give the cue (*od.* sign) to come in; **j-m einen ~ geben** to cue s.o., to give a lead to s.o.; **den ~ verpassen** to miss one's entry, to come in too late. – **11.** *ling.* initial glide: **leiser [fester] ~** soft [rough] glide; **harter ~** direct attack. – **12.** ⟨*only sg*⟩ (*Wagnis*) risk, venture: **mit** (*od.* **unter**) **~ des Lebens** at the risk of one's life. – **13.** ⟨*only sg*⟩ (*Anstrengung*) exertion, effort: **unter ~ aller Kräfte** by exerting all one's energies; **der ~ hat sich gelohnt** the effort was worth while. – **14.** ⟨*only sg*⟩ (*von Arbeitskräften etc*) employment. – **15.** ⟨*only sg*⟩ (*Dienst*) service: **freiwilliger ~** voluntary service; **im ~ stehen** a) (*von Krankenschwestern etc*) to be on duty, b) (*von Feuerwehr etc*) to be in action (*od.* on duty). – **16.** ⟨*only sg*⟩ *tech.* (*von Maschinen etc*) application, use. – **17.** *mil.* a) (*taktischer*) employment, b) (*Kampfauftrag*) mission, c) (*Aktion, Angriff*) action, operation, *aer. auch* sortie: **im ~ stehen** (*od.* **sein**) to be in action; **Truppen zum ~ einteilen** to detail troops to (*od.* for) a mission; **einen ~ fliegen** *aer.* to fly a mission (*od.* sortie); **~ gegen Erd- und [oder] Seeziele** surface mission; **~ an der Front** front line duty; **er ist nie im ~ gewesen** he has never seen action (*od.* been in contact with the enemy); **beim ~** (when) in action. – **18.** *agr. cf.* **Besatz 5.** – **19.** *gastr. cf.* **Menage 1.**

ˈEinˌsatz|ˌanˌwei·sung *f mil.* operational directive. — **~ˌaufˌtrag** *m* mission. — **~ˌbe·cher** *m* one of a stack of cups. — **~beˌfehl** *m mil.* operation(al) order. — **~beˌreich** *m* field of application (*od.* employment).

ˈeinˌsatz·beˌreit *adj* **1.** (*Personen, Feuerwehr etc*) ready for action (*od.* duty), prepared. – **2.** (*Maschinen etc*) ready for use (*od.* service). – **3.** (*opferwillig*) self-sacrificing, devoted. – **4.** (*bereitwillig*) willing. – **5.** (*kühn*) daring, gallant. – **6.** *mil.* a) (*Truppen*) ready for action (*od.* operation), combat-ready, operational, b) (*Waffen etc*) ready for use (*od.* operation), operational: **sich ~ halten** to be ready for action, to stand by. — **ˈEinˌsatz·beˌreit·schaft** *f* **1.** readiness for action (*od.* duty), preparedness. – **2.** readiness for use (*od.* service). – **3.** devotedness. – **4.** willingness. – **5.** daringness, gallantry. – **6.** *mil.* a) readiness for action, b) (*von Waffen etc*) readiness for use (*od.* operation).

ˈEinˌsatz|beˌricht *m mil.* mission report. — **~beˌspre·chung** *f mil. aer.* a) briefing, b) (*nach dem Einsatz*) debriefing. — **~ˌbrücke** (*getr.* -k·k-) *f tech.* (lathe) gap bridge. — **~ˌdienst** *m* special service. — **~ˌdrehˌwerkˌzeug** *n tech.* tool bit.

ˈeinˌsatzˌfä·hig *adj* **1.** fit (*od.* suitable) for employment. – **2.** (*verfügbar*) available. – **3.** *mil.* (*Truppen, Geräte*) operational. — **ˈEinˌsatzˌfä·hig·keit** *f* ⟨-; *no pl*⟩ **1.** fitness for employment. – **2.** availability. – **3.** *mil.* (*von Truppen*) operational capability.

ˈEinˌsatz|ˌflug *m mil. aer.* a) sortie, b) mission. — **~ˌflugˌhö·he** *f* operational altitude. — **~ˌflugˌplatz** *m* operational base, (forward) airfield. — **~ˌflugˌzeug** *n* operational aircraft.

ˈeinˌsatzˌfreu·dig *adj* (*Werbefachmann, Manager etc*) dynamic, go-ahead (*attrib*), with drive: **~er Mitarbeiter gesucht** dynamic (*od.* go-ahead) personality wanted. — **ˈEinˌsatzˌfreu·dig·keit** *f* ⟨-; *no pl*⟩ **1.** drive. – **2.** readiness (of entrepreneurs) to engage in new projects.

ˈEinˌsatz|geˌbiet *n mil.* operational area. — **~geˌfäß** *n* inset. — **~ˌgrup·pe** *f mil.* a) task force, b) (*abkommandierte*) detail. — **~ˌha·fen** *m mil. mar.* operational base, base harbor (*bes. Br.* harbour). — **e~ˌhär·ten** *v/t* ⟨*insep*, -ge-, h⟩ *metall.* (*Stahl*) a) case harden, *Br.* case-harden, b) (*aufkohlen*) carbonize, c) (*im Zyansalzbad*) cyanide. — **~ˌhül·se** *f tech.* taper sleeve, adapter, *auch* adaptor. — **~ˌka·sten** *m metall.* case-hardening (*od.* -carburizing) box. — **~ˌlei·ter** *m* **1.** (*bei Polizei etc*) squad (group) leader. – **2.** *mar.* gunnery control officer. — **~ˌmei·ßel** *m tech.* cutter (*od.* tool) bit. — **~ˌmit·tel** *n metall.* case-hardening compound, carburizing compound. — **~ˌmög·lich·keit** *f* (*für Material, Maschinen*) range (*od.* field) of applications, serviceability. — **~ˌofen** *m metall.* case-hardening (*od.* carburizing) furnace. — **~ˌpreis** *m econ.* (*bei Auktionen*) minimum bid, starting price. — **~ˌraum** *m cf.* **Einsatzgebiet.** — **e~ˌreif** *adj econ.* ready to go into production. — **~ˌren·nen** *n* (*sport*) sweepstakes *pl* (*construed as sg or pl*), *auch* sweepstake. — **~ˌschach·tel** *f* one of a stack of boxes. — **~ˌschen·kel** *m* (*eines Zirkels*) extension. — **~ˌstab** *m econ.* action (*od.* service, working) group. — **~ˌstahl** *m* **1.** *metall.* case-hardening steel. – **2.** *tech.* (*Drehstahl*) tool (holder) bit. — **~ˌstra·fe** *f jur. cf.* **Gesamtstrafe.** — **~ˌstück** *n* **1.** *cf.* **Einsatz 1, 6a.** – **2.** *mus.* (*eines Blasinstrumentes*) a) (*gekrümmtes*) crook, b) (*gerades*) shank. — **~ˌsum·me** *f* (*games*) *cf.* **Einsatz 8.** — **~ˌteich** *m* fish pond, *Br.* fish-pond, fish preserve (for young fish). — **~ˌtopf** *m metall.* **1.** case-hardening (*od.* carburizing) pot. – **2.** (*für Temperzwecke*) annealing pot. — **~ˌtrup·pe** *f mil.* task force. — **~verˌpfle·gung** *f mil.* composite (*Am.* field) rations *pl.* — **~ˌwa·gen** *m* **1.** (*der Polizei etc*) emergency (squad) car. – **2.** a) special bus, b) special streetcar (*Br.* tramcar), c) special railroad car (*Br.* railway carriage). — **~ˌwert** *m econ.* entered (*od.* book, assessed, initial) value. — **~ˌwil·le** *m* readiness, willingness. — **~zei·chen** *n mus.* (*des Dirigenten*) sign (*od.* signal) to begin (*od.* enter): **das ~ geben** to give a signal to begin. — **~ˌzug** *m* (*railway*) *cf.* **Entlastungszug.**

ˈeinˌsau·en *sl.* **I** *v/t* ⟨*sep*, -ge-, h⟩ make (*s.th.*) filthy. – **II** *v/reflex* **sich ~** make oneself filthy.

ˈeinˌsäu·ern I *v/t* ⟨*sep*, -ge-, h⟩ **1.** *agr.* (*Viehfutter*) silage, ensilage. – **2.** *gastr.* a) (*Gurken, Kraut etc*) pickle, b) (*Brot*) leaven. – **3.** *chem.*

acidify. – **II E~** *n* ⟨-s⟩ **4.** *verbal noun.* — **'Einˌsäue·rung** *f* ⟨-; *no pl*⟩ **1.** *cf.* Einsäuern. – **2.** *agr.* silage, ensilage. – **3.** *chem.* acidification.

'einˌsau·gen I *v/t* ⟨*auch irr, sep,* -ge-, h⟩ **1.** (*Flüssigkeit*) suck in (*od.* up), absorb, imbibe: der Boden [Schwamm] saugt Wasser ein the soil [sponge] absorbs (*od.* soaks up) water; etwas mit der Muttermilch ~ *fig.* to suck s.th. in with one's mother's milk; Wissen [Worte] (gierig) ~ *fig.* to suck in knowledge [words]. – **2.** ⟨*irr, sep,* -ge-, h⟩ *lit.* (*Luft, Rauch etc*) draw in, breathe in, inhale. – **3.** *tech.* a) draw in, suck in, aspirate, b) (*absorbieren*) absorb. – **II** *v/reflex* ⟨*sep,* -ge-, h⟩ sich ~ **4.** (*von Farben etc*) soak up. – **5.** *cf.* festsaugen 1. – **III E~** *n* ⟨-s⟩ **6.** *verbal noun.* – **7.** (*von Flüssigkeit*) suction, absorption, imbibition. – **8.** (*von Luft etc*) inhalation. – **9.** *tech.* a) aspiration, b) suction. – **10.** *chem.* absorption.

'Einˌsaug|ˌluft *f* ⟨-; *no pl*⟩ *auto.* induction air. — **~ˌmit·tel** *n med.* absorbent. — **~ˌrohr** *n auto.* suction tube, induction (*od.* intake) manifold.

'Einˌsau·gung *f* ⟨-; *no pl*⟩ *cf.* Einsaugen.

'Einˌsau·gungsˌfä·hig·keit *f* absorptivity.

'einˌsäu·men *v/t* ⟨*sep,* -ge-, h⟩ **1.** (*textile*) (*Decke, Kleid*) hem, stitch (*s.th.*) down. – **2.** *fig.* (*Platz, Ufer etc*) border, edge, fringe, (*Straße*) *auch* line: eine Straße mit Bäumen ~ to line a road with trees.

'einˌsäu·rig *adj chem.* monoacid, monoacidic, *auch* monacid.

'einˌschach·teln I *v/t* ⟨*sep,* -ge-, h⟩ **1.** *tech.* box (*s.th.*) (in *od.* up), put (*s.th.*) into a box (*od.* boxes). – **2.** *ling.* (*Sätze*) encapsulate, *auch* incapsulate, encapsule. – **II** *v/reflex* sich ~ **3.** box (*od.* shut) oneself up. – **III E~** *n* ⟨-s⟩ **4.** *verbal noun.* — **'Einˌschach·te·lung** *f* ⟨-; -en⟩ **1.** *cf.* Einschachteln. – **2.** *ling.* encapsulation, *auch* incapsulation.

'einˌscha·len *v/t* ⟨*sep,* -ge-, h⟩ *civ.eng. cf.* verschalen 2. — **'Einˌscha·ler** *m* ⟨-s; -⟩ form setter.

'einˌscha·lig [-ˌʃaːlɪç] *adj* **1.** *electr.* (*Wecker*) single-dome (*attrib*). – **2.** *math.* (*Hyperboloid*) unparted, of one sheet. – **3.** *zo.* (*Muschel*) univalve (*attrib*), *auch* univalved.

'einˌschal·ten I *v/t* ⟨*sep,* -ge-, h⟩ **1.** *electr.* (*Licht, Strom, Gerät etc*) switch on, turn on. – **2.** *tech.* a) (*Motor*) connect (to the circuit), start, engage, b) (*Hebel*) shift into position, c) (*Werkzeugmaschinen*) put into operation, d) (*Getriebe, Kupplung*) engage. – **3.** (*radio*) (*Sender*) tune in. – **4.** *fig.* (*Worte, Sätze etc*) insert, put (*s.th.*) in, slip (*s.th.*) in, interpolate (*lit.*). – **5.** (*Pause*) take, *bes. Br.* make. – **6.** *fig.* (*Person etc*) call (*s.o.*) in: j-n als Vermittler ~ to call s.o. in as a mediator: der Staatsanwalt wurde in den Fall eingeschaltet the public prosecutor was called in on the case. – **7.** *astr.* (*Tag, Monat etc*) intercalate. – **8.** *mus.* (*Orgelregister*) draw. – **II** *v/i* **9.** *electr.* switch (*od.* turn) on (the current). – **III** *v/reflex* sich ~ **10.** *fig.* (*eingreifen*) intervene, step in: sich in eine Auseinandersetzung ~ to intervene in a dispute; die Polizei schaltete sich ein the police intervened. – **11.** *fig.* (*in Gespräch etc*) engage (*od.* join) in. – **12.** sich (von selbst) ~ *electr.* to switch (automatically). – **13.** *tel.* (*in eine Leitung*) listen in on, tap (a telephone). – **IV E~** *n* ⟨-s⟩ **14.** *verbal noun.*

'Einˌschal·ter *m electr.* circuit closer, contactor, closing switch: Ein- und Ausschalter on-off switch.

'Einˌschalt|ˌhe·bel *m tech.* starting lever (*od.* switch). — **~ˌmo·tor** *m* starting motor. — **~ˌstel·lung** *f* **1.** (*eines Hebels*) engaged position. – **2.** *electr.* on-position. — **~ˌstrom** *m electr.* starting (*od.* closing) current.

'Einˌschal·tung *f* ⟨-; *no pl*⟩ **1.** *cf.* Einschalten. – **2.** *electr.* a) (*eines Geräts etc*) switching on, turning on, b) circuit-closing, making a connection (*Br. auch* connexion). – **3.** *tech.* a) (*eines Motors*) starting, b) (*einer Kupplung, eines Getriebes*) engagement. – **4.** *fig.* (*eines Satzes etc*) insertion, interpolation (*lit.*), *ling. auch* parenthesis. – **5.** *astr.* (*eines Tages*) intercalation. – **6.** *fig.* intervention.

'Einˌschal·tungsˌzei·chen *n print.* (*für fehlendes Wort*) caret.

'Einˌschaltˌvorˌrich·tung *f* **1.** *electr.* switching device (*od.* arrangement). – **2.** *tech.* control mechanism.

'Einˌscha·lung *f* ⟨-; -en⟩ *civ.eng. cf.* Verschalung 1, 3.

'einˌschan·zen *mil.* **I** *v/reflex* ⟨*sep,* -ge-, h⟩ sich ~ entrench (*od.* intrench) oneself. – **II** *v/t* entrench, intrench.

'einˌschär·fen *v/t* ⟨*sep,* -ge-, h⟩ j-m etwas ~ to impress s.th. on (*od.* upon) s.o. (*od.* s.o.'s mind), to inculcate s.th. in (*od.* into, upon) s.o.: j-m ~, etwas zu tun (*od.* daß er etwas tut) to impress upon (*od.* urge) s.o. to do s.th.

'einˌscha·rig [-ˌʃaːrɪç] *adj* **1.** *math.* (*Regelfläche*) single-ruled. – **2.** *agr.* (*Pflug*) one-share (*attrib*), single-shared.

'Einˌscharˌpflug *m agr.* one-share plough (*bes. Am.* plow), single-share.

'einˌschar·ren I *v/t* ⟨*sep,* -ge-, h⟩ bury (*s.o.*) hastily. – **II** *v/reflex* sich ~ (in *acc* in, into) (*von Tieren*) to burrow (itself).

'einˌschat·tig *adj geogr.* heteroscian.

'einˌschätz·bar *adj* ponderable.

'einˌschät·zen I *v/t* ⟨*sep,* -ge-, h⟩ **1.** (*Einkommen, Wert etc*) estimate, appraise, assess: er schätzt die Kosten auf DM 500 ein he estimates (*od.* assesses) the cost at DM 500; etwas zu niedrig [hoch] ~ to underestimate [overestimate] s.th. – **2.** (*beurteilen*) judge: die Lage völlig falsch ~ to misjudge the situation entirely; etwas als etwas ~ to judge s.th. to be s.th., to regard s.th. as s.th. – **3.** (*einstufen*) rate, assess: etwas [j-n] höher [niedriger] ~ als etwas anderes [einen anderen] to rate s.th. [s.o.] above (*od.* as superior to) [below *od.* as inferior to] s.th. else [another]; j-n hoch ~ to rate s.o. highly, to value s.o., to have a high opinion of s.o.; etwas [j-n] zu hoch [niedrig] ~ to overrate [underrate] s.th. [s.o.]. – **II E~** *n* ⟨-s⟩ **4.** *verbal noun.* — **'Einˌschät·zung** *f* ⟨-; -en⟩ **1.** *cf.* Einschätzen. – **2.** estimate, assessment (*auch math.*). – **3.** (*Beurteilung*) judg(e)ment, estimation. – **4.** (*eines Patentes*) appraisal. – **5.** *econ.* (*der Steuer*) evaluation.

'einˌschau·feln *v/t* ⟨*sep,* -ge-, h⟩ **1.** (*Kohlen etc*) shovel in. – **2.** (*Erde etc*) shovel (*s.th.*) into. – **3.** *colloq.* bury. – **4.** *fig. colloq.* (*Geld*) rake in.

'einˌschau·keln *v/t* ⟨*sep,* -ge-, h⟩ j-n ~ to rock s.o. to sleep, to lull s.o. to sleep.

'einˌschäu·men *v/t* ⟨*sep,* -ge-, h⟩ foam, (*bes. Haare*) shampoo.

'einˌschef·feln *v/t* ⟨*sep,* -ge-, h⟩ *colloq.* (*Geld*) rake in.

'Einˌschei·be *f tech.* single pulley.

'Einˌschei·ben|ˌanˌtrieb *m tech.* single-pulley (*od.* constant-speed) drive. — **~ˌkupp·lung** *f auto.* single-plate clutch, single-disk (*auch* -disc) clutch.

'einˌschen·ken *v/t* ⟨*sep,* -ge-, h⟩ pour (out): j-m (ein Glas) Bier [Wein] ~ to pour s.o. (a glass of) beer [wine]; j-m (eine Tasse) Tee ~ to pour s.o. (*od.* help s.o. to) a cup of tea; j-m noch ein Glas [eine Tasse] ~ to pour s.o. another glass [cup]; j-m (ein Glas) ~ to pour s.o. a glass, to fill s.o.'s glass; j-m noch einmal ~ to pour s.o. another glass (*od.* cup), to refill s.o.'s glass; j-m reinen (*od.* klaren) Wein ~ *fig.* to tell s.o. the plain (*od.* unvarnished) truth.

'einˌsche·ren I *v/i* ⟨*sep,* -ge-, sein⟩ **1.** *aer. mar.* (*in Formation, Kurs*) sheer (in). – **2.** *auto* (*sich einfädeln*) slip (*od.* filter) in. – **II** *v/t* ⟨h⟩ **3.** *mar.* (*Leine, Tau etc*) reeve.

'Einˌschicht *f* ⟨-; *no pl*⟩ *Southern G. and Austrian for* Einöde, Einsamkeit 3.

'einˌschich·ten *v/t* ⟨*sep,* -ge-, h⟩ put (*od.* arrange) (*s.th.*) in layers: Pfirsiche in Gläser ~ to put peaches in layers into glasses.

'einˌschich·tig *adj* **1.** with one layer, single-layered. – **2.** (*Betrieb, Arbeit*) single-shift (*attrib*). – **3.** *geol.* one-stratum (*attrib*). – **4.** *Southern G. and Austrian for* abgelegen 1, einsam 3.

'einˌschicken (*getr.* -k·k-) *v/t* ⟨*sep,* -ge-, h⟩ send in, (*Geld*) *auch* remit.

'einˌschie·ben I *v/t* ⟨*irr, sep,* -ge-, h⟩ **1.** (*hineinschieben*) push (*od.* put, shove, slide) (*s.th.*) in: etwas in (*acc*) etwas ~ to push s.th. into s.th. – **2.** (*Sonderzug, Bus etc*) put on. – **3.** *fig.* (*Pause, Satz etc*) *cf.* einschalten 4, 5. – **4.** *fig.* (*Kapitel, Vers etc*) insert, interpolate. – **5.** *fig.* (*in Sprechstunde, Zeitplan etc*) fit (*s.o., s.th.*) in: können Sie mich heute noch ~? could you possibly fit me in today? – **6.** *electr.* (*Kabel in einen Kanal*) plug (*s.th.*) in. – **II** *v/reflex* **7.** sich in das Lager (*od.* den Kessel) ~ *hunt.* to go to a lair, to settle down. – **III E~** *n* ⟨-s⟩ **8.** *verbal noun.*

'Einˌschie·beˌsatz *m ling.* incidental (*od.* parenthetical) clause.

'Einˌschieb·sel [-ˌʃiːpsəl] *n* ⟨-s; -⟩ *cf.* Einschiebung 2.

'Einˌschie·bung *f* ⟨-; -en⟩ **1.** *cf.* Einschieben. – **2.** insertion, interpolation (*lit.*), inserted (*od. lit.* interpolated) text (*od.* passage), insert. – **3.** *ling.* a) *cf.* Einschiebesatz, b) *cf.* Einschub 6.

'Einˌschie·ne *f* (*railway*) monorail, single beam (*od.* track).

'einˌschie·nen *v/t* ⟨*sep,* -ge-, h⟩ *med.* splint.

'Einˌschie·nen|ˌbahn *f* (*railway*) monorail, single-track line. — **~ˌgleis** *n* single-track line.

'einˌschie·nig [-ˌʃiːnɪç] *adj* (*railway*) (*System*) monoline, monorail, single-track (*alle attrib*).

'einˌschie·ßen I *v/t* ⟨*irr, sep,* -ge-, h⟩ **1.** (*Haus, Mauer etc*) shoot (*s.th.*) to pieces, batter (*od.* demolish, destroy) (*s.th.*) by gunfire. – **2.** (*Fensterscheibe*) shoot (*s.th.*) out (*od.* through). – **3.** *mil.* (*Gewehr etc*) test (and adjust), try (out), break in, range, (*Geschütz*) *auch* register. – **4.** *econ.* (*Geld*) a) (*beisteuern*) pay in, contribute, b) (*investieren*) put in, invest: Geld in ein Unternehmen ~ to put money into (*od.* to invest money in) a business enterprise. – **5.** *print.* a) ein Blatt ~ to insert a leaf, to interleave, b) die Form ~ to lift the form into the press, to impose the form. – **6.** (*textile*) (*Fäden*) shoot. – **7.** *tech.* (*Dübel*) drive (*od.* dowel) (*s.th.*) into the wall. – **8.** (*sport*) (*Fußball*) kick (*the ball*) into the goal. – **9.** *gastr. dial.* (*Brot*) put (*od.* place) (*bread*) in the oven. – **II** *v/i* **10.** (*sport*) score, score (*od.* shoot) a goal: zum 4 : 2 ~ to raise the score 4 : 2. – **11.** *med.* (*von Muttermilch*) engorge, shoot in: in die Brust ~ to engorge the breast. – **III** *v/reflex* sich ~ **12.** practice (*bes. Br.* practise) shooting: er hat sich eingeschossen he has now got his eye in. – **13.** *mil.* (*von Artillerie*) register: sich ~ auf (*acc*) etwas *auch fig.* to zero in on s.th. – **IV E~** *n* ⟨-s⟩ **14.** *verbal noun.* – **15.** demolition (*od.* destruction) by gunfire. – **16.** *mil.* registration (*od.* trial) fire, adjustment: genaues E~ precision adjustment. – **17.** *econ.* a) contribution, b) investment.

'Einˌschieß|-MG [-ˀɛmˌgeː] *n mil.* (*am Panzer*) spotting rifle (*od.* gun). — **~ˌpunkt** *m* adjusting point. — **~ˌziel** *n* adjustment (*od.* registration) target.

'einˌschif·fen *mar.* **I** *v/t* ⟨*sep,* -ge-, h⟩ **1.** (*Truppen etc*) embark. – **2.** (*Waren*) ship. – **II** *v/reflex* sich ~ **3.** go on board (a ship), embark: er schiffte sich nach Afrika ein he embarked for Africa; er schiffte sich auf einem kleinen Dampfer ein he went on board (*od.* he boarded) a small steamer. – **III E~** *n* ⟨-s⟩ **4.** *verbal noun.*

'einˌschif·fig [-ˌʃɪfɪç] *adj arch.* (*Kirche*) consisting of only one nave.

'Einˌschif·fung *f* ⟨-; *no pl*⟩ **1.** *cf.* Einschiffen. – **2.** (*von Truppen etc*) embarkation. – **3.** (*von Waren*) shipping, shipment.

'Einˌschif·fungs|erˌlaub·nis *f mar.* **1.** permission to embark, embarkation permit. – **2.** loading permit. — **~ˌha·fen** *m* **1.** port of embarkation. – **2.** port of shipment. — **~of·fiˌzier** *m* embarkation officer. — **~terˌmin** *m* date of embarkation.

'einˌschir·ren *v/t* ⟨*sep,* -ge-, h⟩ (*Pferd*) harness.

'einˌschla·fen I *v/i* ⟨*irr, sep,* -ge-, sein⟩ **1.** fall asleep, doze off, drop off (*colloq.*): bei (*od.* über) einem Buch ~ to fall asleep over a book; ich konnte vor Aufregung nicht ~ I was too excited to fall asleep. – **2.** *fig.* (*von Gliedern*) go to sleep, become numb: mein rechtes Bein ist (*od.* das rechte Bein ist mir) eingeschlafen my right leg has gone to sleep, I have (got) pins and needles in my right leg. – **3.** *fig.* (*von Beziehungen, Briefwechsel etc*) drop, be dropped, cease gradually. – **4.** *fig.* (*von Freundschaft etc*) cool (off), die a natural death. – **5.** *fig.* (*von Unterhaltung etc*) die down, flag, peter out (*colloq.*). – **6.** *fig.* (*von Gerücht etc*) die. – **7.** *fig. lit.* (*entschlafen*) die (*od.* pass away) (peacefully). – **8.** *fig. lit.* (*von Wind*) subside, die down, abate. – **9.** *fig. lit.* (*von Feuer*) go out, die out. – **II E~** *n* ⟨-s⟩ **10.** *verbal noun.* – **11.** E~ (der Glieder) *med.* sleep, becoming numb.

'einˌschlä·fe·rig [-ˌʃlɛːfərɪç] *adj cf.* einschläfrig.

'einˌschlä·fern I *v/t* ⟨*sep* -ge-, h⟩ **1.** lull (*s.o.*) to sleep, make (*s.o.*) drowsy: das leise

Gesumme schläferte ihn ein the low humming lulled him to sleep. – 2. *fig.* (*Gewissen, Wachsamkeit etc*) soothe, salve. – 3. *med.* narcotize, put (*s.o.*) to sleep. – 4. *vet.* (*Tier*) put (*animal*) to sleep. – II E~ *n* ⟨-s⟩ 5. *verbal noun.*

'einˌschlä·fernd I *pres p.* – II *adj* 1. soporific, somnolent: eine ~e Wirkung haben to be soporific, to have a soporific effect. – 2. *med.* sleep-producing (*od.* -inducing); soporific, hypnotic (*scient.*): ~es Mittel sleep-inducing drug; soporific, hypnotic (*scient.*). — **'Einˌschlä·fe·rung** *f* ⟨-; -en⟩ 1. *cf.* Einschläfern. – 2. *med.* a) induction of sleep, soporification (*scient.*), b) an(a)esthetization, c) mercy killing, euthanasia (*scient.*). – 3. *vet.* (*Tötung*) putting to sleep, euthanasia (*scient.*).

'Einˌschlä·fe·rungsˌmit·tel *n med. pharm.* sleep-inducing drug; soporific, hypnotic (*scient.*).

'einˌschläf·rig *adj* (*Bett*) single.

'Einˌschlag *m* ⟨-(e)s; ¨e⟩ 1. (*eines Blitzes*) striking, hitting, (*eines Geschosses*) *auch* impact. – 2. *fig.* (*Merkmale*) element, touch, admixture, characteristics *pl*: ein Mann mit südländischem ~ a man with s.th. Mediterranean in his appearance; sein Gesicht hat griechischen ~ there is a touch of the Greek in his face; der maurische ~ in der spanischen Bevölkerung [Sprache] the Moorish element in the Spanish people [language]; sein Stil hat einen expressionistischen ~ there is an element of expressionism in his style. – 3. (*forestry*) a) felling, cutting, b) (*Menge*) volume (*od.* amount) felled. – 4. (*eines Blitzes*) stroke. – 5. *auto.* lock: vollständiger ~ der Vorderräder complete steering lock. – 6. (*am Kleid etc*) fold, tuck. – 7. (*textile*) weft, woof. – 8. *mar.* (*am Segel*) weft. – 9. *Swiss for* Rabatt 1.

'Einˌschlagˌdecke (*getr.* -k·k-) *f* (*für Kleinkinder*) blanket (to wrap around babies).

'Einˌschla·ge·ˌfa·den *m* (*textile*) weft-yarn.

'einˌschla·gen I *v/t* ⟨*irr, sep,* -ge-, h⟩ 1. (*Nagel, Pfosten etc*) drive (*od.* knock, hammer) in: einen Nagel in (*acc*) etwas [fest, ganz] ~ to drive a nail into s.th. [home]. – 2. (*Krallen etc*) dig in: die Zähne in (*acc*) etwas ~ to dig one's teeth into s.th. – 3. (*Fenster etc*) break, smash. – 4. (*Tür etc*) break in (*od.* down), smash in, batter, burst open. – 5. (*in Wendungen wie*) j-m den Schädel ~ *colloq.* to bash s.o.'s head in, to beat (*od.* knock) s.o.'s brains out, to brain s.o.; j-m [sich *dat*] die Zähne ~ to knock s.o.'s [one's] teeth out; j-m die Nase ~ to break (*od.* flatten) s.o.'s nose; sie schlugen sich (*dat*) die Köpfe ein they came to blows. – 6. (*Weg, Richtung*) take: die falsche [umgekehrte] Richtung ~ to take the wrong way [to go in the opposite direction]; den Weg nach rechts ~ to take the way (*od.* turn) to the right. – 7. *fig.* (*Laufbahn, Verfahren etc*) adopt, enter upon, choose: einen anderen Weg ~ to adopt a different method. – 8. (*Tempo*) strike up. – 9. (*einwickeln, einhüllen*) wrap (*s.th.*) up. – 10. (*Saum, Ärmel etc*) turn up. – 11. (*Falte*) tuck (in), put (*a tuck*) into, fold. – 12. *agr.* (*Pflanzen, Wurzeln*) cover (*s.th.*) with earth, heel (*s.th.*) in. – 13. (*forestry*) (*Holz*) cut, fell. – 14. *gastr.* (*Eier*) (in *acc* into) break, crack. – 15. *auto.* (*Steuer*) turn. – 16. *mar.* stave (*s.th.*) (in). – II *v/i* 17. (*von Rakete, Blitz etc*) strike, hit: der Blitz (*od.* es) hat zweimal eingeschlagen the lightning struck twice; der Blitz schlug in das Haus ein the lightning struck the house; die Nachricht schlug wie eine Bombe ein *fig.* the news struck (*od.* came, fell) like a bomb(-)shell, the news caused a sensation. – 18. auf j-n [etwas] ~ to beat s.o. [s.th.], to thrash (*od.* strike at) s.o. [s.th.]. – 19. in j-s Hand ~ a) to grasp (*od.* shake, clasp) s.o.'s hand, b) *fig.* to agree; schlag ein! come on! go ahead! – 20. *fig. colloq.* (*Erfolg haben*) be a success, be (*od.* make) a hit (*colloq.*): er wird sicher ~ he will certainly be a success (*od. colloq.* work out); das Buch schlug sofort ein the book was an immediate success. – III E~ *n* ⟨-s⟩ 21. *verbal noun.* – 22. *cf.* Einschlag 1, 4.

'einˌschlä·gig [-ˌʃlɛːgɪç] I *adj* ⟨*attrib*⟩ 1. relevant, pertinent, relating, relative: die ~e Literatur the relevant (*od.* special) literature, the literature on (*od.* relevant to) the subject; die ~en Paragraphen the paragraphs pertaining to (*od.* relative to, bearing on) the case; ~er Fall *jur.* relevant precedent; in allen ~en Geschäften zu haben obtainable at all shops dealing (*od.* specializing) in that kind of merchandise. – 2. *med.* (*Mittel*) appropriate. – II *adv* 3. ~ vorbestraft *jur.* previously convicted for the same offence (*Am.* offense).

'Einˌschlag|ˌlu·pe *f* (*optics*) folding lens (*od.* magnifier). — **~maˌschi·ne** *f tech.* wrapping machine. — **~paˌpier** *n* wrapping paper, brown paper. — **~ˌpunkt** *m mil.* (*einer Bombe etc*) point of impact. — **~ˌtuch** *n* 1. (*für Waren*) cloth for wrapping up goods. – 2. (*für Kleinkind*) blanket. — **~ˌwin·kel** *m* 1. *auto.* steering lock angle. – 2. *mil.* angle of impact. — **~ˌzei·chen** *n* (*textile*) weft mark.

'einˌschläm·men *v/t* ⟨*sep,* -ge-, h⟩ 1. *hort.* (*Bäume, Sträucher*) water. – 2. *civ.eng.* a) (*Bodenverdichtung*) sluice, b) (*Gründungspfahl*) water-jet.

'einˌschlei·chen *v/reflex* ⟨*irr, sep,* -ge-, h⟩ sich ~ 1. steal (*od.* creep, slip) in: sich in ein Haus ~ to steal (*od.* sneak) into a house; Fehler haben sich in den Text eingeschlichen *fig.* errors have crept (*od.* slipped) into the text; Zweifel schlichen sich bei ihr ein *fig.* doubts crept into her mind; sich in j-s Gunst [Vertrauen] ~ *fig.* to insinuate oneself (*od.* to worm one's way) into s.o.'s favo(u)r [confidence]. – 2. (*von Unsitte, Mißbrauch etc*) creep into use.

'einˌschlei·fen *v/t* ⟨*irr, sep,* -ge-, h⟩ 1. grind (*s.th.*) in: ein Muster in Glas ~ to cut a pattern in(to) glass. – 2. *tech.* a) (*Kolben etc*) grind (*s.th.*) in (place), b) (*Ventil*) reseat. – 3. (*optics*) (*Brillengläser*) grind.

'Einˌschleifˌpa·ste *f tech.* grinding paste.

'einˌschlep·pen I *v/t* ⟨*sep,* -ge-, h⟩ 1. *mar.* (*Schiff*) tow (*s.th.*) in (*od.* into port). – 2. *med.* (*Krankheit*) (in *acc* to) introduce, carry (*od.* bring) (*s.th.*) in. – II E~ *n* ⟨-s⟩ 3. *verbal noun.* — **'Einˌschlep·pung** *f* ⟨-; *no pl*⟩ 1. *cf.* Einschleppen. – 2. *med.* introduction.

'Einˌschlep·pungs·geˌfahr *f med.* danger of bringing in a disease.

'einˌschleu·sen I *v/t* ⟨*sep,* -ge-, h⟩ 1. *fig.* (*Agenten, Spione etc*) (in *acc* into) infiltrate, channel, 'feed' (*colloq.*). – 2. *fig. cf.* einschmuggeln 1. – 3. *mar.* (*Schiff*) lock (in). – 4. Geld in den Wirtschaftskreislauf ~ *econ.* to put money into circulation. – II E~ *n* ⟨-s⟩ 5. *verbal noun.* — **'Einˌschleu·sung** *f* ⟨-; -en⟩ 1. *cf.* Einschleusen. – 2. *fig.* infiltration.

'einˌschlie·ßen I *v/t* ⟨*irr, sep,* -ge-, h⟩ 1. shut (*s.o., s.th.*) in (*od.* up), confine: j-n in ein (*od.* einem) Zimmer ~ to shut s.o. up in a room. – 2. (*abschließen, einriegeln*) shut (*s.o., s.th.*) in (*od.* up): den Schmuck in der (*od.* die) Kassette ~ to lock up (*od.* away) the jewelry (*bes. Br.* jewellery) in the casket. – 3. (*in Brief etc*) enclose, inclose. – 4. (*in Gehäuse*) encase, incase, house. – 5. (*umgeben*) (mit) enclose (*od.* inclose) (*s.th.*) (in, with, by), surround (*s.th.*) (with, by), encircle (*s.th.*) (with, by), encompass (*s.th.*) (by): einen Garten mit einer Hecke ~ to enclose (*od.* surround) a garden with a hedge, to hedge in a garden; Nebel hatte das Schiff eingeschlossen fog had surrounded (*od.* enveloped) the ship. – 6. (*in Klammern*) put, enclose, inclose: ein Wort in Klammern ~ to put (*od.* enclose) a word in brackets, to bracket a word. – 7. *fig.* (*einbeziehen*) (in *acc* in) include, comprise: die Definition schließt alle Bedeutungen ein the definition includes (*od.* embraces) all meanings; j-n in das Lob [die Kritik] (mit) ~ to include s.o. in one's praise [criticism]; unsere Preise schließen Ihre Provision ein our prices include (*od.* reflect) your commission; etwas in sich ~ to include (*od.* take in) s.th.; j-n ins Gebet ~ to include (*od.* remember) s.o. in one's prayer(s). – 8. *mil.* (*umzingeln*) surround, encircle, (*Stadt*) *auch* invest, blockade, beset. – 9. *pol.* (*fremdes Staatsgebiet*) enclave. – 10. *jur.* put (*s.o.*) into prison, imprison. – 11. *math.* enclose, inclose, intercept. – 12. *chem.* (*Gas etc*) occlude, include. – 13. *geol.* intercalate. – II *v/reflex* sich ~ 14. shut oneself in (*od.* up), close oneself in, immure oneself (*lit.*): er schloß sich tagelang in sein Studierzimmer ein he shut himself up in his study for days. – 15. (*einriegeln*) lock oneself in (*od.* up). – 16. *fig.* (*einbeziehen*) include oneself: sich in die Kritik (mit) ~ to include oneself in the criticism. – III E~ *n* ⟨-s⟩ 17. *verbal noun.* – 18. *cf.* Einschluß.

'einˌschließ·lich I *prep* ⟨*gen*⟩ including, inclusive of; inclusive, included (*nachgestellt*): die Klasse ~ der Lehrer the class including the teachers; ~ Porto und Verpackung including postage and packing; Pensionspreis ~ Bedienung the charge for room and board inclusive of service. – II *adv* including, inclusive(ly): von Montag bis ~ Freitag from Monday (up) to and including Friday, from Monday (up) to Friday inclusive(ly), *Am.* Monday through Friday; geöffnet bis ~ Freitag open until Friday inclusive(ly) (*Am.* through Friday).

'Einˌschlie·ßung *f* ⟨-; *no pl*⟩ 1. *cf.* Einschließen. – 2. confinement. – 3. enclosure, inclosure, encirclement, encompassment. – 4. (*Einbeziehung*) inclusion. – 5. *mil.* encirclement, (*einer Stadt*) *auch* investment, blockade. – 6. *pol.* enclavement. – 7. *jur.* a) imprisonment, b) honorable (*bes. Br.* honourable) corrective detention. – 8. *math.* interception. – 9. *chem.* occlusion, inclusion. – 10. *geol.* intercalation.

'einˌschlit·zen *v/t* ⟨*sep,* -ge-, h⟩ (*Stoff*) slit, slash.

'einˌschlum·mern *v/i* ⟨*sep,* -ge-, sein⟩ 1. fall into a slumber, fall asleep, drop off (*colloq.*). – 2. *fig. lit.* pass away (*od.* die) peacefully. – 3. *fig.* cease gradually.

'Einˌschlupf *m* ⟨-(e)s; ¨e⟩ *zo.* (*eines Nestes, Baus*) hole.

'einˌschlür·fen *v/t* ⟨*sep,* -ge-, h⟩ (*Milch, Tee etc*) slurp, drink (*od.* sip) noisily.

'Einˌschluß *m* ⟨-sses; ¨sse⟩ 1. inclusion: mit (*od.* unter) ~ von a) with the inclusion of, b) *cf.* einschließlich I. – 2. (*im Gefängnis*) locking of the cells. – 3. *meist pl min.* inclusion: Brillanten mit Einschlüssen diamonds with inclusions. – 4. *geol.* (*in Gesteinen*) inclusion, inlier, pocket; xenocryst, xenolith (*scient.*). – 5. *med.* inclusion, deposit. – 6. *pol. cf.* Einschließung 6. – 7. *mil. cf.* Einschließung 5. – 8. *chem. cf.* Einschließung 9. — **~ˌklam·mer** *f print.* bracket, parenthesis. — **~ˌkör·per·chen** *n med.* inclusion body. — **~verˌbin·dung** *f chem.* inclusion (*od.* clathrate) compound.

'einˌschmei·cheln I *v/reflex* ⟨*sep,* -ge-, h⟩ sich ~ ingratiate oneself: sich bei j-m (*od.* in j-s Gunst) ~ to ingratiate oneself with s.o., to curry favo(u)r with s.o., to worm oneself (*od.* one's way) into s.o.'s favo(u)r (*od.* good graces). – II E~ *n* ⟨-s⟩ *verbal noun.* — **'einˌschmei·chelnd** I *pres p.* – II *adj* 1. (*Wesen*) ingratiating, insinuating, silken. – 2. (*Musik*) intriguing, enticing, alluring (*colloq.*). – 3. (*Stimme*) silken, silky. — **'Einˌschmeich·lung**, *auch* **'Einˌschmei·che·lung** *f* ⟨-; -en⟩ 1. *cf.* Einschmeicheln. – 2. ingratiation, insinuation.

'einˌschmei·ßen *v/t* ⟨*irr, sep,* -ge-, h⟩ *colloq.* (*Fensterscheibe etc*) break, smash (in), bash in (*colloq.*).

'einˌschmel·zen I *v/t* ⟨*irr, sep,* -ge-, h⟩ 1. (*Münze etc*) melt (*s.th.*) (down). – 2. *metall.* a) (*Rohstoff*) smelt, b) (*Stahl, Schrott*) melt (*s.th.*) down. – 3. *geol.* assimilate. – 4. *med.* (*Tbc-Herd*) cavitate. – 5. *fig.* (in *acc* with) amalgamate, fuse, merge. – II *v/i* ⟨sein⟩ 6. melt (down), fuse. – III E~ *n* ⟨-s⟩ 7. *verbal noun.* – 8. *cf.* Einschmelzung.

'Einˌschmelzˌschlacke (*getr.* -k·k-) *f metall.* meltdown (*od.* first, oxidizing) slag.

'Einˌschmel·zung *f* ⟨-; -en⟩ 1. *cf.* Einschmelzen. – 2. *geol.* assimilation. – 3. *med.* a) cavitation, b) colliquation. – 4. *fig.* amalgamation.

'Einˌschmel·zungsˌherd *m med.* tuberculous cavity.

'einˌschmie·gen *v/reflex* ⟨*sep,* -ge-, h⟩ sich ~ *lit.* nestle: das Dorf schmiegte sich in das Tal ein the village nestled in the valley.

'einˌschmie·ren I *v/t* ⟨*sep,* -ge-, h⟩ 1. smear: etwas mit Fett [Öl, Seife] ~ to grease [to oil, to soap] s.th., to rub s.th. with grease [oil, soap]; j-m den Rücken mit Creme ~ to smear (*od.* rub) s.o.'s back with cream; sich (*dat*) die Haare mit Pomade ~ to smear (*od.* rub) pomade into one's hair, to pomade one's hair; Leder mit Talg ~ to tallow leather. – 2. *colloq.* make (*s.th.*) dirty, dirty, soil. – 3. *tech.* grease, lubricate. – II *v/reflex* sich ~ 4. smear (*od.* rub) oneself: sich mit Öl ~

to smear (*od.* rub) oneself with oil; sich mit Creme ~ to rub oneself with cream. – **5.** *colloq.* dirty (*od.* soil) oneself.

'ein,schmug·geln I *v/t* ⟨*sep*, -ge-, h⟩ **1.** smuggle (*s.th.*) in: etwas [j-n] in ein Land ~ to smuggle s.th. [s.o.] into a country. – **II** *v/reflex* sich ~ **2.** smuggle oneself in, sneak in: sich in ein Land ~ to enter a country illegally. – **3.** *fig.* (*in eine Veranstaltung etc*) crash, *bes. Br.* gate-crash: er hatte sich in die (*od.* bei der) Gesellschaft eingeschmuggelt he had crashed (*bes. Br.* gate-crashed) the party. – **4.** *fig. cf.* einschleichen 1.

'ein,schmut·zen *v/t* ⟨*sep*, -ge-, h⟩ make (*s.th.*) dirty, dirty, soil: ich habe das Kleid nur leicht eingeschmutzt I only made my dress a little dirty.

'ein,schnap·pen *v/i* ⟨*sep*, -ge-, sein *u.* h⟩ **1.** ⟨sein *u.* h⟩ (*von Tür, Schloß etc*) snap to (*od.* shut), catch, click. – **2.** ⟨sein⟩ *colloq.* be offended (*od.* vexed, *colloq.* peeved), *bes. Am. colloq.* be sore, take offence (*Am.* offense): er schnappt leicht (*od.* bei jeder Kleinigkeit) ein he takes offence (*Am.* offense) very easily, he is very touchy.

'Ein,schnapp,fe·der *f tech.* catch (*od.* snap) spring.

'ein,schnei·den I *v/t* ⟨*irr, sep*, -ge-, h⟩ **1.** (*Stoff etc*) cut in(to), make a cut (*od.* incision) in: die Tomaten kreuzweise ~ to make crisscross (*Br.* criss-cross) cuts in the tomatoes. – **2.** *tech.* a) (*Schlitz*) slot, slit, b) (*Nut*) groove, c) (*Aussparung*) recess, d) (*Kerbe*) notch, e) (*Außengewinde*) thread, f) (*Innengewinde*) tap, g) (*Loch*) cut out. – **3.** (*Namen etc*) (in *acc* in) carve, engrave. – **4.** (*Brot, Fleisch etc*) (in *acc* in[to]) cut up. – **5.** *med.* (*Abszeß*) incise, open. – **6.** *print.* (*Buch*) saw(-cut). – **II** *v/i* **7.** (in *acc* into) cut: der Riemen schneidet (in die Haut *od.* das Fleisch) ein the strap cuts (into) the skin (*od.* flesh), the strap pinches; der Kragen schneidet ein the collar cuts (*od.* pinches). – **8.** *med.* (in *acc*) cut (into), make a cut (*od.* an incision) (in). – **9.** *fig.* (in *acc*) (*von Ereignis, Maßnahme etc*) have far-reaching consequences (for), have a profound effect (on): diese Maßnahme schnitt tief in das Wirtschaftsleben ein this measure had a far-reaching effect on the economy. – **III** *v/reflex* sich ~ **10.** cut, incise: der Fluß hat sich tief in das Gestein eingeschnitten the river has cut deeply into the rock. – **IV E~** *n* ⟨-s⟩ **11.** *verbal noun.* – **12.** incision. – **13.** *cf.* Einschnitt 6. — **'ein,schnei·dend I** *pres p.* – **II** *adj* **1.** (*Änderungen, Neuerungen, Maßnahmen etc*) drastic, trenchant, radical, rigorous. – **2.** (*weitreichend*) far-reaching, widespread: von ~er Bedeutung of far-reaching importance.

'ein,schnei·dig *adj* one- (*od.* single-)edged: ~es Schwert one-edged sword, backsword; ~es Werkzeug *tech.* single-point (*od.* -edged) tool.

'ein,schnei·en *v/t* ⟨*sep*, -ge-, h⟩ snow in (*bes. Br.* up): das Dorf wurde eingeschneit the village was snowed in (*od.* became snowbound, *Br.* snow-bound).

'Ein,schnitt *m* ⟨-(e)s; -e⟩ **1.** cut, incision: einen ~ in (*acc*) etwas machen to make an incision in s.th.; schräg (*od.* quer) verlaufender ~ cross(-)cut. – **2.** *fig.* (*Wendepunkt*) turning point, *Br.* turning-point: ein entscheidender ~ in seinem Leben a decisive turning(-)point in his life. – **3.** *tech.* a) slot, slit, b) groove, c) recess, d) notch, e) (*Vertiefung*) indent(ation). – **4.** *metall.* (*einer Walze*) section. – **5.** *auto.* (*im Reifengummi*) cut. – **6.** *med.* a) (*in der Chirurgie*) incision, cut, b) (*in der Anatomie*) indentation: oberflächlicher ~ a) superficial incision, b) (*Ritzung*) scarification. – **7.** *civ.eng.* (*railway*) cut(ting): ~ und Damm cut(ting) and fill(ing). – **8.** *geol.* a) incision, scoring cleft, b) (*an der Küste*) breach. c) (*am Vulkankrater*) notch. – **9.** *bot.* notch: mit vielen ~en incised. – **10.** *metr. mus.* caesura. – **11.** (*sport*) a) (*am Bogen*) notch, b) (*am Pfeil*) nock. – **12.** (*forestry*) carve. – **13.** *mar.* a) porthole, b) scarf: ~e im Kiel steppings.

'Ein,schnitt,stel·le *f* place of incision.

'ein,schnit·zen *v/t* ⟨*sep*, -ge-, h⟩ (in *acc* in[to]) cut, carve, engrave: seine Initialen in das Pult ~ to carve one's initials in(to) the desk.

'ein,schnü·ren I *v/t* ⟨*sep*, -ge-, h⟩ **1.** (*Pakete etc*) tie (*s.th.*) up with a string (*od.* cord), cord (*s.th.*) up. – **2.** (*in Korsett etc*) straitlace, lace (*s.o.*) (tight). – **3.** (*einengen*) constrict: sie fühlte sich durch ihr enges Kleid eingeschnürt she felt constricted by her tight dress; der Gedanke an seinen Sohn schnürte ihm die Brust ein *fig.* the thought of his son gave him a feeling of constriction (in his chest), *Am.* the thought of his son made him choke (up). – **4.** (*Hals, Kehle etc*) strangle, choke: der Kragen schnürt ihm den Hals ein the collar strangles him at the neck. – **5.** *med.* a) constrict, tie up, b) (*Darm*) strangulate. – **6.** *print.* (*Buch*) tie (*s.th.*) up. – **II** *v/reflex* sich ~ **7.** lace oneself up: sich mit einem Korsett ~ to corset oneself, to lace oneself up in a corset. – **III E~** *n* ⟨-s⟩ **8.** *verbal noun.* — **'ein,schnü·rend I** *pres p.* – **II** *adj* constrictive. — **'Ein,schnü·rung** *f* ⟨-; -en⟩ **1.** *cf.* Einschnüren. – **2.** (*Einengung*) constriction. – **3.** *med.* a) constriction, stricture, b) strangulation. – **4.** *biol.* (*der Zellwände*) abstriction. – **5.** *metall.* a) reduction of cross-sectional area, b) (*von Zerreißstäben*) necking, bottling. – **6.** *geol.* a) (*Engstelle*) narrow, strait, b) (*Ausdünnung*) pinch.

'ein,schöp·fen *v/t* ⟨*sep*, -ge-, h⟩ (*Suppe etc*) ladle (out).

'ein,schrän·ken I *v/t* ⟨*sep*, -ge-, h⟩ **1.** (*Ausgaben etc*) limit, restrict, reduce, cut down, curtail: den Verbrauch auf das Allernotwendigste ~ to limit (*od.* confine) consumption to the bare necessities; den Handel [die Produktion] ~ to restrict (*od.* reduce) trade [production]; das Rauchen ~ to cut down on smoking; das Rückkaufrecht eines Hypothekars ~ *jur.* to clog the redemption. – **2.** (*Befugnisse, Macht, Rechte*) restrict, limit, restrain: j-s Bewegungsfreiheit auf ein Minimum ~ to restrict (*od.* confine) s.o.'s freedom of movement to a minimum. – **3.** (*Behauptung, Bedingung etc*) modify, qualify. – **II** *v/reflex* sich ~ **4.** economize, cut down, retrench on (one's) expenses, reduce one's standard of living, tighten one's belt (*colloq.*). – **III E~** *n* ⟨-s⟩ **5.** *verbal noun.* — **'ein,schrän·kend I** *pres p.* – **II** *adj* **1.** (*Gesetze, Maßnahmen etc*) restrictive, limitative. – **2.** (*Behauptung, Bedingung etc*) modificative, qualificative, modifying, limiting, qualifying. – **3.** *ling.* restrictive, qualificative, modificative: ~er Relativsatz restrictive (*od.* defining) clause; ~e Bindewörter arrestive conjunctions. – **4.** *philos.* adjective. — **'Ein,schrän·kung** *f* ⟨-; -en⟩ **1.** *cf.* Einschränken. – **2.** limitation, restriction, reduction, cut, curtailment: ~ der Einfuhr [des Verkehrs] restriction of imports [traffic]; sich (*dat*) ~en auferlegen to lay (*od.* impose) limitations on oneself, to make retrenchments, to economize; ~ des Staatshaushalts budget cut; wirtschaftliche ~ economic retrenchment, austerity; ~ des freien Wettbewerbs *econ.* restraint of trade. – **3.** (*von Rechten etc*) restriction, limitation. – **4.** modification, qualification. – **5.** (*Vorbehalt*) reservation: mit (gewissen) ~en muß ich zugeben with (certain) reservations I must admit; ohne (jede) ~ without reservation, unreservedly. – **6.** *ling.* restrictive (adverb, preposition).

'Ein,schrän·kungs,maß,nah·me *f* restrictive measure: Lockerung von ~n decontrol of restrictions.

'ein,schrau·ben *v/t* ⟨*sep*, -ge-, h⟩ screw (*s.th.*) in (*od.* home, into position): etwas in (*acc*) etwas ~ to screw s.th. into s.th.; sich ~ lassen to screw (in).

Ein·schreib... *cf.* Einschreibe...

'ein,schreib·bar *adj math.* inscribable.

'Ein,schrei·be|,brief *m* (*postal service*) registered letter. — **~ge,bühr** *f* registration (*Am. auch* registry) fee. — **~,mar·ke** *f* registration stamp.

'ein,schrei·ben[1] I *v/t* ⟨*irr, sep*, -ge-, h⟩ **1.** (*eintragen*) write (*od.* put) (*s.th.*) in, enter, inscribe (*lit.*): etwas in ein Buch [eine Liste] ~ to write s.th. in a book [list]; j-n als Mitglied eines Vereins ~ to enrol(l) s.o. in (*od.* as a member of) a club; Kinder für die Schule ~ *ped.* to register (*od.* put down) children for school; Rekruten in die Stammrolle ~ *mil.* to enlist (*od.* enrol[l]) recruits. – **2.** (*postal service*) (*Brief etc*) register: einen Brief ~ lassen to register a letter, to have a letter registered. – **3.** *math.* (in *acc* within) (*Kreis etc*) inscribe. – **4.** (*buchen*) book. – **5.** (*Feder etc*) break in. – **II** *v/reflex* sich ~ **6.** (in *acc* in) enter (*od.* put down) one's name: sich in die Liste der Teilnehmer ~ to enter one's name in the list of participants; sich in die Liste der Mitglieder ~ (lassen) to enrol(l) oneself as a member; sich an der Universität ~ (lassen) *ped.* to enrol(l) (*od.* register) (oneself) at the university, to matriculate; sich für einen Lehrgang [eine Vorlesung] ~ to enrol(l) for a course [series of lectures]. – **III E~** *n* ⟨-s⟩ **7.** *verbal noun.* – **8.** (*postal service*) registration, registry. – **9.** *cf.* Einschreibung.

'Ein,schrei·ben[2] *n* ⟨-s; -⟩ (*postal service*) (*Postsendung*) registered letter (*od.* small parcel): „~!" (*Vermerk*) "registered!" "by registered mail (*Br.* post)!"

'Ein,schrei·be,päck·chen *n* registered small packet (*od.* package).

'Ein,schrei·be,sen·dung *f cf.* Einschreiben[2].

'Ein,schrei·bung *f* ⟨-; -en⟩ **1.** *cf.* Einschreiben[1]. – **2.** (*Eintrag*) entry: ~ in einen Verein [für die Schule] enrol(l)ment in(to) a club [for school]; ~ an der Universität *ped.* enrol(l)ment (*od.* registration) at the university, matriculation: polizeiliche ~ registration. – **3.** *mil.* enlistment. – **4.** *math.* inscription.

'ein,schrei·ten I *v/i* ⟨*irr, sep*, -ge-, sein⟩ **1.** (gegen against) intervene, step in, take action (*od.* measures, steps): gegen j-n [etwas] energisch ~ to take drastic action against s.o. [s.th.]; mit Waffengewalt ~ to employ force; gerichtlich gegen j-n ~ *jur.* to take legal action (*od.* steps, measures) against s.o., to proceed against s.o.; strafrechtlich gegen j-n ~ *jur.* to prosecute s.o. – **II E~** *n* ⟨-s; *no pl*⟩ **2.** *verbal noun*: Grund zum E~ grounds *pl* for intervening (*od.* stepping in); gerichtliches E~ *jur.* legal proceedings *pl.* – **3.** intervention.

'Ein,schrieb *m* ⟨-(e)s; *no pl*⟩ *Swiss* (*postal service*) registration, registry.

'ein,schro·ten *v/t* ⟨*sep*, -ge-, h⟩ *tech.* (*Fässer*) let down, parbuckle.

'ein,schrum·peln *v/i* ⟨*sep*, -ge-, sein⟩ *colloq. for* einschrumpfen 1.

'ein,schrump·fen I *v/i* ⟨*sep*, -ge-, sein⟩ **1.** (*von Haut, Gesicht etc*) become wrinkled (*od.* wizened). – **2.** (*von Holz, Leder etc*) shrink, shrivel (up): etwas ~ lassen to shrink s.th. – **3.** *fig.* (*von Vorrat etc*) shrink, run low (*od.* out). – **4.** *med.* shrink, atrophy (*scient.*). – **II E~** *n* ⟨-s; *no pl*⟩ **5.** *verbal noun.* — **'Ein,schrump·fung** *f* ⟨-; -en⟩ **1.** *cf.* Einschrumpfen. – **2.** *auch fig.* shrinkage. – **3.** *med.* shrinkage, atrophy (*scient.*). – **4.** *biol.* involution. – **5.** *bot.* marcescence.

'Ein,schub *m* **1.** *cf.* Einschiebung 2. – **2.** inserted (*od.* interpolated) piece (*od.* part), insertion, interpolation. – **3.** *civ.eng.* a) (*Einschubboden*) false floor, b) (*Einschubdecke*) false ceiling. – **4.** *electr.* (*elektronischer Geräte*) slide-in unit (*od.* chassis). – **5.** *civ.eng. cf.* Hängedecke. – **6.** *ling.* parenthesis. — **~vo,kal** *m ling.* inserted vowel, glide, epenthetic vowel (*scient.*).

'Ein,schüch·te·rer *m* ⟨-s; -⟩ intimidator.

'ein,schüch·tern I *v/t* ⟨*sep*, -ge-, h⟩ **1.** intimidate, daunt, browbeat: j-n durch Blicke [Drohungen] ~ to intimidate s.o. by looks [threats]; j-n durch seine Überlegenheit ~ to overawe s.o. by one's superiority; er ließ sich nicht ~ he did not let himself be intimidated; er läßt sich leicht ~, er ist leicht einzuschüchtern he is easily intimidated (*od.* daunted). – **2.** (*bluffen*) bluff. – **II E~** *n* ⟨-s⟩ **3.** *verbal noun.* — **'ein,schüch·ternd I** *pres p.* – **II** *adj* intimidatory. — **'Ein,schüch·te·rung** *f* ⟨-; -en⟩ **1.** *cf.* Einschüchtern. – **2.** intimidation.

'Ein,schüch·te·rungs|,mit·tel *n* means *pl* (*construed as sg or pl*) of intimidation, intimidatory means *pl* (*construed as sg or pl*). — **~po·li,tik** *f* policy of intimidation. — **~ver,such** *m* attempt at intimidation (*od.* to intimidate).

'ein,schu·len *v/t* ⟨*sep*, -ge-, h⟩ **1.** *ped.* (*Kind*) begin (*a child's*) education, take (*a child*) on the school rolls: ein Kind ~ lassen to send a child to school (for the first time). – **2.** give first schooling to. — **'Ein,schu·lung** *f* ⟨-; *no pl*⟩ **1.** enrollment (*bes. Br.* enrolment) (in elementary school). – **2.** giving first schooling to, schooling, apprenticing.

'Einˌschur *f* ⟨-; *no pl*⟩ *agr.* wool of the first shearing. — **'einˌschü·rig** [-ˌʃyːrɪç] *adj* **1.** (*Schafe*) shorn once a year. – **2.** (*Wiese*) mown once a year, producing one crop of hay annually.

'einˌschür·zen *v/t* ⟨*sep*, -ge-, h⟩ (*Knoten*) tie.

'Einˌschuß *m* **1.** (*Einschußstelle, Loch*) bullet hole, point of entry. – **2.** (*Treffer*) hit: einen ~ feststellen to register a hit. – **3.** *med.* (*Wunde*) wound of entry, entry wound. – **4.** *econ.* a) injection, capital (*od.* money) invested (*od.* paid in), b) (*bei Börsenaufträgen*) margin. – **5.** (*textile*) weft, woof: ~ der Klöppelspitzen pillow bar. – **6.** *vet.* phlegmon. – **7.** (*sport*) shot into goal. – **8.** *fig.* admixture, tinge, touch: ein (leichter) ~ von Ironie a (slight) tinge of irony. — **~ˌfa·den** *m* (*textile*) *cf.* Einschlagefaden. — **~ˌloch** *n cf.* Einschuß 1. — **~ˌnar·be** *f med.* scar resulting from the entry of a bullet. — **~ˌstel·le** *f cf.* Einschuß 1. — **~ˌzah·lung** *f econ.* payment to meet margin requirements.

'Einˌschüt·te *f* ⟨-; -n⟩ *dial. for* Inlett.

'einˌschüt·ten *v/t* ⟨*sep*, -ge-, h⟩ **1.** etwas in (*acc*) etwas ~ to pour s.th. into s.th. – **2.** einem Tier das Futter ~ *agr.* to give an animal the feed, to feed an animal.

'Einˌschütt|ˌloch *n*, **~ˌöff·nung** *f* **1.** *metall.* (*eines Schmelzofens*) charging hole. – **2.** *tech.* (*eines Füllrumpfes*) feeding hole.

'einˌschwal·ben [-ˌʃvalbən] *v/t* ⟨*sep*, -ge-, h⟩ *tech.* dovetail.

'Einˌschwärzˌbal·len *m print. hist.* inking-pad.

'einˌschwär·zen I *v/t* ⟨*sep*, -ge-, h⟩ **1.** blacken. – **2.** *print.* ink. – **3.** *metall.* (*in der Formerei*) coat (*s.th.*) with blackwash, black. – **4.** *obs. for* einschmuggeln 1. – **II E~** *n* ⟨-s⟩ **5.** *verbal noun.*

'Einˌschwärz|ˌfar·be, **~ˌtin·te** *f print.* printing (*od.* printer's) ink.

'Einˌschwär·zung *f* ⟨-; *no pl*⟩ *cf.* Einschwärzen.

'einˌschwat·zen *colloq.* **I** *v/i* ⟨*sep*, -ge-, h⟩ auf j-n ~ to chatter away at s.o. – **II** *v/t* j-m etwas ~ *contempt.* to make s.o. believe s.th., to put s.th. into s.o.'s head.

'einˌschwe·feln *v/t* ⟨*sep*, -ge-, h⟩ *chem.* sulfur *bes. Br.* -ph-, sulfurize *bes. Br.* -ph-.

'Einˌschwei·fung [-ˌʃvaɪfʊŋ] *f tech.* (*wood*) curved work, curving.

'einˌschwei·ßen *v/t* ⟨*sep*, -ge-, h⟩ etwas in (*acc*) etwas ~ *tech.* to weld s.th. into s.th.

'einˌschwem·men *v/t* ⟨*sep*, -ge-, h⟩ etwas in (*acc*) etwas ~ to wash s.th. into s.th.; eingeschwemmt werden *geol.* to illuviate. — **'Einˌschwem·mung** *f* ⟨-; -en⟩ **1.** washing in. – **2.** *geol.* illuviation.

'einˌschwen·ken I *v/i* ⟨*sep*, -ge-, sein⟩ **1.** (*einbiegen*) move, swing, turn: in einen Waldweg ~ to turn into a forest path; (nach) links [rechts] ~ to turn to the left [right]. – **2.** *fig.* (in *od.* auf *acc*) conform (to), fall into line (with): auf eine neue Linie ~ to conform to a new line. – **3.** *mil.* wheel (inwards), swing into line: links [rechts] ~ to wheel left [right]; Truppen (zur Linie) ~ lassen to swing troops into line. – **II** *v/t* ⟨h⟩ **4.** swing, swivel: etwas in eine Lage ~ to swing s.th. into a certain position.

'einˌschwim·men I *v/reflex* ⟨*irr, sep*, -ge-, h⟩ sich ~ warm up (before a swimming competition). – **II** *v/t civ.eng.* (*Bauteile*) float (*s.th.*) into position.

'einˌschwin·gen I *v/t* ⟨*irr, sep*, -ge-, h⟩ **1.** *mar.* turn in. – **II** *v/reflex* sich ~ **2.** *hunt.* (*von Wildvögeln*) (auf *acc od. dat* on) perch, alight. – **3.** *electr.* a) (*sich einschaukeln*) build up to full intensity (*od.* amplitude), b) (*von Pendel*) find its normal rhythm. – **4.** (*in der Akustik*) build up. – **5.** *phys.* onset (*od.* initiate) impulses. – **III** *v/i* ⟨sein⟩ **6.** (*sport*) (*auf dem Barren*) warm up (on the bars). – **IV E~** *n* ⟨-s⟩ **7.** *verbal noun.* — **'Einˌschwin·gung** *f* ⟨-; -en⟩ **1.** *cf.* Einschwingen. – **2.** (*in der Akustik*) building up (of resonances). – **3.** *phys.* onset (*od.* initiation) of impulses.

'Einˌschwing|ˌvorˌgang *m electr. phys.* building-up process, transient phenomenon (*od.* effect). — **~ˌzeit** *f* building-up (*od.* transient) time.

'einˌschwö·ren *v/t* ⟨*irr, sep*, -ge-, h⟩ j-n ~ *pol. jur.* to swear s.o. in.

'einˌse·geln *v/i* ⟨*sep*, -ge-, sein⟩ *mar.* sail in: in den Hafen ~ to sail into port.

'einˌseg·nen *v/t* ⟨*sep*, -ge-, h⟩ *relig.* **1.** (*konfirmieren*) confirm. – **2.** *röm.kath.* (*weihen*) consecrate. — **'Einˌseg·nung** *f* ⟨-; -en⟩ **1.** confirmation. – **2.** *röm.kath.* consecration.

'Einˌseg·nungsˌspruch *m relig.* confirmation verse.

'einˌse·hen I *v/t* ⟨*irr, sep*, -ge-, h⟩ **1.** (*Schriftstücke*) examine, inspect, (*oberflächlich*) look at (*od.* over, through). – **2.** (*Fachliteratur etc*) consult, study, look through, read. – **3.** (*Gepäckstücke etc*) inspect. – **4.** (*Fehler, Irrtum*) see, understand, perceive: seinen Irrtum ~ to see one's error; er will seine Fehler nicht ~ he refuses to see (*od.* he shuts his eyes to) his faults; sein Unrecht ~ to see the injustice of one's behavio(u)r (*od.* actions). – **5.** (*Grund etc*) see, understand, realize, appreciate: den Grund [die Notwendigkeit, den Zweck] ~ to see the reason [necessity, purpose]; ich sehe seine Schwierigkeiten ein I appreciate his difficulties; ich sehe nicht ein, warum [wie] I don't (*od.* cannot) see why [how]; ich sehe ein, daß Sie nicht anders konnten I appreciate (the fact) that you could not do otherwise; es ist leicht [schwer] einzusehen, daß it is easy [hard] to see that. – **6.** (*Garten, Hof etc*) see (*s.th.*) from outside. – **7.** *mil.* (*Stellung etc*) observe. – **II** *v/i* **8.** in (*acc*) etwas ~ to look into s.th. – **III E~** *n* ⟨-s⟩ **9.** *verbal noun.* – **10.** examination, inspection. – **11.** consultation, study. – **12.** inspection. – **13.** *mil.* observation.

'Einˌse·hen *n* ⟨-s; *no pl*⟩ consideration, understanding: ein ~ haben to have (*od.* show) consideration (*od.* understanding), to be reasonable; haben Sie doch ein ~! do show some (*od.* a bit of) understanding! das Wetter (*od. humor.* der Wettergott) hatte ein ~ the weather was kind.

'Einˌseifˌbecken (*getr.* -k·k-) *n* shaving basin (*od.* mug), lather bowl.

'einˌsei·fen I *v/t* ⟨*sep*, -ge-, h⟩ **1.** (*Wäsche*) soap. – **2.** (*Körper*) soap, lather, (*Bart*) lather: j-n ~ a) to soap (*od.* lather) s.o., b) to lather s.o.'s face; j-s Kopf (*od.* j-m den Kopf) ~ to soap s.o.'s head. – **3.** j-n ~ *colloq.* a) to soft-soap s.o., b) to dupe s.o., to take s.o. in. – **II** *v/reflex* sich ~ **4.** soap (*od.* lather) oneself. – **5.** lather one's face.

'Einˌseifˌpin·sel *m* shaving brush, *Br.* shaving-brush.

'einˌsei·tig I *adj* **1.** (*Bericht etc*) one-sided: er ist ~ (*od.* ein ~er Mensch) he is one-sided, he has a one- (*od.* single-)track mind; um nicht ~ zu werden to avoid becoming one-sided. – **2.** (*parteiisch*) partial, bias(s)ed, prejudiced. – **3.** (*Verkehr*) one-way (*attrib*). – **4.** *jur.* unilateral, by one party (only), ex parte (*attrib*): ~er Vertrag a) unilateral contract, b) *pol.* unilateral treaty; auf ~en Auftrag upon ex parte application; ~e Parteiverhandlung ex parte hearing; Urkunde eines ~en Rechtsgeschäfts deed poll, *Br.* deed-poll; ~es Versprechen (*röm. Recht*) pollicitation. – **5.** *math.* unilateral, semi-infinite: ~e Fläche unilateral surface. – **6.** *med.* unilateral, on one side, one-sided: ~e Diät (*od.* Ernährung) unbalanced diet (*od.* nutrition); ~e Kopfschmerzen unilateral headache, megrim, hemicrania (*scient.*); ~e Lähmung [Lungenentzündung] unilateral paralysis [pneumonia]. – **7.** *bot.* unilateral, dimidiate. – **8.** *zo.* unilateral, secund. – **9.** (*textile*) (*Stoff*) one-sided, unilateral. – **10.** *tech.* single-ended, single- (*od.* one-)sided: ~e Anpressung one-sided pressure; ~es Lappen one-face lapping; ~er Schaftfräser single-end mill; ~er Steckschlüssel single-head socket wrench (*bes. Br.* spanner). – **11.** *electr.* (*radio*) unilateral: ~er Funkdienst unilateral radio communication service. – **II** *adv* **12.** on one side (only), unilaterally: ~ beschrieben [bedruckt] written [printed] on one side; ~ verbindlich unilaterally binding; ~ gerauhter Flanell (*textile*) flannel raised on one side. – **13.** *fig.* one-sidedly: einen Vorgang ~ darstellen to treat an event one-sidedly (*od.* from a one-sided point of view); ~ interessiert (*od.* veranlagt) sein to have a one- (*od.* single-)track mind. — **'Einˌsei·tig·keit** *f* ⟨-; -en⟩ **1.** one-sidedness (*auch fig.*). – **2.** (*Voreingenommenheit*) partiality, bias.

'einˌseitsˌwen·dig *adj bot.* bending to one side; secund, homomal(l)ous (*scient.*).

'Eins·eleˌment *n math.* identity (element), unity element.

'einˌsen·den I *v/t* ⟨*irr, sep*, -ge-, h⟩ **1.** send (*s.th.*) in. – **2.** (*einreichen*) tender, submit, hand (*s.th.*) in, file. – **3.** (*Geld*) remit. – **II E~** *n* ⟨-s⟩ **4.** *verbal noun.*

'Einˌsen·der *m* ⟨-s; -⟩ **1.** sender, submitter: die ~ von Leserzuschriften the contributors of letters to the editor; ~ eines Berichts informant. – **2.** (*eines Geldbetrages*) remitter.

'Einˌsen·de|ˌschluß, **~ˌtag**, **~terˌmin** *m* closing day of entries.

'Einˌsen·dung *f* ⟨-; -en⟩ **1.** *cf.* Einsenden. – **2.** (*von Zuschriften etc*) contribution: ~en sind an folgende Adresse zu richten contributions should be directed to the following address. – **3.** (*von Geld*) remittance: gegen ~ des Betrages von on remittance (*od.* receipt) of the sum of.

'Einˌsen·dungs·terˌmin *m cf.* Einsendeschluß.

'Einˌsenk·bar·keit *f* ⟨-; *no pl*⟩ *tech.* hobability.

'einˌsen·ken I *v/t* ⟨*sep*, -ge-, h⟩ **1.** sink (*od.* let, plant) in: etwas in den Boden ~ to sink s.th. in (*od.* into) the ground. – **2.** *lit.* (*Sarg*) lower (*s.th.*) into the earth. – **3.** *hort.* layer, set. – **4.** *tech.* a) (*mittels Spitzsenker*) countersink, b) (*mittels Kopfsenker*) counterbore, c) (*mittels Senkstempel*) hob, hub, diesink, *Br.* die-sink. – **II** *v/reflex* **5.** sich in die Seele ~ *fig. lit.* to make a deep impression on the (*od.* one's) mind. – **III E~** *n* ⟨-s⟩ **6.** *verbal noun.* — **'Einˌsen·kung** *f* ⟨-; -en⟩ **1.** *cf.* Einsenken. – **2.** *bes. geol.* depression, dip, basin.

Ein·ser ['aɪnzər] *m* ⟨-s; -⟩ *colloq. for* Eins 1.

'Einˌsetzˌband *n tech.* butt hinge.

'einˌsetz·bar *adj* **1.** suitable for being inserted (*od.* put in). – **2.** (*verwendbar*) usable, applicable. – **3.** (*austauschbar*) replaceable, interchangeable. – **4.** (*abnehmbar*) removable.

'einˌset·zen I *v/t* ⟨*sep*, -ge-, h⟩ **1.** put (*od.* set) (*s.th.*) in, insert: eine Scheibe in ein Fenster ~ to put a pane in a window, to put a pane into a window, to pane a window; Speichen in ein Rad ~ to set spokes in (*od.* to spoke) a wheel; einen neuen Film ~ to put in (*od.* insert) a new film; ein Wort in einen Text ~ to insert a word in a text; für ein Wort (*od.* an Stelle eines Wortes) ein anderes ~ to substitute one word for another. – **2.** *bes. tech.* (*Maschinenteile etc*) insert, enter, introduce, position, locate. – **3.** (*Ärmel in Kleid etc*) put in, let in, insert. – **4.** (*Edelstein in Fassung etc*) inset, set in, mount. – **5.** (*Anzeige in Zeitung*) insert, put in, run: eine Annonce ~ lassen to have an advertisement put in. – **6.** *bes. pol.* (*Ausschuß, Regierung etc*) establish, set up, constitute, form. – **7.** (*Institution etc*) institute, found, establish, set up. – **8.** (*Person in Amt etc*) instal(l), appoint: j-n zum Direktor ~ to install s.o. as director; j-n feierlich in sein Amt ~ to inaugurate s.o. in office; j-n in eine Pfründe ~ *relig.* to institute s.o. into a benefice; einen Bischof ~ *relig.* to enthrone a bishop. – **9.** *jur.* (*Erben, Bevollmächtigten etc*) appoint, constitute, designate, nominate: j-n zu seinem Erben ~ to make s.o. one's heir. – **10.** (*Mittel, Maschinen, Waffen etc*) use, employ: modernste Maschinen ~ to use the most modern machinery; Flammenwerfer ~ to employ flame(-)throwers, to bring flame(-)throwers into action; schwere Artillerie ~ to bring up heavy artillery. – **11.** *bes. econ.* (*Arbeitskräfte*) a) (*beschäftigen*) employ, b) (*zuweisen*) assign, c) (*verfügbar machen*) make (*s.th.*) available: j-n als Hilfskraft ~ to employ s.o. on a temporary basis; j-n in der Buchhaltung ~ to assign s.o. to the accounts department; wieviel Mann können Sie ~? how many people can you make available? – **12.** *mil.* (*Truppen*) a) mobilize, b) put (*s.o.*) into action, engage. – **13.** (*Polizei, Feuerwehr etc*) call in (*od.* out): gegen die Streikenden mußte berittene Polizei eingesetzt werden mounted police had to be called in against the strikers; die Feuerwehr wurde fünfmal am selben Tag eingesetzt the fire brigade was called out five times on one day. – **14.** (*Kraft, Energie etc*) use, employ, exert. – **15.** (*Einfluß, Können etc*) use, exert, bring (*s.th.*) to bear, bring (*s.th.*) into play. – **16.** (*Sonderzug, Einsatzwagen etc*) put on, run: Entlastungszüge wurden eingesetzt relief trains were put on. – **17.** (*Geld*) invest, stake, (*beim Wetten*) bet, wager: **er setzte nur eine Mark ein und gewann eine Million** he staked one mark only and won a million. – **18.** (*das Leben*) risk, stake, wager: **er setzte sein Leben dabei ein** he did it at the risk of his life. – **19.** (*Gegenstand als Pfand etc*) pledge (as security), pawn. – **20.** *jur.* **j-n in ein Recht ~** to invest s.o. with a right, to instate (*od.* establish) s.o. in a right; **j-n in j-s Rechte ~** to subrogate s.o. to the rights of s.o. – **21.** *tech* a) (*einen Keil*) fit, b) (*Arbeitsstücke in eine Maschine*) load. – **22.** *metall.* a) (*Stahl*) case harden, *Br.* case-harden, carburize, b) (*Schmelzgut*) charge. – **23.** *math.* (*Zahlen, Werte*) a) put in, b) substitute. – **24.** *hort.* plant, set (out). – **25.** *med.* (*Glasauge, Zahn etc*) put in. – **26.** *mar.* a) (*Mast, Stenge*) house, set up, ship, step, b) (*Boot*) hoist in, c) (*Riemen*) dip. – **27.** (*housekeeping*) (*Früchte, Gemüse etc*) preserve. – **28. Fische in einen Teich ~** to stock a pond (with fish). – **29.** *relig.* (*Altarsakrament*) establish. – **II** *v/i* **30.** set in, start, begin, commence (*lit.*): **die Flut [das Fieber, die Regenzeit] setzte ein** the tide [fever, raining season] set in; **erneut ~** to start (up) again, to recommence (*lit.*); **der Lärm setzte erneut ein** the noise was starting up again. – **31.** (*von Handlung, Erzählung etc*) begin, start, open: **mit etwas ~** to begin (*od.* start off) with s.th.; **er setzte mit seiner Erzählung wiederum ein** he resumed his story. – **32.** *mus.* a) (*von Instrument, Singstimme etc*) come in, strike up, b) (*von Thema etc*) enter: **zu früh ~** to come in too early; **zu hoch ~** to come in on too high a note. – **III** *v/reflex* **sich ~ 33.** (*sich anstrengen*) exert oneself, make an effort (*od.* efforts): **du mußt dich mehr ~** you must try harder; **sich voll ~** to do one's utmost, to make every effort, to work hard. – **34. sich für j-n [etwas] ~** a) (*unterstützen*) to support (*od.* give one's support to) s.o. [s.th.], b) (*plädieren*) to plead (*od.* speak up, stand up) for s.o. [s.th.], to advocate (*od.* come out in favo[u]r of) s.o. [s.th.], c) (*verfechten*) to champion s.o. [s.th.]: **er hat sich sehr für ihn eingesetzt** he has done a great deal for him; **der Politiker setzte sich für eine elastischere Lohnpolitik ein** the politician advocated a more flexible wage policy; **er hatte sich als erster dafür eingesetzt** he was one of the first to champion this idea; **sich bei j-m für j-n ~** to plead with s.o. for s.o., to put in a good word for s.o. with s.o. – **IV E~** *n* ⟨-s⟩ **35.** *verbal noun.* – **36.** *cf.* Einsetzung. – **37.** *cf.* Einsatz 10—13.

ˈ**Einˌset·zung** *f* ⟨-; *no pl*⟩ **1.** *cf.* Einsetzen. – **2.** (*einer Klausel etc*) insertion. – **3.** (*in ein Amt*) installation, appointment: **~ eines Bischofs** *relig.* enthronement; **~ eines Erben** *jur.* institution of an heir; **~ eines Nachfolgers** appointment (*od.* election) of a successor. – **4.** *bes. pol.* (*eines Ausschusses etc*) appointment, setting up, establishment, constitution. – **5.** *math.* (*in Formeln*) substitution. – **6.** *relig.* (*eines Sakraments*) establishment. – **7.** *metall.* (*des Stahls*) case hardening, *Br.* case-hardening, carburization.

ˈ**Einˌset·zungsˌwor·te** *pl relig.* (*vor dem Abendmahl*) words of institution.

ˈ**Einˌsetzˌzap·fen** *m tech.* tang.

ˈ**Einˌsicht** *f* ⟨-; -en⟩ **1.** ⟨*only sg*⟩ view: **die Bäume verhindern die ~ in den Garten** the trees obstruct the view of the garden (*od.* prevent one from seeing the garden). – **2.** ⟨*only sg*⟩ (*Prüfung*) inspection, examination: **~ in die Bücher nehmen** to inspect (*od.* look through) the books. – **3.** ⟨*only sg*⟩ (*Hinzuziehung*) consultation. – **4.** ⟨*only sg*⟩ *fig.* (*Einblick*) insight: **j-m ~ in** (*acc*) **etwas gewähren** (*od.* **verschaffen**) to give s.o. insight into s.th. – **5.** *fig.* (*Verständnis*) insight, understanding, discernment: **zu einer neuen ~ gelangen** to gain a new insight, to come to a new realization; **es an ~ mangeln lassen** to have no understanding (*od.* discernment); **~ für die Schwächen anderer zeigen** to show understanding (*od.* appreciation) for the weaknesses of others; **haben Sie doch ~!** please understand! – **6.** ⟨*only sg*⟩ (*Urteilsvermögen*) judg(e)ment: **das wäre gegen** (*od.* **wider**) **meine bessere ~** that would be against my better judgement. – **7.** ⟨*only sg*⟩ (*Vernunft*) reason: **er kommt allmählich zur ~** he is beginning to listen to reason.

ˈ**einˌsich·tig** *adj* **1.** (*Person*) understanding, discerning, sagacious, perceptive. – **2.** *rare for* **verständlich** 3, 5.

ˈ**Einˌsichtˌnah·me** *f* ⟨-; -n⟩ (*officialese*) inspection, examination: **„zur ~"** "for your attention"; **nach ~** on sight, after perusal.

ˈ**einˌsichts·los** *adj* **1.** (*Person*) undiscerning, uncomprehending, lacking in insight (*od.* understanding). – **2.** (*Handeln*) unreasonable. — ˈ**Einˌsichts·lo·sig·keit** *f* ⟨-; *no pl*⟩ **1.** lack of discernment (*od.* insight, understanding). – **2.** unreasonableness.

ˈ**Einˌsichts|ˌrecht** *n jur.* right to inspect records. — **e~ˌvoll** *adj cf.* **einsichtig** 1.

ˈ**einˌsickern** (*getr.* -k·k-) **I** *v/i* ⟨*sep*, -ge-, sein⟩ **1.** seep in, soak in, infiltrate: **in** (*acc*) **etwas ~** to seep (*od.* soak, ooze) into s.th.; **Wasser sickert in den Boden ein** water is seeping into the ground; **in Zellen ~** *med.* to infiltrate cells. – **2.** *fig.* infiltrate: **französische Wörter sickerten allmählich ins Deutsche ein** French words had gradually infiltrated into German; **in die feindlichen Linien ~** *mil.* to infiltrate the enemy lines. – **II E~** *n* ⟨-s⟩ **3.** *verbal noun.* — ˈ**Einˌsicke·rung** (*getr.* -k·k-) *f* ⟨-; *no pl*⟩ **1.** *cf.* Einsickern. – **2.** seepage. – **3.** *auch fig.* infiltration.

ˈ**Einˌsie·deˌglas** *n Austrian dial. for* **Einmachglas.**

ˌ**Ein·sie·deˈlei** *f* ⟨-; -en⟩ **1.** hermitage. – **2.** *fig.* seclusion.

ˈ**einˌsie·den** *v/t* ⟨*irr, sep*, -ge-, h⟩ *Austrian dial. for* **einkochen** 1, 2, **einmachen** 1.

ˈ**Einˌsied·ler** *m* ⟨-s; -⟩ hermit, recluse, solitary; anchorite, *auch* anchoret (*lit.*): **wie ein ~ leben** to live like a hermit. — **~ˌdros·sel** *f zo.* hermit thrush (*Hylocichla guttata faxoni*).

ˈ**einˌsied·le·risch** *adj* hermit-like, reclusive, solitary; anchoritic, *auch* anchoretic (*lit.*).

ˈ**Einˌsied·ler|ˌklau·se** *f* hermitage, anchorage (*lit.*). — **~ˌko·li·bri** *m zo.* hermit (*Gattg Phaethornis*). — **~ˌkrebs** *m* hermit crab, pagurian (*Fam. Paguridae u. Parapaguridae*). — **~ˌle·ben** *n fig.* hermit-like existence: **ein ~ führen** to live like a hermit. — **~naˌtur** *f* hermit-like nature (*od.* disposition). — **~ˌzel·le** *f* hermit's cell.

ˈ**Einˌsil·ber** [-ˌzɪlbər] *m* ⟨-s; -⟩ *ling. cf.* **Einsilbler.**

ˈ**einˌsil·big** [-ˌzɪlbɪç] *adj* **1.** *ling.* monosyllabic, of one syllable: **~es Wort** monosyllabic word, monosyllable. – **2.** *fig.* (*Unterhaltung etc*) monosyllabic: **~e Antworten geben** to answer in monosyllables. – **3.** *fig.* (*wortkarg*) taciturn, untalkative, of few words. – **4.** *fig.* (*kurz angebunden*) curt. — ˈ**Einˌsil·big·keit** *f* ⟨-; *no pl*⟩ **1.** *ling.* monosyllabism. – **2.** *fig.* monosyllabicity. – **3.** *fig.* taciturnity. – **4.** *fig.* curtness.

ˈ**Einˌsilb·ler** [-ˌzɪlplər] *m* ⟨-s; -⟩ *ling.* monosyllable, monosyllabic word.

ˈ**ein·siˌlie·ren** [-ziˌliːrən] **I** *v/t* ⟨*sep, no* -ge-, h⟩ *agr.* ensile, ensilage, silo. – **II E~** *n* ⟨-s⟩ *verbal noun.* — ˈ**Ein·siˌlie·rung** *f* ⟨-; *no pl*⟩ **1.** *cf.* Einsilieren. – **2.** silage, ensilage.

ˈ**einˌsin·gen I** *v/reflex* ⟨*irr, sep*, -ge-, h⟩ **sich ~** *mus.* (*von Opernsänger etc*) get oneself into voice. – **II** *v/t* (*Kind*) sing (*s.o.*) to sleep.

ˈ**einˌsin·ken** *v/i* ⟨*irr, sep*, -ge-, sein⟩ **1.** sink in: **in den Morast [Schnee] ~** to sink into the mud [snow]; **bis zum Knie ~** to sink in to one's knees. – **2.** (*von Boden etc*) cave in, give way, subside. – **3.** *rare for* **einstürzen** 1, 2.

ˈ**Einˌsitz** *m Swiss pol. only in* **~ nehmen** to take one's seat (in parliament).

ˈ**einˌsit·zen** *v/i* ⟨*irr, sep*, -ge-, h *u.* sein⟩ *jur.* (*in dat* at, in) serve a sentence.

ˈ**Einˌsit·zer** *m* ⟨-s; -⟩ (*Flugzeug, Auto etc*) single-seater. — ˈ**einˌsit·zig** [-ˌzɪtsɪç] *adj* single-seated.

ˈ**einˌsoh·lig** [-ˌzoːlɪç] *adj* with one sole.

ˈ**einˌsöm·me·rig** [-ˌzœmərɪç] *adj only in* **~er Fisch** *zo.* yearling.

ˈ**Einˌson·de·rungsˌdrü·se** *f med.* endocrine gland.

ˈ**ein·sorˌtie·ren** *v/t* ⟨*sep, no* -ge-, h⟩ (*Briefmarken, Nägel etc*) (*in acc* into) sort: **etwas in Kästen ~** to sort s.th. into boxes; **etwas alphabetisch ~** to arrange s.th. in alphabetical order (*od.* alphabetically).

ˈ**Einˌspannˌbacke** (*getr.* -k·k-) *f tech.* chuck (*od.* clamping) jaw.

ˈ**einˌspan·nen I** *v/t* ⟨*sep*, -ge-, h⟩ **1.** (*Pferde etc*) harness (to s.th.), hitch up: **den Wagen ~** to hitch up the carriage. – **2.** (*Papier in Schreibmaschine*) insert: **einen Bogen (in die Maschine) ~** to insert (*od.* feed, put) a sheet of paper into the machine. – **3.** (*Bild etc in Rahmen*) frame. – **4. j-n ~** *fig. colloq.* to put s.o. to work, to rope s.o. into doing s.th. (*colloq.*). – **5.** (*Ski*) put (*the skis*) in press. – **6.** *tech.* a) (*Werkstücke*) clamp, grip, fix, set, b) (*Werkzeuge*) fit, mount, c) (*in ein Futter*) chuck. – **II E~** *n* ⟨-s⟩ **7.** *verbal noun.*

ˈ**Einˌspän·ner** [-ˌʃpɛnər] *m* ⟨-s; -⟩ **1.** one-horse carriage. – **2.** *rare fig.* outsider, odd character. – **3.** *humor. for* **Strohwitwer.** – **4.** *Austrian fig. colloq.* (glass of) black coffee with whipped cream.

ˈ**einˌspän·nig** [-ˌʃpɛnɪç] **I** *adj* one-horse (*attrib*), with one horse. – **II** *adv* with one horse.

ˈ**Einˌspannˌkopf** *m tech.* **1.** clamp, gripping (*od.* clamping) head. – **2.** (*einer Prüfmaschine*) shackle, specimen holder.

ˈ**Einˌspan·nung** *f* ⟨-; *no pl*⟩ *cf.* **Einspannen.**

ˈ**Einˌspannˌvorˌrich·tung** *f tech.* a) clamping device, b) (*für Werkstücke*) work-holding device (*od.* fixture), c) (*für Werkzeuge*) chucking device.

ˈ**einˌspa·ren I** *v/t* ⟨*sep*, -ge-, h⟩ **1.** (*Kosten, Ausgaben etc*) save, reduce, economize (on), cut down on. – **2.** (*Strom, Wasser etc*) save, economize on. – **3.** (*Raum etc*) save. – **4.** (*Arbeitsplatz etc*) dispense (*od.* do away) with, eliminate, abolish: **durch die Automatisierung werden mehrere Arbeiter eingespart** due to automation a number of jobs will be eliminated. – **II E~** *n* ⟨-s⟩ **5.** *verbal noun.* — ˈ**Einˌspa·rung** *f* ⟨-; -en⟩ **1.** *cf.* Einsparen. – **2.** reduction, cut, economy: **~en machen** to make cuts, to economize. – **3.** saving: **die ~ von Geld [Raum, Zeit]** the saving of money [space, time], money [space, time] saved. – **4.** (*von Arbeitsplatz etc*) elimination.

ˈ**Einˌspa·rungsˌmaßˌnah·me** *f econ.* economy (*od.* economizing) measure.

ˈ**einˌspei·cheln** *med.* **I** *v/t* ⟨*sep*, -ge-, h⟩ (*Nahrung*) insalivate. – **II E~** *n* ⟨-s⟩ *verbal noun.* — ˈ**Einˌspei·che·lung** *f* ⟨-; *no pl*⟩ **1.** *cf.* Einspeicheln. – **2.** insalivation.

ˈ**einˌspei·sen** *tech.* **I** *v/t* ⟨*sep*, -ge-, h⟩ feed: **Wasser [Gas] ins Verbrauchernetz ~** to feed water [gas] into the mains. – **II E~** *n* ⟨-s⟩ *verbal noun.* — ˈ**Einˌspei·sung** *f* ⟨-; *no pl*⟩ **1.** *cf.* Einspeisen. – **2.** a) feed(ing), b) input.

ˈ**einˌsper·ren I** *v/t* ⟨*sep*, -ge-, h⟩ **1.** lock up, shut in (*od.* up): **die Kinder ins Haus ~** to lock up the children in the house; **Tiere in einen Käfig ~** to shut up animals in a cage, to cage animals. – **2.** *colloq.* (*gefangensetzen*) throw (*s.o.*) in clink (*sl.*), imprison. – **II** *v/reflex* **sich ~ 3.** lock oneself up.

ˈ**einˌspie·len I** *v/reflex* ⟨*sep*, -ge-, h⟩ **sich ~ 1.** get into practice: **sich auf einer Geige ~** a) to get into practice on a violin, b) to get the feel of a violin. – **2.** (*von neuem System etc*) get into its stride, get going (properly), get running (smoothly): **das neue System muß sich erst noch ~** it will take some time until the new system is running properly (*od. colloq.* gets on its feet, gets into full swing); **die Handelsbeziehungen haben sich gut eingespielt** trade relations are now firmly established. – **3.** (*sport*) (*von Mannschaft*) warm up. – **4.** (*von Meßinstrumenten*) balance (out), level out: **das Manometer spielt sich auf 1,5 ein** the manometer comes to rest at 1.5. – **5.** (*radio*) *telev.* (*Aufnahmen*) balance, adjust. – **6. sich aufeinander ~** a) to play (*od.* practice [*bes. Br.* -s-] playing) together (*od.* in coordination [*Br.* co-ordination]), as a team, as a unit), b) *fig.* to get used to each other's ways: **die Spieler müssen sich noch besser aufeinander ~** the players have got to learn to play better together (*od.* as a team). – **II** *v/t* **7.** (*Geld*) bring in, gross: **mit dem Film wurden** (*od.* **der Film hat**) **eine Million Dollar eingespielt** the film grossed (*od.* brought in) a million dollars. – **8.** *mus.* (*Instrument*) *bes. Br.* play in, *bes. Am.* break in. – **9.** *mus.* (*auf Schallplatte*) record.

ˈ**Einˌspiel·erˌgeb·nis** *n meist pl* (*eines Films*) box office (*Br.* box-office) returns *pl* (*od.* receipts *pl*).

ˈ**einˌspin·nen I** *v/t* ⟨*irr, sep*, -ge-, h⟩ **1.** *zo.* ensnare (*s.th.*) in a web, cocoon. – **2. j-n ~** *fig. lit.* to captivate (*od.* fascinate) s.o. – **3.** *fig. colloq. cf.* **einsperren** 2. – **4. etwas in** (*acc*) **etwas ~** (*textile*) to spin s.th. into s.th. – **II** *v/reflex* **sich ~ 5.** *zo.* cocoon itself, surround itself with a cocoon. – **6.** *fig.* seclude oneself: **sich in seine Häuslichkeit ~** to seclude oneself within one's four walls. – 7. *fig.* (*sich vertiefen*) lose oneself: **sich in seine Studien ~** to lose oneself (*od.* wrap oneself up) in one's studies.

ˈeinˌsplei·ßen *v/t* ⟨*irr, sep,* -ge-, h⟩ *mar.* [splice.]

ˈeinˌspo·rig *adj bot.* with one spore; monosporous, monospored (*scient.*).

ˈEinˌspra·che *f* **1.** *Austrian and Swiss od. obs. for* **Einspruch 1.** – **2.** *Swiss jur. for* **Einrede 3.** — **~ˌrecht** *n jur. cf.* **Einspruchsrecht 1.**

ˈeinˌspra·chig [-ˌʃpraːxɪç] *adj* (*Wörterbuch, Person*) monolingual, unilingual, monoglot.

ˈeinˌspre·chen *v/i* ⟨*irr, sep,* -ge-, h⟩ **auf j-n ~** *cf.* **einreden II.**

ˈeinˌspren·gen[1] *v/t* ⟨*sep,* -ge-, h⟩ (*Wäsche etc*) sprinkle (with water): **ein Hemd vor dem Bügeln ~** to sprinkle (*od.* damp, *bes. Am.* dampen) a shirt before ironing.

ˈeinˌspren·gen[2] *v/t* ⟨*sep,* -ge-, h⟩ **1.** (*Loch etc*) blast: **einen Durchbruch in einen Felsen ~** to blast an opening in a rock. – **2.** (*Tür etc*) break open.

ˈeinˌspren·gen[3] *geol.* **I** *v/t* ⟨*sep,* -ge-, h⟩ a) disseminate, intersperse, b) (*zwischen Schichten etc*) interstratify. – **II E~** *n* ⟨-s⟩ *verbal noun.*

ˈEinˌspreng·ling *m* ⟨-s; -e⟩ *min.* phenocryst.

ˈEinˌspreng·maˌschi·ne *f* (*textile*) sprinkling machine.

ˈEinˌspren·gung *f* ⟨-; -en⟩ *geol.* **1.** *cf.* **Einsprengen**[3]. – **2.** dissemination, interspersion.

ˈeinˌsprin·gen I *v/i* ⟨*irr, sep,* -ge-, sein⟩ **1.** (*aushelfen*) help out, step in(to the breach): **für j-n ~** a) to substitute for s.o., to take s.o.'s place, to step in for s.o., *Am. colloq.* to pinch-hit for s.o., b) (*theater*) to understudy for s.o.; **helfend ~** to lend one's help. – **2.** *rare for* **hineinspringen.** – **3.** *tech.* a) (*von Schloß*) click, b) (*von Riegel*) snap. – **4.** (*textile*) shrink. – **5.** *arch.* (*von Wand, Tür etc*) recede. – **II** *v/t* ⟨h⟩ **6.** break (*od.* smash) (*s.th.*) in (by jumping on it). – **7.** (*sport*) (*Pferd*) train (*a horse*) in jumping. – **III** *v/reflex* ⟨h⟩ **sich ~ 8.** practice (*bes. Br.* practise) jumping. – **IV E~** *n* ⟨-s⟩ **9.** *verbal noun.* – **10.** (*textile*) shrinkage. — **ˈeinˌsprin·gend I** *pres p.* – **II** *adj* **1.** *civ.eng. arch.* recessed, set back. – **2.** *math.* (*Winkel*) reentrant, *Br.* re-entrant.

ˈEinˌspritz|ˌdruck *m* ⟨-(e)s; ⸚e⟩ **1.** *synth.* injection pressure. – **2.** *auto.* fuel injection pressure. — **~ˌdü·se** *f* **1.** injection nozzle. – **2.** (*am Vergaser*) jet.

ˈeinˌsprit·zen I *v/t* ⟨*sep,* -ge-, h⟩ **1.** *med.* (in *acc* into) inject: **j-m etwas ~** to give s.o. an injection of s.th. – **2.** *auto.* (*Kraftstoff*) inject. – **3.** *synth.* (*plastische Massen*) inject. – **4.** (*Wäsche*) *cf.* **einsprengen**[1]. – **II E~** *n* ⟨-s⟩ **5.** *verbal noun.* – **6.** *cf.* **Einspritzung.**

ˈEinˌspritz|geˌrät *n chem. tech.* syringe. — **~geˌschwin·dig·keit** *f metall.* rate of die-casting. — **~ˌmo·tor** *m auto.* fuel injection engine. — **~ˌpum·pe** *f auto.* injection (*od.* priming) pump.

ˈEinˌsprit·zung *f* ⟨-; -en⟩ **1.** *cf.* **Einspritzen.** – **2.** *auto. med.* (in *acc* into) injection.

ˈEinˌspritz|venˌtil *n auto.* injection valve. — **~verˌga·ser** *m* atomizing (*od.* spray, jet) carburetor (*auch* carbureter; *bes. Br.* carburetter, carburettor). — **~ˌvorˌrich·tung** *f* (*bei Motor*) primer.

ˈEinˌspruch *m* **1.** objection, protest: **~ (gegen etwas) erheben** to object (to s.th.), to oppose (s.th.), to protest (against s.th.); **schriftlichen ~ erheben** to make a written protest. – **2.** *jur.* a) (*in der Verhandlung*) objection, protest, b) (*Berufung*) appeal, c) (*im Patentrecht*) opposition: **~ erheben** (*od.* **einlegen**) a) to lodge (*od.* file, raise) an objection, b) to lodge an appeal; **~ gegen eine Patentanmeldung** opposition to a patent application. – **3.** *pol.* veto, objection. — **~erˌhe·ben·de** *m, f* ⟨-n; -n⟩ *jur.* demurrer.

ˈEinˌspruchs|beˌgrün·dung *f jur.* **1.** grounds *pl* for appeal (*od.* protest). – **2.** (*im Patentrecht*) argument in support of opposition. — **~ˌfrist** *f* **1.** period for making an appeal (*od.* filing protest). – **2.** (*im Patentrecht*) period for entering an opposition. — **~ˌmög·lich·keit** *f* possibility to appeal. — **~ˌrecht** *n* **1.** *jur.* right to object (*od.* appeal). – **2.** *pol.* power of veto.

ˈEinˌsprung *m* **1.** (*sport*) (*beim Eislauf*) preliminary jump. – **2.** *arch.* a) turn, return, angle (of a wall), b) recess.

ˈeinˌspü·len I *v/t* ⟨*sep,* -ge-, h⟩ **1.** (*Waschmittel*) wash (*s.th.*) into. – **2.** *civ.eng.* a) (*bei Bodenverdichtung*) sluice (*the ground*) (with water), b) (*einen Pfahl*) drive (*s.th.*) by water-jet. – **3. eingespült werden** *geol.* to illuviate. – **II E~** *n* ⟨-s⟩ **4.** *verbal noun.* — **ˈEinˌspü·lung** *f* **1.** *cf.* **Einspülen.** – **2.** *geol.* illuviation.

ˈeinˌspun·den *v/t* ⟨*sep,* -ge-, h⟩ **1.** *colloq. for* **einsperren 2.** – **2.** *tech.* (*Fässer*) bung, tongue and groove.

ˈeinˌspu·ren *v/i* ⟨*sep,* -ge-, sein⟩ (*von Auto*) filter in, position.

ˈeinˌspu·rig [-ˌʃpuːrɪç] *adj* **1.** (*railway*) single-track (*attrib*). – **2.** (*Straße*) single-lane (*attrib*).

ˈEinsˌsein *n* ⟨-s; *no pl*⟩ *philos.* unity, oneness.

einst I *adv* **1.** (*früher*) once, at one time, in the past, formerly, long ago: **~ wie jetzt** now as ever; **wie ~** a) the same as ever, b) as in the past; **wie ~ im Mai** as once in May; **~ hast du anders geurteilt** you once judged quite differently; **es lebte ~ ein König,** der once upon a time there lived a king who; **der ~ so berühmte Künstler** the once so famous artist; **sie hatte es ~ versprochen** she had promised it at one time. – **2.** (*vor langer Zeit*) in times past, in the days of old, in former times: **~ gab es Wölfe hier** in former times there were wolves here; **die Tage von ~ kehren nie wieder** the days of old will never return. – **3.** (*künftig*) one (*od.* some) day, in the future: **das wird ~ anders werden** that will change one day; **wenn ich ~ gestorben bin** one day when I am gone; **~ wird kommen der Tag** the day will come (*od.* dawn). – **4.** (*in kommenden Zeiten*) in days (*od.* times) to come. – **II E~, das** ⟨-⟩ **5.** *lit.* the past, the days of yore (*lit.*).

ˈeinˌsta·che·lig *adj bot.* having only one spine (*od.* thorn).

ˈeinˌstal·len *v/t* ⟨*sep,* -ge-, h⟩ *agr.* **1.** (*Pferd*) stable. – **2.** (*Kühe*) stall. – **3.** (*Schwein*) put (*pig*) in a sty.

ˈeinˌstäm·mig *adj bot. ling.* with one stem.

ˈeinˌstamp·fen *v/t* ⟨*sep,* -ge-, h⟩ **1.** (*Stoffbrei etc*) pulp up. – **2.** *gastr.* (*Kraut etc*) press (down). – **3.** *civ.eng.* a) (*Pfahl etc*) ram (down), b) (*Erde etc*) tamp (down), stamp (down), press (down). – **4.** *metall.* (*Formsand*) tamp (*s.th.*) in (*od.* into), ram in (*od.* up).

ˈEinˌstampf|maˌschi·ne *f* (*paper*) *tech.* pulping machine, pulper. — **~paˌpier** *n* waste-paper, *Br.* waste paper.

ˈEinˌstand *m* **1.** beginning of (*od.* start in) a new job; **seinen ~ geben** (*od.* **feiern**) to celebrate one's first day on a new job. – **2.** (*sport*) (*beim Tennis*) deuce. – **3.** *hunt. area in which deer are usually found.*

ˈEinˌstän·der|ˌbauˌart *f tech.* **1.** single-column construction. – **2.** openside-type design. — **~ˌho·bel·maˌschi·ne** *f* openside planing machine.

ˈEinˌstandsˌpreis *m econ.* cost price.

ˈeinˌstan·zen *v/t* ⟨*sep,* -ge-, h⟩ (*Muster, Zeichen etc*) impress, imprint, stamp: **eine Nummer in ein Werkzeug ~** to stamp a number into a tool.

ˈeinˌsta·peln *v/t* ⟨*sep,* -ge-, h⟩ (*Ware etc*) stack (up), pile (up).

ˈEinˌstär·keˌglas *n* (*optics*) unifocal lens.

ˈEinˌstau *m civ.eng.* (*in einer Talsperre*) damming up.

ˈeinˌstau·ben I *v/t* ⟨*sep,* -ge-, h⟩ **1.** make (*s.th.*) dusty, cover (*s.th.*) with dust. – **2.** *Austrian* (*Backblech etc*) sprinkle (*s.th.*) with flour. – **3.** *Austrian for* **einpudern.** – **II** *v/i* ⟨sein⟩ **4.** become dusty. – **III E~** *n* ⟨-s⟩ **5.** *verbal noun.*

ˈeinˌstäu·ben *v/t* ⟨*sep,* -ge-, h⟩ **1.** dust, powder. – **2.** (*mit Sprühdose*) spray. – **3.** *cf.* **einstauben 2.**

ˈEinˌstau·bung *f* ⟨-; *no pl*⟩ **1.** *cf.* **Einstauben.** – **2.** (*mining*) stone dusting.

ˈEinˌstäu·bungs·apˌpaˌrat *m med.* insufflator.

ˈEinˌstech|ˌah·le *f tech.* stabbing awl. — **~ˌbo·gen** *m print.* tympan (sheet).

ˈeinˌste·chen I *v/t* ⟨*irr, sep,* -ge-, h⟩ **1.** (*Membrane, Verschluß etc*) pierce. – **2.** (*Löcher etc*) prick: **ein Loch in etwas ~** to prick (a hole in) s.th., to puncture s.th. – **3.** *cf.* **hineinstechen I.** – **4.** *med.* (*Spritze*) insert. – **5.** *tech.* a) (*aussparen*) recess, b) (*aushalsen*) neck, c) (*Nuten*) groove, slot, d) (*Zahnlücken*) gash. – **II** *v/i* **6.** (**mit einer Nadel**) **in** (*acc*) **etwas ~** to stick a needle into s.th. – **7. auf j-n ~** to stab at s.o. – **III E~** *n* ⟨-s⟩ **8.** *verbal noun.*

ˈEinˌstech|ˌschlei·fen *n* **1.** plunge-cut grinding. – **2.** (*beim spitzenlosen Schleifen*) infeed grinding. — **~ˌwerkˌzeug** *n* (*für Drehbank*) recessing tool.

ˈEinˌsteckˌbo·gen *m print.* inset.

ˈeinˌstecken (*getr.* -k·k-) *v/t* ⟨*sep,* -ge-, h⟩ **1.** (*Schlüssel etc*) put in, stick in, insert: **etwas in** (*acc*) **etwas ~** to put s.th. into s.th.; **den Stecker ~** to put the plug in; **ein elektrisches Gerät ~** to plug in an electrical appliance. – **2.** *colloq.* (*Brief etc*) post, *bes. Am.* mail. – **3.** (*in die Tasche*) put (*s.th.*) into one's bag (*od.* pocket), pack, take (*s.th.*) (along with one): **hast du die Bücher schon eingesteckt?** have you already packed (*od.* taken) the books? **kannst du meine Brille ~** could you take my spectacles? **hast du genug Geld eingesteckt?** have you got enough money on you? – **4.** *colloq. humor.* pocket: **hat etwa j-d meine Brieftasche eingesteckt?** has s.o. pocketed my wallet by any chance? **er hat den ganzen Gewinn eingesteckt** he pocketed all the profits. – **5.** *fig. colloq.* (*Beleidigung etc*) swallow, take, put up with: **das werde ich nicht ohne weiteres ~** I won't take that lying down (*colloq.*); **eine Beleidigung ~** to swallow an insult; **viel ~ müssen** to have to put up with a lot; **Vorwürfe ~ müssen** to have to swallow reproaches; **einen Schlag ~** (*bes. sport*) to take a blow; **er kann viel ~** *colloq.* he can take a lot (of punishment). – **6.** *fig.* (*Niederlage*) meet, suffer. – **7. j-n ~** *fig. colloq.* (*überlegen sein*) to be more than a match for s.o., to be head and shoulders above s.o. (*colloq.*). – **8.** *colloq. cf.* **einsperren 2.**

ˈEinˌsteck|ˌkamm *m* dress (*od.* back, hair, side) comb. — **~ˌlauf** *m mil.* (*zum Übungsschießen*) subcaliber (*Br.* morris) tube. — **~ˌrie·gel** *m tech.* mortise (*auch* mortice) latch. — **~ˌschloß** *n* mortise (*auch* mortice) dead lock. — **~ˌsei·te** *f metall.* (*beim Walzen*) roller's side.

ˈeinˌste·hen *v/i* ⟨*irr, sep,* -ge-, sein⟩ **1. für etwas [j-n] ~** a) to answer (*od.* be answerable, be responsible) for s.th. [s.o.], to accept (*od.* take) responsibility for s.th. [s.o.], b) (*geradestehen*) to stand up for s.th. [s.o.], c) (*garantieren*) to vouch (*od.* give a guarantee) for s.th. [s.o.]: **für seine Worte ~** to answer for one's words; **für sein Tun** (*od.* **sich selbst**) **~** to answer for one's own acts (*od.* doings); **für einen möglichen Verlust ~** to accept responsibility for any loss; **für die Schulden seiner Frau ~** to take the responsibility (*od.* make oneself liable) for the debts incurred by one's wife; **für seine Überzeugung ~** to stand up for one's convictions; **ich werde für ihn ~** I shall vouch for him; **dafür ~, daß** to vouch (*od.* guarantee, warrant) that. – **2.** *hunt.* (*von Auerhahn etc*) perch, alight, settle.

ˈeinˌsteh·len *v/reflex* ⟨*irr, sep,* -ge-, h⟩ **sich ~ 1.** *rare for* **einschleichen 1.** – **2.** *fig. lit.* (in *acc* into) insinuate oneself: **sich in j-s Vertrauen ~** to insinuate oneself (*od.* to creep) into s.o.'s confidence.

ˈEinˌsteig|ˌdieb *m* cat burglar. — **~ˌdiebˌstahl** *m* cat burglary.

ˈeinˌstei·gen I *v/i* ⟨*irr, sep,* -ge-, sein⟩ **1.** get in: **in ein Auto** (*od.* **einen Wagen**) **~** to get (*od.* climb) in(to) a car; **in einen Bus [einen Zug, ein Flugzeug] ~** to get in(to) (*od.* to board, to get on) a bus [train, plane]; **bitte ~!** all aboard! **in ein Schiff ~** to board (*od.* go on board) a ship, to embark. – **2.** (*heimlich eindringen*) climb in, get in, enter: **die Diebe sind durch das Fenster eingestiegen** the thieves got in (*od.* entered) through the window. – **3.** *colloq.* (in *acc*) (*in ein Geschäft etc*) take part (in), get in (on), associate oneself (with): **in ein Projekt ~** to take part (*od.* participate) in a project. – **4.** (*mining*) *cf.* **einfahren 13.** – **5.** (*sport*) start climbing: **in eine Felswand ~** to start climbing a cliff. – **6. hart ~** *colloq.* (*beim Fußball etc*) to tackle s.o. hard. – **II E~** *n* ⟨-s⟩ **7.** *verbal noun.*

ˈEinˌsteig|ˌlu·ke *f mar.* hatch, access door. — **~ˌöff·nung** *f tech.* (*am Dampfkessel etc*) manhole, culvert. — **~ˌschacht** *m* (*an Rohrleitung etc*) manhole.

ˈEinˌstein *n* ⟨-; *no pl*⟩ *phys.* (*Maßeinheit*) Einstein.

Ein·stei·ni·um [aɪnˈʃtaɪnɪʊm] *n* ⟨-s; *no pl*⟩ *chem.* einsteinium (Es).

ˈEinˌstein·sche ˈGlei·chung *f phys.* Einstein equation.

ˈeinˌstell·bar *adj* **1.** *tech.* a) adjustable, controllable, b) (*Getriebe*) variable. – **2.** *aer.* (*Flügel, Luftschraube*) adjustable, variable. – **3.** *jur.* (*Verfahren*) abatable. — **ˈEinˌstell·bar·keit** *f* ⟨-; *no pl*⟩ *tech.* **1.** adjustability. – **2.** (*von Getrieben*) variability.

ˈEinˌstellˌebe·ne *f* (*optics*) *cf.* Bezugsebene.

ˈEinˌstelleh·re (*getr.* -ll,l-) *f tech.* setting ga(u)ge.

ˈeinˌstel·len I *v/t* ⟨*sep*, -ge-, h⟩ **1.** put in: ein Auto (in die Garage) ~ to put a car in(to) the garage, to garage a car; ein Pferd ~ to put a horse in(to) the stable, to stable a horse; hast du dein Rad schon eingestellt? have you (already) put your bike away? – **2.** (*unterstellen*) deposit, leave: du kannst deine Möbel bei mir ~ you can store (*od.* leave, deposit) your furniture at my place. – **3.** (*Arbeitskräfte*) take on, engage, employ, hire: j-n bei sich ~ to give s.o. a post (*od.* job) in one's business, to give s.o. employment. – **4.** (*Grabung, Bohrung etc*) discontinue, stop, cease, drop, give up: den Betrieb ~ to stop (*od.* suspend) work (*od.* operations), to shut down; die Arbeit ~ a) to stop (*bes. Am.* quit) working, b) to (go on) strike, *Br. auch* to down tools, *bes. Am.* to walk out; etwas zeitweilig ~ to suspend s.th.; die Zahlungen ~ to stop (*od.* suspend) payments; eine Straßenbahn(linie) ~ to discontinue a streetcar line (*Br.* tram service [*od.* -line]); die Zeitung stellt ihr Erscheinen ein the newspaper will cease publication (*od.* to be published, to appear); das Feuer [die Feindseligkeiten] ~ *mil.* to cease fire [hostilities]. – **5.** *jur.* a) (*Verfahren*) abate, suspend, stay, quash, b) (*Klage*) dismiss: die Zwangsvollstreckung ~ to grant a stay of execution; ein Verfahren vorläufig ~ to postpone proceedings. – **6.** etwas auf (*acc*) etwas ~ (*anpassen*) to adapt (*od.* adjust) s.th. to s.th.: seinen Vortrag auf die Hörer ~ to adapt one's lecture to the audience. – **7.** *tech.* a) adjust, b) (*regeln*) set, regulate, c) (*mittels Wählscheibe*) dial, d) (*Werkzeug*) position: ein Werkzeug auf Mitte ~ to set a tool to center (*bes. Br.* centre); etwas achsgerade ~ to align s.th. – **8.** (*radio*) (*abstimmen*) tune, modulate. – **9.** (*optics*) (*Okular*) define. – **10.** *phot.* focus: das Objektiv scharf ~ to focus the lens; die Entfernung (beim Photoapparat) ~ to focus (the camera), to adjust the distance. – **11.** (*sport*) (*Rekord*) equal, tie. – **12.** *chem.* standardize. – **13.** *electr.* (*Frequenz*) syntonize. – **14.** *mil.* (*Bombe, Zünder etc*) set, time. – **II** *v/reflex* sich ~ **15.** (*kommen, da sein*) come, appear, turn up, show up (*colloq.*): sich häufig bei j-m ~ to come to see s.o. frequently, to visit s.o. frequently; sich wieder ~ to come back, to return. – **16.** (*von Sommer, Fieber etc*) set in. – **17.** (*von Sorgen, Schwierigkeiten etc*) come, arise: Zweifel stellten sich bei ihr ein doubts arose in her mind; dieser Gedanke (*od.* diese Assoziation) stellt sich von selbst ein that thought (*od.* association) comes naturally. – **18.** (*von Wirkung, Resultat etc*) appear: die Folgen werden sich später ~ the consequences will appear (*od.* make themselves felt) later on. – **19.** sich auf j-n [etwas] ~ a) to adapt (*od.* adjust, attune) oneself to s.o. [s.th.], b) to be prepared (*od.* prepare oneself) for s.o. [s.th.]: das Auge stellt sich auf die Dunkelheit ein the eye adapts itself to the darkness; sich auf j-n ~, um ihn zu verstehen to adapt oneself to s.o. (*od.* to attune oneself to s.o.'s personality) in order to understand him; sich seelisch (*od.* innerlich) auf (*acc*) etwas ~ to get oneself in the right mood (*od.* frame of mind) for s.th.: sich ganz auf j-n [etwas] ~ to focus one's attention (*od.* concentrate, center [*bes. Br.* centre] one's thoughts) on s.o. [s.th.]; sich auf j-s Kommen ~ to be prepared for s.o.'s arrival; sich auf schwere Zeiten ~ to prepare oneself for hard times. – **III E~** *n* ⟨-s⟩ **20.** *verbal noun.* – **21.** *cf.* Einstellung.

ˈEinˌstel·ler *m* ⟨-s; -⟩ **1.** *tech.* (*von Maschinen*) setter. – **2.** *auto.* (*an der Bremse*) adjuster, adjusting mechanism.

ˈEinˌstell|ˌfas·sung *f phot.* focus(s)ing mount. — **~ˌhe·bel** *m tech.* adjusting (*od.* setting) lever.

ˈeinˌstel·lig [-ˌʃtɛlɪç] *adj* **1.** *math.* a) (*Zahl*) one-figure, single- (*od.* one-)digit (*alle attrib*), b) (*Dezimalbruch*) one-place (*attrib*): ~e Zahl digit. – **2.** *philos.* (*Prädikat, Funktion*) unary, singulary, monadic.

ˈEinˌstell|ˌknopf *m* adjusting knob, control (knob). — **~ˌmar·ke** *f* adjusting mark. — **~mi·kroˌskop** *n* (*optics*) focus(s)ing microscope. — **~ˌnocken** (*getr.* -k·k-) *m auto.* adjusting cam. — **~ˌraum** *m* storage room. — **~ˌring** *m* **1.** *phot.* a) (*am Objektiv*) focus(s)ing ring, b) (*am Kameragehäuse*) focus(s)ing knob. – **2.** *tech.* adjusting ring, set collar. — **~ˌschei·be** *f* **1.** *tech.* (*Wählscheibe*) setting dial. – **2.** *phot.* focus(s)ing screen (*od.* glass). — **~ˌschrau·be** *f tech.* setscrew, adjusting (*od.* setting) screw.

ˈEinˌstelluftˌschrau·be (*getr.* -ll,l-) *f aer.* adjustable (*od.* variable) pitch propeller (*Am. auch* propellor).

ˈEinˌstel·lung *f* ⟨-; -en⟩ **1.** *cf.* Einstellen. – **2.** *fig.* (*Haltung*) (zu) attitude (to[ward(s)]), approach (to): geistige [persönliche] ~ mental [personal] attitude; seine ~ zum Leben his attitude toward(s) life, his outlook on life; nicht die richtige ~ zu etwas haben not to have the right approach to (*od.* attitude toward[s]) s.th.; seine politische ~ his political attitude (*od.* outlook); eine feindliche [freundliche] ~ zu (*od.* gegenüber) j-m haben to have a hostile [friendly] attitude toward(s) s.o., to be hostile [friendly] to(ward[s]) s.o. – **3.** *fig.* (*Gesinnung*) attitude, opinion, view(s *pl*): seine ~ ändern to alter one's opinion, to change one's opinion (*od.* point of view). – **4.** *fig.* (*Denkart*) way of thinking. – **5.** (*von Arbeitskräften*) engagement, employment. – **6.** (*Beendigung*) discontinuance, cessation: zeitweilige ~ suspension; ~ der Kampfhandlungen *mil.* cessation of hostilities; ~ des Feuers *mil.* cease-fire. – **7.** *jur.* (*eines Verfahrens*) suspension, stay: die ~ des Verfahrens anordnen to order the case to be dismissed, to enter a nolle prosequi. – **8.** (*Anpassung*) (auf *acc* to) adaptation, adjustment. – **9.** *tech.* (*eines Geräts*) adjustment, regulation. – **10.** *phot.* (*optics*) focus(s)ing. – **11.** (*film*) take. – **12.** *chem.* standardization. – **13.** *electr.* (*der Frequenz*) syntonization. – **14.** *psych.* a) (*auf ein geistiges Ziel*) mental set, b) (*gegenüber einer Person*) attitude. – **15.** (*radio*) modulation.

ˈEinˌstel·lungs|beˌdin·gun·gen *pl econ.* employment conditions. — **~beˌscheid** *m jur.* stoppage order. — **~beˌschluß** *m* order to stay the proceedings. — **~geˌsuch** *n* application (for employment). — **~ˌsper·re** *f econ.* recruitment stop. — **~terˌmin** *m* date of first employment (*od.* for taking up work).

ˈEinˌstellu·pe (*getr.* -ll,l-) *f* (*optics*) focus(s)ing glass (*od.* magnifier).

ˈEinˌstell|ˌvorˌrich·tung *f* **1.** *tech.* setting device. – **2.** *auto.* (*an der Bremse*) adjusting mechanism, adjuster. — **~ˌwin·kel** *m* **1.** (*optics*) *aer.* angle of incidence. – **2.** *tech.* entering (*bes. Br.* plan) angle. – **3.** *auto.* (*bei Frühzündung*) angle of advance.

ˈeinˌstem·men *v/t* ⟨*sep*, -ge-, h⟩ **1.** *tech.* a) (*verstemmen*) caulk, *bes. Am.* calk, b) (*Holz*) mortise, *auch* mortice. – **2.** die Arme (in die Hüften) ~ to put one's hands on one's hips, to set one's arms akimbo.

ˈeinˌsten·ge·lig [-ˌʃtɛŋəlɪç] *adj bot.* with one stem (*od.* stalk).

ˈein·stens *adv obs. od. lit. for* einst.

ˈEinˌsternˌmo·tor *m aer.* single-row radial engine.

ˈEinˌstich *m* **1.** *cf.* Einstechen. – **2.** (*einer Nadel etc*) prick, puncture: der ~ ist noch zu sehen one can still see the puncture. – **3.** *med.* puncture: einen ~ (in *acc* etwas) machen to make a puncture (in s.th.). – **4.** *tech.* a) (*einer Drehmaschine*) recess, neck, b) (*beim Rundschleifen*) plunge-cut, c) (*beim Spitzenlosschleifen*) infeed. – **5.** *metall.* (*im Walzwerk*) pass.

ˈeinˌsticken (*getr.* -k·k-) *v/t* ⟨*sep*, -ge-, h⟩ (*Blumen etc*) embroider: etwas in (*acc*) etwas ~ to embroider s.th. in(to) s.th.

ˈEinˌstieg *m* ⟨-(e)s; -e⟩ **1.** (*in Bus etc*) entrance: ~ hinten! enter at the rear. – **2.** (*in Tunnel, Bunker etc*) way in, entrance. – **3.** *hunt.* (*von Ottern, Bibern etc*) *place where the animal usually enters the water.* – **4.** *rare for* Einsteigen.

ˈEinˌstiegˌlu·ke *f* (*eines Panzers, U-Boots etc*) access hatch.

ˈeinˌstie·lig [-ˌʃtiːlɪç] *adj bot. cf.* einstengelig.

ˈein·stig *adj* ⟨*attrib*⟩ **1.** (*Freund etc*) former; sometime, onetime, erstwhile (*lit.*). – **2.** *lit. od. obs.* future.

ˈeinˌstim·men I *v/t* ⟨*sep*, -ge-, h⟩ **1.** *mus.* (*Instrument*) tune up. – **2.** j-n für (*od.* auf *acc*) etwas ~ *fig.* to put s.o. in the right mood for s.th. – **II** *v/reflex* **3.** sich für (*od.* auf *acc*) etwas ~ *fig.* to get oneself in the right mood (*od.* frame of mind) for s.th. – **III** *v/i* **4.** join in: in ein Lied [das Gelächter] ~ to join in a song [the laughter]; sie stimmten alle in das Lob ein *fig.* they all joined in the praise. – **IV E~** *n* ⟨-s⟩ **5.** *verbal noun.*

ˈeinˌstim·mig I *adj* **1.** (*Beschluß etc*) unanimous. – **2.** *mus.* of (*od.* for) one voice, monophonic, *auch* monophonous (*scient.*). – **II** *adv* **3.** unanimously, with unanimity, with one voice (*od.* accord): er wurde ~ gewählt he was elected unanimously (*od.* by common consent, *pol. auch* without one dissentient [*od.* dissenting] voice). – **4.** *mus.* in unison. — **ˈEinˌstim·mig·keit** *f* ⟨-; *no pl*⟩ **1.** *auch pol.* unanimity, agreement, consent, consensus: es wurde keine ~ erzielt no agreement was reached. – **2.** *mus.* unison.

ˈEinˌstim·mung *f* ⟨-; *no pl*⟩ **1.** *cf.* Einstimmen. – **2.** *fig.* mental preparation.

ˈeinˌstip·pen *v/t* ⟨*sep*, -ge-, h⟩ *esp. Northern G. colloq. for* eintauchen 2.

ˈeinstˌma·lig *obs. od. lit.* **I** *adj cf.* einstig. – **II** *adv cf.* einst.

ˈeinstˌmals [-ˌmaːls] *adv obs. od. lit. for* einst.

ˈeinˌstöckig (*getr.* -k·k-) [-ˌʃtœkɪç] *adj* one-storey(ed), *bes. Am.* one-story (*attrib*), one-storied: ein ~es Haus a one-story house.

ˈeinˌstöp·seln *v/t* ⟨*sep*, -ge-, h⟩ **1.** (*Korken etc*) put in. – **2.** *electr.* (*Stecker*) plug in.

ˈeinˌsto·ßen *v/t* ⟨*irr*, *sep*, -ge-, h⟩ **1.** (*Tür, Fenster etc*) smash (*od.* drive, push, knock) (*s.th.*) in. – **2.** (*Zähne etc*) bash in: sich (*dat*) den Kopf ~ to bash in one's head.

ˈeinˌstrah·len I *v/t* ⟨*sep*, -ge-, h⟩ (*Licht, Wärme etc*) irradiate, insolate. – **II** *v/i* ⟨h *u.* sein⟩ (*von Licht etc*) (auf *acc* on, upon) shine. – **III E~** *n* ⟨-s⟩ *verbal noun.*

ˈeinˌstrah·lig *adj zo.* (*Schwamm*) monactine, *auch* monactinal.

ˈEinˌstrah·lung *f* ⟨-; -en⟩ *astr. meteor.* **1.** *cf.* Einstrahlen. – **2.** insolation, incoming, radiation, *astr. auch* irradiation.

ˈeinˌstrei·chen I *v/t* ⟨*irr*, *sep*, -ge-, h⟩ **1.** (*Tapete etc*) smear: ein Plakat mit Kleister ~ to smear (*od.* brush) a poster with glue. – **2.** (*Gips, Kitt etc*) fill (*s.th.*) up with: Kitt in eine Fuge ~ to fill a crack up (*od.* in) with putty. – **3.** *colloq.* (*Geld, Gewinn etc*) rake in, pocket: Dividenden ~ to rake in dividends. – **II** *v/i* **4.** *hunt.* (*von Rebhühnern etc*) go to feeding grounds.

ˈEinˌstreu *f* ⟨-; *no pl*⟩ *agr.* litter.

ˈeinˌstreu·en I *v/t* ⟨*sep*, -ge-, h⟩ **1.** etwas in (*acc*) etwas ~ to strew (*od.* scatter) s.th. in s.th. – **2.** *agr.* (*Stroh*) litter down. – **3.** etwas in (*acc*) etwas ~ *fig.* (*Worte, Zitat etc*) to intersperse (*od.* interlard) s.th. with s.th., to insert s.th. into s.th. – **II E~** *n* ⟨-s⟩ **4.** *verbal noun.* — **ˈEinˌstreu·ung** *f* ⟨-; -en⟩ **1.** *cf.* Einstreuen. – **2.** *fig.* interspersion.

ˈEinˌstrich *m* (*mining*) (*Schachthölzer*) pit barring, spreaders *pl.*

ˈeinˌstricken (*getr.* -k·k-) *v/t* ⟨*sep*, -ge-, h⟩ knit in: einen roten Faden mit ~ to knit in a red thread; ein Muster in (*acc*) etwas ~ to knit a pattern in(to) s.th.

ˈeinˌströ·men I *v/i* ⟨*sep*, -ge-, sein⟩ **1.** stream in, pour in, flow in, rush in: das Wasser strömte in den Keller ein water was pouring (*od.* rushing) into the cellar; Gas ~ lassen to admit gas; die Menschenmenge strömte in den Raum ein *fig.* the crowd came rushing into the room. – **II E~** *n* ⟨-s⟩ **2.** *verbal noun.* – **3.** influx, inpour. – **4.** (*von Dampf, Gas etc*) admission, inflow. — **ˈEinˌströ·mung** *f* ⟨-; *no pl*⟩ *cf.* Einströmen.

ˈEinˌströ·mungsˌhub *m tech.* admission (*od.* intake) stroke.

ˈEinˌström·venˌtil *n tech.* inlet (*od.* admission) valve.

ˈeinˌstückeln (*getr.* -k·k-) *v/t* ⟨*sep*, -ge-, h⟩ *colloq.* (*Flicken etc*) patch (*s.th.*) in.

ˈein·stuˌdie·ren I *v/t* ⟨*sep*, *no* -ge-, h⟩ **1.** (*Rolle, Geste etc*) study (thoroughly): eine Rolle mit j-m ~ to coach s.o. in a part, to rehearse a part with s.o. – **2.** (*Rede, Gedicht etc*) memorize, learn (*s.th.*) (by heart). – **3.** (*theater*) produce. – **II E~** *n* ⟨-s⟩ **4.** *verbal noun.* — **ˈEin·stuˌdie·rung** *f* ⟨-; -en⟩ **1.** *cf.* Einstudieren. – **2.** (*einer Rolle etc*) study. – **3.** (*theater*) production, direction, staging.

ˈeinˌstu·fen I *v/t* ⟨*sep*, -ge-, h⟩ **1.** (in *acc*

into; als as) classify, put (*s.o., s.th.*) in a certain class: j-n zu niedrig [falsch] ~ to put s.o. in too low a class [in a wrong class]; j-n in eine höhere Gehaltsklasse [Steuerklasse] ~ to put s.o. in(to) a higher income bracket [tax group]. – **2.** (*nach Leistung, Qualität etc*) grade, rate: j-n hoch ~ to rate s.o. high. – **II E~** *n* ⟨-s⟩ **3.** *verbal noun.* – **4.** *cf.* Einstufung.

'Einˌstu·fen·raˌke·te *f* one- (*od.* single)-stage rocket.

'einˌstu·fig *adj* **1.** *mil.* (*Rakete etc*) single-stage (*attrib*): eine Rakete mit ~em Antrieb a rocket with a single-stage propulsion system. – **2.** *math.* simple. – **3.** *electr.* single-stage (*attrib*).

'Einˌstu·fung *f* ⟨-; -en⟩ **1.** *cf.* Einstufen. – **2.** classification.

'Einˌstu·fungsˌgrup·pe *f econ.* class, grade.

'einˌstül·pen I *v/t* ⟨*sep*, -ge-, h⟩ **1.** (*Hut etc*) push (*od.* turn) in: einen Ärmel ~ to turn in (*od.* tuck in) a sleeve. – **2.** *med. biol.* (*bes. Darm etc*) invaginate. – **II** *v/reflex* sich ~ **3.** get pushed (*od.* turned) in(ward). – **4.** *med. zo.* (*Darm etc*) invaginate, intussuscept. – **III E~** *n* ⟨-s⟩ **5.** *verbal noun.* – **6.** *med. zo.* invagination, inversion, intussusception.

'einˌstün·dig [-ˌʃtʏndɪç] *adj* (*Vortrag etc*) one-hour (*attrib*), lasting one hour, of an hour('s duration).

'einˌstür·men *v/i* ⟨*sep*, -ge-, sein⟩ **1.** auf j-n ~ a) to rush at (*od.* on) s.o., b) *bes. mil.* to attack (*od.* charge, storm) s.o., to make an assault on s.o. – **2.** auf j-n ~ *fig.* to assail (*od.* bombard) s.o.: sie stürmten mit Fragen auf ihn ein they assailed (*od.* bombarded) him with questions; viele neue Eindrücke stürmten auf ihn ein he was assailed (*od.* overwhelmed) by many new impressions.

'Einˌsturz *m* **1.** (*einer Brücke, eines Hauses etc*) collapse: etwas zum ~ bringen to cause s.th. to collapse (*od.* fall in); das Haus steht kurz vor dem ~ the house is about to collapse. – **2.** *cf.* Einstürzen. — **~ˌbe·ben** *n geol.* subsidence earthquake.

'einˌstür·zen I *v/i* ⟨*sep*, -ge-, sein⟩ **1.** (*von Brücke, Gebäude etc*) collapse, fall in (*od.* down), tumble down: ich glaubte, der Himmel stürzte ein *fig. lit.* I thought that the end of the world had come. – **2.** (*einbrechen*) cave in. – **3.** auf j-n ~ *fig.* to assail (*od.* overwhelm) s.o. – **II E~** *n* ⟨-s⟩ **4.** *verbal noun.*

'Einˌsturz|geˌfahr *f* danger of collapse: „Vorsicht! ~!" "danger — building unsafe!" — **~ˌke·gel** *m geol.* boulder choke. — **~ˌtrich·ter** *m* sinkhole.

'einst'wei·len *adv* **1.** meanwhile, in the meantime: du kannst die Sachen ~ hier lassen in the meantime you may leave your things here. – **2.** (*vorläufig*) for the time being, for the present: ich muß mich ~ mit meiner Lage abfinden for the present I have to put up with my situation; lassen wir es ~ dabei let's leave it at that for the time being (*od.* temporarily).

'einst'wei·lig *adj* temporary, provisional, *rare* interimistic, *jur. pol. auch* interim, pro tempore (*scient.*): ~e Lösung provisional solution; ~e Verfügung *jur.* interlocutory (*od.* interim) injunction; ~e Maßnahmen *pol.* interim measures.

'einˌsu·deln *v/t* ⟨*sep*, -ge-, h⟩ soil.

'einˌsump·fen *v/t* ⟨*sep*, -ge-, h⟩ (*in der Töpferei, Malerei*) water (*s.th.*) down.

'ein·syn·chro·niˌsie·ren *v/t* ⟨*sep*, *no* -ge-, h⟩ (*film*) (*Toneffekte*) dub in.

'Einsˌwer·den *n* ⟨-s; *no pl*⟩ *philos.* (*mit der Natur etc*) unification, becoming one.

'einˌtä·gig *adj* **1.** lasting one day, one-day (*attrib*). – **2.** one-day-old, day-old (*beide attrib*). – **3.** *zo. med.* ephemeral.

'Einˌtags|ˌblu·me *f bot.* ephemeral flower (*Gattg Commelina*). — **~ˌfie·ber** *n med.* ephemeral fever. — **~ˌflie·ge** *f* **1.** *zo.* mayfly, dayfly, *Br.* day-fly, ephemera (*scient.*) (*Ordng Ephemeridae*): Gemeine ~ gray (*bes. Br.* grey) drake (*Ephemera vulgata*). – **2.** *fig. colloq.* (*Buch, Schlager etc*) passing (*od.* momentary) fad. – **3.** *fig. colloq.* (*Interesse, Liebe etc*) passing fancy. — **~ˌkü·ken** *n agr.* day-old chick.

'einˌtan·zen *v/reflex* ⟨*sep*, -ge-, h⟩ sich ~ dance a few steps (to get into practice): sich aufeinander ~ to become practiced in dancing together.

'Einˌtän·zer *m* professional (male) dancing partner.

'einˌta·sten *v/t* ⟨*sep*, -ge-, h⟩ (*computer*) feed (*s.th.*) in, enter.

'ein·tä·to,wie·ren *v/t* ⟨*sep*, *no* -ge-, h⟩ tattoo (*auch* tatoo) (*s.th.*) in.

'Einˌtauchˌbahn *f* (*space*) reentry (*Br.* re-entry) corridor.

'einˌtauch·bar *adj* immersible.

'einˌtau·chen I *v/t* ⟨*sep*, -ge-, h⟩ **1.** (*Feder, Ruder etc*) dip (*od.* plunge) (*s.th.*) in, immerse. – **2.** (*Brot etc*) dip (*od.* steep, sop, *Am. auch* dunk) (*s.th.*) in: den Kuchen in den Tee ~ to dip the cake into the tea. – **II** *v/i* ⟨sein⟩ **3.** (*von Schwimmer*) dive in, plunge in. – **4.** (*von Ruder etc*) dip into the water. – **5.** (*von U-Boot*) dive. – **III E~** *n* ⟨-s⟩ **6.** *verbal noun.* – **7.** (*in Wasser etc*) immersion. – **8.** *relig.* (*der Hostie in Wein*) intinction.

'Einˌtauchˌschmie·rung *f tech.* flood (*od.* splash) lubrication.

'Einˌtausch *m* **1.** exchange, swap, *bes. Br.* swop (*colloq.*), (*bes. im Tauschhandel*) barter, truck: im ~ gegen in exchange for, in return for; beim ~ when exchanging (*od.* bartering). – **2.** (*von Geld*) (ex)change. — **'einˌtau·schen** *v/t* ⟨*sep*, -ge-, h⟩ **1.** (*Ware, Briefmarken etc*) exchange, swap, *bes. Br.* swop (*colloq.*), (*bes. im Tauschhandel*) barter, truck: etwas für (*od.* gegen) etwas ~ to exchange s.th. for s.th., to take (*od.* get) s.th. (in exchange) for s.th. – **2.** (*Geldschein etc*) (ex)change. – **3.** (*in Zahlung geben*) trade (*s.th.*) in.

'ein'tau·send *adj* ⟨*cardinal number*⟩ one (*od.* a) thousand.

'einˌtee·ren *v/t* ⟨*sep*, -ge-, h⟩ *tech.* tar.

'einˌtei·gen [-ˌtaɪgən] **I** *v/t* ⟨*sep*, -ge-, h⟩ **1.** *gastr.* (*Nüsse etc*) cover (*s.th.*) with (*od.* enclose [*s.th.*] in) paste (*od.* dough), impaste. – **2.** *brew.* (*Malz*) dough in. – **II E~** *n* ⟨-s⟩ **3.** *verbal noun.* – **4.** *gastr.* envelopment in paste (*od.* dough).

'einˌtei·len I *v/t* ⟨*sep*, -ge-, h⟩ **1.** divide, arrange: etwas in Gruppen ~ to divide s.th. into groups, to group s.th.; etwas in (*od.* nach) Arten ~ to divide (*od.* classify) s.th. into species; einen Aufsatz in Kapitel ~ to divide an essay into chapters. – **2.** (*nach Begabung, Altersstufen etc*) class, grade, rate. – **3.** (*Geld*) budget, manage, husband, plan: sein Geld einzuteilen wissen to know how to budget one's money (*od.* to plan one's expenditures). – **4.** (*Zeit, Arbeit etc*) plan out, organize, divide up, arrange: er kann seine Zeit gut ~ he knows how to organize his time well, he knows how to make good use of his time; sie hat den ganzen Tag genau eingeteilt she has planned (out) (*Am. auch* scheduled) her day in detail; seine Arbeit so ~, daß to arrange one's work so that. – **5.** (*Vorräte etc*) plan (out), divide up. – **6.** *tech.* (*in Grade etc*) graduate, scale. – **7.** *bes. mil.* (*sport*) detail, assign: j-n zum Wachdienst ~ to detail s.o. for guard duty. – **8.** *phys.* (*in Maßeinheiten*) graduate. – **II** *v/i* **9.** budget (one's money), manage (with) one's money: sie kann nicht gut ~ she does not know how to budget (*od.* manage her money). – **III E~** *n* ⟨-s⟩ **10.** *verbal noun.*

'einˌtei·lig *adj* (*Badeanzug etc*) one-piece (*attrib*).

'Einˌtei·lung *f* ⟨-; -en⟩ **1.** *cf.* Einteilen. – **2.** (*Planung*) planning: ~ der Arbeit planning of work; sie hat keine ~ *colloq.* she has no sense of planning. – **3.** (*Anordnung*) arrangement. – **4.** (in *acc* into) division, classification: eine ~ nach Klassen vornehmen to make a classification; ~ in Zonen zoning, zonation; ~ in Regimenter *mil.* regimentation. – **5.** (*nach Rang etc*) gradation. – **6.** (*von Geld*) management: er hat eine gute ~ he manages his money well. – **7.** (*Organisation*) organization, arrangement. – **8.** (*von Zeit*) schedule. – **9.** *tech.* graduation, scale.

'Einˌtei·lungs|ˌgrund *m*, **~prinˌzip** *n* principle of classification.

'Ein·tel *n*, *Swiss meist m* ⟨-s; -⟩ *math.* one part, unit: ein [zwei] ~ one [two] over one.

'einˌtie·fen I *v/t* ⟨*sep*, -ge-, h⟩ **1.** *archeol.* (*einlagern*) embed, imbed. – **2.** *civ.eng.* (*Flußbett etc*) deepen. – **II** *v/reflex* sich ~ **3.** *geol. cf.* einschneiden 10. – **III E~** ⟨-s⟩ **4.** *verbal noun.* — **'Einˌtie·fung** *f* ⟨-; -en⟩ **1.** *cf.* Eintiefen. – **2.** *geol. cf.* Einschnitt 8.

'einˌtö·nig [-ˌtøːnɪç] **I** *adj* **1.** (*Gesang etc*) monotonous, singsong (*attrib*): mit ~er Stimme in a monotonous (*od.* singsong) voice. – **2.** (*Arbeit etc*) monotonous, drab, humdrum, dull, uniform, tedious: eine ~e Landschaft a monotonous landscape; ein ~es Leben a dull (*od.* tedious) life. – **3.** *mus.* monotonic. – **II** *adv* **4.** monotonously, in a singsong way: ~ sprechen (*od.* lesen) to drone, to singsong. — **'Einˌtö·nig·keit** *f* ⟨-; *no pl*⟩ **1.** monotony, singsong. – **2.** monotony, drabness, humdrum(ness), dullness, uniformity, sameness, tediousness. – **3.** *mus.* monotone.

'einˌton·nen *v/t* ⟨*sep*, -ge-, h⟩ (*Fische etc*) barrel, put (*s.th.*) in(to) barrels.

'Einˌton·ner [-ˌtɔnər] *m* ⟨-s; -⟩ *auto.* one-ton lorry (*Am.* truck), one-tonner.

'Einˌtopf *m* ⟨-(e)s; *no pl*⟩ *gastr. cf.* Eintopfessen.

'einˌtop·fen *v/t* ⟨*sep*, -ge-, h⟩ *hort.* (*Blumen etc*) pot (*s.th.*) (up).

'Einˌtopf|ˌes·sen, **~geˌricht** *n gastr.* hot pot, stew, pot-au-feu (*lit.*).

'einˌtör·nen [-ˌtœrnən] *v/i* ⟨*sep*, -ge-, h⟩ *mar.* turn in.

'Einˌtou·ren·maˌschi·ne *f print.* single-revolution machine.

'Einˌtracht *f* ⟨-; *no pl*⟩ harmony, concord, unity, *auch* union: brüderliche ~ brotherly harmony; in völliger ~ in perfect union; in ~ leben to live in harmony (*od.* in peace); ~ macht stark (*Sprichwort*) unity is strength; ~ vermehrt, Zwietracht zerstört (*Sprichwort*) united we stand, divided we fall. — **'einˌträch·tig I** *adj* harmonious, united, peaceable. – **II** *adv* ~ zusammen leben to live harmoniously (*od.* in harmony). — **'Einˌträch·tig·keit** *f* ⟨-; *no pl*⟩ *cf.* Eintracht.

'Einˌtrag *m* ⟨-(e)s; =e⟩ **1.** entry, item: einen ~ machen to make an entry; erscheint als eigener ~ appears as a separate entry. – **2.** (*in Dokumente, Papiere etc*) registration, record: ein ~ ins Strafregister *jur.* an entry in the police record. – **3.** ⟨*only sg*⟩ j-m [etwas] ~ tun *fig.* to be detrimental (*od.* injurious, ruinous) to s.o. [s.th.], to do harm (*od.* damage) to s.o. [s.th.], to detract from s.o. [s.th.]: die Verleumdungen konnten ihrem guten Ruf keinen ~ tun the defamations could not be detrimental to (*od.* harm, hurt, injure, *auch* jeopardize) her (good) reputation. – **4.** *ped.* black mark: er erhielt einen ~ (ins Klassenbuch) he got a black mark. – **5.** (*textile*) woof, weft, filling.

'einˌtra·gen I *v/t* ⟨*irr*, *sep*, -ge-, h⟩ **1.** enter, make an entry of, put (*od.* write) (*s.th.*) down: etwas in eine Liste ~ to enter s.th. in (*od.* on) a list, to list s.th.; etwas einzeln ~ to enter s.th. separately, to make a separate entry of s.th.; etwas wieder ~ to reenter (*Br.* re-enter) s.th.; etwas falsch ~ to make a wrong entry (*od.* a misentry). – **2.** *econ.* (*buchen*) book, enter, post. – **3.** (*als Mitglied*) enrol(l) (*s.o.*) (as a member). – **4.** (*in Dokumente, Papiere etc*) register, record: die Geburt eines Kindes ~ lassen to have a child's birth registered, to register (*od.* record) a child's birth; eine Hypothek ~ to record a mortgage; eine Gesellschaft (ins Handelsregister) ~ lassen to register a company (in the Commercial Register), *Am.* to incorporate a company. – **5.** *fig.* (*einbringen*) (*Gewinn*) bring in, bear, yield, gain: sein Geschäft trägt sehr wenig ein his business yields very little profit. – **6.** *fig.* bring, gain: das hat dir wenig Ehre eingetragen that has only brought reproach (up)on you; j-m Ruhm ~ to bring s.o. fame. – **7.** *rare* (*hineintragen*) carry in(to), gather in: die Bienen tragen den Honig ein the bees are bringing in the honey. – **8.** *math.* (*in Koordinatensystem etc*) plot. – **9.** *mar.* (*ins Logbuch*) log. – **10.** *jur.* (*in Geschworenenliste*) empanel, *auch* impanel. – **11.** *pol.* (*in Wahlliste*) poll, register (*s.o.*) as an elector. – **12.** den Schuß ~ (*textile*) to pick. – **II** *v/reflex* sich ~ **13.** register, enrol(l), put oneself down, register (*od.* enrol[l]) oneself, enter one's name: sich (im Gästebuch eines Hotels) ~ to sign the (hotel) register, *Am.* to check in; er hat sich in die Liste ~ lassen he had his name put on the list; haben Sie sich als Spender eingetragen? have you entered your name on the list of donors? – **III E~** *n* ⟨-s⟩ **14.** *verbal noun.*

'einˌträg·lich [-ˌtrɛːklɪç] *adj* **1.** (*gewinnbringend*) profitable, lucrative: nicht ~ not profitable, unprofitable. – **2.** (*lohnend*) remunerative, paying, rewarding. – **3.** *bes. econ.* productive: nicht ~ unproductive. — **'Einˌträg·lich·keit** *f* ⟨-; *no pl*⟩ **1.** profitableness, lucrativeness. – **2.** remunerativeness. – **3.** *bes. econ.* productiveness.

'Einˌtra·gung *f* ⟨-; -en⟩ **1.** *cf.* Eintragen. – **2.** entry: nachträgliche ~ postentry, *Br.* post-entry. – **3.** (*eines Mitglieds*) enrol(l)ment. – **4.** (*in Dokumente etc*) registration: ~ einer Hypothek registration of a mortgage; ~ ins Handelsregister registration in (*od.* into) the Commercial Register; ~ eines Warenzeichens registration of a trademark (*Br.* trade mark); etwas zur ~ anmelden to apply for the registration of s.th., *bes. Br.* to notify s.th. for registration. – **5.** (*Einfügung*) insertion. – **6.** (*Posten*) item.

'Einˌtra·gungs|geˌbühr *f* registration fee. — **~ˌnum·mer** *f* registration number. — **e~ˌpflich·tig** *adj* subject to registration. — **~ˌtag** *m econ.* day of registration (*od.* entry, recording, transfer). — **~verˌmerk** *m* note of registration.

'einˌträn·ken *v/t* ⟨*sep*, -ge-, h⟩ **1.** steep. – **2.** j-m etwas ~ *fig. colloq.* to pay s.o. back (*bes. Br.* out), to make s.o. pay for s.th., to get even with s.o. for s.th.: dem werde ich es ~ he'll (have to) pay for that, I'll make him suffer (*od.* pay him back) for that.

'einˌträu·feln I *v/t* ⟨*sep*, -ge-, h⟩ **1.** (in *acc* into) instill, *auch* instil, pour (*od.* introduce) (*s.th.*) in drops (*od.* drop by drop): Borwasser in j-s Augen ~ to put a few drops of boric acid in s.o.'s eyes. – **2.** *fig. lit.* infuse: j-m Haß auf j-n ~ to infuse hatred for s.o. into s.o. – **II E~** *n* ⟨-s⟩ **3.** *verbal noun.* — **'Einˌträu·fe·lung, 'Einˌträuf·lung** *f* ⟨-; -en⟩ **1.** instillation. – **2.** *fig.* infusion.

'einˌtref·fen I *v/i* ⟨*irr, sep*, -ge-, sein⟩ **1.** arrive: die Bücher [Reisenden] trafen gestern ein the books [travel(l)ers] arrived yesterday; am verabredeten Ort ~ to arrive at (*od.* to reach) the appointed place; soeben eingetroffen! just arrived! – **2.** *fig.* (*zutreffen*) come (*od.* prove) true, be realized (*od.* verified), happen, come to pass (*lit.*): ihre Prophezeiung ist eingetroffen her prophecy came true (*od.* was fulfilled); meine Befürchtungen trafen ein my fears proved (*od.* came) true; alles traf so ein, wie er es vorausgesagt hatte everything happened the way he had predicted (it). – **3.** (*sport*) come in: als erster [dritter] ~ to come in first [third]. – **II E~** *n* ⟨-s⟩ **4.** *verbal noun.* – **5.** arrival. – **6.** *fig.* realization, coming true, verification, fulfillment, *bes. Br.* fulfilment.

'einˌtreib·bar *adj jur. econ.* **1.** (*Gelder, Steuern*) exactable, collectible. – **2.** (*Forderungen*) recoverable. — **'Einˌtreib·bar·keit** *f* ⟨-; *no pl*⟩ **1.** exactableness, collectibleness. – **2.** recoverableness.

'einˌtrei·ben I *v/t* ⟨*irr, sep*, -ge-, h⟩ **1.** (*Vieh etc*) drive (*cattle*) in (*od.* home). – **2.** (*Keile etc*) drive (*s.th.*) (in) (*od.* home), punch (*s.th.*) in: einen Keil ~ to drive a wedge into position. – **3.** *jur. econ.* a) (*Gelder, Steuern*) recover, collect, b) (*Forderungen etc*) recover, call in. – **II E~** *n* ⟨-s⟩ **4.** *verbal noun.* — **'Einˌtrei·ber** *m* (*von Steuern etc*) (tax) collector. — **'Einˌtrei·bung** *f* ⟨-; -en⟩ **1.** *cf.* Eintreiben. – **2.** *econ.* recovery, collection.

'einˌtre·ten I *v/i* ⟨*irr, sep*, -ge-, sein⟩ **1.** enter, walk (*od.* go, step) in: in ein Zimmer ~ to enter a room; „bitte ~ ohne anzuklopfen" "please enter without knocking"; durch die Tür ~ to enter by (*od.* through) the door; bitte treten Sie ein! come in, please! – **2.** (*von Sachen*) enter, pass in: die Rakete ist in die vorgeschriebene Umlaufbahn eingetreten the rocket has entered the intended orbit; die Sonne tritt in das Sternbild des Löwen ein the sun passes into the sign of Leo. – **3.** *fig.* (*beginnen*) enter: sie trat in ihr 30. Lebensjahr ein she entered (upon) her 30th year; in Beratungen mit j-m ~ to enter into consultations with s.o. – **4.** *fig.* (*einsetzen*) set in: plötzlich trat eine große Kälte ein suddenly an intense cold set in; die Dunkelheit ist gestern schon sehr früh eingetreten darkness set in (*od.* fell) very early yesterday; nach seiner Bemerkung trat Stillschweigen ein silence set in (*od.* fell) after his remark. – **5.** *fig.* (*von Flut*) come in. – **6.** *fig.* (*geschehen, sich ereignen*) happen, take place, occur, ensue, arise, supervene, *jur. auch* accrue: plötzlich ~ to intervene; unerwartet ~ to turn (*od.* crop) up; ein unerwarteter Zwischenfall ist eingetreten an unforeseen event occurred; es kann der Fall [die Notwendigkeit] ~, daß it may happen [be necessary] that; leider ist noch keine Besserung bei dem Patienten eingetreten unfortunately the patient has not improved yet; gestern trat (bei ihm) der Tod ein death occurred (*od.* came, ensued) yesterday, he died yesterday; der Tod trat sofort ein death was instantaneous; wenn nicht schlechtes Wetter eintritt barring bad weather; zum Zeitpunkt, als der Klagegrund eintrat *jur.* at the time (when) the cause of action arose (*od.* accrued). – **7.** *cf.* eintreffen 2. – **8.** *fig.* (*beitreten*) join, enter: in einen Klub ~ to join a club; ins politische Leben ~ to enter politics; in ein Kloster ~ to enter a monastery (*od.* convent), to take the vows; in den Krieg ~ to enter the war; in das Heer ~ to join (*od.* enter, enlist in) the army, to join the ranks; als Freiwilliger ~ to volunteer; in eine Firma ~ to enter (*od.* join) a firm; als j-s Teilhaber ~ to enter into partnership with s.o.; in den diplomatischen Dienst ~ to enter the diplomatic service (*od.* corps, *bes. Am.* the Foreign Service). – **9.** für j-n ~ a) *cf.* einspringen 1, b) (*verteidigen*) to stand up (*od.* intercede, plead, speak up, stick up [*colloq.*]) for s.o., to take s.o.'s part (*od.* side), to support s.o., to take up the cudgels for s.o. – **10.** für etwas ~ a) to stand (up) (*od.* plead, speak up, stick up [*colloq.*]) for s.th., to advocate (*od.* champion, espouse) s.th., b) (*für Schaden etc*) to be liable (*od.* to answer, to assume liability) for s.th.: er tritt offen für seine Überzeugung ein he speaks up openly for his convictions; für einen Grundsatz ~ to champion a principle. – **11.** *jur.* a) enter, succeed, b) open, commence: in j-s Rechte und Pflichten ~ to enter into (*od.* succeed to) s.o.'s rights and obligations; wieder in seine Rechte ~ to reenter (*Br.* re-enter) into one's rights; in die Verhandlung ~ to open the proceedings, to commence the hearing. – **12.** auf ein Gesuch ~ *pol. Swiss* to grant a petition; auf eine Gesetzesvorlage ~ to pass a bill. – **II** *v/t* ⟨h⟩ **13.** (*Schuhe*) break (*s.th.*) in. – **14.** (*Tür etc*) kick (*s.th.*) in (*od.* open). – **15.** (*Grassamen etc*) tread (*s.th.*) in, stamp: einen Pfad in den Schnee ~ to stamp out a path in the snow. – **16.** sich (*dat*) etwas (in den Fuß) ~ to run s.th. into one's foot. – **III E~** *n* ⟨-s⟩ **17.** *verbal noun.* – **18.** *cf.* Eintritt 1, 2, 4—10.

'einˌtre·ten·den'falls *adv* (*officialese*) in that event (*od.* case), should the case (*od.* need) arise.

'Einˌtre·tens·deˌbat·te *f pol. Swiss* preliminary debate.

'einˌtrich·tern I *v/t* ⟨*sep*, -ge-, h⟩ **1.** *cf.* einflößen 1. – **2.** j-m etwas ~ *fig. colloq.* to drum (*od.* pound, hammer) s.th. into s.o.('s head), to cram s.th. into s.o. – **II E~** *n* ⟨-s⟩ **3.** *verbal noun.*

'Einˌtritt *m* **1.** entry, entrance: beim ~ ins Zimmer on entering the room; „~ verboten!" "no admittance (*od.* entry)!" "keep out!" j-m den ~ in (*acc*) etwas verwehren (*auch fig.*) to bar s.o.'s entry into s.th., to prevent s.o. from entering s.th.; sich (*dat*) ~ in j-s Kreis verschaffen *fig.* to gain entry to s.o.'s circle. – **2.** (*einer Sache*) entry: der ~ der Revolverkugel the entry of the revolver bullet. – **3.** entrance, admission: ~ frei! admission free! wie teuer ist der ~? how much is (the) admission? ~ verlangen to charge admission. – **4.** (*Beginn*) onset, setting in, beginning, commencement: das muß noch vor ~ des Tauwetters geschehen that has to be done before the thaw sets in; beim ~ der Regenzeit at the onset of the rainy season. – **5.** (*Auftreten*) incidence, occurrence: bei ~ völliger Taubheit upon the occurrence of complete deafness; bei ~ einer Bedingung [eines Umstandes] *jur.* upon the happening of a contingency [an event]; bei ~ des Erbfalles *jur.* upon the testator's death, upon devolution of the estate; seit ~ des den Klageanspruch begründenden Ereignisses *jur.* from the accrual of the cause of action, since the cause of action arose; ~ des Versicherungsfalles *jur.* occurrence of the event insured against. – **6.** (*Beitritt*) entry, entrance: sein ~ in einen Klub his entrance (*od.* entry) into a club; sein ~ ins Heer *mil.* his entering (*od.* joining) (of) the army. – **7.** *jur.* (*in Rechte etc*) entry, succession. – **8.** *metall.* (*von Walzgut in die Walzen*) entry. – **9.** *astr.* ingress, immersion, entry: ~ der Sonne in das Sternzeichen des Steinbocks the sun's entry into the sign of Capricorn. – **10.** (*space*) reentry, *Br.* re-entry.

'Einˌtritts|erˌlaub·nis *f* admission. — **~geˌbühr** *f*, **~ˌgeld** *n* **1.** entrance (fee), admission (fee). – **2.** (*sport*) gate (money), *Br.* gate(-money). — **~ˌkan·te** *f aer.* leading edge. — **~ˌkar·te** *f* ticket (of admission). — **~ˌöff·nung** *f tech.* admission (*od.* intake) orifice. — **~ˌpfor·te** *f med.* portal of entry. — **~ˌpha·se** *f* **1.** *astr.* entering phase. – **2.** (*space*) reentry (*Br.* re-entry) (phase). — **~ˌprä·mie** *f econ.* take-over premium. — **~ˌpreis** *m* (price of) admission. — **~ˌrecht** *n jur.* representation. — **~ˌwin·kel** *m* (*optics*) entering angle, *auch* angle of contact.

'einˌtrock·nen I *v/i* ⟨*sep*, -ge-, sein⟩ **1.** (*von Tinte, Blut, Zunge etc*) dry up, go dry. – **2.** (*einschrumpfen*) shrivel (up). – **3.** dir ist wohl das Gehirn eingetrocknet? *sl.* you should have your head examined, you are pretty stupid. – **II** *v/t* ⟨h⟩ **4.** (*Nahrungsmittel etc*) dry up; dehydrate, desiccate (*scient.*).

'einˌtrom·meln *colloq.* **I** *v/t* ⟨*sep*, -ge-, h⟩ *cf.* eintrichtern 2. – **II** *v/i* auf j-n ~ *fig.* to hammer (*od.* drum) (up)on s.o.

'einˌtröp·feln *v/t* ⟨*sep*, -ge-, h⟩ *cf.* einträufeln 1.

'einˌtrü·ben I *v/reflex* ⟨*sep*, -ge-, h⟩ sich ~ (*von Wetter*) become cloudy (*od. stärker* overcast). – **II E~** *n* ⟨-s⟩ *verbal noun.* — **'Einˌtrü·bung** *f* ⟨-; -en⟩ **1.** *cf.* Eintrüben. – **2.** cloudiness.

'einˌtru·deln *v/i* ⟨*sep*, -ge-, sein⟩ *colloq.* arrive (slowly).

'einˌtrüm·mig [-ˌtrʏmɪç] *adj metall.* (*Schrägaufzug*) single-track, single-ship (*beide attrib*).

'einˌtun·ken *v/t* ⟨*sep*, -ge-, h⟩ *dial. for* eintauchen 2.

'einˌtup·fen *v/t* ⟨*sep*, -ge-, h⟩ *med.* dab in.

'einˌtü·ten [-ˌtyːtən] *v/t* ⟨*sep*, -ge-, h⟩ put (*s.th.*) into paper bags.

'einˌüben I *v/t* ⟨*sep*, -ge-, h⟩ **1.** (*Lied etc*) practice, *bes. Br.* practise, study: ein Musikstück [eine Rolle] ~ to practice (*od.* rehearse) a piece of music [a part]; sich (*dat*) etwas ~ to practice s.th., to teach oneself s.th. – **2.** (*Mannschaft, Schüler etc*) train, coach, drill. – **3.** j-m etwas ~ *colloq.* to teach s.o. s.th. – **II E~** *n* ⟨-s⟩ **4.** *verbal noun.* – **5.** *cf.* Einübung. — **'Einˌüber** *m* ⟨-s; -⟩ *mus. cf.* Korrepetitor. — **'Einˌübung** *f* ⟨-; -en⟩ **1.** *cf.* Einüben. – **2.** practice, study, systematic exercise, (*von Rollen etc*) *auch* rehearsal, coaching.

'Einˌund'al·les *n* ⟨-; *no pl*⟩ everything: das ist mein ~ that is my everything.

'Ein- ˌund 'Ausˌrückˌkupp·lung *f tech.* clutch (coupling).

'einˌundˌein'halb *adj cf.* eineinhalb.

'Ei·nung *f* ⟨-; -en⟩ *obs. for* Einigung.

'ein·verˌlei·ben I *v/t* ⟨*sep, no* -ge-, h⟩ **1.** (*Gebiet, Territorium etc*) incorporate, annex. – **2.** (*dat*) (*Sache etc*) add (*s.th.*) (to), include (*s.th.*) (into): er verleibte das Buch seiner Bibliothek ein he added the book to his library. – **3.** sich (*dat*) etwas ~ a) *colloq. humor.* (*Kuchen etc*) to polish s.th. off (*colloq.*), to consume (*od.* to eat, to drink) s.th., b) *biol.* to ingest s.th. – **II E~** *n* ⟨-s⟩ **4.** *verbal noun.* – **5.** *cf.* Einverleibung. — **'ein·verˌlei·bend I** *pres p.* – **II** *adj ling.* (*Sprache*) polysynthetic, incorporating. — **'ein·verˌleibt I** *pp.* – **II** *adj* incorporate(d). — **'Ein·verˌlei·bung** *f* ⟨-; -en⟩ **1.** *cf.* Einverleiben. – **2.** (*eines Territoriums etc*) incorporation, annexation. – **3.** (*eines Buches etc*) inclusion. – **4.** *colloq. humor.* (*von Kuchen etc*) consumption. – **5.** *biol.* ingestion.

'Ein·verˌnah·me *f* ⟨-; -n⟩ *jur.* a) (*eines Angeklagten etc*) interrogation, b) (*eines Zeugen*) examination. — **'ein·verˌneh·men** *v/t* ⟨*irr, sep, no* -ge-, h⟩ a) (*Angeklagten etc*) interrogate, b) (*Zeugen*) examine.

'Ein·verˌneh·men *n* ⟨-s; *no pl*⟩ **1.** understanding, agreement, harmony, concord:

gutes ~ amity, good understanding; geheimes [stillschweigendes] ~ secret (*od.* collusive) [tacit] understanding; in gutem [bestem] ~ mit j-m stehen to be on good [the best of] terms with s.o.; in gegenseitigem ~ by mutual agreement; gutes ~ der Nationen *pol.* comity of nations. – 2. sich mit j-m ins ~ setzen (*officialese*) to come to terms (*od.* an understanding, an agreement) with s.o.

ˈein·verˌstan·den *adj* ⟨*pred*⟩ ~ sein to agree, to be agreed (*od. colloq.* agreeable), to consent: mit etwas ~ sein to agree to (*od.* consent to, approve of) s.th., to be agreeable to s.th. (*colloq.*); wir sind mit allem ~ we agree (*od.* consent) to everything; mit j-m ~ sein a) to agree with s.o., to be in agreement with s.o., to concur with s.o., b) to approve of s.o.; nicht ~ sein to disagree, to disapprove; sich mit etwas ~ erklären to consent (*od.* assent) to s.th.; wir sind damit ~, daß we are agreed (*od.* in agreement) that; ~? agreed? do you agree? all right? O.K.? (*colloq.*); ~! agreed! very good! all right! right oh! (*sl.*), O.K.! (*colloq.*).

ˈein·verˌständ·lich *adj Austrian* (*bes. officialese*) by mutual consent.

ˈEin·verˌständ·nis *n* ⟨-ses; *no pl*⟩ 1. assent, consent, approval, concurrence: im ~ mit j-m handeln to act with s.o.'s approval; zum Zeichen des ~ses in token (*od.* as a sign) of approval, in acquiescence; j-s ~ einholen to obtain s.o.'s consent; sein ~ erklären to declare one's consent; ich setze dein ~ voraus I take your approval for granted. – 2. *cf.* Einvernehmen 1. – 3. *jur.* a) (previous) consent, b) (*nachträgliche Billigung*) approval: geheimes (*od.* strafbares) ~ collusion, connivance; stillschweigendes ~ tacit understanding; im geheimen ~ handeln to act in collusion; in geheimem ~ mit j-m stehen to collude (*od.* connive) with s.o. — **~erˌklä·rung** *f jur.* declaration of consent.

ˈEinˌwaa·ge *f* ⟨-; *no pl*⟩ 1. (*von Fleisch, Gemüse etc*) weight before being tinned (*od.* packed, deep-frozen). – 2. (*von Mehl etc*) net weight. – 3. weight lost (in weighing out). – 4. *chem.* (*bei Gewichtsbestimmung*) test portion, weighed portion.

ˈeinˌwach·sen[1] *v/t* ⟨*sep*, -ge-, h⟩ wax(-polish), polish, treat (*s.th.*) with wax, apply wax to.

ˈeinˌwach·sen[2] *v/i* ⟨*irr, sep*, -ge-, sein⟩ (*von Fingernagel etc*) grow in: in (*acc*) etwas ~ to grow into s.th.

ˈeinˌwä·gen *v/t* ⟨*irr, sep*, -ge-, h⟩ *chem.* weigh in.

ˈeinˌwal·zen *v/t* ⟨*sep*, -ge-, h⟩ roll in.

ˈEinˌwand *m* ⟨-(e)s; ⸚e⟩ 1. (gegen to) objection: (gegen etwas) Einwände erheben (*od.* vorbringen, machen) to raise (*od.* make) objections (to s.th.), to take exception (to s.th.); ich habe keine Einwände I have no objections (to raise); ohne Einwände without any objection; einen ~ zurückweisen to overrule an objection. – 2. argument. – 3. *jur. Br.* defence, *Am.* defense, plea: dieser ~ ist nicht statthaft that plea is not available; ~ der Nötigung plea of duress.

ˈEinˌwan·de·rer *m* ⟨-s; -⟩ 1. immigrant. – 2. *bot.* adventive plant, alien.

ˈeinˌwan·dern I *v/i* ⟨*sep*, -ge-, sein⟩ 1. (in *acc* to) immigrate. – 2. (*von Völkern, Tieren etc*) (in *acc* to) migrate. – **II E~** *n* ⟨-s⟩ 3. *verbal noun.* — **ˈeinˌwan·dernd I** *pres p.* – **II** *adj* 1. immigrant. – 2. migrant. — **ˈEinˌwan·de·rung** *f* ⟨-; -en⟩ 1. *cf.* Einwandern. – 2. immigration. – 3. (*von Völkern etc*) migration. – 4. *zo.* a) migration, b) (*in Massen*) visitation.

ˈEinˌwan·de·rungs|beˌhör·de *f* immigration authorities *pl.* — **~beˌschrän·kung** *f* immigration restriction. — **~erˌlaub·nis** *f* immigration permit. — **~ˌland** *n* immigration country. — **~po·liˌtik** *f* immigration policy. — **~ˌquo·te** *f* immigration quota, *Am.* quota. — **~verˌbot** *n* ban on immigration.

ˈeinˌwandˌfrei I *adj* 1. perfect, faultless, flawless: in ~em Zustand in perfect condition; sein Deutsch ist ~ his German is perfect; ein ~es Alibi haben *jur.* to have a perfect alibi. – 2. (*Benehmen etc*) blameless, irreproachable, unimpeachable, impeccable. – 3. (*Leumund, Vergangenheit etc*) spotless, unblemished, immaculate, unimpeachable, impeccable. – 4. (*Beweisführung etc*) unimpeachable, incontestable, undeniable, indubitable. – 5. (*Gemüse, Eier etc*) fresh, good. – **II** *adv* 6. blamelessly, irreproachably: er hat sich ~ benommen he behaved irreproachably. – 7. (*eindeutig*) uncontestably, undeniably, indubitably, undoubtedly, without question, with certainty: es steht ~ fest it is beyond question; das ist ~ das beste that is undoubtedly the best (thing to do). – 8. (*tadellos*) perfectly: der Motor läuft ~ the engine runs perfectly.

ˈeinˌwan·dig [-ˌvandɪç] *adj tech.* single-walled.

ˈeinˌwärts *adv* inward(s). — **~ˌbie·gen** *v/t* ⟨*irr, sep*, -ge-, h⟩ bend (*s.th.*) inward(s). — **~ˌdre·hen I** *v/t* ⟨*sep*, -ge-, h⟩ 1. turn (*s.th.*) inward(s). – 2. *med.* (*Hand etc*) pronate. – **II E~** *n* ⟨-s⟩ 3. *verbal noun.* — **E~ˌdre·hung** *f* 1. *cf.* Einwärtsdrehen. – 2. inturn. – 3. *med.* (*der Hand etc*) pronation, inversion. — **~geˌbo·gen I** *pp of* einwärtsbiegen. – **II** *adj* turned-in (*attrib*). — **~ˌge·hen** *v/i* ⟨*irr, sep*, -ge-, sein⟩ walk with one's toes turned in, walk pigeon-toed (*od.* intoed, *Br.* in-toed), toe in. — **~ˌkeh·ren** *v/t* ⟨*sep*, -ge-, h⟩ 1. turn (*s.th.*) in. – 2. *fig.* (*Gedanken etc*) introvert. — **E~ˌschie·len** *n med.* convergent (*od.* internal) squint. — **E~ˌschrei·ten** *n geol.* (*der Küste*) retreat. — **E~ˌzie·her** *m med.* adductor muscle, invertor.

ˈeinˌwäs·sern *v/t* ⟨*sep*, -ge-, h⟩ *gastr.* (*Heringe etc*) soak, steep.

ˈeinˌwe·ben I *v/t* ⟨*auch irr, sep*, -ge-, h⟩ 1. (*textile*) weave (*od.* work) (*s.th.*) in, interlace, interweave: sie hat ein hübsches Muster in die Decke eingewebt she wove a nice pattern into the tablecloth. – 2. *fig. lit. for* einflechten 4. – **II** *v/reflex* sich ~ 3. *zo.* (*von der Seidenraupe etc*) spin its cocoon.

ˈeinˌwech·seln I *v/t* ⟨*sep*, -ge-, h⟩ 1. *econ.* (*Geld, Devisen etc*) (gegen for) (ex)change. – 2. *econ.* (*Scheck etc*) cash. – 3. *cf.* eintauschen. – **II** *v/i* ⟨sein⟩ 4. *hunt.* move. – **III E~** *n* ⟨-s⟩ 5. *verbal noun.* — **ˈEinˌwech·se·lung, ˈEinˌwechs·lung** *f* ⟨-; -en⟩ 1. *cf.* Einwechseln. – 2. *econ.* (ex)change.

ˈEinˌweck·ap·paˌrat *m* sterilizing apparatus, sterilizer (*for preserving fruit, vegetables etc*).

ˈeinˌwecken (*getr.* -k·k-) *v/t* ⟨*sep*, -ge-, h⟩ *gastr.* (*Früchte, Gemüse*) bottle (*s.th.*) in a sterilizing apparatus.

ˈEinˌweck|ˌglas *n* preserving jar. — **~ˌgum·mi** *n, auch m*, **~ˌring** *m* rubber ring for preserving jar. — **~ˌzeit** *f* time for preserving fruit and vegetables.

ˈEinˌwegˌbahn *f* (*railway*) monorail.

ˈEinˌwe·ge·maˌschi·ne *f tech.* single- (*od.* one-)way machine.

ˈEinˌweg|ˌfla·sche *f econ.* expendable (*od.* nonreturnable, *Br.* non-returnable) bottle, *Am.* nondeposit (*od.* no-return) bottle. — **~ˌgleichˌrich·ter** *m electr.* half-wave rectifier. — **~ˌhahn** *m tech.* one-way cock. — **~ˌschal·ter** *m electr.* single-way switch.

ˈeinˌwei·big [-ˌvaɪbɪç] *adj bot.* monogynous, monogynic, *auch* monogynious. — **ˈEinˌwei·big·keit** *f* ⟨-; *no pl*⟩ monogyny.

ˈeinˌwei·chen I *v/t* ⟨*sep*, -ge-, h⟩ 1. soak, steep: Brot in Milch ~ to soak (*od.* steep) bread in milk; die schmutzige Wäsche ~ to soak (*od.* steep) the dirty washing. – 2. *tech.* water. – 3. *chem.* digest, macerate. – 4. (*textile*) (*Flachs etc*) ret, *Br. auch* rait, rate. – 5. *fig. colloq. for* durchnässen[1]. – **II E~** *n* ⟨-s⟩ 6. *verbal noun.* – 7. maceration.

ˈEinˌweich|ˌmit·tel *n* soaking agent (*od.* medium). — **~ˌtrom·mel** *f tech.* (*Papierherstellung*) pulping engine.

ˈEinˌwei·chung *f* ⟨-; *no pl*⟩ *cf.* Einweichen.

ˈeinˌwei·hen I *v/t* ⟨*sep*, -ge-, h⟩ 1. (*Brücke, Straße etc*) inaugurate, open (formally), *Am. auch* dedicate: eine Wohnung ~ *fig.* to give a housewarming (*Br.* house-warming) (party). – 2. *relig.* (*Kirche etc*) consecrate. – 3. *fig. colloq.* use (*od.* wear) (*s.th.*) for the first time, break in, 'christen' (*colloq.*). – 4. *fig.* (*Person*) (in *acc* in, into) initiate: j-n in ein Geheimnis ~ to initiate s.o. in (*od. colloq.* let s.o. in on) a secret; wir sollten ihn ~ we should tell him (*od. colloq.* let him in on it). – **II E~** *n* ⟨-s⟩ 5. *verbal noun.* — **ˈEinˌwei·hung** *f* ⟨-; -en⟩ 1. *cf.* Einweihen. – 2. inauguration, *Am. auch* dedication. – 3. *relig.* (*einer Kirche etc*) consecration. – 4. *fig.* (in *acc* in, into) initiation.

ˈEinˌwei·hungs|ˌfei·er(·lich·keit) *f* 1. inaugural (*Am. auch* dedication) ceremony. – 2. *relig.* consecration (ceremony). — **~ˌre·de** *f* inaugural address.

ˈeinˌwei·sen I *v/t* ⟨*irr, sep*, -ge-, h⟩ (in *acc*) 1. (*in Heim, Heilanstalt etc*) put (in), commit (*od.* send) (to): j-n in ein Krankenhaus ~ to commit (*od.* send) s.o. to a hospital. – 2. (*in Wohnung, Lager etc*) assign (to), send (to). – 3. (*feierlich einführen*) instal(l) (in): j-n in sein neues Amt ~ a) (*Direktor etc*) to instal(l) s.o. in his new office, b) *relig.* (*Pfarrer*) to instal(l) (*od.* induct) s.o. in his new charge. – 4. (*einarbeiten*) instruct (in), initiate (in), train (in), introduce (to). – 5. (*Fahrer, Fahrzeug*) guide (into), direct (into): j-n in den Verkehr [in eine Parklücke] ~ to guide (*od.* direct) s.o. into the traffic [a parking space]. – 6. j-n in den Besitz einer Sache ~ *jur.* to transfer the possession of s.th. to s.o., to vest (the possession of) s.th. in s.o., to put s.o. in(to) possession of s.th. – 7. *aer.* (*Flugzeug*) (*mittels Radar od. Funk*) vector (into). – **II E~** *n* ⟨-s⟩ 8. *verbal noun.* — **ˈEinˌwei·ser** *m* ⟨-s; -⟩ *aer.* guide. — **ˈEinˌwei·sung** *f* ⟨-; -en⟩ (in *acc*) 1. *cf.* Einweisen. – 2. (*in ein Krankenhaus*) sending (to), committal (to). – 3. (*in Lager, Wohnung etc*) assignment (to), allocation (to). – 4. (*eines Direktors etc*) installation (in). – 5. (*eines Pfarrers*) installation (in), induction (in). – 6. (*Einarbeitung*) instruction (in), initiation (in), introduction (to). – 7. *jur. cf.* Besitzeinweisung.

ˈEinˌwei·sungs|beˌscheid *m jur.* (*Besitzeinweisung*) vesting order. — **~ˌflug** *m aer.* 1. instruction flight. – 2. checkout flight. — **~ˌschein** *m* (*ins Krankenhaus*) referral slip (for hospitalization).

ˈeinˌwen·den I *v/t* ⟨*auch irr, sep*, -ge-, h⟩ 1. etwas ~ (gegen) to object (to), to make (*od.* raise) an objection (to), to oppose (*acc*), to argue (against), to remonstrate (against): er hat nichts dagegen einzuwenden he does not object to it, he has no objection to it; dagegen ließe sich vieles ~ there are many objections one could raise against that, quite a few things could be said against that; er wendete (*od.* wandte) ein, daß he objected (*od.* made the objection, argued) that. – 2. answer, (say in) reply: ich wußte auf seine Darlegungen nichts einzuwenden I had no reply to make to his explanations. – 3. etwas einzuwenden haben gegen to mind. – **II E~** *n* ⟨-s⟩ 4. *verbal noun.* — **ˈEinˌwen·dung** *f* ⟨-; -en⟩ 1. *cf.* Einwenden. – 2. objection: ~en machen to raise objections; falls keine ~en erhoben werden in case there are no objections. – 3. *cf.* Einwand.

ˈeinˌwer·fen I *v/t* ⟨*irr, sep*, -ge-, h⟩ 1. throw (*s.th.*) in, deposit. – 2. (*Brief etc*) post, *bes. Am.* mail. – 3. (*Münzen*) insert. – 4. (*Fensterscheiben etc*) break, smash. – 5. *fig.* (*Bemerkungen etc*) interpose, interject, *auch* inject, throw (*od.* put) in. – 6. *fig. cf.* einwenden 2. – **II** *v/i* 7. (*sport*) throw in (the ball). – **III E~** *n* ⟨-s⟩ 8. *verbal noun.* – 9. *cf.* Einwurf 3, 4, 5. — **ˈEinˌwer·fen·de** *m, f* ⟨-n; -n⟩ (*sport*) thrower-in.

ˈeinˌwer·tig *adj* 1. *chem.* a) univalent, monovalent, b) (*Alkohol*) monohydric: ~es Atom (*od.* Element, Radikal) monad. – 2. *math.* single-valued. — **ˈEinˌwer·tig·keit** *f* ⟨-; -en⟩ 1. *chem.* univalence, monovalence. – 2. *math.* single valuedness.

ˈeinˌwickeln (*getr.* -k·k-) **I** *v/t* ⟨*sep*, -ge-, h⟩ 1. wrap (*s.th., s.o.*) (up): wickeln Sie es (mir) bitte ein wrap it up, please; etwas in Papier ~ to wrap s.th. (up) in paper; er wickelte das Kind in eine warme Decke ein he wrapped the child (up) in a warm blanket. – 2. (*Haare*) *cf.* eindrehen 3. – 3. *fig. colloq.* (*durch Schmeicheleien*) butter (*s.o.*) up, soft-soap (*sl.*). – 4. *fig. colloq.* (*überlisten*) trick, dupe, hoax, get round, take (*s.o.*) in: sie hat sich von ihm völlig ~ lassen he got round her completely, she was completely taken in by him. – 5. Beute (im Schleim) ~ *zo.* to slime. – **II** *v/reflex* sich ~ 6. wrap oneself up, enwrap (*od.* envelop) oneself: sich in eine Decke ~ to wrap oneself (up) in a blanket. – **III E~** *n* ⟨-s⟩ 7. *verbal noun.*

ˈEinˌwickel·paˌpier (*getr.* -k·k-) *n* wrapping paper.

ˈEinˌwicke·lung (*getr.* -k·k-), **ˈEinˌwick·lung** *f* ⟨-; -en⟩ *cf.* Einwickeln.

'einˌwie·gen[1] *v/t* ⟨*sep*, -ge-, h⟩ **1.** (*Kind*) rock (*child*) to sleep. – **2.** *fig.* lull.

'einˌwie·gen[2] *v/t* ⟨*irr, sep*, -ge-, h⟩ (*Waren*) pack (*s.th.*) by weight.

'einˌwil·li·gen [-ˌvɪlɪgən] **I** *v/i* ⟨*sep*, -ge-, h⟩ **1.** (in *acc* to) consent, agree, assent, accede, approve: (in *acc* etwas) **widerstandslos** ~ to acquiesce (in s.th.); **er hat in die Heirat eingewilligt** he consented (*od.* agreed) to the marriage, he gave his consent to the marriage; **in ein Angebot** ~ *econ.* to accede to an offer; **sie willigt darin ein, daß** she agrees that. – **2.** ~ in (*acc*) *cf.* erlauben 1. – **II E**~ *n* ⟨-s⟩ **3.** *verbal noun.* — **'Einˌwil·li·gung** *f* ⟨-; -en⟩ **1.** *cf.* Einwilligen. – **2.** consent, agreement, assent, approval: **stillschweigende** ~ acquiescence; **nur mit** ~ **der Eltern** only with the consent of the parents; **eine** ~ **einholen** to obtain consent; **j-s** ~ **erbitten** to ask s.o.'s consent. – **3.** permission. – **4.** *jur.* a) (previous) consent, b) authorization: **elterliche** ~ parental consent.

'einˌwin·ken *v/t* ⟨*sep*, -ge-, h⟩ **1.** *aer.* (in *acc* to) signal, marshal, *bes. Am.* marshall. – **2.** *cf.* einweisen 5.

'einˌwin·tern *v/t* ⟨*sep*, -ge-, h⟩ *agr.* (*Kartoffeln etc*) protect (*s.th.*) against frost.

'einˌwir·ken I *v/i* ⟨*sep*, -ge-, h⟩ **1. auf j-n** [**etwas**] ~ a) to act (*od.* operate) (up)on s.o. [s.th.], to have an effect (up)on s.o. [s.th.], b) (*beeinflussen*) to influence s.o. [s.th.], to have (*od.* exercise, exert) an influence on s.o. [s.th.], to work on s.o. [s.th.]: **ungünstig auf etwas** ~ to have an unfavo(u)rable effect on s.th.; **eine Creme auf die Haut** ~ **lassen** to allow a cream to work (*od.* take effect) on the skin; **er versuchte, beschwichtigend auf sie einzuwirken** he tried to exert a soothing influence on her; **auf j-n einzuwirken suchen** to try to exert one's influence (up)on s.o. – **2.** (*angreifen*) affect. – **3. auf j-n** ~ (*beeinflussen*) to work (*od.* prevail) on s.o., to influence (*od.* persuade) s.o. – **4. etwas auf sich** ~ **lassen** *fig.* a) to let s.th. take effect on oneself, b) to succumb to the spell of s.th.: **ich muß das Gemälde zuerst einmal auf mich** ~ **lassen** I have to let the painting take effect on me first. – **5.** ~ **auf** (*acc*) *chem.* a) to attack, to affect, b) to interact with: **etwas auf etwas** ~ **lassen** to allow s.th. to react with s.th. – **6. auf das Auge** ~ (*optics*) to impinge (up)on the eye. – **II** *v/t* **7.** (*textile*) weave (*s.th.*) in. – **III E**~ *n* ⟨-s⟩ **8.** *verbal noun.* — **'Einˌwir·kung** *f* ⟨-; -en⟩ **1.** *cf.* Einwirken. – **2.** (auf *acc* on) effect, impact: **ungünstige** ~ unfavo(u)rable effect. – **3.** (*Beeinflussung*) (auf *acc* on) influence: **unter der Einwirkung von Alkohol** under the influence of alcohol. – **4.** *chem. phys.* effect, action. – **5.** (*optics*) effect.

'einˌwö·chig [-ˌvœçɪç] *adj* lasting one week, one-week (*attrib*).

'Einˌwoh·ner *m* ⟨-s; -⟩, **'Einˌwoh·ne·rin** *f* ⟨-; -nen⟩ inhabitant, resident, *auch* citizen.

'Einˌwoh·ner·konˌtrol·le *f Swiss for* Einwohnermeldeamt.

'Einˌwoh·nerˌmel·de|ˌamt *n* residents' registration office. — ~**ˌpflicht** *f* obligation to register, compulsory registration. — ~**ˌstel·le** *f cf.* Einwohnermeldeamt.

'Einˌwoh·ner·schaft *f* ⟨-; *no pl*⟩ (resident) population, inhabitants *pl.*

'Einˌwoh·ner|verˌzeich·nis *n* register (*od.* directory) of inhabitants. — ~**ˌzahl** *f* number of inhabitants, population.

'einˌwöl·ben *v/t* ⟨*sep*, -ge-, h⟩ *arch.* vault.

'einˌwüh·len *v/reflex* ⟨*sep*, -ge-, h⟩ **sich** ~ (in *acc* in) burrow oneself.

'Einˌwurf *m* **1.** (*an Briefkästen etc*) slit. – **2.** (*an Automaten*) slot. – **3.** (*Einwerfen*) insertion: „**nach** ~ **von 2 Markstücken Kurbel drehen**" "insert 2 mark pieces and turn the handle". – **4.** *metall.* (*von Schmelzgut, Koks etc*) charging. – **5.** (*sport*) throw-in: **falscher** [**richtiger**] ~ illegal [correct] throw-in. – **6.** *rare for* Einwand 1.

'einˌwur·zeln *v/i* ⟨*sep*, -ge-, sein⟩ *u.* **sich** ~ *v/reflex* ⟨h⟩ take (*od.* strike) root (*auch fig.*): **der Baum muß erst** ~ the tree has to take root first; **es ist leicht, sich hier einzuwurzeln** *fig.* it is easy to take root here.

'Einˌzahl *f* ⟨-; *no pl*⟩ *ling.* singular (number): **in der** ~ in the singular; **in die** ~ **setzen** to put in the singular; **Verwandlung in die** ~ singularization.

'einˌzahl·bar *adj* payable.

'einˌzah·len I *v/t* ⟨*sep*, -ge-, h⟩ pay in, deposit: **Geld bei der Bank** [**Post**] ~ to pay in money at the bank [post office]; **Geld** (**auf ein Konto**) ~ to pay money into an account. – **II E**~ *n* ⟨-s⟩ *verbal noun.*

'Einˌzah·ler *m* ⟨-s; -⟩ payer, depositor.

'Einˌzah·lung *f* ⟨-; -en⟩ **1.** *cf.* Einzahlen. – **2.** payment, deposit: **eine** ~ **machen** to pay in (*od.* deposit) money, to make a deposit; **eine** ~ **auf Aktien leisten** to make a deposit on shares, to pay a call on shares.

'Einˌzah·lungs|beˌleg *m*, ~**beˌschei·ni·gung** *f* paying-in (*Am.* deposit) slip. — ~**ˌkas·se** *f* paying-in (*Am.* deposit) office. — ~**ˌort** *m* place of payment (*od.* deposit). — ~**ˌschal·ter** *m* paying-in (*Am.* deposit) counter. — ~**ˌschein** *m* **1.** paying-in (*Am.* deposit) form. – **2.** *Swiss for* Zahlkarte. — ~**ˌtag** *m* day of payment.

'einˌzah·nig [-ˌtsaːnɪç] *adj* **1.** *zo.* single-toothed, monodont (*scient.*). – **2.** *tech.* (*Werkzeug etc*) single-tooth(ed), single-point(ed).

'Einˌzahn|ˌkupp·lung *f tech.* single-tooth coupling. — ~**ˌmei·ßel** *m* single-point (cutting) tool.

'einˌzäu·nen I *v/t* ⟨*sep*, -ge-, h⟩ **1.** (*Wiese etc*) fence (*s.th.*) (in), hedge (*s.th.*) (in *od.* off), enclose. – **II E**~ *n* ⟨-s⟩ **2.** *verbal noun.* – **3.** enclosure. — **'Einˌzäu·nung** *f* ⟨-; -en⟩ **1.** *cf.* Einzäunen. – **2.** (*Zaun*) fence, enclosure.

'einˌzeich·nen I *v/t* ⟨*sep*, -ge-, h⟩ **1.** draw (*od.* sketch) (*s.th.*) in: **zeichnen Sie auf dieser** (*od.* **in diese**) **Karte die Flüsse ein** draw (*od.* sketch) in the rivers on this map. – **2.** (*markieren*) plot (*od.* mark) (*s.th.*) on, enter. – **3.** *math.* a) (*Figur*) inscribe, b) (*Kurve etc*) plot: **ein Dreieck in einen Kreis** ~ to inscribe a triangle in a circle. – **4.** *cf.* einschreiben[1] 3, eintragen 8. – **II** *v/reflex* **sich** ~ **5.** enter (*od.* sign) one's name, write (*od.* put) down one's name: **ich zeichnete mich in eine(r) Liste ein** I entered my name in a list, I signed my name on a list, I wrote (*od.* put) down my name on a list; **haben Sie sich schon dafür eingezeichnet?** have you put down your name for it yet? have you put yourself down for it yet? – **III E**~ *n* ⟨-s⟩ **6.** *verbal noun.* – **7.** *cf.* Einzeichnung. — **'Einˌzeich·nung** *f* ⟨-; *no pl*⟩ **1.** *cf.* Einzeichnen. – **2.** *math.* inscription. – **3.** (*in eine Liste etc*) entry.

'Einˌzei·ler [-ˌtsaɪlər] *m* ⟨-s; -⟩ *metr.* monostich.

'einˌzei·lig [-ˌtsaɪlɪç] *adj* **1.** one-line (*attrib*), single-line (*attrib*). – **2.** (*Schreibmaschinentext*) single-spaced. – **3.** *metr.* monostich (*attrib*).

Ein·zel ['aɪntsəl] *n* ⟨-s; -⟩ (*sport*) (*beim Tennis*) singles *pl*, *Br. auch* single: **ein** ~ **spielen** to play a singles match.

'Ein·zel|ˌabˌteil *n* (*railway*) single (*od.* separate) compartment. — ~**akˌkord** *m econ.* individual contract work (*od.* piecework, *Br.* piece-work, piece-rate work). — ~**ˌanˌfer·ti·gung** *f* **1.** single-part production, single-piece work. – **2.** (*Sonderanfertigung*) special construction (*od.* built, design): **dieser Schrank ist eine** ~ this cupboard has been specially made (*od.* is a special make). — ~**ˌanˌga·be** *f meist pl* specification, datum, detail, particular. — ~**ˌanˌschluß** *m tel.* single (*od.* individual) connection (*Br. auch* connexion), private (*od.* individual) line. — ~**ˌanˌtrieb** *m tech.* direct motor drive, individual motor drive, separate drive. — ~**ˌaufˌhän·gung** *f auto.* independent suspension. — ~**ˌaufˌnah·me** *f* (*film*) *phot.* **1.** (*Bild*) single frame. – **2.** (*Vorgang*) single-frame exposure. — ~**ˌaufˌstel·lung** *f econ.* specification, *Am. auch* itemized schedule, itemization. — ~**ˌaufˌzäh·lung** *f* detailed enumeration, *bes. Am.* itemization. — ~**ˌausˌbil·dung** *f mil.* individual training. — ~**ˌausˌga·be** *f print.* **1.** odd copy. – **2.** separate edition. — ~**band** *m* ⟨-(e)s; ⸚e⟩ single volume. — ~**beˌhand·lung** *f* separate (*od.* individual) treatment. — ~**ˌbeiˌspiel** *n* **1.** individual example. – **2.** (*Einzelfall*) isolated instance. — ~**beˌob·ach·tung** *f* single (*od.* isolated) observation. — ~**beˌra·tung** *f pol.* discussion (*od.* consideration) in committees: **in** ~(**en**) **eintreten** to go into committee. — ~**beˌtrag** *m econ.* single (*od.* individual) item (*od.* amount), item. — ~**beˌtrieb** *m* **1.** *econ.* individual firm (*od.* enterprise). – **2.** *agr.* individual farm. — ~**ˌbett** *n* single bed. — ~**beˌwe·gung** *f* separate movement. — ~**beˌwer·tung** *f* individual (*od.* separate) valuation. — ~**beˌzeich·nung** *f* separate name.

'Ein·zelˌbild *n* (*film*) single frame (*od.* picture), (still) single shot (in a sequence). — ~**ˌaufˌnah·me** *f cf.* Einzelaufnahme. — ~**ˌschal·tung** *f* single frame (*od.* picture) control (*od.* adjusting) lever (*od.* button, knob).

'Ein·zel|ˌblü·te *f bot.* single flower. — ~**ˌbox** *f* single (*od.* separate) box. — ~**ˌdarˌstel·lung** *f* **1.** (*eines Themas etc*) individual (*od.* separate) presentation (*od.* handling). – **2.** (*Abhandlung*) monograph. — ~**ˌding** *n philos. rare* individual. — ~**ˌelek·tron** *n nucl.* lone (*od.* unshared) electron. — ~**erˌschei·nung** *f* isolated phenomenon (*od.* instance, case). — ~**ˌfa·den** *m* (*textile*) single yarn. — ~**ˌfall** *m* **1.** individual (*od.* particular, special) case (*od.* instance): **im** ~ in a particular (*od.* individual) case. – **2.** (*vereinzelter Fall*) isolated case (*od.* instance): **das ist kein** ~ this is not an isolated (*od.* the only) case (*od.* instance). — ~**ˌfer·ti·gung** *f tech. cf.* Einzelanfertigung 1. — ~**ˌfeu·er** *n mil.* single fire. — ~**ˌfir·ma** *f econ.* individually owned firm, single firm (*od.* concern), sole trader. — ~**ˌfüt·te·rung** *f agr.* individual feeding. — ~**ˌgang** *m* (*film*) single frame exposure.

'Ein·zelˌgän·ger [-ˌgɛŋər] *m* ⟨-s; -⟩ **1.** solitary person, outsider, loner, lone wolf (*colloq.*). – **2.** *hunt.* rogue, lone animal. — **'ein·zelˌgän·ge·risch** *adj* solitary, lone (*attrib*). — **'Ein·zelˌgän·ger·tum** *n* ⟨-s; *no pl*⟩ lone-wolfing (*colloq.*).

'Ein·zel|geˌsang *m mus.* **1.** solo (song). – **2.** *antiq.* monody. — ~**ˌhaft** *f jur.* solitary confinement.

'Ein·zelˌhan·del *m econ.* retail trade: **nur im** ~ **erhältlich** to be had only from retailers (*od. Am.* at retail, *Br.* by retail).

'Ein·zelˌhan·dels|geˌschäft *n econ.* **1.** (*Laden*) retail shop, *Am.* retail store. – **2.** retail business. — ~**ˌpreis** *m* retail price. — ~**ˌspan·ne** *f* retail profit margin.

'Ein·zelˌhänd·ler *m econ.* retailer, retail dealer: **wir verkaufen an** ~ we sell to the trade.

'Ein·zelˌhaus *n* detached house.

'Ein·zel·heit *f* ⟨-; -en⟩ *meist pl* detail, particular, (particular) point: **ausführliche** ~**en** full particulars; **technische** ~**en** technical details (*od.* data), technicalities; **bis in die** (*od.* **zu den**) **kleinsten** ~**en** down to the minutest (*od.* smallest) details; **in allen** ~**en** in (full) detail; **nähere** (*od.* **weitere**) ~**en erfahren Sie bei** (*od.* **von**) for further details apply to; **auf** ~**en eingehen, sich mit** ~**en befassen, sich auf** ~**en einlassen** to go (*od.* enter) into details; **sie sind mit allen** ~**en dieses Falles vertraut** they are familiar with all (the) details of this case, they know the ins and outs of this case (*colloq.*); **der Redner verlor sich in** ~**en** the speaker got lost (*od.* bogged down) in details.

'Ein·zel|ˌhof *m agr.* solitary (*od.* isolated) farm. — ~**ˌkaˌbi·ne** *f* **1.** (*auf Schiffen etc*) single cabin, single-bed (*od.* -berth) cabin. – **2.** (*zum Umziehen*) private cabin (*od.* cubicle). — ~**ˌkampf** *m* **1.** *mil.* single combat, hand-to-hand fighting (*od.* combat). – **2.** *aer. mil.* dogfight (*colloq.*). – **3.** (*sport*) individual competition. — ~**ˌkind** *n* only child. — ~**ˌko·sten** *pl econ.* itemized costs. — ~**ˌlast** *f* **1.** *electr.* concentrated (*od.* individual) load. – **2.** *civ.eng.* single-point load. — ~**ˌle·ben** *n* **1.** individual life. – **2.** solitary (*od.* lone) life. — ~**ˌlei·stung** *f* (*im Sport, Theater etc*) individual performance. — ~**ˌlen·kung** *f auto.* (*der Räder*) duplicated steering.

'Einˌzel·ler [-ˌtsɛlər] *m* ⟨-s; -⟩ **1.** *biol.* unicellular organism, protist, monad: **die** ~ the Protista. – **2.** *zo.* protozoon: **die** ~ the Protozoa. — **'einˌzel·lig** [-ˌtsɛlɪç] *adj biol.* one-celled; unicellular, monocellular (*scient.*): ~**e Gewächse** (*Urpflanzen*) protophytes.

'Ein·zel|ˌlohn *m econ.* individual wage. — ~**ˌmensch** *m* individual. — ~**ˌmitˌglied·schaft** *f* individual membership.

'ein·zeln I *adj* **1.** single, individual, separate: **ein** ~**es Haus** a single (*od.* solitary) house, a house standing alone (*od.* by itself), a fully (*od.* completely) detached house; **der** ~**e Mensch** the individual (man); **die** ~**en Mitgliedstaaten** the individual (*od.* various) member states; **die** ~**en Teile der Uhr** the component parts of the clock; **er zerlegte die Maschine in ihre** ~**en Teile** he took the machine to pieces; **sie durchsuchten jedes**

~e Haus they searched each single house, they searched each and every house. – 2. (*besonder*) particular, special: die ~en Umstände the particular circumstances. – 3. (*Strumpf, Handschuh etc*) single, odd: ein ~er Schuh an odd (*od.* unmatched) shoe. – 4. ~e *pl* several, a few, some: ~e Mitglieder waren dagegen several members were against it. – II *adv* 5. singly, individually, separately, one by one: die Verdächtigen wurden ~ verhört the suspects were interrogated separately; „bitte ~ eintreten!" "please enter one at a time (*od.* one by one)!" "please enter singly (*od.* separately)!" die Teilhaber haften ~ the partners are individually responsible; ~ angeben (*od.* aufführen, anführen) to particularize, to specify.

'Ein·zel·ne[1], **das** ⟨-n; *no pl*⟩ 1. the particular: vom Allgemeinen zum ~n übergehen to pass from the general to the particular. – 2. (*mit Kleinschreibung*) das einzelne the detail(s *pl*), the particular(s *pl*); im einzelnen in detail (*od.* particular); bis ins einzelne in every detail, down to the smallest detail(s); ins einzelne gehen to go into details (*od.* particulars); eine ins einzelne gehende Beschreibung a detailed description; einzelnes in diesem Bericht erscheint mir fraglich some points in the report seem doubtful to me.

'Ein·zel·ne[2] *m, f* ⟨-n; -n⟩ (*heute meist mit Kleinschreibung*) individual: der e~ und die Gesamtheit the individual and the whole; jeder e~ each individual, each one, (*stärker*) each and every one, every single one; es kommt auf jeden e~n von uns an every one of us has to do his bit; ~e a few (*od.* some) (people); ~e unter ihnen a few of them.

'Ein·zel|,num·mer *f* (*einer Zeitschrift*) single copy. — **~per,son** *f* single person, individual (person), *jur. auch* natural person. — **~per,sön·lich·keit** *f* individual (person). — **~,pha·sen,strom** *m electr.* single-phase current. — **~,po·sten** *m econ.* (*einer Rechnung etc*) (single) item. — **~,preis** *m* price of each item, price per unit. — **~pro,ku·ra** *f* single (*od.* sole) power of procuration. — **~,punkt,schwei·ßung** *f tech.* individual spot welding.

'Ein·zel,rad|,an,trieb *m auto.* individual wheel drive. — **~,auf,hän·gung** *f* independent wheel suspension.

'Ein·zel|,rich·ter *m jur.* judge sitting singly: der Amtsrichter als ~ the judge of an 'Amtsgericht' sitting singly. — **~,spiel** *n* (*sport*) *cf.* Einzel. — **~,staat** *m pol.* constituent (*od.* member) state. — **e~,staat·lich** *adj cf.* souverän 1. — **~,start** *m* (*sport*) individual start. — **~,steue·rung** *f* 1. *aer.* individual steering control. – 2. *auto. cf.* Einzellenkung. — **~,stück** *n* 1. single piece (*od.* item), odd piece, oddment. – 2. (*einziges Stück*) unique piece, the only one existing. — **~,teil** *n tech.* 1. component (part), single component, single (*od.* individual) part. – 2. (*Einzelstück*) single part. – 3. (*Ersatzteil*) spare part. — **~,teil·chen** *n nucl.* odd particle. — **~,übung** *f* (*sport*) individual exercise. — **~,un·ter,neh·men** *n econ.* 1. *cf.* Einzelfirma. – 2. one-man business. — **~,un·ter,neh·mer** *m* sole trader (*bes. Am.* proprietor). — **~,un·ter,richt** *m ped.* individual instruction. — **~ver,kauf** *m econ.* retail sale: im ~ *Am.* at retail, *Br.* by retail. — **~ver,kaufs,preis** *m* retail (*od.* selling) price. — **~ver,neh·mung** *f jur.* separate interrogation (*od.* questioning). — **~ver,packung** (*getr.* -k·k-) *f econ.* individual (*od.* unit) packing. — **~ver,si·che·rung** *f econ.* 1. individual insurance. – 2. (*in der Seeversicherung*) single (*od.* voyage) insurance. — **~,wahl** *f pol.* voting by single-member constituency. — **~,wer·bung** *f econ.* direct advertising, advertising by individual contact. — **~,wer·tung** *f* (*sport*) individual classification. — **~,we·sen** *n* individual (being), individuality. — **~,wett·be,werb** *m* (*sport*) individual contest. — **~,wirt·schaft** *f econ.* system of individual enterprise. — **~,zeich·nung** *f* detail drawing. — **~,zel·le** *f* 1. *biol.* single cell. – 2. *jur.* (*im Gefängnis*) solitary cell. — **~,ziel** *n mil.* point target. — **~,zim·mer** *n* 1. single room. – 2. (*im Hotel*) single (*od.* one-bed) room. – 3. (*im Krankenhaus*) private room. — **~,zucht** *f agr.* individual selection.

'ein·ze·men,tie·ren *v/t* ⟨*sep, no* -ge-, h⟩ *tech.* 1. (*Fundamentschrauben*) grout (*s.th.*) in. – 2. (*eine Maschine mit Zement*) grout.

'ein,zieh·bar *adj* 1. *aer.* (*Fahrgestell*) retractable. – 2. (*Krallen etc*) retractile, recoverable. – 3. *jur.* (*Vermögen*) a) (*pfändbar*) confiscable, seizable, liable to be seized, b) (*verwirkbar*) forfeitable. – 4. *econ.* a) (*Geld*) collectible, collectable, cashable, b) (*Außenstände*) recoverable, c) (*einlösbar*) redeemable.

'Ein,zieh,draht *m electr.* lead-in wire.

'ein,zie·hen I *v/t* ⟨*irr, sep,* -ge-, h⟩ 1. draw (*s.th.*) in, pull (*s.th.*) in, retract: die Katze kann die Krallen ~ the cat can draw in (*od.* retract, sheathe) its claws; zieht die Köpfe ein! mind your heads! duck your heads! du mußt den Bauch ~ you must draw (*od.* pull) in your stomach (*od. colloq.* tummy); der Hund zog den Schwanz ein the dog put its tail between its legs. – 2. (*Faden, Schuhband etc*) thread, insert, lead (*od.* run) (*s.th.*) in, draw (*od.* pull) (*s.th.*) in, put (*s.th.*) in, pass (*s.th.*) through. – 3. (*Fahne etc*) haul (*s.th.*) down, furl. – 4. (*Netz etc*) haul (*od.* pull) (*s.th.*) in, draw (*s.th.*) (in). – 5. sich (*dat*) einen Splitter in den Finger ~ to run (*od.* get) a splinter in(to) one's finger. – 6. (*Luft, Duft etc*) draw (*s.th.*) in, inhale, breathe (*s.th.*) in, sniff. – 7. (*Flüssigkeiten*) draw (*od.* take) (*s.th.*) in, absorb, soak (*s.th.*) in: ein trockener Schwamm zieht Wasser ein a dry sponge absorbs water. – 8. (*Auskünfte etc*) gather, collect: wir haben Erkundigungen über ihn eingezogen we made inquiries about him, we gathered (*od.* collected) information on him. – 9. (*Amtsstelle etc*) abolish, wind (*s.th.*) up. – 10. *jur.* a) (*Vermögen etc*) confiscate, seize, forfeit, b) (*Schmuggelware, Schiff etc*) condemn, c) (*Führerschein etc*) withdraw, revoke, d) (*Schulden*) recover, e) (*Feindgut*) sequester: seine Güter wurden vom Staat eingezogen his estates were seized (*od.* confiscated) by the state, his estates were forfeited to the state. – 11. *econ.* a) (*Steuern*) collect, take (*s.th.*) up, b) (*Münzen, Banknoten*) call (*s.th.*) in, withdraw (*s.th.*) (from circulation), immobilize, c) (*Außenstände*) call (*s.th.*) in, collect, d) (*Pfandbriefe*) redeem, e) (*Wechsel*) cash, withdraw, retire, take (*s.th.*) up. – 12. *mil.* a) (*Wehrpflichtige*) call (*s.o.*) up, recruit, conscript, call (*s.o.*) to the colo(u)rs, enlist; *Am.* draft, induct, muster (*s.o.*) in, b) (*Posten*) withdraw, c) (*unbrauchbare Waffen*) condemn. – 13. *mar.* a) die Segel ~ to take in sail, to shorten (*od.* strike) sail, to reef sails, to sheet home, b) (*Riemen*) ship, c) (*Bugspriet*) retract. – 14. *tech.* a) (*eine Schraube*) tighten, b) (*Blech*) close (*s.th.*) in, nose, c) (*Nieten*) plug, d) (*Stangen auf dem Automaten*) load: neue Speichen in ein Rad ~ to put new spokes in a wheel. – 15. *civ.eng.* a) (*Balken etc*) put (*s.th.*) in, insert, b) (*Wand etc*) erect: eine Decke (in ein Haus) ~ to put in (*od.* up) a ceiling (in a house). – 16. *print.* (*Zeile*) indent, draw (*s.th.*) in. – 17. *aer.* (*Fahrgestell*) retract, pull (*s.th.*) up. – 18. *gastr.* fold (*s.th.*) in: Eischnee in die Zitronenkrem ~ to fold beaten egg whites into the lemon cream. – II *v/i* ⟨sein⟩ 19. (*von Truppen etc*) enter, march in, make one's entrance (*od.* entry) into: er zog (als Abgeordneter) in den Bundestag ein he took his seat in the Bundestag, he became a member of the Bundestag. – 20. (*in eine Wohnung etc*) move in: bei j-m ~ to move into s.o.'s house, to take lodgings with s.o. – 21. *fig.* (*von Jahreszeiten*) arrive, come: der Winter ist bei uns eingezogen winter has arrived (here), winter has come to us, winter has made its appearance with us. – 22. (*von Flüssigkeiten etc*) soak in, be absorbed: lassen Sie das Seifenwasser ganz ~ let the soapy water soak right in; das Wasser zog schnell in den trockenen Boden ein the water was quickly absorbed into the ground, the water quickly penetrated (into) the dry ground. – III E~ *n* ⟨-s⟩ 23. *verbal noun.* – 24. (*von Krallen etc*) retraction. – 25. (*von Band etc*) insertion. – 26. (*von Luft etc*) inhalation. – 27. (*von Flüssigkeiten*) absorption, soakage. – 28. *civ.eng.* a) insertion, b) (*einer Wand*) erection. – 29. *aer.* (*des Fahrgestells*) retraction. – 30. *cf.* Einziehung. – 31. *cf.* Einzug 1, 2, 4. — **'ein,zie·hend I** *pres p.* – II *adj* (*mining*) ~er Schacht *cf.* Einziehschacht; ~er Wetterstrom intake (airway).

'Ein,zieh|,fahr,werk *n aer.* retractable landing gear. — **~,ha·ken** *m* (*textile*) *cf.* Einziehnadel. — **~,na·del** *f* (*textile*) 1. threading needle, bodkin. – 2. (*in der Weberei*) heald hook (*od.* needle). — **~,schacht** *m* (*mining*) downcast (shaft), *Br.* downcast(-shaft).

'Ein,zie·hung *f* ⟨-; -en⟩ 1. *cf.* Einziehen. – 2. (*von Erkundigungen etc*) collection. – 3. (*eines Amtes etc*) abolishment. – 4. *jur.* a) (*des Vermögens etc*) confiscation, seizure, forfeiture, b) (*von Schmuggelware, Schiff etc*) condemnation, c) (*des Führerscheins etc*) withdrawal, d) (*von Feindgut*) sequestration. – 5. *econ.* a) (*von Steuern, Außenständen*) collection, b) (*von Zahlungsmitteln*) withdrawal (from circulation), c) (*von Münzgeld*) immobilization, d) (*von Pfandbriefen*) redemption, e) (*von Wechseln*) (en)cashment, withdrawal, retirement. – 6. *mil.* a) (*von Wehrpflichtigen*) call-up, recruitment, conscription; *Am.* draft, induction, b) (*von Posten*) withdrawal, c) (*unbrauchbarer Waffen*) condemnation.

'Ein,zie·hungs|,auf,trag *m econ.* instruction (*od.* order) to collect, collection order. — **~be,scheid** *m jur.* notice of confiscation (*od.* seizure). — **~ge,bühr** *f econ.* collecting fee. — **~,ko·sten** *pl* collection expenses, cost *sg* of collection. — **~pro·vi·si,on** *f* collecting commission. — **~,recht** *n* 1. *jur.* right of confiscation (*od.* seizure). – 2. *econ.* right of collection. — **~,voll,macht** *f econ.* power of collection.

'Ein,zieh,werk *n tech.* (*eines Krans*) luffing gear.

ein·zig ['aɪntsɪç] **I** *adj* 1. ⟨*attrib*⟩ only, single, (*stärker*) sole: der ~e Überlebende the only survivor; sein ~es Kind his (one and) only child; er ist der ~e Erbe he is the sole heir; mit einer ~en Ausnahme with one (*od.* a) single exception, with one solitary exception, with one exception only; mit der ~en Ausnahme von with the only (*od.* single) exception of; kein ~er Mensch war zu sehen not a single person was to be seen; ein ~es Mal only (*od.* just) once: es war das ~e Mal, daß it was the only time that; er war kein (*od.* nicht ein) ~es Mal dort he has not been there (even) once, he has not been there a single time, he has never once been there; sie gaben keinen ~en Schuß ab they did not fire a single shot; mit einem ~en Schlag at one blow, at a single blow, at one (fell) swoop; kein ~es Wort not a single word, never a word; er ist meine ~e Hoffnung he is my (one and) only hope; sein ~er Gedanke his one (*od.* only) thought; sie ist das ~e Kind (*ein Einzelkind*) she is an only child; es gibt keinen ~en Fall there is not a single case (*od.* solitary instance); tu mir den ~en Gefallen und gehe *colloq.* do me a favo(u)r just this once and go. – 2. ⟨*pred*⟩ (*unerreicht*) unique, singular, unexampled, unrival(l)ed, unparalleled, peerless: es ist ~ in seiner Art it is unique of (*od.* in) its kind, it is without equal (*od.* parallel); sein Erfolg steht ~ da his success is unique (*od.* stands alone); das ist ja ~! *colloq.* a) did you ever! well, I never! that's the limit! b) isn't that marvel(l)ous (*od.* wonderful)! – 3. (*substantiviert mit Kleinschreibung*) das ~e the only thing: das ist das ~e, was mir geblieben ist that is the only thing left to me. – II *adv* 4. only, solely, merely, entirely: ~ und allein, weil solely because, simply (*od.* purely) and solely because, just (*od.* merely) because; das hängt ~ und allein davon ab, ob that depends entirely (*od.* solely) on whether; er ist ~ und allein darauf bedacht zu his sole intention is to; das ist das ~ Richtige (*od.* Wahre) that is the only (sensible) thing to do, that's just the thing; der ~ mögliche Weg the only possible way, the only way possible; er kam ~ zu diesem Zweck he came for this sole (*od.* express, one) purpose, he came solely (*od.* expressly, just, merely) for this purpose, he came for this purpose only. – 5. (*einzigartig*) uniquely, singularly: es ist ~ schön it is singularly beautiful, it is of unique beauty.

'Ein·zi·ge *m, f* ⟨-n; -n⟩ 1. only child: Michael ist unser ~r Michael is our only son (*od.* child). – 2. (*mit Kleinschreibung*) der einzige the only person, the only one; wir waren die einzigen we were the only ones; ein einziger kam zurück only one (person) came back, one (person) only came back; **kein** (*od.* **nicht ein**) **einziger** not (a single) one, none whatever.

ˈein·zigˌar·tig *adj* unique, singular, unparalleled: **von ~er Schönheit** of singular (*od.* unparalleled) beauty; **in ~er Weise** uniquely. — **ˈEin·zigˌar·tig·keit** *f* ⟨-; *no pl*⟩ uniqueness, singularity.

ˈEin·zig·keit *f* ⟨-; *no pl*⟩ singularity, unparalleledness, matchlessness.

ˈEinˌzim·merˌwoh·nung *f* one-room apartment (*Br.* flat).

ˈeinˌzin·geln *v/t* ⟨*sep*, -ge-, h⟩ surround, encircle.

ˈeinˌzöl·lig [-ˌtsœlɪç] *adj* (*Nägel etc*) one-inch (*attrib*).

ˈeinˌzuckern (*getr.* -k·k-) *v/t* ⟨*sep*, -ge-, h⟩ sugar, cover (*s.th.*) with sugar.

ˈEinˌzug *m* ⟨-(e)s; ⸗e⟩ **1.** entry, entrance: **der ~ der Gladiatoren** the entry of the gladiators; **seinen ~ halten** to make one's entry (*od.* entrance). – **2.** (*in eine Wohnung etc*) moving in, occupation (of): **der ~ in das neue Haus verzögerte sich** the move into the new house was delayed; **den ~ ins neue Haus** (*od.* **in die neue Wohnung**) **feiern** to give (*od.* hold) a housewarming (*Br.* house-warming) (party). – **3.** *fig.* (*der Jahreszeiten*) arrival, coming: **der Frühling hielt seinen ~** spring made its appearance. – **4.** *print.* indent. – **5.** *econ. cf.* Einziehung 5.

ˈEinˌzü·ger [-ˌtsyːɡər] *m* ⟨-s; -⟩ *Swiss econ.* money collector.

ˈEinˌzugs|ˌfei·er *f*, **~ˌfest** *n* (*im neuen Haus etc*) housewarming (*Br.* house-warming) (party). — **~geˌbiet** *n* **1.** *geogr.* (*eines Flusses etc*) catchment basin (*od.* area), *Br.* catchment-basin (*od.* -area), drainage area (*od.* basin), *Br.* drainage-area (*od.* -basin), watershed. – **2.** *meteor.* (*einer Frontalzone*) entrance region. – **3.** *econ.* a) area from which resources are drawn, b) (*Wasserversorgung*) catchment area, *Br.* catchment-area. – **4.** *fig.* feeding area. — **~ˌspe·sen** *pl econ.* collecting charges. — **~ˌstel·le** *f* collecting agency. — **~ˌtag** *m* day of moving in, moving-in day. — **~verˌfah·ren** *n econ.* a) procedure (*od.* method) of collection, b) (*als Vorgang*) process of collection.

ˈeinˌzwän·gen I *v/t* ⟨*sep*, -ge-, h⟩ **1.** squeeze (*od.* jam, wedge) (*s.th.*, *s.o.*) in: **etwas in** (*acc*) **etwas ~** to squeeze (*od.* force) s.th. into s.th. – **2.** *fig.* constrain, straitjacket, straightjacket. – **II** *v/reflex* **3. sich in** (*acc*) **etwas ~** to squeeze oneself into s.th. – **III E~** *n* ⟨-s⟩ **4.** *verbal noun.* — **ˈEinˌzwän·gung** *f* ⟨-; -en⟩ **1.** *cf.* Einzwängen. – **2.** *fig.* constraint.

ˈEinˌzweck·maˌschi·ne *f tech.* single-purpose machine.

ˈEin·zyˌlin·der|maˌschi·ne *f tech.* single- (*od.* one-)cylinder machine. — **~ˌmo·tor** *m auto.* single- (*od.* one-)cylinder engine.

ˈEi|ˌpul·ver *n gastr.* egg powder, dried egg. — **~ˌrei·fung** *f biol.* maturation of the egg.

Ei·re·ne [aɪˈreːne] *npr f* ⟨-; *no pl*⟩ *myth.* Eirene (*Greek goddess of peace and one of the Horae*).

ˈeiˌrund *adj cf.* eiförmig.

Eis[1] [aɪs] *n* ⟨-es; *no pl*⟩ **1.** ice: **zu ~ gefrieren** to freeze, to turn to ice; **das Schiff ist vom ~ eingeschlossen** the ship is trapped (*od.* caught) in ice, the ship is icebound; **sich mit ~ bedecken** (*od.* **überziehen**) to cover with ice, to frost (over); **das ~ trägt** the ice is frozen solid; **fahrbares** [**junges**] **~** *mar.* open [baygall] ice; **mit ~ kühlen** to cool (*s.th.*) with ice, to ice, to freeze; **Lebensmittel auf ~ legen** to put food on ice (*od.* into cold storage); **wir haben diese Angelegenheit erst einmal auf ~ gelegt** *fig. colloq.* we shelved this matter (*od.* put this matter aside, put this matter into cold storage) for the time being; **damit war das ~ gebrochen** *fig.* after that the ice was broken; **j-n aufs ~ führen** *fig.* to dupe s.o., to lead s.o. up the garden path, to take s.o. in (*colloq.*). – **2.** *gastr.* ice cream, *Br. auch* ice: **~ am Stiel** *bes. Br.* ice lollipop (*od. colloq.* lolly), lolly (*colloq.*), *bes. Am.* popsicle; **zwei ~, bitte!** two ice creams (*Br. auch* ices), please! **ein ~ essen** to eat an ice cream (*Br. auch* an ice); **~ herstellen** to make ice cream (*Br. auch* ices).

eis, Eis[2] [ˈeːɪs] *n* ⟨-; -⟩ *mus.* E sharp: **eis, eis-Moll** E sharp minor; **Eis, Eis-Dur** E sharp major.

ˈEis|achat [-ʔaˌxaːt] *m min.* uncolored (*bes. Br.* uncoloured) agate, translucent agate. — **~ˌanˌsatz** *m aer.* **1.** ice accretion (*od.* accumulation). – **2.** (*Vereisung*) (aircraft) icing. — **~ˌar·ni·ka** *f bot.* icy arnica (*Arnica glacialis*). — **~ˌaufˌbruch** *m geol.* débâcle, (*Eisgang*) *auch* icedrift. — **~ˌaxt** *f* (*sport*) (*der Bergsteiger*) ice axe, *Br.* ice-axe. — **~ˌbahn** *f* **1.** slide, ice (for skating). – **2.** ice rink, (ice-)skating rink. — **~baiˌser** *m gastr.* ice meringue. — **~ˌbank** *f geogr. cf.* Eisfeld. — **~ˌbar** *f cf.* Eisdiele. — **~ˌbär** *m zo.* polar (*od.* white) bear (*Thalarctos maritimus*). — **~ˌbar·re, ~bar·rie·re** [-baˌrɪɛːrə] *f geogr.* **1.** ice dam. – **2.** (*im Südpolargebiet*) Antarctic Barrier, *auch* Antarctic ice barrier. — **~ˌbe·cher** *m gastr.* sundae, coupe, (*im Pappgefäß*) ice-cream cup. — **e~beˌdeckt** *adj* ice-covered, ice-capped, iced (over). — **~beˌhäl·ter** *m* ice chamber (*od.* container). — **~ˌbeil** *n cf.* Eisaxt. — **~ˌbein** *n* **1.** *gastr.* pickled knuckle of pork. – **2. ich habe** [**kriege**] **~e** *colloq.* my feet are freezing [getting cold]. — **~ˌberg** *m* iceberg. — **~ˌbeu·tel** *m med.* ice bag. — **~ˌbil·dung** *f* formation of ice, glaciation (*scient.*). — **~ˌbir·ne** *f bot.* virgalieu, virgaloo, virgoulouse, white doyenné. — **e~ˌblau** *adj* ice-blue. — **~ˌblink** *m* iceblink, *auch* ice sky (*glare in the sky over an ice field*). — **~ˌblock** *m* block of ice, iceblock. — **~ˌblu·me** *f* **1.** *pl* (*am Fenster*) frostwork *sg*, *Br.* frost-work *sg*, frost figures, ice ferns, frost flowers. – **2.** *bot. cf.* Eiskraut. — **~ˌbom·be** *f gastr.* ice pudding, bombe glacée. — **~ˌbos·seln** *n* (*sport*) curling (*as practiced on German coasts*). — **~ˌbre·cher** *m* **1.** *mar.* icebreaker, *Br.* ice-breaker. – **2.** *civ.eng.* (*an Brückenpfeilern etc*) icebreaker, *Br.* ice-breaker, ice apron, ice guard. – **3.** *gastr. colloq.* mulled wine, negus. — **~ˌbu·de** *f* ice-cream stand.

ˈEiˌschnee *m gastr.* whipped egg white.

ˈEis|ˌcreme *f gastr.* ice cream, *Br. auch* ice. — **~ˌdecke** (*getr.* -k·k-) *f* **1.** (*auf Gewässern*) (layer of) ice, frozen surface: **die ~ ist 20 cm dick** the ice is 20 cm thick; **ein Loch in der ~** a water hole. – **2.** *geol.* (*bes. in der Arktis*) ice sheet (*od.* cap), *auch* ice mantle. — **~ˌdie·le** *f* ice-cream parlor (*bes. Br.* parlour). — **~ˌei·che** *f bot. cf.* Steineiche.

ei·sen [ˈaɪzən] *v/t* ⟨h⟩ *rare* **1.** (*einfrieren*) ice, freeze. – **2.** (*mit Eis kühlen*) ice, chill. – **3.** *tech.* turn (*s.th.*) to ice.

ˈEi·sen *n* ⟨-s; -⟩ **1.** *metall.* a) iron, b) (*werkstofftechnisch*) cast iron, c) (*als Erzeugnis*) iron casting(s *pl*): **sprödes ~** brittle iron; **Geräte aus ~** cast iron (*Br.* cast-iron) implements. – **2.** *tech.* (*eines Hobels etc*) knife, iron: **Schuhabsätze mit ~ beschlagen** to tip heels; **mit ~ beschlagene Hufe** ironshod hooves. – **3.** *fig.* (*in Wendungen wie*) **hart wie ~** (as) hard as iron; **Muskeln wie ~** muscles like iron; **ein Mann aus ~** a man of (*od.* like) iron, a man as hard as iron; **etwas zum alten ~ werfen** *colloq.* to scrap s.th., to shelve (*od.* discard) s.th., *Am.* to junk s.th.; **er gehört zum alten ~** *colloq.* he is ready for the scrap heap; **ein heißes ~ anfassen** (*od.* **anpacken**) *colloq.* a) to tackle a hot problem, to tread delicate ground, b) to play with fire; **das ist ein heißes ~** *colloq.* that is a ticklish (*od.* tricky) matter, that is a risky (*od.* hazardous) business; **ich habe zwei** [**mehrere**] **~ im Feuer** *colloq.* I have two [several] irons in the fire, I have more than one string to my bow; **man muß das ~ schmieden, solange es heiß ist** (*Sprichwort*) strike while the iron is hot, make hay while the sun shines; **Not bricht ~** (*Sprichwort*) needs must when the devil drives, necessity knows no law. – **4.** *colloq. for* Bügeleisen 1, 2. – **5.** *pl lit.* (*Fesseln*) irons, shackles, chains, fetters, gyves (*lit.*). – **6.** *poet.* dagger, sword: **er stieß ihm das ~ in die Brust** he thrust the dagger into his breast. – **7.** *med.* (*Eisenpräparat*) iron: **~ einnehmen** to take iron. – **8.** (*art*) (*in der Bildhauerei*) **gekröpftes ~** carving tool. – **9.** (*Golfschläger*) (club) iron. – **10.** *cf.* Hufeisen 1. — **~ˌabˌfall** *m*, **~ˌabˌfäl·le** *pl* iron scrap, scrap iron, *Br.* scrap-iron. — **~ace·ˌtat** *n chem.* ferric acetate ($Fe(C_2H_3O_2)_3$). — **~alaun** [-ʔaˌlaun] *m* halotrichite ($FeAl_2(SO_4)_4 \cdot 22H_2O$). — **~an·tiˌmon** *n min.* ferruginous (*Am. auch* ferrugineous) antimony. — **e~ˌarm** *adj* **1.** (*Land etc*) poor in iron. – **2.** *med.* a) (*Kost*) deficient in iron, b) (*Blut*) sideropenic. — **~asˌbest** *m metall.* fibrous silica. — **~azeˌtat** *n chem. cf.* Eisenacetat.

ˈEi·senˌbahn *f* **1.** *Am.* railroad, *Br.* railway: **mit der ~ fahren** (*od.* **reisen**) to go (*od.* travel) by train (*od.* rail); **er ist bei der ~** (**beschäftigt**) he works (*od.* is employed) on the railroad (*Br.* railways), he's with the railroad (*colloq.*); **die Waren werden mit der ~ zum Hafen befördert** the goods are sent to the harbo(u)r by rail; **der Junge bekam eine elektrische ~** the boy got a toy (*od.* model) electric railroad (*od.* an electric train); **die Straße verläuft entlang der ~** the road follows (*od.* runs along, beside) the railroad (tracks); **jetzt ist es aber höchste ~!** *colloq. humor.* it is certainly high (*od.* about) time! there is no time to lose now! time is pressing! – **2.** (*Zug*) train. — **~ˌabˌteil** *n* (train) compartment. — **~ˌak·ti·en** *pl econ.* railroad (*Br.* railway) shares (*od.* stocks). — **~ˌanˌschluß** *m cf.* Bahnanschluß. — **~ˌar·bei·ter** *m Am.* railroad worker (*od.* man), railroader; *Br.* railway worker, railwayman. — **~ˌbau** *m* ⟨-(e)s; *no pl*⟩ **1.** railroad (*Br.* railway) construction, *Am. auch* railroading. – **2.** (*Disziplin*) railroad (*Br.* railway) engineering. — **~beˌam·te** *m* railroad (*Br.* railway) official. — **~beˌdien·ste·te** *m Am.* railroad employee, railroader; *Br.* railway employee, railwayman. — **~beˌtrieb** *m* **1.** railroad (*Br.* railway) (*od.* train) service. – **2.** operation of a railroad (*Br.* railway), *Am. auch* railroading.

ˈEi·senˌbahn·beˌtriebs|ma·te·riˌal *n* rolling stock, permanent way material. — **~ˌord·nung** *f* railroad (*Br.* railway) operation regulations *pl.*

ˈEi·senˌbahn|ˌbrücke (*getr.* -k·k-) *f* railroad (*Br.* railway) bridge. — **~di·rek·tiˌon** *f* **1.** head office of a railroad (*Br.* railway). – **2.** railroad (*Br.* railway) directorate (*od.* management), board of directors of a railroad (*Br.* railway). – **3.** (*in Deutschland*) Regional Railroad (*Br.* Railway) Administration.

ˈEi·senˌbah·ner *m* ⟨-s; -⟩ **1.** *Am.* railroad man (*od.* worker), railroader; *Br.* railwayman, railway worker. – **2.** (*beim Zugpersonal*) trainman. — **~geˌwerk·schaft** *f* union of railroad men (*Br.* railwaymen), *Am. auch* railroad brotherhood.

ˈEi·senˌbahn|ˌfäh·re *f* train ferry. — **~ˌfahrˌkar·te** *f* railroad (*Br.* railway) (*od.* train) ticket. — **~ˌfahrˌplan** *m Br.* railway time-table, *Am.* train (*od.* railroad) schedule. — **~ˌfracht** *f cf.* Bahnfracht. — **~geˌlän·de** *n cf.* Bahngelände. — **~geˌschütz** *n mil.* railroad gun. — **~geˌsell·schaft** *f* railroad (*Br.* railway) company. — **~ˌgleis** *n cf.* Bahngleis. — **~ˌgü·ter·verˌkehr** *m cf.* Bahnfrachtverkehr. — **~ˌkno·tenˌpunkt** *m* railroad (*Br.* railway) junction (*od.* center, *bes. Br.* centre). — **~ˌkrank·heit** *f* **1.** *med.* train sickness. – **2.** *vet. cf.* Transporttetanie. — **~ˌli·nie** *f cf.* Bahnlinie. — **~ˌnetz** *n Am.* railroad system, *Br.* railway network. — **~ˌoberˌbau** *m* ⟨-(e)s; -ten⟩ (railroad, *Br.* railway) superstructure, permanent way. — **~per·soˌnal** *n* railroad (*Br.* railway) personnel. — **~ˌschaff·ner** *m* railroad (*Br.* railway) conductor. — **~ˌschie·ne** *f* railroad (*Br.* railway) rail. — **~ˌschot·ter** *m* railroad (*Br.* railway) (track) ballast, track ballast. — **~ˌschran·ke** *f cf.* Bahnschranke. — **~ˌschwel·le** *f Am.* railroad tie, crosstie, *Br.* (railway) sleeper. — **~siˌgnal** *n* railroad (*Br.* railway) (*od.* train) signal. — **~sta·tiˌon** *f* railroad (*Br.* railway) station. — **~ˌstrecke** (*getr.* -k·k-) *f cf.* Bahnstrecke. — **~taˌrif** *m* **1.** railroad (*Br.* railway) tariff. – **2.** (*für Personen*) railroad (*Br.* railway) fares *pl.* – **3.** (*für Güter*) railroad (*Br.* railway) rates *pl.* — **~transˌport** *m* rail(road) (*Br.* railway) transport (*od.* transportation). — **~ˌüberˌfüh·rung** *f* railroad (*Br.* railway) overpass (*od.* viaduct). — **~ˌüberˌgang** *m cf.* Bahnübergang 1. — **~ˌunˌglück** *n* railroad (*Br.* railway) disaster (*od.* accident), train disaster (*od.* crash). — **~ˌun·terˌbau** *m* ⟨-(e)s; -ten⟩ roadbed, *Br.* road-bed, railroad (*Br.* railway) substructure. — **~ˌun·terˌfüh·rung** *f* railroad (*Br.* railway) underpass. — **~verˌbin·dung** *f* rail(road) (*Br.* railway) connection (*Br. auch* connexion). — **~verˌkehr** *m* rail(road) (*Br.* railway) traffic. — **~verˌwal·tung** *f* railroad (*Br.* railway) administration. — **~via·ˌdukt** *m* railroad (*Br.* railway) viaduct, *Am.*

auch trestlework. — **~ˌwa·gen** *m* **1.** (*Personenwagen*) *Am.* railroad car, *Br.* railway car(riage) (*od.* coach). – **2.** (*Güterwagen*) *Am.* freight car, *Br.* (goods) truck (*od.* waggon). — **~wagˌgon** *m cf.* Eisenbahnwagen. — **~ˌzug** *m* (railroad, *Br.* railway) train.

ˈEi·sen|ˌbart *m npr only in* ein Doktor ~ *colloq.* a kill-or-cure doctor, a sawbones (*sl.*). — **~ˌbaum** *m bot.* **1.** rolled-back-leaved cycas, ironwood (tree), sideroxylon (*scient.*) (*Cycas revoluta*). – **2.** *cf.* Eisenholz 2. — **~ˌbeerˌbaum, ~ˌbeerˌstrauch** *m cf.* Hartriegel. — **~ˌbergˌwerk** *n* iron mine(s *pl*). — **e~beˌschla·gen** *adj tech.* **1.** iron-mounted. – **2.** (*Absätze*) iron-tipped. — **~beˌschlagˌteil** *n tech.* ironwork, ornamental (*od.* domestic) iron fitting (*od.* mounting). — **~beˌton** *m civ.eng. cf.* Stahlbeton. — **e~beˌwehrt** *adj* **1.** *civ.eng.* armored (*bes. Br.* armoured) with iron, reinforced (with iron). – **2.** *electr.* (*Kabel*) iron-sheathed. — **~ˌblau** *n min.* blue iron earth, vivianite (*scient.*). — **~ˌblü·te** *f min.* aragonite. — **~ˌbre·che** *f bot.* moonwort (*Osmunda lunaria*). — **~chloˌrid** *n chem.* **1.** ferrous chloride ($FeCl_2$). – **2.** ferric chloride ($FeCl_3$). — **~chloˌrür** *n chem.* ferrous chloride. — **~ˌchrom** *n metall.* ferrochromium, ferrochrome. — **~ˌdraht** *m metall.* iron wire. — **~ˌdru·se** *f min.* crystallized iron ore. — **~ˌer·de** *f* ferruginous earth. — **~ˌerz** *n* iron ore: aufbereitetes [geröstetes] ~ dressed [calcined] iron ore. — **~erˌzeu·gung** *f* iron production.

ˈEi·senˌerz|ˌgru·be *f* (*mining*) (iron) ore mine. — **~ˌvorˌkom·men** *n geol.* iron ore deposit.

ˈEi·sen|ˌfarn *m bot.* common male fern (*Dryopteris filix-mas*). — **~ˌfeilˌspä·ne** *pl tech.* iron filings. — **~ˌfleck** *m* iron spot (*od.* stain). — **~ˌfleckig·keit** (*getr.* -k·k-) *f agr.* (*der Kartoffeln*) stain. — **~ˌfres·ser** *m fig. colloq.* bully, swashbuckler, swaggerer, braggart. — **e~ˌfüh·rend** *adj cf.* eisenhaltig. — **~ˌgarn** *n* (*textile*) two-cord yarn, patent-strong (*od.* extra-strong) yarn. — **~geˌhalt** *m* iron content: Erz mit hohem [geringem] ~ ore with a high [low] iron content, high-grade [low-grade] ore. — **~geˌwin·nung** *f cf.* Eisenerzeugung. — **~ˌgie·ßer** *m metall.* iron founder. — **~gie·ßeˌrei** *f* **1.** (*Anlage*) iron foundry. – **2.** (*Prozeß*) iron founding. — **~ˌgit·ter** *n* iron grating. — **~ˌglanz** *m min.* hematite, *bes. Br.* haematite, *auch* iron glance, specular iron (ore). — **~ˌglim·mer** *m* micaceous iron ore. — **e~ˌgrau** *adj* iron-gray (*bes. Br.* -grey). — **~ˌgrau·pe** *f min.* pea iron. — **~ˌguß** *m metall.* **1.** (*Werkstoff*) cast iron. – **2.** (*Gußstücke*) iron castings *pl.* – **3.** (*Vorgang*) iron casting.

ˈei·senˌhal·tig, *Austrian auch* **ˈei·senˌhäl·tig** [-ˌhɛltɪç] *adj* **1.** containing iron: dieses Wasser ist ~ this water contains iron; die Luft ist verdammt ~ hier *colloq. humor.* there is a hell of a lot of shooting going on here (*colloq.*), the air is rather unhealthy around here (*humor.*). – **2.** *min. chem.* ferruginous, *auch* ferrugineous. — **ˈEi·senˌhal·tig·keit,** *Austrian auch* **ˈEi·senˌhäl·tig·keit** *f* ⟨-; *no pl*⟩ iron content.

ˈEi·sen|ˌham·mer *m* **1.** *tech.* forge hammer. – **2.** (*art*) iron-headed hammer. — **~ˌhan·del** *m econ.* a) iron (*od.* hardware) trade, b) hardware business, *Br.* ironmongery. — **~ˌhänd·ler** *m cf.* Eisenwarenhändler. — **~ˌhand·lung** *f cf.* Eisenwarenhandlung.

ˈei·senˈhart *adj* (as) hard as iron.

ˈEi·senˌhart *n* ⟨-(e)s; *no pl*⟩ *bot.* common vervain (*Verbena officinalis*).

ˈEi·senˌholz *n bot.* **1.** *cf.* Eisenbaum 1. – **2.** ironwood (*Argania sideroxylon*): Falsches ~ bastard ironwood (*Fugara lentiscifolia*). — **~ˌbaum** *m* **1.** woolly amyris (*Amyris tomentosa*): Echter ~ true ironwood (*Metrosideros vera*). – **2.** *cf.* Eisenholz.

ˈEi·senˌhut *m* **1.** *bot.* a) monkshood, *Br.* monk's-hood, aconite (*Gattg Aconitum, bes. A. napellus*), b) Nepal aconite (*A. ferox*): Gelber ~ badger's-bane, foxbane, wolfsbane (*A. lycoctonum*). – **2.** *mil. hist.* iron hat (*od.* helmet).

ˈEi·senˌhüt·te *f metall.* ironworks *pl* (*construed as sg or pl*).

ˈEi·senˌhüt·ten|ˌkun·de *f* ferrous metallurgy, metallurgy of iron. — **~ˌwerk** *n* a) ironworks *pl* (*construed as sg or pl*), b) metallurgical plant. — **~ˌwe·sen** *n* ferrous metallurgy.

ˈEi·sen|hy·droˌxyd *n chem.* **1.** ferrous hydroxide ($Fe(OH)_2$). – **2.** ferric hydroxide ($Fe(OH)_3$). — **~in·duˌstrie** *f econ.* iron industry. — **~ˌixie** [-ˌʔɪksĭə] *f* ⟨-; -n⟩ *bot.* hardwood tree (*Ixia ferrea*). — **~joˌdid** *n chem.* ferrous iodide. — **~ˌkalk** *m metall.* calcined iron. — **~karˌbid** *n chem.* iron carbide. — **~kar·boˌnyl** *n* iron carbonyl.

ˈEi·senˌkern *m electr.* iron core. — **~ˌspu·le** *f* iron-core(d) coil (*od.* inductor).

ˈEi·sen|ˌkies *m min.* iron pyrite(s *pl*). — **~ˌkie·sel** *m* ferruginous quartz. — **~ˌkitt** *m tech.* iron cement. — **~ˌklum·pen** *m* lump of iron. — **~ˌkraut** *n bot.* **1.** vervain, verbena (*Gattg Verbena*): Gemeines ~ holy herb, herb of the cross (*V. officinalis*). – **2.** ironwort (*Gattg Sideritis*). – **3.** ironweed (*Vernonia noveboracensis*). — **~leˌgie·rung** *f chem.* alloy of iron, ferrous alloy. — **e~maˌgne·tisch** *adj phys.* ferromagnetic. — **~manˌgan** *n min.* manganese iron, iron manganate. — **~ˌman·tel** *m metall.* (*eines Hochofens*) sheet iron casing, steel jacket. — **~ˌmen·ni·ge** *f chem.* red iron ocher (*bes. Br.* ochre).

ˈEi·senˌnickel·ak·ku·muˌla·tor (*getr.* -k·k-) *m electr.* iron-nickel storage battery, Edison accumulator.

ˈEi·sen|ˌocker (*getr.* -k·k-) *m min.* blue (*od.* iron, brown) ocher (*bes. Br.* ochre). — **~ooˌlith** *m* iron (*od.* ferruginous) oolite, oolitic ironstone (*Br.* iron-stone). — **~oxyd** [-ʔɔˌksyːt] *n chem.* **1.** ferrous oxide (FeO). – **2.** ferric oxide (Fe_2O_3). – **3.** iron oxide (Fe_3O_4). — **~oxyˌdul** *n* ferrous oxide (FeO). — **~ˌpechˌerz** *n min.* pitticite. — **~ˌpe·ter** *m bot.* sand-intermediate carex (*Carex arenaria*). — **~ˌplat·te** *f tech.* cast iron (*Br.* cast-iron) plate. — **~ˌpro·be** *f* **1.** *metall.* iron sample. – **2.** *hist.* (*Gottesurteil*) ordeal by hot iron. — **~ˌquel·le** *f med.* chalybeate (*od.* ferruginous) spring. — **~ˌrahm** *m min.* iron froth. — **~ˌrah·men** *m tech.* iron frame. — **~ˌreif, ~ˌrei·fen** *m* iron hoop. — **~ˌrin·denˌbaum** *m bot.* ironbark (tree) (*Eucalyptus leucoxylon*). — **~ˌring** *m* **1.** iron ring. – **2.** *her.* virole. — **~ˌrost** *m* **1.** (iron) rust. – **2.** (*Eisengitter*) iron grating (*od.* grate). — **~ˌsand** *m min.* ferruginous sand. — **~ˌsau** *f metall.* iron bear, furnace sow, salamander. — **e~ˌschaf·fend** *adj econ.* iron-producing: ~e Industrie iron-and-steel-producing industry. — **~ˌschaum** *m* **1.** *min.* porous haematite (*bes. Am.* hematite). – **2.** *metall.* kish. — **~ˌschie·ne** *f tech.* **1.** iron bar. – **2.** iron rail. — **~ˌschlacke** (*getr.* -k·k-) *f* iron slag, scoria, clinker. — **~ˌschmied** *m* blacksmith, hammersmith, smith. — **~ˌschmie·de** *f* **1.** (*handwerkliche*) smithy. – **2.** (*industrielle*) forge. — **~ˌschrott** *m* scrap iron, cast iron (*Br.* cast-iron) scrap. — **~ˌschuh** *m hist.* (*der Ritterrüstung*) solleret. — **e~ˌschüs·sig** [-ˌʃʏsɪç] *adj min.* geol. ferruginous, *auch* ferrugineous. — **~ˌschwamm** *m metall.* spongy (*od.* sponge) iron. — **~ˌschwarz** *n* (*mineralisches Graphit*) plumbago. — **~ˌschwär·ze** *f chem.* currier's ink, iron black. — **~ˌsin·ter** *m* **1.** *metall.* iron dross. – **2.** *min.* a) pitticite, glockerite, b) (*Skorodit*) skorodite, c) (*Phosphoreisensinter*) diadochite. — **~ˌspä·ne** *pl tech.* a) iron chips, b) (*Schneidspäne*) iron (*od.* steel) cuttings, c) (*Hobelspäne*) facings, d) (*Bohrspäne*) borings, e) (*Feilspäne*) filings, f) (*Drehspäne*) turnings. — **~ˌspat** *m min.* siderite, *auch* spathic iron. — **~ˌstab** *m* iron rod (*od.* bar). — **~ˌstan·ge** *f* iron rod. — **~ˌstein** *m min.* **1.** a) ironstone, *Br.* iron-stone, b) gossan, *auch* iron hat. – **2.** *cf.* Eisenerz. — **~sulˌfat** *n chem.* **1.** ferrous (*od.* iron) sulfate (*bes. Br.* -ph-) ($FeSO_4 \cdot 7H_2O$). – **2.** ferric (*od.* iron) sulfate (*bes. Br.* -ph-) ($Fe_2(SO_4)_3$). — **~sulˌfid** *n* ferrous sulfide (*bes. Br.* -ph-) (FeS).

ˈEisˌen·te *f zo.* long-tailed duck, old-squaw, *Am.* winter duck (*Clangula hyemalis*).

ˈEi·sen|ˌteil·chen *n* particle of iron. — **~tinkˌtur** *f* iron tincture, tincture of iron. — **~ˌträ·ger** *m civ.eng.* iron girder. — **e~verˌar·bei·tend** *adj* metal-working. — **~verˌbin·dung** *f chem.* ferrous (*od.* ferric, iron) compound. — **e~verˌklei·det** *adj* ironclad. — **~vi·triˌol** *n* **1.** *chem.* ferrous sulfate (*bes. Br.* -ph-) ($FeSO_4 \cdot 7H_2O$). – **2.** *min.* melanterite. — **~ˌwalzˌwerk** *n metall.* iron-rolling mill.

ˈEi·senˌwa·ren *pl* hardware *sg*, ironware *sg*, *Br.* ironmongery *sg.* — **~ˌhänd·ler** *m* hardwareman, hardware dealer, *Br. auch* ironmonger. — **~ˌhand·lung** *f* hardware store, *Br. auch* ironmongery.

ˈEi·sen|ˌwas·ser *n med. cf.* Eisenquelle. — **~ˌwerk** *n metall. cf.* Eisenhüttenwerk. — **~ˌwi·derˌstand** *m phys.* (*magnetischer*) resistance of iron. — **~ˌwur·zel** *f bot.* black centaury (*Centaurea scabiosa u. C. nigra*). — **~ˌzeit, die** *hist.* the Iron Age. — **~ˌzinkˌblen·de** *f min.* marmatite.

ei·sern [ˈaɪzərn] **I** *adj* **1.** iron (*attrib*), of iron: ~e Lunge *med.* iron lung; ~er Vorhang (*im Theater*) fire-proof (*od.* safety) curtain; der E~e Vorhang *fig. pol.* the Iron Curtain; ~e Hochzeit *fig.* seventieth (*od.* seventy-fifth) wedding anniversary. – **2.** *fig.* (*Gesundheit etc*) iron (*attrib*), of iron, cast-iron (*attrib*), strong: er hat eine ~e Gesundheit he has an iron (*od.* a cast-iron) constitution, he has a robust health; mit ~em Griff with a grip of iron, with an iron grip; sie hat ~e Nerven she has nerves of iron (*od.* steel), she has steely nerves. – **3.** *fig.* (*Wille etc*) iron (*attrib*), firm, rigid, unyielding, inflexible, relentless: ~e Disziplin iron (*od.* strict, stern) discipline; mit ~er Hand regieren to rule with an iron hand (*od.* a rod of iron); mit ~er Faust warf er den Aufstand nieder he crushed the uprising with the mailed fist (*od.* relentlessly); das ~e Gesetz der Notwendigkeit the iron law of necessity; ein ~er Grundsatz a hard and fast principle, a rigid (*od.* cast-iron) principle; mit ~er Miene schaute er zu he watched with a stony look; ~e Ruhe imperturbable (*od.* steely) composure, imperturbability; ~e Sparsamkeit rigid (*od.* strict) economy; ~es Sparen *econ.* compulsory saving scheme; mit ~er Stirn a) with unflinching resolution (*od.* determination), resolutely, b) with a brazen face, brazenfacedly, brazenly; mit ~er Stirn brachte sie ihre Lügen vor she told her lies with brazen effrontery; er war ~ in seinem Entschluß he was unwavering (*od.* implacable) in his resolution; da(rin) bin ich ~ *colloq.* on (*od.* in) this I am firm; der neue Chef hat mit ~em Besen ausgekehrt *colloq.* the new chief made a clean sweep (*od.* cleaned house ruthlessly). – **4.** *fig.* (*Fleiß etc*) tireless, untiring, indefatigable, unwearying, unremitting, unflagging. – **5.** *fig.* (*für den Notfall*) emergency, reserve (*beide attrib*): ~er Bestand emergency stock; ~e Ration iron (*od.* emergency, reserve) ration(s *pl*), *Am. mil. auch* D ration(s *pl*). – **6.** *hist.* (*Zeitalter etc*) Iron (*attrib*): das E~e Kreuz (erster Klasse) the Iron Cross (first class) (*war decoration*); der E~e Kanzler the Iron Chancellor (*Bismarck*); die E~e Krone the Iron Crown (*of Lombardy*); der E~e Herzog the Iron Duke (*Duke of Wellington*); die E~e Jungfrau the Iron Maiden (*medieval instrument of torture*). – **7.** ~er Hut *min.* gossan, iron hat. – **8.** das E~e Tor *geogr.* the Iron Gate(s *pl*) (*of the Danube*). – **II** *adv* **9.** *fig.* firmly, rigidly, unyieldingly, inflexibly, relentlessly: er hielt ~ an diesem Grundsatz fest he firmly (*od.* strictly) adhered to this principle; ~ sparen a) to save rigorously (*od.* resolutely), to make a point of saving, b) *econ.* to save under a compulsory saving scheme. – **10.** *fig. colloq.* (*natürlich*) certainly, indeed, naturally: aber ~! but of course! *bes. Am. colloq.* you bet! dead sure! sure thing! and how!

ˈEis·erˌzeu·gung *f tech.* ice making.

ˈEi·sesˌkäl·te *f meist fig.* icy cold(ness).

ˈEis|ˌes·sig *m chem.* glacial acetic acid, radical vinegar. — **~faˌbrik** *f* **1.** ice factory, ice-manufacturing plant. – **2.** (*für Speiseeis*) ice-cream factory. — **~ˌfal·ter** *m zo.* viceroy, mimic (*Gattg Limenitis*). — **~ˌfeld** *n* ice field, *Br.* ice-field. — **~ˌflä·che** *f* **1.** frozen (*od.* ice, icy) surface. – **2.** expanse of ice. — **e~ˌfrei** *adj bes. mar.* ice-free, free of (*od.* from) ice, clear of ice: ~er Hafen ice-free port; eine ~e Stelle an ice-free spot; diese Route ist wieder ~ this route is clear of ice again. — **~ˌfuchs** *m zo. cf.* Polarfuchs. — **~ˌgang** *m* breaking up (*od.* breakup, *Br.* break-up) of (the) ice, ice drift; débâcle, *auch* debacle (*scient.*). — **e~geˌkühlt** *adj* ice-cooled, ice-cold, chilled, iced, cold: ~es Getränk cold drink; etwas ~ servieren to serve s.th. chilled. — **~ˌglas** *n tech. cf.* Mattglas. — **~ˌglät·te** *f* (*auf den Straßen*) icy surface, glaze, *Br.* glaced frost: bei ~ on icy roads; stellenweise ~ icy patches (on the roads). — **e~ˌgrau** *adj*

1. hoary, gray, *bes. Br.* grey: ~er Bart hoary beard. – **2.** *fig. lit.* (*Mann*) aged, ancient. — ~ˌ**gren·ze** *f geol.* glacial boundary, ice limit. — ~ˌ**gür·tel** *m geogr.* ice belt. — ~ˌ**hai** *m zo.* Greenland shark (*Somniosus microcephalus*). — ~ˌ**ha·ken** *m* (*sport*) ice piton (*od.* peg). — ~ˌ**händ·ler** *m Am.* iceman, *Br.* ice(-)merchant. — ~ˌ**haus** *n* icehouse, *Br.* ice-house.

'**Eisˌhei·li·gen, die** *pl* (*Maifröste*) the Ice Saints, the Icemen (*cold spell in May*).

'**Eisˌhockey** (*getr.* -k·k-) *n* (*sport*) ice hockey, *Br.* ice-hockey. — ~ˌ**schei·be** *f* puck. — ~ˌ**schlä·ger** *m* ice-hockey stick. — ~ˌ**spiel** *n* (game of) ice hockey (*Br.* ice-hockey). — ~ˌ**spie·ler** *m* ice-hockey player.

'**Eisˌhöh·le** *f geol.* ice cave.

ei·sig ['aɪzɪç] **I** *adj* **1.** (*bitterkalt*) icy, ice-cold, icy-cold, cold as ice: **es herrschte eine** ~**e Kälte** there was an icy cold, it was icy-cold; **es geht ein** ~**er Wind** there is an icy wind blowing; **meine Hände sind** ~ my hands are ice-cold (*od.* icy). – **2.** (*eisbedeckt*) icy, covered (*od.* coated) with ice, frosty: ~**e Felswände** icy cliffs; **die Straßen sind** ~ the roads are icy. – **3.** *fig.* (*abstoßend*) icy, glacial, freezing: **ein** ~**er Blick** an icy stare. – **4.** *fig.* (*sehr kühl*) chilly, chilling, frosty: **ein** ~**er Empfang** a chilly reception; **ein** ~**es Lächeln** a frostly smile. – **5.** *fig.* (*sehr zurückhaltend*) frosty, frigid, chilly: **eine** ~**e Miene aufsetzen** to put on a frigid (*od.* chilly) air; ~**es Schweigen** frosty (*od.* frigid) silence. – **6.** *bes. med.* algid. – **II** *adv* **7.** icy, ice-cold: **es war** ~ **kalt** it was icy (*od.* ice-cold). – **8.** *fig.* icily, in an icy manner: **j-n** ~ **ansehen** to give s.o. an icy look; **j-n** ~ **behandeln** to treat s.o. icily.

'**ei·sig'kalt** *adj* ⟨*attrib*⟩ ice-cold, icy(-cold).

'**Ei·sig·keit** *f* ⟨-; *no pl*⟩ *meist fig.* iciness.

'**Eisˌin·sel** *f* ice island.

eis·is, Eis·is ['eːɪsˀɪs] *n* ⟨-; -⟩ *mus.* E double sharp.

'**Eis|ˌjacht** *f* (*sport*) (*Segelschlitten*) iceboat, *Br.* ice-boat, ice yacht. — ~ˌ**kaf·fee** *m gastr.* **1.** ice(d) coffee. – **2.** coffee with ice cream.

'**eis'kalt I** *adj* **1.** ice-cold, icy(-cold): **bei dem Anblick überlief es mich** ~ (*od.* **lief es mir** ~ **über den Rücken**) *fig.* the sight made me shudder (*od. colloq.* gave me the creeps). – **2.** *gastr.* chilled. – **3.** *fig.* cold, *auch* ice-cold, icy, frosty, glacial: ~**e Berechnung** (ice-)cold calculation; **er gab mir einen** ~**en Blick** he gave me an icy stare; **bei alledem blieb er** ~ in spite of (*od.* with) all this he remained as cool as a cucumber. – **II** *adv* **4.** **j-n** ~ **umbringen** to kill s.o. in cold blood.

'**Eis|'käl·te** *f* icy cold, icy coldness. — ~ˌ**ka·sten** *m* (*housekeeping*) icebox, *auch* ice chest. — ~ˌ**kel·ler** *m* **1.** ice cellar: **dein Zimmer ist wie ein** ~ *fig.* your room is like an icebox. – **2.** (*natürlicher*) *cf.* Eishöhle. – **3.** *cf.* Eishaus. — ~ˌ**klum·pen** *m* lump of ice. — ~**kom·ˌpres·se** *f med.* ice pack. — ~ˌ**kraut** *n bot.* ice plant (*Mesembryanthemum crystallinum*). — ~ˌ**krem** *f, colloq. auch m gastr.* ice cream, *Br.* ice-cream. — ~**kriˌstall** *m meist pl meteor.* ice crystal, *auch* ice needle. — ~ˌ**kü·bel**, ~ˌ**küh·ler** *m* ice bucket (*od.* pail). — ~ˌ**küh·lung** *f* ice-cooling, ice refrigeration.

'**Eisˌkunst|ˌlauf** *m* ⟨-(e)s; *no pl*⟩ (*sport*) figure skating. — ~ˌ**läu·fer** *m*, ~ˌ**läu·fe·rin** *f* figure skater.

'**Eis|ˌlauf** *m* ⟨-(e)s; *no pl*⟩ (ice-)skating. — **e**~ˌ**lau·fen** *v/i* ⟨*irr, sep,* -ge-, *sein*⟩ (ice)(-)skate. — ~ˌ**läu·fer** *m*, ~ˌ**läu·fe·rin** *f rare for* Schlittschuhläufer(in). — ~**li·moˌna·de** *f* iced pop (*colloq.*). — ~ˌ**lut·scher** *m bes. Austrian colloq. bes. Am.* popsicle, *bes. Br.* ice lollipop (*od. colloq.* lolly). — ~ˌ**mann** *m* ⟨-(e)s; Eismänner⟩ **1.** *cf.* Eishändler. – **2.** *pl Bavarian and Austrian for* Eisheiligen. — ~**maˌschi·ne** *f tech.* **1.** ice-cream freezer (*od.* machine). – **2.** ice machine (*od.* maker) (*for artificial ice*). — ~ˌ**mas·se** *f* **1.** mass (*od.* body) of ice. – **2.** (*im Fluß etc*) ice floe.

'**Eis|ˌmeer** *n geogr.* polar sea: **Nördliches** ~ Arctic Ocean; **Südliches** ~ Southern Ocean, *auch* Antarctic Ocean. — ~ˌ**mo·nat**, ~ˌ**mond** *m obs. for* Januar. — ~ˌ**mö·we** *f zo.* glaucous (*od.* burgomaster) gull (*Larus hyperboreus*). — ~ˌ**na·del** *f meist pl meteor.* ice needle, *auch* ice crystal. — ~ˌ**packung** (*getr.* -k·k-) *f med.* ice pack. — ~**paˌlast** *m* **1.** indoor skating rink (*Br.* skating-rink), ice stadium. – **2.** *fig. colloq.* 'icebox' (*colloq.*). — ~ˌ**pflan·ze** *f bot. cf.* Eiskraut. — ~ˌ**pfriem** *m* (*housekeeping*) ice pick, *Br.* ice-pick (*for cutting or chopping ice*). — ~ˌ**pickel** (*getr.* -k·k-) *m* (*sport*) ice ax(e), *Br.* ice-ax(e).

'**Eiˌsprung** *m biol.* ovulation.

'**Eis|-ˌPunsch** *m gastr.* iced punch. — ~**reˌvue** *f* ice revue (*od.* show). — ~ˌ**rin·de** *f* crust of ice. — ~ˌ**sä·ge** *f tech.* ice saw. — ~ˌ**schicht** *f* **1.** (*auf einem See, Fluß etc*) sheet of ice: **eine 10 cm dicke** ~ a sheet of ice 10 cm thick. – **2.** (*Überzug*) coating of ice: **eine** ~ **auf der Straße** a coating of ice on the road. — ~ˌ**schie·ßen** *n game played on ice, in rules and technique similar to Scottish curling played, however, with an 'Eisstock'.* — ~ˌ**schnellauf** (*getr.* -ll|l-) *m* (*sport*) speed skating. — ~ˌ**schnelläu·fer** (*getr.* -ll|l-) *m* (*sport*) speed skater. — ~ˌ**schol·le** *f* ice floe (*od.* cake). — ~ˌ**schrank** *m* **1.** *colloq. for* Kühlschrank. – **2.** *rare* icebox, *auch* ice chest. — ~ˌ**schutz** *m* **1.** *mar. cf.* Eisverstärkung. – **2.** *aer.* anti-icer. — ~ˌ**se·geln** *n* (*sport*) **1.** iceboating, ice(boat) (*Br.* ice-boat) sailing, *auch* ice yachting. – **2.** (*ohne Boot*) skate sailing. — ~ˌ**seg·ler** *m* (*sport*) **1.** (*Boot*) iceboat, *Br.* ice-boat, ice yacht. – **2.** (*Person*) ice yachtsman. — ~ˌ**spal·te** *f* crevasse, *auch* crevass. — ~ˌ**spat** *m min.* ice spar, glassy feldspar; rhyacolite, sanidine (*scient.*). — ~ˌ**sport** *m* ice sports *pl.* — ~ˌ**sproß** *m*, ~ˌ**spros·se** *f hunt.* (*am Geweih*) second tine of a stag's antler, bay (*od.* bez) antler. — ~ˌ**sta·di·on** *n* ice stadium. — ~ˌ**stein** *m min.* Greenland spar; cryolite, kryolite (*scient.*).

'**Eisˌstock** *m* (*sport*) (wooden) curling stone. — ~ˌ**schie·ßen** *n obs. for* Eisschießen.

'**Eis|ˌstrom** *m* (*im Polarmeer*) ice stream. — ~ˌ**stück** *n* **1.** piece of ice. – **2.** *cf.* Eiswürfel. — ~ˌ**sturmˌvo·gel** *m zo.* fulmar (petrel), mallemuck, *auch* mollemock, mollymawk (*colloq.*) (*Fulmarus glacialis*). — ~ˌ**tanz** *m* (*sport*) ice dancing. — ~ˌ**tau·cher** *m zo.* common loon, great northern diver (*Colymbus immer*). — ~ˌ**trei·ben** *n*, ~ˌ**trift** *f* drifting (*od.* floating) of (the) ice, ice drift. — ~ˌ**tü·te** *f* ice-cream cone, *Br. auch* cornet. — ~ˌ**über·ˌzug** *m* coating of ice, ice coating, glaze, *Br.* glaced frost, (*nach Eissturm*) silver thaw (*od.* frost). — ~ˌ**umˌschlag** *m med.* ice pack. — ~**verˌkäu·fer** *m* ice-cream vender, *Am.* iceman. — ~**verˌstär·kung** *f mar.* ice strengthening, *auch* bowgrace. — ~ˌ**vo·gel** *m* **1.** *zo.* (water-)kingfisher (*Alcedo atthis*). – **2.** *zo. auch* Großer ~ *cf.* Eisfalter. – **3.** *poet.* halcyon. — ~ˌ**waf·fel** *f* **1.** ice-cream wafer. – **2.** cream wafer. — ~ˌ**was·ser** *n bes. Am.* ice water, *bes. Br.* iced water. — ~ˌ**wein** *m* ice wine (*made from grapes exposed to frost*).

'**Eisˌwür·fel** *m* ice cube. — ~ˌ**scha·le** *f* (*im Kühlschrank*) ice tray.

'**Eis|ˌwü·ste** *f lit.* frozen waste. — ~ˌ**zan·ge** *f* ice tongs *pl* (*sometimes construed as sg*). — ~ˌ**zap·fen** *m* icicle.

'**Eisˌzeit** *f*, ~ˌ**al·ter** *n geol.* Ice Age, ice age, glacial period (*od.* epoch), Pleistocene (*scient.*): **Große Eiszeit** Great Ice Age; **vor der Eiszeit** preglacial. — '**eisˌzeit·lich** *adj geol.* glacial: ~**e Funde** finds from the Ice Age.

'**Eisˌzeitˌmensch** *m* glacial man.

'**Eisˌzucker** (*getr.* -k·k-) *m gastr.* confectioner's (*bes. Br.* icing) sugar.

'**Eiˌtei·lung** *f biol.* segmentation (*od.* cleavage) of the ovum.

ei·tel ['aɪtəl] *adj* ⟨eit(e)ler; eitelst⟩ **1.** (*eingebildet, gefallsüchtig*) (**auf** *acc*) vain (about, of), (*bes. von sich selbst*) conceited (about, of), proud (of), self-admiring, vainglorious (*lit.*): **ein eitler Fant** (*od.* **Affe, Geck, Pfau**) *colloq.* a dandy, *bes. Am.* a fancy pants (*sl.*); **sie ist recht** ~ she is quite vain; **er ist** ~ **wie ein Pfau** he is as proud (*od.* vain) as a peacock. – **2.** (*leer, nichtig*) empty, vain, idle, airy: **eitles Geschwätz** idle gossip (*od.* talk), empty words *pl*; **eitle Versprechungen** empty (*od.* vain, airy) promises. – **3.** (*wirkungs-, nutzlos*) idle, futile, useless, fruitless, unprofitable: **eitle Versuche** vain (*od.* futile) attempts. – **4.** *lit. or poet.* (*wertlos, unbedeutend*) unimportant, trifling, worthless, paltry. – **5.** ⟨*invariable*⟩ ⟨*attrib*⟩ *obs. od. poet.* (*lauter*) pure, mere, sheer: **es ist aus** ~ **Gold** it is pure (*od.* all) gold; **mit** ~ **List und Tücke** with nothing (else) but lies and deceit; **in** ~ **Lust und Pracht leben** to live in pomp and wanton; ~ **Sonnenschein** a) all sunshine, b) *fig.* sunshine all the way; ~ **Zeitverschwendung** sheer waste of time. — '**Ei·tel·keit** *f* ⟨-; -en⟩ **1.** (*Eingebildetsein, Gefallsucht*) vanity, vainness, conceit: **verletzte** ~ injured vanity; **etwas aus (reiner)** ~ **tun** to do s.th. out of (sheer) vanity; **j-s** ~ **schmeicheln** (*od.* **schöntun**) to tickle s.o.'s vanity. – **2.** (*Nichtigkeit*) emptiness, vanity, idleness: **die Pracht und** ~ **dieser sündigen Welt** the pomps and vanity of this wicked world; **die** ~ **des menschlichen Tuns** the vanity of human effort. – **3.** (*Wirkungs-, Nutzlosigkeit*) idleness, futility, uselessness. – **4.** *lit. od. poet. for* Wertlosigkeit.

Ei·ter ['aɪtər] *m* ⟨-s; *no pl*⟩ *med.* pus, (purulent *od.* suppurative) matter: **ansteckender** ~ virulent (*od.* infectious) pus; **bröckeliger** ~ cheesy pus; **der Urin enthält** ~ pus is present in the urine; ~ **absondern [bilden]** to discharge [to suppurate] pus. — ~ˌ**abˌfluß** *m*, ~ˌ**abˌson·de·rung** *f* **1.** discharge of pus. – **2.** purulent discharge (*od.* secretion). — ~ˌ**anˌsamm·lung** *f* collection (*od.* formation) of pus. — **e**~ˌ**ar·tig** *adj* resembling pus, puriform (*scient.*). — ~ˌ**beu·le** *f* **1.** *med.* abscess, (*Furunkel*) boil, furuncle. – **2.** *fig.* canker. — **e**~ˌ**bil·dend** *adj med.* pus-producing, pus-forming, pyogenic (*scient.*). — ~ˌ**bil·dung** *f* formation of pus; pyogenesis, pyogenia, pyosis, suppuration, purulence, *auch* purulency (*scient.*). — ~ˌ**bla·se** *f*, ~ˌ**bläs·chen** *n* pus-blister, pustule, pimple. — ~**erˌre·ger** *m meist pl* pyogenic organism. — ~ˌ**flech·te** *f* impetigo. — ~ˌ**fluß** *m* pyorrhea. — ~**geˌschwulst** *f*, ~**geˌschwür** *n cf.* Eiterbeule. — ~ˌ**grind** *m cf.* Eiterflechte. — ~ˌ**har·nen** *n* pyuria. — ~ˌ**herd** *m* suppurative focus. — ~ˌ**höh·le** *f* pus pocket, abscess cavity (*scient.*).

'**ei·te·rig** *adj med. cf.* eitrig.

'**Ei·ter|ˌkok·ke** *f meist pl biol.* pyococcus. — ~ˌ**kör·per·chen** *n* (*im Eiter*) pus cell, pus corpuscle (*od.* corpuscule).

ei·tern ['aɪtərn] **I** *v/i* ⟨h⟩ *med.* **1.** fester, run, discharge (pus *od.* matter), suppurate (*scient.*): **die Wunde eitert** the wound is suppurating; **das Ohr eitert** the ear is discharging pus. – **II E**~ *n* ⟨-s⟩ **2.** *verbal noun*: **zum E**~ **bringen** to fester, to suppurate, (*bes. Furunkel*) to bring to a head. – **3.** *cf.* Eiterung. — '**ei·ternd I** *pres p.* – **II** *adj med. cf.* eitrig.

'**Ei·ter|ˌpflock**, ~ˌ**pfropf** *m med.* core (of a boil, abscess, furuncle). — ~ˌ**sack** *m* sac (*od.* cyst) containing pus.

'**Ei·te·rung** *f* ⟨-; -en⟩ *med.* **1.** *cf.* Eitern. – **2.** discharge of pus, suppuration (*scient.*).

'**Ei·terˌzel·le** *f med.* (*im Eiter*) pus corpuscle (*od.* corpuscule), pus cell.

'**eiˌtra·gend** *adj zo.* oviferous.

'**eit·rig** *adj med.* (*eiternd*) festering, suppurating, suppurative, purulent: ~**er Ausfluß** purulent discharge; ~**e Blutvergiftung** py(a)emia.

'**Eiˌweiß** *n* ⟨-es; *rare* -e⟩ **1.** white of egg, (egg) white, albumen (*scient.*): **das** ~ **von 6 Eiern zu Schnee schlagen** *gastr.* to beat the whites of 6 eggs (*od.* six egg whites) until stiff; ~ **vom Dotter trennen** to separate the egg whites from the yolks. – **2.** *biol. med. chem.* protein: **pflanzliches [tierisches]** ~ vegetable [animal] protein; **körperfremdes** ~ foreign protein. – **3.** *print.* glair, glaire. — ~ˌ**abˌbau** *m* **1.** *cf.* Eiweißspaltung. – **2.** *med.* breaking down of protein, protein metabolism (*scient.*). — **e**~ˌ**arm** *adj med.* low in protein: ~**e Ernährung(sweise)** low protein diet. — **e**~ˌ**ar·tig** *adj* albuminous. — ~ˌ**aus·ˌschei·dung** *f* (*im Urin*) proteinuria. — ~**beˌdarf** *m* protein requirement. — ~**ge·ˌhalt** *m* protein content. — **e**~ˌ**hal·tig** *adj* albuminous, containing protein. — ~ˌ**har·nen** *n* proteinuria. — ~ˌ**hausˌhalt** *m* protein metabolism. — ~ˌ**kör·per** *m* **1.** *biol.* protein: **zusammengesetzte** ~ conjugated proteins. – **2.** *bot.* endosperm. — ~ˌ**kunstˌfa·ser** *f* (*textile*) regenerated protein fiber (*bes. Br.* fibre). — ~ˌ**man·gel** *m med.* protein deficiency (*od.* want). — ~ˌ**pro·be**, ~**re·ak·tiˌon** *f* test for protein, protein reaction (*od.* test). — **e**~ˌ**reich** *adj* rich in protein, of high protein content: ~**e Kost** high protein diet. — **e**~ˌ**spal·tend** *adj biol. chem.* proteolytic. — ~ˌ**spal·tung** *f* a) proteolysis, b) protein hydrolysis: **fermentative** ~ enzymatic proteolysis. — ~ˌ**stoff** *m* **1.** *biol. chem.* protein. – **2.** *bot. cf.* Eiweißkörper 2. — ~ˌ**zel·le** *f biol.* egg cell, ovum (*scient.*).

Eja·ku·lat [ejaku'laːt] *n* ⟨-s; -e⟩ *med.* ejaculated seminal fluid, ejaculate. — **Eja·ku·la-**

ti'on [-la'tsĭoːn] *f* ⟨-; -en⟩ ejaculation. — **eja·ku'lie·ren** [-'liːrən] *v/t* ⟨*no* ge-, h⟩ (*Samen*) ejaculate.

Ejek·ti·on [ejɛk'tsĭoːn] *f* ⟨-; -en⟩ **1.** *tech.* ejection. – **2.** *jur. obs.* expulsion, ejectment.

Ejek·ti'ons,bahn *f astr.* orbit of ejection.

ejek·tiv [ejɛk'tiːf] *adj ling.* ejective.

Ejek·tor [e'jɛktər] *m* ⟨-s; -en [-'toːrən]⟩ *tech.* (*Dampfstrahlpumpe*) ejector, jet pump.

eji·zie·ren [eji'tsiːrən] *v/t* ⟨*no* ge-, h⟩ **1.** *jur. obs.* expel (by force), oust. – **2.** *tech.* eject.

'Eka·alu,mi·ni·um ['eːka-] *n chem. cf.* Gallium.

'Eka,bor *n* ⟨-s; *no pl*⟩ *chem. cf.* Scandium.

'Eka-Ele,men·te *pl chem.* eka-elements.

Ekart [e'kaːr] *m* ⟨-s; -s⟩ *econ.* (*in Börse und Finanzwesen*) margin (of profit).

Ekar·té [ekar'teː] *n* ⟨-s; -s⟩ **1.** (*games*) écarté. – **2.** *choreogr.* écarté position.

Ek·chy·mo·se [ɛkçy'moːzə] *f* ⟨-; -n⟩ *med.* ecchymosis, extravasation of blood.

Ekel[1] ['eːkəl] *m* ⟨-s; *no pl*⟩ **1.** (vor *dat*) aversion (to, for, from), distaste (for, *auch* of *s.th.*), disgust (for, at, toward[s], against), (*stärker*) loathing (for), nausea (at *s.th.*), repulsion (for), revulsion (to *od.* against *s.th.*, for *s.o.*): **einen ~ vor etwas [j-m] haben** (*od.* **empfinden**) *cf.* ekeln II; **~ bei etwas empfinden** (*od.* **bekommen, haben**) to feel disgust (*od.* nausea) at s.th., to be disgusted by (*od.* at) s.th.; **das erfüllt mich mit ~, das erregt ~ bei** (*od.* in) **mir** that disgusts (*od.* nauseates) me; **~ erfüllte mich** I was overcome by disgust (*od.* loathing); **sie sind sich zum ~** they can't stand (*od. sl.* stomach) one another, they loathe each other; **etwas mit ~ essen** to eat s.th. with disgust (*od.* distaste); **heftigen ~ erregend** very disgusting, loathsome; **von ~ erfüllt** filled with disgust, sickened; **bis zum ~** (*Überdruß*) to the point of disgust, ad nauseam, to satiety, to loathing. – **2. ein ~** *colloq.* (*etwas Ekelerregendes*) a disgusting (*od.* loathsome) thing, an object of disgust (*od.* horror, aversion); **Schlangen sind mir ein ~** I have a horror of snakes, I find snakes repulsive, I hate (*od.* detest) snakes; **ich habe einen ~ davor** I am sick of it (*colloq.*). – **3.** (*Übelkeit*) nausea: **~ nach zu starkem** (*od.* **reichlichem**) **Genusse** surfeit.

'Ekel[2] *n* ⟨-s; -⟩ *colloq.* **1.** (*widerlicher Mensch*) disgusting (*od.* loathsome, repulsive, nasty) person, horror, beast; (*stärker*) bastard, stinker (*vulg.*): **er ist ein ~** he is disgusting (*od.* loathsome); **du ~!** you disgusting (*od.* loathsome) creature! you horror! – **2.** *humor.* (*bes. lästiges Kind*) pest, nuisance: **du bist ein richtiges ~** you are a real nuisance (*od.* a regular pest).

'ekel|er,re·gend *adj* (*Gestank, Speise etc*) disgusting, nauseating, loathsome, repulsive, repellent, *auch* repellant, repugnant. — **E~ge,fühl** *n* repulsion.

'ekel·haft I *adj* **1.** (*physisch widerlich*) sickening, disgusting, repellent, *auch* repellant, (*stärker*) repulsive, loathsome, nauseating, nauseous, 'putrid' (*sl.*): **ein ~er Geruch** a disgusting (*od.* offensive) smell; **~es Zeug** *colloq.* vile stuff. – **2.** *fig. colloq., oft contempt.* (*unangenehm*) unpleasant, miserable, disgusting, nasty, atrocious (*colloq.*): **eine ~e Arbeit** a miserable job; **~es Wetter** miserable (*od.* wretched, *colloq.* beastly) weather; **sei nicht so ~** don't be so nasty (*colloq.* beastly, irritating). – **3.** *cf.* eklig 2. – **II** *adv* **4.** sickeningly, disgustingly, (*stärker*) loathsomely: **~ riechen** to smell disgustingly (*od.* offensively). – **5.** *fig. colloq.* (*sehr*) disgustingly, miserably, atrociously (*colloq.*): **es ist ~ kalt** it is bitter cold; **~ heiß** terribly (*od.* miserably) hot; **das tut ~ weh** that hurts like hell (*colloq.*); **sich ~ benehmen** to behave atrociously (*od.* in a nasty way). — **'Ekel·haf·tig·keit** *f* ⟨-; -en⟩ **1.** disgustingness, repellency, *auch* repellancy, (*stärker*) repulsiveness, loathsomeness, nauseousness: **die ~ des Geruchs** the disgustingness (*od.* offensiveness) of the smell. – **2.** *fig. colloq.* disgustingness, nastiness, atrociousness, wretchedness.

'eke·lig *adj cf.* eklig.

ekeln ['eːkəln] **I** *v/impers* ⟨h⟩ **es ekelt mich** (*od.* **mir**), **mir** (*od.* **mich**) **ekelt's** I am disgusted (**vor** *dat* with, by, at), I loathe it, it nauseates (*od.* sickens) me, I am nauseated (**vor** *dat* with), it makes me (feel) sick; **es ekelt mich** (*od.* **mich ekelt's**) **vor dem Essen** I hate (*od.* loathe) this dish, this dish nauseates (*od.* sickens) me; **mir** (*od.* **mich**) **ekelt es davor** it disgusts me; **mir ekelt** (*od.* **mich ekelt's**) **vor ihm** I am disgusted by him, he nauseates (*od.* sickens) me. – **II** *v/reflex* **sich vor etwas [j-m] ~** to have an aversion for (*od.* to) s.th. [s.o.], to be disgusted with s.th. [s.o.], to feel disgust at s.th. [for *od.* toward(s) s.o.], to feel repulsion (*od.* revulsion) for s.th. [s.o.], to feel repugnance to (*od.* against, toward[s]) s.th. [s.o.]: **ich ek(e)le mich vor Schlangen** I have a horror of snakes, I find snakes repulsive, I detest snakes. – **III** *v/t obs. for* **anekeln.**

Ek·kle·sia [ɛ'kleːzĭa] *f* ⟨-; *no pl*⟩ *relig.* ecclesia.

Ek·kle·sia·stes [ɛkle'zĭastɛs] *m* ⟨-; *no pl*⟩ *Bibl.* Ecclesiastes, the Preacher.

Ek·kle·sia·sti·kus [ɛkle'zĭastikus] *m* ⟨-; *no pl*⟩ *Bibl.* Ecclasiasticus, the Wisdom of Jesus, Son of Sirach.

ek·kle·sia·stisch [ɛkle'zĭastɪʃ] *adj* ecclesiastic(al).

Ek·lamp·sie [ɛklam'psiː] *f* ⟨-; -n [-ən]⟩ *med.* eclampsia. — **ek'lamp·tisch** [-'lamptɪʃ] *adj* eclamptic: **~e Krämpfe** eclamptic convulsions, eclampsia *sg.*

Eklat [e'klaː] *m* ⟨-s; -s⟩ (*Glanz*) éclat, brilliancy, splendor, *bes. Br.* splendour: **mit ~** a) with éclat, splendidly, b) *iron.* gloriously; **mit ~ durchfallen** *iron.* to be a brilliant failure (*od.* a resounding flop), to fail miserably.

ekla·tant [ekla'tant] *adj* (most) striking, flagrant, glaring: **~es Beispiel** striking example; **~e Verletzung der Menschenrechte** flagrant violation of human rights.

Ek·lek·ti·ker [ɛk'lɛktikər] *m* ⟨-s; -⟩ *bes. philos.* eclectic. — **ek'lek·tisch** [-tɪʃ] *adj* eclectic. — **Ek·lek·ti'zis·mus** [-ti'tsɪsmus] *m* ⟨-; *no pl*⟩ *philos.* eclecticism.

'ek·lig *adj* **1.** *cf.* ekelhaft 1. – **2.** *fig. colloq.* (*Person*) disgusting, irritating, nasty, revolting, repulsive, loathsome, obnoxious, *Br. colloq.* beastly: **~ zu j-m sein** to be nasty toward(s) s.o.; **leicht ~ werden** to be easily roused, to become unpleasant (*od.* to get disagreeable) quickly (*od.* easily). – **3.** *fig. colloq.* (*pedantisch*) pedantic, fussy.

Ek·lip·se [ɛk'lɪpsə] *f* ⟨-; -n⟩ *astr.* (solar *od.* lunar) eclipse.

Ek·lip·tik [ɛk'lɪptɪk] *f* ⟨-; *no pl*⟩ *astr.* ecliptic: **Schiefe der ~** obliquity of the ecliptic. — **ek·lip·ti'kal** [-ti'kaːl], **ek'lip·tisch** *adj* ecliptic(al).

Ek·lo·ge [ɛk'loːgə] *f* ⟨-; -n⟩ (*literature*) eclogue (*pastoral poem*).

Ek·lo·git [eklo'giːt; -'gɪt] *m* ⟨-s; -e⟩ *min.* eclogite.

Eko·no·mi·ser [i'kɔnomaɪzər; ɪ'kɔnəmaɪzə] (*Engl.*) *m* ⟨-s; -⟩ *tech.* economizer (*for heating the feedwater*).

Ekos·sai·se [ekɔ'sɛːzə] *f* ⟨-; -n⟩ *mus.* ecossaise.

Ekra·sit [ekra'ziːt; -'zɪt] *n* ⟨-s; *no pl*⟩ *chem. mil.* (*Sprengstoff*) ecrasite.

ekrü [e'kryː] *adj* (*textile*) *cf.* ecru. — **E~,sei·de** *f cf.* Ecruseide.

Ek·sta·se [ɛk'staːzə] *f* ⟨-; -n⟩ **1.** *med. psych.* (*Außersichsein*) ecstasy, *Am. auch* ecstacy, trance (state). – **2.** *fig.* (*freudiges Entzücken*) ecstasy, *Am. auch* ecstacy, transport, rapture: **in ~ sein (über** *acc*) to be in ecstasies (over), to be in raptures (with), to be carried away (by), to be ecstatic (over); **in ~ geraten** to fall into (an) ecstasy, to go (*od.* be thrown) into ecstasies, to be enraptured (*od.* entranced); **j-n in ~ versetzen** to throw s.o. into ecstasies (*od.* raptures), to transport (*od.* entrance) s.o. – **3.** *relig.* ecstasy, *Am. auch* ecstacy: **religiöse ~** theopathy. — **Ek'sta·ti·ker** [-tikər] *m* ⟨-s; -⟩, **Ek'sta·ti·ke·rin** *f* ⟨-; -nen⟩ ecstatic. — **ek'sta·tisch** [-tɪʃ] *adj* ecstatic.

Ek·ta·se [ɛk'taːzə] *f* ⟨-; -n⟩ *ling.* ectasis.

Ek·ta·sie [ɛkta'ziː] *f* ⟨-; -n [-ən]⟩ *med.* ectasia, ectasis.

Ek·ta·sis ['ɛktazɪs] *f* ⟨-; -tasen [-'taːzən]⟩ *ling. cf.* Ektase.

Ek·te·nie [ɛkte'niː] *f* ⟨-; -n [-ən]⟩ *relig.* ektene, ectene, synapte.

Ek·thlip·sis ['ɛktlɪpsɪs] *f* ⟨-; -thlipsen [-'tlɪpsən]⟩ *ling.* ecthlipsis, elision.

Ek·to..., ek·to... *combining form denoting* ecto..., outside, external.

Ek·to·derm [ɛkto'dɛrm] *n* ⟨-s; -e⟩ *biol. zo.* ectoderm, epiblast, ectoblast. — **ek·to·der'mal** [-'maːl] *adj* ectodermal, ectodermic.

Ek·to·pa·ra·sit [ɛktopara'ziːt] *m zo.* ectoparasite. — **ek·to·pa·ra'si·tisch** *adj* ectoparasitic.

Ek·to·pie [ɛkto'piː] *f* ⟨-; -n [-ən]⟩ *med.* (*Verlagerung*) ectopia. — **ek'to·pisch** [-'toːpɪʃ] *adj* ectopic.

Ek·to·plas·ma [ɛkto'plasma] *n biol.* ectoplasm. — **ek·to'plas·misch** [-mɪʃ] *adj* ectoplasmatic, ectoplasmic.

Ek·tro·pi·on [ɛk'troːpĭɔn], **Ek'tro·pi·um** [-pĭum] *n* ⟨-s; -tropien⟩ *med.* (*Auswärtskehrung*) ectropion.

Ek·ty·pon ['ɛktypɔn] *n* ⟨-s; -typen [-'tyːpən]⟩ (*Nachbildung*) ectype.

Ekua·do·ria·ner [ekŭado'rĭaːnər] *m* ⟨-s; -⟩ *cf.* Ecuadorianer. — **ekua·do·ria·nisch** [-'rĭaːnɪʃ] *adj cf.* ecuadorianisch.

Ek·zem [ɛk'tseːm] *n* ⟨-s; -e⟩ *med.* eczema. — **e~,ar·tig** *adj* eczematoid, eczematous.

ek·ze·ma·tisch [ɛktse'maːtɪʃ], **ek·ze·ma'tös** [-ma'tøːs] *adj med.* eczematous.

Ela·bo·rat [elabo'raːt] *n* ⟨-(e)s; -e⟩ **1.** elaboration, detailed exposition. – **2.** (*Machwerk*) labored (*bes. Br.* laboured) product, concoction. — **ela·bo'rie·ren** [-'riːrən] *v/t* ⟨*no* ge-, h⟩ *obs.* elaborate.

Elai·din [elai'diːn] *n* ⟨-s; -e⟩ *chem.* elaidin. — **~,säu·re** *f* elaidic acid ($C_{17}H_{33}COOH$).

ela·misch [e'laːmɪʃ] *adj hist.* Elamite.

Ela·mit [ela'miːt] *m* ⟨-en; -en⟩ *hist.* Elamite.

Elan [e'laːn; e'lɑ̃ː] *m* ⟨-s; *no pl*⟩ energy, élan, vigor, *bes. Br.* vigour, ardor, *bes. Br.* ardour: **mit ~ an die Arbeit gehen** to attack a job with élan (*od.* great vigo[u]r). — **~ vi·tal** [e'lɑ̃ː vi'tal] *m* ⟨- -; *no pl*⟩ *philos.* élan vital.

Ela·stik [e'lastɪk] *n* ⟨-s; -s⟩, *f* ⟨-; -en⟩ (*textile*) elastic (material), resilient material. — **~,rei·fen** *m auto.* cushion tire (*bes. Br.* tyre).

ela·stisch [e'lastɪʃ] *adj* **1.** (*dehnbar*) elastic, flexible, resilient: **~es Gewebe** elastic (material); **Gummi ist ~** rubber is elastic; **~e Körper** *phys.* elastic (*od.* resilient) bodies; **~er Wirkungsgrad** *synth.* resilience. – **2.** (*biegsam*) flexible, pliable, ductile: **~es Leder** supple leather. – **3.** (*federnd*) resilient, springy. – **4.** *tech.* (*Gelenk*) flexible. – **5.** *econ.* elastic, flexible: **~e Steuerung des Geldmarkts** flexible control of the money market; **~e Bedürfnisse** objects of elastic demand. – **6.** *med.* a) (*Binde, Gewebe*) elastic, b) (*Muskel*) flexible, springy. – **7.** *fig.* (*Schritt, Gang etc*) elastic, buoyant, resilient, springy. – **8.** *fig.* (*nachgebend, nachgiebig*) flexible, *auch* elastic, supple: **~e Außenpolitik** flexible (*od.* elastic) foreign policy. – **9.** *fig.* (*anpassungsfähig*) adaptable: **er ist ein ~er Mensch** he is a flexible (*od.* an adaptable) person, he has an agile mind. – **10.** *fig.* (*beweglich*) flexible, agile, limber, brisk, lively.

Ela·sti·zi·tät [elastitsi'tɛːt] *f* ⟨-; *no pl*⟩ **1.** (*Dehnbarkeit*) elasticity, flexibility, resilience, *auch* resiliency. – **2.** (*Biegsamkeit*) flexibility, pliability, ductility. – **3.** (*Federung*) resilience, *auch* resiliency, springiness. – **4.** *econ.* elasticity, flexibility: **die ~ des Geldmarktes** the elasticity of the money market. – **5.** *med.* a) (*einer Binde, eines Gewebes*) elasticity, resilience, stretch, b) (*eines Muskels*) flexibility, springiness. – **6.** *fig.* (*des Schrittes, Ganges*) elasticity, buoyancy, *auch* buoyance, springiness. – **7.** *fig.* flexibility, *auch* elasticity, suppleness. – **8.** *fig.* adaptability. – **9.** *fig.* flexibility, agility, limberness, briskness, liveliness.

Ela·sti·zi'täts,gren·ze *f tech.* (*von Werkstoffen*) elastic limit, limit of elasticity.

ela·sto·mer [elasto'meːr] *adj synth.* (*gummiartig*) elastomeric. — **Ela·sto'me·re** *pl* (*z. B. Kautschuk*) elastomers.

Ela·te·rit [elate'riːt; -'rɪt] *m* ⟨-s; *no pl*⟩ *min.* elaterite, *auch* elastic bitumen, mineral caoutchouc.

Ela·tiv ['eːlatiːf] *m* ⟨-s; -e⟩ *ling.* elative (*absolute superlative*).

'Elb,kahn ['ɛlp-] *m* ⟨-(e)s; ⸗e⟩ **1.** barge on the Elbe. – **2.** *pl colloq. humor.* (*große Schuhe*) *Br. sl.* beetle-crushers, *Am. sl.* 'gunboats'.

Elch [ɛlç] *m* ⟨-(e)s; -e⟩ *zo.* a) elk (*Alces alces*), b) moose (*A. americana*). — **~ge,weih,farn, ~,horn,farn** *m bot.* elkhorn fern, staghorn (fern) (*Gattg Platycerium*). — **~,hund** *m zo.* elkhound.

El·do·ra·do [ɛldo'raːdo] *n* ⟨-s; -s⟩ *fig.* Eldorado.

Elea·te [ele'aːtə] *m* ⟨-n; -n⟩ *meist pl philos.* Eleatic. — **elea·tisch** [-'aːtɪʃ] *adj* (*Schule etc*) Eleatic: **~e Lehre** Eleaticism.

Ele·fant [ele'fant] *m* ⟨-en; -en⟩ **1.** *zo.* elephant (*Gattgn Elephas u. Loxodonta*): **Afri-**

kanischer ~ African elephant (*L. africana*); Indischer ~ Indian elephant (*E. maximus*); (*von seiner Herde verstoßener*) bösartiger ~ rogue (elephant); junger ~ calf (elephant); sich wie ein ~ im Porzellanladen benehmen *fig. colloq.* to act like a bull in a china shop; aus einer Mücke einen ~en machen *fig. colloq.* to make a mountain out of a molehill. – **2.** *zo.* a) *cf.* Heuschreckenkrebs, b) *cf.* Oleander-, Weinschwärmer. – **3.** *colloq.* (baby) elephant, clumsy person. – **4.** *rare* (*im Schachspiel*) castle, rook.

Ele'fan·ten|ˌap·felˌbaum *m bot.* wood (*od.* elephant) apple, East India tree (*Feronia elephantum*). — **e~ˌar·tig** *adj* elephantine, *auch* elephantic. — **~ˌbein** *n* **1.** leg of an elephant. – **2.** *med. vet. cf.* Elefantiasis. — **~ˌbul·le** *m zo.* bull elephant. — **~ˌfarn** *m bot.* crape fern (*Todea superba*). — **~ˌfuß** *m* elephant's-foot, Hottentot('s) bread (*Dioscorea elephantipes*). — **~ˌgras** *n* napier grass, *auch* elephant grass (*Pennisetum purpureum*). — **~ˌhaut** *f* elephant hide: er hat eine ~ *fig. colloq.* he has a skin like a rhinoceros, he has a thick skin (*od.* hide). — **~ˌkalb** *n zo.* calf elephant, elephant calf, baby elephant (*colloq.*). — **~ˌkrank·heit** *f med. cf.* Elefantiasis. — **~ˌkuh** *f zo.* cow elephant. — **~ˌlaus** *f bot.* **1.** (*Baum*) cashew (nut tree), anacardium, acajou (*Anacardium occidentale*). – **2.** (*Frucht*) anacardium (*od.* cashew) nut, acajou. — **~ˌohr** *n zo.* elephant's-tusk (shell) (*Dentalium elephantinum*). — **~ˌohrˌfarn** *m bot.* elephant-ear fern (*Elaphoglossum crinitum*). — **~ˌrob·be** *f zo.* elephant seal, sea elephant (*Mirounga leonina*). — **~ˌrüs·sel** *m* elephant's trunk, proboscis (*scient.*). — **~ˌschildˌkrö·te** *f* Galapagos giant tortoise (*Gattg Testudo elephantopus*). — **~ˌspitzˌmaus** *f* elephant shrew (*Macroscelides proboscideus*). — **~ˌtrei·ber** *m* elephant driver, mahout. — **~ˌzahn** *m zo.* **1.** a) elephant's tooth, b) (*Stoßzahn*) tusk. – **2.** elephant's-tusk (shell) (*Dentalium elephantinum*).

Ele'fantˌfo·lio *n print.* elephant folio.

Ele·fan·tia·sis [elefan'tiːazɪs] *f* ⟨-; -tiasen [-'tĭaːzən]⟩ *med. vet.* elephantiasis. — **ele·fan·tia·stisch** [-'tĭastɪʃ] *adj* elephantiastic.

ele·gant [ele'gant] **I** *adj* ⟨-er; -est⟩ **1.** elegant, smart, fashionable, stylish; posh, swank (*colloq.*): ~e Kleidung smart (*od.* dressy, stylish) clothes *pl*; ~e Herren elegant (*od.* smart) gentlemen; er wohnt in einem ~en Viertel he lives in a fashionable (*od.* posh) area; die ~e Welt the fashionable world. – **2.** *fig.* (*Stil, Bewegung etc*) elegant, graceful, polished: eine ~e Lösung an elegant (*od.* a smart) solution. – **II** *adv* **3.** sie ist immer ~ gekleidet she is always elegantly dressed, she is (always) very dressy.

Ele·gant [ele'gãː] *m* ⟨-s; -s⟩ elegant, élégant, man of fashion, fashionable (man), dandy, 'swell' (*colloq.*).

Ele·ganz [ele'gants] *f* ⟨-; *no pl*⟩ **1.** elegance, smartness, fashionableness, stylishness: ~ der Kleidung smartness (*od.* stylishness) of the clothes, dressiness; ein Kleid von schlichter ~ a dress of simple (*od.* plain) elegance; verblichene ~ shabby gentility. – **2.** *fig.* (*des Stils, der Bewegung etc*) elegance, grace(fulness), polish.

Ele·gie [ele'giː] *f* ⟨-; -n [-ən]⟩ (*literature*) *mus.* elegy: „Duineser ~n" "Duino Elegies" (*by Rilke*); „Römische ~n" "Roman Elegies" (*by Goethe*); eine ~ auf j-n [etwas] schreiben to elegize (upon) s.o. [s.th.].

Ele'gi·enˌdich·ter *m cf.* Elegiker.

Ele·gi·ker [e'leːgikər] *m* ⟨-s; -⟩ (*literature*) elegist, elegiac poet.

ele·gisch [e'leːgɪʃ] *adj* **1.** (*literature*) *mus.* elegiac, *auch* elegiacal: ~er Dichter elegiac poet, elegist; ein ~es Gedicht an elegiac (poem), an elegy; ~e Verse elegiac verses, elegiacs. – **2.** *fig.* (*klagend, wehmütig*) elegiac, plaintive. – **3.** *fig.* (*traurig*) elegiac, melancholy.

Eleg·jam·bus [ele'gĭambus] *m metr.* elegiambus.

Elek·ti·on [elɛk'tsĭoːn] *f* ⟨-; -en⟩ *obs.* election, selection.

elek·tiv [elɛk'tiːf] *adj* elective, selective.

Elek·to'ralˌschaf [elɛkto'raːl-] *n zo.* electoral sheep.

Elek·to·rat [elɛkto'raːt] *n* ⟨-(e)s; -e⟩ *hist.* electorate.

Elek·tra [e'lɛktra] *npr f* ⟨-; *no pl*⟩ *myth.* Electra (*daughter of Agamemnon and Clytemnestra*). — **~komˌplex** *m psych.* Electra complex.

Elek·tri·fi·ka·ti·on [elɛktrifika'tsĭoːn] *f* ⟨-; -en⟩ *bes. Swiss* electrification.

elek·tri·fi·zie·ren [elɛktrifi'tsiːrən] *v/t* ⟨*no* ge-, h⟩ (*Bahnstrecke, Betrieb etc*) electrify. — **Elek·tri·fi'zie·rung** *f* ⟨-; -en⟩ electrification.

Elek·trik [e'lɛktrɪk] *f* ⟨-; *no pl*⟩ **1.** (science of) electricity. – **2.** *auto.* electrical equipment (*od.* system).

Elek·tri·ker [e'lɛktrikər] *m* ⟨-s; -⟩ electrician.

elek·trisch [e'lɛktrɪʃ] **I** *adj* **1.** electric(al): der Draht ist ~ *colloq.* the wire is electrified; ~e Leitung electric circuit (*od.* wire); ~es Licht electric light; ~es Schweißen *tech.* arc welding; ~er Strom electric current; ~er Stuhl electric chair, chair (*colloq.*), hot seat (*sl.*); ~e Uhr electric clock; ~er Zähler *cf.* Elektrozähler; positiv ~ electropositive. – **2.** *fig.* electric(al), electrifying, stimulating. – **II** *adv* **3.** electrically, by electricity: ~ geladener Zaun electric fence; wir kochen ~ we cook by electricity.

Elek·tri·sche [e'lɛktrɪʃə] *f* ⟨-n; -n⟩ *colloq. Am.* streetcar, *Br.* tram(-car): er fährt mit der ~n he goes by tram.

Elek·tri'sier·ap·paˌrat *m electr. cf.* Elektrisiermaschine.

elek·tri'sier·bar *adj* electrifiable.

elek·tri·sie·ren [elɛktri'ziːrən] **I** *v/t* ⟨*no* ge-, h⟩ **1.** a) electrize, b) (*elektrifizieren, auf elektrischen Betrieb umstellen*) electrify. – **2.** *fig.* electrify, thrill, excite. – **II** *v/reflex* sich ~ **3.** get an electric shock. – **III E~** *n* ⟨-s⟩ **4.** *verbal noun.*

Elek·tri'sier·maˌschi·ne *f electr.* electrostatic machine.

elek·tri'siert I *pp.* – **II** *adj* electrified: er war (wie) ~ *fig.* he was as if electrified.

Elek·tri'sie·rung *f* ⟨-; -en⟩ **1.** *cf.* Elektrisieren. – **2.** electrization. – **3.** (*Elektrifizierung*) electrification. – **4.** *fig.* electrification, thrill, excitement.

Elek·tri·zi·tät [elɛktritsi'tɛːt] *f* ⟨-; *no pl*⟩ **1.** electricity: negative [positive] ~ negative [positive] electricity; statische ~ static electricity; Lehre von der ~ *cf.* Elektrizitätslehre. – **2.** (*Strom*) electricity, (electric) current: eine Stadt mit ~ versorgen to supply a town with electricity.

Elek·tri·zi'täts|erˌzeu·gung *f electr.* generation of electricity (*od.* electric power). — **~geˌsell·schaft** *f econ.* (electric) power (supply) company. — **~ˌleh·re** *f* (science of) electricity, electrotechnology. — **~verˌsor·gung** *f* electricity (*od.* power) supply. — **~ˌwerk** *n* **1.** power station, *Br.* power-station, generating station, electricity works *pl* (*construed as sg or pl*). – **2.** *Swiss* electric power scheme. — **~ˌzäh·ler** *m* electricity (*od.* electric) meter, (electric) supply meter.

Elek·tro..., elek·tro... *combining form denoting* electro..., electric(al).

Elek·tro|ˌabˌschei·der [e'lɛktro-] *m electr. tech.* electrostatic precipitator. — **~ˌabˌschei·dung** *f* **1.** electrostatic precipitation, electroprecipitation. – **2.** (*von Latex, Metall etc*) electrodeposition. — **~aku·stik** [elɛktroˀa'kustɪk] *f* electroacoustics *pl* (*construed as sg*). — **e~aku·stisch** [elɛktroˀa'kustɪʃ] *adj* electroacoustic, *auch* electroacoustical. — **~ana·ly·se** [elɛktroˀana'lyːzə] *f chem.* electroanalysis. — **~ˌanˌtrieb** *m tech.* **1.** (*von Maschinen*) electric drive. – **2.** (*von Fahrzeugen*) electric traction. — **e~beˌar·bei·ten** *v/t* ⟨*insep, no* -ge-, h⟩ *tech.* electro-machine, spark-machine. — **~beˌfun·kung** *f metall.* (*Elektroerosionsverfahren*) electrosparking, spark-machining, spark erosion. — **~bio·lo·gie** [elɛktrobiolo'giː] *f biol.* electrobiology. — **~ˌblech** *n metall.* electric(al) sheet. — **~ˌbran·che** *f econ. cf.* Elektroindustrie. — **~che·mie** [elɛktroçe'miː] *f phys. chem.* electrochemistry. — **~che·mi·ker** [elɛktro'çeːmikər] *m* electrochemist. — **e~che·misch** [elɛktro'çeːmɪʃ] *adj* electrochemical. — **~chir·ur·gie** [elɛktroçirur'giː] *f med.* electrosurgery.

Elek·tro·de [elɛk'troːdə] *f* ⟨-; -n⟩ **1.** *electr.* electrode: negative ~ cathode, negative electrode; positive ~ anode, positive electrode; umkehrbare ~ reversible electrode. – **2.** *tech.* (*Schweißen*) electrode: blanke [blechumhüllte, getauchte, dünngetauchte, umhüllte, ummantelte] ~ bare [sheathed, dipped, washed, coated, covered] electrode. – **3.** *auto.* a) (*einer Batterie*) plate, b) (*einer Zündkerze*) point.

Elek·tro·de·kanˌtie·rung [e'lɛktro-] *f* (*rubber*) electric decantation.

Elek'tro·den|ˌabˌstand *m* **1.** *electr.* electrode spacing. – **2.** *auto.* a) electrode gap, b) spark-plug gap. — **~ˌhal·ter** *m tech.* electrode holder. — **~meˌtall** *n electr.* electrode metal. — **~ˌspan·nung** *f* **1.** electrode potential. – **2.** (*gegen Kathode*) electrode voltage. — **~syˌstem** *n* system of electrodes.

Elek·tro|dia·gno·stik [elɛktrodia'gnɔstɪk] *f med.* electrodiagnostics *pl* (*usually construed as sg*). — **e~dia'gno·stisch** [-dia'gnɔstɪʃ] *adj* electrodiagnostic. — **~dia'ly·se** [-dia'lyːzə] *f chem.* electrodialysis. — **~dy'na·mik** [-dy'naːmɪk] *f phys. tech.* electrodynamics *pl* (*usually construed as sg*). — **e~dy'na·misch** [-dy'naːmɪʃ] *adj* electrodynamic: ~er Lautsprecher electrodynamic (*od.* dynamic) (loud)speaker, moving-coil loudspeaker; ~es Meßinstrument electrodynamic instrument, dynamometer-type measuring instrument. — **~dy·na·mo'me·ter** [-dynamo'meːtər] *n* electrodynamometer, dynamometer-type instrument. — **~ener'gie** [-ˀenɛr'giː] *f electr. tech.* electrical energy, electric power. — **~en·ze·pha·lo'gramm** [-ˀɛntsefalo'gram] *n med.* electroencephalogram. — **~en·ze·pha·lo·gra'phie** [-ˀɛntsefalogra'fiː] *f* electroencephalography. — **~ero·si'on** [-ˀero'zĭoːn] *f tech.* spark erosion. — **~ˌfahrˌzeug** [e'lɛktro-] *n* electric vehicle. — **~ˌfil·ter** [e'lɛktro-] *n, m tech.* electrostatic filter. — **~fi·scheˌrei** [e'lɛktro-] *f a method of raising and catching fish with the help of an electroshocker.* — **~ˌfun·ken·beˌar·bei·tung** [e'lɛktro-] *f tech.* electrosparking, spark-machining. — **~geˌrät** [e'lɛktro-] *n meist pl* electric appliance (*od.* instrument). — **~geˌschäft** [e'lɛktro-] *n* electrical (appliance) shop (*bes. Am.* store). — **~gra'phie** [-gra'fiː] *f electr. tech.* electrography. — **~ˌhan·del** [e'lɛktro-] *m econ.* electrical trade. — **~ˌhänd·ler** [e'lɛktro-] *m* electrical retailer (*od.* dealer). — **~ˌheiz·geˌrät** [e'lɛktro-] *n* electric heating appliance. — **~ˌherd** [e'lɛktro-] *m* electric range (*od.* stove, *bes. Br.* cooker). — **e~hy'drau·lisch** [-hy'draulɪʃ] *adj tech.* electrohydraulic. — **~in·duˌstrie** [e'lɛktro-] *f* electrical industry. — **~in·ge·niˌeur** [e'lɛktro-] *m* electrical engineer. — **~in·stal·laˌteur** [e'lɛktro-] *m* electrician. — **~in·struˌment** [e'lɛktro-] *n mus. cf.* Elektrophon. — **~kar·dio'gramm** [-kardĭo'gram] *n med.* electrocardiogram. — **~kar·dio'graph** [-kardĭo'graːf] *m* electrocardiograph. — **~kar·dio·gra'phie** [-kardĭogra'fiː] *f* electrocardiography. — **~ˌkar·ren** [e'lɛktro-] *m electr. tech.* electrically driven platform cargo carrier, electrical industrial truck. — **~ki'ne·tik** [-ki'neːtɪk], **~ki·ne'ma·tik** [-kine'maːtɪk] *f phys.* electrokinetics *pl* (*construed as sg*). — **e~ki'ne·tisch** [-ki'neːtɪʃ] *adj* electrokinetic. — **~ko·agu·la·ti'on** [-koˀagula'tsĭoːn] *f med.* electrocoagulation. — **~ˌko·cher** [e'lɛktro-] *m* electric cooker, hot plate (*colloq.*). — **~koˌrund** [e'lɛktro-] *m tech.* fused alumina (*od.* corundum), artificial corundum, aluminous abrasive. — **~ˌkranˌkar·ren** [e'lɛktro-] *m* electric crane truck. — **~ˌlastˌkraftˌwa·gen** [e'lɛktro-] *m auto.* electric heavy-duty vehicle. — **~lo·ko·moˌti·ve** [e'lɛktro-] *f* (*railway*) electric locomotive.

Elek·tro·ly·se [elɛktro'lyːzə] *f* ⟨-; -n⟩ **1.** *chem.* electrolysis. – **2.** (perkutane) ~ *med.* electrolysis (for removal of hair). — **elek·tro·ly'sie·ren** [-ly'ziːrən] *v/t* ⟨*no* ge-, h⟩ electrolyze. — **Elek·tro·ly'sie·rung** *f* ⟨-; *no pl*⟩ electrolyzation.

Elek·tro·lyt [elɛktro'lyːt] *m* ⟨-en, *rare* -s; -e, *rare* -en⟩ *chem. phys.* electrolyte, *auch* electrolytic. — **~ˌei·sen** *n metall.* electrolytic iron.

elek·tro'ly·tisch *adj chem. phys.* electrolytic.

Elek·tro'lyt|kon·denˌsa·tor *m electr.* electrolytic condenser (*od.* capacitor). — **~ˌkup·fer** *n metall.* electrolytic copper.

Elek·tro|ma·gnet [elɛktroma'gneːt] *m phys. tech.* electromagnet. — **e~ma'gne·tisch** *adj* electromagnetic. — **~ma·gne'tis·mus** [-gne'tɪsmus] *m* electromagnetism.

Elek·tro|maˌschi·nenˌbau [e'lɛktro-] *m tech.* **1.** (*als Fach*) electrical engineering. – **2.** (*Industriezweig*) electrical engineering industry. — **~me·cha·nik** [elɛktromeˈçaːnɪk] *f* electromechanics *pl* (*construed as sg*). — **~me·cha·ni·ker** [elɛktromeˈçaːnikər] *m* electrician, electromechanic. — **e~me·cha·nisch** [elɛktromeˈçaːnɪʃ] *adj* electromechanical. — **~me·di·zin** [elɛktromediˈtsiːn] *f med.* medical electrology. — **~ˌmei·ster** *m* (qualified) electrician. — **~me·tall·ur·gie** [elɛktrometalʊrˈgiː] *f* electrometallurgy. — **e~me·tall·ur·gisch** [elɛktrometaˈlʊrgɪʃ] *adj* electrometallurgic(al). — **~me·ter** [elɛktroˈmeːtər] *n* ⟨-s; -⟩ *phys.* electrometer. — **~me·trie** [elɛktromeˈtriː] *f* ⟨-; *no pl*⟩ electrometry. — **e~me·trisch** [elɛktroˈmeːtrɪʃ] *adj* electrometric. — **~mo·bil** [elɛktromoˈbiːl] *n* ⟨-s; -e⟩ *tech. cf.* Elektrofahrzeug. — **~mo·tor** [elɛktroˈmoːtər] *m* (electric) motor, electromotor. — **e~mo·to·risch** [elɛktromoˈtoːrɪʃ] *adj* electromotive: ~e Kraft electromotive force. — **~myo·gra·phie** [elɛktromyograˈfiː] *f med.* electromyography.

Elek·tron [ˈeːlɛktrɔn] *n* ⟨-s; -en [elɛkˈtroːnən]⟩ *phys.* electron: ~ der äußersten Schale electron of the outermost (*od.* valence) shell.

elek·tro·ne·ga·tiv [elɛktronegaˈtiːf] *adj phys.* electronegative.

Elekˈtro·nen|ˌanˌord·nung *f nucl.* electron configuration: Wechselwirkung zwischen ~en electron configuration interaction. — **~ˌausˌtritt** *m* electron exit. — **~ˌbahn** *f* electron orbit (*od.* path). — **~beˌschleu·ni·ger** *m* electron accelerator. — **~beˌschleu·ni·gung** *f* acceleration of a beam of electrons, electron acceleration. — **~beˌschuß** *m* electronic bombardment: Präzisionsguß unter Verwendung von ~ *metall.* precision casting by electronic bombardment. — **~ˌbeu·gung** *f* electron diffraction. — **~ˌbild** *n electr.* electron image.

Elekˈtro·nenˌblitz *m phot.* **1.** (*kurzzeitige Lichtquelle*) electronic flash, *Am.* speedflash, speedlight. – **2.** *cf.* Elektronenblitzgerät. — **~geˌrät** *n* electronic flash unit, *Am.* speedlight. — **~ˌröh·re** *f* electronic flash tube, *Am.* speedlight, speedlamp.

Elekˈtro·nen|ˌbrem·sung *f nucl.* retardation (*od.* deceleration) of electrons. — **~ˌbün·de·lung** *f* electron focus(s)ing. — **~ˌdrall** *m cf.* Elektronenspin. — **~emis·siˌon** *f* emission of electrons. — **~entˌla·dung** *f* electron discharge. — **~ˌfernˌrohr** *n* (*optics*) electron telescope. — **~ˌfluß** *m phys.* electron flow. — **~geˌhirn** *n electr. tech.* electronic brain, devil box (*colloq.*). — **~geˌrät** *n* electronic device. — **~ˌhül·le** *f nucl.* electron shell. — **~ˌka·me·ra** *f phot.* electronic camera. — **~kaˌno·ne** *f nucl.* electron gun. — **~ˌla·dung** *f phys.* electronic charge. — **~ˌleh·re** *f phys.* electronics *pl* (*construed as sg*), electron(ic) theory. — **~ˌlin·se** *f* (*optics*) electron lens. — **~mi·kroˌskop** *n* electron microscope. — **~mi·kro·skoˌpie** *f* electron microscopy. — **~ˌop·tik** *f* **1.** electron optics *pl* (*construed as sg*). – **2.** electron-optical system. — **e~ˌop·tisch** *adj* electron-optical. — **~ˌor·gel** *f mus.* electronic (*od.* electrophonic) organ. — **~phyˌsik** *f* electronics *pl* (*construed as sg*). — **~ˌrech·ner** *m cf.* Computer. — **~ˌröh·re** *f electr. Br.* electron(ic) (*od.* thermionic) valve, *Am.* electron(ic) (*od.* ionic, thermionic, *colloq.* radio) tube. — **~ˌrückˌstoß** *m nucl.* electron recoil. — **~ˌschau·er** *m* electronic shower. — **~ˌschleu·der** *f* betatron, electron accelerator. — **~ˌspin** *m* electron spin. — **~ˌsteue·rung** *f electr.* electronic control. — **~ˌstoß** *m nucl.* electron impact. — **~ˌstrahl** *m meist pl phys.* electron beam (*od.* ray), cathode beam (*od.* ray). — **~ˌstrahlˌschwei·ßen** *n tech.* welding by electron bombardment. — **~ˌstrom** *electr.* **1.** electronic current. – **2.** *cf.* Elektronenfluß. — **~theoˌrie** *f phys. cf.* Elektronenlehre. — **~verˌstär·kerˌröh·re** *f electr.* electron multiplier tube (*bes. Br.* valve). — **~verˌvielˌfa·cher** *m nucl. cf.* Photovervielfacher. — **~ˌvolt** *n* electron volt. — **~ˌwol·ke** *f* electron cloud.

Elek·tro·nik [elɛkˈtroːnɪk] *f* ⟨-; *no pl*⟩ *phys. electr. tel.* (*optics*) electronics *pl* (*construed as sg*).

elek·tro·nisch [elɛkˈtroːnɪʃ] **I** *adj* electronic: ~e Musik electronic music; ~e Rechenmaschine electronic calculating machine, electronic computer; ~e Steuerung electronic control system. – **II** *adv* electronically: ~ gesteuerte Maschine electronically automated machine, computer-controlled machine; ~ gesteuerter Antrieb electronic drive.

Elek·tro|ˌofen [eˈlɛktro-] *m tech.* electric furnace. — **~op·tik** [elɛktroˈʔɔptɪk] *f* (*optics*) electrooptics, *Br.* electro-optics *pl* (*construed as sg*). — **e~op·tisch** [elɛktroˈʔɔptɪʃ] *adj* electrooptic(al), *Br.* electro-optic(al).

elek·tro·phil [elɛktroˈfiːl] **I** *adj chem.* electrophilic. – **II** *adv* electrophilically.

elek·tro·phon [elɛktroˈfoːn] **I** *adj mus.* electrophonic. – **II** *adv* electrophonically.

Elek·troˈphon *n* ⟨-s; -e⟩ *mus.* electrophone.

Elek·tro|pho·re·se [elɛktrofoˈreːzə] *f* ⟨-; *no pl*⟩ *chem.* electrophoresis. — **~phyˈsik** [-fyˈziːk] *f phys.* electrophysics *pl* (*construed as sg*). — **~phy·sio·loˈgie** [-fyzioloˈgiː] *f med.* electrophysiology. — **e~platˌtie·ren** [eˈlɛktro-] *v/t* ⟨*insep*, *no* -ge-, h⟩ *metall.* electroplate, electrodeposit. — **~platˌtie·rung** [eˈlɛktro-] *f* electroplating. — **e~pneuˈma·tisch** [-pnɔʏˈmaːtɪʃ] *adj* electropneumatic. — **e~po·siˈtiv** [-poziˈtiːf] *adj phys.* electropositive. — **~ˌpreßˌspan** [eˈlɛktro-] *m tech.* presspan (*od.* glazed board) for electrical uses. — **~raˌsie·rer** [eˈlɛktro-] *m* electric razor (*od.* shaver). — **~re·sek·tiˈon** [-rezɛkˈtsi̯oːn] *f med.* electrosurgical resection. — **~ˌrohˌei·sen** [eˈlɛktro-] *n metall.* electric pig iron (*Br.* pig-iron).

Elek·troˌschock [eˈlɛktro-] *m med.* electroshock: j-n mit ~ behandeln to treat s.o. with electroshock. — **~ˌkur** *f* electroshock treatment. — **~the·raˌpie** *f* electroshock therapy.

Elek·troˌschwei·ßen [eˈlɛktro-] *n*, **~ˌschwei·ßung** *f tech.* electric (*od.* arc) welding.

Elek·tro·skop [elɛktroˈskoːp] *n* ⟨-s; -e⟩ *phys.* electroscope.

Elek·tro|ˌstahl [eˈlɛktro-] *m metall.* electric steel. — **~ˌstahlˌwerk** *n* electric steel plant. — **~ˌstap·ler** *m tech.* electric stacking truck, battery-powered fork lift truck, *Am.* electric piler (*od.* stacker), trucktier. — **~sta·tik** [elɛktroˈstaːtɪk] *f phys.* electrostatics *pl* (*construed as sg*). — **e~sta·tisch** [elɛktroˈstaːtɪʃ] **I** *adj* electrostatic: ~e Ladung electrostatic charge; ~es Feld electrostatic (*od.* electric) field. – **II** *adv* electrostatically. — **~tech·nik** [elɛktroˈtɛçnɪk] *f* ⟨-; *no pl*⟩ **1.** electrotechnology, electrotechnics *pl* (*construed as sg*). – **2.** (*als Fach*) electrical engineering. – **3.** (*als Industriezweig*) electrical industry. — **~tech·ni·ker** [elɛktroˈtɛçnikər] *m* electrotechnician, electrician, electrical engineer. — **e~tech·nisch** [elɛktroˈtɛçnɪʃ] *adj* electrotechnic(al), electric(al): ~es Bauteil electrical component part; ~e Industrie electrical industry. — **~the·ra·peut** [elɛktroteraˈpɔʏt] *m med.* electrotherapist, electrotherapeutist. — **~the·ra·peu·tik** [elɛktroteraˈpɔʏtɪk] *f* electrotherapeutics *pl* (*construed as sg*). — **e~the·ra·peu·tisch** [elɛktroteraˈpɔʏtɪʃ] *adj* electrotherapeutic(al). — **~the·ra·pie** [elɛktroteraˈpiː] *f* electrotherapy, electrotherapeutics *pl* (*construed as sg*). — **~ther·mik** [elɛktroˈtɛrmɪk] *f phys.* electrothermics *pl* (*construed as sg*). — **e~ther·misch** [elɛktroˈtɛrmɪʃ] *adj* electrothermal, electrothermic.

Elek·tro·to·mie [elɛktrotoˈmiː] *f* ⟨-; -n [-ən]⟩ *med.* electrotomy.

Elek·tro|tro·pis·mus [elɛktrotroˈpɪsmʊs] *m* ⟨-; *no pl*⟩ *biol.* electrotropism. — **~ˈty·pe** [-ˈtyːpə] *f print.* electrotype. — **~tyˈpie** [-tyˈpiː] *f* electrotypy, galvanoplasty, *auch* galvanoplastics *pl* (*construed as sg*). — **~vul·ˌkanˌfi·ber** [eˈlɛktro-] *f synth.* electrical vulcanized fiber (*bes. Br.* fibre). — **~ˌwär·meˌleh·re** [eˈlɛktro-] *f phys.* electrothermics *pl* (*construed as sg*). — **~ˌwerkˌzeug** [eˈlɛktro-] *n tech.* electric tool. — **~ˌwer·te** [eˈlɛktro-] *pl econ.* electrical shares (*od.* stocks). — **~ˌzäh·ler** [eˈlɛktro-] *m electr. tech.* electricity meter, electric supply meter. — **~ˌzaun** [eˈlɛktro-] *m agr.* electric fence.

Elek·trum [eˈlɛktrʊm] *n* ⟨-s; *no pl*⟩ *metall.* electrum.

Ele·ment [eleˈmɛnt] *n* ⟨-(e)s; -e⟩ **1.** *lit.* (*Naturgewalt*) element: die vier ~e the four elements; die entfesselten ~e the raging elements; der Aufruhr der ~e the tumult (*od.* war) of the elements; sie waren dem Toben der ~e ausgesetzt they were exposed to the fury of the elements; das feuchte (*od.* nasse) ~ the liquid element. – **2.** *pl* (*Grundbegriffe*) elements, rudiments, first principles: er ist nicht über die ~e dieser Wissenschaft hinausgekommen he has not got beyond the elements of this science. – **3.** (*Bestandteil*) element, component, constituent, factor: das romanische und das germanische ~ im Englischen the Romance and the Germanic elements *pl* (*od.* components *pl*) in the English language; ein ~, das beiden Kunstrichtungen gemeinsam ist an element common to both artistic schools; er war das treibende ~ dabei he was the prime mover (*od.* motor) of it, he was the life and soul of it. – **4.** *meist pl contempt.* character, individual, element: asoziale ~e antisocial elements; unliebsame ~e undesirable (*od.* obnoxious) individuals, undesirables; auf den Straßen standen lichtscheue ~e herum in the streets shady characters (*od.* individuals) were loitering (*od.* hanging) about. – **5.** ⟨*only sg*⟩ *fig. colloq.* element: in seinem ~ sein to be in one's element; bei dieser Arbeit ist er ganz in seinem ~ with this kind of work he is in his proper element (*od.* he is quite at home); nicht in seinem ~ sein to be out of one's element, to be like a fish out of water. – **6.** *chem.* element: einwertiges ~ univalent element, monad; periodisches System der ~e periodic system (*od.* table). – **7.** *electr.* element, cell, battery: galvanisches ~ galvanic (*od.* primary) cell; nasses ~ wet cell; radioaktives ~ radioelement, *Br.* radio-element; thermoelektrisches ~ thermoelement. – **8.** *tech.* a) (*Wärmemessung*) thermocouple, b) (*Bauteil*) element, member, agent, component, structural part. – **9.** *math.* element. – **10.** *econ.* (*bei Akkordarbeit*) piecework, *Br.* piece-work, unit of labor (*bes. Br.* labour). – **11.** *astr.* datum, element. – **12.** *psych. ling. relig.* element.

ele·men·tar [elemɛnˈtaːr] **I** *adj* **1.** elemental: eine ~e Kraft (*od.* Gewalt) an elemental force, a force of nature; ~e Leidenschaften elemental (*od.* overpowering) passions; ~e Urwüchsigkeit elemental earthiness; dieses Unheil traf alle mit ~er Gewalt this disaster hit all of them with elemental force. – **2.** (*grundlegend*) basic, fundamental, elementary: eine ~e Pflicht an elementary (*od.* fundamental) duty; es ist ein ~es Recht it is a basic (*od.* an elementary) right; die ~en Menschenrechte the basic human rights; eine ~e Begabung an elemental (*od.* inherent) talent. – **3.** (*primär, primitiv*) elementary, rudimentary, primary: ~e Mathematik elementary mathematics *pl* (*usually construed as sg*); er kennt nicht einmal die ~sten Regeln he does not even know the simplest rules; ein ~er Fehler an elementary mistake. – **4.** *chem.* elemental, uncombined, uncompounded, pure: ~er Schwefel elemental (*od.* uncombined) sulfur (*bes. Br.* -ph-); Wasserstoff im ~en Zustand hydrogen in the free state. – **II** *adv* **5.** elementally. – **6.** elementarily.

Ele·menˈtar|ana·lyˌse *f chem.* elementary (*od.* organic) analysis. — **~ˌbauˌstein** *m phys.* elementary (*od.* fundamental) particle. — **~beˌgriff** *m* fundamental (*od.* basic) idea. — **~ˌbil·dung** *f* elementary education. — **~ˌbuch** *n* **1.** elementary (*od.* introductory) book, elementary manual: ~ der Physik book on elementary physics. – **2.** (*Fibel*) primer. — **~ˌein·heit** *f phys.* elementary unit. — **~erˌeig·nis** *n* **1.** natural occurrence, elemental tumult. – **2.** *fig.* event of elemental force, act of God. — **~erˌzie·hung** *f ped.* basic education. — **~ˌform** *f math.* basic (*od.* primary) form. — **~ˌgeist** *m myth.* elemental (*od.* nature) spirit, elemental. — **~geˌsetz** *n phys.* fundamental (*od.* basic) law. — **~geˌwalt** *f* elemental force, force of nature.

ele·menˈta·risch *adj u. adv rare for* elementar.

Ele·menˈtar|ˌla·dung *f electr. nucl.* elemental (*od.* electronic) charge. — **~ˌleh·rer** *m ped.* primary teacher. — **~phyˌsik** *f* elementary physics *pl* (*construed as sg*). — **~proˌzeß** *m nucl.* process involving elementary particles. — **~ˌquan·tum** *n electr. phys.* elemental quantum. — **~ˌscha·den·verˌsi·che·rung** *f econ.* storm-and-tempest insurance. — **~ˌschu·le** *f ped. cf.* Grundschule, Volksschule. — **~ˌteil·chen** *n nucl.* elementary (*od.* fundamental) particle, corpuscle. — **~ˌtei·ler** *m math.* elementary divisor. — **~ˌun·terˌricht** *m ped. cf.* Anfangsunterricht.

Ele'ment·beˌhäl·ter *m electr.* (*einer Batterie*) battery box, jar.

Ele'men·ten|,paar *n tech.* pair of elements, (kinematic) pair: höheres ~ higher pair. — **~psy·cho·lo,gie** *f psych.* psychological elementalism.

Ele'ment|,klem·me *f electr.* battery clip, terminal clamp. — **~,koh·le** *f* cell carbon.

Ele·mi [e'leːmi] *n* ⟨-s; *no pl*⟩ *econ.* (gum) elemi. — **~,baum** *m bot.* **1.** Mexican elemi (*Amyris elemifera*). – **2.** Manilla elemi (*Canarium commune*). — **~,harz** *n* ⟨-es; *no pl*⟩, **~,öl** *n* ⟨-(e)s; *no pl*⟩ *cf.* Elemi.

Elen ['eːlɛn] *n, auch m* ⟨-s; -⟩ *zo. cf.* Elch. — **~an·ti,lo·pe** *f* eland (*Taurotragus oryx*).

Elend ['eːlɛnt] *n* ⟨-(e)s; *no pl*⟩ **1.** misery, distress, wretchedness, desolation, desolateness, calamity, affliction: **menschliches ~** human misery; **im tiefsten ~** in abject misery, in the extremity of distress; **aus tiefstem ~** from the depths of misery (*od.* miseries); **ein Bild des ~s** a picture of misery; **das ~ des Krieges** the miseries *pl* (*od.* calamities *pl*) of war; **das ~ des Verlassenseins** the misery (*od.* desolation) of abandonment; **j-n ins ~ bringen** to bring misery upon s.o., to inflict misery on s.o.; **es ist schon ein ~ mit ihr!** *colloq.* she really is a trial! **es ist ein ~!** *colloq.* a) it's a shame (*od.* pity)! b) it's awful (*od.* a scandal)! **ich kriegte das heulende** (*od.* **große**) **~** *colloq.* I got the horrors (*od.* dismals), I felt like weeping; **das graue ~ kam mich an** *colloq.* I got the blues, I was filled with blank despondency (*od.* despair); **sie sitzt da wie ein Häufchen ~** *colloq.* she sits there looking a picture of misery. – **2.** (*Armut*) poverty, distress, destitution, wretchedness, misery, shabbiness: **soziales ~** social hardship, privation and suffering; **er geriet in großes ~** he fell into great distress, he was reduced to great distress (*od.* misery), he came to great poverty (*od.* want, distress), he was rendered destitute; **die Krise stürzte viele Familien ins ~** the crisis plunged many families into distress (*od.* rendered many families destitute, brought misery upon many families); **die breite Masse lebte im ~** the masses *pl* lived in destitution (*od.* want); **es herrschte ein namenloses** (*od.* **unbeschreibliches**) **~** there was untold (*od.* indescribable) need (*od.* squalor). – **3. ein langes ~ sein** *colloq.* to be as tall as a lamppost.

'elend I *adj* ⟨-er; -(e)st⟩ **1.** (*jämmerlich*) miserable, wretched, desolate, distressed: **ein ~es Leben** a miserable (*od.* wretched) life; **er hat ein ~es Los** he has a miserable fate; **ein ~es Nest** a wretched (*od.* miserable) hole (of a place); **sie starben eines ~en Todes** *lit.* they died a miserable death. – **2.** (*arm, ärmlich*) poor, distressed, destitute, poverty-stricken, wretched, miserable, shabby: **eine ~e Hütte** a wretched hovel; **sie wohnen zu viert in einem ~en Loch** they live with four of them in a miserable (*od.* wretched) hole; **in ~en Verhältnissen** in miserable (*od.* wretched) conditions, in distressed circumstances. – **3.** (*krank*) ill, *Am.* sick: **ich fühle mich heute ~, mir ist heute ~** I feel wretched (*od.* ill, sick) today; **sie sieht ~ aus** she looks ill (*od.* wretched), she looks seedy (*colloq.*). – **4.** *contempt.* mean, vile, wretched, miserable, scummy, scurvy: **~er Lump!** vile wretch! wretched creature! **~e Lügen** wretched lies. – **5.** (*erbärmlich*) deplorable, sorry, poor, pitiable, pitiful, 'rotten' (*colloq.*): **ein ~es Machwerk** a miserable (*od.* pitiable) botch; **ein ~er Schreiberling** a poor (*od.* sorry, pitiful) scribbler. – **6.** *colloq.* (*schrecklich*) terrible, awful, dreadful, miserable: **es war eine ~e Quälerei** it was sheer drudgery; **ich hatte einen ~en Hunger** I was terribly hungry. – **II** *adv* **7.** miserably: **~ zugrunde gehen** to perish miserably; **er siecht ~ dahin** he is miserably pining away. – **8.** *colloq.* (*sehr*) terribly, awfully, dreadfully, miserably: **es ist hier ~ kalt** it is terribly (*od.* miserably) cold here; **ein ~ weiter Weg** a terribly long way, a hell of a long way (*colloq.*); **sie haben ihn ~ verhauen** (*od.* **zugerichtet**) they have beaten him up (*od.* mauled him) terribly, they gave him a terrible going-over; **ich mußte mich ~ anstrengen** I had to make a lot of effort.

'Elen·de *m, f* ⟨-n; -n⟩ *lit.* (miserable) wretch: **fort, ~r!** away, miserable wretch!

elen·dig ['eːlɛndɪç] *adj u. adv dial. for* elend.

'elen·dig·lich *adv* miserably, wretchedly.

'Elends|quar,tier *n* squalid dwelling, hovel. — **~,vier·tel** *n meist pl* slum, shantytown.

'Elen,horn *n bot.* elkhorn (*od.* staghorn) fern (*Gattg Platycerium*).

Ele·phan·tia·sis [elefan'tiːazɪs] *f* ⟨-; -tiasen [-'tïaːzən]⟩ *med. vet. cf.* Elefantiasis. — **ele·phan·tia·stisch** [-'tïastɪʃ] *adj cf.* elefantiastisch.

Eleu·si·ne [eləʏ'ziːnə] *f* ⟨-; -n⟩ *bot.* crab (*od.* yard) grass (*Eleusine indica*).

Eleu·si·ni·en, die [eləʏ'ziːnïən] *pl antiq.* the Eleusinia, the Eleusinian mysteries. — **eleu'si·nisch** [-nɪʃ], **eleu·sisch** [e'ləʏzɪʃ] *adj* Eleusinian: **E~e Mysterien** *cf.* Eleusinien.

Ele·va·ti·on [eleva'tsïoːn] *f* ⟨-; -en⟩ **1.** *math. mil.* elevation. – **2.** *relig.* (*der Hostie*) elevation. – **3.** *astr.* (*eines Gestirns*) elevation, altitude.

Ele·va·ti'ons,win·kel *m mil.* (angle of) elevation.

Ele·va·tor [ele'vaːtər] *m* ⟨-s; -en [-va'toːrən]⟩ **1.** *tech.* a) (*Aufzug*) elevator, b) (*Hebezeug*) hoist. – **2.** *tech.* (*Becherwerk*) bucket elevator. — **~,be·cher** *m tech.* elevator bucket.

Ele·ve [e'leːvə] *m* ⟨-n; -n⟩, **Ele·vin** [e'leːvɪn] *f* ⟨-; -nen⟩ **1.** (*forestry*) a) student, b) apprentice. – **2.** *cf.* Schauspielschüler(in). – **3.** *cf.* Ballettschüler(in). – **4.** *obs. for* Schüler(in) 1.

elf [ɛlf] *adj* ⟨*cardinal number*⟩ eleven: **~ Stunden** eleven hours; **um ~ (Uhr)** at eleven (o'clock); **wir sind ~** (*od.* **zu elfen**) we are eleven, there are eleven of us.

Elf[1] *f* ⟨-; -en⟩ **1.** (number) eleven. – **2.** (*sport*) (*beim Fußball*) eleven, team.

Elf[2] *m* ⟨-en; -en⟩ *myth.* (hob)goblin, elf, fairy, sprite, pixie, *auch* pixy, ouphe.

El·fe ['ɛlfə] *f* ⟨-; -n⟩ *myth.* elf, fairy, sprite, pixie, *auch* pixy, ouphe.

'Elf|,eck *n* ⟨-(e)s; -e⟩ *math.* hendecagon, undecagon. — **e~,eckig** (*getr.* -k·k-) *adj* hendecagonal. — **e~,ein'halb** *adj* eleven and a half.

'el·fen,ar·tig *adj cf.* elfenhaft.

'El·fen,bein *n* ⟨-(e)s; *rare* -e⟩ ivory: **eine Halskette aus ~** an ivory necklet; **einen Tisch mit ~ einlegen** to inlay a table with ivory; **schwarzes ~** *hist.* black ivory (*negro slaves*); **vegetabilisches ~** vegetable ivory. — **~,ar·beit** *f* ivory (carving). — **e~,ar·tig** *adj* ivorylike, ivoried.

'el·fen,bei·ne(r)n [-,baɪnə(r)n] *adj* (of) ivory.

'el·fen,bein|,far·ben, ~,far·big *adj* ivory, ivory white, ivory-colored (*bes. Br.* -coloured), ivoried, ivory yellow.

'El·fen,bein|,mö·ve *f zo.* ivory gull (*Pagophila eburnea*). — **~,nuß** *f bot.* ivory (*od.* tequa) nut. — **~,pal·me** *f* ivory palm, phytelephas (*scient.*) (*Phytelephas macrocarpa*). — **~pa,pier** *n* ivory paper. — **~por·zel,lan** *n* ivory porcelain, *bes.* Parian (ware). — **~,schnit·zer** *m* ivory carver. — **~schnit·ze,rei** *f cf.* Elfenbeinarbeit. — **~,schwarz** *n* ivory (*od.* bone) black. — **~,specht** *m zo.* ivory-billed woodpecker, logcock (*Campephilus principalis*). — **~,turm** *m fig. lit.* ivory tower: **im ~ leben** to live in an ivory tower. — **~,wal·ze** *f zo.* (*Muschel*) ivory olive (*Olivia eburnea*). — **~,weiß** *n* ivory (white).

'El·fen,gras *n bot.* moongrass (*Sesleria sphaerocephala*).

'el·fen·haft *adj* elfish, elfin, fairylike, *Br.* fairy-like.

'El·fen|,kind *n myth.* elf child, *Br.* elf-child, changeling. — **~,kö·nig** *m* king of the elves. — **~,kö·ni·gin** *f* fairy queen. — **~,reich** *n* elfland, fairyland. — **~,rei·gen** *m* fairy dance. — **~,ring** *m bot. cf.* Hexenring. — **~,tanz** *m cf.* Elfenreigen.

'El·fer *m* ⟨-s; -⟩ **1.** (figure) eleven. – **2.** (*sport*) (*beim Fußball*) *colloq. for* Elfmeter.

'el·fer'lei *adj* ⟨*invariable*⟩ of eleven kinds.

'El·fer|,pro·be *f math.* casting out elevens. — **~,rat** *m* (*im Karneval*) committee of eleven. — **~,rest** *m math.* excess of elevens (*in casting out elevens*).

'elf,fach I *adj* elevenfold. – **II E~e, das** ⟨-n⟩ the elevenfold (amount): **etwas um das E~e vermehren** to increase s.th. eleven times (*od.* elevenfold).

'el·fisch *adj cf.* elfenhaft.

'elf,jäh·rig *adj* **1.** eleven-year-old (*attrib*): **ein ~es Mädchen** a girl of eleven, an eleven-year-old girl. – **2.** lasting (*od.* of) eleven years.

'elf,mal *adv* eleven times.

,Elf'me·ter *m* ⟨-s; -⟩ (*sport*) (*beim Fußball*) penalty: **einen ~ geben** [**verschießen**] to award [to miss, *colloq.* to bungle] a penalty. — **~,punkt** *m* penalty spot.

'elf,sil·big [-,zɪlbɪç] *adj metr.* hendecasyllabic: **~er Vers** hendecasyllabic (verse), hendecasyllable.

elft *adj* **1.** ⟨*ordinal number*⟩ eleventh. – **2.** *only in* **zu ~** (the) eleven of us (*od.* you, them): **wir sind zu ~** we are eleven, there are eleven of us.

'elf'tau·send *adj* eleven thousand.

'Elf·te *m, f* ⟨-n; -n⟩, *n* ⟨-n; *no pl*⟩ eleventh.

'elf·tel I *adj* eleventh (part) of. – **II E~** *n* ⟨-s; -⟩, *Swiss bes. m* ⟨-s; -⟩ eleventh (part).

'elf·tens *adv* in the eleventh place.

El·ger ['ɛlgər] *m* ⟨-s; -⟩ (*in der Fischerei*) harpoon, eeldart.

eli·die·ren [eli'diːrən] *v/t* ⟨*no* ge-, h⟩ *ling. metr.* (*auslassen*) elide. — **Eli'die·rung** *f* ⟨-; -en⟩ elision.

Eli·mi·na·ti·on [elimina'tsïoːn] *f* ⟨-; -en⟩ *bes. math.* elimination.

eli·mi'nier·bar *adj bes. math.* eliminable.

eli·mi·nie·ren [elimi'niːrən] **I** *v/t* ⟨*no* ge-, h⟩ **1.** eliminate, exclude, put out. – **2.** *math.* eliminate, exterminate. – **3.** (*sport*) eliminate. – **II E~** *n* ⟨-s⟩ **4.** *verbal noun.* — **Eli·mi'nie·rung** *f* ⟨-; -en⟩ **1.** *cf.* Eliminieren. – **2.** *cf.* Elimination.

Eli·sa·be·tha·ner [elizabe'taːnər] *m* ⟨-s; -⟩ *hist.* Elizabethan. — **eli·sa·be'tha·nisch** *adj* Elizabethan.

Eli·sa·beth,stil [e'liːzabɛt-] *m arch.* Elizabethan style.

Eli·si·on [eli'zïoːn] *f* ⟨-; -en⟩ *ling. metr.* (*Auslassung*) elision.

eli·tär [eli'tɛːr] *adj* (*Denken etc*) elite- (*bes. Br.* élite-)conscious.

Eli·te [e'liːtə] *f* ⟨-; -n⟩ elite, *bes. Br.* élite, best set, cream (*colloq.*): **geistige ~** intellectual elite. — **~,ein·heit** *f mil.* crack unit. — **~,saat** *f,* **~,saat,gut** *n agr.* selected seed. — **~,trup·pe** *f mil.* elite (*bes. Br.* élite) troops *pl.*

Eli·xier [elɪ'ksiːr] *n* ⟨-s; -e⟩ *med. pharm.* elixir.

Elk [ɛlk] *m* ⟨-(e)s; -e⟩ *zo. cf.* Wapiti(hirsch).

'Ell,beu·ge *f med.* bend (*od.* angle) of the elbow.

'Ell,bo·gen *m* ⟨-s; -⟩ elbow: **j-n mit dem ~ anstoßen** to nudge s.o.; **die ~ aufstützen, sich auf die** (*od.* **mit den**) **~ aufstützen** to lean (*od.* rest) on one's elbows; **beide ~ auf den Tisch stützen** to rest one's elbows on the table; **j-n beim ~ nehmen** to take s.o. by the elbow; **seine ~ (ge)brauchen** *colloq.* to use one's elbows (*auch fig.*); **er weiß seine ~ zu gebrauchen** he knows how to push; **sich** (*dat*) **mit den ~ einen Weg bahnen** (**durch** through) to elbow one's way; **mit dem ~ stoßen** to elbow; **die ~ frei haben** *fig.* to have elbowroom (*Br.* elbow-room); **er hat** [**keine**] **~** *fig. colloq.* he has got [no] push. — **~,frei·heit** *f fig. colloq.* elbowroom, *Br.* elbow-room. — **~ge,lenk** *n med.* elbow joint. — **~,höcker** (*getr.* -k·k-) *m* **1.** *med.* tip of the elbow, olecranon (*scient.*). – **2.** *vet.* olecranon. — **~,kno·chen** *m* **1.** *med. cf.* Elle 1. – **2.** *colloq. humor. cf.* Musikantenknochen. — **~,mensch** *m fig. contempt.* pusher. — **~,nerv** *m med.* elbow (*od. scient.* ulnar) nerve. — **~,schutz, ~,schüt·zer** *m* (*sport*) elbow guard.

El·le ['ɛlə] *f* ⟨-; -n⟩ **1.** *med.* ulna. – **2.** *obs.* ell (*old German unit of length*). – **3.** *obs. cf.* Ellenmaß: **alles mit der gleichen ~ messen** *fig.* to measure everything by the same standard; **er geht, als hätte er eine ~ verschluckt** *colloq. humor.* he walks as stiffly as a poker, he walks as if he had swallowed a poker.

'El·len|,bo·gen *m* ⟨-s; -⟩ *cf.* Ellbogen. — **e~,lang** *adj* **1.** *obs.* an ell long (*od.* in length). – **2.** *fig. colloq.* a yard (*od.* mile) long (*colloq.*), endless, interminable: **er gab einen ~en Bericht von seiner Reise** he gave an interminable (*od.* long-drawn-out, long-winded) report of his journey; **eine ~e Reihe von Zahlen** a string of figures a yard long. — **~,maß** *n* ell (measure).

El·ler ['ɛlər] *f* ⟨-; -n⟩ *bot. Low G. for* Erle.

El·lip·se [ɛ'lɪpsə] *f* ⟨-; -n⟩ **1.** *math. astr.* ellipse. – **2.** *ling.* ellipsis, ellipse. – **3.** (*jewelry*) jewel pin.

El'lip·sen|,bahn *f astr.* elliptic(al) orbit. — **e~,för·mig** [-,fœrmɪç] *adj* elliptic(al). — **~,zir·kel** *m* ellipsograph, elliptic compass, trammel.

El·lip·so·graph [ɛlɪpso'graːf] *m* ⟨-en; -en⟩ *astr. cf.* Ellipsenzirkel.

El·lip·so·id [ɛlɪpso'iːt] *n* ⟨-(e)s; -e⟩ *math.* ellipsoid. — **el·lip·soi·disch** [-'iːdɪʃ] *adj* ellipsoidal.

el·lip·tisch [ɛ'lɪptɪʃ] *adj* elliptic(al).

El·lip·ti·zi·tät [ɛlɪptitsi'tɛːt] *f* ⟨-; *no pl*⟩ *bes. astr.* ellipticity.

'Elms,feu·er ['ɛlms-] *n meteor.* St. Elmo's fire (*od.* light), *auch* corposant.

Elo·ge [e'loːʒə] *f* ⟨-; -n⟩ praise, compliment, eulogy.

Elo·hist [elo'hɪst] *m* ⟨-en; *no pl*⟩ *Bibl.* Elohist.

'E-,Lok *f* ⟨-; -s⟩ (*railway*) electric locomotive.

Elon·ga·ti·on [elɔŋga'tsĭoːn] *f* ⟨-; -en⟩ **1.** *astr.* elongation: östliche [westliche] ~ eastern [western] elongation. – **2.** *phys.* a) swing, deflection, *Br. auch* deflexion, b) elongation, c) (*Amplitude*) amplitude.

elo·quent [elo'kvɛnt] *adj obs.* eloquent. — **Elo'quenz** [-'kvɛnts] *f* ⟨-; *no pl*⟩ *obs.* eloquence.

Elo'xal·ver,fah·ren [ɛlɔ'ksaːl-] *n chem. tech.* eloxal process.

elo·xie·ren [elɔ'ksiːrən] *chem. tech.* **I** *v/t* ⟨*no* ge-, h⟩ **1.** anodize. – **II E~** *n* ⟨-s⟩ **2.** *verbal noun.* – **3.** anodic oxidation.

El·rit·ze ['ɛlrɪtsə] *f* ⟨-; -n⟩ *zo.* minnow (*Phoxinus phoxinus*).

El·säs·ser ['ɛlzɛsər] *m* ⟨-s; -⟩, **'El·säs·se·rin** *f* ⟨-; -nen⟩ Alsatian. — **'el·säs·sisch I** *adj* Alsatian. – **II** *ling.* **E~** ⟨*generally undeclined*⟩, **das E~e** ⟨-n⟩ Alsatian, the Alsatian dialect.

'Els,beer,baum *m bot. cf.* Aarkirsche.

'Els,bee·re *f bot.* beam-tree berry.

El·se ['ɛlzə] *f* ⟨-; -n⟩ *bot. cf.* Erle.

El·ster ['ɛlstər] *f* ⟨-; -n⟩ **1.** *zo.* magpie (*Gattg Pica*): Gemeine ~ black-billed magpie, pie (*P. pica*); Kalifornische ~ yellow-billed magpie (*P. nutalli*); sie ist geschwätzig wie eine ~ *colloq.* she is a magpie, she talks nineteen to the dozen (*colloq.*) – **2.** *fig.* (*in Wendungen wie*) sie ist eine diebische ~ *colloq.* she is light-fingered. — **~,specht** *m zo. cf.* a) Weißrückenspecht, b) Mittelspecht.

El·ter ['ɛltər] *n, m* ⟨-s; -n⟩ *biol. med. psych.* (*in Statistiken*) parent.

'el·ter·lich *adj* parental: ~e Gewalt *jur.* parental authority; ~er Gewalthaber *jur.* (the father as) natural guardian; ~e Pflicht parental duty.

'El·tern *pl* parents: leibliche ~ natural parents; für zukünftige ~ for parents-to-be, preparental; er ist seinen ~ über den Kopf gewachsen *colloq.* he's too much (of a handful) for his parents; der Witz [die Ohrfeige] war nicht von schlechten ~ *fig. colloq. humor.* that was a good one. — **~,abend** *m ped.* parents' evening. — **~,bei,rat** *m* parents' council. — **~,haus** *n* **1.** parents' house. – **2.** *fig.* family, home: das ~ verlassen to leave home; sie stammt aus einem guten ~ she is (*od.* comes) from a good home (*od.* family). — **~,lie·be** *f* parental love (*od.* affection). — **e~los** *adj* without parents, parentless, orphaned. — **~,mord** *m* parricide, parenticide. — **~,paar** *n* parents *pl.* — **~,pflicht** *f* parental duty. — **~,rat** *m ped. cf.* Elternbeirat. — **~,recht** *n* parental right.

'El·tern·schaft *f* ⟨-; *no pl*⟩ **1.** parentage, parenthood. – **2.** parents *pl*: die ~ einladen to invite the parents.

'El·tern|,schlaf,zim·mer *n* parents' bedroom. — **~,sprech,tag** *m ped.* visiting (*od.* open) day. — **~,teil** *m* parent. — **~ver,samm·lung** *f ped.* parents' meeting. — **~,zeu·gung** *f biol.* bisexual reproduction, parental generation, tocogony (*scient.*).

elu·vi·al [elu'vĭaːl] *adj geol.* eluvial. — **E~,bo·den** *m* eluvium, *auch* residual soil.

Elu·vi·um [e'luːvĭum] *n* ⟨-s; Eluvien⟩ *geol. cf.* Eluvialboden.

Ely·mä·er [ely'mɛːər] *m* ⟨-s; -⟩ *hist. cf.* Elamit.

ely·sä·isch [ely'zɛːɪʃ] *adj myth. cf.* elysisch.

ely·sie·ren [ely'ziːrən] *v/t* ⟨*no* ge-, h⟩ *tech.* machine (*s.th.*) electrolytically.

ely·sisch [e'lyːzɪʃ] *adj myth.* Elysian: die ~en Gefilde the Elysian fields.

Ely·si·um [e'lyːzĭum] *n* ⟨-s; *no pl*⟩ *myth.* Elysium.

Ely·tron ['eːlytrɔn] *n* ⟨-s; Elytren [e'lyːtrən]⟩ *zo.* elytron, elytrum, wing cover.

'Elz,beer,baum *m bot. cf.* Aarkirsche.

El·ze·vir ['ɛlzəviːr] *npr f* ⟨-; *no pl*⟩ *print.* Elzevir (type). — **~,aus,ga·be** *f*, **~,druck** *m* ⟨-(e)s; -e⟩ Elzevir (edition).

El·ze·vi·ria·na [ɛlzəvi'rĭaːna] *pl print.* Elzevir editions, Elzevirs.

'El·ze·vir,schrift *f print. cf.* Elzevir.

Email [e'maɪ(l)] *n* ⟨-s; -s⟩ **1.** *tech.* enamel: ~ matt schleifen to blind enamel; mit ~ überziehen to coat with enamel, to enamel. – **2.** *med.* (*Zahnschmelz*) enamel. — **~,ar·beit** *f* enamel (work). — **~,ar·bei·ter** *m cf.* Emaillierer. — **~be,lag** *m tech.* vitrous enamel coat(ing). — **~,draht** *m* enamel(l)ed wire. — **~ge,schirr** *n* enamel(ware). — **~,lack** *m* enamel varnish. — **~,lack,draht** *m electr. tech.* enamel(-insulated) wire.

Email·le [e'maljə; e'maɪ] *f* ⟨-; -n [-jən; -ən]⟩ *cf.* Email.

Email·leur [ema(l)'jøːr] *m* ⟨-s; -e⟩ *cf.* Emaillierer.

email·lie·ren [ema(l)'jiːrən] *v/t* ⟨*no* ge-, h⟩ *tech.* enamel. — **Email'lie·rer** *m* ⟨-s; -⟩ enameler, *bes. Br.* enameller.

Email'lier,ofen *m tech.* enameling (*bes. Br.* enamelling) oven.

Email'lie·rung *f* ⟨-; -en⟩ *tech.* enameling, *bes. Br.* enamelling.

Email'lier,werk *n tech.* enameling plant, *bes. Br.* enamelling works *pl* (*construed as sg or pl*).

Email|,ma·ler [e'maɪ(l)-] *m* enamel painter. — **~ma·le,rei** *f* enamel painting. — **~mi·nia,tur·ma·le,rei** *f* (*art*) miniature enamel painting. — **~,wa·ren** *pl cf.* Emailgeschirr.

Ema·na·ti·on [emana'tsĭoːn] *f* ⟨-; -en⟩ **1.** *philos.* emanation. – **2.** *chem.* radon, (radium) emanation. – **3.** *pl geol.* emanations.

Ema·na·ti'ons|,leh·re, **~theo,rie** *f philos.* emanationism, theory of creation by emanation.

ema·nie·ren [ema'niːrən] *v/i* ⟨*no* ge-, sein⟩ *philos.* emanate.

Eman·zi·pa·ti·on [emantsipa'tsĭoːn] *f* ⟨-; -en⟩ emancipation: die ~ der Sklaven the emancipation of slaves; der Kampf um die ~ the struggle for emancipation.

Eman·zi·pa·ti'ons·be,stre·bun·gen *pl* efforts for (*od.* attempts at) emancipation.

eman·zi·pie·ren [emantsi'piːrən] **I** *v/t* ⟨*no* ge-, h⟩ emancipate. – **II** *v/reflex* sich ~ emancipate oneself, become emancipated, break away: sich von j-m [etwas] ~ to emancipate oneself from s.o. [s.th.]. – **III E~** *n* ⟨-s⟩ *verbal noun.* — **eman·zi'piert I** *pp.* – **II** *adj* emancipated. — **Eman·zi'pie·rung** *f* ⟨-; -en⟩ **1.** *cf.* Emanzipieren. – **2.** emancipation.

Emas·ku·la·ti·on [emaskula'tsĭoːn] *f* ⟨-; -en⟩ *med.* emasculation, castration.

Em·bal·la·ge [ɑ̃ba'laːʒə] *f* ⟨-; -n⟩ *econ. archaic for* Verpackung 2.

Em·bar·go [ɛm'bargo] *n* ⟨-s; -s⟩ embargo: internationales [staatsrechtliches] ~ hostile [civil] embargo; ein ~ auf ein Schiff legen, ein Schiff mit einem ~ belegen to lay (*od.* put) an embargo on a vessel, to embargo a vessel; ein ~ aufheben to take off (*od.* to raise) an embargo; ein ~ auf Waffen an arms embargo.

em·bar·ras·sie·ren [ɑ̃bara'siːrən] *v/t* ⟨*no* ge-, h⟩ *obs.* embarrass.

Em·blem [ɛm'bleːm; ɑ̃'bleːm] *n* ⟨-s; -e⟩ emblem. — **em·ble·ma·tisch** [ɛmble'maːtɪʃ; ɑ̃ble-] *adj* emblematic(al).

Em·bo·lie [ɛmbo'liː] *f* ⟨-; -n [-ən]⟩ *med.* embolism. — **em'bo·lisch** [-'boːlɪʃ] *adj* embolic.

Em·bo·lus ['ɛmbolus] *m* ⟨-; -li [-li]⟩ *med.* embolus.

Em·bon·point [ɑ̃bõ'põɛ̃ː] *n* ⟨-s; *no pl*⟩ *lit.* embonpoint, stoutness.

Em·bryo ['ɛmbryo] *m, Austrian auch n* ⟨-s; -s *u.* -nen [-'oːnən]⟩ *biol. med.* embryo: einen ~ enthaltend embryonate(d).

Em·bryo·ge·ne·se [ɛmbryoge'neːzə] *f* ⟨-; *no pl*⟩ embryogeny, *auch* embryogenesis.

Em·bryo·lo·ge [ɛmbryo'loːgə] *m* ⟨-n; -n⟩ *med.* embryologist. — **Em·bryo·lo'gie** [-lo'giː] *f* ⟨-; *no pl*⟩ embryology. — **em·bryo'lo·gisch** *adj* embryologic(al).

em·bryo·nal [ɛmbryo'naːl] *adj biol. med.* embryonic, embryonal. — **E~ge,we·be** *n* embryonic tissue. — **E~,hül·le** *f* embryonic membrane (*od.* sheath). — **E~,zu,stand** *m* embryonic stage.

'Em·bryo,sack *m bot.* embryo(nic) sac.

Em·bryo·to·mie [ɛmbryoto'miː] *f* ⟨-; -n [-ən]⟩ *med.* embryotomy.

Emen·da·ti·on [emɛnda'tsĭoːn] *f* ⟨-; -en⟩ emendation. — **emen'die·ren** [-'diːrən] *v/t* ⟨*no* ge-, h⟩ emend, *auch* emendate.

Emer·genz [emɛr'gɛnts] *f* ⟨-; -en⟩ emergence. — **~,win·kel** *m geol.* emergence angle.

eme·ri·tie·ren [emeri'tiːrən] *v/t* ⟨*no* ge-, h⟩ retire: j-n ~ to retire s.o. (from an academic chair or post), to give s.o. emeritus status: er wurde emeritiert he (was) retired. — **eme·ri'tiert I** *pp.* – **II** *adj* retired, emeritus: ~er Professor retired (*od.* emeritus) professor, professor emeritus. — **Eme·ri'tie·rung** *f* ⟨-; -en⟩ retirement (from an academic chair or post).

Eme·ri·tus [e'meːritus] *m* ⟨-; -ti [-ti]⟩ emeritus.

Emer·si·on [emɛr'zĭoːn] *f* ⟨-; -en⟩ *astr.* emersion.

Eme·sis ['eːmezɪs] *f* ⟨-; *no pl*⟩ *med.* emesis. — **Eme·ti·kum** [e'meːtikum] *n* ⟨-s; -ka [-ka]⟩ *med. pharm.* emetic.

eme·tisch [e'meːtɪʃ] *adj med.* emetic, *auch* emetical.

Emi·grant [emi'grant] *m* ⟨-en; -en⟩ emigrant, *bes. hist.* émigré.

Emi'gran·ten|,kreis *m* emigrant circle: in ~en in emigrant circles. — **~li·te·ra,tur** *f* émigré literature. — **~or·ga·ni·sa·ti,on** *f* emigrant organization. — **~,schick·sal** *n* fate of an emigrant.

Emi'gran·ten·tum *n* ⟨-s; *no pl*⟩ emigrants *pl.*

Emi·gra·ti·on [emigra'tsĭoːn] *f* ⟨-; -en⟩ **1.** emigration: während der Zeit seiner ~ during the period of his emigration; die innere ~ passive resistance, civil disobedience. – **2.** exile: in der ~ leben to live in exile; in die ~ gehen to go into exile, to emigrate. – **3.** (*die Emigranten*) emigration, emigrants *pl*: der Einfluß der ~ the influence of the emigration (*od.* emigrants).

emi·grie·ren [emi'griːrən] *v/i* ⟨*no* ge-, sein⟩ (aus, von from; nach to) emigrate.

emi·nent [emi'nɛnt] **I** *adj* eminent, outstanding, prominent: von ~er Bedeutung of eminent (*od.* extreme) importance. – **II** *adv* er war ~ begabt he was eminently (*od.* extremely) talented.

Emi·nenz [emi'nɛnts] *f* ⟨-; -en⟩ *röm.kath.* Eminence (*title of cardinal*): Eure ~ (*als Anrede*) Your Eminence; Graue ~ éminence grise, gray (*bes. Br.* grey) eminence, power behind the throne.

Emir ['eːmɪr; e'miːr] *m* ⟨-s; -e ['eːmiːrə; e'miːrə]⟩ emir, amir, *auch* emeer, ameer. — **Emi·rat** [emi'raːt] *n* ⟨-(e)s; -e⟩ emirate.

Emis·sär [emɪ'sɛːr] *m* ⟨-s; -e⟩ emissary.

Emis·sa·ri·um [emɪ'saːrĭum] *n* ⟨-s; -ria [-rĭa]⟩ *med.* emissary (vein).

Emis·si·on [emɪ'sĭoːn] *f* ⟨-; -en⟩ **1.** *econ.* (*von Wertpapieren*) issue, issuance, (*von Papiergeld*) *auch* emission. – **2.** *electr. phys.* emission. – **3.** *med.* a) (*Entleerung*) emission, b) (*von Samen*) ejaculation. – **4.** *Swiss for* Rundfunksendung.

Emis·si'ons|,bank *f econ.* bank of issue, issuing bank. — **~be,din·gung** *f meist pl* **1.** *econ.* condition of issue (*od.* issuance). – **2.** *electr. phys.* condition of emission. — **~,bild** *n* (*optics*) emission image. — **e~,fä·hig** *adj* **1.** *econ.* issuable. – **2.** *electr. phys.* emissive. — **~,fä·hig·keit** *f electr. phys.* emissive power, emissivity. — **~ge,schäft** *n econ.* issuing business. — **~kon,sor·ti·um** *n* underwriting syndicate. — **~,kurs** *m* rate of issue, issue price. — **~,land** *n* country of issue. — **~,preis** *m cf.* Emissionskurs. — **~,spek·trum** *n phys.* emission spectrum. — **~,steue·rung** *f* emission control. — **~,strom** *m electr.* emission current. — **~theo,rie** *f phys.* emission (*od.* corpuscular) theory. — **~,über,hang** *m econ.* excess issue. — **~ver,mö·gen** *n phys.* emissive power, emissivity, radiating capacity. — **~,wahr,schein·lich·keit** *f* probability of emission. — **~,wäh·rung** *f econ.* (*einer Anleihe*) currency of issue. — **~,wert** *m* issuing value.

Emit·tent [emɪ'tɛnt] *m* ⟨-en; -en⟩ *econ.* **1.** issuer. – **2.** issuing institution.

emit·tie·ren [emɪ'tiːrən] *v/t* ⟨*no* ge-, h⟩ **1.** *econ.* issue. – **2.** *phys.* emit, send forth (*od.* out).

Em·men·ta·ler ['ɛmən,taːlər] *m* ⟨-s; -⟩, *auch* ~ **'Kä·se** *m gastr.* Emmental (*od.* Emmentaler, Swiss) (cheese), *auch* Gruyère (cheese).

Em·mer ['ɛmər] *m* ⟨-s; *no pl*⟩ *bot.* emmer (wheat) (*Triticum dicoccum*).

'Em·mer·ling *m* ⟨-s; -e⟩ *zo. cf.* Goldammer.

'Em·mer,wei·zen *m bot. cf.* Emmer.

Em·me·tro·pie [ɛmetro'piː] *f* ⟨-; -n [-ən]⟩ *med.* emmetropia.

'e-,Moll *n* ⟨-; *no pl*⟩ *mus.* E minor.

Emol·li·en·tia [emɔ'liɛntsĭa] *pl med. pharm.* emollients.

Emo·ti·on [emo'tsĭoːn] *f* ⟨-; -en⟩ emotion, feeling. — **emo·tio'nal** [-tsĭo'naːl] *adj u. adv cf.* emotionell. — **Emo·tio·na'lis·mus** [-tsĭona'lɪsmus] *m* ⟨-; *no pl*⟩ emotionalism.

emo·tio·nell [emotsĭo'nɛl] **I** *adj* emotional. – **II** *adv* **etwas ~ beurteilen** to judge s.th. emotionally.

Em·pä·stik [ɛm'pɛstɪk] *f* ⟨-; *no pl*⟩ (*art*) empaestic art, (art of) embossing.

Em·pa·thie [ɛmpa'tiː] *f* ⟨-; -n [-ən]⟩ *psych.* empathy.

emp·fahl [ɛm'pfaːl] *1 u. 3 sg pret*, **emp·fäh·le** [ɛm'pfɛːlə] *1 u. 3 sg pret subj of* empfehlen.

emp·fand [ɛm'pfant] *1 u. 3 sg pret*, **emp·fän·de** [ɛm'pfɛndə] *1 u. 3 sg pret subj of* empfinden.

Emp·fang [ɛm'pfaŋ] *m* ⟨-(e)s; ⸚e⟩ **1.** ⟨*only sg*⟩ receipt: **den ~ eines Briefes bestätigen** to acknowledge receipt of a letter; **etwas in ~ nehmen** to receive s.th.; **j-m den ~ einer Geldsumme bescheinigen** (*od.* **bestätigen**) to give s.o. (*od.* make s.o. out) a receipt for a sum of money; **ich werde dich am Bahnhof in ~ nehmen** *colloq.* I will meet you at the station; **zahlbar bei ~ [der Waren]** *econ.* cash (*od.* payable) (up)on receipt [on delivery]; **zahlbar nach ~ der Rechnung** *econ.* payment on receipt of bill. – **2.** ⟨*only sg*⟩ (*Begrüßung, Aufnahme*) reception, welcome: **ein herzlicher ~** a hearty (*od.* warm) welcome; **ein fürstlicher** (*od.* **königlicher**) **~** *fig.* a royal welcome (*od.* reception); **ihm wurde ein begeisterter [kühler] ~ bereitet** he was given (*od.* he met with) an enthusiastic [a cool] reception; **das war ja ein schöner ~!** *iron. colloq.* a nice (*od.* warm) reception that was! **dem Feind wurde ein warmer** (*od.* **heißer**) **~ bereitet** *fig.* the enemy met with a hot reception; **zu ihrem ~ war der Präsident selbst erschienen** the president himself came to receive her (*od.* them). – **3.** ⟨*only sg*⟩ (*Büro in Hotels etc*) reception office (*od.* desk), "reception": **sie arbeitet im** (*od.* **am**) **~** she works in the reception office. – **4.** (*festliche Veranstaltung*) reception: **offizieller ~** official (*od.* formal) reception; **einen ~ geben** to hold (*od.* give) a reception; **~ bei Hofe** reception at court. – **5.** ⟨*only sg*⟩ (*radio*) reception: **störungsfreier ~** undisturbed reception; **auf ~ schalten** to switch over to reception; **auf ~ bleiben** (*od.* **stehen**) to stand by (to receive a message).

emp·fan·gen[1] [ɛm'pfaŋən] **I** *v/t* ⟨empfängt, empfing, empfangen, h⟩ **1.** receive, get: **Briefe [Geschenke] ~** to receive (*od.* get) letters [presents]; **ein Gehalt ~** to draw a salary; **Befehle ~** to take (*od.* receive) orders; **einen Brief ~ haben** *econ.* to have received (*od.* be in receipt of) a letter; **neue Eindrücke ~** to receive new impressions; **die Sakramente ~** *relig.* to receive the sacraments; **das Abendmahl ~** *relig.* to partake of the Lord's Supper; **die Weihen ~** *röm.kath.* to take (*od.* be received into) holy orders; **die Taufe ~** *relig.* to be baptized (*od.* christened). – **2.** (*begrüßen*) receive, welcome: **die Gastgeberin empfing die ersten Gäste** the hostess welcomed the first guests; **der Politiker wurde begeistert ~** the politician was received with enthusiasm; **freundlich [kühl] ~ werden** to meet with a kind (*od.* friendly) [cool] reception, to be kindly [cooly] received; **j-n am Bahnhof ~** to meet s.o. at the station; **er wurde vom Papst ~** he was received in audience by the pope; **sie empfängt niemanden** she will not (*od.* refuses to) see anyone, she is not at home to anyone. – **3.** (*radio*) receive: **einen Sender ~** to receive (*od.* get) a station. – **4.** *med.* (*Kind*) conceive. – **II** *v/i* **5.** receive, be at home: **Frau X empfängt heute nicht** *lit.* Mrs. X is not at home (*od.* does not receive) today. – **6.** *med.* (*schwanger werden*) conceive, become pregnant. – **III E~** *n* ⟨-s⟩ **7.** *verbal noun.* – **8.** *cf.* Empfang 1, 2, 5.

emp'fan·gen[2] *pp of* empfangen[1].

Emp·fän·ger [ɛm'pfɛŋər] *m* ⟨-s; -⟩ **1.** receiver, recipient: **die Unterschrift des ~s** the recipient's signature. – **2.** (*postal service*) addressee: **~ unbekannt** addressee unknown; **~ zahlt** collect (*Br.* cash) on delivery. – **3.** *econ.* a) recipient, b) (*von Überweisungen*) payee, remittee, c) (*von Warensendungen*) consignee, d) (*von Garantien*) warrantee. – **4.** *med.* (*von Blutspende*) recipient, donee. – **5.** (*radio*) (radio *od. bes. Br.* wireless) receiver, receiving set, set (*colloq.*): **einen ~ betreiben** to operate a receiver. – **6.** *tel.* telegraph receiver. — **~ge,häu·se** *n* (*radio*) receiver cabinet.

Emp'fän·ge·rin *f* ⟨-; -nen⟩ *cf.* Empfänger 1—4.

Emp'fän·ger,röh·re *f* (*radio*) receiving tube (*bes. Br.* valve).

emp·fäng·lich [ɛm'pfɛŋlɪç] *adj* **1.** susceptible, receptive: **für Komplimente [Schmeicheleien] ~ sein** to be susceptible to compliments [flattery]; **~ sein für die Schönheiten der Natur** to be susceptible to (*od.* responsive to, appreciative of) the beauties of nature; **~ für neue Ideen sein** to be receptive to (*od.* of) new ideas; **für Eindrücke ~ sein** to be impressionable; **er ist immer ~ für Trinkgelder** he always welcomes (*od.* is always ready to accept) a tip; **j-n für einen Plan ~ machen** (*od.* **stimmen**) to interest s.o. in a plan. – **2.** sensitive: **sie ist sehr ~ für Kritik** she is very sensitive to criticism. – **3.** *med.* predisposed, prone, susceptible, liable: **~ für Krankheiten** predisposed (*od.* prone, susceptible) to diseases. — **Emp'fäng·lich·keit** *f* ⟨-; *no pl*⟩ **1.** susceptibility, receptiveness, receptivity. – **2.** (*für Kritik*) sensitiveness. – **3.** *med.* predisposition, proneness, susceptibility. [*cf.* Empfang 1.]

Emp'fang,nah·me *f* ⟨-; *no pl*⟩ *bes. econ.*

Emp·fäng·nis [ɛm'pfɛŋnɪs] *f* ⟨-; *no pl*⟩ *med.* conception: **3 Monate nach der ~** 3 months after conception; **Unbefleckte ~ (der Jungfrau Maria)** *röm.kath.* Immaculate Conception (of the Virgin Mary). — **e~,fä·hig** *adj* conceptive, fertile. — **e~ver,hü·tend** *adj* contraceptive: **~es Mittel** contraceptive. — **E~ver,hü·tung** *f* contraception. — **~,zeit** *f auch jur.* period of (possible) conception.

Emp'fangs|,an,la·ge *f* (*radio*) receiving system (*od.* equipment). — **~an,ten·ne** *f* receiving antenna (*bes. Br.* aerial). — **e~be,rech·tigt** *adj econ.* authorized to receive (*money, goods*). — **~be,rech·tig·te** *m, f* ⟨-n; -n⟩ authorized recipient. — **~be,reich** *m* (*radio*) **1.** reception area. – **2.** service area. — **~be,schei·ni·gung** *f econ.* receipt. — **~be,stä·ti·gung** *f* acknowledg(e)ment of receipt. — **~bü,ro** *n* reception office. — **~,chef** *m* **1.** (*eines Hotels*) *bes. Br.* reception clerk, *bes. Am.* room clerk. – **2.** (*Einweiser*) floorwalker, *bes. Br.* shopwalker. — **~,da·me** *f* receptionist. — **~di,rek·tor** *m* reception manager. — **~fre,quenz** *f* (*radio*) receiving frequency. — **~ge,bäu·de** *n* (*railway*) station building. — **~ge,rät** *n* (*radio*) *cf.* Empfänger 5. — **~,gleich,rich·tung** *f* detecting, demodulation. — **~,hal·le** *f* reception hall. — **~ko·mi,tee** *n* reception committee. — **~,laut,stär·ke** *f* (*radio*) signal strength of reception. — **~,lei·stung** *f* received power. — **~,mi·ni·mum** *n* receiving minimum. — **~,ort** *m* receiving place. — **~,raum** *m* **1.** reception room. – **2.** (*radio*) receiving room. — **~re,lais** *n tel.* receiving relay. — **~,saal, ~sa,lon** *m cf.* Empfangsraum 1. — **~,schein** *m econ. cf.* Quittung 1. — **~si,gnal** *n* (*radio*) receiving (*od.* received) signal: **Überlagerung von ~en** blanketing. — **~spe·di,teur** *m* receiving agent. — **~sta·ti,on** *f* receiving station. — **~,stö·rung** *f meist pl* (*radio*) interference. — **~,tag** *m* at-home (day). — **~ver,hält·nis·se** *pl* (*radio*) receiving conditions. — **~,zim·mer** *n* reception room, drawing room, parlor, *bes. Br.* parlour.

emp·fängt [ɛm'pfɛŋt] *3 sg pres of* empfangen[1].

emp·feh·len [ɛm'pfeːlən] **I** *v/t* ⟨empfiehlt, empfahl, empfohlen, h⟩ **1.** (als as, für for) recommend: **j-m etwas ~** to recommend s.th. to s.o.; **ich kann dir dieses Buch wärmstens** (*od. colloq.* **nur**) **~** I can warmly recommend you this book; **j-n für einen Posten ~** to recommend s.o. for a post; **sehr [nicht] zu ~** highly [not] recommendable (*od.* recommended); **~ Sie mich Ihren Eltern** *lit.* please remember me to your parents. – **2.** *lit.* (*anvertrauen*) (*dat* to) (re)commend: **seine Seele Gott ~** to commend one's soul to God. – **II** *v/reflex* **sich ~ 3.** recommend itself: **gute Qualität empfiehlt sich selbst** good quality recommends itself (*od.* is its own recommendation). – **4.** (*weggehen*) take one's leave: **sich (auf) französisch ~** *colloq.* to take French leave. – **5. sich j-m ~** to give one's regards (*od.* to present one's compliments, to pay one's respects) to s.o. – **III** *v/impers* **6. es empfiehlt sich** it is recommended (*od.* advisable): **es empfiehlt sich folgendes System** the following system is to be recommended; **es empfiehlt sich, noch zu warten** it is recommended (*od.* advisable) to wait. – **IV E~** *n* ⟨-s⟩ **7.** *verbal noun.* – **8.** *cf.* Empfehlung.

emp'feh·lens,wert *adj* **1.** recommended, recommendable. – **2.** (*ratsam*) advisable.

Emp'feh·lung *f* ⟨-; -en⟩ **1.** *cf.* Empfehlen. – **2.** recommendation: **auf deine ~** (up)on your recommendation; **das war eine gute ~** that was a good recommendation (*od.* good advice). – **3.** recommendation, reference, introduction: **gute ~en haben** to have good references. – **4.** *meist pl lit.* respects *pl*, regards *pl*, compliments *pl*: **mit einer ~ an Ihre Frau Gemahlin** please remember me (*od.* give my kind regards, my respects) to your wife; **mit den besten ~en** with kind regards. – **5.** *cf.* Empfehlungsbrief.

Emp'feh·lungs|,brief *m*, **~,schrei·ben** *n* (letter of) recommendation (*od.* introduction), testimonial, reference.

emp·fiehl [ɛm'pfiːl] *imp*, **emp'fiehlt** *3 sg pres of* empfehlen.

emp'find·bar *adj* perceptible, sensible. — **Emp'find·bar·keit** *f* ⟨-; *no pl*⟩ perceptibility, sensitiveness.

emp·fin·den [ɛm'pfɪndən] **I** *v/t* ⟨empfindet, empfand, empfunden, h⟩ **1.** feel, have: **Mitleid mit j-m ~** to feel (pity) for s.o., to sympathize with s.o., (*stärker*) to have (*od.* take) compassion (up)on s.o.; **keine Reue ~** to have no regrets; **Schrecken** (*od.* **Grauen**) **vor etwas ~** to dread s.th.; **nichts für j-n ~ können** to be unable to love s.o.; **Argwohn [Groll] gegen j-n ~** to be suspicious of [to nurse (*od.* cherish) a grudge against] s.o.; **j-s Verlust schmerzlich ~** to feel the loss of s.o. keenly. – **2.** (*Kälte, Schmerz etc*) be sensible of, have a sensation of, feel: **keinen Schmerz ~** to feel no pain, to be insensible to pain. – **3. etwas als etwas ~** to feel (*od.* find) s.th. (to be) s.th.: **etwas als lästig [ungerecht, (eine) Beleidigung] ~** to feel s.th. to be irksome [unjust, an insult]. – **II** *v/i* **4.** feel: **mit j-m ~** to feel with (*od.* for) s.o.; **ich empfinde da ganz anders** I feel quite differently. – **III** *v/reflex* **sich ~ 5. sich als Dichter ~** to regard oneself (as) a poet. – **IV E~** *n* ⟨-s⟩ **6.** *verbal noun.* – **7.** (*Dafürhalten*) mind, opinion: **nach meinem E~** to my mind, in my opinion. – **8.** (*Gefühl*) feeling: **sie hat überhaupt kein E~ dafür** she has no feeling for that, she does not feel that at all; **das nationale E~** the national feeling. – **9.** (*Sinn*) sense: **künstlerisches E~** artistic sense. – **10.** *cf.* Empfindung. — **emp'fin·dend I** *pres p.* – **II** *adj lit.* feeling, sensitive, sentient.

emp·find·lich [ɛm'pfɪntlɪç] **I** *adj* **1.** (*Instrument etc*) sensitive. – **2.** (*Material etc*) delicate, sensitive. – **3.** (*Haut, Konstitution etc*) delicate, tender: **sie ist sehr ~** she has a delicate constitution; **~e Stelle** *fig.* tender (*od.* sore) spot. – **4. gegen etwas ~ sein** to be sensitive (*od.* susceptible) to s.th.: **er ist sehr ~ gegen Kälte** he feels the cold very much. – **5.** (*leichtgekränkt*) easily offended, touchy, sensitive, thin-skinned (*colloq.*): **~ wie eine Mimose** *fig.* hypersensitive. – **6.** (*reizbar*) irritable, testy. – **7.** (*heikel*) squeamish. – **8.** (*verwundbar*) vulnerable. – **9.** (*fühlbar*) sensible, considerable. – **10.** (*Kälte etc*) severe. – **11.** (*Kränkung etc*) grievous. – **12.** (*Mangel, Lücke*) noticeable, critical. – **13.** (*Schmerz etc*) sharp, acute. – **14.** (*Strafe etc*) severe, drastic. – **15.** (*Verlust etc*) heavy, bad: **j-m einen ~en Schlag versetzen** to deal s.o. a heavy blow. – **16.** *phot.* sensitive, sensitized: **~ machen** to sensitize. – **17.** *med.* (gegen to) hypersensitive, *auch* allergic. –

II *adv* **18.** severely, seriously: den Handel ~ schädigen to affect trade seriously; es ist ~ kalt it is bitterly cold; j-n ~ verletzen to hurt s.o. severely (*od.* badly); sich ~ getroffen fühlen to feel badly hurt. — **Emp'find·lich·keit** *f* ⟨-; *no pl*⟩ **1.** sensitiveness, sensitivity. – **2.** (*eines Materials etc*) delicateness, delicacy. – **3.** (gegen to) sensitiveness, sensitivity, susceptibility. – **4.** (*leichtes Gekränktsein*) touchiness, sensitiveness. – **5.** (*Reizbarkeit*) irritability. – **6.** (*von Strafe etc*) severity. – **7.** *phot.* a) sensitivity, b) (*als Maßeinheit*) speed. – **8.** *med.* (gegen to) sensitivity, allergy.

Emp'find·lich·keits|ˌgrad *m* (*optics*) sensitiveness, degree of sensitivity. — **~ˌmes·ser** *m* sensitometer.

emp'find·sam *adj* **1.** (*feinfühlig*) sensitive, sentient. – **2.** (*gefühlvoll*) sentimental. — **Emp'find·sam·keit** *f* ⟨-; *no pl*⟩ **1.** sensitivity, sensitiveness, sensibility. – **2.** sentimentality, sentimentalism: die ~ (*literature*) (the age *od.* literature of) Sensibility.

Emp'fin·dung *f* ⟨-; -en⟩ **1.** *cf.* Empfinden. – **2.** (*Gefühl, Eindruck*) feeling, sentiment, sentience, *auch* sentiency, emotion: seine ~en bei diesem Anblick his feelings at this sight. – **3.** (*Sinneswahrnehmung*) sensation, perception. – **4.** *psych.* sensation, sense datum (*od.* impression).

Emp'fin·dungs|an·omaˌlie *f med.* anomaly of perception. — **e~ˌfä·hig** *adj* **1.** (*für Schmerzen etc*) sensitive (to), susceptible (to). – **2.** capable of feeling (*od.* sentiment, emotion), sentient. — **~ˌgren·ze** *f psych.* limen, threshold. — **~ˌkraft** *f cf.* Empfindungsvermögen.

emp'fin·dungs·los *adj* **1.** (gegen, für to) insensitive. – **2.** (*Körperglied*) numb, insensible, dead. – **3.** *fig.* insensitive, unfeeling, callous, insentient, hardhearted, *Br.* hard-hearted. — **Emp'fin·dungs·lo·sig·keit** *f* ⟨-; *no pl*⟩ **1.** (gegen, für to) insensitiveness. – **2.** (*von Gliedmaßen*) numbness, insensibility, deadness. – **3.** *fig.* insensitiveness, insensitivity, callousness, insentience, *auch* insentiency, hardheartedness, *Br.* hard-heartedness.

Emp'fin·dungs|ˌnerv *m med.* sensory (*od.* afferent) nerve. — **~ˌstö·rung** *f* par(a)esthesia. — **~verˌmö·gen** *n* **1.** (*der Sinne*) sensitivity, susceptibility, preceptivity, faculty of perception, sensitive faculty. – **2.** (*gefühlsmäßiges*) capability of feeling (*od.* sentiment, emotion), sensitivity, sentience, *auch* sentiency. — **e~ˌvoll** *adj u. adv* full of feeling (*od.* sentiment, emotion). — **~ˌwort** *n* ⟨-(e)s; =er⟩ *ling.* interjection. — **~ˌzel·le** *f med.* sensory cell.

emp·fing [ɛm'pfɪŋ] *1 u. 3 sg pret of* empfangen[1].

emp·föh·le [ɛm'pføːlə] *1 u. 3 pret subj of* empfehlen.

emp·foh·len [ɛm'pfoːlən] **I** *pp of* empfehlen. – **II** *adj* recommended.

emp·fun·den [ɛm'pfʊndən] **I** *pp of* empfinden. – **II** *adj* felt: stark ~er Schmerz vehement pain.

Em·pha·se [ɛm'faːzə] *f* ⟨-; -n⟩ emphasis. — **em'pha·tisch** [-tɪʃ] **I** *adj* emphatic. – **II** *adv* emphatically.

Em·phy·sem [ɛmfy'zeːm] *n* ⟨-s; -e⟩ *med.* emphysema. — **em·phy·se'ma·tisch** [-ze'maːtɪʃ], **em·phy·se·ma'tös** [-zema'tøːs] *adj* emphysematous.

Em·pire[1] [ã'piːr] (*Fr.*) *n* ⟨-s; *no pl*⟩ **1.** *hist.* Empire (*the first Empire of France*). – **2.** (*art*) Empire style.

Em·pi·re[2] ['ɛmpaɪər; 'ɛmpaɪə] (*Engl.*) *n* ⟨-(s); *no pl*⟩ *hist.* Empire (*the British Empire*).

Em'pireˌstil [ã'piːr-] *m* ⟨-(e)s; *no pl*⟩ (*art*) *cf.* Empire[1] 2.

Em·pi·rie [ɛmpi'riː], **Em'pi·rik** [-'piːrɪk] *f* ⟨-; *no pl*⟩ *philos.* empirical experience, the given. — **Em'pi·ri·ker** [-'piːrikər] *m* ⟨-s; -⟩ **1.** (*Praktiker*) empiric. – **2.** *philos.* (*Anhänger des Empirismus*) empiricist. — **em'pi·risch** [-'piːrɪʃ] **I** *adj* empiric(al): ~e Formel *chem.* empirical formula. – **II** *adv* empirically. — **Em·pi'ris·mus** [-pi'rɪsmʊs] *m* ⟨-; *no pl*⟩ empiricism, *auch* empirism. — **Em·pi'rist** [-pi'rɪst] *m* ⟨-en; -en⟩ *cf.* Empiriker 2. — **em·pi'ri·stisch I** *adj* empiristic, empiric(al). – **II** *adv* empiristically, empirically.

em·por [ɛm'poːr] *adv lit.* up(ward[s]); aloft, on high (*poet.*): ~ zum Licht toward(s) the light; ~ zu den Sternen upward(s) to the stars. — **~ˌar·bei·ten** *v/reflex* ⟨*sep*, -ge-, h⟩ sich ~ work one's way up. — **~ˌblicken** (*getr.* -k·k-) *v/i* ⟨*sep*, -ge-, h⟩ look up. — **~ˌbrin·gen** *v/t* ⟨*irr, sep*, -ge-, h⟩ *fig.* (*ein Geschäft etc*) advance, further, promote, help (*s.th.*) forward. — **~ˌdrin·gen** *v/i* ⟨*irr, sep*, -ge-, sein⟩ rise (up).

Em·po·re [ɛm'poːrə] *f* ⟨-; -n⟩ *arch.* **1.** gallery, balcony. – **2.** (*in Domen etc*) choir.

em·pö·ren [ɛm'pøːrən] **I** *v/t* ⟨*no* ge-, h⟩ **1.** (*aufbringen*) make (*s.o.*) angry, infuriate, enrage. – **2.** (*schockieren*) shock, make (*s.o.*) indignant, fill (*s.o.*) with indignation. – **II** *v/reflex* sich ~ **3.** grow angry (*od.* indignant, furious), be revolted, wax indignant (*lit.*): sich über j-n [etwas] ~ to be angry (*od.* indignant) with s.o. [about s.th., at s.th.]. – **4.** (*sich auflehnen*) (gegen against) rebel, revolt, rise (in rebellion *od.* in arms). – **III E~** *n* ⟨-s⟩ **5.** *verbal noun.* – **6.** *cf.* Empörung. — **em'pö·rend I** *pres p.* – **II** *adj* shocking, revolting, provoking, outrageous, disgraceful, disgusting.

Em'pö·rer *m* ⟨-s; -⟩ rebel, insurgent, insurrectionist. — **em'pö·re·risch** *adj* rebellious, insurgent.

em'por|ˌfah·ren *v/i* ⟨*irr, sep*, -ge-, sein⟩ **1.** (*aufschrecken*) start (up), jump, give a jump (*od.* a sudden start): bei jedem Geräusch fuhr sie empor, jedes Geräusch ließ sie ~ every little sound made her start (up). – **2.** (*hinauffahren*) ascend. — **~ˌflie·gen** *v/i* ⟨*irr, sep*, -ge-, sein⟩ fly up. — **~ˌfüh·ren** *v/t u. v/i* ⟨*sep*, -ge-, h⟩ lead up. — **~ˌhal·ten** *v/t* ⟨*irr, sep*, -ge-, h⟩ hold up. — **~ˌhe·ben** *v/t* ⟨*irr, sep*, -ge-, h⟩ **1.** (*Last, Glas, Arm etc*) lift (up), raise. – **2.** *röm.kath.* (*Hostie*) elevate. — **~ˌkom·men I** *v/i* ⟨*irr, sep*, -ge-, sein⟩ **1.** come up. – **2.** *fig.* (*beruflich, gesellschaftlich*) get on (*od.* rise) in life (*od.* in the world), make one's way. – **II E~** *n* ⟨-s⟩ **3.** *verbal noun.* – **4.** rise (in life), advancement.

Em'porˌkömm·ling [-ˌkœmlɪŋ] *m* ⟨-s; -e⟩ *contempt.* upstart, parvenu.

em'por|ˌlo·dern *v/i* ⟨*sep*, -ge-, sein⟩ (*von Flammen*) flare up. — **~ˌra·gen** *v/i* ⟨*sep*, -ge-, h *u.* sein⟩ **1.** (*von Bergen, Türmen etc*) (über *acc* above) rise, loom, tower (up). – **2.** über j-n ~ *fig.* to tower above s.o. — **~ˌran·ken** *v/i* ⟨*sep*, -ge-, sein⟩ *u.* sich ~ *v/reflex* ⟨h⟩ (*von Efeu etc*) (an *dat* on) climb (*od.* creep, twine) up. — **~ˌrecken** (*getr.* -k·k-) *v/t* ⟨*sep*, -ge-, h⟩ (*Arme etc*) stretch (*s.th.*) up(ward[s]). — **~ˌrich·ten I** *v/t* ⟨*sep*, -ge-, h⟩ (*Blick etc*) raise, lift (up). – **II** *v/reflex* sich ~ draw oneself up (to one's full height). — **~ˌschau·en** *v/i* ⟨*sep*, -ge-, h⟩ *cf.* emporblicken. — **~ˌschie·ßen** *v/i* ⟨*irr, sep*, -ge-, sein⟩ **1.** shoot (*od.* leap) up, (*von Unkraut*) *auch* spring up: wie (die) Pilze ~ to shoot up like mushrooms, to mushroom up. – **2.** (*von Fontäne etc*) gush up. — **~ˌschnel·len** *v/i* ⟨*sep*, -ge-, sein⟩ **1.** leap (*od.* jump, spring, bounce, bound) up(ward[s]). – **2.** *fig.* (*von Preisen etc*) jump, rocket. — **~ˌschrau·ben** *v/reflex* ⟨*sep*, -ge-, h⟩ sich ~ (*von Segelflieger, Raubvogel etc*) spiral up. — **~ˌschwin·gen** *v/reflex* ⟨*irr, sep*, -ge-, h⟩ sich ~ **1.** soar (up), rise. – **2.** sich zu etwas ~ *fig.* to rise to s.th., to accomplish s.th. — **~ˌsen·den** *v/t* ⟨(*irr*), *sep*, -ge-, h⟩ (*Stoßgebet etc*) send (*od.* put) up. — **~ˌstei·gen I** *v/i* ⟨*irr, sep*, -ge-, sein⟩ (*von Ballon, Vogel etc*) rise, ascend, climb: senkrecht ~ *aer.* to rise vertically. – **II** *v/t* (*Stufen etc*) ascend, mount, climb (up): die Leiter zum Erfolg ~ *fig.* to climb the ladder of success. — **~ˌstre·ben** *v/i* ⟨*sep*, -ge-, h *u.* sein⟩ **1.** ⟨sein⟩ *lit.* strive upward(s): zum Licht ~ to strive toward(s) the light. – **2.** ⟨h⟩ *fig.* aspire, aim high. – **3.** *cf.* emporragen 1. — **~ˌstre·bend I** *pres p.* – **II** *adj* **1.** (*Unternehmen, Betrieb etc*) thriving, flourishing. – **2.** (*Mensch*) aspiring. — **~ˌstrecken** (*getr.* -k·k-) *v/t* ⟨*sep*, -ge-, h⟩ (*Arme etc*) raise, stretch up.

em'pört I *pp.* – **II** *adj* **1.** (über *acc* etwas about s.th.; über j-n with s.o.) angry, indignant, shocked. – **2.** (*Massen etc*) rebellious, revolting.

em'por|ˌtau·chen *v/i* ⟨*sep*, -ge-, sein⟩ rise up, emerge. — **~ˌtrei·ben** *v/t* ⟨*irr, sep*, -ge-, h⟩ (*Preise etc*) force (*od.* drive) (*s.th.*) up(ward[s]).

Em'pö·rung *f* ⟨-; -en⟩ **1.** *cf.* Empören. – **2.** ⟨*only sg*⟩ (über *acc* at) indignation: ein Sturm der ~ a storm of indignation; voller ~ full of indignation. – **3.** (*Aufstand*) rebellion, revolt, (up)rising, insurrection.

em'por|ˌwach·sen *v/i* ⟨*irr, sep*, -ge-, sein⟩ grow (*od.* spring, shoot) up. — **~ˌzie·hen** *v/t* ⟨*irr, sep*, -ge-, h⟩ draw (*od.* pull) (*s.th., s.o.*) up(ward[s]). — **~ˌzün·geln** *v/i* ⟨*sep*, -ge-, sein⟩ (*von Flammen*) leap up(ward[s]).

Em·py·em [ɛmpy'eːm] *n* ⟨-s; -e⟩ *med.* empyema. — **em·pye·ma'tös** [-ema'tøːs] *adj* empyemic.

Em·py·re·um [ɛmpy'reːʊm] *n* ⟨-s; *no pl*⟩ empyrean.

Em·se ['ɛmzə] *f* ⟨-; -n⟩ *zo. cf.* Ameise.

Em·ser ['ɛmzər] *adj* ⟨*invariable*⟩ of (*od.* relating to) Ems: ~ Depesche *hist.* Ems Telegram.

em·sig ['ɛmzɪç] **I** *adj* **1.** busy, active, bustling: ~ wie eine Biene (as) busy as a bee; ~es Treiben busy activity. – **2.** (*fleißig*) industrious, diligent, assiduous, sedulous (*lit.*), hardworking, *Br.* hard-working. – **3.** (*eifrig*) eager, keen, zealous. – **4.** (*unermüdlich*) indefatigable. – **II** *adv* **5.** assiduously, sedulously, busily: er hatte den ganzen Tag ~ gearbeitet he had been busy (working) all day. — **'Em·sig·keit** *f* ⟨-; *no pl*⟩ **1.** busyness, activity. – **2.** industry, industriousness, diligence, assiduity, sedulity (*lit.*). – **3.** eagerness, keenness, zeal. – **4.** indefatigability.

Emu ['eːmu] *m* ⟨-s; -s⟩ *zo.* emu (*Dromiceius novae-hollandiae*).

Emu·la·tor [emu'laːtər] *m* ⟨-s; -en [-la'toːrən]⟩ (*computer*) emulator.

Emul·ga·ti·on [emulga'tsi̯oːn] *f* ⟨-; -en⟩ *chem.* emulsification. — **Emul'ga·tor** [-'gaːtər] *m* ⟨-s; -en [-ga'toːrən]⟩ **1.** emulsifying agent, emulsifier. – **2.** (*Apparat*) emulsifier, whipper. — **emul'gier·bar** *adj* emulsifiable. — **emul'gie·ren** [-'giːrən] *v/t u. v/i* ⟨*no* ge-, h⟩ emulsify, emulsionize. — **Emul'gie·rung** *f* ⟨-; -en⟩ emulsification.

Emul·sin [emʊl'ziːn] *n* ⟨-s; *no pl*⟩ *chem.* emulsin, synaptase.

Emul·si·on [emʊl'zi̯oːn] *f* ⟨-; -en⟩ *chem. phot.* emulsion.

Emul·si'ons|ˌfar·be *f* (*paints*) emulsion paint. — **~ˌmit·tel** *n chem.* emulsifier. — **~po·ly·me·ri·sa·tiˌon** *f* emulsion polymerization. — **~ˌschmierˌmit·tel** *n tech.* emulsion lubricant. — **~ˌträ·ger** *m phot.* film base.

'Emuˌschlüp·fer *m zo.* emu wren, stipiture (*Stipiturus malachurus*).

En·an·them [enan'teːm] *n* ⟨-s; -e⟩ *med.* enanthem(a).

en·an·tio·morph [enanti̯o'mɔrf] *adj min.* enantiomorphic, enantiomorphous. — **En·an·tio·mor'phie** [-'fiː] *f* ⟨-; *no pl*⟩ enantiomorphism.

en·an·tio·trop [enanti̯o'troːp] *adj chem.* enantiotropic: ~e Verwandlung enantiotropic change. — **En·an·tio·tro'pie** [-tro'piː] *f* ⟨-; *no pl*⟩ enantiotropy.

En·ar·thro·se [enar'troːzə] *f* ⟨-; -n⟩ *med.* enarthrosis. — **en·ar'thro·tisch** [-tɪʃ] *adj* enarthrodial.

en bloc [ã'blɔk] (*Fr.*) *adv* en bloc, as a whole: etwas ~ kaufen *econ.* to buy s.th. en bloc (*od.* in bulk, wholesale); man soll nichts ~ verurteilen one should never condemn anything as a whole.

En-'bloc-ˌAnˌnah·me *f econ.* acceptance en bloc.

en ca·naille [ãka'naːj] (*Fr.*) *adv* like riffraff (*Br.* riff-raff): j-n ~ behandeln to treat s.o. like riffraff.

en car·rière [ãka'rjɛːr] (*Fr.*) *adv* in full swing.

En·ce·pha·li·tis [ɛntsefa'liːtɪs] *f* ⟨-; -tiden [-li'tiːdən]⟩ *med. cf.* Enzephalitis.

En·ce·pha·lo..., **en·ce·pha·lo...** *combining form denoting* encephalo..., brain.

En·ce·pha·lo·ma·la·cia [ɛntsefalomala'tsiːa] *f* ⟨-; -cien⟩ *med. cf.* Enzephalomalazie.

En·ce·pha·lo·mye·li·tis [ɛntsefalomye'liːtɪs] *f* ⟨-; -tiden [-li'tiːdən]⟩ *med. cf.* Enzephalomyelitis.

En·ce·pha·lon [ɛn'tseːfalɔn] *n* ⟨-s; -phala [-la]⟩ *med.* encephalon.

En·ce·pha·lo·pa·thie [ɛntsefalopa'tiː] *f* ⟨-; -n [-ən]⟩ *med.* encephalopathy.

En·chi·ri·di·on [ɛnçi'riːdi̯ɔn] *n* ⟨-s; -dien⟩ *obs.* enchiridion, handbook.

en·cy·stiert [ɛntsʏs'tiːrt] *adj* **1.** *zo.* cystic, cysted. – **2.** *bot. med.* encysted, enclosed in a cyst.

'End|ˌabˌrech·nung ['ɛnt-] *f econ.* final account (*od.* statement). — **~ˌabˌsicht** *f* ultimate purpose, final design. — **~ˌab·ˌstim·mung** *f bes. pol.* final vote. — **~ˌanˌschlag** *m tech.* (fixed) end stop. —

~ar,te·rie *f med.* end artery. — ~,aus-,schal·ter *m* **1.** *electr.* terminal switch. – **2.** *tech.* limit switch. — ~,aus,schei·dung *f* (*sport*) final elimination contest. — ~-,bahn,hof *m* terminus, terminal (station), *Am. auch* railhead. — e~be,ar·bei·ten *v/t* ⟨*insep, no* -ge-, h⟩ *tech.* **1.** finish. – **2.** (*zerspanend*) finish-machine. — ~be,ar·bei·tung *f* **1.** finishing process. – **2.** (*zerspanende*) finish-machining. — ~be,scheid *m* final answer. — ~be,to·nung *f ling.* final stress (*od.* emphasis). — ~be,trag *m econ.* final amount, sum total. — ~,buch,sta·be *m ling.* final letter, terminal.

End·chen ['ɛntçən] *n* ⟨-s; -⟩ **1.** small piece, bit, scrap. – **2.** (*ein Stück des Weges*) small distance, short way, bit, *Am.* little piece: ich werde Sie noch ein ~ begleiten a) I'll accompany you for a bit (*od.* short way), b) I'll accompany you a little (piece) farther.

'End,darm *m med.* rectum.

En·de ['ɛndə] *n* ⟨-s; -n⟩ **1.** (*räumlich*) end: das ~ des Flurs the end of the corridor; das ~ einer Prozession the tail end of a procession; am oberen [unteren] ~ at the upper [lower] end; am ~ der Straße at the end of the street; in den Zug am ~ einsteigen to get into the rear (end) (*od.* back, tail) of the train; oberes [unteres] ~ einer Tafel head [bottom] end of a table; das spitze ~ eines Bleistifts the point (*od.* tip) of a pencil; das letzte ~ einer Zigarette the fag (*od.* butt) end (*Br.* fag- *od.* butt-end) of a cigarette; ~ des Zitats end of the quotation, "unquote"; äußerstes ~ extreme end (*od.* point), extremity; Leisten an den ~n zusammennageln to nail slats together end to end; einen Brief zu ~ lesen [schreiben] to read [to write] a letter to the end, to finish reading [writing] a letter; am ~ der Welt wohnen *fig. humor.* to live at the back of beyond (*od.* in the middle of nowhere); j-m bis ans ~ der Welt folgen *fig.* to follow s.o. to the ends of the earth; etwas am falschen (*od.* verkehrten) ~ anfassen *fig.* to begin (*od.* start) s.th. at the wrong (*od.* false) end, to go (*od.* set) about s.th. the wrong way; von allen ~n *fig.* from all quarters; das dicke ~ kommt nach *fig. colloq.* the worst is still to come, the sting is in the tail; → Ecke 2, 8. – **2.** ⟨*only sg*⟩ (*eines Zeitraums*) end, *auch* close, termination, conclusion: das ~ des Jahres the end of the year; am (*od.* zu) ~ des 19. Jahrhunderts at the close of the 19th century; gegen ~ des Monats toward(s) the end of the month; vor ~ der Woche before (*od.* by) the end of the week; ich werde nicht vor ~ der Woche da sein I won't be there until the end of the week; bis ans ~ aller Zeiten (*od.* Tage) till the end of time; er ist ~ zwanzig he is in his late twenties; (am) ~ der zwanziger Jahre in the late (*od.* at the end of the) twenties; ~ Mai late in May, toward(s) (*od.* at) the end of May; unsere Ferien gehen zu (*od.* nähern sich dem) ~ our holidays are coming (*od.* drawing) to an end (*od.* a close) (*od.* are nearing their end); sein Urlaub geht morgen zu Ende a) his holidays are over tomorrow, b) *mil.* his leave is up tomorrow. – **3.** ⟨*only sg*⟩ (*Schluß*) end, conclusion, close, (*eines Romans, Films*) *auch* ending: am ~ a) at the end, b) (*schließlich*) in the end, finally, ultimately, eventually, at last, c) *colloq.* (*doch*) after all, d) *colloq.* (*vielleicht*) perhaps, maybe, possibly; am ~ seiner Rede at the end (*od.* close) of his speech: „~ der Durchsage" "end of the message"; die Geschichte hat ein glückliches ~ the story has a happy ending; am ~ seines Lateins (*od.* mit seinem Latein am ~) sein *fig. colloq.* to be at one's wit's end; ich bin am ~ *fig.* a) I am at the end of my (financial) resources, b) (*nervlich, physisch*) it's all up with me, I'm finished, I am at the end of my tether (*od.* rope); am ~ sang er ein Lied at the end (*od.* in conclusion) he sang a song; am ~ ist das gar nicht wahr *colloq.* it might not be true after all; am ~ hat er doch recht *colloq.* he may be (*od.* perhaps he is) right after all; am ~ glaubt er noch, ich sei böse *colloq.* he might end (up) by thinking that I am angry; ohne ~ without (an) end, endless, never-ending, interminable; eine Geschichte ohne ~ *fig.* an endless story; Schrecken ohne ~ never-ending fear; bis zum ~ to the very last (*od.* end); bis zum bitteren ~ kämpfen to fight to the bitter end; zu ~ sein a) (*von Geduld etc*) to be at an end, b) (*von Vortrag etc*) to be over; seine Kunst (*od.* Weisheit) ist zu ~, er ist mit seiner Kunst (*od.* Weisheit) am ~ *colloq.* he is at his wit's end; unser Vorrat ist zu ~ we have run (*od.* are) out of supplies; seine Zeit ist zu ~ his time is up; etwas zu ~ bringen (*od.* führen) to bring s.th. to an end (*od.* conclusion); ein Problem zu ~ denken to think a problem (right) to the end, to think a problem out (to the end); zu ~ gehen a) (*zeitlich*) to come (*od.* draw) to an end (*od.* a close), *auch* to expire, b) (*knapp werden*) to come to an end, to run (*od.* give) out, to run low (*od.* short); unsere Vorräte gehen zu ~ our supplies are running low (*od.* short), our supplies are giving out; zu einem ~ kommen to come to an end (*od.* stop); wenn er einmal redet, kommt er zu keinem (*od.* findet er kein) ~ once he has started talking he can't stop; das kann kein gutes (*od.* wird ein böses *od.* schlimmes) ~ nehmen that can't come to a good end, that must come to a bad end, that has to turn out badly; letzten ~s *colloq.* in the end, finally, ultimately, in the last analysis, when all is said and done; letzten ~s ist alles ganz gleichgültig *colloq.* in the last analysis it's all the same; letzten ~s bin ich ja nicht dein Schuhputzer *colloq.* after all I am not your slave; das ~ einer Sache absehen to forsee the end of s.th.; das ~ ist nicht abzusehen there is no end in sight; einer Sache ein ~ bereiten (*od.* machen, setzen) to put (*od.* set) an end to s.th., to make an end of s.th., to end (*od.* stop) s.th.; die Arbeit geht dem ~ entgegen the work is nearing its completion; er findet nie ein ~ beim Trinken he can't stop drinking; das muß ein ~ haben (*od.* nehmen) that must have an end (*od.* come to a stop); alles hat einmal ein ~ there is an end to everything; das Gerede nahm kein ~ there was no end to the gossip, the gossiping would not end; dem ist kein ~ *lit.* there is no end to it; da ist das ~ von weg *Northern G. colloq.* a) there's no end to it, b) that's fantastic, c) that's the limit; ~ gut, alles gut (*Sprichwort*) all is well that ends well (*proverb*); alles hat ein ~, nur die Wurst hat zwei *humor.* (*Sprichwort*) *etwa* there's an end to everything — almost; → Anfang 1; Lied 1; Schraube 1. – **4.** ⟨*only sg*⟩ (*Ausgang, Ergebnis*) result, outcome, end, *auch* upshot. – **5.** ⟨*only sg*⟩ *lit. euphem.* end, death: sie fand ein tragisches ~ she met with a tragic death; er fühlte sein ~ nahen he felt his end was near; es geht mit ihm zu ~ he is nearing his end; mit ihm ist es zu ~ it's all over with him; er machte (seinem Leben) ein ~ he put an end to his life, he committed suicide. – **6.** *colloq.* (*kurzes Stück*) (small) piece: zwei ~n Wurst mitnehmen to take two pieces of sausage. – **7.** ⟨*only sg*⟩ *Northern G. colloq.* (long) distance (*od.* way), *Am.* (long) piece (*colloq.*): bis dahin ist es noch ein ~ it is still quite a piece (*od.* way) there. – **8.** ⟨*only sg*⟩ *jur. econ.* (*eines Vertrages etc*) a) termination, b) expiration, expiry. – **9.** ⟨*only sg*⟩ (*sport*) (*eines Rennens*) finish. – **10.** *pl hunt.* (*am Geweih*) tines, points, prongs, *auch* antlers. – **11.** *mar.* (rope's) end: das lose ~ eines Taus the loose end of a rope, the slack; ein ~ fieren (*od.* losgeben) to slacken a rope. – **12.** ⟨*only sg*⟩ *mus.* end, fine. – **13.** ⟨*only sg*⟩ *tel.* (*einer Meldung*) end: „~!" "over!", "out!" – **14.** ⟨*only sg*⟩ *rare lit.* (*Zweck*) end, purpose, object: zu welchem ~? to what end? for what purpose (*od.* object)?

'End·ef,fekt ['ɛnt-] *m fig.* final effect (*od.* result): im ~ in the long run, in the final (*od.* last) analysis, ultimately.

En·del ['ɛndəl] *n* ⟨-s; -⟩ *Austrian for* Stoffrand. — **'en·deln** *v/t* ⟨h⟩ *Southern G. and Austrian* trim, border, edge.

En·de·mie [ɛnde'miː] *f* ⟨-; -n [-ən]⟩ *med.* endemic (disease), endemia. — **en'de·misch** [-'deːmɪʃ] *adj bot. med.* endemic, *auch* endemical. — **En·de'mis·mus** [-'mɪsmʊs] *m* ⟨-; *no pl*⟩ *bot. zo.* endemism.

en·den ['ɛndən] **I** *v/i* ⟨h⟩ **1.** (*räumlich*) (come to an) end, terminate, stop: hier endet die Sackgasse here ends the blind alley; die Buslinie endet hier the busline ends (*od.* stops, terminates) here. – **2.** (*zeitlich*) (come to an) end, be over, terminate, *auch* conclude, finish (up): der Vortrag endet um 22 Uhr the lecture ends at 10 p.m. – **3.** (*aufhören*) (come to an) end, cease, stop: hier endet die Geschichte here the story ends; wann wird das ~? when will that stop? nicht ~ wollender Beifall unending applause. – **4.** (*schließen*) end (up), close, conclude: er endete mit den Worten he ended with the words, he wound up by saying; das Stück endet tragisch the play has a tragic ending. – **5.** (*ausgehen*) end (up), result, turn out: ich weiß nicht, wie das ~ soll I don't know how that will (*od.* is going to) end (*od.* turn out); der Streit endete mit einer Prügelei the quarrel ended in (*od.* with) (*od.* resulted in) a brawl; es endete damit, daß sie sich schlugen it ended with them fighting. – **6.** *lit. euphem.* (*sterben*) end, die, meet one's death: auf schreckliche Weise ~ to meet with a terrible death, to find a terrible end. – **7.** *colloq.* (*landen*) end (up), wind up: am Galgen ~ to end on the gallows; im Gefängnis ~ to end (*od.* wind) up in prison. – **8.** *econ. jur.* (*erlöschen*) end, terminate, expire, cease: der Vertrag endet mit dem 1. Mai the contract will expire on May 1st. – **9.** *ling.* end, terminate: mit einem (*od.* auf einen) Vokal ~ to terminate in (*od.* end with) a vowel. – **10.** (*sport*) end: unentschieden [2 : 2] ~ to end in a draw (*od.* tie) [2-2]. – **II** *v/t* ⟨h⟩ **11.** *obs. for* beenden.

'End|er,geb·nis ['ɛnt-] *n* **1.** final (*od.* ultimate, end) result, upshot: im ~ kommt es auf das gleiche heraus in the end it results in the same thing (*od.* comes to the same). – **2.** *math.* final result. – **3.** (*sport*) final result. — ~er,zeug·nis *n econ.* final (*od.* ultimate) product.

'En·des,un·ter,zeich·ne·te *m* ⟨-n; -n⟩ *jur.* undersigned.

en dé·tail [ɑ̃de'taj] (*Fr.*) *adv* **1.** in detail. – **2.** *econ.* by the piece, in small quantities, retail: ~ verkaufen to sell retail.

'End|,fer·ti·gung ['ɛnt-] *f tech.* **1.** finish(ing). – **2.** final manufacturing stage. — ~,flä·che *f* **1.** *math.* end plane. – **2.** *min.* (*eines Kristalls*) pinacoid face, final plane. – **3.** *tech.* end surface. — ~,fräs·ma,schi·ne *f tech.* rotary planer, end-milling machine. — ~ge,halt *n* **1.** (*im letzten Berufsjahr*) final salary. – **2.** (*im Ruhestand*) retiring salary. — ~ge,schwin·dig·keit *f* **1.** final speed. – **2.** *phys.* final velocity. — ~,glied *n* **1.** (*einer Kette etc*) final (*od.* end, last) link. – **2.** *med.* terminal member. – **3.** *zo.* a) terminal member, final segment, b) (*bei Gliederfüßlern*) tarsus. – **4.** *math.* final term.

'end,gül·tig I *adj* **1.** final, *auch* definite, definitive: ein ~er Entschluß a final (*od.* definite) resolution; ~e Lösung final solution; das ~e Urteil the final (*od.* definitive) judg(e)ment; diese Entscheidung ist ~ this decision is final (*od.* definitive). – **2.** (*letzte*) final, ultimate: die ~e Entscheidung liegt bei ihm the final decision is his, he has the ultimate decision. – **3.** (*entscheidend*) decisive, (*unwiderruflich*) irrevocable: er gab eine ~e Antwort zu dem Problem he gave a decisive answer to the problem. – **4.** *jur.* a) (*rechtskräftig*) final, absolute, b) (*Beweis*) final, c) (*schlüssig*) conclusive, definite. – **II** *adv* **5.** finally, definitely, for good, once (and) for all: etwas ~ entscheiden a) to decide s.th. finally (*od.* definitely, irrevocably), to make a final decision, b) *jur.* to deliver (the) final judg(e)ment, c) *jur.* (*im Rechtsmittelverfahren*) to decide s.th. in the last resort, d) *jur.* (*bei Unzulänglichkeit von Rechtsmitteln*) to decide s.th. without appeal; etwas ~ erledigen to settle a matter for good (*od.* once [and] for all, finally), to clinch a matter; er hat sich ~ entschlossen abzureisen he finally made up his mind to leave; er ist ~ weg he is gone for good; damit ist es ~ aus that is over once (and) for all; es steht ~ fest, daß it is final (*od.* certain) that. — **'End,gül·tig·keit** *f* ⟨-; *no pl*⟩ **1.** finality, *auch* definiteness, definitiveness: die ~ seiner Antwort erschreckte mich the finality of his answer frightened me. – **2.** decisiveness, irrevocability. – **3.** *jur.* a) finality, b) finality, conclusiveness, definitiveness, c) (*Unwiderruflichkeit*) irrevocability.

en·di·gen ['ɛndɪgən] **I** *v/i* ⟨h⟩ *rare for* enden I. – **II** *v/t rare for* beenden.

En·di·vie [ɛn'diːvĭə] *f* ⟨-; -n⟩ *bot.* endive,

escarolle, (wild) chicory (*Cichorium endivia*). — **En'di·vi·en·saˌlat** *m gastr.* endive salad.

'End|ˌkampf ['ɛnt-] *m* **1.** *mil.* final phase of battle, final struggle. – **2.** (*sport*) final: in den ~ kommen to get in (*od.* reach) the final. — **~ka·pa·ziˌtät** *f electr.* terminating (*od.* end) capacity. — **~ˌkern** *m nucl.* product nucleus. — **~ˌknos·pe** *f bot.* terminal (*od.* end) bud. — **~ˌlauf** *m* (*sport*) final.

end·lich ['ɛntlɪç] **I** *adj* ⟨*attrib*⟩ **1.** final, ultimate. – **2.** *math. philos. astr.* finite: ein ~er Bruch *math.* a finite fraction; ~e Reihe terminating series; ~e Zahlen *math.* finite numbers; der Mensch ist ein ~es Wesen *philos.* man is a finite being. – **II** *adv* **3.** finally, at (long) last, at length: bist du ~ fertig? are you done (*od.* ready) at last? hast du ~ genug? have you had enough at last? wann werde ich das ~ nicht mehr sehen? when shall I see the last (*od.* end) of that? du solltest das ~ wissen you should know that by now (*od.* by this time); na ~! *colloq.* at last! – **4.** (*schließlich*) finally, ultimately, in the end, eventually: ~ bekamen wir eine neue Wohnung finally (*od.* eventually) we got a new apartment (*bes. Br.* flat); schließlich und ~ after all. – **5.** (*bei Aufzählungen*) lastly, finally. – **III E~e, das** ⟨-n⟩ **6.** *philos.* the finite: das E~e und das Unendliche the finite and the infinite. — **'End·lich·keit** *f* ⟨-; *rare* -en⟩ finiteness, finitude: die ~ des Raumes *astr.* the finiteness of space; die ~ des menschlichen Lebens *philos.* the finite nature of human life.

'end·los I *adj* **1.** endless, unending, without (an) end, interminable, never-ending (*alle auch fig.*): eine ~e Autoschlange an endless line of cars; eine ~ scheinende Reise an endless journey, a journey without end; die ~e Kette the endless chain; ~e Debatten interminable debates; ~e Schreibereien haben to have a never-ending amount of writing to do. – **2.** *fig.* (*unaufhörlich*) incessant, ceaseless. – **3.** *fig.* (*Gnade, Schmerz*) endless, infinite, boundless, unbounded: er bewies seine ~e Geduld he proved his unbounded (*od.* infinite) patience. – **II** *adv* **4.** *fig.* endlessly, interminately: es dauerte ~ lange it went on (*od.* lasted) for hours (*od.* years) on end; vor ~ langer Zeit an immemorable time ago. – **5.** *fig.* incessantly, ceaselessly: ~ tätig incessantly busy; er redete ~ weiter he continued talking incessantly. – **III E~e, das** ⟨-n⟩ **6.** *only in* bis ins E~e endlessly, incessantly, ad infinitum; etwas erstreckt sich ins E~e s.th. extends without end (*od.* stretches out endlessly). — **'End·lo·sig·keit** *f* ⟨-; *rare* -en⟩ **1.** endlessness. – **2.** ⟨*only sg*⟩ *fig.* endlessness, unendingness, interminability. – **3.** ⟨*only sg*⟩ *fig.* endlessness, infiniteness, boundlessness.

'End|ˌlö·sung *f* final solution. — **~ˌmaß** *n tech.* ga(u)ge (*od.* end, precision, size) block, precision end ga(u)ge. — **~moˌrä·ne** *f geol.* end (*od.* terminal) moraine. — **~ˌnum·mer** *f* final digit (*od.* number).

En·do..., en·do... *combining form denoting* endo..., within, inside.

En·do·derm [ɛndo'dɛrm] *med. n* ⟨-s; -e⟩ endoderm, hypoblast.

en·do'derm *adj* endodermal, endodermic.

En·do·der·mis [ɛndo'dɛrmɪs] *f* ⟨-; -dermen⟩ *bot.* endodermis.

En·do·ga·mie [ɛndoga'miː] *f* ⟨-; -n [-ən]⟩ endogamy.

en·do·gen [ɛndo'geːn] *adj* **1.** *biol.* endogenous, *auch* endogenetic. – **2.** *psych. med.* a) endogenous, *auch* endogenetic, b) (*im Körper*) somatogenic, c) (*in Seele, Geist*) psychogenic: ~e Krankheit endogenous disease. – **3.** *geol.* (*Gestein etc*) endogenic, endogenetic.

en·do·krin [ɛndo'kriːn] *adj med.* endocrine, *auch* endocrinal, endocrinous: ~e Drüsen endocrine (*od.* ductless) glands. — **En·do·kri·no·lo'gie** [-krinolo'giː] *f* ⟨-; *no pl*⟩ endocrinology.

En·do·lym·phe [ɛndo'lʏmfə] *f* ⟨-; -n⟩ *med.* endolymph.

En·do·me·trio·se [ɛndometri'oːzə] *f* ⟨-; -n⟩ *med.* endometriosis.

En·do·me·tri·tis [ɛndome'triːtɪs] *f* ⟨-; -tiden [-tri'tiːdən]⟩ endometritis. — **En·do'me·tri·um** [-'meːtrium] *n* ⟨-s; -trien⟩ endometrium.

en·do·morph [ɛndo'mɔrf] *adj min. psych.* endomorphic. — **En·do·mor'phie** [-'fiː] *f* ⟨-; *no pl*⟩ *psych.* endomorphy. — **En·do·mor'phis·mus** [-'fɪsmʊs] *m* ⟨-; -men⟩ *min.* endomorphism.

En·do·phyt [ɛndo'fyːt] *m* ⟨-en; -en⟩ *bot.* endophyte.

En·do·plas·ma [ɛndo'plasma] *n* ⟨-s; -men⟩ *biol. cf.* Entoplasma.

En·do·skop [ɛndo'skoːp] *n* ⟨-s; -e⟩ *med.* endoscope. — **En·do·sko'pie** [-sko'piː] *f* ⟨-; -n [-ən]⟩ endoscopy. — **en·do'sko·pisch** *adj* endoscopic.

End·os·mo·se [ɛndɔs'moːzə] *f* ⟨-; -n⟩ *phys.* endosmosis. — **end·os'mo·tisch** [-tɪʃ] *adj* endosmosic, endosmotic.

En·do·sperm [ɛndo'spɛrm] *n* ⟨-s; -e⟩ *bot.* endosperm.

En·do·spo·re [ɛndo'spoːrə] *f* ⟨-; -n⟩ *bot.* endospore.

en·do·ste·al [ɛndɔste'aːl] *adj nucl.* (*Fläche*) endosteal.

En·do·thel [ɛndo'teːl] *n* ⟨-s; -e⟩ *med.* endothelium. — **en·do·the·li'al** [-te'lĭaːl] *adj* endothelial, *auch* endothel(i)oid.

en·do·therm [ɛndo'tɛrm] *adj chem.* endothermic, *auch* endothermal.

'End|ˌpha·se *f* final phase (*od.* stage). — **~ˌplat·te** *f med.* (*eines Nervs*) end plate. — **~ˌpreis** *m econ.* final price. — **~proˌdukt** *n econ.* end (*od.* final) product. — **~ˌpunkt** *m* **1.** (*einer Strecke etc*) end, final (*od.* last) point. – **2.** (*einer Buslinie etc*) end, terminal (point), terminus. – **3.** *cf.* Endziel 1. — **~ˌreim** *m metr.* end rhyme: männlicher [weiblicher] ~ masculine [feminine] rhyme. — **~re·sulˌtat** *n* final result, upshot. — **~ˌröh·re** *f electr.* (*radio*) final (*od.* power output) tube (*bes. Br.* valve). — **~ˌrun·de** *f* (*sport*) (*beim Turnier*) final (round), finals *pl.* — **~ˌrun·denˌspiel** *n* final (game). — **~ˌrun·denˌteilˌneh·mer** *m* finalist. — **~ˌschal·ter** *m electr.* limit switch. — **~ˌsee** *m geol.* lake without outlet. — **~segˌment** *n zo.* **1.** (*der Insekten*) pygidium. – **2.** (*der Krebse*) telson. — **~ˌsieg** *m* final (*od.* ultimate) victory. — **~ˌsil·be** *f ling.* final (*od.* last) syllable, *auch* terminal, termination: auf der ~ betont end-stressed. — **~ˌspan·nung** *f electr.* terminal (*od.* final) voltage. — **~ˌspiel** *n* (*sport*) final. — **~ˌspurt** *m* **1.** (*sport*) final spurt, finish, (final) sprint, (*in der Leichtathletik*) *auch* final kick: ein gewaltiger ~ a blazing finish. – **2.** *fig.* final spurt: zum ~ ansetzen to make a final spurt. — **~ˌsta·di·um** *n* final (*od.* terminal) stage: das ~ einer Krankheit the final stage of a disease. — **~ˌstand** *m* (*sport*) final score. — **e~ˌstän·dig** *adj bot.* terminal, apical. — **~sta·tiˌon** *f* terminus, terminal (point): bis zur ~ to the end of the line. — **~ˌstel·lung** *f ling.* (*eines Verbs etc*) end (*od.* final) position. — **~ˌstück** *n* **1.** end(piece). – **2.** (*Spitze*) tip. — **~ˌstu·fe** *f* **1.** *electr.* (*radio*) output (*od.* final) stage. – **2.** *tech.* (*einer Rakete etc*) final (*od.* end) stage. — **~ˌsum·me** *f* (sum) total, grand total. — **~terˌmin** *m jur.* (stipulated) date of termination, terminal date.

En·dung ['ɛndʊŋ] *f* ⟨-; -en⟩ *ling.* ending, termination: männliche [weibliche] ~ masculine [feminine] ending. — **'en·dungs·los** *adj* without (an) ending: ein ~es Hauptwort a substantive (*od.* noun) without ending.

'End|ˌurˌsa·che *f philos.* final cause. — **~ˌur·teil** *n jur.* (*rechtskräftig*) final judg(e)ment. — **~verˌbrau·cher** *m econ.* final (*od.* ultimate) consumer. — **~verˌschluß** *m electr.* (*eines Kabels*) terminal box, cablehead, pothead, scaling end. — **~verˌstär·ker** *m* **1.** (*radio*) output amplifier. – **2.** *tel.* terminal repeater, station amplifier. — **~ˌwahr·ˌschein·lich·keit** *f philos. math.* final probability, probability a posteriori. — **~ˌwert** *m* final value. — **~ˌzahl** *f* final number, terminal figure. — **~ˌzeit** *f relig.* **1.** last days *pl* (*od.* times *pl*). – **2.** eschaton. — **e~ˌzeit·lich** *adj* eschatological. — **~ˌziel** *n* **1.** (*einer Reise etc*) (ultimate) goal (*od.* destination). – **2.** *fig.* final (*od.* ultimate) object (*od.* aim, purpose, goal), end. — **~ˌzinsˌsatz** *m econ.* interest rate to the borrower, all-in interest rate. — **~ˌzuˌstand** *m* final condition (*od.* state). — **~ˌzweck** *m* **1.** final (*od.* ultimate) purpose. – **2.** *philos.* a) ultimate purpose, b) final cause. — **~ˌzweig** *m med.* terminal branch.

Ener·ge·tik [enɛr'geːtɪk] *f* ⟨-; *no pl*⟩ **1.** energetics *pl* (*construed as sg*). – **2.** *philos.* energism. — **ener'ge·tisch** *adj* energetic, *auch* energetical.

Ener·gid [enɛr'giːt] *n* ⟨-(e)s; -e⟩ *biol.* energid.

Ener·gie [enɛr'giː] *f* ⟨-; -n [-ən]⟩ **1.** energy, vigor, *bes. Br.* vigour, *auch* drive, vitality; 'go', vim, pep, 'punch' (*alle colloq.*): voller ~ full of energy; mit verbissener ~ arbeiten to work with dogged energy; ~ besitzen to have energy; ~ an den Tag legen to show energy (*od.* vitality); seine ganze ~ entfalten to display all one's energy (*od.* vigo[u]r); neue ~ sammeln to gather new energy; seine ganze ~ (auf *acc* etwas) verschwenden to waste all one's energy (on s.th.); er hat keine ~ he has no vim (*od.* pep); er hat nicht die nötige ~ he hasn't got the necessary energy (*od.* enough drive); er ging mit großer ~ an die Arbeit heran he set about his work with great energy (*od.* vigorously). – **2.** *phys.* energy: abgegebene [freiwerdende, ungenützte] ~ dissipated [released, waste] energy; kinetische [potentielle] ~ kinetic [potential] energy; zugeführte ~ energy input; die Erhaltung der ~ the conservation of energy; ~ erzeugen to generate power. – **3.** *electr. tech.* a) energy, b) (*Kraft*) power.

Ener'gie|ˌabˌga·be *f* release (*od.* delivery) of energy, energy output. — **~ˌart** *f phys. electr. cf.* Energieform. — **~ˌaufˌnah·me** *f* energy intake. — **~ˌaufˌspei·che·rung** *f* accumulation (*od.* storage) of energy. — **~ˌaufˌwand** *m* expenditure of energy: der ~ lohnt nicht it isn't worth such expenditure of energy. — **~ˌausˌgleich** *m* **1.** *electr.* power balance. – **2.** *phys.* equalization of energy. — **~ˌausˌtausch** *m biol.* energy exchange. — **~beˌdarf** *m* **1.** power demand. – **2.** *fig.* demand for energy. — **~biˌlanz** *f phys.* power balance. — **~ˌein·heit** *f* energy unit, unit of energy. — **~entˌwick·lung** *f* development of energy. — **~erˌzeu·gung** *f* power production (*od.* generation). — **~ˌform** *f* form of energy. — **e~geˌla·den** *adj* (*Mensch, Bewegung etc*) full of (*od.* bustling with) energy, energetic, vigorous. — **~geˌwinn** *m phys.* energy gain. — **~ˌhausˌhalt** *m* **1.** *phys.* energy balance. – **2.** *electr.* power economy.

ener'gie·los *adj* without energy, lacking (*od.* wanting) energy, *auch* languid, listless: ~er Mensch listless person; ~ sein to be without (*od.* to lack) energy, to lack go (*od.* vim) (*colloq.*), to have no drive. — **Ener'gie·lo·sig·keit** *f* ⟨-; *no pl*⟩ lack (*od.* want) of energy, lack of drive (*od. colloq.* vim), *auch* languidness, listlessness.

Ener'gie|ˌman·gel *m* lack of energy. — **~ˌmarkt** *m econ.* market for energy (*od.* power). — **~ˌmen·ge** *f phys.* quantity of energy. — **~niˌveau** *n* quantum state, energy level. — **~proˌjekt** *n* power scheme. — **~ˌquant, ~ˌquan·tum** *n phys.* quantum of energy. — **~ˌquan·te·lung** *f* energy quantization. — **~ˌquel·le** *f* source of energy. — **e~ˌreich** *adj* of high energy, rich in energy, high-energy (*attrib*). — **~ˌrück·geˌwin·nung** *f* recovery of energy. — **~ˌspei·che·rung** *f* accumulation of energy, energy storage. — **~ˌüberˌschuß** *m* surplus (*od.* excess) of energy. — **~ˌüberˌtra·gung** *f* **1.** *phys.* energy transmission (*od.* transfer). – **2.** *electr.* power transmission. — **~ˌumˌwand·ler** *m* energy converter. — **~ˌumˌwand·lung** *f* conversion (*od.* transformation) of energy. — **~verˌbrauch** *m* consumption of energy. — **~verˌlust** *m* loss of energy. — **~verˌschwen·dung** *f* waste of energy. — **~verˌsor·gung** *f* power supply. — **~verˌtei·lung** *f* distribution of energy. — **e~ˌvoll** *adj* full of energy. — **~ˌvorˌrat** *m* supply of energy. — **~ˌwirt·schaft** *f econ.* **1.** power economy. – **2.** power-producing industry. — **~zerˌstreu·ung** *f phys.* energy dissipation, scattering of energy. — **~ˌzuˌstand** *m* energy state.

ener·gisch [e'nɛrgɪʃ] **I** *adj* **1.** energetic, *auch* energetical, vigorous, forceful, *auch* strong: ein ~er Mensch an energetic person; mit ~en Schritten with vigorous strides; ~e Maßnahmen ergreifen to take energetic (*od.* strong) measures; sie hat ein ~es Auftreten she has a forceful manner; muß ich erst ~ werden? will I have to resort to force (*od.* to put my foot down)? – **2.** (*Gesicht, Kinn, Ton etc*) resolute, determined, firm: in ~em Ton mit j-m reden to talk with (*od.* to) s.o. in a firm tone. – **3.** (*nachdrücklich*) emphatic, energetic: eine ~e Handbewegung an emphatic gesture. – **II** *adv* **4.** energetically, vigorously, forcefully: etwas ~ vorantreiben to push s.th. forward vigorously; ~ vorgehen to act (*od.* proceed) forcefully (*od.* with energy). – **5.** resolutely, firmly, determinedly. – **6.** emphatically, energetically: ~ protestieren to protest emphatically (*od.* strenuously); etwas ~ bestreiten to deny s.th. emphatically (*od.* stoutly).

ener·vie·ren [enɛrˈviːrən] *v/t* ⟨*no* ge-, h⟩ **1.** *lit.* enervate. – **2.** *med.* denervate.

en fa·mille [ɑ̃faˈmij] (*Fr.*) *adv* en famille, in (*od.* with) one's family, at home: wir waren ganz ~ just the family was present; etwas ~ besprechen to discuss s.th. in the family.

En·fant ter·rible [ɑ̃fɑ̃tɛˈribl] (*Fr.*) *n* ⟨--; -s -s [ɑ̃fɑ̃tɛˈribl]⟩ enfant terrible.

en·fi·lie·ren [ɑ̃fiˈliːrən] *v/t* ⟨*no* ge-, h⟩ **1.** *obs. for* auffädeln. – **2.** *mil. hist.* enfilade.

eng [ɛŋ] **I** *adj* ⟨-er; -st⟩ **1.** narrow: ~e Straßen narrow streets; ein ~es Tal a narrow valley; hier wird die Straße ~er the street narrows (*od.* gets narrower) here; ~es Becken *med.* narrow pelvis. – **2.** (*gedrängt*) narrow, cramped, confined, close, *auch* crowded: sie wohnt in einem ~en, kleinen Zimmer she lives in a cramped (*od. colloq.* poky) little room; auf ~em Raum zusammenleben to live together in a confined space (*od.* at close quarters); es wird hier sehr ~ it is getting very cramped (*od.* crowded) here; hier ist es mir zu ~ a) this is too narrow for me, b) *fig.* I feel oppressed here; hier geht es ja recht ~ zu *colloq.* it's really crowded (*od.* packed) here. – **3.** (*Kleidung etc*) tight: ein ~er Rock a) (*geradlinig*) a straight skirt b) a tight skirt; die Hose ist ziemlich ~ the trousers are rather tight; zu ~ werden to get too tight; ein Kleid ~er machen to take a dress in, to make a dress tighter. – **4.** (*Schrift etc*) close, cramped: ihre Schrift ist ~ und klein her writing is cramped. – **5.** *fig.* (*begrenzt*) narrow, limited, restricted: in ~en Grenzen within narrow bounds (*od.* limits); im ~eren Sinne in a narrower (*od.* stricter, more restricted) sense; einen ~en Horizont haben to have a narrow outlook (*od.* horizon), to be narrow-minded, to have hidebound views; einen ~en Wirkungskreis haben to have a limited sphere of action; in ~en Verhältnissen leben a) to live in cramped conditions, b) to live in narrow (*od.* small) circumstances. – **6.** *fig.* (*nahe, befreundet*) close, *auch* intimate: seine ~sten Berater [Mitarbeiter] his closest advisers [colleagues]; ~e Freundschaft close (*od.* intimate, bosom) friendship; ~er Kontakt close contact (*od.* quarters *pl*); ~e Zusammenarbeit close co(-)operation; in ~em Zusammenhang mit in close connection with; mit j-m in ~er Verbindung stehen to be in close contact with s.o., to be closely connected (*od.* linked) with s.o.; im ~en Kreise der Familie in one's immediate family circle, in the intimacy of one's family circle. – **7.** *bes. pol.* a) (*Ausschuß etc*) select, b) (*Wahl*) interim: ~ere Wahl a) interim selection, b) *pol.* short list; in die ~ere Wahl kommen a) to qualify (*od.* come up) for closer (*od.* further) consideration, b) *pol.* to be on the short list. – **8.** (*textile*) (*Gewebe*) close. – **9.** *mus.* close: ~e Lage close position; ~er Satz close harmony. – **II** *adv* **10.** narrowly. – **11.** closely, close (together): ~ (beieinander)sitzen to sit close (*od.* crowded, pressed) together, to sit cheek by jowl; sie standen ~ zusammengedrängt they stood huddled together. – **12.** tight(ly): ~ anliegen (*od.* anschließen, sitzen) to fit tight, to be tight- (*od.* close-)fitting, to fit like a glove; die Schuhe sitzen zu ~ the shoes are (*od.* fit) too tight; den Riemen ~er schnallen *fig.* to tighten one's belt. – **13.** close (together), closely: ~ schreiben to write close together, to have a cramped hand. – **14.** *fig.* narrowly, limitedly, restrictedly: seine Ansichten sind ~ begrenzt he has narrowly restricted views, his views are quite restricted; ~ denken to think in narrow terms, to have a limited (*od.* small) mind. – **15.** *fig.* closely, close, intimately: ~ verbunden (mit with) closely connected (*od.* linked); ~ miteinander befreundet sein to be close (*od.* bosom) friends, to be on intimate terms with one another (*od.* each other); freundschaftliche Bande ~er knüpfen *lit.* to draw closer the bonds of friendship. – **16.** *fig.* close(ly): sich ~ an den Text halten to keep close to the text.

En·ga·ge·ment [ɑ̃gaʒəˈmɑ̃ː] *n* ⟨-s; -s⟩ **1.** (*an Bühne etc*) engagement: ohne ~ sein to be disengaged, to be out of a job, to be resting. – **2.** (*Verpflichtung*) commitment, engagement: ein ~ eingehen to enter into a commitment. – **3.** *econ.* commitment.

en·ga·gie·ren [ɑ̃gaˈʒiːrən] **I** *v/t* ⟨*no* ge-, h⟩ engage: j-n an die Bühne ~ to engage s.o. (*od.* hire s.o., take s.o. on) for the stage; j-n zum Tanz ~ to engage s.o. for the next dance. – **II** *v/reflex* sich ~ bind (*od.* commit, engage) oneself.

en·gaˈgiert I *pp.* – **II** *adj* **1.** engaged, busy. – **2.** engaged, committed, engagé: ~e Literatur engaged literature. — **En·gaˈgiert·heit** *f* ⟨-; *no pl*⟩ engagement, engagedness.

ˈeng|ˌan|ˌlie·gend *adj* ⟨*attrib*⟩ tight- (*od.* close-)fitting: ~e Hosen tight-fitting trousers; eine ~e Strickjacke a close-fitting cardigan. — **~ˌanˌschlie·ßend** *adj* ⟨*attrib*⟩ *cf.* enganliegend. — **~beˌdruckt** *adj* ⟨*attrib*⟩ close-printed. — **~beˌfreun·det** *adj* ⟨*attrib*⟩ close, intimate: ~e Mädchen girls who are close friends. — **~beˌgrenzt** *adj* ⟨*attrib*⟩ (*Zahl, Handlungsfreiheit etc*) very limited, restricted, narrow. — **~beˌschrie·ben** *adj* ⟨*attrib*⟩ (*Seite etc*) closely written, covered with close writing.

ˈengˌbrü·stig [-ˌbrʏstɪç] *adj* **1.** narrow-chested. – **2.** *cf.* kurzatmig 1, 2. — **ˈEngˌbrü·stig·keit** *f* ⟨-; *no pl*⟩ **1.** narrowness of the chest. – **2.** *cf.* Kurzatmigkeit 1, 2.

En·ge [ˈɛŋə] *f* ⟨-; -n⟩ **1.** ⟨*only sg*⟩ (*eines Raumes etc*) narrowness. – **2.** (*enge Stelle*) narrow place (*od.* space, passage), narrow. – **3.** ⟨*only sg*⟩ (*Gedrängtheit*) narrowness, confinement, closeness: eine bedrückende ~ an oppressive closeness; in fürchterlicher ~ leben to live in frightfully cramped conditions. – **4.** ⟨*only sg*⟩ (*von Kleidungsstükken*) tightness. – **5.** ⟨*only sg*⟩ *fig. lit.* (*Begrenztheit*) narrowness, limitedness, restriction: geistige ~ narrowness of mind, narrow-mindedness; er wollte der ~ des Alltags entfliehen he wanted to flee the restrictions of everyday life. – **6.** ⟨*only sg*⟩ *fig.* (*Bedrängnis*) (tight) corner (*od.* spot), straits *pl*, trouble, difficulty: j-n in die ~ treiben to drive s.o. into a corner, to corner s.o., to press s.o. hard, to drive s.o. to the wall; er sah sich in die ~ getrieben he found himself cornered (*od.* in a tight spot), his back was to the wall. – **7.** *geogr.* a) (*Meerenge*) strait, *meist* straits *pl* (*construed as sg*), narrows *pl* (*sometimes construed as sg*), b) (*Engpaß*) defile.

En·gel [ˈɛŋəl] *m* ⟨-s; -⟩ angel: ~ des Herrn [des Lichtes, Todes] angel of the Lord [of light, of death]; guter (*od.* seliger) [gefallener] ~ good [fallen] angel; ihr rettender ~ *fig.* her guardian (*od.* good) angel; sein böser ~ *fig.* his evil spirit; du bist ein ~! *fig.* you are an angel (*od.* a darling)! du unschuldsvoller (*od.* ahnungsloser) ~! *iron.* you innocent little angel! mein (kleiner) ~ (*Kosewort*) my little angel (*od.* darling); die ~ (im Himmel) singen (*od.* pfeifen) hören *fig. colloq.* to see stars; ein ~ fliegt (*od.* geht) durchs Zimmer *fig. colloq. etwa* there's a lull in the conversation, an angel is passing. — **~ˌamt** *n röm.kath.* Mass of the Angels.

ˈEn·geˌlaut *m ling. cf.* Reibelaut.

ˈEn·gel·chen *n* ⟨-s; -⟩ little angel, cherub.

ˈEn·gelˌchor *m* choir of angels.

En·ge·lein [ˈɛŋəlaɪn] *n* ⟨-s; -⟩ *cf.* Engelchen.

ˈEn·gelˌfisch *m zo.* angelfish, *Br.* angel-fish, angel, *auch* butterfly fish (*Fam. Chaetodontidae*).

ˈen·gel|ˌgleich, ~haft *adj* angelic(al), like an angel, angellike.

ˈEn·gel|ˌhai *m zo.* angel shark, *auch* angelfish, *Br.* angel-fish, monkfish (*Gattg Squatina*). — **~ˌkna·be** *m* littel angel, cherub. — **~ˌkopf** *m cf.* Engelskopf. — **~ˌma·che·rin** *f contempt.* **1.** *Br.* angel-maker (*baby farmer who deliberately lets her charge die*). – **2.** *cf.* Abtreiberin.

ˈen·gelˈrein *adj* (as) pure (*od.* innocent) as an angel, angelic(al).

ˈEn·gel|ˌschar *f* angelic host, host of angels. — **e~ˈschön** *adj* of angelic beauty, angelic(al).

ˈEn·gels|ˌchor *m cf.* Engelchor. — **~ˌflü·gel** *m* angel's wing. — **~geˌduld** *f fig. colloq.* patience of Job (*od.* a saint, an angel): eine ~ mit j-m haben to have endless patience with s.o. — **~ˌgruß** *m röm.kath.* Ave Maria, Angelic Salutation, Hail Mary. — **~ˌhaar** *n* angel's hair (*Christmas-tree decoration*). — **~ˌkind** *n lit.* angelic child. — **~ˌkopf** *m* angel's (*od.* cherub's) head. — **~ˌmie·ne** *f fig. colloq.* innocent (*od.* angelic) look. — **~muˌsik** *f fig.* heavenly music. — **~poˌsau·ne** *f bot.* angel's-trumpet (*Datura suaveolens u. arborea*). — **~ˌstim·me** *f* **1.** angelic voice. – **2.** *mus.* vox angelica (*od.* caelestis), voix céleste. — **~ˌta·ler** *m hist.* angel(-noble): halber ~ angelet.

ˈEn·gelˌstim·me *f cf.* Engelsstimme.

ˈEn·gelˌsüß ⟨-es; *no pl*⟩ *bot.* blechnum (*Blechnum spicant*).

ˈEn·gelsˌzun·gen *pl only in* mit ~ reden *fig.* to speak with the tongues of angels, to speak honeyed words; sie redete mit ~ auf ihn ein *fig.* she entreated him with honeyed words.

ˈEn·gel|verˌeh·rung *f* angelolatry, angel worship. — **~ˌwurz, ~ˌwur·zel** *f bot.* **1.** goutweed (*Aegopodium podagraria*). – **2.** longwort (*Angelica archangelica*): Wilde ~ wood longwort (*A. silvestris*). – **3.** sweet cicely (*Myrrhis odorata*). – **4.** crosswort gentian (*Gentiana cruciata*). – **5.** Feinblätt(e)rige ~ cumin-leaved milk parsley (*Selinum carvifolium*).

en·gen [ˈɛŋən] *v/t* ⟨h⟩ *rare for* einengen 2, 6.

En·ger·ling [ˈɛŋərlɪŋ] *m* ⟨-s; -e⟩ *zo.* grub (*od.* larva) of the May (*Am.* June) beetle (*od.* bug), cockchafer (*od.* white) grub.

ˈEngˌfüh·rung *f mus.* stretto.

ˈengˌhal·sig [-ˌhalzɪç] *adj* (*Flasche*) narrow-necked.

ˈEng·heit *f* ⟨-; *no pl*⟩ **1.** (*räumlich*) narrowness. – **2.** (*von Kleidern*) tightness. – **3.** *cf.* Begrenztheit.

ˈengˌher·zig *adj* **1.** (*kleinlich*) narrow- (*od.* small-)minded, narrow, small, petty, hidebound. – **2.** (*knauserig*) petty, mean, small, ungenerous. — **ˈEngˌher·zig·keit** *f* ⟨-; *no pl*⟩ **1.** narrow- (*od.* small-)mindedness, pettiness. – **2.** pettiness, meanness, ungenerosity.

ˈEn·gig·keit *f* ⟨-; *no pl*⟩ *cf.* Engheit 1.

ˈEngˌlän·der[1] *m* ⟨-s; -⟩ **1.** Englishman: er ist (ein) ~ he is an Englishman, he is English; die ~ a) the English (people), b) (the) Englishmen. – **2.** (*im weiteren Sinne*) Briton, *bes. Am.* Britisher.

ˈEngˌlän·der[2] *m* ⟨-s; -⟩ *tech.* monkey wrench, *bes. Br.* (adjustable) spanner.

ˈEngˌlän·de·rin *f* ⟨-; -nen⟩ **1.** Englishwoman: sie ist (eine) ~ she is an Englishwoman, she is English. – **2.** (*im weiteren Sinne*) British woman.

ˈEngˌland|ˌfeind *m* Anglophobe. — **e~ˌfeind·lich** *adj* **1.** Anglophobiac, Anglophobic, anti-English. – **2.** (*im weiteren Sinne*) anti-British. — **~ˌfeind·lich·keit** *f* **1.** Anglophobia, anti-English attitude. – **2.** anti-British attitude. — **~ˌfreund** *m* Anglophile, *auch* Anglophil. — **e~ˌfreund·lich** *adj* **1.** Anglophiliac, Anglophilic, pro-English. – **2.** (*im weiteren Sinne*) pro-British. — **~ˌfreund·lich·keit** *f* **1.** Anglophilia, pro-English attitude. – **2.** pro-British attitude. — **~ˌhas·ser** *m* Anglophobe. — **~ˌken·ner** *m* Anglist.

Eng·lein [ˈɛŋlaɪn] *n* ⟨-s; -⟩ *cf.* Engelchen.

ˈEng·lerˌgrad [ˈɛŋlər-] *m chem.* degree Engler.

eng·lisch[1] [ˈɛŋlɪʃ] **I** *adj* **1.** English, *auch* Anglican (*rare*): die ~e Sprache English, the English language; ~e Dogge *zo.* mastiff; ein ~er Garten an English landscape garden; der E~e Garten (*in München*) the English Garden; die ~e Kirche the Church of England, the Anglican Church; die ~e Krankheit *med.* rickets *pl* (*construed as sg*), rachitis (*scient.*); ~e Broschur *print.* case binding, casing (with cloth cover); ~ machen to Anglicize; → Fräulein 12. – **2.** (*im weiteren Sinne*) British: ~e Nationalität British nationality. – **II** *adv* **3.** in English: ~ sprechen to speak (in) English; ~ denken to think in English; sich (auf *od.* in) ~ unterhalten to talk (*od.* converse) in English, to carry on a conversation in English; der Brief ist ~ geschrieben the letter is (written) in English; ein Fremdwort ~ aussprechen to give a foreign word the English pronunciation, to pronounce a foreign word (in) the English way. – 4. ~ gebraten *gastr. bes. Am.* rare, *bes. Br.* underdone. – III *ling.* **E~** ⟨*generally undeclined*⟩, **das E~e** ⟨-n⟩ 5. English, the English language: **er kann [spricht] E~** he knows [speaks] English; **können** (*od.* **sprechen) Sie E~?** can (*od.* do) you speak English? **er spricht gut(es)** (*od.* **ein gutes) E~** he speaks good English, his (spoken) English is good, he speaks English well; **er kann kein Wort E~** he doesn't know a word of English; **sie hat eine Eins in E~** she got top marks (*Am.* top grades, "Excellent") in English; **das Buch erscheint in Deutsch und in E~** the book is available in German and in English; **im heutigen E~** in present-day (*od.* modern) English; **aus dem E~en** from (the) English; **aus dem Deutschen ins E~e übersetzt** translated from (the) German into English; **im E~en** in English.

'eng·lisch² *adj only in* **der E~e Gruß** *röm.kath.* the Angelic Salutation, the Ave Maria.

'eng·lisch·ame·ri,ka·nisch *adj* (*Anglo-amerikaner betreffend*) Anglo-American: **~e Literatur** Anglo-American literature.

'eng·lisch-ame·ri'ka·nisch *adj* (*England u. USA betreffend*) Anglo-American: **~e Beziehungen** Anglo-American relations.

'Eng·lisch,blau *n* royal blue.

'eng·lisch-'deutsch *adj* **1.** (*Beziehungen etc*) Anglo-German. – **2.** (*Wörterbuch etc*) English-German.

'Eng·lisch|,horn *n mus.* English horn, cor anglais. — **~,kennt·nis·se** *pl* command *sg* (*od.* knowledge *sg*) of English. — **~,le·der** *n* (*textile*) moleskin. — **~,leh·rer** *m*, **~,leh·re·rin** *f ped.* English teacher. — **~,rot** *n* English (*od.* Venetian) red, colcothar. — **e~,spre·chend** *adj* English-speaking. — **~,stun·de** *f ped.* English class (*Br. auch* lesson). — **~,tra·ben** *n* (*im Reitsport*) rising trot. — **~,un·ter,richt** *m ped.* **1.** (instruction in *od.* teaching of) English. – **2.** *cf.* Englischstunde.

Eng·lish-Waltz ['ɪŋglɪʃ 'wɔːls] (*Engl.*) *m* ⟨-; -⟩ slow waltz.

eng·li·sie·ren [ɛŋli'ziːrən] *v/t* ⟨*no* **ge-, h**⟩ dock: **ein Pferd ~** to dock a horse('s tail).

'eng,ma·schig *adj* **1.** (*textile*) close- (*od.* fine-)meshed. – **2.** *fig.* (*Verwaltungsnetz etc*) close-meshed. – **3.** (*sport*) (*Spiel*) close.

'eng,mäu·lig [-,mɔylɪç] *adj zo.* stenostomatous, angiostom(at)ous.

En·go·be [ã'goːbə] *f* ⟨-; -n⟩ (*in der Keramik*) engobe, slip. — **en·go·bie·ren** [ãgo'biːrən] *v/t* ⟨*no* **ge-, h**⟩ slip, coat (*s.th.*) with slip (*od.* engobe).

'Eng,paß *m* **1.** (narrow) pass, defile. – **2.** *fig.* bottleneck, *Br.* bottle-neck: **die Beseitigung des Engpasses** the elimination of the bottleneck; **in einen ~ geraten sein** to have got into a bottleneck, to have bottlenecked.

En·gramm [ɛn'gram] *n* ⟨-s; -e⟩ *biol. psych.* engram, *auch* engramme.

'eng,rin·gig [-,rɪŋɪç] *adj* (*Holz*) with small annual rings, closely ringed.

en gros [ã'gro] (*Fr.*) *adv econ.* wholesale: **~ verkaufen** to sell wholesale, to sell by (*Am. auch* at) wholesale, to wholesale.

En'gros|be,zug [ã'groː-] *m econ.* bulk (*od.* wholesale) purchase. — **~,fir·ma** *f* wholesale firm (*od.* house). — **~ge,schäft** *n*, **~,han·del** *m* wholesale business (*od.* commerce, trade). — **~,händ·ler** *m* wholesale dealer, wholesaler. — **~,käu·fer** *m* wholesale buyer (*od.* purchaser). — **~,preis** *m* wholesale (*od.* trade) price. — **~ra,batt** *m* wholesale discount.

En·gros·sist [ãgrɔ'sɪst] *m* ⟨-en; -en⟩ *Austrian for* Großhändler.

En'gros·ver,kauf *m econ.* wholesale.

'eng|,spal·tig *adj print.* closely spaced. — **E~,stel·le** *f* narrow (place).

'eng,stir·nig [-,ʃtɪrnɪç] *adj* (*Mensch, Politik etc*) narrow- (*od.* small-)minded, narrow, petty, hidebound, borné. — **'Eng,stir·nig·keit** *f* ⟨-; *no pl*⟩ narrow- (*od.* small-)mindedness, narrowness, pettiness.

'eng|,um,grenzt *adj* ⟨*attrib*⟩ (*Wirkungskreis etc*) narrowly restricted (*od.* limited), narrow. — **~ver,bun·den** *adj* ⟨*attrib*⟩ *lit.* **1.** (*Familien, Freunde etc*) closely linked (*od.* connected). – **2.** *cf.* engverbündet. — **~ver,bün·det** *adj* ⟨*attrib*⟩ (*Staaten etc*) closely allied. — **~,zei·lig** [-,tsaɪlɪç] *adj print.* narrow-spaced.

En·har·mo·nie [ɛnharmo'niː] *f mus.* enharmony. — **en·har'mo·nisch** [-'moːnɪʃ] *adj* enharmonic.

En·jam·be·ment [ãʒãbə'mãː] *n* ⟨-s; -s⟩ *metr.* enjamb(e)ment.

en·kau·stie·ren [ɛnkaʊs'tiːrən] *v/t* ⟨*no* **ge-, h**⟩ (*art*) paint (*s.th.*) in encaustic. — **En'kau·stik** [-tɪk] *f* ⟨-; *no pl*⟩ encaustic (painting). — **en'kau·stisch** [-tɪʃ] *adj* encaustic.

En·kel¹ ['ɛŋkəl] *m* ⟨-s; -⟩ grandson, (male) grandchild: **die ~** a) the grandsons, b) the grandchildren; **unsere ~** a) our grandchildren, b) *fig.* our descendants, posterity *sg*; **hiervon werden wohl noch unsere ~ erzählen** probably our grandchildren (*od.* descendants) will still talk about that.

'En·kel² *m* ⟨-s; -⟩ *dial. for* Fußknöchel.

'En·ke·lin *f* ⟨-; -nen⟩ granddaughter.

'En·kel|,kind *n* grandchild. — **~,sohn** *m* grandson. — **~,ta·fel** *f* table of descendants. — **~,toch·ter** *f* granddaughter.

En·kla·ve [ɛn'klaːvə] *f* ⟨-; -n⟩ enclave.

En·kli·se [ɛn'kliːzə], **En·kli·sis** ['ɛnklizɪs] *f* ⟨-; -klisen [-'kliːzən]⟩ *ling.* enclisis. — **En'kli·ti·kon** [-tikɔn] *n* ⟨-s; -ka [-ka]⟩ enclitic. — **en'kli·tisch** [-tɪʃ] *adj* enclitic.

En·ko·mi·ast [ɛnko'mĭast] *m* ⟨-en; -en⟩ encomiast, panegyrist. — **En·ko·mia·stik** [-'mĭastɪk] *f* ⟨-; *no pl*⟩ panegyric, encomiastic (*archaic*). — **En'ko·mi·on** [-'koːmĭɔn], **En'ko·mi·um** [-mĭʊm] *n* ⟨-s; -mien⟩ encomium.

En·kra·tis·mus [ɛnkra'tɪsmʊs] *m* ⟨-; *no pl*⟩ *relig.* Encratism. — **En·kra'tit** [-'tiːt] *m* ⟨-en; -en⟩ Encratite.

En·kri·nit [ɛnkri'niːt; -'nɪt] *m* ⟨-en; -en⟩ *geol.* encrinite.

en masse [ã'mas] (*Fr.*) *adv* en masse.

en mi·nia·ture [ãminja'tyːr] (*Fr.*) *adv* in miniature, on a small scale.

en·net ['ɛnət] *prep* ⟨*dat*⟩ *Swiss dial. for* jenseits.

en·nu·yant [any'jant] *adj obs. for* a) langweilig 1, b) lästig 1, 2. — **en·nu'yie·ren** [-'jiːrən] *v/t u.* **sich ~** *v/reflex* ⟨*no* **ge-, h**⟩ *obs. for* a) langweilen, b) ärgern.

Enol [e'noːl] *n* ⟨-(e)s; -e⟩ *chem.* enol. — **~,form** *f* enol form.

En·oph·thal·mus [enɔf'talmʊs] *m* ⟨-; *no pl*⟩ *med.* enophthalmus.

enorm [e'nɔrm] **I** *adj* ⟨*no comp, no sup*⟩ **1.** (*Entfernung, Summen, Erfolg etc*) enormous, huge, immense, vast, gigantic, great, tremendous (*colloq.*). – **2.** (*Hitze, Druck etc*) enormous, great, extreme, tremendous (*colloq.*). – **3.** *colloq.* (*herrlich, wunderbar*) great, tremendous, terrific (*alle colloq.*): **das ist (ja) ~!** that's (really) tremendous! – **II** *adv* **4.** *colloq.* enormously, extremely, immensely, tremendously (*colloq.*): **ein ~ hohes Gebäude** an enormously high building, a building of great (*od.* huge, vast) height, a huge (*od.* an enormous) building; **die Stadt hat sich ~ verändert** the city has changed enormously, the city is greatly changed; **~ viel Geld** a huge (*od.* vast) amount of money, lots and lots of money (*colloq.*); **du hast ~ viel Glück gehabt** you've been tremendously (*od.* terribly) lucky; **~ tüchtig** extremely (*od.* highly) capable; **sich für ~ schlau halten** to think oneself extremely (*od. colloq.* awfully, *Am.* mighty) clever; **ich habe mich ~ (gut) unterhalten** I enjoyed myself tremendously, I had a great time, I had a whale of a time (*colloq.*). — **Enor·mi'tät** [-mi'tɛːt] *f* ⟨-; -en⟩ *obs.* enormity, enormousness.

En·osto·se [enɔs'toːzə] *f* ⟨-; -n⟩ *med.* enostosis.

en pas·sant [ãpa'sã] (*Fr.*) *adv* en passant, in passing: **~ schlagen** (*beim Schach*) to take (*od.* capture) (*a figure*) en passant.

en per·sonne [ãpɛr'sɔn] (*Fr.*) *adv* in person.

en pro·fil [ãprɔ'fil] (*Fr.*) *adv* in profile.

En·que·te [ã'kɛːt(ə)] *f* ⟨-; -n [-tən]⟩ *rare* (official) inquiry (*od.* investigation), inquest.

en·ra·gie·ren [ãra'ʒiːrən] *v/reflex* ⟨*no* **ge-, h**⟩ **sich ~** *obs.* become enraged. — **en·ra'giert** *obs.* **I** *pp.* – **II** *adj* enraged.

en route [ã'rut] (*Fr.*) *adv* en route.

Ens [ɛns] *n* ⟨-; *no pl*⟩ *philos.* ens, being.

En·sem·ble [ã'sãːbəl] *n* ⟨-s; -s⟩ **1.** *mus.* ensemble. – **2.** (*theater*) a) company, troupe, ensemble, b) (*Besetzung*) cast, c) (*Zusammenspiel*) ensemble. – **3.** (*fashion*) ensemble. — **~,lei·stung** *f* (*theater*) ensemble performance. — **~,spiel** *n mus.* ensemble. — **~,stück** *n* ensemble (piece), morceau d'ensemble.

En·si·la·ge [ãsi'laːʒə] *f* ⟨-; *no pl*⟩ *agr.* ensilage, ensilation.

En·sta·tit [ɛnsta'tiːt; -'tɪt] *m* ⟨-s; -e⟩ *min.* enstatite.

en suite [ã'sɥit] (*Fr.*) *adv* en suite, in a succession (*od.* series, set).

ent·ak·ti'vie·ren [ɛnt-] *v/t* ⟨*no* **ge-, h**⟩ *phys.* deactivate, render (*od.* make) (*s.th.*) inactive. — **Ent·ak·ti'vie·rung** *f* ⟨-; *no pl*⟩ deactivation.

Ent·amö·be [ɛnta'møːbə] *f* ⟨-; -n⟩ *med.* entamoeba, *Am. auch* entameba.

ent'am·ten *v/t* ⟨*no* **ge-, h**⟩ remove (*s.o.*) from office. — **Ent'am·tung** *f* ⟨-; -en⟩ removal from office.

ent'ar·ten *v/i* ⟨*no* **ge-, sein**⟩ **1.** degenerate, become (*od.* turn) degenerate: **sittlich ~** to degenerate (morally), to become decadent (*od. stärker* depraved). – **2.** *lit. for* ausarten 2. – **3.** *biol.* degenerate, retrograde, degrade. – **4.** *med.* degenerate, deteriorate. — **ent'ar·tet I** *pp.* – **II** *adj* **1.** *biol. med.* degenerate. – **2. ~e Kunst** (*in NS-Zeit*) degenerate art. — **Ent'ar·tung** *f* ⟨-; -en⟩ degeneration, degeneracy.

Ent'ar·tungs|,ir·re,sein *n psych.* degenerative psychosis. — **~re·ak·ti,on** *f med.* reaction of degeneration.

ent'aschen *v/t* ⟨*no* **ge-, h**⟩ *tech.* remove the ashes from. — **Ent'aschung** *f* ⟨-; -en⟩ ash removal.

En·ta·se [ɛn'taːzə], **En·ta·sis** ['ɛntazɪs] *f* ⟨-; -tasen [-'taːzən]⟩ *arch.* entasis.

ent'asten *v/t* ⟨*no* **ge-, h**⟩ **1.** (*Bretter etc*) knot. – **2.** *cf.* entästen 1.

ent'ästen *v/t* ⟨*no* **ge-, h**⟩ **1.** (*Bäume etc*) disbranch. – **2.** *cf.* entasten 1.

ent'äu·ßern *v/reflex* ⟨*no* **ge-, h**⟩ **sich einer Sache ~** *lit.* a) to give s.th. up, to part with s.th., to relinquish (*od.* renounce, for[e]go) s.th., b) to dispose (*od.* get rid) of s.th., to divest oneself of s.th. (*lit.*): **ich entäußerte mich allen Besitzes** I gave up all (my) possessions; **sich seiner Handlungsfreiheit ~** to relinquish one's freedom of action; **sich eines Rechtes ~** *jur.* to relinquish (*od.* divest oneself of) a right. — **Ent'äu·ße·rung** *f* ⟨-; -en⟩ **1.** *lit.* relinquishment, renunciation: **die ~ einer Sache** the relinquishment (*od.* giving up) of s.th., the parting with s.th.; **eine seelische ~** a mental (*od.* emotional) renunciation. – **2.** (*officialese*) disposal, divestiture (*lit.*): **die ~ des Hauses** the disposal (*od.* getting rid) of the house.

ent'ba·sten [-'bastən] *v/t* ⟨*no* **ge-, h**⟩ (*Rohseide*) boil off, degum, scour.

ent'beh·ren [-'beːrən] **I** *v/t* ⟨*no* **ge-, h**⟩ **1.** do (*od.* go, manage, *stärker* live) without, dispense with, for(e)go, spare: **etwas ~ müssen** to have to go without s.th., (*stärker*) to be deprived of s.th.; **ich kann dich nicht länger ~** I can't do without (*od.* spare) you any longer; **den Wagen leicht ~ können** to be able to spare the car easily; **im Krieg mußten wir viel ~** during the war we had to do without (*od.* had to go short of) many things, in the war years we had to live in privation (*od.* want); **er glaubt, daß er nicht zu ~ sei** he thinks that one can't do without him, he considers himself indispensable; **wir können deine Dienste nicht ~** we can't do without (*od.* dispense with) your services: **sie entbehrt nichts** a) she wants (*od.* lacks) nothing, b) she denies herself nothing. – **2.** miss, feel the want (*od.* lack, absence) of: **sie entbehrt den Kaffee sehr** she misses (the) coffee badly. – **II** *v/i* **3. einer Sache ~** *lit.* to be without (*od.* lack, be lacking, be devoid of) s.th.: **der Begründung ~** to be devoid of reasons; **jeder Grundlage ~** to be without any foundation, to be absolutely (*od.* entirely) unfounded (*od.* groundless); **die Situation entbehrt nicht einer gewissen Komik** the situation is not without (*od.* has) its comical aspect (*od.* side), the situation is not lacking in comedy. – **III E~** *n* ⟨-s⟩ **4.** *verbal noun.* – **5.** *cf.* Entbehrung.

ent'behr·lich *adj* dispensable, nonessential *Br.* non-, unnecessary, superfluous: **das ist ~** that is not essential, one can do without it, that can be dispensed with; **ist er jetzt ~?** can you spare him (just) now? — **Ent'behr·lich·keit** *f* ⟨-; *no pl*⟩ dispensability, dispensableness, unnecessariness, superfluity, superfluousness.

Ent'beh·rung *f* ⟨-; -en⟩ **1.** *meist pl* privation: unter großen ~en at the cost of great privations; sich (*dat*) ~en auferlegen a) to suffer privations, to impose privations upon oneself, b) (*schwächer*) to deny oneself, to be abstinent (*od.* temperate, frugal). – **2.** (*Not*) want, need, privation, destitution: ~ leiden to suffer want, to be destitute.

ent'beh·rungs|ˌreich, ~ˌvoll *adj* (*Leben etc*) full of privation(s).

ent'bei·nen [-'baɪnən] *v/t* ⟨*no* ge-, h⟩ *gastr.* (*Fleisch etc*) bone.

ent'bie·ten *v/t* ⟨*irr, no* ge-, h⟩ *lit.* **1.** j-m seinen Gruß ~ to present (*od.* offer, send) one's compliments to s.o.; j-m einen guten Morgen [die Tageszeit] ~ to bid s.o. a good morning [the time of day]. – **2.** j-n zu sich ~ *archaic* to send for s.o., to summon s.o., to bid s.o. come (*lit.*).

ent'bin·den I *v/t* ⟨*irr, no* ge-, h⟩ **1.** *med.* deliver (*a woman*) of a child: vor 2 Stunden wurde sie von einem Knaben entbunden 2 hours ago she gave birth to a boy. – **2.** j-n einer Sache (*od.* von etwas) ~ *lit.* to relieve s.o. of s.th., to release (*od.* free, excuse, exonerate) s.o. from s.th., to let s.o. off s.th.: j-n seiner Pflichten ~ to relieve s.o. of his duties; j-n von seinem Eid [Gelübde] ~ to release (*od.* absolve) s.o. from his oath [vow]. – **3.** *chem.* (*Gase, Wärme*) set (*s.th.*) free, release, liberate, evolve (*scient.*). – **II** *v/i* **4.** *med.* give birth to (*od.* be delivered of) a child. – **III E~** *n* ⟨-s⟩ **5.** *verbal noun.* — **Ent'bin·dung** *f* ⟨-; -en⟩ **1.** *med.* a) delivery, (child)birth, b) confinement, accouchement, lying-in: eine schwierige ~ a difficult birth (*od.* confinement); ~ durch Kaiserschnitt caesarean (*od.* caesarian) operation (*od.* section); kurz vor der (*od.* ihrer) ~ near her time (of delivery), shortly before her confinement. – **2.** *lit.* (von from) release, exoneration, dispensation, exemption: ~ von einem Gelübde release (*od.* absolution) from a vow. – **3.** *chem.* (*von Gasen, Wärme*) release, liberation, evolution (*scient.*).

Ent'bin·dungs|ˌanˌstalt *f med.* maternity (*od.* lying-in) hospital. — **~ˌheim** *n* maternity home. — **~ˌzan·ge** *f* obstetric forceps.

ent'bit·tern [-'bɪtərn] *v/t* ⟨*no* ge-, h⟩ (*Pflanzen etc*) debitter, debitterize. — **Ent'bit·te·rung** *f* ⟨-; *no pl*⟩ debitterization.

ent'blät·tern I *v/t* ⟨*no* ge-, h⟩ **1.** (*Bäume etc*) strip (*s.th.*) of leaves, defoliate. – **2.** *agr.* (*Zuckerrohr*) trash. – **II** *v/reflex* sich ~ **3.** (*von Baum etc*) shed (its) leaves. – **4.** *colloq.* take one's clothes off, strip, shed one's clothes. — **Ent'blät·te·rung** *f* ⟨-; *no pl*⟩ defoliation.

ent'blocken (*getr.* -k·k-) *v/t* ⟨*no* ge-, h⟩ (*railway*) clear, free.

ent'blö·den [-'bløːdən] *v/reflex* ⟨*no* ge-, h⟩ *only in* sich nicht ~, etwas zu tun not to be ashamed to do s.th., to have the effrontery (*od.* audacity, impudence) to do s.th.

ent'blö·ßen [-'bløːsən] **I** *v/t* ⟨*no* ge-, h⟩ **1.** *lit.* (*Brust, Oberkörper etc*) uncover, bare: seinen Körper ~ to take one's clothes off, to strip, to undress; sein Haupt ~ to bare (*od.* uncover) one's head, to take off (*od.* remove) one's hat. – **2.** *fig. lit.* bare, lay bare, reveal, disclose: sein innerstes Wesen ~ to lay bare one's innermost being. – **3.** j-n ~ *rare* to undress (*od.* strip, denude) s.o., to strip s.o. to the skin. – **4.** *mil.* a) (*Festung etc*) strip (*s.th.*) of troops, withdraw the troops from, b) (*Flanke*) expose. – **5.** j-n [etwas] einer Sache (*od.* von etwas) ~ *fig.* to strip (*od.* deprive, divest, denude) s.o. [s.th.] of s.th.: j-n von allen Mitteln ~ to strip (*od.* deprive) s.o. of all means. – **II** *v/reflex* sich ~ **6.** *lit.* take one's clothes off, strip, undress: sich schamlos ~ to expose oneself indecently. – **7.** sich einer Sache (*od.* von etwas) ~ *fig.* to strip oneself (bare) of s.th., to deprive (*od.* divest) oneself of s.th.: sich aller (*od.* von allen) Reserven ~ to strip oneself of one's reserves. – **III E~** *n* ⟨-s⟩ **8.** *verbal noun.* – **9.** *cf.* Entblößung. — **ent'blößt I** *pp.* – **II** *adj* **1.** (*Brust, Oberkörper etc*) bare, naked, nude. – **2.** (*Haupt*) bare: mit ~em Haupt, *lit.* ~en Hauptes bareheaded, *Br.* bare-headed. – **3.** einer Sache (*od.* von etwas) ~ sein *fig.* to be destitute (*od.* devoid) of s.th.: von allen Mitteln (*od.* aller Mittel) ~ sein to be destitute (of all means), to be in utter want. — **Ent'blö·ßung** *f* ⟨-; -en⟩ **1.** *cf.* Entblößen. – **2.** *fig.* denudation, deprivation. – **3.** *jur. mil.* exposure: öffentliche ~ *jur.* indecent exposure.

ent'bren·nen *v/i* ⟨*irr, no* ge-, sein⟩ **1.** *fig.* (*von Kampf, Streit etc*) break out, flare up. – **2.** *fig.* (*von Zorn, Haß etc*) be excited (*od.* aroused), blaze up. – **3.** *fig.* (*von Person*) (in *dat* with) be inflamed (*od.* seized): in Liebe zu j-m ~, für j-n ~ to be inflamed with love for s.o.; sie sind in Haß [gegen ihn] entbrannt they are seized (*od.* burning) with hatred [for him]. – **4.** *obs. od. poet.* catch (*od.* take) fire, be ignited (*od.* kindled).

Ent'brum·mer *m electr.* antihum device, hum potentiometer.

ent·car·bo·xy'lie·ren [-karbɔksy'liːrən] *v/t* ⟨*no* ge-, h⟩ *chem.* decarboxylate.

'Ent·chen *n* ⟨-s; -⟩ **1.** *dim. of* Ente 1. – **2.** duckling, young duck: ein häßliches ~ *fig.* an ugly duckling. – **3.** (*child's language*) duckie, quack-quack.

ent'chlo·ren *v/t* ⟨*no* ge-, h⟩ *chem.* dechlorinate. — **Ent'chlo·rung** *f* ⟨-; *no pl*⟩ dechlorination.

ent'christ·li·chen [-'krɪstlɪçən] *v/t* ⟨*no* ge-, h⟩ dechristianize. — **Ent'christ·li·chung** *f* ⟨-; *no pl*⟩ dechristianization.

ent'dämp·fen *v/t* ⟨*no* ge-, h⟩ *electr.* (*radio*) (*Schwingungskreis*) de-attenuate. — **Ent'dämp·fung** *f* regeneration, repeater gain.

ent'deck·bar *adj* **1.** discoverable, detectable. – **2.** (*wahrnehmbar*) discernible.

ent'decken (*getr.* -k·k-) **I** *v/t* ⟨*no* ge-, h⟩ **1.** (*Land, Stern, Element, Bodenschatz, Talent etc*) discover: eine Ölquelle ~ to strike oil. – **2.** (*Fehler etc*) find (*s.th.*) (out), discover, detect. – **3.** (*wahren Sachverhalt, Betrug etc*) bring (*s.th.*) to light, uncover, discover, find (*s.th.*) out. – **4.** (*Geheimnis etc*) disclose, reveal. – **5.** (*Diebstahl, Verschwörung etc*) discover, expose, detect, uncover: nicht entdeckt werden to escape detection. – **6.** (*Verbrecher etc*) unmask, uncover. – **7.** (*Spur*) discover, find, pick up. – **8.** *colloq.* (*finden*) find, discover: etwas zufällig ~ to find s.th. by accident, to stumble on (*od.* upon) s.th. – **9.** (*erspähen*) notice, discern, descry, make (*s.th.*) out, spot (*colloq.*). – **10.** j-m etwas ~ *lit.* to disclose (*od.* reveal) s.th. to s.o., to make s.th. known to s.o. – **II** *v/reflex* **11.** sich j-m ~ a) to unbosom oneself to s.o., to open one's heart to s.o., to confide in s.o., b) to reveal one's identity to s.o. – **III E~** *n* ⟨-s⟩ **12.** *verbal noun.* – **13.** *cf.* Entdeckung.

Ent'decker (*getr.* -k·k-) *m* ⟨-s; -⟩ **1.** (*eines Landes, Schauspielers etc*) discoverer: er war der ~ ihres Talentes he was the discoverer of (*od.* the person who discovered) her talent. – **2.** (*Forscher*) explorer. – **3.** (*Enthüller*) detector. — **~ˌfreu·de** *f* joy of discovery. — **~ˌstolz** *m* pride of discovery.

Ent'deckung (*getr.* -k·k-) *f* ⟨-; -en⟩ **1.** *cf.* Entdecken. – **2.** (*eines Landes, Sterns, Elements etc*) discovery. – **3.** (*eines Fehlers, Diebstahls etc*) discovery, detection: der ~ entgehen to escape detection, to go unnoticed. – **4.** (*eines Geheimnisses etc*) disclosure, revelation. – **5.** *colloq.* (*Filmstar etc*) discovery.

Ent'deckungs|ˌfahrt (*getr.* -k·k-), **~ˌrei·se** *f* **1.** (*zu Lande*) journey of exploration, expedition. – **2.** (*zu Wasser*) voyage of discovery (*od.* exploration), expedition. – **3.** *colloq. humor.* (*in einer Stadt etc*) exploration: machen wir eine ~ durch die Stadt let's go and explore the town. — **~ˌrei·sen·de** *m, f* explorer.

En·te ['ɛntə] *f* ⟨-; -n⟩ **1.** *zo.* duck (*Fam. Anatidae, bes. Gattg Anas*): junge ~ duckling; zahme ~ common (*od.* domestic) duck; männliche ~ drake, male duck; weibliche ~ (female) duck; er watschelt wie eine ~ *fig. humor.* he waddles like a duck; sie schwimmt wie eine bleierne ~ *fig. humor.* she swims like a stone (*bes. Br.* brick), she can't swim for beans (*Br.* for toffee) (*colloq.*); er ist eine lahme ~ *fig. colloq.* he is a lame duck. – **2.** *gastr.* (*Braten*) roast duck: gefüllte junge ~ stuffed duckling. – **3.** kalte ~ *gastr.* a white wine cup with champagne. – **4.** *fig.* (*Falschmeldung*) hoax, canard, false press report. – **5.** *aer.* canard, tail-first plane. – **6.** *med. colloq.* (bed) urinal.

ent'eh·ren I *v/t* ⟨*no* ge-, h⟩ **1.** (*Familie, Ruf etc*) disgrace, dishonor, *bes. Br.* dishonour, bring dishono(u)r upon. – **2.** (*entwürdigen*) degrade, debase. – **3.** (*schänden*) (*Frau*) violate, ravish, dishonor, *bes. Br.* dishonour. – **4.** (*Jungfrau*) deflower. – **II** *v/reflex* sich ~ **5.** disgrace (*od.* degrade) oneself. – **III E~** *n* ⟨-s⟩ **6.** *verbal noun.* – **7.** *cf.* Entehrung. — **ent'eh·rend I** *pres p.* – **II** *adj* **1.** disgraceful, dishonorable, *bes. Br.* dishonourable: ~e Strafe *jur.* dishono(u)ring punishment. – **2.** (*entwürdigend*) degrading. — **Ent'eh·rer** *m* ⟨-s; -⟩ **1.** dishonorer, *bes. Br.* dishonourer. – **2.** (*einer Frau*) ravisher, violator. — **Ent'eh·rung** *f* ⟨-; *no pl*⟩ **1.** *cf.* Entehren. – **2.** disgrace, dishonor, *bes. Br.* dishonour: die ~ seines Rufes the dishono(u)r brought upon his name. – **3.** degradation. – **4.** violation, ravishment. – **5.** defloration.

ent'eig·nen *jur.* **I** *v/t* ⟨*no* ge-, h⟩ **1.** (*Besitz*) expropriate. – **2.** (*Besitzer*) dispossess. – **3.** (*gegen Entschädigung*) expropriate, *Am. auch* take (*s.th.*) by eminent domain. – **II E~** *n* ⟨-s⟩ **4.** *verbal noun.* – **5.** *cf.* Enteignung. — **Ent'eig·ner** *m* ⟨-s; -⟩ **1.** expropriator. – **2.** dispossessor. — **Ent'eig·ne·te** *m, f* ⟨-n; -n⟩ dispossessed (*od.* expropriated) person. — **Ent'eig·nung** *f* ⟨-; -en⟩ **1.** *cf.* Enteignen. – **2.** (*von Besitz*) expropriation. – **3.** (*des Besitzers*) dispossession. – **4.** (*gegen Entschädigung*) compulsory purchase, *Am. auch* condemnation.

Ent'eig·nungs|beˌschluß *m jur.* expropriation order. — **~entˌschä·di·gung** *f* compensation for expropriated property. — **~geˌsetz** *n* expropriation law, *Am. auch* law of eminent domain. — **~ˌrecht** *n* right to expropriate, *Am. auch* power (*od.* right) of eminent domain. — **~verˌfah·ren** *n* expropriation proceedings *pl*, *Am. auch* condemnation (*od.* eminent domain) proceedings *pl*.

ent'ei·len *v/i* ⟨*no* ge-, sein⟩ *lit.* **1.** (*von Personen*) hurry (*od.* hasten) away. – **2.** (*entfliehen*) flee, escape. – **3.** (*von der Zeit*) fly (*od.* speed, slip) by.

ent'ei·sen I *v/t* ⟨*no* ge-, h⟩ **1.** free (*od.* clear) (*s.th.*) of ice. – **2.** *tech.* (*Kühlschrank etc*) defrost. – **3.** *aer.* deice, *Br.* de-ice. – **II E~** *n* ⟨-s⟩ **4.** *verbal noun.*

ent'ei·se·nen [-'ʔaɪzənən] *v/t* ⟨*no* ge-, h⟩ *chem.* deferrize. — **Ent'ei·se·nung** *f* ⟨-; *no pl*⟩ removal of iron, deferrization (*scient.*).

Ent'ei·ser *m* ⟨-s; -⟩ *aer.* deicer, *Br.* de-icer. — **Ent'ei·sung** *f* ⟨-; *no pl*⟩ *cf.* Enteisen.

Ent'ei·sungs|ˌanˌla·ge *f* **1.** *tech.* defroster, deicing (*Br.* de-icing) apparatus. – **2.** *auto.* defroster. – **3.** *aer.* deicing (*Br.* de-icing) system (*od.* equipment). — **~ˌmit·tel** *n* deicer, *Br.* de-icer.

En·te·le·chie [ɛntelɛ'çiː] *f* ⟨-; -n [-ən]⟩ *philos.* entelechy. — **en·te'le·chisch** [-çɪʃ] *adj* entelechial.

'En·ten|ˌbei·ze *f hunt.* duck shooting. — **~ˌbra·ten** *m gastr.* roast duck. — **~ˌdunst** *m hunt.* duck shot, *Br.* duck-shot. — **~ˌei** *n* duck('s) egg. — **~ˌflin·te** *f hunt.* duck (*od.* punt) gun. — **~ˌflott** *n* ⟨-(e)s; *no pl*⟩ *Northern G. bot. for* Entengrieß. — **~ˌflugˌzeug** *n aer. cf.* Ente 5. — **~ˌfuß** *m* **1.** duck's foot. – **2.** *bot.* duck's-foot, lime plant, podophyllum (*scient.*) (*Gattg Podophyllum*): Schildblätt(e)riger ~ shield-leaved duck's-foot, mayapple (*P. peltatum*). — **~ˌgras** *n bot.* floating poa (*Glyceria fluitans*). — **~ˌgrieß** *m*, **~ˌgrün** *n*, **~ˌgrüt·ze** *f* duckweed, water lentil (*Gattg Lemma*). — **~ˌjagd** *f hunt.* ducking, duck hunt. — **~ˌklein** *n gastr.* giblets *pl* of a duck. — **~ˌkü·ken** *n* duckling. — **~ˌmu·schel** *f zo.* goose (*od.* gooseneck) barnacle (*Lepas anatifera*). — **~ˌruf** *m hunt.* duck call. — **~ˌschen·kel** *m gastr.* duck's drumstick. — **~ˌschna·bel** *m* **1.** *zo.* duck's bill (*od.* beak). – **2.** *tech.* (*einer Drahtzange*) duckbill jaws *pl.* – **3.** *med.* speculum. — **~ˌschna·belˌwei·zen** *m bot.* duckbill (*od.* English) wheat (*Triticum turgidum*). — **~ˌschrot** *m, n hunt. cf.* Entendunst.

En·ten·te [ã'tãːt(ə)] *f* ⟨-; -n [-tən]⟩ *pol. hist.* entente: ~ cordiale entente cordiale; die Große [Kleine] ~ the Great [Little] Entente.

'En·tenˌteich *m* duck pond. — **~ˌmu·schel** *f zo.* goose mussel (*Anodonta anatina*).

'En·tenˌwal *m zo.* bottlehead, bottle-nosed (*od.* beaked) whale (*Hyperoodon ampullatus*).

en·te·ral [ɛnteˈraːl] *adj med.* enteric, enteral.
ˈEn·terˌbeil *n mar. hist.* grappling iron, *Br.* grappling-iron.
entˈer·ben I *v/t* ⟨*no* ge-, h⟩ **1.** disinherit, cut (*s.o.*) out of one's will (*colloq.*): **j-n bis auf den letzten Pfennig ~** to cut s.o. off with a cent (*Br.* shilling) (*colloq.*). – **2.** *jur.* a) exheridate, *auch* exheredate, b) (*verstoßen*) abdicate. – **II E~** *n* ⟨-s⟩ **3.** *verbal noun*. – **4.** *cf.* Enterbung.
ˈEn·terˌbrü·cke (*getr.* -k·k-) *f mar. hist.* boarding bridge.
Entˈerb·te *m, f* ⟨-n; -n⟩ disinherited person: **die Enterbten** *auch* the disinherited. — **Entˈer·bung** *f* ⟨-; *no pl*⟩ **1.** *cf.* Enterben. – **2.** disinheritance, *bes. Br.* disherison. – **3.** *jur.* exheredation.
ˈEn·terˌha·ken *m mar. hist.* grappling iron, *Br.* grappling-iron, grapnel.
En·te·rich [ˈɛntərɪç] *m* ⟨-s; -e⟩ *zo.* drake: **Wilder ~** mallard (*Anas platyrhynchos*).
en·te·risch [ɛnˈteːrɪʃ] *adj med.* enteric. — **En·teˈri·tis** [-teˈriːtɪs] *f* ⟨-; -tiden [-riˈtiːdən]⟩ enteritis.
en·tern [ˈɛntərn] *mar.* **I** *v/t* ⟨h⟩ (*Schiff*) board, grapple. – **II** *v/i* ⟨h *u.* sein⟩ go aloft: **in die Takelage ~** to climb up the shrouds (*od.* riggings); **enter auf!** away aloft! – **III E~** *n* ⟨-s⟩ *verbal noun*.
En·te·ro·ana·sto·mo·se [ɛnteroˀanastoˈmoːzə] *f* ⟨-; -n⟩ *med.* intestinal anastomosis, enteroanastomosis.
En·te·ro·kly·se [ɛnteroˈklyːzə] *f* ⟨-; -n⟩ *med.* enteroclysis.
En·te·ro·ko·li·tis [ɛnterokoˈliːtɪs] *f* ⟨-; -tiden [-liˈtiːdən]⟩ *med.* enterocolitis.
En·te·ro·lo·gie [ɛnteroloˈgiː] *f* ⟨-; *no pl*⟩ *med.* enterology.
En·te·ro·pto·se [ɛnteroˈptoːzə] *f* ⟨-; -n⟩ *med.* enteroptosis, visceroptosis.
En·te·ro·ste·no·se [ɛnterosteˈnoːzə] *f* ⟨-; -n⟩ *med.* intestinal stenosis, enterostenosis.
En·te·ro·sto·mie [ɛnterostoˈmiː] *f* ⟨-; -n [-ən]⟩ *med.* enterostomy.
En·te·ro·to·mie [ɛnterotoˈmiː] *f* ⟨-; -n [-ən]⟩ *med.* enterotomy.
ˈEn·te·rung *f* ⟨-; *no pl*⟩ *mar. cf.* Entern.
entˈfa·chen *v/t* ⟨*no* ge-, h⟩ **1.** *lit.* (*Brand etc*) kindle, set (*s.th.*) ablaze: **das Feuer ~** to kindle (*od.* light) the fire. – **2.** *fig. lit.* (*Begierde etc*) rouse, inflame, excite. – **3.** *fig.* (*Diskussion etc*) provoke, call forth. – **4.** *fig.* (*Revolution, Streit etc*) stir up, foment.
entˈfah·ren *v/i* ⟨*irr, no* ge-, sein⟩ slip out, escape s.o.'s lips: **ihr entfuhr ein Schrei** a scream escaped her lips, she let out a scream; **das ist mir nur so ~** *colloq.* it just slipped out (of me).
Entˈfall *m tech.* **1.** (*Schrott*) waste, spoiled work, scrap. – **2.** (*Verlust*) loss.
entˈfal·len *v/i* ⟨*irr, no* ge-, sein⟩ **1.** **j-m** (*od.* **j-s Händen**) **~** to fall (*od.* slip) from s.o.'s hands. – **2.** **j-m** (*od.* **j-s Gedächtnis**) **~** to escape s.o., to escape (*od.* slip) s.o.'s memory: **der Name ist mir im Augenblick ~** the name escapes me at the moment, I cannot remember the name now, I have forgotten the name; **die Einzelheiten waren ihm ~** the details had slipped his memory. – **3.** (*aus-, wegfallen*) be dropped (*od.* cancel[l]ed): „**entfällt**" (*auf Formularen*) "not applicable". – **4.** **auf j-n ~** (*von Anteil etc*) to fall (*od.* be given) to s.o., to be allotted to s.o., to fall to s.o.'s share: **auf Einzelhändler ~ 30%** a 30% commission is allotted to retailers. – **5.** **etwas entfällt auf** (*acc*) **etwas** (*in der Statistik etc*) s.th. accounts for s.th.: **auf Paris entfällt etwa ein Zehntel der Bevölkerung Frankreichs** about one tenth of the population of France lives in Paris. – **6.** *jur.* (*von Anspruch*) fall away.
entˈfal·ten I *v/t* ⟨*no* ge-, h⟩ **1.** (*Zeitung, Tuch etc*) unfold, open (*s.th.*) (out), spread (*s.th.*) out. – **2.** (*Flügel etc*) spread, extend, open. – **3.** (*Fahne, Segel*) unfurl. – **4.** *fig.* (*Persönlichkeit, Macht etc*) develop, *auch* develope, evolve: **seine Fähigkeiten voll ~ können** to have full scope for developing one's abilities. – **5.** *fig.* (*Aktivität, Mut etc*) display, show, exhibit. – **6.** *fig.* (*Pracht etc*) display, unfold. – **7.** *mil.* (*Truppen*) deploy. – **II** *v/reflex* **sich ~** **8.** (*von Knospe, Fallschirm etc*) open, unfold. – **9.** (*von Fahne, Segel etc*) unfurl. – **10.** *fig.* (*von Charakter etc*) develop, *auch* develope: **ihre Schönheit hat sich voll entfaltet** her beauty has come to full bloom. – **11.** *mil.* deploy. – **III E~** *n* ⟨-s⟩ **12.** *verbal noun*. — **Entˈfal·tung** *f* ⟨-; *no pl*⟩ **1.** *cf.* Entfalten. – **2.** (*von Macht etc*) development, *auch* developement, evolution: **die freie ~ der Persönlichkeit** the free development of personality; **sie brachte ihr Talent zur ~** she developed her talent. – **3.** (*von Mut, Prunk etc*) display, exhibition. – **4.** *mil.* deployment.
Entˈfal·tungs·geˌschwin·dig·keit *f aer.* opening speed.
entˈfär·ben I *v/t* ⟨*no* ge-, h⟩ **1.** remove the color (*bes. Br.* colour) (*od.* dye) from, decolor, *bes. Br.* decolour. – **2.** (*bleichen*) bleach. – **3.** *print.* (*Walzen*) deink, *Br.* de-ink. – **4.** *chem. tech.* decolor, *bes. Br.* decolour, decolorize, *bes. Br.* decolourize. – **II** *v/reflex* **sich ~** **5.** (*von Gesicht etc*) grow (*od.* turn) pale: **vor Schreck entfärbte sie sich** she turned pale with fright. – **6.** (*von Sachen etc*) lose its color (*bes. Br.* colour), discolor, *bes. Br.* discolour. – **III E~** ⟨-s⟩ **7.** *verbal noun*. – **8.** *cf.* Entfärbung. — **Entˈfär·ber** *m* ⟨-s; -⟩ *cf.* Entfärbungsmittel. — **Entˈfär·bung** *f* ⟨-; *no pl*⟩ **1.** *cf.* Entfärben. – **2.** decolor(iz)ation, *bes. Br.* decolour(iz)ation.
Entˈfär·bungsˌmit·tel *n* **1.** color (*bes. Br.* colour) (*od.* dye) remover. – **2.** *tech. chem.* decolorant, *bes. Br.* decolourant, decolo(u)rizer, decolo(u)rizing agent. – **3.** *print.* deinking (*Br.* de-inking) agent.
entˈfa·sern I *v/t* ⟨*no* ge-, h⟩ **1.** divest (*s.th.*) of fibers (*bes. Br.* fibres). – **2.** (*Bohnen*) string. – **II E~** *n* ⟨-s⟩ **3.** *verbal noun*. — **Entˈfa·se·rung** *f* ⟨-; -en⟩ **1.** *cf.* Entfasern. – **2.** divestment of fibers (*bes. Br.* fibres).
entˈfer·nen I *v/t* ⟨*no* ge-, h⟩ **1.** (*beseitigen*) remove, take (*s.th.*) away. – **2.** (*Flecken*) remove, take (*s.th.*) out. – **3.** *auch fig.* (*Hindernis etc*) remove, clear (*s.th.*) away. – **4.** (*lästige Haare etc*) remove, eliminate, (*stärker*) extirpate, eradicate. – **5.** (*wegstellen*) put (*s.th.*) aside, take (*s.th.*) away. – **6.** (*Trümmer, Erdmassen etc*) clear (*s.th.*) away, move, shift. – **7.** (*entlassen*) remove, dismiss: **j-n aus dem Dienst ~** to remove s.o. from office. – **8.** *euphem.* (*liquidieren*) remove, liquidate. – **9.** (*von einer Schule etc*) expel, eject. – **10.** (*aus einem Haus etc*) turn (*od. colloq.* throw) (*s.o.*) out. – **11.** (*ausstreichen*) strike (*od.* cross) (*s.th.*) out, remove, cancel: **einen Namen von einer Liste ~** to strike a name off a list. – **12.** *med.* a) (*operativ*) remove, b) (*durch Ätzen*) cauterize, c) (*Fremdkörper*) remove, dislodge. – **13.** *mil.* (*Truppen*) withdraw. – **14.** *jur.* (*aus dem Gerichtsbezirk*) eloign, *bes. Br.* cloin. – **II** *v/reflex* **sich ~** **15.** (*weggehen*) go away, leave: **wir hatten uns schon zu weit entfernt** we were already too far away; **sich unerlaubt von der Truppe ~** *mil.* to go absent without leave, *bes. Am.* to go awol (*auch* AWOL). – **16.** (*sich zurückziehen*) withdraw, retire. – **17.** (*verschwinden*) move away (*od.* off), move out of sight. – **18.** *fig.* (*vom Thema etc*) (**von** from) diverge, deviate, depart. – **19.** *fig.* (*sich entfremden*) estrange. – **III E~** *n* ⟨-s⟩ **20.** *verbal noun*. – **21.** *cf.* Entfernung 3—11.
entˈfernt I *pp.* – **II** *adj* **1.** (*entlegen*) distant, faraway, *Br.* far-away (*attrib*), far-off (*attrib*): **eine ~e Gegend** a distant region; **drei Meilen ~ sein** to be three miles away; **wie weit ist die nächste Stadt ~?** how far is the next town? **ein ziemliches Stück ~** a good way off (*od.* distance away); **ich war nur 10 Meilen davon ~** I was only 10 miles from there; **sie liegen 5 Meilen voneinander ~** they are 5 miles apart (*od.* from each other). – **2.** (*abgelegen*) remote, distant, faraway, *Br.* far-away (*attrib*), outlying: **sehr weit von der nächsten Ortschaft ~** far away from the next village. – **3.** *fig.* (*Verwandte*) remote, distant. – **4.** *fig.* (*Ähnlichkeit*) distant, remote, faint, vague. – **5.** *fig.* far: **weit ~!** far from it! **weit (davon) ~ sein, etwas zu tun** to be far from doing s.th. – **6.** *mus.* (*Tonart etc*) irrelative. – **7.** **gleichweit ~ von** *math.* equidistant from. – **III** *adv* **8.** (*entlegen*) far away: **sehr ~ wohnen** to live far away; **die Hütte liegt weit ~** the hut lies far away. – **9.** *fig.* (*weitläufig*) remotely, distantly: **sie sind ~ miteinander verwandt** they are distantly (*od.* remotely) related to one another. – **10.** *fig.* **nicht im ~esten** not in the least, not at all: **daran denke ich nicht im ~esten** I do not think of it in the least. — **Entˈfernt·heit** *f* ⟨-; *no pl*⟩ *lit.* remoteness.
Entˈfer·nung *f* ⟨-; -en⟩ **1.** *cf.* Entfernen. – **2.** (*räumlich*) distance: **in einer ~ von** at a distance of; **die ~ beträgt** the distance is; **aus der ~** from the distance; **die zurückgelegte ~** the distance covered. – **3.** (*Beseitigung*) removal. – **4.** (*von lästigen Haaren etc*) removal, elimination, (*stärker*) extirpation, eradication. – **5.** (*Entlassung*) dismissal, removal. – **6.** *euphem.* removal, liquidation. – **7.** (*Ausweisung*) expulsion, ejection. – **8.** (*Streichung*) removal, cancellation. – **9.** *med.* a) (operative) removal, b) (*eines Fremdkörpers*) extraction, removal. – **10.** *mil.* a) (*von Truppen*) withdrawal, b) **unerlaubte ~ von der Truppe** absence without leave, *bes. Am.* awol, *auch* AWOL. – **11.** *fig.* (*vom Thema etc*) deviation, departure, digression. – **12.** *fig.* (*Entfremdung*) estrangement. – **13.** *phot.* distance: **die ~ einstellen** to focus. – **14.** *astrol.* aspect. – **15.** *math. astr.* distance. – **16.** *mar.* distance, range. – **17.** *mil.* range.
Entˈfer·nungs|ˌanˌzei·ger *m* range indicator. — **~ˌeinˌstel·lung** *f* **1.** *mil.* range setting. – **2.** *phot.* a) (*Apparateteil*) focus(s)ing mount, b) (*Tätigkeit*) focus(s)ing, distance setting, c) (*Schnappschußeinstellung*) bracketing, zone focus(s)ing, d) (*Meßgerät*) range finder, *Br.* range-finder. — **~ˌfeh·ler** *m bes. mil.* distance (*od.* range) error. — **~ˌmes·ser** *m* ⟨-s; -⟩ **1.** range finder, *Br.* range-finder, telemeter. – **2.** (*Person*) range taker. — **~ˌmes·sung** *f* **1.** *bes. mil.* range finding, *Br.* range-finding, distance measurement. – **2.** telemetry. — **~ˌschät·zen** *n mil.* range estimation. — **~ˌschät·zung** *f phot.* distance estimating. — **~ˌska·la** *f phot.* focus(s)ing (*od.* distance) scale.
entˈfes·seln I *v/t* ⟨*no* ge-, h⟩ **1.** (*Kampf, Streit etc*) provoke, start: **einen Krieg ~** to start a war, to unleash the dogs of war (*lit.*). – **2.** (*Leidenschaften etc*) let loose, unleash, arouse, provoke: **einen stürmischen Beifall ~** to bring down the house (*colloq.*). – **3.** *rare* unchain. – **II E~** *n* ⟨-s⟩ **4.** *verbal noun*. — **entˈfes·selt I** *pp.* – **II** *adj fig.* raging, unleashed, uncontrolled: **die ~en Elemente** the raging elements, the fury of the elements; **~e Leidenschaft** uncontrolled passion. — **Entˈfes·se·lung** *f* ⟨-; *no pl*⟩ **1.** *cf.* Entfesseln. – **2.** *fig.* provocation.
Entˈfes·se·lungsˌkünst·ler *m* (*im Varieté*) escape artist.
Entˈfeß·lung *f* ⟨-; *no pl*⟩ *cf.* Entfesselung.
entˈfet·ten I *v/t* ⟨*no* ge-, h⟩ **1.** remove the fat (*od.* grease) from. – **2.** *chem. tech.* degrease, ungrease, unoil. – **3.** *metall.* (*Hartmetall*) dewax. – **II E~** *n* ⟨-s⟩ **4.** *verbal noun*. — **Entˈfet·tung** *f* ⟨-; *no pl*⟩ **1.** *cf.* Entfetten. – **2.** removal of fat (*od.* grease).
Entˈfet·tungs|diˌät *f med.* reducing (*od.* slimming) diet. — **~ˌkur** *f* reducing diet, slenderizing (*od.* slimming) course (*od.* cure, treatment): **eine ~ machen** to take a slenderizing course. — **~ˌmit·tel** *n* **1.** *chem. tech.* degreasing agent. – **2.** *med.* diet (*od.* weight-reducing) pill, *Br.* anti-fat (*od.* slimming) remedy. – **3.** (*textile*) (*für Wolle etc*) scour.
entˈfeuch·ten I *v/t* ⟨*no* ge-, h⟩ *tech.* dehumidify. – **II E~** *n* ⟨-s⟩ *verbal noun*. — **Entˈfeuch·tung** *f* ⟨-; *no pl*⟩ **1.** *cf.* Entfeuchten. – **2.** *tech.* dehumidification.
entˈfie·bert *adj* ⟨*pred*⟩ *med.* afebrile. — **Entˈfie·be·rung** *f* ⟨-; *no pl*⟩ defervescence.
entˈflamm·bar *adj* **1.** (*Holz, Heu etc*) (in)flammable, ignitable, *auch* ignitible. – **2.** **leicht ~ sein** *fig.* a) (*Gefühle etc*) to be easily kindled (*od.* roused, excited), b) (*Person*) to be easily inflamed with (*od.* roused to) passion, c) *humor.* to fall easily in love. — **Entˈflamm·bar·keit** *f* ⟨-; *no pl*⟩ **1.** (in)flammability, (in)flammableness, ignitability, *auch* ignitibility. – **2.** *tech.* flammability.
entˈflam·men I *v/t* ⟨*no* ge-, h⟩ **1.** *fig.* (*Person, Leidenschaften etc*) inflame, stir (*s.o.*, *s.th.*) up, rouse, fire: **j-n für eine neue Idee ~** to rouse (*od.* kindle) s.o.'s interest for a new idea; **er hat ihren Zorn entflammt** he has roused her anger (*od.* wrath). – **2.** *fig.* (*Streit etc*) kindle, excite, stir (*s.th.*) up. – **3.** *chem.* inflame. – **II** *v/i* ⟨sein⟩ **4.** (*von Glut etc*) burst into flames. – **5.** *fig.* (*von Gefühlen etc*) be inflamed (*od.* [a]roused, burning): **für j-n (in Liebe) ~** to fall in love with s.o., to become inflamed with love for s.o. – **6.** *fig.* (*von Streit etc*) break out, arise. – **7.** *fig. poet.* (*von Röte*) rise. – **8.** *tech.* a) inflame, ignite, fire, burn, b) (*aufblitzen*) flash. – **III** *v/reflex* ⟨h⟩ **9.** **sich an** (*dat*) **etwas ~** to be (a)roused (*od.* excited) by s.th. – **IV E~** *n* ⟨-s⟩ **10.** *verbal noun*. —

ent'flam·mend I *pres p.* – **II** *adj* inflammatory. — **Ent'flam·mung** *f* ⟨-; *no pl*⟩ **1.** *cf.* Entflammen. – **2.** *fig.* (*von Leidenschaften*) inflammation. – **3.** *fig.* (*von Streit etc*) excitement. – **4.** *tech.* inflammation. – **5.** *electr.* flash.

Ent'flam·mungs|,pro·be *f chem. phys.* flash test. — **~,punkt** *m* flash(ing) point, *Br.* flash(ing)-point.

ent'flech·ten I *v/t* ⟨*irr, no* ge-, h⟩ **1.** *econ.* (*Trusts, Kartelle etc*) deconcentrate, disintegrate, break up, decartelize. – **2.** disentangle. – **II E~** *n* ⟨-s⟩ **3.** *verbal noun.* — **Ent'flech·tung** *f* ⟨-; *no pl*⟩ **1.** *cf.* Entflechten. – **2.** *econ.* deconcentration, disintegration, decartelization. – **3.** disentanglement.

Ent'flech·tungs,ab,kom·men *n econ.* agreement on deconcentration of combines (*od.* trusts).

ent'flei·schen [-'flaɪʃən] *v/t* ⟨*no* ge-, h⟩ (*leather*) flesh.

ent'fleu·chen [-'flɔʏçən] *v/i* ⟨*no* ge-, sein⟩ **1.** *obs. for* entfliegen. – **2.** *humor. for* entfliehen.

ent'flie·gen *v/i* ⟨*irr, no* ge-, sein⟩ (*dat* from) fly away, escape.

ent'flie·hen *v/i* ⟨*irr, no* ge-, sein⟩ **1.** escape, flee, run away: **aus dem Gefängnis ~** to escape from prison; **der Gefahr ~** to run away from danger; **niemand kann seinem Schicksal ~** nobody can escape his fate; **j-m ~** to escape from s.o. – **2.** *fig. lit.* (*von Jugend, Zeit etc*) fly (by).

ent'flocken (*getr.* -k·k-) *v/t u. v/i* ⟨*no* ge-, h⟩ *chem.* deflocculate. — **Ent'flockung** (*getr.* -k·k-) *f* ⟨-; *no pl*⟩ deflocculation.

ent'flo·gen *pp of* entfliegen: (*in der Zeitung*) **~, gelber Wellensittich** escaped, yellow budgerigar.

Ent'flo·he·ne *m, f* ⟨-n; -n⟩ **1.** escaped prisoner, escapee. – **2.** fugitive.

ent'frem·den [-'frɛmdən] **I** *v/t* ⟨*no* ge-, h⟩ **1. j-n j-m ~** to alienate (*od.* estrange) s.o. from s.o., to turn s.o. away from s.o. – **2. etwas seinem Zweck ~** a) to put s.th. to improper use, to use s.th. for other purposes than originally intended, b) (*Geld*) to misappropriate s.th. – **3. sich ~** to become alienated (*od.* estranged), to drift apart, to become strangers to one another. – **4. sich j-m ~** to become alienated (*od.* estranged) from s.o., to become a stranger to s.o. – **II E~** *n* ⟨-s⟩ **5.** *verbal noun.* — **Ent'frem·dung** *f* ⟨-; -en⟩ **1.** *cf.* Entfremden. – **2.** alienation, estrangement: **es kam zu einer ~ zwischen ihnen** they became estranged (to one another).

ent'frit·ten *v/t* ⟨*no* ge-, h⟩ (*radio*) decohere. — **Ent'frit·ter** *m* ⟨-s; -⟩ decoherer. — **Ent'frit·tung** *f* ⟨-; *no pl*⟩ decoherence.

ent'fro·sten [-'frɔstən] **I** *v/t* ⟨*no* ge-, h⟩ (*Windschutzscheibe, Tiefkühlkost etc*) defrost. – **II E~** *n* ⟨-s⟩ *verbal noun.*

Ent'fro·ster *m* ⟨-s; -⟩ *auto.* (windshield, *bes. Br.* windscreen) defroster, deicer, *Br.* de-icer. — **~,dü·se** *f* defroster nozzle.

Ent'fro·stung *f* ⟨-; *no pl*⟩ *cf.* Entfrosten.

ent'füh·ren I *v/t* ⟨*no* ge-, h⟩ **1.** (*gewaltsam*) abduct, kidnap: **er wurde in ein anderes Land entführt** he was abducted (*od.* carried off) to a foreign country. – **2.** (*Mädchen, mit Zustimmung*) elope (*od.* run away) with: **sie ließ sich von ihrem Geliebten ~** she eloped with her lover. – **3.** (*Flugzeug*) hijack, high-jack, *Br.* highjack. – **4.** *fig. humor.* take (away): **du hast mir meinen Bleistift entführt** you have taken (away) my pencil. – **II E~** *n* ⟨-s⟩ **5.** *verbal noun.* – **6.** *cf.* Entführung 2, 3. — **Ent'füh·rer** *m* ⟨-s; -⟩ abductor, kidnapper. — **Ent'füh·rung** *f* ⟨-; -en⟩ **1.** *cf.* Entführen. – **2.** abduction. – **3.** (*mit Zustimmung*) elopement. – **4.** „**Die ~ aus dem Serail**", *colloq.* „**Die ~**" *mus.* "The Escape from the Seraglio" (*opera by Mozart*).

ent'ga·sen I *v/t* ⟨*no* ge-, h⟩ **1.** remove gas from, degas. – **2.** *mil.* degas, decontaminate. – **3.** *metall.* degasify, extract gas from (*s.th.*) (by distillation), deaerate, *Br.* de-aerate. – **II E~** *n* ⟨-s⟩ **4.** *verbal noun.* – **5.** *cf.* Entgasung. — **Ent'ga·ser** *m* ⟨-s; -⟩ *metall.* degasifier. — **ent'gast I** *pp.* – **II** *adj metall.* (*Stahl*) degasified, degassed. — **Ent'ga·sung** *f* ⟨-; *no pl*⟩ **1.** *cf.* Entgasen. – **2.** *mil.* decontamination. – **3.** *metall.* degasification, deaeration, *Br.* de-aeration.

ent'ge·gen *prep* ⟨*dat*⟩ **1.** contrary to, against: **~ allen Erwartungen** against all expectations; **~ seiner Gewohnheit** contrary to his habit; **das war allem vernünftigen Denken ~** that was against all resonable thinking; **~ dem Uhrzeigersinn** anticlockwise, *Br.* anti-clockwise, counterclockwise, *Br.* counter-clockwise. – **2.** contrary to, in opposition to, in the face of: **dem ~ müssen wir feststellen** contrary to that we must state. – **3.** (*Richtung*) toward(s): **der Sonne ~** toward(s) the sun. – **4.** against: **dem Wind ~** against (*od.* into) the wind; **dem Feind ~** against (*od.* at) the enemy. — **~,ar·bei·ten** *v/i* ⟨*sep*, -ge-, h⟩ **1. j-m ~** to work against s.o. – **2. einer Sache ~** a) (*einem Plan etc*) to work against (*od.* to counter, to interfere with) s.th., b) (*einem Einfluß etc*) to counteract s.th., c) (*einer Verschwörung etc*) to (try to) inhibit (*od.* thwart) s.th. — **~,blicken** (*getr.* -k·k-) *v/i* ⟨*sep*, -ge-, h⟩ **1. j-m ~** to look at s.o. – **2.** *cf.* entgegensehen 1. — **~,brin·gen** *v/t* ⟨*irr, sep*, -ge-, h⟩ **1. j-m etwas ~** to bring (*od.* carry) s.th. to(ward[s]) s.o. – **2. j-m [einer Sache] etwas ~** *fig.* to show (*od.* have) s.th. for s.o. [s.th.]: **j-m Sympathie [Vertrauen] ~** to show sympathy for [trust in] s.o.; **einer Sache Verständnis ~** to show understanding for s.th., to approach s.th. with understanding. — **~,ei·len** *v/i* ⟨*sep*, -ge-, sein⟩ **1. j-m ~** to hasten (*od.* hurry) toward(s) (*od.* to meet) s.o. – **2.** *fig. lit.* (*seinem Glück etc*) rush (*od.* hasten) (to *s.th.*). — **~,fah·ren** *v/i* ⟨*irr, sep*, -ge-, sein⟩ **j-m ~** a) (*mit dem Auto*) to drive toward(s) s.o., to go to meet s.o. in the car, b) (*mit dem Zug*) to go by train (*od.* to travel) to meet s.o.: **sie ist ihrer Schwester nach München entgegengefahren** she went to Munich to meet her sister. — **~,füh·ren** *v/t* ⟨*sep*, -ge-, h⟩ **1. j-n j-m ~** to lead s.o. to(ward[s]) (*od.* up to) s.o. – **2. j-n [etwas] einer Sache ~** to lead s.o. [s.th.] to s.th.: **ein Land besseren Zeiten ~** to lead a country to better times. – **3. etwas der Vollendung ~** to carry s.th. to its completion. — **~,ge·hen** *v/i* ⟨*irr, sep*, -ge-, sein⟩ **1. j-m ~** to go (*od.* walk) toward(s) s.o., to go to meet s.o. – **2. einer Sache ~** *fig.* a) to face (*od.* confront) s.th., b) (*schlechten Zeiten etc*) to be heading for s.th., to be faced with s.th., c) (*der Vollendung etc*) to be nearing s.th.: **sie gingen dem sicheren Tod ~** they were going to a certain death; **wir gehen unsicheren Zeiten ~** an uncertain future is lying ahead of us; **dem Ende ~** to draw to a close, to come to an end.

ent'ge·gen·ge,setzt I *pp.* – **II** *adj* **1.** (*Richtung, Sinn, Wirkung etc*) opposite: **im ~en Sinn des Uhrzeigers** anticlockwise, *Br.* anti-clockwise, counterclockwise, *Br.* counter-clockwise. – **2.** (*Meinung, Interessen etc*) contrary, opposed: **diametral ~** diametrically opposed; **einer Sache ~ sein** to be contrary (*od.* opposed) to s.th.; **einander ~** opposing. – **3.** (*Einflüsse etc*) opposing, antagonistic, warring. – **4.** *math.* a) (*Element*) inverse, b) (*Vorzeichen*) opposite. – **5.** *philos.* subcontrary. – **6.** *jur.* adverse. – **III** *adv* **7.** contrary: **er hat sich genau ~ verhalten** he did exactly the opposite, he acted quite contrary to our expectations. – **IV E~e, das** ⟨-n⟩ **8.** the opposite, the contrary.

ent'ge·gen·ge,setz·ten'falls *adv rare od. officialese for* **anderenfalls** 3.

ent'ge·gen|,hal·ten I *v/t* ⟨*irr, sep*, -ge-, h⟩ **1. j-m etwas ~** to hold out s.th. toward(s) s.o.: **j-m die Hand ~** to hold out (*od.* extend) one's hand to s.o. – **2. j-m etwas ~** *fig.* a) to point s.th. out to s.o., b) (*Fehler etc*) to confront s.o. with s.th. – **3. einer Sache etwas ~** a) (*als Einwand*) to say s.th. in rebuttal (*od.* objection) to s.th., b) (*als Vergleich*) to contrast s.th. with s.th.: **dem ist nichts entgegenzuhalten** there is nothing to say in objection to that. – **4.** *jur.* a) (*Tatsache*) set up (*s.th.*) as a bar, assert, b) (*im Patentrecht*) cite (*s.th.*) (in opposition): **eine Tatsache einem Anspruch ~** to set up a fact as a bar to a claim. – **II E~** *n* ⟨-s⟩ **5.** *verbal noun.* — **E~,hal·tung** *f* ⟨-; -en⟩ **1.** *cf.* Entgegenhalten. – **2.** *jur.* (*im Patentrecht*) citation, patent cited (against the present application). — **~,han·deln** *v/i* ⟨*sep*, -ge-, h⟩ **1. j-m [etwas] ~** to act against (*od.* contrary to) s.o. [s.th.]: **einander unbewußt ~** to be (*od.* play) at cross(-)purposes. – **2.** *cf.* zuwiderhandeln 2. — **~,jauch·zen, ~,ju·beln** *v/i* ⟨*sep*, -ge-, h⟩ **j-m ~** to greet s.o. with jubilation.

ent'ge·gen,kom·men *v/i* ⟨*irr, sep*, -ge-, sein⟩ **1. j-m ~** a) to come to meet s.o., b) (*von Fahrzeug etc*) to come toward(s) s.o., to approach s.o.: **j-m auf halbem Weg ~** a) to (come to) meet s.o. halfway, b) *fig.* to meet s.o. halfway, to make a compromise with s.o. – **2. j-m ~** *fig.* a) to meet (*od.* oblige) s.o., to comply with s.o.('s wishes), b) to make s.o. concessions, c) to co(-)operate with s.o. – **3.** *fig.* (*in Wendungen wie*) **j-s Wünschen ~** to comply with s.o.'s wishes, to humor (*bes. Br.* humour) s.o.'s wishes; **j-s Geschmack ~** to suit s.o.'s taste; **j-m freundlich ~** to receive s.o. in a friendly way.

Ent'ge·gen,kom·men *n* ⟨-s; *no pl*⟩ **1.** (*Gefälligkeit*) obligingness, kindness, courtesy, complaisance: **dank seinem freundlichen ~** thanks to his kindness. – **2.** (*Zugeständnis*) concession: **~ zeigen** to make concessions. – **3.** (*Zusammenarbeit*) cooperation, *Br. auch* co-operation.

ent'ge·gen,kom·mend I *pres p.* – **II** *adj* **1.** ⟨*attrib*⟩ (*Auto, Zug, Verkehr etc*) oncoming, approaching. – **2.** *fig.* obliging, kind, complaisant, accommodating: **sich ~ zeigen** to show oneself accommodating; **in ~er Weise** *cf.* entgegenkommenderweise. — **ent'ge·gen,kom·men·der·'wei·se** *adv* in an obliging manner (*od.* way), obligingly.

ent'ge·gen,lau·fen *v/i* ⟨*irr, sep*, -ge-, sein⟩ **1. j-m ~** to run toward(s) (*od.* to meet) s.o. – **2. einer Sache ~** *fig.* (*einer Meinung, Entwicklung etc*) to run (*od.* go) counter to s.th., to go against s.th., to clash (*od.* conflict) with s.th.

Ent'ge·gen,nah·me *f* ⟨-; *no pl*⟩ **1.** *cf.* Entgegennehmen. – **2.** receipt, acceptance: **wir sind zur ~ solcher Ansuchen nicht berechtigt** we are not authorized to accept (*od.* entertain) such applications. — **ent'ge·gen,neh·men I** *v/t* ⟨*irr, sep*, -ge-, h⟩ **1.** (*Brief, Dank, Geschenk, Spende etc*) accept. – **2.** (*Befehle, Glückwünsche etc*) receive. – **3.** (*Bestellung, Telefongespräch etc*) take. – **II E~** *n* ⟨-s⟩ **4.** *verbal noun.* – **5.** *cf.* Entgegennahme.

ent'ge·gen|,rei·sen *v/i* ⟨*sep*, -ge-, sein⟩ *cf.* entgegenfahren. — **~,rei·ten** *v/i* ⟨*irr, sep*, -ge-, sein⟩ **j-m ~** to ride toward(s) (*od.* to meet) s.o. — **~,ren·nen** *v/i* ⟨*irr, sep*, -ge-, sein⟩ *cf.* entgegenlaufen 1. — **~,rücken** (*getr.* -k·k-) *v/i* ⟨*sep*, -ge-, sein⟩ *mil.* (*dem Feind*) advance (*od.* march) (against). — **~,schal·len** *v/i* ⟨*auch irr, sep*, -ge-, h⟩ **j-m ~** to resound toward(s) s.o. — **~,schicken** (*getr.* -k·k-) *v/t* ⟨*sep*, -ge-, h⟩ **j-m j-n [etwas] ~** to send s.o. [s.th.] to meet s.o. — **~,schla·gen** *v/i* ⟨*irr, sep*, -ge-, sein *u.* h⟩ ⟨*dat*⟩ **1.** ⟨sein⟩ (*von Rauch, Geruch etc*) come surging (at *s.o.*). – **2.** ⟨sein⟩ (*von Flammen*) leap out (at *s.o.*). – **3.** ⟨sein⟩ (*von Lärm etc*) strike (*s.o.'s*) ear. – **4.** ⟨h⟩ *poet.* (*von Herz*) throb (for *s.o.*), go out (to *s.o.*). — **~,se·hen** *v/i* ⟨*irr, sep*, -ge-, h⟩ **1. einer Sache ~** a) (*erwartend*) to await (*od.* expect) s.th., b) (*freudig*) to look forward to s.th., c) (*mutig, entschlossen*) to face s.th., to brace oneself for s.th.: **dem Tod gelassen ~** to face death calmly, to look death calmly in the face; **wir sehen Ihrem Auftrag gern entgegen** *econ.* we look forward to your order; **einer Antwort ~d** *econ.* awaiting (*od.* in anticipation of) an early reply. – **2.** *cf.* entgegenblicken 1. — **~,seh·nen** *v/reflex* ⟨*sep*, -ge-, h⟩ **sich einer Sache ~** to be longing (*od.* yearning) for s.th. — **~,set·zen I** *v/t* ⟨*sep*, -ge-, h⟩ **1. j-m [einer Sache] Widerstand ~** to put up (*od.* offer) resistance to s.o. [s.th.], to oppose s.o. [s.th.]. – **2. einer Sache etwas ~** a) to say s.th. (in reply) against (*od.* contrary to) s.th., b) to contrast (*od.* compare) s.th. with s.th., to set s.th. against s.th.: **diesem Vorwurf hatte er nichts entgegenzusetzen** he had nothing with which to counter this reproach. – **II** *v/reflex* **3. sich einer Sache ~** to oppose s.th. — **~,ste·hen** *v/i* ⟨*irr, sep*, -ge-, h *u.* sein⟩ **1. j-m [etwas] ~** to oppose s.o. [s.th.], to be opposed to s.o. [s.th.], to stand in s.o.'s way [in the way of s.th.]: **dem steht nichts entgegen** nothing stands in its way, there are no objections to it. – **2. einer Sache ~** to contrast with s.th. – **3. einer Sache ~** *jur.* a) (*von Anspruch etc*) to conflict with (*od.* to be opposed to) s.th., b) (*ausschließen*) to bar (*od.* preclude) s.th., c) (*vernichten*) to defeat s.th.: falls nicht Ansprüche Dritter ~ unless barred by any adverse third-party claims. – 4. dem Feind ~ *mil.* to face the enemy. — **~,ste·hend I** *pres p.* – **II** *adj* **1.** conflicting, contradictory, opposing. – **2.** *jur.* (*Anspruch, Rechte etc*) adverse, conflicting. — **~,stel·len I** *v/t* ⟨*sep*, -ge-, h⟩ **1.** j-m etwas ~ (*Truppen etc*) to set s.th. against s.o. – **2.** *cf.* entgegensetzen 2. – **II** *v/reflex* **3.** sich j-m [etwas] ~ *fig.* to offer (*od.* put up) resistance to s.o. [s.th.], to oppose s.o. [s.th.]. – **4.** sich j-m ~ *fig.* (*von Schwierigkeiten etc*) to confront s.o., to be in s.o.'s way. – **5.** sich einer Sache ~ *fig.* (*von Schwierigkeiten etc*) to be in the way of s.th. — **~,stem·men** *v/reflex* ⟨*sep*, -ge-, h⟩ sich einer Sache ~ *fig.* to oppose (*od.* resist, withstand) s.th. — **~,stre·ben** *v/i* ⟨*sep*, -ge-, sein⟩ **1.** (*einer besseren Zukunft etc*) strive (for). – **2.** (*von Pflanze dem Licht*) strive (toward[s]). — **~,strecken** (*getr.* -k·k-) *v/t* ⟨*sep*, -ge-, h⟩ j-m etwas ~ to hold (*od.* stretch) out s.th. toward(s) (*od.* to) s.o. — **~,stür·zen** *v/i* ⟨*sep*, -ge-, sein⟩ j-m ~ to rush toward(s) s.o. — **~,tre·ten** *v/i* ⟨*irr*, *sep*, -ge-, sein⟩ **1.** j-m ~ a) to advance toward(s) s.o., to step up to s.o., b) *fig.* to oppose s.o. – **2.** einer Sache ~ *fig.* a) (*einer Ansicht etc*) to stand up to s.th., to confront (*od.* oppose) s.th., b) (*einem Mißbrauch etc*) to take steps against s.th., to counter s.th., c) (*einer Gefahr*) to face (*od.* meet) s.th., d) (*einem Gerücht etc*) to contradict (*od.* deny the truth of) s.th. — **~,we·hen** *v/i* ⟨*sep*, -ge-, h⟩ j-m ~ a) (*von Wind etc*) to blow into s.o.'s face, b) (*von Geruch etc*) to hit s.o. in the face, to meet s.o. — **~,wer·fen I** *v/t* ⟨*irr*, *sep*, -ge-, h⟩ **1.** j-m etwas ~ to throw s.th. at s.o. – **II** *v/reflex* **2.** sich j-m ~ to throw oneself into s.o.'s way. – **3.** sich einer Gefahr ~ *fig.* to throw (*od.* thrust) oneself into a danger. — **~,wir·ken** *v/i* ⟨*sep*, -ge-, h⟩ **1.** (*einem Plan, einer Absicht etc*) counter, interfere (with), work (against). – **2.** (*einem Einfluß etc*) counteract, work (against). – **3.** *phys.* (*der Schwerkraft etc*) counterbalance. — **~,wir·kend I** *pres p.* – **II** *adj med.* counteractive, counteracting: ~er Muskel antagonistic muscle, antagonist. — **~,zie·hen** *v/i* ⟨*irr*, *sep*, -ge-, sein⟩ *mil.* (*dem Feind etc*) advance (*od.* march) (toward[s]).

ent'geg·nen [-'geːgnən] **I** *v/i u. v/t* ⟨*no* ge-, h⟩ **1.** answer, reply: j-m höflich ~ to give s.o. a polite answer; er entgegnete nichts he answered nothing, he made no reply. – **2.** (*schlagfertig, kurz*) retort. – **II E~** *n* ⟨-s⟩ **3.** *verbal noun.* — **Ent'geg·nung** *f* ⟨-; -en⟩ **1.** *cf.* Entgegnen. – **2.** answer, reply: eine scharfe ~ a sharp reply. – **3.** (*schlagfertige*) retort. – **4.** (*in Zeitschrift etc*) rejoinder. – **5.** *jur.* (*Replik*) replication.

ent'ge·hen *v/i* ⟨*irr*, *no* ge-, sein⟩ **1.** einer Sache ~ (*einer Gefahr, Strafe etc*) to escape (*od.* avoid) s.th.: niemand kann seinem Schicksal ~ nobody can escape his fate. – **2.** j-m ~ (*von Fehler, Tatsache etc*) to escape (*od.* elude) s.o., to escape s.o.'s notice: etwas entgeht j-m s.th. escapes s.o., s.o. misses s.th., s.o. fails to notice s.th.; ihm entging kein Wort he did not miss a word; es kann ihm nicht ~, daß he cannot fail to notice that. – **3.** sich (*dat*) etwas ~ lassen (*Gelegenheit etc*) to miss s.th., to let s.th. slip by (*od.* escape): er ließ sich die Gelegenheit nicht ~ he seized the opportunity; er läßt sich nichts ~ he misses nothing, he does not miss anything, there is nothing that escapes him.

ent'gei·stert I *adj* thunderstruck, dum(b)founded, astonished, flabbergasted (*colloq.*). – **II** *adv* dum(b)foundedly: sie sah ihn ~ an she looked at him dumbfoundedly (*od.* with astonishment).

Ent'gelt *n*, *obs. auch m* ⟨-(e)s; *no pl*⟩ **1.** (*Vergütung*) remuneration, compensation, recompense, consideration, payment: gegen ~ against payment; ohne ~ free of (*od.* without) charge, for nothing, gratis, gratuitously. – **2.** (*Belohnung*) (monetary) reward. – **3.** (*Honorar*) fee: gegen ein geringes ~ for a small fee. – **4.** (*Gegenwert*) equivalent. – **5.** *jur.* consideration: als ~ für in consideration of; gegen hinreichendes ~ for adequate consideration.

ent'gel·ten *v/t* ⟨*irr*, *no* ge-, h⟩ **1.** j-m etwas ~ a) (*Arbeit etc*) to pay (*od.* remunerate) s.o. for s.th., b) *fig.* (*Gefälligkeit, Hilfe etc*) to repay s.o. for s.th. – **2.** j-n etwas ~ lassen *fig.* to make s.o. suffer (*od.* pay) for s.th. – **3.** etwas ~ müssen *fig.* to have to pay (*od.* atone, suffer) for s.th.: das wirst du mir ~ müssen! I'll make you pay for that!

ent'gelt·lich *adj u. adv* against payment, for (a monetary *od.* valuable) consideration (*bes. jur. econ.*). — **Ent'gelt·lich·keit** *f* ⟨-; *no pl*⟩ *jur.* consideration (*od.* payment) due to s.th.

ent'gif·ten I *v/t* ⟨*no* ge-, h⟩ **1.** *chem. med.* detoxicate, detoxify. – **2.** *mil.* decontaminate. – **3.** *fig.* (*Atmosphäre etc*) clear. – **II E~** *n* ⟨-s⟩ **4.** *verbal noun.* — **Ent'gif·tung** *f* ⟨-; *no pl*⟩ **1.** *cf.* Entgiften. – **2.** *chem. med.* detoxication, detoxification. – **3.** *mil.* (*von Gas*) decontamination.

Ent'gif·tungs|,an,la·ge *f chem.* detoxication plant. — **~,mit·tel** *n* **1.** detoxicating agent. – **2.** decontaminating agent, decontaminant. — **~,trupp** *m mil.* decontamination squad (*od.* team).

ent'glän·zen *v/t* ⟨*no* ge-, h⟩ (*textile*) deluster, *bes. Br.* delustre.

ent'gla·sen I *v/t* ⟨*no* ge-, h⟩ *tech.* devitrify. – **II E~** *n* ⟨-s⟩ *verbal noun.* — **Ent'gla·sung** *f* ⟨-; *no pl*⟩ **1.** *cf.* Entglasen. – **2.** devitrification.

ent'glei·sen [-'glaɪzən] **I** *v/i* ⟨*no* ge-, sein⟩ **1.** (*von Zug etc*) be derailed, leave (*od.* run off) the rails, jump the rails. – **2.** *fig.* (*sich taktlos benehmen*) make a slip (*od. lit.* faux pas), slip up, *Br. colloq.* drop a brick. – **II E~** *n* ⟨-s⟩ **3.** *verbal noun*: einen Zug zum E~ bringen to derail a train. — **Ent'glei·sung** *f* ⟨-; -en⟩ **1.** *cf.* Entgleisen. – **2.** (*eines Zuges etc*) derailment. – **3.** *fig.* slip, slip-up, gaffe, faux pas (*lit.*).

Ent'glei·sungs,vor,rich·tung *f* (*railway*) derail, *auch* derailer.

ent'glei·ten *v/i* ⟨*irr*, *no* ge-, sein⟩ **1.** j-m (*od.* j-s Händen) ~ to slip from s.o.'s hands. – **2.** j-m (*od.* j-s Hand) ~ *fig.* to grow (*od.* drift) away from s.o.

ent'göt·tern [-'gœtərn] *v/t* ⟨*no* ge-, h⟩ deprive (*s.th.*) of deities.

ent'gött·li·chen [-'gœtlɪçən] *v/t* ⟨*no* ge-, h⟩ deprive (*od.* strip) (*s.o.*) of his (*od.* her) divine nature.

ent'gran·nen [-'granən] *v/t* ⟨*no* ge-, h⟩ *agr.* awn. — **Ent'gran·ner** *m* ⟨-s; -⟩ awner, awn-cutter.

ent'gra·ten [-'graːtən] *tech.* **I** *v/t* ⟨*no* ge-, h⟩ **1.** *tech.* a) (*Bohr- od. Pressgrat beseitigen*) deburr, remove the burrs from, b) (*Gußgrat*) clip, c) (*Schmiedegrat*) trim. – **II E~** *n* ⟨-s⟩ **2.** *verbal noun.* – **3.** *cf.* Entgratung.

ent'grä·ten [-'grɛːtən] *v/t* ⟨*no* ge-, h⟩ (*Fisch*) fillet, bone.

Ent'grat·ma,schi·ne *f tech.* deburring machine.

Ent'gra·tung *f* ⟨-; *no pl*⟩ **1.** *cf.* Entgraten. – **2.** *tech.* removal of the burrs.

ent'haa·ren I *v/t* ⟨*no* ge-, h⟩ **1.** (*cosmetics*) remove superfluous hair from. – **2.** (*leather*) depilate, unhair. – **II E~** *n* ⟨-s⟩ **3.** *verbal noun.* – **4.** *cf.* Enthaarung. — **ent'haa·rend I** *pres p.* – **II** *adj* (*cosmetics*) depilatory. — **Ent'haa·rung** *f* ⟨-; *no pl*⟩ **1.** *cf.* Enthaaren. – **2.** (*cosmetics*) removal of superfluous hair. – **3.** (*leather*) a) depilation, unhairing, b) (*von Schaffellen*) rough-shearing.

Ent'haa·rungs|,creme *f* (*cosmetics*) depilatory (cream). — **~,mit·tel** *n* **1.** (*leather*) depilator. – **2.** (*cosmetics*) depilatory, (superfluous-)hair remover.

En·thal·pie [ɛntal'piː] *f* ⟨-; *no pl*⟩ *phys.* enthalpy.

ent'hal·ten[1] **I** *v/t* ⟨*irr*, *no* ge-, h⟩ **1.** contain: Luft enthält Sauerstoff air contains oxygen; das enthält ein Körnchen Wahrheit this contains a grain of truth. – **2.** (*bei Maßvergleichen*) contain, be equivalent to. – **3.** (*fassen*) hold. – **4.** (*umfassen*) comprise, include. – **5.** (*beinhalten*) contain, embody. – **II** *v/reflex* sich ~ **6.** refrain, abstain: sich nicht ~ können, etwas zu tun not to be able to refrain from doing s.th.; er konnte sich des Lachens nicht ~ he could not refrain from (*od.* help) laughing; sich des Alkohols ~ to abstain from drinking alcoholic beverages; sich der Stimme ~ a) *pol.* to abstain (from voting), b) *colloq.* to keep out of s.th., to remain neutral. – **III E~** *n* ⟨-s⟩ **7.** *verbal noun.* – **8.** *cf.* Enthaltung.

ent'hal·ten[2] **I** *pp of* enthalten[1]. – **II** *adj* in (*dat*) etwas ~ sein a) to be contained (*od.* included) in s.th., b) *math.* to go into s.th., to be contained in s.th.: im Preis nicht ~ sein to be not included in the price; 4 ist in 20 fünfmal ~ 4 goes into 20 five times.

ent'halt·sam *adj* **1.** abstemious, abstinent: sie ist ~, was Alkohol betrifft she is an abstinent person as far as alcohol is concerned. – **2.** (*maßvoll*) moderate, temperate: er ist im Trinken sehr ~ he is a moderate drinker. – **3.** (*geschlechtlich*) continent, abstinent. — **Ent'halt·sam·keit** *f* ⟨-; *no pl*⟩ **1.** abstemiousness, abstinence: gänzliche ~ total abstinence, teetotalism. – **2.** (*Mäßigkeit*) moderation, temperance. – **3.** (*geschlechtlich*) continence, *auch* continency, abstinence: ~ üben to practice continence.

Ent'hal·tung *f* ⟨-; *no pl*⟩ **1.** *cf.* Enthalten[1]. – **2.** (von from) abstention. – **3.** *bes. pol.* (*Stimmenthaltung*) abstention: bei 3 ~en with 3 abstentions. – **4.** ~ üben *relig.* to observe a fast. – **5.** *med.* (von from) a) abstinence, b) continence, sexual abstinence. – **6.** *philos.* (*von Schluß, Urteil*) epoche.

ent'här·ten I *v/t* ⟨*no* ge-, h⟩ (*Wasser*) soften. – **II E~** *n* ⟨-s⟩ *verbal noun.* — **ent'här·tet I** *pp.* – **II** *adj* (*Wasser*) soft. — **Ent'här·tung** *f* ⟨-; *no pl*⟩ *cf.* Enthärten.

Ent'här·tungs,mit·tel *n* (*für Wasser*) softening agent, softener.

ent'haup·ten [-'hauptən] **I** *v/t* ⟨*no* ge-, h⟩ **1.** behead, decapitate. – **2.** (*mit der Guillotine*) guillotine. – **II E~** *n* ⟨-s⟩ **3.** *verbal noun.* — **Ent'haup·tung** *f* ⟨-; -en⟩ **1.** *cf.* Enthaupten. – **2.** decapitation. – **3.** *geol.* a) (*eines Vulkans*) decapitation, b) (*eines Flusses*) degradation.

ent'häu·ten *v/t* ⟨*no* ge-, h⟩ **1.** (*Tier*) skin, flay. – **2.** (*Früchte*) skin, peel.

ent'he·ben I *v/t* ⟨*irr*, *no* ge-, h⟩ ⟨*gen*⟩ **1.** *lit.* (*einer Pflicht, Verantwortung etc*) relieve (*s.o.*) (of), release (*s.o.*) (from), absolve (*s.o.*) (from), set (*s.o.*) free (from): j-n aller Zweifel ~ to relieve s.o. of all his doubts. – **2.** (*eines Amtes, Postens etc*) relieve (*s.o.*) (of), release (*s.o.*) (from), remove (*s.o.*) (from), dismiss: j-n vorläufig seiner Arbeit ~ to suspend s.o. from work. – **3.** (*der Mühe, Entscheidung etc*) save, spare. – **II E~** ⟨-s⟩ **4.** *verbal noun.* — **Ent'he·bung** *f* ⟨-; *no pl*⟩ **1.** *cf.* Entheben. – **2.** (*von Pflichten etc*) relief, release. – **3.** (*vom Amt*) relief, release, removal, dismissal: vorläufige ~ suspension.

ent'hei·li·gen *v/t* ⟨*no* ge-, h⟩ profane, desecrate: den Sabbat ~ to profane (*od.* break) the sabbath (*auch* Sabbath). — **Ent'hei·li·gung** *f* ⟨-; *no pl*⟩ profanation, desecration.

ent'hem·men *psych.* **I** *v/t* ⟨*no* ge-, h⟩ disinhibit. – **II E~** *n* ⟨-s⟩ *verbal noun.* — **ent'hem·mend I** *pres p.* – **II** *adj* (*Wirkung etc*) disinhibitory. — **Ent'hem·mung** *f* ⟨-; *no pl*⟩ **1.** *cf.* Enthemmen. – **2.** disinhibition.

ent·he·roi'sie·ren [-heroi'ziːrən] *v/t* ⟨*no* ge-, h⟩ strip (*s.o.*) of his heroic aura.

ent'hül·len I *v/t* ⟨*no* ge-, h⟩ **1.** (*Gesicht, Körper etc*) uncover, bare, expose. – **2.** (*Denkmal etc*) unveil. – **3.** *fig. lit.* (*Geheimnis, Wesen etc*) reveal, disclose, divulge, unveil: j-m seine innersten Gefühle ~ to reveal one's innermost feelings to s.o.; der Brief enthüllte ihm, daß the letter revealed to (*od.* told) him that. – **4.** *fig. lit.* (*Verbrechen etc*) unmask, expose, bring (*s.th.*) to light: eine Lüge ~ to expose a lie. – **II** *v/reflex* sich ~ **5.** *lit.* (*von Landschaft, Ferne etc*) reveal (*od.* unveil) itself, lie open to s.o.'s view (*od.* gaze), be revealed. – **6.** *fig. lit.* (*von Wahrheit etc*) be revealed, be disclosed, be uncovered, reveal itself: jetzt enthüllte sich ihm der Sinn der Botschaft now the meaning of the message was revealed (*od.* became clear) to him. – **III E~** *n* ⟨-s⟩ **7.** *verbal noun.* — **Ent'hül·lung** *f* ⟨-; -en⟩ **1.** *cf.* Enthüllen. – **2.** exposure. – **3.** *fig. lit.* (*eines Geheimnisses etc*) revelation, disclosure, divulgence. – **4.** *fig.* (*enthülltes Geheimnis*) revelation, disclosure: sensationelle ~en sensational disclosures; ~en machen to make revelations. – **5.** *fig. lit.* (*eines Verbrechens etc*) exposure.

ent'hül·sen *v/t* ⟨*no* ge-, h⟩ **1.** (*Reis etc*) husk, hull, *bes. Am.* shuck. – **2.** (*Erbsen etc*) shell, hull.

en·thu·si·as·mie·ren [ɛntuzias'miːrən] **I** *v/t* ⟨*no* ge-, h⟩ fill (*s.o.*) with enthusiasm, rouse (*od.* move) (*s.o.*) to enthusiasm. – **II** *v/reflex* sich ~ become enthusiastic, be moved to enthusiasm: sich für etwas ~ to become enthusiastic about (*od.* at) s.th.

En·thu·si·as·mus [ɛntuˈzĭasmʊs] *m* ⟨-; *no pl*⟩ enthusiasm: j-s ~ dämpfen to damp(en) s.o.'s enthusiasm. — **En·thu·si'ast** [-ˈzĭast] *m* ⟨-en; -en⟩ enthusiast, fan (*colloq.*). — **en·thu·sia·stisch** [-ˈzĭastɪʃ] **I** *adj* enthusiastic. – **II** *adv* enthusiastically, with enthusiasm.

En·thy·mem [ɛntyˈmeːm] *n* ⟨-s; -e⟩ *philos.* (*in der Logik*) enthymeme.

ent·io·ni'sie·ren *v/t* ⟨*no* ge-, h⟩ *electr.* deionize, *Br.* de-ionize.

En·ti·tät [ɛntiˈtɛːt] *f* ⟨-; -en⟩ *philos.* entity.

ent'jung·fern [-ˈjʊŋfərn] **I** *v/t* ⟨*no* ge-, h⟩ deflower. – **II E~** *n* ⟨-s⟩ *verbal noun.* — **Ent'jung·fe·rung** *f* ⟨-; *no pl*⟩ defloration.

ent'kal·ken I *v/t* ⟨*no* ge-, h⟩ **1.** *chem.* decalcify, delime. – **2.** (*leather*) delime. – **II E~** *n* ⟨-s⟩ **3.** *verbal noun.* — **Ent'kal·kung** *f* ⟨-; *no pl*⟩ **1.** *cf.* Entkalken. – **2.** decalcification.

ent'kei·men I *v/t* ⟨*no* ge-, h⟩ **1.** (*Raum etc*) disinfect. – **2.** (*Watte etc*) sterilize. – **3.** (*Milch*) pasteurize. – **4.** *agr.* a) (*Weizen etc*) degerm, degerminate, b) (*Kartoffeln*) free (*potatoes*) from buds, remove the sprouts from. – **II** *v/i* ⟨sein⟩ **5.** *lit.* (*von Saat etc*) germinate, sprout. – **III E~** *n* ⟨-s⟩ **6.** *verbal noun.* — **Ent'kei·mung** *f* ⟨-; *no pl*⟩ **1.** *cf.* Entkeimen. – **2.** disinfection. – **3.** sterilization. – **4.** (*der Milch*) pasteurization. – **5.** *agr.* a) (*von Getreide*) degermination, b) (*von Kartoffeln*) removal of sprouts.

ent'ker·nen *v/t* ⟨*no* ge-, h⟩ **1.** (*Kirschen etc*) take the stone (*Am. auch* pit) out of, stone. – **2.** (*Äpfel etc*) take the core (*od.* the pips) out of, core. – **3.** (*Trauben etc*) take the seed out of, (de)seed. – **4.** *tech.* (*Gußstück*) remove (*od.* knock out) the cores of. — **Ent'ker·ner** *m* ⟨-s; -⟩ **1.** (*für Steinobst*) stoner. – **2.** (*für Trauben etc*) deseeder.

ent'kirch·li·chen [-ˈkɪrçlɪçən] **I** *v/t* ⟨*no* ge-, h⟩ estrange (*od.* alienate) (*s.o., s.th.*) from the church. – **II E~** *n* ⟨-s⟩ *verbal noun.* — **Ent'kirch·li·chung** *f* ⟨-; *no pl*⟩ **1.** *cf.* Entkirchlichen. – **2.** estrangement (*od.* alienation) from the church.

ent'klei·den I *v/t* ⟨*no* ge-, h⟩ **1.** j-n ~ to undress (*od.* unclothe, disrobe) s.o., to take s.o.'s clothes off. – **2.** j-n [etwas] einer Sache ~ *fig. lit.* to divest (*od.* strip, deprive) s.o. [s.th.] of s.th.: j-n seiner Würde ~ to divest (*od.* strip) s.o. of his dignity (*od.* rank); einen Raum seines Schmuckes ~ to strip a room of its decoration. – **II** *v/reflex* sich ~ **3.** undress, take one's clothes off, disrobe, strip. – **III E~** *n* ⟨-s⟩ **4.** *verbal noun.* — **Ent'klei·dung** *f* ⟨-; *no pl*⟩ **1.** *cf.* Entkleiden. – **2.** *fig. lit.* divestment, divestiture, deprivation.

Ent'klei·dungs,num·mer, ~,sze·ne *f* striptease (*Br.* strip-tease) act.

ent'klet·ten [-ˈklɛtən] *v/t* ⟨*no* ge-, h⟩ (*Wolle etc*) remove the bur(r)s from, deburr.

ent'knit·tern *v/t* ⟨*no* ge-, h⟩ (*textile*) make (*s.th.*) creaseproof.

ent'kno·ten I *v/t* ⟨*no* ge-, h⟩ (*Band etc*) unknot, undo, untie, loosen. – **II** *v/reflex* sich ~ untie, become undone.

ent'koh·len *chem.* **I** *v/t u. v/i* ⟨*no* ge-, h⟩ decarbonize, decarburize. – **II E~** *n* ⟨-s⟩ *verbal noun.* — **Ent'koh·lung** *f* ⟨-; *no pl*⟩ **1.** *cf.* Entkohlen. – **2.** decarbonization, decarburization.

ent·ko·lo·ni'sie·ren *v/t* ⟨*no* ge-, h⟩ decolonize.

ent'kom·men I *v/i* ⟨*irr, no* ge-, sein⟩ **1.** escape, get away, make one's escape (*od. colloq.* getaway): j-m ~ to escape (from) s.o., to give s.o. the slip; aus dem Gefängnis ~ to escape from prison; der Einbrecher entkam über die Mauer the burglar got away over the wall; wieder einmal war er der Strafe ~ once again he had escaped punishment (*od.* unpunished); mit knapper Not ~ to have a narrow escape (*od. colloq.* close shave). – **II E~** *n* ⟨-s⟩ **2.** *verbal noun.* – **3.** escape, getaway (*colloq.*): es gab kein E~ there was no escape; an ein E~ war nicht zu denken an escape was out of the question.

ent'kop·peln *v/t* ⟨*no* ge-, h⟩ *electr.* (*radio*) decouple, balance (*s.th.*) out.

ent'kor·ken *v/t* ⟨*no* ge-, h⟩ (*Flasche*) uncork, open, unstop, unstopper, unscrew.

ent'kör·nen *v/t* ⟨*no* ge-, h⟩ (*Baumwolle*) gin. — **Ent'kör·nungs·ma,schi·ne** *f* (cotton) gin.

ent'kör·per·licht [-ˈkœrpərlɪçt] *adj* spiritualized.

ent'kräf·ten [-ˈkrɛftən] **I** *v/t* ⟨*no* ge-, h⟩ **1.** weaken, enfeeble, debilitate: die Krankheit hat ihn entkräftet the illness has weakened him (*od.* sapped his strength). – **2.** (*erschöpfen*) exhaust, tire. – **3.** (*entnerven*) enervate. – **4.** *fig.* (*Argument etc*) weaken, invalidate. – **5.** *jur.* (*Beweis etc*) a) invalidate, b) (*widerlegen*) rebut, refute, defeat. – **II E~** *n* ⟨-s⟩ **6.** *verbal noun.* — **ent'kräf·tet I** *pp.* – **II** *adj* weak, feeble, effete. — **Ent'kräf·tung** *f* ⟨-; *no pl*⟩ **1.** *cf.* Entkräften. – **2.** enfeeblement, debilitation, effeteness. – **3.** (*Erschöpfung*) exhaustion: vor ~ sterben to die of exhaustion. – **4.** (*Entnervung*) enervation. – **5.** *fig.* invalidation. – **6.** *jur.* (*von Beweisen*) a) invalidation, b) rebuttal, rebutment, refutation, defeat. – **7.** *med.* exhaustion, prostration, lethargy, (*durch Hunger*) inanition.

ent'kramp·fen [-ˈkrampfən] *v/t* ⟨*no* ge-, h⟩ **1.** (*lockern*) (*Muskeln*) relax. – **2.** *fig.* (*Spannungen*) relax, ease: die Situation ~ to ease the situation.

ent'kup·fern [-ˈkʊpfərn] *v/t* ⟨*no* ge-, h⟩ *metall.* extract copper from. — **Ent'kup·fe·rung** *f* ⟨-; *no pl*⟩ copper extraction.

ent'kup·peln *v/t* ⟨*no* ge-, h⟩ *tech.* **1.** uncouple, unclutch. – **2.** *auto.* declutch, disconnect.

Ent'la·de|,brücke (*getr.* -k·k-) *f tech.* unloading (*od.* handling) bridge. — **~,dau·er** *f electr.* (*einer Batterie*) time of discharge, *auch* service life. — **~,frist** *f* time limit for unloading.

ent'la·den I *v/t* ⟨*irr, no* ge-, h⟩ **1.** (*Waggon, Ladung etc*) unload. – **2.** (*Schiff, Schiffsladung*) discharge, unload, (*Schiffsladung*) *auch* remove. – **3.** (*Schüttgut*) dump. – **4.** (*Gewehr etc*) unload, withdraw (*od.* remove) the ammunition from. – **5.** *fig.* (*Zorn etc*) vent, give vent (*od.* expression) to. – **6.** *electr.* (*Batterie etc*) discharge. – **II** *v/reflex* sich ~ **7.** (*von Gewitter etc*) break. – **8.** *fig.* (*von Spannung, Ärger etc*) discharge (*od.* vent) itself, be vented, break out: sein Zorn entlud sich über uns his anger was vented on us, he took his anger out on us. – **9.** *fig.* (*von Person*) give vent to one's anger. – **10.** (*von Gewehr etc*) go off, discharge. – **11.** (*von Sprengladung etc*) go off, explode. – **12.** *electr.* a) (*von Batterie*) discharge, run down, b) (*von Funken*) strike. – **III E~** *n* ⟨-s⟩ **13.** *verbal noun.* – **14.** (*eines Schiffes etc*) discharge. – **15.** (*von Schüttgut*) dump. – **16.** (*eines Gewehrs etc*) withdrawal (*od.* removal) of ammunition. – **17.** *cf.* Entladung.

Ent'la·der *m* ⟨-s; -⟩ **1.** (*Person*) unloader. – **2.** (*Reederei*) stevedore. – **3.** *tech.* (*Kippwagen*) dump car.

Ent'la·de|,ram·pe *f* unloading ramp (*od.* platform). — **~,span·nung** *f electr.* discharge voltage. — **~sta·ti,on** *f tech.* unloading station. — **~,strom** *m electr.* discharge current. — **~,vor,rich·tung** *f tech.* (*für Werkstücke*) unloading unit, (*Kippvorrichtung*) *Am.* tipple. — **~,wi·der,stand** *m electr.* discharge resistor, battery discharger.

Ent'la·dung *f* ⟨-; -en⟩ **1.** *cf.* Entladen. – **2.** (*einer Sprengladung etc*) explosion. – **3.** *electr.* a) (*einer Batterie etc*) discharge, b) (*von Funken*) stroke: plötzliche ~ disruptive discharge; übermäßige ~ overdischarge. – **4.** *meteor.* (*Gewitter*) burst. – **5.** *tech.* (*von Gütern*) discharge, unloading.

Ent'la·dungs,röh·re *f electr.* discharge tube (*bes. Br.* valve).

ent'lang I *prep* ⟨*nachgestellt acc, seltener dat; vorangestellt dat*⟩ along: die (*od.* der) Straße ~, ~ der Straße along (*od.* down) the street; den Fluß ~ (*od.* ~ dem Fluß) wuchsen Weiden willows grew along the river. – **II** *adv* along: an der Mauer ~ along the wall; an der Küste ~ along the coast, alongshore; hier ~, bitte! this way, please! — **~,ei·len** *v/i* ⟨*sep*, -ge-, sein⟩ hurry along. — **~,fah·ren** *v/i* ⟨*irr, sep*, -ge-, sein⟩ **1.** (*Straße etc*) drive (*od.* travel) along. – **2.** mit etwas an (*dat*) etwas ~ to run s.th. along s.th. — **~,füh·ren I** *v/i* ⟨*sep*, -ge-, h⟩ run along: die Straße führt am Hafen entlang the road runs along (*od.* by the side of) the harbo(u)r, the road skirts the harbo(u)r; der Weg führt dort entlang the path runs down there. – **II** *v/t* lead (*s.o., s.th.*) along. — **~,ge·hen** *v/i* ⟨*irr, sep*, -ge-, sein⟩ go (*od.* walk) along, walk. — **~,kom·men** *v/i* ⟨*irr, sep*, -ge-, sein⟩ come along (*od.* down). — **~,lau·fen** *v/i* ⟨*irr, sep*, -ge-, sein⟩ run along. — **~,schlei·chen** *v/i* ⟨*irr, sep*, -ge-, sein⟩ sneak (*od.* slink, stalk) along. — **~,se·geln** *v/i* ⟨*sep*, -ge-, sein⟩ sail along.

ent'lar·ven [-ˈlarfən] **I** *v/t* ⟨*no* ge-, h⟩ (*Verbrechen, Spion etc*) unmask, expose: einen Lügner ~ to expose a liar; etwas als Schwindel ~ to expose (*od.* reveal) s.th. as a fraud. – **II** *v/reflex* sich als j-d ~ to turn out to be s.o. – **III E~** *n* ⟨-s⟩ *verbal noun.* — **Ent'lar·vung** *f* ⟨-; -en⟩ **1.** *cf.* Entlarven. – **2.** exposure, disclosure.

ent'las·sen I *v/t* ⟨*irr, no* ge-, h⟩ **1.** dismiss, send (*s.o.*) away, let (*s.o.*) go: sie wurden huldvoll ~ they were graciously dismissed. – **2.** (*Patienten etc*) discharge: er wurde als geheilt ~ he was discharged as cured. – **3.** aus der Schule ~ werden *ped.* to leave school. – **4.** (*Arbeiter etc*) dismiss, discharge; (give [*s.o.*] the) sack, let (*s.o.*) go, fire (*colloq.*): einen Angestellten fristlos ~ to dismiss (*od.* discharge) an employee without notice. – **5.** *mil.* a) (*Soldat etc*) discharge (*Am. auch* separate) (*s.o.*) from the service, demobilize, *Am.* muster out, *Br. colloq.* demob, b) (*Truppe, Einheit*) demobilize, disband. – **6.** *mar.* (*Mannschaft*) discharge, pay off. – **7.** *jur.* a) (*freistellen*) discharge, release, b) (*Häftling etc*) release, discharge, set (*s.o.*) free, c) (*Gefangene*) liberate, d) (*Zeugen*) excuse (*s.o.*) from further attendance at (the) court, e) (*Körperschaft etc*) discharge: j-n aus einer Verbindlichkeit ~ to discharge (*od.* release) s.o. from an obligation; einen Strafgefangenen zur Bewährung ~ to release a prisoner on probation; j-n auf Ehrenwort bedingt ~ to release (*od.* put) s.o. on parole; j-n vorläufig ~ to grant s.o. a conditional discharge. – **II E~** *n* ⟨-s⟩ **8.** *verbal noun.* – **9.** *cf.* Entlassung.

Ent'las·se·ne *m, f* ⟨-n; -n⟩ **1.** person dismissed (*od.* discharged). – **2.** *jur.* ex-convict.

Ent'las·se·nen,für,sor·ge *f jur.* aftercare (*Br.* after-care) (for ex-convicts).

Ent'las·sung *f* ⟨-; -en⟩ **1.** *cf.* Entlassen. – **2.** dismissal. – **3.** (*eines Patienten etc*) discharge. – **4.** (*eines Angestellten etc*) dismissal, discharge, (*eines Beamten*) *auch* removal: fristlose ~ dismissal without notice; die Firma plant weitere ~en the firm is planning further dismissals; um seine ~ nachsuchen (*od.* bitten) (*von Beamten*) to ask for one's discharge, to tender (*od.* hand in) one's resignation. – **5.** *mil.* a) (*eines Soldaten*) discharge, b) (*von Truppen*) demobilization, disbandment: unehrenhafte ~ *Br.* discharge with ignominy, *Am.* dishonorable discharge. – **6.** *jur.* a) (*Freistellung*) discharge, release, b) (*eines Häftlings*) release, discharge, c) (*einer Körperschaft etc*) discharge: ~ zur Bewährung release on probation; bedingte [vorläufige] ~ conditional [provisional] release (*od.* discharge).

Ent'las·sungs|ent,schä·di·gung *f econ.* retirement bonus (pay). — **~,fei·er** *f ped.* graduation (*Br.* school-leaving) celebration. — **~,geld** *n mil.* discharge (*Am.* mustering-out) pay(ment). — **~ge,such** *n* **1.** (letter of) resignation: sein ~ einreichen to hand in one's resignation. – **2.** *jur.* petition for release (from custody). — **~,grund** *m* reason (*od.* grounds *pl*) for dismissal (*od.* discharge). — **~,la·ger** *n mil.* discharge camp, *Am.* separation center. — **~pa,pie·re** *pl* discharge papers. — **~,recht** *n jur.* right to discharge. — **~,schein** *m* certificate of discharge. — **~,schrei·ben** *n* letter of dismissal.

ent'la·sten I *v/t* ⟨*no* ge-, h⟩ **1.** (*Arbeitskraft etc*) relieve, lighten (*od.* ease) the burden of: j-n in seiner Arbeit ~ to relieve s.o. in his work; technische Geräte ~ die Hausfrau technical appliances make the housewife's life easier; j-n finanziell ~ to ease s.o.'s financial burden; sein Gedächtnis ~ to ease the burden on one's memory, not to overburden one's memory. – **2.** (*Verkehr, Strecke etc*) relieve, ease the load (*od.* strain) on. – **3.** (*Gewissen etc*) ease, unburden. – **4.** (*innerlich*) (von of) relieve. – **5.** *jur.* (*Angeklagten*) exonerate, exculpate, clear (*s.o.*) of a charge. – **6.** *econ.* a) (*Vor-*

stand) release (s.o.) after satisfactory audit, give (s.o.) a release, give formal approval to the actions of, b) (Schatzmeister) accept (od. pass) the accounts of, c) (Schuldner) discharge, release. – 7. econ. a) (Bilanz etc) reduce, b) (Arbeitsmarkt etc) improve, c) (Grundstück etc) disencumber, d) (Konto) credit: j-n für einen Betrag ~ to credit s.o.'s account with a sum, to credit a sum to s.o.'s account. – 8. civ.eng. relieve (of the load). – 9. metall. (entspannen) unstress, stress-relieve. – 10. tech. (ein Ventil) balance. – II v/reflex sich ~ 11. jur. exonerate oneself. – III E~ n ⟨-s⟩ 12. verbal noun. — **ent'la·stend** I pres p. – II adj jur. (Beweismaterial etc) exonerative, exculpatory.

Ent'la·stung f ⟨-; no pl⟩ 1. cf. Entlasten. – 2. relief: zu j-s ~ in order to ease s.o.'s burden (od. to take some of the burden off s.o.); das bedeutet eine große ~ für ihn that is a great relief for him; eine seelische ~ an unburdening of one's soul. – 3. jur. (eines Angeklagten) exoneration, exculpation, clearing (of a charge): zu seiner ~ führte er an in his defence (Am. defense) (od. to exonerate himself) he stated. – 4. econ. a) (des Vorstandes) release, formal approval, b) (des Schatzmeisters) acceptance of the accounts, c) (eines Schuldners) discharge, release: → erteilen 1. – 5. econ. a) (von Bilanz etc) reduction, b) (von Arbeitsmarkt etc) improvement. – 6. civ.eng. relief, unloading. – 7. metall. unstressing, stress relief.

Ent'la·stungs|,an,griff m mil. relief attack. — ~be,weis m jur. exonerating evidence, evidence for the defence (Am. defense). — ~,bo·gen m civ.eng. relieving arch. — ~ma·te·ri,al n jur. exonerating evidence, evidence for the defence (Am. defense). — ~of·fen,si·ve f mil. cf. Entlastungsangriff. — ~,stra·ße f bypass (road). — ~ven,til n tech. relief (od. by-pass) valve. — ~,zeu·ge m jur. witness for the defence (Am. defense). — ~,zug m (railway) extra (Br. relief) train. — ~,zün·der m mil. release(-type) fuse.

ent'lau·ben [-'laubən] I v/reflex ⟨no ge-, h⟩ sich ~ (von Baum etc) shed its leaves, be stripped of its leaves. – II v/t strip (od. bare) (s.th.) of leaves, defoliate (scient.). — **ent'laubt** I pp. – II adj (Baum, Wald) stripped (od. bared) of leaves, leafless, bare, defoliate (scient.).

ent'lau·fen[1] v/i ⟨irr, no ge-, sein⟩ (von Hund etc) (dat from) run away.

ent'lau·fen[2] I pp of entlaufen[1]: ~, weißer Spitz (in der Zeitung) lost, white pomeranian. – II adj runaway (attrib).

ent'lau·sen v/t ⟨no ge-, h⟩ delouse. — **Ent'lau·sungs,an,stalt** f delousing station.

ent'le·di·gen [-'leːdɪgən] I v/reflex ⟨no ge-, h⟩ sich ~ ⟨gen⟩ 1. (einer Person, Sache) get rid of, rid (od. free) oneself of: er entledigte sich seines Gegners he got rid of his rival; sich seiner Schulden ~ to rid oneself of (od. to pay off) one's debts. – 2. (eines Kleidungsstücks) take off. – 3. fig. (einer Verpflichtung etc) fulfil(l), discharge, acquit oneself of. – 4. fig. (eines Auftrages etc) execute, carry out. – II v/t 5. j-n einer Verpflichtung [Aufgabe] ~ fig. to release (od. exempt, discharge) s.o. from an obligation [a task]. – 6. j-n seiner Fesseln ~ auch fig. lit. to unchain (od. unshackle, free) s.o. – III E~ n ⟨-s⟩ 7. verbal noun. — **Ent'le·di·gung** f ⟨-; no pl⟩ 1. cf. Entledigen. – 2. riddance. – 3. (einer Pflicht etc) fulfil(l)ment, discharge, acquittal. – 4. (einer Aufgabe etc) execution. – 5. (Befreiung) (von from) release, exemption, discharge.

ent'lee·ren I v/t ⟨no ge-, h⟩ 1. (Briefkasten etc) empty, clear. – 2. (Faß, Tank etc) drain, empty. – 3. (Ballon etc) deflate. – 4. med. a) (Magen) empty, b) (Blase) void, c) (Darm) evacuate, d) (Eiter) discharge, drain. – II v/reflex sich ~ 5. (von Tank etc) empty. – 6. (von Ballon etc) deflate, collapse. – 7. med. a) empty, b) (von Eiter) be discharged. – III E~ n ⟨-s⟩ 8. verbal noun. — **Ent'lee·rung** f ⟨-; -en⟩ 1. cf. Entleeren. – 2. (eines Tanks etc) drainage. – 3. (eines Ballons) deflation. – 4. med. a) (des Darms) evacuation, b) (von Eiter) drainage.

Ent'lee·rungs|,hahn m tech. drain cock. — ~,vor,rich·tung f a) emptying (od. discharging) device, b) (für Flüssigkeiten) drainage appliance.

ent'le·gen adj 1. remote, out-of-the-way (attrib): an einem ~en Ort at a remote place; das Geschäft ist zu ~ the shop is too far out of the way. – 2. (abgeschieden) secluded, isolated. – 3. (entfernt) distant; faraway, Br. far-away, far-off (beide attrib). – 4. rare fig. (Gedanke etc) remote. — **Ent'le·gen·heit** f ⟨-; no pl⟩ 1. remoteness. – 2. (Abgeschiedenheit) seclusion, isolation.

ent'leh·nen I v/t ⟨no ge-, h⟩ (Wort, Gedanken, Methode etc) (dat od. aus od. von from) borrow, adopt, take. – II E~ n ⟨-s⟩ verbal noun. — **Ent'leh·nung** f ⟨-; -en⟩ 1. cf. Entlehnen. – 2. adoption.

ent'lei·ben v/reflex ⟨no ge-, h⟩ sich ~ lit. commit suicide, kill oneself.

ent'lei·hen I v/t ⟨irr, no ge-, h⟩ (Geld, Gegenstände) borrow: ein Buch (aus der Bibliothek) ~ to borrow (od. take out) a book from the (lending[-])library. – II E~ n ⟨-s⟩ verbal noun. — **Ent'lei·her** m ⟨-s; -⟩, **Ent'lei·he·rin** f ⟨-; -nen⟩ borrower. — **Ent'lei·hung** f ⟨-; -en⟩ cf. Entleihen.

'Ent·lein n ⟨-s; -⟩ 1. dim. of Ente 1. – 2. duckling: häßliches ~ fig. ugly duckling.

ent'lo·ben v/reflex ⟨no ge-, h⟩ sich ~ break off one's engagement. — **Ent'lo·bung** f ⟨-; -en⟩ breaking off one's engagement.

ent'locken (getr. -k·k-) I v/t ⟨no ge-, h⟩ 1. j-m etwas ~ fig. to draw (od. elicit, extract) s.th. from s.o., to wheedle (od. coax) s.th. out of s.o. (colloq.); j-m ein Geheimnis ~ to worm a secret out of s.o. (colloq.); j-m ein Geständnis ~ to draw a confession from s.o. – 2. lit. draw: einem Instrument süße Töne ~ to draw sweet tones from an instrument. – II E~ n ⟨-s⟩ 3. verbal noun. — **Ent'lockung** (getr. -k·k-) f ⟨-; no pl⟩ 1. cf. Entlocken. – 2. elicitation, extraction.

ent'loh·nen, Austrian and Swiss auch **ent'löh·nen** I v/t ⟨no ge-, h⟩ pay (s.o.) (off), remunerate: j-n schlecht ~ to underpay s.o.; j-n in Waren ~ to truck s.o. – II E~ n ⟨-s⟩ verbal noun. — **Ent'loh·nung**, Austrian and Swiss auch **Ent'löh·nung** f ⟨-; -en⟩ 1. cf. Entlohnen. – 2. payment, remuneration: angemessene ~ adequate remuneration.

Ent'loh·nungs|,fra·ge f econ. question of payment. — ~po·li,tik f payment policy.

ent'lüf·ten I v/t ⟨no ge-, h⟩ 1. (belüften) air, vent, ventilate. – 2. (Luft entfernen) deaerate, Br. de-aerate, deventilate. – 3. auto. a) (Druckluftbremse) bleed, air-vent, b) (Kurbelwanne) breathe. – 4. tech. exhaust. – 5. chem. deaerate, Br. de-aerate. – II E~ n ⟨-s⟩ 6. verbal noun.

Ent'lüf·ter m ⟨-s; -⟩ 1. ventilator. – 2. auto. a) (einer Druckluftbremse) bleeder, b) (einer Kurbelwanne) blower, breather. – 3. tech. (in der Hydraulik) bleeder. – 4. chem. deaerator, Br. de-aerator. – 5. (mining) ventilator, exhauster. — ~,rohr n auto. cf. Entlüftungsrohr 1. — ~,stut·zen m 1. tech. air vent plug (Br. vent-plug). – 2. auto. a) (der Druckluftbremse) bleeding socket, b) (der Kurbelwanne) breather pipe.

Ent'lüf·tung f ⟨-; -en⟩ 1. cf. Entlüften. – 2. (Lüftung) ventilation, deaeration, Br. de-aeration: mangelhafte ~ defective (od. inadequate) ventilation. – 3. (Luftentfernung) (gen from) evacuation of air. – 4. (mining) ventilation.

Ent'lüf·tungs|,an,la·ge f tech. ventilation (od. ventilating) plant (od. system). — ~,hahn m air relief cock. — ~,öff·nung f vent hole, Br. vent-hole, venting port. — ~,rohr n 1. auto. a) (Belüftung) breather tube, b) (Entlüftung) vent pipe. – 2. tech. (in der Hydraulik) bleeder tube. – 3. metall. vent pipe. — ~,schrau·be f auto. 1. (der Druckluftbremse) bleeder screw. – 2. (der Batterie, Einspritzdüse) air vent screw. — ~ven,til n 1. tech. ventilating valve. – 2. auto. (einer Flüssigkeitsbremse) bleeder valve.

ent'mach·ten [-'maxtən], auch **ent'mäch·ti·gen** [-'mɛçtɪgən] v/t ⟨no ge-, h⟩ pol. (Volk etc) deprive (s.o.) of political rights (od. power). — **Ent'mach·tung** f ⟨-; no pl⟩ deprivation of political rights (od. power).

ent·ma·gne·ti'sie·ren I v/t ⟨no ge-, h⟩ 1. demagnetize. – 2. mar. (Schiffe) degauss. – 3. electr. demagnetize, de-energize. – 4. mil. degauss. – II E~ n ⟨-s⟩ 5. verbal noun. — **Ent·ma·gne·ti'sie·rung** f ⟨-; no pl⟩ 1. cf. Entmagnetisieren. – 2. demagnetization.

ent·man·ga'nie·ren [-maŋga'niːrən] I v/t ⟨no ge-, h⟩ metall. demanganize. – II E~ n ⟨-s⟩ verbal noun. — **Ent·man·ga'nie·rung** f ⟨-; no pl⟩ 1. cf. Entmanganieren. – 2. demanganization.

ent'man·nen I v/t ⟨no ge-, h⟩ bes. med. castrate, emasculate, unman, sterilize (alle auch fig.). – II E~ n ⟨-s⟩ verbal noun. — **ent'mannt** I pp. – II adj castrate(d), emasculate(d) (auch fig.). — **Ent'mann·te** m ⟨-n; -n⟩ spado, castrate. — **Ent'man·nung** f ⟨-; no pl⟩ bes. med. 1. cf. Entmannen. – 2. castration, emasculation (auch fig.).

ent'ma·sten v/t ⟨no ge-, h⟩ mar. (Schiff) dismast, unmast.

ent·ma·te·ria·li'sie·ren I v/t ⟨no ge-, h⟩ nucl. dematerialize. – II E~ n ⟨-s⟩ verbal noun. — **Ent·ma·te·ria·li'sie·rung** f ⟨-; no pl⟩ 1. cf. Entmaterialisieren. – 2. dematerialization.

ent'men·schen [-'mɛnʃən], **ent'mensch·li·chen** [-'mɛnʃlɪçən] v/t ⟨no ge-, h⟩ dehumanize, brutalize, bestialize. — **ent'menscht** I pp. – II adj brutal, inhuman, barbarous. — **Ent'menscht·heit** f ⟨-; no pl⟩ brutality, bestiality, barbarity.

ent·mi·li·ta·ri'sie·ren I v/t ⟨no ge-, h⟩ pol. demilitarize. – II E~ n ⟨-s⟩ verbal noun. — **ent·mi·li·ta·ri'siert** I pp. – II adj (Zone etc) demilitarized. — **Ent·mi·li·ta·ri'sie·rung** f ⟨-; no pl⟩ 1. cf. Entmilitarisieren. – 2. demilitarization.

ent'mi·nen [-'miːnən] I v/t ⟨no ge-, h⟩ mil. clear (an area) of mines. – II E~ n ⟨-s⟩ verbal noun. — **Ent'mi·nung** f ⟨-; no pl⟩ 1. cf. Entminen. – 2. mine clearance.

ent'mi·schen I v/t u. sich ~ v/reflex ⟨no ge-, h⟩ 1. metall. segregate, liquate out. – 2. tech. demix. – 3. chem. (Öl etc) demulsify. – II E~ n ⟨-s⟩ 4. verbal noun. — **Ent'mi·schung** f ⟨-; no pl⟩ 1. cf. Entmischen. – 2. metall. liquation, segregation. – 3. chem. demulsification.

Ent'mi·schungs|,kör·per m, ~mi·ne,ral n geol. exsolution mineral.

ent·mo·bi·li'sie·ren v/t u. v/i ⟨no ge-, h⟩ mil. cf. demobilisieren.

ent'mün·di·gen [-'mʏndɪgən] jur. I v/t ⟨no ge-, h⟩ j-n ~ to place s.o. under (legal) disability, to (legally) incapacitate s.o. – II E~ n ⟨-s⟩ verbal noun. — **ent'mün·digt** I pp. – II adj under (legal) disability, (legally) incapacitated: beschränkt ~ under partial disability. — **Ent'mün·dig·te** m, f ⟨-n; -n⟩ person (placed) under disability, legally incapacitated person, incompetent person. — **Ent'mün·di·gung** f ⟨-; -en⟩ 1. cf. Entmündigen. – 2. a) (legal) incapacitation, declaration of (s.o.'s) disability (od. incompetency), b) (wegen Geisteskrankheit) interdiction.

Ent'mün·di·gungs|be,schluß m jur. interdiction order. — ~,ur·teil n interdiction decree. — ~ver,fah·ren n (legal) proceedings pl of interdiction (od. incapacitation).

ent'mu·ti·gen [-'muːtɪgən] I v/t ⟨no ge-, h⟩ discourage, dishearten: sie läßt sich leicht ~ she easily gets discouraged. – II E~ n ⟨-s⟩ verbal noun. — **ent'mu·ti·gend** I pres p. – II adj discouraging, disheartening. — **ent'mu·tigt** I pp. – II adj discouraged, disheartened. — **Ent'mu·ti·gung** f ⟨-; -en⟩ 1. cf. Entmutigen. – 2. discouragement, disheartenment: tiefe ~ despondency. – 3. psych. discouragement.

ent·my·tho·lo·gi'sie·ren I v/t ⟨no ge-, h⟩ relig. demythologize. – II E~ n ⟨-s⟩ verbal noun. — **Ent·my·tho·lo·gi'sie·rung** f ⟨-; no pl⟩ 1. cf. Entmythologisieren. – 2. demythologization.

Ent'nah·me f ⟨-; -n⟩ 1. cf. Entnehmen. – 2. ⟨only sg⟩ removal. – 3. ⟨only sg⟩ (von Dampf etc) extraction. – 4. ⟨only sg⟩ econ. (von Geld) withdrawal. – 5. (literature) (eines Zitats etc) quotation, adoption. – 6. meist pl econ. (entnommene Beträge) drawing, withdrawal. – 7. meist pl agr. (Proben) sampling. — ~be,zirk m med. (von Transplantaten) donor area. — ~,kreis m electr. load circuit. — ~,men·ge f geol. draft: zulässige ~ safe yield.

ent·na·tio·na·li'sie·ren I v/t ⟨no ge-, h⟩ pol. denationalize. – II E~ n ⟨-s⟩ verbal noun. — **Ent·na·tio·na·li'sie·rung** f ⟨-; no pl⟩ 1. cf. Entnationalisieren. – 2. denationalization.

ent·na·zi·fi'zie·ren [-natsifi'tsiːrən] pol. hist. I v/t ⟨no ge-, h⟩ denazify. – II E~ n ⟨-s⟩ verbal noun. — **Ent·na·zi·fi'zie·rung** f ⟨-; no pl⟩ 1. cf. Entnazifizieren. – 2. denazification.

Ent·na·zi·fi'zie·rungs|ge|setz *n jur. hist.* denazification law. — **~ver|fah·ren** *n* (legal) proceedings *pl* of denazification.

ent'ne·beln I *v/t* ⟨*no* ge-, h⟩ *chem.* clear (*s.th.*) of fumes. – **II E~** *n* ⟨-s⟩ *verbal noun.* —**Ent'ne·be·lung** *f* ⟨-; *no pl*⟩ *cf.* Entnebeln.

ent'nehm·bar *adj* inferable, inferrible, deducible.

ent'neh·men I *v/t* ⟨*irr, no* ge-, h⟩ **1.** (*herausnehmen*) take (*s.th.*) (out of, from), remove: die Pflanze entnimmt ihre Nahrung dem Boden the plant draws its nutrients from the soil; er entnahm seiner Brieftasche einen Schein he took a note (*Am* bill) from his wallet; einer Vene Blut ~ *med.* to draw blood from a vein. – **2.** (*Wasser etc*) use. – **3.** *econ.* (*Geld*) withdraw, draw (*od.* take) out: einen Betrag auf j-n ~ *archaic* to draw upon s.o. for a sum. – **4.** (*Zitat etc*) draw, take, borrow, quote, adopt: diese Zahlen wurden dem amtlichen Bericht entnommen these figures were taken from the official report. – **5.** etwas einer Sache (*od.* aus etwas) ~ *fig.* to infer (*od.* gather, deduce, conclude, understand) s.th. from s.th.: (aus) seinen Ausführungen war nicht zu ~, ob it was not clear from his remarks whether; ich entnahm dem Artikel, daß I gathered (*od.* learnt) from the article that. – **II E~** *n* ⟨-s⟩ **6.** *verbal noun.* – **7.** *cf.* Entnahme.

ent'ner·ven [-'nɛrfən] **I** *v/t* ⟨*no* ge-, h⟩ enervate, unnerve, enfeeble, weaken, emasculate. – **II E~** *n* ⟨-s⟩ *verbal noun.* — **ent'ner·vend I** *pres p.* – **II** *adj* **1.** (*Lärm etc*) nerve-racking (*auch* -wracking). – **2.** (*Klima etc*) enervating. — **ent'nervt I** *pp.* – **II** *adj* enervate(d), unnerved. — **Ent'ner·vung** *f* ⟨-; *no pl*⟩ **1.** *cf.* Entnerven. – **2.** enervation, enfeeblement, weakness.

ent'nie·ten *v/t* ⟨*no* ge-, h⟩ *tech.* unrivet.

ent·ni·ko·ti·ni'sie·ren [-nikotini'ziːrən] *v/t* ⟨*no* ge-, h⟩ denicotinize.

ent'nom·men I *pp of* entnehmen. – **II** *adj* **1.** taken, drawn. – **2.** (*Wasser etc*) used. – **3.** *bes. econ.* drawn, withdrawn: nicht ~e Gewinne undistributed profits. – **4.** (*Zitat etc*) taken, drawn, borrowed, quoted, adopted: die dem Buch ~en Zeilen the lines quoted from the book.

En·to·blast [ɛnto'blast] *n* ⟨-(e)s; -e⟩ *biol.* entoblast, endoblast, endoderm, hypoblast. — **en·to'bla·stisch** *adj* entoblastic, endoblastic.

En·to·derm [ɛnto'dɛrm] *n* ⟨-s; -e⟩ *biol.* endoderm, entoderm. — **en·to·der'mal** [-'maːl] *adj* endodermal, endodermic, entodermal, entodermic.

ent'ölen I *v/t* ⟨*no* ge-, h⟩ remove oil from, unoil. – **II E~** *n* ⟨-s⟩ *verbal noun.* — **Ent'öler** *m* ⟨-s; -⟩ **1.** *tech.* oil separator. – **2.** *auto.* (*an der Bremse*) oil trap. — **ent'ölt I** *pp.* – **II** *adj* free of oil: ~er Kakao cocoa freed from oil and fat.

En·to·mo·lo·ge [ɛntomo'loːgə] *m* ⟨-n; -n⟩ entomologist. — **En·to·mo·lo'gie** [-lo'giː] *f* ⟨-; *no pl*⟩ entomology. — **en·to·mo'lo·gisch** *adj* entomological, *auch* entomologic.

en·to·mo·phil [ɛntomo'fiːl] *adj bot.* entomophilous.

En·to·pa·ra·sit [ɛntopara'ziːt] *m* ⟨-en; -en⟩ *zo.* endoparasite, entoparasite.

en·to·pisch [ɛn'toːpɪʃ] *adj med. zo.* entopic.

En·to·plas·ma [ɛnto'plasma] *n* ⟨-s; -men⟩ *biol.* endoplasm, endoplasma.

ent·op·tisch [ɛn'tɔptɪʃ] *adj med.* entoptic.

ent·otisch [ɛn'toːtɪʃ] *adj med.* entotic.

En·to·zo·on [ɛnto'tsoːɔn] *n* ⟨-(s); -zoen *u.* -zoa [-'tsoːa]⟩ *meist pl zo.* **1.** entozoon. – **2.** intestinal worm.

ent'packen (*getr.* -k·k-) *v/i* ⟨*no* ge-, h⟩ (*computer*) unpack.

ent·per'sön·li·chen [-pɛr'zøːnlɪçən] *v/t* ⟨*no* ge-, h⟩ *psych.* depersonalize. — **Ent·per'sön·li·chung** *f* ⟨-; *no pl*⟩ depersonalization.

ent'pflich·ten [-'pflɪçtən] **I** *v/t* ⟨*no* ge-, h⟩ **1.** retire (*s.o.*) (from active service). – **2.** *cf.* emeritieren. – **II E~** *n* ⟨-s⟩ **3.** *verbal noun.* — **Ent'pflich·tung** *f* ⟨-; -en⟩ *cf.* Entpflichten.

ent'pfrop·fen *v/t* ⟨*no* ge-, h⟩ *cf.* entkorken.

ent'pfrün·den [-'pfrʏndən] *v/t* ⟨*no* ge-, h⟩ *relig.* (*Kirche etc*) disendow.

ent'phos·pho·ren [-'fɔsfoːrən] **I** *v/t* ⟨*no* ge-, h⟩ *metall.* dephosphorize, remove phosphorus from. – **II E~** *n* ⟨-s⟩ *verbal noun.* — **Ent'phos·pho·rung** *f* ⟨-; *no pl*⟩ **1.** *cf.* Entphosphoren. – **2.** dephosphorization, removal of phosphorus.

ent'plom·ben [-'plɔmbən] *v/t* ⟨*no* ge-, h⟩ unseal.

ent·po·la·ri'sie·ren I *v/t* ⟨*no* ge-, h⟩ *phys.* depolarize. – **II E~** *n* ⟨-s⟩ *verbal noun.* — **Ent·po·la·ri'sie·rung** *f* ⟨-; *no pl*⟩ **1.** *cf.* Entpolarisieren. – **2.** depolarization.

ent·po·li·ti'sie·ren I *v/t* ⟨*no* ge-, h⟩ *pol.* (*Leben, Erziehung etc*) depoliticalize. – **II E~** *n* ⟨-s⟩ *verbal noun.* — **Ent·po·li·ti'sie·rung** *f* ⟨-; *no pl*⟩ *cf.* Entpolitisieren.

ent·pro·le·ta·ri'sie·ren I *v/t* ⟨*no* ge-, h⟩ *econ.* deproletarianize. – **II E~** *n* ⟨-s⟩ *verbal noun.* — **Ent·pro·le·ta·ri'sie·rung** *f* ⟨-; *no pl*⟩ **1.** *cf.* Entproletarisieren. – **2.** deproletarianization.

ent'pül·pen [-'pʏlpən] *v/t* ⟨*no* ge-, h⟩ *tech.* [(*Zucker*) depulp.]

ent'pup·pen [-'pʊpən] *v/reflex* ⟨*no* ge-, h⟩ sich ~ **1.** *zo.* (*von Schmetterling*) burst (*od.* emerge from) the chrysalis (*od.* cocoon). – **2.** *fig. colloq.* turn out (*od.* reveal oneself, show oneself) to be: er entpuppte sich als (ein) Schwindler he turned out to be a swindler; der hat sich ganz schön entpuppt *colloq.* he has shown himself in his true colo(u)rs.

ent'quel·len *v/i* ⟨*irr, no* ge-, sein⟩ *lit.* (*von Wasser etc*) gush forth, spring, well out, flow (*alle auch fig.*): heißer Dampf entquoll der Erde hot steam welled up out of the earth; heiße Tränen entquollen ihren Augen hot tears gushed (forth) from her eyes.

ent'raf·fen *v/t* ⟨*no* ge-, h⟩ *poet. cf.* entreißen 1.

ent'rah·men I *v/t* ⟨*no* ge-, h⟩ **1.** *gastr.* (*Milch*) a) cream (off), remove the cream from, skim, b) (*in der Zentrifuge*) separate. – **2.** (*rubber*) (*Latex*) cream (*od.* skim) off. – **II E~** *n* ⟨-s⟩ **3.** *verbal noun.* — **Ent'rah·mer** *m* ⟨-s; -⟩ *tech.* cream separator, creamer. — **ent'rahmt I** *pp.* – **II** *adj* skim (*attrib*), skimmed, creamed. — **Ent'rah·mung** *f* ⟨-; *no pl*⟩ *cf.* Entrahmen.

ent'ra·ten *v/i* ⟨*irr, no* ge-, h⟩ *lit. archaic* (*entbehren*) do without, dispense with: einer Sache [j-s] nicht ~ können not to be able to do without (*od.* to dispense with) s.th. [s.o.].

ent'rät·sel·bar *adj* **1.** solvable, soluble. – **2.** (*Schrift etc*) decipherable.

ent'rät·seln I *v/t* ⟨*no* ge-, h⟩ *fig.* **1.** (*Geheimnis etc*) puzzle (*s.th.*) out, clear (*s.th.*) up, unravel, solve. – **2.** (*Schrift etc*) decipher. – **II E~** *n* ⟨-s⟩ **3.** *verbal noun.* — **Ent'rät·se·lung, Ent'räts·lung** *f* ⟨-; -en⟩ **1.** *cf.* Enträtseln. – **2.** unravelment. – **3.** (*einer Schrift*) decipherment.

ent'rat·ten [-'ratən] *v/t* ⟨*no* ge-, h⟩ (*Schiff etc*) free (*s.th.*) from rats, derat, ratproof. — **Ent'rat·tung** *f* ⟨-; *no pl*⟩ deratization.

En·tre·akt [ɑ̃tər'ˀakt] *m* ⟨-(e)s; -e⟩ (*theater*) entr'acte, interlude. [entrechat.]

En·tre·chat [ɑ̃tər'ʃaː] *m* ⟨-s; -s⟩ *choreogr.*

ent'rech·ten I *v/t* ⟨*no* ge-, h⟩ (*der Rechte berauben*) deprive (*s.o.*) of (civic *od.* civil) rights, dis(en)franchise. – **II E~** *n* ⟨-s⟩ *verbal noun.* — **ent'rech·tet I** *pp.* – **II** *adj* underprivileged. — **Ent'rech·te·te** *m, f* ⟨-n; -n⟩ underprivileged person, (*stärker*) pariah. — **Ent'rech·tung** *f* ⟨-; -en⟩ **1.** *cf.* Entrechten. – **2.** deprivation of (civic *od.* civil) rights, dis(en)franchisement.

En·tre·cote [ɑ̃tər'koːt] *n* ⟨-(s); -s⟩ *gastr.* entrecote, rib of beef.

En·tree [ɑ̃'treː] *n* ⟨-s; -s⟩ **1.** *gastr.* entrée. – **2.** *mus.* (*Vorspiel, bes. beim Ballett*) entrée. – **3.** *archaic od. Austrian for* Eingangshalle. – **4.** *archaic od. Austrian for* Eintrittsgebühr.

ent'rei·ßen I *v/t* ⟨*irr, no* ge-, h⟩ **1.** j-m etwas [j-n] ~ to snatch (*od.* tear, wrench, wrest) s.th. [s.o.] from s.o. (*auch fig.*): er entriß ihm das Messer he snatched the knife from him; j-m den Sieg ~ *fig.* to snatch victory from s.o.; der Tod hat ihn uns entrissen *fig.* death has snatched (*od.* torn, taken) him away from us. – **2.** *poet.* save, rescue: etwas der Vergangenheit ~ to save s.th. from oblivion; j-n den Fluten ~ to save (*od.* rescue) s.o. from the floods. – **II** *v/reflex* **3.** *poet.* sich j-m [j-s Armen] ~ to tear oneself from s.o. [s.o.'s arms].

En·tre·lacs [ɑ̃tər'laː] *n* ⟨- [-'laː(s)]; - [-'laːs]⟩ *meist pl* **1.** *arch.* interlacing, interlaced design, tracery, strapwork. – **2.** *print.* (*Bandverschlingungen*) interlacings *pl.*

En·tre·mets [ɑ̃tər'meː] *n* ⟨- [-'meː(s)]; - [-'meːs]⟩ *gastr. obs.* entremets.

en·tre nous [ɑ̃trə'nu] (*Fr.*) *adv* between ourselves, between you and me, entre nous.

En·tre·pot [ɑ̃tər'poː] *n* ⟨-; -s⟩ *econ. cf.* Zollniederlage.

En·tre·pre·neur [ɑ̃tərprə'nøːr] *m* ⟨-s; -e⟩ *econ.* entrepreneur.

En·tre·pri·se [ɑ̃tər'priːzə] *f* ⟨-; -n⟩ *econ. obs. for* Unternehmen 1.

En·tre·sol [ɑ̃tər'sɔl] *n* ⟨-s; -s⟩ *arch. obs. for* Zwischengeschoß.

ent'richt·bar *adj* payable, dischargeable.

ent'rich·ten I *v/t* ⟨*no* ge-, h⟩ **1.** (*Beiträge, Steuern, Gebühren*) pay (off), discharge. – **2.** *fig.* (*Dank etc*) extend, offer: j-m seinen Tribut ~ to offer (*od.* pay) one's tribute to s.o. – **II E~** *n* ⟨-s⟩ **3.** *verbal noun.* — **Ent'rich·tung** *f* ⟨-; -en⟩ **1.** *cf.* Entrichten. – **2.** payment, discharge.

ent'rie·geln I *v/t* ⟨*no* ge-, h⟩ **1.** (*Tür etc*) unlock. – **2.** *tech.* release. – **II E~** *n* ⟨-s⟩ **3.** *verbal noun.* — **Ent'rie·ge·lung** *f* ⟨-; -en⟩ **1.** *cf.* Entriegeln. – **2.** *tech.* release.

ent'rin·den [-'rɪndən] **I** *v/t* ⟨*no* ge-, h⟩ **1.** (*Käse etc*) take the rind off. – **2.** (*Brot etc*) take the crust off. – **3.** (*forestry*) (*Baum etc*) strip the bark off, bark, ross, clean (*od.* strip) (*s.th.*) of bark, (*vollständig*) peel, decorticate (*scient.*). – **4.** *med.* decorticate. – **II E~** *n* ⟨-s⟩ **5.** *verbal noun.* — **ent'rin·det I** *pp.* – **II** *adj med.* decorticate(d). — **Ent'rin·dung** *f* ⟨-; *no pl*⟩ **1.** *cf.* Entrinden. – **2.** decortication (*auch med.*).

ent'rin·gen I *v/t* ⟨*irr, no* ge-, h⟩ *lit.* j-m etwas ~ to wrest (*od.* wring) s.th. from s.o. (*auch fig.*): j-m ein Geständnis ~ *fig.* to wring (*od.* extort) a confession out of (*od.* from) s.o. – **II** *v/reflex* sich j-m [etwas *dat*] ~ to escape (*od.* break away) from s.o. [s.th.]: ein Seufzer entrang sich seiner Brust *fig.* a sigh escaped his breast.

ent'rin·nen I *v/i* ⟨*irr, no* ge-, sein⟩ **1.** (*entkommen*) escape, get away: er entrann seinen Verfolgern he escaped (from) his pursuers; ich bin mit knapper Not der Gefahr entronnen I had a narrow escape from danger. – **2.** (*von der Zeit*) pass, fly (*od.* slip) by. – **3.** *lit.* (*von Wasser etc*) flow, run: Tränen entrannen ihren Augen tears flowed (*od.* ran) from her eyes. – **II E~** *n* ⟨-s⟩ **4.** *verbal noun.* – **5.** da gab es (*od.* es gab) kein E~ there was no escape.

ent'rip·pen *v/t* ⟨*no* ge-, h⟩ *tech.* (*Tabakblätter*) strip, stem.

ent'rol·len I *v/t* ⟨*no* ge-, h⟩ **1.** (*Karte etc*) unroll. – **2.** (*Fahne, Segel etc*) unfurl. – **3.** *fig.* (*entfalten*) unroll, reveal, unfold, develop, *auch* develope. – **II** *v/i* ⟨sein⟩ **4.** *rare* (*den Händen etc*) roll (down) (from). – **III** *v/reflex* ⟨h⟩ sich ~ **5.** *fig.* unroll, unfold.

ent·ro·man·ti'sie·ren *v/t* ⟨*no* ge-, h⟩ deromanticize.

En·tro·pie [ɛntro'piː] *f* ⟨-; -n [-ən]⟩ *phys.* entropy.

En·tro·pi·um [ɛn'troːpɪʊm] *n* ⟨-s; -pien⟩ *med.* entropion.

ent'ro·sten I *v/t* ⟨*no* ge-, h⟩ *tech.* derust, free (*s.th.*) from rust, remove the rust of. – **II E~** *n* ⟨-s⟩ *verbal noun.* — **Ent'ro·stung** *f* ⟨-; *no pl*⟩ *tech.* **1.** *cf.* Entrosten. – **2.** removal of rust.

Ent'ro·stungs|mit·tel *n tech.* derusting agent, rust remover.

ent'rücken (*getr.* -k·k-) **I** *v/t* ⟨*no* ge-, h⟩ *lit.* **1.** j-n einer Sache ~ to remove s.o. (*od.* carry s.o. away) from s.th.: die Musik entrückte ihn der Wirklichkeit the music removed him from reality; der Tod hat ihn aller Leiden entrückt *poet.* death has brought him release from (*od.* put him beyond) all suffering. – **2.** *fig.* j-n ~ (*verzücken*) to enrapture (*od.* ecstasize, enravish, entrance) s.o.: ihr Anblick hat ihn vollkommen entrückt he was completely enraptured (*od.* carried away) by the sight of her. – **3.** *poet.* (*wegführen*) carry (*s.o.*) off, take (*s.o.*) away: er wurde zu den Göttern entrückt he was carried off to the gods. – **II E~** *n* ⟨-s⟩ **4.** *verbal noun.* — **ent'rückt I** *pp.* – **II** *adj lit.* **1.** *poet.* removed: du bist meinen Blicken ~ you are removed from my sight; das ist unserem Gesichtskreis ~ that is (*od.* lies) without (*od.* beyond) our scope. – **2.** *fig.* (*entzückt*) enraptured, (en)rapt, entranced. – **3.** *fig.* (*geistesabwesend*) lost in thought. — **Ent'rückt·heit** *f* ⟨-; *no pl*⟩ *lit.* **1.** *cf.* Entrücken. – **2.** (*Verzücktheit*) rapture, ecstasy, trance. – **3.** (*Geistesabwesenheit*) absentmindedness, *Br.* absent-mindedness. — **Ent'rückung** (*getr.* -k·k-) *f* ⟨-; *no pl*⟩ **1.** *cf.* Entrücken. – **2.** *cf.* Entrücktheit 2, 3. – **3.** *Bibl.* translation.

ent'rüm·peln [-'rʏmpəln] **I** *v/t* ⟨*no* ge-, h⟩ **1.** (*Dachboden etc*) clear (*s.th.*) (out), clear (*s.th.*) of junk. – **2.** (*beim Luftschutz*) empty. – **II E~** *n* ⟨-s⟩ **3.** *verbal noun.* — **Ent'rüm·pe·lung, Ent'rümp·lung** *f* ⟨-; -en⟩ **1.** *cf.* Entrümpeln. – **2.** clearance of junk.

ent'run·den I *v/t* ⟨*no* ge-, h⟩ *ling.* (*Vokal*) unround. – **2.** *med.* (*Pupille*) unround. – **II E~** *n* ⟨-s⟩ **3.** *verbal noun.* — **ent'run·det I** *pp.* – **II** *adj* unrounded. — **Ent'run·dung** *f* ⟨-; -en⟩ **1.** *cf.* Entrunden. – **2.** *ling.* delabialization. – **3.** *med.* (*der Pupille*) loss of the round shape.

ent'ru·ßen *v/t* ⟨*no* ge-, h⟩ **1.** (*Rauch, Schornsteine etc*) remove soot from. – **2.** *auto.* decarbonize.

ent'rü·sten I *v/reflex* ⟨*no* ge-, h⟩ **1.** sich über (*acc*) etwas ~ a) (*empören*) to get (*od.* become) angry (*od.* indignant) at s.th., to be full of indignation at (*od.* about) s.th., to flare up at s.th., b) (*Anstoß nehmen*) to be shocked (*od.* scandalized) at s.th. – **2.** sich über j-n ~ to become indignant with s.o., to cry shame on s.o. – **II** *v/t* **3.** *lit.* (*in Unwillen versetzen*) fill (*s.o.*) with indignation, make (*s.o.*) angry (*od.* indignant), anger, incense: diese Ungerechtigkeit entrüstet ihn this injustice fills him with indignation. – **4.** (*schockieren*) shock, scandalize. — **ent'rü·stet I** *pp.* – **II** *adj* **1.** indignant, angry: er war sehr ~ he was very indignant. – **2.** (*schockiert*) shocked, scandalized: über etwas ~ sein to be scandalized at s.th. – **III** *adv* **3.** indignantly, angrily: er antwortete ~ he answered indignantly. — **Ent'rü·stung** *f* ⟨-; *no pl*⟩ indignation, anger: eine Woge der ~ a wave of indignation; voller ~ indignantly; sein Benehmen rief allgemeine ~ hervor his behavio(u)r provoked general indignation.

Ent'rü·stungs|ˌschrei *m* outcry of indignation. — **~ˌsturm** *m fig.* storm of indignation.

ent'saf·ten I *v/t* ⟨*no* ge-, h⟩ extract the juice from. – **II E~** *n* ⟨-s⟩ *verbal noun.* — **Ent'saf·ter** *m* ⟨-s; -⟩ juice extractor, juicer. — **Ent'saf·tung** *f* ⟨-; *no pl*⟩ *cf.* Entsaften.

ent'sa·gen I *v/i* ⟨*no* ge-, h⟩ **1.** etwas (*dat*) ~ *lit.* to renounce (*od.* give up, forswear) s.th., *auch* to for(e)go s.th.: der Welt ~ to renounce the world; dem Thron ~ to renounce the throne, to abdicate; er hat dem Alkohol für immer entsagt he gave up (*od. colloq.* swore off) drinking for good; allen Ansprüchen ~ to renounce (*od.* waive, resign, abandon) all claims, *jur.* to disclaim; einer lieben Gewohnheit ~ to renounce (*od.* give up) a fond habit; sie hat vielen Freuden des Lebens ~ müssen she has had to forgo many pleasures in life; dem Geliebten ~ to renounce one's lover. – **2.** *lit.* renounce, forbear, abstain: man muß ~ lernen, man muß lernen zu ~ one has to learn to renounce (*od.* to forgo). – **3.** *relig.* a) renounce, b) deny: dem Glauben ~ to renounce one's faith; Gott ~ to deny God. – **II E~** *n* ⟨-s⟩ **4.** *verbal noun.* — **ent'sa·gend I** *pres p.* – **II** *adj cf.* entsagungsreich I. — **Ent'sa·gung** *f* ⟨-; *no pl*⟩ **1.** *cf.* Entsagen. – **2.** renunciation, renouncement: feierliche ~ abjuration; ein Leben der ~ führen to lead a life of renunciation (*od.* self-denial). – **3.** *relig.* renunciation.

ent'sa·gungs|ˌreich, ~ˌvoll I *adj* (*Arbeit, Beruf etc*) renunciative, renunciatory, full of renunciation (*od.* self-denial). – **II** *adv* with renunciation (*od.* self-denial).

ent'sal·zen I *v/t* ⟨*no* ge-, h⟩ *chem.* **1.** (*Meerwasser*) desalt. – **2.** (*Quellwasser*) demineralize. – **II E~** *n* ⟨-s⟩ **3.** *verbal noun.* — **Ent'sal·zer** *m nucl.* (*Strahlenschutz*) demineralizer. — **Ent'sal·zung** *f* ⟨-; *no pl*⟩ **1.** *cf.* Entsalzen. – **2.** demineralization.

ent'sa·men [-'zaːmən] *v/t* ⟨*no* ge-, h⟩ *agr.* seed.

ent'san·den *v/t* ⟨*no* ge-, h⟩ remove the sand from.

Ent'satz *m* ⟨-es; *no pl*⟩ *mil.* **1.** (*Befreiung Eingeschlossener*) relief, succor, *bes. Br.* succour. – **2.** *cf.* Entsatzheer. — **~ˌheer** *n* relieving army.

ent'säu·ern I *v/t* ⟨*no* ge-, h⟩ *chem.* **1.** free (*s.th.*) from acid, deacidify, disacidify. – **2.** (*durch Wasser*) water. – **3.** (*durch Basen*) neutralize. – **II E~** *n* ⟨-s⟩ **4.** *verbal noun.* — **Ent'säue·rung** *f* ⟨-; *no pl*⟩ **1.** *cf.* Entsäuern. – **2.** deacidification. – **3.** (*durch Basen*) neutralization.

ent'schä·di·gen I *v/t* ⟨*no* ge-, h⟩ **1.** j-n (für etwas) ~ a) to compensate (*od.* indemnify, recoup, recompense) s.o. (for s.th.), b) (*bezahlen*) to remunerate (*od.* pay, requite) s.o. (for s.th.), c) (*j-m etwas erstatten*) to reimburse (*od.* repay, refund) s.o. (for s.th.): j-n für einen Verlust ~ to compensate (*od.* recompense) s.o. for a loss, to recompense (*od.* make good) a loss to s.o.; der Eigentümer wurde mit einer angemessenen Summe entschädigt the owner was compensated with (*od.* the owner recovered) an appropriate sum of money; j-n für seine Dienste ~ to remunerate (*od.* pay) s.o. for his services; j-n für seine Auslagen ~ to reimburse (*od.* indemnify) s.o. for his expenses; sein späterer Wohlstand entschädigte ihn für die Entbehrungen seiner Jugend *fig.* the prosperity of his later years compensated (*od.* made up to) him for the privations of his youth; die Schönheit der Landschaft entschädigte uns für die Beschwerden der Reise *fig.* the beauty of the landscape compensated (*od.* repaid) us for the discomforts of the journey; er hat sich für die harten Zeiten reichlich entschädigt he has more than made up for the hard times. – **II E~** *n* ⟨-s⟩ **2.** *verbal noun.* – **3.** *cf.* Entschädigung.

Ent'schä·di·ger *m* ⟨-s; -⟩ *jur.* indemnifier, *Am. auch* indemnitor. — **Ent'schä·dig·te** *m, f* ⟨-n; -n⟩ person receiving compensation, *Am. auch* indemnitee.

Ent'schä·di·gung *f* ⟨-; -en⟩ **1.** *cf.* Entschädigen. – **2.** compensation, indemnification, indemnity, recoupment, recompense: als ~ für den Verdienstausfall in compensation (*od.* recompense) for the loss of earnings (*od.* lost wages); eine geldliche ~ a monetary compensation. – **3.** (*Entgelt*) remuneration, pay, requital, allowance, consideration: gegen eine entsprechende ~ for a corresponding consideration. – **4.** (*Erstattung*) reimbursement, indemnification. – **5.** *jur.* a) compensation, setoff, *Br.* set-off, b) (*Vergütung*) solatium, c) (*Summe*) indemnity, damages *pl*: eine billige (*od.* angemessene) ~ an adequate compensation; etwas als ~ zahlen to pay s.th. as compensation; eine ~ für etwas erhalten [verlangen] to recover [to claim] damages for s.th.; j-m eine ~ zuerkennen to award s.o. compensation (*od.* damages).

Ent'schä·di·gungs|ˌanˌspruch *m jur.* **1.** (*für Schaden*) right of damages. – **2.** (*für geleistete Dienste*) right of compensation. – **3.** (*vor Gericht*) claim for compensation (*od.* damages, indemnification). — **e~beˌrech·tigt** *adj* entitled to compensation (*od.* damages). — **~beˌrech·tig·te** *m, f* ⟨-n; -n⟩ *jur.* person entitled to compensation (*od.* damages), *Am. auch* indemnitee. — **~beˌtrag** *m cf.* Entschädigungssumme. — **~ˌfor·de·rung** *f cf.* Entschädigungsanspruch 3. — **~ˌkla·ge** *f* action for (the recovery of) damages. — **~ˌlei·stung** *f* **1.** compensation payment. – **2.** (*Ersatzleistung*) indemnification.

ent'schä·di·gungs·los *adj u. adv* without compensation (*od.* indemnification).

ent'schä·di·gungs|ˌpflich·tig *adj jur.* liable (*od.* under obligation) to pay compensation (*od.* damages). — **E~ˌsum·me** *f jur.* amount of compensation (*od.* damages), indemnity.

ent'scha·len *v/t* ⟨*no* ge-, h⟩ unhusk.

ent'schä·len *v/t* ⟨*no* ge-, h⟩ (*textile*) (*Seide*) boil the gum off. — **ent'schält I** *pp.* – **II** *adj* (*textile*) (*Seide*) boiled-off.

ent'schär·fen I *v/t* ⟨*no* ge-, h⟩ **1.** *mil.* (*Sprengkörper*) defuse, *auch* defuze, neutralize, disarm, deactivate, *Br.* de-activate. – **2.** *fig.* (*Krise, Lage etc*) ease, mitigate, render (*s.th.*) harmless. – **3.** (*Film, Buch*) remove the offensive parts (*od.* scenes) from, *Br. auch* bowdlerize. – **II** *v/reflex* sich ~ **4.** (*von Krise, Lage*) ease, grow less critical, pass its danger point. – **III E~** *n* ⟨-s⟩ **5.** *verbal noun.* — **Ent'schär·fung** *f* ⟨-; *no pl*⟩ **1.** *cf.* Entschärfen. – **2.** *mil.* deactivation. – **3.** *fig.* (*einer Krise, Lage etc*) mitigation.

Ent'schär·fungs|komˌman·do *n*, **~ˌtrupp** *m* (*für Minen, Bomben etc*) bomb- (*od.* mine-)disposal squad (*od.* team).

ent'schäu·men *v/t* ⟨*no* ge-, h⟩ (*Flüssigkeit etc*) remove the scum (*od.* foam) from.

Ent'scheid *m* ⟨-(e)s; -e⟩ *jur.* decree, decision, ruling: päpstlicher ~ *röm.kath.* papal decree, mandate; ~ durch Abstimmung decision by vote; verwaltungsrechtlicher ~ decision issued (*od.* handed down) by an administrative authority; sie müssen den gerichtlichen ~ abwarten they have to wait for the ruling of the court.

ent'scheid·bar *adj* determinable, decidable: schiedsrichterlich ~ *jur.* arbitrable.

ent'schei·den I *v/t* ⟨*irr, no* ge-, h⟩ **1.** decide, determine, fix, (*endgültig*) settle: etwas durch Abstimmung ~ to settle s.th. by vote; er entschied, daß he decided that; dieser Zug entschied die Schachpartie this move decided the game of chess; es wurde noch nichts entschieden nothing has been settled yet; das entscheidet die Angelegenheit that settles the matter; er hat hier nichts zu ~ he has no say in this matter; morgen wird (*od.* es wird morgen) entschieden, ob tomorrow it will be decided whether; das genaue Datum wurde noch nicht entschieden the exact date has not yet been fixed; damit war die Sache entschieden that settled (*od.* clinched) it. – **2.** *jur.* decide, judge, rule, decree: etwas durch Schiedsspruch ~ to arbitrate s.th.; das Gericht entschied, daß the court ruled that; eine Sache von Fall zu Fall ~ to decide (*od.* judge) each case on its merits (*od.* individually); eine Frage endgültig [in letzter Instanz] ~ to decide a question finally [in the last instance]. – **II** *v/i* **3.** (über *acc* on; für for; gegen against) decide: gegen sein besseres Wissen ~ to decide against one's better judg(e)ment; über etwas ~ to decide (*od.* determine, settle) on (*od.* upon) s.th.; nach streng katholischen Grundsätzen ~ to decide according to strict Catholic principles; darüber soll das Los ~ this should be decided by drawing lots; den Zufall ~ lassen to leave things to chance; zu j-s Gunsten [Ungunsten] ~ to decide (*od.* rule) in s.o.'s favo(u)r [against s.o.]; ihr Entschluß entschied über ihr zukünftiges Leben her decision was decisive for her future life; ein Augenblick entschied über Leben und Tod one moment decided on life or death. – **III** *v/reflex* sich ~ **4.** (*von Personen*) decide, make up one's mind, determine, resolve: wir müssen uns noch heute ~ we have to come to a decision today; er entschied sich für eine friedliche Lösung he decided on (*od.* in favo[u]r of) a peaceful solution; sie entschieden sich, nicht zu kommen they decided not to come (*od.* against coming). – **5.** (*von Dingen*) be decided (*od.* determined, settled): der Fall wird sich bald ~ the case will be decided soon.

ent'schei·dend I *pres p.* – **II** *adj* **1.** (*ausschlaggebend*) decisive: eine ~e Schlacht a decisive battle; die ~e Stimme *pol.* the casting vote; einen ~en Sieg erringen to win a decisive victory; für j-n [etwas] ~ sein to be crucial for s.o. [s.th.]; der ~e Kampf (*sport*) the deciding fight, the decider. – **2.** (*schicksalsschwer*) fatal: einen ~en Fehler begehen to make a fatal mistake. – **3.** (*wesentlich*) vital, basic: ~e Probleme vital problems. – **4.** (*kritisch*) decisive, critical, crucial: im ~en Augenblick verlor sie die Nerven at the critical moment she lost her nerve. – **5.** (*überzeugend*) conclusive, decisive: der ~e Beweis *jur.* the conclusive evidence. – **6.** (*endgültig*) final, peremptory. – **III** *adv* **7.** decisively: ~ zu etwas beitragen to contribute decisively toward(s) s.th.

Ent'schei·dung *f* ⟨-; -en⟩ **1.** (*gen* of; über *acc* on) decision, determination: eine ~ treffen (über etwas) to take (*od.* reach, come to) a decision (on s.th.); vor einer schwierigen ~ stehen to be confronted with (*od.* to face) a difficult decision; diese ~ überlasse ich dir I leave this for (*od.* to) you to decide; etwas zur ~ bringen to decide (on) s.th., to bring s.th. to a head; diese Frage kommt heute zur ~ this question will come to a head today; die letzte ~ haben to have the final say; eine ~ für etwas a decision in favo(u)r of s.th.; ein Kampf ohne ~ (*sport*) a no-decision contest; um die ~ spielen (*sport*) to play off. – **2.** *jur.* decision, judg(e)ment, rule, ruling, decree: ~ durch Schiedsspruch arbitration, arbitrament; ablehnende (*od.* abweisende) ~ dismissal; aufhebende ~ order setting aside; freie richterliche ~

free (*od.* independent) decision; gerichtliche (*od.* richterliche) ~ judicial (*od.* court) decision; grundsätzliche [vorläufige] ~ leading [provisional] decision; rechtskräftige ~ final decision (*od.* judg[e]ment); eine ~ abändern [anfechten] to revise [to appeal against] a decision; eine ~ bestätigen to uphold (*od.* confirm) a decision.

Ent'schei·dungs|be,fug·nis *f jur.* competence, jurisdiction. — **~,fra·ge** *f ling.* (*Sprachlehre*) 'yes/no' question, question requiring the answer 'yes' or 'no'. — **~,frei·heit** *f pol.* freedom of choice. — **~ge,walt** *f jur.* **1.** power of decision. – **2.** *archaic* (*eines Schiedsrichters*) arbitrament. — **~,kampf** *m* **1.** (*sport*) a) *cf.* Entscheidungsspiel, b) (*beim Boxen, Fechten etc*) final (*od.* deciding) bout. – **2.** *mil. cf.* Entscheidungsschlacht. — **~,lauf** *m* (*sport*) final. — **e~los** *adj* indecisive, undecided. — **~,recht** *n jur. cf.* Entscheidungsbefugnis. — **e~,reif** *adj* ripe (*od.* ready) for judg(e)ment. — **~,ren·nen** *n* (*sport*) *cf.* Entscheidungslauf. — **~,samm·lung** *f jur.* summary of leading cases and decisions, collection (*od.* compendium) of law reports. — **~,schlacht** *f mil.* decisive battle. — **~,spiel** *n* (*sport*) **1.** a) deciding match, decider (*colloq.*), b) (*bei Punktgleichheit etc*) play-off. – **2.** (*Finale*) final. — **~,stun·de** *f* decisive (*od.* critical, crucial) hour.

ent'schei·nen *v/t* ⟨*irr, no* ge-, h⟩ (*textile*) deluster, *bes. Br.* delustre.

ent'schie·den I *pp of* entscheiden. – **II** *adj* **1.** decided, determined, settled: der Fall ist noch nicht ~ the case has not been settled yet. – **2.** (*entschlossen*) decided, decisive, determined, resolute, firm: er ist ein ~er Gegner von he is a declared (*od.* decided) enemy of; seine ~e Haltung his determined (*od.* uncompromising) attitude; mit einem ~en Nein antworten to say firmly (*od.* decidedly) no, to give s.o. a flat no (*od.* denial). – **3.** (*loyal*) confirmed, staunch, *auch* stanch, loyal. – **4.** (*ausgesprochen*) decided, distinct, definite: er hat eine ~e Begabung für Musik he is definitely talented for music; das ist ein ~er Vorteil this is a definite advantage. – **5.** (*Ton*) peremptory, authoritative. – **6.** (*Beweis*) positive, real. – **7.** (*unbestreitbar*) unquestionable. – **III** *adv* **8.** decidedly, decisively, resolutely, firmly: sie beharrte ~ auf ihrer Behauptung she firmly (*od.* resolutely) insisted on her claim; er trat ~ dafür ein he came out strongly in favo(u)r of it. – **9.** (*zweifellos*) decidedly, definitely: die Preise sind ~ zu hoch prices are definitely too high; das geht ~ zu weit that's decidedly going too far.

Ent'schie·den·heit *f* ⟨-; *no pl*⟩ (*Entschlossenheit*) decidedness, decisiveness, determination, resoluteness, firmness: die ~ seines Tones the firmness (*od.* decisiveness) of his tone; etwas mit aller ~ fordern to demand s.th. categorically (*od.* in the strongest possible terms); etwas mit aller ~ ablehnen to refuse s.th. flatly.

ent'schlacken (*getr.* -k·k-) *v/t* ⟨*no* ge-, h⟩ **1.** *metall.* remove (*od.* draw off) the slag from. – **2.** *tech.* (*Feuerung*) rake out slag from, draw out cinder (*od.* clinker, slag) from. – **3.** *med.* a) (*Körper, Blut*) purify, b) (*Darm*) purge. — **Ent'schlackung** (*getr.* -k·k-) *f* ⟨-; *no pl*⟩ **1.** *metall.* removal of slag. – **2.** *tech.* removal of cinder (*od.* clinker). – **3.** *med.* a) (*des Körpers, Blutes*) purification, b) (*des Darms*) purge.

ent'schla·fen *v/i* ⟨*irr, no* ge-, sein⟩ **1.** *lit.* pass away, die, *Bibl.* fall asleep: er ist im Herrn ~ *relig.* he is with the Lord; er ist selig (*od.* sanft) ~ he passed peacefully away, he died peacefully. – **2.** *poet.* (*einschlafen*) fall asleep. — **Ent'schla·fe·ne** *m, f* ⟨-n; -n⟩ *lit.* (the) deceased (*od.* departed).

ent'schla·gen *v/reflex* ⟨*irr, no* ge-, h⟩ **1.** sich einer Sache ~ *obs.* a) (*verzichten auf*) to renounce s.th., b) (*sich freimachen von*) to rid (*od.* free) oneself of s.th. – **2.** sich einer Zeugenaussage ~ *Austrian jur.* to decline (*od.* refuse) to give evidence.

Ent'schla·gungs,recht *n Austrian jur.* right to refuse to give evidence.

ent'schlam·men *v/t* ⟨*no* ge-, h⟩ *civ.eng.* (*Kanal, Teich etc*) clear (*s.th.*) of (*od.* from) mud.

ent'schlei·ern [-'ʃlaɪərn] **I** *v/t* ⟨*no* ge-, h⟩ **1.** (*Gesicht etc*) unveil, reveal. – **2.** *fig.* (*Geheimnis etc*) unveil, reveal, disclose. – **II** *v/reflex* sich ~ **3.** (*von Personen*) unveil, drop (*od.* take off) one's veil. – **III E~** *n* ⟨-s⟩ **4.** *verbal noun.* — **Ent'schleie·rung** *f* ⟨-; *no pl*⟩ **1.** *cf.* Entschleiern. – **2.** revelation. – **3.** *fig.* revelation, disclosure.

ent'schlei·men *v/t* ⟨*no* ge-, h⟩ *gastr.* (*Fische*) remove the slime from.

ent'schlich·ten *v/t* ⟨*no* ge-, h⟩ (*textile*) (*Gewebe*) desize, *Br.* de-size. — **Ent'schlich·tung** *f* ⟨-; *no pl*⟩ desizing, *Br.* de-sizing.

ent'schlie·ßen *v/reflex* ⟨*irr, no* ge-, h⟩ sich ~ (für *od.* zu etwas on s.th.; zu tun to do) make up one's mind, come to a decision, decide, determine, resolve: nach reiflicher Überlegung entschloß er sich zu heiraten after mature consideration he resolved to get married; sich anders ~ to change one's mind; ich kann mich nicht (dazu) ~ I can't make up my mind; er entschloß sich (dazu), Deutsch zu lernen he decided (*od.* determined) to learn (*od.* on learning) German; sie kann sich einfach zu nichts ~ she simply can't settle on anything; ich habe mich noch nicht entschlossen I have not decided yet; ich habe mich zu diesem Wagen entschlossen I decided to take (*od.* I chose) that car.

Ent'schlie·ßung *f* ⟨-; -en⟩ *bes. pol.* **1.** resolution: eine ~ einbringen [verabschieden] to propose [to pass] a resolution. – **2.** (*eines Ministeriums*) decision.

Ent'schlie·ßungs·ent,wurf *m pol.* draft resolution.

ent'schlos·sen I *pp of* entschließen. – **II** *adj* **1.** determined, resolute, decided: ein ~er Kämpfer für den Frieden a determined fighter for peace; einen ~en Eindruck machen to make a determined impression, to have an air of determination, to seem quite determined; zu etwas fest ~ sein to be firmly determined to do s.th.; in ihrer Verzweiflung war sie zu allem ~ in her despair she was determined to do anything; zum Äußersten ~ determined to do the utmost. – **2.** (*unerschütterlich*) determined, firm: die Regierung nahm in dieser Frage eine ~e Haltung ein the government took a firm stand in this matter. – **II** *adv* **3.** resolutely, decidedly, firmly: kurz ~ a) without (a moment's) hesitation, at once, b) (*plötzlich*) abruptly; ~ handeln to act resolutely (*od.* in a determined manner). — **Ent'schlos·sen·heit** *f* ⟨-; *no pl*⟩ **1.** determination, decision, resolution: seine ~ deutlich zeigen to show one's determination openly; mit ~ handeln to act with decision (*od.* resolution); mangelnde ~ lack of resolution. – **2.** firmness.

ent'schlum·mern *v/i* ⟨*no* ge-, sein⟩ *cf.* einschlafen 1, 7.

ent'schlüp·fen *v/i* ⟨*no* ge-, sein⟩ **1.** escape, slip away: der Dieb ist der Polizei entschlüpft the thief slipped away from the police; eine gute Gelegenheit ~ lassen *fig.* to let a chance slip. – **2.** (*vom Wort, Ausdruck etc*) slip out: die Bemerkung ist mir entschlüpft the remark was a slip (of my tongue); mir wäre beinahe eine Beleidigung entschlüpft an insult almost slipped out of my mouth.

Ent'schluß *m* ⟨-sses; =sse⟩ decision, resolve, resolution, determination: es ist mein fester ~, heute abzureisen it is my firm resolution (*od.* determination, intention) to leave today; einen ~ fassen, zu einem ~ kommen to make (*od.* take, come to, arrive at, reach) a decision, to make up one's mind; mein ~ ist gefaßt (*od.* steht fest) my decision is made, I've made up my mind; zu seinem ~ stehen to stick to one's decision (*od.* resolution); aus eigenem ~ handeln to act on one's own initiative.

ent'schlüs·seln [-'ʃlʏsəln] **I** *v/t* ⟨*no* ge-, h⟩ **1.** (*Geheimschrift etc*) decipher. – **2.** (*Funkspruch, Wettermeldung*) decode. – **II E~** *n* ⟨-s⟩ **3.** *verbal noun.* — **Ent'schlüs·se·lung** *f* ⟨-; *no pl*⟩ *cf.* Entschlüsseln.

ent'schluß,fä·hig *adj* capable of deciding.

Ent'schluß,frei·heit *f* ⟨-; *no pl*⟩ freedom to make up one's mind (*od.* to decide).

Ent'schluß,freu·de *f* ⟨-; *no pl*⟩ fondness of making decisions. — **ent'schluß,freu·dig** *adj* enterprising, full of initiative. — **Ent'schluß,freu·dig·keit** *f* ⟨-; *no pl*⟩ *cf.* Entschlußfreude.

Ent'schluß,kraft *f* ⟨-; *no pl*⟩ power of decision (*od.* determination), resolution, strength of purpose, initiative, enterprise: ein Mann von [ohne] ~ a man of [lacking] resolution; seine ~ beweisen (*od.* unter Beweis stellen) to show one's initiative.

ent'schluß·los *adj* undecided, indetermined, irresolute, lacking resolution. — **Ent'schluß·lo·sig·keit** *f* ⟨-; *no pl*⟩ undecidedness, indetermination, irresoluteness.

ent'schuld·bar *adj* excusable, pardonable. — **Ent'schuld·bar·keit** *f* ⟨-; *no pl*⟩ excusability.

ent'schul·den *v/t* ⟨*no* ge-, h⟩ *econ.* (*Betriebe etc*) disencumber, free (*od.* clear) (*s.th.*) of debts, reduce the indebtedness of.

ent'schul·di·gen [-'ʃʊldɪgən] **I** *v/t* ⟨*no* ge-, h⟩ **1.** excuse, pardon: ich bitte (Sie), mein Fehlen zu ~ please excuse (*od.* forgive) me for not coming, please excuse (*od.* accept my apologies for) my absence; sein Verhalten ist mit (*od.* durch) nichts zu ~ there is no excuse for (*od.* nothing can excuse *od.* pardon) his behavio(u)r; das entschuldigt nicht, daß er nicht schreibt this is no excuse for his not writing; bitte ~ Sie, daß (*od.* wenn) ich erst heute schreibe please excuse (*od.* forgive) me for not having written earlier; ~ Sie, wenn ich (Sie) störe excuse my interrupting (*od.* disturbing) you; können Sie mich für einen Augenblick ~ would you excuse me for a minute; ich muß meine Tochter bei ihrem Lehrer (*od.* in der Schule) ~ I have to excuse my daughter to her teacher; ~ Sie! entschuldige! a) excuse me! pardon (me)! I beg your pardon, b) (I am) sorry! ~ Sie, können Sie mir den Weg zum Bahnhof zeigen? excuse me, can you show me how to get to the station? ich habe Sie gestoßen — ~ Sie bitte! I pushed you — I am sorry, excuse me for pushing you! ~ Sie (bitte) vielmals! *colloq.* I am very (*od.* so) sorry! du mußt ~, aber ich konnte nicht anders I am (awfully) sorry, but I could not help it. – **2.** (*rechtfertigen*) justify (*s.o., s.th.*), exculpate (*s.o.*) (*lit.*), exonerate (*s.o.*) (*lit.*). – **II** *v/reflex* sich ~ **3.** apologize, make apologies (*od.* an apology, one's apology), beg s.o.'s pardon, excuse oneself: ich muß mich [bei Ihnen] wegen meines Zuspätkommens ~ I have to apologize [to you] for (my) being late; sich mit Unkenntnis der Umstände ~ to plead ignorance of the circumstances, to make ignorance of the circumstances one's excuse; wer sich entschuldigt, klagt sich an (*Sprichwort*) excuses always proceed from a guilty conscience, he who excuses himself, accuses himself. – **4.** (*für Abwesenheit etc*) excuse oneself: darf ich mich für einen Augenblick ~ may I excuse myself for a minute; sich beim Gastgeber [für heute abend] ~ to excuse oneself to the host [from coming tonight]; der Herr Präsident läßt sich ~ the president sends his regrets (*od.* apologies, excuses); ich möchte mich für morgen ~ I should like to be excused from attendance (*od.* for) tomorrow. — **ent'schul·di·gend I** *pres p.* – **II** *adj* excusatory, apologetic(al): mit einem ~en Lächeln with an apologetic smile. – **III** *adv* apologetically.

Ent'schul·di·gung *f* ⟨-; -en⟩ **1.** excuse: ~, können Sie mir sagen, wie spät es ist? excuse me, can you tell me what time it is? als (*od.* zu seiner) ~ gab er an, krank gewesen zu sein he gave (*od.* used) his sickness as his excuse, he pleaded sickness; als ~ für sein Fehlen as an excuse for (*od.* in excuse of) his absence; er wußte keine ~ vorzubringen he could not think of an excuse, he had no excuse to offer; es muß zu seiner ~ gesagt werden it has to be said in his defence (*Am.* defense). – **2.** (*Verzeihung*) apology, apologies *pl*, pardon: j-n um ~ bitten to apologize to s.o. to make (*od.* offer) apologies (*od.* an apology, one's apology) to s.o., to beg s.o.'s pardon, to excuse oneself to s.o.; ich bitte vielmals um ~ I am very (*od.* so) sorry; (I am) sorry! *auch* excuse me! – **3.** (*Ausrede, Vorwand*) excuse, pretext: als ~ für Unpünktlichkeit dienen to serve as a pretext for not being punctual. – **4.** *colloq.* letter (*od.* note) of excuse: j-m (*od.* für j-n) eine ~ schreiben to write a letter of excuse for s.o.

Ent'schul·di·gungs|,brief *m cf.* Entschuldigungsschreiben. — **~,grund** *m* excuse: etwas als ~ anführen to use (*od.* give) s.th. as an excuse. — **~,schrei·ben** *n* **1.** letter of

apology, (written) apology. – **2.** *ped.* letter (*od.* note) of excuse. — ~ˌ**zet·tel** *m ped.* note of excuse.
Ent'schul·dung *f* ⟨-; *no pl*⟩ *econ.* disencumbrance, reduction of indebtedness.
ent'schup·pen *v/t* ⟨*no* ge-, h⟩ *gastr.* (*Fisch*) scale.
ent'schwe·ben *v/i* ⟨*no* ge-, sein⟩ *lit.* float away.
ent'schwe·feln *v/t* ⟨*no* ge-, h⟩ *chem.* desulfur(ate) *bes. Br.* -ph-, desulfurize *bes. Br.* -ph-. — **Ent'schwe·fe·lung** *f* ⟨-; *no pl*⟩ desulfuration *bes. Br.* -ph-, desulfurization *bes. Br.* -ph-. — **Ent'schwe·fe·lungsˌmit·tel** *n metall.* desulfurizing (*bes. Br.* -ph-) agent, desulfurizer *bes. Br.* -ph-.
ent'schwei·ßen *v/t* ⟨*no* ge-, h⟩ (*textile*) (*Wolle*) scour.
ent'schwin·den *v/i* ⟨*irr, no* ge-, sein⟩ *lit.* **1.** disappear, vanish, fade (away): **aus dem Blickfeld ~** to pass out of (*od.* vanish, fade from) sight; **an der Ecke entschwand sie meinen Blicken** at the corner she disappeared from my sight. – **2.** *fig.* (*von Namen etc*) slip, escape, fade: **das Datum ist meinem Gedächtnis entschwunden** the date has slipped (*od.* escaped, faded from) my memory, *auch* I forget the date. – **3.** *fig.* (*von Zeit etc*) vanish (away): **schnell entschwand meine Furcht** my fear vanished rapidly; **die Stunden ~ wie im Flug** the hours seem to fly by.
ent'seelt [-'zeːlt] *adj poet.* **1.** dead, lifeless, exanimate. – **2.** *fig.* (*ohne Leben*) inanimate. – **3.** *fig.* (*seelenlos*) without soul, soulless, spiritless.
ent'sei·fen *v/t* ⟨*no* ge-, h⟩ *chem.* rinse.
ent'sen·den I *v/t* ⟨*irr, no* ge-, h⟩ (*Beobachter, Vertreter etc*) send (out *od.* off), dispatch, despatch: **j-n in die Hauptstadt ~** to send s.o. to the capital; **j-n als Delegierten [zu einer Konferenz] ~** to delegate s.o. [to a conference]. – **II E~** *n* ⟨-s⟩ *verbal noun.* — **Ent'sen·dung** *f* ⟨-; -en⟩ **1.** *cf.* Entsenden. – **2.** dispatch, despatch. – **3.** (*eines Abgeordneten etc*) delegation.
ent'set·zen I *v/reflex* ⟨*no* ge-, h⟩ **sich ~ 1.** be frightened (*od.* terrified, horrified, appalled, shocked, dismayed): **bei** (*od.* **vor**) **diesem Anblick entsetzte sie sich** she was terrified (*od.* dismayed) at this sight. – **II** *v/t* **2.** (*Person*) frighten, terrify, horrify, appal(l), shock, fill (*s.o.*) with terror (*od.* horror, dismay): **sein Anblick entsetzte mich zu Tode** the way he looked frightened me to death; **diese Nachricht entsetzte uns alle** this news shocked (*od.* upset) us all. – **3.** *mil.* (*Stadt, Festung etc*) relieve, rescue. – **4.** *lit. for* entheben 2. – **III E~** *n* ⟨-s⟩ **5.** *verbal noun.* – **6.** fright, terror, horror, dismay, panic: **E~ erfaßte** (*od.* **packte, befiel**) **ihn** he was seized with terror, he was horror-stricken; **vor E~ stumm sein** to be dumbfounded with terror; **zu meinen E~ mußte ich bemerken** to my horror I noticed (*od.* saw); **mit E~ eine Nachricht vernehmen** to be shocked to hear a news report. – **7.** *cf.* Entsetzung.
ent'set·zen·erˌre·gend *adj* inspiring horror, gruesome, grisly, grizzly.
Ent'set·zensˌschrei *m* scream of terror (*od.* fear).
ent'setz·lich *adj* **1.** frightful, terrible, horrible, horrid: **[wie] ~!** [how] terrible! – **2.** (*scheußlich*) shocking, atrocious, detestable, abominable: **ein ~es Verbrechen** a detestable (*od.* heinous) crime. – **3.** *colloq.* dreadful, awful, terrible: **der dauernde Regen ist ~** this constant rain is awful; **er findet ihn einfach ~** he thinks he is simply dreadful, he can't stand him; **er hat einen ~en Hunger** he is awfully hungry. – **II** *adv* **4.** *colloq.* dreadfully, awfully, terribly: **ich war ~ nervös** I was terribly nervous. — **Ent'setz·lich·keit** *f* ⟨-; *no pl*⟩ **1.** frightfulness, terribleness, horribleness, horridness. – **2.** (*Scheußlichkeit*) shockingness, atrocity, detestableness, abomination: **die ~ dieses Verbrechens** the atrocity (*od.* heinousness) of this crime.
ent'setzt I *pp.* – **II** *adj* frightened, terrified, horrified, terror- (*od.* horror-)stricken: **ein ~er Aufschrei** a frightened scream, a scream full of horror; **ich bin ~ über seinen Tod** I am horrified (*od.* shocked, upset) at his death. – **III** *adv* full of (*od.* in) horror: **sie wich ~ zurück** she recoiled in horror (*od.* horror-stricken).
Ent'set·zung *f* ⟨-; *no pl*⟩ **1.** *mil.* (*einer Stadt, Festung etc*) relief, rescue. – **2.** *lit. for* Enthebung 3.
ent'seu·chen [-'zɔʏçən] *v/t* ⟨*no* ge-, h⟩ *biol. nucl.* (*Gebiete etc*) decontaminate. — **Ent'seu·chung** *f* ⟨-; -en⟩ decontamination.
ent'si·chern *v/t* ⟨*no* ge-, h⟩ *mil.* **1.** (*Waffen etc*) release the safety (device) of. – **2.** (*Zünder etc*) arm. — **Ent'si·che·rung** *f* ⟨-; *no pl*⟩ **1.** (*von Waffen etc*) releasing the safety (device) of. – **2.** (*von Zünder etc*) arming.
Ent'si·che·rungs|ˌflü·gel *m mil.* (*einer Bombe*) arming vane. — ~ˌ**zeit** *f* arming time.
ent'sie·geln *v/t* ⟨*no* ge-, h⟩ (*Briefe etc*) unseal. — **Ent'sie·ge·lung, Ent'sieg·lung** *f* ⟨-; *no pl*⟩ unsealing.
ent'sil·bern [-'zɪlbərn] *v/t* ⟨*no* ge-, h⟩ *metall.* desilver(ize). — **Ent'sil·be·rung** *f* ⟨-; *no pl*⟩ desilverization.
ent·si·li'zie·ren [-zili'tsiːrən] *v/t* ⟨*no* ge-, h⟩ *chem.* desiliconize. — **Ent·si·li'zie·rung** *f* ⟨-; *no pl*⟩ desiliconization.
ent'sin·ken *v/i* ⟨*irr, no* ge-, sein⟩ *poet.* **1.** fall: **seinen Händen entsank das Schwert** the sword fell from his hands. – **2.** *lit. fig.* fail: **plötzlich entsank ihm der Mut** suddenly his courage failed him.
ent'sin·nen *v/reflex* ⟨*irr, no* ge-, h⟩ **sich ~** remember, recall, recollect: **wenn ich mich recht entsinne** if I remember correctly (*od.* right), if my memory serves me right; **ich entsinne mich nicht, ihn je gesehen zu haben** I do not remember (*od.* recollect) having seen him before; **ich kann mich nicht ~** I can't remember (*od.* think of) it, it does not come to (my) mind; **er kann sich meiner [meines Namens] nicht mehr ~** he does not remember me [my name] any more.
ent'sinn·li·chen [-'zɪnlɪçən] *v/t* ⟨*no* ge-, h⟩ **1.** (*Beziehung etc*) desensualize, make (*s.th.*) less sensual. – **2.** *ling.* make (*s.th.*) abstract. — **Ent'sinn·li·chung** *f* ⟨-; *no pl*⟩ **1.** desensualization. – **2.** *ling.* making abstract.
ent'sitt·li·chen [-'zɪtlɪçən] *v/t* ⟨*no* ge-, h⟩ demoralize, deprave. — **Ent'sitt·li·chung** *f* ⟨-; *no pl*⟩ demoralization, depravity, depravation.
ent'span·nen I *v/reflex* ⟨*no* ge-, h⟩ **sich ~ 1.** relax, find (*od.* take) relaxation: **Sie sollten sich ein wenig ~** you ought to (try to) relax a little (*od.* take things a little easier). – **2.** (*von Gesicht, Zügen etc*) relax: **die Muskeln ~ sich** the muscles relax (*od.* loosen up). – **3.** *fig.* (*von Krise, Lage etc*) ease: **die politische Lage entspannt sich allmählich** the political situation is gradually easing (off). – **4.** *chem.* (*von Gasen*) expand. – **II** *v/t* **5.** relax: **seine Muskeln ~** to relax (*od.* loosen up) one's muscles; **die Nerven ~** to relax (*od.* steady, have a soothing effect on) the nerves; **Kriminalromane ~ mich** detective stories are a relaxation for (*od.* have a relaxing effect on) my mind. – **6.** (*Feder, Seil etc*) slacken. – **7.** (*Bogen*) unbend. – **8.** (*Wasser*) unstress, reduce the surface tension (*Br.* surface-tension) of. – **9.** *chem.* (*Gase*) expand. – **10.** (*Glas*) anneal. – **11.** *tech.* a) remove (*od.* relieve) the tension (*od.* stress) of, stress-relieve, unstress, b) (*Meßwerkzeuge*) season, c) (*hydraulischen Druck*) release. – **12.** *mil.* (*Gewehrhahn etc*) uncock. – **III** *v/i* **13.** relax, be relaxing (*od.* a relaxation), have a relaxing effect. – **IV E~** *n* ⟨-s⟩ **14.** *verbal noun.*
Ent'span·nung *f* ⟨-; *no pl*⟩ **1.** *cf.* Entspannen. – **2.** (re)laxation: **die ~ der Muskulatur ist wichtig** it is very important to relax (*od.* loosen up) one's muscles; **ein Augenblick der ~** *fig.* a moment of relaxation. – **3.** *fig.* (*einer Krise etc*) easing (*od.* relaxation, lessening) of tension, détente: **eine Atmosphäre allgemeiner ~** an atmosphere of universal détente; **die ~ zwischen Ost und West** the easing (of tension) (*od.* détente) between East and West. – **4.** (*einer Feder*) slackening. – **5.** *chem.* (*von Gasen*) expansion. – **6.** (*des Wassers*) reduction of the surface tension (*Br.* surface-tension). – **7.** (*von Glas*) anneal. – **8.** *tech.* a) removal (*od.* relief) of tension (*od.* stress), b) (*des hydraulischen Drucks*) release.
Ent'span·nungs|ˌdü·se *f* (*space*) expansion nozzle. — ~**geˌspräch** *n pol.* discussion (*od.* conference) held with the aim of easing (the political) tension. — ~ˌ**glü·hen** *n tech.* stress-relieving anneal. — ~ˌ**mit·tel** *n med.* relaxant. — ~**po·liˌtik** *f pol.* policy of détente. — ~**the·raˌpie** *f psych.* release therapy. — ~ˌ**übung** *f med.* relaxation exercise.
ent'spie·geln *v/t* ⟨*no* ge-, h⟩ (*optics*) (*Oberfläche, Brillenglas etc*) eliminate reflection (*Br. auch* reflexion) from: **ein Objektiv ~** to coat a lens (with a thin antireflecting film).
ent'spin·nen *v/reflex* ⟨*irr, no* ge-, h⟩ **sich ~** (**aus** from) start, develop: **ein Gespräch entspann sich** a conversation started (*od.* developed); **ein Streit entspann sich** a quarrel arose.
ent'spre·chen I *v/i* ⟨*irr, no* ge-, h⟩ ⟨*dat*⟩ **1.** (*einer Beschreibung, der Wahrheit etc*) correspond (to *od.* with), agree (*od.* accord, conform) (with), be in agreement (*od.* accordance, conformity) (with): **der Bericht entspricht nicht den Tatsachen** the report does not correspond to the facts. – **2.** (*einer Erwartung etc*) meet (*acc*), answer (*acc*), suit (*acc*): **das Ergebnis entspricht nicht unseren Hoffnungen** the result fails to meet our expectations; **ihre Leistung entspricht nicht unseren Anforderungen** her efficiency is not equal to (*od.* does not satisfy, falls short of) our demands; **er entsprach nicht unseren Erwartungen** he did not live (*od.* come) up to our expectations. – **3.** (*einem Wunsch etc*) comply (*od.* conform, fall in) (with), fulfil (*bes. Am.* fulfill) (*acc*), meet (*acc*): **ich kann Ihrem Verlangen nicht ~** I can not (*bes. Br.* cannot) comply with (*od.* fulfil[l]) your request. – **4.** *math.* a) correspond (to *od.* with), b) (*einer Gleichung*) satisfy (*acc*). – **5.** *econ.* (*Statistik*) be correlated (to). – **II E~** *n* ⟨-s⟩ **6.** *verbal noun.* – **7.** *cf.* Entsprechung.
ent'spre·chend[1] **I** *pres p.* – **II** *adj* **1.** corresponding: **die ~e Antwort** the corresponding answer; **Artikel 10 findet ~e Anwendung** *jur.* article 10 is applied accordingly; **ein ~er Ausdruck auf Deutsch** *ling.* an equivalent expression in German. – **2.** (*passend*) appropriate, suitable, proper: **sich bei der ~en Stelle erkundigen** to inquire at the appropriate (*od.* respective) office; **die ~en Kleider kaufen** to buy the proper clothes; **er war Schauspieler und hatte die ~e Ausbildung** he was an actor with the appropriate (*od.* necessary) training. – **3.** (*angemessen*) adequate, appropriate: **er erhielt eine ~e Belohnung** he received an adequate reward. – **4.** *math.* a) corresponding, correspondent, b) homologous. – **5.** *ling.* (*Ausdruck*) equivalent. – **6.** *econ.* (*Statistik*) correlate, correlative. – **7.** *biol.* homotypical. – **8.** *bot. zo.* representative. – **III** *adv* **9.** accordingly, correspondingly: **wir werden uns ~ verhalten** we'll act accordingly. – **10.** appropriately, suitably, properly: **sobald Sie sich ~ eingelebt haben** as soon as you have acclimated (*Br.* acclimatized) appropriately. – **11.** adequately, appropriately: **sie wird ~ entlohnt** she is paid adequately.
ent'spre·chend[2] *prep* ⟨*dat*⟩ corresponding (*od.* according) to, in correspondence (*od.* accordance) with: **~ den Bestimmungen** according to (*od.* in accordance with) the regulations.
Ent'spre·chung *f* ⟨-; -en⟩ **1.** *cf.* Entsprechen. – **2.** correspondence. – **3.** (*Ähnlichkeit*) analogy. – **4.** *bes. ling.* equivalent. – **5.** parallel.
Ent'spre·chungs|ˌzahl, ~ˌ**zif·fer** *f econ.* (*Statistik*) coefficient of correlation.
ent'sprie·ßen *v/i* ⟨*irr, no* ge-, sein⟩ **1.** *bot.* (*von Pflanzen*) sprout forth, shoot (*od.* spring, come) up. – **2.** *fig. lit.* (*dat* from) descend, spring, come, issue.
ent'sprin·gen *v/i* ⟨*irr, no* ge-, sein⟩ **1.** (*von Fluß etc*) rise, have its source, *Am.* head: **der Inn entspringt in der Schweiz** the Inn (river) has its source in Switzerland. – **2.** (*entweichen*) escape: **der Häftling ist (aus) dem Gefängnis entsprungen** the prisoner escaped from jail. – **3.** *fig.* (*dat* from) spring, arise, come: **alle diese Vorgänge ~ derselben Ursache** all these things that happened are due to the same cause. – **4.** *fig. cf.* entsprießen 2. – **5.** *bes. jur.* (*dat* from) issue.
ent'staat·li·chen [-'ʃtaːtlɪçən] *v/t* ⟨*no* ge-, h⟩ **1.** *econ.* denationalize. – **2.** *relig.* (*Kirche*) disestablish. — **Ent'staat·li·chung** *f* ⟨-; *no pl*⟩ **1.** *econ.* denationalization. – **2.** *relig.* disestablishment.
Ent'städ·te·rung [-'ʃtɛːtərʊŋ] *f* ⟨-; *no pl*⟩ [disurbanization.]
ent·sta·li·ni'sie·ren [-stalini'ziːrən] *v/t* ⟨*no* ge-, h⟩ *pol.* destalinize. — **Ent·sta·li·ni'sie·rung** *f* ⟨-; *no pl*⟩ destalinization.

ent'stam·men *v/i* ⟨*no* ge-, sein⟩ **1.** (*einer Familie etc*) come (of), be descended (*od.* sprung) (from), issue (from): er entstammt einem vornehmen Geschlecht he comes of a noble family, he is of noble descent. – **2.** (*einer Legende etc*) come (*od.* derive, be derived) (from), originate (in *od.* from): die Idee dieses Buches entstammt einem alten Märchen the idea of this book is derived from an old fairy-tale.

ent'stau·ben I *v/t* ⟨*no* ge-, h⟩ **1.** (free [*s.th.*] from) dust (*auch fig.*). – **2.** (*mining*) dedust, *Br.* de-dust. – **II E~** *n* ⟨-s⟩ **3.** *verbal noun.* — **Ent'stau·ber** *m* ⟨-s; -⟩ *cf.* Entstaubungsanlage 2. — **Ent'stau·bung** *f* ⟨-; *no pl*⟩ **1.** *cf.* Entstauben. – **2.** *metall.* dust-exhaust, dust collection (*od.* separation, removal, arrest).

Ent'stau·bungs,an,la·ge *f* **1.** *tech.* dust removal plant. – **2.** *metall.* dust arrester (*od.* collecting equipment).

ent'ste·hen *v/i* ⟨*irr, no* ge-, sein⟩ **1.** come into being (*od.* existence), (*allmählich*) emerge, develop: wie ist die Welt entstanden? how did the world come into being (*od.* begin)? zu dieser Zeit entstanden viele Städte at that time many towns sprung up; wie entsteht ein Gesetz? how does a law come into being? how is a law made? – **2.** (*von Kunstwerken, Bauten etc*) be made: dort entsteht eine Kirche a church is being built (*od.* is building) over there; der Roman entstand 1789 the novel was written in 1789; das Konzert entstand (noch) im 19. Jahrhundert the concerto was composed in (*od.* dates from, dates back to) the 19th century; mit dieser Statue entstand ein echtes Kunstwerk with this statue a genuine work of art was created. – **3.** (*von Idee, Tendenz etc*) originate, take (its) origin, be born: mit dieser Oper entstand eine neue Richtung in der Musik a new tendency in music took its origin in this opera; der Expressionismus entstand im frühen 20. Jahrhundert expressionism was born in the early 20th century. – **4.** (*von Streit etc*) arise, spring up: zwischen ihnen entstand eine enge Freundschaft a close friendship sprang up between them; es entstand eine peinliche Pause there was an awkward pause. – **5.** (*als Folge*) durch (*od.* aus) etwas ~ a) to arise (*od.* result) from s.th., to be caused by s.th., to originate in s.th., b) to be formed by s.th.; die Kosten, die dadurch (*od.* daraus) entstanden sind costs resulting (*od.* accruing) from (*od.* being incurred by) it; es entsteht der Eindruck, daß one has the impression that, the impression is given that; daraus (*od.* dabei) entsteht noch ein Unglück eventually an accident will come of it, this will eventually lead to an accident; was ist daraus entstanden? what was the result? – **6.** *chem. tech. phys.* (*Wärme etc*) be generated (*od.* produced, developed): bei der Kernspaltung entsteht Radioaktivität radioactivity is produced by atomic fission. – **II E~** *n* ⟨-s⟩ **7.** *verbal noun*: im E~ begriffen sein a) (*von Plänen etc*) to be formed, to be in the making (*od.* process of development), b) *chem.* to be nascent, c) *med.* to be incipient. – **8.** (*von Streit etc*) upspring. – **9.** *cf.* Entstehung.

Ent'ste·hung *f* ⟨-; *no pl*⟩ **1.** coming into being (*od.* existence), beginning, (*allmählich*) emergence, rise, development: die ~ der Erde the genesis (of the earth). – **2.** (*Ursprung*) origination, origin, birth: die ~ dieser Legende the origin of this legend. – **3.** formation.

Ent'ste·hungs|,art *f* way (*od.* manner) of origin (*od.* formation). — **~,da·tum** *n* date of origin. — **~ge,schich·te** *f* **1.** history of the origins (*of s.th.*). – **2.** *Bibl.* Genesis. — **~,ort** *m* place of origin. — **~,ur,sa·che** *f* original cause. — **~,zeit** *f* date (*od.* time) of origin. — **~,zu,stand** *m* a) state of emergence, b) *chem.* nascent state, c) *med. auch fig.* embryonic state.

ent'stei·gen *v/i* ⟨*irr, no* ge-, sein⟩ **1.** (*einem Fahrzeug etc*) get (*od.* step) out (of), alight (from). – **2.** (*dem Bad etc*) get out (of). – **3.** (*von Dämpfen etc*) (*dat* from) rise, issue (forth): dem Vulkan entstiegen Rauchwolken smoke clouds rose from the volcano, the volcano emitted clouds of smoke. – **4.** *poet.* emerge (from): Neptun entstieg den Wogen Neptune emerged from the waves.

ent'stei·nen [-'ʃtaɪnən] *v/t* ⟨*no* ge- , h⟩ (*Steinobst*) stone.

ent'stel·len *v/t* ⟨*no* ge-, h⟩ **1.** (*Gesicht, Person etc*) disfigure, deform, deface, (*vor Wut etc*) distort: sein Gesicht wurde durch die Narben [vor Wut] entstellt his face was disfigured by the scars [distorted by (*od.* with) rage]. – **2.** (*Schönheit, Landschaft etc*) mar, spoil, disfigure: moderne Bauten ~ das mittelalterliche Stadtbild modern buildings spoil the medi(a)eval appearance of the town. – **3.** *fig.* (*Tatsachen etc*) distort, misrepresent: einen Bericht ~ to distort (*od.* garble) a report; die Wahrheit ~ to misrepresent (*od.* pervert) the truth; einen Text ~ to distort (*od.* corrupt) a text. — **ent'stellt I** *pp.* – **II** *adj* **1.** (*Gesicht etc*) disfigured, deformed, (*vor Wut etc*) distorted. – **2.** (*Landschaft etc*) marred, spoilt, disfigured. – **3.** *fig.* (*Bericht etc*) distorted, garbled. — **Ent'stel·lung** *f* ⟨-; -en⟩ **1.** (*des Gesichts etc*) disfigurement, deformation, defacement, (*vor Wut*) distortion: eine dauernde ~ a permanent deformation (*od.* deformity). – **2.** (*der Schönheit, Landschaft etc*) marring, spoiling, disfigurement. – **3.** *fig.* (*von Tatsachen etc*) distortion, misrepresentation: ~ der Wahrheit perversion of the truth; ~ eines Textes corruption of a text.

ent'stie·len *v/t* ⟨*no* ge-, h⟩ (*Kirschen etc*) stalk, remove the stalks from.

ent'stoff·li·chen [-'ʃtɔflɪçən] *v/t* ⟨*no* ge-, h⟩ *lit.* dematerialize. — **Ent'stoff·li·chung** *f* ⟨-; *no pl*⟩ dematerialization.

ent'stöp·seln *v/t* ⟨*no* ge-, h⟩ (*Flaschen etc*) uncork, unstop.

ent'stö·ren I *v/t* ⟨*no* ge-, h⟩ **1.** *electr.* suppress interferences from, suppress, radioshield. – **2.** *tech.* (*Gerät etc*) remove defects (*od.* trouble) from, debug (*sl.*). – **3.** *tel.* (*Telefon etc*) clear, dejam. – **II E~** *n* ⟨-s⟩ **4.** *verbal noun.*

Ent'stö·rer *m* ⟨-s; -⟩ **1.** *electr.* (interference *od.* distortion) suppressor. – **2.** *tel. person in charge of clearing telephone lines.*

Ent'stör|,fil·ter *n electr.* interference suppressor. — **~ge,rät** *n* suppressor, anti-interference device. — **~kon·den,sa·tor** *m* anti-interference capacitor, suppressor.

ent'stört I *pp.* – **II** *adj electr.* interference- (*od.* distortion-, noise-)suppressed, interference-free.

Ent'stö·rung *f* ⟨-; *no pl*⟩ **1.** *cf.* Entstören. – **2.** *electr.* suppression (of interference), noise suppression. – **3.** *tel.* (*eines Telefons etc*) clearance.

Ent'stö·rungs|,dienst *m tel.* maintenance engineering department, fault-clearing service. — **~kon·den,sa·tor** *m* suppression (*od.* anti-interference) capacitor (*od.* condenser). — **~,stel·le** *f tel. cf.* Störungsdienst 2. — **~,trupp** *m* telephone maintenance engineers *pl.* — **~,vor,rich·tung** *f* noise eliminator, noise suppressor.

ent'strah·len *v/t* ⟨*no* ge-, h⟩ *biol. nucl. cf.* entseuchen.

ent'strö·men *v/i* ⟨*no* ge-, sein⟩ (*dat* from) **1.** (*von Blut, Wasser etc*) flow, stream, (*stärker*) gush: der Quelle entströmt frisches Wasser fresh water flows from the source. – **2.** (*von Gasen*) escape, leak, issue: dem Rohr entströmt Gas gas is escaping from the pipe.

ent'stür·zen *v/i* ⟨*no* ge-, sein⟩ *poet. for* entfallen 1, herausstürzen 1.

ent'süh·nen I *v/t* ⟨*no* ge-, h⟩ *relig.* expiate, atone for. – **II** *v/reflex* sich ~ (von for) atone. — **Ent'süh·nung** *f* ⟨-; *no pl*⟩ expiation, atonement.

ent'sump·fen *v/t* ⟨*no* ge-, h⟩ (*Gebiet*) drain. — **Ent'sump·fung** *f* ⟨-; *no pl*⟩ drainage.

ent'täu·schen I *v/t* ⟨*no* ge-, h⟩ **1.** disappoint: das Leben hat ihn enttäuscht life has disappointed him; sie ist einmal in der Liebe enttäuscht worden she once suffered a disappointment in love. – **2.** (*in der Not etc*) disappoint, let (*s.o.*) down: ich hoffe, du wirst mich nicht ~ I hope you won't let me down. – **3.** (*Hoffnung etc*) disappoint, dash, blight. – **4.** (*desillusionieren*) disillusion, disenchant. – **II** *v/i* **5.** be disappointing, not come up to expectation. — **ent'täu·schend I** *pres p.* – **II** *adj* **1.** disappointing. – **2.** disillusioning, disenchanting. – **3.** not up to expectation, unsatisfactory. — **ent'täuscht I** *pp.* – **II** *adj* **1.** disappointed: über den Verlust ~ sein to be disappointed at the loss; wir sind von ihrer Arbeit ~ we are disappointed with her work; angenehm ~ *humor.* agreeably disappointed. – **2.** disillusioned, disenchanted. – **III** *adv* **3.** j-n ~ ansehen to look at s.o. disappointedly. — **Ent'täu·schung** *f* ⟨-; -en⟩ **1.** disappointment: j-m eine ~ bereiten to disappoint s.o.; die Konferenz war für alle eine große ~ the conference was a great disappointment (*od.* letdown) to (*od.* for) all. – **2.** disillusion(ment), disenchantment.

ent'tee·ren *v/t* ⟨*no* ge-, h⟩ *tech.* detar, free (*s.th.*) from tar. — **Ent'tee·rung** *f* ⟨-; *no pl*⟩ detarring, tar separation.

ent'thro·nen *v/t* ⟨*no* ge-, h⟩ dethrone, unthrone. — **Ent'thro·nung** *f* ⟨-; *no pl*⟩ dethronement.

Ent'trü·bung *f* ⟨-; *no pl*⟩ *electr.* (*beim Radar*) zero clearing.

ent'trüm·mern *v/t* ⟨*no* ge-, h⟩ clear (*the site*) of brick rubble. — **Ent'trüm·me·rung** *f* ⟨-; *no pl*⟩ a) rubble clearance, b) (*nach Ausbombung*) blitzed site clearance.

ent'völ·kern [-'fœlkərn] *v/t* ⟨*no* ge-, h⟩ depopulate. — **ent'völ·kert I** *pp.* – **II** *adj* **1.** depopulated. – **2.** (*leer*) deserted. — **Ent'völ·ke·rung** *f* ⟨-; *no pl*⟩ depopulation.

Ent·vul·ka·ni·sa·ti'on *f* ⟨-; *no pl*⟩ *tech.* (*von Gummi*) devulcanization. — **ent·vul·ka·ni'sie·ren** *v/t* ⟨*no* ge-, h⟩ devulcanize.

ent'wach·sen[1] *v/i* ⟨*irr, no* ge-, sein⟩ einer Sache ~ to grow out of s.th., to outgrow s.th.: den Kleidern ~ to outgrow one's clothes; den Kinderschuhen ~ *fig.* to outgrow childish ways.

ent'wach·sen[2] **I** *pp of* entwachsen[1]. – **II** *adj fig. only in* den Kinderschuhen ~ sein to be no longer a child, to have outgrown childish ways.

ent'wach·sen[3] *v/t* ⟨*no* ge-, h⟩ dewax, free (*s.th.*) from wax.

ent'waff·nen *v/t* ⟨*no* ge-, h⟩ disarm (*auch fig.*). — **ent'waff·nend I** *pres p.* – **II** *adj fig.* (*Lächeln etc*) disarming. — **Ent'waff·nung** *f* ⟨-; *no pl*⟩ **1.** disarming. – **2.** (*eines Landes*) disarmament.

ent'wal·den [-'valdən] *v/t* ⟨*no* ge-, h⟩ (*forestry*) deforest, clear (*s.th.*) of forests. — **Ent'wal·dung** *f* ⟨-; *no pl*⟩ deforestation, forest liquidation.

ent'war·nen *v/i* ⟨*no* ge-, h⟩ *mil.* (*beim Luftschutz*) sound the all-clear (signal). — **Ent'war·nung** *f* ⟨-; *no pl*⟩ all-clear (signal).

Ent'war·nungs|si,gnal, ~,zei·chen *n mil.* all-clear (signal).

ent'wäs·sern I *v/t* ⟨*no* ge-, h⟩ **1.** (*Boden, Felder etc*) drain, free (*s.th.*) from water. – **2.** *chem.* a) (*Wasser abspalten*) dehydrate, b) (*trocknen*) dry, c) (*im Exsikkator*) desiccate. – **3.** *civ.eng.* (*Baugrube*) drain, unwater, dewater. – **II E~** *n* ⟨-s⟩ **4.** *verbal noun.* — **Ent'wäs·se·rung** *f* ⟨-; *no pl*⟩ **1.** *cf.* Entwässern. – **2.** *chem.* a) dehydration, b) desiccation. – **3.** *civ.eng.* drainage.

Ent'wäs·se·rungs|,an,la·ge *f civ.eng.* **1.** drainage (installations *pl*). – **2.** *pl* drainage system *sg.* — **~,gra·ben** *m* drainage ditch (*od.* trench). — **~,hahn** *m tech.* drain cock. — **~ma,schi·ne** *f* (*paper*) wet (*od.* pulp) machine, wet press. — **~,mit·tel** *n chem.* dehydrant, dehydrating agent. — **~,netz** *n geol.* drainage system. — **~,pum·pe** *f tech. agr.* drainage pump. — **~,rin·ne** *f* drainage channel. — **~,rohr** *n* drain pipe, *Br.* drain-pipe. — **~sy,stem** *n* drainage (system).

Ent'wäß·rung *f* ⟨-; *no pl*⟩ *cf.* Entwässerung.

ent·we·der [ɛnt'veːdər; 'ɛnt,veːdər] *conj* ~ ... oder either ... or: ich reise ~ heute oder morgen ab I'll depart (either) today or to(-)morrow; ~ sofort oder gar nicht either at once or not at all; ~ alles oder nichts everything or nothing; ~ oder! one thing or the other! take it or leave it!

'Ent,we·der-'Oder *n* ⟨-; -⟩ alternative: da gibt es nur ein ~ there is only one alternative.

ent'wei·chen I *v/i* ⟨*irr, no* ge-, sein⟩ **1.** (*heimlich fliehen*) (aus etwas from s.th.) get (*od.* run) away, escape, flee. – **2.** (*von Gas, Dampf etc*) escape, leak (out). – **II E~** *n* ⟨-s⟩ **3.** *verbal noun.* – **4.** *cf.* Entweichung.

Ent'weich·ge,schwin·dig·keit *f* escape velocity.

Ent'wei·chung *f* ⟨-; *no pl*⟩ **1.** *cf.* Entweichen. – **2.** (*Flucht*) (aus etwas from s.th.) getting (*od.* running) away, escape, flight. – **3.** (*von Gasen, Dämpfen etc*) escape, leakage.

ent'wei·hen *v/t* ⟨*no* ge-, h⟩ *relig.* **1.** (*Sonntag etc*) profane. – **2.** (*Kirche, Grab etc*) desecrate. — **Ent'wei·hung** *f* ⟨-; *no pl*⟩ **1.** (*des Sabbats, Sonntags*) profanation, sacrilege. – **2.** (*einer Kirche, eines Grabes etc*) desecration.

ent'wen·den I *v/t* ⟨*no* ge-, h⟩ steal, misappropriate, purloin, (*Kleinigkeit*) pilfer: **j-m etwas ~** to steal s.th. from s.o. – **II E~** *n* ⟨-s⟩ *verbal noun.* — **Ent'wen·dung** *f* ⟨-; *no pl*⟩ **1.** *cf.* Entwenden. – **2.** (*Diebstahl*) theft, larceny, misappropriation, (*von Kleinigkeiten*) pilfering, pilferage.

ent'wer·fen I *v/t* ⟨*irr, no* ge-, h⟩ **1.** (*Brief, Rede etc*) draw up, sketch, outline, make a rough draft of: **einen Vortrag nur flüchtig ~** to outline a lecture briefly; **ein Drama ~** to make an outline of a play. – **2.** (*Möbel, Muster etc*) design, draw, sketch, trace (*s.th.*) (out): **ein Haus ~** to draw (*od.* make) a sketch of a house. – **3.** (*Programm etc*) plan, project, devise, prepare: **einen Plan ~** to make (*od.* devise) a plan; **das Programm wurde in allen Einzelheiten entworfen** the program(me) was planned (*od.* blueprinted) in full detail. – **4.** (*textile*) (*Kleider etc*) design, style. – **5.** *jur.* a) (*Vertrag etc*) (make a) draft (of), b) (*Verfassung, Gesetz etc*) frame. – **6.** *hort.* (*Garten*) lay out, plan, design. – **II E~** *n* ⟨-s⟩ **7.** *verbal noun.* – **8.** *cf.* Entwurf 8. — **Ent'wer·fer** *m* ⟨-s; -⟩ *tech.* designer. — **Ent'wer·fung** *f* ⟨-; *no pl*⟩ *cf.* Entwerfen.

ent'wer·ten I *v/t* ⟨*no* ge-, h⟩ **1.** *econ.* a) (*durch Verfälschung*) (*Währung*) debase, b) (*außer Kurs setzen*) (*Münzen*) demonetize, c) (*durch Einziehen*) call in, withdraw, d) (*Dokumente*) cancel. – **2.** (*Briefmarken, Fahrschein etc*) cancel, invalidate, make (*od.* render) (*s.th.*) invalid (*od.* valueless). – **3.** *fig.* render (*s.th.*) valueless, devaluate. – **II E~** *n* ⟨-s⟩ **4.** *verbal noun.* — **Ent'wer·ter** *m* ⟨-s; -⟩ (*für Fahrscheine etc*) cancel(l)ing machine. — **Ent'wer·tung** *f* ⟨-; -en⟩ **1.** *cf.* Entwerten. – **2.** *econ.* (*von Münzen*) a) debasement, b) (*Außerkurssetzung*) demonetization, c) (*Einziehung*) calling in, withdrawal, d) (*Inflation*) inflation. – **3.** (*von Briefmarken, Fahrscheinen etc*) cancel(l)ation, invalidation, making (*od.* rendering) invalid (*od.* valueless). – **4.** *fig.* devaluation.

Ent'wer·tungs,klau·sel *f econ.* **1.** (*Minderwertklausel*) depreciation clause. – **2.** (*Abwertungsklausel*) devaluation clause.

ent'we·sen *v/t* ⟨*no* ge-, h⟩ free (*s.th.*) of vermin, disinfest. — **Ent'we·sung** *f* ⟨-; *no pl*⟩ disinfestation.

ent'wet·zen *v/i* ⟨*no* ge-, sein⟩ *colloq.* run away: **die Schüler sind [dem Lehrer] entwetzt** the pupils ran away [from their teacher].

ent'wickeln (*getr.* -k·k-) **I** *v/reflex* ⟨*no* ge-, h⟩ **sich ~ 1.** (**zu** into) develop, grow: **das Unternehmen entwickelt sich gut** a) the project is developing (*od.* shaping) well (*od.* coming along nicely), b) *econ.* the enterprise is growing fast (*od.* prospering); **das Land entwickelte sich zu einem Industriestaat** the country developed (*od.* turned) into (*od.* became) an industrial state; **die Handelsbeziehungen zwischen Ost und West ~ sich zusehends** trade relations between East and West are developing (*od.* expanding) visibly; **sich körperlich ~** to grow up (*od.* mature) physically; **er hat sich zu früh entwickelt** he has grown up too fast, he has developed prematurely; **wie hat er sich in dieser Stellung entwickelt!** how he has grown in this position! **sich zu einem Fachmann ~** to develop into an expert; **du entwickelst dich langsam!** *fig. colloq.* you are finally getting better! you are coming along slowly; **aus der Feststellung entwickelte sich eine lebhafte Diskussion** *fig.* a vivid discussion developed (*od.* arose) from this statement. – **2.** *mil.* deploy. – **3.** *obs. for* aufrollen 5. – **II** *v/t* **4.** (*Verfahren, Neukonstruktion etc*) develop, *auch* develope, evolve, work out: **Wissenschaftler entwickelten ein neues Waschmittel** scientists developed a new detergent. – **5.** (*Gedankengänge etc*) develop, set forth, unfold, evolve: **seine Ideen näher ~** to elaborate (*od.* amplify, expound, elucidate) one's ideas; **er begann, seinen Plan zu ~** he began to evolve his plan; **etwas aus etwas ~** to evolve (*od.* derive, educe) s.th. from s.th. – **6.** (*Tatkraft, Phantasie, Scharfsinn etc*) develop, display, show, give proof of: **er hat in letzter Zeit viel Geduld entwickelt** he has been showing much patience recently. – **7.** (*Talent, Fähigkeiten*) develop, cultivate, form. – **8.** (*Geschmack, Abneigung*) grow, develop, *auch* develope: **sie entwickelte allmählich Geschmack dafür** she slowly grew (*od.* acquired) a taste for it; **einen guten Appetit ~** *humor.* to develop a good appetite. – **9.** (*hohe Geschwindigkeit etc*) develop. – **10.** *phot.* develop, (*bes. Film*) process. – **11.** *chem. tech. phys.* a) (*Gase etc*) evolve, liberate, b) (*Wärme etc*) develop, generate, produce, c) (*Flammen*) form. – **12.** *mil.* deploy. – **13.** *DDR pol.* (*Nachwuchskräfte etc*) train. – **14.** *math.* (*Formeln, Gleichung*) expand, develop. – **15.** (*games*) (*Schachzüge*) develop. – **16.** *anthrop. zo.* evolve, produce. – **17.** *bot.* (*Zwiebel, Knolle*) bottom. – **18.** *obs. for* auswickeln. – **III E~** *n* ⟨-s⟩ **19.** *verbal noun.* – **20.** *cf.* Entwicklung.

ent'wickelt (*getr.* -k·k-) **I** *pp.* – **II** *adj* **1.** developed: **niedrig** (*od.* **wenig**) **~** low, primitive; **höher ~** *biol.* higher; **voll ~** *biol.* a) definitive, b) ripe, mature. – **2.** *math.* (*Funktion*) explicit: **~e Schreibweise** definite form, expansion.

Ent'wicke·lung (*getr.* -k·k-) *f* ⟨-; -en⟩ *cf.* Entwicklung.

Ent'wick·ler *m* ⟨-s; -⟩ **1.** *phot.* developer. – **2.** *chem.* generator. – **3.** *DDR pol.* trainer. — **~,bad** *n phot.* developing bath. — **~,flüs·sig·keit** *f* developer, developing liquid. — **~,scha·le** *f* developing dish. — **~sub,stanz** *f* developer, developing agent.

Ent'wick·lung *f* ⟨-; -en⟩ **1.** *cf.* Entwickeln. – **2.** development, growth: **eine ~ durchmachen** to undergo a development; **die rasche ~ der kulturellen Beziehungen** the rapid development (*od.* expansion) of cultural relations; **das Kind ist in seiner geistigen ~ zurückgeblieben** the child is mentally retarded; **die wirtschaftliche ~ dieses Landes** the economic growth of this country; **die ~ geht dahin** the development tends (*od.* the general trend [*od.* tendency] seems) to go in this direction; **die ~ der Sprache** the development (*od.* evolution) of (the) language. – **3.** (*eines Verfahrens etc*) development, evolution: **die ~ eines Impfstoffes gegen Tuberkulose** the development of a vaccine against tuberculosis. – **4.** (*von Gedankengängen etc*) development, unfoldment, evolution. – **5.** (*von Energie, Phantasie etc*) development, display. – **6.** (*von Talent, Fähigkeiten*) development, cultivation, formation. – **7.** (*von Geschmack, Abneigung etc*) development. – **8.** (*einer hohen Geschwindigkeit*) development. – **9.** *phot.* development, (*bes. von Film*) processing. – **10.** *chem. tech. phys.* a) (*von Gasen etc*) evolution, liberation, b) (*von Wärme etc*) development, generation, production, c) (*von Flammen*) formation. – **11.** *mil.* deployment. – **12.** *math.* (*von Formeln, Gleichungen etc*) expansion, development. – **13.** (*games*) (*von Schachzügen*) development. – **14.** *anthrop. zo.* evolution, production: **individuelle ~** ontogeny.

Ent'wick·lungs|,ab,lauf *m* (course of) development, (course of) evolution. — **~,ab,schnitt** *m* phase in (*od.* of) development. — **~,ab,tei·lung** *f tech.* engineering (*od.* project planning) department. — **~,al·ter** *n* age of development, developmental age. — **~,an,stalt** *f phot.* processing laboratory. — **~be,din·gung** *f meist pl* condition of development. — **~be,schleu·ni·gung** *f med.* acceleration (of physical development in children). — **~bü,ro** *n tech.* engineering office (*od.* firm), project planning engineers *pl.* — **~,do·se** *f phot.* developing tank (*od.* box). — **~epo·che** [-ʔe,pɔxə] *f* epoch (*od.* phase) in (*od.* of) a development. — **~er,schei·nung** *f* symptom (*od.* sign) of development. — **e~,fä·hig** *adj* **1.** capable of development, developable. – **2.** (*vielversprechend*) promising. – **3.** *biol.* (*lebensfähig*) viable. — **~,fä·hig·keit** *f* **1.** capacity of development (*od.* for developing). – **2.** promisingness. – **3.** *biol.* viability. — **~,fonds** *m econ.* development fund. — **~,gang** *m* **1.** course of development (*od.* evolution). – **2.** *zo.* cycle. — **~ge,biet** *n econ. pol.* development area (*od.* zone). — **~ge,fäß** *n* **1.** *chem.* generator, generating vessel. – **2.** *phot.* developing tray (*od.* tank). — **~ge,schich·te** *f* **1.** history of development. – **2.** *biol.* a) history of evolution, biogenesis (*scient.*), b) (*Stammesgeschichte*) phylogeny, c) (*des Einzelwesens*) ontogenesis, ontogeny: **~ des Menschen** anthropogenesis. — **e~ge,schicht·lich** *adj* **1.** developmental. – **2.** *biol.* a) biogenetic, b) (*stammesgeschichtlich*) phylogenetic, c) (*in bezug auf Einzelwesen*) ontogenetic. — **~ge,setz** *n* law of development. — **~,hel·fer** *m*, **~,hel·fe·rin** *f econ. pol.* development aid volunteer. — **e~,hem·mend** *adj biol.* arresting (*od.* inhibiting, obstructing, impeding) the development. — **~,hem·mung** *f* arrest (*od.* inhibition, obstruction) of development. — **~,hil·fe** *f econ. pol.* development aid. — **~in·ge·ni,eur** *m* development engineer. — **~,jah·re** *pl* **1.** years of development. – **2.** *med. psych.* (period of) adolescence *sg*, formative years: **sie ist in den ~n** she is in her formative years. — **~,ko·sten** *pl* developing costs. — **~kre,dit** *m econ.* development loan. — **~,land** *n pol.* developing (*od.* emergent) country (*od.* nation). — **~,leh·re** *f biol.* theory of evolution. — **~me,cha·nik** *f tech.* developmental mechanics *pl* (*construed as sg or pl*). — **~,mög·lich·keit** *f* possibility (for development). — **~pa,pier** *n phot.* developing paper. — **~pe·ri,ode**, **~,pha·se** *f* development stage, stage of development. — **~phy·sio·lo,gie** *f biol.* developmental physiology. — **~,plan** *m*, **~pro,gramm** *n* development program (*bes. Br.* programme). — **~pro,zeß** *m* **1.** developing process, (process of) development, evolutionary process. – **2.** *biol.* a) (*Phylogenie*) process of evolution, evolutionary process, b) (*Ontogenie*) (process of) development. — **~psy·cho·lo,gie** *f* developmental psychology. — **~,rei·he** *f* line of evolution. — **~,rich·tung** *f* trend of development. — **~ro,man** *m* (*literature*) novel of inner (*od.* individual, spiritual) development, Entwicklungsroman. — **~,sche·ma** *n econ.* pattern of cyclical development. — **~,sta·di·um** *n* phase (*od.* stage) of development. — **~,stö·rung** *f med.* disturbance of development. — **~,stu·fe** *f* stage (*od.* level) of development, developmental stage (*od.* level). — **~,tem·po** *n* speed of development. — **~ten,denz** *f cf.* Entwicklungsrichtung. — **~theo,rie** *f biol.* theory of evolution: **Anhänger der ~** evolutionist. — **~ver,lauf** *m* (course of) development. — **~ver,mö·gen** *n philos.* entelechy. — **~,vor,ha·ben** *n tech.* development project, project planning. — **~,zeit** *f* **1.** period of development. – **2.** *med.* a) formative years *pl*, years *pl* of adolescence, b) (*einer Krankheit*) incubation period, c) (*Embryologie*) developmental period. – **3.** *phot.* developing time. — **~,zy·klus** *m biol.* developmental (*od.* life) cycle.

ent'win·den I *v/t* ⟨*irr, no* ge-, h⟩ **j-m etwas ~** to wrench (*od.* wrest) s.th. from s.o. – **II** *v/reflex* **sich etwas ~** to wrench (*od.* extricate) oneself from s.th.; **sie hat sich seinen Armen entwunden** she freed herself from his arms.

ent'wip·feln *v/t* ⟨*no* ge-, h⟩ (*forestry*) *cf.* abwipfeln.

ent'wir·ren I *v/t* ⟨*no* ge-, h⟩ **1.** (*Knoten, Fäden etc*) disentangle, unravel, unsnare, undo. – **2.** *fig.* (*Durcheinander, Problem etc*) disentangle, unravel, clear up, sort (*od.* straighten) out. – **II** *v/reflex* **sich ~ 3.** become disentangled, disentangle, unravel. – **4.** *fig.* (*von Situation etc*) disentangle, unravel, straighten itself out. – **III E~** *n* ⟨-s⟩ **5.** *verbal noun.* — **Ent'wir·rung** *f* ⟨-; *no pl*⟩ **1.** *cf.* Entwirren. – **2.** disentanglement, unravelment.

ent'wi·schen I *v/i* ⟨*no* ge-, sein⟩ **1.** get away, escape: **j-m ~** to escape (from) s.o.; **der Gefangene ist ihnen entwischt** the prisoner has escaped them (*od.* has given them the slip). – **2.** (*von Bemerkung*) slip out: **die Bemerkung ist ihr entwischt** the remark slipped out of her. – **3.** (*sich wegstehlen*) slip (*od.* steal) away. – **II E~** *n* ⟨-s⟩ **4.** *verbal noun.* – **5.** escape.

ent'wöh·nen [-'vøːnən] **I** *v/t* ⟨*no* ge-, h⟩ **1. j-n** (**einer Sache**) **~** a) (*einer Angewohnheit etc*) to disaccustom (*od.* break) s.o. (of s.th.), to wean s.o. (from s.th.), b) (*einer Sucht etc*) to cure s.o. (of s.th.), to make s.o. give up (s.th.). – **2.** *med.* (*Säugling*) wean, ablactate (*scient.*). – **3.** *agr.* (*Jungtier*) wean. – **II** *v/reflex* **4. sich einer Sache ~** a) to grow unaccustomed to s.th., to become disaccustomed to s.th., b) (*sich abgewöhnen*) to break (*od.* cure) oneself of s.th., to wean oneself from s.th., c) (*aufgeben*) to discontinue (*od.* give up, leave off) s.th., to cure oneself of s.th. – **III E~** *n* ⟨-s⟩ **5.** *verbal noun.* – **6.** *cf.* Entwöhnung. — **ent'wöhnt I** *pp.* – **II** *adj* **1.** unaccustomed, disaccustomed: **einer Sache ~ sein** to have become unaccustomed (*od.* grown unused) to s.th. – **2.** (*Säugling, Jungtier etc*) weaned: **vor kur-**

zem ~es Kind (*od.* Tier) weanling. — **Ent'wöh·nung** *f* ⟨-; *no pl*⟩ **1.** *cf.* Entwöhnen. – **2.** *med.* (*eines Säuglings*) ablactation, delactation.

Ent'wöh·nungs,kur *f med. cf.* Entziehungskur.

ent'wöl·ken *v/reflex* ⟨*no* ge-, h⟩ **sich** ~ *lit.* **1.** (*von Himmel*) clear up. – **2.** (*von Bergen etc*) become clear (of clouds). – **3.** *fig.* (*von Miene etc*) brighten (up), become brighter, clear. – **4.** *fig.* (*von politischer Lage etc*) uncloud. — **ent'wölkt I** *pp.* – **II** *adj meteor.* (*Himmel*) cloudless, unclouded, clear.

ent'wür·di·gen I *v/t* ⟨*no* ge-, h⟩ **1.** (*erniedrigen*) degrade, debase, abase (*lit.*). – **2.** (*entehren*) disgrace, dishonor, *bes. Br.* dishonour: **diese Tat entwürdigt ihn** this deed disgraces him (*od.* robs him of his dignity). – **II** *v/reflex* **sich** ~ **3.** (*sich erniedrigen*) degrade (*od.* debase) oneself. – **4.** (*sich entehren*) disgrace oneself, dishonor (*bes. Br.* dishonour) oneself. – **III E**~ *n* ⟨-s⟩ **5.** *verbal noun.* – **6.** *cf.* Entwürdigung. — **ent'wür·di·gend I** *pres p.* – **II** *adj* **1.** (*erniedrigend*) degrading. – **2.** (*entehrend*) disgraceful. — **Ent'wür·di·gung** *f* ⟨-; -en⟩ **1.** *cf.* Entwürdigen. – **2.** (*Erniedrigung*) degradation, debasement, abasement (*lit.*). – **3.** (*Entehrung*) disgrace, dishonor, *bes. Br.* dishonour.

Ent'wurf *m* **1.** *cf.* Entwerfen. – **2.** (*Konzept*) draft, *bes. Br.* draught, outline: **im** ~ in outline; **erster** ~ rough draft (*od.* copy). – **3.** (*eines Romans etc*) sketch, skeleton, outline. – **4.** (*eines Projekts etc*) draft, *bes. Br.* draught, outline, blueprint, *Br.* blue print, sketch, skeleton: **ausgearbeiteter** ~ plan; **im** ~ **vorliegen** to be available in draft form. – **5.** (*art*) a) (*eines Gemäldes etc*) sketch, study, b) (*einer Skulptur*) clay model. – **6.** (*fashion*) a) (*eines Kleids etc*) design, style, b) (*einer Modezeichnung*) cartoon, c) (*eines Musters*) invention, production. – **7.** *jur. pol.* a) (*eines Vertrags*) draft (agreement), b) (*eines Gesetzes*) draft, bill, (*einer Verfassung*) *auch* frame. – **8.** *civ.eng.* design: **Stadium des** ~**s** design stage. – **9.** *tech.* a) (*einer Konstruktion*) design, b) (*eines Projekts*) project, c) (*einer Planung*) plan, d) (*einer Zeichnung*) sketch, e) (*einer Normvorschrift*) draft, *bes. Br.* draught. – **10.** (*theater, film*) (stage) design. – **11.** *obs. for* Plan[1] 4.

Ent'wurfs,zeich·ner *m* **1.** *tech.* draftsman, *bes. Br.* draughtsman. – **2.** (*fashion etc*) designer.

ent'wur·zeln I *v/t* ⟨*no* ge-, h⟩ **1.** (*Bäume etc*) uproot, tear (*s.th.*) up by the roots, deracinate. – **2.** *fig.* (*Menschen*) uproot, displace (*s.o.*) from his home. – **II E**~ *n* ⟨-s⟩ **3.** *verbal noun.* – **4.** *cf.* Entwurz(e)lung. — **ent'wur·zelt I** *pp.* – **II** *adj* **1.** (*Baum etc*) uprooted. – **2.** *fig.* (*Mensch*) uprooted, deracinated. – **3.** *fig.* (*Existenz etc*) rootless. — **Ent'wur·ze·lung, Ent'wurz·lung** *f* ⟨-; -en⟩ **1.** *cf.* Entwurzeln. – **2.** *auch fig.* uprootal.

ent'zau·bern I *v/t* ⟨*no* ge-, h⟩ **1.** free (*s.o., s.th.*) from a magic spell. – **2.** *fig.* break the spell of, take the spell from, disenchant, disillusion: **entzaubert werden** to lose its spell (*od.* magic). – **II E**~ *n* ⟨-s⟩ **3.** *verbal noun.* — **Ent'zau·be·rung** *f* ⟨-; *no pl*⟩ **1.** *cf.* Entzaubern. – **2.** *fig.* disenchantment, disillusionment.

ent'zer·ren I *v/t* ⟨*no* ge-, h⟩ **1.** (*radio*) correct (*od.* eliminate) distortion from. – **2.** *tel.* (*Dämpfung*) compensate. – **3.** *phot.* rectify. – **4.** *econ.* (*Preise*) straighten (*s.th.*) out, disentangle. – **II E**~ *n* ⟨-s⟩ **5.** *verbal noun.* – **6.** *phot.* correction of distortion. – **7.** *cf.* Entzerrung.

Ent'zer·rer *m* ⟨-s; -⟩ **1.** (*radio*) distortion corrector. – **2.** *tel.* attenuation compensator (*od.* equalizer). — ~**,ket·te** *f* (*radio*) *tel.* a) equalizer, compensator, b) (*in der Tonbandtechnik*) *cf.* Wiedergabeverstärker.

Ent'zerr,lin·se *f* (*optics*) anamorphote (projection) lens.

Ent'zer·rung *f* ⟨-; *no pl*⟩ **1.** *cf.* Entzerren. – **2.** *tel.* (*radio*) distortion correction (*od.* compensation). – **3.** *econ.* (*des Preisgefüges*) straightening out.

Ent'zer·rungs|ma,gnet *m* **1.** *phys.* anti(-)distortion (*od.* equalizing) magnet. – **2.** *phot.* rectifying magnet. — ~**,schal·ter** *m electr.* anti(-)distortion switch.

ent'zie·hen I *v/t* ⟨*irr, no* ge-, h⟩ **1. j-m etwas** ~ (*wegnehmen*) to take s.th. (away) from s.o.: **j-m den Führerschein** ~ to take s.o.'s driver's license (*Br.* driving licence) away from s.o., to disqualify (*od.* ban) s.o. from driving, to revoke s.o.'s license. – **2. j-m etwas** ~ a) (*Vertrauen, Erlaubnis etc*) to withdraw s.th. (*od.* to take s.th. back) from s.o., b) (*Freiheit, Staatsbürgerschaft, Ehrenrechte etc*) to deprive (*od.* divest, strip) s.o. of s.th., c) (*Hilfe, Gunst etc*) to withhold s.th. from s.o., d) (*Alkohol, Rauschgift etc*) to forbid s.o. s.th., to deprive s.o. of s.th., e) (*Pension, Taschengeld etc*) to stop (*od.* cut off) s.o.'s (*pension, pocket money*): **j-m das Mandat** ~ to unseat s.o.; **j-m die Konzession** ~ to cancel (*od.* revoke, withdraw) s.o.'s licence (*Am.* license). – **3. j-m das Wort** ~ *bes. pol.* to forbid s.o. to speak, to refuse s.o. the right to speak, to impose silence on s.o. – **4. etwas j-s Zugriff [Einfluß]** ~ to put s.th. out of s.o.'s reach [influence], to prevent s.o. from getting at [influencing] s.th. – **5.** (*Geld*) misappropriate. – **6. etwas j-s Blick(en)** ~ to hide (*od.* conceal) s.th. from s.o.'s sight. – **7.** *chem.* a) extract, b) (*Wasserstoff*) dehydrogenize, c) (*Sauerstoff*) deoxygenize, d) (*Kohlenstoff*) decarbonate. – **8.** *med.* a) **j-m Blut** ~ to bleed s.o., b) **dem Körper Wärme** ~ to take heat from the body. – **II** *v/reflex* **9. sich j-m [etwas]** ~ (*den Verfolgern, den Gläubigern, der Strafe etc*) to evade s.o. [s.th.], to escape s.o. [s.th.], to flee from s.o. [s.th.]: **sich seinen Verpflichtungen** ~ a) to escape one's obligations, b) to back out of one's obligations; **sich der strafrechtlichen Verfolgung** ~ to flee from justice, to abscond. – **10. sich einer Sache** ~ a) (*der Verantwortung, dem Wehrdienst etc*) to evade (*od.* dodge, shirk) s.th., b) (*der Berechnung, Kontrolle etc*) to defy (*od.* elude) s.th., c) (*einem Griff etc*) to free oneself from s.th., to escape (from) s.th., d) *fig.* (*einem Reiz etc*) to escape (*od.* resist) s.th., to free oneself from s.th.: **das entzieht sich meiner Kenntnis** this is beyond my knowledge, I don't know (anything about it). – **11. sich j-s Blick(en)** ~ a) (*von Person*) to hide from s.o.'s sight, b) (*von Sache*) to be hidden from s.o.'s sight, c) (*verschwinden*) to disappear, to vanish (from sight). – **III E**~ *n* ⟨-s⟩ **12.** *verbal noun.* – **13.** *cf.* Entzug. — **Ent'zie·hung** *f* ⟨-; *no pl*⟩ **1.** *cf.* Entziehen. – **2.** *cf.* Entzug.

Ent'zie·hungs|an,stalt *f med.* sanatorium for alcoholics (*od.* drug addicts). — ~**er,schei·nung** *f* withdrawal symptom. — ~**,kur** *f* (*für Rauschgiftsüchtige etc*) treatment for curing alcoholics (*od.* drug addicts).

ent'zif·fer·bar *adj* decipherable.

Ent'zif·fe·rer *m* ⟨-s; -⟩ decipherer.

ent'zif·fern [-'tsɪfərn] **I** *v/t* ⟨*no* ge-, h⟩ **1.** (*Handschrift, Stenogramm etc*) decipher, make out, (*im weiteren Sinn*) read. – **2.** (*Geheimschrift etc*) decipher, cryptanalyze (*scient.*). – **3.** (*dechiffrieren*) decode. – **4.** (*enträtseln*) puzzle out. – **II E**~ *n* ⟨-s⟩ **5.** *verbal noun.* — **Ent'zif·fe·rung** *f* ⟨-; *no pl*⟩ **1.** *cf.* Entziffern. – **2.** decipherment. – **3.** (*von Geheimschriften etc*) decipherment, cryptanalysis (*scient.*).

ent'zücken (*getr.* -k·k-) **I** *v/t* ⟨*no* ge-, h⟩ **1.** (*bezaubern*) captivate, charm, enchant. – **2.** (*faszinieren*) fascinate. – **3.** (*delektieren*) fill (*s.o.*) with delight, delight. – **4.** (*hinreißen*) enrapture, enchant, (en)ravish, carry (*s.o.*) away. – **5.** (*Auge, Ohr*) ravish, (*schwächer*) please. – **II** *v/reflex* **6. sich an** (*dat*) **etwas** ~ to delight oneself with s.th., to find (*od.* take) delight in s.th.

Ent'zücken (*getr.* -k·k-) *n* ⟨-s; *no pl*⟩ **1.** (**über** *acc* at) delight, joy: **zu seinem** ~ to his delight; **vor** ~ with delight. – **2.** *cf.* Entzückung.

ent'zückend (*getr.* -k·k-) **I** *pres p.* – **II** *adj* **1.** (*bezaubernd*) captivating, charming, enchanting. – **2.** (*faszinierend*) fascinating. – **3.** (*herrlich*) delightful. – **4.** (*hinreißend*) enrapturing, enchanting, ravishing. – **5.** *colloq.* (*reizend*) lovely, sweet, charming: **sie sieht** ~ **aus** she looks charming; **welch** ~**er Hut** what a fetching hat.

ent'zückt I *pp.* – **II** *adj* **1.** (**über** *acc* at; **von** by, with) charmed, enchanted. – **2.** (*hocherfreut*) (**über** *acc* at) delighted: **ich bin** ~, **Sie hier zu sehen** I am delighted to see you here. – **3.** (*begeistert*) (**von** by, with) enraptured, enchanted, ravished: **ganz** (*od. colloq.* **hellauf**) **von etwas** ~ **sein** to be in raptures over s.th., to be wild (*od.* crazy) about s.th. (*colloq.*). – **III** *adv* **4.** with delight.

Ent'zückung (*getr.* -k·k-) *f* ⟨-; -en⟩ **1.** *cf.* Entzücken 1. – **2.** rapture(s *pl*), ravishment, transport(s *pl*): **in** ~ **geraten** a) (**über** *acc* over) to go into raptures, b) to be carried away; **j-n in** ~ **versetzen** to send s.o. into raptures. – **3.** (*Ekstase*) ecstasy.

Ent'zug *m* ⟨-(e)s; *no pl*⟩ **1.** *cf.* Entziehen. – **2.** (*des Vertrauens, der Erlaubnis etc*) withdrawal. – **3.** (*der Freiheit, Staatsbürgerschaft etc*) deprivation, divestiture, divestment: ~ **des Wahlrechts** disfranchisement; ~ **der bürgerlichen Ehrenrechte** civic degradation. – **4.** (*des Rauschgifts etc*) deprivation. – **5.** *chem.* a) extraction, b) (*des Wasserstoffs*) dehydrogenation, c) (*des Sauerstoffs*) deoxygenation, d) (*des Kohlenstoffs*) decarbonization, e) (*der Elektronen*) oxidation. – **6.** *jur.* (*der Konzession etc*) cancellation, revocation: **zeitweiliger** ~ suspension. – **7.** (*Verweigerung*) denial. – **8.** (*Verbot*) prohibition.

ent'zünd·bar *adj* **1.** *chem. tech.* (in)flammable, combustible, ignitable, *auch* ignitible: **leicht** ~ **sein** to be highly (in)flammable; **diese Stoffe sind leicht** ~ these materials are highly inflammable. – **2.** *fig.* excitable, inflammable: **sein Temperament ist leicht** ~ his temperament is easily excited. — **Ent'zünd·bar·keit** *f* ⟨-; *no pl*⟩ **1.** *chem. tech.* (in)flammability, combustibility, ignitability, *auch* ignitibility. – **2.** *fig.* excitability, inflammability.

ent'zün·den I *v/reflex* ⟨*no* ge-, h⟩ **sich** ~ **1.** catch (*od.* take) fire: **sich von selbst** ~ to catch fire spontaneously; **sich an** (*dat*) **etwas** ~ to catch fire from s.th. – **2.** (*aufflammen*) flare (*od.* blaze) up. – **3.** *bes. chem. tech.* (*von Brennstoffen*) ignite, inflame, *auch* enflame. – **4.** *fig.* (*von Leidenschaften etc*) (**an** *dat* by) be (a)roused (*od.* stirred up, inflamed, *auch* enflamed, kindled). – **5.** *fig.* (*von Person*) (**an** *dat* by) be carried away. – **6.** *med.* a) (*von Wunden*) become inflamed (*auch* enflamed). – **II** *v/t* **7.** *fig.* (*Leidenschaften, Haß, Phantasie etc*) (a)rouse, excite, inflame, *auch* enflame, stir up, kindle, fire. – **8.** *lit. for* anzünden 1. – **III E**~ *n* ⟨-s⟩ **9.** *verbal noun.* – **10.** *cf.* Entzündung.

ent'zun·dern [-'tsʊndərn] *v/t* ⟨*no* ge-, h⟩ *metall.* descale.

ent'zün·det I *pp.* – **II** *adj med.* **1.** (*Wunde etc*) inflamed, *auch* enflamed. – **2.** (*Haut*) sore. – **3.** (*Augen*) red.

ent'zünd·lich [-'tsʏntlɪç] *adj* **1.** *med.* (*Gewebe*) inflammatory, phlogistic (*scient.*). – **2.** *cf.* entzündbar 1.

Ent'zün·dung *f* ⟨-; -en⟩ **1.** *cf.* Entzünden. – **2.** *bes. chem. tech.* ignition, inflammation. – **3.** *med.* a) (*einer Wunde etc*) inflammation, phlegmasia (*scient.*), b) (*eines Organs etc*) irritation: **eine** ~ **hervorrufen** to cause an inflammation. – **4.** *vet.* (*bei Schafen u. Rindern*) ~ **des Euters** mastitis; ~ **der Kopfgewebe** bighead. – **5.** *fig.* (*der Leidenschaften etc*) inflammation, excitement.

Ent'zün·dungs|er,re·ger *m med.* inflammatory agent. — ~**ge,misch** *n chem. tech.* ignition mixture. — **e**~**,hem·mend** *adj med.* anti-inflammatory, antiphlogistic (*scient.*): ~**es Mittel** resolvent, *auch* resolutive. — ~**,herd** *m* focus (*od.* center, *bes. Br.* centre) of inflammation. — ~**,punkt** *m*, ~**tem·pe·ra,tur** *f chem.* **1.** flash (*od.* ignition) point, *Br.* flash-point. – **2.** (*Brennpunkt*) burning point. — **e**~**,wid·rig** *adj med.* anti-inflammatory, antiphlogistic (*scient.*).

ent'zwei *adj* ⟨*pred*⟩ **1.** in two, in half, asunder: **der Teller ist** ~ the plate is in two. – **2.** (*zerbrochen*) broken, in pieces. – **3.** (*zerrissen*) torn. – **4.** *fig. colloq.* (*zerschlagen*) exhausted, worn out, knocked up. — ~**,bre·chen I** *v/i* ⟨*irr, sep,* -ge-, sein⟩ **1.** break in two (*od.* asunder). – **2.** break into pieces. – **II** *v/t* ⟨h⟩ **3.** break (*s.th.*) in two (*od.* asunder). – **4.** break (*s.th.*) into pieces.

ent'zwei·en [-'tsvaɪən] **I** *v/t* ⟨*no* ge-, h⟩ **1.** (*auseinanderbringen*) disunite, divide, separate: **er versuchte, das Volk zu** ~ he tried to turn the people against each other (*od.* to sow dissension among the people); **sie entzweite die beiden Freunde** she turned one friend against the other. – **II** *v/reflex* **sich** ~ (**mit** with) **2.** fall out, break, split: **sich mit j-m entzweit haben**

to have fallen out (*od.* broken) with s.o., to be on bad terms with s.o. – **3.** (*sich streiten*) quarrel. – **III E**~ *n* ⟨-s⟩ **4.** *verbal noun.* – **5.** *cf.* Entzweiung.

ent'zwei|ₗge·hen *v/i* ⟨*irr, sep,* -ge-, sein⟩ **1.** break (into pieces), fall to pieces (*od.* asunder), come asunder. – **2.** *fig.* (*von Freundschaft, Ehe etc*) break up. — ~**ₗhau·en** *v/t* ⟨*irr, sep,* -ge-, h⟩ **1.** cut (*s.th.*) in two. – **2.** cut (*s.th.*) into pieces. — ~**ₗrei·ßen I** *v/t* ⟨*irr, sep,* -ge-, h⟩ **1.** tear (*od.* rip, rend) (*s.th.*) in two. – **2.** tear (*s.th.*) to pieces. – **II** *v/i* ⟨sein⟩ **3.** (*von Stoff etc*) tear. – **4.** (*von Strick etc*) snap. — ~**ₗschla·gen** *v/t* ⟨*irr, sep,* -ge-, h⟩ smash (*s.th.*) (in pieces), shatter. — ~**ₗschnei·den** *v/t* ⟨*irr, sep,* -ge-, h⟩ **1.** cut (*s.th.*) in two (*od.* in half). – **2.** cut (*s.th.*) in pieces.

Ent'zwei·ung *f* ⟨-; -en⟩ **1.** *cf.* Entzweien. – **2.** disunion, division, separation. – **3.** (*Streit*) quarrel, strife. – **4.** (*Bruch*) split, rupture.

enu·me·rie·ren [enume'riːrən] *v/t* ⟨*no* ge-, h⟩ *obs. for* aufzählen 1.

En·ure·se [enu'reːzə] *f* ⟨-; -n⟩, **En·ure·sis** [-'reːzɪs] *f* ⟨-; -resen⟩ *med.* enuresis: ~ nocturna bed-wetting, nocturnal enuresis (*scient.*).

en vogue [ã'vɔg] (*Fr.*) *adj* ⟨*pred*⟩ fashionable, popular, in vogue, all the rage (*colloq.*).

En·voyé [ãvŏa'jeː] *m* ⟨-s; -s⟩ *pol. cf.* Gesandte 1.

En·ze·pha·li·tis [ɛntsefa'liːtɪs] *f* ⟨-; -litiden [-li'tiːdən]⟩ *med.* encephalitis. — **en·ze·pha'li·tisch** *adj* encephalitic. — **En·ze·pha·lo'gramm** [-lo'gram] *n* ⟨-s; -e⟩ encephalogram, encephalograph.

En·ze·pha·lo·ma·la·zie [ɛntsefalomala'tsiː] *f* ⟨-; -n [-ən]⟩ *med.* softening of the brain, encephalomalacia (*scient.*).

En·ze·pha·lo·mye·li·tis [ɛntsefalomye'liːtɪs] *f* ⟨-; *no pl*⟩ *med.* encephalomyelitis.

En·zi·an ['ɛntsĭaːn] *m* ⟨-s; -e⟩ **1.** *bot.* gentian (*Gattg Gentiana*): Gelber (*od.* Großer) ~ yellow gentian, bitterwort (*G. lutea*); Glockenblumenartiger ~ bell-flowered gentian (*G. campanulata*); Stengelloser (*od.* Großblütiger) ~ stemless (*od.* dwarf) gentian, gentianella (*G. acaulis od. grandiflora*). – **2.** *a spirit distilled from the roots of Gentiana lutea.* — ~**ₗbit·ter** *n* ⟨-s; *no pl*⟩, ~**ₗbit·ter·me·diₗzin** *f med. pharm.* gentian bitter. — ~**geₗwäch·se** *pl bot.* Gentianaceae. — ~**ₗschnaps** *m cf.* Enzian 2. — ~**ₗwur·zel** *f bot.* gentian, *auch* gentian root.

En·zoo·tie [ɛntsoo'tiː] *f* ⟨-; -n [-ən]⟩ *med. vet.* enzootic disease, enzootic. — **en·zoo·tisch** [-tso'oːtɪʃ] *adj* enzootic.

En·zy·kli·ka [ɛn'tsyːklika] *f* ⟨-; -kliken⟩ *röm.kath.* encyclical, *auch* encyclic.

en·zy·klisch [ɛn'tsyːklɪʃ] *adj* encyclical, *auch* encyclic.

En·zy·klo·pä·die [ɛntsyklopɛ'diː] *f* ⟨-; -n [-ən]⟩ encyclopedia, *auch* encyclopaedia. — **En·zy·klo'pä·di·ker** [-'pɛːdikər] *m* ⟨-s; -⟩ encyclopedist, *auch* encyclopaedist. — **en·zy·klo'pä·disch** [-'pɛːdɪʃ] *adj* encyclopedic, *auch* encyclopaedic(al), encyclopedical. — **En·zy·klo·pä'dis·mus** [-'dɪsmus] *m* ⟨-; *no pl*⟩ encyclopedism, *auch* encyclopaedism. — **En·zy·klo·pä'dist** [-'dɪst] *m* ⟨-en; -en⟩ *cf.* Enzyklopädiker.

En·zym [ɛn'tsyːm] *n* ⟨-s; -e⟩ *chem. biol.* enzyme. — **en·zy'ma·tisch** [-tsy'maːtɪʃ] *adj* enzymatic, enzymic.

eo ip·so ['eːo 'ɪpso] *adv* ipso facto.

Eo·lith [eo'liːt] *m* ⟨-s *u.* -en; -e(n)⟩ *archeol.* eolith, celt. — **Eo'li·thi·kum** [-tikum] *n* ⟨-s; *no pl*⟩ *geol. hist.* eolithic. — **eo'li·thisch** *adj* eolithic.

Eos ['eːɔs] *npr f* ⟨-; *no pl*⟩ *myth.* Eos (*Greek goddess of dawn*).

Eo·zän [eo'tsɛːn] *geol.* **I** *n* ⟨-s; *no pl*⟩ Eocene. – **II e**~ *adj* Eocene. — ~**for·ma·tiₗon** *f* Eocene formation (*od.* strata *pl*).

Eo·zoi·kum [eo'tsoːikum] *n* ⟨-s; *no pl*⟩ *geol.* Eozoic (era). — **eo'zo·isch** [-ɪʃ] *adj* eozoic.

Ep·ago·ge [epago'geː] *f* ⟨-; *no pl*⟩ *philos.* epagoge, (argument by) induction. — **ep·ago·gisch** [-'goːgɪʃ] *adj* epagogic, inductive.

Ep·akris ['eːpakrɪs] *f* ⟨-; *no pl*⟩ *bot.* (*Bergheide*) epacrid (*Gattg Epacris*).

Ep·ak·te [e'paktə] *f* ⟨-; -n⟩ *astr.* epact.

Ep·arch [e'parç] *m* ⟨-en; -en⟩ *hist.* eparch. — **Ep·ar'chie** [-'çiː] *f* ⟨-; -n [-ən]⟩ eparchy.

Epau·lett [epo'lɛt] *n* ⟨-s; -s⟩, **Epau'let·te** [-'lɛtə] *f* ⟨-; -n⟩ *mil.* epaulet, *auch* epaulette.

Ep·en·the·se [epɛn'teːzə] *f* ⟨-; -n⟩, **Ep·en·the·sis** [e'pɛntezɪs] *f* ⟨-; -thesen [-'teːzən]⟩ *ling.* epenthesis. — **ep·en'the·tisch** [-tɪʃ] *adj* epenthetic.

Ephe·be [e'feːbə] *m* ⟨-n; -n⟩ *antiq.* ephebe, ephebus.

Ephe·dra ['eːfedra] *f* ⟨-; -dren [e'feːdrən] *u.* -drae [-drɛ]⟩ *bot. cf.* Meerträubchen.

Ephe·drin [efe'driːn] *n* ⟨-s; *no pl*⟩ *chem.* ephedrine ($C_{10}H_{15}NO$).

Ephe·li·de [efe'liːdə] *f* ⟨-; -n⟩ *meist pl med.* freckle, ephelis (*scient.*).

ephe·mer [efe'meːr] *adj* temporary, ephemeral.

Ephe·me·ra [e'feːmera] *pl med.* ephemeral fever *sg*, ephemera.

Ephe·me·ri·de [efeme'riːdə] *f* ⟨-; -n⟩ **1.** *zo. cf.* Eintagsfliege 1. – **2.** *astr.* astronomical table, nautical almanac, ephemeris (*scient.*).

Ephe·ser ['eːfezər] *m* ⟨-s; -⟩ *Bibl.* Ephesian: (der Brief des Paulus an die) ~ *cf.* Epheserbrief. — ~**ₗbrief, der** the Epistle (of St. Paul) to the Ephesians, Ephesians *pl* (*construed as sg*).

Ephor [e'foːr] *m* ⟨-en; -en⟩ *antiq.* ephor. — **Epho·rat** [efo'raːt] *n* ⟨-(e)s; -e⟩, **Epho·renₗamt** [e'foːrən-] *n* ephorate, ephoralty.

Epho·rie [efo'riː] *f* ⟨-; -n [-ən]⟩ *relig.* superintendency, parish, diocese. — **Epho·rus** ['eːforus] *m* ⟨-; Ephoren [e'foːrən]⟩ **1.** superintendent, inspector, metropolitan (*in the German Reformed Churches*). – **2.** head (of a theological college).

epi..., Epi... *combining form denoting* epi...

Epi·blast [epi'blast] *n* ⟨-en; -en⟩ *biol.* epiblast, ectoderm.

Epi·bo·lie [epibo'liː] *f* ⟨-; *no pl*⟩ *biol.* epiboly, *auch* epibole, epibolic invagination. — **epi'bo·lisch** [-'boːlɪʃ] *adj* epibolic.

Epi·can·thus [epi'kantus] *m* ⟨-; -canthi [-ti]⟩ *med.* epicanthus, epicanthal fold.

epi·deik·tisch [epi'daɪktɪʃ] *adj* (*in der Rhetorik*) epideictic, deictic.

Epi·de·mie [epide'miː] *f* ⟨-; -n [-ən]⟩ *med.* epidemic (disease). — **Epi·de·mio·lo'gie** [-mĭolo'giː] *f* ⟨-; *no pl*⟩ epidemiology. — **epi'de·misch** [-'deːmɪʃ] *adj* epidemic, *auch* epidemical.

Epi·der·mis [epi'dɛrmɪs] *f* ⟨-; -men⟩ **1.** *med.* epiderm(is): unter der ~ gelegen subcuticular, subepidermal. – **2.** *bot.* epidermis.

epi·der·moi·dal [epidɛrmoi'daːl] *adj* epidermic, epidermoid, *auch* epidermoidal.

Epi·dia·skop [epidia'skoːp] *n* ⟨-s; -e⟩ (*optics*) epidiascope. — **epi·dia'sko·pisch** *adj* epidiascopic.

Epi·dot [epi'doːt] *m* ⟨-s; -e⟩ *min.* epidote.

epi·du·ral [epidu'raːl] *adj med.* epidural.

epi·gä·isch [epi'gɛːɪʃ] *adj bot. biol.* epigeal, epigeous, *auch* epig(a)ean, epigeic.

epi·ga·strisch [epi'gastrɪʃ] *adj med.* epigastric(al). — **Epi'ga·stri·um** [-trĭum] *n* ⟨-s; -strien⟩ epigastrium, *auch* epigastraeum.

Epi·ge·ne·se [epige'neːzə] *f* ⟨-; -n⟩ *geol. biol.* epigenesis. — **epi·ge'ne·tisch** [-tɪʃ] *adj* epigenetic.

Epi·glot·tis [epi'glɔtɪs] *f* ⟨-; -glottiden [-'tiːdən]⟩ *med.* epiglottis.

Epi·go·ne [epi'goːnə] *m* ⟨-n; -n⟩ inferior imitator, epigone, *auch* epigon, epigonus. — **epi'go·nen·haft** *adj* epigonic, epigonous. — **Epi'go·nen·tum** *n* ⟨-s; *no pl*⟩ epigonism.

Epi·gramm [epi'gram] *n* ⟨-s; -e⟩ (*literature*) epigram: ein ~ machen über (*acc*) etwas to epigrammatize s.th. — **Epi·gram'ma·ti·ker** [-'ma(ː)tikər] *m* ⟨-s; -⟩ epigrammatist, *auch* epigrammist. — **epi·gram'ma·tisch** [-'ma(ː)tɪʃ] **I** *adj* epigrammatic, epigrammatical. – **II** *adv* epigrammatically.

Epi·graph [epi'graːf] *n* ⟨-s; -e⟩ epigraph, inscription. — **Epi'gra·phik** [-fɪk] *f* ⟨-; *no pl*⟩ *archeol.* epigraphy. — **Epi'gra·phi·ker** [-fikər] *m* ⟨-s; -⟩ epigraphist. — **epi'gra·phisch** *adj* epigraphic, *auch* epigraphical.

epi·gyn [epi'gyːn] *adj bot.* epigynous.

Epik ['eːpɪk] *f* ⟨-; *no pl*⟩ **1.** epic poetry. – **2.** narrative literature.

Epi·kard [epi'kart] *n* ⟨-s; *no pl*⟩ *med.* epicardium.

Epi·karp [epi'karp] *n* ⟨-s; -e⟩ *rare,* **Epi'kar·pi·um** [-pĭum] *n* ⟨-s; -pien⟩ *bot.* epicarp.

Epi·ker ['eːpikər] *m* ⟨-s; -⟩ **1.** epic poet. – **2.** narrative author (*od.* writer).

Epi·kle·se [epi'kleːzə] *f* ⟨-; -n⟩ *relig.* epiclesis, epiklesis.

Epi·ko·tyl [epiko'tyːl] *m* ⟨-s; -e⟩ *bot.* epicotyl.

Epi·kri·se [epi'kriːzə] *f med.* epicrisis. — **epi'kri·tisch** [-tɪʃ] *adj* epicritic.

Epi·ku·re·er [epiku'reːər] *m* ⟨-s; -⟩ **1.** *philos.* Epicurean. – **2.** *lit.* (*Genießer*) epicurean. — **epi·ku're·isch** [-ɪʃ] *adj* **1.** (*genüßlich*) epicurean. – **2. E**~ *philos.* (*Schriften etc*) Epicurean. — **Epi·ku·re'is·mus** [-re'ɪsmus] *m* ⟨-; *no pl*⟩ *philos.* Epicureanism, Epicurism. — **epi'ku·risch, Epi'ku·risch** [-'kuːrɪʃ] *adj cf.* epikureisch. — **Epi·ku'ris·mus** [-'rɪsmus] *m* ⟨-; *no pl*⟩ *cf.* Epikureismus.

Epi·la·ti·on [epila'tsĭoːn] *f* ⟨-; -en⟩ *med.* removal of (superfluous) hair; epilation, depilation (*scient.*).

Epi·la·ti'onsₗmit·tel *n med. pharm.* depilatory.

Epi·lep·sie [epilɛ'psiː] *f* ⟨-; -n [-ən]⟩ *med.* epilepsy: an ~ leiden to suffer from epilepsy. — **e**~**ₗar·tig** *adj* epileptoid.

epi·lep·ti·form [epilɛpti'fɔrm] *adj* epileptiform, epileptoid.

Epi·lep·ti·ker [epi'lɛptikər] *m* ⟨-s; -⟩, **Epi'lep·ti·ke·rin** *f* ⟨-; -nen⟩ epileptic. — **epi'lep·tisch** [-tɪʃ] *adj* epileptic: an ~en Anfällen leiden to be subject to epileptic fits.

epi·lie·ren [epi'liːrən] *v/t* ⟨*no* ge-, h⟩ *med.* remove (superfluous) hair from, depilate (*scient.*).

Epi·log [epi'loːk] *m* ⟨-s; -e⟩ epilogue, *Am. auch* epilog.

Epi·mor·pho·se [epimɔr'foːzə] *f* ⟨-; *no pl*⟩ *zo.* epimorphosis, morphallaxis.

Epi·na·stie [epinas'tiː] *f* ⟨-; *no pl*⟩ *bot.* epinasty.

Epin·glé [epɛ̃'gleː] *n* ⟨-(s); -s⟩ (*textile*) epinglé.

Epi·ni·ki·on [epi'niːkĭɔn] *n* ⟨-s; -kien⟩ (*literature*) *antiq.* epinicion, *auch* epinikion.

epi·pe·tal [epipe'taːl] *adj bot.* epipetalous, antipetalous.

Epi·pha·nia [epi'faːnĭa; -fa'niːa] *f* ⟨-; *no pl*⟩ *relig.* Epiphany. — **Epi·pha·ni·as** [epi'faːnĭas] *n* ⟨-; *no pl*⟩, ~**ₗfest** *n cf.* Epiphanienfest. — **Epi·pha'nie** [-fa'niː] *f* ⟨-; *no pl*⟩ *cf.* Epiphania. — **Epi'pha·ni·enₗfest** [-'faːnĭən-] *n* Epiphany, Feast of the Epiphany.

Epi·phä·no·men [epifɛno'meːn] *n* ⟨-s; -e⟩ *philos.* epiphenomenon.

Epi·pho·ra [e'piːfora] *f* ⟨-; -phorä [-rɛ]⟩ **1.** *med.* watering of the eyes, epiphora (*scient.*). – **2.** *ling.* epiphora, epistrophe.

epi·phyll [epi'fʏl] *adj bot.* epiphyllous.

Epi·phy·se [epi'fyːzə] *f* ⟨-; -n⟩ *med. zo.* epiphysis.

Epi'phy·sen|entₗzün·dung *f med.* epiphysitis. — ~**ₗknor·pel** *m* epiphyseal cartilage. — ~**ₗlö·sung** *f* separation of the epiphysis, epiphyseolysis.

Epi·phyt [epi'fyːt] *m* ⟨-en; -en⟩ *bot.* epiphyte. — **epi'phy·tisch** *adj* epiphytal, epiphytic.

epi·pleu·ral [epiplɔʏ'raːl] *adj med. zo.* epipleural.

Epi·ro|ge·ne·se [epiroge'neːzə] *f* ⟨-; -n⟩ *geol.* epeirogenesis, epeirogeny. — **e**~**ge'ne·tisch** [-tɪʃ] *adj* epeirogenic.

episch ['eːpɪʃ] *adj* **1.** epic, narrative: ~er Sagenkreis epic cycle. – **2.** epic, heroic.

Epi·skop [epi'skoːp] *n* ⟨-s; -e⟩ *phot.* reflecting projector, episcope (*scient.*).

epi·sko·pal [epɪsko'paːl] *adj relig.* episcopal. — **Epi·sko·pa'lis·mus** [-pa'lɪsmus] *m* ⟨-; *no pl*⟩ **1.** episcopacy. – **2.** *röm.kath.* episcopalism. — **Epi·sko·pa'list** [-pa'lɪst] *m* ⟨-en; -en⟩ Episcopalian.

Epi·sko'palₗkir·che *f relig.* Episcopal Church.

Epi·sko·pat [epɪsko'paːt] *m, n* ⟨-(e)s; -e⟩ *relig.* **1.** episcopacy, episcopate, (the) bishops *pl.* – **2.** (*Bischofsamt*) episcopate, office of bishop.

epi·sko·pisch [epɪs'koːpɪʃ] *adj relig.* episcopal.

Epi·sko·pus [e'pɪskopus] *m* ⟨-; Episkopi [-pi]⟩ *relig.* bishop.

Epi·so·de [epi'zoːdə] *f* ⟨-; -n⟩ **1.** episode, incident: er erzählte uns eine kurze ~ aus seinem Leben he told us a short episode from his life. – **2.** *mus.* episode.

epi'so·den|ₗar·tig, ~**haft** *adj cf.* episodisch.

epi'so·disch *adj* episodic, *auch* episodical, episodal.

Epi·stel [e'pɪstəl] *f* ⟨-; -n⟩ **1.** *relig.* a) epistle (of an apostle), b) (*gottesdienstliche Lesung*)

Epistle. – 2. *colloq.* (*Strafpredigt*) severe lecture (*od. colloq.* telling off), dressing down: j-m eine ~ halten to give s.o. a severe lecture (*od.* a good dressing down). – 3. *colloq.* long letter, epistle (*colloq.*): eine lange ~ schreiben to write a long letter (*od.* screed). — **~,sei·te** *f relig.* epistle (*od.* south) side of altar.

Epi·ste·mo·lo·gie [epɪstemolo'giː] *f* ⟨-; *no pl*⟩ *cf.* Erkenntnistheorie. — **epi·ste·mo'lo·gisch** [-'loːgɪʃ] *adj cf.* erkenntnistheoretisch.

Epi·sto·lar [epɪsto'laːr] *n* ⟨-s; -e⟩ *relig.* epistolary.

epi·sto·lisch [epɪs'toːlɪʃ] *adj relig.* epistolary.

Epi·styl [epi'styːl] *n* ⟨-s; -e⟩, **Epi'sty·li·on** [-lĭɔn] *n* ⟨-s; -lien⟩ *arch.* epistyle, architrave.

Epi·taph [epi'taːf] *n* ⟨-s; -e⟩, **Epi'ta·phi·um** [-fĭʊm] *n* ⟨-s; -phien⟩ 1. epitaph. – 2. gravestone. – 3. memorial stone.

Epi·ta·sis [e'piːtazɪs] *f* ⟨-; -tasen [epi'taːzən]⟩ (*literature*) epitasis.

Epi·tha·la·mi·um [epita'laːmĭʊm] *n* ⟨-s; -mien⟩ *antiq.* epithalamium, epithalamy, nuptial song.

Epi·thel [epi'teːl] *n* ⟨-s; -e⟩ *med.* epithelium: einschichtiges [mehrschichtiges] ~ simple [compound *od.* stratified] epithelium. — **~,decke** (*getr.* -k·k-) *f* epithelial layer (*od.* covering). — **~ge,we·be** *n* epithelial tissue.

epi·the·li·al [epite'lĭaːl] *adj med.* epithelial.

Epi·the·li·om [epite'lĭoːm] *n* ⟨-s; -e⟩ *med.* epithelioma.

Epi·the·li·um [epi'teːlĭʊm] *n* ⟨-s; -lien⟩ *cf.* Epithel.

Epi'thel|,kör·per·chen *n meist pl med.* parathyroid gland, *auch* epithelial body. — **~,schicht** *f* epithelial layer. — **~,zy·ste** *f* epithelial (*od.* dermoid) cyst.

Epi·them [epi'teːm] *n* ⟨-s; -e⟩ *med. pharm.* epithem.

epi·ther·mal [epitɛr'maːl] *adj geol. min.* epithermal.

Epi·the·ton [e'piːtetɔn] *n* ⟨-s; -ta [-ta]⟩ (*literature*) epithet, *auch* epitheton. — **~ 'or·nans** ['ɔrnans] *n* ⟨--; -ta -tia [-'nantsĭa]⟩ decorative (*od.* epic) epithet.

Epi·to·ma·tor [epito'maːtɔr] *m* ⟨-s; -en [-ma'toːrən]⟩ (*literature*) epitomist. — **Epi·to·me** [e'piːtome] *f* ⟨-; -n [epi'toːmən]⟩ epitome.

Epi·trit [epi'triːt] *m* ⟨-en; -en⟩ *metr.* epitrite.

epi·zen·tral [epitsɛn'traːl] *adj* epicentral.

Epi·zen·trum [epi'tsɛntrʊm] *n geogr.* epicenter, *bes. Br.* epicentre, epicentrum.

Epi·zeu·xis [epi'tsɔyksɪs] *f* ⟨-; -xen⟩ *ling.* epizeuxis.

epi·zo·isch [epi'tsoːɪʃ] *adj bot. zo.* epizoic.

epi·zön [epi'tsøːn] *adj* 1. *ling.* epicene. – 2. *biol.* hermaphrodite, hermaphroditic.

Epi·zo·on [epi'tsoːɔn] *n* ⟨-s; -zoen *u.* -zoa [-'tsoːa]⟩ *zo.* epizoon.

Epi·zoo·tie [epitsoo'tiː] *f* ⟨-; -n [-ən]⟩ *vet.* epizootic (disease). — **epi·zoo·tisch** [-tso'oːtɪʃ] *adj* epizootic.

Epi·zy·kel [epi'tsyːkəl] *m* ⟨-s; -⟩ *math.* epicycle. — **epi'zy·klisch** [-klɪʃ] *adj* epicyclic, *auch* epicyclical.

Epi·zy·kloi·de [epitsyklo'iːdə] *f* ⟨-; -n⟩ *math.* epicycloid.

Epi·zy·kloi·den,rad [epitsyklo'iːdən-] *n tech.* epicycloidal wheel.

epi·zy·kloi·disch [epitsyklo'iːdɪʃ] *adj math.* epicycloidal.

epo·chal [epɔ'xaːl] *adj* 1. epochal. – 2. *colloq.* revolutionary, startling. – 3. *cf.* epochemachend.

Epo·che [e'pɔxə] *f* ⟨-; -n⟩ 1. epoch, era, period: ~ machen to mark (*od.* make) an epoch. – 2. *geol.* epoch. – 3. ⟨*only sg*⟩ *philos.* a) suspension of judg(e)ment, scepsis (*scient.*), b) *cf.* Einklammerung 2. — **e~,ma·chend** *adj* (*Erfindung etc*) epoch-making (*od.* -marking), epochal.

Ep·ode [e'poːdə] *f* ⟨-; -n⟩ *metr.* epode. — **ep·odisch** [e'poːdɪʃ] *adj* epodic.

Epo·pöe [epo'pøːə] *f* ⟨-; -n⟩ *obs. for* Epos.

Epos ['eːpɔs] *n* ⟨-; Epen⟩ epic (poem), epos: höfisches ~ court(ly) epic, courtly romance.

Ep·oxyd [epɔ'ksyːt] *n chem.* epoxide.

Ep·pich ['ɛpɪç] *m* ⟨-(e)s; -e⟩ 1. *bot.* a) *cf.* Sellerie, b) *cf.* Petersilie, c) *cf.* Scharbockskraut. – 2. *poet. for* Efeu.

Eprou·vet·te [epru'vɛtə] *f* ⟨-; -n⟩ *Austrian chem.* test glass (*od.* tube).

Ep·si·lon ['ɛpsilɔn] *n* ⟨-(s); -s⟩ epsilon (*fifth letter of the Greek alphabet*).

Ep·so·mit [ɛpso'miːt; -'mɪt] *m* ⟨-s; -e⟩ *min.* epsomite.

'Ep·som,salz ['ɛpsəm-] (*Engl.*) *n med. pharm.* Epsom salts *pl* (*usually construed as sg*), Epsom salt.

Equi·li·brist [ekvili'brɪst] *m* ⟨-en; -en⟩ *cf.* Seiltänzer.

Equi·pa·ge [ek(v)i'paːʒə] *f* ⟨-; -n⟩ *rare* 1. equipage, carriage and horses. – 2. *mar.* a) (ship's) crew, b) (naval officer's) turnout (*Br.* turn-out).

Equipe [e'k(v)ɪp] *f* ⟨-; -n [-ən]⟩ (*sport*) riding (*od.* equestrian) team, equipe (*rare*).

equi·pie·ren [ek(v)i'piːrən] *v/t* ⟨*no* ge-, h⟩ *archaic* 1. (*ausrüsten*) equip, fit out. – 2. (*bemannen*) man.

er [eːr] *pers pron* 1. (*von Personen*) he: ~ kann uns nicht sehen he cannot see us; ~ selbst he himself; ~ ist es nicht it is not he, it is not him (*colloq.*); ~ allein he alone; wo ist Vater? ~ ist in seinem Zimmer where is father? he is in his room; dieser Junge — ist ~ nicht klug? that boy, is he not clever? wird ~ oder sie den Vertrag unterschreiben? will he or she sign the contract? – 2. (*von Dingen*) it: ich suchte den Hut, ~ war im Schrank I looked for the hat — it was in the cupboard; er vermißte seinen Schlüssel, ~ war in seiner Tasche he missed his key — it was in his pocket; wir bestiegen den Dampfer, ~ war schon stark besetzt we boarded the steamer — it (*od. bes. mar.* she) was already crowded. – 3. (*von Tieren*) he, it: sie liebte ihren Hund, ~ war ein sehr kluges Tier she adored her dog — he was an extremely clever animal; die Familie hing an dem Kanarienvogel, ~ sang besonders schön the family was very fond of the canary — he sang beautifully; der Löwe ist der König der Wüste, ~ versetzt alle Tiere in Schrecken the lion is king of the jungle — it (*od.* he) frightens all other animals; ich sehe den Fisch im Teich, ~ ist golden I can see the fish in the pond — it is golden. – 4. *jur. relig.* the same.

Er *m* ⟨-; -s⟩ 1. *colloq.* he: der ~ und die Sie the he and the she; das neugeborene Baby ist ein ~ the newborn baby is a he (*od.* a boy, a male). – 2. ⟨*only sg*⟩ *obs.* you (*address of 2 sg of male sex*): was sagt ~ da? what are you saying? – 3. ⟨*only sg*⟩ ~, der Allmächtige *relig.* He the Almighty.

er'ach·ten *lit.* **I** *v/t* ⟨*no* ge-, h⟩ 1. consider, believe, think, deem: etwas für nötig ~ to consider (*od.* judge) s.th. necessary; er erachtete es als seine Pflicht he thought it his duty; ich erachte es als ratsam I consider it advisable; ich erachte es für recht *lit.* I deem it right. – **II E~** *n* ⟨-s⟩ 2. *verbal noun.* – 3. opinion, judg(e)ment: meines E~s, meinem E~ nach in my opinion (*od.* judg[e]ment), to my mind, in my view, as I see it.

er'ah·nen *v/t* ⟨*no* ge-, h⟩ *cf.* ahnen I.

er'ar·bei·ten **I** *v/t* ⟨*no* ge-, h⟩ 1. (*Vermögen etc*) gain (*od.* get, acquire, achieve) (*s.th.*) by working, work for, acquire (*s.th.*) by one's own efforts: Reichtum ~ to gain wealth by work(ing); sich (*dat*) eine Existenz ~ to gain (*od.* earn) a livelihood by work(ing); du hast dir dein Haus schwer erarbeitet you worked hard for your house; ich hatte mir gute englische Kenntnisse erarbeitet I had acquired a good knowledge of English. – 2. (*herausziehen*) extract: ich habe aus dem Aufsatz die wichtigsten Punkte erarbeitet I have extracted the most important items from the essay. – 3. (*zusammentragen*) compile, collect: er hat den Stoff aus allen Quellen erarbeitet he has compiled the material from all sources. – 4. (*herausarbeiten*) elaborate: eine statistische Angabe ~ to elaborate statistical data. – **II E~** *n* ⟨-s⟩ 5. *verbal noun.* — **Er'ar·bei·tung** *f* ⟨-; *no pl*⟩ 1. *cf.* Erarbeiten. – 2. (*von Vermögen etc*) acquirement, achievement. – 3. (*Herausziehen*) extraction. – 4. (*Zusammentragung*) compilation, collection. – 5. (*Ausarbeitung*) elaboration.

Eras·mia·ner [eras'mĭaːnər] *m* ⟨-s; -⟩ *relig. hist.* Erasmian. — **eras·misch** [e'rasmɪʃ] *adj* Erasmian.

Era·stia·ner [eras'tĭaːnər] *m* ⟨-s; -⟩ *relig. hist.* Erastian. — **era·stia·nisch** [-'tĭaːnɪʃ] *adj* Erastian. — **Era·stia'nis·mus** [-tĭa'nɪsmʊs] *m* ⟨-; *no pl*⟩ Erastianism.

Era·to [e'raːto; 'eːrato] *npr f* ⟨-; *no pl*⟩ *myth.* Erato (*Greek Muse of lyric and love poetry*).

er'äu·gen *v/t* ⟨*no* ge-, h⟩ *rare* espy, catch sight of, spot (*colloq.*).

'Erb|,adel ['ɛrp-] *m* hereditary nobility. — **e~,ade·lig** *adj* of hereditary nobility. — **~,amt** *n hist.* hereditary office. — **~,än·de·rung** *f biol.* idiovariation, mutation.

'Erb,an,fall *m jur.* devolution of the inheritance, succession (to an estate). — **~,steu·er** *f econ. cf.* Erbschaftssteuer.

'Erb|,an,la·ge *f biol.* (genetic) trait, genetic code, genes *pl.* — **~,an,spruch** *m jur.* hereditary title, claim to an inheritance: bedingter ~ contingent remainder. — **~,an,teil** *m cf.* Erbteil 1. — **~,an,wart·schaft** *f* expectation (*od.* expectancy) of inheritance.

er'bar·men [-'barmən] **I** *v/reflex* ⟨*no* ge-, h⟩ 1. sich j-s (*od.* über j-n) ~ to pity (*od.* take pity on) s.o., to show s.o. mercy, to have pity (*od.* mercy, compassion) on s.o.: er erbarmte sich ihrer he took pity on her; wir sollten uns der Kranken und Einsamen ~ we should pity those who are ill and lonely; Herr erbarme Dich unser! *Bibl.* Lord, have mercy upon us! möge der Herr sich seiner ~ may the Lord have mercy (up)on him. – 2. sich über (*acc*) etwas ~ *colloq.* to take pity on s.th.: will sich niemand über die Reste des Essens ~? *humor.* will nobody take pity on the leftovers from the meal (and eat them)? – **II** *v/t* 3. j-n ~ to move s.o. to pity, to arouse pity (*od.* compassion) in s.o.: er erbarmt mich I pity (*od.* feel sorry for) him; sein Jammer erbarmte mich his misery moved me to pity; das möchte einen Hund ~ *colloq.* that would melt a heart of stone; ein Leben, daß (es) Gott erbarm' a miserable life. – **III E~** *n* ⟨-s⟩ 4. *verbal noun.* – 5. pity, mercy, compassion: ohne E~ without mercy, merciless; kein E~ kennen to know no pity (*od.* mercy); mit j-m E~ haben to have pity on s.o., to feel pity for s.o.; j-n um E~ anflehen to beg s.o. for mercy; er singt zum E~ *colloq.* he sings miserably; seine Leistungen sind zum E~ *colloq.* his work is wretchedly bad; Gebet um E~ *relig.* Miserere.

er'bar·mens|,wert, **~,wür·dig** *adj* pitiable, pitiful, wretched: ein ~er Mensch a pitiable person; was für ein ~er Anblick! what a pitiful sight!

Er'bar·mer *m* ⟨-s; *no pl*⟩ Gott, der ~ *relig.* God of mercy, merciful God, (God) the Merciful.

er'bärm·lich [-'bɛrmlɪç] **I** *adj* 1. (*mitleiderregend*) pitiable, pitiful, piteous: er ist in einer ~en Lage he is in a pitiful situation; ein ~es Dasein führen to lead a pitiable life; er war damals in einem ~en Zustand at that time he was in a piteous state. – 2. (*elend, jämmerlich*) miserable, wretched, pitiful, deplorable, lamentable, (*schwächer*) poor: eine ~e Qualität poor (*od.* low) quality; sie sahen ~ aus they looked miserable; das ist eine ~e Leistung that is a miserable (*od.* pitiful) performance. – 3. (*gering*) small, paltry, pitiful: dieser Laden hat eine ~e Auswahl this shop has a pitiful (*od.* small) variety of goods. – 4. (*gemein*) wretched, miserable, mean, base: er ist ein ~er Lügner he is a wretched liar; was für ein feiger, ~er Mensch! what a wretched coward! – 5. *colloq.* (*sehr groß*) terrible, awful, wretched (*alle colloq.*): ich habe einen ~en Hunger I am awfully hungry; er hatte ~e Angst he was terribly afraid; der Patient hatte ~e Schmerzen the patient had awful pains. – **II** *adv* 6. pitiably, pitifully, piteously: ~ sterben to die pitiably. – 7. miserably, wretchedly, pitifully: er war immer ~ gekleidet he was always badly dressed; sie singt ~ she sings miserably. – 8. (*gemein*) wretchedly: er hat sich ~ benommen he has behaved wretchedly. – 9. *colloq.* (*sehr*) awfully, terribly (*beide colloq.*): es ist ~ kalt it is terribly cold; das ist ~ wenig Geld this is an awfully small sum of money; ein ~ kleines Stück *contempt.* no more than a morsel, a paltry morsel. — **Er'bärm·lich·keit** *f* ⟨-; *no pl*⟩ 1. pitiableness, pitifulness, piteousness. – 2. miserableness, wretchedness, pitifulness, deplorability, lamentability, (*schwächer*) poorness. – 3. smallness, paltriness, pitifulness. – 4. wretchedness, miserableness, meanness, baseness. – 5. *colloq.* terribleness, awfulness, wretchedness (*alle colloq.*).

Er'bar·mung *f* ⟨-; *no pl*⟩ *cf.* Erbarmen.

er'bar·mungs·los **I** *adj* pitiless, merciless,

hardhearted, *Br.* hard-hearted, *auch* cruel: er war ein ~er Mann he was a hardhearted man, he was a man without pity; sie waren der ~en Verfolgung preisgegeben they were subject to relentless persecution. – **II** *adv* mercilessly, without mercy: er tötete ~ jedes Tier he mercilessly killed all animals. — **Er'bar·mungs·lo·sig·keit** *f* ⟨-; *no pl*⟩ pitilessness, mercilessness, hardheartedness, *Br.* hard-heartedness, *auch* cruelty.

er'bar·mungs|ˌvoll *adj* pitiful, merciful, compassionate, full of pity (*od.* compassion). — **~ˌwür·dig** *adj lit.* pitiable, pitiful, piteous, lamentable.

er'bau·en[1] **I** *v/t* ⟨*no* ge-, h⟩ build, construct, erect, *auch* raise, put up: die Brücke ist nach seinen Plänen erbaut worden the bridge was constructed according to his plans; Rom ist nicht an einem Tag erbaut worden (*Sprichwort*) Rome was not built in a day (*proverb*). – **II E~** *n* ⟨-s⟩ *verbal noun.*

er'bau·en[2] *v/reflex* ⟨*no* ge-, h⟩ sich ~ *fig.* **1.** be edified, be uplifted: sie haben sich an der Predigt erbaut they were uplifted by the sermon; er erbaute sich an der schönen Natur he was uplifted by nature's beauty; sie erbauten sich an dem Gemälde they were edified by this painting. – **2.** (*erfreuen*) be delighted, be pleased, be enthusiastic: sie ~ sich an dieser Musik they are pleased by this music.

er'bau·end I *pres p.* – **II** *adj fig. cf.* erbaulich.

Er'bau·er *m* ⟨-s; -⟩ **1.** (*Baumeister*) builder, constructor, architect: er war der ~ mehrerer bekannter Bauwerke he was the architect of several well-known buildings; die ~ des Kraftwerkes the constructors of the power plant (*Br.* power-station). – **2.** (*Gründer*) founder: Karl II. war der ~ dieser Kirche Charles II was the founder of this church. – **3.** *fig.* edifier.

er'bau·lich *adj* **1.** edifying, elevating, uplifting: wir hörten eine ~e Predigt we listened to an edifying sermon. – **2.** *colloq.* encouraging, edifying: das ist ja ~ *iron.* this is very edifying; seine Leistungen sind nicht gerade ~ his work is not exactly encouraging. – **3.** *relig.* devotional. — **Er'bau·lich·keit** *f* ⟨-; *no pl*⟩ **1.** edification, elevation. – **2.** *relig.* edifying character.

'Erb|ˌaus,einˌan·derˌset·zung *f jur.* partition of an estate (*od.* inheritance). — **~ˌaus·ˌschla·gung** *f cf.* Erbschaftsausschlagung.

er'baut I *pp.* – **II** *adj* delighted, pleased, enthusiastic: sie war von seinem Besuch nicht gerade erbaut she was not exactly delighted with his visit; er war von diesem Angebot sehr erbaut he was delighted with this offer; wir waren von dieser Aussicht nicht gerade erbaut we were not too enthusiastic about that prospect.

Er'bau·ung[1] *f* ⟨-; *no pl*⟩ **1.** *cf.* Erbauen[1]. – **2.** construction, erection.

Er'bau·ung[2] *f* ⟨-; *no pl*⟩ *fig.* **1.** (moral) edification (*od.* uplift), moral improvement: ein Buch zu unserer ~ a book for our edification. – **2.** (*Freude*) delight, pleasure, enthusiasm: zu meiner ~ hörte ich, daß I was delighted to hear that.

Er'bau·ungs|ˌbuch *n relig.* book of devotion, devotional book. — **~li·te·raˌtur** *f* devotional literature. — **~ˌschrift** *f* (religious) tract.

Erbˌbau·er *m* **1.** *jur. farmer holding his land in fee simple.* – **2.** *jur. hist. peasant holding land under villein socage.*

'Erbˌbau|ˌrecht *n jur. heritable (and alienable) right of erecting and maintaining a building (on another person's property) (as a form of encumbrance).* — **~ˌzins** *m rent payable for the right to erect and maintain a bulding (on another person's property).*

'Erb|beˌam·te *m hist.* hereditary office holder. — **e~beˌdingt** *adj psych.* hereditary, inherited, innate. — **~beˌgräb·nis** *n* family grave (*od.* vault). — **e~beˌrech·tigt** *adj* entitled to inherit (*od.* to the inheritance, succession). — **~beˌrech·tig·te** *m, f* ⟨-n; -n⟩ person entitled to inherit, (legitimate) successor. — **~beˌrech·ti·gung** *f* right of inheritance (*od.* succession), heirship. — **~be·ˌschei·ni·gung** *f cf.* Erbschein. — **~beˌsitz** *m* **1.** inheritance, (corporeal) hereditament. – **2.** family estate.

'Erb·beˌstä·ti·gung *f jur.* probate. — **'Erb·beˌstä·ti·gungs·geˌricht** *n* probate court.

'Erb|ˌbild *n* **1.** *biol.* a) genotype, b) diagram showing the working of heredity factors. – **2.** *med.* genotype. — **~bio·loˌgie** *f* genetics *pl* (*construed as sg*). — **e~bioˌlo·gisch** *adj* genetic, *auch* genetical.

Er·be[1] ['ɛrbə] *m* ⟨-n; -n⟩ **1.** *jur.* a) heir, successor, *Am. auch* inheritor, b) (*Begünstigter*) beneficiary (under a will), c) (*Vermächtnisnehmer*) legatee, d) (*von Immobilien*) devisee: alleiniger ~ sole heir, universal successor; gesetzlicher ~ legal (*od.* general) heir, distributee, heir-at-law (*in common law*); gesetzmäßiger ~ eines noch Lebenden heir apparent; leiblicher ~ heir of one's body; mutmaßlicher ~ heir presumptive; rechtmäßiger ~ right (*od.* true) heir; testamentarischer ~ heir testamentary; ~ nach Mannesstamm heir male; ohne leiblichen ~n without issue; j-n zum ~n einsetzen (*od.* machen) to make (*od.* appoint, constitute) s.o. one's heir; es fällt an die ~n it passes to the heirs; die lachenden ~n *colloq. humor.* the laughing (*od.* joyful) heirs. – **2.** *fig.* heir, successor.

'Er·be[2] *n* ⟨-s; *no pl*⟩ **1.** *jur.* inheritance, heritage: ein ~ antreten to enter upon an inheritance, to succeed to an estate; auf ein ~ verzichten to renounce an inheritance; ein ~ erwarten to expect an inheritance; das gesamte ~ fiel an uns the whole inheritance fell to us; schließlich kam er zu seinem ~ he came into his inheritance after all; das väterliche ~ the patrimony; das unveräußerliche ~ the inalienable heritage; ein zustehendes ~ an appendant. – **2.** *fig.* heritage, inheritance, legacy: seine Werke sind unser geistiges ~ his works are our spiritual heritage; das kulturelle ~ einer Nation the cultural heritage of a nation; das ist das traurige ~ des letzten Krieges that is the sad heritage of the last war; er hinterließ der Nachwelt ein reiches ~ he left a rich legacy to posterity. – **3.** *relig.* inheritance: Gottes ~ antreten to come into God's inheritance.

er'be·ben I *v/i* ⟨*no* ge-, sein⟩ **1.** *lit.* (*vor Angst, Zorn etc*) tremble, quiver, shake: er erbebte vor Wut he trembled with fury; ihre Stimme erbebte her voice trembled (*od.* shook); ihr Herz erbebte bei diesem Anblick her heart quivered when she saw this. – **2.** (*von Erde etc*) shake, quake: die Detonation ließ die Häuser ~ the detonation shook the houses; der Boden unter unseren Füßen erbebte the ground under our feet shook. – **II E~** *n* ⟨-s⟩ **3.** *verbal noun.* – **4.** (*vor Zorn, Angst etc*) tremble, quiver, shake. – **5.** (*von Erde etc*) shake, quake.

'erbˌei·gen *adj jur.* **1.** belonging (*to s.o.*) by right of inheritance. – **2.** (*ererbt*) inherited.

'Erb|ˌei·gen·tum *n jur. cf.* Erbbesitz. — **~·ˌei·gen·tü·mer** *m,* **~ˌei·gen·tü·me·rin** *f* owner of a family estate. — **~ˌeinˌfluß** *m med.* hereditary influence. — **~ˌein·heit** *f biol.* gene.

er·ben ['ɛrbən] *v/t* ⟨h⟩ **1.** *jur.* a) (*Haus etc*) inherit, succeed to, b) (*Geld etc*) come into, be left: ein Grundstück ~ to inherit a plot of land; der Sohn erbte den Hof the son inherited the farm; er hat ein Vermögen geerbt he has come into a fortune, he has been left a fortune; wieviel hat er geerbt? how much has he inherited? etwas gemäß Testament ~ to inherit s.th. under a will; etwas ~ to fall heir to s.th. – **2.** *fig.* (*Begabung etc*) inherit, get (*colloq.*): er hat den Eigensinn von seinem Vater geerbt he has inherited (*od.* he gets) his stubbornness from his father; sie hat die Augen von ihrer Mutter geerbt she has inherited her eyes from her mother, she has her mother's eyes. – **3.** *fig. colloq.* get, gain: hier ist nichts zu ~ there is nothing to be gained here.

'Er·ben|geˌmein·schaft *f jur.* community of (joint) heirs. — **~ˌhaf·tung** *f* liability of the heir (*to discharge the debts of the estate*).

'er·ben·los *adj jur.* heirless, having no heir(s). — **'Er·ben·lo·sig·keit** *f* ⟨-; *no pl*⟩ default of heirs.

'Erb·erˌschlei·chung *f jur. cf.* Erbschleicherei.

er'be·ten I *pp of* erbitten. – **II** *adj* requested, asked for (*nachgestellt*): Anfragen sind ~ an (*acc*) inquiries should be directed (*od.* addressed) to.

er'bet·teln *v/t* ⟨*no* ge-, h⟩ (sich *dat*) etwas von j-m ~ a) to beg (*od. colloq.* scrounge) s.th. from s.o., to beg s.o. for s.th., to beg s.th. off of s.o., b) (*durch Betteln erhalten*) to get (*od.* obtain) s.th. from s.o. by begging, c) (*durch Schmeicheln*) to wheedle s.th. out of s.o.

er'beu·ten I *v/t* ⟨*no* ge-, h⟩ **1.** *mil.* take (as booty), capture, seize. – **2.** (*Preis, Geld etc*) take, carry off, get away with (*colloq.*). – **II E~** *n* ⟨-s⟩ **3.** *verbal noun.* — **Er'beu·tung** *f* ⟨-; *no pl*⟩ **1.** *cf.* Erbeuten. – **2.** *mil.* capture, seizure.

'erb|ˌfä·hig *adj jur.* (legally) capable of inheriting. — **E~ˌfä·hig·keit** *f* (legal) capacity to inherit.

'Erb|ˌfak·tor *m biol.* (hereditary *od.* unit) factor, gene; allele, *auch* allel, allelomorph (*scient.*). — **~ˌfall** *m jur.* a) case of succession, b) *death of a person giving rise to a succession.* — **~ˌfeh·ler** *m biol.* hereditary (*od.* inherited) defect. — **~ˌfeind** *m* **1.** sworn (*od.* traditional, hereditary) enemy. – **2.** (*Teufel*) *cf.* Erzfeind 2. — **~ˌfeind·schaft** *f* sworn (*od.* traditional, hereditary) enmity.

'Erbˌfol·ge *f jur.* (hereditary) succession, devolution (of an estate) upon death, *Am. auch* descent: gesetzliche ~ intestate succession; gewillkürte ~ testate succession, succession by will; ~ in gerader Linie lineal descent. — **~ˌkrieg** *m hist.* war of succession: Spanischer ~ War of the Spanish Succession (*1701—1714*). — **~ˌord·nung** *f jur.* statutory order of distribution, canon of descent. — **~ˌrecht** *n* law of succession (*od.* inheritance).

'Erb|ˌfor·schung *f biol.* science of heredity, genetics *pl* (*construed as sg*). — **~ˌgang** *m jur.* devolution (upon death), succession (to an estate): im ~e by (right of) inheritance. — **e~geˌsund** *adj med.* of healthy stock, free from hereditary disease. — **~geˌsund·heit** *f* freedom from hereditary disease. — **~geˌsund·heitsˌleh·re** *f* eugenics *pl* (*usually construed as sg*). — **~ˌgrind** *m* **1.** *med.* honeycomb (*od.* crusted) ringworm. – **2.** *vet.* favus. — **~ˌgut** *n* **1.** *biol.* genotype, inheritance. – **2.** *jur.* a) *cf.* Erbmasse 1, b) (*ererbtes Gut*) inherited property (*od.* assets *pl*). — **~ˌhof** *m jur.* hereditary farm, inheritance estate. — **e~hy·gie·nisch** [-hy-ˌgieːnɪʃ] *adj biol.* eugenic, *auch* eugenical.

er'bie·ten I *v/reflex* ⟨*irr, no* ge-, h⟩ **1.** sich ~, etwas zu tun to offer to do s.th. – **II E~** *n* ⟨-s⟩ **2.** *verbal noun.* – **3.** offer.

'Er·bin *f* ⟨-; -nen⟩ heiress.

er'bit·ten I *v/t* ⟨*irr, no* ge-, h⟩ **1.** ask for, request, (*stärker*) beg (*od.* plead) for: j-s Hilfe ~, Hilfe von j-m ~ to ask s.o. for help, to ask (for) s.o.'s help; sich (*dat*) etwas ~ a) to ask for (*od.* request) s.th., b) to get (*od.* obtain) s.th. by asking (*od.* by entreaties). – **2.** sich ~ lassen to be persuaded by (*od.* be moved by, yield to) entreaties. – **II E~** *n* ⟨-s⟩ **3.** *verbal noun.* – **4.** request.

er'bit·tern [-'bɪtərn] **I** *v/t* ⟨*no* ge-, h⟩ **1.** embitter, *auch* imbitter, fill (*s.o.*) with bitterness. – **2.** (*erzürnen*) provoke, anger, vex. – **II E~** *n* ⟨-s⟩ **3.** *verbal noun.* — **er'bit·tert I** *pp.* – **II** *adj* **1.** (*Kampf, Gegner etc*) stubborn. – **2.** (*Haß, Ringen etc*) fierce, furious, vehement. – **3.** über (*acc*) etwas ~ sein a) to be embittered (*od.* filled with bitterness) about s.th., b) to be provoked (*od.* angered, vexed) by s.th. – **III** *adv* **4.** stubbornly: sie leisteten ~ Widerstand they resisted stubbornly, they offered (*od.* put up) stubborn resistance; etwas ~ bekämpfen to fight s.th. tooth and nail. — **Er'bit·te·rung** *f* ⟨-; *no pl*⟩ **1.** *cf.* Erbittern. – **2.** (*Außersichsein*) bitterness, embitterment. – **3.** (*Zorn*) anger, vexation. – **4.** (*Heftigkeit*) vehemence.

Er·bi·um ['ɛrbɪ̆ʊm] *n* ⟨-s; *no pl*⟩ *chem.* erbium (Er).

'erb|ˌkrank *adj med.* afflicted with an hereditary disease. — **E~ˌkrank·heit** *f* hereditary disease.

'Erbˌlan·de *pl hist.* patrimonial lands (*od.* dominions).

er'blas·sen *v/i* ⟨*no* ge-, sein⟩ **1.** (*von Person, Gesicht etc*) (vor *dat* with) become (*od.* grow, turn, go) pale (*od.* white), pale, blanch: die Nachricht ließ sie ~ the news made her turn (*od.* turned her) pale; → Neid. – **2.** *poet.* die.

'Erbˌlas·ser *m* ⟨-s; -⟩ *jur.* **1.** deceased (person) (*Am. auch* decedent) (leaving property). – **2.** (*bei einem Testament*) testator. — **'Erbˌlas·se·rin** *f* ⟨-; -nen⟩ **1.** *cf.* Erblasser 1. – **2.** testatrix.

'Erb|ˌle·hen *n hist.* hereditary fief. — **~ˌleh·re** *f biol.* genetics *pl* (*construed as sg*).

er'blei·chen *v/i* ⟨*no* ge-, sein⟩ **1.** *lit. for* erblassen 1. – **2.** ⟨*pp* erblichen⟩ *obs. poet.* die. – **3.** *obs. poet. for* verblassen 4.

erb·lich ['ɛrplɪç] **I** *adj* **1.** (*Krankheit, Eigen-*

schaft etc) hereditary, (vererbbar) (in)heritable. – 2. (Amt, Titel, Besitz etc) (in)heritable. – II adv 3. by inheritance: ~ belastet a) med. affected with an inherited disease, congenitally afflicted, b) having an inclination toward(s) s.th. that runs in the family.

er'bli·chen pp of erbleichen 2.

'Erb·lich·keit f ⟨-; no pl⟩ 1. biol. heredity, hereditary character, inheritableness, (in)heritability. – 2. jur. (in)heritability, inheritableness.

er'blicken (getr. -k·k-) v/t ⟨no ge-, h⟩ 1. catch sight of, lay eyes on, see, spot (colloq.), behold (lit.): das Licht der Welt ~ to come into the world, to be born. – 2. fig. see: etwas in einer Sache [j-m] ~ to see s.th. in s.th. [s.o.], to regard (od. look upon) s.th. [s.o.] as s.th.

er'blin·den [-'blɪndən] I v/i ⟨no ge-, sein⟩ 1. go (od. become) blind, lose one's (eye)sight. – 2. (von Glas etc) dull, dim. – II **E~** n ⟨-s⟩ 3. verbal noun. – **er'blin·det** I pp. – II adj blind. – **Er'blin·dung** f ⟨-; no pl⟩ 1. cf. Erblinden. – 2. loss of (one's) (eye)sight. – 3. (Blindheit) blindness.

'Erbˌli·nie f 1. line of succession (od. descent). – 2. biol. hereditary (od. genetic) line, strain.

er'blon·den [-'blɔndən] v/i ⟨no ge-, sein⟩ colloq. humor. become blond: sie ist erblondet she has dyed her hair blond.

er'blü·hen v/i ⟨no ge-, sein⟩ 1. cf. aufblühen 1. – 2. fig. poet. (von jungem Mädchen) blossom: sie ist zu voller Schönheit erblüht she has blossomed (od. grown) into a beauty.

'Erb|ˌmas·se f 1. jur. (Nachlaß) estate (of a deceased person). – 2. biol. genotype. — **~-mon·arˌchie** f pol. hereditary monarchy. — **~ˌnachˌweis** m jur. proof of heirship. — **~-ˌon·kel** m wealthy uncle (whose property one hopes to inherit).

er'bo·sen [-'boːzən] I v/t ⟨no ge-, h⟩ annoy, anger, exasperate, vex, make (s.o.) angry (od. colloq. cross, mad), (stärker) infuriate. – II v/reflex sich über (acc) etwas [j-n] ~ to become (od. get) annoyed (od. angry, exasperated, vexed, stärker infuriated, furious) about s.th. [with s.o.]. — **er'bost** I pp. – II adj annoyed, exasperated, angry, vexed. – III adv angrily.

er'bö·tig [-'bøːtɪç] adj ⟨pred⟩ zu etwas ~ sein, sich zu etwas ~ zeigen to be ready (od. willing, prepared) to do s.th.; sich ~ machen zu helfen to offer one's help, to be (od. show oneself) willing to help.

'Erb|ˌpacht f jur. 1. hereditary tenancy (od. leasehold). – 2. fee farm. — **~ˌpäch·ter** m 1. heritable long-leaseholder. – 2. fee farmer. — **~ˌprinz** m hereditary prince.

er'brau·sen v/i ⟨no ge-, sein⟩ rare lit. for aufbrausen 5.

er'bre·chen I v/t ⟨irr, no ge-, h⟩ 1. cf. aufbrechen 1, 2. – 2. med. vomit (up), bring up, throw up. – II v/i u. sich ~ v/reflex 3. vomit, be sick, throw up. – III **E~** n ⟨-s⟩ 4. verbal noun. – 5. med. vomit, sickness: E~ verursachend emetic; morgendliches E~ morning sickness etwas; bis zum E~ satt haben colloq. to be fed up with s.th., to be sick and tired of s.th.

'Erbˌrecht n jur. 1. (Gesetz) law of inheritance (od. succession, Am. auch descent). – 2. (Erbanspruch) (right of) inheritance (od. succession), hereditary title, heirship. — **'erbˌrecht·lich** adj under (od. according to) the law of inheritance: ~e Ansprüche succession rights, beneficial rights in an estate.

er'brin·gen I v/t ⟨irr, no ge-, h⟩ 1. jur. (Beweis, Alibi etc) bring, produce, adduce, furnish: den Beweis für etwas ~ to produce proof of s.th., to prove s.th. – 2. (officialese) (als Ergebnis liefern) result in. – 3. econ. cf. a) aufbringen 3, b) einbringen 9. – II **E~** n ⟨-s⟩ 4. verbal noun. — **Er'brin·gung** f ⟨-; no pl⟩ 1. cf. Erbringen. – 2. jur. production, adduction.

er'brü·ten v/t ⟨no ge-, h⟩ nucl. breed (plutonium) (in a reactor).

'Erbˌscha·den m med. cf. Erbfehler.

'Erb·schaft f ⟨-; -en⟩ jur. a) inheritance, heritage, b) (Nachlaßmasse) estate, c) (Vermächtnis) legacy: gemeinsame ~ coinheritance; eine ~ antreten to enter upon an inheritance, to succeed to an estate; er hat eine reiche ~ gemacht he inherited (od. came into, colloq. stepped into) a fortune.

'Erb·schafts|ˌan·geˌle·gen·heit f jur. matter relating to an inheritance: in ~en in matters of an inheritance. — **~ˌanˌnah·me** f acceptance of an inheritance. — **~ˌanˌspruch** m claim to an inheritance, hereditary title. — **~ˌanˌteil** m cf. Erbteil 1. — **~ˌanˌtritt** m accession to an estate, entrance upon an inheritance. — **~ˌausˌschla·gung** f disclaimer of an inheritance. — **~ˌkla·ge** f 1. suit to establish a right of inheritance. – 2. action for recovery of an inheritance. — **~ˌmas·se** f cf. Erbmasse 1. — **~ˌsteu·er** f econ. Br. estate duty, death duty, Am. inheritance tax. — **~ˌstreit** m dispute over an inheritance. — **~verˌmächt·nis** n cf. Vermächtnis 1.

'Erb|ˌschein m jur. certificate of heirship. — **~ˌschlei·cher** m legacy hunter. — **~schlei·che'rei** [ˌɛrp-] f legacy hunting.

Erb·se ['ɛrpsə] f ⟨-; -n⟩ bot. pea: Englische ~ purple trefoil (Lotus tetragonolobus); Wilde ~ pea-shaped vetch (Vicia pisiformis); grüne ~n gastr. fresh green peas, petits pois; „die Prinzessin auf der ~" "the Princess and the Pea" (fairy tale).

'Erb·sen|ˌbaum m bot. Siberian pea tree, caragana (Caragana arborescens). — **~-ˌbein** n med. pisiform (bone). — **~ˌblatt-ˌlaus** f zo. pea aphid (Macrosiphum pisi). — **~ˌbrei** m gastr. peas(e) pudding, creamed peas pl, Am. pea puree. — **~ˌeu·le** f zo. broomcorn moth (Polia pisi). — **e~ˌför·mig** [-ˌfœrmɪç] adj pea-shaped, pisoform (scient.). — **e~ˌgroß** adj (as) large as a pea, (of) the size of a pea. — **~ˌkä·fer** m zo. pea beetle (od. weevil, Am. bug) (Laria pisorum). — **~ˌmehl** n gastr. peameal, pea flour, peas(e) meal (od. flour). — **~-ˌmu·schel** f zo. hidden pea shell (Pisidium amnicum). — **~ˌpflan·ze** f bot. pea vine (Pisum sativum). — **~püˌree** n gastr. cf. Erbsenbrei. — **~ˌrost** m bot. agr. pea rust (Uromyces pisi). — **~ˌscho·te** f bot. pea pod, peas(e)cod. — **~ˌstrauch** m bot. cf. Erbsenbaum. — **~ˌstroh** n pea straw. — **~-ˌsup·pe** f gastr. pea soup, peas(e) porridge. — **~ˌwicke** (getr. -k·k-) f bot. pea-shaped vetch (Vicia pisiformis). — **~ˌwick·ler** m zo. pea moth (Laspeyresia nigricana). — **~ˌwür·ger** m bot. broomrape, strangleweed (Orobanche rapum-genistae).

'Erb|ˌstamm m biol. biotype. — **~ˌstück** n jur. heirloom. — **~subˌstanz** f biol. inherited material, genes pl. — **~ˌsün·de** f relig. original sin.

'Erbsˌwurst f gastr. peameal compressed into sausage shape.

'Erb|ˌtan·te f wealthy aunt (whose property one hopes to inherit). — **~ˌteil** n 1. auch m jur. (share of an) inheritance, inherited portion: väterliches ~ patrimony; gesetzliches ~ intestate share, statutory portion; gemeinschaftliches ~ joint share. – 2. biol. inherited quality. — **~ˌtei·lung** f jur. division (od. partition) of the estate (od. inheritance). — **~ˌübel** n hereditary (od. inherited, engrained) defect. — **e~ˌunˌfä·hig** adj (legally) incapable of inheriting. — **~ˌunˌfä·hig·keit** f (legal) incapacity to inherit. — **e~ˌunˌwür·dig** adj jur. 1. unworthy to inherit. – 2. (judicially) disqualified from inheriting: j-n für ~ erklären to (judicially) disqualify s.o. as an heir. — **~ˌunˌwür·dig·keit** f 1. state of being unworthy to inherit. – 2. judicial disqualification (of an heir). — **~verˌgleich** m settlement of claims to an inheritance. — **~-verˌmächt·nis** n cf. Vermächtnis 1. — **~verˌtrag** m testamentary contract. — **~verˌzicht** m (contractual) renunciation of succession rights. — **~ˌweg** m im ~ by way of inheritance, by devolution upon death. — **~ˌzel·le** f biol. zygote.

'Erd|ˌabˌlei·ter m electr. cf. Erdleiter. — **~ˌach·se** f ⟨-; no pl⟩ geogr. earth's axis.

er'dacht I pp of erdenken. – II adj (Geschichte etc) invented, fictitious.

'Erd·alˌka·li n chem. alkaline earth, alkali-earth. — **~meˌtal·le** pl alkaline-earth metals.

'Erd|ˌal·ter·tum n ⟨-s; no pl⟩ geol. bes. Br. Palaeozoic (bes. Am. Paleozoic) era. — **~ˌan·ker** m aer. ground anchor. — **~-ˌanˌschluß** m electr. earth (Am. ground) connection (Br. auch connexion), Am. auch ground(ing). — **~anˌten·ne** f ground (od. buried) antenna (bes. Br. aerial). — **~ˌan-ˌzie·hung** f phys. gravity pull, earth's gravitational attraction. — **~ˌap·fel** m bes. Austrian potato. — **~ˌar·bei·ten** pl civ.eng. 1. earthwork sg, excavation (work) sg. – 2. (bes. im Straßen-, Bahn-, Kanalbau) embankment sg, groundwork sg, Br. navvying sg. — **~ˌar·bei·ter** m 1. digger, excavator. – 2. (bes. im Straßen-, Bahn-, Kanalbau) Am. ditchdigger, Br. navvy. — **~at·moˌsphä·re** f meteor. (earth's) atmosphere. — **~ˌaufˌklä·rung** f aer. mil. ground reconnaissance (auch reconnoissance). — **~ˌaufˌschüt·tung** f civ.eng. earth fill(ing). — **~ˌausˌhub** m earth excavation. — **~ˌbahn** f astr. earth's orbit (od. path). — **~ˌball** m ⟨-(e)s; no pl⟩ terrestrial globe (od. ball), (im weiteren Sinn) (the) earth.

'Erdˌbe·ben n (earth)quake, earthshock, Am. t(r)emblor, trembler; seism (scient.): tektonisches ~ tectonic earthquake; vom ~ heimgesuchte Gegend earthquaked (od. earthquaken) area; heftiges ~ megaseism; leichtes ~ earth tremor, microseism (scient.); künstliches ~ artificial earthquake. — **~geˌbiet** n 1. seismic area. – 2. area stricken by an earthquake. — **~-ˌherd** m 1. (seismic) focus. – 2. (in der Tiefe) hypocenter, bes. Br. hypocentre. — **~ˌkun·de** f seismology. — **~ˌmes·ser** m seismometer: selbstschreibender ~ seismograph. — **e~ˌsi·cher** adj 1. (Gebäude etc) earthquake-proof. – 2. (Gegend) free from earthquakes. — **~ˌwar·te** f seismological station. — **~ˌwel·le** f earthquake (od. seismic) wave.

'Erdˌbeer|ˌap·fel m bot. red calville. — **~-ˌbaum** m strawberry tree, arbutus (scient.) (Arbutus unedo). — **~ˌblatt** n strawberry leaf. — **~ˌbow·le** f gastr. strawberry cup (od. punch).

'Erdˌbee·re f bot. 1. strawberry (plant) (Gattg Fragaria): Gewöhnliche ~ common wild strawberry (Fragaria vesca); ~n suchen (gehen) to go strawberrying. – 2. (Frucht) strawberry.

'Erdˌbeer|ˌeis n gastr. strawberry ice-cream (Br. ice-cream). — **~ˌfin·gerˌkraut** n bot. barren strawberry (Potentilla fragariastrum). — **~ˌklee** m strawberry clover (Trifolium fragiferum). — **~mar·meˌla·de** f gastr. strawberry jam. — **~ˌpflan·ze** f bot. cf. Erdbeerstaude. — **~-ˌRöh·renˌstäub·ling** m bot. strawberry licea (Licea fragiformis). — **~ˌsaft** m gastr. strawberry juice. — **~spiˌnat** m bot. cf. Beermelde. — **~ˌstau·de** f strawberry plant (od. vine). — **~ˌste·cher** m zo. strawberry blossom weevil (Anthonomus rubi). — **~-ˌtor·te** f gastr. strawberry cake (od. tart). — **~ˌwein** m strawberry wine. — **~ˌwick·ler** m zo. strawberry fruitworm (Chephasia longana).

'Erd|beˌob·ach·tung f mil. ground observation. — **~beˌschleu·ni·gung** f astr. acceleration due to gravity. — **~beˌwe·gung** f meist pl 1. civ.eng. earth (od. soil) movement. – 2. astr. motion of the earth (in its orbit). — **~beˌwoh·ner** m earthling, inhabitant of earth, terrestrial, tellurian (lit.). — **e~beˌzo·gen** adj ~e Lenkung (space) terrestrial reference guidance. — **~ˌbie·ne** f zo. cf. Sandbiene. — **~ˌbir·ne** f bot. Jerusalem artichoke (Helianthus tuberosus). — **~ˌbo·den** m ground, earth: eine Stadt dem ~ gleichmachen to raze (od. level) a city (to the ground), to flatten a city; wie vom ~ verschluckt (od. verschwunden) as if swallowed up by the earth. — **~ˌboh·rer** m tech. earth borer (od. auger), trepan. — **~ˌboh·rung** f earth boring. — **~ˌdamm** m civ.eng. earth(-fill) embankment, dam, Am. auch fill. — **~ˌdruck** m ⟨-(e)s; ⸚e⟩ geol. earth pressure (od. force), thrust. — **~ˌdurch-ˌmes·ser** m diameter of the earth.

Er·de ['eːrdə] f ⟨-; -n⟩ 1. ⟨only sg⟩ (Erdreich) soil, earth: fette [lehmige] ~ rich [clay(ey)] soil; lockere ~ mold, bes. Br. mould; die ~ aufwühlen to turn up the earth; ihn deckt die (kühle) ~ lit. he is dead and buried; j-n der ~ übergeben to commit s.o. to the grave; Mutter ~ myth. poet. mother earth; im Schoß der ~ lit. in the womb of the earth. – 2. ⟨only sg⟩ (Erdboden) earth, ground: unter der ~ a) under (od. below) the ground, underground, subterranean, subterraneous, b) in the grave; einen Meter über der ~ one meter (bes. Br. metre) above the earth (od. ground); zu ebener ~ on the ground floor, at street (od. ground) level; die ~ bebt (od. zittert) the earth trembles (od. quakes); zur (od. auf die) ~ fallen to fall to the ground; etwas liegt an (od. auf) der ~ s.th. lies on the ground; zur ~ blicken to look down; j-n unter die ~ bringen fig. to bring s.o. to the grave, to be the death of s.o.; mit beiden Füßen auf der ~ stehen *fig.* to have both feet (firmly) on the ground; hör auf zu träumen und kehr (mal) wieder auf die ~ zurück! *fig.* stop day-dreaming and come back to earth (*od.* reality)! sich auf die ~ werfen to throw oneself down (*od.* on[to] the ground); zwischen Himmel und ~ between heaven and earth; auf der ~ lebende Insekten *zo.* epigeal insects; → Pilz 1. – **3.** ⟨*only sg*⟩ (*Fußboden*) floor: das Spielzeug liegt auf der ~ the toy is (lying) on the floor. – **4.** ⟨*only sg*⟩ (*Stück Land*) soil, ground, land: auf heimatlicher ~ on one's native soil; in fremder [geweihter] ~ ruhen to rest (*od.* be buried) in alien [consecrated] soil; ein Fleckchen ~ a little piece of ground (*od.* earth); verbrannte ~ *mil.* scorched earth; Taktik der verbrannten ~ *mil.* scorched-earth policy. – **5.** ⟨*only sg*⟩ (*Welt*) (the) earth, world, the globe, our planet: auf ~n, auf der ~ on earth; auf der ganzen ~ bekannt known all over the world, known the world over; ein Netz von Fluglinien umspannt die ~ a network of airlines encompasses the whole earth; auf der ~ leben (*od. lit.* wandeln) to walk the (face of the) earth; Sie machen mich zum glücklichsten Menschen auf ~n (*od.* auf der ~) you make me the happiest man on earth (*od.* under the sun, in the world); über den größten Teil der ~ verbreitet *biol.* cosmopolitan. – **6.** ⟨*only sg*⟩ *bes. relig.* earth: eine Hölle auf ~n (a) hell on earth; auf dieser ~ here below, *Am.* on God's footstool (*poet.*); → Salz 1. – **7.** ⟨*only sg*⟩ *astr. geogr.* the earth, the terrestrial globe: die ~ dreht sich the earth rotates; zur ~ gehörig terrestrial; (periodisch) die ~ umkreisend *astr.* geocyclic. – **8.** ⟨*only sg*⟩ *electr. cf.* Erdung 2. – **9.** *chem. min.* earth: seltene ~n rare earths; gebrannte ~ baked clay, terra-cotta, *Br.* terracotta; ziegelrote ~ *min.* sinopite; lemnische ~ *min.* sphragide, Lemnian bole, Lemnian earth; persische ~ *min.* almagra. – **10.** ⟨*only sg*⟩ *Bibl. relig.* (*Staub*) earth, dust, clay: wieder zu ~ werden to resolve to (*od.* into) earth, to return to dust (and ashes); ~ zu ~, Staub zu Staub! ashes to ashes, dust to dust.

'Erd|ˌefeu *m bot.* ground ivy, gill(-over[-the]-ground), cat's-foot (*Nepeta hederacea*). — **~ˌei·chel** *f* **1.** *cf.* Erdnuß 1. – **2.** *cf.* Erdkastanie 1. – **3.** dropwort, queen of the meadow (*Spiraea filipendula*).

'er·de·los *adj hort.* (*Pflanzenkulturen etc*) soilless.

er·den ['eːrdən] *electr.* **I** *v/t* ⟨h⟩ **1.** (connect [*s.th.*] to) earth, *Am.* ground. – **II E~** *n* ⟨-s⟩ **2.** *verbal noun.* – **3.** *cf.* Erdung.

'Er·den|ˌbür·ger *m* inhabitant (*od.* denizen) of the earth, earthly being, mortal, earthling: neuer (*od.* kleiner) ~ new member of (*od.* addition to) the (human) race. — **~ˌglück** *n* earthly happiness.

er'den·ken *v/t* ⟨*irr, no* ge-, h⟩ **1.** (*Plan, Theorie etc*) think up (*od.* out), devise, form. – **2.** (*Geschichten, Lügen etc*) invent, make up, fabricate.

er'denk·lich I *adj* ⟨*attrib*⟩ imaginable, conceivable, thinkable, possible: sich (*dat*) alle ~e Mühe geben to spare no pains, to take the greatest possible pains; ich wünsche dir alles ~(e) Gute I wish you the best of luck. – **II E~e, das** ⟨-n⟩ (*in Wendungen wie*) sie taten alles E~e, um ihm zu helfen they did everything imaginable to help him; alles E~e versuchen to try everything possible, to make every endeavo(u)r.

'Er·den|ˌle·ben *n* life on earth, earthly life (*od.* existence). — **~ˌrund** *n* ⟨-(e)s; *no pl*⟩ *poet.* globe, (terrestrial) sphere, world. — **~ˌsohn** *m poet.* son of (the) earth, mortal. — **~ˌwurm** *m poet.* earthborn (*Br.* earth-born) creature, (poor) mortal.

'Er·der *m* ⟨-s; -⟩ *electr.* earth (*Am.* ground) connection (*Br. auch* connexion).

'Erd|er,schüt·te·rung *f geol.* earth tremor. — **~ˌes·sen** *n* earth eating; geophagia, geophagy (*scient.*). — **~ˌes·ser** *m* earth eater, geophagist (*scient.*). — **e~ˌfahl** *adj cf.* erdfarben. — **~ˌfall** *m geol.* collapse sink. — **~ˌfar·be** *f min.* earthy (*od.* earth, mineral) color (*bes. Br.* colour). — **e~ˌfar·ben, e~ˌfar·big** *adj* clay- (*od.* earth)-colored (*bes. Br.* -coloured), earthy. — **~ˌfarn** *m bot. cf.* Wurmfarn. — **~ˌfer·kel** *n zo.* aardvark, *auch* erdvark, ant bear, *Br.* ant-bear, anteater, *Br.* ant-eater (*Orycteropus afer*). — **~ˌfer·ne** *f* ⟨-; *no pl*⟩ *geogr. astr.* (*eines Satelliten*) apogee. — **~ˌflie·ßen** *n geogr.* solifluction, *auch* solifluxion, soil flow, (*langsam*) soil creep. — **~ˌfloh** *m zo.* flea beetle (*Fam. Chrysomelidae*).

'Erdˌgas *n geol.* natural gas. — **~ˌlei·tung** *f civ.eng.* gas pipeline (*od.* feeder). — **~ˌvor·ˌkom·men** *n geol.* source of natural gas, natural gas field.

'erd·geˌbun·den *adj fig.* earthbound, *Br.* earth-bound, earthly.

'Erd|ˌgeist 1. *myth.* a) earth spirit, b) gnome. – **2.** (*literature*) (the) Earth Spirit (*in Goethe's "Faust"*). — **~geˌruch** *m* earthy smell. — **~geˌschich·te** *f* ⟨-; *no pl*⟩ *geol.* (natural) history of the earth, geology. — **e~geˌschicht·lich** *adj* geologic(al). — **~geˌschoß** *n* (*eines Gebäudes*) ground floor, *Am. auch* first floor (*od.* story). — **~ˌgrün** *n* (*paints*) green verditer. — **~ˌgür·tel** *m geogr.* (earth) zone. — **~ˌhälf·te** *f* hemisphere. — **~ˌharz** *n min.* asphalt, asphaltum, bitumen. — **~ˌhau·fen** *m* heap of earth. — **~ˌhop·fen** *m bot. cf.* Feldhopfen. — **~ˌhörn·chen** *n zo.* ground squirrel. — **~ˌhü·gel** *m* (earth) mound, hillock, *Am.* butte. — **~ˌhum·mel** *f zo.* ground bumblebee (*Br.* bumble-bee) (*Bombus terrestris*).

er'dich·ten I *v/t* ⟨*no* ge-, h⟩ think (*od.* make) up, invent, fabricate, concoct, cook up, trump up. – **II E~** *n* ⟨-s⟩ *verbal noun.* — **er'dich·tet I** *pp.* – **II** *adj* made-up (*attrib*), invented, fabricated, concocted, cooked-up (*attrib*), fictitious, trumped-up (*attrib*). — **Er'dich·tung** *f* ⟨-; -en⟩ **1.** *cf.* Erdichten. – **2.** invention, fabrication, concoction.

'er·dig *adj* (*Geschmack, Kohle, Boden etc*) earthy.

'Erd|inˌduk·tor *m electr.* earth inductor. — **~ˌin·ne·re** *n geol.* interior of the earth, bowels *pl* of the earth (*lit.*): im ~ entstanden endogenous. — **~ˌka·bel** *n electr.* underground cable. — **~ˌkampf** *m mil.* ground fighting (*od.* combat). — **~ˌkar·te** *f* map of the world. — **~kaˌsta·nie** *f bot.* **1.** earth chestnut, hawknut (*Bunium bulbocastanum*). – **2.** bulbous chaerophyllum (*Chaerophyllum bulbosum*). – **3.** Französische ~ earthnut, *Br.* earth-nut, pignut (*Conopodium majus*). — **~ˌkei·mer** [-ˌkaɪmər] *m* ⟨-s; -⟩ geoblast. — **~ˌkern** *m geol.* earth's core; centrosphere, barysphere (*scient.*). — **~ˌkir·sche** *f bot. cf.* Judenkirsche 1. — **~ˌklem·me** *f electr.* earth (*Am.* ground) terminal. — **~ˌklum·pen** *m* clod, lump of earth. — **~ˌko·balt** *n min.* asbolite, *auch* asbolan(e). — **~ˌkoh·le** *f* (*mining*) (brown) lignite. — **~ˌkraut** *n bot. cf.* Erdrauch. — **~ˌkrebs** *m* **1.** *zo. cf.* Maulwurfsgrille. – **2.** (*forestry*) canker of conifers (*caused by Armillaria mellea*). — **~ˌkreis** *m* ⟨-es; *no pl*⟩ world, earth. — **~ˌkres·se** *f bot.* yellow rocket (*bes. Barbarea vulgaris*). — **~ˌkrö·te** *f zo.* common (*od.* European) toad (*Bufo bufo*). — **~ˌkru·me** *f agr.* surface (*od.* vegetable) soil, topsoil, tilth. — **~ˌkrüm·mumg** *f* earth curvature. — **~ˌkru·ste** *f geol. cf.* Erdrinde. — **~ˌku·gel** *f* ⟨-; *no pl*⟩ *cf.* Erdball. — **~ˌkun·de** *f* ⟨-; *no pl*⟩ **1.** geography. – **2.** (*Erdgeschichte*) geology. — **~ˌkund·ler** [-ˌkʊntlər] *m* ⟨-s; -⟩ geographer. — **e~ˌkund·lich** [-ˌkʊntlɪç] *adj* geographic(al). — **~ˌläu·fer** *m zo.* geophilus, geophilomorph centiped (*Gattg Geophilus*). — **~ˌle·berˌkraut** *n bot.* dog lichen, ground liverwort (*Peltigera canina*). — **~le·guˌan** *m zo.* sand lizard (*Liolaemus nigromaculatus*). — **~ˌlei·ter** *m electr.* earthing conductor. — **~ˌlei·tung** *f* **1.** (*von Öl, Gas*) underground pipe (*od.* pipeline, main). – **2.** *electr. Br.* earth connection (*auch* connexion), *Am.* ground connection, earth (*Am.* ground) wire. – **3.** *aer.* earthing circuit, earth return. — **~ˌlicht** *n astr.* earthshine, *Br.* earth-shine, earthlight, *Br.* earth-light. — **~ˌloch** *n* **1.** hole in the ground. – **2.** (*von Tieren*) burrow. – **3.** *mil.* a) foxhole, b) (*Unterstand*) dugout, *Br.* dug-out. — **~maˌgnetˌfeld** *n phys.* magnetic field of the earth. — **e~maˌgne·tisch** *adj* geomagnetic. — **~ma·gneˌtis·mus** *m* geomagnetism. — **~ˌman·del** *f bot.* **1.** chufa, *auch* earth (*od.* ground) almond, rush nut (*Cyperus esculentus*). – **2.** ground nut (*Lathyrus tuberosus*). — **~ˌmänn·chen** *n* **1.** *bot. cf.* Alraun 1. – **2.** *zo.* suricate, *auch* suricat, meerkat (*Suricata tetradactyla*). — **~ˌmas·se** *f* **1.** *astr.* mass of the earth. – **2.** *pl* earth masses, masses of earth. — **~ˌmaus** *f zo.* field vole, short-tailed field mouse (*Br.* field-mouse) (*Microtus agrestis*). — **~ˌmes·sung** *f geogr.* geodesy. — **~meˌtall** *n meist pl chem.* earth metal. — **~ˌmit·telˌal·ter** *n geol.* Mesozoic (era). — **~ˌmit·telˌpunkt** *m* center (*bes. Br.* centre) of the earth. — **e~ˌnah** *adj astr.* close to (the) earth. — **~ˌnä·he** *f geogr. astr.* perigee. — **~ˌnat·ter** *f zo.* (pilot *od.* mountain) black snake (*Elaphe obsoleta*). — **~ˌneuˌzeit** *f geol.* Neozoic era. — **~ˌni·ster** [-ˌnɪstər] *pl zo. cf.* Bodenbrüter.

'ErdˌnuB *f bot.* **1.** peanut, *bes. Br.* ground-nut, earthnut, *Br.* earth-nut, arachis (*scient.*) (*Arachis hypogaea*). – **2.** *cf.* Erdmandel 2. – **3.** *cf.* Erdkastanie. — **~ˌbut·ter** *f gastr.* peanut butter. — **~ˌöl** *n* peanut (*od. scient.* arachis) oil.

'Erdˌoberˌflä·che *f geol.* earth's surface.

'Erdˌöl *n min.* (mineral) oil, rock (*od.* crude) oil, (crude) petroleum: nach ~ bohren to drill for oil; ~ finden to strike oil. — **~ˌboh·rung** *f* oil drilling. — **~cheˌmie** *f chem.* oil chemistry.

er'dol·chen [-'dɔlçən] **I** *v/t* ⟨*no* ge-, h⟩ stab (*s.o.*) (to death). – **II** *v/reflex* sich ~ stab oneself (with a dagger). — **Er'dol·chung** *f* ⟨-; *no pl*⟩ stabbing.

'Erdˌöl|er,zeu·ger *m* oil producer. — **~erˌzeug·nis** *n cf.* Erdölprodukt. — **~ˌfeld** *n* oil field, *Br.* oilfield, petroleum field. — **~ˌför·de·rung** *f* oil production, petroleum extraction. — **~geˌsell·schaft** *f* oil company. — **~geˌwin·nung** *f cf.* Erdölförderung. — **e~ˌhal·tig** *adj* oil-bearing, petroliferous, containing petroleum. — **e~ˌhöf·fig** [-ˌhœfɪç] *adj* offering good prospects for oil. — **~in·duˌstrie** *f* oil (*od.* petroleum) industry. — **~ˌla·ger** *n geol.* mineral-oil (*od.* petroleum) reservoir, oil deposit. — **~ˌlei·tung** *f* oil piping (*od.* feeder, line), pipeline. — **~proˌdukt** *n* oil product. — **~ˌquel·le** *f* oil well, oil spring, *Br.* oil-spring, petroleum spring. — **~raf·fi·neˌrie** *f* oil (*od.* petroleum) refinery. — **~verˌar·bei·tung** *f* oil refining. — **~ˌvor·ˌkom·men** *n geol.* source of (crude) oil, oil field, *Br.* oilfield.

'Erd|orˌseille *f bot.* **1.** archil, *auch* orchil (*Rocella tinctoria*). – **2.** white parmelia (*Parmelia parella*). — **~ˌpal·me** *f* geonoma (*Gattg Geonoma*). — **~pa·paˌgei** *m zo. cf.* Erdsittich. — **~ˌpech** *n min.* (mineral) pitch, bitumen, asphaltite, asphalt(um). — **~ˌpfei·ler** *m geol. cf.* Erdpyramide. — **~piˌsta·zie** *f bot. cf.* Erdnuß 1. — **~ˌpol** *m geogr.* terrestrial pole, pole (of the earth). — **~po·ten·tiˌal** *n electr.* earth potential. — **~ˌpro·be** *f* soil (test) sample. — **~py·raˌmi·de** *f geol.* earth pillar, *auch* earth pyramid, hoodoo. — **~ra·di·us** *m* earth's radius. — **~ˌrauch** *m bot.* **1.** fumitory, hollowroot, earth-smoke (*Fumaria officinalis*). – **2.** Klimmender ~ tendrilled adlumia, climbing fumitory, mountain fringe (*Adlumia fungosa*). — **~ˌrau·pe** *f zo.* cutworm (*Eulenfalter; Gattg Agrotis*). — **~ˌrau·te** *f bot. cf.* Erdrauch. — **~ˌreich** *n* ⟨-(e)s; *no pl*⟩ **1.** earth, ground, soil. – **2.** *Bibl.* (the) earthly kingdom.

er'drei·sten [-'draɪstən] *v/reflex* ⟨*no* ge-, h⟩ sich ~ **1.** have the audacity (*od.* impudence; nerve, cheek [*colloq.*]), dare: er erdreistete sich, mich zu maßregeln he had the impudence to reprimand me. – **2.** (*sich die Freiheit nehmen*) presume, take the liberty: darf ich mich ~, Ihnen einen Rat zu geben? may I take the liberty of giving you a piece of advice?

'Erd|ˌrin·de *f* ⟨-; *no pl*⟩ *geol.* **1.** crust of the earth, earth's crust. – **2.** (*Gesteinsmantel*) lithosphere. — **~ˌrit·ter·ling** *m bot.* earthy toadstool (*Tricholoma terrestris*).

er'dröh·nen *v/i* ⟨*no* ge-, sein⟩ **1.** (*widerhallen*) resound, be resonant: die hölzerne Brücke erdröhnte unter (*od.* von) ihren Schritten the wooden bridge resounded with their footsteps. – **2.** (*ertönen*) boom (out): aus dem Chor erdröhnte die Orgel the organ boomed out from the chancel. – **3.** (*von Donner etc*) rumble, roar.

er'dros·seln I *v/t* ⟨*no* ge-, h⟩ **1.** strangle, throttle, choke (to death). – **2.** *bes. hist.* (*garottieren*) garrot(t)e, *auch* garotte. – **3.** *fig.* (*Demokratie etc*) strangle, smother, suppress. – **II E~** *n* ⟨-s⟩ **4.** *verbal noun.* — **Er'dros·se·lung, Er'droß·lung** *f* ⟨-; -en⟩ **1.** *cf.* Erdrosseln. – **2.** strangulation. – **3.** *fig.* strangulation, suppression.

'Erd|ro·ta·tiˌon *f astr. cf.* Erdumdrehung.

— **~ˌrotˌkehl·chen** *n zo.* marsh (*od.* swamp) robin, chewink (*Pipilo erythrophthalmus*). — **~ˌrü·be** *f agr. cf.* Kohlrübe.

er'drücken (*getr.* -k·k-) **I** *v/t* ⟨*no* ge-, h⟩ **1.** crush (*od.* squeeze) (*s.o.*) to death: **mehrere Menschen wurden von der Menge erdrückt** several people were crushed to death by the crowd. – **2.** *fig.* (*überwältigen*) overwhelm, overpower: **die Last seiner Sorgen erdrückte ihn fast** he was nearly overwhelmed by his worries. – **3.** *fig.* (*niederdrücken*) weigh down, depress, oppress. – **4.** *fig.* (*erschlagen*) overpower, overwhelm: **das Bild wird von der Tapete erdrückt** the picture is overpowered by the wallpaper. – **II E~** *n* ⟨-s⟩ **5.** *verbal noun*: **zum E~ voll** crowded (*od.* packed, crammed) to suffocation, cram- (*od.* chock-)full. — **er'drückend** (*getr.* -k·k-) **I** *pres p.* – **II** *adj* **1.** *fig.* (*Beweismaterial, Übermacht etc*) overwhelming. – **2.** *fig.* (*Sorgen, Schulden etc*) oppressive.

'Erd|ˌrutsch *m* **1.** *geol.* debris-slide, landslide, landslip. – **2.** *pol.* (*bei Wahlen*) landslide. — **~ˌsalz** *n min. cf.* Steinsalz. — **~sa·telˌlit** *m* **1.** *astr. cf.* Erdtrabant 1. – **2.** (*space*) artificial (*od.* earth) satellite. — **~ˌschat·ten** *m astr.* shadow of the earth. — **~ˌschicht** *f geol.* layer (*od.* bed) of earth (*od.* soil), stratum (*scient.*).

'Erdˌschluß *m electr.* earth, earthing, *Am.* ground, contact (*od.* short circuit) to earth (*od.* ground), earth (*od.* ground) connection (*Br. auch* connexion): **schleichender ~** earth leakage; **satter ~** dead (*od.* bad) earth; **aussetzender [unvollkommener] ~** intermittent [partial] earth. — **~ˌstel·le** *f* earth (*od.* ground) connection point. — **~ˌstrom** *m* current (*od.* short circuit) to earth (*od.* ground).

'Erd|ˌschmer *m bot.* stinking moril, devil's-egg (*Phallus impudicus*). — **~ˌschna·ke** *f zo.* crane fly, *Br.* crane-fly (*Gattg Tipula*). — **~ˌschol·le** *f* **1.** clod, lump of earth. – **2.** *fig. lit.* soil: **der ~ verhaftet** attached to the soil. – **3.** *geol.* block, *auch* fault block. — **~ˌschwamm** *m bot.* **1.** mushroom, champignon (*Agaricus campestris*). – **2.** *cf.* Trüffel 1a. — **~ˌschwe·re** *f phys.* gravity. — **~ˌsen·kung** *f geol. cf.* Bodensenkung 1. — **~ˌsicht** *f aer.* ground visibility: **in ~ fliegen** to fly in ground contact (*od.* under Visual Flight Rules). — **~ˌsit·tich** *m zo.* ground parakeet (*Pezoporus wallicus*). — **~ˌspal·te** *f* chasm, crevice. — **~ˌstamm** *m bot.* rhizome. — **~sta·tiˌon** *f aer.* ground station. — **~ˌstern** *m bot.* earthstar, man fungus (*Gattg Geastrum*). — **~ˌstoß** *m geol.* shock of an earthquake, (earth)shock. — **~ˌstrah·lung** *f phys.* earth (*od.* ground) radiation. — **~ˌströ·me** *pl* earth (*od.* return) currents. — **~ˌsumpfˌschildˌkrö·te** *f zo.* hill tortoise (*Gattg Geoemyda*). — **~ˌteil** *m geogr.* continent: **der Schwarze ~** the Dark Continent. — **~traˌbant** *m* **1.** *astr.* (*natürlicher*) satellite of the earth, moon. – **2.** (*space*) *cf.* Erdsatellit 2.

er'dul·den I *v/t* ⟨*no* ge-, h⟩ **1.** endure, bear, suffer: **großes Unrecht ~ müssen** to have to endure great wrongs. – **II E~** *n* ⟨-s⟩ **2.** *verbal noun.* – **3.** endurance, sufferance. — **Er'dul·dung** *f* ⟨-; *no pl*⟩ *rare for* Erdulden.

'Erd|ˌumˌdre·hung *f astr.* rotation of the earth. — **~ˌumˌfang** *m* circumference of the earth. — **~ˌumˌkrei·sung** *f* (*eines Satelliten etc*) orbit around the earth. — **~ˌumˌlauf** *m astr.* (*um die Sonne*) revolution of the earth. — **~ˌumˌlaufˌbahn** *f* (*space*) earth orbit. — **~ˌumˌse·ge·lung** *f mar.* circumnavigation of the world (*od.* globe). — **~ˌumˌseg·ler** *m* circumnavigator of the world (*od.* globe). — **~ˌumˌseg·lung** *f cf.* Erdumsegelung.

'Er·dung *f* ⟨-; -en⟩ **1.** *cf.* Erden. – **2.** *electr. Br.* earth connection (*auch* connexion), *Am.* ground connection.

'Er·dungsˌdraht *m electr.* earth (*Am.* ground) wire.

'erd·verˌlegt *adj tech.* (*Kabel etc*) underground (*attrib*), buried.

'Erd|verˌwe·hung *f geol.* soil drift. — **~verˌwer·fung** *f* fault. — **~ˌwachs** *n min.* earth (*od.* mineral) wax, ozokerite, ozocerite, maltha, geocerite, petrostearin. — **~ˌwall** *m* **1.** earth bank, earthwork, earth wall, mound. – **2.** *mil.* a) earthwork, revetment, b) (*im Schützengraben*) parapet, parados. — **~ˌwan·ze** *f zo.* burrower (*auch* burrowing) bug (*Fam. Cydnidae*). — **~ˌwär·me** *f geol.* temperature of the earth('s interior). — **e~ˌwärts** *adv* earthward(s). — **~ˌwei·de** *f bot.* creeping willow (*Salix repens*). — **~ˌwei·zen** *m cf.* Wachtelweizen.

'erdˌwen·dig *adj bot.* geotropic. — **'Erdˌwen·dig·keit** *f* ⟨-; *no pl*⟩ geotropism, geotropy.

'Erd|ˌwolf *m zo.* aardwolf (*Proteles cristata*). — **~ˌzeitˌal·ter** *n geol.* **1.** (*größter Zeitabschnitt*) era. – **2.** (*kleinerer Zeitabschnitt*) age. — **~ˌziel** *n mil. aer.* ground target. — **~ˌzun·ge** *f bot.* earthtongue (*Gattg Geoglossum*).

Erech·thei·on, das [erɛç'taɪɔn] ⟨-s⟩, **Erech'the·um, das** [-'teːʊm] ⟨-s⟩ *antiq.* the Erechtheum, *auch* the Erechtheion.

er'ei·fern I *v/reflex* ⟨*no* ge-, h⟩ **sich ~** **1.** (über *acc*, wegen about, over) get (*od.* grow, become) excited (*od.* heated, agitated, worked up). – **2.** say excitedly (*od.* heatedly, agitatedly): **das ist unerhört! ereiferte sie sich** that is scandalous! she said heatedly. – **II E~** *n* ⟨-s⟩ **3.** *verbal noun.* — **Er'ei·fe·rung** *f* ⟨-; *no pl*⟩ **1.** *cf.* Ereifern. – **2.** excitement, agitation, heat.

er'eig·nen *v/reflex* ⟨*no* ge-, h⟩ **sich ~** happen, occur, take place, come about (*od.* to pass): **hat sich irgend etwas ereignet?** did anything happen? **es hat sich auf folgende Weise ereignet** it came about in this way.

Er'eig·nis [-'ʔaɪgnɪs] *n* ⟨-ses; -se⟩ **1.** event, happening: **ein mögliches ~** an eventuality; **sich überstürzende ~se** events that quickly follow one another; **die politischen ~se verfolgen** to keep track of current events; **einem freudigen ~ entgegensehen** to look forward to a blessed (*od.* happy) event, to be in the (*od.* a) family way (*colloq.*); **kommende [große] ~se werfen ihre Schatten voraus** (*Sprichwort*) coming [great] events cast their shadows before (them) (*proverb*). – **2.** (*Vorfall*) occurrence, incident. – **3.** (*aufsehenerregende Begebenheit*) sensation(al event). — **e~los** *adj* uneventful, eventless. — **e~ˌreich** *adj* eventful.

er'ei·len *v/t* ⟨*no* ge-, h⟩ *fig. lit.* overtake, befall: **der Tod hat ihn ereilt** death overtook him, he met his death.

erek·til [erɛk'tiːl] *adj med.* erectile.

Erek·ti·on [erɛk'tsɪoːn] *f* ⟨-; -en⟩ *med.* erection.

Ere·mit [ere'miːt] *m* ⟨-en; -en⟩ hermit, *auch* eremite, anchorite. — **Ere·mi'ta·ge** [-mi'taːʒə] *f* ⟨-; -n⟩ **1.** *bes. arch. hist.* hermitage. – **2.** die ~ (*art*) the Hermitage (*art collection in Leningrad*).

Ere'mi·tenˌdaˌsein *n lit.* life of a hermit.

ere'mi·tisch *adj* eremitic(al), hermitic(al).

er'erb·bar *adj med.* (*Krankheit etc*) inheritable. — **er'er·ben** *v/t* ⟨*no* ge-, h⟩ *lit. obs.* inherit. — **er'erbt I** *pp.* – **II** *adj med.* **1.** inherited: **eine von seiner Mutter ~e Herzschwäche** a cardiac insufficiency inherited from his mother. – **2.** (*angeboren*) innate, inborn, hereditary, congenital.

er'fah·ren¹ I *v/t* ⟨*irr, no* ge-, h⟩ **1.** hear, learn: **etwas unter der Hand ~** to hear s.th. from unofficial sources, to hear s.th. on the quiet (*colloq.*); **ich habe ~, daß** I have heard that, it has come to my knowledge that; **zu meinem Bedauern habe ich ~, daß** I am sorry to hear that; **Näheres ist zu ~ bei** further details can be learned (*od.* obtained) from. – **2.** (*wissen*) know: **wie wir aus zuverlässiger Quelle ~** as we know from a reliable source; **es darf niemand etwas davon ~** nobody is to know about it. – **3.** (*erleben*) experience: **etwas am eigenen Leibe ~** to experience s.th. personally, to learn s.th. from personal experience; **er hat in seinem Leben viel Undank ~** he has experienced (*od.* encountered) a great deal of ingratitude in his lifetime, he met with a great deal of ingratitude in his lifetime. – **4.** (*erdulden*) suffer, experience: **sie hat viel Unrecht ~ müssen** she had to suffer much injustice. – **5.** (*officialese*) **Änderungen ~** to undergo (*od.* suffer) changes; **Kritik ~** to meet with criticism. – **II** *v/i* **6.** **von etwas ~** to hear (*od.* learn) about s.th.: **ich habe zufällig von seiner Verlobung ~** I heard by chance (*od.* I happened to hear) that he had got(ten) engaged. – **III E~** *n* ⟨-s⟩ **7.** *verbal noun.* – **8.** *philos.* experience. – **9.** *cf.* Erfahrung 4.

er'fah·ren² I *pp of* erfahren¹. – **II** *adj* **1.** experienced: **eine ~e Frau** an experienced woman, a woman of experience; **in Gelddingen wenig ~ sein** to have little experience in money matters. – **2.** (*geübt*) (in *dat*) versed (in), practiced (*bes. Br.* practised) (in), proficient (in), experienced (in), conversant (with).

Er'fah·ren·heit *f* ⟨-; *no pl*⟩ **1.** experience: **große ~ in** (*dat*) **etwas besitzen** to have much experience (*od.* to be well versed) in s.th. – **2.** (*Geübtheit*) proficiency.

Er'fah·rung *f* ⟨-; -en⟩ **1.** *cf.* Erfahren¹. – **2.** (*Einzelerfahrung*) experience: **~en sammeln** to get (*od.* gain, gather) experience; **wir haben die bittere ~ gemacht, daß** we know from bitter experience that; **durch ~ klug werden** to learn it the hard way, to go through the mill; **um eine ~ reicher sein** a) (*hinzugelernt haben*) to have become wiser, b) (*durch Schaden klug geworden sein*) to have learned (*bes. Br.* learnt) one's lesson. – **3.** ⟨*only sg*⟩ (*Kenntnis, Praxis*) experience, practice: **nach meiner ~** in my experience; **praktische ~** practical knowledge; **technische ~** technical experience, know-how; **aus Mangel an ~** from lack of experience (*od.* practice); **auf dem Wege praktischer ~** by practical experience, by trial and error; **ich spreche aus ~** I'm speaking from experience; **die ~ hat gezeigt, daß** past experience has shown that; **durch ~ wird man klug** (*Sprichwort*) practice makes perfect (*proverb*). – **4.** *philos.* empirism: **innere ~** introspection; **äußere ~** (external) observation; **auf dem Wege der ~, durch ~** empirically, experimentally; **aus der ~ abgeleitet** empiric(al); **Philosophie der reinen ~** experimental (*od.* empirical) philosophy, philosophy of pure experience. – **5.** (*in Wendungen wie*) **etwas in ~ bringen** to learn (*od.* hear, ascertain) s.th.; **ich habe durch ihn in ~ gebracht, daß** I found out through him that, he brought it to my knowledge that; **gute ~en mit j-m [etwas] machen** to be satisfied with s.o. [s.th.]; **schlechte ~en mit j-m [etwas] machen** to be disappointed with s.o. [s.th.], to fare badly with s.o. [s.th.].

Er'fah·rungs|ˌausˌtausch *m* exchange of experience. — **~beˌreich** *m* scope of one's experience. — **~beˌricht** *m* report on one's experiences. — **e~geˌmäß I** *adv* from (previous) experience: **~ wissen wir, daß** we know from experience that. – **II** *adj philos.* empiric(al), according to experience. — **~ˌkreis** *m* (sphere of one's) experience. — **e~ˌmä·ßig** *adj philos.* **1.** a) (*nach der äußeren Erfahrung*) empiric(al), b) (*nach der inneren Erfahrung*) experiential. – **2.** *cf.* erfahrungsgemäß II. — **e~ˌreich** *adj* experienced, rich in (*od.* full of) experience. — **~ˌsa·che** *f* matter of experience. — **~ˌsatz** *m* **1.** *philos.* principle derived from experience. – **2.** (*Faustregel*) rule of thumb. — **~ˌschatz** *m* rich experience. — **~ˌtatˌsa·che** *f* fact derived from (*od.* established by) experience, datum. — **~ˌwert** *m* pragmatical value. — **~ˌwis·sen·schaft** *f* empirical (*od.* experimental) science. — **~ˌzahl** *f* empirical coefficient.

er'faß·bar *adj* (*officialese*) **1.** recordable, registrable, *auch* registerable: **zahlenmäßig ~** calculable; **steuerlich ~** taxable. – **2.** (*in Statistiken etc*) ascertainable: **statistisch nicht ~e Fälle** cases for which no statistics can be given.

er'fas·sen I *v/t* ⟨*no* ge-, h⟩ **1.** (*ergreifen*) grasp, seize, take (*od.* catch, lay) hold of: **j-s Hand ~** to grasp s.o.'s hand, to take hold of s.o.'s hand. – **2.** (*mitreißen*) catch: **das Kind wurde vom Auto erfaßt** the child was caught by the car, the car caught the child. – **3.** *fig.* (*überwältigen*) seize, grip, overcome: **von Schwindel erfaßt werden** to be overcome by (*od.* seized with) dizziness; **von einem Verlangen erfaßt werden** to be seized with desire. – **4.** *fig.* (*auffassen*) grasp, understand, comprehend, apprehend: **etwas rein gefühlsmäßig ~** to grasp s.th. intuitively; **die Probleme schnell ~** to grasp the problems easily; **er hat's erfaßt** *colloq.* he's got it (*od.* the idea of it). – **5.** *fig.* (*officialese*) (*einbeziehen*) include, comprise: **eine statistische Erhebung, welche die Altersgruppen zwischen 20 und 30 erfaßt** a statistical survey of the age group between 20 and 30; **das neue**

Gesetz erfaßt alle Steuerpflichtigen the new law includes (*od.* applies to) all persons liable to tax. – **6.** (*officialese*) (*statistisch*) register, record, list: etwas statistisch ~ to make a statistical survey of s.th.; in einer Kartei ~ to file; zahlenmäßig ~ to count; steuerlich ~ to tax, to impose (*od.* levy) a tax on. – **7.** *mil.* a) (*zum Wehrdienst*) call up, b) (*ein Ziel*) detect, pick up. – **8.** (*radio*) (*mit Radar*) scan, cover. – **II E~** *n* ⟨-s⟩ **9.** *verbal noun.* – **10.** *fig.* grasp, understanding, comprehension. — **Er'fas·sung** *f* ⟨-; *no pl*⟩ **1.** *cf.* Erfassen. – **2.** (*officialese*) registration: steuerliche ~ taxation. – **3.** *mil.* a) (*von Wehrpflichtigen etc*) call-up, b) (*durch Schießen*) engagement. – **4.** (*radio*) (*mit Radar*) coverage.

Er'fas·sungs|be,reich *m* (*bei Ortungsanlagen*) range coverage. — **~,stel·le** *f* **1.** registration office. – **2.** *DDR econ.* collection center (*bes. Br.* centre).

er'fech·ten *v/t* ⟨*irr, no* ge-, h⟩ get (*od.* gain) (*s.th.*) by fighting: einen Sieg ~ to gain a victory.

er'fin·den I *v/t* ⟨*irr, no* ge-, h⟩ **1.** (*entwickeln*) invent, devise: eine Maschine ~ to invent a machine; der hat das Pulver nicht erfunden *fig. colloq.* he is no genius, he is no great brain, *Br.* he will never set the Thames (*Am.* the woods) on fire. – **2.** (*sich ausdenken*) make up, invent, fabricate, concoct: eine Entschuldigung ~ to invent (*od.* find) an excuse; Lügen ~ to fabricate lies; das hast du erfunden! you made that up! – **II E~** *n* ⟨-s⟩ **3.** *verbal noun.* – **4.** *cf.* Erfindung.

Er'fin·der *m* ⟨-s; -⟩ inventor, *auch* inventer. — **~,geist** *m* inventive (*od.* ingenious) mind.

er'fin·de·risch *adj* **1.** inventive, ingenious: Not macht ~ (*Sprichwort*) necessity is the mother of invention (*proverb*). – **2.** (*phantasievoll*) imaginative. – **3.** (*schöpferisch*) creative. – **4.** (*findig*) resourceful.

Er'fin·der|pa,tent *n* patent. — **~,recht** *n cf.* Patentrecht. — **~,schutz** *m* protection of inventors.

Er'fin·dung *f* ⟨-; -en⟩ **1.** *cf.* Erfinden. – **2.** invention: mehrere ~en machen to make several inventions, to invent several things. – **3.** (*Erdichtung*) fabrication, invention, concoction: es ist reine ~ it is pure invention.

Er'fin·dungs|,ga·be, ~,kraft *f* ⟨-; *no pl*⟩ **1.** inventive faculty (*od.* ability, talent), inventiveness, ingenuity. – **2.** (*Phantasie*) imagination. — **~pa,tent** *n cf.* Erfinderpatent. — **e~,reich** *adj cf.* erfinderisch. — **~,reich·tum** *m cf.* Erfindungsgabe.

er'fle·hen *v/t* ⟨*no* ge-, h⟩ **1.** *lit.* beg, implore, beseech: j-s Hilfe ~ to implore s.o.'s help, to beseech s.o. for help. – **2.** *relig.* (*Gottes Segen etc*) implore, invoke, supplicate.

Er'folg [-'fɔlk] *m* ⟨-(e)s; -e⟩ **1.** (*gutes Ergebnis*) success: mit ~ successfully, with success; ohne ~ unsuccessfully, without success, in vain; ~ haben (als as; bei in; mit with) to be successful, to meet with (*od.* score a) success, to succeed; keinen ~ haben to be unsuccessful, to have no success, to fail; dein Gesuch hat keine Aussicht auf ~ your petition does not have prospects of success; große ~e erringen (*od.* ernten) to achieve (*od.* have) great success; von ~ zu ~ schreiten to have one success after another; von ~ gekrönt sein (*von Unternehmung etc*) to be crowned with success, to be highly successful; er hat viel ~ bei Frauen he's quite a success with women, he is most successful with women; er hatte keinerlei ~ bei ihr he didn't get anywhere with her; seine Theaterstücke hatten keinen ~ he had no success with his plays, his plays fell flat; wir haben alles versucht, aber ohne ~ we tried everything, but (it was all) without success (*od.* in vain); ich wünsche Ihnen viel ~ I wish you every success; einen ~ verbuchen to achieve (*colloq.* chalk up) a success. – **2.** (*Endresultat*) result, outcome, effect: seine Nachforschungen hatten nicht den gewünschten ~ his inquiries (*auch* enquiries) didn't have (*od.* produce) the desired result; mit dem ~, daß with the result that; der ~ war, daß wir zu spät kamen the result was that we arrived too late; das ist der ~ deiner Erziehung! this is the result (*od.* outcome) of your upbringing! – **3.** *econ.* (*bei Gewinn- u. Verlustrechnungen*) profit or loss.

er'fol·gen *v/i* ⟨*no* ge-, sein⟩ **1.** (*geschehen*) happen, take place, occur: die Hinrichtung erfolgte noch am gleichen Tage the execution took place on the same day; Ihr Eintritt (in unsere Firma) kann sofort ~ you can start (*od.* take up your duties) immediately. – **2.** (*eintreffen*) be received: seine Zusage ist noch nicht erfolgt we have not yet received his consent. – **3.** (*von Zahlung etc*) be made, be effected: die Auszahlung der Summe ist sofort erfolgt payment of this sum was effected immediately. – **4.** (*von Kündigung etc*) be given. – **5.** auf (*acc*) etwas (hin) ~ to follow (as a consequence of) s.th., to be due to s.th.: auf meinen Brief erfolgte sehr bald eine Antwort I received a speedy reply to my letter.

er'folg·ge,krönt *adj* crowned with success.

Er,folg·ha·sche'rei *f* ⟨-; *no pl*⟩ playing for success (*od.* effect).

er'folg·los I *adj* **1.** unsuccessful. – **2.** (*vergeblich*) vain, futile, unavailing. – **3.** (*wirkungslos*) ineffectual, ineffective. – **4.** (*fruchtlos*) fruitless, abortive. – **II** *adv* **5.** die Suche blieb ~ the search was in vain; er versuchte es ~ he tried it without success. — **Er'folg·lo·sig·keit** *f* ⟨-; *no pl*⟩ **1.** unsuccess, (*stärker*) failure. – **2.** futility. – **3.** ineffectualness, ineffectiveness. – **4.** fruitlessness, abortiveness.

er'folg,reich I *adj* (in *dat* in; als as; mit with) successful: ~ sein to be successful, to achieve success, to meet with success; auf der ganzen Linie ~ sein to be successful all along the line. – **II** *adv* successfully, with success: er hat sich ~ um den Auftrag bemüht he was successful in closing the deal.

Er'folgs|,an,teil *m econ.* share in (the) results. — **~,aus,sich·ten** *pl* chances of success. — **~,chan·ce** *f* **1.** chance (of success): bei der starken Konkurrenz hat er keine ~ he won't stand a chance (*Br. colloq.* get a look-in) with such strong competition. – **2.** *pol. Am.* (*für Kandidaten*) availability. — **~,kon·to** *n econ.* statement of costs (*od.* expenditures, returns). — **~,mensch** *m* careerist, hustler, *bes. Am. colloq.* go-getter. — **e~,si·cher** *adj* sure of success, *bes. Am. colloq.* surefire.

er'folg·ver,spre·chend *adj* (*Geschäft etc*) promising.

er'for·der·lich I *adj* required, requisite, necessary: für etwas [j-n] ~ sein to be necessary for s.th. [s.o.]; das ~e Alter haben to be (of) the required age; über die ~en Mittel verfügen to have the required means; für diese Arbeit ist viel Zeit ~ this work requires (*od.* demands) a great deal of time; das ist nicht unbedingt ~ a) that's not compulsory, b) that's not really necessary (*od.* essential); falls ~ if required; etwas ~ machen to necessitate s.th. – **II E~e, das** ⟨-n⟩ the things *pl* necessary: das zum Leben E~e the necessities *pl* (*od.* necessaries *pl*) of life; er hat das zum Leben E~e he has enough to live on, he has a sufficient income.

er'for·der·li·chen'falls *adv* (*officialese*) if required (*od.* necessary), in case of need.

er'for·dern *v/t* ⟨*no* ge-, h⟩ **1.** *u. v/impers* require, demand, need: die Sache wird viel Zeit ~ the matter will require (*od.* take) a great deal of time; die Situation erfordert viel Takt the situation requires (*od.* calls for) much tact; etwas erfordert Abhilfe [eine Änderung] (*officialese*) s.th. has to be remedied [changed]; es erfordert nicht viel Intelligenz, das zu erkennen no great intelligence is required to see that. – **2.** *ling. cf.* regieren 2. – **3.** require, call for: der Zustand des Kranken erfordert einen sofortigen Eingriff the state of the patient calls for an immediate operation.

Er'for·der·nis *n* ⟨-ses; -se⟩ (für for) demand, requirement: ein unbedingtes ~ a must; dringende ~se exigencies, pressing demands; allen ~sen gerecht werden to satisfy (*od.* meet) all requirements.

er'forsch·bar *adj* explorable, *auch* investigable.

er'for·schen I *v/t* ⟨*no* ge-, h⟩ **1.** (*Land, Meer etc*) explore. – **2.** (*Wissensgebiet*) study, research. – **3.** (*Gründe, Zusammenhänge etc*) examine, investigate, inquire (*auch* enquire) (into), search into. – **4.** (*Gewissen*) search, examine. – **5.** (*ergründen*) probe, get to the bottom of. – **6.** (*herausfinden, entdecken*) discover, find out. – **II E~** *n* ⟨-s⟩ **7.** *verbal noun.* — **Er'for·scher** *m* explorer. — **Er'for·schung** *f* ⟨-; *no pl*⟩ **1.** *cf.* Erforschen. – **2.** (*eines Landes etc*) exploration. – **3.** (*eines Wissensgebietes*) study. – **4.** (*von Gründen etc*) examination, investigation, inquiry (*auch* enquiry) (into), search. – **5.** (*des eigenen Gewissens*) search, examination.

er'fra·gen *v/t* ⟨*no* ge-, h⟩ ask (for), inquire (*auch* enquire) (about): zu ~ bei Herrn X direct inquiries to Mr. X; im Büro zu ~ inquire at the office; den Weg ~ to ask the way.

er'fre·chen [-'frɛçən] *v/reflex* ⟨*no* ge-, h⟩ sich ~ have the audacity (*od.* impudence; nerve, cheek [*colloq.*]), dare: er hat sich erfrecht, mich anzulügen he had the cheek to lie to me.

er'freu·en I *v/t* ⟨*no* ge-, h⟩ **1.** please, give (*s.o.*) pleasure, give pleasure to, (*stärker*) delight: j-n mit einem (*od.* durch ein) Geschenk ~ to please s.o. with a gift; Dinge, die das Herz ~ things dear to the heart. – **II** *v/reflex* **2.** sich an (*dat*) etwas ~ to delight in s.th., to take (*od.* find) pleasure (*od.* delight) in s.th.: ich erfreute mich am Anblick des Meeres I took delight in (*od.* enjoyed) looking at the sea. – **3.** sich einer Sache ~ to enjoy s.th.: sich bester Gesundheit ~ to enjoy the best of health; sich großer Beliebtheit ~ to enjoy great popularity, to be very popular; er erfreut sich keines [eines sehr] guten Rufes he has a bad [a very good] reputation.

er'freu·lich I *adj* **1.** pleasing, pleasant, agreeable: ein ~er Anblick a sight that pleases the eye; das sind ja ~e Aussichten *iron.* those are fine prospects. – **2.** (*Nachrichten etc*) glad, welcome, pleasant. – **3.** (*ermutigend*) encouraging: das ist ja wenig (*od.* nicht gerade sehr) ~ that's not very encouraging. – **4.** (*Leistung etc*) gratifying, satisfactory. – **II E~e, das** ⟨-n⟩ **5.** the pleasing (*od.* pleasant, agreeable) thing: das E~e daran ist, daß the pleasing (*od.* nice) thing about it is that; das E~ste für ihn ist, daß what pleases him most is that; er hatte nichts E~es zu berichten he didn't have any pleasant news to report.

er'freu·li·cher'wei·se *adv* **1.** (*zum Glück*) fortunately, happily. – **2.** (*zu j-s Freude*) (much) to s.o.'s joy (*od.* pleasure): ~ mußten wir nur kurz warten to our joy (*od.* we were pleased that) we only had a short wait. – **3.** (*zu j-s Erleichterung*) (much) to s.o.'s relief.

er'freut I *pp.* – **II** *adj* pleased, glad, (*stärker*) delighted: über (*acc*) etwas ~ sein to be pleased with (*od.* about) s.th.; ein ~es Gesicht machen to look very pleased; alles andere als ~ sein to be anything but pleased; wir waren nicht gerade ~ we were not exactly pleased; sehr ~! (*bei der Vorstellung*) pleased to meet you! how do you do?

er'frie·ren I *v/i* ⟨*irr, no* ge-, sein⟩ **1.** (*von Menschen, Tieren*) freeze to death, die of cold. – **2.** (*von Pflanzen*) be killed by the frost, be frostbitten (*Br.* frost-bitten). – **II** *v/t* ⟨h⟩ **3.** sich (*dat*) die Hände [Füße] ~ to get one's hands [feet] frostbitten (*Br.* frost-bitten) (*auch* frostbit, *Br.* frost-bit). – **III E~** *n* ⟨-s⟩ **4.** *verbal noun*: Tod durch E~ death by freezing. — **Er'frie·rung** *f* ⟨-; -en⟩ **1.** *cf.* Erfrieren. – **2.** frostbite, *Br.* frost-bite: sich (*dat*) ~en zuziehen to suffer frostbite, to get frostbitten (*Br.* frost-bitten) (*auch* frostbit, *Br.* frost-bit); ~en *pl* zweiten Grades second-degree frostbite *sg.*

er'fri·schen I *v/reflex* ⟨*no* ge-, h⟩ sich ~ refresh oneself: wir haben uns mit einem (*od.* durch ein) Bad erfrischt we refreshed ourselves with a bath. – **II** *v/t* (*beleben*) refresh, revive, freshen. – **III** *v/i* (*von Bad etc*) be refreshing. – **IV E~** *n* ⟨-s⟩ *verbal noun.* — **Er'fri·schung** *f* ⟨-; -en⟩ **1.** *cf.* Erfrischen. – **2.** ⟨*only sg*⟩ refreshment: die ~ durch ein Bad the refreshment of a bath; etwas Eis als (*od.* zur) ~ some ice for refreshment. – **3.** (*kleine Speise, kühlendes Getränk*) refreshment: es wurden ~en gereicht refreshments were served; eine ~ zu sich nehmen to have s.th. to drink.

Er'fri·schungs|,bu·de *f* refreshment stand. — **~ge,tränk** *n* refreshing drink, refreshment. — **~,raum** *m* **1.** (*im Bahnhof, Theater etc*) refreshment room, *Br. auch* buffet. – **2.** (*als Aufschrift*) "refreshments". — **~ˌstand** *m cf.* Erfrischungsbude.

er'fro·ren I *pp of* erfrieren. – **II** *adj* (*Finger etc*) frostbitten, *Br.* frost-bitten. — **Er'fro·re·ne** *m, f* ⟨-n; -n⟩ person frozen to death.

er'füll·bar *adj* capable of being satisfied (*od.* fulfilled), satisfiable: ~e Wünsche wishes that can be fulfilled.

er'fül·len I *v/t* ⟨*no* ge-, h⟩ **1.** (mit with) fill: Lärm erfüllte den Saal the room was full of noise; das erfüllt mich mit Abscheu that fills me with disgust; ein Bild mit Leben ~ to bring life into a picture. – **2.** (*befriedigen*) satisfy: seine Arbeit erfüllt ihn ganz his work satisfies him completely. – **3.** (*Aufgabe etc*) fulfil(l), accomplish, perform. – **4.** (*Bedingung, Wunsch etc*) comply with, meet, fulfil(l): j-s Bitte (*od.* j-m seine Bitte) ~ to comply with (*od.* grant) s.o.'s request. – **5.** (*Erwartungen etc*) meet, come up to, satisfy, fulfil(l). – **6.** (*Pflicht*) do, carry out, execute. – **7.** (*Versprechen*) keep, stick to. – **8.** (*Zweck*) serve, fulfil(l), answer: das Auto hat seinen Zweck erfüllt the car has served its purpose. – **9.** *jur.* (*Vertrag*) perform, fulfil(l), execute, carry out. – **10.** *econ.* (*Verpflichtungen*) meet, carry out, execute, discharge. – **II** *v/reflex* sich ~ **11.** (*von Hoffnungen, Prophezeiung etc*) come true, be fulfilled (*od.* realized), take effect. – **III E~** *n* ⟨-s⟩ **12.** *verbal noun.* — **er'füllt I** *pp.* – **II** *adj* **1.** nach ~em Leben *lit.* after a life of fulfil(l)ment. – **2.** er war ganz ~ von dem Gedanken zu helfen he was filled with (*od.* possessed by) the desire to help; ihr Leben war von Sorge und Arbeit ~ her life was full of work and worries. — **Er'fül·lung** *f* ⟨-; *no pl*⟩ **1.** *cf.* Erfüllen. – **2.** (*Befriedigung*) satisfaction: ~ in einer Aufgabe suchen to seek satisfaction in a task. – **3.** (*einer Aufgabe etc*) fulfil(l)ment, accomplishment, performance. – **4.** (*eines Wunsches etc*) compliance with, fulfil(l)ment: mein Wunsch ging in ~ my wish was fulfilled (*od.* came true); diese Hoffnung wird wohl nie in ~ gehen these hopes will probably never be realized. – **5.** (*von Erwartungen etc*) satisfaction, fulfil(l)ment. – **6.** (*einer Pflicht*) execution. – **7.** (*Verwirklichung*) realization: dieses Haus war die ~ seiner Träume this house was the realization of his dreams. – **8.** *jur.* (*eines Vertrages*) performance, fulfil(l)ment, execution: an ~s Statt in lieu of performance; auf ~ klagen to sue for performance; ~ Zug um Zug contemporaneous performance. – **9.** *econ.* (*von Verpflichtungen*) execution, discharge. – **10.** (*in der Mengenlehre*) elementhood, membership.

Er'fül·lungs|geˌhil·fe *m jur.* agent. — **~ˌort** *m* **1.** *econ.* (*Lieferort*) place of delivery. – **2.** *jur.* place of performance (*od.* fulfil[l]ment). — **~po·liˌtik** *f pol.* policy of fulfil(l)ment (*od.* appeasement). — **~ˌtag** *m econ.* settlement day.

er'fun·den I *pp of* erfinden. – **II** *adj* imaginary, fictitious: diese Geschichte ist frei ~ this story is not based on fact (*od.* is pure imagination).

Erg [ɛrk] *n* ⟨-s; -⟩ *phys.* erg (*unit of work*).

er'gän·zen [-'gɛntsən] **I** *v/t* ⟨*no* ge-, h⟩ **1.** complement: der Mantel wird durch einen passenden Hut ergänzt the coat is complemented by a matching hat; sich (*od.* einander) ~ to be complementary to (*od.* to complement) each other (*od.* one another). – **2.** (*vervollständigen*) complete: diese Bilder ~ meine Sammlung these pictures complete my collection. – **3.** (*ersetzen*) replace: einige Teller mußten ergänzt werden several plates had to be replaced. – **4.** (*einsetzen*) supply, add: bitte die fehlenden Wörter ~ please add the missing words. – **5.** (*nachträglich hinzufügen*) supplement: ein Buch durch ein Register ~ to supplement a book with an index, to add an index to a book; etwas laufend ~ to keep s.th. up-to-date. – **6.** (*wiederherstellen*) restore: er ergänzte Teile der Plastik he restored parts of the sculpture. – **7.** (*Vorräte, Lager etc*) replenish. – **8.** (*Summe*) make up. – **9.** *math.* (*Winkel*) a) (*zu 90°*) complement, b) (*zu 180°*) supplement, c) (*zu 360°*) explement. – **10.** *jur.* (*Gesetzesentwurf*) amend. – **II E~** *n* ⟨-s⟩ **11.** *verbal noun.* — **er'gän·zend I** *pres p.* – **II** *adj* **1.** complementary. – **2.** (*nachträglich*) supplemental, supplementary. – **3.** (*zusätzlich*) additional, further: wenn ich noch eine ~e Bemerkung dazu machen darf if I may add a further comment to this. – **4.** (*zum Ganzen gehörig*) integral: ein ~er Bestandteil an integral component. – **5.** *ling.* (*Satz*) completive. – **III** *adv* **6.** additionally, in addition. — **Er'gän·zung** *f* ⟨-; -en⟩ **1.** *cf.* Ergänzen. – **2.** (*das zur Vervollständigung Ergänzte*) complement: in j-m seine ~ finden to find one's complement in s.o.; die Schuhe sind eine hübsche ~ zu dem Kleid the shoes are a nice complement to the dress. – **3.** (*Vervollständigung*) completion: ich brauche nur noch eine Briefmarke zur ~ meiner Sammlung I only need one more stamp to complete my collection. – **4.** (*Ersetzung*) replacement. – **5.** (*Einsetzung*) supply, addition. – **6.** (*Hinzufügung*) supplementation. – **7.** (*Wiederherstellung*) restoration. – **8.** (*Auffüllung*) replenishment. – **9.** (*Nachtrag etc*) supplement. – **10.** *math.* (*eines Winkels*) a) (*zu 90°*) complement, b) (*zu 180°*) supplement, c) (*zu 360°*) explement. – **11.** *jur.* (*zu einem Gesetz*) amendment. – **12.** *ling.* a) adjunct, b) *cf.* Objekt 4: attributive ~ attributive adjunct; adverbiale ~ adverbial adjunct (*od.* clause).

Er'gän·zungs|ˌband *m* (*eines Lexikons etc*) supplementary volume, supplement. — **~beˌstim·mung** *f jur.* **1.** supplementary provision. – **2.** (*Ausführungsbestimmung*) by(e)law, *Br.* by(e)-law. — **~ˌfar·ben** *pl* color (*bes. Br.* colour) complementaries (*od.* antagonists), complementary colors (*bes. Br.* colours). — **~ˌheft** *n* (*einer Zeitschrift etc*) supplementary issue, supplement. — **~kreˌdit** *m econ.* supplementary credit. — **~ˌprü·fung** *f ped.* supplementary examination. — **~ˌstück** *n* complement. — **~ˌvorˌla·ge** *f econ.* supplementary estimate. — **~ˌwahl** *f* **1.** *pol.* by-election, *auch* bye-election. – **2.** *psych.* (*von Ehepartnern*) complementary drive. — **~ˌwin·kel** *m math.* a) (*zu 90°*) complementary angle, b) (*zu 180°*) supplementary angle, c) (*zu 360°*) explementary angle.

er'gat·tern [-'gatərn] *v/t* ⟨*no* ge-, h⟩ *colloq.* **1.** (manage to) get (hold of): im Zug einen Sitzplatz ~ to get hold of a seat on the train; sie hat doch noch einen Mann ergattert *humor.* she has managed to hook a man after all. – **2.** (*auftreiben*) (manage to) unearth, dig (*od.* pick) up, get (hold of): ich habe eine frühe Shakespeare-Ausgabe ergattert I unearthed an early Shakespeare edition.

er'gau·nern *v/t* ⟨*no* ge-, h⟩ get (*s.th.*) by trickery: er hat (sich *dat*) ein Vermögen ergaunert he made a fortune by trickery; sich (*dat*) etwas bei j-m ~ to swindle (*od.* *colloq.* chisel) s.o. out of s.th. (*od.* s.th. out of s.o.), to cheat (*od.* trick) s.o. out of s.th.

er'ge·ben¹ I *v/t* ⟨*irr, no* ge-, h⟩ **1.** result in: nichts ~ to have (*od.* show) no result. – **2.** (*erweisen*) show, prove, establish, demonstrate: die Untersuchung ergab seine Unschuld the inquiry established his innocence. – **3.** (*abwerfen*) yield, produce, bring in. – **4.** (*betragen*) amount to, come to: wieviel ergibt das? what does that amount to? – **5.** (*ausmachen*) provide for: diese Menge ergibt 4 Portionen this quantity provides for four servings. – **II** *v/reflex* sich ~ **6.** *bes. mil.* surrender, capitulate, yield, give up: sich dem Feind ~ to surrender to the enemy; sich j-m auf Gnade oder Ungnade ~ a) to surrender unconditionally (*od.* at discretion) to s.o., b) to put oneself at s.o.'s mercy. – **7.** (*auftauchen*) arise: es ergaben sich Schwierigkeiten difficulties arose. – **8.** (*geschehen*) happen: es hat sich so ~ it just so happened. – **9.** (*lösen*) solve: das ergibt sich von selbst that will solve (*od.* take care of) itself. – **10.** sich aus etwas ~ a) to be a (*od.* the) consequence (*od.* result) of s.th., b) (*entstehen*) to arise (*od.* emerge) from s.th., c) (*sich erweisen*) to be proven (*od.* shown, established) by s.th.: daraus ergibt sich, daß this goes to prove that, hence follows that. – **11.** sich einer Sache ~ a) (*dem Studium etc*) to devote oneself to s.th., b) (*einem Laster*) to surrender (oneself) to s.th., to give oneself up to s.th., to yield (oneself) to s.th. – **12.** sich in (*acc*) etwas ~ (*in Schicksal etc*) to acquiesce in s.th., to submit to s.th., to resign to s.th. – **III E~** *n* ⟨-s⟩ **13.** *verbal noun.* – **14.** *cf.* Ergebung.

er'ge·ben² I *pp of* ergeben¹. – **II** *adj* **1.** (*dat* to) devoted: j-m ~ sein to be devoted to s.o.; ein ~er Freund a devoted (*od.* loyal) friend; er ist dieser Lehre blind ~ he is completely devoted to this doctrine; dem Studium (*od.* den Wissenschaften) ~ studious. – **2.** (*gefaßt*) resigned: völlig in sein Schicksal ~ completely resigned to one's fate. – **3.** (*untertänig*) humble. – **4.** ⟨*pred*⟩ (*verfallen*) (*dat* to) addicted, given: dem Trunk (*od. sl.* Suff) ~ sein to be addicted to drink(ing) (*od.* to the bottle). – **5.** ~st X, Ihr (sehr) ~er X (*am Briefschluß*) a) (*in Geschäftsbriefen*) yours faithfully (*od.* truly), X, (*formeller*) respectfully yours, X, (very) truly yours, X, b) (*in Privatbriefen*) yours sincerely, X. – **III** *adv* **6.** devotedly, with devotion: j-m ~ dienen to serve s.o. devotedly (*od.* loyally). – **7.** resignedly, with resignation: ~ ließ er alles über sich ergehen he resignedly submitted to everything. — **Er'ge·ben·heit** *f* ⟨-; *no pl*⟩ **1.** devotion, devotedness. – **2.** (*Gefaßtheit*) resignation: ~ in sein Schicksal resignation to one's fate. – **3.** (*Untertänigkeit*) humbleness. – **4.** (*am Briefschluß*) voll ~ Ihr X *lit.* your devoted servant, X; in dankbarer ~ Ihr X *lit.* your grateful servant, X.

Er'ge·ben·heits|adres·se [-ˀaˌdrɛsə] *f* loyal address (*to the throne*). — **~beˌweis** *m* proof of (s.o.'s) devotion.

Er'geb·nis [-'geːpnɪs] *n* ⟨-ses; -se⟩ **1.** (*Resultat*) result, outcome: das ~ einer Wahl the result (*od.* returns *pl*) of an election; gute ~se erzielen (*od.* zeitigen) to achieve good results; wissenschaftliche ~se scientific results, findings. – **2.** (*Folge*) result, consequence, upshot: das ~ war, daß sie nicht kam as a result she did not come; mit dem ~, daß with the result that. – **3.** (*der Ernte etc*) result, yield. – **4.** (*bes. sport*) a) (*Ausgang*) result, outcome, b) (*Punktzahl*) result, score. – **5.** *econ. cf.* Ertrag 2. – **6.** *math.* result, answer, solution.

er'geb·nis·los *adj u. adv* **1.** without result: die Suche mußte ~ abgebrochen werden the search had to be abandoned; die Verhandlungen verliefen ~ the negotiations failed (*od.* came to nothing). – **2.** *cf.* erfolglos. — **Er'geb·nis·lo·sig·keit** *f* ⟨-; *no pl*⟩ *cf.* Erfolglosigkeit.

er'geb·nisˌreich *adj* (*Diskussionen, Untersuchung etc*) fruitful, successful.

Er'ge·bung *f* ⟨-; *no pl*⟩ **1.** *cf.* Ergeben¹. – **2.** *mil.* surrender, capitulation. – **3.** *rare for* Ergebenheit 2.

er'ge·hen I *v/i* ⟨*irr, no* ge-, sein⟩ (an *acc* to) **1.** be issued: eine Verordnung ~ lassen to issue a decree; dieser Befehl erging an alle Truppen this order was issued (*od.* given) to all troops. – **2.** (*geschickt werden*) be sent: eine Einladung an j-n ~ lassen to send (*od.* extend) an invitation to s.o. – **3.** (*von Ruf, Berufung*) be offered: an Professor X erging ein Ruf an die Universität München a (professorial) chair at the University of Munich was offered to Professor X, Professor X was offered a chair at (*od.* received a call to) the University of Munich. – **4.** Gnade vor (*od.* für) Recht ~ lassen to show leniency (*od.* mercy), to be lenient. – **5.** etwas über (*acc*) sich ~ lassen (*Vorwürfe etc*) to (passively) suffer (*od.* endure, bear, submit to) s.th.: gleichgültig läßt sie alles über sich ~ she endures everything with indifference. – **6.** *jur.* a) (*von Urteil etc*) be pronounced (*od.* handed down), b) (*von Beschluß etc*) be passed. – **II** *v/reflex* **7.** sich in (*dat*) etwas ~ a) (*in Vermutungen, Redensarten etc*) to indulge in s.th., b) (*in Schmähungen etc*) to break out in s.th., to pour s.th. forth, c) (*in Lobpreisungen etc*) to be profuse in s.th. – **8.** sich über (*acc*) etwas ~ (*Leiden, Thema etc*) to hold (*od.* let) forth on s.th.: er erging sich in langen Reden über das Problem he expatiated (*od.* expanded) upon the problem. – **9.** sich ~ *lit.* (*im Garten etc*) to take a walk (*od.* stroll), to walk (*od.* stroll) about. – **III** *v/impers* **10.** j-m ergeht es gut [schlecht] s.o. fares (*od.* gets on) well [badly], things fare (*od.* go) well [badly] with s.o.; wie ist es dir in der Prüfung ergangen? how did you fare (*od.* do, *bes. Am. colloq.* make out) in the exam? wie mag es ihm ergangen sein? I wonder how he has fared (*bes. Am. auch* done); mir ist es ebenso ergangen I had the same experience, the same thing happened to me. – **IV E~** *n* ⟨-s⟩ **11.** *verbal noun.* – **12.** *cf.* Befinden 1.

Er'gibt,an,ga·be *f* (*computer*) giving option.

er'gie·big [-'giːbɪç] *adj* **1.** economical, high-yielding: dieser Kaffee ist sehr ~ a little of this coffee goes a long way. – **2.** (*Quelle, Vorkommen etc*) productive, rich: eine ~e Mine a rich mine, *Am.* a bonanza. – **3.** (*Ernte, Beute etc*) rich, abundant, plentiful, bountiful. – **4.** (*Boden*) rich, fertile. – **5.** (*Geschäft etc*) profitable, lucrative, moneymaking. – **6.** (*Mahl, Portion etc*) substantial. – **7.** *fig.* (*Thema*) broad. – **8.** *fig.* (*Unterhaltung etc*) productive, useful. – **9.** *meteor.* (*Regenfälle etc*) heavy, abundant. — **Er'gie·big·keit** *f* ⟨-; *no pl*⟩ **1.** (*von Kaffee, Tee etc*) yield. – **2.** (*einer Quelle etc*) productivity, productiveness. – **3.** (*einer Ernte etc*) richness, abundance. – **4.** (*eines Bodens*) richness, fertility. – **5.** (*eines Geschäftes*) profitableness, lucrativeness. – **6.** (*einer Mahlzeit*) substantiality. – **7.** *fig.* (*eines Themas*) breadth. – **8.** *fig.* (*einer Unterhaltung etc*) productivity, productiveness, usefulness. – **9.** *meteor.* (*von Regenfällen etc*) heaviness, abundance.

er'gie·ßen I *v/reflex* ⟨*irr, no* ge-, h⟩ **1.** sich in (*od.* auf) (*acc*) etwas ~ to pour (*od.* flow) into s.th.: der Fluß ergießt sich ins Meer the river flows (*od.* empties itself) into the sea; das Wasser ergoß sich auf die Straße the water poured (*od.* ran) into the street; die Menschenmenge ergoß sich in (*od.* auf) die Straße *fig.* the crowd poured (*od.* spilled, surged) into the street. – **2.** sich über (*acc*) etwas ~ a) to flow (*od.* pour) over s.th., b) (*bei Überflutungen*) to flood (*od.* inundate) s.th.: der Kaffee ergoß sich über ihren Rock the coffee poured (*od.* spilled) (all) over her skirt; eine Flut von Verwünschungen ergoß sich über ihn *fig.* a torrent of abuse (*od.* curses) poured on him. – **II** *v/t* **3.** *lit.* (auf *acc* on; in *acc* into; über *acc* over, upon) pour: der Fluß ergießt sein Wasser ins Meer the river pours (*od.* discharges) its water into the sea; er ergoß seinen Zorn über sie *fig.* he let loose (*od.* vented) his fury (up)on her. – **III E~** *n* ⟨-s⟩ **4.** *verbal noun.* – **5.** *cf.* Erguß 2, 4.

er'glän·zen *v/i* ⟨*no* ge-, sein⟩ *lit.* (begin to) shine (*od.* glisten, gleam): seine Augen erglänzten vor Stolz his eyes shone (*od.* sparkled) with pride.

er'glim·men *v/i* ⟨*irr, no* ge-, sein⟩ *lit.* (*von Zigarette, Licht etc*) (begin to) glimmer (*od.* glow).

er'glü·hen I *v/i* ⟨*no* ge-, sein⟩ *lit.* **1.** (*von Gesicht etc*) (vor *dat* with) blush, flush, (begin to) glow. – **2.** (*von Sternen, Bergen etc*) (begin to) glow. – **3.** *fig.* (für) be flushed (with enthusiasm) (for), become enthusiastic (about). – **4.** in Liebe für j-n (*od.* zu j-m) ~ to fall passionately in love with s.o. – **II E~** *n* ⟨-s⟩ **5.** *verbal noun.* – **6.** j-n zum E~ bringen to make s.o. blush (*od.* flush, glow).

er·go ['ɛrgo] *conj* ergo, therefore.

Er·go·graph [ɛrgo'graːf], **Er·go'stat** [-'staːt] *m* ⟨-en; -en⟩ *med.* ergograph.

Er·go·ste·rin [ɛrgoste'riːn], **Er·go·ste'rol** [-'roːl] *n* ⟨-s; *no pl*⟩ *chem.* ergosterol ($C_{28}H_{43}OH$).

Er·go·tin [ɛrgo'tiːn] (*TM*) *n* ⟨-s; *no pl*⟩ *med. pharm.* ergotin(e).

Er·go·tis·mus [ɛrgo'tɪsmʊs] *m* ⟨-; *no pl*⟩ *med.* ergotism, ergot poisoning, Saint Anthony's fire.

er'göt·zen [-'gœtsən] *lit.* **I** *v/t* ⟨*no* ge-, h⟩ **1.** amuse, entertain, divert, delight: er ergötzte uns mit seinen lustigen Geschichten he amused us with his funny stories. – **2.** (*das Auge, Ohr etc*) delight, please. – **II** *v/reflex* **3.** sich an (*dat*) etwas ~ a) to find s.th. amusing (*od.* entertaining), to be amused (*od.* diverted) by s.th., b) (*schadenfroh*) to take delight in (*od.* to gloat over) s.th. – **III E~** *n* ⟨-s⟩ **4.** *verbal noun.* – **5.** amusement, delight: zum E~ der Kinder to the (great) delight of the children.

er'götz·lich *adj lit.* **1.** amusing, delightful, delectable. – **2.** (*unterhaltsam*) entertaining, diverting. – **3.** (*drollig*) comical, funny.

er'grau·en *v/i* ⟨*no* ge-, sein⟩ **1.** go (*od.* turn, get) gray (*bes. Br.* grey), gray, *bes. Br.* grey: er ist über Nacht ergraut he has gone gray overnight. – **2.** *fig.* (*alt werden*) get (*od.* grow) old: im Dienst ~ to grow old in service.

er'grei·fen I *v/t* ⟨*irr, no* ge-, h⟩ **1.** (*Gegenstand etc*) seize, grasp, take (up), catch (*od.* take, lay) hold of: j-s (*od.* j-n bei der) Hand ~ to take (hold of) s.o.'s hand, to take s.o. by the hand. – **2.** (*Dieb etc*) seize, capture, apprehend. – **3.** *fig.* (*übergreifen auf*) spread to: die Flammen ergriffen das Nachbarhaus the flames spread to the house next door. – **4.** *fig.* (*Gelegenheit*) seize, grasp, take, avail oneself of: er ergriff die Gelegenheit beim Schopf he seized (*od.* snatched) (at) the opportunity. – **5.** *fig.* (*Maßnahme, Initiative etc*) take: von etwas Besitz ~ to take possession of s.th.; → Flucht[1] 1; Hasenpanier; Partei 3; Wort 2. – **6.** *fig.* (*Beruf*) take up, choose. – **7.** *fig.* (*Macht*) seize, assume. – **8.** *fig.* (*packen*) seize: Angst ergriff sie she was seized (*od.* overcome) with fear; ein Taumel der Begeisterung ergriff das Publikum a whirl of enthusiasm seized (*od.* gripped) the audience. – **9.** *fig.* (*überkommen*) overcome. – **10.** *fig.* (*bewegen*) move, touch, stir, affect: sein tragisches Ende ergriff mich sehr his tragic end moved me deeply. – **II E~** *n* ⟨-s⟩ **11.** *verbal noun.* – **12.** *cf.* Ergreifung. — **er'grei·fend I** *pres p.* – **II** *adj* (*Szene, Worte etc*) moving, touching. — **Er'grei·fung** *f* ⟨-; *no pl*⟩ **1.** *cf.* Ergreifen. – **2.** (*eines Diebes etc*) seizure, capture, apprehension. – **3.** (*der Macht*) seizure, assumption.

er'grif·fen I *pp of* ergreifen. – **II** *adj* **1.** (von by) moved, touched, affected: tief ~ sein to be deeply moved. – **2.** (*von Unruhe, Begeisterung, Furcht etc*) (von with, by) seized: von Panik ~ seized by (*od.* struck with) panic, panic-stricken (*od.* -struck). – **3.** (*von Trauer etc*) (von with, by) overcome. — **Er'grif·fen·heit** *f* ⟨-; *no pl*⟩ **1.** (profound) emotion: voller ~ overcome with emotion, deeply moved (*od.* touched); alles schwieg voller ~ everyone was moved to silence.

er'grim·men I *v/i* ⟨*no* ge-, sein⟩ become furious (*od.* enraged, infuriated), flare up, fly into a rage. – **II** *v/t* ⟨h⟩ make (*s.o.*) furious, enrage, infuriate. — **er'grimmt I** *pp.* – **II** *adj* furious, enraged, infuriated.

er'grün·den I *v/t* ⟨*no* ge-, h⟩ **1.** (*Angelegenheit, j-s Gedanken etc*) fathom, get to the bottom of, penetrate to, probe (into): ein Geheimnis ~ to fathom (*od.* sound) a mystery (*od.* secret); die Tiefe der Seele zu ~ suchen to try to probe into the depth of the soul. – **2.** (*Grund, Ursache etc*) find out, fathom. – **3.** (*erforschen*) explore, probe (into). – **II E~** *n* ⟨-s⟩ **4.** *verbal noun.* — **Er'grün·dung** *f* ⟨-; *no pl*⟩ **1.** *cf.* Ergründen. – **2.** penetration.

er'grü·nen *v/i* ⟨*no* ge-, sein⟩ *lit.* become (*od.* turn) green, begin to green.

Er'guß *m* ⟨-sses; ⸚sse⟩ **1.** *cf.* Ergießen. – **2.** discharge. – **3.** *fig.* (*von Worten*) flood, torrent, outburst: j-s Ergüsse über sich ergehen lassen to submit to s.o.'s flood of words. – **4.** *fig. lit.* (*von Gefühlen*) effusion, outburst, gush. – **5.** *med. cf.* a) Bluterguß, b) Samenerguß. — **~ge,stein** *n geol.* effusive rock.

er'ha·ben I *adj* ⟨-er; -st⟩ **1.** (*erhöht*) raised, elevated. – **2.** *print.* (*art*) (*Schrift etc*) raised, embossed, in relief: ~e Schnitzerei embossed carving, carving in relief. – **3.** *fig. lit.* (*Gedanken, Gefühle etc*) lofty, elevated, noble, sublime. – **4.** (*großartig*) grand, magnificent, majestic, august (*lit.*). – **5.** über (*acc*) etwas ~ sein *fig.* a) (*über Zweifel, Tadel etc*) to be above (*od.* beyond) s.th., b) (*über Schmeicheleien, Klatsch etc*) to be above (*od.* superior to) s.th.: diese Arbeit ist über alles Lob ~ this work is beyond all praise; über Versuchungen [(jede) Kritik] ~ above (*od.* superior to) temptation [criticism]. – **6.** sich über j-n [etwas] ~ dünken *fig. contempt.* to fancy oneself to be above s.o. [s.th.]. – **7.** tu nicht so ~! *fig. contempt.* don't be so conceited. – **8.** (*optics*) *math.* convex: ~ geschliffen convex-cut. – **II E~e, das** ⟨-n⟩ **9.** *bes. philos.* the sublime: vom E~en zum Lächerlichen ist nur ein Schritt it (*od.* there) is but one step from the sublime to the ridiculous. — **Er'ha·ben·heit** *f* ⟨-; -en⟩ **1.** *bes. print.* (*art*) (*von Buchstaben, Figuren etc*) elevation. – **2.** *fig. lit.* (*von Gedanken, Gefühlen etc*) loftiness, elevation, nobility, sublimity. – **3.** *fig. lit.* (*Großartigkeit*) grandeur, magnificence, majesty, augustness (*lit.*). – **4.** *fig.* (über *acc* to, over) superiority. – **5.** (*optics*) *math.* convexity.

Er'halt *m* ⟨-(e)s; *no pl*⟩ **1.** *cf.* Erhalten[1]. – **2.** receipt: nach ~ der Sendung *econ.* after receipt of (*od.* receiving) the shipment.

er'hal·ten[1] I *v/t* ⟨*irr, no* ge-, h⟩ **1.** *cf.* bekommen 1, 2. – **2.** (*Erlaubnis etc*) get, obtain: Zutritt zu etwas ~ to obtain (*od.* gain) access to s.th.; zu ~ *cf.* erhältlich. – **3.** (*bewahren*) keep: etwas [j-n] am Leben ~ to keep s.th. [s.o.] alive; die Vitamine in den Speisen ~ to keep (*od.* preserve) the vitamins in the food; das erhält (einen) jung that keeps one young. – **4.** (*retten*) save: sein Augenlicht konnte ~ werden his eyesight could be saved (*od.* preserved). – **5.** (*Gebäude, Straße etc*) maintain, keep: ein Bauwerk ~ to maintain (*od.* take care of) a building; die Autobahnen werden in gutem Zustand ~ the autobahns are well maintained (*od.* kept in good repair). – **6.** (*Kunstschätze etc*) preserve, conserve. – **7.** (*Andenken*) preserve, retain. – **8.** (*Recht, Brauch, Frieden, Freiheit etc*) keep, maintain, preserve. – **9.** (*ernähren*) maintain, support, keep. – **II** *v/reflex* sich ~ **10.** keep (oneself): sich gesund ~ to keep oneself in good health, to keep well (*od.* fit); er hofft, sich seiner Familie noch lange ~ zu können he hopes to be there for his family for a long time to come. – **11.** (*von Art, Pflanze etc*) survive, continue to exist. – **12.** (*von Brauch etc*) be preserved (*od.* maintained): der Brauch hat sich bis heute ~ this custom is still alive today. – **13.** sich von etwas ~ a) (*von Nahrung*) to live (*od.* subsist) on s.th., b) (*finanziell*) to keep (*od.* support, maintain) oneself with s.th. – **III E~** *n* ⟨-s⟩ **14.** *verbal noun.* – **15.** *cf.* Erhaltung.

er'hal·ten[2] I *pp of* erhalten[1]. – **II** *adj* **1.** gut [schlecht] ~ sein (*von Bauwerk, Kunstschätzen, Auto etc*) to be in good [bad, poor] condition. – **2.** ~ bleiben to survive: nur ein Exemplar blieb ~ only one copy has survived (*od.* has been preserved).

Er'hal·ter *m* ⟨-s; -⟩ *lit.* **1.** (*Bewahrer*) preserver, protector. – **2.** *cf.* Ernährer.

er'hält·lich [-'hɛltlɪç] *adj* obtainable, available: im Handel ~ commercially available; nicht ~ not obtainable, not to be had, unobtainable, unavailable; schwer ~ sein to be difficult to obtain (*od. colloq.* hard to come by); das Medikament ist nur in Apotheken ~ the medicine can be bought only at the chemist's (*Am.* at a pharmacy); Karten sind im Vorverkauf ~ tickets can be booked in advance.

Er'hal·tung *f* ⟨-; *no pl*⟩ **1.** *cf.* Erhalten[1]. – **2.** (*der Gesundheit*) preservation: etwas zur ~ der Gesundheit tun to do s.th. in order to keep oneself fit (*od.* in good health), to do s.th. for one's health (*colloq.*). – **3.** (*von Gebäuden, Straßen etc*) maintenance, upkeep. – **4.** (*von Kunstschätzen, historischen Bauwerken etc*) preservation, conservation. – **5.** (*des Andenkens*) preservation, retention. – **6.** (*des Friedens*) preservation, maintenance, sustentation: zur ~ des Friedens (in order) to keep (*od.* preserve, maintain) (the) peace. – **7.** (*eines Brauchs etc*) preservation, retention. – **8.** (*einer Familie etc*) maintenance, support. – **9.** *biol.* (*der Art*) preservation. – **10.** *tech.* (*einer Maschine etc*) maintenance, upkeep. – **11.** *electr. phys.* (*der Energie etc*) conservation.

Er'hal·tungs|,do·sis *f med.* maintenance dose. — **~,ko·sten** *pl* maintenance charge *sg.* — **~,satz** *m phys.* law of conservation. — **~,trieb** *m* instinct of self-preservation, self-preservative instinct.

er'han·deln *v/t* ⟨*no* ge-, h⟩ (*Gegenstand etc*) get (*od.* obtain) (*s.th.*) by bargaining.

er'hän·gen I *v/t* ⟨*no* ge-, h⟩ hang. – **II** *v/reflex* sich ~ hang oneself. – **III E~** *n* ⟨-s⟩ *verbal noun*: Tod durch E~ death by hanging. — **Er'häng·te** *m, f* ⟨-n; -n⟩ **1.** person who was hanged. – **2.** person who hanged himself. — **Er'hän·gung** *f* ⟨-; *no pl*⟩ *cf.* Erhängen.

er'här·ten I *v/t* ⟨*no* ge-, h⟩ **1.** harden. – **2.** *tech.* (*Zement etc*) harden, set. – **3.** *fig.* (*bekräftigen, bestätigen*) bear out, confirm, corroborate, substantiate: eine Theorie ~ to bear out a theory; eine Aussage eidlich ~ *jur.* to swear to one's evidence. – **II** *v/i* ⟨sein⟩ **4.** harden, become (*od.* get, grow) hard. – **5.** *tech.* (*von Zement etc*) harden, set. – **6.** *geol.* consolidate, lithificate (*scient.*). – **III E~** *n* ⟨-s⟩ **7.** *verbal noun.* — **Er'här·tung** *f* ⟨-; -en⟩ **1.** *cf.* Erhärten. – **2.** *fig.* confirmation, corroboration, substantiation: zur ~ seiner Behauptung in confirmation of his statement, to confirm his statement. – **3.** *philos.* confirmation. – **4.** *geol.* consolidation, lithification (*scient.*).

er'ha·schen *v/t* ⟨*no* ge-, h⟩ *auch fig.* catch: er versuchte, einen Blick von ihr zu ~ *fig.* a) he tried to catch her eye, b) he tried to catch a glimpse of her.

er'hau·sen *v/t* ⟨*no* ge-, h⟩ *Swiss dial. for* ersparen 1, 2.

er'heb·bar *adj* (*Steuer, Zoll etc*) leviable.

er'he·ben I *v/t* ⟨*irr, no* ge-, h⟩ **1.** (*Arm, Augen etc*) raise, lift: sein Glas auf j-n (*od.* auf j-s Wohl) ~ to drink (to) s.o.'s health; die Hand zum Gruß ~ to raise one's hand in salute; den Blick zu j-m ~ to look up at s.o.; die Hand zum Schwur ~ to lift (up) (*od.* raise) one's (*od.* the) hand to take an oath. – **2.** *fig.* raise: seine Stimme ~ a) to raise (*od.* lift up) one's voice, to speak up, b) to begin to speak; sie erhoben ein lautes Geschrei they raised a loud cry, they began shouting loudly; → Anspruch 2, 4; Einspruch 1, 2; Einwand 1; Protest 1. – **3.** (*im Rang etc*) raise, elevate, promote: j-n auf den Thron ~ to raise s.o. to (*od.* put s.o. on, seat s.o. on) the throne; j-n in den Adelsstand ~ a) *hist.* to raise s.o. to noble rank, to ennoble s.o., b) (*in England*) to raise s.o. to the peerage; ein Herzogtum zum Königreich ~ to erect a dukedom into a kingdom. – **4.** *fig.* make, adopt: etwas zum System ~ to make a system of s.th.; etwas zur Maxime ~ to adopt s.th. as (*od.* make s.th.) one's maxim. – **5.** *fig. rare* (*preisen*) praise, *auch* laud, extol. – **6.** *econ.* a) (*Steuern etc*) levy, impose, raise, b) (*Zoll*) levy, impose, c) (*Gebühren etc*) charge: ein Eintrittsgeld von 2 Mark ~ to charge an entrance fee of 2 marks. – **7.** *math.* raise: in die n-te Potenz ~ to raise to the nth power; ins Quadrat ~ to square, to raise to the second power; zur dritten Potenz ~ to cube, to raise to the third power. – **8.** *pol.* zum Gesetz ~ to make into a law, to enact; etwas zum Beschluß ~ to resolve on s.th. – **9.** Klage ~ *jur.* (gegen against) bring an action, file a charge. – **10.** (*Daten, statistische Angaben etc*) collect. – **11.** *Southern G. and Austrian* (*amtlich feststellen*) ascertain: einen Schaden genau ~ lassen to have a damage exactly ascertained (*od.* assessed). – **12.** *fig. lit.* (*Geist, Gemüt etc*) edify, elevate, elate, exalt, uplift. – **II** *v/reflex* sich ~ **13.** (*aufstehen*) rise (to one's feet), get up: bei ihrem Eintritt erhoben sich alle when she entered everyone rose to their feet; sich von seinem Platz ~ to rise, to get up. – **14.** (*von Flugzeug, Vogel etc*) rise, soar (up) (*lit.*). – **15.** (*von Gebirge etc*) rise. – **16.** *lit.* (*vom Wind etc*) arise, spring up, blow up. – **17.** *fig.* arise: hier erhebt sich die Frage, ob here the question arises (*od.* crops up) whether or not; ~ sich irgendwelche Bedenken? are there any doubts? – **18.** (*von Volk etc*) rise (up), revolt. – **19.** sich über (*acc*) etwas ~ *fig. lit.* to rise above s.th. – **20.** sich über j-n ~ *fig.* a) to rise (*od.* tower) above s.o., b) to be superior to (*od.* look down [up]on) s.o. – **21.** *hunt.* start, take to wing (*od.* flight). – **III E~** *n* ⟨-s⟩ **22.** *verbal noun.* – **23.** *cf.* Erhebung 3—13. — **er'he·bend I** *pres p.* – **II** *adj fig.* **1.** (*Augenblick, Anblick etc*) edifying, elevating, elating, exalting: ein ~es Gefühl an edifying experience, a feeling of exaltation. – **2.** (*feierlich*) solemn.

er'heb·lich [-'heːplɪç] **I** *adj* **1.** (*beträchtlich*) considerable: von ~er Bedeutung of considerable importance; ~er Schaden considerable (*od.* serious, extensive) damage; ein ~es Vermögen a considerable (*od.* handsome) fortune; ~e Summe considerable (*od.* large, handsome, substantial) sum. – **2.** (*wichtig*) important: nicht ~ sein to be of no importance. – **3.** *jur.* a) (*rechtserheblich*) relevant, b) (*wesentlich*) material: ~e Tatsachen facts of legal relevance. – **II** *adv* **4.** considerably: das wäre ~ besser that would be considerably (*od.* much) better; ~ größer considerably (*od.* a good deal) larger. — **Er'heb·lich·keit** *f* ⟨-; *no pl*⟩ *rare* **1.** importance. – **2.** *jur.* a) relevance, b) materiality.

Er'he·bung *f* ⟨-; -en⟩ **1.** *cf.* Erheben. – **2.** (*Hügel, Berg*) elevation, rise (in the ground), *auch* hill, height, eminence. – **3.** (*in einen höheren Stand*) (in *acc* to) elevation, promotion: ~ in den Adelsstand a) elevation to noble rank, b) (*in England*) elevation to the peerage. – **4.** (*Aufstand*) revolt, (up)rising, insurrection. – **5.** *econ.* a) (*von Steuern, Zöllen etc*) levy, imposition, b) (*einer Gebühr etc*) charge. – **6.** *math.* involution: ~ in die zweite Potenz squaring; ~ in die dritte Potenz cubing. – **7.** ~ zum Gesetz *pol.* enactment. – **8.** *jur.* (*einer Klage*) lodg(e)ment. – **9.** (*Nachforschung*) investigation, inquiry, *auch* enquiry: ~en anstellen über (*acc*) etwas to make inquiries about (*od.* to inquire into) s.th. – **10.** *econ.* a) (*statistische*) statistics *pl* (*construed as sg or pl*), data *pl* (collected), b) (*Zählung*) census. – **11.** *Southern G. and Austrian* (*amtliche Feststellung*) ascertainment. – **12.** *fig. lit.* (*Erbauung*) edification, elevation, elation, exaltation, uplift. – **13.** *geol.* a) uplift, b) (*des Meeresbodens*) rise. – **14.** *med.* torus, elevation, prominence.

Er'he·bungs|,rei·he *f econ.* (*in der Statistik*) succession of inquiries (*auch* enquiries), examination series. — **~,zeit,raum** *m* **1.** (*für Statistiken*) (data) collection period. – **2.** (*von Steuern*) period of collection.

er'hei·ra·ten *v/t* ⟨*no* ge-, h⟩ acquire (*od.* obtain, get) (*s.th.*) by (*od.* through) marriage: sie hat ein Vermögen erheiratet she married a fortune.

er'hei·schen *v/t* ⟨*no* ge-, h⟩ *lit. rare for* erfordern 1.

er'hei·tern [-'haɪtərn] **I** *v/t* ⟨*no* ge-, h⟩ **1.** amuse, entertain: er versteht es, seine Gäste zu ~ he knows how to amuse his guests. – **2.** (*heiter stimmen*) make (*s.o.*) (feel) cheerful (*od.* gay). – **3.** *obs. for* aufheitern 1. – **II** *v/reflex* sich ~ **4.** (über *acc* by) be amused. – **5.** (*heiter werden*) cheer up, become cheerful (*od.* gay). – **6.** (*aufhellen*) brighten (up), light up. — **er'hei·ternd I** *pres p.* – **II** *adj* amusing. – **III E~e, das** ⟨-n⟩ the amusing thing (*od.* side, part): etwas E~es sagen to say s.th. amusing. — **Er'hei·te·rung** *f* ⟨-; *no pl*⟩ amusement, entertainment: zur allgemeinen ~ to everyone's amusement.

er'hel·len I *v/t* ⟨*no* ge-, h⟩ **1.** (*durch Licht, Blitz etc*) light (up), illuminate. – **2.** (*Gesicht etc*) make (*s.th.*) light up. – **3.** (*Farben*) brighten. – **4.** *fig.* (*Sinn, Verhalten etc*) throw (*od.* shed) light (up)on, elucidate, clarify. – **II** *v/reflex* sich ~ **5.** (*von Raum, Himmel etc*) become (*od.* grow) light(er): der Himmel hat sich erhellt the sky grew lighter (*od.* cleared up, brightened). – **6.** (*von Gesicht etc*) become light(er) (*od.* bright[er]), light up. – **7.** *fig.* become clear(er). – **III** *v/i* **8.** *lit. for* hervorgehen 2. – **IV E~** *n* ⟨-s⟩ **9.** *verbal noun.* — **Er'hel·lung** *f* ⟨-; -en⟩ **1.** *cf.* Erhellen. – **2.** illumination. – **3.** *fig.* elucidation, clarification.

er'heu·cheln *v/t* ⟨*no* ge-, h⟩ **1.** obtain (*s.th.*) by pretence (*Am.* pretense). – **2.** (*vortäuschen*) feign, sham, pretend, put on, assume.

er'hit·zen [-'hɪtsən] **I** *v/t* ⟨*no* ge-, h⟩ **1.** (auf *acc* to) (*Flüssigkeit etc*) heat (up). – **2.** (*Person*) make (*s.o.*) (feel) hot. – **3.** *fig.* inflame, *auch* enflame, rouse, excite: der Prozeß erhitzte die Gemüter the trial inflamed tempers (*od.* made feelings run high). – **4.** *tech.* heat up. – **5.** (*pasteurisieren*) pasteurize. – **II** *v/reflex* sich ~ **6.** (*von Flüssigkeiten etc*) grow hot. – **7.** (*von Personen*) get (*od.* become) warm (*od.* hot): sich beim Laufen ~ to get hot from running. – **8.** *fig.* get heated (*od.* excited): über diese Frage erhitzten sich ihre Gemüter schon oft this question has often made their feelings run high. – **III E~** *n* ⟨-s⟩ **9.** *verbal noun.* – **10.** *cf.* Erhitzung. — **er'hitzt I** *pp.* – **II** *adj* **1.** (*Gesicht etc*) heated, hot, (*schwächer*) warm: vom Laufen ~ hot from running; ~e Wangen hot (*od.* flushed) cheeks. – **2.** *fig.* heated, excited: ~e Gemüter heated feelings, hot tempers: er ist leicht ~ he is quick to anger, he is easily excitable. — **Er'hit·zung** *f* ⟨-; *no pl*⟩ **1.** *cf.* Erhitzen. – **2.** *fig.* excitement: die ~ der Gemüter the excitement of feelings. – **3.** pasteurization.

er'ho·ben I *pp of* erheben. – **II** *adj* **1.** (*Hand, Finger, Stimme etc*) raised: ~en Hauptes (*od.* mit ~em Haupte) schritt sie vorüber she passed by with her head raised (*od.* erect, held high). – **2.** *fig.* elevated, elated.

er'hof·fen *v/t* ⟨*no* ge-, h⟩ hope for, expect: man hatte (sich *dat*) weit mehr von ihm erhofft one had hoped for (*od.* expected) much more from him; er erhofft sich noch vieles vom Leben he still hopes for (*od.* expects) many things from life. — **er'hofft I** *pp.* – **II** *adj* (*Unterstützung etc*) hoped-for (*attrib*), expected.

er'hö·hen I *v/t* ⟨*no* ge-, h⟩ **1.** (*Gebäude, Weg etc*) raise, make (*s.th.*) higher: eine Mauer ~ to raise (*od.* heighten) a wall. – **2.** (*steigern*) (auf *acc* to; um by) raise, increase, augment. – **3.** (*Temperatur*) raise, elevate. – **4.** *fig.* (*im Rang*) raise, elevate, promote, exalt (*lit.*). – **5.** *fig.* (*Interesse, Einfluß, Stimmung, Spannung etc*) increase, heighten, intensify: das erhöht die Wirkung that intensifies (*od.* adds to) the effect; die Freude ~ to increase (*od.* enhance) pleasure. – **6.** *fig.* (*Wert etc*) increase, improve, raise, enhance. – **7.** *fig.* (*Eindruck etc*) deepen, enhance. – **8.** *fig.* (*Ansehen, Ruf etc*) enhance. – **9.** *fig.* (*Appetit*) increase. – **10.** *econ.* a) (*Preis, Miete etc*) raise, increase, advance, *Am. colloq.* up, b) (*Gehalt, Steuern etc*) raise, increase, c) (*Produktion etc*) raise, increase, step up, *Am. colloq.* up, d) (*Diskontsatz etc*) mark up, e) (*Kredit*) extend: etwas um das Doppelte [Dreifache, Vierfache] ~ to double [treble (*od.* triple), quadruple] s.th. – **11.** *tech.* a) (*Geschwindigkeit etc*) increase, b) (*Leistung eines Motors etc*) tune up, c) (*Druck*) boost: das Auto erhöhte sein Tempo the car increased its speed (*od.* accelerated, speeded up). – **12.** *med.* a) (*Temperatur, Blutdruck etc*) raise, b) (*Dosis*) increase, c) (*Reiz, Wirkung etc*) intensify. – **13.** *electr.* (*Spannung*) step up. – **14.** *mus.* (*Ton um Halbton*) raise, sharp, *bes. Br.* sharpen. – **II** *v/reflex* sich ~ **15.** increase, be increased (*od.* raised). – **16.** (*von Zahl etc*) rise. – **17.** (*von Temperatur*) rise, go up. – **18.** *fig.* (*im Rang*) raise (*od.* elevate, promote, exalt [*lit.*]) oneself: wer sich selbst erhöh(e)t, der wird erniedrig(e)t werden *Bibl.* everyone that exalteth himself shall be abased. – **19.** *fig.* (*von Spannung etc*) increase, intensify, heighten, be increased (*od.* intensified, heightened), grow. – **20.** *fig.* (*von Wert etc*) increase, be increased (*od.* improved), rise. – **21.** *fig.* (*von Eindruck etc*) deepen, be deepened. – **22.** *fig.* (*von Ansehen, Ruf etc*) be enhanced. – **23.** *fig.* (*von Appetit etc*) increase, be increased. – **24.** *econ.* rise, increase, be raised, be increased, advance, go up: die Preise haben sich auf das Doppelte erhöht prices have doubled. – **25.** *tech.* increase, be increased, be raised. – **26.** *med.* rise, increase, go up. – **III E~** *n* ⟨-s⟩ **27.** *verbal noun.* – **28.** *cf.* Erhöhung. — **er'höht I** *pp.* – **II** *adj* **1.** (*Stelle, Platz etc*) raised, elevated. – **2.** *fig.* (*Sorgfalt, Einfluß, Spannung etc*) increased, heightened, intensified: mit ~er Aufmerksamkeit with increased (*od.* added) attention; in ~em Maße a) to a high degree, b) to a higher degree. – **3.** *econ.* raised, increased, higher. – **4.** *tech.* (*Geschwindigkeit*) increased. – **5.** *med.* a) (*Temperatur*) raised, b) (*Blutdruck*) raised, increased: ~e Temperatur haben to have (*od.* run) a temperature. – **6.** *mus.* sharp: ~es G G sharp. — **Er'hö·hung** *f* ⟨-; -en⟩ **1.** *cf.* Erhöhen. – **2.** *cf.* Anhöhe. – **3.** (*der Temperatur*) rise, elevation. – **4.** *fig.* (*im Rang*) elevation, promotion, advancement, exaltation (*lit.*). – **5.** (*des Interesses, der Vorsicht, Wirkung, Spannung etc*) increase. – **6.** (*der Freude*) increase, enhancement. – **7.** (*des Werts*) increase, improvement. – **8.** *econ.* (*der Preise etc*) increase, rise, advance. – **9.** *tech.* increase: ~ der Geschwindigkeit *auch* acceleration. – **10.** *med.* a) (*der Temperatur, des Blutdrucks etc*) rise, b) (*leichtes Fieber*) temperature, c) (*der Dosis*) increase, d) (*der Wirkung*) intensification. – **11.** *mus.* sharp.

Er'hö·hungs|,win·kel *m mil.* (angle of) elevation. — **~,zei·chen** *n mus.* sharp, diesis.

er'ho·len I *v/reflex* ⟨*no* ge-, h⟩ sich ~ **1.** (*genesen*) recover, get well, recuperate, convalesce: sie erholte sich schnell she recovered quickly, she made a quick (*od.* speedy) recovery. – **2.** sich von etwas ~ (*von Schock, Folgen etc*) to recover from (*od.* get over) s.th.: sich von einer Krankheit ~ to recover from an illness. – **3.** (*im Urlaub, von Anstrengung etc*) rest (and relax), take (*od.* have) a rest, relax: wir haben uns im Urlaub gut erholt we had a good rest on our holiday, we had a restful and relaxing holiday; sich von den Strapazen einer Reise ~ to rest after the strain of a journey. – **4.** *econ.* a) (*von Preisen etc*) recover, b) (*von Aktien etc*) recover, rally, c) (*von der Wirtschaft, Industrie*) recover, pick up: die Papiere erholten sich auf 420 stocks rose to 420. – **5. sich bei** (*od.* an) **j-m für etwas ~** *jur.* to be reimbursed by s.o. for s.th., to reimburse oneself (up)on s.o. for s.th., to recover s.th. from s.o. – **II E~** *n* ⟨-s⟩ **6.** *verbal noun.* – **7.** *cf.* Erholung.

er'hol·sam *adj* **1.** (*Urlaub etc*) restful, relaxing. – **2.** (*Schlaf etc*) restful, refreshing.

er'holt I *pp.* – **II** *adj* rested: **sie sieht gut ~ aus** she looks very rested.

Er'ho·lung *f* ⟨-; -en⟩ **1.** (*von od. nach einer Krankheit*) recovery, recuperation, (re)convalescence: **seine ~ geht langsam voran** his recovery (*od.* convalescence) is making slow progress. – **2.** (*nach einer Anstrengung, nach der Arbeit etc*) relaxation, rest: **er sucht ~ an der See** he is trying to find relaxation at the seaside; **Gartenarbeit ist für mich ~** gardening is my form of relaxation (*od.* recreation). – **3.** *Br.* holiday, *Am.* vacation: **zur ~ fahren** to go on a vacation; **er ist zur ~** he is on a vacation. – **4.** *fig.* (*von Schock, Staunen etc*) recovery (from). – **5.** *econ.* a) (*der Preise etc*) recovery, b) (*der Aktien etc*) recovery, rally, c) (*der Industrie etc*) recovery, pickup, *Br.* pick-up. – **6.** *jur.* recovery, reimbursement. – **7.** *psych.* recreation.

Er'ho·lungs|,auf·ent,halt *m Br.* holiday, *Am.* vacation. — **e~be,dürf·tig** *adj* in need of a rest (*Br. auch* holiday, *Am.* vacation). — **~be,dürf·ti·ge** *m, f* ⟨-n; -n⟩ person in need of a rest (*Br. auch* holiday, *Am.* vacation). — **~,fä·hig·keit** *f med.* (*von Organen etc*) recuperative capacity (*od.* faculty). — **~ge,biet** *n* recreation area. — **~,heim** *n* **1.** (*bes. für Genesende*) rest (*od.* convalescent) home. – **2.** (*für Kinder*) holiday (*Am.* vacation) camp. – **3.** *med.* sanatorium. — **~,kur** *f* rest cure. — **~,ort** *m* **1.** holiday (*Am.* vacation) spot. – **2.** health resort. — **~,pau·se** *f* rest period, pause for a rest. — **~,rei·se** *f* holiday (*Am.* vacation) trip, pleasure trip.

er'ho·lung|,su·chend *adj* in search of rest and relaxation. — **E~,su·chen·de** *m, f* ⟨-n; -n⟩ person seeking rest and relaxation.

Er'ho·lungs|,ur,laub *m* **1.** *Br.* holiday, *Am.* vacation. – **2.** (*nach einer Krankheit*) sick leave, *Br.* sick-leave, convalescent leave. — **~,zeit** *f* holiday (*Am.* vacation) time.

er'hö·ren I *v/t* ⟨*no* ge-, h⟩ **1.** (*Gebet, Flehen etc*) hear, answer: **eine Bitte ~** to hear (*od.* grant) a request; **Gott hat mich** (*od.* **meine Gebete**) **erhört** God heard my prayers. – **2.** (*Liebhaber*) accept. – **II E~** *n* ⟨-s⟩ **3.** *verbal noun.* — **Er'hö·rung** *f* ⟨-; *no pl*⟩ **1.** *cf.* Erhören: **~ finden** to find a hearing; **sein Gebet hat ~ gefunden** his prayer was answered. – **2.** (*einer Bitte etc*) answer. – **3.** (*eines Freiers*) acceptance.

'Eria,sei·de ['eːrĭa-] *f* (*textile*) eria (silk).

Eri·ge·ron [e'riːgerɔn] *n* ⟨-s; *no pl*⟩ *bot. cf.* Berufkraut.

eri·gi·bel [eri'giːbəl], **eri'gier·bar** *adj med.* erectile. — **eri'gie·ren** [-'giːrən] *v/i* ⟨*no* ge-, h⟩ (*von Organen*) become erected, stiffen, become stiff, erect. — **eri'giert I** *pp.* – **II** *adj* in a state of erection, erect(ed).

Eri·ka ['eːrika] *f* ⟨-; -ken⟩ *bot.* erica, heather, heath (*Gattg Erica*). — **~ge,wäch·se** *pl* Ericaceae (*Fam. Ericaceae*).

er'in·ner·lich *adj* **j-m ~ sein** to be remembered (*od.* recollected) by s.o.: **soviel** (*od.* **soweit**) **mir ~ ist** as far as I (can) remember, to the best of my memory (*od.* recollection); **mir ist ~, daß** I remember that.

er'in·nern [-'ʔɪnərn] **I** *v/t* ⟨*no* ge-, h⟩ **1.** remind: **j-n an** (*acc*) **etwas ~** to remind s.o. of s.th., to recall s.th. to s.o.'s mind; **ich erinnere Sie daran, daß** I remind you of the fact that, I should like to point out to you that; **gut, daß Sie mich daran ~** a) I am glad (that) you remind me of it, b) I am glad that you think of it; **das erinnert mich an eine Geschichte** that reminds me (*od.* makes me think) of a story; **alles hier erinnert mich an meine Jugend** everything here reminds me of (*od.* carries me back to) my youth; **die Landschaft erinnert mich an meine Heimat** the scenery reminds me of my native land (*od.* brings my native land back to my mind). – **2. ich erinnere nicht mehr, wie er hieß** *bes. Northern G.* I don't remember (*od.* recollect, recall) his name. – **II** *v/i* **3.** (an *acc* of) remind: **das Gemälde erinnert an Rubens** the painting reminds one of Rubens. – **III** *v/reflex* **sich ~ 4.** remember, recollect: **sich an** (*acc*) **etwas** [j-n] **~**, *lit.* **sich einer Sache** [j-s] **~** to remember (*od.* recollect, recall) s.th. [s.o.]; **wenn ich mich recht erinnere** if I remember rightly, if my memory serves me right; **soviel** (*od.* **soweit**) **ich mich erinnere** as far as I (can) remember, to the best of my memory (*od.* recollection). – **5. sich auf** (*acc*) **etwas** [j-n] **~** *bes. Austrian* to remember (*od.* recollect, recall) s.th. [s.o.]. – **IV E~** *n* ⟨-s⟩ **6.** *verbal noun.*

Er'in·ne·rung *f* ⟨-; -en⟩ **1.** *cf.* Erinnern. – **2.** ⟨*only sg*⟩ (*Gedächtnis*) memory, recollection, remembrance: **etwas deutlich in ~ haben** to remember s.th. clearly, to have a clear recollection of s.th., to retain a clear memory of s.th.; **j-m etwas in ~ bringen** (*od.* **rufen**) to bring s.th. to s.o.'s recollection, to remind s.o. of s.th.; **sich** (*dat*) **etwas in ~ rufen** to recall (*od.* recollect) s.th.; **sich bei j-m in ~ bringen** to remind s.o. of oneself. – **3.** (*bewahrter Eindruck*) memory, reminiscence: **~en an eine herrliche Zeit** memories of a wonderful time; **seinen ~en nachhängen, sich seinen ~en hingeben** to dwell on the past; **das erweckt ~en in ihr, das ruft ~en in ihr wach** that evokes memories in her, that brings memories back to her mind. – **4.** ⟨*only sg*⟩ (*Gedenken*) remembrance, memory: **j-n** [**etwas**] **in guter ~ behalten** to hold (*od.* keep) s.o. [s.th.] in fond remembrance, to have pleasant memories of s.o. [s.th.]; **eine Inschrift zur ~ des** (*od.* **an den**) **Verstorbenen** an inscription in memory (*od.* commemoration) of the deceased. – **5.** (*Andenken*) a) ⟨*only sg*⟩ remembrance, memento, b) keepsake, souvenir: **das Bild ist eine ~ an ihn** the picture is a keepsake of him (*od.* s.th. to remember him by). – **6.** *pl* (*Memoiren*) reminiscences, memoirs. – **7.** *rare* (*Mahnung*) reminder. – **8.** *jur.* objection.

Er'in·ne·rungs|,bild *n* **1.** visual memory (*od.* remembrance). – **2.** *psych.* memory image. — **~,ga·be** *f lit.* souvenir, keepsake, token. — **~,kraft** *f* memory, (power of) recollection. — **~,lücke** (*getr.* -k·k-) *f psych.* gap in one's memory, partial (*od.* circumscribed) amnesia. — **~me,dail·le** *f* **1.** commemorative medal. – **2.** *mil.* campaign medal. — **~,schrei·ben** *n* reminder. — **~,schwä·che** *f psych.* weakness of memory. — **~,ta·fel** *f* commemorative (*od.* memorial) tablet. — **~ver,mö·gen** *n psych.* memory. — **~,wer·bung** *f econ.* follow-up advertising. — **~,wert** *m* **1.** sentimental (personal) value. – **2.** *econ.* (*bei Abschreibungen*) pro memoria figure. — **~,zei·chen** *n* memorial, trophy.

Erin·nye [e'rɪnyə] *npr f* ⟨-; -n⟩ *meist pl myth.* Erinys, Fury: **die ~n** the Erin(n)yes, the Furies.

Eri·stik [e'rɪstɪk] *f* ⟨-; *no pl*⟩ *philos.* eristic. — **Eri·sti·ker** [e'rɪstikər] *m* ⟨-s; -⟩ eristic. — **eri·stisch** [e'rɪstɪʃ] *adj* eristic, *auch* eristical.

eri·tre·isch [eri'treːɪʃ] *adj geogr.* Eritrean.

er'ja·gen *v/t* ⟨*no* ge-, h⟩ **1.** (*Wild etc*) hunt down. – **2.** *fig.* (*Glück, Ehre etc*) gain, lay hold of, achieve, secure: **etwas zu ~ suchen** to run after s.th., to hunt (*od.* strive) for s.th.

er'kal·ten [-'kaltən] *v/i* ⟨*no* ge-, sein⟩ **1.** (*von Speise, Lava etc*) cool (down). – **2.** (*von Körper etc*) get (*od.* grow) cold. – **3.** *fig.* (*von Liebe, Herz etc*) grow cold. – **4.** *fig.* (*von Eifer etc*) cool (down *od.* off), slacken.

er'käl·ten I *v/reflex* ⟨*no* ge-, h⟩ **sich ~** to catch (*od.* take) (a) cold, to get a cold, to catch a chill. – **II** *v/t* **sich** (*dat*) **etwas ~** (*Blase etc*) to catch (a) cold (*od.* get a cold) on s.th. — **er'käl·tet I** *pp.* – **II** *adj* afflicted with (*od.* having) a cold: **stark ~ sein** to have a bad (*od.* severe) cold.

Er'käl·tung *f* ⟨-; -en⟩ *med.* (common) cold, chill: **sich** (*dat*) **eine ~ holen** (*od.* **zuziehen**) to catch (*od.* take) (a) cold, to catch a chill.

Er'käl·tungs,krank·heit *f meist pl med.* (illness caused by a) cold.

er'kämp·fen *v/t* ⟨*no* ge-, h⟩ (**sich** *dat*) **etwas ~** a) (*Stellung, Erfolg etc*) to fight (*od.* struggle) for s.th., b) (*Sieg*) to gain s.th., c) (*sport*) (*Titel*) to win s.th.

er'kannt I *pp of* erkennen. – **II** *adj* **du bist** (*od.* **Sie sind**) **~** *colloq.* I'm up to your tricks (*colloq.*).

er'kau·fen *v/t* ⟨*no* ge-, h⟩ (*Leben, Freiheit etc*) buy, puchase: **der Sieg mußte teuer erkauft werden** we had to pay a heavy (*od.* high) price for the victory; **j-s Schweigen ~** to buy s.o.'s (*od.* to bribe s.o. into) silence.

er'kenn·bar *adj* **1.** recognizable. – **2.** (*identifizierbar*) identifiable, recognizable. – **3.** (*wahrnehmbar*) discernible, discernable, recognizable, distinguishable, perceivable, perceptible. – **4.** (*entdeckbar*) detectable, perceivable, perceptible. – **5.** *philos.* knowable, cognizable, cognoscible. — **Er'kenn·bar·keit** *f* ⟨-; *no pl*⟩ **1.** recognizability. – **2.** identifiability, recognizability. – **3.** discernibleness, discernableness, recognizability, distinguishability, perceptibility. – **4.** *philos.* knowability, cognizability.

er'ken·nen I *v/t* ⟨*irr, no* ge-, h⟩ **1.** recognize, know: **j-s** [**j-n an seiner**] **Stimme ~** to recognize s.o.'s [s.o. by his] voice; **j-n als Ausländer ~** to recognize (*od. colloq.* spot) s.o. as (*od.* to know s.o. for) a foreigner; **in dem Neuangekommenen erkannte er seinen Freund X** the newly arrived turned out to be his friend X. – **2.** (*identifizieren*) identify, know: **einen Vogel an seinem Schnabel ~** to know (*od.* tell) a bird by its bill; **j-n als den Gesuchten ~** to identify s.o. as (*od.* know s.o. for) the person wanted; **sich** (**j-m**) **zu ~ geben** to make oneself known (to s.o.), to disclose one's identity (to s.o.). – **3.** (*wahrnehmen*) discern, recognize, distinguish, make out, perceive: **kannst du die Autonummer ~?** can you make out (*od.* tell, read) the licence (*Am.* license) number? – **4.** (*entdecken*) detect, discover, perceive, spot (*colloq.*). – **5.** (*sich vergegenwärtigen, einsehen*) realize, see, recognize, perceive: **eine Gefahr ~** to realize (*od.* be alive to) a danger; **den wahren Grund ~** to perceive (*od.* make out) the true reason; **aus seinen Worten erkannten wir, daß** we realized by his words that, it was plain from his words that. – **6.** (*durchschauen*) see through, find out, know: **j-n völlig ~** to see through s.o., to make s.o. out; to be up to s.o.'s tricks, to know s.o.'s game (*colloq.*). – **7. etwas zu ~ geben** to show (*od.* indicate) s.th. – **8. etwas ~ lassen** to show (*od.* display) s.th. – **9.** *philos.* know, (re)cognize, perceive. – **10.** *econ.* (*Person, Konto etc*) credit. – **11.** *jur.* find: **j-n für schuldig ~** to find s.o. guilty. – **12.** *med.* (*Krankheit*) diagnose. – **13.** *mar.* (*Land*) make. – **14.** *Bibl.* (*Frau*) know (carnally). – **II** *v/i* **15.** *jur.* **in einer Sache ~** to decide (*od.* judge) in a matter; **über einen Antrag ~** to give (a) decision on an application; **auf** (*acc*) **etwas ~** to impose s.th., to pass sentence of s.th.; → **Recht** 2; **Schadenersatz; Scheidung** 2. – **III** *v/reflex* **sich ~ 16.** *bes. philos.* know (*od.* understand) oneself: **erkenne dich selbst!** know thyself! – **IV E~** *n* ⟨-s⟩ **17.** *verbal noun.* – **18.** recognition. – **19.** identification. – **20.** discernment, recognition, perception. – **21.** detection, discovery, perception. – **22.** realization, recognition, perception. – **23.** *philos.* cognition, knowledge.

er'kennt·lich *adj* **1.** (*dankbar*) grateful: **sich** (**j-m**) **~ zeigen** to show oneself grateful (to s.o.), to show (s.o.) one's gratitude (*od.* appreciation). – **2.** (*ersichtlich*) perceptible. — **Er'kennt·lich·keit** *f* ⟨-; *no pl*⟩ gratitude, appreciation.

Er'kennt·nis[1] *f* ⟨-; -se⟩ **1.** *cf.* Erkennen. – **2.** knowledge: **eine völlig neue ~** a completely new piece of knowledge; **der Baum der ~** *Bibl.* the tree of knowledge. – **3.** (*Einsicht*) realization: **ihm kam die ~, er kam** (*od.* **gelangte**) **zu der ~** he came to realize (*od.* see), he came to the conclusion. – **4.** *meist pl* discovery, finding, established fact: **neueste wissenschaftliche ~se** latest scientific findings. – **5.** (*Wahrnehmung*) perception. – **6.** *philos.* a) knowledge, *auch* cognition, b) (*einzelne*) cognition, *auch* perception: **unmittelbare ~** immediate perception, intuition; **das ist jenseits menschlicher ~** a) that is unknowable, b) (*bei Kant*) that is transcendent knowledge.

Er'kennt·nis[2] *n* ⟨-ses; -se⟩ *jur.* a) (*eines Richters*) decision, sentence, judg(e)ment, finding, b) (*der Geschworenen*) verdict: **gerichtliches ~** cognizance.

Er'kennt·nis|be,reich *m* domain of knowledge. — **~kri,tik** *f philos.* a) epistemology, b) (*bei Kant*) critique of knowledge. — **~,leh·re** *f cf.* Erkenntnistheorie. — **~pro,blem** *n* problem of knowledge. — **~pro,zeß** *m philos. psych.* process of knowing (*od.* cognizing). — **e~theo-ˌre·tisch** *adj philos.* epistemological. — **~theoˌrie** *f* theory of knowledge, epistemology. — **~verˌmö·gen** *n philos. psych.* intellectual capacity, capacity of knowledge. — **~ˌwert** *m econ.* value as evidence, informative (*od.* indicative) value.

Er'ken·nung *f* ⟨-; *no pl*⟩ *rare for* Erkennen.

Er'ken·nungs|ˌdienst *m jur.* (*der Kriminalpolizei*) (police) records department, *Am.* Identification Division of the Federal Bureau of Investigation, *Br.* Criminal Record Office. — **~ˌmar·ke** *f mil.* identification (*od.* identity) disc, *bes. Am.* identification tag, *Am. sl.* 'dog tag'. — **~me·loˌdie** *f mus.* signature (tune). — **~ˌmerkˌmal** *n* distinguishing mark. — **~siˌgnal** *n mil.* recognition signal. — **~ˌwort** *n* ⟨-(e)s; -e⟩ *cf.* Losung[1] 1. — **~ˌzei·chen** *n* **1.** sign of recognition. – **2.** *mil.* identification sign. – **3.** *aer.* (*am Flugzeug*) markings *pl.* – **4.** *agr.* (*am Ohr eines Tiers*) crop. – **5.** *med.* a) (*bei Diagnose*) (diagnostic) sign, b) (*bei Neugeborenen*) identification marker.

Er·ker ['ɛrkər] *m* ⟨-s; -⟩ *arch.* oriel. — **~ˌfen·ster** *n* oriel (window). — **~ˌtürm·chen** *n* (*einer Burg od. Kirche*) bartizan. — **~ˌzim·mer** *n* room with an oriel.

er'kie·sen *v/t* ⟨*irr, no* ge-, h⟩ *lit. obs. for* erwählen 2.

er'klär·bar *adj* **1.** explainable, accountable, explicable (*lit.*): leicht ~ sein to be easily explained (*od.* accounted for), to be easy to explain; das ist nicht mehr rational ~ there is no rational explanation (*od.* accounting) for that. – **2.** (*Text etc*) interpretable. – **3.** (*Begriff etc*) definable, explainable, explicable (*lit.*). – **4.** (*durch Beispiel etc*) illustratable.

er'klä·ren I *v/t* ⟨*no* ge-, h⟩ **1.** (*erläutern*) explain, expound, elucidate (*lit.*): j-m etwas ~ to explain s.th. to s.o. – **2.** (*deuten*) interpret, expound. – **3.** (*definieren*) define, explain. – **4.** (*veranschaulichen*) illustrate: etwas an einem (*od.* durch ein) Beispiel ~ to illustrate s.th. by an example, to exemplify s.th. – **5.** (*Aufschluß geben*) explain, account for: ich kann es mir nicht ~ I cannot account (*od.* have no explanation) for it, I don't understand it. – **6.** (*Willen, Absicht etc*) declare, state, announce, affirm: er erklärte, er werde nicht kommen he declared (*od.* made it clear) that he wasn't coming; etwas mit Nachdruck ~ to state s.th. emphatically, to emphasize s.th.; seine Bereitwilligkeit ~ to declare (*od.* express, signify) one's willingness; → Einverständnis 1; Rücktritt 1. – **7.** (j-m) den Krieg ~ to declare war (on s.o.). – **8.** (*Unabhängigkeit, j-n zum Staatsfeind etc*) declare, proclaim: j-n für vogelfrei ~ *hist.* to outlaw s.o. – **9.** (*bezeichnen, nennen*) declare, pronounce: er wurde für schuldig erklärt he was declared (*od.* found) guilty; j-n für bankrott ~ to declare (*od.* adjudge, adjudicate) s.o. bankrupt; der erklärt mich ja für verrückt he'll think I've gone mad. – **10.** *cf.* ernennen. – **11.** (*öffentlich bekennen*) profess. – **12.** j-m seine Liebe ~ *lit.* to make a declaration of love to s.o. – **13.** *jur.* (*aussagen*) state, declare, depose, allege: eidesstattlich (*od.* an Eides Statt) ~ to make a statutory declaration, to affirm. – **14.** j-n für gesund ~ *med.* to pronounce s.o. sound (*od.* healthy). – **15.** *econ.* (*Dividende, Importe*) announce, declare. – **II** *v/reflex* sich ~ **16.** (*von Ereignis etc*) (aus) find an explanation (in), be explained (*od.* accounted for) (by), explain itself (by): das erklärt sich daraus, daß that explains itself by (*od.* is due to) the fact that; sich von selbst ~ to be self--explanatory. – **17.** (*von Person*) explain oneself, give an explanation, speak one's mind: würden Sie sich bitte deutlicher ~ would you please explain yourself more clearly (*od.* make yourself clear). – **18.** *lit.* make a declaration of love, declare oneself. – **19.** sich für [gegen] etwas [j-n] ~ to declare (*od.* pronounce) oneself for [against] s.th. [s.o.]. – **20.** sich für etwas ~ (*ansehen*) to declare oneself (to be) s.th.: sich für zahlungsunfähig ~ to declare oneself insolvent. – **21.** sich zu etwas ~ to declare (*od.* make) oneself s.th. – **III E~** *n* ⟨-s⟩ **22.** *verbal noun.* – **23.** *cf.* Erklärung. — **er'klä·rend I** *pres p.* – **II** *adj* (*Wort, Anmerkung etc*) explanatory, explanative, explicative; elucidative, elucidatory (*lit.*): mit ~em Text with explanatory text; ~er Zusatz *jur.* innuendo. – **III** *adv* explanatorily, by way of explanation: er fügte ~ hinzu he added by way of explanation.

er'klär·lich *adj* **1.** *cf.* erklärbar 1. – **2.** (*verständlich*) explainable, understandable, explicable (*lit.*): es ist mir nicht ~, warum I can't explain why, I don't understand why; aus ~en Gründen for understandable (*od.* obvious) reasons; das macht die Sache ~er that helps to explain matters. — **er'klär·li·cher'wei·se** *adv* for obvious (*od.* understandable) reasons.

er'klärt I *pp.* – **II** *adj* ⟨*attrib*⟩ **1.** (*Gegner, Freund etc*) declared, avowed, professed, open. – **2.** (*Favorit etc*) acknowledged, special.

er'klär·ter'ma·ßen *adv* declaredly, professedly, openly.

Er'klä·rung *f* ⟨-; -en⟩ **1.** *cf.* Erklären. – **2.** explanation, explication, elucidation (*lit.*): er sagte zur ~ he said by way of explanation; mit ~en im Text with explanations (*od.* explanatory notes) in the text. – **3.** (*Deutung*) interpretation. – **4.** (*Definition*) definition. – **5.** (*Veranschaulichung*) illustration. – **6.** (*Aufschluß*) explanation: eine befriedigende ~ für etwas a satisfactory explanation of (*od.* account for) s.th.; das wäre eine ~ that would explain (*od.* account for) it. – **7.** (*Feststellung*) declaration, statement, announcement, affirmation: eine ~ abgeben to make a statement (*od.* an assertion, an asseveration). – **8.** (*der Regierung etc*) statement, announcement. – **9.** (*der Unabhängigkeit etc*) declaration, proclamation: ~ der Menschenrechte *hist.* Declaration of the Rights of Man. – **10.** (*Bekenntnis*) profession. – **11.** *jur.* (*Aussage*) statement, declaration, deposition, allegation: eine eidesstattliche ~ (*od.* ~ an Eides Statt) abgeben to make a statutory declaration. – **12.** *econ.* (*einer Dividende*) declaration, announcement.

Er'klä·rungs|verˌsuch *m* attempt at (an) explanation, attempted explanation: bei seinem ~ in attempting to explain. — **~ˌwei·se** *f* method (*od.* manner) of explanation.

er'kleck·lich [-'klɛklɪç] *adj* (*Anzahl, Gewinn etc*) considerable, substantial, goodly, respectable, handsome: ein ~es Sümmchen a considerable (*od. colloq.* tidy) sum.

er'klet·tern *v/t* ⟨*no* ge-, h⟩ (*Baum, Felswand etc*) climb (up), clamber (up), scale.

er'klim·men *v/t* ⟨*irr, no* ge-, h⟩ **1.** (*Berg, Stufen etc*) climb, mount, ascend, scale. – **2.** (*Gipfel*) climb (up to), mount (*od.* go up) to. – **3.** *fig.* (*Position etc*) reach, rise (*od.* ascend) to, attain, climb.

er'klin·gen *v/i* ⟨*irr, no* ge-, sein⟩ (*von Musik, Lied etc*) sound, ring (out), resound: die Gitarren ~ the guitars sound (*od.* twang); die Gläser ~ lassen to clink the glasses; hell erklang seine Stimme his voice rang out (*od.* forth) clearly.

er'ko·ren I *pp* of erkiesen. – **II** *adj lit. poet.* (s)elect, chosen.

er'kran·ken I *v/i* ⟨*no* ge-, sein⟩ **1.** fall (*od.* be taken) ill (*bes. Am.* sick), sicken, contract an illness, *Am. auch* get (*od.* take) sick, come down (*colloq.*): an einer Lungenentzündung ~ to fall (*od.* be taken) ill with pneumonia, to develop pneumonia. – **2.** (*von Organen*) become diseased (*od.* affected). – **II E~** *n* ⟨-s⟩ **3.** *verbal noun.* — **Er'kran·kung** *f* ⟨-; -en⟩ **1.** *cf.* Erkranken. – **2.** illness, sickness. – **3.** *med.* (*eines Organs*) a) disease, affection, b) (*Störung*) disorder: parasitäre ~ parasitic disease; infektiöse ~ infectious disease; schmerzhafte ~ affliction. – **4.** (*Unpäßlichkeit*) indisposition.

Er'kran·kungs|ˌfall *m only in* im ~(e) in case of illness. — **~ˌhäu·fig·keit** *f* morbidity rate.

er'küh·nen [-'kyːnən] *v/reflex* ⟨*no* ge-, h⟩ sich ~ *lit.* make bold, venture, presume, dare, have the audacity (*od.* temerity): sich ~, etwas zu fragen to make bold to ask a question, to venture a question.

er'kun·den [-'kʊndən] **I** *v/t* ⟨*no* ge-, h⟩ **1.** (*Umgebung etc*) explore, investigate: die Lage ~ to see how the land lies. – **2.** (*Versteck, Namen etc*) find (*od.* spy) out. – **3.** *mil.* reconnoiter, *bes. Br.* reconnoitre, scout: das Gelände ~ to reconnoiter (*od.* explore) the terrain. – **II E~** *n* ⟨-s⟩ **4.** *verbal noun.* – **5.** *cf.* Erkundung.

er'kun·di·gen [-'kʊndɪgən] **I** *v/reflex* ⟨*no* ge-, h⟩ sich ~ **1.** inquire, *auch* enquire, ask: sich bei j-m nach dem Weg ~ to inquire the way of s.o., to ask s.o. the way; sich nach j-s Befinden ~ to inquire after (*od.* about) s.o.'s health; sich nach j-m ~ to inquire after s.o. – **2.** (*Auskunft einholen*) make inquiries (*auch* enquiries), inquire, *auch* enquire: sich (bei j-m) über j-s Eignung ~ to make inquiries (of s.o.) about (*od.* concerning) s.o.'s suitability. – **II E~** *n* ⟨-s⟩ **3.** *verbal noun.* — **Er'kun·di·gung** *f* ⟨-; -en⟩ **1.** *cf.* Erkundigen. – **2.** inquiry, *auch* enquiry, query: ~en über j-n [etwas] einholen (*od.* einziehen) to make inquiries about s.o. [s.th.].

Er'kun·dung *f* ⟨-; -en⟩ **1.** *cf.* Erkunden. – **2.** exploration, investigation. – **3.** *mil.* reconnaissance, scout.

Er'kun·dungs|ˌflug *m aer. mil.* reconnaissance flight (*od.* mission), probing mission. — **~geˌspräch** *n pol.* exploratory talk.

er'kün·steln *v/t* ⟨*no* ge-, h⟩ *rare* (*Gleichgültigkeit, Ruhe etc*) affect, (*stärker*) pretend, feign. — **er'kün·stelt I** *pp.* – **II** *adj* **1.** (*Naivität etc*) affected, feigned, pretended, unnatural. – **2.** (*Lächeln etc*) constrained, forced.

Er'lagˌschein [-'laːk-] *m Austrian for* Zahlkarte.

er'lah·men I *v/i* ⟨*no* ge-, sein⟩ **1.** (*von Hand, Flügel etc*) (grow) weary, tire, fail. – **2.** *fig.* (*von Kraft, Interesse, Eifer etc*) abate, diminish, flag, slacken, wane. – **3.** *fig.* (*von Person*) slacken. – **II E~** *n* ⟨-s⟩ **4.** *verbal noun.* – **5.** weariness, tiredness. – **6.** *fig.* diminution, abatement. — **Er'lah·mung** *f* ⟨-; *no pl*⟩ *cf.* Erlahmen.

er'lan·gen I *v/t* ⟨*no* ge-, h⟩ **1.** (*erreichen*) attain (to), get: schwer zu ~ difficult to attain (*od.* of attainment); die ewige Seligkeit ~ *relig.* to attain eternal salvation. – **2.** (*erwerben*) gain, acquire, achieve: große Bedeutung ~ to gain great importance; das Gesetz erlangt Geltung (*od.* Rechtskraft) *jur.* the law gains validity; von etwas Kenntnis ~ to get to know s.th., to gain knowledge of s.th. – **3.** (*sich verschaffen*) obtain, get, secure: Vorteile ~ to obtain advantages; Gnade ~ *relig.* to obtain (*od.* find, *bes. Bibl.* inherit) mercy. – **4.** (*Zutritt*) gain. – **5.** (*Alter, Höhe etc*) reach, arrive at. – **6.** *dial. colloq.* (*hinlangen bis zu*) reach, touch, get at. – **II E~** *n* ⟨-s⟩ **7.** *verbal noun.* — **Er'lan·gung** *f* ⟨-; *no pl*⟩ **1.** *cf.* Erlangen. – **2.** attainment: nach ~ des Pensionsalters after attaining (the) retiring age. – **3.** achievement, acquirement, acquisition, gain. – **4.** obtainment, securement: ~ von Schadenersatz recovery of damages.

Er'laß *m* ⟨-sses; -sse, *Austrian* ⸗sse⟩ **1.** *cf.* Erlassen. – **2.** (*Verordnung*) decree, edict, ordinance, rescript. – **3.** (*Bekanntmachung*) promulgation. – **4.** (*Befehl*) order. – **5.** (*Gesetz*) law. – **6.** *jur.* a) (*einer Behörde*) writ, b) (*eines höheren Gerichts*) mandate.

er'las·sen I *v/t* ⟨*irr, no* ge-, h⟩ **1.** (*Bestimmung, Befehl etc*) issue, publish: einen Haftbefehl gegen j-n ~ to issue a warrant for the arrest of s.o. – **2.** (*Verordnung*) lay down, set up. – **3.** j-m etwas ~ a) (*Strafe, Schuld etc*) to let s.o. off (from) s.th., to release s.o. from s.th., to acquit s.o. of s.th., to excuse (*od.* forgive) s.o. s.th., b) (*Prüfung etc*) to dispense (*od.* exempt, absolve) s.o. from s.th., c) (*Verpflichtung etc*) to release s.o. from s.th., to relieve s.o. of s.th.: j-m die Antwort ~ to excuse s.o. from answering; bitte ~ Sie es mir, darüber zu sprechen please excuse me from talking about it. – **4.** *jur.* a) (*Gesetz*) (*in Kraft setzen*) enact, (*veröffentlichen*) promulgate, b) (*Vorteil, Gebühr etc*) waive, c) (*nicht getilgte Schuld*) acceptilate. – **5.** *relig.* (*Sünde*) remit, forgive. – **II E~** *n* ⟨-s⟩ **6.** *verbal noun.* – **7.** issuance, publication. – **8.** remission, remittance, release, acquittal. – **9.** dispensation, exemption. – **10.** *jur.* a) (*eines Gesetzes*) enactment, enaction, b) (*eines Vorteils etc*) waiver, c) (*einer Schuld*) acceptilation. – **11.** *relig.* (*der Sünden*) remission, forgiveness.

Er'las·sung *f* ⟨-; *no pl*⟩ *cf.* Erlassen.

er'lau·ben [-'laʊbən] *v/t* ⟨*no* ge-, h⟩ **1.** permit, allow: j-m etwas ~ to allow s.o. s.th.; wenn es die Umstände ~ if circumstances permit; wenn es das Wetter erlaubt if the weather permits, weather permitting;

j-m ~, etwas zu tun to allow s.o. to do s.th., to give s.o. permission to do s.th.; **wenn Sie ~** if you don't mind, with your permission; **~ Sie!** allow me! **das ist ihm nicht erlaubt** he is not allowed to do that; **ist es erlaubt, hier zu rauchen?** is smoking permitted here? can you smoke here? **ich erlaube nicht, daß du es tust** I will not allow you to do it; **er ist dümmer als die Polizei erlaubt** *colloq.* he is impossibly stupid. – **2.** sich (*dat*) etwas ~ a) (*gestatten*) to permit (*od.* allow) oneself s.th., b) (*wagen*) to presume (*od.* venture) to do s.th., c) (*gönnen*) to indulge in s.th., to treat oneself to s.th.: **ich kann mir das ~** a) I can permit myself that, b) I can afford that; **sich j-m gegenüber Vertraulichkeiten ~** to become too familiar (with s.o.); **sich Freiheiten ~** to take liberties; **was ~ Sie sich?** *colloq.* how dare you! what do you think you are doing? **ich erlaube mir festzustellen** I beg (*od.* take leave) to state; **sich mit j-m einen Scherz ~** to play a joke on s.o.

Er'laub·nis [-'laupnɪs] *f* ⟨-; *no pl*⟩ **1.** permission, leave: **behördliche ~** licence, *Am.* license; **uneingeschränkte ~** plenary licence; **j-n um ~ bitten** to ask s.o.'s permission, to ask s.o. for permission, to beg leave; **(die) ~ erhalten** (*od.* **bekommen**) to obtain permission (*od.* consent); **j-m (die) ~ geben** (*od.* **erteilen**), **etwas zu tun** to give (*od.* grant) s.o. permission to do s.th., to authorize s.o. to do s.th.; **(die) ~ haben, etwas zu tun** to have permission (*od.* to be at liberty) to do s.th.; **indirekt erteilte ~, als erteilt angenommene ~** *jur.* constructive permission. – **2.** *bes. jur.* (*Ermächtigung*) authority, faculty. – **3.** (*Bescheinigung*) permit. — **~,schein** *m* permit.

er'laubt I *pp.* – **II** *adj* **1.** permitted, allowed: **gesetzlich ~** permitted by law, lawful, licit; **~ oder nicht** permitted or no; **die ~en Grenzen überschreiten** to break bounds. – **2.** (*zulässig*) permissible, allowable, admissible: **etwas mit ~en Mitteln erreichen** to achieve s.th. by allowable means; **~e Abweichung** permissible deviation.

er'laucht [-'lauxt] *adj* (*Gesellschaft etc*) illustrious, noble.

er'lau·schen *v/t* ⟨*no* ge-, h⟩ **1.** (*Gespräch etc*) overhear. – **2.** (*Geheimnis etc*) get to know (*s.th.*) by listening in secret.

er'läu·tern I *v/t* ⟨*no* ge-, h⟩ **1.** (*erklären*) explain, make (*s.th.*) clear, expound, elucidate (*lit.*). – **2.** (*durch Beispiel*) illustrate, exemplify. – **3.** (*interpretieren*) comment on, interpret. – **II E~** *n* ⟨-s⟩ **4.** *verbal noun.* — **er'läu·ternd I** *pres p.* – **II** *adj* (*Text, Anmerkung etc*) explanatory, explanative, illustrative; elucidative, elucidatory (*lit.*): **~er Zusatz** a) commentary, b) *math.* scholium. — **Er'läu·te·rung** *f* ⟨-; -en⟩ **1.** *cf.* Erläutern. – **2.** explanation, elucidation (*lit.*): **mit ~en** with explanatory notes. – **3.** illustration, exemplification. – **4.** (*Kommentar*) comment(ary), interpretation, exact explication. – **5.** *jur.* (*erklärender Zusatz*) innuendo.

Er·le ['ɛrlə] *f* ⟨-; -n⟩ *bot.* alder(-tree) (*Gattg Alnus*): **Gemeine** (*od.* **Weiße, Graue**) ~ gray (*bes. Br.* grey) (*od.* white) alder (*A. incana*).

er'le·ben I *v/t* ⟨*no* ge-, h⟩ **1.** experience, have, meet with: **er erlebte eine große Überraschung** he had a great surprise; **sie erlebte viel Freude an ihrem Enkel** she had (*od.* took, found) great joy in her grandchild; **er hat viel erlebt** a) he has had a great many adventures, b) he has seen a great deal of life; **hat man schon so etwas erlebt!** *colloq.* did you ever! (*colloq.*), can you beat that! (*colloq.*); **etwas Seltsames ~** to have a strange experience; **ich habe es nie erlebt, daß er sagte** I have never known him to say; **ich habe ihn auch schon anders erlebt** I have known (*od.* seen) other sides of him; **sonst kannst du was ~** *colloq.* or you'll get something you're not looking for (*colloq.*); → **Wunder 2.** – **2.** (*durchleben*) experience, see, live (*od.* pass, go) through, know: **das Land erlebte eine Zeit des Friedens** the country went through a time of peace; **dieses Haus hat bessere Zeiten erlebt** this house has known (*od.* seen) better days. – **3.** (*durchmachen*) see, go through, undergo: **viel Unglück in seinem Leben ~** see a good deal of trouble in one's life; **ich habe (es) selbst** (*od. colloq.* **am eigenen Leibe) erlebt, was es heißt, arm zu sein** I have gone through it myself and know (*od.* I know from experience) what it means to be poor. – **4.** (*mit ansehen*) see, witness, be witness of: **ich habe nicht erlebt, wie es ausging** I didn't see how it turned out (*od.* the end of it); **da kann man die tollsten Sachen ~** *colloq.* one may see the most extraordinary things happen(ing); **wir werden es ja ~!** we'll see (what happens); **er will etwas ~** he wants to see some life (*od.* action), he wants to live. – **5.** (*noch miterleben*) live to see: **jene Zeit werden wir nicht mehr ~** we shan't (*od.* won't) live to see that time; **er sollte es nicht mehr ~, daß** he didn't live to see that; **er mußte es ~, daß alles wieder zunichte wurde** he lived to see it all destroyed again. – **6.** *lit.* (*Landschaft, Kunstwerk etc*) steep oneself in. – **7.** (*in Wendungen wie*) **das Buch erlebte mehrere Auflagen [eine Neuauflage]** the book went (*od.* ran) through (*od.* saw) several editions [went into (*od.* reached) a new edition]; **das Stück erlebte 100 Aufführungen** the play had 100 performances; **der Film erlebte seine Uraufführung in M.** the film was premiered in M.; **die Wirtschaft erlebte einen gewaltigen Aufschwung** the economy experienced (*od.* witnessed) a tremendous boom; **die Wissenschaften erlebten eine neue Blüte** the sciences reached new heights. – **II E~** *n* ⟨-s⟩ **8.** *verbal noun.* – **9.** *lit.* experience.

Er'le·bens,fall *m econ. only in* **im ~** in case of survival. — **~ver,si·che·rung** *f* (pure) endowment insurance (*Br. auch* assurance).

Er'leb·nis [-'le:pnɪs] *n* ⟨-ses; -se⟩ **1.** experience: **ein aufregendes ~** an exciting experience, a thrill. – **2.** (*Ereignis*) event, episode, occurrence: **das größte ~ seiner Kindheit** the greatest event of his childhood. – **3.** (*Abenteuer*) adventure. — **~,dich·tung** *f* literature based on personal experience. — **e~,hung·rig** *adj* thirsting for adventure. — **~psy·cho·lo,gie** *f psych.* experiential psychology. — **~,un·ter,richt** *m ped.* teaching designed to make the subject come alive.

er'lebt I *pp.* – **II** *adj* **1.** (*Dichtung, Gefühl etc*) deeply felt. – **2.** (*Geschichte etc*) true, real-life (*attrib*). – **3. ~e Rede** (*literature*) interior monologue. – **III E~e, das** ⟨-n⟩ **4.** actual (personal) experience.

er'le·di·gen [-'le:dɪgən] **I** *v/t* ⟨*no* ge-, h⟩ **1.** settle: **eine Frage ~** to settle (*od.* answer) a question; **ein Geschäft ~** to settle (*od.* wind up) a transaction. – **2.** (*besorgen*) do: **er hat dort eine Menge zu ~** he has lots of things to do there; **es bleibt noch einiges zu ~** there are still some things to be done (*od.* on hand); **hast du all deine Einkäufe erledigt?** did you do all your shopping? **würden Sie das für mich ~?** would you do this for me (*od.* take this off my hands)? **ich habe einige Sachen in der Stadt zu ~** I have a few errands to run in town; **etwas ~ lassen** to get (*od.* have) s.th. done. – **3.** (*hinter sich bringen*) get through with: **alle Formalitäten ~** to get through with (*od.* to go through) all formalities; **die Zollformalitäten ~** *econ. mar.* to clear (the customs); **laß uns zuerst das Geschäftliche ~** let us get through with business matters first. – **4.** (*behandeln*) deal with, attend to, see to, handle, take care of: **wir müssen diesen Punkt morgen ~** we'll have to see to this item tomorrow; **ich werde den Auftrag selbst ~** I'll attend (*od.* see) to the order myself; **(es) wird erledigt!** it will be attended to. – **5.** (*beenden*) finish (with), bring (*s.th.*) to a close, get (*s.th.*) done (*od.* finished, off one's hands): **hast du deine Briefe erledigt?** did you get your letters done (*od.* finished)? did you write your letters? **etwas schnell** (*od. colloq.* **auf die Schnelle**) **~** to rush s.th., to knock (*od.* run, dash) s.th. off (*colloq.*), to finish (*od. colloq.* polish) s.th. off. – **6.** (*anpacken*) manage, handle, negotiate: **er hat das recht geschickt erledigt** he managed (*od.* handled) it rather nicely, he made a good job of it. – **7.** (*ordnen*) adjust, arrange, put (*od.* set) (*s.th.*) right (*od.* in order): **er wird das schon ~** he'll arrange it somehow; **j-s Angelegenheiten ~** to adjust s.o.'s affairs. – **8.** (*abtun*) dispose of, dispense with, dismiss: **diese Zeit wurde in dem Artikel in zwei Sätzen erledigt** the article disposed of this era in a couple of sentences. – **9.** (*durchführen*) carry (*od. colloq.* see) (*s.th.*) through, effect, execute. – **10.** (*vollbringen*) accomplish: **er hat diese Aufgabe zur vollsten Zufriedenheit erledigt** he has accomplished this task to complete satisfaction. – **11.** (*Post, Eingänge etc*) go through. – **12.** (*Reparaturen etc*) make. – **13.** j-n ~ *colloq.* a) (*erschöpfen*) to exhaust s.o., to wear s.o. out, b) (*ruinieren*) to ruin s.o., to dispose of s.o., to do for s.o., to settle s.o.'s hash (*colloq.*), d) (*thieves' Latin*) (*ermorden*) to knock s.o. off, to rub s.o. out. – **II** *v/reflex* **sich ~ 14. sich von selbst ~** (*von Angelegenheit etc*) to take care of itself. – **15.** (*sich erübrigen*) be disposed of, be dispensed with: **damit ~ sich die übrigen Punkte** this disposes (*od.* takes care) of the remaining questions. – **16.** *jur.* (*von Amt etc*) fall vacant. – **III E~** *n* ⟨-s⟩ **17.** *verbal noun.* – **18.** *cf.* Erledigung. — **er'le·digt I** *pp.* – **II** *adj* **1.** settled: **so, das wäre ~!** that's settled then! and that was that! **damit ist alles ~** a) that is all there is to it, b) that clinches the matter, c) (*bezahlt*) that settles it; **damit war der Fall für ihn ~** he wouldn't bother about it any more; **das ist ~** that has been disposed of (*od.* settled). – **2.** (*getan*) done, through, fixed (*colloq.*): **die Arbeit ist ~** the work is done. – **3.** (*beendet*) finished, over (*od.* done) with (*colloq.*): **das ist für mich ~** that's all over and done with; **~!** finished! no more arguing! **das ist jetzt endlich ~** that has finally been brought to a close; **der ist für mich ~** *colloq.* I am through with him. – **4.** *colloq.* (*erschöpft*) worn out, exhausted: **ich bin ~** I am exhausted (*od.* done in, ready to drop, at the end of my tether). – **5.** *colloq.* (*ruiniert*) ruined: **der ist ~!** he is ruined (*od.* done for, down, out and finished), he has had it; **er ist ein ~er Mann** he is washed up. – **6.** *jur.* (*Amt etc*) vacant. — **Er'le·di·gung** *f* ⟨-; -en⟩ **1.** *cf.* Erledigen. – **2.** ⟨*only sg*⟩ settlement: **umgehende ~** prompt settlement; **~ einer Schuld** settlement (*od.* quittance) of a debt. – **3.** ⟨*only sg*⟩ (*Bearbeitung*) action: **in ~ Ihres Auftrages** as concerns your order; **geben Sie diesen Fall Herrn X zur ~** give this case to Mr X for action; **schnelle ~** quick action, expeditiousness; **die ~ einer Sache verschleppen** to pigeonhole (*Br.* pigeon-hole) a matter. – **4.** ⟨*only sg*⟩ (*Ordnen*) adjustment, arrangement. – **5.** ⟨*only sg*⟩ (*Abtun*) disposal, disposition, dispatch, dismissal. – **6.** ⟨*only sg*⟩ (*eines Auftrags etc*) execution. – **7.** ⟨*only sg*⟩ (*eines Geschäftes etc*) transaction. – **8.** ⟨*only sg*⟩ (*Vollbringen*) accomplishment. – **9.** ⟨*only sg*⟩ *jur.* (*eines Amtes etc*) vacancy, voidance. – **10.** *meist pl* business: **ich habe noch einige ~en zu machen** I have still some business to take care of.

er'le·gen *v/t* ⟨*no* ge-, h⟩ *hunt.* (*Wild*) bag, shoot, kill, *Am. auch* get.

er'leich·tern I *v/t* ⟨*no* ge-, h⟩ **1.** (*Bürde, Last etc*) lighten: **sein Gepäck ~** to lighten one's baggage. – **2.** *fig.* (*Gewissen etc*) ease, relieve, lighten: **sein** (*od.* **sich** *dat* **das**) **Herz ~** to ease (*od.* unburden) one's heart, to disburden one's mind, to relieve one's feelings. – **3.** *fig.* (*Schmerzen, Leid etc*) ease, relieve, alleviate, assuage, allay. – **4.** *fig.* (*Lage, Bedingungen etc*) facilitate, make (*s.th.*) easy: **das erleichtert ihm die Kontrolle** that makes control easier for him; **j-m die Zahlung ~** to facilitate payment for s.o. – **5.** j-n um etwas ~ *colloq. humor.* to ease (*od.* relieve) s.o. of s.th. – **II** *v/reflex* **sich ~ 6.** *fig.* unburden oneself, relieve one's feelings, disburden one's mind. – **7.** *colloq.* (*ausziehen*) take off some clothes. – **8.** *fig. colloq.* relieve nature (*od.* oneself). – **III** *v/i* **9.** *colloq.* ease, give relief: **lassen Sie ihn fluchen, das erleichtert** let him swear, it'll give him relief. – **IV E~** *n* ⟨-s⟩ **10.** *verbal noun.* — **er'leich·tert I** *pp.* – **II** *adj* relieved: **da bin ich aber ~!** *colloq.* that's a relief; **er fühlte sich ~** he felt great relief. – **III** *adv* in relief: **~ aufatmen** to heave a sigh of relief. — **Er'leich·te·rung** *f* ⟨-; -en⟩ **1.** *cf.* Erleichtern. – **2.** relief: **er stieß einen Seufzer der ~ aus** he heaved a sigh of relief. – **3.** (*von Schmerzen etc*) relief, ease, alleviation: **~ verschaffen** to give relief. – **4.** *pl bes. econ.* (*Vorteile*) facilities, (*in der Besteuerung*) easements: **alle möglichen ~en gewähren** to grant all possible facilities.

er'lei·den I *v/t* ⟨*irr, no* ge-, h⟩ **1.** (*Schaden, Niederlage, Verluste etc*) suffer, meet with, sustain, incur: **ihre Politik erlitt einen Rückschlag** their policies suffered a setback; **er hat eine erhebliche Einbuße an Ansehen erlitten** his reputation suffered considerably; **den Tod ~** to suffer (*od.* meet with) death; → **Schiffbruch; Schlappe.** – **2.** (*Schmerzen, Spott, Unrecht etc*) endure, bear, suffer: **es ist kaum zu fassen, was sie alles ~ mußte** it is hard to imagine what she had to endure (*od.* go through). – **3.** (*Veränderungen etc*) undergo, suffer. – **II E~** *n* ⟨-s⟩ **4.** *verbal noun.* – **5.** endurance.

'er·len *adj* (of) alder (wood).

'Er·len|ˌbaum *m bot. cf.* Erle. — **~ˌblatt-ˌkä·fer** *m zo.* blue alder leaf beetle (*Agelastica alni*). — **~ˌblattˌlaus** *f* woolly alder aphid, *auch* alder blight (*Prociphilus tessellatus*). — **~ˌbruch** *m* alder marsh, marshy (*od.* swampy) region covered with alders. — **~ˌholz** *n* alder wood (*od.* timber). — **~ˌkä·fer** *m zo. cf.* Erlenwürger. — **~ˌspring-ˌrüß·ler** [-ˌrʏslər] *m* alder flea weevil (*Orchestes alni*). — **~ˌwür·ger** *m* willow weevil (*Cryptorrhynchus lapathi*). — **~ˌzei·sig** *m* siskin (*Carduelus spinus*).

er'lern·bar *adj* learnable: **leicht [schwer] ~ sein** to be easy [difficult] to learn.

er'ler·nen I *v/t* ⟨no ge-, h⟩ **1.** (*Beruf etc*) learn. – **2.** (*Sprache etc*) learn, acquire. – **3.** (*Fertigkeit etc*) acquire. – **II E~** *n* ⟨-s⟩ **4.** *verbal noun.* — **Er'ler·nung** *f* ⟨-; *no pl*⟩ *cf.* Erlernen.

er'le·sen[1] *v/t* ⟨*irr, no* ge-, h⟩ **1.** *archaic u. lit.* (*auswählen*) select, choose, pick: **sich** (*dat*) **j-n zum Freunde ~** to choose s.o. as one's friend. – **2.** *Swiss for* **aussortieren** 1, 2.

er'le·sen[2] **I** *pp of* erlesen[1]. – **II** *adj* (*Wein, Geschmack etc*) select, choice (*beide attrib*), excellent, exquisite: **eine ~e Gesellschaft** a select company.

er'leuch·ten I *v/t* ⟨no ge-, h⟩ **1.** light(en) up, illuminate: **Kerzen erleuchteten den Raum** candles lit up the room. – **2.** *fig.* (*Person, Geist*) enlighten, illuminate, inspire: **der Himmel möge ihn ~!** may Heaven enlighten him! – **II E~** *n* ⟨-s⟩ **3.** *verbal noun.* — **Er'leuch·tung** *f* ⟨-; -en⟩ **1.** *cf.* Erleuchten. – **2.** illumination. – **3.** *fig.* enlightenment, illumination, inspiration, light: **göttliche ~** theopneusty, divine inspiration. – **4.** *colloq.* (*Einfall*) inspiration; 'brain wave', *Am. auch* 'brainstorm' (*colloq.*): **plötzlich kam ihm eine ~** he suddenly had a brainstorm.

er'lie·gen I *v/i* ⟨*irr, no* ge-, sein⟩ ⟨*dat*⟩ **1.** (*einer Versuchung etc*) succumb (*od.* yield, give in) (to). – **2.** (*einem Irrtum, einer Täuschung etc*) be the victim (of). – **3.** (*dem Gegner, Feind etc*) succumb (to), be overpowered (*od.* overcome) (by), *stärker* be defeated (by): **der Übermacht ~** to succumb to a superior force. – **4.** *lit.* (*einem Leiden etc*) die (of *od.* from), succumb (to): **er erlag seinen Verletzungen** he died from his injuries. – **5.** (*im Kampf*) succumb, be defeated. – **II E~** *n* ⟨-s⟩ **6.** *verbal noun*: **zum E~ kommen** a) (*von einem Bergwerk etc*) to be closed (*od.* shut) down, b) (*von Verkehr etc*) to be paralyzed (*od.* brought to a standstill); **etwas zum E~ bringen** to bring s.th. to a standstill. – **7.** *med.* (*des Kreislaufs etc*) breakdown. – **8.** *tech.* (*eines Schneidwerkzeugs*) failure.

er'li·sten [-ˈlɪstən] *v/t* ⟨no ge-, h⟩ get (*od.* obtain) (*s.th.*) by cunning (*od.* artifice, craft), wangle (*colloq.*).

'Erlˌkö·nig *m* ⟨-(e)s; *no pl*⟩ **1.** *myth.* erlking, king of the elves. – **2.** *auto.* (*disguised*) *prototype car still being tested on public roads.*

er'lo·gen I *pp of* erlügen. – **II** *adj* **1.** (*erfunden*) made-up (*attrib*), trumped-up (*attrib*), fabricated: **die Geschichte ist von Anfang bis Ende** (*od. colloq.* **von A bis Z**) **~** the story is completely made up (*od.* is made up from beginning to end). – **2.** (*falsch, unwahr*) false, untrue: **was er sagt, ist ~** what he says is untrue (*od.* a lie).

Er'lös [-ˈløːs] *m* ⟨-es; -e⟩ **1.** (*einer Tombola, Veranstaltung etc*) proceeds *pl*: **der ~ fließt wohltätigen Zwecken zu** the proceeds will go to charity. – **2.** (*eines Verkaufs etc*) profit(s *pl*): **von dem ~ machte sie eine Weltreise** she went on a trip around the world with the profits. – **3.** (*Reingewinn*) net profit(s *pl*).

er'lo·schen I *pp of* erlöschen. – **II** *adj* **1.** (*Feuer etc*) extinguished, out (*pred*). – **2.** (*Licht etc*) out (*pred*). – **3.** (*Vulkan*) extinct, spent. – **4.** *fig. lit.* (*Gefühl, Liebe etc*) dead. – **5.** *fig. lit.* (*Blick, Auge*) dead. – **6.** *fig. lit.* (*Familie, Geschlecht etc*) extinct. – **7.** *jur.* a) (*Verträge, Ansprüche etc*) expired, lapsed, b) (*Rechte, Patente etc*) lapsed, c) (*Firmen etc*) dissolved, d) (*Schulden etc*) cancel(l)ed.

er'lö·schen I *v/i* ⟨erlischt, erlosch, erloschen, sein⟩ **1.** (*von Feuer, Licht etc*) go out: **die Glut erlischt langsam** the fire is slowly going out (*od.* is dying down); **sein Leben(slicht) erlischt** *fig. lit.* he is dying. – **2.** (*von Vulkan*) become extinct. – **3.** *fig. lit.* (*von Liebe, Hoffnung etc*) die, fade. – **4.** *fig. lit.* (*von Namen, Geschlecht etc*) become extinct, die out. – **5.** *jur.* a) (*von Verträgen, Ansprüchen, Mitgliedschaft etc*) expire, lapse, terminate, determine, b) (*von Rechten, Patenten etc*) lapse, c) (*von Firmen etc*) cease to exist, be dissolved, d) (*von Schulden etc*) be cancel(l)ed. – **6.** *med.* (*von Ekzem*) disappear. – **II E~** *n* ⟨-s⟩ **7.** *verbal noun.* – **8.** (*von Feuer, Licht etc*) extinction: **etwas zum E~ bringen** to extinguish s.th. – **9.** *jur.* a) (*Ablauf*) expiration, lapse, termination, b) (*Heimfall*) lapse, c) (*Aufhebung*) cancel(l)ation. — **er'lö·schend I** *pres p.* – **II** *adj fig. lit.* (*Stimme etc*) fading, failing.

er'lö·sen I *v/t* ⟨no ge-, h⟩ **1.** (*aus Gefangenschaft, Banden etc*) (**aus** from) release, free, deliver, liberate: **der Tod erlöste sie von ihren Leiden** death delivered her from her suffering. – **2.** (*aus Not, Unannehmlichkeiten etc*) (**aus** from) rescue, save: **j-n aus einer peinlichen Situation ~** to rescue s.o. from an embarrassing situation. – **3.** *relig.* (*Mensch, Seele*) deliver, redeem, save, ransom: **erlöse uns von dem Übel** deliver us from evil. – **4.** *econ.* (*Geld etc*) realize, get, net. – **II E~** *n* ⟨-s⟩ **5.** *verbal noun.* — **er'lö·send I** *pres p.* – **II** *adj* **ein ~es Wort [Lachen]** a word [laugh] that breaks (*od.* eases) the tension; **das ~e Wort sprechen** to break the ice (*colloq.*).

Er'lö·ser, der ⟨-s; *no pl*⟩ *relig.* the Redeemer, the Savior (*bes. Br.* Saviour), the Messiah. — **~ˌor·den** *m relig. hist.* Order of the Redeemer.

Er'lö·sung *f* ⟨-; -en⟩ **1.** *cf.* Erlösen. – **2.** (*aus Gefangenschaft etc*) release, deliverance, liberation. – **3.** (*Erleichterung*) relief. – **4.** *relig.* deliverance, redemption, salvation, ransom.

Er'lö·sungs·re·li·giˌon *f relig.* redemptive religion.

er'lü·gen *v/t* ⟨*irr, no* ge-, h⟩ make up, fabricate.

er'mäch·ti·gen [-ˈmɛçtɪgən] **I** *v/t* ⟨no ge-, h⟩ empower, authorize: **j-n zu etwas ~, j-n ~, etwas zu tun** to authorize s.o. (*od.* to give s.o. the authority) to do s.th. – **II E~** *n* ⟨-s⟩ *verbal noun.* — **er'mäch·tigt I** *pp.* – **II** *adj* **~ sein** to be authorized (*od.* empowered), to have authority: **dazu bin ich nicht ~** I am not authorized to do that. — **Er'mäch·ti·gung** *f* ⟨-; *no pl*⟩ **1.** *cf.* Ermächtigen. – **2.** authorization, authority, empowerment. – **3.** *bes. jur.* (*Vollmacht*) warrant(y), power, faculty.

Er'mäch·ti·gungs·geˌsetz *n pol.* **1.** enabling act. – **2.** ⟨*only sg*⟩ *hist.* Act of Enablement (*1933*).

er'mah·nen I *v/t* ⟨no ge-, h⟩ **1.** admonish, exhort, urge: **j-n zur Vorsicht ~** to urge s.o. to be careful; **j-n ~, etwas zu tun** to admonish s.o. to do s.th. – **2.** (*rügen*) reprove, rebuke, chide: **muß man dich immer erst ~?** do you always have to be chided first? – **II E~** *n* ⟨-s⟩ **3.** *verbal noun.* — **er'mah·nend I** *pres p.* – **II** *adj* (*Worte etc*) (ad)monitory, (ex)hortative, (ex)hortatory. — **Er'mah·nung** *f* ⟨-; -en⟩ **1.** *cf.* Ermahnen. – **2.** admonition, admonishment, exhortation. – **3.** rebuke, reproof, chiding.

er'man·geln I *v/i* ⟨no ge-, h⟩ *archaic* ⟨*gen*⟩ lack (*acc*), want (*acc*), be lacking (*od.* wanting) (in): **ihre Kleidung ermangelte nicht einer gewissen Eleganz** her clothes did not lack a certain elegance. – **II** *v/t rare* (*officialese*) fail: **ich werde nicht ~, Sie rechtzeitig zu informieren** I shall not fail to inform you in time. – **III E~** *n* ⟨-s⟩ *verbal noun.* — **Er'man·ge·lung, Er'mang·lung** *f* ⟨-; *no pl*⟩ **1.** *cf.* Ermangeln. – **2.** in **~ einer Sache** for want (*od.* lack) of s.th., in default (*od.* in the absence) of s.th.: **in ~ eines Bessern** for want (*od.* lack) of s.th. better; **in ~ von Gläsern nehmen wir Tassen** as (*od.* since) we have no glasses we will use cups.

er'man·nen *v/reflex* ⟨no ge-, h⟩ **sich ~** *lit.* **1.** (*aufraffen*) brace (*od.* man) oneself, take heart, pluck up courage. – **2.** (*zusammenreißen*) pull oneself together. – **3.** stand up like a man: **ermanne dich!** be a man!

'ermä·ßi·gen I *v/t* ⟨no ge-, h⟩ (*Gebühr, Schulgeld etc*) reduce, diminish, lower, bring down, cut (down): **die Firma hat ihre Preise stark ermäßigt** the firm has drastically reduced its prices, the firm has slashed its prices (*colloq.*); **Steuern ~** to cut (down) taxes. – **II** *v/reflex* **sich ~** (*von Preisen etc*) be reduced. – **III E~** *n* ⟨-s⟩ *verbal noun.* — **er'mä·ßigt I** *pp.* – **II** *adj* (*Fahrkarten etc*) reduced, cut: **stark ~** greatly (*od.* much) reduced; **zu ~en Preisen** at reduced prices, *bes. Am.* at cut rates. — **Er'mä·ßi·gung** *f* ⟨-; -en⟩ **1.** *cf.* Ermäßigen. – **2.** reduction, allowance, cut: **eine ~ von 50% für Schüler und Rentner** a 50% reduction (*od.* discount) for students and pensioners.

Er'mä·ßi·gungsˌanˌtrag *m* application for a reduction.

er'mat·ten [-ˈmatən] **I** *v/t* ⟨no ge-, h⟩ **1.** *cf.* ermüden 1. – **2.** (*erschöpfen*) weaken, exhaust, wear (*s.o.*) out: **die Hitze hat mich vollkommen ermattet** the heat has exhausted me completely. – **II** *v/i* ⟨sein⟩ **3.** *cf.* ermüden 2. – **4.** become weak (*od.* exhausted). – **III E~** *n* ⟨-s⟩ **5.** *verbal noun.* — **er'mat·tet I** *pp.* – **II** *adj* **1.** tired, weary. – **2.** (*erschöpft*) weak, exhausted, worn-out (*attrib*), spent. — **Er'mat·tung** *f* ⟨-; *no pl*⟩ **1.** *cf.* Ermatten. – **2.** *cf.* Ermüdung 2. – **3.** weakness, exhaustion.

Er'mat·tungs·stra·teˌgie *f mil.* strategy of attrition.

er'meß·bar *adj* (*Folgen etc*) estimable, assessable.

er'mes·sen I *v/t* ⟨*irr, no* ge-, h⟩ **1.** (*abschätzen*) estimate, assess, judge, appraise: **der Umfang des Schadens ist noch nicht zu ~** the extent of the damage cannot be estimated yet. – **2.** (*erfassen, begreifen*) imagine, appreciate, conceive (of), realize: **er konnte das damals noch nicht in seiner ganzen Tragweite ~** at the time he could not realize the full significance of it; **man wird den Wert dieser Arbeit erst später voll ~ können** one will not be able to fully appreciate the value of this work until later. – **3.** (*folgern*) conclude, infer: **daraus kann man ~, daß die Sache sehr wichtig ist** it can be concluded from that that the matter is very important. – **II E~** *n* ⟨-s⟩ **4.** *verbal noun.* – **5.** estimation, judg(e)ment, discretion: **ich stelle es in dein E~, ich überlasse es deinem E~** I leave it to your discretion; **nach menschlichem E~** as far as is humanly possible (*od.* one can judge); **nach eigenem E~ handeln** to act completely at one's own discretion; **das liegt** (*od.* **steht**) **ganz in deinem E~** that lies (*od.* is) completely within your discretion. – **6.** *jur.* discretion: **nach dem E~ des Gerichtes** at the discretion of the court.

Er'mes·sens|entˌschei·dung *f jur.* discretionary decision. — **~ˌfra·ge** *f* matter of discretion (*od.* opinion), discretionary matter. — **~ˌhand·lung** *f* discretionary act. — **~ˌirr·tum** *m* error of (*od.* in) judg(e)ment. — **~ˌmißˌbrauch** *m* abuse of (the power of) discretion. — **~ˌüberˌschrei·tung** *f* violation of authority.

er'meß·lich *adj cf.* ermeßbar.

er'mit·teln [-ˈmɪtəln] **I** *v/t* ⟨no ge-, h⟩ **1.** (*feststellen*) ascertain, find out, establish, elicit: **nicht zu ~** unascertainable; **einen anonymen Autor ~** to find out the name of (*od.* to identify) an anonymous author; **können Sie ~, ob** can you find out whether (or not). – **2.** (*bestimmen*) determine, detect, discover: **den Salzgehalt des Meerwassers ~** to determine the salt content in sea water. – **3.** (*finden*) trace, locate, find out, discover: **die Polizei konnte den Aufenthaltsort des Täters nicht ~** the police were unable to trace the whereabouts of the culprit. – **4.** *math.* (*gemeinsamen Nenner*) determine. – **5.** *tech.* (*Fehler im Bauteil etc*) locate. – **II** *v/i* **6.** (*Ermittlungen führen*) conduct investigations, make inquiries (*auch* enquiries), investigate: **die Polizei ermittelt zur Zeit in Berlin** at present the police are conducting investigations in Berlin. – **III E~** *n* ⟨-s⟩ **7.** *verbal noun.* — **Er'mit·te·lung, Er'mitt·lung** *f* ⟨-; -en⟩ **1.** *cf.* Ermitteln. – **2.** ascertainment, establishment, elicitation. – **3.** (*Bestimmung*) determination, detection, discovery. – **4.** *math.* determination. – **5.** *pl jur.* investigations, inquiries, *auch* enquiries:

~en aufnehmen [anstellen *od.* führen] to start [to conduct] investigations; ~en über *(acc)* etwas anstellen to inquire *(auch* enquire) into *(od.* to investigate) s.th., to make inquiries about s.th.

Er'mitt·lungs|,aus,schuß *m pol.* fact-finding committee. — **~be,am·te** *m jur.* investigating official *(od.* officer). — **~ver-,fah·ren** *n* preliminary proceedings *pl*: ein ~ gegen j-n einleiten to institute preliminary proceedings against s.o.

er'mög·li·chen [-'møːklıçən] **I** *v/t* ⟨*no* ge-, h⟩ **1.** make *(od.* render) *(s.th.)* possible: j-m etwas ~ to make s.th. possible for s.o.; j-m ~, etwas zu tun to make it possible for *(od.* to enable) s.o. to do s.th.: wenn es sich ~ läßt if it is possible. – **2.** *(gestatten)* allow: die neue Regelung ermöglicht einen reibungsloseren Ablauf der Dinge the new regulation allows things to take a smoother course. – **II E~** *n* ⟨-s⟩ **3.** *verbal noun.* — **Er-'mög·li·chung** *f* ⟨-; *no pl*⟩ **1.** *cf.* Ermöglichen. – **2.** Maßnahmen zur ~ einer raschen Abfertigung measures to make speedy handling possible; die ~ seines Studiums verdankt er seiner Mutter he owes it to his mother that it was possible for him *(od.* that he was able) to study.

er'mor·den I *v/t* ⟨*no* ge-, h⟩ **1.** murder. – **2.** *(Staatsmänner, Könige etc)* assassinate. – **II E~** *n* ⟨-s⟩ **3.** *verbal noun.* — **Er'mor-de·te** *m, f* ⟨-n; -n⟩ person murdered, murder victim. — **Er'mor·dung** *f* ⟨-; -en⟩ **1.** *cf.* Ermorden. – **2.** murder. – **3.** *(von Staatsmännern etc)* assassination.

er'müd·bar *adj* fatigable, *auch* fatiguable: leicht ~ sein to be easily tired. — **Er'müd-bar·keit** *f* ⟨-; *no pl*⟩ fatigability, *auch* fatiguability.

er'mü·den [-'myːdən] **I** *v/t* ⟨*no* ge-, h⟩ **1.** tire, fatigue, weary, make *(s.o.)* tired, wear *(s.o.)* out. – **II** *v/i* ⟨sein⟩ **2.** tire, become *(od.* get, grow) tired *(od.* weary, fatigued). – **3.** *tech.* *(von Material etc)* fatigue. – **III E~** *n* ⟨-s⟩ **4.** *verbal noun.* — **er-'mü·dend I** *pres p.* – **II** *adj* *(Arbeit etc)* tiring, tedious, fatiguing, wearisome: nie ~ never-tiring *(attrib).* — **Er'mü·dung** *f* ⟨-; *no pl*⟩ **1.** *cf.* Ermüden. – **2.** tiredness, fatigue, weariness: die ersten Anzeichen *(od.* Zeichen, Spuren) von ~ zeigen to show the first signs of fatigue. – **3.** *tech.* *(des Metalls)* fatigue. – **4.** *psych.* fatigue, work decrement, physiological exhaustion.

er'mü·dungs·be,stän·dig *adj tech.* resistant to fatigue, antifatigue *(attrib).*

Er'mü·dungs|,bruch *m tech.* fatigue fracture *(od.* breakage). — **~er,schei·nung** *f* symptom of fatigue. — **~,gren·ze** *f* endurance *(od.* fatigue) limit. — **~,riß** *m* endurance *(od.* fatigue) crack.

er'mun·tern [-'muntərn] **I** *v/t* ⟨*no* ge-, h⟩ **1.** *(ermutigen)* encourage, incite: j-n zum Sprechen [Zugreifen] ~ to encourage s.o. to speak [to help himself]. – **2.** *(beleben)* put new life in, invigorate: die frische Luft hat mich ermuntert the fresh air put new life into me. – **3.** *(anregen)* animate, enliven, stimulate. – **4.** *(aufheitern)* cheer up: sie ermunterten sich (gegenseitig) they cheered each other up. – **5.** *(aufwecken)* awake, rouse. – **II** *v/reflex* sich ~ **6.** *rare* wake up. – **III E~** *n* ⟨-s⟩ **7.** *verbal noun.* — **er'mun-ternd I** *pres p.* – **II** *adj* encouraging, heartening: er sprach einige ~e Worte he spoke some encouraging words *(od.* words of encouragement). — **Er'mun·te·rung** *f* ⟨-; -en⟩ **1.** *cf.* Ermuntern. – **2.** encouragement: Worte der ~ words of encouragement.

er'mu·ti·gen [-'muːtıgən] **I** *v/t* ⟨*no* ge-, h⟩ encourage, give *(s.o.)* courage, hearten; embolden, inspirit *(lit.)*: j-n zu einer Tat ~ to encourage s.o. to do s.th.; j-n in seinem Entschluß ~ to encourage s.o. in his decision; das hat ihn ermutigt weiterzumachen that gave him the courage to go on. – **II E~** *n* ⟨-s⟩ *verbal noun.* — **er'mu·ti·gend I** *pres p.* – **II** *adj* *(Beispiel etc)* encouraging, heartening. — **Er'mu·ti·gung** *f* ⟨-; -en⟩ **1.** *cf.* Ermutigen. – **2.** encouragement: er sagte ihm das zur ~ he told him that to give him some encouragement.

Ern [ɛrn] *m* ⟨-; -⟩ *Southern G.* (entrance) hall.

er'näh·ren I *v/t* ⟨*no* ge-, h⟩ **1.** feed, nourish: j-n künstlich ~ to feed s.o. artificially. – **2.** *fig.* *(unterhalten)* keep, maintain, support, provide for: er hat eine große Familie zu ~ he has a large family to support; dieser Beruf ernährt seinen Mann you can make a living in this trade. – **II** *v/reflex* sich ~ **3.** (von on) live, subsist: die Bewohner der Insel ~ sich von Fischen und Früchten the islanders live on fish and fruit. – **4.** *zo. bot.* (von on) feed. – **5.** *(seinen Unterhalt verdienen)* (von *od.* durch by) earn *(od.* make) one's living; sich durch *(od.* von) seiner Hände Arbeit ~ to earn one's living by using one's hands *(od.* with one's hands); einige ihrer Kinder ~ sich schon selbst some of their children are already earning their own living *(od.* supporting themselves). – **III E~** *n* ⟨-s⟩ **6.** *verbal noun.* — **Er'näh·rer** *m* ⟨-s; -⟩ *(einer Familie)* provider, supporter, breadwinner, *Br.* bread-winner. — **er'nährt I** *pp.* – **II** *adj* nourished: schlecht ~ sein to be undernourished; künstlich ~ *(Säugling)* bottle-fed. — **Er'näh·rung** *f* ⟨-; *no pl*⟩ **1.** *cf.* Ernähren. – **2.** *bes. med.* feeding, nutrition, alimentation: künstliche [intravenöse] ~ artificial [intravenous] feeding; ~ mit Muttermilch breast feeding, *Br.* breast-feeding. – **3.** *(Nahrung)* food, nourishment, diet, nutrition: unzureichende ~ inadequate nutrition; schlechte ~ malnutrition; pflanzliche ~ phytophagy; für die menschliche ~ ungeeignet unfit for human consumption. – **4.** *(Unterhalt)* maintenance, support. – **5.** *bot.* *(der Pflanzen)* phytotrophy.

Er'näh·rungs|,fach,mann *m* **1.** nutritional expert, nutritionist. – **2.** *med.* dietitian, *auch* dietician. — **~,fak·tor** *m* nutritive factor. — **~,for·schung** *f* food research. — **~,fra·ge** *f* question of nutrition. — **e~-ge,stört** *adj med.* malnourished, dystrophic *(scient.).* — **~,gü·ter** *pl* foodstuffs. — **~-,ko·sten** *pl* food cost *sg.* — **~,krank·heit** *f* nutritional disease. — **~,kun·de** *f cf.* Ernährungslehre. — **~,la·ge** *f* food conditions *pl.* — **~,leh·re** *f* dietetics *pl* *(construed as sg or pl).* — **~,man·gel** *m* nutritional deficiency. — **~phy·sio·lo,gie** *f biol.* physiology of nutrition. — **~,schwie·rig·kei·ten** *pl* nutrition(al) difficulties *(od.* problems). — **~,stö·rung** *f* malnutrition, dystrophy *(scient.).* — **~the·ra,pie** *f* dietetic treatment, nutritional therapy. — **~,vor,gang** *m biol.* nutrition, process of feeding. — **~-,wei·se** *f* **1.** form of nutrition, diet: richtige [falsche] ~ correct [wrong] diet; verordnete ~ diet, regime. – **2.** *zo.* feeding habit. — **~,wirt·schaft** *f* food production and distribution, agricultural and food industries *pl.* — **e~,wirt·schaft·lich** *adj* relating to the food and agricultural industries. — **~,wis·sen·schaft** *f* science of nutrition. — **~,wis·sen·schaft·ler** *m* nutritional scientist, nutritionist. — **~,zu,stand** *m* nutritional state.

Er'nann·te *m, f* ⟨-n; -n⟩ nominee.

er'nen·nen I *v/t* ⟨*irr, no* ge-, h⟩ appoint, nominate, name: einen neuen Direktor ~ to appoint *(od.* nominate) a new director; j-n zum Professor ~ to appoint s.o. professor; seinen Nachfolger ~ to appoint *(od.* designate) one's successor; j-n zum Vorsitzenden ~ to make s.o. (the) chairman. – **II E~** *n* ⟨-s⟩ *verbal noun.* — **Er'nen·nung** *f* ⟨-; -en⟩ **1.** *cf.* Ernennen. – **2.** appointment, nomination: seine ~ zum Vorsitzenden his appointment as chairman; die ~ des Nachfolgers the appointment *(od.* designation) of the successor; seine ~ zum Konsul his appointment to be *(od.* to the post of) consul; durch ~ zu besetzen(d) appointive.

Er'nen·nungs|,recht *n jur. pol.* power *(od.* right) of appointment *(od.* nomination). — **~,schrei·ben** *n,* **~,ur,kun·de** *f* letter *(od.* certificate, warrant) of appointment, commission.

er·ne·sti·nisch [ɛrnɛs'tiːnıʃ] *adj hist.* Ernestine: die E~e Linie the Ernestine Branch *(of the house of Frederick of Saxony).*

er'neu·en [-'nɔyən] *v/t u.* sich ~ *v/reflex* ⟨*no* ge-, h⟩ *lit. for* erneuern. — **Er-'neu·er** *m* ⟨-s; -⟩ *lit. for* Erneuerer.

Er'neue·rer *m* ⟨-s; -⟩ renewer, restorer.

er'neu·ern I *v/t* ⟨*no* ge-, h⟩ **1.** *(Haus etc)* renovate, restore. – **2.** *(Gemälde etc)* restore, renovate, retouch, touch up. – **3.** *(Farben etc)* renew, refresh. – **4.** *(Glühbirnen, Batterie etc)* renew, replace: das Öl ~ *auto.* to change the oil. – **5.** *(reparieren)* repair, mend: eine Straßendecke ~ a) to repair the surface of a road, b) *(völlig)* to resurface a road; das Dach eines Hauses ~ a) to repair the roof of a house, b) *(völlig)* to put a new roof on *(od.* to reroof) a house. – **6.** *fig.* *(Freundschaft etc)* renew, revive, resume. – **7.** *fig.* *(Versprechen etc)* repeat, renew, reiterate. – **8.** *jur.* *(Vertrag etc)* a) renew, b) *(verlängern)* prolong. – **9.** *tech.* *(Maschine)* overhaul. – **10.** *auto.* *(Reifen)* a) renew, replace, b) *(runderneuern)* retread. – **11.** *(Patent)* reinstate. – **II** *v/reflex* sich ~ **12.** *(von Natur etc)* be renewed, revive, resuscitate, regenerate. – **III E~** *n* ⟨-s⟩ **13.** *verbal noun.*

Er'neue·rung *f* ⟨-; -en⟩ **1.** *cf.* Erneuern. – **2.** *(eines Hauses etc)* renovation, restoration. – **3.** *(eines Gemäldes etc)* restoration, renovation, retouch. – **4.** *(von Farben)* renewal, refreshment. – **5.** *(einer Glühbirne, Batterie etc)* renewal, replacement. – **6.** *(Reparatur)* reparation, repair. – **7.** *fig.* *(einer Freundschaft, Bekanntschaft etc)* renewal, revival, resumption. – **8.** *fig.* *(eines Versprechens etc)* repetition, renewal, reiteration. – **9.** *jur.* *(eines Vertrags)* a) renewal, b) *(Verlängerung)* prolongation. – **10.** *auto.* *(eines Reifens)* renewal, replacement. – **11.** *(eines Patents)* reinstatement. – **12.** *(der Natur)* renewal, revival, resuscitation, regeneration.

Er'neue·rungs|,fonds *m econ.* renewals fund. — **~,rück,la·ge** *f* reserve for renewals. — **~,schein** *m* talon (of sheet of coupons).

Er'neu·rer *m* ⟨-s; -⟩ *cf.* Erneuerer.

er'neut I *pp.* – **II** *adj* ⟨*attrib*⟩ renewed, new, fresh: mit ~er Kraft with renewed *(od.* revived) strength; ~e Kämpfe wurden gemeldet renewed *(od.* new) fighting was reported; ~e Verhandlung *jur.* rehearing, trial de novo; zu ~em Leben erwachen *lit.* to begin life anew. – **III** *adv* *(wieder, nochmals)* anew, (once) again, once more: wir weisen ~ darauf hin, daß we should like to point out once again that; ihr Wunsch erwachte ~ her wish revived; ~ brach Beifall los applause broke out again.

Er'neu·ung *f* ⟨-; -en⟩ *lit.* renewal.

er'nied·ri·gen [-'niːdrıgən] **I** *v/t* ⟨*no* ge-, h⟩ **1.** *(herabwürdigen)* degrade, abase, debase: einen Menschen zum Sklaven ~ to degrade a person to a slave. – **2.** *(demütigen)* humble, humiliate, mortify: er erniedrigte mich vor meinen Freunden he humiliated me in front of my friends. – **3.** *mus.* *(Ton)* flat, *Br.* flatten. – **4.** *econ.* *(Preise etc)* *cf.* herabsetzen 2. – **II** *v/reflex* sich ~ **5.** degrade *(od.* abase, debase, lower) oneself: sich (so weit) ~, etwas zu tun to lower *(od.* demean) oneself so far as to do s.th., to stoop (so low as) to do s.th. – **6.** *(sich demütigen)* humble *(od.* humiliate, mortify) oneself: wer sich selbst erniedrigt *Bibl.* he that humbleth himself. – **III E~** *n* ⟨-s⟩ **7.** *verbal noun.* — **er'nied·ri-gend I** *pres p.* – **II** *adj* **1.** *(Tätigkeit etc)* degrading. – **2.** *(Benehmen, Bemerkung etc)* humbling, humiliating, mortifying. — **Er-'nied·ri·gung** *f* ⟨-; -en⟩ **1.** *cf.* Erniedrigen. – **2.** *(Herabwürdigung)* degradation, abasement, debasement. – **3.** *(Demütigung)* humiliation, mortification. – **4.** *econ. cf.* Herabsetzung 2.

Er'nied·ri·gungs,zei·chen *n mus.* flat.

ernst [ɛrnst] **I** *adj* ⟨-er; -est⟩ **1.** serious, earnest, *(stärker)* solemn: mit ~er Miene with a serious look; eine ~e Miene aufsetzen to put on a solemn face. – **2.** *(ernsthaft)* serious(-minded), earnest: ein ~er Mensch a serious(-minded) person; du bist immer so ~ you are always so serious *(od.* earnest); sich ~e Gedanken über *(acc)* etwas machen to give s.th. serious thought. – **3.** *(bedenklich)* serious, grave: er machte ein sehr ~es Gesicht, er sah ~ aus he looked very grave; einen ~en Ton anschlagen to speak in a serious tone. – **4.** *(streng)* serious, severe, stern. – **5.** *(gewichtig)* serious, grave, weighty: das ist eine sehr ~e Sache that is a very serious business; ihm kamen ~e Zweifel he had serious doubts. – **6.** *(aufrichtig)* serious, genuine, earnest, sincere: ~e Absichten haben to have serious *(od.* hono[u]rable) intentions; er hatte die ~e Absicht zu kommen he had serious intentions of coming. – **7.** *(bedrohlich)* serious, grave, critical, dangerous: sein Zustand ist sehr ~ his condition is very critical; er schwebt in ~er Gefahr he is in serious danger; die Lage scheint bitter ~ zu sein the situation seems to be extremely grave. – **8.** *(Film, Roman etc)* serious: ~e Musik serious *(od.* classical) music; ~e Oper *mus.*

opera seria. – 9. *cf.* ernstzunehmend. – II *adv* 10. seriously, in earnest, earnestly, solemnly: ~ mit j-m reden to have a serious talk with s.o.; ich meine das ~ I mean that seriously (*od.* sincerely), I mean it (*colloq.*); etwas [j-n] ~ nehmen to take s.th. [s.o.] seriously; etwas tierisch ~ nehmen *colloq.* to take s.th. in deadly earnest; das war nicht ~ gemeint that was not meant seriously; der Fall liegt ~ the case is serious.

Ernst *m* ⟨-es; *no pl*⟩ 1. seriousness, earnest, (*stärker*) solemnity: ich sage dir das im ~ I tell you that in earnest; er meinte das allen ~es he meant it in all seriousness; ist das dein ~? are you serious (*od.* in earnest)? das kann doch nicht dein ~ sein! surely you're not serious, you don't seriously mean that, do you? mir ist es (vollkommener) ~ damit I am quite serious (*od.* in earnest) about that; mit etwas ~ machen to carry s.th. out, to put s.th. into effect; er machte ~ mit seiner Drohung he did what he had threatened to do; er macht nun ~ mit seinen Plänen he is about to put his plans into practice; etwas für ~ nehmen (*od.* halten) to take s.th. seriously; es ist mein voller (*od. colloq.* blutiger) ~ I am perfectly in earnest, I am dead serious (*colloq.*); nun wird ~ damit (*od.* daraus) the matter is getting serious; im ~ seriously; du denkst doch nicht im ~ daran? you are not thinking of it seriously, are you? – 2. (*Ernsthaftigkeit*) seriousness, serious-mindedness, earnestness: ihm fehlt der nötige ~ he lacks seriousness; sie zeigte viel ~ bei der Arbeit she went about the job very seriously. – 3. (*Bedenklichkeit*) seriousness, gravity. – 4. (*Strenge*) seriousness, severity, sternness. – 5. (*Gewichtigkeit*) seriousness, gravity, weightiness: jeder fühlte den ~ der Stunde everybody was aware of the seriousness of the hour; der ~ des Lebens the serious side of life, life in all its seriousness; jetzt fängt wieder der ~ des Lebens an *colloq.* back to work (*od.* the grindstone). – 6. (*Aufrichtigkeit*) seriousness, genuineness, earnestness, sincerity. – 7. (*Bedrohlichkeit*) seriousness, gravity: sie erkannte nicht den ~ der Lage she failed to realize the seriousness of the situation.

'Ernstˌfall *m* 1. (case of) emergency: im ~ in case of emergency; für den ~ gerüstet sein to be prepared for an emergency. – 2. *mil.* case of war.

'ernst·geˌmeint *adj* ⟨*attrib*⟩ (*Rat, Angebot etc*) seriously (*od.* sincerely) meant, serious, earnest, genuine.

'ernst·geˌnom·men *adj* ⟨*attrib*⟩ (*Frage, Rat etc*) taken seriously: jede ~e Antwort any answer (which has been) taken seriously.

'ernst·haft I *adj* 1. (*ernstgesinnt*) serious, earnest: er ist immer so ~ he is always in earnest. – 2. (*ernstgemeint*) serious, grave: ihr kamen ~e Zweifel she had serious doubts. – 3. (*ernst, aufrichtig*) serious, earnest, seriously (*od.* sincerely) meant, genuine: er hat ~e Absichten he has hono(u)rable intentions; er hat die ~e Absicht, Arzt zu werden he has the serious intention of becoming a doctor. – 4. *cf.* ernstzunehmend. – II *adv* 5. seriously, earnestly: er spricht immer so ~ he always talks so seriously. – 6. seriously, gravely: er blickte mich ~ an he looked at me gravely. — **'Ernst·haf·tig·keit** *f* ⟨-; *no pl*⟩ 1. seriousness, earnestness. – 2. seriousness, graveness. – 3. seriousness, earnestness, genuineness.

'ernst·lich I *adj* ⟨*attrib*⟩ 1. (*Zweifel, Hindernis, Mangel etc*) serious, grave: ich habe noch ~e Bedenken I still have serious doubts. – 2. (*Versuch etc*) serious, earnest. – 3. (*Absicht, Wunsch etc*) serious, sincere, genuine, earnest. – 4. (*Krankheit, Gefahr etc*) serious, grave, critical, dangerous. – II *adv* 5. seriously, in earnest, earnestly: j-n ~ beleidigen to insult s.o. seriously; er wurde ~ böse he became (*od.* got) really angry; ich muß Sie ~ darum bitten I have to ask you for it in all seriousness; der Erfolg wurde ~ gefährdet the success was seriously (*od.* gravely) jeopardized; er war ~ verletzt he was seriously (*od.* badly, gravely) injured; ist sie ~ krank? is she seriously ill?

'ernst·zuˌneh·mend [-tsu-] *adj* ⟨*attrib*⟩ (*Rivale, Konkurrent etc*) serious: er ist ein ~er Gegner he is a serious opponent, as an opponent he has to be taken seriously.

Ern·te ['ɛrntə] *f* ⟨-; -n⟩ 1. harvest, crop(s *pl*): die ~ einbringen to bring in the harvest, to gather the crops; reiche [schlechte] ~ rich [poor] harvest; ~ auf dem Halm standing crop; die ~ seines Fleißes *fig.* the fruits *pl* of his zeal; der Tod hielt reiche (*od.* furchtbare, schreckliche) ~ *fig.* death took a heavy toll; mir ist die ganze ~ verhagelt *fig. colloq.* all my hopes have gone to pot (*colloq.*); wie die Saat, so die ~ (*Sprichwort*) as you sow so you reap (*proverb*); ohne Saat keine ~ (*Sprichwort*) *etwa* you can't reap if you don't sow. – 2. (*Weinernte*) vintage. – 3. (*Erntezeit*) harvesttime, harvest season. – 4. *cf.* Ernten.

'Ern·te|akˌtiv *n* ⟨-s; -s, *rare* -e⟩ *DDR* group of harvesters. — **~ˌamei·se** *f zo.* harvester ant (*Fam. Myrmicinae*). — **~ˌar·beit** *f* harvest(ing): bei der ~ helfen to help with the harvest. — **~ˌar·bei·ter** *m*, **~ˌar·bei·te·rin** *f* harvester. — **~ˌausˌfall** *m* crop failure. — **~ˌausˌsich·ten** *pl* crop prospects. — **~ˌbrauch** *m meist pl* harvesting custom. — **~ˌdankˌfest** *n* harvest festival, *Am.* Thanksgiving Day. — **~erˌgeb·nis** *n*, **~erˌtrag** *m* crop yield. — **~ˌfest** *n* harvest home. — **~ˌfisch** *m zo.* harvest fish (*Peprilus paru*). — **~ˌgut** *n agr.* harvested crops *pl*. — **~ˌhel·fer** *m*, **~ˌhel·fe·rin** *f* (volunteer) harvester. — **~ˌjahr** *n* crop year. — **~ˌkranz** *m* harvest wreath (*od.* crown). — **~ˌlied** *n* harvest song. — **~maˌschi·ne** *f agr.* harvesting machine, harvester. — **~ˌmil·be** *f zo. cf.* Herbstmilbe. — **~ˌmo·nat**, **~ˌmond** *m obs. od. poet. for* August[1].

ern·ten ['ɛrntən] **I** *v/t* ⟨h⟩ 1. *agr.* a) (*Getreide etc*) harvest, gather, reap, b) (*Obst*) pick, (*im großen*) harvest: Wein ~ to harvest (*od.* vintage) grapes; wer Wind sät, wird Sturm ~ (*Sprichwort*) he who sows the wind shall reap the whirlwind (*proverb*). – 2. *fig.* reap, earn, get: die Früchte seiner Arbeit ~ to reap the fruits of one's work; Dank ~ to reap (*od.* win) gratitude; nichts als Undank ~ to earn only ingratitude; großen Ruhm ~ to gain much glory; der Künstler erntete viel Beifall the artist won much applause. – II *v/i* 3. *agr.* (bring in the) harvest: wer ~ will, muß auch säen (*Sprichwort*) *etwa* he who will reap must sow; die mit Tränen säen, werden mit Freuden ~ *Bibl.* they that sow in tears shall reap in joy; ~, wo man nicht gesät hat *fig.* to reap where one has not sown. – III E~ *n* ⟨-s⟩ 4. *verbal noun.*

'ern·teˌreif *adj* ready for harvesting.

'Ern·te|ˌscha·den *m* crop damage, damage to crops. — **~ˌse·gen** *m fig.* rich harvest. — **~ˌtanz** *m* harvest-home dance. — **~verˌfah·ren** *n* harvesting method (*od.* practice, *auch* procedure). — **~verˌsi·che·rung** *f* crop insurance. — **~ˌvorˌherˌsa·ge** *f* crop prediction. — **~ˌwa·gen** *m* harvest cart. — **~ˌwet·ter** *n* harvest weather: gutes ~ good weather for the harvest. — **~ˌzeit** *f* harvesttime, harvest season.

Ern·ting ['ɛrntɪŋ] *m* ⟨-s; -e⟩ *obs. for* August[1].

er'nüch·tern I *v/t* ⟨*no* ge-, h⟩ 1. (*Betrunkenen*) make (*s.o.*) sober, sober (*s.o.*) (up). – 2. *fig.* disillusion, disenchant: ihre kühle Haltung ernüchterte ihn her coolness disillusioned him (*od.* had a sobering effect on him); seine Worte haben mich ernüchtert his words brought me down to earth again. – II *v/reflex* sich ~ 3. become sober, sober up. – 4. *fig.* be disillusioned (*od.* disenchanted), come down to earth again. – III E~ *n* ⟨-s⟩ 5. *verbal noun.* — **er'nüch·ternd I** *pres p.* – II *adj fig.* (*Feststellung, Bemerkung etc*) sobering, disillusioning. – III *adv* (auf j-n) ~ wirken to have a sobering effect (on s.o.). — **Er'nüch·te·rung** *f* ⟨-; -en⟩ 1. *cf.* Ernüchtern. – 2. disenchantment, disillusionment, disappointment: das war eine große ~ für sie she was very disillusioned (*od.* disappointed); die ~ folgte sehr bald the disillusionment followed very soon.

Er'obe·rer *m* ⟨-s; -⟩ conqueror.

er'obern [-'ʔoːbərn] **I** *v/t* ⟨*no* ge-, h⟩ 1. (*Gebiet, Land*) conquer, take. – 2. (*Stadt etc*) take, capture, seize: eine Festung im Sturm ~ to take a fortress by assault (*od.* storm). – 3. *fig.* conquer, win, capture: alle Herzen im Sturm ~ to take all hearts by storm; sich (*dat*) eine gute Position ~ to conquer (*od.* attain, secure oneself) a good position; j-n (*od.* j-s Herz) ~ to win s.o.'s heart. – 4. *econ.* (*Märkte*) capture, conquer. – II E~ *n* ⟨-s⟩ 5. *verbal noun.* — **Er'obe·rung** *f* ⟨-; -en⟩ 1. *cf.* Erobern. – 2. (*eines Gebietes etc*) conquest. – 3. (*einer Stadt etc*) capture. – 4. *fig.* conquest, capture: eine ~ machen to make a conquest; seine neueste ~ *humor.* his latest conquest; sie [er] ist (*od.* geht) immer auf ~en aus *colloq.* she [he] is always out to make conquests, she [he] is always chasing men [women] (*colloq.*), *Am. sl.* she [he] is always on the make.

Er'obe·rungs|ˌabˌsich·ten *pl mil.* intentions of conquest. — **~ˌfeldˌzug** *m* expedition of conquest. — **~ˌkrieg** *m* war of conquest. — **~ˌlust** *f* lust (*od.* thirst, craving) for conquest(s). — **e~ˌlu·stig** *adj* lusting (*od.* thirsty, craving) for conquest(s). — **~ˌsucht** *f cf.* Eroberungslust. — **e~ˌsüch·tig** *adj cf.* eroberungslustig.

ero·die·ren [ero'diːrən] *v/t* ⟨*no* ge-, h⟩ *bes. geol.* erode, wash away. — **ero'die·rend I** *pres p.* – II *adj* erosive.

er'öff·nen I *v/t* ⟨*no* ge-, h⟩ 1. (*Ausstellung, Verkehrslinie, Sitzung, Spielzeit etc*) open, (*feierlich*) inaugurate: die Messe wurde vom Minister eröffnet the fair was opened by the minister himself; eine Diskussion ~ to open (*od.* begin) a discussion. – 2. (*Geschäft, Praxis etc*) open, set up, establish, start: wieder ~ reopen. – 3. *econ.* a) (*Konto, Kredit*) open, b) (*Konkursverfahren*) institute. – 4. *jur.* a) (*Verhandlungen etc*) open, b) (*Testament*) open, read: ein Testament ~ und als rechtswirksam bestätigen lassen to probate a will. – 5. *fig.* (*Aussichten, Möglichkeiten etc*) open (up), offer: seine Position eröffnete ihm ausgezeichnete Aufstiegschancen his position offered him excellent possibilities for promotion. – 6. j-m etwas ~ *fig.* to disclose (*od.* reveal, *förmlich* notify) s.th. to s.o., to inform s.o. of s.th.: sie hat mir eröffnet, daß sie ein Kind erwartet she disclosed to (*od.* told) me she was expecting a baby. – 7. *fig.* (*Gedanken, Absichten*) explain, set forth, expound. – 8. *mil.* (*Feuer, Feindseligkeiten*) open, start. – 9. *med.* a) (*Geschwür etc*) open, b) (*Geburt*) start, begin. – II *v/i* 10. (*von Geschäft, Saison, Börse etc*) open: hat das neue Geschäft schon eröffnet? has the new store (*Br.* shop) opened yet? – 11. (*games*) (*beim Schach*) open (*od.* start) the game. – III *v/reflex* sich ~ 12. *fig.* (*von Möglichkeiten, Aussichten etc*) open up, offer (*od.* present) itself: eine neue Welt eröffnete sich ihm a new world opened up before (*od.* for) him. – 13. sich j-m ~ *fig.* to open oneself (*od.* one's heart) to s.o., to take s.o. into one's confidence. – IV E~ *n* ⟨-s⟩ 14. *verbal noun.* – 15. *cf.* Eröffnung.

Er'öff·nung *f* ⟨-; -en⟩ 1. *cf.* Eröffnen. – 2. (*feierliche*) inauguration: die ~ der Buchmesse ist für den 4. Oktober geplant the bookfair will open on October 4; die ~ der Festspiele wird durch den Präsidenten vorgenommen the President himself will inaugurate the festival. – 3. (*eines Geschäfts, einer Praxis*) establishment, start: der Anwalt plant die ~ einer eigenen Kanzlei the lawyer plans the establishment of (*od.* to establish) a (law) firm of his own. – 4. *econ.* (*des Konkurses*) institution. – 5. *fig.* (*unerwartete Mitteilung*) disclosure, revelation, announcement, (*förmlich*) notification: j-m eine ~ machen to announce s.th. to s.o., to inform s.o. of s.th.; über diese ~ war er nicht erfreut he was not happy about this revelation.

Er'öff·nungs|ˌanˌspra·che *f* opening (*od.* inaugural) address (*od.* speech). — **~beˌschluß** *m jur.* 1. bankruptcy order. – 2. order to commit (*s.o.*) for trial. — **~biˌlanz** *f econ.* opening balance (sheet), (*Br.* balance[-sheet]). — **~ˌfei·er** *f* inaugural (*od.* opening) ceremony. — **~ˌfei·er·lich·keit·en** *pl* inaugural (*od.* opening) ceremonies. — **~ˌkampf** *m* (*sport*) (*beim Boxen etc*) opening bout. — **~ˌkurs** *m econ.* (*an der Börse*) opening price (*od.* quotation). — **~pe·riˌode** *f med.* (*bei der Geburt*) first stage of labor (*bes. Br.* labour), period of dilatation. — **~pro·toˌkoll** *n* opening protocol. — **~ˌre·de** *f* opening (*od.* inaugural) address (*od.*

speech). — **~,sit·zung** *f* **1.** initial meeting. – **2.** *pol.* (*des Parlaments*) opening session. — **~,spiel** *n* (*sport*) opening match. — **~,tag** *m* opening day: am ~ on the opening day. — **~ze·re·mo,nie** *f cf.* Eröffnungsfeier.

ero·gen [ero'ge:n] *adj med.* (*Zone*) erogenous, *auch* ero(to)genic.

Eroi·ka", „**die** [e'ro:ika] ⟨-; *no pl*⟩ "The Eroica" (*Beethoven's Third Symphony*).

er'ör·tern I *v/t* ⟨*no* ge-, h⟩ discuss, argue about, debate: ein Problem ausführlich (*od.* eingehend, gründlich) ~ to discuss a problem in full (*od.* great) detail (*od.* thoroughly), to thrash out a problem; die Frage wurde zum letzten Mal erörtert this question was discussed (*od.* under discussion) for the last time; das wollen wir jetzt nicht ~! let's not argue about that now! – **II E~** *n* ⟨-s⟩ *verbal noun.* — **Er'ör·te·rung** *f* ⟨-; -en⟩ **1.** *cf.* Erörtern. – **2.** (*eines Problems*) discussion (of), argument (about), debate (on): über (*acc*) etwas ~en anstellen to discuss s.th., to hold (*od.* have) discussions about s.th.; diese Frage bedarf einer besonderen ~ this question requires special discussion; zur ~ stehen to be under discussion.

Eros ['e:rɔs] **I** *npr m* ⟨-; *no pl*⟩ *myth.* Eros (*Greek god of love*). – **II** *m* ⟨-; *no pl*⟩ *psych. lit.* Eros. — **~,cen·ter** [-,sɛntər] *n* ⟨-s; -⟩ Eros center (*bes. Br.* centre).

Ero·si·on [ero'zio:n] *f* ⟨-; -en⟩ **1.** *geol.* erosion: erneute ~ reerosion, *Br.* re-erosion; fluviatile [nachträgliche] ~ fluviatile [sequential] erosion. – **2.** *med.* (*der Haut, des Zahnschmelzes*) erosion.

Ero·si'ons|,ab,brand *m* (*space*) erosive burning. — **~,ab,bruch** *m geol.* erosion scarp. — **~,bett** *n* erosion channel. — **~,kes·sel** *m* pothole, *Br.* pot-hole. — **~,rin·ne** *f* erosion rill. — **~,tal** *n* valley formed by erosion.

Ero·te·ma [e'ro:tema] *n* ⟨-s; -temata [ero'te:mata]⟩ *ling. obs. for* Fragesatz.

Ero·ten [e'ro:tən] *pl* (*art*) Cupids.

Ero·tik [e'ro:tɪk] *f* ⟨-; *no pl*⟩ *auch psych.* eroticism, *auch* erotism. [literature *sg.*]

Ero·ti·ka [e'ro:tika] *pl* erotica, erotic

Ero·ti·ker [e'ro:tikər] *m* ⟨-s; -⟩ **1.** erotic person, erotic, sex fiend (*colloq.*). – **2.** (*Dichter*) love (*od.* amatory) poet.

ero·tisch [e'ro:tɪʃ] *adj* **1.** erotic, *auch* erotical. – **2.** (*amatorisch*) amatory.

ero·ti·sie·ren [eroti'zi:rən] *v/t* ⟨*no* ge-, h⟩ eroticize. — **Ero·ti'sie·rung** *f* ⟨-; *no pl*⟩ erotization.

Ero·to·ma·ne [eroto'ma:nə] *m, f* ⟨-n; -n⟩ *psych.* erotomaniac, sex maniac (*colloq.*). — **Ero·to·ma'nie** [-ma'ni:] *f* ⟨-; *no pl*⟩ erotomania, sex mania (*colloq.*).

Er·pel ['ɛrpəl] *m* ⟨-s; -⟩ *zo. Northern and Eastern G. for* Enterich.

er'picht [-'pɪçt] *adj only in* ~ sein auf (*acc*) to have one's mind set on, to be bent (*od.* set, *colloq.* keen) on, to be intent (up)on, (*stärker*) to be mad for (*od.* after): er ist auf Geld ~ he is greedy for money; er schien mir (*od.* er zeigte sich) sehr ~, ihn zu treffen he seemed to me very anxious to meet him (*od.* keen on meeting him); auf Neuigkeiten ~ sein to be mad (*od.* eager) for news; er war sehr darauf ~ he was very keen on it. — **Er'picht·heit** *f* ⟨-; *no pl*⟩ (auf *acc*) keenness (on), eagerness (for), anxiety (for).

er'pres·sen I *v/t* ⟨*no* ge-, h⟩ **1.** j-n ~ *bes. jur.* to blackmail s.o.: die Entführer des Kindes haben von den Eltern ein hohes Lösegeld erpreßt the kidnappers of the child have blackmailed the parents into paying a high ransom. – **2.** etwas von j-m ~ (*Geld, Unterschrift etc*) to extort s.th. from s.o., to force (*colloq.* squeeze) s.th. out of s.o.: von j-m ein Geständnis ~ to extort a confession from s.o. – **II E~** *n* ⟨-s⟩ **3.** *verbal noun.* – **4.** *cf.* Erpressung.

Er'pres·ser *m* ⟨-s; -⟩ **1.** extortioner, extortionist, bloodsucker, *Br.* blood-sucker. – **2.** *bes. jur.* blackmailer. — **~,brief** *m* blackmailing letter.

er'pres·se·risch *adj* **1.** (*Vorgehen, Methode etc*) extortionate, extortive. – **2.** *bes. jur.* blackmailing.

Er'pres·ser·po·li,tik *f pol.* blackmailing politics *pl* (*construed as sg or pl*), political blackmail.

Er'pres·sung *f* ⟨-; -en⟩ **1.** *cf.* Erpressen. – **2.** *bes. jur.* blackmail. – **3.** extortion: diese Miete ist reinste ~ *colloq.* this rent is exorbitant (*od.* sky-high, extortionate).

Er'pres·sungs|ma,nö·ver *n contempt.* blackmailing man(o)euvers *pl* (*bes. Br.* manœuvres *pl*). — **~ver,such** *m bes. jur.* attempted blackmail.

er'pro·ben I *v/t* ⟨*no* ge-, h⟩ **1.** (*Gerät, Mittel etc*) test, try (out), prove: etwas praktisch ~ to try s.th. out, to test s.th. (for its practical value). – **2.** *fig.* (*j-s Treue, Ehrlichkeit etc*) put (*s.th.*) to the test, test. – **3.** *chem. tech.* (*Drogen, Metall*) assay. – **II E~** *n* ⟨-s⟩ **4.** *verbal noun.* – **5.** *cf.* Erprobung. — **er'probt I** *pp.* – **II** *adj* **1.** (*Mittel, Methode etc*) well-tested (*od.* -tried) (*attrib*), proved, proven, established: nicht ~ untried, untested. – **2.** (*erfahren*) experienced. – **3.** (*zuverlässig*) reliable. — **Er'pro·bung** *f* ⟨-; -en⟩ **1.** *cf.* Erproben. – **2.** test, trial, tryout, *Br.* try-out: ~ im Weltraum check-out in space; statische ~ static test.

Er'pro·bungs,flug *m aer. cf.* Testflug.

er'quicken (*getr.* -k·k-) *lit.* **I** *v/t* ⟨*no* ge-, h⟩ **1.** refresh, (re)invigorate, revive: die Stille erquickte ihn the stillness refreshed (*od.* was refreshing to) him. – **II** *v/reflex* sich ~ **2.** refresh oneself, be refreshed (*od.* [re]invigorated, revived). – **III E~** *n* ⟨-s⟩ **3.** *verbal noun.* – **4.** *cf.* Erquickung. — **er'quickend** (*getr.* -k·k-) **I** *pres p.* – **II** *adj* **1.** (*Bad, Schlaf etc*) refreshing, (re)invigorating, reviving. – **2.** *cf.* erquicklich 2. — **er'quick·lich** *adj* **1.** *cf.* erquickend 1. – **2.** (*Nachricht, Gespräch etc*) heartwarming, *Br.* heart-warming, uplifting: diese Nachricht ist weniger ~ this news is not exactly uplifting. — **Er'quickung** (*getr.* -k·k-) *f* ⟨-; -en⟩ **1.** *cf.* Erquicken. – **2.** refreshment, revival. – **3.** (*Getränk etc*) refreshment: ~en zu sich nehmen to have some refreshment(s).

er'raf·fen *v/t* ⟨*no* ge-, h⟩ **1.** (*Gegenstände etc*) grab, snatch. – **2.** *fig.* (*Reichtümer etc*) amass (*s.th.*) (quickly).

Er·ra·ta [ɛ'ra:ta] *pl print.* errata.

er'ra·ten *v/t* ⟨*irr, no* ge-, h⟩ **1.** (*Rätsel, Plan, Gedanken, Absicht etc*) guess: das hätte ich nie ~ I'd never have guessed that (*od.* found that out); (du hast es) ~! you've got it! so it is! quite right! – **2.** j-n ~ *rare* to guess where s.o. is.

er·ra·tisch [ɛ'ra:tɪʃ] *adj geol. med.* erratic, *auch* erratical: ~er Block *geol. cf.* Findling 2.

er're·chen·bar *adj* calculable, computable.

er'rech·nen I *v/t* ⟨*no* ge-, h⟩ **1.** (*Entfernung, Preis etc*) calculate, work out, compute: das Atomgewicht ~ to calculate (*od.* find) the atomic weight. – **2.** (sich *dat*) etwas ~ *fig.* to work (*bes. Am. auch* figure) s.th. out for oneself: das kannst du dir selbst ~ you can work that out by yourself. – **II** *v/reflex* sich ~ **3.** be calculated, be computed: damit errechnet sich folgender Prozentsatz thus the following percentage is calculated (*od.* arrived at). – **III E~** *n* ⟨-s⟩ **4.** *verbal noun.* — **Er'rech·nung** *f* ⟨-; -en⟩ **1.** *cf.* Errechnen. – **2.** calculation, computation.

er'reg·bar *adj* **1.** (*Nerven, Phantasie etc*) excitable. – **2.** (*Mensch*) excitable, irritable: leicht ~ sein to be very excitable (*od.* touchy). – **3.** *cf.* reizbar 1, 2. — **Er'reg·bar·keit** *f* ⟨-; *no pl*⟩ **1.** excitability. – **2.** excitability, irritability. – **3.** *cf.* Reizbarkeit 1, 2.

er're·gen I *v/t* ⟨*no* ge-, h⟩ **1.** (*j-s Sinne, Nerven etc*) excite, stimulate: der Anblick erregte ihn the sight excited him. – **2.** (*j-s Herz, Gefühle etc*) rouse, stir up. – **3.** (*aufregen*) excite, upset, irritate. – **4.** (*erzürnen*) infuriate, enrage, madden. – **5.** (*Durst, Appetit etc*) cause, produce. – **6.** (*Haß, Verachtung, Erstaunen etc*) cause, arouse, provoke: j-s Abscheu ~ to fill s.o. with disgust, to disgust s.o.; Bewunderung ~ to arouse (*od.* call forth) admiration; Heiterkeit ~ to cause amusement; Mitleid ~ to arouse compassion (*od.* pity); Neugier ~ to arouse (*od.* excite, stir up) curiosity; → Aufsehen; Mißtrauen 2; Neid; Verdacht 1. – **7.** (*Interesse etc*) arouse, excite, create. – **8.** *electr.* (*Elektromagnet, Magnetfeld etc*) excite, energize. – **9.** *nucl.* (*Kern*) excite. – **10.** *med.* (*Krankheiten*) cause, produce. – **II** *v/reflex* sich ~ **11.** (über *acc* about) get (*od.* become) excited (*od.* agitated): unsere Gemüter erregten sich sehr we got very excited (*od.* agitated, worked up). – **12.** (*zürnend*) become furious, fly into a rage. – **III E~** *n* ⟨-s⟩ **13.** *verbal noun.* – **14.** *cf.* Erregung. — **er're·gend I** *pres p.* – **II** *adj* **1.** (*Szene, Erlebnis, Nachricht etc*) exciting, thrilling. – **2.** (*theater*) (*Moment*) tense.

Er're·ger *m* ⟨-s; -⟩ **1.** exciter, cause. – **2.** *med.* pathogen, *auch* pathogene, causative (*od.* exciting, pathogenic) agent (*od.* organism): der ~ der Krankheit ist ein Bazillus the disease is caused by a bacillus. – **3.** *electr.* (*Gleichstromerzeuger*) exciter. — **~ener,gie** *f electr.* field energy. — **~,feld** *n* exciting field. — **~,kreis** *m* exciting circuit. — **~ma,schi·ne** *f* exciter, exciter set, exciting generator. — **~,span·nung** *f* exciting (*od.* energizing) voltage. — **~,spu·le** *f* exciting (*od.* exciter) coil. — **~,strom** *m* exciting (*od.* energizing) current.

er'regt I *pp.* – **II** *adj* **1.** (*Gemüt, Stimme, Menschen etc*) excited, agitated, in a state of excitement (*od.* agitation): ihre Gemüter waren ~ they were excited (*od.* heated), feelings ran high. – **2.** (*Worte, Debatte etc*) heated. – **3.** (*Zeiten etc*) stormy, turbulent. – **III** *adv* **4.** excitedly, agitatedly, in great excitement (*od.* agitation). — **Er'regt·heit** *f* ⟨-; *no pl*⟩ excitement, agitation.

Er're·gung *f* ⟨-; *no pl*⟩ **1.** *cf.* Erregen. – **2.** (state of) excitement (*od.* agitation): vor ~ zittern to tremble with excitement (*od.* emotion); er war in großer ~ he was very agitated (*od.* excited); er konnte vor ~ kein Wort herausbringen he was so excited (*od.* agitated) that he could not utter a single word. – **3.** (*der Sinne, Nerven etc*) excitement, excitation, stimulation. – **4.** (*Aufregung*) excitement, irritation. – **5.** (*Zorn*) exasperation, fury, rage. – **6.** (*von Haß, Verachtung etc*) provocation. – **7.** *electr.* excitation, energizing. – **8.** ~ öffentlichen Ärgernisses *jur.* creation of a public nuisance, disorderly conduct.

Er're·gungs|,mit·tel *n med. pharm.* excitant. — **~,zu,stand** *m* state of excitement.

er'reich·bar *adj* **1.** reachable, within reach: vom Bahnhof leicht ~ within easy reach of the station; mit dem Wagen leicht ~ easily reached by car; zu Fuß ~ within walking distance; nicht ~ out of reach. – **2.** *fig.* (*Person*) reachable: er ist telephonisch ~ (unter Nr. 2077) you can reach him on the (*od.* get in touch with him by) telephone (at No. 2077); er ist nie ~ you can never get hold of him. – **3.** *fig.* (*Absicht, Ziel*) attainable, obtainable, within reach. – **4.** *fig.* (*verfügbar*) available. — **Er'reich·bar·keit** *f* ⟨-; *no pl*⟩ (*von Absicht, Ziel*) attainability, obtainability.

er'rei·chen I *v/t* ⟨*no* ge-, h⟩ **1.** (*mit der Hand etc*) reach. – **2.** (*Ort, Person*) reach: vom Bahnhof leicht zu ~ within easy reach of the station; zu Fuß zu ~ within walking distance; ich kann ihn momentan nicht ~ *fig.* I cannot get (hold of) him just now; sind Sie telephonisch zu ~? *fig.* can I get you on the (*od.* get in touch with you by) telephone? *Br. auch* are you on the telephone? – **3.** (*Ufer etc*) reach, gain, make. – **4.** (*Stadt, Reiseziel etc*) reach, arrive at, get to, *auch* fetch. – **5.** (*Bus, Zug etc*) catch, make: ich habe den Bus nicht mehr erreicht I did not manage to catch (*od.* I just missed) the bus. – **6.** (*Anschlußzug etc*) get, make. – **7.** *auch fig.* (*einholen*) come (*od.* catch) up with, *Br. auch* catch (*s.o.*) up. – **8.** *fig.* (*Alter*) reach, attain: ein hohes Alter ~ to live to a great (*od.* an old) age. – **9.** *fig.* (*Geschwindigkeit*) reach, attain. – **10.** *fig.* (*Zweck, Vorhaben, Absicht etc*) achieve, attain: er hat nichts erreicht he didn't achieve anything (*od.* get anywhere), he was not successful; etwas nicht ~ to fall short of s.th.; haben Sie bei ihm etwas erreicht? did you have any success with him? did you get anywhere with him? das ist alles, was ich im Augenblick ~ kann that is all I can do for the time being; alles, was dabei erreicht wurde, war der the only result of it was; → Ziel 3. – **11.** *fig.* (*Rekord*) establish, set up. – **II E~** *n* ⟨-s⟩ **12.** *verbal noun.* — **Er'rei·chung** *f* ⟨-; *no pl*⟩ **1.** *cf.* Erreichen. – **2.** arrival: bei ~ der Stadt on our arrival in (*od.* upon reaching) the town. – **3.** *fig.* (*der Altersgrenze, einer Geschwindigkeit etc*) attainment. – 4. *fig.* (*eines Vorhabens etc*) achievement, attainment: zur ~ seiner Absicht in order to achieve (*od.* accomplish) his end. – 5. *fig.* (*eines Rekords*) establishment.

er'ret·ten I *v/t* ⟨*no* ge-, h⟩ 1. (vor *dat*, von, aus from) rescue, save: j-n vor dem Tode ~ to rescue (*od.* deliver) s.o. from death, to snatch s.o. out of the jaws of death (*lit.*). – 2. *relig. cf.* erlösen 3. – **II E~** *n* ⟨-s⟩ 3. *verbal noun.* — **Er'ret·ter** *m* 1. rescuer. – 2. *relig. cf.* Erlöser. — **Er'ret·tung** *f* 1. *cf.* Erretten. – 2. rescue: ~ vor dem Tode rescue (*od.* deliverance) from death. – 3. *relig. cf.* Erlösung 4.

er'rich·ten I *v/t* ⟨*no* ge-, h⟩ 1. (*Denkmal, Statue etc*) erect, raise, set up, throw up, put up. – 2. (*Haus etc*) erect, build, construct. – 3. (*Gerüst, Barrikaden etc*) erect, set up, put up, build. – 4. *fig.* (*Diktatur etc*) establish, set up. – 5. *fig.* (*Stiftung, Geschäft etc*) found, establish. – 6. *math.* (*Senkrechte, Lot*) erect, raise. – 7. *jur.* (*Testament*) draw up, make. – 8. *econ.* (*Gesellschaft*) found, establish, set up. – **II E~** *n* ⟨-s⟩ 9. *verbal noun.* — **Er'rich·tung** *f* ⟨-; *no pl*⟩ 1. *cf.* Errichten. – 2. (*von Denkmal, Gerüst etc*) erection. – 3. (*von Häusern etc*) erection, construction. – 4. *fig.* establishment. – 5. *fig.* foundation. – 6. *math.* erection. – 7. *econ.* foundation, establishment.

er'rin·gen I *v/t* ⟨*irr, no* ge-, h⟩ 1. (*Erfolg, Ruhm etc*) achieve, gain: den Sieg ~ to achieve victory, to be victorious. – 2. (*Preis etc*) win, carry off: er errang den zweiten Platz a) he won second place, he was second, b) (*beim Lauf etc*) he came in second. – 3. (*Wissen, Position etc*) gain, win, acquire, attain. – 4. (*Vertrauen, Ansehen etc*) win, gain. – **II E~** *n* ⟨-s⟩ 5. *verbal noun.* — **Er'rin·gung** *f* ⟨-; -en⟩ 1. *cf.* Erringen. – 2. (*von Erfolg, Ruhm etc*) achievement. – 3. (*von Wissen, Position etc*) acquisition, attainment.

er'rö·ten I *v/i* ⟨*no* ge-, sein⟩ (vor *dat* with; aus with; über *acc* at) 1. (*vor Scham, Freude etc*) blush, flush, color, *bes. Br.* colour, get (*od.* turn, go) red: vor Scham ~ to blush with (*od.* for) shame, to go red with shame; über und über ~ to blush all over (*od.* up to one's ears); → Haarwurzel 1. – 2. (*vor Zorn*) get (*od.* go) red. – **II E~** *n* ⟨-s⟩ 3. *verbal noun.* – 4. blush: j-n zum E~ bringen to make s.o. blush (*od.* flush, turn red), to put s.o. to the blush.

Er'run·gen·schaft *f* ⟨-; -en⟩ 1. (*Anschaffung*) acquisition: das ist meine neueste ~ that's my latest acquisition. – 2. *fig.* achievement, attainment: die ~en der Forschung the achievements of science, the scientific achievements. – 3. *fig.* (*technische, moderne*) device, convenience.

Er'run·gen·schafts·ge,mein·schaft *f jur.* joint ownership of acquired property (by husband and wife), community of acquisition (*od.* acquest).

Er'satz *m* ⟨-es; *no pl*⟩ 1. *cf.* Ersetzung. – 2. (*zeitweiliger*) substitute: etwas als (*od.* zum) ~ für etwas nehmen to use s.th. as a substitute for (*od.* in place of) s.th.; als ~ für j-n einspringen to step in (as a substitute) for s.o., to sub for s.o. (*colloq.*); behelfsmäßiger ~ makeshift. – 3. (*dauernder*) replacement: keinen ~ für etwas [j-n] finden to find no replacement for s.th. [s.o.], to find nothing [no one] to replace s.th. [s.o.]. – 4. *econ. jur.* a) (*Vergütung*) compensation, b) (*Entschädigung*) indemnification, c) (*Erstattung*) restitution, d) (*Schadenersatz*) damages *pl*, indemnity, e) (*Wiedergutmachung*) reparation: ~ leisten (für for) a) to pay damages, b) to make compensation, c) to make restitution; ~ fordern to claim damages; als ~ für as compensation for, in exchange (*od.* return) for; zum ~ verpflichtet sein to be liable for compensation. – 5. (*für Kaffee, Seide, Gummi etc*) substitute, ersatz. – 6. (*Alternative*) alternative, equivalent. – 7. *mil.* a) replacements *pl*, b) (*Verstärkung*) reinforcements *pl*, c) (*Rekruten*) recruits *pl*. – 8. *cf.* Ersatzmann. – 9. *tech. cf.* Ersatzstück. – 10. *cf.* Ersatzmittel.

Er'satz|,an,spruch *m econ.* title to compensation (*od.* damages). — **~bat·te,rie** *f auto.* spare battery. — **~be,schaf·fung** *f* replacement purchase. — **~,deh·nung** *f ling.* compensatory lengthening. — **~,dienst** *m mil.* alternative service (*for conscientious objectors*). — **~,ein·heit** *f* replacement (*od.* reserve) unit. — **~,er·be** *m jur.* substitute heir. — **~,for·de·rung** *f* 1. *econ.* claim for damages. – 2. *pol.* claim for reimbursement. — **~,geld** *n* token money. — **~ge,schwo·re·ne** *m jur.* talesman. — **~,heer** *n mil.* reserve (*od.* supplementary) army. — **~,kaf·fee** *m* ersatz coffee. — **~,kas·se** *f econ.* (private) health insurance fund. — **~,ko·sten** *pl econ.* replacement costs. — **~,lei·stung** *f* 1. (*Vergütung*) compensation. – 2. (*Schadenersatz*) damages *pl.* – 3. (*Entschädigung*) indemnification, indemnity. — **~,lie·fe·rung** *f* compensation delivery. — **~,mann** *m* ⟨-(e)s; ¨er *u.* -leute⟩ 1. substitute, replacement, *Am. auch* alternate. – 2. *bes. econ.* spare hand. – 3. (*sport*) substitute, reserve, spare, *Am. colloq.* bench warmer. – 4. *mil.* replacement. — **~,mi·ne** *f* (*für Drehbleistift etc*) refill. — **~,mit·tel** *n* substitute, surrogate, ersatz. — **~,pflicht** *f econ.* liability to pay compensation (*od.* damages). — **e~,pflich·tig** *adj* liable to pay compensation (*od.* damages). — **~,pflich·ti·ge** *m, f* ⟨-n; -n⟩ person liable to pay compensation (*od.* damages). — **~,rad** *n* spare wheel. — **~,rei·fen** *m* spare tire (*bes. Br.* tyre). — **~,rich·ter** *m jur.* substitute judge. — **~,schöf·fe** *m cf.* Ersatzgeschworene. — **~,spie·ler** *m* (*sport*) *cf.* Ersatzmann 3. — **~,spur** *f* (*computer*) alternate track. — **~,stoff** *m cf.* Ersatzmittel. — **~,stra·fe** *f jur.* alternative punishment. — **~,stück** *n*, **~,teil** *n, rare m tech.* spare part, *bes. Br.* spare. — **~,wahl** *f pol.* by-election, *auch* bye-election. — **e~,wei·se** *adv* as a substitute, by way of substitution.

er'sau·fen *v/i* ⟨*irr, no* ge-, sein⟩ 1. *colloq. for* ertrinken 1. – 2. (*von Bergwerk etc*) be flooded.

er'säu·fen [-'zɔʏfən] *v/t* ⟨*no* ge-, h⟩ *auch fig.* drown: seinen Kummer im Alkohol ~ *fig. colloq.* to drown one's sorrows in alcohol (*od.* drink).

er'schaf·fen I *v/t* ⟨*irr, no* ge-, h⟩ (*Welt etc*) create, make: sie stand da, wie Gott sie erschaffen hat *fig.* she stood there in the nude. – **II E~** *n* ⟨-s⟩ *verbal noun.* — **Er'schaf·fer, der** ⟨-s⟩ *relig.* (*Gott*) the Creator, the Maker. — **Er'schaf·fung** *f* ⟨-; *no pl*⟩ 1. *cf.* Erschaffen. – 2. creation.

er'schal·len *v/i* ⟨erschallt, erschallte *od. lit.* erscholl, erschallt *od. lit.* erschollen, sein⟩ 1. (*von Instrumenten, Schritten etc*) (begin to) (re)sound: die Trompeten ~ lassen to sound the trumpets. – 2. (*von Stimmen, Lachen etc*) ring out, sound forth: lautes Gelächter erschallte (*od.* erscholl) loud laughter rang out, there were loud peals of laughter (to be heard). – 3. (*widerhallen*) (von with) resound, ring, echo.

er'schau·dern *v/i* ⟨*no* ge-, sein⟩ shudder (*od.* tremble, quiver) (with horror): der bloße Gedanke daran läßt mich ~, ich erschaudere beim bloßen Gedanken daran the very thought of it makes me shudder.

er'schau·en *v/t* ⟨*no* ge-, h⟩ *lit. u. dial. for* erblicken 1.

er'schau·ern *v/i* ⟨*no* ge-, sein⟩ (vor *dat* with) 1. (*vor Kälte*) shiver, shudder. – 2. (*vor Angst etc*) shudder, quiver: seine Worte ließen sie ~ his words made her shudder; in (*od.* vor) Ehrfurcht ~ to thrill with awe.

er'schei·nen I *v/i* ⟨*irr, no* ge-, sein⟩ 1. (*von Person*) appear, make one's appearance, turn up, 'show up' (*colloq.*): im rechten Moment ~ to appear (*od.* come along) at the right moment; zu einer Prüfung nicht ~ not to appear (*od.* present oneself) for an examination; auf der Bildfläche ~ *colloq.* to appear on the scene. – 2. (*von Dingen*) appear, become visible, show (*od.* present) itself: in einem anderen Licht ~ to present itself in a different light. – 3. (*von Geist etc*) appear, show oneself: j-m im Traum ~ to appear to s.o. in a dream. – 4. (*in Dokumenten, Quellen etc*) appear, occur, be found (*od.* mentioned). – 5. (*von Buch, Zeitung*) be published, appear, come out: erscheint in Kürze will be published soon. – 6. (*von Briefmarken*) be issued. – 7. (*scheinen*) appear, seem, look: die Sache erscheint mir merkwürdig the matter seems strange to me. – 8. *jur.* appear: vor Gericht ~ to appear in (*od.* before the) court, to attend in court; nicht ~ to default. – 9. *econ.* (*von Wertpapieren*) be issued. – **II** *v/impers* 10. es erscheint wünschenswert, daß it seems desirable that; es erscheint ratsam zu it appears advisable to. – **III E~** *n* ⟨-s⟩ 11. *verbal noun.* – 12. (*einer Person*) appearance. – 13. (*bei einer Veranstaltung etc*) attendance. – 14. (*eines Geistes etc*) apparition. – 15. (*eines Buches*) appearance, publication: beim E~ when published; sofort nach E~ immediately on publication; im E~ begriffen forthcoming. – 16. *jur.* (*vor Gericht*) appearance. – 17. *econ.* (*von Wertpapieren*) issue.

Er'schei·nung *f* ⟨-; -en⟩ 1. *cf.* Erscheinen. – 2. *only in* in ~ treten a) (*von Person*) appear, be in evidence, enter the picture, b) (*von Umstand etc*) become evident, appear, show up, make itself felt: er tritt kaum in ~ he keeps very much in the background; die Probleme treten deutlich in ~ the problems are clearly to be seen. – 3. (*Vorkommnis, Tatsache*) occurrence, event, fact, thing, phenomenon: [nicht] alltägliche ~ common [rare] occurrence; es ist eine eigentümliche ~, daß it is a curious fact that. – 4. (*äußere Gestalt*) (outward) appearance: sie ist eine stattliche ~ she is a woman of stately appearance. – 5. (*Persönlichkeit*) figure: eine glänzende ~ sein to cut a fine figure; die bemerkenswerteste ~ unter ihnen the most remarkable figure among them. – 6. (*Geistererscheinung*) apparition, ghost, specter, *bes. Br.* spectre, phantom. – 7. (*Vision*) vision: eine ~ haben to have a vision. – 8. *med.* a) symptom, sign, b) (*Krankheitsbild*) feature, manifestation. – 9. *philos.* phenomenon, appearance. – 10. *relig.* a) appearance, b) manifestation: (Fest der) ~ Christi Epiphany, Twelfth Night; sichtbare ~ Gottes manifestation of God to men, theophany, epiphany. – 11. *phys.* phenomenon.

Er'schei·nungs|,bild *n* 1. *cf.* Erscheinungsform 1—3. – 2. *philos.* a) image, appearance, b) (*Phantasie*) apparition. — **~,da·tum** *n* 1. *print.* publishing date. – 2. (*von Briefmarken etc*) date of issue. — **~,form** *f* 1. (outward) appearance, outward image (*od.* character, form). – 2. *med.* (*einer Krankheit*) manifestation. – 3. *biol.* phenotype. – 4. *philos. relig.* a) form (*od.* structure) of appearance, b) *cf.* Anschauungsform. — **~,jahr** *n* 1. *print.* year of publication. – 2. (*von Briefmarken*) year of issue. — **~,leh·re** *f philos.* 1. (*Methode*) phenomenology. – 2. (*Richtung*) phenomenalism. — **~,ort** *m print.* place of publication. — **~,pflicht** *f jur.* duty to appear. — **~,tag** *m* 1. *print.* day of publication. – 2. (*von Briefmarken etc*) day of issue. – 3. *relig.* Epiphany. — **~,wei·se** *f* 1. form (*od.* mode) of appearance. – 2. (*einer Zeitung*) publication dates *pl.* — **~,welt** *f philos.* phenomenal (*od.* physical, external) world, (world of) appearance.

er'schie·nen I *pp of* erscheinen. – **II** *adj* 1. (*Buch*) published. – 2. (*Person*) present: nicht ~ absent. — **Er'schie·ne·ne** *m, f* ⟨-n; -n⟩ *bes. jur.* person appearing.

er'schie·ßen I *v/t* ⟨*irr, no* ge-, h⟩ 1. shoot (*s.o.*) (dead): j-n ~ lassen to have s.o. shot. – 2. (*als Hinrichtungsart*) execute (*s.o.*) by a firing squad (*Br.* firing-squad) (*od.* by shooting). – 3. sich (*dat*) einen Preis ~ to win (*od.* carry off) a prize by shooting. – **II** *v/reflex* sich ~ 4. shoot oneself, blow out one's brains (*colloq.*). – **III E~** *n* ⟨-s⟩ 5. *verbal noun.* — **Er'schie·ßung** *f* ⟨-; -en⟩ 1. *cf.* Erschießen. – 2. (*Hinrichtung*) execution (by shooting): standrechtliche ~ execution by a firing squad (*Br.* firing-squad).

Er'schie·ßungs·kom,man·do *n mil.* firing squad, *Br.* firing-squad, *auch* firing party, *Br.* firing-party.

er'schlaf·fen [-'ʃlafən] **I** *v/i* ⟨*no* ge-, sein⟩ 1. *med.* a) (*von Muskeln etc*) grow tired (*od.* weary), relax, slacken, become slack, b) (*von Darm*) become sluggish. – 2. *fig.* (*von Interesse, Kraft etc*) grow less, diminish, slacken, languish, flag. – 3. *rare* (*von Personen*) become tired (*od.* weakened, fatigued), tire, lose one's vigor (*bes. Br.* vigour). – **II** *v/t* ⟨h⟩ 4. *rare* fatigue, exhaust: die Hitze erschlaffte ihn the heat exhausted him. – **III E~** *n* ⟨-s⟩ 5. *verbal noun.* — **Er'schlaf·fung** *f* ⟨-; -en⟩ 1. *cf.* Erschlaffen. – 2. *med.* a) (*eines Muskels etc*) relaxation, slackness, atony, b) (*des*

Darms) sluggishness, c) bes. psych. enervation. – 3. fig. diminution.

er'schla·gen¹ v/t ⟨irr, no ge-, h⟩ strike (s.o.) dead, kill, slay (lit.): er wurde vom Blitz ~, der Blitz hat ihn ~ he was killed (od. struck dead) by lightning.

er'schla·gen² I pp of erschlagen¹. – II adj ⟨pred⟩ fig. colloq. 1. (erschöpft) exhausted, dead tired; 'beat', 'washed out', Am. auch 'bushed' (colloq.): ich fühle mich wie ~ I feel completely exhausted. – 2. (überrascht) amazed, dum(b)founded, flabbergasted (colloq.): da bin ich (aber) ~ I am completely dumbfounded, that beats me.

Er'schla·ge·ne m, f ⟨-n; -n⟩ person struck dead (od. killed).

er'schlei·chen I v/t ⟨irr, no ge-, h⟩ 1. (sich dat) etwas ~ bes. jur. to obtain (od. get) s.th. surreptitiously (od. by false pretences [Am. pretenses], in an underhand[ed] way, by trickery). – 2. sich (dat) j-s Gunst ~ to sneek (od. creep) into s.o.'s favor (bes. Br. favour), to curry favo(u)r with s.o. – II E~ n ⟨-s⟩ 3. verbal noun. — **Er'schlei·chung** f ⟨-; -en⟩ 1. cf. Erschleichen. – 2. bes. jur. obtainment by false pretences (Am. pretenses), fraudulent acquisition.

er'schli·chen I pp of erschleichen. – II adj (Zustimmung etc) surreptitious(ly obtained).

er'schließ·bar adj 1. econ. (Markt, Gebiet etc) capable of being opened up. – 2. civ.eng. developable. – 3. fig. (aus from) educible, deducible, inferable, inducible. – 4. ling. conjecturable, inferential.

er'schlie·ßen I v/t ⟨irr, no ge-, h⟩ 1. (Gebiet, Gelände etc) open (up), make (s.th.) accessible. – 2. econ. a) (Absatzmarkt etc) open up, throw open, find, b) (unterentwickeltes Gebiet) develop, c) (Hilfs-, Geldquellen) tap. – 3. civ.eng. open up, develop: neues Gelände (der Bebauung) ~ to break fresh ground. – 4. fig. (offenbaren) disclose, reveal, unfold: (j-m) ein Geheimnis ~ to reveal a secret (to s.o.); neue Wege ~ to reveal (od. strike out) new methods. – 5. fig. (folgern) (aus from) infer, deduce, conclude. – 6. ling. a) (Wort) derive, b) (Form) conjecture. – 7. math. gather. – II v/reflex 8. sich j-m ~ lit. a) (von Person) to open (od. disclose) one's heart to s.o., b) (von Geheimnis etc) to be revealed to s.o. – III E~ n ⟨-s⟩ 9. verbal noun. — **Er'schlie·ßung** f ⟨-; -en⟩ 1. cf. Erschließen. – 2. econ. development: industrielle [wirtschaftliche] ~ industrial [economic] development. – 3. civ.eng. development. – 4. fig. disclosure, revelation. – 5. fig. inference, deduction, conclusion. – 6. ling. conjecture.

Er'schlie·ßungs,ko·sten pl econ. civ.eng. development costs.

er'schlos·sen I pp of erschließen. – II adj 1. (Gebiet) opened-up (attrib). – 2. econ. a) opened(-up [attrib]), b) developed. – 3. ling. (Wortform) conjectured, conjectural, reconstructed.

er'schmei·cheln v/t ⟨no ge-, h⟩ (sich dat) etwas ~ to obtain s.th. by flattery; (sich dat) etwas von j-m ~ to wheedle (od. coax) s.th. out of s.o.; sich (dat) j-s Gunst ~ to worm oneself into s.o.'s favor (bes. Br. favour).

er'schmel·zen v/t ⟨irr, no ge-, h⟩ win (od. extract) (s.th.) by smelting.

er'schol·len [-'ʃɔlən] pp of erschallen.

er'schöpf·bar adj exhaustible. — **Er'schöpf·bar·keit** f ⟨-; no pl⟩ exhaustibility.

er'schöp·fen I v/t ⟨no ge-, h⟩ 1. (ermüden) exhaust, tire (s.o.) (out), wear (s.o.) (out), take it out of: das Steigen hat ihn erschöpft the climbing exhausted him (od. tired him out). – 2. (Kraft) exhaust, drain, deplete. – 3. (Geduld) exhaust. – 4. (Thema etc) exhaust, treat (s.th.) exhaustively. – 5. (Möglichkeiten etc) exhaust, explore. – 6. agr. (Land, Boden etc) a) exhaust, fatigue, b) impoverish. – II v/reflex sich ~ 7. (von Person) exhaust oneself, be exhausted, wear (od. tire) oneself out. – 8. (von Kraft) be drained (od. exhausted, depleted). – 9. (von Geduld) be exhausted, wear out. – 10. (von Thema) be exhausted, be treated exhaustively. – 11. (von Möglichkeiten etc) be exhausted, be explored. – 12. (von Vorräten) become exhausted, run dry (od. low, out), get short. – III E~ n ⟨-s⟩ 13. verbal noun. — **er'schöp·fend** I pres p. – II adj (Auskunft, Darstellung) exhaustive, full. – III adv ein Thema ~ behandeln to treat a subject exhaustively.

er'schöpft I pp. – II adj 1. exhausted, tired(-out [attrib]), worn- (od. fagged-)out (attrib), fatigued, spent; done-in (attrib), dead-beat (attrib) (colloq.): er machte einen ~en Eindruck he looked tired (out); völlig ~ sein to be completely exhausted (od. fagged out), to be done in (Am. auch bushed) (colloq.); zu Tode ~ sein to be tired to death, to be dead beat (colloq.). – 2. ⟨pred⟩ (Kraft) exhausted, spent. – 3. ⟨pred⟩ (Geduld) exhausted, worn out: meine Geduld ist ~ my patience is at an end. – 4. ⟨pred⟩ (Thema) exhausted, treated exhaustively. – 5. ⟨pred⟩ (Mittel, Möglichkeiten) exhausted, explored. – 6. (Vorräte) exhausted, run-out (attrib). – 7. agr. (Boden) exhausted, worn. – 8. (mining) a) (Flöz) worked-out (attrib), exhausted, b) (Metallader) dead, c) (Ölfeld) depleted. – 9. electr. (Batterie) exhausted, flat, empty, run-down (attrib). – 10. (Energie, Radioaktivität) spent.

Er'schöp·fung f ⟨-; no pl⟩ 1. cf. Erschöpfen. – 2. (körperliche) exhaustion, weariness, tiredness, fatigue, (vor Hunger) inanition: äußerste ~ bes. med. prostration; geistige ~ brain fag, Br. brain-fag; nervöse ~ nervous exhaustion (od. prostration); bis zur ~ to the point of exhaustion. – 3. fig. (von Mitteln, Kraft etc) exhaustion. – 4. (von Vorräten etc) exhaustion, depletion. – 5. agr. (des Bodens) a) exhaustion, fatigue, b) impoverishment. – 6. electr. (der Batterie) running down. – 7. (mining) exhaustion, depletion. – 8. chem. (von Öl) deterioration.

Er'schöp·fungs|de,li·ri·um n med. delirium due to prostration (od. inanition). — **~,grad** m degree of exhaustion (od. prostration). — **~psy,cho·se** f exhaustion psychosis. — **~,tod** m death from exhaustion. — **~,zu,stand** m (state of) exhaustion, general (od. physical) exhaustion.

er'schos·sen I pp of erschießen. – II adj ⟨pred⟩ fig. colloq. 1. cf. erschlagen² II. – 2. helpless, baffled, at one's wit's end.

er'schrak 1 u. 3 sg pret of erschrecken II.

er'schrecken (getr. -k·k-) I v/t ⟨no ge-, h⟩ 1. frighten, scare: j-n furchtbar ~ to frighten s.o. out of his (od. her) wits. – 2. (plötzlich) startle, give (s.o.) a start. – 3. (entsetzen) alarm, scare, shock, (stärker) appall, auch appal, terrify. – II v/i ⟨erschrickt, erschrak, erschrocken, sein⟩ u. sich ~ v/reflex ⟨h⟩ 4. (über acc at) be (od. get) frightened (od. scared), take fright: vor j-m ~ to be frightened of s.o. – 5. (plötzlich) be startled, (give a) start: sie erschrak beim leisesten Geräusch she started at the slightest noise. – 6. (über acc by) be alarmed (od. scared, shocked, stärker appalled, terrified). – III E~ n ⟨-s⟩ 7. verbal noun. – 8. fright, scare. – 9. alarm, shock, (stärker) terror. — **er'schreckend** (getr. -k·k-) I pres p. – II adj 1. (Nachricht, Ausmaß etc) alarming, frightening, (stärker) appalling, terrifying. – 2. (Anblick, Deutlichkeit) terrible, dreadful. – III adv 3. ~ blaß terribly pale; ~ wenige alarmingly few.

er'schreck·lich adj u. adv obs. od. humor. for schrecklich.

er'schreckt I pp of erschrecken I. – II adj 1. frightened, scared. – 2. (plötzlich) startled.

er'schrocken (getr. -k·k-) I pp of erschrekken II. – II adj frightened, scared, (stärker) terrified: zu Tode ~ sein to be scared to death, to be scared stiff (colloq.). – III adv with fright (od. stärker terror). — **Er'schrocken·heit** (getr. -k·k-) f ⟨-; no pl⟩ rare 1. (state of) fright, scare. – 2. alarm.

er'schür·fen v/t ⟨no ge-, h⟩ (mining) 1. discover. – 2. (durch systematisches Bohren) prospect.

er'schüt·tern I v/t ⟨no ge-, h⟩ 1. (Boden etc) shake, make (s.th.) tremble (od. quake), convulse. – 2. fig. (Vertrauen, Glauben etc) shake, upset, unsettle: erschüttert werden to be shaken. – 3. j-n ~ fig. (seelisch) to shock (od. upset, agitate, ruffle) s.o.: er läßt sich durch nichts ~ nothing ever ruffles him; das konnte ihn nicht ~ colloq. it left him cold, it didn't worry him. – 4. j-n ~ fig. (tief bewegen) to move (od. affect) s.o. (deeply), to shake s.o.: es hat ihn sichtlich erschüttert he was visibly moved. – 5. fig. (Land durch Bürgerkrieg etc) shake, convulse. – 6. med. a) (Gehirn) concuss, b) (Nervensystem) shock. – II E~ n ⟨-s⟩ 7. verbal noun. – 8. cf. Erschütterung. — **er'schüt·ternd** I pres p. – II adj fig. 1. (ergreifend) (deeply) moving, touching, pathetic, (stärker) (heart-)stirring, heart-wrenching. – 2. pitiable. – 3. shocking. — **er'schüt·tert** I pp. – II adj ~ sein fig. a) to be shocked (od. upset, agitated, staggered), b) to be moved (od. affected). — **Er'schüt·te·rung** f ⟨-; -en⟩ 1. cf. Erschüttern. – 2. (der Erde etc) tremor, vibration, convulsion. – 3. bes. tech. vibration, jolt. – 4. fig. (seelische) emotional upset, shock. – 5. fig. (eines Staates etc) convulsion. – 6. med. a) (des Gehirns) concussion, commotion, b) (der Nerven) shock, breakdown.

er'schüt·te·rungs|,fest adj bes. tech. shock-proof, proof against vibration. — **~,frei** adj shockless, shock-absorbent, vibrationless, free from vibration. — **E~ge,biet** n geol. region of seismic disturbance, disturbed area. — **~,si·cher** adj bes. tech. cf. erschütterungsfest. — **E~,wel·le** f geol. earthquake wave. — **E~,zün·der** m mil. concussion fuse (od. fuze).

er'schwe·ren I v/t ⟨no ge-, h⟩ 1. (Leben, Arbeit etc) make (s.th.) more difficult, make (s.th.) harder. – 2. (Lage etc) render (s.th.) more difficult (od. complicated), complicate, aggravate. – 3. (Handel, Fortschritt etc) hamper, hinder, obstruct, impede, handicap, be a hindrance (od. impediment) to. – 4. jur. (Verbrechen) aggravate. – 5. (textile) (Seide) load, weight. – II E~ n ⟨-s⟩ 6. verbal noun. – 7. cf. Erschwerung. — **er'schwe·rend** I pres p. – II adj 1. aggravating, complicating. – 2. jur. aggravating: ~e Umstände aggravating circumstances, aggravations.

Er'schwer·nis f ⟨-; -se⟩ aggravation, (additional) difficulty (od. burden, impediment).

er'schwert I pp. – II adj (Bedingungen etc) less favorable (bes. Br. favourable), aggravated.

Er'schwe·rung f ⟨-; -en⟩ 1. cf. Erschweren. – 2. (added) difficulty: das ist eine ~ der Anforderungen this makes the requirements more difficult. – 3. (der Lage etc) complication, aggravation. – 4. (des Handels, Fortschritts etc) hindrance, obstruction, impediment, handicap. – 5. jur. aggravation.

er'schwin·deln v/t ⟨no ge-, h⟩ obtain (od. get) (s.th.) by swindling (od. humbugging), swindle, 'chisel' (colloq.): (sich dat) etwas von j-m ~ to swindle (od. cheat, colloq. do) s.o. out of s.th.

er'schwin·gen v/t ⟨irr, no ge-, h⟩ (sich dat) etwas ~ können to be able to afford s.th.: nicht zu ~ unattainable, beyond (od. not within) one's means; das kann ich kaum ~ I can hardly afford (od. manage to pay, run to, rise to) it.

er'schwing·lich adj 1. (Ware etc) attainable, within one's reach (od. means): nicht ~ beyond (od. not within) one's means; für jeden ~ within the reach of everyone. – 2. (Preis) reasonable, agreeable.

er'se·hen I v/t ⟨irr, no ge-, h⟩ 1. etwas aus etwas ~ a) (entnehmen) to see (od. learn, understand) s.th. from s.th., b) (schließen) to gather s.th. from s.th., c) (erkennen) to notice (od. observe) s.th. from s.th.: daraus ist zu ~, daß hence it appears that, this shows that; daraus ist nicht zu ~, ob this does not show (od. indicate, make clear) whether; ich ersehe aus Ihrem Brief, daß I learn from your letter that. – 2. obs. for a) ausersehen I, b) erblicken. – II v/i 3. see: wie du ersiehst as you can see.

er'seh·nen v/t ⟨no ge-, h⟩ (sich dat) etwas ~ to long (od. yearn) for s.th., to want (od. desire, wish) s.th. greatly (od. ardently). — **er'sehnt** I pp. – II adj desired, longed-for (attrib), hoped-for (attrib).

er'ses·sen I pp of ersitzen. – II adj jur. (Recht) acquired by prescription (od. usucapion, auch usucaption).

er'setz·bar adj 1. (durch by) replaceable, substitutable. – 2. (Schaden) repairable, reparable, compensable, (Verlust) auch recoverable, retrievable. – 3. (Kosten) repayable, reimbursable, refundable. – 4. econ. (Ware) fungible.

er'set·zen I v/t ⟨no ge-, h⟩ 1. (durch) replace (by), substitute (for): ein Wort durch ein Zeichen ~ to substitute a symbol for a word. – 2. j-n ~ a) to replace s.o., to fill (od. take) s.o.'s place, to serve as a substitute for s.o., b) (Beamten etc) to supersede s.o.: niemand kann ihn ~ nobody can replace him; diese Maschine ersetzt 5 Arbeitskräfte this machine does the work of five men; sie ersetzte ihm die Eltern she was father and mother to him. – **3.** *colloq.* serve the purpose of: **es ersetzt mir ein Auto** it serves the purpose of a car for me. – **4.** (*an die Stelle treten von*) take the place of, supersede, displace. – **5.** (*ausgleichen*) compensate (for), make up for, offset: **er ersetzte mangelndes Talent durch Fleiß** he made up for his lack of talent by his industry. – **6.** (*Schaden, Verlust etc*) make up for, make good, compensate (for), indemnify for, pay for, repair, offset, set off: **j-m den Schaden ~** to compensate s.o. for the damage; **den Schaden ersetzt bekommen** to recover damages. – **7.** (*Kosten, Auslagen etc*) repay, reimburse, refund. – **8.** (*fehlenden Geldbetrag etc*) pay. – **9.** (*sport*) (*Spieler*) replace. – **II E~** *n* ⟨-s⟩ **10.** *verbal noun.* — **Er'set·zung** *f* ⟨-; *no pl*⟩ **1.** *cf.* Ersetzen. – **2.** replacement, substitution: **die ~ von A durch B** the replacement of A by B, the substitution of B for A. – **3.** compensation. – **4.** (*eines Schadens, Verlusts etc*) compensation, indemnification, reparation. – **5.** (*der Kosten etc*) repayment, reimbursement.

er'sicht·lich I *adj* evident, obvious, apparent, patent, (*klar*) clear: **ohne ~en Grund** for no apparent (*od.* obvious) reason; **daraus ist ~** hence it is obvious (*od.* it appears), this shows clearly; **wie aus dem Zusammenhang ~ ist** as can be seen from the context; **aus Ihrem Brief ist ~, daß** your letter makes it clear (*od.* obvious) that; **er hat ~e Mühe mit dieser Arbeit** he is obviously having difficulty with this work. – **II** *adv* evidently, obviously, apparently, manifestly, (*klar*) clearly: **das ist ~ eine Lüge** that is obviously a lie. — **Er'sicht·lich·keit** *f* ⟨-; *no pl*⟩ evidence, obviousness, apparency, manifestness, (*Klarheit*) clearness.

er'sin·gen *v/t* ⟨*irr, no* ge-, h⟩ *colloq.* gain (*s.th.*) by singing: **er ersang sich einen Preis** he gained a prize by singing.

er'sin·nen *v/t* ⟨*irr, no* ge-, h⟩ think out (*bes. Am.* up), devise, contrive, concoct, (*erfinden*) invent: **eine Geschichte ~** to think up (*od.* invent) a story; **er ersann eine neue Vorrichtung** he invented a new device (*od.* *colloq.* gadget); **Mittel und Wege ~** to devise ways and means; **eine Ausrede ~** to think of (*od.* invent) an excuse.

er'sinn·lich *adj* ⟨*attrib*⟩ *rare for* erdenklich.

er·sisch ['ɛrzɪʃ] **I** *adj* Erse. – **II** *ling.* **E~** ⟨*generally undeclined*⟩, **das E~e** ⟨-n⟩ Erse, the Erse language.

er'sit·zen *v/t* ⟨*irr, no* ge-, h⟩ **1. sich** (*dat*) **etwas ~** *humor.* to obtain s.th. by length of service: **sich ein Zeugnis ~** to secure a term's report by spending the required time in a class. – **2.** *jur.* (*Recht*) acquire (*s.th.*) by prescription (*od.* usucapion, *auch* usucaption), acquire (*s.th.*) by possession. — **Er'sit·zung** *f* ⟨-; *no pl*⟩ *jur.* (positive) prescription, usucapion, *auch* usucaption: **~ geltend machen** (**für** for, **auf** *acc* to) to prescribe.

Er'sit·zungs,frist *f jur.* period of usucapion (*auch* usucaption).

er'sor·gen *v/t* ⟨*no* ge-, h⟩ *Swiss* wait for (*s.o., s.th.*) anxiously.

er'spä·hen *v/t* ⟨*no* ge-, h⟩ espy, descry, catch sight of, spot (*colloq.*): **eine neue Möglichkeit ~** *fig.* to see a new possibility.

er'spa·ren I *v/t* ⟨*no* ge-, h⟩ **1.** (*Geld etc*) save (up), put (*od.* lay) by, lay (*od.* put) aside: **von seinem Verdienst konnte er nicht viel ~** he couldn't save much from his earnings. – **2. sich** (*dat*) **etwas ~** a) to save s.th. (up), to put (*od.* lay) s.th. by, to lay (*od.* put) s.th. aside, b) *fig.* to spare (*od.* save) oneself s.th.: **er hat sich ein kleines Haus erspart** he saved enough to buy himself a small house; **ich konnte mir in den letzten Jahren viel ~** I was able to save (up) a lot of money during the past few years; **sich einen Umweg ~** *fig.* to save oneself a detour; **du kannst dir diese dummen Bemerkungen ~** *fig.* you can keep those silly remarks to yourself. – **3. j-m etwas ~** *fig.* to spare (*od.* save) s.o. s.th.: **das wird uns viel Mühe ~** that will spare (*od.* save) us much trouble; **ich wollte ihm diese Demütigung ~** I wanted to spare him this humiliation; **erspare mir deine Klagen!** don't come to me with your complaints (*od.* worries)! **ihr blieb nichts erspart** she was spared nothing. – **4.** (*Arbeit etc*) save: **diese Maßnahme erspart viel Arbeit** this measure saves a great deal of work (*od.* is very labo[u]r-saving). – **II E~** *n* ⟨-s⟩ **5.** *verbal noun.*

Er'spar·nis *f* ⟨-; -se⟩, *Austrian auch n* ⟨-ses; -se⟩ **1.** (*Einsparung*) saving(s *pl*): **der neue Plan bringt eine ~ von mehreren 1000 Mark** the new plan saves several 1,000 marks. – **2.** *meist pl* (*ersparte Summe*) savings *pl*: **ich habe meine ~se abgehoben** I have withdrawn my savings.

er'spart I *pp.* – **II** *adj* saved: **erspartes Geld** savings *pl.* – **III E~e, das** ⟨-n⟩ the savings *pl.* — **Er'spa·rung** *f* ⟨-; -en⟩ *cf.* Ersparen.

er'spie·len *v/t* ⟨*no* ge-, h⟩ **sich** (*dat*) **etwas ~** (*Preis etc*) win: **der Cellist erspielte sich den ersten Preis** the violoncellist won the first prize.

er'sprieß·lich [-'ʃpriːslɪç] *adj lit.* profitable, fruitful, advantageous, beneficial: **eine ~e Zusammenarbeit** (a) fruitful (*od.* profitable) co(-)operation. — **Er'sprieß·lich·keit** *f* ⟨-; *no pl*⟩ *lit.* profitableness, fruitfulness, advantageousness, beneficialness.

er'spü·ren *v/t* ⟨*no* ge-, h⟩ *lit.* feel, sense.

er'spur·ten *v/t* ⟨*no* ge-, h⟩ (*Sieg etc*) win (*s.th.*) by a sudden burst of speed.

erst [eːrst] *adv* **1.** (*zuerst*) (at) first: **~ kam er, dann kamen die anderen** he came first, then came the others; **~ wollte er nicht** at first he would not do it (*od.* he refused); **ich möchte mir das ~ einmal überlegen** I want to think it over first; **er muß sich ~ etwas ausruhen** he'll have to rest a little first; **setz dich ~ einmal und beruhige dich!** there, sit down a moment and calm yourself! **~ wägen, dann wagen** (*Sprichwort*) look before you leap (*proverb*); → Arbeit 1. – **2.** (*nicht eher od. später als*) only, not before, not till (*od.* until): **sie ist ~ gestern gekommen** she only arrived yesterday; **~ im letzten Augenblick** only at the last moment; **er wird es ~ morgen erfahren** he will not be told till (*od.* until) tomorrow; **der nächste Zug fährt ~ in zwei Stunden** the next train does not leave for two hours; **~ wenn er 21 ist** not before (*od.* until) he is 21; **er kam ~ als** (*od.* **nachdem**) **alles vorbei war** he didn't arrive till (*od.* until) everything was over; **ich bin jetzt ~ fertig geworden** I have only just (*od.* this moment) finished; **~ dann glaubte man ihm** they did not believe him till then. – **3.** (*nicht mehr als*) only, (only) just: **es ist ~ neun Uhr** it is only nine o'clock; **er ist ~ eine Woche hier** he has only been here a week; **sie ist ~ zwanzig Jahre alt** she is only twenty; **ich habe ~ einige Seiten gelesen** I have only read a few pages. – **4.** (*noch*) still, yet: **das wird sich ~ zeigen** that remains to be seen; **ein wirklich gutes Mittel muß ~ gefunden werden** a really good remedy has still to be found; **der Mann müßte ~ (noch) geboren werden!** such a man has yet to be (*od.* has not yet been) born. – **5.** (*gerade eben*) just: **das habe ich eben ~ gefragt** I have just asked it. – **6.** (*verstärkend*) **wenn ich ~ in Paris bin** once I am in Paris; **wäre ich ~ wieder daheim!** if only I were at home again! **das würdest du ~ recht nicht wollen** you would like that even less; **du hättest ~ die anderen sehen sollen!** you should (just) have seen the others; **wenn du ~ so alt bist wie ich** once you're as old as I am; **das gab ~ ein Theater!** *colloq.* that really caused a sensation; **das macht die Sache ~ recht schlimm** that makes it all the worse; **nun ~ recht nicht!** now less than ever, now all the less; **und ich ~!** (*als Antwort*) me too! and how! – **7.** *dial. for* vorhin.

'Erst|,ab,satz *m econ.* initial sale(s *pl*). — **~,an·ge,bot** *n* bidding price, initial offer. — **~,an,mel·dung** *f jur.* (*eines Patents*) first (*od.* original) application. — **~,an,sa·ge** *f* (*games*) (*beim Bridge*) original bid. — **~,an,steckung** (*getr.* -k·k-) *f med. cf.* Erstinfektion.

er'star·ken [-'ʃtarkən] **I** *v/i* ⟨*no* ge-, sein⟩ grow strong(er), gather (*od.* gain) strength, strengthen. – **II E~** *n* ⟨-s⟩ *verbal noun.* — **Er'star·kung** *f* ⟨-; *no pl*⟩ **1.** *cf.* Erstarken. – **2.** recovery: **wirtschaftliche ~** economic recovery.

er'star·ren I *v/i* ⟨*no* ge-, sein⟩ **1.** (*von Körpern*) stiffen, grow stiff, (*vor Kälte*) get numb (*od.* benumbed): **seine Glieder erstarrten vor Kälte** his limbs grew stiff (*od.* got numb) with cold; **vor Schrecken ~** *fig. colloq.* to be frozen (*od.* paralyzed, petrified) with fear, to be scared stiff (*colloq.*); **das Lächeln auf ihrem Gesicht erstarrte** *fig.* the smile froze on her face; **das Blut erstarrte mir in den Adern** my blood froze (*od.* ran cold, *auch* curdled). – **2.** *bes. tech.* a) (*von Flüssigkeit, Zement, Kunststoff etc*) become solid, solidify, consolidate, set, b) (*von Stahl, Guß*) solidify, *auch* freeze: **die Lava erstarrte allmählich** gradually the lava solidified; **Gips erstarrt schnell** plaster sets rapidly. – **3.** *bes. chem.* (*von Öl, Fett etc*) congeal, solidify. – **4.** *fig.* (*von Entwicklung, Tradition etc*) become (*od.* grow) rigid, rigidify, ossify. – **5.** *mil.* (*von Front*) freeze. – **II E~** *n* ⟨-s⟩ **6.** *verbal noun.* – **7.** *cf.* Erstarrung. — **er'starrt I** *pp.* – **II** *adj* **1.** (*Körper*) stiff, (*vor Kälte*) numb, benumbed: **er stand wie zur Salzsäure ~** *fig.* he stood there rooted to the spot (*od.* paralyzed). – **2.** *fig.* (*Entwicklung etc*) rigid: **~e Überlieferungen** ironbound (*Br.* iron-bound) traditions. — **Er'star·rung** *f* ⟨-; *no pl*⟩ **1.** *cf.* Erstarren. – **2.** (*eines Körpers*) stiffness, (*vor Kälte*) numbness. – **3.** *bes. tech.* a) (*einer Flüssigkeit, des Zementes etc*) solidification, setting, consolidation, b) (*von Stahl, Guß etc*) solidification, *auch* freezing. – **4.** (*von Öl, Fett etc*) congelation, congealment, solidification. – **5.** *fig.* (*der Entwicklung etc*) rigidity, rigidification, ossification: **kulturelle ~** cultural paralysis. – **6.** *med.* a) (*körperliche*) rigidity, b) (*eines Gelenks*) stiffening.

Er'star·rungs|ge,stein *n geol.* igneous (*od.* volcanic) rock. — **~,kru·ste** *f* **1.** (*eines Lavastromes*) congealed crust. – **2.** (*der Erde*) (rigid) crust. — **~,punkt** *m* **1.** (*von Guß etc*) solidification (*od.* freezing) point. – **2.** (*von Zement, Kunststoff etc*) setting point. – **3.** (*von Fett etc*) congealing point. — **~,wär·me** *f* latent heat of solidification.

er'stat·ten [-'ʃtatən] **I** *v/t* ⟨*no* ge-, h⟩ **1.** (*Unkosten etc*) refund, return, repay, reimburse, restore: **wir werden ihm seine Auslagen ~** we shall repay (*od.* reimburse) his expenses. – **2. über etwas Bericht** (*od.* **Meldung**) **~** to report on s.th., to give a report on s.th. – **3. gegen j-n Anzeige ~** *jur.* to lay information against s.o., to report s.o. to the police (*od.* authorities). – **II E~** *n* ⟨-s⟩ **4.** *verbal noun.* — **Er'stat·tung** *f* ⟨-; *no pl*⟩ **1.** *cf.* Erstatten. – **2.** (*der Unkosten etc*) refund, repayment, reimbursement, restoration. – **3.** (*eines Berichtes etc*) (sending in [*od.* delivery of] a) report. – **4.** *jur.* (*einer Anzeige*) report (to the police *od.* authorities). – **5.** *jur. econ.* (*Rückerstattung*) compensation.

Er'stat·tungs|,an,spruch *m econ.* claim to reimbursement (*od.* for compensation). — **~be,trag** *m* amount of reimbursement (*od.* compensation). — **e~,fä·hig** *adj* (*Auslagen etc*) repayable. — **~,pflicht** *f jur.* **1.** (*Rückgabepflicht*) obligation to return (*od.* to make restitution). – **2.** (*Rückzahlungspflicht*) obligation to reimburse (*od.* repay, refund). — **e~,pflich·tig** *adj* **1.** (*rückgabepflichtig*) liable to make restitution. – **2.** (*rückzahlungspflichtig*) reimbursable, requiring reimbursement. — **~,rück,stän·de** *pl* arrears of repayment. — **~,satz** *m econ.* rate of reimbursement. — **~ver,fah·ren** *n jur.* restitution proceedings *pl.*

'erst,auf,füh·ren *v/t* ⟨*only inf u. pp,* erstaufgeführt, h⟩ (*Theaterstück etc*) give the first public performance of. — **'Erst,auf,füh·rung** *f* first performance (*od.* night), premiere, *bes. Br.* première, (*eines Films*) *auch* first run.

'Erst,auf,füh·rungs,film·thea·ter [-te,aːtər] *n* first-run theater (*bes. Br.* theatre).

er'stau·nen I *v/t* ⟨*no* ge-, h⟩ **j-n ~** to surprise (*od.* astonish, *stärker* amaze, astound) s.o.: **diese Nachricht erstaunt mich sehr** I'm very surprised at the news; **es erstaunte uns, daß er nicht kam** we were astonished (*od.* amazed) that he didn't come; **das würde uns nicht ~** we shouldn't be surprised at it, it wouldn't surprise us. – **II** *v/i* ⟨*sein*⟩ be surprised (*od.* astonished, *stärker* amazed, astounded): **er erstaunte über diese Änderung** he was surprised at this change. – **III** *v/reflex* **sich über etwas ~** *rare* to be surprised (*od.* astonished, *stärker* amazed, astounded) at s.th.

Er'stau·nen *n* ⟨-s; *no pl*⟩ surprise, astonishment, (*stärker*) amazement: **j-n in ~ (ver)setzen** to surprise (*od.* astonish, amaze) s.o.; **zu meinem (großen) ~** to my (great) surprise (*od.* astonishment); **etwas mit ~ sehen** to see s.th. with surprise.

er'stau·nens|,wert, ~,wür·dig *adj cf.* erstaunlich I.

er'staun·lich I *adj* surprising, astonishing,

(*stärker*) amazing, astounding: ~e Fortschritte surprising (*od.* remarkable) progress *sg*; eine ~e Leistung a prodigious (*od.* stupendous) feat; es ist ~, wie schnell man sich daran gewöhnt it is surprising how quickly you get used to it; er verschlang ~e Mengen he devoured (*od.* consumed) enormous quantities; das ist eine ~e Geschichte that's an amazing (*od.* a remarkable) story. – **II** *adv* surprisingly, astonishingly, (*stärker*) amazingly, astoundingly: sie hat bei der Prüfung ~ gut abgeschnitten she did surprisingly well in her examination. – **III E~e, das** ⟨-n⟩ the surprising (*od.* astonishing, *stärker* amazing, astounding) thing: das E~e daran ist, daß the surprising (*od.* remarkable) thing is that; er hat in seinem Beruf E~es geleistet he has done amazing things in his profession.

er'staun·li·cher'wei·se *adv* to one's surprise (*od.* astonishment, *stärker* amazement), strange to say.

er'staunt I *pp.* – **II** *adj* surprised, astonished, (*stärker*) amazed, astounded: ich war höchst (*od. colloq.* baß) ~ darüber I was most (*od.* greatly) surprised at this; er war ~, mich hier zu finden he was surprised to find me here; sie war recht ~ über seine Verlobung she was rather astonished at his engagement; wir sind äußerst ~ über seine Abreise we are amazed at his departure. — **Er'staunt·heit** *f* ⟨-; *no pl*⟩ *cf.* Erstaunen.

'Erst|ˌausˌbil·dung *f mil.* initial training: fliegerische ~ primary flying training. — **~ˌausˌfer·ti·gung** *f* **1.** *jur.* (*einer Urkunde etc*) original (copy). – **2.** *econ.* a) bank original, b) (*eines Wechsels*) first of exchange. — **~ˌausˌfüh·rung** *f tech.* prototype. — **~ˌausˌga·be** *f print.* first edition, editio princeps (*scient.*). — **~ˌausˌstat·tung** *f* **1.** *mil.* initial allowance. – **2.** (*für Babys*) layette. — **~beˌsied·ler** *m bot.* pioneer (plant). — **e~'be·ste I** *adj* first, any: die ~e Gelegenheit ergreifen to take the first opportunity; in das ~ Hotel gehen to put up at the first hotel one comes to. – **II** (*substantiviert mit Kleinschreibung*) *m, f* ⟨-n; -n⟩ just anybody: ich fragte den ~n, der mir begegnete I asked the first person (*od.* one) I met; sie möchte nicht den ~n heiraten she doesn't want to marry any Tom, Dick or Harry (*colloq.*). — **~beˌstei·gung** *f* (*eines Berges*) first ascent. — **~ˌdruck** *m* ⟨-(e)s; -e⟩ *print.* **1.** (*Korrekturabzug, Probedruck*) first impression. – **2.** (*Wiegendruck*) incunabulum. – **3.** (*erste Auflage*) first edition.

'er·ste I *adj* ⟨*ordinal number*⟩ first: die ~n beiden (*od.* beiden ~n) Monate the first two months; der ~ Buchstabe the first (*od.* initial) letter; bei ~r Gelegenheit at the first opportunity; etwas auf den ~n Blick sehen to see s.th. at the first glance; in den ~n Kreisen verkehren to move in the best circles; der ~ beste a) the first best, b) *cf.* erstbeste II; das ~ beste anything, the first (*od.* next) thing; zum ~n! zum zweiten! zum dritten! (*bei Versteigerung*) going, going, gone! die ~ Fassung the original version; die ~n Jahrhunderte der Weltgeschichte the early centuries of the world's history; der ~ Staatsmann seiner Zeit the foremost (*od.* leading) statesman of his age; einer der ~n Künstler one of the leading (*od.* greatest) artists; → Augenblick; Entwurf 2; Fall[2] 9; Gang[1] 18; Geige; Größe 10; Hand *Verbindungen mit Präpositionen*; Hilfe 5; Instanz 1; Klasse 4, 15; Linie 1; Mai 1; Mal[1]; Person 11; Platz 8, 15; Post 4; Qualität 3; Rang 5, 6; Schritt 1, 8; Stelle 3; Stock[2] 1; Wahl 4; Weltkrieg. – **II** *adv* fürs ~ for now, for the moment, for the time being; zum ~n möchte ich darauf hinweisen, daß in the first place (*od.* first of all, firstly) I want to point out that.

'Er·ste *m, f* ⟨-n; -n⟩, *n* ⟨-n; *no pl*⟩ **1.** first: der ~ des Monats the first of the month; er ist der ~ in der Klasse he is the best of his class; der ~ unter Gleichen the first among equals, primus inter pares; der ~ und der Letzte the first and the last; die Letzten werden die ~n sein *Bibl.* the last shall be first. – **2.** (*substantiviert mit Kleinschreibung*) first: der e~ von links the first from left; er war der e~, der das erwähnte he was the first to mention it; etwas als e~s tun to do s.th. first (thing *colloq.*). – **3.** Otto I. (*od.* der ~) *hist.* Otto I (*od.* the First).

er'ste·chen *v/t* ⟨*irr, no* ge-, h⟩ j-n ~ to stab s.o. (to death), (*mit dem Messer*) *auch* to knife s.o.

er'ste·hen[1] *v/t* ⟨*irr, no* ge-, h⟩ acquire, buy, purchase: ich habe das Buch billig erstanden I got the book cheap, this book was a bargain.

er'ste·hen[2] **I** *v/i* ⟨*irr, no* ge-, sein⟩ *lit.* **1.** rise, arise: Christ ist erstanden *relig.* Christ has risen; an dieser Stelle sollte später der Kölner Dom ~ in that place Cologne cathedral was to rise in later times. – **2.** (*von Schwierigkeiten etc*) arise, result, spring: daraus könnten uns Unannehmlichkeiten ~ this could cause us troubles. – **II E~** *n* ⟨-s⟩ **3.** *verbal noun.*

Er'ste·her *m* ⟨-s; -⟩ buyer, purchaser.

Er'ste·hung[1] *f* ⟨-; *no pl*⟩ acquisition, buying, purchase.

Er'ste·hung[2] *f* ⟨-; *no pl*⟩ *lit.* **1.** *cf.* Erstehen[2]. – **2.** rise.

er'steig·bar *adj* (*Berg etc*) climbable, mountable, scalable, accessible, ascendable. — **Er'steig·bar·keit** *f* ⟨-; *no pl*⟩ climbability, mountability, scalability, accessibility, accessibleness.

er'stei·gen I *v/t* ⟨*irr, no* ge-, h⟩ **1.** (*Berg etc*) climb, mount, scale, ascend: sie erstiegen den Berg in 5 Stunden they climbed the mountain in 5 hours. – **2.** (*Gipfel*) climb (up to), mount (*od.* go up) to. – **3.** *fig.* (*Position etc*) reach, rise (*od.* ascend) to, attain, climb: die Stufen der Macht ~ to climb the heights of power. – **II E~** *n* ⟨-s⟩ **4.** *verbal noun.*

Er'stei·ger *m* ⟨-s; -⟩ climber.

Er'stei·ge·rer *m* ⟨-s; -⟩ *econ.* a) *person who buys s.th. at an auction* (*by bidding highest*), b) highest bidder. — **er'stei·gern** *v/t* ⟨*no* ge-, h⟩ buy (*s.th.*) at an auction (by bidding highest). — **Er'stei·ge·rung** *f* ⟨-; *no pl*⟩ buying (*of s.th.*) at an auction.

Er'stei·gung *f* ⟨-; -en⟩ **1.** *cf.* Ersteigen. – **2.** ascent.

'Erstˌeinˌla·ge *f econ.* original investment.

er'stel·len I *v/t* ⟨*no* ge-, h⟩ **1.** (*Gebäude etc*) erect, construct, build, put up. – **2.** (*Transportmittel etc*) provide, make (*s.th.*) available. – **3.** (*Plan, Gutachten, Liste, Bericht etc*) draw up, make out: eine Rohbilanz ~ *econ.* to prepare (*od.* draw up) a trial balance. – **II E~** *n* ⟨-s⟩ **4.** *verbal noun.* — **Er'stel·lung** *f* ⟨-; *no pl*⟩ **1.** *cf.* Erstellen. – **2.** (*eines Gebäudes etc*) erection, construction. – **3.** (*von Transportmitteln etc*) provision. — **Er'stel·lungsˌko·sten** *pl econ.* **1.** (*eines Baues etc*) cost *sg* of construction, building cost(s *pl*). – **2.** (*eines Buches etc*) production cost(s *pl*).

'er·steˌmal, das the first time: zum erstenmal for the first time; beim erstenmal a) the first time, b) (*sofort*) immediately, at once, straightaway, *Br.* straight away.

'er·stens *adv* first of all, first(ly), in the first place: ~ einmal möchte ich Ihnen sagen, daß first (of all) (*od.* to begin with) I would like to tell you that; ~ kann ich es nicht und zweitens will ich es nicht first of all I can't do it and secondly I don't want to do it.

er'ster·ben *v/i* ⟨*irr, no* ge-, sein⟩ *lit.* **1.** die, expire: jedes Leben erstirbt all life (gradually) dies. – **2.** vor Ehrfurcht ~ *fig.* to be benumbed (*od.* filled) with awe, to be awestruck (*od.* awestricken). – **3.** *fig.* (*von Geräusch, Gefühl etc*) die (away), fade (away): das Lächeln auf ihren Lippen erstarb the smile faded from her lips.

'er·ste·re *adj* der ~ ..., der letztere the former ..., the latter.

'erst·erˌwähnt *adj* ⟨*attrib*⟩ *cf.* erstgenannt.

'Erst|erˌwerb *m econ.* first acquisition. — **~erˌwer·ber** *m* first taker (*od.* investor). — **~geˌbä·ren·de** *f med.* primipara. — **e~geˌbo·ren** *adj* ⟨*attrib*⟩ firstborn, *Br.* first-born, eldest. — **~geˌbo·re·ne** *m, f, n* ⟨-n; -n⟩ the eldest (*od.* firstborn, *Br.* first-born) (child). — **~geˌbot** *n econ.* first bid.

'Erst·geˌburt *f* **1.** the firstborn (*Br.* first-born) (child). – **2.** *cf.* Erstgeburtsrecht. — **'Erst·geˌburtsˌrecht** *n jur.* (right of) primogeniture, birthright.

'erst·geˌnannt *adj* ⟨*attrib*⟩ firstnamed, *Br.* first-named, firstmentioned, *Br.* first-mentioned. — **'Erst·geˌnann·te** *m, f, n* ⟨-n; -n⟩ the firstnamed (*Br.* first-named), the firstmentioned (*Br.* first-mentioned).

er'sticken (*getr.* -k·k-) **I** *v/i* ⟨*no* ge-, sein⟩ **1.** (*von Personen*) suffocate, stifle, choke: das Kind erstickte im Rauch the child was suffocated by smoke; er wäre fast an einer Gräte erstickt he nearly choked on a fish bone; an giftigen Gasen ~ to be suffocated (*od.* asphyxiated) by poisonous gas(es); vor Hitze (fast) ~ *fig.* to be suffocated from the heat; vor Lachen fast ~ *fig.* to almost choke with laughter (*od.* die laughing); in Arbeit ~ *fig. colloq.* to be up to one's neck in work, to be snowed under with work (*colloq.*); er erstickt bald im Geld *fig. colloq.* he is rolling in money; im eigenen Fett ~ *sl.* to be as fat as a pig. – **2.** (*von Flamme etc*) be smothered (*od.* extinguished, quenched), die. – **II** *v/t* ⟨h⟩ **3.** suffocate, asphyxiate, stifle, smother, choke: er erstickte den Säugling mit einem Kissen he smothered the baby with a pillow. – **4.** *fig.* (*überschütten, überhäufen*) smother. – **5.** (*Flamme, Feuer etc*) smother, quench, put out, extinguish. – **6.** (*Geräusch*) muffle, smother, stifle. – **7.** (*Revolution, Gefühl etc*) suppress, smother, stifle, quell: einen Aufruhr im Keim(e) ~ to nip a rebellion in the bud, to stifle a rebellion at birth (*od.* in embryo). – **III E~** *n* ⟨-s⟩ **8.** *verbal noun.* – **9.** suffocation, asphyxiation, asphyxia (*scient.*): Tod durch E~ death from (*od.* due to) suffocation (*od.* asphyxia); es ist zum E~ heiß *fig.* it is stifling(ly) hot (*od.* hot to the point of suffocation); dem E~ nahe sein to be nearly suffocating; die Luft ist zum E~ *fig.* the air is stifling. – **10.** *cf.* Erstickung. — **er'stickend** (*getr.* -k·k-) **I** *pres p.* – **II** *adj* **1.** *fig.* (*Hitze, Langeweile etc*) stifling. – **2.** ~er Kampfstoff *mil.* asphyxiating gas, asphyxiant. — **er'stickt I** *pp.* – **II** *adj fig.* **1.** (*Lachen, Schluchzen etc*) stifled, suppressed. – **2.** (*Stimme*) choked (up). — **Er'stickung** (*getr.* -k·k-) *f* ⟨-; -en⟩ **1.** *cf.* Ersticken. – **2.** *fig.* (*der Revolution, des Gefühls ets*) suppression.

Er'stickungs|ˌanˌfall (*getr.* -k·k-) *m* attack (*od.* fit) of choking, choking attack (*od.* fit). — **~ˌtod** *m* death from (*od.* due to) suffocation, asphyxia (*scient.*): den ~ sterben to die from suffocation.

'Erst|in·fek·tiˌon *f med.* primary (*od.* initial) infection. — **e~inˌstanz·lich** [-ˀɪnˌstantslɪç] *adj jur.* of the court of first instance: ~e Gerichtsbarkeit original jurisdiction.

'erstˌklas·sig [-ˌklasɪç] *adj* **1.** first-class, first-rate, excellent, A1 (*colloq.*), *bes. Am. colloq. auch* A number 1, of the first order: ~e Arbeit first-class (*od. colloq.* tip-top) work. – **2.** *econ.* a) (*Waren etc*) first-class, first-rate, prime, top-quality (*attrib*), b) (*Wertpapiere*) gilt-edge(d), high-grade (*attrib*).

'Erstˌkläß·ler [-ˌklɛslər] *m* ⟨-s; -⟩ *bes. Southern G. colloq.* beginner, *Am.* first-grader.

'Erst|kom·mu·niˌkant *m*, **~kom·mu·niˌkan·tin** *f röm.kath.* first communicant. — **~kom·mu·niˌon** *f* first Communion.

'erst·lich *adv cf.* erstens.

'Erst·ling *m* ⟨-s; -e⟩ **1.** firstborn (*Br.* first-born) (child). – **2.** *agr.* (*von Tieren*) firstling, firstborn, *Br.* first-born.

'Erst·lings|ˌar·beit *f* (*eines Künstlers etc*) first work. — **~ˌausˌstat·tung** *f cf.* Erstausstattung 2. — **~erˌfolg** *m* first success: ~e *auch* firstfruits, *Br.* first-fruits. — **~roˌman** *m* first novel. — **~verˌsuch** *m* first attempt. — **~ˌwerk** *n cf.* Erstlingsarbeit.

'erstˌma·lig I *adj* **1.** first. – **2.** new, novel, unprecedented. – **II** *adv* **3.** *cf.* erstmals.

'erstˌmals [-ˌmaːls] *adv* (for) the first time.

'Erstˌmelˑdung *f* exclusive news report, scoop (*colloq.*).

'Erst·pla·ˌcier·te *m, f* ⟨-n; -n⟩ (*sport*) first, winner: die drei ~n the three winners, the first three, the front ranks, *Am. sl.* the first string *sg.*

er'strah·len *v/i* ⟨*no* ge-, sein⟩ shine, gleam, sparkle: der Weihnachtsbaum erstrahlte im Lichterglanz the Christmas tree sparkled in the glitter of the lights; seine Augen erstrahlten vor Begeisterung *fig.* his eyes lit up with enthusiasm.

'erstˌran·gig [-ˌraŋɪç] *adj* first-class, first-rate, top-rate.

er'stre·ben *v/t* ⟨*no* ge-, h⟩ (*Reichtum, Macht, Ruhm, Herrschaft etc*) aim at, aspire to (*od.* after), strive after (*od.* for): ein Ziel ~ to aim at (*od.* work toward[s]) a goal.

er'stre·bensˌwert *adj* desirable, worthwhile, *Br.* worth-while (*attrib*), worth the effort.

er'strecken (*getr.* -k·k-) **I** *v/reflex* sich ~ ⟨*no* ge-, h⟩ **1.** (bis, zu to; über *acc* over) extend, stretch, reach, spread: **sich über ein riesiges Gebiet** ~ to extend over (*od.* cover) a vast area; **Kanada erstreckt sich von den Großen Seen bis zum Polarkreis** Canada reaches from the Great Lakes to the polar circle. – **2.** **sich** ~ **über** (*acc*) *fig.* to cover, to extend over: **seine Aufzeichnungen** ~ **sich über einen Zeitraum von zehn Jahren** his records cover a period of ten years. – **3.** **sich** ~ **auf** (*acc*) *fig.* a) (*betreffen*) to extend to, to apply to, to concern, b) (*umfassen*) to include, to comprise, to embrace: **dieses Gesetz erstreckt sich auch auf Rentenempfänger** this law also applies to pensioners; **meine Tätigkeit erstreckt sich ferner auf** (*acc*) my duties also include. – **II E~** *n* ⟨-s⟩ **4.** *verbal noun.* — **Er'streckung** (*getr.* -k·k-) *f* ⟨-; *no pl*⟩ **1.** *cf.* Erstrecken. – **2.** extension, extent.

er'strei·ten *v/t* ⟨*irr, no* ge-, h⟩ *cf.* erkämpfen.

'Erst,ri·si·ko·ver,si·che·rung *f econ.* initial risk insurance.

'Erst|,schrift *f* (*einer Urkunde etc*) original (copy). — **~,schuld·ner** *m jur.* primary debtor. — **e~,stel·lig** [-,ʃtɛlɪç] *adj econ.* ranking first, first-ranking: **~e Hypothekengelder** first-mortgage loan monies. — **~,stim·me** *f pol.* (*auf Wahlzettel*) first vote. — **~,tags·,brief** *m philat.* first-day cover. — **~,tags·,stem·pel** *m* first-day (date) stamp.

er'stun·ken *adj only in* **das ist** ~ **und erlogen** *colloq.* that's a fat lie, that's a pack of lies.

er'stür·men I *v/t* ⟨*no* ge-, h⟩ *mil.* (*Stadt, Festung etc*) take (*s.th.*) by storm (*od.* assault). – **II E~** *n* ⟨-s⟩ *verbal noun.* — **Er'stür·mung** *f* ⟨-; *no pl*⟩ **1.** *cf.* Erstürmen. – **2.** assault.

er'su·chen I *v/t* ⟨*no* ge-, h⟩ ask, request: **j-n um etwas** ~ to ask (*od.* request) s.th. of s.o.; **j-n um eine Gefälligkeit** ~ to ask s.o. a favo(u)r, to ask a favo(u)r of s.o.; **er ersuchte mich dringend, ihm zu helfen** he urgently requested (*od.* he entreated, he implored, he besought) me to help him; **Sie werden ersucht, sich am Montag einzufinden** you are requested to appear on Monday. – **II** *v/i* **um etwas** ~ a) (*bitten*) to ask (*od.* request) s.th., b) (*nachsuchen*) to ask (*od.* apply) for s.th.: **um Verlängerung der Aufenthaltsgenehmigung** ~ to apply for an extension of one's residence permit.

Er'su·chen *n* ⟨-s; -⟩ (*officialese*) **1.** request, (*dringendes*) entreaty: **auf sein dringendes** ~ at (*od.* upon) his urgent request. – **2.** application, petition.

er'tap·pen I *v/t* ⟨*no* ge-, h⟩ catch (*s.o.*) (unaware[s]), surprise: **j-n beim Stehlen [bei einer Lüge]** ~ to catch s.o. stealing [in a lie]. – **II** *v/reflex* **sich bei etwas** ~ *fig.* to catch oneself doing s.th.: **ich ertappte mich bei dem Gedanken an** (*acc*) *fig.* I caught myself thinking of.

er'ta·sten *v/t* ⟨*no* ge-, h⟩ make out (*od.* identify) (*s.th.*) by touch (*od.* feel).

er'tau·ben [-'taubən] *v/i* ⟨*no* ge-, sein⟩ *med.* become deaf, lose one's hearing. — **Er'tau·bung** *f* ⟨-; *no pl*⟩ loss of hearing.

er'tei·len I *v/t* ⟨*no* ge-, h⟩ **1.** (*Rat, Auskunft, Unterricht etc*) give: **j-m die Erlaubnis** ~, **etwas zu tun** to give (*od.* grant) s.o. permission to do s.th.; **j-m ein Lob** ~ to praise s.o., to give s.o. praise; **j-m Vollmacht** ~ to give s.o. authority, to authorize s.o.; **j-m eine Lektion** ~ *fig.* to teach s.o. a lesson; **j-m Entlastung** ~ *econ.* to give formal approval to the actions of s.o.; → **Abfuhr 2; Absolution; Segen 1; Wort 2.** – **2.** (*Verweis etc*) give, administer: **j-m eine Rüge** ~ to give s.o. a rebuke. – **3.** (*Befehl*) give, issue: **j-m einen Befehl** ~ to give s.o. a command. – **4.** (**j-m**) **eine Lizenz** ~ to grant (s.o.) a licence (*Am.* license). – **5.** **j-m ein Recht** ~ to confer (*od.* bestow) a right (up)on s.o. – **6.** (**j-m**) **einen Auftrag** ~ to place an order (with s.o.). – **II E~** *n* ⟨-s⟩ **7.** *verbal noun.* — **Er'tei·lung** *f* ⟨-; *no pl*⟩ **1.** *cf.* Erteilen. – **2.** (*einer Rüge etc*) administration. – **3.** (*eines Befehls*) issue. – **4.** (*eines Rechts*) bestowal.

er'tö·nen *v/i* ⟨*no* ge-, sein⟩ *cf.* erklingen.

er'tö·ten *v/t* ⟨*no* ge-, h⟩ *lit.* (*Leidenschaft, Gefühl etc*) deaden, kill, extinguish, stifle, mortify.

Er'trag [-'tra:k] *m* ⟨-(e)s; ⸚e⟩ **1.** (*eines Feldes etc*) yield, produce: **gute Erträge liefern** (*od.* **abwerfen**) to yield well; **den** ~ **eines Ackers steigern** to increase the yield of a field. – **2.** *econ.* (*eines Geschäftes etc*) yield, return(s *pl*), proceeds *pl*, profit, income: **steigender [sinkender]** ~ increasing [diminishing] returns *pl.* – **3.** (*einer Sammlung, aus Verkäufen etc*) proceeds *pl.* – **4.** (*eines Bergwerks, einer Ölquelle etc*) output, yield. – **5.** *fig.* (*einer Arbeit, Tätigkeit etc*) fruit(s *pl*), result(s *pl*).

er'trag·bar *adj cf.* erträglich 1.

er'tra·gen I *v/t* ⟨*irr, no* ge-, h⟩ **1.** (*aushalten*) bear, endure, stand: **seine Schmerzen geduldig** ~ to bear (*od.* endure) one's pains patiently; **das ist kaum noch** (*od.* **mehr**) **zu** ~ that is hardly bearable; **er kann es nicht** ~, **ausgelacht zu werden** he can't bear to be laughed at; **ich kann den Anblick [Gedanken daran] nicht** ~ I can't bear the sight [the idea] of it; **ich kann ihn nicht** ~ I cannot bear (*od.* stand, abide, *bes. Br. colloq.* stick) him. – **2.** (*dulden*) bear, tolerate, suffer, put up with: **sein Benehmen ist nicht zu** ~ his behavio(u)r is unbearable (*od.* intolerable, insufferable). – **II E~** *n* ⟨-s⟩ **3.** *verbal noun.* – **4.** endurance. – **5.** toleration.

er'trag,fä·hig *adj* **1.** (*Feld etc*) (capable of) yielding, productive. – **2.** (*Kapital etc*) capable of yielding returns (*od.* profit), profit-yielding. — **Er'trag,fä·hig·keit** *f* ⟨-; *no pl*⟩ **1.** (*eines Feldes etc*) yield capacity. – **2.** (*von Kapital etc*) earning (*od.* profit-yielding) capacity, return potential.

er'träg·lich [-'trɛ:klɪç] **I** *adj* **1.** (*zu ertragen*) bearable, endurable, sufferable. – **2.** (*mittelmäßig, leidlich*) bearable, tolerable, passable, fair to middling (*colloq.*): **das Wetter war ganz** ~ the weather was passable; **ein ~es Auskommen haben** to have a tolerable income. – **II E~e, das** ⟨-n⟩ **3.** **die Grenze des E~en überschreiten** to be unbearable (*od.* past bearing). — **Er'träg·lich·keit** *f* ⟨-; *no pl*⟩ **1.** (*von Schmerzen etc*) bearableness, endurableness, sufferableness. – **2.** (*Mittelmäßigkeit*) bearableness, tolerableness, passableness.

er'trag·los *adj* **1.** (*Feld etc*) unproductive, nonproductive *Br.* non-. – **2.** (*Geschäft etc*) unprofitable.

Er'trä·gnis [-'trɛ:knɪs] *n* ⟨-ses; -se⟩ *meist pl econ. for* Ertrag 2. — **e~,reich** *adj cf.* ertragreich.

er'trag,reich *adj* **1.** (*Feld etc*) yielding well, productive, fertile: **den Boden ~er machen** to enrich the soil. – **2.** *bes. fig.* fruitful: **ein ~es Jahr** a fruitful year. – **3.** (*Geschäft etc*) profitable, (well-)paying, lucrative.

Er'trags|,aus,fall *m econ.* loss of profit. — **~be,steue·rung** *f* taxation of business earnings. — **~be,tei·li·gung** *f cf.* Gewinnbeteiligung. — **~bi,lanz** *f* balance of payments on current account. — **~er,hö·hung** *f cf.* Ertragssteigerung. — **~,gren·ze** *f* limit of earning power. — **~,hö·he** *f* level of productiveness. — **~,la·ge** *f* profitability, earnings *pl*, returns *pl*, profit and loss position. — **~,min·de·rung** *f* decrease in productiveness (*od.* returns). — **~,rech·nung** *f* income account. — **~,rück,gang** *m* diminishing returns *pl*, falling off in returns. — **~,spit·ze** *f* maximum productivity, peak yield. — **~,stei·ge·rung** *f* **1.** increase in productiveness (*od.* returns). – **2.** increased returns *pl.* — **~,steu·er** *f* profits tax, tax on earnings. — **~,wert** *m* productive (*od.* income) value.

er'trän·ken I *v/t* ⟨*no* ge-, h⟩ *auch fig.* drown: **seinen Kummer** (*od.* **seine Sorgen**) **im Alkohol** ~ *fig.* to drown one's sorrows in alcohol (*od.* drink). – **II** *v/reflex* **sich** ~ drown oneself: **er ertränkte sich aus Verzweiflung** he drowned himself out of despair.

er'träu·men *v/t* ⟨*no* ge-, h⟩ **sich** (*dat*) **etwas** ~ to dream of (*od.* imagine, [en]vision) s.th.: **ich hätte es mir nicht schöner** ~ **können** that is beyond my wildest dreams. — **er'träumt I** *pp.* – **II** *adj* **1.** dreamt- (*od.* dreamed-)of (*attrib*): **eine lang ~e Reise** a long dreamt-of journey; **nie ~es Glück** undreamed- (*od.* undreamt-)of happiness. – **2.** (*unwirklich*) imaginary, visionary.

er'trin·ken I *v/i* ⟨*irr, no* ge-, sein⟩ **1.** be drowned, drown: **er ertrank beim Baden** he was drowned while bathing. – **2.** *fig.* be swamped, be snowed under: **in einer Flut von Briefen** ~ to be swamped by a flood of letters. – **II E~** *n* ⟨-s⟩ **3.** *verbal noun:* **Tod durch E~** death by drowning; **j-n vor dem E~ retten** to save s.o. from drowning. — **Er'trin·ken·de** *m, f* ⟨-n; -n⟩ drowning person.

er'trot·zen *v/t* ⟨*no* ge-, h⟩ (**sich** *dat*) **etwas** (**von j-m**) ~ to get (*od.* obtain) s.th. (from s.o.) by sheer obstinacy (*od.* stubbornness, defiance).

Er'trun·ke·ne *m, f* ⟨-n; -n⟩ drowned person.

er'tüch·ti·gen [-'tʏçtɪgən] **I** *v/t* ⟨*no* ge-, h⟩ **j-n** (**körperlich**) ~ to train s.o., to make s.o. fit (*od.* strong, tough), to toughen s.o. up, to strengthen (*od.* harden) s.o. – **II** *v/reflex* **sich** ~ become fit (*od.* strong, tough), toughen (up), make oneself (physically) fit. — **Er'tüch·ti·gung** *f* ⟨-; *no pl*⟩ (**körperliche**) ~ (physical) training (*od.* toughening [up], strengthening).

er'üb·ri·gen [-'ʔy:brɪgən] **I** *v/t* ⟨*no* ge-, h⟩ **1.** (*Geld, Vorräte etc*) save, put aside (*od.* away, by): **er konnte große Summen** ~ he could save large sums. – **2.** (*Zeit*) spare: **können Sie eine Stunde für mich** ~? can you spare me an hour? – **II** *v/reflex* **sich** ~ **3.** be unnecessary (*od.* superfluous): **es erübrigt sich, darauf einzugehen** it is unnecessary (*od.* useless) to enter (*od.* go) into that; **jedes weitere Wort erübrigt sich** there is nothing more to say.

eru·ie·ren [eru'i:rən] **I** *v/t* ⟨*no* ge-, h⟩ **1.** (*Fakten etc*) elicit, bring out. – **2.** *Austrian jur.* (*Täter etc*) trace. – **II E~** *n* ⟨-s⟩ **3.** *verbal noun.* — **Eru'ie·rung** *f* ⟨-; *no pl*⟩ **1.** *cf.* Eruieren. – **2.** (*von Fakten*) elicitation.

Erup·ti·on [erup'tsio:n] *f* ⟨-; -en⟩ **1.** *geol.* eruption. – **2.** *med.* (*Ausschlag*) eruption.

Erup·ti'ons|,ke·gel, **~,kra·ter** *m geol.* crater of eruption. — **~pro,dukt** *n* volcanic product. — **~,spal·te** *f* volcanic (*od.* fissure) vent.

erup·tiv [erup'ti:f] *adj geol.* eruptive: **~er Zustand** eruptivity. — **E~ge,stein** *n* igneous (*od.* volcanic) rock.

Er·ve ['ɛrvə] *f* ⟨-; -n⟩ *bot.* **1.** ers, bitter vetch (*Vicia ervilia*). – **2.** **Wilde** ~ everlasting pea (*Lathyrus silvestris*).

'Er·ven|,wür·ger *m*, **~,wur·zel** *f bot. cf.* Erbsenwürger.

er'wa·chen I *v/i* ⟨*no* ge-, sein⟩ **1.** wake (up), awake(n): **er erwachte um Mitternacht** he woke up (*od.* awoke) at midnight; **aus tiefem Schlaf** ~ to (a)wake from a sound sleep; **sie erwachte von dem Lärm** she was awakened (*od.* [a]roused) by the noise; **sie erwachte aus ihren Träumereien** *fig.* she awoke from her reverie (*od.* revery); **die Natur erwacht zu neuem Leben** *lit.* nature awakes to new life. – **2.** *fig.* (*von Gefühl etc*) wake, awake(n), be awakened (*od.* aroused): **sein Interesse [Ehrgeiz] erwachte** his interest [ambition] was awakened (*od.* aroused); **seine Neugier erwachte** his curiosity was aroused (*od.* stirred, awakened). – **3.** *poet.* (*von Tag*) dawn, break. – **II E~** *n* ⟨-s⟩ **4.** *verbal noun:* **bei meinem E~** on (my) awaking; **es war ein trauriges E~** *fig.* it was a sorry (*od.* sad) awakening. – **5.** *poet.* (*des Tages*) dawn, break.

er'wach·sen[1] *v/i* ⟨*irr, no* ge-, sein⟩ **1.** (*von Nutzen, Unannehmlichkeit, Verpflichtung etc*) arise, accrue, result, proceed: **daraus sind große Schwierigkeiten** ~ great difficulties have accrued (*od.* arisen) from it; **ihm sind hohe Unkosten daraus** ~ high expenses have arisen from it for him, this has resulted in high expenses for him. – **2.** (*von Siedlung, Partei etc*) (**aus** from) grow, develop.

er'wach·sen[2] **I** *pp of* **erwachsen**[1]. – **II** *adj* adult, grown-up (*attrib*), full-grown (*attrib*): **ein ~er Mensch** a grown-up person, an adult; **die Frau hat drei ~e Kinder** the woman has three grown-up children. – **III** *adv* like a grown-up: **er benimmt sich schon sehr** ~ he behaves like a grown-up.

Er'wach·se·ne *m, f* ⟨-n; -n⟩ adult (person), grown-up (person): **nur für ~e!** adults only!

Er'wach·se·nen|,bil·dung, *auch* **~er,zie·hung** *f ped.* adult education.

Er'wach·sen,sein *n* adulthood, adult age.

er'wä·gen I *v/t* ⟨erwägt, erwog, erwogen, h⟩ **1.** (*überdenken*) consider, weigh, ponder, think (*s.th.*) over, deliberate: **er erwog alle Möglichkeiten** he weighed all possibilities; **er erwog, ob** he considered (*od.* deliberated as to) whether. – **2.** (*in Betracht ziehen*) take (*s.th.*) into account (*od.* consideration). – **3.** (*beabsichtigen*) contemplate: **sie** ~, **ihr Geschäft zu erweitern** they are contemplating the enlargement of their business. – **4.** (*prüfen*) examine. – **II E~** *n* ⟨-s⟩ **5.** *verbal noun.* – **6.** *cf.* Erwägung.

er'wä·gensˌwert *adj* (*Plan etc*) worth considering (*od.* thinking about).
Er'wä·gung *f* ⟨-; -en⟩ **1.** *cf.* Erwägen. – **2.** consideration, deliberation: **wenn man alles in ~ zieht** taking all things into consideration, all things considered; **den Kauf eines Hauses in ~ ziehen** to consider (*od.* think about) buying a house; **in der ~, daß** considering that; **~en darüber anstellen, ob** to consider (*od.* deliberate as to) whether. – **3.** contemplation. – **4.** examination.
er'wäh·len *v/t* ⟨no **ge-**, h⟩ *rare* **1.** (*aussuchen*) choose: **(sich** *dat*) **einen Beruf ~** to choose a profession. – **2.** (*wählen*) elect, choose. — **er'wählt I** *pp.* – **II** *adj* **1.** (*Wohnsitz etc*) chosen: **die ~e Braut** the bride-to-be. – **2.** elect (*nachgestellt*), elected: **der ~e Bischof** the bishop-elect, *Br.* the bishop elect. — **Er'wähl·te** *m, f* ⟨-n; -n⟩ *cf.* Auserwählte.
er'wäh·nen I *v/t* ⟨no **ge-**, h⟩ **1.** mention, make mention of, refer to, make reference to: **etwas am Rande** (*od.* **nebenbei, beiläufig**) **~** to mention s.th. in passing (*od.* incidentally); **er hat das mit keiner Silbe** (*od.* **keinem Wort**) **erwähnt** he didn't mention (*od.* breathe) a syllable (*od.* word) of it; **ich vergaß zu ~, daß** I forgot to mention (the fact) that; **namentlich ~** to mention by name; **kurz das Wichtigste ~** to mention briefly the most important points (of s.th.), *Am. colloq. auch* to hit (*od.* touch) the high spots; **es wäre** (*od.* **bliebe**) **noch zu ~, daß** it remains to be mentioned that; **j-n lobend ~** to make hono(u)rable mention of s.o., to commend s.o. – **II E~** *n* ⟨-s⟩ **2.** *verbal noun.* – **3.** *cf.* Erwähnung.
er'wäh·nensˌwert *adj* worth mentioning: **der Vorfall ist nicht ~** the event (*od.* incident) is not worth mentioning (*od.* nothing to speak of).
Er'wäh·nung *f* ⟨-; -en⟩ **1.** *cf.* Erwähnen. – **2.** (*gen*) mention (of), reference (to): **die bloße ~ dieses Zwischenfalls** the mere mention of this incident; **die Sache ist nicht der ~ wert** the matter is not worth mentioning; **bei der ~ seines Namens fuhr er zusammen** at the mention of his name he started; **lobende ~ finden** to receive hono(u)rable mention; **einer Sache ~ tun** (*officialese*) to mention (*od.* refer to) s.th., to make mention of (*od.* reference to) s.th.
er'wan·dern *v/t* ⟨no **ge-**, h⟩ **(sich** *dat*) **etwas ~** to get to know s.th. by walking.
er'wär·men I *v/t* ⟨no **ge-**, h⟩ **1.** (*Raum etc*) warm (*s.th.*) (up), *stärker* heat (*s.th.*) (up): **das Wasser wird von der Sonne erwärmt** the water is warmed (up) by the sun. – **2. j-n für etwas [j-n] ~** *fig.* to arouse s.o.'s interest in s.th. [s.o.], to get s.o. interested in s.th. [s.o.]. – **3.** *med.* (*durch heiße Umschläge*) foment. – **II** *v/reflex* **sich ~ 4.** (*von Luft etc*) warm up, get (*od.* become) warm: **der Boden erwärmte sich langsam** the ground warmed up slowly. – **5. sich für etwas [j-n] ~** *fig.* to take (*od.* warm up) to s.th. [s.o.], to feel (*od.* show) enthusiasm for s.o. [s.th.]: **ich kann mich für diese Idee nicht ~** I cannot warm (up) to this idea. – **III E~** *n* ⟨-s⟩ **6.** *verbal noun.* — **Er'wär·mung** *f* ⟨-; no *pl*⟩ **1.** *cf.* Erwärmen. – **2.** *bes. meteor.* warming, (*stärker*) heating (up), calefaction (*scient.*): **allmähliche ~ der Luft** gradual warming (up) of the air.
er'war·ten I *v/t* ⟨no **ge-**, h⟩ **1.** expect: **es war** (*od.* **stand**) **zu ~, daß** it was to be expected that; **ich erwarte von dir, daß du pünktlich bist** I expect you to be punctual; **etwas (Unangenehmes) zu ~ haben** to have to expect (*od. colloq.* be in for) s.th. (unpleasant); **das habe ich erwartet** I expected as much, I thought so; **sich** (*dat*) **viel von etwas ~** to expect a great deal from s.th.; **j-n zum Essen ~** to expect s.o. for dinner; **von ihm kann man noch allerhand ~** *colloq.* he is a man to watch out for. – **2.** (*warten auf*) await, expect: **ich erwarte ihn am Bahnhof** I'll await (*od.* wait for) him at the station; **sie erwartet ein Kind** she is expecting. – **3.** (*freudig erwarten*) look forward to: **die Kinder können die Ferien kaum ~** the children are eagerly looking forward to their holidays (*Am.* vacation). – **4.** (*rechnen mit*) anticipate: **wir ~ gutes Wetter für das Wochenende** we anticipate good weather for the weekend. – **II E~** *n* ⟨-s⟩ **5.** *verbal noun.* – **6.** expectation: **wider (alles) E~ ging alles glatt** contrary to (*od.* against) all expectation(s) everything went smoothly; **über (alles) E~** beyond all expectation(s). — **Er'war·tung** *f* ⟨-; -en⟩ **1.** *cf.* Erwarten. – **2.** expectation, expectance, expectancy: **in der ~, daß** expecting that; **auf** (*od.* **in**) **j-n ~en setzen** to place one's expectations (*od.* hopes) in s.o.; **j-s ~en entsprechen** (*od.* **erfüllen**) to come up to (*od.* fulfil[l]) s.o.'s expectations; **sie sahen sich in ihren ~en getäuscht** (*od.* **enttäuscht**) they found themselves disappointed in their expectations; **das entsprach nicht meinen ~en** that did not come up to (*od.* fell short of) my expectations; **alle sind voller ~** everyone is full of (*od.* on tiptoes with, up in the air with) expectation. – **3.** anticipation: **in ~ Ihrer Antwort** (*officialese*) awaiting (*od.* looking forward to) your reply, in anticipation of your reply.
er'war·tungs|geˌmäß *adv* according to expectation, as expected. — **~ˌvoll** *adj* (*Blick etc*) full of expectation, expectant.
er'wecken (*getr.* -k·k-) **I** *v/t* ⟨no **ge-**, h⟩ **1.** *fig.* (*Gefühl, Wunsch etc*) arouse, provoke: **bei j-m das Verlangen nach etwas ~** to arouse s.o.'s desire for s.th. – **2.** *fig.* (*Interesse*) excite, arouse, stir up. – **3.** *fig.* (*Argwohn, Verdacht, Neid*) arouse, excite. – **4.** *fig.* (*Vertrauen, Hoffnung, Furcht*) inspire, arouse. – **5.** *fig.* (*Erinnerung*) stir up, bring back, call forth. – **6.** *fig.* (*in Wendungen wie*) **bei j-m den Glauben ~, daß** to make s.o. believe that; **es erweckt den Anschein, als ob** it looks as if (*od.* though). – **7.** *relig.* (*bekehren*) convert: **j-n zum Glauben ~** to bring s.o. to faith, to cause (*od.* bring about) a religious awakening in s.o. – **8. etwas [j-n] wieder zum Leben ~** to revive s.th. [s.o.], to recall s.th. [s.o.] to life: **j-n von den Toten ~** *Bibl.* to raise s.o. from the dead. – **II E~** *n* ⟨-s⟩ **9.** *verbal noun.* – **10.** (*von Gefühl etc*) arousal, provocation. – **11.** (*von Interesse, Verdacht etc*) excitation, arousal. – **12.** (*von Vertrauen etc*) inspiration, arousal. — **Er'weckung** (*getr.* -k·k-) *f* ⟨-; no *pl*⟩ **1.** *cf.* Erwecken. – **2.** *relig.* (*Bekehrung*) conversion.
er'weh·ren *v/reflex* ⟨no **ge-**, h⟩ **1. sich j-s ~** to keep (*od.* ward) s.o. off, to keep s.o. at bay, to withstand s.o., to defend oneself against s.o.: **sie versuchten, sich ihrer Gegner zu ~** they tried to keep their adversaries at bay. – **2. sich einer Sache nicht ~ können** a) to be defenceless (*Am.* defenseless) (*od.* helpless) against s.th., b) not to be able to refrain from (*od.* resist) s.th.: **ich konnte mich seiner Aufdringlichkeit nicht ~** I was defenceless against his obtrusiveness; **sie konnte sich kaum der Tränen ~** she could hardly refrain from (*od.* keep back her) tears; **er konnte sich eines Lächelns nicht ~** he couldn't refrain from (*od.* help) smiling; **ich kann mich des Eindrucks [Gedankens] nicht ~, daß** I cannot help feeling [thinking] that.
er'wei·chen I *v/t* ⟨no **ge-**, h⟩ **1.** *fig.* (*Person etc*) soften, move, touch: **j-s Herz ~** to soften (*od.* melt) s.o.'s heart; **ihre Tränen erweichten ihn** her tears softened him; **er war nicht zu ~** he could not be moved. – **2. sich ~ lassen** *fig.* to give in, to relent, to yield: **er ließ sich durch nichts ~** nothing would make him give in. – **3.** *tech.* soften, fuse. – **4.** *med.* soften. – **5.** *ling.* (*Verschlußlaut*) soften. – **II** *v/i* ⟨sein⟩ **6.** *med. tech.* soften, become soft. – **III E~** *n* ⟨-s⟩ **7.** *verbal noun.* — **er'wei·chend I** *pres p.* – **II** *adj med. pharm.* a) (*Mittel*) emollient, b) (*das Gewebe*) softening: **~er Umschlag** emollient cataplasm. — **Er'wei·chung** *f* ⟨-; no *pl*⟩ **1.** *cf.* Erweichen. – **2.** *med.* softening; mollities, malacia (*scient.*).
Er'wei·chungs|ˌmit·tel *n* (*textile*) softener. — **~ˌpunkt** *m tech.* softening (*od.* fusion) point.
Er'weis *m* ⟨-es; -e⟩ *rare* proof: **den ~ für etwas (er)bringen** to produce proof of s.th., to prove (*od.* demonstrate, establish) s.th.
er'wei·sen I *v/t* ⟨*irr,* no **ge-**, h⟩ **1.** prove, show, demonstrate, establish (as a fact): **die Forschung hat erwiesen, daß** research has proved that; **das Gericht hat seine Forderungen als falsch erwiesen** the court has proved his claims to be false (*od.* disproved his claims). – **2. j-m etwas ~** a) (*Gefallen, Gefälligkeit*) to do s.o. s.th., to extend s.th. to s.o., b) (*Gunst*) to grant s.o. s.th., c) (*Dienst*) to do (*od.* render) s.o. s.th., d) (*Respekt, Achtung*) to show (*od.* pay) s.o. s.th.: **damit hast du mir einen schlechten Dienst erwiesen** you have done me a disservice (*od.* bad turn) with this; → Ehre 1. – **II** *v/reflex* **sich ~ 3.** show oneself: **er hat sich mir gegenüber dankbar erwiesen** he showed himself grateful to me, he showed his gratitude to me; **sich seines (guten) Rufes würdig ~** *lit.* to live up to one's reputation. – **4. sich als etwas ~** to prove (*od.* turn out) to be s.th.: **diese Annahme erwies sich als Trugschluß** this supposition (has) proved to be a fallacy; **es hat sich als notwendig erwiesen** it has proved to be (*od.* it has been found) necessary; **er erwies sich als ein treuer Freund** he proved to be a loyal friend. — **er'weis·lich** *adj cf.* nachweisbar 1.
er'wei·tern I *v/t* ⟨no **ge-**, h⟩ **1.** (*Straße, Öffnung etc*) widen, enlarge. – **2.** (*Gebäude etc*) enlarge, extend. – **3.** *fig.* (*Einfluß, Befugnis etc*) extend, widen, expand. – **4.** *fig.* (*seinen Horizont etc*) enlarge, widen, broaden. – **5.** *fig.* (*sein Wissen etc*) extend, enlarge, *auch* amplify: **seine Kenntnisse durch Lesen ~** to extend one's range of knowledge by reading. – **6.** *fig.* (*Geschäft etc*) expand, extend, enlarge: **die Fabrik erweitert ihre Produktionskapazität** the factory is expanding its productive capacity. – **7.** *fig.* (*Buch, Programm etc*) enlarge. – **8.** *fig.* (*Begriff, Fragestellung etc*) extend. – **9.** *math.* (*Bruch*) reduce (*fraction*) to higher terms. – **10.** *tech.* (*Bohrloch etc*) widen, enlarge. – **11.** *jur.* (*Vertrag*) elaborate. – **12.** *med.* a) (*vergrößern*) enlarge, b) (*dehnen*) dilate, c) (*spreizen*) distend. – **13.** *civ.eng.* (*erschließen*) develop. – **II** *v/reflex* **sich ~ 14.** (*von Straße, Tal etc*) widen, open out. – **15.** *tech.* (*von Bohrloch etc*) widen, enlarge. – **16.** *med.* a) (*von Pupille etc*) dilate, b) (*von Magen*) distend, become distended, dilate, c) (*von Herz*) enlarge, become enlarged, dilate. – **17.** *fig.* (*von Begriff etc*) become wider (*od.* extended). – **18.** *fig.* (*von Einfluß etc*) extend, widen. – **19.** *fig.* (*von Horizont etc*) enlarge, widen, broaden. – **20.** *fig.* (*von Wissen etc*) extend, enlarge. – **21.** *fig.* (*von Geschäft etc*) expand, extend, enlarge. – **III E~** *n* ⟨-s⟩ **22.** *verbal noun.* — **er'wei·tert I** *pp.* – **II** *adj* **1.** *bes. print.* (*Auflage etc*) enlarged. – **2.** *ling.* a) (*Laut*) expanded, b) (*Satz*) compound, c) (*Infinitiv*) extended. – **3.** *fig.* (*Wortbedeutung*) wider, broader, extended. — **Er'wei·te·rung** *f* ⟨-; -en⟩ **1.** *cf.* Erweitern. – **2.** (*einer Straße etc*) enlargement. – **3.** (*eines Gebäudes etc*) enlargement, extension. – **4.** *fig.* (*von Einfluß, Befugnissen etc*) extension. – **5.** *fig.* (*des Horizonts etc*) enlargement. – **6.** *fig.* (*des Wissens etc*) extension, enlargement, *auch* amplification. – **7.** *fig.* (*eines Buches, Programms etc*) enlargement. – **8.** *fig.* (*eines Geschäfts etc*) expansion, extension, enlargement. – **9.** *fig.* (*eines Begriffs etc*) extension. – **10.** *math.* a) (*eines Zahlenkörpers*) extension, b) (*eines Bruches*) reduction (*of a fraction*) to higher terms. – **11.** *tech.* (*eines Bohrlochs*) enlargement. – **12.** *jur.* (*eines Vertrags*) elaboration. – **13.** *med.* a) enlargement, b) dilation, dilatation, c) distention.
Er'wei·te·rungs|ˌbau *m* ⟨-(e)s; -ten⟩ annex, *bes. Br.* annexe, extension, addition. — **~ˌboh·rung** *f* (*mining*) reaming. — **e~ˌfä·hig** *adj* capable of being extended (*od.* expanded, enlarged), expandable. — **~ver·ˌhält·nis** *n phys.* (*space*) expansion ratio.
Er'werb [-'vɛrp] *m* ⟨-(e)s; no *pl*⟩ **1.** (*das Erwerben*) acquisition, acquiring. – **2.** (*Kauf*) purchase, buy (*colloq.*): **gutgläubiger ~** *jur.* bona fide purchase. – **3.** (*Unterhalt*) living: **seinem ~ nachgehen** to earn (*od.* work for) one's living. – **4.** (*Lohn, Verdienst*) earnings *pl,* earned money: **von seinem ~ leben** to live on one's earnings; **gemeinsamer ~ der Ehegatten** joint earnings of a married couple. – **5.** *rare for* Beruf 1, Gewerbe 1. — **er'wer·ben I** *v/t* ⟨*irr,* no **ge-**, h⟩ **1.** (*Führerschein, Gegenstand etc*) acquire, get: **etwas als Eigentum ~** to acquire s.th. as one's personal property; **etwas käuflich ~** to acquire s.th. by purchase, to purchase s.th.; **(sich** *dat*) **ein Vermögen ~** (*Geld, Kapital*) to make a fortune. – **2.** (*kaufen*) buy, purchase. – **3.** (*verdienen*) earn, make:

etwas durch Arbeit ~ to acquire (*od.* gain) s.th. by work; er hat (sich *dat*) sein Brot sauer erworben his living was hard-earned. – **4.** *fig.* (*sich aneignen*) acquire, get, gain: er hat gute Kenntnisse auf diesem Gebiet erworben he has acquired a good knowledge in this field. – **5.** *jur.* a) (*Rechte*) acquire, obtain, b) (*durch Erbschaft*) take (*s.th.*) (under a will), c) (*Titel, Güter etc*) purchase: etwas gutgläubig ~ to acquire s.th. in good faith (*od.* bona fide); Verlagsrechte für ein Buch ~ a) to acquire (*od.* obtain) the copyright on a book, b) to copyright a book. – **6.** *fig.* (*Ruhm, Vertrauen*) win, gain, earn: sich (*dat*) (große) Verdienste um das Vaterland ~ to deserve well of one's country. – **7.** *econ.* (*Beteiligungen*) secure, acquire. – **II E~** *n* ⟨-s⟩ **8.** *verbal noun.* – **9.** *cf.* Erwerbung. — **Er'wer·ber** *m* ⟨-s; -⟩ **1.** acquirer, acquisitor. – **2.** *jur.* (*eines Eigentums, Anspruchs etc*) purchaser, assignee, cessionary: erster ~ eines Besitzes perquisitor.

er'werbs|beˌhin·dert, ~beˌschränkt *adj* partially disabled, incapacitated.

Er'werbs|ˌeinˌkünf·te *pl* receipts from earnings, enterprises. — **e~ˌfä·hig** *adj* capable of earning (*od.* making a living), fit for work: in ~em Alter of employable age; voll ~ of full earning capacity. — **~ˌfä·hig·keit** *f* ⟨-; *no pl*⟩ earning power, earning capacity, fitness for work. — **~geˌnos·sen·schaft** *f* co(-)operative (industrial) society. — **~geˌsell·schaft** *f* corporation, *Br.* trading company. — **~ˌle·ben** *n* business life (*od.* activity), working life. — **e~los** *adj* unemployed, out of work. — **~lo·se** *m, f* ⟨-n; -n⟩ unemployed person. — **~lo·sig·keit** *f* ⟨-; *no pl*⟩ unemployment. — **~ˌmin·de·rung** *f* reduction of earning (*od.* working) capacity. — **~ˌmit·tel** *pl* means of living. — **~ˌquel·le** *f* source of income. — **~ˌsinn** *m* ⟨-(e)s; *no pl*⟩ business sense (*od.* acumen), acquisitiveness. — **e~ˌtä·tig** *adj* employed, gainfully employed, occupied: selbständig ~ self-employed. — **~ˌtä·ti·ge** *m, f* ⟨-n; -n⟩ (gainfully) employed person. — **~ˌtä·tig·keit** *f* gainful employment. — **e~ˌunˌfä·hig** *adj* disabled, incapable of earning (*od.* making) a living, unable to earn (*od.* make) one's living. — **~ˌunˌfä·hig·keit** *f* disablement, disability, inability to earn a living. — **~ˌurˌkun·de** *f jur.* title deed. — **~ˌzweck** *m* profit-making purpose: zu ~en for the purpose of profit. — **~ˌzweig** *m* (*Branche*) line of business (*od.* occupation).

Er'wer·bung *f* ⟨-; -en⟩ **1.** *cf.* Erwerben. – **2.** acquisition, acquirement. – **3.** (*Kauf*) purchase, buy (*colloq.*). – **4.** *jur.* a) (*von Rechten*) obtainment, b) (*von Titel, Gütern etc*) purchase.

er'wi·dern I *v/t* ⟨*no* ge-, h⟩ **1.** (auf *acc* to) reply, answer, respond: etwas ~ to make (*od.* give) a reply, to give an answer; einen Brief ~ to reply to (*od.* to answer) a letter; er erwiderte nichts he made (*od.* gave) no reply; was soll man darauf ~? what(ever) shall one (say in) reply to this? darauf wußte er nichts zu ~ he had no reply (to make) to this. – **2.** (*Gruß, Besuch, Freundlichkeit etc*) return, acknowledge: Böses mit Gutem ~ to return good for evil. – **3.** (*Gefühle*) return, reciprocate, requite: seine Liebe wurde nicht erwidert his love was not returned, his love was unreturned (*od.* unrequited, unreciprocated). – **4.** *mil.* (*Feuer*) return, reply to, answer. – **5.** *jur.* (*auf eine Beschuldigung*) rejoin. – **6.** (*sport*) respond. – **II E~** *n* ⟨-s⟩ **7.** *verbal noun.* — **Er'wi·de·rung** *f* ⟨-; -en⟩ **1.** *cf.* Erwidern. – **2.** (auf *acc* to) reply, answer, response: in ~ Ihrer (*od.* auf Ihre) Anfrage (*officialese*) in reply (*od.* response) to your inquiry; scharfe (*od.* treffende) ~ retort, rejoinder. – **3.** (*eines Grußes, Besuchs etc*) return. – **4.** (*eines Gefühls*) return, reciprocation: seine Liebe fand keine ~ his love was not returned (*od.* met with no response). – **5.** *jur.* a) (*des Klägers*) replication, b) (*des Beklagten*) rejoinder. – **6.** (*sport*) response.

er'wie·se·ner'ma·ßen *adv* as has been proved (*od.* demonstrated, established).

er'wir·ken *v/t* ⟨*no* ge-, h⟩ **1.** (*Gnade, Zustimmung, Erlaubnis etc*) obtain. – **2.** (*Freilassung etc*) effect, bring about. – **3.** (*Patent, Genehmigung etc*) take out. – **4.** *jur.* (*bes. gerichtlich*) procure, take out, sue, recover: Aufschub ~ to procure a postponement; eine einstweilige Verfügung ~ to procure an injunction; gegen j-n eine Vorladung [einen Haftbefehl] ~ to take out a writ [warrant] against s.o.; einen Gerichtsbeschluß ~ to sue (out) a writ.

er'wi·schen *v/t* ⟨*no* ge-, h⟩ *colloq.* **1.** catch, get hold of, nab (*colloq.*): j-n noch am Rockzipfel (*od.* Kragen) ~ to be able to catch s.o.; die Polizei hat den Falschen erwischt the police caught the wrong one; der Regen hat uns doch noch erwischt *fig.* we were caught (out) in the rain after all. – **2.** (*erreichen*) catch, get, make: ich habe den Bus gerade noch erwischt I just made (*od.* managed to catch) the bus. – **3.** *fig.* (*bekommen*) get: wir haben einen guten Sitzplatz erwischt we managed to get good seats. – **4.** (*ertappen*) catch, find out, nail: laß dich nicht ~ don't let yourself be caught. – **5.** *fig.* (*von Krankheit etc*) catch, get: ihn hat's am Bein erwischt he has caught it in his leg; ich habe die Grippe (*od.* die Grippe hat mich) erwischt the flu has got (hold of) me; den hat's ganz schön erwischt a) (*er wurde krank*) he has really got it, b) (*ihm ist etwas Schlimmes zugestoßen*) he got quite a knocking, (*beim Unfall*) he was quite badly injured, c) (*er hat sich verliebt*) he has fallen hard, he has got it badly; es hat ihn erwischt a) he died, (*bei Unfall etc*) he was killed, b) *mil.* he's had it (*colloq.*), he was killed (in action).

er'wünscht *adj* **1.** (*Wirkung, Ergebnis etc*) desired. – **2.** (*willkommen*) welcome, desired: ich glaube, ich bin hier nicht ~ I think I'm not welcome (*od.* wanted) here. – **3.** (*wünschenswert*) desirable: persönliche Vorsprache ~ applications *pl* should be made in person; Stenographiekenntnisse ~, aber nicht Bedingung knowledge *sg* of shorthand desirable but not essential.

er'wür·gen I *v/t* ⟨*no* ge-, h⟩ **1.** strangle, strangulate, throttle; garrot(t)e, *auch* garotte (*lit.*). – **II E~** *n* ⟨-s⟩ **2.** *verbal noun.* – **3.** strangulation. — **Er'wür·gung** *f* ⟨-; -en⟩ *cf.* Erwürgen.

Ery·si·pel [eryzi'peːl] *n* ⟨-s; *no pl*⟩, **Ery'si·pe·las** [-'ziːpelas] *n* ⟨-; *no pl*⟩ *med.* erysipelas, St. Anthony's fire, (the) rose. — **ery·si·pe·la'tös** [-pela'tøːs] *adj* erysipelatous. — **Ery·si·pe·lo'id** [-pelo'iːt] *n* ⟨-(e)s; *no pl*⟩ erysipeloid.

Ery·them [ery'teːm] *n* ⟨-s; -e⟩ *med.* erythema. — **ery·the·ma'tös** [-tema'tøːs] *adj* erythematous, *auch* erythemic, erythematic.

Ery·thrä·mie [erytrɛ'miː] *f* ⟨-; -n [-ən]⟩ *med.* erythremia, *auch* erythraemia.

Ery·thrin [ery'triːn] *m* ⟨-s; *no pl*⟩ *min.* erythrite, erythrine.

Ery·thrit [ery'triːt; -'trɪt], **Ery·thri'tol** [-tri'toːl] *n* ⟨-(e)s; *no pl*⟩ *chem.* erythrite, erythritol ($HOCH_2(CHOH)_2CH_2OH$).

Ery·thro·bla·sto·se [erytroblas'toːzə] *f* ⟨-; -n⟩ *med.* erythroblastosis.

Ery·thro·my·cin [erytromy'tsiːn] *n* ⟨-s; *no pl*⟩ *chem. med.* erythromycin.

Ery·thro·poe·se [erytropo'eːzə] *f* ⟨-; *no pl*⟩ *med.* erythropoiesis.

Ery·thro·se [ery'troːzə] *f* ⟨-; *no pl*⟩ *chem.* erythrose ($HOCH_2(CHOH)_2CHO$).

Ery·thro·zyt [erytro'tsyːt] *m* ⟨-en; -en⟩ *med. zo.* erythrocyte. — **ery·thro'zy·tisch** *adj* erythrocytic.

Erz [eːrts; ɛrts] *n* ⟨-es; -e⟩ **1.** *min. metall.* ore: geringwertiges (*od.* taubes) [hochwertiges] ~ low- [high-]grade ore; leichtflüssiges [strengflüssiges] ~ fusible [stubborn *od.* refractory] ore; ~ aufbereiten to dress (*od.* prepare) ore. – **2.** *rare* (*Bronze*) bronze: eine Glocke aus ~ a bronze bell; er stand da wie aus (*od.* in) ~ gegossen *fig.* he stood there like a bronze (*od.* brazen) statue. — **~ˌader** *f* (*mining*) mineral (*od.* ore) vein (*od.* lode), vein (*od.* lode) of ore: auf eine ~ stoßen to strike a vein of ore.

er'zäh·len I *v/t* ⟨*no* ge-, h⟩ **1.** tell: j-m etwas ~ to tell s.o. s.th., to tell s.th. to s.o.; wir hatten uns (*od.* einander) viel zu ~ we had a lot of things to tell each other (*od.* one another); man hat mir erzählt (*od.* ich habe mir ~ lassen), daß I have been told that; man erzählt sich people (*od.* they) say, it is said; das kann man gar nicht ~ it is impossible to describe; er kann etwas ~ *fig.* he has a lot to tell, he has seen a great deal; davon kann ich was ~ *fig. colloq.* I can tell you a story or two about it (*colloq.*); dem werde ich was ~ *fig. colloq.* I'll give him a piece of my mind (*od. colloq.* what for). – **2.** (*berichten*) tell, recount, relate, (*kunstvoll*) narrate: er erzählte alles haarklein *colloq.* he related everything in detail; das Buch erzählt die Geschichte der Auswanderer the book relates the story of the emigrants. – **3.** *fig. colloq.* (*weismachen*) tell: wer hat dir denn das erzählt? who told you that (yarn)? erzähle doch keine Märchen! don't tell (me) fairy tales (*od. colloq.* fibs)! du kannst mir nichts (*od.* viel) ~ don't tell me that! tell me another! *bes. Am. colloq.* don't give me that! wem erzählst du das! you are telling me! das kannst du einem anderen (*od.* deiner Großmutter) ~ tell that to s.o. else (*od. colloq.* to the marines). – **II** *v/i* **4.** tell: j-m von (*od.* über *acc*) etwas ~ to tell s.o. about (*od.* of) s.th.; man erzählt (sich) von ihm, daß er sehr reich sei people say (*od.* they say, the story goes) that he is very rich, he is said to be very rich; er erzählt gern aus seinem Leben he likes to tell (people) (*od.* to talk) about his life. – **5.** (*berichten*) tell, recount, relate. – **6.** tell a story (*od.* stories), talk about things, narrate: er kann sehr anschaulich ~ he tells a story (*od.* stories) very vividly (*od.* graphically), he is a vivid (*od.* graphic) story(-)teller. – **III E~** *n* ⟨-s⟩ **7.** *verbal noun.* – **8.** storytelling, *Br.* story-telling, narration: die Kunst des E~s (the art of) narration (*od.* storytelling). — **er'zäh·lend I** *pres p.* – **II** *adj* (*literature*) **1.** (*Stil, Gedicht etc*) narrative: ~e Literatur fiction. – **2.** (*episch*) epic.

er'zäh·lensˌwert *adj* worth telling.

Er'zäh·ler *m* ⟨-s; -⟩ **1.** (*von Märchen etc*) storyteller, *Br.* story-teller. – **2.** (*im Radio, Schauspiel etc*) narrator, narrater, relator, relater. – **3.** (*literature*) narrative writer.

er'zäh·le·risch *adj* narrative.

Er'zäh·ler·taˌlent *n* **1.** narrative talent. – **2.** (*guter Erzähler*) talented narrator (*od.* narrater).

Er'zählˌkunst *f* (art of) narration, narrative art.

Er'zäh·lung *f* ⟨-; -en⟩ **1.** narration. – **2.** (*Bericht*) account, report. – **3.** (*literature*) a) story, (prose) narrative, b) short story, c) (*legendenhafte*) tale, d) *collect.* fiction.

'Erz|ˌart *f metall.* kind (*od.* species) of ore, ore mineral. — **~ˌauf·beˌrei·tung** *f* ore dressing, preparation of ore. — **~ˌauf·beˌrei·tungsˌanˌla·ge** *f* ore-dressing plant. — **~ˌbergˌbau** *m* ore mining. — **~ˌbergˌwerk** *n* ore mine. — **~ˌbett** *n geol.* bed of ore. — **~ˌbil·dung** *f* mineralization.

'Erz|ˌbi·schof ['ɛrts-] *m relig.* archbishop. — **e~ˌbi·schöf·lich** *adj* archiepiscopal, *auch* archepiscopal. — **~ˌbis·tum** *n* archbishopric, archdiocese, see.

'Erzˌbre·cher *m* (*mining*) ore crusher (*od.* breaker).

'Erz|diaˌkon ['ɛrts-] *m relig.* archdeacon. — **~dia·koˌnat** *n* **1.** (*Amt*) archdeaconate, archdeaconship. – **2.** (*Gebäude*) archdeaconry. — **~di·öze·se** [-diøˌtseːzə] *f cf.* Erzbistum.

'Erzˌdru·se *f min.* ore vug.

er'zei·gen *v/t u.* sich ~ *v/reflex* ⟨*no* ge-, h⟩ *cf.* erweisen 2, 3.

'er·zen *adj* **1.** (made) of bronze (*od.* brass), bronze (*attrib*), brazen. – **2.** *fig.* firm, hard.

'Erzˌen·gel ['ɛrts-] *m relig.* archangel. — **~ˌwurz** *f bot.* real angelica (*Angelica archangelica*).

er'zeu·gen I *v/t* ⟨*no* ge-, h⟩ **1.** *econ.* (*Güter*) produce, fabricate, manufacture, make. – **2.** *agr.* (*landwirtschaftliche Produkte*) grow, produce, raise. – **3.** *phys.* (*Elektrizität, Wärme, Gas etc*) generate, (*Dampf*) *auch* raise: Reibung erzeugt Elektrizität friction generates (*od.* produces) electricity. – **4.** *bes. biol.* (*Nachkommenschaft*) reproduce. – **5.** *chem.* (*Verbindungen etc*) prepare, make, produce. – **6.** *fig.* (*Gefühl, Wirkung etc*) create, engender, bring forth, generate, breed: sein Verhalten erzeugte nur Mißtrauen in (*od.* bei) mir his behavio(u)r only led me to distrust him. – **7.** *med.* a) (*verursachen*) cause, b) (*zeugen*) beget, procreate. – **II E~** *n* ⟨-s⟩ **8.** *verbal noun.* – **9.** *cf.* Erzeugung. — **er'zeu·gend I** *pres p.* – **II** *adj* (*Kraft etc*) producing, productive. — **Er'zeu·gen·de** *f* ⟨-n; -n⟩ *math.* **1.** (*eines

Kegels, Zylinders) generator. – **2.** (*einer windschiefen Fläche*) regulus.

Er'zeu·ger *m* ⟨-s; -⟩ **1.** *econ.* producer, manufacturer, maker: ~ **und Verbraucher** producers and consumers. – **2.** *agr.* a) farmer, b) (*von Gemüse etc*) grower: **wir beziehen die Kartoffeln direkt vom** ~ we buy (*od.* get) the potatoes straight from the farmer (*od.* grower). – **3.** *tech.* (*von Dampf, Strom etc*) generator. – **4.** (*Vater*) generator, procreator, parent, father. — ~ˌ**ko·sten** *pl econ.* cost *sg* of production. — ~ˌ**land** *n* producer country. — ~ˌ**preis** *m* producer's price.

Er'zeug·nis *n* ⟨-ses; -se⟩ **1.** *econ.* product: **inländische** (*od.* **einheimische**) [**ausländische**] ~**se** domestic (*od.* indigenous) [foreign] products; **eigenes** ~ our own product. – **2.** *agr.* produce, product: **landwirtschaftliche** ~**se** agricultural (*od.* farm) produce *sg*; **ausländisches** ~ foreign produce. – **3.** (*Fabrikat*) make, article. – **4.** *chem.* product. – **5.** (*literarisches, geistiges etc*) production, creation.

Er'zeu·gung *f* ⟨-; *no pl*⟩ **1.** *cf.* Erzeugen. – **2.** *econ.* (*von Gütern*) production, fabrication, manufacture: **zu niedrige** ~ underproduction. – **3.** *agr.* production. – **4.** *phys.* (*von Elektrizität, Wärme, Gas etc*) generation. – **5.** *bes. biol.* reproduction. – **6.** *chem.* (*einer Verbindung*) preparation, production. – **7.** *fig.* (*von Gefühl, Wirkung etc*) creation. – **8.** *med.* procreation.

Er'zeu·gungs|geˌbiet *n* production area, area of production. — ~ˌ**ko·sten** *pl* cost *sg* of production, production costs. — ~ˌ**kraft** *f* **1.** *econ.* productive force. – **2.** *phys.* generative force. — ~ˌ**land** *n* producer country. — ~ˌ**ort** *m* place of production.

'Erzˌfeind ['ɛrts-] *m* **1.** archenemy, *Br.* arch-enemy. – **2.** *relig.* archfiend, *Br.* arch-fiend, Satan.

'Erzˌgang *m* (*mining*) *cf.* Erzader.

'Erzˌgau·ner ['ɛrts-] *m* archrogue, *Br.* arch-rogue, arrant swindler.

'Erz|geˌwin·nung *f* (*mining*) ore mining (*od.* winning). — ~ˌ**gicht** *f metall.* ore charge (*od.* burden). — ~ˌ**grei·fer** *m* ore grab. — ~ˌ**gru·be** *f* (*mining*) (ore) mine, pit. — **e**~ˌ**hal·tig** *adj min.* ore-bearing, rich.

'Erz|ˌher·zog ['ɛrts-] *m* archduke. — ~ˌ**her·zo·gin** *f* archduchess. — **e**~ˌ**her·zog·lich** *adj* archducal. — ~ˌ**her·zog·tum** *n* archduchy, archdukedom.

'Erzˌhüt·te *f metall.* smelting works *pl* (*construed as sg or pl*).

er'zieh·bar *adj* educable, trainable: **der Junge ist schwer** ~ the boy is a difficult (*od.* problem) child.

er'zie·hen I *v/t* ⟨*irr, no* ge-, h⟩ **1.** bring up, rear, *bes. Am.* raise: **sie hat ihre Kinder gut erzogen** she brought up her children well; **ich wurde sehr streng erzogen** I was brought up in a very strict manner; **j-n zur Selbständigkeit** ~ to bring s.o. up to be independent. – **2.** (*durch Lehrer*) educate: **er wurde in Eton erzogen** he was educated at Eton. – **3.** (*zu Berufen, Fähigkeiten etc*) train: **er wurde zum Politiker erzogen** he was trained to be a politician; **j-n** ~**, pünktlich zu sein** to train s.o. to be punctual. – **4.** (*durch strenge Zucht*) discipline. – **5.** (*Tiere*) train. – **II** *v/reflex* **sich** ~ **6.** train (*od.* educate, discipline) oneself: **du mußt dich zu größerer Ordnung** ~ you must train (*od.* discipline) yourself to be tidier; **sich (selbst) zur Toleranz** ~ to train oneself to be tolerant. – **III E**~ *n* ⟨-s⟩ **7.** *verbal noun.* – **8.** *cf.* Erziehung.

Er'zie·her *m* ⟨-s; -⟩ **1.** educator, *bes. Br.* educationist, *auch* educationalist: **Eltern und Lehrer sind die** ~ **unserer Jugend** parents and teachers are the educators of our youth. – **2.** (*im Internat etc*) tutor. – **3.** *cf.* Lehrer 1.

Er'zie·he·rin *f* ⟨-; -nen⟩ **1.** (*im Internat etc*) governess, tutoress. – **2.** *cf.* Erzieher 1. – **3.** *cf.* Lehrerin 1.

er'zie·he·risch I *adj* (*Problem, Maßnahme, Zweck etc*) educational, pedagogic(al), *auch* paedagogic, instructional, educative. – **II** *adv* ~ **auf j-n einwirken** to have an educational (*od.* a pedagogic[al], an instructional) effect (*od.* influence) on s.o.

er'zieh·lich *adj u. adv cf.* erzieherisch.

Er'zie·hung *f* ⟨-; *no pl*⟩ **1.** *cf.* Erziehen. – **2.** upbringing, bringing up: **er hat eine sorgfältige** ~ **genossen** he has had (*od.* enjoyed) a good (*od.* careful) upbringing; **j-m eine gute** ~ **geben** (*od. lit.* **angedeihen lassen**) to give s.o. a good upbringing. – **3.** (*körperliche, geistige, politische etc*) education. – **4.** (*gute Manieren*) manners *pl*, breeding: **seine** ~ **läßt viel zu wünschen übrig** his manners leave much to be desired; **vergiß deine gute** ~ **nicht!** *colloq.* don't forget your manners!

Er'zie·hungs|ˌanˌspruch *m jur.* right to (an adequate) education. — ~ˌ**anˌstalt** *f* reform school, reformatory, house of correction, training school, *Br. auch* approved school, borstal. — ~ˌ**beiˌhil·fe** *f* educational allowance (*od.* grant). — ~**beˌra·tung** *f* child (*od.* educational) guidance. — **e**~**beˌrech·tigt** *adj jur.* vested with the right of education. — ~**beˌrech·tig·te** *m, f* ⟨-n; -n⟩ person vested with the right of education. — **e**~ˌ**fä·hig** *adj* educable. — ~ˌ**fra·ge** *f* **1.** question of education. – **2.** *pl* education *sg.* — ~**geˌwalt** *f* custody: **j-m die** ~ **für ein Kind entziehen** to take the custody of a child away from s.o. — ~ˌ**heim** *n cf.* Erziehungsanstalt. — ~ˌ**ko·sten** *pl* cost *sg* of education. — ~ˌ**kun·de** *f cf.* Erziehungslehre. — ~ˌ**leh·re** *f* (theory of) education, pedagogy, *auch* paedagogy. — ~**meˌtho·de** *f* educational (*od.* pedagogic[al], *auch* paedagogic) method. — ~**miˌni·ster** *m* minister of education. — ~ˌ**recht** *n jur.* right to educate. — ~**roˌman** *m* (*literature*) *cf.* Bildungsroman. — ~ˌ**we·sen** *n ped.* **1.** educational system. – **2.** field of education. – **3.** educational affairs *pl* (*od.* matters *pl*). — ~ˌ**wis·sen·schaft** *f* education, pedagogy, *auch* paedagogy.

er'zie·len I *v/t* ⟨*no* ge-, h⟩ **1.** (*Ergebnis etc*) achieve, obtain: **mit geringem Aufwand eine große Wirkung** ~ to achieve (*od.* produce, attain) a great effect with little effort; **er erzielte einen überraschenden Erfolg bei der Nachwahl** he achieved (*od.* scored) a surprising success at the by-election. – **2.** (*Einigung, Übereinkommen etc*) reach, arrive at, come to. – **3.** *econ.* a) (*Gewinn etc*) make, obtain, realize, produce, b) (*Preis*) obtain, get, fetch: **als Reingewinn** ~ to clear. – **4.** (*sport*) (*Tor, Treffer, Punkt etc*) score. – **II E**~ *n* ⟨-s⟩ **5.** *verbal noun.* – **6.** achievement, obtainment. – **7.** *econ.* a) (*von Gewinn etc*) obtainment, realization, b) (*von Preis*) obtainment. — **Er'zie·lung** *f* ⟨-; *no pl*⟩ *cf.* Erzielen.

er'zit·tern *v/i* ⟨*no* ge-, sein⟩ **1.** (*von Personen*) (begin to) tremble, shake, quiver, quake (*poet.*): **bei j-s Anblick** ~ to begin to tremble at the sight of s.o. – **2.** (*von Fußboden, Brücke etc*) shake, vibrate: **der Boden erzitterte unter seinen Tritten** the ground shook under his footsteps. – **3.** (*von der Erde*) shake, quake. – **4.** *lit.* (*von Herz*) quail, quake. – **5.** *poet.* (*von Blättern etc*) tremble, quiver.

'Erz|kaˌthoˌlik ['ɛrts-] *m* ultraCatholic. — **e**~**kaˌtho·lisch** *adj* ultraCatholic. — ~ˌ**ket·zer** *m relig.* archheretic, *Br.* arch-heretic, heresiarch. — **e**~**kon·ser·vaˌtiv** *adj pol.* ultraconservative.

'Erz|ˌkör·per *m geol.* ore body. — ~ˌ**la·ger** *n cf.* Erzvorkommen. — ~ˌ**la·gerˌstät·te** *f* **1.** mineral (*od.* ore) deposit, ore bed, prospect. – **2.** (*im Moor*) bog mine. — ~**li·neˌal** *n geol.* pod.

'Erzˌlüg·ner ['ɛrts-] *m* archliar, *Br.* arch-liar, unmitigated liar.

'Erz|ˌmöl·ler *m metall.* ore burden. — ~ˌ**nest** *n min.* nest of ore, squat, pocket.

er'zo·gen I *pp of* erziehen. – **II** *adj* **er ist gut** ~ he is well brought up (*od.* well-mannered, well-bred, well-behaved), he is of good breeding; **er ist schlecht** ~ he is badly brought up (*od.* ill-mannered, ill-bred, ill-behaved).

'Erzˌprie·ster ['ɛrts-] *m* **1.** arch(i)presbyter. – **2.** *hist.* archpriest.

'Erz|ˌpro·be *f* (*mining*) **1.** (*Entnahme*) ore sample, ore specimen. – **2.** (*Test*) assay. — ~**proˌvinz** *f geol.* metallogenetic province. — ~ˌ**röstˌofen** *m metall.* ore-roasting kiln. — ~ˌ**rö·stung** *f* ore roasting. — ~ˌ**schei·den** *n* ore separation (*od.* sorting). — ~ˌ**schei·der** *m* (*mining*) (ore) separator, (*od.* concentrator.

'Erzˌschelm ['ɛrts-] *m* out-and-out rogue, archrogue, *Br.* arch-rogue.

'Erz|ˌschlamm *m* (*mining*) ore slime (*od.* sludge). — ~ˌ**schlauch** *m geol.* ore pipe. — ~ˌ**schmelzˌofen** *m metall.* ore-smelting furnace. — ~ˌ**schnur** *f geol.* stringer.

'Erzˌschur·ke ['ɛrts-] *m* out-and-out villain, archvillain, *Br.* arch-villain (*lit.*).

'Erzˌsei·fe *f geol.* alluvial ore deposit, placer.

'Erz|ˌspitzˌbu·be ['ɛrts-] *m colloq.* out-and-out rogue, archrogue, *Br.* arch-rogue. — ~ˌ**stift** *n relig.* archbishopric.

'Erz|ˌstock *m geol.* stockwork. — ~ˌ**trü·be** *f metall.* ore pulp.

'Erzˌtruch·seß ['ɛrts-] *m hist.* archdapifer.

'Erzˌtrumm *n geol.* spur.

er'zür·nen I *v/t* ⟨*no* ge- h⟩ **j-n** ~ to make s.o. angry, to irritate (*od.* anger, enrage, annoy) s.o.: **mit dieser Bemerkung hast du ihn erzürnt** you made him (very) angry with this remark. – **II** *v/reflex* **sich** ~ become (*od.* get) angry (*od.* irritated, annoyed), lose one's temper: **sich über** (*acc*) **etwas [j-n]** ~ to become angry (*od. colloq.* to get mad) at s.th. [s.o.]; **sich mit j-m** ~ *obs.* to fall out (*od.* quarrel) with s.o. – **III** *v/i* ⟨sein⟩ become (*od.* get) angry (*od.* irritated, annoyed), lose one's temper: **er erzürnte bei dem Gedanken daran** he became annoyed at the thought of it. — **Er'zür·nung** *f* ⟨-; *no pl*⟩ enragement, irritation, annoyment.

'Erz|ˌva·ter ['ɛrts-] *m relig.* patriarch. — **e**~ˌ**vä·ter·lich** *adj* patriarchal.

'Erz|verˌar·bei·tung, ~**verˌhüt·tung** *f metall.* ore smelting. — ~**verˌla·deˌanˌla·ge** *f* ore-handling equipment (*od.* machinery). — ~**verˌla·deˌbrücke** (*getr.* -k·k-) *f* ore-handling bridge. — ~ˌ**vorˌkom·men** *n* (*mining*) ore deposit.

'Erz|ˌwä·sche *f metall.* **1.** ore washing. – **2.** (*Anlage*) ore-washing plant. — ~ˌ**wes·pe** *f zo.* chalcid fly, straw (*od.* joint) worm, fairy fly (*Fam. Chalcidoidea*). — ~**zerˌklei·ne·rungsˌanˌla·ge** *f metall.* ore-breaking (*od.* ore-crusher) plant.

er'zwin·gen I *v/t* ⟨*irr, no* ge-, h⟩ **1.** obtain (*od.* get) (*s.th.*) by force, force: **j-s Rücktritt** ~ to force s.o.'s resignation, to force s.o. to resign; **sich** (*dat*) **den Zugang [Durchgang]** ~ to force one's entry [way]; **Liebe läßt sich nicht** (*od.* **kann man nicht**) ~ love cannot be forced (*od.* commanded); **eine Entscheidung** ~ (**wollen**) to force an issue. – **2. etwas von j-m** ~ to force s.th. from (*od.* out of) s.o., to extort (*od.* wring, wrest) s.th. from s.o.: **ein Zugeständnis von j-m** ~ to wring (*od.* wrest) a concession from s.o. – **3.** (*Gehorsam etc*) compel, enforce. – **4.** *jur.* (*gesetzlich*) enforce (by law). – **5.** *mil. hist.* (*Festung*) force. – **II E**~ *n* ⟨-s⟩ **6.** *verbal noun.* — **Er'zwin·gung** *f* ⟨-; *no pl*⟩ **1.** *cf.* Erzwingen: **die** ~ **seines Rücktritts** the forcing of his resignation. – **2.** (*eines Geständnisses etc*) extortion. – **3.** *jur.* enforcement (by law).

er'zwun·gen I *pp of* erzwingen. – **II** *adj* **1.** (*Geständnis, Rücktritt etc*) forced. – **2.** *fig.* (*Lächeln, Heiterkeit etc*) unnatural, artificial, strained, simulated. – **3.** *phys. electr.* (*Schwingungen etc*) forced: ~**e Wahl** forced selection.

er'zwun·ge·ner'ma·ßen *adv* under duress (*od.* coercion).

es[1] [ɛs] *pers pron* **1.** ⟨*nom*⟩ it, (*bei abweichendem Geschlecht*) he, she: **wo ist** ~? where is it? ~ **ist auf dem Tisch** (*das Buch*) it is on the table; ~ **ist daheim** (*das Kind*) a) (*bei unbekanntem Geschlecht*) it is at home, b) he (*od.* she) is at home; ~ **ist nicht zuhause** (*das Mädchen*) she is not at home; ~ **ist im Stall** (*das Pferd*) it (*od. colloq.* he *od.* she) is in the stable; ~ **liegt im Hafen** (*das Schiff*) it (*od.* she) lies in the harbo(u)r; ~ **fährt schnell** (*das Auto*) it (*od.* she) travels fast. – **2.** ⟨*acc*⟩ it, (*bei abweichendem Geschlecht*) him, her: **ich nahm** ~ (*das Geld*) I took it; **ich sah** ~ (*das Kind*) a) (*bei unbekanntem Geschlecht*) I saw it, b) I saw him (*od.* her); **ich weiß** ~ I know (it); **verstehen Sie** ~? do you understand (it)? **wer hat** ~ **dir gesagt?** who told you? – **3.** (*bei v/impers*) a) it, b) there: ~ **regnet** it is raining; ~ **ist kalt** it is cold; ~ **klopft** there is a knock; ~ **friert mich** I am cold. – **4.** (*als Hilfssubjekt*) ~ **ist mein Freund** a) it is my friend, b) he is my friend; **wer ist** ~? ~ **sind die Kinder** who is it? the children; **ich bin** ~ it is I (*od. colloq.* me); ~ **wurde gegessen und getrunken** there was eating and drinking; ~ **geschah ein Unglück** there was an accident; ~ **war Nacht** it was night; ~ **war einmal ein König** once upon a time there was a king; ~ **lebe der König!** long live the king! ~ **kamen drei Männer** there came three men; ~ **ist möglich, daß** it is possible that; ~ **freut mich, Sie kennenzulernen** (I am) pleased to meet you; **wenn** ~ **wahr ist, daß** if it is true that; ~ **gibt nichts Schöneres** there is nothing more beautiful; ~ **gibt Leute, die** there are people who; **er ist** ~**, an den du dich wenden solltest** it is to him that (*od.* is he to whom) you should turn. – **5.** (*als unbestimmtes Objekt*) ~ **gut mit j-m meinen** to mean well by s.o.; **er kann** ~ **nicht mit ihm aufnehmen** he is no match for him; ~ **sich gutgehen lassen** to enjoy one's life (*od.* oneself), to live well; **da haben wir** ~ (*od. colloq.* **wir's**)! now, there we are! **er hat** ~ **im Leben weit gebracht** he has come up in the world; ~ **(sich) mit j-m verderben** to fall out with s.o., to get into s.o.'s bad books; ~ **auf j-n [etwas] abgesehen haben** to be aiming at s.o. [s.th.]; **ich habe** ~ **nicht gern(e), wenn** I don't like it if; ~ **im Magen haben** *colloq.* to have (got) s.th. wrong with one's stomach. – **6.** (*statt Wiederholung eines Satzgliedes*): **er ist müde und ich bin** ~ **auch** he is tired and I am too (*od.* and so am I); **er ist ehrlich und wird** ~ **immer sein** he is honest and will always remain so; **ich hoffe** ~ I hope so; **und ich tat** ~ and so I did, and I did so; **er sieht krank aus, aber er ist** ~ **nicht** he looks ill, but he isn't; **meine Freundin kann nicht schwimmen, aber ich kann** ~ my friend can't swim, but I can; **mein Vater ist Arzt, und ich werde** ~ **auch** my father is a doctor, and I'll be the same. – **7.** (*bei v/reflex und Artangabe*) ~ **schläft sich gut in diesem Bett** one sleeps well in this bed; **hier läßt** ~ **sich gut leben** life is good here. – **8.** *lit.* (*als ursprünglicher Objektsgenitiv*) **ich bin** ~ **müde** I am tired of it; **ich bin** ~ **zufrieden** I am content with it; **ich war** ~ **mir bewußt** I was aware of it.

es[2], **Es** *n* ⟨-; -⟩ *mus.* E flat: **es, es-Moll** E flat minor; **Es, Es-Dur** E flat major.

Es *n* ⟨-; -⟩ **1.** *ling.* 'es', it: **das unbestimmte** ~ the impersonal 'es'. – **2.** *psych.* id, Id.

'E-ˌSai·te *f mus.* E-string.

Esau ['eːzau] *npr m* ⟨-s; *no pl*⟩ *Bibl.* Esau: **er ist ein haariger** ~ *fig. colloq.* he is as hairy as an ape.

Es'cape-ˌKlau·sel [ɪs'keɪp-] (*Engl.*) *f econ.* escape clause.

Es·cha·to·lo·ge [ɛsçato'loːgə] *m* ⟨-n; -n⟩ *relig.* eschatologist. — **Es·cha·to·lo'gie** [-lo'giː] *f* ⟨-; *no pl*⟩ eschatology. — **es·cha·to'lo·gisch** *adj* eschatological.

'EschˌbeerˌBaum, **'Wei·ßer** *m bot. cf.* Mehlbeerbaum.

Esche ['ɛʃə] *f* ⟨-; -n⟩ **1.** *bot.* ash (tree), *Br.* ash(-tree) (*Gattg Fraxinus, bes. F. excelsior*). – **2.** (*Eschenholz*) ash: **Schreibtisch in** ~ office desk in ash.

'eschen *adj* (*aus Eschenholz*) ash(en), of ash.

'Eschen|-ˌAhorn *m bot.* box elder, ash-leaved (*od.* swamp) maple, negundo (*Acer negundo*). — ~**ˌbaum** *m cf.* Esche 1. — ~**ˌholz** *n* ash: **aus** (*od.* **von**) ~ ash(en), of ash. — ~**ˌwurz** *f bot.* white dittany (*Dictamnus albus*). — ~**ziˌka·de** *f zo.* ash cicada (*Tettigia orni*).

'E-ˌSchicht *f* ⟨-; *no pl*⟩ (*radio*) (*der Ionosphäre*) E-layer, E-stratum.

'Eschˌrös·chen *n bot.* **1.** *cf.* Eberesche. – **2.** *cf.* Aarkirsche.

Esch·scholt·zie [ɛ'ʃɔltsɪə] *f* ⟨-; -n⟩ *bot.* California poppy, Eschscholzia (*scient.*) (*Eschscholzia californica*).

Es·co·ri·al [ɛsko'rɪaːl], **der** ⟨-s⟩ the Escorial, the Escurial.

Es·cu·do [ɛs'kuːdo] *m* ⟨-(s); -(s)⟩ escudo (*monetary unit of Portugal and Chile*).

Es·dra·gon ['ɛsdragɔn] *m* ⟨-s; *no pl*⟩ *bot. cf.* Estragon.

Esel ['eːzəl] *m* ⟨-s; -⟩ **1.** *zo.* ass, donkey (*Equus asinus*): **männlicher** ~ he-ass, (jack-)ass; **weiblicher** ~ she-ass, jenny ass; **beladen** (*od.* **bepackt**) **sein wie ein** ~ *fig. colloq.* to be loaded like a donkey (*od.* mule); **er ist dumm wie ein** ~ *fig. colloq.* he is (as) stupid as an ass (*od.* a donkey); **störrisch wie ein** ~ *fig. colloq.* (as) obstinate (*od.* stubborn) as a mule (*od.* a donkey, an ass); **ein** ~ **in der Löwenhaut** *fig.* an ass in a lion's skin; **er benimmt sich wie ein** ~ **beim Lautenschlagen** (*od.* **auf Schlittschuhen**) *fig. colloq.* he behaves very awkwardly; **dich hat wohl der** ~ **im Galopp verloren?** *fig. colloq.* where did they dig you up? **vom Pferd auf den** ~ **kommen** *fig. colloq.* to come down in this world; **der** ~ **nennt sich zuerst** *fig. colloq.* fools always refer to themselves first; **wenn's dem** ~ **zu wohl wird, geht er aufs Eis (tanzen)** (*Sprichwort*) *etwa* over-confidence is risky, when a fool feels well he grows reckless; **wenn man den** ~ **nennt, kommt er (schon) gerennt** *colloq.* (*Sprichwort*) talk of the devil (and he will appear); **ein** ~ **schimpft** (*od.* **schilt**) **den andern Langohr** (*Sprichwort*) the pot calls the kettle black (*proverb*); **der** ~ **geht** (*od.* **den** ~ **führt man**) **nur einmal aufs Eis** (*Sprichwort*) once bitten, twice shy (*proverb*); **Pferd und** ~ **soll man nicht zusammenspannen** (*Sprichwort*) *etwa* one should not match two people as different as a horse and a donkey; **den Sack schlägt man, den** ~ **meint man** (*Sprichwort*) *etwa* to blame one person meaning another. – **2.** *fig. colloq. contempt.* donkey, (*stärker*) (jack)ass: **der alte** ~ the (silly) old ass (*od.* fool, duffer); **du bist ein richtiger** ~ you are a perfect ass; **ich** ~! what a donkey (*od.* fool) I am!

'eselˌar·tig *adj* asinine.

'Eselˌbalˌsamˌap·fel *m bot. cf.* Eselsgurke.

'Esel·chen *n* ⟨-s; -⟩ *dim. of* Esel.

Ese'lei *f* ⟨-; -en⟩ *colloq.* folly, stupid (*od.* foolish) thing: **eine** ~ **begehen** to do a stupid (*od.* foolish) thing, to do s.th. idiotic.

Ese·lein ['eːzəlaɪn] *n* ⟨-s; -⟩ *dim. of* Esel.

'esel·haft *adj* **1.** *zo.* asinine. – **2.** *fig.* idiotic, asinine, foolish, stupid.

'Esel|ˌha·se *m zo.* **1.** jackrabbit (*Untergattg der Gattg Lepus*): **Kalifornischer** ~ black-tailed jackrabbit (*L. californicus*). – **2.** antelope (jack)rabbit (*Lepus alleni*). — ~**ˌhengst** *m* he-ass, male ass, jackass.

'ese·lig *adj fig. cf.* eselhaft 2.

'Ese·lin *f* ⟨-; -nen⟩ *zo.* she-ass, jenny ass.

'Eselˌkürˌbis *m bot. cf.* Eselsgurke.

'Esels|ˌbank *f ped.* dunce's seat. — ~**ˌbo·gen** *m arch.* ogee arch. — ~**ˌboh·ne** *f bot. cf.* Ackerbohne. — ~**ˌbrü·cke** (*getr.* -k·k-) *f* **1.** *fig.* (*Merkhilfe*) mnemonic: **j-m eine** ~ **bauen** *etwa* to give s.o. a hint (*od.* clue). – **2.** *fig.* (*Übersetzungshilfe*) 'crib' (*colloq.*), *Am. colloq.* 'pony'. – **3.** *math. philos.* asses' bridge, pons asinorum (*scient.*). — ~**ˌdi·stel** *f bot.* (**Gemeine**) ~ cotton (*od.* Scotch) thistle (*Onopordon acanthium*). — ~**ˌfarn, 'Klei·ner** *m cf.* Mauerraute. — ~**ˌfuß** *m* ass's-foot (*Tussilago farfara*). — ~**geˌschrei** *n* bray. — ~**ˌgur·ke** *f bot.* squirting cucumber (*Escaballium officinale*). — ~**ˌhaupt** *n mar.* cap (of mast). — ~**ˌheu** *n bot. cf.* Esparsette. — ~**ˌkar·ren** *m* donkey cart. — ~**ˌkraut** *n bot. cf.* Zypressenwolfsmilch. — ~**ˌkrup·pe** *f agr.* sharp croup. — ~**ˌlast** *f* donkey's load. — ~**ˌmilch** *f* **1.** *zo.* asses' milk. – **2.** *bot.* leafy spurge (*Euphorbia esula*). — ~**ˌmöh·re** *f bot.* wild carrot (*Daucus carota*). — ~**ˌohr** *n* **1.** donkey's ear. – **2.** *fig. colloq.* turned-down corner, dog-ear, *auch* dog's-ear: **mit** ~**en** dog-eared, *auch* dog's-eared; ~**en in ein Buch machen** to dog-ear (*auch* dog's-ear) a book. — ~**ˌpin·gu·in** *m zo.* gentoo (penguin) (*Pygoscelis papua*). — ~**ˌrü·cken** (*getr.* -k·k-) *m* **1.** *arch. cf.* Eselsbogen. – **2.** (*railway*) (*Ablaufberg*) hump. — ~**ˌschrei** *m* bray. — ~**ˌtritt** *m fig. colloq.* one for good measure: **j-m einen** ~ **geben** (*od.* **versetzen**) *etwa* to hit s.o. when he is down, to give s.o. one for good measure. — ~**ˌwicke** (*getr.* -k·k-) *f bot. cf.* Esparsette.

'Eselˌtreiˌber *m* donkey boy.

Ese·rin [eze'riːn] *n* ⟨-s; -e⟩ *chem.* eserine, physostigmine ($C_{15}H_{21}N_3O_2$).

'es'es, 'Es'es *n* ⟨-; -⟩ *mus.* E double flat.

Es·ka·der [ɛs'kaːdər] *f* ⟨-; -s⟩ *mar. mil. obs.* (*Geschwader*) squadron.

Es·ka·dron [ɛska'droːn] *f* ⟨-; -en⟩ *mil. obs. for* Schwadron.

Es·ka·la·de [ɛska'laːdə] *f* ⟨-; -n⟩ *mil. hist.* escalade. — **es·ka·la'die·ren** [-la'diːrən] **I** *v/t* ⟨*no* ge-, h⟩ (*Festung etc*) escalade. – **II** *v/i* climb up (*od.* conquer) an escalading wall.

Es·ka·la·ti·on [ɛskala'tsɪoːn] *f* ⟨-; -en⟩ *pol. mil.* escalation. — **es·ka'lie·ren** [-'liːrən] *v/t* ⟨*no* ge-, h⟩ (*Konflikt, Krieg etc*) escalate.

Es·ka·mo·ta·ge [ɛskamo'taːʒə] *f* ⟨-; -n⟩ *obs.* (*Taschenspielerei*) escamotage. — **Es·ka·mo'teur** [-'tøːr] *m* ⟨-s; -e⟩ juggler, conjurer. — **es·ka·mo'tie·ren** [-'tiːrən] *v/t* ⟨*no* ge-, h⟩ conjure (*s.th.*) away.

Es·ka·pa·de [ɛska'paːdə] *f* ⟨-; -n⟩ *lit.* escapade.

Es·ka·pis·mus [ɛska'pɪsmus] *m* ⟨-; *no pl*⟩ *psych.* escapism.

Es·ka·ri·ol [ɛska'rɪoːl] *m* ⟨-s; *no pl*⟩ *bot. cf.* Winterendivie.

Es·kar·pe [ɛs'karpə] *f* ⟨-; -n⟩ *mil. hist.* escarpment.

Es·kar·pin [ɛskar'pɛ̃ː] *m* ⟨-s; -s⟩ *meist pl* (*im Rokoko*) (*Tanzschuh, auch Kniehose*) escarpin.

Es·ki·mo[1] ['ɛskimo] *m* ⟨-(s); -(s)⟩ Eskimo, *Am.* Husky: **die** ~**s** the Eskimo(e)s (*od.* Eskimo); **das haut den stärksten** ~ **vom Schlitten** *dial. colloq.* that would floor (*od.* bowl over) the strongest (man).

'Es·ki·mo[2] *m* ⟨-s; -s⟩ (*textile*) (*Wollstoff*) eskimo, melton.

'Es·ki·mo|ˌfrau *f* Eskimo woman. — ~**ˌhund** *m zo.* Siberian Husky, Eskimo (*od.* sled) dog, malamute.

es·ki·mo·isch [ɛski'moːɪʃ] **I** *adj* Eskimoan. – **II** *ling.* **E**~ ⟨*generally undeclined*⟩, **das E**~**e** ⟨-n⟩ *cf.* Eskimosprache.

'Es·ki·moˌspra·che *f ling.* Eskimo.

Es'kontˌsatz [ɛs'kɔnt-] *m Austrian econ.* rate of discount.

Es·ko·ri·al [ɛsko'rɪaːl], **der** ⟨-s⟩ *cf.* Escorial.

Es·kor·te [ɛs'kɔrtə] *f* ⟨-; -n⟩ *bes. mil.* escort. — **es·kor'tie·ren** [-'tiːrən] *v/t* ⟨*no* ge-, h⟩ escort. — **Es·kor'tie·rung** *f* ⟨-; *no pl*⟩ escorting.

Es·ku·do [ɛs'kuːdo] *m* ⟨-(s); -(s)⟩ *cf.* Escudo.

es·odisch [e'zoːdɪʃ] *adj med. zo.* esodic.

Eso·te·rik [ezo'teːrɪk] *f* ⟨-; -en⟩ *philos.* esotericism, esoterism, esotery. — **Eso'te·ri·ker** [-'teːrikər] *m* ⟨-s; -⟩ esoteric. — **eso'te·risch** *adj* esoteric: ~**e Lehre** *cf.* Esoterik.

Es·pa·gno·le [ɛspan'joːlə] *f* ⟨-; -n⟩ **1.** *mus.* (Danza) Espagnola. – **2.** *gastr.* sauce espagnole, Spanish sauce.

Es·pa·gno'let·te·verˌschluß [ɛspanjo'lɛtə-] *m tech.* (*Fensterverschluß*) espagnolette (*od.* cremorne) bolt.

Es·par·set·te [ɛspar'zɛtə] *f* ⟨-; -n⟩ *bot.* cock's-head, sainfoin, esparcet, French honeysuckle (*Onobrychis viciaefolia*).

Es·par·to [ɛs'parto] *m* ⟨-s; *no pl*⟩, ~**ˌgras** *n bot.* esparto (grass), Spanish grass (*Stipa tenacissima*).

Es·pe ['ɛspə] *f* ⟨-; -n⟩ *bot.* asp (tree), aspen, trembling poplar (*Populus tremula*).

'es·pen *adj* (*aus Espenholz*) aspen, of aspen (wood).

'Es·pen|ˌbaum *m bot. cf.* Espe. — ~**ˌblatt·ˌkä·fer** *m zo.* unspotted aspen-leaf beetle (*Melasoma tremula*). — ~**ˌholz** *n* aspen wood: **aus** ~ of aspen wood, aspen. — ~**ˌlaub** *n* aspen leaves *pl*: **zittern wie** ~ *fig.* to tremble in every limb, to tremble like an aspen leaf (*lit.*).

Es·per ['ɛspər] *m* ⟨-s; -⟩ *bot. cf.* Esparsette.

Es·pe·ran·tist [ɛsperan'tɪst] *m* ⟨-en; -en⟩ *ling.* Esperantist. — **Es·pe'ran·to** [-'ranto] *n* ⟨-(s); *no pl*⟩ *ling.* Esperanto.

Es·pla·na·de [ɛspla'naːdə] *f* ⟨-; -n⟩ (*freier Platz*) esplanade.

es·pres·si·vo [ɛsprɛ'siːvo] *adv u. adj mus.* espressivo.

Es·pres·so[1] [ɛs'prɛso] *m* ⟨-(s); -s *u.* Espressi [-si]⟩ *gastr.* espresso (coffee).

Es'pres·so[2] *n* ⟨-(s); -(s)⟩ *bes. Austrian* espresso bar.

Es'pres·so|ˌbar *f* espresso bar. — ~**maˌschi·ne** *f* espresso (machine).

Es·prit [ɛs'priː] *m* ⟨-s; -(s)⟩ esprit, wit.

Es·qui·lin [ɛskvi'liːn], **der** ⟨-s⟩ the Esquiline Hill (*in Rome*).

Es·ra ['ɛsra] *npr m* ⟨-s; *no pl*⟩ *Bibl.* Ezra: **das Buch** ~ the book of Ezra.

Es·sä·er [ɛ'sɛːər] *m* ⟨-s; -⟩ *Bibl.* Essene. — **Es·sä·is·mus** [ɛsɛ'ɪsmus] *m* ⟨-; *no pl*⟩ Essenism.

'EßˌAp·fel *m* eating (*od.* dessert) apple: **ein guter** ~ a good eating apple (*od.* eater).

Es·say ['ɛse; ɛ'seː] *m, n* ⟨-s; -s⟩ (**über** *acc* on) essay: **kritischer** ~ critique. — **Es·say·ist** [ɛse'ɪst] *m* ⟨-en; -en⟩ essayist. — **es·say'is·tisch** *adj* essayistic.

'eß·bar *adj* eatable, edible: ~**er Pilz** (edible) mushroom. — **E**~**e, das** ⟨-n⟩ edible thing: **alles E**~**e** everything eatable; **etwas [nichts] E**~**es** something [nothing] to eat. — **'Eß·bar·keit** *f* ⟨-; *no pl*⟩ edibility.

'Eß·be,steck *n* **1.** place setting (*set of knife, fork and spoon*). – **2.** *pl* table cutlery *sg.*

Es·se ['ɛsə] *f* ⟨-; -n⟩ **1.** *bes. Eastern Middle G. dial.* (*Schornstein*) chimney, stack: **etwas in die ~ schreiben** *fig. colloq.* to give s.th. up, to write s.th. off. – **2.** *fig. colloq.* silk (*od.* top) hat. – **3.** *tech.* a) (*Schornstein*) stack, chimney, b) (*Schmiedeherd*) smith's hearth. – **4.** *geol.* (volcanic) vent.

'Eß,ecke (*getr.* -k·k-) *f cf.* Eßnische.

es·sen[1] ['ɛsən] **I** *v/i* ⟨ißt, aß, gegessen, h⟩ **1.** eat: **gut ~** to eat well; **zu Mittag ~** to (have *od.* eat one's) lunch; **zu Abend ~** to dine, to have (*od.* eat one's) dinner (*od.* supper); **auswärts ~** to eat (*od.* dine) out; **in einem Restaurant ~** to eat (*od.* have a meal, have one's meals) at a restaurant; **à la carte ~** to eat à la carte; **man ißt gut dort** you get a good meal there, the food isn't bad there; **kalt [warm] ~** to have a cold [hot] meal; **gierig ~** to eat greedily, to bolt (*od.* gobble, shovel [*colloq.*]) one's food; **tüchtig ~** to eat heartily; **~ wie ein Scheunendrescher [Spatz]** *colloq.* to eat like a horse [bird]; **für drei ~** *colloq.* to eat enough for three; **haben Sie schon gegessen?** have you eaten (yet)? have you already eaten? **gehen wir ~!** a) let's (go and) eat! b) (*auswärts*) let's eat out! **wann [wo] ~ Sie sonntags?** when [where] do you take (*od.* have) your meals (*od.* where do you eat) on Sundays? **wer hat von dem Kuchen gegessen?** who has been eating (part of) this cake? **hiervon und davon ~** to eat some of this and of that; **an der Gans aßen wir drei Tage** we were eating this goose for three days; **wir hatten weder zu ~ noch zu trinken** we had nothing to eat or drink, we had neither bit (*od.* bite) nor sup (*archaic*); **was gibt es heute zu ~?** what are we having (*od.* what's) for lunch (*od.* dinner)? **sie gaben uns viel [Gutes] zu ~** they gave us a lot [of good things] to eat, they fed us really well (*colloq.*); **wir bekamen tagelang nichts zu ~** we did not get anything to eat (*od.* any food) for days; **jetzt wird gegessen!** a) let's (go to) eat now! b) (*mahnend*) get on with your meal! **selber ~ macht fett** (*Sprichwort*) charity begins at home (*proverb*); **wie man ißt, so arbeitet man** (*Sprichwort*) *etwa* people work as fast as they eat; → **arbeiten** 1. – **2.** *mar. mil.* mess. – **II** *v/t* **3.** eat: **zuviel ~** to eat too much, to overeat (*od.* stuff) oneself; **wenig ~** to eat little; **ich habe den ganzen Tag (noch) nichts gegessen** I have not eaten all day; **den Teller leer ~** to clear one's plate, to eat it all up; **~ Sie gerne Obst?** do you like fruit? **Pfannkuchen ißt man am besten heiß** pancakes are best (*od.* should be) eaten hot; **er hat den ganzen Kuchen gegessen** he ate (up) the cake; **ich darf nichts Fettes ~** I must avoid fats (*od.* fat things), I must not eat any fats (*od.* fat things); **er muß seit Jahren Diät ~** he has been on a diet for years; **was auf den Tisch kommt, wird gegessen** you have to eat what's put on the table; **sie hat keinen Bissen gegessen** *colloq.* she did not eat at all (*od.* not even touch her food); **j-n arm ~** *colloq.* to eat s.o. out of house (*od.* hearth) and home; **es wird nichts so heiß gegessen, wie es gekocht wird** (*Sprichwort*) things are never as bad as they look; → **Brot** 1; **Kirsche** 1. – **III** *v/reflex* **4. sich satt** (*od.* **colloq. voll, dick**) **~** to eat one's fill: **sich an** (*dat*) **etwas satt ~** a) to eat one's fill of s.th., to fill up on s.th., b) (*im Überdruß*) to sicken oneself of s.th. – **IV E~** *n* ⟨-s⟩ **5.** *verbal noun*: **beim E~ soll man nicht reden** you should not talk while eating; **der Kuchen ist zum E~ da** the cake is there to be eaten; **E~ und Trinken hält Leib und Seele zusammen** (*Sprichwort*) eating and drinking keeps body and soul together; **der Appetit kommt beim** (*od.* **mit dem**) **E~** (*Sprichwort*) a) once you start eating, you soon get hungry, b) the appetite grows with what it feeds on, the more a man gets the more he wants.

'Es·sen[2] *n* ⟨-s; -⟩ **1.** (*Nahrung, Verpflegung*) food, victuals *pl*, fare, grub (*colloq.*), *Am. colloq.* chow: **~ und Trinken** food and drink; **am ~ nörgeln** (*od.* **mäkeln**) to grumble about (*od.* over) (*od.* to pick on) the food; **das ~ kalt werden lassen** to let the food get cold; **das ~ war gut und reichlich** the food was good and plentiful; **am ~ sparen** to stint oneself of food; **kann ich noch ein ~ bekommen?** can I still get something to eat? **das ~ bekommt mir nicht** the food does not agree with me; **das ~ hat (bei) ihr (zu) gut angeschlagen** *colloq.* she gained (too much) weight on (*od.* with) this food; **~ fassen** *mil.* a) *Am.* to join the chow line, *Br.* to queue up for one's meal, b) (*Verpflegung*) to draw rations. – **2.** (*Mahlzeit*) meal, repast (*lit.*): **j-n zum ~ einladen** to invite s.o. (*od.* ask s.o. [to come]) to dinner (*od.* lunch, supper); **immer unpünktlich zum ~ kommen** to be always unpunctual at meals (*od.* mealtimes); **wollen Sie nicht zum ~ bleiben?** don't you want to stay for dinner (*od.* the meal)? **hat Ihnen das ~ geschmeckt?** (how) did you like the meal? **das ~ ist fertig!** lunch (*od.* dinner) is ready! **vor [nach] dem ~ eine Medizin einnehmen müssen** to have to take a medicine before [after] meals; **nach dem ~ sollst du ruh'n oder tausend Schritte tun** (*Sprichwort*) *etwa* after dinner sit awhile, after supper walk a mile (*proverb*). – **3.** (formal *od.* official, ceremonial) dinner, banquet: **ein ~ für j-n [zu Ehren von j-m] geben** to give a banquet for [in hono(u)r of] s.o. – **4.** (*Portion*) meal, portion: **20 ~ ausgeben** to serve 20 meals. – **5.** *mar. mil.* mess.

'Es·sen|,aus,ga·be *f* **1.** *bes. mil.* distribution of rations. – **2.** *place where the food is handed out.* — **~emp,fang** *m* messing.

Es·se·ner [ɛ'se:nər] *m* ⟨-s; -⟩ *Bibl.* Essene.

'Es·sen|ge,ruch *m* smell of food. — **~,ho·ler** [-,ho:lər] *m* ⟨-s; -⟩ *bes. mil.* ration carrier.

es·se·nisch [ɛ'se:nɪʃ] *adj Bibl.* Essenian, Essenic.

'Es·sen,kar·te *f* meal voucher.

'Es·sen,keh·rer *m Eastern Middle G. dial. for* Schornsteinfeger.

'Es·sen,kopf *m tech.* chimney top.

'Es·sen,korb *m* food basket.

'Es·sen|,kü·bel *m* food bucket. — **~,mar·ke** *f* meal voucher. — **~,pau·se** *f* lunch break.

'Es·sens,aus,ga·be *f bes. mil. cf.* Essenausgabe.

'Es·sen,schie·ber[1] *m metall.* stack damper.

'Es·sen,schie·ber[2] *m* baby's (food) pusher.

'Es·sens|ent,zug *m* deprival of food. — **~ge,ruch** *m cf.* Essengeruch. — **~,mar·ke** *f cf.* Essenmarke. — **~,pau·se** *f cf.* Essenpause. — **~,zeit** *f* **1.** mealtime. – **2.** lunchtime. – **3.** dinner time, *Br.* dinner-time.

es·sen·ti·al [ɛsɛn'tsĭa:l] *adj lit. philos.* essential.

es·sen·ti·ell [ɛsɛn'tsĭɛl] *adj* **1.** *cf.* wesentlich 1, 2. – **2.** *chem.* essential,

'Es·sen,trä·ger *m* **1.** (*Behälter*) transportable meal container, food carrier. – **2.** *bes. mil. cf.* Essenholer.

Es·senz [ɛ'sɛnts] *f* ⟨-; -en⟩ **1.** *chem. pharm.* essence. – **2.** ⟨*only sg*⟩ *lit. od. philos.* (*Wesen*) essence, substance.

'Es·ser *m* ⟨-s; -⟩ eater: **ein starker [schwacher] ~** a big [poor] eater.

Es·se'rei *f* ⟨-; *no pl*⟩ *colloq. contempt.* eating: **was ist denn das für eine ~?** what way of eating is that?

'Es·se·rin *f* ⟨-; -nen⟩ eater.

Es·se·xit [ɛsɛ'ksi:t; -'ksɪt] *m* ⟨-s; -s⟩ *min.* essexite.

'Eß|,fei·ge *f* common (*od.* edible) fig. — **~,ga·bel** *f* (table) fork. — **~ge,schirr** *n* **1.** tableware. – **2.** *mil.* mess gear. — **~ge,wohn·heit** *f meist pl* eating habit. — **~,gier** *f* gluttony, greediness, voracity. — **e~,gie·rig** *adj* gluttonous, greedy, voracious.

Es·sig ['ɛsɪç] *m* ⟨-s; *rare* -e⟩ **1.** *chem.* vinegar, acetum (*scient.*): **in ~ verwandeln** to acetify. – **2.** *gastr.* vinegar: **einen Salat mit ~ und Öl anmachen** to dress a salad with vinegar and oil; **in ~ einlegen** to pickle; **mit ~ gewürzt** vinegar-flavo(u)red. – **3.** *fig. colloq.* (*in Wendungen wie*) **damit ist es ~** it's all off now; **mit der Reise ist es ~** our trip has fallen through; **mit unseren Plänen ist es jetzt ~** our plans are ending up in smoke. — **e~,ähn·lich** *adj* vinegary, vinegarlike. — **~,äl·chen** *n zo.* vinegar eelworm (*Turbatrix aceti*). — **~,äther** *m chem. cf.* Essigester. — **~bak,te·rie** *f biol.* acetobacter. — **~,baum** *m bot.* **1.** tanner's sumac(h) (*Rhus coriaria*). – **2.** *cf.* Essigkolben. — **~,bee·re** *f cf.* Berberitze. — **~,bil·dung** *f* acetification. — **~,brü·he** *f gastr. cf.* Essigsauce. — **~,dorn** *m bot. cf.* Berberitze. — **~es,senz** *f chem.* vinegar essence. — **~,ester** *m chem.* ethylacetate ($CH_3COOC_2H_5$). — **~fa,brik** *f* vinegar factory. — **~fa·bri·ka·ti,on** *f* vinegar making. — **~,fla·sche** *f* **1.** vinegar bottle. – **2.** (*auf dem Tisch*) vinegar cruet. — **~,flie·ge** *f zo.* pomace fly (*Drosophila melanogaster*). — **~ge,mü·se** *n* (mixed) pickles *pl.* — **~,gur·ke** *f* (pickled) gherkin (*od.* gerkin), pickle(d) cucumber. — **~,kahm** *m biol.* mother (of vinegar). — **~,kol·ben** *m bot.* Virginian sumac(h), fever sumac(h) (*Rhus typhina*). — **~,kräu·ter,sau·ce** *f gastr.* Vinaigrette (*od.* Ravigote) sauce. — **~,mut·ter** *f biol.* mother (of vinegar). — **~,pilz** *m* **1.** *biol.* acetobacter. – **2.** *pl gastr.* pickled mushrooms. — **~,ro·se** *f bot.* French rose (*Rosa gallica*). — **~,sau·ce** *f gastr.* vinegar sauce.

'es·sig,sau·er *adj chem.* treated with acetic acid: **essigsaure Tonerde** basic alumin(i)um acetate ($Al(C_2H_3O_2)_3$).

'Es·sig,säu·re *f chem.* acetic acid (CH_3COOH). — **~an·hy,drid** *n* acetic anhydride [$(CH_3CO)_3O$]. — **~äthyl,ester** [-ˀɛ,ty:l-] *m cf.* Essigester. — **~bak,te·rie** *f cf.* Essigbakterie. — **~,bil·dung** *f* acetification. — **~,gä·rung** *f* acetic fermentation. — **~,mes·sung** *f* acetometry.

'Es·sig-,und-'Öl-,Stän·der *m* (*housekeeping*) cruet stand.

'Eß·ka,sta·nie *f bot.* **1.** Spanish chestnut (*Castanea sativa*). – **2.** (*Marone*) marron.

'Eß,koh·le *f tech.* **1.** (*für Dampfkessel*) steam coal. – **2.** (*für Schmiedefeuer*) forge (*od.* semibituminous) coal.

'Eß|,lauch *m bot. cf.* Schalotte. — **~,löf·fel** *m* tablespoon, large spoon: **zwei ~ [Zukker]** two tablespoonfuls [of sugar]. — **e~,löf·fel,wei·se** *adv* by the tablespoonful, in tablespoonfuls, in tablespoonsful: **er ißt Honig ~** *colloq.* he eats honey by the spoonful. — **~,lust** *f* appetite. — **~,mar·ke** *f cf.* Essenmarke. — **~,napf** *m* **1.** small bowl (*od.* basin). – **2.** *mil.* mess tin. — **~,ni·sche** *f* dining recess, *Am. auch* dinette. — **~,obst** *n* eating fruit. — **~pa,ket** *n* food package. — **~,pau·se** *f cf.* Essenpause. — **~,raum** *m* **1.** dining room, *Br.* dining-room. – **2.** (*in Betrieben etc*) canteen. — **~scho·ko,la·de** *f* eating chocolate. — **~,stäb·chen** *n* chopstick. — **~,tel·ler** *m* dinner plate, *Br.* dinner-plate. — **~,tisch** *m* dining table. — **~,un,lust** *f med.* distaste (for food). — **~,wa·ren** *pl* **1.** comestibles, eatables, edibles. – **2.** (*Nahrungsmittel*) food *sg*, victuals. – **3.** (*Vorräte*) provisions. — **~,wur·zel** *f bot.* common loosestrife, willowherb (*Lysimachia vulgaris*). — **~,zim·mer** *n* dining room, *Br.* dining-room.

Es·tab·lish·ment [ɪs'tæblɪʃmənt] (*Engl.*) *n* ⟨-s; -s⟩ *contempt.* establishment.

Esta·fet·te [ɛsta'fɛtə] *f* ⟨-; -n⟩ *hist.* mounted orderly (*od.* dispatch rider).

Esta·min [ɛsta'mi:n] *n, Austrian m* ⟨-s; *no pl*⟩ (*textile*) *cf.* Etamin.

Estam·pe [ɛs'tã:pə] *f* ⟨-; -n⟩ *print.* engraving, print.

Estam·pie [ɛstam'pi:] *f* ⟨-; -n [-ən]⟩ *mus.* [*hist.* estampie.]

Estan·zia [ɛs'tansĭa] *f* ⟨-; -s⟩ estancia (*South American cattle ranch*).

Este ['ɛ:stə] *m* ⟨-n; -n⟩ *geogr.* Estonian.

Ester ['ɛstər] *m* ⟨-s; -⟩ *chem.* ester: **neutraler ~** neutral ester; **saurer ~** acid ester. — **~,gum·mi** *n, auch m synth.* ester gum, rosin ester.

Es·ther ['ɛstər] *npr f* ⟨-; *no pl*⟩ *Bibl.* Esther: **das Buch ~** the book of Esther.

'Estin *f* ⟨-; -nen⟩ *geogr.* Estonian.

'Est,län·der *m* ⟨-s; -⟩, **'Est,län·de·rin** *f* ⟨-; -nen⟩ *geogr.* Estonian. — **'est,län·disch** **I** *adj* Estonian. – **II** *ling.* **E~** ⟨*generally undeclined*⟩, **das E~e** ⟨-n⟩ Estonian.

est·nisch ['e:stnɪʃ] *adj cf.* estländisch.

Esto·mi·hi [ɛsto'mi:hi] *m* ⟨*undeclined*⟩ (**der Sonntag**) **~** *relig.* Quinquagesima (Sunday) (*seventh Sunday before Easter*).

Estra·de [ɛs'tra:də] *f* ⟨-; -n⟩ **1.** *archaic* estrade. – **2.** *DDR* (popular) show.

Estra·den|kon,zert [ɛs'tra:dən-] *n DDR* popular concert. — **~pro,gramm** *n* show program (*bes. Br.* programme).

Estra·gon ['ɛstragɔn] *m* ⟨-s; *no pl*⟩ *bot.* tarragon (*Artemisia dracunculus*). — **~,senf** *m* tarragon mustard.

Est·rich ['ɛstrɪç] *m* ⟨-s; -e⟩ **1.** *arch.* composition floor. – **2.** *Swiss for* Dachboden, Dachkammer. — **~,gips** *m* hard(-finish) plaster. — ~ˌ**le·ger** *m civ.eng.* flooring plasterer.

Es·zett [ɛs'tsɛt] *n* ⟨-; -⟩ (the letter) ß (*in the German alphabet*).

Eta ['eːta] *n* ⟨-(s); -s⟩ *ling.* eta (*seventh letter of the Greek alphabet*).

eta·blie·ren [eta'bliːrən] **I** *v/reflex* ⟨*no* ge-, h⟩ sich ~ establish oneself, become established: sich als Kaufmann ~ to establish oneself (*od.* set up) as a merchant; sich in einem Zimmer ~ *humor.* to settle down in a room. – **II** *v/t archaic* (*Geschäft etc*) establish, set up. — **Eta'blie·rung** *f* ⟨-; *no pl*⟩ establishment: seine ~ als Geschäftsmann his establishment as a businessman.

Eta·blis·se·ment [etablɪs(ə)'mãː; *Swiss auch* -'mɛnt] *n* ⟨-s; -s, *Swiss auch* -e [-'mɛntə]⟩ **1.** (business) establishment. – **2.** *lit.* elegant restaurant (*od.* nightclub). – **3.** *contempt.* cheap (*od.* ill-reputed) establishment, *Am. sl. auch* joint.

Eta·ge [e'taːʒə] *f* ⟨-; -n⟩ **1.** storey, *bes. Am.* story, floor: wir wohnen auf derselben [der vierten] ~ we live on the same [the fourth (*Am.* fifth)] floor. – **2.** *agr.* tier.

Eta·gen|ˌbett [e'taːʒən-] *n* bunk bed. — **e~ˌför·mig I** *adj* arranged in tiers. – **II** *adv agr.* in tiers: ~ angeordnet arranged in tiers. — ~ˌ**haus** *n Am.* apartment house, *Br.* block of flats. — ~ˌ**hei·zung** *f* single-storey (*bes. Am.* single-story) heating system. — ~ˌ**rost** *m* multistage grate. — ~ˌ**trock·ner** *m* **1.** *metall.* (*Formerei*) rack-type core drying stove. – **2.** *gastr.* shelf drier. — ~**venˌtil** *n tech.* multiplex seated (*od.* multiple-seated) valve. — ~ˌ**woh·nung** *f* apartment (*Br.* flat) comprising a whole floor.

Eta·ge·re [eta'ʒɛːrə] *f* ⟨-; -n⟩ *obs. for* a) Bücherbord, b) Glasschrank, c) Wandgestell.

Eta·lon [eta'lõː] *m* ⟨-s; -s⟩ standard instrument (*od.* ga[u]ge).

Eta·min [eta'miːn] *n, Austrian m* ⟨-s; *no pl*⟩, **Eta'mi·ne** *f* ⟨-; *no pl*⟩ (*textile*) etamine, tammy.

Etap·pe [e'tapə] *f* ⟨-; -n⟩ **1.** *mil.* a) rear area, b) (*Verbindungszone*) communications zone, c) (*Tagesmarsch*) day's march: in der ~ in the rear. – **2.** *fig.* (*Teilstrecke, Abschnitt*) stage. – **3.** *fig.* (*Periode, Phase*) period, phase. – **4.** *fig.* (*Rastort*) stop. – **5.** *aer.* stage, leg, hop (*colloq.*). – **6.** (*sport*) (*beim Radrennen*) stage.

Etap·pen|geˌbiet [e'tapən-] *n mil.* rear area. — ~ˌ**ha·se**, ~ˌ**hengst** *m mil. contempt.* base wallah. — ~ˌ**ren·nen** *n* (*im Radsport*) stage race. — ~ˌ**schwein** *n mil. contempt.* base wallah. — **e~ˌwei·se** *adv* by stages.

Etat [e'taː] *m* ⟨-s; -s⟩ **1.** *econ. pol.* budget, *auch* estimates *pl*: den ~ aufstellen to draw up the budget; den ~ beraten, über den ~ verhandeln to discuss the budget; den ~ überschreiten to exceed the budget; außerordentlicher ~ extraordinary budget; bewilligter ~ supplies *pl*; nicht im ~ vorgesehen not budgeted for; das übersteigt meinen ~ *humor.* that exceeds my budget, that's beyond my means. – **2.** *mil.* (*Truppenstärke*) establishment. — ~ˌ**anˌsatz** *m econ.* budgetary estimate. — ~ˌ**aufˌstel·lung** *f* drawing up of the budget. — ~ˌ**ausˌgleich** *m* **1.** (*Vorgang*) balancing (*od.* equilibration, adjustment) of the budget. – **2.** (*Ergebnis*) budgetary balance. — ~**beˌra·tung** *f* budget discussion. — ~ˌ**de·fi·zit** *n* budgetary deficit. — ~**entˌwurf** *m* draft budget. — ~**geˌsetz** *n* budgetary law.

eta·ti·sie·ren [etati'ziːrən] *v/t* ⟨*no* ge-, h⟩ *econ.* enter (*s.th.*) in the budget, budget.

Etat|ˌjahr [e'taː-] *n econ. cf.* Etatsjahr. — ~ˌ**kür·zung** *f* shortening (*od.* cutting down) of the budget. — ~ˌ**la·ge** *f* budget(ary) situation. — **e~ˌmä·ßig** *adj* **1.** *econ.* in accordance with the budget, budgetary. – **2.** *jur.* (*Beamter etc*) permanent. — ~ˌ**mit·tel** *pl* budgetary funds, voted funds (in budget). — ~ˌ**pla·nung** *f* budgetary planning. — ~ˌ**po·sten** *m* budget(ary) item. — **e~ˌrecht·lich** *adj econ. jur.* related to (*od.* on the basis of) budgetary law.

Etats|beˌra·tung [e'taːs-] *f cf.* Etatberatung. — ~ˌ**jahr** *n* fiscal (*od.* financial, budgetary) year.

Etat|ˌüberˌschrei·tung [e'taː-] *f pol. econ.* excess of the budget (*od.* of estimates). — ~ˌ**zuˌwei·sung** *f* budgetary allocation.

Eta·zis·mus [eta'tsɪsmʊs] *m* ⟨-; *no pl*⟩ *ling.* etacism.

et ce·te·ra [ɛt 'tseːtera] et cetera, and so on.

ete·pe·te·te [ˌeːtəpe'teːtə] *adj colloq.* **1.** (*pe-nibel*) overparticular, *Br.* over-particular, overfastidious, *Br.* over-fastidious, overly scrupulous, fussy, finicky, *auch* finnicky, finicking, finikin. – **2.** (*zimperlich*) oversensitive, *Br.* over-sensitive, squeamish. – **3.** (*geziert*) overrefined, *Br.* over-refined, stilted.

Eter·nit [etɛr'niːt; -'nɪt] (*TM*) *n, m* ⟨-s; *no pl*⟩ *tech.* asbestos cement.

Ete·si·en [e'teːziən] *pl meteor.* Etesian winds, Etesians. — ~ˌ**kli·ma** *n* Etesian (*od.* Mediterranean) climate.

Ethik ['eːtɪk] *f* ⟨-; *rare* -en⟩ *philos.* **1.** ethics *pl* (*construed as sg or pl*). – **2.** (*Moralideologie*) ethic, ethos. – **3.** (*Buch*) treatise on ethics. — **'Ethi·ker** [-tikər] *m* ⟨-s; -⟩ **1.** moralist. – **2.** *philos.* moral philosopher. — **'ethisch** [-tɪʃ] *adj* ethical, ethic (*rare*).

eth·nisch ['ɛtnɪʃ] *adj* (*völkisch, volksmäßig*) ethnic.

Eth·no·graph [ɛtno'graːf] *m* ⟨-en; -en⟩ ethnographer. — **Eth·no·gra'phie** [-gra'fiː] *f* ⟨-; *no pl*⟩ ethnography. — **eth·no'gra·phisch** *adj* ethnographic(al).

Eth·no·lo·ge [ɛtno'loːgə] *m* ⟨-n; -n⟩ ethnologist. — **Eth·no·lo'gie** [-lo'giː] *f* ⟨-; -n [-ən]⟩ ethnology. — **eth·no'lo·gisch** *adj* ethnological.

Etho·lo·ge [eto'loːgə] *m* ⟨-n; -n⟩ ethologist. — **Etho·lo'gie** [-lo'giː] *f* ⟨-; -n [-ən]⟩ ethology. — **etho'lo·gisch** *adj* ethologic.

Ethos ['eːtɔs] *n* ⟨-; *no pl*⟩ *philos.* ethos.

Eti·enne [e'tĭɛn] *f* ⟨-; *no pl*⟩ *print.* Etienne (*kind of type*).

Eti·kett [eti'kɛt] *n* ⟨-(e)s; -e⟩ *bes. econ.* **1.** (*Schild mit Aufschrift*) label, card, slip, ticket. – **2.** (*Preisschild*) price tag (*od.* label).

Eti·ket·te [eti'kɛtə] *f* ⟨-; -n⟩ **1.** etiquette, conventional decorum: [streng] nach der ~ [strictly] according to etiquette; Verstoß gegen die ~ breach of etiquette. – **2.** *Swiss od. obs. for* Etikett.

eti·ket·tie·ren [etikɛ'tiːrən] *v/t* ⟨*no* ge-, h⟩ (provide [*s.th.*] with a) label, ticket, tag: Waren mit einem Preisschild ~ to fix a price tag to goods.

Eti·ket'tier·maˌschi·ne *f tech.* label(l)ing machine.

Etio·le·ment [etĭolə'mãː] *n* ⟨-s; *no pl*⟩ *bot.* etiolation. — **etio'lie·ren** [-'liːrən] *v/t* ⟨*no* ge-, h⟩ etiolate.

et·lich ['ɛtlɪç] *indef pron* **1.** (*etwas*) some, a little: mit ~em kaltem Wasser with some cold water. – **2.** ~e *pl* (*einige*) several, (quite) a few, some: es waren noch ~e Probleme zu lösen there were still quite a number of problems to be solved; ~e Male *cf.* etlichemal; der Urlaub kostete ~e tausend Mark the holiday (*Am.* vacation) cost several thousand marks; ~e gute Leute a few good people. – **3.** ~es (*substantivisch*) *colloq.* various (*od.* several, a few, some) things, a thing or two: ich hätte noch ~es hinzuzufügen there are several things I would like to add.

'et·li·cheˌmal *adv* several (*od.* a few) times.

'Etˌmal ['ɛt-] *n* ⟨-(e)s; -e⟩ *mar.* day's work (*od.* run).

Etrus·ker [e'trʊskər] *m* ⟨-s; -⟩ *antiq.* Etruscan. — **etrus·kisch** [e'trʊskɪʃ] **I** *adj* Etruscan. – **II** *ling.* **E~** ⟨*generally undeclined*⟩, **das E~e** ⟨-n⟩ Etruscan.

Etü·de [e'tyːdə] *f* ⟨-; -n⟩ *mus.* étude.

Etui [ɛt'viː] *n* ⟨-s; -s⟩ etui, *auch* etwee, case.

et·wa ['ɛtva] *adv* **1.** *auch* in ~ (*ungefähr*) about, approximately, round about (*colloq.*), around (*colloq.*): ~ 3 Tage about 3 days, 3 days or so (*od.* thereabout[s]); ~ um diese Zeit (at) about this time; ~ um das Jahr 1000 somewhere about the year 1000; wieviel brauchen Sie ~? about (*od.* approximately) how much do you need? ~ 1000 Zuschauer about (*od.* some) 1,000 spectators; ~ das gleiche more or less the same (thing). – **2.** (*vielleicht*) perhaps, by (any) chance: warst du ~ dort? were you perhaps (*od.* by any chance) there? du warst doch nicht ~ dort? you were not there, were you? ist das ~ nichts? is that nothing? isn't that something? ist das ~ besser? is that really better? kannst du es ~ besser? can you do it? glauben Sie ~ nicht, daß er kommt? don't you believe that he will come? soll das ~ heißen, daß is that supposed to mean that, do you mean to imply that; kennst du ihn ~? do you happen to know him? – **3.** (*zum Beispiel*) for instance, for example, (let's) say (*colloq.*): denken Sie ~ an think for instance (*od.* for example) of, think (let's) say of. – **4.** nicht ~ a) not that, b) surely: er war nicht ~ betrunken not that he was drunk; du nimmst doch nicht ~ an, daß you surely don't suppose that.

et·wa·ig ['ɛtvaːɪç; -'vaːɪç] *adj* ⟨*attrib*⟩ **1.** any, whatever: ~e Ausgaben werden erstattet any expenses (incurred) will be refunded; ~e Beschwerden sind schriftlich einzureichen any complaints (that may be made) should be in writing; gegen ~e Schäden versichert insured against any damage (that may occur); bei ~en Schwierigkeiten in case of difficulty, should any difficulties arise. – **2.** (*eventuell*) possible, contingent.

et·was ['ɛtvas] **I** *indef pron* **1.** a) something, b) (*irgend etwas*) anything: hat er ~ davon gesagt? did he say something about it? sonst (noch) ~? (is there) anything else? das ist immerhin ~ that's something anyway, that's at least something; das wäre ~ für mich that's something in my line, that would suit me; ~ haben wir vergessen: das Geld (there is) one thing we have forgotten: the money; so ~ Schönes habe ich noch nie gesehen I have never seen anything as beautiful as that; das ist ~ anderes a) that's something else, b) that's a different story (*od.* matter); so ~ könnte mir nie passieren something (*od.* a thing) like that could never happen to me; nein so ~! would you believe it! so ~ kommt vor such things (do) happen; so ~ Dummes! what a stupid thing! ich habe ~ auf dem Herzen a) something is bothering me, b) I would like to ask you something; er hat ~ gegen mich *colloq.* he does not like me; das ist so sicher wie nur ~ that's as sure as anything (*od. colloq.* as eggs is eggs); da kannst du aber ~ erleben! you'll catch it! er wird es noch zu ~ bringen he'll get somewhere yet; sie wollte sich ~ antun *euphem.* she wanted to kill herself; der Plan hat ~ für sich, an dem Plan ist ~ dran there is something to be said for this plan; er hat ~ von einem Gelehrten an sich there is something scholarlike about him. – **II** *adj* **2.** a little, some: laß mir ~ Zeit give me some time; mit ~ Geduld geht alles everything is possible with a little (*od.* a bit of) patience; er spricht ~ Englisch he knows a little English; in ~ *obs.* to some (*od.* a certain) extent. – **III** *adv* **3.** some, a little: möchten Sie ~ mehr davon? would you like a little more of it? – **4.** somewhat, a little: dem Patienten geht es ~ besser the patient is a little better (now); eine ~ schwierigere Frage a somewhat more difficult question, a question which is a little more difficult. – **5.** (*ziemlich*) somewhat, rather, fairly: ein ~ schwieriges Problem a rather difficult problem.

'Et·was *n* ⟨-; -⟩ **1.** something: sie hat das gewisse ~ she has that certain something; ein unbestimmbares ~ an undefinable something. – **2.** (little) thing: ein winziges ~ lag in der Wiege a tiny little thing lay in the cradle; Sie lächerliches ~! *contempt.* you ridiculous thing! – **3.** *philos.* this-quiddity: ein ~ an existent.

'et,wel·che ['ɛt-] *indef pron pl obs. for* einige.

Ety·mo·lo·ge [etymo'loːgə] *m* ⟨-n; -n⟩ *ling.* etymologist. — **Ety·mo·lo'gie** [-lo'giː] *f* ⟨-; -n [-ən]⟩ etymology. — **ety·mo'lo·gisch** *adj* etymological. — **ety·mo·lo·gi'sie·ren** [-logi'ziːrən] *v/t* ⟨*no* ge-, h⟩ etymologize.

Ety·mon ['eːtymɔn] *n* ⟨-s; Etyma [-ma]⟩ [*ling.* etymon.]

'Et-ˌZei·chen ['ɛt-] *n print.* ampersand, *auch* amperzand, short and.

eu·bö·isch [ɔY'bøːɪʃ] *adj geogr. antiq.* Euboic, Euboean.

euch [ɔʏç] **I** *pers pron* ⟨*dat u. acc pl of* du⟩ (*capitalized in letters*) **1.** ⟨*dat*⟩ (to) you: er kommt zu ~ he is coming to you; ich gebe es ~ I'll give it to you; wir schreiben ~ einen Brief we'll write you a letter. – **2.** ⟨*acc*⟩ you: wir fragen ~ we ask you. – **II** *reflexive pron* ⟨*dat u. acc pl*⟩ (*capitalized in letters*) **3.** yourselves: nehmt ~! help yourselves! setzt ~! sit down! – **4.** (*nach Präpositionen*) you: seht hinter ~ look behind you.

Eu·cha·ri·stie [ɔʏçarɪs'tiː] *f* ⟨-; -n [-ən]⟩ *relig.* Eucharist. — **eu·cha'ri·stisch** [-tɪʃ] *adj* eucharistic, *auch* Eucharistic: E~er Kongreß *röm.kath.* Eucharistic Congress.

Eu·dä·mon [ɔʏ'dɛːmən] *m philos.* eudaemon, *auch* eudemon. — **Eu·dä·mo'nie** [-dɛmo'niː] *f* eudaemonia, *auch* eudaimonia. — **Eu·dä·mo'nis·mus** [-dɛmo'nɪsmʊs] *m* eudaemonism, *auch* eudaimonism, eudemonism. — **Eu·dä·mo'nist** [-dɛmo'nɪst] *m* ⟨-en; -en⟩ eudaemonist. — **eu·dä·mo'ni·stisch** *adj* eudaemonistic.

Eu·dio·me·ter [ɔʏdĭo'meːtər] *n* ⟨-s; -⟩ *phys.* (*Gasprüfgerät*) absorption tube, eudiometer (*scient.*).

eu·er ['ɔʏər] (*capitalized in letters*) **I** *pers pron* ⟨*gen pl of* du⟩ **1.** (of) you: ich gedenke ~ I am thinking of you; ~ sind drei [wenige] there are three [few] of you. – **II** *possess pron* ⟨*nom pl m u. n*⟩ **2.** your: ~ Haus your house; eu(e)re Eltern your parents; das ist unser und ~ Haus this is our house and yours. – **3.** *cf.* eurig.

'Eu·er *possess pron* (*vor Titeln*) Your: ~ Ehren Your Honor (*bes. Br.* Honour); ~ Majestät Your Majesty; ~ Gnaden Your Grace.

'eu·er'seits *adv cf.* eurerseits.

'eu·ers'glei·chen *indef pron* ⟨*undeclined*⟩ *cf.* euresgleichen.

'eu·ert'hal·ben ['ɔʏərt-] *adv cf.* eurethalben.

'Eu·gen,glanz ['ɔʏgeːn-] *m min.* polybasite.

Eu·ge·nik [ɔʏ'geːnɪk] *f* ⟨-; *no pl*⟩ *psych. biol.* (*Erbgesundheitslehre*) eugenics *pl* (*usually construed as sg*). — **eu'ge·nisch** *adj* eugenic, *auch* eugenical.

Eu·ge·nol [ɔʏge'noːl] *n* ⟨-s; *no pl*⟩ *chem.* eugenol $(CH_2CH{:}CH_2C_6H_3(OCH_3)OH)$.

Eu·he·me·ris·mus [ɔʏheme'rɪsmʊs] *m* ⟨-; *no pl*⟩ *antiq.* (*rationalistische Mythendeutung*) euhemerism. — **Eu·he·me'rist** [-'rɪst] *m* ⟨-en; -en⟩ euhemerist. — **eu·he·me'ri·stisch** *adj* euhemeristic.

Eu·ka·lyp·tus [ɔʏka'lʏptʊs] *m* ⟨-; - *od.* -lypten⟩ *bot.* eucalyptus, gum tree (*Gattg Eucalyptus*). — **~,baum** *m cf.* Eukalyptus. — **~bon,bon** *n* (*Hustenbonbon*) eucalyptus candy (*Br.* lozenge). — **~,öl** *n med. pharm.* eucalyptus oil.

Eu·klas [ɔʏ'klaːs] *m* ⟨-; *no pl*⟩ *min.* euclase.

eu·kli·disch [ɔʏ'kliːdɪʃ] *adj* Euclidean, *auch* Euclidian: E~e Geometrie Euclidean geometry. [2. owlet.]

'Eul·chen *n* ⟨-s; -⟩ *zo.* **1.** *dim. of* Eule. –

Eu·le ['ɔʏlə] *f* ⟨-; -n⟩ **1.** *zo.* owl (*Ordng Strigiformes*): ~n nach Athen tragen (*Sprichwort*) to carry coals to Newcastle (*proverb*). – **2.** *zo.* (*Nachtfalter*) noctuid, owlet moth (*Fam. Noctuidae*). – **3.** *only in* eine ~ fangen *mar.* (*von Schiff*) to luff up too much.

'eu·len|,ähn·lich, **~,ar·tig** *adj zo.* owlish, owly, owllike, *Br.* owl-like: ~e Vögel strigidae. — **~,äu·gig** *adj* owl-eyed.

'Eu·len|,fal·ter *m zo. cf.* Eule 2. — **~,nest** *n* owlery. — **~pa·pa,gei** *m zo. cf.* Kakapo. — **~,ruf** *m* owl's screech. — **~,schrei** *m cf.* Eulenruf. — **~,schwal·be** *f zo.* morepork, mo(re)poke, frogmouth (*Fam. Podargidae*).

'Eu·len,spie·gel *npr m* ⟨-s; *no pl*⟩ (*literature*) Owlglass. — **,Eu·len·spie·ge'lei** *f* ⟨-; -en⟩ prank, roguish trick.

'Eu·len,spin·ner *m zo.* current spanworm (*Fam. Cymatophoridae*).

Eu·lersch ['ɔʏlərʃ] *adj* ~e Formel [Gleichung] *math.* Euler's formula [equation].

Eu·me·ni·de [ɔʏme'niːdə] *f* ⟨-; -n⟩ *meist pl myth.* Eumenide (*Greek avenging deity*).

Eu·nuch [ɔʏ'nuːx] *m* ⟨-en; -en⟩ eunuch. — **Eu·nu'chis·mus** [-nu'xɪsmʊs] *m* ⟨-; *no pl*⟩ *med.* eunuchism. — **eu·nu·cho'id** [-nuxo'iːt] *adj* eunuchoid, *auch* eunuchoidal, castroid. — **Eu·nu·choi'dis·mus** [-nuxoi'dɪsmʊs] *m* ⟨-; *no pl*⟩ eunuchoidism, eunuchism.

Eu·pa·tri·de [ɔʏpa'triːdə] *m* ⟨-n; -n⟩ *antiq.* eupatrid, *auch* Eupatrid.

Eu·phe·mis·mus [ɔʏfe'mɪsmʊs] *m* ⟨-; -men⟩ *ling.* euphemism. — **eu·phe'mi·stisch** [-tɪʃ] **I** *adj* euphemistic, *auch* euphemistical. – **II** *adv* euphemistically.

Eu·pho·nie [ɔʏfo'niː] *f* ⟨-; -n [-ən]⟩ *mus. ling.* (*Wohlklang*) euphony. — **eu'pho·nisch** [-'foːnɪʃ] *adj* euphonic, euphonious.

Eu·pho·ni·um [ɔʏ'foːnĭʊm] *n* ⟨-s; -nien⟩ *mus.* euphonium.

Eu·phor·bia [ɔʏ'fɔrbĭa] *f* ⟨-; -bien⟩ *bot.* euphorbia (*Gattg Euphorbia*).

Eu·pho·rie [ɔʏfo'riː] *f* ⟨-; *no pl*⟩ *med. psych.* euphoria. — **eu'pho·risch** [-'foːrɪʃ] *adj* euphoric.

Eu·phu·is·mus [ɔʏfu'ɪsmʊs] *m* ⟨-; *no pl*⟩ (*literature*) euphuism. — **Eu·phu'ist** [-'ɪst] *m* ⟨-en; -en⟩ euphuist. — **eu·phui·stisch** [-'ɪstɪʃ] *adj* euphuistic(al).

Eu·pnoe [ɔʏ'pnoːe] *f* ⟨-; *no pl*⟩ *med.* eupnea, *auch* eupnoea.

Eu·ra·si·er [ɔʏ'raːzĭər] *m* ⟨-s; -⟩ *geogr. anthrop.* Eurasian. — **eu'ra·sisch** [-zɪʃ] *adj* Eurasian.

Eu·ra·tom [ɔʏra'toːm] *f* ⟨-; *no pl*⟩ *pol.* Euratom (*European Atomic Community*). — **~,land** *n* member country of Euratom.

eu·re ['ɔʏrə] **I** *possess pron f* **1.** *cf.* euer 2. – **2.** *cf.* eurig. – **II E~ 3.** (*vor Titeln*) *cf.* Euer.

'eu·rer *possess pron* ⟨*gen u. dat sg f u. gen pl*⟩ *von* euer 2.

'eu·rer'seits *adv* for (*od.* on) your part, on (*od.* from) your side.

'eu·res'glei·chen *indef pron* ⟨*undeclined*⟩ of your kind, the like(s *pl*) of you: Leute ~ people of your kind (*od.* the like[s *pl*] of you); er ist nicht ~ a) he is not like you, b) (*gesellschaftlich*) he is not in your class.

'eu·ret|'hal·ben ['ɔʏrət-], **~'we·gen** *adv* **1.** because of you, on your account: ~ blieb ich zu Hause I stayed at home (just) because of you. – **2.** for your sake: ~ gab er alles auf for your sake he gave up everything. — **~'wil·len** *adv* (um) ~ *cf.* euretwegen.

Eu·rhyth·mie [ɔʏrʏt'miː] *f* ⟨-; *no pl*⟩ *med.* eurythmy, *auch* eurhythmy.

eu·rig ['ɔʏrɪç] *possess pron* **I** der (die, das) ~e yours: dieses Buch ist das ~e this book is yours. – **II** der (die, das) E~e yours: immer (*od.* ganz) der E~e (*in Briefen*) Yours ever; ihr habt das E~e getan you have done your best.

eu·ri·pi·de·isch [ɔʏripi'deːɪʃ] *adj antiq.* Euripidean: die E~en Dramen the dramas of Euripides.

Eu·ro·pa [ɔʏ'roːpa] **I** *n* ⟨-s; *no pl*⟩ *geogr.* Europe. – **II** *npr f* ⟨-; *no pl*⟩ *myth.* Europa. — **~,cup** *m* (*sport*) *cf.* Europapokal.

Eu·ro·pä·er [ɔʏro'pɛːər] *m* ⟨-s; -⟩, **Eu·ro'päe·rin** *f* ⟨-; -nen⟩ *geogr.* European.

Eu·ro·päi·de [ɔʏropɛ'iːdə] *m, f* ⟨-n; -n⟩ *anthrop.* Europoid, Europid.

Eu'ro·pa·idee [-ʔiˌdeː] *f pol.* European idea.

eu·ro·pä·isch [ɔʏro'pɛːɪʃ] *adj* European: das ~e Gleichgewicht the European balance of power; das ~e Konzert *pol.* the Concert of Europe; die E~e Türkei the European part of Turkey; E~e [Wirtschafts]Gemeinschaft European [Economic] Community; E~e Freihandelszone European Free Trade Association; E~e Atomgemeinschaft European Atomic Community; E~e Gemeinschaft für Kohle und Stahl European Coal and Steel Community; E~e Investitionsbank European Investment Bank; E~es Wiederaufbauprogramm European Recovery Program(me); E~e Verteidigungsgemeinschaft European Defence (*Am.* Defense) Community; E~er Gerichtshof European Court of Justice; E~e Zahlungsunion European Payments Union.

eu·ro·päi·sie·ren [ɔʏropɛi'ziːrən] *v/t* ⟨*no* ge-, h⟩ europeanize, *auch* Europeanize. — **Eu·ro·päi'sie·rung** *f* ⟨-; *no pl*⟩ Europeanization.

Eu'ro·pa|,mar·ke *f* (*postal service*) European stamp. — **~,mei·ster** *m* (*sport*) European champion. — **~,mei·ster·schaft** *f* European championship. — **~mi,ni·ster** *m pol.* minister for European affairs.

Eu'ro·pa·po,kal *m* (*sport*) European cup. — **~,end,spiel** *n* European cup final.

Eu'ro·pa|,rat *m pol.* Council of Europe. — **~re,kord** *m* (*sport*) European record. — **~uni,on** *f pol.* European Union. — **~ver,trag** *m* Treaty of Rome.

Eu·ro·pi·de [ɔʏro'piːdə] *m, f* ⟨-n; -n⟩ *anthrop.* Caucasian.

Eu·ro·pi·um [ɔʏ'roːpĭʊm] *n* ⟨-s; *no pl*⟩ *chem.* europium (Eu).

'Eu·ro,scheck *m econ.* Eurocheque.

Eu·ro·vi·si·on [ɔʏrovi'zĭoːn] *f* ⟨-; *no pl*⟩ *telev.* Eurovision.

Eu·ro·vi·si'ons|,sen·dung *f telev.* Eurovision transmission. — **~zen,tra·le** *f* Eurovision center (*bes. Br.* centre).

Eu·ry·di·ke [ɔʏri'diːke] *npr f* ⟨-; *no pl*⟩ *myth.* Eurydice (*Orpheus' wife*).

Eu·sta·chisch [ɔʏs'taxɪʃ] *adj med.* Eustachian: ~e Röhre Eustachian tube.

eu·sta·tisch [ɔʏ'staːtɪʃ] *adj geol.* eustatic.

Eu·ta·xit [ɔʏta'ksiːt; -'ksɪt] *m* ⟨-s; -e⟩ *min.* eutaxite.

Eu·tek·ti·kum [ɔʏ'tɛktikʊm] *n* ⟨-s; -ka [-ka]⟩ *metall.* eutectic. — **eu'tek·tisch** [-tɪʃ] *adj* eutectic.

Eu·ter ['ɔʏtər] *n* ⟨-s; -⟩ (*einer Kuh etc*) udder.

Eu·ter·pe [ɔʏ'tɛrpe] *npr f* ⟨-; *no pl*⟩ *myth.* Euterpe (*Greek Muse of music*).

Eu·tha·na·sie [ɔʏtana'ziː] *f* ⟨-; *no pl*⟩ *med.* euthanasia.

eu·troph [ɔʏ'troːf] *adj med.* eutrophic. — **Eu·tro'phie** [-tro'fiː] *f* ⟨-; *no pl*⟩ eutrophia.

Eu·xe·nit [ɔʏkse'niːt; -'nɪt] *m* ⟨-s; *no pl*⟩ *min.* euxenite.

Eva ['eːfa; 'eːva] **I** *npr f* ⟨-; *no pl*⟩ *Bibl.* Eve. – **II** *f fig. cf.* Evastochter: eine echte ~ *fig.* a true daughter of Eve. — **~ko,stüm** *n cf.* Evaskostüm.

eva·ku·ie·ren [evaku'iːrən] **I** *v/t* ⟨*no* ge-, h⟩ **1.** (*Gebiet, Menschen etc*) evacuate. – **2.** *phys.* evacuate, exhaust. – **II E~** *n* ⟨-s⟩ **3.** *verbal noun.* – **4.** *cf.* Evakuierung. — **Eva·ku'ier·te** *m, f* ⟨-n; -n⟩ person who has been evacuated, evacuee. — **Eva·ku'ie·rung** *f* ⟨-; -en⟩ **1.** *cf.* Evakuieren. – **2.** evacuation.

Evan·ge·li·ar [evaŋge'lĭaːr] *n* ⟨-s; -e *od.* -arien⟩, **Evan·ge·lia·ri·um** [-'lĭaːrĭʊm] *n* ⟨-s; -arien⟩ *relig.* gospel (book).

Evan'ge·li·en|,buch *n relig. cf.* Evangeliar. — **~har·mo,nie** *f* harmony of the gospels. — **~,sei·te** *f röm.kath.* gospel side.

Evan'ge·li,mann", **„Der** [evaŋ'geːli-] ⟨-s; *no pl*⟩ "The Preacher" (*opera by W. Kienzl*).

Evan·ge·li·sa·ti·on [evaŋgeliza'tsĭoːn] *f* ⟨-; -en⟩ *relig.* evangelization.

evan·ge·lisch [evaŋ'geːlɪʃ] *adj relig.* **1.** evangelical. – **2.** (*Kirche, Konfession*) Protestant. — **~-'lu·the·risch** *adj* (strictly) Lutheran (Protestant). — **~-re·for'miert** *adj* Reformed.

evan·ge·li·sie·ren [evaŋgeli'ziːrən] *v/i* ⟨*no* ge-, h⟩ *relig.* evangelize, preach the gospel.

Evan·ge·list [evaŋge'lɪst] *m* ⟨-en; -en⟩ *relig.* evangelist.

Evan·ge·li·um [evaŋ'geːlĭʊm] *n* ⟨-s; -lien⟩ *relig:* gospel: die vier Evangelien the Four Gospels; das ~ des Matthäus the Gospel according to St. Matthew; das ~ verkünd(ig)en to preach the gospel; diese Worte sind für ihn (ein) ~ *fig.* these words are gospel (*od.* the gospel truth) for him.

Eva·po·ra·ti·on [evapora'tsĭoːn] *f* ⟨-; -en⟩ *phys. tech.* evaporation. — **Eva·po'ra·tor** [-'raːtər] *m* ⟨-s; -en [-ra'toːrən]⟩ evaporator. — **eva·po'rie·ren** [-'riːrən] *v/i* ⟨*no* ge-, sein⟩ *u. v/t* ⟨h⟩ evaporate.

Eva·po·ri·me·ter [evapori'meːtər], *auch* **Eva·po·ro'me·ter** [-ro'meːtər] *n* ⟨-s; -⟩ *phys. meteor.* evaporimeter, *auch* evaporometer, atmometer.

Eva·si·on [eva'zĭoːn] *f* ⟨-; -en⟩ **1.** *cf.* Entweichen, Flucht[1] 1—3. – **2.** *obs. for* Ausflucht 1. — **eva'siv** [-'ziːf] *adj obs.* (*Ausflüchte suchend*) evasive.

'Evas·ko,stüm *n colloq. only in* im ~ (*von weiblichen Personen*) in the nude, in one's birthday suit (*colloq.*), *Am. colloq.* in the raw (*od.* buff).

eva·so·risch [eva'zoːrɪʃ] *adj obs. cf.* evasiv.

'Evas,toch·ter *f fig.* daughter of Eve, woman: sie ist eine echte ~ she is a true daughter of Eve, she is all woman.

Evek·ti·on [evɛk'tsĭoːn] *f* ⟨-; -en⟩ *astr.* evection.

even·tu·al [evɛn'tŭaːl] *adj rare for* eventuell I.

Even·tu'al|,an,trag *m jur.* **1.** secondary motion. – **2.** alternative claim. — **~be,geh·ren** *n Swiss* alternative claim. — **~,fall** *m* contingency: für den ~ gerüstet sein to be prepared for a contingency. — **~,haus,halt** *m pol. econ.* contingency budget.

Even·tua·li·tät [evɛntŭali'tɛːt] *f* ⟨-; -en⟩ eventuality, contingency, possibility.

Even·tu'al|ver,bind·lich·keit, **~ver,pflich·tung** *f econ. jur.* contingent liability.

even·tu·ell [evɛn'tŭɛl] **I** *adj* **1.** (*möglicherweise eintretend*) possible, contingent: ~e Änderungen possible changes, any changes (made); ~e Verluste possible losses, any losses (incurred); bei ~en Schwierigkeiten in case of difficulty, should difficulties arise. – **II** *adv* **2.** (*möglicherweise*) possibly, perhaps: er beteiligt sich ~ he will (*od.* may) possibly take part. – **3.** (*notfalls*) if necessary, if need be. – **4.** (*gegebenenfalls*) in that case, should the occasion arise.

Ever·green ['ɛvəˌgriːn] (*Engl.*) *n, auch m* ⟨-s; -s⟩ *mus.* evergreen.

Ever·te·brat [evɛrte'braːt] *m* ⟨-en; -en⟩ *meist pl zo.* invertebrate.

evi·dent [evi'dɛnt] *adj* **1.** *lit.* (*offenbar*) evident, obvious, manifest. – **2.** *bes. philos.* intuitive, intuitively convincing (*od.* clear), evident. – **3.** *Austrian pol.* (*Listen etc*) up-to-date: die Wählerlisten ~ halten to keep the voters' lists up-to-date.

Evi'denz [-'dɛnts] *f* ⟨-; *no pl*⟩ **1.** *lit.* evidence, obviousness. – **2.** *bes. philos.* evidence, intuitiveness, (intuitive) convincingness, clarity: unmittelbare ~ immediate insight; ~ der Gewißheit conviction of certainty. – **3.** etwas in ~ halten *Austrian* a) *pol.* (*Listen etc*) to keep s.th. up-to-date, b) (*Vorhaben etc*) to keep an eye on s.th. — **~be,stand** *m zo.* (*hohe Bevölkerungsdichte einer Population*) epidemic level.

Evik·ti·on [evɪk'tsĭoːn] *f* ⟨-; -en⟩ *jur.* eviction. — **evin·zie·ren** [evɪn'tsiːrən] *v/t* ⟨*no* ge-, h⟩ j-n ~ to evict s.o.

Evi·pan [evi'paːn] (*TM*) *n* ⟨-s; *no pl*⟩ *med. pharm.* hexobarbital, evipan.

Evo·ka·ti·on [evoka'tsĭoːn] *f* ⟨-; -en⟩ *auch jur.* evocation.

Evo·lu·te [evo'luːtə] *f* ⟨-; -n⟩ *math.* evolute.

Evo·lu·ti·on [evolu'tsĭoːn] *f* ⟨-; -en⟩ *bes. biol.* evolution.

Evo·lu·tio·nis·mus [evolutsĭo'nɪsmʊs] *m* ⟨-; *no pl*⟩ evolutionism, theory of evolution.

Evo·lu·ti'ons·theo,rie *f biol.* theory of evolution.

Evol·ven·te [evɔl'vɛntə] *f* ⟨-; -n⟩ *math.* involute.

Evol'ven·ten|,rad *n tech.* involute gear. — **~ver,zah·nung** *f* involute tooth system.

evol'ven·tisch *adj tech.* involute.

evol·vie·ren [evɔl'viːrən] *v/t* ⟨*no* ge-, h⟩ *obs.* evolve.

Ewe[1] ['eːve] *m* ⟨-; -⟩ *geogr.* Ewe, *auch* Evé (*member of a negro people*).

'Ewe[2] *n* ⟨-; *no pl*⟩ *ling.* Ewe, *auch* Evé (*language of the Ewe people*).

'E-,Werk *n short for* Elektrizitätswerk 1.

ewig ['eːvɪç] **I** *adj* **1.** eternal, everlasting, perpetual, unending, endless: ~er Friede eternal (*od.* everlasting) peace; ~es Leben eternal (*od.* everlasting) life, life eternal (*od.* everlasting), immortality; das E~e Licht, die E~e Lampe *röm.kath.* the sanctuary lamp; ~er Ruhm secular (*od.* supertemporal) fame, immortality; ~er Schnee everlasting (*od.* eternal, perpetual) snow; ~e Seligkeit *relig.* eternal happiness; die E~e Stadt the Eternal City (*Rome*); ein ~er Student *fig. colloq.* a perpetual student; ~e Verdammnis *relig.* eternal death, perpetual damnation; der E~e Jude the Wandering Jew; der ~e Adam *colloq.* the old Adam, the old sins *pl*; seit ~en Zeiten from (*od.* since) time immemorial, from all eternity; ich habe ihn seit ~en Zeiten nicht gesehen I haven't seen him for ages; zum ~en Gedenken in everlasting remembrance, to the immortal (*od.* everlasting) memory; zur ~en Ruhe eingehen to go to one's eternal home; er schwor ihr ~e Treue he swore eternal faithfulness to her; in die ~en Jagdgründe eingehen *colloq. euphem.* to go to the happy hunting grounds, to go west; → betten 1. – **2.** *colloq.* (*ständig*) eternal, continuous, incessant, constant, endless, unending: sein ~es Jammern his eternal (*od.* constant, endless) moaning; dieser ~e Lärm! this eternal noise! dieses ~e Einerlei this constant sameness, this unending monotony; ich habe dieses ~e Hin und Her satt I am fed up with this constant chopping and changing. – **3.** *econ.* perpetual: ~e Rente perpetual annuity, perpetuity. – **4.** *hist.* der E~e Landfriede the Perpetual Peace (*1495*); die E~e Richtung the Perpetual Settlement (*in Switzerland, 1474*). – **5.** ~e Teufe (*mining*) unlimited depth. – **6.** ~es Schach perpetual check. – **II** *adv* **7.** eternally, everlastingly, perpetually, unendingly, endlessly, forever, *Br. meist* for ever: ~ leben to live eternally (*od.* forever); auf ~ forever, for everlasting, in perpetuity; auf immer und ~ for evermore, for ever and ever; immer und ~ evermore, without end; er ist auf ~ von uns gegangen he has gone forever. – **8.** *colloq.* eternally, continuously, incessantly, constantly, endlessly, unendingly, forever: er jammert ~ he keeps grumbling (*od.* moaning); das dauert ja ~! this is taking an eternity! ich warte schon ~ lange auf dich I have been waiting for you for ages (*Am. colloq.* for a coon's age); ~ und drei Tage *humor.* forever and a day; da kannst du ~ warten! you may have to wait forever! you can wait till doomsday! es kann doch nicht ~ so weitergehen it can't go on like this forever; er wird ~ lange dafür brauchen it will take him ages (*od.* a month of Sundays) to do it; es ist ~ schade it is a great pity, it is a thousand pities, it is too bad; dieses Material hält ~ this material will last forever. – **III E~e, das** ⟨-n⟩ **9.** the eternal.

'Ewi·ge *m* ⟨-n; *no pl*⟩ (Gott,) der ~ *relig.* the Eternal, the Everlasting, God Eternal.

'Ewig'ge·stri·ge *m* ⟨-n; -n⟩ *contempt.* **1.** antiprogressive person, s.o. who can praise only the past. – **2.** *pol.* ultrareactionary.

'Ewig·keit *f* ⟨-; *rare* -en⟩ **1.** eternity, eternalness, eternality, everlastingness, perpetuity, perpetualness, endlessness: (bis) in alle ~ to (*od.* in) all eternity, to everlasting, to the end of time (*od.* of all days), to (*od.* in, for) perpetuity, to the days of eternity; er ist in die ~ eingegangen *lit.* he passed into eternity, he went to his eternal home, he entered into eternal life; sie wurde in die ~ abberufen *lit.* she was received into the arms of the Lord; von ~ zu ~ *relig.* from everlasting to everlasting, for ever and ever; und von ~ zu ~ *relig.* world without end; Ihm sei Ehre in ~ *relig.* to whom be glory forever. – **2.** *colloq.* (*sehr lange Zeit*) eternity, ages *pl*: ich habe ihn eine ~ nicht gesehen I haven't seen him for ages, it is ages (*od.* an age) since I saw him, it is ever so long since I saw him, *Am. colloq.* I have not seen him in a dog's age, *Br. colloq.* I have not seen him for donkey's years; es dauerte eine ~, bis er kam it took ages (*od.* an age, an eternity) for him to come, it took ever such a long time for him to come; er braucht eine ~ dafür it takes (*od.* will take) him ages to do it, it will take him a month (*od.* week) of Sundays to do it, it will take him a week of weeks to do it; sie bleibt eine ~ aus she is ages (*od.* ever such a long time) coming; seit einer ~, seit ~en for ages.

'Ewig·keits,wert *m lit.* eternal value: etwas hat ~ s.th. is everlasting.

'ewig·lich *adv obs. Bibl.* eternally, forever, *Br. meist* for ever.

'Ewig'weib·li·che, das ⟨-n⟩ *poet.* the Eternal Feminine.

ex [ɛks] **I** *prep* **1.** ex, out (of), from: ~ abrupto unexpectedly, all of a sudden, unawares, suddenly; ~ cathedra sprechen to speak ex cathedra. – **2.** *econ.* ex, without: ~ Dividende ex dividend. – **II** *adj* **3.** *colloq.* finished, settled, over, up: diese Geschichte ist längst ~ this affair is long since over and done with, this affair has been over a long time. – **III** *adv* **4.** *only in* ~ trinken to drink up; ~! bottoms up! down the hatch!

Ex...[1], **ex...** *combining form denoting* ex...

Ex...[2] *combining form denoting* ex-, former.

ex·akt [ɛ'ksakt] **I** *adj* ⟨-er; -est⟩ exact, accurate, precise, correct: eine ~e Beschreibung an exact (*od.* accurate, a precise) description; eine ~e Übersetzung an exact (*od.* a close) translation; die ~en Wissenschaften the exact sciences; er ist sehr ~ he is very accurate (*od.* careful, conscientious, scrupulous); ~ in seiner Arbeit accurate in one's work. – **II** *adv* exactly, accurately, precisely: ~ arbeiten to be accurate (*od.* exact) in one's work; sie hat sich nicht ~ ausgedrückt she did not express herself precisely. — **Ex'akt·heit** *f* ⟨-; *no pl*⟩ exactness, exactitude, accurateness, accuracy, preciseness, precision, correctness.

Ex·al·ta·ti·on [ɛksalta'tsĭoːn] *f* ⟨-; -en⟩ *psych.* exaltation.

ex·al·tie·ren [ɛksal'tiːrən] *v/reflex* ⟨*no* ge-, h⟩ sich ~ get (over)excited (*od.* agitated), get stirred (*od.* wrought up). — **ex·al'tiert** **I** *pp.* – **II** *adj* **1.** (*aufgeregt*) (over)excited, agitated, stirred, wrought-up (*attrib*). – **2.** (*überspannt*) eccentric, extravagant. — **Ex·al'tiert·heit** *f* ⟨-; -en⟩ **1.** (*Aufgeregtheit*) (over)excitement, agitation. – **2.** (*Überspanntheit*) eccentricity, extravagance.

Ex·amen [ɛ'ksaːmən] *n* ⟨-s; -, *auch* Examina [-mina]⟩ *ped.* examination, exam (*colloq.*): im ~ in the examination; mündliches [schriftliches] ~ oral [written] examination; ein ~ [nicht] bestehen to pass [fail] (in) an examination; er steht (gerade) im ~ he is taking (*od.* sitting for) his examination; sein ~ machen (*od.* ablegen), *colloq.* ins ~ steigen to take one's exam, to sit (for) one's exam, to go in for one's examination; er ist durchs ~ gefallen, er ist beim (*od.* im) ~ durchgefallen *colloq.* he failed the exam.

Ex'amens|,angst *f* exam(ination) fever. — **~,ar·beit** *f ped.* examination paper. — **~,auf,ga·be** *f* examination exercise (*od.* task). — **~kan·di,dat** *m* (examination) candidate, examinee. — **~,not** *f meist pl* examination difficulties *pl*.

Ex·ami·nand [ɛksami'nant] *m* ⟨-en; -en⟩ *ped. cf.* Prüfling 1.

Ex·ami·na·tor [ɛksami'naːtɔr] *m* ⟨-s; -en [-na'toːrən]⟩ *ped. cf.* Prüfer 1.

ex·ami·nie·ren [ɛksami'niːrən] *v/t* ⟨*no* ge-, h⟩ **1.** *ped. rare for* prüfen 1. – **2.** *fig.* (*genau ausfragen*) question (*s.o.*) closely, catechize, quiz. – **3.** *fig.* (*untersuchen*) examine, inspect.

Ex·an·them [ɛks(ʔ)an'teːm] *n* ⟨-s; -e⟩ *med.* (*Hautausschlag*) exanthem(a). — **ex·an·the'ma·tisch** [-te'maːtɪʃ] *adj* exanthematous.

Ex·ara·ti·on [ɛks(ʔ)ara'tsĭoːn] *f* ⟨-; -en⟩ *geol.* plucking, exaration (*scient.*).

Ex·arch [ɛ'ksarç; ɛks'ʔarç] *m* ⟨-en; -en⟩ *relig.* exarch. — **Ex·ar'chat** [-'çaːt] *n* ⟨-(e)s; -e⟩ exarchate. — **Ex·ar'chie** [-'çiː] *f* ⟨-; -n [-ən]⟩ exarchy.

Ex·ar·ti·ku·la·ti·on [ɛks(ʔ)artikula'tsĭoːn] *f* ⟨-; -en⟩ *med.* exarticulation, disarticulation.

Ex·au·di [ɛ'ksaudi; ɛks'ʔaudi] *m* ⟨*undeclined*⟩ (der Sonntag) ~ *relig.* sixth Sunday after Easter.

Ex·azer·ba·ti·on [ɛks(ʔ)atsɛrba'tsĭoːn] *f* ⟨-; *no pl*⟩ *med.* recrudescence.

'Ex,bum·mel *m colloq. excursion on the day after a students' festival.*

Ex·edra ['ɛksedra] *f* ⟨-; Exedren [ɛ'kseːdrən]⟩ *arch.* exedra.

Ex·ege·se [ɛkse'geːzə] *f* ⟨-; -n⟩ *relig.* exegesis. — **Ex·eget** [-'geːt] *m* ⟨-en; -en⟩ exegete. — **Ex·ege·tik** [-'geːtɪk] *f* ⟨-; *no pl*⟩ exegetics *pl* (*construed as sg or pl*), theory of exegesis. — **ex·ege·tisch** [-'geːtɪʃ] *adj* exegetic(al), epexegetic(al).

Exe·kra·ti·on [ɛksekra'tsĭoːn] *f* ⟨-; -en⟩ *relig.* execration.

exe·ku·tie·ren [ɛkseku'tiːrən] *v/t* ⟨*no* ge-, h⟩ *jur.* **1.** (*hinrichten*) execute. – **2.** (*eintreiben*) enforce. – **3.** *Austrian and Swiss for* pfänden. — **Exe·ku·ti'on** [-'tsĭoːn] *f* ⟨-; -en⟩ *jur.* **1.** (*Hinrichtung*) execution. – **2.** (*Eintreibung*) enforcement. – **3.** *Austrian and Swiss for* Pfändung.

Exe·ku·ti'ons|be,fehl *m jur.* **1.** death warrant, execution order. – **2.** *Austrian and Swiss order given by a court of law to levy distraint.* — **~kom,man·do** *n mil.* execution squad. — **~ver,kauf** *m econ.* (*an der Börse*) forced sale.

exe·ku·tiv [ɛkseku'tiːf] *adj jur. pol.* executive.

Exe·ku'tiv|,aus,schuß *m* **1.** *pol.* executive committee (*od.* council), executive board. – **2.** *econ.* (*einer Firma*) executive board. — **~be,fug·nis** *f pol.* executive powers *pl*.

Exe·ku·ti·ve [ɛkseku'tiːvə] *f* ⟨-; -n⟩ *pol.* executive (authority).

Exe·ku'tiv|ge,walt *f pol.* executive power. — **~or,gan** *n* executive organ (*od.* body), law-enforcement agency.

Exe·ku·tor [ɛkse'kuːtɔr] *m* ⟨-s; -en [-ku'toːrən]⟩ *jur.* **1.** *cf.* Vollstrecker 1. – **2.** *Austrian for* Gerichtsvollzieher.

exe·ku·to·risch [ɛkseku'toːrɪʃ] *adj* executory, executive.

Ex·em·pel [ɛ'ksɛmpəl] *n* ⟨-s; -⟩ **1.** (warning) example (*od.* instance): an j-m ein ~ statuieren to make an example of s.o.; um ein ~ zu statuieren in order to set a warning example; die Probe aufs ~ machen to make the proof of it, to put it to the test. – **2.** *obs. for* Rechenaufgabe.

Ex·em·plar [ɛksɛm'plaːr] *n* ⟨-s; -e⟩ **1.** (*Einzelstück*) specimen, piece, example: ein besonders seltenes ~ dieser Briefmarken a particularly rare piece (*od.* specimen) of these stamps; von dieser Tierart leben nur noch wenige ~e only a few specimens (*od.* pieces) of this species of animal are still alive; er ist ein seltenes ~ *colloq. iron.* he is a queer specimen (of humanity). – **2.** *print.* a) (*eines Buches*) copy, b) (*einer Zeitschrift etc*) number, issue. – **3.** *econ.* (*eines Wechsels*) set.

ex·em'pla·risch I *adj* **1.** (*beispielhaft*) exemplary; model, standard (*attrib*): eine ~e Lösung des Problems an exemplary (*od.* a model) solution of the problem. – **2.** (*abschreckend*) exemplary, drastic: ~e Strafe exemplary (*od.* severe, drastic) punishment. – **II** *adv* **3.** exemplarily: j-n ~ bestrafen to punish s.o. exemplarily (*od.* severely, drastically), to make an example of s.o.

Ex·em·pli·fi·ka·ti·on [ɛksɛmplifika'tsĭoːn] *f* ⟨-; -en⟩ exemplification. — **ex·em·pli·fi'zie·ren** [-'tsiːrən] *v/t* ⟨*no* ge-, h⟩ exemplify.

ex·emt [ɛ'ksɛmt] *adj jur.* **1.** outside the realm of ordinary jurisdiction. – **2.** tax-free, not subject to taxation. — **Ex·em·ti'on** [-'tsĭoːn] *f* ⟨-; -en⟩ exemption (from tax *od.* from ordinary jurisdiction).

Exe·qua·tur [ɛkse'kvaːtʊr] *n* ⟨-s; -en [-kva'tuːrən]⟩ **1.** *pol. jur.* (consul's) exequatur: j-m das ~ erteilen to accord exequatur to s.o. – **2.** *relig.* exequatur.

Exe·qui·en [ɛ'kseːkvĭən] *pl röm.kath.* (*Totenmesse*) exequies.

exe·quie·ren [ɛkse'kviːrən] *v/t* ⟨*no* ge-, h⟩ *jur.* enforce (*judgment*) by execution.

Ex·er'zier|ˌausˌbil·dung *f mil.* drill. — **~ˌbom·be** *f* dummy (*od.* practice) bomb.

ex·er·zie·ren [ɛksɛr'tsiːrən] **I** *v/i* ⟨*no* ge-, h⟩ **1.** *mil.* practice, *bes. Br.* practise, exercise. – **II** *v/t* **2.** *mil.* (*Rekruten etc*) drill, exercise. – **3.** *colloq.* (*üben*) practice, *bes. Br.* practise, exercise, rehearse. – **III E~** *n* ⟨-s⟩ **4.** *verbal noun.* – **5.** *mil.* drill, exercise, practice: beim ~ at drill.

Ex·er'zier|ˌkno·chen *m med.* exercise bone. — **~mu·ni·tiˌon** *f mil.* drill (*od.* dummy) ammunition. — **~paˌtro·ne** *f* dummy round (*od.* cartridge). — **~ˌplatz** *m* drill (*od.* parade) ground. — **~re·gleˌment** *n* drill book.

Ex·er·zi·ti·en [ɛksɛr'tsiːtsĭən] *pl röm.kath.* (spiritual) exercise *sg.* — **~ˌmei·ster** *m* director of spiritual exercises.

'Ex·euˌro·paˌmei·ster *m* (*sport*) European ex-champion.

Ex·ha·la·ti·on [ɛkshala'tsĭoːn] *f* ⟨-; -en⟩ **1.** *med.* exhalation, expiration. – **2.** *geol.* (*von Gasen*) exhalation.

Ex·ha·la·ti'onsˌla·gerˌstät·te *f meist pl geol.* emanation deposit.

Ex·hau·sti·on [ɛkshaʊs'tĭoːn] *f* ⟨-; -en⟩ *math.* exhaustion.

Ex·hau·stor [ɛks'haʊstɔr] *m* ⟨-s; -en [-'toːrən]⟩ *tech.* exhauster, exhaust fan.

ex·hi·bie·ren [ɛkshi'biːrən] *v/t* ⟨*no* ge-, h⟩ exhibit. — **Ex·hi·bi·tio'nis·mus** [-bitsĭo'nɪsmʊs] *m* ⟨-; *no pl*⟩ *psych.* exhibitionism. — **Ex·hi·bi·tio'nist** [-bitsĭo'nɪst] *m* ⟨-en; -en⟩ exhibitionist.

Ex·hu·ma·ti·on [ɛkshuma'tsĭoːn] *f* ⟨-; -en⟩ *cf.* Exhumierung. — **ex·hu'mie·ren** [-'miːrən] *v/t* ⟨*no* ge-, h⟩ (*Leichnam*) exhume, disinter, disentomb, unbury, unearth. — **Ex·hu'mie·rung** *f* ⟨-; -en⟩ (*eines Leichnams*) exhumation, disinterment, disentombment.

Exil [ɛ'ksiːl] *n* ⟨-s; -e⟩ exile, banishment: ins ~ gehen to go into exile; im ~ leben to live in exile; j-n ins ~ schicken to send s.o. into exile, to exile (*od.* banish) s.o. — **exi·lie·ren** [ɛksi'liːrən] *v/t* ⟨*no* ge-, h⟩ exile, banish, send (*s.o.*) into exile. — **exi'liert I** *pp.* – **II** *adj* exiled, banished.

Exil|li·te·raˌtur [ɛ'ksiːl-] *f* exile literature. — **~reˌgie·rung** *f pol.* government-in-exile.

ex·imie·ren [ɛksi'miːrən] *v/t* ⟨*no* ge-, h⟩ *jur.* (von from) exempt.

exi·stent [ɛksɪs'tɛnt] *adj* existent, real.

exi·sten·ti·al [ɛksɪstɛn'tsĭaːl] *adj philos.* existential.

Exi·sten·tia·li·en [ɛksɪstɛn'tsĭaːlĭən] *pl philos.* existential components.

Exi·sten·tia·lis·mus [ɛksɪstɛntsĭa'lɪsmʊs] *m* ⟨-; *no pl*⟩ *philos.* existentialism. — **Exi·sten·tia'list** [-'lɪst] *m* ⟨-en; -en⟩ existentialist. — **exi·sten·tia'li·stisch** *adj* existentialist.

Exi·sten·tia·li·tät [ɛksɪstɛntsĭali'tɛːt] *f* ⟨-; *no pl*⟩ *philos.* existentiality.

Exi·sten·ti'al|phi·lo·soˌphie *f philos.* existential philosophy, existentialism. — **~ˌsatz** *m* existential proposition.

exi·sten·ti·ell [ɛksɪstɛn'tsĭɛl] *adj philos.* ontic.

Exi·stenz [ɛksɪs'tɛnts] *f* ⟨-; -en⟩ **1.** ⟨*only sg*⟩ (*Vorhandensein*) existence: die bloße ~ dieses Problems the mere existence of this problem. – **2.** ⟨*only sg*⟩ (*Leben*) life, existence: die nackte ~ the bare life; eine trostlose ~ führen to lead a miserable (*od.* wretched) life (*od.* existence); er fühlt sich in seiner ~ bedroht he feels that his very existence is threatened (*od.* at stake). – **3.** ⟨*only sg*⟩ (*Lebensunterhalt*) livelihood, living, existence, subsistence: bescheidene ~ modest livelihood; gesicherte ~ secure existence; sich eine sichere ~ schaffen to create a secure livelihood (*od.* portion) for oneself; er fristet eine kümmerliche ~ he makes a bare living, he just manages to live. – **4.** *contempt.* (*Mensch*) individual, character: dunkle ~en shady characters (*od.* individuals); er ist eine verkrachte ~ he is a failure (in life). — **~anaˌly·se** *f psych.* existential analysis. — **~ˌangst** *f* **1.** fear of life. – **2.** fear for one's economic position (*od.* existence). — **~beˌdin·gun·gen** *pl* conditions of existence (*od.* life), living conditions. — **e~beˌrech·tigt** *adj* having the right to exist. — **~beˌrech·ti·gung** *f* right to exist. — **~erˌhel·lung** *f philos.* illumination of being. — **e~ˌfä·hig** *adj* able to exist. — **~ˌfra·ge** *f* matter of life and death. — **~ˌgrundˌla·ge** *f* basis of existence.

exi·sten·zi·al [ɛksɪstɛn'tsĭaːl] *adj philos. cf.* existential. — **Exi·sten·zia'lis·mus** [-tsĭa'lɪsmʊs] *m* ⟨-; *no pl*⟩ *philos. cf.* Existentialismus.

Exi'stenz|ˌkampf *m* struggle for existence (*od.* life). — **~ˌmi·ni·mum** *n econ.* **1.** subsistence level (*od.* minimum), minimum of existence: am Rande des ~s on the verge of starvation. – **2.** (*Minimallohn*) living wage. — **~ˌmit·tel** *n meist pl* means *pl* of existence. — **~ˌmög·lich·keit** *f* possibility of existence. — **~phi·lo·soˌphie** *f philos. cf.* Existentialismus. — **~ˌsi·cher·heit** *f* security of one's economic position (*od.* existence). — **~ˌsor·ge** *f* anxiety about one's economic position (*od.* existence). — **~unˌsi·cher·heit** *f* insecurity of one's economic position (*od.* existence).

exi·stie·ren [ɛksɪs'tiːrən] *v/i* ⟨*no* ge-, h⟩ **1.** (*vorhanden sein*) exist, be in existence: das existiert nur in deiner Phantasie this exists only in your imagination (*od.* fantasy); davon ~ nur noch wenige Exemplare of this only a few specimens still exist, of this only a few specimens are extant (*od.* have survived). – **2.** (*leben*) exist, live, subsist, keep oneself alive: kannst du von diesem Einkommen ~? can you exist (*od.* live, subsist) on this income? does this income keep you alive? ohne Nahrung kann man nicht ~ one cannot exist (*od.* live, survive) without food.

Ex·itus ['ɛksitʊs] *m* ⟨-; *no pl*⟩ *med.* (*Tod*) death, exitus (*scient.*).

'Ex|ˌkai·ser *m* ex-emperor. — **~ˌkai·se·rin** *f* ex-empress.

Ex·kar·di·na·ti·on [ɛkskardina'tsĭoːn] *f* ⟨-; -en⟩ *röm.kath.* (*eines Geistlichen*) excardination.

Ex·ka·va·ti·on [ɛkskava'tsĭoːn] *f* ⟨-; -en⟩ excavation. — **Ex·ka'va·tor** [-'vaːtɔr] *m* ⟨-s; -en [-va'toːrən]⟩ *bes. med.* excavator. — **ex·ka'vie·ren** [-'viːrən] *v/t* ⟨*no* ge-, h⟩ excavate.

Ex·kla·ma·ti·on [ɛksklama'tsĭoːn] *f* ⟨-; -en⟩ *obs. for* Ausruf 1, 4.

Ex·klau·stra·ti·on [ɛksklaʊstra'tsĭoːn] *f* ⟨-; -en⟩ *röm.kath.* (*eines Klosterangehörigen*) exclaustration.

Ex·kla·ve [ɛks'klaːvə] *f* ⟨-; -n⟩ *pol.* exclave.

ex·klu·die·ren [ɛksklu'diːrən] *v/t* ⟨*no* ge-, h⟩ *obs. for* ausschließen 2, 3. — **Ex·klu·si'on** [-'zĭoːn] *f* ⟨-; -en⟩ *obs. for* Ausschließung 2.

ex·klu·siv [ɛksklu'ziːf] **I** *adj* exclusive, select, close: ~e Gesellschaft select party; ~er Klub exclusive club. – **II** *adv* exclusively, selectly, closely: unsere Zeitung wird ~ darüber berichten our newspaper will carry the exclusive story of it.

Ex·klu'siv·beˌricht *m* (*einer Zeitung*) exclusive (story).

ex·klu·si·ve [ɛksklu'ziːvə] *bes. econ.* **I** *prep* **1.** ⟨*gen*⟩ exclusive of: ~ aller Versandkosten exclusive of all forwarding expenses. – **2.** ⟨*nom*⟩ exclusive of: Preise ~ Verpackung und Transport prices exclusive of (*od.* not including) packing and shipping. – **3.** ⟨*dat*⟩ exclusive of: ~ Getränken exclusive of drinks. – **II** *adv* **4.** exclusively.

Ex·klu'si·ve *f* ⟨-; -n⟩ *relig. hist.* ius exclusivae, veto power (*former right of a Roman Catholic sovereign to reject a candidate for election to papacy*).

Ex·klu'sivˌin·ter·view *n* exclusive interview.

Ex·klu·si·vi·tät [ɛksklusivi'tɛːt] *f* ⟨-; *no pl*⟩ exclusiveness, *auch* exclusivity, selectness, closeness.

Ex·klu'sivˌrecht *n jur.* exclusive right.

Ex·kom·mu·ni·ka·ti·on [ɛkskɔmunika'tsĭoːn] *f* ⟨-; -en⟩ *relig.* excommunication. — **ex·kom·mu·ni'zie·ren** [-'tsiːrən] *v/t* ⟨*no* ge-, h⟩ excommunicate. — **Ex·kom·mu·ni'zier·te** *m, f* ⟨-n; -n⟩ excommunicate. — **Ex·kom·mu·ni'zie·rung** *f* ⟨-; -en⟩ *cf.* Exkommunikation.

'Ex|ˌkö·nig *m* ex-king. — **~ˌkö·ni·gin** *f* ex-queen.

Ex·ko·ria·ti·on [ɛkskorĭa'tsĭoːn] *f* ⟨-; -en⟩ *med.* excoriation.

Ex·kre·ment [ɛkskre'mɛnt] *n* ⟨-(e)s; -e⟩ *meist pl med.* excrement, excreta *pl*, (*Kot*) feces *pl*, faeces *pl*.

Ex·kres·zenz [ɛkskrɛs'tsɛnts] *f* ⟨-; -en⟩ *med. biol.* outgrowth, excrescence (*scient.*).

Ex·kret [ɛks'kreːt] *n* ⟨-(e)s; -e⟩ *med.* excretion, excretum.

Ex·kre·ti·on [ɛkskre'tsĭoːn] *f* ⟨-; -en⟩ *med.* excretion.

Ex·kre·ti'ons·orˌgan *n med. zo.* organ of excretion, excretory organ.

Ex·kul·pa·ti·on [ɛkskʊlpa'tsĭoːn] *f* ⟨-; -en⟩ *obs. for* Rechtfertigung 2. — **ex·kul'pie·ren** [-'piːrən] *v/t* ⟨*no* ge-, h⟩ *obs. for* rechtfertigen 2.

Ex·kurs [ɛks'kʊrs] *m* ⟨-es; -e⟩ **1.** (*Abschweifung*) excursus, digression, excursion: ein ~ in die Geschichte an excursion into history. – **2.** (*beigelegte Abhandlung*) appendix.

Ex·kur·si·on [ɛkskʊr'zĭoːn] *f* ⟨-; -en⟩ **1.** *ped.* (*Lehrausflug*) excursion, field trip, study outing, (*längere*) study trip (*od.* tour): wissenschaftliche ~ scientific excursion. – **2.** *fig.* excursion: eine ~ in die Vergangenheit machen to make an excursion into the past.

Ex·kur·si'onsˌteilˌneh·mer *m* participant in an excursion.

Ex·ku·sa·ti·on [ɛkskuza'tsĭoːn] *f* ⟨-; -en⟩ *obs. for* Entschuldigung.

ex·lex [ɛks'lɛks] *adj hist.* outlawed.

Ex·li·bris [ɛks'liːbrɪs] *n* ⟨-; -⟩ *print.* (*Bücherzeichen*) ex libris, bookplate, *Br.* book-plate: Sammler von ~ exlibrist.

Ex·ma·tri·kel [ɛksma'triːkəl] *f* ⟨-; -n⟩ *ped.* leaving certificate (*at universities*).

Ex·ma·tri·ku·la·ti·on [ɛksmatrikula'tsĭoːn] *f* ⟨-; -en⟩ *ped.* removal (of name) from the register of students. — **ex·ma·tri·ku'lie·ren** [-'liːrən] *v/t* ⟨*no* ge-, h⟩ j-n ~ to remove s.o.'s name from the register of students: sich ~ lassen to have one's name removed from the register of students, to go down (*colloq.*). — **Ex·ma·tri·ku'lie·rung** *f* ⟨-; -en⟩ *cf.* Exmatrikulation.

'Exˌmei·ster *m* (*sport*) ex-champion: ~ im Schwergewicht heavyweight ex-champion.

'Ex·miˌni·ster *m pol.* ex-minister.

Ex·mis·si·on [ɛksmɪ'sĭoːn] *f* ⟨-; -en⟩ *jur. for* Zwangsräumung.

ex·mit·tie·ren [ɛksmɪ'tiːrən] *v/t* ⟨*no* ge-, h⟩ *jur.* evict, turn (*s.o.*) out, dispossess.

Exo·der·mis [ɛkso'dɛrmɪs] *f* ⟨-; -dermen⟩ *bot.* exoderm.

Ex·odus ['ɛksodʊs] *m* ⟨-; *no pl*⟩ **1.** (*Auszug*) exodus. – **2.** *Bibl.* (*2. Buch Mose*) Exodus.

Exo·elek·tron [ɛkso'ʔeːlɛktrɔn] *n* ⟨-s; -en [-elɛk'troːnən]⟩ *phys.* exoelectron, *Br.* exo-electron.

Exo·ga·mie [ɛksoga'miː] *f* ⟨-; -n [-ən]⟩ *sociol.* outbreeding, outmarriage, exogamy (*scient.*). — **exo'ga·misch** [-'gaːmɪʃ] *adj* outbreeding; exogamic, exogamous (*scient.*).

exo·gen [ɛkso'geːn] *adj biol. bot. geol.* exogenous, exogenetic, exogenic.

Exo·karp [ɛkso'karp] *n* ⟨-(e)s; -e⟩ *bot.* exocarp.

exo·krin [ɛkso'kriːn] *adj med.* exocrine.

Exo·mor·pho·se [ɛksomɔr'foːzə] *f* ⟨-; -n⟩ *geol.* exomorphism.

Ex·one·ra·ti·on [ɛks(ʔ)onera'tsĭoːn] *f* ⟨-; -en⟩ *obs. for* Entlastung 3. — **ex·one'rie·ren** [-'riːrən] *v/t* ⟨*no* ge-, h⟩ *obs. for* entlasten 5.

Ex·oph·thal·mus [ɛks(ʔ)ɔf'talmʊs] *m* ⟨-; *no pl*⟩ *med.* exophthalmus.

ex·or·bi·tant [ɛks(ʔ)ɔrbi'tant] *adj lit.* exorbitant, excessive: ~e Preise exorbitant (*od.* *colloq.* steep) prices.

Ex·or·di·um [ɛ'ksɔrdĭʊm; ɛks'ʔɔr-] *n* ⟨-s; Exordia [-dĭa]⟩ (*rhetorische Einleitung*) exordium.

ex·or·zie·ren [ɛks(ʔ)ɔrˈtsiːrən], **ex·or·zi·ˈsie·ren** [-tsiˈziːrən] *v/t* ⟨*no* ge-, h⟩ *relig.* (*böse Geister*) exorcise, exorcize, expel, cast out. — **Ex·orˈzis·mus** [-ˈtsɪsmʊs] *m* ⟨-; -zismen⟩ exorcism, exorcisation, exorcization. — **Ex·orˈzist** [-ˈtsɪst] *m* ⟨-en; -en⟩ exorcist, benet.

Ex·os·mo·se [ɛks(ʔ)ɔsˈmoːzə] *f* ⟨-; -n⟩ *biol.* exosmosis, *auch* exosmose. — **ex·os·ˈmo·tisch** [-tɪʃ] *adj* exosmotic.

Exo·sphä·re [ɛksoˈsfɛːrə] *f* ⟨-; *no pl*⟩ *phys. meteor.* (*space*) exosphere.

Ex·osto·se [ɛks(ʔ)ɔsˈtoːzə] *f* ⟨-; -n⟩ *med.* (*Knochenauswuchs*) exostosis, periostosis.

Exot [ɛˈksoːt] *m* ⟨-en; -en⟩ **1.** stranger from a distant country, exotic person. – **2.** *bot.* exotic (plant). – **3.** *zo.* exotic (animal).

Exo·te·rik [ɛksoˈteːrɪk] *f* ⟨-; *no pl*⟩ *philos.* exoterics *pl.* — **exoˈte·risch** [-rɪʃ] *adj* exoteric, *auch* exoterical.

exo·therm [ɛksoˈtɛrm] *adj chem.* (*Wärme abgebend*) exothermic, exothermal, exothermous.

Exo·tin [ɛˈksoːtɪn] *f* ⟨-; -nen⟩ woman from a distant country, exotic woman.

exo·tisch [ɛˈksoːtɪʃ] *adj* (*Musik, Pflanze etc*) exotic: ~es Wesen exoticism.

Exo·to·xin [ɛksotɔˈksiːn] *n* ⟨-s; -e⟩ *med. biol.* exotoxin.

Ex·pan·der [ɛksˈpandər] *m* ⟨-s; -⟩ (*sport*) expander.

ex·pan·die·ren [ɛkspanˈdiːrən] *v/t u. v/i* ⟨*no* ge-, h⟩ **1.** expand, extend, spread. – **2.** *phys.* a) (*Gas etc*) expand, b) (*Feststoffe*) dilate. – **3.** *tech.* expand.

ex·pan·si·bel [ɛkspanˈziːbəl] *adj bes. phys.* expansible, expandable.

Ex·pan·si·on [ɛkspanˈzĭoːn] *f* ⟨-; -en⟩ **1.** *bes. pol.* expansion, extention, (out)spread. – **2.** *phys.* (*von Gasen etc*) expansion, dilation, dilatation. – **3.** *tech.* expansion. — **ex·pan·sioˈni·stisch** [-zĭoˈnɪstɪʃ] *adj bes. pol.* expansionist.

Ex·pan·siˈons|be·stre·bun·gen *pl bes. pol.* expansionist tendencies. — ~ˌ**dampf·maˌschi·ne** *f tech.* expansion steam engine. — ~ˌ**drang** *m* urge (*od.* drive) for expansion, urge to expand, expansionist drive: wirtschaftlicher ~ urge (*od.* drive) for economic expansion. — **e**~ˌ**freu·dig** *adj* eager to expand. — ~**geˌlüst** *n* appetite for expansion. — ~**geˌschwin·dig·keit** *f phys.* velocity of expansion. — ~ˌ**hub** *m auto.* expansion stroke. — ~ˌ**kam·mer** *f nucl.* expansion chamber. — ~ˌ**kraft** *f phys.* expansive force. — ~ˌ**krieg** *m* war of expansion. — ~ˌ**kur·ve** *f tech. phys.* expansion curve. — ~**maˌschi·ne** *f tech. cf.* Expansionsdampfmaschine. — ~**po·liˌtik** *f pol.* expansionist policy, expansionism, policy of expansion. — ~**poˌli·ti·ker** *m* expansionist. — ~ˌ**schal·ter** *m electr.* expansion (*od.* air-blast) circuit breaker. — ~**venˌtil** *n tech.* expansion valve. — ~**verˌhält·nis** *n phys.* (*space*) expansion ratio. — ~**verˌmö·gen** *n phys.* expansivity. — ~ˌ**wel·le** *f* expansion wave.

Ex·panˈsitˌkork [ɛkspanˈziːt-; -ˈzɪt-] (*TM*) *m* ⟨-s; *no pl*⟩ *civ.eng.* expanded cork.

ex·pan·siv [ɛkspanˈziːf] *adj* (*Politik, Betrieb etc*) expansive.

Ex·panˈsiv·beˌton *m civ.eng.* self-stressed concrete.

Ex·pan·si·vi·tät [ɛkspanziviˈtɛːt] *f* ⟨-; -en⟩ expansivity.

Ex·panˈsivˌkraft *f phys. cf.* Expansionskraft.

Ex·pa·tria·ti·on [ɛkspatriaˈtsĭoːn] *f* ⟨-; -en⟩ *pol. cf.* Expatriierung. — **ex·pa·triˈie·ren** [-ˈiːrən] **I** *v/t* ⟨*no* ge-, h⟩ (*ausbürgern*) expatriate, denaturalize (*s.o.*) (compulsorily), *auch* banish, exile. – **II E**~ *n* ⟨-s⟩ *verbal noun.* — **Ex·pa·triˈie·rung** *f* ⟨-; -en⟩ **1.** *cf.* Expatriieren. – **2.** expatriation, (compulsory) denaturalization, *auch* banishment, exile(ment).

Ex·pe·di·ent [ɛkspeˈdĭɛnt] *m* ⟨-en; -en⟩ *econ.* forwarding (*Am.* shipping) clerk.

ex·pe·die·ren [ɛkspeˈdiːrən] *v/t* ⟨*no* ge-, h⟩ **1.** *econ.* (*Güter*) dispatch, *auch* despatch, forward, *Am.* ship. – **2.** (*Briefe*) send off, dispatch, *auch* despatch, forward. – **3.** j-n an einen anderen Ort ~ *colloq. contempt.* to pack (*od.* bundle, whisk) s.o. off to another place.

Ex·pe·dit [ɛkspeˈdiːt] *n* ⟨-(e)s; -e⟩ *Austrian for* Expedition 2b.

Ex·pe·di·ti·on [ɛkspediˈtsĭoːn] *f* ⟨-; -en⟩ **1.** (*Forschungsreise*) expedition. – **2.** *econ.* a) (*Versandabfertigung*) dispatch, *auch* despatch, forwarding, *Am.* shipment, b) (*Versandabteilung*) dispatch (*od.* forwarding, *Am.* shipping) department. – **3.** *mil. obs. for* Kriegszug.

Ex·pe·di·tiˈonsˌabˌtei·lung *f econ. cf.* Expedition 2b. — ~**büˌro** *n* dispatch (*auch* despatch) (*od.* forwarding, *Am.* shipment) office. — ~ˌ**korps** *n mil.* expeditionary force. — ~ˌ**lei·ter** *m* leader of an expedition. — ~ˌ**schiff** *n* expedition ship. — ~ˌ**teilˌneh·mer** *m* participant in an expedition. — ~ˌ**trup·pe** *f mil.* (*bei amphibischen Operationen*) expeditionary troops *pl.*

Ex·pe·di·tor [ɛkspeˈdiːtɔr] *m* ⟨-s; -en [-diˈtoːrən]⟩ *rare for* Expedient.

ex·pek·ta·tiv [ɛkspɛktaˈtiːf] *adj med.* (*Methode etc*) expectant, expectative.

Ex·pek·to·rans [ɛksˈpɛktorans] *n* ⟨-; -torantien [-ˈrantsĭən]⟩ *med. pharm.* expectorant, apophlegmatic.

Ex·pek·to·ra·ti·on [ɛkspɛktoraˈtsĭoːn] *f* ⟨-; -en⟩ **1.** *med.* expectoration. – **2.** *fig. obs. for* Herzensergießung. — **ex·pek·toˈrie·ren** [-ˈriːrən] *v/t* ⟨*no* ge-, h⟩ *med.* expectorate.

Ex·pen·sen [ɛksˈpɛnzən] *pl jur. obs. for* Gerichtskosten.

ex·pen·siv [ɛkspɛnˈziːf] *adj rare for* kostspielig 1.

Ex·pe·ri·ment [ɛksperiˈmɛnt] *n* ⟨-(e)s; -e⟩ experiment, test: ein chemisches ~ machen (*od.* anstellen) to make a chemical experiment, to make an experiment in chemistry; ~e an Meerschweinchen durchführen to carry out experiments (*od.* to experiment) on (*od.* upon) guinea pigs (*Br.* guinea-pigs); etwas an Hand eines ~s zeigen to demonstrate s.th. by experiment; ein gewagtes ~ *fig.* a bold (*od.* daring) experiment.

ex·pe·ri·men·tal [ɛksperimɛnˈtaːl] *adj u. adv cf.* experimentell. — **E**~**cheˌmie** *f chem.* experimental chemistry. — **E**~**phyˌsik** *f phys.* experimental physics *pl* (*usually construed as sg*). — **E**~**psy·cho·loˌgie** *f psych.* experimental psychology.

Ex·pe·ri·men·ta·tor [ɛksperimɛnˈtaːtɔr] *m* ⟨-s; -en [-taˈtoːrən]⟩ experimentalist, experimenter, demonstrator.

ex·pe·ri·men·tell [ɛksperimɛnˈtɛl] **I** *adj* experimental: ~e Physik *cf.* Experimentalphysik. – **II** *adv* experimentally, by (way of) experiment.

ex·pe·ri·men·tie·ren [ɛksperimɛnˈtiːrən] **I** *v/i* ⟨*no* ge-, h⟩ **1.** (an *dat* etwas on s.th.; mit etwas with s.th.) experiment, make experiments. – **II E**~ *n* ⟨-s⟩ **2.** *verbal noun.* – **3.** experimentation.

Ex·pe·ri·menˈtier|ˌfreu·de *f* fondness of experimenting. — **e**~ˌ**freu·dig** *adj* fond of experimenting. — ~**thea·ter** [-teˌaːtər] *n* experimental (*od.* little, *auch* laboratory) theater (*bes. Br.* theatre).

ex·pert [ɛksˈpɛrt] *adj rare* expert: in (*dat*) etwas ~ sein to be an expert on (*od.* in the field of) s.th.

Exˈper·te *m* ⟨-n; -n⟩, **Exˈper·tin** *f* ⟨-; -nen⟩ expert: ~ in (*od.* für) Steuerfragen expert in (*od.* on) taxation, tax(ation) expert; ~ für moderne (*od.* auf dem Gebiet der modernen) Musik expert on (*od.* in the field of) modern music.

Ex·per·ti·se [ɛkspɛrˈtiːzə] *f* ⟨-; -n⟩ **1.** expertise. – **2.** expert's report (*od.* assessment).

Ex·ple·tiv [ɛkspleˈtiːf] *n* ⟨-s; -e⟩ *ling.* expletive.

Ex·pli·ka·ti·on [ɛksplikaˈtsĭoːn] *f* ⟨-; -en⟩ *obs. for* Erklärung 2.

ex·pli·zie·ren [ɛkspliˈtsiːrən] **I** *v/t* ⟨*no* ge-, h⟩ explicate, interpret, explain. – **II** *v/reflex* sich ~ *colloq.* make one's meaning clear, get one's meaning across (*colloq.*).

ex·pli·zit [ɛkspliˈtsiːt] **I** *adj* explicit: ~e Funktion *math.* explicit function. – **II** *adv cf.* explizite. – **III E**~ *n* ⟨-s; -s⟩ *print. hist.* (*Schlußworte*) explicit.

ex·pli·zi·te [ɛksˈpliːtsite] *adv* explicitly, clearly, plainly.

ex·ploˈdier·bar *adj* explosible.

ex·plo·die·ren [ɛksploˈdiːrən] *v/i* ⟨*no* ge-, sein⟩ (*von Bombe, Geschoß etc*) explode, blow up, burst, detonate: er explodierte fast (vor Wut) *fig. colloq.* he almost exploded (*od. colloq.* blew up) (with rage).

Ex·ploi·ta·ti·on [ɛksplŏataˈtsĭoːn] *f* ⟨-; -en⟩ *obs. for* Ausbeutung 5, Nutzbarmachung 2. — **ex·ploiˈtie·ren** [-ˈtiːrən] *v/t* ⟨*no* ge-, h⟩ *obs. for* ausbeuten 4.

Ex·plo·ra·ti·on [ɛksploraˈtsĭoːn] *f* ⟨-; -en⟩ **1.** *cf.* Explorieren. – **2.** *med.* a) exploration, b) exploratory surgery. — **Ex·ploˈra·tor** [-ˈraːtɔr] *m* ⟨-s; -en [-raˈtoːrən]⟩ *ling.* field worker. — **ex·ploˈrie·ren** [-ˈriːrən] **I** *v/t* ⟨*no* ge-, h⟩ explore. – **II E**~ *n* ⟨-s⟩ *verbal noun.*

ex·plo·si·bel [ɛksploˈziːbəl] *adj* **1.** (*explosionsfähig*) explosible. – **2.** (*explosionsgefährlich*) explosive.

Ex·plo·si·on [ɛksploˈzĭoːn] *f* ⟨-; -en⟩ **1.** explosion, burst, *bes. Am.* blowup, detonation: zur ~ bringen to explode, to detonate; die aufgestaute Volkswut entlud sich in einer gewaltigen ~ *fig.* the people's pent-up fury exploded in one violent outburst. – **2.** *ling.* explosion.

ex·plo·siˈonsˌar·tig *adj* like an explosion: ~er Lohnanstieg explosive rise in wages.

Ex·plo·siˈons|ˌdruck *m* ⟨-(e)s; ⁼e⟩ *tech.* explosion pressure. — ~**geˌfahr** *f* danger of explosion, explosion hazard. — ~**geˌmisch** *n* explosive mixture. — ~ˌ**herd** *m fig.* (*Unruheherd*) storm center (*bes. Br.* centre), trouble spot. — ~**ka·taˌstro·phe** *f* explosion disaster. — ~ˌ**kraft** *f* explosive force. — ~ˌ**kra·ter** *m geol.* (*eines Vulkans*) explosion crater (*od.* vent). — ~ˌ**mo·tor** *m auto. cf.* Verbrennungsmotor. — ~ˌ**pilz** *m* (*einer Atombombe*) mushroom. — ~ˌ**raum** *m auto.* combustion chamber. — **e**~ˌ**si·cher** *adj* explosion-proof, inexplosive. — ~**tem·pe·raˌtur** *f phys.* temperature of explosion. — ~ˌ**wel·le** *f* explosion wave. — ~ˌ**wir·kung** *f* explosive effect.

ex·plo·siv [ɛksploˈziːf] *adj* **1.** explosive, explosible: ~e Stimmung *fig. colloq.* explosive atmosphere. – **2.** *ling.* (*Laut*) explosive.

Ex·ploˈsiv *m* ⟨-s; -e⟩ *meist pl ling. cf.* Explosivlaut. — ~**geˌschoß** *n mil.* high-explosive shell. — ~ˌ**laut** *m ling.* explosive, plosive, *bes. Am.* stop. — ~ˌ**stoff** *m* **1.** *chem.* explosive (substance). – **2.** *fig.* 'dynamite' (*colloq.*).

Ex·po·nat [ɛkspoˈnaːt] *n* ⟨-(e)s; -e⟩ (*Ausstellungsstück*) exhibit.

Ex·po·nent [ɛkspoˈnɛnt] *m* ⟨-en; -en⟩ **1.** *math.* exponent, index, constant: ~ Null zero exponent. – **2.** *fig.* (*herausragender Vertreter*) exponent, advocate, champion, representative.

Ex·poˈnen·ten·beˌwer·tung *f math.* exponential evaluation.

Ex·po·nen·tiˈal|funk·tiˌon [ɛksponɛnˈtsĭaːl-] *f math.* exponential function. — ~ˌ**glei·chung** *f* exponential equation. — ~ˌ**grö·ße** *f* exponential. — ~ˌ**kur·ve** *f* exponential curve. — ~ˌ**rei·he** *f* exponential series.

ex·po·nie·ren [ɛkspoˈniːrən] **I** *v/reflex* ⟨*no* ge-, h⟩ **1.** sich ~ lay oneself open to criticism (*od.* attack), stick out one's neck (*colloq.*). – **II** *v/t* **2.** place (*s.th., s.o.*) in an exposed position. – **3.** *phot. cf.* belichten 1. — **ex·poˈniert I** *pp.* – **II** *adj* **1.** exposed, unprotected, unshielded, (*stärker*) precarious: in ~er Lage in an exposed position; eine ~e Stelle am Berg a precarious spot on the mountain. – **2.** (*Film*) exposed.

Ex·port [ɛksˈpɔrt] *m* ⟨-(e)s; -e⟩ *econ.* **1.** export, exportation, exporting: im ~ tätig sein to be engaged in the export trade (*od.* business); der ~ von Gold the export of gold; den ~ fördern to further (*od.* promote) exportation (*od.* exports). – **2.** (*Güter*) export(s *pl*): die ~e sind höher als die Importe the exports (*od.* goods exported) exceed the imports (*od.* goods imported). — ~ˌ**abˌschluß** *m* closing of an export transaction. — ~ˌ**abˌtei·lung** *f* export department. — ~**arˌti·kel** *m* export commodity, article of export, export article. — ~ˌ**aufˌtrag** *m* export order, *bes. Br.* indent. — ~ˌ**ausˌfüh·rung** *f* export model. — ~**beˌschrän·kung** *f meist pl* export restriction, restriction on export. — ~**beˌstim·mung** *f meist pl* export regulation. — ~ˌ**bier** *n* export beer. — ~ˌ**druck** *m* ⟨-(e)s; *no pl*⟩ inducement to export.

Exˈpor·ten *pl econ.* (*Ausfuhrwaren*) exports, export goods (*od.* commodities).

Exˈport|erˌlaub·nis *f cf.* Exportgenehmigung. — ~**erˌzeug·nis** *n* export product.

Ex·por·teur [ɛkspɔrˈtøːr] *m* ⟨-s; -e⟩ *econ.* a) exporter, b) export firm.

exˈport|ˌfä·hig *adj econ.* exportable. — **E**~ˌ**fir·ma** *f* exporter, export firm. — **E**~ˌ**för·de·rung** *f* export promotion.

exˈportˌfreu·dig *adj econ.* export-minded.

— **Ex'portˌfreu·dig·keit** *f* export-mindedness.

Ex'port|geˌmein·schaft *f econ.* export association. — **~geˌneh·mi·gung** *f* export permit, export licence (*Am.* license). — **~geˌschäft** *n* **1.** *cf.* Exportfirma. – **2.** export transaction. – **3.** export trade (*od.* business). — **~ˌgut** *n* **1.** export article (*od.* product). – **2.** *pl* exports, export goods. — **~ˌha·fen** *m* port of exportation. — **~ˌhan·del** *m* export trade. — **~ˌhänd·ler** *m* exporter.

ex·por·tie·ren [ɛkspɔr'tiːrən] *v/t* ⟨*no* ge-, h⟩ *econ.* (nach to) export.

Ex'port|in·ve·sti·tiˌon *f econ.* investment for the expansion of exports. — **~kam·ˌpa·gne** *f* export drive. — **~ˌkaufˌmann** *m* **1.** exporter. – **2.** export clerk. — **~kon·junkˌtur** *f* export boom. — **~kon·tinˌgent** *n* export quota. — **~kreˌdit** *m* export credit. — **~ˌland** *n* **1.** exporting country. – **2.** country of destination of exports, importing country. — **~ˌlei·ter** *m* export manager, head of an (*od.* the) export department. — **~ˌlen·kung** *f* export control. — **~ˌlie·fe·rung** *f* export shipment (*od.* consignment). — **~ˌmarkt** *m* export market. — **~ˌprä·mie** *f* export bounty. — **~ˌprä·mi·enˌschein** *m* bounty certificate. — **~ˌquo·te** *f* **1.** export quota. – **2.** export rate. — **~ˌrückˌgang** *m* decrease in exports. — **~ˌstei·ge·rung** *f* increase in exports. — **~ˌüberˌschuß** *m* export surplus. — **~ˌwa·re** *f* export commodities *pl* (*od.* articles *pl*). — **~ˌwirt·schaft** *f* export trade and industry. — **~ˌzoll** *m* export duty. — **~ˌzweig** *m* export branch.

Ex·po·sé [ɛkspo'zeː] *n* ⟨-s; -s⟩ exposé, expose.

Ex·po·si·ti·on [ɛkspozi'tsǐoːn] *f* ⟨-; -en⟩ **1.** (*theater*) a) exposition, b) *antiq.* protasis. – **2.** *rare* (*Ausstellung*) exhibition, show. – **3.** *med.* exposure, exposition. – **4.** *phot. cf.* Belichtung. – **5.** *mus.* exposition. – **6.** *obs. for* Darlegung 2.

Ex·po·si·tur [ɛkspozi'tuːr] *f* ⟨-; -en⟩ **1.** *relig.* a) chapel of ease, b) parish without priest of its own. – **2.** *Austrian econ.* external branch office, external affiliate. – **3.** *Austrian ped.* overflow premises *pl.*

ex·preß [ɛks'prɛs] *adv* **1.** *colloq.* (*eilig*) express: einen Brief (per) ~ schicken to send a letter express (*od.* by express delivery, *bes. Am.* special delivery). – **2.** *obs. for* eigens 1, ausdrücklich II.

Ex'preß *m* ⟨-sses; -züge⟩ *bes. Austrian* express (train). — **~ˌbrief** *m cf.* Eilbrief.

Ex'preßˌgut *n* (*railway*) express parcel(s *pl*): ein Paket als ~ schicken to send a parcel by express (delivery), to send a parcel express. — **~ˌdienst** *m* express freight service. — **~ˌkar·te** *f* waybill for express parcels.

Ex·pres·si·on [ɛksprɛ'sǐoːn] *f* ⟨-; -en⟩ **1.** *mus.* (*Register am Harmonium*) expression (stop). – **2.** *med.* (*der Nachgeburt etc*) expression.

Ex·pres·sio·nis·mus [ɛksprɛsǐo'nɪsmus] *m* ⟨-; *no pl*⟩ (*art*) *lit.* expressionism. — **Ex·pres·sio'nist** [-'nɪst] *m* ⟨-en; -en⟩, **Ex·pres·sio'ni·stin** *f* ⟨-; -nen⟩ expressionist. — **ex·pres·sio'ni·stisch** *adj* expressionist(ic).

ex·pres·siv [ɛksprɛ'siːf] *adj* (*Gestaltung, Tanz etc*) expressive. — **Ex·pres·si·vi'tät** [-sivi'tɛːt] *f* ⟨-; *no pl*⟩ expressivity.

Ex'preßˌzug *m* ⟨-(e)s; ⁼e⟩ express (train).

Ex·pro·pria·ti·on [ɛksprɔpria'tsǐoːn] *f* ⟨-; -en⟩ *jur.* expropriation. — **ex·pro·pri'ie·ren** [-'iːrən] *v/t* ⟨*no* ge-, h⟩ expropriate.

Ex·pul·si·on [ɛkspʊl'zǐoːn] *f* ⟨-; -en⟩ *med.* expulsion.

ex·pul·siv [ɛkspʊl'ziːf] *adj med.* expulsive.

ex·qui·sit [ɛkskvi'ziːt] *adj* ⟨-er; -est⟩ (*erlesen*) exquisite, select, choice (*attrib*).

Ex·sik·ka·ti·on [ɛkszɪka'tsǐoːn] *f* ⟨-; -en⟩ *chem.* exsiccation. — **Ex·sik'ka·tor** [-'kaːtɔr] *m* ⟨-s; -en [-ka'toːrən]⟩ *chem.* desiccator.

Ex·spek·tant [ɛkspɛk'tant] *m* ⟨-en; -en⟩ *obs.* expectant, candidate.

Ex·spek·tanz [ɛkspɛk'tants] *f* ⟨-; -en⟩ **1.** *relig.* right of succession. – **2.** *obs. for* Anwartschaft.

Ex·spi·ra·ti·on [ɛkspira'tsǐoːn] *f* ⟨-; -en⟩ *med. ling.* expiration. — **ex·spi·ra'to·risch** [-'toːrɪʃ] *adj* expiratory: ~er Akzent *ling.* expiratory accent. — **ex·spi·rie·ren** [ɛkspi'riːrən] *v/i u. v/t* ⟨*no* ge-, h⟩ **1.** breathe out. – **2.** expire.

Ex·spo·lia·ti·on [ɛkspolǐa'tsǐoːn] *f* ⟨-; -en⟩ *obs. for* Beraubung. — **ex·spo·li·ie·ren** [ɛkspoli'iːrən] *v/t* ⟨*no* ge-, h⟩ *obs.* j-n ~ (*gen* of) to despoil (*od.* deprive) s.o.

Ex·stir·pa·ti·on [ɛkstɪrpa'tsǐoːn] *f* ⟨-; -en⟩ *med.* extirpation. — **ex·stir'pie·ren** [-'piːrən] *v/t* ⟨*no* ge-, h⟩ extirpate.

Ex·su·dat [ɛkszu'daːt] *n* ⟨-(e)s; -e⟩ *biol. med.* exudate. — **Ex·su·da·ti'on** [-da'tsǐoːn] *f* ⟨-; -en⟩ *med.* exudation. — **ex·su·da'tiv** [-da'tiːf] *adj* exudative.

Ex·tem·po·ra·le [ɛkstɛmpo'raːlə] *n* ⟨-s; -lien [-lǐən]⟩ *ped.* surprise test.

Ex·tem·po·re [ɛks'tɛmpore] *n* ⟨-s; -(s)⟩ (*theater*) improvisation, extemporization.

ex tem·po·re [ɛks'tɛmpore] *adv* extempore, impromptu, extemporaneously, extemporarily: ~ sprechen to speak extempore.

ex·tem·po·rie·ren [ɛkstɛmpo'riːrən] **I** *v/i* ⟨*no* ge-, h⟩ extemporize, improvise, speak (*od.* play) extempore (*od.* extemporaneously). – **II** *v/t* (*Rede etc*) extemporize.

Ex·ten·ded [ɪks'tɛndɪd] (*Engl.*) *f* ⟨-; *no pl*⟩ *print.* extended type.

Ex·ten·si·on [ɛkstɛn'zǐoːn] *f* ⟨-; -en⟩ *bes. med.* extension.

Ex·ten·si'ons|ap·paˌrat *m med.* extension apparatus. — **~verˌband** *m* traction bandage.

Ex·ten·si·tät [ɛkstɛnzi'tɛːt] *f* ⟨-; *no pl*⟩ extensity.

ex·ten·siv [ɛkstɛn'ziːf] *adj auch agr.* extensive.

Ex·ten·sor [ɛks'tɛnzɔr] *m* ⟨-s; -en [-'zoːrən]⟩ *med.* extensor (muscle).

Ex·te·ri·eur [ɛkste'rǐøːr] *n* ⟨-s; -s *u.* -e⟩ exterior, outward appearance.

Ex·ter·mi·na·ti·on [ɛkstɛrmina'tsǐoːn] *f* ⟨-; -en⟩ *obs. for* a) Ausrottung 2, b) Vertreibung[1] 2, c) Landesverweisung. — **ex·ter·mi'nie·ren** [-'niːrən] *v/t* ⟨*no* ge-, h⟩ *obs. for* a) ausrotten 2, b) vertreiben[1] 2.

Ex·te·rio·ri·tät [ɛksterǐori'tɛːt] *f* ⟨-; -en⟩ *obs. for* Außenseite 3, Oberfläche 1.

ex·tern [ɛks'tɛrn] *adj* external, outside: ~er Student external student; ~er Schüler day-boy, nonresident (*Br.* non-resident) pupil. — **Ex·ter'nat** [-'naːt] *n* ⟨-(e)s; -e⟩ *Swiss ped.* day school, *Br.* day-school.

Ex'ter·ne[1] *m* ⟨-n; -n⟩ *ped.* **1.** day-boy, nonresident (*Br.* non-resident) pupil. – **2.** external student.

Ex'ter·ne[2] *f* ⟨-n; -n⟩ *ped.* **1.** day-girl, nonresident (*Br.* non-resident) pupil. – **2.** external (woman) student.

ex·ter·ri·to·ri·al [ɛkstɛritoˈrǐaːl] *adj pol. jur.* extraterritorial, exterritorial. — **Ex·ter·ri·to·ria·li'tät** [-rǐali'tɛːt] *f* ⟨-; *no pl*⟩ extraterritoriality, exterritoriality.

Ex·tink·ti·on [ɛkstɪŋk'tsǐoːn] *f* ⟨-; -en⟩ **1.** *astr.* (atmospheric) extinction. – **2.** (*optics*) *phys.* extinction. – **3.** *psych.* (experimental) extinction. – **4.** *obs. for* Auslöschung, Tilgung 5.

Ex·tink·ti'ons|ko·ef·fi·ziˌent *m meteor.* extinction (*od.* total reflection) coefficient. — **~pho·toˌme·ter** *n* (*optics*) extinction photometer, extinction meter.

ex·tor·quie·ren [ɛkstɔr'kviːrən] *v/t* ⟨*no* ge-, h⟩ *obs. for* abpressen 1, erzwingen 2.

Ex·tor·si·on [ɛkstɔr'zǐoːn] *f* ⟨-; -en⟩ *obs. for* Erpressung 3.

ex·tra ['ɛkstra] **I** *adv* **1.** extra, separately, apart: wir bezahlen jeder ~ each of us pays separately; das geht ~ that is extra, that's separate. – **2.** (*zusätzlich*) extra, in addition: die Heizung muß man ~ bezahlen there is an extra charge for heating, heating costs are extra, in addition one has to pay for the heating; er verdient sich abends noch etwas ~ he earns some extra money in the evenings. – **3.** (*eigens*) expressly, specially: er hat mich ~ besucht he paid me a special visit; ~ deswegen expressly (*od.* specially) for that purpose, for that very purpose. – **4.** *colloq.* (*absichtlich*) on purpose, purposely, out of spite: sie hat es ~ getan she did it on purpose (*od.* out of spite). – **5.** *colloq.* (*besonders gut*) too (*od.* very) well: es geht ihm nicht ~ a) he is not feeling very well, b) *econ.* he is not too well off. – **II** *adj colloq.* **6.** extra, special, additional: für den Besuch muß ich ein ~ Handtuch herauslegen I have to lay out an extra towel for the visitor(s). – **III E~** *n* **7.** *only in* er will immer etwas E~(e)s *colloq.* he always wants s.th. special.

'Ex·tra *n* ⟨-s; -s⟩ (*Zubehör*) extra: und viele ~s (*in Annoncen*) with many extras.

Ex·tra..., ex·tra... *combining form denoting* extra...

'Ex·tra|ˌausˌga·be *f* **1.** *print.* a) (*einer Zeitung etc*) extra number, *auch* special, b) (*eines Buches etc*) special edition. – **2.** *meist pl* extra (*od.* additional) expense, extra. — **~ˌblatt** *n* **1.** *print.* extra (edition): ~! (*als Ausruf*) extra! – **2.** extra (*od.* additional) page. — **e~ˌfein** *adj* **1.** extra-fine. – **2.** *bes. econ.* superfine, superior: ~e Qualität superfine quality, superfineness, superior quality; ~e Ware(n *pl*) superfines *pl.*

ex·tra·hie·ren [ɛkstra'hiːrən] *v/t* ⟨*no* ge-, h⟩ **1.** *bes. med.* (*Zahn etc*) extract, draw. – **2.** (aus from) extract, excerpt. – **3.** *chem. pharm.* extract.

Ex·trakt [ɛks'trakt] *m, auch n* ⟨-(e)s; -e⟩ **1.** *bes. chem. med. pharm.* extract. – **2.** (*aus Schriften*) extract, excerpt. – **3.** *fig.* essence: etwas im ~ wiedergeben to give the essence of s.th., to relate s.th. in a nutshell.

Ex·trak·ti·on [ɛkstrak'tsǐoːn] *f* ⟨-; -en⟩ *bes. chem. med. pharm.* extraction.

Ex·trak·ti'ons|ˌanˌla·ge *f chem. tech.* extraction plant. — **~ˌmit·tel** *n med. pharm.* extracting agent. — **~ˌzan·ge** *f med.* extraction forceps.

ex·trak·tiv [ɛkstrak'tiːf] *adj* extractive.

Ex·tra·ne·er [ɛks'traːneər] *m* ⟨-s; -⟩, **Ex·'tra·ne·us** [-us] *m* ⟨-; -neer⟩ *ped. cf.* Externe[1].

ex·tra·or·di·när [ɛkstraˀɔrdi'nɛːr] *adj rare* extraordinary.

Ex·tra·or·di·na·ri·at [ɛkstraˀɔrdina'rǐaːt] *n ped.* associate professorship.

Ex·tra·or·di·na·ri·um [ɛkstra(ˀ)ɔrdi'naːrǐum] *n* ⟨-s; -rien⟩ *econ. jur.* extraordinary budget.

Ex·tra·or·di·na·ri·us [ɛkstra(ˀ)ɔrdi'naːrǐus] *m ped.* associate professor.

Ex·tra·po·la·ti·on [ɛkstrapola'tsǐoːn] *f* ⟨-; -en⟩ *math.* extrapolation.

Ex·tra·po·la·ti'ons|ˌabˌstand *m*, **~ˌstrecke** (*getr.* -k·k-) *f math.* extrapolation distance.

ex·tra·po·lie·ren [ɛkstrapo'liːrən] *v/t* ⟨*no* ge-, h⟩ *math.* extrapolate.

'Ex·tra|ˌpost *f* ⟨-; *no pl*⟩ *obs.* special mail (coach). — **~ra·tiˌon** *f* extra ration. — **~sy·sto·le** [ɛkstrazʏs'toːlə] *f med.* extrasystole, *Br.* extra-systole (*premature contraction of the chest*). — **~ˌtour** *f colloq.* extra tour: sie leistet sich dauernd ~en she always has to have s.th. special (*od.* extra).

ex·tra·ute·rin [ɛkstraˀute'riːn] *adj med.* extrauterine, *Br.* extra-uterine. — **E~·ˌschwan·ger·schaft** *f* extra(-)uterine (*od.* ectopic) pregnancy, paracyesis.

ex·tra·va·gant [ɛkstrava'gant] *adj* extravagant, highflying. — **Ex·tra·va'ganz** [-'gants] *f* ⟨-; -en⟩ extravagance.

Ex·tra|va·sat [ɛkstrava'zaːt] *n* ⟨-s; *no pl*⟩ *med.* extravasation. — **e~vas·ku'lär** [-vasku'lɛːr] *adj med. zo.* extravascular. — **~ver·si'on** [-vɛr'zǐoːn] *f psych.* extraversion. — **e~ver'tiert** [-vɛr'tiːrt] *adj* extrovert, extroverted, *auch* extravert, extraverted. — **~ˌvorˌstel·lung** ['ɛkstra-] *f cf.* Sondervorstellung.

'Ex·traˌwurst *f* **1.** *colloq.* special privileges *pl*, preferential treatment: er will immer eine ~ (gebraten haben) he always has to have something (extra-)special, he always wants to be treated like a lord (*od.* bigwig), he always wants 'V.I.P.' treatment, *Am.* he likes to be catered to. – **2.** *Austrian gastr. cf.* Fleischwurst.

ex·tra|zel·lu·lar [ɛkstratsɛlu'laːr] *adj biol.* extracellular. — **~ze·re'bral** [-tsere'braːl] *adj med.* extracerebral.

'Ex·traˌzug *m cf.* Sonderzug.

ex·trem [ɛks'treːm] *adj* ⟨-er; -st⟩ extreme: ~e Kälte extreme cold; ~e Ansichten vertreten to hold extreme (*od.* radical) views; einer ~en Richtung angehören to belong to an extreme school of thought; ~er Wert einer Funktion *math.* extremum, extreme (value) of a function.

Ex'trem *n* ⟨-s; -e⟩ **1.** extreme: bis zum ~ to the extreme; er fällt von einem ~ ins andere he goes from one extreme to another (*od.* to the other); ins ~ verfallen to rush (*od.* run) to extremes; ins andere ~ verfallen to do a turnabout to the other extreme, to turn to the other extreme. – **2.** *math.* extreme (value), extremum. – **3.** *pl meteor.* extremes *pl*, extreme values *pl.*

Ex·tre·ma·le [ɛkstre'maːlə] *f* ⟨-; -n⟩ *math.* extremal, geodesic.

Ex'trem|fall *m* extreme case.
Ex·tre·mis·mus [ɛkstre'mɪsmʊs] *m* ⟨-; -men⟩ extremism. — **Ex·tre'mist** [-'mɪst] *m* ⟨-en; -en⟩, **Ex·tre'mi·stin** *f* ⟨-; -nen⟩ extremist, ultra. — **ex·tre'mi·stisch** *adj* extremist(ic).
Ex·tre·mi·tät [ɛkstremi'tɛːt] *f* ⟨-; -en⟩ **1.** extremity. – **2.** *meist pl med. zo.* (*Glied*) extremity, limb.
Ex'trem|ˌpunkt *m math.* (*einer Kurve*) a) bend (*od.* turning) point, b) (*in Polarkoordinaten*) apse, apsis, c) (*einer Häufigkeitsfunktion*) mode. — **~ther·moˌme·ter** *n meteor.* maximum and minimum thermometer.
Ex·tre·mum [ɛks'treːmʊm] *n* ⟨-s; -ma [-ma]⟩ *math. cf.* Extrem 2.
Ex'tremˌwert *m* **1.** *bes. math.* extreme value. – **2.** *electr.* peak (*od.* crest) value.
ex·tro·ver·tiert [ɛkstrovɛr'tiːrt] *adj psych. cf.* extravertiert.
Exu·lant [ɛksu'lant] *m* ⟨-en; -en⟩ *obs. for* Vertriebene, Verbannte. — **exu'lie·ren** [-'liːrən] *v/i* ⟨*no* ge-, h⟩ *obs.* live in exile.
Ex·ul·ze·ra·ti·on [ɛks(ʔ)ultsera'tsǐoːn] *f* ⟨-; -en⟩ *med.* exulceration.
ex usu [ɛks 'uːzu] *adv bes. jur.* ex usu, from usage (*od.* practice).
Ex·uvi·en [ɛ'ksuːvǐən] *pl* **1.** *zo.* exuviae. – **2.** *obs. for* Siegesbeute.
Ex·vo·to [ɛks'voːto] *n* ⟨-s; -s *u.* -ten⟩ ex-voto, votive offering.
ex·zel·lent [ɛkstsɛ'lɛnt] *adj* excellent.
Ex·zel·lenz [ɛkstsɛ'lɛnts] *f* ⟨-; -en⟩ Excellency, Excellence: Eu(e)re (*od.* Euer) ~ your Excellency.
ex·zel·lie·ren [ɛkstsɛ'liːrən] *v/i* ⟨*no* ge-, h⟩ *rare for* hervorragen 3, glänzen 4.
Ex·zen·ter [ɛks'tsɛntər] *m* ⟨-s; -⟩ **1.** *tech.* eccentric. – **2.** *auto.* (*einer Trommelbremse*) cam. – **3.** (*textile*) (shadding) tappet. — **~ˌan·gel** *f tech.* a) eccentric tang, b) (*für Gattersägen*) eccentric buckle. — **~ˌbü·gel** *m* eccentric strap. — **~geˌtrie·be** *n* eccentric drive (*od.* gear). — **~ˌpres·se** *f* eccentric press. — **~ˌrad** *n* eccentric wheel. — **~ˌschei·be** *f* eccentric disc (*od.* disk). — **~ˌwel·le** *f* **1.** *tech.* eccentric shaft. – **2.** (*textile*) tappet (*od.* cam) shaft. — **~ˌziehˌpres·se** *f tech.* eccentric drawing press.
Ex·zen·trik [ɛks'tsɛntrɪk] *f* ⟨-; *no pl*⟩ (*im Varieté etc*) grotesque comedy.
Ex·zen·tri·ker [ɛks'tsɛntrikər] *m* ⟨-s; -⟩ **1.** eccentric (person). – **2.** (*im Varieté*) grotesque comedy artist.
ex·zen·trisch [ɛks'tsɛntrɪʃ] *adj* **1.** (*Mensch*) eccentric: ~es Benehmen eccentric behavio(u)r, eccentricity. – **2.** *math. tech.* (*space*) eccentric: ~e Lage eccentricity; ~e Umlaufbahn eccentric orbit. – **3.** *bot.* excentral.
Ex·zen·tri·zi·tät [ɛkstsɛntritsi'tɛːt] *f* ⟨-; -en⟩ **1.** *psych.* eccentricity, queerness, peculiarity. – **2.** *math. tech.* (*space*) eccentricity.
Ex·zep·ti·on [ɛkstsɛp'tsǐoːn] *f* ⟨-; -en⟩ *obs. for* a) Ausnahme 1, b) Einwendung.
ex·zep·tio·nell [ɛkstsɛptsǐo'nɛl] *adj* exceptional.
ex·zep·tiv [ɛkstsɛp'tiːf] *adj obs. for* ausschließend 1.
ex·zer·pie·ren [ɛkstsɛr'piːrən] *v/t* ⟨*no* ge-, h⟩ (*Buch etc*) excerpt, make excerpts from, extract.
Ex·zerpt [ɛks'tsɛrpt] *n* ⟨-(e)s; -e⟩ (aus from) excerpt, extract.
Ex·zeß [ɛks'tsɛs] *m* ⟨-sses; -sse⟩ **1.** excess, immoderation: bis zum ~ to excess, excessively, immoderately; sinnliche Exzesse sensual excesses. – **2.** violent incident, violation, outrage, riot: es kam zu wilden Exzessen there were violent incidents. – **3.** *math.* a) (*sphärischer*) excess, b) (*in der Statistik*) (*der Häufigkeitskurve*) kurtosis, excess. – **4.** *chem.* excess.
ex·zes·siv [ɛkstsɛ'siːf] *adj* **1.** (*Niederschlag*) excessive. – **2.** (*Klima*) continental. – **3.** (*Lebensweise etc*) excessive, outrageous.
ex·zi·die·ren [ɛkstsi'diːrən] *v/t* ⟨*no* ge-, h⟩ *med.* excise.
ex·zi·pie·ren [ɛkstsi'piːrən] *v/t* ⟨*no* ge-, h⟩ *obs.* except, make an exception of.
Ex·zi·si·on [ɛkstsi'zǐoːn] *f* ⟨-; -en⟩ *med.* excision.
Ex·zi·ta·ti·on [ɛkstsita'tsǐoːn] *f* ⟨-; -en⟩ *psych.* excitation. — **Ex·zi·ta·ti'ons·ˌsta·di·um** *n med.* excitation state (*od.* phase).
ex·zi·to·mo·to·risch [ɛkstsitomo'toːrɪʃ] *adj med.* excitomotor(y).
Ey·ra ['aɪra] *f* ⟨-; -s⟩ *zo.* eyra (*Felis eyra*).

F

F, f [ɛf] *n* ⟨-; -⟩ **1.** F, f (*sixth letter of the German alphabet*; *fourth consonant*): **ein großes F** a capital (*od.* large) F; **ein kleines F** a small (*od.* little) f; **das f in ‚Heft'** the f in 'Heft'. – **2.** *only in* **nach Schema F** *colloq. contempt.* according to a set formula, according to (a set) pattern: **etwas nach Schema F erledigen** to do s.th. according to a set formula; **alles geht nach Schema F** everything is done mechanically. – **3.** *mus.* a) (the note) F, *auch* f, b) f (= *f-Moll*) F minor, c) F (= *F-Dur*) F major: **das Stück steht in F(-Dur)** the work is in (the key of) F (major). – **4.** F *chem.* (*symbol of fluorine*) F. – **5.** F *electr.* (*Farad*) f. – **6.** F *meteor.* (*Fahrenheit*) F. – **7.** F (*s.o. sixth in order or class*) F. – **8.** F (*s.th. having the shape of the capital letter F*) F.

Fa [faː] *n* ⟨-; -⟩ *mus.* fa (*in sol-fa systems*).

Fa·bel ['faːbəl] *f* ⟨-; -n⟩ **1.** (*lehrreiche Tiergeschichte*) fable, *rare* apologue: **die Äsopischen ~n** Aesop's fables. – **2.** (*Grundhandlung*) plot, story: **das Drama hat eine einfache ~** the drama has a simple story. – **3.** (*erfundene Geschichte*) (fabulous) story, (tall) tale, fiction, fable: **er konnte hübsche ~n erfinden** he could invent beautiful tales; **eine Gestalt aus dem Reich der ~** a figure from the realm (*od.* region) of fable (*od.* fiction); **diese Behauptung gehört ins Reich der ~** this allegation is (a) fiction, this assertion is pure fabrication. –**4.** *colloq.* (*Lügengeschichte*) story, fable, cock-and-bull story, fib: **j-m eine ~ aufbinden** (*od.* **auftischen**) to tell s.o. a fib; **erzähl doch keine ~n** don't tell stories (*od.* fairy tales). — **~ˌbuch** *n* book of fables. — **~ˌdich·ter** *m* writer (*od.* author) of fables, fabulist, fabler.

Fa·be'lei *f* ⟨-; -en⟩ *colloq.* **1.** *cf.* Fabeln. – **2.** *auch contempt.* (*Erdichtung*) fabulous (*od.* made-up) story, tall tale, fable, 'yarn' (*colloq.*).

'Fa·bel|geˌschöpf *n cf.* Fabelwesen. — **~geˌstalt** *f* figure of a fable.

'fa·bel·haft I *adj* **1.** *colloq.* (*großartig*) fabulous, wonderful, excellent, capital, marvellous, *bes. Am.* marvelous, *auch* stunning (*colloq.*): **ein ~er Kerl** a wonderful chap (*od.* fellow), *bes. Am. colloq.* a mighty fine fellow, *Am. colloq.* a great guy; **ein ~er Kopf** an excellent thinker; **ein ~er Einfall** a capital idea; **ein ~es Essen** a fabulous (*od. colloq.* scrumptious) meal; **wie war's? ~!** how was it? fabulous! terrific! (*colloq.*); **das ist ja ~** that's marvel(l)ous; **~ aussehen** to look fabulous (*od.* capital). – **2.** *colloq.* (*überaus groß*) extraordinary, fabulous, immense: **eine ~e Geldsumme** an immense (*od.* enormous, prodigious) sum of money. – **3.** *colloq.* (*erstaunlich*) amazing, astonishing: **er hat ein ~es Gedächtnis für Namen** he has an amazing (*od.* phenomenal) memory for names. – **4.** *colloq. iron.* (*schlecht*) fine, fabulous marvellous, *bes. Am.* marvelous: **das sind ja ~e Aussichten!** fine prospects, these! – **5.** *colloq. iron.* (*Preise etc*) extraordinary, exorbitant, outrageous: **wir zahlen eine ~e Miete** we pay an exorbitant rent. – **II** *adv colloq.* **6. es hat ~ geklappt** it came off marvel(l)ously; **er ist ~ gefahren** he drove excellently; **eine ~ ausgestattete Wohnung** a fabulously furnished flat; **ihr habt euch ja ~ blamiert** *iron.* you put your foot in it marvel(l)ously; **er ist ~ reich** he is immensely rich; **~ billig** amazingly (*od.* wonderfully) cheap.

'Fa·belˌland *n* **1.** land (*od.* country, world) of fable. – **2.** fabled land.

fa·beln ['faːbəln] **I** *v/t* ⟨h⟩ **1.** (*erfinden*) fabricate, invent, make (*s.th.*) up, fable (*poet.*). – **2.** *cf.* faseln 3. – **II** *v/i* **3.** tell (tall *od.* fabulous) tales (*od.* stories), romance: **er fabelt mal wieder** he is telling tales again. – **4.** *cf.* faseln 1. – **III F~** *n* ⟨-s⟩ **5.** *verbal noun.*

'Fa·bel|ˌreich *n* realm (*od.* region, domain) of fable (*od.* fiction). — **~ˌsamm·lung** *f* collection of fables. — **~ˌschmied** *m auch contempt.* writer of fables, fabler, fabulist (*auch contempt.*), romancer. — **~ˌtier** *n* fabulous creature (*od.* animal, beast). — **~ˌwelt** *f* world (*od.* domain) of fable (*od.* fiction). — **~ˌwe·sen** *n* fabulous creature (*od.* being).

Fa·bia·nis·mus [fabĭa'nɪsmʊs] *m* ⟨-; *no pl*⟩ *pol.* Fabianism.

Fa·bi·er ['faːbĭər] *npr m* ⟨-s; -⟩ **1.** *hist.* Fabian (*member of a Roman family*): **die ~** the Fabii. – **2.** *pol.* Fabian (*member of the Fabian Society*): **Gesellschaft der ~** Fabian Society. — **'fa·bisch** [-bɪʃ] *adj* Fabian.

Fa·bli·au [fabli'oː] *n* ⟨-; Fabliaux [-'oːs]⟩ (*literature*) fabliau, *auch* fableau (*medieval tale in verse*).

Fa·brik [fa'briːk] *f* ⟨-; -en⟩ **1.** factory, (work)shop, (manufacturing) works *pl* (*construed as sg or pl*): **chemische ~** chemical works; **keramische ~** pottery; **ab ~** ex factory (*od.* works), *Am.* (direct) from factory, factory-direct; **in der ~** in (*od.* at) the factory (*od.* works); **in einer ~ arbeiten**, *colloq.* **in die ~ gehen** to work in (*od.* at) a factory; **eine ~ gründen** (*od.* **anlegen**) [**stillegen, verlegen**] to set up [to close (down), to relocate] a factory. – **2.** (*zur Herstellung von Textilien, Papier etc*) mill. – **3.** *cf.* Fabrikgebäude. – **4.** *cf.* Fabrikanlage. – **5.** ⟨*only sg*⟩ *fig. colloq.* (*Arbeiter, Belegschaft*) (workers *pl* of a) factory (*od.* mill): **eine ~ nach der anderen streikte** one factory after the other struck (*od.* went on strike). — **~ˌabˌsatz** *m* sale(s *pl*) from the factory, factory sale(s *pl*). — **~ˌabˌwas·ser** *n* ⟨-s; -wässer⟩ *meist pl* industrial effluent. — **~ˌanˌla·ge** *f* **1.** (manufacturing) plant, works *pl* (*construed as sg or pl*). – **2.** works installation (*od.* equipment).

Fa·bri·kant [fabri'kant] *m* ⟨-en; -en⟩ **1.** (*Hersteller*) manufacturer, maker. – **2.** (*Besitzer*) factory owner, (*bes. einer Papierfabrik etc*) millowner, *Br.* mill-owner.

Fa'brik|ˌar·beit *f* **1.** factory work, millwork, *Br.* mill-work, work in a factory (*od.* mill). – **2.** *cf.* Fabrikware 1. — **~ˌar·bei·ter** *m* **1.** factory worker (*od.* hand), industrial worker, mill-hand, *bes. Am.* millman. – **2.** (*bes. an einer Maschine*) operative. — **~ˌar·bei·te·rin** *f* **1.** factory worker (*od.* hand, industrial worker, factory (*od.* mill) girl. – **2.** (female) operative. — **~ˌarzt** *m* works (*od.* staff) physician (*od.* doctor) (at a factory).

Fa·bri·kat [fabri'kaːt] *n* ⟨-(e)s; -e⟩ **1.** (*Typ eines Erzeugnisses*) manufacture, make, brand, *auch* product: **Autos verschiedener ~e** cars of various makes; **Zigarren verschiedener ~e** cigars of various brands; **deutsches ~** a) German manufacture (*od.* make), b) (*als Aufschrift*) "made in Germany"; **(unser) eigenes ~** a) our own make (*od.* product), b) *colloq. humor.* homemade, *Br.* home-made. – **2.** (*Industrieerzeugnis*) (manufactured) article, (*im weiteren Sinne*) product: **~e unterschiedlicher Größe** articles of various sizes. – **3.** (*Gewebe, Stoff*) fabric(s *pl*): **dieses ~ ist waschbar** this fabric is washable.

Fa·bri·ka·ti·on [fabrika'tsĭoːn] *f* ⟨-; -en⟩ **1.** (*Herstellung*) manufacture, manufacturing, making, production, fabrication: **in (die) ~ geben** to put into production; **die ~ von Textilien** the manufacture of textiles. – **2.** (*Ausstoß*) output, production. – **3.** *contempt.* manufacturing: **die ~ billiger Romane** the manufacturing (*od.* turning out) of cheap novels.

Fa·bri·ka·ti'ons|ˌabˌfall *m meist pl* waste. — **~ˌabˌtei·lung** *f* manufacturing department.— **~ˌanˌla·ge** *f* production installation (*od.* equipment). — **~ˌaufˌtrag** *m* job order. — **~beˌtrieb** *m* manufacturing enterprise. — **~ˌfeh·ler** *m* factory flaw (*od.* defect). — **~ˌgang** *m* **1.** course of manufacture. – **2.** (*Arbeitsgang*) operation. – **3.** (*Verarbeitung*) manufacturing process, processing. — **~geˌheim·nis** *n* manufacturing secret. — **~gie·ßeˌrei** *f metall.* tonnage foundry. — **~konˌtrol·le** *f econ.* production control. — **~ˌko·sten** *pl* production cost *sg.* — **~ˌlei·ter** *m* production manager. — **~ˌnum·mer** *f* (*einer Maschine etc*) serial number. — **~proˌgramm** *n* **1.** production plan, manufacturing schedule. – **2.** range of manufacture. — **~proˌzeß** *m* manufacturing process. — **~ˌrecht** *n* manufacturing patent. — **~ˌstät·te** *f* production plant. — **~ˌsteu·er** *f* tax on the manufacturing of articles. — **~ˌteil** *n* manufacturing (*od.* production) part. — **~verˌfah·ren** *n* manufacturing process. — **~ˌzweig** *m* branch (*od.* line) of manufacture, branch of production, manufacturing branch.

Fa'brik|ˌbahn *f* factory (*od.* works) railway, industrial railroad (*bes. Br.* railway), *Am. auch* tap line. — **~beˌsit·zer** *m*, **~beˌsit·ze·rin** *f* factory owner, (*bes. einer Papierfabrik etc*) millowner, *Br.* mill-owner. — **~diˌrek·tor** *m* factory (*od.* works) manager, managing director, superintendent. — **~ˌeinˌrich·tung** *f cf.* Fabrikanlage 2. — **~erˌzeug·nis** *n* manufactured article. — **f~ˌfer·tig** *adj* **1.** factory-built. – **2.** prefabricated. — **f~ˌfrisch** *adj cf.* fabrikneu. — **~geˌbäu·de** *n* factory building (*od.* premises *pl*). — **~ˌge·gend** *f* industrial quarter, manufacturing (*od.* factory) district. — **~geˌheim·nis** *n* trade secret. — **~geˌlän·de** *n* factory site (*od.* premises *pl*). — **~ˌgold** *n* gold leaf, leaf gold. — **~ˌgrund-**

ˌ**stück** *n cf.* Fabrikgelände. — ~ˌ**hal·le** *f* **1.** (*Bau*) factory wing. – **2.** (*Raum*) factory interior. — ~ˌ**hof** *m* factory yard. — ~ˌ**klau·sel** *f* ex factory (*od.* ex works) clause. — ~ˌ**lei·tung** *f* factory management. — ~ˌ**mar·ke** *f cf.* Warenzeichen. — **f~ˌmä·ßig I** *adj* (*Herstellung etc*) industrial. – **II** *adv* by manufacture: ~ **herstellen** to manufacture; ~ **hergestellt** manufactured, factory-made. — ~ˌ**mut·terˌschiff** *n mar.* (*Fischerei*) mother-factory ship. — **f~ˌneu** *adj* (*Auto etc*) brand-new, *auch* bran-new, fresh (*od.* straight) from the factory. — ~ˌ**num·mer** *f* serial number. — ~ˌ**preis** *m* **1.** factory (*od.* manufacturer's) price, prime cost, cost price. – **2.** (*Preis ab Werk*) price ex works (*od.* ex factory).

Fa'briks... *Austrian for* Fabrik...

Fa'brik|ˌschiff *n mar.* (*in der Fischerei*) factory (ship). — ~ˌ**schlot**, ~ˌ**schornˌstein** *m* (factory) chimney stack, *bes. Am.* smoke-stack. — ~ˌ**sied·lung** *f* industrial estate (*bes. Am.* site). — ~**siˌre·ne** *f* factory whistle, *bes. Br.* (factory) hooter. — ~ˌ**stadt** *f* manufacturing (*od.* factory, industrial) town. — ~ˌ**tor** *n* factory gate. — ~ˌ**vier·tel** *n* (*einer Stadt*) factory district. — ~ˌ**wa·re** *f* **1.** factory (*od.* manufactured) product(s *pl*), factory-made (*od.* -produced) article(s *pl*): **das ist** ~ this is a factory product, these are manufactured products (*od.* goods). – **2.** *contempt.* (*Massenware*) mass-produced article(s *pl*). — ~ˌ**we·sen** *n* factory system. — ~ˌ**zei·chen** *n cf.* Warenzeichen.

fa·bri·zie·ren [fabri'tsiːrən] *v/t* ⟨*no* ge-, h⟩ **1.** (*herstellen*) manufacture, make, produce. – **2.** *colloq. humor.* (*laienhaft herstellen*) make, concoct: **sie hat einen großen Kuchen fabriziert** she has concocted a large cake; **was hast du denn fabriziert?** what have you made? **den Tisch hat er selbst fabriziert** he has made the table himself. – **3.** *fig. contempt.* (*Gedichte etc*) fabricate, make up, manufacture.

Fa·bu·lant [fabu'lant] *m* ⟨-en; -en⟩ **1.** (*Erzähler*) storyteller, *Br.* story-teller. – **2.** (*Lügner*) fabulist, liar.

fa·bu·lie·ren [fabu'liːrən] **I** *v/t* ⟨*no* ge-, h⟩ **1.** *cf.* fabeln 1. – **II** *v/i* **2.** *cf.* fabeln 3. – **3.** *lit.* (*phantasievoll dichten*) tell fictitious stories (*od.* tales), fable: **er neigt dazu zu** ~ he is given to telling stories. — **Fa·bu'lie·rer** *m* ⟨-s; -⟩ inventor (*od.* teller) of stories, storyteller, *Br.* story-teller. — **Fa·bu'list** [-'lɪst] *m* ⟨-en; -en⟩ **1.** *obs. for* Fabeldichter. – **2.** *cf.* Fabulierer.

fa·bu·lös [fabu'løːs] *adj u. adv obs. u. colloq. humor. for* fabelhaft 1, 3, 5, 6.

Fa·ce ['faːs(ə)] *f* ⟨-; -n [-sən]⟩ **1.** *obs. for* Vorderansicht 1. – **2.** *mil. hist.* (*einer Festung*) face.

Fa·cet·te [fa'sɛtə] *f* ⟨-; -n⟩ **1.** *auch zo.* (*eines Edelsteins, Facettenauges etc*) facet, *auch* facette. – **2.** *print.* (*Kante von Klischees etc*) bevel (edge). – **3.** *fig. lit.* (*eines Characters, Problems etc*) facet, *auch* facette.

Fa'cet·ten|ˌau·ge *n zo.* (*Netzauge*) compound (*od.* facet[ed]) eye, *auch* facetted eye, ommateum (*scient.*). — ~**geˌschie·be** *n geol.* faceted (*auch* facetted) pebbles *pl.* — ~ˌ**glas** *n* (*optics*) faceted (*auch* facetted) glass. — ~ˌ**schliff** *m* (*bei Edelsteinen etc*) facets *pl*, *auch* facettes *pl.*

fa·cet·tie·ren [fasɛ'tiːrən] **I** *v/t* ⟨*no* ge-, h⟩ **1.** (*Edelsteine etc*) facet. – **2.** (*Glas etc*) bevel. – **3.** *print.* bevel. – **II F~** *n* ⟨-s⟩ **4.** *verbal noun.* — **fa·cet'tiert I** *pp.* – **II** *adj* faceted, *auch* facetted, cut (in facets): ~**es Glas** cut (*od.* faceted) glass. — **Fa·cet'tie·rung** *f* ⟨-; -en⟩ **1.** *cf.* Facettieren. – **2.** (*eines Edelsteins etc*) cut. – **3.** *print.* beveling, *bes. Br.* bevelling.

Fach [fax] *n* ⟨-(e)s; ⸗er⟩ **1.** (*einer Schublade etc*) compartment, partition, division, section, (*eines Regals*) *auch* shelf: **in Fächer aufgeteilt** (*od.* **eingeteilt**) partitioned off (*od.* divided up) (into sections), sectioned; **geheimes** ~ secret compartment (*od.* drawer); **Fächer an der Wand** shelving *sg* (fitted to the wall); **sein Sekretär hat sechs Fächer** his bureau has six compartments (*od.* pigeonholes, *Br.* pigeon-holes); → Dach 4. – **2.** (*einer Aktentasche etc*) partition. – **3.** (*als Kasten*) box. – **4.** (*als Tasche*) pocket. – **5.** *fig.* (*Arbeitsfeld*) department, line, province, field: **das ist mein** ~ that's my line (*od.* province), that's right down (*od.* up) my alley (*od.* street) (*colloq.*); **das ist nicht** (*od. colloq.* **schlägt nicht in**) **mein** ~ that's not up my alley (*od.* street) (*colloq.*), that's not in my line, that's not my department, that's off (*od.* outside, out of) my beat, *bes. Br.* that's not my line of country; **das ist sein** ~ that's his field (*od.* metier). – **6.** *fig.* (*Berufszweig*) job, profession: **ein Mann vom** ~ an expert, a specialist, a professional man; **ein Musiker vom** ~ a professional musician; **eine Künstlerin vom** ~ a professional (artist); **sie versteht ihr** ~ **wie keine** she knows her job (inside out), she knows her business (*od. colloq.* stuff, onions) like nobody else. – **7.** *econ.* (*Branche*) business, branch, trade, line of business: **er ist nicht vom** ~ he is not in this trade, he is not in our line of business. – **8.** *ped.* (*Unterrichtsfach*) subject: **wahlfreies** (*od.* **fakultatives**) ~ optional subject, *Am.* elective; **naturwissenschaftliches** ~ physical (*od.* natural) science; **humanistische Fächer** humanities, classical subjects; **in diesem** ~ **ist er sehr gut** he is well up in that subject; **ein** ~ **studieren** to study a subject; **welche Fächer studieren Sie?** what are your subjects? **Fächer im Lehrplan** subjects in (*od.* on) the curriculum; **in einem** ~ **geprüft werden** to be examined in a subject. – **9.** *philos.* subject. – **10.** *philos. hist.* materia, category. – **11.** (*theater*) a) character, (type of) rôle, line (of character), b) (*besonderes*) speciality, *bes. Am.* specialty: **das** ~ **der Naiven** the character (*od.* rôle) of the ingenue. – **12.** *mus.* category. – **13.** *print.* (*eines Setzkastens*) box. – **14.** *bot.* a) (*eines Fruchtknotens*) cell, locule (*scient.*), b) (*einer Fruchtkapsel*) valve. – **15.** *biol.* chamber, loculus (*scient.*): **in Fächer geteilt, Fächer habend** loculate, *auch* loculated. – **16.** *med.* cell. – **17.** *arch. cf.* Feld 11. – **18.** ⟨*only sg*⟩ (*in der Weberei*) shed, lease: **offenes** ~ open (*od.* plain) shed; **das** ~ **bilden** to shed the warp. – **19.** (*in der Hutmacherei*) form, bat, *auch* batt. – **20.** (*mining*) interval.

...ˌfach [-ˌfax] *combining form denoting* times, ...fold: *z. B.* **dreifach** three times, threefold, triple.

'Fach|ˌabˌtei·lung *f* **1.** special branch. – **2.** (*einer Klinik*) department, ward. — ~ˌ**ar·beit** *f* **1.** expert (*od.* skilled) work. – **2.** (scientific) paper.

'Fachˌar·bei·ter *m* **1.** skilled (*od.* trained, expert) worker, specialist, technician: **gelernter** ~ skilled workman (*od.* artisan); ~ **für Werkzeugmaschinen** machinist. – **2.** *pl collect.* skilled labor (*bes. Br.* labour). — ~ˌ**brief** *m* certificate of proficiency.

'Fachˌar·bei·te·rin *f cf.* Facharbeiter 1.

'Fachˌar·bei·terˌprü·fung *f* test in (acquired) professional skill.

'Fach|ˌarzt *m med* (für in) (medical) specialist: **zugezogener** ~ consultant; ~ **für Geburtshilfe** obstetrician; ~ **für Ohrenleiden** ear specialist, otologist (*scient.*); ~ **für Hals-, Nasen-, Ohrenkrankheiten** otolaryngologist; ~ **für innere Krankheiten** internist; **seinen** ~ **machen** *colloq.* a) to study to be a specialist, b) to qualify as a specialist. — ~ˌ**ärz·tin** *f cf.* Facharzt. — **f~ˌärzt·lich I** *adj* (*Beratung, Behandlung etc*) specialist('s), by a specialist, by specialists: ~**e Untersuchung** specialist's examination; ~**es Gutachten** specialist's opinion. – **II** *adv* by a specialist, by specialists: **sich** ~ **beraten lassen** to consult a specialist.

'Fach|ˌausˌbil·dung *f* special[ized] (*od.* technical, professional, occupational) training. — ~ˌ**ausˌdruck** *m* (technical) term, technical expression: **wissenschaftlicher** [**grammatischer**] ~ scientific [grammatical] term. — ~ˌ**ausˌschuß** *m* committee of experts, technical (*od.* professional, *Am.* blue-ribbon) committee: ~ **für wirtschaftliche Fragen** economic committee. — ~ˌ**ausˌstel·lung** *f* specialized exhibit(ion). — ~**beˌgriff** *m cf.* Fachausdruck. — ~**beˌra·ter** *m* technical adviser (*Am. auch* advisor, consultant). — ~**beˌra·tung** *f* technical advice. — ~**beˌricht** *m* technical report. — ~**beˌzeich·nung** *f cf.* Fachausdruck. — **f~beˌzo·gen** *adj* on technical (*od.* specialized) subjects: ~**en Unterricht geben** to give technical instruction. — ~**bi·bli·oˌthek** *f* special(ized) (*od.* technical) library. — ~ˌ**blatt** *n* **1.** technical (*od.* professional) journal. – **2.** (*eines Gewerbes*) trade journal (*od.* publication). — ~ˌ**buch** *n* **1.** (specialized) book: **medizinisches** ~ medical book. – **2.** (*für Naturwissenschaften, Technik etc*) technical book. – **3.** *ped.* (specialized) textbook. — ~**bü·cheˌrei** *f* special(ized) (*od.* technical) library.

fä·cheln ['fɛçəln] **I** *v/t* ⟨h⟩ **1. j-n** ~, **j-m Luft** ~ to fan s.o.: **ein leichter Wind fächelte mein Haar** *poet.* a breeze fanned my hair. – **II** *v/i* **2.** *poet.* (*vom Wind*) blow (gently), waft, play. – **3.** (*von Blättern im Wind*) flutter gently, waft, wave. – **4.** (*von Bienen, Fischen etc*) fan. – **III** *v/reflex* **sich** ~ **5.** fan oneself.

fa·chen[1] ['faxən] *v/t* ⟨h⟩ **1.** divide (*s.th.*) into compartments. – **2.** (*Garn, Seide*) ply. – **3.** (*Flachs*) break. – **4.** (*in der Hutmacherei*) bow.

'fa·chen[2] *v/t* ⟨h⟩ *lit. obs.* (*Feuer, Glut*) fan, blow (up).

Fä·cher ['fɛçər] *m* ⟨-s; -⟩ **1.** fan, (*indischer*) *auch* punka(h): **einen** ~ **entfalten** (*od. colloq.* **aufmachen**) to open a fan; **den** ~ **schließen** (*od.* **zusammenlegen**) to close the fan. – **2.** *röm.kath.* (*des Papstes*) flabellum. – **3.** (**magischer**) ~ *electr.* electric eye, electron-raytube. – **4.** *geol.* alluvial fan, fan delta, *auch* delta fan. – **5.** *hunt.* (*des Pfaus u. des Auerhahns*) fantail. — ~**anˌten·ne** *f electr.* fan(-shaped) antenna (*bes. Br.* aerial). — **f~ˌar·tig** *adj* **1.** fan-like (*od.* -shaped): **mit** ~**em Schopf** *zo.* fan-crested; **mit** ~**en Flügeln** *zo.* fan-winged. – **2.** *cf.* fächerförmig I. — ~ˌ**aufˌklä·rung** *f mil.* fanwise reconnaissance. — ~ˌ**blatt** *n bot.* (*der Palme*) fanleaf. — ~ˌ**blattˌbaum** *m* ginkgo, *auch* ginko (*Ginkgo biloba*). — ~ˌ**bo·gen** *m arch.* fan arch. — ~ˌ**brand** *m bot.* (*Sporenpilz*) phragmidium. — ~ˌ**bren·ner** *m tech.* fantail burner. — ~ˌ**farn** *m bot. a species of* adiantum (*Adiantum flabellatum*). — ~ˌ**fen·ster** *n arch.* fan window, fanlight. — ~ˌ**flüg·ler** [-ˌflyːglər] *m* ⟨-s; -⟩ *zo.* twisted-wing insect, stylops, strepsipteron, *auch* strepsipteran (*Ordng Strepsiptera*). — **f~ˌför·mig I** *adj* fan-shaped (*od.* -like); flabellate, flabelliform, rhipidate (*scient.*): ~**es Blatt** *bot.* plicated leaf. – **II** *adv* fanwise: **sich** ~ **ausbreiten** (*od.* **verteilen**) to fan out, to spread out fanwise; ~ **ausschwärmen** *mil.* to fan out, to deploy. — ~ˌ**fruchtˌtang** *m bot.* gulfweed (*Sargassum bucciferum*). — ~ˌ**ger·ste** *f bot. cf.* Bartgerste. — ~**geˌwöl·be** *n arch.* fan vault(ing), fan-tracery vault.

'fä·che·rig *adj u. adv cf.* fächerförmig.

'Fä·cher|ˌka·sten *m* partitioned (*od.* sectioned) box, box with partitions. — ~**koˌral·le** *f zo.* fan (*od.* horny) coral (*Unterordng Gorgonaria*). — ~ˌ**lun·ge** *f zo.* book lung, pulmobranchia (*scient.*). — ~ˌ**mo·tor** *m auto.* double V engine.

fä·chern ['fɛçərn] **I** *v/t* ⟨h⟩ **1.** *cf.* fächeln 1. – **2.** *rare for* fachen[1] 1. – **3.** *hunt.* (*Schwanzfedern etc*) fan (*od.* spread) out. – **II** *v/reflex* **sich** ~ **4.** *fig.* fan (*od.* spread) out. – **III F~** *n* ⟨-s⟩ **5.** *verbal noun.*

'Fä·cher|ˌpal·me *f bot.* **1.** Palmyra palm (*Borassus flabelliformis*). – **2.** fan palm (*Chamaerops humilis*). — ~**pa·paˌgei** *m zo.* hawk parrot (*Deroptyus accipitrinus*). — ~**reˌgal** *n* (*zum Sortieren etc*) rack. — ~**roˌset·te** *f arch.* rosette (*od.* half rosette) filled with a fan design. — ~ˌ**schwanz** *m zo.* (*eines Vogels*) fan-shaped tail, fantail: **mit** ~ (versehen) fan-tailed.

'Fä·che·rung *f* ⟨-; *no pl*⟩ **1.** *cf.* Fächern. – **2.** *rare* division into compartments, compartmentation.

'Fä·cher|ˌwerk *n arch.* fanwork, fan tracery. — ~ˌ**ze·he** *f zo.* fanfoot, *auch* fanfooted gecko (*Ptyodactylus hasselquisti*). — ~ˌ**ze·her** [-ˌtseːər] *m* ⟨-s; -⟩ *zo. cf.* Gecko 2.

'Fach|ˌfra·ge *f* technical question (*od.* issue). — **f~ˌfremd** *adj* **1.** (*nicht ausgebildet*) untrained. – **2.** (*laienhaft*) amateurish. — ~**geˌbiet** *n* **1.** department, line, province, field. – **2.** (*Spezialgebiet*) special field (*od.* subject), speciality, *bes. Am.* specialty. – **3.** *econ.* (*Branche*) branch, trade, line of business. — ~**geˌlehr·te** *m* ⟨-n; -n⟩ expert, specialist. — **f~geˌmäß I** *adj* **1.** (*Ausbildung etc*) technical, professional, specialist(ic), specialized. – **2.** *cf.* fachmännisch I. – **II** *adv* **3.** technically, professionally. – **4.** *cf.* fachmännisch II. — ~**geˌnos·se** *m* colleague, confrere. — **f~geˌrecht** *adj u. adv cf.* fachgemäß. — ~**geˌschäft** *n econ.* specialized dealer: ~ **für Haushaltswaren** shop (*bes. Am.* store) specializing in household goods; **in allen** ~**en für Elektrogeräte erhältlich** obtainable from all dealers specializing in electrical appliances; dieser Fotoapparat ist nur in (den einschlägigen) ~en erhältlich this camera is only obtainable from special photo shops. — ~geˌspräch *n* technical discussion. — ~ˌgrö·ße *f* authority. — ~ˌgrup·pe *f* 1. *econ.* trade group (*od.* association), vocational group, industrial division. – 2. *ped.* group of subjects, subject section. – 3. team (*od.* group) of specialists. — ~ˌgrup·penˌlei·ter *m* head of a specialist team (*od.* group). — ~ˌhan·del *m econ.* specialized dealers *pl* (*od.* trade): das Buch ist nur im ~ erhältlich this book is only obtainable from dealers specializing in technical books. — ~ˌhänd·ler *m* (specialized) dealer: erhältlich bei Ihrem ~ obtainable from your (local) dealer. — ~ˌhand·lung *f cf.* Fachgeschäft. — ~ˌhochˌschu·le *f ped.* specialized institution of higher learning, *bes. Am.* professional school. — ~idiˌot *m colloq. contempt.* one-track specialist. — ~in·geniˌeur *m* engineering specialist, specialist engineer: ~ für Hoch- und Tiefbau civil engineer. — ~jarˌgon *m* lingo, technical jargon. — ~ka·taˌlog *m* 1. (*eines Verlags etc*) special(ized) catalog(ue). – 2. subject index. — ~ˌken·ner *m cf.* Fachmann. — ~ˌkennt·nis *f* technical (*od.* specialized, expert, professional) knowledge (in *od.* of a subject), expertise, expertism: eine umfassende ~ in Physik a comprehensive knowledge of physics; er hat ausgezeichnete ~se auf diesem Gebiet he has an excellent knowledge in this field (*od.* of this subject). — ~kolˌle·ge *m* colleague, confrere. — ~kom·mis·siˌon *f* expert (*Am.* blue-ribbon) commission. — ~ˌkraft *f* 1. skilled (*od.* trained) worker, specialist. – 2. *pl collect.* qualified (*od.* technical) personnel. — ~ˌkreis *m* experts *pl* (*od.* specialists *pl*) (in a profession, in a trade): in ~en among experts; in medizinischen ~en ist er wenig bekannt he is little known in the medical profession (*od.* in medical circles, among medical specialists); in wirtschaftlichen ~en ist er allgemein (als Fachmann) bekannt in economic circles he is widely known to be an expert. — ~kriˌtik *f* technical (*od.* professional) criticism. — ~ˌkun·de *f ped.* 1. (*als Unterricht*) (technical) instruction: ~ für Maschinenbautechniker instruction in mechanical engineering. – 2. (*als Buch*) technical book: ~ der Elektronik technical book on electronics. — f~ˌkun·dig I *adj* 1. competent, (*stärker*) expert: ein ~er Berater a competent adviser (*Am. auch* advisor). – 2. (*erfahren*) experienced. – II *adv* 3. in an expert (*od.* a professional) way, expertly: etwas ~ prüfen to examine s.th. expertly. — ~ˌkun·di·ge *m, f* ⟨-n; -n⟩ expert, specialist. — f~ˌkund·lich [-ˌkʊntlɪç] *adj* (*Bücher, Unterricht etc*) technical: ~e Ausbildung technical (*od.* specialized) training. — ~ˌkurs, ~ˌkur·sus *m* technical course (of instruction). — ~ˌleh·rer *m*, ~ˌleh·re·rin *f* subject teacher, teacher (*od.* instructor) of a special subject: ~ für Physik physics teacher. — ~ˌlehrˌgang *m* short (technical *od.* special) course. — ~ˌlehr·kraft *f cf.* Fachlehrer. — ~ˌleu·te *pl of* Fachmann.

'fach·lich I *adj* 1. technical, specialist(ic), specialized, professional: ~e Qualifikation technical (*od.* professional) qualification; ~e Ausbildung specialized (*od.* technical, professional) training, training in a subject; er verfügt über gute ~e Kenntnisse he has a good technical (*od.* specialized) knowledge (*od.* know-how); wir diskutierten rein ~e Probleme we were discussing purely technical problems; in ~er Hinsicht technically (speaking). – 2. *cf.* fachmännisch 2. – II *adv* 3. technically, professionally: ~ gut ausgebildet sein to be technically trained, to be trained in a special subject; sich ~ spezialisieren to specialize (in a subject). – 4. *cf.* fachmännisch 5.

'Fach·li·te·raˌtur *f* 1. technical (*od.* specialized) literature; die medizinische ~ (the) medical literature; die einschlägige ~ über (*acc*) etwas the literature on s.th. – 2. trade literature.

'Fachˌmann *m* ⟨-(e)s; ⸗er *u.* Fachleute⟩ (für in; auf, in *dat* in, on) expert, specialist: ein ~ auf dem Gebiet der Medizin an expert (*od.* authority) in the field of medicine, a medical specialist; ein ~ in Geschichte an expert on history; ein technischer ~ a technician; er ist ~ auf (*od.* in) diesem Gebiet he is an authority in this field; vom Standpunkt des ~s aus from an expert's point of view; wir suchen qualifizierte [erfahrene] Fachleute (*in einer Annonce*) qualified experts [experts with practical experience] wanted; sich von einem ~ beraten lassen to consult (*od.* take the advice of) an expert; darin ist er ~ *colloq.* he is an expert in that; → Laie 2.

'fachˌmän·nisch [-ˌmɛnɪʃ] I *adj* 1. (*sachgemäß, kunstgerecht*) workmanlike, expert, professional: ~e Ausführung workmanlike (*od.* skilful[l]) design; das ist eine ~e Arbeit that is a workmanlike job; ~es Geschick expert skill, expertise. – 2. (*eines Fachmanns*) expert('s), specialist('s), professional: ein ~es Urteil an expert opinion (*od.* judg[e]ment); er betrachtete es mit ~em Auge he looked at it with an expert('s) eye (*od.* with the eye of an expert). – 3. (*fachlich*) technical, specialist(ic), specialized, professional: über ~es Wissen verfügen to have technical knowledge. – II *adv* 4. in a workmanlike manner, expertly, professionally: eine Arbeit ~ ausführen to do s.th. expertly, to make a professional job of s.th. – 5. professionally: etwas ~ beurteilen to judge s.th. professionally, to give an expert('s) opinion on s.th.; j-n ~ beraten to act as an expert to s.o., to give s.o. expert advice; etwas ~ prüfen to examine s.th. professionally; etwas ~ prüfen lassen to have s.th. examined by an expert (*od.* specialist).

'Fach|ˌmes·se *f econ.* trade fair. — ~ˌnorm *f* engineering standard. — ~ˌnor·menˌausˌschuß *m* engineering standards committee. — ~orˌgan *n cf.* Fachzeitschrift. — ~or·ga·ni·sa·tiˌon *f* technical (*od.* professional) organization. — ~per·soˌnal *n* trained (*od.* skilled) staff (*od.* personnel). — ~ˌpres·se *f* trade press. — ~ˌprü·fung *f ped.* 1. examination in a subject, subject examination. – 2. (*als Abschluß*) qualifying examination. — ~re·dakˌteur *m* special editor. — ~re·feˌrat *n* 1. technical lecture. – 2. departmental section. — ~re·feˌrent *m* special consultant. — ~ˌrich·tung *f* branch of study, special subject (of studies): die verschiedenen ~en der medizinischen Fakultät the various branches of study in the medical school; seine ~ ist Slawistik his subject of studies is Slavic philology.

'Fach·schaft *f* ⟨-; -en⟩ 1. (*Berufsgruppe*) occupational group (*od.* category): die ~ der Apotheker the profession of the chemists, *Am.* (the) pharmacists *pl*. – 2. *ped. all the students pl of a school (od. department).*

'Fach|ˌschrift·tum *n cf.* Fachliteratur. — ~ˌschulˌbil·dung *f* technical (college) training. — ~ˌschu·le *f* 1. professional school. – 2. (*bes. für technische Berufe*) technical college (*od.* school).

ˌFach·sim·pe'lei *f* ⟨-; -en⟩ *contempt.* shoptalk, *Br.* shop-talk: keine ~! cut the shop! no shop(-)talk, please! — **'fachˌsim·peln** *v/i* ⟨*insep, pp* gefachsimpelt, h⟩ talk shop.

'fachˌspal·tig *adj bot.* loculicidal.

'Fach|ˌspra·che *f ling.* 1. (*einer Berufsgruppe etc*) technical (*od.* professional) language, (technical *od.* professional) terminology, lingo: in der medizinischen ~ in medical language (*od.* terminology, terms). – 2. *contempt.* jargon. – 3. (*bes. Bettler-, Gaunersprache etc*) cant. — f~ˌsprach·lich *adj* (*Wortschatz etc*) technical. — ~ˌstu·di·um *n* (special[ized] *od.* professional) study (*od.* studies *pl*), major study. — ~ˌta·gung *f* 1. professional convention (*od.* meeting). – 2. *econ.* trade conference. — f~ˌtei·lig *adj bot. cf.* fachspaltig. — ~ˌter·mi·nus *m cf.* Fachausdruck. — ~ˌtext *m* technical text. — ~ˌüberˌset·zer *m* technical translator. — ~ˌun·terˌricht *m* technical (*od.* specialized) instruction. — ~ˌur·teil *n* expert('s) opinion (*od.* judg[e]ment). — ~verˌband *m* 1. professional association. – 2. (*bes. gewerblicher*) trade (*od.* industrial) association (*od.* organization). — ~verˌkäu·fer *m* trained salesman (*od.* seller, *Am.* salesclerk). — ~verˌlag *m* 1. special publishing house. – 2. (*bes. technischer Werke*) technical publishing house. — ~verˌtre·ter *m* representative of a special field (*od.* subject). — ~ˌwand *f arch. cf.* Fachwerkwand. — ~ˌwelt *f* ⟨-; *no pl*⟩ 1. experts *pl*, profession, professional world: in der ~ in professional circles, among experts; er ist in der ~ wenig bekannt he is little known among experts; seine Veröffentlichungen fanden in der ~ allgemein Anerkennung his publications met with the general approval of the experts. – 2. (*eines Gewerbes etc*) experts *pl*, trade.

'Fachˌwerk *n* ⟨-(e)s; -e⟩ 1. *tech.* a) framework, latticework, *Br.* lattice-work, b) (*in Skelettbauweise*) skeleton structure, c) (*aus Holz*) half-timber(ing). – 2. *metall.* (*eines Martinofens*) checkerwork, *bes. Br.* chequerwork. – 3. *aer.* truss, strut. – 4. *cf.* Fachbuch. — f~ˌar·tig *adj* half timber, half-timbered. — ~ˌausˌfül·lung, ~ˌausˌrie·ge·lung *f* infilling. — ~ˌbal·ken *m* truss, beam for half timber work. — ~ˌbal·kenˌbrücke (*getr.* -k·k-) *f civ.eng.* truss (*auch* trestle) bridge. — ~ˌbau *m* ⟨-(e)s; -ten⟩ 1. (*Gebäude*) half timber (*od.* half-timbered) building. – 2. ⟨*only sg*⟩ (*Bauweise*) half timber construction (*od.* technique), truss design. — ~ˌbauˌwei·se *f cf.* Fachwerkbau 2. — ~ˌbin·der *m* framework (*od.* framed) truss. — ~ˌbo·gen *m* truss(ed) arch. — ~ˌbrücke (*getr.* -k·k-) *f* truss bridge. — ~ˌgie·bel *m* half timber gable. — ~ˌhaus *n* half timber (*od.* Elizabethan, *Am.* frame) house (*od.* building). — ~kon·struk·tiˌon *f* 1. *civ.eng.* truss construction (*od.* design). – 2. *arch.* half timber work. — ~ˌmaue·rung *f metall.* (*eines Martinofens*) checkering, *bes. Br.* chequering. — ~ˌrumpf *m aer.* girder structure (*od.* fuselage). — ~ˌträ·ger *m civ.eng.* lattice girder (*od.* beam, frame). — ~ˌwand *f arch.* frame wall.

'Fach|ˌwis·sen *n* ⟨-s; *no pl*⟩ theoretical (*od.* factual) knowledge (in a specialized field). — ~ˌwis·sen·schaft *f* special branch of knowledge (*od.* science, study), speciality, *bes. Am.* specialty: die juristische ~ the science of law, jurisprudence (*scient.*). — ~ˌwort *n* ⟨-(e)s; ⸗er⟩ *cf.* Fachausdruck. — ~ˌwör·terˌbuch *n* technical (*od.* special[ized]) dictionary: technisches ~ technological dictionary. — ~ˌzeitˌschrift *f* 1. (professional) journal, technical journal (*od.* publication), special(ized) periodical: medizinische ~ medical journal. – 2. (*gewerbliche*) trade (*od.* business) magazine (*od.* journal, *bes. Br.* paper).

Fackel (*getr.* -k·k-) ['fakəl] *f* ⟨-; -n⟩ 1. torch, flare, firebrand: eine flackernde ~ a flaring torch; die olympische ~ the Olympic torch; Häuser brannten wie ~n *fig.* buildings were burning like torches. – 2. (*Wachsfackel*) flambeau. – 3. *hist.* link. – 4. *fig. lit.* torch, flame: die ~n der Vernichtung schleudern to hurl the torch of destruction; die ~ des Krieges entzünden to light the torch (*od.* fires, flames) of war. – 5. *pl astr.* faculae. — ~beˌleuch·tung *f cf.* Fackellicht. — ~ˌblu·me *f bot. cf.* Fackellilie. — ~ˌdi·stel *f bot.* 1. opuntia, Indian fig (*Opuntia ficus indica*). – 2. torch thistle (*Gattg Cereus*).

Facke'lei (*getr.* -k·k-) *f* ⟨-; -en⟩ *colloq.* shilly-shally(ing).

'Fackel|ˌföh·re (*getr.* -k·k-) *f bot.* Scotch fir(tree) (*Pinus silvestris*). — ~ˌholz *n* torchwood. — ~ˌlauf *m* torch race. — ~ˌlicht *n* ⟨-(e)s; -er⟩ torchlight: bei ~ by torchlight. — ~ˌli·lie *f bot.* red-hot poker, poker plant (*Gattg Kniphofia*).

fackeln (*getr.* -k·k-) ['fakəln] *v/i* ⟨h⟩ 1. *colloq.* (*zögern*) hesitate, shilly-shally, (dilly)dally, *Br.* (dilly-)dally, vacillate, waver: er hat zu lange gefackelt he has hesitated (*od.* shilly-shallied) for too long; sie haben nicht lang gefackelt they lost no time, they didn't hesitate (*od.* think twice); er fackelte nicht lang mit ihnen he lost no time over them; nicht (lang) gefackelt! go on! go ahead! hier wird nicht lang gefackelt! there's no shilly-shallying here. – 2. *obs. for* flackern 2.

'Fackel|ˌschein (*getr.* -k·k-) *m cf.* Fackellicht. — ~ˌtanz *m* torch dance. — ~ˌträ·ger *m* 1. torchbearer (*auch fig.*): er wurde zum ~ der Revolution *lit.* he became a torchbearer of the revolution. – 2. *hist.* linkboy, linkman. — ~ˌzug *m* torchlight procession: einen ~ veranstalten to parade by torchlight, to hold a torchlight procession.

Fa·çon [fa'sõː] *f* ⟨-; -s⟩ *cf.* Fasson[1].

Fac·tum ['faktʊm] *n* ⟨-s; Facta [-ta] *u.* Facten⟩ *cf.* Faktum.

Fa·cul·tas do·cen·di [fa'kʊltas do'tsɛndi] *f* ⟨- -; *no pl*⟩ qualification to lecture.

fad [faːt] *adj* ⟨-er; -est⟩ *bes. Southern G. and Austrian for* fade.

Fäd·chen ['fɛːtçən] *n* ⟨-s; -⟩ 1. *dim. of* Faden[1]. – 2. fine (*od.* small, thin) thread.

– **3.** (*Fäserchen*) filament. – **4.** *cf.* Fussel. – **5.** *bot.* (small) filament. – **6.** *electr.* (fine) filament.

fa·de [ˈfaːdə] *adj* ⟨-r; -st⟩ **1.** (*geschmacklos*) insipid, tasteless, flat, flavorless, *bes. Br.* flavourless, savorless, *bes. Br.* savourless: **~s Essen** insipid food. – **2.** (*schal*) flat, stale, insipid, vapid, *auch* wishy-washy: **~s Bier** flat (*od.* stale) beer; **einen ~n Geschmack im Mund haben** to have a stale (*od.* unpleasant) taste in one's mouth; **der Wein schmeckt sehr ~** the wine has a very flat taste (*od.* tastes rather flat, has no taste at all). – **3.** (*fahl, trübe*) pale, dull, watery, washy: **~ Farbe** dull colo(u)r. – **4.** *fig. colloq. contempt.* (*langweilig*) dull, uninteresting, boring, flat, insipid, vapid: **ein ~r Kerl** a bore, a mope, a wet blanket (*colloq.*), an insipid fellow; **komm, sei nicht fad!** *Austrian* come on, don't be such a bore (*od.* wet blanket); **ein ~s Buch** a dull (*od.* vapid, tame) book; **~s Leben** dull (*od.* tedious, humdrum, monotonous) life; **gestern Abend war es schrecklich ~** it was terribly dull (*od.* boring) last night; **~s Zeug** vapid (*od.* empty) stuff (*od.* talk).

fä·deln [ˈfɛːdəln] *v/t* ⟨h⟩ *colloq. for* **auffädeln, einfädeln 2.**

Fa·den[1] [ˈfaːdən] *m* ⟨-s; ⸚⟩ **1.** thread: **dünner [grober] ~** fine [coarse] thread; **gezwirnter ~** twine; **gesponnener ~** yarn; **Nadel und ~** needle and thread (*od.* cotton); **ein ~ Zwirn** a thread of twist; **mit Fäden durchziehen** to thread; **den ~ einfädeln** to thread a needle; **der ~ ist gerissen** the thread is broken; **Fäden (aus etwas) herausziehen** to unpick (s.th.); **zu Fäden spinnen** *tech.* to spin; **er hat keinen trockenen ~ am Leib** *colloq.* he hasn't a dry thread (*od.* stitch) on him (*colloq.*), he is wet (*od.* soaked) to the skin (*od.* through); **er hat keinen heilen ~ am Leib** *colloq.* his clothes are worn to the last thread. – **2.** *fig.* thread: **durch sein Haar zogen sich silberne Fäden** his hair began to be threaded with silver; **die Fäden des Nachsommers** *poet.* the gossamers of Indian summer; **der ~ der Unterhaltung riß ab** they lost the thread of their conversation; **er verlor den ~** he lost the thread; **den ~ einer Rede wiederanknüpfen** (*od.* **wiederaufnehmen**) to pick (*od.* take) up the thread of a talk, to resume (the thread of) a talk, to get back to one's muttons; **der ~ des Lebens** the thread of life; **alles hängt an einem ~** it is touch and go (*Br.* touch-and-go), everything hangs by (*od.* [up]on) a thread; **sein Leben hängt an einem (dünnen, seidenen) ~** his life hangs [up]on a thread (*od.* is in the balance); **der rote ~ einer Erzählung** the red thread of a story; **dieser Gedanke zieht sich wie ein roter ~ durch alle seine Werke** this thought threads (*od.* runs like a red thread) through his whole work; **~ und Trumm** thread and thrum. – **3.** *fig.* (*in Wendungen wie*) **die Fäden eines Komplotts aufdecken** to unravel the skeins of a conspiracy; **die Fäden dieses Stückes sind kunstvoll verflochten** the skeins in this play are ingeniously twisted; **er hält alle Fäden in seiner Hand** he holds the reins (*od.* strings) in his hand, he pulls the strings (*od.* wires); **die Fäden des Unternehmens laufen alle in seiner Hand** (*od.* **bei ihm**) **zusammen** he pulls the strings (*od.* wires) of the whole enterprise; **er ist dünn wie ein ~** he is as thin as a lath (*bes. Am.* rail, *bes. Br.* rake); **sie läßt keinen guten ~ an ihm** *colloq.* a) (*tadeln*) she pulls (*od.* tears) him to pieces (*od.* bits, shreds), she hasn't a good word to say to him, she criticizes him unmercifully, b) (*verleumden*) she pulls him to pieces behind his back, she backbites him; **danach blieb kein guter ~ an ihm** *colloq.* after this he was completely torn to pieces (*od.* his good reputation was ruined); **immer den gleichen ~ spinnen** *colloq.* to tell the same story all the time; **er spinnt seinen ~** *colloq.* (*lebt auf seine Weise*) he lives in his own way (*od.* after his own fashion); → **Maus 1**; **Strich 7.** – **4.** (*Bindfaden, Schnur*) string, twine: **Perlen auf einen ~ ziehen** to string beads. – **5.** (*aus Baumwolle*) cotton. – **6.** (*eines Gewebes*) strand. – **7.** (*einer Spinnwebe*) cobweb, thread, filament. – **8.** (*einer Flüssigkeit*) string, (*einer dicken*) *auch* rope: **Fäden ziehen** a) to get stringy, to string, b) (*bes. von Sirup*) to thread. – **9.** (*von Bohnen etc*) string. – **10.** (*von Marionetten*) string, wire. – **11.** *cf.* **Faser.** – **12.** (*optics*) *cf.* **Fadenkreuz 1.** – **13.** (*in der Schuhmacherei*) end. – **14.** *electr.* (*einer Birne etc*) filament. – **15.** *bot.* a) (*Fadenpilz*) hyphomycete, b) *cf.* **Staubfaden.** – **16.** *med.* a) thread: **die Fäden ziehen** to take out (*od.* remove) the stitches (*od.* sutures), b) *cf.* **Urinfaden,** c) *cf.* **Samenfaden.** – **17.** *her.* bar, bend.

ˈ**Fa·den**[2] *m* ⟨-s; -⟩ **1.** *mar.* (*Längen- u. Tiefenmaß*) fathom. – **2.** *obs.* (*Holzmaß*) a) *Br.* fathom, b) (*Klafter*) cord.

ˈ**Fa·den|ˌabˌschnei·der** *m* (*an einer Nähmaschine*) thread cutter. — **~ˌal·ge** *f bot.* conferva: **zu den ~n gehörig** confervaceous. — **f~ˌar·tig** *adj* thready, threadlike, stringy; filamentary, filamentous, *auch* filamentose, filose (*scient.*): **~es Gewebe** *med.* filum. — **~bakˌte·ri·um** *n meist pl med. biol.* threadlike (*od.* filamentous) bacterium, trichobacterium (*scient.*). — **~beˌsatz** *m bot.* fringe. — **~ˌblu·me** *f* threadflower (*Gattg Nematanthus*). — **~ˌbuchˌheft·maˌschi·ne** *f print. cf.* **Fadenheftmaschine.** — **~ˌdich·te** *f* (*textile*) set, *auch* sett. — **~ˌdreiˌeck** *n astr.* (*eines Fernrohrs*) reticle, *auch* reticule. — **f~ˈdünn** *adj* (as) thin as a thread, threadlike: **ein ~er Wasserstrahl** a jet of water as thin as a thread. — **~eleˌment** *n* **1.** *electr.* filament. – **2.** *chem.* fiber, *bes. Br.* fibre. — **~ˌen·de** *n* end of thread. — **~ˌfe·der** *f zo.* filoplume. — **~ˌfisch, ~ˌflos·ser** [-ˌflœsər] *m* ⟨-s; -⟩ *zo.* **1.** threadfin (*Fam. Polynemidae*). – **2.** seer(fish), *auch* seir(fish) (*Polydactylus indicus*). — **f~ˌför·mig** *adj* **1.** *zo.* thread-shaped, threadlike, filiform (*scient.*): **mit ~en Fühlern** nematoceran, nematocerous. – **2.** *bot.* filamentous, *auch* filamentose, fibrous: **mit ~en Blättern** threadleaf (*attrib*), *auch* threadleaved. — **~ˌfüh·rer** *m* (*textile*) **1.** (*einer Spinnmaschine*) (thread) guide. – **2.** (*einer Nähmaschine*) (thread) guide, guide bar. – **3.** (*beim Stricken*) thread carrier. — **~ˌfüh·rung** *f* **1.** *cf.* **Fadenführer.** – **2.** (*einer Nähmaschine*) upper threading (device). — **~gal·va·noˌme·ter** *n electr.* filament (*od.* string) galvanometer. — **~ˌge·ber** *m* (*einer Nähmaschine*) take-up lever. — **~geˌflecht** *n biol.* (*eines Pilzes*) *cf.* **Myzel.** — **f~geˌra·de I** *adj* (*beim Nähen etc*) straight, in a straight line. – **II** *adv* **den Stoff ~ (zu)schneiden** to cut the material on the straight (*od.* grain). — **~ˌglas** *n* spun glass: **Venezianisches ~** lace (*od.* filigree) glass. — **~ˌgold** *n* spun (*od.* threaded) gold. — **~ˌhe·bel** *m tech. cf.* **Fadengeber.** — **~ˌheft·maˌschi·ne** *f print.* book-sewing machine. — **~ˌhef·tung** *f* thread-stitching. — **~hy·groˌme·ter** *n phys.* wet-and-dry-bulb hygrometer. — **~kaˌtho·de** *f electr.* filament. — **~ˌkie·me** *f zo.* filiform gill. — **~ˌklee** *m bot.* lesser yellow trefoil (*Trifolium filiforme*): **Allerfeinster ~** choice trefoil (*T. eximium*). — **~kon·struk·tiˌon** *f math.* (*einer Ellipse*) string construction. — **~ˌkraut** *n bot.* chafeweed, cudweed, cotton rose (*Gattg Filago*).

ˈ**Fa·denˌkreuz** *n* **1.** (*optics*) (hair)line cross, cross spider; reticle, *auch* reticule, graticule (*scient.*). – **2.** (*in der Weberei*) (*Fadenkreuzung*) lease. – **3.** *her.* fillet cross. — **~ˌlu·pe** *f* (*optics*) reticle magnifier (*od.* glass, lens). — **~mi·kroˌme·ter** *n* cross wire micrometer. — **~ˌplat·te** *f* graticule.

ˈ**Fa·den|ˌlän·ge** *f mar.* (*der Lotleine*) a) (*abgemarkte*) mark, b) (*nicht abgemarkte*) deep. — **~ˌlauf** *m* straight (*od.* grain) (of the material): **den Stoff nach dem** (*od.* **im**) **~ zuschneiden** to cut the material on the straight (*od.* grain). — **~ˌlei·ter** *m* (*einer Spinnmaschine*) (thread) guide. — **f~los** *adj* (*Bohnen etc*) stringless. — **~mi·kroˌme·ter** *n phys. tech.* wire (*od.* filar) micrometer. — **~ˌmolch** *m zo.* palmate newt (*Triturus helveticus*). — **~mo·leˌkül** *n chem.* threadlike molecule. — **~ˌnetz** *n* (*optics*) *cf.* **Fadenkreuz 1.** — **~ˌnu·deln** *pl gastr.* vermicelli. — **~ˌpalmˌli·lie** *f bot.* Adam's needle(-and-thread) (*Yucca filamentosa*). — **~ˌpilz** *m meist pl* hyphomycete: **zu den ~en gehörig** hyphomycetous. — **~ˌrol·le** *f* reel (*bes. Am.* spool) of thread, *bes. Br.* cotton reel.

ˈ**fa·denˌschei·nig** [-ˌʃaɪnɪç] *adj* **1.** (*Stoff etc*) threadbare, worn-out (*attrib*), shabby, shiny, sleazy: **die Hose wird schon sehr ~** the trousers are wearing very thin (*od.* getting very shiny). – **2.** *fig.* (*Ausrede, Vorwand etc*) poor, weak, flimsy, paltry: **eine ~e Argumentation** a poor (*od.* insubstantial) argument. – **3.** *fig.* (*Moral*) threadbare, trite, empty, hollow. — ˈ**Fa·denˌschei·nig·keit** *f* ⟨-; *no pl*⟩ **1.** (*eines Gewebes etc*) threadbareness, shabbiness, shininess, sleaziness. – **2.** *fig.* (*einer Ausrede*) poorness, weakness, flimsiness.

ˈ**Fa·den|ˌschlag** *m Southwestern G. and Swiss for* **Heftfaden.** — **~ˌschwimmˌkä·fer** *pl zo. cf.* **Schwimmkäfer.** — **~ˌsei·de** *f bot.* dodder (*Gattg Cuscuta*). — **~skor·piˌon** *m zo.* vinegar maker, vinegarroon, vinagron, whip scorpion (*Gattg Thelyphonus*). — **~ˌspan·ner** *m tech.* (*einer Nähmaschine etc*) (yarn) tension device. — **~ˌstär·ke** *f* (*textile*) **1.** (*Feinheit*) count of yarn. – **2.** (*Festigkeit*) **1.** strength of yarn, tensile strength. — **~ˌstrich** *m* (*optics*) spider line. — **f~ˌtra·gend** *adj bot.* filiferous. — **~ˌwurm** *m zo.* **1.** threadworm, roundworm, nematode (*scient.*) (*Ordng Nematodes*). – **2.** (*Haarwurm*) hairworm (*Gattgen Gordius, Mermis*). — **~ˌzäh·ler** *m* (*textile*) thread counter. — **~ˌzel·le** *f* **1.** *zo.* thread cell. – **2.** *bot.* hypha. — **f~ˌzie·hend** *adj* (*Klebstoff etc*) thready, stringy, ropy.

ˈ**Fad·heit** *f* ⟨-; *no pl*⟩ **1.** (*von Essen etc*) tastelessness, insipidness, flavorlessness, *bes. Br.* flavourlessness. – **2.** *fig. colloq.* (*Langweiligkeit*) dullness, flatness. – **3.** *fig. colloq.* (*Schalheit, Leere*) staleness, shallowness, emptiness.

fä·dig [ˈfɛːdɪç] *adj bot.* (*Ranken, Zellgewebe etc*) thready, stringy; filamentous, filamentary, filiform (*scient.*).

Fa·ding [ˈfeːdɪŋ; ˈfeɪdɪŋ] (*Engl.*) *n* ⟨-s; *no pl*⟩ (*radio*) fading. — **~ˌausˌgleich** *m*, **~ˌre·ge·lung** *f* automatic volume (*od.* gain) control.

Fa·gott [faˈgɔt] *n* ⟨-s; -e⟩ *mus.* **1.** bassoon, *auch* fagott. – **2.** (*Orgelregister*) fagotto, bassoon.

Fa·got·tist [fagɔˈtɪst] *m* ⟨-en; -en⟩ *mus.* bassoonist, *auch* fagottist.

Fä·he [ˈfɛːə] *f* ⟨-; -n⟩ *hunt.* **1.** *cf.* **Füchsin.** – **2.** *cf.* **Wölfin.**

fä·hig [ˈfɛːɪç] *adj* **1.** capable, able: **(dazu) ~ sein, etwas zu tun** to be capable of doing s.th., to be able to do s.th.; **er ist zu allem ~** a) he is apt (*od.* liable) to do anything, b) (*zu jeder Schandtat*) he is capable of anything, he is up to any mean trick; **er ist (zu) einer solchen Gemeinheit [nicht] ~** he is [in]capable of such a mean act; **das machte ihn ~, Großes zu leisten** that enabled (*od.* empowered) him to perform great deeds; **diese Stelle des Buches ist verschiedener Deutung ~** *lit.* this passage of the book can be interpreted in various ways, this passage of the book lends itself (*od.* is open) to different interpretations. – **2.** (*tüchtig*) able, capable, competent, efficient. – **3.** (*begabt, gescheit*) talented, gifted, clever, ingenious: **er ist ein ~er Kopf** he is a clever man (*od.* a man of wit), he has an able mind, he has a good head on his shoulders (*colloq.*). – **4.** (*qualifiziert*) qualified. – **5.** (*leistungsfähig*) fit. — ˈ**Fä·hig·keit** *f* ⟨-; -en⟩ **1.** capability, ability: **die ~ zu etwas haben, die ~ haben, etwas zu tun** to have the ability to do s.th.; **j-m die ~ zu etwas zutrauen** to believe s.o. to be capable of s.th.; **ein Mann mit** (*od.* **von**) **großen ~en** a man of great abilities. – **2.** (*Tüchtigkeit*) ability, capability, competence, efficiency. – **3.** (*Begabung*) talent, gift: **ungewöhnliche ~en besitzen** to possess unusual talents. – **4.** (*geistige*) capacity, ability, mental power: **ich bezweifle seine ~en** I doubt his abilities. – **5.** (*Qualifikation*) qualification. – **6.** (*Leistungsfähigkeit*) fitness. – **7.** (*Vermögen*) faculty, gift, ability, power: **er hat die ~, sein Publikum zu fesseln** he has the ability to captivate his audience.

fahl [faːl] *adj* ⟨-er; -st⟩ **1.** (*Hautfarbe etc*) pale, pallid. – **2.** (*Blässe*) deathly, ghastly, livid, ashy. – **3.** (*Licht etc*) pale, wan: **~e Beleuchtung** pale (*od.* lurid) light. – **4.** (*Farbe*) pale, faded, washed-out (*attrib*).

ˈ**fahl|ˌblau** *adj* pale-blue. — **F~ˌerz** *n min.* fahlerz, *auch* fahlore, tetrahedrite (*scient.*): **dunkles ~** freibergite, argentian tetrahedrite; **lichtes ~** tennantite. — **~ˌgelb** *adj* pale-yellow, fallow. — **~ˌgrau** *adj* pale-gray (*bes. Br.* -grey), livid. — **~ˌgrün** *adj* pale-green.

'Fahl·heit f ⟨-; no pl⟩ **1.** (der Haut etc) paleness, pallor, pallidness, lividness, lividity. – **2.** (des Lichts etc) paleness, wanness. – **3.** (einer Farbe) paleness, fadedness.

'Fahl|,le·der n (leather) **1.** upper leather, shaft leather, vamp. – **2.** hides pl for upper leathers, dressing hides pl, tanned calfskin. — **f~,rot** adj pale-red.

Fähn·chen ['fɛːnçən] n ⟨-s; -⟩ **1.** dim. of Fahne. – **2.** (Wimpel) pennant, pennon, auch penon, streamer. – **3.** (an Akten etc) tab. – **4.** fig. colloq. cheap, flimsy (summer) dress. – **5.** mus. (am Notenhals) flag, tail, hook. – **6.** (sport) (zur Markierung) course marker.

fahn·den ['faːndən] **I** v/i ⟨h⟩ nach j-m [etwas] ~ to search (od. look) for s.o. [s.th.], to seek s.o. [s.th.], to try to find s.o. [s.th.]: nach einem Verbrecher ~ to search (od. hunt) for a criminal, to try to catch (od. seize) a criminal; nach Diebesgut ~ to search (od. look) for stolen goods, to attempt to trace stolen goods. – **II F~** n ⟨-s⟩ verbal noun. — **'Fahn·dung** f ⟨-; -en⟩ **1.** cf. Fahnden. – **2.** (nach for) search, hunt.

'Fahn·dungs|,blatt, **~,buch** n wanted persons file (od. list). — **~,dienst** m tracing and search department. — **~,stel·le** f office of criminal investigation.

Fah·ne ['faːnə] f ⟨-; -n⟩ **1.** flag, banner (meist lit.): die weiße ~ a) the white flag, the flag of truce, b) the flag of surrender; die ~ aufziehen (od. hissen) to hoist (od. to run up) the flag; die ~n hängen (od. wehen) auf halbmast the flags fly at half-mast; sie hatten die Freiheit auf ihre ~n geschrieben fig. lit. they had taken up the cause of freedom; die ~ hochhalten fig. colloq. to keep the flag flying, to never say die; die ~ nach dem Winde drehen fig. to swim with the tide (od. stream), to go with the crowd. – **2.** cf. Fähnchen 2. – **3.** eine ~ haben fig. colloq. to smell (od. reek) of the bottle (od. drink). – **4.** bes. mil. (eines Regiments, Vereins etc) colors pl, bes. Br. colours pl, flag: der ~ folgen mil. to follow the flag; mit der ~ salutieren to dip one's colo(u)rs in salute; auf die ~ schwören mil. to take the oath (of allegiance), Am. colloq. to be sworn in; mit fliegenden ~n zu etwas [j-m] übergehen auch fig. to go over (od. change) to s.th. [s.o.] with flying colo(u)rs (od. openly). – **5.** mil. (Standarte) standard. – **6.** print. galley (proof), slip: ~n lesen to read proof, to proofread. – **7.** bot. (der Schmetterlingsblüter) standard, banner, vexillum (scient.). – **8.** zo. (der Federn) vane, vexillum (scient.). – **9.** hunt. a) (des Hundes) bush, flag, feathered tail, b) (des Eichhörnchens) bushy tail. – **10.** electr. (eines Akkumulators) lug. – **11.** tech. (bei Schablonenformerei) strickle. – **12.** poet. (von Rauch etc) trail, wisp. – **13.** cf. Wetterfahne 1.

'Fah·nen|,ab,zug m print. galley (proof). — **~,eid** m mil. oath of allegiance: den ~ leisten (od. schwören) to take the oath (of allegiance), Am. colloq. to be sworn in. — **~,flucht** f desertion. — **f~,flüch·tig** adj ~ sein to be a deserter; ~ werden to desert (the colo[u]rs); ein ~er Soldat a deserter. — **~,flüch·ti·ge** m deserter. — **~,ha·fer** m bot. bearded oat (Avena orientalis). — **~,jun·ker** m mil. officer cadet senior grade. — **~kor·rek,tur** f print. correction (od. correcting) of galley proof. — **~,mast** m flagpole, Br. flag-pole, flagstaff. — **~pa,ra·de** f mil. trooping (of) the colors (bes. Br. colours). — **~,schmuck** m drapery of bunting. — **~-,schwen·ken,** **~,schwin·gen** n flag throwing — **~,stan·ge** f **1.** flagpole, Br. flag-pole, flagstaff. – **2.** (an Häusern) flagstaff. — **~,trä·ger** m color (bes. Br. colour) (od. standard) bearer, flagman. — **~,stock** m flag stick.

'Fah·nen,tuch[1] n ⟨-(e)s; -e⟩ (textile) bunting.

'Fah·nen,tuch[2] n ⟨-(e)s; ⸚er⟩ (Fahne) flag.

'Fah·nen,wei·he f consecration (od. dedication) of the colors (bes. Br. colours).

Fähn·lein ['fɛːnlaɪn] n ⟨-s; -⟩ **1.** dim. of Fahne. – **2.** cf. Fähnchen 2. – **3.** mil. hist. (Truppe) troop, squad.

Fähn·rich ['fɛːnrɪç] m ⟨-s; -e⟩ mil. **1.** (im Heer) cadet sergeant. – **2.** (in der Luftwaffe) Am. aviation cadet, warrant officer, Br. acting pilot officer. – **3.** (zur See) midshipman. – **4.** cf. Fahnenträger.

'Fahr,aus,weis m (officialese) **1.** (transportation) ticket. – **2.** bes. mil. (für Soldaten) travel voucher (od. document).

'Fahr,bahn f **1.** road(way), Br. auch carriage-way, Am. auch pavement: „Vorsicht beim Überqueren der ~" "caution when crossing the road(way)"; „verengte ~" (Verkehrszeichen) "road narrows". – **2.** (Spur) (traffic) lane: Straße mit mehreren ~en road with several (traffic) lanes, multi-lane road; Straße mit zwei ~en two-(od. double-)laned road. — **~be,nut·zer** m road user. — **~,brei·te** f breadth (od. width) of the road(way) (Br. auch carriage-way). — **~,sei·te** f roadside. — **~,ta·fel** f (einer Betonstraße) road slab. — **~ver-,en·gung** f (Verkehrszeichen) "road narrows".

'fahr·bar adj **1.** mov(e)able, mobile, travelling, bes. Br. travelling: eine ~e Bücherei a mobile (od. travel[l]ing) library, Am. auch a bookmobile; eine ~e Treppe a mobile (od. wheeled) gangway, a gangway on wheels; ~es Heim home on wheels; → Untersatz 5. – **2.** tech. (Kran etc) travel(l)ing, portable: ~es Montagegestell dolly. – **3.** mar. navigable, sailable. – **4.** cf. befahrbar 1. — **'Fahr·bar·keit** f ⟨-; no pl⟩ **1.** mov(e)ability, mobility. – **2.** tech. (eines Krans etc) portability. – **3.** mar. navigability, navigableness. – **4.** cf. Befahrbarkeit 1.

'Fahr|be,fehl m mil. Am. trip (Br. work) ticket. — **~be,reich** m **1.** driving (od. operating) range, cruising (od. action) radius. – **2.** jur. (versicherungsrechtlicher) trading warranty. — **f~be,reit** adj **1.** (Fahrzeug) ready to drive (od. start), ready for driving (od. for the road, for service), in (good) running order (od. condition). – **2.** (Kolonne etc) ready to move off (od. out). – **3.** mar. (Schiff) ready to sail (od. proceed), operational. — **~be,reit·schaft** f auto. **1.** (eines Taxifahrers) readiness for service. – **2.** (eines Wagens) serviceability, readiness. – **3.** (als Transportunternehmen) motor transport pool.

'Fähr|be,trieb m mar. **1.** ferry(ing) service. – **2.** (Unternehmen) ferrying enterprise. — **~,boot** n ferryboat, Br. ferry-boat, Am. auch transfer.

'Fahr,damm m **1.** (für Wagenverkehr) road embankment. – **2.** (für Zugverkehr) railroad (Br. railway) embankment. – **3.** cf. Fahrbahn 1.

'Fähr,damp·fer m mar. steam ferry.

'Fahr,dienst m **1.** ⟨only sg⟩ (railway) train crew duty, railway service. – **2.** ⟨only sg⟩ auto. crew duty, motor transport pool. – **3.** (die Diensttuenden) crew on duty.

'Fähr,dienst m mar. cf. Fährbetrieb 1.

'Fahr,dienst,lei·ter m **1.** (railway) a) (großer Bahnhöfe) Am. dispatcher, auch despatcher, Br. station-master, b) (kleiner Bahnhöfe) stationmaster. – **2.** (bei Bussen etc) schedule officer.

'Fahr,draht m electr. **1.** (der Straßenbahn etc) conductor (od. overhead contact) line (od. wire). – **2.** (des Obusses) bus-bar (od. troll[e]y) line (od. wire). — **~lo·ko·mo-,ti·ve** f (mining) trolley locomotive. — **~,wei·che** f frog.

'Fahr,ei·gen·schaf·ten pl auto. roadability sg, road performance sg, handling (od. driving, riding) qualities.

Fäh·re ['fɛːrə] f ⟨-; -n⟩ mar. ferry, ferryboat, Br. ferry-boat: schwebende ~ suspension ferry; fliegende ~ flying bridge; [j-n] in einer ~ übersetzen to ferry [s.o.] across (od. over) (a river).

fah·ren ['faːrən] **I** v/i ⟨fährt, fuhr, gefahren, sein⟩ **1.** go: fährt dieser Bus zum Zoo? does this bus go (od. run) to the zoo? dieses Schiff fährt nach New York this ship goes (od. sails, travels) to New York; wann fährst du in die USA? when will you go (od. travel) to the States? in die Stadt [aufs Land] ~ to go (in)to town (od. Am. downtown) [(in)to the country]; an die See [in die Berge] ~ to go to the seaside (Am. auch seashore) [(up) into the mountains, into the hills]; zu Verwandten ~ to go to visit relatives; in (die) Ferien ~, in (od. auf) Urlaub ~ to go for a holiday (bes. Am. on vacation); wie lange fährt man nach München? how long does it take to go (od. get) to Munich? – **2.** (verkehren) run: es ~ täglich 3 Züge there are 3 trains (running) every day; dieser Dampfer fährt auf dem Rhein this steamer runs on (od. plies) the Rhine; dieser Bus fährt nur werktags this bus runs (bes. Am. operates) on workdays (od. weekdays) only. – **3.** (abfahren) leave, go: wann fährt der nächste Zug nach X? when does the next train leave for X? when is the next train to X? das Schiff fährt aus dem Hafen the ship leaves (od. clears) the port; wann fahrt ihr? when will you leave? – **4.** (sich bewegen) travel: das Auto fährt 150 km/h a) the car is travel(l)ing (od. running, moving, going) at (a speed of) 150 km per hour, the car is making (od. doing) 150 km per hour (colloq.), b) the car travels (od. colloq. does) 150 km per hour; das Schiff fährt 20 Knoten a) the ship is travel(l)ing (od. sailing, cruising, moving) at 20 knots, b) the ship travels (od. sails, colloq. does) 20 knots. – **5.** (angetrieben werden) run, be driven: die Lokomotive fährt elektrisch the engine runs electrically (od. is electrically driven); das Auto fährt mit Dieselkraftstoff the car is diesel-driven (od. -powered). – **6.** (in einem Verkehrsmittel etc) (mit by) go: (mit dem) Bus [Zug] ~ to go (od. travel) by bus [train], to ride on the bus [train]; (mit dem) Schiff ~ to go (od. travel) by boat, to sail (on a boat); im Auto ~ to ride in a car; (mit dem [od. im]) Aufzug ~ to go by lift (Am. elevator); → Boot 1; Karussell 1; Rollschuh; Schlitten 1; Schlittschuh; Ski. – **7.** mit dem Taxi [Boot, Zug] ~ to take a taxi (Am. auch cab) [boat, train]. – **8.** (reisen) travel: 1. Klasse [die ganze Nacht] ~ to travel first class [all night]; fahr wohl! poet. fare well, good bye! – **9.** (mit Auto) drive: gut [schlecht] ~ to drive well [badly od. poorly]; er fährt selbst he does the driving himself; im 3. Gang ~ to drive (od. travel) in third gear; links ~ to drive on the left (side); rückwärts ~ to reverse, to drive backwards, to back (up); um die Ecke ~ to drive (a)round (od. to turn) the corner; er fuhr mit 100 Stundenkilometern, er fuhr (mit) Hundert colloq. he drove along at 100 km per hour, he was driving at 100 km per hour; zu schnell ~ to drive too fast, to speed; Schritt ~ to drive (od. go) at walking (od. a snail's) pace, to crawl; ohne Motor (od. im Leerlauf) ~ to coast; ~ lernen to learn to drive, to take driving lessons; j-n ~ lassen to let s.o. drive; an (od. gegen) einen Baum ~ to drive (od. run) into a tree, to hit a tree; er fährt jede Woche nach München he drives (in)to Munich every week, he motors (over) to Munich every week; über eine Brücke ~ to cross a bridge; gehen wir oder ~ wir? shall we walk or drive? lieber schlecht gefahren als gut gelaufen humor. etwa a bad ride is better than even the best walk; wer gut schm(i)ert, der gut fährt (Sprichwort) money makes the mare go; → Teufel 1. – **10.** (auf dem Fahrrad, Motorrad etc) ride: auf (od. mit) dem Rad ~ to ride (on) a bike (od. bicycle), to bicycle, to cycle; mit dem Motorrad ~ to ride (on) a motorbike. – **11.** fig. (streichen etc) sich (dat) mit der Hand [dem Kamm] durch (od. über) die Haare (od. das Haar) ~ to run one's hand (od. fingers) [a comb] through one's hair; mit der Hand [dem Staubtuch] über (acc) etwas ~ to run (od. pass) the hand [duster, bes. Am. dustcloth] over s.th.; → Mund 3. – **12.** fig. (in Wendungen wie) aus dem Bett ~ a) to start (up) from one's bed, b) to jump out of bed; der Blitz fuhr aus den Wolken the lightning shot out of the clouds; der Schreck fuhr ihm durch alle (od. in die) Glieder fear took possession of him, he was struck numb with terror; gen Himmel ~ relig. to ascend into heaven; erschreckt in die Höhe ~ to (give a) start (od. jump), to start (od. jump) (up); was ist bloß in ihn gefahren? colloq. what has got into (od. come over) him? in die Kleider ~ to slip on (od. into) one's clothes, to fling on one's clothes; es [ein Gedanke] fuhr mir durch den Kopf (od. Sinn) it [a thought] flashed through my mind; das Messer fuhr ihm in die Hand the knife slipped into his hand; in die Stiefel ~ to jump into one's boots; mit der Hand in die Tasche ~ to thrust a hand into one's pocket. – **13.** hunt. run: der Fuchs fährt aus dem [in den] Bau the fox runs from (od. leaves) its earth (od. burrow, den) [the fox runs (od. goes) to earth]; aus dem Lager ~ (von Hasen etc) to start from the lair. – **14.** fig. (in Verbindung mit Ad-

verbien) gut [schlecht] mit etwas ~ a) to fare well [badly] with s.th., to do well [badly] by s.th.; gut [schlecht] mit j-m fahren a) to be [un]lucky with s.o., b) (*auskommen*) to get on well [badly] with s.o.; man fährt sehr gut damit it's a very good thing to do, it pays very well (to do that); bei diesem Tausch ist er nicht schlecht (*od.* übel) gefahren he didn't fare (*od.* come off) badly with this exchange (*od.* trade, swap, *bes. Br.* swop [*colloq.*]). – **II** *v/t* ⟨h *u.* sein⟩ **15.** ⟨h⟩ (*Auto etc*) drive: den Wagen in die Garage ~ to drive (*od.* put) the car in the garage; er fuhr den Wagen sicher durch den Stadtverkehr he drove (*od.* steered) the car safely through the city traffic; der Wagen ist leicht zu ~ (*od.* fährt sich leicht) the car is easy to drive (*od.* handle, man(o)euver, *bes. Br.* manœuvre); auf dieser Straße fährt es sich gut, diese Straße fährt sich gut this road is easy to drive on; → zuschanden. – **16.** ⟨h⟩ (*Motorrad etc*) ride. – **17.** ⟨h⟩ (*Boot etc*) steer, sail, navigate. – **18.** ⟨h⟩ (*Person*) drive, take, run: → Haufen 1. – **19.** ⟨h⟩ (*Güter etc*) run, carry, transport, convey, cart: der Lehrling fuhr die bestellten Waren zu den Kunden the apprentice carried (*od.* delivered) the ordered goods to the customers. – **20.** ⟨h⟩ (*zum Fahren benutzen*) use. – **21.** ⟨sein⟩ (*zurücklegen*) drive, cover: wir fuhren täglich 50 km we drove (*od.* made, did) 50 km a day. – **22.** (*sport*) a) ⟨sein⟩ (*Rennen*) race, b) ⟨sein⟩ (*Zeit*) make, clock, c) ⟨h⟩ (*Eislauffigur*) do, execute: er fuhr die beste Zeit he made the best time. – **23.** ⟨h⟩ *tech.* a) (*Schicht*) work, be on, b) (*Hochofen*) maintain, c) (*doppelte Leistung etc*) achieve. – **24.** ⟨h⟩ die Kamera ~ *telev.* (*film*) a) to be cameraman, b) to operate the camera. – **25.** ⟨h⟩ einen (Wind) ~ lassen *vulg.* to let one go, to fart (*vulg.*). — **ˈfah·rend I** *pres p.* – **II** *adj* **1.** moving: aus einem ~en Zug abspringen to jump off (*od.* from, out of) a moving train. – **2.** (*umherziehend*) traveling, *bes. Br.* travelling, wandering, strolling, itinerant, vagrant: ein ~er Geselle a travel(l)ing journeyman; ~es Volk a) (*Schausteller*) wandering performers *pl*, travel(l)ing show people *pl*, b) (*Zigeuner*) gipsies *pl*, *bes. Am.* gypsies *pl*; ~er Schüler (*od.* Scholar) *hist.* wandering scholar; ~er Ritter *hist.* knight-errant. – **3.** ~e Habe, ~es Gut *jur. cf.* Fahrnis.

Fah·ren·heit [ˈfaːrənhait] *n* ⟨*undeclined*⟩ *phys.* Fahrenheit: 32 Grad ~ 32 degrees Fahrenheit.

ˈfah·renˌlas·sen *v/t* ⟨*irr, sep, no* -ge-, *pass* -ge-, h⟩ *colloq.* **1.** (*Gegenstand, Beute etc*) let (*s.th.*) go, drop. – **2.** *fig.* (*Hoffnung, Vorhaben etc*) give (*s.th.*) up, abandon, renounce, forswear.

ˈFah·rer *m* ⟨-s; -⟩ **1.** (*eines Autos*) driver, motorist. – **2.** (*eines Busses*) driver. – **3.** (*einer Straßenbahn*) driver. – **4.** (*eines Fahrrads, Motorrads*) rider, cyclist. – **5.** (*Chauffeur*) chauffeur.

Fah·reˈrei *f* ⟨-; -en⟩ *colloq.* **1.** (tedious) traveling (*bes. Br.* travelling), journeying: ich habe die tägliche ~ mit dem Bus satt I am tired of travel(l)ing by bus every day. – **2.** *contempt.* (bad) driving.

ˈFah·rer|ˌflucht *f* hit-and-run driving: ~ begehen to fail to stop after being involved in an accident. — **f~ˌflüch·tig** *adj* hit-and-run (*attrib*): er ist ~ he fled from the scene of the accident. — **~ˌhaus** *n* (*eines Lastwagens etc*) driver's cab (*od.* cabin).

ˈFah·re·rin *f* ⟨-; -nen⟩ *cf.* Fahrer.

ˈfah·re·risch *adj* (*Können*) driving.

ˈFah·rer·kaˌbi·ne *f cf.* Fahrerhaus.

ˈFahr·erˌlaub·nis *f Br.* driving licence, *Am.* driver's license.

ˈFah·rerˌsitz *m* driver's seat.

ˈFahrˌgast *m* **1.** (*eines Busses, Schiffes etc*) passenger. – **2.** (*eines Taxis*) passenger, *auch* fare. — **~ˌraum** *m* **1.** (*eines Busses etc*) passenger compartment (*od.* space). – **2.** (*eines Autos*) car interior, rear part of the car, *auch* tonneau. — **~ˌschiff** *n mar.* passenger ship (*od.* vessel, boat), liner.

ˈFahrˌgeld *n* **1.** fare (money), *Am. auch* carfare: um abgezähltes ~ wird gebeten please have the exact fare ready, please tender the exact fare. – **2.** *mar.* passenger rates *pl*, rate of passage, passage money (*od.* fare).

ˈFährˌgeld *n* ferry dues *pl*, ferriage, ferryage.

ˈFahr|ge̦le·gen·heit *f* **1.** (means *pl* of) transport, conveyance, transport facilities *pl.* – **2.** (*bes. im Auto*) ride, lift. — **~geˌneh·mi·gung** *f* **1.** (*amtliche*) *cf.* Fahrerlaubnis. – **2.** (*private*) driving permission. — **~geˌschwin·dig·keit** *f* speed, driving (*od.* travel[l]ing, running) speed: mit einer ~ von at a speed of; zulässige ~ speed limit.

ˈFahr·geˌstell *n* **1.** *auto.* chassis, car frame, carriage. – **2.** *aer. cf.* Fahrwerk 1. – **3.** (*railway*) *Br.* bogie, *Am.* truck. – **4.** *colloq. humor.* (*Beine*) legs *pl.* — **~ˌnum·mer** *f* chassis (*od.* serial) number.

ˈFährˌhaus *n* ferry house.

ˈfah·rig *adj* **1.** (*Person, Bewegungen etc*) fidgety, jittery, jumpy. – **2.** (*unstet*) flighty, fickle, erratic. – **3.** (*unkontrolliert, heftig*) careless, reckless, harum-scarum. – **4.** (*Schrift etc*) nervous, hurried. — **ˈFah·rig·keit** *f* ⟨-; *no pl*⟩ **1.** (*von Personen, Bewegungen etc*) (nervous) fidgetiness, nervousness, jitteriness, jumpiness. – **2.** (*Unstetheit*) flightiness, fickleness, erraticalness, ditheriness (*colloq.*). – **3.** (*Unkontrolliertheit, Heftigkeit*) carelessness, recklessness. – **4.** (*der Schrift*) nervousness, hurriedness.

ˈFahrˌkar·te *f* **1.** ticket: einfache ~ *Am.* one-way (*Br.* single) ticket; eine ~ hin und zurück a return (*Am. auch* round-trip) ticket; eine ~ 1. Klasse a first-class ticket; eine durchgehende ~ a through ticket; eine ~ nach München lösen to buy (*od.* take, get) a ticket to Munich, to book for (*od.* a seat to) Munich; ich habe eine ~ bis London I have booked to London; die ~ vorzeigen to show (*od.* produce) one's ticket; bitte die ~n! tickets, please! – **2.** *mil. colloq.* (*Fehlschuß*) miss, washout (*colloq.*): eine ~ schießen to miss the target, *Am. sl.* to shoot (*od.* get) Maggie's drawers.

ˈFahrˌkar·ten|ˌausˌga·be *f* **1.** issue (*od.* issuing, issuance) of tickets. – **2.** *cf.* Fahrkartenschalter. — **~au·toˌmat** *m* automatic ticket (vending) machine. — **~ˌblock** *m* book of tickets. — **~ˌheft** *n* book of tickets. — **~konˌtrol·le** *f* ticket control (*od.* inspection). — **~kon·trolˌleur** *m* **1.** ticket inspector. – **2.** (*an der Sperre*) ticket collector (*Am. auch* taker). — **~ˌschal·ter** *m* booking office (window), *bes. Am.* ticket counter (*od.* window, office). — **~verˌkäu·fer** *m* ticket seller (*Am. auch* agent). — **~ˌzan·ge** *f* ticket punch.

ˈFahr|ki·loˌme·ter *m* kilometer of driving distance (*od.* [to be] driven). — **~komˌfort** *m* driving (*od.* travel[l]ing, motoring) comfort, riding luxury. — **~ˌkorb** *m* **1.** (*einer Seilbahn etc*) cage. – **2.** (*mining*) (safety) cage. — **~ˌko·sten** *pl* **1.** fare *sg.* – **2.** travel (*od.* traveling, *bes. Br.* travelling) expenses: sich an den ~ beteiligen to share (*od.* split) the travel expenses. — **~ˌkunst** *f* **1.** art of (*od.* skill in) driving. – **2.** (*mining*) *hist. cf.* Fahrschacht.

ˈfahrˌläs·sig I *adj* **1.** (*Person, Handlung etc*) careless, reckless, negligent. – **2.** *jur.* a) (*Person*) (culpably) negligent, b) (*Unfall etc*) caused by negligence (*od.* neglect): ~e Tötung manslaughter (by criminal negligence); ~e Körperverletzung physical injury caused by negligence (*od.* resulting from carelessness). – **II** *adv* **3.** *jur.* negligently, through (*od.* by) negligence (*od.* neglect): j-n ~ verletzen to injure s.o. by (criminal) negligence; grob ~ handeln to act with gross negligence. — **ˈFahrˌläs·sig·keit** *f* ⟨-; *no pl*⟩ **1.** carelessness, recklessness, negligence, neglect: aus (*od.* durch) ~ through (*od.* by) carelessness, through want of (due) care. – **2.** *jur.* negligence: grobe [leichte] ~ gross [ordinary *od.* slight] negligence.

ˈFahr|ˌleh·rer *m* driving instructor. — **~ˌlei·stung** *f auto.* **1.** (*des Autos*) road performance, roadability. – **2.** (*des Kraftstoffs*) economy. — **~ˌlei·tung** *f* (*der Eisenbahn, Straßenbahn etc*) conductor line.

ˈFährˌmann *m* ⟨-(e)s; -leute *u.* -männer⟩ ferryman.

ˈFahrˌmo·tor *m electr.* traction motor.

ˈFahr·nis *f* ⟨-; -se⟩, *n* ⟨-ses; -se⟩ *jur.* (*bewegliche Habe*) chattels *pl*, movables *pl.* — **~geˌmein·schaft** *f* community of movables and conquests. — **~ˌpfän·dung** *f* distraint on chattels (*od.* movables).

ˈFahr·per·soˌnal *n* **1.** (*von Zügen*) train personnel (*od.* crew). – **2.** (*von Bussen*) bus crew. – **3.** (*von Straßenbahnen*) streetcar (*Br.* tram) crew.

ˈFahrˌplan *m* **1.** (*für Züge, Busse etc*) timetable, *Am. auch* schedule: den ~ einhalten to keep to the timetable; einen ~ aufstellen [ausarbeiten] to set up (*od.* to compile) [to work out] a timetable. – **2.** *fig. colloq.* (*Plan, Programm*) plan, program, *bes. Br.* programme: ich müßte meinen ~ ändern I would have to change my plans. — **~ˌän·de·rung** *f* change of schedule (*bes. Br.* timetable). — **f~ˌmä·ßig I** *adj* on time, regular, *bes. Am.* according to schedule, scheduled: ~e Ankunft [Abfahrt] des Zuges 9 Uhr the train is due (*od.* scheduled) to arrive [leave, depart] at 9 o'clock. – **II** *adv* on time, regularly, *bes. Am.* according to schedule: der Zug fährt ~ um 12 Uhr ab the train is due (*od.* scheduled) to leave (*od.* depart) at 12 o'clock; ~ eintreffen to arrive on time.

ˈFahrˌpra·xis *f bes. auto.* driving experience.

ˈFahrˌpreis *m* fare, *Am. auch* carfare: einfacher ~ one-way (*bes. Br.* single) ticket; ~ für die Hin- und Rückfahrt return (fare), *Am. auch* round-trip fare; Kinder zahlen nur den halben ~ children pay only half price. — **~ˌanˌzei·ger** *m* (*eines Taxis*) taximeter, cab meter. — **~erˌmä·ßi·gung** *f* reduction of fare, fare reduction. — **~ˌzo·ne** *f Br.* fare-stage, *Am.* fare zone.

ˈFahrˌprü·fung *f* driving test.

ˈFahrˌrad *n* bicycle, cycle, bike (*colloq.*), *Br. colloq.* push-bike, *Am. colloq.* wheel: (auf *od.* mit dem) ~ fahren to ride a bicycle, to cycle, to bicycle; ~ mit Hilfsmotor motor-assisted bicycle. — **~ˌanˌhän·ger** *m* (bi)cycle trailer. — **~beˌleuch·tung** *f* bicycle lights *pl.* — **~beˌrei·fung** *f* bicycle tires (*bes. Br.* tyres) *pl.* — **~ˌhänd·ler** *m* bicycle dealer. — **~in·duˌstrie** *f* bicycle industry. — **~ˌket·te** *f* bicycle chain. — **~ˌkippˌstän·der** *m cf.* Fahrradständer 1. — **~ˌklin·gel** *f* bicycle bell. — **~ˌlam·pe** *f* bicycle lamp. — **~ˌman·tel** *m* bicycle tire (*bes. Br.* tyre). — **~ˌpum·pe** *f* bicycle pump. — **~ˌrah·men** *m* bicycle frame. — **~ˌrei·fen** *m* cycle tire (*bes. Br.* tyre). — **~ˌschlauch** *m* bicycle inner tube. — **~ˌschlüs·sel** *m* (bi)cycle spanner. — **~ˌschup·pen** *m* bicycle shed. — **~ˌspei·che** *f* bicycle spoke. — **~ˌstän·der** *m* **1.** (*am Fahrrad*) parking (*od.* kick) stand. – **2.** (*für Fahrräder*) bicycle (*od.* rack) stand. — **~ˌweg** *m cf.* Radfahrweg. — **~ˌzu·beˌhör** *n*, *auch m* bicycle accessories *pl* (*auch* accessaries *pl*).

ˈFahr|ˌrin·ne *f mar.* **1.** (shipping *od.* navigable) channel (passage), fairway, waterway, pass. – **2.** (*bes. durch Untiefen*) gat. – **3.** (*durch Eis, Schilf etc*) waterway, water lane. — **~ˌschacht** *m* (*mining*) man-riding shaft, *auch* manway, ladderway, traveling (*bes. Br.* travelling) shaft. — **~ˌschal·ter** *m electr.* (*am Motor*) controller, traction switch.

ˈFahrˌschein *m* ticket: noch jemand ohne ~? any more fares, please? — **~ˌheft** *n* book of tickets.

ˈFahrˌschie·ne *f tech.* **1.** (*eines Kranes etc*) rail. – **2.** (*einer Hängebahn*) overhead beam.

ˈFährˌschiff *n cf.* Fähre.

ˈFahr|ˌschu·le *f* driving school, school of motoring. — **~ˌschü·ler** *m*, **~ˌschü·le·rin** *f* **1.** student driver, learner (driver). – **2.** *pupil who travels a distance to and from school.*

ˈFahr|ˌsi·cher·heit *f* **1.** (*eines Fahrers*) safe (*od.* reliable) driving (*od.* motoring). – **2.** (*eines Autos*) road safety, roadworthiness. — **~ˌspur** *f* **1.** (traffic) lane. – **2.** (vehicle) track. — **~ˌspur·marˌkie·rung** *f* lane marking. — **~staˌtiv** *n* (*film*) (camera) dolly. — **~ˌstrahl** *m math.* radius vector. — **~ˌstra·ße** *f* **1.** paved road. – **2.** (*railway*) (running) line. — **~ˌstra·ßenˌhe·bel** *m* (*railway*) (*im Stellwerk*) lock (*od.* interlocking) lever. — **~ˌstrecke** (*getr.* -k·k-) *f* **1.** distance to be covered (*od.* traveled, *bes. Br.* travelled). – **2.** (*Reiseweg*) tour, route, itinerary. – **3.** (*railway*) route, running line. — **~ˌstrom** *m electr.* traction current.

ˈFahrˌstuhl *m* **1.** (*Aufzug*) *Am.* elevator, *auch* car, *Br.* lift: mit dem ~ in den 10. Stock fahren to take the elevator to the 10th (*Am.* 11th) floor, to go up to the 10th (*Am.* 11th) floor by elevator. – **2.** *cf.* Rollstuhl. — **~ˌfüh·rer** *m* elevator (*Br.* lift) attendant (*od.* operator), *Br.* lift boy. — **~ˌschacht** *m* elevator (*Br.* lift) shaft, *Br.* well. — **~ˌsteue·rung** *f* elevator (*Br.* lift) control.

'Fahrˌstun·de *f* driving lesson: **~n nehmen** to take driving lessons.

Fahrt [faːrt] *f* ⟨-; -en⟩ **1.** (*Reise*) journey, tour, trip: **eine ~ mit der Eisenbahn machen** to go for a journey by train; **eine ~ ins Gebirge [aufs Land, ans Meer] unternehmen** to take a trip to the mountains [country, sea]; **er war auf der ~ nach London** he was on his way to London; **nach zwei Stunden ~** after a journey of two hours; **auf ~ gehen** (*von Pfadfindern etc*) to go on a walking (*od.* cycling) trip; **die ~ unterbrechen** to break (*od.* interrupt) one's journey, to stop (*Am. auch* lay) over; **gute ~!** have a pleasant journey! have a good trip! (*bes. bei einer Seereise*) bon voyage! – **2.** (*mit dem Auto*) drive, ride, run: **eine ~ mit dem Auto unternehmen** to go for a drive (*od.* ride, run, spin), to take a drive. – **3.** (*mit dem Fahrrad, Motorrad etc*) ride, run, spin. – **4.** *mar.* a) (*Schiffsreise*) voyage, cruise, b) (*Überfahrt*) passage, crossing. – **5.** (*Ausflug*) trip, outing, excursion: → Blaue[1]. – **6.** (*Geschwindigkeit*) speed: **in ~ kommen** to get up speed, to get under way, to get going (*od.* moving); **in voller ~** at full (*od.* top) speed. – **7.** motion: **während der ~ nicht aus dem Fenster lehnen** do not lean out of the window while the train is in motion (*od.* moving); **während der ~ aufspringen** to jump onto a moving vehicle. – **8.** (*Fahrpreis, Fahrkarte*) fare: **einfache ~** one-way (*bes. Br.* single) fare (*od.* ticket); **wieviel kostet die ~?** how much is (*od.* what's) the fare? – **9. freie ~** a) (*im Straßenverkehr*) all clear, clear road, b) (*im Eisenbahnverkehr*) "go" signal, green light, c) *fig.* green light: **freie ~ haben** to have a clear road, to have free course, to have the green light (*auch fig.*); **freie ~ geben** a) (*von Verkehrspolizist*) to signal the traffic to advance, b) (*von Bahnbeamten*) to clear the line. – **10.** *fig. colloq.* (*in Wendungen wie*) **in ~ sein** a) to be in (full) swing, b) (*aufgebracht*) to be in a raging temper; **wenn sie erst einmal in ~ ist, hört sie nicht auf zu reden [arbeiten]** once she's got going she never stops talking [working]; **in ~ kommen** a) (*wütend werden*) to get (*od.* fly) into a temper (*od.* rage), to blow one's top (*colloq.*), to fly off the handle (*colloq.*), b) (*in Schwung kommen*) to get going, to get warmed up; **j-n in ~ bringen** a) (*in Schwung*) to get s.o. going (*od.* moving), b) (*in Wut*) to get s.o. into a temper (*od.* rage), to make s.o. blow his top (*colloq.*). – **11.** *mar.* speed, rate, (sea)way: **große [volle, halbe, kleine] ~** three quarter [full, half, dead-slow] speed; **volle ~ voraus** full speed ahead; **~ machen [verlieren]** to make [to lose] headway; **das Schiff nimmt ~ auf** the ship fetches headway (*od.* is getting under way, is gathering way [*od.* speed]); **wenig ~ machen** to sail at reduced speed. – **12.** *mar. cf.* Kurs 1. – **13.** *mar. econ.* trade: **kleine [große] ~** home [foreign-going] trade; **wilde ~** tramp shipping; **ein Schiff aus der ~ ziehen** to lay up a ship. – **14.** *aer.* airspeed: **~ über Grund** ground speed. – **15.** (*mining*) (*Leiter*) (miner's) ladder.

'Fahrtˌanˌtritt *m* departure, embarking on a journey.

'fahr|ˌtaug·lich *adj auto.* roadworthy. — **F~ˌtaug·lich·keit** *f* roadworthiness.

'Fahrt|ˌausˌweis *m cf.* Fahrausweis. — **~ˌdau·er** *f* length (*od.* duration) of a journey (*od.* trip).

Fähr·te ['fɛːrtə] *f* ⟨-; -n⟩ **1.** *hunt.* a) track, trace, trail, spoor, b) (*Witterung*) scent: **verlorene ~** fault; **die ~ verlieren, von der ~ abkommen** to lose the scent (*od.* trail), to be thrown off the scent (*od.* trail), to hunt (*od.* run) counter; (hart) **auf der ~ sein** to be (hot) on the trail; **auf die ~ kommen, die ~ aufnehmen** to pick up (*od.* get on) the scent; **einen Hund auf die ~ setzen [von der ~ nehmen]** to lay on [to take off] a dog. – **2.** *fig.* (*Spur*) track, trail, scent: **falsche ~** false trail, red herring; **auf der richtigen ~ sein** to be on the right track (*od.* scent); **auf der falschen ~ sein** to be on the wrong track (*od.* off the track), to bark up the wrong tree (*colloq.*); **j-n auf die richtige ~ bringen** to put s.o. on the right track (*od.* scent), to give s.o. a lead; **j-n auf die falsche ~ bringen** to throw s.o. off the scent, to mislead s.o.

'Fahrˌtech·nik *f* driving technique. — **f~ˌtech·nisch** *adj u. adv* in terms of driving technicalties.

'Fahr·tenˌbuch *n* **1.** (*des Autofahrers*) logbook, *Br.* log-book, vehicle log. – **2.** diary of a walking (*od.* cycling) trip.

'Fähr·tenˌfin·der *m bes. hunt.* tracker.

'Fahr·ten|ˌmes·ser *n* sheath (*od.* hunting) knife. — **~ˌschwim·mer** *m* (*sport*) **1.** *swimmer who has passed the 30-minute swimming test.* – **2.** (*Prüfung*) *jump from the 3-meter board followed by a 30-minute swimming test.*

'Fähr·tenˌsu·cher *m hunt.* tracker, bloodhound.

'Fahrt|ˌgren·ze *f* **1.** *mar.* a) (*bei beschränkter Fahrt*) reach (*od.* limit) of trade, b) (*Fahrbereich*) trading warranty. – **2.** (*im Segelsport*) limit of (the) course. — **~ˌko·sten** *pl cf.* Fahrkosten. — **~ˌmes·ser** *m* **1.** *aer.* airspeed indicator (*od.* meter). – **2.** *mar.* log, speedometer.

'Fahrtˌrich·tung *f* direction of motion (*od.* traffic), driving direction: **in ~ sitzen** (*od.* **fahren**) a) (*im Zug*) to sit (*od.* travel) facing the engine (*od.* the front), b) (*im Bus etc*) to sit (*od.* travel) facing forward (*od.* the front); **gegen die** (*od.* **mit dem Rücken zur**) **~ sitzen** (*od.* **fahren**) a) (*im Zug*) to sit (*od.* travel) with one's back to the engine, b) (*im Bus etc*) to sit (*od.* travel) facing backwards; **Verbot einer ~** no entry (*od.* access); **vorgeschriebene ~** prescribed direction (*od.* route); **die ~ freigeben [sperren]** to signal the traffic to advance [to stop].

'Fahrtˌrich·tungs|ˌän·de·rung *f* change of direction. — **~ˌanˌzei·ger** *m* direction indicator, blinker, *bes. Br.* trafficator, *bes. Am.* turning light.

'Fahrt|ˌrou·te *f* **1.** route. – **2.** *mar.* (shipping) lane, trade route. — **~ˌschrei·ber** *m auto.* recording speedometer, tachograph. — **~siˌgnal** *n* (*railway*) clear signal, *Am.* highball. — **~ˌstel·lung** *f* (*eines Signals*) clear.

'fahr|ˌtüch·tig *adj* **1.** (*Fahrer*) fit (*od.* able) to drive. – **2.** (*Fahrzeug*) roadworthy. — **F~ˌtüch·tig·keit** *f* **1.** fitness (*od.* ability) to drive, driving ability. – **2.** roadworthiness.

'Fahrt|ˌun·terˌbre·chung *f* break(ing) (*od.* interruption) of the journey, *bes. Am.* stopover, *Am.* layover. — **~ˌwind** *m* **1.** airstream. – **2.** *aer.* slipstream, head wind, airflow.

'Fahr|ˌüberˌtre·tung *f* motoring offence (*Am.* offense). — **f~ˌunˌtaug·lich** *adj* (*Fahrzeug*) unroadworthy, unserviceable. — **~ˌun·terˌricht** *m* driving instruction (*od.* lessons *pl*). — **f~ˌunˌtüch·tig** *adj* **1.** (*Fahrer*) unfit (*od.* unable) to drive. – **2.** *cf.* fahruntauglich. — **~verˌbot** *n* driving ban. — **~verˌhal·ten** *n* **1.** (*des Fahrers*) driving behavior (*bes. Br.* behaviour). – **2.** (*des Fahrzeugs*) road behavior (*bes. Br.* behaviour). — **~ˌvorˌschrift** *f* traffic regulation. — **~ˌwas·ser** *n* **1.** *mar. cf.* Fahrrinne 1. – **2.** *fig. colloq.* (*Element*) element: **im richtigen ~ sein** to be in one's proper element (*od.* at one's best), *Am.* to be in the groove. – **3.** *fig.* (*Gebiet*) channel, province, domain, sphere: **in politisches ~ geraten** to drift into political channels, to take a political turn. — **~ˌweg** *m* **1.** road(way), road passable for vehicles. – **2.** (*mining*) waggonway, *bes. Am.* wagon way. — **~ˌwei·se** *f* **1.** driving technique (*od.* manner, habits *pl*, style). – **2.** (*sport*) (*eines Skiläufers*) skiing technique. — **~ˌwerk** *n* **1.** *aer.* a) landing (*Br. auch* alighting) gear, b) (*als Baugruppe*) undercarriage: **einziehbares ~** retractable landing gear; **das ~ einziehen [ausfahren]** to retract [to let down] the landing gear. – **2.** *auto.* chassis (*od.* carriage) unit, running gear. — **~ˌwi·derˌstand** *m* **1.** *phys.* a) (*Zugwiderstand*) traction resistance, b) (*Reibungswiderstand*) friction resistance, c) (*Windwiderstand*) wind resistance. – **2.** *auto.* road (*od.* rolling) resistance, drag. – **3.** *aer.* landing gear drag. — **~ˌwind** *m auto.* head wind. — **~ˌzeit** *f* **1.** running time, time (of run): **die ~ betrug** the run took, the time (of run) was. – **2.** *tech.* a) hours *pl* of operation, b) (*des Motors*) engine mileage.

'Fahrˌzeug *n* **1.** (road) vehicle: **landwirtschaftliches ~** farm vehicle; **ein ~ fahren** (*od.* **führen**) to drive a vehicle; **„gesperrt für ~e aller Art"** (*Verkehrszeichen*) "closed to all traffic". – **2.** (*Auto*) motor vehicle, automobile, (motor)car. — **~ˌbau** *m* **1.** construction of vehicles. – **2.** motor (*Am. auch* automotive) industry. — **~ˌfüh·rer** *m* driver (of a vehicle). — **~ˌhal·ter** *m* car (*od.* vehicle) owner. — **~ˌherˌstel·ler** *m* motor vehicle manufacturer. — **~koˌlon·ne** *f* column (*od.* line) of vehicles. — **~ˌmo·tor** *m* car engine, (automotive) engine (*od.* motor). — **~ˌnum·mer** *f* number plate, *Am. auch* license plate (*od.* tag). — **~paˌpie·re** *pl* registration papers. — **~ˌpark** *m* **1.** *auto.* fleet of cars, vehicle fleet, *Am.* automobile park. – **2.** (*railway*) rolling stock. — **~ˌschlan·ge** *f cf.* Fahrzeugkolonne. — **~ˌun·terˌhal·tung** *f* maintenance (*od.* upkeep) of a vehicle. — **~verˌkehr** *m* vehicular (*od.* wheeled) traffic. — **~verˌsi·che·rung** *f* motor vehicle insurance. — **~ˌzuˌlas·sung** *f* registration of a vehicle.

Fai·ble ['fɛːbəl] *n* ⟨-(s); -s⟩ liking, weak (*od.* soft) spot, foible, weakness: **ein ~ für etwas** [j-n] **haben** to have a liking for s.th. [s.o.], to be partial to s.th. [s.o.].

fair [fɛːr; fɛə] (*Engl.*) **I** *adj* (*Spiel, Sportler, Benehmen etc*) fair: **das ist nicht ~** that's not fair, that's unfair, that's not cricket, that's not playing the game. – **II** *adv* fair(ly): **~ spielen** to play fair, to play the game; **~ an j-m handeln** to deal fairly with s.o., *Am. auch* to do right by s.o. — **Fair·neß** ['fɛːrnɛs; 'fɛənɪs] (*Engl.*) *f* ⟨-; *no pl*⟩ fairness.

Fairplay ['fɛːr'pleː; 'fɛə'pleɪ] (*Engl.*) *n* ⟨-; *no pl*⟩ fair play.

Fait ac·com·pli [fɛtakõ'pliː] *n* ⟨- -; -s -s [fɛzakõ'pliː]⟩ accomplished fact, fait accompli (*lit.*).

fä·kal [fɛ'kaːl] *adj med.* fecal, *auch* faecal; stercoraceous, stercoral (*scient.*). — **Fä'ka·li·en** [-lĭən] *pl* feces, *auch* faeces, excrements, fecal (*auch* faecal) matter *sg*, sewage *sg.*

Fa·kir ['faːkɪr] *m* ⟨-s; -e⟩ fakir, *auch* faq(u)ir.

Fak·si·mi·le [fak'ziːmile] *n* ⟨-s; -s⟩ **1.** (*einer Handschrift, Urkunde*) facsimile (copy), copy in facsimile. – **2.** *print. cf.* Faksimileausgabe. — **~ˌabˌdruck** *m print.* autotype. — **~ˌausˌga·be** *f* facsimile edition. — **~ˌstem·pel** *m* signature stamp. — **~te·leˌgraph** *m electr.* facsimile telegraph. — **~ˌüberˌtra·gung** *f* **1.** *telev.* (*eines Bildes*) radio transmission, facsimile radio. – **2.** (*radio*) (*einer Nachricht*) facsimile transmission. — **~ˌun·terˌschrift** *f* facsimile signature.

fak·si·mi·lie·ren [fakzimi'liːrən] *v/t* ⟨*no* ge-, h⟩ (*Handschrift, Druck etc*) make a facsimile (copy) of, reproduce (*s.th.*) in facsimile, facsimile, facsimilize.

Fak·ti·on [fak'tsĭoːn] *f* ⟨-; -en⟩ *bes. pol.* faction, splinter (*od.* breakaway) group (*od.* party).

Fak·tis ['faktɪs] (*TM*) *m* ⟨-; *no pl*⟩ *chem.* (*Ölkautschuk*) Factice, rubber substitute, vulcanized oil.

fak·tisch ['faktɪʃ] **I** *adj* ⟨*attrib*⟩ **1.** (*Nutzen, Ergebnis etc*) actual, practical, real, effective. – **2.** *jur.* actual, de facto: **der ~e Inhaber** the actual (*od.* de facto) owner. – **II** *adv* **3.** (*tatsächlich, wirklich*) in actuality, in fact, in practice (*od.* reality): **~ blieb alles beim alten** actually everything remained as it was; **das ist ~ unmöglich** this is in fact (*od.* practically) impossible. – **4.** *jur.* actually, de facto.

fak·ti·tiv [fakti'tiːf] *ling.* **I** *adj* (*Verbum*) factitive. – **II F~** *n* ⟨-s; -e⟩ factitive (verb).

Fak·tor ['faktər] *m* ⟨-s; -en [-'toːrən]⟩ **1.** (*Umstand*) factor: **der entscheidende ~** the decisive factor (*od.* element); **ein wesentlicher** (*od.* **wichtiger**) **~** an essential factor, an important aspect. – **2.** *math.* a) factor, *auch* cofactor, facient, b) measure: **in ~en zerlegen** to resolve into factors, to factor(ize). – **3.** *biol. med.* factor. – **4.** *print.* foreman (*od.* overseer) (of a composing room). – **5.** *econ.* a) (*Geschäftsführer*) manager, b) (*Handelsvertreter*) factor, c) (*Agent*) agent, factor, middleman, d) (*Vorarbeiter*) foreman. — **Fak·to'rei** [-to'raɪ] *f* ⟨-; -en⟩ *econ.* **1.** trading post (*od.* station). – **2.** *hist.* factory.

Fak'to·ren|anaˌly·se *f math.* factor analysis. — **~zerˌle·gung** *f* factor(iz)ing, factorization.

Fak·to·ri·el·le [fakto'rĭelə] *f* ⟨-; -n⟩ *math.* [factorial.]

Fak·to·tum [fak'toːtʊm] *n* ⟨-s; -s *u.* -ten⟩ *colloq. humor.* **1.** factotum, handyman, *Br.* handy man. – **2.** factotum, handywoman, *Br.* handy woman.

Fak·tum ['faktʊm] *n* ⟨-s; -ta [-ta] *u.* -ten⟩ **1.** (proved *od.* accepted) fact: **wissenschaftliche Fakten** scientific facts, data. – **2.** reality.

Fak·tur [fak'tu:r] *f* ⟨-; -en⟩ *econ.* invoice: laut ~ as per invoice, as invoiced; die ~ über (*acc*) etwas ausfertigen to invoice s.th.

Fak·tu·ra [fak'tu:ra] *f* ⟨-; -ren⟩ *bes. Austrian for* Faktur.

Fak'tu·ren,buch *n econ.* invoice book.

fak·tu·rie·ren [faktu'ri:rən] *v/t* ⟨*no* ge-, h⟩ *econ.* invoice, enter (*s.th.*) on invoice, charge, bill: wie fakturiert as per invoice, as invoiced. — **Fak·tu'rier·ma,schi·ne** *f* invoicing machine. — **fak·tu'riert I** *pp.* – **II** *adj* (*Preis*) invoice(d).

Fak·tu·rist [faktu'rɪst] *m* ⟨-en; -en⟩, **Fak·tu'ri·stin** *f* ⟨-; -nen⟩ *econ.* invoice clerk.

Fa·kul·tät [fakʊl'tɛ:t] *f* ⟨-; -en⟩ **1.** *ped.* (*bes. einer Universität*) faculty, *bes. Am.* school, college: medizinische ~ faculty of medicine, medical school. – **2.** *math.* factorial: n ~ factorial n.

fa·kul·ta·tiv [fakʊlta'ti:f] *adj* optional, facultative: ~e Fächer *ped.* optional (*od.* non[-]compulsory) subjects, *Am. auch* electives. — **F~,klau·sel** *f jur.* optional clause.

Fa·kul'täts,rat *m* (*an einer Universität*) faculty (*od.* university) council, *Br.* faculty board, board of the faculty.

Fa·lan·ge [fa'laŋgə] *f* ⟨-; *no pl*⟩ *pol.* Falange (*Spanish fascist organization*). — **Fa·lan'gist** [-'gɪst] *m* ⟨-en; -en⟩ Falangist, *auch* falangist.

falb [falp] *adj* ⟨-er; -st⟩ **1.** (*Pferd*) dun(-colored, *bes. Br.* -coloured), yellowish: ~es Pferd *cf.* Falbe. – **2.** *lit.* (*Blätter etc*) dun, fallow, faded. — **'Fal·be** [-bə] *m* ⟨-n; -n⟩ dun(-colored, *bes. Br.* -coloured) horse, *Am.* claybank, buckskin.

Fal·bel ['falbəl] *f* ⟨-; -n⟩ (*fashion*) (*Kleidbesatz*) furbelow, falbala, flounce.

'Falb,kat·ze *f zo.* Lybian wildcat (*Felis silvestris lybica*).

Fa·ler·ner [fa'lɛrnər] *m* ⟨-s; -⟩ (*ital. Wein*) Falernian (wine).

fä·lisch ['fɛ:lɪʃ] *adj anthrop.* (*Rasse*) Dalo-Nordic.

Fal·ke ['falkə] *m* ⟨-n; -n⟩ **1.** *zo.* falcon (*Fam. Falconidae*). – **2.** *hunt.* falcon, hawk: männlicher ~ tiercel, tercel, tassel; junger ~ young falcon, eyas, eyess; kleiner ~ falconet; mit ~n jagen to hunt with the hawk (*od.* falcon), to hawk, to go hawking; einen ~n steigen lassen to fly (*od.* cast) a hawk; Augen wie ein ~ haben *fig.* to have eyes like a hawk, to have an eagle eye, to be hawk- (*od.* eagle-)eyed.

'fal·ken,ar·tig *adj zo.* falconine: ~e Vögel falcons.

'Fal·ken|,au·ge *n* **1.** falcon's eye. – **2.** *fig.* eagle eye, hawk's eye, *auch* hawk(-)eye, hawk(-)like eye: ~n haben to have eyes like a hawk, to have an eagle eye; mit ~n eagle- (*od.* hawk-)eyed. – **3.** *min.* hawk's eye. — **~,bei·ze** *f hunt.* hawking, falconry. — **~,hau·be** *f* hood (of a falcon). — **~,haus** *n* cage for hawks, mew.

Fal·ke·nier [falkə'ni:r] *m* ⟨-s; -e⟩ *hunt. cf.* Falkner.

'Fal·ken|,jagd *f hunt. cf.* Falkenbeize. — **~,wür·ger** *m zo.* falconet, shrike tit (*Falcunculus frontatus*).

Falk·ner ['falknər] *m* ⟨-s; -⟩ *hunt.* falconer, hawker. — **Falk·ne'rei** *f* ⟨-; -en⟩ falconry.

Fall[1] [fal] *m* ⟨-(e)s; *no pl*⟩ **1.** fall: die Gesetze des freien ~s *phys.* the laws of free fall. – **2.** (*Sturz*) fall, tumble, plunge: er hat sich beim ~ schwer verletzt he injured himself badly when falling; zu ~(e) kommen to (have a) fall; er rutschte aus und kam zu ~ he slipped and fell; schwer (*od. colloq.* böse) zu ~ kommen to have a heavy (*od.* serious, bad, grave, *colloq.* nasty) fall, to come (*od.* fall, get) a cropper (*colloq.*) (*bes. Br. sl.* mucker), *Am. sl.* to take a prat(t)fall; ~ auf den Rücken a) fall on the (*od.* one's) back, *Am.* pratfall, *auch* prattfall, b) (*sport*) (*beim Ringen*) backfall; j-n zu ~ bringen a) to make s.o. fall (down), (*beim Kampf*) to bring s.o. down, b) (*durch Beinstellen*) to trip s.o. (up); → Knall 11. – **3.** *fig.* (*Niedergang, Verfall*) fall, downfall, decline, (*stärker*) ruin, decay: moralisch zu ~ kommen to fall (*od.* lapse) from virtue (*lit.*), (*stärker*) to decay morally; der ~ Adams, Adams ~ *Bibl.* the fall (of man), the Fall; das brachte ihn wirtschaftlich zu ~ that ruined him economically; der ~ eines Mädchens *obs.* the fall of a girl; → Hochmut. – **4.** *fig.* (*Zusammenbruch*) fall, downfall, collapse, overthrow, overturn: der ~ eines Reiches the collapse of an empire; eine Regierung zu ~ bringen to bring down (*od.* overthrow) a government; alle seine Pläne wurden zu ~ gebracht all his plans were overthrown (*od.* thwarted, wrecked), all his plans came to nothing (*od. colloq.* came a cropper); die Opposition brachte den Gesetzentwurf zu ~ the opposition defeated (*od.* killed) the bill; eine Klage zu ~ bringen *jur.* to quash an action (*od.* indictment). – **5.** (*eines Stoffes etc*) fall, hang, drape. – **6.** (*des Wassers, der Flut etc*) fall, recession. – **7.** *econ.* (*der Preise etc*) fall, drop, decrease, decline, down(turn), (*stärker*) recession, depression, slump. – **8.** (*des Barometers etc*) fall, drop, lapse, descent. – **9.** *metr.* (*eines Verses*) cadence. – **10.** *bes. hist.* (*einer Festung etc*) fall, surrender, capitulation. – **11.** *mar.* (*des Schornsteins, Mastes etc*) rake: ~ haben to rake. – **12.** *hunt.* (*des Wildes*) dying. – **13.** *rare for* Gefälle 3. – **14.** *obs. od. poet.* (*eines Helden etc*) fall, death.

Fall[2] *m* ⟨-(e)s; =e⟩ **1.** case, instance, example: ein typischer ~ a typical case, a case in point; ein typischer ~ von denkste! *colloq.* a clear case of missing the mark; im ersten ~(e) in the first case. – **2.** (*Umstand*) case: der ideale ~ the best of cases, the optimum (case); auf jeden ~, auf alle Fälle a) in any case, b) (*unter allen Umständen*) at any rate, at all events, by all means; auf (gar) keinen ~ in no case, on no account, by no means, not by any means, under no circumstances; für den ~, daß der Plan mißlingt in case the plan fails (*od.* should fail), in the event of a failure of the plan; gesetzt den ~, daß (let us) suppose (*od.* assume) that, supposing that, put the case that; in diesem ~(e) in this (*od.* that) case, the case being such, under these circumstances, if it (*od.* this, that) is so; selbst in diesem ~(e) even in this case, even so; im anderen ~(e) otherwise; es stimmt in jedem ~(e), es gilt für jeden ~ it is true of every case; in vielen Fällen in many cases (*od.* instances), often; in den meisten Fällen, in der Mehrzahl der Fälle in most (*od.* the majority of) cases, for the most part, more often than not; im besten (*od.* günstigsten) ~(e) at best, at (the) most; im schlimmsten (*od.* äußersten) ~(e) a) at (the) worst, if the worst comes to the worst, *Am.* if worst comes to worst, b) in the last resort, as a last way out; außer im ~(e), (daß) es regnet except in case of rain, unless it rains; in dringenden Fällen in urgent (*od.* pressing) cases, in cases of emergency; das ist ganz (*od.* genau) mein ~ *colloq.* that's exactly what I like, that's exactly (to) my taste, that's just my cup of tea (*colloq.*); sie ist nicht mein ~ *colloq.* she is not my type (*od.* not to my liking), she is not my cup of tea (*colloq.*). – **3.** (*zutreffende Tatsache*) case: das ist [bei ihm] nicht der ~ that is not the case (*od.* not so) [with him]; das ist auch bei ihm der ~ the same is true for him, it is the same thing with him. – **4.** (*Sachlage*) case, matter, issue, state of affairs, situation, circumstances *pl*: der ~ liegt ganz anders the case is quite (*od.* entirely) different, *Br. auch* the boot is on the other (*od.* wrong) leg; der ~ liegt folgendermaßen the case is this, the matter is the following, the situation is as follows; von ~ zu ~ a) from case to case, b) according to (the) circumstances; das ist von ~ zu ~ verschieden that differs (*od.* varies) from case to case; klarer ~! *colloq.* naturally! of course! certainly! *bes. Am.* sure (enough)! (*colloq.*). – **5.** (*Eventualität*) case, eventuality: für alle (*od. colloq.* für den ~ aller) Fälle for any eventualities, for all eventualities (*od.* contingencies), (in order) to be safe; ich werde ihn für alle Fälle nochmals daran erinnern I'll remind him of it just in case (*od.* just to be on the safe side); im ~e eines ~es *colloq.* if need be, (*stärker*) if (the) worst comes to (the) worst. – **6.** (*Vorkommnis*) case, event, occurrence: ein alltäglicher ~ s.th. that happens every day (*od.* daily), a daily occurrence. – **7.** (*Gelegenheit*) case, occasion, event, time: für besondere Fälle for special occasions; in allen denkbaren Fällen in all cases one can think of, in each and every case; in diesem ~(e) verzeihe ich ihm nochmal for this time I will once more forgive him. – **8.** *jur.* case, *auch* cause: der X the case of X; der zu behandelnde ~ the case at issue (*od.* under discussion). – **9.** *ling.* case: erster [zweiter, dritter, vierter] ~ nominative [genitive, dative, accusative] (case). – **10.** *med.* case: ein klinischer ~ a) a clinical case, b) a case requiring clinical treatment; die schweren Fälle the serious cases; ein leichter ~ von Gelbsucht a slight (*od.* mild) case of jaundice; er ist ein hoffnungsloser ~ a) he is a hopeless (*od.* an incurable) case, he is incurably ill (*bes. Am.* sick), b) *fig.* he is a hopeless case, he is hopeless, he is past all hope (*od.* past praying for).

Fall[3] *n* ⟨-(e)s; -en⟩ *mar.* halyard, halliard, *auch* haulyard.

Fall[4] *m* ⟨-(e)s; =e⟩ *rare for* Wasserfall 1, 2.

Fal·la·zi·en [fa'la:tsiən] *pl philos.* fallacies, fallacious reasonings.

'Fall,bär *m tech.* a) drop hammer, b) (*eines Rammbocks*) ram, monkey.

'fäll·bar *adj* **1.** *chem.* precipitable. – **2.** (*forestry*) ready (*od.* fit) for felling (*od.* cutting, harvesting).

'Fall|,baum *m* **1.** *cf.* Schlagbaum. – **2.** *mil. hist.* portcullis. – **3.** *hunt.* tree for attracting crows. — **~be,häl·ter** *m chem. tech.* gravity feed tank. — **~,beil** *n* **1.** guillotine. – **2.** blade (of a guillotine). — **~be,schleu·ni·gung** *f phys.* gravitational acceleration, acceleration due to gravity. — **~,bö** *f* **1.** *aer.* air pocket. – **2.** *mar.* white squall. – **3.** *meteor.* down gust. — **~,brett** *n* **1.** (*des Galgens*) drop, trap(door). – **2.** *civ.eng.* (*beim Wasserbau*) waste gate. — **~,brücke** (*getr.* -k·k-) *f hist.* drawbridge.

Fal·le ['falə] *f* ⟨-; -n⟩ **1.** *bes. hunt.* a) trap, gin, (*größer*) deadfall, b) (*Grube*) pit(fall), c) (*Schlinge*) snare: eine ~ stellen to set (*od.* lay) a trap; Tiere mit ~n fangen to catch animals in traps, to trap animals; der Marder ging in die ~ the marten was caught in the trap. – **2.** *fig.* (booby) trap, pit(fall), snare, *Br.* shoals *pl*: j-m eine ~ stellen to set (*od.* lay) a trap for s.o., to set a snare for s.o., to snare s.o.; j-n in eine ~ locken to lure s.o. into a trap, *Am. auch* to mousetrap s.o.; er ist in die ~ gegangen he walked (*od.* fell) into the trap, he put his head in a noose, he took the bait; er ging der Polizei in die ~ he fell into the trap set by (*od.* got caught in the net of) the police; in dieser Frage steckt eine ~ this is a loaded (*od.* trick) question; sich in der eigenen ~ fangen to be caught in one's own trap. – **3.** *colloq.* (*Bett*) bed, *Am. colloq.* sack, hay, *Br. sl.* kip: in die ~ gehen, sich in die ~ hauen to turn in, *Am. sl.* to hit the sack, *Br. sl.* to kip down. – **4.** *mil.* a) trap, b) (*Hinterhalt*) ambush. – **5.** *tech.* (*eines Schnappschlosses*) latch (bolt), catch. – **6.** (*watchmaking*) locking arm (*od.* plate), detent. – **7.** *civ.eng.* (*beim Wasserbau*) a) hatch, (sliding) valve, b) sluice (gate). – **8.** *geol.* trap.

fal·len ['falən] **I** *v/i* ⟨fällt, fiel, gefallen, sein⟩ **1.** fall: der Regen fällt rain is falling; der Putz fällt von den Wänden the plaster is falling from (*od.* coming off) the walls; von der Leiter ~ to fall from (*od.* off) the ladder; auf den (*od.* zu) Boden ~ to fall on (*od.* to) the floor. – **2.** (*hinunterfallen*) fall (down), drop: etwas ~ lassen a) (*Gegenstand etc*) to drop s.th., to let s.th. fall, b) (*Masche*) to drop s.th., c) (*Bombe*) to drop s.th. d) (*Anker*) to cast s.th., to drop s.th.; den Vorhang ~ lassen (*theater*) to ring down the curtain; der Vogel hat etwas ~ lassen *colloq.* the bird dropped s.th.; er fiel tot zu Boden he fell down (*od.* dropped) dead; → Stecknadel. – **3.** (*hinfallen*) fall (down), have a fall: er ist unglücklich gefallen he had a bad fall. – **4.** (*niederfallen*) fall (down), sink (down), drop: er ließ sich in einen Sessel ~ he dropped (*od.* flopped) into a chair; auf die Knie ~ to fall (*od.* go down, flop down) on one's knees; → Fuß[1] 1, 2. – **5.** (*herabhängen*) fall (*od.* hang) (down): eine Haarsträhne fiel ihr ins Gesicht a strand (*od.* lock) of hair fell across her face. – **6.** (*von Stoff, Gewand etc*) fall, hang, drape, *bes. Br.* set. – **7.** (*von Hochwasser etc*) fall, drop, go down, recede, sink: der Wasserstand ist um 1 Meter gefallen the water level has dropped by one meter; der Fluß fällt the river sinks. – **8.** (*von Gelände etc*) fall, decline, descend, slope, drop: der Weg fiel jäh the path dropped (*od.* went) sharply downhill. – **9.** (*von Linie, Kurve etc*) fall, drop, descend. – **10.** (*von Barometer, Temperatur, Luftdruck etc*) fall, drop, lapse, go down, sink: die Temperatur ist um einige Grade gefallen the temperature has dropped several degrees. – **11.** (*von Fieber etc*) fall, drop, go down, subside. – **12.** (*von Blick*) (auf *acc* on) fall. – **13.** (*von Licht etc*) fall: **das Licht der Sonne fiel durch das Fenster** the light of the sun fell (*od.* came) through the window. – **14.** *bes. phys.* (*von Strahlen etc*) (auf *acc* on) fall, strike, impinge. – **15.** (*von Soldaten*) be killed, die, fall: **er ist in Rußland gefallen** he was killed in Russia. – **16.** (*von Festung etc*) fall, be taken, surrender, capitulate. – **17.** (*von Schuß*) be fired: **plötzlich fiel ein Schuß** suddenly a shot rang (*od.* was heard, was fired, occurred). – **18.** *econ.* (*von Preisen etc*) fall, drop, decline, go down, sink, be on the fall: **plötzlich ~** to slump, to tumble; **steigen und ~** to rise and fall, to fluctuate; **die Aktienkurse fielen unerwartet** stock quotations fell unexpectedly (*bes. Am.* tobogganed), there was a sudden fall (*od.* drop) of (*od.* in) stock quotations, there was a spill on the stock market. – **19.** *bes.* (*sport*) (*von Tor*) be scored. – **20.** (*von Regierung etc*) be overthrown, be overturned, fall, go down, be brought down. – **21.** (*von Hindernis, Schranken etc*) be removed, be done away with, go. – **22.** (*von Gesetz etc*) be abolished (*od.* repealed, revoked, rescinded, put out of effect, dropped). – **23.** (*von Wort etc*) fall, be uttered: **es fielen harte Worte** there were harsh words, strong language was used; **auch sein Name fiel** his name was mentioned as well. – **24.** (*von Ansehen, Wert etc*) fall (off), drop (off), diminish, sink, decrease: **er ist in ihrer Wertschätzung sehr gefallen** he sank considerably in her esteem, her esteem for him fell considerably; → **Ungnade** 1. – **25.** (*von Stimme, Melodie etc*) fall, descend. – **26.** (*von Entscheidung etc*) be taken, be reached: **die Entscheidung ist noch nicht gefallen** the decision has not yet been taken, the matter is still undecided (*od.* pending, awaiting a decision); **am dritten Tag fiel die Entscheidung** the third day brought a (*od.* the) decision. – **27.** an j-n ~ *fig.* (*von Erbschaft etc*) to fall (*od.* go, pass, come) to s.o., to devolve on s.o. – **28.** auf j-n ~ *fig.* (*von Wahl, Verdacht, Verantwortung etc*) to fall on s.o.: **die Wahl fiel auf ihn** the choice fell on him, he was chosen; **das Los fiel auf mich** the lot fell upon (*od.* came to) me; **mir fällt das Los zu, etwas zu tun** it falls to my lot to do s.th. – **29.** auf einen Montag ~ to fall on a Monday; → **Fest** 1. – **30.** **etwas steht und fällt mit j-m** s.th. stands and falls with s.o., the success of s.th. depends on s.o. – **31.** unter (*acc*) (*od.* in *acc*) etwas ~ *fig.* a) (*von Begriffen etc*) to fall (*od.* come) (with)in (the) range (*od.* field) of s.th., to belong to (the field of) s.th., b) (*von Personen*) to fall (*od.* come) under s.th.: **sie fällt nicht unter die neue Bestimmung** she does not fall under the new regulation, the new regulation does not affect her. – **32.** *fig.* (*in Wendungen wie*) **aus der Gangart ~** (*von Pferd*) to break (a gait); **durch eine Prüfung ~** *cf.* **durchfallen**[1] 3; **in Grübelei ~** to start pondering (*od.* brooding); **in eine Mundart ~** to drop (*od.* lapse) into a dialect; **unter (die) Räuber ~** to fall among robbers; **in (einen) tiefen Schlaf ~** to fall (*od.* drop, sink) into a deep sleep, to fall soundly asleep; **in einen schnelleren Schritt ~** to quicken one's step (*od.* pace); → **Apfel** 1; **Groschen** 4; **Meister** 3; **Ohnmacht** 1; **Würfel** 1. – **33.** *astr.* descend. – **34.** *agr. hunt.* (*von Vieh, Wild*) die, perish. – **II F~** *n* ⟨-s⟩ **35.** *verbal noun.* – **36.** fall: **Steigen und F~** rise and fall. – **37.** (*von Flut, Hochwasser*) fall, recession. – **38.** *econ.* (*von Preisen*) fall, drop, decrease, decline. – **39.** (*von Barometer*) fall, drop, lapse, descent. – **40.** (*einer Kurve etc*) fall, drop, descent. – **41.** (*eines Hindernisses etc*) removal. – **42.** (*eines Gesetzes etc*) abolition, repeal, revocation. – **43.** (*einer Stimme, Melodie etc*) fall, descent. – **44.** *astr.* descent. – **45.** *cf.* **Fall**[1] 2, 5, 7—11.

fäl·len ['fɛlən] **I** *v/t* ⟨h⟩ **1.** (*Baum etc*) fell, cut down, hew (down) (*lit.*). – **2.** (*Urteil*) pass, give, render: **ein objektives Urteil über** (*acc*) **etwas ~** to pass (*od.* give) an unbiased judg(e)ment (*od.* opinion) on s.th. – **3.** (*Entscheidung*) reach, come to, take. – **4.** *jur.* (*Urteil*) give, deliver, pronounce, pass. – **5.** *chem.* precipitate. – **6.** *math.* (*Lot*) (auf *acc* on, upon) let fall, drop, erect. – **7.** *lit.* (*Gegner etc*) fell. – **II F~** *n* ⟨-s⟩ **8.** *verbal noun.* – **9.** *math.* erection. – **10.** *cf.* **Fällung**.

'fal·lend I *pres p.* – **II** *adj* **1.** (*Barometer, Kurse etc*) falling. – **2.** (*Preis etc*) sinking. – **3.** (*Gelände etc*) sloping: **stufenweise ~** gradient. – **4.** *econ.* (*Tendenz*) downward, bearish. – **5.** *ling.* a) (*tieftonig*) grave, b) (*Diphthong*) falling. – **6.** *meteor.* (*Luftdruck*) falling, katabatic (*scient.*). – **7.** *math.* (*Kurve*) decreasing.

'fal·lenˌlas·sen I *v/t* ⟨*irr, sep, no* -ge-, *bes. pass* -ge-, h⟩ **1.** (*Plan, Absicht etc*) drop, discard, abandon, give up, let (*s.th.*) drop, dismiss: **lassen wir das Thema ~!** let's drop the subject. – **2.** (*Anspruch, Forderung etc*) drop, abandon, waive, relinquish. – **3.** (*Widerstand etc*) give up. – **4.** (*Andeutung, Bemerkung etc*) drop, *auch* make: **über** (*acc*) **etwas kein Wort ~** to keep silent (*od.* silence) about s.th., to keep one's mouth shut about s.th. (*colloq.*). – **5.** (*Hemmungen etc*) drop, throw overboard, set aside. – **6.** (*Freund, Partner etc*) drop, discard, let (*s.o.*) drop. – **7.** **die Maske ~** *fig.* to throw off one's mask, to show one's true colo(u)rs, to reveal one's true nature (*od.* character, *auch* intentions).

'Fal·len|ˌstel·len *n hunt.* trapping. — **~ˌstel·ler** *m* ⟨-s; -⟩ trapper.

'Fäl·ler *m* ⟨-s; -⟩ *cf.* **Holzfäller**.

'Fall|ˌfen·ster *n* sash window. — **~ˌgat·ter** *n arch.* (*an Burgtoren etc*) portcullis. — **~geˌschwin·dig·keit** *f phys.* velocity (*od.* rate, speed) of fall. — **~geˌsetz** *n* law of falling bodies. — **~ˌgru·be** *f* **1.** *hunt.* pit(fall), deadfall. – **2.** *fig.* pitfall, trap, *Br.* shoals *pl.*

'Fallˌham·mer *m* **1.** *tech.* drop hammer, monkey (hammer *od.* press), ram, faller. – **2.** *civ.eng.* pile driver (*od.* engine). — **~ˌschmie·den** *n* drop forging, *Br.* drop-forging.

'Fallˌhär·te|ˌprü·fer *m tech.* rebound (*od.* impact ball) hardness tester, scleroscope (*scient.*). — **~ˌprü·fung** *f* drop (*od.* impact ball, *scient.* scleroscope) hardness test.

'Fall|ˌhö·he *f* **1.** *phys.* height of fall. – **2.** *tech.* (*eines Dampfhammers etc*) height of drop. — **~ˌholz** *n* fallen wood.

fal·lie·ren [fa'liːrən] *v/i* ⟨*no* ge-, h⟩ *econ.* fail, become insolvent, go (*od.* become) bankrupt.

'fäl·lig *adj* **1.** due: **längst ~** (long) overdue; **das Flugzeug ist um 5 Uhr ~** the plane is due (to arrive) at 5 o'clock; **da war wieder einiges** (*od.* **allerhand, was**) **~** *colloq.* there was a big hullabaloo, the fat was in the fire (*colloq.*); **jetzt bist du aber ~!** *colloq.* now you are in for it! (*colloq.*); **ein Besuch bei Herrn X ist wieder mal ~** *colloq.* it's about time to visit (*od.* we visited) Mr. X again. – **2.** *econ.* a) (*Summe, Miete etc*) due, payable, b) (*Wechsel etc*) mature(d), maturing, c) (*Steuern etc*) due, collectible, collectable: **die ~en Zinsen** the interest due; **~ werden** a) to fall due, to become payable, b) (*von Wechsel etc*) to mature (for payment), to run, to fall in, c) (*verfallen*) (*von Bezugsrechten*) to expire; **bei Sicht ~** payable at sight; **bei Sicht ~ werden** to mature (up)on presentation; **täglich ~es Geld** money at (*od.* on) call; **sofort ~e Rente** immediate annuity; **~e Schuld** charge. — **'Fäl·lig·keit** *f* ⟨-; *no pl*⟩ *econ.* maturity, matureness, due date: **bei ~** when due, at maturity; **vor ~** prior to maturity.

'Fäl·lig·keits|ˌtag, ~terˌmin *m* **1.** date of payment, date when payment is due, due date. – **2.** (*eines Wechsels etc*) maturity (date).

'Fäl·ligˌwer·den *n econ.* expiration.

'Falli·nie (*getr.* -ll,l-) *f* **1.** (*mining*) *geol.* dip (line), fall line: **wahre ~** true dip line, line of true dip. – **2.** (*sport*) (*beim Skilauf*) fall line.

'Fall|ˌkip·pe *f* (*beim Turnen*) drop upstart (*Am.* kip). — **~ˌklap·pe** *f* **1.** *electr. tel.* (*am Schaltschrank*) drop indicator. – **2.** (*film*) fire shutter. – **3.** *aer.* escape hatch. — **~ˌkur·ve** *f phys.* flight path, trajectory. — **~maˌschi·ne** *f phys.* Atwood's machine. — **~ˌnest** *n agr.* trap nest. — **~ˌobst** *n* windfall(s *pl*), *Am. auch* drop(s *pl*).

fal·lo·pisch [fa'loːpɪʃ] *adj med.* Fallopian, fallopian: **F~e Röhre** Fallopian tube.

Fall-out ['fɔːlˌaut] (*Engl.*) *m* ⟨-s; -s⟩ *nucl.* fallout, *Br.* fall-out.

'Fall|ˌpro·be, ~ˌprü·fung *f tech. Am.* drop test, *Br.* falling weight test. — **~ˌrecht** *n jur.* case law. — **~ˌreep** *n mar.* gangway, accommodation (*od.* rope) ladder. — **~ˌrich·tung** *f* **1.** direction of fall. – **2.** *geol.* direction of dip. — **~ˌrohr** *n tech.* downcomer. — **~ˌrückˌzie·her** *m* (*im Fußball*) overhead kick.

falls *conj* **1.** in case, if: **~ es regnet** in case it rains; **~ die Tür zugeschlossen ist** if the door is locked; **~ er kommen sollte** if he should come, in the event of his coming; **~ wir uns nicht mehr sehen (sollten)** in case we don't see each other any more; **~ (vom Arzt) nicht anders verordnet** if not prescribed otherwise; **~ X stirbt, ist sein Bruder der nächste Erbe** *jur.* failing X his brother is the next heir. – **2.** (*vorausgesetzt*) provided (that), providing. – **3.** (*angenommen*) supposing, suppose.

'Fallˌschirm *m aer.* parachute: **mit dem ~ abspringen** a) to (jump with a) parachute, b) (*im Notfall*) to bail (*Br. auch* bale) out; **etwas mit dem ~ absetzen** (*od.* **abwerfen**) to parachute (*od.* air-drop, paradrop) s.th. — **~ˌabˌsprung** *m* parachute jump (*od.* descent). — **~ˌabˌwurf** *m* delivery by parachute, airdrop, paradrop. — **~ˌfangˌlei·ne** *f* (parachute) rigging line. — **~ˌgurtˌwerk, ~ˌgurtˌzeug** *n* parachute harness. — **~ˌjä·ger** *m mil.* paratrooper. — **~ˌlei·ne** *f* (parachute) rigging line. — **~ˌsprin·gen** *n* parachute jumping, parachuting. — **~ˌsprin·ger** *m*, **~ˌsprin·ge·rin** *f* parachutist. — **~ˌtrup·pen** *pl* paratroops, parachute troops. — **~verˌpackungsˌsack** (*getr.* -k·k-) *m* outer parachute bag.

'Fall|ˌschmie·rung *f tech.* gravity lubrication. — **~ˌschnecke** (*getr.* -k·k-) *f* drop (*od.* trip) worm.

'Fällˌson·de *f meteor.* dropsonde.

'Fall|ˌstrei·fen *pl meteor.* fallstreaks, precipitation trails, virga *sg* (*scient.*). — **~ˌstrick** *m* **1.** *hunt.* snare, noose, springe. – **2.** *fig.* snare, trap, pitfall, net, toils *pl* (*lit.*): **j-m ~e legen** to set a trap for s.o., to try to ensnare s.o., to lay (*od.* set) snares for s.o.

'Fallˌstrom *m tech.* downdraft, *bes. Br.* down-draught. — **~verˌga·ser** *m* downdraft carburetor, *bes. Br.* down-draught carburettor.

'Fall|ˌstu·die *f psych.* case study (*od.* history). — **~ˌsucht** *f* ⟨-; *no pl*⟩ *med. archaic for* **Epilepsie**. — **f~ˌsüch·tig** *adj archaic for* **epileptisch**. — **~ˌsüch·ti·ge** *m, f* ⟨-n; -n⟩ *archaic for* **Epileptiker(in)**.

fällt [fɛlt] *3 sg pres of* **fallen**.

'Fallˌtank *m aer.* gravity (feed) tank. — **~ˌtrep·pe** *f* trap (*od.* foldaway) stairs *pl* (*construed as sg or pl*).

'Fallˌtür *f* **1.** trapdoor. – **2.** (*im Flugzeug etc*) escape hatch. — **~ˌspin·ne** *f zo.* trap-door (*Br.* trapdoor) spider (*Fam. Ctenizidae*).

'Fäl·lung *f* ⟨-; *no pl*⟩ **1.** *cf.* **Fällen**. – **2.** (*eines Baumes etc*) felling, fell. – **3.** *jur.* (*eines Urteils*) pronouncement, delivery. – **4.** *chem.* precipitation.

'Fäl·lungsˌmit·tel *n chem.* precipitant, precipitating agent.

'Fall|ˌwäh·ler *m tel.* drop selector. — **f~ˌwei·se** *adj u. adv Austrian* from case to case: **eine Erlaubnis ~ geben** to give permission from case to case. — **~ˌwind** *m* **1.** *meteor.* fall (*od.* down, *scient.* katabatic) wind. – **2.** *mar.* eddy wind. – **3.** downwind.

'Fallˌwin·kel *m* **1.** *geol.* dip angle. – **2.** *phys.* angle of fall (*od.* descent). – **3.** *civ.eng.* dip, incline. – **4.** *mil.* (*eines Geschosses*) angle of descent (*od.* impact). — **~ˌmes·ser** *m* clinometer.

'Fall|ˌzeit *f* time (*od.* duration) of fall. — **~zerˌreiß·verˌsuch** *m metall.* tensile impact test.

falsch [falʃ] **I** *adj* ⟨-er; -est⟩ **1.** (*verkehrt*) wrong: **im ~en Augenblick** at the wrong moment: **Sie sind hier ~** (*od.* **an der ~en Stelle**) *colloq.* you are in the wrong place (*bes. Br.* shop) here (*colloq.*); **am ~en Platz sein** to be out of (*od.* in the wrong) place; **die ~e Seite** a) the wrong side, b) the wrong page; **eine ~e Spur hinterlassen** to drag a red herring across the trail (*od.* path); **etwas an die ~e Stelle setzen** to put s.th. in the wrong place, to misplace s.th.: **wie man's macht, ist's ~** (*Sprichwort*) no matter how you do it, it's always wrong; **einen ~en Ton anschlagen** a) *mus.* to play a wrong note, b) *fig.* to strike a wrong note, to use the wrong approach; **den ~en Weg einschlagen** to take the wrong way (*od.* turn[ing]); **auf den ~en Weg** (*od.* **auf ein ~es Gleis**) **kommen** *fig.* to get on the wrong track, to go astray; auf dem ~en Weg sein a) to be going the wrong way, b) *fig.* to be on the wrong track (*od.* scent), to be barking up the wrong tree, *bes. Br.* to be in the wrong shop (*colloq.*); → Adresse 1; Bein 1; Dampfer; Ende 1; Fährte 2; Kehle 1; Pferd 2; Zug¹ 1. – **2.** (*unrichtig*) false, wrong, incorrect: j-m eine ~e Auskunft geben to give s.o. (the) wrong information, to misinform s.o.; diese Beschreibung gibt ein ~es Bild von ihm this description gives a false picture (*od.* a wrong impression) of him; das Ergebnis ist ~ the result is wrong (*od.* not correct); etwas in einem ~en Licht erscheinen lassen *fig.* to show (*od.* represent) s.th. in a false light; das wirft ein ~es Licht auf ihn *fig.* that puts him in a false light; ~e Rechnung wrong calculation, miscalculation; ~e Übersetzung wrong translation, mistranslation; sich als ~ herausstellen (*od.* erweisen) to prove (*od.* turn out to be) false. – **3.** (*unwahr*) false, untrue, untruthful: Vorspiegelung ~er Tatsachen *jur.* misrepresentation; unter Vorspiegelung ~er Tatsachen *jur.* under false pretences (*Am.* pretenses); etwas für ~ erklären *jur.* to indict (*od.* declare) s.th. as false, to dispute the validity of s.th. – **4.** (*irrig*) false, wrong, mistaken (*attrib*): es wäre ~ zu glauben, daß it would be false (*od.* erroneous) to believe that; ~e Vorstellungen von etwas haben to have false (*od.* mistaken) ideas of (*od.* about) s.th., to have misconceptions about s.th.; etwas aus ~em Idealismus tun to do s.th. out of mistaken idealism. – **5.** (*fälschlich*) wrong, improper, incorrect: ~er Gebrauch eines Wortes improper use of a word, misusage of a word, impropriety. – **6.** *cf.* irreführend II. – **7.** (*falsch verstanden*) false: ~e Scham false shame. – **8.** (*fehlgeleitet*) misplaced: ~e Rücksichtnahme misplaced consideration. – **9.** (*vorgetäuscht*) false: nur keine ~e Bescheidenheit! *colloq.* no false (*od.* fake, mock) modesty, please! ~es Pathos false pathos, bathos; voll von ~em Pathos bathetic; unter ~er Flagge segeln *auch fig.* to sail under false colo(u)rs; → Alarm 1. – **10.** (*künstlich*) false, artificial, imitated, imitation (*attrib*): ~e Zähne (a set of) false (*od.* artificial) teeth, denture *sg*; ~es Stirnhaar, ~e Stirnlocken, ~e Locke toupee, toupet; ~er Zopf false plait, switch; ~e Edelsteine [Perlen] imitation jewels [pearls]; der Schmuck ist ~ these jewels are false (*od.* not genuine). – **11.** (*gefälscht*) false, forged, counterfeit, fake(d), spurious (*lit.*), bogus, *bes. Am. sl.* phon(e)y: ~e Banknoten in Umlauf setzen to pass forged bank notes, to circulate counterfeit (*od. colloq.* bad, *sl.* dud) bank notes; ~e Münzen prägen to stamp false (*od.* base, counterfeit, *sl.* dud) coins; sein Paß war ~ his passport was forged, he had a false passport; mit ~en Papieren gedeckt *econ. mar.* masked. – **12.** (*unehrlich*) two-faced, double-dealing, double- (*od.* two-)tongued, double-crossing (*sl.*), deceitful, false, treacherous, perfidious: ~ gegenüber j-m (*od.* gegen j-n) false to s.o.; mit j-m ein ~es Spiel treiben to play s.o. false, to double-deal s.o., to double-cross s.o. (*sl.*); ~es Spiel double-dealing, foul play, double-cross (*sl.*); sie ist eine ~e Schlange *colloq. contempt.* she is a false cat, she is a snake (in the grass). – **13.** (*unaufrichtig*) insincere. – **14.** (*Name etc*) false, fictitious: unter ~em (*od.* einem ~en) Namen leben to live under a false (*od.* an assumed) name; unter ~em Namen schreiben to write under a fictitious (*od.* an assumed) name (*od.* under a pseudonym). – **15.** (*unecht*) false: ~er Saum false hem; ~es Fenster *arch.* false (*od.* blank) window; ~e Hemdenbrust (*fashion*) detachable shirtfront, dickey, dicky (*colloq.*); ~e Rippen *med.* false (*od.* short, floating) ribs, asternal ribs (*scient.*); ein ~er Prophet a false (*od.* sham, mock, pseudo-)prophet; ~er Messias false Messiah. – **16.** *gastr.* mock: ~e Schildkrötensuppe mock turtle soup; ~er Hase *colloq.* mince loaf (*od.* meat roll). – **17.** (*Spielkarten*) marked, nicked. – **18.** (*Würfel*) loaded, cogged: mit ~en Würfeln spielen to cog. – **19.** *mus.* (*Ton etc*) wrong, false, 'sour' (*colloq.*). – **20.** *ling. metr.* a) (*Silben-, Vokallänge*) false, b) (*Vers*) faulty, defective. – **21.** *bot.* false. – **22.** (*sport*) (*Einwurf etc*) foul. – **23.** *agr.* (*Pferd*) vicious. – **II** *adv* **24.** wrong(ly), in the wrong way: er macht immer alles ~ everything (*od.* whatever) he does is wrong; etwas ~ verstehen a) to hear s.th. wrongly, to mishear s.th., b) (*auffassen*) to take s.th. the wrong way, to take s.th. amiss, c) (*deuten*) to misunderstand s.th., to misconstrue s.th.; ich habe es [ihn] ~ verstanden I misunderstood it [him], I got (*od.* took) it [him] wrong (*colloq.*); er hat die Sache ~ angepackt he went the wrong way about it, he went (*od.* set) about it in the wrong way; ~ geben (*beim Kartenspiel*) to misdeal; Sie sind ~ verbunden a) *tel.* you have (got *od.* dial[l]ed) the wrong number, you have been given a wrong number, b) *fig. colloq.* (*an den Falschen gekommen*) you got the wrong person; meine Uhr geht ~ my watch is wrong; j-m ~ herausgeben *colloq.* to give s.o. the wrong change. – **25.** wrong(ly), incorrectly: ein ~ geschriebenes Wort a wrongly spelled word, a word which is spelled wrong; ~ lesen to misread; ~ zitieren to misquote; er hat es ~ übersetzt he translated it wrong, he mistranslated it; eine Frage ~ beantworten to give the wrong answer to a question, to answer a question wrong; ~ spielen *mus.* a) to play out of tune (*od. colloq.* off key), b) to make mistakes (*od.* a mistake) in playing; ~ unterrichtet sein a) to be wrongly informed (*od.* misinformed), b) *jur.* to be misdirected; etwas ~ verwenden (*od.* gebrauchen) to misuse s.th., to ill-treat s.th.; etwas ~ einschätzen to misjudge (*od.* misestimate, miscalculate, misvalue) s.th. – **26.** falsely: ~ schwören to swear falsely, to forswear (*od.* perjure) oneself (*lit.*); vor Gericht ~ aussagen to make false statements in court. – **27.** falsely, deceitfully, treacherously, perfidiously. – **III F~e, das** ⟨-n⟩ **28.** the wrong thing: immer das F~e tun to do always the wrong thing. – **29.** falseness, deceitfulness, treacherousness, perfidiousness: das F~e in seinem Wesen the falseness of his character, his falseness of character.

Falsch *m* ⟨-; *no pl*⟩ *lit.* guile (*lit.*): ohne ~ without guile, guileless; es ist kein ~ an ihm there is no guile in him. — **~,aus,sa·ge** *f jur.* misrepresentation, false statement. — **~,bu·chung** *f econ.* fraudulent entry.

'Fal·sche *m, f* ⟨-n; -n⟩ wrong person: an den ~n kommen *fig. colloq.* a) to mistake one's man, b) to come to the wrong person (*Br. colloq.* shop).

'Falsch,eid *m jur. cf.* Meineid.

fäl·schen ['fɛlʃən] **I** *v/t* ⟨h⟩ **1.** (*nachmachen*) forge, fake, counterfeit. – **2.** (*in betrügerischer Absicht verändern*) falsify, forge, fake: die Bücher ~ *econ.* to fake (*od. colloq.* doctor, cook) the books; Abrechnungen ~ *econ.* to falsify (*od. colloq.* cook) the accounts; einen Wechsel ~ *econ.* to forge (*od. colloq.* kite) a bill. – **3.** (*Sachverhalt etc*) falsify, distort, pervert, doctor (*colloq.*). – **4.** (*Ergebnis etc*) falsify, fake, doctor (*colloq.*). – **5.** (*Wein etc*) adulterate; doctor, hocus (*colloq.*). – **6.** (*Spielkarten*) mark, nick. – **7.** (*Würfel*) load, cog. – **II F~** *n* ⟨-s⟩ **8.** *verbal noun.* – **9.** *cf.* Fälschung.

'Fäl·scher *m* ⟨-s; -⟩ **1.** forger, faker, counterfeiter. – **2.** (*eines Dokuments etc*) falsifier, forger, faker. – **3.** (*von Wein etc*) adulterator. — **~,ban·de** *f* gang of forgers, counterfeit ring. [money.]

'Falsch,geld *n* ⟨-(e)s; *no pl*⟩ counterfeit

'Falsch·heit *f* ⟨-; -en⟩ **1.** ⟨*only sg*⟩ (*einer Person etc*) falseness, duplicity, deceitfulness, treacherousness, insidiousness, two-facedness, guile (*lit.*). – **2.** ⟨*only sg*⟩ (*einer Aussage etc*) falseness, falsity, falsehood, untruth. – **3.** (*betrügerische Handlung*) double-dealing, treachery, deception. – **4.** (*Unaufrichtigkeit*) insincerity.

'Falsch,kern *m* (*wood*) false heart.

'fälsch·lich I *adj* **1.** false, wrong, mistaken, incorrect: er geht von der ~en Voraussetzung aus, daß he proceeds on the wrong assumption that. – **2.** (*irrtümlich*) erroneous, mistaken. – **3.** (*betrügerisch*) fraudulent. – **II** *adv* **4.** falsely, wrongly, by mistake: j-n ~ verdächtigen to suspect s.o. falsely; j-n ~ anklagen to falsely accuse s.o.; etwas ~ vorgeben to pretend (*od.* feign, simulate) s.th. – **5.** erroneously, by mistake. – **6.** fraudulently. — **'fälsch·li·cher'wei·se** *adv cf.* fälschlich II.

'Falsch|,luft *f tech.* infiltrated air, bypass (*od.* secondary) air. — **~,mel·dung** *f* **1.** false report (*od.* message). – **2.** (*bei der Feuerwehr*) false alarm. – **3.** (*zur Täuschung*) bogus report. – **4.** (*Zeitungsente*) canard.

'Falsch,mün·zer *m* ⟨-s; -⟩ **1.** counterfeiter, *Br. auch* coiner. – **2.** *jur.* adulterator. — **~,ban·de** *f* gang of counterfeiters.

,Falsch·mün·ze'rei *f* ⟨-; -en⟩ counterfeiting, false coining.

'Falsch|,spiel *n cf.* Falschspielen. — **f~,spie·len I** *v/i* ⟨*sep*, -ge-, h⟩ cheat (at cards). – **II F~** *n* ⟨-s⟩ cardsharping, *Br.* card-sharping, cheating (at cards). — **~,spie·ler** *m* **1.** cheat(er). – **2.** (*beim Kartenspiel*) cardsharp(er), *Br.* card-sharper.

'Fäl·schung *f* ⟨-; -en⟩ **1.** *cf.* Fälschen. – **2.** (*durch Änderung*) falsification. – **3.** (*Dokument, Kunstwerk etc*) fake, forgery, *auch* hoax: die Akten erwiesen sich als ~en the documents turned out to be forgeries; eine literarische ~ a literary forgery, a pseudograph; das Gemälde ist eine ~ the painting is a fake. – **4.** (*Falschgeld*) counterfeit money.

'Falsch,wei·sung *f* (*eines Meßinstrumentes*) wrong reading.

Fal·sett [fal'zɛt] *n* ⟨-(e)s; -e⟩ *mus.* falsetto: (im) ~ singen to sing falsetto.

Fal·si·fi·kat [falzifi'kaːt] *n* ⟨-(e)s; -e⟩ *rare for* Fälschung 3.

'Falt|,balg *m* (*railway*) (pair of) bellows *pl* (*construed as sg or pl*). — **f~bar** *adj* folding, foldable, collapsible: eine ~e Tür *cf.* Falttür. — **~,bett** *n* camp bed, cot, *auch* rollaway (bed). — **~,beu·tel** *m* folding bag. — **~,boot** *n* collapsible (*od.* folding) canoe, faltboat, *auch* foldboat.

Fält·chen ['fɛltçən] *n* ⟨-s; -⟩ **1.** *dim. of* Falte. – **2.** (*der Haut*) wrinkle: ~ *pl* am Auge (*Krähenfüße*) crow's-feet.

'Falt,dach *n auto.* convertible (*od.* collapsible, folding) top.

Fal·te ['faltə] *f* ⟨-; -n⟩ **1.** fold: einen Vorhang in ~n legen to arrange a curtain in folds; regelmäßig fallende ~n evenly falling folds; der Stoff fällt in lockeren ~n the material falls in loose folds; schöne ~n werfen to drape beautifully. – **2.** (*Knitterfalte*) wrinkle, crease, crinkle, crumple: die ~n ausbügeln (*od.* ausplätten, glätten) to iron out (*od.* smooth) the wrinkles. – **3.** (*sich beutelnde Stelle*) pucker: ~n werfen (*od.* schlagen) to pucker; der Mantel wirft im Rücken ~n the coat puckers at the back; keine ~n werfen to fit snugly. – **4.** (*Bügelfalte*) crease. – **5.** (*Rockfalte*) pleat, plait: einen Stoff in ~n legen to pleat a piece of material; eingesteppte ~n stitched pleats; in dem Stoff halten die ~n nicht lange pleats don't hold long in that material. – **6.** (*eingenähte Querfalte*) tuck: eine ~ in den Ärmel einlegen to sew a tuck into the sleeve. – **7.** (*Runzel*) wrinkle, crease, line: tiefe ~n deep lines (*od.* furrows); die Stirn in ~n legen (*od.* ziehen) to wrinkle (*od.* knit) one's brow, to frown. – **8.** (*im Papier etc*) fold, crease, crinkle, *Br. auch* ruck, cockle. – **9.** *med. zo.* a) fold, crease, wrinkle, plica (*scient.*), b) (*bes. der Schleimhaut*) ruga. – **10.** *geol.* fold plication (*scient.*): monokline ~ monocline. – **11.** *fig. lit.* (*in Wendungen wie*) die geheimsten (*od.* verborgensten) ~n des Herzens (*od.* der Seele) the innermost recesses of the heart; die ~n der Seele glätten to smooth over the troubles of the soul.

fäl·teln ['fɛltəln] **I** *v/t* ⟨h⟩ **1.** arrange (*od.* fix) (*s.th.*) in small folds (*od.* pleats), pleat, crimp, kilt, flute, goffer, *auch* gauffer. – **2.** (*smoken*) smock, *bes. Am.* shirr. – **3.** (*kräuseln*) gather, frill. – **4.** *fig.* (*Gesicht etc*) wrinkle. – **II F~** *n* ⟨-s⟩ **5.** *verbal noun.* — **'Fäl·te·lung** *f* ⟨-; -en⟩ **1.** *cf.* Fälteln. – **2.** *geol.* crumpling. – **3.** *metall.* a) (*Gießfehler*) fold, b) (*Walzfehler*) lap.

fal·ten ['faltən] **I** *v/t* ⟨h⟩ **1.** fold (*s.th.*) (up): Decken [Tischtücher] ~ to fold (up) blankets [tablecloths]; den Brief zweimal ~ to fold the letter twice; etwas der Länge nach ~ to fold s.th. lengthways; es läßt sich ganz einfach ~ it folds quite easily. – **2.** (*kniffen*) fold (down), crease. – **3.** (*in Falten legen*) pleat, plait. – **4.** (*Hände*) fold, clasp, join: die Hände zum Gebet ~ to fold one's hands in prayer. – **5.** (*Stirn, Gesicht etc*) wrinkle. – **6.** *cf.* fälteln. – **II** *v/reflex* sich ~ **7.** (*knittern*) wrinkle, crinkle, crease. – **8.** (*von Stirn, Gesicht etc*) wrinkle, knit. –

9. *geol.* fold. – **III F~** *n* ⟨-s⟩ **10.** *verbal noun.*

'fal·tenˌar·tig *adj bot. zo. geol.* plicate(d).

'Fal·ten|geˌbir·ge *n geol.* folded mountains *pl.* — **~ˌgecko** (*getr.* -k·k-) *m zo.* fringed (*od.* flying) gecko (*Ptychozoon kuhli*). — **~ˌle·ger** *m tech.* (*an Nähmaschinen*) pleating attachment, tucker. — **f~los** *adj* **1.** without folds. – **2.** without pleats. – **3.** (*unzerknittert*) unwrinkled, uncreased: ~er Sitz (*von Strümpfen etc*) perfect fit. – **4.** (*Gesicht, Stirn etc*) unwrinkled, smooth. — **~ˌmor·chel** *f bot.* turbantop, *Br.* turban-top, miter (*bes. Br.* mitre) mushroom, helvella (*scient.*) (*Helvella crispa*). — **~ˌmücke** (*getr.* -k·k-) *f zo.* phantom crane fly, ptychoptera (*scient.*) (*Fam. Ptychopteridae*). — **~ˌmu·schel** *f* plaited shell (*Gattg Plicatula*). — **~ˌpilz** *m bot.* chanterelle, *auch* chantarelle (*Gattg Cantharellus*). — **~ˌrock** *m* (*fashion*) pleated skirt: schmaler [weiter] ~ skirt with narrow [wide] pleats. — **~ˌschwamm** *m bot. cf.* Aderschwamm. — **~ˌwes·pe** *f zo.* wasp, yellow jacket, vespid (*scient.*) (*Gattg Vespa*). — **~ˌwurf** *m* drapery, fall (of the folds).

'Fal·ter *m* ⟨-s; -⟩ *zo.* (*Schmetterling*) butterfly, scalewing, lepidopter(on) (*scient.*).

'Falt|ˌfen·ster *n* folding window. — **~gaˌra·ge** *f* collapsible garage.

'fal·tig *adj* **1.** with folds: ein ~er Vorhang a curtain with folds. – **2.** (*Rock etc*) pleated, plaited. – **3.** (*zerknittert*) wrinkled, creased, crinkled, crumpled. – **4.** (*bes. Haut*) wrinkled, wrinkly, creased, lined. – **5.** (*Stirn, Zunge etc*) furrowed. – **6.** *med.* plicate(d), rugous, rugose. – **7.** *bot. zo.* plicate(d), pliciform. – **8.** *geol.* folded.

'Falt|proˌspekt *m* folder, *auch* leaflet. — **~ˌschach·tel** *f* folding box. — **~ˌstuhl** *m* **1.** folding (*od.* collapsible) chair. – **2.** (*ohne Lehne*) folding stool, campstool, *Br.* camp-stool. — **~ˌtür** *f* folding (*od.* accordion) door.

'Fal·tung *f* ⟨-; -en⟩ **1.** *cf.* Falten. – **2.** *geol.* fold; plication, *auch* plicature (*scient.*). – **3.** *bot.* (*der Blätter*) vernation.

'Falt|verˌsuch *m tech. cf.* Biegeprobe. — **~ˌwand** *f* folding (*od.* dividing) wall.

Falz [falts] *m* ⟨-es; -e⟩ **1.** (*Kniff, Faltstelle*) crease, fold. – **2.** *print.* a) (*eines Druckbogens*) fold, b) (*zum Einkleben*) guard, slip fold, c) (*der Buchdecke*) joint. – **3.** *tech.* a) (*Fuge, Saum*) seam, b) (*Bördel, Sicke*) bead, c) (*Holz*) rabbet, *auch* rebate. – **4.** *philat.* stamp hinge (*od.* mount). – **5.** *biol.* furrow. — **~ˌbein** *n print.* (*Buchbinderei-werkzeug*) (bone) folder. — **~ˌblech** *n metall.* sheet metal with good bending properties. — **~ˌeinˌrich·tung** *f* (*bei der Holzbearbeitung*) rabbeting appliance. — **~ˌei·sen** *n* (*leather*) *cf.* Falzmesser.

fal·zen ['faltsən] **I** *v/t* ⟨h⟩ **1.** crease, fold. – **2.** *print.* (*Papier*) sheet, fold. – **3.** *tech.* a) (*doppeln*) (*Bleche*) fold, b) (*umlegen*) (*Blechkanten*) bead, seam, c) (*Holz*) rabbet, *auch* rebate, d) (*Leder*) shave, skive, scive. – **II F~** *n* ⟨-s⟩ **4.** *verbal noun.* — **'Fal·zer** *m* ⟨-s; -⟩, **'Fal·ze·rin** *f* ⟨-; -nen⟩ *tech. print.* folder.

'Falz|ˌfe·stig·keit *f tech. synth.* folding endurance. — **~ˌfrä·ser** *m* (*wood*) (*in der Tischlerei*) rabbeting (*od.* notching) cutter. — **~ˌho·bel** *m tech.* (*Holz*) rabbeting (*od.* rabbet) plane, *Br.* rabbeting-plane, (*für Fensterrahmen*) *auch* fillister. — **~ˌlei·ste** *f* (*wood*) rabbet fillet. — **~maˌschi·ne** *f* **1.** *tech.* a) (*für Blech*) folding (*od.* seaming) machine, b) (*zum Bördeln von Blechkanten*) beading (*od.* flanging) machine, c) (*für Holz*) rabbeting machine, d) (*für Leder*) shaving machine. – **2.** (*für Papier, zur Schuhherstellung*) folding machine, folder. — **~ˌmei·ßel** *m* (*wood*) hand groover. — **~ˌmes·ser** *n* (*leather*) shaving (*od.* currier's) knife, (*für schwere Häute*) (shaving) slicker. — **~ˌpfan·ne** *f tech. cf.* Falzziegel. — **~ˌstahl** *m* (*leather*) *cf.* Falzmesser.

'Fal·zung *f* ⟨-; -en⟩ *cf.* Falzen.

'Falz|verˌbin·dung *f* **1.** *tech.* a) (*eines Bleches*) seamed joint, b) (*Bördelkante*) bead, c) (*im Holz*) rabbet, (*Spund*) tongue. – **2.** (*paper*) guard. — **~ˌwerkˌzeug** *n* **1.** (*leather*) *cf.* Falzmesser. – **2.** *tech.* a) (*für Holz*) *cf.* Falzhobel, b) (*zur Schuhherstellung*) *cf.* Falzzange. — **~ˌzan·ge** *f tech.* (*zur Schuhherstellung*) shoemaker's pliers (*Am. auch* plyers) *pl* (*construed as sg or pl*). — **~ˌzie·gel** *m civ.eng.* interlocking roofing tile.

Fa·ma ['fa:ma] *f* ⟨-; *no pl*⟩ **1.** *myth.* Fama (*Roman personification of rumo[u]r*). – **2.** *fig. lit.* (*Gerücht*) rumor, *bes. Br.* rumour, report.

fa·mi·li·är [fami'liɛ:r] **I** *adj* **1.** ⟨*attrib*⟩ (*die Familie betreffend*) (concerning the) family: das sind ~e Angelegenheiten those are family affairs (*od.* matters); aus ~en Gründen for family reasons. – **2.** (*vertraut*) familiar, intimate: ~e Beziehungen intimate relations; ~er Umgang familiarity. – **3.** (*ungezwungen*) informal, free and easy, unceremonious, familiar: zwischen ihnen herrschte ein sehr ~er Ton they spoke in a very informal tone to one another. – **4.** *ling.* colloquial, familiar: ~er Ausdruck colloquial expression, colloquialism. – **II** *adv* **5.** (*vertraut*) familiarly, intimately: sie verkehren ~ miteinander they are on familiar terms (with each other). – **6.** (*ungezwungen*) informally, familiarly, unceremoniously. — **Fa·mi·lia·ri'tät** [-liari'tɛ:t] *f* ⟨-; -en⟩ **1.** (*Vertrautheit*) familiarity, intimacy. – **2.** (*Ungezwungenheit*) informality, familiarity, unceremoniousness.

Fa·mi·lie [fa'mi:liə] *f* ⟨-; -n⟩ **1.** family: eine große (*od.* kinderreiche) ~ a big (*od.* large) family, a family with many children; eine zerrüttete ~ a broken home; Haus und ~ home and family; die Heilige ~ *relig.* the Holy Family; eine ~ gründen to marry and settle down; hat er ~? does he have a family? er ist nur für seine ~ da he only lives for his family, he is a real family man; der Gast fühlte sich schon bald wie zur ~ gehörig the guest soon felt like one of the family; das bleibt in der ~ *colloq. humor.* (*unter uns*) that will remain in the family (*od.* between ourselves); eine feine ~! *iron.* a fine family! a nice tribe! die liebe ~ *iron.* the dear family. – **2.** (*Familie und deren Vorfahren*) family, stock, descent, lineage: seine ~ stammt aus dem Süden his family originally came from the south; sie ist (*od.* stammt) aus guter ~ she is of (*od.* comes from a) good family; er gehört zur ~ der Hohenzollern he is a member of the Hohenzollern family (*od.* lineage); das liegt in der ~ that runs in the family; so etwas kommt in den besten ~n vor *colloq.* things like that can happen in the best of families. – **3.** (*Haushalt*) household. – **4.** (*Kinder*) children: sie haben noch keine ~ they have no children yet. – **5.** *biol. min.* (*Ordnungseinheit*) family. – **6.** *ling.* family: die ~ der germanischen Sprachen the Germanic family of languages. – **7.** *fig.* family: die große ~ der Völker the large family of nations.

Fa'mi·li·en|ˌähn·lich·keit *f* family likeness (*od.* resemblance). — **~ˌal·bum** *n* family album. — **~ˌan·geˌhö·ri·ge** *m, f* ⟨-n; -n⟩ family member. — **~ˌan·geˌle·gen·heit** *f* family affair (*od.* matter). — **~ˌanˌschluß** *m* (*in Wendungen wie*) mit ~ (being considered) as one of the family; ich suche eine Stelle mit ~ I am looking for a job where I am treated as one of the family; ~ haben to be treated as one of the family. — **~ˌanˌzei·gen** *pl* personal announcements; hatches, matches and dispatches, hatch, match and dispatch column *sg* (*colloq. humor.*). — **~ˌausˌgleichsˌkas·se** *f jur.* family allowance fund. — **~ˌbad** *n* mixed bathing. — **~ˌban·de** *pl* family ties. — **~ˌbeiˌhil·fe** *f* **1.** family (*Am. auch* dependents') allowance. – **2.** (*Kinderzulage*) children's allowance. — **~beˌtrieb** *m* **1.** family business. – **2.** (*Landwirtschaft*) family farm. — **~ˌbild** *n* family portrait (*od.* photograph). — **~ˌbuch** *n* **1.** *cf.* Familienstammbuch. – **2.** family chronicle. — **~budˌget** *n* family budget. — **~ˌerbˌstück** *n* (family) heirloom. — **~erˌmä·ßi·gung** *f* family reduction, *bes. Am.* family rates *pl.* — **~ˌfest** *n* family celebration. — **~ˌfla·sche** *f* family size bottle. — **~ˌfor·schung** *f* genealogy, genealogical research. — **~ˌfürˌsor·ge** *f* family welfare services *pl.* — **~ˌgeld** *n benefits pl paid (through health or accident insurance) to the family of a disabled person.* — **~ˌglück** *n* family (*od.* domestic) happiness (*od.* bliss). — **~ˌgrab** *n* family grave (*bes. Am.* plot). — **~ˌgruft** *f* family vault. — **~ˌgut** *n* **1.** family possessions *pl* (*od.* estate). – **2.** *jur.* entail, entailed estate. — **~ˌhaupt** *n cf.* Familienoberhaupt. — **~ˌhil·fe** *f* family aid through (*od.* by) health insurance. — **~ˌkrach** *m* family quarrel (*od.* row). — **~ˌkreis** *m* family circle: im ~ in the family circle, en famille. — **~ˌkun·de** *f cf.* Genealogie. — **~ˌle·ben** *n* family (*od.* home, domestic) life. — **~ˌlohn** *m* wage allowance for a wife and children. — **~ˌmitˌglied** *n* family member, member of the family. — **~ˌnachˌrich·ten** *pl* (*in Zeitungen*) *cf.* Familienanzeigen. — **~ˌna·me** *m* surname, family name, *Am. auch* last name. — **~ˌoberˌhaupt** *n* head of a family, paterfamilias (*lit.*). — **~ˌpackung** (*getr.* -k·k-) *f* family size package. — **~ˌpla·nung** *f* family planning. — **~ˌrat** *m* family council. — **~ˌrecht** *n jur.* family law. — **~ˌstammˌbuch** *n* (*beim Standesamt*) family register (*od.* record) (*issued to newly married couples*). — **~ˌstand** *m* marital status. — **~ˌstif·tung** *f econ. jur.* family trust. — **~ˌstück** *n* **1.** heirloom. – **2.** (*theater*) family play. — **~ˌtyp** *m biol.* type genus. — **~ˌun·terˌhalt** *m* family maintenance (*od.* upkeep). — **~ˌun·terˌstüt·zung** *f cf.* Familienbeihilfe. — **~ˌva·ter** *m* **1.** father (*od.* head) of a family, paterfamilias (*lit.*). – **2.** family man. — **~verˌband** *m* family organization. — **~ˌvorˌstand** *m cf.* Familienoberhaupt. — **~ˌwa·gen** *m* family car. — **~ˌwap·pen** *n* family coat of arms. — **~ˌzüch·tung** *f biol.* family (*od.* pedigree) selection. — **~ˌzuˌla·ge** *f cf.* Familienbeihilfe. — **~zuˌsam·menˌfüh·rung** *f* family reunion. — **~zuˌsam·menˌkunft** *f* family reunion. — **~ˌzuˌschlag** *m* family allowance. — **~ˌzuˌwachs** *m* family addition, addition to the family: sie erwarten ~ they are expecting an addition to the family.

fa·mos [fa'mo:s] **I** *adj colloq.* excellent, great, wonderful, splendid, marvel(l)ous, grand, *Am. colloq.* swell: ein ~er Kerl a great fellow, *Am. colloq.* a swell guy. – **II** *adv* excellently, wonderfully, splendidly, marvel(l)ously: wir haben uns ~ unterhalten we enjoyed ourselves marvel(l)ously, we had a whale of a time (*colloq.*).

fa·mu·lie·ren [famu'li:rən] *v/i* ⟨*no* ge-, h⟩ **1.** *med.* work as an extern (*do one's clinical training in a hospital as a senior medical student*). – **2.** assist a university professor (during lectures).

Fa·mu·lus ['fa:mulus] *m* ⟨-; -se *u.* -li [-li]⟩ **1.** *med.* medical clerk. – **2.** *archaic* student assisting a university professor (during lectures).

Fan [fɛn; fæn] (*Engl.*) *m* ⟨-s; -s⟩ fan (*colloq.*).

Fa·nal [fa'na:l] *n* ⟨-s; -e⟩ *lit.* **1.** (*Feuerzeichen*) fire signal, beacon light. – **2.** *fig.* signal, beacon, torch, oriflamme (*lit.*).

Fa·na·ti·ker [fa'na:tikər] *m* ⟨-s; -⟩, **Fa'na·ti·ke·rin** *f* ⟨-; -nen⟩ **1.** fanatic, zealot, energumen (*lit.*). – **2.** (*bes. religiöser*) bigot. – **3.** (*sport*) fan (*colloq.*). — **fa'na·tisch** [-tɪʃ] *adj* fanatic, zealotic, rabid. — **fa·na·ti'sie·ren** [-nati'zi:rən] *v/t* ⟨*no* ge-, h⟩ fanaticize. — **Fa·na'tis·mus** [-na'tɪsmus] *m* ⟨-; *no pl*⟩ **1.** fanaticism, zealotry. – **2.** (*bes. religiöser*) bigotry.

fand [fant] *1 u. 3 sg pret of* finden.

Fan·dan·go [fan'daŋgo] *m* ⟨-s; -s⟩ (*span. Tanz*) fandango.

fän·de ['fɛndə] *1 u. 3 sg pret subj of* finden.

Fan·fa·re [fan'fa:rə] *f* ⟨-; -n⟩ **1.** *mus.* (*Instrument*) fanfare, flourish: die ~ blasen to sound the fanfare. – **2.** (*Signal*) fanfare, flourish, trumpet call. – **3.** *auto.* trumpet (*od.* multitone, dual windtone) horn.

Fang [faŋ] *m* ⟨-(e)s; ⸗e⟩ **1.** ⟨*only sg*⟩ *cf.* Fangen: zum ~ ausfahren (*od.* auslaufen), auf ~ fahren to go fishing; auf ~ ausgehen to go hunting. – **2.** ⟨*only sg*⟩ (*mit dem Netz gefangene Fische*) catch, haul, take, draft, *bes. Br.* draught: die Fischer brachten ihren ~ ein the fishermen brought their catch in; einen guten ~ machen to make a good catch. – **3.** ⟨*only sg*⟩ (*mit der Angel gefangene Fische*) catch, take. – **4.** ⟨*only sg*⟩ (*Jagdbeute*) bag, kill, take: ein Hase war der gesamte ~ one hare was the whole bag. – **5.** ⟨*only sg*⟩ (*Großwild*) catch. – **6.** ⟨*only sg*⟩ *fig. colloq.* (*Ausbeute, Erfolg*) catch, haul: dieser Kauf war ein guter ~ this purchase was a good catch (*od.* bargain, *bes. Am.* buy); die Einbrecher hatten einen guten ~ gemacht the burglars had made a big haul. – **7.** *meist pl* (*Klauen*) claw, talon: der Habicht hält seine Beute in den Fängen the hawk holds its prey in its claws. – **8.** *pl* (*Fangzähne*) fangs, (*bes. des Ebers*) tusks: der Löwe gräbt seine Fänge in seine Beute the lion digs its fangs into its prey. – **9.** *pl fig. colloq.* clutches: etwas [j-n] in seinen Fängen halten to hold s.th. [s.o.] in one's clutches. – **10.** ⟨*only sg*⟩ *hunt.* (*Maul*) throat. – **11.** angeschossenem Wild den ~ geben *hunt.* to kill (*od.* dispatch) wounded game. – **12.** *hunt.* (*Falle*) trap, snare.

'**Fang|ˌarm** *m meist pl zo.* (*der Polypen etc*) arm, tentacle (*scient.*). — ~ˌ**ball** *m only in* ~ spielen to play ball; mit j-m ~ spielen a) to play ball with s.o., b) *fig.* to push s.o. around. — ~ˌ**baum** *m* (*zum Insektenfang*) trap tree. — ~**beˌreich** *m electr. tel.* interception range. — ~ˌ**damm** *m civ.eng.* cofferdam, bulkhead.

fan·gen ['faŋən] **I** *v/t* ⟨fängt, fing, gefangen, h⟩ **1.** (*Fliegen, Vögel, Ball etc*) catch: Mäuse in der Falle ~ to catch mice in a trap, to (en)trap mice; Fische im (*od.* mit dem) Netz ~ to catch fish in a net, to net fish; Fische mit der Angel ~ to catch fish with a rod (*od.* pole), to hook fish; Vögel ~ a) to catch birds, b) (*mit Netzen*) to snare birds, c) (*mit Leim*) to lime birds; ein Tier mit der Schlinge ~ to catch (*od.* trap) an animal with a snare, to snare (*od.* noose) an animal; so lassen sich Mäuse leicht ~ this is how mice can be caught easily. – **2.** (*fassen, gefangennehmen*) catch, capture, seize: einen Verbrecher ~ to catch a criminal. – **3.** *hunt.* catch, bag: Wild ~ to bag game. – **4.** *mil.* (*feindliche Soldaten*) take (*s.o.*) prisoner, capture. – **5.** *fig.* (*Kunden, Stimmen etc*) attract, catch. – **6.** Feuer ~ a) to catch fire, b) *fig. colloq.* to become enthusiastic (*od.* thrilled, fascinated), c) *fig. colloq.* to fall in love. – **7.** *fig. colloq.* (*zu Fall bringen*) catch, trap, (en)snare: j-n durch Zwischenfragen zu ~ suchen to try to trap s.o. (*od.* trip s.o. up) by continually interrupting him with questions; ich lasse mich nicht so leicht ~ I won't let myself be caught so easily. – **8.** (*für sich gewinnen*) win (*s.o.*) over: man kann ihn weder mit Geld noch mit Schmeicheleien ~ he can't be won over neither with money nor with flattery. – **9.** *fig.* (*fesseln*) captivate, fascinate, enthrall, *auch* enthral: diese Stadt hat ihn ganz gefangen this town has captivated him completely. – **10.** *Southern G. and Austrian colloq.* catch: gleich fängst du (dir) eine (Ohrfeige)! it won't be long and you'll catch one! – **II** *v/reflex* sich ~ **11.** be caught (*od.* trapped): der Fuchs fing sich in der Falle the fox got caught in the trap; sich in der eigenen Schlinge (*od.* mit den eigenen Worten) ~ to be caught in (*od.* to fall into) one's own trap. – **12.** *fig.* (*sich verfangen*) catch, get caught: der Wind fängt sich in der Veranda the wind catches (*od.* is caught) in the veranda. – **13.** *fig.* (*sich sammeln*) collect, accumulate: das Wasser fängt sich im Staubecken the water collects in the reservoir. – **14.** *fig.* (*sich festsetzen*) gather, collect, accumulate: auf den Büchern fängt sich der Staub dust gathers on the books. – **15.** (*Gleichgewicht wiedererlangen*) recover oneself, catch oneself: er stolperte, konnte sich aber gerade noch ~ he stumbled but was just able to catch himself. – **16.** *fig.* (*innere Ruhe wiedererlangen*) get hold of (*od.* a grip on) oneself, regain one's composure, regain control (*od.* possession) of oneself, pull oneself together (*colloq.*). – **17.** *fig.* (*sich zusammennehmen u. bessern*) recover, pick up again (*colloq.*), *Br. colloq. auch* pull up one's socks: er war sehr schlecht in der Schule, hat sich aber jetzt (wieder) gefangen he was very bad at school, but now he has picked up again (*Am. colloq.* pulled up his grades). – **18.** *fig.* (*von Motor, Boot etc*) recover, right (itself) again, pick up again. – **19.** *aer.* flatten (*od.* straighten) out. – **20.** (*sport*) (*von Mannschaft etc*) rally. – **III F~** *n* ⟨-s⟩ **21.** *verbal noun.* – **22.** capture. – **23.** F~ spielen to play catch(ing), *Am.* to play tag.

'**Fän·ger** *m* ⟨-s; -⟩ **1.** catcher, captor (*lit.*). – **2.** (*Fanggerät*) catching device, trap. – **3.** (*sport*) (*beim Baseball etc*) catcher. – **4.** *tech.* catch. – **5.** *hunt. cf.* Hirschfänger. – **6.** *pl zo.* fangs.

'**Fang·erˌgeb·nis** *n* (*in der Fischerei*) catch, draft, *bes. Br.* draught.

'**Fän·ger|ˌli·nie** *f* (*sport*) (*beim Baseball*) catcher's line. — ~**parˌtei** *f* field, fielding side, fielders *pl.*

'**Fang|ˌfa·den** *m zo. cf.* Fangarm. — ~ˌ**feh·ler** *m* (*sport*) fielding error, 'muff' (*colloq.*). — ~ˌ**flot·te** *f* (*in der Fischerei*) fishing fleet. — ~ˌ**fra·ge** *f* catch (*od.* trick) question, *Br. auch* draw. — ~ˌ**garn** *n* **1.** *hunt. cf.* Fangnetz 1. – **2.** *fig.* snare, dragnet, *Br.* drag-net. — ~**geˌrät** *n hunt.* **1.** trap, snare. – **2.** (*in der Fischerei*) (piece of) fishing tackle (*od.* gear). — ~ˌ**git·ter** *n* **1.** (*railway*) collecting grid, *bes. Br.* life-guard. – **2.** *electr. cf.* Bremsgitter. — ~ˌ**gru·be** *f hunt. cf.* Fallgrube 1. — ~ˌ**grund** *m meist pl* fishing ground. — ~ˌ**gür·tel** *m hort.* (*an Obstbäumen etc*) grease band. — ~ˌ**ha·ken** *m* **1.** *tech.* catch hook. – **2.** *aer.* (*am Flugzeug*) arrester hook. – **3.** (*mining*) fishing hook. — ~ˌ**handˌschuh** *m* (*beim Baseball*) **1.** (*des Feldspielers*) glove. – **2.** (*des Fängers*) mitt, *auch* mitten. — ~ˌ**heuˌschrecke** (*getr.* -k·k-) *f zo.* soothsayer, (praying) mantis (*auch* mantid) (*scient.*) (*Fam. Mantidae, bes. Mantis religiosa*).

fän·gisch ['fɛŋɪʃ] *adv hunt. only in* ~ gestellt (*Falle etc*) set, ready (for trapping or snaring).

'**Fang|ˌjagd** *f hunt.* trapping. — ~ˌ**ko·nus** *m aer.* (*bei Luftbetankung*) drogue. — ~ˌ**korb** *m* **1.** (*des Anglers*) creel. – **2.** (*mining*) safety cage. — ~ˌ**lan·dung** *f aer.* arrested landing. — ~ˌ**lei·ne** *f* **1.** *mar.* painter, mooring line (*od.* rope). – **2.** *aer.* (*am Fallschirm*) shroud (*od.* rigging) line. – **3.** (*des Feuerwehrmanns*) belt line, lifeline. – **4.** *hunt.* (*der Harpune*) harpoon line.

Fan·glo·me·rat [fanglome'raːt] *n* ⟨-s; -e⟩ *geol.* fanglomerate.

'**Fang|ˌmes·ser** *n cf.* Waidmesser. — ~ˌ**mut·ter** *f* (*mining*) trumpet. — ~ˌ**netz** *n* **1.** *hunt.* a) (*für Fische, Wild etc*) net, b) (*für Vögel etc*) snare. – **2.** *fig.* snare, dragnet, *Br.* drag-net. – **3.** *mar. mil.* a) (*gegen U-Boot*) antisubmarine (*Br.* anti-submarine) (*od.* harbor, *bes. Br.* harbour) net, b) (torpedo) recovery net. – **4.** *electr. cf.* Bremsgitter.

Fan·go ['faŋgo] *m* ⟨-s; *no pl*⟩ *med.* fango (mud). — ~ˌ**bad** *n* fango (*od.* mud) bath. — ~ˌ**packung** (*getr.* -k·k-) *f* fango pack, mudpack.

'**Fang|parˌtei** *f* (*sport*) *cf.* Fängerpartei. — ~ˌ**pflan·ze** *f bot.* catch crop. — ~ˌ**platz** *m* **1.** *cf.* Fanggrund. – **2.** *hunt.* place for traps (*od.* nets). — ~ˌ**prä·mie** *f* bounty. — ~ˌ**rie·men** *m* (*für Skier*) binding strap. — ~ˌ**scha·le** *f tech.* trough, pan, collecting tray. — ~ˌ**sche·re** *f* pipe grab. — ~ˌ**schiff** *n* fishing boat. — ~ˌ**schlin·ge** *f hunt.* snare, noose. — ~ˌ**schnur** *f bes. mil.* (*an Uniformen*) aiguillette, aglet, *Am. auch* fourragère. — ~ˌ**schuß** *m hunt.* finishing shot, coup de grace (*to kill sick or wounded animals*). — ~ˌ**seil** *n* **1.** lasso, riata, *bes. Am.* lariat. – **2.** *aer.* a) (*als Stütze im Flügelinneren*) antidrag, b) (*auf Flugzeugträgern*) arrester cable. — ~ˌ**spiel** *n* (*games*) catching game, catch, *Am.* playing tag. — ~ˌ**stoff** *m electr. metall.* getter. — ~ˌ**strick** *m hunt.* snare, noose. — ~ˌ**tuch** *n* (*der Feuerwehr*) *cf.* Sprungtuch. — ~ˌ**vorˌrich·tung** *f* **1.** *tech.* safety catch. – **2.** (*mining*) cage arrester. – **3.** *electr. tel.* interception circuit. – **4.** *aer.* a) (*auf Flugzeugträgern*) aircraft arresting gear, b) (*auf Landebahnen*) runway barrier, barricade equipment. — ~ˌ**werk** *n tech.* **1.** catching device. – **2.** braking device. — ~ˌ**werkˌzeug** *n* (*mining*) fishing (*od.* recovery) tool. — ~ˌ**zahn** *m meist pl zo.* fang. — ~ˌ**zeit** *f* fishing season. — ~ˌ**zeug** *n* **1.** *cf.* Fanggerät. – **2.** *nucl.* a) remote handling device, telemanipulator (*scient.*), b) (*beim Neutronenfang*) trap.

Fa·non [fa'nõː] *m* ⟨-s; -s⟩, **Fa'no·ne** [-'noːnə] *m* ⟨-(s); -i [-ni]⟩ *relig.* fanon, *auch* orale (*worn by Roman pontiff at solemn pontifical mass*).

Fant [fant] *m* ⟨-(e)s; -e⟩ *contempt.* coxcomb, [fop, popinjay.]

Fan·ta·sia [fanta'ziːa] *f* ⟨-; -s⟩ **1.** fantasia, fantasie (*an Arab riding performance*). – **2.** *mus. cf.* Fantasie 1.

Fan·ta·sie [fanta'ziː] *f* ⟨-; -n [-ən]⟩ **1.** *mus.* fantasia, fantasy, *auch* fantasie. – **2.** *rare for* Phantasie 1—4.

Fa·rad [fa'raːt] *n* ⟨-(s); -⟩ *electr.* farad.

Fa·ra·daysch ['faːradeːʃ] *adj* ⟨*attrib*⟩ *electr.* Faraday('s): ~er Käfig Faraday cage (*od.* screen); ~es Gesetz Faraday's law (of electrolysis); ~es Pendel Faraday's pendulum.

Fa·ra·di·sa·ti·on [faradiza'tsĭoːn] *f* ⟨-; -en⟩ *med.* faradization, faradism.

fa·ra·disch [fa'raːdɪʃ] *adj electr.* (*Strom*) faradic, *auch* faradaic.

fa·ra·di·sie·ren [faradi'ziːrən] *v/t* ⟨*no* ge-, h⟩ *med.* faradize.

Fa·ran·do·le [faran'doːlə] *f* ⟨-; -n⟩ *choreogr.* farandole, *auch* farandola.

'**Farb|ˌabˌstim·mung** *f* colo(u)r balance (*od.* scheme), harmony of colo(u)rs. — ~ˌ**abˌstu·fung** *f* colo(u)r gradation. — ~ˌ**abˌwei·chung** *f* **1.** colo(u)r deviation. – **2.** (*optics*) (*bei Linsen*) chromatic aberration. — ~ˌ**abˌzug** *m* colo(u)r print. — ~ˌ**anˌdruck** *m print.* colo(u)r proof. — ~ˌ**anˌstrich** *m* (coat of) paint, paint coat. — ~ˌ**aufˌnah·me** *f* **1.** *phot.* colo(u)r photo(graph). – **2.** (*textile*) dye absorption. — ~ˌ**aufˌtrag** *m* **1.** application of colo(u)r (*od.* paint). – **2.** *tech.* a) application of paint, b) paint coat. – **3.** *print.* application of ink. — ~ˌ**bal·len** *m print.* dab(ber), ink(ing) ball.

'**Farbˌband** *n* ⟨-(e)s; =er⟩ (*der Schreibmaschine*) (typewriter) ribbon, ink(ing) ribbon. — ~ˌ**einˌstel·ler** *m* ribbon vibrator. — ~ˌ**ga·bel** *f* ribbon guide. — ~ˌ**spu·le** *f* ribbon spool. — ~**transˌport** *m* ribbon feed. — ~**trans·porˌteur** *m* ribbon feeder. — ~ˌ**umˌschal·tung** *f* ribbon reverse. — ~ˌ**wech·sel** *m* ribbon change.

'**färb·bar** *adj* **1.** colorable, *bes. Br.* colourable. – **2.** *tech.* a) (*Textilien etc*) dy(e)able, b) (*Holz, Glas etc*) stainable. — '**Färb·bar·keit** *f* ⟨-; *no pl*⟩ **1.** colo(u)rability, colo(u)rableness. – **2.** *tech.* a) dy(e)ability, b) stainability. – **3.** (*textile*) capability of being dyed (*od.* stained).

'**farb·beˌstän·dig** *adj* colo(u)rfast, unfading. — '**Farb·beˌstän·dig·keit** *f* **1.** fastness (*od.* permanency) of colo(u)r, colo(u)rfastness. – **2.** *synth.* colo(u)rfastness (to light), *Br.* colour stability.

'**Farb|ˌbild** *n phot. cf.* Farbaufnahme 1. — ~ˌ**bin·deˌmit·tel** *n*, ~ˌ**bin·der** *m* (*paints*) vehicle (*od.* medium) (for colo[u]r), paint binder. — ~ˌ**brü·he** *f* **1.** (*textile*) liquor. – **2.** (*leather*) floater, handler. — ~ˌ**buch** *n pol.* (official) government report (*designated by colo[u]r of binding*). — ~ˌ**büch·se** *f print.* ink box. — ~ˌ**dia**, ~**dia·po·siˌtiv** *n phot.* colo(u)r slide (*od.* transparency). — ~ˌ**druck** *m* ⟨-(e)s; -e⟩ *print. cf.* Farbendruck. — ~ˌ**druck·maˌschi·ne** *f cf.* Farbendruckmaschine.

Far·be ['farbə] *f* ⟨-; -n⟩ **1.** color, *bes. Br.* colour: eine rote [grüne] ~ haben to have a red [green] colo(u)r, to be red [green]; helle [kräftige] ~n light (*od.* bright) [strong] colo(u)rs; leuchtende [stumpfe *od.* matte] ~n glowing [dull] colo(u)rs; gedämpfte (*od.* weiche) ~n subdued (*od.* soft) colo(u)rs; warme [kalte] ~n warm [cold] colo(u)rs; grelle [schreiende, laute] ~n glaring (*od.* garish) [screaming, loud] colo(u)rs; eine auffallende ~ a striking colo(u)r; satte tiefe] ~n rich [deep] colo(u)rs; gebrochene [reine] ~n broken [pure] colo(u)rs; bunte [unbunte] ~n vivid (*od.* chromatic [*scient.*]) [neutral, achromatic (*scient.*)] colo(u)rs; einfache [zusammengesetzte] ~n primary (*od.* fundamental, simple) [secondary] colo(u)rs; echte [unechte] ~n fast (*od.* stable) [fugitive (*od.* fading)] colo(u)rs; die ~n des Regenbogens the colo(u)rs (*od.* hues) of the rainbow; in allen ~n schillern (*od.* spielen) to sparkle (*od.* shine, flash) in all colo(u)rs; die ~n sind gut aufeinander abgestimmt (*od.* passen gut zusammen) the colo(u)rs harmonize (*od.* match well); die ~n passen nicht zusammen the colo(u)rs do not match; die ~n beißen sich *colloq.* the colo(u)rs clash; was für eine ~ hat es? what colo(u)r is it? das Kleid war von dunkelblauer ~ the dress was a dark blue; Kleider in modernen ~n und Mustern dresses of modern colo(u)rs and designs; diese ~ steht ihr nicht this colo(u)r doesn't suit her; Stoffe in allen ~n fabrics of every colo(u)r; dieser Artikel ist in vielen ~n erhältlich this article is available in many colo(u)rs (*od.* shades); das Buch enthält viele Abbildungen in ~ the book contains many colo(u)r reproductions; die ~n sind verblaßt (*od.* verschossen) the colo(u)rs are faded; grün ist die ~ der Hoffnung green is the colo(u)r of hope; etwas in rosigen ~n schildern, sich etwas in rosigen ~n ausmalen *fig.* to paint s.th. in rosy (*od.* bright, glowing) colo(u)rs, to paint a rosy picture of s.th.; etwas in düsteren [den dunkelsten, schwärzesten] ~n schildern to paint s.th. in gloomy [the darkest, blackest] colo(u)rs, to paint a gloomy [the gloomiest possible] picture of s.th.; mit dem Blinden läßt sich nicht von der ~ reden (*Sprichwort*) blind men can (*od.* should) judge no colo(u)rs. – 2. (*Farbton, Farbschattierung*) color, *bes. Br.* colour, tint, tinge, hue, shade: herbstliche ~n autumnal (*bes. Am.* fall) colo(u)rs; ein in zarten ~n gehaltenes Bild a picture painted in delicate (*od.* pastel) tints. – 3. (*Anstrichfarbe, Malfarbe*) paint, color, *bes. Br.* colour: ~n und Lacke paints and varnishes; eine gut deckende [durchscheinende] ~ a good covering (*od.* opaque) [transparent] colo(u)r; streichfertige ~ ready-mix(ed) paint; ~n mischen to mix (*od.* blend) colo(u)rs; ~n mit einem Bindemittel mischen to mix paints with a vehicle; ~ auftragen to put (*od.* lay) on paint, to apply (*od.* spread) paint; die ~ dick auftragen a) to lay the paint on thickly, b) *fig.* to exaggerate, to lay it on thick (*od.* with a trowel) (*colloq.*). – 4. (*Farbkörper*) pigment. – 5. (*Gesichtsfarbe*) color(ing), *bes. Br.* colour(ing), complexion: sie hat eine blühende [gute] ~ she has a rosy [*od.* good] colo(u)r, she looks well; eine frische ~ haben to have a fresh (*od.* healthy) colo(u)r; ~ bekommen a) to gain colo(u)r, to get some colo(u)r into one's cheeks, b) (*braun werden*) to get tanned; die ~ wechseln a) to change (*od.* lose) colo(u)r, to turn pale, b) *fig.* to change (*od. colloq.* swap, *bes. Br.* swop) sides; in Italien haben wir ganz schön ~ bekommen we got a good tan in Italy. – 6. *fig.* (*Leben, Ausdruckskraft*) color, *bes. Br.* colour, life, vitality: einer Sache ~ geben (*od.* verleihen) to give (*od.* lend) colo(u)r to s.th. – 7. *pl fig.* (*eines Clubs, einer Universität etc*) colors, *bes. Br.* colours: die deutschen ~n the German colo(u)rs; die englischen ~n haben gewonnen England has won; ~n tragen (*von Verbindungsstudenten*) to wear the colo(u)rs of a students' society; seinen ~n treu bleiben to stick to one's colo(u)rs. – 8. (*Kartenspiel*) suit: die vier ~n the four suits; lange ~ long suit; eine ~ vorgeben to lead a suit; ~ bekennen a) to follow suit, b) *fig. colloq.* to show (*od.* reveal) one's true colo(u)rs, to put (*od.* lay) one's cards on the table, to show one's hand; eine ~ anspielen to open a suit; höhere ~ (*beim Bridge*) major suit; geringere ~ minor suit. – 9. *tech.* a) (*für Textilien, Papier, Haar etc*) color, *bes. Br.* colour, dye(stuff), b) (*für Holz, Glas etc*) stain: die ~ annehmen to take the colo(u)r; dieser Stoff nimmt die ~ gut an this material dyes well; die ~ hält [verschießt] the colo(u)r (*od.* dye) is fast [fades]. – 10. *print.* (printer's *od.* printing) ink. – 11. *her.* color, *bes. Br.* colour: heraldische ~ tincture, colo(u)r; in natürlichen ~n proper (*nachgestellt*). – 12. *mus.* tone (*od.* harmonic) color (*bes. Br.* colour), timbre. – 13. *phys.* color, *bes. Br.* colour: gedämpfte ~ (*bei optischen Farbfiltern etc*) undertone.

ˈFär·be|ˌbad *n tech.* dye bath. — **~ˌbee·re** *f bot.* buckthorn berry, *auch* yellow berry.

ˈfarbˌecht *adj* 1. colo(u)rfast, colo(u)r-proof, fast(-dyed). – 2. *phot.* (*Film*) orthochromatic. — **ˈFarbˌecht·heit** *f* ⟨-; *no pl*⟩ colo(u)r-fastness (to light), colo(u)r stability.

ˈFär·beˌfaß *n* dye(ing) vat.

ˈFarb·efˌfekt *m* colo(u)r effect.

ˈFär·be|ˌflech·te *f bot. cf.* Färberflechte. — **~ˌflot·te** *f* (*textile*) *cf.* Färbebad. — **~ˌflüs·sig·keit** *f* 1. dyeing liquid, dye. – 2. *bes. chem.* staining liquid.

ˈfar·beˌhal·tend *adj* (colo[u]r)fast, holding colo(u)r.

ˈFär·be|ˌholz *n tech.* dyewood. — **~ˌin·dex** *m med.* (*des Blutes*) colo(u)r index.

ˈFarbˌei·sen *n print.* slice.

ˈFär·be|ˌkraft *f tech.* 1. colo(u)ring (*od.* dyeing, tinctorial) power. – 2. *synth.* dyeing power. — **~ˌkraut**, **ˈGel·bes** *n bot. cf.* Färberwau. — **~ˌmit·tel** *n* 1. colo(u)ring (agent). – 2. (*lösliches*) dye.

ˈFarb|empˌfin·den *n* 1. colo(u)r perception (*od.* sensation). – 2. sense of colo(u)r, eye for colo(u)rs. — **f~empˌfind·lich** *adj* colo(u)r-sensitive. — **~empˌfind·lich·keit** *f* colo(u)r sensitivity, sensitivity to colo(u)r. — **~empˌfin·dung** *f cf.* Farbempfinden 1.

fär·ben [ˈfɛrbən] **I** *v/t* ⟨h⟩ 1. (*Textilien*) dye: ein weißes Kleid blau ~ to dye a white dress blue; etwas im Stück ~ to dip-dye s.th.; etwas zweimal ~ to double-dye s.th.; etwas zu stark ~ to overdye s.th.; etwas in der Wolle (*od.* waschecht) ~ to dye s.th. in the wool (*od.* grain), to engrain s.th.; dieser Stoff läßt sich gut [schlecht] ~ this material dyes well [badly]. – 2. (*Haare*) dye, tint: sich (*dat*) die Haare ~ lassen to have one's hair dyed. – 3. (*kolorieren, tönen*) color, *bes. Br.* colour, dye, (*schwächer*) tint, tinge: Ostereier ~ to colo(u)r Easter eggs; die Abendsonne färbte den Himmel rot the evening sun tinged (*od.* turned) the sky red, the sky turned red in the evening sun; die Begeisterung färbte ihre Wangen *lit.* enthusiasm tinged her cheeks. – 4. *tech.* (*Holz, Glas, Papier etc*) stain: ein Präparat ~ to stain a specimen. – 5. *fig.* (*Bericht, Nachrichten etc*) color, *bes. Br.* colour, give a bias to, (*schwächer*) tinge. – 6. *gastr.* (*grünen Tee*) face. – 7. *phot.* (*Bromsilberpapiere*) tone. – **II** *v/i* 8. *colloq.* (*abfärben*) stain, lose color (*bes. Br.* colour): dieser Pullover färbt this sweater stains; Kreppapier färbt leicht the colo(u)r of (*od.* dye in) crepe paper comes off easily. – 9. (*von Farbstoffen etc*) dye: Indigo färbt blau indigo dyes blue; Zwiebelschalen ~ gelb onion skin dyes yellow. – 10. *hunt.* (*von Hündinnen*) show color (*bes. Br.* colour) (*when in heat*). – **III** *v/reflex* sich ~ 11. color, *bes. Br.* colour: das Laub beginnt sich zu ~ the leaves have begun to (change) colo(u)r (*od.* to turn); der Himmel färbte sich rot the sky turned red. – 12. color (up), *bes. Br.* colour (up), blush, go red, redden: ihre Wangen färbten sich rot vor Scham she colo(u)red up with shame; sein Gesicht färbte sich dunkelrot vor Zorn his face turned (*od.* became) dark red with anger. – 13. *hunt.* a) (*von Fell etc*) change the colo(u)rs (*od.* coat), b) (*von Schalenwild*) shed (the coat). – **IV F~** *n* ⟨-s⟩ 14. *verbal noun.* – 15. coloration, *bes. Br.* colouration.

ˈFar·ben|ˌabˌbeizˌmit·tel *n tech.* paint remover. — **~ˌabˌstu·fung** *f* 1. colo(u)r gradation (*od.* graduation). – 2. shade. — **~ˌanˌord·nung** *f* 1. colo(u)ring, colo(u)ration. – 2. (*eines Raumes*) colo(u)r scheme. — **~ˌband** *n phys.* spectrum. — **~ˌbild** *n phys.* spectrum. — **~ˌbin·deˌmit·tel** *n cf.* Farbbindemittel. — **f~ˌblind** *adj* colo(u)r-blind. — **~ˌblind·heit** *f* color blindness, *Br.* colour-blindness: partielle ~ partial color blindness; dischromatism, dyschromatopsia (*scient.*); totale ~ total color blindness, achromatopsia (*scient.*). — **~ˌbre·chung** *f phys.* colo(u)r refraction. — **~ˌbuchˌdruck** *m* letterpress colo(u)r printing; chromotypy, chromotypography (*scient.*). — **~cheˌmie** *f* colo(u)r chemistry. — **~ˌdreiˌeck** *n* colo(u)r (*od.* chromatic) triangle.

ˈFar·benˌdruck *m* ⟨-(e)s; -e⟩ *print.* 1. colo(u)r printing (*od.* reproduction): lithographischer ~ chromolithography. – 2. (*Bild*) colo(u)r print (*od.* reproduction), chromotype (*scient.*). — **~maˌschi·ne** *f* colo(u)r printing machine. — **~ˌpres·se** *f* colo(u)r (*od.* chromatic) printing press.

ˈfar·ben|empˌfind·lich *adj cf.* farbempfindlich. — **F~empˌfind·lich·keit** *f cf.* Farbempfindlichkeit. — **~erˌzeu·gend** *adj chem.* colo(u)r-producing, chromogenic (*scient.*). — **F~erˌzeu·ger** *m* chromogen.

ˈFar·ben|faˌbrik *f* paint (*od.* dyestuff, *Br.* dye-stuff) factory (*od.* manufacturing firm). — **~ˌfol·ge** *f* colo(u)r scheme. — **~fo·to·graˌfie** *f cf.* Farbphotographie. — **f~ˌfreu·dig** *adj* 1. (*Kleidung etc*) colo(u)rful, gaily colo(u)red. – 2. (*lebhaft, bunt*) bright, vivid. – 3. ~ sein to be fond of gay (*od.* bright) colo(u)rs, to like colo(u)rs. — **~ˌfreu·dig·keit** *f* 1. colo(u)rfulness, gayness (of colo[u]rs). – 2. (*Lebhaftigkeit, Buntheit*) brightness, vividness, vivacity. — **f~ˌfroh** *adj cf.* farbenfreudig 1, 2. — **~geˌschäft** *n* 1. dyestuff (*Br.* dye-stuff) trade. – 2. paint shop (*bes. Am.* store), *bes. Br.* colourman's shop. — **~ˌhö·ren** *n psych.* colo(u)red hearing, chromesthesia (*scient.*). — **~ˌin·dex** *m astr.* (*eines Sterns*) colo(u)r index. — **~in·duˌstrie** *f* paint (*od.* dyestuffs, *Br.* dye-stuffs) industry. — **~ˌkleck·ser** *m colloq. contempt.* dauber, would-be painter. — **~kom·bi·naˌti·on** *f* colo(u)r combination. — **~konˌstanz** *f psych.* colo(u)r constancy. — **f~ˌkräf·tig** *adj cf.* farbkräftig. — **~ˌkreis** *m* (*optics*) colo(u)r disk (*od.* disc). — **~ˌkrei·sel** *m cf.* Farbkreisel. — **~ˌkunstˌdruck** *m* ⟨-(e)s; -e⟩ *print.* colo(u)red plate. — **~ˌleh·re** *f phys.* science (*od.* theory) of colo(u)rs, chromatics *pl* (*construed as sg*) (*scient.*). — **~ˌlei·ter** *f* colo(u)r scale. — **~ˌlichtˌdruck** *m* ⟨-(e)s; -e⟩ *phot.* collotype. — **~li·tho·graˌphie** *f* 1. chromolithography. – 2. (*Bild*) chromolithograph, chromo (*colloq.*). — **~ˌmeß·ap·paˌrat**, **~ˌmes·ser** *m phys.* chromoscope, colorimeter. — **~ˌmes·sung** *f* colorimetry, chromatometry. — **~ˌmisch·ap·paˌrat** *m* colo(u)r mixer. — **~ˌmi·scher** *m tech.* 1. colo(u)r mixer. – 2. (*in Lederindustrie*) colo(u)rman. — **~ˌmi·schung** *f cf.* Farbmischung. — **~ˌmu·schel** *f zo.* 1. colo(u)r shell. – 2. *cf.* Malermuschel. — **~ˌnäpf·chen** *n* colo(u)r cup. — **~paˌlet·te** *f auch fig.* palette. — **~ˌpracht** *f* rich (*od.* brilliant) colo(u)ring, blaze of colo(u)rs. — **f~ˌpräch·tig** *adj* (*Tracht, Uniform, Bild etc*) (splendidly) colo(u)rful, richly colo(u)red, brilliant. — **f~ˌreich** *adj* colo(u)rful, richly colo(u)red. — **~ˌreich·tum** *m* colo(u)rfulness, richness (*od.* wealth) of colo(u)r. — **~ˌring** *m meist pl phys.* interference ring. — **~ˌschei·be** *f* (*optics*) colo(u)r (*od.* Newton's) disk (*od.* disc). — **~ˌschmuck** *m* display (*od.* array) of colo(u)rs: die Blumen prangen im schönsten ~ the flowers are ablaze with colo(u)r. — **~ˌschran·ke** *f pol.* colo(u)r bar, *Am. auch* color line. — **~ˌse·hen** *n* colo(u)r vision (*od.* perception). — **~ˌsinn** *m* 1. sense of colo(u)r, colo(u)r sense, feeling for colo(u)r. – 2. *cf.* Farbensehen. — **~ˌska·la** *f* colo(u)r scale (*od.* range). — **~ˌspa(ch)·tel** *m, f* 1. paint scraper. – 2. *print.* ink slice. — **~ˌspek·trum** *n phys.* colo(u)r (*od.* chromatic) spectrum. — **~ˌspiel** *n* play of colo(u)rs; opalescence, iridescence (*lit.*). — **~ˌsteinˌdruck** *m* ⟨-(e)s; -e⟩ *print.* chromolithography. — **~symˌbo·lik** *f* colo(u)r symbolism. — **~sym·phoˌnie** *f fig.* symphony of colo(u)r. — **~ˌta·fel** *f* colo(u)r scale (*od.* chart). — **~theoˌrie** *f phys.* theory (*od.* science) of colo(u)r. — **f~ˌtra·gend** *adj* (*Verbindungsstudent etc*) wearing the colo(u)rs of a students' society: ~e Verbindung *students' society in which colo(u)rs are worn.* — **~verˌdün·ner** *m*, **~verˌdün·nungsˌmit·tel** *n* thinner. — **~ˌwech·sel** *m* colo(u)r change, change in (*od.* of) colo(u)r. — **~ˌwechs·ler** *m pol. contempt.* renegade, turncoat. — **~ˌwerk** *n*, **~ˌwer·ke** *pl* 1. producers *pl* of pigments, paints (and varnishes). – 2. (*für synthetische Farben*) dye works *pl* (*construed as sg or pl*) (*od.* factory). — **~zerˌle·gung** *f* colo(u)r decomposition. — **~zerˌstreu·ung** *f* (*optics*) 1. colo(u)r (*od.* chromatic) dispersion. – 2. *cf.* Farbabweichung 2. — **~ˌzuˌfuhrˌwal·ze** *f print.* ductor. — **~zuˌsam·menˌstel·lung** *f cf.* Farbzusammenstellung.

ˈFär·ber *m* ⟨-s; -⟩ 1. (*bes. textile, leather*) dyer. – 2. *tech.* (*von Glas, Holz*) stainer. — **~alˌkan·na** *f bot.* (dyer's) alkanet (*Alkanna tinctoria*). — **~ˌbaum** *m* Venice (*od.* Venus's) sumach, fustet (*Rhus cotinus*). — **~ˌbee·re** *f* purging buckthorn (*Rhamnus cathartica*). — **~ˌblu·me** *f* 1. *cf.* Färberkamille. – 2. *cf.* Färberginster.

ˈFarbˌer·de *f* Armenian bole.

ˈFär·ber|ˌdi·stel *f bot.* 1. sawwort, *Br.* saw-wort (*Serratula tinctoria*). – 2. safflower, bastard saffron (*Carthamus tinctorius*). — **~ˌdorn** *m cf.* Kreuzdorn.

Fär·beˈrei *f* ⟨-; -en⟩ 1. dye works *pl*, *Br.* dye-works *pl* (*construed as sg or pl*), dyehouse, *Br.* dye-house: etwas in die ~ geben to take s.th. to be dyed. – 2. (*Tätigkeit*) dyeing. – 3. dyer's trade.

ˈFär·berˌei·che *f bot.* dyer's oak, black oak, quercitron (*scient.*) (*Quercus tinctoria*).

Fär·beˈrei·geˌwer·be *n* dyeing (trade), dyer's trade.

ˈFär·ber|ˌflech·te *f bot.* dyer's moss (*od.* lichen), capeweed, orseille weed, canary weed (*Roccella tinctoria*). — **~ˌgallˌwes·pe** *f zo.* ink gallfly (*Cynips tinctoria*). — **~ˌgin·ster** *m bot.* dyer's-broom, greenbroom, dyer's greenweed, dyeweed, base-broom, woodwax(en) (*Genista tinctoria*). — **~ˌhül·se** *f* wild indigo (*Gattg Baptisia, bes. B. tinctoria u. B. australis*): Nordamerikanische ~ indigo broom, false indigo (*B. tinctoria*). — **~ka·mil·le** *f* yellow camomile, oxeye (*Anthemis tinctoria*). — **~ˌknö·te·rich** *m* dyer's-knotgrass (*Polygonum tinctorium*). — **~-**

ˌ**kreuzˌdorn** m dyer's buckthorn (Rhamnus infectoria). — **~ˌkro·ton** m dyer's-croton (Crozophora tinctoria). — **~ˌmaulˌbeerˌbaum** m dyer's mulberry, maclura, fustic, osage orange (Maclura pomifera). — **~ˌmoos** n bot. cf. Färberflechte. — **~ˌochsenˌzun·ge** f alkanet, dyer's bugloss, alkanna (scient.) (Alkanna tinctoria). — **~ˌpfrie·me** f cf. Färberginster. — **~ˌrin·de** f quercitron (bark). — **~ˌrö·te** f 1. bot. (dyer's) madder (Rubia tinctorum). – 2. chem. alizarin, auch alizarine, madder. — **~saˌflor** m bot. (dyer's-)safflower, bastard saffron, dyeing-carthamus (scient.) (Carthamus tinctorius). — **~ˌschar·te** f dyer's sawwort (Br. saw-wort) (Serratula tinctoria). — **~ˌwaid** m (dyer's) woad, pastel (Isatis tinctoria). — **~ˌwau** m dyer's-weed, weld, rocket, wild woad, ash of Jerusalem (Reseda luteola). — **~ˌwur·zel** f bot. cf. Färberröte 1.

ˈFarb|ˌfeh·ler m colo(u)r defect, chromatic aberration (scient.). — **~ˌfernˌse·hen** n colo(u)r television (od. colloq. TV). — **~ˌfernˌse·her** m colo(u)r television set (od. receiver). — **~ˌfernˌsehˌröh·re** f colo(u)r television tube.

ˈFarbˌfilm m 1. phot. colo(u)r film. – 2. (im Kino) colo(u)r film, film in colo(u)r, technicolor (film).

ˈFarb|ˌfil·ter n, m phot. tech. colo(u)r filter (od. screen). — **~ˌfleck** m 1. paint spot, stain. – 2. (bunter Fleck) colo(u)r spot, dash of colo(u)r. — **~ˌfo·to** n cf. Farbphotographie 2. — **~fo·to·graˌfie** f cf. Farbphotographie. — **~ˌge·bung** f 1. colo(u)ring, colo(u)ration. – 2. (Schattierung) tone. – 3. (von Holz) staining. – 4. (von Kunststoffen) dyeing. — **f~geˌtreu** adj (Aufnahme, Wiedergabe) faithful. — **~ˌglas** n 1. colo(u)red (od. tinted, stained) glass. – 2. (optics) colo(u)red (od. tinted, absorption) lens.

ˈFarbˌholz n dyewood. — **~ˌschnitt** m colo(u)red woodcut.

ˈFarbˌhö·ren n psych. cf. Farbenhören.

ˈfar·big I adj 1. colored, bes. Br. coloured: eine ~e Postkarte a colo(u)red postcard; ein ~er Druck [Stich] a colo(u)red reproduction [engraving]; mit ~en Abbildungen with colo(u)red illustrations; ~es Herrenhemd colo(u)red shirt. – 2. bes. tech. a) (gefärbt) stained, (leichtgetönt) tinted: ~es Glas stained glass; ein ~es Kirchenfenster a stained-glass church window. – 3. (lebendig) colorful, bes. Br. colourful, vivid (alle auch fig.): das ~e Bild eines italienischen Marktes the colo(u)rful picture of an Italian market; eine ~e Schilderung von etwas geben fig. to give a colo(u)rful description of s.th.; ~er Stil fig. colo(u)rful (od. colo[u]red) style. – 4. (Hautfarbe) colored, bes. Br. coloured: die ~en Rassen the colo(u)red races; ein ~es Mädchen a colo(u)red girl. – 5. phot. (optics) colo(u)red, chromatic. – **II** adv 6. in color (bes. Br. colour): eine ~ bemalte Wand a wall painted in colo(u)r; einen Entwurf ~ ausführen to execute a sketch in colo(u)r. – 7. fig. colorfully, bes. Br. colourfully, vividly.

ˈfär·big adj Austrian for farbig 1, 2.

ˈFar·bi·ge[1] m ⟨-n; -n⟩ colo(u)red person (od. man), Br. person (od. man) of colour: die ~n the colo(u)red people (od. population sg), the colo(u)red, the nonwhites (Br. non-whites), the blacks; Schule für ~ colo(u)red school.

ˈFar·bi·ge[2] f ⟨-n; -n⟩ colo(u)red person (od. woman, lady), Br. woman (od. lady) of colour.

ˈFar·big·keit f ⟨-; no pl⟩ 1. color, bes. Br. colour. – 2. colorfulness, bes. Br. colourfulness, vividness (beide auch fig.).

ˈFarb|ˌka·sten m 1. paint box, box of paints. 2. print. (ink) duct. — **~ˌkis·sen** n ink pad. — **~ˌklecks** m 1. paint spot, spot of paint. – 2. (bunter Fleck) dash (od. daub) of colo(u)r, colo(u)r spot. — **~ˌkli·ma** n atmosphere created by colo(u)r. — **~kliˌschee** n print. colo(u)r plate (od. block). — **~koˌpie** f phot. colo(u)r print. — **~ˌkör·per** m pigment (auch biol.), colo(u)ring matter. — **~ˌkör·perchen** n pigment granule. — **~kor·rekˌtur** f phot. colo(u)r correction. — **~kor·rekˌturˌfil·ter** m, n colo(u)r-correction filter. — **f~kor·riˌgiert** adj (Linse) colo(u)r-corrected.

ˈFärbˌkraft f colo(u)ring (od. tinctorial) power (od. strength).

ˈfarbˌkräf·tig adj strong (od. intense) in colo(u)r.

ˈFarb|ˌkrei·sel m (optics) colo(u)r sensitometer. — **~ˌlack** m tech. colo(u)r lake. — **~ˌläu·fer** m print. 1. colo(u)r grinder. – 2. (Gummiwalze) rubber. – 3. (Messingwalze) brayer. – 4. (Farbbehälter) ink block.

farb·lich [ˈfarplɪç] **I** adj colo(u)r (attrib), in colo(u)r (nachgestellt): der ~e Eindruck the colo(u)r effect; der ~e Glanz seiner Bilder the brilliance of the colo(u)rs in his pictures; ~es Aussehen colo(u)ring. – **II** adv in colo(u)r: das Kleid und der Mantel passen ~ nicht zusammen the colo(u)rs of the dress and the coat do not match; etwas ~ aufeinander abstimmen to harmonize the colo(u)rs of s.th.; ~ gesehen ist die Zusammenstellung gut as far as (the) colo(u)rs are concerned the arrangement is good. – **III F~e, das** ⟨-n⟩ the colo(u)rs pl.

ˈFarb|ˌlichtˌbild n cf. Farbphotographie 2. — **~li·tho·graˌphie** f cf. Farbenlithographie.

ˈfarb·los adj 1. colorless, bes. Br. colourless: eine ~e Flüssigkeit a colo(u)rless liquid; ~er Lack colo(u)rless (od. clear) varnish; ~e Schuhcreme neutral-colo(u)r shoe polish. – 2. (blaß) colorless, bes. Br. colourless, pale, pallid: ein ~es Gesicht a colo(u)rless (od. wan, sallow) face; ~e Lippen colo(u)rless (od. bloodless) lips; ~e Wimpern colo(u)rless lashes. – 3. fig. (Schilderung, Landschaft etc) colorless, bes. Br. colourless, insipid, dull, monotonous, drab: eine ~e Erzählung a colo(u)rless tale; ein ~es Dasein a dull (od. dreary) existence. – 4. fig. (Person) colorless, bes. Br. colourless, dull, insipid: sie ist ein ziemlich ~es Geschöpf she is a rather colo(u)rless creature. – 5. phys. biol. colorless, bes. Br. colourless, uncolored, bes. Br. uncoloured, achromatic (scient.): ~es Licht white light; ~er Teil einer Zelle achromatic part of a cell. — **ˈFarb·lo·sig·keit** f ⟨-; no pl⟩ 1. colo(u)rlessness. – 2. (Blässe) colo(u)rlessness, paleness, pallor, pallidness. – 3. fig. colo(u)rlessness, insipidity, insipidness, dullness. – 4. phys. colo(u)rlessness, achromasia (scient.). – 5. biol. achromatism.

ˈFarb|ˌlö·sung f 1. tech. dyeing liquid (od. solution). – 2. med. (Histologie) staining fluid (od. solution). — **~ˌmalz** n brew. black malt.

ˈFarbˌmes·ser[1] n 1. spatula, palette knife. – 2. print. ink knife. [apparat.]

ˈFarbˌmes·ser[2] m phys. cf. Farbenmeß-

ˈFarb|ˌmi·ne f 1. (für Drehbleistifte) colo(u)red lead. – 2. (für Kugelschreiber) colo(u)red cartridge (od. magazine, refill). — **~ˌmi·schung** f 1. colo(u)r mixture. – 2. tech. a) dye mixture, b) staining fluid. — **~ˌmuster** n 1. colo(u)r pattern. – 2. econ. colo(u)r sample (od. pattern). — **~ˌnäpf·chen** n colloq. colo(u)r cup. — **~ne·gaˌtivˌfilm** m phot. colo(u)r negative film. — **~nuˌan·ce** f colo(u)r nuance. — **~paˌpier** n cf. Buntpapier. — **~ˌpho·to** n, Swiss f colloq. for Farbphotographie 2. — **~pho·to·graˌphie** f phot. 1. colo(u)r photography. – 2. (Bild) colo(u)r photo(graph). — **~ˌpro·be** f 1. colo(u)r sample. – 2. paint sample. – 3. chem. colo(u)r test. — **~ˌrand** m 1. (optics) chromatic halo. – 2. telev. colo(u)r fringe. — **~ˌra·ster** m electr. colo(u)r screen. — **~re·ak·tiˌon** f med. colo(u)r reaction. — **~ˌrei·be·maˌschi·ne** f tech. colo(u)r grinding mill (od. grinder), paint roller mill. — **~re·pro·duk·tiˌon** f print. colo(u)r reproduction. — **f~ˌrich·tig** adj phot. (Beschichten) achromatic. — **~schatˌtie·rung** f hue, colo(u)r shade. — **~ˌschei·be** f (für Scheinwerfer) colo(u)r screen, gelatine, 'jelly' (colloq.). — **~ˌschicht** f layer of paint. — **~ˌschnitt** m (eines Buches) colo(u)red edge. — **f~ˌschön** adj beautiful in colo(u)r. — **~ˌschrei·ber** m 1. (Meßgerät) multicolo(u)r recorder. – 2. tel. ink recorder (od. writer, printer). — **~ˌskiz·ze** f colo(u)red sketch. — **~ˌspa(ch)·tel** m, f cf. Farbenspa(ch)tel. — **~ˌspritzˌanˌla·ge** f paint-spraying equipment. — **f~ˌsprit·zen I** v/i ⟨insep, -ge-, h⟩ spray-paint, paint-spray, spray-coat. – **II F~** n ⟨-s⟩ verbal noun. — **~ˌspritz·ka·biˌne** f paint spray booth. — **~ˌspritz·piˌsto·le** f (paint) spray gun. — **~ˌspritz·verˌfah·ren** n spray-gun painting. — **~ˌstein** m print. 1. inkstone. – 2. (für Klischees) block. — **~ˌstich** m 1. print. copperplate colo(u)r print. – 2. phot. (colo[u]r) cast. — **~ˌstift** m colo(u)red pencil (od. crayon).

ˈFarbˌstoff m 1. (Färbungsmittel) colo(u)ring matter, (löslicher) dye(stuff), Br. dye(-stuff): organischer [substantiver] ~ organic [substantive] colo(u)ring matter; pulverisierter ~ pigment. – 2. biol. pigment. – 3. (art) colo(u)r. – 4. tech. (für Mikroskopie etc) stain. — **f~ˌbil·dend** adj biol. chromogenic. — **~ˌbil·dung** f chromogenesis. — **~in·duˌstrie** f dyestuff (Br. dye-stuff) industry. — **~ˌman·gel** m biol. cf. Albinismus. — **~ˌpflan·ze** f bot. dye plant. — **~ˌträ·ger** m biol. 1. pigment bearer. – 2. bot. (in Pflanzenzellen) chromatophore.

ˈFarb|ˌstrei·fen m 1. colo(u)red stripe. – 2. zo. colo(u)red stripe, colo(u)r strip. — **~taˌbel·le** f colo(u)r chart. — **~ˌta·fel** f 1. colo(u)rplate. – 2. cf. Farbtabelle. — **~tem·pe·raˌtur** f phys. colo(u)r temperature. — **~ˌtie·fe** f depth of colo(u)r. — **~ˌtisch** m print. ink slab, distributing (od. inking) table, inkstone. — **~ˌton** m 1. shade, tint, hue: herbstliche Farbtöne autumn tints; kräftiger [zarter] ~ rich [pale] shade. – 2. phot. (Licht-, Schattenwirkung) tone. — **f~ˌtonˌrich·tig** adj phot. orthochromatic. — **~ˌtopf** m 1. (Malerei) paintpot. – 2. print. inkpot. — **f~ˌtreu** adj cf. farbgetreu. — **~ˌtreue** f colo(u)r fidelity, orthochromatism (scient.). — **~ˌtu·be** f (paints) tube of colo(u)r (od. paint). — **~ˌtup·fen** m spot (od. dot) of colo(u)r. — **~ˌüberˌzug** m 1. paint coat. – 2. (auf Tongeschirr) wash. — **~ˌumˌkehrˌfilm** m phot. colo(u)r reversal film, reversal colo(u)r film. — **~ˌumˌschlag** m colo(u)r change.

ˈFär·bung f ⟨-; -en⟩ 1. cf. Färben. – 2. (Farbe, Tönung) color(ing), bes. Br. colour(ing), coloration, bes. Br. colouration: die ~ des Herbstlaubes the colo(u)ring of the autumn (bes. Am. fall) leaves; ein Fels mit einer eigenartigen ~ a rock with a strange colo(u)ration; eine schwache (od. leichte) ~ a tinge (od. cast); die dunkle ~ des Ozeans the dark colo(u)r (od. hue) of the ocean. – 3. fig. coloring, bes. Br. colouring, bias: die politische ~ einer Tageszeitung the political colo(u)ring of a daily newspaper; ein Bericht mit nazistischer ~ a report with a strong Nazi bias (od. undertone); politische Parteien aller ~en political parties of every colo(u)ring (od. of all shades). – 4. biol. (der Haut, des Gewebes) a) color, bes. Br. colour, chromatism (scient.), b) (bes. pigmentartige) pigmentation. – 5. phys. (des Schalls) timbre, sound (od. tone) colo(u)r.

ˈFär·bungs|ˌmit·tel n cf. Färbemittel. — **~ˌpha·se** f zo. colo(u)r phase.

ˈFarb|ˌun·terˌschied m difference in colo(u)r. — **f~verˌgü·tet** adj (optics) (colo[u]r)-coated (od. -bloomed). — **~verˌlust** m discolo(u)ration. — **~ˌwal·ze** f print. ink roller, inker, waver. — **~ˌwa·ren** pl 1. colo(u)rs, paints. – 2. dyes. — **~ˌwert** m colo(u)r (od. chromatic, chromaticity) value. — **~ˌwie·derˌga·be** f (eines Photos etc) colo(u)r reproduction (od. rendering). — **~ˌwir·kung** f colo(u)r effect. — **~ˌzel·le** f 1. biol. colo(u)r (od. pigment) cell, chromocyte (scient.). – 2. zo. pigment cell, chromatophore (scient.): rote ~ (bei Fischen, Schalentieren etc) erythrophore; schwarze ~ melanophore. — **~zuˌsam·menˌstel·lung** f colo(u)r combination (od. scheme). — **~ˌzuˌsatz** m addition of paint (od. colo[u]r). — **~zyˌlin·der** m print. roller, inking cylinder.

Far·ce [ˈfarsə] f ⟨-; -n⟩ 1. (theater) farce, burlesque, auch burlesk. – 2. fig. farce, mockery: das Ganze ist nur eine ~ the whole thing is nothing but a farce. – 3. gastr. stuffing, filling, forcemeat. — **ˈfar·cen·haft** adj farcical.

Far·ceur [farˈsøːr] m ⟨-s; -e⟩ obs. for Possenmacher, Possenreißer. [stuff.]

far·cie·ren [farˈsiːrən] v/t ⟨no ge-, h⟩ gastr.

Fa·rin [faˈriːn] m ⟨-s; no pl⟩ 1. brown sugar. – 2. (roher) muscovado, auch muscavado. – 3. cf. Puderzucker.

Fa·ri·na·de [fariˈnaːdə] f ⟨-; -n⟩ gastr. powdered (Am. confectioner's, bes. Br. icing) sugar.

Faˈrinˌzucker (getr. -k·k-) m cf. Farin.

Farm [farm] f ⟨-; -en⟩ agr. (large) farm, Am. auch ranch. — **~ˌar·bei·ter** m farm laborer (bes. Br. labourer), farmhand, Am. auch help (construed as sg or pl).

ˈFar·mer m ⟨-s; -⟩ 1. farmer, Am. auch rancher. – 2. (im weiteren Sinn) settler.

Farn [farn] *m* ⟨-(e)s; -e⟩ *bot.* fern, bracken, brake: fossiler ~ filicite; Lehre von den ~en pteridology; zu den ~en gehörig filical, pteridological; wie ein ~ filiciform, filicoid. — **f~ˌar·tig** *adj* filiciform: ~e Pflanzen filices. — **~ˌblatt** *n* fern, (fern) frond.

far·ne·sisch [far'neːzɪʃ] *adj* Farnese: der F~e Stier [Herkules] *(art)* the Farnese Bull [Hercules].

'Farn|geˌwächs *n bot.* pteridophyte fern (*Fam. Pteridophyta*). — **~ˌhaar** *n* **1.** *bot.* ramentum, palea. – **2.** (*textile*) pulu.

'Farnˌkraut *n bot. cf.* Farn: reich an ~ brackeny; mit Farnkräutern bewachsen ferny, braky. — **f~ˌar·tig** *adj* filicoid, pteroid: ~e Pflanze filicoid. — **~ˌmänn·chen** *n cf.* Wurmfarn. — **~ˌweib·chen** *n cf.* Frauenfarn.

'Farn|ˌkun·de *f bot.* pteridology, filicology. — **~ˌpal·me** *f* fern palm, cycad (*Fam. Cycadaceae*). — **~ˌwe·del** *m* frond, frondage.

fä·rö·isch [fɛ'røːɪʃ] **I** *adj* Faeroese, Faroese. – **II** *ling.* **F~** ⟨*generally undeclined*⟩, **das F~e** ⟨-n⟩ Faeroese, Faroese.

Far·re ['farə] *m* ⟨-n; -n⟩ *dial.* young bull.

Fär·se ['fɛrzə] *f* ⟨-; -n⟩ *agr.* young cow, heifer.

Fa·san [fa'zaːn] *m* ⟨-(e)s; -e(n)⟩ *zo.* pheasant (*Gattg Phasianus*): junger ~ pheasant poult.

Fa'sa·nen|ˌau·ge *n* **1.** pheasant's eye. – **2.** *bot. cf.* Adonisröschen 1. — **~ˌbra·ten** *m gastr.* roast pheasant. — **~ˌgar·ten** *m*, **~geˌhe·ge** *n cf.* Fasanerie. — **~ˌhen·ne** *f*, **~ˌhuhn** *n* hen pheasant, pheasant hen. — **~ˌjagd** *f* pheasant shooting, *bes. Am.* pheasant hunting (*od.* hunt).

Fa·sa·ne·rie [fazanə'riː] *f* ⟨-; -n [-ən]⟩ pheasantry.

Fa'san|ˌrol·le *f zo.* pheasant-tailed (*od.* Indian) jacana (*Hydrophasianus chirurgus*). — **~ˌschnecke** (*getr.* -k·k-) *f* pheasant shell (*Gattg Phasianella*).

Fa·sche ['faʃə] *f* ⟨-; -n⟩ *Austrian med.* roller bandage. — **'fa·schen** *v/t* ⟨h⟩ *Austrian* bandage.

fa·schie·ren [fa'ʃiːrən] *v/t* ⟨*no* ge-, h⟩ *Austrian* (*Fleisch*) mince. — **Fa'schier·maˌschi·ne** *f Austrian for* Fleischwolf. — **Fa'schier·te** *n* ⟨-n; *no pl*⟩ *Austrian for* Hackfleisch.

Fa·schi·ne [fa'ʃiːnə] *f* ⟨-; -n⟩ *civ.eng.* (*Deichbau, Uferbefestigung*) fascine, bundled brushwood.

Fa'schi·nen|ˌmes·ser *n Swiss* hedge clipper (*od.* bill). — **~ˌwerk** *n* fascine work.

Fa·sching ['faʃɪŋ] *m* ⟨-s; -e *u.* -s⟩ *Southern G.* **1.** carnival, Shrovetide. – **2.** *cf.* Faschingsball: auf den ~ gehen to go to a carnival ball.

'Fa·schings|ˌball *m* carnival ball. — **~ˌdiensˌtag** *m* Shrove Tuesday, Pancake Tuesday (*od.* Day), *bes. Am.* Mardi Gras. — **~koˌstüm** *n* carnival costume (*od.* dress). — **~ˌkrap·fen** *m gastr.* doughnut. — **~ˌor·den** *m* fool's badge, carnival decoration. — **~ˌprinz** *m* carnival prince (*od.* king). — **~prinˌzes·sin** *f* carnival princess (*od.* queen). — **~ˌsonnˌtag** *m* Shrove Sunday. — **~ˌtrei·ben** *n*, **~ˌtru·bel** *m* merrymaking (*od.* festivities *pl*, revelries *pl*) at carnival time. — **~ˌzeit** *f* carnival time (*od.* season), Shrovetide. — **~ˌzug** *m* carnival parade (*od.* procession).

Fa·schis·mus [fa'ʃɪsmʊs] *m* ⟨-; *no pl*⟩ *pol.* fascism, *auch* Fascism. — **Fa'schist** [-'ʃɪst] *m* ⟨-en; -en⟩ **1.** fascist, *auch* Fascist. – **2.** (*in Italien*) Fascista, blackshirt (*colloq.*): die ~en the Fascisti. — **fa'schi·stisch** *adj* fascist(ic), *auch* Fascist(ic).

Fa·se ['faːzə] *f* ⟨-; -n⟩ *tech.* **1.** (*Kantenabschrägung*) chamfer, bevel. – **2.** (*Führungsfase eines Spiralbohrers*) margin. – **3.** (*eines Räum- od. Fräserzahns*) straight land.

Fa·se'lei *f* ⟨-; -en⟩ **1.** *colloq. contempt. cf.* Faseln. – **2.** *colloq. contempt.* (*sinnloses Gerede*) drivel, babble, silly talk, twaddle, prattle. — **'Fa·se·ler** *m* ⟨-s; -⟩ *colloq. contempt.* **1.** (*Schwätzer*) babbler, drivel(ler), blatherer, twaddler, twaddle, prattler. – **2.** (*bes. langatmiger*) rambling talker, rambler, waffler. — **'Fa·selˌhans** *m* ⟨-(e)s; -e *u.* -hänse⟩ **1.** *colloq. contempt. cf.* Faseler. – **2.** *colloq.* scatterbrain, harum-scarum.

'fa·se·lig *adj colloq. contempt.* scatterbrained, harum-scarum.

fa·seln ['faːzəln] *colloq. contempt.* **I** *v/i* ⟨h⟩ **1.** talk nonsense (*od.* tripe), babble, drivel, blather, *bes. Br.* blether, twaddle, prattle. – **2.** (*weitschweifig reden*) ramble, waffle, talk at random. – **II** *v/t* **3.** babble, drivel, blather, *bes. Br.* blether, twaddle, prattle: was faselst du da? what are you babbling about? dummes Zeug ~ to talk a lot of tripe (*od. colloq.* rot). – **4.** ramble, waffle. – **III F~** *n* ⟨-s⟩ **5.** *verbal noun.* – **6.** babble, blather, *bes. Br.* blether, prattle. – **7.** waffle.

'Fa·sel|ˌrü·be, **~ˌwurz**, **~ˌwur·zel** *f bot.* bryony, *auch* briony (*Gattg Bryonia, bes. B. alba od. B. dioica*).

fa·sen ['faːzən] *v/t* ⟨h⟩ *tech.* (*Kanten brechen*) chamfer, bevel.

Fa·ser ['faːzər] *f* ⟨-; -n⟩ **1.** fiber, *bes. Br.* fibre: dünne ~ fine fiber, filament; pflanzliche [synthetische] ~ vegetable [synthetic] fiber; mit jeder ~ (*od.* mit allen ~n) seines Herzens *fig.* with every fiber of one's being, with one's whole heart; ich hatte keine trockene ~ mehr am Leibe *fig. colloq.* I hadn't a dry stitch on me, I was wet (*od.* soaked) through (*od.* to the skin). – **2.** (*textile*) a) (*eines Gewebes*) fiber, *bes. Br.* fibre, b) (*Baumwoll-, Wollfaser*) staple: endlose ~ filament. – **3.** *med. biol.* fiber, *bes. Br.* fibre, strand, (*bes. feine*) filament. – **4.** *gastr.* (*im Fleisch, Gemüse etc*) string. – **5.** (*zusammengedrehte Textil-, Metallfasern*) thread. – **6.** *metall.* a) (*im Schmiede-, Walzstahl*) grain, fiber, *bes. Br.* fibre, b) (*in Schlacke*) wool: parallel zur ~ walzen to roll with the grain. – **7.** (*wood*) grain: quer zur ~ schneiden to cut across the grain, to crosscut. – **8.** *bot.* a) fiber, *bes. Br.* fibre, thread, (*bes. feine*) filament: ~n der Wurzeln beard *sg*; kleine ~ fibril, fibrilla, funicle; ~n an Flachs (*od.* Hanf) harl(e) *sg*; aus ~n gebildet filamentous; aus kleinen ~n bestehend funicular.

'Fa·ser|aga·ve [-ʔaˌgaːvə] *f bot.* maguey (*Gattgen Agave u. Furcrea*): Mexikanische ~ datil (*A. mexicana*). — **f~ˌähn·lich**, **f~ˌar·tig** *adj* **1.** fiber- (*bes. Br.* fibre-)like, fibrous, fibroid, filamentous, filamentary. – **2.** *cf.* faserförmig. — **~asˌbest** *m metall.* fibrous asbestos. — **~ˌbil·dung** *f* **1.** *metall.* (*eines Kristallgefüges*) fibering, *bes. Br.* fibring, fibrillation. – **2.** (*textile*) (*Ausfaserung*) fraying. – **3.** *biol.* formation of fibers (*bes. Br.* fibres), fibrillation. — **~ˌbrei** *m* (*paper*) pulp (slurry), fiber (*bes. Br.* fibre) slurry. — **~ˌbün·del** *n med.* fillet, *auch* filet; fascicle, fasciculus (*scient.*).

Fä·ser·chen ['fɛːzərçən] *n* ⟨-s; -⟩ **1.** *dim. of* Faser. – **2.** *biol. med.* fibril(la).

'Fa·ser|diaˌgramm *n* **1.** *min.* (*textile*) fiber (*bes. Br.* fibre) diagram. – **2.** *synth. tech.* fiber structure diagram. — **f~ˌför·mig** *adj biol.* fibriform, fibrilliform, filamentous, *auch* filamentose, filamentary. — **~geˌschwulst** *f med.* fibroma. — **~geˌwe·be** *n bot. biol.* fibrous tissue.

'fa·se·rig *adj* **1.** fibrous, fibriform. –**2.** *gastr.* (*Fleisch, Gemüse etc*) stringy. – **3.** *med. biol.* fibred, fibrous, fibrillar, filamentous, filamentary. – **4.** (*Putzwolle*) fluffy.

'Fa·ser|ˌkoh·le *f* mineral charcoal. — **~ˌkunstˌle·der** *n* fibrous artificial leather, fibrous leather substitute. — **f~los** *adj* **1.** fiberless, *bes. Br.* fibreless. – **2.** (*Gewebe*) textureless.

fa·sern ['faːzərn] **I** *v/i* ⟨h⟩ **1.** (*von Gewebe, Stoff etc*) fray (out), ravel (out), fuzz. – **2.** (*von Papier*) flake. – **II F~** *n* ⟨-s⟩ **3.** *verbal noun.*

'fa·ser'nackt *adj* stark-naked.

'Fa·ser|ˌpflan·ze *f bot.* fiber (*bes. Br* fibre) (*od.* thread) plant. — **~ˌpilz** *m* botrytis. — **~ˌplat·te** *f tech.* **1.** fiberboard, *bes. Br.* fibre board. – **2.** (*Holzspanplatte*) (wood) chipboard. — **~ˌrich·tung** *f* (*wood*) grain: in der ~ with (*od.* along) the grain; quer zur ~ across (*od.* against) the grain. — **~ˌrohˌstoff** *m* (*textile*) raw material, crude fiber (*bes. Br.* fibre). — **~ˌschicht** *f* **1.** *bot.* (*des Pollensackes*) endothecium. – **2.** *med. biol.* fibrous layer. — **~ˌstoff** *m* fibrous material. — **~ˌstrang** *m* **1.** *med.* bundle; fascicle, fasciculus (*scient.*). – **2.** (*textile*) sliver. — **~strukˌtur** *f* **1.** *tech.* fibrous texture. – **2.** *metall.* (*u. von Kristallen*) fibering, *bes. Br.* fibring. — **~ˌtorf** *m* fibrous peat.

'Fa·se·rung *f* ⟨-; -en⟩ **1.** *cf.* Fasern. – **2.** *tech.* (*eines Gewebes*) texture. – **3.** (*wood*) grain. – **4.** *metall.* (*u. von Kristallen*) fibering, *bes. Br.* fibring, fibrillation. – **5.** *biol.* fibrillation.

'Fa·ser|verˌlauf *m* **1.** *tech. metall.* (*u. bei Kristallen*) grain flow. – **2.** (*wood*) run of the grain. – **3.** *bes. med.* (*eines Muskels*) course of fibers (*bes. Br.* fibres). — **f~verˌstärkt** *adj tech.* (*Metall*) fiber- (*bes. Br.* fibre-)inforced. — **~ˌwur·zel** *f bot.* fibrillated root. — **~ˌzel·le** *f bot.* fibrocellule. — **f~ˌzel·lig** *adj* fibrocellular.

Fa·shion ['fɛʃən; 'fæʃən] (*Engl.*) *f* ⟨-; *no pl*⟩ **1.** fashion. – **2.** elegant style. — **fa·shio·na·bel** ['fɛʃ(ə)nəbəl; 'fæʃnəbl] (*Engl.*), **fa·shio·na·ble** ['fɛʃ(ə)nəbəl; 'fæʃnəbl] (*Engl.*) *adj* **1.** fashionable. – **2.** elegant.

'Fas·ler *m* ⟨-s; -⟩ *colloq. cf.* Faseler.

Faß [fas] *n* ⟨-sses; ˮsser⟩ **1.** (*aus Holz*) barrel, cask: kleines ~ (*bis zu 45 l*) keg, firkin; großes ~ (*500—700 l, bes. für Bier, Wein*) butt, tun, vat, (*320—550 l*) puncheon; ~ zum Gären *brew.* vat, tun; angestochenes ~ barrel on tap; zwei ~ Bier two barrels of beer; ein ~ Bier a barrel of beer; zwei Fässer Rum two barrels (*od.* puncheons) of rum; ein ~ anstechen (*od.* anzapfen) to tap (*od.* broach) a barrel; Bier (frisch) vom ~ beer on tap (*od.* draft, *bes. Br.* draught), draft beer, beer (drawn) from the wood; Bier in (*od.* auf) Fässer füllen to barrel (*od.* cask) beer; drei Jahre im ~ gelagerter Wein wine (aged) three years in the wood; ein ~ binden to hoop a cask; er ist dick wie ein ~, er ist ein (richtiges) ~ *fig. colloq.* he looks like a barrel on legs (*colloq.*); er ist ein ~ ohne Boden *fig. colloq.* a) he drinks like a fish, b) he is a drain on my resources; das ist ein ~ ohne Boden *fig. colloq.* that is a drain on our resources; das schlägt dem ~ den Boden aus! *fig. colloq.* that's the limit! that puts the lid on it! → Danaide[1]. – **2.** (*Bottich*) vat, tub. – **3.** (*Blechtrommel für getrocknete Früchte, Öl etc*) drum. – **4.** *agr.* (*bei der Traubenlese*) (portable) vat.

Fas·sa·de [fa'saːdə] *f* ⟨-; -n⟩ **1.** *arch.* (*eines Gebäudes*) façade, *auch* facade, front, face, frontage, frontal. – **2.** shell (of a building): die ausgebrannten ~n der bombardierten Häuser the burned-out shells of the bombed houses. – **3.** *fig. meist contempt.* façade, *auch* facade, false (*od.* put-up) front: alles nur ~! *colloq.* just a façade (*od.* false front); hinter die ~ schauen to see behind the façade (*od.* scenes); die ~ erhalten to keep up appearances.

Fas'sa·den|beˌleuch·tung *f* front lighting, flood lighting, façade (*od.* frontage) lighting. — **~ˌklet·te·rer** *m* cat burglar (*od.* man), *bes. Am.* porch climber, second-story(e)y man.

'Faß|ˌaufˌzug *m* barrel hoist. — **~ˌband** *n tech.* cask (*od.* barrel) hoop.

'faß·bar *adj* **1.** (*begreifbar*) conceivable, comprehensible, understandable, graspable; nicht ~ inconceivable, incomprehensible; schwer [leicht] ~ difficult to comprehend, elusive [easily comprehended]; das ist nicht ~ *colloq.* that's incredible (*od.* unbelievable). – **2.** *lit. for* greifbar 2, 3.

'Faß|ˌbier *n* draft (*bes. Br.* draught) beer. — **~ˌbin·der** *m cf.* Küfer 2. — **~ˌbut·ter** *f gastr.* tub butter.

Fäß·chen ['fɛsçən] *n* ⟨-s; -⟩ **1.** *dim. of* Faß. – **2.** small barrel (*od.* cask), (*ca. 75 l Inhalt*) kilderkin, (*unter 45 l Inhalt*) keg, (*ca. 40 l Inhalt*) firkin.

'Faßˌdau·be *f tech.* (barrel) stave.

fas·sen ['fasən] **I** *v/t* ⟨faßt, faßte, gefaßt, h⟩ **1.** (*ergreifen*) seize, grasp, take (*od.* catch, get, lay, seize) hold of, grab: j-s Hand [Arm] ~ to grasp s.o.'s hand [arm], to take hold of s.o.'s hand [arm]; j-n bei der Hand [beim (*od.* am) Arm] ~ to take s.o. by the hand [arm]; die Kinder faßten sich (*od.* einander) bei den Händen the children took each other by the hand (*od.* linked [their] hands); j-n am Kragen ~ *colloq.* to seize (*od.* grab) s.o. by the collar, to collar s.o.; faß ihn! get him! grab him! *Am. colloq.* sic(k)'em! (*command given to a dog*); j-n zu ~ bekommen (*od.* kriegen) *auch fig.* to get hold of s.o., to lay hands on s.o.; → Schopf 1. – **2.** *fig.* (*in Wendungen wie*) Argwohn (*od.* Mißtrauen) gegen j-n ~ to (begin to) nourish suspicion against s.o.; einen Beschluß ~ to make a resolution; j-n bei seiner Ehre ~ to appeal to s.o.'s hono(u)r (*od.* sense of justice); einen Entschluß ~ to take a decision, to make up one's mind; einen Gedanken ~ to form (*od.* conceive) an idea; keinen klaren Gedanken ~ können *colloq.* not to be able to think properly; **sich** (*dat*) **ein Herz** ~ to pluck (*od.* pick, muster) up courage, to take one's courage in both hands; **Mut** ~ to take courage (*od.* heart), to pluck (*od.* pick, muster) up courage, to screw up one's courage; **faß wieder Mut!** cheer up again! **faß dich an die eigene Nase!** *colloq.* sweep before your own door; **einen Plan** ~ to form (*od.* develop, conceive, frame) a plan; **den Plan** ~, **etwas zu tun** to plan (*od.* scheme) to do s.th.; **Schritt** (*od.* **Tritt**) ~ *bes. mil.* to fall into step; **j-n an seiner schwachen Seite** ~ to strike (*od.* attack) s.o.'s Achilles' heel; **einen Vorsatz** ~ to make a resolution (*od.* resolve); **Zuneigung zu j-m** ~ to begin to like s.o., to take a liking to s.o., to conceive a liking (*od.* affection) for s.o.; → Auge 1; Fuß[1] 1; Wurzel 1. – **3.** (*festnehmen*) seize, catch, apprehend, arrest, nab (*colloq.*), *Br. sl.* nick, run down: **die Polizei konnte den Täter** ~ the police were able to seize the criminal; **er wurde auf frischer Tat gefaßt** he was caught in the act (*od.* red-handed); **sich** ~ **lassen** to get caught, to allow oneself to be caught. – **4.** (*begreifen*) conceive, grasp, comprehend, understand, apprehend, take (*s.th.*) in (*colloq.*): **ich fasse den Sinn nicht** I fail to understand (*od.* catch) the meaning, the sense eludes me. – **5.** (*glauben*) believe: **er konnte sein Glück kaum** ~ he could hardly believe his luck; **ich kann es noch gar nicht** ~! I still cannot believe it; **das** (*od.* **es**) **ist nicht zu** ~! that (*od.* it) is incredible! – **6.** (*ausdrücken*) express, put, formulate: **einen Bericht streng wissenschaftlich** ~ to put a report in strictly scientific terms; **etwas juristisch genau** (*od.* **exakt**) ~ to formulate s.th. in precise legal terminology; **ein Schreiben kurz** ~ to keep a letter brief; **um es kurz zu** ~ to make it brief (*od.* short), to get to the point, to cut (*od.* make) a long story short (*colloq.*); **etwas in Worte** ~ to put s.th. into words, to express (*od.* clothe, couch) s.th. in words; **das läßt sich nicht in Worte** ~ that is inexpressible in words, that eludes expression in words; **einen Text neu** ~ to reword (*od.* rewrite) a text. – **7.** (*definieren*) define. – **8.** (*räumlich aufnehmen*) hold, take: **der Topf faßt 3 Liter** the pot holds (*od.* contains, has a capacity of) 3 liters; **der Saal faßt 500 Menschen** the hall holds (*od.* has room for) 500 people; **das Flugzeug faßt 80 Personen** the plane holds (*od.* accommodates, seats) 80 persons. – **9.** *mil.* (*Verpflegung, Material etc*) draw, be issued (with): **Essen** ~ to draw rations; **die Soldaten faßten zusätzliche Rationen** the soldiers were issued (with) additional rations; **Geld** ~ *colloq.* to get paid, to receive (*od.* draw) one's pay. – **10.** (*Treibstoff, Kohlen etc*) take on, refill. – **11.** (*Edelstein etc*) mount, set, enchase, collet: **eine Perle neu** ~ **lassen** to have a pearl reset. – **12.** *tech.* a) (*mit Zange*) (*das Werkstück*) catch, b) (*mit Spannvorrichtung*) (*das Werkstück*) catch. – **13.** *civ.eng.* (*Quelle etc*) curb, *Br.* kerb, line, case. – **14.** (*mining*) (*Stollen etc*) line. – **15.** *phot.* (*Objektiv*) mount. – **16.** (*Fensterscheibe*) set. – **17.** (*Bild*) frame. – **18.** (*Mantelkragen etc*) (in with) edge, line. – **19.** (*Behälterinhalt*) hold, contain, (*in einem Faß*) (*Flüssigkeit*) cask. – **20.** (*sport*) (*beim Ringen*) lock. – **21. etwas in sich** ~ *lit.* to include (*od.* comprise, embrace, encompass) s.th. – **22.** *lit. for* **erfassen** 3, **ergreifen** 8. – **II** *v/i* **23.** (*greifend berühren*) touch: **j-m** (*od.* **j-n**) **unter das Kinn** ~ to touch (*od.* chuck) s.o. under the chin; **sich** (*dat od. acc*) **an den Kopf** ~ to put one's hand to one's head; **da kann man sich nur noch an den Kopf** ~! *fig. colloq.* you can only shake your head over that! – **24.** (*lernen und verstehen*) apprehend, learn: **das Kind faßt leicht** [**schwer**] the child is quick of apprehension (*od.* to apprehend) [slow on the uptake]. – **25.** *hunt.* (*apportieren*) fetch: **faß!** a) fetch!, b) get him! grab him! *Am. colloq.* sic(k)'em! – **26.** *mar.* (*von Anker*) bite, grip. – **27.** (*von Zement, Kitt etc*) set, harden. – **28.** (*von Farben bei der Zurichtung von Leder*) bite, take. – **III** *v/reflex* **sich** ~ **29.** (*Fassung wiedergewinnen*) regain (*od.* recover) one's composure (*od.* self-control), regain possession of oneself, collect (*od.* recover) oneself, master one's feelings: **sich schnell wieder** ~ to rally quickly; **er konnte sich vor Glück kaum** ~ he could hardly contain himself (*od.* he was beside himself) with happiness; **sich in Geduld** ~ *lit.* to have (*od.* compose oneself in) patience, to exercise patience, to be patient, to possess one's soul in patience (*lit.*) – **30.** (*sich zusammennehmen*) compose (*od.* control) oneself, pull oneself together, take a hold of oneself: **fasse dich doch!** control yourself! pull yourself together! – **31. sich kurz** ~ to be brief, to make (*od.* keep) it brief (*od.* short), to express oneself briefly, to cut a long story short, to get to the point (*colloq.*); **sich klar** [**bestimmt**] ~ to express oneself clearly [definitely]; **fasse dich kurz!** please be brief! (*notice in telephone booth*). – **IV F**~ *n* ⟨-s⟩ **32.** *verbal noun.* – **33.** apprehension, arrest. – **34.** comprehension, apprehension. – **35.** *mil.* issue. – **36.** *tech.* bite. – **37.** *cf.* Fassung.

ˈ**fäs·serˌwei·se** *adv* **1.** by the barrel(ful), by the cask: ~ **kaufen** [**verkaufen**] to buy [to sell] by the cask (*od.* drum); **sie tranken das Bier gleich** ~ *colloq.* they drank beer by the barrel. – **2.** in barrels (*od.* casks): **etwas** ~ **liefern** to deliver s.th. in casks.

ˈ**Faß|ˌgä·rung** *f brew.* cask fermentation. — ~**geˌstell** *n* barrel rack (*od.* cradle). — ~ˌ**hahn** *m* tap. — ~ˌ**kar·ren** *m* barrel truck. — ~ˌ**ket·te** *f* barrel chain. — ~ˌ**la·ger** *n* barrel (*od.* cask) stand, gantry, *auch* gantree, stillage, stillion, stilling.

ˈ**faß·lich** *adj cf.* faßbar 1.

Fas·son[1] [faˈsõː; *Austrian and Swiss* faˈsoːn] *f* ⟨-; -s, *Austrian and Swiss auch* -en [-ˈsoːnən]⟩ **1.** (*fashion*) a) (*Machart*) cut, make, fashion, b) (*Sitz, Form*) shape, form, c) (*Typ*) style, type: **nach** (*od.* **auf**) ~ **gearbeitet** fully fashioned; **der Hut hatte die** ~ **verloren** (*od.* **hatte keine** ~ **mehr**, *colloq.* **war aus der** ~) the hat had lost its shape (*od.* had gone out of shape); **aus der** ~ **geraten** *fig. humor.* to lose one's figure. – **2.** *fig.* (*Art*) manner, way, fashion: **nach seiner** ~ **leben** to live after one's own manner (*od.* fashion), to live in one's own way, to have one's own style of life (*od.* living); **jeder soll nach seiner** ~ **selig werden** *fig.* everyone may lead a life after his own fashion. – **3.** *tech.* a) form, shape, profile, b) (*Umriß*) contour, c) (*Querschnitt*) section, d) (*Modell*) style. – **4.** *gastr.* (*eines Weines etc*) imitation.

Fas·son[2] [faˈsõː] *n* ⟨-s; -s⟩ (*fashion*) *cf.* Revers[1].

Fasˈson|ˌar·beit *f tech.* shaping (*od.* forming, profiling)-(work). — ~ˌ**draht** *m cf.* Profildraht. — **f**~ˌ**dre·hen** *v/t* ⟨*sep*, -ge-, h⟩ form-turn, profile, shape, contour. — ~ˌ**ho·bel** *m tech.* (*Holzbearbeitung*) molding (*bes. Br.* moulding) plane.

Fas·soˈnier|ˌar·beit *f tech.* (*Formdreharbeit*) form turning work (*od.* operation), shaping, profiling, contouring. — ~ˌ**einˌrich·tung** *f* (*Formdreheinrichtung*) profile-turning attachment, forming (*od.* form-turning) attachment.

fas·so·nie·ren [fasoˈniːrən] *v/t* ⟨*no* **ge-**, h⟩ **1.** *tech.* form(-turn), shape, profile, contour. – **2.** (*wood*) mold, *bes. Br.* mould. – **3.** (*textile*) form, shape, fashion, bring (*s.th.*) to a desired shape. – **4.** *Austrian* (*Haare*) trim.

Fasˈson|ˌleh·re *f tech.* (*des Glasmachers*) ga(u)ge glass cutter. — ~ˌ**schnitt** *m etwa* trimmed all around short back and sides (*style of haircut*). — ~ˌ**stahl** *m tech.* **1.** (*Werkzeug*) forming (*od.* form-cutting) tool, forming cutter. – **2.** *metall.* (*Werkstoff*) structural (*od.* sectional) steel, section steel.

ˈ**Faß|ˌpech** *n tech.* cooper's pitch. — ~ˌ**pum·pe** *f* **1.** *tech.* barrel pump. – **2.** *auto.* drum pump. — ~ˌ**reif**, ~ˌ**rei·fen** *m* barrel hoop. — ~ˌ**schnecke** (*getr.* -k·k-) *f zo.* partridge shell (*Dolium perdix*). — ~ˌ**spund** *m* barrel bung. — ~ˌ**tho·rax** *m med.* **1.** barrel-shaped thorax. – **2.** (*bei Lungenemphysem*) barrel chest, emphysematous thorax (*scient.*).

ˈ**Fas·sung** *f* ⟨-; -en⟩ **1.** *cf.* Fassen. – **2.** ⟨*only sg*⟩ (*Beherrschung*) composure, self-possession, countenance, aplomb: **die** ~ **bewahren** to maintain (*od.* keep, retain) one's composure, to keep one's countenance; **die** ~ **verlieren, aus der** ~ **kommen, außer** ~ **geraten** a) to lose one's composure, b) (*vor Wut*) to lose one's self-control, to lose control of oneself, to go off the deep end (*colloq.*); **seine** ~ **wiedergewinnen** a) to regain (*od.* recover) one's composure, b) (*nach einem Wutanfall*) to regain (*od.* recover) one's self-control; **j-n aus der** ~ **bringen** to disconcert (*od.* nonplus, rattle) s.o., to take s.o. aback, to put s.o. out of countenance, to put s.o. out (*colloq.*); **aus der** ~ **gebracht werden** to be disconcerted (*od.* nonplussed, taken aback, rattled, ruffled, *colloq.* put out); **nichts kann ihn aus seiner** ~ **bringen** nothing can disturb (*od.* upset) his composure, nothing can disconcert (*od.* confuse, embarrass) him; **nach** (*od.* **um**) ~ **ringen** to try to recover one's composure. – **3.** ⟨*only sg*⟩ (*inneres Gleichgewicht*) composure, tranquil(l)ity, equanimity, calmness, coolness, sangfroid, *Br.* sang-froid, balance, poise: **eine Nachricht mit** ~ **aufnehmen** to receive a piece of news with composure (*od.* calmly); **Unglück mit** ~ **tragen** to bear misfortune with equanimity. – **4.** (*Wortlaut*) text, wording: **die genaue** ~ **des Berichtes** the precise text of the report. – **5.** (*Formulierung*) formulation: **das Gesetz hat eine präzise** ~ the law is precisely formulated. – **6.** (*Version*) version, rendering: **in der ursprünglichen** ~ **heißt es** in the original version it says; **verkürzte** ~ **eines Buches** abridged version (*od.* edition) of a book; **die deutsche** ~ **dieses Films** the German version (*od.* rendition) of this film; **autorisierte** ~ authorized version. – **7.** (*Form*) form: **in der vorliegenden** ~ **ist die Arbeit nicht zu gebrauchen** the work is not usable in its present form. – **8.** *jur.* a) (*Abfassung*) drafting, drawing up, b) (*Konzept*) draft: **das Gesetz X vom ... in der** ~ **vom** law X of ... as amended (on). – **9.** (*jewelry*) a) (*eines Edelsteins*) mount(ing), setting, b) (*eines Rings*) bezel, claw, prongs *pl*: **etwas aus der** ~ **nehmen** to unset (*od.* dismount) s.th. – **10.** (*einer Brille*) frame. – **11.** *phot.* (*einer Linse, eines Objektivs*) mount, setting. – **12.** (*eines Bildes*) frame. – **13.** (*einer Quelle etc*) curb, *bes. Br.* kerb. – **14.** *electr.* a) (*einer Lampe*) (lamp) holder, *auch* lamp socket, b) (*in der Nachrichtentechnik*) (*von Dioden*) (cartridge) socket.

ˈ**Fas·sungsˌkraft** *f* (mental) capacity, (powers *pl* of) comprehension, conception, grasp: **es übersteigt** (*od.* **geht über seine**) ~ it is beyond his comprehension (*od.* conception, grasp, reach).

ˈ**fas·sungs·los I** *adj* **1.** disconcerted, discomposed, shaken: **mit** ~**em Blick** with a shaken look; **er machte ein** ~**es Gesicht** his face showed a shaken expression; ~ **sein** to be disconcerted (*od.* beside oneself). – **2.** (*sehr überrascht*) nonplussed, perplexed, rattled, (*stärker*) staggered: **er war einfach** ~ he was perplexed, he was stumped (*colloq.*). – **3.** (*völlig verwirrt*) bewildered, (*stärker*) thunderstruck (*pred*), aghast (*pred*). – **4.** (*sprachlos*) speechless: ~ **vor Empörung** speechless with indignation. – **5.** *lit.* (*Wut etc*) raging. – **II** *adv* **6.** in a disconcerted manner: **sie sah ihn** ~ **an** she gave him a disconcerted look. – **7.** in a bewildered manner. – **8.** uncontrollably, incontrollably: ~ **weinen** to weep uncontrollably. — ˈ**Fas·sungs·lo·sig·keit** *f* ⟨-; *no pl*⟩ **1.** disconcertedness, discomposure, discomfiture. – **2.** perplexity. – **3.** bewilderment. – **4.** speechlessness.

ˈ**Fas·sungs|ˌraum** *m tech. cf.* Fassungsvermögen 1. — ~ˌ**ring** *m auto.* (*eines Scheinwerfers*) bezel. — ~ˌ**rohr** *n* (*einer Quelle etc*) heading, adit, tunnel. — ~ˌ**schal·ter** *m* socket switch. — ~ˌ**steck·do·se** *f* plug adapter. — ~ˌ**stecker** (*getr.* -k·k-) *m* lamp holder plug. — ~**verˌmö·gen** *n* **1.** *bes. tech.* a) capacity, b) (*eines Lastwagens etc*) holding (*od.* loading, carrying) capacity, c) (*Rauminhalt*) volumetric capacity, content: ~ **eines Tanks** [**Teiches**] capacity of a tank [pond], tankage [pondage]. – **2.** (*eines Saales etc*) (seating) capacity: **das Stadion hat ein** ~ **von 100 000 Zuschauern** the stadium holds 100 000 spectators. – **3.** *fig. cf.* Fassungskraft. – **4.** *electr.* (*eines Kondensators*) capacity. – **5.** *med.* (*der Lunge*) respiratory capacity.

ˈ**Faß|ˌwa·ren** *pl* **1.** goods in casks (*od.* barrels). – **2.** coopers' goods. — ~ˌ**wein** *m* wine from the cask (*od.* wood). — **f**~ˌ**wei·se** *adv cf.* fässerweise. — ~ˌ**win·de** *f tech.* windlass for drawing barrel staves together.

fast [fast] *adv* **1.** almost, nearly: ~ **jeder** [**täglich, überall**] almost (*od.* nearly) everyone [everyday, everywhere]; **ich bin ~ fertig [überzeugt]** I am almost (*od.* all but) finished [convinced]; **~ gleich groß** of almost (*od.* very much) the same size; **das ist ~ dasselbe** this is almost (*od.* [very] much) the same thing; **~ ohne Ausnahme** almost invariably (*od.* without exception); **~ zu spät** almost too late, none too soon, at the very last moment; **~ zu schön, um wahr zu sein** almost too good to be true; **man könnte ~ meinen** one might (almost) think; **das hätte ich mir ~ denken können** I could have almost imagined it, I might have thought as much; **ich hätte ~ Lust, das zu tun** I almost feel like doing it, I have half a mind (*bes. Am.* notion) to do it; **er hätte ~ gewonnen** he almost won, he came near to winning; **er wäre ~ ertrunken** he almost (*od.* nearly, all but) drowned, he came within an ace (*od.* inch) of drowning; **sie wäre ~ in Tränen ausgebrochen** she almost (*od.* nearly, all but, well-nigh) broke into tears, she came near to breaking into tears; **ich möchte ~ glauben** I would almost be inclined (*od.* rather like) to think; **es war ~ Mord, es kam ~ einem Mord gleich** it came near to murder; **es kostete ihn** (*rare* ihm) **~ das Leben** it almost cost him his life; **es war ~ ein Wunder** it was almost (*od.* next thing to) a miracle; **ich komme ~ um vor Hunger** *colloq.* I am almost (*od. colloq.* simply) starving to death; **ich wünsche ~** I almost (*od.* half) wish. – **2.** (*in Verneinungen*) hardly, scarcely, *bes. Am.* almost: **~ nie** hardly (*od.* scarcely) ever, *bes. Am.* almost never, practically never; **~ niemand** hardly anyone, *bes. Am.* almost no one, next to nobody (*od.* no one); **~ nicht** hardly, scarcely; **~ nichts** hardly (*od.* scarcely) anything, almost (*od.* practically) nothing, next to nothing; **~ nirgends** scarcely anywhere, *bes. Am.* almost nowhere; **hier gibt es ~ keine Vegetation** there is hardly any (*od.* almost no) vegetation here. – **3.** (*vor Zahlenangaben*) almost, nearly, *Br.* close (up)on, *bes. Am.* close to: **der See ist ~ 5 Meilen lang** the lake is almost 5 miles long; **sie ist ~ sechzig (Jahre alt)** she is almost (*od.* close on) sixty. – **4.** (*annähernd*) approximately, about.

Fa·sta·ge [fas'taːʒə] *f* ⟨-; -n⟩ *econ. cf.* Leergut.

Fa·ste ['fastə] *f* ⟨-; *no pl*⟩ *obs. for* Fastenzeit 2.

'Fastˌebe·ne *f geol.* peneplain, *auch* peneplane, endrumpf.

'Fa·stelˌabend ['fastəl-] *m Western G. for* Fastnacht 1.

fa·sten[1] ['fastən] **I** *v/i* ⟨h⟩ **1.** fast, abstain from food (and drink), go without food, go hungry (*colloq.*), starve (*colloq.*): **einen Tag in der Woche ~** to fast (for) one day of the week. – **2.** *relig.* a) fast, b) abstain from meat: **an bestimmten Tagen streng ~** to fast rigorously on certain days. – **II F~** *n* ⟨-s⟩ **3.** *verbal noun.* – **4.** fast, abstinence: **das F~ unterbrechen** to break one's fast; **F~ vor einem Eingriff** *med.* preoperative (*Br.* pre-operative) fasting.

'Fa·sten[2] *pl relig. cf.* Fastenzeit 2: **Montag vor ~** Shrove Monday.

'Fa·sten|ˌblu·me *f bot.* liverwort (*Klasse Hepaticae*). — **~ˌbrief** *m relig.* Lenten pastoral letter.

'Fa·sten·de *m, f* ⟨-n; -n⟩ faster.

'Fa·sten|geˌbot *n relig.* obligation to fast. — **~ˌkur** *f med.* therapeutic(al) fasting, fasting cure: **strenge ~** hunger cure. — **~ˌpre·di·ger** *m relig.* Lenten preacher. — **~ˌpre·digt** *f* Lenten sermon. — **~ˌsonnˌtag** *m* Sunday in Lent. — **~ˌspei·se** *f* Lenten fare (*od.* diet). — **~ˌtuch** *n hist.* Lenten veil. — **~ˌzeit** *f* **1.** period of fasting, fast. – **2.** *relig.* Lent, Lenten season.

fa·sti·giert [fasti'giːrt] *adj bot.* fastigiate(d).

'Fastˌnacht *f* ⟨-; *no pl*⟩ **1.** Shrove Tuesday, Pancake Tuesday (*od.* Day), *bes. Am.* Mardi Gras: **zu** (*od.* **an**) **~** at Mardi Gras. – **2.** *cf.* Fastnachtszeit.

'Fastˌnachts|ˌbrauch *m* carnival (*od.* Shrovetide) custom. — **~ˌdiensˌtag** *m cf.* Fastnacht 1. — **~koˌstüm** *n* carnival costume (*od.* dress). — **~ˌkrap·fen** *m gastr.* doughnut. — **~ˌnarr** *m* carnival fool (*od.* buffoon, revel[l]er). — **~ˌsonnˌtag** *m* Shrove Sunday. — **~ˌspiel** *n* (*literature*) Shrovetide play. — **~ˌtrei·ben** *n* carnival merrymaking (*od.* festivities *pl*, revelries *pl*). — **~ˌumˌzug** *m* carnival procession (*od.* parade). — **~ˌzeit** *f* carnival time (*od.* season), Shrovetide. — **~ˌzunft** *f Swiss for* Karnevalsgesellschaft 2.

'Fastˌtag *m* **1.** *relig.* fast (day), maigre (day), fish day: **strenge ~e** days of obligation. – **2.** *med.* fasting day.

Fas·zes ['fastsɛs] *pl antiq.* (*Liktorenbündel*) fasces (*pl construed as sg*).

fas·zi·al [fas'tsĭaːl] *adj med. biol.* fascial.

Fas·zia·ti·on [fastsĭa'tsĭoːn] *f* ⟨-; -en⟩ *bot.* fasciation.

Fas·zie ['fastsĭə] *f* ⟨-; -n⟩ **1.** *med. zo.* fascia (*sheet of fibrous tissue investing muscles and organs*). – **2.** *med.* (*Bindenverband*) bandage, fascia (*scient.*).

'Fas·zi·en|ˌband *n* ⟨-(e)s; ⸗er⟩ *med. zo.* band of fascia. — **~ˌleh·re** *f* aponeurology. — **~ˌschicht** *f* fascial (*od.* aponeurotic) layer.

Fas·zi·kel [fas'tsiːkəl] *m* ⟨-s; -⟩ **1.** *print.* (*Teillieferung*) fascicle, *auch* fascicule, fasciculus. – **2.** *obs. for* Aktenbündel.

Fas·zi·na·ti·on [fastsina'tsĭoːn] *f* ⟨-; -en⟩ **1.** fascination, enthrallment, *auch* enthralment, strong (*od.* overpowering) attraction: **ihre Schönheit übte eine große ~ auf ihn aus** her beauty had a great fascination for him (*od.* fascinated him very much). – **2.** (*Zauber*) spell, enchantment, (*stärker*) bewitchment. — **fas·zi'nie·ren** [-'niːrən] **I** *v/t* ⟨*no* ge-, h⟩ **1.** fascinate, enthrall, *auch* enthral, inthral(l), captivate, intrigue, spellbind: **der Roman faszinierte mich** the novel fascinated me, I found the novel fascinating. – **2.** (*bezaubern*) fascinate, charm, enchant, enrapture, (*stärker*) bewitch, put (*s.o.*) under a spell, cast a spell over (*s.o.*): **ihre Augen faszinierten mich** her eyes fascinated (*od. stärker* mesmerized) me. – **II F~** *n* ⟨-s⟩ **3.** *verbal noun.* – **4.** *cf.* Faszination. — **fas·zi'nie·rend I** *pres p.* – **II** *adj* **1.** (*Roman etc*) fascinating, enthralling, inthralling, captivating, intriguing. – **2.** (*Lächeln, Frau etc*) fascinating, charming, enchanting, (*stärker*) bewitching. – **III** *adv* **3.** fascinatingly: **er konnte ~ erzählen** he could narrate fascinatingly. – **IV F~e, das** ⟨-n⟩ **4.** the fascinating thing: **das F~ an ihm ist seine große Liebenswürdigkeit** the fascinating thing about him is his great amiability. — **fas·zi'niert I** *pp.* – **II** *adj* fascinated, enthralled, inthralled, captivated, spellbound: **von etwas ~ sein** to be fascinated by (*od.* enamo[u]red of, *Am. colloq.* struck with) s.th.

fa·tal [fa'taːl] *adj* ⟨-er; -st⟩ **1.** (*verhängnisvoll*) fatal, disastrous, calamitous: **so etwas könnte ~e Auswirkungen haben** such a thing could have fatal (*od.* disastrous) effects (*od.* consequences). – **2.** (*peinlich*) awkward, embarrassing, unfortunate, nasty: **eine ~e Angelegenheit [Situation]** a (most) awkward (*od.* embarrassing) affair [situation]; **ein ~es Mißgeschick [Mißverständnis]** an awkward misfortune [misunderstanding]; **in einer äußerst ~en Lage sein** to be in an extremely awkward (*od.* precarious) position (*od.* situation). – **3.** (*Lächeln etc*) ominous. – **4.** (*scheußlich*) dreadful. — **fa'ta·ler'wei·se** *adv colloq.* unfortunately.

Fa·ta·lis·mus [fata'lɪsmʊs] *m* ⟨-; *no pl*⟩ *philos.* fatalism. — **Fa·ta'list** [-'lɪst] *m* ⟨-en; -en⟩ fatalist. — **fa·ta'li·stisch** *adj* fatalistic.

Fa·ta·li·tät [fatali'tɛːt] *f* ⟨-; -en⟩ **1.** fatality, disastrousness. – **2.** awkwardness, embarrassment, nastiness. – **3.** (*Mißgeschick*) mischance, misfortune, adversity. – **4.** awkward (*od.* embarrassing, unfortunate) incident (*od.* happening).

Fa·ta Mor·ga·na ['faːta mɔr'gaːna] *f* ⟨- -; - Morganen *u.* - -s⟩ **1.** (*Luftspiegelung*) fata morgana, mirage. – **2.** *fig.* fata morgana, illusion.

fa·tie·ren [fa'tiːrən] *v/t* ⟨*no* ge-, h⟩ **1.** *Austrian* declare (*one's income*) for taxation purposes. – **2.** *obs. for* bekennen 1.

fa·ti·gant [fati'gant] *adj obs. for* a) ermüdend II, b) lästig 4. — **Fa'ti·ge** [-'tiːgə] *f* ⟨-; -n⟩ *obs. for* Ermüdung 2. — **fa·ti'gie·ren** [-'giːrən] *v/t* ⟨*no* ge-, h⟩ *obs. for* a) ermüden 1, b) langweilen I. — **Fa'ti·gue** [-'tiːgə] *f* ⟨-; -n⟩ *cf.* Ermüdung 2.

Fa·ti·mi·den [fati'miːdən] *pl hist.* Fatimids, *auch* Fatimites.

Fa·tum ['faːtʊm] *n* ⟨-s; Fata [-ta]⟩ *lit.* **1.** (*Schicksal*) fate, destiny, lot. – **2.** (*Verhängnis*) fatality.

Fatz·ke ['fatskə] *m* ⟨-n; -n *u.* -s⟩ *colloq. for* Geck, Affe 2.

fau·chen ['fauxən] **I** *v/i* ⟨h⟩ **1.** (*von Löwe, Tiger etc*) snarl. – **2.** (*von Katze etc*) spit. – **3.** *fig.* (*von Person*) spit, hiss, snarl. – **4.** *fig.* (*von Lokomotive etc*) puff, hiss, chuff. – **II** *v/t* **5.** *fig.* (*Bemerkung etc*) spit, hiss, snarl. – **III F~** *n* ⟨-s⟩ **6.** *verbal noun.* – **7.** snarl. – **8.** spit.

faul [faul] *adj* ⟨-er; -st⟩ **1.** (*Obst, Gemüse etc*) bad, rotten: **~e Stelle** (*an Apfel etc*) rotten speck (*od.* spot); **durch und durch ~** rotten to the core. – **2.** (*Fleisch, Fisch etc*) bad, spoiled, putrid, stinking, tainted: **~ werden** to spoil, to go (*od.* turn) bad, to become (*od.* turn) putrid, to putrefy, to taint. – **3.** (*Ei*) bad, rotten, addled: **das Ei ist faul geworden** the egg has addled, the egg has gone bad (*od.* off); **j-n mit ~en Eiern bewerfen** to throw rotten eggs at s.o. – **4.** (*Wasser etc*) *cf.* faulig 1, 2. – **5.** (*Geruch, Geschmack etc*) putrid, fetid, foul, noisome, filthy (*colloq.*): **~er Mundgeruch** foul breath, halitosis (*scient.*); **~ riechen** to stink, to have a foul smell. – **6.** (*Laub, Holz etc*) rotten, rotted, decayed. – **7.** *med.* (*Zahn*) decayed, bad, rotten, carious (*scient.*): **~es** (*wucherndes*) **Fleisch** proud flesh. – **8.** *fig.* (*Gesellschaftsordnung etc*) (morally) rotten: **etwas ist ~ im Staate Dänemark** something is rotten in the state of Denmark. – **9.** *fig.* (*Kompromiß, Friede etc*) spurious, sham, hollow. – **10.** *fig.* (*Schnee*) slushy. – **11.** *fig. colloq.* (*unlauter*) doubtful, dubious; shady, fishy (*colloq.*): **eine ~e Angelegenheit** a shady affair; **ein ~er Kunde** a shady customer; **an der Sache ist etwas ~** there is something fishy about it; **das kommt mir reichlich ~ vor** this looks rather doubtful (*od.* suspicious, queer, *colloq.* fishy) to me, I smell a rat (*colloq.*); **~er Zauber** humbug, eyewash, *bes. Am.* 'hogwash', hocus-pocus, *auch* hokus-pokus, mumbo jumbo, *colloq.* boloney, *Am. colloq.* hooey, hokum. – **12.** *fig. colloq.* (*Ausrede etc*) poor, lame, thin, empty: **~e Redensarten** (*od.* **Fische**) empty words, hollow phrases, idle talk. – **13.** *fig. colloq.* (*Witz etc*) stale, bad, poor: **~e Witze machen** a) to make (*od.* crack) poor (*od.* bad) jokes, b) to make (*od.* crack) doubtful (*od.* crude) jokes. – **14.** *fig. colloq.* (*schlecht*) bad: **es steht ~ um ihn** things are looking bad for him. – **15.** (*Person*) lazy, indolent, idle, slothful: **~e Schüler** lazy students; **er ist ein ~er Bursche** (*od. colloq.* **Strick**, *vulg.* **Hund**) *contempt.* he is a lazy fellow (*od.* good-for-nothing), he is a lazy dog (*od. colloq.* cuss); **was seid ihr doch für eine ~e Bande!** *colloq. contempt., auch humor.* what a lazy lot (*od.* pack) you are! **~ wie die Sünde sein** *colloq.* to be a lazybones, *bes. Br. colloq.* to be bone-idle (*od.* -lazy); **ich bin jetzt zu ~ dazu** I'm too lazy to do that now; **ein ~es Leben führen** to lead a lazy (*od.* idle) life, to lead a life of idleness; **den ganzen Tag auf der ~en Haut liegen** *colloq.* to idle (*od.* laze) away one's time, to idle all day long. – **16.** *fig. colloq.* (*in der Wendung*) **nicht ~** without hesitation (*od.* delay), at once, quickly, promptly: **sie, nicht ~, sprang auf mich los** without a moment's hesitation (*od.* without losing a moment) she flew at me; **er, nicht ~, gab ihr eine passende Antwort** he came out smartly with a suitable answer. – **17.** *econ. colloq.* a) (*Wechsel etc*) worthless, bad, dud (*colloq.*), b) (*Schuldner etc*) dilatory, slow, bad. – **18.** *metall.* brittle, short. – **19.** **~er Heinrich** *electr.* (*Radioantenne*) lazy henry (*od.* H). – **II** *adv* **20.** lazily: **sich ~ recken** to stretch one's limbs lazily. – **III F~e, das** ⟨-n⟩ **21.** (*an Obst etc*) the rotten (*od.* bad) part(s *pl*): **das F~e herausschneiden** to cut out the bad parts. – **22.** *fig. colloq.* the doubtful (*od.* dubious, shady, *colloq.* fishy) thing: **das F~e an der Sache ist, daß** the doubtful thing about the matter is that.

'faulˌästig *adj* (*Holz*) rotten, unsound.

'Faulˌbaum *m bot.* black (*od.* berry-bearing) alder, alder (*od.* breaking) buckthorn, butcher's prickwood (*Rhamnus frangula*). — **~geˌspinstˌmot·te** *f zo.* small eremine-moth (*Hyponomeutha evonymella*). — **~ˌrin·de** *f med. pharm.* buckthorn bark, frangula (*scient.*).

'Faul|ˌbee·re *f bot.* buckthorn berry. — **~ˌbrand** *m* **1.** *agr.* (*des Weizens*) bunt, stinking (*od.* low) smut. – **2.** *med.* moist gangrene. – **3.** *bot.* smut (ball *od.* fungus) (*Ustilago carbo*). — **~ˌbruch** *m metall.* (*von Guß*) brittleness, shortness. — **f~ˌbrü·chig** *adj* brittle, short. — **~ˌbrü·chig·keit** *f cf.* Faulbruch.

'FaulˌBrut *f vet.* (*Bienenkrankheit*) foulbrood, *bes. Br.* foul brood. — **~ˌbie·ne** *f zo.* hump-backed fly (*Hypocera incrassata*).

'Fau·le *m, f* ⟨-n; -n⟩ lazy (*od.* idle, indolent, slothful) person, idler, sluggard, lazybones *pl* (*construed as sg or pl*), *bes. Br. colloq.* layabout: der (*od.* die) ~ *auch* the idle (*od.* lazy) one.

Fäu·le ['fɔʏlə] *f* ⟨-; *no pl*⟩ **1.** *cf.* Fäulnis 1—3. – **2.** *vet.* putrefaction, rottenness. – **3.** *agr.* a) rot, mold, *bes. Br.* mould, blight, b) (*des Weizens*) smut. – **4.** (*wood*) rot: nasse [trockene] ~ wet [dry] rot.

'Faulˌecke (*getr.* -k·k-) *f med.* (*der Lippe*) perleche, migrating ch(e)ilitis.

fau·len ['faulən] **I** *v/i* ⟨sein, *auch* h⟩ **1.** (*von Obst, Gemüse etc*) rot, spoil, go (*od.* turn) bad (*od.* rotten). – **2.** (*von Fleisch, Fisch etc*) spoil, go (*od.* turn) bad, become putrid, putrefy, *auch* putrify. – **3.** (*von Ei*) go (*od.* turn) bad, addle. – **4.** (*von Wasser etc*) become putrid (*od.* stagnant), stagnate. – **5.** (*von Laub, Holz etc*) rot, decay. – **6.** *med.* a) (*von Zahn*) decay, rot, go bad (*colloq.*), become carious (*scient.*), b) (*von Gewebe etc*) putrefy, *auch* putrify, decompose, decay, rot. – **7.** (*paper*) (*von Hadern*) rot, ret. – **8.** *civ.eng.* (*von Abwässern etc*) putrefy. – **9.** *rare* (*verwesen*) decay, decompose, disintegrate. – **II F~** *n* ⟨-s⟩ **10.** *verbal noun.* – **11.** putrescence, putrefaction. – **12.** *med.* decay, decomposition. – **13.** (*paper*) fermentation.

fäu·len ['fɔʏlən] *v/t* ⟨h⟩ (*paper*) ferment, macerate (*s.th.*) (by fermentation).

'fau·lend I *pres p.* – **II** *adj* **1.** (*Obst, Gemüse etc*) spoiling, rotting. – **2.** (*Fleisch etc*) spoiling, putrid, putrescent. – **3.** (*Wasser etc*) putrid, foul, stagnant. – **4.** (*Laub etc*) rotting, decaying, moldy, *bes. Br.* mouldy. – **5.** *med.* a) (*Zahn*) decaying, rotting, carious (*scient.*), b) (*Gewebe etc*) putrescent, c) (*Wunde etc*) septic.

fau·len·zen ['faulɛntsən] **I** *v/i* ⟨h⟩ **1.** *contempt.* (*faul sein*) be lazy, idle, loaf, laze: die ersten Semester faulenzte er the first few terms he idled (*od.* led an idle life); er faulenzt für zwei *colloq.* he is lazy enough for two. – **2.** *colloq.* (*nichts tun*) do nothing, idle: dieses Wochenende wollen wir mal richtig ~ this weekend we'll do absolutely nothing. – **3.** *colloq.* (*entspannen*) relax. – **II F~** *n* ⟨-s⟩ **4.** *verbal noun.* — **'Fau·len·zer** *m* ⟨-s; -⟩ **1.** lazy (*od.* idle, indolent, slothful) person (*od.* fellow), idler, lazybones *pl* (*construed as sg or pl*) (*colloq.*), do-nothing, dolittle, *bes. Br.* do-little (*colloq.*), *bes. Br. colloq.* layabout. – **2.** (*Langschläfer*) sleepyhead, sluggard. – **3.** *fig. colloq.* easy (*od.* lounge) chair. – **4.** *fig. Austrian for* Linienblatt. – **5.** *brew.* Y connection (*Br. auch* connexion). – **6.** *tech.* idler. – **7.** *mar.* topping lift. — **Fau·len·ze'rei** *f* ⟨-; *no pl*⟩ *colloq. cf.* Faulenzen. — **'Fau·len·ze·rin** *f* ⟨-; -nen⟩ *cf.* Faulenzer 1, 2. — **'fau·len·ze·risch** *adj* idle, lazy.

'Fau·len·zerˌle·ben *n colloq.* idle (*od.* lazy) life, life of idleness (*od.* laziness), *Am.* life of Riley.

'Faul|ˌer·de *f geol.* paper coal. — **~ˌfleck** *m* **1.** (*an Obst*) rotten speck (*od.* spot). – **2.** *med.* (*am Zahn*) place where tooth decay (*od. scient.* caries) has set in, spot cavity. — **~ˌgal·lert** *n*, **~galˌler·te** *f geol.* saprocol. — **~ˌgas** *n chem.* sewage gas.

'Faul·heit *f* ⟨-; *no pl*⟩ laziness, idleness, indolence, sloth(fulness): gegen j-s ~ angehen to try to knock the laziness out of s.o.; er unterließ es aus reiner (*od.* purer) ~ he omitted it out of pure laziness; er leidet an chronischer ~ *colloq. humor.* he is incurably lazy; vor ~ stinken *vulg.* to be stinking idle, *bes. Br. colloq.* to be bone-idle (*od.* -lazy).

'FaulˌHolz *n* (*forestry*) *cf.* Anbruchholz.

'fau·lig *adj* **1.** (*Geruch etc*) rotten, putrid: ~ riechen to smell rotten (*od.* putrid). – **2.** (*modrig*) moldy, *bes. Br.* mouldy. – **3.** *cf.* faulend 1—4. – **4.** *med.* (*Gangrän[e]*) moist. – **5.** *chem.* (*Gärung*) putrefactive. — **'Fau·lig·keit** *f* ⟨-; *no pl*⟩ rottenness, putridness, putridity, putrescence.

Fäul·nis ['fɔʏlnɪs] *f* ⟨-; *no pl*⟩ **1.** (*von Obst etc*) rottenness, rot, spoilage: die Früchte waren in ~ übergegangen the fruit had begun to rot; Nahrungsmittel vor ~ schützen to protect food against spoilage. – **2.** (*von Fleisch etc*) putrefaction, putridity, putridness, putrescence. – **3.** (*von Laub, Holz etc*) rottenness, decay. – **4.** *med.* a) (*von Zahn*) decay, caries (*scient.*), b) (*von Gewebe*) putrefaction, decomposition, c) (*von Wunde*) sepsis: durch ~ hervorgerufen septic. – **5.** (*Verwesung*) decay, decomposition, disintegration: der Kadaver ist schon in ~ übergegangen the cadaver has begun to decompose. – **6.** *fig. lit.* (*Verfall*) decay, corruption. — **~al·ka·loˌid** *n chem.* putrescence (*od.* cadaveric) alkaloid, ptomaine. — **~bakˌte·ri·en** *pl biol.* putrefactive bacteria. — **~ˌba·se** *f chem. cf.* Fäulnisalkaloid. — **~beˌfall** *m* onset of putrefaction. — **f~beˌstän·dig** *adj* **1.** rotproof, decay-resistant. – **2.** imputrescible. – **3.** *mar.* resistant to fouling. — **f~beˌwir·kend** *adj* **1.** *biol. med. cf.* fäulniserregend. – **2.** ~er Stoff (*bei der Käseherstellung*) (bacterial) starter. — **~beˌwoh·ner** *m biol.* saprophyte. — **f~erˌre·gend** *adj* **1.** *biol.* causing putrefaction, putrefactive, putrefacient. – **2.** *med.* saprogenic, saprogenous, septic. — **~erˌre·ger** *m* **1.** *biol.* putrefactive agent. – **2.** *med.* saprogen, saprogenic (*od.* saprogenous) agent (*od.* bacterium). – **3.** (*in der Käseherstellung*) (bacterial) starter. — **~erˌschei·nung** *f* **1.** symptom of putrefaction. – **2.** *fig.* symptom of decay. — **f~ˌför·dernd** *adj* promoting putrefaction. — **~ˌgä·rung** *f* putrefactive fermentation, putrefaction. — **~ˌgas** *n* **1.** *chem. cf.* Faulgas. – **2.** *med.* putrescent gas. — **~ˌgift** *n med.* septic poison. — **f~ˌlie·bend** *adj bot.* saprophilous, *auch* saprophile. — **~ˌpflan·ze** *f bot.* saprophyte. — **~proˌzeß** *m* **1.** process of putrefaction, putrefactive process. – **2.** process of decomposition (*od.* decay). — **f~verˌhin·dernd, f~verˌhü·tend, f~ˌwid·rig** *adj med.* antiseptic, antiputrefactive.

'FaulˌPelz *m fig. colloq. for* Faulenzer 1,2.

'FaulˌSchlamm *m* **1.** *geol.* sapropel. – **2.** *tech.* sludge. — **~ˌgas** *n chem. cf.* Faulgas. — **~ˌkalk** *m geol.* freshwater limestone.

'Faul|ˌtier *n* **1.** *zo.* sloth, bradypod, *auch* bradypode (*scient.*) (*Fam. Bradypodidae*). – **2.** *fig. colloq.* lazybones *pl* (*construed as sg or pl*) (*colloq.*), lazy person. — **~ˌvo·gel** *m zo.* puffbird, barbet (*Bucco hyperrhanchus*). — **~ˌwei·zen** *m bot.* smut fungus (*od.* ball).

Faun [faun] *m* ⟨-(e)s; -e⟩ **1.** *myth.* faun. – **2.** *fig. contempt.* lustful (*od.* lascivious, lecherous, sensual) person.

Fau·na ['fauna] *f* ⟨-; Faunen⟩ **1.** *zo.* fauna. – **2.** (*Tierbestimmungsbuch*) fauna (guide).

'FaunˌAf·fe *m zo.* brown capuchin (*Cebus fatuellus*).

'fau·nisch *adj* **1.** faun-like. – **2.** *fig.* (*lüstern*) lustful, lascivious, lecherous, sensual.

fau·ni·stisch [fau'nɪstɪʃ] *adj zo.* faunal, faunistic(al).

Fau·nus ['faunus] *npr m* ⟨-; *no pl*⟩ *myth.* Faunus.

Faust [faust] *f* ⟨-; Fäuste⟩ **1.** fist: geballte ~ clenched fist; eine ~ machen to make a fist; die Fäuste ballen to clench one's fists; die ~ in der Tasche ballen a) to clench one's fist in one's pocket, b) *fig.* to hide (*od.* conceal, *colloq.* bottle up) one's rage (*od.* indignation); sie mußten mit geballten Fäusten zusehen (in spite of their rage) they had to stand passively by; j-m mit der ~ drohen, die ~ gegen j-n erheben, j-m die ~ zeigen (*od. colloq.* unter die Nase halten) to shake one's fist at s.o., to show one's fist to s.o., to threaten s.o. with one's fist; die Fäuste gegen etwas erheben to raise one's fists (*od. sl.* dukes) against s.th.; j-n mit der ~ schlagen to strike (*od.* hit) s.o. with one's fist, to punch (*od.* pummel, fisticuff) s.o.; mit der bloßen (*od.* blanken) ~ with one's bare fist(s), barefisted; sich (*acc*) mit Fäusten schlagen, mit den Fäusten kämpfen to fight with fists, to engage in fisticuffs, to fisticuff; mit der ~ auf den Tisch schlagen a) to bang (*od.* plant) one's fist on the table, to bang (*od.* thump) (on) the table with one's fist, b) *fig. colloq.* to assert one's authority, to put one's foot down, c) *fig. colloq.* to do s.th. drastic, to get tough about s.th. – **2.** *fig.* (*in Wendungen wie*) das paßt wie die ~ aufs Auge *colloq.* a) (*von Farbzusammenstellung etc*) that clashes horribly, that doesn't go together, b) (*von Bemerkung etc*) that couldn't be more inappropriate (*od.* unfitting), that's utterly absurd here, that doesn't fit at all; er paßt zu ihr wie die ~ aufs Auge *colloq.* he is quite unsuited to her; auf eigene ~ handeln *colloq.* a) to act on one's own (responsibility *od.* initiative *od.* account), *Br.* to do s.th. off one's own bat, *Am.* to do s.th. on one's own hook (*beide colloq.*), b) to take the law into one's own hands; mit eiserner ~ regieren to rule with an iron hand (*od.* a rod of iron); die ~ im Nacken spüren to be under pressure (*od.* duress); ein belegtes Brötchen auf die ~ nehmen *dial.* to take a sandwich in one's hand. – **3.** *meist pl* (*Hand*) hand, paw (*colloq.*), fist (*colloq.*), *Am. sl.* meat-hook, mitt: derbe Fäuste haben to have clumsy hands (*od. colloq.* paws). – **4.** *tech.* (*Werkzeug*) socket. – **5.** *auto.* stub axle, reverse Elliot-type front axle.

'FaustˌBall *m* (*sport*) **1.** (*Ball*) ball used in fistball. – **2.** ⟨*only sg*⟩ (*Spiel*) fistball.

Fäust·chen ['fɔʏstçən] *n* ⟨-s; -⟩ *dim. of* Faust: sich (*dat*) (eins) ins ~ lachen *fig.* to laugh (*od.* chuckle) up one's sleeve, to laugh to oneself (*od.* in one's beard), to gloat.

faust·dick I *adj* **1.** ['faustˌdɪk] *cf.* faustgroß. – **2.** ['faust'dɪk] *fig. colloq.* (*in Wendungen wie*) eine ~e Lüge a whopping (*od.* whacking) (great) lie, a whopper (*beide colloq.*); es ~ hinter den Ohren (sitzen) haben to know a thing (*od.* trick) or two, *Br. sl.* to be pretty fly; es kommt immer gleich ~ it never rains but it pours. – **II** *adv* **3.** ['faust'dɪk] ~ lügen *fig. colloq.* to tell whopping (*od.* whacking) lies, to tell whoppers (*beide colloq.*); ~ auftragen to lay it on thick (*od.* with a trowel), to pile it on, to exaggerate.

Fäu·stel ['fɔʏstəl] *m* ⟨-s; -⟩ **1.** *tech.* a) miner's hammer, b) stonemason's two-handed hammer. – **2.** *archeol. cf.* Faustkeil.

fau·sten ['faustən] *v/t* ⟨h⟩ (*sport*) (*Ball*) punch (away).

'faustˌgroß *adj* as big as (*od.* the size of) a fist.

'Faust|ˌhandˌschuh *m* mitt(en), *auch* mit. — **~ˌhieb** *m cf.* Faustschlag.

'fau·stisch *adj* Faustian, Faust-like.

'Faust|ˌkampf *m* **1.** fistfight. – **2.** (*sport*) a) boxing match, b) (*ohne Handschuhe*) fisticuffs (*construed as sg or pl*), c) (*Sportart*) boxing, pugilism (*lit.*). — **~ˌkämp·fer** *m* boxer, pugilist (*lit.*). — **~ˌkeil** *m archeol.* celt.

Fäust·ling ['fɔʏstlɪŋ] *m* ⟨-(e)s; -e⟩ *cf.* Fausthandschuh.

'Faust|ˌpfand *n* (dead) pledge, pawn: etwas als ~ geben to give s.th. as a pledge, to pledge (*od.* to pawn) s.th. — **~ˌrecht** *n* **1.** fist (*od.* club) law, *Br.* club-law, rule of fist, law of the strongest. – **2.** *hist.* right to private warfare. — **~ˌre·gel** *f* rule of thumb, general rule, rough (and ready) formula. — **~ˌsa·ge** *f* (*literature*) Faust legend. — **~ˌschlag** *m* blow (with the fist), punch, sock (*sl.*). — **~ˌskiz·ze** *f* **1.** rough (*od.* freehand) sketch. – **2.** (*Landkarte*) sketch map.

Fau·teuil [fo'tøːj; fo'tœj] (*Fr.*) *m* ⟨-s; -s⟩ *archaic* armchair, easy chair, fauteuil.

'FautˌFracht ['faut-] *f mar.* dead freight.

Faux·pas [fo'pa] *m* ⟨- [-'pa(s)]; - [-'pas]⟩ faux pas, gaffe, (social) slip (*od.* blunder).

fa·vo·ri·sie·ren [favori'ziːrən] *v/t* ⟨*no* ge-, h⟩ favor, *bes. Br.* favour: favorisiert werden (*bes. sport*) to be most favo(u)red, to be the favo(u)rite.

Fa·vo·rit [favo'riːt] *m* ⟨-en; -en⟩ **1.** *auch fig.* favorite, *bes. Br.* favourite: hoher [todsicherer] ~ des Rennens (*sport*) hot [odds-on] favo(u)rite of the race; Kostüme sind wieder ~en der Mode *fig.* suits are again favorites of fashion. – **2.** (*Günstling*) minion. — **Fa·vo'ri·tin** *f* ⟨-; -nen⟩ favorite, *bes. Br.* favourite.

Fa·xen ['faksən] *pl* **1.** facial contortions, grimace *sg*: ~ ziehen (*od.* schneiden, machen) *colloq.* to make (*od.* pull) a face, to grimace. – **2.** (*Unsinn*) nonsense *sg*, (tom)foolery *sg*, buffoonery *sg*, antics, silly jokes (*od.* pranks), tricks: ~ machen to fool (around), to play the fool, to lark about; sie hat immer ~ im Kopf she's always full of mischief; laß die (*od.* mache keine) ~! stop fooling around! stop that nonsense! — **'Fa·xenˌma·cher** *m* ⟨-s; -⟩ **1.** person who pulls (*od.* makes) faces, grimacer. – **2.** wag, joker, buffoon, clown.

Fa·yence [fa'jã:s] *f* ⟨-; -n [-sən]⟩ faïence, *auch* fayence: Delfter ~n delft(ware) *sg*, *auch* delphware *sg*.

Fa'zet·ten,au·ge [fa'tsɛtən-] *n zo. cf.* Facettenauge.

Fa·zia·lis [fa'tsĭa:lɪs] *m* ⟨-; *no pl*⟩ *med.* facial nerve. — ~,**läh·mung** *f* Bell's palsy (*od.* paralysis), facial paralysis.

Fa·zit ['fa:tsɪt] *n* ⟨-s; -e *u.* -s⟩ **1.** result, upshot, (sum) total: **das ~ aus etwas ziehen** to sum s.th. up. – **2.** *econ.* (*einer Bilanz etc*) result, total, amount.

FDJler [ɛfde:'jɔtlər] *m* ⟨-s; -⟩ *DDR pol.* member of the 'Freie Deutsche Jugend'.

F-,Dur ['ɛf-] *n* ⟨-; *no pl*⟩ *mus.* F major.

FD-,Zug [ɛf'de:-] *m* (*railway*) long-distance express (train), *Am.* limited express.

Fea·ture ['fi:tʃər; 'fi:tʃə] (*Engl.*) *n* ⟨-s; -s⟩, *auch f* ⟨-; -s⟩ **1.** (*radio*) (*Hörbild*) feature. – **2.** (*als Zeitungsartikel*) feature story. — ~-**-Re·dak,teur** *m* features editor. — ~-,**Sen·dung** *f* feature broadcast.

Fe·bru·ar ['fe:bruar] *m* ⟨-(s); *rare* -e⟩ February: **im (Monat) ~** in (the month of) February; **wir haben heute den fünften ~** today is the fifth of February.

Fech·ser ['fɛksər] *m* ⟨-s; -⟩ *bot.* (off)shoot, sprout, scion, *auch* cion.

'**Fecht|,an,zug** *m* (*sport*) fencing dress. — ~,**bahn** *f* fencing strip. — ~,**bo·den** *m* fencing loft (*od.* hall). — ~,**bru·der** *m archaic colloq.* **1.** (*Bettler*) beggar. – **2.** (*Landstreicher*) vagabond, tramp.

fech·ten ['fɛçtən] **I** *v/i* ⟨ficht, focht, gefochten, h⟩ **1.** (*sport*) fence: **ich habe gestern mit ihm** (*od.* **gegen ihn**) **gefochten** I fenced against him yesterday. – **2.** *mil.* (*kämpfen*) fight. – **3.** *fig.* (*für eine Sache, ein Ideal etc*) fight (for), battle (for). – **4.** *colloq.* (*betteln*) beg: **~ gehen** to go (about) begging. – **II** *v/t* **5.** (*sport*) fence, fight: **einen Gang ~** to fence (*od.* fight) one bout. – **6.** *colloq.* (*erbetteln*) beg for: **sich** (*dat*) **ein paar Zigaretten ~** to scrounge some cigarettes. – **III F~** *n* ⟨-s⟩ **7.** *verbal noun.* – **8.** (*sport*) fencing.

'**Fech·ter** *m* ⟨-s; -⟩ **1.** (*sport*) fencer, swordsman: **Abstand der ~** (fencing) distance. – **2.** *colloq. cf.* Fechtbruder. — ~,**flan·ke** *f* (*sport*) (*beim Turnen*) fencer's flank vault. — ~,**gruß** *m* fencers' salute.

'**Fech·te·rin** *f* ⟨-; -nen⟩ (*sport*) (lady) fencer.

'**Fech·ter|,mu·schel** *f zo.* spider conch (*Gattg Strombus*). — ~,**stel·lung** *f* (*sport*) *cf.* Fechtstellung.

'**Fecht|,gang** *m* (*sport*) phrase. — ~,**hand·,schuh** *m* fencing glove, gauntlet. — ~,**ho·se** *f* fencing breeches *pl*. — ~,**jacke** (*getr.* -k·k-) *f* fencing jacket. — ~,**kampf** *m* fencing bout (*od.* match). — ~,**kunst** *f* ⟨-; *no pl*⟩ (art of) fencing. — ~,**leh·rer** *m cf.* Fechtmeister. — ~,**mann·schaft** *f* fencing team. — ~,**mas·ke** *f* fencing mask. — ~,**mei·ster** *m* fencing master. — ~,**re·gel** *f* fencing rule. — ~,**saal** *m cf.* Fechtboden. — ~,**schu·le** *f* school of fencing. — ~,**sport** *m* fencing. — ~,**stel·lung** *f* (on) guard position, on guard. — ~,**stun·de** *f* fencing lesson. — ~**tur·,nier** *n* fencing tournament (*od.* competition). — ~,**übung** *f* fencing exercise, fencing practice. — ~,**un·ter,richt** *m* fencing lessons *pl*.

Fe·der ['fe:dər] *f* ⟨-; -n⟩ **1.** feather: **mit weißen ~n** with white feathers (*od.* plumage), white-feathered; **ohne ~n** bald, deplumate (*scient.*); **~n bekommen** to feather, to grow feathers; **die ~n verlieren** to shed (*od.* lose, cast) feathers, to mo(u)lt; **sie ist leicht wie eine ~** *fig.* she is as light as a feather; **~n lassen (müssen)** *fig. colloq.* not to escape unscathed, to lose a few feathers, to have to suffer considerably; **den Vogel erkennt man an den ~n** (*Sprichwort*) you can tell a leopard by its spots (*proverb*). – **2.** (*Schmuckfeder*) plume, feather: **kleine ~** plumelet; **mit ~n schmücken** to deck with plumes, to plume, to feather; **sich mit fremden ~n schmücken** *fig.* a) (*mit fremden Kleidern etc*) to deck (*od.* adorn) oneself with borrowed plumes, b) (*mit fremden Gedanken etc*) to steal s.o.'s thunder. – **3.** (*Daune, Flaumfeder*) down. – **4.** (*Schwung-, Schwanzfeder*) quill, *bes. Br.* quill feather. – **5.** *pl colloq. for* Bett 1. – **6.** (*Schreibfeder aus Metall*) nib: **eine stumpfe ~** a stub. – **7.** (*Gänsekiel*) quill. – **8.** *fig. lit.* pen: **ein Mann der ~** a man of letters, a literary man, a penman; **etwas der ~ anvertrauen** to confide s.th. to paper, to put s.th. down in writing; **j-m etwas in die ~ diktieren** to dictate s.th. to s.o.; **die ~ ergreifen, zur ~ greifen** a) to take up one's pen, to take pen in hand, to put (*od.* set) pen to paper, to start writing, b) to take up writing; **eine scharfe [gewandte] ~ führen** to wield (*od.* have) a formidable (*od.* sharp) [ready, skil(l)ful, fluent] pen; **viele bedeutende Romane sind** (*od.* **stammen**) **aus seiner ~** (*od.* **sind aus seiner ~ geflossen**) many important novels have been written by him (*od.* are from his pen). – **9.** (*an einem Pfeil*) vane, feather. – **10.** *tech.* a) (*Tragfeder*) spring, b) (*Paßfeder*) feather (*od.* fitting) key, feather, c) (*einer Keilwelle*) spline key, male spline, d) (*Holzverbindung*) tongue, e) (*eines Hammerstiels*) strap: **Nut und ~** a) (*Metallverbindung*) slot and key, b) (*Holzverbindung*) tongue and groove. – **11.** *metall.* (*eines Formkastens*) rib. – **12.** (*watchmaking*) (watch) spring. – **13.** *hunt.* a) (*Dornfortsatz beim Wild*) spinal process, b) *meist pl* (*Rückenborste des Schwarzwilds*) (neck) bristle. – **14.** *min.* (*Sprung*) feather. – **15.** (*sport*) (*der Klinge*) foible, weak of the blade.

'**Fe·der|,äh·re** *f bot.* pearl millet (*Pennisetum glaucum*). — ~,**an,trieb** *m tech.* spring(-actuated) drive: **mit ~** spring-driven. — **f~,ar·tig I** *adj* **1.** featherlike, *Br.* feather-like, feathery, plumelike, *Br.* plume-like, plumy. – **2.** *bot. zo.* plumulate, plumate, plumose, pinnate. – **3.** *min.* featherlike, *Br.* feather-like. – **4.** *tech.* like a spring, springlike, *Br.* spring-like. – **II** *adv* **5.** *bot.* featherlike, *Br.* feather-like: **~ wachsen** to feather. — ~,**auf,hän·gung** *f tech.* spring suspension. — ~,**au·ge** *n auto.* spring eye. — ~-**,au·ßen,ta·ster** *m* outside spring calipers *pl* (*bes. Br.* callipers *pl*).

'**Fe·der,ball** *m* (*sport*) **1.** (*Ball*) shuttlecock, *auch* shuttle, bird. – **2.** ⟨*only sg*⟩ (*Sportart*) badminton. — ~,**schlä·ger** *m* badminton racket. — ~,**spiel** *n* **1.** ⟨*only sg*⟩ (*Sportart*) badminton. – **2.** (*Einzelspiel*) game of badminton. – **3.** (*Gesamtspielausrüstung*) badminton set.

'**Fe·der|,band,kupp·lung** *f tech.* coil clutch. — ~**ba·ro,me·ter** *n* **1.** *tech.* aneroid barometer. – **2.** *civ.eng.* orometer, mountain barometer. — ~,**bart** *m zo.* beard (of capercaillie). — ~,**bein** *n auto.* **1.** transverse control arm. – **2.** (*am Motorrad*) telescopic fork. — **f~be,la·stet** *adj tech.* (*Ventil etc*) spring-loaded. — ~,**be·sen** *m* feather duster, whisk. — ~,**bett** *n* **1.** (*Deckbett*) eiderdown, down-filled bedcover: **abgesteppte s~** quilt. – **2.** (*Unterbett*) feather bed. — ~,**bin·se** *f bot.* **1.** cotton grass (*od.* rush) (*Gattg Eriophorum*). – **2.** moor grass (*Eriophorum angustifolium*). — ~,**blatt** *n* **1.** *tech.* spring leaf (*od.* plate). – **2.** *auto.* (*an Radaufhängung*) suspension leaf. — ~,**blu·me** *f* **1.** *bot.* great mullein, high taper, cows lungwort, Aaron's rod (*Verbascum thapsus*). – **2.** (artificial) feather flower. — ~,**boa** *f* (*fashion*) feather boa. — ~,**bock** *m auto.* spring bracket (*od.* hanger). — ~,**bol·zen** *m* **1.** *tech.* spring (-loaded) bolt. – **2.** *auto.* spring pin. — ~-**,bor·sten,gras** *n bot.* pennisetum (*Gattg Pennisetum*). — ~,**brett** *n* (*sport*) springboard. — ~,**bruch** *m tech.* rupture of a spring. — ~,**buch·se** *f* spring eye bush. — ~,**bü·gel** *m* spring U-bolt, spring saddle (*od.* clip). — ~,**bund** *m* (*einer Tragfeder*) spring clamping collar (*od.* buckle, shackle). — ~-**,busch** *m* **1.** (*am Hut, Helm etc*) tuft (*od.* bunch) of feathers, plume, panache: **~ aus Reiherfedern** aigrette. – **2.** (*am Pferdegeschirr*) topping. – **3.** *zo. cf.* Federschopf. – **4.** *bot.* common (*od.* yellow) meadow rue (*Gattg Thalictrum*). — ~,**bü·schel** *n zo.* **1.** muff, topknot. – **2.** *cf.* Federohr.

'**Fe·der,busch,flech·te** *f bot.* **1.** horsetail (*Br.* horse-tail) lichen (*Gattg Alectoria*). – **2.** rockhair, *Br.* rock-hair (*Alectoria jubata*).

'**Fe·der·chen** *n* ⟨-s; -⟩ **1.** *dim. of* Feder. – **2.** *zo.* pinnula. – **3.** *bot.* (*des Samens*) plumule, plumose pappus.

'**Fe·der|,decke** (*getr.* -k·k-) *f* **1.** eiderdown, featherquilt, *Am.* comforter. – **2.** *zo.* plumage: **innere ~** (*des Flügels*) internal tectrice. — ~,**draht** *m tech.* spring wire. — ~,**druck** *m* ⟨-(e)s; ⸗e⟩ **1.** spring pressure. – **2.** (*axialer*) spring thrust. — ~,**druck,schmier·,büch·se** *f* spring compression grease cup. — ~,**durch,bie·gung** *f* deflection of a spring. — ~,**feld** *n zo.* feather tract, pteryla (*scient.*). — ~,**flie·ge** *f* bumble fly; syrphus (*od.* syrphid) fly, volucella (*scient.*) (*Gattg Volucella*). — ~,**flüg·ler** [-,fly:glər] *m* ⟨-s; -⟩ fringed ant beetle (*Fam. Ptiliidae*). — **f~,för·mig** *adj bot.* feather-shaped; penniform, pinnate (*scient.*). — ~,**fres·sen** *n zo.* feather picking.

'**Fe·der,fuch·ser** [-,fʊksər] *m* ⟨-s; -⟩ *contempt.* **1.** (*Schriftsteller etc*) hack (writer), scribbler, pen-pusher, inkslinger (*alle colloq.*). – **2.** pedant, pettifogger, stickler; fusspot, *Am. auch* fussbudget (*colloq.*). — ,**Fe·der·fuch·se'rei** *f* ⟨-; -en⟩ **1.** hack writing, scribbling, inkslinging (*alle colloq.*). – **2.** pedantry, pettifoggery.

'**fe·der|,füh·rend** *adj* leading, responsible, acting as main contractor. — **F~,füh·rung** *f* ⟨-; *no pl*⟩ leadership, central handling.

'**Fe·der|,fuß** *m* **1.** (*Teil des Angelhakens*) hackle. – **2.** *zo.* rough-footed pigeon. — **f~-,fü·ßig** *adj zo.* rough-footed, plumiped(e) (*scient.*). — ~,**ga·bel** *f* **1.** (*des Hinterrads*) rear spring fork. – **2.** (*des Vorderrads*) front spring fork. — ~**ge,häu·se** *n* (*der Uhr*) (spring) barrel, spring box (*od.* drum). — ~-**,geist·chen** *n zo. cf.* Federmotte.

'**Fe·der·ge,wicht** *n* (*sport*) featherweight. — '**Fe·der·ge,wicht·ler** *m* ⟨-s; -⟩ featherweight (boxer *od.* wrestler). — '**Fe·der·ge·,wichts,klas·se** *f* featherweight class.

'**Fe·der|(,haar),gras** *n bot.* feather grass (*Stipa pennata*). — ~,**hal·ter** *m* **1.** penholder. – **2.** (*Füllfederhalter*) fountain pen. — ~-**,ham·mer** *m tech.* spring power hammer. — **f~,hart** *adj metall.* spring-hard: **~ gezogener Draht** wire drawn to spring hardness. — ~,**här·te** *f* spring temper (*od.* hardness). — ~,**hut** *m* plumed hat, hat with a feather (*od.* feathers), feather hat (*od.* cap). — ~**hya,zin·the** *f bot.* purple grape (*Muscari comosum*).

'**fe·de·rig** *adj* **1.** feathery, feathered, featherlike, *Br.* feather-like. – **2.** *bot. zo.* plumose.

'**Fe·der|,in·nen,ta·ster** *m tech.* inside spring calipers *pl* (*bes. Br.* callipers *pl*). — ~,**kä·fig** *m* (*eines Lagers*) retainer. — ~,**ka·sten** *m* pencil (*od.* pen) box (*od.* case). — ~,**kelch** *m bot.* pappus.

'**Fe·der,kern** *m* **1.** (*watchmaking*) barrel core. – **2.** *tech.* eye (*od.* core) of a spring. – **3.** (*einer Matratze*) spring interior, *Am.* coil innerspring. — ~**ma,trat·ze** *f* spring interior (*od.* interior spring) mattress, *Am.* innerspring mattress.

'**Fe·der|,kiel** *m* **1.** quill (pen). – **2.** *mus.* a) (*beim Cembalo*) quill, b) (*bei Mandoline*) plectrum. – **3.** *zo.* scape, scapus. — ~,**kie·men,schnecke** (*getr.* -k·k-) *f* valve shell (*Fam. Valvatidae*). — ~,**kis·sen** *n* feather pillow (*od.* bolster, cushion). — ~-**,kleid** *n* (*der Vögel*) plumage, plume (*poet.*), indumentum (*scient.*). — ~,**kohl** *m bot.* curly kale, curled (*od.* crisp) cabbage (*Brassica oleracea var. acephala*). — ~**kon,takt** *m electr.* spring contact. — ~**kon,takt·,schal·ter** *m electr.* spring(-contact) switch. — ~**ko,ral·le** *f zo. cf.* Seefeder. — ~,**kraft** *f bes. tech.* **1.** spring tension. – **2.** (*Elastizität*) elasticity. – **3.** (*Federungsvermögen*) resilience. – **4.** (*Federwirkung*) spring action, spring cushioning effect. — ~,**kranz** *m* (*am Federball etc*) ring (*od.* crown) of feathers. — ~,**krieg** *m lit. humor.* paper war(fare), war of words, literary controversy (*od.* feud). — ~,**kro·ne** *f* **1.** *bot. cf.* Federkelch. – **2.** *zo. cf.* Federschopf. — ~-**,kupp·lung** *f tech.* spring coupling. — ~,**lap·pen** *m* **1.** (*zum Federputzen*) wiper (for pen nib). – **2.** *hunt.* feather shewel(ling). — ~,**la·sche** *f auto.* spring shackle. — **f~-'leicht I** *adj* **1.** (*Person, Sache*) (as) light as a feather. – **2.** (*paper*) featherweight. – **II** *adv* **3.** (as) light as a feather. — ~,**le·sen** *n fig. colloq. only in* **ohne viel ~(s)** without more (*od.* further) ado, without much ceremony, without beating about (*od.* around) the bush; **nicht viel ~s mit etwas [j-m] machen** a) (*kurzen Prozeß machen*) to make short work (*od.* shrift) of s.th. [s.o.], to give s.th. [s.o.] short shrift, not to waste much time on s.th. [s.o.], b) (*sich nicht kümmern*) not to bother too much about s.th. [s.o.].

'**Fe·der·ling** *m* ⟨-s; -e⟩ *zo.* bird louse (*Ordng Mallophaga*).

'**Fe·der|,loch,ta·ster** *m tech.* inside spring calipers *pl* (*bes. Br.* callipers *pl*). — ~**ma·,trat·ze** *f* spring mattress. — ~,**mes·ser** *n* **1.** penknife, eraser. – **2.** (*in der Holz-*

bearbeitung) tenoner knife. — ~ˌ**mohn** *m bot.* plume poppy (*Gattg Macleaya*). — ~ˌ**moos** *n* plume moss (*Hypnum cristacastrensis*). — ~ˌ**mot·te** *f zo.* plume moth (*Fam. Pterophoridae*). — ~ˌ**mücke** (*getr.* -k·k-) *f* midge (*Fam. Chironomidae*): Larve der ~ bloodworm.

fe·dern [ˈfeːdərn] **I** *v/i* ⟨h⟩ **1.** das Kissen [Bett] federt the feathers are coming out of the pillow [bedcover]. – **2.** (*von Matratze, Sessel etc*) be springy (*od.* resilient), give: die Matratze federt gut the matress is well sprung. – **3.** (*von Holz, Metall etc*) be springy (*od.* resilient, flexible, elastic). – **4.** der Wagen federt gut the car has good springs. – **5.** (*wippen*) bounce (*od.* spring) (up and down). – **6.** (*sport*) a) (*in der Gymnastik*) flex, bend up and down, b) (*beim Wasserspringen*) spring the board, c) (*beim Rudern*) feather. – **II** *v/t* **7.** (*Auto, Sessel etc*) fit (*s.th.*) with springs. – **8.** (*rupfen*) pluck, feather. – **9.** *tech.* a) spring-load (*od.* -cushion), b) (*in der Tischlerei*) tongue. – **10.** *hunt.* shoot (*deer*) in the spine (*od.* back). – **11.** j-n teeren und ~ *hist.* to tar and feather s.o. – **III F**~ *n* ⟨-s⟩ **12.** *verbal noun.* – **13.** *cf.* Federung. – **14.** (*sport*) (*in der Gymnastik*) springing, bouncing, skip-jumping. — ˈ**fe·dernd I** *pres p.* – **II** *adj* **1.** springy, elastic: er hat einen ~en Gang he has a springy gait (*od.* step). – **2.** (*Metall, Holz, Plastik etc*) springy, elastic, resilient, flexible: ~es Lager *tech.* flexible (*od.* spring-supported) bearing; ~e Aufhängung *tech.* spring (*od.* cushioned) suspension. – **III** *adv* **3.** springily, elastically: ~ gelagert (*od.* angebracht) *tech.* spring-mounted.

ˈ**Fe·der|ˌnel·ke** *f bot.* Indian eye, plumed (*od.* feathered) pink, pheasant's-eye pink (*Dianthus plumarius*). — ~ˌ**ohr** *n zo.* (*von Vögeln*) ear (tuft), (*der Eulen*) *auch* plumicorn, (*des Fasans*) *auch* feathered ear. — ~ˌ**pfriem·ˌgras** *n bot. cf.* Feder(haar)gras. — ~ˌ**puf·fer** *m* **1.** spring buffer. – **2.** *auto.* spring bumper pad, spring buffer. — ~ˌ**rad** *n* spring wheel. — ~ˌ**rain** *m zo.* apterium. — ~ˌ**reg·ler** *m tech.* spring-loaded governor. — ~ˌ**ring** *m* **1.** *tech.* spring lock washer. – **2.** *zo.* ruff, collar (of a growing feather). — ~ˌ**rücken** (*getr.* -k·k-) *m print.* (*eines Albums etc*) spring back. — ~ˌ**schaft** *m zo.* shaft (*od.* rachis) of a feather. — ~ˌ**scha·le** *f* pen tray. — ~ˌ**schal·ter** *m electr. cf.* Federkontaktschalter. — ~ˌ**schei·be** *f tech.* (spring) lock (*od.* dished) washer. — ~ˌ**schloß** *n* spring lock. — ~ˌ**schmuck** *m* **1.** feather ornament, plume. – **2.** (*des Indianers*) feather decoration, headdress (*Br.* head-dress) of feathers. – **3.** *zo.* feathers *pl*, feathering, *auch* feather ornament, plume, plumage. — ~ˌ**schopf** *m zo.* tuft of feathers: mit ~ tufted; opisthocomous, opisthocome (*scient.*). — ~ˌ**schrau·be** *f* **1.** *tech.* spring-loaded bolt. – **2.** *auto.* spring center (*bes. Br.* centre). — ~ˌ**schuh** *m auto.* spring saddle. — ~ˌ**schuß** *m hunt.* grazing shot. — ~ˌ**sitz** *m tech.* spring seat. — ~ˌ**skiz·ze** *f* (*art*) pen-and-ink sketch (*od.* drawing). — ~ˌ**span·ner** *m auto.* spring compressor. — ~ˌ**span·nung** *f tech.* spring tension: unter ~ spring-loaded. — ~ˌ**spar·gel** *m bot.* asparagus fern (*Asparagus plumosus*). — ~ˌ**spiel** *n hunt.* **1.** lure: einen Falken mit dem ~ zurückrufen to call a hawk to the lure. – **2.** (*Falkenbeize*) falconry, hawking. — ~ˌ**spit·ze** *f* nib, pen point. — ~ˌ**spitz·ˌzir·kel** *m* spring dividers *pl.* — ~ˌ**sprung·ˌbrett** *n cf.* Federbrett. — ~ˌ**stab** *m auto.* torsion bar. — ~ˌ**stahl** *m* **1.** *metall.* spring steel. – **2.** *tech.* gooseneck, *Br.* goose-neck, spring tool. — ~ˌ**stich** *m* (*in der Stickerei*) featherstitch, *Br.* feather-stitch: mit ~ verzieren to featherstitch. — ~ˌ**stiel** *m Austrian for* Federhalter 1. — ~ˌ**stift** *m* **1.** *auto.* spring center (*bes. Br.* centre) bolt. – **2.** (*watchmaking*) barrel arbor. — ~ˌ**stram·mer** *m* (*am Ski*) forward lever with a double spring. — ~ˌ**strich** *m auch fig.* stroke (of a pen), pen stroke, mark, dash: mit ein paar ~en etwas entwerfen to sketch s.th. with a few strokes (of a pen); das kann nicht mit einem ~ aus der Welt geschafft werden *fig.* this cannot be done away with by a mere stroke of the pen. — ~ˌ**stutz** *m cf.* Federbusch 1. — ~ˌ**ta·ster** *m tech.* spring calipers *pl* (*bes. Br.* callipers *pl*). — ~ˌ**tel·ler** *m* **1.** *tech.* a) (*einer Tragfeder*) spring seat, b) (*eines Ventils*) spring retainer. – **2.** *auto.* a) (*eines Radzylinders*) crown spring, b) (*einer Einspritzpumpe*) spring disc (*od.* disk).

ˈ**Fe·de·rung** *f* ⟨-; -en⟩ **1.** *cf.* Federn. – **2.** *tech.* a) (*von Lagern, Tragfedern etc*) resilience, b) (*eines Maschinenkörpers*) spring, c) (*eines Bauelements*) springiness, d) (*Abfederung*) spring-loading (*od.* -cushioning), e) (*Biegsamkeit*) flexibility, f) (*Elastizität*) elasticity, g) (*Federungsvermögen*) spring action (*od.* cushioning effect): der Sessel hat eine gute ~ the armchair is well sprung. – **3.** *auto.* spring suspension: das Auto hat eine gute ~ the car has good springs.

ˈ**Fe·der|ˌvieh** *n* ⟨-(e)s; *no pl*⟩ **1.** fowl, poultry. – **2.** *hunt.* wildfowl, game birds *pl.* — ~ˌ**volk, das** *collect.* the birds *pl.* — ~ˌ**waa·ge** *f tech.* spring balance, *Am. auch* spring scale. — ~ˌ**we·del** *m cf.* Federbesen. — ~ˌ**weg** *m tech.* **1.** (*von Blattfedern*) spring deflection. – **2.** (*von Spiralfedern etc*) pitch of spring. — **f**~ˈ**weich** *adj* (as) soft as a feather (*od.* feathers). — ~ˌ**weiß** *n* ⟨-; *no pl*⟩ **1.** *cf.* Talk. – **2.** tailor's chalk. — **f**~ˈ**weiß** *adj* (as) white as snow (*od.* a feather). — ~ˌ**wei·ße** *m* ⟨-n; -n⟩ *gastr.* fermenting new wine. — ~ˌ**wel·le** *f* (*watchmaking*) barrel arbor. — ~ˌ**werk** *n tech.* spring mechanism. — ~ˌ**wild** *n hunt.* feathered (*od.* winged) game, game birds *pl*, *auch* wildfowl: Wild und ~ fur and feather, game animals *pl* and game birds *pl.* — ~ˌ**win·dung** *f tech.* winding of a spring. — ~ˌ**wir·kung** *f tech.* **1.** action (*od.* reaction) of a spring. – **2.** *cf.* Federkraft 4. — ~ˌ**wisch** *m* feather duster, whisk. — ~ˌ**wi·scher** *m* pen wiper. — ~ˌ**wol·ke** *f meteor.* cirrus, *auch* cirrhus (cloud). — **f**~ˌ**wol·kig** *adj* cirr(h)ose, cirrous. — ~ˌ**zahnˌeg·ge**, ~ˌ**zin·kenˌeg·ge** *f agr.* spring-tooth harrow (*od.* drag). — ~ˌ**zeich·nung** *f* (*art*) pen-and-ink (drawing), line drawing. — ~ˌ**zir·kel** *m tech. cf.* Federspitzzirkel. — ~ˌ**zug** *m* **1.** *cf.* Federstrich. – **2.** *tech.* spring tension. — ~ˌ**zun·ge** *f* (*railway*) (*einer Weiche*) points tongue. — ~ˌ**züng·ler** [-ˌtsʏŋlər] *pl zo.* Ptenoglossa (*Unterordng Ptenoglossa*).

ˈ**fed·rig** *adj cf.* federig.

Fee [feː] *f* ⟨-; -n [-ən]⟩ fairy, fay (*poet.*): die gute [böse] ~ the good [wicked] fairy; sie schwebte dahin wie eine ~ *fig.* she glided along like a fairy.

Fee·der [ˈfiːdər; ˈfiːdə] (*Engl.*) *m* ⟨-s; -⟩ *tech. electr. tel.* feeder.

ˈ**fe·enˌar·tig** *adj cf.* feenhaft 1.

ˈ**fe·enˌhaft** *adj* **1.** (*Gestalt, Wesen etc*) fairy (*attrib*), fairylike, *Br.* fairy-like. – **2.** (*zauberhaft schön*) magic(al), enchanting, (a)ethereal, *auch* (a)etherial, captivating. – **3.** (*wunderbar*) marvellous, *bes. Am.* marvelous, magnificent, splendid.

ˈ**Fe·en|ˌkö·nig** *m* fairy king. — ~ˌ**kö·ni·gin** *f* fairy queen. — ~ˌ**kreis** *m bot. cf.* Hexenring. — ~ˌ**land** *n* fairyland. — ~ˌ**mär·chen** *n* fairy tale (*od.* story). — ~**paˌlast** *m* fairy palace. — ~ˌ**reich** *n* fairyland, fairy kingdom. — ~ˌ**rei·gen** *m* fairy (*od.* fairies') dance. — ~ˌ**ring** *m bot. cf.* Hexenring. — ~ˌ**schloß** *n* fairy palace (*od.* castle). — ~ˌ**stück** *n* (*theater*) *cf.* Feerie. — ~ˌ**sturm·ˌvo·gel** *m zo.* fairy prion (*Pachyptila turtur*). — ~ˌ**tanz** *m cf.* Feenreigen. — ~ˌ**welt** *f* fairy world, world of fairies.

Fee·rie [feəˈriː] *f* ⟨-; -n [-ən]⟩ (*theater*) spectacular fairy play.

ˈ**Feer·sche** ˈ**Krank·heit** [ˈfeːrʃə] *f med.* Feer's disease, polyneuropathy, acrodynia, erythr(o)edema.

Feez [feːts] *m* ⟨-es; *no pl*⟩ *dial. colloq. for* Fez².

Fe·ge [ˈfeːgə] *f* ⟨-; -n⟩ **1.** *agr.* winnower, winnowing machine. – **2.** *dial.* cleaning woman, charwoman, *Br. auch* cleaner.

ˈ**Fe·ge|ˌfeu·er** *n röm.kath.* purgatory: die Leiden im ~ the purgatorial sufferings; Messe für die im ~ Leidenden purgatorial mass; ins ~ kommen to go to purgatory. — ~**maˌschi·ne** *f agr. tech.* winnower, sweep mill. — ~ˌ**müh·le** *f* sweep mill, blowing fan, winnower, winnowing machine.

fe·gen [ˈfeːgən] **I** *v/t* ⟨h⟩ **1.** (*kehren*) sweep: ein Zimmer [den Kamin, die Straße, die Treppe] ~ to sweep a room [the chimney, the street, the stairs]; ich habe den Flur heute gründlich gefegt I gave the hall a good sweep(ing) today; den Schmutz vom Teppich ~ to sweep (*od.* clear away) the dirt from the carpet. – **2.** Schnee ~ to clear away the snow. – **3.** *fig.* (*heftig wegreißen*) sweep, brush, whisk: in seiner Wut fegte er alles vom Tisch in his rage he swept everything from the table. – **4.** *fig.* (*wegblasen*) sweep, whisk: der Wind fegt das Laub von den Bäumen the wind sweeps the leaves from (*od.* off) the trees; der Windstoß fegte mir den Hut vom Kopf the gust of wind swept my hat off (my head). – **5.** *fig.* (*streifen*) sweep: ihr langer Rock fegt den Boden her long skirt sweeps the floor. – **6.** *hist.* (*Schwert, Rüstung etc*) burnish, furbish, polish. – **7.** *agr.* (*Getreide*) winnow. – **8.** *hunt.* (*Gehörn*) burnish, fray, rub the velvet off. – **II** *v/i* ⟨h *od.* sein⟩ **9.** ⟨h⟩ sweep: jeder fege vor seiner (eigenen) Tür *fig.* (*Sprichwort*) a) everyone should put his own house in order, b) everyone should mind his own business. – **10.** ⟨sein⟩ *fig.* (*rasen, peitschen*) sweep, drive: Schneestürme fegten über die Ebene snowstorms swept (*od.* raged) over (*od.* across) the plain. – **11.** ⟨sein⟩ *fig. colloq.* (*eilen, rennen*) sweep, dash, rush, race: ehe ich's mich versah, war sie um die Ecke gefegt all of a sudden she had swept (*od.* rushed) around the corner; er fegte ins Zimmer he swept into the room. – **12.** ⟨sein⟩ (*streifen*) sweep: ihr schönes weißes Kleid fegte über den staubigen Boden her beautiful white dress swept over the dusty ground. – **13.** ⟨h⟩ *fig.* mit der Hand [dem Arm] über den Tisch ~ to sweep (*od.* brush) one's hand [arm] across the table. – **14.** ⟨h⟩ *hunt.* burnish (*od.* fray) the antlers, rub off the velvet.

ˈ**Fe·ger** *m* ⟨-s; -⟩ **1.** (*Handbesen*) whisk broom, brush. – **2.** *Bavarian and Austrian fig. colloq.* (*Stutzer*) dandy, fop, *Am.* dude. – **3.** *Swiss and Southwestern G. fig. colloq.* (*Wildfang*) tomboy, hoyden, romp. – **4.** *mil.* rear guard. – **5.** (*sport*) (*beim Judo*) sweeper.

ˈ**Fe·geˌsand** *m* (*housekeeping*) scouring sand.

ˈ**Fegˌfeu·er** *n röm.kath. cf.* Fegefeuer.

ˈ**Fegˌnest** *n* ⟨-es; -er⟩ *Swiss dial.* (*unruhiger Geist*) unsettled (*od.* restless, fidgety) person. — ˈ**fegˌne·sten** *v/i* ⟨*insep*, ge-, h⟩ *Swiss dial.* fidget.

Feg·sel [ˈfeːksəl] *n* ⟨-s; -⟩ **1.** *rare* sweepings *pl.* – **2.** *mar.* spillage.

Feh [feː] *n* ⟨-(e)s; -e⟩ **1.** *zo.* common squirrel (*Sciurius vulgaris*). – **2.** (*Fell*) squirrel fur, calaber, calabar. – **3.** *her.* vair: mit ~ besetzt vairé, vairy.

Feh·de [ˈfeːdə] *f* ⟨-; -n⟩ *hist. auch fig.* feud, private war(fare): eine blutige [tödliche] ~ a bloody [deadly] feud; eine literarische ~ *fig.* a literary feud (*od.* controversy); mit j-m in ~ liegen to be at feud (*od.* enmity, daggers drawn, daggers) with s.o., to have (*od.* to carry on) a feud with s.o.; j-m ~ ansagen (*od.* ankündigen) to challenge s.o., to throw (*od.* fling) down the gauntlet to s.o. — ~ˌ**brief** *m* written challenge, letter (*od.* declaration) of defiance. — ~ˌ**handˌschuh** *m auch fig.* gauntlet, gage, glove: j-m den ~ hinwerfen to fling (*od.* throw) down the gauntlet to s.o., to challenge s.o.; den ~ aufnehmen (*od.* aufheben) to take (*od.* pick) up the gauntlet, to accept (*od.* take up) the challenge. — ~ˌ**recht** *n cf.* Faustrecht 2.

ˈ**Fehˌfell** *n cf.* Feh 2.

fehl [feːl] *adj only in* ~ am Platz(e) (*od.* Ort) sein to be out of place (*od.* inappropriate, misplaced).

Fehl *m only in* ohne ~ *lit.* without a blemish (*od.* flaw, fault), faultless, flawless, unblemished: ihr Teint war ohne ~, an ihrem Teint war kein ~ her complexion (*auch* complection) was flawless.

ˈ**Fehl|ˌabˌschluß** *m econ.* deficit balance. — ~ˌ**anˌflug** *m aer.* missed approach. — ~ˌ**anˌpas·sung** *f* **1.** *electr.* a) (*radio*) mismatch(ing), b) (*bei Meßschaltungen*) standing wave ratio. – **2.** *psych. med.* maladjustment. — ~ˌ**anˌpas·sungsˌanˌzei·ger** *m electr.* mismatch (*od.* reflection-loss) indicator. — ~ˌ**anˌzei·ge** *f* **1.** negative report (*od.* answer): ~! *colloq.* nothing doing! (*colloq.*); das war eine ~ *colloq.* that didn't work out; Punkt sieben des Formulars ist eine ~ *colloq.* number seven of the form is not applicable. – **2.** *mil.* nil return. – **3.** *econ.* a) report of shortage (*od.* deficiency), b) (*eines Wertes*) false (*od.* erroneous) declaration. – **4.** *jur.* false report (*od.* information). – **5.** *tech.* a) mis-read, faulty read, b) instrument error.

ˈ**fehl·bar** *adj* **1.** *lit.* fallible: der Mensch ist ~ man is fallible. – **2.** *Swiss jur.* guilty. — ˈ**Fehl·bar·keit** *f* ⟨-; *no pl*⟩ *lit.* fallibility.

'Fehl|beˌdarf *m econ.* uncovered demand. — **~beˌlich·tung** *f phot.* incorrect exposure. — **~beˌnen·nung** *f* misnomer. — **~beˌrech·nung** *f econ. math.* miscalculation. — **f~beˌset·zen** *v/t* ⟨*sep, no* -ge-, h⟩ (*bes. theater, film*) miscast. — **~beˌset·zung** *f* **1.** (*bes. theater, film*) miscasting. – **2.** (*sport*) mistaken choice. — **~beˌstand** *m econ.* deficiency, shortage, *Am.* shortfall: **ein ~ von 55 Tonnen** a shortage of 55 tons. — **~beˌtrag** *m econ.* **1.** (*Geldsumme*) deficit: **einen ~ von 1 000 Dollar aufweisen** to show a deficit (*bes. Am. auch* shortfall) of 1,000 dollars; **~ im Haushaltsplan** deficit in the budget, budgetary deficit; **mit einem ~ abschließen** to close with a deficit; **einen ~ decken** to cover a deficit; **Fehlbeträge** deficiencies, shorts. – **2.** *cf.* **Fehlbestand.** — **~beˌzeich·nung** *f* misnomer. — **~ˌbil·dung** *f* **1.** *med.* abnormality, malformation, false (*od.* defective) development. – **2.** *biol.* (*Verkümmerung*) abortion. — **~ˌbit·te** *f lit.* vain request: **eine ~ tun** to ask in vain, to meet with a refusal, to be turned down. — **f~ˌbit·ten** *v/i* ⟨*irr, sep,* -ge-, h⟩ *obs.* meet with a refusal. — **~ˌbo·den** *m arch. cf.* **Blindboden.** — **~ˌbo·gen** *m print.* imperfect (*od.* faulty) sheet. — **~ˌboh·rung** *f* (*mining*) dry hole (*od.* well), duster. — **f~ˌdeu·ten** *v/t* ⟨*sep,* -ge-, h⟩ misinterpret. — **~ˌdeu·tung** *f* misinterpretation. — **~diaˌgno·se** *f med.* false (*od.* wrong) diagnosis: **er stellte eine ~** he made a diagnostic error. — **~dis·po·si·tiˌon** *f econ.* misguided action, maladjusted action. — **~ˌdruck** *m* ⟨-(e)s; -e⟩ *print.* **1.** spoilage (*wasted sheets of paper in printing*). – **2.** *auch philat.* misprint, printing error. — **f~ˌdrucken** (*getr.* -k·k-) *v/t* ⟨*sep,* -ge-, h⟩ misprint. — **~ˌeinˌschät·zung** *f* (*einer Person, Entwicklung etc*) wrong opinion (on), false estimation. — **~ˌeinˌstel·lung** *f med. psych.* maladjustment.

feh·len ['feːlən] **I** *v/i* ⟨h⟩ **1.** (*nicht anwesend sein*) be absent: **in der Schule ~** to be absent from school; **unentschuldigt ~** to be absent without (an) excuse; **fehlt!** (*beim Aufrufen*) not here! absent! – **2.** (*nicht gekommen sein*) be missing, fail to come (*od.* appear, attend): **nur einer fehlt noch** only one person is still missing; **er fehlt auch nie, wenn etwas Aufregendes passiert** he is never missing (*od.* he is always around) when something exciting happens. – **3. j-d [etwas] fehlt j-m** s.o. misses s.o. [s.th.]: **du fehlst uns sehr** we miss you very much; **er wird mir ~** I will miss him; **sie fehlte an allen Ecken und Enden** she was badly missed; **das Auto hat mir heute morgen sehr gefehlt** I really missed not having the car this morning. – **4.** (*abhanden gekommen sein*) be missing: **mir ~ 10 Dollar aus meinem Geldbeutel** there are 10 dollars missing from my purse; **in diesem Buch ~ einige Seiten** there are some pages missing from this book; **ihm ~ zwei Finger der linken Hand** he has two fingers missing (*od.* he has lost two fingers) on his left hand; **da fehlt doch etwas!** there must be something missing! **fehlt noch etwas?** (is there) anything missing? – **5.** ⟨*often v/impers*⟩ (*ermangeln*) lack, be lacking, want, be wanting: **uns fehlt das nötige Geld, es fehlt uns am nötigen Geld** we lack the necessary money; **dazu fehlt ihm der Mut, dazu fehlt es ihm an Mut** he lacks the courage to do it; **er läßt es am rechten Ernst ~** he lacks the proper seriousness, he is not serious enough; **ihr fehlt** (*od.* **es fehlt ihr**) **jegliches Schamgefühl** she is quite without shame; **dem Jungen fehlt die richtige Erziehung** the boy lacks the proper upbringing; **nur ein Kind fehlte ihnen zu ihrem Glück** all they needed was a child to complete their happiness; **es fehlt ihm an nichts** he wants (*od.* lacks for) nothing, he has plenty of everything; **es fehlt jede Spur von ihm** there is no trace of him; **was ihm fehlt ist eine Tracht Prügel** what he needs is a good thrashing (*od.* beating); **es fehlt ihm nie an einer Ausrede** he is never at a loss for an excuse; **mir ~** (*od.* **es ~ mir**) **die Worte** I am at a loss for words, words fail me, I lack words; **ihr ~** (*od.* **es ~ ihr**) **zwei Jahre zur Volljährigkeit** it is another two years before she comes of age; **an mir** (*od.* **von meiner Seite**) **soll es nicht ~!** I will do my part! I shall not fail to do my share! – **6.** (*in Wendungen wie*) **er hat es dir an nichts ~ lassen** he went out of his way for you, he spared no pains for you, he did everything (possible) for you; **laß es ihnen an nichts ~** a) spare no pains for them, b) let them want for nothing; **da fehlt noch viel, bis er das kann** it will take him quite a bit (of time) before he is able to do that, he is still a long way off from being able to do that; **es fehlte nicht viel** (*od.* **es hätte nicht viel gefehlt**) **und sie wäre ertrunken** she came close to drowning, she almost (*od.* nearly, all but) drowned; **es fehlte nicht viel und wir hätten einen schlimmen Unfall gehabt** we just missed (*od.* escaped) having a nasty accident; **das hat (gerade) noch gefehlt! das fehlte gerade noch!** *iron.* that's all we needed (*od.* wanted)! (*iron.*), that's the last straw! **du hast uns gerade noch gefehlt!** *iron.* you just would have to come! – **7.** ⟨*often v/impers*⟩ (*nicht genügend haben*) be short (*od.* in need) of, need: **es ~ uns noch immer einige Helfer** we still need some volunteers (*od.* voluntary helpers); **es fehlt uns an Geld** we are short of (*od.* lacking) money; **dem Land fehlt es an Mitteln** the country is short of (*od.* deficient in) means; **bei ihnen fehlt es an allen Ecken und Enden** they are short of everything. – **8.** *lit.* (*unrecht handeln*) do wrong, err. – **9.** *lit.* (*sündigen*) sin: **er hat in seiner Jugend schwer gefehlt** he committed grave sins when he was young. – **10. ~ gegen** *lit.* offend against, violate (*acc*). – **11.** *archaic* (*nicht treffen*) miss: **er fehlte mit keinem Schuß** he did not miss one shot. – **12.** *archaic* (*fehlgehen*) go wrong. – **II** *v/impers* **13.** *fig. colloq.* (*in Wendungen wie*) **was fehlt dir?** what's the matter (*od.* what's wrong) with you? what is ailing you? **fehlt Ihnen was?** is anything wrong (*od.* the matter) with you? **wo fehlt's denn diesmal?** what is the matter (*od.* the trouble) this time? what is it this time? **ihm fehlt überhaupt nichts** there is absolutely nothing wrong with him; **bei dir fehlt's wohl, bei dir fehlt wohl etwas** (**im Kopf**) you must be crazy (*od.* off your head, daft) (*colloq.*). – **III** *v/t* **14.** *archaic* (*nicht treffen*) miss. – **IV F~** *n* ⟨-s⟩ **15.** *verbal noun.* – **16.** absence: **F~ in der Schule** absence from school; **häufiges F~ am Arbeitsplatz** frequent absences *pl* from one's job; **das F~ von Einzelheiten** the absence of detail. – **17.** (*Mangel*) lack: **das F~ der nötigen Gelder machte den Plan zunichte** the plan came to nothing for lack of the necessary funds. — **'feh·lend I** *pres p.* – **II** *adj* **1.** (*nicht anwesend*) absent. – **2.** (*nicht vorhanden*) missing. – **3.** (*noch ausstehend*) outstanding, lacking, deficient. – **4.** (*restlich*) remaining. – **5.** *biol.* obsolete. – **6. F~e Plejade** *astr.* Lost Pleiad. – **III F~e, das** ⟨-n⟩ **7.** (*Nichtvorhandene*) the missing thing (*od.* part), what is missing (*od.* lacking). – **8.** (*Rest, Übrige*) rest, remainder. – **9.** *econ.* deficit, deficiency, shortage.

'Feh·len·de *m, f* ⟨-n; -n⟩ **1.** (*Abwesende*) absentee, absent person. – **2.** (*Vermißte*) missing person.

'Fehl|entˌscheid *m* **1.** false decision. – **2.** *jur.* false decision. — **~entˌschei·dung** *f* false decision: **eine ~ treffen** to make a false decision. — **~entˌwick·lung** *f* **1.** *econ.* erroneous (*od.* unfortunate, undesirable) trend, aberration. – **2.** *med.* defective (*od.* faulty) development, malformation.

'Feh·ler *m* ⟨-s; -⟩ **1.** (*beim Rechnen, Schreiben etc*) mistake, error: **grober ~** blunder, serious mistake; **leichter** (*od.* **geringer**) **~** slip, slight mistake, light error; **dummer ~** stupid mistake; **lächerlicher ~** foolish mistake, howler (*colloq.*); **grammatischer ~** grammatical mistake, mistake in grammar, *ling.* solecism; **schwerer [leichtsinniger] ~** bad [careless] mistake; **orthographischer ~** misspelling, mistake in spelling, spelling mistake; **zehn ~ auf zehn Zeilen** ten mistakes in as many lines; **etwas als ~ anrechnen** to count (*od.* regard) s.th. as a mistake; **~ anstreichen [korrigieren** (*od.* **verbessern**)] to mark [to correct] mistakes; **in die Rechnung hat sich ein ~ eingeschlichen** an error crept into the bill; **einen ~ machen** to make (*od.* commit) a mistake; **dir ist da wohl ein ~ unterlaufen** I think you made a mistake there; **diese Seite wimmelt** (*od.* **strotzt**) **von ~n** this page is full of (*od.* teeming with) mistakes; **~ übersehen [vermeiden]** to miss [to avoid] mistakes. – **2.** (*Dummheit*) mistake, error: **folgenschwerer ~** grave mistake (*od.* fault); **einen taktischen ~ begehen** (*od.* **machen**) to commit (*od.* make) a tactical error; **und jetzt begeht er den entscheidenden ~** and now he is making the fatal mistake; **sie sieht ihre ~ nie ein** she never sees (*od.* realizes) her mistakes (*od.* faults); **ich halte es für einen ~, länger zu warten** I think it is wrong (*od.* a mistake) to wait any longer; **j-m einen ~ zur Last legen** to put the blame on s.o.; **aus den ~n anderer lernen** to learn from the mistakes of others; **jeder macht** (*od.* **begeht**) **zuweilen ~** everyone makes mistakes once in a while; **aus seinen ~n Nutzen ziehen** to capitalize on (*od.* upon) one's mistakes; **in den ~ verfallen, alles zu glauben** to make the mistake of believing everything; **~ vom Amt** *fig. colloq.* a) (*Fehlkonstruktion*) dud, *Am. colloq. auch* 'lemon', b) (*Fehlzündung*) slip, lapse, lapsus. – **3.** (*Vergehen*) fault: **schließlich ist es nicht mein ~, daß** after all it is not my fault that. – **4.** (*Charakterfehler, Schwäche*) fault, failing, defect, shortcoming, imperfection: **den ~ mußt du noch ablegen** you will have to remedy that shortcoming, you will have to cure yourself of that fault; **seine ~ (er)kennen** to know (about) one's own faults, to recognize (*od.* see) one's own faults; **der ~ liegt bei dir** it is your fault; **wir haben alle unsere kleinen ~** we all have our little failings; **sie übersieht großzügig die kleinen ~ ihres Mannes** she generously overlooks her husband's slight imperfections. – **5.** (*formales Versehen*) faux pas. – **6.** (*im Material etc*) fault, defect, flaw, imperfection: **Waren mit kleinen ~n** goods with slight flaws, slightly imperfect goods; **versteckter ~** hidden flaw (*od.* defect). – **7.** (*Mangel*) fault, shortcoming, weakness, defect: **eine Theorie mit schwerwiegenden ~n** a theory with serious weaknesses. – **8.** (*Makel*) flaw, blemish, imperfection: **in diesem Edelstein [Glas] ist ein kleiner ~** there is a small flaw in this jewel [glass]. – **9.** (*Haken, Nachteil*) drawback, trouble, disadvantage: **der ~ an diesem Plan ist, daß er sich nicht verwirklichen läßt** the drawback of this plan is that it cannot be materialized; **das Auto hat nur einen ~, es fährt nicht** *iron.* the car has just one fault — it does not run, the only trouble with this car is that it does not run; **der ~ ist nämlich, daß** the real trouble is that. – **10.** *tech. electr.* defect, fault: **ich kann den ~ einfach nicht finden** I simply cannot find the trouble spot (*od.* what the trouble is). – **11.** (*textile*) a) flaw, b) (*stärker*) defect. – **12.** *math.* error, mistake: **wahrscheinlicher [zufälliger] ~** probable [accidental, chance, random] error; **mittlerer** (*od.* **quadratischer**) **~** standard error. – **13.** *med.* defect, vitium (*scient.*): **körperlicher ~** physical (*od.* bodily) defect. – **14.** *print.* mistake, error. – **15.** (*sport*) a) fault, b) (*beim Schießsport*) miss, bad (*od. colloq.* boss) shot: **~, zweiter Aufschlag** (*beim Tennis*) fault, second service, please. – **16.** (*optics*) (*in Linsen*) aberration, distortion. – **17.** *vet.* a) fault, defect, unsoundness, b) vice, bad habit.

'Feh·ler|ˌanˌzei·ge *f* (*computer*) malfunction (*od.* error) indicator. — **~beˌrich·ti·gung** *f* correction (of mistakes). — **~beˌsei·ti·gung** *f* elimination (*od.* removal) of mistakes (*od.* errors). — **~beˌwer·tung** *f ped.* evaluation of mistakes. — **~ˌeinˌgren·zung** *f* location of mistakes (*od.* errors).

'feh·lerˌfrei I *adj* **1.** (*Übersetzung etc*) without (any) mistakes (*od.* errors), free from (*od.* of) mistakes (*od.* error[s]). – **2.** (*richtig*) correct, accurate: **~e Kalkulation** correct calculation. – **3.** (*perfekt*) perfect: **sein Deutsch ist noch nicht ganz ~** his German is not perfect yet. – **4.** (*Ware, Arbeit etc*) sound, faultless, perfect, free from defects (*od.* flaws): **~es Holz** sound (*od.* clean) timber. – **5.** (*makellos*) flawless, spotless, unblemished: **~er Diamant** flawless (*od.* clean) diamond. – **6.** (*Charakter*) without fault (*od.* flaw), faultless. – **7.** *fig.* trouble-free. – **II** *adv* **8.** without (any) mistakes (*od.* errors).

'Feh·ler|funk·tiˌon *f math.* error function. — **~geˌsetz** *n* law of error: **Gaußsches ~** normal (*od.* Gaussian) law of error(s). —

~ₗ**gren·ze** *f* **1.** limit (*od.* margin) of error. – **2.** *tech.* a) tolerance, b) (*Passungslehre*) permissible variation.

'**feh·ler·haft I** *adj* **1.** (*Übersetzung etc*) faulty, full of mistakes (*od.* errors). – **2.** (*Berechnung etc*) faulty, incorrect, inaccurate, erroneous, wrong. – **3.** (*Aussprache etc*) imperfect, incorrect. – **4.** (*Ware, Arbeit etc*) faulty, imperfect, defective. – **5.** (*Stelle, Stein etc*) flawed, blemished. – **6.** *tech.* (*Werkstoffe etc*) defective, (*Guß*) *auch* unsound: ~e Schweißstelle defective weld; ~e Stelle (*auf Holzoberfläche*) burl; ~e Ablesung error in reading. – **7.** *electr.* defective: ~e Leitung (*od.* Isolierung) fault; ~e Peilung spurious bearing. – **8.** *med.* a) unsound, imperfect, bad, b) abnormal: ~es Gebiß unsound (*od.* bad, defective) teeth *pl*; ~er Gebißschluß abnormal occlusion, malocclusion. – **9.** *print.* foul. — '**Feh·ler·haf·tig·keit** *f* ⟨-; *no pl*⟩ **1.** (*einer Übersetzung etc*) faultiness. – **2.** (*Unrichtigkeit*) faultiness, incorrectness, inaccuracy, inexactitude, inexactness, wrongness. – **3.** (*Unvollkommenheit*) imperfection, incorrectness. – **4.** (*einer Ware, Arbeit etc*) faultiness, imperfection, defectiveness. – **5.** *tech. electr.* defectiveness. – **6.** *med.* a) unsoundness, imperfection, b) abnormality. – **7.** *print.* foulness.

'**Feh·ler|in·te**ₗ**gral** *n math.* error integral. — ~**kor·rek**ₗ**tur·pro**ₗ**gramm** *n* (*computer*) error-correcting program(me). — ~ₗ**kur·ve** *f math. phys.* error distribution curve.

'**feh·ler·los** *adj cf.* fehlerfrei. — '**Feh·ler·lo·sig·keit** *f* ⟨-; *no pl*⟩ **1.** faultlessness. – **2.** (*Richtigkeit*) correctness, accuracy. – **3.** (*Vollkommenheit*) perfection. – **4.** (*Makellosigkeit*) flawlessness, faultlessness.

'**Fehl·er**ₗ**näh·rung** *f med.* false nutrition. — '**fehl·er**ₗ**nährt** *adj* falsely nourished.

'**Feh·ler**|ₗ**orts·be**ₗ**stim·mung**, ~ₗ**or·tung** *f tech.* location (*od.* locating) of faults (*od.* defects), location of trouble. — ~ₗ**punkt** *m* (*sport*) fault. — ~ₗ**quel·le** *f* **1.** source (*od.* origin) of (an) error (*od.* a mistake). – **2.** *tech.* source of a defect (*od.* fault). — ~ₗ**rech·nung** *f* (*in der Statistik*) calculus of error, method of calculating accidental errors. — ~**re**ₗ**lais** *n electr.* differential relay. — ~ₗ**schutz** *m* leakage protection. — ~ₗ**span·nung** *f* potential to ground. — ~ₗ**stel·le** *f* **1.** position of a fault (*od.* defect), faulty place (*od.* spot). – **2.** (*fehlerhafte Stelle*) fault, flaw, blemish. – **3.** *electr.* leak. — ~ₗ**strom** *m electr.* fault (*od.* leakage) current. — ~ₗ**su·che** *f* **1.** search (*od.* check) for a mistake (*od.* an error). – **2.** (*computer*) error detection; debugging, troubleshooting (*colloq.*). — ~ₗ**ta·ste** *f* (*beim Fernschreiber*) erasing key. — ~**ver**ₗ**bes·se·rung** *f* correction. — ~**ver**ₗ**tei·lung** *f math.* Gaußsche ~ Gaussian error distribution. — ~**ver**ₗ**zeich·nis** *n print.* list of corrigenda, errata *pl.* — ~ₗ**zahl** *f* number of mistakes (*od.* errors).

'**Fehl**|ₗ**far·be** *f* (*Zigarre*) second choice cigar, discolored (*bes. Br.* discoloured) (*od.* off-shade) cigar. — **f**~ₗ**far·ben** *adj* **1.** (*Zigarre*) discolored, *bes. Br.* discoloured. – **2.** (*textile*) off-shade. — ~ₗ**fär·bung** *f med.* (*bes. von Blutkörperchen*) achromia. — ~ₗ**fracht** *f mar. econ.* dead freight. — ~**funk·ti**ₗ**on** *f med.* defective (*od.* inadequate) function. — ~ₗ**gä·rung** *f agr.* butyric (*od.* acetic) acid fermentation. — **f**~**ge**ₗ**bä·ren** *v/i* ⟨*irr, sep,* fehlgeboren, h⟩ *med.* miscarry, have a miscarriage (*od.* an abortion), abort. — ~**ge**ₗ**burt** *f* miscarriage, abortion: ~ durch Abtreibung illegal abortion; eine ~ haben to miscarry, to have a miscarriage; eine ~ einleiten to induce (*od.* cause, bring on) an abortion (*od.* a miscarriage). — **f**~ₗ**ge·hen** *v/i* ⟨*irr, sep,* -ge-, sein⟩ **1.** miss one's way, go wrong. – **2.** (*von Schuß, Pfeil etc*) fail to hit, miss (the target [*od.* mark]), go astray. – **3.** *fig. lit.* (*sich irren*) err, go (*od.* be) wrong, be mistaken; ich gehe wohl nicht fehl in der Annahme, daß er kommt I think I am not wrong (*od.* mistaken) in supposing that he will come. – **4.** *fig.* (*mißlingen*) fail, go amiss (*od.* wrong, awry). — **f**~**ge**ₗ**schla·gen I** *pp.* – **II** *adj* (*Versuch etc*) abortive. — ~**ge**ₗ**wicht** *n econ.* short weight, underweight. — **f**~ₗ**grei·fen** *v/i* ⟨*irr, sep,* -ge-, h⟩ **1.** miss one's hold, grasp wrong(ly). – **2.** *fig.* make a mistake. – **3.** *fig.* commit a faux pas. – **4.** *mus.* play a wrong note. — ~ₗ**griff** *m* **1.** slip of the hand (*od.* wrist). – **2.** *fig.* (*Irrtum*) mistake, (*stärker*) blunder. – **3.** *fig.* (*Taktlosigkeit*) faux pas. – **4.** *fig.* (*falsche Wahl*) wrong (*od.* bad, mistaken) choice: dieser Kauf war ein ~ I made a wrong choice in buying this. — ~ₗ**guß** *m metall.* **1.** (*Vorgang*) offcast. – **2.** (*Fehlgußstück*) misrun (*od.* spoiled) casting, waster. — ~ₗ**guß**ₗ**stück** *n cf.* Fehlguß 2. — ~ₗ**hal·tung** *f psych.* abnormal attitude. — ~ₗ**hand·lung** *f* **1.** *psych.* slip. – **2.** *med.* parapraxis, parapraxia. — ~**in·ve·sti·ti**ₗ**on** *f econ.* bad (*od.* poor, misdirected) investment. — ~**kal·ku·la·ti**ₗ**on** *f* miscalculation. — **f**~ₗ**kan·tig** *adj* (*wood*) waney-edged. — ~ₗ**kauf** *m* bad bargain, bad (*od.* wrong) purchase (*od.* buy). — ~**kon·struk·ti**ₗ**on** *f* **1.** *tech.* faulty construction (*od.* design). – **2.** *colloq.* something useless: dieser Stuhl ist eine reine ~ this chair is completely useless (*od.* *colloq.* a dud, *Am. auch* a lemon). — ~ₗ**lei·stung** *f psych.* Freudsche ~ Freudian slip. — **f**~ₗ**lei·ten I** *v/t* ⟨*sep,* -ge-, h⟩ **1.** (*Person*) lead astray, mislead, misdirect, misguide. – **2.** (*Brief etc*) miscarry, misdirect, missend. – **3.** (*Anruf*) misroute, *bes. Am.* misplace. – **4.** (*Zug*) misroute. – **5.** *econ.* (*Kapital*) misdirect. – **II F**~ *n* ⟨-s⟩ **6.** *verbal noun.* — ~ₗ**lei·tung** *f* ⟨-; *no pl*⟩ **1.** *cf.* Fehlleiten. – **2.** (*eines Briefes etc*) miscarriage, misdirection. – **3.** *econ.* (*von Kapital etc*) misdirection. — ~ₗ**mel·dung** *f cf.* Falschmeldung 1, 3, 4. — ~ₗ**men·ge** *f econ.* deficit, shortage. — ~ₗ**paß** *m* (*sport*) (*beim Fußball etc*) misplaced pass. — ~**pro**ₗ**gno·se** *f* false prognosis. — ~ₗ**punkt** *m* (*sport*) **1.** bad point (*od.* mark). – **2.** (*Strafe*) penalty. — ~ₗ**rech·nung** *f* miscalculation. — ~ₗ**schal·tung** *f* **1.** *electr.* faulty switch (*od.* control), wrong connection (*Br. auch* connexion). – **2.** *tech.* a) (*eines Triebwerkes*) faulty operation (*od.* engagement), b) (*eines Hebels*) faulty manipulation. — ~ₗ**schät·zung** *f* wrong estimate, false appraisal. — **f**~ₗ**schie·ßen** *v/i* ⟨*irr, sep,* -ge-, h⟩ **1.** miss the mark (*od.* aim, target). – **2.** *fig. colloq.* make a bad shot, miss the mark, be wrong, be wide of the mark, be far out: da hast du aber fehlgeschossen! that's right off the mark (*od.* target). — ~ₗ**schlag** *m* **1.** miss, unsuccessful blow. – **2.** *fig.* failure, disappointment, setback, washout (*colloq.*): Fehlschläge haben (*od.* erleiden) to have failures, to fail. – **3.** (*sport*) a) (*beim Baseball*) strike, b) (*beim Golf*) foozled (*od.* bungled) shot, foozle, c) (*beim Rudern*) crab. — **f**~ₗ**schla·gen I** *v/i* ⟨*irr, sep,* -ge-, h *u.* sein⟩ **1.** ⟨h⟩ miss (one's blow). – **2.** ⟨sein⟩ *fig.* fail, prove (to be) a failure, miscarry, founder, come to nothing (*od.* to naught, to grief), go wrong, fall flat. – **3.** (*sport*) swing and miss, (*beim Baseball*) *auch* strike. – **II F**~ *n* ⟨-s⟩ **4.** *verbal noun.* – **5.** failure. — ~ₗ**schluß** *m* **1.** false (*od.* wrong, incorrect, erroneous) conclusion (*od.* inference), error of judg(e)ment: einen ~ ziehen, zu einem ~ kommen to draw a wrong conclusion. – **2.** (*Trugschluß*) fallacy, paralogism (*scient.*). — ~ₗ**schuß** *m* miss, bad (*od.* poor, unsuccessful, *Br. sl.* boss) shot.

'**fehl**ₗ**sich·tig** *adj med.* with defective sight, ametropic (*scient.*). — '**Fehl**ₗ**sich·tig·keit** *f* ⟨-; *no pl*⟩ defective sight, refractive error, ametropia (*scient.*).

'**Fehl|spe·ku·la·ti**ₗ**on** *f* **1.** bad (*od.* poor, wrong, erroneous) speculation. – **2.** *fig.* wrong assumption, misconjecture. — ~ₗ**spruch** *m jur.* miscarriage of justice, judicial error, false sentence. — ~ₗ**start** *m* **1.** *aer.* false (*od.* unsuccessful) take-off. – **2.** *auto.* false start. – **3.** (*sport*) false start: einen ~ machen to make a false start, to jump the gun. – **4.** *fig.* false start, wrong beginning. — ~ₗ**stel·le** *f* **1.** *metall.* (*im Guß*) defect, fault. – **2.** *tech.* (*einer Oberfläche*) flaw. — ~ₗ**stoß** *m* (*sport*) **1.** miss. – **2.** (*beim Billard*) miscue, *Br.* mis-cue. — **f**~ₗ**sto·ßen** *v/i* ⟨*irr, sep,* -ge-, h⟩ **1.** miss. – **2.** (*beim Billard*) miscue, *Br.* mis-cue. — **f**~ₗ**tre·ten** *v/i* ⟨*irr, sep,* -ge-, sein⟩ *lit.* **1.** make a false step, lose (*od.* miss) one's footing, slip, stumble, trip. – **2.** *fig.* commit an offence (*Am.* offense), lapse. — ~ₗ**tritt** *m lit.* **1.** false step, slip (of the foot). – **2.** *fig.* (*Lapsus*) blunder, faux pas, error, fault. – **3.** (*moralische Entgleisung*) lapse, slip, indiscretion, *auch* misdemeano(u)r: einen ~ tun (*od.* begehen) a) to make a slip, to go wrong, b) (*bes. von Mädchen*) to get into trouble. – **4.** (*Vergehen*) *Br.* offence, *Am.* offense, misdeed. — ~ₗ**ur·teil** *n* **1.** misjudg(e)ment. – **2.** *jur. cf.* Fehlspruch. — ~ₗ**wurf** *m* **1.** *mil.* (*einer Bombe*) miss. – **2.** (*sport*) (*beim Handball*) miss. — **f**~ₗ**zün·den** *tech.* **I** *v/i* ⟨*only inf u. pp* fehlgezündet⟩ miss, misfire, backfire. – **II F**~ *n* ⟨-s⟩ *verbal noun.* — ~ₗ**zün·dung** *f* **1.** *cf.* Fehlzünden. – **2.** misfire, backfire, spark failure, backflash: ~ haben to misfire, to be missing. – **3.** *aer.* a) (*eines Flugmotors*) backfiring, b) (*eines Flugkörpers*) unsuccessful firing (*od.* launching). – **4.** *fig. colloq.* wrong conclusion: das war eine ~ von dir you're on the wrong track there, you've got hold of the wrong end of the stick.

Feh·me ['feːmə] *f* ⟨-; -n⟩ *cf.* Feme.

fei·en ['faɪən] *v/t* ⟨h⟩ *lit.* **1.** *fig.* fortify, protect: j-n gegen etwas ~ to fortify (*od.* protect) s.o. against s.th., *bes. Br.* to make s.o. proof against s.th. – **2.** *fig.* (*unverwundbar machen*) make (*s.o.*) invulnerable (*od.* immune), immunize.

Fei·er ['faɪər] *f* ⟨-; -n⟩ **1.** (*das Feiern*) celebration, celebrating. – **2.** (*festliche Gelegenheit*) celebration: eine ~ begehen to hold a celebration; zur ~ des Tages *colloq.* in hono(u)r of the day, to celebrate the day (*od.* the occasion). – **3.** (*Festlichkeit*) festival, fete, fête, festivity. – **4.** (*Festakt*) ceremony, function: eine ~ zum Gedächtnis des Geburtstags des großen Dichters a ceremony to commemorate (*od.* in commemoration of) the great poet's birthday; ~ des zehnjährigen [hundertjährigen] Bestehens decennial [centenary *od.* centennial]. – **5.** (*Gesellschaft*) party.

'**Fei·er**ₗ**abend** *m* **1.** finishing time, knocking-off time (*colloq.*), *Am. colloq.* knock-off, quitting time: ~ machen *colloq.* to finish (work), to knock off (*colloq.*); (machen wir) ~! let's call it a day! let's pack up, let's shut up shop! (*colloq.*); nach ~ after work (*od.* working hours). – **2.** (*Geschäftsschluß*) closing time. – **3.** (*Freizeit*) leisure (*od.* spare) time, time off. – **4.** *fig. colloq.* time to finish, *Am.* knock-off. – **5.** *fig. colloq. only in* mit etwas ist ~ something is finished (*od. colloq.* has had it); ~! finished! – **6.** (*Abend*) evening: j-m einen schönen ~ wünschen to wish s.o. a nice evening: der ~ des Lebens *fig. poet.* the evening (*od.* twilight) of life.

'**fei·er·lich I** *adj* **1.** (*ernst, würdig*) solemn: ~e Erklärung [Beteuerung, Stille] solemn declaration [protestation, silence]; ~es Begräbnis solemn burial, obsequies *pl* (*lit.*); ~es Zeremoniell solemn ceremony, solemnity; es war ein ~er Moment, als it was a solemn moment when; alle erschienen in ~em Schwarz they all appeared (dressed) in solemn black. – **2.** (*ernst, würdevoll*) grave, solemn. – **3.** (*festlich*) festive: sie waren in ~er Stimmung they were in a festive mood. – **4.** (*förmlich*) ceremonial, ceremonious, formal: ~e Handlung a) ceremonial act, ceremony, b) (*Ritus*) rite; bei ~en Anlässen on ceremonial occasions; ~er Empfang ceremonial (*od.* formal) reception; das ist (schon) nicht mehr ~! *colloq.* that's beyond a joke! that's no longer a joking matter! – **5.** *mus.* grave: ~er Marsch grave (*od.* processional) march. – **II** *adv* **6.** (*ernst, würdig*) solemnly: er versprach es mir ~ he solemnly promised it to me. – **7.** (*festlich*) festively: ~ geschmückt festively decorated; etwas ~ begehen to celebrate s.th. – **8.** (*förmlich*) with ceremony: einen Gast ~ empfangen to receive a guest with ceremony; die Ausstellung wird morgen ~ eröffnet the exhibition will be opened tomorrow with (all due) ceremony. – **9.** *mus.* (*Anweisung*) grave. — '**Fei·er·lich·keit** *f* ⟨-; -en⟩ **1.** ⟨*only sg*⟩ (*der Worte etc*) solemnity, solemnness: die ~ des Augenblicks war allen bewußt they were all aware of the solemnity of the moment. – **2.** ⟨*only sg*⟩ (*Förmlichkeit*) ceremony, ceremoniousness: einen Anlaß mit großer ~ begehen to celebrate an occasion with great ceremony. – **3.** ⟨*only sg*⟩ (*bedeutsamer Ernst*) gravity. – **4.** (*Feier*) ceremony, celebration, festivity. – **5.** ⟨*only sg*⟩ (*Aufwand*) pomp.

fei·ern ['faɪərn] **I** *v/t* ⟨h⟩ **1.** (*Festtag, Sieg etc*) celebrate: ich habe Weihnachten zu

Hause gefeiert I celebrated (*od.* spent) Christmas at home; das muß gefeiert werden! that calls for a celebration! let's celebrate that! man muß die Feste ~, wie sie fallen (*Sprichwort*) *etwa* one must celebrate special occasions as they occur; → Triumph 1; Urständ. – **2.** (*veranstalten*) hold, celebrate. – **3.** (*einhalten*) (*Festtag*) celebrate, keep, observe: den Tag eines Schutzheiligen ~ to celebrate the day of a patron saint. – **4.** (*Jahrestag etc*) commemorate, celebrate. – **5.** (*ehren, verherrlichen*) celebrate, honor, *bes. Br.* honour, fête, praise, (*stärker*) extol, *auch* lionize. – **6.** (*mit Beifall*) applaud, acclaim, hail. – **7.** *relig.* (*Gottesdienst, Abendmahl etc*) celebrate, hold. – **II** *v/i* **8.** celebrate, make merry: er feiert gern he likes merrymaking (*od.* festivities, parties). – **9.** *cf.* krankfeiern. – **10.** be out of work, be idle (*od.* jobless), be laid off, be unemployed. – **11.** *fig.* (*faulenzen*) laze, be idle, take it easy. – **III F~** *n* ⟨-s⟩ **12.** *verbal noun.* – **13.** celebration. – **14.** observance.

'Fei·er|,schicht *f econ.* idle shift: ~en einlegen to drop shifts. — **~,stun·de** *f* **1.** (*Feier*) ceremony, celebration. – **2.** (*Andacht*) solemnity, (hour of) meditation. — **~,tag** *m* **1.** holiday: gesetzlicher ~ official (*od.* legal, *bes. Br.* public) holiday; halber ~ half holiday; schöne (*od.* frohe) ~e! happy holidays! kirchlicher ~ church holy day, religious holiday; kirchlich gebotener ~ holy day of obligation. – **2.** (*Festtag*) festive day. – **3.** *relig.* a) holy (*od.* high, feast) day, b) Sabbath.

'fei·er,tags *adv* on holidays.

'Fei·er,tags|,ar·beit *f* Sunday and holiday work. — **~ge,wand** *n*, **~,klei·dung** *f* Sunday clothes *pl*, Sunday best (*colloq.*), *Am. colloq.* Sunday-go-to-meeting garments *pl.* — **~,zu,schlag** *m econ.* additional payment for work done on a holiday.

Fei·fel ['faɪfəl] *m* ⟨-s; -n⟩ *vet.* parotid (gland).

feig [faɪk] *adj u. adv cf.* feige.

'Feig|,blat·tern *pl bot.* pilewort *sg*, lesser celandine *sg* (*Ranunculus ficaria*). — **~,boh·ne** *f* lupin(e) (*Gattg Lupinus*).

fei·ge ['faɪgə] **I** *adj* ⟨-r; feigst⟩ **1.** cowardly, chickenhearted, *Br.* chicken-hearted, white- (*od.* lily-, *Am.* chicken-)livered, craven; 'yellow', funky (*colloq.*): dazu ist er viel zu ~ he is too much of a coward to do that; komm, sei nicht ~! come on, don't be a coward! – **2.** (*furchtsam*) fainthearted, *Br.* faint-hearted, chickenhearted, *Br.* chicken-hearted, timid, *Am. auch* milquetoast (*pred*). – **3.** (*gemein, heimtückisch*) dastardly, mean: ein ~r Mord a dastardly murder. – **II** *adv* **4.** cowardly, in a cowardly manner, like a coward, coward-like: sich ~ aus dem Staub machen to decamp (*od.* make off, make tracks) like a coward; j-n ~ hintergehen to deceive s.o. in a dastardly (*od.* mean) way.

'Fei·ge *f* ⟨-; -n⟩ **1.** *bot.* a) fig (*Ficus carica*), b) *cf.* Feigenbaum. – **2.** *zo. cf.* Feigenschnecke.

'fei·gen,ar·tig *adj* **1.** *bot.* fig-like, ficoid (*scient.*). – **2.** *med.* caricous.

'Fei·gen|,baum *m bot.* fig (tree) (*Gattg Ficus*). — **~,blatt** *n auch fig.* fig leaf. — **~,frucht** *f bot.* **1.** syconium. – **2.** fig. — **~,kak·tus** *m* prickly pear (*Gattg Opuntia, bes. O. ficus indica*). — **~,schnecke** (*getr.* -k·k-) *f zo.* fig shell (*Fam. Doliidae*). — **~,wes·pe** *f* fig insect (*od.* wasp) (*Blastophaga psenes*).

'Feig·heit *f* ⟨-; *no pl*⟩ **1.** cowardice, cowardliness, white- (*od.* lily-, *Am.* chicken-)liveredness, cravenness; funkiness, 'yellowness' (*colloq.*); ~ vor dem Feind *mil.* cowardice in the face of the enemy; aus ~ out of cowardice. – **2.** (*Furchtsamkeit*) faintheartedness, *Br.* faint-heartedness, chickenheartedness, *Br.* chicken-heartedness, timidity. – **3.** (*Gemeinheit, Hinterhältigkeit*) dastardliness, meanness.

'feig,her·zig *adj lit. for* feige 2. — **'Feig,her·zig·keit** *f* ⟨-; *no pl*⟩ *lit. for* Feigheit 2.

Feig·ling ['faɪklɪŋ] *m* ⟨-(e)s; -e⟩ *contempt.* **1.** coward; craven, funk (*colloq.*). – **2.** (*Angsthase*) faintheart, *Br.* faint-heart, chicken(heart), *Br.* chicken(-heart), *Am. auch* milquetoast. – **3.** (*gemeiner, heimtückischer*) dastard. – **4.** (*Drückeberger*) shirker, quitter.

'Feig|,war·ze *f med.* fig wart, condyloma acuminatum (*scient.*). — **~,wurz** *f bot.* pilewort, (lesser) celandine (*Ranunculus ficaria*).

feil [faɪl] *adj archaic and lit.* **1.** (*verkäuflich*) for (*od.* on) sale, to be sold, vendible. – **2.** *fig.* (*käuflich*) venal, mercenary: eine ~e Dirne a prostitute. – **3.** *fig.* (*bestechlich*) bribable, corrupt.

'Feil,bank *f tech.* file (*od.* filing) bench.

'feil,bie·ten I *v/t* ⟨*irr, sep,* -ge-, h⟩ **1.** (*Waren etc*) offer (*s.th.*) for sale, put (*s.th.*) up for sale. – **2.** *fig. contempt.* (*Ehre etc*) prostitute. – **II** *v/reflex* sich ~ **3.** prostitute oneself. – **III F~** *n* ⟨-s⟩ **4.** *verbal noun.* — **'Feil,bie·tung** *f* ⟨-; -en⟩ **1.** *cf.* Feilbieten. – **2.** *fig. contempt.* prostitution. – **3.** *Austrian* public auction.

Fei·le ['faɪlə] *f* ⟨-; -n⟩ **1.** *tech.* file: einhiebige [zweihiebige] ~ single-cut [double-cut] file; dünne ~ slim taper file; gefräste [gehauene] ~ milled [cut] file; grobe ~ rasp; dreikantige [vierkantige] ~ three-edged [square] file. – **2.** *fig. lit.* finish: die letzte ~ an ein Kunstwerk (an)legen to put the finishing touches to a work of art.

fei·len ['faɪlən] **I** *v/t* ⟨h⟩ **1.** *bes. tech.* file: ein Werkstück ~ to file a tool; sich (*dat*) die Fingernägel ~ to file one's (finger)nails; etwas mit einer Raspel (*od.* Grobfeile) ~ to rasp s.th. – **2.** *fig.* (*Sprache, Stil etc*) polish, refine, finish off, file (*lit.*). – **II** *v/i* **3.** file: an einem Schlüssel ~ to file (at) a key. – **4.** *fig.* (an *dat* etwas s.th.) polish, refine, finish off, file (*lit.*). – **III F~** *n* ⟨-s⟩ **5.** *verbal noun.*

'Fei·len|,bür·ste *f tech.* file card, file (cleaning) brush. — **~,hau·en** *n* file cutting. — **~,hau·er** *m* file cutter. — **~,hau·ma,schi·ne** *f* file-cutting machine. — **~,hieb** *m* cut (of a file). — **~,mu·schel** *f zo.* file shell (*Gattg Lima*). — **~,zahn** *m tech.* tooth of a file.

'feil,hal·ten *v/t* ⟨*irr, sep,* -ge-, h⟩ *archaic* (*Waren etc*) have on sale, offer (*od.* put up) for sale: → Maulaffen.

'Feil·heit *f* ⟨-; *no pl*⟩ *rare for* Käuflichkeit 1, Verkäuflichkeit.

'Fei·licht *n* ⟨-(e)s; -e⟩ *colloq. for* Feilstaub.

'Feil|,klo·ben *m tech.* hand vice (*bes. Am.* vise). — **~,klup·pe** *f* **1.** (*für Sägen*) saw clamp (*od.* vice, *bes. Am.* vise). – **2.** (*für Gattersägen*) saw tool. — **~ma,schi·ne** *f* (continuous) band filing machine. — **~,sä·ge·ma,schi·ne** *f* filing and sawing machine.

feil·schen ['faɪlʃən] **I** *v/i* ⟨h⟩ **1.** (um etwas) bargain (for s.th.), haggle (about s.th., over s.th.), chaffer (about s.th.), higgle (about s.th.), huckster (over s.th.), *Am.* dicker (for s.th.). – **II F~** *n* ⟨-s⟩ **2.** *verbal noun.* – **3.** haggle, chaffer, *Am.* dicker. — **'Feil·scher** *m* ⟨-s; -⟩ bargainer, haggler.

'Feil|,span *m meist pl tech.* filings *pl.* — **~,staub** *m* filings *pl*, file dust. — **~,strich** *m* **1.** (*Arbeitsvorgang*) stroke, brush with the file. – **2.** (*Markierung*) file mark.

Feim [faɪm] *m* ⟨-(e)s; -e⟩, **'Fei·me** *f* ⟨-; -n⟩, **'Fei·men** *m* ⟨-s; -⟩ *dial.* stack (of hay), haystack.

fein [faɪn] **I** *adj* ⟨-er; -st⟩ **1.** (*dünn*) fine, thin: ~er Draht [Faden, Strahl] thin wire [thread, jet]; ~es Garn thin yarn, yarn of fine count; eine ~e Scheibe Schinken a thin slice of ham; ~er Nebel fine (*od.* thin) mist. – **2.** (*Haar etc*) fine. – **3.** (*zart*) fine, delicate: ~e Haut delicate skin; ~e Glieder delicate (*od.* finely shaped) limbs; ~e Züge delicate (*od.* finely chisel[l]ed) features. – **4.** (*zierlich, graziös*) graceful. – **5.** (*kaum wahrnehmbar*) faint, slight: ein ~es Lächeln a faint (*od.* subtle) smile; einen ~en Schmerz empfinden to feel a slight pain; eine ~e Röte überzog ihr Gesicht a slight blush colo(u)red her face. – **6.** (*aus kleinsten Teilen*) fine: ~es Salz fine (*od.* finely granulated) salt; ~er Sand fine sand. – **7.** (*Regen*) fine, drizzling. – **8.** (*Sieb*) fine(-meshed). – **9.** (*Kamm*) fine(-toothed). – **10.** (*von guter Qualität*) fine, high-grade, *auch* best quality: ~es Porzellan fine porcelain; ~es Leder fine (*od.* soft) leather. – **11.** (*erlesen*) choice, excellent, exquisite: ~e Küche a) good cooking, b) exquisite cuisine; ~e Speisen choice dishes; ~ste Sorte choicest quality; ein ~er Wein an exquisite wine. – **12.** (*wohlschmeckend*) good, delicious: es schmeckt ~ it tastes delicious. – **13.** (*famos, tadellos*) excellent, splendid, great, *Am. colloq.* swell: ein ~es Auto a fine (*od. colloq.* classy, posh) car; das ist ~ *colloq.* that's fine (*od.* good), *Am. colloq.* that's swell; das war ein ~es Fest that was a great party. – **14.** (*Sinne etc*) delicate, sensitive, keen: ein ~es künstlerisches Empfinden a delicate artistic feeling; ein ~er Gaumen a delicate palate; ein ~es Gehör a keen (*od.* sharp, quick) ear; eine ~e Beobachtungsgabe sensitive powers *pl* of observation; ein ~es Unterscheidungsvermögen keen powers *pl* of discrimination (*od.* discernment); einen ~en Riecher haben *fig. colloq.* to be keen-nosed. – **15.** (*gering*) fine, subtle, minute, nice: ein ~er Unterschied a subtle difference; eine ~e Unterscheidung a nice distinction; eine ~e Abweichung a minute deviation. – **16.** (*genau*) accurate, precise, fine: eine ~e Einstellung an accurate tuning; eine ~e Differenzierung a fine differentiation. – **17.** (*feinsinnig, schlau*) clever, subtle, shrewd, sharp: ein ~er Humor a subtle humo(u)r; einen ~en Plan ersinnen to contrive a shrewd plan. – **18.** (*vornehm*) distinguished, refined, fine: eine ~e Dame a refined lady; ein ~er alter Herr a distinguished(-looking) old gentleman; der ~e Ton the refined (*od.* good) tone, the bon ton; ~er Pinkel *sl. contempt. Br. sl.* toff, swell, *Am. sl.* dude, slicker: ~e Leute haben ~e Sachen (*Sprichwort*) fine people own fine things. – **19.** (*elegant*) elegant, fashionable, fine: ~e Läden fashionable shops; die ~e Welt fashionable people, the (*od.* le) beau monde; ~es Benehmen elegant manners *pl*, polish; ~e Leute *colloq.* fine (*od.* fashionable) people. – **20.** (*verfeinert*) refined, delicate, cultivated: ~er Geschmack refined taste. – **21.** (*wohlerzogen*) well-bred, polite, well-mannered. – **22.** (*anständig*) nice, decent, proper: sie ist ein ~es Mädchen she is a decent girl; das ist nicht ~ that is not nice (*od.* gentlemanlike, ladylike). – **23.** (*nett*) *auch iron.* nice, fine, decent: ein ~er Kerl a nice fellow (*bes. Br.* chap, *Am.* guy); ihr seid (mir) eine ~e Gesellschaft! *iron.* a fine lot (*od.* nice company) you are. – **24.** *gastr.* (*Gebäck*) fancy, fine. – **25.** *gastr.* (*Leberwurst*) fine. – **26.** (*Gold etc*) pure. – **27.** *metall.* fine, refined. – **II** *adv* **28.** finely: das Mehl ist ~ gemahlen the flour is finely ground; es läßt sich ~ mahlen it grinds fine; etwas ~ hacken to chop s.th. (up) fine(ly) (*od.* small); etwas ~ aufschneiden to slice (*od.* carve) s.th. finely; ~ regnen to drizzle; die Linien sind ~ gezogen the lines are finely drawn; ihr Gesicht ist ~ geschnitten her face is finely chisel(l)ed; es ist nichts so ~ gesponnen, es kommt doch ans Licht der Sonnen (*Sprichwort*) even the most cunningly contrived secrets come to light at last. – **29.** *colloq.* well, fine: das hast du ~ gemacht you have done well; er ist ~ heraus he is well out of it, he is a lucky fellow. – **30.** (*schön, elegant*) elegantly, fashionably, smartly: ~ angezogen sein to be dressed elegantly. – **31.** (*genau*) accurately, precisely, finely: das Instrument ist ~ gestimmt the instrument is accurately tuned. – **32.** (*sehr*) very, quite: sei du ~ brav *colloq.* be quite good; sei nur ~ still *colloq.* you keep very (*od.* right) quiet; ~ säuberlich nice and clean. – **III** *interj* **33.** ~! (very) good! – **IV F~e, das** ⟨-n⟩ **34.** (*das Gute*) the good (*od.* fine) thing: das F~e an der Sache ist the good thing about it is; das F~ste vom F~en *colloq.* the cream (*od.* pick) of it; ich habe dir etwas F~es mitgebracht I have brought you something really nice.

'Fein|,ab,le·se·ge,rät *n tech.* fine-reading device, vernier scale. — **~,ab,le·sung** *f* fine (*od.* vernier) reading. — **~,ab,stimm·kon·den,sa·tor** *m electr.* (*radio*) sharp-tuning (*od.* vernier) capacitor. — **~,ab,stim·mung** *f* **1.** (*radio*) fine (*od.* sharp) tuning, accurate tuning-in. – **2.** *tech.* correct (*od.* final, precision) adjustment. — **~,ar·beit** *f tech.* precision work. — **~,bäcker** (*getr.* -k·k-) *m* pastry cook, confectioner. — **~bäcke,rei** (*getr.* -k·k-) *f* **1.** confectionery. – **2.** confectioner's (*od.* pastry cook's) establishment. — **~,bau** *m* **1.** *phys.* structure of atoms. – **2.** *min.* fine structure. – **3.** *biol.* minute structure. — **f~be,ar·bei·ten I** *v/t* ⟨*sep, no* -ge-, h⟩ *tech.* (*Werkstücke*) finish. – **II F~** *n* ⟨-s⟩ *verbal noun.* — **~be,ar·bei·tung** *f tech.* **1.** *cf.* Feinbearbeiten. – **2.** (*zerspanende*) finish-machining. — **~be,we·gung** *f* (*optics*) slow motion.

'Fein,blech *n tech.* **1.** (*als Werkstoff*) sheet

metal (*od.* steel). – **2.** (*als Erzeugnis*) thin ga(u)ge plate, (light) sheet. – **3.** (*für die Weißblechfabrikation*) tagger. — **~ˌwal·ze** *f* sheet roll. — **~ˌwalzˌwerk** *n* sheet rolling mill.

'feinˌboh·ren I *v/t* ⟨*sep*, -ge-, h⟩ *tech.* **1.** precision- (*od.* finish-)bore, superfine- (*bes. Br.* fine-)bore. – **2.** (*mittels Diamanteneinzelwerkzeuges*) diamond-bore. – **3.** (*mittels Hartmetallbohrwerkzeuges*) *Am.* borize. – **II F~** *n* ⟨-s⟩ **4.** *verbal noun.*

'Feinˌbohr|maˌschi·ne *f tech.* precision boring (*Br.* fine-boring) machine. — **~ˌmei·ßel, ~ˌstahl** *m* precision boring (*Br.* fine-boring) tool. — **~ˌwerkˌzeug** *n* precision (*Br.* fine-) boring tool.

'fein|ˌbren·nen *v/t* ⟨*irr, sep*, -ge-, h⟩ *metall.* refine. — **F~ˌbrot** *n gastr.* bread of fine rye flour. — **F~che·miˌka·li·en** *pl chem.* fine chemicals.

Feind [faɪnt] *m* ⟨-(e)s; -e⟩ **1.** *mil.* enemy: der ~ *collect.* a) (*die feindlichen Truppen*) the enemy, b) (*beim Manöver*) the aggressor forces *pl*; den ~ angreifen to attack the enemy; dicht am ~ bleiben to keep in touch with the enemy; dem ~ in die Hände fallen to fall into the hands of the enemy (*od.* into enemy hands); ~ hört mit a) enemy is listening, walls have ears, b) *fig. colloq.* walls have ears, Big Brother (*auch* big brother) is listening: gegen den ~ kämpfen to fight against the enemy; ran an den ~ a) up and at them, b) *fig. colloq.* into battle; der ~ steht vor den Toren the enemy is at the gates; sich dem ~ stellen to make a stand against (*od.* to face) the enemy; zum ~ überlaufen to go over (*od.* desert) to the enemy; vom ~ besetzte Stadt enemy-occupied (*od.* -held) city; vor dem ~ fallen to fall on the field of hono(u)r, to be killed on the battlefield (*od.* battleground); Tapferkeit vor dem ~ bravery in the face of the enemy; ~e ringsum *auch fig.* enemies everywhere; die ~e verjagen to send the enemies flying. – **2.** (*persönlicher Feind*) enemy, foe (*lit. poet.*): ein erklärter [erbitterter] ~ des Kommunismus a declared [bitter] enemy of Communism; er ist ein ~ des Alkohols he is a teetotal(l)er; er war ein ~ jedes Fortschritts he was opposed to any form of progress; der äußere ~ the external (*od.* alien, foreign) enemy; der innere ~ the internal enemy; ein um so gefährlicherer, da unbekannter ~ a more dangerous since unknown enemy; von Freund und ~ geachtet respected by friend and foe alike; sich (*dat*) j-n zum ~(e) machen to make an enemy of s.o.; sich (*dat*) ~e machen to make enemies; die Lüge hatte die Brüder zu ~en gemacht the lie had made the brothers enemies (*bes. Br.* had set the brothers by the ears); viel ~ viel Ehr (*Sprichwort*) the more enemies, the greater the hono(u)r; das Bessere ist des Guten ~ (*Sprichwort*) the better is the enemy of the good; liebet eure ~e *Bibl.* love your enemies; oft ist der Mensch selbst sein größter ~ (*Cicero*) man is often his own worst enemy. – **3.** (*Gegner*) adversary, opponent, antagonist. – **4.** (*Rivale*) rival. – **5.** der böse ~ *Bibl.* the Evil one, the Fiend, the old enemy, the arch-enemy (of man). – **6.** *bot. zo. cf.* Schädling 1, 2.

feind *adj* ⟨*pred*⟩ (*in Wendungen wie*) j-m [etwas] ~ sein to be an enemy of (*od.* to) s.o. [s.th.], to be against s.o. [s.th.], to be averse (*od.* opposed) to s.o. [s.th.], to have a grudge against s.o. [s.th.], to hate (*od.* loathe) s.o. [s.th.]; j-m ~ bleiben to remain an enemy of s.o.; j-m ~ werden to become an enemy of s.o., to fall out with s.o.

'Feind|beˌdro·hung *f mil.* enemy threat. — **~beˌgün·sti·gung** *f* giving aid and comfort to the enemy. — **~beˌob·ach·tung** *f* **1.** observation of the enemy. – **2.** observation by the enemy, enemy observation. — **~beˌrüh·rung** *f* contact with the enemy. — **~beˌschuß** *m* enemy fire. — **~ˌeinˌwir·kung** *f* enemy action.

'Fein·des|ˌhand *f mil.* hand of the enemy, enemy hand: in ~ sein [fallen] to be in [to fall into] enemy hand; von ~ getötet killed by the enemy. — **~ˌland** *n* ⟨-(e)s; *no pl*⟩ enemy (*od.* hostile) country (*od.* territory): in ~ einfallen to invade the enemy country.

'Feind|ˌfahrt *f mar. mil.* operation against the enemy, operational cruise, war patrol. — **~ˌflug** *m aer. mil.* **1.** operational flight, sortie (over enemy area). – **2.** combat mission. — **~ˌflugˌzeug** *n* enemy (*od.* hostile) aircraft. — **f~ˌfrei** *adj* clear of the enemy. — **~geˌbiet** *n cf.* Feindesland. — **~geˌwäs·ser** *n mar.* enemy waters *pl.*

Fein·din ['faɪndɪn] *f* ⟨-; -nen⟩ **1.** (woman) enemy: sie ist seine ~ she is his enemy. – **2.** *cf.* Feind 2, 3, 4.

'Feind|ˌkräf·te *pl mil.* enemy forces. — **~ˌla·ge** *f* enemy situation.

feind·lich ['faɪntlɪç] **I** *adj* **1.** *mil.* (*zum Feind gehörig*) enemy (*attrib*), hostile: das ~e Heer the enemy; ~e Truppen enemy troops; das ~e Ausland the enemy countries *pl*, the enemy; die ~en Mächte a) the enemy powers, b) *fig.* the hostile powers; ~e Handlungen hostilities, hostile actions. – **2.** (*Person etc*) hostile, adverse, inimical, antagonistic, (*schwächer*) opposed, unfriendly: die ~en Brüder the hostile brothers; im ~en Lager *fig.* in the hostile camp; ~e Parteien opposed parties. – **3.** (*Gesinnung etc*) hostile, inimical, (*schwächer*) unfriendly. – **4.** (*Schachfigur*) opposing. – **II** *adv* **5.** j-m ~ gesinnt sein to be hostile to (*od.* ill-disposed toward[s]) s.o.; sich (*dat*) (*od.* einander) ~ gesinnt sein to be enemies; ~ gegen die Religion eingestellt sein to be opposed to religion, to be antireligious (*Br.* anti-religious). — **'Feind·lich·keit** *f* ⟨-; -en⟩ hostility.

'Feind|ˌmäch·te *pl* enemy powers. — **~ˌnachˌrich·ten** *pl mil.* **1.** information *sg* about the enemy. – **2.** (*ausgewertete*) military intelligence *sg.* — **~ˌnä·he** *f* nearness (*od.* proximity, closeness) of the enemy. — **~pro·paˌgan·da** *f* enemy propaganda.

'Feind·schaft *f* ⟨-; -en⟩ **1.** enmity, (*stärker*) hostility, animosity: eine alte [erbitterte, tiefe, tödliche] ~ an old [bitter, deep, mortal] enmity; eine ~ auf Leben und Tod a life and death hostility; sich (*dat*) eine ~ zuziehen to incur s.o.'s enmity; mit j-m in ~ leben to live in (*od.* be at) enmity with s.o., *Br. auch* to be at daggers drawn with s.o.; ~ säen zwischen to put enmity between, to sow (seeds of) enmity between; ~ gegen j-n hegen to bear s.o. hostility, to feel hostility toward(s) s.o.; alte ~en begraben to put away old enmities, to bury the hatchet. – **2.** (*Haß*) (gegen of, against, for) hatred. – **3.** (*Böswilligkeit*) ill-will. – **4.** (*Gegnerschaft*) antagonism: ~ zwischen den Geschlechtern sex antagonism. – **5.** (*Abneigung*) aversion. – **6.** (*Groll*) rancor, *bes. Br.* rancour. – **7.** (*Zwietracht*) discord. – **8.** (*Fehde*) feud, quarrel. — **'feind·schaft·lich** *adj obs. for* feindlich 2, 3.

'feindˌse·lig *adj.* **1.** (gegen to) hostile, inimical: eine ~e Haltung annehmen to adopt (*od.* take on) a hostile attitude; unter ihren ~en Blicken under their hostile gaze. – **2.** (*böswillig*) malevolent. – **3.** (*haßerfüllt*) hateful. – **II** *adv* **4.** sich ~ ansehen to look at each other with animosity. — **'Feindˌse·lig·keit** *f* ⟨-; -en⟩ **1.** ⟨*only sg*⟩ animosity, (*stärker*) enmity, hostility: eine Welle der ~ a wave of animosity. – **2.** (*Böswilligkeit*) malevolence. – **3.** (*Haß*) hatred. – **4.** *meist pl mil.* hostilities *pl*: die ~en eröffnen to commence (*od.* start) hostilities (*od.* fighting); die ~en einstellen to suspend (*od.* stop) hostilities (*od.* fighting); Eröffnung [Einstellung] der ~en outbreak [cessation] of hostilities.

'Feind|ˌstel·lung *f mil.* enemy position. — **~ˌtä·tig·keit** *f* enemy activity. — **~ˌtrup·pen** *pl* enemy troops. — **~verˌband** *m aer.* enemy formation.

'Fei·ne *f* ⟨-; *no pl*⟩ *cf.* Feinheit 1, 2, 10, 18.

'fein|ˌeinˌstel·len *v/t* ⟨*sep*, -ge-, h⟩ *tech.* **1.** (*eine Größe, ein Maß etc*) fine-adjust, micro-adjust. – **2.** (*mittels Lehre*) micrometer. – **3.** (*Schneidmeißel auf der Maschine*) micro-set. — **F~ˌeinˌstel·ler** *m* vernier. — **F~ˌeinˌstellˌska·la** *f* graduated (*od.* vernier) scale. — **F~ˌeinˌstel·lung** *f* **1.** (*eines Instruments etc*) fine adjustment (*od.* setting). – **2.** *bes. electr.* micro-adjustment, micrometer adjustment. – **3.** (*textile*) registration. – **4.** *phot.* (*der Schärfe*) fine adjustment (*od.* focusing). – **5.** (*radio*) fine (*od.* vernier) tuning.

fei·nen ['faɪnən] *v/t* ⟨h⟩ *metall.* **1.** (*desoxydieren*) (*Stahlschmelze*) deoxidize. – **2.** (*Guß durch Zuschlagstoffe*) refine, purify.

'Fein|ˌerz *n min.* fine ore. — **f~ˌfa·se·rig** *adj* **1.** (*Stoff*) fine-fibred. – **2.** (*Holz*) fine-grained. – **3.** *zo.* byssaceous. — **~ˌfeu·er** *n tech.* running-out fire. — **f~ˌflau·mig** *adj* *bot.* downy; puberulent, *auch* puberulous (*scient.*). — **~ˌfo·lie** *f synth.* (*Kunststoff*) film. — **f~ˌfrä·sen** *metall.* **I** *v/t* ⟨*sep*, -ge-, h⟩ **1.** mill (*s.th.*) to fine limits. – **II F~** *n* ⟨-s⟩ **2.** *verbal noun.* – **3.** precision milling.

'Feinˌfrost *m gastr. cf.* Feinfrostware. — **~geˌmü·se** *n* deepfreeze (*od.* quick-frozen) vegetables *pl.* — **~ˌwa·re** *f* deepfreeze vegetables *pl* (*od.* fruit).

'feinˌfüh·lend *adj cf.* feinfühlig.

'feinˌfüh·lig [-ˌfyːlɪç] *adj* **1.** (*sensibel*) sensitive. – **2.** (*zartfühlend*) delicate, tactful: er ist zu ~ he is overdelicate. — **'Feinˌfüh·lig·keit** *f cf.* Feingefühl.

'fein|ˌgän·gig *adj tech.* (*Schraube etc*) fine-pitch (*attrib*). — **F~ˌgarn** *n* (*textile*) high-count (*od.* fine, thin) yarn. — **~geˌädert** *adj* ⟨*attrib*⟩ **1.** (*Hand*) finely veined. – **2.** (*Holz*) finely grained (*od.* marbled). — **F~geˌbäck** *n gastr.* fine confectionery, fancy cakes *pl.* — **~geˌfie·dert** *adj* ⟨*attrib*⟩ *bot.* pinnulate. — **~geˌfleckt** *adj* ⟨*attrib*⟩ ticked. — **F~geˌfü·ge** *n geol. metall.* microstructure. — **F~geˌfühl** *n* ⟨-(e)s; *no pl*⟩ **1.** (*Empfänglichkeit*) sensitivity, sensitiveness, sensibility. – **2.** (*Takt*) tact, delicacy: Mangel an ~ tactlessness, want of tact; mit großem ~ with great delicacy; übertriebenes ~ overdelicacy. – **3.** (*künstlerisches*) sentiment, *auch* empathy. — **~geˌhackt** *adj* ⟨*attrib*⟩ finely chopped up.

'Fein·geˌhalt *m metall.* a) fineness, title, titer, *bes. Br.* titre, b) (*gesetzlich festgelegter*) standard: Mehrbetrag des ~s betterness. — **'Fein·geˌhaltsˌstem·pel** *m metall.* a) plate mark, touch, b) (*der englischen Goldschmiedeinnung*) hallmark: mit einem ~ versehen to touch, to hallmark.

'fein|ge,mah·len *adj* ⟨*attrib*⟩ fine-ground, finely ground. — **~geˌschlif·fen** *adj* ⟨*attrib*⟩ *tech.* finish- (*od.* fine-, precision-)ground. — **~geˌschnit·ten** *adj* ⟨*attrib*⟩ **1.** finely cut: ~er Tabak fine cut. – **2.** (*in Scheiben*) thinly sliced. – **3.** *fig.* (*Gesicht*) fine, finely chisel(l)ed. — **~geˌschwun·gen** *adj* ⟨*attrib*⟩ (*Brauen etc*) finely curved. — **~geˌsiebt** *adj* ⟨*attrib*⟩ finely sieved (*od.* screened). — **~geˌspon·nen** *adj* ⟨*attrib*⟩ *auch fig.* finespun, *Br.* fine-spun, delicate: sehr ~ wire-spun. — **~geˌstreift** *adj* ⟨*attrib*⟩ **1.** finely striped. – **2.** *zo.* aciculated, strigose, lineolate. – **3.** *bot.* lineolate. — **F~geˌwicht** *n tech.* (*von Gold und Silber*) precision weight. — **F~geˌwin·de** *n tech.* fine thread. — **~geˌzackt** *adj* ⟨*attrib*⟩ *cf.* feingezahnt 2. — **~geˌzahnt** *adj* ⟨*attrib*⟩ **1.** finetooth, *auch* fine-toothed. – **2.** *bot.* denticulate, *auch* denticulated, serrulate, *auch* serrulated.

'fein|ˌglied·rig, *auch* **~ˌglie·de·rig** *adj* fine-limbed (*od.* -membered), slender-boned. — **Fein|ˌglied·rig·keit,** *auch* **~ˌglie·de·rig·keit** fineness (*od.* delicacy) of limb.

'Fein|ˌgold *n* fine (*od.* refined) gold. — **~ˌguß** *m metall.* **1.** (*Erzeugnis*) precision castings *pl.* – **2.** (*Verfahren*) precision casting.

'Fein·heit *f* ⟨-; -en⟩ **1.** (*Dünne*) fineness, thinness. – **2.** (*von Garn*) size, grist. – **3.** (*von Material*) fineness, delicacy. – **4.** (*einer Handarbeit*) workmanship. – **5.** (*Zierlichkeit, Grazie*) grace(fulness). – **6.** (*schwache Wahrnehmbarkeit*) faintness, slightness. – **7.** (*Kleinteiligkeit*) fineness. – **8.** (*gute Qualität*) fineness, high quality. – **9.** (*beste Qualität*) exquisiteness, superior (*od.* choice) quality. – **10.** (*der Sinne*) delicacy, sensitiveness, sharpness, keenness. – **11.** (*eines Unterschieds etc*) fineness, subtleness, minuteness, nicety. – **12.** (*Feinsinnigkeit*) cleverness, subtleness, shrewdness, sharpness, finesse. – **13.** (*Vornehmheit*) distinction, refinement, fineness. – **14.** (*Eleganz*) elegancy, fineness. – **15.** (*Verfeinerung*) refinement, delicacy, culture. – **16** (*gutes Benehmen*) politeness, polish. – **17.** *pl* niceties, delicacies, finer points: die ~en einer Sprache the niceties (*od.* ins and outs) of a language; die ~en eines Gedicht(e)s the finer points (*od.* subtleties) of a poem; die letzten ~en the finishing (*od.* last) touches. – **18.** *metall.* (*Reinheit*) purity: eine Münze auf Gewicht und ~ prüfen to pyx (*auch* pix) a coin.

'Fein·heits|beˌzeich·nung *f* **1.** designation (*od.* description) of fineness. – **2.** (*textile*) yarn count category. — **~ˌgrad** *m* **1.** degree of fineness. – **2.** (*textile*) a) (*von Garn*) count, size, b) (*von Nylon, Seide etc*) denier, titer, *bes. Br.* titre.

'Fein|ˌhö·henˌmes·ser *m aer.* precision altimeter, statoscope. — **f~ˌhö·rig** *adj* having a sensitive (*od.* quick, sharp) ear. — **~keˌra·mik** *f* fine ceramics *pl.* — **~ˌkoks** *m* (*mining*) culm coke, coke fines *pl.*

'Feinˌkorn *n* ⟨-(e)s; *no pl*⟩ **1.** *mil.* (*beim Schießen*) fine sight. – **2.** *phot.* fine grain. — **~ˌei·sen** *n metall.* close- (*od.* fine-)grained cast iron. — **~entˌwick·ler** *m phot.* fine-grain developer. — **~ˌfilm** *m* fine-grain film.

'feinˌkör·nig *adj* **1.** *phot.* fine-grained. – **2.** *metall.* fine- (*od.* close-)grained: ~e Bruchfläche silky (*od.* smooth) fracture; ~es Gefüge fine-grained structure. – **3.** *tech.* (*Mahlgut*) fine-granular. – **4.** *geol.* fine-grained. — **'Feinˌkörnig·keit** *f* ⟨-; *no pl*⟩ **1.** *phot.* fineness of (the) grain. – **2.** *metall.* (*eines Gefüges*) fine- (*od.* close-)grained structure. – **3.** *tech.* (*Mahlgut*) fine-granular condition.

'Feinˌkost *f* ⟨-; *no pl*⟩ *gastr.* delicatessen *pl.* — **~geˌschäft** *n* delicatessen *sg* (store, *Br.* shop). — **~ˌhänd·ler** *m* delicatessen dealer (*od.* merchant). — **~ˌla·den** *m cf.* Feinkostgeschäft.

'Fein|ˌkreisˌsä·ge *f tech.* planer saw. — **~ˌkup·fer** *n metall.* refined (*od.* high purity) copper. — **~ˌlei·nen** *n* (*textile*) linen batiste (*od.* lawn, cambric). — **f~ˌma·chen I** *v/reflex* ⟨*sep*, -ge-, h⟩ sich ~ *colloq.* get dressed up, make oneself look smart, smarten (*od.* spruce) oneself up (*colloq.*). – **II** *v/t* j-n ~ *colloq.* to dress s.o. up, to make s.o. smart. — **f~ˌma·schig** [-ˌmaʃɪç] *adj* (*Netz, Strumpf etc*) fine-meshed. — **~meˌcha·nik** *f tech.* precision (*od.* fine) mechanics *pl* (*construed as sg or pl*), light engineering. — **~meˌcha·ni·ker** *m* precision mechanic, fine-mechanical engineer, precision instrument maker. — **f~meˌcha·nisch** *adj* fine-mechanical: ~e Industrie fine-mechanical industry; ~e Werkstatt fine-mechanical workshop, precision engineering workshop.

'Feinˌmes·ser *m* (precision) micrometer.

'Feinˌmeß|geˌrät *n tech.* micrometer measuring instrument (*od.* device), precision instrument. — **~ˌleh·re** *f cf.* Feinmeßschraublehre. — **~ˌop·tik** *f* (*optics*) precision measuring optics *pl* (*usually construed as sg*). — **~okuˌlar** *n* micrometer eyepiece, precision measuring ocular. — **~ˌschiebˌleh·re** *f tech.* slide cal(l)iper rule, vernier cal(l)iper. — **~ˌschrau·be** *f* micrometer cal(l)iper ga(u)ge (*od.* screw). — **~ˌschraubˌleh·re** precision (*od.* ga[u]ge) block. — **~ˌtech·nik** *f* technique of precision measurement. — **~ˌtie·fenˌleh·re** *f* micrometer depth ga(u)ge.

'Feinˌmes·sung *f* precision measurement (*od.* measuring).

'Feinˌmeß|ˌwerkˌzeug *n tech. cf.* Feinmeßzeug. — **~ˌwe·sen** *n* engineering precision measurement. — **~ˌzeug** *n* precision measuring tool (*od.* instrument).

'Fein|meˌtall *n* fine metal. — **~ˌmüh·le** *f* (*paper*) refiner, refining (*od.* perfecting) engine.

'feinˌner·vig *adj* sensitive. — **'Feinˌner·vig·keit** *f* ⟨-; *no pl*⟩ sensitiveness.

'Fein|ˌofen *m tech.* refining furnace. — **~ˌop·tik** *f* precision (*od.* fine) optics *pl* (*usually construed as sg*). — **~paˌpier** *n* fine paper. — **~ˌpas·sung** *f tech.* **1.** fine (*od.* close) fit. – **2.** (*von Gewinden*) free fit. — **f~poˌliert** *adj tech.* highly finished, finely polished (*od.* finished). — **~ˌpo·rig** *adj biol.* finely porous, fine-pored. — **~ˌputz** *m civ.eng.* finish(ing) plaster, fine stuff. — **~ˌreg·ler** *m tech.* fine control (device). — **~ˌrippˌwa·re** *f meist pl* (*textile*) fine-ribbed goods *pl.* — **f~ˌschlei·fen** *tech. v/t* ⟨*irr, sep*, -ge-, h⟩ **1.** (*Metall*) fine-grind (*od.* -glaze). – **2.** (*Glas etc*) grind, smooth. — **~ˌschleif·maˌschi·ne** *f tech.* fine grinding machine (*od.* grinder). — **~ˌschliff** *m* **1.** (*von Holz, Kunststoff etc*) fine finishing sanding. – **2.** (*von Stahl*) fine surface finish.

'Feinˌschmecker (*getr.* -k·k-) *m* ⟨-s; -⟩, **'Feinˌschmecke·rin** (*getr.* -k·k-) *f* ⟨-; -nen⟩ gourmet, gourmand, epicure. — **'feinˌschmecke·risch** (*getr.* -k·k-) *adj* epicurean.

'Fein|ˌschnitt *m* **1.** (*von Tabak*) fine cut. – **2.** (*von Holz*) dead smooth cut. – **3.** (*film*) final cutting. — **~ˌschrau·be** *f* **1.** *tech.* fine-adjustment screw. – **2.** (*am Sextanten*) tangent screw. — **~ˌsei·fe** *f* toilet (*od.* fancy) soap. — **~ˌsi·che·rung** *f electr.* fine-wire fuse, microfuse. — **~ˌsil·ber** *n* fine (*od.* refined, pure) silver.

'feinˌsin·nig *adj* **1.** (*Person*) sensitive. – **2.** (*Humor, Beschreibung etc*) subtle. — **'Feinˌsin·nig·keit** *f* ⟨-; *no pl*⟩ **1.** sensitivity. – **2.** subtlety.

ˌFeins'lieb·chen *n* ⟨-s; -⟩ *poet.* sweetheart.

'Fein|ˌspin·delˌbank *f tech.* fly roving frame. — **~spin·neˌrei** *f* (*textile*) **1.** spinning of fine yarn. – **2.** spinning mill producing fine yarn, fine-spinning mill. — **~ˌspinn·maˌschi·ne** *f tech.* (*textile*) spinning jenny, spinning machine for fine yarn.

'Feinst·beˌar·bei·tung *f tech.* **1.** (*Oberflächenveredelung*) superfinishing. – **2.** (*zerspanende*) precision machining.

'feinst|ˌboh·ren *v/t tech.* ⟨*sep*, -ge-, h⟩ *cf.* feinbohren. — **F~ˌbohrˌwerk** *n* superfine boring machine. — **~ˌdre·hen I** *v/t* ⟨*sep*, -ge-, h⟩ superfinish- (*od.* superfine-)turn. – **II F~** *n* ⟨-s⟩ *verbal noun.* — **F~ˌeinˌstel·lung** *f* micrometer adjustment.

'feinˌstel·len *v/t* ⟨*sep*, -ge-, h⟩ *tech.* adjust (*od.* set) (*s.th.*) finely, regulate.

'Feinˌstell|ˌschrau·be *f tech.* micrometer adjusting screw. — **~ˌska·la** *f* micrometer adjustment scale. — **~ˌspin·del** *f* fine adjustment screw.

'Feinˌstel·lung *f tech. cf.* Feineinstellung 1.

'fein|ˌstim·men *v/t* ⟨*sep*, -ge-, h⟩ *mus.* (*Orgelpfeifen*) shade. — **F~ˌstim·mer** *m* adjuster, *auch* adjustor, voicer.

'Feinst|ˌmah·lung *f tech.* **1.** (*Kohlenstaub etc*) powdering. – **2.** (*Feinmahlung*) pulverization, fine grinding. — **~ˌmes·sung** *f* measurement of maximum precision.

'Fein|ˌstra·ße *f metall.* (*für Feinbleche*) sheet rolling mill. — **~strukˌtur** *f* **1.** *phys.* (*von Spektren*) fine structure. – **2.** *chem. tech.* (*von Molekülen*) discrete structure. – **3.** (*in der Kristallographie*) microstructure, fine structure. — **~ˌstrumpf** *m* (*textile*) full-fashioned (*od.* fully fashioned) stocking. — **f~ˌstu·fig** *adj tech.* sensitive: ~e Drehzahlregelung sensitive speed variation; ~es Getriebe selective speed gear mechanism.

'Fein|ˌvorˌschub *m tech.* fine (*od.* sensitive) feed. — **~ˌwaa·ge** *f* precision balance. — **~ˌwä·sche** *f* **1.** (*Wäsche*) delicate (*od.* dainty) lingerie. – **2.** (*beim Waschen*) fine laundering.

'Feinˌwasch|ˌmit·tel, ~ˌpul·ver *n* washing agent for delicate fabrics, light-duty detergent.

'feinˌwol·lig *adj bot.* lanuginous.

'Fein·zerˌklei·ne·rung *f tech.* (*von Mahlgut*) fine grinding (*od.* crushing).

'Feinˌzeug *n* (*paper*) stuff. — **~ˌhol·län·der** *m* finisher.

'Fein|ˌziehˌschlei·fen *n tech.* finish honing (operation), precision (production) honing. — **~ˌzink** *n metall.* **1.** (*als Handelssorte*) fine (*od.* high-grade) zinc. – **2.** (*durch Destillation von Raffinadezink gewonnen*) prime western. — **~ˌzinn** *n* grain tin. — **~ˌzucker** (*getr.* -k·k-) *m gastr.* white (*od.* refined) sugar. — **~ˌzug** *m tech.* (*des Drahtes*) a) (*als Ziehwerkzeug*) finishing block, b) (*als Arbeitsvorgang*) finishing pass.

feiß [faɪs] *adj Southwestern G. for* fett 1—3, reich 10, feist.

feist [faɪst] *adj* ⟨-er; -est⟩ **1.** (*Figur etc*) fat, stout, corpulent, plump. – **2.** (*Gesicht*) chubby, plump. – **3.** (*Tiere*) fat, in grease.

Feist *n* ⟨-es; *no pl*⟩ *hunt.* grease.

'Fei·ste *f* ⟨-; *no pl*⟩ *cf.* Feistheit.

'Feist·heit *f* ⟨-; *no pl*⟩ **1.** stoutness, obesity, plumpness. – **2.** (*von Tieren*) fatness.

'Feistˌhirsch *m hunt.* fat stag, stag in grease.

'Fei·stig·keit *f* ⟨-; *no pl*⟩ *cf.* Feistheit.

'Feist·ling *m* ⟨-s; -e⟩ fatso, tubby, *bes. Br.* podge (*alle colloq.*).

'Feistˌzeit *f hunt.* time (*od.* season) of grease.

fei·xen ['faɪksən] *v/i* ⟨h⟩ *colloq.* smirk, grin (from ear to ear).

Fe·kun·da·ti·on [fekʊnda'tsi̯oːn] *f* ⟨-; -en⟩ *biol.* impregnation.

Fel·ber ['fɛlbər] *m* ⟨-s; -⟩, **~ˌbaum** *m bot. Southern G. dial. for* Weidenbaum.

Fel·be·rich ['fɛlbərɪç] *m* ⟨-s; -e⟩ *bot.* a) crosswort, loosestrife (*Gattg Lysimachia*), b) water willow (*L. vulgaris*).

Fel·chen ['fɛlçən] *m* ⟨-s; -⟩ *zo.* whitefish, coregonus (*scient.*) (*Gattg Coregonus*).

Feld [fɛlt] *n* ⟨-(e)s; -er⟩ **1.** ⟨*only sg*⟩ (*unbebautes Land*) field(s *pl*), open country: durch Wald und ~ *poet.* through woods and fields; durch ~ und Flur *poet.* over field and meadow; auf freiem ~e in the open fields; über ~ gehen to go across country. – **2.** (*Acker*) field: auf dem ~ arbeiten to work in the field; aufs ~ gehen to go into the field; die ~er stehen gut *fig. colloq.* the crop is (*od.* the crops are) thriving. – **3.** ⟨*only sg*⟩ (*Boden, Ackerland*) ground, soil, land: fruchtbares ~ fertile soil; das ~ bebauen (*od.* bestellen) to till (*od.* cultivate) the ground. – **4.** ⟨*only sg*⟩ *fig.* (*Arbeitsgebiet*) domain, province, department: das ~ des Historikers the domain of the historian. – **5.** ⟨*only sg*⟩ (*geistiges Tätigkeitsfeld*) field, area, sphere: das ist ein weites ~ that is a broad field (*od.* subject); auf diesem ~ hat er viel geleistet he has done much in this sphere; ein weites ~ steht noch für Entdeckungen offen there is still a wide field (*od.* great scope) for exploration. – **6.** *fig.* (*Spielraum*) scope: freies ~ haben [geben] to have [to give] full scope (*od.* free rein). – **7.** ⟨*only sg*⟩ *fig.* field: das ~ behaupten to stand one's ground, to hold the field; das ~ der Ehre the field of hono(u)r; Gründe für etwas ins ~ führen to bring (*od.* put) forward reasons for s.th., to advance reasons for s.th.; das steht noch im weiten ~(e) that is still very uncertain; das ~ räumen to (beat a) retreat, to retire from the battlefield, *Br. auch* to yield the palm, to give (*od.* make) way; j-n aus dem ~(e) schlagen to defeat (*od.* outstrip, rout, eliminate) s.o.; j-m das ~ überlassen to leave the field to s.o., to leave s.o. a clear field; gegen j-n [etwas] zu ~(e) ziehen to inveigh against s.o. [s.th.], to attack s.o. [s.th.]. – **8.** ⟨*only sg*⟩ *mil.* (battle)field: das ~ behaupten to stand one's ground, to hold the field; er ist im ~(e) geblieben he died in battle, he was killed in action; das ~ räumen to retire from the battlefield, to (beat a) retreat, to fall back; den Feind aus dem ~(e) schlagen to drive the enemy from the field, to rout the enemy; im ~(e) stehen to be in the field; ins ~ ziehen to take the field, to go to the front; gegen j-n zu ~(e) ziehen to fight (*od.* campaign) against s.o., to attack s.o. – **9.** (*sport*) a) (*Spielfeld*) field (of play), b) (*Tennisplatz*) court, c) (*Gesamtheit der Spieler oder Pferde*) field: an der Spitze des ~es liegen to lead the field. – **10.** (*games*) a) (*beim Schach*) square, b) (*beim Trick-Track*) point, c) (*bei Himmel und Hölle*) bed. – **11.** *arch.* a) (*Füllung*) panel, compartment, b) (*einer Täfelung*) pane, panel, mural tablet, c) (*tiefer liegendes*) coffer, sunk panel, d) (*zwischen Gewölberippen*) cell, f) (*eines Fensters*) pane. – **12.** *civ.eng.* (*Betonplatte beim Straßenbau*) road panel (*od.* bay), concrete bay (*od.* slab). – **13.** *print.* (*Raum auf Papier*) square, panel. – **14.** *electr. phys. nucl.* field: atomares [elektrisches, magnetisches] ~ atomic [electric, magnetic] field: geschlossenes magnetisches ~ loop. – **15.** *math.* (*Gebiet einer Funktion*) field (of a function): skalares ~ scalar field. – **16.** *mil.* (*im Gewehrlauf*) a) (*kurzes*) land, b) (*langes*) chase. – **17.** (*statistics*) a) (*einer Tabelle*) column, b) (*einer Korrelationstabelle*) cell. – **18.** (*mining*) (*Abbau*) panel. – **19.** *her.* a) (*Wappenfeld*) field, ground, b) (*des Wappenschildes*) compartment, c) (*Quartier*) quarter, d) (*Quartierchen*) canton. – **20.** *ling.* (*Bezirk sinnverwandter Wörter*) (semantic *od.* word) field. – **21.** *psych.* psychological (*od.* behavio[u]ral) field. – **22.** *zo.* (*zwischen Adern von Insektenflügeln*) cell. – **23.** *biol.* area. – **24.** *tech.* a) (*Bereich*) range, b) (*Abschnitt*) section, c) (*in der Passungslehre*) zone. – **25.** (*computer*) array, field. – **26.** *hunt.* der Hund steht im zweiten ~ the dog is in the second year of training (*od.* in the second season); der Hund nimmt viel [wenig] ~ the dog ranges well [works close in].

'Feld|ˌahorn *m bot.* mazertree, common maple (*Acer campestre*). — **~ˌamp·fer** *m* sheep sorrel, *auch* sheep's sorrel (*Rumex acetosella*). — **~aneˌmo·ne** *f* meadow windflower (*Anemone pratensis*). — **~ˌanˌzug** *m mil.* field (service) uniform, battledress, *Br.* battle-dress. — **~ˌar·beit** *f agr.* farm (*od.* field, agricultural) work. — **~ˌar·bei·ter** *m*, **~ˌar·bei·te·rin** *f* field (*od.* agricultural) laborer (*bes. Br.* labourer) (*od.* hand), worker in the field(s). — **~ar·tilˌleˌrie** *f mil.* field artillery. — **~ˌarzt** *m* army doctor (*od.* surgeon). — **f~'aus** [ˌfɛlt-] *adv* → feldein 2. — **~ˌausˌbil·dung** *f mil.* field training. — **~ˌausˌrü·stung** *f* field equipment. — **~ˌbahn** *f* portable (*od.* light, narrow-ga[u]ge, field) railway (*Am.* railroad). — **~ˌbau** *m agr.* agriculture. — **~ˌbe·cher** *m* **1.** picnic cup (*od.* beaker). – **2.** *mil.* (metal) cup, *Am.* canteen cup, *Br.* mug. — **~beˌfe·sti·gung** *f* (*einer Festung*) field fortification (*od.* work, entrenchment, intrenchment). — **~beˌgriff** *m ling.* (semantic) field concept. — **~ˌbeiˌfuß** *m bot.* field southernwood (*Artemisia campestris*). — **~beˌrei·ni·gung** *f agr. cf.* Flurbereinigung. — **~ˌbergˌmin·ze** *f bot.* field basil, basil thyme (*Calamintha acinos*). — **~beˌstel·lung** *f agr.* field work, tillage. — **~ˌbett** *n* camp bed, *Am.* (camp) cot, *Br. auch* charpoy. — **~ˌbie·ne** *f zo. cf.* Flugbiene. — **~ˌbi·schof** *m mil.* Chief of Chaplains. — **~ˌblu·me** *f bot.* field (*od.* wild) flower, flower of the field. — **~ˌblu·se** *f mil.* battle-dress blouse. — **~ˌboh·ne** *f bot.* horsebean, *Br.* horse-bean, field bean, *Br.* field-bean (*Vicia fabia*). — **~ˌcham·pi·gnon** *m* field mushroom, fairies'-table (*Psalliota campestris*).

ˈ**Feld·chen** *n* ⟨-s; -⟩ **1.** *dim. of* Feld. – **2.** *biol.* areola.

ˈ**Feld|ˌdich·te** *f electr.* field (*od.* flux) density. — **~ˌdienst** *m mil.* field duty. — **~ˌdi·stel** *f bot. cf.* Ackerdistel. — **~efˌfekt** *m electr.* field effect.

ˈ**Feld·eggsˌfal·ke** [ˈfɛldɛks-] *m zo.* lanner (falcon) (*Falco biarmicus feldeggi*).

ˈ**Feldˌeh·renˌpreis** *m bot.* field speedwell (*Veronica arvensis*).

ˌ**feldˈein** *adv* **1.** *cf.* feldeinwärts. – **2.** *only in* ~, feldaus *od.* ~ und feldaus through the fields.

ˈ**Feld|ˌein·heit** *f mil.* field outfit. — **f~ˈein·ˌwärts** [ˌfɛlt-] *adv* into the fields, across country. — **~ˌeis** *n* field ice. — **~ˌelek·tron** *n phys.* field electron. — **~elekˌtro·nen·emis·siˌon** *f* field (*od.* auto-electronic, cold) emission. — **~eleˌment** *n* (*radio*) field cell. — **~ˌen·zi·an** *m bot.* field gentian (*Gentiana campestris*). — **~ˌerb·se** *f* field (*od.* gray [*bes. Br.* grey]) pea (*Pisum arvense*). — **~erˌre·gung** *f electr.* field excitation.

Fel·de·rung [ˈfɛldərʊŋ] *f* ⟨-; -en⟩ *biol.* tesselation.

ˈ**Fel·der|ˌwirt·schaft** *f* ⟨-; *no pl*⟩ *agr.* farming, husbandry. — **~ˌzahl** *f* number of fields.

ˈ**Feld|ˌfla·sche** *f mil. Am.* canteen, *bes. Br.* water bottle. — **~ˌflugˌplatz** *m aer. mil.* advance(d) (*od.* unprepared) airfield. — **~ˌflur** *f agr. cf.* Flur[1] 1. — **~ˌfre·vel** *m jur.* damage done to (*od.* theft of) field crops. — **~ˌfrucht** *f* **1.** *meist pl agr.* agricultural (*od.* field) product(s *pl*) (*od.* produce), field crop(s *pl*), fruit(s *pl*) of the field (*poet.*). – **2.** *pl jur.* emblements, emblement *sg.* — **~ˌfuchsˌschwanz** *m bot. cf.* Ackerfuchsschwanz. — **~ˌfunkˌspre·cher** *m*, **~ˌfunk·ˌsprech·geˌrät** *n mil.* portable transmitting and receiving set, field radio set; walkie-talkie, walky-talky (*colloq.*). — **~ˌgän·se·ˌdi·stel** *f bot. cf.* Ackersaudistel. — **~ˌgar·be** *f cf.* Schafgarbe. — **~ˌgeist·li·che** *m mil.* military (*od.* army) chaplain, padre (*colloq.*). — **~geˌmein·schaft** *f agr.* **1.** agricultural community. – **2.** collective ownership of farmland. — **~gen·dar·me·ˌrie** *f mil.* military police, MP. — **~geˌpäck** *n* **1.** baggage, *Am.* field pack, *Br.* kit: mit vollständigem ~ in full battle kit (*od.* order). – **2.** duffle (*Br.* kit) bag. — **~geˌrät** *n meist pl agr. cf.* Ackergerät. — **~geˌricht** *n mil. jur.* **1.** provost (*od.* field) court. – **2.** drumhead (*od.* general) court-martial. — **~geˌschütz** *n mil. hist.* fieldpiece, fieldgun: schweres ~ gun of position; leichtes ~ *Br.* galloper. — **~ˌglei·chung** *f phys. math.* field equation. — **~ˌgot·tesˌdienst** *m mil. relig.* camp service, divine service in the field. — **~ˌgrasˌwirt·schaft** *f agr.* ley farming (*agricultural system of tilling and pasturing in succession*). — **f~ˌgrau I** *adj mil.* field-gray (*bes. Br.* -grey). – **II F~** *n* ⟨-s⟩ field-gray (*bes. Br.* -grey): in F~ in field-gray (uniform). — **~ˌgril·le** *f zo.* field (*od.* balm) cricket (*Gryllus campestris*). — **~ˌha·fer** *m bot.* perennial (*od.* meadow) oat (*Avena pratensis*). — **~ˌhah·nenˌfuß** *m cf.* Ackerhahnenfuß. — **~ˌhandˌball** *m* ⟨-s; *no pl*⟩ (*sport*) fieldball, outdoor (*od.* German) handball, field handball. — **~ˌha·se** *m zo.* **1.** brown hare (*Lepus europaeus*). – **2.** common hare, field hare (*Lepus timidus*). — **~hauˌbit·ze** *f mil. hist.* field howitzer. — **~(ˌhau)ˌhe·chel** *f bot.* field cammock, ground furze (*Ononis arvensis*). — **~ˌhaupt·ˌmann** *m mil. hist.* a) commander in chief (of army), b) colonel (of regiment of lansquenets). — **~ˌheer** *n mil.* field forces *pl* (*od.* troops *pl*, army), army in the field.

ˈ**Feldˌherr** *m hist.* **1.** (*Heerführer*) military leader (*od.* commander), general. – **2.** (*Stratege*) strategist.

ˈ**Feldˌherrn|ˌmie·ne** *f* **1.** authoritative (*od.* commanding) air (*od.* expression). – **2.** *fig.* triumphant air (*od.* expression). — **~ˌstab** *m mil. hist.* field marshal's (*od.* military commander's) baton.

ˈ**Feld|ˌheuˌschrecke** (*getr.* -k·k-) *f zo.* short-horned grasshopper, locust, acridian (*scient.*) (*Fam. Acrididae*). — **~ˌhockey** (*getr.* -k·k-) *n* (*sport*) field hockey. — **~ˌhop·fen** *m bot.* perforated hypericum (*Hypericum perforatum*). — **~ˌhuhn** *n zo. cf.* Rebhuhn. — **~ˌhunds·kaˌmil·le** *f bot.* dog's fennel (*Anthemis arvensis*). — **~ˌhüpfˌmaus** *f zo.* meadow jumping mouse (*Zapus hudsonius*). — **~ˌhü·ter** *m* field watchman (*od.* guard), rural policeman.

ˈ**Feldˌjä·ger** *m mil.* military policeman, MP. — **~ˌtrup·pe** *f* military police.

ˈ**Feld|ka·laˌmin·the** [-kalaˌmɪntə] *f bot.* basil thyme (*Calamintha acinos*). — **~kaˌmil·le** *f* common camomile (*Matricaria chamomilla*). — **~kaˌplan** *m mil. relig.* (Catholic) military chaplain, padre (*colloq.*). — **~ˌker·ze** *f bot. cf.* Königskerze. — **~ˌkes·sel** *m mil.* camp (*od.* field) kettle, dixie, dixy. — **~ˌklee** *m bot.* hare's-foot, shamrock (*Trifolium arvense*). — **~ˌkohl** *m* **1.** field cabbage. – **2.** wild radish (*od.* rape), jointed (*od.* joint-podded) charlock (*Gattg Raphanus*). — **~ˌkrä·he** *f zo. cf.* Saatkrähe. — **~ˌkres·se** *f bot.* field- (*od.* cow) cress, poor man's pepper, yellowseed, pepperwort (*Lepidium campestre*). — **~ˌkü·che** *f mil.* field (*od.* camp, army, motor) kitchen, *Am.* field mess. — **~ˌkür·bis, Geˈwöhn·li·cher** *m bot.* common gourd (*Cucurbita pepo*). — **~ˌla·ger** *n mil.* bivouac, (military) camp, encampment: ein ~ aufschlagen to pitch (a) camp. — **~ˌlat·tich** *m bot.* prickly lettuce (*Lactuca scariola*). — **~ˌlaubˌkä·fer** *m zo.* wheat chafer (*Anisoplia austriaca*). — **~la·zaˌrett** *n mil.* field hospital, *Am.* evacuation hospital, *Br.* casualty clearing station. — **~ˌler·che** *f zo.* skylark, *Br. auch* field-lark (*Alauda arvensis*). — **~ˌli·ni·en** *pl* **1.** *electr.* a) lines of (electric) flux, b) lines of magnetic flux (*od.* induction). – **2.** *phys.* (*Kraftlinien*) lines of force. — **~ˌlö·wenˌmaul** *n bot.* small snapdragon, calf's-snout, calves-snout, calf-snout (*Antirrhinum orontium*). — **~maˌgnet** *m electr.* field magnet. — **~ˌmai·ˌkä·fer** *m zo.* common cockchafer (*Melolontha vulgaris*). — **~ˌmal·ve** *f bot.* round-leaved mallow (*Malva rotundifolia*). — **~ˌmannsˌtreu** *f* daneweed, field eryngo (*Eryngium campestre*). — **~ˌmark, ~ˌmar·kung** *f agr.* **1.** (*Feldflur*) fields *pl* belonging to a village community. – **2.** (*Ackergrenze*) landmark. — **~ˌmar·schall** *m mil.* field marshal(l), Field Marshal(l), *Am.* general. — **f~ˌmarschˌmä·ßig** *adj* in (full, heavy, service) marching order, *Am.* on battle dress and full (battle) kit: ~e Ausrüstung field equipment. — **~ˌmaß** *n agr.* land measure. — **~ˌmaßˌhol·der** *m bot. cf.* Feldahorn. — **~ˌmaus** *f zo.* field vole (*Microtus agrestis*). — **~meˌlis·se** *f bot. cf.* Feldminze. — **~ˌmes·sen** *n* (land) surveying. — **~ˌmes·ser** *m* (land) surveyor.

ˈ**Feldˌmeß·geˌrät** *n* **1.** (land) surveying instrument. – **2.** *collect.* (land) surveying instruments *pl* (*od.* equipment).

ˈ**Feld|ˌmes·sung** *f* land surveying, geodesy. — **~ˌmin·ze** *f bot.* corn basil (*Satureja acinos*). — **~ˌmohn** *m* corn (*od.* field) poppy, corn rose, coquelicot (*Papaver rhoeas*). — **~ˌmor·chel** *f* common morel (*od.* moril) (*Morchella arvensis*). — **~ˌmüt·ze** *f mil.* field (*od.* forage) cap. — **~ˌnä·ge·lein, ˈKrie·chen·des** *n bot.* triangle pink (*Dianthus deltoides*). — **~ˌnel·ke** *f cf.* Kartäusernelke. — **~ˌpap·pel** *f cf.* Feldmalve. — **~ˌpfef·ferˌkraut** *n* pepperwort (*Lepidium campestre*). — **~po·liˌzei** *f* rural police.

ˈ**Feldˌpost** *f mil.* army postal service, *Am.* army mail. — **~ˌamt** *n* Army Post Office, APO. — **~ˌbrief** *m* **1.** letter from the front. – **2.** letter to the front.

ˈ**Feldˌpo·sten** *m mil.* **1.** outpost. – **2.** sentry group.

ˈ**Feldˌpostˌnum·mer** *f mil. Am.* Army Post Office number, APO No.

ˈ**Feld|ˌquen·del** *m bot. cf.* Quendel, Thymian. — **~ˌrain** *m agr.* (boundary) ba(u)lk (*od.* ridge), dead furrow. — **~raˌpun·zel** *f bot.* rampion-like bellflower (*Campanula rapunculoides*). — **~ˌrauch** *m*, **~ˌrau·te** *f* fumitory (*Fumaria officinalis*). — **~ˌreg·ler** *m electr.* field regulator (*od.* rheostat). — **~ˌrit·terˌsporn** *m bot. cf.* Ackerrittersporn. — **~ˌro·se** *f* a) wild (*od.* dog) rose, eglantine (*Rosa canina*), b) field (*od.* wild dog) rose (*R. arvensis*). — **~ˌrü·be** *f* turnip (*Brassica rapa*). — **~ˌrun·kelˌrü·be** *f* beetroot (*Beta vulgaris*). — **~ˌrü·ster** *f* field elm (*Ulmus campestris*). — **~saˌlat** *m* lamb's lettuce, corn salad (*Valerianella olitoria*). — **~ˌsandˌläu·fer, ~ˌsandˌlauf·ˌkä·fer** *m zo.* tiger beetle (*Cicindela campestris*). — **~ˌsau·erˌamp·fer** *m bot. cf.* Sauerampfer. — **~ˌscha·den** *m agr. cf.* Feldfrevel. — **~ˌschäd·ling** *m* field pest. — **~ˌschan·ze** *f mil.* breastwork, fieldwork, *Br.* entrenchment, *auch* intrenchment, fortification.

ˈ**Feldˌscher** *m* ⟨-(e)s; -e⟩, ˈ**Feldˌsche·rer** *m* ⟨-s; -⟩ *mil. med. hist.* army (*od.* field) surgeon.

ˈ**Feld|ˌscheu·ne** *f* field barn: eine offene ~ a Dutch barn. — **~ˌschier·ling** *m bot.* (common spotted) hemlock (*Conium maculatum*). — **~ˌschlacht** *f mil.* battle: in offener ~ in open (*od.* pitched) battle. — **~ˌschlan·ge** *f mil. hist.* culverin(g), drake. — **~ˌschmie·de** *f* portable (*od.* field) forge. — **~ˌscho·te** *f bot. cf.* Felderbse. — **~ˌschwamm** *m* common mushroom (*Agaricus campestris*). — **~ˌschwirl** *m zo.* grasshopper warbler, cricket bird (*Locustella naevia*). — **~ˌsim·se** *f bot.* sweet bent, cuckoo grass (*Luzula campestris*). — **~ska·bio·se** [-skaˌbĭoːzə] *f* Egyptian rose (*Scabiosa arvensis*). — **~ˌspan·nung** *f electr.* field (*od.* excitation) voltage. — **~ˌspat** *m min.* feldspar, *auch* feldspath, *Br. auch* felspar. — **~ˌspatz, ~ˌsper·ling** *m zo.* tree sparrow (*Passer montanus*). — **~ˌspie·ler** *m* (*sport*) **1.** (*Baseball*) outfield player. – **2.** (*Baseball, Kricket*) (out)fielder. — **~spiˌnat** *m bot.* good King-Henry (*Chenopodium bonus Henricus*). — **~ˌspitzˌmaus** *f zo.* white-toothed shrew (*Crocidura leucodon*). — **~ˌspu·le** *f electr.* field (*od.* magnetizing *Br. auch* -s-, winding) coil. — **~ˌstär·ke** *f phys.* field strength (*od.* intensity). — **~ˌste·cher** *m* (*optics*) binocular(s *pl*), field glass(es *pl*). — **~ˌstein** *m* **1.** fieldstone. – **2.** *geol.* (*Findling*) boulder, erratic (block). – **3.** (*Grenzstein*) landmark, boundary-stone. – **4.** *min.* a) *cf.* Feldspat, b) felsite. — **~ˌstie·fel** *m mil.* field (*od.* campaign, *bes. Am.* combat) boot. — **~ˌstiefˌmüt·ter·chen** *n bot.* heartsease (*Viola arvensis*). — **~ˌstorchˌschna·bel** *m* round-leaved cranesbill (*Br.* crane's-bill) (*Geranium rotundifolium*). — **~ˌstuhl** *m* **1.** campstool, folding stool. – **2.** (*mit Lehne*) camp (*od.* folding) chair. — **~te·leˌgraf, ~te·leˌgraph** *m mil.* field telegraph. — **~te·le·graˌfie, ~te·le·graˌphie** *f* field telegraphy. — **~te·leˌfon, ~te·leˌphon** *n* field telephone. — **~theoˌrie** *f psych. phys.* field theory. — **~ˌthy·mi·an** *m bot. cf.* Quendel, Thymian. — **~ˌtrup·pe** *f mil.* **1.** field unit. – **2.** (*als Gesamtheit*) field forces *pl.* — **~ˌübung** *f* field exercise (*od.* practice, man(o)euver, *bes. Br.* manœuvre). — **~ˌul·me** *f bot. cf.* Feldrüster. — **~verˌband(s)ˌplatz** *m mil.* advance(d) field dressing (*od.* first-aid) station, *Am.* collecting station. — **~ˌvo·gel** *m zo.* bird of the fields. — **~ˌwa·che** *f mil. cf.* Feldposten 1. — **~ˌwach·telˌwei·zen** *m bot.* poverty (*od.* field cow)wheat (*Melampyrum arvense*). — **~ˌwaldˌmei·ster** *m* field woodruff (*Asperula arvensis*).

ˈ**Feldˌwe·bel** [-ˌveːbəl] *m* ⟨-s; -⟩ **1.** *mil.* a) sergeant, b) (*der Luftwaffe*) *Am.* staff sergeant, c) (*der Militärpolizei*) provost sergeant: sie ist ein richtiger ~ *fig.* she's a real terror, *Br. colloq. auch* she is a proper sergeant major (*od.* madam) (*colloq.*). – **2.** *fig. colloq.* head (on a glass of beer). — **~ˌton** *m* ⟨-s; *no pl*⟩ bellowing (*od.* dictatorial) tone.

ˈ**Feld|ˌweg** *m* **1.** (*Weg zwischen Hecken*) (country) lane. – **2.** (*Weg durchs Feld*) field path. – **3.** (*ungepflasterte Nebenstraße*) country road, *Am.* dirt road. — **~ˌwei·de** *f bot.* brown willow (*Salix fusca*). — **~ˌwei·zen** *m* creeping wheat (*Triticum repens*). — **~ˌwes·pe** *f zo.* polistes (*Polistes* *gallicus*). — ~ˌ**wicke** (*getr.* -k·k-) *f bot.* common vetch (*Vicia sativa*). — ~ˌ**wick·lung** *f electr.* field winding (*od.* coil). — ~ˌ**win·de** *f bot.* field convolvulus (*Convolvulus arvensis*). — ~ˌ**wirt·schaft** *f agr. cf.* Ackerwirtschaft. — ~ˌ**wurm** *m zo. cf.* Regenwurm 1. — ~ˌ**zei·chen** *n mil. hist.* **1.** ensign. – **2.** (*Standarte*) (battle) standard. – **3.** (*Fahne*) (field) banner, flag.

ˈ**Feldˌzug** *m* **1.** *mil.* campaign, (military) expedition: einen ~ gegen j-n führen to conduct a campaign against s.o. – **2.** *fig.* (*gegen Seuche, Unsitte etc*) campaign, drive. — ˈ**Feldˌzugsˌplan** *m mil.* plan of operations.

ˈ**Feld|ˌzuˌla·ge** *f mil. cf.* Frontzulage. — ~ˌ**zwie·bel** *f bot.* (*Ackerzwiebel*) star-of-Bethlehem (*Gattg Ornithogalum*): Echte ~ yellow star-of-Bethlehem, dog's onion (*O. luteum*). — ~**zyˌpres·se** *f* **1.** ground pine (*Ajuga chamaepitys*). – **2.** cut-leaved (*od.* wall) germander (*Teucrium chamaedrys*). – **3.** oak of Jerusalem (*od.* Paradise) (*Chenopodium botrys*). – **4.** verbena, common vervain (*Verbena officinalis*).

ˈ**Felg|ˌaufˌschwung**, ~ˌ**aufˌzug** *m* (*sport*) (*am Reck etc*) upward circle (forward[s]), swing up forward(s).

Fel·ge[1] [ˈfɛlgə] *f* ⟨-; -n⟩ **1.** *auto.* a) (*eines Rades*) (wheel) rim, felloe, b) (*Bandage*) tire, *Br.* tyre: mit ~n versehen to rim, to place tires on wheels. – **2.** (*sport*) (*am Reck etc*) circle: freie ~ free circle.

ˈ**Fel·ge**[2] *f* ⟨-; -n⟩ *Southern G. agr.* **1.** fallow (land). – **2.** ploughing (*Am.* plowing) up of fallow.

ˈ**Fel·gen|ˌabˌziehˌhe·bel** *m tech.* rim remover. — ~ˌ**brem·se** *f* **1.** (*eines Autos*) rim brake. – **2.** (*eines Fahrrads*) cal(l)iper brake. — ~ˌ**rand** *m* bead rim, rim edge.

ˈ**Felgˌumˌschwung** *m* (*sport*) *cf.* Felge[1] 2.

Fell [fɛl] *n* ⟨-(e)s; -e⟩ **1.** *zo.* coat. – **2.** (*leather*) a) (*von größeren Tieren*) hide, b) (*von kleineren Tieren*) skin, c) (*ungegerbtes*) pelt, d) (*bes. gegerbtes*) fur, e) (*abgezogenes*) fell: ein ~ bearbeiten to dress (*od.* trim) a hide; ein ~ abziehen to skin; mit ~en handeln to trade in furs (*od.* peltry). – **3.** *humor.* (*des Menschen*) 'bark' (*colloq.*), skin. – **4.** *tech.* (*Walzfell*) rough sheet, rolling sheet (*od.* hide), sheet on the rolls (*od.* from the two-roll-mill). – **5.** *mus.* a) (*eines Banjos*) vellum, parchment, b) (*einer Pauke etc*) (drum)head, hide, skin. – **6.** *meist pl* (*sport*) (*der Skier*) skin. – **7.** *fig. colloq.* (*in Wendungen wie*) ein dickes ~ haben to have a thick skin, to be thick-skinned; j-m das ~ gerben to give s.o. a good (*od.* sound) thrashing, to tan s.o.'s hide (*colloq.*); ihm (*od.* ihn) juckt das ~ a) he is asking for a thrashing (*od.* trouble) (*colloq.*), b) (*er ist übermütig*) he is in high spirits; das ~ versaufen *humor.* to drink to s.o.'s memory after the funeral; j-m das ~ über die Ohren ziehen to pull the wool over s.o.'s eyes; ihm sind alle ~e weggeschwommen (*od.* fortgeschwommen) he was deeply disappointed, all his plans have failed.

Fel·la·che [fɛˈlaxə] *m* ⟨-n; -n⟩ fellah.

ˈ**Fell|ˌei·sen** *n obs.* (*Ranzen*) travel(l)ing bag, valise, knapsack, *bes. Br.* haversack. — ~ˌ**han·del** *m* trade in (raw) skins (*od.* hides), fur trade. — ~ˌ**händ·ler** *m* dealer in (raw) skins (*od.* hides), skinner. — ~ˌ**zeich·nung** *f* coat pattern.

Fe·lo·nie [feloˈniː] *f* ⟨-; -n [-ən]⟩ *hist.* (*im Feudalismus*) felony.

Fels [fɛls] *m* ⟨-en; -en⟩ **1.** *geol. auch fig.* rock: gewachsener (*od.* fester) ~ bedrock, ledge, living rock; ein von ~en eingeschlossenes Tal a rockbound valley; in ~en gehauen rock-hewn (*od.* -cut). – **2.** (*spitzer*) crag. – **3.** (*kleiner*) rocklet. – **4.** (*Klippe*) cliff. – **5.** (*künstlicher*) rockwork. — ~ˌ**abˌhang** *m* rocky declivity (*od.* slope), precipice, scar. — ~ˌ**art** *f geol.* (kind of) rock. — **f**~ˌ**ar·tig** *adj* rocky, rocklike. — ~ˌ**band** *n* ⟨-(e)s; ⸚er⟩ ledge of rock, bar. — ~ˌ**bank** *f* bench (*od.* ledge) of rock, rocky bench (*od.* ledge, pediment, terrace). — **f**~**beˌwoh·nend** *adj bot. zo.* saxatile, *auch* saxicoline, saxicolous. — ~ˌ**bil·der** *pl archeol.* cave (*od.* rock) paintings. — ~ˌ**block** *m* ⟨-(e)s; ⸚e⟩ *geol.* **1.** boulder, block. – **2.** (piece of) rock. — ~ˌ**bo·den** *m* **1.** rock(y) soil, rocky ground. – **2.** *geol.* rock(y) bed (*od.* bottom, floor, soil). — ~ˌ**brocken** (*getr.* -k·k-) *m* bit of rock, boulder.

Fel·sen [ˈfɛlzən] *m* ⟨-s; -⟩ *cf.* Fels. — ~ˌ**barsch** *m zo.* **1.** rock bass (*Ambloplites rupestris*). – **2.** (black) sea bass (*Centropristes striatus*). — ~ˌ**beiˌfuß** *m bot.* **1.** rock mugwort (*Artemisia rupestris*). – **2.** genip tree (*Genipa americana*). — ~ˌ**bein** *n med.* petrosal (bone). — ~**beˌwoh·ner** *m anthrop.* cliff dweller. — ~ˌ**bir·ne** *f bot.* shadbush, *Br.* shad-bush, shadblow (*Br.* shad-blow) (serviceberry), Juneberry (*Gattg Amelanchier*). — **f**~ˈ**fest** **I** *adj* (*Glaube, Überzeugung etc*) (as) firm as a rock, rocklike, firm, steadfast, unshakable, *auch* unshakeable, unwavering. – **II** *adv* firmly, steadfastly: das steht ~ *Br.* that's as sure as eggs is (*od.* are) eggs (*colloq.*), *Am.* that's as sure as shooting (*colloq.*); ich bin ~ davon überzeugt I am firmly (*od.* absolutely) convinced of it. — ~**garˌne·le** *f zo.* prawn (*Palaemon serratus*). — ~**geˌbir·ge** *n* range (*od.* chain) of rocks. — ~**geˌsta·de** *n lit.* rocky (*od.* rugged) shore: steiles ~ bluff. — ~ˌ**grab** *n archeol.* tomb (*od.* vault) formed (*od.* cut) in a rock, sepulcher, *auch* sepulchre. — ~ˌ**grund** *m geol.* rock bottom (*od.* bed), rocky bed. — ~ˌ**grup·pe** *f cf.* Felsgruppe. — ~ˌ**hahn** *m zo.* cock of the rock (*Gattg Rupicola*). — ~ˌ**höh·le** *f geol.* rock cave (*od.* cavern); grotto, crypt (*scient.*). — ~ˌ**huhn** *n zo.* stone grouse (*Gattg Tetraogallus*). — ~ˌ**kel·ler** *m* rock(-hewn) cellar. — ~ˌ**klet·te·rer** *m* rock climber, cragsman. — ~ˌ**kö·nig** *m zo.* common rock wren (*Salpinctes obsoletus*). — ~ˌ**kres·se** *f bot.* rock pepperwort (*Lepidium petraeum*). — ~ˌ**mas·se** *f cf.* Felsmasse. — ~ˌ**meer** *n geol.* boulder (*od.* block) field. — ~ˌ**mis·pel** *f bot. cf.* Felsenbirne. — ~ˌ**mo·ko** *m zo.* moco, kerodon (*Kerodon rupestris*). — ~ˌ**nel·ke** *f bot.* coat flower (*Petrorhagia saxifraga*). — ~ˌ**nest** *n* **1.** (*eines Vogels*) aerie, aery, eyrie. – **2.** *fig.* aerie, aery, eyrie, mountain retreat (*od.* fastness). — ~ˌ**pin·gu·in** *m zo.* macaroni (*od.* crested) penguin, rock hopper (*Eudyptes cristatus*). — ~ˌ**re·be** *f bot.* travel(l)er's joy (*Clematis vitalba*). — ~ˌ**riff** *n geol.* rocky ledge, reef. — ~ˌ**rös·chen** *n bot. cf.* Alpenheide. — ~ˌ**schlan·ge** *f zo.* (African) rock python, rock snake (*Python sebae*). — ~ˌ**schneeˌhuhn** *n* ptarmigan (*Lagopus mutus*). — ~ˌ**schwal·be** *f* rock swallow, crag (*od.* rock) martin (*Ptyonoprogne rupestris*). — ~ˌ**sit·tich** *m* rock (*od.* rock grass-)parakeet (*auch* parrakeet *od.* parrot) (*Neophema petrophila*). — ~ˌ**spit·ze** *f cf.* Felsspitze. — ~ˌ**sprin·ger** *m zo.* bristletail, machilid (*scient.*) (*Fam. Machilidae*). — ~ˌ**steinˌkraut** *n bot.* basket-of-gold, rock alyssum (*Alyssum saxatile*). — ~ˌ**strauch** *m* azalea: Klebriger ~ swamp pink, honeysuckle (*Azalea viscosa*). — ~ˌ**tau·be** *f zo.* rock dove (*od.* pigeon), blue rock (*Columba livia*). — ~ˌ**tem·pel** *m archeol.* rock-cut (*od.* cave) temple. — ~**tiˌma·lie** *f zo.* rock warbler, cataract bird (*Origma rubricata*). — ~ˌ**tor** *n geol.* natural bridge, rock arch. — ~ˌ**ul·me** *f bot.* rock elm, w(h)ahoo (*Ulmus thomasii*).

ˈ**Fels|for·ma·tiˌon** *f geol.* rock formation. — ~**geˌröll** *n* rock debris, detritus (*scient.*). — ~**geˌstein** *n* rock. — ~**geˌwöl·be** *n* vault cut out of the rock. — ~ˌ**glim·mer** *m min.* mica. — ~ˌ**grat** *m* (high) rocky ridge, ridge of rock, *bes. Am.* razorback. — ~ˌ**grund** *m cf.* Felsengrund. — ~ˌ**grup·pe** *f* group (*od.* cluster) of rocks, rock.

fel·sig [ˈfɛlzɪç] *adj geol.* rocky, craggy, cragged: ~e Beschaffenheit rockiness, cragginess, craggedness.

ˈ**Fels|ˌinˌschrift** *f archeol.* petroglyph, pictograph. — ~ˌ**in·sel** *f geol.* rock(y) isle (*od.* island), skerry.

Fel·sit [fɛlˈziːt; -ˈzɪt] *m* ⟨-s; -e⟩ *min.* felsite.

ˈ**Fels|ˌke·gel** *m* rock fan. — ~ˌ**klet·tern** *n* rock-climbing. — ~ˌ**klip·pe** *f* cliff, crag, scar. — ~ˌ**kluft** *f geol.* (deep) cleft, crevice, fissure, chasm (in a rock). — ~ˌ**kü·ste** *f* rocky (*od.* rockbound) coast. — ~**ma·leˌrei** *f archeol. cf.* Felszeichnung. — ~ˌ**mas·se** *f* mass of rocks, masses *pl* of rock, rock mass. — ~ˌ**na·del** *f geol.* spine, belonite (*scient.*). — ~ˌ**na·se** *f* rock projection. — ~ˌ**pflan·ze** *f bot.* rock plant. — ~ˌ**plat·te** *f geol.* bench (*od.* ledge) of rock, rocky bench (*od.* ledge, pediment, terrace). — ~ˌ**rat·te** *f zo.* rock rat (*Petromys typicus*). — ~**re·liˌef** *n* **1.** configuration (*od.* profile) of (the) rock(s *pl*). – **2.** (*art*) rock-carving (*od.* -relief). — ~ˌ**riß** *m*, ~ˌ**rit·ze** *f geol. cf.* Felsspalte. — ~ˌ**rücken** (*getr.* -k·k-) *m* ridge (of a rock). — ~ˌ**schicht** *f* layer (*od.* stratum) of rock. — ~ˌ**schlucht** *f* gorge, ravine, chasm, *Am.* canyon, *auch* cañon. — ~ˌ**spal·te** *f* (narrow) crack (*od.* cleft, crevice, fissure) (of a rock). — ~ˌ**spit·ze** *f* crag, (rock) peak, pinnacle, gendarme. — ~ˌ**stu·fe** *f* undercliff, rock step. — ~ˌ**sturz** *m geol. cf.* Bergrutsch. — ~ˌ**trüm·mer** *pl* rock waste *sg.* — ~ˌ**vorˌsprung** *m* rock(y) spur, ledge. — ~ˌ**wand** *f* rock(y) face, wall of rock. — ~ˌ**zacke** (*getr.* -k·k-) *f* gendarme. — ~ˌ**zeich·nung** *f archeol.* rock painting (*od.* drawing); petrograph, pictograph, petroglyph (*scient.*).

Fe·lu·ke [feˈluːkə] *f* ⟨-; -n⟩ *mar.* felucca, *auch* feluca.

Fe·me [ˈfeːmə] *f* ⟨-; -n⟩ *bes. hist.* **1.** *Am.* Fehme, *Br.* vehme. – **2.** *cf.* Femgericht.

Fe·mel [ˈfeːməl] *m* ⟨-s; *no pl*⟩ *bot. cf.* Fimmel[1] 1.

ˈ**Fe·mel·beˌtrieb** *m* (*forestry*) blending system.

ˈ**Fe·meˌmord** *m hist.* murder committed under the Fehmic (*Br.* vehmic) system.

ˈ**Fem·geˌricht** *n bes. hist. Am.* Fehmic court, *Br.* vehmgericht: das ~ an j-m ausüben to execute justice on s.o.

fe·mi·nin [femiˈniːn] *adj* **1.** *auch ling.* feminine. – **2.** (*weibisch, unmännlich*) effeminate, unmanly, womanish. — **Fe·miˈni·num** [-nʊm] *n* ⟨-s; -nina [-na]⟩ *ling.* **1.** feminine gender. – **2.** feminine (noun).

Fe·mi·nis·mus [femiˈnɪsmʊs] *m* ⟨-; -men⟩ **1.** *biol.* feminism. – **2.** *pol.* feminism.

Fem·mel [ˈfɛməl] *m* ⟨-s; *no pl*⟩ *bot. cf.* Fimmel[1] 1.

Fench [fɛnç] *m* ⟨-(e)s; -e⟩ *bot. cf.* Fennich.

Fen·chel [ˈfɛnçəl] *m* ⟨-s; *no pl*⟩ *bot.* fennel (*Foeniculum officinale*): Bologneser ~ sweet fennel, finochino (*F. dulce*); Wilder ~ hog (*od.* sow) fennel (*Peucedanum officinale*). — ~ˌ**holz** *n* sassafras (wood). — ~ˌ**ho·nig** *m med. pharm.* fennel honey. — ~ˌ**kraut** *n bot. cf.* Erdrauch 1. — ~ˌ**öl** *n med. pharm.* fennel oil. — ~ˌ**tee** *m* fennel tea.

Fen·der [ˈfɛndər] *m* ⟨-s; -⟩ *mar.* fender.

Fenn [fɛn] *n* ⟨-(e)s; -e⟩ *Low G.* fen, bog, marsh(land).

Fen·nek [ˈfɛnɛk] *m* ⟨-s; -s⟩ *zo.* fennec (*Fennecus zerda*).

Fen·nich [ˈfɛnɪç] *m* ⟨-s; -e⟩ *bot.* panicum (*Panicum glaucum*).

Fen·ster [ˈfɛnstər] *n* ⟨-s; -⟩ **1.** window: einflüg(e)liges [zweiflüg(e)liges, dreiteiliges, durchgehendes] ~ single [double-light, threefold, floor-to-ceiling] window; bemaltes (*od.* gemaltes) ~ stained-glass window; blindes ~ mock (*od.* blind, false) window; Stockwerk ohne ~ blindstor(e)y; mit ~n (versehen) with windows, windowed; ohne ~ without windows, windowless; ein nach außen [innen] aufgehendes ~ a window opening outward(s) [inward(s)]; ein Zimmer mit hohen [niedrigen] ~n a tall-windowed [low-windowed] room; die ~ gehen auf die (*od.* nach der) Straße (hinaus) the windows look on(to) (*od.* overlook, face) the street; am ~ stehen to stand by (*od.* at) the window; aus dem ~ sehen, zum ~ hinaussehen to look out of the window; zum ~ hineinsehen to look in (at *od.* through) the window; den Kopf aus dem ~ st(r)ecken to stick (*od.* stretch) one's head out (of *od.* through) the window; im ~ liegen to lean over the window-sill (*Br.* window-sill); j-m das ~ einwerfen to break (*od.* smash) s.o.'s window; zum ~ hineinklettern, ins ~ steigen to climb in (at) the window; Geld zum ~ hinauswerfen *fig. colloq.* to waste one's money, to play ducks and drakes with one's money, to throw money away (*od.* down the drain). – **2.** (*Flügelfenster*) casement (window). – **3.** (*Schiebefenster*) sash window. – **4.** (*Oberlicht*) skylight. – **5.** (*Vorfenster*) storm window. – **6.** (*eines Ladens*) shop window: er hatte den Anzug im ~ gesehen he had seen the suit in the shop window. – **7.** (*eines Briefumschlags*) (envelope) window. – **8.** *hort.* a) (*eines Gewächshauses*) glass, b) (*eines Mistbeets*) glass (*od.* cold) frame. – **9.** *med.* (*im Mittelohr*) fenestra: ovales ~ fenestra ovalis (*od.* vestibuli); rundes ~ fenestra rotunda (*od.* cochleae). – **10.** *pl collect. tech.* glazing *sg*, glasswork *sg.* – **11.** *phot.* a) (*einer Photo-*

zelle) window, b) (*eines Projektors etc*) gate aperture. – **12.** *metall.* (*eines Retortenofens*) arch. – **13.** (*mining*) auxiliary level. – **14.** *geol.* inlier, window, fenster.

'Fen·ster|ˌanˌord·nung *f* arrangement of windows, fenestration (*scient.*). — **~ˌbank** *f* **1.** windowsill, *Br.* window-sill. – **2.** window seat. — **~beˌschlä·ge** *pl* window hardware *sg* (*od.* fittings, mountings). — **~ˌblatt** *n bot.* monstera (*Monstera deliciosa*). — **~ˌbo·gen** *m* window arch. — **~ˌbrett** *n cf.* Fensterbank 1. — **~ˌbriefˌumˌschlag** *m* window envelope. — **~ˌbrü·stung** *f* window parapet.

'Fen·ster·chen *n* ⟨-s; -⟩ **1.** *dim. of* Fenster. – **2.** *arch.* fenestella. – **3.** *zo.* (*an Insektenflügeln*) fenestra.

'Fen·ster|ˌeinˌfas·sung *f arch.* window case. — **~ˌflü·gel** *m* window wing. — **~ˌfut·ter** *n* window lining (*od.* casing). — **~ˌgit·ter** *n* lattice, window grate (*od.* grating, grille). — **~ˌglas** *n* window glass. — **~ˌgriff** *m* window knob (*od.* handle). — **~ˌha·ken** *m* window fastener (*od.* bolt, catch). — **~ˌhe·ber** *m* **1.** sash lift. – **2.** *auto.* window regulator. — **~ˌhöh·le** *f* window cavity. — **~ˌkitt** *m* glazier's putty. — **~ˌkreuz** *n* window cross. — **~ˌkur·bel** *f auto.* window crank, window winding handle. — **~ˌla·den** *m* (window) shutter. — **~ˌlai·bung** *f arch.* window jamb. — **~ˌle·der** *n* chamois (*od.* window, wash) leather, *bes. Am. colloq.* shammyskin.

fen·sterln ['fɛnstərln] *v/i* ⟨h⟩ *Southern G. and Austrian: go to see one's sweetheart at night by climbing through her window.*

'fen·ster·los *adj* windowless.

fen·stern ['fɛnstərn] *v/t* ⟨h⟩ **1.** *civ.eng.* window, put windows in. – **2.** *med.* (*Gipsverband*) fenestrate.

'Fen·ster|ˌni·sche *f* window niche (*od.* recess). — **~ˌöff·nung** *f* window opening. — **~ˌpfei·ler** *m* mullion, (window) pier. — **~ˌpfo·sten** *m* mullion, (window) post (*od.* jamb). — **~ˌplatz** *m* (*in Eisenbahn etc*) window seat, seat at a window. — **~ˌput·zer** *m* window washer (*od.* cleaner). — **~ˌrah·men** *m* window frame. — **~ˌrau·te** *f* **1.** *her.* mascle, losenge voided: mit **~n** **besäter Schild** shield semy of mascles. – **2.** (*eines Bleifensters*) quarry. — **~ˌrie·gel** *m* window fastener (*od.* bolt, catch). — **~ˌro·se, ~roˌset·te** *f arch.* rose window, rosette. — **~ˌschei·be** *f* **1.** windowpane, *Br.* window-pane: **eine ~ einwerfen** (*od.* **zerschlagen**) to break a window(-)pane. – **2.** (*Teilscheibe*) pane. — **~ˌsims** *m, n* windowsill, *Br.* window-sill. — **~ˌspie·gel** *m* (*Spion*) window mirror, busybody, *Br.* busy-body. — **~ˌspros·se** *f arch.* transom, window (*od.* glazing) bar. — **~ˌsturz** *m* **1.** *arch.* (window) lintel. – **2. der Prager ~** *hist.* the Defenestration of Prague (*1618*). — **~ˌtür** *f* French door (*Br.* window). — **~verˌtie·fung** *f* embrasure, (window) recess. — **~ˌvorˌhang** *m* window curtain. — **~ˌvorˌsprung** *m cf.* Erker.

Fe·ri·en ['fe:rĭən] *pl* **1.** *Br.* holiday(s *pl*), *Am.* vacation *sg*: **die großen ~** the summer holidays, the long vacation, *Br. colloq.* the long; **vier Wochen ~ bekommen** to get four weeks holiday; **in (die) ~ fahren** to go for a holiday, *Am.* to go on (a) vacation; **er ging für zwei Wochen in die ~** he went on holiday for two weeks; **~ haben** to be on (*od.* have a) holiday (*Am.* vacation); **~ machen** to take (*od.* have) a holiday, to holiday, *Am.* to take a vacation, to vacation, to go (*od.* be) vacationing; **in (den) ~ sein** to be on holiday (*Am.* vacation); **seine ~ im Ausland verbringen** (*od.* **verleben**) to take (*od.* spend) one's holiday abroad; **schöne ~!** have a good holiday (*Am.* a pleasant vacation)! **~ vom Ich** *fig.* a holiday from one's workaday self. – **2.** *jur.* a) (*des Kongresses etc*) recess, b) (*des Gerichts*) vacation, recess: **das Parlament ging in die ~** Parliament rose (*od.* went into recess); **das Gericht geht in die ~** Court adjourns for the vacation. – **3.** *antiq. relig.* ferial.

'Fe·ri·en|ˌdorf *n* holiday (*Am.* vacation) village. — **~ˌheim** *n* holiday home. — **~ˌkind** *n* child on holiday (*Am.* vacation): **Berliner ~** child on holiday from Berlin. — **~ko·loˌnie** *f* holiday camp. — **~ˌkurs** *m ped.* vacation course, (*in weiteren Sinne*) summer school. — **~ˌla·ger** *n* holiday camp. — **~ˌort** *m* **1.** holiday (*Am.* vacation) resort. – **2.** holiday (*Am.* vacation) place (*od.* spot). — **~ˌrei·se** *f* holiday (*Am.* vacation) trip (*od.* tour). — **~ˌrei·sen·de** *m, f* ⟨-n; -n⟩ tourist, holidaymaker, *Am. auch* vacationist, vacationer. — **~ˌstim·mung** *f* **1.** (*von Personen*) holiday mood: **in ~** in a holiday mood. – **2.** holiday atmosphere: **überall herrschte ~** there was a holiday atmosphere everywhere. — **~ˌtag** *m* holiday, *Am.* vacation day. — **~ˌzeit** *f* holiday (*Am.* vacation) time (*od.* period, season).

Fer·kel ['fɛrkəl] *n* ⟨-s; -⟩ **1.** *agr.* little pig, piglet: **~ werfen** to farrow; **ein Wurf ~** a litter of pigs. – **2.** (*Mastferkel*) porker. – **3.** *fig. contempt.* (*unsaubere Person*) sloven, messy creature, dirty person, (dirty) pig (*vulg.*). – **4.** *fig.* (*schmutziges Kind*) messy little creature; piggy-wiggy, piggy-wig, *Br. auch* mucky pup (*child's language*).

Fer·ke'lei *f* ⟨-; -en⟩ *fig. colloq.* **1.** dirtiness, smut. – **2.** (*Zote*) smutty (*od.* dirty) joke. – **3.** (*Obszönität*) obscenity, smut.

'Fer·kelˌkraut *n bot.* cat's ear (*Hypochaeris radicata*): **Geflecktes ~** spotted cat's ear (*H. maculata*).

fer·keln ['fɛrkəln] *v/i* ⟨h⟩ **1.** (*Ferkel werfen*) farrow, pig, litter. – **2.** *fig. colloq.* make a mess, be dirty. – **3.** *fig. colloq.* (*Zoten reißen*) talk smut, tell smutty jokes. – **4.** *fig. colloq.* behave obscenely.

'Fer·kel|ˌnuß *f bot.* pignut, *Am.* hognut (*Carya porcina*). — **~ˌrat·te** *f zo.* hutia, coypu, *auch* coypou (*Fam. Capromyidae*).

Fer·ma·te [fɛr'ma:tə] *f* ⟨-; -n⟩ *mus.* pause, hold, fermata.

Fer·ment [fɛr'mɛnt] *n* ⟨-s; -e⟩ *chem.* ferment, enzyme, leaven. — **Fer·men·ta·ti'on** [-ta'tsĭo:n] *f* ⟨-; -en⟩ fermentation. — **fer·men'tie·ren** [-'ti:rən] *v/t u. v/i* ⟨h⟩ ferment.

Fer·mi·um ['fɛrmĭum] *n* ⟨-s; *no pl*⟩ *chem.* fermium (Fm).

fern [fɛrn] **I** *adj* ⟨-er; -st⟩ **1.** (*Land, Gegend etc*) far, far away, *Br.* far-away, far-off, distant, remote: **der F~e Osten** the Far East; **das sei ~ von mir!** *fig.* far be it (from me)! by no means! – **2.** *fig.* (*zukünftig*) future, coming, far away, *Br.* far-away, far-off, distant, remote: **in ~er Zukunft** in the distant future, in times to come. – **3.** *fig.* (*vergangen*) past, bygone, far away, *Br.* far-away, far-off, distant, remote, of yore. – **4.** (*in Wendungen wie*) **von** (*od.* **aus**) **nah und ~** from far and near (*od.* wide); **von ~ betrachtet sieht die Sache ganz anders aus** *fig.* the matter looks quite different (when) seen from a distance. – **II** *prep* ⟨*dat*⟩ **5.** far (away) from: **~ der Heimat** far (away) (*od.* a long way) from home; **~ dem Wald** far from the forest.

ˌfern'ab *adv* far away, far off, *bes. Am. u. Scot.* way off.

'Fern|ˌabˌle·sung *f* ⟨-; -en⟩ *aer.* remote reading (*od.* indication). — **~ˌamt** *n tel.* **1.** (*für Telephon*) long-distance (*od.* central, toll, *bes. Br.* trunk) exchange. – **2.** (*für Fernschreiber*) teletype exchange. — **~ˌanˌruf** *m* long-distance (*od.* toll) call, *bes. Br.* trunk-call. — **~ˌanˌschluß** *m* direct long-distance (*bes. Br.* trunk) connection (*Br. auch* connexion). — **~ˌanˌtrieb** *m tech.* remote control gear. — **~ˌanˌzei·ge** *f tel.* remote indication (*od.* signal[l]ing). — **~ˌaufˌklä·rer** *m aer. mil.* long-range (*od.* long-distance) reconnaissance aircraft. — **~ˌaufˌklä·rung** *f* long-range (*od.* long-distance) reconnaissance. — **~ˌaufˌnah·me** *f* **1.** *phot.* telephotograph, telephoto (shot). – **2.** (*beim Röntgen*) a) (*Vorgang*) teleradiography, b) (*Bild*) teleradiograph. — **~ˌausˌlö·ser** *m* **1.** *phot.* remote control release. – **2.** *tech.* a) (*elektrisch*) electric release, b) (*manuell*) pneumatic bulb release. — **~ˌbe·ben** *n geol.* distant earthquake, remote earth tremors *pl*; microseism, teleseism (*scient.*). — **~beˌdie·nung** *f electr. telev.* remote (*od.* distance) control. — **~beˌdie·nungsˌwerkˌzeug** *n nucl.* master slave manipulation. — **~beˌhand·lung** *f med.* teletherapy. — **f~ˌblei·ben I** *v/i* ⟨*irr, sep,* -ge-, sein⟩ **1.** (*dat od.* **von** from) stay away, absent oneself: **er blieb der Versammlung fern** he stayed away from the meeting; **der Schule unentschuldigt ~** to absent oneself from school without excuse. – **II F~** *n* ⟨-s⟩ **2.** *verbal noun.* – **3.** (**von** from) absence: **j-s F~ entschuldigen** to excuse s.o.'s absence; **F~ vom Dienst** *mil.* absence from duty. – **4.** (*von der Arbeit*) absenteeism. — **~ˌblick** *m* distant view, vista. — **~ˌbom·ber** *m aer. mil.* long-range bomber. — **~ˌbril·le** *f* distance spectacles *pl* (*od.* glasses *pl*). — **~ˌdrucker** (*getr.* -k·k-) *m tel.* printing telegraph, teleprinter.

Fer·ne ['fɛrnə] *f* ⟨-; *no pl*⟩ **1.** distance, remoteness: **aus der ~** from (*od.* at) a distance, from far away (*od. lit.* afar); **etwas aus der ~ betrachten** to look at s.th. from (*od.* at) a distance; **aus weiter ~** (from) afar, from a good way off; **Grüße aus der ~** greetings from afar; **seine Stimme klang wie aus weiter ~** his voice sounded far away; **j-n aus der ~ verehren** to admire s.o. from afar; **in die ~ sehen** a) to look in(to) the distance, b) *fig. colloq. humor.* to watch television; **in der ~** in the (*od.* at a) distance, far away; **in der ~ liegend** distant, remote; **in der ~ verschwinden** to fade into the distance, to pass out of sight; **das liegt noch in weiter ~** *fig.* that lies in the distant future, that's still a long way off (*od.* a far cry); **in die ~ schweifen** to roam afield; **unendliche ~** infinite distance, infinity; **warum in die ~ schweifen, sieh das Gute liegt so nah!** (*Sprichwort*) you might go further and fare not so well (*proverb*). – **2.** (*art*) distance, (distant) background.

'Fern·empˌfang *m* (*radio*) long-distance reception.

'fer·ner I *comp of* fern I. – **II** *adj* (*Aufträge etc*) further, future, continued. – **III** *adv cf.* fernerhin. – **IV** *conj* (*außerdem*) furthermore, moreover, besides, also: **~ liefen** (*sport*) there also ran, also running were; **er erschien unter ~ liefen** *fig.* he appeared among the also rans.

'Fer·ner *m* ⟨-s; -⟩ *Bavarian and Austrian for* Gletscher.

'fer·nerˌhin *adv* for (*od.* in) the future, from now (on); henceforward, henceforth (*lit.*); **es wird auch ~ unser Bestreben sein, Ihre Aufträge schnell zu erledigen** *officialese* in (*od.* for) the future too we shall make all efforts to execute your orders quickly; **auch ~ tun** to continue to do, to keep doing.

'Fern|ˌfah·rer *m* long-distance lorry (*Am.* truck) driver, *Am.* long-haul truck driver. — **~ˌfahrt** *f* **1.** long(-distance, -range) trip (*od.* run). – **2.** *mar.* long run (*od.* cruise). — **~ˌflug** *m aer.* long-distance flight. — **~ˌfunk** *m* (*radio*) long-distance (*od.* long-range) broadcast (*od.* transmission), transoceanic broadcast. — **~ˌgang** *m auto.* overdrive.

'Fernˌgas *n* long-distance (*od.* grid) gas. — **~ˌlei·tung** *f* long-distance gas main (*od.* pipe [line]), grid gas main. — **~ˌnetz** *n* long-distance gas mains *pl*, gas grid. — **~verˌsor·gung** *f* long-distance (*od.* grid) gas supply.

'fern·geˌlenkt I *pp.* – **II** *adj cf.* ferngesteuert II.

'Fern|geˌspräch *n tel.* long-distance (*bes. Br.* trunk-)call. — **f~geˌsteu·ert I** *pp.* – **II** *adj* remote- (*od.* radio-)controlled, guided. – **III** *adv* by remote control. — **~ˌglas** *n* (*optics*) binoculars *pl*, (field) glass, *Br.* (field-)glass, spyglass. — **~ˌgü·terˌzug** *m* (*railway*) long-distance freight (*bes. Br.* goods) train. — **f~ˌhal·ten I** *v/t* ⟨*irr, sep,* -ge-, h⟩ **1.** (**von** from) keep away (*od.* off), hold off: **j-n von sich ~** to keep s.o. at a distance (*od.* away), (*stärker*) to fend s.o. off; **etwas von j-m ~** a) to keep (*od.* withhold) s.th. from s.o., b) to protect (*od.* shield) s.o. from s.th. – **2.** (*ausschließen*) exclude: **es ist nicht nötig, ihn von unseren Gesprächen fernzuhalten** there is no need to exclude him from our talks. – **II** *v/reflex* **sich ~** (**von**) **3.** keep away (from), hold off, keep (*od.* stand, hold) aloof (from), keep clear (of): **sich von j-m ~** to keep clear of s.o., to fight shy of s.o.; **er hält sich von der Politik fern** he keeps aloof from politics. – **4.** *cf.* fernbleiben 1. — **~ˌhei·zung** *f* district heating (system), tele- (*od.* distant, long-distance) heating, *Am.* heating from a central-heating plant.

'fern'her *adv* **von ~** from afar (*od.* faraway).

'fern'hin *adv* to a great distance.

'Fern|ˌhö·rer *m tel.* **1.** telephone receiver. – **2.** (*Kopfhörer*) headphone. — **~ˌka·bel** *n electr.* long-distance cable, trunk cable. — **~ˌkurs, ~ˌkur·sus** *m ped.* correspondence course. — **~ˌla·ster** *m colloq. for* Fernlastzug.

'Fernˌlastǀverˌkehr *m* long-distance road haulage, *bes. Am.* long-haul transport. — **~ˌzug** *m* long-distance road (*od.* transport) train.

'FernˌlehrǀˌgangIm *m ped. cf.* Fernkurs. — **~in·stiˌtut** *n* correspondence school.

'Fernˌlei·tung *f* **1.** *tel.* long-distance (*bes. Br.* trunk-)line. – **2.** *electr.* (long-distance) transmission (*od.* power) line. – **3.** (*Röhrenleitung*) pipeline. [steuern.]

'fernˌlen·ken *v/t* ⟨*sep*, -ge-, h⟩ *cf.* fern-

'FernǀˌlenkˌpuIt *n* control desk. — **~ˌlenkung** *f aer. tech.* remote (*od.* distant, radio) control. — **~ˌlenkˌwaf·fe** *f mil.* guided weapon (*od.* missile). — **~ˌlicht** *n auto.* long-distance light, full (headlight) beam, high beam (position).

'fernˌlie·gen *v/i* ⟨*irr, sep*, -ge-, h *u.* sein⟩ be far from, not to occur to: es liegt mir fern zu glauben, daß I am far from supposing that, far be it from me to suppose that, it does not occur to me to suppose that; die Absicht liegt mir fern it is far from my mind; nichts liegt mir ferner nothing is further from my mind; der Gedanke lag mir fern that was far from my thoughts, nothing was further from my mind, this was quite alien to my thoughts. — **'fernˌlie·gend I** *pres p.* – **II** *adj* **1.** (*Haus, Dorf etc*) distant, remote. – **2.** *fig.* (*Problem etc*) farfetched.

'Fernˌmel·deǀˌamt *n tel.* (tele)communication(s) (*od.* telephone) office. — **~ˌanˌla·ge** *f* transmitting station, (tele)communication(s) system (*od.* equipment). — **~ap·paˌrat** *m* telephone transmitter, telemeter, transmitting (*od.* receiving) instrument. — **~ba·tailˌlon** *n mil.* signal battalion. — **~ˌdienst** *m* (tele)communication(s) service. — **~ˌka·bel** *n* communication cable. — **~ˌlei·tung** *f* communication line, toll (*bes. Br.* trunk-)line. — **~monˌteur** *m tel.* telecommunication fitter. — **~ˌnetz** *n* telecommunication(s) system (*od.* network). — **~ˌrech·nungsˌstel·le** *f* telecommunications accounting office. — **~ˌtech·nik** *f* **1.** telecommunication(s) (*od.* electrical communication) engineering. – **2.** (*Schwachstromtechnik*) light current engineering, *Am.* signal engineering. — **~ˌturm** *m* telecommunication(s) tower.

'FernǀˌmeI·dung *f tel.* remote signal, distant message. — **~ˌmeß·geˌrät, ~ˌmeß·in·struˌment** *n electr.* telemeter. — **~ˌmes·sung** *f electr.* **1.** telemetering. – **2.** remote reading. — **f~ˌmünd·lich** *tel.* **I** *adj* telephonic, by (*od.* over the) telephone, over the phone (*colloq.*): ~es Gespräch telephone conversation; ~e Mitteilung telephone message. – **II** *adv* j-n ~ benachrichtigen to inform s.o. by telephone (*od. colloq.* over the phone); ~ zugestelltes Telegramm telegram by telephone, telephone(d) telegram. — **~ˈost** *m only in* in ~ in the Far East. — **f~ˈöst·lich** *adj* Far Eastern. — **~pho·to·graˌphie** *f phot.* telephotography. — **~ˌpunkt** *m* (*optics*) (*des Auges*) far point (of accommodation), punctum remotum (*scient.*).

'Fernˌrohr *n* (*optics*) telescope. — **~ˌaufˌsatz** *m* (*auf Gewehr*) telescopic sight.

'FernǀˌruI *m tel.* **1.** (*Anruf*) (telephone) call, long-distance call. – **2.** (*Rufnummer*) telephone (number). — **~ˌschal·ter** *m electr.* remote-control switch. — **~ˌschal·tung** *f* remote (*od.* distant) control, remote-control connection (*Br. auch* connexion). — **~ˌschnellˌzug** *m* (*railway*) long-distance express (train), *Am.* limited express. — **~ˌschrei·ben** *n tel.* teleprint (*od.* teleprinter) message, *Am.* teletype(d) (*od.* telex) message: per ~ by telex. — **~ˌschrei·ber** *m* **1.** (*Apparat*) teletypewriter, Teletype (*TM*), printing telegraph, teleprinter: durch ~ over (*od.* on) the teleprinter, by telex. – **2.** (*Person*) teleprinter, teletyper, teletypist, *Am. auch* teletype (*od.* telex) operator.

'Fernˌschreibˌnetz *n tel.* teletype (*od.* teleprinter) network.

'fernˌschrift·lich *adj u. adv* by teleprint (*od.* teleprinter, telex), *Am.* by teletype.

'Fernˌsehǀˌabˌtaˌster *m telev.* scanner. — **~ˌanˌsa·ger** *m*, **~ˌanˌsa·ge·rin** *f* television announcer (*od.* speaker). — **~ˌanˌstalt** *f* television organization. — **~anˌten·ne** *f* **1.** television antenna (*bes. Br.* aerial). – **2.** television mast. — **~ap·paˌrat** *m cf.* Fernsehgerät. — **~ˌaufˌnah·me** *f* **1.** (*Handlung*) television pick-up (*od.* recording), telerecording: für ~n sehr gut geeignet telegenic; ~n zur späteren Sendung kinescope (*od.* video) recording. – **2.** (*Bild*) televised picture (*od.* shot), telerecording. — **~ˌaufˌzeich·nung** *f* telerecording, kinescope (*od.* videotape) recording. — **~ˌau·ge** *n* television eye. — **~ˌau·tor** *m* television playwright. — **~ˌband** *n* television (frequency) band.

'FernˌsehˌbiId *n* television picture (*od.* image), telepicture. — **~ˌflä·che** *f* (television) field. — **~ˌschirm** *m cf.* Fernsehschirm.

'FernˌsehǀdIs·kus·siˌon *f* television panel discussion, television debate. — **~empˌfang** *m* television reception, TV reception (*colloq.*). — **~empˌfän·ger** *m cf.* Fernsehgerät.

'Fernˌse·hen *n* ⟨-s; *no pl*⟩ television: farbiges ~ colo(u)r television; fürs ~ geeignet telegenic; im ~ übertragen werden to be televised, to be telecast, to be broadcast (*od.* transmitted) by television; etwas im ~ sehen to see s.th. on television; was bringt das ~ heute abend? was gibt es heute abend im ~? what is on television tonight?

'fernˌse·hen I *v/i* ⟨*irr, sep*, -ge-, h⟩ watch (*od.* look at) television, teleview: gestern abend habe ich ferngesehen I watched television last night. – **II F~** *n* ⟨-s⟩ *verbal noun*: er muß beim F~ eine Brille tragen he must wear glasses when watching television.

'Fernˌse·her *m* ⟨-s; -⟩ *colloq.* **1.** *cf.* Fernsehgerät. – **2.** (*Person*) (tele)viewer.

'FernˌsehǀˌfaS·sung *f telev.* television version. — **~ˌfilm** *m* telefilm, television film. — **~geˌrät** *n* television (set), TV (*colloq.*), *bes. Br. colloq.* telly: tragbares ~ portable television (set). — **~ˌin·ter·view** *n* television interview. — **~ˌka·bel** *n* television cable. — **~ˌka·me·ra** *f* television camera, telecamera, TV camera (*colloq.*), *Am. colloq.* teevee camera. — **~kaˌnal** *m* television (*Am. auch* video) channel. — **~kasˌset·te** *f* videocassette. — **~ˌnetz** *n* television network. — **~proˌgramm** *n* television program (*Br.* programme). — **~ˌpub·li·kum** *n* television audience. — **~ˌra·ster** *m* radio television frame, raster of a television tube, scanning. — **~re·porˌta·ge** *f* television reporting. — **~ˌröh·re** *f* **1.** (*in der Kamera*) television (*Am.* pickup, *Br.* pick-up) tube, iconoscope (*scient.*). – **2.** (*im Apparat*) viewing (*od.* picture) tube, kinescope (*scient.*). — **~sa·telˌlit** *m* television satellite. — **~ˌschirm** *m* telescreen, TV screen. — **~ˌsen·der** *m* **1.** (*Sender*) television transmitter. – **2.** (*Funkanstalt*) telestation, television broadcasting station. — **~ˌsen·dung** *f* video transmission, television broadcast, telecast. — **~ˌspiel** *n* television play. — **~ˌstu·dio** *n* television (*od. colloq.* TV) studio. — **~ˌtech·nik** *f tech.* **1.** (*Lehrfach*) television engineering. – **2.** (*Praxis*) video technique. — **~ˌtech·ni·ker** *m* television engineer (*od.* technician). — **~ˌteil·neh·mer** *m* televiewer. — **~te·leˌphon** *n* television (*od.* video) telephone. — **~ˌturm** *m* television tower (*od.* aerial mast). — **~ˌüberˌtra·gung** *f* television transmission, telecast. — **~uni·ver·siˌtät** *f* Open University. — **~ˌzuˌschau·er** *m* television viewer.

'Fernˌsicht *f* **1.** view, prospect, perspective: wir haben eine sehr gute ~ we have an excellent view; man hat eine ~ bis zum Dachstein you have a prospect as far as the Dachstein mountain. – **2.** *meteor.* (range of) visibility, visual range.

'fernˌsich·tig *adj med.* farsighted, *Br.* far-sighted, longsighted, *Br.* long-sighted; presbyopic, hyperopic (*scient.*). — **'Fernˌsich·tig·keit** *f* ⟨-; *no pl*⟩ farsightedness, *Br.* far-sightedness, longsightedness, *Br.* long-sightedness; presbyopia, hyperopia (*scient.*).

'Fernˌsinn *m* ⟨-(e)s; *no pl*⟩ (*von Blinden*) ability to sense distant objects, sense of distance.

'FernˌsprechǀˌamtI *n tel.* telephone office (*od.* exchange), *Am. auch* central. — **~ˌanˌla·ge** *f* telephone installation (*od.* system). — **~ˌanˌsa·geˌdienst** *cf.* Fernsprech-Sonderdienst. — **~ˌanˌschluß** *m* telephone connection (*Br. auch* connexion), subscriber's line. — **~ap·paˌrat** *m cf.* Fernsprecher. — **~ˌaufˌtragsˌdienst** *m* absent subscriber (*od.* message-taking) service. — **~ˌausˌkunftsˌdienst** *m* telephone information service. — **~au·toˌmat** *m* coin-operated telephone, *Br.* coin-box phone, *Am.* pay phone (*od.* station). — **~ˌbuch** *n* telephone directory, phone book (*colloq.*), *Am. auch* telephone book.

'Fernˌspre·cher *m* telephone (apparatus), telephone (*od.* subscriber's) set, phone: öffentlicher ~ public telephone.

'Fernˌsprechǀgeˌbühr *f* telephone fee (*od.* toll, charge). — **~geˌheim·nis** *n* secrecy of telephone communications. — **~ˌka·bel** *n* telephone cable. — **~ˌlei·tung** *f* telephone wire (*od.* line), calling (*bes. Br.* trunk-)line. — **~ˌmietˌlei·tung** *f* leased telephone circuit. — **~ˌnachˌrich·tenˌdienst** *m* telephone news service. — **~ˌne·benˌanˌschluß** *m* extension line. — **~ˌne·benˌstel·le** *f* extension (station), telephone extension. — **~ˌnetz** *n* telephone network (*od.* system). — **~ˌnum·mer** *f* telephone (*od.* call) number. — **~ˌord·nung** *f* telephone regulations *pl.* — **~ˌortsˌnetz** *n* local exchange area (*area of fixed size which may also include a number of minor localities*). — **~reˌlais** *n* telephone relay. — **~ˌsäu·le** *f* road emergency telephone, roadside telephone box. — **~-ˌSon·derˌdienst** *m* (*für Wetterbericht, Kinoprogramm etc*) (special) telephone service. — **~ˌstel·le** *f* **1.** *Am.* telephone station, *Br.* public telephone (*od.* call-office). – **2.** *cf.* Fernsprechzelle. — **~taˌrif** *m* telephone rates *pl.* — **~ˌtech·nik** *f* telephone (communication) engineering. — **~ˌteilˌneh·mer** *m* telephone subscriber. — **~ˌteilˌneh·mer·verˌzeich·nis** *n* telephone directory. — **~verˌbin·dung** *f* telephone communication (*od.* connection, *Br. auch* connexion): eine ~ herstellen to make a connection. — **~verˌkehr** *m* telephone transmission (*od.* connection, *Br. auch* connexion, communication): drahtloser ~ radio telephony. — **~verˌmitt·ler** *m* telephonist, telephone operator. — **~verˌmitt·lung** *f* telephone exchange, *Am. auch* central. — **~verˌmitt·lungsˌschrank** *m* telephone exchange switchboard. — **~verˌmitt·lungsˌstel·le** *f* telephone exchange, call office. — **~verˌstär·ker** *m* telephone amplifier. — **~verˌzeich·nis** *n cf.* Fernsprechbuch. — **~ˌwe·sen** *n* telephony. — **~ˌzel·le** *f* telephone booth, *Br.* telephone (*od.* call) box, telephone kiosk, *Am.* phone booth. — **~zenˌtra·le** *f cf.* Fernsprechvermittlung.

'FernǀˌspruchI *m tel.* wireless (*od.* telegraphic) message, telegram, wire. — **f~ˌste·hen** *v/i* ⟨*irr, sep*, -ge-, h *u.* sein⟩ **1.** j-m ~ to be a stranger to s.o., not to be close to s.o., to have no real contact with s.o. – **2.** einer Sache ~ to have no personal connection (*Br. auch* connexion) with s.th. — **~ˌste·hen·de** *m, f* ⟨-n; -n⟩ outsider, (detached) onlooker. — **~ˌsteu·erˌanˌla·ge** *f electr.* remote-control installation. — **f~ˌsteu·ern** *v/t* ⟨*sep*, -ge-, h⟩ *tech.* (*Mechanismus, Rakete etc*) remote- (*od.* distant-)control, telecontrol. — **~ˌsteu·erˌschal·ter** *m* remote-control switch. — **~ˌsteue·rung** *f* **1.** remote control. – **2.** (*System*) remote-control system. – **3.** (*drahtlose*) telautomatics *pl.* – **4.** (*mechanische*) telemechanics *pl* (*construed as sg or pl*). — **~ˌstra·ße** *f cf.* Fernverkehrsstraße 2. — **~ˌstrom·verˌsor·gung** *f electr.* overland power supply. — **~stuˌdent** *m ped.* correspondence course student. — **~ˌstu·di·um** *n* correspondence course. — **~ˌsuch·geˌrät** *n electr. mil.* early-warning radar, long-range search radar. — **~ther·moˌme·ter** *n phys.* telethermometer. — **~ˌträn·kung** *f* (*mining*) long-haul infusion. — **~ransˌport** *m* overland transport, long-distance transportation: „~" (*als Aufschrift*) "long-distance transports" *pl.* — **f~ˌtrau·en** *v/t* ⟨*sep*, -ge-, h⟩ marry (*s.o.*) by proxy: sie ließen sich ~ they married (*od.* were married) by proxy. — **~ˌtrau·ung** *f* marriage by proxy. — **f~ˌüber·ˌtra·gen** *v/t* ⟨*irr, sep, no* -ge-, h⟩ *tel.* transmit (*s.th.*) over a long distance. — **~ˌüber·ˌtra·gung** *f* long-range (*od.* long-distance) transmission. — **~ˌüberˌwa·chung** *f electr. tech.* remote control (*od.* monitoring). — **~ˌun·terˌricht** *m* **1.** correspondence course. – **2.** correspondence instruction, teaching by mail, *Br. auch* postal tuition. — **~verˌbin·dung** *f* **1.** *tel.* a) (*Fernsprechleitung*) long-distance (*bes. Br.* trunk-)connection (*Br. auch* connexion), b) (*Ferngespräch*) long-distance (*bes. Br.* trunk-)call.

– **2.** (*Transport*) long-distance traffic, *Am.* long hauls *pl.* – **3.** (*im Straßen- u. Bahnverkehr*) long-distance route.

'Fern·ver,kehr *m* **1.** *tel.* trunk (*od.* long-distance) traffic, long-distance communication. – **2.** (*im Transportwesen*) long-distance traffic (*od.* transportation), overland transport, *Am.* long hauls *pl*, *Am.* long-haul traffic.

'Fern·ver,kehrs|be,reich *m* **1.** *tel.* trunk zone. – **2.** (*radio*) night-reception zone. — **~,flug,zeug** *n* long-range aircraft (*bes. Br.* aeroplane) (*od. colloq.* plane). — **~,om·ni·bus** *m* long-distance coach (*od.* bus), cross-country bus. — **~,stra·ße** *f* **1.** arterial (*od.* trunk, main) road. – **2.** (*Autobahn*) superhighway, *Am. auch* expressway, freeway, *bes. Br.* motorway.

'Fern|ver,mitt·lung *f tel.* long-distance (*bes. Br.* trunk) exchange. — **~ver,mitt·lungs,amt** *n cf.* Fernamt 1. — **~ver,sor·gung** *f tech.* **1.** (*mit Gas*) grid gas supply. – **2.** (*mit Wasser*) long-distance water supply. – **3.** (*mit Strom*) long-distance power supply. — **~ver,sor·gungs,netz** *n* long-distance grid system. — **~,waf·fe** *f mil.* long-range weapon. — **~,wahl** *f tel.* long-distance (*od.* toll-line) dialing (*bes. Br.* dialling). — **~,weh** *n* wanderlust, yearning for faraway places: von ~ ergriffen (*od.* gepackt) werden to be seized by (the) wanderlust. — **~,werk** *n* (*einer großen Orgel*) echo organ (*od.* manual). — **f~,wir·ken** *v/i* ⟨*sep*, -ge-, h⟩ *electr.* telecontrol. — **~,wir·kung** *f* **1.** *tech.* remote (*od.* distant) action. – **2.** *phys.* distant effect. – **3.** *psych. cf.* Gedankenübertragung. — **~,zäh·ler** *m electr.* telecounter. — **~,ziel** *n* **1.** long-term objective. – **2.** (*Endziel*) ultimate aim (*od.* objective). – **3.** *mil.* remote target. — **~,zug** *m* long-distance (express) train. — **~,zün·dung** *f tech.* remote-controlled (*od.* electric long-distance) ignition.

Fer·ri|am'mon·sul,fat [fɛriˀaˈmoːn-] *n chem.* ammonium ferric sulfate (*bes. Br.* sulphate) ($NH_4Fe(SO_4)_2$). — **~aze'tat** [-ˀatseˈtaːt] *n* ferric acetate. — **~chlo'rid** [-kloˈriːt] *n* ferric chloride ($FeCl_3$). — **~ma·gne'tis·mus** [-magneˈtɪsmʊs] *m phys.* ferrimagnetism. — **~,salz** [ˈfɛri-] *n* ferric salt. — **~sul'fat** [-zʊlˈfaːt] *n* ferric sulfate (*bes. Br.* sulphate) ($Fe_2(SO_4)_3$).

Fer·rit [fɛˈriːt; -ˈrɪt] *n* ⟨-(e)s; -e⟩ *chem.* ferrite. — **~an,ten·ne** *f* (*radio*) ferrite antenna (*bes. Br.* aerial).

Fer·ri·zy·an'ka·li·um [fɛritsyaːnˈkaːlĭʊm] *n chem.* potassium ferricyanide ($K_3Fe(CN)_6$).

Fer·ro|chlo·rid [fɛrokloˈriːt] *n chem.* ferrous chloride ($FeCl_2$). — **~'chrom** [-ˈkroːm] *n metall.* ferrochromium, ferrochrome. — **~elek·tri·kum** [-ˀeˈlɛktrikʊm] *n phys.* ferroelectric (material). — **f~elek·trisch** [-ˀeˈlɛktrɪʃ] *adj* ferroelectric. — **~elek·tri·zi'tät** [-ˀelɛktritsiˈtɛːt] *f* ferroelectricity. — **~le,gie·rung** [ˈfɛro-] *f tech.* ferro-alloy. — **f~ma'gne·tisch** [-maˈgneːtɪʃ] *adj phys.* ferromagnetic. — **~ma'gne·ti·kum** [-maˈgneːtikʊm] *n* ⟨-s; -ka [-ka]⟩ ferromagnetic. — **~ma·gne'tis·mus** [-magneˈtɪsmʊs] *m* ferromagnetism. — **~man'gan** [-maŋˈgaːn] *n metall.* ferromanganese. — **~,nickel** [ˈfɛro-] (*getr.* -k·k-) *n* ferronickel. — **~,salz** [ˈfɛro-] *n chem.* ferrous salt. — **~si'li·zi·um** [-ziˈliːtsĭʊm] *n* ferrosilicon. — **~sul'fat** [-zʊlˈfaːt] *n* ferrous sulfate (*bes. Br.* -ph-) ($FeSO_4 \cdot 7H_2O$). — **~ty'pie** [-tyˈpiː] *f phot.* ferrotype (process). — **~zya'nid** [-tsyaˈniːt] *n chem.* ferrous cyanide, ferrocyanide ($Ca_2Fe(CN)_6$). — **~zy·an'ka·li·um** [-tsyaːnˈkaːlĭʊm] *n* potassium ferrocyanide ($K_4Fe(CN)_6$).

Fer·se [ˈfɛrzə] *f* ⟨-; -n⟩ **1.** *auch tech.* heel: sich (*dat*) die ~n wundlaufen to get sore heels by walking too much; j-m auf die ~n treten a) to tread (*od.* step) on s.o.'s heels, b) *fig. colloq.* to step on s.o.'s toes (*od.* corns) (*colloq.*); j-m dicht auf den ~n sein *fig.* to be hard (*od.* close, hot) (up)on s.o.'s heels; j-m auf den ~n bleiben *fig.* to keep close (up)on s.o.'s heels; j-m auf den ~n folgen *fig.* to stick (*od.* follow on) s.o.'s heels; sich an j-s ~n heften *fig.* to dog s.o.'s footsteps; die ~ des Achilles *auch fig.* Achilles(') heel, the heel of Achilles. – **2.** (*sport*) (*des Golfschlägers*) heel.

'Fer·sen|,bein *n med. zo.* heel bone; calcaneus, *auch* calcaneum, os calcis (*scient.*). — **~,flech·se** *f cf.* Achillessehne 1. — **~,geld** *n only in* ~ geben *colloq.* to take to one's heels, to run away. — **~ge,lenk** *n zo.* (*des Pferdes, der Vögel*) suffrago. — **~,le·der** *n* (*des Schuhs*) counter (*od.* heel) leather. — **~,scho·ner** *m* (*an Schuhen*) antislip, *Br.* anti-slip. — **~,stoß** *m* (*sport*) (*beim Fußball*) heel-kick. — **~,zug** *m* (*der Skibindung*) superdiagonal.

fer·tig [ˈfɛrtɪç] **I** *adj* **1.** (*bereit*) ready: das Essen ist ~ dinner is ready; ~ zum Ausgehen ready to leave; wir sind gleich ~ we'll be ready in a minute; wann sind Sie ~? when will you be ready? mach, daß du ~ wirst! *colloq.* see to it that you get ready! → fix 7. – **2.** (*beendet, abgeschlossen*) finished, done, *bes. Am.* through: ich bin mit meiner Arbeit ~, ich habe meine Arbeit ~ *colloq.* I have finished (*od.* I am finished with) my work; damit wird man nie ~ there is no end to it; er ist mit dem Frühstück ~ he has finished (his) breakfast; ich bin froh, wenn ich das ~ habe I'll be glad to have that finished (*od.* over with); sind meine Schuhe ~? are my shoes finished (*od.* ready)? – **3.** (*fertiggestellt*) finished, completed: das Gebäude ist vor kurzem ~ geworden the building was finished recently. – **4.** (*Kleidung*) ready-made, ready-to-wear: ~e Kleider ready-made clothes, hand- (*bes. Br.* reach-)me-downs (*colloq.*). – **5.** *econ.* finished, manufactured: ~e Erzeugnisse importieren to import finished products (*od.* articles). – **6.** *gastr.* (*Speisen*) prepared, (pre)cooked. – **7.** *tech.* (*vorgefertigt*) prefabricated, prefab (*colloq.*). – **8.** Achtung, ~, los! (*sport*) get ready, get set, go! – **9.** ~! (*Abfahrtssignal*) ready! – **10.** *fig. colloq.* (*erschöpft*) exhausted, worn out, finished, dead beat, fagged out, *bes. Br.* whacked: restlos (*od.* völlig) ~ sein to be completely exhausted (*od.* tired out, done up, *bes. Am.* done in). – **11.** *fig. colloq.* (*finanziell ruiniert*) ruined, broke: nach dem Bankkrach war er ~ after the bank crash he was ruined (*od.* broke). – **12.** mit j-m ~ sein *fig. colloq.* to be finished (*bes. Am.* through, done) with s.o.: wenn du das tust, bin ich mit dir ~! if you do that I'm finished with you! – **13.** *fig. colloq.* (*betrunken*) drunk; 'tight', 'finished' (*colloq.*): nach zwei Flaschen Bier ist er ~ after two bottles of beer he is drunk. – **14.** *fig. colloq.* (*sprachlos*) speechless: da bist du ~, was? that leaves you speechless! jetzt bin ich aber ~! that's the limit! that beats everything! you don't say! – **15.** und damit ~! and that's that! ich werde mich bei ihm entschuldigen, und damit ~! I shall apologize to him and that will be that!

'Fer·tig,bau *m arch.* prefabricated building, prefab (*colloq.*). — **~ele,ment** *n*, **~,teil** *m*, *n* prefabricated (*od. colloq.* prefab) element, (*Betonfertigteil*) precast element. — **~,wei·se** *f* prefabricated (*od. colloq.* prefab) construction method: ein Haus in ~ a prefabricated house.

'fer·tig|be,ar·bei·ten *tech.* **I** *v/t* ⟨*sep, no* -ge-, h⟩ **1.** finish. – **2.** (*spanabhebend*) finish-machine. – **II F~** *n* ⟨-s⟩ **3.** *verbal noun.* — **F~be,ar·bei·tung** *f* **1.** *cf.* Fertigbearbeiten. – **2.** finish. – **3.** (*Arbeitsgang*) finishing operation. — **~be,kom·men** *v/t* ⟨*irr, sep, no* -ge-, h⟩ *cf.* fertigbringen. — **F~be,ton** *m civ.eng.* ready-mixed (*od.* transit-mixed) concrete. — **~,bla·sen** *v/t* ⟨*irr, sep*, -ge-, h⟩ *metall.* blow full. — **~,boh·ren** *v/t* ⟨*sep*, -ge-, h⟩ *tech.* **1.** (*vollbohren*) finish-drill. – **2.** (*aufbohren*) finish-bore. — **~,brin·gen** *v/t* ⟨*irr, sep*, -ge-, h⟩ **1.** (*zustandebringen*) bring (*s.th.*) about, manage, get (*s.th.*) done, succeed in doing: wie haben Sie das nur fertiggebracht? how on earth did you manage that? – **2.** (*beenden*) finish, complete, get (*s.th.*) done: das bringe ich in der kurzen Zeit nicht fertig I can't finish that in such a short time. – **3.** (*über sich bringen*) bring oneself to (do), be capable of (doing): das bringt er (glatt) fertig! he is capable of (doing) that! he is impudent enough to do that! I wouldn't put that past him! du bringst auch alles fertig! *iron.* you really take the cake (*Br. auch* biscuit)! (*colloq.*); das bringst nur du fertig! that's typical of you! – **4.** (*übers Herz bringen*) have the heart, find it in one's heart: ich bringe es nicht fertig, ihm die Wahrheit zu sagen I don't have the heart (*od.* can't bring myself) to tell him the truth. — **~,dre·hen** *v/t* ⟨*sep*, -ge-, h⟩ *tech.* finish-turn. — **F~,dreh·ma,schi·ne** *f* finishing lathe.

fer·ti·gen [ˈfɛrtɪgən] *tech.* **I** *v/t* ⟨h⟩ **1.** (*herstellen*) manufacture. – **2.** (*produzieren*) produce, make. – **3.** (*anfertigen*) fabricate. – **4.** (*spanend bearbeiten*) machine. – **II F~** *n* ⟨-s⟩ **5.** *verbal noun.* – **6.** *cf.* Fertigung.

'Fer·tig|er,zeug·nis *n tech.* finished product. — **~fa·bri,kat** *n econ.* finished article (*od.* goods *pl*). — **f~,frä·sen** *tech.* **I** *v/t* ⟨*sep*, -ge-, h⟩ finish-mill. – **II F~** *n* ⟨-s⟩ finish milling (operation). — **f~ge,packt** *adj econ.* (*Ware etc*) packaged. — **~ge,richt** *n gastr.* ready-cooked (*od.* ready-to-serve) meal. — **~ge,rüst** *n tech.* (*im Walzwerk*) finishing stand (of rolls). — **~,haus** *n civ.eng.* prefabricated house (*od.* building), prefab (home) (*colloq.*). — **~in·du,strie** *f* finishing industry. — **~ka,li·ber** *n tech.* (*im Walzwerk*) finishing groove.

'Fer·tig·keit *f* ⟨-; -en⟩ **1.** (*Geschicklichkeit*) skill, facility, art: er hat eine erstaunliche ~ im Zeichnen he draws with astonishing skill; diese Arbeit erfordert [keine] große ~ this job requires [no] great skill; große ~ beim Erlernen fremder Sprachen zeigen to show great facility in learning foreign languages. – **2.** (*manuelle*) dexterity, craft. – **3.** (*Begabung*) talent, accomplishment: zu ihren ~en zählt auch das Klavierspielen playing the piano is (numbered) among her talents; eine beachtliche ~ im Stricken a considerable talent for knitting. – **4.** (*Können*) proficiency: seine ~ im Geigenspiel ist unübertroffen his proficiency in playing the violin is unexcelled (*od.* unsurpassed); (eine) große ~ haben in (*dat*) to be highly proficient in, to be very good at. – **5.** (*Übung*) practice: ich habe darin keine ~ mehr I am no longer in practice in that. – **6.** *mus.* technische ~ (*im Spielen eines Instruments*) execution. – **7.** (*im Sprechen*) fluency.

'Fer·tig|,klei·dung *f* ready-to-wear (*od.* ready-made) clothing. — **f~,krie·gen** *v/t* ⟨*sep*, -ge-, h⟩ *colloq. for* fertigbringen.

'fer·tig,ma·chen I *v/t* ⟨*sep*, -ge-, h⟩ **1.** (*beenden, abschließen*) finish, complete: er macht nie fertig, was er angefangen hat he never finishes what he started. – **2.** (*vervollständigen*) complete, make (*s.th.*) complete: ich muß die Liste noch ~ I have yet to complete the list. – **3.** (*bereitmachen*) get (*s.o., s.th.*) ready: die Kinder zum Spazierengehen ~ to get the children ready for a walk; das Zimmer für die Gäste ~ to get the room ready for the guests. – **4.** *colloq.* (*abkanzeln*) dress (*s.o.*) down, tell (*s.o.*) off, tell (*s.o.*) what's what (*od.* where to get off): den habe ich ganz schön fertiggemacht I dressed him down pretty well. – **5.** *colloq.* (*körperlich*) exhaust, take it out of, *Am. colloq.* tucker (*s.o.*) out: die Reise hat ihn ganz fertiggemacht the journey completely exhausted him; die Hitze machte mich fertig the heat took it out of me (*od.* got me down). – **6.** *colloq.* (*nervlich*) get on s.o.'s nerves: dieser Lärm macht mich ganz fertig this noise is getting on my nerves (*od.* getting me down). – **7.** *colloq.* (*seelisch*) finish (*s.o.*) off, shatter. – **8.** *colloq.* (*umbringen*) finish (*s.o.*) off, kill. – **9.** ~! *mil.* (*sport*) get ready. – **10.** *print.* adjust. – **11.** *metall.* a) (*Schmelze*) finish, b) (*Kupfer*) pole. – **II** *v/reflex* sich ~ **12.** get (*od.* make) (oneself) ready: machen Sie sich zur Abfahrt fertig! get ready for (the) departure; sich fürs Theater ~ to get (oneself) ready for the theater (*bes. Br.* theatre).

'Fer·tig,ma·cher *m* ⟨-s; -⟩ **1.** *tech.* finisher. – **2.** *print.* adjuster, *auch* adjustor.

'Fer·tig|,maß *n tech.* finished (*od.* final) size (*od.* dimension). — **~mon,ta·ge** *f* final assembly. — **~,packung** (*getr.* -k·k-) *f* prepack, prepackage. — **~pro,dukt** *n cf.* Fertigerzeugnis. — **~,schlacke** (*getr.* -k·k-) *f metall.* refining (*od.* finishing) slag. — **~,spu·le** *f tech.* (*einer Strickmaschine*) work roller.

'fer·tig,stel·len I *v/t* ⟨*sep*, -ge-, h⟩ (*beenden*) finish, complete, get (*s.th.*) ready: fertiggestellt sein to be finished (*od.* completed, ready). – **II F~** *n* ⟨-s⟩ *verbal noun.* — **'Fer·tig,stel·lung** *f* ⟨-; *no pl*⟩ **1.** *cf.* Fertigstellen. – **2.** completion: fristgemäße ~ completion on schedule (*od.* in time).

'Fer·tig,stel·lungs·ter,min *m* completion date.

'Fer·tig|,stich *m metall.* finishing (*od.* shaping) pass. — **~,stra·ße** *f* (*im Walzwerk*) finishing (mill) train. — **~,teil** *m*, *n meist pl tech.* **1.** (*vorgefertigt*) prefabricated part. –

2. (*fertigbearbeitet*) finished part. — **~ˌträ·ger** *m arch.* prefabricated (*od.* precast) girder.

ˈFer·ti·gung *f* ⟨-; -en⟩ *tech.* 1. *cf.* Fertigen. – 2. (*Produktion*) production: ~ in kleinen [großen] Serien short-run [long-run] production; in ~ gehen to go into production. – 3. (*Herstellung*) manufacture, fabrication. – 4. (*Ausstoß*) output.

ˈFer·ti·gungsǀˌabˌlauf *m tech.* production run (*od.* cycle). — **~ˌaufˌga·be** *f* production (*od.* manufacturing) job. — **~beˌtrieb** *m econ.* production plant, factory, manufacturing shop. — **~ˌeinˌrich·tung** *f tech.* production facilities *pl*, production (*od.* manufacturing) equipment. — **~in·ge·niˌeur** *m* production (*od.* manufacturing) engineer. — **~ˌjahr** *n* year of production. — **~ka·pa·ziˌtät** *f* production capacity. — **~konˌtrol·le** *f* production control. — **~ˌko·sten** *pl cf.* Herstellungskosten. — **~ˌlohn** *m meist pl* direct labor (*bes. Br.* labour) cost. — **~meˌtho·de** *f* production method. — **~ˌplan** *m* production plan, production (*od.* manufacturing) schedule. — **~ˌpla·nung** *f* production planning. — **~proˌgramm** *n* production program (*bes. Br.* programme). — **~ˌstra·ße** *f* (*Montageband*) assembly (*od.* production, transfer) line. — **~ˌtech·nik** *f* production (*od.* manufacturing, industrial) engineering. — **~ˌteil** *m, n* production part. — **~verˌfah·ren** *n* manufacturing method. — **~ˌzeit** *f* production time.

ˈfer·tigǀverˌpackt *adj* prepacked. — **~ˌwal·zen** *v/t* ⟨*sep*, -ge-, h⟩ *metall.* finish-roll. — **F~ˌwalzˌwerk** *n* finishing mill. — **F~ˌwa·re** *f meist pl econ.* finished goods *pl* (*od.* products *pl*).

ˈFer·tigˌwa·ren·in·duˌstrie *f econ.* finished goods industry.

ˈfer·tigˌwer·den *v/i* ⟨*irr, sep*, -ge-, sein⟩ 1. (*zurechtkommen*) (mit with) cope, deal, manage, get along: sieh zu, wie du fertig wirst! you'll have to see how you can manage; er wurde mit dem komplizierten Mechanismus nicht fertig he couldn't cope with that complicated mechanism; ich werde schon ohne dich fertig I'll manage (*od.* get along) just as well without you; mit einem ungezogenen Kind ~ to cope with (*od.* handle) a naughty child; mit dem werde ich leicht fertig I can deal with (*od.* handle) him any time; mit Schwierigkeiten ~ to cope with (*od.* master) difficulties; laß ihn nur sehen, wie er damit fertig wird! let him sweat it out himself! (*colloq.*). – 2. (*überwinden*) (mit) get over (*acc*): mit diesem Kummer werde ich nie fertig I shall never get over this grief. – 3. *colloq.* (*loswerden*) (mit) get rid of (*acc*): mit der Erbschaft ist er schnell fertiggeworden he has soon got rid of (*od.* got through) the inheritance.

ˈFer·tigˌzug *m tech.* finishing pass.

fer·til [fɛrˈtiːl] *adj biol.* fertile. — **Fer·ti·liˈtät** [-tiliˈtɛːt] *f* ⟨-; *no pl*⟩ fertility.

fes [fɛs], **Fes**[1] *n* ⟨-; -⟩ *mus.* F flat.

Fes[2] *m* ⟨- *u.* -ses; - *u.* -se⟩ fez.

fesch [fɛʃ] *adj* ⟨-er; -est⟩ *colloq.* 1. (*schick*) nice, smart, chic, stylish. – 2. (*flott*) neat, natty. – 3. (*schneidig*) smart: ein ~er junger Mann a smart (*od.* dashing) young man.

ˈfes'es, ˈFes'es *n mus.* F double flat.

Fes·sel[1] [ˈfɛsəl] *f* ⟨-; -n⟩ *meist pl* 1. *auch fig.* chain, fetter, shackles *pl*, iron: j-m ~n anlegen, j-n in ~n legen (*od. poet.* schlagen) to put s.o. in chains; j-m die ~n abnehmen (*od.* lösen), j-n von den ~n befreien to free s.o. of his chains; die ~n abschütteln (*od.* abwerfen) [sprengen] *auch fig.* to shake off [to break] one's chains; der Geist läßt sich nicht in ~n schlagen one cannot fetter the mind (*od.* put the mind in fetters). – 2. *fig.* bond, tie, trammel, ball and chain: er empfand die Ehe als eine ~ he felt tied down by marriage. – 3. (*Handschelle*) handcuff, manacle, *Br. sl.* darbies *pl*. – 4. (*sport*) (*beim Ringen*) lock.

ˈFes·sel[2] *f* ⟨-; -n⟩ 1. ankle: schlanke ~n slim (*od.* slender) ankles. – 2. *zo.* (*bes. des Pferdes*) pastern.

ˈFes·selǀbalˌlon *m* 1. *aer.* a) captive balloon, b) (*mit Stabilisierungswülsten*) kite balloon. – 2. *mil.* (*einer Luftsperre*) barrage balloon. — **~ˌbein** *n zo.* (*des Pferdes etc*) cannon, metacarpal (bone). — **f~ˌfrei** *adj* 1. unfettered, free from chains. – 2. *fig.* dissolute, licentious. — **~geˌlenk** *n zo.* (*von Huftieren*) hock: die ~e des Pferdes the hocks (*od.* pasterns, fetlocks) of the horse. — **~ˌgriff** *m* (*sport*) (*beim Ringen*) lock. — **~ˌhaar** *n zo.* fetlock. — **~ˌkno·chen** *m* (*eines Pferdes*) fetter (*od.* pastern) bone.

fes·seln [ˈfɛsəln] I *v/t* ⟨h⟩ 1. *auch fig.* (*binden*) bind, tie: j-n an einen Baum ~ to bind s.o. to a tree; j-n an Händen und Füßen ~ to bind s.o. hand and foot (*od.* by his hands and feet); die Krankheit hat ihn ans Bett gefesselt *fig.* he has been confined (*od.* tied) to his bed by the illness; er versuchte, sie an sich zu ~ he tried to bind her to him. – 2. *fig.* (*faszinieren*) fascinate, captivate, enthrall, *auch* enthral: er verstand es, seine Zuhörer zu ~ he knew how to fascinate his audience. – 3. *fig.* (*Aufmerksamkeit, Auge etc*) hold, arrest, catch, capture, rivet. – 4. *fig.* (*packen*) grip, enthral(l): der Roman fesselte mich I was gripped (*od.* held spellbound) by the novel. – 5. (*sport*) (*beim Ringen*) lock. – 6. *mil.* (*feindliche Truppen*) contain. – 7. (*games*) (*beim Schachspiel*) pin. – II **F~** *n* ⟨-s⟩ 8. *verbal noun.* – 9. *cf.* Fesselung. — **ˈfes·selnd** I *pres p.* – II *adj* 1. (*Erzähler, Redner etc*) fascinating, captivating, enthralling. – 2. (*Buch, Film etc*) gripping, enthralling, spellbinding (*colloq.*). – III *adv* 3. er kann sehr ~ erzählen he is a fascinating storyteller (*Br.* story-teller).

ˈFes·selˌsocke (*getr.* -k·k-) *f* short sock, anklet.

ˈFes·se·lung, ˈFeß·lung *f* ⟨-; -en⟩ 1. *cf.* Fesseln. – 2. *fig.* (*Bezauberung*) fascination, captivation, enthral(l)ment. – 3. (*sport*) (*beim Ringen*) lock. – 4. (*games*) (*beim Schachspiel*) pin.

fest [fɛst] I *adj* ⟨-er; -est⟩ 1. (*nicht weich*) firm: ~es Gestein [Fleisch] firm rock [flesh]; ein Buch mit ~em Einband a book with a firm (*od.* stiff, sturdy) cover; ~en Boden unter den Füßen haben *auch fig.* to be on firm ground. – 2. (*nichtflüssig*) solid: ~er Körper *phys.* solid body; ~e Nahrung solid food; ~ werden to become solid (*od.* firm), to solidify, to harden. – 3. (*kräftig, widerstandsfähig*) sturdy, strong: ein ~er Karton [Stoff] a sturdy cardboard box [material]. – 4. (*gutbefestigt*) fast: etwas ~ anbringen an to fasten (*od.* attach, secure) s.th. to. – 5. (*straff*) tight: ein ~er Knoten a tight knot. – 6. *bes. fig.* firm: ~er Halt *auch fig.* firm hold; ~en Fuß fassen *fig.* to gain (*od.* get) a (firm) footing; auf ~en Füßen (*od.* Beinen) stehen *fig.* to have one's feet firmly on the ground; er führte sie mit ~er Hand *fig.* he led her with a firm hand; sie ist in ~en Händen *fig. colloq.* she is in firm hands; ~en Schrittes, mit ~em Schritt with a firm step (*od.* tread). – 7. (*unverrückbar*) fixed: einen ~en Punkt anvisieren to (take) aim at a fixed point. – 8. (*starr*) fixed, rigid. – 9. (*ständig*) permanent, steady: ~e Kundschaft permanent (*od.* regular) customers *pl*; in ~em Besitz under permanent ownership; eine ~e Freundin *colloq.* a steady girl friend; ~er Wohnsitz permanent residence; eine ~e Stellung a permanent (*od.* assured) position; j-n ~ anstellen to employ s.o. on a permanent basis. – 10. (*dauerhaft*) lasting, stable, durable: eine ~e Freundschaft a lasting friendship. – 11. (*Blick, Charakter etc*) firm, steady, steadfast. – 12. (*Stimme*) firm, unfaltering, unwavering. – 13. (*verbindlich*) firm, binding: eine ~e Abmachung treffen to come to a binding agreement. – 14. (*Zeitpunkt, Termin etc*) fixed. – 15. (*Schlag etc*) heavy, sound, hard. – 16. (*Gesundheit*) robust, sound. – 17. (*Kenntnisse, Wissen etc*) solid. – 18. (*unerschütterlich*) firm: das ist meine ~e Absicht that is my firm intention; ~e Anschauungen haben to be firm in one's views; ein ~er Entschluß a firm resolution; ich war der ~en Meinung, daß I was of the firm opinion that; dafür gibt es keine ~e Regel there is no firm (*od.* hard-and-fast) rule for that; der ~en Überzeugung Ausdruck geben to express one's firm conviction. – 19. (*feststehend*) set, standing, standard (*attrib*): eine ~e Redewendung a set phrase. – 20. (*festumrissen*) firm: ~e Form annehmen to take (on a) firm shape. – 21. (*endgültig*) definite. – 22. (*Schlaf*) deep, sound. – 23. *tech.* a) (*ortsfest*) stationary, b) (*Anschlag*) positive, c) (*Kupplung*) solid. – 24. *civ.eng.* (*Straße*) surfaced. – 25. *econ.* a) (*Kurs, Börse, Markt etc*) steady, firm, b) (*Kosten, Preise, Einkommen, Gehalt etc*) fixed, c) (*Angebot*) binding, firm, d) (*Währung*) stable, sound: ~es Geld time money; ~e Anlagen long-time investments. – 26. ~es Verdeck *auto.* fixed top. – 27. *mil.* (*Ort etc*) fortified, strong: ein ~er Platz a fortress, a stronghold. – 28. ~er Gewahrsam *jur.* safe custody. – II *adv* 29. firmly: j-n ~ anfassen a) to grasp s.o. firmly, b) *fig.* to handle s.o. firmly; sie klammert sich ~ an ihn *auch fig.* she clings firmly to him; er drückte ihr fest die Hand he pressed her hand firmly; etwas ~ in der Hand haben *fig.* to have s.th. firmly in hand; eine Sache ~ in die Hand nehmen *fig.* to take a matter firmly in hand; ~ im Sattel sitzen *fig.* to be firmly in the saddle; er steht ~ auf den Beinen *fig.* he stands firmly on his feet. – 30. tightly: ist alles ~ verschlossen (*od. colloq.* zu)? is everything closed tightly? die Tür ~ zumachen to close the door tightly; Schrauben ~ anziehen to tighten screws. – 31. (*beharrlich, unbeirrt*) firmly: j-n ~ anblicken to look at s.o. firmly; ~ auf etwas beharren to insist on s.th. (firmly); er behauptete (steif und) ~, daß he maintained firmly (*od.* steadfastly) that; ~ bei seiner Meinung bleiben to stand firmly by one's opinion; ~ entschlossen sein, etwas zu tun to be firmly determined to do s.th.; ~ an etwas glauben to believe firmly in s.th.; ~ zu seinen Freunden [Grundsätzen] stehen to stand firmly by one's friends [principles]; ~ von etwas überzeugt sein to be firmly convinced of s.th.; sich ~ auf j-n verlassen to rely firmly on s.o.; das habe ich ihm ~ versprochen I promised him that firmly, I gave him a firm promise for that; sich (*dat*) ~ vornehmen, etwas zu tun to resolve (*od.* make it a point) to do s.th., to make a point of doing s.th.; ~ zusammenhalten to stick together firmly. – 32. (*endgültig*) definitely, for certain: etwas ~ abmachen to settle s.th. definitely (*od.* finally). – 33. deep, fast, sound(ly): ~ schlafen to be fast asleep. – 34. *econ.* firmly: Kapital ~ anlegen to tie up capital; ~ kaufen [verkaufen] to make a firm purchase [sale]. – 35. ~e *colloq.* sound: j-n ~e verhauen to give s.o. a sound thrashing; (immer) ~e drauf (*od.* druff)! give it to him! *bes. Br.* give him what for! *bes. Am.* give him the works!

Fest *n* ⟨-(e)s; -e⟩ 1. festivity, celebration, festival, festive occasion: ein kleines ~ im Familienkreis a little family celebration; ein ~ begehen (*od.* feiern) to celebrate; man muß die ~e feiern wie sie fallen (*Sprichwort*) one must celebrate the occasion when it occurs. – 2. (*Gesellschaft*) party: ein ~ geben (*od.* veranstalten) to give a party. – 3. (*kirchliches*) feast, festival: bewegliche [unbewegliche] ~e movable [immovable] feasts. – 4. (*Feiertag*) holiday: Frohes ~! happy holiday! – 5. (*Festessen*) feast, banquet. – 6. (*im Freien*) fete (*od.* fête) (champêtre). – 7. *collog.* (*Vergnügen*) pleasure: es war mir ein ~! it was a pleasure for me! sich (*dat*) ein ~ aus etwas machen to enjoy s.th.

ˈFestˌabend *m* festive evening (*od.* night).

ˈFestˌach·se *f auto.* fixed axle.

ˈFestˌakt *m* ceremonial act, ceremony.

ˈFestǀˌan·geˌbot *n econ.* firm (*od.* binding) offer. — **f~ˌan·geˌlegt** *adj* ⟨*attrib*⟩ (*Kapital*) tied-up, locked-up. — **f~ˌan·geˌstellt** *adj* ⟨*attrib*⟩ 1. permanently employed. – 2. (*Beamter, Angestellter etc*) established, *Am.* with tenure. — **~ˌan·geˌstell·te** *m, f* ⟨-n; -n⟩ permanent employee.

ˈFestˌanˌspra·che *f* ceremonial address (*od.* speech), address (on a festive occasion), oration: eine ~ halten to deliver an address.

ˈFest·anˌten·ne *f* (*radio*) fixed antenna (*bes. Br.* aerial).

ˈFestˌaufˌfüh·rung *f* festival (*od.* gala) [performance.]

ˈFestˌaufˌtrag *m econ.* firm order.

ˈFestˌausˌschuß *m* festival committee.

ˈfestˌbacken (*getr.* -k·k-) *v/i* ⟨*auch irr, sep*, -ge-, h *u.* sein⟩ *bes. Northern G. for* festkleben I.

ˈFest·banˌkett *n cf.* Festessen 1.

ˈfestǀˌban·nen *v/t* ⟨*sep*, -ge-, h⟩ 1. fix (*od.* rivet) (*s.o.*) to the spot. – 2. spellbind, *Br.* spell-bind. – 3. *fig.* (*festhalten*) capture. — **~beˌgrün·det** *adj* ⟨*attrib*⟩ *econ.* (*Kredit etc*) (firmly) established.

ˈFestˌbeiˌla·ge *f* (*einer Zeitung etc*) commemorative supplement.

ˈfestˌbei·ßen *v/reflex* ⟨*irr, sep,* -ge-, h⟩ sich ~ **1.** (*von Tieren*) (an *dat,* in *dat* on) get a firm hold with its teeth. – **2.** *fig.* (*an einem Problem etc*) (an *dat* in) be completely absorbed (*od.* engrossed). – **3.** *fig.* (*in einer Situation*) (in *dat* in) get completely tied up. – **4.** etwas beißt sich in j-m fest *fig.* (*von Gedanken, Idee*) s.o. is possessed by (*od.* obsessed with) s.th.

ˈFest·beˌleuch·tung *f* festive (*od.* gala) illumination, *bes. Br.* illumination: wozu denn die ganze ~? *colloq.* what are all the lights on for? *bes. Br.* what's the place lit up for like Crystal Palace?

ˈfest|beˌsol·det *adj* ⟨*attrib*⟩ *econ.* with a fixed salary. — **F~beˌsol·de·te** *m, f* ⟨-n; -n⟩ salaried person. — **F~beˌstel·lung** *f* firm order. — **~ˌbin·den** *v/t* ⟨*irr, sep,* -ge-, h⟩ **1.** *cf.* anbinden 1. – **2.** (*zusammenbinden*) tie (*s.th.*) up, bind (*s.th.*) fast, fasten. — **~ˌblei·ben** *v/i* ⟨*irr, sep,* -ge-, sein⟩ **1.** (*von Person*) remain firm (*od.* steadfast): in seinem Entschluß ~ to stick to one's decision, to stand by (*od.* hold to) one's decision. – **2.** *econ.* (*von Preisen etc*) remain firm (*od.* steady). — **~ˌbren·nen** *v/i* ⟨*irr, sep,* -ge-, sein⟩ **1.** *metall.* (*von Sand am Guß*) burn to, sinter. – **2.** *tech.* (*von Kolben*) seize. — **F~ˌbrennˌstoff** *m aer.* solid propellant.

ˈFest·de·ko·ra·tiˌon *f* festive decoration(s *pl*).

ˈfest|ˌdre·hen I *v/t* ⟨*sep,* -ge-, h⟩ (*Deckel, Mutter etc*) screw (*s.th.*) (on) tight, tighten (*s.th.*) (up): etwas an (*od.* auf) (*dat*) etwas ~ to screw s.th. (tight) on to s.th., to tighten (up) s.th. on s.th. – **II** *v/reflex* sich ~ (*von Maschinenteil*) get jammed, jam. — **~ˌdrücken** (*getr.* -k·k-) *v/t* ⟨*sep,* -ge-, h⟩ press (*s.th.*) down (*od.* in, together) (firmly): etwas in (*acc*) etwas ~ to press s.th. firmly (down) into s.th.; einen Haken an der Wand ~ to press a hook firmly on to the wall.

ˈfe·ste *adv colloq. cf.* fest 35: aber ~ with a vengeance.

ˈFe·ste *f* ⟨-; -n⟩ **1.** *mil. hist. cf.* Festung 1, 2, 3, Burg 1. – **2.** *fig. lit.* citadel, fort, stronghold. – **3.** *poet. Bibl.* firmament. – **4.** (*mining*) pillar. – **5.** ⟨*only sg*⟩ *obs. for* Festigkeit.

ˈFest·empˌfang *m* festive reception.

fe·sten [ˈfɛstən] *v/i* ⟨h⟩ *Swiss and Southern G. rare* hold a celebration, celebrate (a feast).

ˈFe·stesˌfreu·de *f lit. for* Festfreude.

ˈFestˌes·sen *n* **1.** banquet, feast, (public *od.* gala) dinner: ein ~ für j-n geben to give a banquet for s.o. – **2.** etwas ist j-m ein ~ *fig. colloq.* (*Vergnügen*) s.th. is a (real) pleasure (*od.* fun) for s.o.

ˈFe·stes|ˌstim·mung *f lit. for* Feststimmung. — **~ˌtru·bel** *m lit. for* Festtrubel.

ˈfestˌfah·ren I *v/t* ⟨*irr, sep,* -ge-, h⟩ **1.** (*Schneedecke, Boden etc*) make (*s.th.*) hard. – **2.** (*Schiff*) run (*ship*) aground, strand. – **3.** (*Fahrzeug etc*) stall, get (*s.th.*) stuck (*od.* stalled): ein Auto im Schnee ~ to stall a car (*od.* get a car stuck) in snow. – **II** *v/i* ⟨sein⟩ *u.* sich ~ *v/reflex* ⟨h⟩ **4.** stall, get stalled (*od.* stuck): wir sind (*od.* haben uns) (mit dem Wagen) im Schnee festgefahren we got (the car) stuck in the snow; der Wagen ist (*od.* hat sich) im Schlamm festgefahren the car has got (*Am.* gotten) stuck in the mud, the car has (got [*Am.* gotten]) bogged down (in the mud). – **5.** (*von Schiffen etc*) run aground, strand, get stranded: das Boot war (*od.* hatte sich) festgefahren the boat had run aground. – **6.** *fig. colloq.* (*von einer Sache etc*) get stuck, come to a standstill: sie ist (*od.* hat sich) bei ihrer Arbeit festgefahren she came to a standstill with her work. – **7.** *fig. colloq.* (*von Verhandlungen etc*) come to a standstill (*od.* deadlock), (reach a) deadlock. – **8.** *fig. colloq.* (*von Prüfling etc*) get stuck, be at the end of one's tether.

ˈFestˌfeu·er *n aer. mar.* fixed light.

ˈfestˌfres·sen *v/reflex* ⟨*irr, sep,* -ge-, h⟩ sich ~ **1.** (*von Rost etc*) (in *dat* into) eat. – **2.** *tech.* a) (*von Lager*) seize, jam, b) (*von Getrieberädern*) bind, c) (*von Motorkolben*) seize, stick, jam. – **3.** *fig.* (*von Gedanken etc*) fix itself, get fixed: die Idee hat sich in ihm festgefressen the idea got fixed in his mind.

ˈFestˌfreu·de *f* **1.** (*eines Menschen*) festive mood, joy. – **2.** *cf.* Feststimmung 2.

ˈfest|ˌfrie·ren *v/i* ⟨*irr, sep,* -ge-, sein⟩ **1.** freeze (up *od.* in): das Schiff fror fest the ship froze in (*od.* became icebound). – **2.** freeze: die Wäsche fror an der Leine fest the wash(ing) froze to the clothesline (*Br.* clothes-line). – **3.** *fig. lit.* (*von einem Lächeln etc*) freeze. — **F~ˌga·be** *f gift presented on a festive occasion.* — **~geˌbannt I** *pp.* – **II** *adj* sie blieb (wie) ~ stehen she stood still (as if) spellbound (*Br.* spell-bound).

ˈFest·geˌdicht *n* festive poem.

ˈfest|geˌfah·ren I *pp of* festfahren. – **II** *adj* ~e Schneedecke packed-down snow. — **~geˌfro·ren I** *pp of* festfrieren. – **II** *adj lit.* (*Lächeln etc*) frozen. — **f~geˌfügt** *adj* ⟨*attrib*⟩ (*Ordnung etc*) well-set, firmly established. — **f~geˌgrün·det** *adj* ⟨*attrib*⟩ *poet.* (*Burg etc*) strong, fortified.

ˈFest·geˌhalt[1] *n econ.* **1.** fixed (*od.* regular) salary. – **2.** *cf.* Festgeld.

ˈFest·geˌhalt[2] *m* (*forestry*) solid content (*number of cubic meters of wood in a tree trunk*).

ˈfest|geˌhal·ten I *pp of* festhalten. – **II** *adj* durch Nebel ~es Schiff *mar.* fogbound ship. — **~geˌkeilt I** *pp.* – **II** *adj tech.* keyed, wedged.

ˈFest|geˌla·ge *n contempt. for* Festessen. — **~geˌläu·te** *n* festive ringing (*od.* peeling, tolling) of bells.

ˈFest|ˌgeld *n econ.* time deposit, deposit at fixed date. — **f~geˌlegt I** *pp.* – **II** *adj* **1.** *cf.* festgesetzt II: Gespräch zur ~en Zeit *tel.* fixed-time call; ~e Raten *econ.* fixed installments (*bes. Br.* instalments). – **2.** auf (*acc*) etwas ~ sein *fig.* to be tied down to s.th.

ˈFest|geˌsang *m* festive song (*od.* singing). — **~geˌschenk** *n cf.* Festgabe.

ˈfest|geˌschnürt I *pp.* – **II** *adj* ⟨*attrib*⟩ (*Schlinge*) tightly tied. — **~geˌsetzt I** *pp.* – **II** *adj* **1.** (*Tag etc*) fixed, set, assigned, arranged, appointed, stated, *bes. Am.* scheduled: zur ~en Zeit at the set (*od.* stated) time, at the time appointed (*bes. Am.* scheduled); am ~en Tage at the set day; ~er Termin appointed time; er kam vor dem ~en Termin he arrived before the time fixed (*bes. Am.* before schedule). – **2.** (*Reihenfolge etc*) fixed, determined. – **3.** (*Preise etc*) fixed. – **4.** (*genau bestimmt*) definite, precisely defined: ein (genau) ~er Zeitraum a definite period. — **F~geˌstein** *n geol. cf.* Fels 1. — **~geˌstellt I** *pp.* – **II** *adj* **1.** (*Grund etc*) ascertained, discovered, determined. – **2.** (*Tatbestand, Schuld etc*) established. – **3.** (*Schaden*) assessed, estimated: ~er Schaden(s)ersatzanspruch proved damages *pl.* – **4.** (*Schuldbetrag etc*) assessed. — **~geˌwach·sen I** *pp of* festwachsen. – **II** *adj* **1.** *zo.* (*Austern etc*) sedentary. – **2.** *med.* attached.

ˈFest·geˌwand *n lit. for* Festkleid.

ˈfest·geˌwur·zelt I *pp.* – **II** *adj* **1.** (*Gedanke, Sitte etc*) deep-rooted. – **2.** wie ~ dastehen to stand (as if) rooted (*od.* nailed, riveted) to the spot.

ˈFestˌgot·tesˌdienst *m relig.* special service [(*held on a feast day*).]

ˈfest|ˌgur·ten *v/t* ⟨*sep,* -ge-, h⟩ **1.** (*Sattel etc*) girth (on). – **2.** (*festschnallen*) fasten (*od.* strap) down. — **~ˌgür·ten** *v/t* ⟨*sep,* -ge-, h⟩ (*Schwert, Gürtel etc*) gird (*od.* buckle) on. — **~ˌhaf·ten** *v/i* ⟨*sep,* -ge-, h⟩ (an *dat* to) stick, cling, adhere. — **~ˌhaf·tend I** *pres p.* – **II** *adj* adherent. — **~ˌha·ken I** *v/t* ⟨*sep,* -ge-, h⟩ **1.** hook (*od.* hitch) up (*od.* on): den Verschluß eines Kleides ~ to hook up the clasp (*od.* fastener) of a dress; ein Fenster ~ to hook up a window, to put a window on the hook; das Seil an dem Segelflugzeug ~ to hitch a rope (on)to the glider. – **II** *v/reflex* sich ~ **2.** (*sich verhaken*) catch (fast), get stuck: der Reißverschluß hat sich festgehakt the zip-fastener (*bes. Am.* zipper) caught fast (*od.* jammed). – **3.** *fig.* (*nicht loskommen*) get stuck: man hatte sich an einem schwierigen Problem festgehakt they had got stuck on a difficult problem. – **4.** sich (bei j-m) ~ *fig.* (*von Idee, Verdacht etc*) to fix itself in s.o.'s mind. – **5.** *mar.* (*vom Anker*) grip. – **III** *v/i* **6.** *tech.* a) (*von Fräserzahn*) hog, stall, b) (*von Sägezahn*) clog.

ˈFestˌhal·le *f* **1.** hall, *Am. auch* auditorium. – **2.** (*große Halle einer Stadt etc*) festival hall. – **3.** *hist.* (banqueting) hall.

ˈfestˌhal·ten I *v/t* ⟨*irr, sep,* -ge-, h⟩ **1.** (*Gegenstand etc*) hold (*s.th.*) tight(ly) (*od.* fast, firmly), hold on to, clasp: etwas krampfhaft ~ to clutch (at) s.th. – **2.** (*stützen*) hold on. – **3.** (*gewaltsam*) hold, stop, detain: einen Dieb ~ to stop a thief. – **4.** (*in Gewahrsam*) hold, keep, detain: sie hielten ihn drei Monate lang fest they kept him in custody for three months; j-n als Geisel [Gefangenen] ~ to hold (*od.* keep) s.o. as (a) hostage [s.o. prisoner]. – **5.** (*packen*) hold (*s.o.*) tight (*od.* fast), grip (*od.* grasp) (*s.o.*) firmly. – **6.** (*am Ärmel, Kragen etc*) hold on to: er hielt mich am Arm fest he held on to my (*od.* me by the) arm; er hielt ihn am Boden fest he pinned him to the ground; sich (aneinander) ~ to hold (*od.* cling) to each other (*od.* one another); sich bei den Händen ~ to clasp hands, to hold each other's (*od.* one another's) hands firmly. – **7.** (*vorübergehend zurückhalten*) hold (*s.o.*) (up), delay, detain: wir wurden eine Stunde an der Grenze festgehalten we were held up at the frontier for one hour. – **8.** (*aufhalten*) keep, detain: der Kongreß hielt ihn ein paar Tage in Berlin fest the congress kept him in Berlin for a couple of days. – **9.** (*zwecks Unterredung etc*) buttonhole: nach der Diskussion hielt er mich fest he buttonholed me after the discussion. – **10.** (*einbehalten*) hold, withhold, retain. – **11.** (*in Haft nehmen*) detain, arrest, seize. – **12.** (*Spur*) record. – **13.** (*Geld*) keep: er versuchte, seine Ersparnisse festzuhalten he tried not to spend his savings. – **14.** (*Verband*) keep (*s.th.*) in place. – **15.** (*in Lage, Stellung etc*) hold, fix: etwas in einer Stellung ~ to hold s.th. in a position. – **16.** *fig.* (*j-s Blick*) hold. – **17.** *fig.* (*j-s Aufmerksamkeit*) arrest, attract, catch, hold, rivet. – **18.** *fig.* (*in Wort, Ton etc*) record: etwas schriftlich ~ to put (*od.* set) s.th. down (*od.* record s.th.) in writing, to write s.th. down, to make a written note of s.th., to commit s.th. to paper, (*wörtlich genau*) to take s.th. down in writing; er hat seine Eindrücke in einem Buch festgehalten he recorded (*od.* set down) his impressions in a book; die Unterredung wurde auf Tonband festgehalten the talk was tape-recorded; eine Idee ~ a) to make a (written) note of an idea, b) to make a mental note of an idea. – **19.** *fig.* (*im Gedächtnis etc*) hold, retain, keep: eine Rede im Gedächtnis ~ a) to hold (*od.* retain) a speech in one's memory, b) to keep a speech in mind, to make a mental note of a speech. – **20.** *fig.* (*im Bild*) capture: j-n im Bild ~ a) to capture s.o. in a photograph, to photograph s.o., b) (*filmen*) to capture s.o. on film, to film s.o.; ein Ereignis fotografisch ~ to make a photographic record of an event. – **21.** *fig.* (*zeichnerisch*) capture: mit ein paar Strichen hielt er ihre Züge fest he captured her features with a few strokes of his pencil. – **II** *v/i fig.* **22.** an (*dat*) etwas ~ to stick (*od.* keep, cling, adhere) to s.th.: an einer Gewohnheit ~ to stick (*od.* cling) to a habit; am alten ~ to keep to the old state of affairs; an einer Meinung ~ to stick (*od.* cling, hold) to an opinion; an seinen Grundsätzen ~ to stick (*od.* adhere) to one's principles; sie hielt zäh an ihrem Vorsatz fest she kept (*od.* held) firmly to (*od.* persisted firmly in) her intention; an seinen Plänen ~ to keep (*od.* adhere) to one's plans. – **23.** an j-m ~ to stick (*od.* cling, adhere) to s.o. – **III** *v/reflex* **24.** sich ~ hold on (*od.* tight, fast): er versuchte sich festzuhalten he tried to hold tight; bitte ~! (*ellipt.*) (*im Bus, in der Straßenbahn etc*) please hold tight (*od.* on). – **25.** sich an (*dat*) etwas [j-m] ~ to hold on (*od.* hang on, cling [on]) to s.th. [s.o.], to hold on to s.th. [s.o.] tight(ly) (*od.* fast), to clasp s.th. [s.o.]: halte dich an mir fest hold on to me; sich am Geländer ~ to cling (on) to (*od.* hold fast by) the rail(ing). – **IV F~** *n* ⟨-s⟩ **26.** *verbal noun.* – **27.** (*eines Flüchtigen etc*) detention. – **28.** *fig.* (an *dat* to) adherence, adhesion: F~ an Konventionen adherence to conventions, conventionalism; F~ an der Überlieferung traditionalism.

ˈFest|ˌhal·teˌtau *n mar.* fast. — **f~ˌhef·ten** *v/t* ⟨*sep,* -ge-, h⟩ **1.** (*Saum etc*) (an *dat* on to) stitch, baste, tack. – **2.** (*mit Reißnägeln etc*) (an *dat* on to) pin, fix, fasten. — **f~ˌhie·ven** *v/t u. v/i* ⟨*sep*, -ge-, h⟩ *mar.* (heave) avast: ~! avast heaving!

fe·sti·gen [ˈfɛstɪɡən] **I** *v/t* ⟨h⟩ **1.** strengthen, fortify, harden, steel: sein schweres Leben hat ihn gefestigt *fig.* hard life has toughened (*od.* strengthened) him (*od.* made him strong). – **2.** *fig.* (*Stellung, Einfluß, Macht etc*) strengthen, consolidate: j-s Position ~ to strengthen (*od.* confirm) s.o.'s position; den Frieden ~ to strengthen (*od.* consolidate) peace. – **3.** *fig.* (*Bund, Freundschaft etc*) strengthen, cement, consolidate. – **4.** *fig.* (*Ruf etc*) strengthen, establish, consolidate. – **5.** *fig.* (*Wissen etc*) make solid, strengthen. – **6.** *fig.* (*Gesundheit etc*) strengthen, fortify. – **7.** *fig.* (*Glauben etc*) strengthen, confirm, fortify. – **8.** *fig.* (*Charakter etc*) strengthen, fortify. – **9.** *econ.* a) (*Preise*) steady, make steady (*od.* firm), b) (*Währung*) steady, make steady (*od.* firm), stabilize, strengthen. – **II** *v/reflex* sich ~ **10.** (*fest werden*) become firm: der Boden hat sich gefestigt the ground has become firm (*od.* has settled). – **11.** *fig.* grow (*od.* become) strong(er), strengthen, harden: er hat sich gefestigt he has become strong(er). – **12.** *fig.* (*von Stellung, Einfluß, Macht etc*) grow (*od.* become) strong(er), strengthen, consolidate. – **13.** *fig.* (*von Bund, Freundschaft etc*) grow (*od.* become) strong(er), strengthen, consolidate: unsere Beziehungen haben sich gefestigt our relations have become strong(er) (*od.* have strengthened). – **14.** *fig.* (*vom Ruf etc*) strengthen, become established, consolidate. – **15.** *fig.* (*von Wissen etc*) grow (*od.* become) (more) solid, strengthen. – **16.** *fig.* (*von Gesundheit etc*) strengthen, become better, improve. – **17.** *fig.* (*vom Charakter etc*) grow (*od.* become) strong(er), strengthen. – **18.** *econ.* a) (*von Preisen*) grow (*od.* become) steady (*od.* firm), steady, harden, b) (*von der Währung*) grow (*od.* become) steady (*od.* firm), steady, stabilize, strengthen, harden, c) (*von Kursen etc*) grow (*od.* become) steady, steady, stiffen. – **III F~** *n* ⟨-s⟩ **19.** *verbal noun.* – **20.** *cf.* Festigung.

ˈFe·stig·keit *f* ⟨-; *no pl*⟩ **1.** firmness, hardness: ~ des Bodens firmness of ground; ~ des Gesteins firmness of rock; ~ des Holzes hardness of wood. – **2.** (*Haltbarkeit*) firmness, strength, sturdiness, stoutness: ~ eines Fadens strength of a thread. – **3.** (*Widerstandsfähigkeit*) firmness, solidity, solidness, stiffness: ~ des Bucheinbands stiffness of the book cover. – **4.** (*Straffheit*) tightness: ~ eines Knotens tightness of a knot. – **5.** (*Dichte*) solidity, solidness. – **6.** (*Dichte eines Gewebes etc*) closeness. – **7.** (*Steifheit*) stiffness, rigidity. – **8.** (*Dauerhaftigkeit*) durability. – **9.** (*Stabilität*) stability: ~ einer Brücke stability of a bridge. – **10.** (*einer Materie etc*) solidity, solidness, hardness. – **11.** *phys.* strength. – **12.** *tech.* a) (*eines Werkstoffes*) strength, b) (*Widerstandsfähigkeit*) (gegen to) resistance, c) (*Standfestigkeit*) stability, d) (*Richtigkeit*) solidity, e) (*Steifigkeit*) stiffness, rigidity, f) (*Zähigkeit*) tenacity, g) (*von Formstoffen*) bond: mäßige [mittlere, niedrige] ~ moderate [medium, low] strength. – **13.** (*einer Farbe*) fastness. – **14.** (*Beständigkeit*) resistance: ~ gegenüber Hitze resistance to heat. – **15.** (*Konsistenz*) consistency, consistence: die ~ des Zements the consistency of cement. – **16.** (*eines Griffs, Schritts etc*) firmness. – **17.** (*des Schlafs*) deepness, soundness, fastness. – **18.** *econ.* a) (*von Preisen, der Währung etc*) firmness, steadiness, stability, b) (*der Börse etc*) firmness, steadiness, strength, stability. – **19.** (*der Stimme, des Blicks, der Hand etc*) firmness, steadiness. – **20.** *fig.* (*Standhaftigkeit*) strength, firmness, steadiness, steadfastness: die ~ seines Charakters the strength of his character; mangelnde ~ lack of strength, unsteadiness; seine ~ ist unerschütterlich he is as firm as a rock. – **21.** *fig.* (*einer Freundschaft etc*) firmness, constancy, stanchness, *bes. Br.* staunchness. – **22.** *fig.* (*des Glaubens*) firmness, strength. – **23.** *fig.* (*Beständigkeit*) constancy, consistency. – **24.** *fig.* (*Entschlossenheit*) decision, decidedness, resoluteness: etwas mit ~ behaupten to maintain s.th. firmly (*od.* resolutely); mit ~ handeln to act resolutely.

ˈFe·stig·keits|be·ˌrech·nung *f tech.* strength calculation. — **~ˌei·gen·schaf·ten** *pl* mechanical (*od.* strength, physical) properties. — **~ˌgrad** *m* degree of firmness (*od.* strength), tensile strength. — **~ˌgren·ze** *f phys. tech.* breaking (*od.* yield) point. — **~ˌguß** *m metall.* high-strength cast iron. — **~ko·ef·fi·ziˌent** *m phys.* coefficient of resistance. — **~ˌleh·re** *f* theory of strength. — **~ˌpro·be** *f* strength test. — **~ˌprü·fung** *f* strength test. — **~ˌwert** *m* strength (*od.* tensile) value.

ˈFe·sti·gung *f* ⟨-; *no pl*⟩ **1.** *cf.* Festigen. – **2.** consolidation: die ~ des Friedens the consolidation (*od.* strengthening) of peace. – **3.** (*des Glaubens*) confirmation, fortification. – **4.** (*des Charakters, der Gesundheit*) fortification. – **5.** (*des Rufs*) establishment, consolidation. – **6.** *econ.* (*der Preise, Währung etc*) stabilization.

ˈFe·sti·gungs·geˌwe·be *n biol.* supporting (*od.* mechanical) tissue.

Fe·sti·na·ti·on [fɛstinaˈtsi̯oːn] *f* ⟨-; -en⟩ *med.* festination.

Fe·sti·val [ˈfɛstivəl; ˈfɛstəvəl] (*Engl.*) *n* ⟨-s; -s⟩ festival.

Fe·sti·vi·tät [fɛstiviˈtɛːt] *f* ⟨-; -en⟩ *obs. u. colloq. humor. for* Festlichkeit 1.

ˈFest·kaˌlen·der *m* **1.** *hist.* calendar of events. – **2.** *relig.* ecclesiastical calendar.

ˈfest|ˌkei·len *v/t* ⟨*sep*, -ge-, h⟩ **1.** (*mit Holzkeil etc*) wedge (*s.th.*) (in) (tightly). – **2.** *tech.* a) (*mittels Paßkeil*) key, b) (*mittels Stellkeil*) wedge. – **3.** *print.* lock up. – **4.** *fig.* (*einkeilen*) wedge (in), squeeze in. — **~ˌket·ten** *v/t* ⟨*sep*, -ge-, h⟩ (an *acc* to) chain (up): einen Hund ~ to chain up a dog. — **~ˌkit·ten** *v/t* ⟨*sep*, -ge-, h⟩ **1.** *colloq. for* festkleben II. – **2.** (*Glas*) fix (*s.th.*) (in, on) with putty. — **~ˌklam·mern I** *v/t* ⟨*sep*, -ge-, h⟩ (an *acc* to) **1.** (*mit Heft-, Büroklammer etc*) clip (*s.th.*) on. – **2.** (*Wäsche etc*) fasten (*od.* peg) (*s.th.*) on. – **3.** *bes. tech.* fasten (*s.th.*) with clamps, clamp (*s.th.*) (on), clamp (*s.th.*) fast. – **4.** *arch.* clamp (*od.* cramp) (*s.th.*) on. – **II** *v/reflex* **5.** sich (an j-m, an *dat* etwas) ~ to cling (*od.* hold on, hang on) (to s.o., s.th.), to clutch (s.o., s.th.): wir mußten uns am Geländer ~ we had to cling to the rail(ing); sie klammerte sich an ihm fest she clutched him tightly. — **~ˌkle·ben I** *v/i* ⟨*sep*, -ge-, h *u.* sein⟩ (an *dat* to) stick, cling, adhere: der Schmutz klebte an seinen Schuhen fest the mud stuck to (*od.* caked on) his shoes. – **II** *v/t* ⟨h⟩ fasten (*od.* stick) (*s.th.*) with glue (*od.* gum): etwas an (*od.* auf) (*acc*) etwas ~ to glue (*bes. Br.* gum, paste) s.th. to (*od.* on, onto) s.th.

ˈFest|ˌkleid *n* **1.** festive dress (*od.* attire), gala (dress). – **2.** best clothes *pl.* – **3.** *hist.* robe. – **4.** *fig.* festive dress (*od.* gown). — **~ˌklei·dung** *f cf.* Festkleid 1—3.

ˈfestˌklem·men I *v/t* ⟨*sep*, -ge-, h⟩ **1.** clamp (*s.th.*) firmly. – **2.** (*Haare etc*) pin. – **3.** etwas (in *acc* etwas) ~ to jam (*od.* press, squeeze) s.th. (into s.th.). – **4.** *tech.* a) clamp, b) (*verriegeln*) lock, c) (*mittels Keil*) wedge, d) (*mittels Bolzen*) bolt, e) (*sichern*) secure, f) (*Fräser auf Spindel*) freeze. – **II** *v/i* ⟨sein⟩ **5.** stick (fast), jam, be jammed: die Schublade ist festgeklemmt the drawer jams (*od.* is jamming, got stuck). – **III** *v/reflex* ⟨h⟩ sich ~ **6.** jam, get jammed, stick (fast), get stuck: das Fenster hat sich festgeklemmt the window got jammed (*od.* stuck). – **7.** *tech.* a) (*von Bohrer etc*) jam, get jammed, b) (*von Säge*) bug up, gall, choke, seize (up), c) (*von Fräser*) freeze. — **~ˌknöp·fen** *v/t* ⟨*sep*, -ge-, h⟩ (an *dat u. acc* to) button (*s.th.*) on. — **~ˌkno·ten, ~ˌknüp·fen** *v/t* ⟨*sep*, -ge-, h⟩ (an *dat* to) tie (fast), fasten (with a knot), knot.

ˈFest·ko·miˌtee *n* festival committee.

ˈFestˌkom·ma *n* (*computer*) fixed point. — **~ad·di·ti̯ˌon** *f* fixed-point addition. — **~ˌdarˌstel·lung** *f* fixed-point representation. — **~ˌrech·nung** *f* fixed-point calculation (*od.* arithmetic). — **~ˌzahl** *f* integer.

ˈfestˌkom·men *v/i* ⟨*irr, sep*, -ge-, sein⟩ *mar.* (*von Schiff etc*) run (*od.* go) aground, get stranded.

ˈFest·komˌmers *m formal drinking party of a students' society.*

ˈFest|kon·denˌsa·tor *m tech.* fixed capacitor (*od.* condenser). — **~ˌkon·to** *n econ.* (deposit) account at fixed date, blocked account.

ˈFest·konˌzert *n* festive (*od.* festival, gala) concert.

ˈFestˌkör·per *m phys.* solid body (*od.* substance), solid. — **~ˌfor·schung** *f* solid-state physics *pl* (*construed as sg*) (research). — **~phyˌsik** *f* solid-state physics *pl* (*construed as sg*).

ˈFest|ˌkraftˌstoff *m* solid fuel. — **f~ˌkral·len** *v/reflex* ⟨*sep*, -ge-, h⟩ **1.** sich an (*dat*) etwas ~ (*von Tieren*) to cling (on) to s.th. (with its claws), to dig its claws into s.th. – **2.** sich an j-m ~ to cling (on) to s.o. — **~ˌkurs** *m econ.* fixed rate.

ˈFestˌland *n geogr.* a) (*im Gegensatz zu Inseln*) mainland, b) (*im Gegensatz zur See*) land, c) (*Kontinent*) continent: das amerikanische ~ the American continent, *bes. mil. Am.* conUS, *bes. pol. Am.* the continental United States; das europäische ~ the continent of Europe, the Continent; vom ~ stammend *geol.* terrigenous. — **~ˌblock** *m geogr.* continental block. — **~ˌhoch** *n meteor.* continental high.

ˈfestˌlän·disch *adj* continental.

ˈFestˌland|ˌkli·ma *n* continental climate. — **~ˌluft** *f meteor.* continental air.

ˈFestˌlands|ˌabˌla·ge·rung *f geol.* continental deposit. — **~ˌblock** *m cf.* Festlandblock. — **~ˌkli·ma** *n cf.* Festlandklima. — **~ˌmas·se** *f geogr. cf.* Festland a, b.

ˈFestˌland(s)ˌsockel (*getr.* -k·k-) *m geogr.* continental shelf (*od.* basement, socle): leichter ~ shelf.

ˈfestˌle·gen I *v/t* ⟨*sep*, -ge-, h⟩ **1.** *cf.* festsetzen 1—10. – **2.** (*Grundsatz, Regel, Plan etc*) set, lay down: neue Maßnahmen ~ to lay down new measures. – **3.** (*Gesetz etc*) establish. – **4.** (*gemeinsame Politik etc*) define, lay down. – **5.** (*Landesgrenzen etc*) fix, determine, define, delimit. – **6.** (*durch Abmessen*) mark out. – **7.** (*Sprache*) settle. – **8.** *econ.* (*Kapital*) lock (*od.* tie) up, freeze, sink: sein Geld in Land ~ to tie up one's money in land. – **9.** *mil.* (*Ziel*) a) designate, spot, b) (*haargenau*) pinpoint. – **10.** (*Linie bei Vermessungen*) set. – **11.** *mus.* (*Stimme*) place. – **12.** *mar.* (*Kurs*) plot. – **13.** *mar.* (*Schiff*) make (*ship*) fast, tie up, moor. – **14.** j-n (auf *acc* etwas) ~ to pin (*od.* tie, nail) s.o. down (to s.th.): man wollte ihn auf seine Äußerungen ~ they tried to pin (*od.* tie) him down to what he had said; damit wollten sie mich ~ they tried to nail me down (*od.* commit me) by this; einen Schauspieler auf ein Rollenfach ~ to limit an actor to a certain type of role (*od.* rôle). – **II** *v/reflex* **15.** sich (auf *acc* etwas) ~ to commit oneself (to s.th.), to tie oneself down (to s.th.): er möchte sich nicht ~ he does not want to commit himself; sich auf eine Methode ~ to commit oneself to a method. – **III F~** *n* ⟨-s⟩ **16.** *verbal noun.*

ˈFestˌle·geˌpunkt *m mil.* reference point.

ˈFestˌle·gung *f* ⟨-; -en⟩ **1.** *cf.* Festlegen. – **2.** *cf.* Festsetzung 2—9. – **3.** (*eines Gesetzes*) establishment. – **4.** (*der gemeinsamen Politik*) definition. – **5.** (*von Landesgrenzen*) determination, delimination. – **6.** *econ.* lockup, *Br.* lock-up: langfristige ~ long-term lock(-)up. – **7.** *mil.* (*eines Ziels*) designation. – **8.** (*Verpflichtung, Bindung*) (auf *acc* to) commitment.

ˈFestˌle·gungsˌfrist *f econ.* period of fixing (*od.* blocking), fixing period.

ˈFest|ˌleh·re *f tech.* (fixed) gauge, *Am.* (fixed) gage. — **f~ˌlei·men** *v/t* ⟨*sep*, -ge-, h⟩ (an *dat* to) stick (*s.th.*) (on), glue (*s.th.*) (on).

ˈfest·lich I *adj* **1.** festive, festival (*attrib*), festal (*attrib*) (*lit.*): ein ~er Tag a festive (*od.* festival) day; ein ~er Anlaß a festive (*od.* gala) occasion; ein ~es Konzert a festive (*od.* festival) concert; ~e Veranstaltung festive event, festivity; ~e Stimmung a) festive mood, b) (*einer Gesellschaft etc*) festive atmosphere. – **2.** (*feierlich*) solemn, ceremonial: ein ~er Empfang a ceremonial reception. – **3.** (*prächtig*) splendid. – **4.** (*Kleidung etc*) festive (*attrib*), gala (*attrib*), festal (*attrib*) (*lit.*), dressy, smart: ~er Schmuck dressy jewelry (*bes. Br.* jewellery); in ~en Kleidern in one's best clothes. – **5.** (*Bewirtung*) lavish, sumptuous. – **II** *adv* **6.** festively, festally (*lit.*): einen Tag ~ begehen to celebrate a day (festively); die Gäste waren ~ gestimmt the guests were in a festive mood; der Saal war ~ geschmückt the room was festively decorated; alle Gäste waren ~

gekleidet all the guests were festively dressed (*od.* in festive dress, in gala dress, in their best clothes). – **7.** solemnly, ceremonially: **der Kongreß wurde ~ eröffnet** the congress was opened ceremonially. – **8.** lavishly, sumptuously: **wir wurden ~ bewirtet** we were lavishly entertained. —

ˈFest·lich·keit *f* ⟨-; -en⟩ **1.** festivity: **an einer ~ teilnehmen** to take part in a festivity; **die ~en anläßlich der Hundertjahrfeier** the festivities on the occasion of the hundredth (*od.* centennial) anniversary. – **2.** ⟨*only sg*⟩ (*festliche Stimmung*) festive atmosphere, festivity. – **3.** ⟨*only sg*⟩ (*festliches Gepräge*) festive character, festivity.

ˈFestˌlied *n* festive (*od.* festal) song.

ˈfestˌlie·gen I *v/i* ⟨*irr, sep,* -ge-, h *u.* sein⟩ **1.** *mar.* (*von Schiffen etc*) (**auf** *dat* on) be grounded (*od.* aground, stranded). – **2.** (*wegen Schadens etc*) be held up. – **3.** (*von Zeit, Ort, Tag etc*) be fixed (*od.* set, settled, definite, determined, appointed), *bes. Am.* be scheduled: **die Termine liegen noch nicht fest** the dates have not yet been fixed (*od.* arranged). – **4.** (*von Grundsätzen, Regeln etc*) be laid down, be set. – **5.** (*von Bedingungen*) be fixed (*od.* settled, determined, laid down): **das liegt bereits vertraglich fest** it is already stipulated. – **6.** (*von Gesetzen*) be established. – **7.** (*von einer politischen Linie*) be defined (*od.* laid down). – **8.** (*von einer Grenze etc*) be fixed (*od.* determined, set). – **9.** (*von Steuern etc*) be fixed (*od.* assessed). – **10.** (*von Preisen etc*) be fixed (*od.* determined, laid down, settled). – **11.** (*von Kapital*) be locked (*od.* tied) up, be frozen. – **II** *v/impers* **12.** *cf.* feststehen 8b. — **ˈfestˌlie·gend I** *pres p.* – **II** *adj* **1.** fixed, settled. – **2.** *mar.* grounded, aground, stranded: **auf einer Sandbank ~es Schiff** ship aground on a sandbank. – **3.** *econ.* (*Kapital*) locked-up, tied-up (*bes attrib*), frozen.

ˈFestˌma·che|ˌbo·je *f mar.* makefast, mooring buoy: **Vertäuen an einer ~** buoy mooring. — **~ˌlei·ne** *f* mooring line.

ˈfestˌma·chen I *v/t* ⟨*sep,* -ge-, h⟩ **1.** (*befestigen*) (**an** *dat, auch acc*) make (*s.th.*) fast (to), fasten (*od.* fix) (to, on, onto): **die Fensterläden ~** to fasten the shutters; **ein Bücherbrett an der Wand ~** to fix a bookshelf to the wall; **einen Teppich ~** to fix (*od.* tack down) a carpet. – **2.** (*anbinden*) (**an** *dat, auch acc*) fasten (to, on, onto), tie (to, on), attach (to), bind (to): **er machte sein Pferd am Zaun fest** he fastened (*od.* hitched) his horse to the fence; **sein Namensschild am Koffer ~** to fasten (*od.* tie) one's nameplate to one's suitcase. – **3.** (*ankleben*) (**an** *dat, auch acc* to) attach, stick: **ein Plakat ~** to attach a poster. – **4.** (*sicher befestigen*) (**an** *dat, auch acc* to) secure, make (*s.th.*) secure. – **5.** (*mit Nadeln*) (**an** *dat, auch acc* to, on) pin: **eine Blume am Kleid ~** to pin a flower to one's dress. – **6.** *mar.* (*durch Vertäuung*) (**an** *dat, auch acc* to) make (*s.th.*) fast, tie up (*s.th.*), moor: **ein Boot am Ufer ~** to tie up (*od.* fasten) a boat to the bank, to make a boat fast to the bank; **ein Schiff am Kai ~** to tie up (*od.* moor) a ship to the quay, to make a ship fast to the quay, to berth a ship; **ein Schiff mit dem Heck am Kai ~** to tail a ship to the dock. – **7.** *mar.* a) (*Segel*) furl, stow, hand, b) (*Tau etc*) (**an** *dat, auch acc* to) make (*s.th.*) fast, fasten, bend. – **8.** *hunt.* (*Wild*) track down and hold at bay, locate, establish the presence of. – **9.** *fig.* (*Handel, Geschäft etc*) clinch, close, conclude. – **10.** *fig.* (*vereinbaren*) arrange (definitely), fix, settle: **wir haben noch nichts festgemacht** we have not yet arranged anything definite. – **11.** *arch. tech.* (*verbinden*) fasten, make (*s.th.*) fast, fix, lock (*s.th.*) (in position), clamp, connect, couple. – **II** *v/i* **12.** *mar. cf.* anlegen 30. – **III F~** *n* ⟨-s⟩ **13.** *verbal noun.*

ˈFestˌma·cher *m* ⟨-s; -⟩ *mar.* **1.** (*Seil*) mooring hawser (*od.* line), fast, working line. – **2.** (*Person*) boatman, waterman, (line) runner.

ˈFestˌma·che|ˌtau *n mar. cf.* Festmacher 1. — **~ˌton·ne** *f* mooring buoy.

ˈFestˌmach·geˌbühr *f mar.* moorage.

ˈFestˌmahl *n lit. for* Festessen 1.

ˈFest|ˌmark *f econ.* fixed mark. — **~ˌmen·genˌzäh·ler** *m electr.* maximum demand meter. — **~ˌme·ter** *m, n* (*forestry*) solid cubic meter (*bes. Br.* metre), cubic meter (*bes. Br.* metre) of solid (*od.* trunk) timber. — **f~ˌna·geln** *v/t* ⟨*sep,* -ge-, h⟩ **1.** (*Brett etc*) (**an** *dat, auch acc* to) nail (*s.th.*) on (*od.* down, fast): **er nagelte den Deckel an der Kiste fest** he nailed the lid (on) to the crate. – **2.** j-n (**auf** *acc* **etwas**) **~** *colloq.* (*festlegen*) to nail (*od.* pin, tie) s.o. (down) (to s.th.): **er ließ sich nicht ~** he could not be nailed down (to it), he did not commit himself; **man nagelte ihn auf seine Aussage fest** they pinned him down to his statement; **er versuchte, seinen Gegner im Streitgespräch festzunageln** he tried to pin down his opponent in the argument. – **3.** *fig. colloq.* (*aufhalten*) hold up, detain. – **4.** *fig. colloq.* (*feststellen*) find out, discover: **eine Lüge ~** to nail a lie to the counter (*od.* barndoor). – **5.** ⟨*only pp*⟩ **wie festgenagelt dastehen** *colloq.* to stand as if nailed (*od.* riveted) to the spot. — **f~ˌnä·hen** *v/t* ⟨*sep,* -ge-, h⟩ (**an** *dat, auch acc* to) **1.** (*Knopf etc*) sew (*s.th.*) (on), sew (*s.th.*) (fast). – **2.** *med.* fix, suture (*scient.*).

ˈFestˌnah·me *f* ⟨-; -n⟩ *jur.* **1.** (*Verhaftung*) arrest, apprehension, seizure, detention: **vorläufige ~** temporary detention. – **2.** (*Gefangennahme*) capture.

ˈFestˌnaht *f tech.* strength weld.

ˈfestˌneh·men *jur.* **I** *v/t* ⟨*irr, sep,* -ge-, h⟩ arrest, apprehend, seize, detain, take (*s.o.*) into custody, place (*od.* put) (*s.o.*) under arrest: **j-n vorübergehend ~** to take s.o. temporarily into custody; **er wurde unter dem Verdacht festgenommen, der Täter zu sein** he was arrested (up)on the suspicion of being the offender. – **II F~** *n* ⟨-s⟩ *verbal noun.* — **ˈFestˌneh·mung** *f* ⟨-; -en⟩ **1.** *cf.* Festnehmen. – **2.** *cf.* Festnahme.

ˈFest·of‚fer·te *f econ. cf.* Festangebot.

Fe·ston [fɛsˈtõː] *n* ⟨-s; -s⟩ festoon. — **fe·stoˈnie·ren** [-toˈniːrən] *v/t* ⟨*no* ge-, h⟩ **1.** decorate (*od.* deck) (*s.th.*) with festoons, festoon. – **2.** (*in der Stickerei*) scallop (*s.th.*) (with buttonhole stitch). — **Feˈstonˌstich** *m* (*Knopflochstich*) buttonhole (*od.* blanket) stitch.

ˈFest|ˌord·ner *m* steward. — **~ˌord·nung** *f cf.* Festprogramm. — **~ˌplatz** *m* **1.** festival ground. – **2.** (*Rummelplatz*) fairground. — **~ˌpre·digt** *f relig.* feast-day sermon.

ˈFestˌpreis *m econ.* fixed (*od.* firm) price.

ˈFest·proˌgramm *n* program (*bes. Br.* programme) of events.

ˈFest|ˌpunkt *m* **1.** *math.* fixed point. – **2.** *civ.eng.* a) (*bei Vermessungen*) bench mark, *Br.* bench-mark, b) (*beim Rohr*) pipe anchor. – **3.** *tech.* (*einer Spannvorrichtung*) locating point. — **f~ˌram·men** *v/t* ⟨*sep,* -ge-, h⟩ (*Pfahl etc*) (**in** *acc* into) ram (in *od.* down), drive (in).

ˈFest|ˌre·de *f* ceremonial speech (*od.* address), speech (on a festive occasion), speech of the day. — **~ˌred·ner** *m* (official) speaker.

ˈfest|ˌren·nen *v/reflex* ⟨*irr, sep,* -ge-, h⟩ **sich ~ 1.** *mil.* (*von Angriff, Panzern etc*) get blocked (*od.* stopped). – **2.** *fig. colloq. cf.* festbeißen 2, 3. — **~ˌro·sten** *v/i* ⟨*sep,* -ge-, sein⟩ (**an** *dat* to) rust (on).

ˈFestˌsaal *m* **1.** (festival *od.* banqueting) hall. – **2.** (*einer Schule etc*) assembly hall, *Am. auch* auditorium.

ˈfestˌsau·gen *v/reflex* ⟨*irr, sep,* -ge-, h⟩ **sich ~** (**an** *dat* to) **1.** adhere, fasten on. – **2.** (*von Blutegel etc*) cling, fasten on. – **3.** (*von Sauger, Saugfuß*) stick (on), cling, adhere.

ˈFest|ˌschei·be *f tech.* tight (*od.* fast) pulley. — **f~ˌschla·gen** *v/t* ⟨*irr, sep,* -ge-, h⟩ **1.** (*Nagel etc*) drive in. – **2.** *hort.* (*Beet etc*) beat (*s.th.*) down.

ˈFest|ˌschmaus *m cf.* Festessen 1. — **~ˌschmuck** *m* festive decoration(s *pl*).

ˈfest|ˌschnal·len I *v/t* ⟨*sep,* -ge-, h⟩ **1.** (*Gürtel etc*) buckle on (*od.* fast). – **2.** (*Schwert etc*) buckle (*od.* gird) on (*od.* fast). – **3.** (*Ski etc*) fasten on. – **4.** (*Gepäck etc*) (**an** *od.* **auf** *dat, auch acc* on) strap (*s.th.*) down. – **5.** (*am Operationstisch*) (**an** *od.* **auf** *dat, auch acc* to) strap. – **II** *v/reflex* **sich ~ 6.** (*im Auto etc*) strap (*od.* fasten) oneself in, fasten one's belt. — **~ˌschnü·ren** *v/t* ⟨*sep,* -ge-, h⟩ tie (*s.th.*) up, cord (*od.* string) (*s.th.*) (up). — **~ˌschrau·ben** *v/t* ⟨*sep,* -ge-, h⟩ **1.** (*Deckel, Schraube etc*) screw (*s.th.*) (on) tight, tighten (up): **eine Glühbirne ~** to screw a bulb in tight; **etwas an** (*od.* **auf**) (*dat, auch acc*) **etwas ~** to screw s.th. (tight) on to s.th., to tighten (up) s.th. on s.th. – **2.** *tech.* a) (*mittels Durchsteckschraube*) bolt, b) (*mittels Kopfanziehschraube*) screw (*s.th.*) on (*od.* tight), screw (*s.th.*) home.

ˈFestˌschrift *f* **1.** commemorative (*od.* anniversary) volume (*od.* publication), publication in honor (*bes. Br.* honour) of s.o. – **2.** (*zu Ehren eines Gelehrten*) festschrift, Festschrift: **~ für X** festschrift for X.

ˈfestˌset·zen I *v/t* ⟨*sep,* -ge-, h⟩ **1.** (*Zeit etc*) fix, set, settle, name, appoint, assign, arrange, state, determine, *bes. Am.* schedule: **es wurde keine genaue Zeit festgesetzt** no precise time was stated; **der Beginn der Vorstellung wurde auf 8 Uhr festgesetzt** the performance was scheduled to begin at 8 o'clock; **das Treffen wurde auf 2 Uhr festgesetzt** the meeting was fixed (*od.* arranged, set down) for 2 o'clock; **einen Termin ~** to fix a date; **eine Frist ~** to set (*od.* determine, appoint) a certain time (*od.* period); **den Tag für die Hochzeit ~** to fix (*od.* set, name) the day for the wedding; **die Konferenz wurde auf Freitag festgesetzt** the conference was set (*bes. Am.* scheduled) for Friday. – **2.** (*Ort etc*) fix, settle, name, appoint, state, determine, *bes. Am.* schedule. – **3.** (*Reihenfolge, Weg etc*) fix, settle, determine: **die Reiseroute ~** to fix the route. – **4.** (*Bedingungen etc*) fix, settle, lay down, determine: **etwas vertraglich** (*od.* **in einem Vertrag**) **~** to stipulate s.th.; **etwas gesetzlich ~** to provide s.th. by law; **die Bestimmungen eines Vertrages ~** to lay down (*od.* stipulate) the terms of a contract. – **5.** (*Grenze etc*) fix, set, determine: **die Höchstgrenze wurde auf 3000 Meter festgesetzt** the maximum limit was fixed at 3,000 meters (*bes. Br.* metres). – **6.** (*Aufgabe*) assign. – **7.** (*Maßstäbe*) establish. – **8.** (*Steuer, Geldstrafe*) fix, assess. – **9.** *econ.* (*Preise etc*) fix, determine, set, lay down, settle, peg, quote, mark: **den Preis für etwas ~** to price s.th.; **eine Summe ~** to fix (*od.* determine, settle) a sum; **die Kosten wurden auf 100 Mark festgesetzt** the costs were fixed at 100 marks. – **10.** (*Strafe*) fix, lay down, determine. – **11.** (*Gehalt etc*) fix. – **12.** (*regeln*) regulate. – **13.** (*vorschreiben*) appoint, prescribe. – **14.** (*durch Übereinkunft*) agree (up)on. – **15.** (*inhaftieren*) put (*s.o.*) in prison, imprison, incarcerate, arrest, take (*s.o.*) into custody. – **16.** *econ.* (*Dividende etc*) fix, put, declare: **einen Zinssatz von** (*od.* **auf**) **6 Prozent ~** to put an interest rate at (*od.* declare an interest rate of) 6 percent. – **17.** *jur.* a) (*Witwenteil etc*) assign, b) (*Schaden, Schuldbetrag*) assess. – **18.** *mus.* (*Tonhöhe*) pitch. – **II** *v/reflex* **sich ~ 19.** (*von Schmutz etc*) (**in** *dat* in) collect, gather, settle: **der Staub setzt sich in den Ritzen fest** dust collects in the cracks. – **20.** *fig.* (*von Ideen etc*) settle, fix (*od.* establish, entrench, intrench) itself (firmly): **der Gedanke hat sich in** (*od.* **bei**) **ihm festgesetzt** the thought is firm (*od.* firmly entrenched, intrenched) in his mind. – **21.** *colloq.* (*sich niederlassen*) (**in** *dat* in) settle (down), establish oneself: **die Römer hatten sich in Gallien festgesetzt** the Romans had settled in Gaul. – **22.** *mil.* (**in** *dat* in) lodge (*od.* establish) oneself, get (*od.* gain) a footing: **sich in den feindlichen Gräben ~** to lodge oneself in the enemy's trenches. – **23.** *med.* (*von Krankheiten*) (**auf** *od.* **in** *dat* in, on) settle: **die Erkältung hat sich in der Brust festgesetzt** the cold has settled in the chest. – **24.** *med.* (*von Parasiten*) (**in** *dat* in) lodge, settle. – **25.** *zo.* (*von Austern*) set. – **III F~** *n* ⟨-s⟩ **26.** *verbal noun.*

ˈFestˌset·zung *f* ⟨-; -en⟩ **1.** *cf.* Festsetzen. – **2.** (*einer Zeit etc*) appointment, assignment, arrangement, determination. – **3.** (*eines Ortes etc*) appointment, determination. – **4.** (*von Reihenfolge, Weg, Grenze, Strafe*) determination. – **5.** (*von Bedingungen*) determination: **vertragliche ~** stipulation. – **6.** (*einer Aufgabe*) assignment. – **7.** (*von Maßstäben*) establishment. – **8.** (*von Steuern, von einer Geldstrafe*) assessment. – **9.** *econ.* (*von Preisen etc*) determination, quotation. – **10.** (*Regelung*) regulation. – **11.** (*Vorschrift*) appointment, prescription. – **12.** (*durch Übereinkunft*) agreement. – **13.** (*Inhaftierung*) imprisonment, arrest. – **14.** *econ.* (*einer Dividende etc*) declaration. – **15.** *jur.* a) (*Bestimmung*) assignment, b) (*eines Schadens, Schuldbetrags*) assessment. – **16.** *mil.* lodgement, *bes. Am.* lodgment. – **17.** *philos.* (*Logik*) nominal definition.

ˈFest|ˌsitz *m tech.* **1.** force(d) fit. – **2.** (*Preß-*

sitz) interference fit. — **f~,sit·zen** *v/i* ⟨*irr, sep*, -ge-, h *u.* sein⟩ **1.** (*von Schmutz etc*) (an *dat* to) stick, cling, adhere. – **2.** (*von Kleidern etc*) fit tightly (*od.* well): **der Hut sitzt nicht fest** the hat doesn't fit very well. – **3.** (*von einem Reiter*) have a firm seat. – **4.** (*von Keil, Zahn etc*) be firm. – **5.** (*von Nagel, Haken etc*) be firmly fixed, be firm. – **6.** (*von Verband etc*) be tight. – **7.** (*von Wagen*) stick fast, stall, be stuck (*od.* stalled): **das Auto saß im Schlamm fest, sie saßen mit dem Auto im Schlamm fest** the car was stuck in the mud, the car was bogged down (in the mud); **die Räder saßen im Schnee fest** the wheels were stuck (*od.* stuck fast) in the snow. – **8.** (*Panne haben*) be stuck: **wir saßen in Italien fest** we were stuck in Italy. – **9.** (*von Schiff*) be (fast) aground, strand, be stranded: **der Dampfer saß auf einem Riff fest** the steamer was aground on a reef; **das Schiff saß im Eis fest** the ship was icebound. – **10.** *tech.* a) fit tightly, b) (*klemmen*) jam, be jammed. – **11.** *colloq.* (*nicht weiterkommen*) be stuck: **wir sitzen mit unserer Arbeit fest** we are stuck with (*od.* have come to a standstill in) our work. – **12.** *fig.* (*von einer Idee etc*) be firmly fixed (*od.* rooted, established, entrenched, intrenched): **der Gedanke sitzt bei** (*od.* **in**) **ihm fest** the thought is firmly fixed in his mind. – **13.** *med.* (*von einem Tumor*) be fixed (*od.* attached). — **f~,span·nen** *v/t* ⟨*sep*, -ge-, h⟩ **1.** (*fest anziehen*) tighten (*s.th.*) (up). – **2.** (*mit Klammer*) clamp. – **3.** (*verriegeln*) lock. – **4.** *tech.* a) clamp, fasten, b) (*Schrauben*) tighten, c) (*Werkstück in Futter*) chuck, d) (*sichern*) lock (*s.th.*) securely, e) (*verankern*) tie, anchor, f) (*befestigen*) fix, fasten, g) (*festklemmen*) lock (*s.th.*) in position.

'Fest,spiel *n* **1.** *pl* festival *sg*: **Salzburger ~e** Salzburg Festival *sg.* – **2.** (*theater*) festival performance. — **~,haus** *n* festival opera house (*od.* theater, *bes. Br.* theatre). — **~,stadt** *f* festival town.

'fest|,stamp·fen *v/t* ⟨*sep*, -ge-, h⟩ **1.** (*Erde etc*) stamp (*s.th.*) down. – **2.** *civ.eng.* (*Pflaster, Boden etc*) ram (*od.* tamp) (down), *bes. Br.* pun. — **~,stecken** (*getr.* -k·k-) **I** *v/t* ⟨*sep*, -ge-, h⟩ **1.** (*mit einer Nadel etc*) (an *dat, auch acc* on, to, on to) pin: **eine Blume am Kleid ~** to pin a flower to one's dress; **einen Saum ~** to pin on a seam; **er steckte die Feder am Hut fest** he secured the feather to his hat (by a pin). – **II** *v/i* ⟨h *u.* sein⟩ **2.** (*von Keil etc*) be firm. – **3.** (*von Nagel etc*) be firmly fixed, be firm. – **4.** (*von Auto etc*) *cf.* festsitzen 7. — **~,ste·hen I** *v/i* ⟨*irr, sep*, -ge-, h *u.* sein⟩ **1.** stand firm: **der Tisch steht fest** the table stands firm. – **2.** *fig. cf.* festbleiben 1. – **3.** *fig.* (*gewiß sein*) be certain (*od.* positive), be a fact: **soviel steht fest** this much is certain; **eins steht fest, er lügt, fest steht, (daß) er lügt** one thing is certain—he is lying; **diese Tatsache steht fest** this fact is certain (*od.* has been established); **von vornherein ~** to be clear. – **4.** *fig.* (*von Bräuchen*) be established (*od.* settled). – **5.** *fig.* (*von Plänen etc*) be fixed (*od.* settled, determined): **das Programm steht nun fest** the program(me) has been fixed now; **die Reiseroute steht noch nicht fest** the route has not yet been determined. – **6.** *fig.* (*von Terminen etc*) be fixed (*od.* settled, appointed, arranged, stated, *bes. Am.* scheduled): **der genaue Zeitpunkt steht noch nicht fest** the precise time has not yet been fixed. – **7.** *fig.* (*von Preisen etc*) be fixed (*od.* laid down). – **II** *v/impers* **8. es steht fest** a) (*es ist eine Tatsache*) it is a fact, it is an established fact, b) (*es ist sicher*) it is (quite) certain (*od.* positive, definite): **es steht fest, daß wir nicht fortgehen können** it is quite certain that we can't go away; **es steht fest, daß er für Rußland spioniert hat** it is a(n established) fact that he spied for Russia; **es steht noch nicht fest, ob wir Karten bekommen werden** it is not yet certain whether we will get any tickets; **es stand von vornherein fest, daß** it was clear (from the very beginning) that; **es steht einwandfrei fest, daß** it is a clearly established (*od.* an undisputed) fact that. — **~,ste·hend I** *pres p.* – **II** *adj* **1.** *tech.* a) (*Bauteile*) fixed, stationary, b) (*Setzstock*) plain, c) (*Ventil*) seated. – **2.** (*film*) (*Bild*) still. – **3.** *metall.* (*Rost*) fixed, stationary. – **4.** *fig.* (*Tatsache*) established, positive. – **5.** *fig.* (*Brauch etc*) established, settled, standing (*attrib*). – **6.** *fig.* (*Regel etc*) standing (*attrib*): **~e Geschäftsordnung** standing orders *pl.* – **7.** *fig.* (*Redensart etc*) set.

'fest,stell·bar *adj* **1.** (*Täter, Name etc*) ascertainable, discoverable: **nicht ~** unascertainable; **schwer ~ sein** to be hard to ascertain. – **2.** (*Grund etc*) ascertainable, discoverable, determinable, traceable: **die ~e Ursache** the cause that can be found out. – **3.** (*Tatbestand, Schuld etc*) that can be established (*od.* ascertained). – **4.** (*merklich*) noticeable, appreciable. – **5.** *tech.* lockable, securable. – **6.** *chem.* determinable.

'Fest,stell|,bol·zen *m tech.* locking bolt (*od.* pin). — **~,brem·se** *f auto.* parking brake, auxiliary (*od.* hand) brake, manually operated brake. — **~,ein,rich·tung** *f tech.* stop work.

'fest,stel·len I *v/t* ⟨*sep*, -ge-, h⟩ **1.** (*ermitteln*) ascertain, discover, find out: **es wurde** (*od.* **man hat**) **festgestellt, daß** it was ascertained that; **sich ~ lassen** to be ascertainable; **die Namen ließen sich nicht ~** the names could not be found (*od.* made) out; **die Täter konnten nicht festgestellt werden** the culprits could not be discovered; **j-s Personalien ~** to establish s.o.'s identity. – **2.** (*Grund etc*) ascertain, discover, determine, find out, trace: **die Ursache einer Epidemie ~** to find out the cause of an epidemic. – **3.** (*herausfinden*) (*Tatbestand, Schuld etc*) establish: **diese Tatsachen wurden festgestellt** these facts have been established (*od.* ascertained); **den genauen Sachverhalt ~** to establish (*od.* make out) the precise facts; **die Zahl der Anwesenden ~** a) to establish (*od.* find out) the number of those present, to count heads (*colloq.*), b) (*im Parlament*) to count the house; **die Beschlußfähigkeit ~** to establish that a quorum is present; **j-s Identität ~** to establish s.o.'s identity, to identify s.o.; **seine Unschuld wurde bereits festgestellt** his innocence has already been established. – **4.** (*bestimmen*) determine: **man versuchte, den genauen Todestag festzustellen** they tried to determine the exact day of death. – **5.** (*Ort etc*) locate: **die Lage des Feindes ~** to locate the enemy's position; **man müßte die genaue Stelle ~** one should try to locate (*od.* trace, find out) the exact place. – **6.** (*entdecken*) find (out), discover, detect: **man hat einen Materialfehler festgestellt** they found a flaw in the material. – **7.** (*Krankheit etc*) diagnose: **der Arzt stellte eine Lungenentzündung fest** the doctor diagnosed pneumonia, the doctor found (*od.* discovered) that he (*od.* she) had pneumonia; **der Arzt konnte nur noch den Tod ~** the doctor could only state that he (*od.* she) was dead (*od.* pronounce him [*od.* her] dead). – **8.** (*Wert etc*) find out. – **9.** (*Schaden*) set, assess, estimate. – **10.** (*Schuldbetrag etc*) assess. – **11.** (*wahrnehmen*) see, notice, perceive, observe: **ich kann keinen Unterschied ~** I cannot perceive any difference; **mit Schrecken stellte er fest, daß sein Auto weg war** he had a shock when he saw (*od.* noticed) that his car was gone. – **12.** (*erkennen, einsehen*) realize: **er mußte ~, daß all seine Freunde ihn verlassen hatten** he had to realize that all his friends had left him. – **13.** (*heraushören, sehen*) tell: **an seinem Blick [Tonfall] stellte ich fest, daß er wütend war** I could tell by his look [by the way he spoke] that he was very angry. – **14.** (*sagen*) say: **leider muß ich ~, daß** I regret to say that; **im Verlauf seines Vortrags stellte er fest, daß** in the course of his lecture he said (*od.* stated, pointed out) that. – **15.** (*erklären*) declare: **er stellte in aller Öffentlichkeit fest, daß** he declared in public that. – **16.** (*konstatieren*) state: **ich stelle nur Tatsachen fest** I am only stating facts; **wie ganz richtig festgestellt wurde** as has been correctly stated; **er stellte sarkastisch fest, daß** he stated sarcastically that; **ich erlaube mir (hiermit) festzustellen, daß** I (hereby) beg to state (*od.* point out) that. – **17.** (*bemerken*) remark. – **18.** *econ.* a) (*Kurs etc*) fix, b) (*Bilanz etc*) adopt, approve: **durch Kursvergleich ~** to arbitrate. – **19.** *med.* (*Blutgruppe*) type. – **20.** *chem.* (*bestimmen*) determine. – **21.** *tech.* a) (*festklemmen*) secure, lock, clamp, b) (*arretieren*) arrest. – **22.** *metall.* (*Fehler*) detect. – **II F~** *n* ⟨-s⟩ **23.** *verbal noun.* – **24.** *cf.* Feststellung.

'Fest,stel·ler *m* ⟨-s; -⟩ *tech.* **1.** (*der Schreibmaschine*) shift lock. – **2.** (*an der Uhr*) stop work. – **3.** (*an einer Maschine*) locking fixture.

'Fest,stell|,he·bel *m tech.* **1.** (*einer Maschine*) lock(ing) lever. – **2.** *cf.* Feststeller 1. — **~,knopf** *m* arresting knob. — **~,mut·ter** *f* lock nut. — **~,schrau·be** *f* lock(ing) screw, clamp(ing) screw. — **~,ta·ste** *f cf.* Feststeller 1.

'Fest,stel·lung *f* ⟨-; -en⟩ **1.** *cf.* Feststellen. – **2.** (*Ermittlung*) ascertainment, discovery: **~en machen über etwas** [j-n] to find out about s.th. [s.o.]. – **3.** (*eines Grundes etc*) ascertainment, discovery, determination. – **4.** (*eines Tatbestands, einer Schuld etc*) establishment: **~ von Tatsachen** finding of facts; **~ der Vaterschaft** *jur.* filiation. – **5.** (*Bestimmung*) determination. – **6.** (*eines Ortes etc*) location. – **7.** (*Entdeckung*) discovery, detection. – **8.** (*eines Schadens*) assessment. – **9.** (*eines Schuldbetrags etc*) assessment. – **10.** (*Wahrnehmung*) perception, observation: **er machte die ~, daß** he noticed that. – **11.** (*Erkenntnis*) realization: **er mußte die ~ machen, daß ihn alle verlassen hatten** he had to realize that everyone had left him. – **12.** (*Erklärung*) declaration. – **13.** (*Aussage*) statement: **eine ~ machen** (*od.* **treffen**) to state; **sich mit der ~ begnügen, daß** to content oneself with stating that. – **14.** (*Bemerkung*) remark. – **15.** *jur.* (*eines Vertrages etc*) recital. – **16.** *econ.* a) (*des Kurses etc*) fixation, b) (*einer Bilanz etc*) adoption: **~ durch Kursvergleich** arbitration. – **17.** *chem.* (*Bestimmung*) determination. – **18.** *tech.* (*als Bauteil*) locking (*od.* clamping) device. – **19.** *metall.* (*von Materialfehlern*) detection.

'Fest,stel·lungs|be,scheid *m jur.* **1.** (*im Verwaltungsverfahren*) declaratory decree. – **2.** (*bei Steuer*) notice of assessment. – **3.** (*Wertpapierbereinigung*) declaratory decision. – **4.** (*eines Schadens*) assessment of damage. — **~ge,setz** *n* assessment law. — **~in·ter,es·se** *n* interest in a declaratory judg(e)ment. — **~,kla·ge** *f jur.* action for declaratory judg(e)ment. — **~,ur·teil** *n* declaratory judg(e)ment.

'Fest,stell,vor,rich·tung *f tech.* locking (*od.* holding) device.

'Fest,stim·mung *f* **1.** (*eines Menschen*) festive mood. – **2.** (*festliche Atmosphäre*) festive atmosphere, festivity, gaiety, gayety.

'Fest,stoff *m* **1.** *chem. phys.* solid (matter). – **2.** *aer.* solid propellant.

'Fest,stoff,fracht *f geol.* (*der Flüsse*) traction load.

'Fest,stoff·ra,ke·te *f aer.* solid-propellant rocket (*od.* missile).

'Fest|,ta·fel *f* festive dinner table. — **~,tag** *m* **1.** festive (*od.* high, feast) day, holiday: **an Fest- und Feiertagen** on high days and holidays. – **2.** *relig.* holy day, holiday, festival. – **3.** (*im Kalender*) red-letter day. – **4.** *fig.* holiday: **das unerwartete Ereignis machte uns den Tag zum ~** the unexpected event made the day a holiday to us. – **5.** *pl* (*Festspieltage*) festival *sg.* – **6.** *pl antiq.* ferias, *auch* feriae. — **f~,täg·lich I** *adj* **1.** festive: **~e Stimmung** festive atmosphere. – **2.** (*feierlich*) solemn. – **II** *adv* **3.** festively: **~ gekleidete Menschen** people in their best clothes.

'fest,tags *adv* **1.** on a festival day, on festival days, on a (public, *bes. Am.* legal) holiday, on (public, *bes. Am.* legal) holidays. – **2.** *relig.* on holy days, on holidays.

'Fest,tags|,freu·de *f* **1.** holiday (*od.* festive) mood, joy. – **2.** *cf.* Festtagsstimmung 2. — **~,klei·dung** *f* dressy (*od.* holiday) clothes *pl*: **~ tragen** to wear one's best clothes. — **~,stim·mung** *f* **1.** (*eines Menschen*) holiday (*od.* festive) mood. – **2.** (*festtägliche Atmosphäre*) holiday (*od.* festive) atmosphere.

'Fest,tracht *f* festive dress (*od.* costume).

'fest,tre·ten I *v/t* ⟨*irr, sep*, -ge-, h⟩ **1.** tread, tread (*od.* trample) down. – **II** *v/reflex* **sich ~ 2.** (*von Weg etc*) tread down. – **3. das tritt sich fest** *colloq. humor.* let it lie — it'll tread in.

'Fest,tru·bel *m* festive turmoil.

'fest,um,ris·sen *adj* ⟨*attrib*⟩ clearly defined: **eine ~e Vorstellung von etwas haben** to have a clear (*od.* definite) idea of s.th., to have a clear perception of s.th.

'Fest- ,und Ter'min,geld *n econ.* money at fixed periods or at notice.

'**Fe·stung** *f* ⟨-; -en⟩ **1.** fortress: eine ~ belagern [schleifen] to besiege [to dismantle] a fortress; die ~ ist gefallen the fortress has been captured (*od.* has fallen). – **2.** (*Fort*) stronghold, fort. – **3.** (*einer Stadt*) citadel. – **4.** fliegende ~ *aer.* flying fortress. – **5.** *mil. jur. colloq. for* Festungshaft.

'**Fe·stungs|ˌanˌla·gen** *pl mil.* fortifications, *Br.* defences, *Am.* defenses. — **~ˌar·beit** *f* **1.** working at fortifications. – **2.** (*während der Festungshaft*) forced (*od.* hard) labor (*bes. Br.* labour). — **~arˌrest** *m cf.* Festungshaft. — **~ar·til·leˌrie** *f* ⟨-; *no pl*⟩ *obs.* **1.** siege artillery. – **2.** fortress (*od.* garrison) artillery. — **~ˌbau** *m* **1.** building of fortifications, fortress construction. – **2.** fortification(s *pl*). – **3.** (art of) fortification. — **~ˌdreiˌeck** *n* triangle of fortresses. — **~ˌgra·ben** *m* moat (*od.* ditch) (of a fortress). — **~ˌgür·tel** *m* belt of fortifications. — **~ˌhaft** *f mil. jur.* confinement (*od.* detention) in a fortress. — **~kom·manˌdant** *m hist.* commandant (of a fortress), constable. — **~ˌkrieg** *m* siege operations *pl* (*od.* warfare). — **~ˌmau·er** *f* **1.** wall of a fortress. – **2.** (*mit Zinnen*) battlement. — **~ˌstra·fe** *f mil. jur. cf.* Festungshaft. — **~ˌwall** *m* wall (of a fortress), rampart. — **~ˌwerk** *n meist pl obs.* fortification: mit ~en schützen to fortify.

'**Fest|verˌanˌstal·tung** *f* festival (*od.* gala) event. — **~verˌsamm·lung** *f* festive gathering.

'**fest|verˌwur·zelt** *adj* ⟨*attrib*⟩ deeply rooted. — **~verˌzins·lich** *adj econ.* (*Papiere etc*) fixed-interest(-bearing), at a fixed rate of interest: ~es Wertpapier bond.

'**Festˌvorˌstel·lung** *f cf.* Festaufführung.

'**festˌwach·sen** *v/i* ⟨*irr, sep,* -ge-, sein⟩ (an *dat*) **1.** grow (to). – **2.** (*von Pflanzen etc*) take (*od.* strike) (root) (in, on). – **3.** *med.* (*von Transplantat etc*) take (to), adhere (to): der Muskel ist am Knochen festgewachsen the muscle has adhered to the bone.

'**Festˌwa·gen** *m* **1.** float, decorated cart (*od.* carriage). – **2.** (*im Karneval*) carnival float.

'**Fest|ˌwal·ken** *n tech.* close fulling. — **~ˌwer·den** *n* **1.** (*von Gipsverband, Gelee etc*) setting. – **2.** (*von Zement etc*) hardening, setting, solidification. – **3.** *geol.* consolidation. — **~ˌwert** *m* **1.** standard value. – **2.** *phys.* constant, coefficient.

'**Fest|ˌwie·se** *f cf.* Festplatz 2. — **~ˌwo·che** *f* (*mit Aufführungen etc*) festival: die Berliner ~n the Berlin festival *sg.*

'**festˌwur·zeln I** *v/i* ⟨*sep,* -ge-, sein⟩ **1.** (*von Pflanzen*) take (*od.* strike) root. – **2.** *fig.* take root, become deeply rooted: diese Gewohnheit ist tief in ihnen festgewurzelt this habit is deeply rooted (*od.* established) in them. – **II** *v/reflex* ⟨h⟩ sich ~ **3.** *fig.* (*von Gedanken etc*) take root, become deeply rooted.

'**Festˌzeit** *f* **1.** festive season. – **2.** *relig.* tide: religiöse ~ holytide.

'**Festˌzeit·geˌspräch** *n tel.* fixed-time call.

'**Festˌzelt** *n* fairground tent.

'**festˌzie·hen** *v/t* ⟨*irr, sep,* -ge-, h⟩ **1.** (*Seil, Gurt etc*) pull (*s.th.*) tight, tighten, tauten: einen Treibriemen ~ to tighten a drive (*od.* driving) belt. – **2.** *bes. tech.* (*Schraube etc*) tighten (*s.th.*) (up), screw (*s.th.*) home. – **3.** (*Handbremse*) put (*s.th.*) (full) on. – **4.** (*Knoten*) tighten.

'**Festˌzug** *m* **1.** (festive) procession (*od.* parade). – **2.** (*Karnevalszug*) carnival procession.

'**festˌzur·ren** *v/t* ⟨*sep,* -ge-, h⟩ **1.** *mar.* (*Abdeckplane etc*) lash. – **2.** *tech.* clamp.

Fet [feːt] *m* ⟨-(e)s; -en⟩ *med. cf.* Fötus.

fe·tal [fe'taːl] *adj med.* fetal, *auch* foetal. — **F~ˌkreisˌlauf** *m* fetal (*auch* foetal) circulation.

Fe·te ['feːtə; 'fɛːtə] *f* ⟨-; -n⟩ *obs. u. humor.* **1.** festivity, party: eine ~ veranstalten *colloq.* to give a party. – **2.** (*im Freien*) fete, fête.

Fe·ti·ale [fe'tsiaːlə] *m* ⟨-n; -n⟩ *hist.* fetial, fecial.

fe·tie·ren [fe'tiːrən] *v/t* ⟨*no* ge-, h⟩ *obs.* entertain, fete, fête.

Fe·tisch ['feːtɪʃ] *m* ⟨-(e)s; -e⟩ fetish, *auch* fetich. — **~ˌanˌbe·ter** *m,* **~ˌanˌbe·te·rin** *f* fetishist, *auch* fetichist.

Fe·ti·schis·mus [fetɪ'ʃɪsmʊs] *m* ⟨-; *no pl*⟩ *psych.* fetishism, *auch* fetichism. — **Fe·ti·schist** [fetɪ'ʃɪst] *m* ⟨-en; -en⟩ fetishist, *auch* fetichist. — **fe·ti'schi·stisch** *adj* fetishistic, *auch* fetichistic, fetishic.

fett [fɛt] **I** *adj* ⟨-er; -est⟩ **1.** fat, adipose (*scient.*): ziemlich ~ quite fat, fattish; sehr ~ obese; ein ~er Kerl a fat (*od. colloq.* tubby) fellow; a fat lump, a fatty (*colloq.*); sie ist ~ she is fat (*od. colloq.* pudgy, tubby); ~ werden to become (*od.* get, grow) fat, to put on weight, *Br. auch* to run to fat; selber essen macht ~ *fig. colloq.* I always look after number one (*od.* myself) first (*colloq.*); davon kann man (*od.* ich) nicht ~ werden *fig. colloq.* that doesn't pay, you (*od.* I) won't get (*od.* grow) fat on that, a fat lot of good that'll do you (*od.* me); er frißt sich bei ihr dick und ~ *fig. colloq.* he sponges (up)on her. – **2.** (*Gesicht, Bauch etc*) fat, fleshy: ein ~er Wanst *colloq.* a fat belly; a paunch, a corporation (*colloq.*). – **3.** (*fettleibig*) corpulent, stout. – **4.** (*Speck etc*) fat, fatty: ~e Speisen (*od.* Kost) fat (*od.* greasy) food; sie kocht gerne ~ she likes to use plenty of fat in cooking; Sie dürfen nicht ~ essen you must not eat fat(ty) (*od.* greasy) food; ein ~er Bissen (*od.* Brocken, Happen) *fig. colloq.* a juicy (*od.* fat) morsel (*od.* catch, haul); j-m einen ~en Bissen wegschnappen *fig. colloq.* to snatch a juicy morsel (*od.* prize) away from s.o.; das macht den Kohl (*od.* das Kraut) auch nicht ~ *fig. colloq.* a) that won't help much (*od.* improve matters), b) (*bei Preisunterschieden etc*) that won't make much difference. – **5.** (*Milch etc*) rich, creamy, fatty. – **6.** (*Haare, Salbe etc*) greasy. – **7.** *fig. colloq.* (*Erbschaft, Beute, Posten etc*) fat, rich, lucrative, profitable: eine ~e Pfründe a fat living. – **8.** *fig. colloq.* (*Jahre etc*) fat, prosperous: ~e Zeiten times of plenty; die sieben ~en und die sieben mageren Jahre *Bibl.* the seven fat and the seven lean years. – **9.** *print.* bold: ~e Schrift boldtype, boldface, extrabold. – **10.** *civ.eng.* a) (*Mischung, Kalk*) fat, rich, b) (*Mörtel*) rich. – **11.** *agr.* a) (*Boden, Weide*) fat, rich, fertile, b) (*Klee, Gras etc*) rich. – **12.** (*mining*) a) (*Kohle*) fat, bituminous, b) (*Erz*) rich. – **13.** *chem.* a) (*Öle*) fatty, b) (*Benzingemisch*) rich. – **II** *adv* **14.** ~ drucken *print.* to print in bold (*od.* heavy) type. – **III F~e, das** ⟨-n⟩ **15.** fat (*od.* fatty) substance: er soll alles F~e vermeiden he should avoid (*od.* not eat) fat (*od.* greasy) food; er ißt gern F~es (*od.* das F~e) he likes to eat fat (food).

Fett *n* ⟨-(e)s; -e⟩ **1.** fat: tierisches ~ animal fat, adipose (*scient.*); pflanzliches ~ vegetable fat; festes [flüssiges] ~ solid [liquid] fat; ~ ansetzen to put on weight (*od.* flesh); vom eigenen ~ zehren to live on one's (own) fat (*od.* reserves); in schwimmendem ~ (aus)backen *gastr.* to cook in hot fat, to deep fry; das ~ abschöpfen a) to skim off the fat, b) *fig. colloq.* to skim off the cream, to get the best of s.th.; ~ auslassen to render (*od.* melt) (down) fat; den Braten mit ~ begießen to baste the roast; 45% ~ i. Tr. 45% fat in dry matter; er sitzt (*od.* schwimmt) im ~ *fig. colloq.* he leads a life of plenty, he lives on the fat of the land, he lives (*od.* is) in clover; j-n in seinem eigenen ~ schmoren lassen *fig. colloq.* to let s.o. stew in his own juice (*colloq.*); er wird sein ~ schon noch [ab]bekommen (*od.* [ab]kriegen) *fig. colloq.* he'll get it hot, he'll catch it, he'll be hauled over the coals all right (*alle colloq.*); der hat sein ~ weg *fig. colloq.* he's got (*od.* caught) it, that'll teach him (a lesson) (*alle colloq.*); j-m sein ~ geben *fig. colloq.* to settle s.o.'s hash (*colloq.*); er wird noch in seinem eigenen ~ ersticken *fig. colloq.* one day he will be choked by his own wealth; ~ schwimmt (immer) oben (*Sprichwort*) *etwa* oil always comes to the top. – **2.** (*Schmalz*) lard. – **3.** (*Bratenfett*) dripping(s *pl*). – **4.** (*Backfett*) shortening. – **5.** *med.* (*Fettgewebe*) fat, adipose (*scient.*). – **6.** *chem.* fat, grease: die einfachen ~e the fats. – **7.** *tech.* (*Schmierfett*) grease: etwas mit ~ einschmieren to grease s.th. – **8.** *hunt.* (*des Wildes*) grease.

'**Fett|ˌabˌla·ge·rung** *f med.* deposition of fat, adiposis (*scient.*). — **~ˌal·ko·hol** *m chem.* fatty alcohol. — **~ˌam·mer** *f zo.* ortolan (bunting) (*Emberiza hortulana*). — **~ˌanˌsatz** *m med.* corpulence, *auch* corpulency, obesity, adiposity (*scient.*). — **f~ˌarm** *adj* (*Milch, Diät etc*) low in fat (content), low-fat (*attrib*). — **f~ˌar·tig** *adj bes. chem.* fatlike, fatty, lipoid (*scient.*). — **~ˌau·ge** *n meist pl* (*auf der Suppe etc*) grease drop, blob of fat (*od.* grease). — **~ˌbauch** *m colloq. cf.* Fettwanst. — **f~ˌbäu·chig** *adj* paunchy, paunch-bellied. — **~ˌbaum** *m bot.* **1.** fat tree. – **2.** purslane tree (*Portulacaria afra*). — **~beˌstandˌteil** *m* fatty constituent. — **f~ˌbil·dend** *adj* fat-forming; adipogenous, adipogenic, sebific (*scient.*). — **~ˌbil·dung** *f* fat formation, adipogenesis (*scient.*). — **~ˌbüch·se** *f tech.* grease cup, lubricator. — **~ˌcreme** *f* (*cosmetics*) rich (skin) cream. — **~diˌät** *f* fat diet. — **~ˌdruck** *m print.* (something printed in) fat (*od.* bold[face], bold-faced, heavy-faced, extra bold) type, boldface, fullface. — **~ˌdrü·se** *f med.* (*Talgdrüse*) sebaceous (*od.* sebiferous) gland.

'**Fet·te** *f* ⟨-; *no pl*⟩ *cf.* Fettheit.

fet·ten ['fɛtən] **I** *v/t* ⟨h⟩ **1.** *gastr.* fat. – **2.** *tech.* a) (*mittels Starrschmiere*) grease, b) (*mit Öl*) oil, c) (*Leder*) stuff. – **3.** *synth.* (*Fäden*) lubricate. – **4.** *chem.* (*Öl*) compound. – **II** *v/i* **5.** (*von Creme*) be greasing, be greasy: diese Hautcreme fettet nicht this skin cream is nongreasing. – **6.** (*von Haaren, Haut etc*) be (*od.* get) greasy. – **III F~** *n* ⟨-s⟩ **7.** *verbal noun.*

'**Fett|ˌfarbˌstoff** *m meist pl* **1.** *med.* fat-stain. – **2.** *chem.* oil-soluble dye. — **~ˌfleck** *m* grease spot (*od.* mark, stain).

'**Fettˌflecken,krank·heit** (*getr.* -k·k-) *f hort.* halo blight (*auch* spot).

'**Fett|ˌfleck·pho·toˌme·ter** *n phys.* grease-spot photometer. — **~ˌflos·se** *f zo.* adipose (*od.* second dorsal) fin. — **~geˌbäck** *n gastr.* cake fried in deep fat, deep fried cake, *bes. Am.* friedcake. — **f~geˌdruckt** *adj* ⟨*attrib*⟩ *print.* boldface. — **~geˌhalt** *m* **1.** (*einer Speise etc*) fat content. – **2.** (*von Wolle etc*) grease content. — **~geˌschwulst** *f med.* fatty tumor (*bes. Br.* tumour); lipoma, steatoma (*scient.*). — **~geˌwe·be** *n* fatty (*od. scient.* adipose) tissue. — **~ˌglanz** *m* fatty (*od.* greasy) shine. — **f~ˌglän·zend** *adj* greasy, shiny. — **f~ˌhal·tig** *adj* **1.** (*Nahrung etc*) containing fat, fatty. – **2.** (*Hautcreme, Haarwasser etc*) containing grease. – **3.** (*Gewebe*) fatty, adipose (*scient.*). – **4.** *chem.* aliphatic. — **~ˌhär·tung** *f chem.* fat hardening. — **~ˌhausˌhalt** *m med.* fat balance, lipometabolism (*scient.*): gestörter ~ fat imbalance.

'**Fett·heit** *f* ⟨-; *no pl*⟩ **1.** fatness. – **2.** (*Fettleibigkeit*) corpulence, *auch* corpulency, stoutness, obesity.

'**Fett|ˌhen·ne** *f bot.* stonecrop, sedum (*scient.*) (*Gattg Sedum*). — **~ˌherz** *n med.* fat(ty) heart; adipositas cordis, cor adiposum (*scient.*). — **~ˌhöcker** (*getr.* -k·k-) *m zo.* (*der Kamele etc*) hump.

'**fet·tig I** *adj* **1.** (*Haar, Haut etc*) greasy, *auch* oily. – **2.** (*schmierig*) greasy, grimy. – **3.** (*Fett enthaltend*) fat(ty). – **4.** (*ölig*) oily, unctuous. – **5.** (*textile*) (*Wolle*) greasy, oily, yolky. – **6.** *chem.* fatty. – **II** *adv* **7.** greasily: ~ glänzen to have a greasy shine.

'**Fet·tig·keit** *f* ⟨-; *no pl*⟩ **1.** (*des Haares, der Haut etc*) greasiness, *auch* oiliness. – **2.** (*Schmierigkeit*) greasiness, griminess. – **3.** fatness, fattiness. – **4.** (*Öligkeit*) oiliness, unctuousity, unctuousness.

'**Fett|ˌkalk** *m civ.eng.* white (*od.* rich, fat) lime. — **~ˌkloß** *m colloq. cf.* Fettwanst 2. — **~ˌklum·pen** *m* lump of fat. — **~ˌkoh·le** *f* fat (*od.* bituminous) coal. — **~ˌkör·per** *m med.* adipoid, lipoid. — **~ˌkraut, Ge'mei·nes** *n bot.* butterwort, steepgrass, steepweed, steepwort, sheep rot (*Pinguicula vulgaris*). — **~ˌle·be** *f colloq. only in* ~ machen to do oneself well. — **~ˌle·ber** *f med.* fatty (infiltration of the) liver.

'**fettˌlei·big** [-ˌlaɪbɪç] *adj* corpulent, obese, stout, adipose (*scient.*). — '**Fettˌlei·big·keit** *f* ⟨-; *no pl*⟩ corpulence, *auch* corpulency, obesity, stoutness; adiposis, lipomatosis, polysarcia (*scient.*).

'**fett|ˌlö·send** *adj* fat- (*od.* grease-)dissolving. — **~ˌlös·lich** *adj* fat-soluble, soluble in fat, lipophilic, *auch* lipophile (*scient.*).

'**Fett|ˌmen·ge** *f* amount of fat. — **~ˌnäpf·chen** *n only in* ins ~ treten *fig. colloq.* to put one's foot (right) in it, *Br. colloq.* to drop a brick (*sl. auch* clanger): bei dem bist du tüchtig ins ~ getreten you put your foot right in it with him. — **~ˌnie·re** *f med.* fatty (infiltration of the) kidney. — **~ˌnip·pel** *m tech.* grease nipple. — **~pa-**

ˌ**pier** *n* grease-proof paper. — ~ˌ**pflan·ze** *f meist pl bot.* crassula. — ~ˌ**pol·ster** *n* **1.** *med.* a) pad of fat, panniculus adiposus (*scient.*), b) (*der Haut*) subcutaneous fatty tissue. – **2.** *fig.* (*Reservekapital*) guarantee fund. — ~ˌ**pres·se** *f tech.* grease gun. — ~ˌ**räu·de** *f vet.* red mange, canine eczema (*scient.*). — **f**~ˌ**reich** *adj* (*Milch, Kost etc*) rich, rich in fat (content), with a high fat content. — ~ˌ**sal·be** *f med. pharm.* greasy (*od.* creamy) ointment. — ~ˌ**säu·re** *f chem.* fatty acid ($C_nH_{2n+1}COOH$). — ~ˌ**scha·be** *f zo. cf.* Fettzünsler. — ~ˌ**schicht** *f* layer of fat. — ~ˌ**schmier**ˌ**büch·se** *f tech.* stuffing box. — ~ˌ**schmie·re** *f* **1.** *tech.* grease. – **2.** (*leather*) fat liquor. — ~-ˌ**schmie·rung** *f tech.* greasing, grease lubrication. — ~ˌ**schwalm** *m zo.* oil-bird, guacharo (*Steatornis caripensis*). — ~ˌ**schwanz** *m* **1.** fat tail. – **2.** *zo. cf.* Fettsteißschaf. — ~ˌ**schweiß** *m* (*der Schafwolle*) yolk (of wool), wool grease (*od.* fat), suint. — ~ˌ**sei·fe** *f* fat (*od.* lard) soap. — **f**~ˌ**spal·tend** *adj biol. chem.* (*Ferment etc*) fat-splitting, lipolytic (*scient.*). — ~ˌ**steiß** *m* **1.** *anthrop.* steatopygia, *auch* steatopyga. – **2.** *zo.* (*eines Schafes*) fat rump. — ~ˌ**steiß**ˌ**schaf** *n zo.* fat-rumped sheep. — ~ˌ**stift** *m* greasy pencil. — ~-ˌ**stuhl** *m med.* fatty stool, steatorrh(o)ea (*scient.*). — ~ˌ**sucht** *f* **1.** *med.* obesity, adiposity, adipositas, (*örtliche*) lipomatosis: **pituitäre** ~ Fröhlich's (*od.* Froehlich's) syndrome, adiposogenital dystrophy; **endogene [exogene]** ~ endogenous [exogenous] obesity. – **2.** *agr.* (*in der Seidenraupenzucht*) grasserie, jaundice. — **f**~ˌ**süch·tig** *adj* obese. — **f**~ˌ**trie·fend** *adj* dripping with fat (*od.* grease). — ~**ver**ˌ**bin·dung** *f chem.* fatty (*od. scient.* aliphatic) compound. — ~ˌ**wachs** *n* adipocere. — ~ˌ**wanst** *m colloq.* **1.** fat belly, potbelly, paunch. – **2.** (*Person*) fat lump, tub of lard, fatty (*alle colloq.*), *bes. Am. colloq.* fatso, fat pig (*vulg.*). — ~ˌ**wirt·schaft** *f econ.* fat production. — ~ˌ**wol·le** *f* (*textile*) yolk (*od.* grease) wool, wool in (the) yolk (*od.* grease). — ~ˌ**zel·le** *f* fat (*od. scient.* adipose) cell. — ~ˌ**züns·ler** *m zo.* tabby moth (*Aglossa pinguinalis*).

Fe·tus ['feːtʊs] *m* ⟨-ses; -se⟩ *biol. med. cf.* Fötus.

'**Fetz·chen** *n* ⟨-s; -⟩ *colloq.* **1.** *dim. of* Fetzen. – **2.** (*Papier, Stoff etc*) bit, scrap.

Fet·zen ['fɛtsən] *m* ⟨-s; -⟩ **1.** *colloq.* (*Stück*) piece, bit, scrap, shred: **ein** ~ **Papier** a scrap of paper; **einen Brief in** ~ **reißen** to tear a letter to (*od.* in) pieces (*od.* shreds); **sie wurden in** ~ **gerissen** they were blown to pieces (*od.* bits); **wir arbeiteten, daß die** ~ **flogen** *fig.* we worked with a vengeance (*od. colloq.* like mad, like blazes); **sie prügelten sich, daß die** ~ **flogen** *fig.* they tore into (*od.* basted away at) each other (*colloq.*). – **2.** *colloq.* (*Stück Stoff*) shred, rag, piece, bit, tatter, frazzle, *Am. auch* ribbon: **in** ~ in rags (*od.* ribbons, tatters); **das Kleid wird bald in** ~ **gehen** the dress will soon fall to pieces; **sein Anzug hing ihm in** ~ **vom Leib** *fig.* his suit hung round (*od.* from) him in tatters (*od.* rags). – **3.** *colloq. contempt. u. humor.* (*Kleidungsstück*) rag: **ich hab' keinen** ~ **anzuziehen** I haven't a rag to put on. – **4.** *fig. colloq.* (*Lumpen*) rag, tatter: **in** ~ **herumlaufen** to walk about in rags. – **5.** *colloq.* (*Wolken-, Nebelfetzen etc*) wisp, rag. – **6.** *contempt.* (*Zeitung*) rag. – **7.** *pl fig. colloq.* (*eines Gesprächs, Liedes etc*) scraps, wisps, snatches, fragments. – **8.** *Austrian colloq. for* Rausch 1. – **9.** *bot.* lacinia. — ~ˌ**fisch** *m zo.* sea dragon (*Gattg Phyllopteryx*): **Großer** ~ sea dragon (*P. eques*). — ~ˌ**wol·ke** *f* **1.** *meteor.* fractus. – **2.** *mar.* scud.

feucht [fɔyçt] *adj* ⟨-er; -est⟩ **1.** (von with) damp, moist: **etwas** ~ somewhat damp, dampish, dampy. – **2.** (*Klima, Luft etc*) damp, moist, humid. – **3.** (*Keller, Höhle etc*) damp, dank. – **4.** (*Hände etc*) moist, clammy. – **5.** (*Augen*) moist, watery, rheumy (*lit.*). – **6.** (*Farbe etc*) moist. – **7.** (*Gras*) damp, wet. – **8.** (*Boden*) humid, wet. – **9.** *bes. lit.* (*Element, Grab*) watery. – **10. ein** ~**er Abend** *fig. colloq.* a drinking bout, a spree, a binge (*colloq.*), *bes. Am. colloq.* a bender. – **11.** *tech.* (*Holz*) green.

'**Feuch·te** *f* ⟨-; *no pl*⟩ *cf.* Feuchtigkeit. — **f**~**emp**ˌ**find·lich** *adj tech. cf.* feuchtigkeitsempfindlich.

feuch·ten ['fɔyçtən] **I** *v/t* ⟨h⟩ **1.** moisten, damp(en). – **2.** (*naßmachen*) wet. – **II** *v/i* **3.** *hunt.* (*vom Wild etc*) urinate.

'**feucht**ˌ**fest** *adj tech.* **1.** moisture-proof, dampproof, *Br.* damp-proof. – **2.** (*Klebstoffe*) humidity-resistant. — '**Feucht**-ˌ**fe·stig·keit** *f* **1.** *tech.* moisture resistance. – **2.** humidity resistance.

'**feucht'fröh·lich** *adj colloq. humor.* **1.** (*Gesellschaft, Stimmung*) merry, jolly, convivial. – **2.** ein ~er Abend *cf.* feucht 10.

'**Feucht**ˌ**hal·te**ˌ**mit·tel** *n synth.* humectant.

'**Feuch·tig·keit** *f* ⟨-; *no pl*⟩ **1.** moistness, damp(ness): „**vor** ~ **schützen!**" "keep dry!" – **2.** (*des Klimas, der Luft etc*) damp(ness), moisture, humidity. – **3.** (*eines Kellers etc*) damp(ness), dank(ness). – **4.** (*der Hände etc*) moistness, clamminess. – **5.** (*der Augen*) moistness, wateriness, rheum (*lit.*). – **6.** (*der Farbe etc*) wetness. – **7.** (*des Grases*) dampness, wetness. – **8.** (*des Bodens*) sogginess, wetness. – **9.** (*Feuchtigkeitsgehalt*) moisture (content): **mit** ~ **gesättigt** saturated with moisture; ~ **aufnehmen [abgeben** (*od.* **absondern**)**]** to take up (*od.* absorb) [to give off (*od.* release)] moisture; ~ **anziehend** taking up moisture, hygroscopic (*scient.*).

'**Feuch·tig·keits**|ˌ**an**ˌ**zei·ger** *m phys.* hygroscope. — ~ˌ**auf**ˌ**nah·me** *f* moisture absorption. — **f**~**be**ˌ**stän·dig** *adj* **1.** moisture-proof. – **2.** (*Wand, Bau etc*) dampproof, *Br.* damp-proof. – **3.** (*Stoff*) moisture-resistant. — **f**~**emp**ˌ**find·lich** *adj* **1.** moisture-sensitive. – **2.** (*hygroskopisch*) hygroscopic. — ~**ge**ˌ**halt** *m* **1.** moisture content. – **2.** *meteor.* a) (*der Luft*) moisture content, humidity, b) ~ **des Bodens** soil humidity (*od.* moisture). – **3.** (*der Haut*) moisture content. — ~ˌ**grad** *m* **1.** degree of moisture. – **2.** (*der Luft*) (degree of) humidity. — ~**iso**ˌ**lie·rung** *f* damp proofing. — ~**kor·ro·si**ˌ**on** *f* aqueous corrosion. — ~ˌ**leh·re** *f* hydrology. — ~ˌ**men·ge** *f* amount of moisture (*od.* humidity). — ~ˌ**mes·ser** *m phys.* hygrometer, psychrometer. — ~-ˌ**mes·sung** *f* hygrometry. — ~ˌ**re·ge·lung** *f* (*auch space*) moisture control. — ~ˌ**reg·ler** *m* humidistat, *auch* hygrostat. — **f**~ˌ**si·cher** *adj cf.* feuchtigkeitsbeständig.

'**feucht**ˌ**kalt** *adj* **1.** (*Wetter, Luft, Raum etc*) damp and cold, dank: ~es Klima damp and cold (*od.* raw) climate. – **2.** (*Haut, Hand etc*) clammy.

'**Feucht**ˌ**raum**|ˌ**fas·sung** *f electr.* moisture-proof socket. — ~ˌ**lei·tung** *f* moisture-proof cable. — ~ˌ**leuch·te** *f* vapor- (*bes. Br.* vapour-)proof lamp.

'**feucht**|ˌ**warm** *adj* (*Klima, Luft, Wetter etc*) damp and warm, humid, muggy, sticky. — **F**~ˌ**werk** *n print.* dampening (*bes. Br.* damping) unit.

feu·dal [fɔy'daːl] **I** *adj* **1.** *hist.* (*lehnsrechtlich*) feudal. – **2.** (*aristokratisch*) aristocratic, exclusive: ~**e Gesellschaft** aristocratic society. – **3.** *colloq.* (*vornehm, luxuriös*) grand, sumptuous, magnificent, luxurious; swank(y), posh (*colloq.*): **es gab ein** ~**es Essen** we had a sumptuous meal; **sie leben in einer** ~**en Wohnung** they live in a swanky apartment. – **4.** *colloq.* (*großzügig*) generous: ~**e Geschenke** generous (*od.* munificent) presents. – **5.** *pol.* (*reaktionär*) reactionary. – **II** *adv colloq.* **6.** (*vornehm*) sumptuously, magnificently, luxuriously, swankily (*colloq.*): ~ **eingerichtetes Haus** luxuriously furnished house; **sie wurden** ~ **bewirtet** they were entertained sumptuously; ~ **leben** to live in luxury.

Feu'dal|**be**ˌ**sitz** *m hist.* feudal estate. — ~ˌ**herr** *m* feudal lord, liege (lord). — ~-ˌ**herr·schaft** *f cf.* Feudalismus.

Feu·da·lis·mus [fɔyda'lɪsmʊs] *m* ⟨-; *no pl*⟩ feudalism. — **feu·da'li·stisch** [-tɪʃ] *adj* feudalistic.

Feu'dal|ˌ**recht** *n jur. hist.* **1.** feudal law. – **2.** *pl* feudal rights. — ~ˌ**staat** *m* feudal state. — ~**sy**ˌ**stem** *n* feudal system, feudalism.

Feu·del ['fɔydəl] *m, n* ⟨-s; -⟩ *Northern G. dial.* scouring cloth, floor cloth, mop. — '**feu·deln** *v/t* ⟨h⟩ wipe (off).

Feu·er ['fɔyər] *n* ⟨-s; -⟩ **1.** fire: **bengalisches** ~ Bengal light (*od.* fire), *auch* Indian fire; **offenes** ~ open fire; **ein** ~ **anlegen** to lay a fire; **ein** ~ **(an)machen** (*od.* **anzünden**) to make (*od.* light, *lit.* kindle) a fire; **das** ~ **schüren** a) to stir (*od.* poke) the fire, b) *fig.* to fan the flames, to add fuel to the fire (*od.* flames); ~ **aus [mit] einem Stein schlagen** to strike fire from [with] a stone; **die Wunde brannte wie** ~ *fig.* the wound was burning like fire; **seine Augen glühten wie** ~ *fig.* his eyes burnt (like fire); **das** ~ **der Liebe [des Zorns]** *fig. lit.* the fire of love [anger]; ~ **speien** a) (*von einem Vulkan*) to spit fire, to erupt, b) (*von einem Drachen*) to spit (*od.* vomit) fire; ~ **und Flamme sein für etwas** *fig. colloq.* to be enthusiastic about (*od.* heart and soul for) s.th., *Br. auch* to be as keen as mustard about s.th. (*colloq.*); **er war gleich** ~ **und Flamme für sie** *fig. colloq.* he had fallen for her at once; **mit dem** ~ **spielen** *fig.* to play with fire; **das ist ein Spiel mit dem** ~ *fig.* this is playing with fire; **er geht für sie durchs** ~ *fig.* he would go through fire and water for her; ~ **hinter etwas machen** *fig. colloq.* to put pressure (*od. colloq.* steam) behind s.th.; **sie passen zusammen wie** ~ **und Wasser** *fig. colloq.* they are completely incompatible, they are as different as chalk and cheese; **das ewige** ~ *Bibl.* the eternal fire; **das höllische** ~ the infernal fires *pl*; → Eisen 3; Hand (*Verbindungen mit Verben*); Kastanie 2; Kind 5; Öl 1. – **2.** (*im Freien*) (bon)fire, (camp)fire: **sie saßen um das** ~ **herum und sangen** they were sitting (a)round the fire singing. – **3.** (*Kamin*) fire(side): **am** (*od.* **beim**) ~ **sitzen** to sit at (*od.* by) the fire(side). – **4.** (*Brand, Feuersbrunst*) fire, conflagration: ~! a) fire! b) *humor.* (*bei einem Ratespiel*) you're getting warm (*colloq.*); **in der Halle brach ein** ~ **aus** (a) fire broke out in the hall; ~ **an ein Haus legen** to set a house on fire, to set fire to a house; **das Schloß wurde durch** ~ **zerstört** the castle was destroyed by fire; **die Vorhänge fingen** ~ the curtains caught (*od.* took) fire; **er fängt leicht** ~ *fig. colloq.* a) (*begeistert sich leicht*) he is easily carried away, his enthusiasm is easily roused, he is easily smitten, b) (*verliebt sich schnell*) he falls in love easily, he is easily smitten; **er hat sofort für sie** ~ **gefangen** he has fallen for her at once; **in** ~ **geraten** a) to catch (*od.* take) fire, b) *fig. colloq.* (*sich begeistern*) (**über** *acc*) to catch (*od.* take) fire (at), to get excited (about), to become enthusiastic (about), c) *fig. lit.* (*sich erregen*) to flare (*od.* blaze) up; **bei ihm ist immer gleich** ~ **unterm Dach** *fig. colloq.* he flies into passion (*od.* flares up, blazes up) easily; **etwas mit** ~ **und Schwert vernichten** *fig. lit.* to destroy s.th. with fire and sword; **wo Rauch ist, ist auch** ~ (*Sprichwort*) where there is smoke there is fire (*proverb*). – **5.** (*Flamme*) flame: **das olympische** ~ the Olympic flame. – **6.** (*für Zigarette etc*) light: **j-m** ~ **geben** to give s.o. a light; **haben Sie bitte** ~? have you got a light, please? – **7.** (*im Herd etc*) fire, heat: **den Topf aufs** ~ **stellen** (*od.* **setzen**) to put the pot on the fire; **den Topf vom** ~ **nehmen** to remove (*od.* take) the pot from the fire; **bei** (*od.* **auf**) **schwachem** (*od.* **kleinem**) ~ **kochen** to cook on (*od.* over) a low (*od.* slow) heat (*od.* fire); **bei** (*od.* **auf**) **starkem** ~ **kochen** to cook on (*od.* over) a good heat (*od.* fire). – **8.** (*eines Edelsteins*) fire, glow. – **9.** (*des Auges*) fire, sparkle, light: **ihre Augen sprühten** ~ her eyes sparkled (*od.* glared). – **10.** (*des Weins*) fire, body, vigor, *bes. Br.* vigour. – **11.** (*von Farben*) warmth. – **12.** *fig.* (*Temperament, Eifer*) fire, enthusiasm, ardor, *bes. Br.* ardour, fervor, *bes. Br.* fervour, mettle. – **13.** *fig.* (*Schwung*) verve, vivacity, spirit(edness), dash, animation. – **14.** *fig.* (*feurige Kraft*) energy. – **15.** *fig.* (*eines Pferdes*) fire, spirit, mettle. – **16.** *mil.* a) fire, b) (*Feuern*) firing: (**gebt**) ~! fire! ~ **frei!** a) open fire! b) (*Raucherlaubnis*) you may smoke! ~ **halt!** cease fire (*od.* firing)! **massiertes** ~ massed fire; **das** ~ **eröffnen** to open fire; **das** ~ **einstellen** to cease fire; **mit** ~ **eindecken** to cover with fire; **unter** ~ **nehmen** a) to fire at, to shell, to bring (*od.* put) (*s.th.*) under fire, b) *fig.* to fire at, to bombard; **im** ~ **stehen** to be under (*od.* exposed to) fire (*auch fig.*); **zwischen zwei** ~ **geraten** *fig.* to be caught between two fires (*od.* between the devil and the deep blue sea). – **17.** *mar. aer.* a) *cf.* Leuchtfeuer, b) *cf.* Signalfeuer. – **18.** *tech.* (*einer Kohlebürste*) sparking.

'**Feu·er·alarm** [-ʔaˌlarm] *m* fire alarm, *Br.* fire-alarm: ~ **geben** (*od.* **schlagen**) to sound (*od.* raise) the fire alarm. — **~ˌübung** *f* fire drill (*Br. auch* practice).

'Feu·er|ˌameiˌse *f zo.* fire ant (*Solenopsis geminata*). — **~ˌanˌbe·ter** *m relig.* fire worshipper, pyrolater (*scient.*). — **~ˌanˌbe·tung** *f* fire worship, *Br.* fire-worship, pyrolatry (*scient.*). — **~ˌanˌzün·der** *m* kindler, *bes. Br.* fire lighter. — **~ˌau·ge** *n* **1.** *bot.* Adonis, pheasant's-eye (*Adonis aestivalis, A. autumnalis*). – **2.** *fig. lit.* fiery (*od.* burning) eye. — **~ˌball** *m* **1.** *phys.* fireball, *Br.* fire-ball. – **2.** *astr.* bolide. – **3.** *fig. lit.* (*Sonne etc*) fireball, *Br.* fire-ball. — **~ˌbeˌfehl** *m mil.* order to fire, command to open fire. — **~beˌkämp·fung** *f* fire fighting. — **f~beˌreit** *adj mil.* **1.** (*Geschütz*) ready (for action). – **2.** (*in Feuerstellung*) in firing position. – **3.** (*Rakete*) ready for firing. — **f~beˌstän·dig** *adj* **1.** fireproof, *Br.* fire-proof, fire-resistive, fire-resistant. – **2.** (*Guß*) heat-resistant, heatproof, *Br.* heat-proof. – **3.** (*Baustoffe*) fire-resistant, refractory. — **~beˌstän·dig·keit** *f* **1.** fireproof (*Br.* fire-proof) quality, fire-resistance, fireproofness. – **2.** (*von Guß*) heat resistance. – **3.** (*von Baustoffen*) fire-resistance, refractoriness.

'feu·er·beˌstat·ten *v/t* ⟨*insep, no* -ge-, h⟩ cremate.

'Feu·er|beˌstat·tung *f* cremation. — **~ˌblu·me** *f bot.* **1.** *cf.* Feldmohn. – **2.** *cf.* Feuerbohne. — **~ˌbock** *m* (*am Kamin*) andiron, firedog, *Br.* fire-dog. — **~ˌboh·ne** *f bot.* scarlet runner (bean), tree-kidney-bean, French (*od.* many-flowered) bean (*Phaseolus multiflorus*). — **~ˌboh·rer** *m anthrop.* fire drill (*od.* twirl). — **~ˌbo·je** *f mar.* fire beacon. — **~ˌbrand** *m* **1.** *lit.* (fire)brand, *Br.* (fire-)brand, fire stick. – **2.** *fig. lit.* firebrand, *Br.* fire-brand. – **3.** *bot.* fire (*od.* pear) blight. — **~ˌbrücke** (*getr.* -k·k-) *f tech.* (fire) bridge. — **~ˌbüch·se** *f* (*der Lokomotive etc*) firebox, *Br.* fire-box. — **~ˌbusch, ~ˌdorn** *m* fire thorn, pyracanth, evergreen thorn (*Gattg Pyracantha, bes. P. coccinea*). — **~ˌei·fer** *m colloq.* eagerness, (great) enthusiasm, ardor, *bes. Br.* ardour, fervor, *bes. Br.* fervour, (great) zeal: mit ~ eagerly, with great zeal. — **~ˌei·mer** *m* fire bucket. — **~ˌeinˌstel·lung** *f mil.* **1.** cessation of fire. – **2.** (*nach Verhandlung*) cease-fire. — **~erˌöff·nung** *f* opening of fire. — **~ˌfal·ter** *m zo.* copper (*Gattg Chrysophanus*). — **f~ˌfar·ben, f~ˌfar·big** *adj* flame-colored (*bes. Br.* -coloured). — **f~ˌfest** *adj tech.* **1.** (*feuerbeständig*) fireproof, *Br.* fire-proof, fire-resisting (*od.* -resistant): ~ machen to render fire(-)proof; ~er Mörtel [Topf] fire(-)proof mortar [pot]. – **2.** (*unbrennbar*) incombustible. – **3.** *civ.eng.* (*Baustoffe*) refractory. – **4.** (*hitzebeständig*) heatproof, heat-resisting. — **~ˌfe·stig·keit** *f* **1.** fireproof (*Br.* fire-proof) quality, fire-resistance. – **2.** *civ.eng.* (*von Baustoffen*) refractoriness. – **3.** heat resistance. — **~ˌfink** *m zo. cf.* Feuerweber 1. — **~ˌflie·ge** *f* **1.** fire beetle, cucujo (*Pyrophorus noctilucus*). – **2.** firefly, *Br.* fire-fly, glowworm (*Fam. Lampyridae u. Pyrophoridae*). — **~ˌfres·ser** *m colloq.* fire-eater. — **~ˌfuchs** *m zo. cf.* Kamtschatkafuchs. — **~ˌgar·be** *f* **1.** *mil.* sheaf (*od.* cone) of fire. – **2.** (*Feuerwerkskörper*) gerb(e). — **~geˌfahr** *f* **1.** danger (*od.* risk) of fire, fire hazard. – **2.** (*im Versicherungswesen*) fire risk. — **f~geˌfähr·lich** *adj* **1.** inflammable, combustible: ~e Stoffe inflammable materials, combustibles; „F~!" (*als Aufschrift*) "Inflammable!" – **2.** *bes. tech.* flammable. — **~geˌfähr·lich·keit** *f* **1.** inflammability, combustibility. – **2.** *bes. tech.* flammability. — **~geˌfecht** *n mil.* fire fight (*od.* duel). — **~ˌgeist** *m* **1.** *myth.* spirit of (the) fire, salamander. – **2.** *fig. lit.* (*Person*) fiery (*od.* enthusiastic) spirit, firebrand, *Br.* fire-brand. — **~geˌschwin·dig·keit** *f mil.* **1.** (*einer Schußwaffe*) rate of fire. – **2.** (*von automatischen Waffen*) cyclic rate (of fire). — **~ˌglocke** (*getr.* -k·k-) *f* **1.** (*Alarmglocke*) fire(-alarm) bell, tocsin. – **2.** *mil.* (*in der Taktik*) (box) barrage, fire umbrella. — **~ˌglut** *f* **1.** (red) glow of fire. – **2.** (*der Sonne etc*) fiery glow. — **~ˌha·ken** *m* **1.** (*der Feuerwehr*) fire hook. – **2.** (*Schüreisen*) poker. — **~ˌhal·le** *f Austrian for* Krematorium. — **f~ˌhem·mend** *adj* fire-retardant (*auch* -retardent) (*od.* -retarding). — **~ˌherd** *m* **1.** fireplace, *Br.* fire-place, hearth. – **2.** (*Brandherd*) source of fire. — **~ˌholz** *n cf.* Brennholz. — **~ˌkä·fer** *m zo.* **1.** cardinal beetle (*Pyrochroa coccinea*). – **2.** stag beetle (*Fam. Lucanidae*). — **~ˌkol·ben** *m bot.* jack-in-the-pulpit, Indian turnip (*Gattg Arisaema, bes. A. atrorubens*). — **~komˌman·do** *n mil.* firing command, order to fire. — **~ˌkopf** *m fig. colloq.* hothead, hotspur, firebrand, *Br.* fire-brand. — **~ˌkraft** *f mil.* firepower, *Br.* fire power. — **~ˌkraut** *n bot.* fireweed, willow herb, rosebay (willow), rosebay willow herb (*Chamaenerion angustifolium*). — **~ˌkrö·te** *f zo.* fire-bellied toad (*Bombina bombina*). — **~ˌku·gel** *f cf.* Feuerball. — **~ˌkult** *m cf.* Feueranbetung. — **f~lackiert** (*getr.* -kˌk-) *adj* black enameled (*bes. Br.* enamelled). — **~ˌlei·ter** *f* **1.** (*der Feuerwehr*) fire (*od.* aerial) ladder, *Br. auch* fire-escape. – **2.** (*Nottreppe*) fire escape, *Br.* fire-escape.

'Feu·erˌleit|geˌrät *n mil.* fire control equipment, gun director, predictor. — **~raˌdar** *m, n* fire control radar. — **~ˌstand** *m*, **~ˌstel·le** *f* **1.** *mil.* (artillery) command post. – **2.** *mar.* fire control tower.

'Feu·er|ˌlei·tung *f mil.* fire control (*od.* direction): ~ mit Radar radar fire control. — **~ˌli·lie** *f bot.* **1.** orange lily (*Lilium croceum*). – **2.** bulb-bearing lily (*L. bulbiferum*). — **~ˌli·nie** *f mil.* **1.** firing line. – **2.** (*eines Gewehrs*) line of fire.

'Feu·erˌlösch|ˌausˌrü·stung *f* fire-fighting equipment. — **~ˌboot** *n mar.* fireboat, fire-float. — **~ˌei·mer** *m* fire bucket.

'Feu·erˌlö·scher *m* fire extinguisher.

'Feu·erˌlösch|ˌfahrˌzeug *n* fire brigade truck (*od.* vehicle), fire-fighting vehicle (*od.* engine). — **~geˌrät** *n* **1.** *cf.* Feuerlöscher. – **2.** fire-fighting equipment. — **~ˌmit·tel** *n* fire-extinguishing agent. — **~ˌpum·pe** *f* fire pump. — **~ˌteich** *m* static water tank, emergency water reservoir, fire pond. — **~ˌübung** *f* fire drill (*Br. auch* practice). — **~ˌwa·gen** *m cf.* Feuerlöschfahrzeug. — **~ˌwe·sen** *n* fire fighting. — **~ˌzug** *m* set of fire-fighting vehicles.

'Feu·er|ˌlö·ten *n tech.* **1.** (*hart*) muffle brazing. – **2.** (*weich*) sweating. — **~ˌmal** *n med.* port-wine stain (*od.* mark) (*colloq.*); congenital (*od.* capillary) h(a)emangioma, n(a)evus flammeus (*scient.*). — **~ma·te·riˌal** *n* fuel. — **~meˌdu·se** *f zo.* sea wasp (*Chiropsalmus quadrigatus*). — **~ˌmeer** *n fig. lit.* sea (*od.* sheet) of flame (*od.* fire), fiery sea (*od.* ocean) (*lit.*).

'Feu·erˌmel·deˌanˌla·ge *f* fire-alarm system.

'Feu·er|ˌmel·der *m* **1.** (*Gerät*) (electric) fire-alarm box (*od.* installation), fire alarm, *Br.* fire-alarm: automatischer ~ automatic fire alarm. – **2.** (*beim Zivilschutz etc*) person who reports a fire. — **~ˌmel·deˌstel·le** *f* fire-alarm point. — **~ˌmohn** *m bot. cf.* Feldmohn.

feu·ern ['fɔyərn] **I** *v/t* ⟨h⟩ **1.** (*heizen*) fire, stoke (up), fuel, feed: den Ofen mit Öl ~ to fire (*od.* heat) the stove with fuel oil; einen Schmelzofen ~ to stoke (up) a furnace. – **2.** (*Kohle, Holz etc*) fire, use (*s.th.*) as fuel, burn, heat with. – **3.** *colloq.* (*schleudern*) 'fire' (*colloq.*), hurl, fling: er feuerte seinen Ranzen in die Ecke he chucked his satchel into the corner. – **4.** *colloq. for* schießen 6, 8. – **5.** *colloq.* (*entlassen*) 'fire', 'sack', give (*s.o.*) the sack (*od.* push) (*alle colloq.*): er wurde gefeuert he was fired, he got the sack. – **6.** *colloq.* (*aus der Schule etc*) throw (*od. colloq.* sling) (*s.o.*) out. – **7.** j-m eine ~ *Northern G. colloq.* to box s.o.'s ears, to slap s.o. in the face, to fetch (*od.* land) s.o. one (*colloq.*). – **8.** *mil.* (*Salut etc*) fire, shoot: eine Salve ~ to fire a volley (*od.* salvo), to volley. – **II** *v/i* **9.** (*heizen*) make (*od.* light) a fire: mit etwas ~ to fire (*od.* burn, heat with) s.th., to use s.th. as fuel. – **10.** (*schießen*) fire, shoot: auf j-n ~ to fire at (*od.* on, upon) s.o., to shoot at s.o.; die Polizei feuerte in die Menge the policemen fired into the crowd. – **III F~** *n* ⟨-s⟩ **11.** *verbal noun.*

'Feu·er|ˌnel·ke *f bot.* Chalcedonian (*od.* scarlet) lychnis, fireball, bleeder, campion of Constantinople (*Lychnis chalcedonica*). — **~opal** [-ʔoˌpaːl] *m min.* fire opal, *auch* girasol(e). — **~ˌpat·sche** *f* firebeater, firebroom. — **~ˌpau·se** *f mil.* pause (*od.* break) in firing: ~! cease fire! — **~po·liˌtur** *f tech.* fire polish. — **~po·liˌzei** *f* fire police. — **f~po·liˌzei·lich** *adj* (*Vorschriften etc*) of the fire police. — **~ˌpro·be** *f* **1.** *hist.* (*Gottesurteil*) ordeal by fire. – **2.** *fig.* (*Bewährungsprobe*) crucial test, ordeal, crucible: er hat die ~ bestanden he has passed (*od.* stood up to) the crucial test. – **3.** (*der Feuerwehr*) fire drill. – **4.** *metall.* fire trial. – **5.** *chem.* fire (*od.* flame) test. — **~ˌqual·le** *f zo.* (red) stinging jellyfish (*Gattg Cyanea*). — **~ˌrad** *n* **1.** (*Feuerwerkskörper*) catherine (*auch* Catherine) wheel, pinwheel. – **2.** fire wheel. — **~ˌra·de** *f bot. cf.* Feuernelke. — **~ˌraum** *m* **1.** *mil.* (*Feuerbereich*) fire zone. – **2.** *tech.* a) (*eines Schmelzofens*) hearth, fireplace, *Br.* fire-place, furnace, b) (*eines Dampfkessels*) firebox, *Br.* fire-box. — **~ˌre·gen** *m* **1.** *Funkenregen*) rain of fire (*od.* sparks). – **2.** (*Feuerwerkskörper*) rain (*od.* shower, cascade) of fire. – **3.** *mil. colloq.* rain of steel. — **~ˌri·si·ko** *n* fire hazard (*od.* risk). — **~ˌrohr** *n* **1.** *tech.* (*eines Dampfkessels*) fire tube, furnace flue. – **2.** *archaic* gun, firearm. — **~ˌro·se** *f*, **~ˌrös·chen** *n bot. cf.* Adonisröschen 1. — **~ˌroß** *n* **1.** *myth.* (*des Apoll, der Aurora*) fiery horse (*od.* steed). – **2.** *obs. colloq.* (*Lokomotive*) iron horse. — **~ˌrost** *m tech.* fire grate. — **f~'rot** *adj* **1.** (*Haar, Mantel etc*) (as) red as fire (*nachgestellt*), fiery (red), fire (*od.* flame, flaming) red. – **2.** (*Gesicht etc*) red, crimson, scarlet: sie wurde ~ she turned crimson (*od.* scarlet), she blushed deeply. — **~sa·laˌman·der** *m zo.* spotted salamander (*Salamandra salamandra*). — **~ˌsalm·ler** *m zo.* fire of flame tetra, red tetra (*Hyphessobrycon flammeus*). — **~ˌsäu·le** *f* **1.** column of fire. – **2.** *geol.* fire fountain.

'Feu·ersˌbrunst *f* conflagration, (large) fire, blaze.

'Feu·er|ˌscha·den *m* damage caused by fire, fire damage: er war gegen ~ versichert he was insured against fire. — **~ˌschau·fel** *f* fire shovel. — **~ˌschein** *m* **1.** (*eines Kaminfeuers etc*) firelight, *Br.* fire-light, glow (*od.* light, glare) of fire. – **2.** (*am Himmel*) glow (*od.* glare, reflection) of fire, fiery glow (*od.* reflection). – **3.** *mil.* sky glow. — **~ˌschiff** *n mar.* lightship, light vessel. — **~ˌschirm** *m* **1.** *tech.* (*vor Ofen etc*) fire screen, *Br.* fire-screen. – **2.** (*Kamingitter*) fireguard, *Br.* fire-guard. – **3.** *mil.* fire-power umbrella. — **~ˌschlag** *m mil.* sudden concentration (*od.* burst) of fire. — **~ˌschlucker** (*getr.* -k·k-) *m* fire-eater. — **~ˌschlund** *m lit.* (*eines Kraters etc*) fire-spitting mouth, fiery mouth (*od.* abyss). — **f~ˌschnau·bend** *adj cf.* feuerspeiend 1. — **~ˌschott** *n* **1.** (*Schiffbau*) a) fireproof (*Br.* fire-proof) bulkhead, b) (*Feuerhemmschott*) fire-retarding bulkhead. – **2.** *aer. mil. cf.* Brandschott.

'Feu·erˌschrö·ter *m zo. cf.* Hirschkäfer.

'Feu·erˌschutz *m* **1.** protection against fire, fire protection (*od.* prevention). – **2.** *mil.* covering (*od.* protective) fire: ~ geben to deliver covering fire. — **~ˌanˌstrich** *m* fireproof (*Br.* fire-proof) (coat of) paint, fire-retardant paint. — **~ˌmit·tel** *n* fireproofing (*Br.* fire-proofing) (agent).

'Feu·er|ˌschwamm *m bot.* a) Echter ~ male agaric (*Polyporus fomentarius*), b) Unechter ~ female agaric (*P. igniarius*). — **~ˌschwanz** *m zo.* red-tailed black shark (*Labeo bicolor*). — **~ˌschweif** *m astr.* (*eines Kometen etc*) fiery tail (*od.* train). — **~ˌschwei·ßen** *n*, **~ˌschwei·ßung** *f tech.* forge welding.

'Feu·ers|geˌfahr *f cf.* Feuergefahr. — **~ˌglut** *f cf.* Feuerglut.

'feu·er|ˌsi·cher *adj* (*Raum, Kleidung etc*) fireproof, *Br.* fire-proof, fire-resistive (*od.* -resisting): ~er Schacht fire tower. — **~ˌspei·end** *adj* **1.** (*Drachen etc*) fire-breathing (*od.* -spitting). – **2.** *geol.* volcanic: ~er Berg volcano.

'Feu·er|ˌsprit·ze *f tech.* fire extinguisher. — **~ˌstät·te** *f* **1.** scene of a fire. – **2.** *cf.* Feuerstelle 1. — **~ˌstein** *m* **1.** (*für Feuerzeug*) flint. – **2.** *min.* flint, chert, *Am. auch* firestone. — **~ˌstel·le** *f* **1.** fireplace, *Br.* fire-place, hearth. – **2.** *cf.* Feuerstätte 1. — **~ˌstel·lung** *f mil.* firing position, gun position (*od.* emplacement): Geschütz in ~ bringen to emplace guns, to bring guns into position. — **~ˌstern** *m bot. cf.* Feuernelke. — **~ˌstoß** *m* (*eines Maschinengewehrs etc*) burst of fire. — **~ˌstrahl** *m* flash (*od.* jet) of fire, (*rückwärtiger*) backblast. — **~ˌstrauch** *m bot. cf.* Feuerbusch. — **~tanˌga·re** *f zo.* summer tanager (*od.* redbird), redbird (*Piranga rubra*).

— **~,tau·fe** f mil. auch fig. baptism of fire: die ~ erhalten to be under fire for the first time, to get one's baptism of fire (auch fig.). — **~,tod** m death by fire (od. burning): den ~ sterben a) to burn to death, b) hist. (auf dem Scheiterhaufen) to die at the stake. — **~,ton** m (in Keramik) fireclay, Br. fire-clay. — **~,trep·pe** f fire escape, Br. fire-escape. — **~,über,fall** m mil. 1. surprise fire (od. attack). – 2. (der Artillerie) sudden concentration. — **~,über,le·gen·heit** f mil. fire superiority.

'Feu·er- ,und 'Dieb,stahls·ver,si·che·rung f auto. fire and theft insurance.

'Feue·rung f ⟨-; -en⟩ tech. 1. (Befeuerung, Beheizung) firing, heating. – 2. (Rostbeschickung einer Kesselanlage) stoking. – 3. cf. Feuerungsanlage. – 4. cf. Feuerstelle 1. – 5. (Brennmaterial) fuel.

'Feue·rungs|,an,la·ge f tech. firing equipment (od. installation), furnace. — **~ma·te·ri,al** n fuel. — **~,raum** m firebox, Br. fire-box, fireroom, furnace, mar. auch stokehold, stokehole. — **~,tür** f fire door. — **~,zug** m heating flue.

'Feu·er|,un·ke f zo. cf. Feuerkröte. — **~,un·ter,stüt·zung** f mil. fire support. — **~,ur·teil** n hist. ordeal by fire. — **~ver,be·ne** f bot. vervain with germander leaves (Verbena chamaedryfolia). — **~ver,blei·ung** f metall. lead coating. — **~ver,ei·ni·gung** f mil. concentration of fire. — **f~ver,gol·det** adj tech. fire-gilt (od. -gilded). — **~ver,gol·dung** f fire gilding. — **~ver,hü·tung** f fire prevention. — **~ver,kup·fe·rung** f copper coating. — **f~ver,lö·ten** v/t ⟨insep, no -ge-, h⟩ metall. sweat (s.th.) together. — **~ver,si·che·rung** f econ. 1. fire insurance, Br. fire-insurance: eine ~ abschließen to effect (od. take out) a fire insurance. – 2. cf. Feuerversicherungsanstalt.

'Feu·er·ver,si·che·rungs|,an,stalt, ~ge,sell·schaft f fire-insurance company, Br. auch fire-office. — **~po,li·ce** f fire-insurance policy. — **~,prä·mie** f fire-insurance premium.

'feu·er·ver,zin·ken v/t ⟨insep, no -ge-, h⟩ tech. hot- (od. pot-)galvanize, hot-dip galvanize. — **'Feu·er·ver,zin·kung** f hot- (od. pot-)galvanizing, hot-dip galvanizing.

'Feu·er|ver,zin·nung f tech. hot-tinning, tin coating (od. dipping). — **~,vo·gel** m 1. zo. a) firebird, b) copper (butterfly) (Fam. Lycaenidae). – 2. myth. phoenix. – 3. „Der ~" mus. "The Firebird" (ballet by Stravinsky). — **~,vö·gel·chen** n zo. small copper (Chrysophanus phlaeas). — **~,vor,hang** m 1. (im Theater etc) safety (od. fire) curtain. – 2. mil. curtain of fire, fire screen, (umbrella) barrage. — **~,wa·che** f 1. (Gebäude) fire station, Am. auch firehouse. – 2. cf. Brandwache. — **~,waf·fe** f mil. firearm, gun. — **~,wal·ze** f 1. mil. rolling (od. creeping) barrage. – 2. zo. pyrosome (Gattg Pyrosoma). — **~,wan·ze** f zo. 1. European firebug (Pyrrhocoris apterus). – 2. cotton stainer, red bug (Dysdercus suturellus). — **~,was·ser** n colloq. (Branntwein) spirits pl, brandy, firewater, Br. fire-water (colloq.). — **~,we·ber** m zo. a) fire finch (Euplectes franciscana), b) taha (E. taha). — **~,wech·sel** m mil. exchange of fire.

'Feu·er,wehr f 1. Br. fire-brigade, Am. fire department: Freiwillige ~ voluntary fire-brigade; die ~ alarmieren (od. rufen) to call the fire-brigade; das ging wie die ~ fig. colloq. that was done in a flash; er raste wie die ~ fig. colloq. he was driving like blazes (colloq.). – 2. cf. Feuerwehrauto. — **~,au·to** n fire engine (Am. auch truck), Br. fire-engine. — **~,axt** f fireman's ax(e). — **~,beil** n fireman's hatchet. — **~,fahr,zeug** n fire-fighting vehicle, fire-brigade vehicle, fire engine, Br. fire-engine. — **~,haupt,mann** m Am. chief of the fire department, Br. head of the fire-brigade. — **~,helm** m fireman's helmet. — **~,lei·ter** f cf. Feuerleiter 1. — **~,mann** m ⟨-(e)s; ¨er u. -leute⟩ fireman, Am. auch fire fighter. — **~,schlauch** m fire hose. — **~,übung** f fire drill (Br. auch practice). — **~,wa·gen** m cf. Feuerwehrfahrzeug.

'Feu·er,werk n 1. (Veranstaltung) display of fireworks, fireworks pl. – 2. (Feuerwerkskörper) fireworks pl: ein ~ abbrennen to let off fireworks. – 3. fig. (von Gedanken, Witz etc) fireworks pl (sometimes construed as sg), pyrotechnics pl: ein ~ geistreicher Ideen a fireworks of witty ideas. — **'Feu·er,wer·ker** m ⟨-s; -⟩ 1. pyrotechnist, pyrotechnician. – 2. manufacturer (od. maker) of fireworks. – 3. mil. (sergeant) artificer, ordnance technician (od. specialist). — **,Feu·er·wer·ke'rei** f ⟨-; no pl⟩ pyrotechnics pl (construed as sg or pl), pyrotechny.

'Feu·er,werks,kör·per m firework, pyrotechnic (auch pyrotechnical) article.

'Feu·er|,wir·kung f mil. fire effect. — **~,zan·ge** f (fire) tongs pl (sometimes construed as sg): eine ~ a pair of tongs; ich würde ihn nicht mit der ~ anfassen fig. Br. colloq. I wouldn't touch him with a barge-pole.

'Feu·er,zan·gen,bow·le f gastr. burnt punch.

'Feu·er|,ze·der f bot. cf. Feuerzypresse. — **~,zei·chen** n 1. fire signal. – 2. (Leuchtzeichen) light signal.

'Feu·er,zeug n (cigarette) lighter. — **~ben,zin** n lighter fuel (bes. Am. fluid).

'Feu·er|,zo·ne f mil. zone of fire, firing zone. — **~,zug** m tech. (am Ofen) heating flue. — **~zy,pres·se** f bot. sun tree, Japanese cypress, auch fire tree, hinoki (cypress) (Chamaecyparis obtusa).

Feuil·le·ton [fœjə'tõː] n ⟨-s; -s⟩ 1. (kultureller Teil einer Zeitung) feuilleton, feature supplement (od. section). – 2. (einzelner Beitrag zum Feuilleton) feuilleton, short composition (od. essay). — **Feuil·le·to'nist** [-to'nɪst] m ⟨-en; -en⟩ 1. feuilletonist, contributor to a feature section. – 2. person writing in a superficial style. — **feuil·le·to'ni·stisch** adj 1. feuilletonistic, in a feuilleton style. – 2. in a superficial style, superficially written.

Feuil·le'ton,stil m ⟨-(e)s; no pl⟩ 1. feuilleton(istic) style. – 2. superficially witty style.

feu·rig ['fɔyrɪç] I adj 1. (glühend) glowing, burning: ~e Kohlen auf j-s Haupt sammeln fig. to heap coals of fire on s.o.'s head. – 2. (feuerrot) fiery (red), flaming (red): der Himmel ist ganz ~ the sky is flaming (od. all aflame). – 3. fig. (leidenschaftlich, temperamentvoll) fiery, passionate, ardent, fervent, fervid: ein ~er Liebhaber a passionate (od. hot-blooded) lover; er hielt eine ~e Rede he made a fiery (od. vehement) speech. – 4. fig. (Musik, Tanz etc) fiery, spirited. – 5. fig. (Blick etc) fiery, burning: ~e Augen burning (od. flashing) eyes. – 6. fig. (Edelstein etc) sparkling. – 7. fig. (Wein) heady, strong, rich and warm. – 8. fig. (Pferd) fiery, mettlesome, (high-)spirited. – II adv 9. passionately, with passion.

Fex [fɛks] m ⟨-es, rare -en; -e, rare -en⟩ 1. (Narr) fop. – 2. enthusiast; fan, 'fiend' (colloq.).

Fez[1] [feː(t)s] m ⟨- u. -es; - u. -e⟩ cf. Fes[2].

Fez[2] [feːts] m ⟨-es; no pl⟩ colloq. (Unsinn, Spaß), fun, 'lark' (colloq.): er machte es aus ~ he did it for a lark.

Fia·ker ['fiakər] m ⟨-s; -⟩ Austrian 1. (Mietkutsche) cab, hackney (coach), fiacre. – 2. (Kutscher) cabman, coachman.

Fi·as·ko ['fiasko] n ⟨-s; -s⟩ (Mißerfolg) fiasco, (complete) failure: ein ~ erleiden (od. erleben), ~ machen colloq. to suffer (od. be) a fiasco, to be a failure (od. colloq. flop); die Vorstellung endete mit einem ~ the performance ended in (od. was) a fiasco (od. colloq. was a flop).

Fi·bel[1] ['fiːbəl] f ⟨-; -n⟩ 1. ped. (erstes Lesebuch) first reader, primer. – 2. (Elementarlehrbuch) primer.

'Fi·bel[2] f ⟨-; -n⟩ archeol. fibula, brooch.

Fi·ber ['fiːbər] f ⟨-; -n⟩ 1. lit. (Faser) fiber, bes. Br. fibre, thread, string: er hängt an ihr mit jeder ~ seines Herzens fig. he loves her with every fiber of his being (od. heart). – 2. biol. fiber, bes. Br. fibre. – 3. ⟨only sg⟩ synth. (vulcanized) fiber (bes. Br. fibre). — **~,glas** n fiber (bes. Br. fibre) glass.

fi·bril·lär [fibrɪ'lɛːr] adj biol. fibrillar(y), fibrillate(d). — **Fi'bril·le** [-'brɪlə] f ⟨-; -n⟩ med. biol. fibril, fibrilla.

Fi·brin [fi'briːn] n ⟨-s; no pl⟩ chem. med. fibrin: Blut von ~ befreien to defibrinate blood. — **f~,hal·tig** adj fibrinous, containing fibrin.

Fi·bro·in [fibro'iːn] n ⟨-s; no pl⟩ chem. fibroin.

Fi·brom [fi'broːm] n ⟨-s; -e⟩ med. fibroma.

fi·brös [fi'brøːs] adj fibrous, fibrose, filamentous, auch filamentose.

Fi·bu·la ['fiːbula] f ⟨-; -lä [-lɛ]⟩ 1. med. (Wadenbein) splint bone, Br. splint-bone; fibula, peroneal bone (scient.). – 2. archeol. cf. Fibel[2].

ficht [fɪçt] 3 sg pres of fechten.

Fich·te ['fɪçtə] f ⟨-; -n⟩ bot. 1. spruce (tree), pine (tree) (Gattg Picea): Gemeine ~ spruce (fir) (Picea abies); Kanadische ~ Canadian fir, hemlock fir (od. spruce) (Tsuga canadensis); Weiße ~ white spruce (Picea canadensis). – 2. cf. Fichtenholz. — **'fich·ten** adj (Bretter etc) spruce (attrib), of spruce, Br. auch made of (white) deal.

'Fich·ten|,am·mer f zo. pine bunting (Emberiza leucocephala). — **~,baum** m bot. cf. Fichte 1. — **~,blatt,wes·pe** f zo. spruce sawfly (Br. saw-fly) (Fam. Diprionidae). — **~,dick,schna·bel** m cf. Hakengimpel. — **~,gal·len,laus** f adelgid (Fam. Adelginae): Grüne ~ green spruce gall aphid (od. adelges) (Chermes viridis); Gelbe ~ eastern spruce gall aphid (od. adelges) (Sacchiphantes abieti). — **~,gim·pel** m cf. Hakengimpel. — **~,harz** n bot. spruce (od. pine) resin (od. rosin). — **~,holz** n spruce, Br. auch (white) deal. — **~,holz,boh·rer** m zo. fir sawyer (Monochamus confusor). — **~,kreuz,schna·bel** m (red) crossbill, crossbeak, fir parrot (Loxia curvirostra). — **~,mar·der** m 1. zo. American marten (Martes americana). – 2. (Pelz) (American) sable. — **~,maus** f zo. pine vole (Pitymys pinetorum).

'Fich·ten,na·del f spruce (od. pine) needle. — **~,bad** n spruce-needle bath. — **~,schüt·te** f bot. Norway spruce leafblight.

'Fich·ten|,rüs·sel,kä·fer, auch **~,rüß·ler** [-,rʏslər] m zo. 1. white pine weevil (Pissodes strobi). – 2. pales weevil (Hylobius pales). — **~,spar·gel** m bot. pinesap, (yellow) bird's-nest (Monotropa hypopitys). — **~,spin·ner** m zo. nun moth, black-arched tussock moth (Lymantria monacha). — **~,tan·ne** f bot. spruce (fir) (Picea abies). — **~,wald** m spruce forest. — **~,zap·fen** m spruce (od. pine) cone.

Fi·chu [fi'ʃyː] n ⟨-s; -s⟩ hist. (Schultertuch) fichu.

ficken (getr. -k·k-) ['fɪkən] v/i u. v/t ⟨h⟩ vulg. fuck, 'screw' (beide vulg.).

ficke·rig (getr. -k·k-) ['fɪkərɪç] adj dial. for aufgeregt II, unruhig.

Fi·dei·kom·miß [fideiko'mɪs; 'fiː-] n ⟨-sses; -sse⟩ jur. fideicommissum, estate held in (fee) tail, entail: Errichtung eines Fideikommisses entailment; etwas als ~ vererben (auf acc on) to entail s.th.; das ~ auflösen to break the entail; etwas in ein ~ verwandeln to entail s.th.

fi·del [fi'deːl] adj ⟨-er; -st⟩ colloq. (lustig, heiter) jovial, jolly, cheerful, merry: ein ~er Bursche, humor. auch ein ~es Haus a jovial fellow, a cheerful lad; eine ~e Korona colloq. a merry crew.

Fi·del ['fiːdəl] f ⟨-; -n⟩ mus. cf. Fiedel 1.

Fi·di·bus ['fiːdibʊs] m ⟨- u. -ses; - u. -se⟩ archaic twist of paper, spill, auch pipe light, Br. pipe-light.

Fie·ber ['fiːbər] n ⟨-s; rare -⟩ 1. med. a) fever, b) (bes. als Begleiterscheinung) (raised) temperature: ~ haben to have a fever, to be feverish, to fever, to run (od. have) a temperature; 39 (Grad C[elsius]) ~ haben to have a temperature of 102.2 (degrees F[ahrenheit]); j-m (od. j-s) ~ messen to take s.o.'s temperature; sein ~ steigt his temperature is rising, his fever is mounting; sie hat kein ~ mehr she has a normal temperature, the fever has left her; im ~ phantasieren to be delirious; er wurde vom ~ geschüttelt he was shaking with fever; das ~ hat den Höhepunkt erreicht the fever is at (od. has reached) its peak; anhaltendes (od. kontinuierliches) ~ continued fever; gelbes ~ yellow fever (od. colloq. jack); das ~ herabsetzend antipyretic, defervescent, febrifugal; durch ~ verursacht pyrogenic, pyrogenous. – 2. med. (Schüttelfrost) shaking chills pl, ague. – 3. fig. (Leidenschaft) fever, passion: ihn hat das ~ der Spielwut gepackt he is seized by a passion for gambling. — **~,an,fall** m attack of fever, pyrexia (scient.). — **f~,ar·tig** adj feverish, febrile. — **~,baum** m bot. a) yellow box (Eucalyptus melliodora), b) yate (tree) (E. cornuta), c) sugar gum (E. corynocalix od. E. gunii), d) swamp mahogany (E. robusta u. E. botryoides). — **~,bläs·chen** n med. fever blister, auch fever sore, herpes febrilis (scient.). — **~de,li·ri·um** n (febrile) delirium. — **f~er,re·gend** adj producing fever (nachgestellt); febrific, pyrogenic, pyrogenous (scient.): ~er Stoff pyrogen. — **~,fleck** m meist pl fever spot. — **f~ˌfrei** *adj* feverless, free from fever (*nachgestellt*); afebrile, apyretic, apyrexial (*scient.*): er ist seit gestern ~ since yesterday his fever has been gone (*od.* his temperature has been back to normal). — **~ˌfrost** *m* fever(ish) chills *pl*, rigor, ague: ~ haben to be shivering with fever, to have fever chills. — **f~geˌrö·tet** *adj* flushed with fever.

'fie·ber·haft I *adj* **1.** *med.* feverish, febrile; pyretic, pyrexic, pyrexial (*scient.*). – **2.** *fig.* feverish, agitated, excited, hectic: eine ~e Tätigkeit entfalten to produce feverish activity; ~e Suche hectic search; in ~er Spannung (*od.* Erregung) in a fever (of expectation *od.* excitement). – **II** *adv* **3.** feverishly, restlessly: wir arbeiten ~ (an *dat* on, at) we are working feverishly. — **'Fie·ber·haf·tig·keit** *f* ⟨-; *no pl*⟩ **1.** *med.* feverishness, febricity, febrility. – **2.** *fig.* feverishness. – **3.** *fig.* feverish activity.

'Fie·berˌhit·ze *f med.* fever (*od.* feverish, [febrile) heat.

'fie·be·rig *adj cf.* fiebrig.

'Fie·ber|ˌklee *m bot.* bog (*od.* buck) bean, water (*od.* bean) trefoil, threefold, *Am.* bog myrtle (*od.* nut) (*Menyanthes trifoliata*). — **f~ˌkrank** *adj med.* suffering from (*od.* down with) fever, having a febrile illness, feverish. — **~ˌkran·ke** *m, f* ⟨-n; -n⟩ **1.** fever case, person with fever. – **2.** (*in der Klinik*) febrile patient. — **~ˌkraut** *n bot.* **1.** feverfew, pellitory (*Chrysanthemum parthenium*). – **2.** Saint-John's-wort (*Hypericum perforatum*). – **3.** common scull-cap (*Scutellaria galericulata*). — **~ˌkur** *f med.* fever therapy, pyretotherapy (*scient.*). — **~ˌkur·ve** *f* **1.** temperature curve. – **2.** *cf.* Fiebertabelle. — **~ˌmit·tel** *n* antipyretic, antifebrile, febrifuge, alexipyretic. — **~ˌmücke** (*getr.* -k·k-) *f zo.* anopheles, malaria(l) mosquito (*Gattg Anopheles*).

fie·bern ['fiːbərn] *v/i* ⟨h⟩ **1.** *med.* have a fever (*od.* a raised temperature), be febrile (*od.* feverish), fever. – **2.** *med.* (*im Fieber phantasieren*) be delirious (with fever). – **3.** *fig.* (vor *dat* with) be feverish, get jumpy: er fiebert vor Erregung he is feverish with excitement, he is in a fever of excitement; er fiebert, wenn he gets jumpy when. – **4.** nach etwas ~ *fig.* to long feverishly (*od.* to crave) for s.th. — **'fie·bernd I** *pres p.* – **II** *adj* **1.** *med.* feverish, fevered, febrile: sehr hoch ~ hyperpyretic, hyperpyrexial. – **2.** *fig.* feverish, excited, agitated, nervous.

'Fie·ber|phan·ta·sie *f* **1.** *med.* (febrile) delirium, raving(s *pl*), wandering(s *pl*): ~n haben to be delirious with fever. – **2.** *fig.* delirious talk (*od.* speech). — **~ˌrin·de** *f med. pharm.* a) (*von Cinchona*) cinchona (bark), *auch* chinchona, chincona, Peruvian bark, b) (*von Alstonia*) fever bark, c) (*von Exostema*) jam bark. — **~ˌrin·denˌbaum** *m bot.* Peruvian bark (tree), cinchona (*Cinchona officinalis*). — **~ˌrin·denˌholz** *n* china wood. — **~ˌschau·er** *m med.* **1.** shivers *pl*, shivering attack (*od.* fit). – **2.** *cf.* Schüttelfrost. — **f~ˌsen·kend** *adj* lowering (*od.* reducing) the fever; antipyretic, febrifugal (*scient.*). — **~ˌstrauch** *m bot.* feverbush (*Benzoin aestivale*). — **~ˌstrep·pe** *f* scabwort (*Inula helenium*). — **~taˌbel·le** *f med.* fever (*od.* temperature) chart (*od.* graph). — **~ther·moˌme·ter** *n* fever (*od.* clinical) thermometer. — **~ˌtraum** *m* feverish (*od.* fevered) dream. — **~ver·ˌlauf** *m* course of fever, run of temperature. — **f~verˌtrei·bend** *adj* febrifuge, febrifugal. — **~ˌwahn** *m cf.* Fieberdelirium. — **~ˌwurz** *f bot.* bitterwort, yellow gentian (*Gentiana lutea*). — **~ˌzuˌstand** *m med.* feverishness, febricity, febrile condition (*od.* state), fever, pyrexia (*scient.*).

'fieb·rig *adj* **1.** *med.* (*Erkrankung*) feverish, febrile. – **2.** *fig.* feverish, excited: er war (ganz) ~ vor Aufregung he was feverish with excitement, he was all excited.

Fie·del ['fiːdəl] *f* ⟨-; -n⟩ **1.** *mus. hist.* fiddle. – **2.** *colloq. for* Geige. — **~ˌbo·gen** *m* **1.** *colloq. for* Geigenbogen. – **2.** gespannt sein wie ein ~ *fig. colloq.* to be terribly excited, to be on tenterhooks (*colloq.*).

fie·deln ['fiːdəln] **I** *v/i* ⟨h⟩ fiddle (away). – **II** *v/t* fiddle.

Fie·der ['fiːdər] *f* ⟨-; -n⟩, **~ˌblatt** *n bot.* leaflet, pinna (*scient.*). — **~ˌblätt·chen** *n* leaflet; pinnule, pinnula (*scient.*): mit ~ pinnulate(d); mit 4 ~ quaternate pinnate.

'fie·de·rig *adj bot.* pinnate(d).

'Fie·der|koˌral·le *f zo.* alcyonarian. — **f~ˌlap·pig** *adj bot.* pinnatilobate, *auch* pinnatilobed. — **f~ˌner·vig** *adj* penninerved, penniveined. — **~ˌpal·me** *f* feather palm, pinnate-leaved palm (*Gattg Phoenix*). — **f~ˌrip·pig** [-ˌrɪpɪç] *adj cf.* fiedernervig. — **f~ˌspal·tig** *adj* pinnatifid: dreifach ~ tripinnatifid. — **f~ˌtei·lig** *adj* pinnatipartite.

'Fie·de·rung *f* ⟨-; -en⟩ *bot.* pinnation.

'Fied·ler *m* ⟨-s; -⟩ **1.** *colloq. oft contempt.* fiddler, scraper (*contempt.*). – **2.** *zo.* (*Geigenrochen*) guitarfish (*Fam. Rhinobatidae*).

fiel [fiːl] *1 u. 3 sg pret of* fallen.

fie·pen ['fiːpən] *v/i* ⟨h⟩ **1.** (*von jungen Hunden etc*) whimper. – **2.** (*von Vögeln etc*) cheep. – **3.** *hunt.* (*von Reh*) whistle.

Fie·rant [fiə'rant] *m* ⟨-en; -en⟩ *Austrian for* Markthändler.

fie·ren ['fiːrən] *v/t* ⟨h⟩ *mar.* (*Tau, Kette etc*) pay (out), heave down, veer, strike below, slack away (*od.* off), lower, send down: die Schoten ~ to ease off the sheets.

fies [fiːs] *adj* ⟨-er; -est⟩ *colloq. contempt.* **1.** (*ekelhaft*) disgusting, unpleasant, horrible, nasty: ein ~es Gefühl a disgusting feeling. – **2.** (*widerwärtig*) loathsome, nasty: ein ~er Kerl a loathsome fellow.

fif·ty-fif·ty ['fɪftɪ'fɪftɪ] (*Engl.*) *adv colloq.* (*in Wendungen wie*) (mit j-m) ~ machen to go fifty-fifty (*od.* halves) (with s.o.); es ist noch nicht entschieden, die Sache steht ~ it is not settled yet, there is a fifty-fifty chance.

Fi·ga·ro ['fiːgaro] *m* ⟨-s; -s⟩ **1.** *humor. for* Friseur. – **2.** „Die Hochzeit des ~" "The Marriage of Figaro" (*opera by Mozart*).

Fight [faɪt] (*Engl.*) *m* ⟨-s; -s⟩ (*bes. beim Boxsport*) fight. — **figh·ten** ['faɪtən] *v/i* ⟨h⟩ fight. — **Figh·ter** ['faɪtər] *m* ⟨-s; -⟩ fighter.

Fi·gur [fi'guːr] *f* ⟨-; -en⟩ **1.** (*Körperform*) figure: sie hat eine gute ~ she has a good figure; dieses Kleid betont die ~ this dress brings out the figure (to advantage). – **2.** (*Wuchs, Statur*) stature: breit von ~ sein to be broad (*od.* heavy, stout) in stature. – **3.** (*Körperbau*) physique, frame, build. – **4.** (*Gestalt*) shape, appearance. – **5.** *fig.* (*in Wendungen wie*) eine armselige [gute] ~ abgeben (*od.* machen) to cut a poor [good] figure; eine lächerliche ~ machen a) to cut a ridiculous (*od.* sorry) figure, b) to make an exhibition of oneself; ~ machen *colloq.* a) to be a person of stature, b) to prove one's worth. – **6.** figure, character: komische ~ a) (*bes. theater*) comic figure, b) strange (*od.* odd) person (*od.* character), odd fish (*colloq.*); wichtige ~ important figure (*od.* person, personage), VIP. – **7.** (*Form*) form, shape, figure: etwas in der ~ eines Sternes anordnen to arrange s.th. in the form of a star. – **8.** (*künstlerische Darstellung*) figure: ~en aus Holz figures in wood, wooden figures; mit ~en bemalt painted with figures; symbolische ~ symbolic figure, symbol, emblem. – **9.** *math.* a) figure, b) diagram, graph, c) configuration: ebene ~ plane figure; eingeschriebene ~ inscribed figure; etwas in einer ~ darstellen to plot s.th. graphically (*od.* diagrammatically). – **10.** (*sport*) (*beim Eiskunstlauf*) a) figure, b) (*Pflichtfigur*) compulsory (*auch* school) figure: sie lief ausgezeichnete ~en she skated (*od.* cut) excellent figures. – **11.** (*beim Tanzen*) figure: ~en bilden to figure. – **12.** (*beim Schachspiel etc*) man, piece, figure: die ~en aufstellen to put the pieces on the board, to set up the pieces; leichtere ~en (*Läufer u. Springer*) minor pieces. – **13.** (*beim Kartenspiel*) a) figure (on a face card), b) face card: viele ~en haben to have many face cards. – **14.** *mus.* figure. – **15.** (*in der Rhetorik*) (rhetorical) figure, figure of speech. – **16.** *philos.* (*des Schließens*) figure: syllogistische ~en syllogistic figures, schemata. – **17.** *her.* figure, charge. – **18.** *phys.* figure: akustische ~en acoustic (*od.* sonorous) figures.

fi·gu·ral [figu'raːl] *adj bes. mus.* figurate, florid, figured, figural. — **F~ˌmu·sik** *f* figurate music.

fi·gu·ra·tiv [figura'tiːf] *adj* (*Ausdruck, Sinn etc*) figurative, figured, metaphorical, *auch* metaphoric, pictorial: im ~en Sinn in the (*od.* a) figurative sense, figuratively (speaking).

Fi·gür·chen [fi'gyːrçən] *n* ⟨-s; -⟩ **1.** *dim. of* Figur. – **2.** (*aus Ton, Metall etc*) figurine.

Fi'gu·ren|ˌlau·fen *n* (*sport*) figure skating. — **~ˌtanz** *m* figure dance, *Br.* figure-dance.

fi·gu·rie·ren [figu'riːrən] **I** *v/t* ⟨*no* ge-, h⟩ *mus.* figure. – **II** *v/i* (*theater*) (als as) appear. — **fi·gu'riert I** *pp.* – **II** *adj* **1.** *math.* (*Zahl*) figurate. – **2.** *mus.* figurate, figured, florid.

Fi·gu·ri·ne [figu'riːnə] *f* ⟨-; -n⟩ **1.** (*theater*) (*Kostümentwurf*) sketch for a costume. – **2.** (*art*) figurine, statuette.

fi·gür·lich [fi'gyːrlɪç] *adj* **1.** *cf.* figurativ. – **2.** (*bes. art*) a) statuary, b) (*Schmuck etc*) figured.

Fik·ti·on [fɪk'tsĭoːn] *f* ⟨-; -en⟩ **1.** invention, fiction. – **2.** fiction, assumption, unfounded belief. – **3.** *philos. jur.* fiction.

fik·tiv [fɪk'tiːf] *adj* **1.** (*erdacht*) fictitious, imaginary, fictive. – **2.** (*vorgetäuscht*) fictitious, feigned.

Fi·la·ment [fila'mɛnt] *n* ⟨-s; -e⟩ **1.** *bot.* (*Staubfaden*) filament. – **2.** *astr.* filament.

Fi·la·ria [fi'laːrĭa] *f* ⟨-; -rien⟩ *zo.* filaria (*Gattg Filaria*). — **Fi·la'ria·sis** [-la'riːazɪs] *f* ⟨-; *no pl*⟩, **Fi'la·ri·enˌkrank·heit, Fi·la·rio·se** [-la'rĭoːzə] *f* ⟨-; -n⟩ *med.* filariasis.

Fi·let [fi'leː] *n* ⟨-s; -s⟩ **1.** *gastr.* a) (*vom Rind, Schwein, Wild etc*) fillet, *Am. auch* filet, sirloin, tenderloin, *bes. Br.* undercut, b) (*vom Fisch*) fillet, *Am. auch* filet, c) (*vom Geflügel*) breast (piece): etwas als ~ schneiden (*od.* zubereiten) to fillet (*Am. auch* filet) s.th.; ~ mignon filet mignon. – **2.** (*textile*) *cf.* Filetarbeit. – **3.** (*in der Spinnerei*) doffer. — **~ˌar·beit** *f* (*textile*) network, netting: ~ machen to net. — **~ˌbra·ten** *m gastr.* roast fil(l)et.

Fi·le·te [fi'leːtə] *f* ⟨-; -n⟩ *print.* **1.** (*Fadenstempel*) back tools *pl*. – **2.** (*Zierleiste*) fillet.

Fi'let|ˌna·del *f* (*textile*) netting needle. — **~ˌspit·zen** *pl* filet *sg*, filet lace *sg*. — **~ˌsteak** *n gastr.* fil(l)et steak.

Fi·li'al|ˌbank [fi'lĭaːl-] *f econ.* bank with a branch system. — **~beˌtrieb** *m cf.* Filiale 1.

Fi·lia·le [fi'lĭaːlə] *f* ⟨-; -n⟩ **1.** *econ.* a) (*einer Firma etc*) branch (establishment), b) (*einer Versicherung etc*) branch (office), c) (*eines Geschäftes*) branch (shop), d) (*Kettenladen*) chain store. – **2.** *relig.* filial church.

Fi·li'al|ge·ne·ra·tiˌon *f biol.* (first) filial generation. — **~geˌschäft** *n econ.* **1.** *cf.* Filiale 1c, 1d. – **2.** branch banking. — **~ˌlei·ter** *m* branch manager. — **~ˌnetz** *n* network of branches (*od.* shops). — **~ˌun·terˌneh·men** *n* branch establishment.

Fi·lia·ti·on [filĭa'tsĭoːn] *f* ⟨-; -en⟩ **1.** *relig.* filiation. – **2.** *anthrop.* filiation, offshoot.

fi·lie·ren [fi'liːrən] *v/t* ⟨*no* ge-, h⟩ **1.** (*textile*) (*Spitzen etc*) net. – **2.** *gastr.* (*Filetstücke schneiden*) fillet, *Am. auch* filet. – **3.** (*games*) (*Karten*) palm.

Fi·li·gran [fili'graːn] *n* ⟨-s; -e⟩ **1.** (*aus Gold- od. Silberdraht*) filigree (work): mit ~ verziert filigreed, *auch* filigrained. – **2.** *fig.* filigree (*auch* filagree, filigrain, filigrane) pattern.

fi·li'gran *adj* filigree(d), *auch* filigrained.

Fi·li'gran|ˌar·beit *f* **1.** filigree (work). – **2.** piece of filigree (work). — **~ˌglas** *n tech.* reticulated (*od.* lace) glass, *Br.* lace-glass.

Fi·li·us ['fiːlĭʊs] *m* ⟨-; -lii [-lii] *u.* -liusse⟩ *humor. for* Sohn.

Film [fɪlm] *m* ⟨-s; -e⟩ **1.** *phot.* a) film, b) (*für Filmkameras*) cinefilm: etwas auf den ~ bannen to record s.th. on film; einen ~ belichten to expose a film. – **2.** (*Spielfilm*) film, *Am. auch* (motion) picture, *Am. colloq.* movie: abendfüllender ~ full-length feature (*od.* film); wiederaufgeführter ~ rerun, *Br.* re-run; sich einen ~ ansehen to go to see a film; einen ~ drehen to shoot (*od.* make) a film, to film; einen ~ zeigen to show (*od.* screen) a film; der ~ läuft im Park-Kino the film is on (*od.* is showing) in the Park Cinema (*Am.* Theater); im ~ sieht sie jünger aus she looks younger on the screen. – **3.** der ~ *collect.* (*Filmbranche*) the films *pl*, *bes. Br.* the cinema, *bes. Am.* the motion pictures *pl*, the screen, *Br.* the pictures *pl*, *Am. colloq.* the movies *pl*: beim ~ arbeiten (*od.* sein) a) to work in the films (*Am. colloq.* movies), to be in the film (*bes. Am.* motion-picture) business, b) (*bes. als Schauspieler*) to work on the screen, to be in films (*Am. colloq.* in the movies); zum ~ gehen a) (*als Schauspieler*) to get into (*od.* go on) the films, to become a screen actor (*od.* actress), b) to go to work in the films (*od.* the film industry); gefeierte Größen des ~s celebrities of the screen. – **4.** (*Filmindustrie*) film (*bes. Am.* motion-picture) industry. – **5.** (*Filmkunst*) film, screen, *bes. Br.* cinema. – **6.** (*Filmtechnik*) film technique. – **7.** (*Filmproduktion*) film work (*od.* production). – **8.** *bes. tech.* (*dünne Schicht*) film, thin coating. — ~ˌabˌta·ster m telev. film scanner. — ~amaˌteur m film (od. cine-)amateur. — ~ap·paˌrat m cf. Filmkamera. — ~arˌchiv n film library (od. archive). — ~ateˌlier n (film) studio. — ~ˌaufˌnah·me f 1. (Vorgang) shooting (of a film), filming. – 2. (Einstellung) shot, shoot, take. – 3. (Film) film. – 4. (Standphoto) still. — ~ˌau·tor m film-script writer (od. author), Am. auch screen author, screenwriter, auch filmwright. — ~ˌband n ⟨-(e)s; ⸚er⟩ (strip of) film. — ~ˌbau·ten pl film (bes. Am. motion-picture) sets. — ~beˌar·bei·tung f 1. film (Am. auch screen) adaptation, Am. auch filmization, cinematization. – 2. tech. film processing. — f~beˌgei·stert adj enthusiastic about films. — ~beˌricht m 1. film report. – 2. telev. film telerecording, video (tape) recording. — ~beˌspre·chung f cf. Filmkritik. — ~beˌsu·cher m filmgoer, Br. film-goer, bes. Br. cinema-goer, Am. moviegoer, cinema (bes. Am. film, movie) patron. — ~beˌwer·tung f assessment (od. rating, evaluation) of a film. — ~beˌwer·tungsˌstel·le f (in Deutschland) etwa film assessment board. — ~ˌbild n 1. motion picture. – 2. (einzelnes) frame. – 3. still. — ~ˌbild·ner m film forming agent. — ~ˌdi·va f (celebrated) film star, Am. auch movie (od. screen) star. — ~do·siˌme·ter n nucl. film dosimeter (Am. auch badge). — ~ˌdra·ma n film (od. screen) drama, screenplay. — ~ˌdruck m ⟨-(e)s; -e⟩ (textile) screen printing. — ~empˌfind·lich·keit f phot. film speed.

fil·men ['fɪlmən] I v/t ⟨h⟩ 1. film, take, shoot. – II v/i 2. be filming, take shots: bei Außenaufnahmen ~ to be on location. – 3. (einen Film drehen) (make a) film. – 4. (in einem Film spielen) (act in a od. play in a) film. – III F~ n ⟨-s⟩ 5. verbal noun: mikroskopisches F~ microcinematography.

'Film|ˌfan m film enthusiast, cineast, auch cinéaste, film fan, Br. film-fan (colloq.), Am. colloq. movie fan. — ~ˌfangˌspu·le f auto take-up spool. — ~ˌfen·ster n phot. film gate. — ~ˌfe·sti·val n, ~ˌfestˌspie·le pl film festival. — ~forˌmat n phot. size. — ~ˌfreund m lover of films. — ~ˌfüh·rungsˌrol·le f phot. sprocket. — ~geˌlän·de n a) (für Innenaufnahmen) studio (od. picture) lot, b) (für Außenaufnahmen) location. — ~geˌschäft n film (bes. Am. motion-picture) trade (od. business). — ~geˌsell·schaft f film (bes. Am. motion-picture) company. — ~geˌwal·ti·ge m ⟨-n; -n⟩ colloq. cinemogul, bes. Am. movie mogul, auch motion-picture magnate. — ~ˌgrö·ße f colloq. film (Am. auch motion-picture, movie, screen) celebrity. — ~ˌhal·ter m film clip. — ~ˌhand·lung f action of a film. — ~ˌha·se m colloq. humor. only in ein alter ~ an old hand in the film trade (od. business). — ~ˌheld m film (od. screen) (Am. auch movie) hero. — ~ˌherˌstel·ler m cf. Filmproduzent. — ~ˌherˌstel·lung f cf. Filmproduktion. — ~in·duˌstrie f film (bes. Am. motion-picture) industry, films pl.

'fil·misch I adj filmic, bes. Br. cinematographic, bes. Am. motion-picture (attrib): ein ~es Meisterwerk a cinematographic masterpiece; seine ~e Erfahrung his cinematographic experience, his experience in the film business. – II adv filmically, cinematically, bes. Br. cinematographically: ~ gesehen from the cinematographic point of view.

'Film|ˌka·me·ra f film (bes. Am. motion-picture od. movie) camera, cinecamera. — ~kar·rie·re [-kaˌrĭɛːrə] f film (od. screen, Am. auch movie) career. — ~kaˌset·te f 1. (einer Filmkamera) film magazine, auch cartridge. – 2. (eines Röntgenapparates) (film) cassette. — ~ˌkitt m film (od. splicing) cement. — ~ˌklam·mer f phot. film clip. — ~ˌklap·pe f take (od. number) board. — ~ˌkle·beˌpres·se f (film) splicer. — ~ˌklub m film club, cineclub. — ~ˌko·mi·ker m film (od. screen, Am. auch movie) comedian. — ~koˌmö·die f (film) comedy (od. comic). — ~komˌpar·se m, ~komˌpar·sin f (film) extra, super(numerary). — ~kom·poˌnist m composer of film (od. screen, Am. auch movie) music. — ~koˌpie f copy of a film. — ~kriˌtik f film criticism (od. review). — ~ˌkri·ti·ker m film critic. — ~ˌküh·lung f (space) film cooling. — ~ˌkunst f cinematic (bes. Br. cinematographic) art, cinema (collect.), cinematics pl (construed as sg). — ~ˌlän·ge f footage, length of film. — ~ˌleinˌwand f (Am. motion-picture, bes. Br. cinema) screen, Am. movie (theater) screen. — ~ˌleu·te pl film (Am. auch movie) people. — ~ˌlieb·ling m colloq. favorite (bes. Br. favourite) film (od. screen, Am. auch movie) star. — ~ˌlustˌspiel n cf. Filmkomödie. — ~ma·nuˌskript n cf. Drehbuch. — ~ma·te·riˌal n 1. phot. negative material(s pl). – 2. film material. — ~muˌsik f film (od. screen, Am. auch movie) music. — ~ˌnachˌwuchs m young (od. budding, fledgling) film actors pl. — ~ne·gaˌtiv n negative. — ~ope·raˌteur m 1. cf. Kameramann. – 2. cf. Filmvorführer. — ~opeˌret·te f (film) musical.

Fil·mo·thek [fɪlmo'teːk] f ⟨-; -en⟩ film library (od. archive).

'Film|ˌpack m phot. film pack, pack of films. — ~paˌlast m Am. motion-picture palace, Br. super-cinema. — ~paˌtro·ne f phot. a) cartridge, b) cassette. — ~plaˌkat n film (Am. auch movie) poster. — ~ˌpreis m 1. film award (od. prize). – 2. price of a film. — ~pre·mie·re [-prəˌmĭeːrə] f film premiere. — ~pro·duk·tiˌon f film production. — ~pro·duˌzent m (film) producer, Am. auch motion-picture producer. — ~proˌgramm n 1. (im Kino) film (bes. Br. cinema) program (bes. Br. programme), Am. movie program. – 2. (Begleitheft) film (od. souvenir) program (bes. Br. programme). — ~proˌjek·tor m film projector, cineprojector, bes. Br. cinematograph, bes. Am. motion-picture (od. movie) projector. — ~ˌprü·fer m film censor. — ~ˌprüfˌstel·le f film examining (od. censorship) board. — ~ˌpu·bli·kum n 1. filmgoers, Br. film-goers pl, bes. Br. cinema-goers pl, cinema-going public, Am. moviegoers pl. – 2. audience (in a cinema). — ~ˌrech·te pl film rights. — ~reˌgie f film direction. — ~re·gisˌseur m film director. — ~reˌkla·me f 1. econ. a) screen advertising (od. publicity), b) screen advertisement. – 2. (film) a) advertising of films, b) advertisement for a film, Br. cinema (Am. movie) advertisement. — ~ˌrol·le f 1. film role (od. part), part (in a film). – 2. phot. roll of film, (film) spool. — ~saˌlat m colloq. 'spaghetti' pl (colloq.), camera buckle. — ~ˌschaf·fen n film (bes. Am. motion-picture) production, film-making, Am. auch moviemaking. — ~ˌschaf·fen·de m, f ⟨-n; -n⟩ person employed in the film industry. — ~ˌschauˌspie·ler m film (od. screen, Am. auch movie) actor. — ~ˌschauˌspie·le·rin f film (od. screen, Am. auch movie) actress. — ~ˌschnitt m film cutting (and editing). — ~ˌschön·heit f colloq. film beauty. — ~ˌspra·che f film slang: in der ~ in film slang. — ~ˌspu·le f phot. 1. film reel. – 2. (beim Kleinbildfilm) spool. — ~ˌstadt f film (Am. auch movie) town (a) centre of the film industry, bes. Am. Hollywood, b) group of film studios, c) dummy town). — ~ˌstar m film (od. screen, Am. auch motion-picture, Am. colloq. movie) star. — ~staˌtist m cf. Filmkomparse. — ~ˌstern·chen n film (od. screen, Am. auch motion-picture, Am. colloq. movie) starlet. — ~ˌstoff m film (script) material, film story. — ~ˌstrei·fen m 1. (beim Filmschnitt) reel, bes. Am. trailer. – 2. lit. for Film 2. — ~ˌstu·dio n film (Am. auch motion-picture, movie) studio. — ~syn·chro·ni·sa·tiˌon f dubbing. — ~ˌsze·ne f 1. scene (in a film). – 2. (bei der Dreharbeit) (film) take. — ~ˌtech·nik f 1. film technique, cinematics pl (construed as sg). – 2. phot. filming technique. — f~ˌtech·nisch adj film-technical, cinematographical. — ~thea·ter [-teˌaːtər] n bes. Br. cinema, Am. (motion-)picture theater (od. house), Am. movie theater (od. house). — ~ˌthe·ma n subject (od. topic, theme) of a film. — ~ˌti·tel m film (Am. motion-picture, Am. colloq. movie) title. — ~transˌport m 1. phot. a) film transport, b) film winding mechanism. – 2. (film) film transport mechanism. — ~ˌumˌspu·lung f rewinding of a film. — ~verˌanˌstal·tung f film show (od. performance). — ~verˌleih m 1. (Verleihen) film distribution. – 2. (Verleihgesellschaft) film distributors pl, film distributing firm. — ~verˌtrieb m cf. Filmverleih. — ~ˌvorˌfüh·rer m projectionist, bes. Br. cinema operator. — ~ˌvorˌführ·geˌrät n cf. Filmprojektor. — ~ˌvorˌführˌraum m film projection room (bes. Am. booth). — ~ˌvorˌfüh·rung f 1. (Vorstellung) film (od. screen, Am. auch movie) performance. – 2. (Vorführen) film projection, showing (od. screening) of films (od. a film). — ~ˌvorˌschau f 1. (Vorspann) trailer. – 2. (für Kritiker) preview, Am. auch prevue. – 3. (Zeitungsrubrik) forthcoming films pl. — ~ˌvorˌstel·lung f film (od. screen, Am. auch movie, bes. Br. cinema) performance, film show. — ~ˌwelt, die ⟨-; no pl⟩ the film world, bes. Br. the world of the cinema, bes. Am. auch filmdom, filmland, screendom, screenland, Am. colloq. movieland, bes. Am. Hollywood. — ~ˌwerk n lit. film(ic) (bes. Br. cinematographic) work. — ~ˌwe·sen n ⟨-s; no pl⟩ film (bes. Am. motion-picture, Am. colloq. movie, bes. Br. cinema) industry, films pl, Am. colloq. movies pl. — ~ˌwett·beˌwerb m film competition. — ~ˌwirt·schaft f cf. Filmindustrie. — ~ˌwo·che f film week. — ~ˌzäh·ler m phot. 1. (bei Filmkamera) film (od. footage) counter. – 2. (beim Fotoapparat) frame counter. — ~ˌzeitˌschrift f film (od. screen, Am. auch movie) magazine. — ~ˌzen·sor m film censor. — ~zenˌsur f film censorship: die ~ passieren to pass the film censor.

Fi·lou [fi'luː] m ⟨-s; -s⟩ 1. humor. rascal, rogue. – 2. trickster.

Fil·ter ['fɪltər] m, bes. tech. n ⟨-s; -⟩ 1. auch chem. phys. electr. filter: Zigarette mit [ohne] ~ filter(-tipped) [plain] cigarette. – 2. (coffee) filter: Kaffee durch einen ~ gießen to filter coffee. – 3. phot. (color, bes. Br. colour) filter. — ~ˌanˌla·ge f tech. filtering plant. — ~ˌbecken (getr. -k·k-) n civ.eng. filtering basin. — ~ˌbo·den m tech. filter bottom. — ~ˌbrun·nen m spring well. — ~eleˌment n filter element. — ~ˌfla·sche f chem. filter(ing) flask. — ~ˌglas n (optics) filter (od. absorption) glass. — ~ˌkaf·fee m gastr. percolated (od. filter[ed]) coffee, drip coffee. — ~ˌkan·ne f filter (od. drip) (coffee) pot, Am. drip coffee maker, dripolator. — ~ˌka·sten m mar. tech. filter box. — ~ˌkies m civ.eng. filter(ing) gravel. — ~ˌkoh·le f tech. filter(ing) charcoal, filter carbon. — ~kon·denˌsa·tor m electr. filter capacitor. — ~ˌkreis m filter(ing) circuit, frequency filter. — ~ˌku·chen m tech. filter (od. press) cake. — ~ˌmas·se f brew. filter mass. — ~ma·te·riˌal n filter(ing) material. — ~ˌmundˌstück n (einer Zigarette) filter tip.

fil·tern ['fɪltərn] I v/t ⟨h⟩ 1. (Flüssigkeit etc) filter, filtrate, strain. – 2. (abfiltern) filter (off od. out). – 3. gastr. (Kaffee) filter, strain, percolate. – 4. electr. (radio) filter. – II F~ n ⟨-s⟩ 5. verbal noun. – 6. cf. Filterung.

'Fil·ter|paˌpier n cf. Filtrierpapier. — ~ˌpres·se f tech. filter(ing) press. — ~ˌrückˌstand m filtration residue. — ~ˌschal·tung f electr. (radio) filter circuit (od. network). — ~ˌschicht f tech. filter bed. — ~ˌspu·le f electr. (radio) filter coil (od. reactor). — ~ˌstoff m filtering material. — ~ˌtuch n filter(ing) (od. straining) cloth, cloth filter.

'Fil·te·rung f ⟨-; -en⟩ 1. cf. Filtern. – 2. percolation. – 3. (optics) absorption.

'Fil·ter·zi·gaˌret·te f filter(-tipped) cigarette.

Fil·trat [fɪl'traːt] n ⟨-(e)s; -e⟩ bes. chem. tech. filtrate.

Fil·tra·ti·on [fɪltra'tsĭoːn] f ⟨-; -en⟩ bes. chem. tech. a) (durch Absaugen im Vakuum) filtration, b) (durch Schwerkraft) cf. Filterung 1, 2.

Fil'trier|ap·paˌrat m filter(ing) apparatus, percolator. — f~bar adj filt(e)rable.

fil·trie·ren [fɪl'triːrən] v/t ⟨no ge-, h⟩ cf. filtern.

Fil'trier|geˌschwin·dig·keit f rate of filtering. — ~paˌpier n filter(ing) paper. — ~ˌsand m filter(ing) sand. — ~ˌstein m filter(ing) stone.

Fil'trie·rung f ⟨-; -en⟩ cf. Filtration.

Filz [fɪlts] m ⟨-es; -e⟩ 1. (textile) felt: aus ~ felt(ed); etwas zu ~ machen to felt s.th. – 2. fig. colloq. feltlike (Br. felt-like) cover (od. layer). – 3. fig. colloq. (Wirrwarr) tangle. – 4. fig. colloq. contempt. for Geizhals. – 5. colloq. for Filzhut. – 6. (paper) felt. – 7. bot. toment(um). – 8. biol. hair-dressed skin. – 9. Austrian pork belly fat. – 10. dial. for Bierdeckel. — ~ˌabˌstrei·fer m felt wiper. — f~ˌar·tig adj 1. feltlike, Br. felt-like. – 2. bot. tomentous. — ~ˌdecke (getr. -k·k-) f felt cover. — ~ˌdeckel (getr. -k·k-) m cf.

Bierdeckel. — ~ˌ**dich·tung** *f* felt packing. — ~ˌ**einˌla·ge** *f* (*im Schuh*) felt insole (*od.* insert).

fil·zen ['fɪltsən] **I** *v/t* ⟨h⟩ **1.** (*textile*) felt, mill, full. – **2.** *fig. colloq.* search, *Am. sl.* frisk. – **II** *v/i* **3.** (*von Wolle*) felt.

'Filzˌhut *m* felt (hat): harter (*od.* steifer) ~ hard felt hat; weicher ~ soft felt hat, *Br. colloq.* trilby (hat).

'fil·zig *adj* **1.** (*filzartig*) feltlike, *Br.* felt-like, felty. – **2.** (*aus Filz*) felt(ed). – **3.** (*verfilzt*) felted. – **4.** (*Haar, Gras etc*) matted. – **5.** *bot. zo.* tomentose, tomentous. – **6.** *fig. colloq. for* geizig. — **'Fil·zig·keit** *f* ⟨-; *no pl*⟩ **1.** (*eines Materials*) felty quality (*od.* appearance). – **2.** *fig. colloq.* niggardliness, stinginess, meanness.

'Filz|ˌkap·pe *f* felt cap. — ~ˌ**kraut** *n bot.* cudweed, cotton rose (*Gattg Filago*). — ~ˌ**laus** *f zo.* crab louse (*Phthirius pubis*). — ~**maˌschi·ne**, ~ˌ**müh·le** *f* (*textile*) felting machine, felter, hardening machine, hardener. — ~**panˌtof·fel** *m meist pl* felt slipper. — ~ˌ**pap·pe** *f* (*als Teppichunterlage etc*) felt board. — ~ˌ**pat·schen** *m meist pl Austrian colloq. for* Filzpantoffel. — ~**ˌschei·be** *f tech.* **1.** (*zum Glätten*) felt rubbing pad. – **2.** (*zum Polieren*) felt polishing wheel. — ~ˌ**schrei·ber** *m* felt-tip(ped) pen (*od.* pencil). — ~ˌ**schuh** *m meist pl* felt shoe. — ~ˌ**sei·te** *f tech.* (*paper*) felt side. — ~ˌ**sieb** *n tech.* (*Schmiertechnik*) felt strainer. — ~ˌ**soh·le** *f* felt sole. — ~ˌ**stie·fel** *m meist pl* felt boot. — ~ˌ**tuch** *n* felt(ed) cloth. — ~ˌ**un·terˌla·ge** *f* felt pad. — ~ˌ**un·ter·ˌlegˌschei·be** *f tech.* felt washer. — ~ˌ**wa·ren** *pl* felt goods (*od.* articles). — ~ˌ**wurm** *m zo.* sea mouse (*Aphrodite aculeata*).

Fim·bri·en ['fɪmbriən] *pl med.* (*am Eileiter*) fimbria.

Fim·mel[1] ['fɪməl] *m* ⟨-s; -⟩ **1.** *bot.* (*Gemeiner Hanf*) fimble (hemp), male hemp (*Cannabis sativa*). – **2.** (*mining*) gad, moil.

'Fim·mel[2] *m* ⟨-s; -⟩ *colloq.* **1.** craziness: er hat einen ~ he is crazy (*Am. colloq.* nuts, *Br. colloq.* crackers). – **2.** (*fixe Idee*) whim. – **3.** (*Besessenheit*) craze, mania, fad (*colloq.*): sie hat einen richtigen ~ für Musik she is absolutely mad (*od.* crazy) about music.

fi·nal [fi'na:l] *adj* **1.** *ling.* (*Konjunktion*) final. – **2.** *lit.* final, ultimate. – **3.** *philos.* (*zweckbestimmt*) final.

Fi·na·le [fi'na:lə] *n* ⟨-s; -⟩ **1.** *mus.* finale. – **2.** (*sport*) a) (*Endkampf*) final, b) (*Endrunde*) finals *pl*: im ~ in the final; das ~ erreichen, ins ~ kommen (*od.* einziehen) to get in the final (*od.* finals); sich für das ~ qualifizieren to qualify for (the) finals (*od.* the final). – **3.** *lit. for* Abschluß 3.

Fi·na·lis·mus [fina'lɪsmʊs] *m* ⟨-; *no pl*⟩ *philos.* finalism.

Fi·na·list [fina'lɪst] *m* ⟨-en; -en⟩ (*sport*) finalist.

Fi·na·li·tät [finali'tɛ:t] *f* ⟨-; -en⟩ *philos.* finality.

Fi'nalˌsatz *m ling.* final (*od.* purpose) clause.

Fi·nan·ci·er [finã'sie:] *m* ⟨-s; -s⟩ *econ. cf.* Finanzier.

Fi·nanz [fi'nants] *f* ⟨-; *no pl*⟩ *econ.* finance, financial world (*od.* circles *pl*). — ~ˌ**ab·ˌkom·men** *n* financial agreement. — ~ˌ**ab·ˌtei·lung** *f* finance department (*od.* division, section). — ~ˌ**amt** *n jur. econ.* a) tax (*od.* revenue) office, b) (*als Behörde*) tax(ation) authorities *pl* (*od.* officials *pl*), c) (*in England, für Staatsabgaben*) inland revenue office, (*in USA*) internal revenue office, d) (*für Kommunalabgaben*) *Br.* office of the inspector of taxes, e) tax collector: wir arbeiten nur noch fürs ~ *colloq. humor.* we only work for the tax collector. — ~**ˌaufˌkom·men** *n* state revenue. — ~ˌ**aus·ˌgleich** *m* financial adjustment (*od.* equalization: horizontaler [vertikaler] ~ horizontal [vertical] financial adjustment of taxes (*between the 'Bund' and the 'Länder' and communities respectively*). — ~**ˌausˌschuß** *m* finance (*od.* financial) committee. — ~**beˌam·te** *m* revenue officer. — ~**beˌam·tin** *f* female revenue officer. — ~**beˌhör·de** *f* fiscal authority (*Am.* bureau). — ~**beˌra·ter** *m* financial adviser (*auch* advisor). — ~ˌ**blatt** *n* financial newspaper. — ~ˌ**buchˌhal·ter** *m* financial accountant. — ~ˌ**buchˌhal·tung** *f* financial accounts department. — ~**budˌget** *n* (financial) budget. — ~ˌ**deckung** (*getr.* -k·k-) *f* financial cover. — ~ˌ**din·ge** *pl* financial matters.

Fi'nan·zen *pl* **1.** *econ.* finances, financial means, funds: die ~ einer Gesellschaft verwalten to administer the finances of a company; Bundesminister der ~ Federal Minister of Finance. – **2.** *colloq.* (*einer Person*) finances, (financial) means, funds: meine ~ erlauben mir das nicht my means do not (*od.* the state of my finances does not) allow such a thing; es steht schlecht um unsere ~ our finances are in a bad way; wie stehen deine (*od.* wie steht es mit deinen) ~? how are your finances?

Fi'nan·zer *m* ⟨-s; -⟩ *Austrian colloq. for* Zollbeamte.

Fi'nanz|exˌper·te, ~ˌ**fachˌmann** *m* financial expert. — ~**geˌba·rung** *f* ⟨-; *no pl*⟩ *econ.* **1.** management of public finances. – **2.** fiscal policy. — ~**geˌricht** *n jur.* (German) Fiscal Court. — ~**geˌrichts·bar·keit** *f* financial (*od.* fiscal) jurisdiction. — ~**ge·ˌschäft** *n* **1.** financial transaction. – **2.** investment business. — ~**geˌsell·schaft** *f Swiss* investment company. — ~**geˌsetz** *n* finance (*od.* revenue) act. — ~**geˌsetz·ˌge·bung** *f* financial legislation. — ~**ˌgrö·ße** *f colloq.* **1.** big financier. – **2.** financial expert. — ~ˌ**grup·pe** *f* group of financiers. — ~ˌ**hil·fe** *f* financial aid (*od.* assistance). — ~ˌ**hof** *m cf.* Finanzgericht. — ~ˌ**ho·heit** *f* ⟨-; *no pl*⟩ fiscal autonomy, financial sovereignty (*od.* independence).

fi·nan·zi·ell [finan'tsiɛl] **I** *adj* **1.** (*Lage, Schwierigkeiten etc*) financial: in ~er Hinsicht financially, from a financial point of view; aus ~en Gründen for financial reasons. – **2.** (*geldlich*) pecuniary, financial, moneyed (*attrib*): ~e Belange moneyed interests; ~e Hilfe moneyed assistance. – **3.** (*währungspolitisch*) monetary. – **4.** (*finanzpolitisch*) fiscal. – **II** *adv* **5.** financially: ~ unabhängig financially independent; j-n ~ unterstützen a) to back s.o. financially (*od.* with money), b) to give s.o. financial aid (*od.* support); sich ~ verbessern to be better off financially; ~ gut gestellt sein (*od.* gut stehen) to be in a good financial position, to be well off (financially), to be financially sound; ~ schlecht gestellt sein (*od.* schlecht stehen) to be in a bad (*od.* poor, weak) financial position; ~ gesichert sein to be financially secure (*od. colloq.* above water); ~ intakt *econ.* sound.

Fi·nan·zi·er [finan'tsie:] *m* ⟨-s; -s⟩ *econ.* **1.** financier. – **2.** person who finances s.th.

fi·nan·zie·ren [finan'tsi:rən] **I** *v/t* ⟨*no* ge-, h⟩ **1.** (*Projekt, Unternehmen etc*) finance, support (financially): etwas neu ~ to refinance (*Br.* re-finance) s.th. – **2.** (*Studium etc*) pay for, bear the cost of. – **3.** (*Rundfunksendung etc*) sponsor. – **4.** *econ.* (*Anleihe*) float. – **5.** (*unterstützen*) subsidize. – **II F~** *n* ⟨-s⟩ **6.** *verbal noun.* — **Fi·nan·'zie·rung** *f* ⟨-; *no pl*⟩ **1.** *cf.* Finanzieren. – **2.** financing: der Staat übernahm die ~ the state undertook the financing (*od.* provided the necessary funds, provided the capital); ein Wohnungsbauprogramm, dessen ~ vom Staat getragen wird a housing program (*bes. Br.* programme) which is financed by the state, a state-supported housing project.

Fi·nan'zie·rungs|ˌart *f* way (*od.* method) of financing. — ~ˌ**darˌle·hen** *n* loan for financing purposes. — ~ˌ**form** *f* method of finding funds. — ~**geˌsell·schaft** *f* finance company. — ~ˌ**ko·sten** *pl* cost *sg* of financing, promotion money *sg.* — ~**ˌmit·tel** *pl* financing funds. — ~ˌ**plan** *m* financial program (*bes. Br.* programme) (*od.* scheme). — ~ˌ**schwie·rig·kei·ten** *pl* financing difficulties. — ~ˌ**trä·ger** *m* **1.** provider (*od.* source) of finance. – **2.** financing institution.

Fi'nanz|ˌjahr *n pol.* fiscal (*od.* financial) year. — ~ˌ**kam·mer** *f econ.* revenue board. — ~**konˌsor·ti·um** *n* financial syndicate. — **f~ˌkräf·tig** *adj* **1.** (*Unternehmen etc*) financially strong, in a strong financial position, with ample financial resources, well-heeled (*colloq.*). – **2.** *colloq.* wealthy, rich. — ~ˌ**krei·se** *pl* financial circles (*od.* quarters, world *sg*). — ~ˌ**kri·se** *f* financial crisis. — ~ˌ**la·ge** *f* financial situation (*od.* position): gesunde ~ sound financial position. — ~ˌ**macht** *f* financial power. — ~**maˌgnat** *m* financial magnate. — ~ˌ**mak·ler** *m* finance broker. — ~ˌ**mann** *m* ⟨-(e)s; -männer *u.* -leute⟩ *cf.* Finanzier. — ~ˌ**mas·se** *f* total revenue and expenditure items *pl*, receipts *pl* and expenditure. — ~**miˌni·ster** *m pol.* Minister of Finance, *Br.* Chancellor of the Exchequer, *Am.* Secretary of the Treasury. — ~**mi·niˌste·ri·um** *n* Ministry of Finance, *Br.* Treasury, *Am.* Treasury Department. — ~**mo·noˌpol** *n* financial (*od.* fiscal) monopoly. — ~ˌ**plan** *m* financial scheme. — ~**po·liˌtik** *f* **1.** (*eines Unternehmens etc*) financial policy. – **2.** (*des Staates*) budgetary policy. — **f~poˌli·tisch** *adj* relating to financial (*od.* budgetary) policy. — ~**ˌquel·len** *pl* financial sources. — ~ˌ**recht** *n jur.* financial (*od.* fiscal) law. — ~**reˌform** *f* financial reform. — ~ˌ**sach·ver·ˌstän·di·ge** *m cf.* Finanzexperte. — **f~ˌschwach** *adj* (*Land etc*) financially weak. — **f~ˌstark** *adj cf.* finanzkräftig. — ~**staˌti·stik** *f* financial statistics *pl* (*construed as sg or pl*). — **f~staˌti·stisch** *adj* of (*od.* relating to) financial statistics. — ~**syˌstem** *n* financial system. — **f~ˌtech·nisch** *adj* financial. — ~ˌ**teil** *m* (*einer Zeitung*) financial page(s *pl*), financial section: Schriftleiter des ~s financial (*Br.* City) editor. — ~**verˌfas·sung** *f* financial system. — ~**verˌwal·tung** *f* **1.** financial (*od.* fiscal) administration. – **2.** (*Behörde*) financial (*od.* fiscal) authorities *pl* (*Am.* bureau). — ~ˌ**wech·sel** *m* accommodation bill. — ~ˌ**welt, die 1.** *cf.* Finanzkreise. – **2.** the moneyed interests *pl*, big business (*colloq.*). — ~ˌ**we·sen** *n* ⟨-s; *no pl*⟩ finance, financial system. — ~ˌ**wis·sen·schaft** *f* (public) finance. — ~ˌ**zoll** *m* revenue duty.

'Fin·del|ˌanˌstalt ['fɪndəl-] *f*, ~ˌ**haus** *n* foundling hospital. — ~ˌ**kind** *n* foundling.

fin·den ['fɪndən] **I** *v/t* ⟨findet, fand, gefunden, h⟩ **1.** (*durch Suchen*) find: ich finde meine Brille nicht I can't find my glasses; man fand einen Revolver bei ihm they found a revolver on him; einen Schatz ~ a) to find a treasure, b) *colloq.* to find a sweetheart; den Weg nach X ~ to find the way to X; Arbeit ~ to find work; einen Mann ~ to find (*od.* get) a husband; leicht [schwer] zu ~ easy [difficult] to find; nirgends zu ~ nowhere to be found; es dauerte lange, bis man ihn [es] fand it took a long time till they found him [it], he [it] took some finding; der Ort wird zu ~ sein the place should be findable; wo kann ich Sie ~? where can I find you? where can you be found? die beiden haben sich (*od.* einander) (gesucht und) gefunden *fig. colloq.* a) they have become partners for life, b) *iron.* those two make a nice pair indeed; den Stein der Weisen ~ *fig.* to find the philosopher's stone. – **2.** (*entdecken*) discover, find: ich habe es zufällig gefunden I discovered it by accident (*od.* accidentally), I came across it (by accident), I chanced upon it; ich fand einige Fehler I found (*od.* discovered, detected) some mistakes; ich fand sein Bild in der Zeitung I discovered (*od.* came across) his picture in the newspaper; Ihre Geldbörse wurde in der Straßenbahn gefunden your purse was found in the tram (*Am.* streetcar). – **3.** (*herausfinden*) find (out): die Lösung eines Problems ~ to find the solution to a problem; Mittel und Wege ~ to find ways and means; er fand die Lösung ganz zufällig he hit upon the solution; einen Ausweg ~ to find a way out; einen Dreh ~ *colloq.* to find a trick (*od. Am. colloq.* gimmick). – **4.** (*vorfinden*) find: er fand die Tür verschlossen he found the door locked; ich fand ihn schlafend I found him asleep; sie fand die Wohnung leer she found the apartment empty; ich fand mich umgeben von I found myself surrounded by. – **5.** (*antreffen*) find, meet: solche Menschen findet man selten you don't find such people very often, such people are few and far between; diese Bäume findet man nur in den Tropen these trees are (*od.* can be) found only in the tropics, you (can) find these trees only in the tropics; das findet man nicht alle Tage this is not an everyday occurrence; zu ~ sein unter (*dat*) a) to be found among, b) to range among; noch zu ~ *bot. zo.* extant. – **6.** (*bekommen*) find, get, come by: Dienstboten sind heutzutage schwer zu ~ servants are hard to come by nowadays; ich kann keinen Mieter für mein Haus ~ I cannot get a tenant (*Am. auch* renter) for my house. – 7. (*dafürhalten*) think, consider, find: ich finde es sehr freundlich von ihm I consider it very nice of him; ~ Sie ihn nett? do you think he is nice? do you find him nice? ich finde ihn unmöglich I think he is (*od.* I find him) impossible; ~ Sie? do you think so? ~ Sie nicht auch? don't you think so too? don't you agree? das finde ich nicht (*od.* kann ich nicht ~) I don't think so, I do not agree, I am of a different view (*od.* opinion); wie ~ Sie das Buch? what do you think of (*od.* how do you like) the book? ich finde es schön a) I think it's beautiful, b) I like it; etwas richtig [falsch] ~ to think s.th. right [wrong]; etwas leicht [schwierig] ~ to find s.th. easy [difficult]; etwas lohnend ~ to find s.th. worth one's while; etwas höchst interessant ~ to find s.th. highly interesting, to get a kick out of s.th. (*colloq.*); das finde ich zum Lachen I think it's ridiculous; das finde ich prima! *colloq.* that's just great! (*colloq.*); etwas nicht der Mühe wert ~ not to think (*od.* find) s.th. worth the trouble; er fand sein Verhalten ganz in Ordnung he considered his behavio(u)r quite correct. – 8. (*feststellen*) find (out), see, notice: Sie werden ~, daß you will find (*od.* see) that; j-n sehr verändert ~ to find a great change in s.o.; ich finde nichts dabei *colloq.* I see nothing (*od.* I don't see anything) wrong in it, I cannot see any harm in it, it seems all right to me; ich möchte bloß wissen, was er an ihr findet *colloq.* I wonder (*od.* I don't know) what he sees in her. – 9. *fig.* (*Beruhigung, Freude, Trost etc*) (in *dat*, an *dat* in) find: Muße ~ to find leisure; Genüge ~ to find satisfaction; Freude an etwas ~ to find (*od.* take) pleasure in s.th., to take delight in s.th.; Geschmack (*od.* Gefallen) an etwas ~ to develop a liking for s.th., to take to s.th., to begin to relish (*od.* like) s.th.; er fand in ihr die Erfüllung seines Lebens in her he found the fulfil(l)ment of his life. – 10. *fig.* (*Aufnahme, Beifall, Zustimmung etc*) meet with, receive, obtain, find: Anerkennung ~ to receive appreciation, to find recognition; Anklang ~ to meet with sympathy; bei j-m Gunst ~ to find favo(u)r with (*od.* in the eyes of) s.o.; die Rede fand begeisterten Widerhall the speech found an enthusiastic echo. – 11. *fig.* (*in Wendungen wie*) sein Auskommen (*od.* Fortkommen) ~ to make a living; seinen Abschluß ~ to come to a conclusion; Anschluß ~ to strike up a friendship, to find friends; an einer Sache [j-m] etwas auszusetzen ~ to find fault with s.th. [s.o.]; Eingang finden in (*acc*) etwas to enter s.th.; ein Ende ~ to come to an end; bei j-m Gehör ~ to be heard (out) by s.o.; bei j-m Glauben ~ to be believed by s.o.; seinen Mann ~ to find (*od.* meet) one's match; Mißfallen an (*dat*) etwas ~ to be displeased at (*od.* with) s.th.; Obdach ~ to find shelter; den Tod ~ to meet one's death, to die, to be killed; bei dem Unfall fanden alle den Tod all were killed in the accident; bei dem Sturz fand er den Tod he died from the fall; keine Worte ~ können to be at a loss for words, to stand (*od.* be) speechless; seine Worte fanden taube Ohren his words fell on deaf ears; das rechte Wort ~ to say the right thing; Zeit für etwas ~ to find time for s.th.; Zuflucht ~ to find refuge; Widerstand ~ to meet with opposition (*od.* resistance); → Absatz 2; Haar 3; Halt 3; Meister 5; Würde. – 12. (*officialese*) (*in Wendungen wie*) Anwendung ~ to be applied; Berücksichtigung ~ to be given (*od.* be taken into) consideration; Verwendung ~ to be used. – 13. *jur.* (*Urteil*) find, arrive at. – 14. *math.* (*geometrischen Ort etc*) find, obtain: den Mittelpunkt von etwas ~ to locate the center (*bes. Br.* centre) of s.th. – II *v/i* 15. (*in Wendungen wie*) er fand nicht mehr nach Hause he didn't find his way home any more; ich fand nicht zu ihnen I didn't find the way to them (*od.* to their house); er fand nicht aus dem Bett (*od.* aus den Federn) *fig. colloq.* he couldn't bring himself to get out of bed, he couldn't drag himself out of bed (*colloq.*); in die Pantoffeln ~ *colloq.* to get into one's slippers; zu Gott ~ *lit.* to find one's way to God; er fand schon früh zur Politik *fig.* he began his political activity very early. – 16. *only in* suchet, so werdet ihr ~ *Bibl.* seek, and ye shall find; wer suchet, der findet (*Sprichwort*) he who seeks shall find. – III *v/reflex* sich ~ 17. (*gefunden werden*) be found: die verlorene Tasche hat sich gefunden the lost bag was found (again); sich zufällig ~ to be found by accident, to turn up, to come to light; es wird sich schon wieder ~ it will turn up eventually. – 18. (*entdeckt werden*) be discovered (*od.* found, detected): der Fehler hat sich schnell gefunden the mistake has been found quickly. – 19. (*antreffen sein*) be found, occur: dieses Zitat findet sich bei Shakespeare this quotation occurs in (*od.* comes from) Shakespeare; das findet sich selten bei primitiven Völkern this is a rare occurrence with primitive peoples; in dem Brief fand sich kein Wort darüber the letter did not mention it. – 20. (*von Personen*) find oneself, find (*od.* recover) one's form (*od.* shape): im letzten Akt fand er sich wieder in the last act he found himself (*od.* he found back to his form, he won back his form). – 21. *cf.* fassen 29. – 22. sich in (*acc*) etwas ~ a) (*in Schicksal etc*) to reconcile oneself to s.th., to resign oneself to s.th., to put up with s.th., b) (*in neue Umgebung etc*) to get accustomed to s.th.: sich in ein Unglück ~ to resign oneself to a misfortune. – 23. (*sich erweisen*) be found, turn out: es fand sich, daß er recht hatte it was found that he was right, he was found to be right; das wird sich schon ~ a) time will tell, we shall see (in the future), b) that remains to be seen, we'll see; es wird sich alles ~ it will all come out right, it will all work out (*od.* sort itself out). – 24. (*anzutreffen sein*) be found: es findet sich immer j-d, der there will always be (*od.* you will always find) s.o. who; es fanden sich nur wenige Freiwillige there were only a few volunteers, only a few volunteered. – 25. (*vorkommen*) happen, occur: es findet sich zuweilen, daß occasionally it happens that. – 26. *rare* sich zu j-m ~ to join s.o. – IV F~ *n* ⟨-s⟩ 27. *verbal noun.* – 28. *cf.* Findung.

'Fin·der *m* ⟨-s; -⟩ 1. finder: der ehrliche ~ wird um Rückgabe des Schirms gebeten will finder please return the umbrella. – 2. (*mining*) finder of mineral resources. – 3. *lit.* (*Entdecker*) discoverer.

'Fin·der,geld *n cf.* Finderlohn.

'Fin·de·rin *f* ⟨-; -nen⟩ *cf.* Finder 1.

'Fin·der|,lohn *m* finder's reward. — **~,recht** *n jur.* a) law relating to objects found, b) right of the finder to an object found, finders keepers (*colloq.*).

Fin de siècle [fɛ̃d'sjɛkl] (*Fr.*) *n* ⟨---; *no pl*⟩ 1. end of the 19th century. – 2. *fig.* fin-de-siècle (social) decadence. – 3. *fig.* literary and artistic climate at the end of the 19th century, *Am.* (The) Gay Nineties.

'fin·dig *adj* 1. (*einfallsreich*) resourceful, clever: ein ~er Kopf a resourceful mind. – 2. (*klug*) ingenious. — **'Fin·dig·keit** *f* ⟨-; *rare* -en⟩ 1. resourcefulness, cleverness. – 2. ingenuity, ingeniousness.

Find·ling ['fɪntlɪŋ] *m* ⟨-s; -e⟩ 1. *cf.* Findelkind. – 2. *geol.* erratic (block).

'Find·lings|,block *m geol. cf.* Findling 2. — **~,heim** *n rare for* Findelanstalt. — **~,stein** *m geol. cf.* Findling 2.

'Fin·dung *f* ⟨-; *no pl*⟩ 1. (*der Wahrheit etc*) finding (out). – 2. *jur.* (*eines Urteils etc*) arrival (at).

Fi·ne ['fiːne] *n* ⟨-s; -s⟩ *mus.* fine.

Fi·nes·se [fi'nɛsə] *f* ⟨-; -n⟩ 1. (*technische Neuheit*) gadget: ein Auto mit allen ~n a car with the latest gadgets. – 2. (*Feinheit*) finesse, delicate skill: er beherrscht alle ~n der Lexikographie he knows the ins and outs of lexicography. – 3. *meist contempt.* (*Schläue*) finesse, cunning. – 4. (*Trick*) finesse, trick, wile, ruse.

fing [fɪŋ] *1 u. 3 sg pret of* fangen.

Fin·ger ['fɪŋər] *m* ⟨-s; -⟩ 1. finger: der kleine ~ the little finger; ein böser (*od.* schlimmer, entzündeter) ~ a bad finger; einen Ring am ~ tragen to wear a ring on one's finger; ~ weg! don't touch! hands off! etwas an den ~n abzählen a) to count s.th. on one's fingers, b) *fig.* to count s.th. on the fingers of one hand; etwas (*od.* eins) auf die ~ bekommen *colloq. auch fig.* to get a rap over (*od.* on) the knuckles; mit dem ~ drohen to wag an admonishing finger; sich (*dat*) in den ~ schneiden [stechen] to cut [prick] one's finger; mit dem ~ auf j-n zeigen (*od.* deuten) *auch fig.* to point a finger at s.o.; mit den ~n schnipsen to snap one's fingers; lieber (*od.* eher) lasse ich mir einen ~ abhacken als das Geheimnis zu verraten *colloq.* I'd rather have a finger cut off than give away the secret; den ~ an den Mund legen to put (*od.* lay) one's finger to one's lip; der ~ Gottes *lit. od. obs.* providence; wenn man dem Teufel den kleinen Finger gibt, (so) nimmt er die ganze Hand (*Sprichwort*) give him an inch and he'll take an ell. – 2. (*als Maß*) finger: zwei ~ dick sein to be two fingers (*od.* fingerbreadths) thick (*od.* in thickness). – 3. (*eines Handschuhs*) finger. – 4. *zo.* digit. –

Besondere Redewendungen:

sich (*dat*) etwas an den (fünf) (*od.* an drei) ~n abzählen können to be able to tell s.th. on one's fingers; das kann man sich an den ~n abzählen (*od.* mit den ~n greifen) that's obvious enough (*od.* as clear as daylight); er hat an jedem ~ zehn *colloq.* he's got more girls than fingers; j-m auf die ~ sehen (*od.* schauen) to keep a close (*od.* sharp, strict) eye on s.o.; j-m auf die ~ klopfen to rap s.o.'s knuckles, to take s.o. to task; j-n [etwas] nicht aus den ~n lassen not to let go one's hold of s.o. [s.th.], not to let s.o. [s.th.] out of one's fingers (*od.* hand); sich (*dat*) etwas aus den ~n saugen to invent s.th., to fabricate (*od. colloq.* make up, cook up) s.th.; j-m durch die ~ sehen *colloq.* a) to be indulgent (*od.* lenient) toward(s) s.o., b) to close (*od.* shut) one's eyes to (*od.* to wink at) s.o.'s faults, to turn a blind eye to s.o.'s shortcomings; sich (*dat*) etwas durch die ~ gehen lassen to let s.th. slip through one's fingers; j-m durch die ~ gehen (*od.* schlüpfen) (*von Verbrecher etc*) to escape s.o., to give s.o. the slip (*colloq.*); etwas im kleinen ~ haben to know s.th. thoroughly (*od.* inside out), to know the ins and outs of s.th.; j-m in die ~ fallen (*od.* geraten) to fall into s.o.'s hands; etwas in die ~ bekommen (*od.* kriegen) to get (*od.* lay) hold of s.th.; sich in den ~ schneiden *colloq.* to be (greatly) mistaken, to make a big (*od.* sad) mistake; etwas mit spitzen ~n anfassen *colloq.* to touch s.th. gingerly; das mache ich mit dem kleinen ~ *colloq.* I can do that with one hand tied behind my back; j-n um den (kleinen) ~ wickeln *colloq.* to twist (*od.* turn, wind) s.o. round one's (little) finger; das Geld zerrinnt mir unter den ~n *colloq.* the money slips (*od.* runs) through my fingers (*od.* melts in my hands); j-m unter (*od.* vor, zwischen) die ~ kommen (*od.* geraten) to fall into s.o.'s hands; der soll mir nur unter die ~ kommen! *colloq.* let me only get hold of him; keinen ~ krumm machen (*od.* krümmen, rühren) *colloq.* not to lift (*od.* stir) a finger; du brauchst dabei keinen ~ krumm zu machen *colloq.* you needn't stir a finger; krumme (*od.* lange) ~ machen, klebrige ~ haben *colloq.* a) to pilfer, b) to be (given to) pilfering, to be light-fingered; das sagt mir mein kleiner ~ *colloq. humor.* I have a certain notion, a little bird told me (*colloq.*); überall seine ~ im Spiel (*od.* dazwischen) haben to have a finger in every pie, to have an oar in every boat; sich (*dat*) alle zehn ~ nach etwas lecken *colloq.* to be very keen on s.th.; sie würde sich (*dat*) die ~ danach lecken *colloq.* she would give her eyeteeth (*Br.* eye-teeth) for it, she would be only too glad to have it, she would jump at it; sich (*dat*) die ~ an (*od.* bei) etwas verbrennen to burn one's fingers in s.th.; ihn jucken die ~ danach his fingers itch to have (*od.* do) it; die ~ von j-m [etwas] lassen to keep one's fingers off s.o. [s.th.], to leave s.o. [s.th.] alone; davon würde ich die ~ lassen, da würde ich die ~ herauslassen I wouldn't meddle with it, I wouldn't touch it with a pair of tongs (*Am.* a ten-foot pole); den ~ auf die (brennende) Wunde legen to put one's finger on the sore, to touch the spot; sich (*dat*) die ~ mit etwas nicht schmutzig machen not to stain one's hands with s.th.; er braucht nur den kleinen ~ auszustrecken, um alles zu erreichen he wins everything hands down, everything comes to him without any effort, he has only to lift a finger (*od.* stretch out his hand) and he gets everything he wants; sich (*dat*) die ~ wund schreiben to write one's fingers sore.

'Fin·gerˌabˌdruck *m* **1.** (*in der Kriminalistik*) fingerprint, *Br.* finger-print; dactylogram, dactylograph (*scient.*): j-s ~ (*od.* Fingerabdrücke) (ab)nehmen, einen ~ von j-m machen to fingerprint s.o., to take s.o.'s fingerprints. – **2.** fingerprint, finger mark, *Br.* finger-mark: voller Fingerabdrücke finger-marked. — **~verˌfah·ren** *n* fingerprint (*Br.* finger-print) (system of) identification, dactyloscopy (*scient.*).

'Fin·ger|al·phaˌbet *n* manual (*od.* deaf-and-dumb) alphabet, finger spelling (*od.* alphabet), *Br.* finger-alphabet; dactylology (*scient.*). — **f~ˌar·tig** *adj* **1.** fingerlike; digital, digitate, *auch* digitated (*scient.*). – **2.** *zo. cf.* fingerförmig. – **3.** *bot.* dactyloid. — **~ˌbal·ken** *m tech.* (*einer Mähmaschine*) cutter bar. — **~ˌbaum** *m bot.* devil's-hand, hand tree (*Chiranthodendron pentadactylon*). — **~ˌbee·re** *f* tip (*od.* pad) of the finger, fingertip, *Br.* finger-tip. — **~ˌbeu·ger** *m med.* digital flexor. — **~ˌbeut·ler** *m zo.* phalanger.

'fin·gerˌbreit *adj u. adv* as broad (*od.* wide) as a finger.

'Fin·gerˌbreit *m* ⟨-; -⟩ finger's breadth: (um) fünf F~ kürzer five fingers' breadths shorter; er wird keinen F~ nachgeben (*od.* weichen) *fig.* he won't budge an inch (*colloq.*).

'Fin·ger·chen *n* ⟨-s; -⟩ **1.** *dim. of* Finger. – **2.** *zo.* digitule.

'fin·gerˌdick I *adj* as thick as a finger. – **II** *adv* ~ auftragen *fig. colloq.* to lay it on thick (*colloq.*).

'Fin·ger|ˌdruck *m* pressure (*od.* touch) of the finger: ein leichter ~ genügt a slight touch of the finger is sufficient. — **~entˌzün·dung** *f med.* **1.** inflammation of the finger, dactylitis (*scient.*). – **2.** (*Nagelgeschwür*) whitlow, felon, panaritium (*scient.*). — **f~ˌfer·tig** *adj* dext(e)rous (*od.* deft, skilful, *bes. Am.* skillful, clever) (with one's fingers), nimble-fingered. — **~ˌfer·tigkeit** *f* **1.** dexterity (*od.* deftness, skill, agility, cleverness) (with one's fingers), manual skill, nimble fingers *pl.* – **2.** (*eines Taschenspielers etc*) sleight of hand, legerdemain. – **3.** *mus.* velocity, dexterity. — **f~ˌför·mig** *adj* finger-shaped, digitiform (*scient.*). — **~ˌfräsˌeinˌrich·tung** *f tech.* end milling attachment. — **~ˌfrä·ser** *m* shank-type (*od.* end milling) cutter: ~ für T-Nuten T-slot cutter. — **~geˌlenk** *n med.* finger joint: mit den ~en knacken to crack one's knuckles. — **~ˌglied** *n* finger joint; phalanx, phalange (*scient.*). — **~ˌgras** *n bot.* a) crabgrass (*Gattg Digitaria*), b) crabgrass, crop grass (*D. sanguinalis*), c) fundi (*D. exilis*). — **~ˌha·keln** *n* fingertug (*tugging with fingers hooked*). — **~ˌhandˌschuh** *m* glove. — **~ˌhir·se** *f bot.* finger grass (*Panicum sanguinale*).

'Fin·gerˌhut *m* **1.** (*zum Nähen*) thimble. – **2.** *fig.* thimbleful: ein ~ voll Kognak a thimbleful of brandy. – **3.** *bot.* foxglove, digitalis (*scient.*) (*Gattg Digitalis*): Roter ~ (purple) foxglove, popdock, fingerflower, fingerroot, fairy bell, *auch* fairy cap (*D. purpurea*); Gelber ~ lesser yellow foxglove (*D. lutea*).

'Fin·ger|ˌkno·chen *m med.* finger bone; phalanx, phalange (*scient.*). — **~konˌtakt** *m electr.* finger-type contact. — **~ˌkraut** *n bot.* cinquefoil, five-finger, potentilla (*scient.*) (*Gattg Potentilla*): Kriechendes ~ (creeping) cinquefoil (*P. reptans*); Silbriges ~ silvery cinquefoil (*P. argentea*). — **~ˌkuppe** *f* fingertip, *Br.* finger-tip, finger end. — **f~ˌlang** *adj* as long as a finger.

'Fin·ger·ling *m* ⟨-s; -e⟩ **1.** (*Schutz*) fingerstall, *Br.* finger-stall, rubber cap. – **2.** (*eines Fingerhandschuhs*) finger. – **3.** *mar.* (*eines Ruders*) (rudder) pintle.

'Fin·ger|ˌloch *n mus.* finger hole. — **f~los** *adj* **1.** without fingers, fingerless. – **2.** *zo.* adactylous.

fin·gern ['fɪŋərn] **I** *v/i* ⟨h⟩ *colloq.* finger, fumble, fiddle: an (*dat*) etwas ~ to fumble at s.th., to finger s.th.; nach etwas ~ to fumble for s.th. – **II** *v/t fig. colloq.* (*zuwege bringen*) manage.

'Fin·ger|ˌna·gel *m* fingernail, *Br.* finger-nail: sie lackierte sich die Fingernägel she painted (*od.* varnished) her fingernails; j-m nicht das Schwarze unter dem ~ gönnen *fig. colloq.* to grudge s.o. his very breath. — **~ˌring** *m* (finger) ring. — **~ˌsatz** *m mus.* fingering. — **~ˌscha·le** *f* finger bowl, *Br.* finger-bowl.

'Fin·gerˌspit·ze *f* **1.** fingertip, *Br.* finger-tip. – **2.** *fig.* (*in Wendungen wie*) er ist musikalisch bis in die ~n he is musical to his fingertips (*od.* through and through); er ist nervös bis in die ~n he is nervous to his very fingernails; das hat er in den ~n *colloq.* he has it at his fingertips (*od.* finger ends); mir juckt (*od.* kribbelt) es in den ~n vor Aufregung *colloq.* my fingers are itching with excitement. — **'Fin·gerˌspit·zen·geˌfühl** *n* ⟨-s; *no pl*⟩ instinct, intuitive feeling, sensitivity, flair: j-n mit ~ behandeln to handle s.o. with kid gloves.

'Fin·ger|ˌspra·che *f* deaf-and-dumb language, finger spelling, sign language, dactylology (*scient.*). — **~ˌsteinˌbrech** *m bot.* rue-leaved saxifrage, whitlowgrass, nailwort (*Saxifraga tridactylites*). — **~ˌstrecker** (*getr.* -k·k-) *m med.* extensor of the finger, extensor digiti (*scient.*). — **~ˌtang** *m bot.* redware (*Laminaria digitata*). — **~ˌtech·nik** *f mus.* finger action (*od.* technique). — **~ˌtier** *n zo.* aye-aye (*Daubentonia madagascariensis*). — **~ˌübung** *f mus.* finger exercise. — **~ˌwech·sel** *m mus.* (*auf einer Taste*) (finger) substitution. — **~ˌwurm** *m Southern G. for* Fingerentzündung 2. — **~ˌzeig** *m* ⟨-(e)s; -e⟩ **1.** (*Hinweis, Wink*) hint, tip, pointer: j-m einen ~ geben to give s.o. a hint. – **2.** *lit.* warning sign: ein ~ Gottes the (warning) finger of God.

fin·gie·ren [fɪŋ'giːrən] **I** *v/t* ⟨*no* ge-, h⟩ **1.** (*vortäuschen*) feign, fake, sham. – **2.** (*simulieren*) simulate. – **3.** (*erdichten*) fabricate. – **II F~** *n* ⟨-s⟩ **4.** *verbal noun.* – **5.** *cf.* Fingierung. — **fin'giert I** *pp.* – **II** *adj* **1.** (*Geschichte, Vorfall etc*) feigned, faked(-up), sham (*attrib*). – **2.** (*erfunden*) fictitious, imaginary: ~e Person fictitious character; ~er Name fictitious (*od.* assumed) name; ~e Rechnung *econ.* forged invoice; ~er Wechsel *econ.* bogus (*od.* fictitious) bill; ~er Wert *econ.* fictitious (*od.* imaginary) value. – **3.** (*simuliert*) simulated. — **Fin'gie·rung** *f* ⟨-; -en⟩ **1.** *cf.* Fingieren. – **2.** simulation. – **3.** fabrication.

Fi'nierˌzan·ge [fi'niːr-] *f tech.* watchmaker's pliers *pl* (*construed as sg or pl*).

Fi·nish ['fɪnɪʃ] (*Engl.*) *n* ⟨-s; -s⟩ **1.** (*sport*) *auch fig.* (*Endspurt*) finish, final spurt (*od.* dash, sprint). – **2.** (*in der Weberei, Schuhherstellung*) finish. — **Fi·ni·sher** ['fɪnɪʃər] *m* ⟨-s; -⟩ **1.** (*textile*) finisher. – **2.** *print.* (*Schlußschriftleiter*) stop-press (*od.* final) editor.

fi·nit [fi'niːt] *adj* **1.** *ling.* (*Verbform*) finite. – **2.** *philos.* finitary.

Fink [fɪŋk] *m* ⟨-en; -en⟩ *zo.* finch (*Fam. Fringillidae*).

'fin·ken|ˌar·tig *adj zo.* fringillaceous, fringilliform, fringilline, fringillid. — **F~ˌschlag** *m* singing (*od.* song) of the finch(es).

'Finn-ˌDin·g(h)i-ˌKlas·se ['fɪnˌdɪŋgi-] *f* (*sport*) Finn Class.

Fin·ne[1] ['fɪnə] *f* ⟨-; -n⟩ **1.** *zo.* (*Rückenflosse*) fin. – **2.** *zo. med.* (*Bandwurmlarve*) bladder worm, cysticercus (*scient.*). – **3.** *vet.* (*der Schweine u. Rinder*) measles *pl.* – **4.** *tech.* (*eines Hammers*) pane.

'Fin·ne[2] *m* ⟨-n; -n⟩ Finn, Finlander.

'Fin·nenˌkrank·heit *f med. vet.* cysticercosis.

'Finnˌfisch *m zo.* humpback whale (*Megaptera nodosa*).

'fin·nig *adj* **1.** *vet.* (*Schweinefleisch*) measly, measled. – **2.** *med.* (*Haut*) pimpled.

'Fin·nin *f* ⟨-; -nen⟩ Finn, Finnish woman (*od.* girl), Finlander.

'fin·nisch I *adj* Finnish, Finnic: F~er Meerbusen Gulf of Finland. – **II** *ling.* **F~** ⟨*generally undeclined*⟩, **das F~e** ⟨-n⟩ Finnish, Finnic, the Finnish (*od.* Finnic) language(s *pl*).

'fin·nisch-'ugrisch *adj cf.* finno-ugrisch.

'Finnˌmark *f econ.* fin(n)mark.

'fin·no-'ugrisch ['fɪno-] **I** *adj* **1.** Finno-Ugrian (*od.* -Ugric). – **II** *ling.* **F~** ⟨*generally undeclined*⟩, **das F~e** ⟨-n⟩ Finno-Ugrian (*od.* -Ugric), the Finno-Ugrian (*od.* Finno-Ugric) language(s *pl*).

'Finnˌwal *m zo.* finback, fin whale, finner (*Gattg Balaenoptera*): ~e *pl* balaenopteridae (*scient.*).

'Fin·senˌlam·pe ['fɪnzən-] *f med.* Finsen light.

fin·ster ['fɪnstər] **I** *adj* ⟨-er *u.* finstrer; -st⟩ **1.** (*dunkel*) dark, gloomy, black, somber, *bes. Br.* sombre, murky: eine ~e Nacht a pitch-dark night; ein ~er Himmel a murky sky; ein ~er Raum a gloomy (*od.* obscure) room; ~e Schatten dark shadows; ~e Gewitterwolken black (*od.* lowering, *auch* louring) thunderclouds; es wird schon ~ it is already getting dark, night is already falling, darkness is already setting in. – **2.** *fig.* dark: das ~e Mittelalter the Dark (Middle) Ages; in dieser Sache tappen wir noch immer im ~n we are still groping in the dark in this matter. – **3.** *fig.* (*düster*) gloomy, dark, grim, black, sullen, somber, *bes. Br.* sombre: sie warf ihm einen ~en Blick zu she gave him a grim (*od.* dark) look, she scowled at him; er machte ein ~es Gesicht he had a sullen (*od.* black) look, he had a sullen face, he put on a gloomy expression; mit ~er Miene with (a) sinister (*od.* grim, dour) countenance (*od.* look). – **4.** *fig.* (*Vorahnung, Gedanken etc*) sinister, dark, ominous: ein ~er Plan a sinister (*od.* an evil) plan. – **5.** (*Mensch*) sinister, grim, sullen: ein ~er Geselle (*od.* Bursche) a grim (*od.* sullen) fellow, a shady-looking customer (*colloq.*). – **6.** *fig.* (*grimmig*) grim, stern: ein ~es Lächeln a grim smile. – **7.** *fig.* (*Charakter etc*) shady, low(-down). – **8.** *fig. colloq.* (*Kneipe etc*) shady, low. – **9.** *fig. colloq.* (*zweifelhaft*) shady, dubious: eine ~e Angelegenheit a shady affair. – **10.** *fig. colloq.* (*miserabel*) awful: das ist ja ~ that's absolutely awful. – **II** *adv* **11.** j-n ~ ansehen to scowl (*od.* frown, glower) at s.o., to give s.o. a grim (*od.* black, menacing) look. – **III F~e, das** ⟨-n⟩ **12.** the dark, the darkness, the gloom: er tappte im F~n nach seiner Brille he groped (about) in the dark for his glasses.

'Fin·ster·keit *f* ⟨-; *no pl*⟩ *cf.* Finsternis 1.

'Fin·ster·ling *m* ⟨-s; -e⟩ obscurant(ist), reactionary.

'Fin·sterˌmet·te *f meist pl röm.kath.* Tenebrae *pl*, *auch* tenebrae *pl* (*construed as sg or pl*).

'Fin·ster·nis *f* ⟨-; -se⟩ **1.** (*Dunkelheit*) darkness, gloom(iness), blackness, murkiness: die nächtliche ~ the darkness of night; hier herrscht ja eine wahre ägyptische ~ *colloq.* it is absolutely pitch-dark in here; plötzlich war das Zimmer in eine tiefe ~ getaucht all of a sudden the room was plunged into darkness. – **2.** *fig. lit. od. Bibl.* (*das Böse*) darkness, evil: die Macht (*od.* die Mächte) der ~ the power(s) of darkness (*od.* evil); der Herr (*od.* Fürst) der ~ the Prince of darkness; das Reich der ~ the kingdom of darkness. – **3.** *fig.* gloom(iness), darkness, blackness. – **4.** *astr.* eclipse: partielle [ringförmige, totale] ~ partial [annular, total] eclipse.

Fin·te ['fɪntə] *f* ⟨-; -n⟩ **1.** (*bes. sport*) feint: er machte eine ~ he made a feint, he feinted. – **2.** *fig. colloq.* (*Trick, Kunstgriff*) feint, trick, stratagem, ruse, artifice: auf eine ~ hereinfallen to fall (*od.* walk) into a trap; wir müssen eine ~ anwenden we must trick them. – **3.** *fig. colloq.* (*Vorwand*) *Br.* pretence, *Am.* pretense. – **4.** *fig. colloq.* (*Ablenkungsmanöver*) red herring. – **5.** *fig. colloq.* (*Ausflucht*) pretext, (lame) excuse. – **6.** *zo.* t(h)waite (shad) (*Alosa finta*).

fin·tie·ren [fɪn'tiːrən] *v/i* ⟨*no* ge-, h⟩ (*sport*) feint.

fin·ze·lig ['fɪntsəlɪç], **finz·lig** ['fɪntslɪç] *adj colloq.* **1.** (*Person*) finicky. – **2.** (*Arbeit etc*) tricky, intricate. – **3.** (*Schrift etc*) teeny(-weeny).

Fio'rinˌgras [fĭo'riːn-] *n bot.* florin bent grass, marsh bent, finetop grass, whitetop, couch grass (*Agrostis alba*).

Fio·rit [fĭo'riːt; -'rɪt] *n* ⟨-s; -e⟩ *min.* pearl sinter.

Fio·ri·tur [fĭori'tuːr] *f* ⟨-; -en⟩ fioritura, embellishment, ornament.

fip·sen ['fɪpsən] *v/i* ⟨h⟩ *colloq.* (*schnippen*) flick (*od.* snap) one's fingers, fillip.

'fip·sig *adj colloq.* (*winzig*) tiny, *Br. colloq. auch* titchy, Liliputian.

Fir·le·fanz ['fɪrləˌfants] *m* ⟨-es; -e⟩ *colloq.* **1.** (*Possen*) tomfoolery, buffoonery: ~ treiben to fool around, to play the fool. – **2.** (*Unsinn*) nonsense. – **3.** (*Flitterkram*) frippery, bauble(s *pl*), gewgaw(s *pl*), *auch* geegaw(s *pl*), trashy stuff (*colloq.*): sein Geld für ~ ausgeben to spend one's money on useless frippery. – **4.** (*wertloser*

Kram) junk, trash. — **ˌFir·leˌfan·ze'rei** *f* ⟨-; -en⟩ *colloq.* (*Possenreißerei*) tomfoolery, buffoonery.

firm [fɪrm] *adj* (*beschlagen*) experienced, versed, skilled: **in einer Sache** (*od.* **auf einem Gebiet**) **~ sein** to be well versed (*od.* well up) in s.th., to have a sound knowledge of s.th., to be good at (*od.* sound in) s.th., to be conversant with s.th.

Fir·ma ['fɪrma] *f* ⟨-; -men⟩ **1.** *econ.* (*Unternehmen*) firm, house, business, establishment, company, concern: **die ~ X** the firm of X; **für eine ~ zeichnen** to sign for a firm; **eine alte, angesehene ~** an old and reputable firm; **wir stehen mit Ihrer ~ seit langem in Verbindung** we have been in contact with your company for a long time; **er ist bei der ~ X angestellt** he is employed with (*od.* by, in) the X company; **eine gutgehende ~** a going (*od.* flourishing) concern. – **2.** *econ.* (*Firmenbezeichnung*) firm (*od.* trade) name, style: **unter der ~ X** under the (firm) name (*od.* style) of X. – **3.** (*in der Adresse*) Messrs: **(An die) ~ Huber** Messrs Huber; **~ Müller** a) (*eine Person*) Mr Müller, b) (*Firma*) Messrs Müller; **Herrn A. in ~ X** Mr A. c/o Messrs X.

Fir·ma·ment [fɪrma'mɛnt] *n* ⟨-(e)s; -e⟩ *lit.* firmament, sky, heavens *pl*: **am ~** in the firmament (*od.* sky).

fir·men ['fɪrmən], *auch* **fir·meln** ['fɪrməln] *v/t* ⟨h⟩ *röm.kath.* confirm.

'Fir·menˌänˌde·rung *f econ.* change of a firm's style. — **~ˌaufˌdruck** *m* **1.** (*Briefkopf*) (firm *od.* business) letterhead, *auch* letter heading. – **2.** (*auf der Ware*) (stamping of) name of a firm. — **~beˌzeich·nung** *f* name (*od.* style) of a firm, firm name. — **~ˌein-ˌtra·gung** *f* registration of a firm. — **~ˌin-ˌha·ber** *m* owner of a (*od.* the) firm, proprietor. — **~ˌkon·to** *n* firm account. — **~-ˌkopf** *m cf.* Firmenaufdruck 1. — **~ˌna·me** *m* name (*od.* style) of a firm, firm (*od.* company, trade) name. — **~reˌgi·ster** *n econ.* **1.** register of (commercial) firms, company register. – **2.** *cf.* Handelsregister. — **~ˌschild** *n* **1.** (*an Gebäuden*) firm's nameplate (*od.* name, sign), facia, *Am. colloq.* shingle. – **2.** (*an einer Maschine*) nameplate. – **3.** (*in Kleidungsstück etc*) firm's name (*od.* label). — **~ˌschutz** *m jur.* protection of registered company (*od.* firm) names. — **~ˌstem·pel** *m econ.* firm('s) (*od.* company) stamp, official stamp (of a firm). — **~verˌzeich·nis** *n* directory of company (*od.* firm) names, trade directory. — **~ˌwert** *m* goodwill (of a firm). — **~ˌzei·chen** *n* **1.** *econ.* a) firm's brand (*od.* symbol, sign), b) (*Warenzeichen*) trademark. – **2.** *print.* logo, signet. — **~ˌzeich·nung** *f* firm's signature.

fir·mie·ren [fɪr'miːrən] *econ.* **I** *v/i* ⟨*no* ge-, h⟩ **1.** have (*od.* use) the company (*od.* firm) name: **er firmiert jetzt mit** (*od.* **als**) **Schmidt AG** now he has (*od.* uses) the company name of Schmidt AG. – **2.** (*unterzeichnen*) sign for a firm (*od.* company). – **II** *v/t* **3.** have (*od.* use) the firm name of. – **4.** (*unterzeichnen*) (**für** for) sign. – **III F~** *n* ⟨-s⟩ **5.** *verbal noun.* — **Fir'mie·rung** *f* ⟨-; -en⟩ **1.** *cf.* Firmieren. – **2.** firm's style, (firm) name, trade name.

'Firm·ling *m* ⟨-s; -e⟩ *röm.kath.* candidate for confirmation, confirmand.

'Firm|ˌpa·te *m*, **~ˌpa·tin** *f röm.kath.* witness at confirmation, confirmand's sponsor.

'Fir·mung *f* ⟨-; -en⟩ *röm.kath.* confirmation: **j-m die ~ spenden** to administer the sacrament of confirmation to s.o., to confirm s.o.

Firn [fɪrn] *m* ⟨-(e)s; -e⟩ **1.** (*Schnee*) corn snow, spring corn (*od.* snow), firn (snow), névé. – **2.** (*Gletschereis*) glacier ice. – **3.** *geol. cf.* Firneis.

Fir·ne ['fɪrnə] *f* ⟨-; -n⟩ (*des Weins*) well-seasoned (*od.* matured) condition.

'FirnˌPeis *n geol.* firn (ice).

'Fir·neˌwein *m* **1.** last year's wine. – **2.** old (*od.* well-seasoned, matured) wine.

'Firn|ˌfeld *n* névé (field), firn. — **~ˌgren·ze** *f* névé (*od.* firn) line.

'fir·nig *adj only in* **~er Schnee** *cf.* Firn 1.

Fir·nis ['fɪrnɪs] *m* ⟨-ses; -se⟩ **1.** *tech.* boiled linseed oil. – **2.** *fig.* (*äußerer Schein*) varnish, veneer. — **~aka·zie** [-ʔaˌkaːtsiə] *f bot.* (*in Australien*) varnish wattle (*Acacia verniciflua*). — **~ˌbaum** *m* varnish (*od.* laquer) tree (*Rhus vernicifera*): **Schwarzer ~** black-varnish tree, *auch* theetsee, thitsee (*Melanorrhea usitata*). — **~paˌpier** *n tech.* glazed paper.

fir·nis·sen ['fɪrnɪsən] *v/t* ⟨h⟩ **1.** *tech.* varnish. – **2.** (*Möbel*) finish.

'Fir·nis-ˌSu·mach *m bot. cf.* Firnisbaum.

'Firnˌschnee *m cf.* Firn 1.

First [fɪrst] *m* ⟨-es; -e⟩ **1.** *arch.* (*Dachfirst*) (roof)ridge, top. – **2.** (*mining*) *cf.* Firste. – **3.** *lit.* (*eines Berges*) peak, top, summit. – **4.** *lit.* (*Bergkamm*) ridge, crest. — **~ˌbal·ken** *m arch.* ridgepole, ridge beam, pole piece. — **~ˌblech** *n* ridge plate.

Fir·ste ['fɪrstə] *f* ⟨-; -n⟩ (*mining*) (*eines Stollens*) roof.

'FirstˌeinˌdeckunG (*getr.* -k·k-) *f civ.eng.* ridging.

'Fir·sten|ˌausˌbau *m* (*mining*) roof support. — **~ˌstoß** *m* ascending step.

'First|ˌpfet·te *f* ridge purlin. — **~ˌstein, ~ˌzie·gel** *m* ridge tile.

fis, Fis [fɪs] *n* ⟨-; -⟩ *mus.* F sharp: **fis** F-sharp minor; **Fis** F-sharp (major).

Fisch [fɪʃ] *m* ⟨-(e)s; -e⟩ **1.** *zo.* fish: **Fliegender ~** *zo.* flying gurnard (*od.* robin) (*Dactylopterus volitans*); **~e fangen** a) to (catch) fish, b) (*mit dem Schleppnetz*) to trawl, to seine; **faule ~e** a) bad fish, b) *fig. colloq.* (*Ausreden*) lame (*od.* poor) excuses, hollow pretexts, c) *fig. colloq.* (*Lügen*) tall stories (*colloq.*); **kleine ~e** a) little (*od.* small) fish(es), b) *fig. colloq.* (*Kleinigkeiten*) trivialities, a mere nothing *sg*, c) (*Personen*) small fry *sg* (*od. colloq.* potatoes); **das sind doch kleine ~e** *fig. colloq.* there's nothing (much) to it; **er ist ein großer ~** *fig.* he is a bigwig (*od.* big noise) (*sl.*); **die ~e füttern** a) to feed the fish, b) *fig. colloq. humor.* to be seasick, to feed the fishes; **kalt wie ein ~** *fig.* (as) cold as ice; **munter** (*od.* **gesund**) **wie der** (*od.* **ein**) **~ im Wasser** *fig.* (as) sound as a bell, (as) fit as a fiddle; **er fühlte sich wie ein ~ auf dem Trockenen** *fig.* he felt like a fish out of water; **sie hat sich bei uns wohlgefühlt wie ein ~ im Wasser** *fig.* she felt quite at home with us; **er kann schwimmen wie ein ~** *fig.* he swims like a fish; **er war die ganze Zeit stumm wie ein ~** *fig.* he was as mute as a fish all the time; → Fleisch 3. – **2.** *gastr.* fish: **gebackener [gebratener, geräucherter, marinierter] ~** baked [fried, smoked, pickled *od.* marinated] fish; **frische ~e** fresh fish; **freitags gibt es immer ~** every Friday there is fish for dinner; **~ muß** (*od.* **will**) **schwimmen** a) fish and wine go together, one must drink (wine) when eating fish, b) (*Fisch macht durstig*) fish makes you thirsty; **frische ~e, gute ~e** (*Sprichwort*) *etwa* don't put off till tomorrow what you can do today. – **3.** *pl astr.* Pisces, the Fishes: **geboren im** (*od.* **unter dem**) **Sternbild der ~e** *astrol.* born in the sign of Pisces. – **4.** *relig.* (*als Symbol*) ichthus, *auch* ichthys. – **5.** *print. cf.* Zwiebelfisch. – **6.** *colloq.* (*im Tee*) stranger.

'Fisch|ˌad·ler *m zo.* osprey, fish hawk, fishing (*od.* sea) eagle (*Pandion haliaetus*). — **f~ˌähn·lich** *adj cf.* fischartig. — **~ˌan·gel** *f* fishhook. — **f~ˌarm** *adj* (*Gewässer*) containing few fish, deficient in fish. — **f~ˌar·tig** *adj* fishlike, *Br.* fish-like, fishy; ichthyic, ichthyoid (*scient.*). — **~ˌas·sel** *f zo.* fish bug (*Fam. Cymothoidae*). — **~ˌband** *n tech.* (*Scharnier*) pin (*od.* butt) hinge. — **~ˌband-ˌwurm** *m zo.* fish (*od.* broad) tapeworm (*Diphyllobothrium latum*). — **~beˌhäl·ter** *m* **1.** fish tank, reservoir, (*kleiner*) fish can. – **2.** (*in einem Boot*) well. – **3.** (*Korb*) creel. — **~ˌbein** *n* ⟨-(e)s; *no pl*⟩ **1.** *zo.* whalebone, baleen. – **2.** (*für Mieder*) whalebone. — **~be-ˌsteck** *n* a) fish knife and fork, *Br. auch* fish eater, b) (set of) fish knives and forks *pl*, *Br. auch* (set of) fish eaters *pl*. — **~ˌbla·se** *f* **1.** *zo.* swim (*od.* air) bladder, fish maw. – **2.** (*art*) bladder ornament. — **~ˌbla·senˌmu·ster** *n* (*textile*) paisley (print). — **~ˌblut** *n* fish blood: **er hat ~ in den Adern** *fig.* he is as cold(-blooded) as a fish (*od.* as cold as ice), he is fish-blooded. — **~ˌbratˌkü·che** *f* fried-fish shop, *Br. auch* fish-and-chip shop. — **~ˌbrü·he** *f* fish sauce (*od.* stock). — **~-ˌbrut** *f zo.* fry, alevin.

'Fisch·chen *n* ⟨-s; -⟩ **1.** *dim. of* Fisch. – **2.** *zo. cf.* Silberfischchen.

'Fisch|ˌdamp·fer *m mar.* steam trawler. — **~ˌdün·ger** *m* fish manure (*od.* guano, meal). — **~ˌech·se** *f* (*Paläontologie*) ichthyosaur(us), ichthyosaurid. — **~ˌegel** *m zo.* fish leech, piscicola (*scient.*) (*Piscicola geometra*). — **~ˌei** *n* **1.** (*im Fisch*) fish-egg, roe-corn, *pl auch* roe *sg*. – **2.** *pl* (*Laich*) spawn *sg*.

fi·schen ['fɪʃən] **I** *v/t* ⟨h⟩ **1.** fish: **Forellen ~** to fish (for) trout; **Austern ~** to dredge (for) oysters; **Perlen ~** to fish for pearls. – **2.** (*angeln*) angle, (*mit Schleppangel*) troll. – **3.** (*fangen*) catch. – **4.** *fig. colloq.* (*herausholen, gewinnen*) fish: **er fischte den Hut aus dem Wasser** he fished the hat out of the water; **dabei gibt es nichts zu ~** there's nothing to be had (*od.* got) from that, there's nothing doing there (*colloq.*). – **5.** *fig. colloq.* take: **er fischt (sich** *dat*) **die besten Brokken aus der Suppe** he takes the best for himself. – **6. sich** (*dat*) **j-n ~** *fig. colloq. humor.* (*Mann*) to hook (*od.* catch) (oneself) s.o. – **7.** *mar.* (*Anker, Mast*) fish. – **II** *v/i* **8.** fish: **~ gehen** to go fishing; **nach Korallen ~** to fish for corals; **mit dem Schleppnetz ~** to trawl, to drag, to seine. – **9.** (*angeln*) angle, (*mit Schleppangel*) troll. – **10. nach etwas ~** *fig. colloq.* a) to fish for s.th., b) (*in einer Tasche etc*) to fish (*od.* look) for s.th.: **er fischt nur nach Komplimenten** he is only fishing (*od.* angling) for compliments; **im trüben ~** to fish in troubled waters. – **III F~** *n* ⟨-s⟩ **11.** *verbal noun*: „**F~ verboten!**" "fishing prohibited!" "no fishing!"

'Fi·scher *m* ⟨-s; -⟩ **1.** fisherman. – **2.** *poet. Bibl.* fisher. – **3.** (*Angler*) angler, troller. — **~ˌboot** *n* fishing (*od.* fisher) boat, fishing craft (*bes. Br.* smack). — **~ˌdorf** *n* fishing village.

Fi·sche'rei *f* ⟨-; -en⟩ **1.** (*Fischen*) fishing. – **2.** (*Gewerbe*) fishery, fishing industry (*od.* trade). — **~beˌrech·ti·gung** *f jur.* right to fish, fishing right. — **~faˌbrikˌtraw·ler** *m* fishing-factory trawler. — **~ˌfahrˌzeug** *n* fishing vessel (*od.* craft). — **~ˌfre·vel** *m jur.* offence (*Am.* offense) against the fishery regulations. — **~geˌbiet** *n* fishing ground, fishery. — **~geˌrät** *n* fishing tackle (*od.* gear). — **~ˌgren·ze** *f* **1.** three-mile limit. – **2.** fishery limit. — **~ˌha·fen** *m* fishing port. — **~ˌrecht** *n jur.* **1.** fishing right(s *pl*), common of piscary (*od.* fishery), fishery. – **2.** (*Gesetze*) law relating to fishing, law of fisheries. — **~ˌschein** *m* fishing licence (*Am.* license). — **~ˌschutzˌboot, ~ˌschutzˌfahr-ˌzeug** *n* fishery protection vessel.

'Fi·scher|ˌflot·te *f* fishing fleet. — **~ˌhaus** *n*, **~ˌhüt·te** *f* fisherman's hut.

Fi·sche·rit [fɪʃə'riːt; -'rɪt] *m* ⟨-s; -e⟩ *min.* fisherite.

'Fi·scher|ˌkahn *m cf.* Fischerboot. — **~-ˌkno·ten** *m mar.* fisherman's bend.

'Fisch·erˌlaub·nis *f* right (*od.* permission) to fish, fishery.

'Fi·scher|ˌmar·der *m zo.* fisher (*Martes pennanti*). — **~ˌnetz** *n cf.* Fischnetz. — **~ˌring** *m röm.kath.* (*des Papstes*) Fisherman's ring (*od.* seal).

'Fi·schersˌfrau *f* fisherman's wife.

'Fi·scherˌste·chen *n* (*Kampfspiel*) *mock fight* (*od. battle*) *of fishermen held on a river.*

'Fisch|ˌeu·le *f zo.* fish(ing) owl (*Gattgen Scotopelia u. Ketupa*): **Asiatische ~** ketupa (*K. ceylonensis*); **Afrikanische ~** Pele's fish owl (*S. peli*). — **~ˌfang** *m* **1.** (*Tätigkeit*) fishing, catching (of) fish: **sie leben vom ~** they live from fishing, they earn their living by fishing, they fish for a living. – **2.** (*Gewerbe*) fishery. – **3.** (*Fang*) catch, take, haul, draft, *bes. Br.* draught. — **~-ˌfang·geˌbiet** *n cf.* Fischgrund. — **~fiˌlet** *n gastr.* fish fillet (*Am. auch* filet), filleted fish. — **~ˌfleisch** *n* fish meat. — **~ˌflos·se** *f zo.* fin. — **f~ˌför·mig** *adj* fish-shaped, pisciform (*scient.*). — **f~ˌfres·send** *adj* fish-eating, piscivorous (*scient.*). — **~ˌfut·ter** *n* **1.** fish food. – **2.** *agr.* fish meal. — **~ˌga·bel** *f* fish fork. — **~ˌgang** *m* **1.** (*an Schleusen u. Dämmen*) fishway, (fish) pass. – **2.** *gastr.* fish course. — **~geˌrech·tig·keit** *f jur. cf.* Fischereirecht 1. — **~geˌricht** *n gastr.* fish dish (*od.* course). — **~geˌruch** *m* smell of fish, fishy smell. — **~geˌschäft** *n* fish (*Br. auch* fishmonger's) shop. — **~ge-ˌschmack** *m* fishy taste. — **~ˌgift** *n* fish poison. — **~ˌgrä·te** *f* fishbone.

'Fischˌgrä·ten|ˌmu·ster *n* (*bes. textile*) herringbone (pattern). — **~ˌstich** *m* (*in der Stickerei*) herringbone stitch. — **~verˌband** *m civ.eng.* herringbone bond.

'Fisch|ˌgrund *m meist pl* fishing ground, fishery. — **~ˌhal·le** *f* fish market hall. — **~ˌhan·del** *m* fish trade. — **~ˌhänd·ler** *m* **1.** (*im Einzelhandel*) fish dealer, *Am.*

fishman, *Br.* fishmonger. – **2.** (*im Großhandel*) fish merchant. — ~ˌ**hand·lung** *f cf.* Fischgeschäft. — ~ˌ**haut** *f* **1.** fish skin. – **2.** *med. cf.* Fischschuppenkrankheit.

'**fi·schig** *adj auch fig.* fishy, fishlike, *Br.* fish-like.

'**Fisch|in·du**ˌ**strie** *f* fish processing industry. — ~ˌ**ka·sten** *m* **1.** fish box, crawl, *Br.* corf, cauf. – **2.** (*im Boot*) well. — ~ˌ**kat·ze** *f zo.* leopard cat (*Prionailurus viverrinus*). — ~ˌ**kel·le** *f* fish slice, *Br.* fish-slice. — ~ˌ**ken·ner** *m* expert on fish, fish specialist, ichthyologist (*scient.*). — ~ˌ**kes·sel** *m* fish kettle. — ~ˌ**kö·der** *m* bait. — ~**kon**ˌ**ser·ve** *f* **1.** preserved (*od.* canned, *bes. Br.* tinned) fish. – **2.** can (*bes. Br.* tin) of fish. – **3.** *pl* preserved fish *sg.* — ~ˌ**korb** *m* **1.** (*für den Angler*) creel, fish(ing) basket. – **2.** *cf.* Fischreuse. — ~ˌ**kör·ner** *pl bot.* Indian berries (*od.* cockles) (*of Cocculus indicus*). — ~ˌ**kun·de** *f* ichthyology. — ~ˌ**kut·ter** *m* trawler, *Am. auch* trawlboat. — ~ˌ**laich** *m zo.* (fish) spawn. — ~ˌ**laus** *f* fish louse (*Fam. Caligidae*). — ~ˌ**leim** *m synth.* fish gelatin (*od.* glue), isinglass; ichthyocol(l), ichthyocolla (*scient.*). — ~ˌ**lei·ter** *f* (*an Schleusen etc*) fish ladder. — ~ˌ**log·ger** *m mar.* drifter, (fishing) lugger. — ~**lo**ˌ**kal** *n cf.* Fischrestaurant. — ~ˌ**mar·der** *m zo. cf.* Fischermarder. — ~ˌ**markt** *m* fish market. — ~ˌ**mehl** *n* fish meal. — ~ˌ**mes·ser** *n* fish knife, *Br.* fish-knife. — ~ˌ**milch** *f zo.* milt, soft roe. — ~ˌ**netz** *n* **1.** (fishing) net, fishnet, seine, *auch* seine net. – **2.** (*Schleppnetz*) drag (*od.* sweep, trawl) net, trawl. – **3.** (*Wurfnetz*) (casting) net. — ~ˌ**ot·ter** *m zo.* old world otter (*Lutra lutra*). — ~ˌ**pfan·ne** *f* fish pan. — ~ˌ**recht** *n cf.* Fischereirecht 1. — **f**~ˌ**reich** *adj* (*Gewässer*) abounding in fish, fishy. — ~ˌ**reich·tum** *m* abundance of fish. — ~ˌ**rei·her** *m zo.* common heron (*Ardea cinerea*). — ~**re·stau**ˌ**rant** *n* fish restaurant, restaurant specializing in fish dishes. — ~ˌ**reu·se** *f* fish trap, weir basket. — ~ˌ**ro·gen** *m zo.* roe. — ~ˌ**sau·ri·er** *m meist pl* (*Paläontologie*) ichthyosaur(us): die ~ the ichthyosauria. — ~ˌ**schup·pe** *f* (fish) scale. — ~ˌ**schup·pen**ˌ**krank·heit** *f med.* fishskin (*od.* fish-scale) disease, ichthyosis (*scient.*). — ~ˌ**schwanz** *m* fishtail. — ~ˌ**sil·ber** *n synth.* pearl essence. — ~ˌ**stäb·chen** *n gastr. bes. Br.* fish finger, *bes. Am.* fish stick. — ~ˌ**ster·ben** *n* fish mortality, death of fish. — ~ˌ**sup·pe** *f gastr.* fish soup. — ~ˌ**teich** *m* fishpond, *Br.* fish-pond, fish pool, *Br. auch* stew, vivarium (*scient.*). — ~ˌ**tran** *m* **1.** fish oil. – **2.** (*bes. vom Wal*) whale (*od.* train) oil. – **3.** (*bes. vom Dorsch*) cod- (*od.* fish-)liver oil. — ~ˌ**trep·pe** *f cf.* Fischleiter. — **f**~**ver**ˌ**ar·bei·tend** *adj* (*Industrie etc*) fish-processing. — ~**ver**ˌ**ar·bei·tung** *f* processing of fish. — ~**ver**ˌ**gif·tung** *f med.* fish poisoning; ichthyism(us), ichthyotoxism (*scient.*). — ~ˌ**wan·de·rung** *f* fish migration. — ~ˌ**was·ser** *n* stretch of water suitable for fishing: ein gutes ~ a river (*od.* pond) abounding in fish; ein ~ pachten to lease the fishing rights of a stretch of water. — ~ˌ**weg** *m* fishway. — ~ˌ**wehr** *n* (fish) weir, kiddle, fishgarth. — ~ˌ**weib** *n obs.* fishwife, fishwoman, butt woman: sie keifte (*od.* schimpfte) wie ein ~ she swore like a fishwife (*od.* a trooper), *Br. auch* she talked Billingsgate. — ~ˌ**wei·de** *f bot.* common (*od.* basket) osier (*Salix viminalis*). — ~ˌ**zaun** *m cf.* Fischwehr. — ~ˌ**zeit** *f* fishing (*od.* open) season. — ~ˌ**zeug** *n cf.* Fischereigerät.

'**Fisch**ˌ**zucht** *f* ⟨-; -en⟩ **1.** fish culture, pisciculture (*scient.*). – **2.** (*von Speisefischen*) fish-farming. – **3.** *collect.* stock of fish. — ~ˌ**an**ˌ**stalt** *f* fish hatchery (*od.* farm), fish-breeding (*Am.* -raising) establishment.

'**Fisch|**ˌ**züch·ter** *m* fish farmer (*od.* breeder), pisciculturist (*scient.*). — ~ˌ**zug** *m* **1.** catch (*od.* draft, *bes. Br.* draught, haul) (of fish): einen reichen ~ machen *fig.* to make a big haul. – **2.** (*Fischschwarm*) shoal (*od.* school) of fish. – **3.** Petri ~ *Bibl.* the miraculous draught of fishes.

Fi'settˌ**holz** [fiˈzɛt-] *n bot.* (young) fustic, fustet, pseudo-Venetian wood (*of the Venetian sumach, Rhus cotinus*).

Fi·si·ma·ten·ten [fizimaˈtɛntən] *pl colloq.* **1.** (*Umstände*) trouble *sg*, fuss *sg*, ado *sg*, ceremony *sg*, circumstances: machen Sie bitte keine ~! don't make a lot of fuss, please. – **2.** (*Schwierigkeiten*) difficulties, trouble *sg*, fuss *sg*: hoffentlich macht er keine ~ let's hope he doesn't create any difficulties. – **3.** (*Ausflüchte*) lame excuses, hollow pretexts. – **4.** (*Tricks*) tricks, pranks. – **5.** (*Spielereien*) playing (*od.* messing) about.

fis·is, Fis·is [ˈfɪsˀɪs] *n* ⟨-; -⟩ *mus.* F double sharp.

Fis·kal [fɪsˈkaːl] *m* ⟨-s; -e⟩ *obs. hist.* **1.** (*Beamter der Staatskasse*) fiscal, official of the Treasury. – **2.** (*Staatsanwalt*) public prosecutor. — **fis'ka·lisch I** *adj jur.* **1.** fiscal, budgetary. – **2.** state(-owned). — '**Fis·kus** [-kʊs] *m* ⟨-; *rare* -ken *u.* -se⟩ *jur.* **1.** (*Staatskasse*) *Br.* exchequer, *Am.* (state) treasury. – **2.** (*Staat*) local (*od.* state, federal) government, state, (*in England*) (the) Crown.

Fi·so·le [fiˈzoːlə] *f* ⟨-; -n⟩ *bot. Austrian for* Gartenbohne.

fis·sil [fɪˈsiːl] *adj phys.* fissile. — **Fis·si·li'tät** [-siliˈtɛːt] *f* ⟨-; *no pl*⟩ fissility.

Fis·si·on [fɪˈsi̯oːn] *f* ⟨-; -en⟩ *nucl.* fission, cleavage.

Fis·sur [fɪˈsuːr] *f* ⟨-; -en⟩ *med.* **1.** (*Knochen-, Schleimhautriß*) fissure. – **2.** (*der Haut*) crack. – **3.** (*embryonale*) cleft.

Fi·stel [ˈfɪstəl] *f* ⟨-; -n⟩ *med.* fistula. — **f**~ˌ**ar·tig** *adj med.* fistular, fistulous, fistulose. — ~ˌ**bil·dung** *f* formation of a fistula, fistulization, fistulation. — ~ˌ**gang** *m* sinus tract. — ~ˌ**stim·me** *f* **1.** falsetto (voice), piping voice. – **2.** *mus.* falsetto: mit ~ singen to sing falsetto.

fit [fɪt] *adj colloq.* (*bes. sport*) fit: körperlich ~ physically fit; der Boxer ist ~ the boxer is fit (*od.* in [*bes. Am.* hard] condition, in good shape).

Fi·tis [ˈfɪtɪs] *m* ⟨- *u.* -ses; -se⟩ *zo.* willow warbler (*Phylloscopus trochilus*).

Fit·neß [ˈfɪtnɛs] *f* ⟨-; *no pl*⟩ *colloq.* (*bes. sport*) fitness.

Fit·tich [ˈfɪtɪç] *m* ⟨-(e)s; -e⟩ *poet.* (*Flügel*) wing; pinion, pennon, *auch* penon (*poet.*): j-n unter seine ~e nehmen *fig.* to take s.o. under one's wing.

Fit·ting [ˈfɪtɪŋ] (*Engl.*) *n meist pl* ⟨-s; -s⟩ *tech.* (pipe) fitting.

Fitz [fɪts] *m* ⟨-es; *no pl*⟩ *colloq. Eastern Middle G.* **1.** (*verworrene Fäden etc*) knot, tangle. – **2.** (*Wirrwarr*) confusion, muddle, chaos. – **3.** (*Aufregung*) fuss, trouble.

'**Fitz·chen** *n* ⟨-s; -⟩ *colloq. for* bißchen II, Kleinigkeit 2.

fit·zen [ˈfɪtsən] **I** *v/t* ⟨h⟩ **1.** (*in Fitzen ordnen*) skein, wind (*od.* bundle) (*s.th.*) into skeins (*od.* hanks). – **2.** *colloq.* whip, birch. – **3.** *colloq.* (*Bohnen*) string. – **II** *v/i* **4.** *colloq.* work hastily (*od.* nervously).

fix [fɪks] **I** *adj* ⟨-er; -est⟩ **1.** (*fest*) fixed: ~es Gehalt fixed salary; ~e Preise fixed (*od.* set) prices; ~e Kosten fixed costs, overheads, overhead charges (*od.* expenses); eine ~e Idee a) a fixed idea, an idée fixe, a monomania (*lit.*), b) (*Zwangsvorstellung*) an obsession. – **2.** *colloq.* (*schnell*) (*in dat*, bei at) quick: er ist ~ im Lernen he is quick at learning; nun aber ~! do be quick (about it)! hurry (up)! sharp's the word! mach (mal) ein bißchen ~! make it snappy! look sharp! (*beide colloq.*). – **3.** *colloq.* (*flink*) agile, nimble, quick: sie hat ~e Hände she has agile (*od.* nimble) hands. – **4.** *colloq.* (*gewandt*) smart: ein ~er Junge, ein ~es Kerlchen a smart fellow (*od.* lad). – **5.** *colloq.* (*Zunge etc*) ready. – **6.** *colloq.* (*klug*) clever, bright, 'sharp' (*colloq.*). – **7.** ~ und fertig sein *colloq.* a) (*bereit*) to be all ready (*od.* set), b) (*mit einer Arbeit etc*) to be all finished, c) *fig.* (*völlig erschöpft*) to be all fagged (*od.* worn) out, to be dead beat (*od.* all in, *Am.* bushed), d) *fig.* (*ruiniert*) to be completely ruined (*od.* broken, *colloq.* smashed up): sie war ~ und fertig (zum Gehen) she was all ready (to go); er ist mit seiner Arbeit schon ~ und fertig he has completely finished his work; nach dieser Anstrengung war er ~ und fertig after this strain he was all worn out. – **8.** mit j-m ~ und fertig sein *fig. colloq.* to have finished (*od.* done) with s.o., to be through with s.o. – **9.** j-n ~ und fertig machen *fig. colloq. cf.* fertigmachen 6. – **II** *adv* **10.** *colloq.* quickly: sich ~ anziehen to dress quickly; ich muß noch mal ~ nach Hause gehen I just have to pop home; das geht ganz ~ that's quickly (*od.* easily) done. – **11.** ~ und fertig *colloq.* completely: sie war ~ und fertig angezogen she was completely dressed.

Fi·xa·teur [fɪksaˈtøːr] *m* ⟨-s; -e⟩ (fixative) sprayer, sprayer for fixatives.

Fi·xa·ti·on [fɪksaˈtsi̯oːn] *f* ⟨-; -en⟩ **1.** *med.* fixation. – **2.** *psych.* affective fixation, fixation of affect. – **3.** (*der Augen*) visual fixation, fixation of vision.

Fi·xa·tiv [fɪksaˈtiːf] *n* ⟨-s; -e⟩ **1.** (*für Zeichnungen*) fixative, fixing agent. – **2.** (*Haarfestiger*) setting lotion.

'**fix·be**ˌ**sol·det** *adj* ⟨*attrib*⟩ *Swiss for* fest-besoldet.

fi·xen [ˈfɪksən] **I** *v/i* ⟨h⟩ *econ.* (*an der Börse*) speculate (*od.* operate) for a fall, sell short, (sell) bear. – **II** *v/t sl.* (*Rauschgift*) 'fix' (*sl.*). — '**Fi·xer** *m* ⟨-s; -⟩ (*an der Börse*) bear, *Am.* short, speculator for a fall.

'**Fix**ˌ**fo·kus·ob·jek**ˌ**tiv** *n phot.* fixed-focus lens.

'**Fix·ge**ˌ**schäft** *n econ.* time bargain (*od.* transaction), transaction for delivery at a fixed date.

Fi'xierˌ**bad** *n phot.* fixing bath, fixer.

fi·xie·ren [fɪˈksiːrən] **I** *v/t* ⟨*no* ge-, h⟩ **1.** (af)fix: etwas an (*acc, dat*) etwas ~ to fix s.th. to s.th. – **2.** (*festhalten*) record, set (*od.* put) down: etwas schriftlich ~ to record s.th. (*od.* set s.th. down) in writing. – **3.** (*Datum, Ort etc*) fix, arrange, determine, set(tle), appoint. – **4.** (*Bedingungen etc*) fix, lay down, determine, settle. – **5.** (*Summe, Preis etc*) fix, set(tle), determine. – **6.** (*Standpunkt etc*) fix, lay down. – **7.** (*anstarren*) fix one's eyes (up)on, look (*od.* gaze, stare) (fixedly) at: j-n unverschämt ~ to stare at s.o. insolently; er fixierte sie so lange, bis sie verlegen wurde he outstared her. – **8.** (*Haar*) apply setting lotion to. – **9.** *phot.* fix. – **10.** (*art*) (*Farben, Zeichnungen etc*) fix. – **11.** *med.* a) (*Organe*) fix, b) (*durch Verband etc*) keep (*s.th.*) in place, immobilize. – **12.** *psych.* fixate. – **13.** *tech.* (*härten*) fix. – **14.** *tech.* (*Schraube etc*) locate. – **15.** *biol.* (*Präparate*) mount. – **16.** (*textile*) set. – **II F**~ *n* ⟨-s⟩ **17.** *verbal noun.* – **18.** *cf.* Fixierung.

Fi'xier|ˌ**mit·tel** *n chem. phot. cf.* Fixativ 1. — ~ˌ**salz** *n phot.* fixer, fixing salt.

Fi'xie·rung *f* ⟨-; -en⟩ **1.** *cf.* Fixieren. – **2.** fixation. – **3.** *tech.* location.

'**Fi·xig·keit** *f* ⟨-; *no pl*⟩ *colloq.* **1.** (*Schnelligkeit*) quickness. – **2.** (*Flinkheit*) agility, nimbleness. – **3.** (*Gewandtheit*) smartness. – **4.** (*der Zunge etc*) readiness. – **5.** (*Gescheitheit*) cleverness, brightness.

'**Fix|**ˌ**punkt** *m math. phys.* fixed point. — ~ˌ**stern** *m astr.* fixed star.

Fi·xum [ˈfɪksʊm] *n* ⟨-s; -xa [-ksa]⟩ *econ.* **1.** fixed (*od.* stated) sum (*od.* allowance). – **2.** (*festes Gehalt*) basic (*od.* fixed, regular) salary.

Fjord [fjɔrt] *m* ⟨-(e)s; -e⟩ fjord, *auch* fiord.

flach [flax] *adj* ⟨-er; -st⟩ **1.** flat: ~e Hand flat of the hand, palm; mit der ~en Klinge with the flat of the saber (*bes. Br.* sabre); sie ist ~ wie ein Brett *fig. colloq.* she is flat as a board (*od.* pancake) (*colloq.*), she is flat-chested; j-n ~ legen im Bett to lay s.o. with his head flat. – **2.** (*eben*) flat, level, even, plane: Holland ist ein ~es Land Holland is a flat country; auf dem ~en Lande leben to live (right) in the country; ~ machen to level off. – **3.** (*Schuh*) flat(-heeled). – **4.** (*Ziegel etc*) flat, plane. – **5.** (*niedrig*) low: ein ~es Gebäude a low building. – **6.** (*nicht tief*) shallow: ein ~er Teller a) a shallow plate, b) a dinner plate; ~es Gewässer shallow waters *pl*, shallows *pl*, shoal. – **7.** (*Abhang etc*) gradual, gentle. – **8.** (*Boot etc*) flat-bottomed. – **9.** *fig.* (*oberflächlich*) shallow, superficial, trivial: eine ~e Unterhaltung führen to conduct (*od.* hold) a trivial conversation. – **10.** *fig.* (*Farben etc*) flat. – **11.** *meteor.* (*Tiefdruckgebiet etc*) shallow. – **12.** *med.* (*Atmung*) shallow. – **13.** *auto.* (*Motor*) flat-type (*attrib*). – **14.** *math.* (*Kurve etc*) plane, flat. – **15.** *arch.* (*Bogen*) segmental. – **16.** *zo.* (*durch Druck abgeplattet*) flattened, depressed, complanate. – **II** *adv* **17.** shallowly, flat: ~ atmen to breathe shallowly; die Möwen fliegen ~ über das Wasser the gulls skim low over the water; ~ auftreffend (*optics*) incident at small angle.

'**Flach**ˌ**bahn** *f* **1.** *tech.* square (*od.* flat) guideway. – **2.** (*sport*) (*beim Radfahren*) flat course (*od.* track). – **3.** *mil.* (*Flugbahn*) flat trajectory. — ~**ge**ˌ**schütz** *n mil.* flat trajectory (gun), flat (trajectory) gun.

'**Flach|**ˌ**ball** *m* (*sport*) (*beim Tennis*) drive. — ~ˌ**bau** *m* ⟨-(e)s; -ten⟩ low building. —

~ˌbecken (*getr.* -k·k-) *n med.* flat (*od. scient.* platybelloid) pelvis. — **~ˌbettˌfel·ge** *f auto.* flat-base (*od.* straight-side) rim. — **f~ˌblät·te·rig, ~ˌblätt·rig** *adj* flat-leaved, planifolious (*scient.*). — **~ˌbren·ner** *m tech.* flat-flame burner. — **f~ˌbrü·stig** [-ˌbrʏstɪç] *adj med.* **1.** flat-chested (*od.* -breasted). – **2.** (*hühnerbrüstig*) pigeon-chested. — **~ˌdach** *n arch.* flat roof. — **~ˌdich·tung** *f tech.* (*für Zylinderköpfe etc*) gasket. — **~ˌdraht** *m* flat (*od.* rectangular) wire. — **~ˌdruck** *m* ⟨-(e)s; -e⟩ *print.* **1.** planograph, flatbed (*Br.* flat-bed) print. – **2.** ⟨*only sg*⟩ (*Verfahren*) planographic (*od.* flat) printing, lithoprinting, flatbed (*Br.* flat-bed) printing. — **f~ˌdrücken** (*getr.* -k·k-) *v/t* ⟨*sep*, -ge-, h⟩ flatten, straighten.

Flä·che ['flɛçə] *f* ⟨-; -n⟩ **1.** (*Oberfläche*) (flat) surface: **die glitzernde ~ des Sees** the glistening surface (*od. poet.* sheet) of the lake; **geneigte ~** inclined surface, gradient, slant, slope; **konkave ~** concave (surface), concavity. – **2.** (*Gebiet*) area, region, space, tract, stretch, expanse: **weite ~n Ostpreußens sind bewaldet** large areas of East Prussia are wooded. – **3.** (*kleine*) area: **das Ornament besteht aus bunten geometrischen ~n** the ornament consists of colo(u)red geometrical areas. – **4.** (*Ebene*) flat, level, plain. – **5.** (*von Wänden etc*) face, side. – **6.** (*von Kristallen etc*) face. – **7.** *math.* a) surface, base, b) (*geometrische Ebene*) plane, c) (*Grundfläche*) base, d) (*räumliche Ausdehnung*) area: **krumme** (*od.* **gekrümmte**) **~** warped (*od.* curved) surface; **begrenzt von ~n** bounded by surfaces. – **8.** *tech.* a) (*Flächenraum*) area, b) (*Oberfläche*) surface, c) (*Schneidfläche*) cutting face, d) (*Bodenfläche*) floor space, e) (*Platzbedarf*) floor space occupied: **maschinell bearbeitete ~** machined surface. – **9.** *arch.* web: **kassettierte ~** cofferwork; **schiefwinklige ~** oblique-angled (*od.* slanting) surface; **geneigte ~** inclined surface. – **10.** *aer.* area, surface. – **11.** *print.* face.

'Flachˌei·sen *n metall.* **1.** flat iron. – **2.** flat bar iron, flats *pl.*

'Flä·chen|anˌten·ne *f* (*radio*) flattop (*od.* sheet) antenna (*bes. Br.* aerial). — **~ˌausˌdeh·nung** *f* **1.** (*Flächenraum*) superficial area. – **2.** (*Flächenerweiterung*) areal (*od.* superficial) extension. — **~beˌla·stung** *f* **1.** *civ.eng.* load per unit area. – **2.** *tech.* (*Flächendruck*) surface pressure. – **3.** *auto.* (*eines Kolbens*) surface stress. – **4.** *aer.* (*eines Flügels*) (wing) load. — **~beˌrech·nung** *f* **1.** *civ.eng.* surface calculation. – **2.** *math.* a) squaring, quadrature, b) (*in der Geometrie*) planimetry. — **~ˌblitz** *m meteor.* sheet (of) lightning. — **~ˌbrand** *m* area (*od.* extensive) conflagration. — **~dia·goˌna·le** *f math.* plane diagonal. — **~ˌdich·te** *f phys.* surface density. — **~ˌdruck** *m* ⟨-(e)s; -e⟩ **1.** *print.* relief printing. – **2.** (*textile*) blotch printing. – **3.** ⟨*only sg*⟩ *phys.* surface (*od.* superficial) pressure. — **~ˌein·heit** *f math.* unit of surface measurement, unit (of) area, square unit. — **~ˌfrä·sen** *n tech.* surface (*od.* face) milling. — **~ˌfrä·ser** *m* face-milling cutter. — **~geˌwicht** *n* area weight. — **f~ˌgleich** *adj math.* equal (*od.* equivalent) in area. — **~ˌinˌhalt** *m bes. math.* **1.** area, surface (area), superficies (*scient.*): **den ~ bestimmen** to square an area. – **2.** (*in Morgen*) acreage. — **~ˌmaß** *n math.* square (*od.* superficial, surface) measure(ment), measure of area. — **~ˌmes·ser** *m* planimeter. — **~ˌmes·sung** *f* **1.** measurement of plane surfaces (*od.* areas). – **2.** ⟨*only sg*⟩ planimetry. — **~ˌnut·zung** *f agr.* land utilization. — **~ˌräu·men** *n tech.* external (*od.* [flat-]surface) broaching. — **~ˌschlei·fen** *n* (sur)face grinding, surfacing. — **~ˌschleif·maˌschi·ne** *f* surface grinder (*od.* grinding machine). — **f~ˌtreu** *adj* **1.** *geogr.* (*bei der Landvermessung*) equal-area (*attrib*), of equal area, equivalent in area. – **2.** *math.* area-preserving (*attrib*). — **~ˌwin·kel** *m math.* plane (*od.* dihedral, interfacial) angle.

'flachˌfal·len *v/i* ⟨*irr, sep*, -ge-, sein⟩ *fig. colloq.* be off: **unsere Reise fällt flach** our trip is off (*od.* cancel[l]ed).

'Flach|ˌfe·der *f tech.* flat spring. — **~ˌfei·le** *f* flat file.

'Flachˌfeu·er *n mil.* flat (trajectory) fire. — **~geˌschütz** *n* flat trajectory (gun), flat (trajectory) gun.

'Flach|ˌfisch *m zo. rare for* Plattfisch. — **f~geˌdrückt I** *pp.* – **II** *adj math.* (*Kurve etc*) flat, flattened down, oblate (*scient.*). — **~geˌwin·de** *n tech.* square thread. — **f~geˌwun·den** *adj zo.* (*Muscheln etc*) planospiral, *auch* planispiral. — **~ˌglas** *n tech.* flat glass. — **~ˌhang** *m geol.* gentle (*od.* dip) slope.

'Flach·heit *f* ⟨-; *no pl*⟩ **1.** flatness. – **2.** (*Ebenheit*) flatness, levelness, evenness. – **3.** (*Niedrigkeit*) lowness. – **4.** (*Seichtheit*) shallowness. – **5.** (*leichte Abschüssigkeit*) gradualness, gentleness. – **6.** *fig.* (*Oberflächlichkeit*) shallowness, superficialness, superficiality, triviality.

'flä·chig *adj* **1.** flat(-spread): **ein ~es Gesicht** a flat face. – **2.** (*zweidimensional*) planar, two-dimensional. – **3.** (*art*) a) flat, two-dimensional, b) (*Muster etc*) composed of flat areas of unbroken colo(u)r.

'Flach|ˌkeil *m* **1.** flat wedge. – **2.** *tech.* flat (*od.* parallel) key. — **f~ˌklop·fen** *v/t* ⟨*sep*, -ge-, h⟩ beat (*s.th.*) flat. — **~ˌkol·ben** *m tech.* flat (*od.* flattop) piston.

'Flachˌkopf *m* **1.** *med.* flathead, *Br.* flat-head, flatheaded (*Br.* flat-headed) person, platycephalic (*scient.*). – **2.** *tech.* (*einer Schraube*) flathead, *Br.* flat-head. – **3.** *fig. colloq.* shallow(-brained) person, ninny. — **'flachˌköp·fig** [-ˌkœpfɪç] *adj* **1.** *med.* flathead(ed), *Br.* flat-head(ed), platycephalic, *auch* platycephalous (*scient.*). – **2.** *zo.* platycephalic, *auch* platycephalous. – **3.** *tech.* (*Schraube etc*) flathead(ed), *Br.* flat-head(ed): **ein ~er Nagel** a flat-head nail, a holdfast. – **4.** *fig. colloq.* shallow-minded, dull. — **'Flachˌköp·fig·keit** *f* ⟨-; *no pl*⟩ *med.* flatheadedness, *Br.* flat-headedness; platycephaly, *auch* platycephalism, tapeinocephaly, *auch* tapeinocephalism (*scient.*).

'Flach|ˌkopfˌschrau·be *f tech.* countersunk (*od.* flathead, *Br.* flat-head) screw. — **~ˌkup·pel** *f arch.* shallow dome. — **~ˌkü·ste** *f geogr.* flat coast (*od.* shore), low(-lying) coast. — **~ˌland** *n* ⟨-(e)s; *no pl*⟩ plain, flat, plain (*od.* flat, level) country, lowland. — **f~ˌle·gen** *colloq.* **I** *v/t* ⟨*sep*, -ge-, h⟩ j-n **~** to bring s.o. down. – **II** *v/reflex* **sich ~** lie down: **da legst du dich flach** *fig.* that's left you speechless. — **~ˌlei·ste** *f* flat band. — **~ˌmei·ßel** *m* **1.** *tech.* chipping (*od.* flat) chisel. – **2.** *med.* spud. — **~ˌpaß** *m* (*sport*) (*beim Fußball*) ground pass. — **~re·liˌef** *n* (*art*) low (*od.* bas-)relief. — **~ˌren·nen** *n* (*beim Pferdesport*) flat race (*od.* racing). — **~ˌrie·men** *m* flat belt.

Flachs [flaks] *m* ⟨-es; *no pl*⟩ **1.** *bot.* flax (*Gattg Linum*): **Gemeiner ~** common flax (*L. usitatissimum*); **Indischer ~** jew's (*od.* Jew's) mallow, jute (*Corchorus olitorius*); **Neuseeländischer ~** New Zealand flax (*od.* hemp), flaxbush, flax lily, *Br.* flax-lily, phormium (*Phormium tenax*); **geschnittener [zubereiteter] ~** cut [dressed] flax; **roher ~** raw (*od.* undressed) flax; **~ rösten** to ret flax; **aus ~** (*bestehend*) flaxen. – **2.** (*textile*) flax. – **3.** *fig. colloq.* (*Unsinn*) nonsense, playfulness, teasing, kidding (*colloq.*): **mach keinen ~!** stop kidding, be serious! **das war nur ~** that was just a joke.

'Flachs|(ˌan)ˌbau *m* ⟨-(e)s; *no pl*⟩ *agr.* flax cultivation (*od.* culture), cultivation of flax. — **~ˌbaum** *m bot.* flax-tree (*Gattg Antidesma*). — **~beˌrei·tung** *f* (*textile*) flax-dressing. — **f~ˌblond** *adj* flaxen(-haired), towheaded. — **~ˌbre·che, ~ˌbrech·maˌschi·ne** *f tech.* flax brake, *auch* flaxbreak, flax breaker.

'flach|ˌschla·gen *v/t* ⟨*irr, sep*, -ge-, h⟩ beat (*s.th.*) flat. — **F~ˌschleif·maˌschi·ne** *f metall.* face-grinding machine, face grinder.

'flachˌschnäb·lig [-ˌʃnɛːblɪç] *adj zo.* pressirostral. — **'Flachˌschnäb·ler** [-ˌʃnɛːblər] *m* ⟨-s; -⟩ **1.** pressirostral. – **2.** *pl collect.* pressirostres.

'Flach|ˌschnitt *m* (*wood*) flat (*od.* slab) cut. — **~ˌschuß** *m* (*sport*) low shot, (*beim Fußball*) *auch* ground shot. — **f~ˌschwän·zig** [-ˌʃvɛntsɪç] *adj zo.* flat-tailed, planicaudate (*scient.*).

'Flachsˌdot·ter *m bot.* gold of pleasure (*Camelina sativa*).

flach·sen ['flaksən] **I** *v/i* ⟨h⟩ *colloq.* joke, fool: **glaube ihm nicht, er flachst ja doch nur** don't believe him, he's only joking. – **II F~** *n* ⟨-s⟩ *verbal noun.* — **Flach·se'rei** *f* ⟨-; -en⟩ *cf.* Flachsen.

'flachs|ˌfar·ben, ~ˌfar·big *adj* flaxen, flax-colored (*bes. Br.* -coloured).

'Flachs|ˌfa·ser *f* **1.** (*textile*) flax (*od.* linen) fiber (*bes. Br.* fibre), harl(e). – **2.** *bot.* flax. — **~ˌfeld** *n* flax field. — **~ˌgarn** *n* (*textile*) flax yarn. — **f~ˌhaa·rig** *adj cf.* flachsblond. — **~ˌhe·chel** *f* hatchel, flax comb (*od.* hackle). — **~ˌhe·chel·maˌschi·ne** *f* flax-hackling machine.

'Flachˌsieb *n tech.* flat screen (*od.* sieve).

'Flachs|ˌkopf *m* **1.** (*Haare*) towhead, flaxen poll (*lit.*). – **2.** *fig.* (*Person*) flaxen-haired person. — **~ˌkraut** *n bot.* a) *cf.* Flachsseide, b) pennyroyal, pudding grass, pulic (*Mentha pulegium*). — **~ˌleinˌwand** *f* (*textile*) flax linen. — **~ˌli·lie** *f* flax lily, *Br.* flax-lily, New Zealand flax (*od.* hemp) (*Phormium tenax*).

'Flachˌspu·le *f electr.* flat (*od.* pancake) coil.

'Flachs|ˌrö·ste *f* **1.** ⟨*only sg*⟩ (*Verfahren*) flax retting (*od.* rotting, steeping). – **2.** (*Gerät*) flax-retting pool (*od.* tank, pond). – **3.** (*Betrieb*) (flax) rettery, *auch* rettory. — **~rö·steˌrei** *f* (flax) retting (*od.* rotting). — **~ˌsa·me(n)** *m bot. cf.* Leinsaat. — **~ˌsei·de** *f*, **~ˌsei·denˌkraut** *n* hellweed, (flax) dodder, *Br.* (flax-)dodder, devil's-guts *pl* (*often construed as sg*) (*Cuscuta epilinum*). — **~spin·neˌrei** *f* (*textile*) **1.** ⟨*only sg*⟩ (*Verfahren*) flax spinning. – **2.** (*Fabrik*) flax(-spinning) mill. — **~ˌspör·gel** *m bot.* (corn) spurr(e)y (*Spergula arvensis*).

'Flach|ˌstahl *m metall.* a) (*als Werkstoff*) flat steel, b) (*als Handelserzeugnis*) flat bar steel, flats *pl.* — **~ˌstich** *m* **1.** (*textile*) flat (*od.* satin) stitch. – **2.** *metall.* (*im Walzwerk*) flat pass.

'Flachsˌwerg *m* flax tow.

'flachˌwal·zen *v/t* ⟨*sep*, -ge-, h⟩ **1.** roll (*s.th.*) flat, flat-roll. – **2.** *metall.* (*Rohblöcke*) slab.

'Flach|ˌwin·kel *m tech.* millwright's (*od.* thin) steel square. — **~ˌwurm** *m med.* platyhelminth, flatworm, fluke, trematode. — **f~ˌwur·zelnd** *adj bot.* shallow-rooted. — **~ˌzan·ge** *f tech.* flat- (*od.* plat-)pliers *pl*, flat-nose(d) plier(s *pl*). — **~ˌzie·gel** *m civ.eng.* **1.** flat brick. – **2.** (*für Dächer etc*) flat (*od.* plain, plane) tile.

'Flackerˌlam·pe (*getr.* -k·k-) *f electr.* flickering lamp.

flackern (*getr.* -k·k-) ['flakərn] **I** *v/i* ⟨h⟩ **1.** (*zuckend brennen*) flicker, waver: **das Feuer im Kamin flackert** the fire in the fireplace is flickering. – **2.** (*lodern*) flare. – **3.** *fig.* (*von Augen, Blick*) flicker, waver: **es flackerte in seinen Augen, seine Augen flackerten** his eyes flickered. – **II F~** *n* ⟨-s⟩ **4.** *verbal noun.* – **5.** flicker. – **6.** flare. — **'flackernd** (*getr.* -k·k-) **I** *pres p.* – **II** *adj* **1.** flickering, wavering, unsteady. – **2.** (*lodernd*) flaring: **im ~en Fackelschein** in the flaring light (*od.* in the flare) of torches. – **3.** *fig.* (*Blick*) unsteady, wavering. – **4.** *med.* (*Puls*) unsteady.

'Flad·derˌmi·ne ['fladər-] *f mil.* contact (*od.* land) mine.

Fla·den ['flaːdən] *m* ⟨-s; -⟩ **1.** *gastr.* a) (*aus Mais, Mehl etc*) pancake, b) *Southern G. and Swiss* flat cake. – **2.** *cf.* Kuhfladen.

Fla·der ['flaːdər] *f* ⟨-; -n⟩ (*wood*) vein, curl, speckle.

Flag·gel·lant [flagɛ'lant] *m* ⟨-en; -en⟩ *relig. hist.* disciplinant, flagellant.

Fla·gel·lat [flagɛ'laːt] *m* ⟨-en; -en⟩ *zo.* (*Geißeltierchen*) flagellate (protozoon). — **Fla'gel·le** [-'gɛlə] *f* ⟨-; -n⟩, **Fla'gel·lum** [-lʊm] *n* ⟨-s; -len⟩ lash, flagellum (*scient.*).

Fla·geo·lett [flaʒo'lɛt] *n* ⟨-s; -e⟩ *mus.* **1.** flageolet. – **2.** (*Flötenton der Streicher u. Harfe*) harmonic. – **3.** (*Flötenregister der Orgel*) flageolet.

'Fla-Geˌschütz ['flaː-] *n mil.* antiaircraft (*Br.* anti-aircraft) gun, ack-ack gun (*sl.*), A.A.gun.

Flag·ge ['flagə] *f* ⟨-; -n⟩ **1.** *cf.* Fahne 1. – **2.** *mil.* flag: **die amerikanische ~** the American flag, the Stars and Stripes; **die britische ~** the British flag, the Union Jack; **die ~ aufziehen** (*od.* **hissen, heißen**) to hoist (*od.* raise, run up) the flag; **die ~ einholen** to lower (*od.* haul down) the flag; **die ~ streichen** *auch fig.* to strike (*od.* lower) the flag. – **2.** (*Regimentsfahne*) colors *pl*, *bes. Br.* colours *pl.* – **3.** *mar.* a) flag, b) (*mit Nationalitätszeichen*) ensign, *auch* jack, c) (*Wimpel*) pennant, d) (*Lotsenfahne*) jack: **unter fremder [falscher] ~ fahren** to sail under a foreign [false] flag; **unter**

falscher ~ segeln *fig.* to sail under false colo(u)rs; niemand weiß, unter welcher ~ er segelt *fig.* nobody knows where he stands (*od.* which side he is on); eine ~ führen to fly a flag; die ~ dippen to dip the flag.

flag·gen ['flagən] **I** *v/i* ⟨h⟩ **1.** fly a (*od.* show the) flag: alle Häuser hatten geflaggt all houses were flying a flag (*od.* were decorated with flags); halbmast ~ to fly a flag at half-mast. – **2.** (*Fahne hissen*) hoist one's flag, put out the flag. – **3.** (*von Schiffen*) fly flags, dress. – **II** *v/t* **4.** (*Schiff etc*) dress. – **5.** (*signalisieren*) signal (*s.th.*) (with flags). – **III F~** *n* ⟨-s⟩ **6.** *verbal noun.*

'**Flag·gen|ˌdron·go** *m* ⟨-s; -s⟩ *zo.* (large) racket-tailed drongo (*Discrurus paradiseus*). — **~ˌeh·rung** *f mar.* honoring (*bes. Br.* honouring) of the flag. — **~ˌfisch** *m zo.* sicklefish, concertina fish, spotted batfish (*Drepane punctata*). — **~paˌra·de** *f* flag parade, breaking out flags, flag raising (*od.* dipping) ceremony, morning (*od.* evening) colors *pl* (*bes. Br.* colours *pl*). — **~siˌgnal** *n mar.* flag signal. — **~ˌsyl·phe** *f zo.* racket-tail, *auch* racket-tailed hummingbird (*Ocreatus underwoodi*). — **~ˌtrap·pe** *f* lesser florican (*Sypheotis aurita*). — **~ˌtuch** *n cf.* Fahnentuch[1] *u.* [2]. — **~ˌzei·chen** *n* **1.** *mar.* flag signal. – **2.** *mil.* marker flag.

'**Flagg|ˌlei·ne** *f mar.* flag (*od.* signal, ensign) halyard, halliard, *auch* hallyard, flag line. — **~of·fiˌzier** *m* flag officer. — **~ˌschiff** *n* flagship.

fla·grant [fla'grant] *adj lit.* (*offenkundig*) [flagrant.]

Flair [flɛːr] (*Fr.*) *n* ⟨-s; *no pl*⟩ **1.** flair: ein ~ für etwas haben to have a flair for s.th. – **2.** (*Reiz*) special charm: diese Stadt hat nichts von ihrem ~ verloren this city has lost nothing of its special charm.

Flak [flak] *f* ⟨-; -, *auch* -s⟩ *mil.* **1.** flak, antiaircraft (*Br.* anti-aircraft) gun, *Br. sl. auch* archie. – **2.** (*Artillerie*) antiaircraft (*Br.* anti-aircraft) artillery. — **~ar·til·leˌrie** *f* antiaircraft (*Br.* anti-aircraft) artillery. — **~ˌfeu·er** *n* flak, aerial barrage, antiaircraft (*Br.* anti-aircraft) fire. — **~geˌschoß** *n* antiaircraft (*Br.* anti-aircraft) shell. — **~geˌschütz** *n* antiaircraft (*Br.* anti-aircraft) gun.

Fla·kon [fla'kõː] *n, m* ⟨-s; -s⟩ **1.** small (cut-glass) bottle. – **2.** (*Riechfläschchen*) bottle of smelling salts.

'**Flak|ˌschein·ˌwer·fer** *m mil.* antiaircraft (*Br.* anti-aircraft) searchlight. — **~ˌstel·lung** *f* antiaircraft (*Br.* anti-aircraft) artillery position (*od.* gun emplacement), line of anti(-)aircraft guns. — **~ˌtref·fer** *m* hit by antiaircraft (*Br.* anti-aircraft) fire.

flam·bie·ren [flam'biːrən] *v/t* ⟨*no* ge-, h⟩ *gastr.* (*Gericht*) set light to, flame. — **flam'biert I** *pp.* — **II** *adj* flambé.

Flam·boy'antˌstil [flãbŏa'jãː-] *m arch.* flamboyant style.

Fla·me ['flaːmə] *m* ⟨-n; -n⟩ Fleming.

Fla·men·co [fla'mɛŋko] *m* ⟨-(s); -s⟩ *mus.* flamenco.

'**Fla·min, Flä·min** ['flɛːmɪn] *f* ⟨-; -nen⟩ Flemish woman, Fleming.

Fla·min·go [fla'mɪŋgo] *m* ⟨-s; -s⟩ *zo.* flamingo, ph(o)enicopter (*Fam. Phoenicopteridae*): Gemeiner ~, ~ der Alten Welt (European) flamingo (*Phoenicopterus ruber roseus*); Roter ~ red (*od.* American) flamingo (*P. ruber ruber*). — **~ˌblu·me** *f bot.* flamingo flower (*od.* plant) (*Anthurium scherzerianum u. A. andraeanum*).

flä·misch ['flɛːmɪʃ] **I** *adj* Flemish. – **II** *ling.* **F~** *n* ⟨*generally undeclined*⟩, **das F~e** Flemish, the Flemish language.

Flam·me ['flamə] *f* ⟨-; -n⟩ **1.** flame: die ~ anfachen [löschen] to fan [to quench] the flame; in ~n aufgehen (*od.* ausbrechen) to burst into (*od.* go up in) flames; die ~n lodern zum Himmel the flames are leaping up into (*od.* flaring up towards) the sky; auf kleiner ~ kochen to cook (*s.th.*) over a low flame; unser Gasherd hat nur zwei ~n our gas stove has only two flames (*od.* burners); das Haus stand bald in ~n the house was soon in flames (*od.* on fire, ablaze); das ganze Dorf wurde ein Raub der ~n the whole village became a prey to the flames (*od.* fell victim to the flames); die Leiche wurde den ~n übergeben the (dead) body was committed to the flames (*od.* was cremated). – **2.** *fig.* (*der Liebe, des Hasses etc*) flame: → Feuer 1. – **3.** (*lodernde Feuer*) blaze. – **4.** (*Feuerstrahl*) jet. – **5.** (*Fackel*) torch: die olympische ~ the Olympic torch; die ~ der Freiheit *fig.* the torch of freedom. – **6.** *fig. colloq.* (*Freundin*) flame, love, sweetheart. – **7.** *meist pl hunt.* (*des Auerhahns*) red eye-membrane.

flam·men ['flamən] **I** *v/i* ⟨h⟩ **1.** *rare for* brennen 1. – **2.** *fig. lit.* (*von buntem Laub etc*) be afire (*od.* ablaze): die Wälder flammten in herbstlichem Gold the forests were ablaze with the gold of autumn. – **3.** *fig. lit.* (*in Wendungen wie*) Ärger flammte in ihren Augen anger burned (*od.* flashed, glowed) in her eyes; ihr Gesicht flammte vor Zorn her face blazed (*od.* flushed) with rage, her face was afire (*od.* aflame) with rage; ihre Augen flammten vor Begeisterung her eyes shone (*od.* sparkled) with enthusiasm. – **II** *v/t* **4.** *tech.* a) (*Holz*) decorate (*s.th.*) with a wavy pattern, b) (*Holz absengen*) flame, c) (*Stahl*) flame-treat, d) (*Walzgut*) deseam, e) (*Walzknüppel*) skin by flame. – **5.** (*textile*) singe, cloud.

'**Flam·men|ˌbaum** *m bot.* flame tree (*Nuytsia floribunda*). — **~ˌblu·me** *f* phlox (*Gattg Phlox*): Pfriemblättrige ~ moss pink (*Phlox subulata*). — **~ˌbo·gen** *m electr.* luminous (*od.* voltaic) arc.

'**flam·mend I** *pres p.* – **II** *adj fig.* **1.** (*Farbe etc*) flaming, blazing, fiery, vivid. – **2.** (*Rede etc*) flaming, fierce, fulminating, ardent, burning. – **3.** (*Gemütsbewegung, Blick etc*) blazing, burning, flaming.

'**Flam·men|deˌflek·tor** *m* (*space*) (flame) deflector. — **~ˌeu·le** *f zo. cf.* Schleiereule. — **f~ˌför·mig** *adj* **1.** flamy, flaming, flame-like. – **2.** *her.* flam(m)ant. — **~ˌfront** *f* (*space*) flame front. — **~ˌfüh·rung** *f* ⟨-; *no pl*⟩ *tech.* direction of flame path, flame baffling. — **~ˌke·gel** *m* flame cone. — **~ˌlö·tung** *f* blowlamp soldering. — **~ˌmeer** *n fig. lit.* sea (*od.* sheet) of flames (*od.* fire), fiery ocean (*od.* sea). — **~ˌschrift** *f* ⟨-; *no pl*⟩ *poet.* letters *pl* of fire, flaming characters *pl*: die ~ (an der Wand) the hand (*od.* writing) on the wall. — **~ˌschwert** *n poet.* fiery (*od.* flaming) sword. — **~ˌtod** *m lit.* death in the flames, death by fire (*od.* by burning). — **~ˌwer·fer** *m mil.* flamethrower, *Br.* flame-thrower, flame projector, *Br.* flame-projector. — **~ˌzei·chen** *n* signal fire, flame signal.

Flam·me·ri ['flaməri] *m* ⟨-(s); -s⟩ *gastr.* flummery, blancmange.

'**flamm|ˌhär·ten I** *v/t* ⟨*insep*, -ge-, h⟩ *tech.* flame-harden. — **II F~** *n* ⟨-s⟩ *verbal noun.* — **F~ˌhär·tung** *f cf.* Flammhärten.

'**flam·mig** *adj* **1.** flamy, flame-like. – **2.** (*textile*) a) watered, moiré, b) clouded, shadowed. – **3.** *her.* radiant.

'**FlammˌOfen** *m tech.* reverberatory (*od.* air) furnace: im ~ frischen to puddle. — **~ˌschlacke** (*getr.* -k·k-) *f* air furnace slag. — **~ˌschmel·zen** *n* reverberatory smelting.

'**Flamm|ˌpunkt** *m phys.* flash (*od.* ignition) point, fire point. — **~ˌrohr** *n tech.* fire tube, flue.

flan·drisch ['flandrɪʃ] *adj cf.* flämisch.

Fla·nell [fla'nɛl] *m* ⟨-s; -e⟩ flannel: aus ~ flannel. — **~ˌanˌzug** *m* flannel suit.

fla'nel·len *adj* **1.** (made of) flannel. – **2.** flannel-like, flannelly.

Fla'nell|ˌhemd *n* flannel shirt. — **~ˌho·se** *f* flannel trousers *pl* (*od.* slacks *pl* [*sometimes construed as sg*]), flannels *pl.* — **~ˌspin·ner** *m zo.* rabbit moth, puss caterpillar (*Megalopyge opercularis*).

Fla·neur [fla'nøːr] *m* ⟨-s; -e⟩ **1.** saunterer, stroller. – **2.** *contempt.* (*Bummler*) flaneur. — **fla'nie·ren** [-'niːrən] *v/i* ⟨h⟩ *colloq.* saunter, stroll (about *od.* along): durch den Park ~ to stroll along in the park.

Flan·ke ['flaŋkə] *f* ⟨-; -n⟩ **1.** (*Seite*) side, flank. – **2.** *mil.* flank: dem Gegner in die ~ fallen, den Gegner in der ~ angreifen to attack the enemy in (the) flank; ein Stoß in die ~ a push against the flank; in die offene ~ des Gegners einbrechen to attack the uncovered flank of the enemy; der Feind umfaßte unsere linke ~ the enemy outflanked us on the left. – **3.** *zo.* (*Weiche*) flank, side: einem Pferd die Sporen in die ~n setzen to dig one's spurs into a horse's flanks. – **4.** (*sport*) (*beim Geräteturnen*) flank (*od.* side) vault. – **5.** (*sport*) (*beim Fußball etc*) a) (*Flügel*) wing, flank, b) (*Pass zur Mitte*) center, *bes. Br.* centre, c) (*beim Rugby*) cross kick: eine ~ schlagen to center, *bes. Br.* to centre. – **6.** *tech.* a) (*eines Fräsers*) flank, b) (*eines Gewindezahnes*) side, c) (*eines Zahnradzahnes*) tooth surface. – **7.** *geol.* flank, side. – **8.** *electr.* (*radio*) slope.

flan·ken ['flaŋkən] (*sport*) **I** *v/t* ⟨h⟩ **1.** (*Ball*) center, *bes. Br.* centre. – **II** *v/i* **2.** (*beim Fußball etc*) center, *bes. Br.* centre. – **3.** (*beim Geräteturnen*) carry out a flank (*od.* side) vault.

'**Flan·ken|ˌanˌgriff** *m mil.* flank attack. — **~ˌball** *m* (*sport*) center (*bes. Br.* centre) (pass). — **~beˌdro·hung** *f mil.* threat to the flank. — **~beˌwe·gung** *f* flank(ing) movement. — **~ˌdeckung** (*getr.* -k·k-) *f* flank defence (*Am.* defense), flank protection (*od.* guard). — **~ˌfeu·er** *n* flanking (*od.* enfilade, enfilading) fire, enfilade. — **~ˌhieb** *m* (*beim Fechten*) cut(-)at(-)flank, flank cut. — **~ˌmarsch** *m mil.* flank(ing) march. — **~ˌschutz** *m cf.* Flankendeckung. — **~ˌsi·che·rung** *f* flank cover (*od.* protection). — **~ˌsprung** *m* (*beim Turnen*) flank vault. — **~ˌstel·lung** *f* flanking position.

flan·kie·ren [flaŋ'kiːrən] **I** *v/t* ⟨*no* ge-, h⟩ **1.** flank: zwei Polizisten flankierten den Präsidenten two policemen flanked the president. – **2.** *mil.* a) (*umgehen*) (out)flank, b) (*beschießen*) flank, enfilade, c) (*schützen*) flank. – **3.** (*games*) (*Schachfigur*) post (*od.* place) (*a piece*) on the wing(s). – **II F~** *n* ⟨-s⟩ **4.** *verbal noun.* — **Flan'kie·rung** *f* ⟨-; *no pl*⟩ *cf.* Flankieren.

Flansch [flanʃ] *m* ⟨-(e)s; -e⟩ *tech.* flange. — **~ˌbrei·te** *f* (*Profilstahl*) width of flange, flange width.

flan·schen ['flanʃən] *v/t* ⟨h⟩ *tech.* flange.

'**Flan·schen|ˌdich·tung** *f tech.* flanged packing. — **~ˌkupp·lung** *f* flange coupling. — **~verˌbin·dung** *f cf.* Flanschverbindung.

'**Flansch|ˌmo·tor** *m tech.* flange-mounting motor, (*angeflanschter*) flange-mounted motor. — **~ˌrohr** *n* flange(d) pipe. — **~ˌstär·ke** *f* (*beim Profilstahl*) thickness of flange, flange thickness. — **~ˌstut·zen** *m* flange connection (*Br. auch* connexion). — **~ˌträ·ger** *m* flanged beam. — **~verˌbin·dung** *f* flange(d) joint (*od.* coupling). — **~ˌwel·le** *f* flanged shaft.

Flap·pe ['flapə] *f* ⟨-; -n⟩ *Middle and Low G. colloq. contempt.* **1.** wry face (*od.* mouth): eine ~ ziehen to pull (*od.* draw, make) a wry face. – **2.** (big) mouth: halt die (*od.* deine) ~! shut up! shut your trap! stop (*od.* hold) your jaw!

Flaps [flaps] *m* ⟨-es; -e⟩ *colloq.* **1.** greenhorn, tenderfoot. – **2.** (*Flegel*) lout, boor. — '**flap·sig** *adj colloq.* **1.** raw and inexperienced. – **2.** (*flegelhaft*) loutish, boorish.

'**Fla-Raˌke·te** *f mil.* antiaircraft (*Br.* anti-aircraft) (*od.* ground-to-air, surface-to-air) missile.

Fläsch·chen ['flɛʃçən] *n* ⟨-s; -⟩ **1.** *dim. of* Flasche 1, 2. – **2.** (*für Arznei*) phial, vial. – **3.** (*für Säugling*) (feeding) bottle.

Fla·sche ['flaʃə] *f* ⟨-; -n⟩ **1.** bottle: kleine, flache ~ flask; eine ~ Wein a bottle of wine; eine angebrochene ~ a bottle that has been opened; eine halbe ~ a) half a bottle, b) (*als Mengeneinheit*) *etwa* a pint, a split (*colloq.*); in ~n abgefüllt bottled; Bier auf ~n ziehen (*od.* in ~n füllen) to bottle beer; die ~ ansetzen to put the bottle to one's lips; aus der ~ trinken to drink from the bottle; j-n zu einer ~ Sekt einladen to invite s.o. to a bottle of champagne; etwas bei einer ~ Wein besprechen to discuss s.th. over a bottle of wine; einer ~ den Hals brechen *colloq.*, eine ~ ausstechen *colloq.* to crack a bottle (*colloq.*); der ~ zusprechen *fig. humor.* to ply the bottle. – **2.** (*für Säuglinge*) (feeding *od.* nursing) bottle: (dem Kind) die ~ geben to give (the baby) the bottle; das Kind nimmt die ~ nicht the baby does not take the bottle; er bekommt noch die ~ he is still on the bottle; ein Kind mit der ~ großziehen to bring up (*od.* rear) a baby on the bottle. – **3.** (*Karaffe*) decanter. – **4.** (*für Gas etc*) cylinder. – **5.** *tech.* (*des Flaschenzugs*) tackle, block. – **6.** Leidener ~ *electr.* Leyden jar. – **7.** Woulfische ~ *chem.* Woulfe('s) bottle (*od.* jar). – **8.** *colloq. contempt.* (*Versager*) utter failure; washout, dud (*colloq.*). – **9.** *colloq. contempt. cf.* Feigling 1, 2.

'**Fla·schen|ˌabˌzug** *m brew.* bottling. — **~ˌap·fel** *m bot.* custard apple. — **~aze·tyˌlen** *n tech.* cylinder gas. — **~bat·teˌrie** *f* **1.** *electr.* battery of bottle cells. – **2.** *colloq.*

humor. collection (*od.* battery) of bottles. — **~ˌbier** *n brew.* bottled beer. — **~ˌblas·maˌschi·ne** *f tech.* bottle-blowing machine, bottle blower. — **~ˌbo·vist** *m bot.* puffball, dustling (*Fam. Sclerodermataceae u. Tulustomaceae*). — **~ˌbür·ste** *f* bottle brush. — **f~ˌför·mig** *adj* **1.** bottle-shaped, *auch* ampullar, ampullated. – **2.** *bot.* ascidiate, ascidiform, ampullaceous. — **~ˌfüll·ap·paˌrat** *m*, **~ˌfüll·maˌschi·ne** *f* bottle-filling (*od.* bottling) apparatus (*od.* machine), bottle filler. — **~ˌfül·lung** *f* bottling. — **~ˌgä·rung** *f* (*von Alkohol*) fermentation in the bottle. — **~ˌgas** *n tech.* bottle(d) (*od.* liquid, cylinder) gas, Calorgas (*TM*). — **~geˌstell** *n* bottle rack (*od.* stand). — **~ˌglas** *n* bottle glass, *Br.* bottle-glass. — **~ˌgras** *n bot.* bladdery carex (*Carex vesicaria*). — **f~ˌgrün** *adj* bottle green, *Br.* bottle-green. — **~ˌhals** *m* neck of a bottle. — **~ˌhal·ter** *m* bottleholder, *Br.* bottle-holder: **verschließbarer ~** tantalus. — **~ˌkap·sel** *f* bottle cap (*od.* top). — **~ˌkind** *n med.* bottle (*od.* bottle-fed) baby (*od.* child). — **~ˌkorb** *m* bottle basket, hamper for bottles. — **~ˌkork·maˌschi·ne** *f* corking machine (for bottles). — **~ˌkür·bis** *m bot.* (bottle) gourd (*Lagenaria vulgaris*). — **~ˌmilch** *f* bottled milk. — **~ˌna·se** *f zo.* bottle-nose(d) dolphin (*od.* porpoise) (*Tursiops truncatus*). — **~ˌöff·ner** *m* bottle opener. — **~ˌpfand** *n* (bottle) deposit: **für eine Flasche 20 Pfennig ~ zahlen** to pay a deposit of 20 pfennigs for a bottle. — **~ˌpost** *f* **1.** bottle post. – **2.** (*Nachricht*) bottle post (*od.* paper), message-in-bottle. – **3.** *mar.* (*in der Ozeanographie*) drift bottle, floater. — **f~ˌreif** *adj* (*Bier, Wein*) fit (*od.* ready) for bottling. — **~ˌrei·ni·ger** *m cf.* Flaschenbürste. — **~ˌrei·ni·gungs·maˌschin·e** *f* bottle cleaner (*od.* washer). — **~ˌspu·le** *f* (*textile*) bottle (*od.* taper) bobbin. — **~ˌstän·der** *m* **1.** bottle rack (*od.* stand). – **2.** (*eines Büffets*) cellarette, *auch* cellaret. — **~ˌstäub·ling** *m bot. cf.* Flaschenbovist. — **~ste·ri·liˌsie·rer** *m* bottle sterilizer. — **~verˌkor·kungs·maˌschi·ne** *f cf.* Flaschenkorkmaschine. — **~verˌschluß** *m* bottle cap (*od.* top, stopper, closure). — **~ˌwein** *m* bottled wine. — **f~ˌwei·se** *adv* by the bottle, in bottles. — **~ˌwin·de** *f tech.* bottle jack. — **~ˌzug** *m tech.* (tackle) block: **~ mit drehbarem Haken** tackle block with swivel hook; **~ mit drei Rollen** triple track block; **~ mit eingebauter Laufkatze** trolley block.

'fla·schig *adj colloq. contempt.* hopeless, useless.

Flasch·ner ['flaʃnər] *m* ⟨-s; -⟩ *Southwestern G. and Swiss for* Klempner.

Fla·ser ['flaːzər] *f* ⟨-; -n⟩ **1.** *geol.* (*Ader*) flaser. – **2.** (*wood*) *rare* vein, streak. — **'fla·se·rig** *adj* **1.** *geol.* flaser. – **2.** (*wood*) veiny, streaky.

'Flat·ter|ˌbin·se *f bot.* bulrush, *auch* bull-rush, soft rush (*Juncus effusus*). — **~ˌfuß** *m zo.* **1.** winged foot. – **2.** *pl cf.* Flattertiere. — **f~ˌfu·ßig** [-ˌfuːsɪç], **f~ˌfü·ßig** *adj zo.* (*Fledermaus*) winghanded. — **~ˌfüß·ler** [-ˌfyːslər] *pl zo. cf.* Flattertiere. — **~ˌgeist** *m contempt.* **1.** flighty (*od.* capricious, fickle) person. – **2.** *cf.* Flattersinn. — **~ˌgras** *n bot.* millet grass (*Milium effusum*).

'flat·ter·haft *adj* **1.** (*leichtfertig, oberflächlich*) flighty, capricious, fickle, giddy. – **2.** (*wankelmütig, unstet*) inconstant, unstable, volatile, flighty. – **3.** (*umherschweifend*) gadabout. — **'Flat·ter·haf·tig·keit** *f* ⟨-; *no pl*⟩ **1.** flightiness, capriciousness, fickleness, giddiness. – **2.** inconstancy, instability, volatility, flightiness.

'Flat·terˌhaut *f zo.* parachute, patagium (*scient.*).

'flat·te·rig *adj* **1.** (*zittrig*) trembly, shaky. – **2.** (*aufgeregt*) nervous, flustered.

'Flat·terˌma·ki *m zo.* colugo, cobego, flying lemur (*Cynocephalus variegatus*).

flattern ['flatərn] **I** *v/i* ⟨h *u.* sein⟩ **1.** ⟨sein⟩ (*von Schmetterling, Vogel etc*) flutter. – **2.** ⟨sein⟩ (*von Fledermaus etc*) flit. – **3.** ⟨h⟩ (*mit den Flügeln schlagen*) beat (*od.* flap) the wings, flap. – **4.** ⟨h⟩ (*von Fahnen etc*) flap. – **5.** ⟨h⟩ (*von Flaggen, Wimpeln etc*) flutter. – **6.** ⟨h⟩ (*von Rock, Wäsche etc*) flutter, wave, fly. – **7.** ⟨h⟩ (*von langen Bändern, Haaren etc*) stream, fly. – **8.** ⟨sein⟩ (*von Blättern, Papier etc*) flutter, float: **mir ist gestern ein Brief ins Haus geflattert** *fig. colloq.* a letter turned up yesterday. – **9.** ⟨h⟩ *fig.* (*zittern*) flutter: **seine Hände flatterten vor Aufregung** his hands fluttered (*od.* trembled) with excitement. – **10.** ⟨h⟩ *tech.* (*von Maschinenteilen etc*) flutter. – **11.** ⟨h⟩ *auto.* a) (*der Kolbenringe*) flutter, b) (*der Räder*) wobble, c) (*der Vorderräder*) shimmy. – **12.** ⟨h⟩ *tech.* a) (*von Ventilen*) bounce, knock, flutter, b) (*einer Säge*) screech, weave, c) (*einer Welle*) whip. – **13.** ⟨h⟩ (*schwänzeln*) flutter. – **14.** ⟨h⟩ (*Licht*) flicker. – **15.** ⟨h⟩ *mar.* (*von Segel*) flap, shiver. – **16.** ⟨h⟩ (*radio*) (*von Mittelwelle*) fade intermittently. – **17.** ⟨h⟩ *med.* a) (*vom Puls*) flutter, b) (*von Herzkammern*) fibrillate. – **II F~** *n* ⟨-s⟩ **18.** *verbal noun.* – **19.** flutter. – **20.** *tech.* (*eines Ventils*) bounce. – **21.** *auto.* a) (*eines Rades*) wobble, b) (*der Vorderräder*) shimmy. – **22.** *med.* (*einer Herzkammer*) fibrillation. – **23.** *mar.* (*des Segels*) flapper.

'Flat·ter|ˌro·se *f bot.* Frankfort rose (*Rosa turbinata*). — **~ˌsim·se** *f cf.* Flatterbinse. — **~ˌsinn** *m* fickleness, capriciousness, flightiness. — **~ˌtie·re** *pl zo.* Chiroptera, bats (*Ordng Chiroptera*). — **~ˌul·me** *f bot.* small-leaved elm (*Ulmus laevis*). — **~ˌzun·ge** *f mus.* double (*od.* flutter) tonguing.

'flatt·rig *adj cf.* flatterig.

fla·tu·lent [flatu'lɛnt] *adj med.* flatulent. — **Fla·tu'lenz** [-'lɛnts] *f* ⟨-; *no pl*⟩ flatulence, *auch* flatulency, wind, windiness, meteorism (*scient.*): **~ verursachen** to cause flatulence, to meteorize.

flau [flau] **I** *adj* ⟨-er; -(e)st⟩ **1.** *colloq.* (*leicht unwohl*) queer, queasy, *auch* queazy, faint: **mir ist ganz ~** (**zumute**) I feel very queasy, I have butterflies in my stomach; **ihm wurde ~ vor Hunger** he had a hollow feeling in his stomach from hunger. – **2.** *colloq.* (*schwach*) faint, weak, feeble: **sich ~ fühlen** to feel weak. – **3.** (*Unterhaltung, Stimmung etc*) dull, lifeless, dead, flat. – **4.** (*Geschmack*) insipid. – **5.** (*Brise etc*) slack, light, gentle. – **6.** (*Farbe*) pale, dull. – **7.** *phot.* flat, showing poor definition, dull, without contrast. – **8.** *econ.* a) (*Markt, Geschäft, Handel etc*) dull, slack, slow, quiet, dead, b) (*Börse*) stagnant, sluggish, featureless, c) (*Aktienmarkt*) listless: **Bauunternehmen haben im Winter ihre ~e Zeit** building contractors have their slack season in winter. — **'Flau·heit** *f* ⟨-; *no pl*⟩ **1.** *colloq.* (*leichtes Unwohlsein*) queer (*od.* queasy, *auch* queazy) feeling, faintness. – **2.** *colloq.* (*Schwäche*) faintness, weakness, feebleness. – **3.** (*einer Unterhaltung, Stimmung etc*) dul(l)ness, lifelessness, deadness, flatness. – **4.** (*des Geschmacks*) insipidity. – **5.** (*einer Brise etc*) slackness, lightness, gentleness. – **6.** (*einer Farbe etc*) paleness, dul(l)ness. – **7.** *phot.* flatness, poor definition, dul(l)ness, lack of contrast. – **8.** *econ.* a) (*des Marktes etc*) dul(l)ness, slackness, slowness, quietness, deadness, b) (*an der Börse*) stagnation, sluggishness, featurelessness, c) (*am Aktienmarkt*) listlessness.

Flaum[1] [flaum] *m* ⟨-(e)s; *no pl*⟩ **1.** (*von jungen Vögeln etc*) down. – **2.** (*unter dem Deckgefieder*) down, fluff. – **3.** (*erster Bartwuchs*) down, fuzz: **er hat schon einen leichten ~ auf den Wangen** there is already a trace of fuzz on his cheeks. – **4.** (*erste Haare eines Kindes*) fuzz, lanugo (*scient.*), *Am. sl.* peach fuzz. – **5.** *bot.* (*wolliges Haar von Pflanzen*) a) bloom; villosity, villi *pl*, pubes, pubescence, lanugo (*scient.*), b) (*bes. filziger*) fur, c) (*bes. feiner*) fuzz: **mit ~ bedeckt** lanuginose. – **6.** (*auf Stoffen*) nap, fluff. – **7.** (*Produkt der Seidenraupe*) floss.

Flaum[2] *m* ⟨-(e)s; *no pl*⟩ *cf.* Flom(en).

'Flauˌma·cher *m* ⟨-s; -⟩ *colloq. contempt.* **1.** pessimist, alarmist, scaremonger. – **2.** (*Miesmacher*) killjoy, wet blanket. – **3.** *econ.* bear, alarmist, panic-monger. – **4.** *pol.* defeatist. — **ˌFlau·ma·che'rei** *f* ⟨-; *no pl*⟩ pessimism, defeatism.

'Flaum|ˌbart *m* downy beard, fluff. — **~ˌfe·der** *f* down, plumule (*scient.*). — **~ˌhaar** *n* **1.** *cf.* Flaum[1] 3, 4. – **2.** downy (*od.* fine, cat) hair. – **3.** *bot. cf.* Flaum[1] 5. — **f~ˌhaa·rig** *adj bot.* pubescent, puberulent. — **~ˌha·fer** *m* downy oat grass (*Trisetum spicatum*).

'flau·mig *adj* **1.** fluffy, downy, (as) soft as down: **~es Gefieder** down. – **2.** (*mit Härchen bedeckt*) fuzzy. – **3.** *gastr. Austrian* frothy.

'Flaum|ˌspecht *m zo.* downy woodpecker (*Dendrocopus pubescens*). — **f~ˌweich** *adj* **1.** *cf.* flaumig 1. – **2.** *fig. colloq.* (*nachgiebig*) soft, compliant.

Flaus [flaus] *m* ⟨-es; -e⟩ (*textile*) *cf.* Flausch 2.

Flausch [flauʃ] *m* ⟨-es; -e⟩ **1.** (*Büschel*) tuft. – **2.** (*textile*) baize, pilot cloth, frieze. — **'flau·schig** *adj* (*Stoffe etc*) soft (and hairy).

'Flauschˌrock *m* (*fashion*) pea jacket, *auch* pea coat, pilot coat.

Flau·se ['flauzə] *f* ⟨-; -n⟩ *meist pl colloq.* **1.** (*närrischer Einfall*) whim, fancy, caprice: **er hat nichts als ~n im Kopf, er hat den Kopf voller ~n** his head is full of whims (*od.* fanciful ideas); **j-m ~n in den Kopf setzen** to put whims (*od.* fancyful ideas) into s.o.'s head. – **2.** (*Unsinn*) nonsense, humbug, trash: **er wird ihm die ~n schon bald austreiben** he will soon knock that nonsense out of him. – **3.** (*Ausflucht, Lüge*) fib: **mach keine ~n!** don't tell fibs!

Flau·te ['flautə] *f* ⟨-; -n⟩ **1.** (*Windstille*) calm air, lull in the wind: **die ~ hielt mehrere Stunden an** the air remained calm (*od.* windless) for several hours. – **2.** *fig. bes. econ.* (*Unbelebtheit*) lull, slack period, slackness, dul(l)ness: **in dieser Branche herrscht eine allgemeine ~** in this branch of trade there is a general lull. – **3.** *fig.* (*Leistungsschwäche*) lull, slackness.

Fla·vin [fla'viːn] *n* ⟨-s; -e⟩ *meist pl chem.* flavin(e).

Fläz [flɛːts] *m* ⟨-es; -e⟩ *Northern G. colloq. contempt.* lout, boor. — **'flä·zen** *v/reflex* ⟨h⟩ **sich ~** loll, lounge, sprawl: **er fläzte sich auf den Sessel** he sprawled in the armchair.

Flech·se ['flɛksə] *f* ⟨-; -n⟩ sinew, tendon. — **'flech·sig** *adj* sinewy, tendinous.

'Flecht|ˌar·beit *f* **1.** *cf.* Flechten. – **2.** woven (*od.* plaited) article, plaitwork. – **3.** wickerwork, *Br.* wicker-work, basketry. — **~ˌband** *n* (*art*) *arch.* guilloche.

Flech·te ['flɛçtə] *f* ⟨-; -n⟩ **1.** (*aus Haar, Bast etc*) plait, braid. – **2.** *bot.* lichen (*Gattg Lichenes*): **Isländische ~** Iceland Moss (*Cetraria islandica*). – **3.** *med.* a) herpes, eczema, lichen, tetter, b) (*am Bart, Kopf etc*) tinea: **fressende ~** lupus (vulgaris), serpigo; **kriechende ~** serpigo; **scherende ~** ringworm (*Herpes tonsurans, Trichopythia superficialis*); **nässende ~** weeping eczema. – **4.** *zo. cf.* Krätzmilbe 2.

flech·ten ['flɛçtən] **I** *v/t* ⟨flicht, flocht, geflochten, h⟩ **1.** (*Haare, Zopf etc*) plait, braid, tress: **sich** (*dat*) **ein Band ins Haar ~** to plait a ribbon into one's hair; **das Haar** (**zu Zöpfen, in Zöpfe**) **~** to braid one's hair. – **2.** (*Blumen, Kränze etc*) wreathe, bind. – **3.** (*Korb, Matte etc*) weave, plait. – **4.** (*Rohrstuhl etc*) cane. – **5.** (*Seil etc*) twist, strand. – **6.** *cf.* einflechten 1-4. – **7.** *mil.* (*Faschine, Schanzkorb etc*) wale. – **8.** **j-n aufs Rad ~** *hist.* to break s.o. on the wheel. – **II** *v/reflex* **sich ~ 9.** (um [a]round) twine, wind. – **III F~** *n* ⟨-s⟩ **10.** *verbal noun.*

'flech·ten|ˌähn·lich *adj cf.* flechtenartig. — **F~ˌal·ge** *f bot.* lichen alga. — **~ˌar·tig** *adj* **1.** *med.* a) lichenous, *auch* lichenose, lichenoid, b) (*weiterkriechend*) serpiginous. – **2.** *bot.* lichenous, *auch* lichenose, lichenoid, licheniform. — **~beˌwach·sen** *adj bot.* lichenous, *auch* lichenose. — **F~ˌkun·de** *f* lichenology. — **F~ˌpilz** *m* lichen fungus. — **F~ˌspin·ner** *m zo.* footman (moth) (*Fam. Lithosiinae*).

'Flech·ter *m* ⟨-s; -⟩ **1.** plaiter, braider. – **2.** basket maker (*od.* weaver). – **3.** *tech.* braiding machine.

'Flecht|ˌkorb *m* wicker basket. — **~ˌwa·re** *f meist pl cf.* Korbware. — **~ˌwei·de** *f* **1.** *bot.* osier (*Salix viminalis*). – **2.** (*Flechtmaterial*) wicker. — **~ˌwerk** *n* **1.** (*Geflecht*) basketwork, *Br.* basket-work, wickerwork, *Br.* wicker-work. – **2.** *civ.eng. mil.* wattlework, *Br.* wattle-work. – **3.** *arch.* (*art*) (*Verzierung*) guilloche (ornament).

Fleck [flɛk] *m* ⟨-(e)s; -e⟩ **1.** (*Schmutzfleck etc*) spot, mark, (*bes. durch Flüssigkeit*) *auch* stain: **kleiner ~** speck; **einen ~ entfernen** [**herauswaschen**] to remove (*od.* take out) [to wash out] a spot; **Farbe** [**Öl, Tinte**] **verursacht** (*od.* **macht**) **~e** dye [oil, ink] causes stains; **mach dir keinen ~ auf dein neues Kleid** don't get any spots on your new dress; **mach dir nur keinen ~** (**ins Hemd**) *fig. colloq.* a) don't be so anxious, b) don't put on airs, c) don't be too finical. – **2.** (*Klecks*) blot, blotch, splotch, *Br. auch* splodge: **die Tapete hat dicke schwarze ~e** there are large black blots on the wallpaper. – **3.** (*Spritzer*) splash. – **4.** (*in Gesicht, Gefieder, Fell etc*) spot, patch, splotch, *Br. auch* splodge: **kleiner ~** fleck, speckle. – **5.** *fig.*

stain, blot, blemish, taint, blur, smirch: **das ist ein ~ auf seiner Ehre** that's a blot on his hono(u)r; **ein ~ auf der (weißen) Weste** *colloq.* a blot on one's escutcheon, a black mark against one. – **6.** (*auf faulem Obst etc*) speck, blemish, spot. – **7.** *med.* spot, plaque: **blinder [gelber] ~** blind [yellow] spot; **blauer ~** a) black and blue mark, b) (*blutunterlaufener*) bruised spot, bruise; **~ auf der Haut** macula. – **8.** (*jewelry*) (*in Diamanten*) flaw, blemish, cloud. – **9.** *astr.* (*Sonnenfleck etc*) spot. – **10.** (*kleine Fläche*) spot, patch: **hier ist noch ein weißer ~ auf der Landkarte** here there is still a white patch (*od.* a blank space) on the map. – **11.** *colloq.* (*Stelle*) spot, place: **alles steht noch am selben** (*od.* **auf demselben**) **~** everything is still (standing) in the same spot. – **12.** (*Landfläche*) patch. – **13.** (*Flicken*) patch: **einen ~ auf etwas aufsetzen** to put a patch on s.th.; **den ~ neben das Loch setzen** *fig. colloq.* to make a mistake (*od.* blunder). – **14.** *fig. colloq.* (*in Wendungen wie*) **vom ~ weg** (*sofort*) on the spot; **j-n vom ~ weg heiraten** to marry s.o. on the spot (*od.* at once, *Br. auch* out of hand); **mit der Arbeit nicht vom ~ kommen** to make no headway (*od.* progress) in one's work; **die Verhandlungen kamen nicht vom ~** the negotiations were not getting anywhere (*od.* stagnated); **ich bringe den Wagen nicht vom ~** I can't move the car from the spot; **wir sind noch immer auf dem alten ~** we are still where we were, we have made no progress whatever; **sich nicht vom ~ rühren** not to stir (*od.* budge) from the spot (*od.* an inch); **das Herz auf dem rechten ~ haben** to have one's heart in the right place; → **Mund** 3. – **15.** *meist pl gastr. cf.* **Kuttelfleck.** – **16.** *Austrian ped. colloq.* failing mark: **einen ~ bekommen** to get a failing mark.

'Fleckˌblu·me *f bot.* spilanthes (*Gattg Spilanthes*): **Kohlartige ~** Pará cress (*S. oleracea*).

'Fleck·chen *n* ⟨-s; -⟩ **1.** *dim. of* **Fleck.** – **2.** speck, speckle, fleck. – **3.** *fig.* spot: **ein schönes ~ Erde** a lovely spot.

Flecken (*getr.* -k·k-) ['flɛkən] *m* ⟨-s; -⟩ **1.** *cf.* **Fleck** 1—9. – **2.** *hist.* (*größeres Dorf*) small town (*od.* place), townlet.

'flecken (*getr.* -k·k-) **I** *v/i* ⟨h⟩ **1.** (*Flecke machen*) spot, stain, make spots (*od.* stains): **Rotwein fleckt** red wine makes stains. – **2.** (*fleckenempfindlich sein*) spot easily. – **II** *v/t* **3.** *poet. for* **beflecken**[1] 1.

'Flecken|ˌbil·dung (*getr.* -k·k-) *f med.* (*bei Hautausschlag*) formation of maculae. — **~entˌfer·ner** *m*, **~entˌfer·nungsˌmit·tel** *n* spot (*od.* stain) remover. — **~ˌfal·ter** *m zo.* four-footed butterfly, nymph (*Fam. Nymphalidae*). — **f~ˌfrei** *adj* spotless, stainless. — **~hyä·ne** [-hyˌɛːnə] *f zo. cf.* **Tüpfelhyäne.** — **~ˌkrank·heit** *f bot.* blotch. —**~ˌkraut** *n* **1.** greater honeywort (*Cerinthe major*). – **2.** common goat's rue (*Galega officinalis*). – **3.** cuckoo sirrel (*Oxalis acetosella*). – **4.** blue skullcap (*Scutellaria galericulata*).

'flecken·los (*getr.* -k·k-) *adj* **1.** (*ohne Flecken*) spotless, clean: **eine ~e Haut** a spotless (*od.* flawless) skin. – **2.** *fig.* (*makellos*) spotless, unstained, speckless, untainted, immaculate: **eine ~e Vergangenheit** a spotless past; **seine Ehre ist ~** his reputation is unstained, there is no blot on his reputation.

'Flecken|ˌlun·genˌkraut (*getr.* -k·k-) *n bot.* common lungwort, bugloss (*od.* mountain, Jerusalem) cowslip (*Pulmonaria vulgaris*). — **~ˌmit·tel** *n cf.* **Fleckenentferner.** — **~ˌse·hen** *n med.* (*bei Migräne*) scotoma. — **~ˌpa·ste** *f* spot- (*od.* stain-)removing paste. — **~ˌrei·ni·ger** *m cf.* **Fleckenentferner.** — **~ˌrol·ler** *m zo. cf.* **Pardelroller.** — **~ˌwas·ser** *n* (liquid) spot (*od.* stain) remover.

Fleckerl (*getr.* -k·k-) ['flɛkərl] *n* ⟨-s; -n⟩ *meist pl Austrian* **1.** small square flat noodle. – **2.** rag. — **~ˌtep·pich** *m* rag rug (*od.* carpet).

'Fleck|ˌfie·ber *n med.* epidemic typhus, typhus (*od.* petechial) fever, typhus exanthematicus (*scient.*). — **~ˌgrun·del** *f, auch m zo.* spotted goby (*Gobius ruthensparri*).

'fleckig (*getr.* -k·k-) *adj* **1.** (*voller Flecken*) spotty, spotted, speckled. – **2.** (*voller Schmutzflecken*) spotted, stained: **~es Kleid** spotted (*od.* soiled) dress; **das Papier ist ganz ~** the paper is full of stains (*od.* blots); **~ machen** (*od.* **werden**) to spot, to stain. – **3.** (*Edelstein etc*) flawed, clouded. – **4.** *med.* spotted, spotty, macular (*scient.*): **~e Haut** spotted (*od.* blotched) skin; **sie wird ganz ~** she is getting spots all over. — **'Fleckig·keit** (*getr.* -k·k-) *f* ⟨-; *no pl*⟩ **1.** spottedness, speckledness. – **2.** (*durch Schmutzflecken*) spottedness, stainedness, blottedness. – **3.** (*eines Edelsteins etc*) flawedness. – **4.** *med.* spottedness.

'Fleck|ˌschat·ten *m med.* (*beim Röntgen*) spotty shadow. — **~ˌschie·fer** *m min.* spotted slate, spilosite (*scient.*). — **~ˌty·phus** *m med. cf.* **Fleckfieber.** — **~ˌvieh** *n zo. agr.* spotted cattle.

fled·dern ['flɛdərn] *v/t* ⟨h⟩ (*bes. thieves' Latin*) plunder, rob: **Leichen ~** to rob corpses.

'Fle·derˌmaus ['fleːdər-] *f* **1.** *zo.* bat, chiropter (*scient.*) (*Ordng Chiroptera*): **Frühfliegende ~** noctule (*Nyctalus noctula*); **Spätfliegende ~** serotine (bat) (*Eptesicus serotinus*). – **2.** „**Die ~**" *mus.* "The Bat" (*operetta by Strauß*). — **~ˌär·mel** *m* (*fashion*) leg-of-mutton (*od.* leg-o'-mutton) sleeve. — **f~ˌar·tig** *adj zo.* batlike, batty. — **~ˌblü·ter** [-ˌblyːtər] *m* ⟨-s; -⟩ *bot.* chiropterophilous plant. — **~ˌfisch** *m zo.* batfish, *Br.* bat-fish, sea bat (*Fam. Ogcocephalus vespertilio*). — **~ˌflie·ge** *f* bat fly (*Fam. Nycteribiidae*). — **~ˌflü·gel** *m* **1.** batwing. – **2.** bat volute (*Voluta vespertilio*). — **~pa·paˌgei** *m* Malay lorikeet (*Loriculus galgulus*). — **~ˌzecke** (*getr.* -k·k-) *f* bat tick (*Ixodes vespertilionis*).

'Fle·derˌtie·re *pl zo.* alipeds.

'Fle·derˌwisch *m* **1.** feather duster, whisk. – **2.** *colloq.* flighty (*od.* skittish) person, scatterbrain.

Fleet [fleːt] *n* ⟨-(e)s; -e⟩ *Low G.* **1.** (*in der Fischerei*) fleet, drift net. – **2.** (*bes. in Hamburg*) narrow canal. – **3.** *civ.eng.* main drain, ditch.

Fle·gel ['fleːgəl] *m* ⟨-s; -⟩ **1.** *agr.* (*Dreschflegel*) flail. – **2.** *colloq. contempt.* (*Lümmel*) unmannerly and uncouth fellow, lout, boor. – **3.** *hist.* (*Waffe*) morning star, *auch* holy-water sprinkler. — **~ˌal·ter** *n cf.* **Flegeljahre.**

Fle·ge'lei *f* ⟨-; -en⟩ (*lümmelhaftes Benehmen*) rude (*od.* ill-mannered) behavior (*bes. Br.* behaviour), boorishness, loutishness: **das ist eine ~** that's (a piece of) rudeness.

'fle·gel·haft I *adj* **1.** (*ungehobelt*) boorish, loutish. – **2.** (*frech*) insolent, saucy. – **3.** (*ungehörig*) unmannerly and impudent, rude. – **II** *adv* **4.** **sich ~ benehmen** to behave rudely. — **'Fle·gel·haf·tig·keit** *f* ⟨-; -en⟩ **1.** boorishness, loutishness. – **2.** insolence, sauciness. – **3.** rudeness.

'fle·ge·lig *adj cf.* **flegelhaft.**

'Fle·gelˌjah·re *pl* awkward adolescence *sg* (*od.* age *sg*): **er ist noch in den ~n** he is still an awkward adolescent (*od.* a hobbledehoy).

fle·geln ['fleːgəln] *v/reflex* ⟨h⟩ **sich ~** (*sich hinflegeln*) loll (about), lounge (about), sprawl (about): **er flegelte sich aufs Sofa** he lolled on the sofa.

fle·hen ['fleːən] **I** *v/i* ⟨h⟩ **1.** beg, pray, plead, implore, beseech, (*stärker*) crave, supplicate: **um Frieden ~** to pray for peace; **um Gnade ~** to beg for mercy; **um Vergebung ~** to beg for forgiveness; **zu** (*od.* **bei**) **j-m um Hilfe ~** to implore (*od.* entreat) s.o. for help, to implore s.o.'s help; **(um etwas) zu Gott ~** to pray to God (for s.th.). – **II F~** *n* ⟨-s⟩ **2.** *verbal noun.* – **3.** imploration, (*stärker*) supplication: **da hilft kein Bitten und kein F~** it's no use begging or imploring; **das F~ des Kindes rührte sein Herz** the child's supplication touched his heart. — **'fle·hend I** *pres p.* – **II** *adj* imploring, beseeching, suppliant, supplicant, supplicatory: **ein ~er Blick** an imploring look; **mit ~er Stimme** in an imploring tone; **~e Haltung** a suppliant attitude. – **III** *adv* imploringly, beseechingly: **j-n ~ anblicken** to look at s.o. imploringly; **~ die Hände erheben** to raise one's hands imploringly. — **'Fle·hen·de** *m, f* ⟨-n; -n⟩ imploring person, (*stärker*) suppliant, supplicant.

'fle·hent·lich *lit.* **I** *adj* **1.** imploring, beseeching, entreating, (*stärker*) supplicating, supplicatory: **ein ~er Ton** an imploring tone. – **2.** (*inbrünstig*) fervent: **~e Bitte** fervent request. – **II** *adv* **3.** **er bat mich ~ um Hilfe** he entreated me to help him.

Flei·er ['flaɪər] *m* ⟨-s; -⟩ (*textile*) (*Vorspinnmaschine*) flyer, spinning frame.

'Fleinsˌer·de ['flaɪns-] *f geol.* rendzina.

Fleisch [flaɪʃ] *n* ⟨-es; *no pl*⟩ **1.** (*als Nahrung*) meat: **frisches [zähes] ~** fresh [tough] meat; **gebratenes [gedünstetes, gegrilltes, gekochtes, geschmortes] ~** roast(ed) [steamed, grilled, boiled, stewed] meat; **gehacktes ~** *Am.* ground meat, *Br.* minced meat; **ein Pfund ~** a pound of meat; **~ in Dosen** canned (*Br.* tinned) meat. – **2.** (*bes. lebendes*) flesh: **das nackte ~ war zu sehen** the bare flesh was showing; **sie zeigte viel ~** *colloq. humor.* she showed a lot of flesh; **~ ansetzen** to put on flesh. – **3.** *fig.* flesh: **ein Mensch von ~ und Blut** a man of flesh and blood; **mein eigen** (*od.* **eigenes**) **~ und Blut** my own flesh and blood; **sich ins eigene ~ schneiden** *colloq.* to cut off one's nose to spite one's face; **den Weg allen ~es gehen** *lit.* to go the way of all flesh, to die; **das ist ihm in ~ und Blut übergegangen** that has become second nature to him (*od.* part of him); **wie kann man in so kurzer Zeit derart vom ~ fallen** *colloq.* how can a person lose so much weight (*od.* grow so thin) in such a short time; **das ist weder Fisch noch ~** that's neither fish nor fowl, *bes. Br.* that's neither flesh, fowl nor good red herring; **der Geist ist willig, aber das ~ ist schwach** (*Sprichwort*) the spirit is willing but the flesh is weak (*proverb*). – **4.** *relig.* flesh: **j-m ein Pfahl im ~ sein** to be a thorn in s.o.'s flesh (*od.* side); **das ~ kreuzigen** to crucify (*od.* mortify) the flesh; **~ werden** to be incarnated; **und das Wort ward ~** *Bibl.* and the Word was made flesh; **die Auferstehung des ~es** the resurrection of the body. – **5.** *med.* flesh: **wildes ~** proud flesh, granulations *pl* (*scient.*). – **6.** *bot.* (*Fruchtfleisch*) flesh, pulp, sarcocarp (*scient.*): **das saftige ~ eines Pfirsichs** the juicy pulp of a peach. – **7.** *print.* (*einer Type*) beard. – **8.** *hunt.* (*eines erlegten Tieres*) flesh of game, *Am. auch* game meat. – **9.** (*art*) *cf.* **Fleischfarbe** 2.

'Fleisch|ˌabˌfäl·le *pl* **1.** waste meat *sg.* – **2.** (*beim Schlachten*) offal *sg.* — **~ˌanˌsatz** *m bes. agr.* putting on of flesh, fleshing. — **~ˌbank** *f* **1.** *Southern G. and Austrian Br.* butcher's stall, *Am.* meat counter. – **2.** *Austrian obs. for* **Fleischerladen.** — **~beˌdarf** *m* demand for meat.

'Fleisch·beˌschau *f* ⟨-; *no pl*⟩ **1.** meat inspection. – **2.** *fig. colloq.* parade of female flesh, navel parade (*sl.*). — **'Fleisch·beˌschau·er** *m* meat inspector.

'Fleisch·beˌschau·mi·kroˌskop *n* trichinoscope.

'Fleisch|ˌbil·dung *f* **1.** formation of muscle. – **2.** (*von Wunden*) formation of granulations. — **~ˌblu·me** *f bot.* a) ragged robin, cuckoo flower, *Br.* cuckoo-flower (*Lychnis floscuculi*), b) red campion, *auch* red bird's-eye (*L. dioica*). — **~ˌboh·ne** *f* many-flowered bean (*Phaseolus multiflorus*). — **~ˌbrü·he** *f gastr.* **1.** (meat) broth, consommé, *auch* consomme, bouillon, beef tea. – **2.** (*als Suppengrundlage etc*) meat stock. — **~ˌbrühˌwür·fel** *m* **1.** bouillon (*od.* meat broth) cube. – **2.** beef cube. — **~ˌeinˌwaa·ge** *f* (*in einer Dose*) meat content. — **~ˌeiˌweiß** *n biol.* meat albumin.

'Flei·scher *m* ⟨-s; -⟩ **1.** butcher. – **2.** butcher's shop: **Wurst beim ~ kaufen** to buy sausage at the butcher's; **der ~ hat heute zu** *colloq.* the butcher's shop is closed today. — **Flei·sche'rei** *f* ⟨-; -en⟩ butcher's shop.

'Flei·scher|ge·sel·le *m* journeyman butcher. — **~geˌwer·be** *n* butcher's trade, butchery. — **~ˌha·ken** *m* gambrel (stick). — **~ˌhandˌwerk** *n cf.* **Fleischergewerbe.** — **~ˌhund** *m colloq.* butcher's dog, mastiff: **ein Gemüt haben wie ein ~** *colloq.* to be callous. — **~ˌin·nung** *f* guild (*auch* gild) of butchers. — **~ˌla·den** *m* butcher's shop. — **~ˌlehrling** *m* butcher's apprentice. — **~ˌmei·ster** *m* master butcher.

'Flei·schesˌlust *f poet. od. relig.* lust of the flesh, carnal (*od.* fleshly) desire (*od.* lust).

'Fleisch|exˌtrakt *m* meat extract. — **~ˌfar·be** *f* **1.** flesh color (*bes. Br.* colour). – **2.** (*in der Malerei etc*) flesh pink (*od.* red), carnation. — **f~ˌfar·ben, ~ˌfar·big** *adj* **1.** (*Strümpfe etc*) flesh-colo(u)red. – **2.** (*art*) flesh pink (*od.* red), carnation (*attrib*). – **3.** *min.* sarcoline. — **~ˌfa·ser** *f* muscular fiber (*bes. Br.* fibre). — **~ˌflie·ge** *f zo.* flesh fly, *Br.* flesh-fly, *auch* meat fly, sarcophagid (*scient.*) (*Fam. Sarcophagidae*): **Gemeine ~** common fly (*Sarcophaga carnaria*). — **f~ˌfrei** *adj* (*Diät*) meatless, meatfree. — **f~ˌfres·send** *adj* ⟨*attrib*⟩ **1.** *zo.* flesh-eating; carnivorous, sarcophagous, zoophagous (*scient.*): fleisch- und pflanzenfressend amphivorous; ~es Tier carnivorous animal, carnivore. – **2.** *bot.* a) carnivorous, biophagous (*scient.*), b) (*insektenfressend*) insectivorous: ~e Pflanze a) carnivore, b) insectivorous plant, insectivore. — **~ˌfres·ser** *m zo.* carnivorous (*od.* flesh-eating) animal, carnivore: Ordnung der ~ Carnivora; zu den ~n gehörig carnivorous. — **~ˌfül·le, ~ˌfül·lung** *f gastr.* meat filling (*od.* stuffing). — **~ˌfut·terˌmehl** *n agr.* meat meal. — **~ˌgang** *m gastr.* meat course. — **~geˌnuß** *m relig.* partaking of meat. — **~geˌricht** *n gastr.* **1.** meat (dish): ~e (*auf der Speisekarte*) meat dishes. – **2.** meat course. — **f~geˌwor·den** *adj* ⟨*attrib*⟩ *poet. od. relig.* incarnate: das ~e Wort the incarnate Word, the Word made flesh. — **~ˌgift** *n med.* meat toxin (*od.* poison), ptomaine (*scient.*). — **~ˌhacker** (*getr.* -k·k-) *m Austrian for* Fleischer. — **~ˌhack·maˌschi·ne** *f bes. Am.* meat grinder (*od.* chopper), *Br.* meat mincer, (meat-)mincing machine. — **~ˌha·ken** *m cf.* Fleischerhaken. — **~ˌhal·le** *f* **1.** (covered) meat market. – **2.** meat (market-) (*od.* butcher's) hall. — **~ˌhan·del** *m* **1.** meat trade. – **2.** butchery trade. — **~ˌhau·er** *m Austrian for* Fleischer.

'flei·schig *adj* **1.** (*aus Fleisch bestehend*) fleshy. – **2.** (*Suppenhuhn etc*) meaty. – **3.** (*muskulös*) brawny, beefy (*colloq.*). – **4.** (*Arme, Beine etc*) plump, fat, fleshy, chubby, meaty (*colloq.*). – **5.** *bot.* (*Frucht etc*) fleshy, pulpy, pulpous: ~ und saftig succulent, carnose (*scient.*): ~e Fruchtwand, ~es Mesokarp *bot.* sarcocarp; ~er Teil pulp.

'Fleisch|ˌklop·fer *m* (*Gerät*) meat mallet. — **~ˌkloß** *m* **1.** *gastr.* meatball, *Br.* meat ball. – **2.** *fig. contempt.* lump (of a person), *bes. Am.* hunk of a man [woman], *bes. Br.* big hulking creature. — **~ˌklöß·chen** *n gastr.* little meatball (*Br.* meat ball). — **~ˌklotz** *m* **1.** (butcher's) chopping block. – **2.** *fig. contempt. cf.* Fleischkloß 2. — **~ˌkno·chenˌmehl** *n agr.* meat and bone meal. — **~konˌser·ve** *f* **1.** *pl* preserved (*od. Am.* canned, *Br.* tinned) meat. – **2.** can (*Br.* tin) of meat. — **~konˌsum** *m* meat consumption. — **~ˌkost** *f* **1.** meat (food). – **2.** meat diet. — **~ˌküch·lein** *n bes. Southern G. for* Frikadelle. — **~ˌlap·pen** *m zo.* (*an Vogelköpfen etc*) wattle, fleshy appendage, caruncle. — **~ˌlauch** *m bot.* common leek (*Allium porrum*). — **~ˌlei·stung** *f agr.* gain, meat-producing capacity.

'fleisch·lich *adj* **1.** (*sinnlich*) sensual, fleshy, carnal (*lit.*): ~e Lüste carnal desires, desires (*od.* lusts) of the flesh. – **2.** (*geschlechtlich*) sexual. – **3.** *bes. zo.* (*Nahrung etc*) consisting of meat, meat (*attrib*). – **4.** *relig.* ~e Gestalt incarnation; j-m wieder ~e Gestalt geben to reincarnate s.o.

'fleisch·los I *adj* **1.** (*Kost etc*) meatless, lenten (*lit. od. relig.*): ~er Tag meatless day, day on which no meat is eaten. – **2.** (*Diät*) vegetarian. – **3.** (*Gesicht etc*) emaciated, gaunt, haggard, fleshless. – **4.** (*Arme etc*) skinny, bony. – **II** *adv* **5.** ~ leben, sich ~ ernähren to live without meat, to eat no meat.

'Fleisch|ˌma·de *f* **1.** maggot. – **2.** (*bes. Angelköder*) gentle. — **~ˌman·gel** *m* want (*od.* lack) of meat. — **~ˌmar·ke** *f econ.* meat (ration) coupon. — **~ˌmarkt** *m* **1.** meat market. – **2.** *fig. sl.* (*Badestrand, Schönheitskonkurrenz etc*) parade (*od.* display) of (bare) female flesh. — **~maˌschi·ne** *f* **1.** *tech.* mincing machine, mincer. – **2.** *Southern G. and Austrian for* Fleischwolf. — **~ˌmas·se** *f* **1.** mass of flesh (*od.* meat). – **2.** (*eines großen Tieres*) bulk of flesh. – **3.** *gastr.* (*zubereitetes Gehacktes*) a) meat mixture, b) *cf.* Fleischfülle. – **4.** *fig. contempt. cf.* Fleischkloß 2. — **~ˌmast** *f agr.* fatt(en)ing (of an animal) to produce lean meat. — **~ˌmehl** *n agr.* **1.** tankage. – **2.** (*für Futterzwecke*) meat meal. — **~ˌmes·ser** *n* **1.** butcher (*Br.* butcher's) knife, meat knife. – **2.** carving knife. — **~ˌnah·rung** *f* **1.** meat food. – **2.** *med.* meat diet. — **~paˌste·te** *f Br.* meat pie, *Am.* potpie. — **~ˌpflan·zerl** [-ˌpflantsərl] *n* ⟨-s; -n⟩ *Bavarian dial. for* Frikadelle. — **~ˌplat·te** *f* **1.** (*Anrichteteller*) meat dish. – **2.** *gastr.* (plate of) sliced cold meats (*Am.* cold cuts). — **~por·tiˌon** *f* helping of meat. — **~ˌpreis** *m* meat price. — **~proˌdukt** *n* meat product. — **~pro·duk·tiˌon** *f* meat production. — **~ra·tiˌon** *f* meat ration. — **~ˌrest** *m* **1.** piece of leftover (*Br.* left-over) meat: ~e left(-)over meat *sg*, left(-)overs of meat. – **2.** *pl* (*leather*) fleshings *pl.* — **~ˌrind** *n agr.* beef cattle. — **f~ˌrot** *adj* flesh pink (*od.* red), flesh-colored (*bes. Br.* -coloured). — **~ˌsaft** *m gastr.* a) juice of meat, b) (meat) gravy. — **~saˌlat** *m* meat salad. — **~ˌschaf** *n agr.* mutton sheep. — **~ˌschnit·te** *f* **1.** slice of meat. – **2.** *rare* steak. — **~ˌsei·te** *f* (*leather*) (*des Felles*) flesh (side). — **~ˌsor·te** *f* kind of meat: zwei verschiedene ~n two different kinds of meat, two different meats. — **~ˌso·ße** *f gastr.* (meat) gravy. — **~ˌspei·se** *f cf.* Fleischgericht 2. — **~ˌspieß** *m* **1.** (*Bratspieß*) skewer, meat spit. – **2.** (*Gericht*) meat skewer (*od.* spit). — **~ˌstück** *n* piece of meat. — **~ˌsup·pe** *f* meat soup (*od.* broth). — **~ˌtel·ler** *m* **1.** dinner plate. – **2.** *cf.* Fleischplatte 1. — **~ˌton** *m* (*art*) flesh tint, carnation. — **~ˌtopf** *m* **1.** saucepot, *bes. Br.* saucepan (for meat). – **2.** *pl fig. humor.* fleshpots, *Br.* flesh-pots: sich nach den Fleischtöpfen Ägyptens [seiner Mutter] zurücksehnen to long for the flesh(-)pots of Egypt [of one's mother]. — **f~verˌar·bei·tend** *adj* (*Industrie etc*) meat-processing. — **~verˌar·bei·tung** *f* meat processing. — **~verˌbrauch** *m* meat consumption. — **~verˌgif·tung** *f med.* meat poisoning; ptomaine poisoning, botulism (*scient.*). — **~verˌsor·gung** *f* meat supply. — **~ˌwaa·ge** *f* butcher's (*od.* meat) scale (*od.* scales *pl*). — **~ˌwa·ren** *pl gastr.* **1.** meat products (*od.* goods), meats: Fleisch- und Wurstwaren meats and sausages. – **2.** preserved meats. — **~ˌwer·dung** *f* ⟨-; *no pl*⟩ *poet. od. relig.* incarnation. — **~ˌwolf** *m Am.* meat grinder (*od.* chopper), *Br.* (meat) mincer, (meat)-mincing machine: j-n durch den ~ drehen *fig. colloq.* to put s.o. through the mill, to give s.o. a rough time (of it). — **~ˌwun·de** *f med.* **1.** flesh wound. – **2.** (*Riß*) laceration. – **3.** soft-tissue injury (*od.* wound). — **~ˌwurm** *m zo.* flesh worm (*larva of the flesh fly*). — **~ˌwurst** *f gastr.* (boiled) finely minced pork sausage.

Fleiß [flaɪs] *m* ⟨-es; *no pl*⟩ **1.** (*Arbeitseifer*) diligence, industry, laboriousness, sedulity (*lit.*): mit großem ~ very diligently (*od.* industriously); unermüdlicher (*od.* eiserner) ~ unwearying diligence, unremitting (*od.* untiring, unflinching) industriousness, assiduity; j-n zum ~ anspornen to encourage s.o. to be diligent. – **2.** (*Mühe*) pains *pl*, hard work: die Aufgabe erfordert (*od.* verlangt) viel ~ the task requires (*od.* involves) much hard work; viel ~ auf (*acc*) etwas verwenden to take great pains with (*od.* over) s.th., to apply oneself to s.th.; ohne ~ kein Preis (*Sprichwort*) no pains, no gains (*proverb*), no sweet without sweat (*proverb*). – **3.** (*genaue Sorgfalt*) painstaking care: etwas mit allem ~ erledigen to accomplish s.th. with painstaking care. – **4.** (*Beharrlichkeit*) application, assiduity (*lit.*). – **5.** (*eifriges Tätigsein*) industry, activity. – **6.** *ped.* (*Zeugnisfach*) diligence: der Schüler hatte eine Eins in ~ the pupil got an "A" in diligence. – **7.** mit ~ a) (*absichtlich*) intentionally, deliberately, on purpose, purposely, b) (*boshaft*) out of spite: ich habe es nicht mit ~ getan I didn't do it on purpose, I didn't mean to do it.

'Fleiß|ˌar·beit *f* **1.** (piece of) work requiring much diligence (*od.* industriousness). – **2.** *ped.* a) *additional homework done by a student to prove his diligence*, b) *written test to check a student's diligence.* — **~ˌaufˌga·be** *f ped. cf.* Fleißarbeit 2a.

'flei·ßig I *adj* **1.** (*arbeitsam*) industrious, diligent, hardworking, *Br.* hard-working, laborious, sedulous: ein ~er Schüler a diligent (*od.* hardworking) pupil, a hard worker; ein ~es Volk a hardworking people; sei nicht gar zu ~! *colloq.* don't work too hard! – **2.** (*eifrig tätig*) busy: eine ~e Hausfrau a busy housewife; ein ~er Geschäftsmann a busy (*od.* active) businessman; ~ wie eine Biene sein to be (as) busy as a bee. – **3.** (*Fleiß beweisend*) showing diligence, diligent: eine sehr ~e Arbeit a piece of work that has involved much diligence. – **4.** (*sorgfältig*) careful, painstaking. – **5.** (*Sammler etc*) keen, enthusiastic. – **6.** *colloq.* (*Kirchgänger, Theaterbesucher etc*) frequent. – **7.** (*beharrlich*) assiduous (*lit.*). – **8.** *agr. colloq.* (*Eierleger etc*) heavy. – **II** *adv* **9.** industriously, diligently, frequently, carefully: ~ arbeiten to work industriously (*od.* diligently), to be an industrious (*od.* diligent) worker; j-n ~ besuchen *colloq.* to visit s.o. frequently; ~ spazierengehen to do plenty of walking; etwas ~ benutzen to use s.th. frequently, to make frequent use of s.th. – **10.** *colloq.* (*viel*) (very) much: ~ trinken to drink much.

'Fleißˌprü·fung *f ped.* **1.** (*in der Schule*) diligence test. – **2.** (*an der Universität*) *examinations held at regular intervals to check work of scholarship recipients.*

flek'tier·bar *adj ling.* inflectible, capable of (in)flection (*Br. auch* [in]flexion). — **flek'tie·ren I** *v/t* ⟨*no* ge-, h⟩ **1.** (*Substantiv, Adjektiv etc*) inflect, decline. – **2.** (*Verb*) inflect, conjugate. – **II** *v/i u.* sich ~ *v/reflex* **3.** inflect. – **III F~** *n* ⟨-s⟩ **4.** *verbal noun.* – **5.** *cf.* Flexion. — **flek'tie·rend I** *pres p.* – **II** *adj* (*Sprache*) (in)flectional, *bes. Br.* (in)flexional, *auch* inflective. — **flek'tiert I** *pp.* – **II** *adj* inflected: unregelmäßig ~ heteroclitic; unregelmäßig ~es Wort heteroclite. — **Flek'tie·rung** *f* ⟨-; *no pl*⟩ *cf.* Flexion.

flen·nen ['flɛnən] *v/i* ⟨h⟩ *colloq. for* weinen 1. — **Flen·ne'rei** *f* ⟨-; *no pl*⟩ *colloq. for* Geweine.

flen·sen ['flɛnzən] *v/t* ⟨h⟩ (*Wal*) flense, *auch* flench, *Am. auch* flinch.

Fle·ten ['fleːtən] *m* ⟨-s; -⟩ *zo.* European (*od.* gray) skate (*Raja batis*).

flet·schen ['flɛtʃən] *v/t u. v/i* ⟨h⟩ *only in* die Zähne (*od.* mit den Zähnen) ~ a) (*von Raubtier etc*) to bare its teeth (*od.* fangs), b) *colloq.* (*von Menschen*) to show (*od.* bare) one's teeth, c) *colloq.* (*grinsend*) to bare one's teeth in a grin, to grin.

flet·schern ['flɛtʃərn] *v/t* ⟨h⟩ *med.* fletcherize, *auch* Fletcherize, chew (*s.th.*) carefully.

Fletz [fleːts; flɛts] *n, m* ⟨-es; -e⟩ *Southern G. dial. for* Hausflur 1.

fleucht [flɔʏçt] *3 sg pres obs. for* flieht.

fleugt [flɔʏkt] *3 sg pres obs. for* fliegt: *today only in* (alles) was da ~ und kreucht everything alive, all and sundry (*colloq.*).

Fleu·ron [flø'rõː] *m* ⟨-s; -s⟩ **1.** *arch.* (*Blumenornament*) fleuron. – **2.** *pl gastr.* puff-paste (*Br.* puff-pastry) shapes.

fle·xi·bel [flɛ'ksiːbəl] *adj* ⟨flexibler; -st⟩ **1.** (*Material etc*) flexible, pliable. – **2.** *tech.* (*Kupplung etc*) flexible. – **3.** *print.* (*Einband*) flexible, limp. – **4.** *fig.* (*wendig*) flexible. – **5.** *fig.* (*anpassungsfähig*) adaptable. – **6.** *ling. cf.* flektierbar. — **Fle·xi·bi·li'tät** [-ksibili'tɛːt] *f* ⟨-; *no pl*⟩ **1.** flexibility, pliability. – **2.** *fig.* flexibility. – **3.** *fig.* adaptability.

Fle·xi·on [flɛ'ksĭoːn] *f* ⟨-; -en⟩ **1.** *ling.* a) (*eines Substantivs, Adjektivs*) (in)flection, *Br. auch* (in)flexion, declension, b) (*eines Verbs*) (in)flection, conjugation: schwache [starke] ~ weak [strong] inflection; regelmäßige [unregelmäßige] ~ regular [irregular] inflection. – **2.** *med.* (*Beugung*) flexion.

Fle·xi'ons|ˌen·dung *f ling.* (in)flectional (*Br. auch* [in]flexional) ending, (in)flection, *Br. auch* (in)flexion. — **f~ˌfä·hig** *adj* capable of (in)flection (*Br. auch* [in]flexion), inflectible: ~e Verben inflectible (*od.* conjugable) verbs; ~e Substantive inflectible (*od.* declinable) nouns. — **~ˌleh·re** *f* accidence. — **f~los** *adj* inflectionless, *Br. auch* inflexionless, uninflected.

fle·xi·visch [flɛ'ksiːvɪʃ] *adj ling.* inflective, (in)flectional, *Br. auch* (in)flexional.

fle·xo·gra·phisch [flɛkso'graːfɪʃ] *adj print.* flexographic.

Fle·xor ['flɛksər] *m* ⟨-s; -en [-'ksoːrən]⟩ *med.* flexor (muscle).

Fle·xur [flɛ'ksuːr] *f* ⟨-; -en⟩ *geol.* flexure: Antiklinale der ~ upper bend. — **~ˌgra·ben** *m* flexure trough.

Fli·bu·sti·er [fli'bustĭər] *m* ⟨-s; -⟩ **1.** (*Freibeuter*) freebooter, pirate, buccaneer. – **2.** *hist. Am.* filibuster.

flicht [flɪçt] *imp u. 3 sg pres*, **flichtst** [flɪçtst] *2 sg pres of* flechten.

'FlickˌAr·beit *f* **1.** mending, patching. – **2.** (piece of) patching, patchwork. – **3.** *colloq. contempt. cf.* Flickwerk 1.

flicken (*getr.* -k·k-) ['flɪkən] **I** *v/t* ⟨h⟩ **1.** (*Kleider, Reifen etc*) mend, repair, patch: Schuhe ~ to repair (*Am. auch* to tap) shoes; einen Kessel ~ to repair (*Br. auch* to tinker) a kettle. – **2.** (*schlecht, unsachgemäß*) botch, bungle. – **3.** *fig. humor.* (*Person, Wunde*) patch (up). – **4.** *metall.* (*Ofenfutter*) patch (out), reline, repair. – **5.** j-m etwas am

Zeug(e) ~ *colloq.* to find fault with s.o., to pick on (*od.* at) s.o. (*colloq.*). – **6.** *dial. for* stopfen[1] 1. – **II F~** *n* ⟨-s⟩ **7.** *verbal noun.*

'Flicken (*getr.* -k·k-) *m* ⟨-s; -⟩ (*Stück Stoff, Leder etc*) patch: einen ~ auf eine Hose aufsetzen (*od.* aufnähen) to put a patch on (*od.* to patch) a pair of trousers; voller ~ patchy; aufgesetzter ~ vamp. — **~ˌdecke** (*getr.* -k·k-) *f* patchwork quilt, *Am.* crazy quilt. — **~ˌtep·pich** *m* rag rug (*od.* carpet).

'Flicker (*getr.* -k·k-) *m* ⟨-s; -⟩ *rare* mender, patcher.

Flicke'rei (*getr.* -k·k-) *f* ⟨-; -en⟩ *colloq.* mending, patching: eine verpfuschte ~ a bungled (*od.* botched) job.

'Flick,flack [-ˌflak] *m* ⟨-s; -s⟩ (*sport*) (*beim Bodenturnen*) flip-flap, flip-flop, backflip.

'Flick|ˌgum·mi *n, m* patching rubber. — **~ˌka·sten, ~ˌkorb** *m colloq.* mending basket. — **~ˌschnei·der** *m rare* **1.** jobbing tailor, jobber. – **2.** *fig. contempt.* (*Stümper*) botcher, bungler. — **~ˌvers** *m metr.* expletive (*od.* padding) line. — **~ˌwerk** *n* ⟨-(e)s; *no pl*⟩ *colloq.* **1.** *contempt.* patchwork, botch, bungle. – **2.** (*Stückwerk*) patched (*od.* botched) work, patchwork, hotchpotch (*colloq.*), *Br. colloq. auch* hodge-podge. – **3.** (*in Literatur, Kunst etc*) pasticcio, pastiche. — **~ˌwort** *n* ⟨-(e)s; ⸚er⟩ *ling.* expletive (word), filler, patchword. — **~ˌzeug** *n* ⟨-(e)s; *no pl*⟩ **1.** (*zum Nähen etc*) mending (*od.* sewing) kit (*od.* outfit). – **2.** (*zum Reifenflicken*) (tire [*bes. Br.* tyre]) repair kit (*od.* outfit), puncture repair (*od.* outfit) kit.

Flie·der ['fliːdər] *m* ⟨-s; -⟩ *bot.* **1.** lilac, Syringa (*scient.*) (*Gattg Syringa*): Indischer ~ a) false sycamore (*Melia azedarach*), b) false sycamore (*Lagerstroemia indica*); Spanischer (*od.* Blauer) ~ lilac, pipe privet (*S. vulgaris*); Persischer ~ Persian lilac (*S. persica*). – **2.** *cf.* Holunder 1. — **~ˌbee·re** *f* elderberry. — **f~ˌblau** *adj cf.* fliederfarben. — **~ˌblü·te** *f* **1.** lilac blossom. – **2.** (*Blütezeit*) lilac-time. — **~ˌbusch** *m* **1.** *cf.* Flieder 1. – **2.** *cf.* Holunderstrauch. — **f~ˌfar·ben** *adj* lilac-(colored, *bes. Br.* -coloured). — **~ˌmehlˌpilz, ~ˌmehlˌtau** *m bot.* lilac mildew (*Microspaera alui u. Friesii*). — **~ˌspeer** *m* butterfly bush; buddleia, *auch* buddleja (*scient.*) (*Gattg Buddleia*). — **~ˌstrauch** *m cf.* Flieder 1. — **~ˌstrauß** *m* bunch of lilacs. — **~ˌtee** *m med. pharm.* elder(berry) tea.

Flie·ge ['fliːgə] *f* ⟨-; -n⟩ **1.** *zo.* fly, muscid (*scient.*) (*Unterordng Brachycera*): Spanische ~ Spanish fly, blister beetle, blister(ing) fly, cantharis (*scient.*) (*Lytta vesicatoria*); Weiße ~n white flies, aleyrodids (*scient.*) (*Gattg Aleurodina*); eine ~ totschlagen to swat a fly; von ~n beschmutzt flyblown, *Br.* fly-blown, covered with flyspecks (*Br.* fly-specks); von ~n gestochen fly-bitten. – **2.** *fig.* (*in Wendungen wie*) die Menschen starben wie die ~n people were dying like flies; matt wie eine ~ like a limp rag; ihn ärgert (*od.* stört) (sogar) die ~ an der Wand every little thing annoys (*od.* bothers) him; zwei ~n mit einer Klappe schlagen to kill two birds with one stone; er sieht (so) aus, als könnte er keiner ~ etwas zuleide tun he looks as if butter wouldn't melt in his mouth, he has an innocent appearance; er kann keiner ~ etwas zuleide tun (*od.* antun) he wouldn't hurt a fly, he couldn't say boo to a goose; in der Not frißt der Teufel ~n (*Sprichwort*) beggars can't be choosers (*proverb*). – **3.** (*beim Angelsport*) fly: mit ~n angeln to fly-fish. – **4.** *colloq.* (*Querbinder*) bow tie, bow (*colloq.*). – **5.** *colloq.* small moustache. – **6.** *colloq.* imperial (beard). – **7.** *mil.* (*archaic*) (*am Gewehr*) sight.

flie·gen ['fliːgən] **I** *v/i* ⟨fliegt, flog, geflogen, sein⟩ **1.** (*von Vogel, Flugzeug, Geschoß, Funken, Blättern etc*) fly, wing (*poet.*): in die Höhe ~ to fly high into the air, to soar up; schneller ~ als j-d [etwas] to outfly s.o. [s.th.]; ein Modellflugzeug ~ lassen to fly a model airplane; → Fetzen 1; Taube[1]. – **2.** (*mit dem Flugzeug etc*) fly, go (*od.* travel) by air (*od.* plane): nach New York fliegt man 7 Stunden it takes 7 hours to fly (*od.* it's a 7-hour trip by air) to New York; mit dem [gegen den] Wind ~ to fly with tail wind [upwind]; dicht über den Boden ~ to hedgehop; ich fliege mit der 8-Uhr-Maschine I am flying with (*od.* taking) the 8 o'clock plane; wir sind 5 Stunden geflogen we flew (*od.* were in the air) for 5 hours; auf unserer Reise sind wir über 2 000 km geflogen on our trip we travel(l)ed (*od.* covered) more than 2,000 km by air; mit dem Düsenflugzeug ~ to travel by jet; nach Sicht ~ *aer.* to make a contact flight; unter 1 000 Fuß ~ *aer.* to fly at zero. – **3.** *fig.* (*in Wendungen wie*) in die Luft ~ to explode, to blow up; in Stücke ~ to burst (*od.* fall, fly) apart. – **4.** (*vom Auto*) aus der Kurve ~ *fig. colloq.* to overshoot a curve. – **5.** (*von Zeit*) fly. – **6.** (*von Haaren, Fahne etc*) fly, stream: die Fahnen flogen im Wind the flags streamed (*od.* waved) in the wind. – **7.** (*von Rock etc*) fly (out). – **8.** *fig.* (*von Puls etc*) race. – **9.** *fig.* (*von Händen etc*) tremble: am ganzen Körper ~ to be trembling all over (one's body). – **10.** *fig.* (*von Atem etc*) be unsteady: sein Atem flog he was gasping for breath. – **11.** *fig. colloq.* fall: der Teller flog mir aus der Hand the plate fell (*od.* flew) out of my hand; über einen Stein ~ to fall (*od.* stumble) over a stone; → Nase 1. – **12.** *fig. colloq.* (*aus einer Stellung etc*) be fired, get the sack (*colloq.*), get the boot (*sl.*). – **13.** *fig. colloq.* (*von der Universität, Schule*) be expelled (from): von der Universität ~ *Am.* to be dropped, *Br.* to be sent down; von der Schule ~ to be kicked out, *Am. colloq.* to get the ax(e). – **14.** *colloq.* (*aus Mietwohnung etc*) be thrown (*od.* turned) out (of), (*aus Lokal etc*) *auch* be bounced out (of). – **15.** *colloq.* ins Gefängnis ~ to be put in prison, to be imprisoned, to be thrown in clink (*sl.*). – **16.** *fig.* (*sich schnell bewegen*) fly, hurry, rush: die Feder fliegt über das Papier the pen flies over the paper; sein Blick flog über das Geschriebene his eyes flew over (*od.* skimmed [over]) the writing; sie flogen sich (*od.* einander) in die Arme they flew into each other's arms; sie flog ihm um den (*od.* an den) Hals she threw her arms (a)round his neck; ich fliege ja schon *colloq.* I'm on my way; ich kann doch nicht ~ *colloq.* I don't have wings; du mußt geflogen sein *colloq.* you must have flown (*colloq.*); meine Gedanken ~ zu dir *lit.* my thoughts are with you; ein Lächeln flog über sein Gesicht *lit.* a smile passed quickly over his face; die Nachricht flog von Ort zu Ort *lit.* the news spread like wildfire. – **17.** *colloq.* (*geworfen werden*) be thrown (*od.* flung): die Schultasche flog in die Ecke the satchel was flung into the corner; dieses Buch fliegt in den Ofen this book will be thrown (*od.* will go) into the fire; gleich fliegt dir etwas an den Kopf I'll throw s.th. at you in a minute. – **18.** auf j-n [etwas] ~ *fig. colloq.* to be attracted to s.o. [s.th.], to go for s.o. [s.th.] (*colloq.*), to be wild (*od.* crazy) about s.o. [s.th.] (*colloq.*): ich weiß nicht, warum sie so auf ihn fliegt I don't know why she is so crazy about him, I don't know what she sees in him. – **II** *v/t* ⟨h⟩ **19.** (*Flugzeug*) fly, pilot. – **20.** (*Personen, Güter*) fly, transport (*od.* convey) (*s.o., s.th.*) by air: Truppen in ein Kampfgebiet ~ to fly troops into a combat area. – **21.** *aer.* (*Platzrunde, Kurve etc*) fly, do: eine Kurve ~ to fly (*od.* describe) a curve; eine Linkskurve [Rechtskurve] ~ to bank to the left [right]. – **22.** *aer. mil.* (*Einsatz*) fly: einen Angriff ~ to fly (*od.* carry out) a bombing mission; Begleitschutz für etwas ~ to fly escort for s.th., to escort s.th. – **III F~** *n* ⟨-s⟩ **23.** *verbal noun*: F~ im Verband formation flying; F~ mit Sicht contact flight (*od.* flying). – **24.** (*Flugwesen*) aviation. – **25.** (*von Personen, Gütern*) transport(ation) by air.

'flie·genˌar·tig *adj zo.* brachycerous.

'Flie·genˌblu·me *f bot.* **1.** fly orchid (*Ophrys insectifera*): Bienentragende ~ drone orchid (*O. apifera*); Spinnentragende ~ spider orchid (*O. araneifera*). – **2.** two-leaved platanthera (*Platanthera bifolia*).

'flie·gend I *pres p.* – **II** *adj* **1.** flying: mit ~en Rockschößen with coattails (*Br.* coat-tails) flying; in ~er Eile *fig.* in a flying hurry. – **2.** (*zitternd*) trembling, shaky: mit ~en Händen with trembling hands. – **3.** (*flatternd, wehend*) flowing, streaming (back *od.* out): mit ~en Haaren with one's hair streaming back. – **4.** *fig.* (*Handel, Gerichtsstand*) itinerant: → Händler 4. – **5.** *aer.* (*Personal, Untertasse, Verband etc*) flying: → Festung 4. – **6.** *med.* a) (*Puls*) fluttering, b) (*Rippe*) floating, false: → Hitze 6. – **7.** (*sport*) flying: → Meile; Salto; Start 2; Wechsel 15. – **8.** *zo.* volant (*auch her.*), volitant: → Fisch 1; Hund 5 b. – **9.** *civ.eng.* (*Anlage etc*) temporary. – **10.** *tech.* (*Achse*) floating.

'Flie·gen|ˌdraht *m cf.* Fliegengitter 1. — **~ˌdreck** *m* flyspeck, *Br.* fly-speck. — **~ˌei** *n* flyblow, *Br.* fly-blow, fly's egg. — **~ˌen·te** *f zo.* fen-duck, marsh-duck (*Anas fusca*). — **~ˌfal·le** *f bot. cf.* Venusfliegenfalle. — **~ˌfän·ger** *m* **1.** flypaper, *Br.* fly-paper, flycatcher, *Br.* fly-catcher, *Am. auch* fly ribbon. – **2.** *bot.* tutsan-leaved apocynum (*Apocynum androsaemifolium*). – **3.** *zo.* a) (*altweltlich*) flycatcher, flysnapper (*Fam. Muscicapidae*), b) (*neuweltlich*) flycatcher, *auch* tyrant flycatcher (*Fam. Tyrannidae*). — **~ˌfen·ster** *n* (fly) screen, window screen, wire (mesh) window. — **~fi·scheˌrei** *f* fly-fishing. — **~geˌwicht** *n* (*sport*) flyweight. — **~geˌwicht·ler** *m* ⟨-s; -⟩ flyweight. — **~ˌgift** *n* fly poison. — **~ˌgit·ter** *n* **1.** wire mesh (screening). – **2.** *cf.* Fliegenfenster. — **~ˌglocke** (*getr.* -k·k-) *f* flyproof (dish) cover. — **~ˌgott** *m* (*literature*) *cf.* Beelzebub. — **~ˌheckenˌkir·sche** (*getr.* -k·k-) *f bot.* fly woodbine (*Lonicera xylosteum*). — **~ˌklap·pe** *f* **1.** *cf.* Fliegenklatsche. – **2.** *bot. cf.* Venusfliegenfalle. — **~ˌklat·sche** *f* swatter, *auch* flyswat(ter), *Br.* fly-swat(ter), *Br. auch* fly-flap, (fly-)flapper. — **~ˌkopf** *m* **1.** fly's head. – **2.** *print.* turn, turned letter: Fliegenköpfe setzen to turn letters. — **~ˌkrank·heit** *f vet.* fly disease. — **~ˌkraut** *n bot.* **1.** *cf.* Fliegenblume 1. – **2.** hedge nut (*Datura stramponium*). — **~ˌma·de** *f zo.* flyblow, *Br.* fly-blow, maggot. — **~ˌnetz** *n* fly net. — **~or·chiˌdee, ~ˌor·chis** *f bot. cf.* Fliegenblume 1. — **~paˌpier** *n* flypaper, *Br.* fly-paper.

'Flie·genˌpilz *m bot.* toadstool, fly agaric, intoxicating (*od.* Siberian) fungus (*Agaricus muscaria*). — **~ˌgift** *n chem.* muscarine, *auch* muscarin ($C_8H_{19}NO_3$). — **~verˌgif·tung** *f med.* poisoning by toadstools, muscarinism (*scient.*).

'Flie·gen|ˌragˌwurz *f bot. cf.* Fliegenblume 1. — **~ˌschim·mel** *m* **1.** (*Pferd*) gray- (*bes. Br.* grey-)speckled horse, dapple(d) (*od.* spotted) gray (*bes. Br.* grey). – **2.** *bot. cf.* Fliegenschimmelpilz. — **~ˌschim·melˌpilz** *m bot.* fly mold (*bes. Br.* mould) (*Entomophthora* [*od.* *Empusa*] *muscae*). — **~ˌschmiß, ~ˌschmutz** *m cf.* Fliegendreck. — **~ˌschnäp·per** *m zo.* flycatcher, *Br.* fly-catcher (*Fam. Muscicapidae*): Grauer ~ spotted flycatcher (*Muscicapa striata*). — **~ˌschrank** *m* (food) safe, *Br.* meat-safe. — **~ˌschwamm** *m bot. cf.* Fliegenpilz. — **~ˌschwarm** *m* swarm of flies. — **~ˌseu·che** *f vet. cf.* Fliegenkrankheit. — **~ˌspray** *m, n* fly spray. — **~ˌsprit·ze** *f* fly spray gun. — **~ˌstein** *m min.* fly stone, native arsenic. — **~ˌtod** *m cf.* Fliegengift. — **~ˌwe·del** *m* flybrush, fly whisk.

'Flie·ger *m* ⟨-s; -⟩ **1.** flier, flyer: die Schwalbe ist ein guter ~ the swallow is a good flier. – **2.** *aer.* airman, aviator, flier, flyer. – **3.** *aer. mil. colloq.* (*bei der Luftwaffe*) member of the (*od.* an) air force, *Br.* aircraftman, *Am.* airman: er ist bei den ~n he is an airman, he is with the air force. – **4.** *aer. mil.* (*unterster Dienstgrad*) *Br.* aircraftman second class, *Am.* basic airman, airman basic. – **5.** (*Pilot*) pilot. – **6.** *colloq.* (*Flugzeug*) plane, *bes. Br.* aeroplane, *bes. Am.* airplane. – **7.** *colloq.* (*Kinderspielzeug*) (model *od.* toy) plane: ich habe mir einen ~ gebastelt I have made myself a plane. – **8.** (*beim Radsport*) sprinter. – **9.** (*Rennpferd*) flier, flyer. – **10.** *mar.* a) flying jib, jib topsail, b) (*Mittelstagsegel*) middle staysail.

'Flie·gerˌabˌwehr *f mil.* antiaircraft (*Br.* anti-aircraft) (*od.* air) defence (*Am.* defense), flak, *Am. auch* flack. — **~ˌein·heit** *f* antiaircraft (*Br.* anti-aircraft) unit, flak, *Am. auch* flack. — **~ˌfeu·er** *n* antiaircraft (*Br.* anti-aircraft) fire, flak, *Am. auch* flack, ack-ack (*sl.*). — **~geˌschütz** *n*, **~kaˌno·ne** *f* antiaircraft (*Br.* anti-aircraft) gun, flak, *Am. auch* flack, ack-ack (*sl.*).

'Flie·ger|ˌabˌzei·chen *n aer. mil.* flying badge, wings *pl.* — **~alarm** [-ˀaˌlarm] *m* air raid warning (*od.* alarm), *auch* air alert. — **~ˌanˌgriff** *m* **1.** air raid, air (*od.* aerial) attack. – **2.** (*Großangriff*) blitz. — **~ˌanˌzug** *m cf.* Fliegerdreß. — **~ˌausˌrü·stung** *f* flyer's (*od.* airman's) kit. — **~beˌschuß** *m aer. mil.* **1.** aircraft fire, bombing, strafing. – **2.** antiaircraft (*Br.* anti-aircraft) fire, ack-ack (*sl.*). — **~ˌbombe** *f mil.* aircraft bomb. — **~ˌdeckung** (*getr.* -k·k-) *f* **1.** cover from air observation. – **2.** cover from air attack. — **~ˌdreß** *m* flying suit, overalls *pl.*

Flie·ge'rei *f* ⟨-; *no pl*⟩ **1.** (*als Fortbewegungsart, Fertigkeit*) flying. – **2.** (*als Betätigungsfeld, Wissenszweig*) aviation.

'Flie·ger|ˌein·heit *f mil.* flying unit. — **~geˌschä·dig·te** *m, f* ⟨-n; -n⟩ air-raid victim. — **~geˌschwa·der** *n aer. mil. Br.* group, *Am.* wing. — **~ˌhau·be** *f cf.* Fliegerhelm. — **~ˌheim** *n* airmen's hostel. — **~ˌheld** *m* (flying) ace. — **~ˌhelm** *m* flying helmet. — **~ˌhorst** *m bes. aer. mil.* air base, *Am.* air (force) base, *Br.* air station, RAF Station.

'Flie·ge·rin *f* ⟨-; -nen⟩ **1.** woman flier (*od.* flyer), airwoman, aviatrix. – **2.** (*Pilotin*) woman pilot.

'flie·ge·risch I *adj* **1.** flying, aeronautic(al): **~es Können** flying skill. – **2.** aerial, flying: **~e Vorführung** aerial performance. – **II** *adv* **3.** aeronautically.

'Flie·ger|ˌkar·te *f aer. cf.* Luftfahrtkarte. — **~kom·bi·na·tiˌon** *f* flying suit. — **~ˌkorps** *n* flying (*od.* air) corps. — **~ˌkrank·heit** *f med.* **1.** (*Bewegungskrankheit*) air sickness. – **2.** (*Höhenkrankheit*) aviation (*od.* altitude) sickness, aviator's disease. — **~ˌleit- ˌund 'FlugˌmelˌdeˌDienst** *m mil.* control and reporting. — **~ˌmel·dung** *f* air report. — **~ˌnetz** *n mil.* (antiaircraft, *Br.* anti-aircraft) camouflage net(ting). — **~ˌnot·siˌgnal** *n aer.* aircraft distress signal. — **~ˌoberst** *m mil. Br.* Group Captain, *Am.* (Air Force) Colonel.

'Flie·ger·of·fiˌzier *m mil.* air force officer. — **~ˌanˌwär·ter** *m* aviation cadet.

'Flie·ger|ˌpfeil *m aer. hist.* fléchette. — **~ˌren·nen** *n* ⟨-s; -⟩ **1.** (*beim Radsport*) sprint (*od.* scratch) race: 1 000-M-**~** 1,000 meters scratch race. – **2.** (*Pferderennen*) race over a short distance. — **~ˌschu·le** *f aer. cf.* Flugschule.

'FliegerˌSchutz *m aer.* **1.** antiaircraft (*Br.* anti-aircraft) protection. – **2.** air cover. — **~ˌanˌzug** *m* flying suit.

'Flie·ger|ˌschüt·ze *m aer. mil.* air gunner. — **~ˌsicht** *f* air (*od.* overhead) observation, observation from aircraft. — **~ˌsichtˌstrei·fen** *m*, **~ˌsichtˌzei·chen** *n aer.* marking (*od.* ground) panel. — **~ˌspra·che** *f* aviation jargon, airmen's slang. — **~ˌstaf·fel** *f* flying (*bes. Am.* flight) squadron. — **~ˌstie·fel** *m meist pl* flying boot. — **~-ˌSuch·ak·tiˌon** *f* aerial search. — **~ˌtä·tig·keit** *f aer. mil.* air (*od.* flying) activity (*od.* activities *pl*). — **~ˌwar·nung** *f cf.* Fliegeralarm. — **~ˌwar·nungsˌdienst** *m* air-raid warning service. — **~ˌwar·te** *f* air observation tower (*od.* post). — **~ˌwet·ter** *n iron.* bad flying weather, unflyable weather. — **~ˌzuˌla·ge** *f* flying allowance (*od.* pay), flight pay.

'FliehˌBurg *f hist.* refuge (camp *od.* keep).

flie·hen ['fli:ən] **I** *v/i* ⟨flieht, floh, geflohen, sein⟩ **1.** flee, fly (*lit.*), run away: **er ist geflohen** he fled (*od.* took to flight, took to his heels, *colloq.* turned tail); **der Feind floh** the enemy fled; **aus dem Lande ~** to flee (*od. lit.* fly, *bes. Am. colloq. auch* skip) the country; **er floh in sein Zimmer** he fled to his room, he took (*od.* sought) refuge in his room; **sie flohen nach Amerika** they fled to America; **vor etwas [j-m] ~** to run away from s.th. [s.o.], to flee (from *od.* before) s.th. [s.o.]; **erschreckt floh sie vor ihm** terrified she fled from him; **sie flohen vor dem Gewitter** they fled from (*od.* in the face of) the thunderstorm; **vor einer Gefahr ~** to flee (*od.* run away) from a danger; **sie floh zu ihren Eltern** she fled to (*od.* took refuge with, sought refuge with) her parents. – **2.** (*entkommen*) escape, flee, fly (*lit.*): **sie flohen ins Ausland** they escaped abroad; **er floh aus dem Gefängnis** he escaped from (the) prison; **er floh über die Grenze** he escaped (*od.* fled) over (*od.* across) the border. – **3.** *fig. lit.* (*von Zeit etc*) fly (*lit.*), pass away, vanish: **die Jahre ~** the years fly by (*od.* are flying by). – **4.** *fig. lit.* (*von Gedanken etc*) fly (*lit.*). – **II** *v/t* ⟨h⟩ *lit.* **5.** (*meiden*) avoid, shun, keep away from, flee (from), fly from (*lit.*), eschew (*lit.*): **die Gesellschaft ~** to shun society; **sie floh ihn** (*od.* **seine Nähe**) *lit.* she fled from (*od.* avoided) him; **der Schlaf flieht mich seit Tagen** *fig. lit.* sleep has deserted (*od.* eluded) me (*od.* I have not slept) for days. – **6.** (*Welt etc*) renounce, forsake. – **III F~** *n* ⟨-s⟩ **7.** *verbal noun.* – **8.** flight. — **'flie·hend I** *pres p.* – **II** *adj* **1.** fleeing, flying (*lit.*), fugitive. – **2.** (*Stirn, Kinn etc*) receding, retreating. — **'Flie·hen·de** *m, f* ⟨-n; -n⟩ fugitive.

'Flieh·geˌwicht *n* **1.** *phys.* centrifugal weight. – **2.** *tech.* (*eines Reglers*) flyweight.

'FliehˌKraft *f phys.* centrifugal force. — **~ˌabˌschei·der** *m tech.* centrifugal separator. — **~beˌschleu·ni·gung** *f phys.* centrifugal acceleration. — **~-GeˌSchwin·dig·keitsˌmes·ser** *m* centrifugal (type) speedometer. — **~ˌkupp·lung** *f* centrifugal clutch. — **~moˌment** *n* centrifugal moment. — **~ˌreg·ler** *m tech.* centrifugal governor. — **~ˌzün·der** *m mil.* centrifugal fuse.

'Flieh·moˌment *n phys. cf.* Fliehkraftmoment.

'FliesˌBo·den *m cf.* Fliesen(fuß)boden.

Flie·se ['fli:zə] *f* ⟨-; -n⟩ **1.** (*in Küche, Bad etc*) (wall) tile: **~n legen** to tile; **einen Raum mit ~n auslegen** to tile a room. – **2.** (*für Fußboden*) (floor *od.* paving) tile: **einen Fußboden mit ~n auslegen** to tile a floor, to lay a floor with tiles. — **'flie·sen** *v/t u. v/i* ⟨h⟩ tile.

'Flie·sen|beˌlag *m* **1.** floor pavement tiles *pl.* – **2.** tile pavement. — **~ˌ(fuß)ˌbo·den** *m* tiled floor, tiling. — **~ˌle·ger** *m* tile setter (*od.* layer), tiler. — **~ˌmei·ßel** *m* tile chisel. — **~ˌset·zer** *m cf.* Fliesenleger.

'FließˌAr·beit *f tech.* assembly (*od.* production) line work, flow production, *Am. auch* progressive manufacture (*od.* assembly).

'FließˌBand *n* ⟨-(e)s; ⸚er⟩ *tech.* **1.** assembly (*od.* production) line: **vom ~ rollen** to come off the assembly line. – **2.** (*Förderband*) conveyer, conveyor, conveyor belt, *auch* band (*od.* belt) conveyor. — **~ˌar·beit** *f cf.* Fließarbeit. — **~ˌar·bei·ter** *m* assembly line worker. — **~ˌfer·ti·gung** *f* conveyor belt production, flow system (*od.* production). — **~monˌta·ge** *f* belt (*Am. auch* progressive) assembly. — **~pro·duk·tiˌon** *f cf.* Fließbandfertigung.

'Fließ|ˌblatt *n* (sheet of) blotting paper. — **~ˌdreh·maˌschi·ne** *f tech.* metal flow-turning lathe, spinning lathe. — **~ˌei** *n* (*Vogelei ohne Schale*) shell-less (*od.* wind) egg, *Br.* wind-egg. — **~ˌei·gen·schaft** *f* flow (property).

flie·ßen ['fli:sən] **I** *v/i* ⟨fließt, floß, geflossen, sein⟩ **1.** flow: **der Main fließt in den** (*od.* **zum**) **Rhein** the Main flows (*od.* empties) into the Rhine; **der Fluß fließt ins Meer [durch die Stadt]** the river flows (*od.* runs down) to the sea [flows through the town]; **hier fließt der Fluß in den [aus dem] See** here the river flows into (*od.* enters) [flows out of] the lake; **über den Rand ~** to overflow the brim; **der Wein floß über den Tisch** the wine flowed (*od.* ran) all over the table; **mir floß der Schweiß von der Stirn** sweat poured (*od.* streamed) from my forehead (*od.* brow); **Schnaps in die Kehle ~ lassen** *colloq.* to wet one's whistle (*colloq.*); **ein Land, darin Milch und Honig fließt** *Bibl.* a land flowing with milk and honey. – **2.** (*von Tränen*) flow: **Tränen flossen ihr über die Wangen** tears flowed down her cheeks; **bei der Beerdigung flossen viele Tränen** tears were flowing freely (*od.* many tears were shed, everybody was crying) at the funeral. – **3.** *fig.* (*von Blut*) flow: **es wird viel Blut ~** much blood will flow (*od.* be spilled), there will be much bloodshed; **in seinen Adern fließt königliches Blut** royal blood flows in his veins. – **4.** (*vom Verkehr*) flow, run smoothly. – **5.** *fig.* (*von Geschenk, Getränk etc*) flow: **die Gaben flossen reichlich** gifts were flowing abundantly (*od.* came in freely); **Sekt floß in Strömen** *colloq.* champagne flowed freely (*od.* like water); **die Quellen ~ hier reichlich [spärlich]** here the sources are abundant [very scanty]. – **6.** *fig.* (*von Worten, von der Arbeit etc*) flow, run, *auch* come: **die Verse ~ ihm leicht aus der Feder** *lit.* verses flow easily from his pen (*od.* come easily to him). – **7.** *fig.* (*von Geld etc*) flow, go: **der Gewinn fließt in seine eigene Tasche** the profits flow (*od.* go) into his own pocket; **das ganze Geld floß in die Staatskasse** all the money went into the public treasury. – **8.** *fig.* (*von der Zeit*) flow by, pass away. – **9.** *fig.* (*sich aus etwas ergeben*) follow, proceed, result: **aus dieser Erkenntnis ~ weitere** from this perception others follow. – **10.** *fig. lit.* (*von Haaren, Gewändern etc*) flow, float, hang loose: **das Haar floß ihr über die Schultern** her hair flowed over her shoulders. – **11.** (*in Strömen*) pour, stream, gush. – **12.** (*von Wasserhahn*) come: **aus diesem Hahn fließt nur kaltes Wasser** only cold water comes from this tap, this tap has only cold water. – **13.** (*von Nase, Wunde*) run: **Blut floß aus der Wunde** blood was running from the wound. – **14.** (*von Papier*) blot. – **15.** (*von Metall etc*) flow, melt. – **16.** (*von Schüttgut etc*) run, flow, pass. – **17.** (*von Lava*) flow, be fluent. – **18.** *electr.* (*von Strom etc*) flow. – **19.** *phys.* flow. – **II F~** *n* ⟨-s⟩ **20.** *verbal noun.* – **21.** flow: **plastisches F~** *metall.* plastic flow. – **22.** *geol.* a) (*von Lava*) flow, b) (*von Gestein*) flow(age), fluxion. — **'flie·ßend I** *pres p.* – **II** *adj* **1.** flowing: **~e Umrisse** flowing outlines. – **2.** (*Wasser etc*) flowing, running: **~e Gewässer** bodies of running water; **ein Zimmer mit ~em Wasser** a room with running water; **ein Zimmer mit ~em warmem und kaltem Wasser** a room with hot and cold (running) water. – **3.** (*Verkehr*) flowing (*od.* moving) smoothly, fast-moving (*attrib*). – **4.** *fig.* (*Haare, Gewänder*) flowing, floating. – **5.** *fig.* (*Rede, Vortrag etc*) flowing, fluent, voluble. – **6.** *fig.* (*Stil*) flowing, fluent, fluid, smooth, easy. – **7.** **in ~em Russisch** *fig.* in fluent Russian. – **8.** *fig.* (*Handschrift*) flowing. – **9.** *fig.* (*unbestimmt*) fluid, indistinct: **die Grenzen zwischen Stolz und Hochmut sind ~** the boundaries between pride and haughtiness are fluid. – **10.** (*in der Phonetik*) liquid. – **11.** *geol.* (*Lava*) fluent. – **III** *adv* **12.** smoothly: **der Verkehr wickelt sich ~ ab** traffic flows (*od.* moves) smoothly. – **13.** *fig.* fluently, with great fluency: **~ lesen** to read fluently; **er spricht ~ Deutsch** he speaks German fluently (*od.* fluent German).

'fließˌfä·hig *adj* **1.** (*Flüssigkeit*) capable of flowing, fluid. – **2.** *phys.* flowable. – **3.** *geol.* fluid. — **'Fließˌfä·hig·keit** *f* ⟨-; *no pl*⟩ **1.** (*einer Flüssigkeit*) capability to flow, fluidity. – **2.** *phys.* flowability, cold-flowing properties *pl*, rheological properties *pl* (*scient.*). – **3.** *geol.* fluidity.

'Fließ|ˌfer·ti·gung *f tech. cf.* Fließbandfertigung. — **~ˌfe·stig·keit** *f phys.* resistance to flow. — **~ˌfett** *n* semifluid grease. — **~fiˌgur** *f meist pl metall.* flow line, line of stress, surface band, stretcher strain. — **~geˌschwin·dig·keit** *f phys.* velocity of flow: **~ des Grundwassers** *geol.* velocity of groundwater flow. — **~ˌgleich·geˌwicht** *n* steady state. — **~ˌgren·ze** *f tech.* yield point. — **~ˌheck** *n auto.* fastback. — **~ˌkup·pe** *f geol.* lava (*od.* exogenous) dome. — **~paˌpier** *n* **1.** (*Löschpapier*) blotting paper. – **2.** (*Filterpapier*) filter paper. — **~ˌpres·se** *f metall.* extrusion press. — **~ˌpres·sen** *n* (cold) extrusion. — **~prinˌzip** *n tech. cf.* Fließarbeit. — **~ˌpro·be** *f metall.* (*in der Gießerei*) pouring test. — **~ˌpunkt** *m* **1.** pour point. – **2.** *tech. cf.* Fließgrenze. — **~ˌsand** *m geol.* quicksand. — **~ˌspan** *m tech.* flow (*od.* continuous) chip. — **~ˌspan·nung** *f metall.* yield stress. — **~ˌstra·ße** *f tech.* assembly (*od.* production) line. — **~tem·pe·raˌtur** *f phys.* flow temperature. — **~verˌhal·ten** *n synth.* flow behavior (*bes. Br.* behaviour). — **~verˌmö·gen** *n phys. cf.* Fließfähigkeit 1. — **~ˌwas·ser** *n* ⟨-s; *no pl*⟩ *Austrian* (*im Zimmer*) running water. — **~ˌzo·ne** *f geol.* flow(age) zone, substratum.

Flim·mer ['flɪmər] *m* ⟨-s; -⟩ **1.** ⟨*only sg*⟩ (*des Lichts etc*) glimmer, shimmer, glimmering light. – **2.** ⟨*only sg*⟩ *fig.* false (*od.* worthless) glitter. – **3.** ⟨*only sg*⟩ *fig.* (*Flitter*) tinsel. – **4.** *biol. cf.* Flimmerhaar. — **~beˌwe·gung** *f biol.* ciliary action (*od.* movement). — **~efˌfekt** *m* (*optics*) flickering effect. — **~epiˌthel** *n biol.* ciliated (*od.* vibrating) epithelium. — **~ˌfortˌsatz** *m biol.* cilium. — **f~ˌfrei** *adj* (*optics*) flickerless, without flickering. — **~freˌquenz** *f* flicker frequency. — **~ˌfrit·ze** *m* (*film*) *colloq. contempt.* person engaged in the film industry. — **~ˌgei·ßel** *f biol.* ciliated flagellum. — **~ˌhaar** *n* cilium: mit ~en besetzt ciliate(d). — **~ˌhär·chen** *n biol. cf.* Flimmerhaar.

ˈflim·me·rig *adj cf.* flimmrig.

ˈFlim·mer|ˌka·sten *m colloq.* **1.** *cf.* Flimmerkiste. – **2.** television, TV (*colloq.*), *bes. Br. colloq.* telly, *Br. colloq. auch* goggle-box. — **~ˌki·ste** *f colloq.* (*Kino*) cinema, *Am.* movies *pl*, flicks *pl* (*colloq.*). — **~ˌku·gel** *f* **1.** *biol.* (ciliated) blastula. – **2.** *bot.* volvox (*Fam. Volvocidae*). — **~ˌlar·ve** *f zo.* planula, ciliated larva.

flim·mern [ˈflɪmərn] **I** *v/i* ⟨h⟩ **1.** (*von Licht etc*) glimmer, glitter, scintillate (*lit.*). – **2.** (*von Sternen etc*) glimmer, twinkle, glitter, scintillate (*lit.*). – **3.** (*von der Luft etc*) shimmer: die Hitze flimmerte vor unseren Augen the heat shimmered before our eyes; es flimmert mir vor den Augen everything is dancing (*od.* swimming) in front of my eyes, my head swims. – **4.** (*von der Sonne*) glimmer, glitter, gleam. – **5.** (*von Sand, Schnee etc*) shimmer, glisten. – **6.** (*von Film, Fernsehbild etc*) flicker. – **7.** *med.* (*vom Herz*) fibrillate. – **II** *v/t* **8.** *bes. Eastern Middle G. colloq. for* polieren 1. – **III F~** *n* ⟨-s⟩ **9.** *verbal noun.* – **10.** (*des Lichts*) glimmer, glitter, scintillation (*lit.*). – **11.** (*der Sterne*) glimmer, twinkle, glitter, scintillation (*lit.*). – **12.** (*der Luft, des Sandes, des Schnees etc*) shimmer. – **13.** (*der Sonne*) glimmer, glitter, gleam. – **14.** (*eines Films etc*) flicker. – **15.** *med.* (*des Herzens*) fibrillation. — **ˈflim·mernd I** *pres p.* – **II** *adj* **1.** (*Luft, Sand, Schnee etc*) shimmering, shimmery. – **2.** die ~e Leinwand (*film*) the cinema (*od.* silver, *bes. Am.* movie) screen. – **3.** *zo.* (*Kanal*) ciliating.

ˈFlim·mer|pho·toˌme·ter *n phys.* flicker photometer. — **~ˌplätt·chen** *n zo.* (*der Rippenqualle*) ciliated plate. — **~ˌrin·ne** *f* ciliated groove. — **~ˌschei·be** *f colloq.* television (*od. colloq.* TV) screen. — **~ˌschlag** *m zo.* ciliary movement (*od.* action). — **~skoˌtom** *n med.* scintillating scotoma. — **~ˌstrom** *m zo.* ciliary current. — **~verˌsuch** *m psych.* experiment on flicker fusion. — **~ˌzel·le** *f biol.* ciliated (*od.* flagellated) cell.

ˈflimm·rig *adj* **1.** (*Licht etc*) glimmering, glittering, scintillating (*lit.*). – **2.** (*Sterne etc*) glimmering, twinkling, glittering, scintillating (*lit.*). – **3.** (*Luft etc*) shimmering, shimmery. – **4.** (*Sonne*) glimmering, glittering, gleaming. – **5.** (*Sand, Schnee etc*) shimmering, shimmery, glistening. – **6.** (*Leinwand etc*) flickering.

Flin·der [ˈflɪndər] *m* ⟨-s; -⟩, *f* ⟨-; -n⟩ **1.** *hunt.* scare (*small brightly colo(u)red slabs of wood used for scaring game*). – **2.** *zo. cf.* Flunder.

flink [flɪŋk] **I** *adj* ⟨-er; -(e)st⟩ **1.** (*Person*) quick, fast, nimble, lively, agile, swift: ein ~es Mädchen a lively girl; sie ist ~ wie ein Wiesel she is (as) quick as a flash (*od.* a hare, the wind); sie ist immer ~ bei der Hand she is always on hand (*od.* ready on the spot, ready to help); nun macht mal ein bißchen ~! do be quick about it! get a move on! make it snappy! (*colloq.*). – **2.** (*Füße, Hände etc*) nimble, agile, quick, deft: sie hat ~e Finger she has got nimble (*od.* light) fingers; sie ist noch immer ~ auf den Beinen, sie hat noch immer ~e Beine *colloq.* she is still very light-footed. – **3.** (*Augen*) quick, agile. – **4.** (*Zunge etc*) ready, deft: sie hat ein ~es Mundwerk she has a ready (*od.* glib) tongue. – **5.** (*Bewegung etc*) agile, nimble, brisk, deft. – **6.** (*aufgeweckt*) bright, alert, smart, swift: sie hat einen ~en Verstand she has a swift wit. – **7.** (*gewandt*) dext(e)rous, deft. – **II** *adv* **8.** quickly, nimbly, deftly: ~ arbeiten to work quickly, to be a quick worker; ~ etwas besorgen to do s.th. quickly (*od.* promptly); ~ wie ein Wiesel lief er davon he ran away as quick as a flash (*od.* a hare, the wind); ich geh' noch mal ~ zum Metzger *colloq.* I'm just going to pop out (*od.* in) to the butcher's. – **9.** (*denken, reden etc*) quickly: die Kinder lernten ~, daß the children were quick to learn that. — **~ˌfü·ßig** *adj lit.* light-footed. — **~ˌhän·dig** [-ˌhɛndɪç] *adj lit.* with quick (*od.* nimble, agile, deft) hands.

ˈFlink·heit *f* ⟨-; *no pl*⟩ **1.** (*einer Person*) quickness, nimbleness, liveliness, agility, swiftness. – **2.** (*der Füße, Hände etc*) quickness, nimbleness, agility, deftness. – **3.** (*der Finger*) lightness, deftness. – **4.** (*der Augen*) quickness, agility. – **5.** (*der Zunge etc*) readiness, deftness, glibness. – **6.** (*einer Bewegung*) quickness, agility, nimbleness, briskness, deftness. – **7.** (*Aufgewecktheit*) brightness, alertness, smartness, swiftness. – **8.** (*Gewandtheit*) dexterity, deftness. – **9.** (*beim Fechten*) quickness, agility.

ˈflinkˌzün·gig [-ˌtsʏŋɪç] *adj lit.* with a ready (*od.* deft, glib) tongue.

Flint [flɪnt] *m* ⟨-(e)s; -e⟩ *Low G. for* Feuerstein 2.

Flin·te [ˈflɪntə] *f* ⟨-; -n⟩ **1.** (*Schrotflinte*) (shot)gun: die ~ ins Korn werfen *fig. colloq.* to throw up (*od.* in) the sponge, to throw in the towel (*od.* up one's hands), to give up the game, to lose courage; der soll mir nur vor die ~ kommen *fig. colloq.* just wait till I lay my hands on him, I'll pay him back. – **2.** *colloq.* (*Gewehr*) gun, rifle. – **3.** (*Jagdgewehr*) shooting (*od.* sporting) gun. – **4.** (*Vogelflinte*) fowling piece, *Br.* fowling-piece, *bes. Am.* bird gun. – **5.** *obs.* musket, flintlock.

ˈFlin·ten|ˌkol·ben *m* butt (end) (of a gun). — **~ˌlauf** *m* (shot)gun barrel, *Br.* (shot)gun-barrel. — **~ˌschaft** *m* gunstock, *Br.* gun-stock. — **f~ˌscheu** *adj hunt.* (*Hund*) gun-shy. — **~ˌschuß** *m* gunshot. — **~ˌweib** *n colloq. contempt.* gun woman, woman soldier.

ˈFlint|ˌglas *n* (*optics*) flint glass, *Br.* flint-glass. — **~paˌpier** *n* flint paper.

Flinz [flɪnts] *m* ⟨-es; -e⟩ *min.* **1.** Helvetian sand. – **2.** dark shale.

Flip [flɪp] (*Engl.*) *m* ⟨-s; -s⟩ *gastr.* flip.

ˈFlip-ˌBlät·ter *pl* flip cards.

ˈFlipˌflop [-ˌflɔp] *m electr.* flip-flop. — **~-ˌSchal·tung** *f* flip-flop circuit.

flir·ren [ˈflɪrən] *v/i* **1.** ⟨h⟩ *cf.* flimmern 1—6. – **2.** ⟨sein⟩ *cf.* schwirren 1—4.

Flirt [flɪrt; flœrt; flœːt] (*Engl.*) *m* ⟨-es; -s⟩ **1.** flirtation: einen ~ mit j-m anfangen to start a flirtation with s.o., to flirt with s.o. – **2.** *colloq.* flirt, 'flame' (*colloq.*), friend: das ist ihr neuester ~ that's her latest flame (*od.* boyfriend); sie war schon immer so ein kleiner ~ von ihm he has always liked her a great deal; er war ihr erster ~ he was her first flirt. — **ˈflir·ten I** *v/i* ⟨h⟩ **1.** flirt: mit j-m ~ to flirt with s.o. – **II F~** *n* ⟨-s⟩ **2.** *verbal noun.* – **3.** flirtation.

Flis·sig·keit [ˈflɪsɪçkaɪt] *f* ⟨-; *no pl*⟩ *agr.* (*des Hafers*) whitehead disease.

Flit [flɪt] (*TM*) *n* ⟨-s; *no pl*⟩ insect powder, insecticide, DDT (*TM*).

Flit·sche [ˈflɪtʃə] *f* ⟨-; -n⟩ *Southern G. dial. for* Flittchen.

flit·schen [ˈflɪtʃən] **I** *v/i* ⟨sein⟩ *dial. for* flitzen 1. – **II** *v/t* ⟨h⟩ (*wood*) flitch.

Flit·scherl [ˈflɪtʃərl] *n* ⟨-s; -⟩ *Bavarian and Austrian dial. for* Flittchen.

ˈFlitschˌholz *n* (*wood*) flitch.

Flitt·chen [ˈflɪtçən] *n* ⟨-s; -⟩ *colloq.* **1.** flighty girl. – **2.** (*Dirne*) tart, floozy, floozie, floosie, *auch* floosy.

Flit·ter [ˈflɪtər] *m* ⟨-s; -⟩ **1.** ⟨*only sg*⟩ *collect.* (*Pailetten*) spangles *pl*, sequins *pl*, paillettes *pl*, *auch* pailettes *pl*: eine mit ~ besetzte (*od.* bestickte) Bluse a spangled (*od.* sequin[n]ed) blouse. – **2.** ⟨*only sg*⟩ (*Glitzerschmuck*) glittering (*od.* sparkling) finery (*od.* decoration). – **3.** ⟨*only sg*⟩ *fig. contempt.* (*Tand, falscher Glanz*) cheap (*od.* tawdry) finery, tawdry, tinsel, gingerbread, gewgaw, *auch* geegaw. – **4.** *pl* (*Pailetten*) spangles, sequins, paillettes, *auch* pailettes. — **~ˌblätt·chen** *n* spangle, sequin, paillette, *auch* pailette. — **~ˌesche** *f bot. cf.* Flitterpappel. — **~ˌglanz** *m* **1.** glitter of spangles (*od.* sequins). – **2.** *fig.* cheap (*od.* tawdry) splendor (*bes. Br.* splendour) (*od.* luster, *bes. Br.* lustre). — **~ˌgold** *n* (*Rauschgold*) tinsel, Dutch metal (*od.* leaf, gold), imitation gold leaf, clinquant: mit ~ besetzt tinsel, clinquant (*beide attrib*). — **~ˌgras** *n bot.* quaking grass (*Gattg Briza*). — **~ˌkleid** *n* spangled (*od.* sequin[n]ed) dress. — **~ˌkram** *m* cheap (*od.* glittering, tawdry) finery, (cheap) trinkets *pl*, frippery, tinsel, gewgaws *pl*, *auch* geegaws *pl*.

flit·tern [ˈflɪtərn] *v/i* ⟨h⟩ **1.** glitter, sparkle, glisten. – **2.** (*bes. auffallend*) be tawdry (*od.* showy). – **3.** *colloq. humor.* be on one's honeymoon.

ˈFlit·ter|ˌpap·pel *f bot.* asp(en), trembling poplar (*Populus tremula*). — **~ˌsil·ber** *n* tinsel. — **~ˌstaat** *m* ⟨-(e)s; *no pl*⟩ cheap (*od.* glittering, tawdry) finery. — **~ˌwerk** *n cf.* Flitterkram. — **~ˌwo·chen** *pl* honeymoon *sg*: sie verbringen ihre ~ in Spanien they spend their honeymoon (*od.* are honeymooning) in Spain.

ˈFlitzˌbo·gen, ˈFlit·zeˌbo·gen *m* **1.** (*Spielzeug*) (toy) bow. – **2.** gespannt wie ein ~ *fig. colloq.* a) on tenterhooks, terribly excited, b) (*neugierig*) extremely curious.

flit·zen [ˈflɪtsən] *v/i* ⟨sein⟩ *colloq.* **1.** (*von Personen, Tieren etc*) tear, dash, whisk, flit, scoot (*colloq.*), *bes. Br. colloq.* nip: Schwalben ~ durch die Luft swallows flit (*od.* dart) through the air; die Maus flitzte in das Loch the mouse whisked (*od.* dashed, popped) into the hole; er flitzte um die Ecke he tore (*od.* whipped) (a)round the corner; sie ist schnell zum Bäcker geflitzt she popped over to the baker's. – **2.** (*von Autos etc*) whiz(z), scoot (*colloq.*), speed: die Wagen flitzten um die Ecke the cars whiz(z)ed (*od.* whisked) (a)round the corner.

ˈFlit·zer *m* ⟨-s; -⟩ *colloq.* (*schnelles Auto*) fast little car, nippy (*od.* snappy) little car.

ˈFlo·bert·geˌwehr [ˈfloːbɛrt-] *n* parlo(u)r rifle.

F-ˌLoch [ˈɛf-] *n mus.* (*einer Geige*) f-hole, sound hole.

flocht [flɔxt] *1 u. 3 sg pret of* flechten.

flöch·te [ˈflœçtə] *1 u. 3 sg pret subj of* flechten.

Flöck·chen [ˈflœkçən] *n* ⟨-s; -⟩ **1.** *dim. of* Flocke. – **2.** (*Schneeflöckchen etc*) small flake, *auch* flakelet. – **3.** (*Seifenflöckchen*) (soap) flake. – **4.** (*Butterflöckchen*) small pat. – **5.** *chem.* floc, floccule.

ˈFlockˌdruck *m* (*textile*) **1.** flock printing. – **2.** (*Stoff*) flock print.

Flocke (*getr.* -k·k-) [ˈflɔkə] *f* ⟨-; -n⟩ **1.** (*Schnee-, Schaumflocke etc*) flake: der Schnee fiel in dicken ~n the snow fell in thick flakes. – **2.** (*Hafer-, Kartoffelflocke etc*) flake. – **3.** (*Seifenflocke*) (soap) flake. – **4.** (*Butterflocke*) flake, pat. – **5.** (*Wollflocke etc*) flock, tuft. – **6.** (*Staub-, Feder-, Flaumflocke etc*) fluff. – **7.** (*an Tieren*) white spot (*od.* mark[ing]). – **8.** ~n tragend *bot. zo.* floccose. – **9.** *chem.* floc, floccule: (sich zu) ~n bilden flocculate. – **10.** *astr.* (solar) flocculus, *meist pl* flocculi *pl*. — **ˈflocken** (*getr.* -k·k-) **I** *v/i* ⟨h⟩ **1.** form flakes, flake. – **2.** *chem.* flocculate. – **3.** (*zerfasern*) fuzz. – **II** *v/t* **4.** form (*s.th.*) into flakes. – **5.** (*Wolle*) pull (*wool*) into flocks (*od.* tufts). – **III** *v/reflex* sich ~ **6.** flake.

ˈflockenˌar·tig (*getr.* -k·k-) *adj* **1.** flaky, flake-like. – **2.** flocky, flocculent.

ˈFlocken|asˌbest (*getr.* -k·k-) *m* flaked asbestos. — **~ˌbast** *m* (*textile*) cottonized bast (fibers *pl*, *bes. Br.* fibres *pl*). — **~ˌbil·dung** *f* **1.** formation of flakes, flake formation. – **2.** *chem.* flocculation. — **~ˌblu·me** *f bot.* centaury, knapweed (*Gattg Centaurea*): Gelbe ~ yellow centaury, Barnaby thistle (*C. solstitialis*); Gemeine ~ common centaury (*C. jacea*); Schwarze ~ knapweed, bullweed, horse knob (*od.* knop), hardheads *pl*, bluetop (*C. nigra*); Weiße ~ white centaury (*C. alba*). — **~ˌerz** *n min.* mimetite, mimetene, *auch* mimetesite. — **f~ˌför·mig** *adj cf.* flockenartig. — **f~ˌhal·tig** *adj metall.* (*Stahl*) flaky. — **~ˌhanf** *m* (*textile*) cottonized hemp (fibers *pl*, *bes. Br.* fibres *pl*). — **~ˌleim** *m* glue in flake form, flaky glue. — **~ˌle·sen** *n med.* floccillation, floccitation, floccilegium, carphology, *auch* carphologia. — **~maˌschi·ne** *f tech.* carding machine. — **~ˌschlamm** *m* flocculated sludge. — **~ˌstäub·ling** *m bot.* fuzzy ball, puffball, puckfist, frog cheese, common lycoperdon (*scient.*) (*Lycoperdon bovista*). — **~ˌtanz** *m lit. for* Flockenwirbel. — **f~ˌwei·se** *adv* in flakes. — **~ˌwir·bel** *m* swirl of snowflakes, whirling snowflakes *pl*.

ˈflockig (*getr.* -k·k-) *adj* **1.** flaky. – **2.** (*Schnee*) fluffy, flocculent. – **3.** (*Schaum etc*) fluffy. – **4.** (*Staub etc*) flocky, fluffy. – **5.** (*Wolle*) flocky, fuzzy. – **6.** (*flaumig*) fluffy. – **7.** *chem.* flocculent: ~er Niederschlag flocculent precipitate, flock. – **8.** *bot.* floccose.

ˈFlock|ˌprint *m* (*textile*) *cf.* Flockdruck. — **~ˌsei·de** *f* flock (*od.* floss) silk. — **~taˌpe·te** *f tech.* flock paper. — **~ˌwol·le** *f* flock (*od.* short) wool.

flog [floːk] *1 u. 3 sg pret of* fliegen.

flö·ge [ˈfløːgə] *1 u. 3 sg pret subj of* fliegen.

floh [floː] *1 u. 3 sg pret of* fliehen.

Floh *m* ⟨-(e)s; =e⟩ **1.** *zo.* flea (*Pulex irritans*):

von Flöhen gebissen (*od.* zerstochen) flea-bitten. – **2.** *fig. colloq.* (*in Wendungen wie*) er hört die Flöhe husten he thinks he knows everything; j-m einen ~ ins Ohr setzen to put ideas into s.o.'s head, *Am. colloq. auch* to put a bug into s.o.'s ear; er hat wohl einen ~ im Ohr *humor.* he must be daft, he has bats in the belfry (*colloq.*); lieber (einen Sack [voll]) Flöhe hüten *humor.* anything but (*od.* rather than) that. – **3.** *pl colloq. humor.* money *sg*, 'dough' *sg* (*sl.*), *Br. sl. auch* lolly *sg.* — **f~ˌar·tig** *adj zo.* flea-like, siphonapterous (*scient.*). — **~ˌbei·ßen** *n only in* angenehmes ~! *colloq. humor.* sleep tight and hope the fleas don't bite! — **~ˌbiß** *m* fleabite, *Br.* flea-bite.

flö·he ['fløːə] *1 u. 3 sg pret subj of* fliehen.

flö·hen ['fløːən] **I** *v/t* ⟨h⟩ **1.** (*Tiere etc*) (de-)flea, rid (*s.o., s.th.*) of fleas: einen Hund ~ to deflea a dog; die Affen flöhten sich the monkeys picked the fleas from each other. – **2.** *fig. colloq.* (*um Geld betrügen*) cheat (*s.o.*) out of money. – **II** *v/reflex* sich ~ **3.** (*von Tieren etc*) (de)flea oneself (*od.* itself), rid oneself (*od.* itself) of fleas, pick one's fleas.

'**Floh|ˌgras** *n bot.* feverfew (*Pyrethrum roseum*). — **~ˌhüp·fen, ~ˌhüpfˌspiel** *n cf.* Flohspiel 2. — **~ˌkä·fer** *m zo.* flea beetle, *Br.* flea-beetle (*Fam. Halticinae*). — **~ˌki·no** *n colloq. humor.* third-rate cinema (*Am.* movie theater), *Br. colloq. auch* flea-pit. — **~ˌki·ste** *f colloq. humor.* (*Bett, Schlafsack*) fleabag, *Br.* flea-bag (*sl.*). — **~ˌknö·te·rich** *m bot.* redshank, lady's thumb; persicary, persicaria (*scient.*) (*Polygonum persicaria*). — **~ˌkraut** *n* **1.** *cf.* Flohknöterich. – **2.** pennyroyal, pennygrass (*Mentha pulegium*). – **3.** fleabane, *Br.* flea-bane (*Gattg Erigeron*): Kanadisches ~ Canadian erigeron (*E. canadense*). – **4.** fleabane, *Br.* flea-bane, pulicaria, pulic, wave-leaved inula, (herb) christopher (*Pulicaria vulgaris*). – **5.** Großes ~ fleabane, *Br.* flea-bane (*Inula dysenterica*). — **~ˌkrebs** *m zo.* water flea, *Br.* water-flea, freshwater shrimp, gammarid, sceid, amphipod (*Ordng Amphipoda*). — **~ˌlei·ter** *f colloq. humor. for* Laufmasche. — **~ˌmarkt** *m* flea market. — **~ˌpfef·fer** *m,* **~ˌpfef·ferˌkraut** *n bot.* water pepper (*Polygonum hydropiper*). — **~ˌsa·men(ˌwe·ge·rich)** *m bot.* fleaseed, fleawort, *Br.* flea-wort (*Plantago psyllium*). — **~ˌspiel** *n* (*games*) **1.** (game of) tiddledywinks *pl* (*od.* tiddl[e]ywinks *pl*) (*construed as sg*). – **2.** (set of) tiddledywinks *pl* (*od.* tiddl[e]ywinks *pl*) (*construed as sg*). — **~ˌstich** *m* fleabite, *Br.* flea-bite. — **~ˌwal·zer** *m mus.* chopsticks *pl* (*construed as sg*). — **~ˌzir·kus** *m* flea circus.

Flom [floːm] *m* ⟨-(e)s; *no pl*⟩, '**Flo·men** [-mən] *m* ⟨-s; *no pl*⟩ *Northern G.* leaf fat (of pig), pork flare, pure lard.

Flor¹ [floːr] *m* ⟨-s; -e⟩ *lit.* **1.** (*Blütenpracht*) array (*od.* abundance, mass) of flowers (*od.* blossoms): die Gärten in ihrem reichen ~ the gardens in their splendid array. – **2.** *fig.* (*von Damen*) bevy. – **3.** *fig.* bloom, blossom.

Flor² *m* ⟨-s; -e, *rare* ¨e⟩ **1.** (*Trauerflor*) mourning band, crêpe (*od.* crepe, crape) (band). – **2.** (*textile*) a) (*dünnes Gewebe, Gaze*) gauze, b) (*auf Teppichen*) pile, c) (*auf Samt*) (velvet) pile, velveting, nap, d) (*Florgarn*) gassed cotton yarn, lisle, e) (*in der Spinnerei*) web. – **3.** ⟨*only sg*⟩ *fig. lit. cf.* Schleier 6.

Flo·ra¹ ['floːra] *npr f* ⟨-; *no pl*⟩ *myth.* Flora.

'**Flo·ra²** *f* ⟨-; -ren⟩ *bot. biol.* flora.

flo·ral [flo'raːl] *adj bot.* floral.

'**Florˌband** *n cf.* Flor² 1.

'**Flo·ren|eleˌment** *n bot.* floral element. — **~geˌbiet** *n* geobotanical (sub)region, floral zone. — **~ˌkun·de** *f cf.* Floristik. — **~proˌvinz** *f,* **~ˌreich** *n cf.* Florengebiet.

Flo·ren·ti·ner [florɛn'tiːnər] **I** *m* ⟨-s; -⟩ **1.** (*Person*) Florentine. – **2.** *gastr.* (*Gebäck*) Florentiner. – **3.** (*Damenhut*) picture (*od.* Gainsborough, wide-brimmed straw)hat. – **II** *adj* **4.** Florentine (*attrib*), of Florence. — **~ˌhut** *m cf.* Florentiner 3.

Flo·ren'ti·ne·rin *f* ⟨-; -nen⟩ Florentine.

flo·ren'ti·nisch *adj* Florentine (*attrib*), of Florence.

Flo·res·zenz [florɛs'tsɛnts] *f* ⟨-; *rare* -en⟩ **1.** *lit.* flowering (period). – **2.** *bot.* (in)florescence.

Flo·rett [flo'rɛt] *n* ⟨-(e)s; -e⟩ (*sport*) (fencing) foil. — **~ˌfech·ten** *n* foils *pl*, foil fencing. — **~ˌfech·ter** *m* foilsman, (foil) fencer. — **~ˌfech·te·rin** *f* (foil) fencer, foilswoman. — **~ˌgarn** *n* (*textile*) floss (*od.* floret) (yarn *od.* silk). — **~ˌsei·de** *f* **1.** floss, silk waste. – **2.** *cf.* Florettgarn.

'**Florˌflie·ge** *f zo.* **1.** lacewing, *auch* lacewing(ed) fly, aphis lion (*Fam. Chrysopidae*), *bes. auch* goldeneye, *auch* golden-eyed fly (*Chrysopa perla*). – **2.** pear fly, hemerobiid (*Gattg Hemerobius*).

'**Flo·ri·da|ˌkra·nich** *m zo.* sandhill crane (*Grus canadensis*). — **~ˌteichˌhuhn** *n* Florida gallinule, *auch* rice hen (*Gallinula chloropus*).

flo·rie·ren [flo'riːrən] *v/i* ⟨*no* ge-, h⟩ **1.** (*von Geschäft, Handel etc*) flourish, prosper, thrive, boom. – **2.** (*von Kunst, Wissenschaft etc*) flourish, thrive, flower.

Flo·ri·le·gi·um [flori'leːgĭʊm] *n* ⟨-s; -gien⟩ (*literature*) florilegium, anthology.

Flo·rin [flo'riːn] *m* ⟨-s; -e *u.* -s⟩ (*Münze*) florin.

Flo·rist [flo'rɪst] *m* ⟨-en; -en⟩ botanist. — **Flo'ri·stik** [-tɪk] *f* ⟨-; *no pl*⟩ floristics *pl* (*construed as sg or pl*). — **flo'ri·stisch** *adj* floristic.

'**Florˌpost** *f,* **~paˌpier** *n* (*paper*) onionskin (paper).

'**Flor|ˌschlei·er** *m* gauze (*od.* crêpe, crepe, crape) veil. — **~ˌschrecke** (*getr.* -k·k-) *f zo.* mantispid, mantis-like neuroptera (*Fam. Mantispidae*).

Flos·kel ['flɔskəl] *f* ⟨-; -n⟩ meaningless (*od.* empty) phrase: das sind nichts als ~n those are mere words. — **f~haft** *adj* (*Phrasen etc*) meaningless, empty.

floß [flɔs] *1 u. 3 sg pret of* fließen.

Floß [floːs] *n* ⟨-es; ¨e⟩ **1.** raft, float: etwas auf einem ~ befördern to convey (*od.* transport) s.th. by raft, to raft s.th. – **2.** (*am Fischnetz*) float.

'**flöß·bar** *adj* floatable.

Flos·se ['flɔsə] *f* ⟨-; -n⟩ **1.** *zo.* a) (*der Fische etc*) fin, pinna (*scient.*), b) (*eines Wals, Seehunds etc*) flipper, paddle: mit ~n (versehen) finned, finny, pinnate(d) (*scient.*). – **2.** *meist pl* (*sport*) (rubber *od.* diving) flipper, *auch* fin. – **3.** *aer.* a) (*Höhenflosse*) stabilizer, stabilizing (*od.* fixed) surface, b) (*einer Rakete etc*) (stabilizing) fin, c) (*eines Luftschiffs*) (horizontal *od.* vertical) fin. – **4.** *mar.* fin. – **5.** *sl.* (*Hand*) hand, 'paw' (*colloq.*), *bes. Am. sl.* 'mitt', *auch* mit. – **6.** *sl.* (*Fuß*) foot, 'trotter' (*colloq.*), *Br. sl.* beetle-crusher, *Am. sl.* 'dog'.

flös·se ['flœsə] *1 u. 3 sg pret subj of* fließen.

Flös·sel ['flœsəl] *n* ⟨-s; -⟩ *zo.* finlet, pinnule, *auch* pinule (*scient.*). — **~ˌhecht** *m* lobe-finned fish (*Fam. Polypteridae*).

'**flos·sen|ˌähn·lich, ~ˌar·tig** *adj zo.* finny. — **~ˌför·mig** *adj* fin-shaped, pinniform (*scient.*).

'**Flos·senˌfuß** *m zo.* **1.** *cf.* Flosse 1. – **2.** *pl* (*Echsenfamilie*) snake-lizards, (*in Australien*) salt-bush snakes (*Fam. Pygopodidae*). – **3.** *cf.* Flossenfüßer 3.

'**Flos·sen|ˌfü·ßer** *m* ⟨-s; -⟩ *zo.* **1.** *cf.* Robbe. – **2.** *cf.* Flügelschnecke. – **3.** (*Echse*) pygopod. — **f~ˌfü·ßig** *adj* wing-footed, pinniped (*scient.*). — **~ˌfüß·ler** [-ˌfyːslər] *m* ⟨-s; -⟩ *cf.* Flossenfüßer. — **f~los** *adj* apterygial. — **~ˌsäu·geˌtier** *n* pinniped. — **~ˌsaum** (*eines Aals etc*) continuous fin. — **~ˌsta·chel** *m* fin-spine. — **~ˌstrahl** *m* fin ray. — **~ˌtau·cher** *m zo. cf.* Pinguin. — **~ˌträ·ger** *m* fin radial.

'**Flö·ßer** *m* ⟨-s; -⟩ raftsman, *auch* raftman, rafter, log (*Am.* river) driver. — **Flö·ße'rei** *f* ⟨-; *no pl*⟩ **1.** rafting (*od.* floating) of timber, log driving. – **2.** transportation by raft.

'**Floßˌgas·se** *f* raft chute (*od.* channel).

'**Floßˌholz,** '**Flößˌholz** *n* raft(ed) (*od.* float[ed]) timber, raft wood, floating timber.

'**Floß|ˌsack** *m mil.* pneumatic float. — **~ˌschnecke** (*getr.* -k·k-) *f zo.* purple shell (*Ianthina fragilis*).

Flo·ta·ti·on [flota'tsĭoːn] *f* ⟨-; -en⟩ *metall.* flotation, *bes. Br.* floatation.

Flo·ta·ti'ons|proˌzeß *m,* **~verˌfah·ren** *n metall.* flotation (*bes. Br.* floatation) process.

Flö·te ['fløːtə] *f* ⟨-; -n⟩ **1.** *mus.* a) flute, b) (*Rohrflöte*) pipe, c) (*Pikkolo*) piccolo (flute), d) (*Querflöte*) (transverse) flute, e) (*Längsflöte*) beaked (*od.* end-blown) flute: (auf der) ~ spielen to (play the) flute; die ~ des Pan the pipe of Pan; nach j-s ~ tanzen *fig. colloq.* to dance to s.o.'s tune. – **2.** (*Pfeife*) whistle. – **3.** (*hohes Trinkglas*) flute (glass). – **4.** (*games*) *colloq.* flush.

flö·ten¹ ['fløːtən] *v/t u. v/i* ⟨h⟩ **1.** (play on the) flute. – **2.** *colloq.* (*pfeifen*) whistle. – **3.** (*von Vögeln*) sing, warble. – **4.** *fig. colloq.* (*einschmeichelnd sprechen*) say (*s.th.*) in a soft and sugary (*od.* honeyed, *auch* honied) voice.

'**flö·ten²** *adj* ⟨*pred*⟩ *only in* ~ sein *colloq.* (*bes. von Geld*) to be lost.

'**flö·ten|ˌähn·lich, ~ˌar·tig** *adj* (*Ton, Instrument etc*) flutelike, *Br.* flute-like, flut(e)y, fluted.

'**Flö·ten|ˌbaum** *m bot.* (white) syringa, mock orange (*Philadelphus coronarius*). — **~ˌblä·ser** *m cf.* Flötist.

'**flö·tenˌge·hen** *v/i* ⟨*irr, sep,* -ge-, sein⟩ *colloq.* **1.** (*verlorengehen*) get lost: sein ganzes Vermögen ist flötengegangen his whole fortune has slipped through his fingers. – **2.** (*kaputtgehen*) be ruined (*od.* broken), go to the dogs (*od.* to pot) (*colloq.*), *Br. colloq. auch* go for a burton.

'**Flö·ten|konˌzert** *n* flute concerto. — **~muˌsik** *f* flute music. — **~reˌgi·ster** *n* (*einer Orgel*) flue stop. — **~ˌso·lo** *n* flute solo. — **~ˌspiel** *n* flute playing, fluting. — **~ˌspie·ler** *m,* **~ˌspie·le·rin** *f cf.* Flötist, Flötistin. — **~ˌstim·me** *f* flute part. — **~ˌton** *m* **1.** fluting, note (*od.* tone) of a flute: j-m die Flötentöne beibringen *fig. colloq.* a) to show (*od.* teach) s.o. what's what, to teach s.o. a thing or two (*beide colloq.*), b) to teach s.o. manners (*od.* how to behave). – **2.** *fig.* sweet (*od.* silvery) note. — **~ˌvo·gel** *m zo.* flutebird, organ bird, piping crow, crow shrike barita(h) (*Gymnorhina tibicen*): Tasmanischer ~ organ bird (*G. hyperleuca*). — **~ˌwür·ger** *m* flute shrike (*Laniarius rubiginosus*).

Flö·tist [flø'tɪst] *m* ⟨-en; -en⟩, **Flö'ti·stin** *f* ⟨-; -nen⟩ flutist, flautist, flute player, *Br.* flute-player, flute.

flott [flɔt] **I** *adj* ⟨-er; -est⟩ *colloq.* **1.** (*schnell*) quick, fast, speedy: eine ~e Kellnerin a quick (*od.* efficient) waitress; in ~em Tempo at a fast (*od.* lively) pace. – **2.** (*zügig*) brisk: ein ~er Fahrer a brisk (*od.* speedy) driver. – **3.** (*schick*) smart, chic, stylish, snappy (*colloq.*): ein ~er kleiner Hut a snappy (*od.* jaunty, fetching) little hat; ein ~er Wagen a stylish (*od.* racy, sporty) car. – **4.** (*schneidig*) dashing, smart, 'breezy' (*colloq.*): ein ~er junger Mann a smart young man; sie ist ein ~es Mädchen she is quite a girl. – **5.** (*flüssig*) brisk, lively: ein ~er Stil a lively (*od.* flowing, fluid) style; ein ~es Geschäft a roaring (*od.* brisk) business. – **6.** (*Leben etc*) gay (*od.* free) (and easy), fast: ein ~es Leben führen to live a gay (*od.* fast) life, to live fast. – **7.** (*Musik, Tanz etc*) gay, lively. – **8.** (*Tänzer etc*) excellent, accomplished. – **9.** (*Unterhaltung etc*) animated, brisk, lively. – **10.** (*Mundwerk*) ready, glib. – **11.** ~ sein [werden] *mar.* (*von Schiff*) to be [to get] afloat. – **12.** ~er Otto *humor.* diarrh(o)ea. – **13.** (wieder) ~ sein a) (*vom Geschäft etc*) to be brisk (*od.* lively, flourishing, prospering, thriving, booming) (again), b) (*vom Auto etc*) to be in running order (again), c) *fig. colloq.* (*gut bei Kasse sein*) to be flush (again). – **II** *adv colloq.* **14.** quickly, briskly, speedily, fast: mach doch ~! be quick (*od. Br. auch* nippy) (about it)! get a move on! make it snappy! (*colloq.*); sie arbeitet ~, die Arbeit geht ihr ~ von der Hand she works quickly, she is a quick worker; die Arbeit ging ~ voran work went off smoothly, work went without a hitch. – **15.** gaily, gayly, lively: die Kapelle spielte sehr ~ the band played (in a) lively (manner) (*od.* with zest). – **16.** smartly, stylishly, snappily (*colloq.*): sie ist immer ~ gekleidet she is always smartly dressed, she always wears smart (*od.* chic) clothes. – **17.** gaily, gayly, fast: ~ leben to live a gay (*od.* fast) life, to live fast; bei ihnen geht es immer ~ her they are always having a gay (*od.* good) time. – **18.** briskly, lively: die Geschäfte gehen ~ business is brisk (*od.* lively). – **19.** ~ geschrieben (*Buch etc*) written in a lively (*od.* brisk, flowing, fluid) style.

Flott *n* ⟨-(e)s; *no pl*⟩ **1.** *Low G. for* Milchrahm. – **2.** *bot.* (lesser) duckweed, water lentils *pl* (*Fam. Lemnaceae, bes. Gattg Lemna*).

Flot·te ['flɔtə] *f* ⟨-; -n⟩ **1.** *mar.* fleet: eine ~ von 20 Schiffen a fleet of 20 ships; ~ in den Heimatgewässern home fleet. – **2.** *mar. mil.* (*Marine*) navy, *Br. auch* fleet. – **3.** (*textile*) (*Färbeflotte*) dye liquor, dyebath.

'Flot·ten|ˌabˌkom·men *n mar.* naval agreement. — **~ˌba·sis** *f* naval base. — **~be,we·gung** *f* fleet movement, naval man(o)euver (*bes. Br.* manœuvre). — **~ˌchef** *m* fleet commander, commander-in-chief of a fleet. — **~ˌein·heit** *f* naval unit. — **~maˌnö·ver** *n* naval man(o)euver (*bes. Br.* manœuvre). — **~paˌra·de** *f* naval review. — **~sta·tiˌon** *f* naval station (*od.* base). — **~ˌstreitˌkräf·te** *pl* naval forces (*od.* fighting units). — **~ˌstützˌpunkt** *m* naval station (*od.* base). — **~verˌband** *m* naval formation. — **~verˌtrag** *m* naval treaty.

'flottˌge·hend *adj* ⟨*attrib*⟩ (*Geschäft etc*) flourishing, thriving, prosperous.

'Flott|ˌgras *n bot. cf.* Entengras. — **~ˌholz** *n* (*am Fischernetz*) float.

flot·tie·ren [flɔ'tiːrən] *v/i* ⟨*no* ge-, h⟩ float. — **flot'tie·rend I** *pres p.* – **II** *adj* ~e Schuld *jur.* floating debt.

Flot·til·le [flɔ'tɪl(j)ə] *f* ⟨-; -n⟩ *mar. mil.* **1.** flotilla. – **2.** (small) fleet.

Flot'til·len|ˌchef *m mar. mil.* commander (*od.* leader) of a flotilla. — **~ˌfüh·rer** *m* flotilla leader.

'flottˌma·chen *v/t* ⟨*sep*, -ge-, h⟩ **1.** (*Schiff etc*) get (*od.* set) (*s.th.*) afloat, float, make (*s.th.*) seaworthy: **ein Boot wieder ~** to refloat a boat. – **2.** (*Auto etc*) get (*s.th.*) going again, put (*s.th.*) in running order, make (*s.th.*) roadworthy. – **3.** *fig.* (*Unternehmen etc*) put (*s.th.*) back on its feet.

'flott'weg *adv colloq.* quickly (and continuously): **er hat den ganzen Tag ~ gearbeitet** he has been working quickly (*od.* briskly) and without stopping all day.

Flöz [fløːts] *n* ⟨-es; -e⟩ (*mining*) seam: **dünnes [mächtiges] ~** thin [thick] seam. — **~ˌbau** *m* working of a seam. — **~ˌmäch·tig·keit** *f* seam thickness. — **~ˌsandˌstein** *m* new red sandstone.

Flu·at [flu'aːt] *n* ⟨-(e)s; -e⟩ *chem. civ.eng.* fluate, fluosilicate.

Fluch [fluːx] *m* ⟨-(e)s; =e⟩ **1.** ⟨*only sg*⟩ (*Verfluchung*) curse, imprecation, malediction, execration: **etwas mit einem ~ belegen** to lay (*od.* put) a curse (up)on s.th.; **den ~ von etwas nehmen** to remove a curse from s.th.; **der ~ des Goldes** *fig.* the curse of gold; **der ~ der bösen Tat** *fig.* the curse of an evil deed; **es liegt ein ~ darauf** there is a curse (up)on it; **~ über dich!** *lit.* a curse (up)on you! – **2.** (*Kraftwort*) (profane) oath, profanity, curse, swearword, *Br.* swear-word, *bes. Am. colloq.* cuss (word): **Flüche ausstoßen** to utter curses, to swear; **j-n mit Flüchen überschütten** to hurl profanities at s.o.; **Schwall von Flüchen** volley of curses, devil's paternoster (*sl.*); **er murmelte unterdrückte Flüche** he swore under his breath. – **3.** ⟨*only sg*⟩ *fig.* (*Unheil, Plage*) curse, bane, plague: **er ist der ~ seiner Familie** he is the bane of his family. – **4.** (*Gotteslästerung*) blasphemy. – **5.** *relig.* (*Bannfluch*) ban, anathema. – **6.** *Bibl.* curse.

'fluch·beˌla·den *adj lit.* **1.** (*Geschlecht, Schatz etc*) accursed, under a curse. – **2.** (*Tat etc*) ill-fated, doomed.

flu·chen ['fluːxən] **I** *v/i* ⟨h⟩ **1.** (*Flüche ausstoßen*) utter oaths, curse, swear, *bes. Am. colloq.* cuss: **~ wie ein Landsknecht** (*od.* **Fuhrknecht, Bierkutscher**) *colloq.* to swear like a trooper (*od.* bargee); **es wurde lästerlich geflucht** the air was blue with oaths. – **2. auf** (*od.* **über**) **j-n [etwas] ~** to swear at (*od.* to curse) s.o. [s.th.]. – **3. j-m [einer Sache] ~** *lit.* to curse s.o. [s.th.], to execrate s.o. [s.th.] (*lit.*): **er fluchte der Stunde seiner Geburt** he cursed the day on which he was born. – **II F~** *n* ⟨-s⟩ **4.** *verbal noun.*

'Flu·cher *m* ⟨-s; -⟩ curser, swearer.

Flucht[1] [fluxt] *f* ⟨-; -en⟩ **1.** flight: **die ~ ergreifen** to flee, to take (to) flight, to run away, to take to one's heels; **sein Heil** (*od.* **seine Rettung**) **in der ~ suchen** to (turn tail and) flee; **den Feind in die ~ schlagen** to put the enemy to flight, to drive out (*od.* rout) the enemy; **vor j-m [etwas] auf der ~ sein** to be fleeing (*od.* on the run) from s.o. [s.th.]; **die Menge stürzte in wilder ~ davon** the crowd stampeded (*od.* fled in panic, ran away panic-stricken); **die ~ nach Ägypten** *Bibl.* the flight to Egypt. – **2.** (*eines Gefangenen etc*) escape: **er wurde auf der ~ erschossen** he was shot while attempting to escape; **j-m zur ~ verhelfen** to help s.o. (to) escape; **j-s ~ vereiteln** to foil (*od.* thwart) s.o.'s escape. – **3.** *fig.* flight: **die ~ aus der Wirklichkeit in den Traum** the flight from reality into the world of dreams; **~ vor der Verantwortung** flight from responsibility; **er versuchte es mit der ~ in die Krankheit** he tried to find refuge in (*od.* escape into) illness; **die ~ in die Öffentlichkeit antreten** to resort to publicity; **da hilft nur die ~ nach vorn** there is nothing but to seize the bull by the horns. – **4.** *hunt.* (*vom Schalenwild*) spring, bound: **in voller ~** at full speed. – **5.** *jur.* escape: **der ~ verdächtig sein** to be under suspicion of intending to escape (*od.* abscond). – **6.** *econ.* (*von Kapital etc*) flight, (out)flow, drain, exodus. – **7.** *lit.* (*der Jahre etc*) rapid passing, flight.

Flucht[2] *f* ⟨-; -en⟩ **1.** *civ.eng.* straight line, alignment, *auch* alinement: **die Häuser liegen** (*od.* **stehen**) **in einer ~** (**mit der Kirche**) the houses are (*od.* stand) in line (with the church). – **2.** (*von Zimmern etc*) suite, enfilade: **der Raum lag am Ende der ~** the room lay at the end of the suite. – **3.** (*von Fenstern, Dächern etc*) alignment, straight line. – **4.** (*von Treppen*) flight.

'fluchtˌar·tig I *adj* **1.** (*sehr schnell*) hasty, hurried. – **2.** (*überstürzt*) precipitate, precipitous, rash, headlong. – **II** *adv* **3.** hastily, in a hurry, in great haste: **wir verließen ~ das Lokal** *colloq.* we left the place in a big hurry, *Am. sl.* we vamoosed (*od.* blew) the place.

'Flucht|ˌbau *m* ⟨-(e)s; -ten⟩ *hunt.* refuge earth (*od.* burrow). — **~ˌburg** *f hist. cf.* Fliehburg.

fluch·ten ['fluxtən] *civ.eng.* **I** *v/t* ⟨h⟩ align, *auch* aline, line (*things*) up, set (*things*) in line. – **II** *v/i* be in alignment (*auch* alinement), align.

flüch·ten ['flʏçtən] **I** *v/i* ⟨sein⟩ **1.** (*fliehen*) flee, run away: **vor j-m [etwas] ~** to flee from s.o. [s.th.]; **er mußte aus dem Land ~** he had to flee (from) the country; **vor der Wirklichkeit ~** *fig.* to run away from reality. – **2.** (*Zuflucht nehmen*) take (*od.* seek, find) refuge, flee: **zu j-m ~** to take refuge with s.o., to flee to s.o.; **hinter** (*acc*) **etwas ~** to take refuge (*od.* shelter) behind s.th. – **3.** (*entkommen*) escape: **ins Ausland ~** to escape abroad; **aus dem Gefängnis ~** to escape from prison. – **4.** (*die Flucht ergreifen*) take (to) flight, flee, run away, take to one's heels: **der Feind flüchtete** the enemy took (to) flight (*od.* turned tail and fled). – **5. in** (*acc*) **etwas ~** *fig.* to resort to s.th.: **in die Öffentlichkeit ~** to resort to publicity; **in eine Lüge ~** to resort to (*od.* fall back on) a lie. – **6.** *jur.* (**vor** *dat* from) abscond. – **II** *v/reflex* ⟨h⟩ **sich ~ 7.** take (*od.* seek, find) refuge: **sich an einen sicheren Ort ~** to take refuge (*od.* shelter) in a safe place; **sie hatte sich in seine Arme geflüchtet** she had taken refuge in his arms. – **8. sich in** (*acc*) **etwas ~** *fig.* a) to resort (*od.* have recourse) to s.th., b) to flee to s.th., to take refuge in s.th.: **sich in Ausreden ~** to resort to excuses; **sich in eine Traumwelt [Krankheit] ~** to take refuge in a dream world [an illness].

'Flucht|geˌfahr *f jur.* risk of an attempt to escape: **es besteht (bei dem Angeklagten) keine ~** there is no risk of the accused attempting to escape (*od.* abscond). — **f~geˌrecht** *adj civ.eng.* (*dat* with) truly aligned (*auch* alined), flush, straight. — **~geˌschwin·dig·keit** *f* (*space*) escape velocity. — **~ˌhil·fe** *f jur.* aid in an escape, aiding and abetting of an escape.

'flüch·tig I *adj* **1.** (*fliehend*) fleeing, in flight. – **2.** (*entflohen*) fugitive, escaped, runaway (*attrib*), on the run, absconding (*bes. jur.*): **~ werden** (*von Verbrecher etc*) to flee, to escape; **~ sein** to be on the run, to have absconded (*jur.*); **noch ~ sein** to be still at large; **~er Schuldner** absconding debtor, *Br. auch* levanter; **~er Fahrer** hit-and-run driver. – **3.** (*eilig*) hasty, hurried: **eine ~e Arbeit** work done in a hurry; **ein ~er Kuß** a hasty (*od.* quick) kiss. – **4.** (*rasch und ungenau*) cursory, perfunctory: **einen ~en Blick auf** (*acc*) **etwas werfen** to cast a cursory (*od.* quick) glance at s.th.; **~e Durchsicht** cursory examination, once-over (*colloq.*); **~e Bemerkung** cursory (*od.* passing) remark. – **5.** (*oberflächlich*) superficial, slight: **nur einen ~en Einblick in** (*acc*) **etwas gewinnen** to gain only superficial insight into (*od.* knowledge of) s.th. – **6.** (*vage*) vague, hazy, sketchy: **ich habe nur eine ~e Vorstellung davon** I have only a vague idea about it. – **7.** (*ohne Sorgfalt*) careless, slapdash: **der Schüler ist zu ~** the pupil is too slapdash. – **8.** (*Bekanntschaft*) a) passing, casual, b) nodding. – **9.** (*Besuch*) brief, flying. – **10.** (*Freuden, Augenblicke etc*) fleeting, fugitive, transitory, fugacious (*lit.*). – **11.** (*Wirkung etc*) transient, transitory, evanescent. – **12.** (*von kurzer Dauer*) momentary, short-lived, ephemeral (*lit.*). – **13.** (*Bewegung etc*) slight, quick. – **14.** (*fahrig*) flighty, fickle. – **15.** *chem.* (*Bestandteil*) volatile: **~es Öl** volatile (*od.* ethereal) oil. – **16.** *geol.* (*Gestein*) brittle, fragile, friable. – **17.** *zo.* (*Tier*) unapproachable, (very) shy, easily started into flight. – **18.** *agr.* (*Boden*) fine. – **19.** *mus.* volante. – **20.** *electr.* (*Strom, Spannung etc*) transient. – **II** *adv* **21.** hastily, hurriedly, in a hurry: **etwas ~ niederschreiben** to jot s.th. down. – **22.** cursorily, in passing: **die Schlagzeilen ~ überblicken** to glance at (*od.* scan) the headlines; **etwas ~ durchlesen** to glance through (*od.* skim over) s.th.; **etwas ~ erwähnen** to mention s.th. in passing; **etwas nur ~ zu sehen bekommen** to catch (*od.* get) a glimpse of s.th. – **23.** superficially: **ein Thema ~ berühren** to treat a subject superficially, to touch upon a subject. – **24.** vaguely, hazily, sketchily: **etwas ~ kennen** to have a vague idea of s.th. – **25.** carelessly. – **26.** casually: **j-n [etwas] ~ kennen, mit j-m [etwas] ~ bekannt sein** to know s.o. [s.th.] casually (*od.* slightly), to have a nodding acquaintance with s.o. [s.th.]. – **27.** *mus.* volante.

'Flüch·ti·ge *m, f* ⟨-n; -n⟩ fugitive, runaway.

'Flüch·tig·keit *f* ⟨-; *no pl*⟩ **1.** (*Eile*) hurry, haste. – **2.** (*Raschheit*) cursoriness, perfunctoriness. – **3.** (*Oberflächlichkeit*) superficiality. – **4.** (*Vagheit*) vagueness, haziness, sketchiness. – **5.** (*mangelnde Sorgfalt*) carelessness. – **6.** (*Dahinschwinden*) fleetingness, fugitiveness, fugacity (*lit.*): **die ~ des Augenblicks** the fleetingness of the moment. – **7.** (*Vorübergehen*) transience, transitoriness, evanescence. – **8.** (*einer Bewegung etc*) slightness, quickness. – **9.** (*Fahrigkeit*) flightiness, fickleness. – **10.** *chem.* a) volatility, b) fugacity.

'Flüch·tig·keitsˌfeh·ler *m* careless mistake, oversight, slip.

'Flücht·ling *m* ⟨-s; -e⟩ **1.** fugitive, runaway. – **2.** (*Entflohener*) escapee. – **3.** (*bes. aus politischen Gründen*) refugee: **Lager für ~e** refugee camp. – **4.** (*Vertriebener*) expellee. – **5.** (*Evakuierter*) evacuee.

'Flücht·lings|ˌausˌweis *m* **1.** refugee's identity card. – **2.** certificate of registration as a refugee. — **~ˌfürˌsor·ge** *f* care (*od.* welfare) of refugees. — **~ˌhil·fe** *f* assistance to refugees. — **~kom·misˌsar** *m* (*der UN*) United Nations High Commissioner for Refugees. — **~ˌla·ger** *n* refugee camp. — **~ˌstrom** *m* stream of refugees.

'Fluchtˌli·nie *f* **1.** (*optics*) vanishing line. – **2.** *civ.eng.* alignment, *auch* alinement, straight line. – **3.** *math.* straight line. — **'Fluchtˌli·ni·enˌplan** *m* plan showing street layout and building lines.

'Flucht|ˌpunkt *m* (*optics*) vanishing point. — **~ˌschnur** *f* (*zum Abstecken*) (bricklayer's) line. — **~ˌstab** *m* (*zur Vermessung*) field rod. — **~verˌdacht** *m jur.* suspicion of escaping: **es besteht kein ~ (bei dem Angeklagten)** the accused is not likely to try to escape (*od.* abscond). — **f~verˌdäch·tig** *adj* suspected of planning to escape. — **~verˌsuch** *m* **1.** attempt to escape: **einen ~ unternehmen** to make an attempt (*od.* to try) to escape. – **2.** (*bes. aus Gefängnis etc*) break. — **~ˌweg** *m* escape route.

'fluchˌwür·dig *adj* (*Verbrechen etc*) damnable, accursed (*od.* accurst), abominable, execrable (*lit.*).

Flu·der[1] ['fluːdər] *n* ⟨-s; -⟩ *tech.* **1.** (*einer Mühle*) millrace, *Br.* mill-race. – **2.** (*einer Tränke*) spout.

'Flu·der[2] *f* ⟨-; -⟩ (*Holzfloß*) raft, flume.

'Flüe·vo·gel ['flyː(ə)-] *m zo. cf.* Alpenbraunelle.

Flug [fluːk] *m* ⟨-(e)s; =e⟩ **1.** (*eines Vogels, Geschosses, Balles etc*) flight: **wie ein Vogel im ~(e)** like a bird in flight (*od.* on the wing); **sich im ~(e) erheben** (*von Vogel*) to begin to fly, to take wing; **einen Vogel im ~ treffen** (*od.* **schießen**) *hunt.* to shoot a bird in flight, to flight a bird; **im ~ geschossen** (*Vogel*) wing-shot; **etwas im ~ (auf)fangen** to catch s.th. in the air; **einen**

Ball im ~ nehmen (*sport*) to take a ball on the volley (*od.* in midair). – **2.** *aer.* flight: **durchgehender [planmäßiger] ~** through [scheduled] flight; **~ ohne Zwischenlandung** nonstop (*Br.* non-stop) flight; **~ mit ständiger Bodensicht** (*od.* **Seesicht**) contact flight; **der ~ von München nach Wien dauert 1 Stunde** the flight from Munich to Vienna takes one hour; **einen ~ antreten** to embark (*od.* set off) on a flight; **im ~ erproben** to flight-test, to test-fly. – **3.** (*space*) flight: **bemannter [unbemannter] ~** manned [unmanned] flight. – **4.** *fig.* (*in Wendungen wie*) **(wie) im ~(e)** quickly, swiftly, rapidly; **die Zeit verging uns (wie) im ~(e)** time passed very quickly, the hours (*od.* days, years) (just) seemed to fly by; **etwas im ~(e) erledigen** to do s.th. very quickly (*od. colloq.* in a jiffy). – **5.** *fig. lit.* (*der Gedanken, Phantasie etc*) flight: **etwas nur im ~(e) behandeln** to treat s.th. cursorily. – **6.** *hunt.* (*Vogelschar*) flock, flight, covey. – **7.** (*sport*) (*eines Skispringers*) descent. – **8.** *her.* vol. – **9.** (*textile*) fly.

ˈFlug|ˌabˌkom·men *n* air agreement. — **~ˌabˌstand** *m* spacing (between aircraft).

ˈFlugˌabˌwehr *f mil.* air defence (*Am.* defense). — **~raˌke·te** *f* antiaircraft (*Br.* anti-aircraft) rocket, surface-to-air missile.

ˈFlug|ap·pa,rat *m aer. hist.* flying machine. — **~ˌasche** *f tech.* quick (*od.* flue) ash, flue dust, flying ashes *pl.* — **~ˌbahn** *f* **1.** *phys.* (*eines Gegenstands*) trajectory: **ansteigende** (*od.* **gekrümmte**) **~** arched trajectory; **gestreckte** (*od.* **rasante**) **~** flat trajectory. – **2.** (*eines Flugkörpers, Geschosses*) trajectory, flight path: **kreisförmige ~** orbit. – **3.** *aer.* (*eines Flugzeugs*) flight path. – **4.** *nucl.* (*eines Elektrons etc*) path, orbit. – **5.** *rare* (*eines Vogels etc*) line of flight, flight path. — **~ˌball** *m* (*sport*) (*beim Tennis etc*) volley ball, ball played on the volley. — **f~beˌgei·stert** *adj* air-minded, enthusiastic about flying. — **~beˌra·tung** *f* briefing, flight information. — **~beˌreich** *m* maximum range. — **f~beˌreit** *adj aer.* ready to fly (*od.* take off), ready for takeoff (*Br.* take-off), (*neues Flugzeug*) ready for flyaway. — **~beˌtrieb** *m* **1.** air traffic. – **2.** *mil.* flying operations *pl.* — **~ˌbeut·ler** *m zo.* flying phalanger (*od.* opossum), *auch* (flying) squirrel (*Unterfam. Phalangeridae*). — **~ˌbie·ne** *f* field (*od.* foraging) bee. — **~ˌblatt** *n* **1.** handbill, flysheet, *Br.* fly-sheet, leaflet, *Am. auch* flier, flyer: **Flugblätter abwerfen** to drop leaflets. – **2.** (*Flugschrift*) broadsheet, *auch* broadside. — **~ˌboot** *n aer.* seaplane, flying boat: **transozeanisches ~** clipper. — **~ˌbrand** *m bot.* smut, brand, burnt ear, rust (*Uredo segetum*). — **~ˌbuch** *n aer.* **1.** (*eines Flugzeugs, Piloten*) logbook, *Br.* log-book. – **2.** (*Flugablauf*) flight log. — **~ˌdau·er** *f* flight duration. — **~ˌdeck** *n mar.* (*eines Flugzeugträgers*) flight deck, *Br.* flight-deck. — **~ˌdienst** *m* **1.** *aer.* a) air(line) service, b) flying duty (*od.* service). – **2.** *mil.* flying service (*od.* section). — **~ˌdra·che** *m zo.* flying dragon (*bes. Draco volans*). — **~ˌdra·chen** *m* kite. — **~ˌebe·ne** *f mil.* (*eines Geschosses*) plane of flight. — **~ˌech·se** *f zo.* pterosaur(ian). — **~ˌei·genschaft** *f meist pl aer.* flight characteristic.

Flü·gel [ˈflyːɡəl] *m* ⟨-s; -⟩ **1.** *zo.* (*von Vögeln, Insekten*) wing: **mit ~n, ~ habend** winged; alate, *auch* alated (*scient.*); **~ eines Falken** *hunt.* sail; **der Vogel breitet die ~ aus** the bird spreads its wings; **der Adler schlägt mit den ~n** the eagle flaps (*od.* beats) its wings; **kleiner ~** winglet; **ohne ~** wingless. – **2.** *fig.* wing: **j-m die ~ beschneiden** (*od.* **stutzen**) to clip s.o.'s wings; **auf ~n des Gesanges** *lit.* on wings of song; **j-m ~ verleihen** to lend wings to s.o.; **die ~ über j-n breiten** to take s.o. under one's wing(s); **die ~ hängen lassen** a) to lose heart, b) to be downcast (*od.* dispirited), to be down in the mouth (*colloq.*); **die Zeit hat ~** time flies; **das Glück hat ~** (*Sprichwort*) *etwa* fortune has wings. – **3.** *tech.* a) (*einer Pumpe*) vane, b) (*eines Ventilators*) blade, c) (*einer Flügelschraube*) wing, thumb drive, d) (*eines Gebläses*) impeller, e) (*einer Windmühle*) arm, sail, sweep, wing. – **4.** *civ.eng.* a) (*eines Fensters*) casement, b) (*eines Gebäudes*) aisle, wing. – **5.** (*einer Bombe, eines Torpedos etc*) fin, vane. – **6.** (*eines Triptychons*) wing, volet. – **7.** *aer.* (*Tragfläche*) wing. – **8.** *bot.* a) (*am Samen*) wing, membranous expansion, b) (*einer Schmetterlingsblume*) wing, ala (*scient.*). – **9.** *mil.* wing, flank: **am linken ~** on the left wing. – **10.** *mus.* grand piano: **am ~: N.N.** (*auf Konzertprogrammen*) accompanied by N.N. – **11.** *pol.* (*einer Fraktion, Partei etc*) wing: **der linke ~** the left (wing). – **12.** (*sport*) flank, wing. – **13.** *geol.* a) (*einer Falte etc*) flank, b) (*einer Verwerfung*) side, wall. – **14.** *med.* (*der Lunge*) lobe. – **15.** *mar.* (*eines Ankers*) fluke, palm. – **16.** (*railway*) (*eines Signals*) arm.

ˈFlü·gel|ˌabˌstand *m aer.* wing gap. — **~ad·juˌtant** *m mil.* (*eines Generals*) aide-de-camp. — **~alˌtar** *m relig.* (*art*) winged altarpiece (*Br.* altar-piece): **dreiteiliger ~** triptych. — **~ˌanˌgriff** *m mil.* wing attack. — **~ˌanˌord·nung** *f aer.* wing arrangement. — **~ˌär·mel** *m* (*fashion*) hanging (*od.* butterfly) sleeve. — **f~ˌar·tig** winglike; alar(y), aliform, pterygoid (*scient.*). — **~ˌband** *n zo.* wing bar. — **~beˌspan·nung** *f aer.* (*bei Sport- u. Segelflugzeug*) fabric cover(ing) (of the wings). — **~ˌbrem·se** *f aer.* wing air brake. — **~ˌbutt** *m zo.* megrim (*Lepidorhombus whiff-iagonis*). — **~ˌdecke** (*getr.* -k·k-) *f zo.* (*eines Käfers etc*) wing cover; elytron, elytrum (*scient.*): **ohne ~** anelytrous. — **~ˌdeckˌfe·der** *f meist pl zo.* quill covert, *Br.* quill-covert, pinion. — **~ˌerb·se** *f bot.* winged pea (*Lotus tetragonolobus*). — **~ˌfarn** *m cf.* Adlerfarn. — **~ˌfe·der** *f zo.* wing feather, pinion: **große ~** pen. — **~ˌfell** *n med.* **1.** (*des Auges*) web eye, *Br.* web-eye, pterygium (*scient.*): **am ~ leidend** web-eyed. – **2.** (*des Halses*) web neck, webbing of the neck. — **~ˌfen·ster** *n* **1.** casement (window). – **2.** (*bis zum Fußboden reichendes*) French window. — **~ˌfisch** *m zo. cf.* Flugfisch. — **f~ˌför·mig** *adj bes. zo.* wing-shaped; aliform, pennate, *auch* pennated (*scient.*). — **~ˌfortˌsatz** *m med. zo.* pterygoid (*od.* alar) process.

ˈFlü·gelˌfrucht *f bot.* winged fruit, wing seed, key fruit. — **~ˌbaum** *m* **1.** padouk (*Gattg Pterocarpus*): **Indischer ~** lingo (*P. indicus*). – **2.** sandalwood (*P. santalinus*).

ˈflü·gelˌfrüch·tig [-ˌfrʏçtɪç] *adj bot.* pterocarpous.

ˈFlü·gel|ˌfü·ßer *m* ⟨-s; -⟩ *meist pl zo.* pteropod. — **~ˌhau·be** *f hist.* pinner, fly cap. — **~ˌholm** *m aer.* (wing) spar. — **~ˌhorn** *n mus.* flügelhorn, fluegel horn, *auch* flugelhorn. — **~ˌkak·tus** *m bot.* epiphyllum, phyllocactus (*Gattg Epiphyllum*). — **~ˌklap·pe** *f aer.* wing flap. — **f~ˌlahm 1.** (*Vogel*) broken-winged: **einen Vogel ~ schießen** to wing a bird, to shoot a bird in the wing(s), to wound a bird in the wing. – **2.** *fig.* (*kraftlos*) lacking energy. – **3.** *fig.* (*mutlos*) dejected, despondent, downcast, down in the mouth (*colloq.*). — **f~los** *adj* **1.** *zo.* wingless; impennate, apterygial, apterous, apteral (*scient.*): **~e Insekten** Aptera. – **2.** *bot.* exalate. — **~ˌmal** *n* ⟨-(e)s; -e *u.* ⸚er⟩ *zo.* (*der Insekten*) pterostigma. — **~ˌmann** *m* ⟨-(e)s; ⸚er *u.* -leute⟩ *mil.* flank (*od.* pivot) man: **innerer** (*od.* **stehender**) **~** pivot. — **~ˌmau·er** *f arch.* wing wall, *Am.* turnout wall. — **~ˌmi·ne** *f mil.* finned (*od.* vaned) bomb. — **~ˌmus·kel** *m zo.* (*bei Vögeln*) chest muscle; pectoral muscle, pectoralis (muscle) (*scient.*). — **~ˌmut·ter** *f tech.* fly (*od.* wing, finger, thumb) nut, *Br.* thumb-nut, butterfly nut, *Br.* butterfly-nut.

flü·geln [ˈflyːɡəln] **I** *v/t* ⟨h⟩ **1.** *hunt.* (*Vogel*) wing, shoot (*bird*) in the wing(s). – **2.** *rare* wing, provide (*s.th.*) with wings. – **II** *v/i* **3.** *poet.* (*von Vogel, Schmetterling*) flutter, flit.

ˈFlü·gel|ˌnuß *f bot.* pterocarya (*Gattg Pterocarya*): **Kaukasische ~** Caucasian walnut (*P. fraxinifolia*). — **~ˌpum·pe** *f tech.* propeller pump.

ˈFlü·gelˌrad *n tech.* **1.** (*einer Pumpe*) impeller. – **2.** (*einer Turbine*) rotor. – **3.** (*einer Mischmaschine*) propeller. – **4.** (*eines Gebläses*) vane wheel. – **5.** (*einer Windmühle, auch Stellrad*) directing wheel. — **~ˌpum·pe** *f tech.* vane-type pump.

ˈFlü·gel|ˌrand *m zo.* wing edge: **mit gezähntem** (*od.* **gekerbtem**) **~** toothwinged. — **~ˌro·chen** *m zo. cf.* Manta. — **~ˌroß** *n myth. poet.* winged horse (*od.* steed), pegasus, *auch* Pegasus. — **~ˌsa·me** *m bot.* wingseed, winged seed. — **~ˌschlag** *m* **1.** flapping of wings, wingbeat, *Br.* wing-beat, stroke of wing(s). – **2.** *fig. lit.* **der ~ einer neuen Zeit** the signs of the approach of a new era; **den ~ der Zeit verspüren** to be in touch with the times. — **~ˌschnecke** (*getr.* -k·k-) *f* sea butterfly, pteropod (*scient.*) (*Unterklasse Pteropoda*): **zu den ~n gehörig** pteropod. — **~ˌschrau·be** *f* **1.** *tech.* wing screw, winged screw, thumbscrew. – **2.** *aer.* propeller, (air)screw. — **~ˌschrau·benˌmut·ter** *f tech. cf.* Flügelmutter. — **~ˌschüpp·chen** *n zo.* (*bei Zweiflüglern*) winglet, alula (*scient.*). — **~ˌschup·pe** *f zo.* tegula. — **~siˌgnal** *n* (*railway*) semaphore (signal). — **~ˌspan·ne** *f* **1.** *aer.* wing span. – **2.** *zo. cf.* Flügelspannweite 1. — **~ˌspannˌwei·te** *f* **1.** *zo.* wingspread, *Br.* wing-spread, expanse. – **2.** *aer. cf.* Flügelspanne 1. — **~ˌspit·ze** *f* **1.** *zo.* wing tip, pinion. – **2.** *aer.* wing tip. — **~ˌstür·mer** *m* (*sport*) wing forward, winger (*colloq.*). — **~ˌtür** *f* double door, folding door(s *pl*). — **~verˌstre·bung** *f aer.* wing bracing. — **~ˌzeich·nung** *f zo.* (*bei Schmetterlingen etc*) wing pattern (*od.* marking).

ˈFlug|entˌfer·nung *f aer.* air distance, distance to be flown. — **~erˌfah·rung** *f* flying experience. — **~erˌpro·bungsˌsta·di·um** *n* flight-test(ing) stage. — **f~ˌfä·hig** *adj* **1.** *zo.* able to fly; volant, volitant (*scient.*). – **2.** *aer.* capable of flying, airworthy. — **~ˌfe·der** *f zo.* pen feather, (wing) flight feather. — **~ˌfeld** *n aer.* airfield, landing field. — **~ˌfernˌmel·deˌdienst** *m* aeronautic(al) (*od.* air) telecommunications service. — **~fiˌgur** *f* aerobatic figure (*od.* man(o)euver, *bes. Br.* manœuvre). — **~ˌfisch** *m zo.* flying fish (*Fam. Exocoetidae*). — **~ˌfrosch** *m* flying frog (*Rhacophorus reinwardtii*). — **~ˌfuchs** *m* Indian flying fox, badul (*Pteropus giganteus*). — **~ˌfunkˌdienst** *m aer.* air radio service.

ˈFlugˌgast *m* (air) passenger.

flüg·ge [ˈflʏɡə] *adj* **1.** (*Vögel*) full-fledged, fully fledged: **(noch) nicht ~** unfledged, in the down; **eben ~ geworden, seit kurzem ~** new-fledged; **eben ~ gewordener Vogel** fledgling, *auch* fledgeling; **~ werden** to fledge. – **2. ~ sein** *fig.* to be able to stand on one's own feet; **~ werden** *fig.* to begin to stand on one's own feet, to leave the (family) nest.

ˈFlug|geˌlän·de *n aer.* flying terrain. — **~geˌpäckˌschein** *m* baggage (*Br.* luggage) ticket. — **~geˌschwin·digˌkeit** *f* **1.** *aer.* airspeed, *Br.* air speed, flying speed: **bezogene ~** equivalent airspeed; **wahre ~** true airspeed; **berichtigte angezeigte ~** calibrated airspeed. – **2.** *phys.* travel(l)ing velocity (*od.* speed). — **~geˌsell·schaft** *f* airline (company). — **~geˌwicht** *n* gross (*od.* all up) weight. — **~ˌhaar** *n bot.* pappus.

ˈFlugˌha·fen *m aer.* airport, airfield, *Br. auch* aerodrome, *Am. auch* airdrome. — **~beˌfeue·rung** *f* airport beacon service. — **~taˌrif** *m* airport tariff.

ˈFlug|ˌha·fer *m bot.* wild oat, oat grass (*Avena fatua*). — **~ˌhahn** *m zo.* flying gurnard, *auch* flying robin (*Dactylopterus volitans*). — **~ˌhal·le** *f aer. cf.* Flugzeughalle. — **~ˌhaut** *f zo.* a) flying membrane, b) (*bei Fledermäusen*) patagium: **die ~ betreffend** patagial; **mit ~ (versehen)** patagiate. — **~ˌhö·he** *f* **1.** *aer.* a) (flight) altitude, b) (*über Grund*) height above ground, absolute (*od.* true) altitude: **höchste ~** absolute ceiling. – **2.** *zo.* (*eines Raubvogels*) pitch. – **3.** (*space*) height (of trajectory), altitude: **maximale ~** a) maximum height of trajectory, b) (*der Flugbahn eines künstl. Satelliten*) height of apogee. — **~ˌhörn·chen** *n zo.* **1.** flying squirrel (*Unterfam. Petauristinae*): **Virginisches ~** assapan, North American flying squirrel (*Glaucomys volans*). – **2.** Indian flying squirrel, taguan (*Petaurista petaurista*). – **3.** Russian flying squirrel (*Pteromys volans*). — **~ˌhuhn** *n* sand grouse, pterocle (*scient.*) (*Fam. Pteroclidae*). — **~ˌhund** *m* fruit bat, *auch* flying fox (*Fam. Pteropodidae*). — **~inˌsekt** *n* winged insect: **die ~en** the pterygota. — **~ˌjahr** *n* (*der Maikäfer*) swarm year. — **~ka·piˌtän** *m aer.* captain (of the aircraft), skipper (*colloq.*). — **~ˌkar·te** *f* **1.** passenger ticket: **eine ~ nach London lösen** to buy a ticket to London. – **2.** aeronautical map. — **~ki·loˌme·ter** *m meist pl* kilometer (*bes. Br.* kilometre) flown: **Preis pro ~** (air) fare per kilometer.

— **f~ˌklar** *adj* ready for takeoff (*Br.* take-off). — **~ˌkör·per** *m* **1.** flying object (*od.* body). – **2.** (*in der Aerodynamik*) body (designed to produce an aerodynamic reaction). – **3.** *mil.* missile. – **4.** (*Trägerrakete*) launcher. – **5.** (space) vehicle: [un-] bemannter ~ [un]manned (space) vehicle. — **~ˌkraft** *f* power of flight. — **~ˌla·ge** *f* flying attitude: ein Flugzeug in normale ~ zurückbringen to redress an airplane (*Br.* aeroplane); in überzogene ~ geraten to stall. — **~ˌlärm** *m* air-traffic noise. — **~ˌlärm·beˌlä·sti·gung** *f* disturbance through air-traffic noise. — **~ˌleh·rer** *m* flight (*od.* pilot) instructor. — **~ˌlei·stung** *f* flying performance. — **~ˌlei·ter** *m cf.* Fluglotse. — **~ˌlei·tung** *f* flight (*od.* flying) control. — **~ˌli·nie** *f* **1.** *aer.* a) (*Fluggesellschaft*) airline (company), b) (*Route*) air route, airway. – **2.** *cf.* Flugbahn 2, 3. — **~ˌloch** *n* **1.** entrance to beehive. – **2.** pigeonhole. — **~ˌlot·se** *m aer.* air-traffic controller. — **~maˌschi·ne** *f hist.* flying machine. — **~meˌcha·nik** *f aer.* mechanics *pl* (*construed as sg or pl*) of flight, aeromechanics *pl* (*construed as sg or pl*).

'**Flugˌmel·de|ˌdienst** *m mil.* aircraft warning service. — **~ˌpo·sten** *m* antiaircraft (*Br.* anti-aircraft) lookout (*Br.* spotter). — **~ˌstel·le** *f* reporting post.

'**Flug|me·teo·ro·loˌgie** *f* aeronautical meteorology. — **~moˌdell** *n* flying model, model plane. — **~ˌmo·tor** *m* aircraft engine, aero(-)engine. — **~ˌmus·kel** *m zo.* flight muscle. — **~na·vi·ga·tiˌon** *f aer.* air navigation. — **~ˌnetz** *n* network of air routes. — **~obˌjekt** *n* flying object. — **~ˌord·nung** *f* (flying) formation: geöffnete ~ extended formation. — **~paˌra·de** *f* flypast, *Br.* fly-past. — **~pas·saˌgier** *m cf.* Fluggast. — **~per·soˌnal** *n* flying (*od.* flight) personnel. — **~ˌplan** *m* flight plan, (air service) timetable (*Br.* time-table), *Am.* (flying) schedule.

'**Flugˌplatz** *m aer.* **1.** (*Flughafen*) airport. – **2.** (*kleiner*) airfield, *Br. auch* aerodrome, *Am. auch* airdrome: einen ~ anfliegen to make (*od.* head) for an airfield. – **3.** (*militärischer*) air base. — **~beˌfeue·rung** *f* airport beacon service.

'**Flug|ˌpra·xis** *f aer.* **1.** flying practice. – **2.** (*eines Piloten*) flying experience. — **~ˌpreis** *m* (air) fare. — **~ˌprü·fung** *f* flight (*od.* flying) test. — **~ˌreichˌwei·te** *f* (flying) range, range of flight. — **~ˌrei·se** *f* journey by air, air journey. — **~ˌrei·sen·de** *m, f cf.* Fluggast. — **~ˌrich·tung** *f* **1.** direction of flight. – **2.** (*gesteuerter Kurs*) heading. — **~ˌrou·te** *f* flight (*od.* air) route.

flugs [fluks] *adv* **1.** (*sogleich*) at once, immediately, straightaway, *bes. Br.* straight away, straightway, instantly. – **2.** (*schnell*) quickly, swiftly, speedily, in a jiffy (*colloq.*).

'**Flug|ˌsand** *m* wind-blown sand, drifting sand. — **~ˌsandˌgras** *n bot.* horsehair oats *pl* (*construed as sg or pl*), upright sea lyme grass (*Elymus arenarius*). — **~ˌsau·ri·er** *m zo.* pterodactyl, pterosaurian. — **~ˌschan·ze** *f* (*sport*) jumping-hill (for ski-flying). — **~ˌschein** *m aer.* **1.** *cf.* Flugkarte 1. – **2.** *cf.* Flugzeugführerschein. — **~ˌschirm** *m bot.* parachute. — **~ˌschlag** *m* volley. — **~ˌschnei·se** *f aer.* (flight *od.* flying) lane, air corridor (*od.* lane). — **~ˌschrau·ber** *m* gyrodyne. — **~ˌschrift** *f print.* **1.** pamphlet, brochure: ~en schreiben und herausgeben to pamphleteer. – **2.** (*Flugblatt*) handbill, broadsheet: ~en verbreiten to distribute (*od.* scatter) handbills. — **~ˌschu·le** *f aer.* flying school. — **~ˌschü·ler** *m*, **~ˌschü·le·rin** *f* student pilot, pilot trainee. — **~ˌsi·cher·heit** *f* flying (*od.* aviation, air) safety. — **~ˌsi·che·rung** *f*, **~ˌsi·che·rungsˌdienst** *m* air traffic control (service). — **~ˌsicht** *f* flight visibility. — **~ˌsport** *m* aviation, flying sport: ~ treiben to go in for aviation. — **~ˌstaub** *m* (*in der Feuerungstechnik*) flue (*od.* fine) dust. — **~ˌsteig** *m aer.* gate, exit. — **~ˌstrecke** (*getr.* -k·k-) *f* **1.** *aer.* a) (air) route, b) (*Etappe*) flight, leg, hop (*colloq.*): (zurückgelegte) ~ distance flown (*od.* covered). – **2.** (*eines Geschosses etc*) flight path. – **3.** (*des Golfballs etc*) carry. — **~ˌstrecken·beˌfeue·rung** (*getr.* -k·k-) *f aer.* airway lighting. — **~ˌstun·de** *f aer.* **1.** flying hour. – **2.** (*des Flugunterrichts*) flying lesson. — **~ˌstütz·ˌpunkt** *m mil.* air base: schwimmender ~ floating base. — **~ˌtag** *m aer.* **1.** air display (*od.* show), flying meeting. – **2.** day (suitable) for flying. — **~ˌta·geˌbuch** *n* (*Bordbuch*) air log. — **f~ˌtaug·lich** *adj aer.* **1.** (*Person*) fit for flying (*od.* to fly). – **2.** (*Flugzeug etc*) airworthy, fit to fly. — **~ˌtaug·lich·keit** *f* **1.** (*einer Person*) fitness for flying (*od.* to fly). – **2.** (*eines Flugzeugs etc*) airworthiness, fitness to fly. — **~ˌta·xe** *f*, **~ˌta·xi** *n* air taxi, taxiplane. — **~ˌtech·nik** *f* **1.** (*Wissenschaft*) aeronautics *pl* (*construed as sg*). – **2.** (*angewandte*) aircraft (*od.* aeronautical) engineering, aviation. – **3.** (*des Piloten*) flying technique, airmanship, aviation. — **~ˌtech·ni·ker** *m* aeronautical engineer. — **f~ˌtech·nisch I** *adj* **1.** (*Entwicklung etc*) aeronautical. – **2.** (*Ausbildung etc*) flying, aeronautical. – **II** *adv* **3.** ~ ausgebildet trained in flying; ~ ausgerüstet equipped for flight. — **~ˌteilˌstrecke** (*getr.* -k·k-) *f* leg, (*kurze*) hop (*colloq.*). — **f~ˌtüch·tig** *adj cf.* flugtauglich 2. — **~ˌtüch·tig·keit** *f cf.* Flugtauglichkeit 2. — **~ˌüberˌwa·chungs·in·struˌment** *n* flight control instrument. — **f~ˌunˌfä·hig** *adj* (*Vögel etc*) flightless, incapable of flight. — **~ˌunˌfall** *m aer.* flying accident. — **~ˌun·terˌbre·chung** *f* **1.** break in a flight. – **2.** (*Zwischenaufenthalt*) stopover. — **~verˌanˌstal·tung** *f* air display (*od.* show). — **~verˌbin·dung** *f* **1.** (*zwischen Orten*) air connection (*Br. auch* connexion). – **2.** (*Anschlußflug*) connecting flight. — **~verˌbot** *n* (*für Piloten*) ban on flying: ~ haben to have been banned from flying. — **~verˌkehr** *m* **1.** air traffic: planmäßiger ~ air (*od.* plane) service. – **2.** (*Warnschild*) "Low-Flying-Aircraft". — **~verˌkehrsˌli·nie** *f* airway, air line (*od.* route). — **~verˌmö·gen** *n* (*eines Vogels etc*) ability to fly; volation, volitation (*scient.*). — **~verˌsuch** *m* **1.** (*eines Vogels*) attempt to fly. – **2.** (*bei Flugzeugen*) flight test (*od.* experiment). — **~ˌvorˌfüh·rung** *f aer.* flight demonstration, presentation in flight. — **~ˌwarnˌdienst** *m mil.* air raid warning service. — **~ˌweg** *m* **1.** air route, skyway, flight path, course of flight. – **2.** auf dem ~ by air (*od.* plane). — **~ˌwerk** *n aer.* (aircraft) structure, airframe, *Br.* air-frame. — **~ˌwe·sen** *n* **1.** flying, aviation. – **2.** (*als Wissenschaft*) aeronautics *pl* (*construed as sg*). — **~ˌwett·beˌwerb** *m* flying competition.

'**Flugˌwet·ter** *n* flying (*od.* flyable) weather: kein ~ unflyable weather; gutes ~ (good) flying weather, flyable weather. — **~ˌdienst** *m* aeronautical (*od.* aviation) weather service, meteorological (*auch* meteorologic) service for aviation. — **~ˌvorˌherˌsa·ge** *f* flight (weather) forecast. — **~ˌwar·te** *f* aeronautical (*od.* aeronautic) meteorological office.

'**Flug|ˌwi·derˌstand** *m aer.* air (*od.* aerodynamic) drag. — **~ˌwild** *n hunt.* game birds *pl*, *Br.* wing(ed) game. — **~ˌwo·che** *f* flying (*od.* aviation) week. — **~ˌzeit** *f* flying (*od.* flight) time, time of flight. — **~ˌzet·tel** *m cf.* Flugblatt 1.

'**Flugˌzeug** *n* ⟨-(e)s; -e⟩ aircraft, *Br. auch* aeroplane, *Am.* airplane, plane (*colloq.*); crate, kite, bus (*sl.*): ~ mit Strahlantrieb jet(-propelled) aircraft, *auch* jet; mit dem ~ fliegen (*od.* reisen) to go (*od.* travel) by air, to go by plane (*colloq.*); mit dem (*od.* im) ~ ankommen to arrive by air (*od. colloq.* by plane): ein ~ besteigen to board an aircraft. — **~ˌabˌsturz** *m* aircraft (*od. colloq.* plane) crash.

'**Flugˌzeugˌabˌwehr** *f mil. cf.* Flugabwehr. — **~geˌschütz** *n*, **~kaˌno·ne** *f* antiaircraft (*Br.* anti-aircraft) gun.

'**Flugˌzeug|ˌanˌgriff** *m mil.* aircraft attack, air raid: schwerer ~ auf eine Stadt heavy air raid on a city, blitz (*colloq.*). — **~ˌbau** *m* ⟨-(e)s; *no pl*⟩ *aer.* **1.** aircraft construction. – **2.** (*als Lehrfach*) aeronautical engineering. — **~ˌbau·er** *m* **1.** (*Firma*) aircraft manufacturer (*od.* constructor). – **2.** (*Einzelperson*) aircraft designer. — **~ˌbau·in·ge·niˌeur** *m* aircraft (*od.* aeronautical) engineer. — **~beˌob·ach·ter** *m mil.* **1.** aircraft observer (*od.* spotter). – **2.** (*im Flugzeug*) navigator. — **~beˌsat·zung** *f aer.* **1.** aircrew. – **2.** (*eingeteilte*) flight crew. — **~ˌbordˌwaf·fen** *pl aer. mil.* aircraft weapons. — **~entˌfüh·rer** *m* hijacker, high-jacker. — **~entˌfüh·rung** *f* hijacking, high-jacking. — **~erˌken·nung** *f* aircraft recognition and identification. — **~faˌbrik** *f* aircraft factory (*od.* works *pl construed as sg or pl*).

'**FlugˌzeugˌfÜh·rer** *m* pilot, aviator: erster ~ chief pilot; zweiter ~ copilot *Br.* co-. — **~ˌkanˌzel** *f*, **~ˌraum** *m cf.* Flugzeugführerstand. — **~ˌschein** *m* pilot's certificate (*od.* licence, *Am.* license). — **~ˌstand** *m* (pilot's) cockpit.

'**Flugˌzeug|ge,rip·pe** *n aer.* airframe, structure. — **~geˌschwa·der** *n mil.* wing. — **~ˌhal·le** *f aer.* hangar: kleine ~ aircraft shed. — **~in·duˌstrie** *f* aircraft industry. — **~kaˌbi·ne** *f* cabin. — **~kaˌno·ne** *f mil.* aircraft cannon. — **~ka·taˌstro·phe** *f aer.* aircraft (*od. colloq.* plane) disaster. — **~kom·manˌdant** *m mil.* captain, aircraft commander. — **~kon·strukˌteur** *m aer.* aircraft designer. — **~meˌcha·ni·ker** *m* **1.** aircraft mechanic. – **2.** (*Bodenmechaniker*) ground mechanic. — **~moˌdell** *n* model airplane. — **~monˌteur** *m* aircraft mechanic. — **~ˌmo·tor** *m* **1.** aircraft (*od.* aero-)engine. – **2.** (*Kolbenmotor*) aircraft piston engine. — **~ˌmut·terˌschiff** *n mar.* aircraft carrier. — **~ˌpeil·geˌrät** *n aer.* airborne (*Br.* air-borne) direction finding equipment. — **~per·soˌnal** *n* aircraft maintenance personnel. — **~proˌpel·ler** *m* propeller, airscrew. — **~raˌke·te** *f mil.* aircraft rocket. — **~ˌrumpf** *m aer.* (aircraft) fuselage: Zelle im ~ bay. — **~ˌschlepp** *m* glider tow(ing) (by powered airplane). — **~ˌschleu·der** *f* catapult. — **~ˌschup·pen** *m* aircraft shed. — **~ˌsporn** *m* skid. — **~ˌstaf·fel** *f mil.* squadron. — **~ˌsteu·er·geˌrät** *n aer.* (*automatisches*) automatic flight control. — **~ˌstütz,punkt** *m mil.* air base. — **~tor,pe·do** *m* aerial torpedo. — **~ˌträ·ger** *m mar. mil.* aircraft carrier, *Am. sl.* flattop: kleiner ~ escort carrier. — **~ˌtreibˌstoff** *m* aircraft fuel. — **~ˌtrim·mung** *f aer.* aircraft trim. — **~ˌtrüm·mer** *pl* aircraft wreckage *sg*. — **~ˌtyp** *m* aircraft type, type of aircraft. — **~ˌunˌglück** *n* **1.** air disaster. – **2.** *cf.* Flugzeugabsturz. — **~verˌband** *m mil.* air (*od.* aircraft) formation. — **~ˌwart** *m* aircraft (maintenance) mechanic. — **~ˌwerk** *n cf.* Flugzeugfabrik. — **~ˌzel·le** *f aer.* airframe, *Br.* air-frame.

'**FlugˌzuˌstAnd** *m aer.* flight condition, aircraft attitude: überzogener ~ stall.

Fluh [fluː] *f* ⟨-; ⸚e⟩ *Swiss for* Felswand.

flu·id [flu'iːt] *adj chem.* fluid.

Flu·id ['fluːɪt] *n* ⟨-s; -ida [-ida]⟩ fluid.

Flu'id·exˌtrakt *m, auch n med.* liquid (*od.* fluid) extract.

Flui·di·fi·ka·ti·on [fluidifika'tsǐoːn] *f* ⟨-; -en⟩ *chem.* fluidification.

Flui·di·tät [fluidi'tɛːt] *f* ⟨-; *no pl*⟩ *chem.* fluidity.

'**Flu·idˌkom·paß** *m mar.* fluid (*od.* liquid, spirit) compass.

Flui·dum ['fluːidʊm] *n* ⟨-s; -da [-da]⟩ **1.** *fig.* (*einer Stadt etc*) atmosphere, air, aura. – **2.** *fig.* (*einer Person*) aura, air. – **3.** *chem. med.* fluid.

Fluk·tua·ti·on [flʊktŭa'tsǐoːn] *f* ⟨-; -en⟩ fluctuation.

fluk·tu·ie·ren [flʊktu'iːrən] **I** *v/i* ⟨*no* ge-, h⟩ **1.** fluctuate: die Bevölkerung fluktuiert the population is fluctuating (*od.* floating). – **2.** (*pendelähnlich*) pendulate. – **II F~** *n* ⟨-s⟩ **3.** *verbal noun.* – **4.** *cf.* Fluktuation. — **fluk·tu'ie·rend I** *pres p.* – **II** *adj* fluctuant, floating.

Flun·der ['flʊndər] *f* ⟨-; -n⟩ *zo.* flounder (*Pleuronectes flesus*).

Flun·ke'rei *f* ⟨-; -en⟩ **1.** *cf.* Flunkern. – **2.** fib, (tall) story. — '**Flun·ke·rer** *m* ⟨-s; -⟩ **1.** fibber, story (*od.* tale) teller, *Br.* story-teller. – **2.** (*Aufschneider*) teller of tall stories, braggart. — **flun·kern** ['flʊŋkərn] **I** *v/i* ⟨h⟩ **1.** fib, tell fibs (*od.* stories). – **2.** (*aufschneiden*) tell tall stories, brag, draw the long bow (*colloq.*). – **II F~** *n* ⟨-s⟩ **3.** *verbal noun.*

Flunsch [flʊnʃ] *m* ⟨-es; -e⟩ *colloq.* pout, cross (*od.* wry) face: einen ~ ziehen (*od.* machen) to pout.

Flu·or ['fluːɔr] *n* ⟨-s; *no pl*⟩ *chem.* fluorine (F): mit ~ verbinden (*od.* behandeln) to fluorinate. — **f~ˌborˌsau·er** *adj* fluoboric: ~es Salz fluoborate. — **~ˌborˌsäu·re** *f* fluoboric acid (HBF_4).

Fluo·ren [fluo'reːn] *n* ⟨-s; *no pl*⟩ *chem.* fluorene.

Fluo·res·ce·in [fluorɛstse'iːn] *n* ⟨-s; *no pl*⟩ *chem.* fluorescein ($C_{20}H_{12}O_5$).

Fluo·res·zenz [fluorɛs'tsɛnts] *f* ⟨-; *no pl*⟩ **1.** *chem. phys.* fluorescence. – **2.** (*des Petroleums*) bloom. — **~ˌfar·be** *f* luminous (*od.* fluorescent) paint, *Am. auch* luminous color.

— ~ˌ**lam·pe** *f phys.* fluorescent lamp. — ~ˌ**schirm** *m* fluorescent screen.

fluo·res·zie·ren [fluorɛsˈtsiːrən] *v/i* ⟨*no* ge-, h⟩ *chem. phys.* fluoresce. — **fluo·resˈzie·rend I** *pres p.* – **II** *adj* fluorescent.

Fluo·res·zyt [fluorɛsˈtsyːt] *m* ⟨-en; -en⟩ *meist pl biol. chem.* fluorescyte.

ˈ**fluo·rˌhal·tig** *adj chem.* containing fluorine.

Fluo·rid [fluoˈriːt] *n* ⟨-(e)s; -e⟩ *chem.* fluoride (MeF): mit ~ behandeln to fluoridize.

fluo·rie·ren [fluoˈriːrən] *v/t* ⟨*no* ge-, h⟩ *chem.* fluorinate.

Fluo·rit [fluoˈriːt; -ˈrɪt] *m* ⟨-s; -e⟩ *min.* fluorite, fluorspar.

ˈ**Flu·or|ˌka·li·um** *n chem.* potassium fluoride. — ~ˌ**kal·zi·um** *n* calcium fluoride, fluorspar. — **f**~ˌ**kie·selˌsau·er** *adj* fluosilicic. — ~ˌ**kie·selˌsäu·re** *f* fluosilicic acid (H_2SiF_6). — ~ˌ**na·tri·um** *n* sodium fluoride.

Fluo·ro·me·ter [fluoroˈmeːtər] *n phys.* fluorometer, fluorimeter.

Fluo·ro·skop [fluoroˈskoːp] *n* ⟨-(e)s; -e⟩ *med.* fluoroscope.

ˈ**Flu·or|ˌsäu·re** *f chem.* fluoric acid. — ~**si·liˌkat** *n chem. min.* fluosilicate. — ~**verˌgif·tung** *f* **1.** *med.* fluorosis. – **2.** (*des Trinkwassers*) fluoridation.

ˈ**Flu·or,was·ser,stoff** *m chem.* hydrogen fluoride. — **f**~ˌ**sau·er** *adj* hydrofluoric. — ~ˌ**säu·re** *f cf.* Flußsäure.

Flur[1] [fluːr] *f* ⟨-; -en⟩ **1.** (*Feldflur*) field, plain, open farmland (*od.* fields *pl*): durch Feld und ~ schweifen to roam over (*od.* about) fields and meadows; allein auf weiter ~ sein *fig.* to be quite alone. – **2.** (*Weide*) meadow(lands *pl*), pasture. – **3.** *agr.* (*Dorfmark*) corporate fields *pl* (of a village), village land(s *pl*). – **4.** *poet.* lea.

Flur[2] *m* ⟨-(e)s; -e⟩ **1.** (*Hausflur*) (entrance) hall, vestibule. – **2.** (*Treppenflur*) corridor, passage(way). – **3.** *cf.* Fußboden 1.

ˈ**Flur|beˌleuch·tung** *f electr.* **1.** (*des Vorraums*) (entrance) hall lighting. – **2.** (*des Ganges*) corridor lighting. — ~**beˌrei·ni·gung** *f agr.* **1.** consolidation of arable land. – **2.** reallocation (*Br.* re-allocation) of arable land. — ~ˌ**buch** *n* **1.** terrier. – **2.** cadastre, land register (*especially for fiscal purposes*). — ~ˌ**fen·ster** *n* **1.** (entrance) hall window. – **2.** corridor window. — ~**gar·deˌro·be** *f* hall (mirror and) coat rack. — ~ˌ**gott** *m myth.* god of the fields. — ~ˌ**gren·ze** *f agr.* boundary of the fields (of a village). — ~ˌ**hü·ter** *m agr.* field guard. — ~ˌ**kar·te** *f* cadastral map of the fields (of a village). — ~ˌ**lam·pe** *f* **1.** (*des Vorraums*) (entrance) hall lamp. – **2.** (*des Ganges*) corridor lamp. — ~ˌ**na·me** *m* field name. — ~**reˌgi·ster** *n cf.* Flurbuch 2. — ~ˌ**scha·den** *m* field damage, damage to crops. — ~ˌ**umˌgang** *m relig.* procession for the blessing of the fields. — ~**zerˌsplit·te·rung** *f agr.* fragmentation of farm holdings.

flu·schen [ˈfluːʃən] *v/i* ⟨h *u.* sein⟩ *Northern G. for* flutschen.

Flu·se [ˈfluːzə] *f* ⟨-; -n⟩ *dial. for* Fadenende.

Fluß [flʊs] *m* ⟨-sses; ˮsse⟩ **1.** river, (*weniger groß*) stream: schiffbarer ~ navigable river; an einem ~ gelegen lying (*od.* situated, standing) on a river; am ~ wohnen to live by the river; ohne Flüsse streamless, *auch* riverless; von Flüssen eingeschnitten stream-cut. – **2.** (*kleiner*) brook, streamlet, rivulet, *Am. auch* creek. – **3.** (*reißender*) torrent. – **4.** (*fließende Bewegung*) flux, flow, fluxion: im ~ sein to be in (a state of) flux. – **5.** (*Fließen*) flow, flowing, flowage: in ~ geraten to (start to) run (*od.* flow). – **6.** *fig. des Verkehrs etc*) flow. – **7.** *metall.* (*Schmelzfluß*) flux. – **8.** *tech.* (*des Glases*) fused (*od.* molten) mass. – **9.** *med.* discharge: weißer ~ leucorrh(o)ea, whites *pl* (*colloq.*). – **10.** *electr. math. phys. nucl.* flux: magnetischer ~ magnetic flux. – **11.** *geol.* fluorspar. – **12.** (*in der Töpferei*) flow. – **13.** *fig.* (*eines Gesprächs etc*) flow, flux: eine Unterhaltung wieder in ~ bringen to get the conversation going (*od.* underway, *Br.* under way) again; endlich kam die Arbeit in ~ at last the work got underway (*Br.* under way) (*od.* started, into full swing, into its stride). – **14.** *fig.* flux: die Entwicklung ist noch im ~ the development is still in (a state of) flux. – **15.** *fig.* (*des Verses*) lilt. – **16.** *lit.* (*der Zeit*) flow.

ˈ**Fluß|ˌaal** *m zo.* common eel (*Anguilla anguilla*). — **f**~ˈ**ab** [ˌflʊs-] *adv cf.* flußabwärts. — ~ˌ**abˌla·ge·rung** *f geol.* river drift (*od.* deposit). — **f**~ˈ**abˌwärts** [ˌflʊs-] *adv* down the river, downriver, down the stream, downstream: ~ wandernd *zo.* catadromous. — ~ˌ**ad·ler** *m zo. cf.* Fischadler. — ~ˌ**amp·fer** *m bot.* (great) water dock, water (*od.* horse) sorrel (*Rumex hydrolapathum*). — ~ˌ**anˌwoh·ner** *m* riverside resident, riparian (dweller) (*poet.*). — ~ˌ**arm** *m* arm (*od.* branch) (of a river). — **f**~ˈ**auf(ˌwärts)** [ˌflʊs-] *adv* up the river, upriver, up the stream, upstream: ~ wandernd *zo.* anadromous. — ~ˌ**bar·be** *f zo.* barbel (*Barbus barbus*). — ~ˌ**barsch** *m* a) (*in Europa*) perch (*Perca fluviatilis*), b) (*in Amerika*) yellow perch (*P. flavescens*). — ~ˌ**becken** (*getr.* -k·k-) *n geol.* river basin.

ˈ**Flußˌbett** *n* riverbed, *Br.* river-bed, channel. — ~**erˌhö·hung** *f* aggradation (of riverbed *od.* channel).

Flüß·chen [ˈflʏsçən] *n* ⟨-s; -⟩ **1.** *dim. of* Fluß 1. – **2.** *cf.* Fluß 2.

ˈ**Fluß|ˌdampf·er** *m* **1.** steamboat, steamer. – **2.** (*kleiner*) water-bus. — ~**delˌphin** *m zo.* river (*od.* freshwater) dolphin (*Fam. Platanistidae*). — ~ˌ**del·ta** *n* **1.** (*Mündungsform*) delta. – **2.** *geol.* alluvial fan. — ~ˌ**ei·sen** *n metall.* a) ingot (*od.* low-carbon) iron, b) ingot (*od.* low-carbon, soft, mild, homogeneous) steel: warmverformtes ~ wrought steel. — ~ˌ**fisch** *m zo.* river fish. — ~**fi·scheˌrei** *f* river fishing. — ~**foˌrel·le** *f zo. cf.* Bachforelle. — ~**geˌbiet** *n* river basin. — ~ˌ**gold** *n min.* stream gold. — ~ˌ**gott** *m myth.* river god, *Br.* river-god. — ~ˌ**grün·del** *f*, *auch m zo. cf.* Schmerle. — ~ˌ**ha·fen** *m mar.* river port. — ~ˌ**hähn·lein** *n bot.* water crowfoot (*Ranunculus aquatilis*). — ~ˌ**harz** *n* gum animé.

flüs·sig [ˈflʏsɪç] **I** *adj* **1.** liquid: ~e Nahrung liquid food; Pralinen mit ~er Füllung chocolates with liquid centers (*bes. Br.* centres). – **2.** *phys. chem.* liquid, fluid: ~er Körper liquid body; ~er Zustand liquid state, liquidity; in ~en Zustand umwandeln to liquefy (*auch* liquify), to liquidize; ~ werden a) to become liquid, to liquefy (*auch* liquify), b) (*von Gasen*) to condense: ~e Luft liquid air. – **3.** (*geschmolzen*) melted: ~e Butter melted butter. – **4.** *fig.* (*Stil etc*) fluent, smooth, fluid, flowing: er hielt eine ~e Rede he made a fluent speech. – **5.** *fig.* (*zügig*) fluent: ein ~es Fußballspiel a fluent game of football. – **6.** *metall.* (*schmelzflüssig*) melted, molten. – **7.** *econ.* a) (*Kapital etc*) liquid, fluid, available, disposable, ready, b) (*Bank etc*) liquid, with funds in hand, c) (*Geldmarkt etc*) easy, d) (*Aktien*) liquid: ich bin im Moment nicht ~ *colloq.* I haven't much money at the moment; ~e Mittel liquid means, funds. – **II** *adv* **8.** in liquid form: ~ ernährt werden to be fed in liquid form. – **9.** *fig.* fluently, smoothly, fluidly, flowingly: ~ lesen to read fluently; das Buch liest sich ~ the book reads fluently; der Verkehr läuft ~ ab the traffic runs smoothly.

ˈ**Flüs·sigˌgas** *n* **1.** *chem. tech.* liquid gas. – **2.** *auto.* (*beim Ottomotor*) liquid bottled motor fuel. – **3.** (*Flüssigkeitsgas*) liquefied petroleum gas.

ˈ**Flüs·sig·keit** *f* ⟨-; -en⟩ **1.** (*flüssiger Körper*) liquid, fluid. – **2.** ⟨*only sg*⟩ (*flüssiger Zustand*) fluidity, liquidity. – **3.** ⟨*only sg*⟩ (*einer Farbe etc*) flow. – **4.** (*Saft*) liquor. – **5.** ⟨*only sg*⟩ *phys. chem.* liquidity, liquidness, fluidity, fluidness. – **6.** ⟨*only sg*⟩ *econ.* a) (*des Geldes etc*) liquidity, fluidity, b) (*Verfügbarkeit*) availability, c) (*einer Bank etc*) liquidity, d) (*des Geldmarktes*) ease. – **7.** *med.* a) fluid, b) (*des Auges*) humor, *bes. Br.* humour, c) (*des Ohrlabyrinths*) perilymph, endolymph, d) (*Blutwasser*) rheum. – **8.** ⟨*only sg*⟩ (*des Stils etc*) fluency, smoothness, fluidness, fluidity. – **9.** ⟨*only sg*⟩ (*des Verkehrs etc*) smoothness, smooth flow.

ˈ**Flüs·sig·keits|ˌaufˌnah·me** *f biol.* fluid (*od.* liquid) intake. — ~**ba·roˌme·ter** *n* liquid barometer. — ~**beˌhäl·ter** *m* **1.** tank, reservoir, holder. – **2.** (*Bassin*) basin. — ~ˌ**brem·se** *f tech.* hydraulic brake. — ~ˌ**dämp·fung** *f* **1.** *tech.* fluid (*od.* hydraulic) damping. – **2.** *auto.* hydraulic shock absorption. — ~ˌ**dich·te** *f phys.* liquid (*od.* fluid) density. — ~ˌ**druck** *m* **1.** *phys.* liquid (*od.* fluid) pressure. – **2.** *tech.* hydraulic pressure. — **f**~**entˌzie·hend** *adj med.* **1.** (*austrocknend*) desiccating. – **2.** (*entwässernd*) dehydrating. – **3.** depleting of fluids. — ~**entˌzug** *m* fluid withdrawal. — ~**geˌtrie·be** *n tech.* fluid (*od.* hydraulic) drive (*od.* transmission). — ~ˌ**grad** *m* **1.** *metall. phys.* (degree of) liquidity (*od.* fluidity). – **2.** *chem.* viscosity. — ~ˌ**hausˌhalt** *m med.* (*des Körpers*) fluid balance. — ~ˌ**kom·paß** *m* liquid (*od.* immersed, floating, fluid) compass. — ~ˌ**küh·lung** *f* liquid cooling. — ~ˌ**kupp·lung** *f* **1.** *tech.* fluid (*od.* hydraulic) coupling. – **2.** *auto.* fluid (*od.* hydraulic) clutch. — ~ˌ**lin·se**, ~ˌ**lu·pe** *f* (*optics*) water lens. — ~ˌ**maß** *n* liquid (*od.* fluid) measure. — ~ˌ**men·ge** *f* amount of liquid (*od.* fluid). — ~ˌ**mes·ser** *m* liquid (*od.* fluid) meter. — ~**raˌke·te** *f* (*space*) liquid-fuel (*od.* liquid-propellant) rocket. — ~ˌ**rei·bung** *f phys.* fluid (*od.* liquid) friction. — ~ˌ**säu·le** *f* column of liquid, liquid column. — ~ˌ**spie·gel** *m* **1.** surface of a liquid (*od.* fuel). – **2.** *med.* (*in Hohlorganen*) fluid level. — ~ˌ**stand** *m* level of a liquid (*od.* fluid), liquid (*od.* fluid) level. — ~**verˌdrän·gung** *f* liquid displacement. — ~ˌ**waa·ge** *f phys.* hydrometer, areometer. — ~ˌ**wi·derˌstand** *m* **1.** *phys.* liquid resistance. – **2.** *electr.* (*Bauteil*) hydrorheostat. — ~**zerˌstäu·ber** *m* liquid (*od.* fluid) atomizer.

ˈ**flüs·sigˌma·chen** *econ.* **I** *v/t* ⟨*sep*, -ge-, h⟩ **1.** (*Kapital*) liquidate, convert (*od.* turn) (*s.th.*) into cash (*od.* ready money), disengage. – **2.** (*Wertpapiere etc*) realize. – **II F**~ ⟨-s⟩ **3.** *verbal noun.* – **4.** liquidation, liquefaction, conversion into cash (*od.* ready money). – **5.** realization.

ˈ**Flüs·sig|ˌwer·den** *n* **1.** deliquescence. – **2.** *metall.* fusion, fusing. — **f**~ˌ**wer·dend** *adj* liquescent.

ˈ**Fluß|ˌin·sel** *f* river island. — ~ˌ**ka·bel** *n* river cable. — ~ˌ**kahn** *m* small river boat. — ~ˌ**karp·fen** *m zo.* river carp (*Cyprinus carpio*). — ~ˌ**kies** *m* river gravel. — ~ˌ**krab·be** *f zo.* **1.** telphusian crab (*Gattg Telphusa*). – **2.** river crab (*Fam. Potamonidae*). — ~ˌ**kraut** *n bot.* water spike (*Potamogeton natans*). — ~ˌ**krebs** *m zo.* (river) crayfish, (river-)crawfish (*Fam. Astacidae*). — ~ˌ**krüm·mung** *f* bend of a river. — ~ˌ**kun·de** *f geogr.* potamology. — ~ˌ**lachs** *m zo.* saurel (*Salmo salar*). — ~ˌ**land·schaft** *f* riverside. — ~ˌ**lauf** *m* course of a river, river course.

Flüß·lein [ˈflʏslaɪn] *n* ⟨-s; -⟩ **1.** *dim. of* Fluß 1. – **2.** *cf.* Fluß 2.

ˈ**Fluß|ˌmit·tel** *n chem. tech.* flux. — ~ˌ**moos** *n bot.* water moss (*Gattg Fontinalis*). — ~ˌ**mün·dung** *f* **1.** river mouth. – **2.** (*den Gezeiten ausgesetzte*) estuary. — ~ˌ**mu·schel** *f zo.* (pearly) fresh-water mussel, mussel (*Fam. Unionidae*). — ~ˌ**napfˌschnecke** (*getr.* -k·k-) *f* shield snail, river limpet (*Ancylus rivularis*). — ~ˌ**netz** *n* river system, network of rivers (*od.* watercourses). — ~ˌ**neunˌau·ge** *n zo.* lampern, river lamprey (*Lampetra fluvialis*). — ~ˌ**nie·de·rung** *f* river plain. — ~ˌ**perlˌmu·schel** *f zo.* pearly fresh-water mussel (*Fam. Unionidae*). — ~ˌ**pferd** *n* hippopotamus, hippo (*colloq.*) (*Hippopotamus amphibius*). — ~ˌ**pflan·ze** *f bot.* water (*od.* fluviatile, fluviatic) plant. — ~ˌ**piˌrat** *m* river rat. — ~ˌ**pricke** (*getr.* -k·k-) *f zo. cf.* Flußneunauge. — ~ˌ**re·ge·lung**, ~ˌ**reg·lung**, ~**re·guˌlie·rung** *f civ.eng.* correction (*od.* regulation) of a river, river correction (*od.* regulation). — ~ˌ**sand** *m* river sand. — ~ˌ**säu·re** *f chem.* hydrofluoric acid (HF). — ~ˌ**schiff** *n* river boat. — ~ˌ**schiffahrt** (*getr.* -ff,f-) *f* river traffic (*od.* shipping, navigation). — ~ˌ**schildˌkrö·te** *f zo. cf.* Zierschildkröte. — ~ˌ**schlauch** *m geol.* deepest channel (*od.* section) in riverbed. — ~ˌ**schnel·le** *f* rapid, chute, *auch* shute. — ~ˌ**schwal·be** *f zo. cf.* Flußseeschwalbe. — ~ˌ**schwamm** *m* spingilla. — ~ˌ**schwein** *n* river hog, boschvark (*Gattg Potamocholrus*). — ~ˌ**seeˌschwal·be** *f* (common) tern (*Sterna hirundo*). — ~ˌ**soh·le** *f* bottom of a river. — ~ˌ**spat** *m min.* fluorite, fluorspar, calcareous (*od.* Derbyshire) spar. — ~ˌ**stahl** *m metall. cf.* Flußeisen b. — ~**syˌstem** *n cf.* Flußnetz. — ~ˌ**tal** *n* river valley. — ~ˌ**überˌgang** *m* **1.** river crossing. – **2.** (*Furt*) ford. — ~ˌ**ufer** *n* riverbank, riverside, waterside. — ~ˌ**uferˌläu·fer** *m zo.* common sandpiper, summer snipe (*Actitis hypoleucos*). — ~**verˌle·gung** *f* river diversion. — ~**verˌunˌrei·ni·gung** *f* river pollution, pollution of a river (*od.* of rivers). — ~ˌ**was·ser** *n* river water. — ~ˌ**win·dung** *f* meander (*od.* winding) of a river. — ~ˌ**wöl·bung** *f nucl.* buckling. — ~ˌ**ze·der** *f bot.* incense cedar (*Gattg Libocedrus, bes. L. decurrens*).

ˈ**Flü·ster|ˌba·ri·ton** *m colloq.* whispering

baritone, crooner. — **~ˌdol·met·schen** *n* whispered interpretation.

'Flü·ste·rer *m* ⟨-s; -⟩ whisperer.

'Flü·ster|ga·le|rie *f*, **~geˌwöl·be** *n* whispering gallery. — **~ˌlaut** *m* whispered tone.

flü·stern ['flʏstərn] **I** *v/i* ⟨h⟩ **1.** whisper, speak in whispers (*od.* in a whisper, under one's breath): mit j-m ~ to whisper to s.o. – **2.** (*tuscheln*) buzz. – **3.** *poet.* (*von Bach etc*) whisper, murmur. – **4.** *poet.* (*von Blättern etc*) rustle. – **II** *v/t* **5.** whisper. – **6.** *fig. colloq.* (*in Wendungen wie*) ich werde dir was ~ I'll tell you what's what (*colloq.*), I'll tell you a thing or two (*colloq.*); das kann ich dir ~ you'd better believe it (*colloq.*), take it from me (*colloq.*). – **III F~** *n* ⟨-s⟩ **7.** *verbal noun.* – **8.** whisper. – **9.** buzz.

'Flü·ster|paˌro·le *f contempt.* whispered secret order, whispering. — **~pro·paˌgan·da** *f* **1.** whispering campaign, whispered (*od.* underground) propaganda. – **2.** grapevine (*Br.* grape-vine) (telegraph) (*colloq.*). — **~ˌstim·me** *f* whisper, whispering (*od.* whispered) voice. — **~teˌnor** *m colloq.* whispering tenor, crooner. — **~ˌton** *m* whisper, undertone: im ~ in a whisper, in whispers, under one's breath. — **~ˌtü·te** *f colloq. humor.* megaphone, speaking trumpet. — **~ˌwort** *n* whispered word.

Flut [fluːt] *f* ⟨-; -en⟩ **1.** ⟨*only sg*⟩ *mar.* tide, flood tide, *Br.* flood-tide, flow, flux: Ebbe und ~ ebb and flood (*Br.* flow), flux and reflux; die ~ kommt [geht] the tide is coming in [going out]; es ist ~ the tide is in; hohe ~ spring tide; mit der ~ fahren to go out with the tide; das Einsetzen der ~ the inset of the tide. – **2.** (*Wassermasse*) flood, waters *pl.* – **3.** (*Überschwemmung*) flood, inundation (*lit.*), (*stärker*) deluge. – **4.** *fig.* flood, spate, (*stärker*) deluge: eine ~ von Tränen a flood of tears; mit einer ~ von Briefen überschüttet werden to be flooded (*od.* deluged) with letters. – **5.** *fig.* (*von Worten etc*) flow, (*stärker*) torrent, stream: eine ~ von Schimpfwörtern a torrent of abuse. – **6.** *fig.* (*von Menschen*) flood, crowd, throng. — **~ˌbecken** (*getr.* -k·k-) *n mar.* wet dock, tidal basin. — **~ˌdeich** *m* tidal dike (*od.* dyke).

flu·ten ['fluːtən] **I** *v/i* ⟨sein⟩ **1.** stream, flood, flow: viele Menschen ~ in den Saal *fig.* many people pour into the hall. – **2.** (*anschwellen*) swell, surge. – **3.** *mar.* (*von Flut*) rise. – **4.** *fig.* (*von Verkehr*) surge. – **II** *v/t* ⟨h⟩ **5.** *mar.* a) (*Schiff etc*) set afloat, b) (*Tank, Schleuse etc*) flood. – **III F~** *n* ⟨-s⟩ **6.** *verbal noun.* – **7.** flow. – **8.** surge. – **9.** rise.

'Flut|ˌgat·ter *n mar.* flood (*od.* tide) gate, *Br.* flood-gate. — **~ˌgras** *n bot.* manna grass (*Glyceria fluitans*). — **~ˌha·fen** *m* tidal harbor (*bes. Br.* harbour). — **~ˌhö·he** *f* height of the tide: die gleiche ~ habend cotidal. — **~ka·taˌstro·phe** *f* flood catastrophe (*od.* disaster). — **~ˌkraftˌwerk** *n tech.* tidal power station.

'Flutˌlicht *n* floodlight: mit ~ beleuchten to floodlight; bei (*od.* unter) ~ under floodlights, by floodlight. — **~ˌanˌla·ge** *f* floodlight(ing) installation. — **~beˌleuch·tung** *f* flood lighting. — **~ˌscheinˌwer·fer** *m* floodlight projector. — **~ˌspiel** *n* (*sport*) floodlight (*od.* floodlit) match.

'Flut|ˌli·nie *f* landwash, high-water line (*od.* mark). — **~ˌmar·ke** *f* high-water mark. — **~ˌmes·ser** *m mar.* **1.** tide ga(u)ge. – **2.** (*als Stange*) tide staff. — **~ˌmün·dung** *f* tidal estuary.

flut·schen ['flʊtʃən] *v/i* ⟨sein⟩ *colloq.* **1.** (*von Arbeit*) go well: die Arbeit flutscht heute nur so work is going very smoothly today; bei ihr flutscht es things go pretty quickly with her. – **2.** (*rutschen*) slip: die Flasche flutschte ihm aus den Fingern the bottle slipped out of his hand.

'Flut|ˌschleu·se *f tech. mar.* tide lock. — **~ˌstun·den** *pl* (*im Verkehr*) rush hours. — **~ˌtor** *n tech. mar.* floodgate, *Br.* flood-gate, tide (*od.* head, water, crown, sea) gate. — **~venˌtil** *n* flood (*od.* Kingstone) valve. — **~ˌwar·nung** *f* flood warning. — **~ˌwel·le** *f* **1.** (*Gezeitenwelle*) tidal wave. – **2.** (*in Flußmündungen*) tidal wave, *auch* bore, *bes. Br.* eagre. – **3.** (*bei Deichbrücken etc*) flood wave. – **4.** (*durch Erd- od. Seebeben*) big (*od.* large, seismic) sea wave, tidal wave. — **~ˌzeit** *f* flood tide, *Br.* flood-tide.

flu·vi·al [flu'vĭaːl], **flu·via·til** [-vĭa'tiːl] *adj geol.* fluvial, fluviatile.

Flu·xi·on [flu'ksĭoːn] *f* ⟨-; -en⟩ **1.** *math.* fluxion. – **2.** *med.* a) (*Blutandrang*) fluxion, congestion, b) (*aufsteigende Hitze*) hot flushes *pl.*

f-ˌMoll ['ɛf-] *n* ⟨-; *no pl*⟩ *mus.* F minor.

focht [fɔxt] *1 u. 3 sg pret*, **föch·te** ['fœçtə] *1 u. 3 sg pret subj of* fechten.

Fock [fɔk] *f* ⟨-; -en⟩ *mar.* **1.** (*bei Segelschiffen*) foresail. – **2.** (*bei Segelbooten*) jib. — **~ˌmast** *m* foremast. — **~ˌse·gel** *n cf.* Fock.

Fö·de·ra·lis·mus [fødera'lɪsmʊs] *m* ⟨-; *no pl*⟩ *pol.* federalism. — **Fö·de·ra'list** [-'lɪst] *m* ⟨-en; -en⟩ federalist. — **fö·de·ra'li·stisch** *adj* **1.** (*Staatsaufbau etc*) federal. – **2.** (*Bestrebungen etc*) federalist(ic). — **Fö·de·ra·ti'on** [-'tsĭoːn] *f* ⟨-; -en⟩ **1.** (con)federation. – **2.** (*lockerer Zusammenschluß*) confederacy.

fö·de·ra·tiv [fødera'tiːf] *adj pol.* **1.** (*Regierung, Ideen etc*) federative, federal. – **2.** (*Organisation etc*) federal. — **F~ˌstaat** *m* federal state.

fö·de·riert [føde'riːrt] *adj pol.* federate(d), confederate(d). — **Fö·de'rier·te** *m, f* ⟨-n; -n⟩ confederate.

Fo·gosch ['fɔgɔʃ] *m* ⟨-(e)s; -e⟩ *zo.* fogas, pike perch (*Lucioperca lucioperca*).

Foh·len ['foːlən] *n* ⟨-s; -⟩ **1.** *zo.* foal: (männliches) ~ colt; weibliches ~ filly. – **2.** (*Pelz*) foalskin.

'foh·len *v/i* ⟨h⟩ foal, drop a foal.

Föhn [føːn] *m* ⟨-(e)s; -e⟩ *meteor.* foehn, föhn. — **'föh·nig** *adj only in* es ist ~ we have (got) foehn weather.

'Föhn|ˌwet·ter *n* foehn (*od.* föhn) weather. — **~ˌwind** *m cf.* Föhn. — **~ˌwol·ke** *f* foehn cloud.

Foh·re ['foːrə] *f* ⟨-; -n⟩ *zo. cf.* Forelle 1.

Föh·re ['føːrə] *f* ⟨-; -n⟩ *bot.* pine (tree), *Br.* pine-tree (*Gattg Pinus*).

'Föh·renˌwald *m* pine forest, forest of pines.

'Föhr·ling *m* ⟨-s; -e⟩ *bot. cf.* Milchreizker.

fo·kal [fo'kaːl] *adj* focal.

Fo·ko·me·ter [foko'meːtər] *n* ⟨-s; -⟩ *phys. tech.* focometer, *auch* focimeter.

Fo·kus ['foːkʊs] *m* ⟨-; - *u.* -se⟩ **1.** *phys.* (*optics*) (*Brennpunkt*) focus, focal point (*od.* spot). – **2.** *med.* (*Herd einer Krankheit*) focus. — **fo·kus·sie·ren** [foku'siːrən] *phys.* **I** *v/t* ⟨*no* ge-, h⟩ (*optische Linsen*) focus. – **II F~** *n* ⟨-s⟩ *verbal noun.* — **Fo·kus'sie·rung** *f* ⟨-; -en⟩ *cf.* Fokussieren.

Fol·ge ['fɔlgə] *f* ⟨-; -n⟩ **1.** consequence: das wird noch üble ~n haben (*od.* nach sich ziehen) this will have bad consequences; die ~n tragen (*od.* auf sich nehmen), für die ~n aufkommen (*od.* einstehen) to bear (*od.* take, suffer, assume, abide by) the consequences; als (eine) ~ hiervon as a consequence (*od.* result) of this, as a corollary to this, consequently; die ~n sind nicht abzusehen (*od.* absehbar) a) the consequences cannot be judged (*od.* appraised), b) the consequences cannot be foreseen; er wird die ~n (zu) spüren (bekommen) he will feel the consequences; sich die ~n überlegen, bevor man etwas tut to think of the consequences (*od.* to count the cost) before doing s.th.; ihr Verhältnis blieb nicht ohne ~n *fig. euphem.* their love affair did not remain without consequences. – **2.** (*Ergebnis*) consequence, result, outcome, sequel: etwas zur ~ haben to result in s.th., to entail s.th., to lead to s.th., to bring s.th. in its wake; die ~ war, daß the result was that, as a result. – **3.** (*Wirkung*) effect. – **4.** (*Nachwirkung*) aftereffect, *Br.* after-effect. – **5.** (*ernste Nachwirkung*) aftermath. – **6.** (*Aufeinanderfolge*) sequence, succession: in rascher [bunter] ~ in rapid [richly varied] succession; in ununterbrochener ~ in continuous succession; eine lange ~ von Königen a long succession (*od.* line) of kings. – **7.** (*Reihenfolge*) order: in zwangloser ~ erscheinen to be published in no particular (*od.* set) order (*od.* irregularly). – **8.** (*Reihe, Serie*) series, succession: eine ~ von Unglücksfällen a series of accidents. – **9.** (*Fortsetzung*) continuation, installment, *bes. Br.* instalment: der Roman erscheint in mehreren ~n the novel will be published in instal(l)ments (*od.* in serial form). – **10.** (*bes. zweiter Teil*) sequel. – **11.** (*Heft, Lieferung*) number, issue: Fortsetzung in der nächsten ~ (to be) continued in the next number. – **12.** (*Folgezeit*) sequel: in der ~ subsequently, later (on), afterwards, eventually. – **13.** (*Zukunft*) future: für die ~, in der ~ in (the) future; in der ~ wird sich zeigen, daß the future will show that. – **14.** (*das Folgende*) the following. – **15.** ~ leisten a) (*einer Bitte etc*) to meet, b) (*einem Befehl etc*) to obey, to comply with, to carry out, c) (*einer Einladung etc*) to accept, d) (*einem Gesuch etc*) to grant, e) (*einem Rat*) to take, to follow, f) (*einer Aufforderung*) to answer, g) (*j-m*) to obey: einer Vorladung ~ leisten to answer a summons. – **16.** (*beim Kartenspiel*) set, suit, run. – **17.** *med. cf.* Folgeerscheinung 3. – **18.** *math.* sequence. – **19.** *mus.* (*von Tönen etc*) succession. – **20.** *philos.* (*logische*) corollary. – **21.** (*film*) (*von Szenen*) sequence.

'Fol·ge|beˌzie·hung *f* (relation of) implication: logische ~ *philos.* logical consequence. — **~erˌschei·nung** *f* **1.** consequence. – **2.** (*Ergebnis*) result. – **3.** *med.* a) (*Symptom*) consecutive symptom, b) (*bes. von Drogen*) aftereffect, *Br.* after-effect, c) (*einer Krankheit*) after(-)effect, sequel, sequela (*scient.*).

fol·gen[1] ['fɔlgən] *v/i* ⟨sein⟩ ⟨*dat*⟩ **1.** (*nachgehen*) follow: ~ Sie mir unauffällig follow me quietly; er erschien gefolgt von seiner Mutter he appeared followed by his mother; j-m auf Schritt und Tritt (*od.* auf den Fersen, auf dem Fuße) ~ to follow (close) on s.o.'s heels, to follow (*od.* be) at s.o.'s heels, to follow s.o. closely, to dog s.o.'s footsteps; der Spur eines Tieres ~ *hunt.* to follow the track of (*od.* track) an animal; j-m mit den Blicken ~ *fig.* to follow s.o. with one's eyes. – **2.** (*verfolgen*) pursue. – **3.** (*nachspüren*) follow, trail, dog, track (down), hunt: j-m ~, bis man ihn gefunden hat to track s.o. down (*od.* until he is found). – **4.** (*beschatten*) shadow, *Am. colloq. auch* trail. – **5.** (*begleiten*) follow, accompany, attend. – **6.** (*entlanggehen*) follow, go along. – **7.** (*sich halten an*) follow, keep to: ~ Sie den Straßenbahnschienen follow the streetcar tracks (*Br.* the tram-lines). – **8.** (*sich anschließen*) follow (upon), come after: ein Unglück folgte dem anderen, auf ein Unglück folgte ein anderes one misfortune followed (upon) the other; weitere Einzelheiten ~ morgen further details will follow (*od.* will be made known) tomorrow; den Worten Taten ~ lassen to let words be followed by deeds; Brief folgt letter to follow, letter will follow; Fortsetzung [Schluß] folgt (to be) continued [concluded]; auf Regen folgt Sonnenschein (*Sprichwort*) every cloud has a silver lining (*proverb*). – **9.** (*als Nachfolger*) succeed, follow. – **10.** (*rangmäßig*) come (*od.* be) next to (*od.* after): Major folgt auf Hauptmann major comes (*od.* is) next after captain, major comes (*od.* is) next to captain. – **11.** j-m ins Grab (*od.* in den Tod) ~ *lit.* to die after s.o., to follow s.o. to the grave (*lit.*). – **12.** (*sich richten nach*) follow: j-s Beispiel ~ to follow s.o.'s example, to follow suit; j-s Rat ~ to follow (*od.* take, act upon, accept) s.o.'s advice; einem Kurs ~ *mar.* to follow a course; seiner Eingebung ~ to follow one's intuition (*od. colloq.* a hunch). – **13.** (*einer Einladung etc*) answer. – **14.** (*einer Aufforderung etc*) answer. – **15.** (*einem Befehl etc*) obey, comply with. – **16.** ~ aus (*sich ergeben*) to follow (*od.* ensue) from: aus seinen Worten folgt, daß it follows (*od.* is clear) from what he (has) said that; hieraus folgt, daß from that (*od.* hence) it follows that; was folgt daraus? what is the consequence of that? – **17.** (*geistig*) follow: können Sie mir ~? can (*od.* do) you follow me? do you get me? (*colloq.*). – **18.** (*zuhören*) follow, listen to. – **19.** (*beobachten*) follow, watch. – **20.** (*zustimmen*) agree (*od.* concur) with. – **21.** der Fahne ~ *fig.* to go to war.

'fol·gen[2] *v/i* ⟨h⟩ *colloq.* **1.** (*gehorchen*) obey, follow: Kinder müssen ihren Eltern ~ children have to obey their parents; die Schüler ~ dem Lehrer aufs Wort the pupils obey the teacher to the letter; der Hund folgt aufs Wort the dog obeys instantly; der Hund folgt nicht the dog does not obey (*od.* is disobedient); das Schiff folgte dem Ruder *mar.* the ship obeyed the helm.

'fol·gend **I** *pres p*: daraus ~ ergibt sich, daß from this it can be deduced that. – **II** *adj* **1.** (*Tag, Monat, Jahr etc*) following, next. – **2.** auf (*acc*) etwas ~ following (*od.* ensuing) upon s.th. – **3.** (*später*) subsequent, following, ensuing. – **4.** (*anschließend erwähnt*) following, as follows (*nachgestellt*): er sprach die ~en Worte he spoke the following words, he spoke as follows; die Situation ist ~e the situation is as follows (*od.* the following); ein Brief ~en Inhalts a letter running (*od.* which reads) as follows; **auf ~e (Art und) Weise** in the following way (*od.* manner); **aus ~en Gründen** for the following reasons. – **III F~e, das** ⟨-n⟩ **5.** the following: **das F~e dient zur Erklärung des Sachverhalts** the following (*od.* what follows) is intended to explain the facts. – **6.** (*später Geschehenes*) following event(s *pl*). – **7.** ⟨*mit Kleinschreibung*⟩ the following: **aus ~em sieht man deutlich, daß** from the following it may be seen clearly that; **im f~en** (*od.* **in f~em**) **finden Sie weitere Einzelheiten** following (*od.* in the following) are more details; **im ~en X genannt** *jur.* (*in Verträgen*) hereinafter called X; **in ~em haben Sie recht** in this (*od.* the following) you are right; **es geschah ~es** this is what happened; **es handelt sich um ~es** the matter is this (*od.* thus); **also, ~es** (*als Gesprächseinleitung*) well, the matter is this, now, listen (*colloq.*).

'Fol·gen·de *m, f* ⟨-n; -n⟩ **1.** following person. – **2.** (*Nachfolgender*) follower. – **3.** ⟨*mit Kleinschreibung*⟩ following (*od.* next) person: **alle ~n werden nicht mehr hineingelassen** the following ones (*od.* the next ones, the rest, the others) will not be admitted (*od.* let in).

'fol·gen·der|'ma·ßen, ~'wei·se *adv* in the following way (*od.* manner), as follows: **der Text lautet ~** the text is (*od.* runs, reads) as follows; **das geschieht** (*od. colloq.* **geht**) **~** this is done in the following way (*od.* like this).

'fol·genˌreich *adj* **1.** full of (*od.* rich in) consequences. – **2.** *cf.* folgenschwer.

'fol·genˌschwer *adj* **1.** (*Irrtum etc*) of serious consequences. – **2.** (*schwerwiegend*) weighty, momentous. – **3.** (*sehr ernst*) grave. – **4.** (*weitreichend*) far-reaching. — **'Fol·genˌschwe·re** *f* ⟨-; *no pl*⟩ serious consequences *pl.*

'Fol·ge|proˌduk·te *pl nucl.* daughter products. — **f~ˌrecht, ~ˌrich·tig** *adj* **1.** (*logisch*) logical: **ein ~er Entschluß** a logical decision. – **2.** (*konsequent*) consistent. — **~ˌrich·tig·keit** *f* (logical) consistency.

fol·gern ['fɔlgərn] **I** *v/t* ⟨h⟩ (**aus** from) **1.** (*schließen*) conclude, draw (*od.* come to) a conclusion, deduce, infer: **man kann aus seinen Äußerungen ~** one may conclude (*od.* deduce, infer) from what he said; **ich folgerte aus ihrer Blässe, daß sie krank war** I concluded from her paleness that she was ill. – **2.** (*sich denken*) gather, *auch* reason: **ich folgere daraus, daß** from this I gather that. – **3.** *philos.* syllogize, deduce. – **II** *v/i* ⟨sein⟩ **4.** follow, ensue: **daraus folgert, daß** from this follows that. – **5.** *math.* conclude. – **III F~** *n* ⟨-s⟩ **6.** *verbal noun.* – **7.** *philos.* syllogism.

'Fol·ge·rung *f* ⟨-; -en⟩ **1.** (*Schluß*) conclusion, deduction, inference: **die ~ war falsch** this conclusion (*od.* deduction, inference) was wrong (*od.* false); **zu welcher ~ bist du gekommen?** to which conclusion have you come? **~en ziehen** to draw conclusions. – **2.** *philos.* a) (*Endglied einer Ableitung*) consequence, b) (*Instanz einer Folgerung*) consequent, c) (*deduktive Ableitung*) illation, inference, d) (*unmittelbare*) corollary.

'Fol·ge|ˌsatz *m* **1.** *ling.* consecutive clause. – **2.** *math. philos.* corollary. — **~ˌschal·ter** *m electr.* sequence switch. — **~ˌwerkˌzeug** *n tech.* follow-on tool.

'fol·geˌwid·rig *adj* **1.** (*unlogisch*) contradictory, inconsistent, illogical. – **2.** (*inkonsequent*) inconsistent, inconsequent(ial). — **'Fol·geˌwid·rig·keit** *f* **1.** contradiction, inconsistency, illogicalness. – **2.** inconsistency, inconsequence.

'Fol·ge|ˌzeit *f* **1.** following time, aftertime. – **2.** (*Zukunft*) future: **in der** (*od.* **für die**) **~** in (the) future, later (on), afterwards. — **~ˌzuˌstand** *m med.* resulting condition, result, successive stage, sequela (*scient.*).

folg·lich ['fɔlklɪç] *conj* **1.** (*als Folge*) consequently. – **2.** (*somit*) thus, so, hence. – **3.** (*deshalb*) therefore, for that reason, ergo (*lit.*).

'folg·sam *adj* **1.** (*gehorsam*) obedient. – **2.** (*brav*) good: **sei ein ~er Junge** be a good boy. – **3.** (*fügsam*) docile, submissive, unresisting. — **'Folg·sam·keit** *f* ⟨-; *no pl*⟩ **1.** obedience. – **2.** docility, submission.

Fo·li·ant [fo'lĭant] *m* ⟨-en; -en⟩ **1.** heavy and large (old) volume, tome. – **2.** *print.* (*Buch im Folioformat*) folio (volume).

Fo·lie ['foːlĭə] *f* ⟨-; -n⟩ **1.** (*bes.* plastic) thin sheet (*od.* sheeting), foil: **bedruckte [endlose] ~** printed [continuous (*od.* endless)] sheeting; **kaschierte ~** laminated sheeting, *Br. auch* doubled sheet; **trägerlose ~** unsupported sheeting (*od.* film); **etwas mit ~ bekleben** to paste s.th. over with (plastic) sheeting. – **2.** (*aus Metall*) foil: **dünne ~** thin foil, leaf; **etwas mit ~ belegen** to cover s.th. with foil, to foil s.th.; **einen Spiegel mit ~ hinterlegen** to back a mirror with foil, to foliate a mirror. – **3.** (*des Röntgenapparats*) screen: **feinzeichnende ~** high-definition screen. – **4.** *fig.* (*Hintergrund*) foil, background: **j-m zur** (*od.* **als**) **~ dienen** to serve as a foil to s.o.; **einer Sache ~ geben** to set s.th. off.

'Fo·li·en|ˌkle·bung *f* foil bonding, bonding of foils. — **~ˌkunstˌle·der** *n* artificial leather plastic sheet (*od.* foil). — **~-ˌSchneid·geˌrät** *n* sheet (*od.* film) cutter.

fo·li·ie·ren [foli'iːrən] *v/t* ⟨*no* ge-, h⟩ **1.** *tech.* foliate, cover (*od.* coat) (*s.th.*) with foil. – **2.** *print.* foliate. — **Fo·li'ie·rung** *f* ⟨-; -en⟩ *tech. print.* foliation.

Fo·lio ['foːlĭo] *n* ⟨-s; -lien *u.* -s⟩ **1.** (*Papierformat*) folio. – **2.** *econ.* (*Blatt im Geschäftsbuch*) folio, page of ledger. — **~ˌausˌga·be** *f print.* folio (edition). — **~ˌband** *m* ⟨-(e)s; =e⟩ folio (volume). — **~ˌblatt** *n* folio. — **~forˌmat** *n* ⟨-(e)s; *no pl*⟩ folio (size): **in ~** in folio. — **~ˌsei·te** *f* folio page.

Fo·li·um ['foːlĭum] *n* ⟨-s; -lia [-lĭa] *u.* -lien⟩ *bot.* folium.

Folk·lo·re [ˌfɔlk'loːrə; 'fɔlkˌloːr(ə)] *f* ⟨-; *no pl*⟩ folklore. — **Folk·lo·ri·stik** [ˌfɔlklo'rɪstɪk] *f* ⟨-; *no pl*⟩ folklorism. — **ˌfolk·lo'ri·stisch** *adj* folklor(ist)ic.

Fol·li·kel [fɔ'liːkəl] *m* ⟨-s; -⟩ *med. biol.* follicle, follicule. — **~horˌmon** *n* follicular hormone, (o)estradiol (*scient.*). — **~ˌsprung** *m* ovulation, bursting (*od.* rupture) of the follicle.

fol·li·ku·lar [fɔliku'laːr], **fol·li·ku'lär** [-'lɛːr] *adj* follicular, folliculose.

Fol·ter ['fɔltər] *f* ⟨-; -n⟩ **1.** torture: **sie erdachten grausame ~n** they thought out cruel tortures. – **2.** *hist.* (*Folterbank*) rack: **ein Geständnis von j-m auf der ~ erzwingen** to force a confession from s.o. by torture; **j-n auf die ~ spannen** a) to put (*od.* stretch) s.o. on the rack, to put s.o. to the torture, to torture s.o., b) *fig.* to keep s.o. on the rack (*od.* on tenterhooks), to keep s.o. in suspense, to tantalize (*od.* torture, torment) s.o. – **3.** (*das Foltern*) torture, torturing. – **4.** *fig.* (*Pein, Qual*) torture, torment, anguish: **seinem Klavierspiel zuzuhören ist eine wahre ~** it is (a real) torture to hear him play the piano. — **~ˌbank** ⟨-; =e⟩ *f hist.* rack.

'Fol·te·rer *m* ⟨-s; -⟩ torturer.

'Fol·ter|geˌrät, ~in·struˌment *n* instrument of torture. — **~ˌkam·mer** *f* torture chamber. — **~ˌknecht** *m* tormentor, torturer.

fol·tern ['fɔltərn] **I** *v/t* ⟨h⟩ **1.** torture: **j-n zu Tode ~** to torture s.o. to death. – **2.** (*auf der Folterbank*) put (*s.o.*) on (*od.* to) the rack, to rack (*s.o.*). – **3.** *fig.* (*peinigen, quälen*) torture, torment, agonize: **j-n mit Fragen ~** to torture s.o. with questions. – **II F~** *n* ⟨-s⟩ **4.** *verbal noun.* – **5.** *cf.* Folterung.

'Fol·terˌqual *f* **1.** *hist.* agony of torture. – **2.** *fig.* torture, torment, agony, anguish: **er litt wahre ~en** he suffered real torments.

'Fol·te·rung *f* ⟨-; -en⟩ **1.** *cf.* Foltern. – **2.** torture. – **3.** *fig.* torture, torment.

'Fol·terˌwerkˌzeug *n hist. cf.* Foltergerät.

Fön [føːn] (*TM*) *m* ⟨-(e)s; -e⟩ electric hair-dryer.

Fond [fõː] *m* ⟨-s; -s⟩ **1.** (*des Autos etc*) rear (*od.* back) seat, tonneau. – **2.** (*bes. art*) a) (*einer Landschaft etc*) background, b) (*eines Porträts, einer Tapete etc*) ground. – **3.** (*Grundlage*) foundation. – **4.** *gastr.* gravy (from roast meat). – **5.** (*textile*) ground (shade), bottom (shade).

Fon·dant [fõ'dãː] *m, Austrian n* ⟨-s; -s⟩ fondant.

Fonds [fõː] *m* ⟨- [fõː(s)]; - [fõːs]⟩ **1.** *econ.* a) (*zweckgebundene Geldsumme*) fund, b) (*gemeinsamer*) pool, c) (*Gelder*) funds *pl*, capital, d) (*Staatspapier*) funds *pl*, e) (*Organisation*) fund. – **2.** *fig.* (*Grundstock, Schatz*) fund, stock: **einen guten ~ von Wissen haben** to have a good fund (*od.* stock) of knowledge. — **~ˌanˌteil** *m* share in a fund. — **~ˌbör·se** *f* **1.** stock exchange. – **2.** government bonds *pl.*

Fon·due [fõ'dyː] *f* ⟨-; *no pl*⟩, *n* ⟨-s; *no pl*⟩ *gastr.* **1.** (*Käsefondue*) fondue, *auch* fondu. – **2.** (*Fleischfondue*) fondue bourguignonne.

fö·nen ['føːnən] *v/t* ⟨h⟩ dry (*hair*) with a hair-dryer.

Fon·tä·ne [fɔn'tɛːnə] *f* ⟨-; -n⟩ **1.** jet (*od.* column) of water, spout, fountain: **eine hohe ~ schoß aus dem Brunnen** a high jet of water spouted from the fountain. – **2.** (*Springbrunnen*) fountain. – **3.** *zo.* (*des Wals*) spout.

Fon·ta·nel·le [fɔnta'nɛlə] *f* ⟨-; -n⟩ *med.* fontanel, *auch* fontanelle: **große [hintere** *od.* **kleine] ~** anterior [posterior] fontanel.

Fon·tur [fɔn'tuːr] *f* ⟨-; -en⟩ (*textile*) (*einer Cottonmaschine*) needle row.

fop·pen ['fɔpən] *v/t* ⟨h⟩ *colloq.* **1.** (*necken*) tease, chaff, banter, make fun of; 'rally', kid (*colloq.*): **du willst mich wohl wieder ~?** are you pulling my leg again? (*colloq.*). – **2.** (*täuschen, reinlegen*) hoax, fool. — **'Fop·per** *m* ⟨-s; -⟩ **1.** teaser, chaffer, banterer, kidder (*colloq.*). – **2.** hoaxer, fooler. — **Fop·pe'rei** *f* ⟨-; -en⟩ *colloq. contempt.* **1.** teasing, chaffing, banter(ing), kidding (*colloq.*): **ich bin diese ewige ~ leid** I'm tired of this constant teasing. – **2.** hoaxing, fooling. – **3.** (*Schabernack*) hoax, chaff.

Fo·ra·men [fo'raːmən] *n* ⟨-s; - *u.* -mina [-mina]⟩ *biol.* aperture, foramen (*scient.*).

Fo·ra·mi·ni·fe·re [foramini'feːrə] *f* ⟨-; -n⟩ *zo.* foraminifer (*Ordng Foraminifera*).

Force de frappe [fɔrsdə'frap] (*Fr.*) *f* ⟨---; *no pl*⟩ *mil.* force de frappe, deterrent force.

Force ma·jeure [fɔrsma'ʒœːr] (*Fr.*) *f* ⟨--; *no pl*⟩ *jur.* force majeure, act of God.

for·cie·ren [fɔr'siːrən] **I** *v/t* ⟨*no* ge-, h⟩ **1.** (*erzwingen*) force: **das kann man nicht ~** one can't force it. – **2.** (*vorantreiben*) force (*s.th.*) on, push (*s.th.*) forward, push (*od.* forge) on with: **diese Arbeit läßt sich nicht ~** this work can't be pushed forward; **das Exportgeschäft ~** to push exports; **die Produktion ~** to step (*od. colloq.* ginger) up the rate of production. – **3.** (*beschleunigen*) speed up, accelerate, hurry (on *od.* up), force the pace of. – **4.** (*übertreiben*) overdo. – **5.** *tech.* force. – **II F~** *n* ⟨-s⟩ **6.** *verbal noun.* — **for'ciert I** *pp.* – **II** *adj* **1.** (*Lächeln, Höflichkeit etc*) forced, strained. – **2.** (*unnatürlich*) unnatural: **das wirkt alles so ~** that seems all so unnatural. — **For'cie·rung** *f* ⟨-; -en⟩ *cf.* Forcieren.

För·de ['føːrdə] *f* ⟨-; -n⟩ *Low G.* (shallow) fjord (*od.* fiord), firth, *auch* frith.

'För·der|ˌanˌla·ge *f* **1.** *tech.* conveyor, conveyer, conveyer system (*od.* installation). – **2.** (*mining*) winding (*od.* hauling) plant. — **~ˌausˌfall** *m* loss in mining output. — **~ˌband** *n* ⟨-(e)s; =er⟩ *tech.* conveyor, conveyer, conveyor (*od.* conveying) belt, *auch* belt (*od.* band) conveyor. — **~ˌei·mer** *m* (*am Bagger*) bucket. — **~ˌeinˌrich·tung** *f cf.* Förderanlage.

'För·de·rer *m* ⟨-s; -⟩ **1.** promoter, furtherer: **~ guter menschlicher Beziehungen** promoter of good human relations. – **2.** (*Unterstützer*) supporter, booster (*colloq.*): **er war ein bedeutender ~ seiner Heimatstadt** he was an important supporter of his home town. – **3.** (*Mäzen*) patron, Maecenas. – **4.** *tech.* conveyor, conveyer, transporter.

'För·der|ˌerz *n* run-of-mine ore. — **~geˌfäß** *n* **1.** (*mining*) skip. – **2.** *tech.* conveyor bucket. — **~geˌlei·se** *n* (*mining*) haulage track. — **~geˌmein·schaft** *f econ.* promotion society (*od.* association): **~ für Wertpapierbesitz** association for the protection and promotion of security holders. — **~geˌrüst** *n* (*mining*) headgear, headframe. — **~ˌgut** *n tech.* material to be conveyed (*od.* hauled, transported). — **~ˌhas·pel** *f* (*mining*) winch. — **~ˌhö·he** *f* **1.** *tech.* (*einer Pumpe*) delivery head, lift. – **2.** *civ.eng.* (*eines Krans*) hoisting depth. — **~ˌhund** *m* (*mining*) *cf.* Förderwagen.

'För·de·rin *f* ⟨-; -nen⟩ **1.** *cf.* Förderer 1, 2. – **2.** patroness.

'För·der|ˌket·te *f tech.* conveyor chain. — **~ˌklas·se** *f ped.* a) special class for backward (*od.* retarded) children, b) (*Nachhilfe*) remedial class, c) special class for advanced children. — **~ˌkoh·le** *f* (*mining*) run-of-mine coal. — **~ˌkorb** *m* (hoisting) cage, mine cage. — **~ˌkü·bel** *m* hoisting (*od.* conveyor) bucket, *Br.* kibble. — **~ˌlei·stung** *f* **1.** *tech.* a) (*eines Krans*) conveying (*od.* elevating) capacity, b) (*einer*

Pumpe etc) delivery rating, pump capacity. – **2.** (*mining*) a) (*einer Förderanlage*) hoisting capacity, b) (*eines Schachts*) tonnage (wound): ~ **pro Mann und Schicht** output per manshift. — ~ˌ**lei·tung** *f tech.* **1.** (*einer Rohrleitung*) conveyor pipeline. – **2.** (*eines Förderers*) conveyor line.

ˈ**för·der·lich** *adj* **1.** beneficial, favorable, *bes. Br.* favourable, advantageous, conducive, *auch* promotive: **frische Luft ist der Gesundheit** ~ fresh air is beneficial to health; **das wird seinen Interessen kaum** ~ **sein** this will hardly be advantageous to his interests; **einer Sache** ~ **sein** to be beneficial to s.th., to promote s.th., to contribute (*od.* be conducive) to s.th. – **2.** (*nützlich*) useful, serviceable, advantageous: **diese Beziehung kann dir eines Tages sehr** ~ **sein** this connection may be very useful to you one day. – **3.** (*heilsam*) wholesome. – **4.** *cf.* **zweckmäßig** 1.

ˈ**För·der|ma·ˌschi·ne** *f* **1.** *tech.* conveying machine. – **2.** (*mining*) winding engine, *auch* winder: **kleine** ~ hoist. — ~ˌ**men·ge** *f* **1.** *tech.* a) quantity (*od.* volume) conveyed (*od.* transported), b) (*einer Pumpe etc*) capacity. – **2.** (*mining*) output, tonnage. — ~ˌ**mit·tel** *n* (*mining*) **1.** (*des Strebs*) conveyor. – **2.** (*der Strecke*) haulage system.

for·dern [ˈfɔrdərn] **I** *v/t* ⟨h⟩ **1.** demand, require, ask: **etwas von j-m** ~ to demand s.th. from (*od.* of) s.o., to ask (*od.* require) s.th. of s.o.; **Gehorsam von j-m** ~ to ask obedience of s.o., to exact obedience from (*od.* of) s.o.; **energisch** [**kategorisch**] ~, **daß** to demand firmly [categorically] that; **das fordert sein Gewissen von ihm** his conscience demands that of him (*od.* urges him to that); **das fordert die Vernunft** reason demands it; **Rechenschaft von j-m** ~ to call s.o. to account; **dafür fordere ich eine Erklärung** I demand an explanation for that; **wer viel fordert, bekommt viel** (*Sprichwort*) he who asks much gets much; **wer zu viel fordert, bekommt nichts** (*Sprichwort*) he who asks too much won't get anything. – **2.** (*begehren*) request, ask for, ask: **er forderte einen Aufschub von 2 Wochen** he requested a delay of two weeks. – **3.** *bes. jur.* claim, demand: **sein Recht** ~ to claim one's right; **er forderte eine Entschädigung dafür** he claimed (a) compensation for that; **Schadenersatz** ~ to claim damages; **etwas von j-m zu** ~ **haben** to have a claim on (*od.* against) s.o. for s.th. – **4.** (*erfordern*) demand, call for, require: **eine solche Situation fordert schnelle Entscheidungen** such a situation calls for quick decisions; **diese Pflanze fordert viel Pflege** this plant requires much care; **die Arbeit fordert größte Sorgfalt** the work demands (*od. stärker* exacts) the greatest care. – **5.** (*erwarten*) require, ask, expect: **viel** ~ to ask much (*od.* a great deal), to set a high standard; **was man von einem Künstler fordert, ist** what one requires of an artist is; **forderst du nicht ein bißchen viel von dem Kind?** don't you ask a bit too much of the child? – **6.** (*Geld, Preis*) ask, charge: **von j-m einen zu hohen Preis für etwas** ~ to ask too much (*od.* too high a price) of s.o. for s.th. (*auch fig.*), to charge s.o. too much for s.th., to overcharge s.o. for s.th.; **wieviel** ~ **Sie dafür?** how much do you charge (*od.* what is your price) for that? what are you asking for that? – **7.** (*zur Folge haben*) cause, claim: **der Krieg forderte viele Todesopfer** the war claimed many casualties (*od.* victims). – **8.** (*herausfordern*) challenge: **j-n (zum Duell)** ~ to challenge s.o. (to a duel), to throw down the gauntlet (*lit.*); **j-n auf Pistolen** [**vor die Klinge**] ~ to challenge s.o. to a duel with pistols [swords]. – **9.** (*beim Kartenspiel*) call for: **Trumpf** ~ to call for trump(s). – **10.** *bes. jur.* summon, cite: **j-n vor Gericht** ~ to summon s.o. before a (*od.* the) court. – **11.** *fig. lit.* challenge: **er hätte die ganze Welt in die Schranken** ~ **mögen** he would have liked to challenge the whole world (*od.* to take the whole world on single-handed). – **12.** *bes. philos.* postulate. – **II F**~ *n* ⟨-s⟩ **13.** *verbal noun.* – **14.** *cf.* **Forderung.**

för·dern [ˈfœrdərn] **I** *v/t* ⟨h⟩ **1.** further, promote, advance, forward: **j-n in seinem Beruf** ~ to promote s.o. in his profession; **den wissenschaftlichen Nachwuchs** ~ to further (the) future scientists. – **2.** (*unterstützen*) support, aid, assist. – **3.** (*ermutigen*) encourage: **j-s Bestrebungen** ~ to encourage s.o.'s endeavo(u)rs. – **4.** (*kultivieren, entwickeln*) cultivate, develop, foster: **das Verständnis für Literatur** ~ to cultivate s.o.'s understanding of literature. – **5.** (*als Gönner*) patronize, support, sponsor: **Kunst und Wissenschaft** ~ to patronize art and science. – **6.** (*verfechten*) advocate, subscribe to: **eine Idee** ~ to advocate an idea. – **7.** (*förderlich sein*) promote, be beneficial (*od.* conducive, favorable [*bes. Br.* favourable], advantageous) to: **das fördert die Gesundheit** that is conducive to health. – **8.** (*anregen*) promote, stimulate: **den Appetit** [**die Verdauung**] ~ to stimulate the appetite [digestion]. – **9.** (*verbessern*) improve, promote: **diese Medizin fördert das allgemeine Wohlbefinden** this medicine improves the general well-being. – **10.** (*beschleunigen*) speed up, expedite, accelerate. – **11.** *ped.* support, give (*s.o.*) a grant (*od.* scholarship): **ein großer Teil der Studenten wird gefördert** a large proportion of the students receive grants (*od.* scholarships). – **12.** *econ.* a) promote, advance, boost (*colloq.*), b) (*unterstützen*) support, c) (*durch handelspolitische Maßnahmen etc*) sponsor: **den Absatz der Waren** ~ to promote the sale of goods. – **13.** (*mining*) a) (*Kohle*) win, get, b) (*im Streb*) convey, c) (*Strecke*) haul, d) (*Schacht*) hoist, wind, e) (*als Produktionsergebnis*) have an output of: **das Bergwerk wurde stillgelegt, weil zu wenig Kohle gefördert wurde** the mine was closed down because too little coal had been produced. – **14.** *tech.* a) (*befördern*) convey, deliver, transport, b) (*durch Pumpe etc*) deliver, pump, c) (*zuführen*) feed, supply. – **15.** *biol.* (*Wachstum etc*) promote. – **16. etwas zutage** ~ *bes. fig.* to bring s.th. to light, to unearth (*od.* reveal) s.th., to turn s.th. up: **seine Untersuchungen haben viel Neues zutage gefördert** his investigations have brought to light (*od.* unearthed) many new facts. – **17.** *obs. for* **befördern**[1] 1. – **II F**~ *n* ⟨-s⟩ **18.** *verbal noun.* – **19.** *cf.* **Förderung.**

ˈ**for·dernd I** *pres p.* – **II** *adj* **1.** (*Blick etc*) demanding, exacting. – **2. der** ~**e Gott** *Bibl.* the jealous God.

ˈ**för·dernd I** *pres p.* – **II** *adj* **1.** promoting, supporting: **ein** ~**es Mitglied einer Gesellschaft** a supporting (*od.* subscribing) member of a society. – **2.** (*förderlich*) beneficial, conducive: **die Verdauung** ~ *med.* digestant; **die Verdauung** ~**es Mittel** *med. pharm.* digestive, digestant.

ˈ**For·dern·de** *m, f* ⟨-n; -n⟩ **1.** demandant. – **2.** (*rechtlich*) claimant. – **3.** (*sport*) *cf.* **Herausforderer.**

ˈ**För·dern·de**[1] *m* ⟨-n; -n⟩ *cf.* **Förderer** 1—3.

ˈ**För·dern·de**[2] *f* ⟨-n; -n⟩ *cf.* **Förderin.**

ˈ**För·der·nis** *n* ⟨-ses; -se⟩ *cf.* **Förderung.**

ˈ**För·der|ˌpum·pe** *f tech.* feed (*od.* booster) pump. — ~ˌ**quan·tum** *n* (*mining*) *cf.* **Fördermenge** 2. — ~ˌ**rad** *n* hoisting sheave. — ~ˌ**rin·ne** *f* pan (*od.* trough) conveyor. — ~ˌ**rohr** *n tech.* **1.** conveyor pipe, conveying main. – **2.** feed pipe. — ~ˌ**rut·sche** *f* (*mining*) chute.

ˈ**För·der|ˌschacht** *m* (*mining*) hoisting (*od.* hauling) shaft. — ~ˌ**schicht** *f* production shift. — ~ˌ**schlot** *m geol.* volcanic vent. — ~ˌ**schnecke** (*getr.* -k·k-) *f tech.* screw (*od.* worm) conveyor. — ~ˌ**seil** *n* (*mining*) **1.** (*im Schacht*) winding (*od.* hoisting) rope (*od.* cable). – **2.** (*der Strecke*) haulage rope. — ~ˌ**soh·le** *f* **1.** haulage road. – **2.** (*bes. im Erzbergbau*) haulage level. — ~ˌ**soll** *n* production target. — ~ˌ**stol·len** *m*, ~ˌ**strecke** (*getr.* -k·k-) *f cf.* **Fördersohle.** — ~ˌ**stu·fe** *f ped. cf.* **Orientierungsstufe.** — ~ˌ**turm** *m* (*mining*) **1.** pithead gear, headgear, *auch* winding tower. – **2.** pit brow.

ˈ**For·de·rung** *f* ⟨-; -en⟩ **1.** *cf.* **Fordern.** – **2.** demand: **eine gerechte** ~ a just (*od.* reasonable) demand; **eine übertriebene** ~ an exaggerated (*od.* excessive) demand; **an j-n eine** ~ **nach etwas stellen** to make a demand on s.o. for s.th.; **die** ~ **der Gewerkschaft nach höheren Löhnen** the demand of the trade union for higher wages, the trade union's call for higher wages; **sie bestanden auf ihrer** ~ they insisted on their demand. – **3.** (*Wunsch*) request: **diese** ~ **kann ich leider nicht erfüllen** I am sorry not to be able to fulfil(l) this request. – **4.** *cf.* **Anforderung** 5. – **5.** (*Gebot*) call, dictate(s *pl*): **die** ~ **der Stunde** [**des Tages**] the call (*od.* dictates *pl*) of the hour [day]; **das ist eine** ~ **der Vernunft** that is a dictate of reason, reason demands that. – **6.** (*Herausforderung*) challenge: **er brachte ihm eine** ~ **auf Pistolen** he brought him a challenge to a duel with pistols; **die** ~ **annehmen** [**zurückweisen**] to accept [to refuse] the challenge. – **7.** *econ.* a) claim, demand, b) (*Preis*) charge, c) (*Schuld*) debt: **gesicherte** (*od.* **bevorrechtigte**) ~**en** secured claims; **buchmäßige** ~**en** book debts; **ausstehende** ~**en** outstanding debts, accounts receivable; **uneinbringliche** [**dubiose**] ~ bad (*od.* irrecoverable) [doubtful] debt; **hochgeschraubte** (*od.* **übertriebene**) ~**en** overcharges, excessive charges, exactions; **eine** ~ **anerkennen** [**anmelden, erfüllen**] to recognize [to lodge, to fulfill] a demand (*od.* claim); **eine** ~ **eintreiben** (*od.* **einziehen**) to collect a claim; **einer** ~ **nachkommen** to meet a demand; **eine** ~ **an j-n haben** to have a claim on (*od.* against) s.o.; **eine** ~ **geltend machen** a) to make a claim, b) to enforce a claim; **vor einer** ~ **abgehen** (*od.* **abstehen**) to renounce a claim; **eine große** ~ **an einen Kunden haben** to have a high claim on (*od.* against) a customer; **das ist eine unverschämte** ~ that is an unconscionable charge, that is highway robbery (*colloq.*). – **8.** *jur.* claim: **gerichtlich anerkannte** (*od.* **vollstreckbare**) ~ judg(e)ment debt; ~**en von j-m übernehmen** to take over claims from s.o.; **gemeinschaftliche** ~**en** joint claims. – **9.** *bes. mil.* requisition.

ˈ**För·de·rung** *f* ⟨-; *no pl*⟩ **1.** *cf.* **Fördern.** – **2.** furtherance, promotion, advancement: **Gesellschaft zur** ~ **von Kunst und Wissenschaft** society for the advancement of art and science; **Maßnahmen zur** ~ **des Tourismus** measures for the promotion of tourism. – **3.** (*Unterstützung*) support, aid, assistance: ~ **industrieller Unternehmen** support of industrial undertakings; **staatliche** ~ **der Bedürftigen** public support of (*od.* aid for, assistance to) the needy. – **4.** (*Ermutigung*) encouragement. – **5.** (*Kultivierung, Entwicklung*) cultivation, development, fosterage: **die** ~ **der Freundschaft zwischen den Völkern** the cultivation of friendship between the nations. – **6.** (*als Gönner*) patronage, support, sponsorship: **die** ~ **eines Künstlers durch eine Stiftung** the patronage of an artist by a foundation (*od.* an endowment fund). – **7.** (*Verfechtung*) advocation. – **8.** (*Anregung*) promotion, stimulation: **eine Arznei zur** ~ **des Kreislaufs** a drug for the stimulation of circulation. – **9.** (*Verbesserung*) improvement. – **10.** (*Beschleunigung*) expedition, acceleration. – **11.** *ped.* scholarship, (*staatliche*) *auch* grant: ~ **beantragen** to apply for a grant. – **12.** *econ.* a) promotion, advancement, b) (*Unterstützung*) support, assistance, c) (*durch handelspolitische Maßnahmen etc*) sponsorship: ~ **von Handel und Verkehr** promotion of trade and transport; **staatliche** ~ **erfahren** to be state-sponsored. – **13.** (*mining*) a) (*Gefördertes*) output, production, b) (*Abbau*) extraction, c) (*Transport*) haulage: **die** ~ **einer Grube steigern** to increase the output of a mine. – **14.** *tech.* a) (*Transportwesen*) conveyance, transport, transfer, *Am. auch* shipment, b) (*einer Pumpe etc*) delivery, c) (*Zuführung*) feed, supply. – **15.** *biol.* (*des Wachstums etc*) promotion.

ˈ**For·de·rungs|ˌab·ˌtre·tung** *f jur.* assignment (*od.* transfer) of a claim. — ~ˌ**an·ˌmel·dung** *f* submission (*od.* filing) of a claim. — **f**~**be·ˌrech·tigt** *adj* entitled to a claim. — ~**be·ˌrech·tig·te** *m, f* ⟨-n; -n⟩ **1.** obligee. – **2.** (*im Versicherungsrecht*) beneficiary. – **3.** (*Beanspruchender*) claimant. — ~**be·ˌtrag** *m* amount to be claimed.

ˈ**För·de·rungs·ˌmaß·ˌnah·me** *f econ.* assistance (*od.* support) measures *pl* (*od.* actions *pl*).

ˈ**For·de·rungs|ˌpfän·dung** *f jur.* garnishment (of claims). — ~ˌ**recht** *n jur.* **1.** right to claim. – **2.** (*Anspruch*) (legal) claim. — ~ˌ**til·gung** *f econ.* settlement of claims (*od.* demands). — ~ˌ**über·ˌgang** *m jur.* devolution of a claim (*od.* claims), subrogation.

ˈ**för·de·rungs·ˌwür·dig** *adj* deserving promotion: **das Unternehmen ist** ~ the undertaking deserves promotion.

'För·der|,wa·gen *m* (*mining*) a) (mine) car, b) (*bes. kleinerer*) tub, tram. — **~,zif·fer** *f meist pl* production figure, output.

Fo·rel·le [fo'rɛlə] *f* ⟨-; -n⟩ **1.** *zo.* trout (*Salmo trutta*). – **2.** *gastr.* trout: ~ **blau** poached trout, trout au bleu.

fo'rel·len,ar·tig *adj zo.* troutlike, truttaceous (*scient.*).

Fo'rel·len|,bach *m* trout brook (*od.* stream, *Am. auch* creek). — **~,barsch** *m zo.* black bass, largemouth(ed) (black) bass, *auch* largemouth (*Micropterus salmoides*). — **~,fang** *m* trout fishing. — **~,fi·scher** *m* trout fisher. — **~,flie·ge** *f* (*beim Angelsport*) trout fly. — **~quin,tett**", **„das** *mus.* "The Trout Quintet" (*by Schubert*). — **~,stein** *m min.* trout stone, troctolite (*scient.*). — **~,stör** *m zo.* angler(fish) (*Lophius piscatorius*). — **~,teich** *m* trout pond. — **~,zucht** *f* **1.** trout breeding. – **2.** trout nursery. – **3.** *collect.* stock of trout.

fo·ren·sisch [fo'rɛnzɪʃ] *adj jur.* (*Chemie, Medizin etc*) forensic.

Fo·rint ['foːrɪnt; 'fɔrɪnt] *m* ⟨-(s); -s, *Austrian* -e⟩ forint (*Hungarian monetary unit*).

For·ke ['fɔrkə] *f* ⟨-; -n⟩ **1.** *Northern G.* (pitch)fork. – **2.** *hunt.* fork, forked antler. — **'for·keln** [-kəln] *v/t u. v/i* ⟨h⟩ *hunt.* strike (*od.* stab, spear) (with the antlers).

'Forl,eu·le ['fɔrl-] *f zo.* pine-bud moth, pine beauty (*Panolis flammea*).

Form [fɔrm] *f* ⟨-; -en⟩ **1.** form, shape: **die ~ eines Blattes [Gesichts]** the form of a leaf [face]; **eine auffällige ~ haben** to have a striking shape; **etwas ~ [und Gestalt] geben** to give s.th. form [and shape]; **einer Sache konkrete** (*od.* **feste**) **~ geben** to give s.th. concrete (*od.* definite) form, to embody (*od.* formalize, crystallize) s.th.; **etwas in die gehörige ~ bringen** to put s.th. into its proper form (*od.* shape), to form (*od.* shape) s.th. in the proper way; **in ~ von** in the form of; **Niederschläge in ~ von Schnee** precipitation *sg* in the form of snow; **gegen die Finanzierung in ~ einer Hypothek ist nichts einzuwenden** there are no objections to financing in the form of a mortgage. – **2.** (*Umriß, äußere Gestalt*) shape, form: **die Erde hat die ~ einer Kugel** the earth has the shape of (*od.* is shaped like) a sphere; **der Hut ist ganz aus der ~ geraten** (*od.* **gekommen**) the hat has completely gone out of (*od.* lost its) shape; **seine ~ behalten** to keep its shape; **etwas wieder in ~ bringen** to get s.th. back into shape. – **3.** *fig.* form, shape: **der Plan hat schon bestimmte [feste, greifbare] ~en angenommen** the plan has taken on definite [firm, palpable] shape; **der Streit nahm häßliche ~en an** the quarrel (*od.* dispute) assumed unpleasant forms (*od.* an unpleasant character); **merkwürdige ~en annehmen** to assume strange forms (*od.* aspects); **einer Sache ~ geben** to give form to s.th., to put s.th. into shape. – **4.** (*Körperbau des Menschen*) figure, form: **ausgeprägte weibliche ~en** pronounced feminine forms (*od.* curves); **eine Frau mit üppigen ~en** a curvaceous (*auch* curvacious) woman (*colloq.*); **das Kleid unterstreicht ihre ~en** the dress underlines her figure. – **5.** (*eines Schiffes, Autos etc*) lines *pl*, outline. – **6.** (*Modell*) type, model. – **7.** (*Konstruktion*) design. – **8.** (*Art u. Weise*) form, way, manner, fashion: **in höflicher ~** in a polite way, politely, in polite terms; **in abgekürzter ~** in abridged form, abridged; **in sehr kurzer ~** in a nutshell; **etwas in allgemeingültiger ~ aussprechen** to express s.th. in a general way (*od.* form), to express s.th. generally. – **9.** (*Erscheinungsform*) form, mode: **Wärme ist eine ~ der Bewegung** heat is a mode of motion; **diese Krankheit tritt in verschiedenen ~en auf** this disease occurs in different modes. – **10.** (*hergebrachtes, feststehendes Verhalten*) form: **~en des gesellschaftlichen Lebens** forms of social life; **der ~ halber** (*od.* **wegen**) **etwas tun** to do s.th. for form's sake (*od.* pro forma), to do s.th. for the sake of appearances (*od.* to keep up appearances); **in aller** (*od.* **gebührender, gehöriger**) **~** in all due (*od.* proper) form, with due decorum; **sich in aller ~ um etwas bewerben** to make a formal application for s.th.; **in aller ~ erklären** to declare solemnly; **sich in aller ~ entschuldigen** to apologize formally. – **11.** (*Umgangsform*) form, manners *pl*, behavior, *bes. Br.* behaviour: **gewinnende ~en** winning manners (*od.* ways); **sie achtet** (*od.* **hält**) **sehr auf ~en** she attaches great importance to form, she is very observant of form, she stands (up)on ceremony; **er hat gute ~en** he has good manners; **er beherrscht die ~en** he knows the rules of good behavio(u)r. – **12.** (*Anstand, guter Ton*) form, proprieties *pl*: **die ~ wahren [verletzen]** to observe [to offend] the proprieties (*od.* the rules of convention). – **13.** (*Konvention*) convention, etiquette: **sich über alle ~en hinwegsetzen** to ignore all conventions (*od.* the rules of social life). – **14.** (*Förmlichkeit*) form, formality: **das sind leere ~en** those are mere forms. – **15.** *colloq.* (*körperliche u. geistige Verfassung*) form, shape, fettle: **in ~ sein** to be in (*bes. Br.* on) form, (*sport*) *auch* to be on one's game; **nicht in ~ sein** to be off form, not to be in (*bes. Br.* on) form, (*sport*) *auch* to be off one's game; **für sein Alter ist er noch in guter** (*od.* **toller**) **~, für sein Alter ist er noch gut** (*od.* **toll**) **in ~** considering his age he is still in good (*od.* capital) form; **du bist heute wohl nicht in ~?** I suppose you are not in (*bes. Br.* on) form (*od.* not yourself) today? **nach zwei Gläsern Wein kommt er erst richtig in ~** he needs two glasses of wine before he gets in fettle. – **16.** (*sport*) form, shape, condition: **der Mittelstürmer war gestern in bester ~** (*od.* **ausgezeichnet in ~**) the center (*bes. Br.* centre) forward was in top form yesterday; **die Mannschaft kommt allmählich in ~** the team is gradually getting into shape (*od.* shaping up); **in ~ bleiben** to keep in form, to keep fit; **er spielte gestern weit unter seiner sonstigen ~** he played far below his usual form yesterday. – **17.** (*art*) *mus.* (*literature*) form: **die ~ eines Dramas [Musikstücks, einer Skulptur]** the form of a drama [piece of music, sculpture]; **nach ~ und Inhalt vollendet** perfect in form and content; **~ und Inhalt eines Gedichts** form and subject matter of a poem. – **18.** *ling.* (*in der Grammatik*) a) form, b) voice: **die verschiedenen ~en eines Substantivs [Verbs]** the different forms of a noun [verb]; **aktive [passive] ~** active [passive] (voice). – **19.** *ling.* (*Struktur*) structure. – **20.** *philos.* form: **es gibt verschiedene ~en des Denkens** there are different forms of thought; **Raum und Zeit sind ~en der Anschauung** space and time are forms of intuition. – **21.** *math.* form: **eine Gleichung auf eine einfache ~ bringen** to bring an equation to a simple form. – **22.** *jur.* form: **gesetzlich vorgeschriebene [rechtsgültige] ~** legal [judicial] form; **notarielle ~** notarial (*od.* notarized) form; **eine Urkunde in ordnungsgemäßer ~ abfassen** to draw up a document in due form. – **23.** *tech.* a) (*Guß- od. Preßform*) mold, *bes. Br.* mould, b) (*Windfang*) tuyere: **etwas in eine ~ gießen** to pour (*od.* cast) s.th. into a mo(u)ld. – **24.** *tech.* a) (*Matrize*) die, b) (*Schablone*) master. – **25.** *synth.* a) (*Preßform*) mold, *bes. Br.* mould, b) (*Spritzgußform*) die. – **26.** *tech.* a) (*Hutform*) block, b) (*Schuhform*) block, last: **einen Hut über die ~ schlagen** to block a hat. – **27.** *gastr.* a) (*Kuchenform*) tin, mold, *bes. Br.* mould, b) (*Ausstechform*) pastry cutter: **Kuchen in einer runden ~ backen** to bake a cake in a round tin; **Plätzchen mit ~en aus dem Teig ausstechen** to cut out biscuits (*bes. Am.* cookies) with a pastry cutter. – **28.** *print.* a) form, *Br. auch* forme, b) (*Druckgußform*) die, c) (*Formrahmen*) chase: **äußere [geschlossene, innere] ~** outer [locked-up, inner] form(e); **eine ~ auflösen [ausheben, einheben]** to untie [lift out, lift in] a form(e); **die ~ druckt nicht aus** the print is imperfect. – **29.** (*fashion*) style, cut, line. – **30.** *pol.* (*Gesellschaftsform*) form, structure, conformation. – **31.** *biol.* form: **lebende [ausgestorbene] ~en** living [extinct] forms; **abweichende ~en** aberrations. – **32.** *bes. geogr.* configuration. – **33.** *cf.* **Größe** 1, **Format** 1—3. – **34.** *cf.* **Profil** 1.

for·mal [fɔr'maːl] **I** *adj* **1.** formal: **eine ~e Unterscheidung** a formal distinction; **~e Schwierigkeiten** formal difficulties; **in ~er Hinsicht** as far as form is concerned, formally; **~e Bildung** formal training (*od.* education); **~e Logik** formal logic; **rein ~** purely formal. – **2.** *only in* **~e Ausbildung** *mil.* drill; **~er Ausgleich** *econ.* (*der Bilanz*) balance on paper only. – **3.** *jur.* a) (*Recht, Gesetz*) formal, b) (*Einwand*) technical. – **II** *adv* **4.** formally: **etwas ~ durchsehen** to check s.th. formally; **das ist ~ und inhaltlich richtig** that is right in form and content. — **~äs·,the·tisch** *adj* formal and (a)esthetic.

For'mal|,aus,bil·dung *f mil.* drill. — **~be,lei·di·gung** *f jur.* verbal insult.

Form·al·de·hyd ['fɔrmʔalde,hyːt; ,fɔrmʔalde'hyːt] *m* ⟨-s; *no pl*⟩ *chem.* formaldehyde (HCHO).

For·ma·li·en [fɔr'maːlĭən] *pl* formalities, matters of form.

For·ma·lin [fɔrma'liːn] (*TM*) *n* ⟨-s; *no pl*⟩ *chem.* Formalin.

for·ma·li·sie·ren [fɔrmali'ziːrən] *v/t* ⟨*no* **ge-**, h⟩ formalize. — **For·ma·li'sie·rung** *f* ⟨-; *no pl*⟩ formalization.

For·ma·lis·mus [fɔrma'lɪsmʊs] *m* ⟨-; -men⟩ formalism. — **For·ma'list** [-'lɪst] *m* ⟨-en; -en⟩ formalist. — **for·ma'li·stisch** *adj* formalistic, formalist.

For·ma·li·tät [fɔrmali'tɛːt] *f* ⟨-; -en⟩ **1.** formality: **über die einzuhaltenden ~en unterrichtet sein** to be informed about the formalities to be observed; **das alles sind nur leere ~en** those are all mere formalities; **hast du schon alle ~en für die Reise erledigt?** have you settled all the formalities for the journey yet? – **2.** *jur.* form, formality, solemnization: **gerichtliche ~en** forms of court, court formalities.

for·ma·li·ter [fɔr'maːlitər] *adv* formaliter, formally.

for'mal|ju,ri·stisch *adj jur. cf.* **formalrechtlich**. — **F~ob,jekt** *n philos. relig.* (*in der Scholastik*) formal object. — **~,recht·lich** *adj jur.* relating to legal form. — **F~ver,trag** *m jur.* covenant.

Form·amid [fɔrma'miːt] *n* ⟨-(e)s; *no pl*⟩ *chem.* formamide ($HCONH_2$).

For·ma·mint [fɔrma'mɪnt] *n* ⟨-(e)s; *no pl*⟩ *med. pharm.* formamint.

'Form·ana,ly·se *f bes.* (*literature*) analysis of form, formal analysis.

'Form,än·de·rung *f* **1.** change of form (*od.* shape). – **2.** *tech.* deformation.

'Form,än·de·rungs|,fä·hig·keit *f tech.* **1.** deformability. – **2.** ductility, plasticity. — **~,fe·stig·keit** *f* resistance to deformation. — **~ver,mö·gen** *n cf.* **Formänderungsfähigkeit**.

For·mans ['fɔrmans] *n* ⟨-; -mantia [-'mantsĭa] *od.* -manzien [-'mantsĭən]⟩ *ling.* formative, formant, affix.

'Form,an,stieg *m* (*sport*) improvement in form.

For·mant [fɔr'mant] *m* ⟨-en; -en⟩ *ling.* (*in der Phonetik*) formant.

'Form,ar·beit *f tech.* **1.** forming work. – **2.** (*in der Gießerei*) molding (*bes. Br.* moulding) operation (*od.* process).

For·mat [fɔr'maːt] *n* ⟨-(e)s; -e⟩ **1.** format, size: **das ~ eines Buches** the format of a book; **von großem [kleinem, mittlerem] ~** of large [small, medium] size, large- [small-, medium-]sized; **das Papier ist auf ~ geschnitten** the paper is cut to size. – **2.** (*Maß, Abmessung*) size, dimensions *pl*. – **3.** *print.* a) furniture, b) form, *Br. auch* forme: **~ abschlagen** to take off the furniture; **~ machen** to make up the margin, to ga(u)ge (*od.* dress) a form(e). – **4.** *fig.* caliber, *bes. Br.* calibre, stature: **ein Mann von ~** a man of caliber (*od.* high qualities); **ein Künstler von internationalem ~** an artist of international stature; **der Mann hat kein ~** that man has no stature; **er hat nicht das ~ dazu, in die Politik zu gehen** he hasn't got what it takes to go into politics (*colloq.*). — **For·ma·ti·on** [fɔrma'tsĭoːn] *f* ⟨-; -en⟩ **1.** *lit.* formation. – **2.** *geol.* (geological) formation (*od.* system). – **3.** *bot.* formation. – **4.** *mil.* a) (*Truppenverband etc*) unit, b) (*Gruppierung*) formation. – **5.** (*sport*) formation.

For·ma·ti'ons|,flug *m aer.* formation flying, flying in formation. — **~,grup·pe** *f geol.* group. — **~,kun·de** *f geol.* stratigraphy, stratigraphic(al) geology.

for·ma·tiv [fɔrma'tiːf] *adj* (*gestaltend*) formative.

For'mat|,ma·chen *n print.* making up the margin, ga(u)ging a form(e), imposing. — **~,schnei·der** *m* (*paper*) guillotine cutting machine. — **~,schnitt** *m* (*wood*) dimension sawing. — **~,steg** *m meist pl* (piece of) furniture. — **~,trenn·ma,schi·ne** *f* (*postal service*) mail-culling machine.

'Form,ät·zen *n tech.* chemical milling.

'form·bar *adj* **1.** (*Ton, Wachs etc*) plastic, moldable, *bes. Br.* mouldable, workable. – **2.** (*verformbar*) deformable. – **3.** *metall.* a) ductile, b) (*in der Gießerei*) moldable, *bes. Br.* mouldable. – **4.** *fig.* (*Charakter etc*) malleable, impressionable, pliant. — **'Form·bar·keit** *f* ⟨-; *no pl*⟩ **1.** plasticity, moldability, *bes. Br.* mouldability, workability. – **2.** deformability. – **3.** *metall.* a) ductility, b) moldability, *bes. Br.* mouldability. – **4.** *fig.* malleability, impressionableness, pliancy.

'form|be,stän·dig *adj* **1.** *bes. tech.* resistant to deformation. – **2.** (*sport*) steady. – **3.** *synth.* dimensionally stable, consistent. — **F~be,stän·dig·keit** *f* **1.** *bes. tech.* resistance to deformation. – **2.** (*sport*) steadiness. – **3.** *synth.* dimensional stability.

'Form|be,stand,teil *m* elementary component (*od.* constituent). — **f~,bil·dend** *adj* **1.** *ling.* formative. – **2.** *zo.* morphogenetic. — **~,blatt** *n cf.* Formular. — **~,blech** *n tech.* shaped plate. — **~,bo·den** *m metall.* false bottom. — **~,brett** *n* **1.** *print.* sliding shelf (for the forms). – **2.** *metall.* mo(u)lding board. — **~,draht** *m tech.* section(al) wire. — **f~,dre·hen I** *v/t* ⟨*insep*, -ge-, h⟩ *metall.* form(-turn), contour-turn, profile. – **II F~** *n* ⟨-s⟩ *verbal noun.* — **~,ein,rich·tung** *f* molding (*bes. Br.* moulding) equipment. — **~,ei·sen** *n metall.* sectional iron.

For·mel ['fɔrməl] *f* ⟨-; -n⟩ **1.** formula, set form of words: die ~ des Eides [Glaubensbekenntnisses] the formula of the oath [creed]. – **2.** (*Redensart*) phrase: die üblichen [stereotypen] ~n herunterleiern to drone (*od.* parrot, recite monotonously) the customary [stereotype] phrases. – **3.** *chem. math.* formula: eine ~ aufstellen [anwenden] to draw up [to apply] a formula. – **4.** (*sport*) (*Rennwagenklasse*) formula: ~-I-Rennen formula-I race; ~-I--Wagen formula-I car. – **5.** *fig.* formula, form: etwas auf eine einfache ~ bringen to bring (*od.* reduce) s.th. to a simple formula; eine gemeinsame ~ für etwas finden to find a common formula for s.th.; auf die einfachste ~ gebracht reduced to the simplest formula; dafür gibt es keine ~ there is no set formula for that. – **6.** *cf.* Zauberformel.

'For·mel,bild *n chem.* structural formula.

'Form·ele,ment *n* (*art, literature*) formal (*od.* morphological) element.

'For·mel·ge,wicht *n chem.* formula weight.

'for·mel·haft I *adj* **1.** (*feststehend, starr*) formulaic, formulary, set: ~e Wendungen set phrases. – **2.** *contempt.* (*abgedroschen*) hackneyed. – **II** *adv* **3.** in a set way (*od.* manner): ~ gebrauchte Ausdrücke expressions used in a set way.

'For·mel|,heft *n cf.* Formelsammlung. — **~,kram** *m colloq. contempt.* annoying formulas *pl.*

for·mell [fɔr'mɛl] **I** *adj* **1.** formal: nicht ~ informal; er hat mir einen ~en Besuch gemacht he payed me a formal visit; eine ~e Begrüßung a formal welcome. – **2.** (*offiziell*) official, formal: eine ~e Angelegenheit an official affair. – **3.** (*steif*) stiff, starched, punctilious (*lit.*). – **4.** *jur.* formal. – **II** *adv* **5.** formally: wir wurden sehr ~ begrüßt we got a very formal reception. – **6.** officially, formally: etwas ~ beschließen to decide s.th. officially; eine Behauptung ~ zurückziehen to recant a statement. – **7.** stiff(ly), punctiliously (*lit.*): er benahm sich sehr ~ (mir gegenüber *od.* gegen mich) he behaved very stiffly (toward[s] me).

'For·mel|,renn,wa·gen *m* (*sport*) formula car. — **~,samm·lung** *f bes. ped.* formulary, collection of formulas. — **~,schatz** *m* (*literature*) stock (*od.* abundance) of formulas. — **~,spra·che** *f* (*in der Chemie etc*) notation. — **~,we·sen** *n* **1.** system of formulas. – **2.** *contempt. cf.* Formelkram. — **~,zei·chen** *n bes. chem.* symbol.

for·men ['fɔrmən] **I** *v/t* ⟨h⟩ **1.** form, shape: Teig zu Brot ~ to shape (the) dough into bread; aus Draht einen Ring ~ to form a ring out of wire. – **2.** form, make, construct: Sätze ~ to form sentences; aus Teilen ein Ganzes ~ to form a whole out of parts; Gedanken ~ to form (*od.* frame) one's thoughts, to put one's thoughts into shape. – **3.** (*Holz, Metall etc*) form, shape, fashion, mold, *bes. Br.* mould: rohen Stein zu einem Kunstwerk ~ to form rough stone to a work of art. – **4.** (*Ton, Wachs etc*) form, model, shape: Figuren aus Plastilin ~ to model statues out of plasticine; sein Leben nach einem Vorbild ~ to model one's life after (*od.* from, upon, on) an example. – **5.** (*Laute etc*) form, articulate. – **6.** *fig.* (*Character etc*) form, mold, *bes. Br.* mould: der Mensch wird durch seine Umwelt geformt man is formed by his environment. – **7.** *tech.* a) (*gestalten*) design, construct, b) (*zerspanend*) shape, profile, c) (*spanlos*) form, contour. – **8.** *metall.* (*Gußstücke*) mold, *bes. Br.* mould. – **9.** *auto.* style. – **10.** (*textile*) (*Strümpfe etc*) board, set (*s.th.*) to shape. – **II** *v/reflex* sich ~ **11.** form, shape: neue Ideen ~ sich new ideas are forming. – **III F~** *n* ⟨-s⟩ **12.** *verbal noun.* – **13.** *cf.* Formung.

'For·men|,bil·dung *f* **1.** *ling.* formation. – **2.** *biol.* morphogenesis. — **~,fül·le** *f cf.* Formenreichtum. — **~,gie·ßer** *m tech.* molder, *bes. Br.* moulder. — **~,kram** *m* **1.** (*Formalitäten*) formalities *pl.* – **2.** (*Formenwesen*) formalism. — **~,leh·re** *f* **1.** *ling.* a) (*Flexion*) accidence, b) (*Wortbildungslehre*) morphology. – **2.** *biol. geogr. geol.* morphology. **3.** *mus.* theory of musical form(s). — **~,mensch** *m* **1.** formalist. – **2.** (*Pedant*) pedant, stickler for form (*od.* formality). — **f~,reich** *adj* rich in forms. — **~,reich·tum** *m* abundance (*od.* variety) of forms. — **~,rein·heit** *f* purity of form. — **~,schnei·der** *m print.* print cutter. — **~,schön·heit** *f cf.* Formschönheit. — **~,sinn** *m* sense of form, form sense.

'Form·ent,wick·lung *f biol.* morphogenesis.

'For·men|,welt *f fig.* world of forms. — **~,we·sen** *n* **1.** (*Formalitäten*) formalities *pl.* – **2.** (*Förmlichkeit*) formalism. — **~,zwang** *m* conventional restraint, restraint exercised by forms (*od.* formalities).

'For·mer *m* ⟨-s; -⟩ **1.** *tech.* former, molder, *bes. Br.* moulder. – **2.** *phys.* former. – **3.** (*in der Keramik*) thrower.

'Form,er·de *f* molding (*bes. Br.* moulding) clay.

For·me'rei *f* ⟨-; -en⟩ **1.** molding (*bes. Br.* moulding) shop. – **2.** molding (*bes. Br.* moulding) operation (*od.* practice), pattern mo(u)lding.

'Form·er,for·der·nis *f jur.* **1.** requirement in form. – **2.** (*vorgeschriebene Form*) formality.

'For·mer,ton *m cf.* Formerde.

'Form|,feh·ler *m* **1.** (*in Geschäftsbrief, Bewerbung etc*) formal error, error in form, flaw. – **2.** (*gesellschaftlicher*) breach of (*od.* offence [*Am.* offense] against) etiquette, social blunder, faux pas, irregularity. – **3.** (*Unregelmäßigkeit der Form*) irregularity. – **4.** *jur.* (*einer Urkunde etc*) error, formal (*od.* technical) defect, informality, flaw. – **5.** *tech.* profile (*od.* form) error. — **~,frä·sen** *n tech.* profile (*od.* form, contour) milling. — **~,frä·ser** *m* **1.** form cutter, profile milling cutter. – **2.** (*für Holz*) molding (*bes. Br.* moulding) cutter. — **~,fräs·ma,schi·ne** *f* profile (*od.* contour) miller. — **f~ge,bun·den** *adj synth.* (*Maß*) mold- (*bes. Br.* mould-)dependent. — **~,ge·bung** *f* **1.** (*Formung*) forming, fashioning, molding, *bes. Br.* moulding, shaping, modeling, *bes. Br.* modelling: spanlose ~ *tech.* noncutting shaping. – **2.** (*Form*) form, shape: eine Vase von ungewöhnlicher ~ a vase of unusual form (*od.* shape). – **3.** (*Gestaltung, Ausführung*) design(ing), styling, style: industrielle ~ industrial design. — **f~ge,preßt** *adj synth.* (*Rohr*) compression-molded (*bes. Br.* -moulded). — **f~ge,recht** *adj* **1.** true to form. – **2.** *jur.* in due (*od.* proper) form. – **3.** *tech.* accurate to size (*od.* shape). – **4.** (*fashion*) fully fashioned. — **~ge,schich·te** *f* ⟨-; *no pl*⟩ *relig.* form criticism. — **~ge,stal·ter** *m* (industrial) designer, stylist. — **~ge,stal·tung** *f* (industrial) design, styling. — **f~ge,wandt** *adj* polished, urbane, refined. — **~,gie·ßer** *m metall.* molder, *bes. Br.* moulder. — **~,guß** *m* **1.** shaped casting. – **2.** *cf.* Formgußteil. — **~,guß,teil** *n* die casting. — **~,hob·ler** *m tech.* form (*od.* contour) shaper.

For·mi·at [fɔr'mĭaːt] *n* ⟨-(e)s; -e⟩ *meist pl chem.* formate.

for·mi·da·bel [fɔrmi'daːbəl] *adj* **1.** *colloq.* terrific, tremendous. – **2.** *obs. for* furchtbar 3, schrecklich 1.

for·mie·ren [fɔr'miːrən] **I** *v/reflex* ⟨*no* ge-, h⟩ sich ~ **1.** *bes. mil.* form (into), fall in(to line). – **2.** (*von Gesellschaft etc*) align, *auch* aline. – **II** *v/t* **3.** *mil.* (*Truppen etc*) a) form, line up, b) draw up, array: ein Regiment in Reih und Glied ~ to troop a regiment. – **4.** *print.* (*Text etc*) make (*s.th.*) up into pages. – **5.** *electr.* (*Akkumulatoren etc*) form. – **III F~** *n* ⟨-s⟩ **6.** *verbal noun.* — **for'miert I** *pp.* – **II** *adj* ~e Gesellschaft *sociol.* aligned society. — **For'mie·rung** *f* ⟨-; -en⟩ **1.** *cf.* Formieren. – **2.** formation. – **3.** *print.* makeup, *Br.* make-up.

'Form|ka,li·ber *n tech.* shaping pass, section(al) groove. — **~,ka·sten** *m metall.* casting (*od.* core, mo[u]lding) box, flask: oberer [unterer] ~ cope [drag]. — **~,kri·se** *f* (*sport*) temporary lack of form.

förm·lich ['fœrmlɪç] **I** *adj* **1.** (*Erklärung, Einladung etc*) formal, official. – **2.** (*Benehmen, Manieren etc*) formal, conventional, ceremonious (*lit.*): sei doch nicht so ~! don't be so formal! – **3.** ⟨*attrib*⟩ *colloq.* (*regelrecht, buchstäblich*) regular, veritable, literal: es entstand ein ~er Aufruhr there was a regular row; das ist eine ~e Beleidigung that is a regular insult, that amounts to an insult. – **4.** *jur.* (*Vertrag*) formal, in due form. – **II** *adv* **5.** formally, officially: etwas ~ dementieren to deny s.th. formally, to issue a formal denial. – **6.** (*formell*) formally, conventionally, ceremoniously (*lit.*): j-n ~ begrüßen [vorstellen] to greet [to introduce] s.o. formally (*od.* ceremoniously). – **7.** *colloq.* (*regelrecht, buchstäblich*) literally, virtually, practically: wir wurden ~ dazu gezwungen we have literally (*od.* virtually) been forced to do it; er war ~ außer sich he was virtually (*od.* fairly) beside himself; man könnte ~ verzweifeln one could really despair. — **'Förm·lich·keit** *f* ⟨-; -en⟩ **1.** formality: eine leere (*od.* bloße) ~ a mere formality; die gesetzlichen ~en the legal formalities. – **2.** (*des Benehmens etc*) formality, conventionality, ceremoniousness (*lit.*): ohne ~ without ceremony (*od. colloq.* fuss); er ist von einer steifen ~ there is a stiff formality about him; in aller ~ in due and proper form.

'Form·ling *m* ⟨-s; -e⟩ **1.** *tech.* a) (*Preßtechnik*) stamping, die-formed part, b) (*Brikettierung*) briquet, *bes. Br.* briquette. – **2.** (*Hartmetall*) compact. – **3.** *civ.eng.* (*aus Beton*) precast structural element. – **4.** (*plastics*) molding, *bes. Br.* moulding.

'form·los *adj* **1.** (*Masse, Gestalt etc*) formless, shapeless, amorphous (*lit.*). – **2.** (*Antrag etc*) not on a specific (*od.* printed) form. – **3.** (*Benehmen etc*) informal, casual, unconventional, unceremonious (*lit.*). – **4.** (*ungeschliffen, ungehobelt*) unpolished, inelegant, (*stärker*) rude. – **5.** *chem. min. biol.* amorphous. – **6.** *jur.* (*Urkunde etc*) formless, lacking form (*od.* formality). — **'Form·lo·sig·keit** *f* ⟨-; *no pl*⟩ **1.** (*einer Masse, Gestalt etc*) formlessness, shapelessness, amorphousness, amorphism (*lit.*). – **2.** (*des Benehmens etc*) informality, unconventionality, unceremoniousness, casualness. – **3.** (*Ungeschliffenheit, Ungehobeltheit*) inelegance, (*stärker*) rudeness. – **4.** *chem. min. biol.* amorphousness, amorphous nature (*od.* condition). – **5.** *jur.* (*einer Urkunde etc*) lack of form (*od.* formality), informality.

'Form|,man·gel *m jur.* **1.** (*ohne Formvorschrift*) informality. – **2.** (*nicht beachtete Formvorschrift*) defect (*od.* lack, want) of form, irregularity. — **~ma,schi·ne** *f* **1.** *metall.* molding (*bes. Br.* moulding) machine, molder, *bes. Br.* moulder. – **2.** (*textile*) shaping (*od.* setting) machine, shaper. — **~,mas·se** *f synth.* molding (*bes. Br.* moulding) material (*od.* composition, compound). — **~,mei·ßel** *m tech.* form--cutting tool. — **f~,nich·tig** *adj jur.* invalid because of want of legal form. — **~,pres·se** *f tech.* (*für Sperrholz etc*) shaping and molding (*bes. Br.* moulding) press. — **~,pres·sen** *n tech.* compression molding (*bes. Br.* moulding). — **~,rah·men** *m* **1.** *print.* chase. – **2.** (*paper*) molding (*bes. Br.* moulding) frame. — **~,sa·che** *f* formality, matter of form: das ist nur eine (*od.* eine reine, eine bloße) ~ that is merely a formality (*od.* a mere formality, a mere matter of form).

'Form,sand *m metall.* molding (*bes. Br.* moulding) sand: trockener ~ parting. — **~,auf·be,rei·tung** *f* preparation of molding (*bes. Br.* moulding) sand.

'Form|,schmie·den *n tech.* precision forging. — **f~ˌschön** *adj* **1.** (*Möbel etc*) beautifully (*od. attrib* well-)shaped, of graceful (*od.* beautiful) design, well-designed (*attrib*). – **2.** (*Gerät, Auto etc*) well-designed (*attrib*), beautifully designed, attractively styled, stylish. — **~ˌschön·heit** *f* **1.** (*eines Möbels, einer Vase etc*) beauty of form (*od.* design), beautiful (*od.* pleasing, graceful) design. – **2.** (*eines Geräts, Autos etc*) good (*od.* beautiful, pleasing) design. — **~ˌschwär·ze** *f metall.* wet blacking, blackwash. — **~ˌstahl** *m tech.* **1.** structural (*od.* section) steel. – **2.** steel section. – **3.** (*Werkzeug*) form(ing) tool. — **~ˌstein** *m civ.eng.* shaped (*od.* shape) brick. — **~ˌstich** *m metall.* shaping pass. — **~ˌstoff** *m synth.* molded (*bes. Br.* moulded) material. — **~ˌstren·ge** *f* strict observance of form(s). — **~ˌstück** *n* **1.** *civ.eng.* (pipe) fitting, (pipe) special. – **2.** (*in der Plastik*) laminated molding (*bes. Br.* moulding). – **3.** *tech. cf.* Formteil 1. — **~ˌtech·nik** *f synth.* molding (*bes. Br.* moulding) technique. — **~ˌteil** *n* **1.** *tech.* formed (*od.* contoured) part (*od.* component). – **2.** *synth.* (*in Plastik*) molded (*bes. Br.* moulded) article. — **~ˌtief** *n* (*sport*) (very) poor form. — **f~ˌtreu** *adj* (*Kleidung, Stoff etc*) shape-keeping (*od.* -retaining).

For·mu·lar [fɔrmuˈlaːr] *n* ⟨-s; -e⟩ form, *auch* printed (*od.* blank) form, *Am. auch* blank: ein ~ ausfüllen to fill in (*od.* complete, *bes. Am.* fill out, *bes. Br.* fill up) a form. — **~ˌbuch** *n* book of forms, formulary, collection of specimen deeds (*od.* letters).

for·mu·lie·ren [fɔrmuˈliːrən] **I** *v/t* ⟨*no* ge-, h⟩ **1.** (*Frage, Beschluß etc*) formulate, state, word, phrase: eine Forderung klar ~ to formulate (*od.* define) a claim clearly; eine Vorschrift neu ~ to reformulate (*od.* reword, rephrase, restate) a regulation. – **2.** (*Gedanken, Ideen etc*) formulate, put (*s.th.*) into words, *auch* couch. – **3.** (*Grundsatz, Lehrsatz etc*) formulate, enunciate, state. – **4.** (*in eine Formel fassen*) formularize, express (*s.th.*) in a formula. – **5.** *jur.* (*Vertrag, Klage etc*) draw up. – **II F~** *n* ⟨-s⟩ **6.** *verbal noun.* — **For·muˈlie·rung** *f* ⟨-; -en⟩ **1.** *cf.* Formulieren. – **2.** (*einer Frage, eines Beschlusses etc*) formulation, wording, phrasing, definition: eine treffende ~ a precise formulation. – **3.** (*eines Grundsatzes, Lehrsatzes etc*) formulation, enunciation, statement. – **4.** (*formelhafte Fassung*) formularization.

ˈFor·mung *f* ⟨-; -en⟩ **1.** *cf.* Formen. – **2.** *cf.* Formgebung 1. – **3.** formation. – **4.** construction. – **5.** *ling.* (*eines Lautes*) articulation.

ˈForm|verˌlet·zung *f jur.* breach of form. — **~verˌschäu·mung** *f tech.* (*bei der Kunststoffherstellung*) foaming in the mold (*bes. Br.* mould). — **f~ˌvollˌen·det I** *adj* **1.** (*Vase, Kunstwerk etc*) perfect in form, of perfect shape, perfectly shaped, finished. – **2.** (*Verbeugung, Benehmen etc*) perfect, perfectly elegant, very correct: eine ~e Verbeugung a perfectly executed bow. – **3.** (*Gedicht, Brief, Rede etc*) perfect in form. – **II** *adv* **4.** perfectly. – **5.** with perfect elegance, very correctly. — **~ˌvollˌen·dung** *f* **1.** (*eines Kunstwerkes etc*) perfect form (*od.* shape), perfection of form (*od.* shape). – **2.** (*eines Gedichtes etc*) perfect form, perfection of form. — **~ˌvorˌschrift** *f jur.* **1.** required (*od.* due) form, formal requirement. – **2.** (*ausdrückliche Vorschrift*) formal provision. — **~ˌwal·ze** *f metall.* grooved roll. — **~ˌwal·zen** *n* section rolling. — **f~ˌwid·rig** *adj* **1.** informal, irregular, diverging (from pattern). – **2.** *fig.* (*verletzend*) offensive, informal. – **3.** *jur.* (*Vertrag etc*) a) incorrectly formulated (*od.* drawn up), b) not in accordance with formal requirements, not in the regular form. — **~ˌwort** *n* ⟨-(e)s; =er⟩ *ling.* function word, *auch* form word.

For·myl [fɔrˈmyːl] *n* ⟨-s; *no pl*⟩ *chem.* formyl (HCO).

ˈForm|ˌzahl *f* (*forestry*) form factor (*od.* number). — **~ˌzwang** *m jur.* obligation to comply with the required (*od.* statutory) form.

forsch [fɔrʃ] *colloq.* **I** *adj* **1.** (*energisch, draufgängerisch*) vigorous, energetic: ein ~er Kerl a vigorous fellow. – **2.** (*flott, schneidig*) dashing, smart: mit ~en Schritten with dashing steps. – **3.** (*resolut, lebhaft*) brisk, spirited: eine ~e Kehrtwendung a brisk about-turn. – **II** *adv* **4.** (*flott, schneidig*) dashingly, smart(ly): ~ auftreten a) to cut a fine figure, to show plenty of dash, b) to have a brisk manner. – **5.** (*resolut, lebhaft*) briskly, spiritedly, with spirit: ~ an (*acc*) etwas herangehen to set about (*od.* to) s.th. briskly (*od.* with spirit, with verve).

ˈFor·sche *f* ⟨-; *no pl*⟩ *colloq.* drive: große ~ zeigen to show great drive.

for·schen [ˈfɔrʃən] **I** *v/i* ⟨h⟩ **1.** (*wissenschaftlich*) do research (work), research. – **2.** nach j-m [etwas] ~ to search for (*od.* after) s.o. [s.th.]: nach dem Verbleib eines Gegenstandes ~ to inquire (*od.* enquire) after the whereabouts of s.th., to search (*od.* seek) for s.th.; nach der Ursache eines Unglücks ~ to search (*od.* seek) for (*od.* to investigate, inquire into, enquire into) the cause of an accident; bei j-m nach etwas ~ to make inquiries (*od.* enquiries) of s.o. for s.th., to sound s.o. (out) on s.th. (*colloq.*). – **3.** in (*dat*) etwas ~ to search in s.th., to scrutinize s.th.: in alten Papieren ~ to search (through) (*od.* to examine, scrutinize) old papers. – **II F~** *n* ⟨-s⟩ **4.** *verbal noun.* – **5.** search, research, investigation, inquiry, enquiry. – **6.** examination, scrutiny. – **7.** *cf.* Forschung. — **ˈfor·schend I** *pres p.* – **II** *adj* **1.** searching, scrutinizing. – **2.** (*fragend*) questioning, inquiring, enquiring, speculative: j-m einen ~en Blick zuwerfen to throw s.o. a questioning look, to look at s.o. questioningly.

ˈFor·scher *m* ⟨-s; -⟩ **1.** (*wissenschaftlicher*) researcher, research worker, scientific investigator, research scientist: er ist ~ auf dem Gebiet der Mineralogie he is a researcher (*od.* he does research [work]) in the field of mineralogy. – **2.** (*Entdecker*) explorer. – **3.** (*Suchender, Fragender*) inquirer, investigator, questioner, seeker (*lit.*), searcher. — **~ˌblick** *m fig.* scrutinizing eye. — **~ˌdrang** *m* zeal for research, scientific curiosity, inquisitiveness, inquiring mind. — **~ˌgeist** *m* **1.** spirit of research, scholarliness: er war ganz vom ~ durchdrungen he was all imbued with the spirit of research. – **2.** inquiring mind.

ˈFor·sche·rin *f* ⟨-; -nen⟩ *cf.* Forscher.

ˈFor·scherˌtrieb *m cf.* Forscherdrang.

ˈForsch·heit *f* ⟨-; *no pl*⟩ **1.** (*Energie*) energy, vigorousness. – **2.** (*Flottheit, Schneidigkeit*) dash, smartness. – **3.** (*Resolutheit, Lebhaftigkeit*) briskness, spiritedness. – **4.** (*Elan, Schwung*) dash, drive; 'go', vim (*colloq.*), pep(piness) (*sl.*).

ˈFor·schung *f* ⟨-; -en⟩ **1.** *cf.* Forschen. – **2.** (scientific) research, (scientific) investigation, research (work): der neueste Stand der ~ the latest state of (scientific) research; das Ergebnis jahrelanger ~ the result of many years of research; er möchte in die ~ gehen *colloq.* he would like to do research work; angewandte [zweckfreie] ~ applied [pure] research.

ˈFor·schungs|ˌabˌtei·lung *f* research department. — **~ˌanˌstalt** *f* research institute (*od.* station, establishment), laboratory. — **~ˌar·beit** *f* research (work). — **~ˌaufˌtrag** *m* research contract (*od.* commission, assignment). — **~ˌbeiˌrat** *m pol.* council of scientific advisers for German Affairs. — **~erˌgeb·nis** *n* result of research (*od.* investigation). — **~geˌbiet** *n* field of research. — **~geˌmein·schaft, ˈDeut·sche** *f* German Society for the Advancement of Scientific Research. — **~geˌsell·schaft** *f* research association. — **~ˌin·stiˌtut** *n cf.* Forschungsanstalt. — **~la·bo·raˌto·ri·um** *n* research laboratory. — **~me·ˌtho·de** *f* method of (scientific) research. — **~ˌmit·tel** *pl* means (*od.* funds) for (scientific) research. — **~ˌrat** *m* ⟨-(e)s; =e⟩ research council, council for the encouragement (*od.* advancement) of research. — **~reˌak·tor** *m nucl.* research reactor (*od.* pile). — **~ˌrei·se** *f* **1.** (exploring) expedition. – **2.** (*Studienreise*) study tour. — **~sa·telˌlit** *m* (*space*) research satellite. — **~ˌstel·le, ~ˌstät·te** *f* research establishment. — **~stiˌpen·di·um** *n* fellowship. — **~ˌtrieb** *m cf.* Forscherdrang. — **~ˌzen·trum** *n* research center (*bes. Br.* centre). — **~ˌzweck** *m only in* für ~e for research purposes. — **~ˌzweig** *m* branch of research.

Forst [fɔrst] *m* ⟨-es; -e(n)⟩ cultivated forest, woodland. — **~a·ka·deˌmie** *f* school of forestry, forestry school. — **~ˌamt** *n* forest(ry) office, office of the (local) forest superintendent. — **~ˌar·bei·ter** *m* forestry worker. — **~asˌses·sor** *m* assistant (*od.* deputy) forester, assistant forest supervisor. — **~ˌaufˌse·her** *m* (forest)guard, *bes. Am.* forest ranger, *Br. hist.* woodreeve. — **~beˌam·te** *m* forestry official, forest officer: höherer ~r senior forest officer. — **~beˌtrieb** *m* forest enterprise, forest region managed under direction of a local forest superintendent. — **~ˌdienst** *m* forest service. — **~ˌeinˌrich·tung** *f* forest management.

Förs·ter [ˈfœrstər] *m* ⟨-s; -⟩ **1.** forester. – **2.** *cf.* Forstaufseher.

Förs·teˈrei *f* ⟨-; -en⟩ **1.** forester's (*Am.* ranger's) house (*od.* lodge). – **2.** forester's (*Am.* ranger's) district.

ˈFörs·terˌhaus *n cf.* Försterei 1.

For·ste·rit [fɔrstəˈriːt; -ˈrɪt] *m* ⟨-s; -e⟩ *min.* forsterite.

ˈForst|erˌtrag *m* forest produce, yield of a forest, forest crop. — **~ˌfach** *n agr.* forestry. — **~ˌfre·vel** *m jur.* infringement of forest regulations, offence (*Am.* offense) against forest laws. — **~geˌhil·fe** *m* forest assistant, assistant forester. — **~geˌrech·tig·keit** *f* forest utilization rights *pl*, forest servitude (*hist.*). — **~geˌsetz** *n* forest law, forestry act. — **~ˌhaus** *n cf.* Försterei 1. — **~kulˌtur** *f* **1.** seeding and planting on forest ground. – **2.** (*Pflanzung*) forest plantation. – **3.** (*künstliche Verjüngung*) artificial regeneration.

ˈforst·lich *adj* relating to forestry.

ˈForst|ˌmann *m* ⟨-(e)s; =er *u.* -leute⟩ forester. — **~ˌmei·ster** *m Br.* district forest officer, *Am.* forest supervisor, chief ranger. — **~ˌnut·zung** *f* forest exploitation. — **~ˌrat** ⟨-(e)s; =e⟩ *m* **1.** (*Person*) forestry commissioner, commissioner of woods. – **2.** (*beratendes Gremium*) commission of woods, *Br.* forestry commission. — **~ˌrecht** *n jur.* **1.** forest law(s *pl*). – **2.** forest rights *pl*. — **~re·fer·enˌdar** *m* forest probationer, training forester. — **~reˌgal** *n hist.* rights *pl* in a forest, rights *pl* regarding royal forest ownership. — **~reˌvier** *n* forest district (*od.* range, preserve). — **~ˌschäd·ling** *m* **1.** forest pest. – **2.** (*Insekt*) injurious forest insect. – **3.** (*pflanzlicher*) forest disease. — **~ˌschu·le** *f cf.* Forstakademie. — **~ˌschutz** *m* forest protection, protection of forests. — **~verˌwal·tung** *f* **1.** forest administration. – **2.** (*Forstbeamtenschaft*) Forest Service. — **~ˌwart** *m* forest warden. — **~ˌwe·sen** *n* forestry, forest affairs *pl*. — **~ˌwirt** *m* forester, forestry expert. — **~ˌwirt·schaft** *f* ⟨-; *no pl*⟩ **1.** forestry. – **2.** forest management. – **3.** (*betriebswirtschaftliche*) forest economics *pl* (*construed as sg or pl*) (*od.* economy). — **f~ˌwirt·schaft·lich** *adj* forest(ry) (*attrib*): ~es Vermögen forest property. — **~ˌwis·sen·schaft** *f* forest science, forestry. — **f~ˌwis·sen·schaft·lich** *adj* relating to forest science (*od.* forestry).

For·sy·thie [fɔrˈzyːtsĭə; -tĭə] *f* ⟨-; -n⟩ *bot.* golden bell(s *pl*), forsythia (*scient.*) (*Gattg Forsythia*).

Fort [foːr] *n* ⟨-s; -s⟩ *mil.* fort(ress).

fort [fɔrt] *adv* **1.** (*weg*) away, off, gone: ~ (mit dir)! begone! (be) off with you! away with you! go away! clear off! (*colloq.*), (get thee) hence! (*lit.*); ~ mit ihm! away with him! take him away! ~ damit! away with it! take it away! ~ mit Schaden! *colloq.* away with it! good riddance! ich muß jetzt ~ I must be off (*od.* gone) now, I must be going now; wie lange waren Sie ~? how long have you been away? er ist weit ~ he is far away; sie sind schon ~ they have already gone (*od.* left); du brauchst noch nicht ~ *colloq.* you need not go yet; heute abend kann ich nicht ~ I cannot go (*od.* get) away tonight, I cannot go out tonight. – **2.** (*weiter, vorwärts*) on: nur (immer) ~! go on! das geht immer so ~ it goes on like that all the time; und so ~ and so on, and so forth; in einem ~, ~ und ~ *archaic* continuously, on and on, uninterruptedly, ceaselessly, without cease (*od.* ceasing, *colloq.* letup, *Br.* let-up), without a break (*od.* an interruption), unceasingly; es schneite in einem ~ it was snowing continuously, it never stopped snowing; ich mußte in einem ~ an ihn denken I could not stop thinking of him. – **3.** (*verschwunden*) gone, lost: das Buch ist ~ the book is gone (*od.* missing).

Fort..., fort... *cf.* Weg..., weg..., Weiter..., weiter...

ˌfortˈab *adv lit. cf.* fortan.

ˌfortˈan *adv lit.* from now on, hereafter, from this time forth, from this time onward(s), henceforward, henceforth (*lit.*).

ˈfortˌar·bei·ten *v/i* ⟨*sep*, -ge-, h⟩ continue (*od.* go on, keep on) working.

ˈfort·beˌge·ben *v/reflex* ⟨*irr, sep, no* -ge-, h⟩ sich ~ *lit.* depart, leave, go away.

ˈFort·beˌstand *m* ⟨-(e)s; *no pl*⟩ **1.** continuation, continuance, continued existence: den ~ sichern to secure the continuation. – **2.** (*einer Nation, Einrichtung etc*) survival.

ˈfort·beˌste·hen I *v/i* ⟨*irr, sep, no* -ge-, h⟩ **1.** continue (to exist *od.* in existence), remain in existence, endure: etwas ~ lassen to let s.th. continue, to perpetuate s.th. (*lit.*). – **2.** (*von Nation etc*) continue to exist, survive. – **II F~** *n* ⟨-s⟩ **3.** *verbal noun.* – **4.** *cf.* Fortbestand.

ˈfort·beˌwe·gen I *v/t* ⟨*sep, no* -ge-, h⟩ **1.** (*Gegenstand*) move: eine schwere Kiste auf den Kanten ~ to walk a heavy box. – **2.** (*weiterbewegen*) move (*s.th.*) on (*od.* away). – **3.** (*antreiben*) propel, drive. – **4.** (*fortbringen*) get (*s.o., s.th.*) away: der Hund war von dieser Stelle nicht fortzubewegen it was impossible to get the dog away from this spot. – **II** *v/reflex* sich ~ **5.** move (along): sich langsam ~ to crawl along, to move at a snail's pace; sich schwerfällig ~ to lumber; er konnte sich nur mühsam ~ he was able to move (*od.* walk) only with great difficulty. – **6.** move (away): sich nicht ~ not to move (*od.* budge, stir). – **7.** *tech.* (*Maschinentisch, Schlitten etc*) traverse. – **8.** *phys.* move. – **III F~** *n* ⟨-s⟩ **9.** *verbal noun.* — **ˈFort·beˌwe·gung** *f* ⟨-; *no pl*⟩ **1.** *cf.* Fortbewegen. – **2.** motion, (forward) movement, locomotion, progression: ~ zu Wasser [auf dem Lande] aquatic [terrestrial] locomotion. – **3.** (*bes. mechanische*) propulsion.

ˈFort·beˌwe·gungs|ˌart *f* mode (*od.* method) of locomotion (*od.* progression). — **~ˌfä·hig·keit** *f* locomotive power. — **~ˌmit·tel** *n* means *pl* (*construed as sg or pl*) of locomotion (*od.* progression).

ˈfortˌbil·den I *v/t* ⟨*sep*, -ge-, h⟩ **1.** j-n ~ to perfect (*od.* improve) s.o.'s education, to train s.o. – **II** *v/reflex* sich ~ **2.** continue one's studies (*od.* education, training): sich in Abendkursen ~ to continue one's education at (*od.* in) evening classes. – **3.** perfect (*od.* improve) oneself (*od.* one's knowledge, education). – **III F~** *n* ⟨-s⟩ **4.** *verbal noun.* — **ˈFortˌbil·dung** *f* ⟨-; *no pl*⟩ **1.** *cf.* Fortbilden. – **2.** advanced training, further (*od.* supplementary) education (*od.* training): die ärztliche ~ postgraduate medical education. – **3.** improvement of one's knowledge (*od.* education). – **4.** (*von Angestellten etc*) on-the-job training. – **5.** *ped.* (*von Lehrern*) in-service training.

ˈFortˌbil·dungs|ˌkurs, ~ˌkur·sus, ~ˌlehr·ˌgang *m* **1.** adult education course, further education, *Br. auch* continuation course. – **2.** (*Abendkurs*) evening (*od.* night) (school) course (*od.* classes *pl*). – **3.** (*für Lehrer etc*) refresher course. — **~ˌschu·le** *f Austrian and Swiss for* Berufsschule.

ˈfortˌblei·ben I *v/i* ⟨*irr, sep*, -ge-, sein⟩ **1.** stay (*od.* keep) away: ich bleibe nicht lange fort I won't stay away (*od.* be) long; von der Schule [Arbeit] ~ to stay away from school [work]; er kann ruhig ~ *colloq.* he may stay where he is. – **II F~** *n* ⟨-s⟩ **2.** *verbal noun.* – **3.** absence. – **4.** (*Schwänzen*) truancy.

ˈfortˌbrin·gen I *v/t* ⟨*irr, sep*, -ge-, h⟩ **1.** carry (*od.* take) (*s.th., s.o.*) away. – **2.** (*entfernen*) remove. – **3.** *cf.* fortbewegen 4. – **4.** (*weiterbewegen*) move (on *od.* away). – **5.** (*fortbegleiten*) see (*s.o.*) off. – **6.** (*ernähren, erhalten*) support, maintain. – **II** *v/reflex* sich ~ **7.** make (*od.* earn) a living: sich kümmerlich ~ to eke out a miserable existence, to scrape a living.

ˈFortˌdau·er *f* ⟨-; *no pl*⟩ **1.** continuation, continuance: ununterbrochene ~ uninterrupted continuance, continuity. – **2.** (*für alle Zeit*) perpetuity, perpetuation, perpetuance. — **ˈfortˌdau·ern** *v/i* ⟨*sep*, -ge-, h⟩ (*von Zustand, Institution etc*) continue, last, persist, go on: ihre Freundschaft dauert fort their friendship lasts (*od.* endures). — **ˈfortˌdau·ernd I** *pres p.* – **II** *adj* **1.** continuous, continual, constant, lasting, persistent: ~e Regenfälle continuous rains (*od.* rainfall *sg*). – **2.** (*unaufhörlich*) incessant, ceaseless, permanent. – **3.** *econ.* (*Zahlung etc*) recurrent.

ˈfortˌden·ken *v/t* ⟨*irr, sep*, -ge-, h⟩ *cf.* wegdenken.

ˈfortˌdrän·gen I *v/t* ⟨*sep*, -ge-, h⟩ push (*s.o.*) away (*od.* aside). – **II** *v/i* desire to go away (*od.* leave).

ˈFortˌdruck *m print.* run-on.

ˈfortˌdür·fen *v/i* ⟨*irr, sep*, -ge-, h⟩ be allowed to go away (*od.* leave).

for·te [ˈfɔrtə] *mus.* **I** *adv u. adj* forte, loud. – **II F~** *n* ⟨-s; -s *u.* Forti [-ti]⟩ forte.

ˈfortˌei·len *v/i* ⟨*sep*, -ge-, sein⟩ hasten (*od.* hurry) away, dash (*od.* rush) off.

ˈfort·entˌwickeln (*getr.* -k·k-) **I** *v/t* ⟨*sep, no* -ge-, h⟩ **1.** (*Modell, Verfahren etc*) develop (*s.th.*) further. – **II** *v/reflex* sich ~ **2.** *meist biol.* develop (further). – **3.** (*von Industrie, Wirtschaftszweig etc*) develop, expand, grow. – **III F~** *n* ⟨-s⟩ **4.** *verbal noun.* — **ˈFort·entˌwicke·lung** (*getr.* -k·k-), **ˈFort·entˌwick·lung** *f* ⟨-; *no pl*⟩ **1.** *cf.* Fortentwickeln. – **2.** *meist biol.* (further) development. – **3.** (*der Industrie etc*) further (*od.* continued) growth (*od.* development), expansion.

ˈFor·te·peˌdal *n mus.* forte (*od.* open, damper) pedal.

ˌfor·te·pia·no [-ˈpĭaːno] *adv u. adj mus.* forte-piano.

ˈfortˌer·ben *v/reflex* ⟨*sep*, -ge-, h⟩ sich ~ **1.** (*von Besitz, Titel etc*) be hereditary, be passed on (*od.* transmitted) by inheritance, be handed on (*od.* down), descend: sich von Geschlecht zu Geschlecht ~ to be passed on from generation to generation; sich ~ auf (*acc*) to descend to. – **2.** (*von Krankheiten, Eigenschaften etc*) be hereditary, be passed on (*od.* transmitted) by inheritance, run in a family. – **3.** *fig.* go down to posterity.

ˈfortˌfah·ren[1] **I** *v/i* ⟨*irr, sep*, -ge-, sein⟩ **1.** (*mit Bus, Bahn etc*) depart, leave, go away (*od.* off). – **2.** (*von Autofahrer*) drive away (*od.* off). – **3.** (*von Radfahrer*) ride (*od.* cycle) away (*od.* off). – **4.** *colloq.* (*verreisen*) go on a journey: mit dem Auto ~ to go (*od.* travel) by car. – **II** *v/t* ⟨h⟩ **5.** carry (*od.* take, transport) (*s.th., s.o.*) away. – **6.** (*Person, Fahrzeug*) drive (*s.o., s.th.*) away (*od.* off). – **7.** (*Fahrrad*) ride (*s.th.*) away (*od.* off).

ˈfortˌfah·ren[2] *v/i* ⟨*irr, sep*, -ge-, h *u.* sein⟩ continue, go (*od.* carry, keep) on: ~, etwas zu tun, mit (*od.* in *dat*) etwas ~ to continue (*od.* go on) doing s.th. (*od.* with s.th.); ~ zu lesen to go on (*od.* continue) reading; er fuhr mit (*od.* in) seiner Erzählung fort he continued (with) his story, he carried on with his story, he went (*od.* kept) on telling his story; bitte fahren Sie fort! please go on (*od.* proceed)!

ˈFortˌfall *m* ⟨-(e)s; *no pl*⟩ *cf.* Wegfall. — **ˈfortˌfal·len** *v/i* ⟨*irr, sep*, -ge-, sein⟩ *cf.* wegfallen.

ˈfortˌfe·gen *v/t* ⟨*sep*, -ge-, h⟩ *cf.* wegfegen.

ˈfortˌflat·tern *v/i* ⟨*sep*, -ge-, sein⟩ (*von Vogel, Blatt Papier etc*) flutter away (*od.* off).

ˈfortˌflie·gen *v/i* ⟨*irr, sep*, -ge-, sein⟩ fly away (*od.* off).

ˈfortˌfüh·ren I *v/t* ⟨*sep*, -ge-, h⟩ **1.** *cf.* wegführen I. – **2.** (*Gespräch, Verhandlung, Tradition etc*) continue, carry on, go on with, keep on: „wird fortgeführt" (*von Artikelserie etc*) "to be continued". – **3.** (*Geschäft, Krieg etc*) carry on. – **4.** (*nach einer Unterbrechung*) resume, take (*s.th.*) up. – **II F~** *n* ⟨-s⟩ **5.** *verbal noun.* — **ˈFortˌfüh·rung** *f* ⟨-; *no pl*⟩ **1.** *cf.* Fortführen. – **2.** (*eines Gesprächs, einer Verhandlung etc*) continuation. – **3.** (*Wiederaufnahme*) resumption. – **4.** *math.* extension.

ˈFortˌgang *m* ⟨-(e)s; *no pl*⟩ **1.** (*einer Arbeit, Handlung etc*) progress, advancement: die Sache nimmt ihren ~ the matter is progressing (*od.* proceeding); einen guten ~ nehmen to progress well, to make good progress. – **2.** (*Weiterentwicklung*) (further) development, progress. – **3.** (*Fortsetzung*) continuation, continuance. – **4.** (*der Handlung eines Dramas etc*) movement. – **5.** *rare* departure, leaving.

ˈfortˌge·hen *v/i* ⟨*irr, sep*, -ge-, sein⟩ **1.** go away (*od.* off), leave, depart: ich muß jetzt ~ I must leave (*od.* be off, be gone) now; sie sind gerade fortgegangen they have just gone (*od.* left); geh fort! go away! leave me alone! – **2.** walk away (*od.* off). – **3.** *fig. cf.* weitergehen 4. – **4.** *cf.* fortschreiten 1. – **5.** *colloq. for* ausgehen 1.

ˈfort·geˌschrit·ten I *pp of* fortschreiten. – **II** *adj* **1.** (*Schüler, Fall, Krankheit etc*) advanced: in ~em Alter at an advanced age. – **2.** (*fortschrittlich*) advanced, progressive. – **3.** (*Zeit*) late: zu ~er Stunde at a late hour, late (*od.* well on) in the night, far in the night, in the small hours of the morning. — **ˈFort·geˌschrit·te·ne** *m, f* ⟨-n; -n⟩ advanced student: Englisch für ~ advanced English, English for advanced students. — **ˈFort·geˌschrit·te·nenˌkurs** *m* course for advanced students, advanced course.

ˈfort·geˌsetzt I *pp.* – **II** *adj* ⟨*attrib*⟩ **1.** (*Bemühungen, Streit etc*) continued, continuous, continual, constant, incessant. – **2.** *jur.* continued, continuous: ~e Gütergemeinschaft continued community of property; ~es Verbrechen series of offences (*Am.* offenses) treated as one act. – **III** *adv* **3.** ~ reden to talk continuously (*od.* constantly).

ˈfortˌgie·ßen *v/t* ⟨*irr, sep*, -ge-, h⟩ pour (*s.th.*) away.

ˈFortˌgür·tel *m mil.* ring of forts.

ˈfortˌhel·fen *v/i* ⟨*irr, sep*, -ge-, h⟩ *fig.* **1.** j-m ~ to help s.o. on (*od.* along, forward), to help (*od.* assist) s.o. – **2.** sich (*dat*) ~ to get on (*od.* along), to make one's way.

ˌfortˈhin *adv cf.* fortan.

ˈfortˌhin·ken *v/i* ⟨*sep*, -ge-, sein⟩ limp away (*od.* off).

ˈfortˌhum·peln *v/i* ⟨*sep*, -ge-, sein⟩ hobble away (*od.* off).

ˈfortˌhüp·fen *v/i* ⟨*sep*, -ge-, sein⟩ skip (*od.* hop) away (*od.* off).

For·ti·fi·ka·ti·on [fɔrtifikaˈtsĭoːn] *f* ⟨-; -en⟩ *mil.* fortification.

For·tis [ˈfɔrtɪs] *f* ⟨-; Fortes [-tɛs]⟩ *ling.* fortis.

for·tis·si·mo [fɔrˈtɪsimo] *mus.* **I** *adv u. adj* fortissimo, very loud. – **II F~** *n* ⟨-s; -mos *u.* -mi [-mi]⟩ fortissimo.

ˈfortˌja·gen I *v/t* ⟨*sep*, -ge-, h⟩ **1.** chase (*od.* drive) (*s.o., s.th.*) away (*od.* off), shoo (*s.o., s.th.*) away. – **2.** (*aus dem Hause*) turn (*s.o.*) out. – **3.** (*Personal, Angestellte etc*) turn (*od.* *colloq.* kick) (*s.o.*) out, dismiss, give (*s.o.*) the sack (*colloq.*). – **4.** (*aus der Schule*) expel. – **II** *v/i* ⟨sein⟩ **5.** rush (*od.* dash, race) away (*od.* off), tear off (*colloq.*). – **6.** (*von Pferd, Reiter*) gallop away, race off.

ˈfortˌkom·men I *v/i* ⟨*irr, sep*, -ge-, sein⟩ **1.** get away (*od.* off): mach, daß du fortkommst! *colloq.* clear off! be gone! buzz off! (*colloq.*), *bes. Am. colloq.* scram (*od.* beat) it! *Br. sl.* hop it! wir müssen sehen, daß wir von hier ~ we must see that we get off (*od.* out of here). – **2.** *auch fig.* get on (*od.* ahead), proceed, make progress, advance. – **3.** *colloq.* be brought (*od.* carried, taken) away. – **II F~** *n* ⟨-s⟩ **4.** *verbal noun.* – **5.** (*Vorwärtskommen*) progress, advancement: berufliches F~ professional advancement, career. – **6.** (*Lebensunterhalt*) living, livelihood: sein F~ finden to make a living. – **7.** (*Auskommen*) competence, competency: ein gutes F~ haben to have a fair competence.

ˈfortˌkön·nen *v/i* ⟨*irr, sep*, -ge-, h⟩ *colloq.* be able to get (*od.* go) away.

ˈfortˌkrie·chen *v/i* ⟨*irr, sep*, -ge-, sein⟩ creep (*od.* crawl) away (*od.* off).

ˈfortˌlas·sen *v/t* ⟨*irr, sep*, -ge-, h⟩ **1.** j-n ~ to let s.o. go (away), to allow s.o. to go (away): er wollte mich nicht ~ he would not let me go. – **2.** *cf.* weglassen 1.

ˈfortˌlau·fen *v/i* ⟨*irr, sep*, -ge-, sein⟩ **1.** run away: (von) j-m ~, vor j-m ~ to run away from s.o.; von zu Hause ~ to run away from home. – **2.** (*von Numerierung, Geldüberweisung etc*) continue, be continued, run (*od.* go) on: die Zahlungen werden ~ the payments will be continued. – **3.** *print.* (*ohne Absatz*) run on. — **ˈfortˌlau·fend I** *pres p.* – **II** *adj* **1.** (*ununterbrochen*) continuous, continual, consecutive, uninterrupted, running: ~e Nummern consecutive (*od.* running, successive) numbers; ~e Numerierung consecutive (*od.* serial) numbering; ~e Notierung *econ.* consecutive quotation. – **2.** (*Publikation etc*) serial: ~e Nummern (*einer Zeitschrift*) serial (*od.* successive) numbers; in ~en Nummern erscheinen to be published in serials (*od.* serially); ein ~er Bericht a serial report, a sequel. – **3.** *math.* (*Proportion*) continued. – **III** *adv* **4.** continuously, continually, consecutively, uninterruptedly, successively: **etwas ~ numerieren** to number s.th. consecutively. – **5.** ~ **gesetzt** *print.* run-on (*attrib*).

'fortˌle·ben I *v/i* ⟨*sep*, -ge-, h⟩ **1.** live on, survive: **in seinen Werken ~** to live on (*od.* survive) in one's works; **nach dem Tode ~** to live on after death; **sein Name lebt unter seinen Nachkommen fort** his name lives on among his descendants. – **II F~** *n* ⟨-s⟩ **2.** *verbal noun.* – **3.** (*nach dem Tode*) survival, existence after death, afterlife. – **4.** (*eines Brauches etc*) survival.

'fortˌle·gen *v/t* ⟨*sep*, -ge-, h⟩ lay (*od.* put) (*s.th.*) away (*od.* aside).

'fortˌlei·ten *v/t* ⟨*sep*, -ge-, h⟩ **1.** (*Wärme, Reflex, Elektrizität*) transmit, conduct. – **2.** (*Abwässer*) carry off. – **3.** (*Fördergut*) convey. – **4.** *med.* (*Schmerz*) radiate. – **5.** *tech. cf.* **ableiten** 5.

'fortˌlo·ben *v/t* ⟨*sep*, -ge-, h⟩ **j-n ~** *colloq.* to get rid of s.o. by excessive praise.

'fortˌlocken (*getr.* -k·k-) *v/t* ⟨*sep*, -ge-, h⟩ (von from) lure (*od.* entice) (*s.o.*) away.

'fortˌma·chen I *v/reflex* ⟨*sep*, -ge-, h⟩ **sich ~** *colloq.* go away (*od.* off), get (*od.* make) off, clear off (*od.* away), take oneself off. – **II** *v/i rare for* **weitermachen** 1.

'fortˌmüs·sen *v/i* ⟨*irr*, *sep*, -ge-, h⟩ **1.** have (*od.* be obliged) to go away (*od.* to leave): **ich muß jetzt fort** I have to (*od.* must) go away (*od.* be off) now. – **2.** *cf.* **wegmüssen** 1. – **3.** *euphem. for* **sterben** 1.

'Fortˌnah·me *f* ⟨-; -n⟩ *cf.* **Wegnahme** 2. — **'fortˌneh·men** *v/t* ⟨*irr*, *sep*, -ge-, h⟩ *cf.* **wegnehmen** 1, 2.

'fortˌpflan·zen I *v/reflex* ⟨*sep*, -ge-, h⟩ **sich ~ 1.** *biol.* (*von Menschen, Tieren, Pflanzen*) reproduce, propagate (oneself), multiply. – **2.** *bes. phys.* (*von Licht, Schall, Wellen etc*) be propagated, be transmitted, travel: **das Licht pflanzt sich rascher fort als der Schall** light travels faster than sound. – **3.** *fig.* (*von Bewegung, Unruhe etc*) be communicated. – **4.** *fig.* (*von Beifall etc*) spread, be taken up. – **5.** *fig.* (*von Tradition, Glauben, Gerücht, Krankheit etc*) be propagated (*od.* passed on, transmitted), spread. – **6.** *fig.* (*von Generation zu Generation*) be passed on (*od.* handed down). – **II** *v/t* **7.** *biol.* (*Art, Tier, Pflanze*) propagate, reproduce. – **8.** *bes. phys.* (*Licht, Schall, Wellen etc*) transmit, propagate. – **9.** *fig.* (*Tradition, Glauben, Gerücht, Krankheit etc*) propagate, spread. – **10.** *fig.* (*j-s Namen, Andenken etc*) carry (*s.th.*) on, keep (*s.th.*) alive. – **11.** *fig.* (*von Generation zu Generation*) pass (*s.th.*) on, hand (*s.th.*) down. – **III F~** *n* ⟨-s⟩ **12.** *verbal noun.* — **'Fortˌpflan·zung** *f* **1.** *cf.* **Fortpflanzen.** – **2.** *biol.* (*der Menschen, Tiere, Pflanzen*) reproduction, propagation, procreation, multiplication: **geschlechtliche ~** sexual (*od.* parental) reproduction (*od.* generation); amphigony, zoogamy (*scient.*); **ungeschlechtliche ~** a) asexual reproduction, monogony (*scient.*), b) (*bei Pflanzen*) apomixis; **~ durch Zellteilung** reproduction by cell division. – **3.** *bes. phys.* (*des Lichts, Schalls, einer Welle etc*) propagation, transmission, convection. – **4.** *fig.* (*einer Bewegung*) communication. – **5.** *fig.* (*einer Tradition, eines Glaubens, einer Krankheit etc*) propagation, spread.

'Fortˌpflan·zungs|ˌal·ter *n biol.* age of reproduction. — **~ap·paˌrat** *m med.* reproductive organs *pl.* — **f~ˌfä·hig** *adj* **1.** *biol.* reproductive, capable of reproduction, generative. – **2.** *phys.* transmissible, propagable. — **~ˌfä·hig·keit** *f* **1.** *biol.* reproductiveness. – **2.** *phys.* transmissibility, propagability. — **~geˌschwin·dig·keit** *f phys.* velocity of propagation (*od.* transmission), propagation (*od.* transmission) speed. — **~orˌgan** *n meist pl biol.* reproductive (*od.* sexual, generative) organ. — **~ˌtrieb** *m* instinct of propagation, reproductive instinct (*od.* drive). — **~verˌmö·gen** *n cf.* **Fortpflanzungsfähigkeit.** — **~ˌwel·le** *f phys.* wave of propagation (*od.* transmission). — **~ˌzeit** *f biol.* (*bei Tieren*) reproductive season. — **~ˌzel·le** *f* **1.** *biol.* reproductive (*od.* propagative) cell: **geschlechtliche ~** gamete. – **2.** *bot.* spore. — **~ˌzy·klus** *m* reproductive cycle.

'fortˌraf·fen *v/t* ⟨*sep*, -ge-, h⟩ **j-n ~** *fig.* to carry s.o. off: **eine tückische Krankheit hat ihn fortgerafft** he was carried off by a malignant disease.

'fortˌräu·men *v/t* ⟨*sep*, -ge-, h⟩ (*Schutt, Gerümpel etc*) clear (*s.th.*) away, remove.

'fortˌrau·schen *v/i* ⟨*sep*, -ge-, sein⟩ *colloq.* rush away.

'fortˌrei·sen *v/i* ⟨*sep*, -ge-, sein⟩ depart, leave, go away.

'fortˌrei·ßen *v/t* ⟨*irr*, *sep*, -ge-, h⟩ **1.** tear (*od.* sweep, carry) (*s.th., s.o.*) away (*od.* off): **das Wasser hat alle Brücken (mit sich) fortgerissen** the water has swept away all the bridges. – **2. j-n von etwas [j-m] ~** to tear s.o. away from s.th. [s.o.]. – **3. j-n [etwas] (mit sich) ~** a) to pull s.o. [s.th.] along (with one), b) (*von Menschenmenge, Hochwasser etc*) to carry (*od.* sweep) s.o. [s.th.] away (*od.* along), c) *fig.* to carry s.o. [s.th.] away; **seine Beredsamkeit riß die Zuhörer fort** his eloquence carried away (*od.* enraptured) the audience. – **4.** *cf.* **entreißen** 1.

'fortˌren·nen *v/i* ⟨*irr*, *sep*, -ge-, sein⟩ run away (*od.* off), dash off.

'fortˌrol·len I *v/t* ⟨*sep*, -ge-, h⟩ (*Faß etc*) roll (*s.th.*) away. – **II** *v/i* ⟨sein⟩ (*von Kugel etc*) roll away.

'Fortˌsatz *m* **1.** *bes. zo.* process, projection: **hakenförmiger ~** hook, hamulus (*scient.*); **schwanzähnlicher ~** cauda; **schnabelförmiger ~** beak; **wurmartiger ~** vermiform appendix, vermis. – **2.** *med.* a) process, b) (*Anhang*) appendix, c) (*Knochenfortsatz*) eminence, apophysis (*scient.*). – **3.** (*Verlängerung*) prolongation, continuation.

'fortˌschaf·fen *v/t* ⟨*sep*, -ge-, h⟩ *colloq.* **1.** (*entfernen*) take (*od.* carry) (*s.th., s.o.*) away, transport (*s.th.*) off (*od.* away), remove. – **2.** (*loswerden*) get rid of, dispose of: **altes Mobiliar ~** to get rid of old furniture.

'fortˌsche·ren *v/reflex* ⟨*sep*, -ge-, h⟩ **sich ~** *colloq.* clear off (*od.* away), *bes. Am. colloq.* scram: **scher dich fort!** beat it! off with you! buzz off! (*sl.*), go to hell (*od.* blazes)! (*sl.*), *Br. sl. auch* hop it!

'fortˌscheu·chen *v/t* ⟨*sep*, -ge-, h⟩ **1.** scare (*s.o., s.th.*) away (*od.* off). – **2.** (*wegjagen*) chase (*s.o., s.th.*) off. – **3.** *fig.* (*Sorgen, Kummer etc*) banish.

'fortˌschicken (*getr.* -k·k-) *v/t* ⟨*sep*, -ge-, h⟩ **1.** send (*od.* order) (*s.o.*) away (*od.* off). – **2.** (*entlassen*) dismiss. – **3.** (*abweisen*) send (*od.* turn) (*s.o.*) away, reject. – **4.** (*Brief, Paket etc*) send (off), dispatch, despatch.

'fortˌschlei·chen *v/i* ⟨*irr*, *sep*, -ge-, sein⟩ *u.* **sich ~** *v/reflex* ⟨h⟩ steal (*od.* creep) away, sneak (*od.* slip) away (*od.* off): **(sich) aus einer Gesellschaft ~** to slip away (*od.* disappear discreetly) from a party.

'fortˌschlei·fen *v/t* ⟨*sep*, -ge-, h⟩ drag (*s.o., s.th.*) away (*od.* off).

'fortˌschlep·pen I *v/t* ⟨*sep*, -ge-, h⟩ **1.** drag (*od.* haul, *colloq.* lug) (*s.th., s.o.*) away (*od.* off). – **II** *v/reflex* **sich ~ 2.** drag oneself along, trudge along: **er schleppte sich mühsam fort** he dragged himself along painfully. – **3.** *fig.* (*von Fehler etc*) drag on, be carried over.

'fortˌschleu·dern *v/t* ⟨*sep*, -ge-, h⟩ fling (*od.* hurl, throw) (*s.th.*) away (*od.* off).

'fortˌschmei·ßen *v/t* ⟨*irr*, *sep*, -ge-, h⟩ *colloq. for* **fortwerfen.**

'fortˌschrei·ben I *v/t* ⟨*irr*, *sep*, -ge-, h⟩ *econ.* **1.** (*Grundbesitz*) evaluate, reassess. – **2.** (*statistische Angaben*) extrapolate. – **3.** *cf.* **weiterschreiben.** – **II F~** *n* ⟨-s⟩ **4.** *verbal noun.* — **'Fortˌschrei·bung** *f* ⟨-; -en⟩ **1.** *cf.* **Fortschreiben.** – **2.** evaluation, reassessment. – **3.** (*statistische Angaben*) extrapolation.

'fortˌschrei·ten I *v/i* ⟨*irr*, *sep*, -ge-, sein⟩ **1.** progress, advance, proceed: **langsam [unaufhaltsam] ~** to progress (*od.* advance) slowly [continuously]; **die Entwicklung schreitet fort** the development is progressing (steadily). – **2.** (*von Epidemie etc*) spread. – **3.** (*von Zeit*) march on, pass. – **4.** *mus.* (*von Melodie etc*) progress. – **II F~** *n* ⟨-s⟩ **5.** *verbal noun.* – **6.** progress(ion), advance(ment): **stufenweises ~** a) gradual advance, b) *mus.* stepwise progression, progression by steps, conjunct motion. — **'fortˌschrei·tend I** *pres p.* – **II** *adj* **1.** (*Entwicklung etc*) progressive, progressional. – **2.** (*zunehmend*) progressive, increasing. – **3.** *phys.* (*Bewegung, Welle etc*) a) progressive, b) (*wandernd*) traveling, *bes. Br.* travelling. – **4. parallel ~** *mus.* (*Intervalle*) consecutive. – **III** *adv* **5.** progressively. – **6.** (*zunehmend*) progressively, increasingly. — **'Fortˌschrei·tung** *f* ⟨-; -en⟩ **1.** *cf.* **Fortschreiten.** – **2.** *mus.* a) progression, b) succession.

'Fortˌschritt *m* **1.** *meist pl* progress, advance, improvement: **die ~e der modernen Technik** the progress *sg* of modern technology, the progress *sg* (*od.* advances) made in modern technology; **~e machen** (*von Arbeit, Schüler etc*) to make progress (*od.* headway), to progress, to advance, to get on, to come along (*colloq.*); **ein bemerkenswerter ~ in der Physik** a remarkable progress (*od.* a remarkable step forward) in (the field of) physics; **große ~e machen** to make great (*od.* rapid) strides, to forge ahead. – **2.** *bes. pol.* progress: **ein Gegner des ~s** an enemy of progress; **den ~ aufhalten** to retard progress. – **3.** (*Verbesserung*) improvement, step (*od.* stride) forward.

'Fortˌschritt·ler *m* ⟨-s; -⟩ **1.** believer in progress, progress(ion)ist. – **2.** *pol.* progress(ion)ist, progressive.

'fortˌschritt·lich I *adj* **1.** (*Ansichten, Idee etc*) progressive, advanced. – **2.** (*Einrichtung etc*) modern, up-to-date. – **3.** *bes. pol.* (*Partei etc*) progressive, liberal. – **II** *adv* **4. ~ denken** to think along advanced lines, to have progressive (*od.* advanced) ideas. — **'Fortˌschritt·lich·keit** *f* ⟨-; *no pl*⟩ **1.** progressiveness, advanced state. – **2.** modernity, modernness, up-to-dateness. – **3.** *bes. pol.* progressiveness, liberality.

'fortˌschritts|ˌfeind·lich *adj* antiprogressive. — **F~ˌglau·be** *m* belief in progress. — **~ˌgläu·big** *adj* believing in progress.

'fortˌschwem·men *v/t* ⟨*sep*, -ge-, h⟩ **1.** wash (*s.th.*) away: **fortgeschwemmt werden** to be carried away (by the floods). – **2.** *fig.* drag (*od.* carry, sweep) (*s.o.*) along.

'fortˌschwim·men *v/i* ⟨*irr*, *sep*, -ge-, sein⟩ **1.** (*von Personen*) swim away. – **2.** (*von Dingen*) float away: → **Fell** 7.

'fortˌseh·nen *v/reflex* ⟨*sep*, -ge-, h⟩ **sich ~** long (*od.* yearn) to go away.

'fortˌset·zen I *v/t* ⟨*sep*, -ge-, h⟩ **1.** (*Arbeit, Erzählung etc*) continue, carry on (with): **eine alte Tradition ~** to carry on an old tradition; **seine Reise ~** to continue (*od.* proceed on) one's journey; **die Artikelserie wird fortgesetzt** this series of articles will be continued; „**wird fortgesetzt**" (*von Roman, Serie etc*) "to be continued"; **seine Studien ~** to continue (*od.* pursue) one's studies. – **2.** (*wiederaufnehmen*) continue, resume: **ein Gespräch [Verhandlungen] ~** to resume a conversation [negotiations]. – **3.** *jur.* (*Prozeß*) continue, hold. – **II F~** *n* ⟨-s⟩ **4.** *verbal noun.* — **'Fortˌset·zung** *f* ⟨-; -en⟩ **1.** *cf.* **Fortsetzen.** – **2.** continuation. – **3.** (*Wiederaufnahme*) resumption. – **4.** (*eines Romans, einer Geschichte etc*) continuation: „**~ folgt**" "to be continued"; „**~ auf [von] Seite 10**" "continued on [from] page 10"; „**~ in der nächsten Ausgabe**" "to be continued in our next issue"; „**~ und Schluß**" "concluded". – **5.** (*Folge*) installment, *bes. Br.* instalment, sequel: **die vierte ~ eines Romans** the fourth instal(l)ment of a novel; **ein Roman in ~en** a novel in serial form, a serial; **einen Roman in ~en abdrucken** to serialize a novel, to publish a novel in serial form. – **6.** (*eines Gebirgszuges, einer Straße etc*) continuation, extension.

'Fortˌset·zungs|geˌschich·te *f* serial (story). — **~roˌman** *m* serial(ized novel), novel in instal(l)ments. — **~ˌse·rie** *f* serialized articles *pl.*

'fortˌspin·nen *v/t* ⟨*irr*, *sep*, -ge-, h⟩ *u.* **sich ~** *v/reflex fig. cf.* **weiterspinnen.**

'fortˌspü·len *v/t* ⟨*sep*, -ge-, h⟩ *cf.* **fortschwemmen** 1.

'fortˌsteh·len *v/reflex* ⟨*irr*, *sep*, -ge-, h⟩ **sich ~** steal (*od.* sneak, slink) away (*od.* off): **sich unbemerkt ~** to steal away unnoticed.

'fortˌsto·ßen *v/t* ⟨*irr*, *sep*, -ge-, h⟩ **1.** push (*s.o., s.th.*) away. – **2.** (*mit dem Fuß*) kick (*s.th.*) away (*od.* aside).

'fortˌstür·zen *v/i* ⟨*sep*, -ge-, sein⟩ **1.** (*in Eile*) rush (*od.* dart, dash) away. – **2.** (*erregt*) flounce off.

'fortˌtau·meln *v/i* ⟨*sep*, -ge-, sein⟩ reel (*od.* stagger) away.

'fortˌtra·gen *v/t* ⟨*irr*, *sep*, -ge-, h⟩ carry (*od.* take) (*s.th., s.o.*) away (*od.* off).

'fortˌtrei·ben I *v/t* ⟨*irr*, *sep*, -ge-, h⟩ **1.** drive (*s.o., s.th.*) away: **es treibt mich fort** it drives me away, I am forced to leave. – **2.** (*weitertreiben*) continue (with), carry (*od.* go) on with: **so darfst du es nicht ~** you can't continue like that. – **II** *v/i* ⟨sein⟩ **3.** (*von Boot, Strandgut etc*) drift (*od.* float) away (*od.* off).

For·tu·na [fɔr'tuːna] *npr f* ⟨-; *no pl*⟩ **1.** *myth.* Fortuna, Fortune: Frau ~ Dame Fortune, Lady Luck. – **2.** *fig.* fortune, luck: ~ lächelte ihm fortune smiled on him; ~ blieb ihm hold his luck held.

'fort,wa·gen *v/reflex* ⟨*sep*, -ge-, h⟩ sich ~ dare to go away, venture (to go) away.

'fort,wäh·ren *v/i* ⟨*sep*, -ge-, h⟩ *lit.* **1.** (*von Zustand etc*) continue (to exist), go on, last, persist. – **2.** (*von Ruhm, Freundschaft etc*) last, endure. — **'fort,wäh·rend I** *pres p.* – **II** *adj* ⟨*attrib*⟩ **1.** continual, continuous, constant, incessant, ceaseless: das ~e Steigen der Preise the continual increase of prices. – **2.** (*ständig, dauernd*) constant, permanent, perpetual, everlasting: ihr ~es Gejammer her constant lamentation. – **III** *adv* **3.** continually, continuously, constantly: er wurde ~ unterbrochen he was continually being interrupted; sie lächelte ~ she kept smiling; sie sprechen ~ davon they talk about it incessantly, they keep (on) talking about it. – **4.** (*ständig, dauernd*) constantly, permanently, perpetually, always: sie beklagt sich ~ she is constantly complaining.

'fort,wäl·zen I *v/t* ⟨*sep*, -ge-, h⟩ (*Stein etc*) roll (*s.th.*) away. – **II** *v/reflex* sich ~ (*von Menschenmenge, Wassermassen etc*) roll on.

'fort,we·hen *v/t* ⟨*sep*, -ge-, h⟩ (*Blätter, Schnee etc*) blow (*od.* drift) (*s.th.*) away: fortgeweht werden to be blown away.

'fort,wer·fen *v/t* ⟨*irr, sep*, -ge-, h⟩ (*Stein, Abfall etc*) throw (*od.* cast) (*s.th.*) away: er hat sein Leben fortgeworfen *fig.* he threw his life away.

'fort,wir·ken *v/i* ⟨*sep*, -ge-, h⟩ (*von Einfluß, Kraft etc*) continue to be effective (*od.* to have effect): das Vorbild dieses großen Mannes wirkt noch heute fort the example set by this great man continues to make itself felt (*od.* to have effect) even today.

'fort,wi·schen *v/t* ⟨*sep*, -ge-, h⟩ **1.** (*Staub, Fleck etc*) wipe (*s.th.*) away. – **2.** *fig.* (*Erinnerung etc*) wipe (*s.th.*) out, extinguish.

'fort,wol·len *v/i* ⟨*irr, sep*, -ge-, h⟩ *colloq.* want to go away.

'fort,wün·schen I *v/t* ⟨*sep*, -ge-, h⟩ j-n [etwas] ~ to wish that s.o. [s.th.] were far away. – **II** *v/reflex* sich ~ long to go (*od.* get) away.

'fort,wur·steln *v/i* ⟨*sep*, -ge-, h⟩ *colloq.* muddle on (*od.* along).

'fort,zer·ren *v/t* ⟨*sep*, -ge-, h⟩ drag (*od.* pull) (*s.o., s.th.*) away.

'fort,zie·hen I *v/t* ⟨*irr, sep*, -ge-, h⟩ **1.** (von from) pull (*od.* draw) (*s.o., s.th.*) away. – **2.** pull (*od.* draw, drag) (*s.o., s.th.*) along: j-n mit sich ~ to drag s.o. along. – **II** *v/i* **3.** (*umziehen*) move away (*od.* out), go away: sie sind schon lange fortgezogen they moved (*od.* went) away a long time ago. – **4.** (*von Zugvögeln*) fly away, migrate. – **III F~** *n* ⟨-s⟩ **5.** *verbal noun.* – **6.** *cf.* Fortzug.

'Fort,zug *m* **1.** *cf.* Fortziehen. – **2.** (*aus einer Wohnung, Gegend etc*) *bes. Am.* move, *bes. Br.* removal. – **3.** (*der Zugvögel*) migration.

Fo·rum ['foːrum] *n* ⟨-s; Foren, Fora [-ra] *u.* -s⟩ **1.** *antiq.* forum: ~ Romanum the Forum. – **2.** *fig.* forum: ein ~ von Fachleuten a forum of specialists. – **3.** *fig.* (*für Diskussionen etc*) forum, platform: ein ~ für politische Fragen a forum for political questions; diese Frage gehört vor das ~ der Öffentlichkeit this question should be discussed in public (*od.* in the forum of public opinion). – **4.** (*Podiumsgespräch*) forum, public (*od.* platform, round-table) discussion, *Am. auch* round table.

For·ward ['fɔːwəd] (*Engl.*) *m* ⟨-s; -s⟩ *Swiss and Austrian* (*sport*) forward.

for·zan·do [fɔr'tsando], **for'za·to** [-'tsaːto] *adv u. adj mus.* (s)forzando, (s)forzato.

Fos·sa ['fɔsa] *f* ⟨-; -sae [-sɛ]⟩ **1.** *med.* (*Grube, Höhlung*) fossa. – **2.** *zo.* fossa, *auch* foussa (*Cryptoprocta ferox*).

fos·sil [fɔ'siːl] *adj geol.* fossil: ~e Pflanze plant fossil; phytolite, phytolith (*scient.*); ~er Farn fossil fern, filicite (*scient.*).

Fos'sil *n* ⟨-s; -ien [-liən]⟩ **1.** *meist pl geol.* fossil. – **2.** *fig. colloq.* 'fossil' (*colloq.*).

fos'si·li·en,hal·tig *adj geol.* fossiliferous.

Fos·su·la ['fɔsula] *f* ⟨-; -lae [-lɛ]⟩ *med.* (*Grübchen, Delle*) fossula.

fö·tal [fø'taːl] *adj med.* fetal, *auch* foetal.

fö·tid [fø'tiːt], **fö'ti·de** [-də] *adj med.* (*übelriechend*) fetid, *auch* foetid.

Fo·to ['foːto] *n* ⟨-s; -s⟩ *cf.* Photo[1].

Fo·to... *cf.* Photo...

Fö·tor ['føːtɔr] *m* ⟨-s; *no pl*⟩ *med.* offensive odor (*bes. Br.* odour); fetor, *auch* foetor (*scient.*).

Fö·tus ['føːtus] *m* ⟨-ses; -se⟩ *med.* fetus, *auch* foetus.

Fot·ze ['fɔtsə] *f* ⟨-; -n⟩ **1.** *Bavarian and Austrian vulg. for* Maul 3. – **2.** *Bavarian and Austrian dial. for* Ohrfeige 1. – **3.** *vulg.* cunt (*vulg.*).

'fot·zen *v/t* ⟨h⟩ *Bavarian and Austrian dial. for* ohrfeigen.

fou·dro·yant [fudroa'jant] *adj med.* (*Symptom*) fulminating, fulminant, foudroyant (*scient.*).

Foul [faul] (*Engl.*) *n* ⟨-s; -s⟩ (*sport*) (*Regelverstoß*) foul: mehrfaches [persönliches, technisches] ~ (*im Basketball*) multiple [personal, technical] foul; ein ~ begehen (an *dat* on) to commit a foul.

foul *adv* foul: ~ spielen to play foul.

Fou·lard [fu'laːr] (*Fr.*) *m* ⟨-s; -s⟩ (*textile*) **1.** (*Seidenstoff*) foulard. – **2.** (*Färbemaschine*) pad(der), padding machine (*od.* mangle).

'Foul,elf,me·ter *m* (*sport*) (*beim Fußball*) penalty for a foul.

fou·len ['faulən] *v/t* ⟨h⟩ (*sport*) (*Spieler*) foul.

'Foul,spiel *n* (*sport*) foul.

Fou·rier-,Rei·hen [fu'rieː-; fu'rje-] (*Fr.*) *pl math.* Fourier series.

'Fow·ler-,Klap·pe ['faulər-; 'faulə-] (*Engl.*) *f aer.* Fowler flap.

'Fow·ler·sche 'Lö·sung ['faulərʃə] *f med. pharm.* Fowler's solution.

Fox [fɔks] (*Engl.*) *m* ⟨-(es); -e⟩ *colloq.* **1.** *cf.* Foxterrier. – **2.** *cf.* Foxtrott.

'Fox,ter·ri·er *m zo.* (*Hunderasse*) fox terrier, *Br.* fox-terrier.

'Fox,trott *m* ⟨-(e)s; -e *u.* -s⟩ (*Gesellschaftstanz*) fox-trot, *Br.* foxtrot: ~ tanzen to fox-trot, to dance the fox-trot.

Foy·er [fŏa'jeː] *n* ⟨-s; -s⟩ **1.** (*eines Theaters*) foyer, entrance hall, *bes. Br. colloq.* crush-room, *bes. Am.* lobby. – **2.** (*eines Hotels*) foyer, entrance hall, lounge.

Fra [fraː] *m relig.* Fra (*used as a title preceding the name of an Italian monk*).

Fracht [fraxt] *f* ⟨-; -en⟩ **1.** (*Ladung*) freight, load, cargo, goods *pl* (for transport): die ~ einladen to load (up) the freight; ~ führen to carry freight (*od.* goods); volle ~ full cargo; etwas in ~ geben [nehmen] to freight [to charter] s.th.; tote ~ *mar.* dead freight. – **2.** (*Frachtgebühr*) carriage, *bes. Am.* freight(age): ~ berechnen to charge freight; ~ bezahlt carriage (*bes. Am.* freight) paid; durchgehende ~ through rate. – **3.** (*Rollgeld*) cartage. – **4.** *mar.* (*Seefracht*) freight(age). — **~,auf,schlag** *m cf.* Frachtzuschlag. — **~,aus,gleich** *m* adjustment of freight rates (*od.* charges).

'Fracht,brief *m* **1.** (*railway*) waybill, *Br.* way-bill, (*railway*) consignment note. – **2.** *aer.* (air) waybill (*Br.* way-bill). – **3.** *mar.* a) ocean bill of lading, b) (*im Binnenverkehr*) inland bill of lading. — **~,dop·pel** *n Am.* duplicate consignment note, *Br.* duplicate way-bill.

'Fracht|,damp·fer *m cf.* Frachter 1. — **~emp,fän·ger** *m econ.* consignee.

'Frach·ter *m* ⟨-s; -⟩ **1.** *mar.* freighter, cargo boat (*od.* vessel, steamer). – **2.** *aer. colloq. for* Frachtflugzeug.

'Fracht|,flug,zeug *n* (air *od.* cargo) freighter, freight (*od.* cargo) aircraft. — **f~,frei** *adv u. adj* carriage (*bes. Am.* freight) (pre)paid, *Br.* carriage free: ~ Grenze carriage (*bes. Am.* freight) paid to border. — **~,füh·rer** *m* (common) carrier. — **~ge,bühr** *f*, **~,geld** *n cf.* Frachtkosten. — **~ge,schäft** *n* carrying (*od.* freight[ing]) trade (*od.* business).

'Fracht,gut *n* **1.** freight, goods *pl*: etwas als ~ senden a) to send s.th. by freight (*od.* slow goods service), b) *mar. aer.* to send s.th. by freight; Frachtgüter *pl Am.* ordinary freight *sg.* – **2.** *mar.* cargo, shipload. — **~,an,nah·me** *f* freight forwarding office. — **~,sen·dung** *f* consignment.

'Fracht|,kahn *m cf.* Lastkahn. — **~,ko·sten** *pl* **1.** *Br.* carriage *sg*, carriage costs, *Am.* freight(age) *sg*, freight(age) costs. – **2.** (*Seetransport*) *Br.* freight *sg*, freight costs, *Am.* ocean freight *sg*, ocean freight costs. – **3.** (*Lufttransport*) air freight *sg*, air freight costs. — **~,lohn** *m cf.* Fracht 2. — **~,ra·te** *f cf.* Frachttarif. — **~,raum** *m mar. aer.* **1.** freight (*od.* cargo) compartment, hold. – **2.** (*Ladefähigkeit*) freight (*od.* cargo) space (*od.* capacity). — **~,satz** *m cf.* Frachttarif. — **~,schein** *m cf.* Frachtbrief. — **~,schiff** *n cf.* Frachter 1. — **~,spe·sen** *pl* carriage (*bes. Am.* freight[age]) charges. — **~,stück** *n* **1.** (*Paket, Kollo*) package, parcel. – **2.** (*Ballen*) bale. — **~ta,rif** *m* carriage (*bes. Am.* freight) rates *pl* (*od.* charges *pl*). — **~,ton·ne** *f mar.* freight (*od.* shipping) ton. — **~ver,kehr** *m* **1.** freight (*Br.* goods) traffic. – **2.** freight transport. — **~ver,si·che·rung** *f* freight insurance. — **~ver,trag** *m* **1.** contract of carriage, *bes. Am.* freight contract. – **2.** *mar.* charter party, contract of affreightment. — **~,zu·,schlag** *m* **1.** extra (*od.* additional) carriage (*bes. Am.* freight[age]). – **2.** *mar.* extra (*od.* additional) freight(age), primage.

Frack [frak] *m* ⟨-(e)s; ⸗e *u.* -s⟩ **1.** tailcoat, *Br.* tail-coat, dress coat, swallowtail (coat), *Br.* swallow-tailed coat, tails *pl*: einen ~ tragen to wear tails. – **2.** (*Gesellschaftsanzug*) evening dress, dress suit: im ~ in (full) evening dress, in full dress, in (white tie and) tails (*colloq.*); „~" (*auf Einladungen*) "tails", "white tie"; „~ und Dekorationen" (*auf Einladungen*) "white tie and decorations". – **3.** (*der Pinguine*) white shirtfront (*Br.* shirt-front). – **4.** *fig. colloq.* (*in Wendungen wie*) j-m den ~ vollhauen to give s.o. a sound thrashing, to tan s.o.'s hide (*colloq.*); ihm saust (*od.* geht) der ~ he is scared (*od. colloq.* in a [blue] funk), he has (*od.* gets) the wind up (*colloq.*). — **~,an,zug** *m* dress suit, suit of evening clothes. — **~,hemd** *n* dress (*od.* stiff, *colloq.* boiled) shirt. — **~,schlei·fe** *f* white (evening) (*od.* bow) tie. — **~,schoß** *m meist pl* coattail, *Br.* coat-tail. — **~ver,leih** *m Am.* tuxedo (*od.* dress coat) rentals *pl*, *Br.* evening dress hiring service. — **~,zwang** *m* obligation to wear full evening dress: „~!" (*auf Einladungskarten*) "evening dress"; es herrscht ~ formal attire compulsory.

Frac·to·nim·bus [frakto'nɪmbus] *m* ⟨-; -se⟩ *metall.* scud.

Fra·ge ['fraːgə] *f* ⟨-; -n⟩ **1.** question: dumme ~! what a foolish question! eine ~ stellen to ask (*od.* pose, put) a question; j-m eine ~ stellen, eine ~ an j-n stellen (*od.* richten) to ask s.o. a question, to put (*od.* address) a question to s.o.; ~n stellen über (*acc*) etwas to ask (*od.* inquire, *auch* enquire) about s.th.; ~n über ~n stellen to ask a million questions; eine ~ haben to have a question (*od.* query); eine ~ an j-n haben to have a question (*od.* something) to ask s.o., to have a question to put to s.o.; eine ~ beantworten, auf eine ~ antworten to answer (*od.* give an answer to) a question; j-m eine ~ beantworten to answer s.o.'s question; eine ~ bejahen [verneinen] to answer (a question) in the affirmative [negative]; eine ~ anschneiden [aufwerfen, berühren] to raise [to throw out, to touch upon] a question; einer ~ ausweichen to evade (*od.* dodge) a question; peinliche ~n stellen to ask embarrassing questions; eine ~ klären to clarify (*od.* clear up) a question; sich mit einer ~ an j-n wenden to turn to s.o. (for information); j-m eine ~ vorlegen a) to question (*od.* put a question to) s.o., b) (*in Prüfungen*) to set s.o. a question; j-n mit ~n bestürmen to assail (*od.* bombard, ply, overwhelm) s.o. with questions; es erhebt sich die (bange *colloq.*) ~, ob the question arises whether or not; der in ~ stehende Punkt the point in question; eine Menge (*od.* ein Schwall) von ~n a (whole) string of questions, quite a catechism (*colloq.*); das ist die ~ that is the question, that is just what we don't know; das eben ist die ~ that is just the point; die ~ ist, ob es sich lohnt the question (*od.* point) is whether or not it is worth it; ~, wo kriegen wir das Geld her? *colloq.* one point, where will we get the money? so eine ~! what a question to ask! in ~n und Antworten in question-and-answer form; die ~ warum the question (as to) why; wie die ~, so die Antwort a foolish question deserves a foolish answer. – **2.** (*Problem*) question, problem, point (in question), issue: eine brennende [entscheidende *od.* kritische] ~ a burning (*od.* urgent) [crucial] question; zu einer ~ Stellung nehmen to comment (*od.* express one's views) on a problem; diese ~ beschäftigte ihn this question occupied his mind. – **3.** (*Zweifel*) question, doubt: etwas in ~ stellen a) (*anzweifeln*) to question (*od.* doubt, query) s.th., b) (*gefährden*) to jeopardize (*od.* endanger) s.th.; **ohne ~** beyond question, unquestionably, undoubtedly, indisputably; **das ist ohne ~ richtig** that is undoubtedly right; **das steht außer ~** that is beyond doubt, there is no doubt about that; **es steht außer ~, daß** there is no doubt that; **aber natürlich, das ist gar keine ~** of course, there is no doubt about that; **das ist noch sehr die ~** that remains to be seen. – **4.** (*Angelegenheit, Sache*) question, matter: **das ist eine politische ~** that is a political matter; **das ist eine andere ~** that's another question; **das ist nur noch eine ~ der Zeit** that's only a matter of time now. – **5.** (*Erkundigung*) inquiry, *auch* enquiry, interrogation. – **6.** (*in Wendungen wie*) **in ~ kommen** to be possible (*od.* a possibility), to come into consideration; **nicht in ~ kommen** a) (*von Personen*) to be unsuitable (*od.* not eligible), b) (*von Dingen*) to be out of the question; **die in ~ kommenden Bewerber** the eligible candidates; **die einzig in ~ kommenden Lösungen** the only feasible solutions; **das kommt nicht in ~!** that is out of the question; **kommt nicht in ~!** *colloq.* nothing doing! (*colloq.*). – **7.** *ling. cf.* Fragesatz. – **8.** (*games*) (*beim Skat*) frage. – **9.** ~ **im Kreuzverhör** *jur.* cross-question.

'**Fra·ge,bo·gen** *m* **1.** questionnaire, *Am. auch* questionaire, questionary. – **2.** (*für Meinungsforschung*) opinionnaire, *auch* opinionaire. – **3.** (*Formular*) form. – **4.** *ped.* (*mit Prüfungsfragen*) test paper, *Br.* test-paper. — ~,**fäl·schung** *f* falsification of a questionnaire.

'**Fra·ge|,form** *f ling.* interrogative (form). — ~**für,wort** *n* interrogative (pronoun). — ~**,ka·sten** *m* (*einer Zeitung*) readers' questions *pl*, corresponding column.

fra·gen ['fra:gən] **I** *v/t* ⟨fragt, *auch* frägt; fragte, *auch* frug; gefragt, h⟩ **1.** ask: **j-n geradeheraus [neugierig] ~** to ask s.o. straight out [with curiosity]; **ich weiß nicht, wen ich fragen soll** I don't know who(m) to ask; **ich mußte ihn etwas ~** I had to ask him a question; **~ Sie ihn lieber selbst** you had better ask him yourself; **da fragst du mich zuviel** you are asking me (for) more than I know; **das frage ich dich!** that's what I am asking you! **sprich nur, wenn du gefragt wirst** speak only when you are spoken to; **j-m ein Loch in den Bauch ~** *fig. colloq.* to plague s.o. with questions. – **2. j-n nach etwas ~** a) to ask s.o. for s.th., b) to ask s.o. about s.th., to inquire (*auch* enquire) s.th. of s.o.: **j-n nach dem Weg [seiner Meinung] ~** to ask s.o. the way [for his opinion]; **j-n nach seinen Wünschen ~** to ask s.o. what he wants. – **3. j-n wegen etwas ~** to ask s.o. about s.th., to inquire (*auch* enquire) s.th. of s.o. – **4. j-n nach j-m ~** to ask s.o. about s.o. – **5.** (*zu Rate ziehen*) ask, consult: **j-n um Rat ~** to ask s.o. for advice, to ask s.o.'s advice, to consult s.o.; **einen Arzt [ein Wörterbuch] ~** to consult a doctor [a dictionary]. – **6.** (*ausfragen*) question, query. – **II** *v/i* **7.** ask: **er fragt viel** he asks many questions; **er fragt gern** he likes to ask questions; **er fragte, wo ich herkäme** he asked where I came from; **ich fragte, ob sie fortgereist sei** I asked whether or not she was away; **er tat es, ohne erst lange zu ~** he did it without wasting time asking a lot of questions; **wie ist Ihr Name, wenn ich ~ darf?** what's your name if I may ask? **wo warst du denn, wenn ich ~ darf?** where have you been if I (*od.* one) may ask? **wie war es? ~ Sie (lieber) nicht** *colloq.* how was it? don't ask (*od.* no questions, no comment); **da fragst du noch?** you have the nerve to ask? **wer viel fragt, kriegt viel Antwort** (*od.* **geht viel irr[e]**) (*Sprichwort*) *etwa* the more people you ask, the more different answers you get, ask no questions and you will be told no lies (*proverb*); → Narr 1. – **8. nach etwas ~** a) to ask for s.th., b) (*sich erkundigen*) to ask about s.th., c) (*sich kümmern*) to care for (*od.* about) s.th.: **nach der Zeit [j-s Alter] ~** to ask the time [for s.o.'s age]; **nach den Ursachen von etwas ~** to ask about (*od.* inquire into) the causes of s.th.; **wer fragt schon danach?** who cares? **er fragt nicht den Teufel danach** *colloq.*, **er fragt keinen Dreck danach** *vulg.* he doesn't care (*od.* give) a damn (about it) (*colloq.*). – **9. nach j-m ~** a) (*sprechen wollen*) to ask for s.o., b) (*sich erkundigen*) to inquire (*auch* enquire) after s.o., c) (*sich kümmern*) to care for (*od.* about) s.o.: **kein Mensch fragt nach mir, wenn ich krank bin** nobody cares (*od.* bothers) about me when I'm ill. – **III** *v/reflex* **sich ~ 10.** ask oneself, wonder: **das frage ich mich selbst** that's what I'm wondering at myself; **ich frage mich, ob auf ihn Verlaß ist** I wonder whether he can be relied upon. – **11.** (*in Wendungen wie*) **es fragt sich, ob** the question is whether; **das fragt sich noch** that is the question; **das fragt sich noch sehr** that is still very doubtful. – **IV F~** *n* ⟨-s⟩ **12.** *verbal noun*: **F~ kostet nichts** (*Sprichwort*) *etwa* it doesn't cost anything to ask, there is no harm in asking. — '**fra·gend I** *pres p.* – **II** *adj* (*Blick, Ton etc*) questioning, inquiring. – **III** *adv* **j-n ~ ansehen** to look at s.o. inquiringly.

'**Fra·gen·kom,plex** *m* complex of questions, series (*od.* string) of questions.

'**Fra·ge|par,ti·kel** *f ling.* interrogative particle. — ~**pro,no·men** *n* interrogative (pronoun).

'**Fra·ger** *m* ⟨-s; -⟩ **1.** asker, questioner, inquirer. – **2.** *bes. jur.* (*in einem Verhör etc*) interrogator.

'**Fra·ge,recht** *n jur.* **1.** (*im Zivilprozeß*) right to ask (*od.* pose) questions. – **2.** (*im Strafprozeß*) right to interrogate (*od.* cross-examine).

Fra·ge'rei *f* ⟨-; -en⟩ constant asking (*od.* questioning): **neugierige ~** inquisitive questioning; **ich habe diese ewige ~ satt** I am sick of this constant questioning (*od.* badgering).

'**Fra·ge|,satz** *m ling.* a) interrogative sentence, b) (*als Nebensatz*) interrogative clause, c) (*Frage*) question: **[in]direkter ~** [in]direct question; **abhängiger ~** dependent (*od.* oblique) question (*od.* interrogative clause). — ~,**stel·ler** *m* **1.** questioner. – **2.** *bes. jur.* (*in einem Verhör*) interrogator. — ~,**stel·lung** *f* **1.** formulation of the question: **die ~ ist falsch** the question is not formulated correctly (*od.* is wrongly put); **das ist eine interessante ~** that is an interesting way of formulating (*od.* stating) the question. – **2.** (*Frage, Problem*) question, problem: **daraus ergeben sich ganz neue ~en** this results in completely new problems. – **3.** *ling.* a) (*Satzstellung*) interrogative word order, b) (*eines Wortes*) interrogative position. — ~,**stun·de** *f bes. pol.* (*im Parlament*) question time. — ~**-,und-'Ant-,wort,spiel** *n* question (and answer) game. — ~,**wort** *n ling.* interrogative (word *od.* particle). — ~,**zei·chen** *n* **1.** *ling.* question mark, *Br.* question-mark, interrogation point (*od.* mark), interrogation: **hinter seine Behauptung muß man ein dickes** (*od.* **großes**) **~ setzen** *fig.* his statement must be taken with a grain of salt; **dastehen [dasitzen] wie ein ~** *fig. colloq.* to stand [to sit] as crooked as a corkscrew. – **2.** (*am Textrand*) query (mark): **etwas mit einem ~ versehen** to query s.th.

fra·gil [fra'gi:l] *adj* (*Person, Dinge*) fragile, delicate, frail.

frag·lich ['fra:klɪç] *adj* **1.** ⟨*attrib*⟩ in question, under discussion (*od.* consideration): **die ~e Angelegenheit [Person]** the matter [person] in question; **an dem ~en Tag** on the day in question, on that particular day. – **2.** ⟨*pred*⟩ questionable, open to question, doubtful, uncertain: **das ist noch ~** that is still doubtful, that remains to be seen; **diese Behauptung ist sehr ~** this statement is very doubtful; **es ist ~, ob** it is doubtful whether. – **3.** (*strittig*) disputable. — '**Frag·lich·keit** *f* ⟨-; *no pl*⟩ questionableness, doubtfulness, uncertainty.

'**frag·los** *adv* **1.** unquestionably, undoubtedly, doubtlessly, without (any) question (*od.* doubt): **das ist ~ richtig** that is undoubtedly (*od.* certainly) correct. – **2.** (*entschieden*) decidedly.

Frag·ment [fra'gmɛnt] *n* ⟨-(e)s; -e⟩ fragment. — **frag·men'ta·risch** [-'ta:rɪʃ] **I** *adj* **1.** fragmentary, fragmental: **~e Knochenfunde** finds of fragmentary bones. – **2.** (*unvollendet*) incomplete, unfinished. – **3.** (*unzusammenhängend*) scrappy, disconnected. – **II** *adv* **4.** as a fragment, in fragments, in fragmentary form.

'**frag,wür·dig** *adj* **1.** (*Behauptung, Vergnügen etc*) questionable, doubtful, dubious: **das erscheint mir ~** this seems dubious to me. – **2.** (*Geschäft, Unternehmen etc*) questionable, doubtful, dubious, equivocal, suspect, suspicious; **eine ~e Person**, *colloq.* **ein ~es Subjekt** a dubious (*od. colloq.* shady) person (*od.* character). — '**Frag,wür·dig·keit** *f* ⟨-; *no pl*⟩ (*einer Behauptung, eines Unternehmens etc*) doubtfulness, dubiousness.

frais [frɛ:s], **frai·se** ['frɛ:zə; frɛ:z] (*Fr.*) *adj* (*erdbeerfarben*) fraise, strawberry-colo(u)red.

Frai·sen ['fraɪzən] *pl Bavarian and Austrian med.* spasms of infants.

Frak·ti·on [frak'tsĭo:n] *f* ⟨-; -en⟩ **1.** *pol.* (*im Parlament*) parliamentary group (*od.* party): **j-n aus der ~ ausschließen** to exclude (*od.* expel) s.o. from the parliamentary group. – **2.** *chem.* fraction, cut.

frak·tio·nie·ren [fraktsĭo'ni:rən] **I** *v/t* ⟨*no* ge-, h⟩ *chem.* **1.** (*Erdöl etc*) fractionate. – **II F~** *n* ⟨-s⟩ **2.** *verbal noun.* – **3.** *cf.* Fraktionierung.

Frak·tio'nier|ap·pa,rat *m chem. tech.* fractionating apparatus (*od.* column). — ~**ko,lon·ne** *f* fractionating column.

frak·tio'niert I *pp.* – **II** *adj chem.* (*Destillation etc*) fractional.

Frak·tio'nier,turm *m* (*einer Ölraffinerie*) bubble (*od.* fractionating) tower.

Frak·tio'nie·rung *f* ⟨-; -en⟩ *chem.* **1.** *cf.* Fraktionieren. – **2.** fractionation.

Frak·ti'ons|,aus,schuß *m pol.* (sub)committee of the parliamentary group (*od.* party). — ~**be,schluß** *m* party-sponsored motion. — ~,**bil·dung** *f* formation of a parliamentary group (*od.* party). — ~**dis·zi,plin** *f* discipline of vote. — ~,**füh·rer** *m* **1.** (*im Bundestag*) leader of the parliamentary group (*od.* party). – **2.** (*im brit. Parlament*) chief whip. – **3.** (*im amer. Kongreß*) floor leader. — ~**ge,schäfts-,füh·rer** *m* secretary of the parliamentary group. — **f~los** *adj* (*Abgeordnete etc*) independent. — ~,**mit,glied** *n* member of the parliamentary group (*od.* party). — ~,**sit·zung** *f* meeting of the parliamentary group (*od.* party). — ~,**stär·ke** *f* **1.** party strength (in parliament). – **2.** (*in der Bundesrepublik*) minimum strength of a party required for recognition. — ~,**vor-,sit·zen·de** *m* chairman (*od.* leader) of the parliamentary group (*od.* party), house leader, parliamentary leader of a party. — ~,**zwang** *m* obligation to vote according to group (*od.* party) policy, automatic vote: **unter ~ stehen** a) to be obliged to vote according to party policy, b) (*in Großbritannien*) to be under the party whip; **es wurde kein ~ ausgeübt** there was free vote, free vote was allowed.

Frak·tur [frak'tu:r] *f* ⟨-; -en⟩ **1.** *med.* fracture: **einfache [komplizierte] ~** simple [compound] fracture. – **2.** *print.* Gothic (lettering type), Old English, black letter: **das Buch ist in ~ gedruckt** the book is printed in Gothic type. – **3. mit j-m ~ reden** *fig. colloq.* to speak one's mind to s.o., to give s.o. a piece of one's mind.

Frak'tu·ren·be,hand·lung *f med.* treatment of a fracture.

Frak'tur,schrift *f print. cf.* Fraktur 2.

Fram·bö·sie [frambø'zi:] *f* ⟨-; -n [-ən]⟩ *med.* yaws *pl* (*construed as sg or pl*), pian; frambesia, *auch* framboesia (*scient.*).

Franc [frã:] *m* ⟨-; -s⟩ (*Währungseinheit*) franc.

Fran·çai·se [frã'sɛ:zə] *f* ⟨-; -n⟩ (*alter Tanz*) Française.

Fran·chi·se [frã'ʃi:zə] *f* ⟨-; -n⟩ *econ.* **1.** (*beim Zoll*) exemption from duty (*od.* customs). – **2.** (*in der Güterversicherung*) franchise, exemption.

'**Fran·cis·tur,bi·ne** ['fra:nsɪs-] (*Engl.*) *f tech.* Francis (water) turbine.

Fran·ci·um ['frantsĭum] *n* ⟨-s; *no pl*⟩ *chem.* francium (Fr).

'**Franc-,Zo·ne** *f econ.* franc area.

frank [fraŋk] *adv only in* **~ und frei** (quite) frankly, openly, straightforwardly: **er sagte ihm ~ und frei seine Meinung** he gave him quite frankly a piece of his mind; **etwas ~ und frei erklären** to declare s.th. openly.

Frank *m* ⟨-en; -en⟩ *cf.* Franc.

Fran·ka·tur [fraŋka'tu:r] *f* ⟨-; -en⟩ (*postal service*) prepayment of postage (*bes. Br.* carriage, *bes. Am.* freight).

Fran·ke ['fraŋkə] *m* ⟨-n; -n⟩ **1.** Franconian, inhabitant of Franconia. – **2.** *hist.* Frank, Franconian: **ripuarische [salische] ~n** Ripuarian [Salian] Franks.

Fran·ken ['fraŋkən] *m* ⟨-s; -⟩ (*schweiz. Währung*) (Swiss) franc.

'Fran·ken|,kö·nig *m hist.* Frankish king, king of the Franks. — **~,reich** *n* realm (*od.* empire) of the Franks. — **~,wein** *m gastr.* wine grown in Franconia, Franconian wine.

'Frank,fur·ter[1] **I** *m* ⟨-s; -⟩ native (*od.* inhabitant) of Frankfort (*od.* Frankfurt). – **II** *adj* (of) Frankfort (*od.* Frankfurt): die ~ Nationalversammlung *hist.* the Frankfurt National Assembly, the Frankfurt Parliament (*1848—49*); ~ Schwarz Frankfort (*od.* drop, German) black; ~ Würstchen *cf.* Frankfurter[2].

'Frank,fur·ter[2] *f* ⟨-; -⟩ *meist pl gastr.* (*Würstchen*) frankfurt(er), frankfort(er).

fran·kie·ren [fraŋ'ki:rən] **I** *v/t* ⟨*no* ge-, h⟩ (*Brief etc*) **1.** prepay, pay the postage for, put a stamp (*od.* stamps) on, stamp: der Brief wurde [nicht] frankiert the letter was [not] stamped. – **2.** (*bes. maschinell*) frank. – **II F~** *n* ⟨-s⟩ **3.** *verbal noun.* – **4.** *cf.* Frankatur. — **Fran'kier·ma,schi·ne** *f Br.* franking machine, *Am.* postage meter. — **fran'kiert I** *pp.* – **II** *adj* (*Brief etc*) stamped, prepaid, postpaid, *Br.* post-paid, *bes. Br.* post-free, franked: ungenügend ~ insufficiently stamped, understamped.

Fran'kie·rung *f* ⟨-; -en⟩ **1.** *cf.* Frankieren. – **2.** *cf.* Frankatur.

frän·kisch ['frɛŋkɪʃ] **I** *adj* **1.** (*Mundart etc*) Franconian. – **2.** *hist.* Frankish, Franconian: das ~e Reich the Frankish Empire; die ~en Kaiser the Frankish (*od.* Salian) emperors; die ~e Sprache the Frankish language. – **II** *ling.* **F~** ⟨*generally undeclined*⟩, **das F~e** ⟨-n⟩ **3.** Franconian, the Franconian language. – **4.** *hist.* Frankish, Franconian, the Frankish (*od.* Franconian) language.

'Frank·lin,mö·we ['fræŋklɪn-] (*Engl.*) *f zo.* Franklin's gull (*Larus pipixan*).

fran·ko ['fraŋko] *adv* **1.** (*postfrei*) postpaid, *Br.* post-paid, prepaid, postage free, *bes. Br.* post-free: ~ Berlin postpaid to Berlin; ~ ab Berlin free in Berlin, delivered free in Berlin. – **2.** *econ.* free (of charge, *bes. Br.* carriage), carriage free (*od.* paid), freight (pre)paid: ~ Station free on rail; ~ verzollt duty-free.

'Fran·ko·ka,na·di·er *m* French Canadian.

Fran·ko'lin,huhn [fraŋko'li:n-] *n zo.* francolin, black partridge (*Francolinus francolinus*).

Fran·ko·ma·nie [fraŋkoma'ni:] *f* ⟨-; *no pl*⟩ Francomania, Gallomania.

fran·ko·phil [fraŋko'fi:l] *adj cf.* franzosenfreundlich.

'Frank,reich *npr n* ⟨-s; *no pl*⟩ *geogr.* France: leben wie Gott in ~ *fig. colloq.* to be (*od.* live) in clover, *Am. auch* to live (*od.* lead) the life of Riley.

Frank·ti·reur [frãti'rø:r] *m* ⟨-s; -e⟩ *mil. hist.* (*Freischärler*) franc-tireur.

Fran·se ['franzə] *f* ⟨-; -n⟩ **1.** (*einer Decke, eines Teppichs etc*) fringe, fringing: geknüpfte [gedrehte] ~n knotted [twisted] fringes; eine Tischdecke mit ~n a tablecloth with fringe; etwas mit ~n besetzen to put a fringe on s.th., to trim s.th. with a fringe, to fringe s.th.; in ~n sein *fig. colloq.* to be in shreds. – **2.** (*loser Faden*) (loose) thread, thrum. – **3.** (*Ausgefranstes*) frazzle. – **4.** (*eines Mops etc*) strand. – **5.** *pl colloq.* (*Haarfransen*) bangs, frings. – **6.** (*textile*) (*in der Wirkerei*) pillar stitch, fringe. – **7.** *bot. zo.* fimbriation, lacinia: mit ~n besetzt fimbriate(d), laciniate(d).

fran·sen ['franzən] **I** *v/i* ⟨h⟩ (*ausfransen*) fray, (un)ravel, frazzle: Leinen franst leicht linen ravels easily; die Jacke beginnt zu ~ the jacket is beginning to fray. – **II** *v/t* fringe, put a fringe on.

'Fran·sen|,flüg·ler [-,fly:glər] *m* ⟨-s; -⟩ *zo.* **1.** thrips (*Fam. Thripidae*). – **2.** thysanopteron (*Ordng Thysanoptera*). — **~or·chi,dee, 'Ro·te** *bot.* purple-fringed orchid (*od.* orchis) (*Blephariglottis psycodes u. B. fimbriata*). — **~,schild,krö·te** *f zo.* matamata (*Chelys fimbriata*).

'fran·sig *adj* **1.** (*ausgefranst*) frayed, (un)raveled, *bes. Br.* (un)ravelled, frazzled: sich den Mund ~ reden *fig. colloq.* to talk oneself silly (*od.* [until one is] blue in the face), to talk one's head off. – **2.** (*mit Fransen versehen*) fringed, fringy.

'Franz|,band *m print.* **1.** calf (binding), binding in calf. – **2.** (*Lederband*) book bound in calf, calf-bound volume. — **~,brannt,wein** *m med. pharm.* rubbing alcohol.

Fran·zis·ka·ner [frantsɪs'ka:nər] *m* ⟨-s; -⟩ *relig.* Franciscan (friar), Gray (*bes. Br.* Grey) Friar. — **Fran·zis'ka·ne·rin** *f* ⟨-; -nen⟩ Franciscan (nun).

Fran·zis'ka·ner|,klo·ster *n relig.* **1.** (*für Männer*) Franciscan monastery. – **2.** (*für Frauen*) Franciscan convent. — **~,or·den** *m* Order of St. Francis, Franciscan Order.

'Franz,mann *m* ⟨-(e)s; ⸚er⟩ *colloq.* Frenchman; Frenchy, Froggy (*contempt.*).

Fran·zo·se[1] [fran'tso:zə] *m* ⟨-n; -n⟩ **1.** Frenchman: die ~n the French (people); er ist ~ he is French (*od.* a Frenchman). – **2.** *zo.* croton bug (*Blattella germanica*).

Fran'zo·se[2] *m* ⟨-n; -n⟩ *tech.* (*Schraubenschlüssel*) monkey wrench, *Br.* monkey-wrench.

fran·zö·seln [fran'tsø:zəln] *v/i* ⟨*no* ge-, h⟩ *contempt.* imitate the French.

Fran'zo·sen|,feind *m* Francophobe, Gallophobe. — **f~,feind·lich** *adj* anti-French, Francophobe. — **~,feind·lich·keit** *f* Francophobia, Gallophobia. — **~,freund** *m* Francophil(e), Gallophile. — **f~,freund·lich** *adj* Francophil(e), Gallophile, pro-French. — **~,freund·lich·keit** *f* Francophilia. — **~,gras** *n bot. cf.* Glatthafer. — **~,haß** *m* Francophobia, Gallophobia. — **~,holz** *n bot.* guaiac (*auch* guaiacum) wood, pock wood, lignum vitae (*scient.*) (*Guaiacum officinale*). — **~,krank·heit** *f colloq. for* Syphilis. — **~,kraut** *n bot.* galinsoga (*Galinsoga parviflora*).

Fran'zo·sen·tum *n* ⟨-s; *no pl*⟩ French nationality (*od.* civilization, culture).

fran·zö·sie·ren [frantsø'zi:rən] *v/t* ⟨*no* ge-, h⟩ frenchify, *auch* Frenchify, make (*s.o., s.th.*) French, gallicize, *auch* Gallicize.

Fran·zö·sin [fran'tsø:zɪn] *f* ⟨-; -nen⟩ Frenchwoman: sie ist ~ she is French (*od.* a Frenchwoman).

fran'zö·sisch I *adj* French: die ~e Sprache the French language, French; die ~e Schweiz the French-speaking part of Switzerland; die F~e Revolution *hist.* the French Revolution (*1789*); ~e Küche *gastr.* French cooking (*od.* cuisine); ~er Herkunft of French descent (*od.* origin, extraction); ein ~es Schiff *mar.* a Frenchman, a French ship; sie sprachen ~ they spoke (in) French; was heißt das auf ~? what is this (called) in French? sie unterhielten sich auf ~ they conversed (*od.* spoke) in French, they talked French. – **II** *adv* French, in a French manner: ~ kochen to prepare French cuisine, to cook French dishes; sich (auf) ~ empfehlen *fig.* to take French leave; er spricht fließend ~ he speaks French fluently, he speaks fluent French. – **III** *ling.* **F~** ⟨*generally undeclined*⟩, **das F~e** ⟨-n⟩ French, the French language. — **~-'deutsch** *adj* **1.** (*Wörterbuch etc*) French-German. – **2.** *bes. pol.* Franco-German. — **F~,leh·rer** *m*, **F~,leh·re·rin** *f* French teacher, teacher of French. — **~,spre·chend** *adj* ⟨*attrib*⟩ (*Bevölkerung, Land etc*) French-speaking. — **F~,stun·de** *f* French class (*Br. auch* lesson). — **F~,un·ter,richt** *m* **1.** (instruction in *od.* teaching of) French. – **2.** *cf.* Französischstunde.

fran·zö·si·sie·ren [frantsøzi'zi:rən] *v/t* ⟨*no* ge-, h⟩ *Swiss for* französieren.

frap·pant [fra'pant] *adj cf.* frappierend II.

Frap·pé [fra'pe:] *n* ⟨-s; -⟩ *Austrian* (cold *od.* iced) milk shake.

frap·pie·ren [fra'pi:rən] *v/t* ⟨*no* ge-, h⟩ **1.** etwas [j-d] frappiert j-n a) (*erstaunen*) s.th. [s.o.] astonishes s.o., s.o. is astonished (*od.* surprised) at s.th. [s.o.], b) (*verblüffen*) s.th. [s.o.] amazes s.o., s.o. is taken aback at s.th. [s.o.]: sein Erfolg frappierte uns we were surprised at his success; sein seltsames Benehmen frappierte sie she was taken aback at his strange behavio(u)r; es frappiert mich, daß I am astonished that. – **2.** *gastr.* (*Wein, Sekt*) ice, chill, cool (*s.th.*) in ice. — **frap'pie·rend I** *pres p.* – **II** *adj* **1.** (*auffallend*) striking, remarkable. – **2.** (*erstaunlich*) astonishing, amazing.

'Fräs|,ar·beit *f* **1.** *metall.* milling work. – **2.** (*wood*) shaping (*od.* molding, *bes. Br.* moulding) work. – **3.** *agr.* rotary hoeing. — **~au·to,mat** *m tech.* automatic milling machine (*Am. auch* miller), milling automatic.

'Fräs,dorn *m tech.* cutter (*od.* milling) arbor. — **~,la·ger** *n* arbor guide bearing.

Frä·se ['frɛ:zə] *f* ⟨-; -n⟩ **1.** *tech. cf.* Fräsmaschine. – **2.** *agr.* rotary hoe. – **3.** *obs.* (*Halskrause*) ruff.

'Fräs,ein,rich·tung *f tech.* milling attachment.

frä·sen ['frɛ:zən] *v/t u. v/i* ⟨h⟩ **1.** *metall.* cut, mill. – **2.** (*wood*) shape, mold, *bes. Br.* mould. – **3.** *agr.* till (*soil*) by rotary hoe.

'Frä·ser *m* ⟨-s; -⟩ **1.** *metall.* a) (*Werkzeug*) milling cutter, mill, b) (*Arbeiter*) milling machine operator. – **2.** (*wood*) a) (*Werkzeug*) cutter, shaper (cutter), b) (*Arbeiter*) spindle-molding (*bes. Br.* -moulding) machinist, shaper operator. — **~,boh·rung** *f metall.* (milling) cutter bore. — **~,dorn,ring** *m* spacing (*od.* loose) collar (of a cutter arbor).

Frä·se'rei *f* ⟨-; -en⟩ *tech.* **1.** (*Arbeit*) milling (practice). – **2.** (*Betrieb*) milling shop (*od.* machine department).

'Frä·ser|,ein,stelleh·re (*getr.* -ll,l-) *f tech.* cutter setting ga(u)ge. — **~,prüf,leh·re** *f* cutter testing fixture. — **~,satz** *m* gang (*od.* set) of cutters. — **~,schleif,leh·re** *f* cutter clearance ga(u)ge. — **~,schleif·ma,schi·ne** *f* cutter grinding (*od.* sharpening) machine.

'Fräs|,fut·ter *n tech.* cutter chuck. — **~,kopf** *m* **1.** *tech.* a) (*Werkzeug*) (cone-type) face-milling cutter, b) (*Maschinenteil*) milling head (*od.* attachment), c) (*einer Wälzfräsmaschine*) hobbing head. – **2.** (*wood*) cutter head. — **~ma,schi·ne** *f* **1.** *metall.* milling machine, *Am. auch* miller: fühlergesteuerte ~ tracer(-controlled) milling machine. – **2.** (*wood*) shaper. — **~,mes·ser** *n cf.* Fräser 1a, 2a.

fraß [fra:s] *1 u. 3 sg pret of* fressen.

Fraß *m* ⟨-es; *no pl*⟩ **1.** *colloq. contempt.* 'grub' (*sl.*), 'muck' (*vulg.*), *Am. sl.* chow: was für ein ~! what lousy grub! der ~ ist ungenießbar one can hardly eat that muck. – **2.** (*Nahrung, bes. für Raubtiere*) food, feed: ein ~ der Geier sein to be food for the vultures; etwas den wilden Tieren zum ~ vorwerfen to throw (*od. rare* feed) s.th. to the wild beasts. – **3.** *hunt.* (*des Raubwilds, Wildschweins*) feed. – **4.** *bes. agr.* a) (*durch Schädlinge*) eating away, b) (*Schaden*) damage, destruction, c) canker. – **5.** (*Rost*) corrosion, canker. – **6.** *med.* caries (*construed as sg or pl*).

frä·ße ['frɛ:sə] *1 u. 3 sg pret subj of* fressen.

'Fraß|,gang *m bes. agr.* (*von Schädlingen*) channel, mine, tunnel, passage, gallery. — **~,gift** *n* stomach insecticide (*od.* poison) (for insects).

'Fräs,schlit·ten *m tech.* cutter (*od.* spindle) slide, milling (spindle) head.

'Fräs,spin·del *f tech.* cutter (*od.* milling) spindle. — **~,kopf** *m* cutterhead, milling spindle. — **~,la·ger** *n* cutter spindle bearing.

'Fräs|,werk *n tech.* horizontal drilling, boring and milling machine. — **~,werk,zeug** *n* milling tool (*od.* cutter).

Fra·ter ['fra:tər] *m* ⟨-s; Fratres [-trɛs]⟩ *röm.kath.* Brother.

fra·ter·ni·sie·ren [fratɛrni'zi:rən] **I** *v/i* ⟨*no* ge-, h⟩ *bes. pol.* fraternize. – **II F~** *n* ⟨-s⟩ *verbal noun.* — **Fra·ter·ni'sie·rung** *f* ⟨-; -en⟩ **1.** *cf.* Fraternisieren. – **2.** fraternization.

Fra·ter·ni·tät [fratɛrni'tɛ:t] *f* ⟨-; -en⟩ **1.** ⟨*only sg*⟩ (*Brüderlichkeit*) fraternity. – **2.** ⟨*only sg*⟩ (*Verbrüderung*) fraternization. – **3.** (*geistliche Bruderschaft*) fraternity.

Fratz [frats] *m* ⟨-es; -e(n)⟩ *colloq.* **1.** (*niedliches Kind, bes. Mädchen*) scamp, little monkey (*od.* rascal): ein süßer ~ a cute little thing, (*nur Mädchen*) *Br.* a poppet. – **2.** (*freches Kind, bes. Mädchen*) brat, imp, little devil, rascal: du ~! you little devil! so ein unverschämter ~ what a saucy (*Am. dial.* sassy) brat, (*nur Mädchen*) what a cheeky hussy. – **3.** (*Geck, Laffe*) dandy, fop, swell, *Am. auch* dude.

Frat·ze ['fratsə] *f* ⟨-; -n⟩ **1.** (*abstoßendes Gesicht*) distorted (*od.* ugly) face, 'mug' (*sl.*). – **2.** (*Grimasse*) grimace, wry face, *bes. Am. colloq.* snoot: er machte (*od.* schnitt) eine ~ he made a grimace, he made (*od.* pulled) a (wry) face, he grimaced. – **3.** *colloq.* (*Gesicht*) face: eine hübsche ~ a pretty face. – **4.** (*Maske*) mask. – **5.** (*art*) antic.

'frat·zen·haft *adj* **1.** (*Züge etc*) distorted, wry, grimacing. – **2.** (*grotesk*) grotesque.

'Frat·zen|,kuckuck (*getr.* -k·k-) *m zo.*

channelbill (cuckoo) (*Scythrops novaehollandiae*). — **~orˑnaˌment** *n* (*art*) antic ornament.

Frau [frau] *f* ⟨-; -en⟩ **1.** woman: **die ~en** the women, woman *sg*, womankind *sg*; **unsere ~en** our women(folk); **die ~ ist physisch schwächer als der Mann** women are physically weaker than men; **die Rechte der ~** women's rights; **die moderne ~, die ~ von heute** modern woman, the women *pl* of today; **eine junge ~** a) a young woman, b) a newly married woman; **eine alleinstehende ~** a single woman; **eine verheiratete ~** a) a married woman, b) *jur.* a feme covert, *auch* a femme couverte; **unverheiratete ~** a) unmarried (*od.* single) woman, b) *jur.* feme (*auch* femme) sole, spinster; **eine geschiedene ~** a divorced woman, a divorcee; **eine ~ vom Lande** a countrywoman; **sie ist eine ~ geworden** she is a grown woman, she has grown to womanhood; **sie ist eine ~ von Welt** she is a woman of the world, she is a sophisticated woman; **typisch ~!** *iron.* just like a woman (*od.* female)! **eine ~ mit Vergangenheit** a woman with a past; **das ist Sache der ~** that's a woman's affair; **dahinter steckt eine ~** *colloq.* there is a woman behind it. – **2.** (*in Statistiken*) female: **die Einwohnerzahl besteht aus 100 Männern und 140 ~en** the population consists of 100 males and 140 females. – **3.** (*Ehefrau*) wife: **meine ~** my wife (*od. colloq.* missus), my better half (*colloq.*), (*förmlich*) Mrs N; **seine junge ~** his young wife; **eine ~ haben** to have a wife, to be married; **er möchte sie gern zur ~ haben** he wants her for a wife, he wants (*od.* would like) to marry her; **~ und Kinder haben** to have a wife and children; **(sich** *dat*) **eine ~ nehmen** to take a wife, to marry; **j-m seine Tochter zur ~ geben** to give s.o. one's daughter's hand (*od.* one's daughter) in marriage; **er hat eine geborene N. zur ~** he is married to (*od.* his wife is) a N, his wife's maiden name is N; **er nahm sie zur ~** he took her as his wife; **er hat sich von seiner ~ scheiden lassen** he divorced his wife; **sie leben wie Mann und ~** (*unverheiratet*) they live as husband and wife; **j-m eine gute ~ sein** to make s.o. a good wife; **ohne ~** without a wife, wifeless. – **4.** (*Herrin*) mistress: **die ~ des Hauses** the mistress (*od.* lady) of the house. – **5.** (*Edelfrau, Dame*) lady: **die ~en am Hofe** the ladies of the Court. – **6.** (*in Verbindung mit Name, Titel*) (die) **~** X Mrs X; **Ihre ~ Mutter** [**Schwester**] your mother [sister]. – **7.** (*als Anrede in Verbindung mit Namen*) Mrs: **Liebe** (*od.* **Sehr geehrte**) **~** B (*Briefanfang*) Dear Mrs B. – **8. gnädige ~** (*Anrede*) a) madam, b) (*zur Trägerin des Titels Lady*) Your Ladyship, My Lady, Madam, c) (*Dienstbotenanrede der Hausfrau*) missus, missis (*beide colloq.*): **Verzeihung, gnädige ~** pardon me, madam; **gnä' ~** *colloq.* madam, ma'am, *auch* mam, ma'm (*colloq.*). – **9.** *colloq.* (*Mädchen*) girl. – **10.** *colloq. for* Putzfrau. – **11.** „**~en**" (*Aufschrift an Toiletten*) "Women", "Ladies". – **12.** (*in Personifizierungen*) dame, lady: → Fortuna 1, Holle[2]. – **13. Unsere liebe ~** *relig.* Our (Blessed) Lady, the Blessed Virgin.

'**Frauˑchen** *n* ⟨-s; -⟩ **1.** *dim. of* Frau 1, 3. – **2.** (*als Kosewort*) little wife; wifey, old girl (*colloq.*). – **3.** *colloq.* (*Herrin eines Hundes etc*) mistress: **komm zu(m) ~** come to your mistress.

'**Frauˑen|ˌarˑbeit** *f* **1.** woman's work (*od.* job): **das ist keine ~** that isn't a job for a woman, that isn't a woman's job. – **2.** (*in der Gemeinde*) ladies' aid. — **~ˌarˑbeitsˌschutz** *m jur.* protection of working women. — **~ˌarzt** *m*, **~ˌärzˑtin** *f med.* specialist for women's diseases; gynaecologist, *bes. Am.* gynecologist (*scient.*). — **~beˌruf** *m* woman's profession. — **~beˌschwerˑden** *pl med.* period(ic) pains. — **~beˌweˑgung** *f pol.* feminist (*od.* women's) movement. — **~ˌbilˑdung** *f* female (*od.* feminine) education. — **~ˌbiß** *m bot.* **1.** (wall) germander (*Teucrium chamaedrys*). – **2.** germander speedwell, *bes. Br.* bird's-eye (*Veronica chamaedrys*). – **3.** *cf.* Frauenmantel 2. — **~ˌblatt** *n* costmary, *auch* alecost, bible leaf (*Chrysanthemum balsamita*). — **~ˌchor** *m* women's choir (*od.* chorus). — **~ˌdiˑstel** *f bot.* **1.** cotton thistle, *auch* Scotch thistle (*Onopordon acanthium*). – **2.** milk (*od.* lady's) thistle (*Sylibum marianum*). — **~ˌdost** *m* wild marjoram (*Origanum vulgare*). — **~emanˑziˑpaˑtiˌon** *f pol.* emancipation of women. — **~ˌfachˌschuˑle** *f ped.* full-time school of home economics (*Br.* domestic science). — **~ˌfarn** *m bot.* lady fern (*Gattg Athyrium, bes. A. filix-femina*). — **~ˌfeind** *m* woman hater, misogynist (*scient.*). — **f~ˌfeindˑlich** *adj* hostile to women; misogynic, *auch* misogynous (*scient.*). — **~ˌfisch** *m zo.* bonefish (*Albula vulpes*). — **~ˌflachs** *m bot.* wild flax, toadflax, lady's-laces (*Linaria vulgaris*). — **~ˌfraˑge** *f sociol.* **1.** problems *pl* of women. – **2.** ⟨*only sg*⟩ question (*od.* issue) of women's rights. — **~ˌfunk** *m* (*im Rundfunk*) **1.** women's programs *pl* (*bes. Br.* programmes *pl*). – **2.** (*Titel*) *Br.* Women's Programme, *Am.* Homemaker's Program. — **~geˌfängˑnis** *n* women's prison. — **~geˌstalt** *f* **1.** female figure. – **2.** (*in Romanen etc*) female character.

'**Frauˑenˌhaar** *n* **1.** woman's hair. – **2.** *bot.* a) maidenhair (fern), Venushair (*Adiantum capillus veneris*), b) **Schwarzes ~** black maidenhair (*Asplenium adiantum nigrum*), c) **Rotes ~** Venus's golden locks *pl* (*Asplenium trichomanes*). — **~ˌfarn** *m* maidenhair (fern), adiantum (*Gattg Adiantum*).

'**frauˑenˑhaft** *adj u. adv cf.* fraulich.

'**Frauˑen|ˌheilˌkunˑde** *f med.* gynaecology, *bes. Am.* gynecology. — **~ˌheld** *m* ladies' man, *auch* lady's man, (*stärker*) lady-killer, Don Juan. — **~ˌherrˑschaft** *f* government by women, female (*od. colloq. auch* contempt. petticoat) rule (*od.* government), matriarchy; gynocracy, gynaecocracy, *bes. Am.* gynecocracy (*scient.*). — **~ˌherz** *n* **1.** woman's (*od.* female) heart: **er gewinnt jedes ~** he wins every woman's heart (*od.* the hearts of all women). – **2.** *bot.* bleeding heart, lyreflower (*Gattg Dicentra, bes. D. spectabilis*). — **~ˌkirˑche** *f relig.* (*Kirchenname*) Church of Our (Blessed) Lady. — **~ˌkleid** *n* **1.** (women's) dress (*od.* gown, frock). – **2.** *pl* women's wear (*od.* dresses, clothes). — **~ˌkleiˑdung** *f* women's wear (*od.* dresses *pl*, clothing). — **~ˌkliˑnik** *f med.* gynaecological (*bes. Am.* gynecologic, *auch* gynecological) hospital (*od.* clinic). — **~ˌkloˑster** *n relig.* convent. nunnery, — **~konˌgreß** *m pol.* women's congress. — **~ˌkrankˑheit** *f* women's (*od.* female) disease: **~en betreffend** gynaecological, *bes. Am.* gynecologic, *auch* gynecological; **Facharzt für ~en** gynaecologist, *bes. Am.* gynecologist. — **~ˌkraut** *n bot.* **1.** balm gentle (*od.* mint) (*Melissa officinalis*). – **2.** mossy stonebreak (*Saxifraga hypnoides*). — **~ˌleiˑden** *n med.* female complaint (*od.* disorder), gynaecological (*bes. Am.* gynecologic, *auch* gynecological) disorder: **Behandlung von ~** gyniatrics *pl* (*construed as sg or pl*). — **~ˌmanˑtel** *m* **1.** *cf.* Damenmantel. – **2.** *bot.* lady's mantle, alchemilla (*Gattg Alchemilla, bes. A. xanthochlora*): **Gemeiner ~** lion's foot (*A. vulgaris*). — **~ˌmilch** *f med. cf.* Muttermilch. — **~ˌminˑze** *f bot.* **1.** costmary, alecost, beaver tongue, sugar shell (*Tanacetum balsamita*). – **2.** green mint, spearmint, *bes. Br.* spear mint (*Mentha spicata*). — **~ˌnachtˑvioˑle** [-ˌvioːlə] *f cf.* Frauenviole. — **~orˑgaˑniˑsaˑtiˌon** *f* women's organization. — **~ˌraub** *m* **1.** *anthrop.* wife capture. – **2.** *jur. hist.* carrying away of a woman. — **~ˌrechˑte** *pl jur.* women's rights. — **~ˌrechtˑler** *m* ⟨-s; -⟩ feminist. — **~ˌrechtˑleˑrin** *f* ⟨-; -nen⟩ **1.** *jur.* feminist. – **2.** *pol. hist.* suffragette. — **f~ˌrechtˑleˑrisch** *adj jur.* feministic. — **~ˌrolˑle** *f* (*theater*) female part (*od.* role). — **~roˌman** *m lit.* **1.** novel for female readers. – **2.** (*als Gattung*) novel about a woman. — **~ˌroˑse** *f bot.* a) dog (*od.* hip) rose (*Rosa canina*), b) spiniest Scotch (*R. spinosissima*). — **~ˌschmerˑzen** *pl med.* period(ic) pains. — **~ˌschuh** *m* **1.** woman's (*od.* lady's) shoe. – **2.** *bot.* lady's slipper, lady-slipper, *auch* ladies' slipper, Venus's shoe, mocassin flower (*Cypripedium calceolus*).

'**Frauˑensˑperˌson** *f colloq. meist contempt.* female.

'**Frauˑen|ˌspieˑgel** *m bot.* **1.** Venus's looking-glass, lady's glass (*Legousia speculum veneris*). – **2.** *cf.* Ackerveilchen. — **~ˌsport** *m* women's sport. — **~staˑtiˌon** *f* (*eines Krankenhauses*) **1.** women's ward. – **2.** gyn(a)ecological ward. — **~ˌstift** *n* **1.** *cf.* Damenstift 1. – **2.** *relig.* community (*od.* house) of secular canonesses. — **~ˌstimˑme** *f* **1.** woman's (*od.* female) voice. – **2.** (*im Chor etc*) female voice. – **3.** *pol.* woman's vote. — **~ˌstimmˌrecht** *n pol.* women's (*od.* female) suffrage, *auch* women's (*od.* female) franchise. — **~ˌstuˑdiˑum** *n* university education for women. — **~ˌtäubˑling** *m bot.* green agaric (*Agaricus furcatus*). — **~ˌtracht** *f* women's traditional dress (*od.* costume, garb). — **~ˌtreu** *f bot.* alpine bartsia (*Bartsia alpina*).

'**Frauˑenˑtum** *n* ⟨-s; *no pl*⟩ **1.** womanhood. – **2.** (*Weiblichkeit*) womanliness.

'**Frauˑen|ˌturˑnen** *n* women's gymnastics *pl* (*construed as sg*). — **~ˌüberˌschuß** *m* surplus of women. — **~ˌveilˑchen** *n bot. cf.* Frauenviole. — **~verˌband, ~verˌein** *m* women's organization (*od.* association, society). — **~vioˑle** [-ˌvioːlə] *f bot.* dame's violet, damewort, *auch* dame's (*od.* queen's) gilliflower (*Hesperis matronalis*). — **~ˌwahlˌrecht** *n pol. cf.* Frauenstimmrecht. — **~ˌwelt** *f* **1.** *collect.* womankind, women *pl*, female world. – **2.** (*Welt der Frau*) women's world, world of women. — **~ˌwerk** *n sociol.* women's service (*German organization for the social and educational concerns of women*). — **~ˌzeitˌschrift** *f* **1.** woman's magazine (*od.* journal). – **2.** (*für Hausfrauen*) home-interest (*Am.* homemakers) magazine. — **~ˌzimˑmer** *n* **1.** *meist contempt.* woman, female, (*stärker*) hussy: **ein liederliches ~** a slovenly woman; **ein unverschämtes ~** an impudent hussy. – **2.** *humor.* petticoat (*humor.*), 'skirt' (*vulg.*), *bes. Am. sl.* 'dame', 'sane', *Am. sl.* 'broad': **er ist hinter jedem ~ her** he runs (*od.* chases) after every woman (*od. vulg.* every bit of skirt). – **3.** *cf.* Frauenzimmerchen. — **~ˌzimˑmerˑchen** *n lit.* (little) woman: **sie ist ein recht naseweises ~** a) she is a rather pert little woman, b) (*von kleinen Mädchen*) she is a rather pert little thing (*od.* madam).

Fräuˑlein ['frɔylaɪn] *n* ⟨-s; -, *colloq. auch* -s⟩ **1.** young lady, girl, young woman: **kennen Sie das ~?** do you know the young lady? **das gnädige ~ hat keine Zeit** a) Miss X (*od. förmlich* madam) has no time, b) (*von der Trägerin des Titels Lady*) her ladyship has no time. – **2.** (*unverheiratete Frau*) lady: **ein älteres ~** an elderly lady, a spinster. – **3.** (*in Verbindung mit Namen, Titel*) Miss: (**das**) **~ Müller** Miss Müller; (**das**) **~ Rita** Miss Rita; **die beiden ~ Müller** the two Misses Müller, the two Miss Müllers (*colloq.*); (**das**) **~ Doktor** (the) Doctor, Dr X; **Ihr ~ Schwester** your sister, (*förmlich*) Miss X; **einen schönen Gruß an das ~ Tochter** please remember me to your daughter (*od. förmlich* to Miss X). – **4.** (*als Anrede in Verbindung mit Namen*) Miss: **~ Rita** Miss Rita; **Liebes** (*od.* **Sehr verehrtes**) **~ Rita!** (*als Briefanfang*) Dear Miss Rita. – **5.** (*als Anrede ohne Namen*) miss (*colloq.*), (*förmlich*) madam: **gnädiges ~** Miss X, (*förmlich*) madam; **gnä' ~** *colloq.* madam; ma'am, *auch* mam, ma'm (*colloq.*); **haben Sie etwas zu verzollen, ~?** have you anything to declare, miss? **~!** a) (*im Restaurant etc*) waitress! miss! (*colloq.*), b) (*im Laden etc*) miss! (*colloq.*), c) (*in der Schule*) Miss X! miss! (*colloq.*), Teacher! **kleines ~** *humor.* (*zu einem Kind*) miss, missy (*colloq.*). – **6.** (*Kellnerin etc*) waitress, girl (*contempt.*). – **7.** (*Verkäuferin*) saleswoman, salesgirl, shopgirl, *bes. Br.* shop assistant: **das ~ kommt sofort** the assistant will be with you immediately, you'll be served at once. – **8.** (*Lehrerin*) teacher; schoolma'm, schoolmarm (*colloq.*). – **9.** (*Erzieherin*) governess, miss (*colloq.*): **sie haben ein neues französisches ~** they've got a new French governess. – **10.** (*Kinderfräulein*) nanny. – **11. das ~ vom Amt** *tel. colloq.* the (female telephone) operator, the telephone girl, *Am.* the central (*colloq.*). – **12. die Englischen ~** *röm.kath.* the Institute *sg* of Mary, the Ladies of Loretto (*Roman Catholic order of nuns for the education of female youth*).

'**frauˑlich I** *adj* womanly, womanlike, feminine: **ein ~es Wesen** a womanly nature; **diese Mode ist sehr ~** these fashions are very feminine; **ihre sanfte ~e**

Art her gentle womanly (*od.* woman's) way. – **II** *adv* in a womanly (*od.* woman's, womanlike, feminine) way (*od.* manner): ~ **wirken** to give a womanly impression (*od.* an impression of womanliness). — '**Frau·lich·keit** *f* ⟨-; *no pl*⟩ womanliness, womanly (*od.* womanlike, feminine) nature, femininity.

'**Fraun,ho·fer·sche 'Li·ni·en** ['fraun,ho:fərʃə] *pl phys.* Fraunhofer lines.

frech [frɛç] **I** *adj* ⟨-er; -st⟩ **1.** impudent, impertinent, insolent, saucy; cheeky, bash, *Am. dial.* sassy, *Am. auch* 'fresh' (*colloq.*): **eine ~e Bemerkung** a saucy remark; **~es Gör** (*od.* **Luder, Stück**) *colloq.* cheeky (*od.* pert) girl (*od.* thing), minx, hussy; **ein ~er Spatz** a cheeky little sparrow; **komm** (*od.* **werd**) **mir ja nicht ~!** don't be cheeky to me; **gib ja keine ~e Antwort!** don't answer back, don't give cheeky answers, don't give back-chat (*Am.* back talk) (*colloq.*); **er ist ~ wie Oskar** (*od.* **ein Rohrspatz**) *colloq.* he is as bold as brass (*colloq.*), he's a cool customer (*colloq.*); **er war so ~** (*od.* **~ genug**) **zu behaupten** he had the impudence (*od.* insolence, *colloq.* cheek) to assert. – **2.** (*vorlaut, naseweis*) pert, forward, cocky (*colloq.*). – **3.** (*schamlos*) brazen, barefaced, shameless: **eine ~e Lüge** a brazen lie; **mit ~er Stirn behauptete er** he asserted brazenly (*od.* brazen-facedly). – **4.** (*kühn, dreist*) daring, bold, audacious: **ein ~er Überfall** a daring attack. – **5.** (*anmaßend*) presumptuous. – **6.** (*unbescheiden*) immodest: **eine ~e Forderung** an immodest demand. – **7.** *colloq.* (*keß, fesch*) saucy (*colloq.*), pert, smart: **ein ~es Hütchen** a saucy (*od.* jaunty, natty) little hat; **ein ~es Näschen** a pert little nose. – **8.** *colloq.* (*keck, herausfordernd*) saucy: **eine ~e Melodie** a saucy tune; **eine ~e Karikatur** a) (*Zeichnung*) a saucy cartoon, b) (*Zerrbild*) a saucy caricature. – **II** *adv* **9. er sagte ihr ~ ins Gesicht, daß** he told her saucily to her face that; **j-m ~ antworten** to give s.o. a cheeky answer, to answer (*Am. colloq.* sass) s.o. back; **j-n ~ anlügen** to lie brazenly to s.o., to tell s.o. a barefaced (*od.* brazen) lie, to lie to s.o.'s face.

'**Frech,dachs** *m colloq. humor.* cheeky (*od.* saucy) (little) thing (*od.* monkey, devil, rascal) (*colloq.*): **so ein ~!** the cheeky little thing, (*bes. Junge*) the whipper(-)snapper, (*bes. Mädchen*) the minx, the hussy.

'**Frech·heit** *f* ⟨-; -en⟩ **1.** ⟨*only sg*⟩ impudence, impertinence, insolence, sauciness; cheekiness, *Am. auch* 'freshness' (*colloq.*): **~ siegt** impudence wins the day. – **2.** ⟨*only sg*⟩ (*Unverfrorenheit*) effrontery, impudence, insolence, impertinence; 'cheek', 'nerve', (*stärker*) 'gall' (*colloq.*): **so (ei)ne ~!** *colloq.* what (a) cheek! what a nerve! such (an) impudence! the insolence of it! **dazu gehört schon eine gute Portion ~** it takes a great deal of cheek to do that. – **3.** ⟨*only sg*⟩ (*vorlaute Art*) pertness, forwardness. – **4.** ⟨*only sg*⟩ (*einer Lüge etc*) brazenness, barefacedness. – **5.** ⟨*only sg*⟩ (*Kühnheit*) boldness, audacity, audaciousness. – **6.** ⟨*only sg*⟩ (*Anmaßung*) presumption, presumptuousness. – **7.** ⟨*only sg*⟩ (*Unbescheidenheit*) immodesty. – **8.** (*freche Handlung, Äußerung etc*) (piece of) impudence (*od.* insolence, impertinence, *colloq.* cheek): **eine bodenlose ~** *colloq.* an incredible piece of impudence; **j-m ~en an den Kopf werfen** *colloq.* to hurl impudent (*od.* insolent, impertinent, saucy, *colloq.* cheeky) remarks at s.o.; **sich ~en erlauben** (*od.* **herausnehmen**) (**gegenüber j-m**) to take liberties (with s.o.), *Am. colloq. auch* to get fresh (with s.o.), to make a pass (at s.o.) (*colloq.*).

Free·sie ['fre:ziə] *f* ⟨-; -n⟩ *bot.* freesia (*Gattg Freesia*).

Fre·gat·te [fre'gatə] *f* ⟨-; -n⟩ **1.** *mar. auch hist.* frigate. – **2.** *fig. humor. auch contempt.* overdressed woman: **eine alte aufgetakelte ~** an old woman all togged up.

Fre'gat·ten·ka·pi,tän *m mar.* commander.

Fre'gatt,vo·gel *m zo.* frigate bird, *auch* man-o'-war bird (*od.* hawk) (*Tachypetes aquila*).

frei [fraɪ] **I** *adj* ⟨-er; -st⟩ **1.** free: **die Gedanken sind ~** thought is free; **~e Liebe** free love; **sich ~ fühlen** to feel free; **der ~e Wille** the free will; **die ~e Wahl haben** to have the liberty to choose, to be free to choose; **er hat ~en Zutritt zur Bibliothek** he has free access to (*od.* the freedom of, *colloq.* the run of) the library; **ein ~er Mann** a) a free man, b) *jur. hist.* a freeman; **ich bin so ~** a) if I may, b) I don't mind if I do; **ich bin so ~, Sie zu erinnern** permit me to remind you; **die F~e Stadt Frankfurt** the free city of Frankfort; **die F~e und Hansestadt Hamburg** the Free Hanseatic City of Hamburg; **die ~en Reichsstädte** *hist.* the free (imperial) cities; **~e Meinungsäußerung** free expression of opinion, free speech; **die F~e Demokratische Partei** *pol.* the Free Democratic Party; **F~ Deutsche Jugend** *DDR pol.* Free German Youth. – **2.** (*unabhängig, selbständig*) free, independent: **die ~en Berufe** the independent (*od.* liberal) professions; **ein ~es Leben führen** to lead an independent life. – **3.** (*Journalist, Schriftsteller etc*) free-lance (*attrib*). – **4.** (*unbehindert*) free, unrestrained, unhampered, free of (*od.* without) restraint: **~e Entwicklung** (*od.* **Entfaltung**) free development. – **5.** (*in Freiheit, nicht eingeschränkt*) free: **der Gefangene ist wieder ~** the prisoner is free (*od.* at liberty) again; **er ist ~, zu tun, was ihm beliebt** he is free (*od.* at liberty) to do what he likes. – **6.** (*eigen*) own: **aus ~en Stücken** of one's own will, of one's own accord, by one's own choice, voluntarily; **er tat es aus ~em Willen** (*od.* **Antrieb**) he did it of his own accord (*od.* free will, volition), he did it voluntarily (*od.* spontaneously); **j-m seinen ~en Willen lassen** to let s.o. have his own way. – **7.** (*nicht gezwungen*) unconstrained, uncompelled, unforced. – **8.** (*Stuhl, Raum etc*) free, vacant, unoccupied: **ist hier** (*od.* **ist dieser Platz**) **noch ~?** is this seat (already) taken? is this seat free (*od.* vacant)? is anyone sitting here? **das Bad ist ~** the bathroom is free; „~" (*am WC*) "vacant"; „**Zimmer ~**" *Br.* "rooms to let", *Am.* "rooms to rent". – **9.** (*Straße, Platz etc*) free, clear: **j-m den Tisch ~ machen** to clear the table for s.o.; **den Eingang ~ machen** to clear (*od.* to move away from) the entrance. – **10.** (*Taxi*) "for hire". – **11.** (*unbeschrieben*) blank: **eine ~e Seite** a blank page; **einen ~en Platz lassen** to leave a blank (*od.* pace free). – **12.** (*Posten*) open, vacant: **eine ~e Stelle** a vacant position, a vacancy, an opening. – **13.** (*Zeit, Tag etc*) free, off (*nachgestellt*): **ein ~er Tag** a free day, a holiday, (*bes. dienst-, schulfrei*) a day off; **sie hat heute abend ~** she is free (*od.* off) tonight, it's her evening off tonight; **morgen machen** (*od.* **nehmen**) **wir frei** we'll take a holiday (*od.* a day off) tomorrow; **ich habe keinen ~en Augenblick** I haven't got a free moment (*od.* a moment) to myself; **um sechs Uhr hat** (*od.* **ist**) **er ~** he'll be off (duty) (*od.* free) at six o'clock, he finishes work (*od. colloq.* knocks off) at six o'clock. – **14.** (*unbeschäftigt*) free, unoccupied, not engaged: **sind Sie gerade ~?** are you free at the moment? have you got a moment (to spare)? – **15.** (*nicht gebunden*) unattached, free: **sie ist noch ~** she is still unattached; **sie ist nicht mehr ~** she is no longer free, she is already taken. – **16.** (*offen, unbegrenzt*) open: **~e Aussicht** open (*od.* unhampered) view; **~es Feld** (*od.* **Gelände**) open field (*od.* country); **unter ~em Himmel** in the open (air), under the open sky, outdoors; **~ stehen** to stand alone (*od.* by itself); **in der ~en Natur** in the country(side); **Tiere in ~er Wildbahn** animals in their natural surroundings (*od.* habitat); **im ~en Raum** in the open (*od.* clear, free) space; **das ~e Meer** a) the open sea, b) *jur.* the free sea; → **Strecke** 9. – **17.** (*unbedeckt*) uncovered: **das Kleid läßt die Schultern ~** the dress leaves the shoulders uncovered (*od.* free). – **18.** (*Ansicht, Glaube etc*) liberal, free, broad. – **19.** a) (*Benehmen, Ton etc*) free and easy, unconventional, b) (*Lebenshaltung*) emancipated: **sein Wesen ist sehr ~** his manners are very free and easy, he is very free and easy in his manners; **sie ist viel ~er geworden** her manner has become much easier, she has loosened up a great deal (*colloq.*). – **20.** (*Ausdrucksweise, Äußerung etc*) free, frank, outspoken. – **21.** (*offen u. ehrlich*) open, candid, frank: **ein ~er Blick** an open (*od.* a frank) look; **ein ~es Gespräch** an open (*od.* a candid, a heart-to-heart) talk. – **22.** (*nicht wörtlich*) free: **eine ~e Übersetzung** a free (*od.* loose) translation. – **23.** (*kostenlos*) free (of charge), gratis: **Eintritt ~** (**für**) admission free (for); **Kinder unter sechs sind ~** *colloq.* a) children under six are admitted free, b) (*in Straßenbahn etc*) children under six travel free; **~e Station** *Br.* free board and lodging, all (*od.* everything) found, *Am.* free room and board with all bills (paid); **20 kg Gepäck** (**sind**) **~** (*im Flugzeug etc*) 40 pounds of luggage (are) allowed, luggage allowance 40 pounds. – **24.** (*Autorenrechte*) not reserved, no longer bound by copyright. – **25. ~ von etwas sein** to be free from s.th., to be without s.th.: **~ von Schmerzen sein** to be without pain (*od.* free from pain); **die Straßen sind ~ von Eis** the roads are free from (*od.* clear of) ice; **~ von Zusätzen** without admixtures; **er ist ~ von Sorgen** he is free from (unhampered by, unfretted by) worries, he is carefree; **der Roman ist ~ von Sentimentalität** the book is without (*od.* devoid of) sentimentality; **kein Mensch ist ~ von Fehlern** nobody is free from faults (*od.* faultless, perfect); **er ist ~ von Vorurteilen** he has no prejudice(s). – **26.** (*film*) **~ für Jugendliche ab 12 Jahren** suitable for children from 12 years on. – **27.** *econ.* a) (*Käufe, Rücklagen etc*) voluntary, b) (*Wettbewerb, Handel etc*) free: **~er Wechselkurs** freely fluctuating exchange rate; → **Markt** 1; **Marktwirtschaft**. – **28.** *econ.* a) (*Lieferung*) free (of expense), free of charge, b) (*Postsendung*) pre(paid), postpaid, *bes. Br.* post-free, franco: „~" (*auf Postsendungen*) "expenses prepaid". – **29.** *jur.* (*unbewirtschaftet*) uncontrolled, unrestricted: **die Mieten werden ~** rents are being decontrolled. – **30.** *chem. phys.* (*Energie, Element etc*) free, released, uncombined, liberated, disengaged: **~er Kohlenstoff** *chem.* uncombined carbon; **Wärme wird ~** heat is released (*od.* liberated); **Kräfte werden ~** forces are set free (*od.* released). – **31.** *phys.* (*Fall, Elektron etc*) free. – **32.** *electr.* a) (*Installation*) open, b) (*Strom*) transient. – **33.** *tel.* (*Leitung*) vacant, disengaged, *Am.* not busy. – **34.** (*im Verkehr*) free: **~e Fahrt** free pass. – **35.** (*sport*) a) **Bahn** [**Spur**] **~!** clear the way! b) **Ring ~!** seconds out (of the ring). – **II** *adv* **36.** freely: **~ wählen** to choose freely; **seinen Wohnsitz ~ wählen** to have one's own choice of residence; **sich ~ entscheiden** to decide freely; **ein ~ denkender Kopf** a freethinking (*Br.* free-thinking) man; **~ ausgehen** (*straflos*) to get off scot-free, to be let off; **~ herumlaufen** (*von Hunden*) to run about freely, to be at large; **~ atmen** to breathe freely; **~ über etwas verfügen** to have s.th. at one's free disposal, to use s.th. freely; **~ verfügbar** (freely) disposable, freely usable; **~ verfügbare Guthaben** [**Obligationen**] *econ.* free assets [bonds]; **~ verfügbare Gelder** *econ.* (freely) available funds; **~ konvertierbar** *econ.* freely convertible; **~ erhältlich** freely obtainable (*od.* available); **~ verkäuflich** *econ.* for sale without restrictions; **~ finanzierter Wohnungsbau** unassisted private house-building; **~ leben** to live freely (*od.* independently); **sich ~ entfalten** to develop freely (*od.* unrestrainedly); **~ zugänglich** accessible from all sides; **~ fallen** *phys.* to fall freely; **~ beweglich** *phys.* free-moving, free to move; **~ beweglich angebracht** fixed freely; **~ bewegliche Aufhängung**, **~** (**schwebend**) **aufgehängt** freely suspended. – **37.** (*ohne Arbeitsverhältnis*) **~ arbeitender Schriftsteller** free-lance (writer); **~ praktizierender Arzt** doctor in (private) practice. – **38.** openly: **~ herumliegen** to lie openly. – **39.** uncovered: **ein Kabel ~ verlegen** to lay a cable uncovered (on the surface). – **40.** without support, unsupported: **ein Gewicht ~ halten** to hold a weight without support; **~ in der Luft schweben** to float unsupported in the air. – **41.** liberally: **~ erzogen** liberally educated. – **42.** in a free and easy manner, unconventionally: **er benimmt sich zu ~** a) he is too free and easy, b) (*vertraulich*) he behaves too familiarly; **sich ~ geben** to be free and easy, to open up, to let one's hair down (*colloq.*). – **43.** freely, openly, frankly, outspokenly: **sich ~ ausdrücken** to have a free (*od.* outspoken) way of expression; **sich ~**

äußern to express one's opinion frankly; ~ (von der Leber weg) sprechen to speak out (freely), to be outspoken; sprich nur (immer) ~ heraus! speak up (*od.* out); → frank. – **44.** frankly, openly, candidly: ~ (und offen) mit j-m sprechen to speak to s.o. candidly. – **45.** without notes: eine Rede ~ halten to give a speech without notes, to speak extempore (*od.* extemporaneously). – **46.** free: Kinder fahren ~ children travel free (of charge); etwas ~ bekommen to get s.th. free (*od.* gratis); Lieferung ~ Haus *econ.* free delivery, delivery free (house); ~ Waggon [Bord] *econ.* free on rail [on board]; ~ längsseits Schiff *econ.* free alongside ship. – **47.** *mus.* freely, sciolto: ~ improvisieren to improvise (freely), (*beim Jazz*) *auch* to jam (*colloq.*).

'Frei|ˌak·tie *f econ.* bonus share. — **~ˌant·ˌwort** *f* (*postal service*) prepaid reply. — **f~·ˌar·bei·ten** *v/t* ⟨*sep*, -ge-, h⟩ *tech.* (*Gewindeflanken etc*) relieve, undercut. — **~ˌbad** *n* open-air (*od.* outdoor) swimming pool, *Br. auch* lido. — **~bal,lon** *m aer.* free balloon. — **~ˌbank** *f* (*für Fleisch notgeschlachteter Tiere*) cheap-meat stall (*od.* department). — **f~beˌkom·men I** *v/t* ⟨*irr, sep, no* -ge-, h⟩ **1.** (*Stunde etc*) get (*od.* be given) (*an hour*) off: kann ich morgen einen Tag ~? can I get (*od.* have) the day off to(-)morrow? – **2.** (*Gefangenen*) get (*s.o.*) released (*od.* freed). – **3.** (*Weg etc*) clear, get (*s.th.*) clear. – **4.** (*losbekommen*) free, get (*s.th.*) free: er versuchte, seine Hände freizubekommen he tried to free his hands. – **5.** *jur.* (*gepfändete Sachen etc*) replevy, *Am. auch* replevin. – **II** *v/i* **6.** get (*od.* be given) time off: wir haben nicht ~ we didn't get (time) off. — **f~beˌruf·lich I** *adj* ⟨*attrib*⟩ **1.** (*Übersetzer, Schriftsteller etc*) free-lance. – **2.** (*Rechtsanwalt, Arzt etc*) in (*od.* with a) private practice. – **II** *adv* **3.** ~ tätig sein a) (*als Übersetzer, Journalist etc*) to be (*od.* work as) a free lance (*od.* free-lancer), to work on a free-lance basis, to be self-employed, b) (*als Rechtsanwalt, Arzt etc*) to practice (*bes. Br.* practise) privately, to have a private practice. — **~beˌtrag** *m econ.* amount exempt from tax, (free) allowance.

'Frei,beu·ter [-ˌbɔʏtər] *m* ⟨-s; -⟩ *hist.* (*Seeräuber*) buccaneer, freebooter, pirate, corsair. — **ˌFrei·beu·te'rei** *f* ⟨-; *no pl*⟩ freebooting, piracy: ~ treiben to freeboot, to plunder. — **'frei,beu·te·risch** *adj* piratical, *auch* piratic.

'Frei|ˌbier *n* free beer. — **f~ˌblei·bend** *econ.* **I** *adj* (*Preis, Angebot*) without engagement, subject to change (*od.* to alteration) (without notice), subject to confirmation, not binding: Angebot ~ *philat.* subject unsold. – **II** *adv* etwas ~ offerieren to offer s.th. without engagement. — **~ˌbord** *n mar.* freeboard. — **~ˌbrief** *m* **1.** *hist.* a) (*Urkunde, Charte*) charter, patent (of franchise), b) (*Vorrecht*) privilege, patent. – **2.** *fig.* carte blanche: j-m einen ~ ausstellen to give s.o. carte blanche to do s.th.; deine guten Noten sind kein ~, jetzt nichts mehr zu tun just because you have got good marks it doesn't mean that you can be lazy.

'Frei,den·ker *m philos.* **1.** freethinker, *Br.* free-thinker, libertarian. – **2.** (*bes. religiöser*) latitudinarian, libertine (*contempt.*). — **'frei,den·ke·risch** *adj* **1.** freethinking, *Br.* free-thinking, libertarian. – **2.** (*bes. in religiösen Dingen*) latitudinarian, libertine (*contempt.*). — **'Frei,den·ker·tum** *n* ⟨-s; *no pl*⟩ **1.** freethinking, *Br.* free-thinking, free thought, *Br.* free-thought, libertarianism. – **2.** (*bes. religiöses*) latitudinarianism, libertinism (*contempt.*).

'Freie[1] *n* ⟨-n; *no pl*⟩ **1.** the open (field *od.* country): im ~n a) in the open, outdoors, out of doors, b) (*an der Luft*) in the open (*od.* fresh) air; ins ~ gehen to go into the open (*od.* outside); im ~n übernachten to sleep in the open (*od.* outdoors), to sleep under the open sky. – **2.** (*Ungezwungenheit*) ease.

'Freie[2] *m* ⟨-n; -n⟩ *hist.* freeborn (*Br.* free-born) citizen, freeman.

'Freie[3] *f* ⟨-n; -n⟩ *hist.* freeborn (*Br.* free-born) citizen, freewoman.

frei·en ['fraɪən] *lit.* **I** *v/t* ⟨h⟩ **1.** (*Mädchen*) marry. – **II** *v/i* **2.** court, woo: um ein Mädchen ~ to court (*od.* woo, make love to) a girl; jung gefreit, hat nie(mand) gereut (*Sprichwort*) *etwa* early marriage is never regretted. – **III F~** *n* ⟨-s⟩ **3.** *verbal noun.* – **4.** courtship.

'Frei·er *m* ⟨-s; -⟩ **1.** *lit.* suitor, courter. – **2.** (*einer Prostituierten*) customer.

'Frei·ers,fü·ße *pl only in* auf ~n gehen *humor.* to go (*od.* be) courting, to be looking for a wife, to be thinking of getting married.

'Frei|ex·em,plar *n print.* **1.** free (*od.* complimentary, gratis) copy. – **2.** (*mit Widmung*) presentation copy. – **3.** (*Belegexemplar*) author's copy. – **4.** (*für Anzeigenkunden*) voucher copy. – **5.** (*zur Rezension*) review (*od.* press) copy. – **6.** (*Zeitschrift etc zur Probe*) specimen (copy). — **~ˌfach** *n Austrian and Swiss for* Wahlfach. — **~ˌfahr·ˌkar·te** *f*, **~ˌfahrˌschein** *m* (*railway*) free ticket (*od.* pass), railway (*Am.* railroad) pass. — **~ˌfahrt** *f* free trip (*od.* ride). — **~ˌfall·ˌbahn** *f* (*space*) free-fall trajectory. — **~ˌflä·che** *f* **1.** *civ.eng.* free space. – **2.** *aer.* (*Startbahnverlängerung*) clearway. — **f~ˌflie·gend** *adj tech.* overhung, self-supporting. — **~ˌflug** *m* **1.** *aer.* free flight (*od.* pass). – **2.** (*eines Vogels, Modellflugzeugs etc*) free flight. — **~ˌformˌschmie·den** *n metall.* hand (and hammer) forging. — **~ˌfrau** *f* baroness, baron's wife. — **~ˌfräu·lein** *n* baroness, daughter of a baron.

'Frei,ga·be *f* ⟨-; *no pl*⟩ **1.** *cf.* Freigeben. – **2.** (*Freilassung*) release. – **3.** (*zur Aufführung, zum Druck etc*) release: ~ eines Films a) release of a film, b) (*durch Filmkontrolle*) passing of a film. – **4.** (*einer Leiche*) release. – **5.** (*einer Startbahn, Bahnstrecke etc*) clearance. – **6.** *econ.* a) (*von Bewirtschaftung*) decontrol, b) (*von gesperrten Konten, Kontingenten etc*) release. – **7.** *jur.* (*von gepfändeten od. beschlagnahmten Gegenständen*) replevin, replevy. – **8.** *mil.* (*von beschlagnahmtem Gut*) derequisition.

'frei,ge·ben I *v/t* ⟨*irr, sep*, -ge-, h⟩ **1.** j-m einen Tag [eine Woche] ~ to give s.o. a day [a week] off. – **2.** (*Gefangenen etc*) release, set (*s.o.*) free. – **3.** (*Verlobten, Ehemann etc*) release, let (*s.o.*) go. – **4.** (*Straße, Autobahn etc*) open: für den Verkehr ~ to open to traffic. – **5.** die Fahrtrichtung ~ to signal the traffic to go ahead (*od.* advance, proceed). – **6.** (*Eingang, Weg etc*) clear. – **7.** (*zur Aufführung, zum Druck etc*) release: einen Film ~ a) to release a film, b) (*von der Filmkontrolle*) to pass a film. – **8.** (*Leiche*) release. – **9.** den Blick auf (*acc*) etwas ~ to give a view over s.th. – **10.** (*Startbahn, Bahnstrecke etc*) clear. – **11.** den Start ~ (*sport*) to give the (signal to) start. – **12.** *econ.* a) (*Miete etc*) decontrol, b) (*gesperrtes Konto, Kontingente etc*) release. – **13.** *jur.* (*gepfändetes od. beschlagnahmtes Gut*) replevy, *Am. auch* replevin. – **14.** *mil.* (*beschlagnahmtes Gut*) derequisition, release. – **II** *v/i* **15.** j-m ~ to give s.o. time off. – **III F~** *n* ⟨-s⟩ **16.** *verbal noun.* – **17.** *cf.* Freigabe.

'frei,ge·big [-ˌgeːbɪç] *adj* generous, liberal, openhanded, *Br.* open-handed, (*stärker*) lavish, munificent: er ist ~ zu jedem (*od.* jedem gegenüber, gegen jeden) he has an open hand for (*od.* is open[-]handed toward[s]) everyone; er ist sehr ~ mit seinem Geld [Lob] he is very generous (*od.* unsparing, free) with his money [praise]. — **'Frei·ˌge·big·keit** *f* ⟨-; *no pl*⟩ generosity, liberality, openhandedness, *Br.* open-handedness, (*stärker*) lavishness, munificence.

'frei|ge,bo·ren *adj* freeborn, *Br.* free-born. — **~ge·ben I** *pp of* freigeben. – **II** *adj* redaktionell ~ *print.* ready for press; der Film ist für Jugendliche nicht ~ it is an X film. — **F~ge,he·ge** *n* outdoor (*od.* open-air) enclosure (*od.* inclosure).

'Frei,geist ⟨-(e)s; -er⟩ *m cf.* Freidenker. — **ˌFrei·gei·ste'rei** *f* ⟨-; *no pl*⟩ *cf.* Freidenkertum. — **'frei,gei·stig** *adj cf.* freidenkerisch.

'Frei·ge,län·de *n* (*bei einer Messe etc*) open-air grounds *pl.*

'Frei·ge,las·se·ne *m* ⟨-n; -n⟩ **1.** *hist.* freed (*od.* emancipated, enfranchised) slave. – **2.** (*nach amer. Bürgerkrieg*) freedman.

'frei·ge,macht I *pp.* – **II** *adj* (*postal service*) stamped: nicht oder unzureichend ~e Briefe unstamped or insufficiently stamped (*od.* underpaid) letters.

'Frei|ge,päck *n aer.* free (*od.* allowed) luggage, baggage allowance. — **~ge,richt** *n hist. cf.* Feme.

'frei,gie·big [-ˌgiːbɪç] *adj cf.* freigebig. — **'Frei,gie·big·keit** *f* ⟨-; *no pl*⟩ *cf.* Freigebigkeit.

'Frei|,gren·ze *f econ.* **1.** (tax) exemption limit. – **2.** (*für Versicherer*) franchise. — **~ˌgut** *n* **1.** *econ.* free goods *pl.* – **2.** *jur. hist.* (*Freisassengut*) al(l)od(ium), freehold (estate). — **f~ˌha·ben** *v/i* ⟨*irr, sep*, -ge-, h⟩ have (*time*) off, *Br. auch* have a holiday: die Schüler haben morgen frei the pupils have a day off (*Br. auch* have a holiday) to(-)morrow; Montag habe ich frei a) I have a day off (*od.* I'm off, I don't work) on Monday, b) (*regelmäßig*) Monday is my day off. — **~ˌha·fen** *m econ.* free port. — **~ˌhal·ten I** *v/t* ⟨*irr, sep*, -ge-, h⟩ **1.** j-n ~ to pay for s.o., to treat s.o.: sich von j-m ~ lassen to let s.o. pay for one; j-n beim Essen ~ to treat s.o. to (*Br.* to stand s.o.) a dinner. – **2.** (*reservieren*) keep (*s.th.*) free, reserve, save: halte mir bitte einen Platz frei please save a seat for me; ich werde die Zeit zwischen 3 und 4 für dich ~ I shall set the time between 3 and 4 aside for you. – **3.** (*Einfahrt etc*) keep (*s.th.*) clear (*od.* free). – **4.** *econ.* (*Angebot etc*) keep (*s.th.*) open. – **II** *v/reflex* **5.** sich ~ (*Zeit nehmen*) keep oneself free.

'Frei,hand|bi·bli·o,thek, **~bü·che,rei** *f* open-access (*bes. Am.* -shelf, -stack) library.

'Frei,han·del *m econ.* free trade: Anhänger des ~s free trader.

'Frei,han·dels|ge,mein·schaft, die Eu·ro·'pä·ische *econ.* the European Free Trade Association. — **~ˌleh·re** *f* doctrine of free trade. — **~po·li,tik** *f* free trade policy. — **~·ˌzo·ne** *f* **1.** (*Freihafen etc*) foreign trade zone, *Br.* free (trade) zone. – **2.** (*zwischenstaatliche*) free trade area: Europäische ~ European Free Trade Area; Kleine ~ European Free Trade Association (EFTA). – **3.** *aer.* (*im Luftverkehr*) customs-free trade zone.

'frei,hän·dig [-ˌhɛndɪç] *adj u. adv* **1.** (*Radfahren etc*) with no hands, without holding on. – **2.** (*Schießen etc*) without support, offhand, *Br.* off-hand. – **3.** (*Zeichnung etc*) freehand(ed). – **4.** *econ.* by private contract, at free (market) rates, in the (open) market: ~er Verkauf sale in the open market, over the counter trade; ~ verkaufen a) to sell privately, b) (*an der Freiverkehrsbörse*) to sell on the curb (*Br.* kerb) market.

'Frei,hand|,schlei·fen *n tech.* offhand (*Br.* off-hand) grinding. — **~ˌzeich·nen** *n* (*art*) freehand(ed) drawing. — **~ˌzeich·nung** *f* freehand(ed) drawing.

'frei,hän·gend *adj civ.eng.* (*Decke etc*) (freely) suspended.

'Frei·heit *f* ⟨-; -en⟩ **1.** freedom, liberty: geistige ~ intellectual freedom (*od.* liberty), freedom of thought; bürgerliche ~en civil liberties; ~, Gleichheit, Brüderlichkeit! liberty, equality, fraternity! ~ der Presse [der Rede] freedom of the press [of speech]; die ~ der Meere [Luft] *jur.* freedom of the seas [air]; völlige (*od.* volle) ~ haben, etwas zu tun to have the complete freedom (*od.* to have full scope) to do s.th.; j-m in (*dat*) etwas große ~ gewähren to allow s.o. great liberty (*od.* latitude) in s.th.; ich lasse dir hierin volle ~ you are completely at liberty to do what you like; in ~ sein a) to be at liberty, to be free, b) (*bes. von Verbrechern etc*) to be at large; j-n in ~ setzen to set s.o. free (*od.* at liberty), to release (*od.* liberate) s.o.; j-n der ~ berauben to rob (*od.* deprive) s.o. of his freedom (*od.* liberty); er will seine ~ behalten (*od.* nicht aufgeben) he wants to keep (*od.* does not want to lose) his freedom; sie haben zuviel ~ they have too much freedom (*od.* liberty), they are given too much rope; in ~ lebende Tiere animals living in freedom, free (*od.* wild) animals; in ~ geborene Tiere freeborn (*Br.* free-born) (*od.* wild-born) animals. – **2.** (*Erlaubnis*) liberty: sich (*dat*) die ~ (heraus)nehmen, etwas zu tun to take the liberty to do (*od.* of doing) s.th., to be so bold as to do s.th., to beg (*od.* make bold) to do s.th. – **3.** *meist pl* (*Ungehörigkeit*) liberty: sich (*dat*) j-m gegenüber (*od.* gegen j-n) ~en herausnehmen (*od.* erlauben) to take liberties with s.o. – **4.** (*Vorrecht*) liberty, privilege: gewisse ~en genießen to enjoy certain liberties. – **5.** (*Unabhängigkeit*) independence. – **6.** (*eines Künstlers*) *Br.* licence, *Am.* license: dichterische ~ poetic licence. – **7.** *jur. pol.* a) (*Immunität*) immunity: parlamentarische ~ Parliamentary privilege, *Am.* privilege of Congress. – **8.** *econ.* a) (*Ausgenommensein*) (von from) exemption, immunity, b) (*Abschreibung*) depreciation allowance. – **9.** *tech.* (*Spielraum*) free play, clearance.

'frei·heit·lich I *adj* **1.** (*Denker, Gesinnung etc*) liberal. – **2.** (*Verfassung*) based on the principle of freedom (*od.* liberty). – **3.** (*unabhängig*) independent. – **II** *adv* **4.** liberally: ~ **denken** to think liberally (*od.* freely); ~ **gesinnt sein** to be liberal-minded.

'Frei·heits|beˌrau·bung *f jur.* **1.** (*ungerechtfertigte Festnahme*) illegal (*od.* unlawful) arrest (*od.* detention). – **2.** (*ungerechtfertigte Gefängnisstrafe*) false imprisonment. — **~beˌschrän·kung** *f* restriction of liberty, restraint. — **~beˌwe·gung** *f* struggle for freedom (*od.* [political] independence). — **~ˌdrang** *m* desire for freedom (*od.* liberty, independence). — **~entˌzie·hung** *f*, **~entˌzug** *m jur.* **1.** deprivation of liberty. – **2.** (*Freiheitsstrafe*) (term of *od.* sentence of) imprisonment. — **~ˌkampf** *m* fight (*od.* struggle) for freedom (*od.* liberty, [political] independence). — **~ˌkämp·fer** *m* fighter for freedom (*od.* liberty). — **~ˌkrieg** *m* war of liberation (*od.* independence): **die ~e** *hist.* the Wars of Liberation (*1813 — 1815*). — **~ˌlie·be** *f* love of freedom (*od.* liberty). — **f~ˌlie·bend** *adj* freedom(*od.* liberty-)loving, independent. — **~ˌsinn** *m* spirit of liberty (*od.* freedom). — **~ˌsta·tue** *f* (*von New York*) Statue of Liberty. — **~ˌstra·fe** *f jur.* (term of *od.* sentence of) imprisonment. — **~verˌbre·chen** *n* crime (*od.* offence, *Am.* offense) against personal liberty (*od.* freedom).

ˌfrei·her'aus *adv* **1.** (*offen*) frankly, openly, freely, candidly. – **2.** (*unumwunden*) straightforwardly, point-blank, in plain terms, (*stärker*) bluntly.

'Frei|ˌherr *m* baron. — **f~ˌherr·lich** *adj* baronial. — **f~ˌher·zig** *adj* openhearted, *Br.* open-hearted, frank.

'Frei·in *f* ⟨-; -nen⟩ *cf.* Freifräulein.

'freiˌkämp·fen I *v/t* ⟨*sep*, -ge-, h⟩ (*Stadt etc*) free (*od.* liberate) (*s.th.*) (by fighting). – **II** *v/reflex* **sich** ~ fight one's way free (*od.* through).

'Frei|ˌkar·te *f* (*für Theater, Konzert etc*) complimentary (*od.* free) ticket, pass, *auch* free pass. — **~ˌkauf** *m* (*einer Geisel etc*) *auch fig.* redemption, ransom. — **f~ˌkau·fen** *auch fig.* **I** *v/t* ⟨*sep*, -ge-, h⟩ (*Gefangene, Sklaven etc*) redeem, ransom. – **II** *v/reflex* **sich** ~ redeem (*od.* ransom) oneself. — **~ˌkir·che** *f relig.* Free Church, *auch* free church. — **f~ˌkirch·lich** *adj* free-church (*attrib*). — **~ˌkol·benˌmo·tor** *m tech.* free piston engine. — **f~ˌkom·men** *v/i* ⟨*irr, sep*, -ge-, sein⟩ **1.** get free, get away: **vom Boden** ~ *aer.* to become airborne, to lift (*od.* take, get) off. – **2.** *mar.* come off, get away: ~ **von der Küste** to clear (the coast). – **3.** *jur.* a) (*entlassen werden*) be released, be set free, b) (*freigesprochen werden*) be acquitted. — **~ˌkör·perkulˌtur** *f* nudism. — **~ˌkorps** *n mil. hist.* volunteer corps. — **f~ˌkrie·gen** *v/t u. v/i* ⟨*sep*, -ge-, h⟩ *colloq. for* **freibekommen.** — **~kuˌvert** *n cf.* Freiumschlag. — **~ˌla·ger** *n econ.* bonded (*od.* customs) warehouse. — **~ˌla·ge·rung** *f* open-air storage.

'Freiˌland *n* ⟨-(e)s; *no pl*⟩ *hort.* open land: **im** ~ outside, outdoors; **ins** ~ **(aus)pflanzen** to plant (*s.th.*) out. — **~geˌmü·se** *n* outdoor vegetable.

'freiˌlas·sen I *v/t* ⟨*irr, sep*, -ge-, h⟩ **1.** (*Gefangenen, Vogel etc*) release, set (*s.o.*) free (*od.* at liberty): **einen Sklaven** ~ to set a slave at liberty, to free a slave, to manumit (*od.* emancipate, *schwächer* liberate) a slave; **einen Kriegsgefangenen** ~ to release (*od.* civilianize) a prisoner of war; **j-n gegen Kaution** ~ *jur.* a) to release s.o. on bail, to bail s.o., b) (*aus der Haft*) to bail s.o. out; **j-n gegen ein Lösegeld** ~ to release s.o. for a ransom, to ransom s.o. – **2.** (*Hund von der Leine*) let (*a dog*) loose (*od.* off the leash), unleash, slip. – **3.** (*Einfahrt etc*) *cf.* freihalten 3. – **II F~** *n* ⟨-s⟩ **4.** *verbal noun.* — **'FreiˌIas·sung** *f* ⟨-; *no pl*⟩ **1.** *cf.* Freilassen. – **2.** release: ~ **eines Sklaven** release (*od.* manumission, emancipation, *schwächer* liberation) of a slave; ~ **eines Kriegsgefangenen** release (*od.* civilianization) of a prisoner of war; ~ **gegen Kaution** (release on) bail.

'Freiˌlauf *m* (*beim Fahrrad etc*) freewheel, *Br.* free-wheel: **im** ~ **fahren** to free(-)wheel. — **~ˌbrem·se** *f* freewheel (*Br.* free-wheel) (*od.* backpedal[l]ing, coaster) brake.

'freiˌlau·fen *v/reflex* ⟨*irr, sep*, -ge-, h⟩ **sich** ~ (*sport*) (*beim Fußball etc*) move (*od.* run) into an open space (*od.* opening).

'Freiˌlauf|ˌkupp·lung *f auto.* freewheel (*Br.* free-wheel) (*od.* overrunning, one-way) clutch. — **~ˌna·be** *f* (*eines Fahrrads etc*) freewheel (*Br.* free-wheel) (*od.* coaster) hub: ~ **mit Rücktrittbremse** freewheel hub with back-pedal (*od.* coaster) brake.

'freiˌle·gen I *v/t* ⟨*sep*, -ge-, h⟩ **1.** (*Verdecktes, Verschüttetes*) uncover, expose: **eine Wandmalerei** ~ to expose a mural (painting). – **2.** *archeol. cf.* ausgraben 4. – **3.** *med.* a) (*durch Operation*) lay (*s.th.*) open, expose, b) (*Wunde*) uncover. – **II F~** *n* ⟨-s⟩ **4.** *verbal noun.* — **'Freiˌle·gung** *f* ⟨-; -en⟩ **1.** *cf.* Freilegen. – **2.** exposure.

'Freiˌlei·tung *f electr.* overhead (*od.* open, aerial) transmission line, aerial conductor, air line.

'frei·lich *adv* **1.** *colloq.* (*in Antworten*) certainly, indeed, of course, *Am. colloq.* sure: **ja** ~ yes certainly, yes indeed, to be sure, *Am.* sure enough; **hat er nicht recht?** ~**!** isn't he right? certainly (he is), (*stärker*) undoubtedly! absolutely! – **2.** (*einräumend*) it is true, admittedly, indeed, to be sure: **es gibt** ~ **noch ein paar Schwierigkeiten** there are still some difficulties, it is true (*od.* to be sure), there are indeed still some difficulties; **ich habe** ~ **nicht alles gesehen, aber es ist true** (*od.* I admit, I confess) (that) I have not seen everything, but. – **3.** (*einschränkend*) however, though: **der andere,** ~**, schien recht begeistert** the other one seemed to be quite enthusiastic, though.

'Frei,licht|ˌaufˌfüh·rung *f* open-air performance. — **~ˌaufˌnah·me** *f cf.* Außenaufnahme 1. — **~ˌbüh·ne** *f* **1.** open-air stage. – **2.** open-air (*od.* outdoor) theater (*bes. Br.* theatre). — **~ˌki·no** *n* open-air cinema, *bes. Am.* outdoor (*od.* drive-in) theater. — **~maˌleˌrei** *f* open-air painting, *auch* plein-air painting. — **~muˌse·um** *n* open-air museum. — **~thea·ter** [-teˌaːtər] *n* open-air (*od.* outdoor) theater (*bes. Br.* theatre).

'frei|ˌlie·gen *v/i* ⟨*irr, sep*, -ge-, h *u.* sein⟩ lie exposed (*od.* uncovered, open, bare). — **~ˌlie·gend I** *pres p.* – **II** *adj* exposed, uncovered, open, bare.

'Frei|ˌli·ste *f econ.* **1.** (*für zollfreie Waren*) free list. – **2.** list of taxfree (*Br.* tax-free) goods. — **~ˌlos** *n* **1.** free (*od.* gratuitous) (lottery) ticket. – **2.** (*sport*) bye: **ein** ~ **ziehen** to draw a bye.

'Freiˌluft|beˌhand·lung *f med.* open-air treatment. — **~ˌschu·le** *f* open-air school.

'freiˌma·chen I *v/t* ⟨*sep*, -ge-, h⟩ **1.** (*postal service*) *cf.* frankieren. – **2. den Oberkörper** ~ to strip to the waist. – **II** *v/reflex* **sich** ~ **3. sich von etwas** ~ a) to free (*od.* liberate) oneself from s.th., b) (*von Verpflichtungen etc*) to disengage oneself from s.th., c) (*loswerden*) to get rid of s.th. – **4.** *med.* (*sich entblößen*) take off one's clothes, undress. – **III F~** *n* ⟨-s⟩ **5.** *verbal noun.* – **6.** (*postal service*) *cf.* Frankatur. — **'Freiˌma·chung** *f* ⟨-; *no pl*⟩ *cf.* Freimachen.

'Freiˌma·chungs|geˌbühr *f* (*postal service*) postage, prepayment fee. — **~ˌzwang** *m* compulsory prepayment (of postage).

'Freiˌmar·ke *f* **1.** *cf.* Briefmarke. – **2.** *philat.* definitive stamp.

'Freiˌmau·rer *m* Freemason, *auch* Mason. — **ˌFrei·mau·re'rei** *f* ⟨-; *no pl*⟩ Freemasonry, *auch* Masonry. — **'freiˌmau·rerisch** *adj* Masonic.

'Freiˌmau·rerˌlo·ge *f* (Freemason's *od.* Masonic) lodge.

'Freiˌmau·rer·tum *n* ⟨-s; *no pl*⟩ Freemasonry, *auch* Masonry.

'Freiˌmei·ster *m hist. free* (*od. privileged*) *master of a trade* (*od. craft*) *outside his guild.*

'Freiˌmut *m* ⟨-(e)s; *no pl*⟩ *cf.* Freimütigkeit.

'freiˌmü·tig I *adj* **1.** (*offen*) frank, candid, open: **ein** ~**es Geständnis ablegen** to make a frank confession. – **2.** (*rückhaltlos*) outspoken, straightforward. – **3.** (*ohne Zurückhaltung*) frank, unreserved, free. – **II** *adv* **4. etwas** ~ **gestehen** to confess s.th. frankly; ~ **seine Meinung sagen** to speak one's mind freely. — **'Freiˌmü·tig·keit** *f* ⟨-; *no pl*⟩ **1.** frankness, candor, *bes. Br.* candour, openness. – **2.** outspokenness, straightforwardness. – **3.** frankness, unreservedness, freeness.

'Frei|ˌnacht *f Swiss* Freinacht (a) *night on which the young unmarried men are allowed to sow their wild oats*, b) *night on which the public houses, inns etc are allowed to remain open after the normal closing time*). — **~ˌplatz** *m* **1.** *ped.* a) scholarship, *Br. auch* free place, b) (*freie Unterkunft etc*) free quarters *pl*: **sie hat einen** ~ **an der Universität** she has a university scholarship. – **2.** (*im Theater etc*) free seat, pass. — **~ˌraum** *m mar.* **1.** free (*od.* vacant) space. – **2.** (*nicht ausgenutzter Raum*) space not utilized. – **3.** (*in Faß, Tank*) ullage. — **f~re·li·gi'ös** *adj* latitudinarian, freethinking, *Br.* free-thinking. — **~ˌsaß** *m* ⟨-sassen; -sassen⟩, **~ˌsas·se** *m* ⟨-n; -n⟩ *hist.* a) freeholder, b) franklin, c) yeoman. — **~ˌsas·senˌgut** *n* freehold. — **f~ˌschaffend** *adj* free-lance (*attrib*): **~er Künstler** free-lance artist, free lance. — **~ˌschaffen·de** *m, f* ⟨-n; -n⟩ free lance.

'Freiˌschar *f* **1.** *mil. hist.* volunteer corps, (troop of volunteer) irregulars *pl.* – **2.** *hist.* (*studentische*) fraternity.

'Freiˌschär·ler [-ˌʃɛːrlər] *m* ⟨-s; -⟩ **1.** member of a volunteer corps. – **2.** (*Partisane*) guerrilla, *auch* guerilla. – **3.** (*Franktireur*) franc-tireur.

'freiˌschau·feln *v/t* ⟨*sep*, -ge-, h⟩ (*Weg, Verschüttete etc*) shovel (*s.th. od. s.o.*) free.

'Frei|ˌschlag *m* (*sport*) free hit. — **~ˌschuß** *m* (*in einer Schießbude*) free shot.

'Freiˌschütz", „Der *mus.* "Der Freischütz" (*opera by* C. M. *von Weber*).

'frei|ˌschwe·bend *adj* freely suspended. — **~ˌschwim·men** *v/reflex* ⟨*irr, sep*, -ge-, h⟩ **sich** ~ **1.** pass the (15-minute) swimming test. – **2.** (*beim Wasserball*) find an unmarked position (*od.* place). — **F~ˌschwimmer** *m* **1.** *swimmer who has passed the 15-minute swimming test.* – **2.** (*Prüfung*) *jump from the 1-metre board followed by a 15-minute swimming test.* – **3.** able swimmer. — **~ˌschwin·gend** *adj bes. phys.* (*Pendel etc*) swinging, oscillating. — **F~ˌsein** *n* ⟨-s; *no pl*⟩ **1.** *cf.* Freiheit 1. – **2.** state of being free from s.th.: ~ **von Tuberkulose** freedom from tuberculosis; ~ **vom Wehrdienst** exemption from military service. — **~ˌset·zen I** *v/t* ⟨*sep*, -ge-, h⟩ **1.** *chem. phys.* (*Energie etc*) set (*s.th.*) free, release, liberate. – **2.** *fig.* (*Kräfte etc*) set (*s.th.*) free. – **II F~** *n* ⟨-s⟩ **3.** *verbal noun.* — **F~ˌset·zung** *f* ⟨-; *no pl*⟩ **1.** *cf.* Freisetzen. – **2.** *chem. phys.* release, liberation. — **F~ˌsinn** *m* ⟨-(e)s; *no pl*⟩ **1.** liberal-mindedness. – **2.** *pol. hist.* liberalism. — **~ˌsin·nig** *adj* **1.** liberal(-minded). – **2.** *pol.* liberal. — **~ˌspie·len** (*sport*) **I** *v/reflex* ⟨*sep*, -ge-, h⟩ **sich** ~ play oneself free, cut free, get clear, break away. – **II** *v/t* **j-n** ~ to create an opening for s.o., to put s.o. through.

'freiˌspre·chen I *v/t* ⟨*irr, sep*, -ge-, h⟩ **1. (von etwas)** absolve (from s.th.), clear (of s.th.), exonerate (from s.th.), exculpate (from s.th.) (*lit.*): **von Fahrlässigkeit muß ich ihn** ~ he cannot be accused of being negligent, I must say (that) he is not negligent. – **2. j-n** ~ *jur.* to acquit s.o., to declare (*od.* pronounce) s.o. not guilty: **j-n von etwas** ~ to acquit s.o. of s.th.; **von einer Anklage freigesprochen werden** to be acquitted (*od.* absolved, cleared) of a charge, to get off (*colloq.*); **das Gericht spricht ihn frei** the court finds him not guilty (*od.* acquits him); **das Gericht spricht den Angeklagten frei** the court finds for the defendant. – **3.** *relig.* (*von Sünden etc*) absolve (from). – **4.** *econ.* (*Lehrling*) release (*s.o.*) from his articles. – **II** *v/reflex* **sich** ~ **5.** consider oneself not guilty, absolve (*od.* clear) oneself: **sich von Schuld** ~ to absolve oneself from guilt. – **6.** (*in der Sprecherziehung*) try to speak in a clear and understandable voice. – **III F~** *n* ⟨-s⟩ **7.** *verbal noun.* — **'Freiˌspre·chung** *f* ⟨-; -en⟩ **1.** *cf.* Freisprechen. – **2.** *jur. cf.* Freispruch. – **3.** *relig. cf.* Lossprechung 2. – **4.** *econ.* (*eines Lehrlings*) release.

'Frei|ˌspruch *m jur.* **1.** acquittal: ~ **mangels Beweises** acquittal for lack of (*od.* because of insufficient) evidence. – **2.** (*Urteil*) sentence of acquittal. — **~ˌstaat** *m pol.* a) free state, b) (*Republik*) republic: **der** ~ **Bayern** the Free State of Bavaria; **der** ~ **Irland** the Irish Free State. — **f~ˌstaat·lich** *adj pol.* a) of a free state, free-state (*attrib*), b) republican: **~e Verfassung** republican constitution. — **~ˌstadt** *f hist.* free city.

'Frei|ˌstatt *f* ⟨-; "en⟩, **~ˌstät·te** *f* ⟨-; -n⟩ *lit.* (*Zufluchtsstätte*) asylum, place of refuge, sanctuary: **j-m eine ~ gewähren** a) to give refuge to s.o., b) (*einem Verbrecher*) to harbor (*bes. Br.* harbour) s.o. — **f~ˌste·hen I** *v/i* ⟨*irr, sep,* -ge-, h *u.* sein⟩ **1.** (*von Wohnung etc*) be vacant (*od.* empty, unoccupied). – **2.** (*sport*) be in the clear, be unmarked (*od.* unguarded). – **3. j-m ~** to be open to s.o.: **die Wahl stand uns frei** the choice was (left) open to us, we were free (*od.* at liberty) to choose. – **II** *v/impers* **4. es steht j-m frei, etwas zu tun** s.o. is free (*od.* at liberty) to do s.th.; **es steht Ihnen frei zu tun, was Ihnen beliebt** a) you are at liberty (*od.* free) to do what you like, b) (*es steht in Ihrem Ermessen*) it is within (*od.* at) your discretion to do what you like; **es stand uns frei, ob wir teilnehmen wollten (oder nicht)** it was left to us whether we wanted to take part (or not). — **f~ˌste·hend I** *pres p.* – **II** *adj* **1.** (*leerstehend*) vacant, empty, unoccupied. – **2.** (*ohne Schutz*) exposed. – **3.** (*isoliert*) isolated. – **4.** (*nicht angebaut*) detached: **ein ~es Haus** a (fully) detached house; **~er Glockenturm** campanile. – **5.** (*Säule*) freestanding. – **6.** *print.* cut-out (*attrib*): **~e Autotypie** silhouette. – **7.** (*sport*) unmarked, unguarded. – **8.** *bot.* inadherent: **mit ~en Blättern** eleutherophyllous. — **~ˌstel·le** *f* **1.** (*in Altersheimen, Krankenhäusern etc*) free quarters *pl.* – **2.** *ped.* a) (*an Schulen*) *Br.* free place, b) (*an Universitäten*) scholarship.

'freiˌstel·len I *v/t* ⟨*sep,* -ge-, h⟩ **1. j-m etwas ~** to leave s.th. (open) to s.o., to give s.o. the choice (*od.* option) of [doing] s.th.: **ich stelle Ihnen frei, ob Sie gehen oder nicht** I leave it to you whether you'll go or not, I leave it up to you whether to go or not. – **2.** exempt, free: **j-n vom Dienst [Militärdienst] ~** to exempt s.o. from work [military service]. – **3. j-n ~** *jur.* (*von einer Verpflichtung etc*) to discharge (*od.* relieve, release) s.o. (from). – **II** *v/reflex* **sich ~ 4.** (*sport*) (*beim Fußball etc*) move into an opening (*od.* open space). – **III F~** *n* ⟨-s⟩ **5.** *verbal noun.* — **F~ˌstel·lung** *f* **1.** *cf.* Freistellen. – **2.** (*Befreiung*) (von from) exemption. – **3.** *jur.* (*von einer Verpflichtung etc*) release (from).

'Frei|ˌstel·lungs·beˌscheid *m* **1.** *mil.* notification of exemption (from military service). – **2.** *econ.* exemption order. — **~ˌstem·pel,abˌdruck** *m* (*postal service*) franking machine (*Am.* postage meter) impression. — **~ˌstem·pel·maˌschi·ne** *f Br.* franking machine, *Am.* postage meter. — **~ˌstemp·ler** *m* ⟨-s; -⟩ **1.** *cf.* Freistempelmaschine. – **2.** *colloq.* user of the franking machine (*Am.* postage meter).

'Freiˌstil *m* (*sport*) **1.** (*beim Schwimmen*) freestyle (swimming), *bes. Br.* free style, free-style swimming. – **2.** (*beim Ringen*) freestyle (wrestling), *bes. Br.* free style, free-style wrestling, *Br.* all-in wrestling, catch-as-catch-can (*colloq.*). — **~ˌrin·gen** *n cf.* Freistil 2. — **~ˌrin·ger** *m* freestyle (*Br.* free-style) wrestler, catcher (*colloq.*). — **~ˌschwim·men** *n cf.* Freistil 1. — **~ˌschwim·mer** *m,* **~ˌschwim·me·rin** *f* freestyle (*Br.* free-style) swimmer, freestyler, *Br.* free-styler.

'Frei|ˌstoß *m* (*sport*) (*beim Fußball*) free kick: **einen ~ ausführen** to take a free kick; **auf ~ entscheiden** to award a free kick. — **~ˌstrahl·turˌbi·ne** *f tech.* Pelton wheel, waterwheel, *Br.* water-wheel. — **~ˌstun·de** *f ped.* (*im Stundenplan*) free period.

'Freiˌtag *m* Friday: (am) **~ morgen** (on) Friday morning; **der Stille ~** Good Friday. — **~ˌabend** *m* Friday evening (*od.* night). — **f~'abends** *adv* (on) Friday evenings (*od.* nights).

'freiˌtags *adv* on Friday(s), every (*od.* each) Friday, *bes. Am.* Fridays.

'Frei|ˌtisch *m* free board, free meals *pl.* — **~ˌtod** *m lit. euphem.* voluntary death, suicide: **in den ~ gehen** to go to a voluntary death, to commit suicide, to take one's own life; **den ~ wählen** to choose a voluntary death (*od.* to kill oneself). — **f~ˌtra·gend** *adj* **1.** *arch.* cantilever (*attrib*), self-supporting: **~er Balken** unrestrained beam, cantilever; **~er Mast** pylon. – **2.** *aer.* cantilever (*attrib*), self-supporting: **~er Tragflügel** cantilever. – **3.** *tech.* (*Achse*) floating. — **~ˌträ·ger** *m tech.* overhanging (*od.* cantilever) beam, cantilever. — **~ˌtrep·pe** *f* flight of outdoor stairs (*od.* steps), perron, *Am.* stoop. — **~ˌtritt** *m* (*sport*) (*beim Rugby*) free kick. — **~ˌübun·gen** *pl* **1.** physical (*od.* gymnastic, *auch* free) exercises, (light) gymnastics. – **2.** (*gesundheitsfördernde Gymnastik*) cal(l)isthenics *pl* (*construed as sg or pl*). — **~ˌumˌschlag** *m* (*postal service*) reply-paid envelope: **nähere Angaben gegen ~** for further details please send stamped addressed envelope. — **~verˌkehr** *m econ.* **1.** trade released from customs bond. – **2.** (*an der Börse*) a) unofficial stock dealings *pl,* free market dealings *pl,* b) stocks *pl* dealt in the free market. — **~verˌkehrsˌkurs** *m meist pl* unofficial quotation, *Am.* curb price, *Br.* kerb price. — **~verˌmerk** *m* (*auf Expreßgut*) note of prepayment of freight. — **~ˌwa·che** *f mar.* watch below (*od.* off duty). — **~ˌwan·ge** *f civ.eng.* (*an Treppen*) outer (*od.* outside) string. — **f~'weg** [ˌfraɪ'vɛk] *adv colloq.* **1.** right away, straight out, quite openly, straightforwardly, frankly, forthrightly: **j-m ~ die Meinung sagen** to give s.o. a piece of one's mind straight out. – **2.** unhesitatingly. — **f~ˌwer·den I** *v/i* ⟨*irr, sep,* -ge-, sein⟩ **1.** *chem.* become released (*od.* disengaged). – **2.** *phys.* (*von Energie*) become released. – **II F~** *n* ⟨-s⟩ **3.** *verbal noun.* – **4.** *chem.* release, liberation. – **5.** *phys.* release. — **~ˌwild** *n* **1.** *hunt.* (unprotected) game. – **2.** *fig.* fair (*od.* easy) game: **viele Männer betrachten Mädchen als ~** many men think girls fair game.

'freiˌwil·lig I *adj* **1.** (*aus freien Stücken*) voluntary. – **2.** (*freigestellt*) voluntary, optional, free: **~e Versicherung** voluntary (*od.* noncompulsory) insurance. – **3.** (*nicht erzwungen*) voluntary, uncompelled, unconstrained, unsolicited, *auch* free-will (*attrib*): **~es Geständnis** voluntary confession. – **4.** (*Dienst, Feuerwehr etc*) voluntary, volunteer (*attrib*). – **5.** (*von innen heraus*) spontaneous. – **6.** *jur.* (*Gerichtsbarkeit*) voluntary, noncontentious. – **II** *adv* **7.** (*aus eigenem Antrieb*) voluntarily, of one's own free will (*od.* accord): **etwas ~ tun** to do s.th. voluntarily; **sich ~ ergeben** to surrender of one's own free will, to make a voluntary surrender; **sich ~ (zu etwas) melden** *auch mil.* to volunteer (for s.th.); **~ in den Tod gehen, ~ aus dem Leben scheiden** *lit.* a) to go to a voluntary death, to seek death of one's own free will, b) to take one's own life, to commit suicide. – **8.** (*auf Wunsch*) optionally. — **'Freiˌwil·li·ge** *m, f* ⟨-n; -n⟩ volunteer (*auch mil.*): **~ vor!** a) volunteers first! b) volunteers one pace (*od.* step) forward! — **'Freiˌwil·lig·keit** *f* ⟨-; *no pl*⟩ **1.** voluntariness, voluntary nature. – **2.** voluntariness, optionality. – **3.** spontaneousness, spontaneity.

'Frei|ˌwin·kel *m tech.* clearance angle. — **~ˌwurf** *m* (*sport*) (*beim Handball etc*) free throw. — **~ˌzei·chen** *n tel.* a) dial tone, b) (*der gewählten Nummer*) ringing tone. — **~ˌzeich·nung** *f econ.* restriction (*od.* disclaiming) of liability. — **~ˌzeich·nungsˌklau·sel** *f* liability exemption clause, saving clause.

'Freiˌzeit *f* **1.** ⟨*only sg*⟩ spare time, leisure time, free time. – **2. evangelische ~** *relig.* retreat. — **~beˌschäf·ti·gung** *f* spare- (*od.* leisure-)time occupation. — **~geˌstal·tung** *f* **1.** use of one's leisure (time). – **2.** leisure-time (*od.* recreational) activity. — **~ˌhemd** *n* (*fashion*) casual (*od.* sport) shirt. — **~ˌklei·dung** *f* leisure (*od.* casual) wear. — **~ˌla·ger** *n* holiday (*Am. auch* vacation) camp. — **~ˌlie·ge** *f* leisure lounger. — **~ˌwert** *m* recreational value: **einen hohen [niedrigen] ~ haben** to have (*od.* be of) high [low] recreational value.

'Freiˌzo·ne *f econ.* free zone.

'freiˌzü·gig *adj* **1.** (*großzügig*) generous, liberal. – **2.** *econ.* unrestricted. — **'Freiˌzü·gig·keit** *f* ⟨-; *no pl*⟩ **1.** (*Großzügigkeit*) generosity, liberality. – **2.** *jur. pol.* (*bei Wohn- und Arbeitsplatz*) freedom to move: **das Recht auf ~ ist im Grundgesetz verankert** the right of free movement is embodied in the basic law (*od.* constitution). – **3.** *econ.* freedom (of movement and settlement): **~ von Arbeitskräften** free movement of labor (*bes. Br.* labour).

fremd [frɛmt] *adj* ⟨-er; -est⟩ **1.** (*nicht einheimisch*) strange: **~e Leute** strangers; **ich bin hier ~** I am a stranger here (*od.* in this place); **er ist mir ~** he is a stranger to me. – **2.** (*nicht vertraut, unbekannt*) unfamiliar, strange, unknown: **das Gesicht ist mir nicht ganz ~** that face is not unfamiliar to me; **da ist noch ein ~es Gesicht** there is another face I don't know; **die Version ist mir ~** I have never heard of that version; **sich** (*dat*) (*od.* **einander**) **~ werden** to become strangers to one another, to become estranged. – **3.** ⟨*attrib*⟩ (*nicht eigen*) strange, belonging to others: **~e Kinder** other people's (*od.* strange) children; **~es Leid** the grief of others, s.o. else's grief; **~es Eigentum** s.o. else's property; **~e Rechtsangelegenheiten** legal matters of other persons; **in ~e Hände übergehen** to fall into strange (*od.* foreign) hands; **sich in ~e Angelegenheiten einmischen** to meddle in s.o. else's affairs; **das ist nicht für ~e Ohren bestimmt** that is not meant for other people's ears; → Feder 2. – **4.** ⟨*attrib*⟩ (*ausländisch*) foreign, alien: **~e Länder** foreign countries; **~e Währung** foreign currency. – **5.** (*widernatürlich, fremdartig*) foreign, alien: **Lügen sind ihr völlig ~** lying is foreign (*od.* alien) to her nature. – **6.** (*ungewohnt*) unaccustomed, strange, odd, queer: **ein ~er Ton in der Unterhaltung** a strange (*od.* alien) tone in the conversation; **es mutete ihn ~ an** it struck him as strange (*od.* queer). – **7.** (*nicht zu etwas gehörig*) extraneous: **~e Geräusche** extraneous sounds. – **8.** (*von außen*) outside (*attrib*), extraneous: **ohne ~e Hilfe auskommen** to get on (*od.* manage) without outside help, to get on on one's own (*colloq.*). – **9.** (*angenommen*) adopted, assumed: **unter ~em Namen reisen** to travel under an assumed name, to travel incognito. – **10.** *colloq.* (*zurückhaltend*) reserved, distant: **~ tun gegen j-n** to be reserved (*od.* cold, distant) toward(s) s.o., to treat s.o. like a stranger. – **11.** *econ.* foreign, outside (*attrib*): **~e Anteile** outside interest holdings; **~e Gelder** money *sg* of third parties, funds borrowed from outside sources, borrowed moneys (*od.* monies); **für ~e Rechnung** for the account of a third party, for third-party account. – **12.** *mus.* (*Tonart*) unrelated.

'Fremd|ˌar·bei·ter *m,* **~ˌar·bei·te·rin** *f rare for* Gastarbeiter(in).

'fremdˌar·tig *adj* **1.** (*Aussehen, Benehmen etc*) strange, foreign, outlandish. – **2.** (*Gerichte, Pflanzen, Vögel etc*) exotic. – **3.** (*seltsam*) strange, odd, queer, eccentric. — **'Fremdˌar·tig·keit** *f* ⟨-; *no pl*⟩ **1.** strangeness, foreignness. – **2.** exoticness, exoticism. – **3.** strangeness, oddity, queerness, eccentricity.

'Fremd|be,einˌflus·sung *f psych.* heterosuggestion, ectosuggestion. — **~beˌfruch·tung** *f bot.* cross-fertilization, allogamy (*scient.*). — **~beˌlüf·tung** *f tech.* separate (*od.* fan) cooling. — **~beˌsitz** *m jur.* possession held in the name (*od.* on behalf) of another person. — **~beˌstäu·bung** *f bot.* cross-pollination; xenogamy, *auch* allogamy (*scient.*).

'Frem·de[1] ['frɛmdə] *f* ⟨-; *no pl*⟩ **1.** region (*od.* district) away from home, distant (*od.* foreign, strange) parts *pl*: **in die ~ gehen** (*od.* **ziehen**) to go away from home; **in der ~ leben** to live away from home; **aus der ~ kommen** to come home. – **2.** (*Ausland*) foreign countries *pl*: **er hat lange in der ~ gelebt** he lived abroad for a long time.

'Frem·de[2] *m, f* ⟨-n; -n⟩ **1.** (*Unbekannter*) stranger: **die Kinder dürfen nicht mit ~n sprechen** the children are not to talk to strangers; **j-n wie einen ~n behandeln** to treat s.o. like a stranger. – **2.** (*Ausländer*) foreigner, alien. – **3.** (*Urlauber*) tourist. – **4.** (*Gast*) visitor. – **5.** newcomer.

'Fremd|ˌeinˌfluß *m* **1.** foreign influence. – **2.** *chem. phys.* outside (*od.* extraneous) influence. — **~ˌeiˌweiß** *n biol.* foreign protein. — **~ˌelek·tron** *n phys.* stray electron.

frem·deln ['frɛmdəln] *v/i* ⟨h⟩ *Southern G.* be shy with (*od.* toward[s]) strangers.

'Frem·den|ˌbett *n meist pl* bed (for a paying guest). — **~ˌbuch** *n* **1.** visitor's (*od.* guest) book. – **2.** hotel register. — **f~ˌfeind·lich** *adj* hostile to strangers (*od.* foreigners), xenophobic (*scient.*). — **~ˌfüh·rer** *m* guide, cicerone (*bes. humor.*). — **~ˌfüh·re·rin** *f* (female) guide. — **~ˌfüh·rung** *f* guided tour. — **~ˌhaß** *m* hatred of strangers (*od.* foreigners), xenophobia (*scient.*). — **~ˌheim** *n* boarding (*od.* guest) house, *Br.* boarding-(*od.* guest-)house. — **~in·duˌstrie** *f* tourist industry. — **~le·giˌon** *f mil.* foreign legion: die (französische) ~ the (French) Foreign Legion. — **~le·gioˌnär** *m* (foreign) legionnaire. — **~ˌli·ste** *f* list of visitors, *Br.* visitors' register: eine ~ führen to keep a list with the names of visitors. — **~po·liˌzei** *f* **1.** police dealing with the registration of aliens. – **2.** aliens' registration (office), *Am.* Immigration Office. — **~ˌrecht** *n jur.* **1.** laws *pl* governing the position of aliens. – **2.** right of aliens.

'Frem·den·verˌkehr *m* **1.** tourism, tourist trade: ein Gebiet für den ~ erschließen to open up an area for tourism; vom ~ leben to live on tourism. – **2.** tourist traffic.

'Frem·den·verˌkehrs|ˌabˌga·be *f* tax levied in a tourist center (*bes. Br.* centre). — **~büˌro** *n* tourist office (*od.* agency), tourist information office. — **~geˌbiet** *n* tourist center (*bes. Br.* centre). — **~geˌwer·be** *n* hotel and tourist trade. — **~ˌort** *m* tourist resort. — **~verˌein** *m* local tourist society.

'Frem·denˌzim·mer *n* **1.** (*in Privathaus*) spare (bed)room, guestroom, *Br.* guest-room, guestchamber, *Br.* guest-chamber (*lit.*). – **2.** (*im Gasthof etc*) room: ~ (zu vermieten) rooms to let (*od.* for rent).

'Fremd|erˌre·gung *f electr.* separate excitation. — **~fi·nanˌzie·rung** *f econ.* outside (fund) financing. — **f~ˌge·hen** *v/i* ⟨*irr, sep,* -ge-, sein⟩ *colloq.* be unfaithful to (*Am. auch* step out on) one's wife (*od.* husband), *bes. Am. sl.* two-time one's wife (*od.* husband). — **~ˌgrup·pe** *f sociol.* outgroup, *Br.* out-group.

'Fremd·heit *f* ⟨-; *no pl*⟩ *rare* **1.** strangeness, foreignness. – **2.** strangeness, oddity.

'Fremd|ˌherr·schaft *f* foreign rule. — **~ka·piˌtal** *n econ.* borrowed capital (*od.* funds *pl*), capital from outside sources. — **~ˌkör·per** *m* **1.** *med.* foreign body (*od.* matter, substance), extraneous element. – **2.** *fig.* s.th. which is out of place. – **3.** *fig.* (*Person*) odd man out.

'fremdˌlän·disch *adj* **1.** strange, foreign, outlandish. – **2.** *auch bot.* (*exotisch*) exotic.

Fremd·ling ['frɛmtlɪŋ] *m* ⟨-s; -e⟩ *lit. archaic* stranger.

'Fremd|ˌlüf·tung *f tech.* separate ventilation. — **~ˌpla·stik** *f med.* heteroplasty.

'fremd|ˌras·sisch *adj* of a foreign race. — **F~ˌsein** *n* ⟨-s; *no pl*⟩ strangeness, foreignness.

'Fremdˌspra·che *f* foreign language: er spricht (*od.* beherrscht) mehrere ~n he can speak several languages.

'Fremdˌspra·chen|in·stiˌtut *n* institute of foreign languages, foreign-language institute. — **~kor·re·sponˌdent** *m*, **~kor·re·sponˌden·tin** *f* foreign(-language) correspondent. — **~se·kreˌtä·rin** *f* secretary with knowledge of foreign languages. — **~ˌun·terˌricht** *m* teaching of (*od.* instruction in) foreign languages.

'fremdˌspra·chig [-ˌʃpraːxɪç] *adj* **1.** (*Schrifttum etc*) foreign-language (*attrib*), in a foreign language, in foreign languages. – **2.** speaking a foreign language, foreign-speaking (*attrib*). – **3.** (*Unterricht*) held (*od.* conducted) in a foreign language.

'Fremd|ˌsprach·ler *m* ⟨-s; -⟩, **~ˌsprach·le·rin** *f* ⟨-; -nen⟩ foreign-language expert (*od.* specialist). — **f~ˌsprach·lich** *adj* belonging (*od.* referring) to a foreign language, foreign-language (*attrib*): ~er Unterricht foreign-language teaching. — **f~ˌstäm·mig** *adj cf.* fremdrassisch. — **~ˌstoff** *m* foreign matter (*od.* substance, material), extraneous matter. — **~ˌstrom** *m electr.* parasitic current. — **~sug·ge·stiˌon** *f psych. cf.* Fremdbeeinflussung. — **~trans·planˌtat** *n med.* heterotransplant, heterograft. — **~trans·plan·ta·tiˌon** *f* heteroplastic transplantation. — **~verˌsi·che·rung** *f econ.* insurance for account of others. — **~ˌwäh·rung** *f* foreign currency. — **~ˌwäh·rungsˌkon·to** *n* account in a foreign currency, foreign currency account. — **~ˌwort** *n* ⟨-(e)s; =er⟩ *ling.* foreign word. — **~ˌwör·terˌbuch** *n* dictionary of foreign words. — **~ˌzün·dung** *f auto.* **1.** spark ignition. – **2.** (*Bauteil*) spark ignition system. – **3.** (*Frühzündung*) preignition, premature ignition.

fre·ne·tisch [fre'neːtɪʃ] *adj lit.* frenetic, *auch* phrenetic(al), frantic, frenzied, wild: ~en Beifall spenden to give frantic applause.

fre·quent [fre'kvɛnt] *adj* **1.** *med.* (*Puls*) frequent. – **2.** *obs. for* zahlreich 1.

Fre·quen·tant [frekvɛn'tant] *m* ⟨-en; -en⟩ *obs.* frequent visitor. — **Fre·quen·ta·ti'on** [-ta'tsi̯oːn] *f* ⟨-; -en⟩ *obs.* frequenting, frequentation.

fre·quen·ta·tiv [frekvɛnta'tiːf] *adj* frequentative.

Fre·quen·ta·ti·vum [frekvɛnta'tiːvʊm] *n* ⟨-s; -tiva [-va]⟩ *ling.* frequentative.

fre·quen·tie·ren [frekvɛn'tiːrən] *v/t* ⟨*no* ge-, h⟩ *bes. Austrian* **1.** frequent. –**2.** (*Gaststätte, Kurort, Bibliothek*) patronize. — **fre·quen'tiert I** *pp.* – **II** *adj* **1.** frequented: stark ~ much-frequented (*attrib*). – **2.** patronized: gut ~ sein to be well patronized.

Fre·quenz [fre'kvɛnts] *f* ⟨-; -en⟩ **1.** *electr. phys.* a) (*Schwingungszahl je Sekunde*) frequency: auf der ~ 50 kHz senden to broadcast on the frequency 50 kilocycles; auf eine andere ~ übergehen to change to transmission on another frequency. – **2.** (*Besucherzahl*) attendance, number of visitors. – **3.** (*Verkehrsdichte*) (density of) traffic. – **4.** *med.* (*des Pulses etc*) frequency, (pulse) rate. – **5.** *econ.* (*in der Statistik*) frequency. — **f~ˌabˌhän·gig** *adj* (*radio*) frequency-dependent, dependent on frequency. — **~ˌabˌstand** *m* frequency separation (*od.* spacing). — **~ˌband** *n* ⟨-(e)s; =er⟩ **1.** frequency band, band (*od.* range) of frequencies. – **2.** (*Wellenband*) (wave) band. – **3.** (*Kanal*) channel. — **~beˌreich** *m, auch n* frequency range, range of frequencies. — **~ˌmes·ser** *m* frequency (*od.* wave) meter. — **~mo·du·la·tiˌon** *f* frequency modulation, FM. — **~ˌreg·ler** *m* frequency controller. — **~ˌschrei·ber** *m* frequency recorder. — **~ˌumˌfor·mer** *m* frequency converter (*od.* changer). — **~ˌumˌset·zer** *m* frequency converter.

Fres·ke ['frɛskə] *f* ⟨-; -n⟩ (*art*) *cf.* Fresko[1].

Fres·ko[1] ['frɛsko] *n* ⟨-s; -ken⟩ (*art*) fresco: etwas in (*od.* als) ~ malen to paint s.th. in fresco, to fresco s.th.

'Fres·ko[2] *m* ⟨-s; *no pl*⟩ (*textile*) fresco.

'Fres·ko|geˌmäl·de *n* (*art*) fresco. — **~ˌma·ler** *m* fresco painter. — **~ma·leˌrei** *f* fresco (painting).

Fres·sa·ge [frɛ'saːʒə] *f* ⟨-; -n⟩ **1.** *colloq. for* Proviant 1. – **2.** *vulg. cf.* Fresse 2.

Fres·sa·li·en [frɛ'saːli̯ən] *pl colloq. humor.* **1.** (*Eßwaren*) eatables, eats (*sl.*). – **2.** (*Proviant*) provisions. – **3.** (*Lebensmittel*) victuals.

'Freßˌbeu·tel *m* **1.** (*für Pferde*) nose bag, *Br.* nosebag, *auch* feed bag. – **2.** *colloq.* provision bag.

Fres·se ['frɛsə] *f* ⟨-; -n⟩ *vulg.* **1.** (*Mund*) 'mug' (*sl.*), 'trap' (*sl.*), 'kisser' (*sl.*), 'gob' (*vulg.*), *Br. vulg. auch* cakehole: halt die ~! shut your trap (*od.* gob)! die ~ aufreißen a) to have a big trap, b) to find fault, to moan; eine große ~ haben a) to talk big, b) to be a loudmouth (*Br.* loud mouth). – **2.** (*Gesicht*) 'mug' (*sl.*), 'dial' (*sl.*), 'map' (*sl.*), 'chops' *pl* (*sl.*), 'kisser' (*sl.*), *Br. sl.* 'clock': j-m (*od.* j-n) in die ~ schlagen, j-m ein paar in die ~ hauen to give s.o. a sock in the kisser (*vulg.*); j-m die ~ polieren (*od.* lackieren) to hit s.o. in the teeth (*vulg.*).

fres·sen ['frɛsən] **I** *v/t* ⟨frißt, fraß, gefressen, h⟩ **1.** eat: der Löwe frißt seine Beute the lion devours his prey; dem Hund (etwas) zu ~ geben to feed the dog; das hat die Katze gefressen *fig. dial.* that has disappeared somehow; das frißt keine Sau *dial. vulg.* that (food) is strictly for the birds (*colloq.*); ein gutes Schwein frißt alles (*Sprichwort*) a good eater eats everything. – **2.** (*sich ernähren von*) feed on, eat: Kühe ~ Gras cows feed on grass. – **3.** *vulg.* (*hinunterschlingen*) eat (*s.th.*) greedily, devour, gobble up (*colloq.*), wolf (*colloq.*). – **4.** *fig.* (*in Wendungen wie*) j-n arm ~, j-m die Haare vom Kopf ~ *colloq.* to eat s.o. out of house and home; sie hätte ihn vor Liebe ~ mögen she could have devoured him with love; er wird dich schon nicht ~ *colloq. humor.* he won't eat you; friß mich nicht gleich! *colloq.* don't bite my head off! don't jump down my throat! ich fresse einen Besen (*od.* ich lasse mich ~), wenn das wahr ist *colloq.* I'll eat my hat if that is true; einen Narren (*od.* Affen) an j-m gefressen haben *colloq.* to dote on (*od.* be mad about) s.o.; er glaubt, er hat die Weisheit mit Löffeln gefressen *colloq.* he thinks he knows everything, he thinks himself a paragon of wisdom; den habe ich gefressen *colloq.* I can't stand (*Br. auch* stick) that man, I can't stand the sight of that man, the sight of that man makes me (feel) sick; diese Arbeit habe ich gefressen *colloq.* a) I can't stand this job, b) I am sick (and tired) of this job; er hat es gefressen *colloq.* a) (*verstanden*) at last he has understood, he's got it at last, at last the penny has dropped, at last he has caught on (*od.* got) the idea, b) (*geglaubt*) he has swallowed it; er hat die Geschichte glatt gefressen *colloq.* he swallowed the story whole (hook, line and sinker); wie es kommt, so wird es gefressen *colloq.* one has to get on with everything; → Bauer[1] 3; Not 2; reimen III. – **5.** *colloq.* (*verbrauchen*) consume, swallow: dieses Auto frißt eine Menge Benzin this car consumes a lot of petrol (*Am.* gasoline); das Unternehmen frißt ein Vermögen the enterprise swallows (*od.* is consuming) a fortune. – **6.** *colloq.* (*Bücher etc*) read (greedily), devour. – **7.** ihn fraß der Neid *fig.* he was eaten up by envy. – **II** *v/i* **8.** (*von Tier*) eat: unser Hund will nicht ~ our dog won't eat; an (*dat*) etwas fressen (*von Maus etc*) to gnaw at s.th.; friß, Vogel, oder stirb! sink or swim! do or die! – **9.** (*Nahrung aufnehmen*) feed, eat: die Kühe ~ auf der Wiese the cows are grazing on the meadow. – **10.** *vulg.* eat greedily, gobble (*od.* wolf, bolt) one's food (*colloq.*), gorge: er frißt wie ein Scheunendrescher a) (*viel*) he eats like a horse, b) (*gierig*) he eats like a wolf. – **11.** *fig.* (*zehren, nagen*) (an *dat*) eat (at), gnaw (at), fester (at), prey (on *od.* upon): der Kummer frißt an ihrem Herzen worry is gnawing at her heart; das frißt an ihm that preys on his mind. – **12.** *fig.* an (*dat*) etwas ~ a) (*von Rost etc*) to eat away s.th., to corrode s.th., b) (*von Brandung etc*) to erode s.th. – **13.** *chem.* (*von Säure etc*) corrode. – **14.** *med.* (*von Geschwür etc*) spread, fester. – **15.** *tech.* (*von Lager, Kolben etc*) seize (up). – **16.** um sich ~ (*von Brand etc*) to spread. – **III** *v/reflex* **17.** sich satt ~ (*von Tier*) to eat its fill; sich in (*acc*) etwas ~ to eat into s.th. – **18.** *vulg.* sich rund und voll (*od.* dick) ~ (*von Menschen*) to stuff oneself, to gorge oneself with food; sich krank ~ to eat oneself sick. – **19.** sich in (*acc*) etwas ~ (*von Säure etc*) to corrode s.th., to eat into s.th. – **20.** sich in (*acc*) (*od.* durch) etwas ~ (*von Säge etc*) to eat into s.th. – **IV F~** *n* ⟨-s⟩ **21.** *verbal noun:* Tiere beim F~ beobachten to watch animals feed; F~ und Saufen *vulg.* eating and drinking; zum F~ (nett) sein *fig. colloq.* to be nice enough to gobble up. – **22.** consumption. – **23.** *tech.* seizure.

'Fres·sen *n* ⟨-s; *no pl*⟩ **1.** (*für Tiere*) food: hat der Hund schon sein ~? has the dog got his food? – **2.** *vulg.* (*Essen*) food, 'grub' (*colloq.*): das war ein elendes ~ that was (a) miserable stuff; das war ein gefundenes ~ für ihn *fig. colloq.* a) that was grist to his mill, b) that was the very thing he was waiting for, c) that was playing right into his hands, that was handing it to him on a plate (*Am.* [silver] platter).

'fres·send I *pres p.* – **II** *adj* **1.** (*Säure etc*) corrosive. – **2.** *med.* a) (*Geschwür*) corrosive, rodent, phaged(a)enic (*scient.*), b) (*krebsig*) cancerous: ~e Flechte lupus.

'Fres·ser *m* ⟨-s; -⟩ **1.** *agr.* (*Vieh*) feeder, eater. – **2.** *vulg.* (*Vielfraß*) glutton, gormandizer, *Br.* gourmandiser. – **3.** *hort.* (*Baumkrankheit*) canker. — **Fres·se'rei** *f* ⟨-; -en⟩ **1.** *vulg.* greedy eating, gobbling (*colloq.*). – **2.** *vulg.* gluttony, gormandizing, *Br.* gourmandising, guzzling. – **3.** *colloq.* (*Schmauserei*) 'spread' (*colloq.*), 'feed' (*colloq.*), *Br. sl.* tuck-in. – **4.** *colloq. humor.* eatables *pl*, eats *pl* (*colloq.*).

'Freß|geˌla·ge *n colloq. cf.* Fresserei 3. — **~geˌmein·schaft** *f zo.* commensalism: in ~ lebend commensal. — **~ˌgier** *f* **1.** (*eines Tieres*) voracity. – **2.** *auch med.* (*eines Menschen*) excessive appetite, greediness; bulimia, *auch* boulimia, polyphagia, *auch* polyphagy, hyperorexia (*scient.*). — **f~ˌgie·rig** *adj* **1.** (*Tier*) voracious. – **2.** (*Mensch*) gluttonous, greedy. — **~ˌgit·ter** *n agr.* stanchion. — **~ˌkorb** *m colloq.* **1.** (*Geschenkkorb*) gift basket. – **2.** (*für Picknick etc*) lunch basket, (picnic) hamper. — **~ˌlust** *f* **1.** (*vom Vieh*) appetite (for food). – **2.** *cf.* Freßgier 2. — **~ˌnapf** *m* **1.** (*für*

Katzen, Hunde etc) feeding dish (*od.* bowl). – **2.** (*für Vögel*) seed dish (*od.* bowl). — **~paˌket** *n colloq.* food parcel. — **~reˌflex** *m med.* mastication reflex, *auch* fressreflex. — **~ˌsack** *m* **1.** *cf.* Freßbeutel 1. – **2.** *vulg.* glutton, (greedy) pig (*vulg.*), *Br. vulg. auch* greedy-guts *pl* (*construed as sg*). — **~ˌschüs·sel** *f cf.* Freßnapf 1. — **~ˌsucht** *f med. cf.* Freßgier 2. — **~ˌtrog** *m* **1.** feeding trough. – **2.** (*Krippe*) manger. — **~ˌwel·le** *f colloq.* wave of excessive food consumption, eating spree. — **~ˌwerkˌzeu·ge** *pl zo.* (*bes. der Insekten*) mouthparts, feeding organs, gnathosomae (*scient.*). — **~ˌzan·ge** *f* (*der Spinnentiere*) chelicera, *auch* chelicer, chelicere. — **~ˌzel·le** *f biol.* phagocyte, macrophage.

Frett·chen ['frɛtçən] *n* ⟨-s; -⟩ *zo.* ferret (*Mustela furo*): mit ~ jagen *hunt.* to (hunt with a) ferret.

fret·ten ['frɛtən] *v/reflex* ⟨h⟩ sich ~ *bes. Austrian colloq.* scrape along, eke out a bare existence, live on a shoestring (*Br.* shoe-string). — **'Fret·ter** *m* ⟨-s; -⟩ one who scrapes along (*od.* ekes out a bare existence). — **Fret·te'rei** *f* ⟨-; -en⟩ *colloq.* scraping along, eking out a bare existence, living on a shoestring (*Br.* shoe-string).

fret·tie·ren [frɛ'tiːrən] *v/t* ⟨*no* ge-, h⟩ *hunt.* (*Kaninchen etc*) ferret, hunt (*small game*) with a ferret (*od.* with ferrets).

'Frettˌkat·ze *f zo.* fossa, *auch* foussa (*Cryptoprocta ferox*).

Freud [frɔʏt] *f* ⟨-; -en⟩ *dial. od. poet. for* Freude: in ~ und Leid in joy and (in) sorrow, for better or for worse; ~ und Leid mit j-m teilen to share one's joys and sorrows with s.o.

Freu·de ['frɔʏdə] *f* ⟨-; -n⟩ **1.** joy, mirth: herzliche ~ heartfelt joy; diebische (*od.* diabolische) ~ gloat, malicious joy; außer sich vor ~ [sein] [to be] beside oneself with joy, [to be] overjoyed; vor ~ (bis) an die Decke springen *colloq.* to jump for joy; mir klopft [hüpft] das Herz vor ~ my heart palpitates with [leaps for] joy; trunken vor ~ *cf.* freudetrunken; voller ~ full of joy; überall herrschte eitel ~ there was nothing but joy everywhere; herrlich und in ~n leben to live in the lap of luxury; geteilte ~ ist doppelte ~ (*Sprichwort*) *etwa* joy shared is joy doubled; die mit Tränen säen, werden mit ~n ernten *Bibl.* they that sow in tears shall reap in joy. – **2.** (*Vergnügen*) pleasure, delight, joy: mit ~(n) with pleasure, gladly; es war mir eine große ~ it was a great pleasure for me; das macht mir viel ~ that gives me great pleasure, I enjoy that very much; das war eine ~ a) how wonderful that was! b) *iron.* that was a real joy! zu meiner (großen) ~ to my (great) delight, much to my delight; an (*dat*) etwas ~ finden (*od.* haben) to take pleasure in s.th., to derive enjoyment (*od.* pleasure) from s.th.; j-m eine (große) ~ machen (*od.* bereiten) to make s.o. (very) happy, to please s.o. (greatly); würden Sie mir die ~ bereiten (*od.* machen), es zu tun would you do me the favo(u)r of doing it; ich möchte ihr gern eine ~ machen I would like to do s.th. to please her; zu meiner ~ höre ich, daß I am glad to hear that; seiner ~ über (*acc*) etwas Ausdruck verleihen to express one's pleasure about s.th.; j-m die ~ verderben to spoil s.o.'s fun; aus ~ an der Sache for love; seine Arbeit macht ihm keine ~ he takes no pleasure in his work, he derives no pleasure from his work; sie hatte ihre helle ~ daran she got sheer pleasure out of it, she found great joy in it. – **3.** (*freudige Überraschung*) (pleasant) surprise: j-m eine kleine ~ bereiten (*od.* machen) a) to do s.th. nice for s.o., b) to give s.o. a little present. – **4.** *meist pl* (*Genuß*) pleasure: weltliche ~n worldly pleasures; die kleinen ~n des Alltags the little pleasures of everyday life. – **5.** (*Verzückung*) bliss, delight: in höchster ~ in raptures of delight. – **6.** (*Glück*) happiness. — **f~ˌbrin·gend** *adj* cheerful.

'freu·denˌarm *adj* (*Dasein etc*) lacking in joys, holding few joys: er führte ein ~es Leben he had (*od.* knew) few joys (*od.* little happiness) in (his) life, (his) life held few joys for him.

'Freu·den|ˌbe·cher *m lit.* cup of joy. — **~ˌbot·schaft** *f* glad tidings *pl*, joyful news *pl* (*construed as sg or pl*). — **~ˌfest** *n* **1.** (joyful) celebration. – **2.** (*Jubiläum*) jubilee. – **3.** joyful occasion, occasion for rejoicing (*od.* celebration), happy event. — **~ˌfeu·er** *n* bonfire. — **~geˌheul** *n* **1.** howl of joy. – **2.** *colloq. for* Freudengeschrei. — **~geˌsang** *m lit.* song of joy, carol. — **~geˌschrei** *n* **1.** shouts *pl* (*od.* cries *pl*) of joy. – **2.** (*einer Menschenmenge etc*) cheering. — **~ˌhaus** *n euphem.* house of ill repute, brothel, *Am. sl.* joyhouse. — **f~los** *adj cf.* freudlos. — **~ˌmäd·chen** *n euphem.* prostitute, streetwalker, pro (*colloq.*), *Am. sl.* joy girl. — **~ˌrausch** *m lit.* raptures *pl* (*od.* ecstasy, *auch* ecstacy) of joy (*od.* delight): im ~ drunk with joy. — **f~ˌreich** *adj* (*Leben etc*) full of joy (*od.* delight), rich in happiness, joyful. — **~ˌschrei** *m* shout (*od.* cry) of joy. — **~ˌtag** *m* **1.** day of rejoicing, red-letter day. – **2.** *Bibl.* high day. — **~ˌtanz** *m* dance of joy: sie führten Freudentänze auf they danced with joy. — **~ˌtau·mel** *m cf.* Freudenrausch. — **~ˌträ·nen** *pl* tears of joy: ~ vergießen (*od.* weinen) to shed tears of joy, to cry for joy.

'freu·de|ˌstrah·lend *adj* beaming with joy, radiant (with joy). — **~ˌtrun·ken** *adj lit.* drunk (*od. lit.* entranced) with joy, rapturous, exulting.

Freu·dia·ner [frɔʏ'dĭaːnər] *m* ⟨-s; -⟩ Freudian (*follower of Freud*).

'freu·dig I *adj* **1.** (*frohgestimmt*) cheerful, joyful, joyous: ein ~es Gesicht machen a) to wear a cheerful look, b) (*absichtlich*) to put on a cheerful (*od.* happy) face; ~e Stimmung cheerful mood, high spirits *pl*, elation (*lit.*); das stimmt mich ~ that puts me in a cheerful (*od.* pleasant) mood; ~en Herzens cheerfully. – **2.** (*beglückend*) joyful, glad, happy: in ~er Erwartung in happy expectation (*od.* anticipation); in einem Zustand ~er Erregung in a state of happy excitement; sie sieht einem ~en Ereignis entgegen *euphem.* she is expecting (a baby). – **3.** (*bereitwillig*) ready, willing: ~e Zustimmung finden to find ready agreement. – **4.** (*angenehm*) pleasant: welch ~e Überraschung! what a pleasant surprise! – **II** *adv* **5.** cheerfully, joyfully, gladly, with pleasure. – **6.** warmly: j-n ~ begrüßen to give s.o. a warm welcome; der Vorschlag wurde ~ angenommen the proposal was warmly (*od.* favo[u]rably) received. — **'Freu·dig·keit** *f* ⟨-; *no pl*⟩ **1.** joyfulness, gladness. – **2.** readiness, willingness.

'freud·los *adj* joyless, cheerless, bleak, dismal, mirthless: ein ~es Leben a joyless existence, a life without joy (*od.* empty of joy). — **'Freud·lo·sig·keit** *f* ⟨-; *no pl*⟩ joylessness, cheerlessness, bleakness.

Freudsch [frɔʏtʃ] *adj* ⟨*attrib*⟩ *psych.* freudian, *auch* Freudian: die ~e Schule the Freudian school; → Fehlleistung.

freu·en ['frɔʏən] **I** *v/reflex* ⟨h⟩ sich ~ **1.** be glad (*od.* pleased, happy, delighted): wir ~ uns zu hören, daß we are glad to hear that; sich königlich (*od. colloq.* mächtig, riesig) ~ to be enormously pleased, to be utterly delighted; sich wie ein Schneekönig ~ *colloq.* to be tickled pink, to be (as) pleased as Punch (*colloq.*); sich an (*dat*) etwas ~ to be delighted (*od.* pleased) with (*od.* by, about) s.th.; sich auf (*acc*) etwas ~ to look forward to s.th.; sich über (*acc*) etwas ~ to be glad about s.th., to be pleased with (*od.* about) s.th.; sich hämisch über (*acc*) etwas ~ to gloat over s.th.; sich zu früh ~ to rejoice too soon; freu dich nicht zu früh don't count your chickens before they are hatched. – **2.** sich einer Sache ~ *lit.* to delight in s.th., to be pleased with (*od.* about) s.th.: sich des Lebens ~ to enjoy life, to make the most of (one's) life. – **II** *v/t* **3.** etwas freut j-n s.th. pleases (*od.* delights) s.o., s.th. makes s.o. glad, s.th. gives s.o. pleasure: das freut mich sehr I am very glad about that, I am glad to hear that; na, das freut einen denn auch! *colloq. iron.* that's just what I needed! – **III** *v/impers* **4.** be pleased, be happy: es freut mich, daß du hier bist I am pleased (that) you are here; es freut mich für ihn I am happy for him; es freut mich im Grunde meiner Seele it pleases me no end; es würde mich sehr ~, wenn I should be very pleased if; freut mich sehr (*beim Vorstellen*) glad (*od.* pleased) to meet you.

Freund [frɔʏnt] *m* ⟨-(e)s; -e⟩ **1.** friend: ein wahrer [guter, falscher] ~ a true [good, false] friend; ein treuer ~ a loyal friend; ein vertrauter ~ an intimate (*od.* close) friend, a bosom friend, *Br.* a bosom-friend; er ist ein ~ von mir he is a friend of mine; ein gemeinsamer ~ von uns a common (*od.* mutual) friend of ours; wir sind enge ~e we are close friends; wir wurden dicke ~e *colloq.* we became fast friends; sich (*dat*) j-n zum ~e machen to make friends with s.o.; sich einen ~ gewinnen to make a friend; er macht sich überall ~e he makes friends everywhere; ~ und Feind friend and foe; ~e und Verwandte friends and relations, kith and kin; einen ~ im Stich lassen to leave a friend in the lurch; ~e sollen zusammenhalten friends should stick together; unter ~en ist das 50 Mark wert *colloq.* for a friend I'll charge only 50 marks; ein vierbeiniger ~ *fig.* a dog; unsere gefiederten ~e *fig.* (*Vögel*) our feathered friends; jedermanns ~ ist niemandes ~ (*Sprichwort*) a friend to everybody is a friend to nobody (*proverb*); ~e in der Not gehen tausend auf ein Lot (*Sprichwort*) *etwa* friends in need are scarce indeed; in der Not erkennt man seine ~e (*Sprichwort*) a friend in need is a friend indeed (*proverb*). – **2.** *fig.* friend, admirer, lover: ein ~ sein von etwas to be a friend of s.th., to be fond of s.th., to be partial to s.th.; ich bin kein ~ von vielen Worten I am not a man of many words; ich bin kein ~ davon I don't hold with it; kein ~ von Veränderungen sein to be averse to (all) change; er ist ein ~ der Musik he is a lover of music; er ist ein ~ des Weins he is fond of (drinking) wine. – **3.** (*Kamerad*) chum (*colloq.*), pal (*colloq.*), *Am. colloq.* buddy, *Br.* mate: guter (*od.* lieber) ~ *iron.* my dear fellow (*od.* chap); alter ~ *humor.* (*in der Anrede*) a) old boy, b) (*leicht drohend*) my dear fellow; junger ~ young man. – **4.** *fig.* (*Gönner*) friend, patron: ein ~ der Armen a friend of the poor. – **5.** *colloq.* (*eines Mädchens*) boyfriend, *Br.* boy-friend, sweetheart, lover. – **6.** *relig.* (*bei den Quäkern*) Friend: Gesellschaft der ~e Society of Friends. – **7.** ~ Hein *poet.* Death, the (Grim) Reaper.

freund *adj* ⟨*pred*⟩ *only in* j-m ~ sein [bleiben, werden] *lit.* to be [to remain, to become] well disposed toward(s) s.o., to be [to remain, to become] friendly toward(s) s.o.: ich bin ihm ~ I am friendly toward(s) him.

'Freund·chen *n* ⟨-s; *no pl*⟩ *iron.* old (man) (*colloq.*), sonny (*colloq.*), *bes. Br.* laddie, *Am. colloq.* buddy: ~, ~! (*drohend*) you'd better watch it, man! na warte, ~! Das wirst du noch bereuen! you'll live to regret it, sonny!

'Freun·des|ˌdienst *m* good turn, friendly service, act of friendship: er erwies ihm einen ~ he did him a good turn. — **~ˌhand** *f lit.* **1.** hand of friendship: j-m die ~ bieten (*nach einem Streit etc*) to offer to bury the hatchet. – **2.** friend's hand: ein Geschenk von ~ a present from a friend. — **~ˌkreis** *m* circle of friends. — **~ˌland** *n lit.* friendly nation. — **~ˌpaar** *n* pair of friends. — **~ˌpflicht** *f* duty of a friend. — **~ˌtat** *f* act of friendship. — **~ˌtreue** *f* loyalty in friendship. — **~ˌwort** *n* word between friends.

Freun·din ['frɔʏndɪn] *f* ⟨-; -nen⟩ **1.** friend. – **2.** *fig.* friend, admirer, lover. – **3.** *fig.* (*Gönnerin*) friend, patroness. – **4.** (*eines jungen Mannes*) girl friend, *Br.* girl-friend, sweetheart: er hat eine feste ~ he has a steady girl(-)friend.

freund·lich ['frɔʏntlɪç] **I** *adj* **1.** (*bes. Mensch*) friendly, kind, pleasant, amiable, genial: ~es Wesen friendliness, pleasantness, amiableness, good nature; j-n ~ stimmen to put s.o. in a pleasant mood; j-n wieder ~ stimmen to reconcile s.o. – **2.** (*Wort, Stimme, Lächeln*) friendly, kind, pleasant: ~e Grüße kind regards. – **3.** (*zuvorkommend*) kind, obliging, courteous: seien Sie so ~, ihm das mitzuteilen be so kind as to tell him that; das ist sehr ~ von Ihnen that is very kind of you; seien Sie so freundlich! please do me the favor (*bes. Br.* favour)! überaus ~ von Ihnen so kind of you; mit ~er Genehmigung von by courtesy of. – **4.** (*leutselig*) affable. – **5.** (*Haltung, Beziehungen etc*) friendly: ~e Beziehungen aufrechterhalten to maintain friendly relations; ~er Empfang friendly (*od.* warm, cordial) reception. – **6.** (*Wetter, Klima*) pleasant, mild, genial. – **7.** (*Landschaft*) pleasant. – **8.** (*Raum etc*) cheerful, bright: die Vorhänge machen das Zimmer ~er the curtains brighten up the room. – **9.** (*Farben etc*) pleasing, cheerful, gay, bright: **etwas in ~en Farben malen** *fig.* to paint a happy picture of s.th. – **10.** *econ.* (*Tendenz*) favorable, *bes. Br.* favourable, cheerful. – **II** *adv* **11.** kindly, in a friendly manner: **j-n ~ empfangen** to give s.o. a friendly (*od.* cordial) reception, to give s.o. a warm welcome; **~, aber bestimmt** kindly but firmly; **~ antworten** to give a friendly (*od.* civil) answer; **j-n ~ grüßen** to greet s.o. in a friendly manner; **er wurde aufs ~ste behandelt** he was treated very kindly; **j-m ~ gesinnt sein** to be friendly (*od.* well disposed) toward(s) s.o.; **bitte recht ~!** (*beim Photographieren*) smile, please!

'freund·li·cher'wei·se *adv* kindly: **er überließ mir ~ das Buch** he was so kind as to leave me the book, he kindly left me the book, he had the kindness to leave me the book.

'Freund·lich·keit *f* ⟨-; -en⟩ **1.** ⟨*only sg*⟩ friendliness, kindness, kindliness, pleasantness, amiability, geniality: **eine geheuchelte ~** feigned (*od.* mock, hypocritical) friendliness. – **2.** kindness, obligingness, courteousness: **haben Sie bitte die ~** (*od.* **würden Sie bitte die ~ haben**) **zu** would you be kind enough to (*od.* have the kindness to, be good enough to); **ich danke Ihnen für Ihre ~** thank you for your kindness. – **3.** ⟨*only sg*⟩ affability, affableness. – **4.** ⟨*only sg*⟩ (*des Wetters, Klimas*) pleasantness, mildness, genialness, geniality. – **5.** ⟨*only sg*⟩ (*einer Landschaft*) pleasantness, pleasingness, pleasing character. – **6.** ⟨*only sg*⟩ (*eines Raumes etc*) cheerfulness, brightness. – **7.** ⟨*only sg*⟩ (*der Farben etc*) cheerfulness, pleasingness, gaiety, gayety, brightness. – **8.** (*Gefälligkeit*) (act of) kindness, favor, *bes. Br.* favour, good turn: **j-m eine ~ erweisen** to do s.o. a favo(u)r (*od.* good turn), to do (*od.* render) s.o. a kindness. – **9.** kind word (*od.* remark): **j-m ~en sagen** to say kind (*od.* nice) things to s.o. – **10.** *meist pl* (*kleine Aufmerksamkeit*) attention.

'freund|los I *adj* friendless, unbefriended (*lit.*). – **II** *adv* without friends. — **~ˌnach·bar·lich** *adj* **1.** *bes. pol.* (*Beziehungen*) good-neighborly, *bes. Br.* good-neighbourly. – **2.** *iron.* (*Reibereien etc*) neighborly, *bes. Br.* neighbourly.

'Freund·schaft *f* ⟨-; -en⟩ **1.** friendship, amity (*lit.*): **aus ~** for friendship's sake, out of friendship; **dicke ~** *colloq. u. iron.* close (*od. colloq.* thick) friendship; **j-m die ~ (auf)kündigen** to sever a friendship with s.o.; **~ halten [pflegen]** to keep up [to cultivate] a friendship; **sie halten treue ~** they maintain a loyal friendship; **~ stiften** to establish a friendship; **in Frieden und ~ mit j-m leben** to live in peace and friendship with s.o.; **in ~ leben** to be on friendly terms; **j-m Beweise seiner wahren und unwandelbaren ~ geben** to give s.o. proof of one's true and unvarying friendship; **mit j-m die alte ~ erneuern** to renew an old friendship with s.o.; **sie haben die ~ gelöst** they ceased to be friends, they severed their friendship; **~ schließen mit** to make friends with, to strike up a friendship with (*colloq.*); **im Unglück schließt man seltsame ~en** misfortune makes strange bedfellows; **~ geht über Verwandtschaft** (*Sprichwort*) *etwa* the ties of friendship are often stronger than those of kinship. – **2.** *collect.* circle of friends: **er gehört zu meiner ~** he belongs to my circle of friends, he is one of my friends. – **3.** *dial.* (*Verwandtschaft*) relations *pl*: **die ganze ~ nahm an dem Begräbnis teil** all the relations took part in the funeral. – **4.** *DDR* student group. – **5.** *DDR* **~!** friendship! (*greeting of the Free German Youth*).

'freund·schaft·lich I *adj* **1.** friendly, amicable: **~e Beziehungen mit** (*od.* **zu**) **j-m haben** (*od.* **unterhalten**) to maintain friendly relations with s.o.; **mit j-m auf ~em Fuß stehen** (*od.* **verkehren**) to be on friendly terms with s.o. – **2.** (*wohlmeinend*) friendly, well-intended (*attrib*): **j-m einen ~en Rat geben** to give s.o. well-intended advice. – **II** *adv* **3.** friendly, in a friendly manner, amicably: **j-m ~ gesinnt sein** to have friendly feelings (*od.* to be well disposed) toward(s) s.o.; **~ gegen Deutschland gesinnt** pro-German; **~ mit j-m verkehren** to be on friendly terms with s.o. — **'Freund·schaft·lich·keit** *f* ⟨-; *no pl*⟩ **1.** friendliness, amicability, amicableness. – **2.** friendliness, good intention.

'Freund·schafts|ˌband *n* ⟨-(e)s; -e⟩ *meist pl lit.* tie (*od.* bond) of friendship. — **~beˌsuch** *m bes. pol.* goodwill visit. — **~beˌweis** *m* proof of friendship. — **~beˌzei·gung** *f* token (*od.* mark) of friendship. — **~ˌbund** *m*, **~ˌbünd·nis** *n bes. pol.* friendly alliance. — **~ˌdienst** *m* good turn: **j-m einen ~ erweisen** to do s.o. a good turn. — **~ˌpakt** *m pol.* **1.** friendship pact. – **2.** *cf.* **Freundschaftsvertrag.** — **~ˌring** *m* ring given as a token (*od.* sign) of friendship. — **~ˌspiel** *n* (*sport*) friendly game (*od.* match), friendly (*colloq.*). — **~ˌtref·fen** *n* friendship meeting. — **~verˌhält·nis** *n* friendly relations *pl.* — **~verˌtrag** *m pol.* friendship treaty, treaty of friendship.

Fre·vel ['fre:fəl] *m* ⟨-s; -⟩ *lit.* (**an** *dat*; **gegen** against) **1.** crime, outrage, grave offence (*Am.* offense), trespass: **einen ~ begehen** to commit a crime; **ein ~ an der Menschheit** a crime against humanity. – **2.** (*einer Tat, eines Vergehens etc*) enormity, atrocity. – **3.** (*Mutwille*) wantonness. – **4.** (*Bosheit*) wickedness, iniquity. – **5.** *fig.* sin, crime: **es wäre ein ~, diese günstige Gelegenheit nicht zu ergreifen** it would be a crime not to make use of this opportunity. – **6.** *bes. relig.* a) (*Entweihung*) sacrilege, desecration, profanation, b) (*Lästerung, bes. gegen Gott*) blasphemy.

'fre·vel *adj* ⟨*attrib*⟩ *lit. obs. for* **frevelhaft: frevler Mut** wanton boldness.

'fre·vel·haft *lit. adj* **1.** (*Tat etc*) criminal, outrageous. – **2.** (*mutwillig*) wanton: **~er Leichtsinn** wanton carelessness, wantonness. – **3.** (*sündhaft*) wicked, iniquitous; heinous, piacular (*lit.*). – **4.** *bes. relig.* a) (*entweihend*) sacrilegious, b) (*lästerlich*) blasphemous, impious. — **'Fre·vel·haf·tig·keit** *f* ⟨-; *no pl*⟩ **1.** outrageousness. – **2.** (*Mutwille*) wantonness. – **3.** (*Sündhaftigkeit*) wickedness, iniquity; heinousness, piacularness, piacularity (*lit.*). – **4.** *bes. relig.* a) (*das Entweihende*) sacrilegiousness, b) (*das Lästerliche*) blasphemy, impiousness.

'Fre·velˌmut *m lit.* wantonness, wickedness.

fre·veln ['fre:fəln] *v/i* ⟨h⟩ *lit.* **1.** commit a crime (*od.* an outrage), trespass: **an j-m** (*od.* **gegen j-n**) **~** to commit a crime against s.o., to outrage (*schwächer* wrong) s.o.; **gegen das Gesetz ~** to trespass against (*od.* to violate) the law; **er hat gefrevelt** he has done evil (*od.* wrong). – **2.** *bes. relig.* a) commit sacrilege, b) (*lästern*) commit blasphemy, blaspheme.

'Fre·velˌtat *f lit.* (**an** *dat*; **gegen** against) **1.** outrage, crime, wicked deed. – **2.** sacrilegious deed, sacrilege.

'fre·vent·lich *adj cf.* **frevelhaft.**

'Frev·ler *m* ⟨-s; -⟩ *lit.* **1.** evildoer, *Br.* evil-doer, transgressor, trespasser, offender. – **2.** *bes. relig.* a) sacrilegious person, b) (*Gotteslästerer*) blasphemous person, blasphemer.

'frev·le·risch *adj cf.* **frevelhaft.**

Frey [fraɪ] *npr m* ⟨-s; *no pl*⟩ *myth.* Frey.

Frey·ja ['fraɪja] *npr f* ⟨-; *no pl*⟩ *myth.* Freyja.

fri·de·ri·zia·nisch [frideri'tsĭa:nɪʃ] *adj hist.* of Frederick the Great.

Fried [fri:t] *only in* **in ~ und Freud** in peace and contentment.

Frie·de ['fri:də] *m* ⟨-ns; -n⟩ **1.** *cf.* **Frieden.** – **2.** *relig.* peace: **ruhe in ~n!** rest in peace! requiescat in pace! **~ sei mit Euch!** *Bibl.* peace be unto you; **und ~ auf Erden** *Bibl.* and on earth peace; **zum** (*od.* **in den**) **ewigen ~n eingehen** to go to one's eternal reward (*od.* peace). – **3. Ewiger ~** a) *philos.* eternal peace, b) *hist.* permanent peace.

Frie·den ['fri:dən] *m* ⟨-s; -⟩ **1.** (*zwischen Staaten etc*) peace: **bewaffneter ~** armed peace; **~ schließen** to conclude peace; **den ~ bewahren [brechen]** to keep [to break] the peace; **um ~ bitten** to sue for peace; **wegen des ~s verhandeln** to negotiate peace. – **2.** (*Friedenszeit*) peacetime, (time of) peace: **im ~** in time(s) of peace. – **3.** (*Friedensvertrag*) peace (treaty): **der Westfälische ~** *hist.* the Peace of Westphalia (*1648*); **dem besiegten Land den ~ diktieren** to dictate the terms of peace to the defeated country. – **4.** (*Eintracht*) peace: **häuslicher [öffentlicher] ~** domestic [public] peace; **innerer ~** (*eines Landes etc*) internal peace; **in Ruhe und ~** in peace and quiet; **in ~ mit j-m leben** to live in peace (*od.* peaceably) with s.o.; **mit aller Welt in ~ leben** to be at peace with everybody; **endlich herrscht wieder ~ zwischen ihnen** they are finally on peaceful terms again; **wir wollen ~ schließen!** let's make peace! let's make it up! **ich muß immer ~ zwischen ihnen stiften** I always have to bring about peace between (*od.* to reconcile) them, I always have to pour oil on troubled waters. – **5.** (*Einklang*) harmony. – **6.** (*Ruhe*) peace, tranquil(l)ity: **innerer ~, ~ der Seele** inner peace, peace of mind; **er kann keinen ~ finden** he cannot find any peace of mind; **er will nur seinen ~ (haben)** he only wants his peace (*od.* to be left alone); **laß mich (gefälligst) in ~!** *colloq.* leave me alone (*od.* in peace)! let me be! **um des lieben ~s willen** *colloq.* for the sake of peace; **man hat vor ihm niemals ~** one is never safe from him; **dem ~ traue ich nicht** *colloq.* I smell a rat. – **7.** *lit.* (*der Natur etc*) peace(fulness), calm: **~ lag über dem Dorf** peace lay over the village.

'frie·den *v/t* ⟨h⟩ *rare for* **befrieden, einfrieden.**

'Frie·dens|ˌabˌschluß *m* conclusion of a peace treaty. — **~ak·tiˌon** *f* measures *pl* taken to bring about peace. — **~ˌan·geˌbot** *n* peace offer, offer (*od.* proffer) of peace, proposal for peace. — **~apˌpell** *m* appeal (*od.* call) for peace: **einen ~ an j-n richten** to direct an appeal for peace to s.o., to appeal to s.o. for peace. — **~ˌaufˌruf** *m* call for peace. — **~beˌdin·gun·gen** *pl* conditions (*od.* terms) of peace, peace conditions (*od.* terms). — **~beˌdürf·nis** *n* necessity for peace. — **~beˌmü·hun·gen** *pl* efforts to achieve peace, peace efforts. — **~beˌreit·schaft** *f* readiness for peace. — **~beˌstand** *m mil.* peace-time strength, *Br. auch* peace establishment. — **~beˌstre·bun·gen** *pl cf.* **Friedensbemühungen.** — **~beˌwe·gung** *f* peace movement (*od.* offensive). — **~ˌbo·te** *m lit.* messenger of peace. — **~ˌbot·schaft** *f* message of peace. — **~ˌbre·cher** *m* peacebreaker. — **~ˌbruch** *m bes. pol.* peacebreaking, violation of the peace, breach of (the) peace. — **~de·mon·stra·tiˌon** *f* demonstration for peace. — **~dikˌtat** *n* peace dictate, dictated terms *pl* of peace. — **~ˌen·gel** *m auch fig.* angel of peace. — **f~ˌfeind·lich** *adj* hostile (*od.* inimical) to peace. — **~ˌfest** *n* peace celebrations *pl* (*od.* festivities *pl*). — **~ˌfo·rum** *n DDR* peace forum. — **~ˌfüh·ler** *pl only in* **~ ausstrecken** to put out peace feelers, to make a tentative peace approach. — **~ˌfürst** *m relig.* (*Christus*) Prince of Peace. — **~ga·ranˌtie** *f* guarantee for peace. — **~geˌdan·ke** *m* idea of peace. — **f~geˌfähr·dend** *adj* threatening to peace. — **~geˌfähr·dung** *f* threat to peace. — **~geˌricht** *n jur.* court of a justice of the peace, (*bes. in Deutschland*) county (*od.* borough) court. — **~geˌsprä·che** *pl* peace talks: **~ führen** to hold peace talks. — **~ˌgöt·tin** *f* goddess of peace. — **~ˌheer** *n mil.* standing army. — **~ˌhoff·nung** *f* hope for peace. — **~in·terˌes·sen** *pl* concerns of those interested in peace. — **~ˌkampf** *m* struggle for peace. — **~ˌkämp·fer** *m* struggler for peace. — **~kon·feˌrenz** *f* peace conference. — **~konˌgreß** *m* peace congress. — **~ˌkorps** *n* Peace Corps. — **~ˌkurs** *m* course toward(s) peace. — **~ˌkuß** *m relig.* kiss of peace, pax. — **~ˌla·ger** *n DDR pol.* camp of peace-loving people. — **~ˌlie·be** *f* love of peace. — **~ˌmarsch** *m* march in demonstration for peace. — **f~ˌmä·ßig** *adj* (as in) peacetime. — **~mis·siˌon** *f pol.* peace mission. — **~no·belˌpreis** *m* Nobel peace prize: **Träger des ~es** Nobel peace prize winner. — **~of·fenˌsi·ve** *f pol.* peace offensive. — **~ˌpakt** *m pol.* peace pact. — **~ˌpfei·fe** *f* (*der Indianer*) calumet, peace pipe, *Br.* peace-pipe, pipe of peace: **die ~ mit j-m rauchen** *fig.* to smoke the pipe of peace with s.o., to make peace with s.o. — **~po·liˌtik** *f* peaceful (*od.* pacific) policy. — **~prä·li·miˌna·ri·en** *pl pol.* peace preliminaries. — **~ˌpreis** *m* peace prize: **~ des Deutschen Buchhandels** peace prize of the German booktrade. — **~pro·duk·tiˌon** *f* peacetime production. — **~pro·paˌgan·da** *f* propaganda for peace. — **~ˌre·ge·lung** *f* arrangement (*od.* settlement) of peace. — **~ˌrich·ter** *m jur.* **1.** (*in Großbritannien u. USA*) justice of the peace, JP, jp. – **2.** (*Polizeirichter*) police justice (*od.* judge), police magistrate, *Br.* police-

-magistrate. — ~ˌ**schluß** *m* conclusion of a peace treaty. — ~ˌ**si·che·rung** *f* safety measures *pl* for maintaining the peace, guarantee of peace. — ~ˌ**stand** *m*, ~ˌ**stär·ke** *f mar. mil.* peacetime strength, *Br. auch* peace establishment. — ~ˌ**stif·ter** *m* peacemaker, pacificator, *auch* appeaser. — ~ˌ**stif·tung** *f* peacemaking, pacification, *auch* appeasement. — ~ˌ**stö·rer** *m* disturber of the peace. — ~ˌ**stö·rung** *f* disturbance of the peace. — ~ˌ**tau·be** *f fig.* dove of peace.

'**Frie·denˌstif·ter** *m cf.* Friedensstifter.

'**Frie·dens|ˌun·terˌhänd·ler** *m* peace negotiator. — ~**verˌhand·lun·gen** *pl* peace negotiations. — ~**verˌmitt·ler** *m* mediator of peace. — ~**verˌmitt·lung** *f* mediation of peace. — ~**verˌtrag** *m* peace treaty. — ~ˌ**vorˌschlag** *m* peace proposal. — ~ˌ**wa·re** *f* pre-war (*od.* peacetime) goods *pl.* — ~ˌ**wil·le** *m* will (*od.* desire) for peace. — ~ˌ**wirt·schaft** *f* peacetime economy. — ~ˌ**zeit** *f meist pl* peacetime, time of peace: in ~en in times of peace.

'**friedˌfer·tig** *adj* (*Mensch, Charakter etc*) peaceable, peaceful, peace-loving, pacific. — '**Friedˌfer·ti·ge** *m, f* ⟨-n; -n⟩ *Bibl.* peacemaker: selig sind die ~n blessed are the peacemakers. — '**Friedˌfer·tig·keit** *f* ⟨-; *no pl*⟩ peaceableness, peacefulness, pacific (*od.* peace-loving) character.

'**Friedˌfisch** *m zo.* nonpredacious (*Br.* non-predacious) fish.

'**Friedˌhof** *m* **1.** (*bes. in Städten*) cemetery, graveyard: auf dem ~ begraben (*od. lit.* bestattet) buried in the cemetery. – **2.** (*mit Kirche*) churchyard, graveyard. – **3.** (*Begräbnisstätte*) burial (*od.* burying) ground, *Br.* burial-ground. – **4.** *nucl.* (*für radioaktiven Abfall*) burial ground, *Br.* burial-ground.

'**Friedˌhofs|ˌgärt·ner** *m* cemetery gardener. — ~**gärt·neˌrei** *f* cemetery florist. — ~**kaˌpel·le** *f* cemetery chapel. — ~**parˌzel·le** *f* cemetery lot. — ~ˌ**ru·he** *f fig.* deathly silence. — ~ˌ**schän·der** *m* desecrater (*od.* desecrator) of a graveyard. — ~ˌ**stil·le** *f fig.* deathly silence. — ~ˌ**tor** *n* **1.** cemetery gate. – **2.** (*überdachtes*) lych- (*od.* lich-)gate. — ~ˌ**wär·ter** *m* cemetery employee. — ~ˌ**weg** *m* graveyard path.

fried·lich ['friːtlıç] **I** *adj* **1.** (*ohne Krieg*) peaceful: ~e Zeiten peaceful times, times of peace; ~e Koexistenz peaceful coexistence; ~e Durchdringung peaceful penetration; die Atomenergie zu ~en Zwecken nutzen to utilize atomic energy for peaceful purposes. – **2.** (*gütlich*) peaceful, amicable: ~e Beilegung eines Streits amicable (*od.* pacific) settlement of a conflict. – **3.** (*gewaltlos*) peaceful, nonviolent *Br.* non-: ~e Methoden non(-)violent methods. – **4.** (*friedfertig*) peaceable, peaceful, pacific: von Natur aus ~ sein to be peaceable by nature; j-n ~ stimmen to pacify (*od.* mollify) s.o.; sei doch ~! *colloq.* calm down! don't get worked up! – **5.** (*Tal etc*) peaceful. – **6.** (*ruhig, still*) peaceful, serene, tranquil, placid, quiet, still, halcyon (*lit.*) (*attrib*): ein ~er Morgen a serene morning. – **7.** (*ungestört*) peaceful, untroubled. – **II** *adv* **8.** peacefully: einen Streit ~ beilegen to settle a conflict amicably; er ist ~ entschlafen he died peacefully. — '**Fried·lich·keit** *f* ⟨-; *no pl*⟩ **1.** (*einer Person, von Absichten etc*) peaceful nature (*od.* character). – **2.** (*einer Landschaft etc*) peacefulness, serenity, tranquil(l)ity, placidity, quietness, stillness.

'**friedˌlie·bend** *adj* (*Person. Volk etc*) peace-loving, peaceable, pacific.

'**fried·los** *adj* **1.** *lit.* (*Mensch, Dasein etc*) peaceless, without peace. – **2.** *jur. hist.* (*vogelfrei*) outlawed, proscribed: j-n für ~ erklären to outlaw (*od.* proscribe) s.o.; ~ sein to be an outlaw. — '**Fried·lo·sig·keit** *f* ⟨-; *no pl*⟩ **1.** *lit.* peacelessness, peaceless character. – **2.** *jur. hist.* outlawry, proscription.

'**fried·sam** *adj lit. for* friedlich 4, 6, 7. — '**Fried·sam·keit** *f* ⟨-; *no pl*⟩ *lit. for* Friedlichkeit.

'**fried|ˌse·lig** *adj rare for* friedfertig. — ~ˌ**voll** *adj lit. cf.* friedlich 6.

frie·meln ['friːməln] *tech. v/t* ⟨h⟩ (*Wellen, Rohre*) cross-roll.

frie·ren ['friːrən] **I** *v/impers* ⟨friert, fror, gefroren, h⟩ **1.** freeze: es friert it is freezing; heute nacht friert es a) it is freezing tonight, b) there will be frost tonight; es friert Stein und Bein *colloq.* it is freezing hard. – **2.** be (*od.* feel) cold: es friert mich (*od.* mich friert) am ganzen Körper I am cold all over; es friert mich an den Händen my hands are cold. – **3.** *fig.* be chilled: es fror ihn bis ins innerste Herz a chill ran up and down his spine. – **II** *v/i* ⟨h *u.* sein⟩ **4.** ⟨h⟩ be (*od.* feel) cold, be freezing: er fror entsetzlich (*od.* jämmerlich) he felt terribly cold, he was freezing terribly; ich fror an den Füßen my feet were cold; ~ wie ein Schneider (*od.* wie ein junger Hund) *colloq.* to be as cold as a brass monkey; mir (*od.* mich) ~ die Ohren my ears are freezing. – **5.** ⟨sein⟩ (*von See, Fluß etc*) freeze. – **6.** *fig.* ⟨sein⟩ freeze: als er das hörte, fror ihm das Blut in den Adern when he heard that he froze (*od.* his blood ran cold in his veins). – **III** *v/reflex* ⟨h⟩ sich ~ **7.** *only in* sich zu Tode ~ *colloq.* to freeze to death.

Fries [friːs] *m* ⟨-es; -e⟩ **1.** (*art*) frieze. – **2.** *arch.* a) (*Teil eines Gebälks*) frieze, string course, *Br.* string(-course), b) (*Schmuckleiste*) molding, *bes. Br.* moulding: etwas mit einem ~ versehen to frieze s.th. – **3.** (*textile*) frieze.

Frie·se ['friːzə] *m* ⟨-n; -n⟩ Frisian, Friesian.

Frie·sel ['friːzəl] *m, n* ⟨-s; -n⟩, ~ˌ**fie·ber** *n med.* heat rash, prickly heat; miliaria rubra (*scient.*).

Frie·seln ['friːzəln] *pl med.* miliary fever *sg*, purples.

'**Frie·sin** *f* ⟨-; -nen⟩ Frisian (*od.* Friesian) (woman *od.* girl).

'**frie·sisch I** *adj* Frisian, Friesian. – **II** *ling.* **F~** ⟨*generally undeclined*⟩, **das F~e** ⟨-n⟩ Frisian, Friesian, the Frisian (*od.* Friesian) language.

'**Friesˌlän·der** *m* ⟨-s; -⟩ *cf.* Friese. — '**friesˌlän·disch** *adj cf.* friesisch.

Frigg [frık] *npr f* ⟨-; *no pl*⟩ *myth. cf.* Freyja.

fri·gid [fri'giːt] *adj* **1.** (*gefühlskalt*) cold. – **2.** *psych.* frigid.

Fri·gi·daire [friʒi'dɛːr; *Austrian* fridʒi-] (*TM*) *m* ⟨-s; -(s)⟩ *obs. and Austrian for* Kühlschrank.

Fri·gi·da·ri·um [frigi'daːrĭum] *n* ⟨-s; -rien⟩ *antiq.* (*in altröm. Bädern*) frigidarium.

fri·gi·de [fri'giːdə] *adj cf.* frigid. — **Fri·gi·di'tät** [-gidi'tɛːt] *f* ⟨-; *no pl*⟩ **1.** (*Gefühlskälte*) coldness. – **2.** *psych.* frigidity.

Fri·go·the·ra·pie [frigotera'piː] *f med.* frigotherapy.

Fri·ja ['friːja] *npr f* ⟨-; *no pl*⟩ *myth. cf.* Freyja.

Fri·ka·del·le [frika'dɛlə] *f* ⟨-; -n⟩ *gastr.* rissole, *Am.* meatball (*made of minced beef and pork*), *etwa* hamburger.

Fri·kan·deau [frikan'doː] *n* ⟨-s; -s⟩ *gastr.* fricandeau, *auch* fricando.

Fri·kan·del·le [frikan'dɛlə] *f* ⟨-; -n⟩ *gastr.* slice of stewed meat.

Fri·kas·see [frika'seː] *n* ⟨-s; -s⟩ *gastr.* fricassee: aus j-m ~ machen *fig. colloq.* to make mincemeat of s.o. — **fri·kas'sie·ren** [-'siːrən] *v/t* ⟨*no* ge-, h⟩ **1.** fricassee. – **2.** j-n ~ *fig. colloq.* to make mincemeat of s.o.

fri·ka·tiv [frika'tiːf] *adj ling.* fricative. — **Fri·ka'tiv** *m* ⟨-s; -e⟩, ~ˌ**laut** *m*, **Fri·ka'ti·vum** [-vum] *n* ⟨-s; -tiva [-va]⟩ fricative (sound), spirant.

Frik·ti·on [frık'tsĭoːn] *f* ⟨-; -en⟩ **1.** *phys. tech.* friction, rubbing. – **2.** *med.* friction, attrition. – **3.** *fig. lit. cf.* Reiberei.

Frik·ti'ons|ˌanˌtrieb *m tech. cf.* Reibantrieb. — ~ˌ**kupp·lung** *f* friction (*od.* dry) clutch, *Br.* friction-clutch, friction coupling, *Br.* friction-coupling. — **f~los** *adj* **1.** *tech.* frictionless, without friction (*od.* rubbing). – **2.** *fig. lit. cf.* reibungslos 2, 3. — ~ˌ**rad** *n tech.* friction wheel. — ~ˌ**schei·be** *f* washer. — ~ˌ**schmie·deˌpres·se** *f* friction forging press.

frisch [frıʃ] **I** *adj* ⟨-er; -est⟩ **1.** (*Obst, Fleisch, Blumen etc*) fresh: etwas ~ halten to keep s.th. fresh; ~ vom Brunnen [Faß] fresh (*od.* straight) from the well [barrel]. – **2.** (*Eier*) fresh, new- (*od.* fresh-)laid, newly (*od.* freshly) laid. – **3.** (*Salat, Gemüse*) green, fresh. – **4.** (*ganz neu*) fresh, new: das Brot ist nicht mehr ~ the bread is stale; ~er Schnee fresh snow, new(-fallen) snow, newly (*od.* freshly) fallen snow; ~es Heu new(-mown) (*od.* newly mown) hay; ~ von der Presse fresh (*od. colloq.* hot) off (*od.* from) the press; → Semmel; Tat 4. – **5.** (*sauber*) clean: ~e Wäsche anziehen to put on clean underwear (*od.* linen), to change one's underwear. – **6.** (*neu*) new: eine ~e Seite a new page. – **7.** (*unverbraucht, ausgeruht*) fresh, new: mit ~en Kräften with renewed (*od.* fresh) strength; mit ~em Mut with fresh courage; ~e Truppen fresh troops; eine ~e Meute Hunde *hunt.* a fresh pack of hounds, a relay: ich fühle mich wieder ganz ~ I feel quite fresh again; ~ und munter (as) fresh as a daisy, (as) fresh as paint (*colloq.*); sich ~ machen to freshen up. – **8.** (*Anstrich etc*) new, fresh, wet. – **9.** *fig.* (*unverblichen, farbstark*) fresh: das ist mir noch in ~er Erinnerung that is still fresh in my memory, the memory of that is still fresh; die ~en Farben des Sommers the fresh (*od.* bright) colo(u)rs of summer. – **10.** *fig.* (*lebhaft, munter*) lively, gay, brisk, cheerful: ein ~er Junge a) a lively (*od.* gay) boy, b) (*aufgeweckt*) an alert boy, c) (*unkompliziert*) a breezy type of boy; ~er Gesang tönte aus dem Klassenzimmer gay singing came out of the classroom; sie hat ein ~es Wesen she is gay (*od.* lively) by nature; ~e Farben gay (*od.* cheerful) colo(u)rs; ~, fromm, fröhlich, frei lively (*od.* brisk), reverent (*od.* devout), cheerful, free (*motto used by followers of the movement for popular physical education in Germany around 1800*). – **11.** (*Gesichtsfarbe, Aussehen etc*) fresh, rosy, healthy, florid (*lit.*), ruddy. – **12.** (*erfrischend*) fresh, cool, refreshing, invigorating: ein ~er Trunk a refreshing drink; ein ~es Lüftchen a fresh breeze; ~e Luft schöpfen to get some fresh air; j-n an die ~e Luft setzen *fig. colloq.* to throw (*od.* chuck) s.o. out. – **13.** (*unangenehm kalt*) fresh, cool, chilly, crisp: im Frühling sind die Abende noch recht ~ in spring the evenings are still quite cool; → Wind 1. – **14.** *med.* (*Krankheitsfall*) recent. – **15.** *hunt.* a) (*Fährte, Spur*) fresh, b) (*Witterung*) warm: eine ~e Spur a) a fresh trail, b) *fig.* a new lead. – **II** *adv* **16.** (*eben erst*) freshly, newly, recently: ~ gebackenes Brot fresh-baked bread; ~ gelegte Eier fresh (*od.* new-laid) eggs; ~ gemähtes Gras new-mown grass; ~ geschlachtet fresh-killed, fresh-butchered; ~ geschnittene Blumen freshly cut flowers; eine ~ gestrichene Tür a newly painted door; „(Vorsicht), ~ gestrichen!" "wet (*Am. auch* fresh) paint!" ein ~ bezogenes Bett a bed with clean sheets; ~ eingetroffen just arrived; ein ~ gebackener Ehemann *colloq. humor.* a newly married husband. – **17.** (*direkt*) straight, fresh: er kommt ~ von der Universität he comes straight from the university; sie sind ~ aus ihrem Urlaub zurück they have just got back from their holidays (*Am.* vacation). – **18.** (*erneut*) afresh, anew, again, once more: (noch einmal) ~ anfangen to start anew, to make a new start. – **19.** *fig.* (*lebhaft, munter*) freshly, gaily, cheerfully: er geht immer gleich ~ ans Werk he does not let (the) grass grow under his feet; sie redete ~ drauflos she just began chattering (*od.* talking) on gaily (*od.* animatedly); ~ zu! go ahead! at it! ~ von der Leber weg reden *colloq.* to speak quite frankly (*od.* openly, one's mind); ~ gewagt ist halb gewonnen (*Sprichwort*) a good start is half the battle.

'**Frisch|ˌar·beit** *f metall.* **1.** oxidizing (*od.* refining) process. – **2.** (*bei Blei*) reduction, reducing process. — **f~'auf** [ˌfrıʃ-] *interj lit.* come along! come on!

'**frischˌbacken** (*getr.* -k·k-) *adj* (*Brot etc*) new- (*od.* fresh-)baked, newly (*od.* freshly) baked, new, fresh.

'**Frisch|ˌblei** *n metall.* refined soft lead, merchant lead. — ~ˌ**dampf** *m* live steam.

'**Fri·sche** *f* ⟨-; *no pl*⟩ **1.** *auch fig.* (*von Neuentstandenem, nicht Altgewordenem etc*) freshness: die ~ des Brotes [Schnees] the freshness of the bread [snow]; die ~ der Farbe a) the freshness of the paint, b) (*Feuchtigkeit*) the wetness of the paint, c) (*Farbkraft*) the freshness (*od.* brightness, vividness) of the paint (*od.* colo[u]r). – **2.** (*Sauberkeit*) clean(li)ness, freshness. – **3.** (*körperliche*) freshness, vigor, *bes. Br.* vigour: jugendliche ~ youthful vigo(u)r, youthfulness, young blood; in voller ~ in the green; er kam in alter ~ zurück he came back with all his old vigo(u)r; ein Junge in der ~ seiner Jugend a boy in the freshness (*od.* bloom, dew) of his youth. – **4.** (*Lebhaftigkeit*) freshness, liveliness, sprightliness, gaiety, gayety, briskness, cheerfulness. – **5.** (*des Gesichts*) freshness, healthiness, rosiness, ruddiness: **die rosige ~ ihrer Wangen** the rosiness (*od.* bloom) of her cheeks. – **6.** (*das Erfrischende*) freshness, coolness: **die belebende ~ des Waldes** the invigorating freshness of the woods. – **7.** (*unangenehme Kühle*) coolness, chilliness. – **8.** *hunt.* (*der Fährte*) freshness. – **9.** *biol.* (*der Farbe von Pflanzenteilen*) greenness, viridity (*scient.*).

'Frisch|,ei *n* **1.** fresh (*od.* new-laid, newly laid) egg. – **2.** (*im Gegensatz zu Eipulver*) shell egg. — **~,ei·sen** *n metall.* refined iron.

fri·schen ['frɪʃən] **I** *v/t* ⟨h⟩ **1.** *tech.* a) (*Metalle*) revive, (re)fine, oxidize, b) (*Blei*) reduce, c) (*Metalloxyd*) revivify, d) (*im Flammofen*) puddle, e) (*als Windfrischen*) blow, convert, f) (*Öl*) reclaim. – **2.** *hunt.* (*tränken*) water. – **II** *v/i hunt.* **3.** (*saufen*) drink. – **4.** (*Frischlinge werfen*) farrow. – **III F~** *n* ⟨-s⟩ **5.** *verbal noun.* – **6.** *tech.* oxidation, purification. — **'Fri·scher** *m* ⟨-s; -⟩ *metall.* **1.** finer. – **2.** (*bes. des Eisens*) refiner.

'Frisch|,erz *n metall.* raw ore. — **~,feu·er·,ei·sen** *n* charcoal hearth iron. — **~,fisch** *m gastr.* fresh fish. — **~,fleisch** *n* fresh meat. — **~ge,mü·se** *n* fresh vegetables *pl.* — **~ge,wicht** *n* fresh (*od.* green) weight.

'Frisch,hal·te|,beu·tel *m* airtight (*Br.* air-tight) bag. — **~,packung** (*getr.* -k·k-) *f* airtight (*Br.* air-tight) (*od.* keep-fresh) packet: **in ~** vacuum-packed, aroma-sealed.

'Frisch,hal·tung *f* ⟨-; *no pl*⟩ **1.** preservation, conservation. – **2.** (*Kühlung*) refrigeration, cold storage.

'Frisch,herd *m metall.* refining hearth. — **~ver,fah·ren** *n* refinery process.

'Frisch,kost *f gastr.* **1.** fresh fruit and vegetables *pl.* – **2.** (*als Diät*) vegetable diet.

'Frisch·ling *m* ⟨-(e)s; -e⟩ *hunt.* young wild boar.

'Frisch,luft *f* fresh (*od.* pure) air. — **~,hei·zung** *f auto.* fresh-air heating system. — **~,zu,fuhr** *f* admission of fresh air.

'Frisch|,milch *f gastr.* fresh milk. — **~,obst** *n* fresh fruit. — **~pe·ri,ode** *f metall.* oxidizing period. — **~re·ak·ti,on** *f* boil. — **~,schlacke** (*getr.* -k·k-) *f tech.* oxidizing (*od.* refining) slag. — **~ver,fah·ren** *n metall.* oxidizing (*od.* refining) process. — **~,was·ser** *n* **1.** fresh water. – **2.** (*Süßwasser*) sweet water. – **3.** (*Trinkwasser*) drinking water. — **f~weg** [,frɪʃ'vɛk] *adv colloq.* **1.** without hesitation. – **2.** (*ohne Scheu*) freely, frankly, openly. – **3.** (*munter*) briskly, gaily, cheerfully, in a lively manner.

'Frisch,zel·le *f med.* live (*od.* living) cell. — **'Frisch,zel·len·the·ra,pie** *f* embryonal fresh cell (*od.* Niehans') therapy.

Fri·seur [fri'zøːr] *m* ⟨-s; -e⟩ **1.** (*für Damen*) hairdresser. – **2.** (*für Herren*) barber, *Br. auch* hairdresser: **beim ~** at the barber's. — **~ge,hil·fe** *m* hairdresser's (*od.* barber's) assistant. — **~ge,schäft** *n cf.* **Friseursalon.** — **~,hand,werk** *n* hairdressing. — **~,kit·tel** *m* hairdresser's smock. — **~,la·den** *m cf.* Friseursalon. — **~,mei·ster** *m* qualified barber (*od.* hairdresser). — **~sa,lon** *m* **1.** (*für Damen*) hairdresser's shop. – **2.** (*für Herren*) barbershop, *Br.* barber's (*auch* hairdresser's) shop. – **3.** (*für Damen u. Herren*) hairdresser's (*od.* hairdressing) salon (*od.* saloon).

Fri·seu·se [fri'zøːzə] *f* ⟨-; -n⟩ (woman, lady) hairdresser.

Fri'sier|,creme *f* hair cream.

fri·sie·ren [fri'ziːrən] **I** *v/t* ⟨*no* ge-, h⟩ **1.** j-n (*od.* j-s Haar) a) (*kämmen*) to comb s.o.'s hair, b) to do (*od.* dress) s.o.'s hair: **sich ~ lassen** to have one's hair done (*od.* dressed). – **2.** *fig. colloq.* (*Bilanz, Nachrichten etc*) manipulate, fake; 'dress (*s.th.*) up', 'cook', 'doctor', 'doctor (*s.th.*) up' (*colloq.*): **die Abrechnungen ein bißchen ~** to cook the accounts a little. – **3.** *fig. colloq.* (*tendenziös darstellen*) angle, slant. – **4.** *fig. colloq.* (*herrichten*) do (*s.th.*) up: **er will den Wagen vor dem Verkauf noch etwas ~** he is going to do the car up a bit before selling it. – **5.** *fig. colloq.* (*Motor*) render (*the engine*) more efficient, *bes. Am. sl.* soup up. – **6.** (*textile*) friz(z), curl. – **II** *v/reflex* **sich ~ 7.** comb one's hair. – **8.** do (*od.* dress) one's hair: **sich nochmals ~** to redo (*Br.* re-do) one's hair. – **III F~** *n* ⟨-s⟩ **9.** *verbal noun.* – **10.** hairdressing. – **11.** *fig. colloq.* (*von Bilanzen etc*) manipulation; 'window dressing', *Br.* 'window-dressing' (*colloq.*).

Fri'sier|,kamm *m* dress (*od.* dressing) comb. — **~kom,mo·de** *f cf.* Frisiertisch. — **~,krem** *f cf.* Frisiercreme. — **~,man·tel** *m cf.* Frisierumhang. — **~,sa,lon** *m cf.* Friseursalon. — **~,spie·gel** *m* dressing table (*Br.* dressing-table) (*Am. auch* vanity) mirror.

fri'siert I *pp.* – **II** *adj* (*Motor*) high-efficiency (*attrib*).

Fri'sier|,tisch *m*, **~toi,let·te** *f* dressing (*od.* toilet) table, *Br.* dressing-table, *Am.* vanity. — **~,um,hang** *m* makeup (*Br.* make-up) cape.

Fri·sör [fri'zøːr] *m* ⟨-s; -e⟩ *cf.* Friseur.

friß [frɪs] *imp sg*, **frißt** [frɪst] *2 u. 3 sg pres of* **fressen.**

Frist [frɪst] *f* ⟨-; -en⟩ **1.** (*Zeitraum*) (fixed, limited, prescribed) period (*od.* space) of time, (given, set, appointed) term (*od.* time): **innerhalb einer ~ von zehn Tagen** within a period of ten days, within a ten-day period; **die ~ ist abgelaufen** the period of time has expired (*od.* elapsed); **in kürzester ~** at very short notice, without delay; **auf kurze ~** for a short (*od.* limited) period of time, for a short time; **j-m mit einer ~ von einem Monat kündigen** to give s.o. a month's notice; **seine ~ ist abgelaufen** *fig.* his time is up. – **2.** (*Zeitpunkt*) time limit, *Br.* time-limit, date (of completion), time allowed (for completion), deadline, *Br.* dead(-)line: **äußerste ~** final (*od.* ultimate) date, deadline; **eine ~ innehalten** (*od.* **einhalten**) to meet a deadline; **eine ~ setzen** to set (*od.* fix) a time limit; **zu dieser ~ müssen die Waren verschifft sein** the goods must be shipped by this date; **zu jeder ~ lieferbar** deliverable at any time. – **3.** (*Zwischenraum*) interval. – **4.** (*Aufschub*) time allowed, extension, prolongation. – **5.** *econ.* a) (*Zahlungsaufschub*) extension, b) (*Nachfrist*) respite: **j-m eine ~ von drei Tagen gewähren** to grant s.o. an extension of three days, to give s.o. three days (*od.* three days' grace); **j-m bis morgen ~ gewähren** to give s.o. (time) until tomorrow. – **6.** *jur.* (*Strafaufschub*) reprieve, grace.

'Frist,ab,lauf *m* **1.** expiration (of time), end of a (fixed) period of time. – **2.** *econ.* a) expiry, b) (*Fälligkeit*) maturity. – **3.** *jur.* expiry.

fri·sten ['frɪstən] **I** *v/t* ⟨h⟩ **1.** *only in* **sein Leben** (*od.* **Dasein**) **~** to just manage to exist, to make a bare living: **mit seinem geringen Verdienst kann er nur kümmerlich sein Leben ~** with his modest earnings he can barely eke out a meager (*bes. Br.* meagre) living. – **2.** *econ. cf.* befristen I.

'frist|ge,mäß, ~ge,recht I *adj* **1.** within the period prescribed. – **2.** punctual. – **II** *adv* **3.** within the period prescribed. – **4.** punctually, in time.

'Frist|ge,such *n jur.* dilatory plea, petition for a delay (*od.* respite). — **~ge,wäh·rung** *f econ. jur.* (granting of a) respite. — **f~los I** *adj* without notice: **~e Kündigung** dismissal without notice, summary dismissal. – **II** *adv* without notice: **j-n ~ entlassen, j-m ~ kündigen** to dismiss s.o. without notice, to fire s.o. on the spot (*colloq.*). — **~,set·zung** *f* appointment (*od.* fixing) of a term (*od.* time limit, *Br.* time-limit). — **~,über,schrei·tung** *f* exceeding (*od.* overstepping) of the time limit (*Br.* time-limit). — **~ver,län·ge·rung** *f* **1.** extension (of time), prolongation of a term. – **2.** (*für Zahlungen*) extension of credit. — **~ver,säum·nis** *n bes. jur.* a) failure to observe a time limit (*Br.* time-limit), b) (*bei Gericht etc*) default.

Fri·sur [fri'zuːr] *f* ⟨-; -en⟩ **1.** hairstyle, *Br.* hair-style, hairdo, *Br.* hair-do (*colloq.*): **kunstvolle ~** coiffure; **hochgekämmte ~** upswept (*Br.* up-swept) hair-style. – **2.** (*Haarschnitt*) haircut, hairstyle.

'Frit,flie·ge ['frɪt-] *f zo.* European frit fly (*Br.* frit-fly) (*Oscinella frit*).

fri·tie·ren [fri'tiːrən] *v/t* ⟨*no* ge-, h⟩ *gastr.* fry (*s.th.*) in deep fat, deep fry.

Fri'tier,korb *m gastr.* frying basket.

Frit·ta·te [frɪ'taːtə] *f* ⟨-; -n⟩ *Austrian gastr.* strip of pancake (*as a garnish for soup*). — **Frit'ta·ten,sup·pe** *f* clear soup with sliced pancakes.

Frit·te ['frɪtə] *f* ⟨-; -n⟩ *tech.* (*Glas, Emaille*) frit.

frit·ten ['frɪtən] **I** *v/t* ⟨h⟩ **1.** *tech.* a) frit, b) (*Kohlenstaub*) sinter. – **2.** *geol.* (*Gestein etc*) sinter. – **II** *v/i* **3.** *tech.* sinter, cohere. – **4.** *geol.* sinter, melt partially. – **5.** (*radio*) cohere. – **III F~** *n* ⟨-s⟩ **6.** *verbal noun.* – **7.** (*radio*) coherence, coherency.

'Frit·ten·por·zel,lan *n* tender porcelain.

'Frit·ter *m* ⟨-s; -⟩, **~emp,fän·ger** *m* (*radio*) coherer.

Fri·tü·re [fri'tyːrə] *f* ⟨-; -n⟩ *gastr.* **1.** hot fat for deep frying. – **2.** deep fried food.

Frit·ze ['frɪtsə] *m* ⟨-n; -n⟩ *dial. colloq.* **1.** chap, bloke. – **2.** *only in* **das ist für den Alten Fritz(en)** that's a waste of effort (*od.* time), that is in vain.

fri·vol [fri'voːl] *adj* ⟨-er; -st⟩ **1.** (*leichtfertig, gewissenlos*) frivolous, trifling: **ein ~er Mensch** a trifler. – **2.** (*respektlos, frech*) disrespectful, irreverent, flippant, impudent. – **3.** (*schlüpfrig*) indecent: **~e Witze** [**Bemerkungen**] indecent jokes [remarks]. — **Fri·vo·li'tät** [-voli'tɛːt] *f* ⟨-; -en⟩ **1.** (*frivole Bemerkung etc*) frivolous (*od.* disrespectful, flippant) remark. – **2.** ⟨*only sg*⟩ (*Respektlosigkeit, Frechheit*) disrespectfulness, lack of respect, irreverence, flippancy, impudence. – **3.** (*Schlüpfrigkeit*) indecency. – **4.** ⟨*only sg*⟩ (*Leichtfertigkeit*) frivolity, frivolousness. – **5.** *pl* (*textile*) (piece *sg* of) tatting *sg*, tatted work *sg*.

Fri·vo·li'tä·ten,ar·beit *f* (*Schiffchenspitze*) tatting: **~en machen, in ~ herstellen** to tat, to do tatting.

froh [froː] *adj* ⟨-er; -est⟩ **1.** (*glücklich*) happy. – **2.** (*frohgestimmt*) happy, joyful, cheerful, blithe (*lit.*): **er war immer ~** he was always happy (*od.* in good spirits). – **3.** (*freudig*) happy, joyful, cheerful: **~en Mutes sein** *lit.* to be cheerful; **~en Mutes an die Arbeit gehen** to set to work cheerfully; → **Botschaft** 2. – **4.** (*lustig*) merry, gay, jolly. – **5.** (*erfreut, beglückt*) glad, happy: **ich bin ~, dich wiederzusehen** I am glad to see you again; **über** (*acc*) (*auch* **um**) **etwas ~ sein** to be glad of (*od.* about) s.th., to be happy about s.th. – **6.** (*dankbar*) (**über** *acc, auch* **um** about, for) thankful: **sei ~, daß du nicht da warst** be thankful (*od.* thank God) (that) you weren't there. – **7.** (*erleichtert*) (**über** *acc, auch* **um** with, at) relieved: **ich bin so ~, daß alles vorüber ist** I'm so relieved that everything is over. – **8.** (*als Wunsch*) **F~e Weihnachten!** Merry (*od.* Happy) Christmas! **F~e Ostern!** Happy Easter! **~e Feiertage!** have a pleasant (*od.* nice) holiday! – **9.** **einer Sache ~ sein** *lit.* to be glad of (*od.* about) s.th., to enjoy s.th., to be rejoicing in s.th. (*lit.*): **er ist seines Erfolges ~** he is glad of his success; **seines Lebens ~ sein** to be glad to be alive; **er wurde seines Lebens nie** (*od.* **nicht**) **mehr ~** *colloq.* he had no end of trouble, he fretted his life away.

'froh|be,schwingt *adv* in an elated (*od.* animated) manner. — **~ge,launt** *adj cf.* froh 2. — **~ge,mut** *adj* **1.** *cf.* froh 2. – **2.** (*zuversichtlich*) confident, optimistic. — **~ge,stimmt** *adj cf.* froh 2.

fröh·lich ['frøːlɪç] *adj* **1.** (*froh, heiter*) cheerful, happy, blithe (*lit.*). – **2.** (*unbekümmert*) light-hearted. – **3.** (*lustig*) gay, merry, cheerful, happy, jolly, hilarious, chirpy (*colloq.*), *Am. colloq.* chipper: **eine ~e Gesellschaft** a merry company; **~es Treiben** gaiety, gayety, merry(-)making; **~ werden** to cheer up; **j-n ~ machen** to cheer s.o.; **der Wein hatte uns alle ~ gemacht** the wine had made us all gay; **sie waren in ~er Stimmung** they were in high (*od.* gay) spirits; **in ~er Runde beisammensitzen** to sit together in a merry circle. – **4.** (*ausgelassen*) frisky, frolicsome. – **5.** (*übertrieben lustig*) gleeful, mirthful. – **6.** *cf.* froh 8. — **'Fröh·lich·keit** *f* ⟨-; *no pl*⟩ **1.** (*Frohsinn, Heiterkeit*) cheerfulness, blitheness (*lit.*): **durch seine ~ gewann er sich viele Freunde** by his happy (*od.* cheerful) nature be won himself many friends. – **2.** (*Unbekümmertheit*) light-heartedness. – **3.** (*Lustigkeit*) gaiety, gayety, merriment, cheerfulness, jollity, hilarity, hilariousness, high spirits *pl.* – **4.** (*Ausgelassenheit*) friskiness, frolicsomeness. – **5.** (*übertriebene Lustigkeit*) glee(fulness), mirth(fulness).

'froh,locken (*getr.* -k·k-) **I** *v/i* ⟨*insep, no* -ge-, h⟩ *lit.* **1.** (*in Freude ausbrechen, jubeln*) (**über** *acc*) exult (at, in, over), rejoice (in, at), jubilate (over, about), shout for joy (over, about), be exultant (*od.* jubilant) (over, about): **zu früh ~** to rejoice too soon, to count one's chickens before they are hatched. – 2. (*triumphieren*) (über *acc* over) triumph. – 3. (*schadenfroh*) (über *acc* over, upon) gloat. – 4. *Bibl.* rejoice: frohlocket dem Herrn! rejoice in the Lord! – **II** F~ *n* ⟨-s⟩ 5. *verbal noun.* – 6. exultation, jubilation, shouts *pl* of joy: sie nahmen die Neuigkeit mit F~ auf they received the news with exultation (*od.* exultantly, jubilantly). – 7. triumph. — **'frohˌlockend** (*getr.* -k·k-) **I** *pres p.* – **II** *adj* 1. exultant, jubilant, rejoicing. – 2. (*triumphierend*) triumphant.

'Froh|naˌtur *f lit.* 1. ⟨*only sg*⟩ cheerful (*od.* happy) disposition (*od.* nature). – 2. cheerful (*od.* happy) person. — **~ˌsinn** *m* ⟨-(e)s; *no pl*⟩ 1. (*frohes Wesen*) cheerfulness, light-heartedness, *Br.* light-heartedness, cheerful disposition, cheer: er hat (sich) stets seinen ~ bewahrt he has always preserved (*od.* never lost) his cheerfulness. – 2. (*Fröhlichkeit*) gaiety, gayety, mirth, merriment: mit ~ und guter Laune with gaiety and high spirits.

fromm [frɔm] *adj* ⟨-er *od.* ⁼er; -st *od.* ⁼st⟩ 1. (*Mensch, Leben etc*) pious, devout, religious, godly: ~ werden to get religion (*od.* become religious). – 2. (*Tat, Lied, Gesinnung etc*) pious: ~e Einfalt [Literatur] pious innocence [literature]. – 3. (*andächtig*) devout. – 4. (*gottesfürchtig*) God-fearing, *Br.* godfearing. – 5. (*bigott, scheinheilig*) sanctimonious, hypocritical, canting: ~es Getue sanctimoniousness; ~ tun to be a hypocrite, to play the saint. – 6. (*unschuldig*) innocent: mit ~em Augenaufschlag with innocently up-cast eyes. – 7. (*sanft*) gentle, meek, docile: ~ wie ein Lamm (*od.* Schaf) as meek as a lamb. – 8. (*Pferd*) steady. – 9. (*in guter Absicht*) pious: eine ~e Lüge a white lie; → Betrug 1. – 10. (*unerfüllbar*) idle, vain: das waren nur ~e Wünsche that was only wishful thinking. – 11. *Bibl.* (*gerecht*) just, good. – 12. *hist.* (*tapfer*) brave, valiant.

'From·me¹ *m, f* ⟨-n; -n⟩ pious (*od.* devout, religious, godly) person; Ludwig der ~ *hist.* Louis the Pious.

'From·me² *m* ⟨-n; *no pl*⟩ *obs. for* Nutzen¹ 1: *only in* j-m [etwas] zu Nutz und ~n for (*od.* to) the benefit (*od.* good, advantage) of s.o. [s.th.].

Fröm·me'lei *f* ⟨-; -en⟩ 1. (*Frommtun*) affected (*od.* sham) piety, pietism. – 2. (*Scheinheiligkeit*) sanctimoniousness, sanctimony, sanctimonious manner. – 3. (*scheinheiliges Gerede*) cant. – 4. (*Bigotterie*) bigotry. — **fröm·meln** ['frœməln] *v/i* ⟨h⟩ 1. (*fromm tun*) affect (*od.* make a show of) piety. – 2. (*scheinheilig reden*) talk with an affectation of piety, cant. – 3. (*bigott sein*) be bigoted. — **'fröm·melnd I** *pres p.* – **II** *adj* 1. pietistic, pietistical. – 2. (*scheinheilig*) sanctimonious. – 3. bigoted, bigot.

from·men ['frɔmən] *v/i* ⟨h⟩ j-m ~ *obs. od. lit. for* nutzen I.

Fröm·mig·keit ['frœmɪçkaɪt] *f* ⟨-; *no pl*⟩ 1. (*Frommsein*) devoutness, piousness, piety. – 2. (*Gottesfurcht*) godliness. – 3. (*Gläubigkeit*) religiousness.

'Frömm·ler *m* ⟨-s; -⟩, **'Frömm·le·rin** *f* ⟨-; -nen⟩ *contempt.* 1. (*frömmelnder Mensch*) pietist, devotionalist. – 2. (*Scheinheiliger*) sanctimonious person. – 3. (*scheinheilig Redender*) sanctimonious hypocrite, canter. – 4. (*religiöser Fanatiker*) bigoted person, devotee.

Fron [froːn] *f* ⟨-; -en⟩ *hist. cf.* Frondienst 1. — **~ˌar·beit** *f cf.* Frondienst. — **~ˌar·bei·ter** *m* 1. *hist.* sokeman, socman, soc(c)ager, statute (*od.* unpaid) laborer (*bes. Br.* labourer). – 2. *fig.* drudge.

Fron·de¹ ['froːndə] *f* ⟨-; -n⟩ *hist. cf.* Frondienst 1.

Fron·de² ['frõːdə] *f* ⟨-; -n⟩ 1. *bes. pol.* a) faction, malcontent party, b) (*Auflehnung*) seditious opposition: die ~ gegen j-n [etwas] anführen to head the faction opposing s.o. [s.th.]. – 2. die ~ *hist.* the Fronde (*the movement in France directed against absolutism*).

'Fronˌdienst *m* 1. *hist.* corvée, soc(c)age, statute (*od.* compulsory) labor (*bes. Br.* labour) (*od.* service): ~e leisten (für j-n) to do statute labo(u)r (for s.o.). – 2. *fig.* corvée (*lit.*), drudgery: im ~ des Alltags in the drudgery of daily routine. – 3. *Swiss* unpaid work (*for commune, cooperative society, club*).

fro·nen ['froːnən] *v/i* ⟨h⟩ 1. *hist.* perform (*od.* do) corvée (*od.* soc[c]age-service), perform (*od.* do) statute (*od.* compulsory) labor (*bes. Br.* labour). – 2. *fig.* drudge, slave, toil.

frö·nen ['frøːnən] *v/i* ⟨h⟩ (*dat*) (*einem Laster etc*) indulge in, pander to, gratify, be a slave (*od. lit.* be in thrall) to: seinen Gelüsten ~ to gratify (*od.* pamper) one's desires; dem Alkohol übermäßig ~ to over(-)indulge in alcohol.

'Fron|ˌfa·sten *pl relig.* ember days. — **~ˌfe·ste** *f hist.* public jail (*Br. auch* gaol), public prison. — **~ˌgut** *n*, **~ˌhof** *m* farm burdened with corvée, soc(c)age farm.

ˌFron'leichˌnam *m* ⟨-(e)s; *no pl*⟩ *relig.* Corpus Christi: an ~ on Corpus Christi (Day).

ˌFron'leichˌnams|ˌfest *n cf.* Fronleichnam. — **~pro·zes·siˌon** *f* Corpus Christi procession. — **~ˌtag** *m* Corpus Christi Day.

'Fronˌpflicht *f* ⟨-; -en⟩ *hist.* soc(c)age duty, liability to statute labor (*bes. Br.* labour), obligation to perform statute (*od.* compulsory) labo(u)r. — **'fronˌpflich·tig** *adj* adscript, adscriptive, adscriptitious, subject (*od.* liable) to so(c)age duty, subject to statute labor (*bes. Br.* labour).

Front [frɔnt] *f* ⟨-; -en⟩ 1. *arch.* (*Vorderseite*) front, frontage, face: das Haus liegt mit der ~ nach Osten the house faces east. – 2. *mil.* (*Kampflinie*) front, line, front line: an der ~ (stehen) (to be) at the front; an die ~ gehen to go to the front; hinter der ~ behind the lines; an zwei ~en kämpfen to fight on two fronts. – 3. *mil.* (*einer Truppe*) front: die ~ abschreiten a) to review the troops, b) (*einer Ehrenkompanie*) to take the salute, to inspect the guard of hono(u)r; den Feind auf breiter ~ angreifen to attack the enemy on a wide front. – 4. zu (*od.* vor) j-m ~ machen *mil.* to stand at attention (before s.o.). – 5. *fig.* front: die Arbeiter bildeten eine geschlossene ~ gegen die Arbeitgeber the workers formed a united front against the employers; gegen j-n [etwas] ~ machen to stand up (*od.* turn, make a stand) against s.o. [s.th.], to resist (*od.* oppose) s.o. [s.th.]. – 6. *meteor.* (*Luftmassengrenze*) front. – 7. in ~ gehen (*sport*) to take the lead, to surge ahead; in ~ liegen to be ahead (*od.* in the lead).

'Frontˌabˌschnitt *m mil.* sector.

'Fronˌtag *m hist. day on which services are to be performed for the feudal lord.*

fron·tal [frɔn'taːl] **I** *adj* (*Zusammenstoß, Angriff etc*) head-on (*attrib*), frontal: ~es Nachdringen *mil.* follow-up. – **II** *adv* head on, frontally: die Autos stießen ~ zusammen the cars collided head on; j-n ~ angreifen to make a frontal attack on s.o.; ~ gesehen seen from the front.

Fron'tal|ˌanˌgriff *m mil.* frontal attack. — **~ˌebe·ne** *f med.* frontal plane. — **~zuˌsam·menˌstoß** *m* head-on collision.

'Front|ˌanˌsicht *f* 1. front view. – 2. *med.* face. — **~ˌanˌtrieb** *m auto.* front-wheel drive: er kaufte sich ein Auto mit ~ he bought a front-wheel drive car. — **~beˌgra·di·gung** *f mil. cf.* Frontberichtigung. — **~beˌricht** *m* front-line report (*od.* despatch). — **~beˌrich·ti·gung** *f* correction of the front. — **~ˌbo·gen** *m* 1. *arch.* (*eines Gebäudes etc*) front(al) arch. – 2. *mil.* salient. — **~ˌbrei·te** *f mil.* frontage. — **~ˌdienst** *m* front-line (*od.* combat) duty. — **~ˌeinˌsatz** *m* action at the front.

'Fron·tenˌbil·dung *f meteor.* frontogenesis.

'Front|ˌflug *m aer. mil.* combat sortie (*od.* mission). — **~geˌwit·ter** *n meteor.* frontal thunderstorm.

Fron·ti·spiz [frɔnti'spiːts] *n* ⟨-es; -e⟩ 1. *print.* (*eines Buches*) a) frontispiece, b) title page. – 2. *arch.* frontispiece.

'Front|ˌkämp·fer *m mil.* front-line soldier: ehemaliger ~ veteran. — **~ˌla·der** *m tech.* front-loader. — **f~ˌla·stig** [-ˌlastɪç] *adj auto.* nose-heavy. — **~ˌlen·ker** *m* forward control truck. — **~ˌli·nie** *f mil.* front line. — **f~ˌnah** *adj* near the front. — **~ˌräu·mer** *m tech.* bulldozer. — **~ˌschei·be** *f auto. Br.* wind-screen, *Am.* windshield. — **~ˌschott** *n mar.* front bulkhead. — **~solˌdat** *m mil.* front-line soldier. — **~ˌtrup·pen** *pl* line forces. — **~ˌurˌlaub** *m* leave (*od.* furlough) from the front. — **~ˌwech·sel** *m* 1. *mil.* change of front. – 2. *fig.* about-face, volte-face, turnabout: einen ~ vornehmen to do (*od.* perform) an about-face. — **~ˌzuˌla·ge** *f mil.* combat area service compensation.

'FronˌVogt *m jur. hist.* soc(c)age master, overseer, taskmaster.

fror [froːr] *1 u. 3 sg pret*, **frö·re** ['frøːrə] *1 u. 3 sg pret subj of* frieren.

Frosch [frɔʃ] *m* ⟨-es; ⁼e⟩ 1. *zo.* a) frog (*Fam. Ranidae*), b) (*Froschlurch*) salientian anuran (*Ordng Anura*): zu den Fröschen gehörig a) ranine, b) batrachoid, batrachian; Frösche fangen to catch frogs, to frog; die Frösche quaken the frogs are croaking; die Frösche, das Volk der Frösche (*in Fabeln*) the croakers. – 2. *fig. colloq.* (*in Wendungen wie*) einen ~ im Halse (stecken) haben to have a frog in one's throat; sich aufblasen wie ein ~ to be puffed up like a frog; du wirst Frösche in den Bauch kriegen *humor.* you drink like a fish; sei kein ~ (*Spielverderber*) come on, be a sport! don't be a spoilsport! der kleine ~ (*Kleinkind*) the little tot. – 3. (*Feuerwerkskörper*) *Br.* (jumping) cracker, *Am.* firecracker: kleiner ~ squib; einen ~ loslassen to let (*od.* set off) a (fire)cracker. – 4. *arch.* (*Balkenstütze*) bracket. – 5. *mus.* (*am Geigenbogen*) nut, frog, heel. – 6. *tech.* a) (*Daumen*) cam, b) (*Anschlagnocken*) dog, c) (*Klemme*) clip: ~ einer Leiter peg of a ladder. – 7. *print.* slide, sliding bar (*od.* head). – 8. (*railway*) frog. – 9. *med. colloq.* frog tongue, ranula (*scient.*). — **'froschˌähn·lich** *adj zo.* batrachoid.

'Frosch|amˌphi·bi·en *pl zo.* batrachia(ns), anurans. — **f~ˌar·tig** *adj* a) froggy, froggish, ranine (*scient.*), b) (*froschlurchartig*) batrachian. — **~ˌbauch** *m med.* frogbelly, potbelly. — **~ˌbiß** *m* ⟨-sses; *no pl*⟩ *bot.* frogbit, frog's-bit (*Hydrocharis morsus-ranae*). — **~ˌblut** *n* frog's blood: ~ haben *fig. colloq.* to be cold-blooded. — **~ˌdorsch** *m zo.* lesser fork-beard (*Raniceps raninus*). — **~ˌep·pich** *m bot. cf.* Gifthahnenfuß. — **~ˌfisch** *m zo.* a) frogfish, (oyster) toadfish (*Opsanus tau*), b) leopard toadfish (*O. pardus*): Kalifornischer ~ northern midshipman (*Porichthys notatus*). — **~geˌqua·ke** *n* croaking of frogs. — **~geˌschwulst** *f med. vet.* ranula. — **~ˌhüp·fen** *n* (*games*) leapfrog, *Br.* leap-frog. — **~ˌkeu·le** *f cf.* Froschschenkel 1. — **~ˌklem·me** *f* 1. *tech.* Dutch draw-tongs *pl* (*construed as sg or pl*). – 2. *tel.* wiregrip. — **~ˌkö·nig**", „Der (*Märchen*) "The Frog Prince". — **~konˌzert** *n* frogs' chorus. — **~ˌkrab·be** *f zo.* frog crab (*Gattg Ranina*). — **~ˌkraut** *n bot.* 1. (*Froschlöffel*) water plantain, alisma (*scient.*) (*Alisma plantago*). – 2. *cf.* Frauendistel 1. – 3. water fennel (*Oenanthe phellandrium*). – 4. marsh calla (*Calla palustris*). – 5. Flutendes ~ eel ware (*Ranunculus fluitans*).

'Froschˌlaich *m zo.* spawn of frogs, frog spawn, *Br.* frog-spawn. — **~ˌal·ge** *f*, **~ˌfa·den** *m bot.* Batrachospermum. — **~ˌpilz** *m* frog spawn, *Br.* frog-spawn (*Leuconostoc mesenteroides*).

'Frosch|ˌlar·ve *f zo. cf.* Kaulquappe. — **~ˌlat·tich** *m bot.* frog lettuce, pondweed (*Gattg Potamogeton*). — **~ˌlöf·fel** *m cf.* Froschkraut 1 *u.* 4. — **~ˌlurch** *m zo.* an(o)ura, salientia. — **~ˌmann** *m* ⟨-(e)s; ⁼er⟩ *bes. mil.* frogman. — **~ˌmaul** *n* 1. frog's mouth. – 2. *arch.* (bird's-eye) dormer (window). — **~ˌmäu·seˌkrieg**", „Der (*literature*) "The Batrachomyomachia", "The Battle of the Frogs and Mice". — **~per·spekˌti·ve** *f* 1. *fig.* worm's-eye view, perspective from below: er betrachtete (*od.* sah) es aus der ~ he had a worm's-eye view of it. – 2. *contempt.* narrow (*od.* parochial, provincial) outlook. — **~ˌpfef·fer** *m cf.* Gifthahnenfuß. — **~ˌplat·te** *f tech.* (*Presse*) bolster plate. — **~poˌlei** *m bot. cf.* Flachsseide. — **~ˌschen·kel** *m* 1. frog's (hind) leg. – 2. *pl gastr.* frog's legs. — **~ˌtat·ze** *f bot.* three-fingered stonebreak (*od.* saxifrage) (*Saxifraga tridactylites*). — **~ˌteich** *m* frog pond. — **~ˌtest** *m med.* (*zur Feststellung der Schwangerschaft*) frog test.

Frost [frɔst] *m* ⟨-es; -e⟩ 1. frost: bei eintretendem ~ when frost sets in; anhaltender ~ freeze; es herrschte strenger [klirrender] ~ there was severe [crisp] frost; durch ~ beschädigtes Obst fruit damaged by frost, frost(-)bitten fruit; der ~ sitzt im Baum the tree has caught the frost; ewiger (*od.* ständiger) ~ *geol.* permafrost, pergelisol. – 2. (*Kältegefühl*) chill, cold(ness). –

3. *med.* a) (*beim Fieber*) chill, shivering, rigor, b) (*Beule*) chilblain, (*an Gliedern*) frostbite, *Br.* frost-bite, pernio (*scient.*).

'Frost|ˌaufˌbruch *m* (*auf der Straße*) frost heave (*od.* heaving, boil): „Frostaufbrüche" (*Verkehrsschild*) "road damaged by frost". — **~ˌbal·len** *m med. cf.* Frostbeule. — **f~beˌstän·dig** *adj* **1.** (*Pflanze etc*) frost-resistant, *auch* frost-resistent. – **2.** *tech.* (*Material etc*) frostproof, *Br.* frost-proof, frost-resistant, *auch* frost-resistent. — **~ˌbeu·le** *f med.* chilblain, frostbite, *Br.* frost-bite, pernio (*scient.*): aufgebrochene (*od.* offene) ~ a) broken (*od.* open) chilblain, b) (*bes. an der Ferse*) kibe. — **~ˌbrand** *m* **1.** *hort.* frost blight, nip. – **2.** *med.* frost gangrene. — **~ˌeinˌbruch** *m meteor.* onset of frost.

frö·steln ['frœstəln] **I** *v/i u. v/impers* ⟨h⟩ **1.** ich fröstele, mich fröstelt, es fröstelt mich I feel chilly (*od.* shivery). – **2.** (*zittern*) shiver: vor Kälte ~ to shiver with cold; der Gedanke macht (*od.* läßt) einen ~, es fröstelt einen bei dem Gedanken the idea makes one shiver (*od.* shudder). – **II F~** *n* ⟨-s⟩ **3.** *verbal noun.* – **4.** chill. – **5.** (cold) shiver. [froster.]

'Fro·ster *m* ⟨-s; -⟩ (*einer Kühlvorrichtung*)

'Frost|geˌfahr *f* danger of frost. — **f~geˌschützt** *adj* protected from frost. — **~ˌgren·ze** *f* **1.** frost range: ~ bei 1000 Meter frost may be expected above 3,300 feet. – **2.** (*der freien Atmosphäre*) frost limit (*Am.* line).

'fro·stig I *adj* **1.** (*Wetter etc*) frosty. – **2.** *fig.* (*Empfang etc*) frosty, cold, chilly, (*stärker*) icy. – **3.** *fig.* (*Miene etc*) cold, frigid, chilling, freezing (*colloq.*). – **II** *adv* **4.** j-n ~ empfangen *fig.* to give s.o. a cold reception.

'Frost|ˌjucken (*getr.* -k·k-) *n med.* frost (*od.* winter) itch, pruritus hiemalis (*scient.*). — **~ˌnacht** *f meteor.* frosty night, night of frost. — **~pe·riˌode** *f* frosty spell, spell of frost. — **~ˌriß** *m* **1.** *tech.* frostshake, *Br.* frost-shake. – **2.** (*wood*) frost (*od.* season) crack, frostshake. — **f~ˌris·sig** *adj* (*Haut etc*) frost-cracked. — **~ˌsal·be** *f med. pharm.* antifrostbite (*Br.* anti-frost-bite) (*od.* chilblain) ointment. — **~ˌscha·den** *m* **1.** damage done by frost, frost damage: „Frostschäden" (*Verkehrsschild*) "road damaged by frost". – **2.** *med.* frostbite, *Br.* frost-bite, frost (*od.* cold) injury.

'Frostˌschutz *m* **1.** frost protection. – **2.** *med.* protection against chill (*od.* frostbite, *Br.* frost-bite). — **~ˌmit·tel** *n* **1.** *chem. tech.* antifreeze (*Br.* anti-freeze) (preparation), antifreezing (*Br.* anti-freezing) agent (*od.* mixture). – **2.** *med. pharm. cf.* Frostsalbe. — **~ˌschei·be** *f auto.* antifrost (*Br.* anti-frost) (*od.* demister) screen, wind-screen (*Am.* windshield) defroster.

'frostˌsi·cher *adj* frost-resistant, *auch* frost-resistent, nonfreezing *Br.* non-.

'Frost|ˌspan·ner *m* ⟨-s; -⟩ *zo.* winter moth: Großer ~ mottled umber, great winter moth (*Erannis tiliaria*); Gemeiner ~ (small) winter moth (*Operophtera brumata*). — **~verˌwit·te·rung** *f geol.* frost weathering (*od.* action), congelifraction (*scient.*). — **~ˌwet·ter** *n meteor.* frosty weather, frost.

Frot·tee [frɔ'teː] *n, m* ⟨-(s); -s⟩ (*textile*) **1.** (*für Bademäntel, Handtücher etc*) terry (cloth). – **2.** ratiné, ratine, sponge cloth. — **~ˌhandˌtuch** *n* Turkish (*od.* terry, rough) towel. — **~ˌkleid** *n* terry cloth dress. — **~ˌstoff** *m cf.* Frottee. — **~ˌtuch** *n cf.* Frotteehandtuch.

Frot'tierˌbür·ste *f* fleshbrush, *Br.* flesh-brush.

frot·tie·ren [frɔ'tiːrən] **I** *v/t* ⟨*no* ge-, h⟩ **1.** (*den Körper*) rub down, towel. – **2.** j-n ~ to rub s.o. down, to give s.o. a toweling (*bes. Br.* towelling) (*od.* rubdown, *Br.* rub-down). – **3.** *med.* massage. – **II** *v/reflex* sich ~ **4.** have a rub(-)down. – **III F~** *n* ⟨-s⟩ **5.** *verbal noun.* – **6.** *med.* massage, frottage.

Frot'tier|geˌwe·be *n* (*textile*) *cf.* Frottee. — **~ˌhandˌschuh** *m* friction (*od.* rubbing) glove (*for massageing*). — **~ˌhandˌtuch** *n cf.* Frotteehandtuch. — **~ˌstoff** *m cf.* Frottee. — **~ˌtuch** *n cf.* Frotteehandtuch. — **~ˌwa·ren** *pl* articles made of terry cloth.

Frot·ze'lei *f* ⟨-; -en⟩ *colloq.* **1.** *cf.* Frotzeln. – **2.** teasing remark (*od.* remarks *pl*). —

frot·zeln ['frɔtsəln] *colloq.* **I** *v/t* ⟨h⟩ **1.** (*necken*) tease, *auch* teaze. – **2.** (*ärgern*) annoy. – **II** *v/i* **3.** make teasing remarks. – **III F~** ⟨-s⟩ **4.** *verbal noun.*

Frucht [fruxt] *f* ⟨-; ⸚e⟩ **1.** fruit: eingemachte [getrocknete, kandierte] Früchte preserved [dried, candied] fruit *sg*; Früchte tragen a) to bear (*od.* yield) fruit, to fruit, to fructify, b) *fig.* to bear fruit, to produce (*od.* yield) good results; keine Früchte mehr tragen to be past bearing; die Früchte des Feldes [Waldes] the fruit *sg* of the field [forest]; das fiel ihm als reife ~ in den Schoß *fig.* he had only to gather the fruit, it fell into his lap; verbotene Früchte schmecken am besten (*Sprichwort*) forbidden fruit is sweetest (*proverb*). – **2.** *meist pl fig.* (*Ergebnis*) fruit(s *pl*), product(s *pl*), result(s *pl*): die Früchte seiner Arbeit [Bemühungen] the fruit(s) of his labo(u)r [efforts]; die Früchte seiner Arbeit ernten to reap the fruit(s) (*od.* rewards) of one's work; an ihren Früchten sollt ihr sie erkennen *Bibl.* ye shall know them by their fruits. – **3.** *med. jur.* (*Leibesfrucht*) fetus, *auch* foetus, embryo: Tötung der ~ im Mutterleibe aborticide; die ~ abtreiben to induce abortion, to cause a miscarriage. – **4.** *agr.* a) ⟨*only sg*⟩ (*Ernte*) crop(s *pl*), harvest, yield, b) *dial.* (*Getreide*) *Br.* corn, *Am.* grain: eine reiche ~ a rich (*od.* good) crop; die ~ steht gut the crops look fine. – **5.** *meist pl fig.* (*Nutzen*) profit(s *pl*), advantage(s *pl*), benefit(s *pl*). – **6.** *poet.* die ~ des Leibes *auch relig.* the fruit of the womb; die ~ der Liebe *obs.* a love (*od.* an illegitimate) child, *Br.* a love-child. – **7.** *meist pl jur. hist.* a) vesture, fruit(s *pl*), product(s *pl*), b) (*natürliche Früchte*) emblements *pl*, produce, c) (*Ertrag*) revenue.

'Frucht|ˌach·se *f med.* longitudinal axis of the fetus (*auch* foetus). — **~ˌanˌsatz** *m bot.* **1.** fructification. – **2.** (*von Äpfeln*) set. — **~ˌbalg** *m* air bag, follicle.

'frucht·bar *adj* **1.** (*Boden, Erde etc*) (an *dat* in) fertile: etwas ~ machen a) to make s.th. fertile, to fertilize s.th., b) *fig.* (für to) to make s.th. profitable: auf ~en Boden fallen *fig.* to fall on fertile ground, to find a ready acceptance. – **2.** (*Land, Gebiet etc*) (an *dat* of) fertile, fruitful, productive. – **3.** (*Baum*) fruitful. – **4.** (*Jahr, Zeit etc*) plentiful, fruitful, productive. – **5.** (*Lebewesen*) fertile, prolific, fecund: die ~en Tage der Frau a woman's days of fertility; seid ~ und mehret euch *Bibl.* be ye fruitful and multiply. – **6.** *fig.* (*Gedanke etc*) fruitful, pregnant. – **7.** *fig.* (*Phantasie etc*) fertile, fecund. – **8.** *fig.* (*Verhandlungen, Zusammenarbeit etc*) fruitful: ~e Arbeit leisten to do fruitful (*od.* productive) work. – **9.** *fig.* (*Schriftsteller etc*) prolific, voluminous. — **'Frucht·bar·keit** *f* ⟨-; *no pl*⟩ **1.** (*des Bodens, der Erde etc*) (an *dat* of, in) fertility. – **2.** (*eines Landes, eines Gebietes etc*) (an *dat* of) fertility, fruitfulness, productivity. – **3.** (*eines Baumes etc*) fruitfulness, fecundity. – **4.** *fig.* (*eines Jahres, einer Zeit etc*) plentifulness, fruitfulness, productivity. – **5.** (*eines Lebewesens*) fertility, prolificacy, fecundity. – **6.** *fig.* (*der Gedanken etc*) fruitfulness, pregnancy. – **7.** *fig.* (*der Phantasie*) fertility, fecundity. – **8.** *fig.* (*von Verhandlungen etc*) fruitfulness. – **9.** *fig.* (*eines Schriftstellers etc*) prolificacy, voluminousness, voluminosity.

'Frucht·bar·keits|ˌzau·ber *m myth.* fertility rite. — **~ˌzif·fer** *f* fertility rate.

'Frucht·barˌma·chung [-ˌmaxʊŋ] *f* ⟨-; *no pl*⟩ fertilization.

'Frucht|ˌbe·cher *m* **1.** *gastr.* fruit sundae. – **2.** *bot.* a) cup, b) (*der Lebermoose*) gemma cup, c) (*bes. bei Eicheln*) cupule, cupula. — **~beˌhäl·ter** *m bot.* conceptacle. — **~ˌbil·dung** *f* **1.** *bot.* fructification. – **2.** *med.* formation of the embryo; embryogeny, embryogenesis (*scient.*). — **~ˌbla·se** *f med.* amniotic sac, fetal (*auch* foetal) membranes *pl*, 'water bag' (*colloq.*). — **~ˌblatt** *n bot.* carpel, carpophyll, carpellary leaf.

'Fruchtˌbo·den *m bot.* receptacle, placenta, thalamus, torus, anthoclinium: einfacher ~ proper receptacle; gemeinsamer ~ (*der Korbblütler*) clinanthium, caenanthium, phoranthium. — **f~ˌstän·dig** *adj* epigynous, epiclinal.

'Frucht|bonˌbon *m, n* fruit drop (*od.* lozenge), jujube, *Am.* fruit candy, *Br.* acid (*od.* sour) drop, *Br.* boiled sweet. — **f~ˌbrin·gend** *adj* **1.** *bot.* fruit-bearing, fructiferous (*scient.*). – **2.** *fig.* (*ergiebig*) fruitful, productive, fertile, resultful. – **3.** *fig.* (*nützlich*) profitable, advantageous. – **4.** „die F~e Gesellschaft" (*literature*) *hist. German literary society of the Baroque period.*

Frücht·chen ['frʏçtçən] *n* ⟨-s; -⟩ **1.** *dim. of* Frucht 1. – **2.** fruitlet. – **3.** *fig. colloq.* (*Tunichtgut*) (young) scamp, troublemaker, (young) rascal, bad lot (*colloq.*), bad egg (*sl.*): ein nettes (*od.* sauberes) ~ *iron.* a fine specimen (*iron.*).

'Fruchtˌdecke (*getr.* -k·k-) *f bot.* epicarp.

'Früch·te|ˌbrot *n* ⟨-(e)s; *no pl*⟩ *gastr.* **1.** yeast loaf containing dried fruit. – **2.** mixed dried fruit (and nuts) compressed into a slab. — **f~ˌfres·send** *adj zo. cf.* fruchtfressend.

'Fruchtˌeis *n gastr.* fruit-flavored (*bes. Br.* -flavoured) ice cream (*Br.* ice-cream).

fruch·ten ['fruxtən] *v/i* ⟨h⟩ **1.** (*nützen*) bear fruit, be of use: nicht(s) ~ to be fruitless, to be of no use (*od.* avail), to be in vain. – **2.** (*bewirken*) have effect, be effectual (*od.* successful): Ermahnungen ~ bei ihm nichts warnings have no effect on him.

'Frucht|entˌwick·lung *f bot.* fructification. — **~esˌsenz** *f chem.* fruit essence.

'Früch·teˌstand *m bot.* arrangement of the fruit(s) (upon the axis *od.* stem): zusammengesetzter ~ syncarpy.

'Frucht|ˌfleisch *n bot.* (fruit) flesh (*od.* pulp). — **~ˌflie·ge** *f zo. cf.* Essigfliege. — **~ˌfol·ge** *f agr.* crop rotation, rotation of crops, *Br. auch* shift of crop. — **f~ˌfres·send** *adj zo.* frugivorous, carpophagous. — **~geˌhäu·se** *n bot.* seed vessel, *Br.* seed-vessel, pericarp (*scient.*). — **~geˌlee** *n, m gastr.* fruit jelly. — **~-Ge'mü·se·diˌät** *f med.* fructovegetative diet. — **~geˌschmack** *m* fruity taste (*od.* flavor, *bes. Br.* flavour): mit ~ fruity, fruit-flavo(u)red. — **~ˌhan·del** *m econ.* fruit trade. — **~ˌhaut** *f* **1.** *med. cf.* Eihaut 2. – **2.** *bot. cf.* Fruchthülle 1. — **~ˌholz** *n hort.* (*an Obstbäumen*) fruitwood, fruit-bearing boughs *pl.* — **~ˌhorn** *n bot.* anthoceros (*Fam.* *Anthocerotaceae*). — **~ˌhül·le** *f* **1.** *bot.* pericarp: die ~ betreffend pericarpial, pericarpic. – **2.** *zo.* fetal (*auch* foetal) envelope (*od.* membranes *pl*). — **~ˌhül·se** *f bot.* husk (*od.* shell) of grains, pod, cod.

'fruch·tig *adj* (*Wein*) fruity.

'Frucht|ˌkap·sel *f bot.* capsule. — **~ˌkeim** *m* germ. — **~ˌkelch** *m* induvial calyx. — **~ˌkern** *m* **1.** (*des Kernobstes*) pip. – **2.** (*des Steinobstes*) stone. – **3.** (*der Nüsse*) kernel. — **~ˌklap·pe** *f* valve. — **~ˌkno·ten** *m* ovary: den ~ betreffend, zum ~ gehörig ovarian; den ~ umgebend perigynous. — **~ˌkör·per** *m* a) fruit, b) (*der Pilze*) receptacle. — **~ˌla·ge** *f med.* fetal (*auch* foetal) presentation. — **~ˌla·ger** *n bot.* **1.** (*der Pilze*) hymenium, hymenophore, *auch* hymenophorum. – **2.** (*der Flechten*) thalamus, apothecium; das ~ betreffend apothecial.

'frucht·los *adj* **1.** *fig.* (*Bemühungen etc*) fruitless, vain, ineffectual, ineffective, unsuccessful, useless, futile: ~ sein to be of no use (*od.* avail). – **2.** *rare bot.* fruitless, acarpous (*scient.*). — **'Frucht·lo·sig·keit** *f* ⟨-; *no pl*⟩ **1.** *fig.* fruitlessness, vainness, ineffectualness, ineffectiveness, uselessness. – **2.** *rare bot.* fruitlessness.

'Frucht|ˌmark *n bot.* (fruit) pulp. — **~ˌoberˌhaut** *f* epicarp. — **~ˌpres·se** *f* (*housekeeping*) (fruit) press, juicer. — **~ˌrin·de** *f bot. cf.* Fruchtoberhaut. — **~ˌsaft** *m gastr.* fruit juice: eingedickter ~ fruit syrup (*Am. auch* sirup). — **~saˌlat** *m gastr. cf.* Obstsalat. — **~ˌsäu·re** *f chem.* fruit acid. — **~ˌscha·le** *f* **1.** peel (of fruit), scale (*scient.*). – **2.** (*Gefäß*) fruit bowl, fruit dish. – **3.** *gastr.* fruit cup (*od.* cocktail). — **~ˌschei·be** *f bot.* disk, disc. — **~ˌschicht** *f* hymenium. — **~ˌschie·fer** *m geol.* spotted schist (*auch* shist). — **~ˌschiff** *n mar.* fruit ship, *Br.* fruit-ship, fruiter. — **~ˌsi·rup** *m gastr.* fruit syrup (*Am. auch* sirup). — **~ˌstand** *m* **1.** *bot. cf.* Früchtestand. – **2.** *agr.* state of the crops. — **~ˌstiel** *m bot.* fruitstalk, peduncle (*scient.*). — **~ˌtau·be** *f zo.* fruit dove (*auch* pigeon) (*Gattg Ducula*). — **~ˌtö·tung** *f med.* embryoctony. — **f~ˌtra·gend** *adj bot.* fruit-bearing, fructiferous (*scient.*): ~er Baum *auch* fruiter. — **~ˌträ·ger** *m bot.* a) carpophore, b) (*eines Pilzes*) cap. — **~verˌstei·ne·rung** *f geol.* carpolite. — **~ˌvo·gel** *m zo.* cotinga (*Fam.*

Cotingidae). — ~ˌ**wand** *f bot.* pericarp. — ~ˌ**was·ser** *n* ⟨-s; *no pl*⟩ *med.* amniotic fluid, '(the) waters' *pl* (*colloq.*): das ~ geht ab the waters break.

'**Frucht**ˌ**wech·sel** *m agr. cf.* Fruchtfolge. — ~ˌ**wirt·schaft** *f* crop rotation.

'**Frucht**|ˌ**wein** *m gastr. cf.* Obstwein. — ~ˌ**wol·le** *f bot.* down. — ~ˌ**zap·fen** *m* cone. — ~ˌ**zehnt**, ~ˌ**zehn·te** *m cf.* Zehnt. — ~ˌ**zucker** (*getr.* -k·k-) *m chem.* fruit sugar; fructose, levulose (*scient.*) ($HOCH_2$-$(CHOH)_3COCH_2OH$).

Fruc·to·se [frʊk'toːzə] *f* ⟨-; *no pl*⟩ *chem. cf.* Fruchtzucker.

fru·gal [fru'gaːl] *adj* ⟨-er; -st⟩ **1.** (*Essen etc*) frugal. – **2.** (*einfach*) plain, simple, unpretentious. — **Fru·ga·li'tät** [-gali'tɛːt] *f* ⟨-; *no pl*⟩ **1.** frugality. – **2.** plainness, simpleness, unpretentiousness.

früh [fryː] **I** *adj* ⟨-er; -(e)st⟩ **1.** (*frühzeitig*) early: am ~en Nachmittag in the early afternoon, early in the afternoon; bis in die ~en Morgenstunden into the early (*od.* wee) hours (of the morning); sie fuhren zu sehr ~er Stunde ab they left at a very early hour; Samstag (*od.* samstags) ist ~er Ladenschluß shops close early on Saturdays, Saturday is early closing day; im ~en Sommer in early summer, early in (the) summer; in ~er Jugend in early youth (*od.* life); von ~er Kindheit an from early childhood, from an early age; die ~en dreißiger Jahre the early thirties; zu dieser schrecklich ~en Zeit *colloq.* at this ungodly (*od.* unearthly) hour (*colloq.*). – **2.** (*vorzeitig*) early, premature: in ~em Alter at an early age; ein ~er Tod an early (*od.* untimely) death, an untimely end. – **3.** (*frühreifend*) (*Obst etc*) early. – **4.** (*früher*) former: in ~en Zeiten in former times, formerly, in times past (*lit.*). – **5.** (*Epoche, Werk etc*) early: das ~e Altertum early antiquity; ein ~er van Gogh an early van Gogh, an early work of (*od.* by) van Gogh. – **6.** (*jung*) young: der ~e Goethe (the) young Goethe. – **7.** (*morgendlich*) early (morning), matutinal (*lit.*). – **II** *adv* **8.** early, at an early hour: sie steht gern ~ auf she likes to rise (*od.* get up) early; stets ~ aufstehen to always rise (*od.* get up) early, to be an early riser (*od. colloq.* bird); ~ zu Bett gehen to go to bed early; der Winter ist sehr ~ gekommen winter was very early; Ostern fällt (*od.* ist) ~ dieses Jahr Easter is early this year; → Meister 3. – **9.** (*vorzeitig*) early, untimely, prematurely: zu ~ sterben to die early (*od.* young, before one's time); zu ~ kommen to arrive early. – **10.** (*bald*) soon: etwas ~ genug erfahren to learn s.th. soon enough; keine Minute zu früh not a minute too soon; frohlocken Sie nicht zu ~ don't rejoice (*od. stärker* triumph, crow) too soon. – **11.** (*rechtzeitig*) in (good) time, on time, betimes (*lit.*): sie kamen ~ (genug) an they arrived in (good) time, they arrived on time (*od.* punctually). – **12.** (*morgens*) in the morning: um sechs Uhr ~ at 6 o'clock in the morning, at 6 a.m.; heute ~ (early) this morning; gestern [morgen] ~ yesterday [tomorrow] morning; Montag ~ on Monday morning; von ~ bis spät from morning till night.

'**Früh**ˌ**ap·fel** *m hort.* early (*od.* summer) apple.

'**früh**ˌ**auf** *adv only in* von ~ from early childhood, from childhood on.

'**Früh**|ˌ**auf**ˌ**ste·hen** *n* early rising, getting up early. — ~ˌ**auf**ˌ**ste·her** *m* ⟨-s; -⟩ early riser, early bird (*colloq.*).

'**Früh·ba**ˌ**rock** *n, m* **1.** *hist.* early Baroque period. – **2.** *arch.* early Baroque (style).

'**Früh**ˌ**beet** *n agr.* **1.** (*Mistbeet*) hotbed. – **2.** cold frame. — ~ˌ**fen·ster** *n* **1.** sash of a hotbed. – **2.** sash of a cold frame.

'**Früh**|**be**ˌ**hand·lung** *f med.* early treatment. — ~ˌ**bir·ne** *f hort.* early (*od.* summer) pear. — **f**~ˌ**blü·hend** *adj* ⟨*attrib*⟩ precocious, early-flowering. — **f**~ˌ**christ·lich** *adj relig.* early Christian. — ~**dia**ˌ**gno·se** *f med.* early diagnosis. — ~ˌ**dienst** *m* early duty. — ~ˌ**druck** *m* ⟨-(e)s; -e⟩ *print.* (*Wiegendruck*) incunabulum.

'**Frü·he** *f* ⟨-; *no pl*⟩ **1.** (*Morgenzeit*) (early) morning: in der ~ in the (early) morning, at an early hour; heute in der ~ early this morning; in der ~ des Tages (very) early in the day. – **2.** (*Tagesanbruch*) daybreak, dawn: in aller ~ a) at daybreak, (very) early in the morning; sie brachen in aller ~ auf they set out very early in the morning (*od. colloq.* bright and early).

'**Früh**ˌ**ehe** *f* early marriage.

'**frü·her I** *adj* ⟨*comp of* früh⟩ **1.** earlier: eine ~e Ausgabe [Fassung] an earlier edition [version]; zu einem ~en Zeitpunkt at an earlier time (*od.* hour, date); sie soll in ~em Alter schön gewesen sein she is said to have been beautiful when she was younger. – **2.** (*vorherig*) previous, former: der ~e Besitzer the previous owner; sein ~es Werk war besser his previous work was better. – **3.** (*einstig*) earlier, former, past; bygone, quondam (*lit.*): ~e Feinde former enemies; in ~en Zeiten in former times, formerly; in bygone days, in days gone by (*lit.*). – **4.** (*ehemalig*) former: der ~e Präsident the former (*od.* ex-)president. – **5.** (*älter*) earlier, older: ~e Quellen berichten nichts darüber older sources do not report on (*od.* record) this. – **6.** (*verstorben*) late: der ~e Inhaber the late proprietor (*od.* owner). – **II** *adv* **7.** (*zeitiger*) earlier: ~ zu Bett gehen to go to bed earlier; du hättest ~ aufstehen müssen a) you ought to have got (*Am.* gotten) up earlier, b) *fig.* you've missed your chance (*od. colloq.* the boat, *auch* bus). – **8.** (*eher*) earlier, sooner: ~ als sonst a) earlier than usual, b) sooner than usual; ~ oder später sooner or later; ~ als ich erwartete a) earlier than I expected, b) sooner than I expected; schon ~ before now; warum haben Sie das nicht ~ gesagt? why didn't you say so sooner (*od.* before)? ich kam ~ als er I was there earlier than he was, I was there before him. – **9.** (*einstmals*) formerly, in former times (*od.* days), *auch* at one time: ~ war das anders it was different formerly; ~ wohnte er dort he lived there formerly, he used to live there; ~, als es noch keine Autos gab in the days when there were no cars; er kommt nicht so oft wie ~ he doesn't come as often as he used to. – **10.** von ~ a) from former times (*od.* days), b) of former times (*od.* days): wir kennen ihn von ~ we know him from former times (*od.* from the old days). – **11.** (*jünger*) earlier, at an earlier age: sie heiratete ~ als ihre Mutter she married earlier than her mother did; sie fühlte sich ~ reif als die anderen she felt mature at an earlier age than the others did.

'**Früh**|**er**ˌ**ken·nung** *f med.* early recognition (*od.* diagnosis). — ~ˌ**ern·te** *f agr.* **1.** early harvest. – **2.** (*Vorernte*) first crop.

'**frü·hest I** *adj* ⟨*sup of* früh⟩ **1.** earliest: ~e Jugend earliest years *pl*, early age; in ~en Zeiten in very early times, in earliest times. – **2.** (*erst*) earliest, early, first: seine ~en Gemälde his early paintings; die ~en Symptome the first (*od.* initial) symptoms. – **3.** (*Kulturform etc*) earliest, primitive. – **4.** (*Völker etc*) earliest, most ancient. – **II** *adv* **5.** am ~en a) at the earliest, as early as possible, b) first: er weiß es immer am ~en he is always the first to know it.

'**frü·he·stens** *adv* **1.** at the earliest: ~ morgen tomorrow at the earliest. – **2.** as early as possible.

'**frü·hest**ˌ**mög·lich** (*officialese*) **I** *adj* earliest possible. – **II** *adv* as early as possible.

'**Früh**|ˌ**form** *f* early form (*od.* type). — ~**ge**ˌ**burt** *f med.* **1.** early (*od.* premature, immature) birth (*od.* delivery). – **2.** (*Kind*) premature infant. – **3.** (*Wehen*) premature labor (*bes. Br.* labour). — ~**ge**ˌ**mü·se** *n agr.* early vegetables *pl*, primeurs *pl.* — ~**ge**ˌ**schich·te** *f* early (*od.* ancient, primitive) history. — **f**~**ge**ˌ**schicht·lich** *adj* early, ancient, primitive. — ~ˌ**go·tik** *f* **1.** *hist.* early Gothic period. – **2.** *arch.* a) early Gothic (style), b) Early English (style) (*1180—1250*). — **f**~ˌ**go·tisch** *adj arch.* a) early Gothic, b) Early English. — ~ˌ**got·tes**ˌ**dienst** *m relig.* morning (*od.* early) service, matins *pl* (*sometimes construed as sg*). — ~**gym**ˌ**na·stik** *f* early morning gymnastics *pl* (*construed as sg*). — ~ˌ**herbst** *m* early autumn (*Am. auch* fall). — ~ˌ**holz** *n* (*forestry*) spring wood.

'**Früh**ˌ**jahr** *n* spring.

'**Früh**ˌ**jahrs**|-ˌ**Ap·fel**ˌ**blatt**ˌ**sau·ger** *m zo.* apple sucker (*Psyll[i]a mali*). — ~**be**ˌ**stel·lung** *f agr.* spring cultivation. — ~**ge**ˌ**schäft** *n econ.* spring business. — ~**kol·lek·ti**ˌ**on** *f* (*fashion*) spring collection. — ~ˌ**mes·se** *f econ.* spring fair. — ~ˌ**mo·de** *f* spring fashion. — ~ˌ**mü·dig·keit** *f med.* spring fatigue (*Am. auch* fever). — ~ˌ**putz** *m* spring cleaning, *Br.* spring-cleaning.

'**Früh**|**kar**ˌ**tof·fel** *f agr.* **1.** new potato. – **2.** early potato. — ~ˌ**kir·che, die** *relig. hist.* the early Church. — ~ˌ**kir·sche** *f hort.* early cherry. — ~ˌ**klas·sik** *f* **1.** *hist.* early Classic(al) period. – **2.** (*art*) early Classical (style). — **f**~ˌ**klas·sisch** *adj* early Classical. — ~**kon**ˌ**zert** *n* morning concert. — ~**kul**ˌ**tur** *f hist.* early culture (*od.* civilization). — ~ˌ**lin·de** *f bot.* broad-leaved (*od.* -leafed) lime tree (*Br.* lime-tree) (*Tilia grandifolia*).

'**Früh·ling** *m* ⟨-s; -e⟩ **1.** spring, springtime: es wird ~, der ~ naht spring is coming; im ~ in (the) spring. – **2.** *fig.* spring(time), prime: im ~ des Lebens in the spring(time) of life.

'**Früh·lings**|**ado·nis** [-ʔaˌdoːnɪs] *m bot.* spring adonis, pheasant's-eye (*Adonis vernalis*). — ~ˌ**an**ˌ**fang** *m* beginning of spring. — ~**äqui**ˌ**nok·ti·um** *n astr.* vernal equinox. — ~ˌ**blu·me** *f bot.* spring (*od. lit.* vernal) flower. — ~ˌ**bo·te** *m* **1.** *poet.* harbinger of spring. – **2.** *bot.* harbinger-of-spring, *auch* pepper-and-salt (*Erigenia bulbosa*). — ~ˌ**en·zi·an** *m bot.* spring gentian (*Gentiana verna*). — ~ˌ**fei·er** *f* celebration (of the return) of spring. — ~ˌ**fest** *n* **1.** spring festival. – **2.** *relig.* (*der Juden*) Shabuot(h), *auch* Feast of Weeks. — ~ˌ**fin·ger**ˌ**kraut** *n bot.* spring cinquefoil (*Potentilla verna*). — ~ˌ**flie·ge** *f zo.* phryganeid (caddis) (*Fam. Phryganeidae*). — ~**ge**ˌ**den·ke**ˌ**mein** *n bot.* blue-eyed Mary (*Omphalodes verna*). — **f**~**haft** *adj* springlike, *Br.* spring-like, vernal (*lit.*). — ~ˌ**hauch** *m poet.* breath of spring, vernal breeze. — ~ˌ**hunds**ˌ**zun·ge** *f bot.* garden forget-me-not (*Cynoglossum officinale*). — ~ˌ**hun·ger**ˌ**blüm·chen** *n* whitlow grass, *auch* shadflower (*Draba verna*). — ~ˌ**kno·ten**ˌ**blu·me** *f* spring snowflake (*Leucojum vernum*). — ~ˌ**kro·kus** *m* spring crocus, common garden crocus, saffron (crocus) (*Crocus vernus*). — ~ˌ**lied** *n* spring song. — ~ˌ**luft** *f* spring (*od. lit.* vernal) air. — **f**~ˌ**mä·ßig** *adj cf.* frühlingshaft. — ~ˌ**mie·re** *f bot.* vernal sandwort (*Alsine verna*). — ~ˌ**mo·nat** *m* **1.** spring month. – **2.** *poet.* (month of) March. — ~ˌ**mor·gen** *m* spring morning. — ~ˌ**platt**ˌ**erb·se** *f bot.* spring bitter vetch (*Lathyrus vernus*). — ~ˌ**pri·mel** *f cf.* Frühlingsschlüsselblume. — ~ˌ**punkt** *m astr.* vernal (*od.* spring) equinox. — ~ˌ**sa·fran** *m bot. cf.* Frühlingskrokus. — ~ˌ**schlüs·sel**ˌ**blu·me** *f* cowslip (*Primula veris*). — ~-ˌ**Seg·ge** *f* vernal sedge, *auch* iron grass (*Carex caryophyllea*). — ~ˌ**sim·se** *f cf.* Knäuelgras. — ~**so**ˌ**na·te**", „**Die** *mus.* "The Spring Sonata" (*by Beethoven*). — ~ˌ**son·ne** *f* spring (*od. lit.* vernal) sun. — ~ˌ**sup·pe** *f gastr.* spring (vegetable) soup. — ~ˌ**tag** *m* spring day, day in spring. — ~-ˌ**Tag**ˌ**und**-ˌ**nacht**ˌ**glei·che** *f astr.* vernal (*od.* spring) equinox. — ~ˌ**trieb** *m bot.* young shoot in spring. — ~ˌ**was·ser**ˌ**stern** *m* star-headed (*od.* water) chickweed (*Callitriche verna*). — ~ˌ**wet·ter** *n* spring weather. — ~ˌ**wicke** (*getr.* -k·k-) *f bot.* chickling vetch (*Vicia lathyroides*). — ~ˌ**wur·zel** *f* coralwort, tooth violet, toothwort (*Gattg Dentaria*). — ~ˌ**zei·chen** *n astr.* spring constellation. — ~ˌ**zeit** *f* springtime, spring.

'**Früh**|ˌ**mes·se** *f röm.kath.* early (*od.* morning) mass, matins *pl* (*sometimes construed as sg*). — ~ˌ**mit·tel**ˌ**al·ter** *n hist.* early Middle Ages *pl.* — **f**~'**mor·gens** [ˌfryː-] *adv* early in the morning, in the early morning. — ~ˌ**ne·bel** *m* early morning fog.

'**früh**ˌ**neu**ˌ**eng·lisch** *ling.* **I** *adj* early modern English. – **II F**~ ⟨*generally undeclined*⟩, **das F**~**e** ⟨-n⟩ early modern English, the early modern English language.

'**früh**ˌ**neu**ˌ**hoch**ˌ**deutsch** *ling.* **I** *adj* Early New High German. – **II F**~ ⟨*generally undeclined*⟩, **das F**~**e** ⟨-n⟩ Early New High German, the Early New High German language.

'**Früh**ˌ**obst** *n agr.* early (*od.* forward) fruit, primeurs *pl.*

'**Früh**ˌ**reif** *m* early (morning) hoarfrost (*Br.* hoar-frost) (*od.* white frost).

'**früh**ˌ**reif** *adj* **1.** *med.* (*Kind*) precocious, forward, sexually mature at an early age. – **2.** (*Werk*) precocious. – **3.** (*geistig*) (intellectually) precocious. – **4.** *bot.* precocious, early(-maturing) *od.* -ripening). – **5.** *zo.* early(-maturing). — '**Früh**ˌ**rei·fe** *f* ⟨-; *no pl*⟩ **1.** *med.* precociousness, precocity, forwardness, early development, early maturation (*od.* maturity), (*bes. junger Mädchen*) sexual precocity. – **2.** (*geistige*) (intellectual) precocity, precociousness. – **3.** *bot.* precociousness, early maturity. – **4.** *zo.* early maturity.

'**Früh|re·nais,sance** *f hist.* early Renaissance. — **~ro,man·tik** *f* **1.** early Romanticism, early Romantic period. – **2.** early Romanticism, early Romantic school (*od.* style). — **~,saat** *f agr.* spring (*od.* early) seed (*od.* sowing). — **~,schicht** *f econ.* (early) morning shift. — **~,schop·pen** *m colloq.* (early) morning drink (*od.* glass), morning pint. — **~,som·mer** *m* early summer. — **~,sport** *m* early morning (*od.* setting-up) exercises *pl*: ~ **treiben** to do early morning exercises.

frühst *adj u. adv cf.* frühest.

'**Früh|,sta·di·um** *n* early stage. — **~,start** *m* (*sport*) false start: ~ **machen** to beat (*od.* jump) the gun, (*von Rennfahrer*) to jump the flag. — **~,stein,zeit** *f geol.* early Stone Age, Eolithic Age (*scient.*). — **f~,stein,zeit·lich** *adj* early Stone Age, Eolithic (*scient.*).

'**früh·stens** *adv cf.* frühestens.

'**Früh,stück** *n* **1.** breakfast: **zweites** ~ second breakfast, midmorning snack, *Br. colloq.* elevens(es *pl*); **sein** ~ **einnehmen** to have (*od.* eat, take) (one's) breakfast, to breakfast; **zum** ~ for breakfast; **Zimmer mit** ~ bed and breakfast. – **2.** breakfast (party), midmorning reception: **der Botschafter gab ein** ~ the ambassador gave a midmorning reception.

'**früh,stücken** (*getr.* -k·k-) **I** *v/i* ⟨*insep*, ge-, h⟩ breakfast, have (*od.* eat, take) (one's) breakfast: **wir** ~ **um 9 Uhr** we have breakfast at 9 o'clock. – **II** *v/t* have (*s.th.*) for (one's) breakfast.

'**Früh,stücks|,brett·chen** *n* small wooden board (used as a plate). — **~,pau·se** *f* breakfast break. — **~,tisch** *m* breakfast table. — **~,zeit** *f* breakfast time. — **~,zim·mer** *n* (*eines Hotels etc*) breakfast room.

'**Früh·sym,ptom** *n med.* early (*od.* premonitory) symptom.

'**früh·ter·ti,är** *adj geol.* Eocene. — **F~pe·ri,ode** *f* Eocene.

'**Früh|to,ma·te** *f agr.* early tomato. — **f~,tra·gend** *adj* (*Obstbaum etc*) early fruiting. — **f~ver,stor·ben** *adj* ⟨*attrib*⟩ early deceased. — **~,warn·sy,stem** *n mil.* early-warning system. — **~,war·nung** *f* early warning. — **~,werk** *n* (*art*) early work.

'**Früh,zeit** *f* **1.** (*einer Kultur, Kunstrichtung etc*) early period (*od.* times *pl*): **die** ~ **des Christentums** early Christian times. – **2.** (*einer Wissenschaft etc*) early days *pl* (*od.* years *pl*). – **3.** (*der Geschichte*) early epoch, dawn. – **4.** (*Vorzeit*) prehistoric times *pl.*

'**früh,zei·tig I** *adj* **1.** early: **~e Maßnahmen treffen** to take early measures. – **2.** (*vorzeitig*) early, untimely, premature: **~er Tod** early (*od.* premature) death. – **3.** (*frühreif*) early, precocious: **~e Obstsorte** precocious variety of fruit. – **4.** (*voreilig*) precipitate. – **II** *adv* **5. er erholte sich** ~ **von seiner Krankheit** he made an early recovery from his illness. — '**Früh,zei·tig·keit** *f* ⟨-; *no pl*⟩ **1.** earliness. – **2.** untimeliness, prematurity, prematureness. – **3.** precociousness, precocity, forwardness. – **4.** precipitateness, precipitancy, anticipation.

'**Früh|,zug** *m* early (*od.* morning) train. — **f~,zün·den** *v/i* ⟨*sep*, -ge-, h⟩ *tech.* backfire, *Br.* back-fire. — **~,zün·dung** *f* **1.** (*fehlerhafte*) backfire, *Br.* back-fire. – **2.** (*beabsichtigte*) preignition, *Br.* pre-ignition, advanced ignition (*od.* spark).

Fruk·ti·fi·ka·ti·on [fruktifika'tsĭoːn] *f* ⟨-; -en⟩ *bot.* fructification, fruiting.

Fruk·to·se [fruk'toːzə] *f* ⟨-; *no pl*⟩ *chem. cf.* Fruchtzucker.

Fru·stra·ti·on [frustra'tsĭoːn] *f* ⟨-; -en⟩ *psych.* frustration: ~ **verursachend** frustrating. — **fru'strie·ren** [-'triːrən] *v/t* ⟨*no* ge-, h⟩ frustrate.

F-,Schlüs·sel ['ɛf-] *m mus.* F (*od.* bass) clef.

Fuchs [fuks] *m* ⟨-es; ¨e⟩ **1.** *zo.* fox (*Gattg Vulpes*): **(männlicher)** ~ he-fox, dog-fox; **schlau wie ein** ~ *fig.* (as) cunning as a fox, foxy; **den** ~ **aus dem Bau treiben** *hunt.* to unkennel (*od.* unearth) the fox. – **2.** (*Pelz*) fox (fur). – **3.** *zo.* (*Schmetterling*) a) **Großer** ~ large tortoiseshell (*Br.* tortoise-shell) (butterfly) (*Nymphalis polychloros*), b) **Kleiner** ~ painted lady (*Aglais urticae*). – **4.** (*Pferd*) sorrel, bay, chestnut (horse). – **5.** *fig. colloq.* (*Person*) fox: **er ist ein (alter)** ~, **er ist ein schlauer** ~ he is a sly (*od.* cunning, wily) fox. – **6.** (*einer Studentenverbindung*) first-year member. – **7.** *fig.* (*in Wendungen wie*) **wo sich die Füchse** (*od.* **wo** ~ **und Hase einander**) **gute Nacht sagen** at the back of beyond, *Am. colloq.* way out in the sticks; **das hat der** ~ **(mit dem Schwanz) gemessen** *colloq.* that's much further than I (*od.* we) thought; **da kommt der** ~ **zum Loch heraus** *colloq.* that's the reason why, that's what's behind it, now it comes out; **ihm geht's wie dem** ~ **mit den sauren Trauben** he talks like the fox about the grapes; **die Füchse brauen** the mist is thickening. – **8. Reineke** ~ (*Fabelgestalt*) Reynard the Fox. – **9.** *astr.* Little Fox, Vulpecula (*scient.*). – **10.** *tech.* a) (*einer Feuerungsanlage*) flue, b) (*eines Glasschmelzofens*) linnet hole. – **11.** (*games*) (*beim Billard*) fluke, scratch.

'**fuchs,ar·tig** *adj* foxlike, *Br.* fox-like, vulpine.

'**Fuchs|,balg** *m* fox skin. — **~,bau** *m* fox earth, *Br.* fox-earth. — **~,baum** *m bot.* licorice, *auch* liquorice (*Glycyrrhiza glabra*). — **~,bee·re** *f cf.* Ackerbeere. — **~,bruch,seg·ge** *f cf.* Bruchsegge. — **~,brücke** (*getr.* -k·k-) *f tech.* flue bridge, back bridge wall.

Füchs·chen ['fʏksçən] *n* ⟨-s; -⟩ **1.** *dim. of* Fuchs 1. – **2.** young fox, (fox) cub.

'**Fuchs,ei·sen** *n hunt.* fox trap.

fuch·sen ['fuksən] **I** *v/t* ⟨h⟩ annoy, vex, rile (*colloq.*), make (*s.o.*) mad, *Am. colloq. auch* gripe: **das fuchst mich** that riles me. – **II** *v/reflex* **sich** ~ **(über** *acc* about) to be annoyed (*od.* vexed, mad, *colloq.* riled).

'**Fuchs|,fal·le** *f hunt. cf.* Fuchseisen. — **f~,far·ben** *adj* fox-colored (*bes. Br.* -coloured), foxy, reddish brown. — **~,fell** *n cf.* Fuchsbalg. — **~,flech·te** *f bot.* fox evernia (*Evernia vulpina*). — **~,hai** *m zo.* thresher (*Br.* thrasher) (shark), *auch* fox shark (*Alopias vulpinus*). — **~,hatz** *f hunt. cf.* Fuchsjagd. — **~,hengst** *m zo.* sorrel (*od.* bay, chestnut) stallion. — **~,hir·se** *f bot.* foxtail millet, *auch* Italian millet (*Setaria italica*). — **~,höh·le** *f cf.* Fuchsbau.

Fuch·sie ['fuksĭə] *f* ⟨-; -n⟩ *bot.* **1.** fuchsia (*Gattg Fuchsia*). – **2.** lady's- (*od.* ladies')-eardrop(s *pl*) (*Gattg Fuchsia, bes. F. coccinea*).

'**fuch·sig** *adj* **1.** *cf.* fuchsrot 1. – **2.** *colloq. cf.* fuchsteufelswild.

Fuch·sin [fu'ksiːn] *n* ⟨-s; *no pl*⟩ *chem.* (*Teerfarbstoff*) (basic) fuchsin(e), basic magenta, solferina.

Füch·sin ['fʏksɪn] *f* ⟨-; -nen⟩ she- (*od.* bitch-)fox, vixen.

Fuch·sit [fu'ksiːt; -'ksɪt] *m* ⟨-s; *no pl*⟩ *min.* fuchsite.

'**Fuchs|,jagd** *f hunt.* fox hunt(ing), *Br.* fox-hunt(ing): **auf die** ~ **gehen** to go fox-hunting. — **~,ku·su** *m zo.* long-eared opossum (*Gattg Trichosurus*).

Füchs·lein ['fʏkslaɪn] *n* ⟨-s; -⟩ *cf.* Füchschen.

'**Fuchs|ma,jor** *m* (*einer Studentenverbindung*) *senior member supervising the first-year members.* — **~,nat·ter** *f zo.* fox snake (*Elaphe vulpina*). — **~,öff·nung** *f tech.* floss hole. — **~,pelz** *m* fox (fur). — **~,räu·de** *f vet.* fox mange, alopecia (*scient.*). — **~,re·be** *f bot.* fox grape, Isabella grape, *auch* Isabella (*Vitis labrusca*): **Gemeine** ~ muscadine (grape), scuppernong (*V. rotundifolia*). — **~,ro·se** *f bot.* yellow rose (*Rosa eglanteria*). — **f~rot** *adj* **1.** ['fuks'roːt] (*Haar etc*) fox-colored (*bes. Br.* -coloured), foxy, reddish brown, carroty (*colloq.*). – **2.** ['fuks,roːt] (*Pferd*) sorrel, (mahogany) bay, chestnut, rufous.

'**Fuchs,schwanz** *m* **1.** foxtail, fox brush, *Br.* fox-brush. – **2.** *tech.* (*Säge*) handsaw, pad saw. – **3.** *bot.* a) *cf.* Fuchsschwanzamarant, b) *cf.* Fuchsschwanzgras. — **~ama,rant** *m bot.* a) pigweed, amaranth (*Gattg Amaranthus*), b) love-lies-bleeding (*A. caudatus*). — **~,gras** *n* foxtail (grass) (*Gattg Alopecurus*): **Gegliedertes** (*od.* **Kleines, Kriechendes**) ~ marsh (*od.* water) foxtail (*A. geniculatus*). — **~,kie·fer** *f* bristlecone (*od.* hickory) pine (*Pinus aristata*).

'**Fuchs|,seg·ge** *f bot.* fox carex (*Carex vulpina*). — **~,sper·ling** *m zo.* fox sparrow (*Passerella iliaca*). — **~,stu·te** *f* sorrel (*od.* bay, chestnut) mare.

'**fuchs'teu·fels'wild** *adj colloq.* furious, (hopping) mad, (as) mad as a hornet (*colloq.*), *Am. sl.* burned-up (*attrib*): **j-n** ~ **machen** to make s.o. furious, *Am. sl.* to burn s.o. up.

'**Fuchs|,trau·be** *f bot. cf.* Fuchsrebe. — **~,we·del** *m cf.* Tausendblatt 1. — **~,wein,stock** *m* chicken (*od.* frost) grape (*Vitis vulpina*). — **~,wolf** *m zo.* Andean wolf (*Gattg Dasycyon*). — **~,wurz** *f bot.* stork's aconite (*Aconitum neomontanum*).

Fuch·tel ['fuxtəl] *f* ⟨-; -n⟩ *fig. colloq.* control: **j-n unter seiner** ~ **halten** to keep s.o. under one's control (*od. colloq.* thumb); **unter j-s** ~ **stehen** to be under s.o.'s control (*od. colloq.* thumb). — '**fuch·teln** *v/i* ⟨h⟩ **mit etwas** ~ to wave s.th. about (wildly): **mit den Händen** ~ to wave one's hands about (wildly), to gesticulate.

fuch·tig ['fuxtɪç] *adj colloq.* furious, (hopping) mad: ~ **werden** to get furious (*Br. sl.* one's monkey up, *Am. sl.* het up); **j-n** ~ **machen** to infuriate s.o., to drive s.o. mad.

Fu·der ['fuːdər] *n* ⟨-s; -⟩ **1.** (cart)load, *Br.* (cart-)load: **ein** ~ **Heu** a load of hay. – **2.** (*Weinmaß*) tun (of wine). — **f~,wei·se** *adv* **1.** by the cart(load) (*Br.* cart[-load]): ~ **Bonbons in den Mund stecken** *fig. colloq.* to put sweets by the shovelful into one's mouth. – **2.** by the tun.

'**fuff,zehn** ['fuf-] *adj colloq.* fifteen.

Fuff·zi·ger ['fuftsɪgər] *m* ⟨-s; -⟩ *colloq.* a) fifty-pfennig piece, b) fifty-mark note (*Am.* bill): **ein falscher** ~ *fig.* a false (*od.* two-faced) person, a double-dealer.

Fug [fuːk] *m only in* **mit** ~ **und Recht** with every right (*od.* justification): **er kann mit** ~ **und Recht behaupten, daß** he is fully justified in saying that.

fu·gal [fu'gaːl] *adj mus.* fugal.

fu·ga·to [fu'gaːto] *mus.* **I** *adv u. adj* fugato. – **II F~** *n* ⟨-s; -s *u.* -ti [-ti]⟩ fugato.

Fu·ga·zi·tät [fugatsi'tɛːt] *f* ⟨-; *no pl*⟩ *chem.* fugacity.

Fu·ge[1] ['fuːgə] *f* ⟨-; -n⟩ **1.** *tech.* a) (*Stoßfuge*) joint, b) (*Naht*) seam, c) (*Nut*) groove, d) (*Schlitz*) interstice, e) (*Schweißfuge*) gap: **aus den ~n** disjointed, unjointed; **aus den ~n gehen** (*od.* **geraten**) a) to come out of joint, to come apart, to go (*od.* come) to pieces, b) *fig.* to be thrown out of joint, to come unstrung; **die Zeit ist aus den ~n** *fig.* the times are out of joint; **~n ausfüllen** to fill (*od.* flush) joints; **in allen ~n krachen** to creak in every joint. – **2.** *biol.* (*Verbindungsstelle*) commissure. – **3.** *med.* (*Beckenfuge*) symphysis.

'**Fu·ge**[2] *f* ⟨-; -n⟩ *mus.* fugue: „**Die Kunst der** ~" "The Art of Fugue" (*by J. S. Bach*).

'**Fü·ge|,bank** *f tech.* jointer. — **~,frä·ser** *m* joint cutter. — **~,ho·bel** *m* jointing plane, jointer. — **~ma,schi·ne** *f* jointing machine, jointer.

fu·gen ['fuːgən] *v/t* ⟨h⟩ *tech.* join, joint: **eine Mauer** ~ to joint (*od.* point) a wall.

fü·gen ['fyːgən] **I** *v/t* ⟨h⟩ **1. etwas an** (*acc*) **etwas** ~ to add s.th. to s.th. – **2. etwas auf** (*acc*) **etwas** ~ to lay (*od.* put) s.th. on (top of) s.th. – **3. etwas zu etwas** ~ to add (*od.* join) s.th. to s.th. – **4.** *tech.* a) (*zusammensetzen*) fit (*s.th.*) together, b) (*zusammenbauen*) assemble, c) (*zusammenpassen*) mate, d) (*verbinden*) join, joint. – **5.** *fig.* (*verfügen*) ordain, order: **Gott wird alles zu unserem Besten** ~ God will ordain what is best for us; **das Schicksal fügte es, daß** fate ordered (*od.* decreed) that. – **II** *v/reflex* **6. sich an** (*acc*) **etwas** ~ to join s.th. – **7. sich in** (*acc*) **etwas** ~ *fig.* a) (*nachgeben*) to submit (*od.* give in, yield) to s.th., to acquiesce in s.th., b) (*sich abfinden*) to put up with s.th., to resign (*od.* reconcile) oneself to s.th.: **sich in das Unabänderliche** ~ to submit (*od.* bow) to the inevitable. – **8. sich einer Sache** ~ *fig.* a) (*Bestimmung etc*) to comply with (*od.* conform to) s.th., b) (*j-s Willen, Wunsch etc*) to submit (*od.* give in, yield) to s.th., to acquiesce in s.th.: **sie fügte sich dem väterlichen Willen** she acquiesced in her father's will. – **III** *v/impers* **9.** *fig.* (*in Wendungen wie*) **es fügt sich, daß** it so happens that: **es fügte sich, daß er gerade da war** he happened to be there at the time. – **IV F~** *n* ⟨-s⟩ **10.** *verbal noun.* – **11.** *tech.* assembly.

'**fu·gen,ar·tig** *adj mus.* fugal.

'**Fu·gen|,aus,fül·lung** *f tech.* pointing, joint grouting. — **f~,dicht** *adj* joined. — **~,fül·lung** *f* joint-sealing (material). — **~,kel·le** *f* tuck cement pointer. — **f~los** *adj* **1.** jointless. – **2.** (*nahtlos*) seamless. – **3.** *fig. cf.* lückenlos 2.

'Fu·gen|,stil *m mus.* fugue style, fugued style. — **~,the·ma** *n* fugue subject.

Fu·ghet·ta [fu'gɛta] *f* ⟨-; -ten⟩ *mus.* fughetta.

fu·gie·ren [fu'giːrən] *v/t* ⟨*no* ge-, h⟩ *mus.* fugue, treat (*s.th.*) fugally.

füg·lich ['fyːklɪç] *adv lit.* rightly, justly, with every justification, with good reason: man kann ~ behaupten you may rightly (*od.* very well) say.

'füg·sam *adj* **1.** (*lenksam*) docile, tractable, manageable. – **2.** (*gehorsam*) obedient, (*stärker*) submissive. – **3.** (*willfährig*) (com)pliant, pliable, supple. — **'Füg·sam·keit** *f* ⟨-; *no pl*⟩ **1.** docility, tractability, manageability. – **2.** obedience, (*stärker*) submissiveness. – **3.** compliance, pliancy, pliability.

Fugue [fjuːg] (*Engl.*) *f* ⟨-; *no pl*⟩ *psych.* fugue (*temporary disorientation*).

'Fü·gung *f* ⟨-; -en⟩ **1.** *cf.* Fügen. – **2.** dispensation, act of providence: durch eine gnädige ~ des Schicksals by a merciful dispensation of fate, by a merciful act of providence; das war eine göttliche ~ (*od.* eine ~ Gottes) that was a dispensation (of providence), that was Providence. – **3.** (*Zufall*) coincidence: durch eine glückliche ~ by a lucky coincidence, by a stroke of luck. – **4.** (in *acc* to) submission, resignation.

'fühl·bar *adj* **1.** that can be felt, tangible, palpable. – **2.** *fig.* (*spürbar, merklich*) noticeable, perceptible: ~er Unterschied perceptible (*od.* tangible) difference; ~er Verlust noticeable (*od.* serious) loss; ~e Lücke noticeable gap; sich ~ machen to make itself felt. – **3.** *fig.* (*beträchtlich*) considerable, appreciable. – **4.** *fig.* (*deutlich*) distinct, marked. — **'Fühl·bar·keit** *f* ⟨-; *no pl*⟩ *fig.* noticeability, perceptibility.

füh·len ['fyːlən] **I** *v/t* ⟨h⟩ **1.** (*sinnlich wahrnehmen*) feel, sense, be conscious (*od.* aware) of: ich fühlte einen kalten Luftzug im Rücken I felt a draft of cold air on my back; ich fühle alle Knochen im Leibe *colloq.* I feel every bone in my body, every bone in my body is aching. – **2.** (*abfühlen, abtasten*) feel: er fühlte, ob der Schlüssel in seiner Tasche war he felt whether the key was in his pocket; → Puls. – **3.** (*innerlich empfinden*) feel, sense: die Berufung zum Künstler (in sich) ~ to feel a calling for the arts; j-s Nähe ~ to feel that s.o. is near, to sense s.o.'s presence; er fühlte, daß er unrecht hatte he felt (*od.* was conscious of the fact) that he was wrong; ich fühlte, wie er mich beobachtete I felt him watching me; er ließ mich seine ganze Verachtung ~ he let me feel all his contempt. – **4.** (*gewahr werden*) feel, sense, become conscious (*od.* aware) of: als ich eintrat, fühlte ich die gespannte Stimmung when I entered I felt the tense atmosphere. – **5.** (*erfahren*) feel, sense, experience: ich habe seine Abneigung oft gefühlt I often experienced his dislike. – **6.** (*ahnen*) feel, sense, have a presentiment (*od.* premonition, *bes. Am. colloq.* hunch) of. – **II** *v/i* **7.** (*tasten*) feel: nach seiner Brieftasche ~ to feel for one's wallet. – **8.** (*empfinden*) feel: mit j-m ~ to feel with s.o., to sympathize with s.o.; für j-n ~ to feel for s.o.; wer nicht hören will, muß ~ (*Sprichwort*) who will not listen has to learn the hard way; → Zahn 1. – **III** *v/reflex* sich ~ **9.** feel: sich krank [beleidigt, müde, schuldig, verantwortlich] ~ to feel ill (*Am. auch* sick) [offended, tired, guilty, responsible]; sich wohl ~ a) to feel well, b) to feel comfortable (*od.* at ease); sich zu etwas in der Lage ~, sich einer Sache gewachsen ~ to feel up to (doing) s.th., to feel able to cope with s.th.; nach dem Bad fühlte er sich wie neugeboren after his bath he felt (like) a new man; ~ Sie sich wie zu Hause! make yourself at home! sich zu j-m hingezogen ~ a) to feel drawn (*od.* attracted) to s.o., b) (*sympathisch finden*) to take to s.o.; sie fühlt sich Mutter *lit.* she is expecting (*od.* knows that she is going to have) a baby; → Haut 2. – **10.** sich als j-d ~ to regard (*od.* consider) oneself as s.o.: er fühlte sich als Herr im Hause he regarded himself as the master in the house. – **11.** *colloq.* (*eingebildet sein*) think a lot (*Br. colloq.* no small beer) of oneself, give oneself airs, be stuck (*Br.* struck) on oneself (*sl.*): der fühlt sich aber! he really thinks a lot of himself! *Br. auch* he really fancies himself! – **IV F~** *n* ⟨-s⟩ **12.** *verbal noun.* – **13.** *cf.* Gefühl 1, 2, 6. — **'füh·lend I** *pres p.* – **II** *adj* **1.** (*des Gefühls fähig*) feeling, sentient, sensitive. – **2.** *lit.* (*mitfühlend, teilnehmend*) feeling, sympathetic, compassionate: ein ~es Herz a feeling (*od.* sensitive, tender) heart.

'Füh·ler *m* ⟨-s; -⟩ **1.** *zo.* a) (*von Gliederfüßern*) feeler, antenna, maxillary palpus (*scient.*), b) (*von Schnecken*) feeler, horn, tentacle, c) (*von Würmern*) feeler, tentacle, d) (*von Hydrozoen etc*) tentacle: mit langen ~n longicorn; mit kurzen ~n brachycerous; mit ~n, ~ besitzend a) (*von Gliederfüßern*) antenniferous, b) (*von Nesseltieren*) tentaculate. – **2.** *biol.* tactor, feeler, antenna. – **3.** *tech.* (*Fühlstift*) tracer, stylus, *auch* stilus. – **4.** *fig. colloq.* feeler, antenna, tentacle: ich werde einmal meine ~ in dieser Richtung ausstrecken I am going to put out a feeler (*od.* my feelers) in this direction. — **~,bor·ste** *f zo.* antennal bristle, arista (*scient.*). — **f~,för·mig** *adj* tentacular. — **~,keu·le** *f* (antennal) club. — **~,leh·re** *f tech.* thickness (*od.* feeler) ga(u)ge. — **f~los** *adj zo.* without feelers. — **~,steue·rung** *f tech.* tracer control: Drehmaschine [Fräsmaschine] mit ~ tracer-controlled lathe [tracer milling machine].

'Fühl|,fa·den *m zo. bot.* feeler, tentacle. — **~,farn** *m bot.* sensitive fern (*Onoclea sensibilis*). — **~,haar, ~,här·chen** *n zo.* tactile hair, palpocil (*scient.*). — **~,he·bel** *m* **1.** *tech.* a) (*der Bohrmaschine*) sensitive lever, b) (*eines Meßgeräts*) dial test indicator. – **2.** *print.* feeler (pin). — **~,horn** *n zo. cf.* Fühler 1. — **~,kraut** *n bot. cf.* Sinnpflanze. — **f~los** *adj lit. for* gefühllos. — **~,stift** *m tech. cf.* Fühler 3.

'Füh·lung *f* ⟨-; *no pl*⟩ **1.** *cf.* Fühlen. – **2.** touch, contact: mit j-m in ~ sein (*od.* stehen), mit j-m ~ haben to be in touch with s.o., to have contact with s.o.; mit j-m ~ (auf)nehmen to get in touch with s.o., to establish contact with s.o., to contact s.o.; mit j-m ~ suchen to try to get in touch with s.o.; die ~ mit j-m verlieren *auch mil.* to lose (*od.* get out of) touch (*od.* contact) with s.o.

'Füh·lung,nah·me *f* ⟨-; -n⟩ (entering into *od.* making of) contact, (making of an) approach: das Ergebnis der ersten ~ war, daß the first contact (*od.* step) resulted in; er empfahl mir sofortige ~ mit der zuständigen Behörde he recommended that I (should) immediately approach (*od.* contact, get in[to] touch with) the authorities concerned; die erste ~ blieb ohne Erfolg the first approach (*od.* the preliminary talks) remained without result; in dauernder ~ sein (*od.* stehen) to be in continual contact.

fuhr [fuːr] *1 u. 3 sg pret of* fahren.

Fuh·re ['fuːrə] *f* ⟨-; -n⟩ **1.** (*Wagenladung*) (cart)load, *Br.* (cart-)load, waggon-load, *bes. Am.* wagonload, *Am.* truckload: zwei ~n Sand two cartloads of sand. – **2.** (*Wagen mit Ladung*) loaded cart (*od.* waggon, *bes. Am.* wagon). – **3.** (*Transport mit dem Wagen*) transportation, conveyance, carriage, cartage. – **4.** (*Fahrt mit Ladung*) trip, journey. – **5.** *fig.* (*Menge*) (cart)load, *Br.* (cart-)-load.

füh·re ['fyːrə] *1 u. 3 sg pret subj of* fahren.

füh·ren ['fyːrən] **I** *v/t* ⟨h⟩ **1.** lead: einen Blinden über die Straße ~ to lead a blind man across the street; ein Kind an der Hand ~ to lead a child by the hand; „Hunde sind an der Leine zu ~!" "dogs must be kept on the leash (*od.* lead)!" ein Heer ins Feld ~ to lead an army into battle; j-n zu j-m ~ to lead (*od.* take, bring) s.o. to s.o.; der Zufall führte ihn hierher chance led (*od.* brought) him here; was führt dich zu mir? what brings (*od.* has brought) you to me? – **2.** (*den Weg leiten*) guide, lead, conduct: er führte sie sicher durch das Sumpfgebiet he guided (*od.* escorted, piloted) them safely through the swamp. – **3.** (*geleiten*) take, lead, show: ~ Sie bitte den Herrn in (*od.* auf) sein Zimmer [ins Haus] would you please show the gentleman to his room [into the house]; j-n durch das Haus ~ to take s.o. through (*bes. Br.* show s.o. over) the house; ein Ingenieur führte uns durch die Fabrik an engineer showed us round (*bes. Br.* over) the factory. – **4.** (*ausführen, begleiten*) take: j-n zum Tanz ~ to take s.o. dancing (*od.* to a dance); j-n nach Hause ~ to take (*od.* see) s.o. home. – **5.** (*die Richtung weisen*) direct: die Wegweiser führten uns falsch the signposts directed us wrong. – **6.** (*gewaltsam*) escort: der Zwischenrufer mußte aus dem Raum geführt werden the heckler had to be escorted out of the room. – **7.** (*leiten, lenken*) guide: junge Menschen geschickt ~ to give young people good guidance, to guide young people well; j-m die Hand ~ to guide s.o.'s hand; → Versuchung; Weg 1, 4. – **8.** (*Löffel etc zum Mund*) lift. – **9.** (*bauen*) build: eine Straßenbahnlinie bis ins Zentrum ~ to build (*od.* run) a streetcar line (*Br.* tram-line) into the center (*bes. Br.* centre) of town; eine Mauer um den Garten ~ to build (*od.* put up) a wall around (*bes. Br.* round) the garden. – **10.** (*handhaben*) use, handle, employ, wield: j-m zeigen, wie man den Pinsel [die Nadel] führt to show s.o. how to use the paintbrush [the needle]; den Degen ~ to wield the sword; geschickt die Feder ~ *lit.* to wield a skillful (*Br.* skilful) pen. – **11.** (*bei sich tragen*) carry: er führt nie viel Geld bei (*od.* mit) sich he never has (*od.* carries) much money on (*od.* with) him; der Fluß führt Sand (mit sich) the river carries sand (with it). – **12.** *fig.* (*Namen etc*) bear: er führt den Namen Müller he bears (*od.* goes by, goes under) the name of Müller; einen Titel ~ a) (*von Person etc*) to bear (*od.* hold) a title, b) (*von Buch*) to be entitled; ein Wappen ~ to bear (*od.* have) a coat of arms. – **13.** (*Amt etc*) hold: er führte Aufsicht über die Schüler he held supervision over (*od.* supervised, superintended) the pupils; → Regiment 1; Vorsitz 2. – **14.** (*Klasse, Betrieb etc*) run, manage, be in charge of: den Haushalt ~ to keep (*od.* run) the household; ich führe ihm die Wirtschaft I keep house for him. – **15.** (*Geschäfte, Angelegenheiten*) manage, handle, conduct, run. – **16.** (*Gespräch, Verhandlung etc*) carry on, have, hold: ein Selbstgespräch ~ to hold a monologue, to soliloquize. – **17.** (*Buch etc*) keep, maintain: ein Konto ~ to keep (*od.* carry, conduct) an account. – **18.** (*Leben etc*) live, lead. – **19.** (*Reden etc*) use: er führt gern lose Reden he likes to use loose language; → Mund 3; Wort 2. – **20.** *jur.* (*Prozeß*) conduct: j-s Sache ~ to plead s.o.'s cause: → Beweis 3; Nachweis 1. – **21.** *econ.* a) (*auf Lager haben*) stock, carry (*s.th.*) (in stock), keep, b) (*zum Verkauf haben*) sell, have (*s.th.*) for sale, keep, deal in, *Am. auch* carry. – **22.** (*lenken, steuern*) a) (*Auto etc*) drive, b) (*Flugzeug etc*) pilot. – **23.** *mil.* (*Truppen etc*) lead, command, be in command of; → Krieg 1. – **24.** *electr.* a) (*Strom*) carry, b) (*leiten*) conduct. – **25.** den Ball ~ (*sport*) to dribble (the ball), to run with the ball. – **26.** den Bogen ~ *mus.* to bow. – **27.** *geol.* (*Erz, Erdöl etc*) contain, bear. – **28.** etwas über (*acc*) [durch, um] etwas ~ to pass (*od.* lead, take, put) s.th. across [through, round] s.th. – **29.** *mar.* a) (*Ladung*) carry, b) (*Schiff*) pilot, navigate, c) (*Flagge*) carry, fly, d) das Ruder ~ to be at the helm: Fracht ~ to carry goods, to freight. – **30.** *fig.* (*in Wendungen wie*) etwas zu Ende ~ to carry s.th. through, to finish (*od.* complete) s.th.; etwas zum Erfolg ~ to lead s.th. to success; j-n zu der Erkenntnis ~, daß to make s.o. realize that; j-n auf die richtige Spur ~ to put s.o. on the right track; etwas ad absurdum ~ to reduce s.th. to absurdity; ein Argument ins Feld (*od.* Treffen) ~ to put forward a reason (*od.* an argument). – **II** *v/i* **31.** lead (nach, zu [in]to): diese Straße führt zur Post this street leads to the post office; diese Tür führt in den Garten this door leads (*od.* opens) into the garden; alle (*od.* viele) Wege ~ nach Rom (*Sprichwort*) all roads lead to Rome (*proverb*). – **32.** (*verlaufen*) go, run: die Buslinie führt zum Bahnhof the bus line goes to the station; dort führt eine Brücke über den Fluß a bridge runs (*od.* leads) across (*od.* crosses) the river there. – **33.** ~ zu *fig.* (*zur Folge haben*) to lead to, to end (*od.* result) in: seine Untersuchungen haben bisher zu keinem Ergebnis geführt his research has not led to any results yet; das führt zu der Vermutung, daß that leads to the supposition that; zu nichts ~ to lead (od. come) to nothing, to lead nowhere, to end in nothing, to end (od. go) up in smoke (colloq.); zu der Annahme [dem Schluß] ~, daß to lead to the assumption [conclusion] that; ich möchte wissen, wohin das (noch) ~ soll! I wonder where that is leading to (od. where it will all end)! es würde zu weit ~, alles aufzuzählen it would be carrying things too far to enumerate everything; → Ziel 3. – 34. (an der Spitze stehen) lead, be the leader. – 35. (sport) (hold od. have the) lead, be ahead: mit zwei Toren ~ to be ahead (od. leading) by two goals; nach Punkten ~ to (be) lead(ing) in (Br. on) points. – 36. mus. preside. – III v/reflex 37. (von Schüler, Soldat etc) sich gut ~ to conduct oneself well, to behave (oneself) well; sich schlecht ~ to misconduct oneself, to misbehave (oneself). – IV F~ n ⟨-s⟩ 38. verbal noun. – 39. cf. Führung. — **'füh·rend** I pres p. – II adj 1. leading, prominent: eine ~e Stellung a leading (od. prominent) position, a position of authority; die ~e Persönlichkeit auf diesem Gebiet the leading (od. most prominent, most eminent) personality in this field; Paris spielt auf dem Gebiet der Mode eine ~e Rolle Paris holds a leading position (od. leads) in the field of fashion, Paris plays a prominent role (od. part) in the field of fashion; ~ sein to hold a leading position, to be at the top (od. in the van); ein ~er Industrieller a captain of industry, bes. Am. a tycoon. – 2. (theater) leading: ~e Rolle lead(ing part). – 3. ~er Ski (sport) lead(ing) ski, lead. – 4. electr. (Leitung etc) hot, alive (pred).

'Füh·rer m ⟨-s; -⟩ 1. (einer Partei, Organisation etc) leader: j-n zum ~ wählen to choose s.o. as (od. for, to be) one's leader. – 2. (Leiter) head, chief, boss (colloq.). – 3. (Fremdenführer etc) guide, (tour) conductor, cicerone. – 4. (durch gefährliches od. unbekanntes Gebiet) pilot. – 5. fig. (Wegweiser, Richtschnur) guide. – 6. (Handbuch, Leitfaden) guide(book), Br. guide(-book): ~ durch Paris guide to Paris. – 7. (eines Flugzeugs) pilot. – 8. (eines Krans etc) operator. – 9. mil. leader, commander, captain. – 10. (sport) (einer Mannschaft) captain. – 11. tech. guide. – 12. der ~ hist. (Hitler) the Führer, the Fuehrer, auch the Fuhrer.

'Füh·rer|ˌei·gen·schaf·ten pl qualities of leadership (od. a leader). — ~ˌ**haus** n auto. (driver's) cab. — ~ˌ**kan·zel** f aer. (pilot's) cockpit. — ~ˌ**korb** m (eines Krans etc) operator's (control) cabin, driver's cage. — **f~los** adj 1. (Partei etc) without a leader, leaderless. – 2. (ohne Leiter) without a head (od. chief), headless, chiefless. – 3. (Bergsteiger etc) without a guide, guideless. – 4. (Fahrzeug etc) without a driver, driverless. – 5. (Flugzeug etc) without a pilot, unpiloted, pilotless. – 6. mil. without a (od. having no) leader (od. commander). — ~**na**ˌ**tur** f born leader. — ~**per**ˌ**sön·lich·keit** f 1. leader (figure). – 2. born leader. — ~**prin**ˌ**zip** n pol. leader principle, principle of (totalitarian) leadership. — ~ˌ**raum** m aer. 1. pilot's cabin (od. compartment). – 2. (bes. in kleineren und Militärflugzeugen) cockpit. — ~ˌ**rol·le** f role (auch rôle) of a leader.

'Füh·rer·schaft f ⟨-; no pl⟩ 1. leadership. – 2. leaders pl.

'Füh·rerˌ**schein** m 1. Am. driver's (auch operator's) license (od. permit), Br. driving licence: seinen ~ machen colloq. to take driving lessons (od. driver's training), to go to driving school; wann hast du deinen ~ gemacht? when did you get your driver's license? when did you pass your driving test? j-m den ~ entziehen jur. to take away (od. revoke) s.o.'s driver's license. – 2. aer. pilot's certificate. — ~**ent**ˌ**zug** m jur. disqualification (from driving), revocation of s.o.'s driver's license (Br. driving licence).

'Füh·rer|ˌ**sitz** m aer. pilot's seat, cockpit. — ~ˌ**stand** m 1. (einer Lokomotive etc) driver's cab(in). – 2. (eines Krans etc) (operator's) control cabin, driver's stand (od. cabin, cage): gedeckter ~ doghouse. – 3. aer. a) flight deck, Br. flight-deck, b) (im Luftschiff) pilot's compartment. — ~ˌ**stel·lung** f position as a leader (od. of leadership), leadership.

'Füh·rer·tum n ⟨-s; no pl⟩ leadership.

'Fuhrˌ**geld** n cf. Fuhrlohn.

'füh·rig adj (Schnee) in good condition for skiing.

'Fuhr|ˌ**knecht** m archaic 1. carter's (od. carrier's, waggoner's, bes. Am. wagoner's) man. – 2. cf. Fuhrmann 1. — ~ˌ**lohn** m carting (od. hauling) charge, cartage. — ~ˌ**mann** m ⟨-(e)s; ⸚er u. -leute⟩ 1. archaic carter, waggoner, bes. Am. wagoner. – 2. archaic cf. Fuhrknecht 1. – 3. ⟨only sg⟩ astr. Charioteer, Auriga (scient.). — ~ˌ**park** m 1. auto. motor-vehicle fleet (od. pool), Am. truck yard. – 2. (railway) waggon (bes. Am. wagon) park.

'Füh·rung f ⟨-; -en⟩ 1. cf. Führen. – 2. ⟨only sg⟩ guidance, direction: sich j-s ~ anvertrauen to entrust (od. intrust) oneself to s.o.'s guidance; unter der ~ eines erfahrenen Pädagogen under the guidance of an experienced educator. – 3. ⟨only sg⟩ (einer Partei etc) leadership, control: die ~ innehaben to have (od. hold) the leadership; die ~ übernehmen to assume (od. to take on, to take over) the leadership; die ~ an sich reißen to seize control. – 4. ⟨only sg⟩ (eines Geschäfts etc) management, control. – 5. ⟨only sg⟩ (eines Namens etc) use. – 6. ⟨only sg⟩ (von Verhandlungen etc) conduct. – 7. (durchs Museum etc) (guided od. conducted) tour: an einer ~ durch das Museum teilnehmen to take part in a tour of the museum. – 8. ⟨only sg⟩ (Betragen) conduct, behavior, bes. Br. behaviour: gute ~ good conduct; schlechte ~ misconduct, misbehavio(u)r; seine ~ war gut he conducted himself well. – 9. cf. Führungszeugnis. – 10. ⟨only sg⟩ bes. (sport) lead: in ~ gehen, die ~ übernehmen to take the lead; in ~ liegen (od. sein), die ~ haben to be in the lead, to be leading. – 11. mil. a) (Befehlsstelle) command, b) innere ~ morale. – 12. pol. leaders pl, rulers pl, leadership. – 13. tech. a) guide, guidance, b) (Führungsbahn) (guide)ways pl, c) (eines Stößels) ramways pl, d) (eines Räumwerkzeuges) pilot: prismatische ~ prism-shaped ways pl, V-way, vee-ways pl, vees pl. – 14. metall. a) (eines Schmelzofens) operation, b) (einer Schmelze) working, control.

'Füh·rungs|abˌ**tei·lung** f mil. operations branch. — ~**aka·de**ˌ**mie** f (command and general) staff college. — ~ˌ**an**ˌ**spruch** m claim to leadership. — ~ˌ**arm** m tech. overhang arm. — ~**at**ˌ**test** n cf. Führungszeugnis. — ~ˌ**bahn** f tech. (einer Werkzeugmaschine) guideway, slideway, Br. slide-way. — ~ˌ**band** n ⟨-(e)s; ⸚er⟩ mil. cf. Führungsring 1. — ~ˌ**ebe·ne** f econ. managerial (od. top) level. — ~ˌ**flä·che** f tech. 1. guiding surface. – 2. (eines Maschinenbettes) cf. Führung 13. — ~ˌ**gre·mi·um** n pol. (einer Partei etc) controlling body. — ~ˌ**kraft** f meist pl 1. econ. manager, top executive. – 2. (einer Partei etc) leader. — ~ˌ**la·ger** n tech. guide bearing. — ~ˌ**lei·ste** f 1. (einer Schiebetür etc) guide bar, guiding strip. – 2. (eines Ventils) feather, wing. — ~ˌ**li·ne**ˌ**al** n 1. guide rail. – 2. (einer Schleifmaschine) gib. – 3. (einer Säge etc) fence. — ~ˌ**li·nie** f 1. print. (einer Zylinderpresse) deadline. – 2. med. (des Beckens) pelvic canal. — ~ˌ**nach**ˌ**wuchs** m econ. future (od. prospective) (management) executives pl. — ~ˌ**nut** f tech. guide slot. — ~**po·si·ti**ˌ**on** f 1. leading position. – 2. econ. management (od. managerial) position. — ~ˌ**ril·le** f 1. mil. (einer Patrone) cannelure. – 2. (eines Skis etc) groove. – 3. (einer Schallplatte) groove, track. — ~ˌ**ring** m 1. mil. (einer Granate etc) rotating band. – 2. tech. a) (eines Kugellagers etc) ball case, b) (einer Achse etc) guide ring. – 3. mar. fairlead, auch fairleader. — ~ˌ**rol·le** f 1. fig. leading role (auch rôle). – 2. tech. a) guide roller, b) (einer Schiebetür) roller guide, c) (im Walzwesen) feed roll(er). — ~ˌ**schicht** f 1. (der Gesellschaft etc) leading stratum. – 2. pol. group of leaders. – 3. econ. management, managerial class. — ~ˌ**schie·ne** f tech. guide rail. — ~ˌ**spit·ze** f pol. higher (od. top) echelon. — ~ˌ**stab** m mil. operations staff, command. — ~ˌ**tor** n, ~ˌ**tref·fer** m (sport) goal that puts a team in the lead. — ~ˌ**wech·sel** m change in leadership. — ~ˌ**zap·fen** m tech. pilot. — ~ˌ**zei·chen** n mus. custos. — ~ˌ**zeug·nis** n (polizeiliches) ~ certificate of good conduct: militärisches ~ service record.

'Fuhr|ˌ**un·ter**ˌ**neh·men** n cartage (od. haulage) contractors pl, haulage contracting firm, haulers pl, bes. Br. hauliers pl. — ~ˌ**un·ter**ˌ**neh·mer** m carter, carrier, cartage (od. hauling) contractor, hauler, bes. Br. haulier, Am. mover. — ~ˌ**werk** n 1. horse-drawn vehicle. – 2. cart (drawn by oxen etc).

'fuhrˌ**wer·ken** v/i ⟨insep, ge-, h⟩ colloq. 1. (in Küche, im Garten etc) be busy. – 2. mit etwas ~ to brandish s.th. – 3. cf. herumfuhrwerken.

'Fuhrˌ**we·sen** n ⟨-s; no pl⟩ econ. carrying trade, Am. trucking (trade).

Fu·ko·se [fu'koːzə] f ⟨-; no pl⟩ chem. (Zuckerart) fucose ($CH_3[CHOH]_4CHO$).

Ful·gu·rit [fulgu'riːt; -'rɪt] m ⟨-s; -e⟩ geol. min. fulgurite, thunder tube (colloq.).

fu·li·gi·nös [fuligi'nøːs] adj med. sooty; fuliginous, saburral (scient.).

'Füll|ˌ**an**ˌ**la·ge** f tech. a) filling plant, b) filling system. — ~ˌ**an**ˌ**satz** m 1. aer. appendix, filler neck. – 2. tech. filling sleeve. — ~ˌ**an**ˌ**zei·ge** f print. stopgap advertisement. — ~**ap·pa**ˌ**rat** m tech. 1. filling (od. feeding) device, feeder. – 2. (für Flaschen) bottle charger, bottling machine. — ~ˌ**blei**ˌ**stift** m mechanical (Br. propelling) pencil.

Fül·le[1] ['fʏlə] f ⟨-; no pl⟩ 1. fig. (Menge) (an dat, von of) wealth, abundance: eine ~ von Einfällen a wealth (od. host) of ideas; die ~ seines Wissens the wealth of his knowledge. – 2. fig. (Übermaß) plenty, abundance, profusion, exuberance: in Hülle und ~ in plenty; Bücher in Hülle und ~ plenty (od. colloq. oodles pl) of books; er hat Geld in Hülle und ~ he has plenty of money (od. money to burn), he is rolling in money. – 3. (Beleibtheit) plumpness, corpulence, stoutness, portliness: körperliche ~ ful(l)ness of figure, ample figure. – 4. (der Stimme, des Klangs etc) richness, ful(l)ness. – 5. (des Haars etc) ful(l)ness. – 6. (des Weins etc) ful(l)ness. – 7. lit. (der Macht etc) height. – 8. lit. (des Herzens) ful(l)ness, depth. – 9. lit. (des Glücks etc) profusion. – 10. die ~ der Zeit Bibl. the ful(l)ness of time. – 11. (textile) (eines Gewebes) ful(l)ness, body.

'Fül·le[2] f ⟨-; -n⟩ bes. Southern G. and Austrian for Füllung 4a, d.

fül·len[1] ['fʏlən] I v/t ⟨h⟩ 1. fill: ein Glas bis zum Rand ~ to fill a glass to the brim; sich (dat) den Bauch ~ colloq. to eat one's fill, to fill one's belly (sl.); sich (dat) die Taschen ~ to fill (od. line) one's pockets; der Wind füllt die Segel the wind fills the sails; ihre Kleider ~ mehrere Schränke her dresses fill several wardrobes. – 2. etwas in (acc) etwas ~ to fill (od. put) s.th. into s.th., (Flüssigkeit) auch to pour s.th. into s.th.: Wein in Fässer ~ to put wine into barrels, to barrel wine; Bier in Flaschen ~ to bottle beer; Kartoffeln in Säcke ~ to sack potatoes. – 3. auch fig. (Lücke etc) fill, stop. – 4. (Kissen etc) fill, stuff. – 5. (Ballon etc) fill, inflate. – 6. (Raum etc) fill, take up, cover: der Aufsatz füllte 3 Seiten the essay took up three pages. – 7. (Zeitraum etc) fill. – 8. lit. (erfüllen) fill: Gelächter füllte den Raum laughter filled the room. – 9. (sich dat) etwas auf den Teller ~ colloq. to put s.th. on one's plate. – 10. gastr. a) (Geflügel, Paprika etc) stuff, b) (Kuchen, Pralinen etc) fill. – 11. med. (Zahn) fill, stop. – 12. auto. a) (Benzintank) fill (up), b) (mit Wasser etc) top up. – 13. tech. (Bunker, Silo) feed. – 14. mil. (Geschoß mit Ladung) load, charge. – 15. (art) (Bild) ground. – II v/reflex sich ~ 16. fill: ihre Augen füllten sich mit Tränen her eyes filled with tears; die Kirche füllte sich (mit Menschen) the church filled; der Saal begann sich zu ~ the hall began to fill up. – III F~ n ⟨-s⟩ 17. verbal noun. – 18. cf. Füllung.

'Fül·len[2] n ⟨-s; -⟩ 1. zo. foal: männliches ~ colt; weibliches ~ filly. – 2. ⟨only sg⟩ astr. Foal, Equuleus (scient.).

'Fül·ler m ⟨-s; -⟩ 1. colloq. for Füllfeder(halter). – 2. tech. cf. Füllvorrichtung. – 3. print. (Fülltext etc) filler.

'Ful·lerˌ**er·de** ['fʊlər-; 'fʊlə-] (Engl.) f min. chem. fuller's earth.

'Füllˌ**fe·der** f, ~ˌ**hal·ter** m fountain pen, Br. fountain-pen.

'Füll|ˌ**gas** n 1. aer. (eines Ballons) lifting gas. – 2. electr. (in der Lichttechnik) filler. — ~**ge**ˌ**wicht** n 1. econ. net weight (of contents). – 2. (einer Waschmaschine etc) capacity. — ~ˌ**hahn** m tech. filling cock.

'Füllˌ**hal·ter** m cf. Füllfeder(halter). —

~ˌfe·der *f* fountain-pen nib. — **~ˌtin·te** *f* fountain-pen ink.

'Füllˌhorn *n* horn of plenty, cornucopia.

'fül·lig *adj* **1.** (*Statur etc*) plump, corpulent, stout, portly. – **2.** (*Gesicht etc*) full. – **3.** (*Busen etc*) full, ample. – **4.** (*Wein*) full. — **'Fül·lig·keit** *f* ⟨-; *no pl*⟩ **1.** plumpness, corpulence, stoutness, portliness. – **2.** ful(l)ness. – **3.** ful(l)ness, ampleness. – **4.** ful(l)ness.

'Füll|ˌkitt *m tech.* filling cement. — **~ˌkoks** *m metall.* bed coke. — **~ˌkör·per** *m meist pl* **1.** *tech.* filling substance (*od.* material), filler. – **2.** *chem.* (*Destillierkolonne*) tower packing. — **~ˌmas·se** *f tech.* filling, filling compound (*od.* cement). — **~ma·te·riˌal** *n* **1.** filling (material), stuffing (material). – **2.** *tech.* filling (material), filler. – **3.** *chem.* a) packing (material), b) (*als Beschwerungsmittel*) loading material. – **4.** *synth.* mold (*bes. Br.* mould) charge. – **5.** *print.* leads *pl.* — **~ˌmit·tel** *n* **1.** *tech. cf.* Füllmaterial 2. – **2.** *med. pharm.* bulkage. — **~ˌöff·nung** *f tech.* fill (*od.* charging) door (*od.* hole). — **~ˌort** *m* ⟨-(e)s; ⸗er⟩ (*mining*) pit bottom. — **~ˌrumpf** *m tech.* loading bin (*od.* hopper). — **~ˌsand** *m metall.* body (*od.* backing) sand. — **~ˌschrau·be** *f tech.* filler plug, plug screw.

'Füllˌschrift *f* (*bei Schallplatten*) grouping. — **~verˌfah·ren** *n* grouping process.

Füll·sel ['fʏlzəl] *n* ⟨-s; -⟩ **1.** (*für ein Paket etc*) filling. – **2.** (*für Zeitung etc*) padding. – **3.** (*für Programm etc*) stopgap. – **4.** *rare for* Füllung 2.

'Füll|ˌstoff *m* **1.** *cf.* Füllmaterial. – **2.** *med. pharm. cf.* Füllmittel 2. – **3.** *meist pl chem.* a) (*für Kunststoffe etc*) filler, b) (*für Farben etc*) extender. – **4.** (*paper*) filling, loading agent, filler. – **5.** (*rubber*) filler. — **~ˌstut·zen** *m tech.* filler neck (*od.* cap). — **~ˌtrich·ter** *m* **1.** (filling) funnel. – **2.** *tech.* (feeding) hopper.

'Füllluftˌmes·ser (*getr.* -ll,l-) *m auto.* air inflation indicator.

'Fül·lung *f* ⟨-; -en⟩ **1.** *cf.* Füllen[1]. – **2.** (*eines Kissens etc*) filling, stuffing. – **3.** (*eines Ballons etc*) inflation. – **4.** *gastr.* a) (*des Geflügels*) stuffing, b) (*eines Kuchens etc*) filling, c) (*einer Praline etc*) center, *bes. Br.* centre, d) (*Fleischfüllung*) forcemeat. – **5.** *med.* a) (*eines Zahns*) filling, stopping, b) (*beim Röntgen*) filling. – **6.** *electr.* (*einer Batterie*) load, charge. – **7.** *mil.* a) (*Ladung*) load, charge, b) (*Schub*) batch. – **8.** *civ.eng.* a) (*Türfüllung*) pane, (door) panel, b) (*eines Pfeilers etc*) core, c) (*einer Mauer etc*) filling. – **9.** *synth.* (*einer Preßform*) mold (*bes. Br.* mould) charge. – **10.** *bes. auto.* a) (*mit Füllstoff*) padding, stuffing material, b) (*eines Benzintanks*) filling. – **11.** *chem.* (*einer Destillierkolonne*) packing. – **12.** (*einer Blüte*) center, *bes. Br.* centre. – **13.** *rare* (*Inhalt*) contents *pl.*

'Füll|verˌmö·gen *n chem.* fullness. — **~ˌvers** *m metr.* expletive (*od.* padding) line. — **~vorˌrich·tung** *f tech.* filling device. — **~ˌwerk** *n* **1.** *civ.eng.* (*einer Mauer etc*) rubblework, core. – **2.** (*in Zeitungen etc*) padding. – **3.** (*eines Gemäldes etc*) filling, accessories *pl.* — **~ˌwort** *n* ⟨-(e)s; ⸗er⟩ *ling.* expletive (word).

Ful·mar ['fʊlmar] *m* ⟨-s; -e⟩ *zo. cf.* Eissturmvogel.

ful·mi·nant [fʊlmi'nant] *adj* **1.** (*Redner, Rede etc*) brilliant, splendid, tremendous. – **2.** *med.* fulminant, fulminating, foudroyant.

Ful·mi·nat [fʊlmi'naːt] *n* ⟨-(e)s; -e⟩ *chem.* fulminate.

Ful·ven [fʊl'veːn] *n* ⟨-s; -e⟩ *meist pl chem.* fulvene.

Fu·ma·ro·le [fuma'roːlə] *f* ⟨-; -n⟩ *geol.* fumarole, *auch* fumerole.

Fu'marˌsäu·re [fu'maːr-] *f chem.* fumaric acid (HOOCCH = CHCOOH).

Fum·me'lei *f* ⟨-; -en⟩ *colloq. cf.* Fummeln. — **fum·meln** ['fʊməln] *colloq.* **I** *v/i* ⟨h⟩ **1.** (an *dat* at, with) fumble, fiddle: sie fummelte an ihrem Kleid she fumbled with her dress. – **2.** (*herumbasteln*) (an *dat* with) fiddle, tinker. – **3.** (*kramen*) fumble. – **II F~** *n* ⟨-s⟩ **4.** *verbal noun.*

Fund [fʊnt] *m* ⟨-(e)s; -e⟩ **1.** (*das Finden*) finding, discovery, find: der ~ wertvoller Dokumente the finding of valuable documents; der ~ einer Leiche the finding of a dead body. – **2.** (*das Gefundene*) find, object found: einen ~ machen *auch fig.* to make a find; einen ~ zur Polizei bringen to take a find to the police; glücklicher ~ lucky find. – **3.** *archeol.* find, finding: ~e aus der Vorzeit prehistoric finds. – **4.** *jur.* (*Schatzfund*) treasure trove.

Fun·da·ment [fʊnda'mɛnt] *n* ⟨-(e)s; -e⟩ **1.** *civ.eng.* a) (*Gründung*) foundation(s *pl*), b) (*Grundplatte*) baseplate, foundation wall, c) (*Mauerfuß*) footing, d) (*Unterbau*) substructure: das ~ für ein Haus legen to lay the foundations of a house. – **2.** *fig.* (*Grundlage*) basis, foundation(s *pl*), groundwork. – **3.** *tech. cf.* Fundamentplatte. – **4.** *geol.* (*eines Berges*) base.

fun·da·men·tal [fʊndamɛn'taːl] *adj* fundamental, elementary, basic: ~er Rechtsgrundsatz *jur.* basic legal principle.

Fun·da·men'tal|ˌbaß *m mus.* fundamental bass, basse fondamentale. — **~beˌgriff** *m cf.* Grundbegriff 1, 3. — **~ˌebe·ne** *f astr.* (*des Sonnensystems*) fundamental plane. — **~ˌglei·chung** *f math.* fundamental equation.

Fun·da·men·ta·lis·mus [fʊndamɛnta'lɪsmʊs] *m* ⟨-; *no pl*⟩ *relig.* fundamentalism. — **Fun·da·men·ta'list** [-'lɪst] *m* ⟨-en; -en⟩ fundamentalist.

Fun·da·men'tal|ka·taˌlog *m astr.* fundamental catalog (*bes. Br.* catalogue). — **~ˌsatz** *m math.* fundamental law (*od.* theorem, principle). — **~theo·loˌgie** *f röm.kath.* apologetics *pl* (*construed as sg*), formal and fundamental theology.

fun·da·men·tie·ren [fʊndamɛn'tiːrən] *v/t* ⟨*no* ge-, h⟩ *civ.eng.* lay the foundation of, ground. — **Fun·da·men'tie·rung** *f* ⟨-; -en⟩ foundation.

Fun·da'ment|ˌmau·er *f civ.eng.* foundation wall. — **~ˌplat·te** *f tech.* (*einer Maschine etc*) bed (*od.* foundation) plate, baseplate. — **~ˌstein** *m arch. tech. cf.* Grundstein 1, 2. — **~verˌan·ke·rung** *f tech.* foundation mounting.

'Fundˌamt *n Austrian for* Fundbüro.

Fun·da·ti·on [fʊnda'tsĭoːn] *f* ⟨-; -en⟩ **1.** *relig.* (*Stiftung*) foundation. – **2.** *civ.eng. Swiss for* Fundament 1, Fundamentierung.

'Fund|bü,ro *n Am.* lost and found (*Br.* lost-property) office. — **~geˌbiet** *n bes. archeol.* area in which finds are (*od.* have been) made. — **~ˌge·genˌstand** *m cf.* Fundsache. — **~ˌgru·be** *f fig.* rich source, mine, treasure-house, treasure trove, *Am. colloq. auch* bonanza: das Museum ist eine wahre (*od.* reine) ~ für einen Archäologen the museum is a real treasure trove (*od.* mine of information) for an archeologist. — **~ˌgut** *n* lost property.

fun·die·ren [fʊn'diːrən] **I** *v/t* ⟨*no* ge-, h⟩ **1.** *fig.* (*Behauptung etc*) substantiate, establish the truth of. – **2.** (*Haus*) lay the foundation(s) of. – **3.** *econ.* fund, consolidate: eine Anleihe ~ to fund a loan, to raise a loan against securities; etwas neu ~ to refund s.th. – **4.** *philos.* a) (*in der Gegenstandstheorie*) (*Meinung*) reduce, b) (*in der Mengenlehre*) found, ground, c) (*begründen*) support, substantiate. – **II F~** *n* ⟨-s⟩ **5.** *verbal noun.* – **6.** *cf.* Fundierung. — **fun'diert I** *pp.* – **II** *adj* **1.** *fig.* (*Wissen etc*) founded, grounded: ~e Kenntnisse well-founded knowledge *sg.* – **2.** *econ.* a) (*Anleihe etc*) funded, consolidated, b) (*Geschäft etc*) (well-)established, solid, (well-)founded, sound: ~e Schuld consolidated debt, consols *pl*, *auch* Consols *pl.* – **3.** *philos.* a) (*in der Gegenstandstheorie*) reduced (to the elements), b) (*in der Mengenlehre*) founded, grounded, c) (*begründet*) supported, substantiated. — **Fun'die·rung** *f* ⟨-; -en⟩ **1.** *cf.* Fundieren. – **2.** *fig.* (*einer Behauptung etc*) substantiation. – **3.** *econ.* a) consolidation, b) foundation, basis. – **4.** *philos.* a) (*in der Gegenstandstheorie*) reduction, b) (*in der Mengenlehre*) foundation, c) (*Begründung*) support, substantiation.

fün·dig ['fʏndɪç] *adj* (*mining*) **1.** (*Lagerstätte*) rich. – **2.** (*Bohrung*) successful: die Goldsucher hoffen ~ zu werden the prospectors hope to discover (*od.* strike) gold. — **'Fün·dig·keit** *f* ⟨-; *no pl*⟩ **1.** (*der Lagerstätte*) richness. – **2.** (*der Bohrung*) success(fulness).

'Fund|ˌort *m* ⟨-(e)s; -e⟩ **1.** place where s.th. is (*od.* was) found (*od.* discovered), place of finding (*od.* discovery). – **2.** *archeol.* finding place. – **3.** (*mining*) place of discovery, strike. – **4.** *bot. zo.* (*von Pflanzen, Tieren*) locality. — **~ˌrecht** *n jur.* **1.** right of discovery. – **2.** right to s.th. found. — **~ˌsa·che** *f meist pl* object found, piece of lost property. — **~ˌstät·te, ~ˌstel·le** *f cf.* Fundort. — **~ˌun·terˌschla·gung** *f jur.* larceny by finder (*od.* finding).

Fun·dus ['fʊndʊs] *m* ⟨-; -⟩ **1.** *fig.* (*des Wissens etc*) fund, resources *pl.* – **2.** *econ.* funds *pl.* – **3.** (*theater, film*) general equipment. – **4.** *jur.* (landed) property, estate: lebender und toter ~ fully equipped estate (including livestock). – **5.** *med.* fundus.

Fu·ne·ra·li·en [fune'raːlĭən] *pl obs.* funeral ceremonies, obsequies.

fünf [fʏnf] *adj* ⟨*cardinal number*⟩ **1.** five: die ~ Sinne the five senses; es ist halb ~ it is half past four; zu ~ Prozent at five per cent; drei zu ~ verlieren (*sport*) to lose by three goals to five, to lose three to five; die ~ Bücher Mose the five books of Moses, the Pentateuch. – **2.** *fig.* (*in Wendungen wie*) alle ~(e) gerade (*od.* grad) sein lassen to stretch a point, to turn a blind eye; das kannst du dir (doch) an den ~ Fingern abzählen *colloq.* that's as clear as daylight, that's perfectly obvious, *Br. auch* that's as plain as a pikestaff; ~ Minuten vor zwölf at the eleventh hour; es ist ~ Minuten vor zwölf it is high time; → Pfennig 2; Sinn 2. – **3.** Die großen F~ *pol. hist.* The Big Five.

Fünf *f* ⟨-; -en⟩ **1.** (number) five: eine arabische [römische] ~ an Arabic [a Roman] five. – **2.** der Schüler hat eine ~ im Diktat bekommen (*od.* geschrieben) *ped.* the pupil got a bad mark in (the) dictation. – **3.** (*eines Spielwürfels*) (the number) five, cinque: eine ~ würfeln to throw a five. – **4.** *colloq.* (streetcar, *Br.* tram) number five.

'fünf|ato·mig [-ʔaˌtoːmɪç] *adj chem.* pentatomic. — **~ˌba·sisch** *adj chem.* pentabasic. — **~ˌblät·te·rig, ~ˌblätt·rig** *adj bot.* five-leaved, quinquefoliolate (*scient.*). — **F~'centˌstück** [ˌfʏnf-] *n* five-cent piece, *Am.* nickel, *auch* nickle. — **F~ˌeck** *n math.* pentagon. — **~ˌeckig** (*getr.* -k·k-) *adj* pentangular, pentagonal. — **~ˌein'halb** *adj* five and a half. — **F~elekˌtro·denˌröh·re** *f electr. cf.* Fünfpolröhre.

'Fün·fer *m* ⟨-s; -⟩ **1.** *colloq. for* Fünf. – **2.** *colloq. for* Fünfpfennigstück, Fünfmarkschein, Fünfmarkstück: j-d [etwas] ist keinen ~ wert *fig.* s.o. [s.th.] isn't worth a cent (*Br.* a farthing). – **3.** (*im Lotto etc*) five (numbers) right: einen ~ haben to have five right. — **~al·phaˌbet** *n tel.* five-unit code.

Fün·ferl ['fʏnfərl] *n* ⟨-s; -n⟩ *Bavarian and Austrian colloq. for* Fünfpfennigstück.

'fün·fer'lei *adj* ⟨*invariable*⟩ of five (different) kinds (*od.* sorts, varieties): ~ Arten five different types; das kann ~ bedeuten this can have five (different) meanings.

'fünf·eta·gig [-ʔeˌtaːʒɪç] *adj* five-storey, *bes. Am.* five-story (*attrib*).

'fünfˌfach I *adj* fivefold, quintuple: die ~e Menge five times the amount; in ~er Ausfertigung in five copies, in quintuplicate; er ist ~er Olympiasieger he is a five-time Olympic champion. – **II** *adv* fivefold, five times: etwas ~ erhöhen to increase s.th. fivefold; ~ vergrößert magnified five times. – **III F~e, das** ⟨-n⟩ the fivefold (amount): etwas um das F~e vermehren to quintuple s.th.

'fünfˌfin·ge·rig [-ˌfɪŋərɪç] *adj* pentadactyl, *auch* pentadactylate.

'Fünfˌfin·ger|ˌkraut *n bot.* cinquefoil, *auch* cinqfoil (*Gattg Potentilla*). — **~ˌübung** *f mus.* five-finger exercise.

'fünfˌfing·rig [-ˌfɪŋrɪç] *adj cf.* fünffingerig.

'Fünfˌflach *n* ⟨-(e)s; -e⟩ *math. cf.* Fünfflächner. — **'fünfˌflä·chig** *adj* pentahedral, pentahedrical, pentahedrous. — **'Fünfˌfläch·ner** [-ˌflɛçnər] *m* ⟨-s; -⟩ pentahedron.

'fünfˌfü·ßig *adj metr.* five-foot (*attrib*): ~er Vers pentameter; ~er Jambus iambic pentameter.

'fünf|ˌglie·de·rig, ~ˌglied·rig *adj math.* five-membered.

'fünf'hun·dert *adj* ⟨*cardinal number*⟩ five hundred. — **F~'jahrˌfei·er** [ˌfʏnfˌhʊndərt-] *f* quincentenary, quingentenary.

'fünf'hun·dertst *adj* ⟨*ordinal number*⟩ five hundredth. — **'Fünf'hun·dert·stel** *n* five hundredth (part).

ˌFünf'jah·res|ˌfei·er *f* quinquennial. — **~ˌplan** *m econ. pol.* five-year plan.

'fünfˌjäh·rig *adj* **1.** five-year-old (*attrib*), of five (years). – **2.** (*Amtszeit etc*) five-year (*attrib*), of (*od.* lasting) five years, quinquennial (*lit.*).

'fünfˌjähr·lich I *adj* five-yearly (*attrib*), (occurring) every (*od.* once in) five years, quinquennial (*lit.*). – **II** *adv* every (*od.* once in) five years, quinquennially (*lit.*).

ˌFünf|'jahrˌplan *m econ. pol. cf.* Fünfjahresplan. — **~ˌkampf** ['fʏnf-] *m* (*sport*) pentathlon: Moderner ~ modern pentathlon. — **~ˌkämp·fer** ['fʏnf-] *m* pentathlete. — **f~ˌkan·tig** ['fʏnf-] *adj* five-sided, pentagonal. — **f~ˌköp·fig** ['fʏnfˌkœpfɪç] *adj* **1.** ~e Familie family of five. – **2.** *rare* (*Ungeheuer etc*) five-headed.

ˌFünf'li·ber *m* ⟨-s; -⟩ *Swiss* five-franc piece.

'Fünf·ling *m* ⟨-s; -e⟩ quintuplet, one of quintuplets, *Br. colloq.* quin, *Am. colloq.* quint.

'fünfˌmal *adv* five times: ~ so groß five times as large (*od.* big); ~ soviel Leute five times the number of people.

'fünfˌma·lig *adj* ⟨*attrib*⟩ done (*od.* repeated) five times: nach ~em Versuch after the fifth attempt, after five attempts.

ˌFünf'mark|ˌschein *m* five-mark note (*Am.* bill). — **~ˌstück** *n* five-mark piece.

'Fünfˌma·ster [-ˌmastər] *m* ⟨-s; -⟩ *mar.* five-masted sailing vessel, five-master.

'fünfˌmo·na·tig *adj* **1.** five-month (*attrib*), of (*od.* lasting) five months. – **2.** five-month-old (*attrib*).

'Fünf|ˌpaß *m* ⟨-sses; -sse⟩ *arch.* cinquefoil. — **~'pfen·nigˌstück** [ˌfʏnf-] *n* five-pfennig piece. — **~ˌpolˌröh·re** *f electr.* pentode, five-electrode tube (*bes. Br.* valve).

'fünf·proˌzen·tig [-proˌtsɛntɪç] *adj* (*Lohnerhöhung etc*) five-percent (*attrib*), of (*od.* at, bearing) five percent.

ˌFünf|pro'zentˌklau·sel *f pol. jur.* five-percent clause. — **f~ˌsai·tig** ['fʏnf-] *adj mus.* five-string (*attrib*), pentachord (*scient.*).

'Fünfˌsatzˌkampf *m* (*sport*) (*beim Tennis etc*) five-set match.

'fünf|ˌsäu·lig [-ˌzɔylɪç] *adj arch.* pentastyle. — **~ˌsei·tig** *adj* **1.** *math.* five-sided; pentagonal, pentahedral (*scient.*). – **2.** (*Brief etc*) five-page (*attrib*), covering five pages. — **~ˌsil·big** [-ˌzɪlbɪç] *adj ling.* having (*od.* consisting of) five syllables, pentasyllabic (*scient.*). — **~ˌspal·tig I** *adj* **1.** *print.* a) (*Artikel etc*) five-column (*attrib*), extending over five columns, b) (*Druckseite etc*) five-columned. – **2.** *bot.* quinquefid. – **II** *adv* **3.** *print.* in five columns.

'Fünfˌspin·del·au·toˌmat *m tech.* five-spindle automatic machine.

'fünf|ˌspra·chig [-ˌʃpraːxɪç] *adj* **1.** (*Person*) speaking (*od.* having a knowledge of) five languages. – **2.** (*Wörterbuch etc*) five-language (*attrib*), in five languages. — **~ˌstel·lig** [-ˌʃtɛlɪç] *adj math.* **1.** (*ganze Zahl*) of five digits; five-digit, five-figure (*attrib*). – **2.** (*Dezimalzahl*) having five places; five-figure, five-place (*attrib*). – **3.** (*Logarithmus*) five-place (*attrib*), pentadic (*scient.*). — **~ˌstim·mig** *mus.* **I** *adj* for five voices, five-voice (*attrib*). – **II** *adv* ~ singen to sing in five voices. — **~ˌstöckig** [-ˌʃtœkɪç] (*getr.* -k·k-) *adj* five-storeyed (*bes. Am.* -storied), five-storey (*bes. Am.* -story) (*attrib*). — **~ˌstrah·lig** [-ˌʃtraːlɪç] *adj* **1.** *math.* five-rayed. – **2.** (*Stern etc*) five-pointed. — **F~'stromˌland, das** [ˌfʏnf-] *geogr.* the Punjab. — **~ˌstün·dig** [-ˌʃtʏndɪç] *adj* five-hour (*attrib*), lasting (*od.* of) five hours: ~e Klausur five-hour test.

fünft *adj* **1.** ⟨*ordinal number*⟩ fifth: zum ~en Mal for the fifth time; das ~e Kapitel the fifth chapter, chapter five; an ~er Stelle in the fifth place; er steht an ~er Stelle he holds (*od.* is in) fifth place; jeder ~e every fifth person; → Kolonne 4; Rad 1. – **2.** zu ~ (the) fife of us (*od.* you, them): wir sind zu ~ there are five of us, we are five; sie kamen zu ~ zu Besuch the five of them came to see us; ihr werdet zu ~ sein there will be five of you.

ˌFünf'ta·ge|ˌfie·ber *n* ⟨-s; *no pl*⟩ *med.* trench (*od.* five-day) fever, Wolhynia (*od.* quintan) fever (*scient.*). — **~ˌwo·che** *f econ.* five-day week.

'fünf|ˌtä·gig *adj* **1.** five-day (*attrib*), lasting (*od.* of) five days. – **2.** *med.* quintan. — **~'tau·send** *adj* ⟨*cardinal number*⟩ five thousand.

'Fünf·te *m, f* ⟨-n; -n⟩, *n* ⟨-n; *no pl*⟩ **1.** fifth: der ~ des Monats the fifth of the month. – **2.** (*substantiviert mit Kleinschreibung*) fifth: der f~ von links the fifth from the left. – **3.** Heinrich der F~ (*od.* V.) *hist.* Henry the Fifth, Henry V.

'fünf|ˌtei·lig *adj* **1.** having (*od.* consisting of) five parts; five-part, five-piece (*attrib*). – **2.** *pol.* quinquepartite. – **3.** *zo.* pentamerous. – **4.** *bot.* quintuple, quinquepartite, pentafid. — **F~ˌtei·lung** *f* division into fifths (*od.* five parts).

'Fünf·tel I *n, Swiss meist m* ⟨-s; -⟩ fifth (part): drei ~ three fifths; ein ~ des Gewichts a (*od.* one) fifth of the weight. – **II f~** *adj* fifth (part) of: ein f~ Kilo a fifth of a kilogram(me).

'fünf·tens *adv* fifth(ly), in the fifth place.

'Fünfˌton|ˌlei·ter *f mus.* five-note (*od.* five-tone) scale, pentatonic scale. — **~muˌsik** *f* pentatonic music. — **~ˌrei·he** *f cf.* Fünftonleiter.

'Fünfˌuhrˌtee *m* afternoon tea, five-o'clock [tea.]

'fünfˌwei·big [-ˌvaɪbɪç] *adj bot.* pentagynian, pentagynous: ~e Pflanze pentagyn.

'fünfˌwer·tig *adj chem.* pentavalent, quinquevalent, *auch* quinquivalent. — **'Fünfˌwer·tig·keit** *f* ⟨-; *no pl*⟩ pentavalence, quinquevalence, *auch* quinquivalence.

'fünf|ˌwö·chig [-ˌvœçɪç] *adj* lasting (*od.* of) five weeks, five-week (*attrib*). — **~ˌzäh·lig** [-ˌtsɛːlɪç] *adj bot.* quinory, quinate. — **~ˌzäh·nig** [-ˌtsɛːnɪç] *adj* five-toothed, quinquedentate(d) (*scient.*). — **~ˌze·hig** [-ˌtseːɪç] *adj* five-toed; pentadactyl, *auch* pentadactylate (*scient.*).

'fünfˌzehn I *adj* ⟨*cardinal number*⟩ fifteen: ~ beide [null] (*beim Tennis*) fifteen all [love]; ~ Uhr 3 p.m. – **II F~** *f* ⟨-; -en⟩ (number) fifteen.

'fünfˌzehnˌjäh·rig *adj* **1.** fifteen-year-old (*attrib*): ein ~er Junge a fifteen-year-old boy, a boy of (*od.* aged) fifteen. – **2.** fifteen-year (*attrib*), lasting (*od.* of) fifteen years.

'fünfˌzehnt I *adj* ⟨*ordinal number*⟩ **1.** fifteenth. – **II F~e, der** ⟨-n⟩ **2.** the fifteenth: am F~n des Monats on the fifteenth of the month. – **3.** Ludwig der F~ (*od.* XV.) *hist.* Louis the Fifteenth, Louis XV, Louis Quinze.

'Fünfˌzehn·tel I *n, Swiss meist m* ⟨-s; -⟩ fifteenth (part): zwei ~ two fifteenths. – **II f~** *adj* fifteenth (part) of.

fünf·zig ['fʏnftsɪç] **I** *adj* ⟨*cardinal number*⟩ **1.** fifty: im Alter von ~ Jahren at fifty (years of age), at the age of fifty; eine ~ Jahre alte Frau a fifty-year-old woman, a woman of fifty; ~ (Kilometer in der Stunde) fahren to go at a speed of fifty kilometers (*bes. Br.* kilometres), to do fifty (*colloq.*); Seite ~ page fifty. – **II F~** *f* ⟨-; -en⟩ **2.** (number) fifty. – **3.** ⟨*only sg*⟩ fifties *pl*: er ist Anfang (der) F~ he is in his early fifties.

'fünf·zi·ger *adj* ⟨*invariable*⟩ *only in* die ~ Jahre the fifties; die Mode der ~ Jahre the fashion of the fifties.

Fünf·zi·ger[1] ['fʏnftsɪgər] *m* ⟨-s; -⟩ **1.** man in his fifties. – **2.** man of fifty, quinquagenarian (*lit.*). – **3.** *colloq.* fifty-pfennig piece. – **4.** *colloq.* fifty-mark note (*Am.* bill): falscher ~ forged fifty-mark note. – **5.** die ~ *pl* (*Alter*) the fifties: in den ~n sein to be in one's fifties; Mitte [Ende] der ~ sein to be in one's middle [late] fifties; hoch in den ~n sein to be in one's late fifties.

'Fünf·zi·ger[2] *f* ⟨-; -⟩ *colloq.* fifty-pfennig stamp.

'Fünf·zi·ge·rin *f* ⟨-; -nen⟩ **1.** woman in her fifties. – **2.** woman of fifty, quinquagenarian (*lit.*).

'fünf·zigˌfach *adj* fiftyfold: in ~er Ausfertigung in fifty copies.

ˌFünf·zig|'jahrˌfei·er *f* fiftieth (*od.* golden) anniversary (*od.* jubilee), semicentennial (celebration). — **f~ˌjäh·rig** ['fʏnftsɪç-] **I** *adj* **1.** fifty-year-old (*attrib*), of fifty (years), quinquagenarian (*lit.*). – **2.** fiftieth: ~es Jubiläum fiftieth (*od.* golden) anniversary (*od.* jubilee), semicentennial (celebration). – **3.** fifty-year (*attrib*), lasting (*od.* of) fifty years. – **II F~e** *m, f* ⟨-n; -n⟩ **4.** fifty-year-old (person). — **~'markˌschein** *m* fifty-mark note (*Am.* bill). — **~'pfen·nig(ˌbrief)ˌmar·ke** *f* fifty-pfennig stamp. — **~'pfen·nigˌstück** *n* fifty-pfennig piece.

'fünf·zigst I *adj* ⟨*ordinal number*⟩ fiftieth: ~er Geburtstag fiftieth birthday. – **II F~e, der** ⟨-n⟩ the fiftieth.

'Fünf·zig·stel I *n, Swiss meist m* ⟨-s; -⟩ fiftieth (part): drei ~ three fiftieths. – **II f~** *adj* fiftieth (part) of.

ˌFünf'zim·merˌwoh·nung *f* five-room apartment (*bes. Br.* flat).

fun·gi·bel [fʊŋ'giːbəl] *adj jur. econ.* fungible, interchangeable: fungible Sachen fungible things, things capable of mutual substitution.

fun·gie·ren [fʊŋ'giːrən] *v/i* ⟨*no* ge-, h⟩ **1.** (*von Person*) (als as) act, function, officiate: als Dolmetscher ~ to act as (an) interpreter; als Vorsitzender ~ to be in the chair, to officiate as chairman. – **2.** *pol.* (als for) sit: als Parlamentsmitglied für einen Wahlkreis ~ to sit for a constituency. – **3.** (*von Wörtern, Dingen*) (als as) serve, function.

fun·gi·form [fʊŋgi'fɔrm] *adj bot.* (*pilzförmig*) fungiform.

fun·gi·zid [fʊŋgi'tsiːt] *biol.* **I** *adj* (*pilztötend*) fungicidal. – **II F~** *n* ⟨-(e)s; -e⟩ (*Mittel*) fungicide.

fun·gös [fʊŋ'gøːs] *adj med.* (*Tumor, Gewebe etc*) fungoid.

Fun·gus ['fʊŋgʊs] *m* ⟨-; Fungi [-gi]⟩ *bot. med.* fungus, mycete (*scient.*).

Fu·ni·cu·lus [fu'niːkulʊs] *m* ⟨-; -li [-li]⟩ **1.** *bot.* (*Samenstrang*) funiculus. – **2.** *med.* a) (*Nabelstrang*) umbilical cord, funiculus (*scient.*), b) (*Samenstrang*) spermatic cord, funiculus (*scient.*).

fu·ni·ku·lär [funiku'lɛːr] *adj bot. med.* funicular.

Fu·ni·ku·li·tis [funiku'liːtɪs] *f* ⟨-; -tiden [-li'tiːdən]⟩ *med.* inflammation of the spermatic cord, funiculitis (*scient.*).

Funk [fʊŋk] *m* ⟨-s; *no pl*⟩ **1.** radio, *Br. auch* wireless: etwas durch ~ übermitteln to transmit (*od.* send) s.th. by radio; durch ~ by radio; über ~ on the radio. – **2.** *cf.* Rundfunk 1. – **3.** *colloq. for* Funkanlage. — **~amaˌteur** *m* radio amateur, 'ham' (*colloq.*). — **~ˌanˌla·ge** *f* radio installation (*od.* facility). — **~ˌausˌstel·lung** *f* radio (and television) exhibition (*od.* show). — **~ˌba·ke** *f mar.* radio beacon. — **~beˌar·bei·tung** *f* (*eines Romans*) radio adaptation. — **~beˌricht** *m* (radio) report. — **~beˌrich·ter** *m* radio reporter (*od.* commentator). — **~ˌbild** *n* **1.** radio picture, photoradiogram. – **2.** (*als Bildunterschrift*) picture by radio.

Fünk·chen ['fʏŋkçən] *n* ⟨-s; -⟩ **1.** *dim. of* Funke 1. – **2.** sparklet. – **3.** *fig. cf.* Funke 3—5.

'Funkˌdienst *m* radio (communication) service.

Fun·ke ['fʊŋkə] *m* ⟨-ns; -n⟩ **1.** spark: ~n (aus einem Stein) schlagen to strike sparks (*od.* fire) (from a stone); ~n springen über sparks leap (*od.* pass) across. – **2.** *electr.* (electric) spark, (*stärker*) flash: ~n sprühen to spark, to flash, to emit sparks; ~n ziehen to draw sparks; überspringende ~n passing sparks. – **3.** *fig.* spark, scrap: nicht einen ~n (von), keinen ~ (von) not a spark (*od.* not the least bit) of; ohne einen ~n (von) without a scrap of, devoid of (all); göttlicher ~ divine spark; der zündende ~ the spark that ignites; sie stritten, daß die ~n stoben (*od.* flogen) they quarrel(l)ed so fiercely that you could see the sparks flying. – **4.** *fig.* (*von Verstand, Wahrheit etc*) trace, sign, atom, grain, vestige. – **5.** *fig.* (*von Hoffnung etc*) ray, gleam, flicker, glimmer: ein letzter ~ (von) Hoffnung a last gleam of hope.

'Funkˌeinˌrich·tung *f cf.* Funkanlage.

'Fun·kelˌfeu·er *n mar.* quick-flashing (*od.* scintillating) light.

fun·keln ['fʊŋkəln] **I** *v/i* ⟨h⟩ **1.** (*von Juwelen, Wein etc*) sparkle. – **2.** (*von Gold, Silber etc*) glitter. – **3.** (*von Stern etc*) twinkle, sparkle, scintillate (*lit.*). – **4.** (*von Brillengläsern etc*) sparkle, shine. – **5.** (*glitzern*) glint, glisten, glitter. – **6.** *fig.* (*von Augen*) sparkle, glitter, gleam: zornig ~ to glitter with rage; seine Augen funkelten vor Aufregung his eyes sparkled with excitement. – **7.** *fig.* (*von Geist, Witz etc*) sparkle, scintillate (*lit.*). – **II** *v/t* **8.** *lit.* gleam (*od.* blaze) with: ihre Augen funkelten Rache her eyes glittered with revenge. – **III F~** *n* ⟨-s⟩ **9.** *verbal noun.* – **10.** twinkle, sparkle, scintillation (*lit.*). – **11.** *fig.* gleam.

'fun·kel'na·gel'neu *adj colloq.* brand-new, *auch* bran-new.

'Funk|empˌfän·ger *m*, **~empˌfangs·geˌrät** *n* **1.** radio receiver. – **2.** *cf.* Rundfunkempfänger 1.

fun·ken ['fʊŋkən] **I** *v/t* ⟨h⟩ **1.** (*Nachricht etc*) radio(telegraph), transmit, send out: SOS ~ to transmit (*od.* send out) an SOS (*od.* a distress signal, a distress call); eine Meldung ~ to radio a message. – **II** *v/i* **2.** transmit. – **3.** *electr.* a) spark, b) arc, arc over. – **III** *v/impers* **4.** *fig.* (*in Wendungen wie*) bei mir hat's gefunkt *colloq.* I see daylight, the penny dropped; paß auf, sonst funkt's be careful or there will be trouble (*od. colloq.* the sparks will start flying).

'Fun·ken *m* ⟨-s; -⟩ *cf.* Funke *bes.* 3—5.

'Fun·ken|ˌbil·dung *f electr.* **1.** sparking. – **2.** (*Lichtbogenbildung*) arcing. — **~ˌentˌla·dung** *f* spark discharge.

'Fun·ken·ero·siˌon *f tech.* spark erosion machining.

'Fun·ken·ero·siˌons|beˌar·bei·tung *f tech.* electrospark machining. — **~maˌschi·ne** *f* electrospark machine.

'Fun·ken|ˌfän·ger *m* (*einer Lokomotive etc*) spark arrester, *Br.* spark-arrester. — **~ˌflug** *m* flying sparks *pl.* — **~freˌquenz** *f tech.* spark frequency. — **f~ˌhär·ten** *v/t* ⟨*only inf u. pp* funkengehärtet⟩ toughen (*s.th.*) by sparks. — **~ˌhär·tung** *f* spark discharge toughening. — **~inˌduk·tor** *m electr.* spark (*od.* induction) coil, sparker. — **~ˌlän·ge** *f* (*zwischen Elektroden*) sparking distance. — **~ˌlö·scher** *m tech.* spark-quenching device. — **~ˌsen·der** *m tel.* spark transmitter: Übertragung mittels ~ spark transmission. — **f~ˌsprü·hend** *adj* emitting sparks. — **~ˌstrecke** (*getr.* -k·k-) *f electr.* spark gap. — **~te·le·graˌphie** *f obs. for* Funktelegraphie.

'funk|entˌstört *adj* fitted with noise suppression. — **F~entˌstö·rung** *f* ⟨-; *no pl*⟩ **1.** noise suppression. – **2.** (*im Kabel*) shielding, screening. – **3.** (*Vorrichtung*) static screen, noise limiter.

'Fun·ken|ˌüberˌschlag *m electr.* arcing, flashover, sparkover. — **~ˌzün·dung** *f tech.* spark ignition.

'Fun·ker *m* ⟨-s; -⟩ *mil.* radio (*Br. auch* wireless) operator.

'funkˌfern|geˌsteu·ert *adj* radio-controlled. — **F~ˌschrei·ber** *m* radio teletyper. — **F~ˌspre·cher** *m* **1.** radio(tele)phone. – **2.** (*tragbarer*) walkie-talkie, *auch* walky-talky.

'Funk|ˌfeu·er *n mar. aer.* radio beacon. — **~ˌflug** *m aer.* radio navigation. — **~freˌquenz** *f tel.* radio frequency, *Br.* radio-frequency. — **~ˌgast** *m mar.* W/T operator. — **~geˌrät** *n tel.* **1.** radio (*Br. auch* wireless) set. – **2.** (*Sender*) transmitter. — **~geˌspräch** *n* radiotelephone call. — **~ˌhaus** *n* (*radio*) broadcasting studio (*od.* center, *bes. Br.* centre). — **~ˌho·heit** *f* broadcasting authority.

Fun·kie ['fʊŋkiə] *f* ⟨-; -n⟩ *bot.* plantain lily; hosta, funkia (*scient.*) (*Hosta plantaginea*).

'Funk|ˌleitˌstrahl *m* **1.** radio beam. – **2.** *aer.* localizer beam. — **~ˌlenk·syˌstem** *n* (*space*) radio guidance system. — **~ˌlen·kung** *f* radio guidance. — **~lot·teˌrie** *f* (radio) lottery (*organized by a broadcasting company*). — **~ˌmast** *m tel.* aerial (*od.* transmitter) mast. — **~ˌmel·dung** *f* radio (*Br. auch* wireless) message, (*schriftlich*) *auch* radio(tele)gram: eine ~ senden to radio a message. — **~ˌmeß·geˌrät** *n* radar (set). — **~ˌmeßˌtech·nik** *f* radar direction finding (*Br.* direction-finding). — **~na·vi·ga·tiˌon** *f mar. aer.* radio navigation. — **~ˌnetz** *n* radio network. — **~ˌnot·siˌgnal** *n* **1.** (radio) distress (*od.* emergency) signal. – **2.** *mar.* SOS. — **~of·fiˌzier** *m mil.* signal officer. — **~ˌor·tung** *f* **1.** *aer.* radiolocation, *Br.* radio-location. – **2.** *cf.* Funkmeßtechnik. — **~ˌpei·ler** *m* radio direction finder (*Br.* direction-finder), radiogoniometer (*scient.*). — **~ˌpei·lung** *f* **1.** (radio) direction finding (*Br.* direction-finding), radiogoniometry (*scient.*). – **2.** (*Ergebnis*) (radio) bearing. — **~ˌrecht** *n jur.* broadcasting licence (*Am.* license), right (*Am.* concession) to broadcast. — **~ˌrichtˌstrahl** *m* wireless beam. — **~ˌsen·der** *m tel.* radio (*Br. auch* wireless) transmitter. — **~siˌgnal** *n* radio signal.

'FunkˌsprechˌgeˌrätI *n* **1.** radio(tele)phone. – **2.** (*tragbares*) walkie-talkie, *auch* walky-talky. — **~verˌkehr** *m* radio(tele)phone traffic, radiotelephony.

'Funk|ˌspruch *m* **1.** radio (*Br. auch* wireless) message. – **2.** *mil. mar.* signal, radiogram. — **~sta·tiˌon, ~ˌstel·le** *f* radio (*Br. auch* wireless) station. — **~ˌsteue·rung** *f aer. mar.* radio navigation. — **~ˌstil·le** *f* **1.** radio silence. – **2.** *mar.* silence period (for mayday watch). — **~ˌstö·rung** *f* **1.** (*im Radio etc*) (radio) interference. – **2.** (*durch Störsender*) (radio) jamming. — **~ˌstrei·fe** *f* **1.** (*Wagen*) radio patrol car, *Am. auch* squad (*od.* cruise, prowl) car. – **2.** (*Mannschaft*) radio patrol, squad. — **~ˌstrei·fenˌwa·gen** *m cf.* Funkstreife 1. — **~ˌta·xi** *n* radio taxi (*od.* cab). — **~ˌtech·nik** *f* **1.** (*als Lehrfach*) radio (*Br. auch* wireless) technology. – **2.** (*als Praxis*) radio engineering. — **~ˌtech·ni·ker** *m* radio technician. — **~te·le·foˌnie** *f cf.* Funktelephonie. — **~te·le·graˌfie** *f cf.* Funktelegraphie. — **f~te·leˌgra·fisch** *adj u. adv cf.* funktelegraphisch. — **~te·leˌgramm** *n* radio(tele)gram, *Br.* radio(-tele)gram: ein ~ senden to radiotelegraph. — **~te·le·graˌphie** *f* radiotelegraph, *auch* radiotelegraphy, *Br. auch* wireless telegraphy. — **f~te·leˌgra·phisch I** *adj* radiotelegraphic. – **II** *adv* by radiotelegraph (*auch* radiotelegraphy, *Br.* wireless telegraphy). — **~te·le·phoˌnie** *f* radiotelephony.

Funk·ti·on [fʊŋk'tsĭoːn] *f* ⟨-; -en⟩ **1.** (*Tätigkeit*) function, work: die ~ des Beamten the function(s *pl*) of the civil servant; in ~ treten (*von Ausschuß etc*) to begin (*od.* take up) work; in ~ sein to be functioning (*od.* working). – **2.** (*Aufgabe, Zweck*) function: eine ~ haben to have a function; eine ~ erhalten to be allotted a function. – **3.** (*Amt*) duty, office: eine ~ erfüllen to fulfil(l) (*od.* discharge) a duty. – **4.** *math.* function: algebraische ~ algebraic function; ~ einer ~ compound function; eine ~ betreffend functional. – **5.** *sociol.* function: latente [manifeste] ~ latent [manifest] function. – **6.** *med.* function, role, *auch* rôle: die ~ des Herzens the function(s *pl*) of the heart. – **7.** *philos.* a) corollary, result, product, b) (*in der Logik*) function.

funk·tio·nal [fʊŋktsĭo'naːl] *math.* **I** *adj* functional. – **II F~** *n* ⟨-s; -e⟩ functional.

Funk·tio·na·lis·mus [fʊŋktsĭona'lɪsmʊs] *m* ⟨-; *no pl*⟩ **1.** *psych.* functionalism, functional psychology. – **2.** *arch.* functionalism.

Funk·tio·när [fʊŋktsĭo'nɛːr] *m* ⟨-s; -e⟩, **Funk·tio'nä·rin** *f* ⟨-; -nen⟩ **1.** *pol.* functionary, *Am. auch* function(n)aire, official. – **2.** (*sport*) official.

funk·tio·nell [fʊŋktsĭo'nɛl] *adj auch med.* [functional.]

Funk·tio·nen|ˌglei·chung [fʊŋk'tsĭoːnən-] *f math.* functional equation. — **~theoˌrie** *f* theory of functions, function theory.

funk·tio·nie·ren [fʊŋktsĭo'niːrən] *v/i* ⟨*no* ge-, h⟩ (*von Geräten etc*) function, work, operate: die Maschine funktioniert gut the machine is working well; der Lift funktionierte nicht richtig the lift was not operating properly; der Mechanismus funktionierte nicht the mechanism was not functioning (*od.* was out of order); der Plan funktionierte gut *colloq.* the plan functioned (*od.* worked out) well.

Funk·ti'ons|erˌpro·bung *f tech.* operational test. — **f~ˌfä·hig** *adj* **1.** (*Wirtschaft, System etc*) efficient, workable. – **2.** *tech.* in working order. — **~ˌfä·hig·keit** *f* ⟨-; *no pl*⟩ **1.** efficiency, workability. – **2.** *tech.* working order. — **f~los** *adj math.* (*Größe etc*) functionless. — **~ˌman·gel** *m econ.* functional deficiency. — **~raˌbatt** *m* functional (*od.* trade) discount. — **~ˌstö·rung** *f med.* malfunction, dysfunction, *auch* disfunction.

'Funk|ˌtrupp *m mil.* radio section. — **~ˌturm** *m* radio tower. — **~verˌbin·dung** *f* **1.** radio (*Br. auch* wireless) contact: ~ aufnehmen to establish radio contact; ~ bekommen to get in touch by radio; in ~ stehen mit to have (*od.* be in) radio contact with. – **2.** (*Verbindungsstrecke*) radio link. — **~verˌkehr** *m* **1.** (*Funkverbindung*) radio communication(s *pl*). – **2.** (*Verkehr*) radio traffic: der ~ wurde verstärkt radio traffic was stepped up. — **~ˌwa·gen** *m* **1.** *Am.* radio truck, *Br.* radio van. – **2.** (*der Polizei*) radio patrol car. — **~ˌweg** *m only in* auf dem ~ by radio, *Br. auch* by wireless. — **~ˌwe·sen** *n* ⟨-s; *no pl*⟩ **1.** radio, broadcasting. – **2.** radio communication system, radio communications *pl.* — **~ˌwet·terˌdienst** *m meteor.* radio weather service, meteorological radio service. — **~ˌzei·tung** *f* radio magazine.

Fun·sel ['fʊnzəl], **Fun·zel** ['fʊntsəl] *f* ⟨-; -n⟩ *colloq.* miserable (*od.* wretched) lamp.

für [fyːr] **I** *prep* ⟨*acc*⟩ **1.** for: Zeit ~ j-n haben to have time for s.o.; ~ dich tue ich alles I will do everything for you; das ist nichts ~ dich that is nothing for you; es tut mir leid ~ ihn I am sorry for him; das ist äußerst günstig ~ mich this is very advantageous for me; ~ das Vaterland sterben to die for one's country; eine Stiftung ~ die Blinden a foundation for the blind; ein Kurs ~ Anfänger a course for beginners; sie ist keine Frau ~ ihn she is no wife for him; da ist ein Brief ~ dich there is a letter for you; wir haben keinen Platz ~ dich we have no room for you; das ist nichts ~ Kinder this is nothing (*od.* not) for children; der Ort ~ die Konferenz the place for the conference; das ist von großem Interesse ~ mich this is of great interest for (*od.* to) me; ~ mich ist Italien das schönste Land for me (*od.* in my opinion) Italy is the most beautiful country (in the world); die Gründe ~ sein Verhalten the reasons for his behavio(u)r; die Aussichten sind nicht gut ~ ihn prospects are not good for him; gleiches Recht ~ alle equal rights for all; welche Folgen ergeben sich ~ uns? what are the consequences for us? sie schwärmt ~ ihn she has a crush on him (*colloq.*); meine Sympathien ~ ihn my feelings for him; ~ mich ist das unbegreiflich this is incomprehensible for (*od.* to) me; ~ dich heißt es jetzt warten *colloq.* all you can do now is wait (and see); er fürchtete ~ ihre Sicherheit he feared for her safety; das war eine große Überraschung ~ uns this was a big surprise for us; dasselbe gilt auch ~ euch the same is valid for (*od.* applies to) you; Verantwortung ~ etwas responsibility for s.th.; ~ ihn ist es das beste, wenn the best thing for him (to do) is to; er ist ~ den Militärdienst tauglich he is fit for military service: → Katze 2. – **2.** (*zugunsten*) for, in favor (*bes. Br.* favour) of: alles spricht ~ ihn everything speaks (*od.* is) in his favo(u)r; ~ ein Gesetz stimmen to vote for (*od.* in favo[u]r of) a bill; sich ~ j-n [etwas] entscheiden to decide in favo(u)r of (*od.* on) s.o. [s.th.]; dieser Plan hat einiges ~ sich there is much to be said in favo(u)r of this plan, this plan has much to recommend it; ~ wen bist du? on whose side do you stand (*od.* are you)? die Gründe ~ und wider the reasons for and against, the pros and cons. – **3.** *colloq.* (*gegen*) for, against: ein Mittel ~ Kopfschmerzen a remedy for headaches; Bier ist gut ~ den Durst beer is good for (the) thirst. – **4.** (*zum Zwecke von*) for, for the purpose of: ~ eine Prüfung lernen to study for an exam; er spart ~ ein Auto he is saving for a car; ~ die Klärung der Angelegenheit for the purpose of clearing up the matter; ~ eine Wahl kandidieren to seek (*bes. Br.* to stand for) election; finanzielle Mittel ~ ein Projekt financial means for a project; j-n ~ etwas ausbilden to train s.o. for s.th. – **5.** (*in Anbetracht*) for, considering: ~ die Jahreszeit ist es zu kühl it is too cool for this time of the year; ~ sein Alter sieht er jung aus he does not look his age; ~ einen Ausländer spricht er gut Deutsch for a foreigner he speaks German well; ~ die damalige Zeit war das beachtlich it was a respectable achievement for those days. – **6.** (*zeitlich*) for: ~ 14 Tage verreisen to be off on a trip for two weeks; er ist ~ 2 Jahre nach Amerika gegangen he has gone to America for 2 years; er zögerte ~ einen Augenblick he hesitated (for) a moment; ~ immer forever; ~ alle Zeiten now and forever; ~ heute machen wir Schluß! let's stop for today! it's enough for today! let's call it a day! (*colloq.*); der Wetterbericht ~ morgen the weather forecast for tomorrow; j-n ~ 10 Uhr bestellen to make an appointment with s.o. for 10 o'clock; Vorräte ~ den Winter supplies for the winter; die Reise ist ~ nächstes Jahr geplant the journey is planned for next year; ~ die Dauer von 10 Jahren for a period of 10 years. – **7.** (*Aufeinanderfolge*) by, after: Tag ~ Tag day by (*od.* after) day; Jahr ~ Jahr year by (*od.* after) year, year in year out; Wort ~ Wort word by word; etwas Punkt ~ Punkt besprechen to discuss s.th. point by point; Schritt ~ Schritt step by step; Mann ~ Mann one after another. – **8.** (*Gegenwert ausdrückend*) for, in return for: wieviel zahlten Sie ~ das Auto? how much did you pay for the car? ~ so wenig Geld for so little money; j-n ~ etwas belohnen to reward s.o. for s.th.; keinen Dank ~ etwas haben (*od.* ernten) to get no thanks for s.th.; ~ nichts und wieder nichts *colloq.* for nothing; ~ nichts ist

nichts *colloq.* no sweet without sweat; **nicht ~ Geld und gute Worte** *colloq.* not for anything in the world, not for love or money. – **9.** (*im Austausch*) for, in exchange for: **sich ~ eine Mark Kleingeld geben lassen** to ask for one mark's worth of change; **etwas ~ etwas eintauschen** to exchange s.th. for s.th.; **~ 50 Pfennig Eis kaufen** to buy 50 pfennigs' worth of ice cream; **sein Gepäck ~ 5000 Mark versichern** to insure one's luggage for 5,000 marks; **Diamanten ~ 1 Million Mark** diamonds having (*od.* to) the value of one million marks. – **10.** (*anstatt*) for, instead of, in place of, in lieu of (*lit. od. jur. econ.*): **~ j-n einspringen** to step in for s.o.; **~ j-n die Arbeit machen** to do s.o.'s work; **~ j-n bezahlen** to pay for s.o.; **als Ersatz ~ etwas** as a replacement for s.th.; **dieses Beispiel steht ~ viele** this example is typical of many others; **er arbeitet ~ zwei** *fig. colloq.* he works for two; **er ißt** (*od. vulg.* **frißt**) **~ drei** *fig. colloq.* he eats for three; **ein ~ allemal** *colloq.* once and for all; **j-m ein X ~ ein U vormachen** *fig. colloq.* to hoodwink s.o., to throw dust in s.o.'s eyes. – **11.** (*wegen*) for, because of: **er ist ~ seinen Leichtsinn bekannt** he is well known for his recklessness; **sich ~ etwas entschuldigen** to apologize for s.th.; **~ etwas bestraft werden** to be punished for s.th.; **sich ~ etwas rächen** to take revenge for s.th.; **eine Prämie ~ etwas bekommen** to get a bonus for s.th. – **12.** (*als*) as: **er erklärte die Konferenz ~ eröffnet** he declared the conference (as) opened; **er gibt sich ~ einen Grafen aus** he poses as a count, he pretends to be a count; **j-n ~ tot erklären** to declare s.o. dead; **etwas ~ wahrscheinlich halten** to think s.th. likely; **etwas ~ gut befinden** (*od.* **erachten**) *lit.* to judge s.th. to be good; **ich hielt ihn ~ jünger** I thought he was younger (than that); **j-n nicht ~ voll nehmen** *fig. colloq.* not to take s.o. seriously; **j-n ~ dumm verkaufen** *fig. colloq.* to dupe s.o., *bes. Am. colloq.* to play s.o. for a sucker, *Br. sl.* to make a mug of s.o.; **nichts ~ ungut!** *colloq.* no harm meant! no hard feelings! never mind! → **Münze** 1. – **13.** (*gegenüber*) to: **eine Bedrohung ~ unser Land** a threat to our country; **eine Herausforderung ~ mich** a challenge to me; **eine Beleidigung ~ j-n** an insult to s.o. – **14.** (*in der Funktion eines Subjektsgenitivs*) of: **den Aufgabenbereich ~ das Ministerium festlegen** to define the sphere of responsibility of the ministry. – **15.** *fig.* (*in Wendungen wie*) **ich kann nichts ~ den Fehler** the mistake is not my fault, you cannot blame me for this mistake; **sie tanzt ~ ihr Leben gern** there's nothing she likes better than dancing, she really loves dancing; **ich ~ mein Teil** (*od.* **meine Person**) as far as I am concerned; **~ den Fall, daß er kommt** in case he comes, if he comes, should he come. – **16. ~ sich** a) (*allein*) by oneself, alone, single, b) (*bei sich*) to oneself, c) *fig.* (*besonders, eigen*) unique, apart (*nachgestellt*), d) (*theater*) (*Regieanweisung*) aside: **~ sich leben** to live by oneself; **~ sich bleiben** to remain alone (*od.* single); **er ist immer so ~ sich** *colloq.* he always keeps to himself; **ein Geheimnis ~ sich behalten** to keep a secret to oneself; **bei der Prüfung sitzt jeder ~ sich** in the exam everyone sits by himself; **das ist eine Sache ~ sich** a) this is s.th. unique (*od.* exceptional), b) this is quite a different thing; **sie sind ein Volk ~ sich** they are a race apart (*od.* all by themselves); **an und ~ sich** properly speaking; **das spricht ~ sich** a) this is self-explanatory, b) this is proof (*od.* evidence) enough. – **II** *nur in pronominaler Verbindung* **17. was ~** a) what kind (*od.* sort) of, b) (*bei Ausrufen*) what a: **was ~ ein Stoff ist das?** what kind of material is this? **was ~ Schuhe wollen Sie?** what kind of shoes do you want? **was war das ~ ein Herr?** *colloq.* who was that gentleman? **was haben Sie ~ Anzüge da?** *colloq.* what have you got in the way of suits? **was ist das ~ ein Lärm?** *colloq.* where is this noise coming from? **was ~ ein schönes Geschenk!** what a nice present! **was ~ ein Unsinn!** what nonsense! **er hat ein Auto, aber was ~ eins!** *colloq.* he has a car, but what a car! **er hat eine Erkältung und was ~ eine!** *colloq.* he has a cold, and what a cold! **was er auch immer ~ Absichten haben mag** whatever his intentions may be. – **III** *adv* **18.** *Northern G. colloq.* a) **da** (*od.* **hier**) ... **~** for this, b) **wo ... ~** for what: **da kann ich nichts ~** you cannot blame me for this (*od.* that); **ich weiß nicht, wo ich ~ bestraft werden soll** I don't know for what I am going to be punished (*od.* what I am going to be punished for). – **19.** *poet.* **~ und ~** forever. – **IV F~, das 20.** *only in* **das F~ und (das) Wider** the reasons *pl* for and against, the pros and cons *pl.*

Fu·ra·ge [fu'ra:ʒə] *f* ⟨-; *no pl*⟩ *mil. hist.* forage, fodder. — **fu·ra'gie·ren** [-ra'ʒi:rən] *v/i* ⟨*no* ge-, h⟩ forage.

Fu·ran [fu'ra:n] *n* ⟨-s; *no pl*⟩ *chem.* furan, *auch* furane (C_4H_4O).

ˌfür'baß *adv archaic* on(ward), further, forward: **~ schreiten** to go (*od.* walk) on, to proceed further.

'Fürˌbit·te *f* ⟨-; -n⟩ **1.** *lit.* intercession, plea: **bei j-m (für j-n) ~ einlegen** to intercede (*od.* plead) with s.o. (for s.o.). – **2.** *relig.* intercessory prayer, intercession: **auf die ~n aller Heiligen** at the intercession of all saints. — **'fürˌbit·ten** *v/i* ⟨*only inf*⟩ *relig.* intercede, plead: **bei j-m für j-n ~** to intercede (*od.* plead) with s.o. for s.o. — **'Fürˌbit·ter** *m* ⟨-s; -⟩, **'Fürˌbit·te·rin** *f* ⟨-; -nen⟩ *bes. relig.* intercessor.

'Fur·che ['fʊrçə] *f* ⟨-; -n⟩ **1.** *agr.* a) (*im Acker*) furrow, b) (*kleine*) ridge drill, c) (*für Kartoffeln*) trench, d) (*zum Wasserabfluß*) ditch: **~n ziehen** to plough (*bes. Am.* plow) (*od.* cut) furrows. – **2.** *fig.* (*Runzel im Gesicht*) furrow, wrinkle, line: **tiefe ~n** deep wrinkles. – **3.** (*Wagenspur etc*) rut, track. – **4.** *rare* (*hinter einem Schiff*) furrow. – **5.** *geol.* a) (*tektonisch*) furrow, groove, b) (*Eisfurche*) stria. – **6.** *tech.* groove, channel. – **7.** *bot.* groove; suture, vallecula (*scient.*): **mit ~n (versehen)** provided with grooves, valleculate (*scient.*). – **8.** *zo.* furrow, crena (*scient.*). – **9.** *med.* (*im Gehirn*) furrow, groove, fissure, sulcus (*scient.*). – **10.** *arch.* a) (*eines Bodens*) groove, b) furrow.

'fur·chen I *v/t* ⟨h⟩ **1.** *fig.* (*Stirn etc*) furrow, wrinkle. – **2.** *lit.* furrow, make furrows in: **das Fuhrwerk furcht den Weg** the vehicle furrows (*od.* ruts) the road; **ein Schiff furcht die Wellen** *poet.* a ship ploughs (*bes. Am.* plows) the waves. – **3.** *geol.* (*Gestein etc*) groove, striate. – **II** *v/reflex* **sich ~ 4.** *lit.* (*von Stirn etc*) furrow. – **5.** *biol.* (*von Eizelle etc*) cleave. – **6.** *tech.* channel. – **III F~** *n* ⟨-s⟩ **7.** *verbal noun.* – **8.** *cf.* Furchung.

'Fur·chen|beˌwäs·se·rung *f agr.* furrow irrigation. — **~ˌmolch** *m zo.* water lizard, mud puppy (*Gattg Necturus*). — **~ˌwal** *m* rorqual, finback, fin(ny) whale, finner (*Fam. Balaenopteridae*). — **~ˌzäh·ner** [-ˌtsɛ:nər] *m* ⟨-s; -⟩ (*Giftschlangengruppe*) proteroglyph, opisthoglyph (*Gattgen Proteroglypha u. Opisthoglypha*). — **~ˌzie·her** *m agr.* ridger, ridging plough (*bes. Am.* plow).

'fur·chig *adj* **1.** furrowed, furrowy. – **2.** (*Gesicht etc*) furrowed, wrinkled, wrinkly. – **3.** (*Fuhrweg etc*) rutted. – **4.** *med.* a) furrowed, grooved; sulcate, sulcal, *auch* sulcated (*scient.*), b) (*Haut*) rugous, rugose. – **5.** *bes. zo.* rimose, rimous.

Furcht [fʊrçt] *f* ⟨-; *no pl*⟩ **1.** fear, dread, (*stärker*) fright: **panische ~** panic; **aus ~ (vor** *dat*) for fear (of); **aus** (*od.* **vor**) **~, daß** for fear that; **von ~ erfüllt [ergriffen]** filled [seized] with fear; **von ~ gelähmt** paralyzed (*auch* paralysed) (*od.* numb) with fear; **j-m ~ einflößen** (*od.* **einjagen**) to strike fear into s.o., to instill (*auch* instil) fear (*od.* dread) in(to) s.o., to frighten (*od.* scare) s.o.; **~ vor etwas haben** (*od. lit.* **hegen**) to be (*od.* live) in fear of s.th., to be frightened (*od.* scared, afraid) of s.th.; **vor ~ zittern** to tremble (*od.* shake) with fear; **ein Land in ~ und Schrecken versetzen** to spread fear and terror in a country; **ein Ritter ohne ~ und Tadel** a knight without fear and (without) reproach. – **2.** (*Besorgnis*) apprehension, anxiety. – **3.** (*Schrecken*) terror, fright, horror. – **4.** (*Bestürzung*) dismay, alarm. – **5.** (*Ehrfurcht*) awe: **von banger ~ ergriffen** awestruck. – **6.** *psych.* (*krankhafte*) phobia: **~ vor Feuer** pyrophobia; **~ vor Wasser** hydrophobia. – **7.** *lit. u. obs.* respect, reverence, awe. – **8.** *Bibl.* fear: **die ~ des Herrn** the fear of the Lord.

'furcht·bar I *adj* **1.** (*Katastrophe, Elend, Schicksal etc*) terrible, frightful, dreadful: **ein ~es Verbrechen** a dreadful (*od.* an appalling) crime; **eine ~e Krankheit** a terrible disease; **~e Folgen** terrible (*od. lit.* dire) consequences. – **2.** (*grauenvoll*) horrible, horrifying, terrifying, horrid: **ein ~er Anblick** a horrible sight. – **3.** (*Gegner etc*) redoubtable, formidable. – **4.** *colloq.* awful, terrible, terrific, horrible, dreadful (*alle colloq.*): **es herrschte eine ~e Hitze** it was terribly hot; **ein ~er Mensch** an awful (*od.* impossible) person; **er spricht ein ~es Deutsch** he speaks a horrible (*od.* ghastly) German; **das ist ja ~!** but that's awful! – **5.** *colloq.* tremendous, immense (*beide colloq.*): **die Sache hat uns ~en Spaß gemacht** we enjoyed the thing tremendously. – **II** *adv* **6.** terribly: **der Sturm hat ~ gewütet** the storm raged terribly. – **7.** *colloq.* awfully, terribly, dreadfully (*alle colloq.*): **es tut mir ~ leid** I am terribly sorry; **das ist ~ nett von Ihnen** that's awfully nice of you. – **8.** *colloq.* tremendously, immensely (*beide colloq.*): **wir haben ~ gelacht** we laughed our heads off; **er kommt sich ~ wichtig vor** he thinks himself tremendously important. — **'Furcht·bar·keit** *f* ⟨-; *no pl*⟩ **1.** terribleness, frightfulness, dreadfulness, fearfulness. – **2.** (*Grauenhaftigkeit*) horribleness, horridness. – **3.** redoubtableness, formidableness.

'furchtˌeinˌflö·ßend *adj u. adv cf.* furchterregend.

fürch·ten ['fʏrçtən] **I** *v/t* ⟨h⟩ **1.** fear, dread, be afraid (*od.* frightened, scared) of: **alle ~ ihn** everyone is afraid of him; **er fürchtet weder Tod noch Teufel** he's afraid of nothing; **ihr braucht nichts zu ~** you need not be afraid of anything. – **2.** (*befürchten*) fear, be afraid of: **ich fürchte, du hast nicht recht** I am afraid you are wrong. – **3.** (*scheuen*) shun, fight shy of: **die Arbeit ~** *bes. iron.* to fight shy of working. – **4. Gott ~** *relig.* to revere (*od. lit.* fear) God. – **II** *v/i* **5. für** (*od.* **um**) **j-n [etwas] ~** to fear (*od.* to be afraid) for s.o. [s.th.]: **für j-s Sicherheit ~** to fear for s.o.'s safety. – **III** *v/reflex* **sich ~ 6.** be frightened (*od.* scared, afraid): **sich vor j-m [etwas] ~** to be afraid (*od.* frightened, scared) of s.o. [s.th.], to fear (*od.* dread) s.o. [s.th.]; **davor fürchte ich mich nicht** I am not afraid of that; **sich ~, etwas zu tun** to be afraid of doing s.th., to dread to do s.th.; **fürchte dich nicht!** don't be afraid! fear not! (*lit. od. Bibl.*). – **IV F~** *n* ⟨-s⟩ **7.** *verbal noun*: **er sieht zum F~ aus** *colloq.* he looks frightening; **dabei kann man das F~ lernen** this will make you (learn to) know fear.

fürch·ter·lich ['fʏrçtərlɪç] *adj u. adv cf.* furchtbar.

'furcht·erˌre·gend I *adj* frightening, fearsome, fearful, (*stärker*) terrifying, hideous, shocking: **ein ~er Anblick** a frightening sight. – **II** *adv* frighteningly: **~ aussehen** to have a frightening appearance.

'furcht·los *adj* fearless, dauntless, intrepid. — **'Furcht·lo·sig·keit** *f* ⟨-; *no pl*⟩ fearlessness, dauntlessness, intrepidity.

'furcht·sam I *adj* timid, timorous, fearful. – **II** *adv* timidly. — **'Furcht·sam·keit** *f* ⟨-; *no pl*⟩ timidity, timorousness, fearfulness.

'Fur·chung *f* ⟨-; -en⟩ **1.** *cf.* Furchen. – **2.** *biol.* cleavage, segmentation: **~ des Eis** cleavage of the ovum; **mit vollständiger ~** holoblastic; **mit unvollständiger ~** meroblastic. – **3.** *med.* sulcation, segmentation. – **4.** *geol.* striation.

'Fur·chungsˌtei·lung *f biol.* cleavage, segmentation.

Fur·cu·la ['fʊrkula] *f* ⟨-; -lae [-lɛ]⟩ *zo.* furcula.

'für·der(ˌhin) ['fʏrdər(-)] *adv* **1.** *obs. od. poet.* in (the) future. – **2.** *obs. for* **vorwärts** 1, **weiter** 6.

ˌfürˌein'an·der *adv* for each other, for one another: **sie sind immer ~ da** they always help one another; **sie sind ~ bestimmt** they are destined for each other; **~ sorgen** to look after one another.

'Fur·furˌal·ko·hol ['fʊrfʊr-] *m chem.* furfuryl alcohol, furfuralcohol, 2-furan carbinol, a-furyl carbinol, 2-hydroxymethyl furan ($C_4H_3OCH_2OH$).

Fur·fu·rol [fʊrfu'ro:l] *n* ⟨-s; *no pl*⟩ *chem.* furfural, *auch* furfuraldehyde (C_4H_3OCHO).

Fur·fu'rylˌgrup·pe [fʊrfu'ry:l-] *f chem.* furfuryl group.

Fu·rie ['fu:rĭə] *f* ⟨-; -n⟩ **1.** *meist pl myth.*

Fury (*Greek and Roman avenging deity*): wie von ~n gejagt (*od.* gehetzt, getrieben) *fig.* as if the furies were after one. – **2.** *fig. colloq.* fury, she-devil, hellcat, *Br.* hell-cat, virago: sie ist eine wahre ~ she is an out-and-out hellcat.

Fu·rier [fu'riːr] *m* ⟨-s; -e⟩ *mil. hist. Br.* quartermaster sergeant, *Am.* ration N.C.O.

fu·rio·so [fu'rioːzo] *mus.* **I** *adv u. adj* furioso. – **II F~** *n* ⟨-s; -s *u.* Furiosi [-zi]⟩ furioso.

ˌfür'liebˌneh·men *v/i* ⟨*irr, sep,* -ge-, h⟩ *archaic for* vorliebnehmen.

Fur·nier [fʊr'niːr] *n* ⟨-s; -e⟩ **1.** veneer. – **2.** (*eingelegtes*) inlay. — **~ˌar·beit** *f* veneering. — **~ˌblatt** *n* (sheet of) veneer.

fur·nie·ren [fʊr'niːrən] **I** *v/t* ⟨*no* ge-, h⟩ **1.** veneer. – **2.** (*einlegen*) inlay. – **II F~** *n* ⟨-s⟩ **3.** *verbal noun.* – **4.** *cf.* Furnierung.

Fur'nier|ˌholz *n* veneer wood. — **~ˌleim** *m* veneer glue. — **~ˌmes·ser** *n* veneer(ing) knife. — **~ˌpres·se** *f* veneering press. — **~ˌschäl·maˌschi·ne** *f* veneer peeling machine.

fur'niert I *pp.* – **II** *adj* veneered: der Schrank ist Eiche ~ the cupboard has an oak veneer.

Fur'nie·rung *f* ⟨-; -en⟩ **1.** *cf.* Furnieren. – **2.** veneer.

Fu·ro·re [fu'roːrə] *f* ⟨-; *no pl*⟩ *od. n* ⟨-s; *no pl*⟩ **1.** *lit.* a) enthusiastic applause, b) vehemence. – **2.** *only in* ~ machen *colloq.* to cause a (great) stir (*od.* sensation), to make a splash (*colloq.*), to cause (*od.* create) a furor(e): er machte mit seinem neuen Buch ~ his new book caused quite a stir; die neue Mode wird bald ~ machen a) the new fashion will soon cause a sensation, b) the new fashion will soon become a hit (*od.* the rage).

fürs [fyːrs] *prep* **1.** *short for* für das. – **2.** *only in* ~ erste a) for the present, for the moment, for the time being, b) first (of all).

ˌFür'sichˌsein *n philos.* **1.** being for itself. – **2.** (*bei Hegel*) actuality (*the being of the subject, independent of objects*).

'Fürˌsor·ge *f* ⟨-; *no pl*⟩ **1.** loving care, solicitude: mütterliche ~ a mother's loving care (*od.* nurture); göttliche ~ God's provident care. – **2.** (public) welfare (service[s *pl*] *od.* work), public relief: soziale ~ social welfare (work); ~ für Alte old-age assistance; ~ für Körperbehinderte welfare of the physically handicapped. – **3.** *colloq.* (*Fürsorgeunterstützung*) relief, assistance: ~ bekommen (*od.* beziehen) to be on relief; von der ~ leben a) to receive (public) assistance, b) to be a public charge. – **4.** ~ für Strafentlassene after-care (for discharged prisoners). – **5.** *med.* service, care, attention: zahnärztliche ~ dental service. – **6.** *obs. for* Vorsorge 1. — **~ˌamt** *n* welfare center (*bes. Br.* centre), welfare department (*od.* office), public relief office. — **~ˌanˌstalt** *f* **1.** welfare institution. – **2.** *jur.* (*Erziehungsheim*) reformatory. — **~ˌar·beit** *f* social work. — **~ˌarzt** *m* welfare service medical officer, (public) welfare physician. — **~beˌhör·de** *f* welfare authority. — **f~beˌrech·tigt** *adj* eligible for (public) relief (*od.* welfare). — **~ˌeinˌrich·tung** *f* (public) welfare service(s *pl*) (*od.* institution). — **~empˌfän·ger** *m* **1.** person who receives welfare assistance, welfare recipient. – **2.** (*Fürsorgerentner*) public charge. — **~erˌzie·hung** *f jur.* (*als Strafe*) corrective training, correctional education, education in a reformatory. — **~ˌheim** *n* welfare home. — **~ˌlei·stung** *f* welfare benefits *pl.* — **~ˌpflicht** *f* obligation of providing welfare services.

'Fürˌsor·ger *m* ⟨-s; -⟩ welfare (*od.* social) worker.

'Fürˌsor·geˌrecht *n* **1.** (*Recht auf Fürsorge*) right to welfare (*od.* relief). – **2.** welfare legislation.

'Fürˌsor·ge·rin *f* ⟨-; -nen⟩ welfare (*od.* [social) worker.

'fürˌsor·ge·risch *adj* **1.** of (*od.* relating to) welfare. – **2.** provided by the welfare service, welfare (*attrib*): ~e Betreuung werdender Mütter care of (*od.* welfare service for) expectant mothers.

'Fürˌsor·ge|ˌstel·le *f* welfare center (*bes. Br.* centre). — **~ˌun·terˌstüt·zung** *f* (public) relief, (public) assistance. — **~ˌwe·sen** *n* social welfare (system). — **~ˌzög·ling** *m jur.* child in the care of the welfare authorities, ward.

'fürˌsorg·lich I *adj* **1.** thoughtful, considerate, solicitous. – **2.** *obs. for* vorsorglich I. – **II** *adv* **3.** thoughtfully, considerately, with solicitous care. — **'Fürˌsorg·lich·keit** *f* ⟨-; *no pl*⟩ **1.** thoughtfulness, considerateness, solicitude, solicitousness. – **2.** *obs. for* Vorsorglichkeit.

'Fürˌspra·che *f* ⟨-; *no pl*⟩ **1.** (für for) intercession, plea, pleading: auf Ihre ~ at your intercession; ~ bei j-m einlegen (für j-n for s.o.) to intercede (*od.* plead) with s.o. – **2.** (*Vermittlung*) mediation, good offices *pl*: j-s ~ in Anspruch nehmen to make use of s.o.'s good offices. – **3.** (*Befürwortung*) (für of) advocation. – **4.** (*Empfehlung*) recommendation.

'Fürˌsprech [-ˌʃprɛç] *m* ⟨-s; -e⟩ **1.** *obs. od. lit. for* Fürsprecher 1—3. – **2.** *Swiss for* Rechtsanwalt, Rechtsbeistand.

'Fürˌspre·cher *m* ⟨-s; -⟩ **1.** intercessor, advocate. – **2.** (*Vermittler*) mediator, intermediary. – **3.** *fig.* (*Vorkämpfer, Verfechter*) champion, advocate. – **4.** *Swiss for* Rechtsanwalt, Rechtsbeistand. — **'Fürˌspre·che·rin** *f* ⟨-; -nen⟩ *cf.* Fürsprecher 1—3.

Fürst [fyrst] *m* ⟨-en; -en⟩ **1.** (*Herrscher*) prince, ruler, sovereign: regierender ~ ruling prince, prince regent; geistliche und weltliche ~en princes and prince bishops (*Am.* prince-bishops); wie ein ~ leben *fig.* to live like a king, to be in clover; gehe nie zu deinem ~, wenn du nicht gerufen wirst never go to your superior unless you are asked to. – **2.** (*Adelstitel*) prince: j-n zum ~en machen (*od.* ernennen) to raise s.o. to the rank of a prince; ~ Bismarck Prince Bismarck. – **3.** *fig. lit.* prince: er ist ein ~ unter den Dichtern he is the prince of poets; der ~ dieser Welt *Bibl.* the prince of this world; der ~ der Finsternis *Bibl.* the prince of darkness. – **4.** ~ der Liebe *hist.* (*im Mittelalter*) judge at a Court of Love.

'Fürst|ˌabt *m hist.* prince-abbot. — **~ˌbi·schof** *m* prince bishop, *bes. Am.* prince-bishop (*bishop with princely rank*).

für·sten ['fyrstən] *v/t* ⟨*only inf u. pp* gefürstet⟩ **1.** raise (*s.o.*) to the rank of a prince. – **2.** convert (*a country*) into a principality.

'Für·sten|ˌabˌfin·dung *f hist.* compensation of a prince. — **~ˌdie·ner** *m obs. contempt.* minion, creature, henchman (of a ruler). — **~geˌschlecht**, **~ˌhaus** *n* dynasty (*od.* family, house) of princes. — **~ˌsitz** *m* residence of a prince. — **~ˌstand** *m* **1.** rank of a prince, princedom: j-n in den ~ erheben to raise s.o. to the rank of a prince. – **2.** *collect.* (the) princes *pl.* — **~ˌti·tel** *m* title of a prince.

'Für·sten·tum *n* ⟨-s; ⸚er⟩ principality, princedom: das ~ Monaco the principality of Monaco.

'Für·stin *f* ⟨-; -nen⟩ **1.** (*Herrscherin*) princess, ruler, sovereign. – **2.** (*Titel*) princess. – **3.** (*Gemahlin eines Fürsten*) princess.

'fürst·lich I *adj* **1.** princely: ~e Familie princely family; ~es Schloß prince's castle, castle of a prince; F~e Durchlaucht *cf.* Fürstlichkeit 2. – **2.** royal: von ~em Geblüt of royal (*od.* noble) blood; ~e Pracht royal (*od.* regal) splendo(u)r. – **3.** *fig.* (*Gehalt, Trinkgeld, Geschenk etc*) generous, princely. – **4.** *fig.* (*Essen etc*) sumptuous, lavish, opulent. – **5.** *fig.* (*Zimmer, Empfang etc*) splendid, magnificent, royal. – **II** *adv* **6.** *bes. fig.* in a princely way, like a prince: ~ leben to live in grand style, to live like a king; j-n ~ bewirten to entertain s.o. lavishly; j-n ~ belohnen to reward s.o. royally; ein ~ eingerichtetes Zimmer a splendidly furnished room. — **'Fürst·lich·keit** *f* ⟨-; -en⟩ **1.** *meist pl* a) royal (*od.* princely) person, b) royalty: sämtliche ~en Europas waren vertreten all the royalty of Europe was present. – **2.** (*als Anrede*) Eure [Seine] ~ Your [His] Serene Highness.

'Fürst'pri·mas *m hist. relig.* prince-primate.

Furt [fʊrt] *f* ⟨-; -en⟩ ford, fording: eine ~ durchqueren to cross a ford.

Fu·run·kel [fu'rʊŋkəl] *m* ⟨-s; -⟩ *med.* boil, furuncle. — **fu·run·ku'lös** [-ku'løːs] *adj* furuncular, furunculous, furunculoid. — **Fu·run·ku'lo·se** [-ku'loːzə] *f* ⟨-; -n⟩ furunculosis.

ˌfür'wahr *adv archaic od. lit.* indeed, truly.

'Fürˌwitz *m* ⟨-es; *no pl*⟩ *obs. for* Vorwitz.

'Fürˌwort *n* ⟨-(e)s; ⸚er⟩ **1.** *ling. cf.* Pronomen. – **2.** ⟨*only sg*⟩ *obs. for* Fürsprache.

Furz [fʊrts] *m* ⟨-es; ⸚e⟩ *vulg.* fart (*vulg.*): einen ~ (fahren *od.* streichen) lassen to fart (*vulg.*), to let one go (*colloq.*); aus einem ~ einen Donnerschlag machen *fig.* to make a mountain out of a molehill. — **'fur·zen** *v/i* ⟨h⟩ *vulg.* **1.** fart (*vulg.*). – **2.** auf (*acc*) etwas ~ *fig.* not to care a damn about s.th. (*colloq.*).

Fu·sel ['fuːzəl] *m* ⟨-s; -⟩ **1.** *chem.* fusel oil. – **2.** *colloq.* (*Schnaps*) poor-quality spirits *pl*, bad liquor, rotgut, *bes. Br.* rot-gut, *Am. sl.* hooch. — **~ˌöl** *n chem.* fusel oil.

Fü·si·lier [fyzi'liːr] *m* ⟨-s; -e⟩ **1.** *mil. hist.* fusilier, *Am. auch* fusileer. – **2.** *Swiss for* Infanterist. — **fü·si'lie·ren** *v/t* ⟨*no* ge-, h⟩ *obs.* execute (*s.o.*) by a firing squad, fusillade.

Fu·si·on [fu'zioːn] *f* ⟨-; -en⟩ **1.** *auch chem. biol.* (*optics*) fusion. – **2.** *econ. jur.* (*von Firmen etc*) merger, fusion, amalgamation, consolidation: nach der ~ der beiden Banken after the merger of the two banks. – **3.** (*von Parteien etc*) coalition, fusion, amalgamation. – **4.** *nucl.* nuclear fusion. — **fu·sio'nie·ren** [-zio'niːrən] *v/t* ⟨*no* ge-, h⟩ **1.** fuse. – **2.** *econ. jur.* (*Firmen etc*) merge, fuse, amalgamate, consolidate. – **3.** *pol.* (*Parteien etc*) fuse, merge, amalgamate, unite. — **Fu·sio'nie·rung** *f* ⟨-; -en⟩ *cf.* Fusion.

Fu·si'ons|ener·gie *f nucl.* fusion energy. — **~geˌsell·schaft** *f econ.* new company resulting from a merger, consolidated company. — **~reˌak·tor** *m nucl.* (nuclear) fusion reactor. — **~verˌtrag** *m* merger contract.

Fuß[1] [fuːs] *m* ⟨-es; Füße⟩ **1.** foot: beide Füße both feet; zu ~ gehen to walk, to go on foot; zu ~ erreichbar within walking distance; ich bin gut [schlecht] zu ~ I am a good [poor] walker; kalte Füße bekommen *auch fig. colloq.* to get cold feet; von Kopf bis ~ from head to foot, from top to toe; (festen) ~ fassen a) (*von Bergsteiger etc*) to find a (firm) foothold, b) *fig.* (*von Person*) to settle down permanently, c) *fig.* (*von Unternehmen etc*) to gain a (firm) foothold, to become (firmly) established; trockenen ~es with dry feet, without getting wet; leichten ~es lightly; sich (*dat*) den ~ verstauchen to sprain one's ankle; sich (*dat*) die Füße vertreten *colloq.* to stretch one's legs (*colloq.*); sich (*dat*) die Füße wund laufen a) to get sore feet from walking, b) *fig. colloq.* to run from pillar to post (*colloq.*); er lief, so weit [schnell] ihn die Füße trugen he ran as far [fast] as his legs would carry him; über die eigenen Füße stolpern a) to trip (*od.* fall) over one's own feet, b) *fig. colloq.* to be clumsy; einen ~ vor den anderen setzen to put one foot in front of the other; von einem ~ auf den anderen treten to shift from one foot to the other; ich werde sein Haus mit keinem ~ mehr betreten (*od.* keinen ~ mehr über seine Schwelle setzen) I will never set foot in his house again (*od.* never cross his threshold again); j-m auf dem ~ folgen a) to follow close at s.o.'s heels, b) *fig.* to follow s.o.'s example, to follow in the wake of s.o.; j-m zu Füßen fallen to fall at s.o.'s feet; sich j-m zu Füßen werfen to throw oneself at s.o.'s feet; j-m zu Füßen liegen a) to lie at s.o.'s feet, b) *fig.* to lie (*od.* be) at s.o.'s feet (*colloq.*), to be under s.o.'s spell; j-n mit Füßen treten a) to kick s.o., b) *fig.* to treat s.o. badly (*od. colloq.* like a dog), *Am. colloq. auch* to walk (all) over s.o.; etwas mit Füßen treten a) to kick s.th., b) *fig.* to show complete disregard for s.th., to trample on s.th. – **2.** *fig.* (*in Wendungen wie*) sich (*dat*) die Füße nach etwas ablaufen *colloq.* to do one's utmost to get s.th., to run one's legs off trying to get s.th. (*colloq.*); stehenden ~es at once, immediately, without delay, on the spot; auf eigenen Füßen stehen to stand on one's own feet, to be independent (*od.* on one's own); der entsprungene Häftling ist immer noch auf freiem ~ the escaped prisoner is still at large; j-n auf freien ~ setzen to set s.o. at liberty, to release s.o.; auf großem ~ leben to live in great (*od.* grand) style (*od.* like a king); mit j-m auf freundschaftlichem [vertrautem] ~ stehen to be on friendly [intimate] terms with s.o.; **mit j-m auf gespanntem ~ stehen** to live in a state of tension with s.o.; **auf schwachen Füßen stehen** a) (*von Unternehmen etc*) to lack a sound basis, b) (*von Behauptung etc*) to rest on weak premises, to be ill founded, to be built on sand; **er fällt immer wieder auf die Füße** *colloq.* he always falls (*od.* lands) on his feet (*colloq.*); **mit beiden Füßen im Leben stehen** to have a down-to-earth outlook, to have both feet firmly on the ground; **sein Glück mit Füßen treten** to throw away one's happiness (*od.* good fortune); **du bist wohl heute mit dem linken ~ zuerst aufgestanden?** *colloq.* did you get out on the wrong side of bed today? **mit einem ~ (schon) im Grabe stehen** to have one foot in the grave; **er legte ihr seinen ganzen Besitz zu Füßen** he laid all his possessions at her feet; **er warf ihm den ganzen Kram vor die Füße** *colloq.* he chucked everything at him (*colloq.*); **sie warf ihm das Geld vor die Füße** *colloq.* she threw the money in his face (*colloq.*); → **Boden** 2. – **3.** *zo.* a) foot, b) (*eines Huftieres*) hoof, c) (*eines Insekts*) foot, tarsus (*scient.*), d) (*eines Falken*) hand: **mit vielen Füßen** polypod; **ohne Füße** *cf.* **fußlos**. – **4.** *gastr.* foot, (*bei Schlachttieren*) *auch* trotter. – **5.** *bes. Southern G. and Austrian* leg: **sich** (*dat*) **den ~ brechen** to break one's leg. – **6.** ⟨*only sg*⟩ (*eines Berges etc*) foot, bottom. – **7.** (*eines Möbelstückes etc*) foot, leg. – **8.** *cf.* **Fußende** 1. – **9.** *colloq. for* **Füßling**. – **10.** (*einer Tasse etc*) base. – **11.** (*eines Weinglases etc*) base, foot, stem. – **12.** ⟨*only sg*⟩ *arch.* a) (*eines Bauwerks*) base, pedestal, b) (*einer Säule etc*) base. – **13.** ⟨*only sg*⟩ *bes. civ.eng.* a) (*eines Dammes etc*) toe, b) (*eines Daches*) eaves *pl.* – **14.** *print.* a) (*einer Druckseite*) foot, tail, b) (*bei Klischees etc*) base, mount, c) (*der Kolumne*) foot, d) (*eines Buchstabens*) feet *pl.* – **15.** *metr.* a) (metrical) foot, b) *obs. for* **Takt**[1] 3. – **16.** *bot.* (*eines Stengels*) base. – **17.** *mar.* (*des Mastes*) heel. – **18.** (*einer Lampe*) base, stand. – **19.** *auto.* (*eines Scheinwerfers*) socket. – **20.** (*railway*) (*einer Schiene*) bottom, flange, base. – **21.** *mus.* (*bei großen Streichinstrumenten*) tailpin. – **22.** *tech.* a) (*eines Zahnrads*) root, dedendum, b) (*eines Schraubstocks*) bottom, c) (*einer Nähmaschine*) presser foot, d) (*einer Elektrosäge*) shoe, e) (*einer Maschine*) leg, f) (*als Konsole*) base. – **23.** *metall.* (*eines Gußblockes*) large end. – **24.** *only in* **Gewehr bei ~ stehen** *mil.* a) to stand with ordered arms (*od.* at the order), b) *fig.* to be ready to intervene. – **25.** **(bei) ~!** (to) heel! (*command given to a dog*).

Fuß[2] *m* ⟨-es; -⟩ (*altes Längenmaß*) foot: **zehn ~ lang** ten feet long; **Höhe unter 1000 ~** *aer.* zero.

ˈ**Fuß|ˌabˌblendˌschal·ter** *m auto.* foot-operated dimming switch. — **~ˌabˌdruck** *m* ⟨-(e)s; ⸚e⟩ footprint, footmark, *Br.* foot-mark. — **~ˌabˌstrei·cher** *m dial. for* **Fußabstreifer**. — **~ˌabˌstrei·fer** *m* **1.** (*aus Metall*) footscraper, *Br.* shoe-scraper, door-scraper. – **2.** *bes. Southern G. for* **Fußmatte** 1. — **~ˌabˌtre·ter** *m* doormat. — **~ˌan·gel** *f* **1.** mantrap: **in eine ~ treten** to walk into a mantrap. – **2.** *fig.* (booby) trap: **j-m ~n legen** to set a trap for s.o. – **3.** *mil. hist. cf.* **Fußeisen** 2. — **~ˌanˌlas·ser** *m* (*eines Motorrads*) kick starter, *Br.* kick-starter. — **~ˌanˌtrieb** *m tech.* treadle (*od.* pedal) drive. — **~apˌpell** *m mil.* foot inspection. — **~ˌarzt** *m med.* chiropodist, podiatrist, *Am. colloq.* foot doctor. — **~ˌbad** *n* **1.** footbath, *Br.* foot-bath. – **2.** *colloq. humor.* 'footbath', *Br.* 'foot-bath' (*colloq.*) (*coffee or tea spilled in the saucer*).

ˈ**Fußˌball** *m* (*sport*) **1.** (*Ball*) *Br.* football, *Am.* soccer ball, *Am. colloq.* pigskin. – **2.** ⟨*only sg*⟩ (*Spiel*) (association) football, *Am. u. Br. colloq.* soccer: **~ spielen** to play football; **amerikanischer [irischer] ~** American [Gaelic] football.

ˈ**Fußˌballän·derˌspiel** (*getr.* -ll,l-) *n* (*sport*) international football game (*bes. Br.* match), football international.

ˈ**Fußˌball|ˌanˌhän·ger** *m* (*sport*) football fan. — **~ˌbla·se** *f* football bladder. — **~ˌbraut** *f colloq. humor.* wife (*od.* fiancée) of a football fan. — **~ˌbund** *m* ⟨-(e)s; *no pl*⟩ *Br.* football association, *Am.* soccer league. — **~ˌelf** *f cf.* **Elf**[1] 2.

ˈ**Fußˌbal·len** *m med.* ball of the foot: **entzündeter ~** bunion.

ˈ**Fußˌbal·ler** [-ˌbalər] *m* ⟨-s; -⟩ (*sport*) *colloq. for* **Fußballspieler**.

ˈ**Fußˌball|ˌfeld** *n* (*sport*) football field (*Br.* ground). — **~ˌklub** *m* football club. — **~ˌmann·schaft** *f* football team. — **~ˌmei·ster** *m* football champion. — **~ˌmei·ster·schaft** *f* football championship. — **~ˌplatz** *m* football field (*Br.* ground): **auf den ~ gehen** *colloq.* to go to see a football game. — **~ˌschuh** *m cf.* **Fußballstiefel**. — **~ˌspiel** *n* **1.** football game (*bes. Br.* match). – **2.** *cf.* **Fußball** 2. — **~ˌspie·ler** *m* football player, footballer. — **~ˌsport** *m cf.* **Fußball** 2. — **~ˌsta·di·on** *n* football stadium. — **~ˌstie·fel** *m meist pl* football boot. — **~ˌstrumpf**, **~ˌstut·zen** *m* footballer's stocking. — **~ˌto·to** *n*, *auch m* football pool(s *pl*), (the) pools *pl* (*colloq.*): **im ~ gewinnen** to have a win on the (football) pools. — **~ˌtrai·ner** *m* football coach. — **~verˌband** *m* football association. — **~verˌein** *m cf.* **Fußballklub**. — **~ˌweltˌmei·ster** *m* world football champion. — **~ˌweltˌmei·ster·schaft** *f* world football championship.

ˈ**Fuß|ˌband** *n* ⟨-(e)s; ⸚er⟩ *hunt.* (*eines Jagdfalken*) jess, jesse. — **~ˌbank** *f* ⟨-; ⸚e⟩ footstool, footrest. — **~beˌklei·dung** *f* footwear, *Br.* foot-wear, footgear, *Br.* foot-gear. — **~beˌtrieb** *m tech. cf.* **Fußantrieb**. — **~ˌblatt** *n* **1.** *bot.* mayapple, duck's-foot (*Podophyllum peltatum*). – **2.** *zo.* (*der Anthozoen*) base, basal (*od.* base, pedal) disk (*od.* disc).

ˈ**Fußˌbo·den** *m* **1.** floor. – **2.** *tech.* (*Belag*) floor (finish), flooring: **Fußböden legen** to put in floors. — **~ˌbei·ze** *f* floor stain. — **~beˌlag** *m* floor covering. — **~ˌflä·che** *f* floorage, floor space. — **~ˌhei·zung** *f* underfloor heating. — **~ˌlack** *m* floor varnish. — **~ˌlei·ste** *f cf.* **Fußleiste**. — **~ˌplat·te** *f* flooring tile.

ˈ**Fuß|ˌbreit I** *m* ⟨-; -⟩ **1.** (*Maßangabe*) breadth (*od.* width) of a foot. – **2.** *fig.* inch: **keinen ~ weichen** not to budge (*od.* yield) an inch. – **II f~** *adj* **3.** as broad (*od.* wide) as a foot. — **~ˌbrem·se** *f auto.* foot (*od.* pedal, service) brake. — **~ˌbremsˌhe·bel** *m*, **~ˌbrems·peˌdal** *n* (foot-)brake pedal. — **~ˌbrett** *n* footboard.

Füß·chen [ˈfyːsçən] *n* ⟨-s; -⟩ **1.** *dim. of* **Fuß**[1] 1. – **2.** (*children's language*) tootsy, *auch* tootsie, tootsy-wootsy.

ˈ**Fuß|ˌdecke** (*getr.* -k·k-) *f* covering for the feet, rug. — **~ˌei·sen** *n* **1.** *hunt.* (*Falle für Tiere*) (foot) trap. – **2.** *mil. hist.* caltrop, *auch* calthrop, caltrap, galtrap. – **3.** (*Fessel*) fetter.

Fus·sel [ˈfusəl] *f* ⟨-; -n⟩, *auch m* ⟨-s; -(n)⟩ *dial. od. colloq.* fluff, fuzz, *Am.* lint. — ˈ**fus·se·lig** *adj* fuzzy, *Am.* linty: **sich** (*dat*) **den Mund ~ reden (müssen)** *fig. colloq.* to (have to) talk till one is blue in the face. — ˈ**fus·seln I** *v/i* ⟨h *u.* sein⟩ (*von Stoff etc*) fuzz. – **II** *v/impers* ⟨h⟩ *dial. for* **nieseln** I.

fü·ßeln [ˈfyːsəln] **I** *v/i* ⟨h⟩ *colloq.* play footsie (*Am. auch* footie, *Br. auch* footsy) (*sl.*). – **II** *v/t Austrian* trip (*s.o.*) up.

fu·ßen [ˈfuːsən] *v/i* ⟨h⟩ **1. auf** (*dat*) **etwas ~** *fig.* rest (*od.* be based, be founded) on s.th. – **2.** *hunt.* (*von Vögeln*) **auf** (*dat*) **etwas ~** to sit on s.th.

ˈ**Fuß|ˌen·de** *n* **1.** (*eines Bettes etc*) foot. – **2.** (*einer Decke etc*) foot, bottom. — **~ˌfall** *m* (act of) falling on one's knees, prostration: **sie tat vor ihm einen ~** she fell on her knees before him, she threw herself at his feet. — **f~ˌfäl·lig I** *adj* ⟨*attrib*⟩ (*Bitte etc*) made on one's (*od.* bended) knees (*od.* at s.o.'s feet). – **II** *adv* on one's (*od.* bended) knees: **er bat ihn ~, ihm zu helfen** he begged him on his knees to help him. — **~ˌfeh·ler** *m* (*sport*) (*bes. beim Tennis*) foot fault, *Br.* foot-fault. — **f~ˌför·mig** *adj* **1.** pediform. – **2.** *bot.* pedate: **~ geteilt [gespalten]** pedatipartite [pedatifid]. — **f~ˌfrei** *adj* **1.** (*Kleid*) leaving the feet visible, ankle-length (*attrib*). – **2.** *Austrian* (*Theaterplatz etc*) fronting on an aisle (*Br.* a gangway). — **~ˌfrucht** *f bot.* yacca(tree), matai (*Gattg Podocarpus*).

ˈ**Fußˌgän·ger** *m* ⟨-s; -⟩ pedestrian, walker: **unachtsamer ~** (*im Straßenverkehr*) jaywalker, *Br.* jay-walker. — **~ˌbrücke** (*getr.* -k·k-) *f* footbridge, *Br.* foot-bridge.

ˈ**Fußˌgän·ge·rin** *f* ⟨-; -nen⟩ pedestrian, walker.

ˈ**Fußˌgän·ger|ˌschran·ke** *f* barrier (for pedestrians). — **~ˌschutzˌin·sel** *f* pedestrian (*od.* safety) island, *Br.* street-refuge. — **~ˌstrei·fen** *m Swiss for* **Fußgängerübergang**. — **~ˌüberˌgang**, **~ˌüberˌweg** *m* pedestrian (*od.* zebra) crossing, *Am. auch* crosswalk: **~ mit Blinklichtanlage** signal-controlled crossing, pedestrian crossing controlled by light signals. — **~ˌun·terˌfüh·rung** *f* pedestrian subway, *Am.* underpass. — **~verˌkehr** *m* pedestrian traffic. — **~ˌzo·ne** *f* pedestrian zone (*od.* area, precinct).

ˈ**Fuß|ˌgasˌhe·bel** *m auto.* accelerator (pedal), *Am. auch* gas pedal, foot throttle. — **~ˌge·her** *m Austrian for* **Fußgänger**. — **~geˌlenk** *n med. zo.* ankle, ankle joint, talus (*scient.*). — **f~geˌrecht** *adj* (*Schuhwerk*) foot-contoured, anatomically correct. — **~geˌwöl·be** *n* plantar arch. — **~ˌgicht** *f med.* gout (in the feet), podagra (*scient.*). — **~ˌglied** *n zo.* (*der Insekten, Spinnen*) tarsus. — **~ˌhaut** *f* (*eines Vogels, Reptils*) podotheca.

ˈ**Fußˌhe·bel** *m* pedal. — **~ˌschal·ter** *m* (foot-)pedal switch. — **~ˌsteue·rung** *f* pedal control, foot control.

ˈ**fuß|ˌhoch** *adj* **1.** (*als Maßangabe*) one foot high. – **2.** (*Schnee etc*) ankle-deep. – **3.** (*Gras etc*) ankle-high. — **~ˌkalt** *adj* (*Wohnung*) cold at the feet, cold underfoot.

ˈ**Fuß|ˌkie·me** *f zo.* (*der Krebse*) podobranch, *auch* podobranchia. — **~ˌklo·nus** *m med.* ankle clonus. — **~ˌknö·chel** *m* ankle(bone), *Br.* ankle(-bone), malleolus (*scient.*). — **~ˌkno·chen** *m* bone of the foot, tarsal bone (*scient.*). — **~ˌkrampf** *m* cramp in a foot. — **f~ˌkrank** *adj* **1.** (*Soldat etc*) footsore. – **2.** suffering from a foot disease. — **~ˌkupp·lung** *f auto.* foot-operated clutch. — **~ˌla·ge** *f med.* (*bei der Geburt*) footling presentation. — **~ˌlän·ge** *f* (*eines Strumpfes etc*) size of a foot. — **~ˌlap·pen** *m meist pl bes. mil.* foot cloth. — **~ˌlei·den** *n med.* foot disease, pedopathy (*scient.*). — **f~ˌlei·dend** *adj cf.* **fußkrank**.

Füß·lein [ˈfyːslaɪn] *n* ⟨-s; -⟩ *cf.* **Füßchen**.

ˈ**Fußˌlei·ste** *f* baseboard, *bes. Br.* skirting(-board).

fuß·lig [ˈfʊslɪç] *adj cf.* **fusselig**.

Füß·ling [ˈfyːslɪŋ] *m* ⟨-s; -e⟩ (*am Strumpf*) foot: **einen Strumpf mit einem ~ versehen** to foot a stocking.

ˈ**fuß·los** *adj zo.* footless; apodal, *auch* apodan, apodous (*scient.*): **~es Tier** apod.

ˈ**Fuß|ˌluftˌpum·pe** *f* foot pump. — **~ˌmarsch** *m* march (on foot). — **~ˌmat·te** *f* **1.** doormat. – **2.** (*im Auto*) floor (*od.* car) mat. — **~ˌmo·tor** *m tech.* a) foot-mounting motor, b) (*als Regelmotor*) standard motor. — **~mus·ku·laˌtur** *f med.* muscles *pl* of the foot. — **~ˌna·gel** *m* (*Zehennagel*) toenail, *Br.* toe-nail. — **f~ˌner·vig** *adj bot.* pedatinerved. — **~ˌno·te** *f* (*in einem Manuskript etc*) footnote, *Br.* foot-note: **eine ~ anbringen** to add (*od.* make) a footnote. — **~ˌpaar** *n zo.* pair of feet: **mit gleichen ~en** equipedal. — **~ˌpfad** *m* footpath, *Br.* foot-path. — **~ˌpfet·te** *f civ.eng.* inferior purlin (*auch* purline). — **~ˌpfle·ge** *f* **1.** care of the feet. – **2.** pedicure, chiropody. — **~ˌpfle·ger** *m*, **~ˌpfle·ge·rin** *f* pedicurist, chiropodist. — **~ˌpfund** *n phys.* foot-pound (*unit of work or torque*). — **~ˌpil·zerˌkran·kung** *f med.* athlete's foot, mycosis pedis (*scient.*). — **~ˌplat·te** *f* **1.** *zo.* (*bei Polypen*) basal plate. – **2.** *tech. civ.eng.* base (*od.* bed) plate. — **~proˌthe·se** *f med.* artificial foot. — **~ˌpu·der** *m* foot powder. — **~ˌpum·pe** *f* foot (*od.* pedal-operated) pump. — **~ˌpunkt** *m* **1.** *math.* foot, pedal. – **2.** *astr.* nadir. — **~ˌra·ste** *f*, **~ˌra·ster** *m* (*am Motorrad etc*) footrest. — **~ˌraum** *m auto.* legroom. — **~reˌgi·ster** *n mus.* (*der Orgel*) pedal stop. — **~ˌrei·se** *f archaic* journey on foot. — **~ˌring** *m* **1.** (*Schmuck*) anklet, bangle. – **2.** (*für Vögel, Geflügel*) ring. – **3.** *hunt.* (*für Jagdfalken*) vervel, *auch* varvel. — **~ˌrücken** (*getr.* -k·k-) *m med. zo.* back (*od. scient.* dorsum) of the foot. — **~ˌsack** *m* foot muff, *Br.* foot-muff, foot warmer, *Br.* foot-warmer. — **~ˌschal·ter** *m tech.* foot(-operated) switch. — **~ˌschal·tung** *f* **1.** (*Tätigkeit*) pedal (*od.* foot-gear) control. – **2.** (*am Motorrad*) foot-operated gearshift. — **~ˌschei·be** *f zo.* (*der Anthozoen*) basal disk (*od.* disc). — **~ˌsche·mel** *m* footstool. — **~ˌschie·ne** *f* **1.** *med.* foot splint. – **2.** *tech.* footrail. — **~ˌschmerz** *m meist pl* *med.* pains *pl* in the feet; podalgia, tarsalgia (*scient.*). — **~ˌschweiß** *m* sweating (*od. scient.* hyperhidrosis, *auch* hyperidrosis) of the feet. — **~ˌsoh·le** *f* **1.** sole (of the foot). – **2.** (*bes. von Vögeln*) track. — **~ˌsoh·len·reˌflex** *m med.* plantar response (*od.* reflex, jerk), Babinski reflex (*od.* sign), sole reflex. — **~solˌdat** *m mil.* foot soldier, infantryman, footslogger, *Br.* foot-slogger (*colloq.*), *Am. sl.* dogface. — **~ˌspann** *m* instep. — **~spe·ziaˌlist** *m med.* foot specialist; podiatrist, chiropodist (*scient.*). — **~ˌspin·delˌpres·se** *f tech.* foot press. — **~ˌspit·ze** *f* **1.** point of the foot. – **2.** *cf.* Zehenspitze. – **3.** (*beim Strumpf*) toe. — **~ˌsprung** *m* (*im Schwimmsport*) feetfirst jump (*od.* dive). — **~ˌspur** *f* **1.** (*einzelner Abdruck*) footprint, footmark, *Br.* foot-mark. – **2.** (*Fährte*) track. — **~ˌstap·fe** *f*, **~ˌstap·fen** *m meist pl* footprint, footmark, *Br.* foot-mark, footstep: **in j-s Fußstapfen treten** a) to tread in s.o.'s footprints, b) *fig.* to follow in s.o.'s footsteps. — **~ˌsteg** *m* **1.** footbridge, *Br.* foot-bridge. – **2.** *print.* tail (margin), foot. — **~ˌsteig** *m* **1.** (*Gehsteig*) *Br.* pavement, *Am.* sidewalk. – **2.** footpath, *Br.* foot-path, path(way), *Br. auch* foot-way, *Am. auch* trail. — **~ˌstun·de** *f* hour's walk: **zwei ~n** two hours' walk. — **~ˌstüt·ze** *f* **1.** footrest. – **2.** (*im Schuh*) instep raiser, arch support. — **~ˌtap·fe** *f*, **~ˌtap·fen** *m meist pl cf.* Fußstapfe(n). — **f~ˌtief** *adj* **1.** (*Schnee etc*) ankle-deep. – **2.** (*Vertiefung etc*) one foot deep. — **~ˌtritt** *m* **1.** kick: **j-m einen ~ geben** to give s.o. a kick, to kick s.o.; **einen ~ bekommen** a) to be kicked, b) *fig. colloq.* to be kicked out, to get the boot (*colloq.*). – **2.** (*Schritt*) step. – **3.** *cf.* Fußspur 1. – **4.** *tech.* (*einer Nähmaschine etc*) treadle. — **~ˌtrup·pe** *f meist pl mil.* infantry, foot soldiers *pl*. — **~venˌtil** *n tech.* foot-operated (*od.* pedal-operated) valve. — **~ˌvolk** *n* ⟨-(e)s; *no pl*⟩ **1.** *mil. hist.* foot soldiers *pl*, infantry: **unters ~ geraten** *fig. colloq.* to sink low. – **2.** *fig. contempt.* mass, rank and file: **das ~ einer Partei** the rank and file of a party. — **~ˌwan·de·rung** *f* **1.** walking tour, hike. – **2.** (*ohne festes Ziel*) ramble. — **f~ˌwarm** *adj* (*Wohnung etc*) warm at the feet, warm underfoot. — **~ˌwär·mer** *m cf.* Fußsack. — **~ˌwaschˌbecken** (*getr.* -k·k-) *n* footbath, *Br.* foot-bath. — **~ˌwa·schung** *f bes. relig.* foot washing. — **~ˌweg** *m* **1.** footpath, *Br.* foot-path, path(way), *Br. auch* foot-way, *Am. auch* trail. – **2.** walk: **eine Stunde ~** an hour's walk. – **3.** *Br.* pavement, *Am.* sidewalk. — **f~ˌwund** *adj* footsore: **er hat sich ~ gelaufen** he walked his feet sore. — **~ˌwurf** *m* (*sport*) (*beim Judo*) leg throw.

ˈFußˌwur·zel *f med. zo.* tarsus. — **~geˌlenk** *n* **1.** *med.* tarsal joint. – **2.** *zo.* (*der Vögel*) knee. — **~ˌkno·chen** *m* tarsal bone.

Fu·sta·ge [fʊsˈtaːʒə] *f* ⟨-; -n⟩ *econ. cf.* Leergut.

Fu·sta·nel·la [fustaˈnɛla] *f* ⟨-; -len⟩ (*fashion*) fustanella (*Balkan skirt for men*).

Fu·thark [ˈfuːtark; ˈfuːθark] *n* ⟨-s; -e⟩ *ling.* (*Runenalphabet*) futhark, *auch* futhorc, futhork.

futsch [fʊtʃ] *adj* ⟨*pred*⟩ **~ sein** *colloq.* a) (*von verlorenem Gegenstand etc*) to be (*od.* have) gone, b) (*von Vertrauen, Jugend etc*) to be lost, c) (*verschwunden*) to have vanished (*od.* disappeared), d) (*kaputt*) to be broken (*od. sl.* bust), e) (*von Frisur etc*) to be ruined (*od.* spoiled), to have had it (*colloq.*): **das ganze Geld ist ~** a) all the money has gone, b) all the money is lost.

fu·tschi·ka·to [futʃiˈkaːto] *adj* ⟨*pred*⟩ *colloq. humor. for* futsch.

Fut·ter[1] [ˈfʊtər] *n* ⟨-s; *no pl*⟩ **1.** (*für Haustiere*) food: **den Vögeln ~ streuen** to put out food for the birds. – **2.** *agr.* a) (*für Vieh*) fodder, forage, b) (*für Hühner etc*) feed, c) (*Nahrung*) food, feed: **dem Vieh ~ geben** to feed the cattle; **grünes ~** green fodder; **gut im ~ stehen** (*od.* **sein**) to be well fattened. – **3.** (*vom Tier gesuchtes*) food, forage. – **4.** *colloq.* food, fodder (*humor.*), provender, 'grub' (*sl.*), *Am. colloq.* eats *pl*, *Am. sl.* 'chow'.

ˈFut·ter[2] *n* ⟨-s; -⟩ **1.** (*eines Mantels etc*) lining: **herausnehmbares ~** detachable lining; **ohne ~** unlined. – **2.** (*eines Briefumschlags etc*) lining. – **3.** *tech.* a) (*Auskleidung eines Hochofens, für Fenster etc*) lining, b) (*Spannzeug*) chuck.

Fut·te·ra·ge [fʊtəˈraːʒə] *f* ⟨-; *no pl*⟩ *colloq. cf.* Futter[1] 4.

Fut·te·ral [fʊtəˈraːl] *n* ⟨-s; -e⟩ **1.** (*für Brille, Fernglas etc*) case. – **2.** (*für Schirm etc*) cover.

Fut·te·ra·li·en [fʊtəˈraːlɪən] *pl colloq. cf.* [Futter[1] 4.]

Fut·teˈralˌkleid *n* (*fashion*) sheath (dress).

ˈFut·ter|ˌanˌbau *m agr.* cultivation (*od.* growing) of fodder (*od.* forage) plants. — **~au·toˌmat** *m* **1.** *agr.* automatic feeder, *bes. Am.* self-feeder. – **2.** *tech.* chucking machine. — **~ˌbau** *m* ⟨-(e)s; *no pl*⟩ *agr. cf.* Futteranbau. — **~beˌhäl·ter** *m* silo. — **~ˌbeu·tel** *m* (*für Pferde*) nose bag, *Br.* nosebag, feed bag. — **~ˌbie·ne** *f zo.* feeding bee. — **~ˌblech** *n tech.* lining plate. — **~ˌboh·ne** *f bot.* horsebean: **~n** feeding beans. — **~ˌbrei** *m agr.* swill, mash, slop, wash. — **~ˌbrett** *n* (*für Vögel*) feed tray. — **~ˌdämp·fer** *m agr.* fodder (*od.* feed) steamer. — **~ˌdrehˌbank** *f tech.* chuck lathe. — **~ˌein·heit** *f agr.* fodder (*od.* feed, feeding) unit. — **~ˌerb·se** *f bot.* field pea, *auch* Austrian winter pea (*Pisum sativum arvense*). — **~ˌgang** *m* (*im Stall*) feed alley, feeding passage. — **~ˌger·ste** *f agr.* fodder barley. — **~geˌtrei·de** *n* fodder cereals *pl*. — **~geˌwächs** *n meist pl cf.* Futterpflanze. — **~ˌgras** *n* **1.** grass for cattle. – **2.** (*im weiteren Sinn*) green food (*od.* fodder). — **~ˌhaar** *n bot.* (*in Blüten*) feeding hair. — **~ˌha·fer** *m* **1.** *bot.* common oats *pl* (*construed as sg or pl*) (*Avena sativa*). – **2.** *agr.* oats *pl* for horses, feed oats *pl* (*beide construed as sg or pl*). — **~ˌhänd·ler** *m* feed dealer. — **~ˌhäus·chen** *n* (covered) bird table (*Br.* bird-table). — **~ˌhe·fe** *f* fodder yeast. — **~karˌtof·fel** *f agr.* fodder (*od.* feeding) potato. — **~ˌklee** *m* **1.** *bot.* a) common purple trefoil, red clover, meadow clover (*od.* trefoil) (*Trifolium pratense*), b) marl grass (*T. medium*). – **2.** *agr.* fodder clover. — **~ˌkrip·pe** *f agr.* manger, crib: **an der ~ sitzen** *fig. colloq.* to have a soft (*od.* an easy, *Br. auch* a cushy) job. — **~ˌkrip·pen·syˌstem** *n pol. Am.* spoils system (*practice of giving offices to adherents of a successful party*). — **~ˌkü·che** *f agr.* feed preparation room. — **~ˌman·gel** *m* ⟨-s; *no pl*⟩ lack of feed. — **~ˌmau·er** *f civ.eng.* revetment wall. — **~ˌmehl** *n agr.* middlings *pl* (*sometimes construed as sg*), screenings *pl* (*construed as sg or pl*). — **~ˌmit·tel** *n* fodder, feed, feeding stuff.

fut·tern [ˈfʊtərn] *colloq. humor.* **I** *v/i* ⟨h⟩ tuck in, fall to: **sie futterten tüchtig** they fell to with a good appetite. – **II** *v/t* tuck (*od.* stow) away, tuck into.

füt·tern[1] [ˈfʏtərn] **I** *v/t* ⟨h⟩ **1.** (*Tiere*) feed: **die Pferde mit Hafer ~** to feed the horses (on *od.* with) oats. – **2.** (*Kinder, Kranke etc*) feed. – **3.** *colloq.* give (*s.o.*) to eat, feed: **sie füttert ihren Mann gut** she gives her husband plenty to eat. – **4.** *fig. colloq.* feed, cram: **Schüler mit lateinischen Vokabeln ~** to cram students with Latin words. – **5.** *agr.* (*mästen*) fatten (up). – **6.** (*computer*) feed. – **II** *v/i* **7.** feed the cattle. – **III F~** *n* ⟨-s⟩ **8.** *verbal noun*: **F~ der Schwäne verboten!** do not feed the swans! – **9.** *cf.* Fütterung[1].

ˈfüt·tern[2] **I** *v/t* ⟨h⟩ **1.** (*Kleidungsstück etc*) line: **einen Mantel mit Pelz ~** to line a coat with fur, to fur a coat. – **2.** (*wattieren*) pad, stuff. – **3.** *tech.* line. – **4.** *civ.eng.* case, revet. – **5.** *print.* key. – **II F~** *n* ⟨-s⟩ **6.** *verbal noun.*

ˈFut·ter|ˌnapf *m* feeding dish (*od.* bowl). — **~ˌneid** *m* **1.** possessiveness toward(s) food. – **2.** *fig. contempt.* (professional) jealousy, envy. — **f~ˌnei·disch** *adj* **1.** possessive toward(s) food. – **2.** *fig. contempt.* jealous, envious. — **~ˌpflan·ze** *f agr.* fodder (*od.* forage) plant: **~n** fodder (*od.* forage) crops. — **~ˌplatz** *m* **1.** feeding ground (*od.* place, area). – **2.** (*für Wild im Winter*) deer yard. — **~ˌquetsch·maˌschi·ne** *f agr.* grater. — **~ˌrau·fe** *f* rack. — **~ˌrohr** *n tech.* (*eines Bohrloches etc*) casing. — **~ˌrü·be** *f agr.* fodder (*od.* field) beet, mangel, mangel-wurzel, *auch* mangold-wurzel. — **~ˌsack** *m cf.* Futterbeutel. — **~ˌschnei·de·maˌschi·ne** *f agr.* fodder chopping machine, silage cutter. — **~ˌschwin·ge** *f* winnow. — **~ˌschwin·gel** *m bot.* giant fescue (grass) (*Festuca gigantea*). — **~ˌsei·de** *f* (*textile*) silk for lining. — **~ˌspei·cher** *m agr.* silo. — **~ˌstel·le** *f cf.* Futterplatz. — **~ˌstoff** *m* (*textile*) lining (material). — **~ˌstück** *n tech.* (*beim Schweißen*) welding piece. — **~ˌstu·fe** *f civ.eng.* riser. — **~ˌsu·che** *f* search for fodder: **auf der ~ sein** to be in search of fodder. — **~ˌtrog** *m* feeding trough, manger.

ˈFüt·te·rung[1] *f* ⟨-; -en⟩ **1.** *cf.* Füttern[1]. – **2.** feeding (time): **die ~ der Raubtiere** a) feeding time for lions and tigers, b) *fig. colloq. humor.* feeding time at the zoo.

ˈFüt·te·rung[2] *f* ⟨-; -en⟩ *cf.* Füttern[2].

ˈFut·ter|verˌwer·ter *m only in* **guter [schlechter] ~** *agr.* good [poor] doer, *bes. Am.* easy [hard] keeper (*auch fig. colloq.*). — **~verˌwer·tung** *f* utilization of fodder (*od.* forage). — **~ˌwert** *m* feeding value. — **~ˌwicke** (*getr.* -k·k-) *f bot.* common (*od.* spring) vetch, tare (*Vicia sativa*). — **~ˌzu·satz** *m agr. meist pl* **1.** feed supplement. – **2.** food additive.

Fu·tur [fuˈtuːr] *n* ⟨-s; -e⟩ *ling.* future (tense): **erstes ~** future (tense); **zweites ~** future perfect (tense). — **fuˈtu·risch** *adj* future (*attrib*).

Fu·tu·ris·mus [futuˈrɪsmʊs] *m* ⟨-; *no pl*⟩ (*art*) futurism. — **Fu·tuˈrist** [-ˈrɪst] *m* ⟨-en; -en⟩ futurist. — **fu·tuˈri·stisch** *adj* futuristic.

Fu·tu·ro·lo·ge [futuroˈloːgə] *m* ⟨-n; -n⟩ futurologist. — **Fu·tu·ro·loˈgie** [-loˈgiː] *f* ⟨-; *no pl*⟩ futurology. — **fu·tu·roˈlo·gisch** [-ˈloːgɪʃ] *adj* futurologic(al).

Fu·tu·rum [fuˈtuːrʊm] *n* ⟨-s; -ra [-ra]⟩ *ling.* future (tense): **~ exaktum** future perfect (tense).

F-ˌZug [ˈɛf-] *m* long-distance express (train), *Am.* limited express.

G

G, g [geː] *n* ⟨-; -⟩ **1.** G, g (*seventh letter of the German alphabet; fifth consonant*): ein großes G a capital (*od.* large) G; ein kleines G a small (*od.* little) g. – **2.** *mus.* a) (the note) G, *auch* g, b) g (= *g-Moll*) G minor, c) G (= *G-Dur*) G major: das Werk steht in G(-Dur) the work is in (the key of) G (major). – **3.** g *phys.* (*acceleration of gravity*) g: eine Beschleunigung von 4 g an acceleration of 4 g. – **4.** G *electr.* (*Gauss*) G. – **5.** G (*s.o. seventh in order or class*) G. – **6.** G (*s.th. having the shape of the capital letter G*) G.

Gäa ['gɛːa] *npr f* ⟨-s; *no pl*⟩ *myth.* Gaea, Gaia (*Greek goddess of the earth*).

gab [gaːp] *1 u. 3 sg pret of* geben.

Ga·bar·di·ne [gabar'diːnə] *m* ⟨-s; *no pl*⟩, *auch f* ⟨-; *no pl*⟩ (*textile*) gabardine, gaberdine.

Gab·bro ['gabro] *m* ⟨-s; *no pl*⟩ *geol.* gabbro, diallage rock.

Ga·be ['gaːbə] *f* ⟨-; -n⟩ **1.** gift: milde ~ charitable gift, alms (*construed as pl or sg*), charity; um eine milde ~ bitten to ask for alms (*od.* charity); eine ~ Gottes (*od.* des Himmels) *fig.* a gift of (*od.* from) God. – **2.** (*Geschenk*) gift, present: j-m etwas als kleine ~ überreichen to give s.th. to s.o. as a small present. – **3.** (*Spende*) a) donation, b) contribution: eine ~ an ein Museum a donation (*od.* gift) to a museum; freiwillige ~n voluntary contributions. – **4.** *fig.* (*Begabung*) talent, gift, endowment: ein Mensch mit reichen ~n a richly (*od.* well-)talented person; die ~ der Rede the gift of speech (*od. colloq.* of [the] gab). – **5.** *fig.* (*Geschick, Kunst*) gift, skill, art, faculty, knack (*colloq.*): er hat die ~, immer richtig zu handeln he has the (happy) knack of always doing the right thing. – **6.** *relig.* a) (*Opfer*) offering, sacrifice, b) (*Trankopfer*) libation. – **7.** *med.* dose.

gä·be[1] ['gɛːbə] *1 u. 3 sg pret subj of* geben.

'**gä·be**[2] *adj* → gang.

Ga·bel ['gaːbəl] *f* ⟨-; -n⟩ **1.** (*Eßgabel*) fork: etwas auf die ~ nehmen to take s.th. on one's fork; ~ mit drei Zinken three-pronged fork. – **2.** *agr.* (*Heu-, Mistgabel*) pitchfork, prong: (etwas) mit einer ~ (um)graben to fork (s.th.), to prong (s.th.). – **3.** *cf.* Gabelung 2, 3. – **4.** (*beim Motor-, Fahrrad*) fork. – **5.** (*beim Telefon*) rest, cradle. – **6.** (*Astgabel*) crotch, fork. – **7.** (*Deichsel*) shafts *pl.* – **8.** (*eines Geweihs*) spire. – **9.** *mus. cf.* Stimmgabel. – **10.** *bot.* (*bes. beim Weinstock*) (branched) tendril. – **11.** *tech.* a) fork, b) (*am Sägeblattende*) tiller. – **12.** *metall.* (*einer Gießpfanne*) shank. – **13.** *mil.* (*beim Einschießen der Artillerie*) bracket, straddle: kleine (*od.* enge) ~ short bracket; große (*od.* weite) ~ long bracket. – **14.** (*games*) (*beim Schach*) fork. — **~ˌan·ker** *m mar.* grapnel (anchor). — **~an·tiˌlo·pe** *f zo. cf.* Gabelbock 1. — **~ˌarm** *m* (*eines Wagens*) shaft, thill. — **~ˌast** *m* (*eines Baums*) forked branch. — **~ˌbaum** *m tech. cf.* Gabelarm. — **~ˌbein** *n zo.* **1.** (*der Vögel*) furcula. – **2.** (*des Geflügels*) wishbone, wishing bone, *Br. auch* merrythought. — **~ˌbis·sen** *m gastr.* **1.** tidbit, titbit. – **2.** herring tidbit (*od.* titbit). — **~ˌbock** *m* **1.** *zo.* pronghorn, *auch* pronghorn(ed) antelope (*Antilocapra americana*). – **2.** *hunt.* pricket, stag. — **~ˌboh·rer** *m zo.* maple borer, flat-headed cherry-tree borer (*Dicerca divaricata*). — **~ˌdeich·sel** *f* (*eines Wagens*) pair of shafts (*od.* thills). — **g~ˌför·mig** *adj* forked, fork-shaped: ~ geteilt *bot.* two-forked, dichotomous (*scient.*). — **~ˌfrühˌstück** *n* early lunch, brunch (*colloq.*), *Br. colloq. auch* elevenses *pl*: ein ~ einnehmen to have an early lunch. — **~ˌfuß** *m* (*einer Nähmaschine*) presser foot. — **~geˌlenk** *n auto.* fork joint, yoke. — **~geˌweih** *n hunt.* forked antlers *pl.* — **~ˌhirsch** *m* **1.** *zo.* guemal, guernal, guemul, gemul, huemul (*Hippocamelus bisulcus*): Peruanischer ~ Peruvian guemal (*H. antisiensis*). – **2.** *hunt.* (*Geweih*) pricket. — **~ˌhornˌtie·re** *pl zo.* pronghorns (*Fam. Antilocapridae*).

'**ga·be·lig** *adj cf.* gabelförmig.

'**Ga·bel|ˌkno·chen** *m zo. cf.* Gabelbein. — **~ˌkopf** *m* **1.** *tech.* (*eines Getriebes*) yoke. – **2.** *auto.* a) (*der Bremse*) yoke, b) (*bei Einspritzpumpe*) fork-type linkage, c) (*beim Motorrad*) fork crown (*od.* head), clevis. — **~ˌkraut** *n bot.* (*gelbes Färbekraut*) tripartite bur (*od.* burr) marigold (*Bidens tripartita*). — **~ˌkreuz** *n her.* pall. — **~maˌkre·le** *f zo.* leerfish, *auch* leervis (*Lichia amia*). — **~ˌmücke** (*getr.* -k·k-) *f cf.* Anopheles(mücke).

ga·beln ['gaːbəln] **I** *v/reflex* ⟨h⟩ sich ~ **1.** (*von Straße, Fluß, Zweig etc*) fork (out *od.* off), branch (off), divide, (bi)furcate: dort gabelt sich die Straße the road forks there. – **II** *v/t* (*rare*) **2.** fork, fork (*s.th.*) up. – **3.** (*gabelförmig machen*) split, divide. – **III** *v/i* **4.** nach etwas ~ *colloq.* to fish for s.th. (*colloq.*). – **IV G~** *n* ⟨-s⟩ **5.** *verbal noun.*

'**Ga·bel|ˌpferd** *n agr.* thill (*od.* shaft) horse, *Br.* thill- (*od.* shaft-)horse, thiller. — **~ˌpflug** *m* forked plough (*bes. Am.* plow). — **~ˌpunkt** *m* point of (bi)furcation (*od.* division). — **~ˌrohr** *n auto.* bifurcated tube. — **~ˌschie·ßen** *n mil.* bracket firing. — **~ˌschwanz** *m zo.* **1.** puss moth (*Cerura vinula*). – **2.** *cf.* Gabelweihe. — **g~ˌschwän·zig** [-ˌʃvɛntsɪç] *adj* fork-tailed, forktail (*attrib*). — **~ˌschwanzˌko·li·bri** *m* Peruvian sheartail (*Thaumastura cora*). — **~ˌspal·tung** *f bot.* dichotomy. — **~ˌstap·ler** *m tech.* fork (lift) truck. — **~ˌstel·lung** *f* (*im Schach*) fork. — **~ˌstiel** *m* fork handle. — **~ˌstüt·ze** *f* **1.** forked stand (*od.* support). – **2.** *mil.* a) (*eines Maschinengewehrs*) bipod, b) *hist.* (*einer Muskete*) (fork)rest. — **g~ˌtei·lig** *adj bot.* dichotomous. — **~ˌtei·lung** *f* **1.** *cf.* Gabelung. – **2.** *bot. cf.* Gabelspaltung. — **~ˌtyˌrann** *m zo.* scissortail, scissor-tailed flycatcher (*Br.* fly-catcher) (*Muscivora forficata*).

'**Ga·be·lung** *f* ⟨-; -en⟩ **1.** *cf.* Gabeln. – **2.** (*von Straße, Fluß*) fork(ing), (bi)furcation. – **3.** (*von Zweig*) crotch. – **4.** *bot. zo. med.* dichotomy: tiefe ~ forcipation (*scient.*).

'**Ga·be·lungsˌpunkt** *m cf.* Gabelpunkt.

'**Ga·bel|ˌwei·he** *f zo.* red kite, fork-tailed glede (*od.* glead) (*Milvus milvus*). — **~ˌzahn** *m bot.* crown-beard, verbesina (*scient.*) (*Gattg Verbesina*). — **g~ˌzahnˌför·mig** *adj* dicranoid. — **~ˌzin·ke** *f* prong (*od.* tine) of a fork.

'**Ga·ben|ˌspen·der** *m* donor, giver of gifts. — **~ˌtisch** *m* table on which presents are laid out.

Gab·ler ['gaːblər] *m* ⟨-s; -⟩ *hunt. cf.* Gabelbock 2.

Ga'bun|ˌeben|ˌholz [ga'buːn-] *n* **1.** *bot.* biletwood (*Diospyros dendo*). – **2.** (*wood*) gaboon (*od.* gabun) (mahogany). — **~schoˌko·la·de** *f* dika (bread) (*paste from seeds of African wild mango*). — **~ˌvi·per** *f zo.* Gaboon viper (*Bitis gabonica*).

Gacke'lei (*getr.* -k·k-) *f* ⟨-; *no pl*⟩ *fig. colloq. cf.* Gackern. — **gackeln** (*getr.* -k·k-) ['gakəln] *v/i* ⟨h⟩ *cf.* gackern.

gackern (*getr.* -k·k-) ['gakərn] **I** *v/i* ⟨h⟩ **1.** (*von Henne*) cluck, cackle: Hühner, die viel ~, legen wenig Eier (*Sprichwort*) *etwa* great boast and small roast (makes unsavo[u]ry mouths) (*proverb*), much cry and little wool (*proverb*). – **2.** *fig. colloq.* (*aufgeregt reden*) cackle, chatter, gabble, gaggle, gabber. – **II G~** *n* ⟨-s⟩ **3.** *verbal noun.*

Ga·den ['gaːdən] *m* ⟨-s; -⟩ *Swiss* **1.** loft, garret. – **2.** shed, small barn.

Ga·do·li·nit [gadoli'niːt; -'nɪt] *m* ⟨-s; -e⟩ *min.* gadolinite.

Ga·do·li·ni·um [gado'liːnĭum] *n* ⟨-s; *no pl*⟩ *chem.* gadolinium (Gd).

Gaf·fel ['gafəl] *f* ⟨-; -n⟩ *mar.* gaff. — **~ˌgeer** *f* vang. — **~ˌklaue** *f* jaw (of a gaff). — **~ˌnock** *f* peak (of a gaff). — **~ˌscho·ner** *m* fore-and-aft schooner. — **~ˌschuh** *m* parrel, parral. — **~ˌse·gel** *n* gaffsail. — **~ˌtoppˌse·gel** *n* gaff-topsail.

gaf·fen[1] ['gafən] *colloq. contempt.* **I** *v/i* ⟨h⟩ gape, gaze, stare, gawk, be openmouthed (*Br.* open-mouthed), *Am. sl.* rubberneck: was gaffst du so? what are you gawking at? dumm ~ to gape like a yokel. – **II G~** *n* ⟨-s⟩ *verbal noun.*

'**gaf·fen**[2] *v/t* ⟨h⟩ (*Lachs*) gaff.

'**gaf·fend I** *pres p.* – **II** *adj* (*Menge etc*) gaping, openmouthed, *Br.* open-mouthed. – **III** *adv* ~ dastehen to stand (there) gaping, to be agape. — '**Gaf·fer** *m* ⟨-s; -⟩ gaper, gazer, *Am. sl.* rubberneck. — **Gaf·fe'rei** *f* ⟨-; -en⟩ *colloq. contempt. cf.* Gaffen[1].

Gag [gɛk; gæg] (*Engl.*) *m* ⟨-s; -s⟩ (*theater, film*) gag, gimmick.

Ga·gat [ga'gaːt] *m* ⟨-(e)s; -e⟩, **~ˌkoh·le** *f* *min.* jet.

Ga·ge ['gaːʒə] *f* ⟨-; -n⟩ (*bes. theater, film*) salary: einmalige ~ fee, honorarium.

Ga·gel ['gaːgəl] *m* ⟨-s; -n⟩ *bot.* Gemeiner (*od.* Echter) ~ (sweet) gale, sweet-willow, Dutch (*od.* bog) myrtle, *auch* Scotch gale (*Myrica gale*). — **~ˌstrauch** *m cf.* Gagel.

gäh·nen ['gɛːnən] **I** *v/i* ⟨h⟩ **1.** yawn, give a yawn: herzhaft ~ to give a hearty yawn. – **2.** *fig.* (*von Schlund, Abgrund etc*) gape, yawn. – **II G~** *n* ⟨-s⟩ **3.** *verbal noun*: G~ steckt an yawning is contagious; ein G~ unterdrücken to suppress (*od.* stifle) a yawn. — '**gäh·nend I** *pres p.* – **II** *adj* ~e Leere *fig.* gaping (*od.* yawning) void (*od.* emptiness); ~e Langeweile *fig.* utter boredom.

Gah·nit [ga'niːt; -'nɪt] *m* ⟨-s; -e⟩ *min.* gahnite.

'Gähn,krampf *m med.* yawning fit, convulsive (*od.* spasmodic, morbid) yawning.

Gail·lar·die [gaˈjardiə] *f* ⟨-; -n⟩ *bot.* gaillardia (*Gattg Gaillardia*).

Ga·la ['gala; 'gaːla] *f* ⟨-; *no pl*⟩ gala (*od.* festive) dress: in ~ in full (*od.* gala) dress; sich in ~ werfen *colloq.* to put on one's Sunday best, to spruce oneself up. — ~-**,abend** *m* gala night. — ~**,an,zug** *m* **1.** gala suit, full dress, tails *pl* (*colloq.*). – **2.** *bes. Swiss mil. for* Galauniform. — ~**,auf,füh·rung** *f* gala performance. — ~**emp,fang** *m* gala (*od.* ceremonial) reception. — ~**,es·sen** *n* gala banquet (*od.* dinner).

Ga·la·go [ga'laːgo] *m* ⟨-s; -s⟩ *zo.* bush baby, galago (*Gattg Galago*).

'Ga·la,klei·dung *f* gala (dress).

ga·lak·tisch [ga'laktɪʃ] *adj astr.* galactic: ~er Nebel galactic nebula; ~es Rauschen galactic (*od.* cosmic) noise.

Ga·lak·to·me·ter [galakto'meːtər] *n astr.* galactometer.

Ga·lak·tor·rhö(e) [galakto'røː] *f* ⟨-; -rhöen [-ən]⟩ *med.* milk flow, galactorrh(o)ea (*scient.*).

Ga·lak·to·se [galak'toːzə] *f* ⟨-; -n⟩ *chem.* galactose ($C_6H_{12}O_6$).

Ga·la·lith [gala'liːt; -'lɪt] (*TM*) *n* ⟨-s; *no pl*⟩ *tech.* Galalith.

'ga·la,mä·ßig *adj* galalike.

Ga·lan [ga'laːn] *m* ⟨-s; -e⟩ *auch iron.* beau, gallant, suitor, lover, sweetheart, boyfriend (*colloq.*).

Ga·lan·ga [ga'laŋga] *f* ⟨-; -s⟩, ~**,wur·zel** *f bot. cf.* Galgant(wurzel).

ga·lant [ga'lant] *adj* **1.** (*Mann*) gallant, polite, courteous, chivalrous. – **2.** love (*attrib*), erotic, amorous: ~es Abenteuer love affair, amorous intrigue; ~e Krankheit *fig. obs.* venereal disease. – **3.** (*literature*) galant: ~e Dichtung galant literature.

Ga·lant ['gaːlant] *m* ⟨-s; -s⟩ *bot.* **1.** Wilder ~ long cypress-grass, English galanga (*Cyperus longus*). – **2.** (*Alantwurzel*) horseheal, horseheel, helicampany (*scient.*) (*Inula helenium*).

Ga·lan·te·rie [galantəˈriː] *f* ⟨-; -n [-ən]⟩ *lit.* **1.** ⟨*only sg*⟩ gallantry, courtly politeness (*od.* courteousness), gallant manners *pl.* – **2.** gallantry: j-m ~n sagen to whisper sweet nothings in s.o.'s ear. — ~**,de·gen** *m hist.* dress sword. — ~**,wa·ren** *pl archaic od. dial.* fancy goods, *Am.* notions.

Ga·la·ter ['ga(ː)latər] *m* ⟨-s; -⟩ Galatian: (der Brief des Paulus an die) ~ *Bibl. cf.* Galaterbrief. — ~**,brief, der** the Epistle (of St. Paul) to the Galatians, Galatians *pl* (*construed as sg*).

'Ga·la|uni,form *f mil.* full dress, full-dress uniform, 'war paint' (*colloq.*): Parade in ~ dress parade. — ~**ver,an,stal·tung** *f* dress affair, festive occasion (*od.* event). — ~**,vor-,stel·lung** *f cf.* Galaaufführung.

Ga·la·xie [gala'ksiː] *f* ⟨-; -n [-ən]⟩ *astr.* galaxy.

Ga·la·xis [ga'laksɪs] *f* ⟨-; *no pl*⟩ *astr.* Galaxy, Milky Way.

Gal·ba·num ['galbanum] *n* ⟨-s; *no pl*⟩ *med. pharm.* galbanum.

Gä·le ['gɛːlə] *m* ⟨-n; -n⟩ *hist.* Gael, Goidel.

Ga·lea ['gaːlea] *f* ⟨-; *no pl*⟩ **1.** *med.* galea, epicranial aponeurosis (*scient.*). – **2.** *zo.* galea, helmet.

Ga·le·as·se [gale'asə] *f* ⟨-; -n⟩ *mar.* galleass, *auch* galliass.

Ga·lee·re [ga'leːrə] *f* ⟨-; -n⟩ **1.** *mar. hist.* galley: j-n zu den ~n verurteilen, j-n auf die ~n schicken to send s.o. to the galleys. – **2.** Portugiesische ~ *zo.* Portuguese man-of-war (*Gattg Physalia*).

Ga'lee·ren|,skla·ve *m hist.* galley slave: wie ein ~ arbeiten *fig. colloq.* to work like a slave. — ~**,stra·fe** *f* forced labor (*bes. Br.* labour) in the galleys. — ~**,sträf·ling** *m cf.* Galeerensklave.

Ga·le·ni·kum [ga'leːnikum] *n* ⟨-s; -ka⟩ *med. pharm.* galenical.

ga·le·nisch [ga'leːnɪʃ] *adj med. hist.* Galenic, *auch* Galenical: die ~e Lehre the Galenic system of medical practice. — **Ga·le'nis·mus** [-le'nɪsmus] *m* ⟨-; *no pl*⟩ Galenism. — **Ga·le'nist** [-le'nɪst] *m* ⟨-en; -en⟩ Galenist.

Ga·le·nit [gale'niːt; -'nɪt] *m* ⟨-s; -e⟩ *chem. cf.* Bleiglanz.

Ga·leo·ne [gale'oːnə] *f* ⟨-; -n⟩ *mar. hist.* galleon.

Ga·leo·te [gale'oːtə] *f* ⟨-; -n⟩ *mar.* (*Segelschiff*) gal(l)iot.

Ga·le·rie [galə'riː] *f* ⟨-; -n [-ən]⟩ **1.** *arch.* gallery, loft. – **2.** (*theater*) gallery, upper balcony, 'gods' *pl* (*colloq.*), *Am. sl.* peanut gallery: für die ~ spielen to play to the gallery, *Am. colloq.* to play to the grandstand. – **3.** (*art*) art (*od.* picture) gallery, *Am. auch* art museum. – **4.** *fig.* collection, bevy: eine ~ schöner Frauen a bevy of beauties. – **5.** *mil.* entrenchment, *auch* intrenchment, dugout, *Br.* dug-out. – **6.** (*sport*) grandstand, *bes. Am.* bleachers *pl* (*sometimes construed as sg*). – **7.** *mar. hist.* stern gallery, *bes. Br.* stern walk. — ~**,wald** *m meist pl geogr.* river forest in tropical grassland.

Gal·gant [gal'gant] *m* ⟨-en; -en⟩, ~**,wur·zel** *f bot.* galingale, galanga, galangal(e), calangall, alpinia (*Alpinia officinalis*): Wilder ~ English galanga, long cypress-grass (*Cyperus longus*).

Gal·gen ['galgən] *m* ⟨-s; -⟩ **1.** gallows, gibbet (tree): j-n an den ~ bringen to hang s.o., to send s.o. to the gallows; das wird ihn noch an den ~ bringen *fig.* he is going to swing for that (*colloq.*); an den ~ kommen to end on the gallows; er ist reif für den ~ *fig.* he is heading straight for the gallows, he deserves to be hanged (for that). – **2.** *mar.* gallows bitt (*od.* frame). — ~**,frist** *f fig.* brief (*od.* temporary) reprieve (*od.* respite): j-m eine ~ gewähren to grant s.o. a temporary reprieve. — ~**hu-,mor** *m* grim (*od.* macabre) humor (*bes. Br.* humour). — ~**,kraut** *n bot. cf.* Hanf 1. — ~-**,lie·der**", „**Die** (*literature*) "Gallows Songs" (*by Morgenstern*). — ~**,männ·lein** *n bot. cf.* Alraun 1. — ~**,mie·ne** *f* gallows look, hangdog look: eine ~ machen to assume a hangdog (*od.* guilty) look. — ~-**,strick** *m colloq. cf.* Galgenvogel 2. — ~-**,vo·gel** *m* **1.** *zo.* raven (*Corvus corax*). – **2.** *fig. colloq.* gallows bird, *Br.* gallows-bird, good-for-nothing, scalawag, scallawag, *auch* scallywag, scamp.

Ga·li·ci·er [ga'liːtsiər] *m* ⟨-s; -⟩ (*in Spanien*) Galician. — **ga'li·cisch** [-tsɪʃ] *adj* Galician, Gallegan.

Ga·li·lä·er [gali'lɛːər] *Bibl.* **I** *m* ⟨-s; -⟩ *hist.* Galilean. – **II** *npr m* ⟨-s; *no pl*⟩ der ~ the Galilean, (the) Christ. — **ga·li'lä·isch** *adj* Galilean: das G~e Meer the Sea of Galilee, *auch* the Galilean Lake.

ga·li·le·isch [gali'leːɪʃ] *adj* Galilean: ~es Fernrohr Galilean telescope.

Ga·li·ma·thi·as [galima'tiːas] *m, n* ⟨-; *no pl*⟩ *contempt.* (pure) nonsense, gibberish, galimatias (*lit.*): er redete allen möglichen ~ daher he talked a lot of gibberish.

Ga·li·on [ga'lioːn] *n* ⟨-s; -s⟩ *mar. hist.* knee of the head, head knee, cutwater.

Ga·li'ons|,brett *n mar. hist.* headboard(s *pl*). — ~**fi,gur** *f* figurehead, *Br.* figure-head.

Ga·lio·te [ga'lioːtə] *f* ⟨-; -n⟩ *mar. cf.* Galeote.

Ga·li·pot [gali'poː] *m* ⟨-s; *no pl*⟩, ~**,harz** *n bot.* galipot, *auch* Bordeaux turpentine.

gä·lisch ['gɛːlɪʃ] **I** *adj* Gaelic, *auch* Goidelic. – **II** *ling.* **G~** ⟨*generally undeclined*⟩, **das G~e** ⟨-n⟩ Gaelic, *auch* Goidelic.

Ga·li·zi·er [ga'liːtsiər] *m* ⟨-s; -⟩ *geogr.* (*nördlich der Karpaten*) Galician. — **ga'li·zisch** [-tsɪʃ] *adj* Galician.

Gal·jaß [gal'jas] *f* ⟨-; -ssen⟩ *mar. cf.* Galeasse.

'Gall,ap·fel *m bot.* a) gall, gallnut, b) (*von Eichen*) oak gall (*od.* apple), nutgall: tomatenähnlicher ~ (*an Weinstöcken*) tomato gall. — ~**,ei·che** *f cf.* Galleiche. — ~**ex,trakt** *m med. pharm.* extract of gallnuts.

Gal·lat [ga'laːt] *n* ⟨-(e)s; -e⟩ *chem.* gallate.

Gal·le ['galə] *f* ⟨-; -n⟩ **1.** *med.* (*Organ*) gallbladder, *Br.* gall-bladder, *auch* gall: er hat Beschwerden an (*od.* mit) der ~, er hat es mit der ~ *colloq.* he has gall-bladder trouble, he has trouble with his gall-bladder. – **2.** *med.* (*Sekret*) a) bile, b) (*bes. von Tieren*) gall: ohne ~ acholic, acholous; die Leber sondert ~ ab the liver secretes bile. – **3.** *fig. colloq.* (*Ärger, Groll*) gall, bile, spleen, bitterness, rancor, *bes. Br.* rancour: voll ~ sein to be angry (*od.* enraged, furious, spiteful); seine ~ ausschütten (*od.* ausspritzen) (über *acc*) to vent one's spite (upon); mir kam die ~ hoch, mir lief die ~ über my blood was up, I was boiling over with rage; → Gift[1] 3. – **4.** *bot. cf.* Gallapfel. – **5.** *chem.* gall, bile. – **6.** *vet.* gall. – **7.** *min.* nodule.

'gal·le'bit·ter *adj cf.* gallenbitter.

'Gall,ei·che *f bot.* gall oak (*Quercus lusitanica*).

gal·len ['galən] **I** *v/t* ⟨h⟩ *gastr.* (*Fisch*) remove the gall from. – **II** *v/i hunt.* (*von Wild*) urinate.

'Gal·len|,ab,son·de·rung *f med. cf.* Gallensekretion. — ~**,an,fall** *m* gallbladder (*Br.* gall-bladder) (*od.* bilious) attack. — **g~,ar·tig** *adj* bilious, like bile. — ~**be-,schwer·den** *pl* gallbladder (*Br.* gall-bladder) trouble *sg*, biliousness *sg.* — ~**,bil·dung** *f* bilification; cholepoiesis, biligenesis (*scient.*). — **g~'bit·ter** *adj* (as) bitter as gall.

'Gal·len,bla·se *f med.* gallbladder, *Br.* gall-bladder, *auch* gall; vesicle of the gall, biliary vesicle, cholecyst (*scient.*).

'Gal·len,bla·sen|ent,fer·nung *f med.* (operative) removal of the gallbladder (*Br.* gall-bladder), cholecystectomy (*scient.*). — ~**ent,zün·dung** *f* inflammation of the gallbladder (*Br.* gall-bladder), cholecystitis (*scient.*). — ~**,farb,stoff** *m* bile pigment. — ~**,gang** *m* cystic duct (*od.* canal). — ~-**,ko·lik** *f* gallbladder (*Br.* gall-bladder) attack, bilious (*od.* biliary, *scient.* hepatic) colic, cholecystalgia (*scient.*).

'Gal·len|,fie·ber,an,fall *m med.* bilious attack. — ~**,fi·stel** *f* biliary fistula. — ~**,fluß** *m* bile flow, bilious (*od. scient.* hepatic) flux: sehr starker ~ choleresis, cholerrhagia. — ~**,flüs·sig·keit** *f* **1.** bile. – **2.** (*bes. von Tieren*) gall. — ~**,gang** *m* (common) bile duct. — ~**ka,nal** *m* bile (*od.* biliary) duct. — ~**,ko·lik** *f cf.* Gallenblasenkolik. — ~**,lei·den** *n* gallbladder (*Br.* gall-bladder) trouble, affection of the gall(-)bladder, cholecystopathy (*scient.*). — **g~los** *adj* acholic, acholous. — ~**,salz** *n* bile salt. — ~**,säu·re** *f* bile acid. — ~-**se·kre·ti,on** *f* secretion of bile; bilification, choleresis (*scient.*). — ~**,stau·ung** *f* retention of bile, cholestasis (*scient.*).

'Gal·len,stein *m med.* gallstone, *Br.* gall-stone, bilestone, *Br.* bile-stone, bile calculus (*scient.*). — ~**ope·ra·ti,on** *f* operation for gallstones (*Br.* gall-stones), gallstone (*Br.* gall-stone) operation, cholelithotomy (*scient.*).

'Gal·len|sy,stem *n* biliary tract. — ~**,weg** *m meist pl* bile (*od.* biliary) duct.

Gal·lert ['galərt; ga'lɛrt] *n* ⟨-(e)s; -e⟩ **1.** *chem. med.* a) (*Gelatine*) gelatin, *auch* gelatine, b) (*disperses System*) gel, colloid (*scient.*). – **2.** *gastr.* jelly, gelatin, *auch* gelatine: ~ bilden to jellify, to set. — **g~,ähn·lich** *adj* jellylike, *Br.* jelly-like. — ~**,al·ge** *f bot.* spittle-of-the-stars (*Nostoc commune*). — **g~,ar·tig** *adj* **1.** *chem.* a) gelatinous, b) gel-like; colloidal, colloid (*scient.*): ~e Substanz gelatinoid. – **2.** *gastr.* jellied, gelatinous. – **3.** *med.* (*Geschwulstgewebe*) gelatinous, myxomatous (*scient.*). – **4.** *bot.* tremellose.

Gal·ler·te [ga'lɛrtə; 'galərtə] *f* ⟨-; -n⟩ *cf.* Gallert.

'Gal·lert|,flech·te *f bot.* jelly lichen (*Gattg Collema*). — ~**ge,schwulst** *f med.* myxoma: bösartige ~ myxosarcoma, myxoblastoma.

gal·ler·tig [ga'lɛrtɪç; 'galərtɪç] *adj cf.* gallertartig.

'Gal·lert|,krebs *m med.* myxosarcoma, myxoblastoma. — ~**,mas·se** *f* gelatinous (*od.* jellylike, *Br.* jelly-like) substance (*od.* mass), jelly. — ~**,moos** *n bot.* sea (*od.* pearl, Irish) moss, carrageen, carragheen, *auch* carageen (*Chondrus crispus*). — ~**,pilz** *m meist pl* tremella (*Tremella nostoc*): die ~e the tremellaceae (*Fam. Tremellaceae*). — ~**,schwamm** *m* slime sponge (*Klasse Myxospongia*). — ~**,tang** *m* jelly plant (*Eucheuma speciosum*).

'gal·le,trei·bend *adj med.* choleretic, cholagogic: ~es Mittel choleretic, cholagogue.

gal·li·am·bisch [ga'liambɪʃ] *adj metr.* galliambic: ~er Vers galliambic.

Gal·li·ar·de [ga'liardə] *f* ⟨-; -n⟩ *mus.* (*Tanz*) galliard, *auch* gaillard.

Gal·li·er ['galiər] *m* ⟨-s; -⟩ *hist.* Gaul.

'gal·lig *adj* **1.** *med.* bilious. – **2.** *fig.* (*Mensch, Bemerkung, Humor etc*) acrid, bilious, biting, bitter, ill-tempered, resentful.

gal·li·ka·nisch [gali'kaːnɪʃ] *adj relig.* Gallican. — **Gal·li·ka'nis·mus** [-ka'nɪsmus] *m* ⟨-; *no pl*⟩ Gallicanism.

gal·lisch ['galɪʃ] **I** *adj* Gallic, Gallican, Gaulic, Gaulish. – **II** *ling.* **G~** ⟨*generally undeclined*⟩, **das G~e** ⟨-n⟩ Gallic, Gaulic, Gaulish, Continental Celtic.

gal·li·sie·ren [gali'zi:rən] *v/t* ⟨*no* ge-, h⟩ Frenchify, gallicize.

Gal·li·um ['galĭʊm] *n* ⟨-s; *no pl*⟩ *chem.* gallium (Ga).

Gal·li·zis·mus [gali'tsɪsmʊs] *m* ⟨-; -men⟩ *ling.* Gallicism.

'Gall|,mil·be *f zo.* gall mite, criophyid (mite) (*scient.*) (*Fam. Tetrapodili-Eriophyidae*). — **~,mil·ben,krank·heit** *f bot.* phytoptosis. — **~,mücke** (*getr.* -k·k-) *f zo.* gall midge, *auch* gall gnat (*Fam. Cecidomyiidae*).

Gal·lo·ma·ne [galo'ma:nə] *m* ⟨-n; -n⟩ Gallomaniac. — **Gal·lo·ma'nie** [-ma'ni:] *f* ⟨-; *no pl*⟩ Gallomania.

gal·lo·phil [galo'fi:l] *adj* Francophile, Gallophile. — **Gal·lo'phi·le** *m* ⟨-n; -n⟩ Francophile, Gallophile.

gal·lo·phob [galo'fo:p] *adj* Francophobe, Gallophobe. — **Gal·lo'pho·be** [-bə] *m* ⟨-n; -n⟩ Francophobe, Gallophobe.

gal·lo·ro·ma·nisch [galoro'ma:nɪʃ] **I** *adj* Gallo-Roman, Gallo-Romanic. – **II** *ling.* **G~** ⟨*generally undeclined*⟩, **das G~e** ⟨-n⟩ Gallo-Romance.

'Gall,sucht *f vet.* gall sickness.

'Gal·lus,säu·re ['galʊs-] *f chem.* gallic acid ($C_6H_2(OH)_3COOH \cdot H_2O$): Salz der ~ gallate.

'Gall,wes·pe *f zo.* gall wasp, gallfly, *Br.* gall-fly (*Fam. Cynipidae*).

Gal·mei [gal'maɪ; 'galmaɪ] *m* ⟨-s; -e⟩ *min.* calamine, hemimorphite.

Ga·lon [ga'lõ:] *m* ⟨-s; -s⟩, **Ga·lo·ne** [ga'lo:nə] *f* ⟨-; -n⟩ **1.** (*Borte, Tresse*) galloon. – **2.** *Swiss mil.* braid (*trim on officers' caps*). — **ga·lo'nie·ren** [-lo'ni:rən] *v/t* ⟨*no* ge-, h⟩ trim (*od.* ornament) (*s.th.*) with galloon.

Ga·lopp [ga'lɔp] *m* ⟨-s; -e *u.* -s⟩ **1.** a) gallop, b) (*bes. in der Dressur*) canter: **in vollem ~** in full career; **im ~** *auch fig.* at a gallop; **voller** (*od.* **gestreckter**) [**kurzer**] **~** full [easy *od.* hand] gallop; **leichter ~** canter; **~ reiten** to gallop; **in ~ fallen** (*od.* **übergehen**) to break into a gallop; **in leichtem ~ reiten** to canter; **er kam im ~ gerannt** *fig.* he came galloping in, he galloped in; **etwas im ~ erledigen** *fig. colloq.* to gallop through s.th.; **das geht ja wie im ~** *fig. colloq.* that's going at a gallop (*od.* at breakneck speed). – **2.** *fig. colloq.* (*in Wendungen wie*) **dich hat wohl der Esel im ~ verloren?** you must be crazy; **er ist im ~ durch die Kinderstube geritten** he has no manners. – **3.** *mus.* galop.

Ga·lop·pa·de [galɔ'pa:də] *f* ⟨-; -n⟩ *choreogr.* gallopade, *auch* galopade.

ga·lop·pie·ren [galɔ'pi:rən] *v/i* ⟨*no* ge-, sein⟩ a) gallop, b) (*bes. in der Dressur*) canter: **er ließ sein Pferd ~** he galloped his horse. — **ga·lop'pie·rend I** *pres p.* – **II** *adj* **~e Schwindsucht** *med.* galloping consumption.

Ga'lopp|,ren·nen *n* (*sport*) gallop race. — **~,wech·sel** *m* (*in der Dressur*) change of leg.

Ga·lo·sche [ga'lɔʃə] *f* ⟨-; -n⟩ *meist pl* [galosh, overshoe.]

galt [galt] *1 u. 3 sg pret*, **gäl·te** ['gɛltə] *1 u. 3 sg pret subj of* gelten.

'Gal·ton,pfei·fe ['gɔ:ltən-] (*Engl.*) *f phys.* Galton whistle (*used to test audibility*).

'Galt,vieh ['galt-] *n Swiss agr. for* Jungvieh.

Gal·va·ni·sa·ti·on [galvaniza'tsĭo:n] *f* ⟨-; -en⟩ *electr.* galvanization.

gal·va·nisch [gal'va:nɪʃ] *adj electr.* (*Strom, Zelle etc*) galvanic, voltaic, voltaelectric, *Br.* volta-electric, electrolytic: **~es Element** galvanic (*od.* voltaic, primary) cell; **~e Vergoldung** electrogilding, gold plating; **~e Kette** voltaic chain (*od.* couple); **~e Metallisierung** electro(-)deposition, metal-plating; **~e Verchromung** chrome-plating, chromium-plating; **~e Verzinkung** electrogalvanizing, cold galvanizing.

Gal·va·ni·seur [galvani'zø:r] *m* ⟨-s; -e⟩ *tech.* galvanizer, electroplater.

gal·va·ni·sie·ren [galvani'zi:rən] **I** *v/t* ⟨*no* ge-, h⟩ **1.** *tech.* galvanize, zinc, zincify, electroplate. – **2.** *med.* galvanize. – **II G~** *n* ⟨-s⟩ **3.** *verbal noun.* — **Gal·va·ni'sie·rung** *f* ⟨-; -en⟩ **1.** *cf.* Galvanisieren. – **2.** galvanization, electrodeposition, *Br.* electro-deposition. — **Gal·va'nis·mus** [-'nɪsmʊs] *m* ⟨-; *no pl*⟩ **1.** *electr.* galvanism, voltaism. – **2.** *med.* galvanism.

Gal·va·no [gal'va:no] *n* ⟨-s; -s⟩ *print.* electro(type), galvanograph.

Gal·va·no|gra·phie [galvanogra'fi:] *f* ⟨-; -n [-ən]⟩ (*Elektroplating, galvanography*). — **g~'gra·phisch** [-'gra:fɪʃ] *adj* galvanographic. — **~'kau·stik** [-'kaustɪk] *f med.* galvanocautery, *Br.* galvano-cautery.

Gal·va·no·kau·ter [galvano'kautər] *m* ⟨-s; -⟩ *med.* galvanocautery, *Br.* galvano-cautery, electrocautery.

Gal·va·no|me·ter [galvano'me:tər] *n phys.* galvanometer. — **g~'me·trisch** [-'me:trɪʃ] *adj* galvanometric.

Gal·va·no|pla·stik [galvano'plastɪk] *f* **1.** *tech.* galvanoplastic art, galvanoplastics *pl* (*construed as sg*), galvanoplasty, electroforming. – **2.** *print.* electrotyping. — **~'pla·sti·ker** [-tikər] *m print.* electrotyper, electroformer. — **g~'pla·stisch I** *adj* galvanoplastic: **~e Abscheidung** electroforming; **~er Abdruck** electrotype. – **II** *adv* **~ vervielfältigen** to electrotype.

Gal·va·no·skop [galvano'sko:p] *n* ⟨-s; -e⟩ *phys.* galvanoscope. — **gal·va·no'sko·pisch** *adj* galvanoscopic.

Gal·va·no|tech·nik [galvano'tɛçnɪk] *f* **1.** *tech.* electroplating, electrodeposition, *Br.* electro-deposition. – **2.** *print.* electrotyping. — **~the·ra'pie** [-tera'pi:] *f med.* galvanotherapy (*therapeutic application of galvanism*). — **~tro'pis·mus** [-tro'pɪsmʊs] *m electr.* galvanotropism.

Ga·man·der [ga'mandər] *m* ⟨-s; -⟩ *bot.* germander (*Gattg Teucrium*). — **~,eh·ren,preis** *m* germander (speedwell), *Br.* bird's-eye (*Veronica chamaedrys*).

Ga·ma·sche [ga'maʃə] *f* ⟨-; -n⟩ *meist pl* **1.** (*bis zum Knie*) gaiter, legging: **~n haben** *fig. colloq.* to have the (*Am. auch* one's) wind up, to be in a funk (*colloq.*), to be afraid. – **2.** (*über dem Fuß*) spat. – **3.** (*Wikkelgamasche*) puttee.

Ga'ma·schen,ho·se *f* (*für Kinder*) leggings *pl.*

Gam·be ['gambə] *f* ⟨-; -n⟩ *mus. hist.* (viola da) gamba: **konische ~** (*beim Orgelregister*) cone gamba.

Gam·bir ['gambɪr] *n* ⟨-(e)s; -e⟩ *tech.* Catechu, gambier, *auch* gambir (*catechu used for tanning*).

Gam·bit [gam'bɪt] *n* ⟨-s; -s⟩ (*im Schach*) gambit.

'Gam·bo,hanf ['gambo-] *m bot.* kenaf, *auch* kanaf(f), ambari (hemp), bastard (*od.* Java) jute, Bombay (*od.* deccan) hemp (*Hibiscus cannabinus*).

Gam·bu·sie [gam'bu:zĭə] *f* ⟨-; -n⟩ *meist pl zo.* gambusia (*Gattg Gambusia*).

Ga·me·lan(g) ['gaməlan; (-laŋ)] *n* ⟨-s; -s⟩ *mus.* gamelan, *auch* gamelang, gamelin.

Ga·mel·le [ga'mɛlə] *f* ⟨-; -n⟩ *Swiss mil. cf.* Kochgeschirr 2.

Ga·met [ga'me:t] *m* ⟨-en; -en⟩ *biol.* gamete.

Ga·met·an·gi·um [game'taŋgĭʊm] *n* ⟨-s; -gien⟩ *biol.* gametangium.

Ga'me·ten·ver,schmel·zung *f biol.* syngamy.

Ga·me·to..., ga·me·to... *combining form denoting* gameto...

Ga·me·to·ge·ne·se [gametoge'ne:zə] *f* ⟨-; *no pl*⟩ *biol.* gametogenesis.

Ga·me·to·phor [gameto'fo:r] *m* ⟨-s; -e⟩ *bot.* gametophore.

Ga·me·to·phyt [gameto'fy:t] *m* ⟨-en; -en⟩ *bot.* gametophyte.

Ga·min [ga'mɛ̃:] *m* ⟨-s; -s⟩ *cf.* Gassenjunge.

Gam·ma ['gama] *n* ⟨-(s); -s⟩ **1.** gamma (*third letter of the Greek alphabet*). – **2.** *phys.* gamma ($^1/_{1000}$ *mg*). — **~,eu·le** *f zo.* beet worm, lambda moth (*Phytometra gamma*). — **~funk·ti,on** *f math.* gamma function. — **~glo·bu,lin** *n med.* gamma globulin.

Gam·ma·gra·phie [gamagra'fi:] *f* ⟨-; *no pl*⟩ *tech.* gammagraphy, gamma radiography, gamma-ray inspection.

'Gam·ma|,pho·ton, ~,quant *n nucl.* gamma quantum.

'Gam·ma,strahl *m meist pl phys.* gamma ray. — **~spek·tro,me·ter** *n* gamma-ray spectrometer.

'Gam·ma,strah·lung *f* gamma radiation.

Gam·me'lei *f* ⟨-; -en⟩ *cf.* Bummelei 1, 4. — **'gam·me·lig** *adj* **1.** *cf.* faulig 1, 2. – **2.** *cf.* unordentlich 1—4.

gam·meln ['gaməln] **I** *v/i* ⟨h⟩ **1.** live (*od.* behave) like a beatnik. – **2.** *cf.* bummeln 4. – **II G~** *n* ⟨-s⟩ **3.** *verbal noun.* — **'Gamm·ler** *m* ⟨-s; -⟩, **'Gamm·le·rin** *f* ⟨-; -nen⟩ beatnik. — **'Gamm·ler·tum** *n* ⟨-s; *no pl*⟩ **1.** state of being a beatnik. – **2.** beatniks *pl.* – **3.** (*Lebensauffassung*) beatnik's (*od.* beatniks') conception of life.

Ga·mo..., ga·mo... *combining form denoting* gamo...

Ga·mon [ga'mo:n] *n* ⟨-s; -e⟩ *meist pl biol.* gamone.

ga·mo·pe·tal [gamope'ta:l] *adj bot.* gamo- [petalous.]

Gams [gams] *m, f, dial. auch n* ⟨-; -en⟩ *hunt. u. dial. for* Gemse. — **~,bart** *m* **1.** tuft of chamois hair (*for a hat*), 'shaving brush' (*colloq.*). – **2.** *bot. cf.* Gamsgras. — **~,gras** *n bot.* Alpine rush (*Juncus trifidus*). — **~,horn** *n* unicorn plant (*Martynia louisianica*). — **~,kraut** *n* leopard's-bane, *auch* leopardbane, doronicum (*Doronicum pardalianches*). — **~,kres·se** *f cf.* Gemskresse. — **~,wild** *n zo.* chamois *pl* (*construed as sg or pl*). — **~,wurz** *f bot.* **1.** *cf.* Gamskraut. – **2.** bear's-ear, auricula (*Primula auricula*).

Ga·na·sche [ga'naʃə] *f* ⟨-; -n⟩ *vet.* (rear part of a horse's) lower jaw.

Gand [gant] *f* ⟨-; -en⟩, *n* ⟨-s; ¨er⟩ *bes. Swiss for* Geröllhalde, Schuttfeld.

Gan'dha·ra,kunst [gan'da:ra-] *f archeol.* Gandhara(n) art (*hybrid Greco-Buddhist art*).

Ga·neff ['ganɛf] *m* ⟨-(s); -e⟩ *cf.* Ganove.

gang [gaŋ] *adj only in* **~ und gäbe sein** to be usual (*od.* common, customary): **das ist durchaus ~ und gäbe** that's nothing unusual (*od.* out of the ordinary), that's quite the usual thing (*od.* practice).

Gang[1] *m* ⟨-(e)s; ¨e⟩ **1.** *cf.* Gehen. – **2.** ⟨*only sg*⟩ (*Art des Gehens*) walk, gait: **gemächlicher ~** amble; **stolzer ~** stalking gait, stalk, strut; **schleppender** (*od.* **schlurfender**) **~** shuffling walk, shuffle, drag; **sie hat einen aufrechten [schönen] ~** she has an upright [graceful] gait, she walks erectly [gracefully]; **er hat den schwankenden ~ eines Seemanns** he walks with a nautical roll, he has his sea-legs on; **er hatte einen unsicheren ~** he was not quite sure (*od.* not very steady) on his feet. – **3.** ⟨*only sg*⟩ (*Schrittempo etc*) step, pace: **er hat einen schnellen ~** he walks with a quick step (*od.* at a quick pace), he is a quick (*od.* fast) walker; **seinen ~ beschleunigen** to walk faster, to quicken one's pace. – **4.** *cf.* Gangart 2. – **5.** (*bes. Spaziergang*) walk, stroll: **ein ~ von 10 Minuten** a 10 minutes' walk; **machen wir noch einen kleinen ~** let's take (*od.* go for) a short walk. – **6.** (*Besorgungsgang*) errand: **einen ~ machen** to go on an errand; **Gänge besorgen** to run errands. – **7.** (*Weg*) way: **auf dem ~ zur Kirche** going (*od.* on the way) to (the) church; **diesen ~ hättest du dir sparen können** *colloq.* you could have saved yourself the trouble (of this attempt); **das war ein schwerer ~ für ihn** *fig.* that was a hard task for him; **der letzte ~** *fig. lit.* the last journey; → **Kanossa.** – **8.** ⟨*only sg*⟩ (*der Gestirne etc*) course. – **9.** ⟨*only sg*⟩ *fig.* (*von Geschehen etc*) course, run: **~ der Ereignisse** course (*od.* march, stream) of events; **~ der Handlung** course (*od.* run) of the action; **du mußt der Sache ihren ~ lassen** you must let matters take their course; **alles geht (wieder) seinen (gewohnten) ~** everything is going on as usual (*od.* in the same old way); **gewohnheitsmäßiger ~** regular course, routine; **der ~ der Welt** the way of the world; **der ~ einer Unterhaltung** the course (*od.* progress) of a conversation. – **10.** ⟨*only sg*⟩ *fig.* (*Bewegung*) action, operation: **etwas in ~ bringen** (*od.* **setzen**) to put (*od.* set) s.th. in action (*od.* motion), to set (*od.* get) s.th. going, to start s.th.; **eine Unterhaltung in ~ bringen** to start a conversation, to get a conversation going (*od.* started), to set (*od.* start) the ball rolling (*colloq.*); **eine Diskussion war im ~(e)** a discussion was going on (*od.* was in progress, was underway); **es ist etwas im ~(e)** *colloq.* there is s.th. going on (*od.* in the wind, *colloq.* up); **der Prozess war in vollem ~e** the process was well underway; **die Verhandlungen waren in vollem ~e** the negotiations were in full swing (*colloq.*); **etwas in ~ halten** to keep s.th. in motion (*od.* going); **eine Debatte in ~ halten** to keep a debate going (*od.* alive), to keep up the ball, to keep the ball rolling (*colloq.*);

in ~ kommen to get started (*od.* going), to begin (*od.* start) working (*od.* operating); er kommt nur langsam in ~ he gets started (*od.* into his stride) slowly, he finds his feet slowly. – **11.** ⟨*only sg*⟩ (*einer Maschine etc*) running, working, functioning: **eine Maschine in ~ bringen** to start a machine, to set a machine in action (*od.* into operation, to work); **die Maschine war in ~** the machine was in operation, the machine was running (*od.* working, operating); **eine Maschine außer ~ setzen** to put a machine out of operation, to stop a machine. – **12.** (*Flur*) corridor, hall(way). – **13.** (*Durchgang, Verbindungsweg*) passage(way): **gedeckter ~** covered passage, gallery; **unterirdischer ~** underground (*od.* subterranean, subterraneous) passage (*od.* tunnel). – **14.** (*zwischen Sitzreihen etc*) *Am.* aisle, *Br.* gangway: ~ **im Zug** corridor, *Am. auch* aisle. – **15.** *cf.* Pfad 1, 3. – **16.** *bes. tech.* (*Laufsteg*) walkway, passageway, catwalk, *Br.* cat-walk. – **17.** *gastr.* course: **Essen mit fünf Gängen** five-course dinner. – **18.** *auto.* (speed) gear, speed: **der erste [höchste] ~** the first (*od.* low, bottom) [top *od.* high] gear; **das Auto hat vier Gänge** the car has four gears (*od.* speeds); **in den nächsthöheren ~ schalten** to engage (*od.* shift [in]to, change [in]to) the next gear (*od.* next higher gear); **den ~ eingeschaltet lassen** to leave the car in gear; **den ~ wechseln** to change (*od.* shift) gears; **den ~ herausnehmen** to shift (*od.* change) into neutral. – **19.** *tech.* (*eines Gewindes*) thread, turn: **toter ~** a) (*eines Triebwerks*) lost motion, dead travel, b) (*eines Gewindes*) backlash. – **20.** *tech.* a) (*einer Maschine*) operation, running action, b) (*einer Schnecke*) start: **dieser Staubsauger klopft und saugt in einem ~** this vacuum cleaner beats and cleans in one operation; **das kann man in einem ~ machen** that can be done in (*od.* at) one go (*colloq.*). – **21.** (*sport*) a) (*beim Fechten*) bout, phrase, *Am. auch* combat. – **22.** *hunt.* (*des Fuchsbaus etc*) set, burrow. – **23.** *med. zo.* passage, canal, duct(us), meatus (*scient.*). – **24.** *bot.* duct(us). – **25.** *biol.* duct(us), vas. – **26.** *geol.* vein, dike, dyke, lode. – **27.** (*mining*) tunnel, gallery. – **28.** *mar.* a) (*Platten*) strake, b) (*Arbeitsgang*) gang. – **29.** *metall.* a) (*eines Schmelzofens*) operation, run, b) (*Schmelzgang*) heat, c) (*beim Walzen, Schweißen*) pass. – **30.** (*watchmaking*) rate.

Gang[2] [gɛŋ; gæŋ] (*Engl.*) *f* ⟨-; -s⟩ (*Horde, Rotte etc*) gang.

ˈ**Gang|ˌanˌord·nung** *f auto.* (*Schaltschema des Getriebes*) gearshift (*Br.* gear-shift) pattern. — **~ˌart** *f* **1.** gait, walk. – **2.** (*eines Pferdes etc*) pace, gait, action, air: **die ~ wechseln** to change pace, to break (step); **mit langsamer ~** slow-paced. – **3.** *zo.* locomotory pattern. – **4.** *geol. min.* a) gangue, *auch* gang, rocky matter, b) matrix.

ˈ**gang·bar** *adj* **1.** (*Weg etc*) passable, negotiable. – **2.** *fig.* (*Idee etc*) practicable, feasible, possible, workable. – **3.** *econ. cf.* gängig 2. – **4.** *tech.* a) (*Maschine*) working, running, in operational condition, b) (*Verfahren*) practicable, c) (*Vorrichtung, Mechanismus*) operational: ~ **machen** (*Uhr etc*) to set going. — ˈ**Gang·bar·keit** *f* ⟨-; *no pl*⟩ **1.** passability, negotiability. – **2.** *fig.* practicableness, practicability, feasibility, possibility, workability.

ˈ**Gangˌbein** *n zo.* ambulatory limb.

ˈ**Gän·gelˌband** *n* ⟨-(e)s; *no pl*⟩ *fig. colloq.* leading strings *pl*, *Br.* leading-strings *pl*: **j-n am ~ führen** (*od.* haben), **j-n am** (*od.* ans) ~ **nehmen** *cf.* gängeln.

Gän·geˈlei *f* ⟨-; *no pl*⟩ *fig. colloq.* keeping in leading strings (*Br.* leading-strings), leading by the nose.

gän·geln [ˈgɛŋəln] *v/t* ⟨h⟩ **j-n ~** *fig. colloq.* to keep s.o. in leading strings (*Br.* leading-strings), to have s.o. on a string, to lead s.o. by the nose, to spoon-feed s.o.: **ich lasse mich nicht ~** I won't be led by the nose, I have a will of my own.

ˈ**Gan·ges|ˌbril·lenˌvo·gel** [ˈgaŋgɛs-] *m zo.* silvereye, white-eye (*Gattg Zosterops*). — **~delˌphin** *m* susu, Ganges dolphin, platanista (*Platanista od. Susu gangetica*). — **~kro·koˌdil** *n* gavial, *auch* gharial (*Gavialis gangeticus*). — **~ˌreh** *n cf.* Axis(hirsch).

ˈ**Gang|ˌfe·der** *f* (*der Uhr*) driving spring. — **~ˌfeld** *n geol.* field of veins. — **~geˌnau·ig·keit** *f* (*einer Uhr*) accuracy, precision. — **~geˌstein** *n min.* **1.** *cf.* Gangart 4. – **2.** (*Erstarrungsgestein*) dike (*od.* dyke) rock. — **~ˌhe·bel** *m auto.* change speed (*od.* gear [change], gearshift, *Br.* gear-shift) lever, *Am. auch* gearshift. — **~ˌhö·he** *f tech.* (*eines Gewindes*) lead.

gän·gig [ˈgɛŋɪç] *adj* **1.** (*Ausdruck etc*) current, common, usual, prevalent. – **2.** *econ.* a) (*Ware*) sal(e)able, marketable, merchantable, vendible, selling, b) (*Preise*) prevailing, ruling, c) (*Münze*) current. – **3.** *cf.* **gangbar** 2. – **4.** (*Hund etc*) obedient, well-trained (*attrib*). – **5.** (*Pferd etc*) swift. — ˈ**Gän·gig·keit** *f* ⟨-; *no pl*⟩ **1.** (*eines Ausdrucks etc*) currency, commonness, prevalence. – **2.** *econ.* a) sal(e)ability, sal(e)ableness, marketability, vendibility, b) (*einer Münze*) currency. – **3.** *cf.* Gangbarkeit 2. – **4.** (*eines Hundes*) obedience. – **5.** (*eines Pferdes*) swiftness.

ˈ**Gang|ˌkreuz** *n geol.* intersection of two veins (*od.* lodes): **spitzes ~** hammock structure. — **~ˌlet·ten** *m* gouge, selvage (*od.* selvedge) (clay).

Gan·gli·ek·to·mie [gaŋgliˀɛktoˈmiː] *f* ⟨-; -n [-ən]⟩ *med.* ganglionectomy.

ˈ**Gan·gli·en|ˌkno·ten** *m* **1.** *med.* gangliform swelling. – **2.** *zo.* (*bei Insekten*) node. — **~ˌzel·le** *f* ganglion cell, gangliocyte.

Gan·gli·om [gaŋgliˈoːm] *n* ⟨-s; -e⟩ *med.* ganglioma.

Gan·gli·on [ˈgaŋgliɔn] *n* ⟨-s; -glien⟩ *med.* ganglion.

Gan·grän [gaŋˈgrɛːn] *f* ⟨-; -en⟩, *auch n* ⟨-s; -e⟩, *rare* **Ganˈgrä·ne** *f* ⟨-; -n⟩ *med.* gangrene, necrosis. — **gan·grä'nös** [-grɛˈnøːs] *adj* gangrenous, sphacelous (*scient.*): ~ **werden** to sphacelate.

ˈ**Gang|ˌschal·ter, ~ˌschaltˌhe·bel** *m auto. cf.* Ganghebel. — **~ˌschal·tung** *f* gear change, gearshift(ing), *Br.* gear-shift(ing). — **~ˌspal·te** *f* (*mining*) fissure.

ˈ**Gangˌspill** *n mar.* capstan, (*tragbares*) crab. — **~ˌkopf** *m* barrel of capstan.

ˈ**Gangˌstei·gung** *f tech.* (*eines Gewindes*) lead.

Gang·ster [ˈgɛŋstər; ˈgæŋstə] (*Engl.*) *m* ⟨-s; -⟩ gangster, *Am. auch* racketeer. — **~ˌban·de** *f* gang (of criminals), band of gangsters. — **~ˌbraut** *f* moll, *auch* gun moll (*sl.*).

ˈ**Gang·ster·tum** *n* ⟨-s; *no pl*⟩ **1.** gangsterism, *Am. auch* racketeering. – **2.** gangsters *pl.*

ˈ**Gang|ˌstock** *m geol.* dike (*od.* dyke) complex. — **~ˌtie·fe** *f tech.* (*eines Gewindes*) depth of thread.

Gang·way [ˈgæŋweɪ] (*Engl.*) *f* ⟨-; -s⟩ *aer. mar.* gangway.

ˈ**Gang|ˌwech·sel** *m tech.* (*eines Autos etc*) gear change, gearshift(ing), *Br.* gear-shift(ing). — **~ˌwerk** *n* (*einer Uhr*) mechanism. — **~ˌzahl** *f* **1.** *auto.* number of gears (*od.* speeds). – **2.** *tech.* a) (*eines Gewindes*) number of threads, b) (*eines Fräsers*) number of starts.

Ga·ni·ster [gaˈnɪstər] *m* ⟨-s; -⟩ *min.* ganister, *auch* gannister.

Gaˈni·terˌbaum [gaˈniːtər-] *m bot.* East-Indian lime (tree) (*Elaeocarpus ganitrus*): **Frucht des ~s** olive nut.

Gan·net [ˈganət] *m* ⟨-s; -s⟩ *zo. cf.* Baßtölpel.

Ga·noˈidˌschup·pe [ganoˈiːt-] *f zo.* ganoid scale.

Ga·no·ve [gaˈnoːvə] *m* ⟨-n; -n⟩ *contempt.* 'crook' (*colloq.*), thief, swindler.

Gaˈno·ven|ˌeh·re *f* honor (*bes. Br.* honour) among thieves. — **~ˌspra·che** *f* thieves' cant (*od.* Latin).

Gans [gans] *f* ⟨-; =e⟩ **1.** *zo.* goose (*Unterfam. Anserinae*): **junge ~** green goose, gosling; **eine Schar Gänse** a flock (*od.* gaggle) of geese; **Wilde ~** wild goose, marsh goose, greylag(goose), *auch* grayleg (*Anser cinereus*); **zahme ~** domestic goose; **Geschlecht der Gänse** anseridae *pl.* – **2.** *fig. colloq. contempt.* (*bes. junges Mädchen*) silly thing (*od.* person), ninny (*colloq.*), 'goose' (*colloq.*): **dumme ~** you silly thing (*od.* goose); **schnattern wie die Gänse** to gaggle (*od.* cackle) like geese; **er machte ein Gesicht** (*od.* **stand da**) **wie eine ~, wenn's donnert** *colloq.* he looked like a dying duck in a thunderstorm, he looked dumbfounded. — **g~ˌähn·lich, ~ˌar·tig** *adj* gooselike, *Br.* goose-like, resembling a goose, anserine (*scient.*). — **~ˌbra·ten** *m Southern G. and Austrian for* Gänsebraten.

Gäns·chen [ˈgɛnsçən] *n* ⟨-s; -⟩ **1.** *dim. of* Gans. – **2.** gosling. – **3.** *colloq.* (*junges Mädchen*) little goose (*od.* ninny) (*colloq.*).

ˈ**Gän·se|ˌad·ler** *m zo. cf.* Seeadler. — **g~ˌähn·lich** *adj cf.* gansähnlich. — **~ˌamp·fer** *m bot.* bistort, snakeweed, *Br.* snake-weed, adderwort (*Polygonum bistorta*). — **g~ˌar·tig** *adj cf.* gansähnlich. — **~ˌau·genˌstoff** *m* (*textile*) (*Jacquardgewebe*) diaper. — **~ˌblüm·chen** *n bot.* daisy, hen and chickens, herb-margaret, bairnwort (*Bellis perennis*). — **~ˌblu·me** *f* a) *cf.* Gänseblümchen, b) **Große ~** (great white) oxeye (daisy), dog daisy, moon daisy, moonflower, marguerite (*Chrysanthemum leucanthemum*). — **~ˌbra·ten** *m gastr.* roast goose. — **~ˌbrust** *f* breast of a goose. — **~ˌdi·stel** *f bot.* milk thistle, milkweed, hare's lettuce, sow thistle (*Sonchus oleraceus*). — **~ˌei** *n* goose egg. — **~ˌfe·der** *f* **1.** goose feather, goose quill, *Br.* goose-quill. – **2.** *cf.* Gänsekiel 2. — **~ˌfett** *n* goose fat (*od.* grease). — **~ˌfin·gerˌkraut** *n bot.* goose grass, *Br.* goose-grass, silver weed, (wild) tansy, wild agrimony (*Potentilla anserina*). — **~ˌfleisch** *n gastr.* goose meat. — **~ˌfuß** *m* **1.** goose's foot. – **2.** *bot.* goosefoot, *Br.* goose-foot (*Gattg Chenopodium*): **Ausdauernder ~** Good-King-Henry (*C. bonus henricus*). — **~ˌfüß·chen** *n meist pl colloq.* quotation mark, inverted comma, quotes *pl* (*colloq.*). — **~ˌfut·ter** *n* **1.** food for geese. – **2.** *bot. cf.* Gänsefingerkraut. — **~ˌgei·er** *m zo.* griffon, *auch* griffon vulture, *Br.* griffon-vulture (*Gyps fulvus*). — **~ˌgift** *n bot. cf.* Bilse(nkraut). — **~ˌhaut** *f* ⟨-; *no pl*⟩ **1.** gooseskin, *Br.* goose-skin. – **2.** *fig. colloq.* (*vor Kälte, Angst*) gooseflesh, *Br.* goose-flesh, goose pimples *pl*, *Br.* goose-pimples *pl*, 'shivers' *pl* (*colloq.*): **schon bei dem Gedanken daran überlief mich eine ~** the very thought of it gave me goose(-)pimples (*od.* the creeps, made my flesh creep), I felt creepy (*bes. Am.* goos[e]y) at the very thought of it. – **3.** *med.* goose(-)flesh, anserine skin, (*mit Haarsträuben*) horripilation (*scient.*): **eine ~ haben** to horripilate. — **~ˌhirt** *m* gooseherd. — **~ˌhir·tin** *f* goosegirl, *Br.* goose-girl, girl gooseherd. — **~ˌjun·ge** *m* gooseboy, *Br.* goose-boy, gooseherd. — **~ˌkeu·le** *f gastr.* leg of goose. — **~ˌkiel** *m* **1.** quill, goose quill, *Br.* goose-quill. – **2.** quill (pen), *bes. Br.* goose-quill. — **~ˌklein** *n* ⟨-s; *no pl*⟩ *gastr.* goose giblets *pl.* — **~ˌkohl** *m bot.* a) *cf.* Gänsekresse, b) wall lettuce (*Lactuca muralis*). — **~ˌkraut** *n* **1.** *cf.* Gänsekresse. – **2.** *cf.* Gänsefingerkraut. — **~ˌkres·se** *f* **1.** wall cress, *Br.* wall-cress, rock cress (*Gattg Arabis*): **Kanadische ~** sicklepod (*A. canadensis*). – **2.** shepherd's pouch (*od.* purse) (*Capsella bursa-pastoris*). — **~ˌkü·ken** *n zo.* gosling. — **~ˌle·ber** *f* goose liver. — **~ˌle·ber·paˌste·te** *f gastr.* goose liver paste, (pâté de) foie gras. — **~ˌlie·sel, ~ˌliesl** [-ˌliːzəl], **die** *od.* **das** the Goosegirl (*figure from a fairy tale by Grimm*).

ˈ**Gan·selˌjun·ge** [ˈganzəl-] *n* ⟨-n; *no pl*⟩ *Austrian colloq. for* Gänseklein.

ˈ**Gän·se|ˌmäd·chen** *n cf.* Gänsehirtin. — **~ˌmarsch** *m colloq.* single (*od.* Indian) file: **im ~ gehen** (*od.* **marschieren**) to walk single (*od.* Indian) file, to walk one behind another; **sie kamen im ~ aus dem Haus** they filed out of the house. — **~ˌpap·pel** *f bot.* mallow (*Malva sylvestris*).

Gan·ser [ˈganzər] *m* ⟨-s; -⟩ *Southern G. for* Gänserich 1.

Gän·se·rich [ˈgɛnzərɪç] *m* ⟨-s; -e⟩ **1.** *zo.* gander. – **2.** *bot. cf.* Gänsefingerkraut.

ˈ**Gän·se|ˌsä·ger** *m zo.* goosander, (common) merganser (*Mergus merganser*). — **~ˌschmalz** *n gastr.* goose fat (*od.* dripping). — **~ˌvö·gel** *pl zo.* anseres *pl*, anseriformes *pl*: **zu den Gänsevögeln gehörend** anseriform, anserine. — **~ˌwein** *m colloq. humor.* (*Wasser*) Adam's ale, water. — **~ˌzun·ge** *f bot.* lady's-cushion (*Saxifraga cotyledon*).

ˈ**Gansˌjung** *n* ⟨-s; *no pl*⟩ *Bavarian for* Gänseklein.

Gäns·lein [ˈgɛnslaɪn] *n* ⟨-s; -⟩ **1.** *dim. of* Gans. – **2.** gosling.

Gant [gant] *f* ⟨-; -en⟩ *obs. u. Swiss* **1.** (*öffentliche Versteigerung*) (sale by) auction, public sale. – **2.** (*Konkurs*) bankruptcy.

Gan·ter ['gantər] *m* ⟨-s; -⟩ *Low G. for* Gänserich 1.

Ga·ny·med [gany'meːt] **I** *npr m* ⟨-s; *no pl*⟩ *myth.* Ganymede (*cupbearer of the gods*). – **II** *m* ⟨-s; -e⟩ *colloq. humor.* waiter.

ganz [gants] **I** *adj* **1.** whole, entire, all: **die ~e Familie** the whole family; **die ~e Stadt** a) the whole town, b) (*alle Einwohner*) all the people (*od.* everyone) in the town; **es hat den ~en Tag geregnet** it has been raining all day; **das hat meine ~e Zeit in Anspruch genommen** that has taken up all (of) my time; **ich habe ihn während des ~en Sommers nicht gesehen** I haven't seen him all summer, I haven't seen him the whole summer; **er hat die ~e Nacht nicht geschlafen** he hasn't slept all night; **in der ~en Welt** the world over; **die ~e Welt betreffend** worldwide; **den ~en Staat betreffend** *Am.* statewide; **die ~e Nation betreffend** *Am.* nationwide; **das ~e Leben während** lifelong; **das ist mein ~es Vermögen** (*od.* **meine ~e Barschaft**) that is my whole fortune (*od.* all the money I have); **er nahm die ~e Schuld auf sich** he assumed all the guilt; **sie zitterte am ~en Körper** her whole body trembled, she was trembling all over (*colloq.*); **er strahlte über das ~e Gesicht** *colloq.* he beamed all over his face (*od.* from ear to ear); **seine ~e Kraft für etwas einsetzen** to exert all one's energy for s.th.; **ich könnte die ~e Welt umarmen** I could embrace the whole world; **er hat mir die ~e Geschichte erzählt** *colloq.* he told me the whole story; **ist das der ~e Segen?** *colloq.* is that the (whole) lot (*od.* load)? **die Kinder waren sein ~er Stolz** *colloq.* the children were his pride and joy (*od.* the apple of his eye) (*colloq.*); **er hat auf der ~en Linie versagt** he was a failure all along the line, he was a complete (*Am.* down-the-line) failure; **von ~em Herzen** with all one's heart, whole-heartedly; **von ~er Seele** heart and soul. – **2.** (*ungeteilt*) whole, entire, undivided: **j-m seine ~e Aufmerksamkeit schenken** to give s.o. one's undivided attention; **ihre ~e Liebe konzentrierte sich auf den kleinen Hund** she concentrated her undivided affection on the little dog. – **3.** (*vollständig*) whole, entire, full, complete, total: **den ~en Betrag bezahlen** to pay the whole amount; **die ~e Skiausrüstung kostet 800 Mark** the complete skiing outfit costs 800 marks; **er hat ~e Arbeit geleistet** *colloq. auch iron.* he's done (*bes. Br.* made) a good job of it. – **4.** (*voll*) whole, full: **es hat drei ~e Stunden gedauert** it took three whole hours; **zehn ~e Jahre wohnen wir jetzt schon hier** we have been living here for ten whole years now. – **5.** (*mit Städte- u. Ländernamen*) all, the whole of: **~ München ist eine Baustelle** the whole of (*Am. auch* whole) Munich is a building site; **~ Frankreich feierte den Nationalfeiertag** all France celebrated her national holiday. – **6.** ⟨*pred*⟩ *colloq.* (*heil, unbeschädigt*) whole, undamaged, intact, uninjured: **von dem Service sind nur noch drei Tassen ~** there are only three cups left whole from the set; **kein Fenster war mehr ~** none of the windows was undamaged (*od.* whole); **etwas ~ lassen** to leave s.th. whole (*od.* intact); **etwas ~ machen** to mend s.th.; **heil und ~** safe and sound, alive and well. – **7.** *colloq.* (*alle*) all: **die ~en Nachbarn sahen mir zu** all the neighbors (*bes. Br.* neighbours) watched me; **hast du die ~en Bonbons aufgegessen?** have you eaten all the candy (*Br.* sweets)? **sind die ~en Blumen für mich?** are all the flowers (meant) for me? – **8.** *colloq.* (*ziemlich*) quite, considerable: **das ist eine ~e Menge Geld** that is quite a bit of money; **es hat eine ~e Zeit gedauert, bis** it took quite a (bit of) time until; **ein ~er Haufen Arbeit wartet auf ihn** quite a bit of work is waiting for him. – **9.** *colloq.* (*nur*) just, only, merely, no more than: **~e zwanzig Pfennige habe ich noch im Geldbeutel!** I just have twenty pfennigs in my purse! **~e drei Mann waren erschienen!** just three men turned up! – **10.** *colloq.* (*echt, wahr*) real, true, proper: **er ist ein ~er Mann** he is a real man, he is every inch a man. – **11.** *colloq. only in* **er ist der ~e Vater [die ~e Mutter], er ist ~ der Vater [die Mutter]** he is exactly like (*od. colloq.* the dead spit of, *Am.* the spitting image of) his father [his mother]. – **12.** *tech.* total, overall (*attrib*). – **13.** *mus.* whole: **~e Note** *bes. Br.* semibreve, *Am.* whole note; **~e Stufe** whole step; **~e Pause** semibreve rest, *Am.* whole-note rest. – **14. in ~er Figur** (*art*) full-length, life-size(d). – **15.** *math.* whole, integral: **~e Zahl** whole number, integer. – **II** *adv* **16.** wholly, *auch* wholely, completely, entirely, totally, altogether, quite: **~ oder teilweise** in whole or in part; **das ist etwas ~ anderes** that is something altogether (*od.* completely) different, that is quite another thing; **das ist nicht ~ dasselbe** that is not (quite) the same thing; **das ist ~ unmöglich** that is quite (*od.* altogether, absolutely) impossible; **sie war ~ zufrieden** she was completely content; **ein ~ zerrissenes Hemd** a completely torn shirt; **das ist mir ~ egal** (*od.* **gleich**) that is all the same to me, I don't care at all; **~ gleich, was du denken magst** no matter what you may think; **bist du dessen ~ sicher?** are you (quite) sure of that? **~ sicher!** absolutely! without fail! most certainly (*od.* assuredly)! sure enough! **das ist mir nicht ~ unbekannt** that is not completely unknown to me; **das habe ich ~ allein gemacht** I did that entirely (*od.* all) on my own, I did that all by myself; **er ist nicht ~ normal** (*od.* **bei Trost, richtig im Kopf**) there is something wrong with him, he is not all there; **ich bin ~ durcheinander** I am all confused; **~ durchnäßt** wet (right) through, completely drenched; **das ist nicht ~ unwichtig** (*od.* **unbedeutend**) that is of no small concern; **~ unverbindlich** without any obligation (*od.* commitment); **~ plötzlich** all at once, all of a sudden; **~ gehörig** with a vengeance (*colloq.*); **ich bin ~ deiner Meinung** I completely agree with you; **das ist ein ~ klarer Fall** that is a clearcut (*Br.* clear-cut) case; **etwas ~ aufessen** to eat s.th. up; **etwas ~ schlucken** to swallow s.th. whole; **ein Buch ~ durchlesen** to read a book from cover to cover; **sich ~ seiner Arbeit widmen** to devote oneself entirely to one's work; **von ihm ~ zu schweigen** not to mention him; **davon ~ zu schweigen** not to mention (*od.* speak of) that; **~ recht** quite right, quite so, just so, exactly, precisely, that's right. – **17. ~ und gar** utterly, absolutely, completely, thoroughly: **~ und gar nicht** not at all, not in the least, by no means; **er hat ~ und gar versagt** he was a complete (*od.* an utter, *Am.* down-the-line) failure; **das gefällt mir ~ und gar nicht** I do not like that at all. – **18.** (*sehr*) very: **ein ~ armer Mann** a very poor man; **~ kleine Unterschiede** very small (*od.* minute) differences; **~ in der Nähe** very near, nearby; **~ besonders weil** especially since, all the more so as; **ein ~ klein wenig** a tiny little bit. – **19.** (*genau*) just, exactly, quite: **er hat mir ~ dasselbe gesagt** he told me exactly the same thing; **es sieht ~ danach aus, als ob** it looks just as if; **es ist noch nicht ~ zehn Uhr** it is not quite ten o'clock; **~ wie du willst** just as you like; **~ im Gegenteil!** just the opposite! quite the reverse! **er ist ~ der Mann dazu** he is just the man to do that. – **20. im (großen und) ~en** on the whole, all things considered, generally speaking, by and large: **im (großen und) ~en habe ich nichts dagegen** on the whole I have no objections; **im (großen und) ~en war ich recht zufrieden** all things considered I was quite satisfied. – **21. im ~en** a) in all, altogether, all told, b) *econ.* in the lump, wholesale: **ich habe im ~en noch zehn Mark** altogether I have ten marks left; **er war im ~en vielleicht zweimal krank** in all he may have been ill (*Am. auch* sick) twice; **Waren im ~en verkaufen** to sell goods in bulk (*od.* wholesale); **im ~en 50,2 betragen** *math.* to total up to 50.2. – **22.** *colloq.* all: **er war ~ Ohr** he was all ears (*od.* attention); **er war ~ Würde** he was all dignity; **sie war ~ Freude** she was all joy, she was overjoyed. – **23.** (*ziemlich*) quite, rather: **er ist ~ nett** he is quite nice; **das Essen war ~ gut** the meal was quite good (*od.* not bad); **der Roman war ~ interessant** the novel was quite interesting. – **24.** *econ.* (*nicht in Raten*) in full: **etwas ~ bezahlen** to pay s.th. in full.

Ganz *f* ⟨-; *no pl*⟩, **Gänz** [gɛnts] *f* ⟨-; *no pl*⟩ **1.** (*mining*) rock. – **2.** *metall. archaic* pig.

'Ganz|,auf,nah·me *f phot.* full-length portrait (*od.* picture). — **~au·to,mat** *m tech.* fully automatic machine. — **g~,blät·te·rig, g~,blätt·rig** *adj bot.* with entire (*od.* undivided) leaves, integrifolious (*scient.*).

'Gan·ze *n* ⟨-n; -n⟩ **1.** whole: **vier Halbe sind zwei ~** four halves are (*od.* make) two wholes; **das ~ ist größer als ein Teil** the whole is bigger than a part. – **2.** (*Gesamtheit*) totality, entirety, whole: **ein einheitliches ~s** an integral whole; **als ~s** as a whole, at large; **man soll nicht die Details, sondern das große ~ sehen** one should not look at the details but rather at the thing as a whole; **als ein ~s** (**betrachtet**) in its entirety; **etwas zu einem ~n zusammenfassen** to integrate s.th.; **ein ~s bilden** to form a whole. – **3.** (*Gesamtbetrag*) total (amount), sum (total), whole amount, (the) lot: **ich möchte nicht, daß du das ~ bezahlst** I don't want you to pay the whole amount. – **4.** *colloq.* (*alles*) the whole thing, everything, all: **mir gefällt das ~ nicht** I don't like the whole thing; **er hat das ~ nur getan, um mich zu ärgern** he did all that only to annoy me. – **5.** (*in Wendungen wie*) **das ist nichts ~s und nichts Halbes** that is neither one thing nor the other; **aufs ~ gehen** *colloq.* to go all out, to go to all lengths, to go (the) whole hog (*sl.*); **jetzt geht's ums ~** *colloq.* it's do or die (*od.* all or nothing, neck or nothing) now. – **6. das ~ halt!** *mil.* company, halt!

Gän·ze[1] ['gɛntsə] *f* ⟨-; *no pl*⟩ **1.** *lit.* entirety, entireness, integrity. – **2. zur ~** *Austrian* completely, entirely.

'Gän·ze[2] *f* ⟨-; *no pl*⟩ (*mining*) *metall. cf.* Ganz, Gänz.

'Ganz·fa·bri,kat *n econ.* finished product.

'Ganz·heit *f* ⟨-; *no pl*⟩ **1.** wholeness, entireness, integrity, completeness, entirety: **etwas in seiner ~ erfassen** to comprehend s.th. in its entirety. – **2.** *philos.* totality, complex unity. – **3.** *math.* integralness. — **'ganz·heit·lich** *adj* **1.** whole, entire, integral, complete. – **2.** *philos. psych.* holistic.

'Ganz·heits|me,tho·de *f ped.* **1.** *cf.* Ganzwortmethode. – **2.** *cf.* Ganzheitsunterricht. — **~psy·cho·lo,gie** *f* holism. — **~theo,rie** *f philos.* holistic theory, holism. — **~,un·ter,richt** *m ped.* **1.** global method. – **2.** integrated curriculum (*the organization of teaching in such a way that projects can be carried through irrespective of the boundaries between traditional school subjects*). – **3.** *cf.* Ganzwortmethode.

'Ganz,holz,bau,wei·se *f arch.* all-wood construction method.

'ganz,jäh·rig I *adj* **1.** all-year (*attrib*). – **2.** *auto.* (*Öl*) all-season (*attrib*). – **II** *adv* **3.** all year round, permanently.

'Ganz,kör·per|be,strah·lung *f nucl.* whole body exposure. — **~,zäh·ler** *m* whole body radiation detector.

'Ganz,le·der *n print.* (full) leather: **in ~** (**gebunden**) leatherbound. — **~,band** *m* volume with full-leather binding, leatherbound volume. — **~,ein,band** *m* (full-)leather binding.

'ganz,le·dern *adj* full-leather (*attrib*).

'Ganz,lei·nen *print.* **I** *n* (full) cloth, cloth-binding: **in ~** (**gebunden**) clothbound. – **II g~** *adj* clothbound. — **~,band** *m* volume with (full-)cloth binding, clothbound volume. — **~,ein,band** *m* (full-)cloth binding.

gänz·lich ['gɛntslɪç] **I** *adj* **1.** complete, entire: **in ~er Unwissenheit** in complete (*od.* utter) ignorance; **j-m ~es Vertrauen entgegenbringen** to place complete (*od.* full) confidence in s.o. – **2.** (*äußerst, höchst*) utter, downright. – **3.** (*völlig, absolut*) complete, absolute: **~e Stille** absolute quiet. – **II** *adv* **4.** completely, entirely, wholly, *auch* wholely, altogether: **das ist mir ~ unmöglich** that is completely (*od.* outright) impossible for me; **das ist ~ unbedeutend** that is wholly immaterial; **ich habe es ~ vergessen** I have completely (*od.* clean) forgotten it; **sie sind zwei ~ verschiedene Charaktere** they are two entirely different characters. – **5.** (*in äußerstem Maße*) utterly, totally: **er ist mir ~ unsympatisch** I utterly dislike him; **er hat uns die Freude ~ verdorben** he completely spoiled our pleasure; **er war ~ unzufrieden mit dem Ergebnis** he was utterly (*od.* thoroughly) dissatisfied with the result. – **6.** (*völlig, absolut*) completely, absolutely: **ich habe diesen Plan ~ aufgegeben** I have completely given up this plan.

'Ganz|me,tall,bau *m* ⟨-(e)s; -ten⟩ *tech.* all-metal construction. — **~por,trait** *n* full-length portrait. — **g~,ran·dig** [-,randɪç] *adj bot.* entire. — **~,sa·che** *f philat.* postcard (*od.* envelope) with printed postage stamp.

— **~ˌschluß** *m mus.* perfect cadence. — **g~ˌsei·den** *adj* (of) pure silk. — **g~ˌsei·tig** *adj print.* full-page (*attrib*): **~e Anzeige** full-page advertisement.

'Ganzˌstahl|ka·ros·seˌrie *f auto.* all-steel body. — **~kon·struk·tiˌon** *f* all-steel construction.

'Ganzˌstoff *m (paper) cf.* Ganzzeug.

'ganzˌtä·gig I *adj* **1.** (*Ausflug, Beratung etc*) all-day (*attrib*). – **2.** (*Beschäftigung*) full-time (*attrib*). – **3.** *meteor.* (*Amplitude, Schwankung etc*) daily, diurnal (*scient.*). – **II** *adv* **4.** (for) the whole day, all day: **~ geöffnet** open all day.

'Ganzˌtags|beˌschäf·ti·gung *f* full-time occupation (*od.* job). — **~ˌschu·le** *f ped.* all-day school. — **~ˌun·terˌricht** *m* whole-day schooling.

'Ganzˌton *m mus.* whole tone. — **~ˌlei·ter** *f* whole-tone scale. — **~ˌschritt** *m* whole-tone step.

'ganzˌwol·len *adj* all-wool (*attrib*).

'Ganzˌwort·meˌtho·de *f ped.* (*beim Lesenlernen*) 'look and say' method.

'ganzˌzah·lig [-ˌtsaːlɪç] *adj* integral.

'Ganzˌzeug *n (paper)* pulp, stuff. — **~ˌhol·län·der** *m* (paper-pulp) beater, Hollander, beating (*od.* stuff) engine.

gar[1] [gaːr] *adj* ⟨*bes. pred*⟩ **1.** *gastr.* done, cooked: **völlig ~** well done; **nicht (ganz) ~** underdone, not (properly) done, rare; **halb ~** half done; **mehr als ~** overdone. – **2.** (*leather*) tanned: **Leder ~ machen** to tan leather. – **3.** *metall.* a) (*Stahl*) refined, purified, b) (*Koks*) carbonized: **Stahl ~ machen** to refine steel. – **4.** *agr.* (*Boden*) of good tilth. – **5.** *Southern G. and Austrian* (*zu Ende*) finished, exhausted.

gar[2] *adv* **1. ~ nicht** not at all, by no means; **~ nicht schlecht** not at all (*od. colloq.* not half) bad; **das paßt mir ~ nicht** that doesn't please me at all; **das ist ~ nicht wahr** that is by no means true; **er läßt sich ~ nicht mehr sehen** he hasn't shown up anymore; **sie fühlt sich ~ nicht wohl** she doesn't feel well at all; **so etwas könnte ich mir ~ nicht vorstellen** I couldn't think of such a thing; **lieber spät als ~ nicht** better late than never; **das sieht ihm eigentlich ~ nicht ähnlich** that is really very unlike him; **freust du dich ~ nicht darauf?** aren't you looking forward to it (at all)? **schämst du dich ~ nicht?** aren't you ashamed (of yourself)? **(das) fällt mir ~ nicht ein!** (*colloq.*) I wouldn't dream of (doing) that, catch me doing that; **~ nichts** nothing at all, nothing whatsoever, absolutely nothing; **er weiß rein ~ nichts** he doesn't know a thing, he knows absolutely nothing; **er hat mir ~ nichts davon erzählt** he did not tell me anything about it; **es schadet ihr ~ nichts, es zu wissen** it is just as well for her to know it; **es macht ~ nichts** it doesn't matter in the least; **alles oder ~ nichts** everything or nothing at all; **das ist ja (noch) ~ nichts verglichen mit ihm!** that's nothing compared to (*od.* with) him! **~ nicht zu vergleichen mit** not a patch on; **das ist immerhin besser als ~ nichts** anyway that's better than nothing (at all); **~ keiner, ~ niemand** no one (*od.* nobody) at all, not a single one, none whatever, not a soul (*colloq.*), absolutely no one; **ist noch ~ keiner gekommen?** hasn't anybody arrived yet? **er hat ~ keine Einwände gemacht** he did not make any objections at all; **sie hat ~ keine Geduld** she has no patience whatsoever; **es besteht ~ kein Zweifel, daß** there isn't the least doubt that; **davon kann ~ keine Rede sein** that is completely out of the question; **auf ~ keinen Fall** by no means what(so)ever. – **2.** *colloq.* (*sogar*) even, indeed: **er ist sehr reich, vielleicht ~ Millionär** he is very rich, perhaps even a millionaire; **am Ende hat er ihm ~ noch geholfen?** in the end did he even help him? **er scheint nicht sehr klug, wenn nicht ~ dumm zu sein** he isn't very bright, in fact he seems to be even stupid. – **3.** (*etwa*) perhaps, by any chance, possibly: **er wird doch nicht ~ hier gewesen sein?** he cannot possibly have been here; **hast du die Sache ~ selbst erledigt?** have you possibly settled that matter yourself? – **4.** *Southern G. archaic* (*sehr*) very: **so ~ schwierig ist das nicht** it is not that (very) difficult; **~ mancher** many a man. – **5. ~ zu, ~ so** too, so very: **sie waren ~ so gut zu mir** they were so very nice to me; **sei doch nicht ~ so wild!** don't be so very unruly! **man sollte nicht ~ zu bescheiden sein** one should not be too modest; **ich habe es ~ zu gern, wenn** I like it so very much when; **~ zuviel kann man bei dieser Arbeit nicht verdienen** one cannot earn so very much in this job. – **6.** (*erst*) even worse, even more (so), to say nothing of: **der Mann ist schon unangenehm genug, und ~ (erst) die Frau** the man is bad enough and his wife is even worse. – **7.** (*wirklich, ja*) really, indeed: **du benimmst dich ~, als wärst du mir böse** you really act as if you were angry with me; **warum nicht ~?** *colloq.* a) why not, indeed? why not, I ask you? b) you don't say (so)! what next! – **8. ganz und gar** *cf.* ganz 17.

Ga·raf·fel [ga'rafəl] *f* ⟨-; -n⟩ *bot.* **1.** *cf.* Benediktendistel. – **2. Gemeine ~** (herb) bennet, common avens (*Geum urbanum*).

Ga·ra·ge [ga'raːʒə] *f* ⟨-; -n⟩ garage: **das Auto in die ~ fahren** to put the car in the garage, to garage the car.

Ga'ra·gen|be,sit·zer *m* garage owner. — **~ˌschlüs·sel** *m* garage key. — **~ˌtor** *n* garage door. — **~ˌwär·ter** *m* garageman, garage attendant.

ga·ra·gie·ren [gara'ʒiːrən] *v/t* ⟨*no* ge-, h⟩ *Austrian rare and Swiss* garage, put (*the car*) in the garage.

Ga·ra·mond [gara'mõː] *f* ⟨-; *no pl*⟩ *print.* (*Schriftart*) Garamond (type).

Ga·rant [ga'rant] *m* ⟨-en; -en⟩ *bes. jur. econ.* guarantor, surety, warrantor: **ein ~ des Friedens** a guarantor of peace.

Ga·ran·tie [garan'tiː] *f* ⟨-; -n [-ən]⟩ **1.** *econ.* guarantee, warranty: **eine ~ von einem Jahr auf** (*acc*) **etwas geben** to put a year's guarantee on s.th.; **eine ~ geben** to furnish (*od.* give) a guarantee; **ist die ~ schon abgelaufen?** has the guarantee expired yet? **ohne ~** without guarantee, without engagement; **Empfänger einer ~** warrantee, guarantee. – **2.** *jur.* (*Zusicherung*) undertaking, pledge, (*meist in mündlicher Form*) promise. – **3.** (*Sicherheit*) guaranty, security, pledge: **als ~ für** in security for. – **4.** (*Bürgschaft*) surety. – **5.** *pol.* guarantee: **verfassungsmäßige ~n** constitutional guarantees. – **6.** *fig.* (*Gewährleistung*) guarantee: **dafür kann ich keine ~ übernehmen** I cannot guarantee that, I can give no guarantee for that, I cannot vouch for that; **darauf gebe ich dir meine ~** *colloq.* I can guarantee that; **unter ~** *colloq.* no doubt! undoubtedly!

Ga·ran'tie|ˌabˌkom·men *n pol.* pact of guarantee. — **~ˌanˌspruch** *m econ.* claim under guarantee. — **~ˌfonds** *m* guarantee fund. — **~ˌfrist** *f* term of guarantee (*od.* warranty). — **~ˌklau·sel** *f* warranty clause. — **~ˌlei·stung** *f* **1.** *bes. pol.* giving of guarantees. – **2.** *econ.* making of guarantees, providing of security. — **~ˌlohn** *m* guaranteed wage. — **~ˌmacht** *f pol.* guarantor power.

ga·ran·tie·ren [garan'tiːrən] **I** *v/t* ⟨*no* ge-, h⟩ **1.** guarantee, warrant: **für gute Qualität wird garantiert** good quality is guaranteed; **wir ~ eine Lebensdauer von mindestens zehn Jahren** we guarantee an operational life of at least ten years. – **2.** *jur.* (*zusichern*) guarantee, undertake, pledge, (*meist in mündlicher Form*) promise. – **3.** *pol.* guarantee. – **4.** *fig.* guarantee, assure, warrant: **das nächste Mal kommst du nicht so glimpflich davon, das garantiere ich dir!** *colloq.* I('ll) warrant you: the next time you won't get away with it so easily! – **5.** *fig.* (*gewährleisten*) guarantee, warrant, ensure, vouch for: **ich kann (dafür) ~, daß** I can (give the) guarantee that; **das** (*od.* **dafür**) **kann ich nicht ~** I cannot guarantee (*od.* vouch for) that. – **II** *v/i* **6. für j-n ~** a) to vouch for s.o., b) *jur.* to stand (*od.* go) surety for s.o., to act as a guarantor for s.o. — **ga·ran'tiert I** *pp.* – **II** *adv* guaranteed, warranted: **~ reine Wolle** guaranteed pure wool.

Ga·ran'tie|ˌschein *m* **1.** *econ.* (*für Waren etc*) guarantee (certificate), warranty (certificate). – **2.** *jur.* surety bond, guarantee (bond), *auch* guaranty. — **~ˌschrei·ben** *n* letter of guarantee. — **~ˌstem·pel** *m* warranty stamp. — **~syn·diˌkat** *n* underwriting syndicate. — **~ˌüber,nah·me** *f* acceptance of a guarantee. — **~ver,pflich·tung** *f* warranty of quality. — **~verˌspre·chen** *n* promise to take over a guarantee. — **~verˌtrag** *m* **1.** *pol.* treaty of guarantee. – **2.** *jur.* contract of guarantee, guarantee contract. — **~ˌwech·sel** *m econ.* security bill. — **~ˌzeit** *f* (period of) guarantee: **die ~ ist abgelaufen** the guarantee has expired.

'Garˌar·beit *f metall.* (re)fining.

'Garˌaus *m* (*in Wendungen wie*) **j-m den ~ machen** *vulg.* to kill s.o., to finish (*od.* polish, *Am. auch* knock) s.o. off (*sl.*), *bes. Br. sl.* to do s.o. in; **einer Sache den ~ machen** to put an end (*od.* a stop) to s.th., to do away with s.th., to deal a deathblow to s.th. (*colloq.*).

Gar·be[1] ['garbə] *f* ⟨-; -n⟩ **1.** (*von Getreide, Stroh etc*) sheaf: **Getreide in** (*od.* **zu**) **~n binden** to bind (*od.* bundle) corn (*Am.* grain) into sheaves, to sheave (*od.* bundle) corn (*Am.* grain); **oberste ~ eines Schobers** capsheaf; **eine Reihe von ~n** a windrow, *Br.* a wind-row, *auch* a winrow. – **2.** (*von Lichtstrahlen etc*) pencil, sheaf, bundle. – **3.** *mil.* (*von Schüssen*) cone of fire, sheaf.

'Gar·be[2] *f* ⟨-; -n⟩ *bot.* **1.** yarrow, milfoil, achillea (*scient.*) (*Gattg Achillea*). – **2.** *cf.* Schafgarbe.

'Gar·ben|ˌband *n* ⟨-(e)s; ⸗er⟩ *agr.* wisp of straw (for tying sheaves), binder. — **~ˌbin·de·maˌschi·ne** *f* mechanical (sheaf) binder. — **~ˌbin·der** *m* **1.** sheaf (*od.* corn, *Am.* grain) binder, binder of sheaves. – **2.** *cf.* Garbenbindemaschine. — **~ˌhal·ter** *m* packer.

'Gärˌbot·tich *m brew.* fermenting vat (*od.* tub, tun).

'Gärbˌstahl ['gɛrp-] *m metall.* shear steel, refined iron.

Gar·ci·nie [gar'tsiːniə] *f* ⟨-; -n⟩ *bot.* a) mangosteen (*Garcinia mangostana*), b) garcinia (*Gattg Garcinia*): **Purpurne ~** cocum, kokum (*G. indica*).

Gar·çon [gar'sõː] *m* ⟨-s; -s⟩ *archaic* **1.** (*junger Mann*) young man. – **2.** (*Kellner*) waiter. – **3.** (*Junggeselle*) bachelor.

Gar·çon·ne [gar'sɔnə] *f* ⟨-; -n⟩ unmarried woman, spinster, bachelor girl.

Gar·çon·nie·re [garsɔ'niɛːrə] *f* ⟨-; -n⟩ *Austrian for* Junggesellenwohnung.

Gar·de ['gardə] *f* ⟨-; -n⟩ **1.** *mil.* (*Elitetruppe*) (the) guards *pl*: **~ zu Fuß** Foot Guards *pl*; **er ist bei der ~** he is in the Guards, he is a Guardsman. – **2.** *hist.* (*Leibwache*) a) (*einer Person*) (body) guard, *Br.* (body-)guard, b) (*eines Königs etc*) household troops *pl*. – **3.** *fig. colloq.* guard: **er ist einer von der alten ~** he is one of the Old Guard; **wir sind die junge ~** we belong to the new generation. — **~in·fan·teˌrie** *f mil.* Foot Guards *pl*. — **~ka·val·leˌrie** *f* Horse Guards *pl*. — **~ˌkorps** *n* (Corps of) Guards *pl*.

Gar·de·nie [gar'deːniə] *f* ⟨-; -n⟩ *bot.* gardenia (*Gattg Gardenia*).

'Gar·de|of·fiˌzier *m mil.* Guards officer. — **~re·giˌment** *n* regiment of the Guards.

Gar·de·ro·be [gardə'roːbə] *f* ⟨-; -n⟩ **1.** ⟨*only sg*⟩ (*Kleiderbestand*) wardrobe, clothes *pl*: **sie hat viel ~** she has a lot of clothes; **seine gesamte ~ reinigen lassen** to have all one's clothes (*od.* one's complete wardrobe) dry-cleaned. – **2.** coat (and hat), *Am. auch* wrap: **die ~ abgeben** to deposit (*Am. auch* to check) one's things (*Am. auch* wrap); **wollen Sie bitte Ihre ~ ablegen?** will you please take off your coat? – **3.** (*Raum zur Kleiderablage*) cloakroom, *Br.* cloak-room, *Am.* checkroom: **etwas in der ~ abgeben** to deposit (*od.* leave) s.th. in the checkroom. – **4.** (*Flurgarderobe*) coatrack, *Am. auch* clothes tree: **dein Mantel hängt an der ~** your coat is on the coatrack. – **5.** (*theater*) dressing room, *Br.* dressing-room: **in den ~n** a) in the dressing rooms, b) *fig.* backstage. – **6.** *hist.* (*in Klöstern etc*) vestiary, cloakroom, *Br.* cloak-room. – **7.** *cf.* Garderobengebühr.

Gar·de'ro·ben|ˌfrau *f* **1.** cloakroom (*Br.* cloak-room) (*Am.* checkroom) attendant, *Am.* hatcheck girl (*colloq.*). – **2.** (*theater*) dresser, wardrobe mistress. — **~geˌbühr** *f* cloakroom (*Br.* cloak-room) (*Am. auch* checking) fee. — **~ˌha·ken** *m* (clothes) hook. — **~ˌmar·ke** *f* cloakroom (*Br.* cloak-room) ticket, *Am. auch* check. — **~ˌnum·mer** *f* cloakroom (*Br.* cloak-room) (*Am.* checkroom) ticket number. — **~ˌschrank** *m* wardrobe. — **~ˌspie·gel** *m* hall (*od.* cloakroom, *Br.* cloak-room) mirror. — **~ˌstän·der** *m* **1.** (*im Haus*) hallstand, *Br.* hall-stand, *Am. auch* clothes (*od.* hall, hat) tree. – 2. (*im Restaurant etc*) clothes rack, coatrack, *Br.* coat-rack, hatstand, *Br.* hat-stand. — ~ˌ**zet·tel** *m* cloakroom (*Br.* cloak-room) (*Am.* checkroom) ticket.

Gar·de·ro·bier [gardəro'bĭeː] *m* ⟨-s; -s⟩ 1. (*für das Publikum*) cloakroom (*Br.* cloak-room) attendant, cloakroom (*Br.* cloak-room) man. – 2. (*theater*) dresser, wardrobe master. — **Gar·de·ro·bie·re** [-'bĭeːrə] *f* ⟨-; -n⟩ *cf.* Garderobenfrau.

Gar·di·ne [gar'diːnə] *f* ⟨-; -n⟩ curtain: geraffte ~n looped curtains, drapes; die ~n zuziehen to draw the curtains; die ~n aufziehen to draw back (*od.* open) the curtains; ~n aufstecken to put up (the) curtains; hinter schwedischen ~n sitzen *fig. colloq. humor.* to be in quod (*colloq.*), to be behind (prison) bars.

Gar'di·nen|ˌab·tei·lung *f* curtain (*od.* drapery) department. — ~ˌ**band** *n* ⟨-(e)s; =er⟩ curtain tape. — ~ˌ**hal·ter** *m* curtain peg (*od.* holder). — ~ˌ**lei·ste** *f* traverse rod (*od.* track). — ~ˌ**pre·digt** *f colloq. humor.* curtain lecture, dressing down: j-m eine ~ halten to give s.o. a curtain lecture (*od. colloq.* a telling off). — ~ˌ**ring** *m* curtain ring. — ~ˌ**rol·le** *f* curtain runner. — ~ˌ**schnur** *f* drawstring, *auch* drawing string. — ~ˌ**span·ner** *m* curtain stretcher. — ~ˌ**stan·ge** *f* curtain rod. — ~ˌ**stoff** *m* curtaining.

Gar·dist [gar'dɪst] *m* ⟨-en; -en⟩ *mil.* guardsman.

Ga·re ['gaːrə] *f* ⟨-; *no pl*⟩ 1. *agr.* (*des Bodens*) mellowness, friable condition (*od.* state) of soil, good tilth. – 2. (*leather*) a) (*Vorgang*) tanning, b) (*Mischung zum Gerben*) tanning agent, c) (*Ballen von Häuten*) bundle of twenty-four skins. – 3. *metall.* refined (*od.* finished) state.

ga·ren ['gaːrən] I *v/t* ⟨h⟩ 1. *gastr.* (*Fisch etc*) cook. – 2. (*Stahl*) refine. – 3. (*Kohle*) coke. – II *v/i* 4. *gastr.* auf kleiner Flamme ~ (*von Reis etc*) to cook on low heat.

gä·ren[1] ['gɛːrən] I *v/i* ⟨gärt, gor, gegoren, h *u.* sein⟩ 1. (*von Wein, Bier etc*) ferment, work: der Most gärt the cider is fermenting (*od.* is in fermentation). – 2. (*von Tabak*) sweat. – II *v/t* ⟨h⟩ 3. (*Bier etc*) ferment, make (*s.th.*) ferment. – 4. (*Tabak*) sweat. – III G~ *n* ⟨-s⟩ 5. *verbal noun.* – 6. *cf.* Gärung.

'**gä·ren**[2] *v/i* ⟨h⟩ 1. *lit.* (*brodeln, aufbrausen*) bubble (over), effervesce, seethe (up), boil (*od.* froth) up. – 2. *u. v/impers fig.* be seething (*od.* simmering), be in a (state of) ferment, be in a turmoil: es gärt im Volk there is unrest among the people, the population is in a (state of) ferment; es gärt in ihm he is in a turmoil, his mind is seething; im Lande gärte der Aufruhr the country was seething with revolt (*od.* unrest).

'**gä·rend** I *pres p.* – II *adj* 1. (*Bier, Wein etc*) fermenting, in fermentation. – 2. (*Tabak*) sweating. – 3. *bes. chem.* fermentative, *auch* fermentive, zymotic (*scient.*). – 4. *fig.* seething, simmering, fermenting, in a (state of) ferment, in a state of unrest.

'**gär|ˌfä·hig** *adj* fermentable. — **G~ˌfut·ter** *n agr.* (en)silage.

Gar·gel ['gargəl] *m* ⟨-s; -⟩ *tech.* (*eines Faßbodens*) chime, chine, *auch* chimb.

'**Garˌkü·che** *f gastr.* cookshop, *Br.* cook-shop, (simple and cheap) eating house (*Br.* eating-house).

'**Gärˌmit·tel** *n* 1. ferment. – 2. (*Hefe*) yeast, leaven.

Gar·mond [gar'mõː] *f* ⟨-; *no pl*⟩ *print. cf.* Garamond.

Garn [garn] *n* ⟨-(e)s; -e⟩ 1. yarn: einfaches ~ single yarn; zweifaches [dreifaches] ~ twofold [threefold] yarn; gezwirntes ~ doubled yarn, twine; ein ~ spinnen a) to spin a yarn, b) *fig.* to spin a yarn, to tell a story. – 2. (*Zwirn*) thread. – 3. (*Nähgarn*) sewing cotton (*Am.* thread), *Br.* sewing-cotton. – 4. (*Baumwollgarn*) cotton yarn. – 5. *hunt.* (*Netz*) net: das ~ aufstellen to spread (*od.* lay) the net; j-m ins ~ gehen *fig.* to fall into s.o.'s snare (*od.* trap), to get ensnared by s.o., to get caught in s.o.'s toils; j-n ins ~ locken *fig.* to ensnare (*od.* decoy, trap) s.o., to get s.o. in one's toils. – 6. *mar.* a) (*Segelgarn*) twine, b) (*Schiemannsgarn*) spun yarn, c) (*Kabelgarn*) rope yarn.

Gar·ne·le [gar'neːlə] *f* ⟨-; -n⟩ *zo.* (true) shrimp, prawn (*Ordng Decapoda, Unterordng Natantia*): Gemeine ~ shrimp (*Crangon vulgaris*).

Gar'ne·len|ˌas·sel *f zo.* bopyrid (*Gattg Bopyrus*). — ~ˌ**fän·ger**, ~ˌ**fi·scher** *m* prawner, shrimper.

Gar·nier [gar'niːr] *n* ⟨-s; *no pl*⟩ *mar.* dunnage.

gar·nie·ren [gar'niːrən] I *v/t* ⟨*no* ge-, h⟩ 1. (*Hut, Kleid etc*) trim, decorate, adorn: einen Tisch mit Blumen ~ to decorate a table with flowers. – 2. *gastr.* a) (*verzieren*) garnish, b) serve (*s.th.*) with vegetables and trimmings, c) (*Salat*) dress (up): man garniere mit garnish with. – 3. *mar.* dunnage. – II G~ *n* ⟨-s⟩ 4. *verbal noun.* – 5. *cf.* Garnierung. – 6. *mar. cf.* Garnier.

Gar·nie·rit [garnie'riːt; -'rɪt] *m* ⟨-s; -e⟩ *min.* garnierite.

gar'niert I *pp.* – II *adj* 1. (*Kleid, Hut etc*) trimmed, decorated, adorned. – 2. *gastr.* with vegetables and trimmings: Hammelkeule ~ leg of mutton with vegetables and trimmings.

Gar'nie·rung *f* ⟨-; -en⟩ 1. *cf.* Garnieren. – 2. (*von Kleidern etc*) trimming(s *pl*), decoration, adornment. – 3. *gastr.* a) (*Verzierung*) garnish(ing), b) vegetables *pl* and trimmings *pl*, c) (*von Salat*) dressing. – 4. *mar.* dunnage.

Gar·ni·son [garni'zoːn] *f* ⟨-; -en⟩ *mil.* 1. garrison (town), *Am. auch* (army *od.* military) post: in ~ liegen (*od.* sein) to be in (*od.* to keep) garrison, to be garrisoned. – 2. (*Truppe*) garrison. — **gar·ni·so'nie·ren** [-zo'niːrən] *v/i* ⟨h⟩ be stationed (*od.* garrisoned), be in garrison.

Gar·ni'son(s)|ˌkir·che *f* garrison church. — **G~la·zaˌrett** *n* garrison military hospital. — **G~ˌstadt** *f* garrison town. — **g~verˌwen·dungsˌfä·hig** *adj* fit for garrison duty, fit for limited service.

Gar·ni·tur [garni'tuːr] *f* ⟨-; -en⟩ 1. (*Zusammengehöriges, Satz*) set: die ~ besteht aus Kamm, Bürste und Spiegel the set consists of comb, brush and mirror. – 2. (*von Unterwäsche*) set of underwear. – 3. (*fashion*) trimming, garniture: mit verschiedenen ~en kann man die Wirkung eines Kleides verändern the effect of the dress can be varied with different trimmings. – 4. *tech.* a) (*Ausrüstung*) outfit, b) (*Beschläge*) fitting(s *pl*), mounting(s *pl*). – 5. *mil.* complete uniform: erste [zweite] ~ number one [two] dress. – 6. *fig. colloq.* (*erste, zweite etc*) rank, string: er gehört zur ersten ~ der englischen Fußballspieler he belongs to the first rank (*od.* the very best, the elite of) English football players; er hat sich zur ersten ~ des Theaters emporgearbeitet he has worked up to the first- (*od.* top-)rank actors of the theater (*bes. Br.* theatre).

'**Garn|ˌknäu·el** *m, n* 1. ball of yarn (*od.* thread). – 2. (*in der Spinnerei*) cop. — ~ˌ**num·mer** *f* yarn count (*od.* number). — ~ˌ**rol·le** *f* reel. — ~ˌ**spu·le** *f* 1. bobbin, spool. – 2. (*in der Spinnerei*) cop. — ~ˌ**stär·ke** *f* size of the yarn. — ~ˌ**sträh·ne** *f* hank (*od.* skein) of yarn (*od.* thread). — ~ˌ**wick·ler** *m* reeler.

'**Garˌofen** *m metall.* refining furnace.

Ga·ro·te [ga'roːtə] *f* ⟨-; -n⟩ *hist. cf.* Garrotte.

'**Garˌpro·be** *f metall.* refining assay.

'**Gärˌpro·be** *f brew.* fermentation test.

Gar·rot·te [ga'rɔtə] *f* ⟨-; -n⟩ *hist.* (*Würgschraube, Halseisen*) garote, garrotte, *auch* garotte. — **gar·rot'tie·ren** [-'tiːrən] *v/t* ⟨*no* ge-, h⟩ garote, garrotte, *auch* garotte.

'**Gärˌspund** *m brew.* fermentation bung.

gar·stig ['garstɪç] *adj* 1. (*Wesen, Benehmen, Geruch etc*) nasty, (*stärker*) loathsome, foul, vile: er war sehr ~ gegen seine (*od.* zu seinen) Eltern he was really nasty to his parents; sei nicht so ~! don't be so nasty (*od. bes. Kind* naughty). – 2. (*Wetter*) nasty, foul, wretched, rotten, beastly. – 3. (*häßlich, abstoßend*) ugly, disgusting, repugnant, repellent, *auch* repellant: sein Gesicht sah wirklich ~ aus his face looked really disgusting. – 4. (*anstößig*) filthy, foul, obscene, dirty, indecent. — '**Gar·stig·keit** *f* ⟨-; -en⟩ 1. ⟨*only sg*⟩ (*des Benehmens etc*) nastiness, (*bes. von Kindern*) naughtiness, (*stärker*) loathsomeness, foulness, vileness. – 2. ⟨*only sg*⟩ (*des Wetters*) nastiness, foulness, wretchedness, rottenness, beastliness. – 3. (*Häßlichkeit*) ugliness, disgustingness. – 4. (*Anstößigkeit*) filthiness, foulness, obscenity, dirtiness, indecency.

'**Gärˌstoff** *m* 1. *brew. chem.* ferment, (en)zyme (*scient.*). – 2. *fig.* leaven.

Gärt·chen ['gɛrtçən] *n* ⟨-s; -⟩ *dim. of* Garten.

gär·teln ['gɛrtəln] *v/i* ⟨h⟩ *Southern G. for* gärtnern.

Gar·ten ['gartən] *m* ⟨-s; =⟩ garden: botanischer ~ botanical gardens *pl*, arboretum (*scient.*); zoologischer ~ zoological gardens *pl*, zoo; ein gutgepflegter ~ a well-kept garden; ein Stück ~ a garden plot, *Br.* a garden-plot; einen ~ anlegen to lay out a garden; im ~ arbeiten to work in the garden, to do the gardening; der ~ der Hesperiden *myth.* the gardens *pl* of the Hesperides; der ~ Eden *Bibl.* the Garden of Eden, Paradise; die Hängenden Gärten der Semiramis *hist.* the hanging gardens of Babylon. — ~ˌ**am·mer** *f zo.* ortolan (*Emberiza hortulana*). — ~ˌ**amp·fer** *m bot.* patience (dock), *Br.* patience(-dock), garden sorrel, monk's rhubarb (*Rumex acetosa*). — ~ˌ**amt** *n* gardens and parks department. — ~**aneˌmo·ne** *f bot.* star anemone (*Anemone hortensis*). — ~ˌ**anˌla·ge** *f* 1. (*Tätigkeit*) laying out of a garden. – 2. (*Anlage*) gardens *pl*. — ~ˌ**ar·beit** *f* gardening: er versteht sich nicht auf ~ he has no skill in gardening, he is no gardener. — ~**ar·chiˌtekt** *m* landscape gardener (*Am. auch* architect). — ~**ar·tiˌschocke** (*getr.* -k·k-) *f bot.* true artichoke (*Cynara scolymus*). — ~ˌ**aster** *f bot.* China (*od.* Chinese) aster (*Callistephus chinensis*). — ~**auˌri·kel** *f* garden auricula (*Primula auricula hortensis*). — ~**bal·saˌmi·ne** *f* (garden) balsam, eagle flower, lady's (*od.* ladies') slipper (*Impatiens balsamina*). — ~ˌ**bank** *f* ⟨-; =e⟩ garden bench.

'**Gar·tenˌbau** *m* ⟨-(e)s; *no pl*⟩ gardening, horticulture: ~ treiben to do gardening, to garden. — ~ˌ**ausˌstel·lung** *f* horticultural show. — ~**erˌzeug·nis** *n* horticultural product. — ~**geˌsell·schaft** *f* horticultural society. — ~ˌ**schu·le** *f* horticultural school, school of horticulture.

'**Gar·ten|ˌbeet** *n* (flower *od.* vegetable) bed. — ~ˌ**beiˌfuß** *m bot.* Pontine wormwood (*Artemisia pontica*). — ~**bi·berˌnel·le** *f* 1. salad burnet, *auch* burnet bloodwort (*Sanguisorba minor*). – 2. burnet saxifrage (*Pimpinella saxifraga*). — ~ˌ**blu·me** *f* garden (*od.* cultivated) flower. — ~ˌ**böck·lein** *n* wild pansy, colored (*bes. Br.* coloured) violet, *auch* heartsease (*Viola tricolor*). — ~ˌ**boh·ne** *f* common (*od.* French) bean, year bean (*Phaseolus vulgaris*). — ~ˌ**but·terˌblu·me** *f* pot (*auch* Scotch) marigold (*Calendula officinalis*). — ~ˌ**di·stel** *f* artichoke (*Cynara scolymus*). — ~**dost** *m* garden marjoram (*Origanum hortense*). — ~ˌ**ei·bisch** *m* shrub mallow, rose of Sharon (*Hibiscus syriacus*). — ~ˌ**ep·pich** *m* celery (*Apium graveolens*). — ~**erb·se** *f* garden (*od.* green) pea (*Pisum sativum*). — ~ˌ**erdˌbee·re** *f* 1. (*Pflanze*) cultivated strawberry plant. – 2. (*Frucht*) garden strawberry. — ~ˌ**er·de** *f* garden mold (*bes. Br.* mould). — ~**euˌphor·bie** *f cf.* Gartenwolfsmilch. — ~ˌ**fen·chel** *m* sweet fennel (*Foeniculum officinale*). — ~ˌ**fest** *n* garden party, *Br.* garden-party, fête champêtre (*lit.*): ein ~ veranstalten to give a garden party. — ~ˌ**form** *f bot.* (*einer Pflanze*) garden variety, cultivar. — ~ˌ**freund** *m* 1. amateur gardener. – 2. garden lover. — ~ˌ**frucht** *f* 1. garden (*od.* cultivated) fruit. – 2. *pl collect.* garden produce *sg.* — ~ˌ**fuchsˌschwanz** *m bot.* amaranth, love-lies-bleeding (*Amaranthus caudatus*). — ~ˌ**gän·seˌdi·stel** *f* milkweed (*Sonchus oleraceus*). — ~ˌ**geißˌblatt** *n* garden woodbine (*Lonicera caprifolium*). — ~**geˌmü·se** *n hort.* greens *pl*, garden vegetables *pl* (*od.* stuff, *Am. auch* truck), *Br.* garden-stuff. — ~**geˌrät** *n* 1. gardening implement (*od.* tool, requisite). – 2. *collect.* gardening implements *pl* (*od.* tools *pl*, equipment, requisites *pl*). — ~**geˌstal·tung** *f* garden architecture, horticultural landscaping. — ~**geˌwächs** *n* 1. garden plant. – 2. *pl* garden stuff (*od.* produce, *Am. auch* truck) *sg*, *Br.* garden-stuff *sg.* — ~ˌ**glei·ße** *f bot.* fool's parsley (*od.* cicely), ass parsley (*Aethusa cynapium*). — ~ˌ**glockenˌblu·me** (*getr.* -k·k-) *f* Canterbury bell, lady's-nightcap (*Campanula medium*). — ~ˌ**grasˌmücke** (*getr.* -k·k-) *f zo.* garden warbler, *Br.* garden-warbler (*Sylvia borin*). — **~ˌgrundˌstück** *n* garden plot, *Br.* garden-plot. — **~ˌgur·ke** *f bot.* common cucumber (*Cucumis sativus*). — **~ˌha·ferˌwurz** *f cf.* Schwarzwurzel 1. — **~ˌhahn** *m* lad's- (*od.* boy's-)love, old man, southernwood (*Artemisia abrotanum*). — **~ˌhaus** *n* **1.** garden house, summerhouse, *Br.* summer-house, *bes. Br.* arbour. – **2.** *colloq. euphem. for* Hinterhaus. — **~ˌhäus·chen** *n cf.* Gartenhaus 1. — **~ˌhei·deˌkraut** *n bot.* centaury (*Gattg Centaurium*). — **~ˌhimˌbee·re** *f* large red garden raspberry. — **~hor·ˌten·sie** *f* garden hydrangea (*Hydrangea hortensis*). — **~hyaˌzin·the** *f* common garden (*od.* oriental) hyacinth (*Hyacinthus orientalis*). — **~im·morˌtel·le** *f* bracted helichrysum (*Helichrysum bracteatum*). — **~jasˌmin** *m* mock orange, syringa (*Philadelphus coronarius*). — **~kaˌmil·le** *f cf.* Edelkamille. — **~ˌker·bel** *m* garden (*od.* true) chervil, cultivated chervil (of France) (*Anthriscus cerefolium*). — **~ˌklee** *m* blue trigonella (*Trigonella caerulea*). — **~ˌkohl** *m* garden cabbage (*Brassica oleracea*). — **~ˌkrau·seˌmin·ze** *f* curled mint (*Mentha crispa*). — **~ˌkräu·ter** *pl gastr.* potherbs, *Br.* pot-herbs, garden stuff *sg*, *Br.* garden-stuff *sg.* — **~ˌkres·se** *f bot.* garden cress, *auch* garden pepper cress (*Lepidium sativum*). — **~ˌküm·mel** *m* common (*od.* whorl-leaved) caraway (*Carum carvi*). — **~ˌkür·bis** *m bot.* pumpkin, punkin (*Cucurbita pepo*): Krummhalsiger ~ crookneck (*Cucurbita pepo var. condensa u. C. moschata*). — **~ˌland** *n* garden plot, *Br.* garden-plot. — **~ˌlat·tich** *m bot.* lettuce (*Lactuca sativa*).

'Gar·tenˌlau·be *f* **1.** arbor, *bes. Br.* arbour, bower, *auch* bowery. – **2.** „Die ~" (*literature*) "The Gartenlaube" (*former German magazine*). — **'Gar·tenˌlau·benˌstil** *m* (*literature*) keepsake (*od.* giftbook) style (*sentimental 19th century bourgeois style*).

'Gar·ten|ˌlaubˌkä·fer *m zo.* garden chafer (*Phyllopertha horticola*). — **~ˌlauch** *m bot.* common garlic (*Allium sativum*). — **~loˌkal** *n* **1.** open-air (*od.* outdoor) restaurant (*od.* café), tea garden, *Br.* tea-garden. – **2.** (*Biergarten*) beer garden. — **~ˌlö·wenˌmaul** *n bot.* bucranium, greater snapdragon (*Antirrhinum majus*). — **~luˌpi·ne** *f* white lupine (*Lupinus albus*). — **~ma·joˌran** *m* sweet marjoram (*Origanum majorana*). — **~ˌmal·ve** *f* hollyhock, althaea stock, rose mallow (*Althaea rosea*). — **~ˌman·gold** *m* Sicilian white beetroot, thick-leaved beetroot (*Beta vulgaris var. cicla*). — **~ˌmaßˌlieb·chen** *n* garden daisy (*Bellis perennis*). — **~ˌmei·ster** *m cf.* Gärtnermeister. — **~ˌmel·de** *f bot.* garden orach(e), mountain spinach, butter leaves *pl* (*Atriplex hortensis*). — **~meˌlis·se** *f* lemon (*od.* bee) balm, balm, balm mint (*Melissa officinalis*). — **~ˌmes·ser** *n* pruning knife: gekrümmtes ~ bill, *auch* billhook. — **~ˌmin·ze** *f bot.* spearmint, garden mint (*Mentha spicata*). — **~ˌmö·bel** *n meist pl collect.* garden furniture *sg.* — **~ˌmohn** *m bot.* garden (*od.* opium) poppy (*Papaver somniferum*). — **~ˌmöh·re, ~ˌmohrˌrü·be** *f* garden carrot (*Daucus carota*). — **~ˌnacht·ˌschat·ten** *m* common (*od.* black) nightshade (*Solanum nigrum*). — **~ˌnacht·vio·le** [-ˌvĭoːlə] *f* gillyflower, *auch* gilliflower (*Hesperis matronalis*). — **~ˌnä·ge·lein** *n*, **~ˌnel·ke** *f* clove pink (*od.* gillyflower), gillyflower, *auch* gilliflower, carnation (*Dianthus caryophyllus*). — **~ˌpap·pel** *f cf.* Gartenmalve. — **~ˌpa·sti·nakˌwur·zel** *f* (cultivated) parsnip (*Pastinaca sativa*). — **~ˌpfef·ferˌkraut** *n* garden savory (*Satureja hortensis*). — **~ˌpflan·ze** *f* garden plant: verwilderte ~ escape. — **~ˌpfor·te** *f* garden gate. — **~ˌpri·mel** *f bot.* primrose, oxlip (*Primula hortensis*). — **~ˌquen·del** *m* **1.** *cf.* Gartenthymian. – **2.** *cf.* Bohnenkraut. — **~ˌra·de** *f* corn cockle, rose (*od.* corn) campion (*Agrostemma githago*). — **~raˌnun·kel** *f* Asiatic (*od.* garden) ranunculus (*Ranunculus asiaticus*). — **~raˌpun·ze(l)** *f* **1.** (biennial) evening primrose (*Oenothera biennis*). – **2.** true skirret (*Sium sisarum*). – **3.** lamb's-lettuce (*Valerianella locusta*). – **4.** rampion (*Campanula rapunculus*). — **~ˌrau·te** *f* rue, *auch* herb of grace (*Ruta graveolens*). — **~-Reˌse·da** *f* mignonette (*Reseda odorata*). — **~re·stau·ˌrant** *n cf.* Gartenlokal 1. — **~ˌret·tich** *m bot.* cultivated (*od.* turnip) radish (*Raphanus sativus*). — **~rhaˌbar·ber** *m* pie rhubarb (*Rheum undulatum*). — **~ˌrin·gelˌblu·me** *f* pot (*auch* Scotch) marigold (*Calendula officinalis*). — **~ˌrit·terˌsporn** *m* garden (*od.* rocket) larkspur (*Delphinium ajacis*). — **~ˌro·se** *f* cabbage rose, hundred-leafed (*od.* -leaved) rose (*Rosa centifolia*). — **~ˌrot·ˌschwanz** *m*, **~ˌrotˌschwänz·chen** *n zo.* redstart, *auch* redtail (*Phoenicurus phoenicurus*). — **~ˌsa·fran** *m bot.* (cultivated) saffron, (saffron) crocus (*Crocus sativus*). — **~saˌlat** *m* lettuce (*Lactuca sativa*). — **~salˌbei** *m*, *f* (garden) sage (*Salvia officinalis*). — **~ˌsän·ger** *m zo. cf.* Gartenspötter. — **~sa·tuˌrei** *f bot. cf.* Gartenpfefferkraut. — **~ˌsau·erˌamp·fer** *m cf.* Gartenampfer. — **~ˌschäd·ling** *m zo.* garden pest. — **~ˌschau** *f* horticultural show. — **~ˌsche·re** *f* **1.** garden shears *pl.* – **2.** pruning shears *pl*, *bes. Br.* secateurs *pl.* — **~ˌschier·ling** *m bot. cf.* Gartengleiße. — **~ˌschirm** *m* garden umbrella, *Am. auch* sunshade. — **~ˌschlä·fer** *m zo.* garden dormouse, lerot (*Eliomys quercinus*). — **~ˌschlauch** *m* garden hose. — **~ˌschlüs·sel·ˌblu·me** *f bot.* cowslip (*Primula veris*). — **~ˌschnecke** (*getr.* -k·k-) *f zo.* garden snail (*bes. Helix aspersa u. H. hortensis*). — **~ˌschneeˌball** *m bot.* snowball, *auch* snowball bush, guelder rose (*Gattg Viburnum*). — **~ˌscho·te** *f cf.* Gartenerbse. — **~ˌschwamm** *m* mushroom (*Gattg Agaricus*). — **~ˌsel·le·rie** *m cf.* Garteneppich. — **~ˌsil·berˌblatt** *n* honesty, lunaria, *auch* satinflower, satinpod (*Gattg Lunaria, bes. L. annua*). — **~ˌspar·gel** *m* (shop) asparagus (*Asparagus officinalis*). — **~spiˌnat** *m* potherb spinach (*Spinacia oleracea*). — **~ˌspöt·ter** *m zo.* icterine warbler (*Hippolais icterina*). — **~ˌsprit·ze** *f* **1.** garden syringe. – **2.** (*Schlauch*) garden hose. — **~ˌstadt** *f* garden city. — **~ˌsteinˌbrech** *m bot.* Indian moss (*Saxifraga hypnoides*). — **~ˌstiefˌmüt·ter·chen** *n* pansy (*Viola tricolor var. hortensis*). — **~ˌstrohˌblu·me** *f* strawflower, helichrysum (*scient.*) (*Helichrysum bracteatum*). — **~ˌstuhl** *m* garden chair. — **~ˌthy·mi·an** *m bot.* common garden thyme (*Thymus vulgaris*). — **~ˌtisch** *m* garden table. — **~ˌtor** *n* garden gate (*od.* door). — **~tru·piˌal** [-truˌpĭaːl] *m zo.* orchard oriole (*Icterus spurius*). — **~ˌtul·pe** *f bot.* common (*od.* Gesner's) garden tulip (*Tulipa gesneriana*). — **~ˌtür** *f cf.* Gartentor. — **~verˌgißˌmeinˌnicht** *n bot.* creeping forget-me-not, (Venus's)-navelwort, blue-eyed Mary (*Myosotis ssp., Omphalodes verna*). — **~ˌweg** *m* garden path. — **~ˌwicke** (*getr.* -k·k-) *f bot.* sweet pea (*Lathyrus odoratus*). — **~ˌwil·helm** *m* sweet William, bearded pink (*Dianthus barbatus*). — **~ˌwirt·schaft** *f* **1.** *cf.* Gartenlokal. – **2.** ⟨*only sg*⟩ *hort. cf.* Gartenbau. — **~ˌwit·wenˌblu·me** *f bot.* sweet scabious, mourning bride, Egyptian rose (*Scabiosa atropurpurea*). — **~ˌwolfsˌmilch** *f* wartweed, devil's milk, petty spurge (*Euphorbia peplus*). — **~ˌysop** *m* hyssop (*Hyssopus officinalis*). — **~ˌzaun** *m* garden fence. — **~ˌzwerg** *m* **1.** garden gnome. – **2.** *fig. colloq. iron.* twerp, *auch* twirp (*sl.*).

Gärt·ner ['gɛrtnər] *m* ⟨-s; -⟩ gardener, horticulturist (*scient.*): → Bock[1] 1.

Gärt·ne'rei *f* ⟨-; -en⟩ **1.** ⟨*only sg*⟩ (*Tätigkeit*) gardening, horticulture (*scient.*). – **2.** (*Gebäude*) gardener's house (*od.* shop). – **3.** (*Handelsgärtnerei*) market garden, *Am.* truck garden (*od.* farm). – **4.** (*Baumschule*) nursery. — **~beˌtrieb** *m cf.* Gärtnerei 3, 4.

'Gärt·ner|geˌhil·fe *m* gardener's boy. — **~ˌgrün** *n bot.* emerald feather (*Asparagus sprengeri*).

'Gärt·ne·rin *f* ⟨-; -nen⟩ **1.** (woman) gardener. – **2.** „Die ~ aus Liebe" *mus.* "La Finta Giardiniera" (*opera by Mozart*).

'Gärt·ne·rinˌart *f only in* nach ~ *gastr.* à la jardinière.

'Gärt·nerˌmei·ster *m* qualified gardener.

gärt·nern ['gɛrtnərn] *v/i* ⟨h⟩ garden, do gardening.

'Gä·rung *f* ⟨-; -en⟩ **1.** *cf.* Gären[1]. – **2.** *bes. chem.* (*Zustand*) fermentation, zymosis (*scient.*): faulende ~ putrefaction; saure ~ sour (*od.* acetous, acetic) fermentation; von selbst eintretende ~ spontaneous (*od.* self-)fermentation; in ~ geraten (*od.* bringen) a) to ferment, b) (*von Heu etc*) to heat; in ~ übergehen to begin to ferment. – **3.** in ~ sein *fig.* to be in a (state of) ferment, to be seething.

'Gä·rungs|ˌal·ko·hol *m chem.* grain (*od.* ethyl) alcohol (C_2H_5OH). — **~amylˌal·ko·hol** [-ˀaˌmyːl-] *m* fermentation amyl alcohol. — **~cheˌmie** *f* fermentation chemistry, zymurgy (*scient.*). — **g~erˌre·gend** *adj biol.* zymogenic, zymogenous, *auch* fermentative. — **~er·ˌre·ger** *m* zymogen, *auch* proenzyme, *auch* ferment. — **g~ˌfä·hig** *adj* capable of fermentation, fermentable. — **~ˌfä·hig·keit** *f* fermentability. — **~ˌmit·tel** *n cf.* Gärmittel. — **~ˌpilz** *m bot.* a) fermentation fungus (*Gattg Saccharomyces*), b) yeast plant (*S. cerevisiae*). — **~proˌzeß** *m chem.* fermentative (*od.* fermentation) process, (process of) fermentation. — **~ˌstoff** *m cf.* Gärmittel. — **~verˌfah·ren** *n* fermentative (*od.* fermentation) method, (method of) fermentation.

'Ga·rungsˌzeit *f metall.* (*in der Kokerei*) coking (*od.* carbonizing) period (*od.* time).

'Garˌzeit *f gastr.* exact cooking period.

Gas [gaːs] *n* ⟨-es; -e⟩ **1.** gas: brennbares [schwerflüchtiges] ~ combustible [nonpersistent, *Br.* non-persistent] gas; ~ erzeugen to generate (*od.* produce) gas; zu ~ werden to gasify; es bilden sich ~e gases are formed. – **2.** (*Haushaltsgas*) (lighting *od.* heating) gas: das ~ andrehen [anzünden] to turn on [to light] the gas; etwas auf das ~ setzen to put s.th. on the gas; auf (*od.* mit) ~ kochen to cook with gas; mit ~ vergiften to gas; j-m das ~ abdrehen *fig. colloq.* a) to ruin (*od.* finish) s.o. financially, b) to kill s.o., to bump s.o. off (*sl.*). – **3.** *mil.* poison gas, *Br.* poison-gas, war gas. – **4.** *med. cf.* Darmgas. – **5.** *tech.* a) *cf.* Gaspedal, b) (*Beschleunigung*) *bes. Am. colloq.* gas, *Br. sl.* 'juice': gib ~! accelerate! step on it! *bes. Am.* step on the gas! das ~ wegnehmen to throttle down (*od.* back), to slow down, to release the gas pedal. – **6.** *geol. cf.* Erdgas.

'Gas|ˌabˌle·ser *m cf.* Gasmann. — **g~ab·sorˌbie·rend** *adj* gas-absorbing. — **~ˌab·ˌsau·gung** *f* (*mining*) methane drainage, gas drain. — **~ˌabˌzug** *m* **1.** *tech.* a) gas issue, b) *cf.* Gasabzugsrohr. – **2.** *metall.* (*eines Hochofens*) downcomer. — **~ˌab·ˌzugsˌrohr** *n* gas off-take, gas delivery tube. — **~alarm** [-ˀaˌlarm] *m mil.* gas warning. — **~anaˌly·se** *f chem.* gas analysis. — **~ˌanˌgriff** *m mil.* gas (*od.* chemical) attack. — **~ˌanˌschluß** *m tech.* gas connection (*Br. auch* connexion). — **~ˌanˌstalt** *f cf.* Gaswerk. — **~ˌanˌzün·der** *m* gas lighter. — **g~ˌar·tig** *adj chem.* gaslike, gaseous. — **~ˌaufˌkoh·len** *n tech.* gas carburizing. — **~ˌausˌbruch** *m* (sudden) outburst (of gas). — **~ˌausˌtausch** *m med.* (*der Lunge*) gaseous interchange. — **~ˌausˌtritt** *m* **1.** gas leakage. – **2.** *geol.* (*bei Ölbohrungen*) blowout, *Br.* blow-out: brennender ~ flaming orifice. — **~au·toˌmat** *m* gas meter (*Br.* gas-meter) operated by coins, *Br. auch* gas slot-machine. — **~ˌba·de·ˌofen** *m* gas water heater for bathrooms, *Br. auch* (gas) geyser. — **~ˌbauch** *m med.* tympanitis, meteorism. — **~beˌhäl·ter** *m tech.* gas holder, gas container, *Br.* gas-container, gasometer. — **g~beˌheizt** *adj* gas-fired (*od.* -heated). — **~beˌleuch·tung** *f* gas-lighting. — **g~ˌbil·dend** *adj* producing gas; aerogenic, aerogenous (*scient.*). — **~ˌbil·dung** *f* production of gas, gas production, gasification (*scient.*). — **~ˌbla·se** *f* **1.** (*in flüssiger od. fester Masse*) bubble. – **2.** *metall.* a) (*beim Gießen*) blowhole, b) (*beim Schweißen*) gas pocket. — **~ˌbom·be** *f mil.* gas bomb (*od.* shell). — **~ˌbrand** *m med.* gas (*od.* gaseous) gangrene, clostridial infection. — **~ˌbren·ner** *m tech.* gas burner. — **~ˌbrennˌschwei·ßen** *n* constant-temperature pressure welding. — **~-Chro·ma·to·graˌphie** *f chem.* gas chromatography. — **g~ˌdicht** *adj* **1.** gastight, *Br.* gas-tight. – **2.** gasproof, *Br.* gas-proof. — **~ˌdich·te** *f* density of gas, gas density. — **~ˌdruck** *m* gas pressure. — **g~ˌdurch·ˌläs·sig** *adj* permeable (*od.* pervious) to gas(es). — **~ˌdurchˌläs·sig·keit** *f* permeability (*od.* perviousness) to gas(es). — **~dyˌna·mik** *f* dynamics *pl* (*usually construed as sg*) of gases. — **~dyˌna·mo·maˌschi·ne** *f* gas-driven dynamo. —

~ˌeinˌschluß *m* (*in Glas, Gußstücken*) gas pocket (*od.* occlusion).

Ga·sel [ga'zeːl] *n* ⟨-s; -e⟩, **Ga'se·le** *f* ⟨-; -n⟩ (*literature*) ghazel, ghazal, *auch* gazel, gasal.

'Gas·em·boˌlie *f med.* aeroembolism, air embolism.

ga·sen ['gaːzən] *v/t u. v/i* ⟨h⟩ gas.

'Gas|entˌla·dung *f phys.* gas discharge. — **~entˌla·dungsˌlam·pe** *f* gas discharge lamp. — **~entˌwei·chung** *f* escape of gas. — **~entˌwick·lung** *f chem. tech.* evolution (*od.* generation) of gas. — **g~erˌzeu·gend** *adj* gas-generating (*od.* -producing), gasogenic.

'Gas·erˌzeu·ger *m* gas producer. — **~ˌgas** *n* producer gas.

'Gas|erˌzeu·gung *f tech.* gas production (*od.* generation). — **~ex·plo·siˌon** *f* gas explosion. — **~ˌfang** *m* **1.** gas collector. – **2.** (*Gichtverschluß*) gas seal bell. — **~ˌfern-ˌlei·tung** *f* long-distance gas main (*Br.* gas-main), gas grid. — **~ˌfeue·rung** *f* gas firing. — **~ˌfeu·erˌzeug** *n* gas lighter. — **~ˌflam·me** *f* gas flame. — **~ˌfla·sche** *f tech.* gas cylinder, *Am. auch* gas bottle. — **g~ˌför·mig** *adj chem. phys.* gaseous, gasiform. — **~ˌför·mig·keit** *f* ⟨-; *no pl*⟩ gaseousness, gaseity. — **~ganˌgrän** *f, auch n med. cf.* Gasbrand.

'Gas·geˌblä·se|ˌlam·pe *f* gas blowtorch (*Br.* blow-torch). — **~maˌschi·ne** *f* gas-driven blowing engine.

'gas·geˌfüllt *adj* gas-filled.

'Gas|geˌhalt *m* gas content. — **~geˌmisch** *n* **1.** *chem.* gas mixture. – **2.** *auto. cf.* Gas-Luftgemisch. — **~ge·neˌra·tor** *m cf.* Gaserzeuger. — **~geˌruch** *m* smell (*od.* odor, *bes. Br.* odour) of gas. — **~geˌsetz** *n phys.* gas law. — **~geˌwin·deˌboh·rer** *m tech.* gas pipe tap. — **~geˌwin·nung** *f* gas production. — **~ˌglühˌlicht** *n* incandescent (gas)light. — **~ˌgraˌna·te** *f mil.* **1.** gas shell, *Br.* gas-shell, chemical shell. – **2.** gas grenade. — **~ˌgriff** *m* (*am Motorrad*) *cf.* Gashebel 1b. — **~ˌhahn** *m tech.* gas tap (*od.* cock): → aufdrehen 1. — **g~ˌhalˌtig** *adj* **1.** (*Sprudel etc*) carbonated. – **2.** *chem.* gassy, containing gas. — **~ˌhe·bel** *m* **1.** *auto.* a) *cf.* Gaspedal, b) (hand) throttle(-control). – **2.** *aer.* a) (*bei Vergasermotoren*) throttle lever, b) (*bes. bei Strahltriebwerken*) power lever. — **~ˌhei·zung** *f* gas heating. — **~ˌherd** *m* gas stove (*od.* range): **dreiflammiger ~** three-burner gas stove. — **~ˌhül·le** *f* **1.** gaseous envelope. – **2.** (*Atmosphäre*) atmosphere.

ga·sie·ren [ga'ziːrən] *v/t* ⟨*no* ge-, h⟩ (*Tuch*) singe, gas.

'ga·sig *adj cf.* gasartig.

'Gas|ˌkam·mer *f* (*zur Hinrichtung*) gas chamber. — **~ˌkes·sel** *m tech. cf.* Gasbehälter. — **~ˌklup·pe** *f* pipe-threading device. — **~ˌko·cher** *m* gas cooker.

Gas·ko·gner [gas'kɔnjər] *m* ⟨-s; -⟩ Gascon. — **gas'ko·gnisch** *adj* Gascon.

'Gas|ˌkoh·le *f* gas coal, *Br.* gas-coal. — **~ˌkoks** *m* gas coke, *Br.* gas-coke.

Gas·ko·na·de [gasko'naːdə] *f* ⟨-; -n⟩ *obs.* gasconade, excessive boast(ing).

'Gas|ˌkrieg *m mil.* gas (*od.* chemical) warfare. — **~ˌlam·pe** *f* gas lamp, gaslight. — **~laˌter·ne** *f* gas (street)lamp. — **~ˌlei·tung** *f* **1.** (*in Gebäuden etc*) gas line pipe: **eine ~ legen** to lay in (*bes. Br.* on) gas. – **2.** (*des Versorgungsnetzes*) gas main (*od.* conduit), *Br.* gas-main. – **3.** (*eines Koksofens*) gas flue.

'Gasˌlicht *n* **1.** gaslight. – **2.** *cf.* Gaslampe. — **~paˌpier** *n print.* gaslight paper.

'Gas|-'Luft·geˌmisch *n auto.* air fuel mixture, carburet(t)ed air. — **~ˌmann** *m colloq.* gasman, *Br.* gas-man. — **~maˌschi·ne** *f tech.* gas(-driven) engine. — **~ˌmas·ke** *f bes. mil.* gas mask, *Br.* gas-mask. — **~ˌmes·ser** *m tech.* gas meter, *Br.* gas-meter. — **~mo·leˌkül** *n chem.* gas molecule. — **~ˌmo·tor** *m tech.* gas engine (*od.* motor), *Br.* gas-engine (*od.* -motor). — **~ˌne·bel** *m astr.* gaseous nebula. — **~niˌtrie·ren** *n metall.* dry nitriding (*od.* cyaniding). — **~ˌofen** *m* **1.** (*im Haushalt*) gas stove. – **2.** *tech.* gas furnace.

Ga·sol [ga'zoːl] *n* ⟨-s; *no pl*⟩ *chem.* (*Gasgemisch*) liquefied petroleum gas.

'Gasˌöl *n* (*Erdölfraktion*) gas (*od.* solar) oil.

Ga·so·lin [gazo'liːn] *n* ⟨-s; *no pl*⟩ gasoline, *auch* gasolene, petrol.

Ga·so·me·ter [gazo'meːtər] *m* ⟨-s; -⟩ *tech. cf.* Gasbehälter. — **Ga·so·me·trie** [gazome'triː] *f* ⟨-; *no pl*⟩ gasometry.

'Gas·peˌdal *n auto.* accelerator (*od.* throttle) pedal.

'Gas·pelˌdorn ['gaspəl-] *m bot.* furze, ulex, gorse, whin (*Gattg Ulex, bes. U. europaeus*).

'Gas|piˌsto·le *f* air pistol. — **~ˌquel·le** *f geol.* gas well. — **~ˌrech·nung** *f* gas bill. — **~ˌreg·ler** *m tech.* gas regulator. — **~ˌrei·ni·ger** *m metall.* gas cleaner (*od.* washer), scrubber. — **~ˌrei·ni·gung** *f* gas cleaning (*od.* purifying). — **~ˌrei·ni·gungsˌanˌla·ge** *f* gas-cleaning plant.

'Gasˌrohr *n* gas main (*od.* pipe), *Br.* gas-main. — **~ˌbruch** *m* breach (*od.* break) in a gas main (*Br.* gas-main). — **~ˌschlüs·sel** *m* bulldog wrench.

Gäß·chen ['gɛsçən] *n* ⟨-s; -⟩ **1.** *dim. of* Gasse 1. – **2.** (little *od.* narrow) alley (*od.* lane).

'Gas|ˌschlauch *m* gas hose. — **~ˌschmelz-ˌschwei·ßung** *f tech.* autogenous (*od.* gas) welding. — **~ˌschutz** *m* **1.** protection against gas. – **2.** (anti-)gas defence (*Am.* defense). — **~ˌschwa·den** *m* cloud of gas, gas fumes *pl.* — **~ˌschweißˌbren·ner** *m tech.* gas torch.

Gas·se ['gasə] *f* ⟨-; -n⟩ **1.** (narrow) lane (*od.* alley, street): **auf der ~** in the street; **man hört es auf allen ~n** *fig. colloq.* you hear it everywhere, it's in everybody's mouth; → Hansdampf. – **2.** *Austrian for* Straße 1. – **3.** *fig.* (*Spalier*) lane, passage: **eine ~ bilden** to form (*od.* make) a lane; **er mußte sich eine ~ durch die Menge bahnen** he had to make a passage for himself (*od.* to elbow his way) through the crowd. – **4.** *print.* a) (*im Setzersaal*) alley, row, b) (*fehlerhafter Zwischenraum*) gutter, gap, river, *Am. colloq.* hound's teeth *pl.* – **5.** (*sport*) a) (*beim Fußball*) space, b) (*beim Rugby*) lineout: **in die ~ spielen** to pass into space.

'Gas·sen|ˌbu·be *m contempt. cf.* Gassenjunge. — **~ˌhau·er** *m mus.* popular (*od.* street, hit) song. — **~ˌjun·ge** *m contempt.* (street) urchin, street Arab (*od.* arab), gamin (*lit.*), guttersnipe, *Br.* gutter-snipe, *Br. auch* street-boy. — **~ˌschen·ke** *f Bavarian and Austrian* off-licence counter, *Am.* package store. — **g~ˌsei·tig** *adj Austrian* (*Wohnung etc*) facing the street.

'Gas|ˌspür·geˌrät *n tech.* gas detector. — **~ˌstrahl** *m* (gas) jet. — **~ˌstrumpf** *m cf.* Glühstrumpf. — **~ˌsuch·geˌrät** *n cf.* Gasspürgerät.

Gast[1] [gast] *m* ⟨-es; ¨e⟩ **1.** guest: **ein gerngesehener** (*od.* **willkommener**) **~** a welcome guest; **ein häufiger ~** a frequent guest; **er ist hier ein seltener ~** he is a rare guest (*od.* quite a stranger) here; **ungebetener ~** a) uninvited (*od.* unbidden, unexpected) guest, b) (*der sich aufdrängt*) intruder, gate crasher, *Br.* gate-crasher (*sl.*); **zahlender ~** paying guest; **Gäste haben** to have guests (*od.* visitors, company *colloq.*); **j-s ~ sein, bei j-m zu ~(e) sein** to be s.o.'s guest, to be invited by s.o., to be staying with s.o.; **ich erwarte Gäste zum Essen** I am expecting guests to dinner; **wollen Sie heute abend unser ~ sein?** will you be our guest tonight? will you dine with us (as our guest) tonight? **sie haben oft Gäste** they entertain a great deal, they have much company; **als Gäste begrüßen wir** (*in einer Rede*) we welcome as guests. – **2.** (*Besucher*) visitor, caller. – **3.** (*im Hotel etc*) guest, lodger. – **4.** (*im Restaurant*) patron, client, customer: **wir sind bestrebt, unseren Gästen nur das Beste zu bieten** we endeavor (*bes. Br.* endeavour) to offer the best service (*od.* only the best) to our customers; **ständiger ~** regular customer; **nur für Gäste** for patrons only; **die Gäste werden höflichst gebeten** a) patrons are kindly requested, b) will customers, please. – **5.** (*eines Fremdenheims etc*) guest, boarder. – **6.** (*Reisender*) passenger. – **7.** (*eines Landes*) tourist. – **8.** (*theater*) guest (artist): **als ~ auftreten** to appear as (a) guest (star). – **9.** ⟨*only sg*⟩ *fig. colloq.* customer: **ein seltsamer ~** a queer customer. – **10.** *biol.* guest, parasite.

Gast[2] *m* ⟨-es; -en⟩ *mar.* a) *cf.* Funkgast, b) *cf.* Rudergast, c) *cf.* Signalgast.

'Gast|ˌar·bei·ter *m*, **~ˌar·bei·te·rin** *f* foreign (*od.* migratory) worker. — **~ˌbett** *n* spare bed. — **~di·riˌgent** *m* guest conductor. — **~doˌzent** *m ped.* guest lecturer.

'Gä·steˌbuch *n* visitor's (*od.* guest) book.

'Gasˌteer *m tech.* (coal) gas tar (*Br.* gas-tar).

'Gä·ste|ˌhandˌtuch *n* guest towel. — **~-ˌhaus, ~ˌheim** *n* guesthouse, *Br.* guest-house.

Ga·ste'rei *f* ⟨-; -en⟩ feast, banquet.

'Gä·steˌzim·mer *n* **1.** guest room. – **2.** (*in Privatwohnung*) spare (bed)room. – **3.** (*Aufenthaltsraum in Pension etc*) sitting room, lounge. – **4.** (*im Wirtshaus*) taproom, *Br. auch* parlour.

'gast|ˌfrei *adj* hospitable: **~ sein** to be hospitable, to keep an open house. — **G~ˌfrei·heit** *f* hospitality, hospitableness. — **G~ˌfreund** *m archaic* guest. — **~ˌfreund·lich** *adj cf.* gastlich 1. — **G~ˌfreund·lich·keit, G~ˌfreund·schaft** *f* hospitality, hospitableness. — **G~ˌge·ber** *m* host: **den ~ spielen** to act as host. — **G~ˌge·be·rin** *f* ⟨-; -nen⟩ hostess. — **G~geˌschenk** *n* present (*od.* gift) for the host(ess), xenial present (*lit.*).

'Gastˌhaus *n* **1.** restaurant. – **2.** (*mit Unterkunft*) inn, (small) hotel, guesthouse, *Br.* guest-house: **in einem ~ einkehren** to put up at an inn. – **3.** (*Schenke*) tavern, *bes. Br.* public house, pub (*colloq.*), *Am.* saloon. — **~ˌschild** *n* sign of an inn, inn sign.

'Gas·theoˌrie *f* **kinetische ~** *phys.* kinetic theory of gases.

'Gastˌhof *m cf.* Gasthaus. — **~beˌsit·zer** *m* innkeeper, owner of an inn, hotelkeeper, *Br.* hotel-keeper, hotelier, hotel proprietor.

'Gast|ˌhö·rer *m*, **~ˌhö·re·rin** *f ped.* guest student, *Am.* auditor: **eine Vorlesung als ~ besuchen** to attend a lecture (*od.* course) without being registered as regular student, *Am.* to audit a lecture (*od.* course).

ga·stie·ren [gas'tiːrən] *v/i* ⟨*no* ge-, h⟩ **1.** (*von Zirkus*) (in *dat* in) give performances. – **2.** (*von Künstler, Schauspieler etc*) appear as a guest (star), give a guest performance, give guest performances.

'Gastˌland *n* host country.

'gast·lich I *adj* **1.** hospitable. – **2.** (*Stube*) homey, *bes. Br.* homy, cozy. – **II** *adv* **3.** **j-n ~ aufnehmen** to receive s.o. hospitably (*od.* as a guest). — **'Gast·lich·keit** *f* ⟨-; *no pl*⟩ **1.** hospitality, hospitableness. – **2.** homeyness, *bes. Br.* hominess, coziness.

'Gast|ˌmahl *n* ⟨-(e)s; ¨er *u.* -e⟩ *antiq.* banquet, feast: **(Platons) „~"** (Plato's) "Symposium". — **~ˌmann·schaft** *f* (*sport*) visiting team (*od.* side), visitors *pl.*

'Gasˌtod *m* death through gas poisoning.

'Gast|ˌpflan·ze *f bot.* parasite (plant). — **~proˌfes·sor** *m ped.* visiting (*od.* guest) professor.

Ga·strä·a [gas'trɛːa] *f* ⟨-; -sträen⟩ *zo.* gastraea.

ga·stral [gas'traːl] *adj med.* gastric, gastral.

Ga·stral·gie [gastral'giː] *f* ⟨-; -n [-ən]⟩ *med.* pain in the stomach, gastralgia (*scient.*).

Ga'stralˌraum *m zo.* (*der Hohltiere*) coelenteron.

'Gastˌrecht *n* (right to *od.* of) hospitality: **(das) ~ genießen** to enjoy hospitality; **j-m ~ gewähren** to grant s.o. hospitality; **das ~ mißbrauchen** to abuse (*od.* take advantage of) s.o.'s hospitality.

ga·strisch ['gastrɪʃ] *adj med.* (*Fieber, Krise etc*) gastric.

Ga·stri·tis [gas'triːtɪs] *f* ⟨-; -tiden [-tri'tiːdən]⟩ *med.* gastritis.

Ga·stro·en·te·ri·tis [gastroˀɛnte'riːtɪs] *f* ⟨-; -tiden [-ri'tiːdən]⟩ *med.* gastroenteritis.

Ga·stro·lith [gastro'liːt; -'lɪt] *m* ⟨-en; -en⟩ *med.* gastrolith, gastric calculus.

'Gastˌrol·le *f* **1.** (*theater*) guest role (*od.* part): **eine ~ geben** to appear as a guest, to make a guest appearance, to give a guest performance. – **2.** *colloq.* flying visit: **sie hat in der Firma nur eine kurze ~ gegeben** she only paid a flying visit to the firm.

Ga·stro·nom [gastro'noːm] *m* ⟨-en; -en⟩ **1.** (*Feinschmecker*) gastronome, *auch* gastronomer, epicure. – **2.** *cf.* Gastwirt. — **Ga·stro·no'mie** [-no'miː] *f* ⟨-; *no pl*⟩ **1.** (*Kochkunst*) gastronomy. – **2.** catering trade. — **ga·stro'no·misch** *adj* **1.** gastronomic, *auch* gastronomical. – **2.** (*Fachpersonal etc*) catering.

Ga·stro·po·den [gastro'poːdən] *pl zo.* gastropods, *auch* gastropodans (*Klasse Gastropoda*).

Ga·stro·skop [gastro'skoːp] *n* ⟨-s; -e⟩ *med.* (*Magenspiegel*) gastroscope. — **Ga·stro·sko'pie** [-sko'piː] *f* ⟨-; -n [-ən]⟩ gastroscopy.

Ga·stro·to·mie [gastroto'miː] *f* ⟨-; -n [-ən]⟩ *med.* gastrotomy.

Ga·stru·la ['gastrula] *f* ⟨-; *no pl*⟩ *biol.* (*Becherkeim*) gastrula.

'Gastˌspiel *n* **1.** (*theater*) guest performance (*od.* appearance): ein ~ geben to give a guest performance, to make a guest appearance. – **2.** *colloq. cf.* Gastrolle 2. — **~ˌrei·se** *f* tour: eine ~ machen to go on tour. — **~ˌtrup·pe** *f* travel(l)ing theater (*bes. Br.* theatre) troupe (*od.* company).

'Gastˌstät·te *f* **1.** (*Gasthof*) inn. – **2.** (*Restaurant*) restaurant.

'Gastˌstät·ten|beˌtrieb *m* **1.** restaurant. – **2.** restaurant business. — **~geˌwer·be** *n* restaurant business. — **~ˌord·nung** *f regulations governing standards and practices in the restaurant business.*

'Gastˌstu·be *f* restaurant.

'Gas·turˌbi·ne *f tech.* gas turbine. — **'Gas·turˌbi·nenˌschiff** *n mar.* gas turbine ship (*od.* vessel).

'Gast|ˌvorˌle·sung *f ped.* guest lecture, lecture given by a visiting professor. — **~ˌvorˌstel·lung** *f* (*theater*) guest performance. — **~ˌwirt** *m* innkeeper, landlord, host, *Am.* saloonkeeper, *Br. auch* publican. — **~ˌwirt·schaft** *f* **1.** (*Restaurant*) restaurant. – **2.** (*ohne Küche*) *Am.* tavern, *Br.* public house, pub (*colloq.*). – **3.** (*mit Übernachtungsgelegenheit*) hotel, inn. — **~ˌzim·mer** *n cf.* Gästezimmer.

'Gas|ˌüberˌfall *m mil.* surprise gas attack. — **~ˌuhr** *f* gas meter, *Br.* gas-meter. — **~verˌbrauch** *m* gas consumption. — **g~verˌgif·tet** *adj* gassed, poisoned by gas. — **~verˌgif·tung** *f* gas poisoning. — **~verˌsor·gung** *f* gas supply. — **~ˌwas·ser** *n chem.* gas (*od.* ammonia) liquor. — **~ˌwech·sel** *m biol.* gas exchange. — **~ˌwerk** *n* gasworks *pl* (*construed as sg or pl*). — **~ˌzäh·ler** *m* gas meter, *Br.* gas-meter. — **~ˌzel·le** *f aer.* (*im Luftschiff*) gasbag, *Br.* gas-bag, gas cell. — **~ˌzuˌfuhr** *f tech.* gas supply.

Gat(t) [gat] *n* ⟨-(e)s; -en *u.* -s⟩ *Low G. mar.* **1.** (*Heck eines Schiffes*) stern. – **2.** (*Loch*) hole. – **3.** (*Speigatt*) scupper (hole). – **4.** (*Hellegatt*) bosun's locker. – **5.** (*enge Durchfahrt*) gut, gat.

Gat·te ['gatə] *m* ⟨-n; -n⟩ **1.** *lit.* husband: grüßen Sie Ihren ~n von mir give my regards to your husband. – **2.** *pl* (*Ehepaar*) married couple *sg*, husband and wife. – **3.** *jur.* spouse, consort.

'Gat·ten|ˌlie·be *f* love between husband and wife, conjugal love. — **~ˌmord** *m jur.* **1.** murder of one's spouse. – **2.** (*Gattinnenmord*) uxoricide. — **~ˌwahl** *f* **1.** choice of a husband (*od.* wife). – **2.** *biol.* selective (*od.* assortative) mating.

Gat·ter ['gatər] *n* ⟨-s; -⟩ **1.** (*Gitter*) lattice(-work), trellis. – **2.** (*Zaun*) fence. – **3.** *dial.* (*Tor*) (lattice) gate, lattice door. – **4.** *cf.* Sägegatter 1. – **5.** (*einer Spinnmaschine*) creel. – **6.** (*computer*) gate. — **~ˌsä·ge** *f tech.* frame saw, *Br.* frame-saw. — **~ˌschal·tung** *f* (*computer*) gate. — **~ˌtor** *n*, **~ˌtür** *f cf.* Gatter 3.

gat·tie·ren [ga'tiːrən] *v/t* ⟨*no* ge-, h⟩ *metall.* calculate (*od.* make up) the charge (*od.* mixture) of.

'Gat·tin *f* ⟨-; -nen⟩ **1.** *lit.* wife: Herr X und seine ~ Mr. X and his wife, Mr. and Mrs. X. – **2.** *jur.* spouse, consort.

'Gat·tung *f* ⟨-; -en⟩ **1.** (*Sorte, Art*) type, kind, sort: Menschen dieser ~ people of this kind, people like this; Waren jeder ~ goods of every kind (*od.* description), all kinds of goods. – **2.** *bot. zo.* genus. – **3.** (*literature*) category, genre, type: die Epik ist eine literarische ~ epic poetry is a literary genre. – **4.** (*Eisenbahnwagen etc*) model.

'Gat·tungs|beˌgriff *m* generic term. — **~ˌkauf** *m econ.* **1.** (*Fertigware*) purchase according to type. – **2.** (*Verbrauchsgut*) purchase according to quality (*od.* sort). — **~ˌna·me** *m* **1.** *biol. bot.* generic name. – **2.** *ling.* appellative, common noun. — **~ˌschuld** *f econ.* obligation to supply a certain species of goods.

Gau *m* ⟨-(e)s; -e⟩ **1.** region, district, province. – **2.** *hist.* gau.

Gäu [gɔʏ] *n* ⟨-(e)s; -e⟩ *Southern G. dial. for* Gau.

Gau·be ['gaubə] *f* ⟨-; -n⟩ *cf.* Dachfenster 1.

Gauch [gaux] *m* ⟨-(e)s; -e *u.* ⸚e⟩ **1.** *lit. for* Narr. – **2.** *obs. for* Kuckuck 1. — **~ˌamp·fer** *m bot.* cuckoo-meat, cuckoo (*od.* wood) sorrel (*Oxalis acetosella*). — **~ˌblu·me** *f* **1.** meadow campion, ragged robin (*Lychnis flos cuculi*). – **2.** Bittere ~ cuckooflower, *Br.* cuckoo-flower, meadow cuckoo, meadow cress (*Cardamine pratensis*). — **~ˌha·fer** *m* wild oats *pl* (*construed as sg or pl*) (*Avena fatua*).

'Gauchˌheil *m* ⟨-(e)s; -e⟩ *bot.* **1.** (red *od.* scarlet) pimpernel, shepherd's clock (*od.* weatherglass), poor man's weatherglass (*Anagallis arvensis*): Blauer ~ blue (*od.* Italian) pimpernel (*A. caerulea*). – **2.** common self-heal (*Prunella vulgaris*). — **~ˌveil·chen** *n* sky-blue pimpernel (*Anagallis caerulea*).

Gau·cho ['gautʃo] *m* ⟨-(s); -s⟩ (*südamer. Viehhirt*) gaucho, *auch* guacho. — **~ˌkärpf·ling** *m zo.* blackbanded pearlfish (*Cynolebias melanotaenia*).

Gau·di ['gaudi] *n* ⟨-s; *no pl*⟩, *Bavarian and Austrian f* ⟨-; *no pl*⟩ *colloq. for* Gaudium.

Gau·di·um ['gaudĭum] *n* ⟨-s; *no pl*⟩ (*Spaß*) fun: zum allgemeinen ~, zum ~ aller to the general amusement (*od.* merriment); er tat es aus purem ~ he did it just for fun; es war ein tolles ~ we had a hell of a good time (*colloq.*).

gau·frie·ren [go'friːrən] *v/t* ⟨*no* ge-, h⟩ **1.** (*textile*) a) (*kräuseln*) goffer, *auch* gopher, gauffer, crimp, flute, b) (*Muster aufprägen*) emboss. – **2.** (*paper*) gauffer, *auch* goffer, emboss, indent.

Gau'frier·kaˌlan·der *m* (*paper, textile*) embossing calender, goffer.

'Gau·kelˌbild *n* phantasm, phantom, illusion, deception, phantasmagoria, *auch* phantasmagory, mirage.

Gau·ke'lei *f* ⟨-; -en⟩ *contempt. cf.* Gaukelspiel, Gaukelwerk.

'gau·kel·haft *adj* delusive, deceptive.

gau·keln ['gaukəln] *v/i* ⟨h *u.* sein⟩ (*hin u. her flattern*) flutter, flit: der Schmetterling gaukelt von Blüte zu Blüte the butterfly flutters from flower to flower. — **'gau·kelnd** I *pres p.* – **II** *adj* (*Schatten, Bilder etc*) flickering.

'Gau·kel|ˌspiel, ~ˌwerk *n* **1.** (*Vorspiegelung, Blendwerk*) delusion, deception: j-m ein ~ vormachen, ein ~ mit j-m treiben to delude (*od.* deceive) s.o. – **2.** *cf.* Gaukelbild.

'Gauk·ler *m* ⟨-s; -⟩ **1.** juggler, conjurer, illusionist. – **2.** *fig.* trickster, charlatan, mountebank. – **3.** *bot. cf.* Gauklerblume. – **4.** *zo.* bateleur (eagle), bataleur (*Therathopius ecaudatus*). — **~ˌblu·me** *f bot.* monkey flower (*Mimulus luteus*).

'gauk·le·risch *adj* delusive, deceptive.

Gaul [gaul] *m* ⟨-(e)s; ⸚e⟩ **1.** *contempt.* nag, jade, hack, crock, 'screw' (*sl.*): der ausgediente ~ bekommt sein Gnadenbrot the worn-out nag is put out to grass. – **2.** (*Arbeitspferd*) *Am.* draft horse, *Br.* draught-horse. – **3.** *bes. Southern G.* horse. – **4.** *fig. colloq.* (*in Wendungen wie*) mach die Gäule nicht scheu hold your horses; das bringt den stärksten ~ um that gets anyone down; den ~ beim Schwanz aufzäumen to put the cart before the horse; einem geschenkten ~ sieht (*od.* schaut) man nicht ins Maul (*Sprichwort*) don't look (*od.* never look) a gift horse (*Br.* gift-horse) in the mouth (*proverb*).

'Gauˌlei·ter *m pol. hist.* (*in NS-Zeit*) gauleiter.

Gaul·lis·mus [go'lɪsmus] *m* ⟨-; *no pl*⟩ *pol.* Gaullism. — **Gaul'list** [-'lɪst] *m* ⟨-en; -en⟩ Gaullist. — **gaul'li·stisch** *adj* Gaullist.

Gault [gɔːlt] (*Engl.*) *m* ⟨-(e)s; *no pl*⟩ *geol.* gault, *auch* galt.

Gaul·the·rie [gɔl'teːrĭə] *f* ⟨-; -n⟩ *bot.* a) gaultheria, wintergreen, mountain tea, teaberry (*Gaultheria procumbens*), b) wax-cluster (*G. hispida*).

Gau·men ['gaumən] *m* ⟨-s; -⟩ palate, roof of the mouth: harter ~ hard (*od.* bony) palate; weicher ~ soft palate, velum (*scient.*); mir klebt (vor Durst) die Zunge am ~ (I'm so thirsty) my tongue is sticking to the roof of my mouth; einen feinen ~ haben *fig.* to have a fine (*od.* delicate) palate (*od.* sense of taste); das ist etwas für meinen ~ that suits my palate; das kitzelt den ~ *fig. colloq.* that tickles the palate, that makes your mouth water. — **~ˌbein** *n med.* palatine bone. — **~ˌbo·gen** *m* vorderer [hinterer] ~ glossopalatine [pharyngopalatine] arch. — **~ˌkit·zel** *m colloq.* s.th. that tickles one's palate. — **~ˌkno·chen** *m med.* palatine bone. — **~ˌlaut** *m ling.* a) palatal (sound), b) velar (sound). — **~ˌplat·te** *f med.* (*Zahnersatz*) upper plate.

'Gau·menˌse·gel *n med. ling.* soft palate, velum palatinum (*scient.*). — **~ˌlaut** *m ling.* velar.

'Gau·men|ˌspal·te *f med.* cleft palate; palatoschisis, uranoschisis (*scient.*). — **~ˌzäpf·chen** *n* uvula.

Gau·ner ['gaunər] *m* ⟨-s; -⟩ *colloq. contempt.* **1.** (*Betrüger*) swindler, cheat, sharper, 'crook' (*colloq.*). – **2.** (*gerissener Mensch*) scoundrel, rascal, rogue. — **~ˌban·de** *f* gang (*od.* set) of crooks (*od.* swindlers, sharpers).

Gau·ne'rei *f* ⟨-; -en⟩ *colloq. contempt.* **1.** swindling, cheating, sharping, sharp practices *pl.* – **2.** swindle, cheat, piece of sharp practice.

'gau·ner·haft, 'gau·ne·risch *adj* knavish, 'crooked' (*colloq.*).

gau·nern ['gaunərn] *v/i* ⟨h⟩ *colloq. contempt.* swindle, cheat.

'Gau·ner|ˌspra·che *f* thieves' cant (*od.* Latin). — **~ˌstreich** *m colloq. contempt.* **1.** *cf.* Gaunerei 2. – **2.** mischievousness, piece of mischief. — **~ˌstück** *n colloq. contempt. cf.* Gaunerei 2. — **~ˌzin·ken** *m* tramp's (*od.* thief's) mark (*od.* sign).

Gau·pe ['gaupə] *f* ⟨-; -n⟩ *cf.* Dachfenster 1.

Gaur ['gauər] *m* ⟨-(s); -(s)⟩ *zo.* (*Wildrind*) gaur (*Bibos gaurus*).

Gauß [gaus] *n* ⟨-; -⟩ *phys.* (*Maßeinheit des Magnetismus*) gauss.

'Gautsch|ˌbrett *n* (*paper*) plank, couch. — **~ˌbrief** *m only in* den ~ erhalten *print. colloq.* to be initiated as a printer's apprentice (*whereby one is dumped into a fountain etc, presented with a document and then forced to pay a round*).

Gaut·sche ['gautʃə] *f* ⟨-; -n⟩ **1.** (*paper*) *cf.* Gautschpresse. – **2.** *Southwestern G. for* Schaukel 1.

gaut·schen ['gautʃən] **I** *v/t* ⟨h⟩ **1.** (*paper*) couch. – **2.** einen Lehrling ~ *colloq.* to initiate an apprentice. – **II** *v/i* **3.** *Southwestern G. for* schaukeln 1, 2, 5.

'Gaut·scher *m* ⟨-s; -⟩ (*paper*) coucher, couchman.

'Gautsch|ˌfest *n* festivities *pl* celebrating the initiation of an apprentice. — **~ˌpres·se** *f* couch press, couch(ing) rolls *pl.*

Ga·vi·al [ga'viaːl] *m* ⟨-s; -e⟩ *zo.* gavial, *auch* gharial (*Gavialis gangeticus*).

Ga·vot·te [ga'vɔtə] *f* ⟨-; -n⟩ *mus.* (*Tanz*) gavotte.

Ga·yal ['gaːjal; ga'jaːl] *m* ⟨-s; -s⟩ *zo.* gayal (*Bibos frontalis*).

Ga·ze ['gaːzə] *f* ⟨-; -n⟩ **1.** (*textile*) a) gauze, b) (*feine*) gossamer, c) (*Baumwollgaze*) cheesecloth, *Br.* cheese-cloth. – **2.** *med.* (*Mull*) gauze. – **3.** *tech.* (*Drahtgaze*) wire gauze. — **~ˌbausch** *m med.* gauze pad (*od.* sponge). — **~ˌbin·de** *f* gauze bandage. — **~ˌfen·ster** *n* gauze-screened window. — **~ˌschlei·er** *m* gauze veil. — **~ˌstrei·fen** *m med.* gauze strip (*od.* tape, wick), ribbon gauze.

Ga·zel·le [ga'tsɛlə] *f* ⟨-; -n⟩ *zo.* gazelle (*Gattg Gazella*).

Ga·zet·te [ga'tsɛtə; -'zɛtə] *f* ⟨-; -n⟩ *obs. for* Zeitung.

G-ˌDur ['geː-] *n* ⟨-; *no pl*⟩ *mus.* G major.

ge'ach·tet I *pp.* – **II** *adj* respected, esteemed.

Ge'äch·te·te *m, f* ⟨-n; -n⟩ outlaw, outcast.

Ge'äch·ze *n* ⟨-s; *no pl*⟩ *colloq.* groaning, moaning.

Ge'äder *n* ⟨-s; *no pl*⟩ **1.** *med. zo.* (*Blutgefäße*) blood vessels *pl.* – **2.** *biol.* venation. – **3.** *fig.* (*im Holz, Stein etc*) graining, veins *pl.*

ge'adert, ge'ädert I *pp.* – **II** *adj* **1.** *bot.* nerved, nervate, nervose, veined. – **2.** *biol.* veined, veinous; venulose, venulous (*scient.*). – **3.** *zo.* nerved, reticulate(d) (*scient.*): netzartig ~ (*Insektenflügel*) netted. – **4.** (*Holz, Stein etc*) grained, veined, streaky. – **5.** *tech.* (*marmoriert*) marbled, marmorate(d).

Ge'äf·ter [-'ʔɛftər] *n* ⟨-s; *no pl*⟩ *zo.* (*Afterklauen*) dewclaws *pl*, *Br.* dew-claws *pl.*

ge'ar·tet I *pp.* – **II** *adj* **1.** natured, conditioned, disposed. – **2.** of a nature, of a kind: anders ~ sein to be of a different nature; ich bin nicht so ~ I am not that kind, I am not made (*Am. auch* built) that way; ein besonders ~er Fall a particular (*od.* special) case.

Ge'äse *n* ⟨-s; -⟩ *hunt.* **1.** (*Äsung*) grazing, pasture. – **2.** (*Maul*) mouth.

Ge'äst *n* ⟨-(e)s; *no pl*⟩ **1.** branches *pl*, boughs *pl*, branchwork, branchage. – **2.** (*Astgeflecht*) branching, ramification.

Ge'bab·bel *n* ⟨-s; *no pl*⟩ *colloq.* **1.** (constant) babble (*od.* babbling). – **2.** chatter(ing), prattling.

Ge'bäck [-'bɛk] *n* ⟨-(e)s; -e⟩ **1.** (*Backwerk*) baker's ware, baked goods *pl.* – **2.** (*feines*) pastry, fancy cakes *pl.* – **3.** (*Plätzchen*) *Br.* biscuits *pl*, *Am.* cookies *pl.*

Ge'backe·ne (*getr.* -k·k-) *n* ⟨-n; *no pl*⟩ **1.** baked (*od.* fried) food. – **2.** *cf.* Gebäck.

Ge'bäck|,scha·le *f* pastry dish. — **~,zan·ge** *f* cake tongs *pl* (*sometimes construed as sg*).

Ge'bal·ge *n* ⟨-s; *no pl*⟩ *colloq.* scuffle, tussle, scramble.

Ge'bälk *n* ⟨-(e)s; *no pl*⟩ **1.** *tech.* frame, framework, timberwork: **es knistert** (*od.* **kracht**) **im ~** *fig. colloq.* there are signs of impending catastrophe. – **2.** *arch.* a) (*Balken*) (system of binders and) joists *pl*, beams *pl*, b) (*über einer Säule*) entablature, c) (*eines Daches*) rafters *pl*, raftering.

ge'balkt [-'balkt] *adj her.* fessed.

ge'ballt I *pp of* ballen[1]. – **II** *adj* **1.** (*Faust*) clenched. – **2.** *fig.* concentrated. – **3.** *mil.* a) **~e Ladung** concentrated charge, b) (*Feuer*) massed. – **4.** *zo.* conglobate. – **5.** *lit.* (*Stil etc*) succinct, concise. – **6.** *meteor.* (*Wolkenmasse*) solid.

ge'bän·dert I *pp.* – **II** *adj bes. bot. zo.* banded, streaked, striped, fasciated (*scient.*).

ge'bannt I *pp.* – **II** *adj* **1.** spellbound, fascinated. – **2.** (*böse Geister*) exorcized. – **III** *adv* **3.** spellbound, in fascination, fascinatedly.

ge'bar [-'baːr] *1 u. 3 sg pret of* gebären.

Ge'bär·de [-'bɛːrdə] *f* ⟨-; -n⟩ **1.** gesture: **heftige** (*od.* **lebhafte**) **~** gesticulation; **theatralische ~n** theatrical gestures; **sprechende ~** expressive gesture, mime, pantomime. – **2.** *lit.* (*Haltung*) attitude, air, mien. – **3.** *antiq.* mime.

ge'bär·den [-'bɛːrdən] *v/reflex* ⟨*pp* **gebärdet**, *h*⟩ **sich ~ 1.** behave, act: **sich (wie) wild ~** to act like a wild man, to be raving, to get into a fury, to fly off the handle (*colloq.*); **sich wie toll ~** to act (*od.* behave) like a madman (*od. colloq.* like the mad hatter himself). – **2.** pretend to be: **er gebärdet sich fromm** he pretends to be devout.

Ge'bär·den|,spiel *n* ⟨-(e)s; *no pl*⟩ **1.** gesticulation, gestures *pl.* – **2.** (*stummes*) pantomime, dumb show. – **3.** (*theater*) posture, pose. — **~,spra·che** *f* **1.** language of gestures, gesture (*od.* sign) language. – **2.** (*theater*) mimicry.

ge'ba·ren [-'baːrən] *v/reflex* ⟨*pp* **gebart**, *h*⟩ **sich ~** *rare for* gebärden.

Ge'ba·ren *n* ⟨-s; *no pl*⟩ **1.** behavior, *bes. Br.* behaviour, demeanor, *bes. Br.* demeanour, deportment (*lit.*). – **2.** *econ.* conduct, business policy.

ge'bä·ren [-'bɛːrən] **I** *v/t* ⟨**gebärt** *od. lit.* **gebiert, gebar, geboren**, *h*⟩ **1.** (*Kind*) bear, give birth to: **sie hat einen Sohn geboren** she bore (*od.* gave birth to) a son, she brought a son into the world (*lit.*). – **2. geboren werden** to be born: **ich wurde geboren am [in]** I was born on [in]; **so ein Mann muß erst noch geboren werden** *fig. colloq.* such a man has yet to be born. – **3.** *zo.* (*Junge*) bring forth, give birth to, drop, cast: **Junge ~** to have young. – **4.** *fig. lit.* produce, bring forth, beget, breed, engender: **Haß gebiert Krieg** hatred breeds war. – **II** *v/i* **5.** bear a child, give birth to a child, be delivered of a child: **vorzeitig ~** a) (*mit lebensfähiger Frucht*) to give birth (*od.* be confined) prematurely, b) (*mit nicht lebensfähiger Frucht*) to abort, to miscarry. – **III G~** *n* ⟨-s⟩ **6.** childbearing, confinement, parturition (*scient.*). — **ge'bä·rend I** *pres p.* – **II** *adj* ⟨*attrib*⟩ being in labor (*bes. Br.* labour), parturient (*scient.*). — **Ge'bä·ren·de** *f* ⟨-n; -n⟩ woman in labor (*bes. Br.* labour), parturient (*scient.*).

ge'bär,fä·hig *adj* **1.** *med.* capable of childbearing. – **2.** *vet.* capable of giving birth.

Ge'bär,mut·ter *f med.* womb; uterus, matrix (*scient.*). — **~,aus,scha·bung** *f* (uterine) curettage, scraping of the womb. — **~,band** *n* ⟨-(e)s; ⸗er⟩ uterine ligament. — **~,blu·tung** *f* **1.** metrorrhagia, h(a)emorrhage of the womb, uterine h(a)emorrhage. – **2.** (*innerhalb der Regel*) abundant loss of menstrual blood, menorrhagia (*scient.*). — **~ent,zün·dung** *f* inflammation of the uterus, metritis (*scient.*). — **~,hals** *m* neck of the uterus, cervix (uteri) (*scient.*). — **~,höh·le** *f* cavity of the uterus, uterine cavity. — **~,krebs** *m* cancer of the womb, carcinoma of the uterus. — **~,öff·nung** *f* uterine orifice, os uteri externum. — **~,schleim,haut** *f* endometrium. — **~,sen·kung** *f* falling of the womb, uterine descent. — **~,spie·gel** *m* hysteroscope. — **~,vor,fall** *m* prolapse of the uterus; metroptosis, hysteroptosis (*scient.*).

ge'bär·tet [-'bɛːrtət] *adj zo. bot.* barbellate, barbate.

Ge'ba·rung *f* ⟨-; -en⟩ **1.** *Austrian econ.* a) policy, conduct, b) handling: **finanzielle ~** financial handling. – **2.** *lit. for* Gebaren 1.

ge'bauch,kit·zelt, ge'bauch,pin·selt I *pp.* – **II** *adj only in* **sich ~ fühlen** *colloq.* to feel tickled pink (*colloq.*), to feel (highly) flattered.

ge'baucht I *pp.* – **II** *adj bot.* bellied.

Ge'bäu·de [-'bɔʏdə] *n* ⟨-s; -⟩ **1.** building, structure, (*bes. bemerkenswertes*) edifice: **ein öffentliches ~** a public building; **ein riesiges ~** a huge building (*od.* construction). – **2.** (*Wohngebäude*) dwelling block. – **3.** *fig.* (*von Gedanken etc*) edifice: **das ~ seiner Lügen brach zusammen** the edifice of his lies collapsed. – **4.** *fig.* (*kunstvoll Zusammengefügtes*) structure, setup, *Br.* set-up. – **5.** (*mining*) underground workings *pl.* — **~,flü·gel** *m* wing. — **~kom,plex** *m* complex of buildings. — **~,scha·den** *m* damage to buildings. — **~,teil** *m* part (*od.* wing) of a building. — **~ver,si·che·rung** *f* building (*od.* house) insurance. — **~ver,wal·ter** *m* **1.** building superintendent (*od.* manager). – **2.** (*Hausmeister*) *Br.* caretaker, *Am.* janitor.

ge'bauscht I *pp.* – **II** *adj* (*Ärmel etc*) bouffant, puffy, puffed-out (*attrib*).

ge'baut I *pp.* – **II** *adj* built: **gut ~ sein** *fig.* (*von Frau*) to be well built (*od.* proportioned).

'ge·be,freu·dig *adj* openhanded, generous. — **'Ge·be,freu·dig·keit** *f* ⟨-; *no pl*⟩ openhandedness, generosity.

Ge'bein *n* ⟨-(e)s; -e⟩ *lit.* **1.** bones *pl*, frame: **der Schreck fuhr ihm durchs** (*od.* **ins**) **~** a shudder of fear ran through him, he was trembling in every limb. – **2.** *pl* (*sterbliche Reste*) (mortal) remains. – **3.** *pl relig.* relics.

Ge'bel·fer *n* ⟨-s; *no pl*⟩ **1.** (*von Hunden*) yelp(ing), yap(ping). – **2.** *fig.* (*von Menschen*) bark(ing), bawling, bellowing, yelling.

Ge'bell *n* ⟨-(e)s; *no pl*⟩ **1.** bark(ing). – **2.** (*großer Hunde*) bay(ing). – **3.** (*Kläffen*) yap(ping). – **4.** *hunt.* a) (*der Meute*) cry, b) (*Maul*) mouth. – **5.** *colloq. for* Husten[1].

ge·ben ['geːbən] **I** *v/t* ⟨**gibt, gab, gegeben**, *h*⟩ **1.** give: **j-m etwas ~** to give s.th. to s.o., to give s.o. s.th.; **j-m seine Tochter zur Frau ~** to give one's daughter (*od.* one's daughter's hand) to s.o. (in marriage); **jedem das Seine ~** to give everyone his due; **j-m [einer Sache] seinen Segen ~** *auch fig.* to give s.o. [s.th.] one's blessing; **gebt dem Kaiser, was des Kaisers ist** *Bibl.* render unto Caesar the things which be Caesar's. – **2.** (*schenken*) give, present, bestow: **j-m etwas als** (*od.* **zum**) **Geschenk ~** to make s.o. a present of s.th.; **darf ich dir das als Andenken ~?** may I present this to you as a souvenir? **j-m Liebe ~** to give s.o. (one's) love. – **3.** (*aushändigen*) give, hand (*s.th.*) over: **etwas als Pfand ~** to give s.th. as a pledge; **sich** (*dat*) **eine Quittung ~ lassen** to ask for a receipt; → **Korb** 15; **Laufpaß**. – **4.** (*reichen*) give: **j-m die Hand ~** to shake hands with s.o., to give s.o. one's hand; **j-m zu essen ~** to give s.o. (s.th.) to eat; **was darf ich Ihnen ~?** what may I offer you? what would you like? **darf ich Ihnen noch etwas ~?** (*bei Tisch*) may I help you to some more? **einem Baby das Fläschchen ~** to feed a baby with (*od.* give a baby) the bottle; → **Finger** 1. – **5.** (*verleihen*) give, bestow, confer: **j-m einen Titel ~** to confer a title on s.o. – **6.** (*versetzen*) give: **j-m einen Tritt ~** to give s.o. a kick, to kick s.o.; **sie gab ihm eine Ohrfeige** she gave him a box on the ear, she gave him a slap in (*od.* across) the face, she fetched him one (*colloq.*); **j-m einen Verweis ~** to reprove s.o., to give s.o. a telling off (*colloq.*); → **Dach** 5; **Rest** 6. – **7.** (*hergeben*) give (up): **alles für j-n ~** to give up everything for s.o.; **sein Leben für j-n ~** to give (*od.* sacrifice) one's life for s.o. – **8.** (*überlassen*) deliver, hand (*s.th.*) over, consign: **etwas in Zahlung ~** *econ.* to offer s.th. in part exchange (*od.* as part payment); **Waren in Kommission ~** *econ.* to offer goods on a commission basis. – **9.** (*gewähren*) give, grant: **ein Interview ~** to grant an interview; **j-m Genugtuung ~** to give (*od.* afford) s.o. satisfaction; **j-m einen Zahlungsaufschub ~** to give s.o. more time to pay, to grant s.o. an extension of time; **~ Sie mir zwei Tage Zeit** give me two days; **j-m Rabatt ~** to give s.o. (a) discount (*od.* rebate); **j-m Kredit ~** to give s.o. credit, to extend credit to s.o.; **gebe Gott, daß** God grant that. – **10.** (*bieten*) give, provide, afford: **j-m Gelegenheit ~, etwas zu tun** to give s.o. the opportunity to do s.th. (*od.* of doing s.th.); **j-m einen Vorgeschmack auf** (*acc*) **etwas ~** to give s.o. a foretaste of s.th.; **j-m Grund zur Besorgnis ~** to give s.o. reason to be anxious, to give s.o. cause for concern. – **11.** (*Nachdruck, Impuls etc*) give, impart: **j-m neue Hoffnung ~** to give s.o. (*od.* fill s.o. with) new hope; **j-m Mut ~** to give s.o. (*od.* inspire s.o. with) courage; **einer Sache Leben ~** to give life to (*od.* put life into) s.th. – **12.** (*verkaufen*) sell: **etwas billiger ~** to sell s.th. at a lower price; **etwas auf Kredit** (*od. colloq.* **Pump**) **~** to sell s.th. on credit. – **13.** (*bezahlen*) pay, give: **ich gäbe viel darum, wenn** *fig.* I would give a great deal (*od.* a fortune, *colloq.* a lot) if; → **Pfifferling** 2. – **14.** (*Fest, Essen, Konzert etc*) give: **eine Gesellschaft ~** to give (*od.* hold, *colloq.* throw) a party. – **15.** (*Theaterstück etc*) perform, produce, represent, 'do' (*colloq.*): **das Stück wurde ein halbes Jahr lang gegeben** the play had a run of six months; **die Oper wird nicht mehr gegeben** a) the opera is no longer performed, b) the opera has been taken off (*od.* has come off, is off); **welches Stück wird heute gegeben?** what (play) is on today? – **16.** (*Programm, Film etc*) show, present. – **17.** (*Debüt*) make, have. – **18.** (*ergeben*) make: **zweimal zwei gibt vier** two times two makes (*od.* is) four; **das gibt eine gute Suppe** that will make a good soup; **Bier gibt keine Flecken** beer doesn't make (*od.* leave, produce) stains; **das gibt keinen Sinn** that doesn't make (any) sense; **ein Wort gab das andere** one word led to the other. – **19.** (*werden*) become: **er wird einmal einen guten Koch ~** he will become (*od.* make) a good cook one day. – **20.** (*Ertrag etc*) give, yield, produce: **einen guten Ertrag ~** to give a good yield, to yield well; **Milch ~** to give milk. – **21.** (*tun*) put: **Salz an das Essen ~** to put salt in the food, to add salt to the food; **Zucker in den Kaffee ~** to put sugar into the coffee; **einen Brief auf die Post ~** to mail (*Br.* to post) a letter. – **22. von sich ~** a) *bes. contempt.* (*Äußerung etc*) utter, say, b) (*Schmerzenslaut etc*) give, utter, let out, c) (*Rede*) deliver, d) (*Flüche*) pour forth, e) *bes. chem.* give off, emit, evolve: **er gibt nur Unsinn von sich** everything he says is nonsense, he talks nothing but nonsense; **keinen Ton von sich ~** a) not to give a sound, b) not to say a word; → **Lebenszeichen** 1. – **23. etwas (wieder) von sich ~** *colloq.* (*erbrechen*) to vomit s.th., to bring (*od.* throw) s.th. up: **das Essen wieder von sich ~** (*von Kranken*) to reject one's food. – **24. etwas auf** (*acc*) **etwas ~** *fig.* to attach importance to s.th., to set store by s.th.: **ich gebe wenig auf seine Worte** his words don't count for very much with me; **ich gebe nichts auf ihn** I don't think very much of him; **sie gibt viel auf gutes Benehmen** she attaches great importance to good manners, good manners count (*od.* weigh) a lot with her. – **25.** (*Unterricht, Fach etc*) give (lessons in), teach: **er gibt ihnen Englisch** he instructs them in English. – **26.** (*Aufsatzthema etc*) set. – **27.** (*Auskunft, Befehl, Hinweis, Hilfe etc*) give: **einen Wink ~** to give (*od.* drop) a hint. – **28.** (*Nachricht, Vorstellung, Überblick etc*) give, convey. – **29.** (*Gesetz, Verordnung etc*) give, make. – **30.** (*auslösen*) cause: **einer Sache eine günstige Wendung ~** to cause s.th. to take (*od.* to give s.th.) a favo(u)rable turn; **j-m zu denken ~** to give s.o. s.th. to think about, to make s.o. think; **das gibt einem zu denken** that makes one think. – **31. es j-m ~** *fig. colloq.* to give it to s.o., to give s.o. hell (*bes. Am.* the devil), to give s.o. what for (*sl.*): **es j-m tüchtig ~** to give it to s.o. hot and strong (*od.* properly), to serve s.o. out; **gib's ihm!** give it (to) him! let him have it (properly)! **gib ihm Saures!** give him hell! *bes. Am.* give him the works!

– 32. *fig.* (*in Wendungen wie*) j-m den Vorzug ~ to give s.o. preference, to prefer s.o.; j-m etwas zu verstehen ~ a) to give s.o. to understand s.th., to intimate (*od.* convey) s.th. to s.o., b) to signal s.th. to s.o., to motion to s.o. to do s.th.; er gab zu verstehen, daß he let it be known (*od.* he insinuated) that; j-m einen Beweis seiner Zuneigung ~ to give s.o. proof of one's affection; j-m die Schuld ~ to put the blame on s.o., to blame s.o.; sich (*dat*) Würde ~ to take on authority; sich (*dat*) Mühe ~ to take pains, to make every effort; sich (*dat*) eine Blöße ~ to expose oneself; Obacht ~ to pay attention, to watch out; Ruhe ~ to be quiet; Feuer ~ (*von Kompanie etc*) to (open) fire; j-m Feuer ~ (*für Zigarette etc*) to give s.o. a light; Alarm ~ to sound the alarm; j-m recht ~ to admit that s.o. is right, to agree with s.o.; das gab ihm recht that proved him right; j-m Trost ~ a) to give s.o. comfort, b) to bring s.o. consolation; etwas verloren ~ to give s.th. up for (*od.* as) lost, to abandon s.th.; etwas in Druck ~ to have s.th. printed, to send s.th. to the press (*od.* printers); ein Kind in Pflege ~ to put out a child to nurse; einen Jungen bei j-m in die Lehre ~ to apprentice a boy to s.o.; einem Pferd die Sporen ~ to set (*od.* put) spurs to a horse; Gas ~ to accelerate, *bes. Am. colloq.* to step on the gas (*od.* it); den Ausschlag ~ to be the decisive element, to tip the scales; → Bescheid 2; Rat[1] 1; Rechenschaft; Wort 2, 3; Zeugnis 5. – 33. *bes. econ.* (*zuteilen*) allot, apportion. – 34. *med.* (*Medizin*) give, administer. – 35. *aer.* (*Ruder etc*) apply. – 36. *relig.* (*Sakrament*) give, administer. – II *v/reflex* sich ~ 37. (*sich benehmen*) behave: sich natürlich ~ to behave naturally (*od.* in a free and easy manner); seine Art, sich zu ~ his behavio(u)r; er gibt sich, wie er ist he behaves as he is, he does not give himself airs. – 38. (*vorgeben*) pretend to be: sich nach außen hin gelassen ~ to pretend to be outwardly calm; er gibt sich gern als Experte he likes to pose as an expert (*od.* to play the expert, to pass himself off for [*od.* as] an expert). – 39. (*nachlassen*) subside, abate, pass over, go, (*von Leidenschaft etc*) *auch* cool (off): das Fieber hat sich gegeben the fever has abated. – 40. (*sich bessern*) get better: die Schmerzen werden sich bald ~ the pain will soon get better; das wird sich mit der Zeit ~ it will get better in time. – 41. (*sich finden*) come right: es wird sich alles ~ things will come right. – 42. (*von Gelegenheit etc*) arise, present (*od.* offer) itself. – 43. sich in (*acc*) etwas ~ to resign oneself to s.th. – 44. (*in Wendungen wie*) sich besiegt (*od.* geschlagen) ~ to surrender, to give up (*od.* in); sich gefangen ~ to render oneself prisoner; sich zu erkennen ~ to reveal one's identity; sich verloren ~ to give oneself up for (*od.* as) lost. – III *v/i* 45. give: den Armen ~ to give to the poor; gerne ~ to be always willing to give, to be openhanded (*od.* generous); mit vollen Händen ~ to give liberally (*od.* freely). – 46. (*beim Kartenspielen*) deal: wer gibt? whose deal is it? falsch ~ to misdeal. – 47. (*beim Tennis etc*) serve. – 48. *tel.* transmit, send. – IV *v/impers* es gibt 49. (*ist vorhanden*) there is, *pl* there are: gibt es einen Gott? is there a God? auf dem Mond gibt es kein Leben there is no life on the moon; der beste Spieler, den es gibt the best player there is; es gibt Leute, die there are people who. – 50. (*ist*) there is: es gab nicht viel zu sehen there was not much to be seen; es gab viel zu tun there was much to be done (*od. colloq.* a lot to do); es gab kein Entrinnen mehr there was no escape. – 51. (*wird sein*) there will be: es gibt Regen [Schnee] there will be rain [snow]; morgen gibt es schönes Wetter there will be fine weather tomorrow, the weather will be fine tomorrow; es gibt Scherereien *colloq.* there will be trouble; sei ruhig, sonst gibt's was! *colloq.* be quiet, or you'll catch it! (*colloq.*). – 52. (*zum Essen*) was gibt es heute? what's on the menu today? what are we having today? Pilze hat es schon lange nicht mehr gegeben we haven't had mushrooms for a long time. – 53. *colloq.* (*in Wendungen wie*) was gibt's? a) what's the matter? b) what's up? (*colloq.*); was gibt's Neues? what (is the) news? what's new? was es nicht alles gibt! well, I never! I say! you don't say (so)! das gibt's nicht! a) that's out, nothing doing (*colloq.*), b) that's not allowed, c) that doesn't exist, there is no such thing (*od. bes. Am.* nothing such) as that; das gibt's ja gar nicht that can't be true, that's absolutely impossible; singen kann er, da gibt's nichts! he can sing, and make no mistake about it! ich werde es tun, da gibt's (gar) nichts! I'll do it, be what may! – V G~ *n* ⟨-s⟩ 54. *verbal noun*: G~ und Nehmen give and take; G~ ist seliger denn Nehmen *Bibl.* it is more blessed to give than to receive. – 55. (*beim Kartenspielen*) deal: am G~ sein to have the deal, to be dealing. – 56. *jur.* dation. – 57. *tel.* transmission. – 58. Geschäft auf G~ und Nehmen *econ.* a) double option, put and call, *Am. auch* spread, straddle, b) (*Börse*) straddling.

ge·be·ne'deit *relig.* I *pp.* – II *adj* blessed. — **Ge·be·ne'dei·te, die** ⟨-n; *no pl*⟩ the Blessed Virgin.

'Ge·ber *m* ⟨-s; -⟩ 1. giver, donor, donator: einen fröhlichen ~ hat Gott lieb *Bibl.* the Lord loveth a cheerful giver. – 2. *jur.* donor. – 3. (*beim Kartenspielen*) dealer. – 4. *tel.* sender, (telegraph) transmitter, communicator. – 5. *aer.* transmitter, transducer. – 6. *phys.* pickup, *Br.* pick-up. – 7. *econ.* seller: ~ und Nehmer *pl* sellers and buyers. – 8. (*beim Tennis etc*) server. — **~ˌlau·ne** *f* generous mood: in ~ sein to be in a generous mood.

Ge'bet *n* ⟨-(e)s; -e⟩ 1. prayer: beim ~ at prayers; stilles ~ silent prayer; das ~ des Herrn (*Vaterunser*) the Lord's Prayer; sein ~ verrichten to say one's prayers; ein ~ erhören to answer a prayer; erhöre mein ~! hear my prayer! j-n ins ~ nehmen *fig. colloq.* a) (*ermahnen*) to take s.o. to task, to call (*od.* have) s.o. on the carpet, to haul s.o. over the coals (*beide colloq.*), b) (*verhören*) to question s.o. closely, to catechize s.o. (*lit.*). – 2. (*Beten*) praying, devotions *pl.* – 3. (*Bittgebet*) supplication. — **~ˌbuch** *n* prayer book, *Br.* prayer-book: des Teufels ~ *fig. colloq.* a pack of playing cards.

ge'be·ten I *pp of* bitten. – II *adj* invited: ~ kommen to come as an invited guest.

Ge'bets|ˌfor·mel *f relig.* prayer formula. — **~ˌman·tel** *m* (*der Juden*) scarf, prayer shawl, tallit(h), tallis. — **~ˌmüh·le** *f* (*der Buddhisten*) prayer wheel, *Br.* prayer-wheel. — **~ˌrie·men** *m* (*der Juden*) phylactery. — **~ˌtep·pich** *m* prayer rug (*od.* carpet, mat). — **~verˌsamm·lung** *f* prayer meeting, *Br.* prayer-meeting.

Ge'bet·tel *n* ⟨-s; *no pl*⟩ *contempt.* (constant) begging (*od. colloq.* pestering).

ge'bet·tet I *pp.* – II *adj* (auf *dat od. acc* on) reposing: er ist nicht auf Rosen ~ *fig.* his life is not a bed of roses (*colloq.*).

ge'beugt I *pp.* – II *adj* 1. bent, stooping: ~e Körperhaltung stoop. – 2. *fig.* (*von Gram, Alter etc*) stricken (with). – 3. *med.* flexed. – 4. *ling.* a) (*Substantiv etc*) inflected, declined, b) (*Verb*) inflected, conjugated.

ge'beut [-'bɔʏt] *obs. od. poet. 3 sg pres of* gebieten.

ge'bier [-'biːr] *sg imp*, **ge'bierst** *2 sg pres*, **ge'biert** *3 sg pres of* gebären.

Ge'biet *n* ⟨-(e)s; -e⟩ 1. (*Gegend, Bezirk*) region, area, zone, district: fruchtbares ~ fertile area; bebautes ~ built-up area; ~ einer Stadt municipal area; innerhalb des ~es einer Stadt within the city limits; er hat das ~ verlassen he has left the area (*od.* district). – 2. *bes. pol.* a) (*Staatsgebiet*) territory, b) (*Landesteil*) area, c) (*Vertragsgebiet*) (contractual) territory (*od.* district): auf deutschem ~ in (*od.* on) German territory; unterentwickelte ~e underdeveloped areas; benachbarte ~e a) neighbo(u)ring territories, b) (*im weiteren Sinn*) neighbo(u)ring countries; besetztes ~ occupied area (*od.* zone). – 3. (*Landfläche*) area: weite ~e waren überschwemmt vast areas were flooded. – 4. (*Gelände*) terrain. – 5. (*Boden*) soil, ground. – 6. (*Landstrich*) tract. – 7. (*eines Flusses*) (river) basin. – 8. *fig.* (*Bereich*) sphere, field, realm: auf politischem ~ in the sphere of politics, in the political sphere. – 9. *fig.* (*Fach*) field, domain, province, department: auf seinem ~ in his field; Fachmann auf dem ~ der Kernspaltung authority on (*od.* in the field of) nuclear fission; das ist nicht mein ~ this is not my line (*od.* field [of interest]), that is not within my domain (*od.* province); auf allen ~en beschlagen sein *colloq.* to know s.th. about every field, to be at home in every subject (*colloq.*). – 10. *fig.* (*Thema*) subject. – 11. *meteor.* area, region: ~ tiefen Luftdrucks area of low pressure, trough. – 12. *jur.* (*Zuständigkeitsbereich*) jurisdiction, *auch* bailiwick. – 13. *math.* a) domain, range, b) (*in der Geometrie*) configuration. – 14. *hist.* township.

ge'bie·ten I *v/t* ⟨*irr, pp* geboten, h⟩ 1. (*befehlen*) command, order: j-m etwas ~, j-m ~, etwas zu tun to command s.o. to do s.th., to bid s.o. do s.th. (*lit.*); → Einhalt. – 2. (*Schweigen etc*) impose, inflict: er gebot ihnen Schweigen (*od.* zu schweigen) he imposed silence on (*od.* upon) them. – 3. (*Achtung, Ehrfurcht etc*) command, compel. – 4. (*anweisen*) direct, instruct, order, (*stärker*) enjoin: j-m etwas ~ to instruct s.o. to do s.th., to enjoin s.th. on s.o. – 5. (*erfordern*) require, demand, call for: die Not [Höflichkeit] gebietet es necessity [politeness] demands it; die Vernunft gebietet uns zu reason demands of us to, reason bids us to (*lit.*). – II *v/i lit.* 6. über j-n [etwas] ~ a) to have command (*od.* control, sway) over s.o. [s.th.], b) (*herrschen*) to rule over s.o. [s.th.], to govern s.o. [s.th.]: ~ Sie über mich! I am at your command! über ein Volk ~ to rule over a nation. – 7. über (*acc*) etwas ~ a) (*verfügen*) to possess (*od.* command) s.th., to have s.th. at one's disposal (*od.* command), b) to check (*od.* control, curb, bridle, command) s.th.: über seine Leidenschaften ~ to control (*od.* govern) one's passions.

Ge'bie·ter *m* ⟨-s; -⟩ *lit. od. obs.* 1. (*Herr*) master: ihr Herr und ~ a) her lord and master, b) *humor.* her husband. – 2. (*Herrscher*) (über *acc*) ruler (of, over), lord (over). — **Ge'bie·te·rin** *f* ⟨-; -nen⟩ *lit.* 1. (*Herrin*) lady, mistress. – 2. (*Herrscherin*) (über *acc* of, over) ruler.

ge'bie·te·risch I *adj* 1. (*Art, Verhalten etc*) imperious, domineering, overbearing, (*stärker*) dictatorial, despotic: sein ~es Wesen his imperious way, his imperiousness. – 2. (*Ton, Stimme etc*) peremptory, imperative, authoritative: mit ~er Stimme in a peremptory voice. – II *adv* 3. imperiously, domineeringly: ~ auftreten to have domineering ways. – 4. peremptorily, imperatively: etwas ~ fordern to demand s.th. imperatively.

Ge'biets|ˌabˌtre·tung *f pol.* cession of territory. — **~ˌanˌspruch** *m* territorial claim. — **~beˌaufˌtrag·te** *m* regional commissioner. — **~erˌwei·te·rung** *f* territorial expansion. — **~erˌwer·bung** *f* 1. territorial acquisition. – 2. (*Annexion*) annexation. — **~ˌho·heit** *f* territorial sovereignty. — **~ˌkör·per·schaft** *f pol.* territorial authority. — **~verˌgrö·ße·rung** *f* territorial expansion. — **g~ˌwei·se** I *adj* regional. – II *adv* regionally. — **~ˌzuˌwachs** *m* aggrandizement.

Ge'bildˌbrot *n* bread (*od.* biscuits *pl*, *Am.* cookies *pl*) baked in special shapes.

Ge'bil·de *n* ⟨-s; -⟩ 1. (*Ding*) thing: ein längliches ~ a longish thing. – 2. (*Form*) form, shape: ein kegelförmiges ~ s.th. in the shape of a cone. – 3. (*Werk*) work, creation: ein ~ von Menschenhand a creation of man, man's handiwork. – 4. (*Erzeugnis*) product. – 5. (*Gefüge*) structure. – 6. (*Muster*) pattern, figure. – 7. *philos.* (*reales*) entity. – 8. *jur. econ.* entity, instrumentality. – 9. *geol.* formation, structure.

ge'bil·det I *pp.* – II *adj* 1. educated: akademisch ~ having an academic background (*od.* a university education), university-educated. – 2. (*Person*) cultured, cultivated. – 3. well-bred (*attrib*), refined. – 4. accomplished: sie ist vielseitig ~ she has many accomplishments, she is well versed in a number of subjects. – 5. well-read (*attrib*). — **Ge'bil·de·te** *m, f* ⟨-n; -n⟩ 1. educated person: ein akademisch ~r a university man, a scholar (*colloq.*). – 2. die ~n the educated (classes), the lettered; the intelligentsia, *auch* the intelligentzia *sg*, the literati (*lit.*). – 3. (*Gelehrter*) scholar.

Ge'bim·mel *n* ⟨-s; *no pl*⟩ *colloq.* (*von Glocke, Telefon etc*) (continual) ringing (*od.* jingling, tinkling).

Ge'bin·de *n* ⟨-s; -⟩ **1.** bundle, bunch. – **2.** (*von Blumen*) spray: **kranzförmiges** ~ garland. – **3.** (*von Garn*) skein, skean(e). – **4.** (*von Getreide*) sheaf. – **5.** *civ.eng.* a) (*von Dachsparren*) truss, b) **ein** ~ **Ziegel** a range (*od.* row) of tiles. – **6.** *bes. Austrian* (*Faß*) cask, barrel. – **7.** *gastr.* fishguts *pl.*

Ge'bir·ge [-'bɪrgə] *n* ⟨-s; -⟩ **1.** mountains *pl*, mountainous region, highlands *pl*: **er wohnt im** ~ he lives in the mountains. – **2.** *cf.* Gebirgskette. – **3.** (*mining*) (*Gestein*) ground, rock, stone. – **4.** *fig. rare for* Berg 3.

ge'bir·gig *adj* **1.** mountainous. – **2.** (*hügelig, bergig*) hilly. — **Ge'bir·gig·keit** *f* ⟨-; *no pl*⟩ **1.** mountainous nature. – **2.** hilliness.

Ge'birg·ler [-'bɪrklər] *m* ⟨-s; -⟩ *colloq. for* Gebirgsbewohner.

Ge'birgs|ˌart *f cf.* Gebirge 3. — **~ar·til·le·ˌrie** *f mil.* mountain artillery. — **~ˌaus·ˌläu·fer** *m geogr.* spur (of a mountain range). — **~ˌbach** *m* **1.** mountain stream. – **2.** (*reißender*) (mountain) torrent. — **~ˌbach·ˌstel·ze** *f zo.* gray (*bes. Br.* grey) wagtail (*Motacilla cinerea*). — **~ˌbahn** *f* mountain (*od.* alpine) railroad (*Br.* railway). — **~be·ˌwoh·ner** *m* mountain dweller, highlander, mountaineer. — **~ˌbil·dung** *f geol.* formation of mountains; orogeny, *auch* orogenesis (*scient.*): **alpinische** (*od.* **alpinotype**) ~ alpine orogenesis; **positive** ~ positive movements *pl.* — **~ˌdorf** *n* mountain village. — **~ˌdruck** *m* ⟨-(e)s; ⸗e⟩ (*mining*) rock pressure, *auch* squeeze. — **~ˌge·gend** *f* mountain(ous) region. — **~ge·ˌschütz** *n mil.* mountain gun. — **~ˌgrat** *m* (sharp) mountain ridge (*od.* crest). — **~ˌha·fer** *m bot.* common (*od.* cultivated) oats *pl* (*construed as sg or pl*) (*Avena sativa*). — **~ˌjä·ger** *m mil.* **1.** mountain infantryman. – **2.** *pl collect.* mountain infantry *sg.* — **~ˌkamm** *m* crest of a mountain, mountain crest: **langer und scharfer** ~ hogback, *Br. auch* hog's-back. — **~ˌkes·sel** *m* deep valley (with steep sides), cirque, corrie. — **~ˌket·te** *f* mountain range (*od.* chain, ridge). — **~ˌkli·ma** *n* mountain (*od.* highland) climate. — **~ˌkun·de** *f geol. geogr.* orography, orology. — **~ˌkur·ˌort** *m* mountain resort. — **~ˌla·ge** *f* position (*Am. auch* location) in the mountains: **in** ~ situated in the mountains. — **~ˌland** *n* mountainous country. — **~ˌland·schaft** *f* **1.** mountain landscape (*od.* scenery). – **2.** mountainous region (*od.* country, area). — **~ˌluft** *f* mountain air. — **~ma·ˌri·ne** *f only in* **reitende** ~ *colloq. humor.* horse marines *pl.* — **~mas·ˌsiv** *n geol.* massif. — **~ˌpaß** *m* mountain pass, col. — **~ˌrücken** (*getr.* -k·k-) *m cf.* Gebirgskamm. — **~ˌschlag** *m* (*mining*) a) (*leicht*) bump, b) (*schwer*) rock burst. — **~ˌsee** *m* mountain lake. — **~ˌstein·ˌkraut** *n bot.* basket-of-gold, rock alyssum (*Alyssum saxatile*). — **~ˌstel·ze** *f zo. cf.* Gebirgsbachstelze. — **~ˌstock** *m geol.* massif. — **~sy·ˌstem** *n* mountain system. — **~ˌtal** *n* mountain valley. — **~ˌtrup·pe** *f meist pl mil.* mountain troops *pl.* — **~ˌvolk** *n* (tribe of) mountain dwellers *pl.* — **~ˌwand** *f* mountain wall (*od.* face), rock face. — **~ˌzug** *m cf.* Gebirgskette.

Ge'biß *n* ⟨-sses; -sse⟩ **1.** *med.* a) (*natürliches*) (set of) teeth *pl*, dentition (*scient.*), b) (*künstliches*) (set of) false (*od.* artificial) teeth *pl*, denture (*scient.*). – **2.** *vet. zo.* dentition. – **3.** (*Mundstück am Pferdezaum*) bit: **am** ~ **kauen** to champ (at) the bit. — **~ˌab·ˌdruck** *m* ⟨-(e)s; ⸗e⟩ *med.* dental impression. — **~an·oma·ˌlie** *f* irregularity of teeth formation, malocclusion (*scient.*).

ge'bis·sen [-'bɪsən] *pp of* beißen.

Ge'biß·ˌplat·te *f med.* dental plate.

ge'bläht I *pp.* – **II** *adj* **1.** *med.* bloated: **~er Leib** abdominal distension (*od.* distention). – **2.** *vet.* blown, tympanic (*scient.*).

Ge'bla·se *n* ⟨-s; *no pl*⟩ *meist contempt.* (*Blasen*) blowing, sounding (of wind instruments).

Ge'blä·se [-'blɛːzə] *n* ⟨-s; -⟩ **1.** *tech.* blower, fan. – **2.** *auto.* a) (*Kühlgebläse*) air fan, b) (*Aufladegebläse*) supercharger, c) (*Spülluftgebläse*) scavenger. – **3.** *metall.* a) blowing engine, b) (*Gebläselampe*) blowtorch, c) (*Blasebalg*) bellows *pl* (*construed as sg or pl*). — **~ˌlam·pe** *f* blowtorch, blowlamp. — **~ˌluft** *f* air blast, blast air: **heiße** ~ hot blast. — **~ma·ˌschi·ne** *f* blowing engine. — **~ˌmo·tor** *m* **1.** *tech.* fan motor. – **2.** *auto.* a) (*Lademotor*) super charger engine, b) (*Diesel*) blast-injection engine.

ge'bla·sen [-'blaːzən] **I** *pp of* blasen. – **II** *adj* blown: **~es Tafelglas** *tech.* crown glass, *Br.* crown-glass; **~er Generator** pressure gas-producer.

Ge'blä·se|ˌofen *m metall.* blast furnace, *Br.* blast-furnace. — **~ˌrad** *n tech.* impeller. — **~ˌwind** *m* (air) blast, fan blast.

ge'bli·chen [-'blɪçən] *pp obs. of* bleichen II.

ge'blie·ben [-'bliːbən] *pp of* bleiben.

Ge'blin·zel *n* ⟨-s; *no pl*⟩ *cf.* Blinzeln.

Ge'blö·del *n* ⟨-s; *no pl*⟩ *colloq. cf.* Blödelei.

Ge'blök *n* ⟨-(e)s; *no pl*⟩, **Ge'blö·ke** *n* ⟨-s; *no pl*⟩ (*eines Schafes, humor. auch eines Menschen*) bleating.

ge'blumt [-'bluːmt] *adj Austrian for* ge-[blümt.]

ge'blümt *adj* **1.** (*Stoff*) flowered, with a flower pattern (*od.* a floral design): **eine rosa ~e Tasse** a cup with a pink flower pattern. – **2.** (*Muster*) flowered, floral, of flowers. – **3.** *fig.* (*Stil etc*) flowery, florid.

Ge'blüt [-'blyːt] *n* ⟨-(e)s; *no pl*⟩ **1.** (*Geschlecht*) blood, lineage, descent, race: **Prinz von königlichem** ~ prince of royal blood, royal prince; **von edlem** ~ of noble descent (*od.* blood). – **2.** (*bei Tieren, bes. Pferden*) blood: **von reinem** ~ purebred, pureblood, thoroughbred. – **3.** *fig.* (*Blut*) blood: **das liegt ihnen im** ~ that is in their blood, that runs in the blood (*od.* in the family). – **4.** *obs. for* Blut 1.

ge'bo·gen [-'boːgən] **I** *pp of* biegen. – **II** *adj* **1.** bent, curved. – **2.** (*Nase*) hooked, aquiline, Roman. – **3.** *med.* circumflex.

ge'bo·ren [-'boːrən] **I** *pp of* gebären. – **II** *adj* **1.** born: **ich bin am 1. Juli** ~ I was born on the 1st of July; **unehelich** ~ born out of wedlock, illegitimate; **im Lande** ~ native-born; **~er Deutscher** German by birth; **unter einem glücklichen Stern** ~ **sein** to be born under a lucky star; **zu etwas** ~ **sein** *fig.* a) to be born to be s.th., b) (*zu einem Beruf etc*) to be cut out for s.th. – **2.** (*vor dem Mädchennamen einer verheirateten Frau*) née: **Frau N, ~e X** Mrs. N, née X; **sie ist eine ~e N** her maiden name is (*od.* was) N. – **3.** born, natural: **~es Genie** natural genius; **ein ~er Dichter** a born poet.

ge'bor·gen [-'bɔrgən] **I** *pp of* bergen. – **II** *adj* **1.** ~ **sein** to be safe; **ich fühle mich** ~ I feel safe and secure. – **2.** salvaged: **~es Gut** salvaged property, salvage. — **Ge'bor·gen·heit** *f* ⟨-; *no pl*⟩ safety, safeness, security: **in häuslicher** ~ in the security of one's home.

ge'bor·sten [-'bɔrstən] **I** *pp of* bersten. – **II** *adj* **1.** burst. – **2.** (*mit einem Sprung*) split, cracked.

Ge'bot [-'boːt] *n* ⟨-(e)s; -e⟩ **1.** *relig.* commandment, law, precept: **göttliches** ~ divine law; **die Zehn ~e** *Bibl.* the Ten Commandments, the Decalogue (*auch* Decalog) *sg*; **die ~e halten** to keep the commandments; **das elfte** ~ *humor.* the eleventh commandment; **Not kennt kein** ~ (*Sprichwort*) necessity knows no law (*proverb*), needs must when the devil drives (*proverb*). – **2.** *fig. only in* **j-m zu ~(e) stehen** to be available for s.o., to be at s.o.'s disposal; **alle zu ~(e) stehenden Mittel** all available means. – **3.** *fig.* (*Erfordernis*) requirement, demand, necessity, dictates *pl*: **das oberste** ~ the prime necessity; **das** ~ **der Stunde** the dictates of the hour. – **4.** *fig.* (*Grundsatz*) principle: **das erste** ~ **seines Handelns** the first principle for his action. – **5.** *lit. od. archaic* (*Befehl*) command, order: **das** ~ **des Gewissens** the command (*od.* voice) of one's conscience. – **6.** (*Vorschrift*) ordinance, ruling. – **7.** *econ.* (*bes. bei Versteigerung*) bid: **das erste** ~ **machen** to start the bidding. – **8.** ~ **zur Unterlassung** *jur.* injunction. – **9.** „~ **für Kraftfahrzeuge**" (*Verkehrszeichen*) "motor vehicles only". – **10.** (*games*) (*beim Bridge*) bid.

ge'bo·ten [-'boːtən] **I** *pp of* bieten, gebieten. – **II** *adj* **1.** (*notwendig*) required, necessary: **etwas für dringend** ~ **erachten** (*od.* **halten**) to consider s.th. (to be) imperative. – **2.** (*gehörig*) due: **mit ~er Vorsicht** with due care. – **3.** (*angezeigt*) indicated, called for: **Rücksicht scheint hier** ~ consideration seems called for here. – **4.** *jur. relig.* (*Feiertag etc*) mandatory. – **5.** *econ.* (*Preis etc*) bid, offered. – **6.** ~**e Möglichkeit** option.

Ge'bots|ˌschild, **~ˌzei·chen** *n* (*Verkehrszeichen*) mandatory sign.

Ge'brab·bel *n* ⟨-s; *no pl*⟩ *colloq. meist contempt.* mumbling.

Ge'bräch [-'brɛːç] *n* ⟨-(e)s; -e⟩, **Ge'brä·che** *n* ⟨-s; -⟩ *cf.* Gebrech.

ge'bracht [-'braxt] *pp of* bringen.

ge'brand·ˌmarkt I *pp.* – **II** *adj* **1.** *hist.* branded. – **2.** *fig.* (**als** as) branded, marked, stigmatized.

ge'brannt [-'brant] **I** *pp of* brennen. – **II** *adj* **1.** burnt, burned: → Kind 5. – **2.** *tech.* a) calcined, b) (*Mauersteine*) kilned: **~er Kalk** quicklime. – **3.** **~e Form** *metall.* dry sand mold (*bes. Br.* mould). – **4.** (*Keramik*) baked. – **5.** (*Porzellan*) fired. – **6.** (*Kaffee, Mandeln etc*) roasted.

ge'bra·ten [-'braːtən] **I** *pp of* braten. – **II** *adj* roast(ed): **zu lange** (*od.* **stark**) ~ overdone.

Ge'bräu *n* ⟨-(e)s; -e⟩ **1.** *brew.* brew, brewing, gyle. – **2.** *fig. meist contempt.* brew, concoction, mixture.

Ge'brauch *m* ⟨-(e)s; ⸗e⟩ **1.** ⟨*only sg*⟩ use: **von etwas** ~ **machen** to (make) use (of) s.th.; **von einem Recht** ~ **machen** to avail oneself of a right; **bitte machen Sie von dieser Äußerung keinen** ~ please treat what I have said as confidential; **zum persönlichen** ~ for personal use; **außer** ~ **kommen** to go (*od.* pass) out of use, to fall into disuse; **durch häufigen** ~ **abgenutzt** worn from (*od.* with) frequent use; **in** ~ **kommen** to come into use; **etwas in** ~ **nehmen** to put s.th. into use, to use s.th. for the first time; **allgemein im** (*od.* **in**) ~ in general (*od.* common) use; **falscher** ~ misuse, improper use; **sparsam im** ~ economical in use (*od.* to use). – **2.** (*Verwendung*) application. – **3.** ⟨*only sg*⟩ a) (*eines Mittels etc*) use, b) (*äußerlicher*) application: **zum äußerlichen** [**innerlichen**] ~ for external [internal] application, for external [oral] use; **vor** ~ [**gut**] **schütteln!** shake [well] before using! – **4.** *pl* (*Sitten*) customs: **Sitten und Gebräuche** manners (and customs). – **5.** (*Gepflogenheit*) practice: **religiöse Gebräuche** religious practices (*od.* rites); **nach örtlichem** ~ *bes. jur.* according to local practice. – **6.** ⟨*only sg*⟩ *ling.* (*eines Wortes etc*) usage. – **7.** ⟨*only sg*⟩ (*eines Werkzeugs etc*) handling, use.

ge'brau·chen *v/t* ⟨*pp* gebraucht, h⟩ **1.** use, make use of: **ich kann es gut** ~ I can make good use of it, I can put it to good use; **ich kann es nicht** ~ I can't use it, it's useless to (*od.* for) me, it's of no use to me, I have no use for it; **noch gut zu** ~ still quite usable (*od.* serviceable); **alle Mittel** ~ to use all means, to leave no stone unturned; **es läßt sich zu vielem** ~ it is usable for (*od.* it serves, it lends itself to) many purposes; **den Verstand** ~ to use one's brains (*od.* wits, head); **er ist zu nichts zu** ~ *colloq.* he is useless, he is no use at all, he is good for nothing; **er ist zu allem zu** ~ *colloq.* he is a good hand at anything, he can turn his hand to anything. – **2.** (*anwenden*) employ, use: **Gewalt** ~ to use force, (*stärker*) to have recourse to violence. – **3.** (*verwenden*) (**zu** to) use, apply: **er gebrauchte das Geld zur Bezahlung seiner Schulden** he applied the money to the payment of his debts. – **4.** (*Werkzeug etc*) handle, use. – **5.** *bes. med.* a) (*Arzneimittel*) take, use, b) (*äußerlich*) apply: **äußerlich zu** ~ for external application. – **6.** *colloq.* (*benötigen*) do with, use: **ich könnte einen Mantel** ~ I could do with a coat. – **7.** *dial. for* brauchen 1, 4.

ge'bräuch·lich *adj* **1.** in use: **nicht mehr** ~ no longer in use, out of date, obsolete; ~ **werden** to come into use (*od.* fashion, vogue). – **2.** (*üblich*) customary, usual, normal. – **3.** (*gewöhnlich*) common, ordinary. – **4.** (*Wörter*) current, in common (*od.* general, everyday) use. — **Ge'bräuch·lich·keit** *f* ⟨-; *no pl*⟩ **1.** customariness, usualness. – **2.** commonness. – **3.** (*von Wörtern*) currency, common (*od.* general, everyday) use.

Ge'brauchs|ˌan·ˌlei·tung *f cf.* Gebrauchsanweisung 1. — **~ˌan·ma·ßung** *f jur.* illicit use of foreign (*od.* s.o. else's) articles or rights. — **~ˌan·wei·sung** *f* **1.** directions *pl* (*od.* instructions *pl*) for use. – **2.** *med.* (*beim Rezept*) signature. — **~ar·ˌti·kel** *m econ.* **1.** article of daily use. – **2.** commodity article. — **~ˌaus·ˌfüh·rung** *f tech. only in* **einfache** ~ utility type. — **~ˌdieb·ˌstahl** *m jur. cf.* Gebrauchsanmaßung. — **g~ˌfä·hig** *adj* serviceable, usable. — **~ˌfahrˌzeug** *n* utility vehicle. — **g~ˌfer·tig** *adj* **1.** ready (for *od.* to use). – **2.** *print.* (*druckfertig*) live (*attrib*). — **~ˌge·genˌstand** *m* **1.** utensil, requisite. – **2.** *econ. cf.* Gebrauchsartikel. – **3.** *archeol.* utensil. — **~geˌschirr** *n* crockery (*od.* china) for everyday use. — **~ˌgra·phik** *f* **1.** ⟨*only sg*⟩ (*Werbegraphik*) commercial (*od.* applied, advertising) art. – **2.** ⟨*only sg*⟩ (*Buchgraphik*) applied graphics *pl* (*construed as sg*). – **3.** (*Werk*) work of commercial art. — **~ˌgra·phi·ker** *m*, **~ˌgra·phi·ke·rin** *f* commercial (*od.* industrial) artist. — **~ˌgü·ter** *pl econ.* utility goods, commodities, durable (*od.* long-lived) consumer goods, consumer durables. — **~ˌmö·bel** *n* **1.** piece of utility furniture. – **2.** *pl* utility furniture *sg.* — **~muˌsik** *f mus.* utility (*od.* functional) music. — **~ˌmu·ster** *n jur.* registered design, useful model patent. — **~ˌmu·sterˌschutz** *m* legal protection of (*od.* copyright on) registered designs. — **~por·zeˌlan** *n cf.* Gebrauchsgeschirr. — **g~ˌunˌtüch·tig** *adj med.* (*bei Lähmung*) useless. — **~verˌlust** *m* (*eines Armes etc*) loss of use. — **~ˌvorˌschrift** *f cf.* Gebrauchsanweisung. — **~ˌwa·ren** *pl econ. cf.* Gebrauchsgüter. — **~ˌwert** *m* **1.** practical value. – **2.** *econ.* utility value. – **3.** *tech.* functional (*od.* service) value. — **~ˌzweck** *m* **1.** purpose, intended use. – **2.** *pl* practical purposes.

ge'braucht I *pp of* brauchen, gebrauchen. – **II** *adj* **1.** used: das Handtuch ist schon ~ the towel has been used already. – **2.** used, secondhand, *Br.* second-hand: ~e Kleider second(-)hand clothes, *Am. auch* hand-me-down clothes (*colloq.*). – **3.** *philat.* used, cancelled, *bes. Am.* canceled.

Ge'brauchtˌwa·gen *m econ.* used (*od.* secondhand, *Br.* second-hand) car. — **~ˌhänd·ler** *m* dealer in used (*od.* secondhand, *Br.* second-hand) cars, *Am. auch* used-car salesman. — **~ˌmarkt** *m* secondhand (*Br.* second-hand) (*od.* used-)car market.

Ge'brauchtˌwa·ren *pl econ.* secondhand (*Br.* second-hand) articles.

ge'bräunt I *pp.* – **II** *adj* (*Gesicht etc*) tanned, brown: tief ~ bronzed.

Ge'braus *n* ⟨-es; *no pl*⟩, **Ge'brau·se** *n* ⟨-s; *no pl*⟩ *colloq.* (*des Meeres, Windes*) raging, roaring.

Ge'brech [-'brɛç] *n* ⟨-(e)s; -e⟩ **1.** (*mining*) crumbly (*od.* friable) rock. – **2.** *hunt.* a) (wild boar's) snout, b) ground uprooted by wild boars.

ge'bre·chen *v/impers* ⟨*irr, pp* gebrochen, h⟩ *lit.* es gebricht j-m an (*dat*) etwas s.o. lacks (*od.* wants) s.th., s.o. is destitute of (*od.* is without) s.th.

Ge'bre·chen *n* ⟨-s; -⟩ **1.** *lit.* (*Krankheit*) disease, ailment, complaint. – **2.** *med.* a) (*Schwäche*) infirmity, b) (*Fehler*) physical defect (*od.* handicap), c) (*geistige*) mental defect, vitium (*scient.*): die ~ des Alters the infirmities (*od.* afflictions) of old age; ein leichtes ~ a slight disability.

ge'brech·lich *adj* **1.** (*schwächlich*) shaky, frail, fragile, weak. – **2.** (*altersschwach*) infirm. – **3.** (*hinfällig*) decrepit. – **4.** *rare* (*zerbrechlich*) fragile. — **Ge'brech·li·che** *m, f* ⟨-n; -n⟩ *med.* invalid. — **Ge'brech·lich·keit** *f* ⟨-; *no pl*⟩ *med.* **1.** shakiness, frailty, frailness, fragility, weakness. – **2.** (*Altersschwäche*) infirmity. – **3.** (*Hinfälligkeit*) decrepitude. – **4.** *rare* (*Zerbrechlichkeit*) fragility.

Ge'bre·sten *n* ⟨-s; -⟩ *Swiss u. poet. for* Krankheit 1, 2, Gebrechen 2.

ge'bro·chen [-'brɔxən] **I** *pp of* brechen[1]. – **II** *adj* **1.** broken: ~es Bein broken (*od.* fractured) leg; ~e Zahl *math.* broken (*od.* fractional) number, fraction; ~er Akkord *mus.* broken chord, arpeggio; ~e Farben broken colo(u)rs. – **2.** ⟨*attrib*⟩ *fig.* (*mangelhaft*) broken, faulty: sich in ~em Deutsch unterhalten to carry on a conversation in broken German. – **3.** *fig.* (*körperlich, seelisch*) broken(-down): mit ~er Stimme in a broken voice; mit ~em Herzen, ~en Herzens brokenhearted, *Br.* broken-hearted. – **4.** *ling.* (*durch Brechung diphthongiert*) broken. – **5.** *her.* rompu. – **III** *adv* **6.** er spricht nur ~ Deutsch he speaks only broken German. — **Ge'bro·chen·heit** *f* ⟨-; *no pl*⟩ *fig.* (*eines Menschen*) brokenness, broken(-down) condition, state of collapse.

Ge'bro·del *n* ⟨-s; *no pl*⟩ *colloq.* **1.** boiling, bubbling. – **2.** *fig.* (*des Verkehrs etc*) bustle.

Ge'brü·der [-'bryːdər] *pl* brothers: die ~ Grimm the Brothers Grimm; ~ N *econ.* (*Firmenname*) N Brothers (*abgekürzt* Bros.).

Ge'brüll *n* ⟨-(e)s; *no pl*⟩ **1.** (*eines Löwen etc*) roar(ing). – **2.** (*eines Rindes etc*) low(ing). – **3.** (*lautes Rufen*) shout(ing), bellow(ing), bawl(ing). – **4.** (*Geschrei*) cry(ing), howl(ing). – **5.** (*Gelächter*) roar(ing laughter), roaring.

Ge'brumm *n* ⟨-(e)s; *no pl*⟩, **Ge'brum·me** *n* ⟨-s; *no pl*⟩ **1.** (*Brummen*) hum(ming), buzz(ing). – **2.** *fig.* (*Gemurmel*) mutter(ing), grumbling, grumble. – **3.** *mus.* drone.

ge'buch·tet *adj* **1.** (*Küste*) having (*od.* with) bays, indented. – **2.** *bot.* (*Blatt*) sinuate.

ge'bückt I *pp.* – **II** *adj* bowed, stooped: in ~er Haltung with a stoop.

Ge'bühr[1] [-'byːr] *f* ⟨-; -en⟩ **1.** charge, fee: ~en entrichten to pay charges; darauf wird eine ~ von zwei Mark erhoben a charge of two marks is made for it, a fee of two marks is charged for it, there is a fee of two marks for it. – **2.** (*für Unterricht etc*) tuition, fee. – **3.** (*Transporttarif etc*) rate: ermäßigte ~ reduced rate. – **4.** (*postal service*) a) postage, b) (*Gebührensatz*) rate: „~ zahlt Empfänger" *Am.* "collect on delivery" (*abgekürzt* "COD"), *Br.* "postage will be paid by licensee"; „Drucksache zu ermäßigter ~" "printed papers at reduced rate", *Am.* "second (*od.* third) class mail"; ~ bezahlt postage paid. – **5.** *tel.* a) (*für Gespräche*) charge, *Am. auch* toll, b) (*für Anlage*) fee. – **6.** (*für Straßenbenutzung etc*) toll. – **7.** *econ.* a) (*Abgabe*) due, duty, b) prozentuale ~ percentage due (*od.* fee). – **8.** *jur.* a) *pl* (*eines Verfahrens*) cost *sg*, b) (*Abgabe etc*) droit. – **9.** (*Beitrag*) (für to) subscription.

Ge'bühr[2] *f* ⟨-; *no pl*⟩ *only in* **1.** nach ~ duly, deservedly, appropriately, properly: j-n nach ~ würdigen to esteem s.o. duly (*od.* as he deserves), to pay s.o. due esteem. – **2.** über ~ unduly, excessively, to excess, immoderately, more than is proper: j-s Dienste über ~ in Anspruch nehmen to make excessive use of s.o.'s services; etwas über ~ betonen to overemphasize s.th.; j-n über ~ loben to praise s.o. unduly (*od.* more than he deserves, above his merits).

ge'büh·ren [-'byːrən] **I** *v/i* ⟨*pp* gebührt, h⟩ j-m ~, to be due to s.o., to belong (by right) to s.o.: j-m geben, was ihm gebührt to give a person his due (*od.* just deserts); Ehre, wem Ehre gebührt hono(u)r to whom hono(u)r is due; den Eltern gebührt Gehorsam parents are entitled to obedience. – **II** *v/reflex* sich ~ *lit.* be fitting, be proper, be seemly: wie es sich gebührt as is due; es gebührt sich nicht für einen Ausländer it ill becomes (*od.* befits) a foreigner, it is not fitting for a foreigner.

Ge'büh·ren|ˌanˌsa·ge *f tel. only in* Gespräch mit ~ 'advise duration and charge' call (*abgekürzt* ADC call). — **~ˌanˌzei·ger** *m* **1.** *tel. Br.* call-fee (*od.* call-charge) indicator, *Am.* tollcharge meter. – **2.** (*im Taxi*) taximeter.

ge'büh·rend I *pres p.* – **II** *adj* **1.** (*gehörig*) due, proper: mit der ~en Achtung [Sorgfalt] with due respect [care]. – **2.** (*passend*) suitable, fitting, proper, appropriate: j-m die ~e Antwort erteilen to give s.o. the appropriate answer. – **III** *adv* **3.** duly, properly, deservedly: j-n ~ loben to praise s.o. duly. – **4.** in a seemly manner, becomingly.

ge'büh·ren·der|'ma·ßen, ~'wei·se *adv cf.* gebührend III.

Ge'büh·ren|ˌein·heit *f tel.* unit of charge. — **~erˌhö·hung** *f* increase of charges (*od.* fees, duties). — **~erˌlaß** *m* (*bes. an Universität etc*) remission of fees. — **~erˌmä·ßi·gung** *f* **1.** reduction of charges (*od.* fees, duties). – **2.** *cf.* Postgebührenermäßigung. — **~erˌstat·tung** *f cf.* Gebührenrückerstattung. — **g~ˌfrei** *adj* **1.** free of charge. – **2.** *tel.* nonchargeable, *Am.* toll-free. – **3.** *cf.* postgebührenfrei. — **~ˌfrei·heit** *f* exemption from charges (*od.* fees). — **~ˌmar·ke** *f* revenue stamp. — **~ˌord·nung** *f* scale (*od.* schedule) of charges (*od.* fees), fee schedule. — **g~ˌpflich·tig** *adj* **1.** subject (*od.* liable) to charges: ~e Verwarnung *jur.* warning with summary fine, on-the-spot fining; ~e Autostraße toll (*od.* turnpike) road, *Am. auch* tollway; ~er Anruf chargeable call, *Am.* toll call. – **2.** (*postal service*) postage due: ~e Dienstsache *official communication for which recipient must pay postage.* – **3.** *jur.* taxable, liable to pay dues. — **~ˌrück·erˌstat·tung** *f* return (*od.* refund) of charges (*od.* a charge). — **~ˌsatz** *m* **1.** rate (of charges). – **2.** (*bei Krankenkasse etc*) rate of contributions. – **3.** (*postal service*) postage rate, rate of postage. — **~ˌsen·kung** *f* reduction of charges (*od.* fees, duties). — **~ˌstem·pel** *m* fee stamp. — **~ˌvorˌschuß** *m jur.* (*eines Anwalts*) advance on fees, retainer. — **~ˌzo·ne** *f tel.* tariff (*od.* message rate) zone. — **~ˌzuˌschlag** *m* extra (*od.* additional) charge.

ge'bühr·lich *adj u. adv lit. archaic for* gebührend 1, 4.

Ge'bums *n* ⟨-es; *no pl*⟩, **Ge'bum·se** *n* ⟨-s; *no pl*⟩ *colloq.* (continual) banging (noise).

Ge'bund *n* ⟨-(e)s; -e, *als Mengenangabe* -⟩ *dial.* **1.** bundle, bunch. – **2.** (*von Garn*) skein: vier ~ Seide four skeins of silk.

ge'bün·delt I *pp.* – **II** *adj math. phys.* (*optics*) (*Strahlen etc*) bundled, penciled, *bes. Br.* pencilled.

ge'bun·den [-'bundən] **I** *pp of* binden. – **II** *adj* **1.** *print.* bound: in Leinen ~ clothbound, *Br.* cloth-bound, bound in cloth. – **2.** *chem.* (an *acc* with) bound, fixed: ~er Stickstoff fixed nitrogen; nicht ~ free. – **3.** *phys.* (*Wärme*) latent. – **4.** *mus.* slurred, legato. – **5.** *econ.* a) bonded, bound, b) (*Preis*) maintained, c) (*Kapital*) tied, d) (*gesperrt*) blocked: ~er Zahlungsverkehr payment through fixed clearing channels; durch Kontrakt ~e Arbeitskräfte indented (*od.* indentured, contract) labo(u)r *sg*; ~er Verkehr bonded traffic. – **6.** *fig.* bound, tied: sich an (*acc*) etwas ~ fühlen to feel (oneself) bound (*od.* pledged, committed) to s.th.; ihm sind die Hände ~ his hands are tied; vollkommen ~ sein to be tied hand and foot. – **7.** *fig.* (*durch Abmachung*) committed, bound: vertraglich ~ bound by contract. – **8.** *fig.* engaged: sie war schon anderweitig ~ she was already engaged to another man. – **9.** in ~er Rede (*literature*) a) in metrical language, b) in verse. – **10.** *philos.* (*Variable*) bound. – **11.** *gastr.* (*Soße etc*) bound, thickened. – **III** *adv* **12.** *mus.* legato. — **Ge'bun·den·heit** *f* ⟨-; *no pl*⟩ *fig.* **1.** (*Gebundensein*) restraint, constraint. – **2.** (*Einschränkung*) restriction. – **3.** (*Abhängigkeit*) (an *acc* on) dependence.

Ge'burt [-'buːrt] *f* ⟨-; -en⟩ **1.** birth: von ~ an (right) from one's birth; bei seiner ~ at his birth; seit seiner ~ since the day of his birth; Herr und Frau X beehren sich, die ~ einer Tochter anzuzeigen Mr. and Mrs. X have the hono(u)r of announcing the birth of a daughter. – **2.** *med.* a) (*Vorgang*) (child)birth, parturition (*scient.*), b) (*Entbindung*) delivery, c) (*Niederkunft*) confinement, d) (*Wehen*) labor, *bes. Br.* labour: leichte [schwere] ~ easy [difficult] labo(u)r; bei der ~ sterben to die in childbed; unter der ~ in labo(u)r; nach der ~ (stattfindend) postnatal. – **3.** (*Abstammung*) birth, descent, extraction: ein Deutscher von ~ a German by birth; von niedriger ~ of humble birth, baseborn, *Br.* base-born; von hoher ~ of high birth, highborn, *Br.* high-born. – **4.** *fig.* (*Entstehung*) birth, origin, rise: das war eine schwere ~ *colloq.* that was a tough job, that took some doing (*beide colloq.*). – **5.** *relig.* (*Christi, Mariä*) Nativity. – **6.** *only in* vor [nach] Christi ~ before Christ [anno Domini], (*abgekürzt* B.C. [A.D.]); 500 vor [nach] Christi ~ 500 before Christ [anno Domini 500]; im 8. Jahrhundert vor [nach] Christi ~ in the 8th century before Christ [anno Domini].

Ge'bur·ten|beˌschrän·kung *f cf.* Geburtenkontrolle. — **~ˌbuch** *n* register of births. — **~konˌtrol·le, ~ˌre·ge·lung, ~ˌreg·lung** *f* birth control, *Br.* birth-control, planned parenthood, family planning. — **~ˌrückˌgang** *m* falling birthrate (*Br.* birth-rate), decline of the birthrate. — **g~ˌschwach** *adj* (*Jahrgang etc*) having a low birthrate (*Br.* birth-rate). — **g~ˌstark** *adj* having a high birthrate (*Br.* birth-rate). — **~staˌti·stik** *f* birth (*od.* vital) statistics *pl* (*construed as sg or pl*). — **~ˌüberˌschuß** *m* excess of births over deaths. — **~ˌzahl, ~ˌzif·fer** *f* birthrate, *Br.* birth-rate.

ge'bür·tig [-'bʏrtɪç] *adj* born (in), native (of): aus Deutschland ~ born in Germany; er ist (ein) ~er Deutscher he is a native of Germany (*od.* a native German), he is a German by birth, he is German-born.

Ge'burts|ˌadel *m* inherited (*od.* hereditary) nobility, nobility by birth. — **~ˌakt** *m med.* parturition. — **~ˌanˌzei·ge** *f* **1.** announcement of a birth, birth announcement (*od.* notice). – **2.** (*beim Standesamt*) registration of a birth. — **~ˌbeiˌhil·fe** *f* maternity benefit(s *pl*). — **~ˌda·tum** *n* date of birth: **das ~ angeben** to give (the) date of birth. — **~ˌfeh·ler** *m med.* congenital defect. — **~geˌwicht** *n* birth weight, weight at birth. — **~ˌhaus** *n* birthplace, *Br.* birth-place: **Goethes ~** Goethe's birthplace, the house where Goethe was born. — **~ˌhel·fer** *m med.* obstetrician, accoucheur (*lit.*). — **~-ˌhel·fe·rin** *f* midwife, accoucheuse (*lit.*).

Ge'burtsˌhel·ferˌkrö·te *f zo.* midwife (*od. scient.* obstetrical) toad, midwife frog (*Alytes obstetricans u. A. cisternasi*).

Ge'burtsˌhil·fe *f med.* a) (*Lehre*) obstetrics *pl* (*construed as sg or pl*), tocology, *auch* tokology, b) (*Hilfeleistungen*) midwifery: **~ leisten** to attend (*od.* be in attendance) at a birth.

Ge'burts|ˌjahr *n* year of birth. — **~ˌjahr-ˌgang** *m* age-class. — **~ˌkraut** *n bot.* common moonwort (*Gattg Lunaria*). — **~ˌland** *n* **1.** country of birth, native country: **mein ~** the country of my birth, the country where I was born. – **2.** *fig.* country of origin. — **~ˌort** *m* place of birth, birthplace, *Br.* birth-place. — **~ˌrecht** *n jur.* birthright. — **~reˌgi·ster** *n cf.* **Geburtenbuch.** — **~-ˌschein** *m colloq. for* **Geburtsurkunde.** — **~ˌstadt** *f* native town (*od.* city), hometown. — **~ˌstät·te** *f cf.* **Geburtshaus.** — **~ˌstun·de** *f* **1.** hour of birth. – **2.** *fig.* birth, beginning. — **~ˌtag** *m* **1.** birthday: **alles Gute zum ~!** best wishes for your birthday! many happy returns (of the day)! **seinen 60. ~ feiern** (*od.* **begehen**) to celebrate (*od.* observe) one's sixtieth birthday. – **2.** (*amtlich*) date of birth.

Ge'burtsˌtags|ˌfei·er *f* birthday celebration (*od.* party). — **~geˌschenk** *n* birthday present. — **~ˌkind** *n colloq.* birthday celebrant, person whose birthday it is. — **~ˌku·chen** *m* birthday cake. — **~ˌständ·chen** *n* birthday serenade. — **~ˌtisch** *m* table (laden) with birthday presents.

Ge'burts|ˌurˌkun·de *f* birth certificate. — **~verˌlauf** *m med.* course of labor (*bes. Br.* labour). — **~ˌvorˌgang** *m* parturition. — **~ˌwe·ge** *pl* maternal passages, birth canal *sg*, generative tract *sg*. — **~ˌwe·hen** *pl* **1.** *med.* labor *sg* (*bes. Br.* labour *sg*) (pains), throes of childbirth, travail *sg*: **in ~ liegen** to be in labo(u)r. – **2.** *fig.* throes, travail *sg*. — **~ˌzan·ge** *f med.* obstetric(al) forceps.

Ge'büsch [-'bʏʃ] *n* ⟨-(e)s; -e⟩ **1.** bushes *pl*, shrubbery. – **2.** (*Dickicht*) thicket. – **3.** (*Gehölz*) underbrush, undergrowth, brushwood: **sich ins ~ schlagen** to take to the bush (*od.* brush).

ge'bü·schelt *adj bot.* (*Blätter, Blüten etc*) fascicled, fasciculated.

Geck [gɛk] *m* ⟨-en; -en⟩ *contempt.* (*Stutzer*) dandy, fop, 'swell' (*colloq.*), *Br. sl.* toff, *Am. sl.* dude; coxcomb, popinjay, jackanapes (*alle lit.*). — **'gecken·haft** (*getr.* -k·k-) *adj contempt.* **1.** dandyish, dandified, foppish, *Am. sl.* dudish. – **2.** (*eingebildet*) conceited, affected. — **'Gecken·haf·tig·keit** (*getr.* -k·k-) *f* ⟨-; *no pl*⟩ **1.** dandyism, foppishness, foppery, coxcombry (*lit.*). – **2.** conceitedness, affectation.

Gecko (*getr.* -k·k-) ['gɛko] *m* ⟨-s; -s *u.* -nen [gɛ'koːnən]⟩ *zo.* **1.** gecko, *auch* gecco, tokay (*Gekko gecko*). – **2.** (*Fächerzeher*) fanfoot (*Gattg Ptyodactylus, bes. P. lobatus*).

ge'dacht [-'daxt] **I** *pp of* **denken, gedenken.** – **II** *adj* **1.** imaginary, imagined, assumed: **~er Punkt** *math.* mathematical (*od.* imaginary) point; **~e Größe** *math.* imagined quantity. – **2.** (*bestimmt*) (**für** for; **als** as) intended: **das ist nicht für dich ~** this is not intended (*od.* meant) for you. – **3.** (*geplant*) (**für** for; **als** as) calculated, conceived: **das ist nur als Notlösung ~** this is only (conceived as) an emergency solution. – **III G~e, das** ⟨-n⟩ **4.** abstraction of thought, s.th. existing in thought only.

Ge'dächt·nis [-'dɛçtnɪs] *n* ⟨-ses; -se⟩ **1.** (*Erinnerungsvermögen*) memory: **gutes [schlechtes, kurzes] ~** good (*od.* retentive) [bad, short *od.* poor] memory; **ein ~ wie ein Sieb haben** *colloq.* to have a memory like a sieve; **wenn mich mein ~ nicht trügt** (*od.* **täuscht**) if (my) memory serves me right, if I recall correctly, if I remember rightly; **das ~ verlieren** to lose one's memory. – **2.** ⟨*only sg*⟩ (*Erinnerung*) memory, recollection, remembrance: **aus dem ~** from memory; **etwas aus dem ~ tilgen [verlieren]** to erase s.th. from one's memory (*od.* mind) [to forget s.th.]; **etwas im ~ behalten** to bear (*od.* keep) s.th. in mind, to remember s.th.; **j-m etwas ins ~ zurückrufen** to remind s.o. of s.th.; **sich** (*dat*) **etwas ins ~ zurückrufen** to recall s.th., to call s.th. to mind, to remember s.th.; **etwas dem ~ einprägen** to commit s.th. to memory, to engrave s.th. on one's mind; **das war meinem ~ entfallen** that had slipped my mind; **seinem ~ nachhelfen** to prod (*od.* jog) one's memory. – **3.** ⟨*only sg*⟩ (*ehrendes Andenken*) commemoration, remembrance: **zum ~** (**an** *acc* of) in commemoration.

Ge'dächt·nis|ˌausˌstel·lung *f* commemorative exhibition. — **~ˌfeh·ler** *m* slip (*od.* lapse) of (the) memory. — **~ˌfei·er** *f* commemoration (ceremony). — **~ˌgot·tesˌdienst** *m relig.* commemorative (*od.* memorial) service. — **~ˌhil·fe** *f cf.* **Gedächtnisstütze.** — **~ˌkir·che** *f relig.* memorial church. — **~-ˌkraft** *f* power (*od.* faculty) of memory. — **~ˌkunst** *f* art of memory, mnemonics *pl* (*construed as sg*), *auch* mnemonic (*scient.*). — **~ˌkünst·ler** *m* memory artist, mnemonist (*scient.*). — **~ˌlücke** (*getr.* -k·k-) *f* **1.** gap in one's memory. – **2.** *med.* localized (*od.* lacunar) amnesia. — **~ˌmes·se** *f relig.* commemorative (*od.* memorial) mass. — **~-ˌre·de** *f* commemorative (*od.* memorial) address (*od.* speech). — **~ˌschu·lung** *f* memory training. — **~ˌschwä·che** *f* **1.** shortness (*od.* weakness) of memory: **an ~ leiden** to have a short (*od.* weak, poor) memory. – **2.** defect of memory. — **~ˌschwund** *m med.* loss of memory, amnesia (*scient.*). — **~ˌspan·ne** *f bes. psych. med.* **1.** memory span. – **2.** (*für Zahlen*) digit span. — **~ˌstö·rung** *f* disturbance of memory, paramnesia (*scient.*). — **~ˌstüt·ze** *f* memory aid, aide-mémoire. — **~ˌtrai·ning** *n cf.* **Gedächtnisschulung.** — **~ˌübung** *f* memory training (exercise). — **~verˌlust** *m med.* loss of memory, amnesia (*scient.*).

ge'dackt [-'dakt] *adj mus.* (*Orgelpfeife*) gedackt, stopped.

ge'dämpft I *pp.* – **II** *adj* **1.** (*Stimme etc*) subdued, hushed: **mit ~er Stimme** in a hushed voice, in an undertone. – **2.** (*Schall etc*) muffled, dull, deadened, choked, damped. – **3.** (*Licht*) subdued, soft. – **4.** (*Schritte etc*) hushed. – **5.** (*Farbe*) subdued, quiet. – **6.** *fig.* (*Stimmung etc*) dampened, subdued. – **7.** *phys.* (*Welle, Schwingung*) damped. – **8.** *electr.* (*Leistung etc*) attenuated. – **9.** (*Akustik*) muffled. – **10.** (*optics*) (*Licht*) subdued. – **11.** *gastr.* a) stewed, b) (*mit Dampf*) steamed. – **III** *adv* **12.** *mus.* sordamente, con sordino.

Ge'dan·ke [-'daŋkə] *m* ⟨-ns; -n⟩ **1.** thought, idea: **j-n auf andere ~n bringen** to divert s.o.'s thoughts, to turn s.o.'s thoughts in another direction, to make s.o. think of other things, to put other ideas into s.o.'s head; **j-n auf den ~n bringen, daß** to make s.o. think that, to put the idea (*od.* notion) into s.o.'s head that; **ich kam auf den ~n** the thought occurred to me, the idea struck me; **wie kommst du auf diesen ~n?** what makes you think (of) that? what gives you that idea? **auf dumme ~n kommen** *colloq.* to get (silly) ideas (into one's head); **die ~n bei der Arbeit haben** to have one's mind on one's work; **in ~n** a) in thought, pensive, b) in imagination (*od.* fancy), c) absent(-)mindedly; **in ~n sein** a) to be in a pensive mood, b) to be absent(-)minded (*od.* wool[-]gathering), to have one's thoughts elsewhere; **etwas in ~n tun** to do s.th. absent(-)mindedly; **in ~n versunken [vertieft]** absorbed [deep] in thought, (lost) in a brown study; **sich in ~n verlieren, in ~n verloren sein** to lose oneself in thought; **seinen ~n nachhängen** to be lost in thought, to be in a pensive mood; **in ~n bei etwas verweilen** to dwell (up)on s.th. in thoughts; **mit dem ~n spielen, etwas zu tun** to toy with the idea of doing s.th., to entertain (*od.* harbo[u]r) the thought of doing s.th.; **er ist mit seinen ~n immer bei ihr** his thoughts are always with her; **wo bist du nur mit deinen ~n?** whatever are you thinking about? **sich** (*dat*) **über** (*acc*) **etwas ~n machen** to think about s.th., to reflect on s.th.; **seine ~n beisammenhaben [beisammenhalten]** to have [keep] one's wits about one, to have [keep] a clear mind; **seine ~n zusammennehmen** to collect one's thoughts, to put one's thoughts together; **mir kam der ~** the idea occurred to me, the thought entered my head (*od.* mind); **ein ~ schoß mir durch den Kopf** an idea flashed (*od.* shot) across my mind, a thought crossed my mind; **j-s ~n lesen** to read s.o.'s thoughts (*od.* mind); **~n in die Tat umsetzen** to translate ideas into action; **seine ~n auf** (*acc*) **etwas richten** a) to concentrate one's thoughts upon s.th., b) to turn one's thoughts toward(s) s.th.; **einen ~n fassen** to form an idea; **dieser ~ liegt mir fern** I am far from thinking (*od.* far be it from me to think) such a thing; **zwei Seelen, ein ~** *fig.* two minds with but a single thought; **~n sind (zoll)frei** (*Sprichwort*) thought is free, thoughts pay no toll; **der erste ~ ist nicht immer der beste** (*Sprichwort*) the first thought is not always the best; **ein guter ~ kommt nie zu spät** (*Sprichwort*) a good idea is never too late. – **2.** (*Vorstellung*) idea, concept(ion), thought: **es ist mir ein schrecklicher ~** it's a terrible idea to me. – **3.** (*Einfall*) idea, thought: **guter ~** bright (*od.* good) idea; **glänzender ~** brilliant idea; brainstorm, *Br.* brain-storm, brain wave (*colloq.*); **da kam ihm der rettende ~** there he hit upon the solution; **kein schlechter ~!** not a bad idea! – **4.** (*Absicht*) intention, idea, thought: **sich mit dem ~n tragen, etwas zu tun** to think of (*od.* to consider) doing s.th., to have in mind to do s.th., to intend to do s.th. – **5.** (*Begriff*) idea, concept(ion): **der ~ der Freiheit** the concept of liberty; **der tragende ~** the basic (*od.* underlying) idea (*od.* conception, principle). – **6.** (*Zweifel, Sorge*) worry, concern, preoccupation: **sich unnötige ~n machen** to be unnecessarily worried (*od.* concerned, anxious, uneasy) about s.th.; **mach dir keine ~n (darüber)!** *colloq.* don't worry about it, don't let it worry (*od.* bother) you, don't give it a thought. – **7.** *pl* (*Erinnerung*) thoughts, memory *sg*, mind *sg*: **es kommt mir nicht aus den ~n** it is always in my thoughts (*od.* on my mind). – **8.** (*Ansicht*) opinion, view, idea, thought: **seine eigenen ~n über** (*acc*) **etwas haben** to have one's own views about s.th. – **9.** ⟨*only sg*⟩ (*das Denken*) thinking, thought: **der ~ an** (*acc*) **etwas** the thought of s.th.; **der bloße ~ daran** the mere (*od.* very) thought of it; **kein ~!** *colloq.* a) (*keineswegs*) by no means! certainly not! not in the least! b) (*unmöglich*) not a hope! **kein ~ daran!** (this is) out of the question! – **10.** (*Gefühl, Ahnung*) notion. – **11.** (*Betrachtung*) reflection. – **12.** (*Mutmaßung*) supposition, idea, conjecture.

ge'dan·ken|ˌarm *adj* lacking (*od.* poor in) ideas. — **G~ˌar·mut** *f* lack (*od.* poverty, paucity) of ideas.

Ge'dan·ken|as·so·zia·tiˌon *f psych.* association of ideas. — **~ˌausˌtausch** *m* exchange of ideas (*od.* views): **zum ~ über** (*acc*) to exchange ideas on. — **~ˌblitz** *m colloq.* brain wave, brainstorm, *Br.* brain-storm (*beide colloq.*), sudden inspiration (*od. colloq.* bright idea). — **~ˌding** *n philos.* thought object, concept, ens rationis (*scient.*). — **~ˌflucht** *f psych.* flight of ideas. — **~ˌflug** *m lit.* soaring thoughts *pl*, flight of thought. — **~ˌfol·ge** *f cf.* **Gedankengang.** — **~-ˌfrei·heit** *f* freedom of thought. — **~-ˌfül·le** *f* wealth (*od.* abundance) of ideas. — **~ˌgang** *m* train of thought, sequence of ideas. — **~geˌbäu·de** *n* edifice of thoughts (*od.* ideas). — **~ˌgut** *n* (stock of) ideas *pl*: **philosophisches ~** philosophical ideas. — **~ˌinˌhalt** *m* thought content. — **~ˌkreis** *m* **1.** range of ideas. – **2.** range of one's mind. — **g~ˌleer** *adj* **1.** (*Blick etc*) vacant. – **2.** devoid of thought, empty. — **~ˌlee·re** *f* complete absence of ideas, vacancy of mind. — **~ˌle·sen** *n* thought- (*od.* mind) reading, telemnemonike (*scient.*). — **~ˌle·ser** *m* thought- (*od.* mind) reader.

ge'dan·ken·los I *adj* **1.** (*unüberlegt*) thoughtless, unthinking, unreflecting. – **2.** (*zerstreut*) absentminded, *Br.* absent-minded. – **3.** (*mechanisch*) mechanical. – **4.** (*leichtsinnig*) lightheaded, harebrained, *auch* hairbrained, *auch* dizzy. – **5.** (*unaufmerksam*) inattentive. – **II** *adv* **6.** thoughtlessly, without thinking: **etwas ~ hinsagen** to say s.th. without thinking. – **7.** thinking of nothing: ~ **vor sich hinstarren** to have a vacant look. — **Ge'dan·ken·lo·sig·keit** *f* ⟨-; *no pl*⟩ **1.** thoughtlessness. – **2.** absentmindedness, *Br.* absent-mindedness, absence of mind. – **3.** mechanicalness. – **4.** lightheadedness. – **5.** inanttentiveness, inattention.

Ge'dan·ken|ˌly·rik *f* contemplative lyrics *pl* (*od.* poetry). — **g~ˌreich** *adj* rich in (*od.* full of) ideas. — **~ˌreich·tum** *m cf.* Gedankenfülle. — **~ˌsplit·ter** *m* aphorism. — **~ˌsprung** *m* mental leap (*od.* jump) (*from one thought to another*). — **~ˌstrich** *m* **1.** dash. – **2.** *print.* pause, break, em rule. — **~ˌüber·ˌtra·gung** *f* thought transference, *Br.* thought-transference, telepathy. — **~ver·ˌbin·dung** *f* association of ideas. — **g~ver·ˌlo·ren, g~ver·ˌsun·ken** *adj* **1.** lost (*od.* deep, wrapped) in thought. – **2.** absentminded, *Br.* absent-minded, abstracted. — **g~ˌvoll I** *adj* **1.** full of thought. – **2.** (*nachdenklich*) thoughtful, pensive, contemplative. – **II** *adv* **3.** thoughtfully, pensively: ~ **dasitzen** to sit there pensively (*od.* in a pensive mood). — **~ˌvor·be·ˌhalt** *m* mental reservation. — **~ˌwelt** *f* **1.** world of thought (*od.* ideas): **Shelleys** ~ Shelley's thought. – **2.** (*Geisteswelt*) intellectual (*od.* mental) world.

ge'dank·lich I *adj* **1.** intellectual, mental, of thought: **~e Anstrengung** mental effort, effort of thought; **~e Tiefe** depth of thought. – **2.** *philos.* notional, ideational. – **II** *adv* **3. etwas** ~ **durchdringen** to penetrate s.th. intellectually; ~ **schwierig zu erfassen** hard to grasp.

Ge'därm [-'dɛrm] *n* ⟨-(e)s; -e⟩, **Ge'där·me** *n* ⟨-s; -⟩ *meist pl* **1.** (*von Menschen*) bowels *pl*, intestines *pl*, guts *pl* (*colloq.*). – **2.** (*von Tieren*) entrails *pl*, guts *pl*.

Ge'deck *n* ⟨-(e)s; -e⟩ **1.** cover, place (at table): **ein** ~ **auflegen** to lay (*od.* set) a place; **zwei ~e** (*od.* **ein** ~ **für zwei**) **auflegen** to set the table (*od.* to lay places) for two. – **2.** (*festes Menü*) menu offered at a fixed price, set menu, table d'hôte: ~ **zu 6 Mark** set menu at 6 marks. – **3.** (*Gedeckpreis*) cover charge.

ge'deckt I *pp.* – **II** *adj* **1.** covered. – **2.** (*Tisch*) spread: **der Tisch war reich** ~ it was a rich table. – **3.** (*Farben*) sober, subdued. – **4.** *arch.* roofed. – **5.** *mus.* (*Orgelpfeife*) *cf.* gedackt. – **6.** *mar.* (*Boot*) decked.

ge'dehnt I *pp.* – **II** *adj ling.* (*Silbe, Vokal*) lengthened. – **III** *adv* in a lengthened way: ~ **sprechen** to drawl, to linger on words (*od.* syllables, vowels); **Vokale** ~ **aussprechen** to pronounce vowels long (*od.* lengthened).

Ge'deih [-'daɪ] *m only in* **auf** ~ **und Verderb** for better or (for) worse, for good or (for) evil (*od.* ill), for weal or (for) woe (*lit.*): **sich auf** ~ **und Verderb mit j-m verbinden** to cast (*od.* throw) in one's lot with s.o.

ge'dei·hen [-'daɪən] **I** *v/i* ⟨gedeiht, gedieh, gediehen, sein⟩ **1.** (*von Pflanzen, Tieren, Kindern etc*) thrive, prosper, do (*od.* develop) well. – **2.** (*wachsen*) grow: **hier gedeiht kein Weizen** this is a region where wheat does not grow. – **3.** *fig.* flourish, prosper, thrive: **seine Geschäfte** ~ his affairs are prospering; **unrecht Gut gedeiht nicht** (*Sprichwort*) ill-gotten gains (*od.* goods) seldom prosper. – **4.** (*vorwärtskommen*) (make) progress, get on: **wie weit sind die Verhandlungen gediehen?** how far have the negotiations progressed? **die Dinge sind soweit gediehen, daß** things have reached a stage (*od.* point) where. – **5.** (*blühen*) blossom, flourish: **er blüht und gedeiht** he is flourishing. – **6.** *lit.* (*erwachsen*) turn out, result: **es gedieh ihm zum Heil** it turned out for his own good (*od.* to his advantage). – **II G~** *n* ⟨-s⟩ **7.** *verbal noun.* – **8.** (*von Pflanzen etc*) growth. – **9.** *fig.* prosperity, success: **gutes G~ wünschen** to wish good success. – **10.** *fig.* (good) progress.

ge'deih·lich *adj* **1.** (*Zusammenarbeit etc*) fruitful, productive. – **2.** *cf.* ersprießlich.

Ge'denk|ˌaus·ˌga·be *f philat.* commemorative issue. — **~ˌaus·ˌstel·lung** *f* commemorative exhibition. — **~ˌband** *m* ⟨-(e)s; ⁼e⟩ commemorative volume. — **~ˌblock** *m philat.* souvenir sheet.

Ge'den·ke·ˌmein *n* ⟨-s; -⟩ *bot.* **1.** (Venus's) navelwort, creeping forget-me-not (*Omphalodes verna*). – **2.** *cf.* Vergißmeinnicht.

ge'den·ken I *v/i* ⟨*irr, pp* gedacht, h⟩ **1. j-s** [**einer Sache**] ~ *lit.* a) to think of s.o. [s.th.], to remember s.o. [s.th.], to bear s.o. [s.th.] in mind, b) (*erwähnen*) to mention s.o. [s.th.], to make mention of s.o. [s.th.], c) (*feiern*) to commemorate s.o. [s.th.], d) (*ehrend*) to honor (*bes. Br.* honour) s.o. [s.th.]: **er gedachte ihrer in seiner Rede** he mentioned them in his speech; **j-s im Testament** ~ to mention (*od.* remember) s.o. in one's will. – **II** *v/t* **2. etwas zu tun** ~ (*beabsichtigen*) to mean (*od.* intend, propose) to do s.th., to think of doing s.th. – **III G~** *n* ⟨-s⟩ **3.** *verbal noun.* – **4.** (*Gedächtnis*) memory, remembrance: **zum G~ an ihn** in memory (*od.* remembrance) of him.

Ge'denk|ˌfei·er *f* commemoration (ceremony). — **~ˌgot·tes·ˌdienst** *m relig. cf.* Gedächtnisgottesdienst. — **~ˌmar·ke** *f philat.* commemorative stamp. — **~mi·ˌnu·te** *f* minute's silence (in commemoration of s.o. *od.* s.th.): **eine** ~ **einlegen** to have a minute's silence. — **~ˌre·de** *f cf.* Gedächtnisrede. — **~ˌsen·dung** *f* commemorative broadcast (*od.* program, *bes. Br.* programme). — **~ˌstät·te** *f* memorial (place). — **~ˌstein** *m* memorial (stone), commemorative stone. — **~ˌstun·de** *f* hour of remembrance. — **~ˌta·fel** *f* memorial (*od.* commemorative) tablet (*od.* plaque). — **~ˌtag** *m* remembrance (*od.* memorial) day, day of remembrance, commemoration day.

ge'deucht [-'dɔʏçt] *rare pp of* **dünken**.

Ge'dicht *n* ⟨-(e)s; -e⟩ **1.** poem: **~e verfassen** (*od.* **schreiben**, *colloq.* **machen**) to write poems (*od.* poetry); **ein** ~ **von Schiller** a poem by (*od.* of) Schiller. – **2.** *fig. colloq.* dream: **dieser Hut ist ein** ~ this hat is a (perfect) dream (*od.* is just heavenly); **ein** ~ **von einem Kleid** a dream of a dress. — **~ˌband** *m* ⟨-(e)s; ⁼e⟩ volume of poems (*od.* verse). — **~ˌform** *f* **1.** poetic form: **in** ~ in verse, in the form of a poem. – **2.** type of poem. — **~ˌsamm·lung** *f* **1.** collection of poems (*od.* verse). – **2.** (*Auswahl*) anthology. — **~ˌzy·klus** *m* cycle of poems.

ge'die·gen I *adj* ⟨-er; -st⟩ **1.** (*mining*) *metall.* native, pure: **~es Kupfer** native (*od.* pure) copper. – **2.** (*bes. jewelry*) (*Gold, Silber*) pure, solid, massive: **aus ~em Gold** of pure (*od.* solid) gold. – **3.** (*Möbel, Kleidung etc*) of quality and distinction. – **4.** *fig.* (*Arbeit, Leistung etc*) solid. – **5.** *fig.* (*Kenntnis, Wissen*) sound, solid, thorough. – **6.** *fig.* (*Charakter, Mensch*) upright, solid, sterling (*attrib*): **ein ~er Mensch** a man of sterling character. – **7.** *fig.* (*echt*) genuine, true. – **8.** *colloq.* (*wunderlich*) odd, queer: **du bist aber** ~! you are an odd (*od.* a funny) one! you are quite a character! – **9.** *colloq.* (*Witz etc*) capital, funny: **das ist** ~ that's (very) funny, that's a good one. – **II** *adv* **10.** displaying distinction: **die Wohnung war** ~ **eingerichtet** the apartment was furnished with distinction. — **Ge'die·gen·heit** *f* ⟨-; *no pl*⟩ **1.** (*bes. jewelry*) purity, solidness, solidity, solid quality. – **2.** (*von Möbeln etc*) quality and distinction. – **3.** (*einer Arbeit etc*) solidness, solidity. – **4.** (*von Kenntnissen etc*) soundness, solidness, solidity, thoroughness. – **5.** (*des Charakters etc*) uprightness, solidness, solidity, sterling quality.

ge'dieh [-'diː] *1 u. 3 pret*, **ge'die·hen** *pp of* **gedeihen**.

ge'dient I *pp.* – **II** *adj* ⟨*attrib*⟩ **ein ~er Soldat** a) an old soldier, a veteran, b) a trained soldier, a reservist.

Ge'dingˌar·beit *f* (*mining*) *cf.* Gedingearbeit.

Ge'din·ge *n* ⟨-s; -⟩ **1.** ⟨*only sg*⟩ *hist.* (*im Feudalismus*) a) tribute, b) contract. – **2.** (*mining*) (*Arbeitseinheit in verschiedenen Minen*) stint (*od.* stent) piecework (*Br.* piece-work) (contract): **im** ~ **arbeiten** to work by the piece, to do piece(-)work. — **~ˌar·beit** *f* piecework, *Br.* piece-work, work on a piece-rate basis. — **~ˌar·bei·ter** *m* pieceworker, *Br.* piece-worker.

Ge'don·ner *n* ⟨-s; *no pl*⟩ *colloq.* thunder(ing), rumble, rumbling.

Ge'döns [-'dœns] *n* ⟨-es; *no pl*⟩ *dial. colloq.* fuss: **mach kein** ~! don't make such a fuss.

ge'dörrt I *pp.* – **II** *adj* **~es Obst** *cf.* Dörrobst; **~e Pflaumen** (dried) prunes; **~es Fleisch** hung beef.

Ge'drän·ge *n* ⟨-s; *no pl*⟩ **1.** thronging, crowding, pushing, shoving, jostle: **das** ~ **und Gehetze** the hustle and bustle. – **2.** (*sich drängende Menge*) crowd, throng, *Br. auch* crush, *Am. colloq. auch* cram: **sich durch das** ~ **hindurcharbeiten** to work (*od.* force) one's way through the crowd; **sich im** ~ **verlieren** to get lost in the crowd (*Br. auch* crush). – **3.** (*Ansturm*) (nach for) rush, scramble. – **4.** (*sport*) (*im Rugby*) scrummage: **ein** ~ **verursachen** to scrummage. – **5.** *fig.* trouble, difficulties *pl*, dilemma, fix: **wenn wir nicht bald losgehen, kommen wir ins** ~ if we don't start soon, we'll be in trouble (*od.* in a fix).

Ge'drän·gel *n* ⟨-s; *no pl*⟩ *colloq. for* Gedränge 1, 2.

ge'drängt I *pp.* – **II** *adj* **1.** (*Stil, Rede etc*) short, brief, concise, compact, terse, succinct (*lit.*): **eine ~e Übersicht** a brief summary, a synopsis (*lit.*). – **2.** (*zusammengefaßt*) summary. – **3.** packed (*od.* crammed, jammed) together. – **III** *adv* **4.** ~ **voll** packed, crowded: **das Stadion war** ~ **voll** the stadium was crowded (*od.* thronged, teeming, swarming) with people. — **Ge'drängt·heit** *f* ⟨-; *no pl*⟩ **1.** (*einer Inhaltsangabe, eines Stils etc*) shortness, brevity, conciseness, compactness, terseness, succinctness (*lit.*). – **2.** (*schnelle Aufeinanderfolge*) rapid succession.

ge'drech·selt I *pp.* – **II** *adj* (*Rede, Stil*) stilted, pompous.

ge'dreht I *pp.* – **II** *adj* **1.** *bot.* contorted, tortile. – **2.** *med.* (*verdreht*) twisted.

ge'dritt *adj astrol.* trine (*attrib*). — **G~ˌschein** *m* trine.

Ge'dröhn *n* ⟨-(e)s; *no pl*⟩, **Ge'dröh·ne** *n* ⟨-s; *no pl*⟩ *colloq.* **1.** (*von Flugzeugen, Motoren etc*) (continuous) roaring. – **2.** (*von Geschützen*) booming.

ge'dro·schen [-'drɔʃən] *pp of* **dreschen**.

ge'druckt I *pp.* – **II** *adj electr.* printed: **~e Schaltung** printed circuit.

ge'drückt I *pp.* – **II** *adj* **1.** (*niedergeschlagen*) depressed, low-spirited, dejected, melancholic: **~e Stimmung** gloom, low spirits *pl*, dejected mood; **in ~er Stimmung sein** to be depressed (*od.* downhearted), to be in low spirits (*od. colloq.* in the dumps), to have the blues (*colloq.*). – **2.** (*Verhältnisse*) straitened. – **3.** *econ.* a) (*Kurse, Preise etc*) depressed, b) (*Geldmarkt*) stringent. – **4.** *arch.* a) (*Bogen, Gewölbe*) surbased, b) (*Spitzbogen*) four-centered (*bes. Br.* -centred). — **Ge'drückt·heit** *f* ⟨-; *no pl*⟩ **1.** (*der Stimmung etc*) depression, low spirits *pl*, dejection, lowness. – **2.** *econ.* a) (*der Kurse, Preise etc*) depression, b) (*des Geldmarkts*) stringency.

ge'drun·gen [-'drʊŋən] **I** *pp of* **dringen**. – **II** *adj* **1.** (*Gestalt*) stocky, thickset, squat, stumpy. – **2.** *bes. tech.* (*Form etc*) compact. — **Ge'drun·gen·heit** *f* ⟨-; *no pl*⟩ **1.** (*der Gestalt*) stockiness, thicksetness, squatness, stumpiness. – **2.** *bes. tech.* compactness.

Ge'du·del *n* ⟨-s; *no pl*⟩ *colloq. cf.* Dudelei.

Ge'duld *f* ⟨-; *no pl*⟩ **1.** patience: ~ **haben** to be patient, to have patience; **nur** ~! patience! take it easy! ~ **mit j-m haben** to be patient with s.o., to bear with s.o. (*lit.*); **etwas mit** (*od.* **in**) ~ **tragen** to bear s.th. patiently, to put up with s.th.; **die** ~ **verlieren** a) to lose one's patience, b) (*in Wut geraten*) to lose one's temper; **er ist die** ~ **selber** he has the patience of Job, he has endless patience; **fasse dich in** ~! have patience! **j-n um** ~ **bitten** to ask s.o. to be patient; **j-s** ~ **auf die Probe stellen** to try (*od.* fox) s.o.'s patience; **j-s** ~ **in Anspruch nehmen** to claim s.o.'s patience; **jetzt reißt mir aber die** ~! *colloq.* that's the last straw! (*colloq.*); **meine** ~ **ist zu Ende, ich bin mit meiner** ~ **am Ende** my patience is at an end (*od.* exhausted); **mit** ~ patiently; **mit** ~ **und Spucke (fängt man eine Mucke)** *colloq. etwa* patience and snare catch many a hare, everything comes to him who waits. – **2.** (*Ausdauer*) perseverance, endurance. – **3.** (*Nachsicht*) forbearance, indulgence, tolerance.

ge'dul·den *v/reflex* ⟨*pp* geduldet, h⟩ **sich** ~ wait patiently, be patient: ~ **Sie sich bitte einen Augenblick** wait a minute, please.

ge'dul·dig [-'dʊldɪç] **I** *adj* **1.** patient: ~ **wie ein Lamm** as patient as Job; ~ **mit j-m sein** to be patient (*od.* have patience) with s.o.; **Papier ist** ~ *fig. colloq.* paper won't blush (*colloq.*). – **2.** (*ausdauernd*) persevering, enduring. – **3.** (*nachsichtig*) forbearing, indulgent, tolerant. – **II** *adv* **4.** patiently, in (*od.* with) patience: **eine Krankheit** ~ **ertragen** to endure an illness patiently; ~ **etwas über sich ergehen lassen** to put up with s.th. with patience.

Ge'dulds|ˌar·beit *f* work (*od.* task) requiring great patience. — **~ˌfa·den** *m colloq.* (*in Wendungen wie*) **bald reißt mir der** ~ my patience is wearing thin; **ihm war der ~ gerissen** his patience had snapped (*od.* was exhausted, was at an end), he had lost all patience.

Ge'duld,spiel *n cf.* Geduldsspiel.

Ge'dulds|,pro·be *f* trial of patience: **es war eine reine ~** it was a real test of patience; **j-n auf eine (harte) ~ stellen** to try s.o.'s patience. — **~,spiel** *n* **1.** puzzle: **diese Aufgabe ist ein richtiges ~** *fig.* this task is a real puzzle (*od.* trial of patience). – **2.** (*Zusammensetzspiel*) jigsaw (*bes. Am.* picture) puzzle.

ge'dun·gen [-'dʊŋən] **I** *pp of* dingen. – **II** *adj* hired: **~er Mörder** hired killer (*od.* assassin), bravo, cutthroat; **~e Presse** hired (*od.* reptile) press.

ge'dun·sen [-'dʊnzən] *adj* **1.** (*bes. Gesicht*) swollen, puffed-up (*attrib*), puffy, bloated. – **2.** (*Körper, Glied*) swollen, bloated, turgid. — **Ge'dun·sen·heit** *f* ⟨-; *no pl*⟩ **1.** swollenness, puffiness, bloatedness. – **2.** swollenness, bloatedness, turgidity.

ge'durft [-'dʊrft] *pp of* dürfen[1] II, III.

ge'ehrt I *pp.* – **II** *adj* honored, *bes. Br.* honoured: **Sehr ~er Herr X** Dear Mr. X; **Sehr ~er Herr** Dear Sir; **Sehr ~e Herren** *bes. Am.* Gentlemen, *bes. Br.* Dear Sirs; **ich fühle mich sehr ~** I am greatly (*od.* much) hono(u)red.

ge'eicht I *pp of* eichen[2]. – **II** *adj* **1.** *tech.* calibrated, standardized. – **2. er ist darauf ~** *colloq.* he is an expert in that; that is his line, that is just up (*auch* down) his alley (*bes. Br.* street) (*colloq.*).

ge'eig·net I *pp.* – **II** *adj* **1.** suitable: **er ist dafür nicht der ~e Mann** he is not the suitable (*od.* right) man for it; **er ist zum Lehrer ~** he is suited (*od. colloq.* cut out) to be (*od.* for) a teacher; **~e Maßnahmen ergreifen** to take suitable (*od.* appropriate) measures; **dieses Buch ist als Geschenk nicht ~** this book is not suitable as a present; **das ist für meine Zwecke ~** that is suitable for (*od.* suits) my purposes. – **2.** (*befähigt*) (**für**) qualified (for), capable (of), apt (for): **für diese Arbeit ist er nicht ~** he is not qualified for this work. – **3.** (*bes. körperlich*) (**für, zu** for) fit. – **4.** (*passend*) right, fitting, appropriate, proper: **sie gab ihm die ~e Antwort** she gave him the appropriate (*od.* right) answer; **im ~en Moment** (*od.* **Augenblick**) at the right moment. – **5.** (*beschaffen*) likely, apt: **das ist eher ~, die Kunden abzuschrecken** that is more likely to discourage the customers. — **Ge'eig·net·heit** *f* ⟨-; *no pl*⟩ **1.** (**für** for) suitability. – **2.** (*Befähigung*) qualification, capability, aptness. – **3.** (*bes. körperlich*) fitness. – **4.** *psych.* aptitude.

Geer [geːr] *f* ⟨-; -en⟩, **'Geer·de** [-də] *f* ⟨-; -n⟩ *mar.* (*Gaffeltau*) vang.

Geest [geːst] *f* ⟨-; -en⟩, **~,land** *n* ⟨-(e)s; *no pl*⟩ geest (*sandy region in N. Germany*).

Ge'fach *n* ⟨-(e)s; ¨er⟩ **1.** (*Möbel*) compartment, shelf. – **2.** *civ.eng.* (*Fachwerk*) framework, latticework, *Br.* lattice-work.

ge'facht I *pp of* fachen[1] *u.* [2]. – **II** *adj civ.eng.* latticed.

Ge'fahr *f* ⟨-; -en⟩ **1.** danger: **in ~ sein** to be in danger (*od.* peril), to be endangered (*od.* imperil[l]ed); **außer ~ sein** to be out of danger (*od.* harm's way), to be out of the wood(s) (*colloq.*); **angesichts der ~** in view of the danger; **ohne ~** without danger, safely, with safety; **sich einer ~ aussetzen** to expose oneself to danger, to take a risk; **es besteht** (*od. dial.* **hat**) **keine ~, daß** there is no danger (*od.* risk) that; **in ~ bringen** to endanger; **das stellt eine große ~ für uns dar** that represents a grave danger (*od.* threat, menace) to us; **~ droht** danger threatens; **der ~ entkommen** (*od.* **entgehen, entrinnen**) to escape danger; **in ~ geraten** (*od.* **kommen**) to run (*od.* to get) into danger; **~ heraufbeschwören [abwenden, wittern]** to bring about [to avert, to suspect] danger; **er läuft ~, sich zu schaden** he is running the risk of doing harm to himself, he is liable (*od.* likely) to harm himself; **einer ~ ins Auge sehen** to look danger in the face, to face up to danger; **~en trotzen** to brave dangers; **eine ~ verkennen** to fail to recognize a danger; **es ist ~ im Verzuge** there is danger ahead; **wer die ~ sucht, kommt darin um** (*Sprichwort*) he who looks for trouble finds it. – **2.** (*Bedrohung*) danger, threat, menace: **eine ~ für die Menschheit** a threat to mankind. – **3.** (*große, drohende*) peril: **die gelbe [rote] ~** the yellow [red] peril; **die ~en des Meeres** the perils of the sea. – **4.** (*Risiko*) risk: **mit** (*od.* **unter**) **~ seines Lebens** at the risk of one's life; **auf eigene ~** at one's own risk; **auf die ~ hin, mißverstanden zu werden** at the risk of being misunderstood; **für Rechnung und ~ von** *econ.* for account and at the risk of; **gegen alle ~en** (*Versicherung*) against all risk. – **5.** (*unmittelbare, akute*) emergency: **bei ~** in an (*od.* in case of) emergency. – **6.** (*Wagnis*) risk, hazard, jeopardy: **die ~en des Unternehmens** the hazards involved in the enterprise. — **g~,brin·gend** *adj cf.* gefährlich I.

ge'fähr·den [-'fɛːrdən] **I** *v/t* ⟨*pp* gefährdet, h⟩ **1.** endanger, expose (*s.o., s.th.*) to danger, (*stärker*) imperil: **seinen Ruf ~** to endanger (*od.* compromise) one's reputation. – **2.** (*aufs Spiel setzen*) risk, hazard. – **3.** (*in Frage stellen*) jeopardize: **seine Zukunft ~** to jeopardize one's future. – **4.** (*Frieden etc*) threaten, menace. – **II G~** *n* ⟨-s⟩ **5.** *verbal noun.* — **ge'fähr·det I** *pp.* – **II** *adj* endangered: **(sittlich) ~e Jugend** (morally) endangered (*od.* threatened) youth; **~e Gesundheit** weak health; **seine Versetzung ist ~** his promotion is in danger, there is a danger (*od.* chance) that he will not be promoted; **eine ~e Lage** an exposed position; **~e Zone** danger zone.

Ge'fähr·de·ten,für,sor·ge *f sociol.* social service for predelinquents.

ge'fahr,dro·hend *adj* dangerous, threatening, menacing, fraught with danger (*pred.*).

Ge'fähr·dung *f* ⟨-; -en⟩ **1.** *cf.* Gefährden. – **2.** danger, peril, hazard: **Schundliteratur stellt eine ~ der** (*od.* **für die**) **Jugend dar** trashy literature is a threat (*od.* peril) to youth; **~ durch Strahlung** *nucl.* radiation hazards *pl.* – **3.** endangerment, imperilment, exposure to danger.

Ge'fähr·dungs,haf·tung *f jur.* absolute liability.

Ge'fah·re *n* ⟨-s; *no pl*⟩ *contempt.* (continual) driving.

Ge'fah·ren|be,reich *m*, **~,feld** *n* danger zone (*od.* area). — **~ge,mein·schaft** *f* **1.** *pol.* self-protective alliance. – **2.** *econ.* (*bei Versicherung*) a) common safety arrangement for vessel and cargo (*between shippers and ship owners under general average*), b) society covering common risks. — **~,herd** *m* danger (*od.* trouble) spot, (constant) source of danger, 'storm center', *bes. Br.* 'storm-centre' (*colloq.*). — **~,klas·se** *f econ.* (*bei Versicherung*) class of risk.

Ge'fah·ren·mo,ment[1] *n* source of danger.

Ge'fah·ren·mo,ment[2] *m* moment of danger.

Ge'fah·ren|,punkt *m auch fig.* danger spot. — **~,quel·le** *f* source of danger. — **~,stel·le** *f* danger spot. — **g~,um,wit·tert** *adj lit.* **1.** surrounded by danger(s). – **2.** full of danger(s), dangerous, perilous. — **~,win·kel** *m mar.* danger angle. — **~,zo·ne** *f* danger zone. — **~,zu,la·ge** *f* **1.** danger money (*od.* bonus). – **2.** *aer.* flight (*auch* flying) (*od.* incentive) pay.

ge'fähr·lich [-'fɛːrlɪç] **I** *adj* **1.** dangerous, (*stärker*) perilous: **das ist eine ~e Kurve** that's a dangerous corner; **er ist ein ~er Bursche [Gegner]** he is a dangerous fellow (*od. colloq.* customer) [opponent]; **j-m** (*od.* **für j-n**) **~ sein** to be dangerous to s.o.; **er kann (dir) ~ werden** he can become dangerous (*od.* a danger) (to you); **ein ~es Spiel treiben** to play a dangerous game, to skate on thin ice; **das ist nicht so ~** *colloq.* that is not so dangerous, that is not of much consequence, that is nothing much (*colloq.*). – **2.** (*gewagt*) risky, hazardous. – **3.** (*heikel*) ticklish, tricky. – **4.** (*ernst*) grave, serious: **eine ~e Krankheit** a serious illness; **der Patient war in einem ~en Zustand** the patient was in a serious (*od.* critical) condition; **ein ~er Fehler** a grave (*od.* serious, fatal) mistake. – **5.** (*unsicher*) unsafe, insecure, precarious. – **6.** (*drohend*) threatening, menacing. – **7.** *mar.* (*Küste*) foul. – **II** *adv* **8.** dangerously, seriously, badly. — **Ge'fähr·lich·keit** *f* ⟨-; *no pl*⟩ **1.** danger(ousness), dangerous nature (*od.* character), (*stärker*) peril(ousness). – **2.** (*Gewagtheit*) riskiness, hazardousness. – **3.** (*das Heikle*) trickiness. – **4.** (*Ernst*) seriousness, gravity, critical nature. – **5.** (*Unsicherheit*) unsafety, insecurity, uncertainty, precariousness.

ge'fahr·los I *adj* **1.** without (*od.* free from, involving no) danger (*od.* risk). – **2.** (*risikolos*) riskless. – **3.** (*sicher*) safe, secure. – **4.** (*harmlos*) harmless. – **II** *adv* **5.** safely, in safety. — **Ge'fahr·lo·sig·keit** *f* ⟨-; *no pl*⟩ **1.** safety, security, freedom from danger (*od.* risk). – **2.** (*Harmlosigkeit*) harmlessness.

Ge'fährt [-'fɛːrt] *n* ⟨-(e)s; -e⟩ **1.** *contempt.* vehicle, conveyance. – **2.** (*Pferdewagen*) carriage.

Ge'fähr·te *m* ⟨-n; -n⟩ **1.** companion. – **2.** (*Begleiter*) escort, 'date' (*colloq.*). – **3.** *cf.* Kamerad 1. – **4.** *cf.* Lebensgefährte 1. – **5.** *mus.* (*in der Fuge*) comes. — **Ge'fähr·tin** *f* ⟨-; -nen⟩ **1.** (female) companion. – **2.** (*Begleiterin*) 'date' (*colloq.*). – **3.** *cf.* Kameradin 1. – **4.** *cf.* Lebensgefährtin 1.

ge'fahr,voll *adj* **1.** full of (*od. lit.* fraught with) danger, dangerous, precarious, perilous. – **2.** (*riskant*) risky, hazardous, venturesome.

Ge'fäl·le *n* ⟨-s; -⟩ **1.** (*des Geländes*) slope, descent, incline, declivity. – **2.** (*einer Straße etc*) slope, downgrade, descent, incline, gradient: **„starkes ~!"** (*Warnschild*) "steep gradient (*Am. auch* grade)"; **die Straße hat 30% ~** the road has a gradient of thirty percent (*od.* thirty in a hundred). – **3.** (*eines Flusses etc*) head, fall: **die Leitung hat ein ~ von 3%** the linepipe runs with a fall of 3 degrees. – **4.** *math.* gradient. – **5.** *electr.* potential gradient. – **6.** *meteor. phys.* (*der Wärme*) gradient, drop. – **7.** *econ.* downward trend. – **8.** *fig.* difference: **kulturelles [soziales] ~** difference in cultural [social] level. — **~,mes·ser** *m* (*optics*) gradient indicator, gradiometer, clinometer.

ge'fal·len[1] **I** *v/i* ⟨*irr, pp* gefallen, h⟩ **1.** like: **wie gefällt Ihnen dieses Bild [unsere Stadt]?** how do you like this picture [our town]? **das Buch hat ihr nicht ~** she didn't like (*od.* enjoy) the book, the book didn't appeal to her; **das gefällt mir (gut)** I like that very much, that's to my liking (*od.* taste), *bes. Br.* I fancy that, it takes my fancy; **er gefiel mir** I liked (*od.* took to) him; **die Sache gefällt mir nicht** I don't like (the look[s] of) it, there is something fishy about it (*colloq.*); **du gefällst mir heute nicht** *colloq.* I don't like the way you look today, you do not look too well today. – **2.** please: **man kann nicht allen ~** one cannot please (*od.* suit) everybody; **tu, was dir gefällt!** please (*od.* suit) yourself! do as you like (*od.* please)! – **3. sich** (*dat*) **etwas ~ lassen** a) (*hinnehmen*) to put up with (*od.* submit to, tolerate) s.th., b) (*mögen*) to like (*od.* be pleased with) s.th., c) (*billigen, zustimmen*) to agree with (*od.* approve of) s.th.: **das lasse ich mir nicht ~!** I won't put up with that! I won't stand (for) (*od.* have, take) that! I'm not going to tolerate (*od.* submit to, accept) that! **sich nichts ~ lassen** to stand no nonsense; **er läßt sich alles ~** he puts up with everything, *Am. colloq.* he lets people walk all over him; **das lasse ich mir ~!** that I like! that's the stuff! now you're talking! (*colloq.*); **das lasse ich mir noch ~** I don't object too much, I don't mind so very much. – **4. sich** (*dat*) **in** (*dat*) **etwas ~** a) to indulge (*od.* take pleasure) in s.th., b) to fancy oneself as (*od.* to be) s.th.: **sich in Anspielungen ~** to indulge in allusions; **er gefiel sich in der Rolle des Beschützers der Armen** he fancied himself as a (*od.* liked to play the part of the) protector of the poor. – **II** *v/impers* **5.** like: **wie hat es Ihnen in London ~?** how did you like London? **tu, wie es dir gefällt!** do as you like (*od.* please)! **ob es dir nun gefällt oder nicht** whether you like it or not, like it or lump it (*colloq.*); **wie es Gott gefällt** as God will.

ge'fal·len[2] **I** *pp of* fallen, gefallen[1]. – **II** *adj* ⟨*attrib*⟩ **1.** *fig.* (*Mädchen, Frau*) fallen: **eine ~e Frau** a fallen woman. – **2.** *mil.* dead, fallen, killed in action.

Ge'fal·len[1] *m* ⟨-s; -⟩ favor, *bes. Br.* favour, kindness: **j-m einen ~ tun** (*od.* **erweisen**) to do s.o. a favo(u)r (*od.* kindness, service); **du würdest mir einen großen ~ tun, wenn du** you would be doing me a great favo(u)r if you; **(bitte) tu mir den ~ und schreibe bald** please do me the favo(u)r of writing soon, please write soon; **j-n um einen ~ bitten** to ask a favo(u)r of s.o.; **mir zu ~** to please (*od.* oblige) me, for my sake; **er hat mir so manchen ~ getan** he has done me many a good turn; **j-m etwas zu ~ tun** to do s.th. to please s.o.

Ge'fal·len[2] *n* ⟨-s; *no pl*⟩ pleasure: **~ an** (*dat*) etwas finden (*od.* haben) to take pleasure in (doing) s.th., to enjoy (doing) s.th.; er findet ~ daran, andere zu necken he takes pleasure in teasing others, he likes to tease (*od.* he enjoys teasing) others; ich finde kein ~ an billigen Vergnügen I have no liking for cheap entertainment; er fand ~ an seinem Einfall he was pleased with his idea; er fand ~ an ihr he took a fancy to her, he became fond of her; bei j-m ~ finden to appeal to s.o., to find favo(u)r with s.o.

Ge'fal·le·ne *m* ⟨-n; -n⟩ *mil.* dead (*od. lit.* slain) soldier: die ~n the dead (*od.* fallen).

Ge'fal·le·nen|ˌdenkˌmal *n* war memorial. — ~ˌ**eh·rung** *f* commemoration of the fallen. — ~ˌ**friedˌhof** *m* war cemetery. — ~**ge-ˌdenkˌfei·er** *f* ceremony to commemorate the fallen. — ~ˌ**li·ste** *f mil.* a) casualty list, b) (*auf Gedenktafel etc*) honor roll, *bes. Br.* roll of honour: auf der ~ stehen to be on the casualty list.

Ge'fäl·leˌstrecke (*getr.* -k·k-) *f civ.eng.* (*im Straßenbau*) incline, grade.

Ge'fällˌhö·he *f civ.eng.* head.

ge'fäl·lig I *adj* **1.** (*ansprechend*) pleasing, agreeable, pleasant, nice: ~es Äußeres [Benehmen] pleasing appearance [manners *pl*]; eine ~e Aufmachung a nice getup (*Br.* get-up); eine ~e Melodie a pleasing (*od.* likeable) melody. – **2.** (*zuvorkommend*) obliging, accommodating, complaisant: er ist stets ~ und zuvorkommend he is always kind and obliging; j-m ~ sein a) to do s.o. a favo(u)r, b) to oblige s.o.; er will ihm nur ~ sein he merely wants to please him. – **3.** (*einnehmend*) engaging, winsome, taking, prepossessing, pleasing. – **4.** *colloq.* (*in höflichen Fragen*) Zigarette ~? (would you like *od.* may I offer you) a cigarette? Schuhputzen ~? (would you like a) (shoe)shine? Tee ~? (would you like) some tea? sonst noch etwas ~? (would you like) anything else? – **5.** *colloq.* (*in Wendungen wie*) hier ist (gleich) (et)was ~ s.th. is going to happen; wenn's ~ ist (*höfliche od. ironische Aufforderung*) if you please, if you don't mind; wenn es Ihnen ~ ist *obs.* if it's all right with you. – **6.** *econ.* kind: um ~e Antwort wird gebeten the favo(u)r of an answer is requested; zur ~en Beachtung for your kind attention. – **II** *adv* **7.** agreeably, pleasantly, nicely: etwas ~ darbieten to present s.th. in a pleasant way (*od.* manner). — **Ge'fäl·lig·keit** *f* ⟨-; -en⟩ **1.** (*Gefallen*) kindness, favor, *bes. Br.* favour, good turn: die mir erwiesene ~ the kindness shown me; j-n um eine ~ bitten to ask a favo(u)r of s.o.; j-m eine ~ erweisen to do s.o. a favo(u)r (*od.* good turn). – **2.** ⟨*only sg*⟩ (*ansprechende Art*) agreeableness, pleasantness. – **3.** ⟨*only sg*⟩ (*Zuvorkommenheit*) obligingness, accommodation, complaisance: etwas nur aus ~ tun to do s.th. just out of the kindness of one's heart. – **4.** ⟨*only sg*⟩ engagingness, winsomeness.

Ge'fäl·lig·keits|ˌabˌstem·pe·lung *f philat.* cancellation on request. — ~**akˌzept** *n*, ~ˌ**wech·sel** *m econ.* accommodation bill, *Br.* accommodation-bill; 'kite', windbill (*colloq.*).

ge'fäl·ligst *adv* **1.** *colloq.* (*grobe Aufforderung*) will you: mach ~ die Tür zu! shut that door, will you! (*colloq.*); verlassen Sie ~ das Zimmer! get out of here, will you! (*colloq.*); kümmern Sie sich ~ um Ihre eigenen Angelegenheiten! mind your own business! (*colloq.*); beeilt euch ~! hurry up, will you! (*colloq.*), get a move on! (*sl.*). – **2.** *obs. for* bitte 1.

Ge'fäll|ˌstrecke (*getr.* -k·k-) *f civ.eng. cf.* Gefällestrecke. — ~ˌ**stu·fe** *f* **1.** *geol.* knickpoint, nick point, nick. – **2.** *civ.eng.* (*eines künstlichen Wasserfalls etc*) sill.

Ge'fallˌsucht *f* **1.** (*weibliche*) coquetry. – **2.** *contempt.* (excessive) desire to please (*od.* to be admired). — **ge'fallˌsüch·tig** *adj* **1.** (*Frau*) coquettish. – **2.** *contempt.* anxious to please (*od.* to be admired).

ge'fäl·telt I *pp.* – **II** *adj* **1.** folded. – **2.** pleated. – **3.** gathered, *Am. auch* shirred.

Ge'fän·ge [-'fɛŋə] *n* ⟨-s; -⟩ *hunt.* (*Hirschgeweih*) antlers *pl.*

ge'fan·gen I *pp of* fangen. – **II** *adj* **1.** caught: mit einer Falle ~ trapped; mit einem Netz ~ netted. – **2.** (*in fremder Gewalt*) captive: sich ~ geben to surrender, to give oneself up. – **3.** (*im Gefängnis*) imprisoned, in prison. – **4.** *fig.* (von by) captivated, enthralled.

Ge'fan·ge·ne *m, f* ⟨-n; -n⟩ **1.** (*Kriegsgefangene[r]*) prisoner (of war): ~ machen to take prisoners; er wurde zum ~n gemacht he was taken prisoner. – **2.** (*Häftling*) prisoner: politischer ~r political (*od.* state) prisoner. – **3.** (*Sträfling*) convict. – **4.** *fig. lit.* captive, prisoner.

Ge'fan·ge·nen|ˌanˌstalt *f cf.* Gefängnis 1. — ~ˌ**ar·beit** *f* convict labor (*bes. Br.* labour). — ~ˌ**aufˌse·her** *m* **1.** (*eines Lagers etc*) guard. – **2.** *cf.* Gefängnisaufseher. — ~**ˌausˌtausch** *m* exchange of prisoners. — ~**beˌfrei·ung** *f* **1.** liberation of prisoners. – **2.** *jur.* jail (*Br. auch* gaol) delivery. — ~ˌ**fürˌsor·ge** *f* prison welfare work. — ~ˌ**haus** *n Austrian for* Gefängnis 1. — ~ˌ**la·ger** *n* **1.** prison camp. – **2.** *mil.* prisoner-of-war (*od.* POW) camp. — ~**meu·teˌrei** *f* mutiny of prisoners. — ~ˌ**mißˌhand·lung** *f* maltreatment of prisoners. — ~**psy-ˌcho·se** *f psych.* prison psychosis. — ~**transˌport** *m* **1.** (*Tätigkeit*) transportation of prisoners. – **2.** (*Konvoi*) convoy of prisoners: Polizeiauto für ~ *cf.* Gefangenenwagen. — ~ˌ**wa·gen** *m* prison van, *Am. auch* patrol (*od. colloq.* paddy) wagon, Black Maria (*colloq.*). — ~ˌ**wär·ter** *m cf.* Gefangenenaufseher 1.

ge'fan·genˌhal·ten *v/t* ⟨*irr, sep,* -ge-, h⟩ **1.** j-n ~ to hold s.o. prisoner (*od.* captive), to keep s.o. prisoner (*od.* a prisoner, in prison, imprisoned, confined), to detain s.o. (in prison): j-n bis zur Zahlung eines Lösegelds ~ to hold s.o. to ransom; gefangengehalten werden to be held prisoner (*od.* captive), to be kept (a) prisoner. – **2.** j-n ~ *fig.* to hold s.o. under one's spell, to captivate s.o. — **Ge'fan·genˌhal·tung** *f* ⟨-; *no pl*⟩ imprisonment, confinement, detention.

Ge'fan·genˌnah·me *f* ⟨-; *no pl*⟩ **1.** *mil.* taking prisoner (*of s.o.*), capture (*od.* capturing) (*of s.o.*): sich der ~ entziehen to avoid being taken prisoner, to evade capture. – **2.** *jur.* (*Verhaftung*) arrest, apprehension, seizure. — **ge'fan·genˌneh·men** *v/t* ⟨*irr, sep,* -ge-, h⟩ **1.** j-n ~ a) *mil.* to take s.o. prisoner, to capture s.o., b) (*verhaften*) to arrest (*od.* apprehend, seize) s.o., to take s.o. into custody: sich ~ lassen to give oneself up (as a prisoner). – **2.** j-n ~ *fig.* to captivate (*od.* enthrall, *auch* enthral) s.o.

Ge'fan·gen·schaft *f* ⟨-; *no pl*⟩ captivity: er war fünf Jahre in ~ he was a prisoner (of war) (*od.* POW) for five years; aus der ~ heimkehren to return home from captivity (*od.* a prisoner-of-war camp); in ~ geraten to be taken prisoner, to become a prisoner of war, to be captured; j-n aus der ~ entlassen to release s.o. from captivity (*od.* a prisoner-of-war camp); die Babylonische ~ *Bibl.* the Babylonian Captivity.

ge'fan·genˌset·zen *v/t* ⟨*sep,* -ge-, h⟩ j-n ~ a) to imprison s.o., to put s.o. in prison, to jail (*Br. auch* gaol) s.o., b) to arrest s.o., to take s.o. into custody.

Ge'fäng·nis [-'fɛŋnɪs] *n* ⟨-ses; -se⟩ **1.** prison, jail, *Br. auch* gaol, *Am.* penitentiary; 'clink', 'jug' (*sl.*); *Am. sl.* 'coop', 'pen', *Br. sl.* 'nick': im ~ sein (*od.* sitzen) to be in prison, to serve (*od. colloq.* do) time, to do a stretch (*sl.*); ins ~ kommen (*od. colloq.* wandern) to be sent to (*od.* to go to) prison; j-n ins ~ stecken to put s.o. in prison (*od.* behind bars), to send s.o. to prison, to imprison (*od.* jail) s.o.; aus dem ~ ausbrechen to break out of (*od.* escape from) prison, *Br. auch* to break prison. – **2.** (*Gefängnisstrafe*) (term of) imprisonment: zu 2 Jahren ~ verurteilt werden, *colloq.* 2 Jahre ~ bekommen to be sentenced to 2 years' imprisonment, to get 2 years (*colloq.*); darauf steht ~ this is punishable by imprisonment; mit ~ bestraft werden a) (*Person*) to be sentenced to a term of imprisonment, b) (*Vergehen*) to be punishable by imprisonment; auf ~ erkennen (*von Gericht*) to pronounce a sentence of imprisonment. – **3.** *hist.* (*Kerker*) dungeon. — ~ˌ**abˌtei·lung** *f* prison ward (*Br. auch* division). — ~ˌ**arzt** *m* prison doctor. — ~**ˌaufˌse·her** *m* **1.** prison guard, jailer, *auch* jailor, *Br. auch* gaoler, warder. – **2.** *cf.* Gefängnisschließer. — ~**diˌrek·tor** *m* warden (*od.* director, *Br. auch* governor) of a prison. — ~**geˌbäu·de** *n* prison. — ~ˌ**geist·li·che** *m* prison chaplain. — ~ˌ**haft** *f* detention (in prison). — ~ˌ**hof** *m* prison yard. — ~ˌ**in-ˌsas·se** *m*, ~ˌ**inˌsas·sin** *f* (prison) inmate. — ~ˌ**jahr** *n* year in prison. — ~ˌ**klei·dung**, ~**-ˌkluft** *f colloq.* prison clothing (*od.* uniform). — ~ˌ**mau·er** *f* prison wall. — ~**per·soˌnal** *n* prison staff (*od.* personnel). — ~**psyˌcho·se** *f psych. cf.* Gefangenenpsychose. — ~**-ˌschlie·ßer** *m* turnkey. — ~ˌ**stra·fe** *f jur.* sentence (*od.* term) of imprisonment, jail sentence: eine ~ verbüßen (*od. colloq.* absitzen) to serve a term of imprisonment; eine ~ verhängen to pronounce a sentence of imprisonment; j-n zu einer ~ von zwei Jahren verurteilen to sentence s.o. to two years' imprisonment. — ~ˌ**tor** *n* prison gate. — ~**verˌwal·tung** *f* prison administration. — ~ˌ**wär·ter** *m cf.* Gefängnisaufseher. — ~ˌ**we·sen** *n* prison system. — ~ˌ**zel·le** *f* prison cell.

ge'färbt I *pp.* – **II** *adj* **1.** (*Stoff, Haar etc*) dyed. – **2.** (*getönt*) tinted. – **3.** (*Laub etc*) colorful, *bes. Br.* colourful, colored, *bes. Br.* coloured. – **4.** *fig.* (*Ansichten etc*) biased, biassed: seine Ideologie ist kommunistisch ~ his ideology has a communist bias. – **5.** *fig.* (*Sprache*) tinged: seine Aussprache ist bay(e)risch ~ his pronunciation has a Bavarian dialect colo(u)ring.

Ge'fa·sel *n* ⟨-s; *no pl*⟩ *colloq. contempt.* foolish talk, blather, *bes. Br.* blether, drive, twaddle, moonshine, bosh (*sl.*): was soll das ~? what are you blathering (*od.* twaddling) about?

ge'fa·sert I *pp.* – **II** *adj* fibrous.

Ge'fäß [-'fɛːs] *n* ⟨-es; -e⟩ **1.** (*Behälter*) vessel, receptacle, container: irdenes ~ earthenware vessel. – **2.** (*Topf*) pot, jar. – **3.** (*Schale, Schüssel*) bowl, basin. – **4.** (*Vase*) vase. – **5.** *biol. med.* vessel: kleines ~ vasculum; mit ~en vascular. – **6.** *bot.* (*im Gefäßbündel*) trachea. – **7.** (*am Degen u. Säbel*) hilt. – **8.** *Bibl.* vessel: ~ des Zorns vessel of wrath; ~ für geweihtes Salböl *relig.* chrismatory. – **9.** *bes. phys.* (*bei Barometern etc*) bulb. — **g~ˌarm** *adj med.* (*Gewebe*) poorly vascularized. — ~**baˌroˌme·ter** *n phys.* bulb barometer. — ~ˌ**bett** *n med.* vascular bed. — ~**-ˌbil·dung** *f* formation of blood vessels, vascularization; angiopoiesis, angiogenesis (*scient.*). — ~ˌ**bün·del** *n biol. bot.* vascular bundle. — ~**chir·urˌgie** *f med.* vascular surgery. — ~**entˌzün·dung** *f* vasculitis, angiitis: Thrombose mit ~ thromboangiitis. — ~**erˌöff·nung** *f* angiostomy. — **g~erˌwei·ternd** *adj* vasodilating: ~er Nerv vasodilator; ~e Mittel vasodilators. — ~**erˌwei·te·rung** *f* vasodilatation. — **g~ˌför·mig** *adj* vasiform. — ~**geˌschwulst** *f* vascular tumor (*bes. Br.* tumour), h(a)emangioma (*scient.*). — ~ˌ**haut** *f* **1.** vascular membrane. – **2.** (*des Auges*) chorioidea. — ~ˌ**klap·pe** *f* vascular valve. — ~ˌ**klem·me** *f* artery forceps, h(a)emostatic clamp. — ~ˌ**knäu·el** *m, n* **1.** tuft (*od.* ball) of vessels. – **2.** (*bes. der Nieren*) glomerulus, glomerule. — ~**kolˌlaps** *m* vascular collapse. — ~ˌ**krampf** *m* **1.** angiospasm, vasospasm. – **2.** (*der Arterien*) arteriospasm. — ~**kryp·toˌga·me** *f meist pl bot.* vascular cryptogame, pteridophyte (*scient.*). — ~ˌ**leh·re** *f med.* angiology. — ~ˌ**lei·den** *n* vascular disease, angiopathy (*scient.*). — **g~los** *adj* devoid of vessels, avascular (*scient.*). — ~ˌ**lu·men** *n* inner diameter of a vessel, vascular lumen. — ~ˌ**nerv** *m* vasomotor nerve. — ~ˌ**netz** *n* vascular network: arterielles [venöses] ~ arterial [venous] network. — ~ˌ**ofen** *m tech.* a) hearth furnace, b) (*mit Muffeln*) muffle furnace, c) (*mit Tiegeln*) crucible furnace, d) (*mit Retorten*) retort furnace. — ~ˌ**pflan·ze** *f meist pl bot.* vascular (*od.* vasculiferous) plant. — **g~ˌreich** *adj med.* rich in blood vessels. — ~ˌ**reich·tum** *m* vascularity. — ~ˌ**schei·de** *f* (peri)vascular sheath. — ~ˌ**schwä·che** *f* vascular deficiency. — ~**syˌstem** *n* **1.** vascular system. – **2.** (*des Herzens*) cardiovascular system.

ge'faßt I *pp.* – **II** *adj* **1.** calm, composed, collected, tranquil. – **2.** auf (*acc*) etwas ~ sein to be prepared for s.th., to expect s.th.: auf das Schlimmste ~ sein to be prepared for (*od.* to expect) the worst; darauf war ich nicht ~ I was not prepared for (*od.* expecting) that; bei ihm muß man auf alles ~ sein you can expect (just) anything with him. – **3.** sich auf etwas ~ machen *colloq.* to prepare oneself for s.th.: du kannst dich auf etwas ~ machen! a) you're going to get s.th. you haven't bargained for, b) now you are in for it! now you'll catch it! darauf kannst du dich ~ machen! (*bekräftigend*) you can make up your mind to (*od.* be sure of) that! – **4.** (*Edelstein*) (in *dat* in) set, mounted: in Gold ~er Diamant diamond set in gold. – III *adv* 5. calmly, collectedly, with composure: er nahm die Nachricht ~ auf he took the news with composure. — **Ge'faßt·heit** *f* ⟨-; *no pl*⟩ calmness, collectedness, composure, tranquillity, equanimity.

Ge'fäß\|ˌto·nus *m med.* tone of the vessels, vascular tone. — **g~verˌen·gend** *adj* vasoconstricting, vasoconstrictive: ~er Nerv vasoconstrictor. — **~verˌen·ge·rer** *m* (*Nerv*) vasoconstrictor. — **~verˌen·ge·rung, ~verˌen·gung** *f* vasoconstriction. — **~verˌhär·tung** *f* 1. angiosclerosis. – 2. (*der Arterien*) vascular sclerosis. — **~ver·ˌkal·kung** *f* vascular calcification. — **~verˌschluß** *m* occlusion (*od.* blockage, plugging obstruction) of a vessel, arterial (*od.* vascular) occlusion. — **~verˌsor·gung** *f* vascularization, vascular supply. — **~verˌstop·fung** *f* vascular obstruction.

Ge'fäßˌwand *f med.* vascular wall. — **~ˌdurchˌläs·sig·keit** *f* vascular permeability. — **~verˌkal·kung** *f* vascular calcification.

Ge'fäß\|ˌzel·le *f bot.* vascular cell. — **~zuˌsam·menˌzie·hung** *f med.* vasoconstriction, vasospasm.

Ge'fecht *n* ⟨-(e)s; -e⟩ 1. *mil.* a) engagement, encounter, b) (*Gefechtstätigkeit*) action, c) (*Kampf*) combat, fight, d) (*Scharmützel*) skirmish, e) (*Schlacht*) battle: hinhaltendes ~ delaying action; laufendes ~ running fight; das ~ abbrechen [einleiten] to cease [to open] combat; etwas außer ~ setzen a) to put s.th. out of action, b) (*Artillerie*) *auch* to silence s.th., c) (*Panzer, Schiffe*) *auch* to knock out s.th., to kill s.th.; den Feind in ein ~ verwickeln to engage the enemy; ein Schiff klar zum ~ machen to clear a ship for action. – 2. *fig.* conflict, encounter: in der Hitze (*od.* im Eifer) des ~s *colloq.* in the heat of the battle (*od.* moment); Argumente ins ~ führen to bring arguments into play, to advance (*od.* produce) arguments to support s.th.; j-n außer ~ setzen to put s.o. out of action. – 3. (*sport*) (*beim Fechten*) fencing bout.

Ge'fechts\|ˌabˌschnitt *m mil.* (combat) sector, zone of action. — **~ˌaufˌklä·rung** *f* combat (*od.* battle, tactical) reconnaissance (*auch* reconnoissance). — **~ˌaufˌstel·lung** *f* disposition (of units for action). — **~ˌauf·ˌtrag** *m* 1. combat mission. – 2. (*Ziel*) objective. — **~ˌausˌbil·dung** *f* combat training: sich der ~ unterziehen to undergo combat training. — **~beˌfehl** *m* combat (*od.* operation) order: der ~ lautet the combat order is. — **~beˌreich** *m cf.* Gefechtsgebiet. — **g~beˌreit** *adj* combat-ready. — **~beˌreit·schaft** *f* combat readiness: in erhöhter ~ fully combat-ready. — **~be·ˌrüh·rung** *f* contact (with the enemy). — **~ˌein·heit** *f* combat unit. — **~ˌfahrˌzeug** *n* combat vehicle. — **~ˌfeld** *n* battle area. — **~for·ma·tiˌon** *f* tactical formation. — **~ge·ˌbiet** *n* battle area, zone of action. — **~ˌglie·de·rung** *f* tactical disposition. — **~ˌhand·lung** *f* action. — **g~ˌklar** *adj mar. mil.* clear for action: ein Schiff ~ machen to clear a ship for action. — **~ˌkopf** *m* (*eines Torpedos, einer Rakete etc*) warhead, *Br.* war-head: nuklearer ~ nuclear war(-)head. — **~ˌla·dung** *f* (*eines Geschosses etc*) service charge. — **~ˌla·ge** *f* tactical situation. — **~ˌlärm** *m* noise (*od.* din) of battle. — **~ˌlaˌter·ne** *f mar.* battle lantern. — **~ˌli·nie** *f* 1. *mar. mil.* line of battle: in ~ übergehen to deploy. – 2. (*sport*) (*beim Fechten*) line of fencing. — **~ˌmars** *m mar.* fighting top. — **g~ˌmä·ßig** *adj mil.* (*Übung etc*) under combat conditions, combat (*attrib*). — **~ˌmast** *m* fighting mast. — **~ˌpau·se** *f* lull in combat. — **~ˌschie·ßen** *n* 1. *mil.* field firing. – 2. *mar.* battle practice. — **~siˌgnal** *n meist pl mil.* 1. battle signal. – 2. *hist.* (*durch Hornisten etc*) field music. — **~ˌstand** *m* 1. *mil.* command post: vorgeschobener ~ forward command post. – 2. *aer.* operations room, operational HQ *pl* (*often construed as sg*). — **~ˌstär·ke** *f mil.* fighting (*od.* combat) strength. — **~ˌstrei·fen** *m* combat zone, zone of action. — **~ˌtä·tig·keit** *f* combat activity. — **~ˌturm** *m* (*eines Panzers*) turret. — **~ˌübung** *f* 1. man(o)euver, *bes. Br.* manœuvre. – 2. field exercise. — **~ˌun·terˌstüt·zung** *f* combat support. — **~ˌvorˌpo·sten** *m* 1. combat outpost. – 2. *pl* (*verteilte*) screen *sg.* — **~ˌwa·gen** *m* ammunition and weapons cart. — **~ˌwim·pel** *m mar.* battle pennant: langer ~ banderol(e), bandrol, streamer. — **~ˌziel** *n mil.* objective. — **~ˌzo·ne** *f* battle area.

ge'fe·dert I *pp.* – II *adj* 1. *tech.* (*Bauelemente*) spring-loaded, spring-cushioned. – 2. *auto.* a) (*Fahrerhaus, Karosserie*) spring-suspended, b) (*Sitze*) sprung. – 3. (*wood*) (*Dielung etc*) tongued.

Ge'fe·ge *n* ⟨-s; *no pl*⟩ *hunt.* velvet which has been rubbed off the antlers.

Ge'feil·sche *n* ⟨-s; *no pl*⟩ *colloq. contempt.* haggling, haggle.

ge'feit I *pp.* – II *adj only in* gegen etwas ~ sein a) (*gegen Einflüsse, Kritik etc*) to be immune (*od.* invulnerable) to s.th., b) (*gegen Krankheiten*) to be immune (*od.* resistant) to s.th.

Ge'fels *n* ⟨-es; *no pl*⟩ *poet.* rocks *pl.*

Ge'fer·tig·te *m, f* ⟨-n; -n⟩ *obs. for* Unterzeichnete.

Ge'fie·del *n* ⟨-s; *no pl*⟩ *colloq. contempt.* fiddling, scraping on the fiddle.

Ge'fie·der *n* ⟨-s; -⟩ 1. *zo.* (*eines Vogels*) plumage, feathers *pl*, feathering, indumentum (*scient.*): ~ junger Vögel (*beim Flüggewerden*) juvenile plumage. – 2. (*eines Pfeils*) feathering, feathers *pl.* – 3. *poet.* plume.

ge'fie·dert *adj* 1. *zo.* feathered, feathery, plumed, plumaged, plumate, plumose; pennate, *auch* pennated (*scient.*). – 2. (*Pfeil*) feathered. – 3. *bot.* pinnate: doppelt ~ pinnulate(d), bipinnate; paarig ~ paripinnate; unpaarig ~ imparipinnate, odd-pinnate. – 4. *lit.* feathered, winged: ~e Sänger (*Singvögel*) feathered songsters.

Ge'fil·de [-'fɪldə] *n* ⟨-s; -⟩ *meist pl* 1. *poet.* fields *pl*, regions *pl*: die elysischen ~, die ~ der Seligen *myth. antiq.* the Elysian Fields, *auch* the elysian fields, Elysium *sg.* – 2. *lit.* (*Gegend*) district, zone, area: wir nähern uns wieder heimatlichen ~n we are reaching home grounds again. – 3. *fig. meist iron.* realm, domain, sphere: er schwebt in höheren ~n he is lost in his realm of thoughts.

ge'fin·gert I *pp.* – II *adj bot.* (*Blatt*) fingerparted, digitate, *auch* digitated: handförmig ~ palmate, *auch* palmated.

Ge'firm·te *m, f* ⟨-n; -n⟩ *relig.* confirmed person.

ge'fir·nißt I *pp.* – II *adj* varnished.

ge'flacht *adj bot.* applanate.

Ge'flacker (*getr.* -k·k-) *n* ⟨-s; *no pl*⟩ flickering.

ge'flammt I *pp.* – II *adj* 1. (*textile*) moiré, moire, tabby, brindled: ~er Taft tabby; ~e Seide watered silk; ~e Muster tabby (*od.* wavy) patterns. – 2. (*Marmor, Holz etc*) mottled, spotted, grained. – 3. *bes. zo.* flammulated.

Ge'flat·ter *n* ⟨-s; *no pl*⟩ flutter(ing).

Ge'flecht *n* ⟨-(e)s; -e⟩ 1. (*aus Garn, Band, Draht, Bast etc*) network, netting. – 2. (*mattenartiges*) matting. – 3. (*aus Holz, Metall etc*) latticework, *Br.* lattice-work. – 4. (*Weidengeflecht*) wickerwork, *Br.* wicker-work. – 5. (*um Flaschen*) wicker covering. – 6. *med. zo.* a) (*von Nerven*) plexus, b) (*von Adern*) reticulum. – 7. *bot.* (*von Pilzhyphen*) hyphae *pl.* – 8. *fig.* (*von Straßen etc*) network, net.

ge'fleckt I *pp.* – II *adj* 1. (*Fell etc*) spotted. – 2. (*gesprenkelt*) speckled. – 3. (*Marmor, Bodenbelag etc*) mottled. – 4. *med.* (*Haut*) spotted, maculate (*scient.*). – 5. *bot.* maculate, painted. – 6. *geol.* mottled.

Ge'flen·ne *n* ⟨-s; *no pl*⟩ *colloq.* continual (*od.* silly) crying, blubbering.

Ge'flim·mer *n* ⟨-s; *no pl*⟩ 1. (*von Film etc*) flickering. – 2. (*der Sterne*) twinkling. – 3. (*von Schnee etc*) sparkling, scintillation (*lit.*). – 4. *cf.* Flimmern.

Ge'flis·sen·heit [-'flɪsənhaɪt] *f* ⟨-; *no pl*⟩ *rare for* Fleiß 1, 5, Beflissenheit.

ge'flis·sent·lich [-'flɪsəntlɪç] I *adj* ⟨*attrib*⟩ *rare* 1. intentional, deliberate, wilful, *bes. Am.* willful. – 2. *only in* zur ~en Beachtung (*od.* Kenntnisnahme) (*officialese*) please note. – II *adv* 3. intentionally, deliberately, purposely, on purpose: er vermeidet es ~, mit ihm zusammenzutreffen he deliberately avoids meeting him; j-n ~ übersehen to overlook s.o. purposely.

ge'floch·ten [-'flɔxtən] *pp of* flechten.

ge'flo·gen [-'floːgən] *pp of* fliegen.

ge'flo·hen [-'floːən] *pp of* fliehen.

ge'flos·sen [-'flɔsən] *pp of* fließen.

Ge'flu·che *n* ⟨-s; *no pl*⟩ *colloq.* (constant) swearing (*od.* cursing).

Ge'flü·gel *n* ⟨-s; *no pl*⟩ 1. fowl(s *pl*). – 2. *agr.* poultry (*collect.*): gemästetes ~ fattened poultry; ~ züchten to keep (*od.* breed, *Am. auch* raise) poultry; das ~ ist billiger geworden poultry has become cheaper. – 3. *gastr.* a) poultry, b) (*als Gang*) fowl: wünschen Sie Fisch oder ~? do you want fish or fowl? — **~ˌausˌstel·lung** *f* poultry show. — **~ˌcremeˌsup·pe** *f gastr.* creamed chicken soup. — **~ˌfarm** *f* poultry farm. — **~ˌhänd·ler** *m* poultry dealer, poulterer. — **~ˌhand·lung** *f* poultry (*od.* poulterer's) shop. — **~ˌkrank·heit** *f vet.* poultry disease. — **~ˌmarkt** *m* poultry market. — **~ˌmast** *f* fattening of poultry. — **~ˌpest** *f vet. cf.* Hühnerpest. — **~saˌlat** *m gastr.* 1. chicken salad. – 2. (*mit Truthahn*) turkey salad. — **~ˌsche·re** *f* poultry shears *pl.*

ge'flü·gelt I *pp.* – II *adj* 1. winged. – 2. *bot.* (*Same etc*) winged, alate, *auch* alated. – 3. *zo.* (*Insekt etc*) winged, wing-bearing; pinnate(d), aliferous, aligerous (*scient.*). – 4. *fig.* (*in Wendungen wie*) ~es Wort dictum, saw, saying; ~e Worte a) familiar (*od.* standard) quotations, b) (*bei Homer*) winged words. – 5. *myth.* winged, alate, *auch* alated: mit ~en Füßen (*Merkur*) aliped, wing-footed. – 6. *hunt.* winged, wingshot, shot in the wing.

Ge'flü·gel\|ˌzecke (*getr.* -k·k-) *f zo.* pigeon tick (*Argas reflexus*). — **~ˌzucht** *f* 1. poultry farming (*od.* breeding, *Am. auch* raising). – 2. *cf.* Geflügelfarm. — **~ˌzüch·ter** *m* poultry farmer (*od.* breeder, *Am. auch* raiser).

Ge'flun·ker *n* ⟨-s; *no pl*⟩ *colloq.* 1. story telling, *Br.* story-telling, fibbing, (*stärker*) lying. – 2. (*Geflunkertes*) fibs *pl*, (*stärker*) lies *pl.* – 3. (*Aufschneiden*) boasting, bragging. – 4. (*Aufschneiderei*) boastful (*od. colloq.* big) talk.

Ge'flü·ster *n* ⟨-s; *no pl*⟩ 1. whisper(ing), murmur(ing): das ~ der Bäume *fig. poet.* the whispering (*od.* rustling) of the trees. – 2. (*Geflüstertes*) whispers *pl.*

ge'foch·ten [-'fɔxtən] *pp of* fechten.

Ge'fol·ge *n* ⟨-s; *no pl*⟩ 1. *bes. hist.* (*eines Fürsten etc*) a) train, suite, retinue, entourage, b) (*Bedienstete*) attendants *pl*, retainers *pl.* – 2. (*Bedeckung*) escort. – 3. (*Trauergefolge*) cortege, *auch* cortège, mourners *pl.* – 4. im ~ *fig.* a) in the train (*od.* aftermath), b) in the wake, as a result (*od.* consequence): etwas hat etwas im ~ a) s.th. brings s.th. in its train, b) s.th. has s.th. as a result; der Streik hatte eine große Nahrungsmittelknappheit im ~ as a consequence of the strike there was (*od.* the strike led to) a severe food shortage.

Ge'folg·schaft *f* ⟨-; *no pl*⟩ 1. *hist.* (*eines Gefolgsherrn*) retainers *pl*, vassals *pl*, following, (body of) followers *pl*: verpflichtende ~ vassals *pl.* – 2. *bes. pol.* (*einer Partei etc*) (body of) adherents *pl* (*od.* followers *pl*, supporters *pl*), following. – 3. *fig.* (*Treue, Gehorsam*) allegiance, *auch* allegiancy, loyalty: j-m ~ leisten to show (*od.* give one's) allegiance to s.o.

Ge'folg·schaftsˌtreue *f hist.* allegiance, *auch* allegiancy, loyalty (*auch fig.*), fealty.

Ge'folgsˌmann *m* ⟨-(e)s; =er *u.* -leute⟩ 1. *hist.* a) retainer, vassal, b) follower: treuer ~ liegeman. – 2. *bes. pol.* adherent, follower, supporter, *auch* henchman.

Ge'fopp·te *m, f* ⟨-n; -n⟩ dupe.

Ge'fra·ge *n* ⟨-s; *no pl*⟩ *colloq.* (constant) questioning (*od.* asking), questions *pl.*

ge'fragt I *pp.* – II *adj* 1. in demand (*od.* request), sought after: Zivilcourage ist nicht sehr ~ civil courage is not much in demand. – 2. *econ.* a) in demand (*od.* request), b) (*verkäuflich*) marketable: Gold ist am meisten ~ gold is most in demand; Pelze sind in diesem Land nicht ~ furs are not marketable in that country.

ge'frä·ßig [-'frɛːsɪç] *adj* 1. *contempt.* (*Person*) greedy, gluttonous, voracious, wolfish, gourmand (*attrib*): er ist dick, dumm und ~ he is fat, stupid and greedy. – 2. (*Insekt, Raupe*) voracious, ravenous. — **Ge'frä·ßig·keit** *f* ⟨-; *no pl*⟩ 1. greed(iness), gluttony, voracity, wolfishness. – 2. voracity, voraciousness, ravenousness.

Ge'frei·te *m* ⟨-n; -n⟩ *mil.* 1. (*beim Heer*) *Br.* lance-corporal, *Am.* private first class. – 2. (*bei der Luftwaffe*) *Br.* aircraftman first class, *Am.* airman third class. – 3. (*bei der Marine*) *Br.* able seaman, *Am.* seaman apprentice.

ge'fres·sen *pp of* fressen.
Ge'frett *n* ⟨-s; *no pl*⟩ *Southern G. and Austrian colloq. for* Mühsal 1, 2, Plage 5.
ge'freut I *pp.* – **II** *adj Swiss dial. for* erfreulich 1, 2.
Ge'frier|ˌanˌla·ge *f tech.* refrigerating (*od.* freezing) plant. — **~ap·paˌrat** *m* freezing apparatus, freezer. — **g~bar** *adj* freezable, (*bes. Flüssigkeit*) congealable. — **~chir·urˌgie** *f med.* cryosurgery. — **g~chirˌurgisch** *adj* cryosurgical.
ge'frie·ren I *v/i* ⟨*irr, pp* gefroren, sein⟩ **1.** freeze: etwas ~ lassen (*od.* machen) to freeze s.th.; über Nacht war der Boden gefroren the ground had frozen during the night. – **2.** (*von Flüssigkeiten*) freeze, congeal: die Kälte ließ das Öl ~ the cold froze (*od.* congealed) the oil (*od.* made the oil congeal); das Wasser war gefroren the water had frozen (*od.* turned to ice). – **3.** *fig. lit.* (*in Wendungen wie*) j-m gefriert das Blut s.o.'s blood freezes (*od.* runs cold, turns to ice); der Schreck ließ ihm das Blut in den Adern ~ the fright made his blood freeze (*od.* froze the blood) in his veins; das Lächeln gefror auf seinen Lippen the smile froze on his lips. – **II G~** *n* ⟨-s⟩ **4.** *verbal noun.* – **5.** freeze. – **6.** congelation.
Ge'frier|ˌfach *n* (*eines Kühlschranks*) freezing (*od.* ice) compartment, freezer. — **g~ˌfest** *adj* cold-resistant, *auch* cold-resistant, nonfreezable *Br.* non-. — **~ˌfleisch** *n* frozen meat. — **g~geˌtrock·net I** *pp.* – **II** *adj* freeze-dried, lyophilized (*scient.*). — **~ˌgrün·dung** *f civ.eng.* freezing foundation. — **~ˌgut** *n* frozen goods *pl.* — **~maˌschi·ne** *f tech.* freezing machine, freezer, refrigerator. — **~ˌpunkt** *m phys.* a) freezing point, *Br.* freezing-point, b) (*bes. von Flüssigkeiten*) point of congelation: auf dem ~ at freezing point; unter [über] dem ~ below [above] freezing (*od.* the freezing point). — **~ˌraum** *m* refrigerating (*od.* refrigeration, freezing) room (*od.* chamber), freezer, chillroom. — **~ˌschutzˌmit·tel** *n* antifreeze (*Br.* anti-freeze) (agent *od.* mixture). — **~tem·pe·raˌtur** *f* freezing temperature. — **g~ˌtrock·nen** *v/t* ⟨*insep, pp* gefriergetrocknet, h⟩ freeze-dry. — **~ˌtru·he** *f cf.* Tiefkühltruhe. — **~verˌfah·ren** *n* freezing (process). — **~ˌwa·re** *f* frozen goods *pl.*
ge'fro·ren [-'froːrən] *pp of* frieren, gefrieren. — **Ge'fro·re·ne, Ge'fror·ne** *n* ⟨-n; *no pl*⟩ *Southern G. and Austrian for* Speiseeis.
Ge'fror·nis *f* ⟨-; *no pl*⟩ *geol.* (ewige) ~ permafrost.
Ge'fuch·tel *n* ⟨-s; *no pl*⟩ *colloq.* gesticulating: sein ~ regt mich auf the way he waves his hands about gets on my nerves.
Ge'fü·ge *n* ⟨-s; -⟩ **1.** (*eines Baus etc*) structure: ein ~ aus Balken a structure (made) of beams. – **2.** *metall.* (*eines Werkstoffes*) structure, texture. – **3.** (*mining*) (*Schicht*) layer(s *pl*), stratum, bed. – **4.** *fig.* (*soziales, syntaktisches etc*) framework, structure, construction, makeup, *Br.* make-up. – **5.** *fig.* (*System*) system, setup, *Br.* set-up (*colloq.*): das staatliche ~ einer Demokratie the political system of a democracy. – **6.** *fig.* (*Zusammensetzung*) composition.
ge'fü·ge *adj rare for* gefügig.
Ge'fü·ge|ˌkun·de *f* **1.** *geol. min.* structural petrology. – **2.** *phys.* science of structure. — **~un·terˌsu·chung** *f* investigation of structure (*od.* texture).
ge'fü·gig *adj* **1.** *fig.* (*Person*) (com)pliant, tractable, docile, malleable, (*stärker*) submissive: ein ~er Charakter a pliant (*od.* pliable) character; er ist ein ~es Werkzeug in ihren Händen he is a willing tool in their hands; j-n ~ machen to make s.o. obedient to one's will; sich (*dat*) j-n (*od.* j-n seinen Wünschen) ~ machen to bind s.o. to one's will. – **2.** (*Material*) pliable, supple, flexible. — **Ge'fü·gig·keit** *f* ⟨-; *no pl*⟩ **1.** *fig.* compliance, pliancy, tractability, docility, malleability, (*stärker*) submissiveness. – **2.** (*von Material*) pliability, suppleness, flexibility.
Ge'fühl *n* ⟨-(e)s; -e⟩ **1.** ⟨*only sg*⟩ (*Tastsinn*) (sense of *od.* sensation of) feeling (*od.* touch): er hatte kein ~ in den Füßen he had no feeling in his feet, his feet were numb. – **2.** ⟨*only sg*⟩ (*Art, wie sich etwas anfühlt*) feel, touch: dem ~ nach muß es Kunststoff sein judging by the feel it must be (made of) plastic. – **3.** (*Empfindung*) feeling, sentiment: ein erhebendes ~ an elevating feeling, a feeling of exaltation; in ~en schwelgen to indulge in fine sentiments, to sentimentalize; j-s ~e verletzen to hurt s.o.'s feelings; das ist das höchste der ~e! *colloq.* a) that's sheer heaven! that's paradise! b) that's the most I can (*od.* will) do! ein Mann mit ~ a man of feeling; sie erwiderte seine ~e nicht she did not return his feelings (*od.* affection). – **4.** (*sinnliche u. seelische Wahrnehmung*) feeling, (*bes. kurze*) sensation: dumpfes ~ dim (*od.* vague) feeling; unbehagliches ~ uneasy (*od.* sinking) feeling, sense of discomfort; ein ungutes ~ a misgiving; er hatte das komische ~, daß he had the strange sensation that; ~ der Reue feeling of regret; ~ der Sicherheit a) (*physisches*) feeling of safety, b) (*finanzielles etc*) feeling of security. – **5.** ⟨*only sg*⟩ (*Instinkt*) feeling, instinct: etwas im ~ haben a) to have a feeling for s.th., to know s.th. instinctively (*od.* intuitively), b) (*Zukünftiges*) to feel s.th. in one's bones; sein ~ täuscht ihn selten his instinct seldom deceives him (*od.* seldom lets him down); sie verläßt sich ganz auf ihr ~ she relies completely on her instinct (*od.* intuition). – **6.** ⟨*only sg*⟩ (*Gespür*) sense, feeling: ein ~ für etwas haben to have a sense of s.th., to have a feeling (*od.* intuitive understanding) for s.th.; ein ~ für Recht und Unrecht a sense of right and wrong; das muß man mit ~ machen that must be done with feeling, that takes a certain touch. – **7.** ⟨*only sg*⟩ (*Begabung*) flair: er hat ein besonderes ~ für Sprachen he has a special flair for languages. – **8.** ⟨*meist pl*⟩ (*Gemütsbewegung*) emotion, feeling, sentiment: im Überschwang der ~e carried away by one's feelings; widerstreitende ~e conflicting emotions; seine ~e beherrschen, Herr seiner ~e sein to control one's emotions; seinen ~en Ausdruck geben to express (*od.* give expression to) one's feelings; seinen ~en keinen Zwang antun (*od.* Luft machen) to give vent to one's emotions; er singt mit ~ he sings with feeling; sie ließ sich von ihren ~en hinreißen she lost control of her feelings (*od.* herself), her feelings got the better of her, she got carried away by emotion (*od.* her emotions); mit gemischten ~en with mixed feelings; seine ~e offen zur Schau tragen to show one's feelings openly, to wear one's heart on one's sleeve.
ge'fühl·los *adj* **1.** *bes. med.* a) (*gegen Schmerzen*) (gegen to) insensible, b) (*Gliedmaßen*) numb, insensible, dead, c) (*Zustand*) an(a)esthetic. – **2.** *fig.* (*unempfindlich*) (gegen to) insensible, insensitive. – **3.** *fig.* (*hart, herzlos*) hardhearted, *Br.* hard-hearted, heartless, callous, hardened, hard. – **4.** *fig.* (*grausam*) cruel. – **5.** *psych.* apathetic, indifferent. — **Ge'fühl·lo·sig·keit** *f* ⟨-; *no pl*⟩ **1.** *bes. med.* a) (gegen to) insensibility, b) (*eines Gliedes*) numbness, insensibility, deadness, c) (*Zustand*) an(a)esthesia. – **2.** *fig.* (gegen to) insensibility, insensitivity, insensitiveness, lack of feeling. – **3.** *fig.* hardheartedness, *Br.* hard-heartedness, heartlessness, callousness. – **4.** *fig.* cruelty. – **5.** *psych.* apathy, indifference.
Ge'fühls|ˌanˌwand·lung *f* (fit of) emotion. — **g~ˌarm** *adj* lacking in feeling (*od.* emotion). — **~ˌaufˌwal·lung** *f* (up)surge of feeling (*od.* emotion). — **~ˌausˌbruch** *m* **1.** outburst of feeling (*od.* emotion), (*stärker*) riot of emotion. – **2.** (*in Wut, Zorn*) blowup, *Br.* blow-up (*colloq.*). — **~ˌausˌdruck** *m* **1.** emotional expression. – **2.** expression of emotion. — **g~beˌtont** *adj* **1.** (*Person*) emotional. – **2.** (*Wort, Buch etc*) having emotional overtones. — **~du·seˌlei** *f colloq. contempt.* maudlin sentimentality, (sloppy) sentimentalism, mawkishness. — **g~ˌdu·se·lig, g~ˌdus·lig** *adj colloq. contempt.* sentimental, mawkish, maudlin, sloppy. — **~ˌkäl·te** *f psych.* frigidity. — **~ˌle·ben** *n* ⟨-s; *no pl*⟩ emotional (*od.* inmost) life, emotions *pl.* — **g~ˌmä·ßig I** *adj* **1.** emotional: ~e Reaktion emotional reaction, reaction based on emotion (*od.* feeling); aus ~en Gründen for emotional (*od.* sentimental) reasons. – **2.** instinctive, intuitive: ~es Handeln intuitive action. – **II** *adv* **3.** emotionally: ~ gesehen from an emotional standpoint. – **4.** instinctively, intuitively, by instinct, by intuition: etwas ~ tun to do s.th. intuitively. – **5.** according to one's feeling(s): ~ würde ich ihm fast recht geben according to my feeling(s) I would almost agree with him. — **~ˌmensch** *m* emotional person (*od.* character), emotionalist, (*stärker*) sentimentalist. — **~ˌnerv** *m med.* sensory nerve. — **~ˌre·gung** *f* emotion. — **~ˌsa·che** *f* matter of feeling (*od.* sentiment): das ist reine ~ that's purely a matter of feeling. — **g~ˌse·lig** *adj u. adv. cf.* sentimental. — **~ˌsinn** *m* ⟨-(e)s; *no pl*⟩ (sense of) touch (*od.* feeling). — **~ˌüberˌschwang** *m* flood of feelings (*od.* emotions): in ihrem ~ carried away by her feelings. — **~ˌwal·lung** *f cf.* Gefühlsaufwallung. — **~ˌwär·me** *f* warmth of feeling. — **~ˌwelt** *f* emotions *pl.* — **~ˌwert** *m* **1.** emotional value. – **2.** (*eines Gegenstands etc*) sentimental value. – **3.** (*eines Wortes, Begriffs*) emotive (*od.* affective) value.
ge'fühlˌvoll I *adj* **1.** (full of) feeling: ein ~er Mensch a man with feeling. – **2.** (*empfindsam*) sensitive. – **3.** (*zärtlich*) tender. – **4.** (*Äußerung, Dichtkunst etc*) emotional, full of feeling (*od.* emotion). – **5.** (*sentimental*) sentimental. – **II** *adv* **6.** emotionally, with emotion (*od.* sentimentality): er spielt zu ~ he plays with too much sentimentality.
ge'füllt I *pp of* füllen[1]. – **II** *adj* **1.** filled, replete: bis zum Rand ~ mit filled (*od.* full to the brim) with; mit Luft ~ (*Reifen etc*) inflated (with air), pneumatic. – **2.** (*voll*) full: ~er Geldbeutel full purse; prall ~er Geldbeutel bulging purse. – **3.** (*Schokolade, Torte etc*) with a filling: halbflüssig ~e Pralinen chocolates with soft centers (*Br.* centres). – **4.** *gastr.* (*Tomaten, Kalbsbrust etc*) stuffed. – **5.** *bot.* (*Blüte*) double. – **6.** *med.* (*Zahn*) filled, stopped. — **~ˌblü·tig** *adj bot.* double-flowered, with double flower; andropetalar, andropetalous (*scient.*).
ge'fun·den [-'fʊndən] *pp of* finden.
Ge'fun·kel *n* ⟨-s; *no pl*⟩ **1.** (*eines Diamanten etc*) glitter(ing), sparkling, sparkle, glisten(ing), scintillation. – **2.** (*von Sternen*) twinkling, twinkle.
ge'furcht I *pp.* – **II** *adj* **1.** (*Erde, Gesicht etc*) furrowed, furrowy: mit ~er Stirn with a furrowed (*od.* knitted) brow. – **2.** (*faltig*) wrinkled, wrinkly. – **3.** (*Weg*) rutted, rutty. – **4.** *bes. bot.* sulcate, *auch* sulcated. – **5.** *zo.* fossulate. – **6.** *med.* furrowed; striate, sulcate (*scient*).
ge'für·stet *hist.* **I** *pp.* – **II** *adj* **1.** (*Territorium*) awarded the status of a principality. – **2.** (*Person*) raised to the rank of a prince.
ge'füt·tert I *pp of* füttern[1] *u.* [2]. – **II** *adj* (*Briefumschlag, Handschuh etc*) lined.
ge'ga·belt I *pp.* – **II** *adj* **1.** (*Weg etc*) forked. – **2.** *bot. zo.* divaricate, dichotomous. – **3.** *med.* forked, branched, bifurcate(d).
Ge'gacker (*getr.* -k·k-) *n* ⟨-s; *no pl*⟩ **1.** cackling, cackle. – **2.** *fig. colloq.* cackling, cackle, chatter(ing).
ge'gan·gen [-'gaŋən] *pp of* gehen.
ge'ge·ben I *pp of* geben. – **II** *adj* **1.** given: eine ~e Größe *math.* a given quantity; eine ~e Temperatur *tech.* a given (*od.* stated) temperature; die ~en Tatsachen the given facts, the data; unter den ~en Umständen under the given (*od.* prevailing) conditions, things being as they are, as things (*od.* matters) stand; innerhalb einer ~en Frist within a given (*od.* specified) time. – **2.** (*erwiesen*) granted: er scheint das als ~ vorauszusetzen he seems to take that for granted (*od.* to assume that as a fact). – **3.** (*passend*) proper, best, obvious: zur ~en Zeit a) at the proper time, when (the) occasion arises, b) (*später*) at a later date, at some future time (*od.* date); er ist der ~e Mann he is the obvious man. – **4.** j-m ~ sein (*von Fähigkeit etc*) to be given to s.o., to be in s.o.'s nature: es war ihm nicht ~, sich zu verstellen it was not given to him to play a part, he did not have the gift of playing a part, it was not in his nature to dissemble. – **5.** *jur.* (*Vormund etc*) dative. – **III G~e, das** ⟨-n⟩ **6.** the given fact, the datum. – **7.** *math.* the given quantity. – **8.** (*Geschenk*) the present, the gift. – **9.** das unmittelbar G~e *philos.* the immediately given, the immediacy. – **10.** (*substantiviert*

mit Kleinschreibung) the very (*od.* best, obvious) thing (to do): das ist das ~e! that's the thing! das scheint das ~e zu sein this seems to suggest itself.

ge'ge·be·nen'falls *adv* **1.** if (the) occasion arises, if it so happens: ~ muß er fliehen if the occasion arises he will have to flee. – **2.** if the necessity arises, if necessary: ~ werden wir eingreifen we will take action if necessary. – **3.** possibly, if possible. – **4.** (*auf Formularen etc*) if applicable: ~ auch die anderen Namen angeben if applicable also give the other names.

Ge'ge·ben·heit *f* ⟨-; -en⟩ **1.** given fact, (given) factor, datum. – **2.** *meist pl* (*Verhältnisse*) condition, circumstance: die sozialen [örtlichen] ~en the social [local] conditions. – **3.** *meist pl* (*Tatsachen*) fact, reality, actuality: die ~en des Lebens the facts of life.

ge·gen ['geːgən] **I** *prep* ⟨*acc*⟩ **1.** (*in Richtung nach*) toward(s): ~ Osten toward(s) the east, eastward(s); die Zimmer liegen ~ die Straße (hin) the rooms face (toward[s]) the street; er wandte sich ~ sie a) he turned toward(s) her, b) *fig.* he turned against (*od.* on) her, he began to oppose her. – **2.** (*an*) against: er lehnte sich ~ die Mauer he leaned against the wall; er stieß mit dem Kopf ~ die Tür he bumped his head against the door; etwas ~ das Licht halten to hold s.th. up against (*od.* to) the light; sich ~ den Hintergrund abheben to stand out (*od.* to be set off) against the background. – **3.** (*zeitlich*) toward(s), at about: ~ Abend toward(s) evening; er kommt ~ zehn Uhr he'll come (at) about ten o'clock; sei ~ vier Uhr fertig try to be ready at about four o'clock. – **4.** *fig.* against: der Kampf ~ den Krebs the fight against cancer; ein Verstoß ~ das Gesetz an offence (*Am.* offense) against (*od.* a violation of) the law; sich ~ j-n auflehnen to oppose s.o., to rebel against s.o.; alle sind ~ mich everybody is against me; hast du etwas ~ mich? have you (got) anything against me? ~ etwas sein to be against (*od.* opposed to) s.th., to object to s.th.; das spricht ~ ihn that speaks against him; sich ~ etwas schützen to protect oneself against (*od.* from) s.th.; er versuchte, ~ den Lärm anzuschreien he tried to make himself heard above the noise; was liegt ~ ihn vor? what is the charge against him? ~ meine Überzeugung against my conviction; ~ alle Gefahren against all risks; → Strich 6, 9; Strom 2; Strömung 2; Wind 1. – **5.** *fig.* contrary to: ~ alle Erwartung contrary to all expectations; das geht ~ unsere Abmachung that is contrary to our agreement. – **6.** *fig.* (*gegenüber*) toward(s), to: taub ~ j-s Bitten deaf to s.o.'s requests; er zeigte sich sehr hilfsbereit ~ uns he was very helpful to us; einen Verdacht ~ j-n haben to be suspicious of s.o.; seine Pflicht ~ j-n one's duty to s.o. – **7.** *fig.* (*im Vergleich zu*) compared (*od.* in comparison) with (*od.* to): was ist er schon ~ dich what is he compared with you; das ist nichts ~ das, was wir gesehen haben that is nothing to (*od.* not a patch on) what we have seen; die Verhältnisse sind so anders ~ früher conditions are so different from (*od.* to) what they used to be; ich wette zehn ~ eins I'll bet you ten to one; eine Steigerung von 10% ~ 5% des Vorjahres an increase of 10% (as) against (*od.* compared with) 5% of the previous year. – **8.** *fig.* (*für*) for: ein Mittel ~ Kopfschmerzen a remedy for headaches; das ist gut ~ Erkältungen that is good for colds. – **9.** *bes. econ.* against, (in exchange) for, in return for: ~ Bezahlung [Dokumente] against payment [documents]; etwas ~ etwas umtauschen to exchange s.th. for s.th.; Mark ~ Pfund einwechseln to exchange marks for pounds; ~ Quittung against (*od.* in return for) a receipt; ~ Geld in return for money; Lieferung nur ~ bar delivery only for cash (*od.* on cash payment); → Barzahlung; Nachnahme 1. – **10.** *jur.* (*sport*) versus, v, vs: in Sachen A ~ B in the case A versus B; England spielt ~ Deutschland England plays (against) Germany. – **II** *adv* **11.** (*vor Zahlen*) about, some, nearly, approximately, roughly, *bes. Am.* around: sie ist ~ dreißig she is about thirty; es waren ~ 50 Personen da there were some 50 people there.

'Ge·gen|ˌabˌdruck, ~ˌabˌzug *m print.* counterproof. — **~ak·tiˌon** *f* **1.** *bes. mil. pol.* counteraction. – **2.** *cf.* Gegenmaßnahme. — **~ˌan·geˌbot** *n* counteroffer. — **~ˌanˌgriff** *m bes. mil.* counterattack, *Br.* counter-attack, countercharge: einen ~ gegen j-n machen (*od.* führen) to counter(-)attack s.o., to countercharge s.o.; zum ~ übergehen a) to start (*od.* launch) a counter(-)attack, b) *bes. fig.* to carry the war into the enemy's country (*od.* camp). — **~ˌanˌkla·ge** *f jur.* countercharge, counter-accusation, recrimination: eine ~ erheben to recriminate; eine ~ gegen j-n erheben to countercharge s.o. — **~ˌanˌschlag** *m* counterplot, countermine: einen ~ ausführen to counterplot, to countermine. — **~ˌanˌsicht** *f* opposite view, counterview. — **~ˌanˌspruch** *m econ. jur.* counterclaim, *Br.* counter-claim. — **~ˌanˌstren·gung** *f* counterwork. — **~ˌanˌtrag** *m* **1.** counterproposal. – **2.** *pol.* countermotion. — **~ˌantˌwort** *f* **1.** rejoinder, reply. – **2.** *jur.* replication, counterplea. — **~ˌanˌzei·ge** *f med.* (*in Therapie*) contraindication *Br.* contra-indication. — **~ar·guˌment** *n* counterargument: ~e vorbringen to state counterarguments. — **~ˌaufˌtrag** *m econ.* counterorder. — **~ˌaus·ˌsa·ge** *f bes. jur.* counterstatement. — **~beˌdin·gung** *f* counterstipulation: wir haben zur ~ gemacht, daß in return we have stipulated that, we have stipulated on our part that. — **~beˌfehl** *m mil.* counterorder, countermand: einen ~ geben to countermand an order. — **~ˌbeiˌspiel** *n* example demonstrating the opposite. — **~beˌmer·kung** *f* retort, rejoinder. — **~beˌschul·di·gung** *f cf.* Gegenanklage. — **~beˌstre·bung** *f meist pl* countereffort. — **~beˌsuch** *m* return visit (*od.* call): j-m einen ~ machen (*od.* abstatten) to return s.o.'s visit. — **~beˌwe·gung** *f* **1.** countermovement, countermotion, movement in the opposite direction. – **2.** *mus.* a) contrary motion, b) (*Krebs*) retrograde motion, retrogression, motion al rovescio, c) (*Umkehrung eines Themas etc*) inversion: in ~ (*Kanon etc*) by inversion. – **3.** *mil.* countermanoeuvre, *Br.* countermanœuvre. – **4.** (*beim Skifahren*) countermotion, countermovement. – **5.** *fig.* reaction(ary movement). — **~beˌweis** *m* **1.** *bes. jur.* proof (*od.* evidence) to the contrary, counterevidence, rebutting evidence: den ~ antreten (*od.* erbringen, liefern) to furnish proof to the contrary, to introduce rebutting evidence. – **2.** *philos.* (*Logik*) a) refutation, b) (*sophistischer*) elenchus. — **~ˌbild** *n* **1.** pendant, counterpart. – **2.** *bes. relig.* antitype, countertype. – **3.** *cf.* Gegenstück 1. — **~ˌbit·te** *f* counterrequest: ich habe eine ~ an Sie I'd like to ask you a favo(u)r in return. — **g~ˌblät·te·rig, g~ˌblätt·rig** *adj bot.* oppositifolious. — **~ˌbo·gen** *m civ.eng.* counterarch, inverted arch. — **~ˌbuch** *n econ.* **1.** checkbook, check register, tally. – **2.** (*im Bankwesen*) passbook, bankbook, *Br.* bank-book. — **~ˌbu·chung** *f econ.* cross (*od.* contra, counter) entry.

Ge·gend ['geːgənt] *f* ⟨-; -en⟩ **1.** area, region, district, part(s *pl*), (part of the) country, *Am. auch* section: eine schöne ~ a beautiful area (*od.* place, countryside); eine verrufene ~ a disreputable district (*od.* part of the town, quarter); er lebt in einer vornehmen ~ he lives in a fashionable part (of the town) (*od.* neighbo[u]rhood); in ländlichen ~en in rural districts, in the country; entlegene ~en out-of-the-way (*od.* remote) regions; hügelige ~ hilly country(side); es gibt nur noch wenige unbekannte ~en auf der Erde there are only a few unknown regions (*od.* spots) left on the earth; die Stadt liegt in einer schönen ~ the town is beautifully situated; er zog in eine andere ~ he moved to another area (*od.* part of the country); sie wohnen in unserer ~ they live out our way, they live in our part (*od.* end) of town; in dieser ~ findet man in these parts (*od.* hereabouts) you find. – **2.** (*Umgebung*) vicinity, neighborhood, *bes. Br.* neighbourhood, environs *pl*, surroundings *pl*: in der ~ von München in the vicinity of (*od.* near, not far from) Munich; in der ~ der Universität in the neighbo(u)rhood of the university, somewhere near (*od.* by) the university. – **3.** (*Richtung*) direction: aus allen ~en der Welt from all directions (*od.* quarters, corners) of the world. – **4.** (*Landschaft*) scenery, landscape. – **5.** *collect.* (*Nachbarschaft*) neighborhood, *bes. Br.* neighbourhood: die ganze ~ spricht davon it is the talk of the neighbo(u)rhood, it is in everybody's mouth. – **6.** in der ~ um *fig. colloq.* (*Zeit*) around, *bes. Br.* round: in der ~ um Weihnachten around Christmas. – **7.** *med.* (*Körperstelle*) region, area: in der ~ des Herzens [Unterleibs] in the region of the heart [abdomen], in the cardiac [abdominal] region.

'Ge·gen|ˌdampf *m tech.* countersteam, reverse(d) steam, back pressure: ~ geben to reverse steam. — **~de·mon·stra·tiˌon** *f* counterdemonstration, *Br.* counter-demonstration. — **~ˌdienst** *m* reciprocal service, service in return: als ~ in return; j-m einen ~ erweisen to do (*od.* render) s.o. a service in return, to return a person's favo(u)r (*od.* service), to do s.th. for s.o. in return; zu ~en gern bereit (always) glad to reciprocate (*od.* to serve you in return). — **~ˌdreh·moˌment** *n phys.* antitorque (*od.* antitwisting) moment, torque. — **~ˌdre·hung** *f* counterrotation. — **~ˌdrei·er** *m* (*sport*) (*beim Eiskunstlauf etc*) bracket.

'Ge·genˌdruck[1] *m* ⟨-(e)s; =e⟩ **1.** counterpressure, back pressure: Druck erzeugt ~ pressure creates counterpressure. – **2.** *bes. tech.* (*einer Dampfmaschine*) back pressure. – **3.** ⟨*only sg*⟩ *fig.* reaction, resistance: Druck und ~ action and reaction.

'Ge·genˌdruck[2] *m* ⟨-(e)s; -e⟩ *print.* counterproof.

'Ge·genˌdruck·turˌbi·ne *f tech.* back-pressure turbine.

ˌge·genˌein'an·der *adv* **1.** against each other (*od.* one another): ~ kämpfen to fight against each other; sie haben etwas ~ *colloq.* they have s.th. against each other. – **2.** (*zueinander*) to (*od.* toward[s]) each other (*od.* one another): freundlich ~ sein to be friendly toward(s) each other. – **3.** (*gegenseitig*) mutually, reciprocally. — **~ˌhal·ten** *v/t* ⟨*irr, sep,* -ge-, h⟩ compare, put (*things*) side by side, set (*things*) against one another. — **~ˌpral·len** *v/i* ⟨*sep,* -ge-, sein⟩ *cf.* gegeneinanderstoßen II. — **~ˌste·hen** *v/i* ⟨*irr, sep,* -ge-, h *u.* sein⟩ **1.** (*von Gegnern*) be (*od.* stand) on opposite sides. – **2.** *fig.* (*von Aussagen etc*) contradict each other (*od.* one another). — **~ˌsto·ßen I** *v/t* ⟨*irr, sep,* -ge-, h⟩ bump together. – **II** *v/i* ⟨*sein*⟩ (*von Auto, Personen etc*) collide, run (*od.* bump) into each other (*od.* one another).

'Ge·gen|ˌeinˌspruch *m jur.* counterplea. — **~elekˌtro·de** *f electr.* counterelectrode, *Br.* counter-electrode. — **~entˌwurf** *m* **1.** counterproject, *Br.* counter-project. – **2.** *bes. pol.* alternative draft. — **~erˌklä·rung** *f* **1.** counterstatement, counterdeclaration, *Br.* counter-declaration. – **2.** (*Ableugnung*) denial, disclaimer. — **~ˌfahrˌbahn** *f* opposite (*od.* oncoming, approaching) lane. — **~ˌfar·be** *f* complementary color (*bes. Br.* colour). — **~ˌfe·der** *f tech.* counter spring, *Br.* counter-spring. — **~ˌfeu·er** *n* (*bei Waldbränden*) *Am.* backfire, *Br.* counter-fire. — **~ˌfor·de·rung** *f econ. jur.* a) (*Gegenanspruch*) counterclaim, *Br.* counter-claim, cross claim, b) (*Ausgleich*) setoff, *Br.* set-off: als ~ per contra; etwas als ~ verlangen to counter(-)claim for s.th. — **~ˌfra·ge** *f* counterquestion, *Br.* counter-question: eine ~ stellen to ask a counter(-)question; auf eine Frage mit einer ~ antworten to answer a question by asking another question. — **~ˌfu·ge** *f mus.* counterfugue, *Br.* counter-fugue. — **~ˌfüh·rung** *f tech.* counterstay, *Br.* counter-stay, countersupport, *Br.* counter-support. — **~ˌfüß·ler** [-ˌfyːslər] *m* ⟨-s; -⟩ *cf.* Antipode 1. — **~ˌga·be** *f* return present, present given (*od.* made) in return (for another). — **~geˌra·de** *f* (*sport*) back straight, *bes. Am.* backstretch. — **~geˌsang** *m relig.* antiphon(y). — **~geˌschäft** *n econ.* contra transaction, return business. — **~geˌschenk** *n cf.* Gegengabe. — **~geˌwicht** *n* (gegen, zu to) **1.** *bes. tech.* counterweight, balance weight, counterpoise. – **2.** *fig.* counterbalance, counterpoise: ein ~ bilden zu etwas, als ~ zu etwas dienen to serve as a counterweight to s.th., to counterbalance (*od.* counterpoise, equipoise) s.th.; als ~ zu seiner Strenge to counterbalance (*od.* offset, compensate for) his severity. — **~ˌgift** *n* (gegen) **1.** *med.* a) antidote (against, to, for), b) (*Antitoxin*)

antitoxin, c) (*Gift gegen Gift*) counterpoison. – **2.** *fig.* antidote (against, to, for), remedy (for). — ~ˌ**gleis** *n* (*railway*) opposite track (*od.* line). — ~ˌ**griff** *m* (*sport*) (*beim Ringen*) counterhold. — ~ˌ**grund** *m* counterargument, argument against (s.th.), reason to the contrary: **die Gründe und Gegengründe** the arguments and counterarguments, the arguments for and against it, the pros and cons. — ~ˌ**gruß** *m* **1.** greeting (*od.* bow) in return. – **2.** *mar.* return salute. — **g~ˌhal·ten I** *v/t* ⟨*irr, sep,* -ge-, h⟩ *Northern G. colloq.* hold (*s.th.*) against (s.th.): **du mußt beide Hände ~** you must support it with both your hands. – **II** *v/i* (*beim Nieten*) hold up (*od.* on). — ~ˌ**hal·ter** *m tech.* **1.** (*bei Werkzeugmaschinen*) a) (*einer Fräsmaschine*) overarm, b) (*einer Walzfräsmaschine*) counterstay, *Br.* counter-stay, steady, c) (*eines Fräserdorns*) outer bearing. – **2.** (*beim Nieten*) dolly, holder-on. — ~ˌ**hal·terˌstüt·ze** *f* overarm (*od.* outer) brace. — ~ˌ**hang** *m* counterslope. — ~**horˌmon** *n biol.* antihormone. — ~**in·duk·tiˌon** *f electr.* mutual induction. — ~**in·duk·ti·viˌtät** *f* mutual inductance. — ~ˌ**kai·ser** *m hist.* antiemperor, rival emperor. — ~**kan·diˌdat** *m* **1.** opponent. – **2.** *pol.* opposition (*od.* rival) candidate: **ohne ~** unopposed; **Wahl ohne ~en** uncontested election. — ~ˌ**kla·ge** *f jur.* cross action, countercharge, countersuit: **~ erheben** *cf.* **gegenklagen.** — **g~ˌkla·gen** *v/i* ⟨*sep,* -ge-, h⟩ bring (*od.* file) cross action (*od.* complaint), file a cross petition. — ~ˌ**klä·ger** *m* bringer of a cross action (*od.* countercharge), counterpleader. — ~ˌ**kol·benˌmo·tor** *m auto.* opposed(-piston) engine. — ~**kom·pliˌment** *n* compliment in return: **j-m ein ~ machen** to return s.o.'s compliment. — ~ˌ**kö·nig** *m hist.* antiking, rival king. — ~ˌ**kop·pe·lung,** ~ˌ**kopp·lung** *f electr.* negative (*od.* inverse) feedback. — ~ˌ**kraft** *f* **1.** *bes. phys. tech.* a) counteracting (*od.* reacting, opposing) force, counterforce, b) (*gegen Auflagedruck*) counterpressure. – **2.** *fig.* counteracting (*od.* opposing) force, counterforce: **die Gegenkräfte gegen eine Regierung** the forces acting against (*od.* opposing) a government. — ~**kriˌtik** *f* countercriticism, *Br.* counter-criticism. — ~ˌ**kurs** *m* **1.** *aer. mar.* opposite course: **auf ~ gehen** to reverse one's course. – **2.** *fig.* opposite course.

ˈGe·genˌla·ger|ˌstän·der *m tech.* end support. — ~ˌ**stüt·ze** *f* outer bearing support.

ˈGe·genˌlauf *m tech.* **1.** reverse (*od.* opposed) motion. – **2.** (*bei Rundlauf*) contrarotation, rotation in opposite directions. — ~ˌ**frä·sen** *n* up-cut (*od.* out-cut, ordinary) milling. — ~ˌ**fräs·maˌschi·ne** *f* up-cut milling machine.

ˈge·genˌläu·fig *adj* **1.** *bes. tech.* moving (*od.* running) in opposite directions: **~e Kolben** opposed (*od.* opposite) pistons. – **2.** *aer.* (*Propeller*) contrarotating, counterrotating. – **3.** *fig.* (*Tendenz etc*) in an opposite direction: **das rief eine ~e Bewegung hervor** that started a countermovement. – **4.** *med.* (*Nervenströme etc*) antidromic, antidromal. – **5.** *bot.* a) (*Samenanlage*) anatropous, b) (*Blätter etc*) adverse; antidromal, antidromic (*scient.*).

ˈGe·gen|ˌleh·re *f tech.* mating ga(u)ge. — ~ˌ**lei·stung** *f* **1.** return (service), quid pro quo: **als ~ zahlen** to pay in return for s.th.; **er erwartet keine ~** he expects no service in return; **als ~ für** in return for. – **2.** *bes. jur. econ.* (valuable) consideration, value: **als ~** as counter(-)consideration; **ohne ~** without valuable consideration, gratuitous; **~ in Geld(eswert)** consideration in money, money consideration.

ˈGe·genˌlicht *n phot.* contre jour: **im ~** against the light; **etwas bei ~ aufnehmen** to take a photograph (*od.* shot) of s.th. against the light. — ~ˌ**aufˌnah·me** *f* against-the-light (*od.* into-the-sun) photograph (*od.* shot), exposure against the sun, contre-jour picture. — ~ˌ**blen·de** *f* lens hood.

ˈGe·gen|ˌlie·be *f* **1.** requited (*od.* mutual) love: **seine Liebe fand keine ~** his love was not requited (*od.* unrequited, not returned); **Liebe ohne Hoffnung auf ~** love without hope for love in return. – **2.** (*Zustimmung*) approval: **sein Vorschlag stieß** (*od.* **mit seinem Vorschlag stieß er**) **auf keine ~** his proposal met with no approval (*od.* was not accepted), his suggestion got no friendly response (*od.* found no acceptance). — ~**log·arith·mus** [-logaˌrɪtmʊs] *m math.* antilogarithm. — ~ˌ**macht** *f* opposing power, (*bes. feindliche*) enemy power. — ~ˌ**maßˌnah·me** *f* **1.** countermeasure, *Br.* counter-measure, counteraction: **~n treffen** (*od.* **ergreifen**) **gegen etwas** to take counter(-)measures (*od.* counteraction) against s.th., to counter(act) s.th., to set against s.th. – **2.** (*vorbeugende*) preventive measure. – **3.** *cf.* **Vergeltungsmaßnahme.** — ~ˌ**mi·ne** *f mil.* countermine. — ~ˌ**mit·tel** *n* (**gegen**) **1.** *med.* a) antidote (against, for, to), b) (*Heilmittel*) remedy (for), c) (*gegen Reizgifte*) counterirritant, *Br.* counter-irritant (against). – **2.** *fig.* remedy (for), cure (for). — ~ˌ**mus·kel** *m med.* antagonist (muscle). — ~ˌ**mut·ter** *f tech.* lock nut, *Br.* lock-nut, counternut, check nut, *Br.* check-nut, keeper. — ~**ofˌfenˌsi·ve** *f mil.* counteroffensive, *Br.* counter-offensive. — ~**ope·ra·tiˌon** *f bes. mil.* counteroperation, *Br.* counter-operation. — ~ˌ**or·der** *f econ. cf.* **Gegenauftrag.** — ~ˌ**papst** *m relig. hist.* antipope, rival pope. — ~ˌ**part** *m* **1.** *cf.* **Gegenspieler 1.** – **2.** *cf.* **Gegenstück 3.** – **3.** *mus.* counterpart. — ~**parˌtei** *f* **1.** other party. – **2.** *bes. jur.* a) opposing party, b) (*Gegenseite*) other side: **er hält es mit der ~** he colludes with the opposing party; **die ~ ergreifen** to take the other side. – **3.** *pol.* opposition, opposing party: **zur ~ übergehen** to go over to the opposition, *Br.* to cross the floor (of the house). – **4.** (*sport*) opposite side (*od.* team). — ~**pasˌsat** *m meteor.* antitrades, *Br.* anti-trades *pl.* — ~ˌ**pfahl** *m her.* counterpale. — ~ˌ**pha·se** *f electr.* inverse (*od.* reversed) phase: **in ~** in phase opposition. — **g~ˌpha·sig** [-ˌfaːzɪç] *adj* inversely (*od.* oppositely) phased. — ~ˌ**pha·sig·keit** *f* phase opposition. — ~ˌ**plan** *m* counterproject, *Br.* counter-project, counterplan, *Br.* counter-plan. — ~ˌ**pol** *m* **1.** *electr.* counterpole, opposite pole, antipole. – **2.** *fig.* (opposite) pole, counterpole. — ~ˌ**po·sten** *m econ.* **1.** contraentry, counter item. – **2.** (*Bilanzausgleichsposten*) setoff (*Br.* set-off) (*od.* offset) item. — ~ˌ**pro·be** *f* **1.** check (*od.* control) test, cross-check: **die ~ machen** *auch fig.* to make a control test, to cross-check, to countercheck. – **2.** (*bei Abstimmung etc*) counterverification, *Br.* counter-verification. — ~**pro·paˌgan·da** *f* counterpropaganda, *Br.* counter-propaganda. — ~ˌ**pun·zen** *m tech. print.* counterpunch, *Br.* counter-punch. — ~ˌ**quit·tung** *f econ.* counterreceipt, *Br.* counter-receipt. — ~ˌ**rech·nung** *f* **1.** *econ.* contra (account), offset, setoff, *Br.* set-off, check account, balancing: **etwas in ~ stellen** to set off (*od.* offset) s.th., to balance s.th., to settle s.th. per contra. – **2.** *bes. jur.* (*Gegenforderung*) a) counterclaim, *Br.* counter-claim, b) (*gegenseitige Aufrechnung*) compensation. — ~ˌ**re·de** *f* **1.** reply, rejoinder: **sie wechselten Rede und ~** they carried on a dialogue. – **2.** (*Widerrede*) contradiction, objection. – **3.** *jur.* (*Gegeneinspruch*) counterplea, counterdeclaration, *Br.* counter-declaration. — ~**re·for·ma·tiˌon, die** *hist.* the Counter-Reformation. — ~**reˌgie·rung** *f* **1.** countergovernment, *Br.* counter-government. – **2.** (*im Exil*) government in exile. — ~ˌ**reiz** *m med.* counterirritation, *Br.* counter-irritation. — ~ˌ**reizˌmit·tel** *n* counterirritant, *Br.* counter-irritant. — ~**re·vo·lu·tiˌon** *f* counterrevolution, *Br.* counter-revolution. — **g~re·vo·lu·tioˌnär** *adj* counterrevolutionary, *Br.* counter-revolutionary. — ~ˌ**rich·tung** *f* opposite direction: **der Verkehr aus der ~** the traffic coming from the opposite direction, the oncoming traffic. — ~**riˌpo·ste** *f* (*sport*) (*beim Fechten*) counterriposte, *Br.* counter-riposte. — ~ˌ**ru·der** *n aer.* opposed control surfaces *pl.* — ~ˌ**sal·do** *m econ.* counterbalance.

ˈGe·genˌsatz *m* **1.** contrast: **scharfer** (*od.* **starker**) **~** sharp contrast; **im ~ zu** a) in contrast with (*od.* to), as contrasted with, contrary to, unlike, b) (*im Widerspruch*) in opposition to, as opposed to; **im ~ hierzu** as opposed to this; **im ~ zu unseren Erwartungen** contrary to our expectations; **im ~ zu seinem Vorgänger arbeitet er hart** unlike his predecessor he works hard; **im ~ zu etwas** [**j-m**] **stehen** a) to be in contrast with (*od.* to) s.th. [s.o.], to contradict s.th. [s.o.], b) (*in Opposition*) to be in opposition to s.th. [s.o.]; **seine Worte bilden einen** (*od.* **stehen in einem**) **krassen ~ zu seinem Benehmen** his words form a sharp contrast (*od.* are the very antithesis) to his behavio(u)r, his words sharply contrast with (*od.* contradict, jar with) his behavio(u)r. – **2.** (*Gegenteil*) opposite: **arm und reich sind Gegensätze** poor and rich are opposites (*od.* antonyms, contrary terms); **hier berühren sich die Gegensätze** here the opposites (*od.* extremes) meet; **Gegensätze ziehen sich an** opposites attract one another. – **3.** *meist pl* (*der Meinungen, Interessen etc*) difference, (*stärker*) antagonism: **unüberbrückbare Gegensätze** irreconcilable antagonisms; **soziale Gegensätze** social differences; **die Gegensätze verschärfen sich** the differences are (*od.* friction is) increasing. – **4.** *cf.* **Widerspruch 3.** – **5.** *philos.* antithesis. – **6. ~ einer Fuge** *mus.* countersubject. – **7.** (*in der Logik*) *cf.* **Gegenteil 2.**

ˈge·genˌsätz·lich [-ˌzɛtslɪç] **I** *adj* **1.** opposite, contrary, antithetic(al): **eine ~e Meinung haben** to have opposite views; **~e Begriffe** contrary terms, antonyms. – **2.** (*entgegenwirkend*) opposing, antagonistic: **~e Kräfte** antagonistic forces; **~e Vorschriften** opposing (*od.* conflicting) regulations. – **3.** (*Eigenschaften etc*) opposed, contrasting, contrastive: **zwei sehr ~e Charaktere** two characters strongly opposed. – **4.** *philos.* antithetic(al). – **5.** (*in der Logik*) a) contrary, b) contradictory, c) complementary. – **II** *adv* **6.** contrarily, antithetically. – **7.** in opposition, antagonistically. — **ˈGe·genˌsätz·lich·keit** *f* ⟨-; -en⟩ **1.** opposite (*od.* contrary) nature, oppositeness, contrariety, contrariness. – **2.** antagonism.

ˈGe·gen|schatˌtie·rung *f zo.* (*bei Fischen etc*) countershading. — ~ˌ**schein** *m astr.* gegenschein, Gegenschein, *auch* counterglow. — ~ˌ**schlag** *m* **1.** counterblow, counterstroke, counter (*alle auch fig.*): **einen ~ tun** to counter; **zum ~ ausholen** to prepare (*od.* get ready) for a counterblow. – **2.** *fig.* (*Vergeltungsmaßnahme*) retaliation, riposte, *auch* repost. — ~ˌ**schrift** *f jur.* (**auf** *acc* to) answer, reply, rejoinder, replication. — ~ˌ**schuß** *m* (*film*) countershot. — ~ˌ**schwung** *m* (*beim Skifahren*) counter (*od.* opposite) swing. — ~ˌ**see** *f mar.* head sea.

ˈGe·genˌsei·te *f* **1.** opposite (*od.* other) side. – **2.** *cf.* **Gegenpartei 2.**

ˈge·genˌsei·tig I *adj* **1.** (*Hilfe, Einverständnis, Vertrauen, Vereinbarung etc*) mutual: **~e Abhängigkeit** mutual dependence, interdependence; **~e Wirtschaftshilfe** mutual economic assistance; **~e Verbindung** mutual connection (*Br. auch* connexion), interconnection, *Br. auch* interconnexion: **~e Beziehung** mutual relation, interrelation, correlation, reciprocity. – **2.** (*Verstehen, Zuneigung, Beeinflussung etc*) mutual, reciprocal: **~e Wirkung** reciprocal effect, interaction, interplay. – **3.** *jur.* (*Vertrag etc*) a) bilateral, b) (*gegenseitig bindend*) synallagmatic, sinalagmatic. – **II** *adv* **4.** mutually, reciprocally: **~ abhängig** mutually dependent, interdependent; **~ mitteilbar** mutually communicable, intercommunicable. – **5.** (*oft in Verbindung mit dem reziproken Pronomen* **sich**) each other, one another: **sich ~ loben** to praise each other (*od.* one another); **sich ~ beeinflussen** to influence each other, to have a mutual influence upon each other, to interact; **sich** (*dat*) **~ helfen** to help each other; **sich ~ zu etwas einladen** to invite (*od.* treat) each other to s.th.; **wir photographierten uns ~** we took photographs of each other. — **ˈGe·genˌsei·tig·keit** *f* ⟨-; -en⟩ **1.** mutuality, reciprocity: **das beruht** (**ganz**) **auf ~** *colloq.* that's mutual; **ihre Liebe beruht auf ~** their love is mutual (*od.* reciprocal). – **2.** *bes. econ.* mutuality, reciprocity: **Versicherung auf ~** mutual (*od.* reciprocal) insurance; **auf ~ gegründet** founded on mutual interest (*od.* on a basis of reciprocity); **Abkommen auf ~** (settlement by) mutual agreement. – **3. Vertrag auf ~** *jur.* a) bilateral agreement, b) (*gegenseitig bindend*) synallagmatic (*od.* sinalagmatic) agreement.

ˈGe·genˌsei·tig·keits|ˌabˌkom·men *n jur. econ.* mutual agreement. — ~**erˌklä·rung** *f* declaration of reciprocity. — ~**geˌschäft** *n econ.* barter transaction. — ~ˌ**klau·sel** *f jur. econ.* (*in Handelsverträgen etc*) reciprocity clause (*od.* stipulation). — ~**prinˌzip** *n* principle of reciprocity. — ~**verˌtrag** *m* **1.** (*zur* *gegenseitigen Hilfeleistung*) mutual assistance treaty. – **2.** (*zweiseitiges Abkommen*) bilateral treaty (*od.* agreement). – **3.** *cf.* Gegenseitigkeitsabkommen.

'Ge·gen|ˌsie·gel *n hist.* counterseal, *Br.* counter-seal. — **~ˌsiˌgnal** *n* reply (*od.* answer) signal, countersignal, *Br.* counter-signal. — **~ˌsinn** *m only in* im ~ in the opposite sense (*od.* direction). — **~ˌson·ne** *f meteor.* a) mock sun, parhelion (*scient.*), b) (*Haloerscheinung*) countersun, anthelion (*scient.*). — **~ˌspan·nung** *f electr.* counter (*od.* balancing) voltage, counter emf. — **~ˌspar·ren** *m her.* counterchevron. — **~ˌspie·ler** *m* **1.** opponent, opposite number, (*stärker*) antagonist. – **2.** (*sport*) opponent, (*bei Mannschaftsspielen*) *auch* opposite number. – **3.** (*theater*) antagonist. — **~spioˌna·ge** *f mil.* counterespionage, *Br.* counter-espionage, counterintelligence, *Br.* counter-intelligence.

'Ge·genˌsprech|ˌanˌla·ge *f tel.* duplex telephone system, intercom(munication) system. — **~beˌtrieb** *m* duplex working (*od.* operation).

'Ge·genˌspre·chen *n tel.* duplexing, duplex telephony, two-way (*od.* duplex) operation.

'Ge·genˌsprech|te·le·phoˌnie *f tel.* duplex telephony. — **~verˌkehr** *m* duplex telephony (*od.* communication, operation).

'Ge·genˌstand *m* **1.** object, thing: **ein runder** ~ a round object, something round; **er wurde mit einem stumpfen** ~ **erschlagen** he was killed with a blunt object (*od.* instrument); **verschiedene Gegenstände** various things, odds and ends, sundries. – **2.** *bes. econ.* (*Artikel*) article, item: **die zum täglichen Leben nötigen Gegenstände** the articles necessary for everyday life, the necessities of life. – **3.** *fig.* (*des Denkens, Fühlens etc*) object: ~ **ihres Mitleids** object of her pity; **er wurde zum** ~ **allgemeinen Gelächters** he became the laughingstock (*Br.* laughing-stock) (*od.* butt) of everyone; ~ **des Spottes** object (*od.* target) of mockery (*od.* ridicule); **sie war der** ~ **allgemeiner Bewunderung** she was the object of general admiration, she was admired by everyone. – **4.** *fig.* (*eines Buches, eines Artikels, einer Rede etc*) subject, topic: **der** ~ **unserer Unterhaltung** the topic of our conversation; **er wurde zum** ~ **einer erregten Diskussion** he became the subject of a heated discussion; **sein Bericht hatte ein wichtiges Problem zum** ~ his report had an important problem as its subject, his report dealt (*od.* was concerned) with an important problem; **vom** ~ **abkommen** to wander from the subject (*od.* point). – **5.** *fig.* (*eines Gemäldes, Musikstücks etc*) theme, motif, subject. – **6.** *fig.* (*Inhalt, im Gegensatz zur Form*) subject matter, *Br.* subject-matter. – **7.** *fig.* (*Angelegenheit*) matter, affair. – **8.** *jur.* (*eines Rechtsstreits*) cause: **etwas zum** ~ **eines Prozesses machen** to make s.th. the subject of a lawsuit, to litigate s.th. – **9.** *philos.* object: **wahrgenommener** ~ object of appearance, percept. – **10.** *Austrian ped. cf.* Fach 8.

'ge·genˌstän·dig *adj bot.* (*Blätter*) opposite: **mit ~en Blättern** adversifoliate, adversifolious, oppositifolious.

'ge·genˌständ·lich [-ˌʃtɛntlɪç] **I** *adj* **1.** *philos.* a) (*Denken, Einstellung etc*) objective, b) concrete, c) (*philos. Richtung*) realistic. – **2.** *ling.* (*Substantiv etc*) concrete. – **3.** (*art*) representational, objective. – **4.** (*anschaulich*) graphic, *auch* graphical. – **II** *adv* **5.** *philos.* objectively: ~ **denken** to think objectively. – **6.** graphically. — **'Ge·gen·ˌständ·lich·keit** *f* ⟨-; *no pl*⟩ **1.** *philos.* a) objectivity, b) concreteness, c) realism. – **2.** *ling.* concreteness. – **3.** (*art*) representative art, objective realism.

'ge·genˌstands·los *adj* **1.** ⟨*meist pred*⟩ (*nicht stichhaltig, hinfällig*) invalid: **die Regelungen sind** ~ **geworden** the regulations are no longer valid (*od.* have lost their validity). – **2.** (*unbegründet*) unfounded, groundless, baseless: **~e Befürchtungen** groundless fears. – **3.** ⟨*meist pred*⟩ (*unnötig, überflüssig*) unnecessary, superfluous: **damit ist Ihre Frage** ~ **geworden** this settles (*od.* disposes of, takes care of) your question. – **4.** (*sinnlos*) meaningless, pointless. – **5.** (*art*) nonrepresentational *Br.* non-, nonobjective *Br.* non-, nonfigurative *Br.* non-, abstract. — **'Ge·genˌstands·lo·sig·keit** *f* ⟨-; *no pl*⟩ **1.** invalidness. – **2.** (*einer Befürchtung etc*) unfoundedness, groundlessness, baselessness. – **3.** (*einer Frage etc*) unnecessariness, superfluousness. – **4.** (*Sinnlosigkeit*) meaninglessness, pointlessness. – **5.** (*art*) nonrepresentationalism *Br.* non-, nonobjectivity *Br.* non-, abstractness.

'Ge·genˌstandsˌwort *n* ⟨-(e)s; ⸚er⟩ *ling.* concrete noun.

'ge·gen|ˌsteu·ern *v/i* ⟨*sep*, -ge-, h⟩ **1.** *aer.* use opposite controls. – **2.** *auto.* apply opposite lock. — **G~ˌstim·me** *f* **1.** *mus.* counterpart. – **2.** *fig.* opposing opinion. – **3.** *pol.* dissenting (*od.* adverse) vote, dissentient (vote): **mit vier ~n** with four dissenting votes (*od.* dissentients), with four votes against; **ohne** ~ with no dissenting vote (*od.* dissentient), nem(ine) con(tradicente), unanimously. — **G~ˌstoß** *m* **1.** counterthrust, *Br.* counter-thrust. – **2.** *mil.* counterthrust, *Br.* counter-thrust, counterattack, *Br.* counter-attack: **einen** ~ **führen** to make a counter(-)thrust. — **G~ˌstrah·lung** *f meteor.* atmospheric (back) radiation.

'Ge·genˌstrom *m* **1.** *tech.* countercurrent, *Br.* counter-current, counterflow, *Br.* counter-flow. – **2.** *electr.* countercurrent, *Br.* counter-current. — **~ˌbrennˌkam·mer** *f aer.* reverse-flow combustion chamber. — **~prinˌzip** *n chem.* countercurrent (*Br.* counter-current) principle.

'Ge·genˌströ·mung *f* **1.** *cf.* Gegenstrom 1. – **2.** *mar.* a) backset, underset, countercurrent, *Br.* counter-current, *Am. auch* setback, b) eddy. – **3.** *fig.* countercurrent, *Br.* counter-current, crosscurrent: **geheime ~en** undercurrents. – **4.** *cf.* Gegenbewegung 1.

'Ge·genˌstrom|verˌfah·ren *n chem.* countercurrent (*Br.* counter-current) process. — **~verˌga·ser** *m tech.* cross-draft carburetor, *bes. Br.* cross-draught carburettor (*od.* carburetter). — **~verˌtei·lung** *f chem.* countercurrent (*Br.* counter-current) distribution (*od.* extraction).

'Ge·gen|ˌstro·phe *f metr.* antistrophe. — **~ˌstück** *n* (zu) **1.** counterpart (of, to): **das exakte** ~ **dazu** the exact counterpart (*od.* equivalent) of that. – **2.** (*Teil eines Paares*) partner (of), fellow (to), mate (to), twin (of), tally (of): **er sucht ein** ~ **zu dieser Vase** he is looking for a twin of (*od.* mate to) this vase. – **3.** (*zu einem künstlerischen Werk*) pendant (to), companion piece (to), counterpart (of, to), match (to), fellow (to). – **4.** *tech.* counterpart (of, to), mating (*od.* companion) part (of, to), replica (of). – **5.** *cf.* Gegenteil 1.

'Ge·genˌtakt|ˌgleichˌrich·ter *m electr.* push-pull (*od.* full-wave) rectifier. — **~ˌröh·re** *f* push-pull tube (*bes. Br.* valve). — **~ˌschal·tung** *f* push-pull circuit. — **~ˌstu·fe** *f* push-pull stage. — **~verˌstär·ker** *m* push-pull amplifier. — **~verˌstär·kung** *f* push-pull system of amplification.

'Ge·genˌteil *n* **1.** (the) opposite, (the) contrary, (the) reverse: **heiß ist das** ~ **von kalt** hot is the opposite of cold; **ganz im** ~! far from it! **genau das** ~ just the opposite, quite the reverse; **das** ~ **von dem, was wir erwartet haben** the reverse of what we expected; **er behauptet das** ~ he maintains the contrary; **im** ~! on the contrary! **sind Sie gesund? ganz im** ~! are you keeping well? quite the reverse! **sein Glück schlug ins** ~ **um** his luck changed (to the reverse); **das** ~ **tun** to do the very opposite; **etwas ins** ~ **verkehren** to reverse s.th., to make s.th. mean the opposite. – **2.** *philos.* a) contrary, b) (*Verneinung eines Satzes*) contradictory.

'ge·genˌtei·lig I *adj* (*Auskunft, Ansicht, Wirkung etc*) (to the) contrary, opposite: **~e Befehle** orders to the contrary, countermands; **~er Meinung sein** to be of the contrary opinion. – **II G~e, das** ⟨-n⟩ the contrary, the opposite: **falls nichts G~es bestimmt wird** if nothing is ordered to the contrary.

ˌge·gen'über I *prep* ⟨*dat*⟩ **1.** (*räumlich*) opposite, facing, vis-à-vis, *bes. Am.* across from: ~ **der Post, der Post** ~ opposite the post office; **er saß mir** ~ he was sitting opposite me; ~ **von Hamburg** opposite (*od.* across the river from) Hamburg; **sie standen einander** ~ they stood facing each other; **plötzlich stand er mir** ~ all of a sudden he stood opposite (*od.* face to face with, in front of) me. – **2.** *fig.* (*gegen*) to, toward(s): **unsere Pflicht der Heimat** ~ our duty toward(s) our country; **j-m** ~ **Nachsicht üben** to be lenient to (*od.* with) s.o.; **er war mir** ~ **sehr höflich** he was very polite to me. – **3.** *fig.* (*im Vergleich zu*) (as) compared with (*od.* to), as against, in comparison with: ~ **der Produktion im vorigen Jahr** as compared with last year's production; ~ **deinem Freund bist du geradezu reich** you are almost rich compared with your friend. – **4.** *fig.* (*angesichts*) in (the) face (*od.* in view) of. – **5.** *print.* facing: **Plazierung** ~ **Text** facing text position. – **II** *adv* **6.** opposite, across the way (*od.* road), vis-à-vis: **mein Nachbar** ~ my neighbo(u)r opposite; **sie wohnen** ~ they live across the way; **die Leute** ~ (*od. colloq.* **von** ~) a) the people (living) opposite (*od.* across the street), b) (*im selben Haus*) the people (living) opposite (*od.* across the hall); **die Reisenden** ~ the passengers in the seats opposite; ~ **befindet sich ein Park** there is a park on the opposite side.

ˌGe·gen'über *n* ⟨-s; -⟩ **1.** person opposite, vis-à-vis: **mein** ~ **am Tisch** the person opposite me (*od.* my vis-à-vis) at the table. – **2.** house opposite (*od.* across the way): **wir haben kein** ~ there is no house across the road.

ˌge·gen'über|geˌstellt I *pp.* – **II** *adj only in* **sich einer Sache** ~ **sehen** to be (*od.* find oneself) confronted (*od.* faced) with s.th. — **~ˌlie·gen** *v/i* ⟨*irr*, *sep*, -ge-, h *u.* sein⟩ **1. j-m [einer Sache]** ~ to face (*od.* to be facing, to lie opposite) s.o. [s.th.]: **sich** (*dat*) (*od.* **einander**) ~ to face (*od.* to be facing, to lie opposite) each other. – **2. einem Winkel** ~ *math.* to subtend an angle. — **~ˌlie·gend I** *pres p.* – **II** *adj* **1.** opposite: **auf der ~en Seite** on the opposite side; **die der Seite 100 ~e Abbildung** the illustration opposite (*od.* facing) page 100; **das ~e Haus** the house opposite (*od.* across the road). – **2.** *math.* (*Winkel*) opposite. — **~ˌse·hen** *v/reflex* ⟨*irr*, *sep*, -ge-, h⟩ **sich j-m [einer Sache]** ~ to find oneself faced (*od.* confronted) with (*od.* to be faced with) s.o. [s.th.]. — **~ˌset·zen I** *v/t* ⟨*sep*, -ge-, h⟩ **j-n [etwas] j-m [einer Sache]** ~ to put s.o. [s.th.] opposite (*od.* facing, vis-à-vis) s.o. [s.th.]. – **II** *v/reflex* **sich j-m [einer Sache]** ~ to sit down opposite (*od.* facing, vis-à-vis) s.o. [s.th.]. — **~ˌsit·zen** *v/i* ⟨*irr*, *sep*, -ge-, h *u.* sein⟩ **j-m** ~ to sit opposite (*od.* facing, vis-à-vis) s.o.: **sie saßen sich** (*dat*) (*od.* **einander**) **gegenüber** they were sitting opposite each other (*od.* one another). — **~ˌste·hen** *v/i* ⟨*irr*, *sep*, -ge-, h *u.* sein⟩ **1. j-m** ~ a) to face s.o., to be facing s.o., to stand opposite s.o., b) *fig.* to confront s.o.: **sich** (*dat*) (*od.* **einander**) ~ a) to face (*od.* be facing, stand opposite) each other, b) *fig.* to confront each other; **sie standen sich feindlich gegenüber** *fig.* they were opposed to (*od.* at enmity with) each other. – **2. einer Sache** ~ a) to be faced with s.th., to face s.th., to be in front of s.th., b) *fig.* (*mit etwas zu tun haben*) to be faced (*od.* to be confronted, to find oneself confronted) with s.th., to face (up to) s.th., c) *fig.* (*betrachten*) to look upon (*od.* at) s.th., to regard s.th.: **Schwierigkeiten** ~ to be confronted with (*od.* to be up against) difficulties; **j-s Vorhaben wohlwollend** ~ to look upon s.o.'s aims favo(u)rably (*od.* with favo[u]r), to take a favo(u)rable view of s.o.'s aims; **einem Plan skeptisch** ~ to view a plan with scepticism, to disapprove of (*od.* frown upon) a plan; **zwei Meinungen, die sich** (*od.* **einander**) ~ two opinions which are opposed to one another, two conflicting opinions. — **~ˌstel·len I** *v/t* ⟨*sep*, -ge-, h⟩ **1. j-n j-m** ~ a) to put s.o. opposite s.o., b) *fig.* (*konfrontieren*) to confront s.o. (*od.* bring s.o. face to face) with s.o. – **2. etwas einer Sache** ~ a) to put s.th. opposite s.th., b) *fig.* to oppose s.th. to s.th., to set (*od.* put) s.th. against s.th., c) *fig.* (*vergleichend*) to compare (*od.* contrast) s.th. with s.th. – **II** *v/reflex* **3. sich j-m [einer Sache] (feindlich)** ~ to oppose s.o. [s.th.]. – **III G~** *n* ⟨-s⟩ **4.** *verbal noun.* — **G~ˌstel·lung** *f* **1.** *cf.* Gegenüberstellen. – **2.** opposition. – **3.** (*vergleichende*) comparison. – **4.** *bes. jur.* confrontation. — **~ˌtre·ten** *v/i* ⟨*irr*, *sep*, -ge-, sein⟩ **j-m** ~ a) to step in front of s.o., b) *fig.* to face (*od.* confront) s.o.: **j-m [einer Sache] feindlich** ~ *fig.* to oppose s.o. [s.th.], to take a hostile stand toward(s) s.o. [s.th.]; **einer Schwierigkeit**

mutig ~ *fig.* to face (up to) (*od.* stand up to) a difficulty courageously.

'Ge·gen|ˌufer *n* opposite bank. — **~ˌun·ter-ˌschrift** *f* countersignature. — **~verˌkehr** *m* **1.** oncoming traffic: **es herrschte starker** ~ there was a lot of oncoming traffic, the oncoming traffic was very heavy. – **2.** (*Verkehrsschild*) two-way traffic. — **~verˌpflich·tung** *f* counterobligation, *Br.* counter-obligation. — **~verˌsi·che·rung** *f* **1.** assurance to the contrary. – **2.** *jur.* a) reciprocal insurance (*od.* assurance), b) counterinsurance, *Br.* counter-insurance, reinsurance. — **~verˌsuch** *m* **1.** control (*od.* check) test. – **2.** *chem.* check determination. — **~ˌvor-ˌmund** *m jur.* co-guardian. — **~ˌvorˌschlag** *m* counterproposal, *Br.* counter-proposal, alternative proposal. — **~ˌwaf·fe** *f* counterweapon, *Br.* counter-weapon.

'Ge·genˌwart *f* ⟨-; *no pl*⟩ **1.** (the) present, (the) present time: **die Schriftsteller der** ~ the writers of today (*od.* the present day), the present-day (*od.* contemporary) writers. – **2.** (*Anwesenheit*) presence: **er sagte es in meiner** ~ he said it in my presence (*od.* when I was there); **er tat es in ihrer** ~ he did it in her presence (*od.* before her [very] eyes); **deine** ~ **ist unerwünscht** your presence is (*od.* you are) not wanted; **wirkliche** ~ *relig.* (*beim Abendmahl*) Real Presence. – **3.** *fig. lit.* (*Umgebung*) surroundings *pl*, environment. – **4.** *ling.* present (tense). – **5.** **unmittelbare** ~ *philos.* immediacy.

'ge·genˌwär·tig [-ˌvɛrtɪç] **I** *adj* **1.** ⟨*attrib*⟩ (*jetzig*) present: **der ~e Augenblick** the present moment; **die ~e Lage** the present situation, the situation at present; **der ~e Stand der Dinge** a) the present (*od.* actual, existing) state of affairs, b) *bes. pol.* the status quo (*auch* in quo); **unter den ~en Umständen** in (*od.* under) the (present *od.* prevailing) circumstances, as things (*od.* matters) stand (at present); **im ~en Zustand** as it is. – **2.** ⟨*attrib*⟩ (*Monat etc*) present, current. – **3.** ⟨*pred*⟩ (*erinnerlich*) present to one's mind: **seine Antwort ist mir** (*od.* **habe ich**) **nicht mehr** ~ I don't remember (*od.* recall) his reply, his reply has slipped my mind (*od.* escaped my memory). – **4.** ⟨*pred*⟩ *rare for* **anwesend**. – **5.** ⟨*attrib*⟩ (*heutig*) present(-day): **die ~en Probleme** the present-day problems, the problems of our time (*od.* the present day), today's problems. – **6.** ⟨*attrib*⟩ *econ.* (*Preise etc*) ruling, current, actual. – **II** *adv* **7.** at present, at the present time, at the (present) moment, *Am.* presently. – **8.** (*heutzutage*) today, nowaday(s), in our time, (in) these days. – **II G~e, das** ⟨-n⟩ **9.** *cf.* Gegenwart 1. – **10.** **G~es** *bes. jur.* these presents: **durch G~es** a) by this letter, hereby, herewith, b) (*hiermit*) by these presents.

'Ge·genˌwär·ti·ge *m, f* ⟨-n; -n⟩ *bes. jur.* present person: **die hier ~n** those present.

'ge·genˌwarts|beˌzo·gen *adj* related (*od.* close) to the present. — **~ˌfern** *adj* remote. — **G~ˌform** *f ling.* present (tense form). — **~ˌfremd** *adj* a) (*Denken etc*) unrealistic, b) (*Person etc*) out of touch with the present. — **G~ˌkun·de** *f* ⟨-; *no pl*⟩ *ped.* (study of) current affairs *pl.* — **~ˌnah, ~ˌna·he** *adj* **1.** (*gegenwartsbezogen*) related (*od.* close) to the present, close to present (*od.* contemporary) affairs (*od.* ideas). – **2.** (*aktuell*) topical, of current interest. — **G~ˌnä·he** *f* **1.** closeness to (*od.* accordance with) contemporary ideas. – **2.** topical quality (*od.* interest). — **G~proˌblem** *n* present-day (*od.* modern, contemporary) problem, problem of our times. — **G~ˌspra·che** *f* present-day (*od.* modern) language (*od.* speech).

'Ge·gen|ˌwehr *f Br.* defence, *Am.* defense, resistance: **trotz verzweifelter** ~ in spite of desperate resistance. — **~ˌwen·de** *f* (*sport*) (*beim Eiskunstlauf etc*) counter.

'Ge·genˌwert *m* **1.** *bes. econ.* (present) equivalent (value), value: **der** ~ **des Betrages** the equivalent of the sum; **den vollen** ~ **leisten für** to give full value for. – **2.** (*Erlös*) proceeds *pl*, *Am.* avails *pl* (*archaic*). – **3.** (*eingetauschter Gegenstand*) exchange. — **~ˌfonds** *m* counterpart fund.

'Ge·gen|ˌwind *m* **1.** head (*od.* contrary) wind: **trotz starken ~s** in spite of strong head winds. – **2.** *bes. aer.* head wind: **direkter** ~ head-on wind. – **3.** *bes. mar.* head (*od.* dead) wind, (*stärker*) muzzler. — **~ˌwin·kel** *m math.* opposite angle. — **~ˌwir·kung** *f* (gegen, auf *acc* to) **1.** reaction, counteraction, countereffect, *Br.* counter-effect: **Wirkung und** ~ action and reaction (*od.* counteraction). – **2.** *med.* antagonism. — **~ˌzei·chen** *n* **1.** *bes. mil.* countersign(al). – **2.** (*zur Kontrolle*) countermark: **ein** ~ **anbringen an** (*dat*) to countermark. — **g~ˌzeich·nen** *econ.* **I** *v/t* ⟨*sep*, -ge-, h⟩ countersign. – **II G~** *n* ⟨-s⟩ *verbal noun.* — **~ˌzeich·nung** *f* **1.** *cf.* Gegenzeichnen. – **2.** countersignature. — **~ˌzeu·ge** *m jur.* counterwitness, witness for the opposing party. — **~ˌzug** *m* **1.** *fig.* (*auch beim Schach etc*) countermove, *Br.* counter-move. – **2.** (*railway*) corresponding train (in the other direction). – **3.** (*Luftzug*) cross draft, *Br.* cross-draught.

ge'ges·sen [-'gɛsən] *pp of* essen[1].

Ge'gir·re *n* ⟨-s; *no pl*⟩ (*der Tauben*) cooing.

ge'gli·chen [-'glɪçən] *pp of* gleichen.

ge'glie·dert I *pp.* – **II** *adj* **1.** *biol.* (*Körper, Stengel, Gliedmaßen etc*) jointed, membered, articulate(d). – **2.** *fig.* (*schriftliche Arbeit etc*) planned, constructed: **nicht gut** ~ poorly planned.

ge'glit·ten [-'glɪtən] *pp of* gleiten.

Ge'glit·zer *n* ⟨-s; *no pl*⟩ *colloq.* sparkle, glitter, glisten: **das** ~ **ihrer Augen** the sparkle (*od.* glint) of her eyes.

ge'glom·men [-'glɔmən] *pp of* glimmen.

ge'glückt I *pp.* – **II** *adj cf.* gelungen 1.

Geg·ner ['ge:gnər] *m* ⟨-s; -⟩ **1.** opponent, adversary, (*stärker*) antagonist: **seinen** ~ **schlagen** to defeat one's opponent; **dem** ~ **unterliegen** to be defeated by one's opponent, to succumb to one's adversary; ~ **der Monarchie** opponent of monarchy, antimonarchist; **er ist ein erklärter** ~ **unserer Partei** he is an avowed opponent (*od.* enemy) of our party; **einen ebenbürtigen** ~ **finden** to find a worthy opponent (*od.* one's match); **ein erbitterter** ~ a bitter opponent, an antagonist. – **2.** *bes. mil.* (*Feind*) enemy, foe (*lit.*): **der** ~ **ging zum Angriff über** the enemy took the offensive; **ein nicht zu unterschätzender** ~ an enemy who should not be underrated, no mean foe; **damit hast du ihn dir zum** ~ **gemacht** this has made him your enemy, you have antagonized him by this; **zum** ~ **überlaufen** to go over to the other side, to change sides, to turn renegade. – **3.** (*Rivale*) rival, competitor. – **4.** *jur.* opposing party, opposite (*od.* other) side. – **5.** (*sport*) a) opponent, b) opposing team.

'Geg·ne·rin *f* ⟨-; -nen⟩ *cf.* Gegner 1, 3, 5a.

'geg·ne·risch *adj* ⟨*attrib*⟩ **1.** opposing, adverse, (*stärker*) antagonistic, *auch* antagonistical: **~e Kräfte** adverse forces. – **2.** (*feindlich*) enemy, hostile. – **3.** *mil. cf.* feindlich 1. – **4.** *jur.* (*Anwalt etc*) opposing, adversary: **die ~e Partei** the opposing party, the other (*od.* opposite) side. – **5.** (*sport*) (*Mannschaft etc*) opposing, opposite.

'Geg·ner·schaft *f* ⟨-; *no pl*⟩ **1.** opposition, opponents *pl*, enemies *pl*, (*stärker*) antagonists *pl*: **er gehört zur** ~ he belongs to the opponents. – **2.** (*Widerstand*) (gegen to) opposition, opponency, (*stärker*) antagonism. – **3.** *cf.* Feindschaft 4.

ge'gol·ten [-'gɔltən] *pp of* gelten.

ge'go·ren [-'go:rən] *pp of* gären[1].

ge'gos·sen [-'gɔsən] *pp of* gießen.

ge'grif·fen [-'grɪfən] *pp of* greifen.

Ge'grin·se *n* ⟨-s; *no pl*⟩ *colloq.* (stupid) grinning.

Ge'grö·le *n* ⟨-s; *no pl*⟩ *colloq.* bawling, loud shouting.

ge'grün·det I *pp.* – **II** *adj* (auf *acc* on) founded, based: **auf Prinzipien** ~ based on principles, principled; **auf Tatsachen** ~ based on fact(s).

Ge'grun·ze *n* ⟨-s; *no pl*⟩ *colloq.* (constant) grunting.

Ge'ha·be *n* ⟨-s; *no pl*⟩ **1.** (curious *od.* affected) way of behaving. – **2.** *cf.* Gehaben 1.

ge'ha·ben *v/reflex* **sich** ~ *only in* **gehab Dich wohl! gehabt Euch wohl!** ~ **Sie sich wohl!** good-bye! farewell!

Ge'ha·ben *n* ⟨-s; *no pl*⟩ **1.** behavior, *bes. Br.* behaviour, conduct: **sein komisches** ~ his strange behavio(u)r. – **2.** *cf.* Gehabe 1.

Ge'hack·te *n* ⟨-n; *no pl*⟩ *gastr. cf.* Hackfleisch.

Ge'ha·der *n* ⟨-s; *no pl*⟩ (constant) quarreling (*bes. Br.* quarrelling), (constant) wrangling.

Ge'halt[1] *n* ⟨-(e)s; ⸚er⟩ **1.** pay, salary, remuneration, *auch* earnings *pl*: **das** ~ **eines Geistlichen** the salary (*od.* stipend) of a clergyman; **ein festes** ~ **beziehen** to draw (*od.* get, be paid) a fixed salary; **Gehälter kürzen** to cut salaries; **sein** ~ **wurde erhöht** his salary has been raised, he has had a raise (*Br.* rise) (in salary); **mit einem** ~ **von** at a salary of; **mit seinem** ~ **auskommen** to manage on one's salary; **mit vollem** ~ **pensioniert werden** to retire on full pay; **sein** ~ **weiterbeziehen** to be kept on the payroll, to continue to draw one's pay. – **2.** (*eines Offiziers etc*) pay.

Ge'halt[2] *m* ⟨-(e)s; -e⟩ **1.** (an *dat* of) content, proportion: **der** ~ **an Alkohol** the alcohol content; **der** ~ **an Feuchtigkeit** the content (*od.* degree) of moisture. – **2.** (*prozentualer*) percentage. – **3.** (*in Nahrungsmitteln*) richness: **Nahrung mit** ~ rich (*od.* nourishing, substantial) food; **Nahrung ohne** ~ unnourishing food. – **4.** (*eines Weins etc*) body, richness, strength. – **5.** *fig.* (*im Gegensatz zu Form*) content: ~ **und Gestalt eines literarischen Werkes** content and form (*od.* matter and manner) of a work of literature. – **6.** *fig.* (*Wert*) substance, value: **der sittliche** ~ **einer Weltanschauung** the ethical substance (*od.* the ethos) of a philosophy; **ohne tieferen** ~ without much substance, superficial; **der eigentliche** ~ **dieser Rede** the real substance (*od. colloq.* the meat) of this speech; **der** ~ **macht's** (*Sprichwort*) *etwa* it's quality that counts. – **7.** *chem.* (*Dichte, Sättigung*) concentration. – **8.** *metall. cf.* Feingehalt. – **9.** *cf.* Inhalt 3.

ge'haltˌarm *adj* lacking (*od.* poor) in content, 'thin' (*colloq.*).

ge'hal·ten I *pp of* halten. – **II** *adj* **1.** ⟨*pred*⟩ *lit.* (*verpflichtet*) obliged, bound: ~ **sein, etwas zu tun** to be obliged to do s.th. – **2.** *mus.* a) sostenuto, b) (*Ton*) sustained. – **III** *adv* **3.** *mus.* sostenuto.

ge'halt·lich *adj* as to (*od.* regarding) one's salary.

ge'halt·los *adj* **1.** (*Nahrung etc*) unsubstantial, unnourishing. – **2.** (*Wein*) without any (*od.* lacking) body. – **3.** *fig.* (*Kunstwerk etc*) unsubstantial, worthless, valueless, without (*od.* lacking) substance (*od.* content, value): **~es Buch** book without real substance. – **4.** *fig.* (*leer, hohl*) empty (of meaning), shallow, hollow. – **5.** (*bedeutungslos*) insignificant, trivial. — **Ge'halt·lo·sig·keit** *f* ⟨-; *no pl*⟩ **1.** (*von Nahrung*) lack of substance (*od.* nourishment), unsubstantiality. – **2.** (*des Weins*) lack of body. – **3.** *fig.* unsubstantiality, worthlessness, lack of substance (*od.* content, value). – **4.** *fig.* emptiness, shallowness, hollowness. – **5.** *fig.* insignificance, triviality.

ge'haltˌreich *adj cf.* gehaltvoll.

Ge'halts|ˌabˌzug *m* deduction from salary (*od.* pay). — **~ˌanˌspruch** *m* salary claim, claimed salary. — **~ˌaufˌbes·se·rung** *f cf.* Gehaltserhöhung. — **~ˌausˌzah·lung** *f* payroll disbursement. — **~beˌschei·ni·gung** *f* acknowledgment of earned salary. — **~beˌstim·mung** *f chem.* **1.** determination of content. – **2.** (*quantitative Analyse*) analysis. – **3.** (*Probe*) assay. — **~ˌein·beˌhal·tung** *f econ.* retention (*od.* withholding) of salary (*od.* pay, wages). — **~ˌeinˌstu·fung** *f* salary classification. — **~empˌfän·ger** *m* **1.** salaried employee. – **2.** *pl* (*als Klasse*) salariat *sg*, salaried class *sg*. – **3.** (*Pfarrer, Lehrer etc*) stipendiary. — **~empˌfän·ge·rin** *f cf.* Gehaltsempfänger 1. — **~erˌhö·hung** *f* salary (*od.* pay) increase, increase in salary (*od.* pay), *Am.* (pay) raise, *Br.* (pay) rise, pay boost (*colloq.*): **eine** ~ **von 100 Mark** a salary increase of 100 marks. — **~ˌforˌde·rung** *f* salary claim. — **~ˌfra·ge** *f* question of salary. — **~ˌgren·ze** *f* salary limit: **obere** [**untere**] ~ maximum [minimum] salary. — **~ˌgrup·pe** *f* salary group. — **~ˌklas·se** *f* salary grade (*od.* bracket). — **~ˌkon·to** *n* salary account. — **~ˌkür·zung** *f* reduction in salary, salary cut. — **~ˌli·ste** *f* payroll. — **~ˌpfän·dung** *f* deduction from salary (at source). — **~ˌsät·ze** *pl* scale *sg* (*od.* schedule *sg*) of salaries, salary (*od.* pay) scale *sg.* — **~ˌstrei·fen** *m* salary slip. — **~ˌstu·fe** *f* **1.** salary level. – **2.** (*für bestimmte Gruppe*) salary grade (*od.* bracket). — **~taˌrif** *m* pay schedule. — **~ˌvorˌschuß** *m* (salary) advance: ~ **bekommen** to receive an advance (*od.* advance payments) of one's salary. — **~ˌwunsch** *m cf.* Gehaltsanspruch. — **~ˌzah·lung** *f* payment of salary. — **~ˌzuˌla·ge** *f* **1.** *cf.* Gehaltserhöhung. – 2. (*nicht monatliche*) bonus, additional pay.

geˈhaltˌvoll *adj* 1. (*Nahrung*) substantial, nourishing, nutritious, rich. – 2. (*Wein*) full-bodied, racy. – 3. *fig.* (*Kunstwerk etc*) full of substance (*od.* content, significance): ein ~es Buch a) a book with real substance (*od.* rich in content), a profound book, b) a book containing a wealth of information; ein ~er Brief a meaty letter.

Geˈhäm·mer *n* ⟨-s; *no pl*⟩ 1. (continual) hammering. – 2. *fig. contempt.* (*auf einem Klavier*) (continual) pounding.

Geˈhän·ge *n* ⟨-s; -⟩ 1. (*aus Glas, Stein, Holz, Metall etc*) hanging ornament(s *pl*), pendant, *auch* pendent: ~ eines Kronleuchters pendants *pl* of a chandelier. – 2. *cf.* Girlande. – 3. *collect.* (*aus Glas, Blumen etc*) festoonery. – 4. *meist pl* (*Ohrgehänge*) (ear) pendant (*auch* pendent), (ear)drop, *Br.* (ear-)drop, *auch* eardropper. – 5. (*einer Uhr*) watch charm. – 6. (*Koppel*) belt. – 7. (*für Degen etc*) sword belt, *Br.* sword-belt. – 8. *hunt.* (*des Hundes*) hanging (*od.* pendulous, flap) ears *pl.* – 9. (*mining*) *cf.* Hangende. – 10. *tech.* a) (*einer Feder*) shockle, b) (*eines Krans*) suspension attachment, c) (*einer Hängebahn*) hanger attachment, d) (*einer Waage*) hangers *pl.* – 11. *metall.* (*einer Gießpfanne*) bail.

geˈhan·gen *pp of* hängen I, II.

geˈhar·nischt *adj* 1. *fig.* (*Protest, Brief etc*) sharp(ly worded), withering, stinging: er gab eine ~e Antwort he gave a sharp reply. – 2. *hist.* (*Ritter etc*) (clad) in armor (*bes. Br.* armour).

geˈhäs·sig [-ˈhɛsɪç] I *adj* (*Person, Wesen, Bemerkung etc*) hateful, spiteful, malicious, venomous, rancorous, nasty: ~es Gerede malicious talk, backbiting; ein ~es Weib a spiteful (*od.* catty, cattish) woman, a shrew, *Br. auch* a she-cat; sie war sehr ~ zu mir she was very spiteful (*od.* nasty) to me. – II *adv* ~ von j-m reden to talk spitefully of (*od.* about) s.o., to backbite s.o. — **Geˈhäs·sig·keit** *f* ⟨-; -en⟩ 1. ⟨*only sg*⟩ spite(fulness), maliciousness, malice, venom, rancor, *bes. Br.* rancour, cattiness: sie tat das aus reiner ~ she did this out of sheer spite. – 2. spiteful (*od.* malicious, nasty) act (*od.* remark).

geˈhaubt [-ˈhaupt] *adj zo.* crested, copped.

geˈhäuftˌblü·tig [-ˌblyːtɪç] *adj bot.* aggregate.

Geˈhäu·se [-ˈhɔyzə] *n* ⟨-s; -⟩ 1. (*einer Uhr etc*) case. – 2. (*kastenartiges*) box. – 3. (*Behälter*) container, casing. – 4. *electr.* (*eines Schaltgerätes, Radios etc*) cabinet, housing, case. – 5. *phot.* body. – 6. *tech.* a) (*der Pumpe, des Motors*) housing, casing, frame, b) (*der Getrieberäder*) compartment, case, housing, c) (*eines Hahns etc*) body, d) (*eines Lagers etc*) housing, e) (*eines Nadellagers*) shell, f) (*eines Stehlagers*) plummer block, *Br.* plummer-block, g) (*eines Ventils etc*) box, chamber, h) (*Kurbelgehäuse*) (crank)-case, i) (*eines Flaschenzugs*) shell. – 7. *mar.* (*eines Kompasses*) bowl, housing. – 8. *zo.* a) (*von Muscheln, Schnecken etc*) shell, b) (*einer Puppe*) case, c) (*einer Raupe*) cocoon. – 9. *bot.* a) (*von Pilzen*) perithece, perithecium, b) (*von Apfel etc*) core, c) *cf.* Fruchtgehäuse. — **~ˌschnecke** (*getr.* -k·k-) *f zo.* snail (*Klasse Gastropoda*).

ˈgeh·beˌhin·dert *adj* hampered (in walking).

geˈhech·tet I *pp.* – II *adj* ~er Sprung (*beim Wasserspringen*) pike dive.

geˈhef·tet I *pp.* – II *adj print.* stitched, sewn.

Geˈhe·ge *n* ⟨-s; -⟩ 1. (*Einfriedung*) enclosure, inclosure, fenced-in area: innerhalb des ~s inside the fence; das ~ der Zähne *poet.* the fence of the teeth. – 2. (*für Tiere*) (*bes. für Pferde*) *Am.* corral, *Br.* paddock. – 3. *hunt.* (game) preserve(s *pl*): j-m ins ~ kommen *fig. colloq.* to poach on (*od.* trespass on, break into, intrude into) s.o.'s preserve (*colloq.*), to encroach on s.o.'s rights; komm mir ja nicht ins ~! *fig. colloq.* (you) get (*od.* keep) out of my way!

geˈheim I *adj* ⟨-er; -st⟩ 1. secret: ~e Sitzung secret conference (*od.* meeting); seine ~sten Gedanken his most secret (*od.* his innermost) thoughts; ~e Tätigkeit a) secret activity, b) *bes. pol.* underground activity; das soll noch ~ bleiben this should be kept secret; mit j-m im ~en Einvernehmen stehen a) to have a secret agreement with s.o., b) *jur.* to be in collusion with s.o.; ~er Vorbehalt *jur.* mental reservation; die G~e Staatspolizei a) the secret state police, b) *hist.* (*in NS-Zeit*) the gestapo; ~e Dienstsache *mil.* classified matter; „streng ~!" (*auf Akten etc*) "top secret!" – 2. (*vertraulich*) secret, confidential, private. – 3. (*verborgen*) secret, hidden, concealed: ~e Drohung secret (*od.* covert) threat; ~er Gang secret passage; ~e Gefühle hidden feelings; ~er Kummer hidden (*od.* private) grief; ~e Mission secret mission. – 4. (*unerlaubt*) surreptitious, clandestine: ~e Zusammenkünfte clandestine meetings. – 5. (*geheimgehalten*) (kept) secret; hush-hush, *Am. sl.* gumshoe (*attrib*). – 6. (*unsichtbar*) secret, invisible. – 7. (*Doktrin*) occult, esoteric. – II *adv* 8. ~, im ~en a) secretly, in secret, in secrecy, b) (*vertraulich*) confidentially, privately, c) (*unerlaubt*) surreptitiously, clandestinely: sie trafen sich im ~en they met clandestinely (*od. colloq.* on the quiet); ganz im ~en teilte er mir mit he told me in strict confidence.

Geˈheim|ˌabˌkom·men *n* secret agreement. — **~ˌabˌspra·che** *f* secret agreement. — **~agent** [-ʔaˌgɛnt] *m* secret agent, *Am. auch* undercover man. — **~arˌchiv** *n* secret archives *pl.* — **~beˌfehl** *m* secret order. — **~beˌricht** *m* secret (*od.* confidential) report. — **~ˌbo·te** *m* (secret) emissary. — **~ˌbund** *m* secret society (*od.* league). — **~bün·deˈlei** [-ˌhaɪmbyndəˈlaɪ] *f* 1. underhand (*od.* underground) dealings *pl.* – 2. (*Verschwörung*) conspiracy. – 3. connections *pl* (*Br. auch* connexions *pl*) with secret societies. — **~ˌdienst** *m* secret service. — **~di·plo·maˌtie** *f pol.* secret diplomacy. — **~do·kuˌment** *n* secret document. — **~ˌfach** *n* 1. secret drawer. – 2. (*in der Wand*) secret (*od.* hidden, private) safe. — **~ˌfonds** *m* secret fund.

geˈheimˌhal·ten I *v/t* ⟨*irr, sep,* -ge-, h⟩ 1. (vor *dat* from) keep (*s.th.*) (a) secret, keep (*s.th.*) quiet (*od.* dark), conceal: etwas vor j-m ~ to keep s.th. (a secret) from s.o., to keep s.o. in the dark about s.th. (*colloq.*). – 2. (*vertuschen*) hush up. – II G~ ⟨-s⟩ 3. *verbal noun.*

Geˈheimˌhal·tung *f* ⟨-; *no pl*⟩ 1. *cf.* Geheimhalten. – 2. secrecy: strengste ~ utmost secrecy; j-n zur ~ (einer Sache) verpflichten to bind s.o. to secrecy (concerning a matter). – 3. (*Verschweigen*) concealment. – 4. *mil.* maintenance of security.

Geˈheimˌhal·tungs|ˌanˌla·ge *f tel.* secrecy installation, privacy system. — **~ˌpflicht** *f* ⟨-; *no pl*⟩ (obligation to maintain) secrecy. — **~ˌstu·fe** *f mil.* security classification (*od.* grade): die ~ eines Schriftstücks aufheben to declassify a document. — **~verˌfah·ren** *n* (*patents*) hearing in secret. — **~ˌvorˌschrift** *f* secrecy regulation.

Geˈheim|in·struk·tiˌon *f* 1. secret order. – 2. secret instruction. — **~ˌklau·sel** *f* secret clause: ohne ~n without any secret clauses; no strings attached, without strings (*colloq.*). — **~kon·feˌrenz** *f* 1. secret conference (*od.* session). – 2. *pol.* closed (*Am. auch* executive) session. — **~konˌtakt** *m* secret contact. — **~ˌkon·to** *n econ.* private (*od.* secret) account. — **~ˌkult** *m* mystery cult (*od.* religion), mysteries *pl,* occultism. — **~ˌleh·re** *f bes. philos. relig.* 1. esoteric doctrine, esoter(ic)ism, esotery. – 2. occult (*od.* secret) doctrine. — **~ma·te·riˌal** *n* secret material (*od.* documents *pl*). — **~ˌmit·tel** *n* 1. secret remedy. – 2. *contempt.* quack medicine, nostrum. – 3. *meist pl* (*der Alchimisten*) arcanum, arcana *pl,* elixir(s *pl*).

Geˈheim·nis *n* ⟨-ses; -se⟩ 1. (vor *dat* from) secret: ein offenes (*od.* öffentliches) ~ an open (*od.* nobody's) secret; das ~ ist gelüftet the secret is out; j-m ein ~ entlocken to worm (*od.* wheedle) a secret out of s.o.; ein ~ preisgeben (*od.* verraten) to reveal (*od.* disclose, let out, betray, divulge) a secret; ein ~ ausplappern *colloq.* to blab (*od.* blurt) out a secret, to give the show away (*colloq.*), to spill the beans (*colloq.*); j-n in ein ~ einweihen to let s.o. into (*od.* in on) a secret; ein ~ vor j-m haben to have a secret from s.o., to keep (*od.* conceal) s.th. from s.o.; ein ~ miteinander teilen to share a secret; das ist das ganze ~ that's all there is to it, that's the whole story (*od.* secret). – 2. (*undurchschaubares*) mystery, secret, arcana *pl* (*lit.*): hinter ein ~ kommen to get to the bottom of a mystery; ein ~ aus etwas machen to make a mystery of s.th., to be secretive about s.th. – 3. (*des Erfolgs etc*) secret, arcana *pl* (*lit.*): das ~ der Werbung the arcana of advertising. – 4. *relig.* mystery.

Geˈheim·nis|ˌkrä·mer *m colloq. contempt.* secretmonger, mysterymonger. — **~krä·meˈrei** [-ˌhaɪmnɪskrɛːməˈraɪ] *f* ⟨-; -en⟩ secretmongering, mysterymongering. — **~ˌträ·ger** *m mil. pol.* bearer of secrets.

Geˈheim·nisˌtu·er [-ˌtuːər] *m* ⟨-s; -⟩ *colloq. contempt. cf.* Geheimniskrämer. — **Ge-ˌheim·nis·tue'rei** [-ˌhaɪmnɪstuːəˈraɪ] *f* ⟨-; -en⟩ *cf.* Geheimniskrämerei.

geˈheim·nis|ˌumˌwit·tert, **~ˌumˌwo·ben** *adj poet.* surrounded by mystery, wrapped (*od.* shrouded) in mystery. — **G~verˌrat** *m bes. mil. pol.* betrayal of a (state) secret. — **~ˌvoll** I *adj* 1. mysterious: auf ~e Art verschwinden to disappear under mysterious circumstances. – 2. (*rätselhaft*) enigmatic, *auch* enigmatical, cryptic, *auch* cryptical. – 3. (*verborgen*) hidden, obscure, dark. – II *adv* 4. mysteriously: tu nicht so ~! don't be so mysterious (*od.* secretive), don't act so mysteriously, don't keep everything to yourself. – III G~e, das ⟨-n⟩ 5. the mysterious thing. – 6. the mysteriousness.

Geˈheim|ˌnum·mer *f tel. Br.* ex-directory (*Am.* unlisted) number. — **~or·ga·ni·sa·tiˌon** *f* secret organization. — **~po·liˌzei** *f* secret police. — **~po·liˌzist** *m* 1. member of the secret police. – 2. detective, plainclothes policeman, plainclothesman, sleuth (*colloq.*). — **~pro·toˌkoll** *n* secret protocol.

Geˈheimˌrat *m* privy council(l)or.

Geˈheimˌratsˌecken (*getr.* -k·k-) *pl colloq. humor.* receding hairline (*Br.* hair-line) at the temples: er bekommt ~ his hair(-)line is receding at the temples; er hat ~ he is going bald at the temples.

Geˈheim|reˌzept *n* 1. (*eines Koches*) secret (*od.* private) recipe. – 2. *fig.* secret (*od.* private) method, secret remedy (*od.* cure). — **~ˌsa·che** *f* 1. secret matter, matter of secrecy. – 2. *mil.* security matter. — **~ˌschloß** *n tech.* secret lock. — **~ˌschrei·ber** *m* 1. *hist.* private secretary. – 2. cryptograph. — **~ˌschrift** *f* 1. (writing in) code, cipher, secret writing, cryptograph: in ~ schreiben to cipher, to code. – 2. (*Schriftstück*) cryptogram, cryptograph. — **~ˌschubˌla·de** *f* secret drawer. — **~se·kreˌtär** *m* 1. *hist. cf.* Geheimschreiber 1. – 2. secretary (*od.* writing desk, *Br.* writing-desk) with secret drawers. — **~ˌsen·der** *m* secret (*od.* clandestine) transmitting station. — **~ˌsit·zung** *f* 1. secret session. – 2. *jur.* (*eines Gerichts etc*) meeting in camera. — **~ˌspra·che** *f* 1. secret language. – 2. (*einer bestimmten Gruppe*) special vocabulary; cant, jargon (*contempt.*). — **~ˌtext** *m* encoded text. — **~ˌtin·te** *f* invisible (*od.* secret, sympathetic) ink. — **~ˌtip** *m* (*für Wettbewerbe etc*) personal (*od.* private) tip.

geˈheimˌtun *v/i* ⟨*irr, sep,* -ge-, h⟩ (mit about) 1. be mysterious (*od.* secretive), act mysteriously. – 2. suggest (*od.* put on airs of) secrecy (*od.* secretiveness, mysteriousness).

Geˈheim|ˌtür *f* secret (*od.* hidden) door. — **~verˌfah·ren** *n chem.* secret process. — **~verˌtrag** *m* secret treaty. — **~ˌwaf·fe** *f* secret weapon. — **~ˌwis·sen·schaft** *f* 1. *bes. philos. relig. cf.* Geheimlehre 1. – 2. occult science. — **~ˌzei·chen** *n* 1. secret sign. – 2. (*Chiffre*) cipher, code.

Geˈheiß *n* ⟨-es; *no pl*⟩ *lit.* order, command, bidding, behest (*lit.*): auf sein ~ (hin) at his command, by his order.

geˈhelmt [-ˈhɛlmt] *adj bot.* hooded; galeate, *auch* galeated (*scient.*).

geˈhemmt I *pp.* – II *adj* 1. inhibited, full of inhibitions. – 2. (*befangen*) (self-)conscious. – 3. (*unsicher*) uneasy, shy, awkward. – 4. *psych.* a) inhibited, b) (*verkrampft*) frustrated, c) (*voll Verdrängungen*) suppressed, repressed. – III *adv* 5. er tritt sehr ~ auf a) his behavio(u)r is very inhibited, b) he acts very self-consciously. — **Geˈhemmt·heit** *f* ⟨-; *no pl*⟩ 1. inhibition. – 2. (self-)consciousness. – 3. uneasiness, shyness, awkwardness. – 4. *psych.* a) inhibition, b) frustration.

ge·hen [ˈgeːən] I *v/i* ⟨geht, ging, gegangen, sein⟩ 1. (*von Menschen u. Tieren*) walk, go: aufrecht ~ to walk upright; auf und ab ~, hin und her ~ to go (*od.* pace) up and down, to go to and fro; er ging auf der Straße [im Zimmer] auf und ab he walked up and down the street [in the room]; **barfuß ~** to go barefoot(ed); **gebückt ~** to walk with a stoop; **gemächlich** (*od.* **gemütlich**) **~** to walk at a leisurely (*od.* comfortable) pace, to stroll, to amble; **geradeaus ~** to walk straight ahead (*od.* on); **gut gekleidet ~** to go (*od.* be) well dressed, to dress well; **da geht er hin** there he goes; **mit einem Jahr lernen Kinder ~** at the age of one (year) children learn (how) to walk; **nahe bei j-m ~** to walk close to s.o., to walk next to s.o.; **nebeneinander ~** to walk side by side, (*von mehreren*) *auch* to walk in a row; **ein gutes Stück zu ~** quite a (distance to) walk; **ich bin zwei Stunden gegangen** a) I walked (for) two hours, b) I took a two hours' walk; **geh vorsichtig!** watch (*od.* mind) your step; **ich bin weiter gegangen als du** I have walked a greater distance (*od.* farther) than you (have), I have outwalked you; **paß auf, wo du gehst!** watch where you are going! **geh, wohin du willst!** (you may) go where you please; **das geht [du gehst] zu weit** *fig.* that is [you are] going too far; **wie ich ging und stand** *fig.* a) (*in dieser Kleidung*) just as I was, b) (*sofort*) at once, on the spot; **wo man geht und steht** *fig.* everywhere you go, always, any time; „~" (*an Verkehrsampeln*) "cross now", *Am.* "walk". – **2.** (*weg-, fortgehen*) leave, go (away), depart (*lit.*): **geh! ~ Sie!** a) go away! b) *fig.* (*Ausdruck der Ungeduld*) get on! get along (with you)! go on! come on! come now! c) *fig.* (*Ausdruck des Erstaunens, Zweifels etc*) get away (with you)! go on! really? **~ wir! laßt uns ~!** let's go! **du mußt jetzt ~** you must go (*od.* be going, be off) now; **wir sehen ihn lieber ~ als kommen** *colloq.* we are always glad to see the back of him; **wir wollten gerade ~,** as we were on the point of leaving (*od.* just about to go) when; **es ist Zeit, daß ich gehe, es ist Zeit für mich zu ~** it is time for me to go, it is time I was going; **laß ihn nach Hause ~** let him go (*od.* allow him to go) home, let him leave for home; **~ sie mir doch mit Ihren faulen Ausreden!** *fig.* none of your lame excuses! – **3.** *fig.* (*eine Stellung verlassen*) leave, quit. – **4. als j-d [etwas] ~** *fig.* a) (*arbeiten*) to go out (working) as s.o. [s.th.], b) (*sich verkleiden*) to go (disguised) as s.o. [s.th.]. – **5.** *fig.* (*sich, bes. in der Öffentlichkeit, zeigen*) go: **so kannst du nicht ~** you cannot go like that, you are not fit to be seen like that. – **6.** (*funktionieren*) go, run, work, function, operate: **die Uhr geht falsch** a) the clock is (set) wrong, b) the clock keeps bad time; **die Uhr geht wieder richtig** a) the clock is going (*od.* working) again, b) the clock is keeping good (*od.* the correct) time again. – **7.** *fig. colloq.* (*weg-, abfahren*) leave, go: **der Bus geht um 10.30** the bus leaves at 10.30. – **8.** *fig. colloq.* (*verkehren*) go, run: **alle Stunde geht ein Zug** a train goes every hour. – **9.** *fig. colloq.* (*von Klingel etc*) ring. – **10.** *fig. colloq.* (*von Radio etc*) be on, play. – **11.** *fig. colloq.* (*von Puls*) beat. – **12.** *fig.* (*von Teig etc*) rise: **den Teig ~ lassen** to raise (*od.* prove) the dough. – **13.** *fig. colloq.* (*von Tür etc*) a) open, b) close. – **14.** *fig.* (*von Wind etc*) blow. – **15.** *fig. colloq.* (*bes. von Gebrauchsgegenständen*) do, last: **der Mantel muß diesen Winter noch ~** the coat will have to do for (*od.* last) this winter. – **16.** *fig. colloq.* go (well), move: **der Artikel geht** the article goes (*od.* sells) (well), the article is in good demand; **die Geschäfte ~ nicht** business is not going well, business is bad; **wie ~ die Geschäfte?** how is business (going)? – **17.** *fig.* (*von Sage, Gerücht etc*) have it: **es geht das Gerücht, er sei unheilbar krank** rumo(u)r has it that he is (*od.* he is rumo[u]red to be) incurably ill. – **18.** *auch v/impers fig.* (*laufen, funktionieren*) work, go: **das Ding [es] geht von selbst** the thing [it] works all by itself (*od.* automatically); **es geht wie geschmiert** *colloq.* it goes like clock(-)work (*od.* smoothly, without a hitch); **versuchen wir, ob es geht** let us see if it works, let us give it a try, let us try it out. – **19.** *auch v/impers fig.* (*möglich sein*) be possible: **das geht** that is possible (*od.* can be accomplished, can be done), I (*od.* we) shall (be able to) manage (that); **kannst du kommen? Ich fürchte, das** (*od.* **es**) **geht nicht** can you come? I am afraid not (*od.* I can't); **was nicht geht, das geht nicht** what can't be done, can't be done. – **20.** *fig.* (*sich gehören*) be done: **das geht doch nicht!** that (just) is not done (*od.* is not good form), you should not do that. – **21.** *fig.* (*erlaubt sein*) be allowed, be permissible. – **22.** *fig.* (*ausreichen, angehen*) do, be good enough: **das geht (wohl) nicht** that won't (*od.* will never) do, that is not the way to do it. – **23.** ⟨*with inf*⟩ go: **betteln [einkaufen, schwimmen] ~** to go begging [shopping, swimming]; **schlafen ~** to go to bed; **stiften ~** *colloq.* to bolt (*colloq.*), to run away, to take to one's heels; **j-n suchen ~** to go looking for s.o., to go (and) look for (*od.* find) s.o.; **sie geht waschen** she goes out washing. – **II** *v/t* ⟨sein⟩ **24.** go, walk: **einen Kilometer ~** to walk one kilometer; **eine Abkürzung ~** to go (*od.* take) a shortcut (*Br.* short cut); **er ist ein Stück (Wegs) mit mir gegangen** he walked some distance with me; **die Runde ~** a) (*von Wache*) to go (*od.* make) one's round, b) (*von Polizisten*) to walk one's beat. – **25.** (*in Wendungen wie*) **ich habe mich müde gegangen** I have tired myself (out) walking, I have wearied myself with walking; **er ist gegangen worden, man hat ihn gegangen** *colloq. humor.* he was dismissed (*od. colloq.* fired), he got the boot (*Br. auch* push) (*sl.*). – **III** *v/impers* ⟨sein⟩ **26. es geht** a) (*Hilfe ist unnötig*) I can manage (alone), b) (*es ist nicht so schlecht*) it is not too bad, it could be worse, c) (*gesundheitlich*) I am fairly (*od.* quite, tolerably) well, I am fair to middling, d) (*es gefällt einigermaßen*) (it is) not bad, (I like it) fairly well, e) (*es ist annehmbar*) it is good enough (*od.* not bad, quite acceptable); **es geht nicht** a) (*ist unmöglich*) it won't do (*od.* be possible), it can't be done, b) (*ich schaffe es nicht*) I can't manage, c) (*es ist nichts zu machen*) nothing doing, (it) can't be done (*beide colloq.*); **wir werden dafür kämpfen, solange es geht** a) we'll fight for it as long as (it is) possible (*od.* it can be done), b) (*sinnvoll*) we'll fight for it as long as it is reasonable. – **27.** (*mit Reflexivpronomen*) **es geht sich gut hier** it is nice to walk here. – **IV G~** *n* ⟨-s⟩ **28.** *verbal noun.* – **29.** go: **das Kommen und G~ der Diener** the come and go (*od.* coming and going) of the servants. – **30.** (*sport*) walking: **20 km G~** 20 kilometers' walk. – **31. das G~ fällt mir schwer** a) I find it hard (*od.* it is hard for me) to walk, b) *fig.* (*Abschiednehmen*) I find it hard (*od.* it is hard for me) to leave (*od.* go, part). – **32.** (*Gang*) movement, motion: **eine Maschine zum G~ bringen** a) to set a machine in motion (*od.* going), b) (*reparieren*) to put a machine in working order. –

Verbindungen mit Adverbien:

wie hoch ~ Sie? a) (*beim Kauf*) how high will you go? how much are you prepared (*od.* willing) to pay? b) (*beim Wetten*) what are you prepared (*od.* willing) to stake (*od.* bet)? **das Lied geht folgendermaßen [so]** the song goes as follows [like this]; **die beiden ~ miteinander** *colloq.* they are going steady (*colloq.*); **er ging so weit zu sagen** he went so far as to say; **es geht mir gut** [*colloq.* **so lala**] I am (feeling) well (*od.* all right, fine) [*colloq.* so-so]; **es geht ihm schlecht** a) (*gesundheitlich*) he is (feeling) ill, he is not (feeling) well, he is in a bad way, b) (*finanziell etc*) he is badly off, he is in a bad way (financially), c) (*seelisch*) he is (feeling) miserable, he is down in the dumps (*colloq.*); **ich lasse es mir gut ~** I deny myself nothing, I take good care of myself, I treat (*od.* look after) myself well; **laß es dir gut ~!** keep well! look after yourself! **es wird schon ~** a) (*in Ordnung gehen*) it will be all right, don't worry about it, everything will be (*od.* is) fine, I (*od.* we) will manage, b) (*verliere den Mut nicht*) keep smiling; **mir geht es immer so** it's always like that (*od.* the same, that way) with me, it always happens to me like that; **es geht auch so** a) (*so kann man es auch machen*) that's another way of doing it, it can also be done that way, b) (*ohne das*) we can manage (*od.* do) without (that); **geht es so?** a) (*wird es so gemacht*) is it done that way? is that right? b) (*kannst du es schaffen*) can you manage now? **es geht nun schon 3 Jahre so** it has been going on like this for three years now; **so geht es, wenn man lügt** that's what comes of lying; **wie es so geht** just as things go, as it usually happens, as is usually the case; **so geht es in der Welt** that's the way of the world; **wie geht es (Ihnen)?** a) how are you (doing, *Br.* keeping)? how are things (with you)? b) (*zu einem Kranken*) how do you feel? **wie geht's, wie steht's?** *colloq.* how is life? (*colloq.*); **wie wird es mir noch ~?** what will become of me (one day)? **es gehe, wie es wolle, es mag ~, wie es will** no matter what happens (*od.* comes to pass), let come what may. –

Verbindungen mit Präpositionen:

gehen| ab ⟨*dat*⟩ *v/i* run (*od.* go) from: **der Schlafwagen geht ab München** the sleeping(-)car runs from Munich. — **~ an** *v/i* **I** ⟨*acc*⟩ **1.** (*sich begeben*) go to: **an die See ~** to go to the seaside; **an Land [Bord] ~** to go ashore [aboard]. – **2.** *fig.* (*reichen*) reach to (*od.* as far as), extend to (*od.* as far as): **er geht mir (bis) an die Schulter** he (only) reaches (*od.* comes up) to my shoulder; **der Wald geht bis an den See** the forest reaches down to (*od.* extends as far as) the lake. – **3.** *auch v/impers fig.* (*beginnen*) begin, start, commence, set to (*od.* about): **an die Arbeit ~, ans Werk ~** to set (*od.* go) to work; **an eine Aufgabe ~** to begin (with) (*od.* set about) a task; **als es ans Sterben ging** *lit.* when he was about to die; **und dann ging es ans Tanzen** and then people began to dance. – **4.** *fig.* (*einen Beruf ergreifen*) take up: **er ging an die Schule** he took up teaching, he became a teacher; **sie ging ans Theater** she went (*od.* took up a career) on stage, she became an actress. – **5.** *fig.* (*sich richten*) go to: **dieser Aufruf geht an alle** this appeal goes to (*od.* is intended for) everyone. – **6.** *fig.* (*Erbschaft etc*) fall to, go to. – **7.** *fig.* (*sich unerlaubt nehmen*) touch: **geh nicht an das Geld!** don't touch (*od.* keep your hands off) the money! – **8.** *fig.* (*naschen*) get at. – **9.** *fig.* (*sich handeln um*) be concerned, be a matter of: **wenn es ans Trinken geht** where drinking is concerned (*od.* involved), when it is a question of drinking. – **II** ⟨*dat*⟩ **10.** walk by: **er geht gerade dort drüben am Waldrand** he is just walking over there by the edge of the wood. — **~ auf** *v/i* **I** ⟨*acc*⟩ **1.** (*hinaufsteigen*) go up to: **auf das Dach ~** to go up to (*od.* on) the roof; **auf den Dachboden ~** to go up to the attic; **auf den Berg ~** to go up (*od.* climb) the mountain. – **2.** (*sich begeben*) go to: **aufs Land ~** to go into the country(side); **auf die Seite ~** to go to the side, to step aside; **auf die andere Seite ~** a) to go (*od.* cross) (over) to the other side, b) *fig.* (*wechseln*) to change sides; **auf die Straße ~** a) to go into the street, b) (*als Prostituierte*) to walk the streets; **das Vieh geht auf die Weide** the cattle go to graze; **auf sein Zimmer ~** to go (*od.* retire) to one's room. – **3.** (*mit bestimmter Absicht*) go: **auf Urlaub ~** to go on holiday (*Am. auch* vacation); **auf die Universität ~** to go (up) to university; **auf Reisen [die Jagd] ~** to go travel(l)ing [hunting]. – **4.** *fig.* (*von Blick, Fenster etc*) look out on (to): **das Fenster [die Tür] geht auf den Garten** the window [door] looks out on (*od.* opens on [to]) the garden. – **5.** *fig.* (*passen*) go on: **der Koffer geht nicht auf den Schrank** the suitcase does not go (*od.* fit) on the wardrobe; **das geht nicht mehr auf diese Seite** there is no room for that on this page; → **Kuhhaut.** – **6.** *fig.* (*zielen*) be aimed at, be meant for: **das geht auf mich** *colloq.* that is (*od.* was) aimed at me. – **7.** *auch v/impers* (*auf dem Spiele stehen*) be a matter of: **es geht auf Leben und Tod** it is a matter of life and death. – **8.** *auch v/impers fig.* (*sich nähern*) approach, get (*od.* go) on for: **er geht auf die dreißig** he is getting on for thirty; **die Uhr** (*od.* **es**) **geht auf zehn** it is getting on for ten; **es geht auf Mitternacht** it is nearly midnight, midnight is approaching. – **9.** *fig.* (*reizen*) upset: **er geht mir auf die Nerven** he upsets me, he gets on my nerves; **fettes Essen geht mir auf den Magen** fat(ty) food upsets (*od.* affects) my stomach. – **10.** *fig.* (*ergeben*) go to, make up: **auf einen Zentner gehen 50 Kilo** 50 kilogram(me)s go to one centner. – **II** *v/i* ⟨*dat*⟩ **11.** walk (*od.* go) on: **auf allen vieren ~** *colloq.* to go on all fours; **wie auf Eiern ~** *colloq.* to walk (*od.*

tread) gingerly. — ~ **aus** *v/i* **1.** (*sich von einem Ort entfernen*) go out (of): **er geht den ganzen Tag nicht aus dem Haus** he never goes (*od.* stirs, gets) out of doors (*od.* the house) all day long, he is a stay-at--home; **aus dem Dorfe in die Stadt** ~ to go from the village into the town; ~ **Sie mir aus den Augen!** get out of my sight! **diese Melodie geht mir nicht aus dem Kopf** (*od.* **Sinn**) *fig.* this melody keeps running through my head (*od.* mind). – **2. sie ging ihm aus dem Weg** she kept out of his way, she avoided him. — ~ **au·ßer** *v/i* go out of: **außer Haus** ~ to go out of (*od.* leave) the house; **außer Landes** ~ to leave the country. — ~ **bis** *v/i* **1.** (*zu Fuß*) walk (*od.* go) to (*od.* as far as). – **2.** *fig.* (*von Fahrzeugen*) go to (*od.* as far as): **der Bus geht nur bis X** the bus only goes (*od.* runs) as far as X. – **3.** *fig.* (*von Straßen*) go (*od.* lead) to (*od.* as far as). – **4.** ~ **bis an** *fig.* (*reichen*) *cf.* **gehen an** 2. — ~ **durch** *v/i* **1.** walk (*od.* go) through. – **2.** *fig.* (*von Weg etc*) go (*od.* lead) through, traverse. – **3.** *fig.* (*durchlaufen*) pass (*od.* go) through: **alles geht durch meine Hände** a) everything passes through my hands, b) I am responsible for (*od.* in charge of) everything. – **4.** *fig.* (*von Personen*) (*passen*) make it (*od.* get) through. – **5.** *fig.* (*von Dingen*) (*passen*) pass (*od.* go) through. – **6.** *fig.* (*von Wasser etc*) go through, leak through, penetrate. – **7.** *fig.* (*sich ziehen*) go through: **dieser Charakterzug geht durch die ganze Familie** this trait goes (*od.* runs) through the whole family. – **8.** *astr.* transit. — ~ **ge·gen I** *v/i* **1.** (*Feinde etc*) go against. – **2.** *fig.* go against: **diese Bemerkung geht gegen dich** this remark goes against (*od.* is aimed at, is meant for) you; **das geht gegen mein Gewissen** that goes against (*od.* is contrary to, is repugnant to) my conscience. – **II** *v/impers* **3.** *fig.* (*sich nähern*) get on toward(s), approach, near: **es geht gegen Morgen** morning is approaching, it is nearly morning. — ~ **hin·ter** *v/i* **I** ⟨*acc*⟩ go behind. – **II** ⟨*dat*⟩ walk (*od.* go) behind. — ~ **in** *v/i* **I** ⟨*acc*⟩ **1.** (*hineingehen*) go (*od.* walk) into, enter. – **2.** (*Schule, Theater etc*) go to, attend: **viel in Gesellschaft** ~ to go to (*od.* frequent) many parties, to go out frequently. – **3.** (*zur Berufsausübung*) go into: **in die Industrie [den Staatsdienst]** ~ to go into industry [the civil service]. – **4.** *fig. colloq.* (*hineinpassen*) go into: **100 Personen** ~ **in diesen Saal** a hundred persons go into this hall, this hall holds (*od.* accommodates, seats) a hundred persons; **das geht nicht in meine Tasche** that does not fit into my pocket. – **5.** *fig. colloq.* (*führen*) lead into: **diese Leitung geht in den Keller** this (electric) cable leads into the cellar. – **6.** *fig.* (*eintreten*) enter, begin: **der Krieg geht schon ins 4. Jahr** the war is now entering (into) the fourth year; **er geht in sein 70. Jahr** he is entering upon his seventieth year. – **7.** *auch v/impers fig.* (*dauern*) approach, get (*od.* go) on for: **es geht ins 7. Jahr, daß** it is getting on for (*od.* it is nearly) 7 years since, it is more than 6 years since. – **8.** *fig.* (*aufgeteilt werden*) be divided into. – **9.** *fig. colloq.* (*enthalten sein*) go into: **wie oft geht 2 in 10?** how many times does 2 go into 10? – **10.** *fig.* (*in Wendungen wie*) **ins einzelne** ~, **in Einzelheiten** ~ to go into detail; **ins Geld [in die Millionen]** ~ to run into money [millions]; **in sich** ~ a) to search one's conscience, b) (*bereuen*) to feel remorse, to repent; **in Urlaub** (*od.* **Ferien**) ~ to go on holiday (*Am. auch* vacation); **er geht in sein Verderben** he goes to his ruin; → **Auge** 1. – **II** ⟨*dat*⟩ **11.** walk in, go in: **sie gingen in der Mitte der Straße** they walked in the middle of the road. – **12.** ⟨*auch acc*⟩ (*bei Richtungsangaben*) walk in, go in: **in nördliche(r) Richtung** ~ to go north. – **13.** (*im Schritt, Trab etc*) go at. – **14.** *fig. colloq.* (*tragen*) wear, go in: **in Schwarz** (*od.* **Trauer**) ~ to go in black, to wear (*od.* be in) mourning. — ~ **mit** *v/i* **1.** (*begleiten*) walk (*od.* go) (along) with, accompany. – **2.** *colloq.* (*befreundet sein*) go with: **mit einem Mädchen** ~ *fig.* to go (out) with a girl, to have a girl friend. – **3.** *fig.* (*tragen*) wear: **sie geht mit Hut** she wears a hat. – **4. mit der Zeit** ~ *fig.* a) (*Schritt halten*) to keep pace with the times, to be up-to--date, b) (*sich anpassen*) to conform to circumstances, to accommodate oneself to the times; → **Mode** 1. – **5.** *auch v/impers fig. colloq.* (*bestellt sein um*) go: **wie geht es mit Ihrem Prozeß?** how is your lawsuit going? how are you getting on with your lawsuit? — ~ **nach** *v/i* **1.** go (*od.* walk) (to): **nach Hause** ~ to go home; **nach rechts** ~ to go (to the) right. – **2.** *fig. colloq.* (*fahren*) go to: **nach X** ~ a) to go to X, b) (*verziehen*) to go (*od.* move) to X. – **3.** *fig.* (*von Verkehrsmitteln*) go (*od.* run) to, take (*s.o.*) to, be bound for. – **4.** *fig.* (*führen*) lead (*od.* go) to, take (*s.o.*) to. – **5.** *auch v/impers fig.* **wo geht hier die Straße** (*od.* **es hier**) **nach X?** where (*od.* which) is the way to X? could you tell me the way to X? – **6.** *fig.* (*von Blick, Fenster etc*) face, look toward(s). – **7.** *fig.* (*urteilen*) go (*od.* judge) by: **man kann nicht nach seiner Aussage [seinem Äußeren]** ~ you cannot go by his testimony [appearance]; **nach seinem Gefühl** (*od. colloq.* **seiner Nase nach**) ~ to follow one's nose. – **8.** *fig.* (*einem Muster folgen*) follow: **das Lied geht nach der Melodie von** the song follows (*od.* goes to) the tune of; **nach dieser Vorlage können Sie nicht** ~ you cannot follow (*od.* go by) this pattern. – **9.** *fig.* (*abhängen*) **wenn es nach mir ginge,** dann if it depended on me then, if I had (*od.* if it were for me) to decide then, if I had it my way then. — ~ **ne·ben** *v/i* ⟨*dat*⟩ go beside. — ~ **oh·ne** *v/i* **1.** go without. – **2.** *auch v/impers fig.* do (*od.* manage) without: **es geht auch ohne dich** we can manage without you, we don't really need you. — ~ **per** *v/i* go by, *bes. Am.* go via: **das Paket geht per Luftpost** the parcel goes by (*bes. Am.* via) air mail. — ~ **über** *v/i* **I** ⟨*acc*⟩ **1.** (*überqueren*) go (*od.* walk) over, cross. – **2.** *fig.* (*Briefe etc*) go (*od.* be routed) via. – **3.** *fig.* (*übersteigen*) exceed, go beyond: **das geht über meine Kraft** that exceeds (*od.* goes beyond, is too much for) my strength. – **4.** *fig. colloq.* (*zum Thema haben*) run on, be on. – **5.** *fig.* (*in Wendungen wie*) **seine Familie geht ihm über alles** his family matters more to him than anything; **die Freiheit geht ihnen über das Leben** they prize liberty more than life. – **6.** *fig.* (*besser sein*) be better: **nichts geht über ein Zuhause** there is nothing like (*od.* better than) a home, nothing beats a home. – **7.** *fig.* (*sich ausbreiten*) spread across (*od.* over), pass over. – **II** ⟨*dat*⟩ **8.** walk above (*od.* over). — ~ **um** *v/i* **1.** walk (*od.* go) (a)round: **um die Ecke** ~ to walk (a)round (*od.* turn) the corner; **um den Block** ~ to walk round the block. – **2.** *fig.* (*von Mauern etc*) go (a)round. – **3.** *auch v/impers fig.* (*sich drehen um*) be a matter (*od.* question) of: **es geht ihm nur ums Geld** he is just interested in the money; **es geht darum festzustellen, ob** the point (*od.* matter) (at issue) is to ascertain whether, it is a matter of ascertaining whether; **worum** (*od. colloq.* **um was**) **geht es hier?** what is the (point at, matter at) issue? what is it all about? – **4.** *auch v/impers fig.* (*handeln von*) be on, be concerned with, deal with. – **5.** *fig.* (*auf dem Spiele stehen*) be at stake: **es geht um den Frieden** peace is at stake; **es geht ums Ganze** everything is at stake, it's all or nothing; **du weißt, worum es geht** you know what it is all about, you know what is at stake; → **Wurst** 3. — ~ **un·ter** *v/i* **I** ⟨*acc*⟩ **1.** (*sich begeben*) go under. – **2.** *fig.* (*Menschen, Leute etc*) go among, mix with. – **3.** *fig.* (*als Beruf aufnehmen*) become: **unter die Soldaten** ~ to become a soldier. – **II** ⟨*dat*⟩ **4.** (*sich bewegen*) walk under (*od.* below). – **5.** *fig.* (*bei Namen etc*) go by, go under: **und das geht unter dem Namen ‚Nächstenliebe'** and a thing like that goes by the name of (*od.* passes for) charity, that is called (*od.* is what people call) charity. — ~ **von** *v/i* **1.** (*sich entfernen*) leave, go from. – **2.** (*sich von Ort zu Ort bewegen*) go from: **von Haus zu Haus** ~ go from house to house. – **3.** *fig.* (*von Straße etc*) go from: **die Straße geht von X nach Y** the road goes (*od.* leads) from X to Y; **der Zug geht von A nach B** the train goes (*od.* runs) from A to B. – **4. er ist von uns gegangen** *fig. lit.* he has gone from us, he died. – **5.** *fig. colloq.* (*von Zug etc*) leave (*od.* depart) from. — ~ **vor** *v/i* **I** ⟨*acc*⟩ **1.** go before, go in front of. – **2. vor sich** ~ *fig.* a) to happen, to occur, to take place, b) (*verlaufen*) to go on (*od.* along), c) (*funktionieren*) to work, to go: **was geht denn hier vor sich?** what's going on here? – **II** ⟨*dat*⟩ **3.** walk (*od.* go) before (*od.* in front of). – **4.** *fig.* (*Vorrang haben*) go before, have preference over. — ~ **wi·der** *v/i* go against. — ~ **zu** *v/i* **1.** go to: **zum Arzt** ~ to go to (see) the doctor; **zur Polizei** ~ a) to go to the police, b) *fig. colloq.* to become a policeman, to join the police force; **zur See** ~ *fig. colloq.* to go to sea, to join the navy; **zu Tisch** ~ to go to (*od.* for) lunch. – **2.** (*Kirche, Schule etc*) go to, attend. – **3.** *cf.* **besuchen** 3. – **4. zur Rechten [Linken] j-s** ~ *lit.* to walk (*od.* go) on the right [left] side of s.o., to walk (*od.* go) to the right [left] of s.o. – **5.** *fig. colloq.* (*sich nähern*) approach. – **6.** *fig.* (*reichen*) *cf.* **gehen an** 2. – **7.** *fig.* (*führen*) *cf.* **gehen nach** 4, 5. — ~ **zwi·schen** *v/i* **I** ⟨*acc*⟩ (*passen*) go between. – **II** ⟨*dat*⟩ (*sich befinden*) walk (*od.* go) between.

Ge'henk *n* ⟨-(e)s; -e⟩ *rare for* **Gehänge** 7.

Ge'henk·te *m* ⟨-n; -n⟩ hanged man.

'ge·hen,las·sen I *v/t* ⟨*irr, sep, no* -ge-, h⟩ **1.** (*loslassen*) let (*s.th., s.o.*) go, let go of. – **2.** (*in Ruhe lassen*) leave (*s.o., s.th.*) alone. – **3.** *cf.* **laufenlassen** 1. – **II** *v/reflex* ⟨h⟩ **sich** ~ **4.** let oneself go. – **5.** (*es sich leichtmachen, ausspannen*) take it easy, relax. – **6.** (*Beherrschung verlieren*) lose control of oneself, lose one's self-control.

'Ge·her *m* ⟨-s; -⟩ (*sport*) walker.

Ge'het·ze *n* ⟨-s; *no pl*⟩ *colloq.* hurry, rush.

ge'hetzt I *pp.* – **II** *adj* (*Mensch*) hurried, rushed, in a rush: **er brach wie ein ~es Wild zusammen** *fig.* he collapsed like a hunted beast.

ge'heu·er [-'hɔʏər] *adj* ⟨*meist pred*⟩ **nicht** (**ganz** *od.* **recht**) ~ **1.** uncanny, eerie, *auch* eery, mysterious, weird, creepy: **hier ist es nicht ganz** ~ this is an uncanny place, this place seems to be haunted (*od. colloq.* gives one the creeps). – **2.** (*verdächtig*) queer, suspicious, fishy (*colloq.*): **dieses Angebot kommt mir nicht (ganz)** ~ **vor** this offer seems rather fishy to me; **er ist mir nicht** ~ there's s.th. fishy about him. – **3.** (*riskant*) risky, ticklish: **dieser Plan ist nicht** ~ this is a ticklish plan. – **4.** (*unwohl*) uneasy, not at ease: **ihm war nicht recht** ~ **(zumute)** he did not feel at ease at all, he had a feeling of uneasiness.

Ge'heul *n* ⟨-(e)s; *no pl*⟩ *colloq. for* **Heulen**.

'Geh,gips *m med.* walking cast (*bes. Br.* plaster).

Ge'hil·fe *m* ⟨-n; -n⟩ **1.** (*im Laden etc*) assistant. – **2.** (*Aushilfe*) help(er), underling. – **3.** (*im Büro etc*) clerk. – **4.** (*Geselle*) journeyman. – **5.** *jur.* aider and abettor (*od.* abetter), accomplice. – **6.** (*Schreibgehilfe*) amanuensis. – **7.** *contempt.* (*Helfershelfer*) henchman.

Ge'hil·fen|,brief *m econ.* **1.** (*im handwerklichen Bereich*) certificate of apprenticeship. – **2.** (*eines Kaufmannsgehilfen*) *certificate issued to s.o. who has served three years as a junior clerk and passed a Chamber of Commerce examination.* — ~**,prü·fung** *f* apprentice's final examination.

Ge'hil·fen·schaft *f* ⟨-; *no pl*⟩ *Swiss jur.* aiding and abetting, abetment in crime.

Ge'hil·fin *f* ⟨-; -nen⟩ **1.** *cf.* **Gehilfe** 1—3. – **2.** *cf.* **Hausgehilfin**.

Ge'hirn *n* ⟨-(e)s; -e⟩ **1.** *med.* brain, encephalon (*scient.*): **das** ~ **betreffend** cerebral, encephalic. – **2.** *colloq.* (*Verstand*) brain(s *pl*), mind: **sein** ~ **anstrengen** to use (*od.* rack) one's brain(s) (*od.* head). — ~**ab·,szeß** *m med.* brain (*od.* cerebral) abscess. — ~**,blu·tung** *f* cerebral h(a)emorrhage. — ~**,bruch** *m* hernia cerebri, encephalocele, *auch* encephalocoele. — ~**chir·ur,gie** *f* brain surgery. — ~**ent·,zün·dung** *f* brain fever, inflammation of the brain, encephalitis (*scient.*). — ~**er,schüt·te·rung** *f* concussion of the brain, brain (*od.* cerebral) concussion: **sich** (*dat*) **eine** ~ **zuziehen** to sustain a brain concussion. — ~**er,wei·chung** *f* softening of the brain, encephalomalacia (*scient.*). — ~**funk·ti,on** *f* brain (*od.* cerebral) function, cerebration (*scient.*). — ~**,fur·che** *f* **1.** sulcus (cerebri). – **2.** (*zwischen zwei Gehirnwindungen*) anfractuosity. — ~**ge,schwulst** *f cf.* **Gehirntumor**.

Ge'hirn,haut *f med.* meninx, meninges *pl.* — ~**ent,zün·dung** *f* meningitis.

Ge'hirn|he·mi,sphä·re *f med.* cerebral

hemisphere, hemicerebrum (*scient.*). — **~ˌkam·mer** *f* cerebral ventricle. — **~ˌka·sten** *m colloq. humor.* 'upper storey' (*colloq.*), head: **streng deinen ~ an** use your head (*od.* brains, wits, *Br. sl.* loaf). — **~ˌkrank·heit** *f med. cf.* Gehirnleiden. — **~ˌlap·pen** *m* lobe of the brain. — **~ˌlei·den** *n* brain disease, disorder of the brain, cerebropathy (*scient.*). — **g~los** *adj* **1.** *med. zo.* a) brainless, anencephalic (*scient.*), b) (*enthirnt*) decerebrate. – **2.** *fig. colloq. cf.* hirnlos 2. — **~ˌman·tel** *m* brain mantle, pallium (*scient.*). — **~ˌmark** *n* white matter (of the brain), medullary substance (*scient.*). — **~ˌmas·se** *f* brain matter. — **~ˌnerv** *m* cranial nerve. — **~ödem** [-øˌdeːm] *n* cerebral (o)edema. — **~ˌquet·schung** *f* cerebral contusion. — **~ˌrin·de** *f* cerebral cortex. — **~ˌschä·di·gung** *f* brain damage, cerebral lesion (*scient.*). — **~ˌscha·le** *f* brainpan, *Br.* brain-pan; cranial vault, cranium (*scient.*). — **~ˌschlag** *m* apoplectic fit, apoplexy: **~ durch Gefäßblutung** cerebral vascular stroke. — **~ˌschwund** *m* shrinking of the brain; cerebral atrophy, encephalatrophy (*scient.*). — **~skleˌro·se** *f* sclerencephaly. — **~subˌstanz** *f* brain matter (*od.* substance): **graue [weiße] ~** gray (*bes. Br.* grey) [white] matter. — **~ˌtä·tig·keit** *f* cerebral activity, cerebration. — **~ˌtod** *m* cerebral death. — **~ˌtrust** *m pol. econ.* Brains Trust, *Am.* brain trust. — **~ˌtu·mor** *m med.* brain (*od.* cerebral) tumor (*bes. Br.* tumour), encephaloma (*scient.*). — **~ˌwä·sche** *f pol.* brainwashing, *Br.* brain-washing: **bei j-m eine ~ vornehmen** to brainwash s.o. — **~ˌwas·serˌsucht** *f med.* hydrocephalus, *auch* hydrocephaly. — **~ˌwin·dung** *f* cerebral convolution, gyrus.

ge'ho·ben [-'hoːbən] **I** *pp of* heben. – **II** *adj* **1.** elevated, exalted: **~e Stimmung** heightened (*od.* elevated) mood, elatedness, elation; **in ~er Stimmung** in an elevated (*od.* elated) mood, in high feather, in high spirits. – **2.** (*Sprache, Stil etc*) literary, elevated, exalted: **~e Sprache** literary (*od.* lofty, elevated) speech (*od.* language). – **3.** (*Stellung*) elevated, high, senior, superior: → Dienst 2. – **4. Güter des ~en Bedarfs** (*od.* **Verbrauchs**) *econ.* luxuries and semi-luxuries. – **5.** *geol.* (*Strand*) raised.

Ge'höft [-'høːft] *n* ⟨-(e)s; -e⟩ farm(stead), *Br. auch* steading.

Ge'höh·ne *n* ⟨-s; *no pl*⟩ *colloq.* scoffing, derision, scorn.

ge'hol·fen [-'hɔlfən] *pp of* helfen.

Ge'hol·per *n* ⟨-s; *no pl*⟩ *colloq.* jolting, bumping.

Ge'hölz [-'hœlts] *n* ⟨-es; -e⟩ **1.** small wood, coppice, copse. – **2.** (*Dickicht*) thicket. – **3.** *meist pl bot.* (*Holzgewächse*) woody plant.

Ge'hop·se *n* ⟨-s; *no pl*⟩ *colloq.* jumping, hopping.

Ge'hör *n* ⟨-(e)s; *no pl*⟩ **1.** a) (sense of) hearing, b) ear: **ein feines ~** a delicate (*od.* sensitive) ear; **er hat ein scharfes ~** he is sharp of hearing, he has a sharp (*od.* quick, keen) ear; **ein musikalisches ~** a musical ear, an ear for music; **nach ~ spielen** *mus.* to play by ear; **er hat das absolute ~** *mus.* he has the absolute (*od.* perfect) pitch. – **2.** (*Beachtung*) hearing: **j-n um ~ bitten** to request a hearing (*od.* attention) from s.o., to ask s.o. to listen to one; **j-m ~ schenken** to give (*od.* grant) s.o. a hearing, to lend s.o. an (*od.* one's) ear, to listen to s.o., to give audience to s.o. (*lit.*); **~ finden** to be heard, to be listened to; **ihre Bitten fanden bei ihm kein ~** he turned a deaf ear (*od.* refused to listen) to her requests; **mir ist zu ~ gekommen, daß** it has come to my ears that, I've heard that; **ein Lied zu ~ bringen** to sing a song; **sich** (*dat*) **~ verschaffen** a) to make oneself heard, b) *jur. etc* to gain (*od.* obtain) a hearing; **j-n ohne rechtliches ~ verurteilen** to condemn (*od.* sentence) s.o. without a hearing. – **3.** *hunt.* (*Ohren vom Raubwild*) ears *pl.*

ge'hor·chen *v/i* ⟨*pp* gehorcht, h⟩ **1.** (*dat* to) obey, be obedient: **das Kind muß ~ lernen** the child must learn to obey; **aufs Wort ~** to obey implicitly (*od.* to the letter); **dem Gesetz ~** to obey (*od.* comply with) the law; **j-m nicht ~** not to obey s.o., to disobey (*od.* be disobedient to) s.o. – **2.** *bes. tech.* (*dem Ruder, Steuer etc*) (*dat* to) respond.

ge'hö·ren I *v/i* ⟨*pp* gehört, h⟩ **1.** ⟨*dat*⟩ belong to: **es gehört mir** it belongs to me, it is mine (*od.* my property); **wem gehört der Hut?** whose hat is it? to whom does the hat belong? **er hat nichts, was ihm gehört** he has nothing that belongs to him (*od.* nothing of his own); **ihr Herz gehört einem anderen** her heart belongs to another; **der Raumfahrt gehört die Zukunft** the future belongs to space travel; **der Sieg gehört dem Tapferen** fortune favo(u)rs the brave (*proverb*). – **2.** (*seinen Platz haben*) (in *acc* in, **auf** *acc* on) belong: **diese Sachen ~ in den Schrank** these things belong (*od.* go) in(to) the cupboard; **das Buch gehört auf das Bord** the book belongs (*od.* goes) on the shelf; **wissen, wohin man gehört** to know one's place (*od.* where one belongs); **das gehört nicht hierher** a) (*von Gegenstand*) that doesn't belong here, b) (*von Bemerkung etc*) that is out of place here, that is beside (*od.* not to) the point, that is irrelevant. – **3. ~ unter** (*acc*) to come (*od.* fall) under: **das gehört unter eine andere Rubrik** that falls under a different heading. – **4. ~ zu** a) to belong to, b) (*zählen zu*) to belong to, to be (*od.* rank) among, c) (*als Mitglied*) to be a member of, d) (*als Teil*) to belong to, to be (*od.* form) part of, to appertain to, e) (*als Voraussetzung*) to take, to require, f) (*als Ergänzung*) to go with: **er gehört zu den großen Pianisten** he ranks among (*od.* is one of) the great pianists; **er gehört nicht zu uns** he does not belong to us, he is not one of us (*od.* our company); **er gehört nicht zu dieser Sorte von Mensch** he is not that sort of person; **er gehört zum Komitee** he is a member of (*od.* he is on) the committee; **Wales gehört zu Großbritannien** Wales forms part of (*od.* belongs to) Great Britain; **diese Pflichten ~ zu meiner Arbeit** these duties are part of (*od.* appertain to) my work; **das Stück gehört zum ständigen Repertoire** the play forms (*od.* is) a standing part of the repertory; **alles, was zu einem angenehmen Leben gehört** everything that belongs to (*od.* contributes to, forms part of) a comfortable life; **zu dem Haus gehört eine Garage** a garage belongs (*od.* is attached) to the house, there is a garage with the house; **es gehört zum guten Ton** it is good manners (*od.* form), it is the done thing; **das gehört dazu** it's all part of the procedure (*od. colloq.* game, setup, *Br.* set-up); **dazu gehört scharfes Nachdenken** this takes (*od.* involves) hard thinking; **dazu gehört nicht viel** that doesn't take much (doing); **es gehört schon etwas [viel Mut] dazu** it takes a lot of doing [courage]; **zu Fisch gehört Weißwein** white wine should go with fish; **zu dem Kleid ~ helle Schuhe** the dress should be worn with light shoes; **alles, was dazu gehört** all that goes with it. – **5.** (*sein müssen, sollen*) ought to be, should be: **er gehört ins Bett** he ought to be in bed; **die Sache gehört vors Gericht** this case should be taken to court; **er gehört tüchtig verprügelt** *colloq.* he ought to get (*od.* deserves) a sound thrashing; **das gehört verboten** *colloq.* that ought to be forbidden. – **II** *v/reflex u. v/impers* **sich ~ 6.** be fitting (*od.* proper, right): **wie es sich gehört** as is proper; **das gehört sich nicht** it is bad manners (*od.* form); **das gehört sich auch so** that's as it should be; **er weiß, was sich gehört** he knows how to behave. — **ge'hö·rend I** *pres p.* – **II** *adj* **1. j-m ~** (*als Besitz*) belonging to s.o.: **das ihm ~e Eigentum** the property belonging to (*od.* owned by) him, his property. – **2.** *cf.* gehörig 1.

Ge'hör|ˌfeh·ler *m med.* defective (*od.* defect of) hearing, auditory defect (*scient.*). — **~ˌgang** *m* auditory canal (*od.* meatus), acoustic duct.

ge'hö·rig I *adj* ⟨*attrib*⟩ **1. zu etwas ~** (*als Teil*) belonging to (*od.* forming part of, appertaining to) s.th.: **zur Familie ~e Personen** persons belonging to the family; **zur Sache ~** relevant, pertinent; **nicht zur Sache ~** irrelevant, beside (*od.* not to) the point. – **2.** (*gebührend*) proper, due, appropriate: **mit der ~en Achtung** with due respect; **in ~er Form** a) (*vom Benehmen*) in the proper manner, b) (*bei Bewerbung etc*) in due form. – **3.** (*notwendig*) necessary, essential: **sie begannen mit dem ~en Eifer** they set to work with the necessary enthusiasm. – **4.** *colloq.* (*tüchtig, gründlich*) thorough: **eine ~e Portion Mut haben** to have a great deal (*od.* a lot) of courage; **eine ~e Tracht Prügel** a sound thrashing (*od. colloq.* proper licking); **sie hatten ~en Respekt vor ihm** they had a healthy respect for him; **er nahm einen ~en Schluck** he took a good gulp (*od. colloq.* swig). – **5.** *cf.* gehörend 1. – **6. vor ein Gericht ~** *jur.* cognizable (*od.* cognisable) in a (law)court. – **II** *adv* **7.** *colloq.* **er hat es ihm ~ gegeben** *Br.* he gave him what for, *Am.* he really gave it to him; **er hat ihm ~ die Meinung gesagt** he gave him a piece of his mind, *Br. auch* he told him a few home truths; **er hat ~ einen getrunken** he has drunk his fill; **ganz ~ kalt** really (*od.* awfully, bitterly) cold.

Ge'hör|ˌknö·chel·chen *n med.* auditory ossicle, ossicle of the ear. — **~ˌkrank·heit** *f*, **~ˌlei·den** *n* defective (*od.* defect of) hearing, hearing disorder. — **~ˌlei·den·de** *m, f* ⟨-n; -n⟩ person with defective hearing (*od.* with a hearing handicap).

ge'hör·los *adj* unable to hear, deaf. — **Ge'hör·lo·se** *m, f* ⟨-n; -n⟩ deaf person: **die ~n** the deaf. — **Ge'hör·lo·senˌschu·le** *f* school for the deaf. — **Ge'hör·lo·sig·keit** *f* ⟨-; *no pl*⟩ deafness.

Ge'hörn [-'hœrn] *n* ⟨-(e)s; -e⟩ **1.** (*eines Rindes etc*) horns *pl.* – **2.** *hunt.* (*eines Rehs*) antlers *pl.*

Ge'hörˌnerv *m med.* auditory (*od.* acoustic) nerve.

ge'hörnt I *pp.* – **II** *adj* **1.** (*Rind etc*) horned, cornigerous (*scient.*). – **2.** *hunt.* (*Reh etc*) antlered. – **3.** *bot.* (*Blatt etc*) corniculate. – **4. der ~e Siegfried** *myth.* Siegfried the horny (*od.* invulnerable). – **5.** *fig. colloq.* (*Ehemann*) deceived.

Ge'hör|orˌgan *n med.* organ of hearing (*od.* Corti). — **~ˌpro·be** *f* hearing test.

ge'hor·sam [-'hoːrzaːm] **I** *adj* **1.** obedient: **ein ~es Kind** an obedient (*od.* a dutiful) child; **j-s Befehlen ~ sein** to be obedient to (*od.* to obey) s.o.'s orders; **Ihr ~(st)er Diener** *obs.* (*als Briefschluß*) your (most) obedient servant, yours most obediently. – **2.** (*Bürger, Untertan etc*) law-abiding. – **3.** (*willfährig*) docile. – **4.** (*untertänig*) submissive. – **II** *adv* **5.** obediently. – **6.** *mil.* respectfully: **melde ~st** I beg respectfully to report; **bitte ~st zu** I respectfully beg permission to.

Ge'hor·sam *m* ⟨-s; *no pl*⟩ **1. (gegen[über]** to) obedience: **blinder ~** blind obedience; **aus ~ gegen j-n** in obedience to s.o.; **j-m ~ leisten** to obey s.o.; **j-m den ~ verweigern** to refuse to obey s.o.; **sich** (*dat*) **~ verschaffen** to get obedience; **j-n zum ~ zwingen** to enforce obedience (up)on s.o. – **2.** (*Willfährigkeit*) docility. – **3.** (*Untertänigkeit*) submissiveness, submission.

Ge'hor·sam·keit *f* ⟨-; *no pl*⟩ obedience.

Ge'hor·sams|ˌpflicht *f* duty to obey, obedience. — **~verˌwei·ge·rung** *f* **1.** refusal to obey, disobedience. – **2.** *bes. mil.* insubordination.

Ge'hör|ˌscha·den *m med. cf.* Gehörfehler. — **~ˌschnecke** (*getr.* -k·k-) *f* snail of the inner ear, cochlea (*scient.*). — **~ˌsinn** *m* (sense of) hearing. — **~ˌstein** *m zo.* ear stone, otolith (*scient.*). — **~verˌlust** *m med.* loss of hearing.

geh·ren ['geːrən] *tech.* **I** *v/t* ⟨h⟩ **1.** miter, *bes. Br.* mitre. – **II G~** *n* ⟨-s⟩ **2.** *verbal noun.* – **3.** *cf.* Gehrung.

'Gehrˌmaß *n* (*wood*) **1.** miter (*bes. Br.* mitre) rule (*od.* square). – **2.** bevel ga(u)ge.

'Gehˌrock *m* (*fashion*) frock coat, *Am. auch* Prince Albert (coat).

'Geh·rung *f* ⟨-; *no pl*⟩ (*wood*) **1.** *cf.* Gehren. – **2.** miter (*bes. Br.* mitre) cut. – **3.** (*mit anderem Winkel als 45°*) diagonal (*od.* bevel) cut.

'Geh·rungs|ˌfu·ge *f tech.* **1.** miter (*bes. Br.* mitre) joint. – **2.** (*mit anderem Winkel als 45°*) bevel joint. — **~ˌho·bel** *m* bevel(l)ing plane, mitering (*bes. Br.* mitring) plane. — **~ˌkreisˌsä·ge** *f* miter and bevel saw. — **~ˌla·de** *f* miter box. — **~li·neˌal** *n* mit(e)ring fence. — **~ˌsä·ge** *f* miter box saw. — **~ˌschnitt** *m* **1.** miter cut. – **2.** (*mit anderem Winkel als 45°*) bevel (*od.* diagonal) cut. — **~ˌschwei·ßung** *f* miter weld. — **~ˌstoß** *m* miter joint. — **~ˌwin·kel** *m* miter square. — **~ˌzwin·ge** *f* miter clamp.

'Geh|ˌsteig *m Br.* pavement, *auch* foot-path, *Am.* sidewalk. — **~ˌstö·rung** *f med.* disturbance of gait, dysbasia (*scient.*).

Geˈhu·del *n* ⟨-s; *no pl*⟩ *colloq. cf.* Hudelei.
geˈhuft [-ˈhuːft] *adj zo.* hoofed; ungulate, *auch* ungulated (*scient.*).
Geˈhu·pe *n* ⟨-s; *no pl*⟩ *colloq.* constant (*od.* annoying) honking.
geˈhupft I *pp.* – **II** *adj colloq. only in* das ist ~ wie gesprungen *colloq.* that is six of one and half a dozen of the other, that is as broad as it is long.
Geˈhu·ste *n* ⟨-s; *no pl*⟩ *colloq.* (continual) coughing.
ˈGeh|verˌband *m med.* **1.** leg splint permitting walking. – **2.** *cf.* Gehgips. — **~verˌsuch** *m meist pl* attempt to walk (*od.* at walking): erste ~e eines Künstlers *fig.* first attempts of a budding artist. — **~ˌweg** *m* **1.** *cf.* Gehsteig. – **2.** footpath, *Br.* foot-path. — **~ˌwerk** *n* (*der Uhr*) **1.** clockwork, works *pl.* – **2.** (*Räderwerk*) motion, movement. — **~ˌwerkˌzeu·ge** *pl biol.* locomotor apparatus *sg.*
Gei [gaɪ] *f* ⟨-; -en⟩ *mar.* guy, vang. — **ˈgei·en** *v/t* ⟨h⟩ *cf.* aufgeien.
Gei·er [ˈgaɪər] *m* ⟨-s; -⟩ **1.** *zo.* vulture (*Fam. Vulturidae u. Cathartidae*): zu den ~n gehörig vulturine. – **2.** *colloq.* (*in Verwünschungen*) hol's der ~! the devil take it! confound it! hang it! — **g~ˌar·tig** *adj* vulture-like, *Br.* vulture-like, vulturous, vulturine. — **~ˌfal·ke** *m cf.* Gerfalke, Jagdfalke 1. — **~ˌra·be** *m* vulture raven (*Gattg Corvultur*). — **~ˌseeˌad·ler** *m* eagle vulture (*Gypohierax angolensis*).
Gei·fer [ˈgaɪfər] *m* ⟨-s; *no pl*⟩ **1.** (*Speichel*) slaver, drivel, dribble, slobber. – **2.** (*Schaum*) froth, foam. – **3.** *fig. contempt.* (*Wut, Haß*) venom, spite, spleen, rancor, *bes. Br.* rancour. — **ˈGei·fe·rer** *m* ⟨-s; -⟩ *fig. contempt.* person with a vicious tongue, spiteful person. — **ˈgei·fern** *v/i* ⟨h⟩ **1.** slaver, drivel, dribble, drool, slobber. – **2.** foam at the mouth: vor Wut ~ to foam with rage. – **3.** *fig.* (gegen) speak venomously (*od.* rancorously) (about), vent one's spite (on), spout venom (at).
Gei·ge [ˈgaɪgə] *f* ⟨-; -n⟩ violin, fiddle (*colloq.*): (die) ~ spielen to play the violin, to fiddle (*colloq.*); die erste [zweite] ~ spielen a) *mus.* to play first [second] violin, b) *fig. colloq.* to play first [second] fiddle (*colloq.*); → Himmel 7. — **ˈgei·gen I** *v/i* ⟨h⟩ **1.** play the violin (*od. colloq.* fiddle), fiddle (*colloq.*). – **2.** *poet.* (*von Grillen*) chirp. – **3.** *vulg.* fuck. – **II** *v/t* **4.** play (*s.th.*) on the violin, fiddle (*colloq.*). – **5.** *vulg.* fuck. – **6.** *only in* j-m (gründlich) die Meinung ~ *fig. colloq.* to give s.o. a piece of one's mind, to tell s.o. what's what.
ˈGei·gen|ˌbau *m* violin making. — **~ˌbau·er** *m* violin maker. — **g~ˌblät·te·rig, g~ˌblätt·rig** *adj bot.* panduriform, pandurate(d). — **~ˌbo·gen** *m mus.* (violin) bow; fiddle bow, *Br.* fiddle-bow, fiddlestick (*colloq.*). — **g~ˌför·mig** *adj* **1.** violin-shaped, fiddleback (*attrib*). – **2.** *bot. cf.* geigenblätt(e)rig. — **~ˌhals** *m mus.* neck of the violin. — **~ˌharz** *n* rosin, resin, *auch* colophony, colophonium. — **~ˌholz** *n* (*zum Geigenbau*) wood used in violin making. — **~ˌka·sten** *m mus.* violin (*od. colloq.* fiddle) case. — **~ˌma·cher** *m cf.* Geigenbauer. — **~ˌsai·te** *f* violin string. — **~ˌspiel** *n* violin playing. — **~ˌspie·ler** *m cf.* Geiger. — **~ˌsteg** *m* bridge of a violin. — **~ˌstim·me** *f* part for the violin, violin part. — **~ˌstrich** *m* stroke of the violin bow. — **~ˌwir·bel** *m* violin peg.
ˈGei·ger *m* ⟨-s; -⟩ violinist, violin player, fiddler (*colloq.*): der erste ~ eines Orchesters the first violin of (*od.* in) an orchestra.
ˈGei·gerˌzäh·ler *m phys.* Geiger(-Müller) counter.
geil [gaɪl] *adj* **1.** *contempt.* (*wollüstig*) lustful, lecherous, lewd, randy, salacious, lascivious, libidinous, voluptuous: ~e Blicke lustful (*od.* wanton) looks; ein ~er Bock *vulg.* a lecherous old goat. – **2.** *vulg.* (*geschlechtlich erregt*) sexually excited. – **3.** *hort.* (*Triebe, Vegetation, Pflanze etc*) rank, overluxuriant: ~er Boden rank (*od.* rich) soil. – **4.** *zo.* (*brünstig*) rutting, in rut, (*bes. vom weiblichen Tier*) in heat. – **5.** *Austrian* (*Speise etc*) overrich, excessively fat.
ˈGei·le *f* ⟨-; -n⟩ *hunt.* (*Hode*) testicle.
gei·len [ˈgaɪlən] *v/i* ⟨h⟩ *contempt.* (nach) lust (for, after), be lustful (*od.* full of desire) (for).
ˈGeil·heit *f* ⟨-; *no pl*⟩ **1.** *contempt.* (*Wollust*) lustfulness, lecherousness, lewdness, randiness, salaciousness, lasciviousness, libidinousness, voluptuousness. – **2.** *vulg.* sexual excitement. – **3.** *hort.* (*von Trieben, Vegetation etc*) rankness, overluxuriance. – **4.** *zo.* rut, (*bes. des weiblichen Tiers*) heat.
ˈGeilˌwurz *f bot. cf.* Knabenkraut.
Gei·sel [ˈgaɪzəl] *f* ⟨-; -n⟩, *auch m* ⟨-s; -⟩ hostage: ~n stellen to give hostages; j-n als ~ behalten to keep s.o. as (a) hostage. — **~beˌfrei·ung** *f* freeing of hostages. — **~ˌnah·me** *f* ⟨-; *no pl*⟩ seizure of hostages.
Gei·ser [ˈgaɪzər] *m* ⟨-s; -⟩ *geol.* geyser, *auch* geysir.
Gei·sha [ˈgeːʃa] *f* ⟨-; -s⟩ geisha.
Geiß [gaɪs] *f* ⟨-; -en⟩ **1.** *Southern G.* she-goat, nanny (goat), *Br.* nanny(-goat). – **2.** *hunt.* (*Weibchen von Gems-, Stein-, Rehwild*) doe. — **~ˌbart** *m bot.* goatsbeard, aruncus (*Aruncus silvester*). — **~ˌbaum** *m* a) *cf.* Bergahorn, b) *cf.* Esche 1.
ˈGeißˌblatt *n bot.* honeysuckle, woodbine, *auch* woodbind (*Gattg Lonicera*): Durchwachsenes ~ (perfoliate) honeysuckle (*L. caprifolium*); Virginisches ~ trumpet honeysuckle, *auch* trumpet flower (*od.* vine) (*L. sempervirens*). — **g~ˌar·tig** *adj* caprifoliaceous. — **~geˌwäch·se, ~ˌpflan·zen** *pl* Caprifoliaceae.
ˈGeiß|ˌbock *m Southern G.* he-goat, billy goat, *Br.* billy-goat. — **~ˌbras·sen** *m zo.* bass (*Gattg Sargus*).
Gei·ßel [ˈgaɪsəl] *f* ⟨-; -n⟩ **1.** (*Peitsche*) whip, lash, (*bes. zur Kasteiung etc*) scourge. – **2.** *fig.* (*Plage*) scourge, plague, bane, pest, curse: Attila, die ~ Gottes *hist.* Attila, the Scourge of God. – **3.** *biol.* flagellum, cilium. — **~ˌbru·der** *m röm.kath. hist.* Flagellant. — **g~ˌför·mig** *adj biol.* flagelliform, flagellate(d). — **~ˌhaar** *n biol. cf.* Geißel 3. — **~ˌkam·mer** *f zo.* (*bei Schwämmen*) ciliated chamber, flagellated cavity.
gei·ßeln [ˈgaɪsəln] **I** *v/t* ⟨h⟩ **1.** (*peitschen*) whip, lash, flog, scourge, flagellate. – **2.** (*kasteien*) castigate, chastise, chasten, discipline. – **3.** *fig.* (*heimsuchen*) plague, torment. – **4.** *fig.* (*anprangern*) lash (out at), castigate: in seiner Rede geißelte er die politischen Mißstände in his speech he lashed (out at) the deplorable state of political affairs. – **II** *v/reflex* sich ~ **5.** (*sich kasteien*) discipline (*od.* castigate) oneself. – **III G~** *n* ⟨-s⟩ **6.** *verbal noun.*
ˈgei·ßelˌschwän·zig [-ˌʃvɛntsɪç] *adj zo.* (*Rochen*) whip-tailed, *auch* whiptail (*attrib*).
ˈGei·ßel|skor·piˌon *m*, **~ˌspin·ne** *f zo.* whip scorpion (*Ordng Pedipalpida*). — **~ˌstrauch** *m bot.* wild rattan (*Gattg Flagellaria*). — **~ˌtier·chen** *n zo. cf.* Flagellat. — **g~ˌtra·gend** *adj* mastigophorous, mastigophoric, flagellate(d).
ˈGei·ße·lung *f* ⟨-; -en⟩ **1.** *cf.* Geißeln. – **2.** flagellation. – **3.** (*Kasteiung*) castigation, chastisement. – **4.** *fig.* (*Anprangerung*) castigation, severe criticism.
ˈGei·ßelˌzel·le *f zo.* (*bei Nesseltieren*) stinging cell, nematocyst (*scient.*).
ˈGeiß|ˌfuß *m* **1.** *tech.* a) (*Nagelheber*) saddler's nail puller, b) (*Bildhauerbeitel*) V-tool for carvers. – **2.** *med.* (*des Zahnarztes*) (dental) elevator. – **3.** *bot.* goutweed, ashweed, bishop('s)-weed, herb Gerard (*Aegopodium podagraria*). — **~ˌhirt** *m* goatherd. — **~ˌklee** *m bot.* **1.** a) bean trefoil, laburnum, cytisus (*Cytisus laburnum*), b) hagweed (*C. scoparius*). – **2.** cowgrass, meadow trefoil, marl (*od.* red) clover (*Trifolium pratense*).
ˈGeiß·lein *n* ⟨-s; -⟩ **1.** *dim. of* Geiß 1. – **2.** kid: „Der Wolf und die sieben ~" "The Wolf and the Seven Kids" (*fairy tale by Grimm*).
ˈGeiß·ler *m* ⟨-s; -⟩ *röm.kath. hist.* Flagellant.
Geiß·lersch [ˈgaɪslərʃ] *adj* ⟨*attrib*⟩ Geissler: ~e Röhre *phys.* Geissler tube.
ˈGeiß|ˌpilz *m bot.* rough boletus (*Boletus scaber*). — **~ˌrau·te** *f* goat('s) (*od.* meadow) rue, galega (*Galega officinalis*).
Geist[1] [gaɪst] *m* ⟨-es; -er⟩ **1.** ⟨*only sg*⟩ (*Verstand*) mind, intellect: ~ und Körper mind and body; ein scharfer [enger] ~ a keen [narrow] mind; ~ und Materie mind and matter; seinen ~ anstrengen to tax one's mind (*od.* brain); der ~ ist willig, aber das Fleisch ist schwach *Bibl.* the spirit is willing but the flesh is weak. – **2.** ⟨*only sg*⟩ (*Denken, Einbildung*) spirit, mind, imagination: im ~e bei j-m sein to be with s.o. in spirit (*od.* in one's thoughts); sie sah die Szene im ~e vor sich she saw the scene in her mind's eye (*od.* in her imagination); er sah sich im ~e schon als Hauptgewinner im Lotto he already imagined himself the winner of the first prize in the lottery. – **3.** (*Scharfsinn, Esprit*) wit, brilliance, esprit: ein Mann von ~ a (man of) wit; eine Unterhaltung voller ~ a witty conversation; seinen ~ sprühen lassen to let one's wit sparkle. – **4.** (*bedeutender Mensch*) spirit, mind, intellect, brain: einer der größten ~er unserer Zeit one of the greatest minds (*od.* geniuses) of our time; große ~er stört das nicht *colloq. humor.* broad-minded people aren't bothered (*od.* disturbed) by that, little things don't disturb great minds. – **5.** ⟨*only sg*⟩ (*Sinn, Gesinnung*) spirit: der preußische [olympische] ~ the Prussian [Olympic] spirit; der ~ eines Zeitalters the spirit (*od.* genius, essence) of an age, the zeitgeist (*lit.*); ein Mann von starkem (*od.* unbeugsamem) ~ a man of unbending spirit; in j-s ~ handeln to act in the spirit of s.o. (*od.* in accordance with s.o.'s wishes); ein frischer ~ belebt die Politik a fresh spirit (*od.* a wind of change) puts new life into politics; daran erkennt man, wes ~es Kind er ist you can tell from that what sort of person he is. – **6.** ⟨*only sg*⟩ (*das Eigentümliche, Besondere*) genius: der ~ der deutschen Sprache the genius of the German language. – **7.** ⟨*only sg*⟩ (*geistige Verfassung, Moral*) morale, spirit: der ~ eines Heeres the morale of an army; in dieser Klasse herrscht ein guter ~ there is a good spirit in this class. – **8.** ⟨*only sg*⟩ (*Weltanschauung, Denken*) thought, mind: die Geschichte des deutschen ~es the history of German thought. – **9.** *pl* (*Meinungen*) mind *sg*, opinion(s *pl*), view(s *pl*): hier scheiden sich die ~er here people are of a different opinion, here people's opinions differ. – **10.** *cf.* Lebensgeister. – **11.** ⟨*only sg*⟩ (*Seele*) spirit, soul: den ~ aufgeben, seinen ~ aushauchen *lit. od. humor.* to give up the ghost, to breathe one's last, to draw one's last breath. – **12.** (*Gespenst*) ghost, spirit, specter, *bes. Br.* spectre: in dem Schloß geht ein ~ um the castle is haunted (*od.* inhabited by a ghost); ~er beschwören [bannen] to raise [to lay] ghosts; ich glaube nicht an ~er I do not believe in ghosts. – **13.** (*Kobold*) sprite, elf. – **14.** (*Erscheinung*) apparition, phantom, *auch* fantom. – **15.** (*übermenschliches Wesen*) spirit: der böse ~, der ~ der Finsternis the devil (*auch* Devil), the evil spirit, the spirit of darkness, the Evil One (*lit.*); böse ~er evil spirits, demons, *auch* daemons; ~er der Verstorbenen manes; von einem bösen ~ besessen sein to be possessed by an evil spirit (*od.* a demon). – **16.** *colloq.* (*in Wendungen wie*) ein dienstbarer ~ a (domestic) servant, a factotum, a ministering angel (*colloq. humor.*); j-s guter ~ sein to be s.o.'s good genius; die kleinen ~er the children, the little ones; er ist ein unruhiger ~ he is a restless (*od.* fidgety) person; von allen guten ~ern verlassen sein to be out of one's mind, to have taken leave of one's senses. – **17.** ⟨*only sg*⟩ *relig.* spirit: der Heilige ~ the Holy Ghost (*od.* Spirit); der ~ Gottes the Spirit of God. – **18.** *philos.* (*Mensch als geistiges Wesen*) mind: eigenpsychischer ~ self, ego; fremdpsychische ~er other minds. – **19.** *psych.* (*Psyche*) psyche.
Geist[2] *m* ⟨-es; -e⟩ *chem.* (*destillierte Flüssigkeit*) spirit.
ˈgeistˌbil·dend *adj* educational, educative.
ˈGeist·chen *n* ⟨-s; -⟩ **1.** *dim. of* Geist 12, 13. – **2.** *zo.* plume moth (*Fam. Pterophoridae*).
ˈGei·ster|ˌbahn *f* ghost train, *Am.* tunnel of horror. — **~beˌschwö·rer** *m* **1.** (*der Geister ruft*) necromancer, sorcerer. – **2.** (*der Geister austreibt*) exorcist. — **~beˌschwö·rung** *f* **1.** (*Anrufung*) necromancy, sorcery. – **2.** (*Austreibung*) exorcism. — **~ˌbild** *n telev.* ghost (image), double image. — **~erˌschei·nung** *f* ghost, apparition, phantom, *auch* fantom, specter, *bes. Br.* spectre. — **~ˌfisch** *m zo.* ghostfish (*Cryptacanthodes inornatus*). — **~geˌschich·te** *f* ghost story. — **~ˌglau·be** *m* **1.** belief in ghosts. – **2.** (*Spiritismus*) spirit(ual)ism. – **3.** (*Aberglaube*) superstition. — **g~haft** *adj* **1.** (*gespenstisch*) ghostly, ghost-like, spectral. – **2.** (*unheimlich*) uncanny, eerie, *auch* eery, haunting, creepy, spooky, *auch* spookish (*colloq.*). — **~ˌhand** *f only in* wie von (*od.* durch) ~ as (though) by a magic (*od.* ghostly) hand, as though by the

hand of a spirit. — **~ˌklop·fen** *n* spirit rapping.

gei·stern [ˈgaɪstərn] *v/i* ⟨h *u.* sein⟩ **1.** ⟨sein⟩ (durch through) move (*od.* wander) like a ghost, ghost, spook. – **2.** ⟨sein⟩ *fig.* (*huschen*) flit: **Lichter geisterten über die Insel** lights flitted (*od.* darted) across the island. – **3.** ⟨h⟩ *fig.* lurk: **diese Idee geistert noch immer in ihren Köpfen** this idea is still lurking in their minds.

ˈGei·sterˌreich *n* realm (*od.* world) of spirits, shadowland. — **~ˌschiff** *n* ghost (*od.* phantom, *auch* fantom) ship. — **~ˌse·her** *m* **1.** person who sees ghosts (*od.* visions, apparitions). – **2.** (*Spiritist*) spiritualist. – **3.** person with second sight. — **~se·he·rei** [ˌgaɪstərzeːəˈraɪ] *f* ⟨-; *no pl*⟩ **1.** seeing of ghosts (*od.* visions, apparitions). – **2.** spirit(ual)ism. — **~ˌspuk** *m cf.* Geistererscheinung. — **~ˌstim·me** *f* **1.** spooky voice. – **2.** (*in Quizsendungen etc*) mystery voice. – **3.** (*in Werbesendungen etc*) voice over. — **~ˌstun·de** *f* midnight, witching hour (*lit. u. humor.*). — **~ˌwelt** *f cf.* Geisterreich.

ˈgei·stesˌabˌwe·send *adj* absentminded, *Br.* absent-minded, abstracted: ~ **sein** to be absent(-)minded, to be in a brown study. — **G~ˌabˌwe·sen·heit** *f* ⟨-; *no pl*⟩ absentmindedness, *Br.* absent-mindedness, abstractedness.

ˈGei·stesˌanˌla·ge *f meist pl* mental ability (*od.* faculties *pl*, talents *pl*). — **~ˌanˌstren·gung** *f* mental effort. — **~ˌar·beit** *f* brainwork, headwork, mental labor (*bes. Br.* labour). — **~ˌar·bei·ter** *m* brainworker, *Br.* brain-worker. — **~ˌar·mut** *f* slow-wittedness, lack of intellect, dul(l)ness. — **~ˌart** *f* cast (*od.* turn) of mind, mentality. — **~ˌbil·dung** *f* cultivation of the mind, mental culture. — **~ˌblitz** *m* flash of genius (*od.* inspiration); brainstorm, *Br.* brain-storm, brain wave (*colloq.*). — **~ˌflug** *m lit.* flight (*od.* soaring) of the imagination. — **~ˌfrei·heit** *f* freedom of thought (*od.* of the mind), intellectual freedom (*od.* liberty). — **~ˌfri·sche** *f* mental freshness (*od.* alertness), mental vigor (*bes. Br.* vigour). — **~ˌga·be** *f* intellectual gift (*od.* talent). — **~ˌge·genˌwart** *f* presence of mind: **die ~ aufbringen, etwas zu tun** to have the presence of mind to do s.th. — **g~ˌge·genˌwär·tig I** *adj* **1.** (mentally) alert, on the alert. – **2.** (*geistig flink*) quick-witted. – **II** *adv* **3.** ~ **etwas tun** to have the presence of mind to do s.th. — **~ge·ˌschich·te** *f* history of the (development of the) mind (*od.* of thought), intellectual history: **die ~ Frankreichs** the history of French thought, the intellectual history of France. — **g~ge·ˌschicht·lich I** *adj* relating to the history of the mind (*od.* of thought). – **II** *adv* ~ **betrachtet** in terms of (*od.* seen in the light of) the history of human thought.

ˈgei·stes·geˌstört *adj* mentally disturbed, (*stärker*) (mentally) deranged (*od.* retarded), 'mental' (*colloq.*). — **ˈGei·stes·geˌstör·te** *m, f* ⟨-n; -n⟩ mentally disturbed (*od. stärker* disordered, deranged, retarded) person, person of unsound mind, mental case, (*stärker*) lunatic. — **ˈGei·stes·geˌstört·heit** *f* ⟨-; *no pl*⟩ mental derangement (*od.* alienation).

ˈGei·stesˌgrö·ße *f* **1.** greatness of mind, intellectual greatness. – **2.** (*Hochherzigkeit*) magnanimity. – **3.** (*genialer Mensch*) great mind, genius. — **~ˌhal·tung** *f* mental (*od.* intellectual) attitude, attitude of mind, mentality. — **~ˌkraft** *f* mental power, power of mind, mental (*od.* intellectual) vigor (*bes. Br.* vigour).

ˈgei·stesˌkrank *adj med.* insane, of unsound mind, mentally ill (*od.* deranged), suffering from a mental disorder, 'mental' (*colloq.*). — **G~ˌkran·ke** *m, f* ⟨-n; -n⟩ insane (*od.* demented) person, mental case, (*stärker*) lunatic, 'mental' (*colloq.*), (*in Behandlung*) mental patient: **Klinik für ~** mental hospital (*od.* home). — **G~ˌkrank·heit** *f* insanity, lunacy, mental disease (*od.* disorder).

ˈGei·stesˌle·ben *n* ⟨-s; *no pl*⟩ intellectual life, life of the mind. — **~proˌdukt** *n meist contempt.* intellectual product, brainchild (*colloq.*). — **~ˌrich·tung** *f* **1.** cast of mind, direction of thought. – **2.** school of thought, philosophy. — **~ˌrie·se** *m colloq.* intellectual giant, mastermind, genius. — **~ˌschaf·fen·de** *m, f* ⟨-n; -n⟩ *cf.* Geistesarbeiter. — **~ˌschär·fe** *f* ⟨-; *no pl*⟩ sharpness (*od.* acuteness) of mind, sagacity, keen(ness of) intellect, perspicacity. — **g~ˌschwach** *adj* feebleminded, *Br.* feeble-minded, weak-minded, mentally deficient. — **~ˌschwä·che** *f* feeblemindedness, *Br.* feeble-mindedness, weak-mindedness, mental deficiency, weakness of mind, oligophrenia (*scient.*). — **~ˌstär·ke** *f* strength of mind, fortitude. — **~ˌstö·rung** *f med.* mental disorder (*od.* derangement, disturbance), psychopathy (*scient.*). — **~ˌströ·mung** *f* current of thought, trend of ideas, intellectual trend. — **~ˌtat** *f* intellectual achievement, feat of intellect. — **~ˌtä·tig·keit** *f* mental activity, *auch* mentation. — **g~ˌträ·ge** *adj* mentally sluggish (*od.* indolent). — **~ˌträg·heit** *f* mental sluggishness (*od.* indolence), sluggishness (*od.* indolence) of (the) mind, inertia. — **~verˌfas·sung** *f* frame (*od.* state) of mind, mental state (*od.* condition). — **g~verˌwandt** *adj* (mit with, to) congenial, kindred. — **~verˌwandt·schaft** *f* congeniality, kinship. — **~verˌwir·rung** *f* mental confusion. — **~ˌwelt** *f* intellectual (*od.* mental, spiritual) world, world of the mind. — **~ˌwis·sen·schaf·ten, die** the (liberal) arts, the humanities. — **g~ˌwis·sen·schaft·lich** *adj* relating to the (liberal) arts, humanistic. — **~zerˌrüt·tung** *f med.* (mental) derangement (*od.* alienation), derangement of the mind, dementia, insanity. — **~zuˌstand** *m* ⟨-(e)s; *no pl*⟩ state of mind, mental condition (*od.* state): **j-n auf seinen ~ untersuchen lassen** to have s.o.'s mental state examined, to subject s.o. to a mental examination.

ˈgei·stig[1] **I** *adj* **1.** mental, of the mind: ~**e Aufgeschlossenheit** open-mindedness; ~**e Beweglichkeit besitzen** to have an active (*od.* nimble) mind; ~**e Freiheit** freedom of thought (*od.* opinion); ~**e Frische** mental alertness; ~**e Veranlagung** (*od.* **Einstellung**) mentality, mental disposition; ~**e Verfassung** frame (*od.* state) of mind, mental state (*od.* condition); ~**er Vorbehalt** mental reservation; ~**e Vorstellung** mental image; **etwas vor seinem ~en Auge vorüberziehen lassen** to review s.th. in one's mind's eye. – **2.** (*die Denkkraft betreffend*) intellectual: ~**e Anstrengung** intellectual effort (*od.* exertion); ~**e Arbeit** intellectual work (*od.* labo[u]r), brainwork; ~**e Armut** poverty of intellect; ~**er Austausch** exchange of opinions (*od.* ideas, thoughts); ~**e Elite** intellectual elite (*bes. Br.* élite); ~**e Fähigkeiten** intellectual abilities (*od.* faculties); ~**e Gaben** intellectual qualities (*od.* gifts); ~**er Gehalt** intellectual content (*od.* substance); ~**e Größe** genius; **Mensch ohne ~e Interessen** lowbrow (*colloq.*); ~**e Kraft** intellectual (*od.* mental) power; ~**e Nahrung** intellectual sustenance, (mental) pabulum; **das ~e Rüstzeug für etwas haben** to be intellectually (*od.* mentally) equipped for s.th.; ~**er Urheber** author; **mit ~en Waffen kämpfen** to employ one's wit rather than one's fists. – **3.** (*innerlich, seelisch*) spiritual, of the spirit: **das ~e Band, die ~e Bindung** the spiritual tie; **die ~e Entwicklung** the spiritual development; **der ~e Führer** the spiritual leader, the brain; ~**e Liebe** spiritual (*od.* platonic) love, *auch* Platonic Love; **der ~e Mittelpunkt** the spiritual center (*bes. Br.* centre); ~**e Verwandtschaft** spiritual relationship (*od.* kinship); **die ~e Welt** the spiritual world, the world of the spirit. – **4.** (*unkörperlich*) spiritual, incorporeal, immaterial: ~**es Wesen** spiritual being. – **5.** *psych.* mental: ~**e Krankheit** mental disease; ~**e Umnachtung** mental derangement, obnubilation (*scient.*). – **6.** ~**es Eigentum** *jur.* intellectual (*od.* copyright) property; **Diebstahl ~en Eigentums** plagiarism; ~**en Diebstahl** (*od.* **Diebstahl an ~em Eigentum**) **begehen** to plagiarize. – **II** *adv* **7.** *auch med.* mentally: ~ **beschränkt** (*od. colloq.* **minderbemittelt**) **sein** to be mentally limited, *colloq.* not to be very bright, *Am. colloq.* not to have much on the ball; ~ **rege** mentally active; ~ **träg** [**stumpf**] mentally lazy [dull]; ~ **zurückgeblieben** [**entwickelt**] mentally retarded [developed]; ~ **und körperlich behinderte Kinder** mentally and physically handicapped children; ~ **gesund** sane. – **8.** intellectually: **j-m ~ überlegen** [**unterlegen**] **sein** to be intellectually superior [inferior] to s.o.; ~ **anspruchsvoll** (*od.* **hochstehend**) [**anspruchslos**] highbrow [lowbrow]; ~ **arbeiten** to work with one's intellect (*od.* brain), to do brainwork; **sich ~ mit j-m messen** to match wits with s.o.

ˈgei·stig[2] *adj* (*alkoholhaltig*) spirituous, alcoholic: ~**e Getränke** spirits, spirituous liquors, alcoholic beverages.

ˈGei·stig·keit *f* ⟨-; *no pl*⟩ **1.** *auch philos.* spirituality. – **2.** intellectuality.

ˈgei·stig-ˈsee·lisch *adj* ⟨*attrib*⟩ mental and spiritual.

ˈgeist·lich *adj* ⟨*attrib*⟩ **1.** (*Übungen, Orden etc*) religious. – **2.** (*Lied, Musik etc*) religious, spiritual, sacred. – **3.** (*kirchlich*) ecclesiastic(al): ~**es Amt** a) ecclesiastical office, b) (*Priesteramt*) ministry; ~**e Würdenträger** ecclesiastical (*od.* church) dignitaries; **G~er Rat** Ecclesiastical Counsellor; **in den ~en Stand treten** to take holy orders, (*bes. als Protestant*) to enter the church (*od.* ministry); **die ~en und die weltlichen Fürsten** *hist.* the ecclesiastical and secular (*auch* saecular) princes. – **4.** (*die Geistlichkeit betreffend*) clerical: **der ~e Stand** the clergy; **ein ~er Herr** a clergyman, a cleric; ~**e Tracht**, ~**es Gewand** clerical dress. – **5.** (*nicht weltlich*) spiritual: ~**e Verwandtschaft** spiritual relationship; ~**er Beistand** spiritual support.

ˈGeist·li·che *m* ⟨-n; -n⟩ **1.** clergyman, cleric, man of God (*lit.*): **die ~n** the clergy *sg*, the clerics. – **2.** (*bes. einer protestantischen Kirche*) minister, pastor. – **3.** (*Priester*) priest. – **4.** *mil.* chaplain, padre (*colloq.*).

ˈGeist·lich·keit *f* ⟨-; *no pl*⟩ *relig.* clergy.

ˈgeist·los *adj* **1.** lacking (in) wit. – **2.** (*langweilig*) dull. – **3.** (*seicht*) flat, banal, platitudinous, vapid, inane, insipid. – **4.** (*dumm*) stupid. — **ˈGeist·lo·sig·keit** *f* ⟨-; *no pl*⟩ **1.** lack of wit. – **2.** dul(l)ness. – **3.** flatness, banality, platitudinous character, vapidity, vapidness, inanity, insipidity. – **4.** stupidity.

ˈgeistˌreich I *adj* **1.** (*klug, witzig*) witty, (*stärker*) brilliant: **ein ~er Mensch** a witty person, a wit; **eine ~e Unterhaltung** a conversation sparkling with wit, a sparkling conversation. – **2.** (*gescheit*) clever, (*stärker*) ingenious: **das war sehr ~** *iron.* that was clever of you. – **3.** (*intellektuell*) sophisticated. – **II** *adv* **4.** wittily, with spirit. — **~ˌsprü·hend** *adj* sparkling with wit. — **G~ˌtau·fe** *f relig.* baptism by the spirit. — **~ˌtö·tend** *adj* (*Beschäftigung*) dull, monotonous, tedious. — **~ˌvoll** *adj cf.* geistreich 1. — **G~ˌwer·den** *n* spiritualization.

ˈGeiˌtau *n mar.* **1.** (*beim Gaffelsegel*) brail. – **2.** (*bei Obersegeln*) clew (*od.* clue) line. – **3.** (*bei Untersegeln*) clew (*od.* clue) rope. – **4.** (*bei Taljen*) clew (*od.* clue) jigger (*od.* garnet). – **5.** (*an Ladebäumen*) guy.

Geiz[1] [gaɪts] *m* ⟨-es; *no pl*⟩ **1.** (*Knauserei*) miserliness, stinginess, meanness, parsimony; penny-pinching, tightfistedness, *Br.* tight-fistedness, closefistedness, *Br.* close-fistedness (*colloq.*). – **2.** *obs. for* Gier 3, Habgier.

Geiz[2] *m* ⟨-es; -e⟩ *hort.* (*Seitentrieb*) (side) shoot, sucker.

gei·zen[1] [ˈgaɪtsən] *v/i* ⟨h⟩ **1. mit etwas ~** a) to be sparing with (*od.* of) s.th., b) to be miserly (*od.* stingy, niggardly, parsimonious) with s.th.: **mit jeder Minute ~** to be sparing with one's time, to make use of (*od.* utilize) every minute; **mit Lob soll man nicht ~** one should not be sparing with one's praise; **sie geizt nicht mit ihren Reizen** she does not stint (*od.* she is lavish of) her charms. – **2. nach etwas ~** *obs.* to be covetous of s.th., to covet s.th., to be greedy for s.th.: **nach Ruhm ~** to be greedy (*od.* thirsty) for fame.

ˈgei·zen[2] *v/t* ⟨h⟩ *hort.* remove the (side) shoots from, nip off the suckers from.

ˈGeizˌhals *m contempt.* miser, niggard; skinflint (*colloq.*), *Am. sl.* tightwad.

ˈgei·zig *adj* **1.** (*knauserig*) miserly, stingy, niggardly, mean, parsimonious; penny-pinching, closefisted, *Br.* close-fisted, tightfisted, *Br.* tight-fisted (*colloq.*): **wenn er nur nicht so ~ wäre!** if he only weren't so niggardly (*od.* such a miser)! **er ist sehr ~ mit seiner Zeit** he is very sparing with his time. – **2.** *obs. for* gierig 3, habgierig. — **ˈGei·zi·ge** *m, f* ⟨-n; -n⟩ miser, niggard.

ˈGeizˌkra·gen *m contempt. cf.* Geizhals.

ˈGeizˌtrieb *m hort. cf.* Geiz[2].

ge'jagt I *pp.* – **II** *adj* ~es Wild *auch fig.* chase, quarry.

Ge'jam·mer *n* ⟨-s; *no pl*⟩ *colloq.* **1.** (*Quengeln*) whining. – **2.** (*Wehklagen*) wailing, (continual) lamentation. – **3.** (*Klagen*) complaining, moaning, 'bellyaching', *Br.* 'belly-aching' (*sl.*).

Ge'jauch·ze *n* ⟨-s; *no pl*⟩ *colloq.* joyous cheering, (shouting in) exultation, jubilation, rejoicing.

Ge'jaul, Ge'jau·le *n* ⟨-s; *no pl*⟩ *colloq.* yowling, wailing, howling.

Ge'jo·del *n* ⟨-s; *no pl*⟩ *colloq.* yodel(l)ing.

ge'jo·det [-'joːdət] *adj* (*Salz*) iodized.

Ge'johl, Ge'joh·le *n* ⟨-s; *no pl*⟩ *colloq.* shouting, howling, yelling.

Ge'ju·bel *n* ⟨-s; *no pl*⟩ *colloq. cf.* Gejauchze.

Ge'ka·kel *n* ⟨-s; *no pl*⟩ *colloq. contempt.* **1.** (*von Hühnern*) cackling, cackle. – **2.** *fig.* (*Geschwätz*) cackling, chattering.

ge'kam·mert [-'kamərt] *adj zo.* chambered, locular (*scient.*).

ge'kamp·fert [-'kampfərt] **I** *pp.* – **II** *adj med. pharm.* (*kampferhaltig*) camphorated.

ge'kannt [-'kant] *pp of* kennen.

ge'kappt I *pp.* – **II** *adj hort.* topped, pollard (*attrib*): ein ~er Baum a pollard.

ge'kap·selt I *pp.* – **II** *adj med.* encapsulated.

ge'kehlt I *pp.* – **II** *adj* **1.** (*Ski*) throated, grooved, fluted. – **2.** (*wood*) molded, *bes. Br.* moulded. – **3.** *arch.* (*spitz*) quirk.

Ge'keif *n* ⟨-(e)s; *no pl*⟩, **Ge'kei·fe** *n* ⟨-s; *no pl*⟩ *colloq. contempt.* (continual) scolding (*od.* nagging).

ge'kelcht [-'kɛlçt] *adj bot.* calycular, *auch* calicular, calycate, calyculate.

ge'kerbt I *pp.* – **II** *adj* **1.** *tech.* grooved, slotted, notched: am Rande ~ (*Münzen*) engrailed. – **2.** *bot.* crenate(d): fein ~ sein to be crenulated. – **3.** *med.* indented.

Ge'ki·cher *n* ⟨-s; *no pl*⟩ *colloq.* (*bes. von Mädchen*) (continual) tittering (*od.* giggling), (*zum Teil unterdrücktes*) snickering, sniggering.

ge'kielt *adj bot. zo.* keeled, ridged; carinate, *auch* carinated (*scient.*).

Ge'kläff *n* ⟨-(e)s; *no pl*⟩, **Ge'kläf·fe** *n* ⟨-s; *no pl*⟩ *colloq.* (continual) yelping, yapping.

Ge'klap·per *n* ⟨-s; *no pl*⟩ *colloq.* **1.** (continual) rattling, clattering. – **2.** (*von Absätzen, einer Mühle, Schreibmaschine etc*) clacking. – **3.** (*von Geschirr*) clattering. – **4.** (*von Storchschnäbeln*) clattering, clappering.

Ge'klatsch *n* ⟨-es; *no pl*⟩, **Ge'klat·sche** *n* ⟨-s; *no pl*⟩ *colloq. contempt.* **1.** clapping (of hands). – **2.** *fig.* gossip(ing).

Ge'kleck·se *n* ⟨-s; -⟩ *colloq. contempt.* **1.** ⟨*only sg*⟩ messy scribbling. – **2.** (*plumpe Malerei*) daub(ing).

ge'klei·det I *pp.* – **II** *adj* dressed, clad (*lit.*).

Ge'klim·per *n* ⟨-s; *no pl*⟩ *colloq. contempt.* **1.** (*auf einem Zupfinstrument*) strumming. – **2.** (*auf dem Klavier*) tinkling. – **3.** (*mit Geld*) jingling, jingle, clink(ing), chink(ing).

Ge'klin·gel *n* ⟨-s; *no pl*⟩ *colloq.* **1.** (*von Klingel, vom Telephon etc*) ringing. – **2.** (*von kleinen Glocken*) tinkling, tinkle, jingling, jingle, ting-a-ling, tintinnabulation (*lit.*).

Ge'klirr *n* ⟨-(e)s; *no pl*⟩, **Ge'klir·re** *n* ⟨-s; *no pl*⟩ *colloq.* **1.** (*von Gläsern*) chinking, clinking. – **2.** (*von Geschirr*) clattering. – **3.** (*von Ketten etc*) clanking, rattling, rattle, jangling. – **4.** (*von Waffen etc*) clashing, din.

ge'klom·men [-'klɔmən] *pp of* klimmen.

Ge'klö·ne *n* ⟨-s; *no pl*⟩ *Northern G. colloq. for* Geplauder.

Ge'klop·fe *n* ⟨-s; *no pl*⟩ *colloq.* (*an der Tür*) (continual) knocking.

Ge'klüft *n* ⟨-(e)s; -e⟩, **Ge'klüf·te** *n* ⟨-s; -⟩ *lit.* **1.** clefts *pl*, fissures *pl*. – **2.** (*Schluchten*) chasms *pl*.

ge'klumpt I *pp.* – **II** *adj med.* **1.** (*Blut*) clotted, conglomerated (*scient.*). – **2.** (*Bakterien*) clustered.

ge'klun·gen [-'klʊŋən] *pp of* klingen.

Ge'knall *n* ⟨-(e)s; *no pl*⟩, **Ge'knal·le** *n* ⟨-s; *no pl*⟩ *colloq. contempt.* **1.** (*eines Gewehrs etc*) cracking. – **2.** (*von Feuerwerk*) banging.

Ge'knar·re *n* ⟨-s; *no pl*⟩ *colloq.* (continual) creaking.

Ge'knat·ter *n* ⟨-s; *no pl*⟩ *colloq.* **1.** (continual) cracking, crackle. – **2.** (*eines Maschinengewehrs*) chattering, popping, rat-a-tat(-tat) (*colloq.*). – **3.** (*im Radio, Telephon etc*) crackling (noise).

ge'knäu·elt I *pp.* – **II** *adj* **1.** *bot.* glomerate(d), conglomerate. – **2.** *med.* convoluted.

ge'knickt I *pp.* – **II** *adj* **1.** *med. tech.* bent, flexed. – **2.** *colloq.* (*niedergeschlagen*) crestfallen, downcast, downhearted, *Br.* down-hearted, disheartened, down in the dumps (*colloq.*).

ge'kniet I *pp.* – **II** *adj bot.* (*knieförmig*) knee-jointed, geniculate(d) (*scient.*).

ge'knif·fen [-'knɪfən] *pp of* kneifen.

Ge'knir·sche *n* ⟨-s; *no pl*⟩ *colloq.* **1.** (*der Zähne*) gnashing, grinding. – **2.** (*von Kies, Schnee*) crunching. – **3.** (*der Türangel etc*) creaking.

Ge'kni·ster *n* ⟨-s; *no pl*⟩ *colloq.* **1.** (*des Feuers*) crackling. – **2.** (*von Seide, Papier etc*) rustling. – **3.** *med.* crepitation.

ge'kno·tet I *pp.* – **II** *adj* **1.** knotted. – **2.** *bot.* nodated. – **3.** *her.* nowed.

Ge'knur·re *n* ⟨-s; *no pl*⟩ *colloq.* (*eines Hundes*) (continual) growling.

Ge'knut·sche *n* ⟨-s; *no pl*⟩ *colloq.* hugging, cuddling, petting, necking (*sl.*).

ge'kocht I *pp.* – **II** *adj gastr.* boiled, cooked, done: zu stark (*od.* lange) ~ overdone.

ge'kom·men *pp of* kommen.

ge'konnt [-'kɔnt] **I** *pp of* können[1] II, III. – **II** *adj* skil(l)ful, accomplished, proficient, masterful, masterly: das war wirklich ~! that was really masterful! — **Ge'konnt·heit** *f* ⟨-; *no pl*⟩ skill, accomplishment, proficiency, masterfulness, masterliness.

ge'kö·pert I *pp.* – **II** *adj* (*textile*) twilled.

ge'kop·pelt I *pp.* – **II** *adj* **1.** (*gleichzeitig bestehend*) coexistent: ~es Vorkommen coexistence. – **2.** (*space*) docked.

ge'ko·ren [-'koːrən] *pp of* kiesen, *rare of* küren.

ge'kör·nelt [-'kœrnəlt] *adj bot.* grained, granulate(d).

ge'körnt I *pp.* – **II** *adj* (*körnig*) granular, granulate(d), grained.

Ge'ko·se *n* ⟨-s; *no pl*⟩ *colloq.* billing and cooing, caressing, petting.

Ge'krach *n* ⟨-(e)s; *no pl*⟩, **Ge'kra·che** *n* ⟨-s; *no pl*⟩ *colloq. contempt.* **1.** crashing. – **2.** (*des Donners*) pealing, crashing. – **3.** (*der Gewehre*) banging.

Ge'krächz *n* ⟨-es; *no pl*⟩, **Ge'kräch·ze** *n* ⟨-s; *no pl*⟩ *colloq.* **1.** (*von Raben, Krähen etc*) cawing. – **2.** (*einer heiseren Stimme*) croaking.

Ge'kra·kel *n* ⟨-s; *no pl*⟩ *colloq. contempt.* [*cf.* Gekritzel.]

ge'kränkt I *pp.* – **II** *adj* (über *acc*) hurt (at), offended (at, by), injured, wounded, sore (about) (*colloq.*): leicht ~ sein to be easily offended, to be touchy; tief ~ sein to be deeply hurt, to be cut to the quick; mit ~er Miene with an injured air, with a hurt expression; ~er Stolz wounded pride; er fühlte sich in seinem Stolz gekränkt he felt his pride had been hurt (*od.* wounded).

Ge'krätz [-'krɛts] *n* ⟨-es; *no pl*⟩ *tech.* (*Metallabfall*) waste, refuse, dross, discard.

Ge'krat·ze *n* ⟨-s; *no pl*⟩ *colloq.* (continual) scratching.

Ge'kräu·sel *n* ⟨-s; *no pl*⟩ **1.** (*des Haars*) curling, (*mit dichten Löckchen*) frizz, *auch* friz. – **2.** (*der Wasseroberfläche*) rippling.

ge'kräu·selt I *pp.* – **II** *adj* **1.** (*Haar*) curly, curled, (*mit dichten Löckchen*) frizzy, *auch* frizzly. – **2.** (*Wasseroberfläche*) ripply. – **3.** (*mit Krausen besetzt*) frilly.

Ge'kreisch *n* ⟨-(e)s; *no pl*⟩, **Ge'kreische** *n* ⟨-s; *no pl*⟩ *colloq. contempt.* screeching, shrieking, screaming.

Ge'kreu·zig·te *m* ⟨-n; -n⟩ **1.** *hist.* person hung on a cross. – **2.** ⟨*only sg*⟩ der ~ *relig.* the crucified Christ.

ge'kreuzt I *pp.* – **II** *adj* **1.** crossed: mit ~en Beinen dasitzen to sit with one's legs crossed. – **2.** (*kreuz u. quer*) crisscross, *Br.* criss-cross, *auch* crisscrossed, *Br.* criss-crossed. – **3.** *med.* crossed, decussate (*scient.*). – **4.** *bot.* cruciate, cruciform. — ~,**ner·vig** *adj zo.* streptoneurous.

Ge'kriech *n* ⟨-(e)s; *no pl*⟩ *geol.* creep, creeping (rubble).

ge'kri·schen [-'krɪʃən] *obs. pp of* kreischen.

Ge'krit·zel *n* ⟨-s; *no pl*⟩ *colloq. contempt.* **1.** (*Tätigkeit*) scrawling, scribbling. – **2.** scrawl, scribble: unleserliches ~ illegible scrawl, hieroglyphics *pl* (*humor.*).

ge'kritzt [-'krɪtst] **I** *pp.* – **II** *adj geol.* striate(d).

ge'kro·chen [-'krɔxən] *pp of* kriechen.

ge'krönt I *pp.* – **II** *adj* ~e Häupter crowned heads.

ge'kröpft I *pp.* – **II** *adj* **1.** *tech.* offset, goosenecked, cranked: ~e Achse dropped axle; ~er Meißel gooseneck tool; ~es Rohr S-shaped pipe; dreimal ~e Kurbelwelle three-throw crankshaft. – **2.** ~er Rahmen *auto.* kick-up frame. – **3.** *arch.* angulate.

Ge'krö·se *n* ⟨-s; -⟩ **1.** *med.* mesentery. – **2.** *zo.* mesentery. – **3.** *gastr.* a) (*vom Schwein*) chitterlings *pl*, *auch* chitlin(g)s *pl*, b) (*vom Kalb u. Lamm*) pluck, c) (*vom Geflügel*) giblets *pl*, *auch* jiblets *pl*.

ge'krümmt I *pp.* – **II** *adj* **1.** (*Linie, Fläche etc*) curved. – **2.** (*Nase etc*) crooked. – **3.** (*gebogen*) bent: vom Alter ~ bent with (old) age. – **4.** (*hakenförmig*) hooked. – **5.** (*verzogen*) warped. – **6.** (*Schultern*) hunched. – **7.** *med.* (*Rückgrat*) kyphotic. – **8.** *biol.* (*hakenförmig*) hook-shaped; uncinate, *auch* uncinal, uncinated, unciform (*scient.*).

ge'kün·stelt I *pp.* – **II** *adj* **1.** (*geziert*) affected, artificial. – **2.** (*gezwungen*) forced, (con)strained. – **3.** (*vorgetäuscht*) affected, feigned, pretended. – **4.** (*maniriert*) mannered, stilted.

ge'kürzt I *pp.* – **II** *adj* **1.** (*Buch, Ausgabe*) abridged, condensed. – **2.** (*Film, Fassung*) shortened, cut-down (*attrib*), abridged.

Ge'küs·se *n* ⟨-s; *no pl*⟩ *colloq. contempt.* (continual) kissing.

Gel [geːl] *n* ⟨-s; -e⟩ *chem.* gel.

Ge'lab·ber *n* ⟨-s; *no pl*⟩ *colloq.* flat (*od.* stale, insipid) drink; 'dishwater', *Br.* 'dish-water', slops *pl*, wish-wash (*colloq.*).

Ge'la·ber *n* ⟨-s; *no pl*⟩ *dial. colloq. contempt.* gibbering, jibbering, chattering.

Ge'la·che *n* ⟨-s; *no pl*⟩ *colloq. contempt.* (continual) laughing.

Ge'läch·ter [-'lɛçtər] *n* ⟨-s; *no pl*⟩ **1.** laughter, laughing: brüllendes ~ roar(s *pl*) of laughter; homerisches ~ Homeric laughter; wieherndes ~ guffaw, horselaugh, *Br.* horse-laugh, cachinnation (*lit.*); er brach in schallendes ~ aus he burst out into a peal of laughter; ~ erregen (*od.* hervorrufen, auslösen) to produce (*od.* give rise to) laughter (*od.* hilarity, mirth); seine Worte gingen im allgemeinen ~ unter his words were lost (*od.* drowned) in the general laughter. – **2.** (*Lächerlichkeit, Spott*) ridicule: sich dem ~ preisgeben (*od.* aussetzen) to expose oneself to ridicule. – **3.** (*Gegenstand des Spotts*) laughingstock, *Br.* laughing-stock, butt, object of ridicule: zum ~ werden to become a laughing(-)stock; j-n zum ~ der anderen machen to make s.o. the laughing(-)stock (*od.* butt) of the people.

ge'lack,mei·ert I *pp.* – **II** *adj* ~ sein *colloq.* to be had for a sucker (*colloq.*), *Br. sl.* to be left holding the baby. — **Ge'lack,mei·er·te** *m, f* ⟨-n; -n⟩ *colloq.* person that is played for a sucker (*colloq.*) (*Br. sl.* left holding the baby).

ge'la·den I *pp of* laden[1] *u.* [2]. – **II** *adj* **1.** *electr.* (*Leitung*) charged, live (*attrib*). – **2.** einfach ~es Ion *phys.* single-charged ion. – **3.** mit etwas ~ sein *fig.* to be charged (*od.* brimming) with s.th., to be full of s.th.: ein mit Spannung ~er Roman a novel charged with (*od.* full of) suspense. – **4.** *fig. colloq.* (*wütend*) furious: heute ist er aber ~! he is really furious today! auf j-n [etwas] ~ sein to be furious with s.o. [at s.th.].

Ge'la·ge *n* ⟨-s; -⟩ **1.** banquet, feast, 'spread' (*colloq.*). – **2.** (*Zechgelage*) drinking bout (*od.* spree), carouse; binge, booze, *auch* boose (*colloq.*): ein wüstes ~ a wild binge (*od.* spree).

Ge'lä·ger [-'lɛːgər] *n* ⟨-s; -⟩ (*Gärniederschlag*) dregs *pl*, sediment.

ge'la·gert I *pp.* – **II** *adj* **1.** *tech.* a) (*gestützt*) supported, b) (*in einem Lager*) bearing-mounted, c) (*positioniert*) located, d) (*befestigt*) mounted. – **2.** *geol.* bedded: unregelmäßig ~ cross-bedded. – **3.** *her.* (*Tier*) lodged. – **4.** *fig.* (*in Wendungen wie*) dieser Fall ist anders ~ this case is different; in besonders ~en Fällen in exceptional (*od.* special) cases.

ge'lähmt I *pp.* – **II** *adj* **1.** *med.* paralyzed, *auch* paralysed, paralytic, *auch* paralytical. – **2.** *fig.* benumbed, dazed, (*stärker*) crippled, paralyzed: ich war von dem Schreck wie ~ I was paralyzed with terror; meine Zunge war wie ~ I was tongue-tied. — **Ge'lähm·te** *m, f* ⟨-n; -n⟩ *med.* paralytic.

ge'lahrt [-'laːrt] *adj obs. u. humor. for* gelehrt. — **Ge'lahrt·heit** *f* ⟨-; *no pl*⟩ *obs. u. humor. for* Gelehrsamkeit 1.

Ge'län·de *n* ⟨-s; -⟩ **1.** tract of land, area,

country, (piece of) ground: **fruchtbares ~** fertile (*od.* productive) area; **durchschnittenes ~** intersected country; **unebenes [abschüssiges, hügeliges] ~** uneven [sloping, hilly] ground; **~ erschließen** to develop ground. – **2.** (*Grundstück*) site: **das ~ ist für den Bau einer Fabrik nicht geeignet** the site is not suitable for building a factory on it. – **3.** *mil.* terrain, ground, country: **offenes** (*od.* **freies**) **~** open country (*od.* terrain); **nicht eingesehenes ~** defiladed (*od.* hidden) ground; **das ~ erkunden** to reconnoiter, *bes. Br.* to reconnoitre; **~ verlieren [gewinnen]** to lose [to gain] ground. – **4.** *sociol.* field: **Arbeit im ~** fieldwork. — **~ˌabˌschnitt** *m* terrain, sector, area. — **~ˌabˌtre·tung** *f* cession of ground. — **~ˌanˌtrieb** *m tech.* all-wheel drive. — **~ˌaufˌnah·me** *f* **1.** *geogr.* a) (*als Tätigkeit*) topographic survey, b) (*als Ergebnis*) topographic map. – **2.** *aer.* (*Luftaufnahme*) air photograph. — **~ˌausˌbil·dung** *f mil.* field training. — **~beˌschaf·fen·heit** *f* nature (*od.* character) of the ground. — **~beˌschrei·bung** *f* description of the terrain. — **~beˌspre·chung** *f mil.* tactical exercise without troops. — **~beˌur·tei·lung** *f* terrain evaluation. — **~ˌeinˌschnitt** *m geogr.* cleft, gully, ravine, valley. — **~erˌkun·dung** *f mil.* terrain reconnaissance (*auch* reconnoissance). — **~erˌschlie·ßung** *f civ.eng.* land development. — **~ˌfahrt** *f* cross-country drive. — **~ˌfahrˌzeug** *n* cross-country vehicle. — **~ˌgang** *m auto.* cross-country (*od.* off-the-road) gear, off-the-highway range, high-ratio gear.

geˈlän·deˌgän·gig *adj auto.* cross-country going (*od.* mobile): **~es Fahrzeug** cross-country car (*od.* vehicle). — **Geˈlän·deˌgän·gig·keit** *f* ⟨-; *no pl*⟩ cross-country mobility (*od.* feature).

Geˈlän·de|geˌstal·tung *f* terrain features *pl.* — **~ˌhin·der·nis** *n* natural obstacle. — **~ˌkun·de** *f mil.* topography. — **~ˌlauf** *m* (*sport*) cross-country run (*od.* race). — **~ˌläu·fer** *m* cross-country runner, harrier. — **~ˌmarsch** *m mil.* cross-country march. — **~ˌprü·fung** *f* (*im Reitsport*) endurance test. — **~ˌpunkt** *m* landmark.

Geˈlän·der *n* ⟨-s; -⟩ **1.** (*Geländerstange*) railing, (hand)rail. – **2.** (*Treppengeländer*) banister, *auch* bannister, ban(n)isters *pl* (*construed as sg or pl*). – **3.** *mar.* a) (*offene Reling*) railing, rails *pl* and stanchions *pl*, b) (*Heckreling*) taffrail, *auch* tafferel.

Geˈlän·de|ˌre·gen *m meteor.* orographic rain. — **~ˌrei·fen** *m auto.* **1.** cross-country tire (*bes. Br.* tyre). – **2.** (*eines Traktors*) ground grip (*od.* earth-mover) tire (*bes. Br.* tyre).

Geˈlän·derˌhandˌlauf *m* **1.** handrail, main (*od.* top) rail. – **2.** (*in Gängen etc*) guard rail, *Br.* guard-rail, accommodation rail.

Geˈlän·deˌritt *m* (*sport*) cross-country ride.

Geˈlän·der|ˌpfo·sten *m* newel(-post). — **~ˌstan·ge** *f* handrail.

Geˈlän·de|ˌspiel *n* scouting game. — **~ˌsport** *m* field (*od.* outdoor) sports *pl*, *Br.* field-sports *pl.* — **~ˌsprung** *m* (*im Skisport*) geländesprung, *auch* gelände jump. — **~ˌstrei·fen** *m* **1.** strip of ground. – **2.** *mil.* sector. — **~ˌstu·fe** *f geol.* terrace. — **~ˌübung** *f mil.* field exercise. — **~ˌwa·gen** *m* **1.** cross-country car (*od.* vehicle). – **2.** *mil.* jeep. — **~ˌwin·kel** *m mil.* (*in der Artilleriescießlehre*) angle of site (*od.* sight).

geˈlang [-ˈlaŋ] *3 sg pret*, **geˈlän·ge** [-ˈlɛŋə] *3 sg pret subj of* gelingen.

geˈlan·gen *v/i* ⟨*pp* gelangt, sein⟩ **1. ~ an** (*acc*) (*od.* **nach, zu, auf** *acc*) to reach, to arrive at, to get (*od.* come) to: **ans Ziel ~** a) to reach (*od.* to get to) one's destination, b) *fig.* to reach one's goal, to achieve one's aim (*od.* purpose, ends), to attain one's object; **endlich gelangten wir auf den Gipfel des Berges** finally we reached the peak of the mountain; **in j-s Hände ~** to come (*od.* get) into s.o.'s hands, to reach s.o.'s hands; **in andere Hände ~** to change (*od.* to pass into other) hands; **zu j-m ~** to reach s.o.; **die Nachricht ist noch nicht zu ihm gelangt** the news has not reached him yet; **dieses Gerücht ist auch mir zu** (*od.* **auch zu meinen**) **Ohren gelangt** this rumo(u)r has also come to my ears (*od.* attention), I have also heard this rumo(u)r; **zu einer Erkenntnis ~** to arrive at (*od.* to reach) a conclusion; **zu der Erkenntnis ~, daß** to (come to) realize that. – **2. etwas an j-n ~ lassen** to send (*od.* transmit, forward) s.th. to s.o. – **3. zu etwas ~** to gain (*od.* win, achieve, reach) s.th., to attain (to) s.th.: **zu Macht und Ansehen ~** to gain authority and respect; **zu Ehren ~** to come to (*od.* achieve, attain) hono(u)rs; **zur Macht ~** to attain (to) (*od.* to come into) power; **zur Ruhe ~** to achieve (inner) peace; **zu Reichtum ~** to make a fortune, to gain wealth, to attain (to) prosperity. – **4. in den Besitz von etwas ~** to come into possession of (*od.* to acquire) s.th.: **er war durch die Erbschaft in den Besitz eines großen Vermögens gelangt** through inheritance he had come into (possession of) a large fortune, he had inherited a large fortune. – **5.** (*in Wendungen wie*) **zur Aufführung ~** to be performed (*od.* played), to be put on the stage, to be presented; **zum Druck ~** to get into print, to be printed; **zum Abschluß ~** to be finished, to come to an end, to get (*od.* to be) settled; **zur Ausführung ~** to be carried out, to be put into effect; **zur Reife ~** to ripen.

geˈlangˌweilt I *pp.* – **II** *adj* **~ dreinschauen** to look bored; **zu Tode ~** bored to death (*od. colloq.* stiff).

geˈlappt *adj* lobed, lobate, *auch* lobated.

Geˈlär·me *n* ⟨-s; *no pl*⟩ *colloq.* (constant) noise, tumult, row (*colloq.*).

Geˈlaß *n* ⟨-sses; -sse⟩ *lit. obs.* (small, dark) room (*od.* chamber), cell.

geˈlas·sen I *pp of* lassen[1] II, III. – **II** *adj* **1.** (*ruhig*) calm: **eine ~e Haltung** a calm attitude. – **2.** (*gefaßt*) composed, collected, poised, self-possessed, sedate. – **3.** (*kühl*) cool(-headed): **er blieb ~** he kept cool (*od.* his temper), he controlled himself, he did not turn a hair; **sie blieb scheinbar ~** she betrayed no emotion. – **4.** *cf.* **geduldig** 1. – **5.** (*unerschüttert*) undisturbed, unperturbed, unruffled, serene, placid, tranquil. – **6.** (*unerschütterlich*) unperturbable, unflappable (*colloq.*). – **7.** (*gleichgültig, unbeeindruckt*) unconcerned, indifferent, impassive. – **8.** (*ausgeglichen*) even-tempered. – **9.** (*Stimme*) calm, even, quiet. – **III** *adv* **10.** calmly: **sie hörte ihm ~ zu** she listened to him calmly (*od.* with equanimity, with composure); **du sprichst ein großes Wort ~ aus** *humor.* it's all right for you to talk like that, but it's not so easy. — **Geˈlas·sen·heit** *f* ⟨-; *no pl*⟩ **1.** calm(ness). – **2.** composure, collectedness, poise, sedateness: **etwas mit ~ hinnehmen** to take s.th. with composure. – **3.** coolness. – **4.** *cf.* **Geduld** 1. – **5.** undisturbedness, unperturbedness, unruffledness, serenity, placidness, placidity, tranquil(l)ity, tranquilness. – **6.** imperturbability. – **7.** unconcern, indifference, impassiveness. – **8.** even temper. – **9.** (*der Stimme*) calmness, evenness, quietness.

Geˈlä·ster *n* ⟨-s; *no pl*⟩ *colloq. for* Lästern.

Ge·la·ti·ne [ʒelaˈtiːnə] *f* ⟨-; *no pl*⟩ gelatin, *auch* gelatine: **~ in Blattform** sheet gelatin. — **g~ˌar·tig** *adj* gelatinlike, *Br.* gelatin-like, gelatinous, gelatinoid. — **~dy·naˌmit** *n chem.* gelatin dynamite, blasting gelatin; gelignite, nitrogelatin (*scient.*). — **g~ˌhal·tig** *adj* gelatinous. — **~ˌkap·sel** *f med.* gelatin capsule, perle.

ge·la·ti·nie·ren [ʒelatiˈniːrən] **I** *v/t* ⟨*pp* gelatiniert, h⟩ *u.* *v/i* ⟨sein⟩ gelatinize, gelatinate. – **II G~** *n* ⟨-s⟩ *verbal noun.* — **Ge·la·tiˈnie·rung** *f* ⟨-; -en⟩ **1.** *cf.* Gelatinieren. – **2.** gelatinization, gelatination.

Ge·la·tiˈnie·rungsˌmit·tel *n* gelatinizing agent.

ge·la·ti·nös [ʒelatiˈnøːs] *adj* gelatinous, gelatinoid.

Geˈläuf [-ˈlɔʏf] *n* ⟨-(e)s; -e⟩ **1.** *hunt.* (*des Federwildes*) tracks *pl.* – **2.** (*einer Pferderennbahn*) going.

Geˈlau·fe *n* ⟨-s; *no pl*⟩ *colloq. contempt.* (constant) to and fro, running about (*od.* to and fro).

geˈlau·fen *pp of* laufen.

geˈläu·fig I *adj* **1.** (*Ausdruck, Wendung etc*) common, current, well-known (*attrib*), frequently used. – **2.** (*vertraut*) familiar: **das ist mir ~** I am familiar with that. – **3.** (*redegewandt*) voluble, glib: **er hat eine ~e Zunge** he has a glib (*od.* ready) tongue, he has the gift of the gab (*colloq.*). – **4.** (*fließend, flüssig*) fluent: **sie spricht ein ~es Französisch** she speaks fluent French. – **II** *adv* **5. sie schwatzte ~ über Literatur** she chattered glibly about literature; **sie spricht ~ Englisch** she speaks English fluently (*od.* with ease, with facility). — **Geˈläu·fig·keit** *f* ⟨-; *no pl*⟩ **1.** currentness, currency, commonness, common (*od.* widespread) use. – **2.** familiarity. – **3.** volubility, glibness. – **4.** fluency, ease, easiness, facility: **er spielte die Etüde mit großer ~** he played the étude with great facility. – **5. „Schule der ~"** *mus.* "School of Velocity" (*by Czerny*).

geˈlaunt [-ˈlaunt] *adj* ⟨*pred*⟩ (*in Wendungen wie*) **gut ~ sein** to be in a good mood (*od.* humo[u]r), to be in good (*od.* high) spirits; **schlecht ~ sein** to be in a bad mood (*od.* humo[u]r, temper), to be in an evil mood (*od.* temper), to be out of humo(u)r, to be in low spirits, to be bad- (*od.* ill-)tempered, to be angry (*od.* cross); **wie ist er heute ~?** what (sort of) mood is he in today? in which mood is he (*od.* how does he feel) today? **ich bin heute nicht dazu ~** I don't feel like it today, I am not disposed to do it today.

Geˈläut *n* ⟨-(e)s; -e⟩, **Geˈläu·te** *n* ⟨-s; -⟩ **1.** *cf.* Läuten. – **2.** (*die Glocken*) (set of) bells *pl*, chime(s *pl*): **diese Kirche hat ein wunderschönes ~** this church has wonderful bells. – **3.** (*Schellen*) (set of) little bells *pl.* – **4.** ⟨*only sg*⟩ *hunt.* (*von Hunden*) bay(ing).

geˈläu·tert I *pp.* – **II** *adj* **1.** *tech.* (*Öl*) clear, refined. – **2.** *fig.* (*Charakter, Mensch*) purified, chastened.

gelb [gɛlp] **I** *adj* ⟨-er; -st⟩ **1.** yellow: **~ werden** to yellow, to turn (*od.* go, become, grow) yellow; **etwas ~ färben** to colo(u)r (*od.* dye) s.th. yellow; **~es Fieber** *med.* yellow fever (*od.* jack); **~er Fleck** *med.* (*im Auge*) yellow spot, macula lutea (*scient.*); **die ~e Gefahr** the yellow peril; **die ~e Presse** the yellow press; **die ~e Rasse** the yellow race. – **2.** (*Gesichtsfarbe*) sallow, yellow. – **3.** (*Verkehrslicht*) amber, yellow: **das ~e Licht überfahren** to shoot the amber. – **4.** *bot.* a) yellow, flavicant (*scient.*), b) (*fahl*) fallow, sallow: **G~e Rübe** *Southern G.* carrot. – **5.** *fig.* (*in Wendungen wie*) **~ vor Neid** green (*od.* livid) with envy; **mir wird grün und ~ vor den Augen** my head is swimming (*od.* going round), I feel giddy (*od.* dizzy). – **II G~** *n* ⟨-s; *no pl*, *colloq.* -s⟩ **6.** yellow (color, *bes. Br.* colour): **in G~** in yellow, in a yellow colo(u)r. – **7.** (*der Verkehrsampel*) amber, yellow: **bei G~** on (the) amber, when the light is yellow; **die Ampel zeigt** (*od.* **steht auf**) **G~** the (traffic) light is yellow; **bei G~ über die Kreuzung fahren** to shoot the amber. – **8.** *her.* or.

ˈGelb|ˌbauchˌun·ke *f zo.* yellow-bellied (*od.* mountain) toad (*Bombina variegata*). — **~ˌbee·ren** *pl bot.* a) yellowberries (*Rhamnus cathartica*), b) Avignon (*od.* French, turkey) berries, dyer's buckthorn *sg* (*R. infectoria*), c) Persian berries (*R. saxatilis*). — **~ˌbir·ke** *f* yellow birch (*Betula lutea*). — **g~ˌblät·te·rig, g~ˌblätt·rig** *adj* yellow-leafed (*od.* -leaved). — **~ˌbleiˌerz** *n min.* wulfenite, *auch* yellow lead ore, molybdate of lead. — **g~ˌbraun** *adj* yellow- (*od.* yellowish-, yellowy-)brown. — **~ˌbuch** *n pol.* Yellow Book.

ˈGel·be[1] *n* ⟨-n; *no pl*⟩ **1.** *cf.* Gelb. – **2.** (*vom Ei*) yolk, *Am. auch* yoke, yellow.

ˈGel·be[2] *m* ⟨-n; -n⟩ *contempt.* yellow man.

ˈGel·be[3] *f* ⟨-n; -n⟩ *contempt.* yellow woman.

ˈGelbˌei·sen|ˌerz *n min.* yellow iron ore, copiapite (*scient.*). — **~ˌstein** *m* yellow ironstone, xanthosiderite (*scient.*).

gel·ben [ˈgɛlbən] **I** *v/i* ⟨h *u.* sein⟩ turn (*od.* become, go, grow) yellow, yellow. – **II** *v/t* ⟨h⟩ make (*od.* turn) (*s.th.*) yellow, yellow. – **III G~** *n* ⟨-s⟩ *verbal noun.*

ˈGelb|ˌer·de *f* yellow earth (*od.* ocher, *bes. Br.* ochre). — **~ˌerz** *n min.* sylvanite. — **~ˌfär·ben** *n* yellowing. — **~ˌfär·bung** *f* **1.** yellowing. – **2.** yellow color (*bes. Br.* colour) (*od.* colo[u]ration).

ˈGelb|ˌfie·ber *n med.* yellow fever (*od.* jack). — **~ˌfie·berˌkraut** *n bot.* tripartite bur(r) marigold (*Bidens tripartita*). — **~ˌfie·berˌmü·cke** (*getr.* -k·k-) *f zo.* yellow-fever mosquito (*Aëdes aegypti*). — **~ˌfil·ter** *n, m phot.* yellow filter. — **~ˌfisch** *m zo.* Atka mackerel, *auch* Atka fish, yellowfish (*Pleurogrammus monopterygius*). — **g~ˌfleckig** (*getr.* -k·k-) *adj* with yellow spots (*od.* patches), spotted with yellow. — **~ˌflos·senˌthunˌfisch** *m zo.* yellowfin tuna, albacore (*Thunnus albacares*). — **g~ˌflü·ge·lig** [-ˌflyːgəlɪç] *adj* yellow- (*od.* golden-)winged. — **g~ˌfrüch·tig** [-ˌfrʏçtɪç] *adj bot.* ochrocarpous, xanthocarpous. — **g~ˌfü·ßig** *adj zo.* with yellow feet, yellow-footed. — **g~geˌfärbt** *adj* ⟨*attrib*⟩ yellow-colo(u)red, icterine (*scient.*). — **~ˌgie·ßer** *m metall.* brass and bronze founder. — **~gie·ßeˌrei** *f* **1.** brass and bronze foundry. – **2.** (*Tätigkeit*) brass and bronze founding. — **~ˌglut** *f* yellow heat. — **g~ˌgrau** *adj* yellow- (*od.* yellowish-, yellowy-)gray (*bes. Br.* grey). — **g~ˌgrün** *adj* yellow- (*od.* yellowish-, yellowy-)green. — **~ˌguß** *m metall.* brass and bronze. — **g~ˌhaa·rig** *adj* yellow-haired. — **~ˌharzˌbaum** *m bot.* **1.** (Australian) grass tree, grass gum (tree), blackboy, xanthorrhoea (*scient.*) (*Gattg Xanthorrhoea*). – **2.** *cf.* Grasbaum. — **g~ˌhäu·tig** *adj* **1.** yellow-skinned. – **2.** (*ungesund, fahl*) sallow.

ˈGelbˌholz *n* **1.** *bot.* a) yellowwood, *Br.* yellow-wood, *Am. auch* gopherwood (*bes. Cladastris lutea*), b) (old) fustic, dyer's mulberry (*Chlorophora tinctoria*). – **2.** (*Farbstoff*) fustic. — **~ˌbaum** *m cf.* Gelbholz 1.

ˈGelb|ˌka·li *n chem.* potassium ferrocyanide ($K_4Fe(CN)_6$). — **~ˌkehl·chen** *n zo.* Maryland yellowthroat (*Br.* yellow-throat) (*Geothlypis trichas*). — **~ˌklee** *m bot.* **1.** a) yellow clover (*Trifolium aureum*), b) hop clover (*T. procumbens*). – **2.** black medic, yellow trefoil (*Medicago lupulina*). — **~ˌkopfˌstär·ling** *m zo.* yellow-headed blackbird (*Xanthocephalus xanthocephalus*).

ˈGelbˌkör·per *m med.* yellow body, corpus luteum (*scient.*). — **~horˌmon** *n* corpus luteum hormone.

ˈGelb|ˌkraut *n bot.* dyer's rocket, dyer's-weed, yellowweed, *Br.* yellow-weed, weld (*Reseda luteola*). — **~ˌkreuz(ˌgas)** *n chem. mil.* mustard gas, *auch* yellow cross, blister gas, vesicant (*scient.*). — **~ˌkup·fer** *n metall.* (yellow) brass.

gelb·lich [ˈgɛlplɪç] *adj* **1.** yellowish, yellowy; lutescent, flavescent, luteolous (*scient.*). – **2.** (*Gesichtsfarbe*) sallow. – **3.** (*fahl*) fallow. — **~ˌgrau** *adj* yellowish-gray (*bes. Br.* -grey). — **~ˌgrün** *adj* yellowish-green. — **~ˌrot** *adj* yellowish-red.

ˈGelbˌlicht *n* (*im Verkehr*) amber (*od.* yellow) light.

ˈgelb·lichˌweiß *adj* yellowish-white.

ˈGelbˌlisch [-ˌlɪʃ] *n* ⟨-es; -e⟩ *bot.* yellowest iris (*Iris flavissima*).

ˈGelb|meˌtall *n metall.* yellow metal. — **~ˌmöh·re** *f bot. cf.* Eselsmöhre. — **~ˌquarz** *m min.* false topaz. — **~ˌrand(ˌkä·fer)** *m zo.* (common) water beetle (*Dytiscus marginalis*): **Larve des ~s** water devil, *auch* water tiger. — **~ˌreiz·ker** *m bot. cf.* Ritterling. — **~ˌrost** *m* stripe rust, *auch* yellow (stripe) rust (*Puccinia glumarum*). — **g~ˌrot** *adj* yellow- (*od.* yellowish-, yellowy-)-red. — **~ˌrü·be** *f bot.* carrot (*Daucus carota*). — **~ˌschei·be** *f phot. cf.* Gelbfilter. — **~ˌschen·kel** *m zo.* lesser yellowlegs (*Br.* yellow-legs) *pl* (*construed as sg or pl*), yellowshank, *Br.* yellow-shank (*Tringa flavipes*): **Großer ~** greater yellow(-)legs (*T. melanoleuca*).

ˈGelbˌschna·bel|ˌkuckuck (*getr.* -k·k-) *m zo.* yellow-billed cuckoo (*Coccyzus americanus*). — **~ˌsturmˌtau·cher** *m* yellow-billed loon (*Gavia adamsi*).

ˈGelb|ˌscho·ten *pl*, (**Chiˈne·si·sche**) *bot.* Chinese gardenia pods, wongshy pods (*Gardenia grandiflora*). — **~ˌschwämm·chen** *n cf.* Pfifferling 1.

ˈGelbˌschwanz|maˌkre·le *f zo.* yellowtail, *Br.* yellow-tail (*Seriola dorsalis*). — **~ˌschnap·per** *m* yellowtail (*Br.* yellow-tail) (snapper) (*Ocyurus chrysurus*).

ˈGelb|ˌse·hen *n med.* yellow vision, xanthopia (*scient.*). — **~ˌstern** *m bot. cf.* Goldstern. — **g~ˌsti·chig** *adj* **1.** *cf.* gelblich 1. – **2.** (*bes. Farbphoto*) yellow-tinged, tinged with yellow. — **~ˌsucht** *f* **1.** *med.* jaundice, icterus (*scient.*). – **2.** *bot.* a) chlorosis, b) (*beim Pfirsich etc*) (the) (jaundice) yellows *pl*. – **3.** *vet.* (the) yellows *pl*. — **g~ˌsüch·tig** *adj med.* jaundiced, suffering from jaundice, icteric (*scient.*): **~ machen** to jaundice. — **~suchtsˌwur·zel** *f bot.* long-rooted curcuma (*Curcuma longa*). — **~ˌvei·ge·lein** *n Southern G. dial. for* Levkoje, Goldlack 1. — **~ˌwei·de·rich** *m cf.* Weiderich 3. — **~ˌwer·den** *n* yellowing. — **~ˌwurz** *f bot.* **1.** tu(r)meric, curcuma (*Curcuma longa*). – **2.** (shrub) yellowroot (*Br.* yellow-root) (*Xanthorhiza apiifolia*). — **~ˌwur·zel** *f* goldenseal, *Br.* golden-seal, puccoon (*Hydrastis canadensis*).

Geld [gɛlt] *n* ⟨-(e)s; -er⟩ **1.** ⟨*meist sg*⟩ money, *Br. sl.* 'brass', *Am. sl.* 'dough': **angelegtes ~** invested money (*od.* capital); **bares ~** cash, ready money; **hartes ~** money in coin, specie; **gefälschtes ~** forged (*od.* counterfeit, bogus) money; **großes ~** *colloq.* notes *pl*, *Am.* bills *pl*; **hinausgeworfenes ~** money thrown away; money down the drain, money poured down the sink (*colloq.*); **kleines ~** (small) change, loose cash; **leichtverdientes [schwerverdientes] ~** easy [hard-earned] money; **verfügbares ~** money on hand; **viel ~** a great amount of money, lots *pl* (*od.* a lot, plenty) of money (*colloq.*); **~ ist knapp** money is tight (*od.* scarce); **~ abheben [anlegen, aufbringen, aufnehmen]** to withdraw [to invest, to raise, to borrow] money; **sein ~ arbeiten lassen** to put one's money to work; **hast du ~ bei dir?** do you have any money on (*od.* with, about) you? **für sein ~ etwas bekommen** to get value for one's money; **er ist nicht mit ~ zu bezahlen** *fig. colloq.* he is worth his weight in gold, he is invaluable; **sein ~ unter die Leute bringen** *colloq.* to put one's money into circulation; **dicke ~er einstreichen** *colloq.* to pocket lots of money; **kein ~ haben** to have no money, to be moneyless (*od.* penniless), to be broke (*od.* hard up) (*colloq.*); **alles, was für ~ zu haben ist** all that money can buy; **am ~e hängen** (*od. colloq.* **kleben**) *fig.* to be a slave to money; **aus j-m ~ herausholen** *colloq.* to squeeze money out of s.o.; **mit dem ~ herausrücken** *colloq.* to come across with the money (*colloq.*), to shell (*od.* fork) out the money (*sl.*); **mit dem ~ nicht herausrücken** *colloq.* to hang on to one's money, to be stingy with one's money; **~ mit vollen** (*od.* **beiden**) **Händen zum Fenster hinauswerfen** *fig. colloq.* to throw (one's) money out of the window (with both hands), to make one's money fly, to spend money right and left; **das ~ auf die Straße werfen** to throw one's money down the drain (*colloq.*), to throw one's money away; **mit ~ herumschmeißen** *fig. colloq.* to throw money about (like dirt), to fling one's money around; **zu ~ kommen** to come into money, to strike it rich, to earn a nice bit of money; **~ machen** *colloq.* to make money; **etwas zu ~ machen** a) to turn (*od.* convert) s.th. into money (*od.* cash), b) to cash s.th., c) *econ.* to realize s.th.; **~ pumpen** *colloq.* to borrow money; **in ~ schwimmen** *fig. colloq.* to be rolling (*od.* wallowing) in money; **knapp an ~ sein** to be short of (*od.* on) money; **um ~ spielen** a) to play for money, b) to gamble (for money); **~ in** (*acc*) **etwas stecken** to put money into s.th., to invest money in s.th.; **er stinkt vor ~** *fig. colloq.* he stinks with (*od.* of) money (*colloq.*), he is filthy rich (*colloq.*); **er kann nicht mit ~ umgehen** he does not know how to handle money; **viel ~ verdienen** to earn a lot of money, to earn big money (*colloq.*), to do well (by oneself) (*colloq.*); **j-n laufend mit ~ versorgen** to keep s.o. in money (*od.* funds); **~ verjubeln** (*od.* **verplempern**) *colloq.* to squander money; **das ~ fliegt nur so davon** the money takes to itself wings; **~ mit Zinsen verleihen** to put out money at interest; **~ verpumpen** *colloq.* to lend money; **~ vorstrecken** to advance money; **~ wechseln** a) (*in kleines*) to change money, b) (*in andere Währung*) to (ex)change money; **j-m ~ aus der Tasche ziehen** *fig. colloq.* to take s.o.'s money off him, to relieve s.o. of his money, *Am. sl.* to shake s.o. down; **scharf auf ~ sein** *colloq.* to be keen on (getting) money; **das ~ ist futsch** *colloq.* the money's gone (*od. colloq.* down the drain); **das geht** (*od.* **läuft**) **aber ins ~** *colloq.* that really runs into money; **~ und Gut** money and property, belongings *pl*, wealth; **~ auf die hohe Kante legen** *fig. colloq.* to put money away (*od.* by) for a rainy day, to lay money aside (for the future); **das ~ liegt auf der Straße** *fig.* the money is there for the asking; **man findet das ~ nicht auf der Straße** *fig.* money does not just fall from heaven, money does not grow on trees; **er ist sein ganzes ~ los** *colloq.* a) he got rid of all his money, b) his money is all gone; **wieviel macht das nach unserem ~?** how much is that in our money? **eine Menge** (*od.* **Unmenge, Stange, ein Haufen**) **~** *colloq.* lots *pl* (*od.* heaps *pl*, bags *pl*, piles *pl*, a mint, a pile) of money (*colloq.*); **das liebe ~!** *colloq. contempt.* money! **~ spielt keine Rolle** money is no object (*od.* consideration); **er hat ~ wie Heu** *fig. colloq.* he has money to burn, he has more money than he knows what to do with, he is rolling in money; **eine hübsche** (*od.* **runde, ordentliche**) **Summe ~** *colloq.* a nice (*od.* tidy) bit (*od.* sum) of money; **nicht für ~ und gute Worte** neither for love nor money, not for love or money; **~ ist die Ursache allen Übels** money is the root of all evil (*proverb*); **Zeit ist ~** (*Sprichwort*) time is money (*proverb*); **~ allein macht nicht glücklich** (*Sprichwort*) money is not everything, money alone doesn't make one happy; **~ regiert die Welt** (*Sprichwort*) money makes the world go round (*proverb*); **~ stinkt nicht** (*Sprichwort*) money tells no tales; **da war mein ganzes ~ beim Teufel** *colloq.* all my money went west. – **2.** ⟨*only sg*⟩ (*Münzen*) coin(s *pl*). – **3.** ⟨*only sg*⟩ (*Scheine*) notes *pl*, *Am.* bills *pl*. – **4.** ⟨*only sg*⟩ (*im Umlauf*) currency. – **5.** ⟨*only sg*⟩ *econ.* (*in Kurszetteln*) bid, buyers *pl*. – **6.** *pl econ.* a) funds, money *sg*, monies, moneys, b) capital *sg*, c) deposits: **langfristige ~er** a) time deposits, b) long-term capital *sg*; **öffentliche ~er** public funds; **private ~er** private funds (*od.* means, capital *sg*).

ˈGeld|ˌabˌfin·dung *f econ.* **1.** (*für erlittenes Unrecht*) monetary (*od.* pecuniary) compensation, compensation (in cash). – **2.** (*bei Aufgabe von Ansprüchen*) cash (*od.* financial) settlement. – **3.** (*als Ersatz für Leistungen*) cash allowance. — **~ˌabˌfluß** *m* outflow (*od.* efflux, drain[ing]) of money. — **~ˌabˌwer·tung** *f* devaluation (*od.* devalorization) of (a) currency. — **~ˌadel** *m* moneyed aristocracy, aristocracy of wealth, plutocracy. — **~ˌan·geˌbot** *n* **1.** offer of money. – **2.** *econ.* money supply. — **~ˌan·geˌle·gen·hei·ten** *pl* money (*od.* pecuniary, financial) matters (*od.* affairs). — **~ˌanˌhäu·fung** *f* **1.** accumulation of money. – **2.** *econ.* accumulation of currency. — **~ˌanˌla·ge** *f* investment (of capital): **vorteilhafte ~** remunerative investment. — **~ˌanˌle·ger** *m* investor. — **~ˌanˌlei·he** *f* loan (of money). — **~ˌanˌspruch** *m jur.* financial (*od.* monetary) claim. — **~ˌan·ˌwei·sung** *f* (postal) money order, *Br. auch* postal order. — **~ari·sto·kraˌtie** *f cf.* Geldadel. — **~ˌaufˌnah·me** *f econ.* **1.** borrowing (of money). – **2.** taking up (*od.* raising) of money. — **~ˌaufˌwand** *m* **1.** expenditure. – **2.** (*Unkosten*) expense(s *pl*). — **~ˌaufˌwer·tung** *f* revaluation of (a) currency. — **~ˌausˌga·ben** *pl* **1.** disbursement *sg*. – **2.** *cf.* Geldaufwand. — **~ˌausˌla·gen** *pl* (financial) outlay *sg*, outlays, disbursements. — **~ˌausˌlei·her** *m cf.* Geldverleiher. — **~ˌausˌwei·tung** *f* monetary expansion. — **~beˌdarf** *m* **1.** money (*od.* pecuniary) requirements *pl*, financial needs *pl*. – **2.** (*am Geldmarkt*) money (*od.* currency) demands *pl*, demand for money. — **~ˌbeiˌtrag** *m* contribution in money, financial contribution. — **~beˌloh·nung** *f* **1.** pecuniary reward, reward (in cash). – **2.** (*Entlohnung*) remuneration. — **~beˌschaf·fung** *f* raising (*od.* finding, procuring) of funds. — **g~beˌsit·zend** *adj* moneyed, rich. — **~beˌstand** *m* monetary stock (*od.* holding[s *pl*]). — **~beˌtrag** *m* (sum *od.* amount of) money. — **~ˌbeu·tel** *m* **1.** purse: **er hat einen dicken [mageren] ~** *fig.* he has a heavy (*od.* long) [light] purse; **den ~ verwalten** *fig. colloq.* to hold the purse([-]strings); **jetzt geht es dir an den ~** *fig.* now you will feel it in your purse (*od.* suffer in your pocket); **für jeden ~** for every purse, within anyone's reach. – **2.** (*für Scheine*) wallet, *Am. auch* pocketbook, billfold. – **3.** *hist.* moneybag, *Br.* money-bag. — **~beˌwil·li·gung** *f* grant (of money). — **~beˌwil·li·gungsˌanˌtrag** *m pol.* money bill. — **~ˌbör·se** *f cf.* Geldbeutel 1, 2. — **~ˌbriefˌträ·ger** *m* (*special*) *postman delivering money orders.* — **~-**

ˌbüch·se f money box, Br. money-box. — ~ˌbu·ße f cf. Geldstrafe. — ~ˌdurst m cf. Geldgier. — ~ˌein·heit f econ. monetary unit. — ~ˌeinˌla·ge f deposit. — ~ˌeinˌnah·men pl 1. (cash) receipts, takings. – 2. (laufende, feste) revenues. — ~ˌeinˌneh·mer m (von Haus zu Haus gehender) collector. — ~ˌeinˌwurf m 1. (coin) slot. – 2. insertion of coins. — ~ˌeinˌzah·lung f payment. — ~ˌeinˌzie·hung f collection (od. collecting) of money. — ~empˌfän·ger m payee, remittee. — ~entˌschä·di·gung f jur. 1. cf. Geldabfindung 1. – 2. (bei Verlusten) indemnity. — ~entˌwer·tung f econ. 1. depreciation (od. devaluation) of money (od. of [a] currency). – 2. inflation. — ~erˌtrag m 1. (Gewinn) profit, return(s pl). – 2. (Verkaufserlös) proceeds pl. – 3. (Einkünfte) revenue. – 4. (monetary) yield. — ~erˌwerb m moneymaking, Br. money-making: auf ~ ausgehen to try to make money (od. to gain a livelihood).

'Gel·desˌwert m ⟨-(e)s; no pl⟩ 1. money's worth, value in money. – 2. Geld und ~ money and valuables pl.

'Geld|ˌfor·de·rung f meist pl econ. 1. money due (od. owing), outstanding money. – 2. demand for money. – 3. (Anspruch) claim for money, money claim. — ~ˌfra·ge f matter (od. question) of money: ob ich mir einen neuen Wagen kaufen werde, ist lediglich eine ~ whether I shall buy a new car (or not) is merely a matter of money. — ~ˌge·ber m 1. (financial) backer. – 2. lender (od. advancer) of money. – 3. financier. — ~geˌschäft n 1. financial (od. money) transaction. – 2. financial (od. banking) business. — ~geˌschenk n 1. gift (od. present) of money. – 2. (bes. für Dienstleistung) gratuity. – 3. (Stiftung, Schenkung) donation. – 4. (Trinkgeld etc) tip. — ~ˌgier f greed (od. thirst) for money, avarice, cupidity. — g~ˌgie·rig adj greedy for money, avaricious, moneygrubbing, Br. money-grubbing. — ~ˌhei·rat f marriage for money, money marriage (od. match), mercenary marriage: eine ~ machen to marry for money. — ~ˌherr·schaft f plutocracy, plutarchy. — ~ˌhor·tung f econ. 1. hoarding of money. – 2. currency hoarding. — ~in·stiˌtut n financial institution. — ~kasˌset·te f strongbox, Br. strong-box, cashbox. — ~ˌkat·ze f hist. money belt. — ~ˌklem·me f colloq. for Geldschwierigkeiten 1. — ~ˌknapp·heit f econ. cf. Geldnot 2. — ~ˌkri·se f 1. financial crisis. – 2. monetary crisis. — ~ˌkurs m 1. rate of exchange. – 2. (der Bank) buying rate. – 3. (der Börse) demand rate, bid price. — ~ˌlei·her m cf. Geldverleiher. — ~ˌlei·stung f 1. (money) payment. – 2. (von Krankenkassen etc) cash benefit.

geld·lich ['gɛltlɪç] I adj monetary, financial, pecuniary: ~e Hilfe financial aid. – II adv financially: wir können uns das ~ nicht erlauben we cannot afford that financially.

'Geld|ˌmacht f financial power. — ~ˌmak·ler m econ. money (od. financial) broker. — ~ˌman·gel m 1. lack (od. want) of money, impecuniosity (lit.). – 2. cf. Geldnot 2. — ~ˌmann m ⟨-(e)s; -leute⟩ colloq. 1. financier. – 2. moneyed (od. rich, wealthy) person, auch capitalist: Geldleute moneyed people, the rich.

'Geldˌmarkt m econ. money market, Br. money-market: Druck auf dem ~ verursachen to place (od. cause) pressure on the money market; Anspannung des ~s strain on the money market, monetary strain. — ~beˌricht m money-market report. — g~empˌfind·lich adj sensitive to (the state of) the money market. — ~paˌpier n, ~ˌti·tel m money-market security (od. paper).

'Geld|ˌmen·ge f 1. amount of money. – 2. cf. Geldvolumen. — ~ˌmensch m colloq. 1. cf. Geldraffer. – 2. cf. Geldmann 2. — ~ˌmit·tel pl funds, (financial) resources, means: über ~ verfügen to have money at one's disposal. — ~ˌmün·ze f coin. — ~ˌmün·zer m minter, mintmaster, Br. mint-master. — ~ˌneh·mer m 1. borrower. – 2. (Hypothekenschuldner) mortgagor, auch mortgager. — ~ˌneuˌord·nung f cf. Geldreform. — ~ˌnot f 1. cf. Geldschwierigkeiten 1. – 2. econ. shortness (od. scarcity, scarceness, tightness) of money. — ~ˌop·fer n 1. financial sacrifice. – 2. relig. offertory, offering. — ~po·liˌtik f econ. financial (od. monetary) policy. — ~ˌpo·sten m 1. sum of money. – 2. (in der Buchführung) item. — ~ˌprä·gung f coining (od. minting, stamping) of money. — ~ˌprä·mie f 1. bonus. – 2. cash (od. money) prize. — ~ˌpreis m cash (od. money) prize, purse. — ~ˌprotz m colloq. purse-proud character: ein neureicher ~ a rich upstart. — ~ˌquel·le f source of money (od. capital, income), pecuniary (re)source. — ~ˌraf·fen n moneygrubbing, Br. money-grubbing. — ~ˌraf·fer m moneygrubber, Br. money-grubber. — ~reˌform f econ. currency (od. monetary) reform. — ~ˌren·te f pension. — ~reˌser·ve f money reserve. — ~ˌrol·le f roll of coins, rouleau. — ~ˌrückˌzah·lung f refund, reimbursement, repayment. — ~ˌsa·che f money (od. financial) matter: in ~n hört die Gemütlichkeit auf colloq. business is business. — ~ˌsack m 1. (für Geld) moneybag, Br. money-bag. – 2. (mit Geld gefüllt) bag of money. – 3. fig. contempt. moneybags, Br. money-bags pl (construed as sg or pl). — ~ˌsamm·lung f 1. collection, Br. colloq. whip-round: eine ~ für j-n veranstalten to take up (od. make) a collection for s.o., to pass the hat round for s.o. (colloq.), Br. colloq. auch to have a whip-round for s.o. – 2. (für bestimmte Zwecke) fund-raising campaign. – 3. relig. (beim Gottesdienst) offertory, offering. — ~ˌsatz m meist pl econ. money (od. market, buying) rate: Abschwächung [Erholung] der Geldsätze easing in (od. of) [relaxation of] money rates; Geldsätze heraufsetzen [herabsetzen] to mark up [to mark down] money rates. — ~schaˌtul·le f cashbox. — ~ˌschein m (bank) note, Br. (bank-)note, currency note, Am. bill: Rolle (od. Bündel) von ~en wad of banknotes (Am. auch bills), Am. sl. bankroll. — ~ˌschnei·der m contempt. cf. Wucherer 1. — ~schnei·deˌrei [ˌgɛltʃnaɪdəˈraɪ] f cf. Wucherei. — ~ˌschnitt m econ. cut in money supply. — ~ˌschöp·fung f creation of currency, money creation.

'Geldˌschrank m safe, auch strongbox, Br. strong-box: einen ~ aufbrechen (od. sl. knacken) to break open (od. colloq. to crack) a safe. — ~ˌknacker (getr. -k·k-) m safebreaker, safecracker.

'Geld|ˌschubˌla·de f 1. cash drawer. – 2. (bes. einer Registrierkasse etc) till. — ~ˌschuld f (money of pecuniary) debt, debt of money. — ~ˌschwem·me f cf. Geldüberfluß. — ~ˌschwie·rig·kei·ten pl 1. financial (od. money, pecuniary) difficulties (od. straits): in ~ sein to be in financial difficulties, to be financially embarrassed, to be pressed (od. pushed) for money, to be hard up (for cash), to be in low water (colloq.). – 2. cf. Geldnot 2. — ~ˌsen·dung f (cash) remittance. — ~ˌsog m econ. drain of money. — ~ˌsor·gen pl financial (od. money) worries (od. problems, troubles). — ~ˌsor·te f meist pl (monetary) denomination, notes pl and coin. — ~ˌspen·de f 1. financial contribution, money gift, donation. – 2. subscription. — ~ˌstra·fe f jur. fine, auch penalty, forfeit, mulct (lit.): j-n mit einer ~ belegen to fine s.o., to impose a fine on s.o.; er verurteilte ihn zu 40 Mark ~ he fined him 40 marks; sich (dat) eine ~ zuziehen to incur a fine; einer ~ unterliegend subject to a fine, finable; eine Freiheitsstrafe in eine ~ verwandeln to convert imprisonment to a fine. — ~ˌstück n coin. — ~ˌsum·me f sum (od. amount) (of money). — ~syˌstem n monetary (od. financial) system. — ~ˌtäsch·chen n cf. Geldbeutel 1. — ~ˌta·sche f 1. cf. Geldbeutel 1, 3. – 2. (im Kleidungsstück) change pocket. — ~theoˌrie f monetary theory, theory of money. — ~transˌport m 1. transport (od. shipment) of money. – 2. vehicle (od. armo[u]red car) for transporting money. — ~ˌüberˌfluß m abundance (od. excess, glut) of money. — ~ˌüberˌhang m econ. surplus money. — ~ˌüberˌmitt·lungsˌdienst m (postal service) (money) remittance service. — ~ˌüberˌwei·sung f remittance, (money) transfer. — ~ˌumˌlauf m econ. circulation of money. — ~ˌumˌsatz m (money) turnover. — ~ˌumˌstel·lung f currency conversion. — ~ˌumˌtausch m (in andere Währung) exchange of money. — ~ˌun·terˌstüt·zung f 1. financial support (od. aid). – 2. subsidy, auch subvention. — ~verˌdie·nen n making money, moneymaking, Br. money-making: er ist nur aufs ~ aus he is only out to make money. — ~verˌdie·ner m moneymaker, Br. money-maker, earner (of money): er ist der ~ in der Familie he is the bread(-)winner in the family. — ~verˌfas·sung f econ. monetary structure. — ~verˌkehr m 1. circulation of money. – 2. traffic in money. – 3. money (od. monetary) transactions pl (od. movements pl). — ~verˌknap·pung f cf. Geldnot 2. — ~verˌle·gen·heit f financial (od. pecuniary) embarrassment(s pl): in ~ sein to be financially embarrassed, to be pressed (od. pushed) for money, to be short of money, to be hard up (for cash), to be in low water (colloq.); in äußerster ~ sein to be at the end of one's means, to be on the rocks (colloq.), bes. Br. colloq. to be (down) on one's uppers. — ~verˌlei·her m moneylender, Br. money-lender. — ~verˌlust m financial (od. pecuniary) loss, loss of money. — ~verˌmeh·rung f increase (in the supply) of money. — ~verˌmö·gensˌbil·dung f formation of monetary assets. — ~verˌmö·gensˌwert m financial (od. monetary) asset. — ~verˌschwen·dung f waste of money, extravagance. — ~verˌwal·ter m treasurer. — ~voˌlu·men n money supply, volume of money. — ~ˌvorˌrat m 1. funds pl. – 2. cash reserve. – 3. (Kassenbestand) cash in hand. – 4. (auf dem Geldmarkt) supply of money. – 5. cf. Geldbestand. — ~ˌvorˌschuß m cash advance, advance (of money). — ~ˌwäh·rung f 1. currency. – 2. money (od. monetary) standard. — ~ˌwech·sel m cf. Geldumtausch. — ~ˌwechs·ler m money changer.

'Geldˌwert m ⟨-(e)s; no pl⟩ 1. (einer Sache) money (od. cash, monetary) value. – 2. econ. value of money (od. currency). — ~beˌstim·mung f econ. valuation.

'Geld|ˌwe·sen n econ. 1. (insgesamt) finance. – 2. cf. Geldsystem. – 3. cf. Geldgeschäft 2. – 4. (Belange) financial (od. money) matters pl (od. affairs pl, concerns pl). — ~ˌwirt·schaft f money economy. — g~ˌwirt·schaft·lich adj monetary. — ~ˌwu·cher m cf. Wucher 1. — ~ˌwu·che·rer m cf. Wucherer 1. — ~ˌzähl·maˌschi·ne f money (od. coin) counting machine. — ~ˌzah·lung f payment of money, money (od. cash) payment. — ~ˌzins m (money) interest. — ~zir·ku·la·tiˌon f cf. Geldumlauf. — ~ˌzuˌla·ge f 1. extra (od. additional) pay. – 2. supplementary payment. – 3. cf. Gehaltserhöhung. — ~ˌzuˌwen·dung f 1. appropriation (of funds). – 2. (regelmäßige) allowance. – 3. cf. Geldgeschenk.

Ge'lecke (getr. -k·k-) n ⟨-s; no pl⟩ contempt. (continual) licking.

ge'leckt I pp of lecken[1] u. [2]. – II adj ⟨pred⟩ colloq. 1. painstakingly clean, spic(k)-and-span. – 2. (Person) contempt. scrubbed (clean), fastidiously clean: er sah aus wie ~ he looked as if he had been scrubbed (clean), Am. auch he looked all scrubbed up. — Ge'leckt·heit f ⟨-; no pl⟩ 1. extreme cleanliness (od. neatness). – 2. contempt. (von Personen) being scrubbed (clean), fastidious cleanliness.

Ge·lee [ʒeˈleː; ʒəˈleː] n, m ⟨-s; -s⟩ 1. (von Früchten) jelly: das ~ ist festgeworden the jelly has (od. is) set; zu ~ werden, ~ bilden to jelly, to become jelly. – 2. (Aspik) aspic, jelly: Aal in ~ jellied eel. – 3. (cosmetics) (fettfreie Glyzerincreme etc) cold (od. jelly) cream. — g~ˌar·tig adj jellylike. — ~bonˌbon m, n gumdrop. — ~ˌfrucht f Turkish delight (Am. auch paste). — ~ˌguß m (auf Obsttorte) fruit-flavored (bes. Br. -flavoured) gelatin(e) glaze: mit ~ überziehen to glaze.

Ge'le·ge n ⟨-s; -⟩ clutch (od. nest) of eggs, sitting.

ge'le·gen I pp of liegen. – II adj 1. (irgendwo liegend) situated, Am. auch located: eine herrlich ~e Villa a magnificently situated villa; an einem See ~ situated at (od. beside) a lake; nach Norden [der Straße] ~ facing north [the street]; am weitesten nördlich [östlich, südlich, westlich] ~ northernmost [eastern-, southern-, westernmost]; ein an der See ~es Dorf a seaside village. – 2. (passend) convenient, suitable: dieses

Datum ist mir sehr ~ that date is very convenient for me (*od. colloq.* suits me fine). – **3.** (*günstig*) opportune: **zu einem** ~**en Augenblick** at an opportune moment. – **4.** (*angemessen, recht*) appropriate, proper: **zur** ~**en Zeit werde ich Sie daran erinnern** at the proper (*od.* the appropriate) time I shall remind you of that. – **5. j-m ist (viel) an** (*dat*) **etwas** ~ s.th. is important (*od.* of importance, of consequence) to s.o., s.th. matters a great deal to s.o.: **mir ist viel daran** ~ it is very important to me, I am very interested in this, it matters a great deal to me; **dem Besitzer ist viel an dem Verkauf** ~ the owner is anxious to sell; **was ist daran** ~? what does it matter? what difference does it make? what of it? so what? (*colloq.*); **mir ist nichts daran** ~ I don't care (one way or another), it makes no difference to me, it does not matter to me, I couldn't care less (*colloq.*). – **III** *adv* **6.** opportunely, at the right time: **das Geld kommt sehr** ~ the money has come at just the right time; **das kommt mir sehr** ~ that suits me perfectly (*od. colloq.* fine); **Sie kommen mir gerade** ~ you are just the person I wanted to see. — **Ge'le·gen·heit** *f* ⟨-; -en⟩ **1.** opportunity, chance, *bes. Am. colloq.* 'break': **eine** ~ **abwarten [ergreifen]** to wait for [to seize, to grasp, to avail oneself of] an opportunity; **eine** ~ **ausnutzen [benutzen, wahrnehmen]** to make the most of [to utilize, to profit by] an opportunity; **es fehlt nicht an** ~**en** there is no lack of opportunities; **j-m die** ~ **geben, etwas zu tun** to give (*od.* afford) s.o. the opportunity to do (*od.* of doing) s.th.; **j-m die** ~ **zum Sprechen [zu einer Revanche] geben** to give s.o. a chance to talk [for revenge]; **die** ~ **beim Schopfe packen** *fig.* to seize (*od.* avail oneself of) the opportunity, to take occasion (*od.* time) by the forelock, to jump at the chance; **eine** ~ **ungenutzt verstreichen** (*od.* **vorbei-, vorübergehen) lassen** to let an opportunity slip by; **suche** ~ **zum Mitfahren nach London** looking for a ride to London; **wenn sich die** ~ **bietet** when the opportunity presents (*od.* offers) itself, whenever one has the chance; → Dieb 1. – **2.** (*Anlaß*) occasion, chance: **bei** ~ a) sometime, b) at one's convenience; **bei dieser** ~ a) on this occasion, b) in this connection (*Br. auch* connexion); **bei der ersten besten** ~ *colloq.* the first chance I get, at the first opportunity; **bei jeder passenden und unpassenden** ~ *colloq.* at any odd time, *Am. colloq.* at the drop of a hat; **bei solchen** ~**en** at such times, on such occasions. – **3.** (*Einrichtung*) facilities *pl*: **in der Toilette ist eine** ~ **zum Händewaschen** in the WC there are facilities for washing your hands. – **4.** (*in Zeitungsanzeigen*) opportunity, bargain.

Ge'le·gen·heits|,ar·beit *f* **1.** occasional (*bes. Br.* casual) labor (*bes. Br.* labour). – **2.** (*einzelne*) odd (*Br. auch* casual) job: ~**en machen** to do odd jobs, to job. — ~**,ar·bei·ter** *m* **1.** day laborer, *Br.* casual labourer, odd-job man, odd-jobber. – **2.** temporary help *pl.* – **3.** *contempt.* 'drifter' (*sl.*). — ~**,auf,trag** *m* **1.** (*Bestellung*) occasional (*bes. Br.* casual) commission. – **2.** (*Arbeit*) jobbing order, odd job. — ~**,dich·ter** *m* **1.** occasional writer (*od.* poet). – **2.** writer of occasional verse. — ~**,dich·tung** *f* **1.** occasional poetry. – **2.** (*Einzelwerk*) a) occasional poem (*od.* verse), b) occasional composition. — ~**,dieb** *m* casual (*od.* occasional) thief. — ~**ge,dicht** *n* occasional poem (*od.* verse), Gelegenheitsgedicht. — ~**ge,schäft** *n* **1.** occasional (*od.* chance) business (*od.* profit). – **2.** (*gutes*) bargain, *bes. Am.* deal. — ~**,kauf** *m* chance purchase, bargain. — ~**,käu·fer** *m* chance buyer. — ~**,ma·che·rin** *f* ⟨-; -nen⟩ *archaic for* Kupplerin 2. — ~**,schau,spie·ler** *m* (*theater*) utility man. — ~**,schrift,stel·ler** *m* occasional writer. — ~**ver,bre·cher** *m jur.* accidental criminal.

ge'le·gent·lich I *adj* **1.** occasional. – **2.** (*zufällig, vereinzelt*) accidental, chance (*attrib*): ~**e Bemerkungen** chance (*od.* stray) remarks. – **3.** (*vorübergehend*) temporary, transient. – **4.** (*unverbindlich*) casual. – **5.** (*beiläufig*) incidental: **das entnahm ich einer** ~**en Bemerkung** I gathered that from an incidental remark. – **II** *adv* **6.** (*bei Gelegenheit*) occasionally, on occasion, when the occasion arises. – **7.** (*manchmal*) at times, sometimes. – **8.** (*zuweilen*) from time to time, now and then, every once in a while (*colloq.*): **er trinkt** ~ **einen Whisk(e)y** he takes an occasional glass of whisky. – **III** *prep* ⟨*gen*⟩ **9.** (*anläßlich*) (*officialese*) on the occasion of: ~ **meines Besuches in Berlin** on the occasion of my visit to Berlin, when I visited (*od.* was in) Berlin.

ge'leh·rig [-'leːrɪç] **I** *adj* **1.** docile, teachable. – **2.** (*klug, anstellig*) intelligent, clever, able, apt, quick to learn (*od. colloq.* on the uptake). – **II** *adv* **3. er stellt sich** ~ **an** he learns readily (*od.* quickly). — **Ge'leh·rig·keit** *f* ⟨-; *no pl*⟩ **1.** docility, teachableness, teachability. – **2.** intelligence, cleverness, ability, aptness.

ge'lehr·sam [-'leːrzaːm] *adj* **1.** *obs. for* gelehrt II. – **2.** *rare for* gelehrig I. — **Ge'lehr·sam·keit** *f* ⟨-; *no pl*⟩ **1.** (*Gelehrtheit, Wissen*) learning, learnedness, erudition, eruditeness: **ein Wunder an** (*od.* **der**) ~ a prodigy of learning; **ein Mann von tiefer** (*od.* **großer**) ~ a man of deep (*od.* great) learning; **trockene** ~ bookishness, pedantry. – **2.** (*Wissenschaft*) learning, scholarship: **eine Stätte der** ~ a seat of learning.

ge'lehrt I *pp.* – **II** *adj* learned, erudite, scholarly: **die** ~**e Welt** the learned world, the world of learning (*od.* letters), the republic of letters; → Haus 6.

Ge'lehr·te[1] *m* ⟨-n; -n⟩ **1.** scholar, savant (*lit.*): **er ist kein großer** ~**r** he is not much of a scholar; **darüber streiten sich die** ~**n noch** *humor.* there are two schools of thought on that, it's a moot point (*od.* question). – **2.** learned man, man of learning (*od.* letters, erudition).

Ge'lehr·te[2] *f* ⟨-n; -n⟩ **1.** scholar, savant (*lit.*). – **2.** learned woman, woman of learning (*od.* letters, erudition).

Ge'lehr·ten|fa,mi·lie *f* family of scholars. — **g**~**haft** *adj* scholarly. — ~**,kopf** *m* **1.** head of a scholar. – **2.** *fig.* learned head, scholar. — ~**,krei·se** *pl only in* **in** ~**n** among scholars (*od.* the erudite, the learned), in scholarly circles. — ~**,stand** *m* (the) learned class, intelligentsia, *auch* intelligentzia. — ~**,streit** *m* dispute of scholars. — ~**,stu·be** *f* scholar's study.

Ge'lehr·ten·tum *n* ⟨-s; *no pl*⟩ **1.** scholarliness. – **2.** *cf.* Gelehrtenstand.

Ge'lehr·ten|ver,ein *m* **1.** literary society. – **2.** club (*od.* association) for intellectuals. — ~**,welt** *f* world of learning, republic (*od.* commonwealth) of letters.

Ge'lehrt·heit *f* ⟨-; *no pl*⟩ *cf.* Gelehrsamkeit 1.

Ge'lei·er *n* ⟨-s; *no pl*⟩ *fig. colloq.* monotonous (*od.* singsong) music (*od.* recitation, verse).

Ge'lei·se *n* ⟨-s; -⟩ *lit. for* Gleis.

Ge'leit *n* ⟨-(e)s; *rare* -e⟩ **1.** escort, conduct: **j-m das** ~ **geben** to escort (*od.* accompany) s.o.; **j-m sicheres** (*od.* **freies**) ~ **geben** *jur.* to give (*od.* grant) s.o. safe-conduct (*Br.* safe conduct): **zum** ~ (*in Büchern*) preface, foreword, prefatory note. – **2.** *bes. mil. mar.* escort, convoy: **zum** ~ as an escort; **unter** ~ **fahren** to sail in (*od.* under) convoy. – **3.** (*herzliche Verabschiedung*) send-off. – **4.** *lit.* (*begleitende Personen*) retinue, suite, attendants *pl.* – **5. j-m das letzte** ~ **geben** to pay s.o. the last hono(u)rs (*od.* one's last respects). — ~**,boot** *n mar.* **1.** escort vessel. – **2.** (*schnelles zum Verfolgen*) chaser. — ~**,brief** *m* letter of safe-conduct (*Br.* safe conduct), pass.

Ge'lei·te *n* ⟨-s; -⟩ *archaic for* Geleit.

ge'lei·ten *v/t* ⟨h⟩ *lit.* **1.** escort, conduct, accompany: **j-n an die Tür** ~ to escort (*od.* see, show) s.o. to the door; **j-n zur letzten Ruhe** ~ to accompany s.o. to his final resting place. – **2.** *bes. mil. mar.* escort.

Ge'lei·ter *m* ⟨-s; -⟩ escort, conductor.

Ge'leit|,fahr,zeug *n* **1.** *mar.* escort vessel. – **2.** *mil.* escorting vehicle. — ~**,flug,zeug** *n mil.* escort(ing) aircraft. — ~**,schein** *m mar.* navigation certificate, *bes. Br.* navicert. — ~**,schiff** *n* **1.** convoy ship, escort ship (*od.* vessel). – **2.** *cf.* Geleitboot. — ~**,schutz** *m* **1.** escort: **j-m** ~ **zusichern** to ensure s.o.'s protection. – **2.** *mar. mil.* convoy (protection), escort: **unter** ~ under escort.

Ge'leits|,herr *m hist.* lord empowered to grant safe-conduct (*Br.* safe conduct), owner of the rights of escort. — ~**,mann** *m* escort.

Ge'leit|,wort *n* ⟨-(e)s; -e⟩ (*im Buche etc*) preface, foreword: **mit einem** ~ **von** with an introduction by. — ~**zer,stö·rer** *m mar.* destroyer escort. — ~**,zug** *m bes. mar. mil.* convoy: **im** ~ **fahren** to sail in (escorted) convoy.

ge'lenk *adj archaic for* gelenkig 1—3.

Ge'lenk *n* ⟨-(e)s; -e⟩ **1.** joint: **mit** ~**en (versehen)** jointed. – **2.** *med. bot. zo.* a) joint, b) (*Gelenkverbindung*) articulation: **die** ~**e betreffend** articular, *auch* articulary; **einen Arm aus dem** ~ **kugeln** to dislocate an arm. – **3.** *tech.* a) joint, b) (*Scharnier*) hinge, c) (*Gelenkverbindung*) articulation. — ~**,band** *n* ⟨-(e)s; ⸚er⟩ **1.** *med.* ligament. – **2.** *tech.* hinge plate (*od.* strip). — ~**,beu·ge** *f med.* bend (*od.* flexor, side) of a joint. — ~**de·for·mi,tät** *f* deformity of a joint, arthrodysplasia (*scient.*). — ~**,ei·te·rung** *f* pyarthrosis. — ~**ent,zün·dung** *f* inflammation of a joint, arthritis (*scient.*). — ~**er,guß** *m* articular effusion. — ~**er,kran·kung** *f* joint disease, arthropathy (*scient.*). — ~**,fahr,zeug** *n auto. Br.* articulated vehicle, *Am.* semitrailer (vehicle). — ~**,flä·che** *f med.* (*eines Knochens*) articular (*od.* glenoid) facet (*od.* surface). — ~**,flüs·sig·keit** *f* synovial fluid. — ~**,fort,satz** *m* **1.** articular process, process of a joint. – **2.** (*eines Wirbels*) zygapophysis. – **3.** (*des Unterkiefers*) condyloid process. — ~**,fü·gung** *f* articulation. — ~**,gal·le** *f vet.* windgall. — ~**ge,trie·be** *n tech.* crankdrive mechanism. — ~**,gicht** *f med.* gouty (*od. scient.* uratic) arthritis. — ~**,gru·be** *f* glenoid fossa.

Ge'lenk,haut *f med.* synovial membrane. — ~**ent,zün·dung** *f* (arthro)synovitis.

Ge'lenk|,höcker (*getr.* -k·k-) *m med.* articular eminence. — ~**,höh·le** *f* joint (*od.* articular) cavity. — ~**,hü·gel** *m* articular eminence.

ge'len·kig I *adj* **1.** (*Glieder, Körper etc*) supple: **er ist sehr** ~ he is very supple; ~ **machen** to loosen (up), (*vor Wettbewerb etc*) to limber up. – **2.** (*schnell u. gewandt*) agile, nimble, limber: ~**e Finger** nimble (*od.* supple) fingers. – **3.** (*geschmeidig*) lithe, lissome, *auch* lissom. – **4.** *tech.* a) (*gelenkartig*) articulated, b) (*schmiegsam*) flexible. – **II** *adv* **5.** ~ **angebracht** *tech.* a) (*mittels Drehzapfen*) swivel-mounted, b) (*mittels Scharnier*) hinge-mounted. — **Ge'len·kig·keit** *f* ⟨-; *no pl*⟩ **1.** suppleness. – **2.** agility, nimbleness, limberness. – **3.** litheness, lissomeness. – **4.** *tech.* a) flexibility, b) swiveling (*bes. Br.* swivelling) feature.

Ge'lenk,kap·sel *f med.* articular capsule. — ~**ent,zün·dung** *f* capsulitis, synovitis.

Ge'lenk|,ket·te *f tech.* sprocket chain. — ~**,knor·pel** *m med.* articular (*od.* arthroidal) cartilage. — ~**,knor·ren** *m* condyle: **über dem** ~ **(liegend)** supracondylar. — ~**,kno·ten** *m bot.* joint, articulation. — ~**,kopf** *m* **1.** *tech.* a) (*eines Drehgelenks*) swivel head, b) (*eines Kugelgelenks*) ball of a joint. – **2.** *med.* condyle. — ~**,kör·per** *m med.* (**freier**) ~ joint mouse, floating cartilage; arthrolith, arthrophyte (*scient.*). — ~**,kupp·lung** *f tech.* ball-joint coupling. — ~**,leh·re** *f med.* arthrology. — ~**,lei·den** *n* **1.** disease of a joint, arthropathy (*scient.*). – **2.** (*fehlerhaftes Gelenk*) dysarthrosis. — **g**~**,lei·dend** *adj* arthritic. — ~**,leuch·te** *f electr.* flexible arm lamp. — **g**~**los** *adj* **1.** *med.* jointless, acondylous (*scient.*). – **2.** *zo.* exarticulate, anarticulate. — ~**,mat·te** *f* (rubber) link-mat. — ~**,maus** *f med. cf.* Gelenkkörper. — ~**neur·al,gie** *f* articular neuralgia, arthralgia. — ~**,om·ni·bus** *m auto.* articulated bus. — ~**,pfan·ne** *f* **1.** *med.* articular (*od.* glenoid) cavity, socket, acetabulum (*scient.*). – **2.** *zo.* a) (*von Insekten*) acetabulum, b) (*von Wirbeltieren*) joint cavity, acetabulum (*scient.*). — ~**,pla·stik** *f med.* arthroplasty. — ~**,pup·pe** *f cf.* Gliederpuppe 1. — ~**,quarz** *m min.* itacolumite. — ~**,rheu·ma** *n colloq.*, ~**rheu·ma,tis·mus** *m med.* articular rheumatism: **akuter Gelenkrheumatismus** rheumatic fever. — ~**,rohr,wel·le** *f auto.* tubular propeller (*od.* drive) shaft: **geteilte** ~ propeller shaft in two sections. — ~**,schei·be** *f med.* (inter)articular disc, meniscus (*scient.*). — ~**,schild,krö·te** *f zo.* hinged-back tortoise (*Kinixys erosa*). — ~**,schmerz** *m med.* pain in the joints, arthralgia (*scient.*). — ~**,schmie·re** *f cf.* Gelenkflüssigkeit. — ~**,schnitt** *m* arthrotomy. — ~**,schrau·be** *f tech.* hinged (*od.*

swing) bolt. — **~ˌspalt** *m med.* (inter)articular space. — **~ˌspreizˌringˌkupp·lung** *f tech.* articulated jaw friction clutch (*Br.* friction-clutch). — **~ˌspurˌstan·ge** *f* link rod. — **~ˌsteif·heit** *f med.* stiffness of a joint. — **~ˌstück** *n* **1.** *tech.* a) articulation piece, link, b) (*Kreuzgelenk*) universal joint, c) (*eines Winkelhebels*) toggle lever. – **2.** (*leather*) (*der Laufsohle*) shank. — **~ˌstul·pe** *f auto.* universal joint sleeve. — **~syˌstem** *n* **1.** *tech.* a) articulated (*od.* universal jointed) system, b) swiveling (*bes. Br.* swivelling) system. – **2.** *math.* (*zum Zeichnen bestimmter Kurven*) link motion.

geˈlenkt I *pp.* – **II** *adj* **1.** *econ.* planned, managed. – **2.** *mil.* (*Flugkörper*) guided.

Geˈlenk|ˌträ·ger *m civ.eng.* articulated (*od.* hinged) girder. — **~tu·ber·kuˌlo·se** *f med.* tuberculous arthritis. — **~verˌbin·dung** *f* **1.** *med. zo.* articulation. – **2.** *tech.* a) articulated joint, b) universal joint, c) swivel joint, d) hinge joint. — **~verˌödung** *f med.* (*operative*) artificial ankylosis, arthrodesis. — **~verˌstei·fung** *f* **1.** *cf.* Gelenkverödung. – **2.** ankylosis, *auch* anc(h)ylosis, synostosis, *auch* synosteosis. — **~verˌwach·sung** *f cf.* Gelenkversteifung. — **~ˌwas·ser** *n cf.* Gelenkflüssigkeit. — **~ˌwas·serˌsucht** *f* articular dropsy (*od.* effusion), hydrarthrosis (*scient.*). — **~ˌwel·le** *f tech.* universal (joint) shaft, propeller (*od.* cardan) shaft. — **~ˌzap·fen** *m* a) (*eines Drehgelenks*) pivot pin, b) (*einer Kette*) link pin, c) (*eines Zirkels*) fulcrum stud, d) (*eines Scharniers*) hinge pin. — **~ˌzug** *m* (*railway*) articulated train.

geˈlernt I *pp.* – **II** *adj* **1.** (*Arbeiter*) skilled. – **2.** (*Schlosser etc*) trained: ein **~er Handwerker** a (trained) craftsman; **er kocht wie ein ~er Koch** he cooks as well as a trained (*od. colloq.* regular) cook.

Geˈlern·te *n* ⟨-n; *no pl*⟩ what one has learned, store of knowledge.

Geˈleucht *n* ⟨-(e)s; *no pl*⟩, **Geˈleuch·te** *n* ⟨-s; *no pl*⟩ (*mining*) **1.** (miner's) lamp. – **2.** lighting installation.

Geˈlich·ter *n* ⟨-s; *no pl*⟩ *contempt.* gang, crew, ragtag (*od.* rag, tag) and bobtail, rabble, riffraff, *Br.* riff-raff: **im Park hielt sich finsteres ~ auf** there was a gang of shady characters in the park (*colloq.*).

geˈlich·tet I *pp of* lichten[1] *u.* [2]. – **II** *adj* **1.** (*Haar*) thinning, thinned. – **2.** *mil.* (*Reihen*) thinned. – **3.** (*theater*) half-empty (*attrib*). – **4.** (*forestry*) a) opened, b) thinned-out (*attrib*), with clearings.

geˈliebt I *pp.* – **II** *adj* loved, dear: **mein ~es Kind** (my) dear (*od. lit.* beloved) child.

Geˈlieb·te[1] *m* ⟨-n; -n⟩ **1.** *contempt.* (*Liebhaber*) lover, paramour (*lit.*), fancy man (*contempt.*). – **2.** *lit.* (*bes. als Anrede*) darling, sweetheart, lover, beloved (*lit.*).

Geˈlieb·te[2] *f* ⟨-n; -n⟩ **1.** *contempt.* mistress, paramour (*lit.*), (fancy) woman (*contempt.*). – **2.** *lit.* (*bes. als Anrede*) darling, sweetheart, love, ladylove, beloved (*lit.*). – **3.** (*literature*) *hist.* lady.

Geˈlieb·te[3] *pl relig.* (*als Anrede*) beloved (brethren): **~, meine ~n im Herrn** beloved (brethren) in the Lord.

geˈlie·fert I *pp.* – **II** *adj* ⟨*pred*⟩ *colloq.* done for, 'dished' (*sl.*): **er ist ~** he has had it (*colloq.*), he is dished (*sl.*).

geˈlie·hen [-ˈliːən] *pp of* leihen.

ge·lie·ren [ʒeˈliːrən; ʒə-] **I** *v/i* ⟨*no* ge-, h⟩ **1.** (*von Brühe etc*) jelly, *Am. auch* jell: **etwas ~ lassen** to jelly s.th. – **2.** (*von Gelatine*) gelatinize, gelatinate. – **II G~** *n* ⟨-s⟩ **3.** *verbal noun.* – **4.** jellification. – **5.** gelatin(iz)ation.

Geˈlier|ˌhil·fe *f*, **~ˌmit·tel** *n*, **~ˌstoff** *m gastr.* jell(y)ing agent.

Geˈlie·rung *f* ⟨-; *no pl*⟩ *cf.* Gelieren.

geˈlin·de I *adj* ⟨-r; -st⟩ **1.** (*Luft, Wind, Regen, Wärme etc*) gentle, mild: **ein ~r Schauer überlief ihn** a gentle shudder ran through him. – **2.** (*Frost, Kälte etc*) slight, light, moderate. – **3.** (*Feuer*) slow. – **4.** (*Schmerz*) slight, light. – **5.** (*Medizin etc*) mild. – **6.** (*Anhöhe etc*) gentle. – **7.** *fig. colloq.* (*Zorn etc*) vehement: **da packte mich eine (nicht) ~ Wut** at that I got angry. – **8.** *fig.* (*Ungeduld, Angst etc*) slight: **mit ~m Grauen** with a touch of horror. – **9.** *fig.* (*Bemerkung, Ausdruck etc*) mild, restrained. – **10.** *fig.* (*Behandlung*) indulgent, lenient, mild, gentle, soft: **~ gegen j-n sein** to be lenient with (*od.* towards) s.o.; **eine ~ Strafe** a mild (*od.* slight) punishment; **~re Saiten aufziehen** to be a bit more gentle, to come down a peg or two (*colloq.*). – **II** *adv* **11.** *fig.* gently, mildly: **das ist, ~ gesagt, sehr unfreundlich** that is, to put it mildly (*od.* to say the least), very unfriendly. – **12.** *fig.* leniently, indulgently, gently, mildly: **mit j-m (*od.* gegen j-n) ~ verfahren** to treat s.o. indulgently (*od.* with indulgence).

geˈlin·gen [-ˈlɪŋən] **I** *v/i* ⟨gelingt, gelang, gelungen, sein⟩ **1.** succeed, be successful, be a success: **j-m gelingt etwas** s.o. succeeds (*od.* is successful) in s.th.; **ihm gelingt alles** he succeeds in everything; **mir gelingt auch (gar) nichts** nothing goes right with me; **das Unternehmen gelang nicht** the enterprise did not succeed (*od.* prosper), the enterprise was unsuccessful (*od.* failed); **der Versuch ist gelungen** the attempt was successful (*od. colloq.* came off); **diese Überraschung ist dir wirklich gelungen** you really managed to surprise me (completely); **der Plan ist dir gut gelungen** your plan succeeded (*od.* worked) well. – **2.** (*von Bildern, handwerklichen Arbeiten etc*) turn out: **der Kuchen ist dir gut gelungen** your cake turned out well. – **II** *v/impers* **3. es gelingt j-m, etwas zu tun** s.o. succeeds in doing s.th., s.o. manages to do s.th.: **es gelang ihm, seine Pläne durchzuführen** he managed (*od.* contrived) to carry through his plans; **es gelang mir, die beiden Parteien miteinander zu versöhnen** I succeeded in reconciling (*od.* I achieved the reconciliation of) the two parties. – **III G~** *n* ⟨-s⟩ **4.** *verbal noun.* – **5.** success, successful outcome (*od.* issue): **alle trugen zum guten G~ des Abends bei** everyone did his bit to make the evening a success; **auf gutes G~!** the best of luck!

geˈlippt [-ˈlɪpt] *adj bot.* lipped, labiate(d) (*scient.*).

Geˈlis·pel *n* ⟨-s; *no pl*⟩ *colloq.* **1.** (continual) lisping. – **2.** (*Flüstern*) (soft) whispering.

geˈlit·ten [-ˈlɪtən] *pp of* leiden.

gell [gɛl] **I** *adj* ⟨-er; -st⟩ (*Schrei*) shrill, piercing: **eine ~e Stimme** a shrill (*od.* sharp) voice. – **II** *adv* **~ aufschreien** to shriek out (shrilly *od.* piercingly), to yell.

gel·len [ˈgɛlən] *v/i* ⟨h⟩ **1.** (*von Schrei, Pfiff etc*) ring (out), pierce: **Stimmen gellten durch die Luft** voices rang out through (*od.* rent) the air; **der Schrei gellte ihm in den (*od.* in seinen) Ohren** the scream pierced his ears (*od.* made his ears ring). – **2.** (*von einem Haus, Luft etc*) (**von** with) ring, echo, resound: **der Raum gellte von ihrem Geschrei** the room rang with her screams; **meine Ohren gellten von dem Lärm der Maschinen** the noise of the machines made my ears ring. — **ˈgel·lend I** *pres p.* – **II** *adj* (*Stimme, Pfiff etc*) shrill, piercing, sharp: **~er Schrei** piercing scream (*od.* shriek), (loud) yell; **~es Geschrei** piercing screams *pl* (*od.* screaming); **~es Gelächter** shrill (*od.* screeching) laughter, shrieking. – **III** *adv* **~ aufschreien** to shriek out (shrilly), to yell; **~ lachen** to shriek with laughter.

geˈlo·ben I *v/t* ⟨*pp* gelobt, h⟩ *lit.* **1.** promise (*s.th.*) solemnly, vow: **j-m ewige Treue ~** to vow (*od.* swear) eternal fidelity (*od.* to pledge one's faith) to s.o.; **j-m (in die Hand) ~, Stillschweigen zu bewahren** to make a solemn promise (*od.* to take a vow, to make a vow) to s.o. to observe secrecy; **eidlich ~, etwas zu tun** to vow with an oath (*od.* to pledge oneself, to swear) to do s.th.; **sie gelobten sich gegenseitig** (*od.* **sie gelobten einander**), **daß** they promised each other that. – **2. sich** (*dat*) **~, etwas zu tun** (*sich fest vornehmen*) to vow to oneself (*od.* to make a solemn resolve) to do s.th. (*od.* that one will do s.th.). – **II G~** *n* ⟨-s⟩ **3.** *verbal noun.* – **4.** *cf.* Gelöbnis. – **5.** *cf.* Gelübde.

Geˈlöb·nis [-ˈløːpnɪs] *n* ⟨-ses; -se⟩ *lit.* vow, solemn promise, pledge: **ein ~ ablegen [halten]** to take (*od.* make) [to keep] a vow.

geˈlobt I *pp.* – **II** *adj* **das G~e Land** *Bibl.* the Promised Land.

Geˈlock *n* ⟨-(e)s; *no pl*⟩, **Geˈlocke** (*getr.* -k·k-) *n* ⟨-s; *no pl*⟩ *lit.* (mass of) curls *pl* (*od.* ringlets *pl*).

geˈlockt I *pp of* locken[1] *u.* [2]. – **II** *adj* **1.** curly(-haired), with curly hair. – **2.** (*Haar*) curly, (*bes. künstlich*) curled.

geˈlo·gen [-ˈloːgən] *pp of* lügen.

geˈlo·schen [-ˈlɔʃən] *pp of* löschen[2].

geˈlöscht I *pp of* löschen[1] *u.* [3]. – **II** *adj* **~er Kalk** *chem.* slaked (*od.* hydrated) lime.

Geˈlo·se *n* ⟨-s; *no pl*⟩ *hunt.* dung, excrement, droppings *pl.*

geˈlöst I *pp.* – **II** *adj* **1.** (*Person, Stimmung, Züge etc*) relaxed: **er schien ganz ~ zu sein** he seemed to be quite relaxed (*od.* at ease). – **III** *adv* **2.** relaxedly: **er bewegte sich ganz ~** his movements were quite relaxed. — **Geˈlöst·heit** *f* ⟨-; *no pl*⟩ **1.** ease, relaxedness. – **2.** (*gelöste Stimmung*) relaxed mood.

Gel·se [ˈgɛlzə] *f* ⟨-; -n⟩ *Austrian for* **Stechmücke.**

gelt[1] [gɛlt] *interj bes. Southern G. colloq.* (*nicht wahr*) isn't it (*od.* that) so, eh? (*colloq.*): **er war dort, ~?** he was there, wasn't he? **~, da staunst du?** you are surprised, aren't you? **das wäre prima, ~?** that would be great, wouldn't it (*od.* eh)? **~, das war gemein?** that was nasty, wasn't it (*od.* don't you think so)?

gelt[2] *adj agr.* (*bes. von Kühen*) **1.** (*milchlos*) dry, giving no milk. – **2.** (*unfruchtbar*) barren.

Ge·lte [ˈgɛltə] *f* ⟨-; -n⟩ *Swiss* tub, bucket.

gel·ten [ˈgɛltən] **I** *v/t* ⟨gilt, galt, gegolten, h⟩ **1.** (*wert sein*) be worth: **dieser Schein gilt 10 Mark** this note is worth 10 marks; **was gilt die Wette?** what (*od.* how much) do you bet? **die Wette gilt eine Flasche Wein** I bet a bottle of wine. – **2.** *fig.* count for: **sein Wort gilt viel bei uns** his word counts for much (*od.* has weight, carries weight) with us; **er gilt dort viel** he counts for much (*od.* is highly respected) there, he has much influence there; **das gilt nicht viel (*od.* wenig) bei uns** that does not count for much (*od.* that counts for little, has no weight) with us; **der (*od.* ein) Prophet gilt nichts in seinem Vaterlande** a prophet is without hono(u)r in his own country. – **II** *v/i* **3.** (*von Briefmarke, Fahrkarte, Ausweis etc*) be valid: **der Paß gilt nicht mehr** the passport is no longer valid (*od.* has expired); **die Rückfahrkarte gilt zwei Monate** the return (*Am.* round-trip) ticket is valid (*od.* good) for two months; **diese Karte gilt für zwei** this ticket admits two. – **4.** (*von Preisen etc*) be in effect (*od.* force), be effective: **die neuen Preise ~ ab 1. Januar** the new prices will be effective (*od.* will apply) from January 1st. – **5.** (*von Gesetz, Vertrag etc*) be in force (*od.* operation), be effective: **diese Vorschriften ~ bis auf weiteres** these regulations are in force (*od.* hold good) until further notice. – **6.** (*von Grundsatz, Theorie, Bestimmung etc*) (**für**) hold (good *od.* true) (for), apply (to), be applicable (to): **diese Regel gilt heute nicht mehr** today, this rule is no longer applicable; **die Wette gilt!** that's a bet! **die Wette gilt noch** the bet still holds (*od. colloq.* is still on); **die Wette gilt nicht mehr** the bet no longer holds (*od. colloq.* is off); **das gilt für alle** that applies to (*od. colloq.* goes for) all of you; **dasselbe gilt auch für** (*in Satzungen*) the same (rule) shall apply to; **dasselbe gilt auch für dich** (*od.* **von dir**) a) the same holds good for you, that goes for you as well (*colloq.*), b) (*ist wahr*) the same is true (*od.* right) for you; **was er sagt, gilt** what he says goes (*colloq.*), his word is law; **sonst gilt die englische Fassung** otherwise the English version shall be applied (*od.* prevail, be the official text). – **7.** (*zählen*) count: **dieser Fehler gilt** this mistake counts; **bei (*od.* vor) Gott gilt kein Ansehen der Person** *Bibl.* God is no respecter of persons. – **8.** (*erlaubt sein*) be allowed, be permissible: **dabei ~ alle Mittel** any means are allowed (*od.* can be used); **das gilt nicht** (*bes. beim Spiel*) a) that is not allowed, b) (*es ist unfair*) that is not fair, c) (*zählt nicht*) that does not count; → Bangemachen. – **9.** *lit.* (*in Wendungen wie*) **hier gilt kein Leugnen** denial is useless (*od. lit.* of no avail); **hier galt kein Zaudern** there was no time for hesitation. – **10. etwas ~ lassen** to acknowledge s.th., to accept s.th. (as valid *od.* as correct), to let s.th. pass (*od.* stand): **ich kann diesen Grund nicht ~ lassen** I cannot acknowledge (*od.* accept) this reason, I cannot let this reason stand (*od.* go unchallenged); **für diesmal lasse ich es ~** I'll accept it for this once; **soweit lasse ich es ~, aber** with that I agree, but; so far so good, but; **das lasse ich ~** *colloq.* agreed!

I'm with you there! (*colloq.*); Tatsachen muß man ~ lassen facts are facts. – **11.** als etwas [j-d] ~, für etwas [j-n] ~ a) to be regarded (*od.* looked upon) as s.th. [s.o.], to be considered to be (*od.* to pass for) s.th. [s.o.], b) (*den Ruf haben*) to be reputed (*od.* thought, supposed) to be s.th. [s.o.], to have the reputation of being s.th. [s.o.]: **sie gilt als eingebildet** she is regarded as (*od.* said to be) conceited; **es gilt als sicher** (*od.* ausgemacht), **daß er kommt** it is taken for granted that he will come; **er gilt als reicher Mann** he is considered to be (*od.* rated) a rich man; **das gilt als unschicklich** this is regarded (*od.* thought) to be indecent; **er gilt als Sonderling** he is looked upon as an eccentric (fellow); **das gilt als Sonderfall** *jur.* this shall be deemed (*od.* treated as) an exceptional case; **der Vorsitzende gilt nicht als Vertreter** *jur.* the chairman shall not be regarded as representative. – **12.** j-m ~ a) (*von Bemerkung, Vorwurf*) to be meant (*od.* intended) for s.o., to be aimed at s.o., b) (*von Liebe, Haß etc*) to be for s.o.: **gilt das etwa mir?** is that meant for (*od. colloq.* a dig at) me? **dieser Schuß galt ihm** this shot was intended for him; **die Herausforderung gilt der ganzen Menschheit** the challenge is to all mankind; **ihre Liebe galt** [**ihre Sympathien galten**] **den Schwächeren** their love was for [their sympathies were with] the weak. – **III** *v/impers* **13. es gilt** (*kommt darauf an*) the essential thing is, the question is, it is necessary, it is imperative: **es gilt, rasch zu einem Entschluß zu kommen** it is necessary for us to make up our minds quickly; **wenn es galt, war er immer zur Hand** he was always there when needed; **jetzt gilt's** now is the crucial moment (*od.* the moment of decision); **jetzt gilt's, rasch zu handeln** now's the time for quick action, now it is necessary to act quickly; **jetzt gilt es, nicht den Kopf zu verlieren** now it is essential for us to keep our heads; **nun galt es, das andere Ufer zu erreichen** now it became a question of reaching the other side; **es gilt einen Versuch** an attempt must be made, let's try it for once. – **14. es gilt!** *colloq.* (*bei Wetten, Handel etc*) done! agreed! settled! it's on! (*colloq.*); **es gilt dir!** here's to you! to your health! – **15.** (*auf dem Spiel stehen*) be at stake: **es galt die Freiheit** [**unser Leben**] liberty was [our lives were] at stake; **es galt Leben und Tod** it was a matter of life and death. – **IV G~** *n* ⟨-s⟩ **16.** *verbal noun.* – **17.** *cf.* Geltung. — **ˈgel·tend I** *pres p.* – **II** *adj* **1.** (*Gesetz etc*) valid, effective, in force (*od.* effect, operation): **die ~en Regelungen** the regulations in force, the current (*od.* present) regulations. – **2.** (*Recht, Meinung etc*) acknowledged, accepted, established: **den ~en Ansichten widersprechen** to contradict the established (*od.* prevailing) opinions; **die ~e Aussprache** the accepted (*Br. auch* received) pronunciation. – **3.** (*Preise, Währung*) ruling, current. – **4.** (*anwendbar*) applicable. – **5.** *math.* valid, true: **drei ~e Dezimalen** three significant decimals. – **6.** ~ **machen** a) (*Ansprüche etc*) raise, enforce, put forward, lodge, b) (*Einfluß etc*) exert, exercise, bring (*s.th.*) to bear, c) (*Rechte etc*) vindicate, assert, enforce, insist on, d) (*Gründe etc*) put forward, advance, set forth: **er machte seinen ganzen Einfluß bei ihm ~** he brought his entire influence to bear on him, he used his entire influence with him; **als Entschuldigung machte er ~, daß** he pleaded (*od.* explained) by way of excuse that; **er machte ~, daß** he maintained (*od.* put forward, insisted, urged, pointed out) that; **dagegen machte er folgendes ~** against this he put forward (*od.* advanced) the following reasons; **einen Einwand ~ machen** to put forward (*od.* raise, make) an objection; **Verjährung ~ machen** *jur.* to plead the statute of limitation. – **7. sich ~ machen** *rare* to (begin to) show.

ˈGel·tendˌma·chung *f* ⟨-; *no pl*⟩ **1.** (*von Ansprüchen etc*) advancing, asserting, enforcing, raising, lodging, assertion, enforcement. – **2.** (*von Einfluß*) exerting, exertion, exercise, use. – **3.** (*eines Rechts*) asserting, enforcing, vindication, assertion, enforcement. – **4.** (*von Gründen etc*) advancing, putting forward.

ˈGeltsˌtag [ˈgɛlts-] *m Swiss obs. for* Bankrott.

ˈGeltˌtier *n hunt.* barren doe.

ˈGel·tung *f* ⟨-; *no pl*⟩ **1.** *cf.* Gelten. – **2.** (*Wert*) worth, value. – **3.** (*Gültigkeit*) validity: ~ **haben** a) (*von Ansicht etc*) to be accepted (*od.* recognized, acknowledged), to have accepted value, b) (*von j-s Worten etc*) (bei) to have (*od.* to carry) weight (with), to be respected (by), to be held in esteem (by), to count for much (with), c) (*von Ausdruck, Sprichwort etc*) to have currency, to be current (*od.* in vogue), d) (*von Gesetz, Verordnung etc*) *cf.* gelten 5, e) (*von Grundsatz, Theorie, Regel, Methode etc*) *cf.* gelten 6, f) *obs. for* gelten 3, 4; ~ **haben für** *cf.* gelten 6; **seine Meinung hat allgemeine ~** his opinion is generally accepted (*od.* acknowledged); **dieser Ausdruck hat hier keine ~ mehr** a) this expression is no longer current here, b) this expression has no meaning here any more; **sein Wort hat bei mir nur geringe ~** his word means (*od.* matters) very little to me; **in ~ sein** (*officialese*) to be valid; **außer ~ sein** (*officialese*) to be invalid (*od.* void). – **4.** *fig.* (*Bedeutung*) importance, consequence, weight, (*einer Person*) *auch* authority, credit. – **5.** *fig.* (*Achtung*) respect, recognition. – **6.** *fig.* (*Ansehen*) credit, prestige: **an ~ verlieren** to lose prestige. – **7.** *fig.* effect: **etwas zur ~ bringen** a) to give effect to s.th., b) (*vorteilhaft*) to set s.th. off (to advantage), c) (*hervorheben*) to emphasize (*od.* accentuate) s.th., d) (*Einfluß, Macht etc*) to bring s.th. to bear, to call s.th. into play; **seine Gestik bringt seine Worte erst richtig zur ~** his gestures more than anything give effect (*od.* meaning) to his words (*od.* emphasize his words more than anything else); **das Kleid bringt ihre Figur gut zur ~** the dress sets off (*od.* brings out) her figure to advantage, the dress enhances her figure; **ihre Frisur bringt ihr schönes Haar** (**vorteilhaft**) **zur ~** her hairstyle brings out the beauty of her hair; **er versteht es, sein Wissen zur ~ zu bringen** he knows how to show off his knowledge (to advantage); **er versteht es, sich zur ~ zu bringen** he knows how to put himself into the foreground (*od.* in a good light), he knows how to show himself (off) to advantage; **zur ~ kommen** a) to be(come) effective, b) (*vorteilhaft*) to show to advantage, to be effective, c) (*hervorgehoben werden*) to be emphasized, to be accentuated, d) (*herausragen*) to be conspicuous, to stand out, e) (*sich geltend machen*) to make itself felt, to (begin to) tell, f) (*an Achtung gewinnen*) to gain recognition, g) (*von Einfluß, Macht etc*) to bring itself to bear, to come into play; **das Bild kommt hier nicht zur ~** the picture does not show (off) to advantage (*od.* does not produce any effect) here; **die Farbe kommt hier gut zur ~** the color (*bes. Br.* colour) is very effective here; **alte Gebräuche kommen wieder zur ~** old customs are coming into their own again; **seine Fähigkeiten kommen allmählich zur ~** his capabilities are gradually beginning to show themselves; **er kam in der Masse nicht zur ~** he was hardly noticed in the crowd; **sich** (*dat*) **~ verschaffen** a) to assert oneself, to make oneself be respected, to gain recognition, to prevail, b) (*Ansehen*) to gain prestige, c) (*Bedeutung*) to gain importance; **er verstand es, sich** (*dat*) **~ zu verschaffen** he knew how to assert himself (*od.* how to gain recognition, how to make his authority prevail); **einer Sache ~ verschaffen** to enforce s.th.

ˈGel·tungs|beˌdürf·nis *n* need (*od.* craving) for recognition (*od.* admiration), desire to show off (*od.* to be important, to assert oneself), (*stärker*) egotism: **er hat ein krankhaftes ~** he has a pathological (*od.* morbid) desire to be recognized. — **~beˌreich** *m* **1.** (*eines Wortes, einer Bestimmung etc*) scope, range. – **2.** (*Anwendungsbereich*) sphere (*od.* range, field) of application. – **3.** *jur.* a) (extent of) jurisdiction, b) (*eines Gesetzes*) purview: **in den ~ eines Gesetzes fallen** to come within the purview of a law. – **4.** *econ.* (*eines Abkommens*) area of validity (*od.* application), scope. — **~ˌdau·er** *f* **1.** period (*od.* duration) of validity: **eine ~ von zehn Tagen haben** to be valid for ten days. – **2.** (*eines Vertrags*) term of validity. — **~ˌdrang** *m cf.* Geltungsbedürfnis. — **~ˌstre·ben** *n cf.* Geltungssucht. — **~ˌsucht** *f* **1.** craving for recognition, strong desire (*od.* urge) to show off (*od.* to be recognized). – **2.** (*Sucht zu herrschen*) desire to dominate. — **g~ˌsüch·tig** *adj* **1.** craving for recognition (*od.* admiration). – **2.** craving to dominate. — **~ˌtrieb** *m cf.* Geltungssucht.

Geˈlüb·de [-ˈlʏpdə] *n* ⟨-s; -⟩ vow, solemn promise: **das ~ der Armut ablegen** (*od.* leisten, tun) to take (*od.* make) the vow of poverty; **durch ein ~ gebunden sein** to be under a vow; **ein ~ halten** [**brechen**] to keep [to break] a vow.

Geˈlum·pe *n* ⟨-s; *no pl*⟩ *colloq. contempt. cf.* Kram 1, Plunder, Zeug 2.

Geˈlün·ge [-ˈlʏŋə] *n* ⟨-s; *no pl*⟩ *hunt.* **1.** (*des Schalenwilds*) pluck. – **2.** *cf.* Geräusch[2].

geˈlun·gen [-ˈlʊŋən] **I** *pp of* gelingen. – **II** *adj* **1.** (*Abend, Plan, Aufführung, Arbeit etc*) successful. – **2.** *Southwestern G. colloq.* (*drollig, erheiternd*) amusing, funny, capital: **ein ~er Kerl** quite a character, an original; **ein ~er Witz** a capital joke; **das ist wirklich ~** that's really funny (*od.* capital); **du siehst ja ~ aus** *iron.* you look a sight; **das sieht ~ aus** that looks quite original.

Geˈlüst [-ˈlʏst] *n* ⟨-es; -e⟩, *auch* **Geˈlü·ste** *n* ⟨-s; -⟩ *lit. od. humor.* (nach, auf *acc* for) (strong) desire, longing, appetite, (*stärker*) craving, (*vorübergehend*) itch: **j-n kommt ein ~ an** (*od.* **j-d hat ein ~**), **etwas zu tun** s.o. is overcome by the desire (*od.* is itching) to do s.th., s.o. feels like doing s.th.

geˈlü·sten [-ˈlʏstən] *v/impers* ⟨*pp* **gelüstet**, h⟩ **es gelüstet mich** (*od.* **mich gelüstet**) **nach** I have a (strong) desire for, I am longing for, (*stärker*) I am craving for, I am (*od.* have a) hankering for (*od.* after), I am lusting for (*od.* after) (*lit.*): **es gelüstete ihn nach Macht** *lit.* he was lusting for (*od.* after) power; **es gelüstete mich** (**danach**), **ihm eine runterzuhauen** *colloq.* I had a strong desire (*od.* I was itching *od.* dying) to fetch (*od.* paste) him one (*colloq.*).

ˈGel-Verˌhü·tungsˌmit·tel *n* (*rubber*) anti-gelling agent.

geˈmach [-ˈmaːx] *interj* (nur) ~! gently! steady! easy!

Geˈmach[1] *n* ⟨-(e)s; ⸗er *u. poet.* -e⟩ *lit. u. obs.* room, chamber, apartment: **die königlichen Gemächer** the royal apartments; **sich in seine Gemächer zurückziehen** *humor.* to withdraw (*od.* retire) (to one's rooms).

Geˈmach[2] *n archaic only in* **mit ~ kommt man auch weit, nur mit ~!** slow but steady wins the race (*proverb*).

geˈmäch·lich [-ˈmɛːçlɪç] **I** *adj* **1.** (*ohne Hast*) leisurely, unhurried, easy: **~en Schrittes, in ~em Tempo** at a leisurely (*od.* an easy, a comfortable) pace, leisurely; **ein ~es Leben führen** to lead a comfortable life. – **2.** (*Person*) easygoing, *Br.* easy-going. – **II** *adv* **3.** leisurely, unhurriedly, without haste, comfortably: **~ dahinschlendern** to stroll (*od.* amble) along (leisurely). — **Geˈmäch·lich·keit** *f* ⟨-; *no pl*⟩ **1.** leisureliness, unhurriedness, comfortableness, easiness: **in aller ~ gehen** to walk leisurely (*od.* without haste), to walk at a leisurely (*od.* an easy, a slow) pace. – **2.** (*einer Person*) easygoingness, *Br.* easy-goingness, easygoing (*Br.* easy-going) nature.

geˈmacht I *pp.* – **II** *adj* **1.** (*in Wendungen wie*) **ein ~er Mann** a made man; **~e Leute** well-to-do people; **er hat sich in ein ~es Bett gelegt** *fig.* he had it made (*colloq.*). – **2.** (*gekünstelt, nicht echt*) artificial, faked, feigned: **~e Gleichgültigkeit** faked (*od.* feigned) indifference; **das ist** (**ja**) **nur ~** that's just faked (*od.* put on). – **III** *interj* **3. ~!** (*einverstanden*) (that's) agreed!

Geˈmächt [-ˈmɛçt] *n* ⟨-(e)s; -e⟩, **Geˈmäch·te** [-ˈmɛçtə] *n* ⟨-s; -⟩ *obs.* male genitalia *pl* (*od.* genitals *pl*).

Geˈmahl[1] *m* ⟨-(e)s; *rare* -e⟩ *lit.* husband, spouse: **wie geht es Ihrem Herrn ~?** how is Mr. X?

Geˈmahl[2] *n* ⟨-(e)s; *rare* -e⟩ *obs. poet. for* [Gemahlin.]

geˈmah·len I *pp of* mahlen. – **II** *adj* ground.

Geˈmah·lin *f* ⟨-; -nen⟩ *lit.* wife, spouse: **grüßen Sie bitte Ihre Frau ~** please give my kind regards to Mrs X (*weniger formell* to your wife); **wie geht es Ihrer** (**sehr verehrten**) **Frau ~?** how is Mrs X?

geˈmah·nen *v/t u. v/i* ⟨*pp* **gemahnt**, h⟩ j-n

an (*acc*) etwas ~ *lit.* to remind s.o. of s.th., to make s.o. think of s.th.: die Toten ~ die Lebenden *poet.* a warning from the dead to the living.

Ge'mä·kel *n* ⟨-s; *no pl*⟩ *colloq. contempt.* (continual) faultfinding, nagging.

Ge'mäl·de [-'mɛːldə] *n* ⟨-s; -⟩ **1.** painting, picture: ~ auf Leinwand (painting on) canvas (*auch* canvass); ~ in Öl oil painting, *Br.* oil-painting. – **2.** (*Portrait*) portrait. – **3.** *fig.* (*Schilderung*) picture, portrait, description, depiction: dieser Roman ist ein großartiges ~ jener Zeit this novel is a brilliant portrait of that period. — **~,aus,stel·lung** *f* exhibition of paintings (*od.* pictures). — **~ga·le,rie** *f* (art *od.* picture) gallery. — **~kon·ser,vie·rung** *f* preservation of paintings. — **~,samm·lung** *f* **1.** collection of paintings (*od.* pictures). – **2.** (*Galerie*) gallery.

Ge'man·sche *n* ⟨-s; *no pl*⟩ *colloq. contempt.* (*mit dem Essen*) mashing, making a mash (*of one's food*).

Ge'mar·kung *f* ⟨-; -en⟩ **1.** (*Grenze*) boundary. – **2.** (*Gemeindebezirk*) bounds *pl*, boundaries *pl*, district.

ge'ma·sert I *pp.* – **II** *adj* (*Holz*) grained, veined, speckled, figured.

ge'mäß [-'mɛːs] **I** *adj* **1.** (*angemessen*) (*dat*) suited (to *od.* for), appropriate (to), in keeping (with): er erhielt eine seinen Fähigkeiten ~e Stellung he got a position that was appropriate to (*od.* consonant with) his abilities. – **II** *prep* ⟨*dat*⟩ **2.** according to, in accordance (*od.* conformity) with: seiner Gewohnheit ~ according to his habit, as was his habit; der Natur ~ according to nature; deinen Wünschen ~ according to (*od.* in conformity with) your wishes, in accordance (*od.* compliance) with your wishes; ~ Ihren Anweisungen a) in accordance (*od.* compliance) with your instructions, b) *bes. jur.* as prescribed, following (*od.* in pursuance of) your instructions. – **3.** *jur.* in accordance with, according to, under: ~ § 30 des Strafgesetzbuchs under section 30 of the penal code; ~ den bestehenden Bestimmungen under the existing regulations; ~ den nachfolgenden Bestimmungen as hereinafter provided. — **Ge'mäß·heit** *f* ⟨-; *no pl*⟩ conformity: in ~ (*gen*) *mil. officialese cf.* gemäß 2.

ge'mä·ßigt I *pp.* – **II** *adj* **1.** (*Tempo, Ansichten etc*) moderate: er war in seinen Äußerungen sehr ~ he was very moderate (*od.* restrained) in his statements, he used very moderate (*od.* temperate) language. – **2.** *geogr.* a) (*Zone*) temperate, b) (*Klima etc*) moderate, temperate. – **3.** *pol.* ~e Politik policy of moderation; die ~e Rechte the right-center (*bes. Br.* -centre), *auch* the Right-Center (*bes. Br.* -Centre); die ~e Linke the left-center (*bes. Br.* -centre), *auch* the Left-Center (*bes. Br.* -Centre). – **III** *adv* **4.** moderately.

Ge'mä·ßig·ten, die *pl bes. pol.* the moderates, *auch* the Moderates.

Ge'mäu·er [-'mɔʏər] *n* ⟨-s; -⟩ walls *pl*: ein altes (*od.* verfallenes) ~ decayed walls, (old) ruins *pl*.

Ge'mau·le *n* ⟨-s; *no pl*⟩ *colloq. contempt.* (continual) grumbling, *Br. colloq. auch* grousing.

Ge'mau·schel *n* ⟨-s; *no pl*⟩ *colloq. contempt.* (continual) jabbering.

Ge'mecker (*getr.* -k·k-), **Ge'mecke·re** (*getr.* -k·k-), **Ge'meck·re** *n* ⟨-s; *no pl*⟩ *colloq. contempt.* **1.** *auch fig.* (constant) bleating. – **2.** *fig.* (*Nörgelei, Gezänk*) (constant) grumbling (*od.* complaining, *sl.* bellyaching, *Br.* belly-aching, *Br. colloq. auch* grousing).

ge'mein [-'maɪn] **I** *adj* ⟨-er; -st⟩ **1.** (*häßlich, boshaft*) mean, nasty, rotten: ~e Tat mean (*od. colloq.* lowdown, *Br.* low-down) act, vile act; ein ~er Kerl *colloq.* a mean (*od.* low, vile, base) fellow, *Br. colloq. auch* a dirty dog, a nasty piece of work; ~e Lüge rotten (*od.* dirty, filthy) lie; j-m einen ~en Streich spielen to play a mean (*od.* low, shabby) trick (*od.* joke) on s.o., *bes. Am. sl.* to do s.o. dirt, *bes. Br. colloq.* to do the dirty on s.o.; das war ~ von dir that was nasty of you; sei nicht so ~! don't be so mean (*od. colloq.* beastly, *Br. sl. auch* such a rotter). – **2.** (*unfein, vulgär*) indecent, vulgar, low, coarse, dirty, filthy: ~er Witz indecent (*Br. colloq.* blue) joke; ~er Ausdruck vulgar expression, vulgarism. – **3.** ⟨*pred*⟩ etwas mit j-m [einer Sache] ~ haben to have s.th. in common with s.o. [s.th.]; diese Eigenschaft ist den beiden ~ they (both) have this characteristic in common; er hat viele Interessen mit seinem Vater ~ he has many interests in common with his father; sie wollen nichts miteinander ~ haben they don't want to have anything to do with each other. – **4.** sich mit j-m ~ machen to behave (over)familiarly with s.o. – **5.** ⟨*attrib*⟩ (*allgemein*) common, general, public: ~er Nutzen general benefit; für das ~e Wohl for the common good, for the general (*od.* public) welfare (*od. lit.* weal), for the benefit of all. – **6.** (*einfach*) common, ordinary: der ~e Mann the ordinary man, the man in (*Am.* on) the street; das ~e Volk the common people, the lower classes *pl*, the plebs (*colloq.*); ein ~es Jahr an ordinary (*od.* a common) year; ~er Soldat *cf.* Gemeine 1. – **7.** *jur.* (*Recht*) common. – **8.** *econ.* common, joint (*attrib*), mutual. – **9.** *bot. zo.* common: die G~e Stubenfliege the common housefly. – **10.** *math.* a) (*Bruch*) vulgar, ordinary, common, b) (*Logarithmus*) common. – **11.** *print.* (*nicht kursiv*) lowercase. – **II** *adv* **12.** meanly, nastily: ~ an j-m handeln to behave meanly (*od.* shabbily) toward(s) s.o. – **13.** *colloq.* (*sehr*) awfully, terribly (*beide colloq.*): das tut ~ weh that hurts awfully; es ist ~ kalt it's awfully (*od.* beastly) cold. – **III G~e, das** ⟨-n⟩ **14.** the nasty (*od.* unpleasant) part: das G~e daran war, daß the nasty part about it was that. – **15.** baseness, vileness. – **16.** vulgarity.

Ge'mein|be,sitz *m econ.* common property, joint ownership: Land in ~ überführen to communize (*Br. auch* -s-) land, to turn land into joint tenancy. — **~,bürg·schaft** *f jur.* joint guarantee (*od.* guaranty).

Ge'mein·de [-'maɪndə] *f* ⟨-; -n⟩ **1.** (*kleinster Verwaltungsbezirk*) municipality: die ~ X the municipality of X. – **2.** (*Verwaltung*) local (government) authority, local government, municipal authorities *pl*: er ist bei der ~ angestellt he is employed in the local government service, he is in local government. – **3.** *cf.* Gemeindeamt 1. – **4.** (*Landgemeinde*) (rural) commune, (*in Großbritannien*) parish, (*in Amerika*) township. – **5.** (*die Bewohner*) residents *pl* (of a municipality). – **6.** (*Kirchengemeinde*) parish. – **7.** (*Mitglieder einer Kirchengemeinde*) parish (*collect.*), parishioners *pl*. – **8.** (*beim Gottesdienst*) congregation, community: versammelte ~ assembled congregation, assembly. – **9.** (*Gemeinschaft*) community. – **10.** (*Zuhörerschaft*) audience. — **~,ab,ga·be** *f meist pl cf.* Gemeindesteuern. — **~,am·mann** *m Swiss pol. for* a) Bürgermeister, b) Vollstreckungsbeamte. — **~,amt** *n* **1.** communal administrative office. – **2.** (*Verwaltung*) communal administrative authority. — **~,an,lei·he** *f* municipal loan. — **~,ar·beit** *f* (*für die Kirchengemeinde*) parish welfare work. — **~,ar,bei·ter** *m* municipal worker, employee of the commune. — **~,aus,schuß** *m cf.* Gemeinderat 1. — **~au·to·no,mie** *f* communal (*od.* municipal) autonomy. — **~be,am·te** *m* municipal officer. — **~be,hör·de** *f* municipal authority. — **~be,trieb** *m econ.* municipal (*od.* communal) enterprise (*od.* undertaking). — **~be,zirk** *m jur.* a) municipality, municipal district, b) (*in Großbritannien*) borough (district), parish. — **~,bür·ger** *m* member of the municipality. — **~,die·ner** *m obs.* beadle. — **g~,ei·gen** *adj* belonging to a municipality, municipal. — **~,ein,kom·men** *n econ.* revenues *pl* of a municipality. — **~fi,nan·zen** *pl* local (*od.* communal, municipal) finances. — **~,glied** *n relig. cf.* Gemeindemitglied. — **~,gut** *n cf.* Gemeindevermögen. — **~,haus** *n* (*der Kirchengemeinde*) parish hall (*Am. auch* house). — **~,haus,halt** *m econ.* municipal budget. — **~,hel·fer** *m*, **~,hel·fe·rin** *f* (*einer Kirchengemeinde*) parish worker. — **~,kas·se** *f* municipal (*od.* local authority's) treasury. — **~,mit,glied** *n* (*einer Kirchengemeinde*) member of the congregation (*od.* community), parishioner. — **~,ord·nung** *f jur.* municipal regulations *pl* (*od.* code). — **~,pfle·ge** *f relig. cf.* Gemeindearbeit. — **~,pfle·ger** *m* (*einer Kirchengemeinde*) parish visitor (*od.* worker). — **~po·li,zei** *f* municipal police.

Ge'mein·de,rat *m* ⟨-(e)s; ⸗e⟩ **1.** (*Institution*) local board, municipal council, (*in Großbritannien*) parish council. – **2.** (*Person*) municipal councillor (*auch* councilor), (*in Großbritannien*) *auch* parish council(l)or. – **3.** *relig. cf.* Kirchenrat 1.

Ge'mein·de,rats|be,schluß *m* decision (*od.* resolution) of (*od.* taken by) the municipal (*od.* local) council. — **~,wahl** *f cf.* Gemeindewahl.

Ge'mein·de|,recht *n jur.* municipal law. — **~,saal** *m* (*im Gemeindehaus*) parish meeting room (*od.* hall). — **~,säckel** (*getr.* -k·k-) *m colloq. for* Gemeindekasse. — **~,schrei·ber** *m* town (*od.* municipal) clerk, (*in Großbritannien*) *auch* parish clerk. — **~,schu·le** *f ped.* parish school. — **~,schwe·ster** *f* (*der Kirchengemeinde*) parish nurse. — **~,steu·ern** *pl econ.* municipal rates, local taxes. — **~,stier** *m agr.* parish bull. — **~,um·,la·ge** *f econ.* municipal (*od.* local) rates *pl*. — **~,un·ter,stüt·zung** *f* public assistance, *Br.* parish relief.

ge'mein,deutsch *ling.* **I** *adj* High (*od.* standard) German. – **II G~** ⟨*generally undeclined*⟩, **das G~e** ⟨-n⟩ High (*od.* standard) German.

Ge'mein·de|ver,band *m jur.* association of boroughs (*od.* communes). — **~ver,fas·sung** *f* (*einer Stadtgemeinde*) municipal constitution. — **~ver,mö·gen** *n* municipal property. — **~ver,samm·lung** *f bes. Br.* parish meeting, *bes. Am.* town(ship) meeting. — **~ver,tre·ter** *m cf.* Gemeinderat 2. — **~ver,tre·tung** *f cf.* Gemeinderat 1. — **~ver,wal·tung** *f pol.* a) local administration (*od.* government), b) (*einer Stadt*) municipal administration. — **~,vor,stand** *m* (*einer Kirchengemeinde*) **1.** parish council. – **2.** chairman of a parish council. — **~,vor·,ste·her** *m* **1.** (*einer Kirchengemeinde*) chairman of a parish council. – **2.** *cf.* Bürgermeister. — **~,wahl** *f* local (*od.* municipal) election. — **~,wahl,recht** *n* **1.** (*aktives*) right to vote in local (*od.* municipal) elections. – **2.** (*passives*) eligibility in local (*od.* municipal) elections. — **~,wald** *m* communal forest. — **~,weg** *m* local (*od.* parish) road. — **~,wirt·schaft** *f* municipal economy. — **~,zen·trum** *n* community center (*bes. Br.* centre).

Ge'mei·ne *m* ⟨-n; -n⟩ **1.** *mil.* private (soldier), common soldier, *Am. colloq.* GI: die ~n the ranks, the rank *sg* and file *sg*. – **2.** *meist pl print.* lowercase (letter).

Ge'mein|,ei·gen·tum *n cf.* Gemeingut. — **g~,faß·lich** *adj cf.* gemeinverständlich I. — **~ge,brauch** *m jur.* public use. — **g~ge·,fähr·lich I** *adj* **1.** dangerous to the public: ein ~er Verbrecher a dangerous criminal, *Am.* a public enemy; er ist ~ he is a public danger (*od.* a menace to society, *Am. auch* a public enemy). – **2.** (*Vergehen, Delikt*) criminal, constituting a public danger. – **II** *adv* **3.** ~ handeln to act in a way dangerous to the public. — **~ge,fähr·lich·keit** *f* ⟨-; *no pl*⟩ (*eines Verbrechers etc*) nature (*od.* behavior, *bes. Br.* behaviour) dangerous to the public. — **~ge,fühl** *n psych.* common sensation (*od.* sensibility); c(o)en(a)esthesia, c(o)en(a)esthesis (*scient.*). — **~,geist** *m* ⟨-es; *no pl*⟩ *cf.* Gemeinschaftsgeist 2. — **g~,gül·tig** *adj cf.* allgemeingültig. — **~,gut** *n* ⟨-(e)s; *no pl*⟩ *auch fig.* common (*od.* public) property.

Ge'mein·heit *f* ⟨-; -en⟩ **1.** ⟨*only sg*⟩ meanness, nastiness, rottenness: er tat es aus purer ~ he did it just to be nasty. – **2.** ⟨*only sg*⟩ baseness, vileness. – **3.** ⟨*only sg*⟩ (*das Vulgäre*) indecency, vulgarity, coarseness. – **4.** (*gemeine Handlung*) nasty (*od.* dirty, mean, low) trick (*od.* thing): das ist eine ~ that's a nasty trick, that's a beastly (*od.* rotten) thing to do (*colloq.*); so eine ~! *colloq.* what a nasty trick! – **5.** (*gemeine Bemerkung etc*) nasty (*od.* dirty, mean, beastly) remark (*od.* thing to say): j-m ~en sagen to make nasty (*od.* rude) remarks to s.o.

ge'mein,hin *adv* generally, usually, commonly, mostly: man nimmt ~ an, daß it is commonly (*od.* widely) believed that.

Ge'mein|,jahr *n* **1.** (*Jahr von 365 Tagen*) ordinary (*od.* common) year. – **2.** (*Jahr im jüdischen Kalender*) regular year. — **~·,ko·sten** *pl econ.* overhead costs.

Ge'meinˌnutz *m* ⟨-es; *no pl*⟩ common (*od.* public) interest, common good; public (*od.* general) weal, commonweal (*lit.*): ~ geht vor Eigennutz (*Sprichwort*) *etwa* public need before private greed. — **ge'meinˌnüt·zig** [-ˌnʏtsɪç] *adj* **1.** of public utility, for the public welfare (*od.* benefit), beneficial to the community: ~e Einrichtung public welfare institution (*od.* service); für ~e Zwecke for the welfare of the public. – **2.** (*Unternehmen etc*) nonprofit, *Br.* non-profitmaking: in ~er Weise on a nonprofit basis. – **3.** (*genossenschaftlich*) cooperative *Br.* co-. – **4.** (*wohltätig*) charitable, welfare (*attrib*): ~e Fonds charity funds. – **5.** (*Motive etc*) public-spirited. — **Ge'meinˌnüt·zig·keit** *f* ⟨-; *no pl*⟩ **1.** public benefit (*od.* usefulness, utility), value to the public. – **2.** nonprofit (*Br.* non-profitmaking) character.

Ge'mein|ˌplatz *m* **1.** commonplace, platitude, cliché, hackneyed (*od.* trite) expression (*od.* phrase), *Am. colloq.* auch 'bromide'. – **2.** (*Binsenwahrheit*) truism. — **~ˌrecht** *n jur. hist.* common law. — **g~ˌrecht·lich** *adj* based on common law.

ge'mein·sam I *adj* **1.** common: ~e Interessen haben to have (*od.* share) common interests, to have interests in common; [mit j-m] ~e Sache machen to make common cause [with s.o.]; wir machten ~e Kasse *colloq.* we set up a common kitty (*colloq.*); Erinnerungen an unsere ~e Reise remembrances of our trip (*od.* of the trip we took together); allen ~ common to all; sie haben vieles ~ they have a lot of things in common, they share a lot of things. – **2.** (*Erfindung, Testament etc*) joint (*attrib*): eine ~e Erklärung abgeben to make a joint declaration (*od.* statement). – **3.** (*Anstrengung, Planung, Vorgehen etc*) joint (*attrib*), concerted, combined, united: ~e Bemühungen joint efforts; ~e Schritte unternehmen to take joint action. – **4.** (*gegenseitig*) mutual: unser ~er Freund our mutual friend. – **5.** (*Mahlzeit etc*) communal. – **6.** *econ. jur.* a) (*Liste, Versammlung*) common, b) (*Bankkonto, Unternehmen etc*) joint (*attrib*): auf ~e Rechnung on joint account; ~er Besitz joint (*od.* collective) possession (*od.* tenancy); ~er Eigentümer joint owner (*od.* proprietor); G~er Markt Common Market; G~es Ausfuhr- und Einfuhramt Joint Export and Import Agency; ~e Haftung joint liability. – **7.** *math.* (*Nenner, Teiler etc*) common: etwas auf einen ~en Nenner bringen *auch fig.* to reduce s.th. to a common denominator. – **II** *adv* **8.** together: sie kamen ~ they came together; wir müssen ~ mit den anderen handeln we have to act together (*od.* in concert) with the others; sie beschlossen, ~ vorzugehen they decided to proceed together (*od.* to take joint action), they agreed upon concerted action; das werden wir noch ~ besprechen we'll talk that over together (*od.* with each other); das Haus gehört uns ~ the house belongs to both (*od.* all) of us, we own the house jointly (*od.* together); ~ haften *jur.* to be jointly liable. — **Ge'mein·sam·keit** *f* ⟨-; -en⟩ **1.** ⟨*only sg*⟩ (*der Interessen etc*) mutuality, community. – **2.** ⟨*only sg*⟩ (*Verbundenheit*) solidarity. – **3.** (*Gemeinschaftliches*) common thing (*od.* interest): ~en entdecken to discover things in common.

Ge'mein·schaft *f* ⟨-; -en⟩ **1.** *auch pol.* community: eheliche ~ conjugal community; häusliche ~ (joint) household; Atlantische ~ *pol.* Atlantic Community; Europäische ~ für Kohle und Stahl *econ.* European Coal and Steel Community; eine ~ bilden to form a community; j-n aus der ~ ausstoßen to exclude s.o. from the community; (mit j-m) in enger ~ leben to live close together (*od.* in close association) (with s.o.); in ~ mit in community (*od.* in cooperation [*Br.* co-operation], together) with; ~ nach Bruchteilen *jur.* community by undivided shares. – **2.** (*Gruppe, Mannschaft*) team. – **3.** *cf.* Arbeitsgemeinschaft 1. – **4.** (*Verband, Gesellschaft*) association, society. – **5.** *relig.* a) community, b) (*Glaubensgemeinschaft*) communion, fellowship, c) (*Bruderschaft*) (con)fraternity: ~ der Gläubigen fellowship of believers, church invisible; ~ der Heiligen community of saints. – **6.** *sociol.* society.

ge'mein·schaft·lich I *adj* **1.** *cf.* gemeinsam 1, 3—6. – **2.** *jur.* (*Testament, Erbteil etc*) joint (*attrib*). – **II** *adv* **3.** *cf.* gemeinsam II. — **Ge'mein·schaft·lich·keit** *f* ⟨-; *no pl*⟩ *cf.* Gemeinsamkeit 1, 2.

Ge'mein·schafts|ˌanˌschluß *m tel.* party line. — **~anˌten·ne** *f telev.* communal (*od.* shared) antenna (*bes. Br.* aerial). — **~ˌar·beit** *f* teamwork, *Br.* team-work, cooperative (*Br.* co-operative) effort. — **~beˌschluß** *m* joint resolution. — **~beˌsitz** *m* joint property (*od.* ownership). — **~beˌtrieb** *m* joint enterprise. — **~beˌwe·gung** *f relig.* (German) Evangelical Revival Movement. — **~ˌehe** *f anthrop.* group (*od.* communal) marriage. — **~erˌzie·hung** *f* ⟨-; *no pl*⟩ *ped.* **1.** coeducation *Br.* co-. – **2.** social education (*od.* pedagogics *pl construed as sg*). — **g~ˌfä·hig** *adj* capable of living as a member of a community. — **~ˌfilm** *m* joint film. — **~fi·nanˌzie·rung** *f* group financing. — **~geˌfühl** *n* ⟨-s; *no pl*⟩ feeling of solidarity (*od.* fellowship). — **~ˌgeist** *m* ⟨-es; *no pl*⟩ **1.** esprit de corps, team spirit. – **2.** sense of community (*od.* solidarity). — **~ˌhaft** *f jur.* group confinement. — **~ˌkas·se** *f* common kitty (*colloq.*). — **~ˌkü·che** *f* **1.** (communal) canteen. – **2.** (*Küchenraum*) communal kitchen. — **~ˌkun·de** *f* ⟨-; *no pl*⟩ *ped.* social studies *pl.* — **~ˌle·ben** *n* ⟨-s; *no pl*⟩ life within a community. — **~ˌlei·stung** *f* **1.** *cf.* Gemeinschaftsarbeit. – **2.** collective achievement. — **~pro·duk·tiˌon** *f* (*eines Films etc*) coproduction *Br.* co-, joint production: deutsch-englische ~ Anglo-German co(-)production. — **~proˌgramm** *n* community program (*bes. Br.* programme). — **~ˌraum** *m* **1.** (*Aufenthaltsraum*) lounge, *Br. auch* common room. – **2.** (*für Spiele*) recreation room. — **~ˌrei·se** *f aer.* (common interest) group travel. — **~ˌschu·le** *f ped.* undenominational school. — **~ˌsen·dung** *f* (*radio*) simultaneous broadcast. — **~ˌsinn** *m* ⟨-(e)s; *no pl*⟩ *cf.* Gemeinschaftsgeist 2. — **~verˌpfle·gung** *f* **1.** communal feeding. – **2.** (*Nahrung*) communal provisions *pl.* — **~ˌwer·bung** *f econ.* cooperative (*Br.* co-operative) (*od.* joint) advertising (*auch* advertizing). — **~ˌzen·trum** *n* (*in der Städteplanung*) community (*od.* public) center (*bes. Br.* centre).

Ge'mein|ˌschuld·ner *m jur.* adjudicated bankrupt, (declared) bankrupt. — **~ˌsinn** *m* ⟨-(e)s; *no pl*⟩ **1.** public (*od.* civic) spirit. – **2.** *cf.* Gemeinschaftsgeist 2. — **~ˌspra·che** *f* standard language.

ge'mein·verˌständ·lich I *adj* intelligible to all, generally intelligible (*od.* understandable), for the layman, exoteric (*lit.*): ~ machen (*od.* darstellen) to popularize *Br. auch* -s-. – **II** *adv* in a style intelligible (*od.* understandable) to all, exoterically (*lit.*): ~ abgefaßt written in a style intelligible to all, written for the layman. — **Ge'mein·verˌständ·lich·keit** *f* common (*od.* general) intelligibility.

Ge'mein|ˌwe·sen *n* **1.** community. – **2.** (*Staat*) polity. — **~ˌwirt·schaft** *f* ⟨-; *no pl*⟩ *econ.* social economy. — **g~ˌwirt·schaft·lich** *adj* (*Aufgabe etc*) serving the public economic interest (*od.* advantage). — **~ˌwohl** *n* public (*od.* common) welfare, public interest; public weal, commonweal (*lit.*): das dient dem ~ that serves the public welfare, that is in the public interest.

Ge'men·ge *n* ⟨-s; -⟩ **1.** mixture. – **2.** (*Handgemenge*) scuffle, tussle, melee, *bes. Br.* mêlée, hand-to-hand (*od.* free) fight: mit j-m ins ~ kommen to come to grips (*od.* blows) with s.o. – **3.** *fig. cf.* Gemisch 2. – **4.** *chem.* mixture. – **5.** *agr.* mixed crops *pl.* – **6.** *phys. geol.* conglomerate. — **~ˌsaat** *f agr.* **1.** mixed seeding. – **2.** mixed crops *pl.* – **3.** (*Mengkorn, Mengfutter*) dredge corn.

Ge'meng·sel *n* ⟨-s; -⟩ **1.** mixture. – **2.** mishmash, *Am. auch* mischmash, hodgepodge, *Br.* hodge-podge, *bes. Br.* hotchpotch. – **3.** *fig. cf.* Gemisch 2.

ge'mes·sen I *pp of* messen. – **II** *adj* **1.** measured: ~en Schrittes with measured tread (*od.* steps), at a measured pace. – **2.** (*ernst*) grave, dignified: in ~er Haltung in dignified composure, in a grave manner. – **3.** deliberate, well-considered (*attrib*): in ~en Worten in well-considered words, in measured language. – **4.** (*zurückhaltend*) reserved, formal, restrained. – **5.** *mus.* grave. – **III** *adv* **6.** ~ schreiten a) to walk with measured steps, b) to walk in a dignified manner; ~ sprechen a) to weigh one's words deliberately and carefully, b) to speak in a dignified manner. – **7.** *mus.* grave. — **Ge'mes·sen·heit** *f* ⟨-; *no pl*⟩ **1.** measuredness. – **2.** graveness, gravity, dignity. – **3.** deliberateness, deliberation. – **4.** reserve, formality, restraint.

Ge'met·zel *n* ⟨-s; -⟩ slaughter, butchery, massacre, bloodbath, *Br. auch* bath of blood, carnage.

ge'mie·den [-'miːdən] *pp of* meiden.

Ge·mi·na·ti·on [gemina'tsi̯oːn] *f* ⟨-; -en⟩ *ling.* gemination. — **ge·mi'nie·ren** [-'niːrən] *v/t u. v/i* ⟨*no* ge-, h⟩ geminate.

Ge'misch *n* ⟨-es; -e⟩ **1.** mixture. – **2.** *fig.* mixture, medley, jumble: ein (buntes) ~ von Farben a medley (*od. lit.* motley) of colo(u)rs. – **3.** *auto.* gasoline-benzole (*Br.* petrol-benzole) mixture: armes [reiches] ~ lean [rich] mixture. – **4.** *tech.* a) (*Legierung*) alloy, b) (*im Schalengußverfahren*) mix. – **5.** *phys.* conglomerate. — **~ˌbil·dung** *f* (*space*) fuel mixing process. — **~ˌdros·sel** *f auto.* degasser. — **~ˌeinˌstell·ˌschrau·be** *f* mixture control screw. — **~ˌre·ge·lung** *f* mixture control. — **~ˌschmie·rung** *f Am.* oil-in-gasoline (*Br.* oil-in-petrol) lubrication.

ge'mischt I *pp.* – **II** *adj* **1.** (*Kost, Chor etc*) mixed: ~e Gesellschaft a) mixed company, b) *fig. colloq.* bad company; ~e Zahl [Gleichung] *math.* mixed number [equation]; → Doppel[1] 2. – **2.** (*Gefühle*) mixed, mingled. – **3.** (*Bonbons etc*) assorted. – **4.** (*Sammlung etc*) mixed, miscellaneous. – **5.** *fig. colloq.* (*zweifelhaft*) dubious, bad: er verkehrt in ~en Kreisen he associates with dubious characters; es ging recht ~ zu there were all kinds of goings-on; jetzt wird's ~ the air (*od.* atmosphere) is getting a little thick (*Br. auch* blue), it's getting a little colo(u)rful (*alle colloq.*). – **6.** *econ.* a) (*Hypothekenbank etc*) mixed-type (*attrib*), b) (*Kommission etc*) joint (*attrib*), mixed. – **7.** *mil.* (*Verband*) combined. – **8.** *print.* (*Satz*) mixed. — **G~ˌbauˌwei·se** *f civ.eng.* composite construction. — **~geˌschlecht·lich** *adj med.* bisexual.

Ge'mischtˌwa·ren *pl* groceries, general goods. — **~ˌhand·lung** *f* grocery (store *od.* shop), *Am. auch* general store.

ge'mischtˌwirt·schaft·lich *adj econ.* (*Unternehmen etc*) with mixed ownership.

Gem·me ['gɛmə] *f* ⟨-; -n⟩ **1.** (*jewelry*) gem: vertieft geschnittene ~ intaglio; erhaben geschnittene ~ cameo. – **2.** *bot.* (*am Rebstock etc*) gemma.

'Gem·men|ˌsamm·lung *f* collection of gems, dactyliotheca (*scient.*). — **~ˌschnei·der** *m* glyptographer, lapidary.

ge'mocht [-'mɔxt] *pp of* mögen[1] II, III.

ge'mol·ken [-'mɔlkən] *pp of* melken.

ge'mop·pelt [-'mɔpəlt] *adj colloq. only in* das ist doppelt ~ that's (just) the same thing twice over, that's a senseless repetition.

'Gems|an·ti·lo·pe *f zo. cf.* Spießbock 2. — **~ˌbart** *m cf.* Gamsbart. — **~ˌbock** *m* buck of the chamois. — **~ˌbüf·fel** *m* anoa (*Anoa depressicornis*).

Gem·se ['gɛmzə] *f* ⟨-; -n⟩ *zo.* chamois, *auch* chamoix (*Rupicapra rupicapra*): er klettert wie eine ~ *fig.* he climbs like a mountain goat.

'Gem·sen·ei *n humor. only in* ~er suchen to go on a wild-goose chase.

'Gems|ˌgei·er *m zo. cf.* Lämmergeier. — **~ˌgeiß** *f* female (*od.* doe) of the chamois, rock-doe. — **~ˌkitz** *n* kid of a chamois. — **~ˌkraut** *n bot. cf.* Gamskraut. — **~ˌkres·se** *f* **1.** Hutchinsia (*Hutchinsia alpina*). – **2.** roundleaved bastard cress (*Thlaspi rotundifolium*). — **~ˌle·der** *n* chamois (*auch* chammy, shammy, shamoy) leather. — **~ˌräu·de** *f vet.* rubbers *pl.* — **~ˌwurz** *f bot. cf.* Gamswurz. — **~ˌzie·ge** *f zo. cf.* Gemsgeiß.

Ge'mun·kel *n* ⟨-s; *no pl*⟩ *colloq.* **1.** (*heimliches Reden*) whispering(s *pl*), whisper(s *pl*). – **2.** (*Gerücht*) rumors *pl*, *bes. Br.* rumours *pl*, gossip, talk.

Ge'mur·mel *n* ⟨-s; *no pl*⟩ *colloq.* **1.** murmuring(s *pl*), murmur(s *pl*), mumbling, mumble, mutter(ing), whispering. – **2.** *fig.* (*eines Baches*) murmur(ing), babbling.

Ge'murr *n* ⟨-(e)s; *no pl*⟩, **Ge'mur·re** *n* ⟨-s; *no pl*⟩ *colloq.* **1.** (*von Menschen*) grumbling, complaining. – 2. (*von Tieren*) growling.

Ge'mü·se [-'myːzə] *n* ⟨-s; -⟩ 1. vegetable, *collect.* vegetables *pl, auch* greens *pl*: frisches ~ fresh vegetables *pl*; junges ~ *fig. colloq. humor.* young people (*od.* folk) *pl*, youngsters *pl*, small fry. – 2. (*Gericht*) vegetables *pl*. — **~ˌamp·fer** *m bot.* patience, *auch* patience dock (*Rumex patientia*). — **~ˌanˌbau** *m* ⟨-(e)s; *no pl*⟩ *cf.* Gemüsebau. — **~ˌart** *f* kind (*od.* sort) of vegetable. — **~ˌbau** *m* ⟨-(e)s; *no pl*⟩ 1. vegetable gardening. – 2. (*Handelsgärtnerei*) market gardening, *Am. auch* truck farming. — **~ˌbeet** *n* vegetable bed. — **~ˌbrei** *m* (*Babykost*) strained vegetables *pl*. — **~ˌerb·se** *f bot.* pea, vetch (*Pisum sativum*). — **~ˌfleckˌblu·me** *f* cabbage spilanthes, Para cress (*Spilanthes oleracea*). — **~ˌfrau** *f colloq. cf.* Gemüsehändlerin. — **~ˌgar·ten** *m* vegetable (*od.* kitchen) garden. — **~ˌgärt·ner** *m* 1. vegetable (*od.* kitchen) gardener. – 2. market gardener, *Am. auch* truck farmer. — **~gärt·neˌrei** *f* market garden, *Am. auch* truck farm. — **~geˌschäft** *n* vegetable store (*od.* shop), *Br.* greengrocery, greengrocer's shop. — **~ˌhänd·ler** *m*, **~ˌhänd·le·rin** *f* vegetable dealer, *Br.* greengrocer. — **~ˌhand·lung** *f cf.* Gemüsegeschäft. — **~ˌkohl** *m bot. cf.* Gartenkohl. — **~konˌser·ve** *f meist pl* 1. preserved vegetables *pl*. – 2. (*in Dosen*) canned (*Br.* tinned) vegetables *pl*. — **~ˌkost** *f* vegetable diet. — **~ˌkür·bis** *m bot.* (vegetable) marrow, summer (*od.* marrow) squash, pumpkin. — **~ˌla·den** *m cf.* Gemüsegeschäft. — **~ˌlauch** *m* cabbage garlic (*Allium oleraceum*). — **~ˌmann** *m cf.* Gemüsehändler. — **~ˌmarkt** *m* vegetable market. — **~ˌpflan·ze** *f* vegetable, oleraceous plant (*scient.*). — **~ˌplat·te** *f* 1. vegetable platter. – 2. (*Gericht*) (decoratively arranged) vegetables *pl*. — **~ˌplattˌerb·se** *f bot.* cultivated (*od.* chickling) vetch (*od.* pea) (*Lathyrus sativus*). — **~ˌsaft** *m* vegetable juice. — **~saˌlat** *m* vegetable salad. — **~ˌschüs·sel** *f* vegetable dish. — **~spiˌnat** *m bot.* potherb spinach (*Spinacia oleracea*). — **~ˌsup·pe** *f* vegetable soup. — **~ˌzucht** *f* vegetable growing, cultivation of vegetables.

ge'mü·ßigt *adj cf.* bemüßigt II.

ge'mußt [-'mʊst] *pp of* müssen[1] II.

ge'mu·stert I *pp.* – **II** *adj* 1. patterned, figured: in sich ~er Stoff patterned fabric. – 2. (*bedruckt*) printed. – 3. *mil.* mustered.

Ge'müt [-'myːt] *n* ⟨-(e)s; -er⟩ 1. ⟨*only sg*⟩ mind: er hat ein kindliches ~ he has a childlike mind; das legte (*od.* schlug) sich ihr aufs ~ that weighed heavily on her mind, that made her melancholy; sich (*dat*) etwas zu ~e führen *fig. colloq. humor.* to partake of s.th., to treat oneself to s.th., to stand oneself s.th. – 2. ⟨*only sg*⟩ (*Gefühl*) feeling: er hat kein ~ he has no feeling(s *pl*) (*od.* heart); er hat ein ~ wie ein Fleischerhund (*od.* ein Nilpferd) *colloq.* he is completely unfeeling (*od.* callous), he has no feeling(s *pl*) whatsoever. – 3. ⟨*only sg*⟩ (*Herz*) heart: ein gutes [weiches] ~ a kind [soft] heart; er hat ein verhärtetes ~ he has a hard heart, he is hardhearted (*Br.* hard-hearted) (*od.* callous); ein goldenes ~ a heart of gold; das ist etwas fürs ~ *bes. iron.* that's s.th. for the heart, that's sentimental stuff. – 4. ⟨*only sg*⟩ (*Gemütsart*) nature, disposition, turn (*od.* cast) of mind, temper(ament): ein sonniges ~ a sunny (*od.* cheerful) disposition; von sanftem ~ of (a) gentle disposition, mild-tempered; das deutsche ~ the German mentality. – 5. *colloq.* (*Person*) person, soul, thing, creature, character: ein schlichtes [ängstliches] ~ a simple [timid] soul. – 6. *pl colloq.* (*Personen*) feelings, people: die ~er erhitzten sich people got heated, feelings (*od.* tempers) ran high; der Artikel bewegte die ~er heftig the article aroused the feelings of the readers; die erregten ~er beschwichtigen (*od.* beruhigen) to calm (down) (*od. lit.* assuage) the heated disputants.

ge'müt·lich I *adj* 1. (*Raum, Sessel*) cozy, *bes. Br.* cosy, snug, comfortable, homey, *bes. Br.* homy: ~e Ecke cozy corner (*od.* nook); mach es dir doch ~ a) make yourself comfortable (*od.* at home), b) take it easy, relax; heute können wir es uns ~ machen we can take it (*od.* things) easy today; jetzt wird's erst richtig ~ now everyone is just beginning to relax (*od.* unbend), things are really getting cozy now. – 2. (*Gespräch, Mahl etc*) cozy, *bes. Br.* cosy, leisurely, pleasant, agreeable: ~es Beisammensein cozy get-together. – 3. (*ruhig, ungestört*) quiet, peaceful: eine ~e Tasse Kaffee a quiet cup of coffee; ein ~es kleines Dorf a peaceful little village. – 4. (*Tempo etc*) leisurely, comfortable, easy. – 5. (*Mensch*) good-natured, easygoing, *Br.* easy-going, genial. – **II** *adv* 6. cozily, *bes. Br.* cosily, leisurely, pleasantly, agreeably: einen Nachmittag ~ verplaudern to spend a pleasant (*od.* an agreeable) afternoon chatting. – 7. quietly, peacefully, leisurely: ~ Kaffee trinken to enjoy a nice cup of coffee; wir feierten seinen Geburtstag ganz ~ we had a nice quiet party for his birthday; wir saßen ganz ~ da, als we were sitting there quite peacefully when; ~ im Park spazierengehen to take a leisurely walk in the park. – 8. good-naturedly, in a good-natured manner: er lachte ~ he laughed good-naturedly. — **Ge'müt·lich·keit** *f* ⟨-; *no pl*⟩ 1. (*von Räumen etc*) coziness, *bes. Br.* cosiness, snugness, comfort(ableness), homeyness, *bes. Br.* hominess, cozy (*bes. Br.* cosy) atmosphere. – 2. (*gemütliche Stimmung*) congeniality, cozy (*bes. Br.* cosy) atmosphere: er liebt die ~ he likes a cozy atmosphere; es geht nichts über die ~ a) there is nothing like comfort and peace, b) there is nothing like a cozy get-together; er sucht deutsche ~ he is looking for German congeniality; da hört doch die ~ auf! *fig. colloq.* that's the limit! – 3. (*Beschaulichkeit*) leisure, peace: in aller ~ a) leisurely, at one's leisure, b) (*ungestört*) in peace and quiet. – 4. (*einer Person*) good-naturedness, good nature, easygoingness, *Br.* easy-goingness, easygoing (*Br.* easy-going) nature (*od.* disposition), geniality.

ge'müt·los *adj* unfeeling, devoid of feeling, heartless. — **Ge'müt·lo·sig·keit** *f* ⟨-; *no pl*⟩ lack of feeling, heartlessness.

ge'mütsˌarm *adj* lacking feeling (*od.* heart, warmth).

Ge'müts|ˌart *f* ⟨-; *no pl*⟩ *cf.* Gemüt 4. — **~beˌwe·gung** *f* 1. emotion: infolge starker ~ as a result of strong emotion. – 2. *psych.* affect. — **~erˌre·gung** *f* 1. (mental) excitement, agitation. – 2. *psych.* affect. — **g~ˌkrank** *adj* 1. mentally disordered, emotionally (*od.* mentally) disturbed. – 2. (*schwermütig*) melancholic, depressed. – 3. (*wahnsinnig*) insane, mentally deranged. — **~ˌkran·ke** *m, f* ⟨-n; -n⟩ 1. emotionally disturbed person. – 2. mentally ill person: Heim für ~e mental home. — **~ˌkrankheit** *f* 1. disorder of the mind, emotional (*od.* mental) disturbance. – 2. (*Schwermut*) depression, melancholy, melancholia (*scient.*). – 3. (*Wahnsinn*) insanity, mental disease. — **~ˌla·ge** *f cf.* Gemütsverfassung. — **~ˌle·ben** *n* inner (*od.* emotional) life, thymopsyche (*scient.*). — **~ˌlei·den** *n cf.* Gemütskrankheit. — **~ˌmensch** *m* 1. warm-hearted person. – 2. *colloq. iron.* callous person: du bist ein ~! you're a fine one! — **~ˌre·gung** *f cf.* Gemütsbewegung. — **~ˌru·he** *f* 1. (mental) calmness, peace of mind: in (*od.* mit) aller ~ a) leisurely, in peace and quiet, b) (*kaltblütig*) calmly, (as) cool as a cucumber (*colloq.*); in aller ~ sah sie zu, wie sie ihn quälten she calmly watched them torturing him. – 2. (*heitere*) serenity, peace of mind. — **~ˌstim·mung** *f* 1. (*Laune*) mood, humor, *bes. Br.* humour. – 2. *cf.* Gemütsverfassung. — **~verˌfas·sung** *f*, **~ˌzuˌstand** *m* frame (*od.* state) of mind, mental condition.

ge'mütˌvoll *adj* 1. full of feeling (*od.* sentiment), emotional. – 2. (*warmherzig*) warmhearted, *Br.* warm-hearted, tenderhearted, *Br.* tender-hearted. – 3. (*empfindsam*) sentimental.

gen [gɛn] *prep* ⟨*acc*⟩ *lit.* to, toward(s): ~ Himmel heavenward(s); ~ Osten toward(s) the east, eastward(s).

Gen [geːn] *n* ⟨-s; -e⟩ *biol.* gene.

ge'na·belt [-'naːbəlt] **I** *pp.* – **II** *adj med. zo.* umbilicate(d), umbiliferous.

ge'na·gelt I *pp.* – **II** *adj* 1. nailed. – 2. *bot.* (*Blütenblätter*) unguiculate(d).

'Genˌän·de·rung *f biol.* mutation.

ge'nannt [-'nant] **I** *pp of* nennen. – **II** *adj* named, called: Otto I., ~ der Große Otto I, named the Great. — **Ge'nann·te** *m, f* ⟨-n; -n⟩ *jur.* 1. named person. – 2. (*Erwähnte*) said person.

ge·nant [ʒe'nant] *adj* ⟨-er; -est⟩ *obs.* 1. (*belästigend*) troublesome. – 2. (*peinlich*) embarrassing, awkward. – 3. (*schüchtern*) shy, bashful, self-conscious, coy.

ge'narbt I *pp of* narben[1]. – **II** *adj* 1. *tech.* (*Leder*) grained. – 2. *biol.* foveate(d), foveolate(d), (*bei Käfern*) *auch* cancellate(d). – 3. *bot.* pitted, foveate(d) (*scient.*): fein ~ sein to be minutely pitted (*od. scient.* foveolate[d]).

ge'nas [-'naːs] *1 u. 3 sg pret of* genesen[1].

ge'nä·schig [-'nɛʃɪç] *adj cf.* naschhaft.

ge'nä·se [-'nɛːzə] *1 u. 3 sg pret subj of* genesen[1].

Ge'nä·sel *n* ⟨-s; *no pl*⟩ *colloq.* speaking through one's nose, nasal twang.

ge'nau [-'naʊ] **I** *adj* ⟨-er; -(e)st⟩ 1. (*den Tatsachen etc entsprechend*) accurate, exact: ~e Wiedergabe exact (*od.* faithful, true) reproduction; ~e Auskunft accurate information; ~e Übersetzung accurate translation; ~e Waage *tech.* a) accurate (*od.* true) scales *pl*, b) (*Präzisionswaage*) precise scales *pl*. – 2. (*exakt*) exact, precise: die ~e Zeit the exact (*od.* right, correct) time; ~e Angaben exact particulars, precise details; der ~e Wortlaut the exact wording; ~e Bedeutung precise meaning; er ist ~ das Gegenteil (*od. colloq.* das ~e Gegenteil) von seinem Vater he is the exact (*od.* direct, very) opposite of his father. – 3. (*sorgfältig, gründlich*) careful, thorough, close: ~e Untersuchung careful (*od.* painstaking) investigation; ~e Prüfung careful inspection; bei ~erer Betrachtung upon closer consideration. – 4. (*pedantisch*) (painstakingly) exact, particular, meticulous, scrupulous, painstaking: in diesem Punkt ist er peinlich ~ he is painstakingly (*od.* painfully) exact regarding this point; in Geldsachen ist er sehr ~ he is very scrupulous in money matters. – 5. (*ins einzelne gehend*) exact, detailed, minute: ~er Bericht detailed (*od.* full) report, report in detail, exact account. – 6. (*streng*) strict: ~es Befolgen der Anweisungen ist wichtig strict adherence to the instructions is important, it is important to follow the instructions strictly (*od.* closely). – **II** *adv* 7. exactly, accurately, precisely: die Uhr geht (auf die Minute) ~ the watch (*od.* clock) keeps perfect time (*od.* keeps time to the minute); der Zug kam auf die Minute ~ an the train arrived right on the dot (*colloq.*); ~ in der Mitte exactly (*od.* right) in the middle, in the very middle; ~ um zehn (Uhr) at ten (o'clock) sharp, punctually (*od.* precisely, exactly) at ten (o'clock); ~ eine Meile exactly a mile, an even mile; ~ gleich identical; etwas ~ wiedergeben to reproduce s.th. exactly (*od.* faithfully); das stimmt ~ that's absolutely correct; stimmt ~! *colloq.* that's (exactly) right! ich kann es noch nicht ~ sagen I can't say for sure yet; nicht ~ stimmen (*od.* passen) *tech.* to be out of true; ~ laufen *tech.* to run true; ~ fluchten *tech.* to align correctly; ich weiß ~, daß I am sure (*od.* positive) that, I know for sure (*od.* certain) that; ~ nach Westen fahren to go due west. – 8. (*sorgfältig*) carefully, thoroughly, closely: sich (*dat*) etwas ~ merken to take careful note of something; ~ aufpassen to pay close attention; sich ~ an die Regeln halten to follow the rules closely (*od.* strictly); etwas ~ berechnen to make a close calculation of s.th.; ~ kennen to know thoroughly (*od.* intimately, inside out). – 9. (*im einzelnen*) exactly, in detail, minutely: ~ berichten to report in detail; erzähl uns die Sache ~ tell us all about it; sie beschrieb ihn ~(e)stens she described him in every detail. – 10. particularly: man darf nicht alles (*od.* man darf es nicht mit allem) so ~ nehmen a) one must not be too particular (*od.* strict) about (*od.* in) everything, one must stretch a point now and then, b) (*wörtlich*) one must not take everything too literally; er nimmt es mit der Wahrheit nicht so ~ he's not a stickler for the truth, he's not so particular about telling the truth; wir nehmen es nicht so ~ (*Etikette etc*) we are not so particular. – 11. just, exactly: das ist ~ dasselbe that's exactly the same (thing); das ist ~ der Job, den er sucht that's just the job (*od.* the very job) he is looking for; ~ das meinte er auch that's just (*od.* precisely) what he meant too. – **12.** (*als bejahende Antwort*) exactly, precisely. – **13.** aufs ~(e)ste to a nicety (*od.* T, tittle, tee). – **III G~e, das** ⟨-n⟩ **14.** the exact (*od.* precise) thing: wir wissen noch nichts G~es we don't know anything for certain (*od.* sure) yet; morgen hören Sie G~eres tomorrow you will hear further details; das ist (*od.* scheint mir) nichts G~es *colloq.* that seems somewhat dubious (*od. colloq.* shady, fishy) to me; nichts G~es weiß man nicht *colloq. humor.* I don't know anything about it.

Ge'nau·beˌar·bei·tung *f tech.* dimensional machining.

ge'nau·geˌnom·men *adv* **1.** strictly speaking, to be exact: ~ ist das eine Art Orchidee strictly speaking, this is a kind of orchid. – **2.** (*eigentlich*) actually, really: ~ hat er recht he is actually right.

Ge'nau·ig·keit *f* ⟨-; *no pl*⟩ **1.** accuracy, exactness, accurateness: ~ der Übersetzung accuracy of the translation; ~ der Wiedergabe a) accuracy of the reproduction, b) *tech.* (*einer Schallplatte*) fidelity; ~ beim Arbeiten accuracy (*od.* exactitude) in one's work; mit größter ~ with utmost (*od.* the greatest) accuracy; mit einiger ~ with some (approach to) accuracy; mit peinlicher ~ with painstaking accuracy; ~ in Geldangelegenheiten exactness (*od.* scrupulousness) in money matters; etwas mit ~ bestimmen to determine s.th. accurately. – **2.** (*Präzision*) accuracy, precision: ~ einer Uhr precision of a watch (*od.* clock); mit wissenschaftlicher ~ with scientific accuracy. – **3.** (*Sorgfältigkeit*) carefulness, thoroughness. – **4.** (*Akribie*) minuteness, meticulousness: pedantische ~ punctiliousness. – **5.** (*Korrektheit*) correctness.

Ge'nau·ig·keits|ˌdre·hen *n tech.* high precision turning. — **~ˌfräs·maˌschi·ne** *f* precision milling machine (*od.* miller). — **~ˌgrad** *m* degree of accuracy. — **~ˌmaß·ˌstab** *m* **1.** precision rule. – **2.** precision scale.

ge'nauˌso *adv* **1.** exactly (*od.* just) the same: ich denke darüber ~ I feel (just) the same (way) about it; er machte es ganz ~ he did it just the same way; ich habe das Brot probiert, es schmeckt ~ I have tasted (*od.* tried) the bread, it tastes just (*od.* exactly) the same; ~ ist es that's exactly how it is. – **2.** (*bei Vergleichen*) just as: das ist ~ gut that's just as good; er spielt ~ gut (wie sie) he plays just as well (as she does); sie hat ~ viele Kinder she has just as many children; der Wagen fährt ~ schnell wie meiner the car goes just as fast as mine. — **~ˌgern** *adv* just as soon (*od.* readily): ich ginge ~ nach Spanien I would just as soon go to Spain. — **~ˌgut** *adv* just as well: du könntest ~ mitkommen you could just as well join us. — **~ˌlan·ge** *adv* just as long: das dauert ~ wie that takes just as long (*od.* just as much time) as. — **~ˌoft** *adv* just as often (*od.* frequently). — **~ˌsehr** *adv* just as (much): sie hat sich ~ darüber gefreut wie du she was just as pleased about it as you (were). — **~ˌviel** *indef pron* **1.** (*mit sg*) just as much: er kann ~ (Englisch) wie der andere he knows just as much (English) as the other one (does). – **2.** (*mit pl*) just as many: ~ Touristen wie letztes Jahr just as many tourists as (there were) last year. — **~ˌweit** *adv* just as far: wir haben ~ zu gehen we have to go just as far, we have just as far to go. — **~ˌwe·nig** *indef pron* **1.** (*mit sg*) just as little: er tut ~ wie die anderen he does just as little as the others (do); der Hut gefällt mir ~ wie der andere I don't like this hat any more than the other one; das hilft uns ~ that does not help us either. – **2.** (*mit pl*) just as few: dort bieten sich ~ Möglichkeiten that place offers just as few possibilities.

Gen·darm [ʒan'darm] *m* ⟨-en; -en⟩ *archaic od. Austrian* gendarme, rural policeman (*Br. auch* constable).

Gen·dar·me·rie [ʒandarmə'riː] *f* ⟨-; -n [-ən]⟩ gendarmerie, gendarmery, rural police (*Br. auch* constabulary). — **~sta·tiˌon** *f* rural police station (*Br.* police-station).

Ge·nea·lo·ge [genea'loːgə] *m* ⟨-n; -n⟩ genealogist. — **Ge·nea·lo'gie** [-lo'giː] *f* ⟨-; -n [-ən]⟩ genealogy: „Zur ~ der Moral" "The Genealogy of Morals" (*by Nietzsche*). — **ge·nea'lo·gisch** *adj* genealogical, *auch* genealogic.

ge'nehm [-'neːm] *adj* ⟨-er; -st⟩ *lit.* **1.** ⟨*pred*⟩ (*dat*) agreeable (to), convenient (for, to), acceptable (to): wann ist es Ihnen ~? when will it be convenient for you? when will it suit you? ist es dir so ~? *auch iron.* is that convenient to you now? does that suit you now? – **2.** (*angenehm*) agreeable.

ge'neh·mi·gen [-'neːmɪgən] **I** *v/t* ⟨*pp* genehmigt, h⟩ **1.** approve, *bes. Am. colloq.* OK, okay, *auch* okey, okeh: der Antrag wurde behördlich genehmigt the application was approved by the authorities; er genehmigte den Plan he approved (*bes. Am.* OK'd, okayed) the plan; die Tagesordnung ~ to adopt the agenda. – **2.** (*annehmen*) accept: der Vorschlag muß erst genehmigt werden the proposal has still to be accepted. – **3.** (*einwilligen*) consent to, assent to, agree to. – **4.** (*bewilligen*) allow, permit: er genehmigte uns einen freien Tag he allowed (*od.* gave) us a day off. – **5.** (*sanktionieren*) sanction, give sanction to: eine Handlung ~ to sanction an action. – **6.** *bes. pol.* a) (*Vertrag etc*) ratify, b) (*Gesetz etc*) approve, pass. – **7.** *bes. jur.* (*Projekt etc*) authorize *Br. auch* -s-, license, *Br. auch* licence. – **8.** sich (*dat*) etwas ~ *colloq. humor.* to treat oneself to (*od. colloq.* stand oneself) s.th.: sich (*dat*) einen ~ to have a drink. – **II G~** *n* ⟨-s⟩ **9.** *verbal noun.* —

ge'neh·migt I *pp.* – **II** *adj* **1.** approved. – **2.** (*unter einem Schriftstück*) approved, OK. – **3.** (*als Antwort*) all right, *Am. auch* alright, OK, fine. – **4.** *econ.* (*Kapital*) authorized *Br. auch* -s-. — **Ge'neh·mi·gung** *f* ⟨-; -en⟩ **1.** *cf.* Genehmigen. – **2.** (*eines Auftrags, Plans etc*) approval, approbation: ~ eines Vorschlags approval (*od.* acceptance) of a proposal; mit behördlicher ~, mit ~ der Behörden with the approval (*od.* sanction) of the authorities; mit gerichtlicher ~, mit ~ des Gerichts *jur.* by leave of court; j-m etwas zur ~ vorlegen to submit s.th. for s.o.'s approval. – **3.** (*Einwilligung*) (*gen* to) consent, assent, agreement: mit ~ der Eltern with one's parents' consent. – **4.** (*Bewilligung, Erlaubnis*) permission: j-m eine ~ erteilen to give (*od.* grant) s.o. permission (*od.* leave); mit (freundlicher) ~ des Autors by (kind) permission (*bes. Am.* by courtesy) of the author. – **5.** (*behördliche Zulassung*) permit, *Br.* licence, *Am.* license. – **6.** *bes. pol.* (*eines Vertrags*) ratification. – **7.** *bes. jur.* a) authorization *Br. auch* -s-, b) (*für Ärzte, Apotheker etc*) professional licence (*Am.* license).

Ge'neh·mi·gungs|ˌanˌtrag *m* application for permission (*od.* for a permit). — **~beˌhör·de** *f* authority granting permission (*od.* a permit). — **~beˌscheid** *m* notice of approval. — **g~ˌpflich·tig** *adj* **1.** subject to (*od.* requiring) approval (*od.* permission, authorization *Br. auch* -s-). – **2.** subject to (*od.* requiring) a licence (*Am.* license). — **~verˌfah·ren** *n* licensing (*Br. auch* licencing) procedure. — **~verˌmerk** *m* **1.** note of approval, "approved" endorsement. – **2.** (*als Aufschrift*) "approved".

ge'neigt I *pp.* – **II** *adj* **1.** (*Ebene, Dach etc*) inclined. – **2.** (*abschüssig*) sloping: das Gelände ist ~ the ground (*od.* terrain) slopes (*od.* slants). – **3.** (*Säule, Turm etc*) leaning. – **4.** *fig.* inclined, willing: ~er Leser gentle reader; j-m ein ~es Ohr schenken (*od.* leihen) *lit.* to lend s.o. a willing ear; ~ sein, etwas zu tun to be inclined to do s.th.; ich bin durchaus ~, dir zu glauben I am quite willing (*od.* prepared) to believe you. – **5.** *fig.* (*günstig gesinnt*) disposed: j-m ~ sein to be favo(u)rably (*od.* well) disposed toward(s) s.o., to have (*od.* show) a liking for s.o.; j-n für etwas ~ machen to dispose s.o. toward(s) s.th. — **Ge'neigt·heit** *f* ⟨-; *no pl*⟩ **1.** *fig.* inclination. – **2.** *fig.* (*Gunst*) favorable (*bes. Br.* favourable) disposition, predisposition, benevolence, favor, *bes. Br.* favour, goodwill. – **3.** *rare for* Neigung 2.

Ge·ne·ral [gene'raːl] *m* ⟨-s; -e *u.* ¨e⟩ **1.** *mil.* general (officer): kommandierender ~ commanding general. – **2.** *röm.kath.* a) (*des Jesuitenordens*) (superior) general, b) (*eines Ordens*) *cf.* Generalobere. — **~ˌabˌrech·nung** *f econ.* general settlement of accounts. — **~ab·so·lu·tiˌon** *f röm.kath.* general absolution. — **~ad·juˌtant** *m mil.* adjutant general. — **~agent** [-ʔaˌgɛnt] *m econ.* a) general agent, b) (*in Titeln*) Agent General. — **~agenˌtur** *f* general agency. — **~am·neˌstie** *f jur.* general amnesty (*od.* pardon). — **~ˌanˌwalt** *m* counsel (*od.* advocate) general. — **~ˌarzt** *m mil.* **1.** (*Dienststellung*) surgeon general. – **2.** (*Dienstgrad*) brigadier (*Am.* brigadier general) of medical corps.

Ge·ne·ra·lat [genera'laːt] *n* ⟨-(e)s; -e⟩ **1.** *mil.* generalcy, generalship. – **2.** *röm.kath.* (*eines Ordens etc*) generalate.

Ge·ne'ral|ˌbaß *m mus.* figured (*od.* thorough) bass, basso continuo. — **~ˌbaß·ˌschrift** *f* continuo notation. — **~ˌbaß·ˌzeitˌal·ter** *n* thoroughbass period. — **~be·ˌaufˌtrag·te** *m pol.* delegate general. — **~ˌbeich·te** *f röm.kath.* general confession. — **~beˌvollˌmäch·tig·te** *m* **1.** *pol.* chief diplomatic representative, plenipotentiary. – **2.** *econ.* a) universal agent, b) (*innerhalb einer Firma*) general manager. — **~di·rek·tiˌon** *f* central management, central executive board. — **~diˌrek·tor** *m bes. Br.* board chairman, *bes. Am.* president of the board, general manager: stellvertretender ~ vice chairman, deputy president. — **~di·rekˌto·ri·um** *n* general directorate. — **~disˌpens** *m, Austrian u. relig. only f* general dispensation.

Ge·ne'ra·le *n* ⟨-s; -lien [-lĭən], *auch* -lia [-lĭa]⟩ matter of general import, general matter.

Ge·neˌral|'feldˌmar·schall *m mil. hist.* field marshal. — **~ˌfra·ge** [gene'raːl-] *f meist pl jur.* personal particulars *pl.* — **~gou·ver·neˌment** [gene'raːl-] *n* **1.** governor-generalship. – **2.** office of governor-general. – **3.** Das ~ *hist. Polish territory under German rule (1939—44).* — **~gou·verˌneur** [gene'raːl-] *m* governor-general.

Ge·ne'ra·lin *f* ⟨-; -nen⟩ *obs.* general's wife.

Ge·ne'ral|in·spekˌteur *m mil.* a) inspector general, b) (*der Bundeswehr*) chief of the armed forces staff. — **~in·spek·tiˌon** *f* general inspection. — **~in·tenˌdant** *m* **1.** (*theater*) general manager of a theater (*bes. Br.* theatre). – **2.** (*bei Funk u. Fernsehen*) director.

Ge·ne·ra·li·sa·ti·on [generaliza'tsĭoːn] *f* ⟨-; -en⟩ generalization *Br. auch* -s-. — **ge·ne·ra·li'sie·ren** *v/t u. v/i* ⟨*pp* generalisiert, h⟩ generalize *Br. auch* -s-.

Ge·ne·ra·lis·si·mus [genera'lɪsimʊs] *m* ⟨-; -se *u.* -simi [-mi]⟩ *mil.* generalissimo.

Ge·ne·ra·li·tät [generali'tɛːt] *f* ⟨-; -en⟩ (the) generals *pl.*

Ge·ne'ral|ka·pi·tel *n relig.* (*eines Klosters*) general chapter. — **~ˌklau·sel** *f jur.* general (*od.* blanket) clause. — **~kom·man·do** *n mil.* general command. — **~ˌkon·sul** *m pol.* consul general. — **~kon·su·lat** *n* consulate general. — **~ˌleut·nant** *m mil.* a) (*für Heer*) lieutenant general, b) (*für Luftwaffe*) *Am.* lieutenant general, *Br.* air marshal. — **~maˌjor** *m mil.* a) (*für Heer*) major general, b) (*für Luftwaffe*) *Am.* major general, *Br.* air vice-marshal. — **~muˌsik·diˌrek·tor** *m* (*einer Oper etc*) musical director. — **~ˌnen·ner** *m math.* common denominator: etwas auf den ~ bringen *auch fig.* to reduce s.th. to a common denominator. — **~ˌobe·re** *m* ⟨-n; -n⟩ *röm.kath.* (*eines Ordens*) (superior) general. — **~ˌobe·rin** *f* mother superior. — **~ˌoberst** *m mil. hist.* colonel general. — **~parˌdon** *m bes. pol.* general pardon (*od.* amnesty). — **~ˌpau·se** *f mus.* general pause, *auch* cutoff, *Br.* cut-off. — **~poˌli·ce** *f* (*in der Seeversicherung*) floating (*od.* open) policy. — **~prä·ven·tiˌon** *f jur.* general prevention of crime. — **~ˌpro·be** *f* **1.** (*theater*) final (dress) rehearsal. – **2.** *mus.* final (*od.* full, general) rehearsal. — **~proˌfos** *m mil. hist.* provost marshal. — **~pro·kuˌra·tor** *m relig.* procurator. — **~quarˌtierˌmei·ster** *m mil.* quartermaster general. — **~ˌrat** *m* ⟨-(e)s; *no pl*⟩ *pol.* general council. — **~se·kre·tär** *m* (*der UNO etc*) secretary-general.

Ge·ne'ralsˌrang *m mil.* rank of a general, generalship.

Ge·ne'ral|ˌstaa·ten, die *pol.* **1.** *hist.* the States General, *auch* the states general. – **2.** the Dutch Parliament. — **~ˌstaats·ˌanˌwalt** *m jur.* prosecutor general.

Ge·ne'ralˌstab *m mil.* **1.** general staff:

Major im ~ major (G.S.). – **2.** (*der Luftwaffe*) air staff.

Ge·ne'ral,stäb·ler [-,ʃtɛːplər] *m* ⟨-s; -⟩ *mil. cf.* Generalstabsoffizier.

Ge·ne'ral,stabs|,arzt *m mil.* (*Dienstgrad*) major general of medical corps. — **~,chef** *m* chief of staff. — **~,kar·te** *f* (*Landkarte im Maßstab 1 : 100 000*) *Br.* ordnance survey map, *Am.* strategic map. — **~of·fi,zier** *m* general staff officer.

Ge·ne'ral|,stän·de, die *pl hist.* (*in Frankreich*) the States General, *auch* the states general, the états généraux. — **~,streik** *m* general strike. — **~su·per·in·ten,dant** *m relig.* general superintendent. — **~syn,ode** *f* general (*od.* ecumenical, *auch* oecumenical) synod. — **g~,über,ho·len** *v/t* ⟨*insep, no* -ge-, h⟩ (*Auto, Maschine etc*) overhaul (*s.th.*) completely (*od.* thoroughly), give (*s.th.*) a complete (*od.* thorough, general, major) overhaul. — **~,über,ho·lung** *f* complete (*od.* thorough, general, major) overhaul. — **~,un·ter,su·chung** *f med.* general examination (*bes. Am.* checkup). — **~ver,samm·lung** *f* **1.** *econ.* general meeting: **außerordentliche ~** extraordinary general meeting, *Am.* special meeting of stockholders. – **2.** *pol.* (*der UNO*) General Assembly. – **3.** *relig.* chapter. — **~ver,trag** *m pol.* General Treaty (*between the Federal Republic and the occupying powers, 1952*). — **~ver,tre·ter** *m econ.* general agent. — **~ver,tre·tung** *f* general agency. — **~ver,triebs·agen,tur** *f* general sales agency. — **~vi,kar** *m röm.kath.* vicar-general. — **~,voll,macht** *f jur.* full (*od.* general) power of attorney (*od.* representation), plenary power, general proxy.

Ge·ne·ra·ti·on [genera'tsio:n] *f* ⟨-; -en⟩ generation: **die heranwachsende** (*od.* **kommende**) **~** the rising generation; **die ~ unserer Eltern** the generation of our parents; **seit ~en, durch ~en hindurch** for (ages and) generations; **von ~ zu ~** from generation to generation.

Ge·ne·ra·ti'ons|kon,flikt *m* conflict of the generations. — **~pro,blem** *n* generational problem, problem between generations. — **~,wech·sel** *m* **1.** succession of generations. – **2.** *biol.* alternation of generations; metagenesis, heterogenesis (*scient.*).

Ge·ne·ra·tor [gene'ra:tɔr] *m* ⟨-s; -en [-ra'to:rən]⟩ **1.** *electr.* a) generator, b) (*für Wechselstrom*) generator, alternator, c) (*für Lichtmaschine*) dynamo: **~ mit Permanentmagnet** magnetodynamo. – **2.** *chem.* (*für Gas*) (gas) producer (*od.* generator). — **~,gas** *n tech.* producer gas.

ge·ne·rell [gene'rɛl] **I** *adj* (*Grundsatz, Regelung etc*) general, universal: **~e Erlaubnis** general (*Am. auch* blanket) permission. – **II** *adv* generally, in general, universally: **wir handhaben das ~ so** in general we handle it this way, this is how we generally handle this.

ge·ne·risch [ge'ne:rɪʃ] *adj biol.* generic, *auch* generical.

ge·ne·rös [gene'rø:s] *adj* **1.** (*freigebig*) generous, liberal. – **2.** (*großmütig*) generous, noble, magnanimous. — **Ge·ne·ro·si'tät** [-rozi'tɛ:t] *f* ⟨-; *no pl*⟩ **1.** generosity, liberality. – **2.** generosity, nobility, magnanimousness, magnanimity.

ge'nervt [-'nɛrft] *adj bot.* nerved: **unregelmäßig ~** vaginervose.

Ge·ne·se [ge'ne:zə] *f* ⟨-; -n⟩ *biol.* genesis.

ge'ne·sen[1] [-'ne:zən] **I** *v/i* ⟨genest, genas, genesen, sein⟩ *lit.* **1.** recover, get well: **er ist von einer schweren Krankheit ~** he has recovered (*od.* recuperated) from a serious illness. – **2.** (*wieder zu Kräften kommen*) convalesce. – **3. eines Kindes ~** *obs.* to give birth to (*od.* be delivered of) a child. – **II G~** *n* ⟨-s⟩ **4.** *verbal noun.* – **5.** *cf.* Genesung.

ge'ne·sen[2] *pp of* genesen[1].

Ge'ne·sen·de *m, f* ⟨-n; -n⟩ *lit.* convalescent: **Heim für ~** convalescent home (*Br. auch* hospital).

Ge·ne·sis ['ge:nezɪs] *f* ⟨-; *no pl*⟩ **1.** genesis. – **2. Die ~** *Bibl.* (*1. Buch Mose*) Genesis.

Ge'ne·sung *f* ⟨-; *no pl*⟩ (von from) **1.** *cf.* Genesen. – **2.** recovery: **auf dem Wege der ~** on the road (*od.* way) to recovery, on the mend (*colloq.*). – **3.** (*Rekonvaleszenz*) convalescence.

Ge'ne·sungs|,heim *n med.* **1.** convalescent home (*Br. auch* hospital). – **2.** (*Sanatorium*) sanatorium, *Am. auch* sanitarium, sanitorium. — **~pro,zeß** *m* (process of) recovery. — **~,ur,laub** *m* convalescent leave. — **~,wil·le** *m* will to recover.

Ge·ne·tik [ge'ne:tɪk] *f* ⟨-; *no pl*⟩ *biol.* genetics *pl* (*construed as sg*). — **Ge'ne·ti·ker** [-tikər] *m* ⟨-s; -⟩ geneticist. — **ge'ne·tisch I** *adj* genetic, *auch* genetical. – **II** *adv* genetically.

Ge·net·te [ʒə'nɛtə; ʒe-] *f* ⟨-; -n⟩ *zo. cf.* Ginsterkatze.

Ge·ne·ver [ʒe'ne:vər; ge-] *m* ⟨-s; -⟩ *gastr.* geneva, Hollands, *auch* Holland gin.

'Gen,fak·tor *m biol.* unit factor.

'Gen·fer I *m* ⟨-s; -⟩ Genevan, *auch* Genevese. – **II** *adj* (of) Geneva: **der ~ See** the Lake (of) Geneva, *auch* the Lake Leman; **~ Konvention** (*od.* **Abkommen**) *pol.* Geneva Convention.

ge·ni·al [ge'nia:l] **I** *adj* **1.** (*Künstler etc*) of (*od.* with) genius: **ein ~er Mensch** (*od.* **Kopf**) a man of genius, a genius; **eine ~e Leistung** a stroke of genius. – **2.** (*großartig*) brilliant, ingenious: **das war eine ~e Idee** that was a brilliant idea. – **II** *adv* **3. ~ begabt sein** to have the gift of a genius, to be brilliant. – **III G~e, das** ⟨-n⟩ **4.** the genius: **er hat etwas G~es** he has a touch of genius. — **ge·nia·lisch** [-'nia:lɪʃ] *adj* **1.** in the manner of (*od.* like) a genius: **~es Gebaren** genius-like behavio(u)r. – **2.** *obs. for* genial I. — **Ge·nia·li'tät** [-niali'tɛ:t] *f* ⟨-; *no pl*⟩ **1.** (quality of a) genius. – **2.** brilliancy, ingenuity.

Ge'nick *n* ⟨-(e)s; -e⟩ **1.** (nape of the) neck, back of the neck: **steifes ~** stiff neck; **sich** (*dat*) **das ~ brechen** to break one's neck; **j-n am ~ packen** to seize s.o. by (the scruff of) the neck; **er schob seinen Hut ins ~** he pushed (*od.* shoved) his hat back; **j-m das ~ umdrehen** to wring s.o.'s neck; **das wird ihm das ~ brechen** *fig. colloq.* that'll be his downfall (*od.* ruin), that'll cook his goose (*colloq.*). – **2.** *med.* nucha, nuchal region. — **~,fang** *m hunt.* stab in the neck: **einem Tier den ~ geben** to kill an animal by stabbing it in the neck. — **~,fän·ger** *m* (*Jagdmesser*) hunting knife. — **~,schlag** *m* (*beim Boxen*) rabbit punch. — **~,schuß** *m* shot in the neck, shot through the base of the skull. — **~,star·re** *f med.* **1.** stiff neck. – **2.** (*epidemische*) cerebrospinal meningitis (*od.* fever), meningococcus meningitis.

Ge·nie [ʒe'ni:] *n* ⟨-s; -s⟩ **1.** ⟨*only sg*⟩ genius: **er hat ~** he has (*od.* is a) genius. – **2.** (*Person*) genius: **ein großes ~** a great (man of) genius; **ein verkanntes ~** *auch iron.* an unrecognized genius; **ein verkommenes ~** *colloq.* a genius gone to seed. – **3.** ⟨*only sg*⟩ *Swiss mil.* a) engineer corps, b) military engineering.

ge·nie·ren [ʒe'ni:rən] **I** *v/reflex* ⟨*pp* geniert, h⟩ **1. sich ~** to feel (*od.* be) embarrassed: **er geniert sich, wenn er öffentlich reden soll** he feels shy (*od.* self-conscious) when he has to talk in public; **er geniert sich immer, wenn viele Leute da sind** he always feels shy (*od.* awkward) when many people are around; **~ Sie sich nicht!** don't be shy (*od.* bashful)! make yourself at home! **er genierte sich nicht, uns zu belügen** he had the audacity (*od. colloq.* nerve, cheek) to lie to us. – **II** *v/t* **2.** (*stören*) bother: **das geniert mich nicht** that doesn't bother (*od.* worry) me, I don't care about that. – **3.** (*verlegen machen*) embarrass: **hoffentlich geniert Sie seine Gegenwart nicht** I hope you don't feel embarrassed by his presence. — **ge'nier·lich** *adj cf.* genant 1, 2. — **ge'niert I** *pp.* – **II** *adj* embarrassed: **sich ~ fühlen** to feel embarrassed (*od.* self-conscious).

ge'nieß·bar *adj* **1.** (*Speisen*) eatable, edible: **der Fisch ist nicht ~** a) (*schmeckt nicht*) the fish is uneatable (*od.* cannot be eaten, is not fit to eat), b) (*ist verdorben*) the fish has gone bad (*od.* is bad). – **2.** (*Getränke*) drinkable, potable: **ist der Wein ~?** a) (*schmeckt er*) can one drink the wine? is the wine good? b) (*ist er noch gut*) is the wine drinkable (*od.* fit to drink)? – **3.** (*schmackhaft*) tasty, savory, *bes. Br.* savoury, palatable. – **4.** *fig. colloq.* (*Mensch*) bearable, tolerable: **er ist heute kaum ~** he is hardly bearable (*od.* to be tolerated) today, he is in a bad humo(u)r (*od.* mood) today. – **5.** *fig. colloq.* (*Lektüre etc*) enjoyable, palatable: **sein letzter Roman ist kaum noch ~** his latest novel is hardly readable (*od.* enjoyable). — **Ge'nieß·bar·keit** *f* ⟨-; *no pl*⟩ **1.** edibility, eatableness. – **2.** drinkability, potability. – **3.** tastiness, savoriness, *bes. Br.* savouriness, palatableness. – **4.** *fig. colloq.* (*einer Lektüre*) readability.

ge'nie·ßen I *v/t* ⟨genießt, genoß, genossen, h⟩ **1.** (*zu sich nehmen*) have, eat, drink: **ich habe noch nichts genossen** a) I have not had (*od.* eaten) anything, b) I have not had (*od.* drunk, consumed) anything; **er wollte noch eine Kleinigkeit ~** he wanted to eat (*od.* to take) a snack. – **2.** (*genießbar sein*) a) be eatable, be edible, b) be drinkable: **zu ~** *cf.* genießbar 1, 2. – **3.** *fig. colloq.* (*erträglich sein*) be bearable (*od.* tolerable): **du bist heute nicht zu ~** you are unbearable (*od.* in a bad mood) today. – **4.** (*Genuß haben an*) enjoy: **wir genossen das Mahl sehr** we enjoyed the meal very much; **das Leben in vollen Zügen ~** to enjoy (*od.* to savo[u]r) (one's) life to the full; **die Schönheiten der Natur ~** to enjoy (*od.* to relish) the beauties of nature; **er genoß es, allein zu sein** he enjoyed being (*od.* to be) alone; **die Feinheiten eines Stils ~** to enjoy (*od.* to appreciate) the subtleties of a style; **sie genoß es geradezu, unglücklich zu sein** she really enjoyed (*od.* revel[l]ed in) her unhappiness; → Genüge 1. – **5.** (*sich erfreuen*) enjoy: **Achtung ~** to be respected, to be held in esteem; **j-s Vertrauen ~** to enjoy (*od.* to be in) s.o.'s confidence; **Vorrang vor j-m ~** to take priority over s.o. – **6.** (*zu seinem Vorteil erhalten*) receive: **eine gute Erziehung ~** to receive (*od.* have the benefit of) a good education. – **II G~** *n* ⟨-s⟩ **7.** *verbal noun.* – **8.** *cf.* Genuß 4.

Ge'nie·ßer *m* ⟨-s; -⟩ **1.** (*im Essen u. Trinken*) gourmet, epicure, connoisseur: **er ist ein stiller ~** a) he quietly enjoys good food and drink, b) *colloq.* he is very discreet (*od.* maintains a discreet silence) about his love affairs. – **2.** (*der Kunst etc*) connoisseur. – **3.** (*des Lebens etc*) bon vivant.

ge'nie·ße·risch I *adj* **1.** highly (*od.* keenly) appreciative, most appreciating: **ein ~es Lächeln** a highly appreciative smile; **er lauschte der Musik mit ~er Hingabe** he listened to the music with keen appreciation (*od.* relish). – **2.** (*Leben, Person etc*) epicurean: **ein ~er Mensch** an epicurean person, an epicure. – **II** *adv* **3.** most appreciatively, with keen appreciation (*od.* relish): **sie trank ~ ihren Cocktail** she sipped her cocktail with great relish (*od.* enjoyment). – **4. sie streckte sich ~ in der Sonne** she stretched luxuriously (*od.* leisurely) in the sun.

Ge'nie|,streich *m lit.* **1.** stroke of genius, ingenious trick. – **2.** *iron.* bright (*od.* brilliant) idea. — **~,trup·pen** *pl Swiss mil.* engineer troops. — **~,we·sen** *n Swiss mil.* (military) engineering. — **~,zeit** *f* (*literature*) Storm and Stress (period).

Ge·ni·ne [ge'ni:nə] *pl chem.* genins.

Ge'nist *n* ⟨-(e)s; -e⟩ **1.** *cf.* Nest 1a. – **2.** (*Brut*) hatch, brood. – **3.** *lit. for* a) Gestrüpp 1—3, b) Gewirr 4.

Ge·ni·stin [genɪs'ti:n] *n* ⟨-s; *no pl*⟩ *chem.* genistin ($C_{21}H_{20}O_9$).

ge·ni·tal [geni'ta:l] *adj med. zo.* genital: **~e Phase** *psych.* genital phase (*od.* level). — **G~ap·pa,rat** *m* genitals *pl.* — **G~,blu·tung** *f* genital bleeding, h(a)emorrhage from the genitals (*scient.*).

Ge·ni'ta·le *n* ⟨-s; *no pl*⟩ *cf.* Genitalapparat.

Geni'ta·li·en [-liən] *pl med.* genital (*od.* sexual) organs, genitals, genitalia.

Ge·ni'tal|or,ga·ne *pl med. cf.* Genitalien. — **~,trak·tus** *m* genital tract (*od.* canal, duct). — **~tu·ber·ku,lo·se** *f* genital tuberculosis. — **~,zen·trum** *n* genital center (*bes. Br.* centre). — **~,zy·klus** *m* ovarian cycle.

Ge·ni·tiv ['ge:niti:f] *m* ⟨-s; -e⟩ *ling.* genitive (*od.* possessive) (case): **objektiver [subjektiver, sächsischer] ~** objective [subjective, Saxon] genitive; **im ~ stehen** to be in the genitive; **dieses Wort regiert den ~** this word governs (*od.* takes) the genitive. — **~at·tri,but** *n* attributive genitive.

ge·ni·ti·visch [geni'ti:vɪʃ] *adj ling.* genitive (*attrib*), genitival.

'Ge·ni·tiv|kon·struk·ti,on *f ling.* genitive construction. — **~ob,jekt** *n* genitive object.

Ge·ni·ti·vus [geni'ti:vus] *m* ⟨-; -vi [-vi]⟩ *ling. cf.* Genitiv.

Ge·ni·us ['ge:nius] *m* ⟨-; Genien⟩ *lit.* **1.** ⟨*only sg*⟩ (*schöpferische Geisteskraft*) genius: der ~ eines Volkes the genius of a people; der ~ Bachs the genius of Bach. – 2. *cf.* Genie 2. – 3. ⟨*only sg*⟩ (*Geist*) genius, spirit: der ~ einer Epoche the spirit of an epoch; ~ loci genius of a place, genius loci (*lit.*). – 4. (*Schutzgeist*) guardian angel (*od.* spirit): sie war sein guter ~ she was his guardian angel. – 5. *pl antiq.* genii, tutelary deities.

'Gen·mu·ta·ti,on *f biol.* gene (*od.* point) mutation.

Ge·nom [ge'noːm] *n* ⟨-s; -e⟩ *biol.* (*einfacher Chromosomensatz*) genom(e). — **ge'no·misch** *adj* genomic.

ge'nom·men [-'nɔmən] *pp of* nehmen.

ge'noppt I *pp.* – **II** *adj* (*textile*) (*Stoff*) knopped, knotted.

Ge'nör·gel *n* ⟨-s; *no pl*⟩ *colloq. contempt.* (constant) nagging (*od.* grumbling, carping, faultfinding).

'Gen,ort *m biol.* (*eines Gens*) locus.

ge'noß [-'nɔs] *1 u. 3 sg pret of* genießen.

Ge'nos·se [-'nɔsə] *m* ⟨-n; -n⟩ **1.** *pol.* comrade: ihre kommunistischen ~n in anderen Ländern their Communist comrades in other countries; ~ Schulze! comrade Schulze! – **2.** *colloq.* (*Kamerad*) comrade, companion, fellow associate, mate; pal, chum, *Am.* buddy (*colloq.*): ihr seid mir (ein paar) schöne ~n you are a fine bunch (of fellows) (*od.* lot) (*colloq.*). – **3.** *bes. jur.* a) associate, partner, b) (*Komplize*) accomplice, confederate: X und ~n X and associates (*od.* others).

ge'nös·se [-'nœsə] *1 u. 3 sg pret subj of* genießen.

ge'nos·sen [-'nɔsən] *pp of* genießen.

Ge'nos·sen·schaft *f* ⟨-; -en⟩ **1.** *econ.* cooperative (*Br.* co-operative) (*bes. Am.* mutual benefit) society (*od.* association): landwirtschaftliche ~ farmers' (*od.* agricultural) cooperative (society); gewerbliche ~ industrial cooperative; ~ von Kaufleuten association (*od.* company) of merchants. – **2.** *hist.* a) fellowship, brotherhood, b) *cf.* Zunft 1. – **3.** *relig.* sodality. — **Ge'nos·sen·schaf·ter** *m* ⟨-s; -⟩, **Ge'nos·sen·schaft·ler** *m* ⟨-s; -⟩ **1.** member of a cooperative society (*od.* association), cooperator *Br.* co-. – **2.** advocate of the cooperative idea, cooperator *Br.* co-. — **ge'nos·sen·schaft·lich** *adj* cooperative *Br.* co-.

Ge'nos·sen·schafts|,an,teil *m econ.* share in a cooperative (*Br.* co-operative) society. — **~,bank** *f* cooperative bank(ing association). — **~,bau·er** *m* farmer of a cooperative society. — **~be,we·gung** *f* cooperative movement. — **~ge,setz** *n* Cooperative Society Act, law governing (*od.* relating to) cooperative societies. — **~,mit,glied** *n* member of a cooperative society, cooperator. — **~re,gi·ster** *n* register of cooperative societies. — **~ver,band** *m* association of cooperative societies. — **~ver,trag** *m* articles *pl* of a cooperative society. — **~,we·sen** *n* cooperative system (*od.* movement).

Ge'nos·sin *f* ⟨-; -nen⟩ **1.** *cf.* Genosse 1. – **2.** *colloq.* (*Kameradin*) comrade, companion, associate, mate; pal, chum (*colloq.*).

Ge'noß·sa·me [-'nɔszaːmə] *f* ⟨-; -n⟩ *Swiss for* Genossenschaft 1.

Ge·no·typ [geno'tyːp] *m biol.* genotype. — **ge·no'ty·pisch** *adj* genotypic, *auch* genotypical. — **Ge·no'ty·pus** [-pus] *m* genotype.

Ge·no·zid [geno'tsiːt] *n* ⟨-(e)s; -e *u.* -ien [-dĭən]⟩ *jur.* genocide.

Gen·re ['ʒãː(ə)r; 'ʒãːrə] *m* ⟨-s; -s⟩ **1.** (*Art, Stil*) genre, style. – **2.** (*Gattung*) genre, category, kind, sort. – **3.** (*art*) genre. — **~,bild** *n* (*art*) genre painting (*od.* picture), *Br.* genre-painting (*od.* -picture), conversation piece (*od.* picture). — **~,film** *m* genre film. — **g~haft** *adj* **1.** (*art*) in genre style: eine ~e Szene a scene in genre style, a genre scene. – **2.** *cf.* volksmäßig. — **~,ma·ler** *m* (*art*) genre painter. — **~ma·le,rei** *f* genre painting, *Br.* genre-painting. — **~,stück** *n cf.* Genrebild.

Gens [gɛns] *f* ⟨-; Gentes ['gɛntɛs]⟩ *antiq.* gens, family, clan.

Genst [gɛnst] *m* ⟨-es; -e⟩, **'Gen·ster** *m* ⟨-s; -⟩ *bot. cf.* Ginster.

Gent [dʒɛnt] (*Engl.*) *m* ⟨-s; -s⟩ **1.** *bes. iron. for* Gentleman. – **2.** (*Stutzer*) dandy, fop, *Br. colloq.* swell.

Gen·tia·na|,blau [gɛn'tsĭaːna-] *n* (*Farbe*) gentian blue. — **~vio,lett** *n chem.* Gentian (*od.* Crystal, Methyl) Violet, aniline violet, methyl-rosaniline (chloride).

gen·til [ʒɛn'tiːl; ʒã-] *adj obs.* genteel.

Gen·til·homme [ʒãti'jɔm] (*Fr.*) *m* ⟨-s; -s⟩ *obs.* **1.** (*Edelmann*) noble(man), man of honor (*bes. Br.* honour). – **2.** (*Mann vornehmer Gesinnung*) gentleman.

Gen·tio·bio·se [gɛntsĭobi'oːzə] *f* ⟨-; *no pl*⟩ *chem.* gentiobiose, amygdalose, 6-β-D-glucosyl-D-glucose ($C_{12}H_{22}O_{11}$).

Gentle·man ['dʒɛntlmən] (*Engl.*) *m* ⟨-, *auch* -s; -men [-mən]⟩ gentleman. — **g~like** [-laɪk] *adj u. adv* gentlemanly, gentlemanlike.

Gentle·man's (*od.* **Gentle·men's**) **Agree·ment** ['dʒɛntlmənz ə'griːmənt] (*Engl.*) *n* ⟨- -; - -s⟩ gentleman's (*od.* gentlemen's) agreement.

Gen·try ['dʒɛntrɪ] (*Engl.*) *f* ⟨-; *no pl*⟩ (English) gentry.

'Ge·nua,fock *f mar.* Genoa (jib).

ge'nu·delt I *pp.* – **II** *adj colloq.* full (to the brim), brimful, stuffed.

Ge·nue·se [ge'nŭeːzə] *m* ⟨-n; -n⟩ *cf.* Genueser I.

Ge·nue·ser [ge'nŭeːzər] **I** *m* ⟨-s; -⟩ Geno(v)ese: mehrere ~ several Geno(v)ese. – **II** *adj cf.* genuesisch. — **ge·nue·sisch** [ge'nŭeːzɪʃ] *adj* Geno(v)ese, (of) Genoa.

ge'nug [-'nuːk] **I** *adj* ⟨*invariable*⟩ **1.** (*ausreichend*) enough: ~ Geld, Geld ~ enough (*od.* sufficient) money, money enough; das ist mehr als ~ (*od.* ~ und übergenug) that's more than enough (*od.* ample), that's enough and to spare; das ist lange nicht ~ that's not nearly (*od.* half) enough; das ist ~ für mich that is enough (*od.* will do) for me; sag, wenn du ~ hast! a) tell me when you've had enough (*od.* when you don't want anymore [*Br.* any more])! b) *colloq.* (*beim Einschenken etc*) say when! (*colloq.*); es ist nicht ~, daß man ehrlich ist it is not enough (*od.* sufficient) (*od.* it does not suffice) to be honest; nicht ~, daß er nicht erschien, er entschuldigte sich nicht einmal not only did he not turn up, he didn't even apologize; das ist gerade noch ~ that's just about enough; jetzt ist's aber ~! ~ (davon)! that's enough (of that)! that'll do! stop it! drop it! ~ für heute enough (*od.* so much) for today; laß es für heute ~ sein! a) leave it (*od.* let it go) at that for today! b) let's call it a day! (*colloq.*); wir sind ~ there are enough of us; er hat mehr als ~ zu tun he has more than enough to do; ich habe nicht ~ Zeit, das zu tun I don't have time enough (*od.* enough time, the time) to do it; ich habe nicht ~ Zeit I don't have enough (*od.* sufficient) time, I'm pressed for time; ~, ich will einfach nicht! in short, I simply won't! *bes. Am.* I simply won't, period! das ist ~ Bier für uns alle that is enough beer for all of us (*od.* to go round); er ist sich (*dat*) selbst ~ a) he can do without friends (*od.* company), b) he doesn't need the help of others; er ist Mann(s) ~, dafür zu kämpfen he is man enough to fight for it; ~ (des) Weines, Weins ~ *lit.* enough wine, wine enough; ~ der Worte *lit.* we have argued (long) enough; ~ der Tränen *lit.* no more tears. – **2.** (*übermäßig*) enough: er hat ~ a) (*von Essen etc*) he has had enough (*od.* his fill), b) (*von Unangenehmem*) he has had his share (*od.* all he can take), c) *colloq.* (*er ist erledigt*) he has had his share, he has had it, he's done for (*colloq.*), d) *colloq.* (*Geld etc*) he's got enough; ich habe ~ davon I can't stand it anymore (*Br.* any more), I've had enough of it, I'm tired (*od. colloq.* sick) of it, I'm fed up with it (*sl.*); hast du noch immer nicht ~? a) (*von Essen, Geld etc*) do you still want more? will you never be satisfied? b) (*von bösen Erfahrungen etc*) have you still not had enough? will you never learn (your lesson)? man kann für die Armen nie ~ tun one can never do enough (*od.* too much) for the poor. – **II** *adv* **3.** enough: wir haben ~ getan we have worked enough (*od.* sufficiently); man kann es nicht ~ betonen one cannot emphasize (*Br. auch* -s-) it (strongly) enough; das Beste ist gerade gut ~ für sie the best is just about good enough for her (*od.* them), nothing is good enough (*od.* too good) for her (*od.* them); warum ist er nicht gut ~? why is he not good enough? what's wrong with him?

Ge'nü·ge [-'nyːgə] *f* ⟨-; *no pl*⟩ **1.** (*in Wendungen wie*) zur ~ (well) enough, sufficiently: seine Vorlesungen [ihn] habe ich zur ~ genossen I know his lectures [him] sufficiently (*od.* only too) well, I have had enough of his lectures [him]; das habe ich zur ~ genossen I have had my fill (*od.* full share) of this; seine Unehrlichkeit habe ich zur ~ erfahren I had enough (*od.* plenty of) experience of his dishonesty. – **2.** *lit.* (*Befriedigung*) satisfaction: einer Sache ~ leisten (*od.* tun) (*entsprechen*) to meet (*od.* satisfy, comply with) s.th., to fullfil(l) (*od.* come up to) s.th.; j-m ~ leisten (*od.* tun) *lit.* to satisfy s.o., to give s.o. satisfaction.

ge'nü·gen [-'nyːgən] **I** *v/i* ⟨*pp* genügt, h⟩ **1.** (*ausreichen*) be sufficient (*od.* enough), suffice: das genügt für unsere Zwecke that'll be sufficient (*od.* that'll suffice, that'll do) for our purposes; die Butter genügt für eine Woche the butter will be sufficient (*od.* enough, will last) for a week; das wird vorläufig ~ müssen that will have to do (*od.* suffice) for the time being; das Geld wird zum Kauf dieses Kleides nicht ~ the money will not (be enough to) buy this dress; das genügt vollauf a) that's perfectly satisfactory, b) that's enough; ein Wink genügt und ich komme just call on me and I will be there; es genügt nicht zu it is not enough to, it won't do to. – **2.** einer Sache ~ (*entsprechen*) to meet (*od.* satisfy, comply with) s.th., to fulfil(l) (*od.* come up to) s.th.: allen Anforderungen ~ to meet (*od.* satisfy, fulfil[l]) all requirements; er genügt den Anforderungen nicht he doesn't match up to the demands set. – **3.** j-m ~ (*befriedigen*) to satisfy s.o.: deine Arbeit genügt mir nicht mehr your work does not satisfy me anymore (*Br.* any more). – **II G~** *n* ⟨-s⟩ **4.** *verbal noun.* – **5.** *archaic for* Genüge 2.

ge'nü·gend I *pres p.* – **II** *adj* **1.** (*ausreichend*) enough, sufficient: ~ Geld enough (*od.* sufficient) money; ~ Zeit haben to have plenty of (*od.* sufficient) time; nicht ~ Arbeitskräfte haben not to have enough (*od.* to be short of) workers, not to have a sufficient number of workers; er hat nicht ~ Vitamine he does not have enough (*od.* is deficient in) vitamins; er hat nicht ~ (*od.* kein ~es) Verständnis he lacks (*od.* wants) (sufficient) understanding; eine ~e Menge a sufficient amount (*od.* quantity), enough; ~er Beweis sufficient (*od.* adequate) proof. – **2.** (*befriedigend*) satisfactory, satisfying: das war keine ~e Antwort that was not a satisfactory answer. – **3.** *ped.* (*als Zeugnisnote*) satisfactory, fair. – **III** *adv* **4.** enough, sufficiently, satisfactorily: er arbeitet nicht ~ he does not work enough (*od.* as much as he should); nicht ~ überarbeitet not satisfactorily (*od.* adequately) revised.

ge'nug·sam *adv obs. cf.* genügend III.

ge'nüg·sam [-'nyːkzaːm] **I** *adj* **1.** (*anspruchslos*) easily satisfied (*od.* contented, pleased): er ist sehr ~ he is very easily satisfied, he is content with little; das Kamel ist sehr ~ the camel lives on (*od.* is content with) very little. – **2.** (*maßvoll*) modest, moderate: er ist ~ im Essen he is a moderate eater. – **3.** (*Mahl etc*) frugal. – **II** *adv* **4.** sie lebten sehr ~ they lived very modestly (*od.* frugally, on very little). — **Ge'nüg·sam·keit** *f* ⟨-; *no pl*⟩ **1.** contentedness. – **2.** (*Mäßigkeit*) modesty, moderation. – **3.** (*Einfachheit*) frugality.

ge'nug,tun *v/i* ⟨*irr, sep,* -ge-, h⟩ *lit.* **1.** j-m ~ to satisfy s.o., to give s.o. satisfaction. – **2.** sich (*dat*) nicht ~ können, etwas zu tun not to be able to do s.th. enough: er konnte sich nicht ~, ihre Schönheit zu rühmen he could not praise her beauty enough, he went out of his way to praise her beauty.

Ge'nug,tu·ung *f* ⟨-; -en⟩ **1.** ⟨*only sg*⟩ (*Befriedigung*) satisfaction, gratification: er hörte es mit großer ~ he heard it with great satisfaction, he was highly gratified to hear it; er empfand große ~ über seinen Erfolg he felt great satisfaction over (*od.* about, at) his success, he was highly content(ed) with (*od.* gratified about *od.* at) his success. – **2.** (*Wiedergutmachung*) satisfaction: er verschaffte sich ~ a) he obtained satisfaction, b) *jur.* he obtained redress; ich fordere ~ (*Aufforderung zum Duell*) I demand satisfaction; dafür muß er (mir) ~ leisten he will have to give (me) satisfaction (*od.* to make amends) for this.

ge·nu·in [genu'iːn] *adj* **1.** genuine, authentic. – **2.** *med.* idiopathic.

Ge·nus ['geːnʊs] *n* ⟨-; Genera ['geːnera]⟩ **1.** *bes. biol. med.* genus. – **2.** *ling.* a) (*des Substantivs*) gender, b) (*des Verbs*) voice.

Ge'nuß [-'nʊs] *m* ⟨-nusses; -nüsse⟩ **1.** *cf.* Genießen. – **2.** (*Freude*) pleasure: **sinnliche Genüsse** sensual pleasures (*od.* gratification *sg*), pleasures of the senses; **die Genüsse des Lebens auskosten** to enjoy the pleasures (*od.* sweets, good things) of life, to enjoy life; **sich dem ~ des Lesens hingeben** to indulge in reading; **er las das Buch mit ~** he read the book with pleasure (*od.* enjoyment), he enjoyed (reading) the book; **es ist ein ~, ihm zuzuhören** it is a pleasure (*od.* delight, *colloq.* it is great) to listen to him; **etwas mit ~ erzählen** to tell s.th. with gusto (*od.* relish); **~ finden an** (*dat*) **etwas** to take pleasure in (*od.* to derive pleasure from) s.th., to find enjoyment in s.th. – **3.** (*Hochgenuß*) treat: **das Mahl war wirklich ein ~** the meal was a real treat (*od.* feast) (*od.* was really delicious, delightful). – **4.** (*von Nahrung etc*) consumption: **für den menschlichen ~ ungeeignet** unfit for human consumption; **übermäßiger ~ von Alkohol** excessive consumption of (*od.* over[-]indulgence in) alcohol, excessive drinking; **der ~ verdorbener Speisen** consumption of (*od.* eating) bad food; **der ~ von Rauschgiften** the consumption (*od.* taking) of drugs. – **5.** (*Nutznießung*) benefit: **er kam in den ~ eines Stipendiums** he got (the benefit of) a scholarship; **j-n in den ~ einer Sache setzen** to give s.o. the benefit of s.th. – **6.** *bes. jur.* enjoyment: **~ politischer Rechte** enjoyment (*od.* use) of political rights. — **g~,fä·hig** *adj* capable of enjoyment. — **g~,freu·dig** *adj* pleasure-loving. — **~,gift** *n* injurious article of consumption. — **~,le·ben** *n* life of indulgence (*od.* leisure, pleasure): **dem ~ hingegeben** given to (self-)indulgence.

ge'nüß·lich [-'nʏslɪç] *adj* **1.** sensuous, voluptuous. – **2.** (*wohlig, bequem*) luxurious. – **3.** *cf.* genießerisch I.

Ge'nüß·ling [-'nʏslɪŋ] *m* ⟨-s; -e⟩ pleasure-seeker, voluptuary, sensualist; Sybarite, sybarite (*lit.*).

Ge'nuß,mensch *m* pleasure-lover, man of pleasure, epicure(an), sensualist.

Ge'nuß,mit·tel *n meist pl* **1.** (*Kaffee, Alkohol, Tabak etc*) (semi)luxury: **anregende ~** stimulants. – **2.** (*eßbare*) luxury food. — **~in·du,strie** *f* luxury food industry.

Ge'nuß|,recht *n econ.* dividend (*od.* benefit) right. — **g~,reich** *adj* very enjoyable, delightful, pleasurable, zestful: **ein ~es Leben** an enjoyable life, a life of pleasure. — **~,schein** *m econ.* dividend (*od.* participating) certificate. — **~,sucht** *f* thirst (*od.* craving) for pleasure, pleasure-seeking, (*stärker*) (self-)indulgence, sybaritism (*lit.*). — **g~,süch·tig** *adj* pleasure-seeking, sensual, (*stärker*) (self-)indulgent, sybaritic(al) (*lit.*). — **g~,voll** *adj cf.* genußreich.

'Gen|,wir·kung *f biol.* gene function, penetrance of genes. — **~,zen·trum** *n* gene center (*bes. Br.* centre).

Geo..., **geo...** *combining form denoting* geo...

Geo·bo·ta·nik [geobo'taːnɪk] *f bot.* geobotany. — **geo·bo'ta·nisch** *adj* geobotanical.

Geo·che·mie [geoçe'miː] *f chem.* geochemistry. — **geo'che·misch** [-'çeːmɪʃ] *adj* geochemical.

Geo·dä·sie [geodɛ'ziː] *f* ⟨-; *no pl*⟩ *math.* geodesy. — **Geo'dät** [-'dɛːt] *m* ⟨-en; -en⟩ geodesist, *auch* geodecist. — **geo'dä·tisch** *adj* geodetic, *auch* geodetical, geodesic, *auch* geodesical: **~e Bauweise** geodetic construction.

Geo·de [ge'oːdə] *f* ⟨-; -n⟩ *min.* vug(g), vugh, geode (*scient.*): **~n enthaltend** geodiferous.

Geo·dy·na·mik [geody'naːmɪk] *f* geodynamics *pl* (*construed as sg*). — **geo·dy'na·misch I** *adj* geodynamic(al). – **II** *adv* geodynamically.

ge'öff·net I *pp.* – **II** *adj* **1.** open: **durchgehend ~** open all day; **an Samstagen ~** open on Saturdays. – **2.** *her.* overt.

Geo·ge·nie [geoge'niː] *f* ⟨-; *no pl*⟩ *geol.* geogony.

Geo·gno·sie [geogno'ziː] *f* ⟨-; *no pl*⟩ *obs. for* Geologie.

Geo·go·nie [geogo'niː] *f* ⟨-; *no pl*⟩ geogony.

Geo·graph [geo'graːf] *m* ⟨-en; -en⟩ geographer. — **Geo·gra'phie** [-gra'fiː] *f* ⟨-; *no pl*⟩ geography: **politische ~** geopolitics *pl* (*construed as sg*), political geography; **physikalische ~** physical geography, physiography. — **geo'gra·phisch I** *adj* geographic(al): **~er Nordpol** geographical north pole; **~e Beschaffenheit** geography; **~e Lage** geographical location. – **II** *adv* geographically.

ge'öhrt I *pp.* – **II** *adj* **1.** (*Nadel, Axt etc*) perforated. – **2.** *bot.* auricled, auriculate, *auch* auriculated.

Geo·id [geo'iːt] *n* ⟨-(e)s; *no pl*⟩ *geogr.* geoid.

geo·kra·tisch [geo'kraːtɪʃ] *adj geol.* geocratic.

Geo·lo·ge [geo'loːgə] *m* ⟨-n; -n⟩ geologist. — **Geo·lo'gie** [-lo'giː] *f* ⟨-; *no pl*⟩ geology: **die ~ der Alpen** the geology (*od.* structure) of the Alps; **~ studieren** to study geology, to geologize *Br. auch* -s-; **landwirtschaftliche ~** agrogeology. — **geo'lo·gisch I** *adj* geologic(al), geognostic(al): **~ untersuchen, ~e Studien machen** to geologize *Br. auch* -s-; **~e Beschaffenheit** geology. – **II** *adv* geologically.

ge'ölt I *pp.* – **II** *adj colloq.* (*in Wendungen wie*) **das geht wie ~** that is going smoothly; → Blitz 1.

Geo·ma·gne·tik [geoma'gneːtɪk] *f phys.* geomagnetism, terrestrial magnetism. — **geo·ma'gne·tisch** *adj* geomagnetic.

Geo·mant [geo'mant] *m* ⟨-en; -en⟩ *rare* geomancer. — **Geo·man'tie** [-'tiː] *f* ⟨-; *no pl*⟩ *rare* geomancy. — **geo'man·tisch** *adj rare* geomantic.

Geo·me·di·zin [geomedi'tsiːn] *f med.* geomedicine.

Geo·me·ter [geo'meːtər] *m* ⟨-s; -⟩ surveyor.

Geo·me·trie [geome'triː] *f* ⟨-; -n [-ən]⟩ *math.* geometry: **analytische ~** analytical (*od.* co[-]ordinate) geometry; **projektive [darstellende, sphärische] ~** projective [descriptive, spherical] geometry; **~ der Ebene** plane geometry, planimetry; **(analytische) ~ der Lage** topology; **~ des Raumes** solid geometry, stereometry.

geo·me·trisch [geo'meːtrɪʃ] **I** *adj* geometric(al): **~e Abhandlung** treatise on geometry; **in ~e Formen bringen** to geometrize *Br. auch* -s-; **nach ~en Gesetzen handeln** to act according to geometric laws; **~es Mittel** geometric mean; **~e Multiplikation** outer multiplication; **~er Ort** (geometric) locus; **einen ~en Ort betreffend** local; **~e Reihe** geometric progression (*od.* series); **~es Verhältnis** geometrical proportion (*od.* ratio); **~es Gebilde [~er Körper]** geometric configuration [solid]; **~e Verwindung** *archeol.* geometric twist; **~e Blattverwindung** *aer.* blade twist; **~e Blattsteigung** *aer.* geometric pitch of the blade; **~e Isomerie** *chem.* geometrical isomerism. – **II** *adv* **etwas ~ abstufen** *tech.* to grade s.th. in progressive ratio. — **~-'op·tisch** *adj psych.* (*Täuschung*) geometric-optical.

Geo·mor·pho·lo·gie [geomɔrfolo'giː] *f* ⟨-; -n [-ən]⟩ *geogr.* geomorphology, *rare* physiography. — **geo·mor·pho'lo·gisch** [-'loːgɪʃ] *adj* geomorphologic(al).

geo·phag [geo'faːk] *adj* geophagous.

Geo·pha·ge [geo'faːgə] *m, f* ⟨-n; -n⟩ clay eater, geophagist (*scient.*). — **Geo·pha'gie** [-fa'giː] *f* ⟨-; *no pl*⟩ geophagy, geophagism, geophagia.

geo·phil [geo'fiːl] *adj* geophilous.

Geo·phy·sik [geofy'ziːk] *f* ⟨-; *no pl*⟩ geophysics *pl* (*construed as sg*). — **geo·phy·si'ka·lisch** [-zi'kaːlɪʃ] *adj* geophysical: **das G~e Jahr** the Geophysical Year. — **Geo'phy·si·ker** [-'fyːzikər] *m* ⟨-s; -⟩ geophysicist.

Geo·phyt [geo'fyːt] *m* ⟨-en; -en⟩ *bot.* geophyte.

Geo·pla·stik [geo'plastɪk] *f* **1.** relief model (of the earth's surface). – **2.** ⟨*only sg*⟩ theory of relief models of the earth's surface.

Geo·po·li·tik [geopoli'tiːk] *f* ⟨-; *no pl*⟩ geopolitics *pl* (*construed as sg*), *auch* geopolitik. — **Geo·po'li·ti·ker** [-'liːtikər] *m* ⟨-s; -⟩ geopolitician, *auch* geopolitiker. — **geo·po'li·tisch** [-'liːtɪʃ] *adj* geopolitical.

Ge·ora·ma [geo'raːma] *n* ⟨-s; -men⟩ georama.

ge'ord·net I *pp.* – **II** *adj* **1.** orderly, tidy, neat: **in ~em Zustand** in orderly condition. – **2.** *fig.* (*in Wendungen wie*) **~es Denken** systematic (*od.* disciplined) thinking; **in ~en Verhältnissen leben** to live in well-ordered (*od.* easy) circumstances, to be financially sound; **~e Lebensweise** a) regular (*od.* orderly) life, b) regular habits *pl*; **~e Zustände** proper state *sg* of affairs. – **3.** *math.* ordered.

Ge'or·gel *n* ⟨-s; *no pl*⟩ *colloq. contempt.* constant organ-playing.

Ge'or·gen|,kraut [ge'ɔrgən-] *n bot.* **1.** common (*od.* cat's) valerian (*Valeriana officinalis*). – **2.** toothwort (*Lathraea squamaria*). — **~,schwamm** *m cf.* Brachmännchen.

Geor·gette [ʒɔr'ʒɛt] (*Fr.*) *m* ⟨-s; -s⟩, *f* ⟨-; -s⟩ (*textile*) Georgette (TM).

Ge·or·gia·ner [geɔr'gi̯aːnər] *m* ⟨-s; -⟩ Georgian. — **ge·or·gia·nisch** [-'gi̯aːnɪʃ] *adj* Georgian.

Ge'or·gia,spatz [ge'ɔrgi̯a-] *m zo.* swamp sparrow (*Melospiza georgiana*).

Ge·or·gi·er [ge'ɔrgi̯ər] *m* ⟨-s; -⟩ Georgian.

Ge·or·gi·ne [geɔr'giːnə] *f* ⟨-; -n⟩ *bot.* (common) dahlia (*Dahlia variabilis*). — **Ge·or'gi·nen,knol·le** *f* tuber of a dahlia.

ge·or·gisch [ge'ɔrgɪʃ] **I** *adj* Georgian. – **II** *ling.* **G~** ⟨*generally undeclined*⟩, **das G~e** ⟨-n⟩ Georgian, the Georgian language.

Geo·sta·tik [geo'staːtɪk] *f* ⟨-; *no pl*⟩ *phys.* geostatics *pl* (*construed as sg*).

geo·sta·tio·när [geostatsi̯o'nɛːr] *adj* (*space*) (*Umlaufbahn etc*) geostationary.

Geo·syn·kli·na·le [geozʏnkli'naːlə] *f* ⟨-; -n⟩ *geol.* geosyncline, geosynclinal.

geo·tak·tisch [geo'taktɪʃ] *adj biol.* geotactic. — **Geo'ta·xis** [-'taksɪs] *f* ⟨-; *no pl*⟩ geotaxis, geotaxy.

Geo·tek·to·nik [geotɛk'toːnɪk] *f* ⟨-; *no pl*⟩ *geol.* (geo)tectonics *pl* (*construed as sg*), geotectonic (*od.* structural) geology. — **geo·tek'to·nisch** *adj* geotectonic, structural.

geo|therm [geo'tɛrm], **~'ther·misch** *adj geol.* geothermal, geothermic.

geo|trop [geo'troːp], **~'tro·pisch** *adj biol.* geotropic. — **G~tro'pis·mus** [-tro'pɪsmʊs] *m* ⟨-; *no pl*⟩ geotropism.

geo·zen·trisch [geo'tsɛntrɪʃ] **I** *adj astr.* (*Weltbild etc*) geocentric. – **II** *adv* geocentrically: **~ denken** to think in geocentric terms.

ge'paart I *pp.* – **II** *adj* **1.** coupled, paired: **Bosheit ~ mit Dummheit** *fig.* maliciousness coupled (*od.* together) with stupidity; **~ lebend** *zo.* monogamous. – **2.** *bot.* in pairs; genuate, binate (*scient.*). – **3.** *chem.* (*Verbindung*) conjugated.

Ge'päck [-'pɛk] *n* ⟨-(e)s; *no pl*⟩ **1.** luggage, *bes. Am.* baggage: **großes [kleines] ~** (piece of) large [small] luggage; **~ mit Mehrgewicht** overweight luggage, *bes. Am.* excess baggage; **drei Stück ~** three pieces (*od.* items) of luggage; **mit leichtem ~ reisen** to travel light; **das ~ aufgeben** (*zur Beförderung*) *Am.* to check one's baggage, *Br.* to register one's luggage; **~ zur Aufbewahrung geben** *Am.* to check one's baggage (in the baggage room), *Br.* to deposit one's luggage (in the left-luggage office). – **2.** *mil.* (soldier's) pack: **~ ablegen [aufnehmen]** to take off [to sling on] packs. — **~,ab,fer·ti·gung** *f* **1.** *bes. aer. Am.* checking of baggage, *Br.* registering (*od.* registration) of luggage. – **2.** (*am Zoll*) clearing of luggage (*bes. Am.* baggage). – **3.** *cf.* Gepäckannahme 2, 3. — **~,ab,la·ge** *f* luggage (*bes. Am.* baggage) rack. — **~,ab,teil** *n cf.* Gepäckraum 1. — **~,an,hän·ger** *m Am.* baggage tag, *Br.* luggage label. — **~,an,nah·me** *f* **1.** *cf.* Gepäckaufgabe 1. – **2.** (*zur Aufbewahrung*) receiving of luggage (to be deposited). – **3.** (*Schalter*) *Am.* baggage room, *Br.* left-luggage (registration) office (*od.* counter), cloakroom, *Br.* cloak-room. – **4.** (*als Aufschrift*) *Am.* "check baggage here", *Br.* "deposit", "in". — **~,auf·be,wah·rung** *f* **1.** *Am.* checking of baggage, *Br.* depositing of luggage. – **2.** *cf.* Gepäckannahme 2, 3. — **~,auf·be,wah·rungs,stel·le** *f cf.* Gepäckannahme 3. — **~,auf,ga·be** *f* **1.** sending of luggage in advance (*od.* ahead), *Am. auch* checking of baggage, *Br. auch* registering (*od.* registration) of luggage. – **2.** *cf.* Gepäckannahme 2, 3. — **~,auf,zug** *m Am.* baggage elevator, *Br.* luggage lift (*od.* hoist). — **~,aus,ga·be** *f* **1.** handing out of luggage. – **2.** (*als Aufschrift*) *Am.* "claim baggage here", *Br.* "withdrawal", "delivery", "out". – **3.** *cf.* Gepäckannahme 3. — **~-**

ˌ**bahnˌsteig** *m* luggage (*bes. Am.* baggage) platform. — ~**beˌför·de·rung** *f* transport (*od.* conveyance) of luggage. — ~ˌ**hal·ter** *m cf.* Gepäckträger 2, 3. — ~ˌ**hin·terˌle·gungsˌschein** *m cf.* Gepäckschein 2. — ~ˌ**kar·ren** *m* luggage (*bes. Am.* baggage) truck, trolley. — ~**konˌtrol·le** *f* luggage inspection, *Am.* baggage check. — ~ˌ**marsch** *m mil.* march with full equipment, pack march. — ~ˌ**netz** *n* (net-type) luggage (*bes. Am.* baggage) rack. — ~ˌ**raum** *m* **1.** (*im Zug etc*) luggage (*bes. Am.* baggage) compartment. – **2.** (*im Flugzeug*) luggage (*bes. Am.* baggage) hold. – **3.** (*im Schiff*) luggage (*bes. Am.* baggage) room. – **4.** (*im Auto*) *Br.* boot, *Am.* trunk. — ~ˌ**schal·ter** *m cf.* Gepäckannahme 3. — ~ˌ**schein** *m* **1.** (*bei Beförderung*) *Am.* baggage stub, *Br.* luggage ticket (*od.* receipt). – **2.** (*bei Aufbewahrung*) *Am.* baggage check, *Br.* left-luggage (*od.* cloak-room) ticket. — ~ˌ**schließˌfach** *n* luggage (*bes. Am.* baggage) locker. — ~ˌ**stück** *n* piece (*od.* item) of luggage. — ~ˌ**ta·sche** *f* (*am Fahrrad*) (bicycle) pan(n)ier, pouch, saddlebag. — ~ˌ**trä·ger** *m* **1.** (*Person*) porter, *Am. auch* baggageman. – **2.** (*am Fahrrad*) carrier. – **3.** *auto.* a) luggage rack (*Am. auch* carrier, *Br. auch* grid), b) (*Dachständer*) roof rack. — ~**verˌsi·che·rung** *f* luggage (*bes. Am.* baggage) insurance. — ~ˌ**wa·gen** *m* (*railway*) *Am.* baggage car, *Br.* luggage van.

ge'pan·zert I *pp.* – **II** *adj* **1.** *mil. tech.* (*Fahrzeug etc*) armored, *bes. Br.* armoured, ironclad. – **2.** *hist.* (*Ritter etc*) mailed, mailclad. – **3.** *zo.* a) mailed, b) (*mit Hornhaut*) scleroderm(at)ous, sclerodermic, c) (*bei Krokodilen*) loricate(d).

Ge·pard ['geːpart] *m* ⟨-s; -e⟩ *zo.* cheeta(h), *auch* chetah, chita guepard(e), hunting leopard (*Acinonyx jubatus*).

Ge'pau·ke *n* ⟨-s; *no pl*⟩ *colloq. contempt.* cramming, *Br. colloq.* swotting.

Ge'pfän·de·te *m, f* ⟨-n; -n⟩ *jur.* distrainee.

ge'pfef·fert I *pp.* – **II** *adj* **1.** peppered, peppery. – **2.** *fig. colloq.* (*Witz etc*) 'spicy', 'juicy', *Br. auch* 'blue', 'fruity' (*alle colloq.*). – **3.** *fig. colloq.* (*Brief etc*) *cf.* gesalzen 5.

Ge'pfei·fe *n* ⟨-s; *no pl*⟩ *colloq. contempt.* (continual) whistling.

ge'pfif·fen [-'pfɪfən] *pp of* pfeifen.

ge'pflegt I *pp of* pflegen I, II. – **II** *adj* **1.** well-groomed (*attrib*), neat: ein ~es Äußeres a well-groomed (*od.* sleek) appearance; ein ~er Rasen a well-groomed (*od.* -kept) lawn. – **2.** (*Haut etc*) well cared-for (*attrib*). – **3.** *fig.* (*Manieren, Sprache etc*) cultivated, elegant, refined, polished. – **4.** *fig.* (*Heim, Atmosphäre etc*) refined. – **5.** *fig.* (*Wein etc*) select. — **Ge'pflegt·heit** *f* ⟨-; *no pl*⟩ **1.** well-groomed appearance, neatness: die ~ seines Äußeren his well-groomed appearance; von äußerster ~ a) (*von Personen*) extremely well-groomed (*attrib*), b) (*von Sachen*) extremely well-kept (*od.* -groomed, cared-for) (*attrib*). – **2.** *fig.* cultivated (*od.* refined) character, elegance. – **3.** *fig.* refinedness.

ge'pflo·gen [-'pfloːgən] *pp of* pflegen III.

Ge'pflo·gen·heit *f* ⟨-; -en⟩ **1.** *lit.* habit, custom, wont (*lit.*): haben Sie die ~ (*od.* ist es Ihre ~), früh aufzustehen? are you in the habit of getting up (*od.* rising) early? nach hiesiger ~ according to the local custom; (stillschweigende) gesellschaftliche ~en social conventions. – **2.** *bes. econ.* practice: die üblichen ~en im Zahlungsverkehr the standard practices of payment transfers.

Ge'pie·pe, Ge'piep·se *n* ⟨-s; *no pl*⟩ *colloq.* **1.** (*von Vögeln etc*) peep-peep, cheeping. – **2.** (*von Mäusen*) squeaking.

Ge'plän·kel *n* ⟨-s; -⟩ **1.** *mil.* skirmish, brush. – **2.** *fig. colloq.* (*Wortgefecht*) skirmish.

Ge'plap·per *n* ⟨-s; *no pl*⟩ *colloq.* **1.** (*von Babys etc*) babble, babbling, prattle, prattling. – **2.** *contempt.* (*von Erwachsenen*) chatter(ing), jabber(ing).

Ge'plärr, Ge'plär·re *n* ⟨-s; *no pl*⟩ *colloq. contempt.* (*eines Kindes*) blubbering, blubbing, (*lautes*) bawling.

Ge'plät·scher *n* ⟨-s; *no pl*⟩ **1.** (*eines Baches etc*) babbling, babble, purl(ing). – **2.** (*von Wellen etc*) lap(ping). – **3.** *fig. colloq.* (*von Worten*) babbling, babble.

Ge'plau·der *n* ⟨-s; *no pl*⟩ chatting, small talk, chitchat, *Br.* chit-chat.

Ge'po·che *n* ⟨-s; *no pl*⟩ *colloq.* hammering, pounding.

ge'pol·stert I *pp.* – **II** *adj* **1.** (*Armaturenbrett etc*) padded: sie ist gut ~ *fig. colloq. humor.* she is well padded (*od.* cushioned). – **2.** (*Möbel etc*) upholstered. – **3.** *bot.* pulvinate(d).

Ge'pol·ter *n* ⟨-s; *no pl*⟩ **1.** rumbling, rumble: mit ~ die Treppe hinunterrennen to thunder (*od.* thump) down the stairs. – **2.** (*Lärm*) noise, crash. – **3.** *fig. colloq. cf.* Geschimpfe.

Ge'prä·ge *n* ⟨-s; -⟩ **1.** *cf.* Prägung 4. – **2.** *fig. lit.* (special) character: die Wolkenkratzer geben der Stadt ein amerikanisches ~ the skyscrapers give the city an American character (*od.* look); er gab seiner Zeit das ~ he gave his times its special character, he left his mark (*od.* stamp, impression, imprint) on his times; die Landschaft hat ihr besonderes ~ the scenery has its special character(istics) (*od.* characteristic features).

Ge'prah·le *n* ⟨-s; *no pl*⟩ *colloq.* bragging, boasting.

Ge'prän·ge [-'prɛŋə] *n* ⟨-s; *no pl*⟩ *lit. for* Prunk.

Ge'pras·sel *n* ⟨-s; *no pl*⟩ *colloq.* **1.** (*von Regen*) patter(ing). – **2.** (*von Hagel etc*) rattling, rattle. – **3.** (*von Feuer*) crackling, crackle. – **4.** (*von Beifall etc*) thunder(ing) (*lit.*), roar(ing).

Ge'prickel (*getr.* -k·k-) *n* ⟨-s; *no pl*⟩ *colloq.* (constant) prickling (*od.* tingling).

ge'prie·sen [-'priːzən] *pp of* preisen.

ge'punk·tet I *pp.* – **II** *adj cf.* getupft 1.

Ge'qua·ke *n* ⟨-s; *no pl*⟩ *colloq.* **1.** (*von Fröschen*) croaking. – **2.** (*von Enten*) quacking.

Ge'quas·sel *n* ⟨-s; *no pl*⟩ *colloq. contempt.* **1.** *cf.* Quasseln. – **2.** (*leeres Gerede*) gabble, twaddle, blather, jabber, balderdash, hot air (*colloq.*).

Ge'quat·sche *n* ⟨-s; *no pl*⟩ *colloq. contempt. cf.* Gequassel.

Ge'quen·gel *n* ⟨-s; *no pl*⟩ *colloq.* (continual) whining (*od.* grousing).

Ge'quie·ke *n* ⟨-s; *no pl*⟩ *colloq.* (*von Mäusen, Schweinen etc*) squeaking.

Ge'quiet·sche *n* ⟨-s; *no pl*⟩ *colloq.* **1.** (*von Zahnrädern, Maschine etc*) squeaking. – **2.** (*von Bremsen*) screech(ing). – **3.** (*von Reifen*) squeal(ing). – **4.** (*von Kindern*) squealing.

ge'quol·len [-'kvɔlən] *pp of* quellen[1] *u.* quellen[2] II.

Ger [geːr] *m* ⟨-(e)s; -e⟩ *hist.* spear.

Ge'radˌdre·hen *n tech.* straight turning.

ge'ra·de [-'raːdə] **I** *adj* ⟨-r; -st⟩ **1.** (*nicht krumm*) straight: ~ Linie straight line; ~ Strecke (*einer Autobahn etc*) straight stretch; einen ~n Kurs nehmen to follow a direct course; ~r Meißel *tech.* straight cutting tool. – **2.** (*eben, flach*) even, flat. – **3.** (*aufrecht*) upright, erect: er hat eine ~ Haltung he has an upright bearing, he holds (*od.* carries) himself upright (*od.* up straight). – **4.** *fig.* (*aufrichtig*) upright, straightforward, honest, just. – **5.** *fig.* (*unmittelbar*) direct: in ~r Linie von j-m abstammen to descend from s.o. in a direct line, to be a direct descendant of s.o.; das ~ Gegenteil, ~ das Gegenteil the direct (*od.* exact, precise, very) opposite, just (*od.* exactly) the opposite. – **6.** (*fashion*) (*Kleid, Rock*) straight. – **7.** *math.* a) straight, rectilinear, b) (*Zahl*) even, c) (*Körper etc*) right: ~r Schnitt right section; in ~m Verhältnis in direct proportion; → fünf 2. – **8.** *bot.* in ~r Reihe stehend rectiserial, orthostichous; in ~r Richtung wachsend orthotropal, orthotropous. – **II** *adv* **9.** straight: j-m ~ in die Augen sehen to look s.o. straight in the eye; er ging ~ auf das Haus zu he went straight toward(s) (*od.* made straight for, made a beeline [*Br.* bee-line] for) the house. – **10.** just, exactly: es ist ~ elf Uhr it is just eleven o'clock; das ist ja ~ meine Absicht that is just (*od.* precisely) my intention (*od.* what I intended); ~ gegenüber exactly (*od.* directly, right) opposite; ~ entgegengesetzt diametrically opposed; sie ist nicht ~ eine Schönheit she is not exactly (*od.* what you would call) beautiful; ~ in der Mitte exactly (*od.* right) in the middle; ich traf ihn ~ auf die Nase I hit him right on the nose; das ist ~ das Richtige that's just the thing (I want), that's the very thing (I need), that's just (*od.* precisely) what I want; er ist ~ (erst) gekommen he has just arrived; er ist ~ (noch) rechtzeitig gekommen he arrived (*od.* came) just in (the nick of) time; ich habe ~ noch gesehen, wie I just had time (*od.* managed) to see how; ich bin ~ dabei zu gehen I am just about to leave, I am just (on the point of) leaving; ~ dort a) just there, right there, b) (*ausgerechnet*) there of all places; der kommt mir ~ recht *colloq.* a) he's just the person (*od.* the very person) I need (*od.* want), b) *iron.* he's the last person I want (to see); das hat mir ~ noch gefehlt! *colloq. iron.* that's the last straw! that's just what I need! (*iron.*); das ging ~ noch gut *colloq.* that was a close shave (*od.* call) (*colloq.*); das geschieht dir ~ recht *colloq.* that serves you right; das könnte dir ~ so passen *colloq.* that would just suit you, wouldn't it? you would like that, wouldn't you? damals war ich ~ in Berlin I happened to be in Berlin at that time; warum ~ ich? why me of all people? da wir ~ von ihm sprechen (since we happen to be) speaking of him; das ist es ja ~! that's just it! jetzt ~! precisely now! now more than ever! nun ~ nicht! now less than ever! ~ als wenn (*od.* ob) just as if (*od.* though).

Ge'ra·de *f* ⟨-n; -n⟩ **1.** *math.* (straight) line. – **2.** (*sport*) a) (*einer Rennstrecke*) straight, *bes. Am.* stretch, b) (*Gegengerade*) back straight, *bes. Am.* backstretch, c) (*Zielgerade*) home straight, *bes. Am.* homestretch, d) (*beim Boxen*) straight punch (*od.* blow): linke [rechte] ~ (*beim Boxen*) straight left [right].

geˌra·de'aus I *adv* straight ahead (*od.* on): gehen Sie immer ~ go (*od.* keep) straight ahead. – **II** *adj* ⟨*pred*⟩ *fig.* honest, straightforward: er ist sehr ~ (in seiner Art) he is very blunt (*od.* outspoken). — **G**~ˌ**flug** *m aer.* straight flight.

ge'ra·de|ˌbie·gen *v/t* ⟨*irr, sep,* -ge-, h⟩ **1.** bend (*s.th.*) straight, straighten. – **2.** *fig. colloq.* (*in Ordnung bringen*) put (*s.th.*) straight (*od.* right), straighten (*s.th.*) out, fix. — ~ˌ**hal·ten I** *v/reflex* ⟨*irr, sep,* -ge-, h⟩ sich ~ hold oneself erect (*od.* upright, up straight). – **II** *v/t* (*Gegenstand etc*) hold (*s.th.*) straight. — **G**~ˌ**hal·ter** *m med.* shoulder brace. — ~ˌ**hän·gen** *v/t* ⟨*sep,* -ge-, h⟩ (*Bild etc*) hang (*s.th.*) straight.

geˌra·de·her'aus *adv* straight out, outright, straightaway, *Br.* straight away, point-blank: ich sagte ihm ~, daß er ein Lügner sei I told him straightaway that he was a liar.

ge'ra·de|ˌle·gen *v/t* ⟨*sep,* -ge-, h⟩ put (*s.th.*) straight, straighten (*s.th.*) up. — ~ˌ**lie·gen** *v/i* ⟨*irr, sep,* -ge-, h *u.* sein⟩ lie straight. — ~ˌ**ma·chen** *v/t* ⟨*sep,* -ge-, h⟩ put (*s.th.*) straight, straighten.

ge'ra·denˌwegs *adv cf.* geradewegs.

ge'ra·deˌrich·ten *v/t* ⟨*sep,* -ge- h⟩ **1.** put (*s.th.*) straight, straighten. – **2.** *tech.* straighten, adjust.

ge'rä·dert I *pp.* – **II** *adj* sich wie ~ fühlen, wie ~ sein *colloq.* to feel as though all one's bones were aching, to be dead beat (*bes. Am.* bushed, *Br.* whacked) (*colloq.*).

ge'ra·de|ˌset·zen I *v/reflex* ⟨*sep,* -ge-, h⟩ sich ~ sit up straight. – **II** *v/t* put (*s.th.*) straight, straighten. — ~ˌ**sit·zen** *v/i* ⟨*irr, sep,* -ge-, h *u.* sein⟩ sit (up) straight.

ge'ra·deˌso *adv cf.* genauso, ebenso I.

ge'ra·de|ˌste·hen *v/i* ⟨*irr, sep,* -ge-, h *u.* sein⟩ **1.** stand straight, hold oneself erect (*od.* upright): nicht mehr ~ können *fig. colloq.* to be tight (*colloq.*) (*od.* drunk). – **2.** für etwas [j-n] ~ *fig.* a) to answer (*od.* accept the responsibility) for s.th. [s.o.], b) (*eintreten*) to vouch (*od.* stand up) for s.th. [s.o.]. — ~ˌ**stel·len** *v/t* ⟨*sep,* -ge-, h⟩ put (*s.th.*) straight, straighten (*s.th.*) (up).

ge'ra·desˌwegs *adv obs. for* geradewegs.

ge'ra·deˌwegs *adv* **1.** straight, directly: er kam ~ auf sie zu he came straight toward(s) (*od.* right up to) her. – **2.** *fig.* (*sofort*) straightaway, *Br.* straight away, immediately.

ge'ra·de'zu I *adv* **1.** *cf.* geradeheraus. – **2.** (*fast*) almost, nearly: es ist ~ ein Wunder it is almost (*od.* really, nothing short of) a miracle, it borders on the miraculous. – **3.** (*nichts anderes als*) simply, plain, downright: das ist ja ~ verrückt that's simply (*od.* sheer, nothing short of) madness; das ist ~ verbrecherisch that's simply (*od.* outright) criminal. – **II** *adj* ⟨*pred*⟩ **4.** *cf.* geradeaus II.

Ge'rad|ˌflüg·ler [-ˌfly:glər] *m* ⟨-s; -⟩ *zo.* orthopter(on) (*Ordng Orthoptera*). — **g~ˌflü·ge·lig** [-ˌfly:gəlɪç], **g~ˌflüg·lig** [-ˌfly:glɪç] *adj* orthopterous. — **~ˌfüh·rung** *f tech.* **1.** straight-line guide, straight guideways *pl.* – **2.** (*Bewegung*) straight-line motion.

Ge'rad·heit *f* ⟨-; *no pl*⟩ **1.** (*einer Linie etc*) straightness. – **2.** (*der Haltung etc*) uprightness, erectness. – **3.** *fig.* (*des Charakters*) uprightness, straightforwardness, honesty.

ge'radˌläu·fig *adj* straight.

ge'radˌli·nig [-ˌli:nɪç] **I** *adj* **1.** straight(-lined): ~er Verlauf running in a straight line. – **2.** (*Abstammung*) lineal. – **3.** *math. phys. tech.* a) straight(-line), b) (*Körper*) straight-sided, c) (*Bewegung*) (recti)linear. – **4.** *fig. lit. for* gerade 4. – **II** *adv* **5.** ~ verlaufen to run in a straight line; ein ~ denkender Mensch a clear-thinking person. — **Ge'radˌli·nig·keit** *f* ⟨-; *no pl*⟩ **1.** (*einer Strecke*) straightness. – **2.** *math. phys. tech.* straightness, (recti)linearity. – **3.** *fig. cf.* Geradheit 3.

ge'rad|ˌner·vig *adj bot.* rectinerved. — **~ˌrei·hig** [-ˌraɪɪç] *adj* rectiserial, orthostichous. — **~ˌrip·pig** [-ˌrɪpɪç] *adj* straight-ribbed. — **G~ˌstirnˌrad** *n tech.* straight spurgear. — **~verˌzahnt** *adj* straight-toothed. — **~ˌzah·lig** [-ˌtsa:lɪç] *adj* even-numbered.

Ge'radˌzahn|ˌke·gelˌrad *n tech.* straight bevel gear. — **~ˌrad** *n* straight-tooth(ed) gear.

Ge'raf·fel *n* ⟨-s; *no pl*⟩ *Southern G. and Austrian colloq. for* Gerümpel.

ge'ram·melt I *pp.* – **II** *adv only in* ~ voll *colloq.* (*mit Menschen, Dingen etc*) crammed (*od.* packed, jammed) full, chock-full, chockful, chuck-full, *auch* choke-full.

ge'rän·delt I *pp.* – **II** *adj* (*Münze, Schraubenkopf etc*) knurled.

Ge·ra·nia·ce·en [geranĭa'tse:ən] *pl bot.* geraniaceae (*Fam. Geraniaceae*).

Ge·ra·ni·al [gera'nĭa:l] *n* ⟨-s; *no pl*⟩ *chem.* citral, *auch* geranial ($C_9H_{15}CHO$).

Ge·ra·nie [ge'ra:nĭə] *f* ⟨-; -n⟩ *bot.* **1.** geranium (*Gattg Geranium*): Wilde ~ chocolate flower (*G. maculatum*). – **2.** pelargonium, geranium (*Gattg Pelargonium*).

Ge·ra·ni·ol [gera'nĭo:l] *n* ⟨-s; *no pl*⟩ *chem.* geraniol ($C_{10}H_{17}OH$).

Ge'ra·ni·umˌöl [ge'ra:nĭum-] *n chem.* attar (*od.* essence) of geranium, geranium (*od.* pelargonium) oil.

Ge'ran·ke *n* ⟨-s; -⟩ (mass of) tangled foliage (*od.* growth, creepers *pl*).

ge'rannt [-'rant] *pp of* rennen.

Ge'rar·die, 'Pur·purˌro·te [ge'rardĭə] *f* ⟨-; -n⟩ *bot.* purple gerardia (*Gerardia purpurea*).

Ge'ra·schel *n* ⟨-s; *no pl*⟩ *colloq.* (*von Papier, Laub etc*) rustling.

Ge'ras·sel *n* ⟨-s; *no pl*⟩ *colloq.* **1.** (*von Ketten etc*) clank(ing). – **2.** (*von Bohrmaschine, Eimern etc*) rattle, rattling.

Ge'rät *n* ⟨-(e)s; -e⟩ **1.** *tech.* a) (*Vorrichtung*) device, b) (*Hilfseinrichtung*) appliance, c) (*Apparat*) apparatus, d) (*große Ausrüstung*) equipment, e) (*kleinere Ausrüstung*) outfit: chirurgisches ~ surgical instrument; optisches ~ optical instrument. – **2.** *tech.* (*Werkzeug*) implement, tool, utensil. – **3.** *electr.* a) (*Schaltgerät*) switchgear, b) (*Radioapparat*) set, radio, c) (*Fernsehapparat*) TV set, television set: bitte stellen Sie Ihr ~ leiser please turn down your radio. – **4.** (*Haushaltsgerät*) appliance, *collect.* appliances *pl.* – **5.** (*Küchengerät*) (kitchen) utensil, *collect.* (kitchen) utensils *pl.* – **6.** *agr.* implement, *collect.* implements *pl*: ~e für den Garten implements (*od.* tools) for the garden. – **7.** (*Turngerät*) apparatus, *collect.* apparatus(es *pl*): Turnen ohne ~e gymnastics *pl* (*construed as sg*) without the use of apparatus. – **8.** (*Ausstattung*) equipment, outfit: ~e zum Fischen fishing equipment (*od.* gear, tackle) *sg.* – **9.** (*Zubehör*) accessory, *auch* accessary, *collect.* accessories *pl*, *auch* accessaries *pl.* – **10.** *relig.* implement. – **11.** *mar.* gear, *auch* tackle.

Ge'rä·te|ˌanˌschlußˌschnur *f electr.* flexible lead (*od.* cable). — **~ˌbau** *m* ⟨-(e)s; *no pl*⟩ *tech.* construction (*od.* manufacturing) of appliances (*od.* equipment). — **~ˌdo·se** *f* plug box. — **~ˌeinˌschub** *m* slide-in (*od.* plug-in) unit. — **~ˌfahr·zeug** *n* equipment carrier. — **~ˌglas** *n tech.* soft soda glass. — **~ˌka·sten** *m* toolbox.

ge'ra·ten[1] *v/i* ⟨*irr*, *pp* geraten, sein⟩ **1.** (*gelingen, ausfallen*) turn out: alles gerät ihm gut everything turns out (*od.* works, goes) right for him; die Äpfel sind gut [schlecht] ~ the apples turned out [did not turn out] well, the apples were good [poor]; die Kinder sind gut ~ the children turned out well (*od.* are well bred); die Soße ist etwas fett ~ the sauce is a little fat (*od. colloq.* on the fat side). – **2.** nach j-m ~ (*von Kind etc*) to take after s.o. – **3.** (*in Verbindung mit Präpositionen*) get: an (*acc*) etwas ~ to get (*od.* come by) s.th.; er geriet zufällig an einen Freund von dir he happened to come across (*od.* to meet) a friend of yours; sie geriet an einen Scharlatan she has fallen into the hands of a quack doctor; an den Richtigen (*od.* die richtige Adresse) ~ *colloq. iron.* to come to the right man, to get (*od.* pick) the right person; an den Falschen (*od.* die falsche Adresse) ~ *colloq. iron.* to bark up the wrong tree (*colloq.*); auf krumme Wege ~ to leave the straight and narrow; bald ist er auf die schiefe Bahn ~ he soon got into bad ways; in der Kurve ist er aus der Bahn ~ he came off the track in the curve; aus der Fassung ~ to lose one's composure; außer sich ~ a) (*vor Zorn*) to be beside oneself with rage, to be fuming with rage, b) (*vor Freude*) to be beside oneself with joy, to be overjoyed; in Brand ~ to catch fire; er geriet in Begeisterung über (*acc*) etwas he became (*od.* got) enthusiastic over s.th.; in eine Falle ~ to fall into a trap; in Gefangenschaft ~ to be taken prisoner; in schlechte Gesellschaft ~ to get into (*od.* fall in with) bad company; bei j-m in Mißkredit ~ to get into s.o.'s bad books; in eine Sackgasse ~ *fig.* to reach a deadlock, to come to a dead end; ins Schleudern ~ to start to skid; in Schwierigkeiten ~ to run (*od.* get) into difficulties; in Wut (*od.* Zorn) ~ to fly into a rage; unter j-s Einfluß ~ to come under s.o.'s influence; unter die Räder ~ *fig.* to come to grief, to go to the dogs; unter fremde Herrschaft ~ to come under foreign rule; zwischen etwas ~ to get between s.th.; → Haar 3; Hintertreffen; wanken 8.

ge'ra·ten[2] **I** *pp of* raten, geraten[1]. – **II** *adj* **1.** advisable, commendable: ich halte es für ~, nicht hinzugehen I think it advisable (*od.* a good policy) not to go (there); wir machen es so, wie du es für ~ hältst we shall do it as you think advisable (*od.* fit); das ~ste wäre zu the best (thing *od.* policy) would be to. – **2.** (*vorteilhaft*) advantageous, profitable.

Ge'rä·te|ˌraum *m* **1.** *tech.* toolroom. – **2.** (*sport*) storeroom, *Br.* store-room. — **~ˌschal·ter** *m electr.* plug switch. — **~ˌschnur** *f electr. cf.* Geräteanschlußschnur. — **~ˌschup·pen** *m* toolshed, *Br.* tool-shed, toolhouse, *Br.* tool-house. — **~ˌsteckˌdo·se** *f electr.* utensil (*od.* coupler) socket. — **~ˌstecker** (*getr.* -k·k-) *m* coupler plug. — **~ˌta·fel** *f tech.* (*einer Werkzeugmaschine*) control panel. — **~ˌträ·ger** *m agr.* tool (*od.* implement) carrier, implement porter. — **~ˌtur·nen** *n* (*sport*) gymnastics *pl* (*construed as sg*) (on apparatus), apparatus work. — **~ˌtur·ner** *m* (apparatus) gymnast. — **~ˌübung** *f* (apparatus) exercise. — **~ˌwart** *m* (gymnasium) attendant (*in charge of sports equipment*).

Ge'ra·teˌwohl *n only in* aufs ~ at random, (at *od.* by) haphazard, on the off chance, at a venture, hit or miss: aufs ~ einen Weg einschlagen to take a path at random; etwas aufs ~ versuchen to try s.th. on the off chance; aufs ~ eine Auswahl treffen to make a random selection.

Ge'rät·schaf·ten *pl* tools, utensils, implements, outfit *sg*, equipment *sg*.

Ge'rat·ter *n* ⟨-s; *no pl*⟩ (*eines Zuges, Wagens etc*) rattling, rattle, clatter(ing).

ge'räu·chert I *pp.* – **II** *adj gastr.* (*Speck, Aal etc*) smoked. — **Ge'räu·cher·te** *n* ⟨-n; *no pl*⟩ *gastr.* (*Rauchfleisch*) smoked meat.

Ge'rau·fe *n* ⟨-s; *no pl*⟩ *colloq.* brawl, squabble.

ge'raum *adj only in* (eine) ~e Zeit (*od.* Weile) a considerable length of (*od.* a fairly long) time; seit ~er Zeit for a fairly long time.

ge'räu·mig *adj* spacious, roomy, commodious. — **Ge'räu·mig·keit** *f* ⟨-; *no pl*⟩ spaciousness, roominess, commodiousness.

Ge'rau·ne *n* ⟨-s; *no pl*⟩ murmuring, whispering, susurration (*lit.*).

Ge'räusch[1] [-'rɔʏʃ] *n* ⟨-(e)s; -e⟩ **1.** sound, noise: ein dumpfes ~ a dull (*od.* muffled) noise, a thud; ein ~ hören (*od.* vernehmen) to hear a noise; ein ~ machen (*od.* verursachen) to make a noise; ein ~ drang zu uns a sound reached us; beim leisesten ~ wacht er auf he wakes up at the slightest sound. – **2.** *med.* a) (*in Organen*) souffle, b) (*Nebengeräusch*) murmur, c) (*Atemgeräusch*) rattling. – **3.** (*radio*) noise. – **4.** *geol.* rumbling: dumpfe [unterirdische] ~e deep [subterranean] rumbling *sg.*

Ge'räusch[2] *n* ⟨-(e)s; *no pl*⟩ *hunt.* (*des Schalenwildes*) heart, lungs and liver (of game).

ge'räusch|ˌarm *adj tech.* noiseless, quiet. — **~ˌdämp·fend** *adj* noise-deadening (*od.* -dampening), silencing. — **G~ˌdämp·fer** *m* **1.** silencer. – **2.** (*Schalldämpfer*) (exhaust) silencer, *Am.* muffler. — **G~ˌdämp·fung** *f* noise deadening (*od.* dampening).

Ge'rau·sche *n* ⟨-s; *no pl*⟩ *colloq. cf.* Rauschen.

Ge'räusch|efˌfekt *m* sound effect. — **g~empˌfind·lich** *adj* sensitive to noise. — **~kuˌlis·se** *f* **1.** background noise. – **2.** (*theater, film*) sound effects *pl.*

ge'räusch·los I *adj auch tech.* noiseless, quiet, silent. – **II** *adv* silently, noiselessly: sich ~ nähern to creep up without a sound. — **Ge'räusch·lo·sig·keit** *f* ⟨-; *no pl*⟩ noiselessness, quietness, silence.

Ge'räusch|ˌma·cher *m* ⟨-s; -⟩ (*radio, film, theater*) sound mixer, sound(-effects) man. — **~ˌmes·ser** *m* noise meter, psophometer (*scient.*). — **~ˌpe·gel** *m tech.* (*radio*) noise level. — **g~ˌvoll I** *adj* **1.** noisy, loud. – **2.** (*lärmend, schreiend*) boisterous, clamorous, tumultuous. – **3.** *med.* (*Atmung*) stertorous. – **II** *adv* **4.** er schneuzte sich ~ die Nase he blew his nose noisily.

Ge'räus·per *n* ⟨-s; *no pl*⟩ *colloq.* hawking, noisy clearing of the throat.

ge'rau·tet [-'rautət] *adj* **1.** diamond- (*od.* lozenge-)shaped, lozenge(d). – **2.** *her.* (*Wappenfeld*) lozengy.

ger·ben ['gɛrbən] **I** *v/t* ⟨h⟩ **1.** (*leather*) tan: etwas weiß ~ to taw s.th.; etwas sämisch ~ to chamois (*od.* chamoy, *auch* shamoy) s.th.; Wind und Wetter hatten seine Haut gegerbt *fig.* his skin was weather-beaten (*Am. auch* weather-beat); j-m (tüchtig) das Fell ~ *fig. colloq.* to give s.o. a (good) tanning (*od.* hiding), to tan s.o.'s hide (*alle colloq.*). – **II G~** *n* ⟨-s⟩ **2.** *verbal noun.* – **3.** *cf.* Gerbung.

'Ger·ber *m* ⟨-s; -⟩ **1.** (*leather*) a) tanner, b) (*Weißgerber*) tawer, c) (*Sämischgerber*) chamois leather dresser. – **2.** *zo. cf.* Sägebock 2.

Ger·be·ra [gɛr'be:ra; 'gɛrbera] *f* ⟨-; -s⟩ *bot.* gerbera (*Fam. Compositae*).

'Ger·ber|aka·zie [-ˀaˌka:tsĭə] *f bot.* wattle (tree) (*Acacia decurrens, A. mollissima etc*). — **~ˌbaum** *m* **1.** (*leather*) beam, horse. – **2.** *bot.* tanner's (*od.* tannic) sumac(h) (*Rhus coriaria*). — **~ˌbei·ze** *f* (*leather*) bate. — **~cäs·alˌpi·nie** [-tsɛs-] *f bot.* divi-divi (*Caesalpinia coriaria*).

Ger·be'rei *f* ⟨-; -en⟩ **1.** (*Handwerk*) tanning, tanner's trade. – **2.** (*Werkstatt*) tannery, tanyard.

'Ger·ber|ˌfett *n* (*leather*) suet, stuff, tallow, degras, *auch* moellon. — **~ˌhandˌwerk** *n* tanner's trade. — **~ˌlo·he** *f* (tan)bark. — **~ˌmyr·te** *f bot.* a) ink plant, currier's sumac(h) (*Coriaria myrtifolia*), b) Giftige ~ wineberry, toot plant (*C. sarmentosa*). — **~ˌstrauch, ~ˌsu·mach** *m cf.* Gerberbaum 2. — **~ˌwol·le** *f* slipe (wool), tanner's wool.

'gerb|ˌsau·er *adj chem.* tannic: gerbsaures Salz tannate. — **G~ˌsäu·re** *f* tannic acid, tannin. — **~ˌsäu·reˌhal·tig** *adj* tanniferous. — **G~ˌstahl** *m metall. cf.* Gärbstahl.

'Gerbˌstoff *m chem.* tanning material (*od.* agent), tan: synthetischer ~ synthetic tanning agent. — **~ˌausˌzug** *m* (*leather*) tanning extract.

'Gerbˌtrom·mel *f* tanning tumbler.

'Ger·bung *f* ⟨-; *no pl*⟩ (*leather*) **1.** *cf.* Gerben. – **2.** a) (*Lohgerbung*) bark tanning,

b) (*Weißgerbung*) alum tanning, c) (*Sämischgerbung*) chamois dressing, d) (*mineralische*) mineral tannage, e) (*pflanzliche*) vegetable tannage.

Ge're·bel·te *m* ⟨-n; -n⟩ *Austrian colloq. for* Beerenauslese.

ge'recht I *adj* **1.** just, fair: **ein ~er Richter** a just (*od.* fair) judge; **gegen j-n ~ sein** to be just to s.o.; **das ist nur ~** that is only fair; **~er Himmel!** *colloq.* good heavens! good gracious! → Sattel 1. – **2.** (*verdient*) just, deserved, merited: **eine ~e Strafe** a just (*od.* well-deserved) punishment; **das ist seine ~e Strafe** that serves him right. – **3.** (*allen Teilen gerecht werdend*) equitable, fair: **eine ~e Verteilung des Landbesitzes** an equitable distribution of landed property. – **4.** (*unparteiisch*) impartial. – **5.** (*berechtigt, begründet*) just, justified, legitimate: **~er Anspruch** *jur.* legitimate claim (*od.* title); **~er Zorn** justified (*od.* righteous) anger. – **6.** *auch Bibl.* (*rechtschaffen, gut*) righteous, good, just: **für eine ~e Sache kämpfen** to fight for a righteous (*od.* good, just) cause; **sich für eine ~e Sache einsetzen** to give one's support to a good cause. – **7. j-m ~ werden** to do justice to s.o.: **der Kritiker ist dem Autor nicht ~ geworden** the critic has not done justice to the author. – **8. einer Sache ~ werden** a) to do justice to s.th., b) (*Anforderungen, Bedingungen, Wünschen etc*) to meet (*od.* fulfil, *Am. auch* fulfill) s.th., c) (*Erwartungen etc*) to meet (*od.* come up to) s.th., d) (*seinem Ruf, Namen etc*) to live up to s.th.: **einer Aufgabe ~ werden** to come up to (*od.* master, cope with) a task; **allen Seiten eines Problems ~ werden** to deal with all aspects of a problem. – **9. ein ~er Jäger** *hunt. a hunter who observes the laws and customs of the chase.* – **II** *adv* **10.** justly, fairly: **j-n ~ bestrafen** to punish s.o. justly; **etwas ~ verteilen** to distribute s.th. fairly (*od.* equitably); **~ urteilen** to grant fair judg(e)ment. — **Ge'rech·te** *m, f* ⟨-n; -n⟩ *bes. Bibl.* righteous (*od.* just) person: **der ~ muß viel leiden** *Bibl.* many are the afflictions of the righteous; **den Schlaf des ~n schlafen** *colloq.* to sleep the sleep of the just.

ge'rech·ter'wei·se *adv* justly.

ge'recht,fer·tigt I *pp.* – **II** *adj* **1.** justified, justifiable. – **2.** (*legitim*) legitimate.

Ge'rech·tig·keit *f* ⟨-; *no pl*⟩ **1.** justice: **ausgleichende ~** a) *jur.* retributive justice, b) poetic justice; **höhere** (*od.* **göttliche**) **~** divine justice; **die Göttin der ~** the goddess of justice; **die Waage der ~** the scales *pl* of justice; **die ~ eines Richters** the justice of a judge; **ich will ~** I want (*od.* demand) justice, I do not ask for anything but justice; **der ~ wurde Genüge getan** justice was done; **der ~ ihren Lauf lassen** to let justice take its course (*od.* have its way); **~ üben** to dispense (*od.* exercise) justice; **~ walten lassen** to let justice reign; **j-m [einer Sache] ~ widerfahren** (*od.* **zuteil werden**) **lassen** to do justice to s.o. [s.th.], to do (*od.* grant) s.o. [s.th.] justice. – **2.** (*Angemessenheit*) justness, fairness. – **3.** (*allen Teilen gerecht werdende*) equity, fairness. – **4.** (*Unparteilichkeit*) impartiality. – **5.** (*Berechtigung*) justification, legitimacy. – **6.** *auch Bibl.* (*Rechtschaffenheit*) righteousness, justness. – **7.** *jur.* (*Servitut*) servitude, right. – **8.** *jur. hist. cf.* Gerechtsame 1.

Ge'rech·tig·keits|ge,fühl *n* sense of justice. — **~,lie·be** *f* love of justice. — **g~,lie·bend** *adj* just, fair(-minded), equitable. — **~,sinn** *m* sense of justice: **ein starker** (*od.* **ausgeprägter**) **~** a keen sense of justice.

Ge'recht·sa·me [-za:mə] *f* ⟨-; -n⟩ **1.** *jur. hist.* (*Nutzungsrecht, Vorrecht*) privilege (*od.* right) of exploitation. – **2.** *jur. relig.* immunity.

Ge're·de *n* ⟨-s; *no pl*⟩ **1.** (*Klatsch*) gossip, (tittle-)tattle: **j-n ins ~ bringen** a) to get s.o. talked about, (*stärker*) to make s.o. the talk of the town, b) to spread rumo(u)rs about s.o.; **ins ~ kommen** to get talked about, to become the subject of gossip; **ich kümmere mich nicht um das ~ der Leute** I don't mind (*od.* care) what people say. – **2.** (*Gerücht*) rumor, *bes. Br.* rumour. – **3.** (*fortwährendes Reden*) talk(ing): **albernes ~** silly talk; **scheinheiliges ~** hypocritical talk, cant; **großspuriges ~** big talk, bragging; **sinnloses ~** nonsense, bunk(um) (*sl.*); **jetzt habe ich aber das leere ~ satt** *colloq.* I've had enough now of that empty (*od.* idle) talk (*od. colloq.* of that eyewash).

ge're·gelt I *pp.* – **II** *adj* **1.** (*regelmäßig*) regular: **ein ~es Leben führen** to lead a regular life. – **2.** (*ordentlich*) orderly, well-conducted (*attrib*).

ge'rei·chen *v/i* ⟨*pp* gereicht, h⟩ *lit.* (*in Wendungen wie*) **etwas gereicht j-m zur Ehre** s.th. does s.o. credit, s.th. is to s.o.'s credit; **etwas gereicht j-m zum Schaden** (*od.* **Nachteil**) [**Nutzen** (*od.* **Vorteil**)] s.th. is to s.o.'s disadvantage [advantage]; **etwas gereicht j-m zum Verderben** s.th. proves to be s.o.'s ruin; **etwas gereicht j-m zur Freude** s.th. gives (*od.* affords) s.o. much pleasure.

Ge'rei·me *n* ⟨-s; *no pl*⟩ *colloq. contempt.* **1.** (silly) rhyming (*od.* riming). – **2.** bad (*od.* poor) verse(s *pl*).

ge'reizt I *pp.* – **II** *adj* **1.** (*nervös*) irritable, fretful, testy, touchy, edgy: **in ~er Stimmung sein** to be in an irritable mood; **seine Nerven waren ~** his nerves were on edge. – **2.** *med.* a) (*Haut etc*) irritated, b) (*Nerv*) stimulated. — **Ge'reizt·heit** *f* ⟨-; *no pl*⟩ **1.** (*Nervosität*) irritability, fretfulness, testiness, touchiness, edginess. – **2.** *med.* irritability.

Ge'ren·ne *n* ⟨-s; *no pl*⟩ *colloq.* (continual) running, hurrying.

ge'reu·en *v/t* ⟨*pp* gereut, h⟩ **etwas gereut j-n** *lit.* s.o. regrets (*od.* is sorry for, repents [of]) s.th.: **es gereut mich, daß** I regret that; **deine Mühe soll dich nie ~** you will never regret the trouble you had; **laß es dich nicht ~!** you shouldn't regret it! **das wird dich eines Tages noch ~** you will be sorry for that some day.

'Ger,fal·ke *m zo.* gyrfalcon, gerfalcon, *auch* jerfalcon (*Falco rusticolus*): **männlicher ~** (*bei Beizjagd*) jerkin (*F. gyrfalco*).

Ger·ia·trie [geria'tri:] *f* ⟨-; *no pl*⟩ *med.* geriatrics *pl* (*construed as sg*). — **ger·ia·trisch** [-ri'a:trɪʃ] *adj* geriatric.

Ge'richt[1] *n* ⟨-(e)s; -e⟩ **1.** (*Speise*) dish: **ein aufgewärmtes ~** a warmed-up dish; **erlesene ~e** choice dishes; **ein ~ Bohnen** a mess of (string) beans; **ein täglich wiederkehrendes ~** a standing dish. – **2.** (*Gang*) course.

Ge'richt[2] *n* ⟨-(e)s; -e⟩ **1.** (law)court, *Br.* (law-)court, court of justice, tribunal: **~ erster Instanz** court of first instance; **~ zweiter Instanz** court of appeal, appellate court; **ordentliches ~** ordinary court; **das Oberste ~** a) (*im engl. Strafrecht*) the Court of Appeal, b) (*im engl. Zivilrecht*) the House of Lords, c) (*in USA*) United States Court of Appeals, d) (*eines US-Staates*) the supreme court; **zuständiges ~** competent (law) court; **von ~s wegen, auf Anordnung des ~s** by order (*od.* decree, warrant) of court; **Nichterscheinen vor ~** failure to appear, default, contumacy; **das ~ befand den Angeklagten für [nicht] schuldig** the court found the accused [not] guilty; **nach Ermessen des ~s** at the discretion of the court; **~ halten** to hold court, to sit; **ein ~ anrufen** to go to court (*od.* law), to apply to a court, to seek legal redress (*od.* redress in court); **vor ~ auftreten** (*od.* **erscheinen**) to appear in (*od.* before) court; **vor ~ aussagen** to give evidence (in court); **eine Sache vor (das) ~ bringen, mit einer Sache vor (das) ~ gehen** to take a matter to court, to bring a matter before the court; **j-n vor ~ bringen** to take s.o. to court, to bring s.o. up before the court (*od.* the judge), to bring s.o. up for (*od.* to) trial; **ein ~ einsetzen** to set up a court (*od.* tribunal); **j-n vor ~ laden** (*od.* **zitieren**) to summon (*od.* cite) s.o. before (*od.* to appear in) court; **das ~ tagt** the court is sitting; **j-n vor ~ vertreten** to represent s.o. in court; **einen Fall vor ~ vertreten** to plead a cause (*od.* defend a case) in court. – **2.** (*Tribunal*) tribunal, forum. – **3.** *collect.* (*die Richter*) the judges *pl*, the bench: **Hohes ~!** *Am.* Your Honor, Members of the Jury! *Br.* My Lord! – **4.** (*die Geschworenen*) jury: **das ~ zieht sich zur Beratung zurück** the jury withdraws for deliberation. – **5.** (*Richten*) judg(e)ment: **über j-n ~ halten, über j-n zu ~ sitzen** *auch fig.* to sit in judg(e)ment upon s.o.; **mit j-m streng** (*od.* **scharf, hart**) **ins ~ gehen** *fig.* a) to take s.o. severely to task, b) to deal severely with s.o.; **mit sich (selbst) ins ~ gehen** *fig.* to take stock of oneself. – **6.** (*Rechtsprechung*) jurisdiction, cognizance, cognisance: **für diesen Fall ist dieses ~ nicht zuständig** this case does not fall within the jurisdiction of this court. – **7.** (*Sitzungsperiode*) session, term. – **8.** (*Verhandlung*) hearing. – **9.** (*Strafverfahren*) trial: **j-n vor ~ stellen** to bring s.o. to trial, to put s.o. on trial, to commit a case for trial, to try a case; **sich vor ~ verantworten** to stand trial. – **10.** *relig.* judg(e)ment: **göttliches ~** divine judg(e)ment; **Jüngstes ~** Last Judg(e)ment; **Tag des (Jüngsten) ~s** Day of Judg(e)ment, Judg(e)ment Day, Doomsday, Day of Retribution. – **11.** *cf.* **Gerichtsgebäude.**

ge'richt·lich I *adj* ⟨*attrib*⟩ **1.** (*vom Gericht angeordnet od. gebilligt*) judicial: **~er Akt** judicial act; **~e Beglaubigung** legalization; **~es Eingreifen** (*od.* **Einschreiten**) judicial intervention; **ein ~es Nachspiel** a judicial (*od.* court) sequel, a sequel in court; **~e Urkunde** judicial document (*od.* instrument), writ; **~e Untersuchung** judicial inquiry (*auch* enquiry), inquest, inquisition, oyer; **~e Verfolgung** prosecution. – **2.** (*Entscheidung, Erkenntnis, Klage etc*) court (*attrib*), of the court: **~e Verfügung** order (of a court), injunction; **~er Vergleich** judicially sanctioned composition. – **3.** (*rechtlich*) legal: **~e Schritte unternehmen, ~e Maßnahmen ergreifen** to take legal steps (*od.* measures), to institute (legal) proceedings; **~es Verfahren** legal proceedings *pl.* – **4.** (*Medizin, Psychologie etc*) forensic. – **5.** (*auf die Rechtsprechung bezogen*) judiciary, juridic(al), jurisdictional. – **II** *adv* **6.** by (order of) the court, before the (*od.* in) court: **~ vereidigter Übersetzer** sworn translator; **~ anerkannte Schuld** judg(e)ment debt. – **7.** legally: **~ verfolgbar** cognizable, cognisable; **j-n ~ belangen** (*od.* **verfolgen**), **~ gegen j-n vorgehen** to take legal steps (*od.* measures) against s.o., to institute (legal) proceedings against s.o., to sue s.o. (at law), to proceed against s.o.; **Zahlungen ~ beitreiben** to enforce payments by legal means.

Ge'richts|,ak·te *f jur.* (court) records *pl* (*od.* files *pl*). — **~,arzt** *m* public medicolegal officer, *Am.* medical examiner. — **g~,ärzt·lich** *adj* (*Untersuchung etc*) forensic. — **~as,ses·sor** *m junior legal official who has passed his second 'Staatsexamen'.* — **~,bank** *f* bench, banc.

Ge'richts·bar·keit *f* ⟨-; *no pl*⟩ jurisdiction: **ausschließliche ~** exclusive jurisdiction; **freiwillige** (*od.* **außerstreitige**) **~** voluntary jurisdiction, non(-)contentious litigation; **weltliche ~** secular arm; **einer ~ unterliegen** to be subject to a jurisdiction.

Ge'richts|be,am·te *m jur.* (law)court (*Br.* [law-]court) official (*od.* officer). — **~be,fehl** *m* **1.** writ. – **2.** (*Vollziehungsbefehl*) legal warrant. – **3.** (*schriftliche Weisung*) precept. – **4.** (*Anordnung*) court order. — **~be,hör·de** *f* **1.** judicial authority, court (authority). – **2.** (*richterliche Gewalt*) *Am.* judiciary. — **~,bei,sit·zer** *m* **1.** *Am.* puisne (judge). – **2.** assistant (*od.* associate) judge. — **g~be,kannt** *adj* known to the court. — **~be,schluß** *m* court order, decree of a court: **durch ~** by order (*od.* warrant) of the court. – **2.** (*Urteil*) judg(e)ment. — **~be,zirk** *m* **1.** (court) circuit, judicial district. – **2.** (*Zuständigkeit*) jurisdiction. — **~,bo·te** *m* **1.** *jur.* court messenger, bailiff. – **2.** *jur. hist.* summoner. — **~che,mie** *f* forensic chemistry. — **~,che·mi·ker** *m* public analyst. — **~,die·ner** *m* bailiff, court usher (*od.* attendant). — **~,dol·met·scher** *m* authorized court interpreter, sworn interpreter. — **~ent,scheid** *m*, **~ent,schei·dung** *f* court decision, judicial ruling. — **~,fe·ri·en** *pl* vacation *sg* (of the courts), *Am. auch* recess *sg.* — **~ge,bäu·de** *n* court, *auch* law court, *Br.* law-court, *bes. Am.* courthouse. — **~ge,büh·ren** *pl* (*für Beglaubigungen etc*) court fees. — **~ge,walt** *f* jurisdiction. — **~,herr** *m jur. hist.* lord of the manor who has the right of jurisdiction. — **~,hof** *m jur.* **1.** court of justice, (law) court, *Br.* (law-)court: **der Oberste ~** the Supreme Court (of Justice); **der Internationale ~** (*in Den Haag*) the International Court of Justice. – **2.** *cf.* Gericht[2] 2. — **~,ho·heit** *f* jurisdiction. — **~in,stanz** *f* **1.** (*Gerichtsbehörde*) judicial authority. – **2.** court instance: **sich an eine**

höhere ~ wenden to go (*od.* appeal) to a higher court. — ~**kanzˌlei** *f* law court (*od.* record) office. — ~ˌ**ko·sten** *pl* (*für Verfahren etc*) legal costs. — g~ˌ**kun·dig** *adj* known to the court. — ~**me·diˌzin** *f* ⟨-; *no pl*⟩ forensic medicine. — ~**me·diˌzi·ner** *m* official medicolegal expert, *Am.* medical examiner. — g~**me·diˌzi·nisch** *adj* medicolegal, forensic. — ~ˌ**ord·nung** *f* rules *pl* (of the court). — ~**pe·riˌode** *f* **1.** law (*od.* trial) term. – **2.** (*Gerichtssession*) session (of the court). — ~**perˌson** *f* court officer (*od.* official), member of the court. — ~**prä·siˌdent** *m* president of the court, chief (*od.* presiding) judge. — ~ˌ**pra·xis** *f* judicial (*od.* law court) practice. — ~**re·fe·renˌdar** *m* a) junior lawyer, b) *law student who has passed his first 'Staatsexamen'.* — ~ˌ**saal** *m* court (room). — ~ˌ**sach·verˌstän·di·ge** *m* court-appointed expert. — ~ˌ**schran·ke** *f* bar. — ~ˌ**schrei·ber** *m* (law court) clerk. — ~ˌ**sit·zung** *f* session of the court, court session: in öffentlicher ~ in open court. — ~ˌ**spra·che** *f* **1.** official language used in court. – **2.** (*juristische Ausdrucksweise*) legal language, legalese (*colloq.*). — ~ˌ**stand** *m jur.* venue, place of jurisdiction: an keinen ~ gebundene Klage transitory action; ~ und Erfüllungsort place of jurisdiction and performance. — ~ˌ**tag** *m* **1.** *jur.* a) (*Termin*) court day, b) (*Tag, an dem Gericht gehalten wird*) juridical day. – **2.** *fig.* doomsday, judg(e)ment day. — ~**terˌmin** *m* **1.** court hearing. – **2.** date fixed for a trial (*od.* hearing). — ~ˌ**ur·teil** *n* a) sentence, b) judg(e)ment. — ~**verˌfah·ren** *n* **1.** (*Prozeß*) judicial (*od.* legal) proceedings *pl*, lawsuit: gegen j-n ein ~ einleiten to institute legal proceedings against s.o. – **2.** (*Strafprozeß*) trial. – **3.** (*Verfahrensweise*) legal procedure. — ~**verˌfas·sung** *f* **1.** (*Zusammensetzung u. Kompetenz von Gerichten*) constitution of law courts. – **2.** (*Aufbau der Gerichtsbarkeit eines Staates*) structure of the judiciary. — ~**verˌhand·lung** *f* **1.** a) (judicial) hearing, b) legal (*od.* judicial) proceedings *pl*. – **2.** (*Strafverhandlung*) trial. — ~ˌ**vollˌzie·her** *m* (court) bailiff. — ~ˌ**vorˌsit·zen·de** *m* presiding judge. — ~ˌ**weg** *m only in* auf dem ~ by (means of) legal proceedings; den ~ einschlagen to take legal proceedings. — ~ˌ**we·sen** *n* judiciary, judicial system.

ge'rie·ben [-'riːbən] **I** *pp of* reiben. – **II** *adj cf.* gerissen II. — **Ge'rie·ben·heit** *f* ⟨-; *no pl*⟩ *cf.* Gerissenheit.

ge'rie·felt, ge'rieft I *pp.* – **II** *adj tech. cf.* geriffelt II.

Ge'rie·sel *n* ⟨-s; *no pl*⟩ (*von Wasser, Sand etc*) (continual) trickling.

ge'rif·felt I *pp.* – **II** *adj tech.* **1.** (*gerillt*) grooved, fluted. – **2.** (*gerändelt*) knurled. – **3.** (*gezahnt*) serrated. – **4.** (*gerippt*) finned, ribbed. – **5.** (*genutet*) grooved. – **6.** (*kanneliert*) fluted. – **7.** (*Blech*) checkered.

ge'rillt I *pp.* – **II** *adj* **1.** *tech. cf.* geriffelt II. – **2.** *bes. bot.* sulcate, *auch* sulcated.

ge'ring ⟨-er; -st⟩ **I** *adj* **1.** (*bes. bei Mengenangaben etc*) small: eine ~e Anzahl a small amount; ~er Profit small (*od.* slight) profit; ~er Vorrat small (*od.* limited, scant) supply; nur ~e Anforderungen an j-n stellen to make but small demands on s.o.; nur ~e Kenntnisse von etwas haben to have only a small (*od.* slight, scant, poor) knowledge of s.th. – **2.** (*wenig, schwach*) little, slight: ~e Aussichten little prospect *sg*, few (*od.* poor) prospects, a small (*od.* slim, slender) chance *sg*; eine ~e Ähnlichkeit little (*od.* a slight, a faint, a distant) resemblance; ~e Fortschritte machen to make little progress; ~es Interesse an (*dat*) etwas haben to have little interest in s.th.; ~e Neigung zu etwas verspüren to feel not much inclined for (*od.* to do) s.th.; er befand sich in nicht ~er Verlegenheit he was more than a little (*od.* was considerably) embarrassed. – **3.** (*unbedeutend*) slight, insignificant, negligible, trifling, minor, unimportant: ein ~er Unterschied a negligible difference; ein ~es Vergehen a trifling (*od.* petty, trivial) offence (*Am.* offense); sie erlitten nur ~e Verluste they suffered only minor losses; es besteht nur (eine) ~e Aussicht, daß there is only a slight (*od.* slim, slender) chance that. – **4.** (*niedrig*) low: ein ~es Angebot *econ.* a low offer; ~e Tiefe (*des Wassers*) shallowness. – **5.** (*minderwertig*) poor, low(-quality), inferior: Waren von ~er Qualität goods of low (*od.* inferior) quality, low-quality goods. – **6.** (*bescheiden*) modest: ~es Einkommen modest income; mein ~es Verdienst in dieser Angelegenheit my modest (*od.* humble) merit in this affair. – **7.** (*beschränkt*) limited: mit ~en Mitteln with limited means. – **8.** (*an Zahl*) few: mit ~en Ausnahmen with few exceptions. – **9.** (*Entfernung etc*) short. – **10.** (*Geburt, Herkunft etc*) low, lowly, humble, mean. – **11.** (*schlecht*) low: eine ~e Meinung von j-m haben to have a low opinion of s.o., not to think much of s.o.; in ~em Ansehen stehen to be (held) in low esteem. – **12.** *hunt.* (*Hirsch etc*) a) young, b) weak, small. – **II** *adv* **13.** (*geringfügig*) a little, not much. – **14.** ~ geschätzt, ~ gerechnet at least: der Ring ist, ~ geschätzt, tausend Mark wert at a conservative estimate the ring is worth a thousand marks, the ring is worth at least a thousand marks. – **15.** ~ von j-m denken to have a low opinion of s.o., not to think much of s.o. – **III G~e, das** ⟨-n⟩ **16.** a small (*od.* little) thing: ihr Streit ging um nichts G~es *lit.* it was not a little thing (*od.* no small matter) (that) they quarrel(l)ed about. – **17.** ⟨*substantiviert mit Kleinschreibung*⟩ um ein ~es a) (*für wenig Geld*) cheaply, for very little (money), b) (*ein wenig*) a little, not much, c) (*fast*) very nearly.

ge'ringˌach·ten *v/t* ⟨*sep*, -ge-, h⟩ **1.** *cf.* geringschätzen. – **2.** (*Gesundheit, Leben etc*) value (*s.th.*) little, hold (*s.th.*) of little account. — **Ge'ringˌach·tung** *f* ⟨-; *no pl*⟩ *cf.* Geringschätzung.

Ge'rin·ge *m, f* ⟨-n; -n⟩ person of lowly (*od.* simple) birth: Vornehme und ~ rich and poor (people); kein ~rer als no less a person than.

ge'rin·gelt I *pp.* – **II** *adj* **1.** ringed; annular, annulate(d) (*scient.*). – **2.** *bot. zo.* ringed, ringy. – **3.** (*gelockt*) curled.

ge'rin·ger I *comp of* gering. – **II** *adj* **1.** (*bes. bei Mengenangaben etc*) smaller. – **2.** (*weniger, schwächer*) less: in ~em Maße to a less degree; ~ werden a) to lessen, to decrease, b) (*dahinschwinden*) to wane, to dwindle; der Schaden war ~ als erwartet the damage was less serious than expected. – **3.** (*unbedeutender*) minor, inferior. – **4.** (*niedriger*) lower. – **5.** (*minderwertig*) inferior. – **6.** lesser (*attrib*): das ~e von zwei Übeln wählen to choose the lesser of two evils.

ge'ringˌfü·gig [-ˌfyːgɪç] **I** *adj* **1.** *cf.* gering 3. – **2.** (*Betrag, Summe etc*) paltry, *auch* paultry, trivial, petty. – **3.** (*Vergehen*) petty, trifling. – **II** *adv* **4.** slightly: ~ von etwas abweichen to deviate slightly from s.th. — **Ge'ringˌfü·gig·keit** *f* ⟨-; -en⟩ **1.** ⟨*only sg*⟩ insignificance, negligibility. – **2.** (*unbedeutende Sache*) trifling (*od.* trivial) matter, triviality, trifle.

ge'ringˌhal·tig *adj min.* (*Erz*) poor, low-grade (*attrib*), lean.

ge'ringˌschät·zen I *v/t* ⟨*sep*, -ge-, h⟩ **1.** have a low opinion of, think little of, depreciate, set little store by. – **2.** (*verachten*) look down (up)on, despise. – **3.** (*unbeachtet lassen*) disregard, ignore. – **II G~** *n* ⟨-s⟩ **4.** *verbal noun.* – **5.** *cf.* Geringschätzung.

ge'ringˌschät·zig [-ˌʃɛtsɪç] **I** *adj* **1.** (*verächtlich*) contemptuous, disdainful, (*spöttisch*) scornful. – **2.** (*herabsetzend*) disparaging, derogatory. – **3.** (*herablassend*) condescending. – **II** *adv* **4.** contemptuously, with contempt (*od.* disdain): j-n ~ behandeln to treat s.o. with contempt. — **Ge'ringˌschät·zig·keit** *f* ⟨-; *no pl*⟩ (*einer Bemerkung etc*) contemptuous (*od.* disdainful, scornful) nature.

Ge'ringˌschät·zung *f* ⟨-; *no pl*⟩ **1.** *cf.* Geringschätzen. – **2.** (*Verachtung*) contempt, disdain, scorn: j-n mit ~ behandeln to treat s.o. with contempt. – **3.** (*Geringachtung*) scant regard, disregard.

ge'ringst I *sup of* gering. – **II** *adj* **1.** slightest, smallest, least: nicht die ~en Aussichten (*od.* Chancen) not the slightest (*od. colloq.* a dog's) chance *sg*; die ~e Kleinigkeit the smallest thing, the merest trifle; bei der ~en Kleinigkeit fängt sie an zu weinen she starts crying at the littlest thing (*od. colloq.* at the drop of a hat); nicht den ~en Zweifel haben not to have the slightest doubt; ich habe nicht die ~e Ahnung I haven't the slightest (*od.* faintest, *colloq.* foggiest) idea; das soll meine ~e Sorge sein that's the least of my worries. – **2.** (*niedrigst*) lowest: ~es Gebot (*bei Versteigerungen*) lowest offer (*od.* bid). – **II G~e, das** ⟨-n⟩ **3.** the minimum, the least (thing): das ist wohl das G~e, was er tun kann I think that is the minimum (*od.* least) he can do. – **4.** (*die unbedeutendste Kleinigkeit*) the smallest thing, the smallest (*od.* slightest) detail: er beachtet auch das G~e he pays attention even to the smallest (*od.* slightest) detail; es entgeht ihm nicht das G~e he does not miss a thing (*od. colloq.* trick). – **5.** ⟨*substantiviert mit Kleinschreibung*⟩ nicht das ~e (*gar nichts*) nothing what(so)ever, not a (single) thing: ich habe nicht das ~e verstanden I haven't understood a single thing, I understood nothing whatsoever; das macht nicht das ~e aus that doesn't make the least (*od.* slightest) difference; nicht im ~en not in the least, in no way, by no means, not at all, not a bit; ich fühle mich nicht im ~en verantwortlich I feel in no way responsible; ich wäre nicht im ~en überrascht, wenn I would not be in the least surprised if; das stört mich nicht im ~en I don't mind that in the least (*od.* at all); das kümmert mich nicht im ~en I don't care in the least, I couldn't care less.

ge'ring·sten'falls *adv* at the very least, at the minimum.

ge'ringst'mög·lich *adj* ⟨*attrib*⟩ least possible.

ge'ring·verˌzins·lich *adj econ.* at low interest rates.

ge'ringˌwer·tig *adj* **1.** of low value. – **2.** (*schlecht*) poor, of inferior (*od.* low) quality.

ge'rinn·bar *adj* (*bes. Blut*) coagulable. — **Ge'rinn·bar·keit** *f* ⟨-; *no pl*⟩ coagulability.

Ge'rin·ne *n* ⟨-s; -⟩ **1.** (*Rinnsal*) streamlet, watercourse, run. – **2.** (*künstlicher Wasserlauf*) channel, drain. – **3.** (*mining*) (*im Erzbau*) launder, flume. – **4.** *civ.eng.* canal, channel.

ge'rin·nen I *v/i* ⟨gerinnt, gerann, geronnen, sein⟩ **1.** (*von Milch etc*) set, curdle, coagulate (*scient.*): etwas ~ lassen (*od.* machen) to coagulate (*od.* curdle) s.th. – **2.** (*von Blut etc*) clot, coagulate (*scient.*). – **3.** (*durch Kälte*) congeal. – **4.** *chem.* clot; coagulate, pectize (*scient.*). – **5.** *fig.* curdle: seine Geschichte ließ mir das Blut in den Adern ~ his story made my blood curdle (*od.* run cold). – **II G~** *n* ⟨-s⟩ **6.** *verbal noun.* – **7.** *cf.* Gerinnung.

Ge'rinn·sel *n* ⟨-s; -⟩ **1.** *colloq. cf.* Rinnsal. – **2.** *med.* clot; coagulated mass, coagulum, coagulate (*scient.*).

Ge'rin·nung *f* ⟨-; *no pl*⟩ **1.** *cf.* Gerinnen. – **2.** (*von Milch, Blut etc*) curdling, coagulation. – **3.** (*durch Kälte*) congelation. – **4.** *chem.* a) congelation, b) coagulation, pectization.

Ge'rip·pe *n* ⟨-s; -⟩ **1.** (*Skelett*) skeleton. – **2.** (*eines Schiffes*) framework, ribbing, skeleton. – **3.** (*eines Flugzeugs*) frame. – **4.** *bot.* (*eines Blattes*) ribbing. – **5.** *fig.* (*einer schriftlichen Arbeit etc*) outline, skeleton. – **6.** *fig. colloq.* (*dürrer Mensch*) 'skeleton', 'bag of bones' (*beide colloq.*), (*von Tieren*) *Am. auch colloq.* rackabones *pl* (*construed as sg*): sie sieht aus wie ein wandelndes ~ she looks like a walking skeleton; er ist nur noch ein dürres ~ he is only skin and bone.

ge'rippt I *pp.* – **II** *adj* **1.** ribbed. – **2.** (*Stoff*) ribbed, corded, corrugated. – **3.** *bot. zo.* ribbed, nerved, plaited, costate(d) (*scient.*). – **4.** *tech.* ribbed, finned, (*bes. Heizkörper*) grilled. – **5.** *arch.* ribbed, (*bes. Säule*) fluted. – **6.** (*paper*) laid.

ge'ris·sen [-'rɪsən] **I** *pp of* reißen. – **II** *adj colloq. contempt.* **1.** (*schlau, listig*) sly, shrewd, cunning, crafty, clever: er war ~er als der Dieb he outsmarted the thief. – **2.** (*verschlagen, hinterlistig*) wily, foxy, tricky. — **Ge'ris·sen·heit** *f* ⟨-; *no pl*⟩ **1.** shrewdness, cunning, craftiness. – **2.** wiliness, foxiness, trickiness.

ge'rit·ten [-'rɪtən] *pp of* reiten.

Germ [gɛrm] *Bavarian m* ⟨-(e)s; *no pl*⟩, *Austrian f* ⟨-; *no pl*⟩ *for* Hefe 1—3.

Ger·man·der [gɛr'mandər] *m* ⟨-s; -⟩ *bot. cf.* Gamander.

Ger·ma·ne [gɛr'maːnə] *m* ⟨-n; -n⟩ Teuton: die ~n the Germanic peoples; die alten ~n the Teutons.

Ger'ma·nen·tum *n* ⟨-s; *no pl*⟩ (Old) Germanic (*od.* Teutonic) world (*od.* civilization, culture, spirit).

Ger·ma·nia [gɛr'maːnĭa] *npr f* ⟨-s; *no pl*⟩ **1.** *hist.* Germania, ancient Germany. – **2.** *poet.* Germany.

Ger'ma·nin[1] *f* ⟨-; -nen⟩ *hist.* Germanic (*od.* Teutonic) woman.

Ger·ma·nin[2] [gɛrma'niːn] (*TM*) *n* ⟨-s; *no pl*⟩ *med. pharm.* suramin (sodium), germanin ($C_{51}H_{34}N_6Na_6O_{23}S_6$).

ger'ma·nisch I *adj* **1.** *hist.* Germanic, Teutonic: **~e Völker [Krieger]** Germanic peoples [warriors]; **~es Wesen** Teutonism. – **2.** *ling.* a) (*Sprachen*) Germanic, b) (*Sprachelement in der engl. Sprache*) Saxon: **~e Steigerung [Wörter]** Saxon comparison [words]. – **II** *ling.* **G~** ⟨*generally undeclined*⟩, **das G~e** ⟨-n⟩ **3.** Germanic, Teutonic, the Germanic (*od.* Teutonic) language.

ger·ma·ni·sie·ren [gɛrmani'ziːrən] *v/t* ⟨*no* ge-, h⟩ germanize, *auch* Germanize, teutonize, *auch* Teutonize. — **Ger·ma·ni'sie·rung** *f* ⟨-; *no pl*⟩ germanization, *auch* Germanization, teutonization, *auch* Teutonization.

Ger·ma·nis·mus [gɛrma'nɪsmʊs] *m* ⟨-; -men⟩ *ling.* Germanism, Teutoni(ci)sm.

Ger·ma·nist [gɛrma'nɪst] *m* ⟨-en; -en⟩, **Ger·ma'ni·stin** *f* ⟨-; -nen⟩ *ling.* student of German (*od.* Germanic) languages (and German literature), student of German, German student (*od.* scholar), (*bes. fachsprachlich*) Germanist. — **Ger·ma'ni·stik** [-tɪk] *f* ⟨-; *no pl*⟩ **1.** (*Sprach- u. Literaturwissenschaft*) study of German, study of German(ic) language(s) and literature(s), German(ic) studies *pl*, (*seltener*) Germanistics *pl* (*construed as sg*), *bes. Am.* Germanics *pl* (*construed as sg*). – **2.** (*bes. Sprachwissenschaft*) Germanic (*auch* German) philology. — **ger·ma'ni·stisch** *adj ling.* Germanistic, German(ic): **eine ~e Arbeit** a German(istic) study, a study in German(ic) (language or literature).

Ger·ma·ni·um [gɛr'maːnĭʊm] *n* ⟨-s; *no pl*⟩ *chem.* germanium (Ge).

Ger·mer ['gɛrmər] *m* ⟨-s; -⟩ *Southern G. bot.* hellebore (*Gattg Veratrum*): **Schwarzer ~** dark-flowered veratrum (*V. nigrum*); **Weißer ~** white (*auch* false) hellebore, lingwort (*V. album*).

ger·mi·nal [gɛrmi'naːl] *adj biol.* germinal.

Ger·mi·na·ti·on [gɛrmina'tsĭoːn] *f* ⟨-; -en⟩ *biol.* germination.

gern [gɛrn], **'ger·ne** *adv* ⟨lieber; am liebsten⟩ **1.** (*mit Vergnügen*) with pleasure, gladly: **von Herzen** (*od.* **herzlich, liebend**) **~** with great pleasure; **(das ist) ~ geschehen!** (*Antwort auf Dank*) not at all, don't mention it, *bes. Am.* you are welcome; **(ob) ~ oder ungern** willy-nilly, whether you like it or not; **ja, ~!** (*als Antwort*) a) yes, certainly, b) (*stärker*) yes, with pleasure (*od.* gladly), c) (*bei Aufforderung*) I'd love to; **du kannst das Buch ~ haben** you are welcome to the book; **wir nehmen ~ zur Kenntnis** *econ.* we are pleased to note. – **2.** (*bereitwillig*) willingly, readily, gladly: **das will ich ~ glauben** I can believe that; **ich bin ~ dazu bereit** I am quite willing to do it. – **3. j-n [etwas] ~ haben** (*od.* **mögen**) to like (*od.* love, be fond of) s.o. [s.th.]: **sie hat ihn noch immer sehr ~** she is still very fond of him; **ich mag** (*od.* **habe**) **es nicht ~,** wenn I don't like (*od.* I dislike) it when; **ich hätte dich ~ hier** I would like you to be here; **ich bin ~ hier** I like being here, I like it here; **der kann mich (mal) ~ haben!** *colloq.* he can go to hell (*od.* blazes)! he can take a running jump at himself! **das habe ich ~!** *iron.* I like that! that's what I like! that's just what I was waiting for! – **4. etwas ~ tun** a) to like (*od.* love) to do s.th., b) (*bes. als allgemeine Feststellung*) to like (*od.* love, be fond of) doing s.th., to like (*od.* love) to do s.th.: **~ lesen [schlafen, tanzen]** to like reading [sleeping, dancing]; **ich möchte dir bei deiner Arbeit ~ helfen** I would like to help you with your work; **essen Sie ~ Fisch?** do you like fish? **er ißt das für sein Leben ~** *colloq.* there's nothing he likes (eating) better than that; **er ißt für sein Leben ~** *colloq.* there's nothing he likes better than eating; **ich möchte ~ wissen, ob** I would like to know (*od.* I wonder) whether; **er sieht ~ hübsche Mädchen** a) he is fond of pretty girls, b) he likes to see pretty girls; **er sieht das nicht ~** he doesn't like that; **überall ~ gesehen sein** to be liked (*od.* welcome) everywhere; **das möchte ich ~ sehen!** *iron.* that I'd like to see! **das hört man ~!** *colloq.* a) that's good news, b) *iron.* that's what I like! **dieses Buch wird ~ gekauft** this book sells well. – **5.** (*vorzugsweise, gewöhnlich*) usually, mostly: **Weiden wachsen ~ am Wasser** willows usually grow near the water. – **6.** *colloq.* (*leicht*) easily: **Gußeisen bricht ~** cast iron breaks easily (*od.* is apt to break). – **7. gut und ~** *colloq.* easily: **das ist gut und ~ möglich** that is easily possible; **das Brot ist gut und ~ drei Tage alt** the bread is easily (*od.* at least) three days old.

'Ger·ne,groß *m* ⟨-; -e⟩ *colloq.* **1.** child who acts (*od.* pretends to be) grown up. – **2.** (*Wichtigtuer*) show-off, would-be (*od.* self-styled, self-professed) great man. – **3.** (*Angeber*) bragger.

'Ger·ne,klug *m* ⟨-; *no pl*⟩ *colloq.* (*bes. Kind*) know-it-all, *auch* know-all.

'gern·ge,se·hen *adj* ⟨*attrib*⟩ (*Gast etc*) welcome.

Ge'rö·chel *n* ⟨-s; *no pl*⟩ *colloq.* (death)-rattle, rattling (in the throat).

ge'ro·chen [-'rɔxən] *pp of* riechen.

Ge'röll *n* ⟨-(e)s; -e⟩ *geol.* **1.** (*eines Berges*) scree material, detritus, debris. – **2.** a) gravel, b) roundstone, c) pebble, d) cobble, e) boulder, *auch* bowlder. — **~,ab,la·gerung** *f* deposit of gravel.

Ge'röl·le [-'rœlə] *n* ⟨-s; -⟩ *cf.* Geröll.

Ge'röll|,feld *n* **1.** (*eines Berges*) *Br.* scree, *bes. Am.* talus. – **2.** (*eines Gletschers*) dirt band. — **~,hal·de** *f* slope covered with gravel, scree, *bes. Am.* talus (slope). — **~,mas·se** *f* mass of rock debris. — **~,schicht** *f* layer of rock debris.

ge'rön·ne [-'rœnə] *1 u. 3 sg pret subj of* gerinnen.

ge'ron·nen [-'rɔnən] *pp of* rinnen, gerinnen.

Ge·ront [ge'rɔnt] *m* ⟨-en; -en⟩ *antiq.* (*Mitglied der Gerusia*) geront.

Ge·ron·to·lo·gie [gerɔntolo'giː] *f* ⟨-; *no pl*⟩ *med.* gerontology. — **ge·ron·to'lo·gisch** [-'loːgɪʃ] *adj* gerontological.

Ge·ron·to·xon [gerɔn'tɔksɔn] *n* ⟨-s; *no pl*⟩ *med.* arcus senilis.

ge'rö·stet I *pp.* – **II** *adj gastr.* **1.** roasted, grilled, broiled. – **2.** (*bes. Fleisch, Kartoffeln*) roast (*attrib*), sauté(ed). – **3.** (*Brot*) toasted: **~es Brot** a) toast, b) (*in der Suppe*) croutons *pl*.

ge'rö·tet I *pp.* – **II** *adj* red(dened): **~e Augen** a) (*entzündet*) inflamed (*od.* bloodshot, *scient.* hyper[a]emic) eyes, b) (*rotgeweint*) red eyes; **eine ~e Stelle auf der Haut** a red spot on the skin; **ein (durch hohen Blutdruck) ~es Gesicht** a flushed face.

Gers·dorf·fit [gɛrsdɔr'fiːt; -'fɪt] *m* ⟨-s; -e⟩ *min.* nickel glance, gersdorffite.

'Gerst,am·mer *f zo. cf.* Grauammer.

Ger·ste ['gɛrstə] *f* ⟨-; *agr.* -n⟩ *bot.* barley (*Gattg Hordeum*): **Zweizeilige ~** two-rowed barley (*H. distichon*); **Vierzeilige ~** four-rowed barley (*H. vulgare*); **Sechszeilige ~** six-rowed barley (*H. hexastichum*).

Ger·stel ['gɛrstəl] *n* ⟨-s; *no pl*⟩ *Austrian colloq. for* a) Graupe 1, b) Geld 1.

'Ger·sten|,am·mer *f zo. cf.* Grauammer. — **~,bier** *n brew.* barley beer. — **~,blü·mel** [-,blyːməl] *n* ⟨-s; -⟩ *bot.* dog's onion (*Ornithogalum luteum*). — **~,brot** *n gastr.* barley bread. — **~,feld** *n* field of barley. — **~,flocken** (*getr.* -k·k-) *pl gastr.* flakes of barley. — **~,flug,brand** *m bot.* barley smut, loose smut of barley (*Ustilago nuda*). — **~,gras** *n cf.* Mäusegerste. — **~,graupen** *pl gastr.* pearl barley *sg.* — **~,hähnchen** *n zo.* barley beetle (*Crioceris melanopa*). — **~,hart,brand** *m bot.* covered smut of barley (*Ustilago hordei*). — **~,korn** *n* **1.** barleycorn, grain of barley. – **2.** *med.* (*am Augenlid*) sty(e), hordeolum (*scient.*). — **~,krie·che** *f bot. cf.* Gerstenpflaume. — **~,malz** *n brew.* barley malt. — **~,mehl** *n gastr.* barley flour. — **~mi,nier,flie·ge** *f zo.* rice leaf miner fly (*Hydrellia griseola*). — **~,pflau·me** *f bot.* wild plum. — **~,saft** *m humor.* beer. — **~,schleim** *m* (*Diät*) barley gruel. — **~,schrot** *m, n* ground barley. — **~,sup·pe** *f gastr.* barley soup. — **~,trank** *m* (*Diät*) barley water, *Br.* barley-water. — **~,tres·pe** *f bot.* common bromegrass (*Bromus secalinus*). — **~,zucker** (*getr.* -k·k-) *m* barley sugar (*od.* candy).

Gerst·ling ['gɛrstlɪŋ] *m* ⟨-s; -e⟩ *zo. cf.* Grauammer.

Ger·te ['gɛrtə] *f* ⟨-; -n⟩ **1.** switch, rod, twig: **schlank wie eine ~** *fig. cf.* gertenschlank. – **2.** (*Reitpeitsche*) (riding) switch, riding whip (*od.* crop).

'Ger·ten|,hieb *m* stroke with a switch. — **~,kraut** *n bot. cf.* Eberraute. — **g~,schlank** *adj* willowy, (tall and) slender.

Ge'ruch [-'rʊx] *m* ⟨-(e)s; ⸚e⟩ **1.** smell, odor, *bes. Br.* odour: **ein scharfer ~** a pungent odo(u)r, a tang; **ein übler ~** a bad (*od.* evil, fetid, foul) smell, a stench; **einen ~ verbreiten** to give off a smell. – **2.** (*Duft, Wohlgeruch*) scent, fragrance: **ein feiner ~** a delicate scent; **der ~ von Blumen erfüllte das ganze Haus** the fragrance of flowers filled the whole house. – **3.** (*Aroma*) aroma. – **4.** ⟨*only sg*⟩ *colloq. for* Geruchssinn. – **5.** *med.* (*Mundgeruch*) bad breath, halitosis (*scient.*). – **6.** ⟨*only sg*⟩ *fig. colloq.* (*Ruf*) reputation, odor, *bes. Br.* odour: **bei j-m in schlechtem ~ stehen** to be in bad odo(u)r (*od.* bad repute) with s.o., to be in s.o.'s bad books; **im ~ der Heiligkeit stehen** to have an odo(u)r of sanctity.

Ge'ruch,gras *n bot. cf.* Ruchgras.

ge'ruch·los *adj* **1.** (*Gas etc*) odorless, *bes. Br.* odourless, inodorous: **etwas ~ machen** to deodorize (*Br. auch* -s-) s.th. – **2.** (*Blumen etc*) scentless. – **3.** (*Seife etc*) unscented. – **4.** (*ohne Geruchssinn*) scentless, anosmic (*scient.*). — **Ge'ruch·lo·sig·keit** *f* ⟨-; *no pl*⟩ **1.** odorlessness, *bes. Br.* odourlessness. – **2.** scentlessness. – **3.** (*ohne Geruchssinn*) scentlessness, anosmia (*scient.*).

Ge'ruch·los,ma·chung *f* ⟨-; *no pl*⟩ deodorization *Br. auch* -s-.

Ge'ruchs|be,kämp·fung *f* deodorization *Br. auch* -s-. — **g~be,sei·ti·gend, g~,bin·dend** *adj* deodorant, deodorizing *Br. auch* -s-. — **g~frei** *adj* odorless, *bes. Br.* odourless, inodorous. — **~hal·lu·zi·na·ti,on** *f med.* olfactory hallucination, parosmia. — **~,nerv** *m* olfactory nerve. — **~or,gan** *n* (*Riechorgan*) organ of smell, olfactory organ (*scient.*). — **~,pro·be** *f* smelling test. — **~,reiz,mit·tel** *n* olfactory irritant. — **~,sinn** *m* sense of smell(ing), smell, olfactory sense (*scient.*): **einen feinen ~ haben** to have a keen scent (*od. colloq.* a good nose); **Fehlen des ~es** anosmia. — **~,stoff** *m* odorous substance. — **~,stö·rung** *f* parosmia. — **~ver,mö·gen** *n* faculty of smelling, ability to smell. — **~,wahr·,neh·mung** *f* perception of smell. — **~,zen·trum** *n* olfactory center (*bes. Br.* centre).

Ge'rücht [-'rʏçt] *n* ⟨-(e)s; -e⟩ **1.** rumor, *bes. Br.* rumour, report: **ein bloßes [häßliches, übles, unsinniges] ~** a mere [ugly, malicious, silly] rumo(u)r; **es geht das ~, sie habe geheiratet** it is rumo(u)red (*od.* whispered) that she has married, she is rumo(u)red to have married, the rumo(u)r (*od.* story) goes that she has married, rumo(u)r has it that she has married; **ein ~ verbreiten** (*od.* **in Umlauf setzen**) **[zum Schweigen bringen]** to spread (*od.* circulate) [to kill] a rumo(u)r; **einem ~ nachgehen** to track down a rumo(ur); **einem ~ keinen Glauben schenken** not to believe (*od.* to give no credence to) a rumo(u)r. – **2.** (*Gerede*) hearsay.

Ge'rüch·te,ma·cher *m* ⟨-s; -⟩ *contempt.* rumormonger, *bes. Br.* rumour-monger. — **Ge,rüch·te·ma·che'rei** *f* ⟨-; *no pl*⟩ spreading of rumors (*bes. Br.* rumours).

ge'ruch,til·gend *adj* deodorant, deodorizing *Br. auch* -s-: **~es Mittel** deodorant, deodorizer *Br. auch* -s-.

ge'rücht,wei·se *adv* **1.** as a rumor (*bes. Br.* rumour): **~ verlautet, daß** it is rumo(u)red that, rumo(u)r has it that, the story goes that. – **2.** (*vom Hörensagen*) by hearsay: **ich habe es nur ~ gehört** I know it only by (*od.* from) hearsay, it's mere hearsay.

Ge'ruch·ver,schluß *m tech.* (*eines Abflusses etc*) trap.

Ge'ru·fe *n* ⟨-s; *no pl*⟩ *colloq.* (repeated *od.* continual) calling.

ge'ru·fen I *pp of* rufen. – **II** *adj only in* **wie ~ kommen** to come at the right time (*od.* in the [very] nick of time); **du kommst wie ~!** a) you really come in the nick of time! b) you are the very person we need!

ge'ru·hen *v/i* ⟨*pp* geruht, h⟩ **~, etwas zu tun** *lit. u. iron.* to deign (*od.* condescend) to do s.th.: **wann geruht er zu erscheinen?** *iron.* when does he deign to appear?

ge'rührt I *pp.* – **II** *adj fig.* touched, moved: er war zutiefst ~ he was deeply touched; zu Tränen ~ sein to be moved to tears.

ge'ruh·sam *adj* **1.** (*ruhig, beschaulich*) quiet, peaceful, tranquil. – **2.** (*gemächlich*) leisurely. — **Ge'ruh·sam·keit** *f* ⟨-; *no pl*⟩ **1.** quietness, peacefulness, tranquil(l)ity. – **2.** leisureliness.

Ge'rum·pel *n* ⟨-s; *no pl*⟩ *colloq.* **1.** rumbling, rumble(-tumble). – **2.** (*eines Wagens*) jolting.

Ge'rüm·pel [-'rʏmpəl] *n* ⟨-s; *no pl*⟩ (*altes Zeug*) lumber, junk.

ge'run·det I *pp.* – **II** *adj* **1.** round(ed), orbed (*lit.*). – **2.** *ling.* (*Vokal*) rounded, labial.

ge·run·di·al [gerʊn'dĭaːl] *adj ling.* gerundial.

Ge·run·di·um [ge'rʊndĭʊm] *n* ⟨-s; -dien⟩ *ling.* gerund.

Ge·run·div [gerʊn'diːf] *n* ⟨-s; -e⟩ *ling.* gerundive. — **ge·run'di·visch** [-vɪʃ] *adj* gerundival. — **Ge·run'di·vum** [-vʊm] *n* ⟨-s; -va [-va]⟩ *cf.* Gerundiv.

ge'run·gen [-'rʊŋən] *pp of* ringen.

Ge·ru·sia [geru'ziːa], **Ge·ru'sie** [-'ziː] *f* ⟨-; *no pl*⟩ *antiq.* (*Rat der Alten in Sparta*) Gerousia, *auch* Gerusia.

Ge'rüst *n* ⟨-(e)s; -e⟩ **1.** *tech.* a) supporting framework (*od.* structure), b) (*Arbeitsbühne*) working platform, stage, c) (*Bock*) trestle. – **2.** *civ.eng.* a) (*Baugerüst*) scaffold(ing), skeleton, b) (*Rammgerüst*) piling frame: ein ~ aufschlagen [abschlagen] to erect [to take down] a scaffold. – **3.** *metall.* (*Walzgerüst*) stand (of rolls). – **4.** (*mining*) a) (*Bohrgerüst*) derrick, b) (*Fördergerüst*) headframe, *Br.* head frame. – **5.** *min.* structure. – **6.** *biol.* stroma, reticulum. – **7.** *fig.* (*eines Aufsatzes etc*) skeleton, outline. — **~ˌbau·er** *m* ⟨-s; -⟩ scaffolder. — **~beˌlag** *m* working platform of a scaffold(ing). — **~ˌbrett** *n* scaffold(ing) board. — **~ˌeiˌweiß** *n* **1.** *zo.* (*der Hornschwämme*) spongin, spongiolin. – **2.** *biol. med.* scleroprotein, *auch* albuminoid.

Ge'rü·ster *m* ⟨-s; -⟩ *Austrian for* Gerüstbauer.

ge'rü·stet I *pp.* – **II** *adj* **1.** *mil.* a) armed, in arms, b) (*einsatzbereit*) ready for action. – **2.** *fig.* (zu for) prepared, ready: ich bin ~ I am prepared; nicht ~ für unprepared for.

Ge'rüst|ˌpfo·sten *m tech.* scaffold pole, *Br.* scaffolding-pole, standard. — **~ˌstan·ge** *f* scaffolding pole, *Br.* scaffolding-pole.

Ge'rüt·tel *n* ⟨-s; *no pl*⟩ *colloq.* jolting, jogging, rattling.

ge'rüt·telt I *pp.* – **II** *adj* ⟨*attrib*⟩ *archaic* ein ~(es) Maß a full (*od.* good) measure: er hatte ein ~(es) Maß (an) Leid zu ertragen he had his good measure of suffering. – **III** *adv* das Maß ist jetzt ~ voll I've had enough now! that's the limit! that's going too far!

Ger·vais [ʒɛr'vɛː] (*TM*) *m* ⟨- [-'vɛː(s)]; - [-'vɛːs]⟩ (*Rahmkäseart*) gervais (cheese).

ges, Ges [gɛs] *n* ⟨-; -⟩ *mus.* G flat: ges, ges-Moll G flat minor; Ges, Ges-Dur G flat major.

ge'sagt I *pp.* – **II G~e, das** ⟨-n⟩ what has been said, the above-mentioned: das G~e zurücknehmen (*od.* widerrufen) to take back what one has said.

ge'sägt I *pp.* – **II** *adj biol.* (*Organ-, Blattrand etc*) serrate(d).

Ge'salb·te *m* ⟨-n; -n⟩ der ~ (des Herrn) *Bibl.* the Lord's Anointed.

ge'sal·zen I *pp of* salzen. – **II** *adj* **1.** (*Butter etc*) salted. – **2.** (*salzig*) salty. – **3.** *fig. colloq.* (*Rechnung etc*) steep, stiff. – **4.** *fig. colloq.* (*Witz etc*) *cf.* gepfeffert 2. – **5.** *fig. colloq.* (*Brief, Antwort etc*) sharp. – **III G~e, das** ⟨-n⟩ **6.** the salted meat.

ge'sam·melt I *pp.* – **II** *adj* **1.** *print.* (*Werke*) collected. – **2.** *fig.* (*ruhig, gefaßt*) collected.

ge'samt I *adj* ⟨*attrib*⟩ **1.** (*Bevölkerung, Familie etc*) whole, entire: im ~en as a whole, all together, altogether. – **2.** (*Vermögen, Eigentum etc*) all, entire. – **3.** (*vollständig*) complete. – **4.** (*Kosten etc*) total, overall. – **5.** Eigentum zur ~en Hand *jur.* joint ownership. – **II G~e, das** ⟨-n⟩ **6.** the whole (*od.* total). – **7.** (*mit Kleinschreibung*) im ~en *rare* on the whole: im ~en bin ich zufrieden on the whole I am satisfied; im ~en waren es 1000 Mark altogether it came to (*od.* total[l]ed) 1,000 marks.

Ge'samt|ˌabˌsatz *m econ.* total (*od.* overall) sales *pl.* — **~ˌanˌsicht** *f* total (*od.* panoramic, general) view. — **~ˌar·beits·verˌtrag** *m econ.* collective labor (*bes. Br.* labour) agreement. — **~ˌaufˌkom·men** *n* total revenue. — **~ˌaufˌla·ge** *f print.* total circulation. — **~ˌaufˌstel·lung** *f* complete list. — **~ˌausˌfuhr** *f econ.* total exports *pl.* — **~ˌausˌga·be** *f* **1.** *print.* complete edition. – **2.** *pl econ.* total expenditure *sg* (*od.* expenditures, expenses): die ~n belaufen sich auf the total expenditure amounts to. — **~beˌdarf** *m* total need (*od.* requirement). — **~beˌgriff** *m* comprehensive (*od.* generic) term. — **~beˌla·stung** *f auto.* (*von Zugmaschine u. Anhänger*) total load, payload. — **~beˌsitz** *m* collective property. — **~beˌtrag** *m* total (amount), sum total: im ~ von 12 Mark total(l)ing 12 marks. — **~beˌvöl·ke·rung** *f* total (*od.* entire) population. — **~biˌlanz** *f econ.* overall (*od.* composite) balance sheet. — **~ˌbild** *n* general (*od.* overall) view (*od.* picture). — **~ˌbrei·te** *f* total (*od.* overall) width. — **~ˌbürg·schaft** *f jur.* joint surety. — **g~ˌdeutsch** *adj* ⟨*attrib*⟩ *pol.* all-German: Minister für ~e Fragen Minister for All-German Affairs. — **~ˌdeutschˌland** *n* Eastern and Western Germany. — **~ˌei·gen·tum** *n* joint property. — **~ˌeinˌdruck** *m* **1.** general impression. – **2.** (*art*) tout ensemble. — **~ˌeinˌnah·me** *f meist pl econ.* gross receipts *pl.* — **~erˌgeb·nis** *n* total result. — **~erˌhe·bung** *f* (*in der Statistik*) universal census (*od.* inquiry, *auch* enquiry). — **~erˌlös** *m econ.* gross proceeds *pl.* — **~erˌtrag** *m* **1.** *econ.* total proceeds *pl.* – **2.** *agr.* total produce. — **~ˌflä·che** *f* total area. — **~geˌbiet** *n* entire territory (*od.* area). — **~geˌwicht** *n* **1.** total weight: zulässiges ~ *auto.* licence (*Am.* license) weight. – **2.** *tech.* total load. — **~ˌgläu·bi·ger** *m econ.* joint creditor. — **~ˌgut** *n jur.* (*der Eheleute*) joint property. — **~ˌhaf·tung** *f* joint liability.

Ge'samtˌhands·geˌmein·schaft *f econ.* joint ownership association.

Ge'samt·heit *f* ⟨-; *no pl*⟩ **1.** (the) whole, entirety, totality: etwas in seiner ~ kennen to know s.th. in its entirety (*od.* as a whole); die ~ des deutschen Volkes the German nation as a whole. – **2.** *philos.* a) collection, b) (*Ganzes*) (the) whole, c) (*Umfang eines Begriffs*) class.

Ge'samt|ˌhö·he *f* total (*od.* overall) height. — **~ˌhubˌraum** *m auto.* total cylinder capacity. — **~hy·poˌthek** *f econ.* overall (*od.* consolidated) mortgage. — **~imˌpuls** *m* (*space*) (*Zeitintegral über Schub*) total impulse. — **~in·terˌes·se** *n* general interest. — **~ka·piˌtal** *n econ.* joint capital. — **~ka·taˌlog** *m* (*mehrerer Bibliotheken*) union catalog (*bes. Br.* catalogue). — **~klas·seˌment** *n* (*sport*) *cf.* Gesamtwertung. — **~ˌko·sten** *pl* total expenses. — **~ˌkunstˌwerk** *n* (*theater*) synthesis of the arts, Gesamtkunstwerk. — **~ˌla·ge** *f* general situation. — **~ˌlän·ge** *f* total (*od.* overall) length. — **~ˌlei·stung** *f* **1.** (*einer Maschine*) performance, overall efficiency. – **2.** (*eines Motors*) total power. – **3.** (*eines Betriebs*) total output. — **~ˌmas·se** *f* **1.** *jur.* total estate (*od.* assets *pl*). – **2.** (*in der Statistik*) statistical universe. – **3.** *phys.* total mass. — **~ˌplan** *m* master plan. — **~ˌpla·nung** *f* overall planning. — **~ˌpreis** *m econ.* all-(a)round (*od.* lump-sum) price. — **~proˌdukt** *n cf.* Bruttosozialprodukt. — **~pro·duk·tiˌon** *f* total production. — **~proˌku·ra** *f* joint signatory power, joint proxy (*od.* procuration). — **~ˌpunktˌzahl** *f* (*sport*) total points *pl.* — **~ˌrech·nung** *f econ.* overall accounting. — **~ˌre·ge·lung** *f* overall settlement. — **~ˌscha·den** *m* total loss. — **~ˌschau** *f* (*eines Wissensgebiets etc*) total (*od.* synoptic) view, synopsis. — **~ˌschuld** *f jur.* joint liability (*od.* debt). — **~ˌschuld·ner** *m* **1.** codebtor *Br.* co-. – **2.** (*bei Bürgschaft*) joint guarantor. — **g~ˌschuld·ne·risch** *adj* joint, as codebtors (*Br.* co-debtors): ~e Haftung joint liability. — **~ˌschu·le** *f ped.* comprehensive school. — **~ˌsie·ger** *m* final winner. — **~ˌspin** *m nucl.* total spin. — **~ˌstär·ke** *f mil.* (*einer Truppe etc*) total (*od.* full) strength. — **~ˌstim·menˌzahl** *f pol.* total number of votes cast. — **~ˌstra·fe** *f jur.* concurrent sentence. — **~ˌstrecke** (*getr.* -k·k-) *f* total distance. — **~strukˌtur** *f* (*der Wirtschaft etc*) overall structure (*od.* pattern). — **~ˌsum·me** *f* total (amount), sum total: die ~ der Rechnung beläuft sich auf 10 Mark the bill totals 10 marks. — **~tonˌna·ge** *f mar.* **1.** (*eines Schiffes*) total tonnage. – **2.** (*eines Landes etc*) shipping. — **~ˌüberˌblick** *m*, **~ˌüberˌsicht** *f* general survey, synopsis. — **~ˌumˌsatz** *m econ.* **1.** total turnover. – **2.** (*im Handel*) total sales *pl.* — **~ˌun·terˌricht** *m ped.* *teaching based on a curriculum that dispenses with or cuts across the boundaries of the traditional school subjects.* — **~verˌband** *m econ.* (*eines Industriezweiges*) general (national) association. — **~verˌhal·ten** *n sociol.* collective behavior (*bes. Br.* behaviour). — **~verˌlust** *m* total loss. — **~verˌmö·gen** *n* total property. — **~verˌsi·che·rung** *f econ.* comprehensive (*Br. auch* all-in) insurance. — **~ˌvollˌmacht** *f jur.* joint power of attorney. — **~ˌwerk** *n* (*eines Künstlers*) complete works *pl.* — **~ˌwert** *m* total value. — **~ˌwer·tung** *f* (*sport*) overall classification: in der ~ führen to hold the overall lead. — **~ˌwir·kung** *f* **1.** general (*od.* overall) effect. – **2.** (*art*) tout ensemble. — **~ˌwirt·schaft** *f* whole national economy, national trade and industry. — **~ˌwohl** *n* commonweal, general welfare. — **~ˌzahl** *f* total number. — **~ˌzeit** *f* (*sport*) total time.

ge'sandt [-'zant] *pp of* senden[1].

Ge'sand·te *m* ⟨-n; -n⟩ *pol.* **1.** (*diplomatischer Vertreter*) envoy: außerordentlicher ~r envoy extraordinary; päpstlicher ~r nuncio. – **2.** (*rangmäßig*) minister: ~r mit unbeschränkter Vollmacht minister plenipotentiary.

Ge'sand·tenˌpo·sten *m pol.* mission, envoy's post.

Ge'sandt·schaft *f* ⟨-; -en⟩ *pol.* **1.** legation, mission. – **2.** *cf.* Gesandtschaftsgebäude.

Ge'sandt·schafts|at·taˌché *m pol.* attaché. — **~geˌbäu·de** *n* legation. — **~per·soˌnal** *n* (personnel of a) legation. — **~ˌrat** *m* counsellor (*Am. auch* counselor) (of a legation).

Ge'sang *m* ⟨-(e)s; ⸚e⟩ **1.** ⟨*only sg*⟩ (*das Singen*) singing: mehrstimmiger ~ part singing, *Br.* part-singing; zweistimmiger ~ part singing for two voices; der ~ der Vögel the singing (*od.* song) of the birds. – **2.** (*Lied*) song: einen ~ anstimmen to strike up (*od.* begin to sing) a song, to begin singing. – **3.** (*Kirchenlied*) hymn: gregorianischer ~ Gregorian chant. – **4.** ⟨*only sg*⟩ (*als Fach*) voice: ~ studieren to study voice. – **5.** *obs.* (*literature*) book, canto (*lit.*): der zwölfte ~ der Ilias the twelfth book of the Iliad. — **~ˌbuch** *n* **1.** *relig.* hymnbook, *Br.* hymn-book, hymnal: er hat das falsche ~ *fig.* a) he belongs to the wrong church, b) he belongs to the wrong party. – **2.** *cf.* Liederbuch 1. – **3.** *mar. sl.* (*Stein zum Deckscheuern*) a) holystone, b) (*kleiner*) 'prayer book' (*sl.*). — **~ˌleh·rer** *m*, **~ˌleh·re·rin** *f* singing teacher.

ge'sang·lich *adj mus.* vocal: seine ~e Leistung war gut his singing was good.

Ge'sang|ˌpro·be *f mus.* audition. — **~ˌschu·le** *f* singing school.

Ge'sangs|ˌeinˌla·ge *f* vocal number. — **~ˌkunst** *f mus.* art of singing, vocal art.

Ge'sang|ˌstück *n* **1.** (*Lied*) song. – **2.** (*einer Vorstellung*) vocal number. — **~ˌstun·de** *f* singing lesson. — **~ˌtech·nik** *f* singing (*od.* vocal) technique. — **~ˌun·terˌricht** *m* singing lessons *pl.* — **~verˌein** *m* choral society, *Am. auch* glee club.

Ge'säß [-'zɛːs] *n* ⟨-es; -e⟩ **1.** *med.* buttocks *pl*, posterior(s *pl*); 'seat', 'behind', 'bottom', 'backside' (*alle colloq.*), nates *pl* (*scient.*). – **2.** (*einer Hose*) seat. — **~arˌte·rie** *f med.* gluteal artery. — **~ˌbacke** (*getr.* -k·k-) *f meist pl* buttock, nates *pl* (*scient.*). — **~ˌbein** *n* ischium. — **~ˌfal·te** *f* fold of the buttock, gluteal fold (*scient.*). — **~ˌgegend** *f* gluteal region. — **~ˌkno·chen** *m* ischium. — **~ˌmus·kel** *m* gluteal (*od.* natal) muscle. — **~ˌschwie·le** *f* gluteal callosity. — **~ˌspal·te** *f* cleft between the buttocks (*od. scient.* nates). — **~ˌta·sche** *f* (*fashion*) back pocket.

ge'sät·tigt I *pp.* – **II** *adj* **1.** (*angenehm satt*) satiated, full (*colloq.*). – **2.** *chem.* (*Lösung etc*) saturated. – **3.** der Markt ist gesättigt *econ.* the market is saturated.

Ge'sau·fe *n* ⟨-s; *no pl*⟩ *colloq. contempt.* (continual) drinking (*od. colloq.* boozing).

Ge'säu·ge *n* ⟨-s; *no pl*⟩ *hunt.* **1.** teats *pl.* – **2.** (*Euter*) udder.

Ge'sau·se *n* ⟨-s; *no pl*⟩ *colloq. for* Sausen.

Ge'säu·sel *n* ⟨-s; *no pl*⟩ *colloq. for* Säuseln.

ge'schacht [-'ʃaxt] *adj her.* checkered, *bes. Br.* chequered.

Ge'schä·dig·te *m, f* ⟨-n; -n⟩ **1.** sufferer. – **2.** *jur.* injured party.

ge'schaf·fen I *pp of* schaffen[1]. – **II** *adj only in* j-d [etwas] ist für etwas wie ~ s.o. [s.th.] is just the right man [thing] for s.th.

Ge'schäft [-'ʃɛft] *n* ⟨-(e)s; -e⟩ **1.** business: das ~ geht gut business is good; das ~ floriert business is booming; wie gehen die ~e? how is business? mit j-m ins ~ kommen to do business with s.o.; er will mit diesem Artikel groß ins ~ kommen he wants to get into big business with (*od.* to make a lot of money out of) this article; ~ ist ~ business is business; in ~en on business. – **2.** (*Transaktion*) deal, business (deal), (business) transaction: dunkle ~e shady (*od.* dubious) deal(ing)s; ein vorteilhaftes ~ a good deal, a bargain; ~e machen to do (*od.* transact) business; von einem ~ zurücktreten to withdraw from a transaction, to pull out of a deal; kein ~ zu machen! nothing doing! – **3.** (*Handel*) trade, commerce, business: ~e mit dem Ausland [Inland] foreign [domestic] trade *sg*; er macht ~e in Baumwolle he deals in cotton; ~e machen mit etwas to trade in s.th., to make money out of s.th. – **4.** (*Angelegenheit, Aufgabe*) business, affair, matter: seinen ~en nachgehen to go about one's business; die laufenden ~e führen to attend to current business. – **5.** (*Arbeit*) work: mit ~en überlastet overburdened with work. – **6.** (*Pflicht*) duty, function: die häuslichen ~e the domestic (*od.* household) duties. – **7.** (*Firma, Unternehmen*) business, firm, enterprise, undertaking: ein altrenommiertes ~ an old-established firm; ein gutgehendes ~ a flourishing business, a going concern; ein ~ führen (*od.* leiten) to be in charge of (*od.* manage) a business (*od.* company). – **8.** (*Laden*) shop, *bes. Am.* store: ein ~ eröffnen (*od.* anfangen) to set up (*od.* open a) shop; ein ~ haben to own a shop (*bes. Am.* store), to keep shop. – **9.** (*Büro*) office: ich gehe heute nicht ins ~ I am not going to the office today. – **10.** *fig. colloq. euphem.* sein ~ verrichten to do one's business; ein kleines [großes] ~ number one [number two] (*colloq.*).

ge'schäf·teˌhal·ber *adv* on business.

Ge'schäf·teˌma·cher *m* ⟨-s; -⟩ shrewd (*od.* keen, clever) businessman, profiteer. — **Geˌschäf·te·ma·che'rei** *f* ⟨-; *no pl*⟩ profiteering.

ge'schäf·tig I *adj* bustling, busy, active: das ~e Treiben the bustling activity, the hustle and bustle. – **II** *adv* ~ hin und her laufen to run busily to and fro. — **Ge'schäf·tig·keit** *f* ⟨-; *no pl*⟩ bustle, (bustling) activity.

ge'schäft·lich *econ.* **I** *adj* (*Angelegenheit, Beziehungen etc*) business (*attrib*): in einer ~en Angelegenheit on business; vom ~en Standpunkt aus from a business point of view; zum ~en Teil (einer Sache) kommen to get down to the business part of things; in ~em Ton in a businesslike tone. – **II** *adv* sich ~ niederlassen to set up a business; ~ geht es ihm gut he is doing well in business; ~ mit j-m zu tun haben to have dealings (*od.* do business) with s.o.; ~ verreist sein to be away on business; ~ verhindert prevented by business.

Ge'schäfts|ˌabˌschluß *m econ.* **1.** (business) transaction. – **2.** *pl* orders (*od.* contracts) secured. — **~ˌabˌwick·lung** *f* conduct of business. — **~adres·se** [-ʔaˌdrɛsə] *f* business address. — **~ˌanˌdrang** *m* pressure of business. — **~ˌanˌteil** *m* share (in a business), participation quota, interest: maßgeblicher ~ control(l)ing interest. — **~ˌan·ˌzei·ge** *f* advertisement, *auch* advertizement. — **~ˌaufˌga·be** *f* **1.** dissolving of a business. – **2.** retirement from business. — **~ˌauf·ˌsicht** *f jur.* (*Zwangsverwaltung*) receivership. — **~ˌausˌdruck** *m econ.* business term. — **~ˌausˌsich·ten** *pl* business prospects (*od.* outlook *sg*). — **~ˌau·to** *n cf.* Geschäftswagen. — **~beˌdin·gun·gen** *pl* business terms (*od.* conditions). — **~·beˌle·bung** *f* revival of business, business revival. — **~beˌreich** *m* **1.** *econ.* (*Aufgabenbereich*) department, scope (*od.* sphere) of business. – **2.** *pol.* portfolio: Minister ohne ~ minister without portfolio. – **3.** *jur.* (*Zuständigkeit*) jurisdiction, *bes. Br.* terms *pl* of reference. — **~beˌricht** *m econ.* business (*od.* director's) report, report and accounts: jährlicher ~ a) annual report, b) (*des Vorstands*) managing board's report. — **~beˌsit·zer** *m cf.* Geschäftsinhaber 2. — **~beˌtrieb** *m econ.* **1.** business (activity). – **2.** (*Firma*) business firm, commercial enterprise. — **~be·ˌzie·hun·gen** *pl* business connections (*Br. auch* connexions) (*od.* relations): in ~ mit j-m stehen to have business relations with s.o. — **~ˌbran·che** *f* line (*od.* branch) of business: in welcher ~ ist er tätig? what line of business is he in? what is his line (of business)? — **~ˌbrief** *m* business letter. — **~ˌbü·cher** *pl* accounts, books and balance sheets (*Br.* balance-sheets). — **~ˌei·fer** *m* zeal. — **~ˌeinˌla·ge** *f* **1.** member's (*od.* partner's) contribution. – **2.** shareholding in a private limited company. — **g~erˌfah·ren** *adj* experienced in business. — **~erˌfah·rung** *f* business experience. — **~erˌöff·nung** *f* **1.** opening of a shop (*bes. Am.* store) (*od.* business). – **2.** starting of a business. — **g~ˌfä·hig** *adj jur.* competent, capable to contract (*od.* of contracting): voll [beschränkt] ~ sein to have complete [limited] (legal) competency (*od.* capacity). — **~ˌfä·hig·keit** *f* (legal) capacity (*od.* competency), capacity to contract (*od.* of contracting): beschränkte ~ limited (legal) competency. — **~ˌflau·te** *f econ.* slackness (*od.* stagnation) of business, slump. — **~ˌfrau** *f* businesswoman. — **~ˌfreund** *m* business friend. — **g~ˌfüh·rend** *adj* ⟨*attrib*⟩ **1.** *econ.* a) (*Direktor, Teilhaber etc*) managing, b) (*Ausschuß, Vorstand etc*) executive: ~es Vorstandsmitglied member of the executive board. – **2.** (*stellvertretend*) acting. – **3.** ~e Regierung *pol.* caretaker government. — **~ˌfüh·rer** *m econ.* **1.** (*eines Ladens etc*) manager. – **2.** (*einer Personalgesellschaft*) managing partner. – **3.** (*einer Kapitalgesellschaft*) managing director. — **~·ˌfüh·rung** *f* **1.** (*die leitenden Angestellten*) management. – **2.** (*Leitung*) management, conduct of business: mit der ~ beauftragt sein to be charged with the management. – **3.** *jur.* agency: ~ ohne Auftrag agency without authority, *auch* agency by necessity. — **~ˌgang** *m* ⟨-(e)s; *no pl*⟩ (*Ablauf*) (run of) business: täglicher ~ daily (*od.* office) routine. — **~geˌba·ren** *n* business conduct (*od.* policy, methods *pl*, practices *pl*), way of doing business: reelles ~ plain dealing. — **~ˌge·gend** *f cf.* Geschäftsviertel 1. — **~geˌheim·nis** *n* business (*od.* trade) secret. — **~ˌgeist** *m cf.* Geschäftssinn. — **g~geˌwandt** *adj* skil(l)ful (*od.* clever) in business. — **~geˌwandt·heit** *f* business skill (*od.* acumen). — **~ˌgrün·dung** *f* establishment (*od.* founding, setting up) of a company (*od.* business). — **~ˌhaus** *n* **1.** business, company, firm. – **2.** (*Bürohaus*) office building. – **3.** shop building. — **~ˌinˌha·ber** *m*, **~ˌinˌha·be·rin** *f* **1.** principal, proprietor. – **2.** (*eines Ladens*) shopkeeper, *bes. Am.* storekeeper, *auch* storeskeeper. — **~in·terˌes·se** *n* business interest. — **~ˌjahr** *n* **1.** business year. – **2.** (*der Regierung*) financial (*od.* fiscal) year. — **~ka·piˌtal** *n* capital. — **~ˌkar·te** *f* (business) card. — **~ˌkon·to** *n* business account. — **~ˌko·sten** *pl* costs: auf ~ on expense account. — **~ˌkreis** *m only in* in ~en in business (*od.* commercial) circles. — **g~ˌkun·dig** *adj* experienced (*od.* skilled, versed) in business. — **~ˌla·ge** *f* **1.** business outlook (*od.* situation). – **2.** location, situation: der Laden hat eine günstige ~ the shop has a good location. — **~ˌle·ben** *n* business (life): sich aus dem ~ zurückziehen to retire from business. — **~ˌlei·ter** *m cf.* Geschäftsführer. — **~ˌlei·tung** *f cf.* Geschäftsführung 1, 2. — **~loˌkal** *n* **1.** (business) premises *pl.* – **2.** (*Laden*) shop, *bes. Am.* store. – **3.** (*Büro*) office. — **~ˌmann** *m* ⟨-(e)s; -leute *od.* -männer⟩ businessman: er ist ein versierter ~ he is well versed in business, he is an experienced businessman. — **g~ˌmä·ßig** *adj* **1.** businesslike. – **2.** (*unpersönlich*) impersonal. — **~me·ˌtho·de** *f* business policy, method of doing business. — **~moˌral** *f* business morals *pl* (*od.* ethics *pl* [*construed as sg or pl*]). — **~ˌneid** *m* professional envy. — **~ˌord·nung** *f* **1.** (standing) orders *pl*, rules *pl* (of procedure): in Übereinstimmung mit der ~ in order; im Widerspruch zur ~ out of order; zur ~ sprechen to rise to order. – **2.** (*Tagesordnung*) agenda. — **~paˌpier** *n meist pl* commercial (*od.* business) paper. — **~ˌpart·ner** *m* **1.** correspondent, business partner. – **2.** party to the transaction. — **~per·soˌnal** *n* (business) employees *pl*, staff. — **~ˌpra·xis** *f* business practice (*Am. auch* practise). — **~ˌraum** *m meist pl cf.* Geschäftslokal 2, 3. — **~ˌrei·se** *f* business trip. — **~ˌrei·sen·de** *m* traveling (*bes. Br.* travelling) salesman, commercial traveler (*bes. Br.* traveller), *Am. auch* drummer. — **~ˌri·si·ko** *n* business risk. — **~ˌrückˌgang** *m* decline, slackening (*od.* recession) in business (*od.* trade). — **~·ˌschluß** *m* closing time: nach ~ after business (*od.* office) hours. — **~ˌsinn** *m* ⟨-(e)s; *no pl*⟩ business sense. — **~ˌsitz** *m* place (*od.* location) of business. — **~ˌspra·che** *f* business (*od.* commercial) language, commercialese. — **~ˌstel·le** *f* **1.** office. – **2.** (*einer Bank, Versicherung etc*) branch (office). – **3.** (*einer Partei etc*) (local) headquarters *pl* (*usually construed as sg*). – **4.** *jur.* registry, register office. — **~ˌstil** *m* **1.** commercial (*od.* business) style. – **2.** *cf.* Geschäftssprache. — **~ˌstockung** (*getr.* -k·k-) *f* slackness of business, slowdown, slump, stagnation. — **~ˌstra·ße** *f* shopping street. — **~ˌstun·den** *pl* business (*od.* office) hours *pl.* — **~ˌtä·tig·keit** *f* business activity. — **~ˌteilˌha·ber** *m* partner. — **~ˌton** *m* ⟨-(e)s; *no pl*⟩ businesslike tone. — **~ˌträ·ger** *m* **1.** *pol.* chargé d'affaires. – **2.** *econ.* representative, proxy. — **~ˌtrick** *m* business trick. — **g~ˌtüch·tig** *adj* **1.** efficient (*od.* capable, skilled) (in business). – **2.** (*gewieft*) smart, sharp, clever. — **~ˌtüch·tig·keit** *f* **1.** business efficiency (*od.* skill, acumen). – **2.** (*Gewieftheit*) smartness, sharpness. — **~ˌüberˌga·be** *f* handing over (of) a business. — **~ˌüberˌnah·me** *f* taking over (of) a business. — **~ˌumˌfang** *m* extent of business. — **g~ˌunˌfä·hig** *adj jur.* legally incapacitated: ~ sein to be under legal incapacity. — **~ˌunˌfä·hig·keit** *f* legal incapacity. — **~ˌunˌko·sten** *pl econ.* operating expenses (*od.* costs). — **~ˌun·terˌla·gen** *pl* business papers. — **~ˌun·terˌneh·men** *n* business, commercial undertaking (*od.* enterprise). — **~verˌbin·dung** *f* business relations *pl* (*od.* connections *pl*, *Br. auch* connexions *pl*, communications *pl*): in ~ mit j-m treten to enter into business relations with s.o.; in ~ stehen mit to do (*od.* transact) business with. — **~verˌkehr** *m* business dealings *pl* (*od.* transactions *pl*). — **~verˌle·gung** *f* relocation (*od.* removal) of a business. — **~verˌmitt·ler** *m* merchant intermediary. — **~ˌvier·tel** *n* **1.** business district (*od.* quarter), commercial district. – **2.** (*Einkaufsviertel*) shopping center (*bes. Br.* centre) (*od.* district), *Am.* downtown. — **~ˌvollˌmacht** *f econ.* commission, power of attorney. — **~ˌvorˌfall** *m meist pl* business transaction, dealing. — **~ˌwa·gen** *m* commercial (*od.* business) vehicle. — **~ˌweg** *m only in* auf dem üblichen ~ through the usual business channels. — **~ˌwelt** *f* ⟨-; *no pl*⟩ business world (*od.* circles *pl*), (the) trade (*collect.*). — **~ˌwert** *m* (*einer Firma etc*) goodwill. — **~ˌzei·chen** *n* reference, file number, reference number, reference initials *pl.* — **~ˌzeit** *f cf.* Geschäftsstunden. — **~ˌzim·mer** *n* **1.** office. – **2.** *mil.* (*Schreibstube*) orderly room, *Br.* orderly-room. — **~ˌzweig** *m* line (*od.* branch) of business, branch.

ge'schah [-'ʃaː] *3 sg pret*, **ge'schä·he** [-'ʃɛːə] *3 sg pret subj of* geschehen[1].

Ge'schä·ker *n* ⟨-s; *no pl*⟩ *colloq. contempt.* flirting, philandering.

Ge'schar·re *n* ⟨-s; *no pl*⟩ **1.** (*des Publikums*) shuffling, scraping. – **2.** (*von Hühnern etc*) scratching. – **3.** (*von Pferden etc*) pawing.

Ge'schau·kel *n* ⟨-s; *no pl*⟩ *colloq.* **1.** (*im Schaukelstuhl etc*) rocking. – **2.** *contempt.* (*im Auto etc*) jolting. – **3.** *colloq.* (*eines Schiffes*) rolling, tossing.

ge'scheckt [-'ʃɛkt] *adj* **1.** pied, piebald, dappled: ein ~es Pferd a piebald horse, *Am. auch* a pinto. – **2.** (*Kuh*) brindled. – **3.** (*Katze*) tabby. – **4.** (*Wild*) dappled.

ge'sche·hen[1] [-'ʃeːən] *v/impers u. v/i* ⟨geschieht, geschah, geschehen, sein⟩ **1.** happen, occur, come about, 'transpire' (*vulg.*): was ist ~? what has happened? what's the matter? was wird wohl ~? what is likely to happen? es ist ein Unglück ~ there has been an accident; es geschieht mancherlei all kinds of things (can) happen, anything can happen (*colloq.*); so etwas geschieht nicht alle Tage that doesn't happen every day; es ~ noch Zeichen und Wunder miracles (*od.* wonders) never cease; es geschah wie ein Wunder it happened like magic; es geschah folgendermaßen it came about in this way, it happened like this; was geschieht, wenn? what happens if? what if? die Zeit, in der es geschah (*Zeitraum*) the time when (*od.* during which, in which) it happened; die Zeit, zu der es geschah (*Zeitpunkt*) the time when it happened; was auch ~ mag whatever may happen, no matter what happens; geschehe, was da wolle come what may; er wartet immer noch, daß etwas geschieht he is still waiting for s.th. to happen (*od.* turn up); (das ist) schon (*od.* bereits) ~ already done (*od.* taken care of); so ~ am 1. Mai 1968 (believe it or not) this happened on May 1st, 1968. – 2. (*getan werden*) be done: es muß etwas ~ s.th. has to be done; das geschieht nur in deinem Interesse that's only for your own sake (*od.* good); das geschieht nur, um that is only to; dafür sorgen, daß etwas geschieht to see that s.th. is done; was soll damit ~? what is to be done about it? ~ ist ~ what is done is done (*od.* cannot be undone); von meiner Seite ist alles ~ I have done everything I could (*od.* everything possible); Dein Wille geschehe *Bibl.* Thy will be done; → gern 1. – 3. (*widerfahren*) happen: j-m geschieht Unrecht s.o. suffers an injustice, s.o. is wronged; das geschieht ihm ganz recht that serves him right; es kann dir dabei nichts ~ nothing can happen to you; es wird ihm nichts Schlimmes ~ he will not come to any harm; er wußte nicht, wie ihm geschah he did not know what was happening to him, he was flabbergasted. – 4. etwas ~ lassen to let s.th. happen (*od.* be done), to allow (*od.* permit) s.th.: er ließ es ~, daß wir in Gefahr gerieten he let us (*od.* allowed us to) get into a dangerous situation; er ließ alles mit sich ~ he let them do everything to him, he put up with everything (that was done to him).

ge'sche·hen[2] I *pp of* geschehen[1]. – II *adj* (*in Wendungen wie*) es ist um seine Ruhe ~ his peace of mind is gone; paß auf, sonst ist es um dich ~ *colloq.* watch out or you've had it (*od.* you're in for it, you're done for); als er das Mädchen sah, war es um ihn ~ when he saw the girl he fell hopelessly in love with her (*od.* he fell for her).

Ge'sche·hen *n* ⟨-s; -⟩ happenings *pl*, event(s *pl*): das ~ in der Welt world happenings *pl*.

Ge'sche·he·ne *n* ⟨-n; *no pl*⟩ 1. (*vollendete Tatsache*) accomplished facts *pl*. – 2. (*Vergangenes*) bygones *pl*: ~s geschehen sein lassen to let bygones be bygones; ~s rückgängig machen wollen to wish s.th. that has happened had not happened, to try to put the clock back.

Ge'scheh·nis *n* ⟨-ses; -se⟩ *lit.* event, happening, occurrence, incident.

Ge'schei·de *n* ⟨-s; -⟩ *hunt.* pluck, viscera *pl* of (game) animals (*scient.*).

Ge'schein *n* ⟨-(e)s; -e⟩ *bot.* inflorescence of the vine.

ge'scheit I *adj* ⟨-er; -est⟩ 1. (*klug*) clever, intelligent, bright: ein ~er Kerl (*od.* Kopf) *colloq.* a clever fellow (*od.* chap) (*colloq.*); ein ~er Einfall a bright idea; ich werde daraus nicht ~ I can't make head or tail of it, it makes no sense at all to me; hinterher waren wir (gerade)so ~ wie vorher afterwards we were none the wiser. – 2. (*vernünftig*) sensible: sei doch ~! do be sensible (*od.* reasonable)! du bist wohl nicht ganz (*od.* recht) ~! you must be out of your mind (*od. colloq.* off your head, *sl.* off your rocker); es wäre ~er, wenn it would be more sensible (*od.* smarter) if. – 3. *Southern G.* (*Abreibung, Ohrfeige etc*) good, thorough. – II *adv* 4. cleverly, intelligently: etwas ~ anstellen a) to do s.th. in a clever way, b) *iron.* to make a fine mess of s.th. – III Ge'schei·te, das ⟨-n⟩ 5. etwas G~es sagen to say s.th. intelligent (*od.* bright). – 6. *Southern G.* something good: es gibt nichts G~es im Kino there is nothing good on at the cinema (*Am.* movies); es wird wohl nichts G~es dabei herauskommen nothing good will come of that.

Ge'scheit·heit *f* ⟨-; *rare* -en⟩ 1. ⟨*only sg*⟩ cleverness, intelligence, smartness. – 2. intelligent remark.

Ge'schenk *n* ⟨-(e)s; -e⟩ 1. present, gift: ein großzügiges ~ a generous gift; ein Geschenk des Himmels a gift from heaven (*od.* the Gods), a godsend; ein ~ annehmen [erhalten, geben] to accept [to get, to give] a present; j-n mit ~en überhäufen to shower gifts on s.o.; j-m ein ~ machen to make s.o. a present; j-m etwas zum ~ machen to make s.o. a present of s.th., to present s.o. with s.th., to donate s.th. to s.o.; kleine ~e erhalten die Freundschaft (*Sprichwort*) small gifts maintain (*od.* keep up) a friendship. – 2. (*Schenkung*) donation. – 3. (*kleines Geldgeschenk als Anerkennung*) gratuity. — ~abon·ne,ment *n* gift subscription. — ~ar,ti·kel *m meist pl* gift article, present. — ~,band *m* ⟨-(e)s; ⁼e⟩ giftbook, *Br.* gift-book. — ~,korb *m* gift hamper. — ~,packung (*getr.* -k·k-) *f* gift package (*od.* wrapping), gift box. — ~pa,ket *n* gift parcel. — ~,sen·dung *f* gift parcel: „~, keine Handelsware" "gift parcel without commercial value".

ge'schenkt I *pp*. – II *adj* ~! *colloq.* spare your breath! forget about it!

Ge'schenk,zweck *m only in* etwas zu ~en verwenden to use s.th. for a gift; besonders zu ~en geeignet specially suited as a present.

Ge'schep·per *n* ⟨-s; *no pl*⟩ *colloq.* clatter.

Ge'scherr [-'ʃɛr] *n colloq. only in* wie der Herr, so's ~ (*Sprichwort*) like master, like man (*proverb*).

Ge'schich·te *f* ⟨-; -n⟩ 1. story: eine erfundene (*od.* erlogene) ~ an invented story; ~n erzählen [vorlesen] to tell [to read] stories; damit ist eine lange ~ verbunden there is a long story to that; die ~ hat eine Moral there is a moral to the story; „Die ~ vom Soldaten" *mus.* "The Soldier's Tale" (*by Stravinsky*). – 2. history: griechische [römische] ~ Greek [Roman] history; alte [mittelalterliche, neue(re)] ~ ancient [medi(a)eval, modern] history; Biblische ~ Scripture, the Scriptures *pl*; das Rad der ~ zurückdrehen to turn back the wheel of history; in die ~ eingehen to go down in history; das gehört bereits der ~ an that has now become part of history; ~ machen to make history; auf eine bewegte ~ zurückblicken to look back on a colo(u)rful history (*od.* past). – 3. (*Geschichtsbuch*) history (book): ~ der Kunst [der Technik] history of art [technology]. – 4. *colloq.* (*Angelegenheit, Sache*) story, affair, business: das sind alte ~n that's an old story; es ist immer dieselbe ~ it's always the same old story; das sind ja schöne ~n (, die ich da gehört habe)! those are fine stories I must say; eine schöne ~! (*Bescherung*) a nice (*od.* fine) mess! a nice (*od.* pretty) how-do-you-do! a pretty kettle of fish! alte ~n aufwärmen (*od.* aufrühren) to bring up old stuff, to drag (*od.* rake) up old stories; mach keine ~n! a) don't be a fool! don't be silly! b) (*ziere dich nicht*) don't make (such) a fuss! da haben wir die ~! there you are! there we have it! that's a fine mess! was machst denn du für ~n? what are you up to? mach keine langen ~n don't make such a fuss (*od.* ado, *colloq.* a big issue, a song and dance) about it; mit der ~ herausrücken to come out with the whole (*od.* true) story; er hat eine böse ~ mit dem Magen he has bad stomach trouble. – 5. die ganze ~ *colloq.* (*alles*) the whole thing (*od.* lot, show, *colloq.* caboodle). – 6. (*literature*) tale, narrative, story.

Ge'schich·ten|,buch *n* storybook, *Br.* story-book. — ~er,zäh·ler *m* storyteller, *Br.* story-teller.

ge'schich·tet I *pp*. – II *adj* 1. laminated, stratified. – 2. *electr.* (*Kathode*) coated. – 3. *tech.* (*Gewebekunstleder*) multifabric. – 4. *bot.* stratose.

ge'schicht·lich I *adj* 1. (*Entwicklung, Thema, Rückblick etc*) historical: in ~er Zeit (*nicht prähistorisch*) in historical time; in ~er Hinsicht historically. – 2. (*für die Geschichte bedeutungsvoll*) historic: dieses Ereignis war von großer ~er Bedeutung this event was of great historic importance. – II *adv* 3. historically: es ist ~ erwiesen, daß history has proved that. — **Ge'schicht·lich·keit** *f* ⟨-; *no pl*⟩ historicity.

Ge'schichts|,auf,fas·sung *f* conception of history. — ~,bild *n* 1. view of history. – 2. *cf.* Geschichtsauffassung. – 3. (*art*) historical (*od.* history) painting. — ~,buch *n* history book. — ~,fäl·schung *f* falsification of history. — ~,for·scher *m* (research) historian, historical (*od.* history) scholar. — ~,for·schung *f* historical research. — ~,kennt·nis *f meist pl* knowledge of history. — ~,klit·te·rung *f* 1. bias(s)ed (*od.* slanted) account of historical events. – 2. *cf.* Geschichtsfälschung. — ~,leh·rer *m* history teacher. — g~,los *adj* (*Land etc*) without a history. — ~,ma·ler *m cf.* Historienmaler. — ~ma·le,rei *f cf.* Historienmalerei. — ~phi·lo,soph *m* 1. philosopher of history. – 2. (*Anhänger des Historismus*) historicist. — ~phi·lo·so,phie *f* 1. philosophy of history. – 2. historicism. — ~,quel·le *f* historical source. — ~,schrei·ber *m* 1. historian, historiographer. – 2. (*Chronist*) chronicler. — ~,schrei·bung *f* historiography. — ~,stu·di·um *n* study of history. — ~,stun·de *f* history class (*Br.* lesson). — ~,un·ter,richt *m* 1. (instruction in *od.* teaching of) history. – 2. *cf.* Geschichtsstunde. — ~,werk *n* historical work. — ~,wis·sen·schaft *f* (science of) history. — ~,wis·sen·schaft·ler *m* historian. — ~,zahl *f* history date.

Ge'schick[1] *n* ⟨-(e)s; -e⟩ 1. ⟨*only sg*⟩ fate: ein gütiges [widriges] ~ a kind [an adverse] fate; ihn traf ein schweres ~ he met with a cruel fate, fate dealt him a cruel blow. – 2. *meist pl* (*Belange*) fortune, destiny: die ~e eines Volkes lenken to control the destiny (*od.* fortunes) of a nation.

Ge'schick[2] *n* ⟨-(e)s; *no pl*⟩ 1. (*Geschicklichkeit*) skill: mit dem ~ eines Staatsmanns with the skill of a statesman; eine Sache des ~s a matter of skill; sie hat ein ~ für Handarbeiten she is very skilled in needlework; etwas mit ~ anfassen to tackle s.th. with skill. – 2. (*Eignung*) ability: ~ für (*od.* zu) etwas zeigen to show ability for s.th. – 3. (*Begabung*) knack: er hat ein ~, mit Menschen umzugehen he has a knack for (*od.* of) dealing with people; er hat ein besonderes ~, immer das Falsche zu sagen *iron.* he has a special knack of always saying the wrong thing.

Ge'schick·lich·keit *f* ⟨-; *no pl*⟩ 1. skill, dexterity, adroitness: sich (*dat*) große ~ in etwas erwerben to acquire great skill in s.th.; seine ~ an (*dat*) etwas üben to exercise one's skill in s.th.; große ~ beim Reiten zeigen to show great skill in riding. – 2. (*Fingerfertigkeit*) deftness, dexterity, craft. – 3. (*Gewandtheit*) cleverness, skilfulness, *Am. auch* skillfulness, know-how (*colloq.*): mit ~ eine Situation meistern to master a situation skilfully (*Am. auch* skillfully). – 4. *cf.* Geschick[2] 2, 3.

Ge'schick·lich·keits|,fah·ren *n auto.* gymkhana. — ~,prü·fung *f* dexterity test. — ~,spiel *n* game of skill (*od.* dexterity).

ge'schickt I *pp*. – II *adj* 1. (*geübt*) skilful, *Am. auch* skillful, skilled. – 2. (*fähig u. flink*) skilful, *Am. auch* skillful, dext(e)rous, adroit. – 3. (*fingerfertig*) skilful, *Am. auch* skillful, deft, dext(e)rous: sehr ~ im Nähen sein to be very skil(l)ful at sewing, to sew very skil(l)fully; ~e Hände haben to have nimble (*od.* agile) hands. – 4. (*geeignet*) (zu for, to) suited. – 5. (*geistig gewandt*) clever, skilful, *Am. auch* skillful, ingenious: ein ~er Schachzug *fig.* a clever move; j-n durch ~e Fragen aufs Glatteis führen to trip s.o. up by skil(l)ful questioning. – III *adv* 6. skilfully, *Am. auch* skillfully, cleverly: sich ~ aus der Affäre ziehen to skil(l)fully (*od.* neatly, nicely) get oneself out of a difficulty; etwas ~ anstellen to set about s.th. skil(l)fully (*od.* with skill); ~ vorgehen to proceed cleverly; ~ ausgedacht cleverly (*od.* ingeniously) contrived. — **Ge'schickt·heit** *f* ⟨-; *no pl*⟩ *cf.* Geschicklichkeit.

Ge'schie·be *n* ⟨-s; -⟩ 1. ⟨*only sg*⟩ *colloq.* (*von Menschen etc*) pushing, shoving. – 2. *geol.* ellipsoidal (*od.* diskshaped, discshaped, *Br.* disk-shaped, disc-shaped) stone, rubble, (glacial) drift. — ~,hü·gel *m geol. geogr.* 1. moraine. – 2. (*durch Sand aufgewehter*) esker, *auch* eskar, eschar. – 3. (*fächerförmiger*) kame. — ~,lehm *m* boulder clay, *Br.* boulder-clay, till. — ~,mer·gel *m* (marly) till.

ge'schie·den [-'ʃiːdən] I *pp of* scheiden. – II *adj* 1. (*Eheleute*) divorced: ~e Frau divorced woman, divorcée, *auch* divorcee;

~er Mann divorced man, divorcé; mein ~er Mann my former (*od.* ex-)husband, my ex (*colloq.*); wir sind ~e Leute *fig.* we have finished (*od.* done, we are through) with each other, I want nothing more to do with you.

Ge'schie·de·ne[1] *m* ⟨-n; -n⟩ divorced man, divorcé.

Ge'schie·de·ne[2] *f* ⟨-n; -n⟩ divorced woman, divorcée, *auch* divorcee.

ge'schieht [-'ʃiːt] *3 sg pres of* geschehen[1].

ge'schie·nen [-'ʃiːnən] *pp of* scheinen[1] *u.* [2].

Ge'schie·ße *n* ⟨-s; *no pl*⟩ *colloq.* (continual) shooting.

Ge'schimp·fe *n* ⟨-s; *no pl*⟩ *colloq.* (continual) scolding (*od.* cursing).

Ge'schirr *n* ⟨-(e)s; -e⟩ **1.** ⟨*only sg*⟩ (*Tafelgeschirr*) tableware, *Br.* table-ware, dishes *pl*: das ~ abräumen to clear the table; das ~ abtrocknen to wipe the dishes; ~ spülen to wash (*od.* do) the dishes. – **2.** (*Porzellan*) china: heute nehmen wir das gute ~ *colloq.* today we'll use our best china. – **3.** (*Küchengeschirr*) kitchen utensils *pl* (*od.* things *pl*), pots and pans *pl*: feuerfestes ~ ovenware. – **4.** (*irdenes*) earthenware, crockery, pottery. – **5.** *archaic* (*Gefäß*) vessel. – **6.** (*für Zugtiere*) harness, tackling: einem Pferd das ~ anlegen to harness a horse; die Pferde legten sich tüchtig ins ~ the horses pulled hard; sich tüchtig (*od.* mächtig) ins ~ legen, tüchtig ins ~ gehen *fig. colloq.* to put one's shoulder to the wheel, to buckle down to it, *Br.* to put one's back into it; im ~ gehen *fig. colloq.* to be in harness. – **7.** (*Pferd u. Wagen*) (horse and) carriage. – **8.** (*Gerät, Ausrüstung*) equipment, tackle. – **9.** *tech.* (*am Webstuhl*) mounting. – **10.** *mar.* gear. — **~ˌbür·ste** *f* brush for dishes. — **~ˌkam·mer** *f agr.* harness shed. — **~ˌma·cher** *m* harness maker. — **~ˌschnal·le** *f* harness buckle. — **~ˌschrank** *m* (*Küchenschrank*) (china) cupboard. — **~ˌspü·ler** *m* **1.** dish washer, *Br.* dish-washer. – **2.** *cf.* Geschirrspülmaschine. — **~ˌspül·maˌschi·ne** *f* dishwashing machine, dish washer, *Br.* dish-washer. — **~ˌtuch** *n Am.* dish towel, *Br.* tea-towel (*od.* -cloth).

ge'schis·sen [-'ʃɪsən] *pp of* scheißen.

Ge'schlab·ber *n* ⟨-s; *no pl*⟩ *colloq.* (*Schlürfen*) lapping, slurping.

ge'schla·gen I *pp of* schlagen. – **II** *adj* **1.** defeated, beaten: sich ~ geben *auch fig.* to admit defeat, to give up. – **2.** ⟨*attrib*⟩ *colloq.* (*ganz*) whole: ich habe eine ~e Stunde gewartet I waited for a whole hour; er redete eine ~e Stunde he talked for a solid hour (*od.* for an hour solid[ly]).

ge'schlän·gelt I *pp.* – **II** *adj* **1.** (*Linie*) wavy. – **2.** (*Flußlauf*) serpentine, winding, meandering.

Ge'schlecht *n* ⟨-(e)s; -er⟩ **1.** (*natürliches*) sex: das weibliche (*od. colloq. humor.* schöne, schwache) ~ the female (*od.* gentle, fair, weaker) sex; das männliche (*od. colloq. humor.* starke) ~ the male (*od.* stronger, sterner) sex; das andere ~ the other (*od.* opposite) sex; beiderlei [verschiedenen] ~s of both [different] sexes. – **2.** (*Gattung*) kind, genus, species, race: das menschliche ~ the human race, mankind. – **3.** (*Abstammung*) stock, strain, lineage, line, descent, ancestry, race, birth, extraction: er stammt von einem alten ~ ab he is of ancient lineage; er stammt aus adligem ~ he comes of noble stock (*od.* a noble strain). – **4.** (*Familie*) family: er entstammt einem alteingesessenen [berühmten] ~ he comes of an old-established [famous] family. – **5.** (*Dynastie*) dynasty: das ~ der Hohenstaufen ist ausgestorben the Hohenstaufen dynasty has died out. – **6.** (*Generation*) generation: die kommenden ~er future generations; etwas von ~ zu ~ vererben to transmit s.th. from generation to generation. – **7.** *ling.* gender: männliches [weibliches, sächliches] ~ masculine [feminine, neuter] gender; das ~ richtet sich nach dem ... the gender is determined by. – **8.** *zo. math.* genus. – **9.** *bot.* a) genus, b) (*Stamm*) tribe: mit getrennten ~ern diclinous; Trennung der ~er dicliny.

Ge'schlech·ter|ˌfol·ge *f* line of succession, generations *pl.* — **~ˌkun·de** *f* genealogy.

ge'schlecht·lich I *adj* **1.** sexual, sex (*attrib*): ~e Aufklärung sex education; ~e Fortpflanzung sexual reproduction, syngenesis (*scient.*); j-n ~ aufklären to tell s.o. the facts of life. – **2.** *bot. zo.* sexual, generic. – **II** *adv* **3.** sexually: sich ~ fortpflanzen to reproduce sexually; mit j-m ~ verkehren to have sexual intercourse with s.o., to have sex with s.o. (*colloq.*); ~ kreuzen *bot. zo.* to intercross; sich ~ vermehrend *bot. zo.* amphigonic, amphigonous. — **Ge'schlecht·lich·keit** *f* ⟨-; *no pl*⟩ sexuality.

Ge'schlechts|ˌakt *m* sexual act; coitus, coition (*scient.*). — **~beˌfrie·di·gung** *f* sexual gratification. — **g~beˌgrenzt** *adj biol.* sex-limited. — **g~beˌstim·mend** *adj* (*Gene etc*) sex-determining. — **~beˌstim·mung** *f* sex determination (*od.* differentiation). — **g~beˌtont** *adj* sex-conscious, sexy. — **~chro·moˌsom** *n* **1.** *biol.* sex chromosome, heterochromosome, allosome. – **2.** *bot.* accessory chromosome. — **~ˌdrang** *m* sexual impulse, sex instinct (*od.* urge). — **~ˌdrü·se** *f* **1.** *biol. med.* sexual gland, gonad (*scient.*). – **2.** *zo.* germ gland. — **~ˌfal·te** *f* (*in der Embryologie*) genital fold. — **g~geˌbun·den** *adj biol.* sex-linked. — **~geˌnuß** *m* sexual pleasure. — **~horˌmon** *n meist pl biol.* sex hormone. — **~hy·gie·ne** [-hyˌgieːnə] *f* sex hygiene. — **g~ˌkrank** *adj med.* suffering from a venereal disease, venereal. — **~ˌkran·ke** *m, f* person suffering from a venereal disease, venereal patient. — **~ˌkrank·heit** *f* venereal disease: Haut- und ~en skin and venereal diseases. — **~ˌle·ben** *n* sex life.

ge'schlechts·los *adj* **1.** *biol.* sexless, asexual, neuter, nonsexual *Br.* non-; agamic, agamous (*scient.*): ~e Vermehrung asexual reproduction, agamogenesis (*scient.*). – **2.** *bot.* agamic, agamous, anandrous. – **3.** *ling.* (*Wort*) neuter. — **Ge'schlechts·lo·sig·keit** *f* ⟨-; *no pl*⟩ *biol.* sexlessness, asexuality.

Ge'schlechts|ˌmerkˌmal *n biol.* sex character (*od.* characteristics *pl*): primäre [sekundäre] ~e primary [secondary] sex characteristics. — **~ˌna·me** *m* family name, surname, *Am.* last name. — **~orˌgan** *n* sex (*od.* genital, reproductive) organ: ~e *auch* genitals, genitalia. — **g~ˌreif** *adj* sexually mature, pubescent (*scient.*): noch nicht ~ impuberal. — **~ˌrei·fe** *f* sexual maturity; puberty, pubescence (*scient.*). — **~ˌteil** *n meist pl* sex (*od.* genital) organ: ~e genitals, genitalia, private (*od.* privy) parts (*colloq.*). — **~ˌtrieb** *m* sexual instinct (*od.* drive, desire, urge), libido (*scient.*): gesteigerter [reduzierter] ~ heightened [reduced] sexual drive. — **~ˌumˌwand·lung** *f* sex change (*od.* modification). — **g~ˌunˌreif** *adj* impuberal. — **~ˌunˌrei·fe** *f* sexual immaturity, impuberism (*scient.*). — **~ˌun·terˌschied** *m* sex difference, sexual distinction. — **~verˌhält·nis** *n* sex ratio, sex incidence. — **~verˌir·rung** *f* sexual perversion. — **~verˌkehr** *m* **1.** sexual intercourse, sexual relations *pl*; coitus, coition (*scient.*). – **2.** unerlaubter ~ *jur. obs.* criminal conversation. — **~ˌwort** *n* ⟨-(e)s; ⸚er⟩ *ling.* article: bestimmtes [unbestimmtes] ~ definite [indefinite] article. — **~ˌzel·le** *f biol.* sexual (*od.* germ, generative) cell.

Ge'schleif *n* ⟨-(e)s; *no pl*⟩, **Ge'schlei·fe** *n* ⟨-s; *no pl*⟩ *hunt.* **1.** entrance into a burrow (*od.* the earth). – **2.** *cf.* Geschleppe.

Ge'schlep·pe *n* ⟨-s; *no pl*⟩ *hunt. trail made by dragging bait along the ground for the purpose of attracting beasts of prey.*

ge'schli·chen [-'ʃlɪçən] *pp of* schleichen.

ge'schlif·fen [-'ʃlɪfən] **I** *pp of* schleifen[1]. – **II** *adj* **1.** (*Glas, Edelstein*) cut: rosettenartig ~ rose-cut. – **2.** (*Messer*) sharpened. – **3.** (*Linsen*) ground. – **4.** *fig.* (*Manieren, Sprache, Stil*) polished, refined, smooth. – **5.** *fig.* (*Zunge*) sharp. — **Ge'schlif·fen·heit** *f* ⟨-; *rare* -en⟩ *fig.* (*der Sprache, des Stils etc*) refinement, polish, smoothness.

Ge'schlin·ge *n* ⟨-s; -⟩ **1.** (*des Schlachtviehs*) *u. hunt.* pluck, edible viscera *pl* (*scient.*), (*bes. eines Schweins*) has(s)let, *Br. auch* harslet. – **2.** (*Rankenwerk*) tangle, twining mass: ein ~ von Wurzeln a twining mass of roots.

ge'schlis·sen [-'ʃlɪsən] *pp of* schleißen.

ge'schlitzt I *pp.* – **II** *adj* **1.** (*Augen, Rock etc*) slit. – **2.** *bot. zo.* lacerated, laciniate(d). — **~ˌblät·te·rig, ~ˌblätt·rig** *adj bot.* with laciniate(d) leaves.

ge'schlos·sen [-'ʃlɔsən] **I** *pp of* schließen. – **II** *adj* **1.** (*Geschäft, Tür, Blüte etc*) closed. – **2.** (*Tagung, Veranstaltung, Vorstellung*) closed, private: in ~er Sitzung a) in a closed session, b) *jur.* in a closed court, in camera; eine ~e Versammlung a closed (*od.* indoor) meeting; ~e Vorstellung (*im Theater etc*) private performance. – **3.** (*Gesellschaft*) private: in ~er Gesellschaft privately. – **4.** (*in sich geschlossen*) self-contained: ein ~es Ganzes a) (*Projekt etc*) a self-contained unit, a unified whole, b) *fig.* a compact whole; ~e Baueinheit *tech.* self-contained construction unit. – **5.** (*Leistung etc*) round, well-rounded (*attrib*), consistent, finished. – **6.** (*vereint*) united. – **7.** (*einheitlich*) uniform. – **8.** (*Front, Reihe*) compact, serried. – **9.** ~e Ortschaft (*im Straßenverkehr*) built-up area. – **10.** ~er Verband a) (*von Fahrzeugen*) convoy, column, b) (*von Flugzeugen*) close (*od.* tight) formation. – **11.** ~er Wagen *auto.* a) mobile van, b) *Br.* saloon (car), *Am.* sedan; ~er Zweisitzer coupé. – **12.** ~er Güterwagen (*railway*) *Am.* box car, *Br.* cover waggon. – **13.** *electr.* a) (*Stromkreis*) closed, b) (*Motor etc*) enclosed. – **14.** ~e Falte (*mining*) closed fold. – **15.** ~er Kreisprozeß *chem.* complete cycle. – **16.** *geol.* (*Gewässer*) inland (*attrib*). – **17.** (*literature*) (*Handlung*) compact, unified, closely knit. – **18.** *ling.* (*Vokal*) closed, checked. – **19.** ~e Zeit *relig.* a) Lent, b) Advent (season). – **20.** *mil.* (*Ordnung, Formation*) close. – **21.** ~e Zeit *hunt. cf.* Schonzeit 1. – **22.** ~er Strahler *nucl.* sealed source. – **III** *adv* **23.** (*einstimmig*) unanimously: sie stimmten ~ für die Annahme des Antrags they voted unanimously for (the adoption of) the motion. – **24.** (*wie ein Mann*) solidly: sie stehen ~ hinter ihm they are solidly behind him. – **25.** (*alle zusammen*) all together, in a body: sie gingen ~ zum Chef they went to the manager in a body. – **26.** (*vollkommen*) completely. – **27.** *econ.* en bloc. — **Ge'schlos·sen·heit** *f* ⟨-; *no pl*⟩ **1.** (*Einmütigkeit*) unanimity. – **2.** (*der Siedlung, Reihen etc*) compactness. – **3.** (*einer Darstellung, Form etc*) unity, consistency. – **4.** (*eines Charakters*) consistency. – **5.** (*literature*) (*einer Handlung etc*) compactness, tight construction. – **6.** *phys.* (*einer Form*) closure.

Ge'schluch·ze *n* ⟨-s; *no pl*⟩ *colloq.* (continual) sobbing.

ge'schlun·gen [-'ʃlʊŋən] *pp of* schlingen[1] *u.* [2].

Ge'schmack *m* ⟨-(e)s; ⸚e, *humor.* ⸚er⟩ **1.** (*eines Essens*) taste: ohne ~ *cf.* geschmacklos 1; fader ~ insipid taste; eigentümlicher ~ strange (*od.* odd) taste; angenehmer ~ relish, zest; Zucker hat einen süßen ~ sugar has a sweet taste (*od.* tastes sweet); das Essen hat keinen ~ the food has no taste (*od.* is tasteless); die Sache hinterließ einen üblen ~ *fig.* the affair left a bad taste in one's mouth; durch zu langes Kochen verliert das Essen an ~ food loses its flavo(u)r when cooked too long. – **2.** (*Aroma*) taste, flavor, *bes. Br.* flavour, savor, *bes. Br.* savour: einen köstlichen ~ haben to have a delicious flavo(u)r; die Butter hat einen guten ~ the butter has a good taste. – **3.** (*Geschmacksempfindung*) taste, palate: eine Speise nicht nach seinem ~ finden to find a dish not to one's taste; den ~ an (*dat*) etwas verlieren *fig.* to lose one's taste (*od.* palate) for s.th. – **4.** (*Geschmackssinn*) sense of taste. – **5.** *fig.* taste: er hat ~ he is a man of taste, he has good taste; nach meinem ~ according to my taste; das ist [nicht] nach meinem ~ that is [not] to my taste, I [do not] like that; über (den) ~ läßt sich (nicht) streiten, *colloq. humor.* (die) Geschmäcker sind verschieden tastes differ, there is no accounting for tastes (*proverb*); er hat einen ausgesuchten ~ he has exquisite taste. – **6.** *colloq.* (*Vorliebe, Gefallen*) taste, liking, fancy: das ist ganz mein (*od.* nach meinem) ~ I really like that; an (*dat*) etwas ~ finden to develop (*od.* acquire) a taste for s.th., to take a fancy to s.th.; einer Sache keinen ~ abgewinnen to dislike (*od.* not to take to) s.th.; auf (*od.* hinter) den ~ kommen to taste blood (*colloq.*); ein Mädchen nach meinem ~ *colloq.* a girl after my (own) heart. – **7.** *fig.* (*einer Epoche*) taste: im ~ des 18. Jahrhunderts in the taste of the 18th century; der herrschende ~ the prevailing taste; der heutige ~ today's taste.

ge'schmack·ig *adj Austrian for* a) geschmackvoll I, b) wohlschmeckend.

ge'schmack·lich *adj u. adv* as regards taste.

ge'schmack·los I *adj* **1.** (*Speise, Getränk etc*) tasteless, insipid, flat. – **2.** flavorless, *bes. Br.* flavourless, savorless, *bes. Br.* savourless. – **3.** *fig.* (*unfein*) crude, tasteless, in bad taste, fulsome (*lit.*): ich finde den Witz ~ I find the joke crude, I find his joke bad taste; ich finde seine Antwort ~ I find his answer lacks taste (*od.* is in bad taste); es wäre ~ zu it would be in bad taste to. – **4.** *fig.* (*taktlos*) tasteless, tactless. – **5.** *fig.* (*Bild etc*) lacking good taste, cheap. – **II** *adv* **6.** sie ist ~ gekleidet she shows no taste in her dress. — **Ge'schmack·lo·sig·keit** *f* ⟨-; -en⟩ **1.** tastelessness, insipidness, insipidity. – **2.** *fig.* tastelessness, fulsomeness (*lit.*): das war eine ~ that was in bad taste. – **3.** *fig.* tactlessness, tastelessness.

Ge'schmackˌsa·che *f cf.* Geschmackssache.

Ge'schmacks|ˌbe·cher *m med.* taste (*od. scient.* gustatory) bud. — **~ˌbil·dung** *f* formation of taste. — **~empˌfin·dung** *f* sensation of taste.

Ge'schmackˌsinn *m cf.* Geschmackssinn.

Ge'schmacks|ˌknos·pe *f meist pl cf.* Geschmacksbecher. — **~ˌkör·per·chen** *n* (*der Zunge*) taste corpuscle. — **~ˌmu·ster** *n econ.* design. — **~ˌnerv** *m med.* gustatory nerve. — **~orˌgan** *n meist pl* taste organ, gustatory organ (*scient.*). — **~qua·liˌtät** *f* taste qualities *pl.* — **~ˌrich·tung** *f* (trend of) taste: allen ~en gerecht werden to do justice to all trends of taste; die ~ der zwanziger Jahre the (trend of) taste of the Twenties. — **~ˌsa·che** *f* matter of taste, matter of opinion: das ist ~ that is a matter of taste. — **~ˌsinn** *m* (sense of) taste; gustation, gustatory sense (*scient.*). — **~ˌstö·rung** *f med.* impairment of the sense of taste, hypogeusia (*scient.*). — **~ver·ˌir·rung** *f* lapse of taste, crime against good taste, perverted taste: er leidet an ~ *colloq.* he lacks taste. — **~verˌlust** *m med.* loss of the sense of taste, ageusia (*scient.*). — **g~ˌwid·rig** *adj* contrary to good taste, in bad taste. — **~ˌwid·rig·keit** *f* bad taste. — **~ˌzel·le** *f med.* taste (*od. scient.* gustatory) cell. — **~ˌzuˌsatz** *m* (*in Lebensmitteln*) flavor, *bes. Br.* flavour: mit ~ flavo(u)red.

ge'schmackˌvoll I *adj fig.* tasteful, in good taste, elegant, stylish: ~e Möbel elegant furniture *sg*; das Kleid ist sehr ~ the dress is in good taste; äußerst ~ in excellent (*od.* admirable, the best) taste. – **II** *adv* sie ist ~ gekleidet she shows good taste in her dress; ein ~ eingerichtetes Zimmer an elegantly (*od.* stylishly) furnished room.

Ge'schmat·ze *n* ⟨-s; *no pl*⟩ *colloq. contempt.* **1.** smacking (one's lips). – **2.** noisy eating.

Ge'schmei·chel *n* ⟨-s; *no pl*⟩ *colloq.* flattering, coaxing.

ge'schmei·chelt I *pp.* – **II** *adj* sich ~ fühlen to feel flattered.

Ge'schmei·de [-'ʃmaɪdə] *n* ⟨-s; -⟩ *lit.* **1.** jewellery, *bes. Am.* jewelry, jewels *pl.* – **2.** precious necklace(s *pl*). – **3.** precious bracelet(s *pl*).

ge'schmei·dig I *adj* **1.** (*Körper, Bewegung etc*) supple, lithe, limber, lissome, *auch* lissom: ~ wie eine Katze (as) lithe as a cat. – **2.** (*Gerte, Leder etc*) supple, pliable, pliant, flexible: etwas ~ machen to make s.th. supple. – **3.** (*Wachs etc*) moldable, *bes. Br.* mouldable, workable. – **4.** (*glatt*) smooth: ~er Teig *gastr.* smooth dough. – **5.** (*Haut, Haar*) supple, soft: die Haut ~ erhalten to keep one's skin soft. – **6.** *metall.* a) (*dehnbar*) ductile, b) (*biegsam*) flexible, pliable. – **7.** *fig.* (*geistig gewandt*) supple, flexible, elastic, pliable. – **8.** *fig.* (*wendig*) ingenious, versatile. – **9.** *fig.* (*Zunge*) glib, voluble. – **II** *adv* **10.** supply, lithely: er wand sich ~ durch den Spalt he supply made his way through the opening; sich jeder Lage ~ anpassen *fig.* to adapt oneself easily to any situation. — **Ge'schmei·dig·keit** *f* ⟨-; *no pl*⟩ **1.** suppleness, litheness. – **2.** suppleness, pliability, pliancy, flexibility. – **3.** workability. – **4.** smoothness. – **5.** (*der Haut*) suppleness – **6.** *metall.* malleability. – **7.** *fig.* suppleness, flexibility. – **8.** *fig.* ingenuity. – **9.** (*der Zunge*) glibness.

Ge'schmei·dig·keitsˌübung *f meist pl* limbering up, suppling exercise.

Ge'schmeiß *n* ⟨-es; *no pl*⟩ **1.** (*Ungeziefer*) vermin. – **2.** *fig. contempt.* (*Gesindel*) vermin, scum, dregs *pl*, riff-raff, rabble. – **3.** *hunt.* (*der Raubvögel*) droppings *pl.*

Ge'schmet·ter *n* ⟨-s; *no pl*⟩ *colloq.* (*von Trompeten etc*) blare, flourish.

Ge'schmier *n* ⟨-(e)s; *no pl*⟩, **Ge'schmie·re** *n* ⟨-s; *no pl*⟩ *colloq. contempt.* **1.** smearing. – **2.** (*schlechte, klecksige Schrift*) scribble, scrawl. – **3.** (*Bild*) daub. – **4.** (*literarisches Machwerk*) shoddy piece of literature.

ge'schmis·sen [-'ʃmɪsən] *pp of* schmeißen.

ge'schmol·zen [-'ʃmɔltsən] *pp of* schmelzen.

Ge'schmor·te *n* ⟨-n; *no pl*⟩ *gastr.* stew, stewed meat.

Ge'schmun·zel *n* ⟨-s; *no pl*⟩ *colloq.* contented (*od.* amused) smile, smirk.

Ge'schmus *n* ⟨-es; *no pl*⟩, **Ge'schmu·se** *n* ⟨-s; *no pl*⟩ *colloq. contempt.* **1.** cuddling, hugging and kissing, smooching. – **2.** *fig.* wheedling, coaxing.

Ge'schnä·bel *n* ⟨-s; *no pl*⟩ (*der Vögel*) billing and cooing.

ge'schnä·belt I *pp.* – **II** *adj bot.* rostrate(d).

Ge'schnar·che *n* ⟨-s; *no pl*⟩ *colloq.* (loud *od.* continuous) snoring.

Ge'schnat·ter *n* ⟨-s; *no pl*⟩ *colloq.* **1.** (*der Gänse*) cackling. – **2.** (*der Enten*) quacking. – **3.** *fig.* chattering, jabbering, babbling, gabbling.

Ge'schnau·fe *n* ⟨-s; *no pl*⟩ *colloq.* hard breathing, wheezing, snuffling, snorting.

ge'schnie·gelt I *pp.* – **II** *adj colloq.* (*Kerl etc*) smart, spruce, dapper: ~ und gebügelt spick-and-span, spic-and-span, spruced-up (*attrib*).

ge'schnit·ten [-'ʃnɪtən] *pp of* schneiden.

ge'schno·ben [-'ʃnoːbən] *pp obs. and lit. of* schnauben.

Ge'schnör·kel *n* ⟨-s; *no pl*⟩ *colloq.* **1.** scrolls *pl*, scroll ornaments *pl.* – **2.** (*Tätigkeit*) scrolling, adorning with flourishes.

Ge'schnüf·fel *n* ⟨-s; *no pl*⟩ *colloq.* **1.** (*der Tiere*) sniffing. – **2.** *fig. cf.* Schnüffelei 2.

Ge'schnur·re *n* ⟨-s; *no pl*⟩ *colloq.* (*der Katze*) purring.

ge'scho·ben [-'ʃoːbən] *pp of* schieben.

ge'schol·ten [-'ʃɔltən] *pp of* schelten.

Ge'schöpf *n* ⟨-(e)s; -e⟩ **1.** (*Lebewesen*) creature: ein ~ Gottes one of God's creatures; der Mensch als ~ Gottes man as a being created by God; süßes [armes] ~ *colloq.* lovely [poor] creature (*od.* thing); so ein liebes ~! such a dear! du bist ein faules ~! *colloq.* you are a lazy thing. – **2.** *fig.* creature: ein ~ seiner Phantasie a figment of his imagination.

ge'schopft [-'ʃɔpft] **I** *pp.* – **II** *adj* **1.** *bot.* crested. – **2.** *zo.* crested, crowned.

ge'scho·ren [-'ʃoːrən] *pp of* scheren[1].

Ge'schoß [-'ʃɔs] *n* ⟨-sses; -sse⟩ **1.** *mil.* projectile, missile: ferngelenktes ~ guided missile. – **2.** (*eines Gewehres, einer Pistole*) bullet, shot. – **3.** (*Granate*) shell. – **4.** (*Pfeil*) dart. – **5.** (*Wurfspeer*) spear. – **6.** *arch.* (*Stockwerk*) floor, storey, *bes. Am.* story: sie wohnen im obersten ~ they live on the top floor. – **7.** *bot.* (*von Pflanzen*) shoot, sprig. – **8.** *nucl.* charged particle directed at target nucleus to induce reaction. — **~aufˌschlag** *m mil.* impact (of a projectile). — **~ˌbahn** *f* trajectory, ballistic curve. — **~ˌbo·den** *m* base (of a projectile).

ge'schos·sen [-'ʃɔsən] *pp of* schießen.

Ge'schoß|ˌgar·be *f mil.* sheaf of fire. — **~geˌschwin·dig·keit** *f* velocity of a projectile. — **~ˌha·gel** *m* hail of bullets (*od.* missiles, shells). — **~ˌhö·he** *f arch.* height between storeys, floor headroom. — **~ˌhül·se** *f mil.* body of a projectile, shell case. — **~ˌkern** *m* projectile (*od.* missile, shell) core. — **~ˌkör·per** *m* body of a projectile. — **~ˌman·tel** *m mil.* **1.** (*einer Kugel*) jacket. – **2.** (*einer Granate*) (shell) case. — **g~ˌsi·cher** *adj* shellproof, bulletproof. — **~ˌteil·chen** *n nucl.* particle of bombardment, bombarding particle. — **~ˌwir·kung** *f mil.* effect of projectile.

ge'schränkt I *pp.* – **II** *adj tech.* **1.** crossed: ~er Riemen crossed belt. – **2.** (*Zähne einer Säge*) set.

ge'schraubt I *pp.* – **II** *adj fig. contempt.* (*Stil, Sprechweise, Benehmen*) stilted, affected, artificial, mannered. — **Ge'schraubt·heit** *f* ⟨-; *no pl*⟩ stiltedness, stiffness, affectedness, artificiality.

Ge'schrei *n* ⟨-(e)s; *no pl*⟩ **1.** (*das Schreien*) shouting, yelling. – **2.** shouts *pl*, cries *pl*, screams *pl*: mit lautem ~ with a great shout; ein großes ~ erheben to give (*od.* set up) a great shout; anfeuerndes ~ (*sport*) cheering, *Am. auch* yelling, 'rooting' (*sl.*). – **3.** (*wirres*) hullabaloo, hubbub. – **4.** (*der Menge*) clamor, *bes. Br.* clamour, racket, uproar. – **5.** (*Freudengeschrei*) acclamations *pl*, cheers *pl.* – **6.** (*von Babys*) crying, bawling. – **7.** (*durchdringendes*) scream, screech, shriek, squall. – **8.** (*eines Esels*) bray(ing). – **9.** *fig.* (gegen against) clamor, *bes. Br.* clamour, outcry, hue and cry. – **10.** *fig. colloq.* (*Aufhebens*) (great) noise, fuss: viel ~ um jede Kleinigkeit machen to make a big fuss over every trifle; viel ~ und wenig Wolle (*Sprichwort*) much ado about nothing. – **11.** *dial. for* Gerede 1, Klatsch 3.

Ge'schrei·be *n* ⟨-s; *no pl*⟩ *colloq.* (continual) writing.

Ge'schreib·sel [-'ʃraɪpsəl] *n* ⟨-s; *no pl*⟩ *colloq. contempt.* **1.** (*Gekritzel*) scribble, scrawl. – **2.** *fig.* trashy writing, wish-wash, balderdash, 'bilge' (*sl.*).

Ge'schreie *n* ⟨-s; *no pl*⟩ *cf.* Geschrei 1, 2.

ge'schrie·ben [-'ʃriːbən] **I** *pp of* schreiben[1]. – **II** *adj* written: ~es Gesetz (*od.* Recht) *jur.* a) written law, b) (*gesatztes Recht*) statute.

ge'schrie·en [-'ʃriːən], **ge'schrien** [-'ʃriːn] *pp of* schreien.

Ge'schrill *n* ⟨-(e)s; *no pl*⟩, *auch* **Ge'schril·le** *n* ⟨-s; *no pl*⟩ *colloq.* (*einer Glocke, Pfeife etc*) (continual) shrill.

ge'schrit·ten [-'ʃrɪtən] *pp of* schreiten.

ge'schrocken (*getr.* -k·k-) [-'ʃrɔkən] *pp obs. of* schrecken II.

Ge'schröt [-'ʃrøːt] *n* ⟨-(e)s; -e⟩ *vet. hunt.* **1.** (*Hodensack*) scrotum. – **2.** (*des Schalenwildes u. der Hunde*) testicles *pl.*

ge'schult I *pp.* – **II** *adj* **1.** (*Schwester, Stimme etc*) trained: ein geschulter Funktionär a trained (*od.* well-schooled) functionary. – **2.** (*qualifiziert*) qualified.

ge'schun·den [-'ʃʊndən] **I** *pp of* schinden. – **II** *adj* (*Hände etc*) raw, rough.

ge'schuppt I *pp of* schuppen[1] *u.* [2]. – **II** *adj* **1.** scaled, scaly. – **2.** *fig.* (*Ziegel*) scalloped. – **3.** *bes. bot.* imbricate(d). – **4.** *zo.* scaly; squamate, *auch* squamated, imbricate(d) (*scient.*). – **5.** *her.* escaloped, *bes. Br.* escalloped, (counter)scalloped. – **6.** *med.* squamous.

Ge'schüt·tel *n* ⟨-s; *no pl*⟩ *colloq.* (continual) shaking.

Ge'schütz *n* ⟨-es; -e⟩ **1.** *mil.* piece (of ordnance), cannon, gun: weittragendes ~ long-range gun; schweres ~ heavy gun; ein ~ auffahren lassen (*od.* in Stellung bringen) to emplace a gun; ein ~ laden [montieren, abfeuern, vernageln, tarnen] to load [to mount, to fire, to spike, to camouflage] a gun; das ~ hat eine Reichweite von the gun has a range of; das ~ richten (auf *acc* on) to train the gun. – **2.** gegen j-n (ein) grobes (*od.* schweres) ~ auffahren (*od.* anfahren) *fig. colloq.* to bring all one's guns to bear on s.o. — **~ˌbank** *f* ⟨-; ¨-e⟩ *mil.* barbette. — **~be·ˌdie·nung** *f* **1.** gun crew, gunners *pl.* – **2.** service of the piece. — **~ˌbet·tung** *f* **1.** foundation. – **2.** (*Grundplatte*) base plate. — **~ˌbron·ze** *f metall.* gunmetal, *Br.* gun-metal, gun bronze. — **~ˌdon·ner** *m* roar (*od.* boom[ing]) of guns: entfernter ~ distant rumbling of guns. — **~ex·er·ˌzie·ren** *n* gun drill (*od.* exercises *pl*). — **~ˌfeu·er** *n* gunfire, *Br.* gun-fire. — **~ˌfüh·rer** *m mil.* (No. 1) gunner. — **~gie·ßeˌrei** *f metall.* gun foundry. — **~har·ˌpu·ne** *f mar.* gun harpoon, *Br.* gun-harpoon. — **~laˌfet·te** *f mil.* gun carriage, *Br.* gun-carriage, gun mount. — **~ˌleh·re** *f* gunnery. — **~ˌpark** *m* ordnance park. — **~ˌpflan·ze** *f bot.* artillery plant (*Pilea microphylla u. P. muscosa*). — **~ˌrohr** *n mil.* gun barrel, *Br.* gun-barrel, gun tube. — **~ˌstand** *m*, **~ˌstel·lung** *f* gun emplacement (*od.* position). — **~ˌturm** *m mar. mil.* turret. — **~verˌschluß** *m mil.* breech mechanism. — **~ˌwe·sen** *n* **1.** (*Waffenwesen*) ordnance. – **2.** (*Schießwesen*) gunnery. – **3.** (*Artilleriewesen*) artillery.

Ge'schwa·der *n* ⟨-s; -⟩ *mil.* **1.** *mar.* squadron. – **2.** *aer. Br.* group, *Am.* wing. — **~ˌflug** *m aer. mil.* wing formation flying. — **~kom·moˌdo·re** *m aer. mil. Br.* Air Officer Commanding, A.O.C., *Am.* wing commander.

Ge'schwa·fel *n* ⟨-s; *no pl*⟩ *colloq. contempt.* **1.** twaddle, drivel, rig(a)marole, palaver, jawing (*sl.*), (continual) talking of nonsense. – **2.** *cf.* Geschwätz 1.

ge'schwän·gert I *pp.* – **II** *adj* (*schwanger*) pregnant, impregnate(d).

ge'schwänzt I *pp.* – **II** *adj* **1.** tailed: ~e Note *mus.* note with a tail. – **2.** *zo.* caudate, *auch* caudated.

Ge'schwätz *n* ⟨-es; *no pl*⟩ *contempt.* **1.** (*unsinniges Gerede*) senseless (*od.* foolish) talk, nonsense, twaddle, gabble, wish-wash, balderdash, blather, *auch* blether, prattle, babble: **leeres** ~ hot air (*sl.*). – **2.** (*Klatsch*) idle talk (*od.* chatter, gossip, tittle-tattle, blab, gab [*colloq.*]). – **3.** *cf.* Geschwafel 1.

Ge'schwat·ze, *auch* **Ge'schwät·ze** *n* ⟨-s; *no pl*⟩ *bes. ped.* persistent talking.

ge'schwät·zig *adj* **1.** (*redselig*) talkative, chatty, loquacious (*lit.*). – **2.** (*klatschend*) gossipy, garrulous, gabby (*colloq.*). — **Ge'schwät·zig·keit** *f* ⟨-; *no pl*⟩ **1.** talkativeness, chattiness; loquaciousness, loquacity (*lit.*). – **2.** garrulity, garrulousness, gossipiness.

ge'schwe·felt I *pp.* – **II** *adj chem.* (*Wein, Öl etc*) sulfuret(t)ed *bes. Br.* -ph-, sulfonated *bes. Br.* -ph-.

ge'schweift I *pp.* – **II** *adj* **1.** (*Stuhlbein, Lehne etc*) curved, curvate(d), cambering. – **2.** (*Stuhl*) bentwood (*attrib*). – **3.** (*Stern*) tailed. – **4.** ~e **Klammer** *math.* brace. – **5.** *med.* curved; caudate, *auch* caudated (*scient.*). – **6.** *tech.* curved, arched, skew: ~er **Sägeblattrücken** skewback blade.

ge'schwei·ge *conj only in* ~ (**denn**) [, **daß**] not to mention (*od.* to make no mention of) [the fact that], to say nothing of, let alone, much less: **der Kranke kann keine Besuche empfangen,** ~ **daß er aufstehen kann** the patient cannot have any visitors, let alone (*od.* much less) get out of bed; **er hat seine frühere Leistung nicht mehr erreichen,** ~ (**denn**) **steigern können** he was not able to come up to his previous performance let alone improve (on) it.

ge'schwellt I *pp of* schwellen II. – **II** *adj* **1.** puffed-out (*attrib*), inflated: **vor Stolz** ~ inflated with pride. – **2.** *Swiss gastr.* (*Kartoffeln*) boiled.

ge'schwie·gen [-'ʃviːɡən] *pp of* schweigen.

ge'schwind I *adj* **1.** *Southern G. and Austrian* quick, fast, swift: **in** ~**em Lauf** at a quick pace. – **2.** (*in Wendungen wie*) (**so**) ~ **wie der Wind** (*od.* **Blitz**) (as) quick as a flash (*od.* as lightning); ~ **wie ein Pfeil** swift as an arrow; **mach** ~! be quick! look sharp! (*colloq.*). – **II** *adv* **3.** quickly, swiftly, rapidly, fast, apace (*lit.*), quick (*colloq.*): ~ **fahren** [**gehen, laufen**] to drive [to walk, to run] fast; **das geht ganz** ~ that goes very quickly. – **4.** (*im Nu*) in an instant (*od.* a twinkling, *colloq.* a jiffy).

Ge'schwin·dig·keit *f* ⟨-; -en⟩ **1.** speed: **der Wagen fuhr mit einer Geschwindigkeit von 100 km in die Kurve** the car drove into the curve (*od.* bend) at (a speed of) 100 km an hour; **mit großer** (*od.* **hoher**) [**überhöhter**] ~ **fahren** to drive at (a) high [an excessive] speed; **der Wagen hat** [**entwickelt, erreicht**] **eine** ~ **von** the car has [develops, attains] a speed of; **zulässige** ~ 50 km permissible speed 50 km per hour; **die** ~ **herabsetzen** (*od.* **mindern**) [**steigern**] to reduce [to increase] speed; **die** ~ **erhöhen** to accelerate; **die** ~ **vermindern** to decelerate; **an** ~ **zunehmen** [**verlieren**] to gather (*od.* gain) [to lose] speed; **die** ~ **der Raumkapsel nimmt ständig zu** the spacecraft is constantly accelerating; **mit voller** [**höchster**] ~ at full [top] speed; **er hatte eine zu große** ~ **drauf** *colloq.* he was driving too fast, he was putting his foot down too hard (*colloq.*). – **2.** (*Schnelligkeit*) quickness, fastness, swiftness, speed, rapidity, celerity (*lit.*): **mit affenartiger** ~ **klettern** *colloq.* to climb as quickly as a monkey; ~ **ist keine Hexerei** (*Sprichwort*) there is nothing so marvel(l)ous about it. – **3.** (*Eile*) haste. – **4.** *phys. tech.* a) (*gerichtete*) velocity, b) (*Umdrehungsgeschwindigkeit*) speed, c) (*Bewegungsgröße eines Maschinentisches, Hubs, Schnitts, Vorschubs etc*) rate, d) (*durch die Masse des bewegenden Körpers bestimmte*) momentum: ~ **des Lichts** [**einer Strömung**] velocity of light [flow]; **relative** ~ relative velocity; **die** ~ **beim Schruppen** *tech.* the rate of roughing; **das Licht bewegt sich mit einer** ~ **von ... in der** (*od.* **pro**) **Sekunde** light travels at a velocity of ... per second; **mit einer endlichen** ~ with a finite velocity; **Addition von** ~**en** addition of velocities; **die** ~ **einer Kugel** [**Welle**] **bestimmen** to determine the velocity of a bullet [wave].

Ge'schwin·dig·keits|ˌabˌfall *m* loss of speed. — ~**ˌabˌnah·me** *f* speed reduction, deceleration. — ~**beˌgren·zung** *f* **1.** *auto.* speed limit (*od.* restriction). – **2.** (*Vorschrift*) speed regulation. — ~**beˌreich** *m* speed range. — ~**beˌschrän·kung** *f auto. cf.* Geschwindigkeitsbegrenzung 1. — ~**ˌglei·chung** *f phys.* velocity equation. — ~**ˌgren·ze** *f auto.* speed limit: **die** ~ **mißachten** [**überschreiten**] to disregard [to violate, to exceed] the speed limit. — ~**konˌtrol·le** *f* speed check: **eine** ~ **durchführen** to carry out a speed check. — ~**ˌmes·ser** *m* **1.** speed indicator (*od.* ga[u]ge). – **2.** *auto.* speedometer, tachometer. – **3.** *mar.* log. – **4.** (*space*) (*bes. für Projektile, Raketen etc*) chronograph. — ~**ˌrausch** *m* thrill (*od.* intoxication) of speed. — ~**ˌreg·ler** *m tech.* speed governor. — ~**reˌkord** *m* (*bes. sport*) speed record. — ~**ˌtest** *m psych.* speed (*od.* time) test. — ~**ˌüberˌschrei·tung** *f auto.* speeding (violation). — ~**verˌlust** *m* loss in (*od.* of) speed. — ~**ˌzäh·ler** *m* tachometer. — ~**ˌzuˌnah·me** *f* increase in speed.

Ge'schwindˌschritt *m mil.* double-quick (*od.* -time) (step): **im** ~ at the double.

Ge'schwirr *n* ⟨-s; *no pl*⟩ **1.** (*der Insekten*) buzzing, humming. – **2.** (*der Vögel*) flurry.

Ge'schwi·ster [-'ʃvɪstər] *n* ⟨-s; -⟩ **1.** *pl* brother and sister: **hast du** ~ **zu Hause?** do you have brothers and sisters at home? – **2.** *pl* (*Brüder*) brothers: **die Jungen könnten** ~ **sein** the boys could be brothers. – **3.** *pl* (*Schwestern*) sisters: **die Mädchen könnten** ~ **sein** the girls could be sisters. – **4.** *archaic* brother. – **5.** *archaic* sister. – **6.** *bes. psych.* sibling *sg.* — ~**ˌar·ten** *pl zo.* sibling species.

Ge'schwi·ster·chen *n* ⟨-s; -⟩ **1.** *pl dim. of* Geschwister 1—3. – **2.** baby brother. – **3.** baby sister.

Ge'schwi·sterˌkind *n* **1.** (*Neffe*) nephew. – **2.** (*Nichte*) niece. – **3.** (*Cousin, Cousine*) first (*od.* full, own) cousin, cousin-german: **Kinder der** ~**er** second cousins.

ge'schwi·ster·lich *adj* **1.** (*brüderlich*) brotherly, fraternal. – **2.** (*schwesterlich*) sisterly. – **3.** *biol.* (*2 Eizellen entstammend*) fraternal, dizygotic (*scient.*). — **Ge'schwi·ster·lich·keit** *f* ⟨-; *no pl*⟩ **1.** brotherliness, fraternalism. – **2.** sisterliness.

Ge'schwi·ster|ˌlie·be *f* brotherly (*od.* sisterly) love. — ~**ˌmord** *m* **1.** (*Brudermord*) fratricide. – **2.** (*Schwestermord*) sororicide. — ~**ˌmör·der** *m* **1.** (*Brudermörder*) fratricide. – **2.** (*Schwestermörder*) sororicide. — ~**ˌpaar** *n* **1.** (*Junge u. Mädchen als einzige Kinder*) brother and sister, pigeon pair. – **2.** (*zwei Schwestern*) two sisters *pl.* – **3.** (*zwei Brüder*) two brothers *pl.* — ~**ri·va·liˌtät** *f bes. psych.* sibling rivalry. — ~**ˌteil** *m* sibling.

ge'schwol·len [-'ʃvɔlən] **I** *pp of* schwellen I. – **II** *adj* **1.** swollen: **vom Weinen** ~**e Augen** eyes swollen with (*od.* from) weeping. – **2.** *med.* a) (*Backe, Füße, Mandeln etc*) swollen; tumid, turgid (*scient.*), b) (*entzündlich*) inflamed, c) (*aufgeblasen*) inflated, d) (*von Wasser*) edematous. – **3.** *bot.* incrassate(d). – **4.** *biol.* ventricose. – **5.** *vet.* (*Kniebug des Pferds*) capped. – **6.** *fig. contempt.* (*Stil, Rede etc*) inflated, tumid, turgid, (*stärker*) bombastic, pretentious, pompous. — **Ge'schwol·len·heit** *f* ⟨-; *no pl*⟩ **1.** *med.* tumefaction, tumescence. – **2.** *fig.* inflatedness, tumidity, turgidity, bombast, pretentiousness, pomposity.

ge'schwom·men [-'ʃvɔmən] *pp of* schwimmen.

ge'schwo·ren [-'ʃvoːrən] **I** *pp of* schwören. – **II** *adj* sworn: **ein** ~**er Gegner von etwas** a sworn (*od.* mortal) enemy of s.th.

Ge'schwo·re·ne [-'ʃvoːrənə] *m, f* ⟨-n; -n⟩ *jur.* **1.** member of a jury, jury member, juror: ~**r sein** to serve (*od.* sit) on a jury; **berufener** ~**r** *Am.* venireman. – **2.** *pl* jury *sg*, panel *sg*, jurors.

Ge'schwo·re·nen|ˌbank *f* ⟨-; ⸚e⟩ *jur.* (*die Geschworenen*) petit (*od.* trial) jury. — ~**geˌricht** *n* **1.** *cf.* Schwurgericht. – **2.** (*Geschworenenliste*) array. — ~**ˌli·ste** *f* jury list (*od.* panel), array.

Ge'schwulst *f* ⟨-; ⸚e⟩ *med. vet.* **1.** (*Anschwellung*) swelling, inflation; tumefaction, tumescence (*scient.*). – **2.** (*Gewächs*) growth, tumor, *bes. Br.* tumour: **bösartige** [**gutartige**] ~ malignant [benign] growth. — **g**~**ˌar·tig** *adj* resembling a swelling (*od.* tumo[u]r), tumorous. — ~**ˌbil·dung** *f* **1.** tumor (*bes. Br.* tumour) formation, oncogenesis (*scient.*). – **2.** neoplasia.

ge'schwun·den [-'ʃvʊndən] *pp of* schwinden.

ge'schwun·gen [-'ʃvʊŋən] *pp of* schwingen.

Ge'schwür [-'ʃvyːr] *n* ⟨-(e)s; -e⟩ **1.** *med.* a) ulcer, b) (*Furunkel*) boil, furuncle (*scient.*), c) (*Dekubitus*) sore: **eitriges** (*od.* **eiterndes**) ~ running ulcer; **krebsartiges** ~ cancerous ulcer; **mit** ~**en bedeckt** ulcerous. – **2.** *fig.* (*anhaltender Mißstand*) running sore. — ~**ˌbil·dung** *f med.* ulceration.

ge'schwü·rig *adj med.* ulcerous, ulcerative: ~ **zerfallen** to ulcerate.

ge'seg·net I *pp.* – **II** *adj* ⟨*attrib*⟩ *only in* ~**e Mahlzeit!** *etwa* I hope you'll enjoy (*od.* you have enjoyed) your meal; → Leib 2.

Ge'sei·re [-'zaɪrə] *n* ⟨-s; *no pl*⟩ *Yiddish for* Gerede 3.

Ge'selch·te *n* ⟨-n; *no pl*⟩ *Bavarian and Austrian for* Rauchfleisch.

Ge'sell [-'zɛl] *m* ⟨-en; -en⟩ *archaic for* Geselle 1, 2.

Ge'sel·le *m* ⟨-n; -n⟩ **1.** journeyman: **als** ~ **arbeiten** to work as a journeyman. – **2.** *colloq.* (*Bursche*) fellow, chap (*colloq.*), *bes. Br. colloq.* bloke, *Am. colloq.* guy: **er ist ein lustiger** [**widerlicher**] ~ he is a jolly [nasty] fellow. – **3.** *archaic* (*Gefährte*) companion, mate, *Am. colloq.* buddy.

ge'sel·len [-'zɛlən] *v/reflex* ⟨*pp* gesellt, h⟩ **sich** ~ *lit.* come together, to associate: **sich zu j-m** ~ to join company with s.o., to join s.o., to associate with s.o.: **er gesellte sich zu uns** he joined us; **er gesellt sich gern zu fröhlichen Menschen** he likes to associate with merry people; **gleich und gleich gesellt sich gern** (*Sprichwort*) birds of a feather flock together (*proverb*).

Ge'sel·len|ˌar·beit *f* journeywork. — ~**ˌbrief** *m* certificate of apprenticeship. — ~**ˌjah·re** *pl* journeymanship *sg*, years (spent) as a journeyman. — ~**ˌprü·fung** *f* apprentices' final (qualifying) examination. — ~**ˌstück** *n handicraft* (*piece of*) *work completed by an apprentice* (*to qualify for rank of journeyman*). — ~**ˌzeit** *f* journeyman's years of service.

ge'sel·lig *adj* **1.** social, gregarious: **eine** ~**e Natur** a gregarious nature; **ein** ~**es Wesen** a social being; **der Mensch ist ein** ~**es Tier** *humor.* man is a gregarious animal. – **2.** (*unterhaltsam*) sociable, companionable, convivial: **ein** ~**es Beisammensein** a sociable gathering, a social; ~**e Freuden** [**Lieder**] convivial joys [songs]; ~ **machen** to socialize *Br. auch* -s-. – **3.** *zo.* (*Vögel etc*) republican, social. — **Ge'sel·lig·keit** *f* ⟨-; *no pl*⟩ **1.** social life, sociality, gregariousness, *auch* company, (good) fellowship: **die** ~ **lieben** to be fond of company. – **2.** (*Gastfreundschaft*) sociability, sociableness, companionableness, conviviality.

Ge'sel·lin *f* ⟨-; -nen⟩ **1.** journeywoman. – **2.** woman companion (*od.* friend).

Ge'sell·schaft *f* ⟨-; -en⟩ **1.** ⟨*only sg*⟩ *sociol.* society, social order, *auch* body politic: **die menschliche** [**bürgerliche**] ~ human [bourgeois] society; **die klassenlose** ~ classless society. – **2.** ⟨*only sg*⟩ (*Umgang, Begleitung*) company, companionship: **er ist immer in** ~ **seiner Freunde** he is always seen in the company of his friends; **sie sucht** [**meidet**] **seine** ~ she seeks [avoids] his company; **das ist keine** (**passende**) ~ **für ihn** he should not mix with such company; **er ist in schlechte** ~ **geraten** he got into bad company; **er genießt ihre** ~ he enjoys their companionship; **j-m** ~ **leisten** to keep s.o. company; **er leistete uns auf dem Wege** ~ he joined (*od.* accompanied) us on the walk; **trinken Sie mir zur** ~ **ein Glas?** will you join me in a drink? – **3.** ⟨*only sg*⟩ (*die führende Schicht*) (upper class) society, select circles *pl*, (the) upper crust (*colloq.*): **die gute** [**vornehme**] ~ the high(-class) [elegant *od.* fashionable] society; **die Spitzen** [**Stützen**] **der** ~ the leaders [pillars] of society; **eine Dame der** ~ a society lady; **er geht viel in** ~ he is often seen in society; **sie gehört zur ersten** (*od.* **besten**) ~ she belongs to select circles; **j-n in die** ~ **einführen** to introduce s.o. into society. – **4.** (*geselliges Beisammensein*) party, social gathering: **eine** ~ **haben** (*od.* **geben**) to give (*od.* throw) a party, to entertain; **auf eine** ~ **gehen** to go to a party;

geschlossene ~ private party; sich auf einer ~ treffen (*od.* begegnen) to meet (*od.* *colloq.* run into each other) at a party. – **5.** ⟨*only sg*⟩ *contempt.* (*Clique, Bagage*) bunch, crowd, crew, set, (queer) lot: ich kann diese ~ nicht ausstehen I can't stand that crowd (*od.* set); ich will von der ganzen ~ nichts mehr wissen I'll have no more of the whole lot. – **6.** (*Vereinigung*) society: eine gelehrte [wissenschaftliche, literarische] ~ a learned [scientific, literary] society; ~ für Sprachwissenschaft linguistic society; die ~ Jesu *röm.kath.* the society of Jesus, SJ. – **7.** *econ.* a) company, *Am.* corporation, b) association, c) (*Teilhaberschaft*) partnership: abhängige [angegliederte, befreundete] ~ affiliated [associated, correspondent] company; eingetragene [nichteingetragene] ~ registered (*Am.* incorporated) [unregistered, *Am.* unincorporated] company; gemeinnützige ~ non-profit-making (*od.* public utility) company; ~ mit beschränkter Haftung, GmbH limited liability company, *Br. etwa* private company, *Am. etwa* private corporation; handeltreibende ~ commercial partnership; stille ~ silent (*bes. Br.* sleeping) partnership; ~ mit unbeschränkter Haftung unlimited company, *Am.* full-liability corporation. – **8.** *zo.* a) (*der gleichen Art*) population, b) (*verschiedener Arten*) community, c) (*verschiedener Tier- u. Pflanzenarten*) biome.

Ge'sell·schaf·ter *m* ⟨-s; -⟩ **1.** companion: er ist ein guter ~ a) he is a good companion (*od.* good company), b) he is a good mixer (*colloq.*). – **2.** (*Begleiter*) attendant. – **3.** *econ.* partner, *auch* associate: persönlich haftender ~ general (*od.* ordinary) partner; geschäftsführender ~ managing partner; stiller ~ dormant (*bes. Am.* silent, *bes. Br.* sleeping) partner; tätiger ~ active partner; in eine Firma als ~ eintreten to join a firm as a partner, to go into partnership with a firm. – **4.** *econ.* (*Aktionär*) *bes. Br.* shareholder, *bes. Am.* stockholder. — ~ˌ**anˌteil** *m* (partnership) share.

Ge'sell·schaf·te·rin *f* ⟨-; -nen⟩ **1.** *econ. cf.* Gesellschafter 2, 3. – **2.** (*einer Dame*) (lady) companion.

ge'sell·schaft·lich I *adj* **1.** social: ein ~er Streber a social climber, a tuft-hunter; j-s ~e Stellung s.o.'s social position (*od.* status), s.o.'s position in society; ~er Umgang (*od.* Verkehr) social intercourse (*od.* life), society; eine ~e Veranstaltung a social gathering, a (social) get-together, *Am. auch* an assembly; ~e Verpflichtung social obligation; sich vom ~en Leben zurückziehen to withdraw from society (*od.* social life). – **2.** *sociol.* (*Struktur etc*) social, societal (*scient.*): einer ~en Funktion dienen to serve a social function. – **3.** *econ.* corporative. – **II** *adv* **4.** socially: die ~ Höher- und Tieferstehenden the socially superior and inferior, the betters and the underlings (*colloq. contempt.*); ~ unmöglich werden to be socially disgraced; ~ niedrigergestellt socially inferior. – **5.** ~ organisiert *econ.* cooperative *Br.* co-. — **Ge'sell·schaft·lich·keit** *f* ⟨-; *no pl*⟩ social life (*od.* intercourse), sociality (*scient.*).

Ge'sell·schafts|ˌabend *m* evening (party), soirée, *Am. auch* soiree: einen ~ geben [besuchen] to give [to attend] a soirée; literarischer ~ conversazione. — ~ˌ**anˌteil** *m econ.* share. — ~ˌ**anˌzug** *m* (*fashion*) evening (*od.* full) dress, dress suit, dinner jacket, *Am.* tuxedo. — ~ˌ**bil·dung** *f biol.* (formation of an) association. — ~ˌ**blatt** *n econ.* official gazette. — ~ˌ**da·me** *f archaic for* Gesellschafterin 2. — ~ˌ**ein·heit** *f biol.* association type. — ~**entˌwick·lung** *f sociol.* social (*od. scient.* societal) evolution. — **g**~ˌ**fä·hig** *adj* socially acceptable: ~ machen to socialize *Br. auch* -s-; nicht ~ socially unacceptable. — ~ˌ**fahrt** *f cf.* Gesellschaftsreise. — **g**~ˌ**feind·lich** *adj* antisocial, unsocial, asocial. — ~ˌ**form** *f* **1.** *pol. sociol.* social system. – **2.** *econ.* (form of) company: Umwandlung in eine ~ conversion into a company. — ~**for·ma·tiˌon** *f sociol.* (*im Marxismus*) development of society. — **g**~**geˌfähr·lich** *adj DDR jur.* dangerous to society. — ~ˌ**grün·der** *m* company founder. — ~**ka·piˌtal** *n econ.* a) capital, b) (*Aktienkapital*) joint stock, share capital: unverwässertes ~ unwatered stock, dry capital (*colloq.*). — ~ˌ**klas·se** *f sociol.* (social) class, (*stärker*) caste. — ~ˌ**kleid** *n* (*fashion*) evening dress (*od.* gown). — ~ˌ**klei·dung** *f* formal (*od.* full) dress, dress clothes *pl.* — ~ˌ**kränz·chen** *n* coterie, private (social) circle. — ~ˌ**kreis** *m* circle, set. — ~**kriˌtik** *f* (*eines Romans etc*) social criticism. — **g**~ˌ**kri·tisch** *adj* **1.** (*Autor etc*) critical of society. – **2.** (*Roman etc*) showing social criticism. — ~ˌ**kun·de** *f ped.* social studies *pl.* — ~ˌ**leh·re** *f sociol.* sociology. — ~ˌ**ord·nung** *f sociol. pol.* social order. — ~ˌ**raum** *m* (*eines Klubs, Hotels etc*) lounge. — ~ˌ**recht** *n econ.* company law: Erwerb von ~en purchase (*od.* acquisition) of titles to shares in a company. — ~ˌ**rei·se** *f* (*mit Führer*) conducted tour. — ~**roˌman** *m* (*literature*) social novel. — ~ˌ**schicht** *f* **1.** *sociol.* (social) class, *auch* set: zu einer bestimmten ~ gehören to belong to (*od.* to be a member of) a particular class. – **2.** *cf.* Gesellschaftskreis. — ~ˌ**spiel** *n* party (*od.* parlor, *bes. Br.* parlour) game. — ~**staˌtut** *n econ. jur.* **1.** (*einer Personalgesellschaft*) deed of partnership. – **2.** (*einer Kapitalgesellschaft*) articles *pl* of association (*Am.* corporation). — ~ˌ**steu·er** *f econ.* corporation (*od.* company) tax. — ~**strukˌtur** *f sociol.* social structure (*od.* organization). — ~ˌ**stück** *n* **1.** (*literature*) (*Konversationsstück*) drawing-room play (*od.* comedy). – **2.** (*art*) *cf.* Genrebild. — ~ˌ**stu·fe** *f sociol.* social scale. — ~**syˌstem** *n pol.* social system. — ~ˌ**tanz** *m* social (*od.* ballroom, *Br.* ball-room) dance, *auch* ballroom, *Br.* ball-room. — ~**verˌmö·gen** *n econ.* company assets *pl.* — ~**verˌtrag** *m* **1.** *hist.* social contract (*od.* compact). – **2.** *econ. jur. cf.* Gesellschaftsstatut 1. —**g**~ˌ**wid·rig** *adj cf.* gesellschaftsfeindlich. — ~ˌ**wis·sen·schaft** *f* **1.** *sociol. cf.* Soziologie. – **2.** *pl* social sciences. — **g**~ˌ**wis·sen·schaft·lich** *adj* **1.** sociological, relating to the social sciences. – **2.** ~es Grundstudium *DDR ped.* study of Marxism and Leninism. — ~ˌ**zim·mer** *n* **1.** drawing room, *Br.* drawing-room. – **2.** (*großes u. elegantes*) salon, saloon. – **3.** (*eines Gasthauses*) parlor, *bes. Br.* parlour.

Ge'senk *n* ⟨-(e)s; -e⟩ **1.** *tech.* a) (*Amboßgesenk*) swage, b) (*Schmiedegesenk*) die-forging die, c) (*Gesenkblock*) die block, *Br.* die-block: zweiteiliges ~ open die; im ~ schmieden to die-forge. – **2.** (*mining*) (*Blindschacht*) a) (*Steinkohle*) staple pit, blind shaft, b) (*Erz*) winze, c) (*Gesenkbau*) dip workings *pl.* – **3.** (*in der Fischerei*) sinking weight. — ~ˌ**am·boß**, ~ˌ**block** *m* ⟨-(e)s; ¨e⟩ *tech.* die (*od.* swage) block, *Br.* die- (*od.* swage-)block.

Ge'sen·ke *n* ⟨-s; -⟩ **1.** *tech.* (*eines Schlosses*) collar. – **2.** *rare for* Bodensenke.

Ge'senk|ˌfrä·ser *m tech.* diesinking (*Br.* die-sinking) cutter. — ~ˌ**fräs·maˌschi·ne** *f* diesinker, *Br.* die-sinker, diesinking (*Br.* die-sinking) machine. — ~ˌ**ham·mer** *m* swaging hammer. — ~ˌ**klotz** *m*, ~ˌ**plat·te** *f* swage block, *Br.* swage-block. — ~ˌ**pres·se** *f cf.* Gesenkschmiedepresse. — ~ˌ**schlos·ser** *m* diemaker, *Br.* die-maker. — ~ˌ**schmie·de** *f* drop-forge, drop-forging shop. — ~ˌ**schmie·den** *n* **1.** die-forging. – **2.** (*Gesenkschlagen*) drop-forging. – **3.** (*Gesenkpressen*) hot pressing, press-forging. — ~ˌ**schmie·deˌpres·se** *f* drop-forging press. — ~ˌ**schmie·deˌstück** *n* **1.** die-forging. – **2.** drop-forging. – **3.** press-forging. — ~ˌ**stahl** *m* die steel.

ge'senkt I *pp.* – **II** *adj* **1.** bowed: mit ~em Kopf, ~en Hauptes with bowed head, with head bent. – **2.** *econ.* (*Preis*) depressed. – **3.** *her.* abased.

Ge'senkˌwerkˌzeug *n tech.* forging die.

'ges'es, 'Ges'es *n* ⟨-; -⟩ *mus.* G double flat.

ge'ses·sen [-'zɛsən] *pp of* sitzen.

Ge'setz *n* ⟨-es; -e⟩ **1.** *jur.* (*Rechtsnorm*) a) law, b) (*geschriebenes*) statute, c) (*Novelle*) amendment: auf Grund des ~es under (the) law; außerhalb des ~es beyond the law; durch ~ nicht betroffen nonlegal *Br.* non-; gegen das ~ against the law; gegen das ~ verstoßen to break (*od.* violate, infringe) the law; im Namen des ~es in the name of the law; eine Lücke im ~ a loophole (*Br.* loop-hole) in the law; Widerspruch in den ~en conflict of laws; im Sinne des ~es in the intendment of law, in the meaning of the act; laut ~ under the provisions of the law; nach dem ~ a) under the law, b) statutory (*attrib*); dem ~ nach Notzucht statutory rape; Gleichheit vor dem ~ equal justice before the law, isonomy (*lit.*); das ~ über (*acc*) etwas the law on (*od.* pertaining to) s.th.; ~ über Verjährung statute of limitation(s) (*od.* repose); das ~ lautet [verbietet] the law says [forbids]; tun (*od.* handeln), wie (es) das ~ verlangt to do as the law requires; das ~ befolgen, sich an das ~ halten to obey the law; er unterwarf sich dem ~ he submitted to the law; er berief sich auf das ~ he cited the law (as his authority); unter das ~ fallen to come under the law; die ~e des Landes the law *sg* of the land; die ~e mißbrauchen [übertreten] to disregard [to violate] the law; das Auge des ~es *fig.* the eye (*od.* arm) of the law; in allem, was er tut, befindet er sich auf dem Boden des ~es no matter what he does, he is within the law; → Hüter 1; Konflikt 1; Masche[1] 6; Schlinge 3. – **2.** *pol.* (*in der Gesetzgebung*) a) (*Gesetzesvorlage*) bill, b) (*Erlaß*) act, enactment, c) (*Maßnahme*) measure: das ~ ist noch nicht verabschiedet (*od.* durchgegangen) the bill has not been passed yet; ~e geben to legislate; ein ~ aufheben [verkünden, veröffentlichen] to repeal [to proclaim, to promulgate] an act (*od.* a law); das ~ gegen Landstreicherei [Zuhälterei] Vagrancy [Procuration, *Am.* Mann] Act; das ~ tritt in Kraft the act becomes law, the law takes effect (*od.* becomes effective). – **3.** (*Beschreibung regelmäßiger Vorgänge*) law, principle: die unabänderlichen ~e der Natur the immutable laws of nature; das ~ des freien Falls the law of free fall; das ~ von Ursache und Wirkung the law of cause and effect; das ~ von Angebot und Nachfrage the law of supply and demand; physischen ~en nicht unterworfen not subject to physical laws, extraphysical; die Mendelschen ~e *biol.* Mendel's Laws. – **4.** *fig.* (*Richtschnur*) law: das innere [ungeschriebene] ~ the internal [unwritten] law; das ~ der Selbsterhaltung the law of self-preservation; die ~e der Dichtkunst the laws of poetry. – **5.** *fig.* (*Prinzip des Handelns u. Benehmens*) rule, precept, principle: sich (*dat*) etwas zum obersten ~ machen to make s.th. a cardinal rule, to make a cardinal rule of s.th. – **6.** *relig.* a) law, b) (*Gottes*) statute: kanonisches ~ canon law; ~e über Heiligung und Priestertum *Bibl.* Priestly Code; das ~ und die Propheten *Bibl.* the Law and the Prophets; levitisches [mosaisches] ~ Levitical [Mosaic] law; das ~ Mose the Tora(h); das überlieferte ~ (der Juden) *jur.* the halakah, *auch* halacha(h). – **7.** *econ.* ~ gegen Wettbewerbsbeschränkungen Trade Restriction Act; ~ über die Gewinnverteilung bei Kapitalgesellschaften Law on the Distribution of Profit in Joint Stock Companies. – **8.** *hist.* sanction.

Ge'setz|ˌausˌle·gung *f jur. pol.* interpretation of a (*od.* the) law. — ~ˌ**blatt** *n* statute roll, *Br.* statute-roll, law gazette. — ~ˌ**buch** *n* a) (*amtliches*) code, b) (*quasi- od. nichtamtliches*) statute book, *Br.* statute-book: bürgerliches ~ civil code; das ~ des Kaisers Justinian [Napoleons] the Justini(ani)an [Napoleonic] code. — ~**entˌwurf** *m pol.* bill: einen ~ einbringen [beraten, abändern, verabschieden] to introduce [to debate, to amend, to pass] a bill.

Ge'set·zes|ˌanˌtrag *m pol. cf.* Gesetzentwurf. — ~ˌ**ausˌle·gung** *f jur. cf.* Gesetzauslegung. — ~ˌ**beˌstim·mung** *f* **1.** statute. – **2.** *pl* equity *sg.* — ~ˌ**bre·cher** *m*, ~ˌ**bre·che·rin** *f* lawbreaker. — ~ˌ**bruch** *m* lawbreaking. — ~**entˌwurf** *m Swiss for* Gesetzentwurf. — ~ˌ**gleich·heit** *f* isonomy. — ~**hy·poˌthe·se** *f philos.* (*in der Erkenntnistheorie*) law-like hypothesis. — ~**konˌflikt** *m jur.* conflict of laws. — ~ˌ**kraft** *f* (legal) force (*od.* power): etwas (*dat*) ~ verleihen to sanction s.th.; Verordnung mit ~ statutory order with the force of law; ~ erlangen to pass into law, to be put on the statute(-)book; ~ haben to be law. — ~ˌ**kun·de** *f* **1.** nomology: die ~ betreffend nomological. – **2.** (*Gesetzeskenntnis*) legal knowledge. — **g**~ˌ**kun·dig** *adj* versed in the laws (*od.* in law). — ~ˌ**lücke** (*getr.* -k·k-) *f* loophole (*Br.* loop-hole) (*od.* gap) in the law. — ~ˌ**mißˌach·tung** *f* **1.** outlawry. – **2.** defiance of the law(s). — ~**noˌvel·le** *f* amendment (to a law). — ~ˌ**recht** *n* statutory law, statute law. — ~ˌ**samm·lung** *f* **1.** *jur.* a) corpus juris, b) (*Kompilation von Gesetzen u. richterlichen Entscheidungen*) digest, c) (*vollständige*) pandect, d) (*Gesetzbuch*) code, body of laws, statute book(s *pl*), *Br.* statute-book(s *pl*). – **2.** (*des röm.kath. Kirchenrechts*) Corpus Juris Canonici. — ~ˌ**spra·che** *f jur.* legal language (*od.* terminology), *auch* legalese (*colloq.*). — ~ˌ**ta·fel** *f* **1.** *archeol. antiq.* tabula, law tablet. – **2.** die ~**n** *Bibl.* the tables of the law, the decalogue (*Am. auch* decalog) *sg.* — ~ˌ**ti·tel** *m jur.* rubric. — ~ˌ**überˌtre·tung** *f* **1.** contravention, transgression (*od.* infraction) of the law. – **2.** (*Missetat*) malfeasance, *auch* malfaisance. — ~**ver-ˌäch·ter** *m* defier of the laws. — ~**ver-ˌlet·zung** *f* **1.** contravention of the law. – **2.** (*von Strafgesetzen*) delinquency. — ~ˌ**vorˌla·ge** *f pol.* bill: **eine ~ beraten [verabschieden, verwerfen]** to debate [to pass, to reject] a bill; **die ~ ist (zum) Gesetz geworden** the bill has become law. — ~ˌ**vorˌschrift** *f jur.* **1.** statute. – **2.** legal regulation.

ge'setz|ˌge·bend *adj* **1.** lawgiving, legislative, nomothetical (*lit.*): ~**e Körperschaft** legislative body, legislature; ~**e Tätigkeit** legislative action. – **2.** (*Gesetzeskraft besitzend*) decretive: **der ~e Wille des Herrschers** the ruler's decretive will. — **G~-ˌge·ber** *m* **1.** lawmaker, lawgiver, enactor, legislator, nomothete (*lit.*). – **2.** (*Staatsorgan*) legislative branch (*od.* organ), legislature. — ~ˌ**ge·be·risch** *adj* (*Maßnahmen etc*) legislatorial, nomothetical (*lit.*).

Ge'setz|ˌge·bung *f* ⟨-; *no pl*⟩ **1.** *pol.* a) (*Gesetzwerdung*) legislation, (process of) lawgiving, b) (*gesetzgebende Körperschaft*) legislature: **schlechte ~** dysnomy. – **2.** *jur.* (*die bestehenden Gesetze*) existing laws *pl.* — ~ˌ**ge·bungsˌnotˌstand** *m* legislative state of emergency. — ~**in·itiaˌti·ve** *f pol.* right to present (*od.* introduce) a bill. — ~-ˌ**kun·de** *f jur. cf.* Gesetzeskunde. — **g~ˌkun·dig** *adj cf.* gesetzeskundig.

ge'setz·lich I *adj* **1.** *jur.* a) (*durch Gesetz bestimmt, definiert od. sanktioniert*) legal, statutory (*attrib*), b) (*genau dem Gesetz gemäß getan*) licit, c) (*dem Gesetz entsprechend*) lawful, d) (*mit berechtigtem Anspruch auf etwas*) legitimate: ~**er Feiertag [Vertreter]** legal holiday [representative]; ~**e Verwandte** statutory next of kin; ~**e Zinsen** statutory interest *sg*; ~**es Zahlungsmittel** legal tender, *Am. auch* lawful money; **eine ~e Ehe** a licit marriage; ~**es Mindestalter** lawful (*od.* legal) age; ~**e Kündigungsfrist** lawful period of notice; ~**e Forderung** legitimate claim; ~**e Erbfolge** intestate succession. – **2.** *econ.* (*Maße u. Gewichte in Großbritannien*) imperial. – **3.** *pol.* legislative. – **II** *adv* **4.** legally, lawfully, by law, according to law: **~ strafbar** punishable by law; **wie ~ vorgeschrieben** as provided by law; **so etwas läßt sich nicht ~ abschaffen** such things cannot be legislated out of existence. – **5.** *econ. jur. agr.* **~ geschützt** a) (*Erfindung etc*) patented, b) (*Warenzeichen etc*) registered, c) (*bes. literarisches Werk*) copyright (*attrib*), d) (*Pflanz- u. Saatgut*) protected: **etwas ~ schützen lassen** a) to have s.th. patented, b) to have s.th. registered, c) to copyright s.th., d) to have s.th. protected. — **Ge'setz·lich·keit** *f* ⟨-; *no pl*⟩ *jur.* a) legality, b) lawfulness, c) legitimacy.

ge'setz·los *adj* **1.** lawless. – **2.** anarchic, *auch* anarchi(c)al. — **Ge'setz·lo·sig·keit** *f* ⟨-; *no pl*⟩ **1.** lawlessness. – **2.** anarchy.

ge'setzˌmä·ßig I *adj* **1.** (*regelmäßig*) regular. – **2.** *jur.* (*auf Recht u. Gerechtigkeit gegründet*) lawful, legal, legitimate: ~**er Erbe** legal heir, heir apparent. – **3.** *pol.* constitutional. – **II** *adv* **4.** regularly. – **5.** *jur.* according to law, by (*od.* in) law, lawfully, legally, legitimately. – **6.** *pol.* constitutionally. — **Ge'setzˌmä·ßig·keit** *f* ⟨-; -en⟩ **1.** regularity: **nicht Zufall, sondern ~** not chance but law. – **2.** *jur.* lawfulness, legality, legitimacy, legitimateness. – **3.** *pol.* constitutionality.

Ge'setzˌsamm·lung *f jur. cf.* Gesetzessammlung.

ge'setzt I *pp.* – **II** *adj* **1.** (*ruhig, stetig*) steady, settled: **er ist ~er geworden** he has settled down somewhat. – **2.** (*ruhig, ernsthaft*) sedate, staid. – **3.** (*nüchtern*) sober, solid. – **4.** (*ausgeglichen*) poised. – **5.** (*ernst*) grave, serious. – **6.** (*älter, reif*) mature: **Herren in ~em Alter** elderly gentlemen (of dignified appearance), men advanced in years. – **7.** (*matronenhaft*) matronly. – **III** *conj* **8.** **~ den Fall, (daß)** assuming (*od.* supposing) (that); **~ den Fall, es regnet** suppose (*od.* in case) it rains.

Ge'setzˌta·fel *f archeol. antiq. Bibl. cf.* Gesetzestafel.

ge'setz·ten'falls *conj rare for* gesetzt 8.

Ge'setzt·heit *f* ⟨-; *no pl*⟩ **1.** steadiness. – **2.** sedateness, staidness. – **3.** soberness. – **4.** gravity, seriousness. – **5.** maturity. – **6.** matronliness.

Ge'setz|ˌüberˌtre·tung *f jur. cf.* Gesetzesübertretung. — ~ˌ**umˌge·hung** *f* evasion (*od.* circumvention) of the law.

ge'setzˌwid·rig *adj jur.* unlawful, illegal, illicit, (*seltener*) lawless: ~**e Handlung** illegality. — **Ge'setzˌwid·rig·keit** *f* ⟨-; *no pl*⟩ unlawfulness, illegality, illicitness, (*seltener*) lawlessness.

Ge'seuf·ze *n* ⟨-s; *no pl*⟩ *colloq.* (continual) sighing.

ge'si·chert I *pp.* – **II** *adj* **1.** *econ.* secured: ~**e Anleihe** secured (*od.* collateral) loan. – **2.** (*Existenz etc*) secure, assured: **Sie sehen einer ~en Zukunft entgegen** you face (*od.* look forward to) an assured future. – **3.** (*Klettersteg*) with permanent (wire) belays. – **4.** (*Bergsteiger*) belayed.

Ge'sicht[1] *n* ⟨-(e)s; -er⟩ **1.** face, countenance (*lit.*), visage (*poet.*); 'mug', *Am.* 'puss' (*sl.*): **ein strahlendes ~** a radiant face; **ein käsiges ~** *colloq.* a wheyface; **ein volles ~ haben** to be full in the face; **er ist dem Vater [der Mutter] wie aus dem ~ geschnitten** he is the very (*od. colloq.* spitting) image of his father [mother]; **der Hunger schaut ihnen aus dem ~** hunger is stamped on their faces; **er wurde blaß [rot] im ~** his face turned pale [red]; **der Mann mit der Narbe im ~** the man with the scar on his face; **das Blut stieg ihr ins ~** the blood rushed to her face; **j-m ins ~ (hinein) lügen** to tell s.o. a barefaced lie; **j-m ins ~ schlagen** to strike s.o. in the face; **ein Schlag ins ~** *auch fig.* a blow in the face; **j-m ins ~ spucken [lachen]** to spit [to laugh] s.o. in the face; **j-m etwas ins ~ schleudern** to hurl (*od.* fling, sling) s.th. in s.o.'s teeth; **j-m etwas ins ~ sagen** to say s.th. to s.o.'s face; **ich konnte ihr die Wahrheit nicht ins ~ sagen** I couldn't tell her the truth to her face; **j-m ins ~ sehen** to look s.o. in the face; **den Tatsachen [Gefahren] ins ~ sehen** *fig.* to look the facts [danger] in the face; **spring mir nicht ins ~** *fig. colloq.* don't murder me; **mit dem ~ nach oben [unten] liegend** supine [prone]; **mit steinernem ~** stone-faced, marble-faced; **der Schweiß lief ihm über das ~** his face ran with sweat; **ein Lächeln ging über ihr ~** a smile passed over her face; **übers ganze ~ grinsen** *colloq.* to grin from ear to ear, to grin like a Cheshire cat; **der Hut steht Ihnen zu ~** the hat suits you; **etwas [j-n] zu ~ bekommen** a) (*erblicken*) to sight (*od.* catch sight of) s.th. [s.o.], b) (*sehen*) to (get to) see s.th. [s.o.]; **ich habe ihn seither nicht zu ~ bekommen** I haven't set (*od.* laid) eyes on him since; **zu ~ kommen** to come (*od.* heave) in sight; **der Artikel ist mir noch nicht zu ~ gekommen** the article has not come my way yet; **etwas [j-n] aus dem ~ verlieren** to lose sight of s.th. [s.o.]; **j-m aus dem ~ kommen** to get out of s.o.'s sight; **komm mir nicht wieder vors ~** don't let me set (*od.* lay) eyes on you again; **sein ~ ist von Kummer gezeichnet** sorrow has left its traces on his face; **sein ~ ist vom Tode gezeichnet** he has the seal of death on his face; **hippokratisches ~** *med.* Hippocratic face; **sein wahres ~ zeigen** *fig.* to show one's true face, to throw off the mask, to show the cloven hoof; **das ~ verlieren [wahren]** *fig.* to lose [save] face; **man wollte das ~ wahren (*od.* nicht verlieren)** they did not want to lose face. – **2.** (*Miene*) face, countenance, *auch* mien: **er machte ein langes ~, als** he made a long face when; **er machte ein ~ wie drei (*od.* sieben) Tage Regenwetter (*od.* als wäre ihm die Petersilie verhagelt)** *colloq.* he had a face as long as a fiddle, he looked as if he hadn't a friend left in the whole wide world (*colloq.*); **Sie hätten sein ~ sehen sollen!** you should have seen his face (*od.* expression); **ein böses [verlegenes, freundliches] ~ machen** to look angry [embarrassed, pleasant]; **ein saures ~ ziehen** *colloq.* to look sour; **ein schiefes ~ ziehen** to make a wry face; **ein anderes ~ aufsetzen (*od.* aufstecken)** to change countenance, to assume a different (*od.* new) expression; **ein offizielles (*od.* amtliches, dienstliches) ~ aufsetzen (*od.* annehmen)** to assume an official mien, *Br. colloq.* to put on one's Whitehall face; **j-m etwas vom ~ ablesen** to read s.th. in s.o.'s face. – **3.** (*Gesichtsausdruck*) physiognomy, phiz (*colloq.*). – **4.** (*Grimasse*) face: **j-m ~er schneiden** to make faces at s.o. – **5.** *fig.* (*Aussehen*) aspect, complexion: **das gibt der Sache ein ganz anderes ~** that puts an entirely different complexion on the matter, now that's a horse of a different colo(u)r (*colloq.*); **dadurch hat die Sache ein anderes ~ bekommen** thus the matter has assumed a different aspect; **das wahre ~ eines Landes kennenlernen** *fig.* to get to know the true face of a country. – **6.** ⟨*only sg*⟩ *fig.* (*Sehvermögen*) (eye)sight: **er hat das ~ verloren** he lost his sight; **sein ~ ist geschwächt** he has weak sight; **das zweite ~ haben** to have second sight, to be clairvoyant. – **7.** *fig. colloq.* (*Mensch*) face, person: **ich sah nur fremde ~er** I saw nothing but strange faces (*od.* strangers); **ich habe dort viele bekannte ~er gesehen** I saw many familiar faces there. – **8.** *med. zo.* face.

Ge'sicht[2] *n* ⟨-(e)s; -e⟩ vision: ~**e haben** to have visions; **von ~en verfolgt** haunted by visions.

Ge'sichts|ˌabˌguß *m* mask (of the face). — ~ˌ**ausˌdruck** *m* **1.** facial expression (*od.* features *pl*). – **2.** *med. zo. cf.* Gesicht[1] 8. – **3.** (*Physiognomie*) physiognomy. — ~-**beˌhand·lung** *f* (*cosmetics*) face (*od.* facial) treatment, facial (*colloq.*). — ~ˌ**bil·dung** *f* features *pl.* — ~ˌ**bin·de** *f med.* (surgeon's) mask. — ~ˌ**brand** *m med.* noma. — ~-ˌ**creme** *f* (*cosmetics*) face cream. — ~-ˌ**far·be** *f* complexion, color, *bes. Br.* colour: **eine gesunde ~** a healthy complexion, a wholesome colo(u)r; **von heller [dunkler] ~** light- (*od.* fair-) [dark-]complexioned.

Ge'sichtsˌfeld *n* field of vision (*od.* view), visual field. — ~ˌ**ausˌfall** *m med.* scotoma. — ~ˌ**mes·ser** *m* campimeter. — ~ˌ**mes·sung** *f* campimetry, perimetry.

Ge'sichts|ˌform *f cf.* Gesichtsbildung. — ~ˌ**hälf·te** *f* side of the face. — ~ˌ**haut** *f* facial skin. — ~ˌ**he·bung** *f med.* (*kosmetische Operation*) face-lifting, *auch* face-lift: **sich einer ~ unterziehen** to have one's face lifted. — ~ˌ**her·pes** *f* **1.** (*Bläschenflechte*) cold sore, fever blister. – **2.** (*Gesichtsrose*) shingles *pl* of the face. — ~ˌ**in·dex** *m* facial index. — ~ˌ**krampf** *m* facial spasm (*od.* tic). — ~ˌ**krebs** *m* cancer of the face. — ~ˌ**kreis** *m* **1.** *cf.* Gesichtsfeld. – **2.** sight: **aus dem ~ verschwinden** to disappear from sight; **er ist ganz aus meinem ~ entschwunden** I have lost track of him completely; **in den ~ treten** to come into view. – **3.** *obs.* (*geistiger Horizont*) horizon, purview, *auch* mind: **seinen ~ erweitern** to broaden one's mind, to enlarge one's horizon; **der ~ wird verengt** one's horizon contracts. – **4.** *astr.* horizon. — ~ˌ**la·ge** *f med.* (*bei der Geburt*) face presentation. — ~ˌ**läh·mung** *f* facial paralysis, facial (*od.* Bell's) palsy. — ~-ˌ**li·nie** *f* **1.** facial line. – **2.** (*optics*) line of vision (*od.* sight); visual line (*od.* axis). – **3.** *astr.* line of sight. – **4.** *mil.* (*eines Festungswerks*) face. — **g~los** *adj fig.* **1.** (*Menschenmasse etc*) faceless. – **2.** (*Stadt etc*) lacking character, monotonous. — ~ˌ**mas·ke** *f* **1.** mask, false face. – **2.** (*des Chirurgen etc*) (face) mask. – **3.** (*Schutzmaske*) face guard (*od.* shield), protective mask. – **4.** (*cosmetics*) face (*od.* facial) pack, facial (*colloq.*). — ~**masˌsa·ge** *f* (*cosmetics*) facial massage, facial (*colloq.*). — ~ˌ**milch** *f* facial milk.

Ge'sichtsˌmus·kel *m med.* mimetic (*od.* facial) muscle. — ~ˌ**läh·mung** *f* mimetic (*od.* facial) paralysis.

Ge'sichts|ˌnerv *m med.* facial nerve, nervus facialis (*scient.*). — ~**neur·alˌgie** *f* (tri)facial (*od. scient.* trigeminal) neuralgia, prosoponeuralgia (*scient.*). — ~**ope·ra·tiˌon** *f* **1.** operation on the face. – **2.** (*Schönheitsoperation*) face-lifting, *auch* face-lift. — ~ˌ**packung** (*getr.* -k·k-) *f* (*cosmetics*) *cf.* Gesichtsmaske 4. — ~ˌ**pfle·ge** *f* care of the face. — ~ˌ**pla·stik** *f med.* facial plastic surgery, facioplasty (*scient.*). — ~ˌ**pu·der** *m* face powder. — ~ˌ**punkt** *m* **1.** point of view, viewpoint, angle, aspect, *Am. auch* slant: **es kommt auf den ~ an** it depends on the point of view; **er geht von einem anderen ~ aus** he has a different approach; **etwas von verschiedenen ~en aus beurteilen** to judge s.th. from various angles; **das ist ein ~** a) that's one point of view, b) that's plausible, that's a plausible argument; **von diesem ~ aus (gesehen), unter diesem ~ (gesehen)** viewed from this standpoint; **etwas nach praktischen ~en entwerfen** to design s.th. from a practical point of view (*od.* with practical considerations in mind). – **2.** (*optics*) (*Haupt- od. Augenpunkt*) visual point. — ~ˌ**ro·se** *f med.* facial erysipelas. — ~ˌ**schä·del** *m zo.* viscerocranium, visceral skeleton. — ~ˌ**schlagˌader** *f med.* facial artery. — ~ˌ**schmerz** *m cf.* Gesichtsneuralgie. — ~ˌ**schnitt** *m* ⟨-(e)s; *no pl*⟩ cast of features. — ~ˌ**sei·fe** *f* face (*od.* facial) soap. — ~ˌ**sinn** *m* sense of sight (*od.* vision), visual faculty, vision, eyesight. — ~ˌ**spal·te** *f* facial cleft, prosoposchisis (*scient.*). — ~ˌ**straf·fung** *f* face-lifting, *auch* face-lift. — ~ˌ**täu·schung** *f* optical illusion. — ~ˌ**tuch** *n* (*des Chirurgen etc*) (face) mask. — ~ˌ**ur·ne** *f archeol.* face urn, canopic jar (*scient.*). — ~**verˌlet·zung** *f* facial injury (*od.* wound). — ~**verˌzer·rung** *f* distortion of the face, grimace. — ~ˌ**wahrˌneh·mung** *f* **1.** optical (*od.* visual) perception. – **2.** (*optischer Eindruck*) visual impression. — ~ˌ**was·ser** *n* (*cosmetics*) face lotion. — ~ˌ**wei·te** *f* range of vision, eyeshot. — ~ˌ**win·kel** *m* **1.** *med.* facial (*od.* frontal) angle. – **2.** (*optics*) visual (*od.* optical) angle. – **3.** *fig. cf.* Gesichtspunkt 1. — ~ˌ**zucken** (*getr.* -k·k-) *n med.* facial tic. — ~ˌ**zug** *m meist pl* feature, lineament, *auch* physiognomy: **ebenmäßige [harte] Gesichtszüge** even (*od.* regular) [hard] features.

Geˈsims *n* ⟨-es; -e⟩ **1.** *arch.* a) (*Zierleiste*) molding, *bes. Br.* moulding, b) (*am Dach*) cornice, c) (*am Kamin*) mantelpiece, d) (*am Fenster*) sill: **schraffiertes ~** hatched mo(u)lding. – **2.** *geol.* (*Felsleiste*) ledge, bank, bench.

Geˈsin·de [-ˈzɪndə] *n* ⟨-s; *no pl*⟩ *archaic* **1.** (*Dienerschaft*) (domestic) servants *pl*, domestics *pl*. – **2.** help (*construed as sg or pl*), farm laborers *pl* (*bes. Br.* labourers *pl*), farmhands *pl*. — ~ˌ**haus** *n* servants' and farmworkers' quarters *pl*. — ~ˌ**kam·mer** *f* servants' room (*od.* hall).

Geˈsin·del [-ˈzɪndəl] *n* ⟨-s; *no pl*⟩ *contempt.* mob, rabble, riffraff, *Br.* riff-raff, trash: **lichtscheues [hergelaufenes] ~** underworld [footloose] mob.

Geˈsin·de|ˌord·nung *f hist.* regulations *pl* for servants (*od.* farm labo[u]rers). — ~ˌ**stu·be** *f* servants' room (*od.* hall).

Geˈsin·ge *n* ⟨-s; *no pl*⟩ *colloq.* **1.** continual singing. – **2.** poor singing.

geˈsinnt [-ˈzɪnt] *adj* **1.** (*christlich, liberal etc*) minded, oriented: **anders ~ sein als j-d** to be of a different mind (*od.* opinion) from s.o., to have (*od.* hold) different views from s.o.; **sozial ~ sein** to be social-minded; **fortschrittlich ~** oriented toward(s) (*od.* interested in) progress. – **2.** (*freundschaftlich, feindlich etc*) disposed: **er ist mir gut ~** he is well disposed toward(s) me.

Geˈsin·nung [-ˈzɪnʊŋ] *f* ⟨-; *rare* -en⟩ **1.** (*Mentalität*) mentality, mind: **eine niedere** (*od.* **gemeine**) **~ haben** to be base-minded (*od.* mean); **aufrichtige [edle] ~** fair-mindedness [noble-mindedness]; **eine bürgerliche ~** a bourgeois mentality. – **2.** (*Charakter*) character, nature: **von anständiger** (*od.* **redlicher**) **~ sein** to have an honest character. – **3.** (*Denkart*) way of thinking, turn of mind: **das verrät seine liberale ~** that shows his liberal way of thinking. – **4.** (*Haltung*) attitude: **ich zweifle nicht an seiner freundlichen ~ (mir gegenüber)** I have no doubts about his friendly attitude (toward[s] me). – **5.** (*Meinung*) opinion, convictions *pl*, sentiments *pl*, views *pl*: **er zeigte seine wahre ~** he revealed his true sentiments, he showed his true colo(u)rs; **seine ~ wechseln** a) to change one's opinion, b) *pol.* to change sides, *bes. Br.* to cross the floor of the house.

Geˈsin·nungs|geˌnos·se *m*, ~**geˌnos·sin** *f* **1.** person of like mind, like-minded person. – **2.** (*Anhänger*) adherent, supporter.

geˈsin·nungs·los *adj* lacking character, unprincipled. — **Geˈsin·nungs·lo·sig·keit** *f* ⟨-; *no pl*⟩ lack of character (*od.* principles).

Geˈsin·nungs|ˌlump *m colloq. contempt.* timeserver, *Br.* time-server, opportunist. — ~**lum·peˈrei** [-ˌzɪnʊŋs-] *f* timeserving, *Br.* time-serving, opportunism. — **g~ˌmä·ßig** *adv* according to (*od.* in accordance with) one's convictions. — **g~ˌtreu** *adj* loyal. — ~ˌ**treue** *f* loyalty. — **g~verˌwandt** *adj* of related opinion(s). — ~ˌ**wan·del**, ~ˌ**wech·sel** *m* change (*od.* shift) of opinion, volte-face, about-face, *bes. Am.* turnabout.

geˈsit·tet [-ˈzɪtət] **I** *adj* **1.** (*wohlerzogen*) well-bred, well-mannered (*beide attrib*). – **2.** (*zivilisiert*) civilized. – **II** *adv* **3. sich ~ betragen** (*od.* **benehmen**) to behave in a well-bred manner, to have good manners. — **Geˈsit·tung** [-ˈzɪtʊŋ] *f* ⟨-; *no pl*⟩ **1.** (*einer Person*) good manners *pl* (*od.* breeding). – **2.** (*eines Volkes*) civilization.

Geˈsocks [-ˈzɔks] *n* ⟨-; *no pl*⟩ *contempt. sl. for* Gesindel.

Geˈsöff [-ˈzœf] *n* ⟨-(e)s; -e⟩ *sl. contempt.* 'poison', 'swill', 'dishwater', *Br.* 'dish-water', *bes. Br.* 'slops' *pl* (*alle colloq.*), (*bes. alkoholische Getränke*) rotgut, *Br.* rot-gut (*sl.*), *Am. sl.* hooch: **ein übles ~** a terrible poison.

geˈsof·fen [-ˈzɔfən] *pp of* saufen.

geˈso·gen [-ˈzoːgən] *pp of* saugen.

geˈson·dert I *pp of* sondern². – **II** *adj* (*getrennt*) separate(d). – **III** *adv* **etwas ~ berechnen [behandeln]** to charge [to deal with] s.th. separately.

geˈson·nen [-ˈzɔnən] **I** *pp of* sinnen. – **II** *adj* **~ sein, etwas zu tun** a) to be willing (*od.* prepared) to do s.th., b) to have in mind (*od.* intend) to do s.th., c) (*stärker*) to be resolved (*od.* determined) to do s.th.

geˈsot·ten [-ˈzɔtən] **I** *pp of* sieden. – **II G~e, das** ⟨-n⟩ *gastr.* the boiled meat: **G~es und Gebratenes** boiled meat and roast meat.

geˈspal·ten I *pp of* spalten. – **II** *adj* **1.** (*Holz etc*) split. – **2.** (*rissig*) fissured. – **3.** *psych.* (*Persönlichkeit etc*) split, schizoid (*scient.*). – **4.** *bot.* split: **bis zum Grund ~** partite; **an einer Seite ~** dimidiate. – **5.** *zo.* (*Huf etc*) clefted, cloven, fissured (*scient.*). – **6.** *ling.* (*Infinitiv*) split. – **7. mit Zinnen ~** *her.* embattled. – **8.** *med.* a) (*Gaumen*) cleft, b) (*Herztöne*) reduplicated.

Geˈspan¹ *m* ⟨-(e)s *u.* -en; -e(n)⟩ **1.** *obs.* companion. – **2.** *print.* helper, printer's devil.

Geˈspan² *m* ⟨-(e)s; -e⟩ *hist.* district chief (*od.* head) in Hungary.

Geˈspän·ge [-ˈʃpɛŋə] *n* ⟨-s; *no pl*⟩ *obs.* brooches *pl*, clasps *pl*.

Geˈspann *n* ⟨-(e)s; -e⟩ **1.** (*von Arbeitstieren*) team, *Am. auch* span. – **2.** (*Fuhrwerk*) team, team and wagon (*bes. Br.* waggon) (*od.* carriage), *Am. colloq.* rig. – **3.** (*Motorrad u. Beiwagen*) (motorcycle and sidecar [*Br.* side-car]) combination: **Rennen für ~e** sidecar race. – **4.** *fig. colloq.* (*von Personen*) pair, couple: **sie sind ein gutes ~**, **die beiden geben ein gutes ~ ab** they make a good pair (*od.* team); **die beiden sind ein seltsames ~** they are a strange (*od.* funny) pair. — ~ˌ**füh·rer** *m* teamster. — ~ˌ**guß** *m tech.* group teeming. — ~ˌ**klas·se** *f* (*sport*) sidecar (*Br.* side-car) class. — ~ˌ**plat·te** *f metall.* group teeming plate, ingot mold (*bes. Br.* mould) stool, bottom cast stool.

geˈspannt I *pp*. – **II** *adj* **1.** (*Seil, Muskel etc*) tight, tense, taut. – **2.** *fig.* (*Beziehungen, Lage etc*) strained, tense: **sie lebt** (*od.* **steht**) **mit ihm auf ~em Fuße** she lives in a state of tension with him; **~e Atmosphäre** tense atmosphere. – **3.** *fig.* (*Aufmerksamkeit etc*) close, intent. – **4. ~ auf** (*acc*) **etwas [j-n] sein** to be looking forward eagerly (*od.* anxiously, keenly) to s.th. [to seeing s.o.]: **sehr ~ sein** to be terribly excited, to be in suspense (*od.* on tenterhooks); **ich bin ~, ob** I wonder (*od.* I'd like to know, I'm anxious to know) whether; **alle waren ~ auf den neuen Kollegen** everyone was anxious to see (*od.* curious about) the newcomer; → Flitzbogen 2. – **5.** *ling.* a) (*Selbstlaut*) tense, close, b) (*Mitlaut*) tense, strong. – **III** *adv* **6.** closely, intently: **j-m ~ lauschen** to listen closely to s.o., to hang on s.o.'s lips. – **7.** eagerly, anxiously, keenly: **~ auf das Ergebnis der Wahl warten** to wait eagerly for the result of the election. — **Geˈspannt·heit** *f* ⟨-; *no pl*⟩ **1.** tightness, tension, tautness. – **2.** *fig.* (*der Beziehungen etc*) tension, tenseness. – **3.** *fig.* (*der Aufmerksamkeit*) intentness, intensity.

Geˈspan·schaft *f* ⟨-; -en⟩ *hist. district under control of Hungarian district chief.*

Geˈspär·re *n* ⟨-s; *no pl*⟩ *arch.* pair of rafters.

Geˈspenst [-ˈʃpɛnst] *n* ⟨-es; -er⟩ **1.** (*Spukgestalt*) ghost, spirit, spook (*colloq.*): **in dem Schloß geht ein ~ um** the castle is haunted; **an ~er glauben** to believe in ghosts; **er sieht aus wie ein ~** he looks like a ghost; **die Stunde** (*od.* **Zeit**) **der ~er** the witching hour (*od.* time). – **2.** (*Trugbild*) phantom, *auch* fantom, specter, *bes. Br.* spectre, apparition: **du siehst ja ~er** a) you are seeing things, b) *fig. colloq.* you are seeing dangers that don't exist. – **3.** *fig.* (*drohende Gefahr*) specter, *bes. Br.* spectre; bog(e)y, bogie (*colloq.*): **das ~ des Krieges** the specter of war. – **4. „Gespenster"** "Ghosts" (*drama by Ibsen*).

Geˈspen·ster|balˌla·de *f* ghost ballad. — ~**erˌschei·nung** *f* (ghostly) apparition. — ~ˌ**furcht** *f* fear of ghosts. — ~**geˌschich·te** *f* ghost story. — ~ˌ**glau·be(n)** *m* belief in ghosts. — **g~haft** *adj* **1.** ghostlike, ghostly, spectral; spooky, spookish (*colloq.*). – **2.** *fig.* (*unheimlich*) ghastly, lurid, (*stärker*) eerie, *auch* eery, uncanny.

geˈspen·stern [-ˈʃpɛnstərn] *v/i* ⟨*pp* gespenstert, h⟩ spook (*colloq.*), haunt a place.

Geˈspen·ster|ˌreich *n cf.* Geisterreich. — ~ˌ**schiff** *n* ghostship, phantom ship. — ~ˌ**stun·de** *f* witching hour. — ~ˌ**tier** *n zo. cf.* Koboldmaki.

Geˈspenstˌheuˌschrecke (*getr.* -k·k-) *f zo.* **1.** stick insect (*Fam. Phasmatidae*). – **2.** leaf insect (*Fam. Phyllidae*).

geˈspen·stig, geˈspen·stisch *adj cf.* gespensterhaft.

Geˈspenst|ˌkrab·be *f zo.* ghost crab (*Ocypode albicans u. arenaria*). — ~ˌ**krebs·chen** *n* ⟨-s; -⟩ skeleton (*od.* specter, *bes. Br.* spectre) shrimp (*Gattg Caprella*).

Geˈsperr *n* ⟨-(e)s; -e⟩ *hunt.* brood, covey, bevy.

Geˈsper·re *n* ⟨-s; -⟩ **1.** *tech.* locking mechanism. – **2.** *hunt. cf.* Gesperr.

geˈsperrt I *pp*. – **II** *adj* **1.** barred, closed (**für** to): **für den Verkehr ~** *auto.* closed to all vehicles; **für Militär ~** *Am.* off limits, *Br.* out of bounds. – **2.** *econ.* (*Guthaben*) blocked. – **3.** *tech.* a) (*Schloß*) locked, b) (*gegenseitig*) interlocked. – **4.** *print.* (*Druck*) spaced. – **5.** (*sport*) a) (*Spieler*) suspended, b) (*behindert*) obstructed. – **III** *adv* **6. ~ gedruckt** *print.* printed widely spaced.

geˈspickt I *pp of* spicken¹ *u.* ². – **II** *adj* **1.** *gastr.* larded. – **2.** *fig.* (**mit** with) interlarded, (*stärker*) stuffed: **eine mit Zitaten ~e Rede** a speech interlarded with quotations. – **III** *adv* **3. seine Brieftasche war ~ voll mit Scheinen** his wallet was stuffed with (*od.* stuffed full of) banknotes.

geˈspie·en [-ˈʃpiːən] *pp of* speien.

Geˈspie·le¹ *m* ⟨-n; -n⟩ *lit.* playmate.

Geˈspie·le² *n* ⟨-s; *no pl*⟩ *colloq.* (continual) playing.

Geˈspie·lin *f* ⟨-; -nen⟩ *lit.* playmate.

geˈspien [-ˈʃpiːn] *pp of* speien.

Geˈspinst [-ˈʃpɪnst] *n* ⟨-es; -e⟩ **1.** (*Gesponnenes*) spun yarn (*od.* thread), spinning. – **2.** (*Gewebe*) web, tissue: **feines [seidenes] ~** fine [silken] tissue; **ein ~ von Lügen** *fig.* a tissue (*od.* web) of lies. – **3.** *zo.* a) (*der Raupe*) cocoon, b) (*der Spinne*) web. — ~**blattˌwes·pe** *f zo.* web-spinning saw fly (*Br.* saw-fly) (*Fam. Pamphiliidae*). — ~ˌ**fa·ser** *f* textile (*od.* spinning) fiber (*bes. Br.* fibre). — ~ˌ**mot·te** *f zo.* ermine moth (*Fam. Hyponomeutidae*). — ~ˌ**pflan·ze** *f bot.* fiber (*bes. Br.* fibre) (*od.* textile) plant.

geˈsplis·sen [-ˈʃplɪsən] *pp of* spleißen.

geˈspon·nen [-ˈʃpɔnən] *pp of* spinnen.

Geˈspons¹ [-ˈʃpɔns] *m* ⟨-es; -e⟩ *humor. for* a) Bräutigam 1, b) Gatte 1.

Geˈspons² *n* ⟨-es; -e⟩ *humor. for* a) Braut 1, b) Gattin 1.

geˈspornt I *pp*. – **II** *adj* **1.** *only in* **gestiefelt und ~** *fig. colloq. humor.* a) booted and spurred, b) ready (*od. colloq.* raring) to go.

– **2.** *bot.* spurred, calcarate, *auch* calcarated (*scient.*).

Ge'spött [-'ʃpœt] *n* ⟨-(e)s; *no pl*⟩ **1.** (*Spott*) derision, ridicule: **mit j-m sein ~ treiben** to deride (*od.* ridicule) s.o., to mock (*od.* scoff) at s.o. – **2.** (*Gegenstand des Spotts*) object of derision (*od.* ridicule), laughing-stock, *Br.* laughing-stock, scoff, mock: **j-n zum ~ machen** to bring s.o. into derision, to hold s.o. up as a laughing(-)stock (*od.* to mockery); **sich zum ~ machen** to make a fool (*od.* laughing[-]stock) of oneself, to lay oneself open to ridicule; **zum ~ der Leute** (*od.* **der Welt**) **werden** to become a public laughing(-)stock; **j-m zum ~ dienen** to be the laughing(-)stock of s.o.

Ge'spöt·tel *n* ⟨-s; *no pl*⟩ *colloq.* (incessant) scoffing (*od.* mocking).

Ge'spräch [-'ʃprɛːç] *n* ⟨-(e)s; -e⟩ **1.** conversation, talk: **mit j-m ein ~ anfangen** [**anknüpfen**] to open [to strike up] a conversation with s.o.; **ein ~ führen** to carry on (*od.* conduct, hold) a conversation; **mit j-m ins ~ kommen** a) to get into (*od.* engage in) conversation with s.o., b) *fig.* to establish (*od.* make) contact with s.o.; **mit j-m im ~ bleiben** to stay (*od.* keep) in contact (*od.* touch) with s.o.; **etwas bleibt (weiterhin) im ~** s.th. remains under discussion; **sein Erfolg ist überall im ~** his success is being talked about everywhere; **j-n ins ~ ziehen** to draw s.o. into conversation; **sich in ein ~ mischen** to butt into a conversation; **das ~ auf** (*acc*) **etwas bringen** to lead the talk (a)round to s.th., to bring up (*od.* broach) a subject; **in ein ~ vertieft sein** to be (deeply) engaged (*od.* engrossed) in conversation; **ein ~ in Gang halten** to keep a conversation going (*od.* rolling); **im Laufe des ~(e)s** in the course of the conversation; **ein ~ unter vier Augen** a confidential conversation (*od.* talk), a tête-à-tête. – **2.** *pol.* talk: **~e am runden Tisch** round-table talks; **~e auf höchster Ebene** talks at the highest level, summit talks. – **3.** (*öffentlich Besprochenes*) talk: **das ~ der ganzen Stadt** the talk of the town. – **4.** (*Telephongespräch*) telephone call: **ein dringendes ~** an urgent call; **ein ~ anmelden** [**vermitteln**] to book (*Am.* to place, to put in) [to put through, to handle] a call.

ge'sprä·chig *adj* **1.** talkative, loquacious, voluble, chatty: **der Alkohol hatte ihn ~ gemacht** the alcohol had made him talkative (*od.* had loosened his tongue). – **2.** (*mitteilsam*) communicative. — **Ge'sprä·chig·keit** *f* ⟨-; *no pl*⟩ **1.** talkativeness, loquaciousness, loquacity, chattiness. – **2.** communicativeness.

Ge'sprächs|,an,mel·dung *f tel.* placing of a call, *bes. Br.* call booking. — **~,dau·er** *f* duration of a call. — **~,dich·te** *f* frequency of calls. — **~,ein·heit** *f* call (*od.* message) unit. — **~,fet·zen** *m* snatch of conversation. — **~,form** *f* (*eines Romans etc*) dialog(ue) form: **in ~** interlocutory, in dialog(ue). — **~ge,bühr** *f tel.* call charge. — **~,ge·gen,stand** *m* topic (*od.* subject) of conversation. — **~,part·ner** *m*, **~,part·ne·rin** *f* person in conversation with s.o., interlocutor: **ich hatte einen sehr interessanten ~** the person I was talking to was very interesting, I had a very interesting person to talk to. — **~,pau·se** *f* lull in conversation: **es trat eine kurze ~ ein** there was a brief lull in the conversation. — **~,stoff** *m* topic(s *pl*) (*od.* subject[s *pl*]) for conversation: **etwas gibt einen ~ ab, etwas liefert** (*od.* **bildet**) **einen ~** s.th. furnishes (*od.* supplies, provides) a topic for conversation; **wir hatten genügend** (*od.* **ausreichenden**) **~** we had enough to talk about; **der ~ hatte sich schon bald erschöpft** topics for conversation were soon exhausted. — **~,the·ma** *n cf.* **Gesprächsgegenstand.** — **g~,wei·se** *adv* **1.** in conversation, conversationally. – **2.** (*im Laufe des Gesprächs*) in the course of conversation. – **3.** (*vom Hörensagen*) by way of conversation, by hearsay. — **~,zäh·ler** *m tel.* call meter.

ge'spreizt I *pp.* – **II** *adj* **1.** (*Arme, Flügel etc*) outstretched, outspread, extended. – **2.** (*Beine*) spread-out (*attrib*); wide apart, astride, astraddle (*nachgestellt*): **mit ~en Beinen** (with legs) astride. – **3.** (*Finger, Zehen etc*) splay(ed). – **4.** *bes. bot. zo.* spreading, divaricate (*scient.*). – **5.** *fig.* (*Benehmen etc*) pompous, affected. – **6.** *fig.* (*Rede, Stil etc*) pompous, affected, turgid, stilted. – **III** *adv* **7.** *fig.* pompously, affectedly. — **Ge'spreizt·heit** *f* ⟨-; *no pl*⟩ *fig.* pompousness, affectedness, affectation.

ge'spren·kelt I *pp.* – **II** *adj* **1.** speckled, spotted. – **2.** (*gescheckt*) mottled, dappled. – **3.** (*Stein etc*) marbled.

Ge'sprit·ze *n* ⟨-s; *no pl*⟩ *colloq.* splashing.

ge'spritzt I *pp.* – **II** *adj colloq.* (*Wein, Apfelsaft*) mixed with soda water (*Br.* soda-water). — **Ge'spritz·te** *m* ⟨-n; -n⟩ *Bavarian and Austrian* wine mixed with soda water (*Br.* soda-water).

ge'spro·chen [-'ʃprɔxən] **I** *pp of* **sprechen.** – **II** *adj* (*Sprache etc*) spoken.

ge'spros·sen *pp of* **sprießen.**

Ge'spru·del *n* ⟨-s; *no pl*⟩ *colloq. cf.* **Sprudeln.**

ge'sprun·gen [-'ʃprʊŋən] *pp of* **springen**[1] *u.*[2].

Ge'spür *n* ⟨-s; *no pl*⟩ **1.** (*feines Empfinden*) feeling, sense. – **2.** (*Spürsinn*) flair. – **3.** (*Verständnis*) understanding, comprehension.

Gest [gɛst] *m* ⟨-(e)s; *no pl*⟩, *f* ⟨-; *no pl*⟩ *Low G.* yeast.

Ge'sta·de [-'ʃtaːdə] *n* ⟨-s; -⟩ *lit.* **1.** (*eines Sees, Meeres*) shore. – **2.** (*eines Flusses*) bank. – **3.** (*Küste*) coast.

ge'staf·felt I *pp.* – **II** *adj* **1.** *mil.* (*Formation*) echeloned, in echelon. – **2.** *econ.* (*Zollsätze, Löhne etc*) differentiated, graded, graduated. – **3.** *tech.* (*Walzenstraße etc*) staggered.

Ge'stalt [-'ʃtalt] *f* ⟨-; -en⟩ **1.** (*äußere Form*) shape, form, appearance: **etwas hat die ~ eines Kegels** s.th. has the shape of a cone, s.th. is conical (in shape); **die ~ eines Gebirges** the shape (*od.* configuration) of a mountain range. – **2.** ⟨*only sg*⟩ (*Körperbeschaffenheit*) figure, frame, stature, build, *Am. sl. auch* built: **er ist von hagerer ~** he has a lanky figure, he is of lanky physique; **von menschlicher ~** anthropomorphous; → **Ritter** 1. – **3.** (*bes. undeutliche Erscheinung*) form, shape, (*bes. Person*) figure, apparition (*lit.*): **im Hof stand eine dunkle ~** a dark figure stood in the yard. – **4.** (*Verkörperung*) form, shape, guise (*lit.*): **in (der) ~ des Teufels** in the guise of the devil; **Zeus nahm die ~ eines Schwanes an** Zeus assumed (*od.* took on) the form of a swan; **das Unheil nahte in (der) ~ eines Polizisten** trouble approached in the form of a policeman; **sich in seiner wahren ~ zeigen** *fig.* to show (oneself in) one's true colo(u)rs, to reveal one's true character. – **5.** (*in einem Roman etc*) figure, character, person. – **6.** (*Persönlichkeit*) figure, person(ality), character: **er war eine der bedeutendsten ~en der Reformation** he was one of the most important figures of the Reformation. – **7.** *fig.* (*Form*) shape: **der Plan nahm allmählich (feste) ~ an** the plan was gradually taking shape (*od.* materializing, *Am. auch* shaping up); **einer Sache ~ geben** to give s.th. shape (*od.* form). – **8.** ⟨*only sg*⟩ (*officialese*) form: **Hilfe in ~ von Geld** aid in the form (*od.* in terms) of money. – **9.** ⟨*only sg*⟩ **das Abendmahl in beiderlei ~** *relig.* communion in both kinds (*od.* under both elements). – **10.** *psych.* gestalt, configuration, form. — **g~be,zo·gen** *adj* **~e Betrachtungsweise** *ling.* formal analysis. — **~,bil·dung** *f biol.* morphogenesis.

ge'stal·ten [-'ʃtaltən] **I** *v/t* ⟨*pp* **gestaltet**, h⟩ **1.** (*Fest etc*) arrange, organize *Br. auch* -s-: **seine Freizeit abwechslungsreich ~** to vary one's spare time activities. – **2.** make, render: **sein Leben interessanter ~** to make one's life more interesting. – **3.** (*Sätze, Ideen etc*) form, frame: **einen Bericht lebendig ~** to give colo(u)r to a report. – **4.** (*entwerfen*) design, plan: **etwas künstlerisch ~** to plan s.th. artistically. – **5.** (*theater*) (*Rolle*) create. – **6.** (*Raum etc*) decorate. – **7.** (*Kunstwerk*) create, produce. – **8.** (*formen*) form, shape, fashion: **er gestaltete den Faltenwurf mit großer Feinheit** he gave the drapery a most delicate form. – **II** *v/reflex* **sich ~ 9.** (*sich entwickeln*) turn out (to be), work out: **sich schwierig ~** turn out to be difficult; **die Sache gestaltete sich anders, als wir erwartet hatten** the affair turned out differently from what we had expected. – **10.** (*sich darbieten*) present itself: **die Fragen ~ sich anders für uns als für unsere Eltern** these problems present themselves differently to us than to our parents. – **11.** (*Gestalt annehmen*) take shape, *Am. auch* shape up. – **III G~** *n* ⟨-s⟩ **12.** *verbal noun.* – **13.** *cf.* **Gestaltung.**

Ge'stal·ter *m* ⟨-s; -⟩ **1.** (*einer Veranstaltung etc*) arranger, organizer *Br. auch* -s-. – **2.** (*eines Entwurfs*) designer. – **3.** (*eines Kunstwerks etc*) creator. – **4.** *tech.* (*Zeichner*) draftsman, *Br. auch* draughtsman. — **Ge'stal·te·rin** *f* ⟨-; -nen⟩ **1.** *cf.* **Gestalter** 1—3. – **2.** *tech.* (*Zeichnerin*) draftswoman, *Br. auch* draughtswoman.

ge'stal·te·risch *adj* **1.** (*Kräfte etc*) formative. – **2.** (*Tätigkeit etc*) creative.

Ge'stalt|,fe·stig·keit *f tech.* strength depending on shape (*od.* design). — **~ge,set·ze** *pl psych.* laws of gestalt, gestalt laws. — **~kon,stanz** *f* gestalt (*od.* form) constancy. — **~,leh·re** *f* morphology.

ge'stalt·los *adj* **1.** formless, shapeless, without (definite) form (*od.* shape). – **2.** (*Gestein etc*) amorphous. — **Ge'stalt·lo·sig·keit** *f* ⟨-; *no pl*⟩ **1.** formlessness, shapelessness. – **2.** amorphousness.

Ge'stalt|psy·cho·lo,gie *f psych.* Gestalt (*od.* form) psychology, configurationism, gestaltism, *auch* Gestaltism, gestalt theory. — **~qua·li,tät** *f* gestalt (*od.* form) quality, founded content. — **~theo,rie** *f* Gestalt theory, Gestalt psychology, gestaltism, *auch* Gestaltism, form psychology.

Ge'stal·tung *f* ⟨-; -en⟩ **1.** *cf.* **Gestalten.** – **2.** (*eines Festes, der Freizeit etc*) arrangement, organization *Br. auch* -s-. – **3.** (*Entwurf*) design: **die architektonische ~ liegt in der Hand von** the architectural design is in the hands of; **künstlerische ~** a) artistic design, b) (*eines Programms etc*) artistic direction. – **4.** (*eines Raumes etc*) decoration. – **5.** (*eines Kunstwerks*) creation, production. – **6.** (*Formung*) formation. – **7.** (*Form*) form: **die dramatische ~ eines Stoffes** the dramatic form (*od.* treatment) of a subject matter. – **8.** (*theater*) (*einer Rolle*) creating. – **9.** *print.* presentation.

ge'stal·tungs,fä·hig *adj* (*Material*) shapable, shapeable, plastic.

Ge'stal·tungs|,kraft *f* creative power (*od.* genius). — **~,trieb** *m* (creative) drive (*od.* impulse, urge). — **~,wil·le** *m* (artistic) will to create.

ge'stalt|ver,än·dernd *adj biol.* metamorphic, metamorphotic. — **G~ver,än·de·rung** *f cf.* **Gestaltwandel.** — **G~,wan·del** *m* change of form, transformation, metamorphosis (*scient.*). — **G~,wech·sel** *m cf.* **Gestaltwandel.**

Ge'stam·mel *n* ⟨-s; *no pl*⟩ (continual) stammering (*od.* stuttering).

Ge'stamp·fe *n* ⟨-s; *no pl*⟩ *colloq.* (continual) stamping (*od.* trampling).

Ge'stän·de [-'ʃtɛndə] *n* ⟨-s; -⟩ *hunt.* **1.** (*Füße der Beizvögel*) talons *pl.* – **2.** (*Horst*) aerie, *auch* eyrie, aery.

ge'stan·den[1] [-'ʃtandən] **I** *pp of* **stehen.** – **II** *adj Bavarian and Austrian only in* **ein ~es Mannsbild** a staid, strong man, a stout fellow, a fine figure of a man.

ge'stan·den[2] *pp of* **gestehen: offen ~** to tell the truth, to be (quite) frank (*od.* honest, candid).

ge'stän·dert [-'ʃtɛndərt] *adj* **1.** *her.* gyronny (*nachgestellt*). – **2.** *hunt.* (*Huhn etc*) legged.

ge'stän·dig *adj* ⟨*meist pred*⟩ confessing (*od.* admitting) one's guilt: **der Mörder ist ~** the murderer has confessed; **einer Sache ~ sein** to confess s.th.

Ge'ständ·nis [-'ʃtɛntnɪs] *n* ⟨-ses; -se⟩ **1.** *bes. jur.* confession, admission: **ein ~ ablegen** to confess, to make a confession; **ein ~ widerrufen** to repudiate a confession; **j-m ein ~ abnötigen** to force a confession out of s.o.; **j-n zu einem ~ bewegen** to get s.o. to confess; **~ auf dem Totenbett** deathbed confession; **j-m ein ~ machen** to confess s.th. to s.o. – **2.** (*Bekenntnis*) confession, avowal.

Ge'stän·ge [-'ʃtɛŋə] *n* ⟨-s; -⟩ **1.** (*eines Betts etc*) bars *pl.* – **2.** *tech.* a) rod linkage, lever system, b) (*Bohrgestänge*) drill pipe. – **3.** *tel.* standard poles *pl*, rods *pl.* — **~,brem·se** *f auto.* (rod-)linkage (*od.* rod-operated) brake.

Ge'stank *m* ⟨-(e)s; *no pl*⟩ stench, stink, (*stärker*) reek: **der ~ war nicht zu ertragen** (*od.* **auszuhalten**) the stench was unbearable.

Ge·sta·po [ge'staːpo] *f* ⟨-; *no pl*⟩ *pol.* (*in NS-Zeit*) gestapo.

ge'stat·ten [-'ʃtatən] *v/t* ⟨*pp* gestattet, h⟩ **1.** allow, permit: ~ Sie (bitte)? Sie ~? may I? do you mind? ~ Sie, daß ich rauche? may I smoke? ~ Sie bitte, daß ich Ihnen Herrn X vorstelle allow me to introduce Mr. X; ich gestatte mir die Bemerkung, daß allow me to point out that; unsere Verhältnisse ~ es nicht our means do not allow it, we cannot afford it; wenn es die Umstände ~ circumstances permitting; wenn ich mir ~ darf, Sie darauf aufmerksam zu machen, daß may I take the liberty of drawing your attention to the fact that. – **2.** sich (*dat*) etwas ~ to allow oneself s.th.: ich gestatte mir, eine halbe Stunde früher zu kommen I am taking the liberty of coming half an hour earlier.

ge'stat·tet I *pp.* – **II** *adj* allowed, permitted: Eintritt nicht ~! no admittance; Rauchen nicht ~! no smoking.

Ge·ste ['gɛstə; 'geːstə] *f* ⟨-; -n⟩ gesture: lebhafte ~n gesticulation *sg*; sprechende ~n pantomime *sg*; mit einer ungeduldigen [verlegenen] ~ with a gesture of impatience [embarrassment]; sich vieler ~n bedienen to use (*od.* make use of) many gestures; eine ~ der Versöhnung *fig.* a conciliatory gesture, a gesture of conciliation; als höfliche ~ *fig.* as an act of courtesy.

Ge'steck *n* ⟨-(e)s; -e⟩ *Bavarian and Austrian* tuft of feathers (*od.* chamois hair) (on hat).

ge'steckt I *pp.* – **II** *adv only in* ~ voll *colloq.* chock- (*od.* chuck-, cram-, *Am. colloq.* plumb-)full.

ge'ste·hen I *v/t* ⟨*irr, pp* gestanden, h⟩ **1.** *bes. jur.* (*Verbrechen etc*) confess, admit: seine Schuld ~ to confess one's guilt; er gestand, daß er sie ermordet hatte he confessed to having murdered her, he confessed that he had murdered her. – **2.** (*bekennen*) confess, avow: seine Liebe ~ to confess one's love. – **3.** (*eingestehen*) acknowledge: er gestand, sich gefürchtet zu haben he acknowledged having been frightened. – **4.** (*zugeben*) own, admit: er gestand, daß he owned that. – **5.** (*Höflichkeitsfloskel*) confess: ich muß ~, daß I must confess that; um die Wahrheit zu ~ to tell the truth. – **II** *v/i* **6.** *bes. jur.* confess: er hat gestanden he has confessed, he has made a confession.

Ge'ste·hungs,ko·sten *pl econ.* **1.** production costs. – **2.** (*Arbeit u. Rohmaterialkosten*) prime cost *sg*.

Ge'stein *n* ⟨-(e)s; -e⟩ **1.** *geol.* rock, wacke (*scient.*): aus verschiedenartigen ~en zusammengesetzt polygenous; kieseliges ~ burstone; leichtspaltbares ~ slabstone, *Br.* slab-stone; magmatisches ~ igneous rock; vulkanisches ~ volcanic rock. – **2.** (*mining*) rock, stone: taubes ~ dead rock, dead *pl*, barren ground.

Ge'steins|,ar·beit *f* (*mining*) stonework, (*vor Ort*) *auch* deadwork. — **~,art** *f geol.* (type of) rock. — **~,bläs·chen** *n* (*in Lava etc*) vesicle. — **~,block** *m* ⟨-(e)s; ⸚e⟩ boulder, block: säulenförmiger ~ columnar block. — **~,boh·ren** *n* (*mining*) rock drilling, *Br.* rock-drilling. — **~,bohr·ma,schi·ne** *f* rock drilling (*Br.* rock-drilling) machine, rock drill(er), *Br.* rock-drill. — **~,flech·te** *f bot.* rock lichen (*od.* moss). — **~,glas** ⟨-es; *no pl*⟩ rock glass. — **~,hau·er** *m* (*mining*) stoneman, stone drifter, stone miner. — **~,kluft** *f geol.* rock cleft: kaminartige ~ chimney. — **~,kru·ste** *f* (*der Erde*) lithosphere. — **~,kun·de** *f* petrology, petrography, lithology. — **~,kun·di·ge** *m* ⟨-n; -n⟩ **1.** expert on rocks. – **2.** (*wissenschaftlicher*) petrologist, petrographer. — **~,lin·se** *f* lentil, lens. — **~,mas·se** *f* rock mass, rockwork, *Br.* rock-work. — **~,mehl** *n* **1.** *geol.* rock flow. – **2.** *tech.* mineral powder. — **~,pro·be** *f* **1.** rock sample. – **2.** mineral test. — **~,riff** *n* cliff, rock bar. — **~,schicht** *f* stratum, sheet. — **~,schlacke** (*getr.* -k·k-) *f* (*eines Vulkanausbruchs*) slag, cinder, scoria (*scient.*). — **~,schutt** *m* **1.** rubbish, rubble. – **2.** *geol.* (rock) debris, rubble, detritus (*scient.*).

Ge'steins|,strecke (*getr.* -k·k-) *f* (*mining*) hard heading, stone drift, tunnel. — **~,stu·fe** *f geol.* a) undercliff, b) rock step.

Ge'stein,staub *m* (*mining*) stone dust. — **~,sper·re** *f* stone dust barrier.

Ge'stell *n* ⟨-(e)s; -e⟩ **1.** (*Ablage*) rack. – **2.** (*Regal*) shelf, shelves *pl*. – **3.** (*Rahmen, Fassung, z. B. einer Brille*) frame. – **4.** (*Ständer*) stand. – **5.** (*Stütze*) support. – **6.** *tech.* (*einer Maschine, einer Schraubzwinge*) frame. – **7.** *electr.* a) (*einer Batterie*) rack, b) (*einer Kohlebürste*) gear, c) (*einer elektrischen Maschine*) case, frame. – **8.** *tel.* bay. – **9.** *auto.* a) (*Fahrgestell*) frame, chassis, b) (*des Verdecks, einer Zapfsäule*) frame. – **10.** (*Bock*) trestle, tressel, horse, stand. – **11.** (*Gerüst*) scaffold(ing). – **12.** *metall.* (*eines Hochofens*) hearth. – **13.** (*Halter*) horse. – **14.** (*Bettgestell*) bedstead, bed frame. – **15.** *fig. colloq. humor.* chassis, body: ein langes ~ a lanky person, a lamppost (*colloq.*); sie ist ein dürres ~ she is nothing but skin and bone, she's a walking (*od.* living) skeleton, she is as thin as a rake. – **16.** zieh dein ~ ein *colloq.* shift your legs.

ge'stellt I *pp.* – **II** *adj* **1.** *phot.* (*Aufnahme*) stilted, artificial. – **2.** auf (*acc*) sich selbst ~ sein *fig.* to be left to one's own devices.

Ge'stel·lung *f* ⟨-; -en⟩ **1.** *mil.* appearance before the draft board, *Br.* reporting for military service. – **2.** *econ.* a) (*eines Akkreditivs*) opening, b) (*von Transportmitteln*) making available, provision. – **3.** (*beim Zoll*) appearance before the customs for clearance.

Ge'stel·lungs|,auf,schub *m mil.* deferment. — **~be,fehl** *m Br.* call-up order, *Am.* induction order. — **g~,pflich·tig** *adj* obliged to appear before the draft board, *Br.* obliged to report for military service.

ge·stern ['gɛstərn] **I** *adv* yesterday: ~ früh yesterday morning; ~ abend yesterday (*od.* last) evening, last night; ~ vor acht Tagen a week ago yesterday, *Br. auch* yesterday week; das Brot ist von ~ that's yesterday's bread; die Mode von ~ the fashions *pl* of yesterday, yesterday's fashions *pl*; erst ~ only yesterday, not until (*od.* before) yesterday; ein Mensch von ~ a dodo (*colloq.*); er ist nicht von ~ *colloq.* he wasn't born yesterday. – **II G~, das** ⟨-⟩ *lit.* the past, yesterday: das G~ und das Heute yesterday and today, the past and the present.

Ge'sti·chel *n* ⟨-s; *no pl*⟩ *fig. colloq.* (continual) taunting (*od. colloq.* needling).

ge'stie·felt I *pp.* – **II** *adj* wearing boots, booted: „Der G~e Kater" "Puss in Boots"; → gespornt 1.

ge'stie·gen [-'ʃtiːgən] *pp of* steigen.

ge'stielt [-'ʃtiːlt] **I** *pp.* – **II** *adj* **1.** (*Hammer etc*) shanked. – **2.** (*Glas, Vase*) stemmed. – **3.** *bot. zo.* stalked; petiolate, *auch* petiolated, stipitate, pedicellate(d), pedunculate(d) (*scient.*).

Ge·stik ['gɛstɪk; 'geːs-] *f* ⟨-; *no pl*⟩ gestures *pl.*

Ge·sti·ku·la·ti·on [gɛstikula'tsĭoːn] *f* ⟨-; -en⟩ gesticulation. — **ge·sti·ku·lie·ren** [gɛstiku'liːrən] *v/i* ⟨*pp* gestikuliert, h⟩ gesticulate. — **ge·sti·ku'lie·rend I** *pres p.* – **II** *adj* gesticulatory, gesticulative.

Ge·sti·on [gɛs'tĭoːn] *f* ⟨-; -en⟩ *obs. for* Geschäftsführung 2, Verwaltung 2, 3. — **Ge·sti'ons·be,richt** *m Austrian for* Geschäftsbericht.

Ge'stirn *n* ⟨-(e)s; -e⟩ *astr. lit.* **1.** (*einzelner Stern*) star, celestial (*od.* heavenly) body: Umlaufzeit der ~e sidereal revolution; zwischen den ~en interstellar; den Lauf der ~e beobachten to watch the course of the stars; sein Schicksal aus den ~en lesen *astrol.* to read one's fate in the stars. – **2.** *collect.* stars *pl.* – **3.** (*Sternbild*) constellation, asterism. — **~,an,be·ter** *m*, **,an,be·te·rin** *f relig.* star worshipper. — **~,an,be·tung** *f* star worship.

ge'stirnt [-'ʃtɪrnt] *adj lit.* starry, starred; astral, stellated (*lit.*), (*mit Sternen übersät*) (star-)spangled: der ~e Himmel the starry sky, the spangled heavens *pl.*

ge'sto·ben [-'ʃtoːbən] *pp of* stieben.

Ge'stö·ber *n* ⟨-s; -⟩ **1.** (*Schneefall mit Wind*) drift, (*kurzes*) flurry. – **2.** ⟨*only sg*⟩ (*Suchen, Aufräumen etc*) rummaging.

ge'sto·chen [-'ʃtɔxən] **I** *pp of* stechen. – **II** *adv only in* er schreibt wie ~ his writing is like copperplate.

ge'stockt I *pp.* – **II** *adj Southern G. and Swiss* (*Milch*) sour, curdled.

ge'stoh·len [-'ʃtoːlən] **I** *pp of* stehlen. – **II** *adj fig. colloq.* (*in Wendungen wie*) du kannst mir ~ bleiben! go (and) jump in the lake! (*colloq.*); sein Geld kann mir ~ bleiben to hell with (*od.* hang) his money (*colloq.*).

Ge'stöhn *n* ⟨-(e)s; *no pl*⟩, **Ge'stöh·ne** *n* ⟨-s; *no pl*⟩ *colloq.* **1.** (continual) moaning, moans *pl.* – **2.** (*lautes, tiefes*) (continual) groaning, groans *pl.*

Ge'stol·per *n* ⟨-s; *no pl*⟩ *colloq.* stumbling.

ge'stopft I *pp of* stopfen[1]. – **II** *adj* **1.** stuffed. – **2.** *mus.* (*Blechinstrument*) stopped.

ge'stor·ben [-'ʃtɔrbən] *pp of* sterben.

Ge'stot·ter *n* ⟨-s; *no pl*⟩ *colloq.* (continual) stuttering (*od.* stammering).

Ge'stram·pel *n* ⟨-s; *no pl*⟩ *colloq.* (continual) kicking.

Ge'sträuch *n* ⟨-(e)s; -e⟩ **1.** bushes *pl*, shrubs *pl.* – **2.** (*Strauchwerk*) shrubbery. – **3.** (*Dickicht*) underbrush, thicket, copse, *bes. Br.* coppice.

ge'streckt I *pp.* – **II** *adj* **1.** stretched. – **2.** *only in* in ~em Lauf (*od.* Galopp) at full tilt (*od.* gallop). – **3.** *mil. aer.* a) (*Ladung*) elongated, b) (*Flugbahn*) flat. – **4.** *math.* prolate.

ge'streift I *pp of* streifen[1] *u.* [2]. – **II** *adj* **1.** (*Stoff, Kleid etc*) striped: eine rot-weiß ~e Bluse a red-and-white-striped blouse. – **2.** *bot. med. zo.* striate(d).

Ge'strei·te *n* ⟨-s; *no pl*⟩ *colloq.* (continual) quarreling (*bes. Br.* quarrelling) (*od. colloq.* squabbling).

ge'streng *adj* **1.** *archaic for* streng 1—3. – **2.** *obs.* G~e Herren! Your Worship: ~e Herren regieren nicht lange harsh rulers do not last long. – **3.** die (drei) G~en Herren *cf.* Eisheiligen.

ge'stri·chelt I *pp.* – **II** *adj* **1.** (*Linie etc*) dashed, broken. – **2.** *bot.* penicillate(d). – **3.** *zo.* striate(d), strigose.

ge'stri·chen [-'ʃtrɪçən] **I** *pp of* streichen. – **II** *adj* **1.** painted: frisch ~! freshly painted! wet paint! – **2.** deleted, struck(-out), *Am. auch* stricken: im Protokoll ~ deleted (*Am. auch* stricken) from (*od.* struck out of) the record(s) (*od.* minutes). – **3.** (*Maß etc*) level: drei ~e Eßlöffel three level tablespoons. – **4.** (*beim Schießsport*) proper: ~es Korn nehmen to draw a proper bead. – **5.** (*paper*) a) (*zweiseitig*) coated, b) (*einseitig*) enameled, *bes. Br.* enamelled. – **6.** *mus.* bowed. – **III** *adv* **7.** ~ voll *colloq.* full to the brim, brimful, *auch* brimfull.

Ge'strick *n* ⟨-(e)s; *no pl*⟩ **1.** *cf.* Gestricke. – **2.** *cf.* Strickart. – **3.** *cf.* Strickzeug.

Ge'stricke (*getr.* -k·k-) *n* ⟨-s; *no pl*⟩ *colloq. contempt.* (continual) knitting.

ge'strie·gelt I *pp.* – **II** *adj* **1.** (*Fell, Pferd etc*) curried. – **2.** *fig.* spick-and-span, spic-and-span, *auch* spick-and-span-new.

ge·strig ['gɛstrɪç] **I** *adj* ⟨*attrib*⟩ **1.** yesterday's, of yesterday: am ~en Tag yesterday; am ~en Abend last night, yesterday evening; unser ~es Schreiben our letter of yesterday. – **2.** *fig. lit.* (*früher*) former. – **II G~e, das** ⟨-n⟩ **3.** *fig. lit. cf.* Gestern.

'Ge·stri·ge[1] *m* ⟨-n; -n⟩ *fig. lit.* man of yesterday (*od.* the past).

'Ge·stri·ge[2] *f* ⟨-n; -n⟩ *fig. lit.* woman of yesterday (*od.* the past).

ge'strit·ten [-'ʃtrɪtən] *pp of* streiten.

Ge'ström *n* ⟨-(e)s; *no pl*⟩ **1.** flow (of people). – **2.** *rare for* Strömung 2.

Ge'strüpp [-'ʃtrʏp] *n* ⟨-(e)s; -e⟩ **1.** (*Gesträuch*) scrub, brush(wood): mit ~ bedeckt scrubby, brush-covered; dumetose, dumose, dumosous (*scient.*). – **2.** (*Unterholz*) underbrush, undergrowth, underwood, copse(wood). – **3.** (*Dickicht*) thicket. – **4.** *fig.* maze, jungle: das ~ der Paragraphen the jungle of rules and regulations.

Ge'stü·be [-'ʃtyːbə] *n* ⟨-s; -⟩ *metall.* (*a compound of*) coke breeze and loam.

Ge'stü·ber *n* ⟨-s; -⟩ *hunt.* droppings *pl* of wild fowl.

ge'stuft I *pp.* – **II** *adj* **1.** *geol.* (*Terrain etc*) stepped. – **2.** *econ.* (*Gehaltsklasse etc*) graded.

Ge'stühl [-'ʃtyːl] *n* ⟨-(e)s; -e⟩, **Ge'stüh·le** *n* ⟨-s; -⟩ **1.** (*Bestuhlung*) chairs *pl*, seats *pl.* – **2.** (*einer Kirche*) pews *pl.* – **3.** (*eines Chors*) stalls *pl.*

Ge'stüm·per *n* ⟨-s; *no pl*⟩ *colloq. contempt.* **1.** bungling, botching. – **2.** bungled (*od.* botched) (piece of) work.

ge'stun·ken [-'ʃtʊŋkən] *pp of* stinken.

ge'stürzt I *pp.* – **II** *adj tech.* (*Räder*) dished.

Ge'stüt [-'ʃtyːt] *n* ⟨-(e)s; -e⟩ *agr.* **1.** stud farm: ein Pferd aus französischem ~ a French-bred horse. – **2.** *collect.* (*Zucht-*

tiere) stud. — **~ˌbuch** *n* studbook, *Br.* stud-book. — **~ˌhengst** *m,* **~ˌpferd** *n* stallion, studhorse, *Br.* stud-horse.

Ge'stütsˌbrand *m agr.* stud brand.

Ge'stütˌstu·te *f agr.* studmare, *Br.* stud--mare, broodmare, *Br.* brood-mare.

ge'stutzt I *pp of* stutzen[1] *u.* [2]. – **II** *adj* **1.** cut (short): mit ~en Ohren crop-eared, with cropped ears; ~e Pferdemähne roached (*Am. auch* hog) mane; ~er Schwanz bangtail, *Br.* bang-tail; Pferd mit ~em Schweif cocktail. – **2.** (*Baum etc*) topped, pollard (*attrib*). – **3.** *biol.* truncate(d), retuse (*scient.*).

ge'stützt I *pp.* – **II** *adj* **1.** supported. – **2.** *fig.* (auf *acc*) based (on), supported (by): ein auf Tatsachen ~er Bericht a report based (*od.* founded) on facts.

Ge'such *n* <-(e)s; -e> **1.** (*bes. an Behörde*) (formal) request, application: ein ~ einreichen to hand in (*od.* file, submit, enter) an application; einem ~ stattgeben to grant a request, to comply with a request; ein ~ um ein Stipendium an application for a scholarship; auf das ~ von at (*od.* [up]on) the application of. – **2.** (*Bittschreiben*) petition, entreaty. – **3.** (*Ersuchen*) request, (*stärker*) supplication. – **4.** *jur.* suit: auf j-s ~ (hin) at the suit of s.o. — **~for·muˌlar** *n* application form.

Ge'suchˌstel·ler *m* <-s; -> **1.** (*Bittsteller*) petitioner, suppliant, supplicant. – **2.** (*Bewerber*) applicant. – **3.** *jur.* appellant.

ge'sucht I *pp.* – **II** *adj* **1.** (*begehrt*) sought after: sehr ~ much sought after; Dienstmädchen sind heuzutage sehr ~ maidservants are much sought after (*od.* hard to come by) nowadays, there is a great demand for maidservants nowadays. – **2.** (*in Inseraten*) wanted: „(ein) gebrauchtes Klavier ~" "wanted, a secondhand piano". – **3.** (polizeilich) ~ wanted (by the police). – **4.** *econ.* requested, in demand: dieser Artikel ist sehr ~ this article is in great demand (*od.* request), there is a brisk demand for this article. – **5.** *fig.* (*Höflichkeit etc*) studied, studious. – **6.** *fig.* (*Redeweise etc*) affected, stilted. – **7.** *fig.* (*Ausdruck etc*) strained, labored, *bes. Br.* laboured. – **8.** *fig.* (*Vergleich etc*) farfetched, *Br.* far-fetched. – **9.** ~er Wert *math.* (*einer Gleichung*) root. — **Ge'sucht·heit** *f* <-; *no pl*> *fig.* **1.** (*des Benehmens etc*) studiedness, studiousness. – **2.** (*der Redeweise etc*) affectation, stiltedness.

Ge'su·del *n* <-s; *no pl*> **1.** (*Schmiererei*) daub(ing). – **2.** (*unordentliche Schrift*) scrawl(ing), scribble.

Ge'summ *n* <-(e)s; *no pl*>, **Ge'sum·me** *n* <-s; *no pl*> **1.** (*von Bienen, Fliegen etc*) (continual) hum(ming), buzz(ing), (*stärker*) droning, drone. – **2.** (*eines Menschen*) humming.

Ge'sums *n* <-es; *no pl*> *colloq.* fuss: mach kein solches ~ darum! don't make such a fuss about it!

ge'sund I *adj* <"er, *auch* -er; "est, *auch* -est> **1.** (*Aussehen, Klima, Appetit etc*) healthy: eine ~e (Gesichts)Farbe a healthy (*od.* ruddy) complexion; j-n (wieder) ~ machen to restore s.o.'s health (*od.* s.o. to health); ~ werden to recover (*od.* regain) one's health; j-n ~ schreiben (*vom Arzt*) to certify that s.o. is cured (*od.* fit for work); ~ und munter, ~ wie ein Fisch im Wasser hale and hearty, as fit as a fiddle, alive and kicking (*colloq.*); aber sonst bist du ~? *iron. colloq.* are you sure you are feeling all right? – **2.** (*Organ, Schlaf*) sound, healthy, good. – **3.** (*geistig*) sane: körperlich und geistig ~ sound in body and mind; er ist nicht ganz ~ *colloq.* he is not quite right in the head, he's a bit touched. – **4.** (*Lebensweise, Kost etc*) healthy, healthful, wholesome, salubrious (*lit.*): Milch ist ~ milk is wholesome (*od.* good) for you. – **5.** *fig.* (*heilsam*) salutary: die Strafe war sehr ~ für ihn *colloq.* the punishment did him a world of good. – **6.** *fig.* sound, healthy: ~er Menschenverstand common sense, level-headedness, horse sense (*colloq.*); er hat einen ~en Ehrgeiz he has healthy ambitions; Angebot und Nachfrage stehen in einem ~en Verhältnis zueinander supply and demand are in a healthy (*od.* sound) relationship to one another. – **7.** *metall.* (*Guß*) sound. – **II** *adv* **8.** ~ leben to lead a healthy life.

ge'sundˌbe·ten I *v/t* <*sep*, -ge-, h> **1.** j-n ~ to cure s.o. by faith-healing methods. – **II G~** *n* <-s> **2.** *verbal noun.* – **3.** faith healing, *Br.* faith-healing. — **Ge'sund-ˌbe·ter** *m* faith healer, *Br.* faith-healer. — **Geˌsund·be·te'rei** *f* <-; *no pl*> *contempt. cf.* Gesundbeten. — **Ge'sundˌbe·te·rin** *f* <-; -nen> (woman) faith healer (*Br.* faith--healer).

Ge'sun·de *m, f* <-n; -n> healthy person (*od.* individual).

ge'sun·den [-'zʊndən] **I** *v/i* <*pp* gesundet, sein> *lit.* **1.** get well (again), recover (*od.* regain) one's health, be restored to health, recuperate: allmählich ~ to gradually get better, to convalesce. – **2.** *fig.* (*von Wirtschaft, Firma etc*) recover. – **II G~** *n* <-s> **3.** *verbal noun.* – **4.** *cf.* Gesundung.

Ge'sund·erˌhal·tung *f* <-; *no pl*> (*des Körpers*) preservation of (bodily) health.

Ge'sund·heit *f* <-; *no pl*> **1.** health: geschwächte [schwache] ~ weakened [weak] health; die öffentliche ~ (*Volksgesundheit*) public health; j-s ~ angreifen to affect s.o.'s health; bei guter ~ sein to be in good (*od.* sound) health; bei bester ~ sein to be in the best of health, to be in the pink (*colloq.*); du solltest etwas für die ~ tun you really should do s.th. for your health; sich guter ~ erfreuen to enjoy good health; er ist die ~ selbst he is the very picture of health; von zarter ~ sein to be of (*od.* in) delicate health; vor ~ strotzen to be bursting with health; die ~ untergraben to undermine s.o.'s (*od.* one's) health; auf j-s ~ trinken to drink to s.o.'s health; (auf) Ihre ~! your health! here's to you! (zur) ~! (*beim Niesen*) God bless you! *Am. auch* gesundheit! ~ und langes Leben! many happy returns (of the day)! ~ ist das höchste Gut health is the most precious thing in life. – **2.** (*des Geistes*) saneness, sanity. – **3.** (*Zuträglichkeit*) healthfulness, healthiness, wholesomeness, salubrity (*lit.*). – **4.** *fig.* soundness, healthiness.

ge'sund·heit·lich I *adj* **1.** relating to (*od.* concerning) (*s.o.'s*) health: ~er Zustand (*einer Person*) state of health, physical condition; aus ~en Gründen for reasons of health, for medical reasons; ~e Schäden injury *sg* to (*s.o.'s*) health. – **2.** (*Einrichtungen etc*) sanitary, hygienic, *auch* hygienical. – **3.** *cf.* gesundheitsförderlich 1. – **II** *adv* **4.** from a health (*od.* hygienic) point of view: ich fühle mich ~ nicht auf der Höhe, es geht mir ~ nicht besonders (*od.* sehr gut) I don't feel in the best of health (*od. colloq.* up to par), I am not too well; wie geht's ~? how's your health?

Ge'sund·heits|ˌamt *n* public health office, board of (public) health. — **~apo·stel** [-ˀaˌpɔstəl] *m humor.* health fanatic. — **~atˌtest** *n* **1.** *med.* health certificate. – **2.** *mar.* bill of health. — **~beˌam·te** *m* (public) health officer, sanitary officer.— **~beˌhör·de** *f* public health authority. — **~beˌricht** *m* health report. — **~ˌdienst** *m* (public) health service. — **~faˌna·ti·ker** *m* health fanatic. — **g~ˌför·der·lich, g~-ˌför·dernd** *adj* **1.** (*Klima, Nahrung etc*) wholesome, healthful, healthy, salubrious (*lit.*). – **2.** (*Gymnastik etc*) good for one's (*od.* s.o.'s) health, conducive to health, health-building. — **~ˌfür·sor·ge** *f* public health institutions *pl*, public health service(s *pl*), medical welfare service(s *pl*). — **g~geˌfähr·dend** *adj* injurious (*od.* deleterious) to health. — **~ˌgrün·de** *pl only in* aus ~n *cf.* gesundheitshalber. — **g~-ˌhal·ber** *adv* for reasons of health, for health reasons, for medical reasons. — **~ˌleh·re** *f med.* science of health, hygiene, hygienics *pl* (*construed as sg*) (*scient.*). — **~miˌni·ster** *m Br.* Minister of Health, *Am.* Secretary of the Department of Health, Education and Welfare. — **~mi·niˌste·ri·um** *n Br.* Ministry of Health, *Am.* Department of Health, Education and Welfare. — **~ˌpaß** *m med.* bill of health. — **~ˌpfle·ge** *f* <-; *no pl*> health care, hygiene; öffentliche ~ public health (care); vorbeugende ~ preventive medicine. — **~-po·liˌzei** *f obs.* sanitary police. — **~ˌrecht** *n jur.* law regulating public health (care). — **~ˌre·gel** *f med.* rule of health (*od.* for healthy living). — **~ˌrückˌsich·ten** *pl* considerations of health: aus ~ for reasons of health, for health reasons. — **~ˌscha·den** *m meist pl* injury to health. — **g~ˌschä·di-gend** *adj* (*Wirkung etc*) injurious (*od.* detrimental) to health. — **g~ˌschäd·lich** *adj* **1.** injurious (*od.* detrimental) to health, bad for one's (*od.* s.o.'s) health. – **2.** (*Klima, Nahrung etc*) unwholesome, unhealthy. – **3.** (*Gas etc*) noxious. – **4.** (*Klima etc*) unhealthy. – **5.** (*Verhältnisse*) insanitary. — **~ˌschutz** *m* protection of (public) health. — **~ˌstan·dard** *m* standard of health. — **~ˌstö·rung** *f* ill health: eine ~ haben to be in ill health. — **~ˌvorˌschrif·ten** *pl* sanitary (*od.* public health) regulations. — **~-ˌwe·sen** *n* <-s; *no pl*> **1.** public health (service). – **2.** matters *pl* concerning public health (*od.* hygiene). — **g~ˌwid·rig** *adj* (*Arbeitsbedingungen etc*) unfavorable (*bes. Br.* unfavourable) to health, unwholesome, unhealthy. — **~ˌzeug·nis** *n cf.* Gesundheitsattest 1. — **~ˌzuˌstand** *m* **1.** (*einer Person*) state of health, physical condition: sein ~ hat sich gebessert [verschlechtert] his health has improved [deteriorated]. – **2.** (*eines Volkes etc*) health standard.

ge'sund|ˌma·chen *v/reflex* <*sep*, -ge-, h> sich ~ *fig. colloq. cf.* gesundstoßen. — **~ˌschrump·fen** *v/reflex* <*sep*, -ge-, h> sich ~ *econ. colloq.* (*von Betrieb*) shrink to profitable size. — **~ˌsto·ßen** *v/reflex* <*irr, sep*, -ge-, h> sich ~ *colloq.* (*von Geschäftsmann etc*) make a huge profit (*od. colloq.* a lot of money, *Br. sl. auch* a packet).

Ge'sun·dung *f* <-; *no pl*> **1.** *cf.* Gesunden. – **2.** recovery (of health), recuperation: allmähliche ~ convalescence. – **3.** *fig.* (*der Wirtschaft etc*) recovery. – **4.** (*des Verkehrs*) improvement of fluidity.

Ge'sun·dungsˌwil·le *m* will to recover.

Ge'sundˌwer·den *n* <-s>, **Ge'sundˌwer·dung** *f* <-; *no pl*> *rare for* Gesundung.

Ge'sundˌwert *m econ.* value in sound condition.

ge'sun·gen [-'zʊŋən] **I** *pp of* singen. – **II** *adj* **1.** sung. – **2.** *mus.* (*psalmodiert*) chanted.

ge'sun·ken [-'zʊŋkən] **I** *pp of* sinken. – **II** *adj* sunken.

Ge'sur·re *n* <-s; *no pl*> *colloq.* **1.** whir(ring). – **2.** *cf.* Gesumm 1.

Ge'tä·fel *n* <-s; -> *cf.* Täfelung 2. — **ge-'tä·felt I** *pp.* – **II** *adj* paneled, *bes. Br.* panelled.

Ge'tä·fer [-'tɛːfər] *n* <-s; -> *Swiss for* Täfelung 2.

ge'ta·kelt I *pp.* – **II** *adj mar.* rigged: als Schoner ~ schooner-rigged; als Rahschiff ~ square-rigged.

ge'tan [-'taːn] **I** *pp of* tun: gesagt, ~ no sooner said than done. – **II** *adj only in* nach ~er Arbeit a) when the work is (*od.* was) finished), b) when the day's work is (*od.* was) over: nach ~er Arbeit ist gut ruh'n (*Sprichwort*) *etwa* rest is sweet after a hard day's work.

Ge'tän·del *n* <-s; *no pl*> *colloq.* **1.** (*Tändelei*) trifling, toying, dallying. – **2.** (*Liebelei*) flirting, coquetry, philandering.

Ge'tan·ze *n* <-s; *no pl*> *colloq. contempt.* dancing (around).

Ge'tät·schel *n* <-s; *no pl*> *colloq.* fondling.

ge'tauft I *pp.* – **II** *adj relig.* **1.** baptized *Br. auch* -s-, christened. – **2.** (*Heide etc*) converted.

Ge'tau·mel *n* <-s; *no pl*> reeling, staggering.

ge'teilt I *pp.* – **II** *adj* **1.** (in *acc* in) divided: das ~e Deutschland divided Germany; ~er Ansicht (*od.* Meinung) sein *fig.* to differ in views, to be of a different opinion. – **2.** shared: ~e Freude ist doppelte Freude (*Sprichwort*) joy shared is joy doubled (*proverb*). – **3.** *bot.* (*Blatt*) parted: handförmig ~ palmate, *auch* palmated. – **4.** *econ. pol.* split. – **5.** *tech.* split: ~e Felge split rim; ~es Rad pitch wheel; ~e Lenkspindel divided steering; ~er Walzenfräser interlocking plain milling cutter. – **6.** *her.* party: in gleiche Teile ~ party; der Länge nach ~ party per pale; waagrecht ~ party per fess. — **~ˌblät·te·rig, ~ˌblätt·rig** *adj bot.* with divided leaves.

Ge·ten ['geːtən] *pl antiq.* Getae, Getai (*a Thracian people*).

Geth·se·ma·ne [ge'tseːmane], **Geth'se·ma·ni** [-ni] *npr n* <-s; *no pl*> *Bibl.* Gethsemane: der Garten ~ the garden of Gethsemane.

Ge'tier *n* <-(e)s; *no pl*> *lit. collect.* animals *pl*, the animal world: das ~ des Meeres the animals living in the sea, animal life undersea.

ge'ti·gert I *pp.* – **II** *adj* **1.** (*Fell, Pelz etc*) striped, streaked: ~e Katze tabby (cat), brindled (*od.* tiger) cat. – 2. *zo.* tigrine.

Ge'to·be *n* ⟨-s; *no pl*⟩ **1.** *colloq.* (*von Kindern*) rampaging. – **2.** *lit.* (*des Sturms etc*) raging, raving.

Ge'tön *n* ⟨-(e)s; *no pl*⟩, **Ge'tö·ne** *n* ⟨-s; *no pl*⟩ **1.** (*von Glocken, Hörnern etc*) clang, clangor, *bes. Br.* clangour. – **2.** *lit.* (resonant) sound(s *pl*).

ge'tönt I *pp of* tönen¹ *u.* ². – **II** *adj* (*Haar etc*) [tinted.]

Ge'tos *n* ⟨-es; *no pl*⟩, **Ge'to·se** *n* ⟨-s; *no pl*⟩ *cf.* Getös(e).

Ge'tös [-'tøːs] *n* ⟨-es; *no pl*⟩, **Ge'tö·se** [-'tøːzə] *n* ⟨-s; *no pl*⟩ **1.** (*Lärm*) loud noise, din, racket: **ohrenbetäubendes** ~ ear-splitting (*od.* deafening) noise; **ein** ~ **machen** to make a din (*od.* racket). – **2.** (*des Sturmes etc*) raging, howling. – **3.** (*der Brandung etc*) roar(ing), thunder. – **4.** (*eines Einsturzes etc*) crash. – **5.** (*einer Menge etc*) uproar, tumult. – **6.** (*des Donners*) peal(ing), shattering, crash. – **7.** (*einer Schlacht*) din, clash, fracas. – **8.** *fig.* fuss, ado: **ein** ~ **um etwas machen** to make a fuss about s.th.

ge'tra·gen I *pp of* tragen. – **II** *adj* **1.** (*Kleider*) worn, used, old, secondhand, *Br.* second-hand, *Am. colloq.* hand-me-down (*attrib*). – **2.** (*Stimme*) solemn and dignified. – **3.** (*Sprechweise*) measured. – **4.** (*Gesang etc*) sustained. – **III** *adv* **5.** in a measured manner: ~ **sprechen** to speak in a solemn and dignified manner. – **6.** *mus.* portato, sostenuto.

Ge'tram·pel *n* ⟨-s; *no pl*⟩ *colloq.* **1.** (*auch als Beifallsäußerung*) stamping (of feet). – **2.** (*von Kindern etc*) tramping.

Ge'tränk *n* ⟨-(e)s; -e⟩ **1.** beverage, drink: **Speisen und** ~**e** food and drink *sg*; **geistige** ~**e** spirits, alcoholic beverages; **alkoholfreie** ~**e** nonalcoholic (*Br.* non-alcoholic) beverages, soft drinks; **starke** ~**e** strong drinks, *Am. auch* hard drinks; **berauschendes** ~ intoxicating drink, intoxicant; ~**e hinunterstürzen** to bolt (down) drinks, to knock back (*bes. Am.* down) drinks (*sl.*); ~**e nicht inbegriffen** not including drinks, drinks extra; **ich sorge für die** ~**e** *colloq.* I'll look after (*od.* see to) the drinks. – **2.** *med.* a) potion, b) (*Abkochung*) decoction.

Ge'trän·ke|ˌausˌschank *m* **1.** sale of drinks. – **2.** beverage counter, bar. – **3.** refreshment stand (*od.* kiosk, stall). — ~**au·toˌmat** *m* drink dispenser, drink (vending) machine. — ~**ˌherˌstel·lung** *f* manufacture of beverages. — ~**in·duˌstrie** *f* beverage industry. — ~**ˌkar·te** *f* (*im Restaurant*) list of beverages. — ~**ˌkell·ner** *m* wine (*od.* cocktail) waiter. — ~**ˌsteu·er** *f econ.* beverage tax.

Ge'trap·pel *n* ⟨-s; *no pl*⟩ **1.** (*von Pferden, Hufen etc*) clatter(ing). – **2.** (*von Füßen*) patter(ing), (*stärker*) tramping.

Ge'tratsch *n* ⟨-es; *no pl*⟩, **Ge'trat·sche** *n* ⟨-s; *no pl*⟩ *colloq.* **1.** (*Klatsch*) gossip, gossiping, *auch* gossipping: **ein allgemeines** ~ **über j-n** general gossiping about s.o. – **2.** (*Gerede*) twaddle, drivel: **leeres** ~ empty talk.

ge'trau·en *v/reflex* ⟨*pp* getraut, h⟩ **sich** (*acc, rarely dat*) ~, **etwas zu tun, sich** (*dat, auch acc*) **etwas** ~ a) to dare (to) do s.th., to venture to do s.th., to have the courage to do s.th., b) (*zutrauen*) to consider (*od.* feel) oneself able to do (*od.* capable of doing) s.th.: **ich getraue mich nicht ins Haus** I don't dare (to) enter the house; **ich getraue mir das durchaus** I consider myself fully capable of doing that.

Ge'träu·fel *n* ⟨-s; *no pl*⟩ *cf.* Träufeln.

Ge'träum *n* ⟨-es; *no pl*⟩, **Ge'träu·me** *n* ⟨-s; *no pl*⟩ *colloq. contempt. for* Träumen.

ge'traut I *pp of* trauen¹ *u.* ², getrauen. – **II** *adj* married, wed: **kirchlich** ~ married in church; **standesamtlich** ~ married in a civil ceremony; **das Paar war frisch** ~ the couple was newly wed.

Ge'trei·de [-'traɪdə] *n* ⟨-s; -⟩ **1.** *collect.* grain, *Br.* corn, cereals *pl*: ~ **auf dem Halm** standing grain, (standing) crop; **Schwaden** ~ *agr.* windrow, *Br.* wind-row, *auch* winrow; **das** ~ **steht gut** the grain crop looks good (*od.* promising), the grain is coming on well. – **2.** *cf.* Getreideart. — ~**ˌäl·chen** *n zo.* bulb nematode, rye eelworm (*Ditylenchus dipsaci*). — ~**ˌanˌbau** *m agr.* growing (*od.* cultivation) of grain (*od.* cereals). — **g**~**ˌarm** *adj* (*Gegend*) poor in grain. — ~**ˌart** *f* (species of) grain: ~**en** cereals. — **g**~**ˌar·tig** *adj* grainlike, cereal, frumentaceous (*scient.*). — ~**ˌausˌfuhr** *f econ.* **1.** export(ation) of grain. – **2.** grain exports *pl.* — ~**ˌausˌfuhrˌland** *n* country exporting grain. — ~**ˌausˌsaat** *f agr.* sowing of grain. — ~**ˌbau** *m cf.* Getreideanbau. — ~**biˌlanz** *f econ.* estimate of grain supply and consumption. — ~**ˌbla·senˌfuß** *m zo.* **1.** corn thrips (*Limothrips cerealium*). – **2.** (black) wheat thrips (*Ordng Thysanoptera*). — ~**ˌblattˌlaus** *f* **1.** (*grüne*) greenbug (*Toxoptera graminum*). – **2.** (*kleine*) grain (*od.* apple bud, oat) aphid (*Aphis avenae*). — ~**ˌblu·menˌflie·ge** *f* wheat bulb fly (*Hylemyia coarctata*). — ~**ˌbo·den** *m* **1.** *cf.* Getreideland 2. – **2.** (*Scheune*) granary, cornloft. — ~**ˌbör·se** *f econ.* grain (*od.* corn) exchange, *Br.* corn-exchange. — ~**ˌbrand** *m bot.* **1.** uredo (*Uredo segetum*). – **2.** (*Flugbrand, Staubbrand*) smut(-brand) (*Ustilago carbo*). — ~**ˌdar·re** *f agr.* grain (drying) kiln. — ~**ˌdrill·maˌschi·ne** *f* grain drill. — ~**ˌeinˌfuhr** *f econ.* **1.** import(ation) of grain. – **2.** grain imports *pl.* — ~**ˌein·heit** *f* grain-equivalent unit. — ~**ˌerdˌfloh** *m zo.* wheat flea beetle (*Phyllotreta vittula*). — ~**ˌern·te** *f agr.* **1.** grain harvest(ing). – **2.** grain crop. – **3.** grain harvest (season). — ~**erˌzeug·nis** *n* grain product. — ~**ˌeu·le** *f zo.* common dart moth (*Euxoa segetum*). — ~**ˌfeld** *n* grainfield, *Br.* cornfield. — ~**ˌfen·nich** *m bot.* corn panic, shamalo grass (*Panicum frumentaceum*). — ~**ˌflocken** (*getr.* -k·k-) *pl gastr.* cereals. — ~**ˌfrach·ter** *m mar.* grain freighter. — ~**ˌgallˌmücke** (*getr.* -k·k-) *f zo. cf.* Hessenfliege. — ~**ˌgallˌwes·penˌlar·ve** *f* wheat fly grub. — ~**ˌgar·be** *f agr.* sheaf of grain. — ~**ˌgras** *n bot.* cereal (grass). — ~**ˌha·fer** *m* oat (*Avena sativa*). — ~**ˌhähn·chen** *n zo.* cereal (*od.* barley) leaf beetle (*Lema cyanella*). — ~**ˌhalm** *m bot.* stalk (*od.* spear, stem, straw) of grain. — ~**ˌhalmˌwes·pe** *f zo.* European wheat (stem) (*Br.* corn) sawfly (*Cephus pygmaeus*). — ~**ˌhan·del** *m econ.* **1.** grain trade. – **2.** grain merchant's firm. — ~**ˌhänd·ler** *m* grain dealer (*od.* merchant, broker). — ~**ˌhau·fen** *m agr.* stack of grain. — ~**ˌhocke** (*getr.* -k·k-) *f cf.* Getreidepuppe. — ~**ˌkä·fer, Me·xi'ka·ni·scher** *m zo.* Mexican grain beetle (*Pharaxonotha kirschi*). — ~**ka·puˌzi·ner** *m* (*Käfer*) lesser grain borer, Australian wheat weevil (*Rhizopertha dominica*). — ~**ˌkeimˌöl** *n chem.* cereal seed oil. — ~**ˌkorn** *n bot.* grain, seed (of grain *od.* of cereal). — ~**ˌkrank·heit** *f agr.* cereal (*od.* grain) disease. — ~**ˌland** *n agr.* **1.** grain-growing country. – **2.** land suitable for growing grain, grain-growing land, *Br.* cornland. — ~**ˌlaufˌkä·fer** *m zo.* corn ground beetle (*Zabrus tenebrioides*). — ~**ˌmä·her** *m*, ~**ˌmäh·maˌschi·ne** *f agr.* reaping machine, *Br.* reaping-machine, reaper. — ~**ˌmak·ler** *m econ.* grain broker. — ~**ˌmarkt** *m* grain market. — ~**ˌmehl** *n* **1.** (*grobes*) meal. – **2.** (*feines*) flour. — ~**ˌmehlˌtau** *m bot.* powdery mildew of cereals and grasses (*Erysiphe graminis*). — ~**ˌmie·te** *f agr.* stack (*od.* rick) of grain. — ~**ˌmot·te** *f zo.* (Angoumois) grain moth (*Sitotroga cerealella*). — ~**ˌmüh·le** *f agr.* grist mill, *bes. Br.* corn mill. — ~**ˌna·ger** *m zo.* cadelle, wheat beetle (*Tenebroides mauritanicus*). — ~**ˌpflan·ze** *f bot.* cereal plant (*od.* crop), grain crop: ~**n** cereals, cerealia (*scient.*). — ~**ˌplattˌkä·fer** *m zo.* saw-toothed grain beetle (*Oryzaephilus surinamensis*). — ~**ˌpreis** *m econ.* grain price, price of grain. — ~**proˌdukt** *n* cereal (*od.* grain) product. — ~**pro·duk·tiˌon** *f* production of grain (*od.* cereals). — ~**ˌpup·pe** *f agr.* shock of grain. — **g**~**ˌreich** *adj* rich in grain (*od.* cereals). — ~**ˌrei·ni·ger** *m*, ~**ˌrei·ni·gungs·maˌschi·ne** *f* grain cleaning machine. — ~**ˌrohrˌsän·ger** *m zo. cf.* Getreidesänger. — ~**ˌrost** *m bot.* wheat rust, puccinia (*scient.*) (*Puccinia graminis*). — ~**ˌrüs·selˌkä·fer** *m zo.* billbug (*Gattg Spenophorus*). — ~**ˌsaatˌeu·le** *f* (*Schmetterling*) common rustic moth (*Parastichtis secalis*). — ~**ˌsack** *m* grain sack. — ~**ˌsän·ger** *m zo.* marsh warbler (*Acrocephalus palustris*). — ~**ˌschäd·ling** *m* cereal pest. — ~**ˌschän·der** *m* (*Fliege*) red wheat maggot. — ~**ˌschmalˌkä·fer** *m* saw-toothed grain beetle (*Oryzaephilus surinamensis*). — ~**ˌschnitt** *m agr.* cropping. — ~**ˌscho·ber** *m Southern G. and Austrian* **1.** stack (*od.* rick) of grain. – **2.** shed (for grain). — ~**ˌschott** *n mar.* **1.** grain bulkhead. – **2.** shifting boards *pl.* — ~**ˌschrot** *agr. m, n* whole meal. — ~**ˌschwin·ge** *f* winnowing basket (*od.* fan), winnow. — ~**ˌsi·lo** *n, auch m* (grain) silo, *Am. auch* (grain) elevator. — ~**ˌsor·te** *f cf.* Getreideart. — ~**sorˌtier·maˌschi·ne** *f* grain sorter (*od.* grader), grain grading machine. — ~**ˌspei·cher** *m* **1.** granary, *Br.* corn loft. – **2.** *cf.* Getreidesilo. — ~**ˌspitzˌmäus·chen** *n zo.* seed weevil (*Gattg Apion*). — ~**ˌstop·peln** *pl* stubble *sg.* — ~**ˌtrock·ner** *m agr.* grain drier (*auch* dryer). — ~**ˌüberˌhang** *m econ.* grain surplus (*od.* carry-over). — ~**ˌvorˌrat** *m* stock (*od.* supply) of grain. — ~**ˌwan·ze** *f zo. Am.* chinch bug, *auch* chinch, chintz (*Blissus leucopterus*). — ~**wä·scheˌrei** *f agr.* grain washing plant. — ~**ˌwert** *m econ. obs. for* Getreideeinheit. — ~**ˌwicke** (*getr.* -k·k-) *f bot.* hairy vetch (*Vicia villosa*). — ~**ˌwirt·schaft** *f* grain trade. — ~**ˌwur·zelˌlaus** *f zo.* dogwood aphid (*Anoecia corni*). — ~**ˌzoll** *m econ.* duty on (imported) grain, grain duty.

ge'trennt I *pp.* – **II** *adj* **1.** separate: ~**e Zimmer** [**Rechnungen**] separate rooms [bills]; **mit** ~**er Post** under separate cover; → Kasse 9. – **2.** (*verschieden*) separate, distinct: ~**e Vorgänge** distinct processes. – **3.** *jur.* (*unabhängig*) severable. – **III** *adv* **4.** separately: ~ **leben** (*von Eheleuten*) to be separated, to live apart; **er hat immer** ~ **von seinen Eltern gelebt** he always lived separated (*od.* apart, away) from his parents; **‚so daß' schreibt man** ~ 'so daß' is written as two words; ~ **zahlen** to pay separately; **die verschiedenen Aspekte** ~ **betrachten** to consider the various aspects separately, to distinguish between the various aspects, to keep the various aspects apart. — **G**~**beˌsteue·rung** *f econ.* separate taxation. — ~**ˌblu·mig** *adj bot.* (*zweihäusig*) di(o)ecian, di(o)ecious.

ge'trennt·geˌschlech·tig [-ˌflɛçtɪç] *adj biol. bot.* di(o)ecious, *auch* di(o)ecian, gonochor(ist)ic, unisexual, diclinous. — **Ge'trennt·geˌschlech·tig·keit** *f* ⟨-; *no pl*⟩ *biol.* di(o)ecism, gonochorism, unisexuality, diclinism.

ge'trennt·geˌschlecht·lich *adj biol. bot. cf.* getrenntgeschlechtig.

Ge'trennt|ˌle·ben *n* ⟨-s; *no pl*⟩ *jur.* separation (from bed and board). — ~**ˌschrei·bung** *f ling.* writing of (two) words separately: ~ **mit Bindestrich** hyphenation. — ~**ˌsein** *n* ⟨-s⟩ separation, separateness, detachment.

ge'treu I *adj* **1.** (*genau*) true, faithful, exact: **ein** ~**er Bericht** a faithful (*od.* accurate) report; **sie ist das** ~**e Abbild ihrer Mutter** she is the true (*od.* very) image of her mother; **eine maßstäblich** ~**e Wiedergabe** a true-to-scale reproduction. – **2.** *lit.* (*dat* to) true, faithful, loyal: **seinem Versprechen** ~, ~ **seinem Versprechen** true to his promise; **ein** ~**er Diener** *lit.* a loyal servant; ~ **bis in den Tod** *lit.* faithful unto death; **er blieb sich immer selbst** ~ he always remained (*od.* was always) true to himself. – **II** *adv* **3.** truly, faithfully, exactly: **etwas** ~ (*od.* **auf das** ~[**e**]**ste**) **berichten** to report s.th. faithfully, to give a true account of s.th.

Ge'treue *m, f* ⟨-n; -n⟩ faithful (*od.* loyal, trusty) follower: **nur ein paar** ~ **blieben bei ihm** only a few faithful followers (*od.* faithful few) stayed with him.

ge'treu·lich I *adj* **1.** *obs. u. lit. for* getreu 2. – **II** *adv lit.* **2.** faithfully, loyally. – **3.** (*genau*) truly, faithfully, exactly.

Ge'trie·be [-'triːbə] *n* ⟨-s; -⟩ **1.** *tech.* a) (*Rädergetriebe*) gear transmission, *bes. Br.* gearing, gear unit (*od.* train), b) (*Reib-, Kurbel-, Kurven- od. Schubgetriebe*) mechanism, c) (*als Triebwerk*) drive unit (*od.* mechanism), d) (*hydraulisches*) hydraulic transmission, e) (*Blockgetriebe*) cluster, f) (*Räderkasten einer Maschine*) gearbox, *Br.* gear-box: **synchronisiertes** ~ synchromesh gear; **stufenloses** ~ infinitely variable speed gear drive; ~ **mit 4 Gängen** four-speed gearbox; **Sand ins** ~ **streuen** *fig.* to throw a spanner (*Am.* monkey wrench) in the works; **das** ~ **des Verwaltungsapparates** *fig.* the machinery (*od.* mechanism, wheels *pl*) of the administration. – **2.** (*einer Uhr*) clockwork, *Br.* clock-work. – **3.** *mus.* (*eines Klaviers*) action. –

4. (*mining*) props *pl*, shores *pl*. – **5.** *fig*. (*Gedränge, Betrieb*) (hustle and) bustle, (bustling) crowd: **das ~ vor dem Bahnhof** the hustle and bustle in front of the station. — **~ˌblock** *m* ⟨-(e)s; ⁼e⟩ **1.** *tech*. cluster, *auch* gear cluster. – **2.** *auto*. transmission block. — **~ˌbrem·se** *f auto*. gear brake. — **~ˌdeckel** (*getr*. -k·k-) *m* gearbox (*Br*. gear-box) lid, gear cover. — **~ˌfett** *n* transmission grease. — **~ˌgang** *m auto*. gear. — **~geˌhäu·se** *n* transmission case (*od*. housing), *bes*. *Br*. gear-box case (*od*. housing), gearbox, *Br*. gear-box. — **~ˌka·sten** *m* (*einer Maschine*) gearbox, *Br*. gear-box, gear case, *Br*. gear-case. — **~ˌkupp·lung** *f* gear(ed) clutch. — **~ˌleh·re** *f* theory of mechanisms, kinematics *pl* (*construed as sg*).

ge'trie·ben [-'triːbən] **I** *pp of* treiben[1]. – **II** *adj tech*. raised, embossed: **~e Arbeit** embossed (*od*. chased) work, repoussé (work).

Ge'trie·be|ˌöl *n tech*. transmission (*bes*. *Br*. gear) oil. — **~ˌpfahl** *m* (*mining*) forepole, spile. — **~ˌplan** *m tech*. gearing layout (*od*. diagram). — **~ˌrad** *n* gear(-wheel), transmission gear. — **~ˌscha·den** *m auto*. **1.** gearbox (*Br*. gear-box) (*od*. transmission) trouble. – **2.** gearbox (*Br*. gear-box) (*od*. transmission) failure. — **~ˌschaltˌhe·bel** *m Br*. gear (change) lever, *Am*. gear(shift) lever. — **~ˌstu·fe** *f tech*. **1.** (*Drehzahlstufe*) gear transmission speed. – **2.** (*eines Stufengetriebes*) gear cone. — **~ˌwel·le** *f* drive (*od*. transmission, gear) shaft. — **~ˌzahnˌrad** *n* transmission gear. — **~ˌzim·me·rung** *f* (*mining*) forepoling, spiling.

Ge'tril·ler *n* ⟨-s; *no pl*⟩ trill(ing): **das ~ der Vögel** the warble (*od*. warbling, trill) of the birds.

Ge'trip·pel *n* ⟨-s; *no pl*⟩ **1.** (*von kleinen Füßen*) tripping, pit-a-pat, pitter-patter, patter(ing). – **2.** (*in kleinen Schritten*) mincing.

Ge'trö·del *n* ⟨-s; *no pl*⟩ *colloq*. *contempt*. **1.** (*Langsammachen*) dawdling, loitering. – **2.** (*unentschlossenes Hinauszögern*) dilly-dallying, *Br*. dilly-dallying.

ge'trof·fen[1] [-'trɔfən] **I** *pp of* treffen. – **II** *adj* **1.** hit, struck. – **2.** *fig*. (*durch Schicksal etc*) struck, stricken: **vom Unheil schwer ~** heavily stricken by disaster; **tief ~** heart-stricken. – **3.** (*durch Liebe etc*) struck. – **4. sich ~ fühlen** a) to feel hurt, b) (*auf sich beziehen*) to take s.th. personally. – **5. er ist auf der Photographie [dem Porträt] gut ~** this is a striking photo [portrait] of him; **die Stimmungsschilderung ist gut ~** the description of the atmosphere is excellent. – **6. ~!** (*beim Fechten*) touché!

ge'trof·fen[2] *rare pp of* triefen.

ge'tro·gen [-'troːgən] *pp of* trügen.

Ge'trom·mel *n* ⟨-s; *no pl*⟩ *colloq*. *contempt*. (continual) drumming, rub-a-dub.

Ge'trop·fe *n* ⟨-s; *no pl*⟩ *colloq*. (constant) dripping.

Ge'tröp·fel *n* ⟨-s; *no pl*⟩ *colloq*. dribble, dripping.

ge'trost I *adj* ⟨*meist pred*⟩ **1.** *lit*. confident, hopeful: **sei ~!** be of good hope (*od*. cheer, *Bibl*. comfort)! **~en Mutes sein** to be in a confident state of mind. – **II** *adv* **2.** confidently: **~ blickt er in die Zukunft** he faces the future confidently (*od*. with confidence). – **3.** (*ohne Bedenken*) safely, without hesitation: **das kannst du ~ tun** you can safely do that, you need have no qualms about doing that; **sie kann ihren Schmuck ~ hierlassen** she need not worry about leaving her jewels here.

ge'trö·sten *v/reflex* ⟨*pp* getröstet, h⟩ **sich einer Sache ~** *poet*. a) to find consolation (*od*. comfort) in the thought of s.th., b) to be confident of s.th., c) to trust in s.th.

ge'trübt I *pp*. – **II** *adj* **1.** *med*. a) (*Bewußtsein*) clouded, b) (*Auge*) cloudy, turbid (*scient*.): **eine ~e Linse** a clouded lens. – **2.** *fig*. dim, clouded: **ihr Blick war von Tränen ~** her eyes were dim (*od*. clouded) with tears.

ge'trüf·felt [-'tryfəlt] **I** *pp*. – **II** *adj gastr*. (*Gänseleber etc*) truffled.

Ge'trüm·mer *n* ⟨-s; *no pl*⟩ *lit*. debris, ruins *pl*.

ge'trun·ken [-'truŋkən] *pp of* trinken.

Get·ter ['gɛtər] *n* ⟨-s; -⟩ *chem*. (*Restgasbindestoff*) getter. — **get·tern** ['gɛtərn] *v/t u. v/i* ⟨h⟩ getter.

'Get·ter·verˌdamp·fung *f chem*. getter vaporization (*Br*. *auch* -s-), gettering.

Get·to ['gɛto] *n* ⟨-s; -s⟩ *auch fig*. ghetto.

Ge'tue [-'tuːə] *n* ⟨-s; *no pl*⟩ *colloq*. *contempt*. **1.** (*Umstände*) fuss, to-do, ado: **großes ~ um etwas machen** to make a big (*od*. a lot of) fuss over (*od*. of) s.th.; **was soll das ganze ~?** what's the good of all this? – **2.** (*affektiertes Benehmen*) fuss, affectation, mannerism(s *pl*): **hör mit dem albernen ~ auf!** stop that silly fuss (*od*. carrying on, behavio[u]r)! **der macht aber ein großes ~** he is really putting on airs.

Ge'tum·mel *n* ⟨-s; *no pl*⟩ *colloq*. romping.

Ge'tüm·mel [-'tʏməl] *n* ⟨-s; *no pl*⟩ **1.** (*lärmendes Durcheinander*) turmoil, tumult, hurly-burly: **es herrschte ein wildes ~** there was a tremendous tumult; **sich ins ~ stürzen** *colloq*. to hurl oneself into the hurly-burly; **das ~ der Schlacht** the tumult of battle. – **2.** (*lebhafter Betrieb*) (hustle and) bustle: **er verschwand im ~ vor dem Bahnhof** he vanished in the (general) bustle in front of the station. – **3.** (*bewegte Menge*) (agitated) crowd.

ge'tüp·felt I *pp*. – **II** *adj cf*. getupft II.

ge'tupft I *pp*. – **II** *adj* **1.** spotted, speckled, dotted: **eine ~e Bluse** a dotted (*od*. polka-dot, polka-dotted) blouse. – **2.** *bot*. *zo*. spotted, speckled, dotted, punctate(d) (*scient*.).

Ge'tu·schel *n* ⟨-s; *no pl*⟩ *colloq*. whispering).

Ge'tu·te *n* ⟨-s; *no pl*⟩ *colloq*. *contempt*. (constant) tooting.

ge'übt I *pp*. – **II** *adj* **1.** (in *dat* in) practiced, *bes*. *Br*. practised, skilled: **mit ~em Auge** with a practised (*od*. trained) eye; **sie war sehr ~ im Aufsatzschreiben** she was very skilled (*od*. versed) in writing essays. – **2.** (*geschickt*) (in *dat*) proficient (at, in), skilful, *bes*. *Am*. skillful (in): **sie war recht ~ im Schneidern** she was quite proficient at tailoring. – **3.** (*erfahren*) (in *dat* in) experienced. — **Ge'übt·heit** *f* ⟨-; *no pl*⟩ **1.** practice. – **2.** skill, proficiency. – **3.** experience.

Geu·se ['gɔʏzə] *m* ⟨-n; -n⟩ *hist*. Gueux.

Ge'vat·ter [-'fatər] *m* ⟨-s, *auch* -n; -n⟩ *obs*. **1.** (*Pate*) godfather: **bei j-m (zu) ~ stehen** to stand (as) (*od*. to be) godfather to s.o. – **2.** (*Verwandter, Freund, Nachbar*) friend, male relative, *Am*. neighbor, *Br*. neighbour: **wohin des Weges, ~?** where are you going, (good) friend? **~ Tod** our good neighbo(u)r, constant companion, Goodman Death. – **3.** (*in Anreden*) goodman: **~ Schuster!** goodman cobbler! — **Ge'vat·te·rin** *f* ⟨-; -nen⟩ *obs*. **1.** godmother. – **2.** friend, female relative, *Am*. neighbor, *Br*. neighbour. – **3.** (*in Anreden*) (good) mistress.

Ge'vat·ter·schaft *f* ⟨-; *no pl*⟩ **1.** *obs*. *for* a) Patenschaft, b) Verwandtschaft 1, 2. – **2.** *contempt*. *cf*. Clique 1.

Ge'vat·tersˌmann *m* ⟨-(e)s; -leute⟩ *obs*. *for* Gevatter 1, 2.

Ge'vier *n* ⟨-(e)s; -e⟩ (*mining*) cribwork.

ge'viert I *pp*. – **II** *adj* **1.** *her*. quartered. – **2.** *obs*. squared. – **3.** *astrol*. quartile. – **4. ~er Schein** *astr*. quadrature.

Ge'viert *n* ⟨-(e)s; -e⟩ **1.** *lit*. *for* Viereck 1. – **2.** *tech*. (*bes. in der Zimmerei*) square: **drei Meter im ~** three meters square; **eine Zahl ins ~ bringen** *math*. to square a number. – **3.** (*mining*) *cf*. Gevier. – **4.** *print*. (em) quad(rat), em. – **5.** *arch*. *her*. quarter. – **6.** *astr*. quadrature. – **7.** *astrol*. quartile (aspect), tetragon.

ge'vierˌteilt I *pp*. – **II** *adj her*. (*Wappenschild*) quartered.

Ge'viert|ˌme·ter *n*, *m* square meter. — **~ˌschein** *m astrol*. quartile (aspect). — **g~ˌwei·se** *adv her*. quarterly.

Ge'vö·gel *n* ⟨-s; *no pl*⟩ *poet*. birds *pl*.

Ge'wächs [-'vɛks] *n* ⟨-es; -e⟩ **1.** (*Pflanze*) plant: **mehrjährige ~e** perennial plants, perennials; **mikroskopisches ~** microphyte. – **2.** (*Kraut*) herb. – **3.** (*Strauch*) shrub. – **4.** *econ*. (*Erzeugnis*) produce, growth: **sind diese Tomaten eigenes ~?** are these tomatoes your own produce (*od*. homegrown)? did you grow these tomatoes yourself? **ein inländisches [ausländisches] ~** a home [foreign] produce; **unser eigenes ~** (*vom Wein*) our own vintage. – **5.** (*Wein*) wine: **ein edles ~** *lit*. a good wine; **„~ Dr. A."** (*on wine labels*) "grown by Dr. A." – **6.** *med*. a) growth, b) (*Auswuchs*) excrescence: **ein bösartiges ~** a malignant tumo(u)r (*od*. growth). – **7.** *fig*. *colloq*. creature: **du bist doch ein seltenes ~!** you are a strange (*od*. odd, funny) creature (*od*. type, individual).

ge'wach·sen I *pp of* wachsen[1]. – **II** *adj* **1.** grown: **übermäßig ~** overgrown; **nach innen ~** ingrown; **~er Boden** natural, undisturbed soil. – **2. j-m ~ sein** *fig*. to be a match for s.o., to be s.o.'s equal: **ich bin ihm nicht ~** I am no match for him, he is too much for me; **einer Sache ~ sein** to be up (*od*. equal) to s.th.; **sich der Lage ~ zeigen** to show oneself equal to (*od*. able to cope with, able to handle) the situation, to rise to the occasion; **er ist dieser Stellung nicht ~** he is not equal to this position, he does not fill this position; **ich fühle mich dem nicht ~** I don't feel up to it.

Ge'wächsˌhaus *n* hothouse, greenhouse, *Br*. *auch* glasshouse. — **~ˌpflan·ze** *f* hothouse plant.

Ge'wackel, Ge'wacke·le (*getr*. -k·k-), **Ge'wack·le** *n* ⟨-s; *no pl*⟩ *colloq*. **1.** (*einer Lampe, eines Tisches etc*) rocking, wobbling. – **2.** (*während des Fahrens*) bumping. – **3.** (*beim Radfahren*) wobbling (about).

Ge'waff [-'vaf] *n* ⟨-(e)s; *no pl*⟩ *hunt*. **1.** (*beim Eber*) tusks *pl*. – **2.** (*bei Raubvögeln*) talons *pl*.

Ge'waf·fen *n* ⟨-s; *no pl*⟩ *poet*. weapons *pl*, arms *pl*.

ge'wagt I *pp*. – **II** *adj* **1.** (*kühn*) daring, bold: **ein ~es Unternehmen** a daring undertaking; **ein ~er Ausschnitt** a daring neckline; **eine ~e Farbe** a bold colo(u)r. – **2.** (*gefährlich*) risky, hazardous: **ein ~es Spiel spielen** to play a hazardous (*od*. dangerous) game, to skate on thin ice; **eine ~e Sache** a risky business (*od*. matter), a touch-and-go affair. – **3.** (*anstößig*) risqué, daring, *Am*. *auch* off-color (*attrib*): **ein ~er Witz** a risqué (*Br*. *colloq*. *auch* blue) joke. — **Ge'wagt·heit** *f* ⟨-; -en⟩ **1.** ⟨*only sg*⟩ daringness, boldness, daring (*od*. bold) character: **die ~ dieser Bemerkung** the boldness (*od*. risqué character) of this remark. – **2.** ⟨*only sg*⟩ riskiness, hazardousness. – **3.** *cf*. Waghalsigkeit.

ge'wählt I *pp*. – **II** *adj* **1.** (*Sprache etc*) choice, elegant, refined: **sich in ~en Worten ausdrücken** to express oneself in choice words (*od*. language); **~er Stil** elegant (*od*. literary, formal) style. – **2.** (*Gesellschaft etc*) select. – **3. ~e Kombination** *mus*. (*bei der Orgel*) registration. – **III** *adv* **4. er drückt sich sehr ~ aus** he has a very refined (*od*. elegant) manner of expression.

Ge'wähl·te *m*, *f* ⟨-n; -n⟩ **1.** chosen (*od*. selected) person. – **2.** *pol*. elected (*od*. successful) candidate.

Ge'wählt·heit *f* ⟨-; *no pl*⟩ choiceness, elegance, elegancy, refinement: **übertriebene ~** exaggerated choiceness, mannerism.

ge'wahr *adj only in* **~ werden** a) (*sehen, erblicken*) to catch sight of, to see, b) (*bemerken*) to become aware of, to notice, c) (*entdecken*) to become aware of, to discover, to notice: **er wurde das Mißgeschick** (*od*. *lit*. **des Mißgeschicks**) **erst später ~** he became aware of (*od*. realized) the mishap only later; **sie wurde ihn** (*od*. *lit*. **seiner**) **erst ~, als er sie rief** she noticed him only when he called her; **plötzlich wurde sie ~, daß sie ihren Schlüssel verloren hatte** suddenly she became aware of the fact (*od*. she discovered) that she had lost her key.

Ge'währ *f* ⟨-; *no pl*⟩ **1.** (für for) guarantee, security: **für etwas ~ leisten** (*od*. **bieten**) to guarantee (*od*. ensure) s.th., to give security for s.th.; **ohne ~** a) without guarantee, b) (*auf Fahrplänen etc*) subject to change (*od*. correction), E. & O. E. (*errors and omissions excepted*); **für die Richtigkeit dieser Angabe wird keine ~ übernommen** no responsibility is taken (*od*. accepted) for the correctness of this information. – **2.** (*Bürgschaft*) security, surety: **~ für etwas [j-n] übernehmen** to accept security for s.th. [s.o.], to stand surety for s.th. [s.o.]. – **3.** *bes*. *jur*. guarantee, guaranty, warranty: **schweigende ~** implied warranty (*od*. guaranty).

ge'wah·ren *v/t* ⟨*pp* gewahrt, h⟩ *lit*. **1.** (*erblicken*) catch sight of, see. – **2.** (*bemerken*) become aware of, notice: **er gewahrte eine seltsame Gestalt** he noticed (*od*. perceived) a strange figure; **sie gewahrte seine Überraschung** she noticed (*od*. observed) his surprise (*od*. how surprised he was). – **3.** (*entdecken*) become aware of, discover, notice: **sie gewahrte eine Spinne hinter dem Bild** she discovered a spider behind the picture.

ge'wäh·ren I *v/t* ⟨*pp* gewährt, h⟩ **1.** *lit.* (*bewilligen*) grant, accord: **j-m eine Bitte ~** to grant s.o. a request. – **2.** *lit.* (*geben, bieten*) give, offer: **Obdach ~** to (give) shelter; **einen Vorteil ~** to offer (*od.* yield) an advantage; **j-m Einlaß ~** to allow s.o. to enter, to admit s.o.; **Einblick in** (*acc*) **etwas ~** to afford (*od.* give, grant) an insight into s.th.; **eine herrliche Aussicht ~** to command a superb view. – **3.** (*zugestehen*) concede. – **4.** *econ.* allow, grant: **Rabatt ~** to allow a discount; **eine Zahlungsfrist ~** to grant a term of payment. – **5.** *jur.* grant: **j-m Strafaufschub ~** to grant s.o. a reprieve, to reprieve s.o. – **II** *v/i* **6. j-n ~ lassen** to let s.o. do as he likes, to give s.o. full play: **laß ihn ~!** a) let him have his way! b) leave him alone! let him be! c) let him get on with it! – **III G~** *n* ⟨-s⟩ **7.** *verbal noun.* – **8.** *cf.* Gewährung.

ge'währˌlei·sten I *v/t* ⟨*pp* gewährleistet, h⟩ guarantee, ensure: **ich gewährleiste Ihnen pünktliche Lieferung** I guarantee (*od.* warrant) you punctual delivery; **die Ausführung eines Plans ~** to ensure the realization of a plan; **er gewährleistet den Erfolg des Unternehmens** he guarantees (for) the success of the undertaking. – **II G~** *n* ⟨-s⟩ *verbal noun.* — **Ge'währˌlei·stung** *f* ⟨-; -en⟩ **1.** *cf.* Gewährleisten. – **2.** *jur.* guarantee, guaranty, warranty: **Klage auf ~** action (*od.* suit) for warranty. – **3.** *econ. jur.* (*Kaution*) bail.

Ge'währˌlei·stungs|ga·ranˌtie *f econ.* performance guarantee. — **~verˌtrag** *m* surety (*od.* guaranty) agreement.

Ge'wahr·sam[1] *m* ⟨-s; *no pl*⟩ **1.** (*Obhut*) safekeeping, *Br.* safe keeping, custody: **in sicherem ~** in safekeeping, in good care, in safe custody; **etwas in ~ nehmen** to take care (*od.* charge) of s.th., to take s.th. in safekeeping; **etwas in ~ halten** to keep s.th. in one's custody (*od.* under one's control). – **2.** (*Haft*) custody: **j-n in ~ nehmen** to take s.o. into custody, to place s.o. under arrest, to arrest s.o.; **j-n in (polizeilichem) ~ halten** to hold s.o. in custody (*od.* under detention).

Ge'wahr·sam[2] *n* ⟨-s; -e⟩ *obs. for* Gefängnis 1.

Ge'währs|ˌkrank·heit *f agr.* unsoundness. — **~ˌman·gel** *m jur. major fault* (*od. defect*) *in cattle etc for which the seller is liable to the purchaser.* — **~ˌmann** *m* ⟨-(e)s; ⸚er *od.* -leute⟩ **1.** *auch ling.* authority, source, informant: **X ist unser ~ dafür, daß** we have it on the authority of X that. – **2.** *jur.* a) guarantor, warrantor, *auch* warranter, b) (*Zeuge*) witness. — **~perˌson** *f cf.* Gewährsmann. — **~ˌpflicht** *f econ.* warranty: **eine ~ übernehmen** to give a warranty. — **~ˌträ·ger** *m cf.* Gewährsmann.

Ge'wäh·rung *f* ⟨-; *no pl*⟩ **1.** *cf.* Gewähren. – **2.** grant(ing), accordance. – **3.** (*Einräumung*) concession. – **4.** *econ.* grant(ing), allowing: **~ von Zahlungsaufschub** (granting of) prolongation of payment, extension of credit; **~ eines Vorschusses** the allowance of an advance pay(ment). – **5.** *jur.* grant.

Ge'walt *f* ⟨-; -en⟩ **1.** ⟨*only sg*⟩ force, violence: **brutale** (*od.* **rohe**) **~** brutal (*od.* brute) force; **mit nackter** (*od.* **bloßer**) **~** by sheer force; **mit ~** by force, forcibly; **die ~ des Sturmes** the violence of the storm; **j-m ~ antun** to violate (*od.* rape) s.o.; **sich** (*dat*) **~ antun** *lit.* a) (*Schaden tun*) to harm oneself, b) (*Selbstmord begehen*) to commit suicide, c) (*sich beherrschen*) to force (*od.* restrain, check) oneself; **der Wahrheit ~ antun** to do violence to (the) truth, to distort the truth; **~ anwenden** to apply (*od.* use) force; **~ erleiden müssen** to have to suffer (*od.* be subjected to) violence; **den Eintritt mit ~ erzwingen** to force one's entry; **zu ~ greifen** to resort to force; **mit ~ öffnen** to force open; **der ~ weichen** to give way (*od.* submit) to force; **mit aller ~** *fig. colloq.* with might and main, by hook or by crook, with hammer and tongs (*colloq.*); **es wird mit ~ Winter** *colloq.* now it's winter with a vengeance, winter is coming fast now; **er will mit aller ~ reich werden** he wants to get rich at all costs; **mit sanfter ~** by gentle force. – **2.** ⟨*only sg*⟩ (*Macht*) (**über** *acc* over, of) power: **geistliche [weltliche] ~** spiritual [temporal] power; **~ über Leben und Tod** power over life and death; **höhere ~** act of providence (*od.* God), influence beyond one's control, force majeure, vis major (*jur.*); **die ~ der Musik** the power of music; **~ geht vor Recht** (*Sprichwort*) might before (*od.* is above) right; **etwas in seine ~ bringen** to obtain a hold on (*od.* over) s.th., to achieve control of s.th.; **in j-s ~ geraten** to fall into s.o.'s hands; **j-n völlig in seiner ~ haben** to have s.o. completely in one's power (*od.* under one's thumb), to lead s.o. by the nose (*colloq.*); **er hat es in seiner ~** he has it in his power (*od.* grip); **~ über j-n haben** to have power (*od.* authority) over s.o.; **die ~ an sich reißen** to seize power; **in** (*od.* **unter**) **j-s ~ sein** (*od.* **stehen**) to be in (*od.* under) s.o.'s power (*od.* control, *colloq.* heel), to be at the mercy of s.o. – **3.** (*personifiziert*) power, force: **die ~en des Bösen** the powers of evil, the evil forces. – **4.** ⟨*only sg*⟩ (*durch Amt, Stellung etc*) authority, power: **väterliche [elterliche] ~** paternal [parental] authority; **königliche ~** royal authority (*od.* power); **höchste ~** a) supreme authority, b) *pol.* supremacy, sovereignty; **gesetzgebende [ausführende] ~** legislative [executive] authority. – **5.** ⟨*only sg*⟩ (*Herrschaft*) (**über** *acc* over) sway, dominion. – **6.** ⟨*only sg*⟩ (*Beherrschung*) control: **sich in der ~ haben** to have oneself under control, to control (*od.* master) oneself; **er hatte seinen Wagen nicht mehr in der ~** he had lost control over his car, his car had got out of control. – **7.** ⟨*only sg*⟩ (*Stärke, Kraft*) strength: **mit aller ~ hielt er sich an mir fest** with all his strength (*od.* might) he held on to me. – **8.** ⟨*only sg*⟩ (*Zwang*) restraint. – **9.** ⟨*only sg*⟩ (*Wucht*) vehemence, impact. – **10.** ⟨*only sg*⟩ *jur.* (*richterliche*) judicature, judiciary.

Ge'walt|ˌakt *m* **1.** act of violence, (act of) outrage. – **2.** *pol.* (*einer Regierung*) violent measure. — **~ˌanˌdro·hung** *f* threat of violence. — **~ˌanˌma·ßung** *f* usurpation of power. — **~ˌanˌwen·dung** *f* **1.** (*Kraftaufwand*) use of force: **ohne ~ werden wir den Safe nicht öffnen können** we shan't be able to open the safe without resort(ing) to force (*od.* unless we use force [on it]). – **2.** (*Gewalttätigkeit*) use of violence. – **3.** *jur.* violence, force: **Raub mit ~** robbery with violence.

Ge'wal·ten|ˌtei·lung, ~ˌtren·nung *f pol.* separation of powers.

Ge'waltˌfrie·de *m pol.* dictated peace.

Ge'waltˌha·ber *m* ⟨-s; -⟩ ruler: **die ~** a) the rulers, those in power, b) *contempt.* the oppressors.

Ge'walt|ˌherr·schaft *f* tyranny, despotism, tyrannic (*od.* despotic) rule. — **~ˌherr·scher** *m* despot, tyrant.

ge'wal·tig I *adj* **1.** (*Berge, Bäume, Bauten etc*) huge, mighty, massive, colossal, gigantic: **von ~en Ausmaßen** of huge dimensions. – **2.** (*Menge, Anzahl etc*) huge, vast, enormous. – **3.** (*Hitze, Kälte etc*) intense, enormous, tremendous: **~e Schmerzen** intense (*od.* violent) pain(s). – **4.** (*Lärm, Kraft, Anstrengung, Schlag, Sturm etc*) tremendous, enormous. – **5.** (*Stimme*) powerful, mighty. – **6.** (*Leistung, Werk, Tat etc*) great, grand, stupendous, tremendous. – **7.** *colloq.* (*Eindruck, Erfolg, Übertreibung, Durst etc*) tremendous, enormous, terrific: **eine ~e Gemeinheit** a really dirty trick (*colloq.*); **das ist ein ganz ~er Irrtum deinerseits** here you are very much (*od.* badly) mistaken; **eine ~e Lüge** a whacking lie (*colloq.*); **eine ~e Wut haben** to be in a towering rage; **ganz ~er Unsinn** absolute (*od.* utter) nonsense. – **8.** *obs.* (*König, Nation etc*) powerful, mighty (*lit.*). – **9.** *relig.* (al)mighty: **der ~e Gott Israels** the almighty God of Israel. – **II** *adv* **10.** *colloq.* enormously, tremendously, terribly: **er hat sich ~ angestrengt** he made tremendous efforts; **wir haben uns ~ gefreut** we were terribly (*od.* awfully) pleased; **das hat ihm ~ imponiert** that made an enormous impression on him; **da irrst** (*od.* **täuschst**) **du dich aber (ganz) ~** you are very much mistaken there.

Ge'wal·ti·ge *m, f* ⟨-n; -n⟩ mighty (*od.* powerful) person, ruler: **die ~n auf Erden** the mighty (*od.* the rulers) of this earth; **die ~n der Hochfinanz** the leaders (*od.* bosses, *colloq.* big noises, top brass *sg*) of high finance, the powers that be in the world of high finance.

ge'wäl·ti·gen [-'vɛltɪɡən] *v/t* ⟨*pp* gewältigt, h⟩ (*mining*) (von of) clear.

Ge'wal·tig·keit *f* ⟨-; *no pl*⟩ *lit.* **1.** (*Riesigkeit*) vastness, hugeness, immensity, greatness. – **2.** (*Großartigkeit*) greatness, grandness. – **3.** *relig.* (*Allmacht*) almightiness.

Ge'waltˌkur *f* **1.** drastic measures *pl* (*od.* methods *pl*): **die finanziellen Probleme können nur durch eine ~ gelöst werden** the financial problems can only be solved by drastic measures (*od.* steps). – **2.** (*zum Abnehmen*) crash diet: **sich einer ~ unterziehen** to go on a crash diet.

ge'walt·los *bes. pol.* **I** *adj* nonviolent *Br.* non-, without violence. – **II** *adv* without violence. — **Ge'walt·lo·sig·keit** *f* ⟨-; *no pl*⟩ nonviolence *Br.* non-.

Ge'walt|ˌlö·sung *f* **1.** drastic solution. – **2.** (*mit Druckmitteln*) forcible (*od.* forceful) solution. – **3.** (*brutale*) brutal solution. — **~ˌmarsch** *m* **1.** *mil.* forced march. – **2.** *colloq.* five-mile hike: **dieser Spaziergang war ja der reinste ~** this walk was nothing short of a five-mile hike. — **~ˌmaßˌnah·me** *f* drastic (*od.* violent) measure (*od.* step): **zu ~n greifen** to take drastic measures, to resort to force. — **~ˌmensch** *m* (*Rohling*) brutal person, brute. — **~ˌmit·tel** *n* **1.** *cf.* Gewaltmaßnahme. – **2.** drastic (*od.* forceful) remedy. — **~po·liˌtik** *f pol.* policy of violence.

ge'walt·sam I *adj* **1.** violent: **eines ~en Todes sterben** to die a violent death. – **2.** (*erzwungen*) forcible, by force: **die ~e Einnahme der Stadt** the taking of the town by force; **~e Besitzergreifung** *jur.* forcible entry and detainer. – **3.** (*drastisch*) drastic: **~e Maßnahmen** drastic measures; **eine ~e Lösung des Problems** a drastic solution of the problem. – **II** *adv* **4.** forcibly, by force (*od.* violence): **etwas ~ unterdrücken** to suppress s.th. forcibly (*od.* by force); **~ unterdrücktes Lachen** stifled laughter; **eine Tür ~ öffnen** to open a door by force, to force a door open; **~ in ein Haus eindringen** to force one's entry into a house; **du möchtest wohl ~ dein Auto ruinieren?** you seem to do your best to ruin your car; **j-m etwas ~ vorenthalten** *jur.* to withhold s.th. forcibly from s.o., to deforce s.th. from s.o. — **Ge'walt·sam·keit** *f* ⟨-; -en⟩ **1.** ⟨*only sg*⟩ violence, force. – **2.** (*gewaltsame Handlung*) act of violence.

Ge'walt|ˌstreich *m* tour de force, bold stroke. — **~ˌtat** *f* act of violence, (act of) outrage.

ge'waltˌtä·tig *adj* (*Mensch, Benehmen etc*) violent, brutal. — **Ge'waltˌtä·tig·keit** *f* **1.** ⟨*only sg*⟩ (*eines Menschen*) violence, brutality, violent (*od.* brutal) nature. – **2.** act of violence, (act of) outrage.

Ge'walt|verˌbre·chen *n jur.* crime of violence. — **~verˌbre·cher** *m* violent criminal. — **~verˌzicht** *m pol.* nonaggression *Br.* non-.

Ge'walt·verˌzichts|ˌabˌkom·men *n pol.* nonaggression (*Br.* non-aggression) pact. — **~verˌtrag** *m* treaty of nonaggression (*Br.* non-aggression).

Ge'wand *n* ⟨-(e)s; ⸚er *u. poet.* -e⟩ **1.** *lit.* dress, garment, clothes *pl*, clothing: **sie spielten in mittelalterlichen Gewändern** they played in medi(a)eval dress (*od.* costume[s]); **das schäbige ~ des Bettlers** the shabby clothes *pl* of the beggar. – **2.** (*lose fallendes, fließendes*) robe, gown. – **3.** (*eines Geistlichen*) vestment. – **4.** (*art*) drapery, robe. – **5.** *poet.* garment, garb: **der Wald im farbenprächtigen ~ des Herbstes** the wood in the colo(u)rful garment of autumn. – **6.** *fig.* (*äußere Erscheinung*) appearance, look: **die Zeitschrift erscheint in neuem ~** the magazine will appear with a new look. – **7.** *fig.* (*Verkleidung*) guise: **er erschien im ~ eines Menschenfreundes** he appeared in the guise of a philanthropist.

Ge'wän·de [-'vɛndə] *n* ⟨-s; -⟩ *civ.eng.* **1.** (*der Tür*) doorcasing, doorcase, *Br.* door-case. – **2.** (*des Fensters*) jamb.

ge'wan·det [-'vandət] *adj lit.* dressed, robed.

Ge'wandˌhaus I *n hist.* cloth (merchants') hall. – **II** *npr n* ⟨-es; *no pl*⟩ *mus.* Gewandhaus (*concert hall in Leipzig*). — **~konˌzert** *n mus.* Gewandhaus concert. — **~orˌche·ster** *n* Gewandhaus orchestra.

Ge'wand|ˌmei·ster *m* (*theater*) wardrobe

master. — ~ˌ**mei·ste·rin** *f* wardrobe mistress.

ge'wandt [-'vant] **I** *pp of* **wenden.** – **II** *adj* **1.** (*beweglich, flink*) agile, nimble: **ein ~er Tänzer** a nimble dancer; **Ziegen sind ~e Kletterer** goats are nimble climbers; **ein ~er Fechter** an agile (*od.* a skilled) fencer. – **2.** (*geschmeidig*) supple, lithe. – **3.** (*schnell*) quick. – **4.** *fig.* adept, adroit, skilled, versed: **sie ist sehr ~ im Umgang mit Kindern** she is very good with children. – **5.** *fig.* (*Politiker, Geschäftsmann, Verkäufer etc*) skilful, *bes. Am.* skillful, dext(e)rous, adroit, clever, smart: **er ist sehr ~** he is very clever; **er ist in allem sehr ~** everything he does, he does skil(l)fully (*od.* adroitly). – **6.** *fig.* (*tüchtig*) able, efficient, proficient, competent: **eine ~e Sekretärin** a highly competent secretary. – **7.** *fig.* (*Umgangsformen*) elegant, easy: **~es Auftreten** elegant (*od.* good) manners *pl*, easy (*od.* smooth) way. – **8.** (*Sprache, Stil etc*) fluent, elegant, easy-flowing. – **II** *adv* **9.** nimbly: **er klettert sehr ~** he climbs nimbly (*od.* with great agility). – **10.** skilfully, *bes. Am.* skillfully, with great skill: **er zog sich ~ aus der Affäre** he extricated himself from the affair with great skill. – **11.** fluently: **er schreibt ~** he has a fluent style.

Ge'wandt·heit *f* ⟨-; *no pl*⟩ **1.** agility, nimbleness. – **2.** suppleness, litheness. – **3.** quickness. – **4.** *fig.* adeptness, adroitness, skill, facility. – **5.** *fig.* skill, dexterity, adroitness, cleverness, smartness. – **6.** *fig.* ability, efficiency, proficiency, competence. – **7.** *fig.* elegance, ease. – **8.** *fig.* fluency, elegance.

Ge'wan·dung *f* ⟨-; -en⟩ **1.** *lit.* raiment, robe(s *pl*). – **2.** (*art*) drapery, robe.

ge'wann [-'van] *1 u. 3 sg pret of* **gewinnen.**

Ge'wann *n* ⟨-(e)s; -e⟩, *auch* **Ge'wan·ne** *n* ⟨-s; -⟩ *agr. communal field of a village with equal divisions which is registered or known by one specific name.*

ge'wän·ne [-'vɛnə] *1 u. 3 sg pret subj of* **gewinnen.**

ge'wär·tig [-'vɛrtɪç] *adj* **einer Sache ~ sein** a) to be aware of (*od.* prepared for) s.th., to reckon with s.th., b) *lit.* to be expecting (*od.* expectant of, awaiting) s.th.: **seines Todes ~ sein** to be expecting one's death; **du mußt ~ sein, eine Absage zu bekommen** you must be aware that you might get a refusal, you must reckon with a refusal.

ge'wär·ti·gen [-'vɛrtɪgən] *v/t* ⟨*pp* gewärtigt, h⟩ **1.** (*erwarten*) expect, await: **ich muß hohe Unkosten ~** I have to expect (*od.* *colloq.* I am in for) high expenses. – **2.** (*gefaßt sein auf*) be prepared for, reckon with: **eine Strafe zu ~ haben** to have to reckon with (*od.* to be liable to) punishment.

Ge'wäsch [-'vɛʃ] *n* ⟨-es; *no pl*⟩ *colloq. contempt.* twaddle, gabble.

Ge'wäs·ser *n* ⟨-s; -⟩ **1.** waters *pl*, body of water: **ein offenes [oberirdisches] ~** an open [a surface] water; **stehendes [seichtes] ~** stagnant [shallow] water(s); **die ~ eines Landes** the lakes and rivers (*od.* water bodies) of a country. – **2.** (*kleines*) water, pond, pool. — ~ˌ**kun·de** *f* hydrology. — ~ˌ**schutz** *m* prevention of water pollution.

ge'wäs·sert I *pp.* – **II** *adj* **1.** (*Milch, Wein etc*) watered. – **2.** (*textile*) (*moiriert*) watered, moiré: **~er Taft** tabby.

Ge'wäs·ser|verˌschmut·zung, ~**verˌun·ˌrei·ni·gung** *f* water pollution.

Ge'wat·schel *n* ⟨-s; *no pl*⟩ *colloq.* waddling (gait).

Ge'we·be *n* ⟨-s; -⟩ **1.** (*textile*) a) (woven) fabric (*od.* cloth), textile, tissue, b) (*Webart*) fabric, texture, weave, c) (*Verwebung*) intertexture: **dünnes und zartes ~** film, cobweb, sheer-fabric; **feines ~** fine (*od.* diaphanous) texture, tissue; **gemustertes ~** figured (*od.* designed, patterned) fabric; **netzartiges ~** net(work). – **2.** *biol.* tissue: **totes [lebendes] ~** dead [live *od.* living] tissue; **netzförmiges ~** reticulum; **verpflanztes ~** *med.* transplant, graft. – **3.** *fig.* (*von Lügen etc*) tissue, web. — ~ˌ**art** *f* (*textile*) cloth type, style of fabric. — **g~ˌar·tig** *adj* **1.** weblike, webby. – **2.** *med.* tissuelike, resembling tissue, histoid (*scient.*). – **3.** *zo.* tissual. — **g~ˌbil·dend** *adj* **1.** tissue-producing, productive. – **2.** *biol.* histogenic. — ~ˌ**bin·dung** *f* (*textile*) weave. — ~ˌ**brei·te** *f* breadth (*od.* width) of fabric. — ~**cheˌmie** *f chem. med.* histochemistry. — ~**de·kaˌtur** *f* (*textile*) decatizing of fabrics. — ~**ex·zi·siˌon** *f med.* (*am Lebenden*) biopsy. — ~ˌ**flor,** ~ˌ**flur** *m* (*textile*) (*bei gerauhtem Tuch*) nap. — ~ˌ**flüs·sig·keit** *f med.* tissue (*od.* lymph) fluid. — ~ˌ**kan·te** *f* (*textile*) *cf.* Gewebeleiste. — ~**kulˌtur** *f biol.* tissue culture. — ~ˌ**leh·re** *f med.* histology. — ~ˌ**lei·ste** *f* (*textile*) selvage, selvedge. — ~ˌ**oberˌsei·te** *f* cloth face. — ~ˌ**pi·sang** *m bot.* Manila hemp, abaca (*Musa textilis*). — ~ˌ**prü·fung** *f* (*textile*) fabric testing, analysis of fabrics. — ~**re·ge·ne·ra·tiˌon** *f med. cf.* Gewebsneubildung. — ~ˌ**schicht** *f* layer of tissue, stratum (*scient.*). — **g~ˌscho·nend** *adj* (*textile*) *med.* gentle, sparing (*od.* saving) the tissues. — ~ˌ**spalt** *m biol.* intercellular space. — ~ˌ**span·nung** *f med.* (*eines Muskels*) tone, tonus (*scient.*). — ~**strukˌtur** *f* **1.** (*textile*) texture of fabric, weave structure (*od.* construction). – **2.** *biol.* tissue structure. — ~ˌ**stück** *n med.* piece (*od.* shred) of tissue. — ~ˌ**überˌeinˌstim·mung** *f* compatibility of tissue. — ~ˌ**überˌtra·gung** *f cf.* Gewebsverpflanzung. — ~**verˌlet·zung** *f* tissue injury: **~ innerer Organe** parenchymal injury. — ~**verˌpflan·zung** *f cf.* Gewebsverpflanzung. — ~**verˌträg·lich·keit** *f* tissue tolerance. — ~**verˌträg·lich·keitsˌtest** *m* histocompatibility test. — ~**zerˌfall** *m* decay of tissue: **physiologischer ~** (epidermis) necrosis. — ~**zer·ˌstö·rung** *f* tissue destruction, histolysis (*scient.*).

Ge'webs|ˌat·mung *f biol.* internal (*od.* tissue) respiration. — ~**beˌschrei·bung** *f med.* histography. — ~ˌ**flüs·sig·keit** *f cf.* Gewebeflüssigkeit. — ~**horˌmon** *n* tissue hormone. — **g~ˌkund·lich** [-ˌkʊntlɪç] *adj* histological. — ~ˌ**leh·re** *f* histology. — ~ˌ**neuˌbil·dung** *f* tissue regeneration, anagenesis (*scient.*). — ~ˌ**tod** *m* death of tissue, necrosis (*scient.*). — ~**verˌän·de·rung** *f* structural change of the tissue, tissue change. — ~**verˌhär·tung** *f* hardening (*od.* thickening) of tissue, sclerosis (*scient.*). — ~**verˌpflan·zung** *f* grafting (*od. scient.* transplantation) of tissue. — ~**verˌschor·fung** *f* (*mit Strom*) fulguration. — ~**ver·ˌträg·lich·keit** *f* tissue tolerance. — ~ˌ**was·serˌsucht** *f* (o)edema. — ~ˌ**wu·che·rung** *f* proliferation of tissue. — ~ˌ**züch·tung** *f cf.* Gewebekultur.

ge'weckt I *pp.* – **II** *adj fig. cf.* aufgeweckt II.

Ge'weckt·heit *f* ⟨-; *no pl*⟩ *cf.* Aufgewecktheit.

Ge'wehr *n* ⟨-(e)s; -e⟩ **1.** rifle, gun: **~ mit Sicherung** protected rifle, rifle with safety catch; **zerlegbares ~** collapsible (*bes. Am.* takedown) rifle; **das ~ anlegen** to bring the rifle to the shoulder (*od.* to firing position); **er legte sein ~ auf ihn an** he aimed (*od.* leveled, *bes. Br.* levelled) his gun at him; **ein ~ einschießen** to test (*od.* try out, zero) a rifle (*od.* firearm); **ein ~ laden** to load a gun; **ein ~ sichern** to apply the safety catch, *bes. Am.* to put a rifle on safe. – **2.** *mil.* a) rifle, b) (*bei Kommandos*) arms *pl*: **(das) ~ ab!** order arms! **~ abnehmen!** unsling arms! **an die ~e!** a) unpile arms! b) *fig. colloq.* let's make a start! **präsentiert das ~!** present arms! **das ~ über!** shoulder arms! *Am.* right (*od.* left) shoulder arms! *Br.* slope arms! **setzt die ~e zusammen!** *Br.* pile arms! *Am.* stack arms! **ins** (*od.* **unters**) **~ treten** to fall in with rifle; **(mit) ~ bei Fuß stehen** a) to be at the order, b) *fig.* to wait for the word 'go'. – **3.** *hunt.* a) (*des Keilers*) tusks *pl*, b) (*eines Raubvogels*) talons *pl.* — ~ˌ**abˌzug** *m* trigger. — ~**apˌpell** *m mil.* rifle inspection. — ~ˌ**aufˌla·ge** *f* rest, support, parapet. — ~**faˌbrik** *f* gun (*od.* rifle) factory. — ~ˌ**feu·er** *n* rifle fire (*od.* firing). — ~**fut·te·ˌral** *n* gun (*od.* rifle) case. — ~**geˌschoß** *n* (rifle) bullet. — ~**graˌna·te** *f* rifle grenade. — ~ˌ**griff** *m* rifle drill movement: **~e üben** (*od. colloq.* **kloppen**) to do rifle drill. — ~ˌ**kam·mer** *f* (*des Gewehrschlosses*) bolt. — ~ˌ**kol·ben** *m* rifle butt. — ~ˌ**ku·gel** *f* (rifle) bullet. — ~ˌ**lauf** *m* (rifle) barrel. — ~**ma·gaˌzin** *n* rifle magazine. — ~ˌ**mün·dung** *f* muzzle (of a rifle). — ~**mu·ni·tiˌon** *f* rifle (*od.* small arms) ammunition. — ~**paˌtro·ne** *f* cartridge. — ~**py·raˌmi·de** *f mil.* pile (*od.* stack) of arms. — ~ˌ**rie·men** *m* rifle sling. — ~ˌ**sal·ve** *f* volley (of gunfire, *Br.* gun-fire). — ~ˌ**schaft** *m* rifle stock. — ~ˌ**schloß** *n* gun lock, *Br.* gun-lock, bolt mechanism. — ~ˌ**schrank** *m* gun cabinet. — ~ˌ**schuß** *m* rifleshot, *Br.* rifle-shot, gunshot. — ~ˌ**schüt·ze** *m* rifleman. — ~ˌ**stän·der** *m* rifle (*od.* arms) rack. — ~ˌ**stüt·ze** *f cf.* Gewehrauflage. — ~**ˌübung** *f mil.* rifle (*od.* arms) exercise (*od.* practice, drill).

Ge'weih *n* ⟨-(e)s; -e⟩ **1.** *hunt.* antlers *pl*, horns *pl*, head, attire: **mit einem schönen ~** with nice antlers, nicely antlered (*od.* beamed); **unverzweigtes ~** (*eines Junghirsches*) spike; **mit vollem ~** beamy; **der Hirsch hat sein ~ gefegt [abgeworfen]** the stag has frayed [shed] his antlers (*od.* horns); **ein gewaltiges ~** a huge set (*od.* pair) of antlers. – **2.** *her.* attire. — ~ˌ**baum** *m bot.* Kentucky coffee tree (*Gymnocladus canadensis*): **Frucht des ~s** coffee nut. — ~ˌ**en·de** *n zo.* antler, branch, prong (*od.* point, tine) of an antler. — ~ˌ**farn** *m bot.* **1.** pod fern (*Ceratopteris thalictroides*). – **2.** staghorn fern (*Gattg Platycerium*). — ~ˌ**flech·te** *f* cladonia (*Gattg Cladonia*). — ~ˌ**schau·fel** *f hunt.* (*beim Elchwild*) palm. — ~ˌ**spros·se** *f* tine, point (of an antler). — ~ˌ**stan·ge** *f* beam (of an antler).

ge'weiht[1] **I** *pp.* – **II** *adj* **1.** (*gewidmet*) (*dat* to) dedicated, devoted, consecrated, sacred: **ein Gott [der Wissenschaft] ~es Leben** a life dedicated to God [science]. – **2.** (*Ort, Erde etc*) sacred, blessed, holy, sainted, consecrated. – **3.** doomed: **dem Tode ~** doomed to die, moribund (*lit.*); **dem Untergang ~** doomed to destruction.

ge'weiht[2] *adj hunt.* antlered.

Ge'wei·ne *n* ⟨-s; *no pl*⟩ *colloq. contempt.* (continual) weeping (*od.* crying, whining).

ge'wellt I *pp.* – **II** *adj* **1.** (*Haar, Linie etc*) wavy. – **2.** (*Landschaft etc*) rolling, undulating, wavy. – **3.** *tech.* (*Eisen etc*) corrugated. – **4.** *bot.* undate(d), gyrose. – **5.** *zo.* undose, undulated, undate(d). – **6.** *her.* undate(d), undé.

Ge'wen·de *n* ⟨-s; -⟩ **1.** *agr.* a) (portion of a) field, b) (*als Maß*) *etwa* acre, c) ridge (between two fields). – **2.** *hunt.* traces *pl* (*made by a stag's antlers in thickets etc*).

ge'wen·delt [-'vɛndəlt] *adj arch.* (*Treppe*) spiral.

Ge'wer·be *n* ⟨-s; -⟩ *econ.* **1.** trade, business, occupation: **Ausübung eines ~s** exercise of a trade; **ambulantes ~** a) itinerant trade, b) *colloq. humor.* street-walking; **kaufmännisches ~** business trade; **die konzessionierten ~** the licensed trades; **kein rechtmäßiges ~** no lawful trade; **ein ~ anmelden** to register a trade; **ein ~ (er)lernen [ausüben** *od.* **(be)treiben]** to learn [to practice, *Br.* to practise] a trade; **er ist seines ~s ein Bäcker** he is a baker by trade. – **2. Handel und ~** trade and industry. – **3.** (*Industriezweig*) (branch of) industry, trade: **das graphische ~** the printing trade (*od.* industry). – **4.** (*Erwerbstätigkeit*) profession, business, trade, métier (*lit.*): **ehrliches [schmutziges, dunkles] ~** honest [sordid, shady] business; **sie geht einem zweifelhaften ~ nach** she follows a dubious profession; **das älteste ~ (der Welt)** *humor.* the oldest profession (in the world); **er macht auch daraus ein ~** *colloq.* everything is grist to his mill; → **horizontal** 1. — ~ˌ**aufˌsicht** *f* **1.** trade (*od.* industrial) supervision. – **2.** factory inspection. — ~ˌ**aufˌsichtsˌamt** *n* **1.** Trade Supervisory Office. – **2.** factory inspectorate. — ~**ˌaufˌsichts·beˌhör·de** *f* **1.** trade supervisory authority. – **2.** factory inspectorate. — ~ˌ**ausˌschuß** *m* trade committee. — ~ˌ**aus·ˌstel·lung** *f* industrial exhibition. — ~ˌ**bank** *f* ⟨-; -en⟩ bank specializing in the financing of a particular branch of trade (*od.* industry). — ~**beˌfug·nis,** ~**beˌrech·ti·gung** *f* trade licence (*Am.* license), *Am. auch* concession. — ~**beˌtrieb** *m* **1.** commercial (*od.* business, industrial) enterprise (*od.* undertaking, establishment), business, trade: **Zulassung zum ~** permission to trade. – **2.** (*Tätigkeit*) exercising of a profession, carrying on of a trade. — ~**erˌlaub·nis** *f cf.* Gewerbebefugnis. — ~**erˌtrag** *m* trading profit(s *pl*). — ~**erˌtragsˌsteu·er** *f* trade earnings (*od.* returns, profit) tax. — ~**erˌzeug·nis·se** *pl* manufactures, industrial products. — ~ˌ**frei·heit** *f* freedom of trade, free access to trade. — ~**geˌneh·mi·gung** *f cf.* Gewerbebefugnis. — ~**geˌricht** *n econ. jur.* **1.** industrial court, court of trade.

– 2. (*gewerbliches Schiedsgericht*) arbitration court of trade disputes. — **~ge,setz** *n* trade law: ~e trade laws (*od.* regulations), industrial legislation *sg.* — **~hy·gie·ne** [-hy,gie:nə] *f* industrial hygiene. — **~in·spek·ti,on** *f* factory inspection. — **~in,spek·tor** *m* factory inspector. — **~,kam·mer** *f* Trade Board, *Br.* Chamber of Commerce. — **~ka·pi,tal** *n econ.* capital (for assessment of profit tax). — **~ka·pi,tal,steu·er** *f* trading capital tax, *Br. etwa* corporation tax. — **~,krank·heit** *f med.* occupational (*od.* industrial) disease. — **~,leh·rer** *m*, **~,leh·re·rin** *f ped.* teacher at a trade (*od.* technical) school. — **~mu,se·um** *n* industrial (*od.* commercial) museum. — **~,ord·nung** *f* (trading and) industrial code, trade law (*od.* regulations *pl*). — **~po·li,tik** *f* policy relating to trade and industry. — **~po·li,zei** *f* authority enforcing trade (*od.* industrial) regulations. — **~,recht** *n jur. cf.* Gewerbeordnung. — **~,schau** *f cf.* Gewerbeausstellung. — **~,schein** *m* trade licence (*Am.* license), licence to carry on a trade. — **~,schu·le** *f* trade school, industrial (*od.* technical, vocational) school, technical high school. — **~,schü·ler** *m*, **~,schü·le·rin** *f* pupil (*od.* student) of a trade (*od.* technical) school.

Ge'wer·be,steu·er *f econ. jur.* **1.** trade tax. – **2.** (*bei Konzession*) licence (*Am.* license) tax (*od.* fees *pl*). – **3.** *cf.* Gewerbesteuerpflicht. — **~ge,setz** *n* trade tax law. — **~,pflicht** *f* liability to pay trade tax: der ~ unterliegen to be subject to payment of trade tax. — **g~,pflich·tig** *adj* subject to trade tax regulations.

Ge'wer·be|syn·di,kat *n econ.* trade association (*od.* syndicate). — **~,tä·tig·keit** *f* industrial activity.

ge'wer·be,trei·bend *adj* **1.** (*handeltreibend*) carrying on (*od.* engaged in) a trade (*od.* business, an occupation), trading. – **2.** (*herstellend*) manufacturing, industrial. — **Ge'wer·be,trei·ben·de** *m* ⟨-n; -n⟩ person carrying on (*od.* engaged in) a trade (*od.* business, an occupation, an industry), tradesman: die ~n unserer Stadt the tradesmen (*od.* tradespeople, tradesfolk *sg*) and industrialists in (*od.* of) our town; selbständig ~r self-employed person.

Ge'wer·be,zweig *m* branch (of industry), line (of trade).

ge'werb·lich *econ.* **I** *adj* **1.** commercial, trade (*attrib*): ~e Bauten commercial and industrial buildings; ~es Fahrzeug commercial vehicle; ~er Güterverkehr road haulage; ~e (und industrielle) Wirtschaft trade and industry. – **2.** (*industriell*) industrial: ~e Ausfuhr [Einfuhr] industrial exports *pl* [imports *pl*]; ~e Berufsfachschule industrial (*od.* vocational) full-time school; ~e Berufsschule vocational part-time school; ~er Betrieb industrial establishment, business enterprise; ~e Märkte markets for industrial goods; ~e Räume industrial (*od.* business) premises; ~er Wohnungsbau domestic accommodation industry, housing provision for profit; ~e Sprengstoffe industrial explosives. – **II** *adv* **3.** ~ tätig sein to carry on a trade (*od.* business).

ge'werbs,mä·ßig **I** *adj* professional: ~er Diebstahl theft committed regularly for gain; → Unzucht 1. – **II** *adv* professionally, on a commercial basis: Erpressung ~ betreiben to carry on blackmailing for gain (*od.* profit), to make a business (out) of blackmailing.

ge'werbs,tä·tig *adj econ. cf.* gewerbetreibend.

Ge'werbs|,un,zucht *f jur.* prostitution. — **~,zweig** *m cf.* Gewerbezweig.

Ge'werk *n* ⟨-(e)s; -e⟩ *obs.* **1.** *econ.* (*Gewerbe, Handwerk*) trade, craft. – **2.** (*Innung, Zunft*) guild.

Ge'wer·ke *m* ⟨-n; -n⟩ (*mining*) shareholder of a mining company.

Ge'wer·kel *n* ⟨-s; *no pl*⟩ *colloq. contempt.* putter(ing), *bes. Br.* potter(ing).

Ge'wer·ken,tag *m* (*mining*) *meeting of the shareholders and/or owners of a mining company.*

Ge'werk·schaft *f* ⟨-; -en⟩ **1.** *econ.* (trade, *auch* trades) union, *bes. Am.* labor union: die ~en organized labo(u)r *sg*, the trade unions; er gehört keiner ~ an he doesn't belong to a union, he is a nonunionist (*Br.* non-unionist); ~ öffentliche Dienste, Transport und Verkehr Union for Public Service and Transport, *Br. etwa* Municipal and General Workers Union; einer ~ beitreten to join a union; einer ~ angehören to belong to a trade union, to be a unionist. – **2.** bergrechtliche ~ (*mining*) *the legal status of a joint company of mine(-)owners, now usually shareholders.* — **Ge'werk·schaf·ter**, **Ge'werk·schaft·ler** *m* ⟨-s; -⟩ (trade) unionist, *Br.* (trade-)unionist, member of a (trade, *bes. Am.* labor) union. — **ge'werk·schaft·lich** **I** *adj* (trade) union (*attrib*). – **II** *adv* sich ~ organisieren to unionize, to organize (oneself) into a union, to form a (trade, *bes. Am.* labor) union; nicht ~ organisiert unorganized, not unionized.

Ge'werk·schafts|,bei,trag *m* union dues *pl* (*od.* fees *pl*). — **~be,we·gung** *f* trade (*bes. Am.* labor) union movement, trade (*auch* trades) unionism, *Br.* trade-unionism. — **~,bon·ze** *m colloq. contempt. for* Gewerkschaftsfunktionär 1. — **~,boß** *m colloq. contempt.* (trade, *bes. Am.* labor) union boss. — **~,bund** *m* a) federation of trade (*bes. Am.* labor) unions, b) (*in Großbritannien*) Trades Union Congress, TUC, c) (*in den USA*) American Federation of Labor and Congress of Industrial Organizations, AFL-CIO. — **g~,feind·lich** *adj* antiunion, *Br.* anti-union (*attrib*). — **~,füh·rer** *m* (trade, *bes. Am.* labor) union leader. — **~funk·tio,när** *m* **1.** (trade, *bes. Am.* labor) union official (*od.* functionary). – **2.** (*für Betriebskontrolle*) walking delegate. — **~,haus** *n* (trade, *bes. Am.* labor) union headquarters *pl* (*construed as sg or pl*). — **~kon,greß** *m* Trades Union Congress. — **~,lei·tung** *f* ⟨-; *no pl*⟩ trade (*bes. Am.* labor) union management, leaders *pl* of a trade union. — **~,mit,glied** *n* member of a (trade, *bes. Am.* labor) union, (trade) unionist, *Br.* (trade-)unionist. — **~po·li,tik** *f* trade union policy. — **~,pres·se** *f* trade union press. — **~,rat** *m* Trades Union Council. — **~se·kre,tär** *m* trade union secretary. — **~ver,band** *m* Federation (*od.* Association) of Trade (*bes. Am.* Labor) Unions. — **~,we·sen** *n* trade (*auch* trades) unionism, *Br.* trade-unionism. — **~,zu·ge,hö·rig·keit** *f* union membership.

Ge'we·se *n* ⟨-s; -⟩ **1.** *Low G. for* Anwesen. – **2.** ⟨*only sg*⟩ *colloq. contempt.* (*Getue, Gehabe*) ado, fuss, to-do.

ge'we·sen **I** *pp of* sein[1]. – **II** *adj* ⟨*attrib*⟩ (*ehemalig*) former, onetime: eine ~e Schönheit a former beauty. – **III G~e, das** ⟨-n⟩ the past: laß uns das G~e vergessen let us forgive and forget the past (*od.* what was before, what has happened), let bygones be bygones.

ge'wi·chen [-'vɪçən] *pp of* weichen[1].

ge'wichst **I** *pp.* – **II** *adj colloq. for* gewieft.

Ge'wicht[1] *n* ⟨-(e)s; -e⟩ **1.** ⟨*only sg*⟩ weight: nach ~ (verkaufen) (to sell) by weight; von geringem [großem] ~ of light [heavy] weight; totes ~ (*Leer- od. Eigengewicht*) deadweight, *Br.* dead weight; zu wenig (*od.* nicht das volle) ~ haben to be underweight, to weigh too little; großes ~ haben to be heavy, to weigh a lot; die Kiste hat ihr ~ a) the box is of the stated weight, b) *colloq.* the box is pretty (*od.* rather) heavy; an ~ zunehmen to put on (*od.* gain) weight; sein ~ verlagern (*beim Skifahren etc*) to shift one's weight. – **2.** ⟨*only sg*⟩ (*Last*) weight, load: die Äste bogen sich unter dem ~ des Schnees the branches bent under the weight of the snow. – **3.** (*Gewichtstück*) weight: ein Satz ~e a set of weights; Maße und ~e weights and measures; geeichtes ~ standard (*od.* stamped, calibrated) weight. – **4.** (*einer Uhr*) a) weight, b) (*am Pendel*) bob. – **5.** *phys.* weight: spezifisches ~ specific weight (*od.* gravity). – **6.** *tech.* a) weight, b) (*Belastung*) load: äußerstes ~ ultimate load. – **7.** (*sport*) weight. – **8.** ⟨*only sg*⟩ *fig.* (*Bedeutung*) weight, importance, significance: er mißt dieser Angelegenheit großes ~ bei he attaches great significance to this matter; das fällt nicht ins ~ that is of no importance (*od.* consequence), that does not count (*od.* matter); sein Wort gewann immer mehr an ~ what he had to say gained in significance; sein Urteil hat kein [großes] ~ his judg(e)ment carries no [great] weight, his judg(e)ment is of no [great] importance (*od.* consequence); eine Persönlichkeit von ~ a person of importance (*od.* influence, weight), a VIP (*colloq.*); an ~ verlieren to lose in importance; ~ auf (*acc*) etwas legen a) to attach weight (*od.* importance) to s.th., b) (*Betonung*) to lay stress upon s.th., to put emphasis on s.th.; der Vorfall erhält dadurch ~, daß the incident gains in significance through the fact that. – **9.** ⟨*only sg*⟩ *fig.* (*Nachdruck*) point, weight: dies verlieh seinen Worten besonderes ~ this lent great weight to his words. – **10.** ⟨*only sg*⟩ *fig.* (*Wirksamkeit*) effectiveness. – **11.** *fig. cf.* Schwerpunkt 3.

Ge'wicht[2] *n* ⟨-(e)s; -er⟩ *hunt. cf.* Gewichtl.

Ge'wicht,he·ben *n* (*sport*) weight lifting. — **Ge'wicht,he·ber** *m* weight lifter.

ge'wich·tig **I** *adj* **1.** (*Münze*) of full (*od.* standard) weight. – **2.** *fig.* (*wichtig*) important: eine ~e Persönlichkeit a) an important (*od.* influential) person, a person of importance (*od.* influence, weight), a VIP (*colloq.*), b) (*im Auftreten*) an imposing person, c) *humor.* (*umfangreich*) a heavy (*od.* bulky) person. – **3.** *fig.* (*Frage, Entscheidung etc*) weighty, important, momentous. – **4.** *fig.* (*Gründe*) weighty, significant. – **5.** *fig.* (*Benehmen etc*) portentous, imposing. – **6.** *fig. contempt. for* wichtigtuerisch. – **II** *adv* **7.** importantly, in an important manner: er nickte ~ he nodded with an air of importance. — **Ge'wich·tig·keit** *f* ⟨-; *no pl*⟩ **1.** importance. – **2.** (*einer Frage etc*) weight(iness), importance.

Ge'wichtl [-'vɪçtəl] *n* ⟨-s; -⟩ *hunt.* antlers *pl* (*od.* horns *pl*) (of the roebuck).

Ge'wichts|,ab,nah·me *f* loss of weight. — **~,ab,zug** *m* deduction in weight. — **~ana,ly·se** *f chem.* gravimetric analysis. — **~,an,ga·be** *f* **1.** (*auf Verpackung etc*) declaration of weight. – **2.** (*einer Waage*) indication of weight. — **~,aus,gleich** *m* **1.** counterbalance of weight, counterweight. – **2.** (*sport*) handicap. — **~be,stim·mung** *f* determination (*od.* calculation) of weight. — **~,ein·heit** *f* unit of weight, weight unit. — **~,gren·ze** *f* weight limit. — **~,klas·se** *f* (*sport*) (weight) category. — **~kon,trol·le** *f* (*bei Waren, des Körpergewichts etc*) weight control.

ge'wichts·los *adj phys.* weightless, imponderable. — **Ge'wichts·lo·sig·keit** *f* ⟨-; *no pl*⟩ weightlessness, imponderousness.

Ge'wichts|,man·gel *m*, **~,man·ko** *n* deficiency in weight, short weight, underweight. — **g~,mä·ßig** *adj* concerning (*od.* regarding, in terms of) weight. — **~pro,zent** *n chem.* percent(age) by weight. — **~,sinn** *m med.* barognosis. — **~,stein** *m*, **~,stück** *n* weight. — **~ta,bel·le** *f* table of weights. — **~,trai·ning** *n* (*sport*) training with weights. — **~ver,hält·nis** *n* proportion of weight, weight ratio. — **~ver,la·ge·rung** *f* **1.** shifting (*od.* transfer) of weight, weight shift(ing). – **2.** (*beim Skifahren etc*) shifting of weight, weighting. – **3.** *fig.* (*in der Politik etc*) shift, change. — **~ver,lust** *m* loss of weight. — **~ver,min·de·rung**, **~ver,rin·ge·rung** *f* decrease in (*od.* loss of) weight. — **~,vor,ga·be** *f* (*sport*) weight advantage. — **~,zoll** *m econ.* specific duty (based on weight). — **~,zu,nah·me** *f* increase (*od.* gain) in weight. — **~,zu,schlag** *m* additional charge for (excess) weight of bulky goods.

ge'wickelt (*getr.* -k·k-) **I** *pp.* – **II** *adj* **1.** *synth.* (*Rundrohr etc*) rolled. – **2.** *tech.* (*Drahtringe*) coiled.

ge'wieft [-'vi:ft] *adj* ⟨-er; -est⟩ *colloq.* **1.** (*schlau*) smart. – **2.** (*gerissen*) shrewd, astute, cunning, clever: ein ~er Geschäftsmann a shrewd businessman. – **3.** (*durchtrieben*) cunning, sly, crafty, artful. – **4.** (*erfahren*) experienced, versed. — **Ge'wieft·heit** *f* ⟨-; *no pl*⟩ *colloq.* **1.** smartness. – **2.** shrewdness, astuteness, cunning(ness). – **3.** cunning(ness), slyness, craft(iness), artfulness. – **4.** experience.

ge'wiegt **I** *pp of* wiegen[2]. – **II** *adj colloq. cf.* gewieft. — **Ge'wiegt·heit** *f* ⟨-; *no pl*⟩ *colloq. cf.* Gewieftheit.

Ge'wie·her *n* ⟨-s; *no pl*⟩ **1.** (*des Pferdes*) neigh(ing), whinny(ing). – **2.** *fig. colloq.* (*lautes, ordinäres Gelächter*) horselaugh, *Br.* horse-laugh, braying (*od.* whinnying) laughter, guffaw.

ge'wie·sen [-'vi:zən] *pp of* weisen.

ge'willt [-'vɪlt] *adj* ⟨*pred*⟩ **1.** willing: er war ~, der Sache nachzugehen he was willing to look into the matter; er war keineswegs ~, über die Angelegenheit zu sprechen he was by no means willing (*od.* he was most unwilling, he refused) to speak about the matter. – **2.** (*bereit*) ready, prepared. – **3.** (*entschlossen*) determined: er war ernsthaft ~, sein Leben zu ändern he was seriously determined to change his life.

Ge'wim·mel *n* ⟨-s; *no pl*⟩ **1.** (*lebhaftes Durcheinander*) bustling activity: es herrschte ein ~ wie in einem Ameisenhaufen there was a swarming like in an ant(-)hill. – **2.** (*von Menschen*) swarm, (milling) crowd, (teeming) throng (*od.* multitude), (seething) mass (*lit.*): das ~ vor dem Hauptbahnhof the milling crowd in front of the main (railroad, *Br.* railway) station; ein ~ von Kindern a swarm of children. – **3.** (*von Insekten etc*) swarming (*od.* teeming) mass.

Ge'wim·mer *n* ⟨-s; *no pl*⟩ **1.** whine, whining, whimper(ing). – **2.** (*Jammern*) wail(ing). – **3.** *fig. colloq. contempt.* (*einer Geige etc*) wail(ing).

Ge'win·de *n* ⟨-s; -⟩ **1.** *tech.* (*einer Schraube etc*) thread: flachgängiges [kegeliges, mehrgängiges] ~ square [taper, multiple (*od.* multi-start)] thread; rechtsgängiges ~ right-hand (screw) thread; scharfgängiges ~ (sharp) V (*od.* angular) thread; ein ~ schneiden to cut a thread; ein ~ überdrehen to strip a thread; das ~ faßt nicht mehr the thread does not grip any more. – **2.** *zo.* a) (*eines Schneckenhauses*) spire, turban, b) (*einer Muschel*) whirl, whorl, *auch* wharl. – **3.** *lit.* (*Girlande*) garland, festoon. – **4.** *lit.* wreath. — **~au·toˌmat** *m tech.* automatic tapping machine. — **~ˌboh·ren** *n* tapping.

Ge'win·deˌboh·rer *m* tap. — **~ˌschleif·maˌschi·ne** *f* tap grinder.

Ge'win·de|ˌbohr·maˌschi·ne *f tech.* tapping machine. — **~ˌboh·rung** *f* tapped (*od.* threaded) hole. — **~ˌbohrˌvorˌrich·tung** *f* tapping attachment. — **~ˌbol·zen** *m* screwed bolt, threaded stud. — **~ˌdrehˌbank** *f* ⟨-; =e⟩ thread-cutting lathe. — **~ˌdrücken** (*getr.* -k·k-) *n* thread rolling. — **~ˌfrä·sen** *n* thread milling. — **~ˌfrä·ser** *m* thread milling cutter. — **~ˌfräs·maˌschi·ne** *f* thread miller (*od.* milling machine). — **~ˌgang** *m* (turn of a) thread. — **~ˌgrund** *m* root of a thread. — **~ˌleh·re** *f* (screw) thread ga(u)ge. — **~ˌloch** *n cf.* Gewindebohrung. — **~ˌlücke** (*getr.* -k·k-) *f* thread groove. — **~ˌmei·ßel** *m* threading tool. — **~ˌnip·pel** *m* threaded nipple. — **~ˌril·le** *f* thread groove. — **~ˌril·lenˌfrä·ser** *m* multiple-thread milling cutter. — **~ˌrol·len** *n* thread rolling. — **~ˌroll·maˌschi·ne** *f* thread roller (*od.* rolling machine). — **~ˌschlei·fen** *n* (screw-)thread grinding. — **~ˌschneidˌbacke** (*getr.* -k·k-) *f* **1.** threading die. – **2.** (*für Schneidkluppen*) screw plate (*Br.* screw-plate) die. — **~ˌschneidˌeinˌrich·tung** *f* screw-cutting attachment. — **~ˌschneidˌei·sen** *n* threading die. — **~ˌschnei·den** *n* thread cutting. — **~ˌschneidˌwerkˌzeug** *n* thread- (*od.* screw)-cutting tool, threading tool. — **~ˌspin·del** *f* screw spindle. — **~ˌstei·gung** *f* lead (of a thread), thread lead (*od.* pitch). — **~ˌstop·fen** *m* screw plug. — **~ˌstreh·ler** *m* thread chasing tool. — **~ˌwal·zen** *n* thread rolling. — **~ˌwälzˌfrä·ser** *m* thread milling hob. — **~ˌwir·beln** *n* thread whirling. — **~ˌzahn** *m* tooth (of a thread).

ge'win·kelt [-'vɪŋkəlt] **I** *pp.* – **II** *adj bot.* angular.

Ge'winn [-'vɪn] *m* ⟨-(e)s; -e⟩ **1.** *bes. econ.* a) profit, b) (*Ertrag*) gain(s *pl*), return(s *pl*): entgangener ~ profit lost; erzielter ~ realized profit, profit gained (*od.* made); reiner ~ net profit (*od.* gain); unerwarteter ~ unexpected profit, windfall; nicht entnommener ~ undistributed profit; ~ abschöpfen to skim (*od.* siphon off) the profits; ~ abwerfen (*od.* bringen) to yield a profit; ~ ausschütten to distribute profits (*od.* surplus); am ~ beteiligt sein to have a share in the profits; ein Geschäft mit ~ betreiben to carry on a business at a profit; einen ~ von 100% erzielen to make (*od.* gain) a profit of 100 percent; aus einer Investition einen schönen ~ ziehen to make a good profit (*od.* return) on an investment; etwas mit ~ verkaufen to sell s.th. at a profit; ~ und Verlust profit and loss. – **2.** (*games*) a) winnings *pl*, b) (*bei einer Lotterie etc*) prize, c) (*Gewinnlos*) winner: Auslosung der ~e drawing of the prizes; jedes dritte Los ist ein ~ every third ticket wins (*od.* is a winner); er ist mit einem großen ~ herausgekommen *colloq.* he won a big prize; j-m einen großen ~ bringen to win s.o. a lot of money. – **3.** ⟨*only sg*⟩ *fig.* profit, gain: geistiger ~ intellectual gain (*od.* benefit); der Aufenthalt in England war ein ~ für sie she profited (*od.* gained, benefited) from her stay in England; ich las das Buch mit ~ I profited from reading the book. – **4.** ⟨*only sg*⟩ *fig.* (*Vorteil*) advantage. – **5.** ⟨*only sg*⟩ *fig.* (*Bereicherung*) addition, acquisition: er ist ein großer ~ für unseren Klub he is quite an acquisition (*od.* asset) to our club.

Ge'winn|ˌabˌfüh·rung *f econ.* surrender (*od.* transfer) of profits. — **~ˌabˌschöp·fung** *f* skimming (*od.* siphoning) off of profits. — **~ˌanˌsamm·lung** *f* accumulation of profits. — **~ˌanˌspruch** *m* profits claim. — **~ˌanˌteil** *m* share in the profits. — **g~ˌanˌteilsbeˌrech·tigt** *adj* entitled to a share in the profits. — **~ˌanˌteilˌschein** *m* dividend warrant (*od.* coupon), *Br.* dividend-warrant. — **~ˌaufˌstockung** (*getr.* -k·k-) *f* capital accumulation from profits. — **~ˌausˌschüt·tung** *f* distribution of profits. — **~ˌausˌsich·ten** *pl* **1.** *econ.* outlook *sg* (*od.* prospects) for profits, chances of making a profit. – **2.** (*sport*) (*games*) chances of winning. — **g~beˌrech·tigt** *adj econ.* participating, profit-sharing: ~e Wertpapiere profit-sharing securities. — **~beˌrech·ti·gung** *f* participating right, title to share in profits. — **~beˌtei·li·gung** *f* participation (*od.* share) in profits, profit sharing, *Br.* profit-sharing. — **g~ˌbrin·gend** *adj* **1.** (*Geschäft etc*) profitable, lucrative, remunerative: nicht ~ unprofitable. – **2.** *fig.* (*Reise etc*) beneficial. — **~ˌchan·ce** *f* **1.** (*sport*) (*games*) chance of winning (*od.* to win). – **2.** *econ.* chance of making (*od.* to make) a profit.

ge'win·nen [-'vɪnən] **I** *v/t* ⟨gewinnt, gewann, gewonnen, h⟩ **1.** (*siegen*) win: einen Krieg [ein Rennen] ~ to win a war [race]; eine Partie Schach ~ to win a game of chess, to win at chess; ein Spiel ~ to win (*od.* take) a game; eine Wahl ~ to win (*od.* carry) an election; einen Prozeß ~ to win (*od.* recover) a lawsuit. – **2.** (*Preis etc*) win, get, gain, carry off: er gewann viel Geld he won a lot of money; wie gewonnen, so zerronnen (*Sprichwort*) easy come, easy go (*proverb*); → Blumentopf; Los 2. – **3.** (*erwerben*) make, obtain, get: er gewann 1000 Mark am Verkauf des Grundstücks he made (a profit of) 1,000 marks on the sale of the property. – **4.** *lit.* (*erreichen*) reach, gain: sie gewannen das Ufer they reached the shore; sie gewannen das Freie a) they got out into the open, b) (*entkommen*) they escaped, they got free. – **5.** (*j-s Unterstützung, Teilnahme etc*) win (*s.o.*) (over): wir gewannen viele Stimmen für unsere Partei we won many votes for our party; ich gewann ihn für meine Pläne I won his support for my plans; er suchte mich für sich zu ~ he tried to win me over. – **6.** (*j-s Freundschaft, Liebe, Hilfe etc*) win, gain, captivate: j-n als (*od.* zum) Freund ~ to gain s.o. as a friend, to make s.o. one's friend; j-s Herz ~ to win s.o.'s heart; j-s Aufmerksamkeit ~ to win (*od.* attract) s.o.'s attention; j-s Zutrauen ~ to win s.o.'s confidence. – **7.** (*erhalten, bekommen*) gain, get, attain, acquire: Bedeutung ~ to gain (*od.* take on) significance; einen Einblick in (*acc*) etwas ~ to gain an insight into s.th., to get an idea about s.th.; einen Eindruck von etwas ~ to gain (*od.* get) an impression of s.th.; Einfluß auf j-n ~ to gain influence over s.o.; Fahrt ~ to gain (*od.* pick up, gather) speed; er gewann Geschmack an moderner Musik he came to like (*od.* he acquired a taste for) modern music, modern music grew on him (*colloq.*); Herrschaft über j-n ~ to gain control over s.o.; Interesse an (*dat*) etwas ~ to gain (*od.* acquire) an interest in s.th.; Kenntnisse ~ to gain (*od.* obtain) knowledge; Macht ~ to gain (*od.* attain) power; er gewann die Überzeugung, daß he came to (*od.* reached) the conviction that; damit ist schon viel gewonnen that helps a great deal; er gewann die Vorstellung, daß he got (*od.* derived) the idea that; einen Vorteil über j-n ~ to gain an advantage over s.o.; was ist damit schon gewonnen? what has been gained by that? Zeit ~ a) to gain time, b) to save time; → Abstand 5; Boden 2; Oberhand. – **8.** (*annehmen*) (*Gestalt etc*) assume, take on: dieser Gedanke gewann allmählich Gestalt this idea gradually took (on) shape; hierdurch gewann die Angelegenheit ein ganz anderes Aussehen the matter thereby assumed an entirely different aspect, that put a different complexion on the matter. – **9.** es über sich ~, etwas zu tun *lit.* to bring oneself (*od.* find in one's heart) to do s.th. – **10.** (*Kohle etc*) mine, extract, win, get. – **11.** (*Metall aus Erz etc*) (aus from) extract, win, obtain. – **12.** (*Erdöl etc*) drill for, recover, extract, win, obtain. – **13.** *med. pharm.* (*aus Organen, Pflanzen etc*) (aus from) derive, prepare, extract, win, obtain. – **14.** (*Neuland etc*) reclaim, recover, gain, win. – **II** *v/i* **15.** win: wir haben gewonnen we won, we were the winners, we were victorious; spielend ~ to win hands down; um eine Länge [nach Punkten] ~ to win by one length [on points]; wer nicht wagt, der nicht gewinnt (*Sprichwort*) nothing ventured, nothing gained (*proverb*); → Abstand 6; wagen 4. – **16.** (*in Glücksspielen etc*) win, be the winner: er hat in der Lotterie gewonnen he won in the lottery; jedes dritte Los gewinnt every third ticket wins (*od.* is a winner). – **17.** an (*dat*) etwas ~ (*zunehmen an*) to gain s.th.: an Boden ~ to gain ground; an Bedeutung ~ to gain (in) (*od.* to increase in) significance, to take on added significance; der Wagen gewann an Geschwindigkeit the car gained (*od.* gathered, picked up) speed; an Klarheit ~ to gain (in) clarity, to become clearer. – **18.** (*sich vorteilhaft verändern*) improve: das Bild gewinnt durch richtige Beleuchtung proper lighting enhances the picture; sie (*od.* ihr Aussehen) gewinnt sehr durch ihre Art, sich zu kleiden her way of dressing improves (*od.* does much for) her (appearance). – **III G~** *n* ⟨-s⟩ **19.** *verbal noun.* – **20.** *cf.* Gewinnung. — **ge'win·nend** **I** *pres p.* – **II** *adj fig.* **1.** (*Lächeln etc*) winning, engaging, captivating. – **2.** (*anziehend*) charming, attractive. – **III** *adv* **3.** sie lächelte ~ she smiled in a winning (*od.* an engaging, a charming) way.

Ge'winn·entˌnah·me *f econ.* withdrawal of profits.

Ge'win·ner *m* ⟨-s; -⟩ **1.** winner: der Name des ~s the name of the winner, the winning name. – **2.** person who profits.

Ge'winn|erˌgeb·nis *n* winning results *pl.* — **~erˌmitt·lung** *f econ.* ascertainment of profits. — **~geˌmein·schaft** *f* group sharing (pooled) profits, profit pool. — **~ˌklas·se** *f* (*bei Lotterie etc*) winning class (*od.* division). — **~ˌkon·to** *n econ.* surplus account. — **~ˌla·ge** *f* profit and loss position.

Ge'winn·ler *m* ⟨-s; -⟩ *contempt.* profiteer.

Ge'winn|ˌli·ste *f* (*games*) **1.** list of prizes, prize list. – **2.** list of winners. — **~ˌlos** *n* winning ticket (*od.* chance, number), winner. — **~ˌmas·se** *f econ.* total profits *pl.* — **~ˌmitˌnah·me** *f* profit taking. — **~ˌquo·te** *f* **1.** *econ.* profit margin. – **2.** (*einer Lotterie etc*) prize. – **3.** (*im Toto*) dividend. — **~reaˌliˌsie·rung** *f econ.* profit taking. — **~ˌrech·nung** *f* profit account. — **g~ˌreich** *adj cf.* gewinnbringend. — **~ˌsal·do** *m* profit balance. — **~ˌspan·ne** *f* profit margin, (*bei Händlern*) *auch* trade margin. — **~ˌsteu·er** *f* profit tax. — **~ˌstre·ben** *n* pursuit of profit, profit motive. — **~ˌsucht** *f* ⟨-; *no pl*⟩ greed for profit (*od.* gain), acquisitiveness. — **g~ˌsüch·tig** *adj* **1.** profit-seeking, acquisitive, mercenary (*lit.*). – **2.** *jur.* mercenary: in ~er Absicht with mercenary intent.

Ge'winnum·mer (*getr.* -nnˌn-) *f* (*bei Lotterie etc*) winning number.

Ge'winn- ˌund Ver'lust-ˌRech·nung *f econ.* profit and loss account (*bes. Am.* statement).

Ge'win·nung *f* ⟨-; *no pl*⟩ **1.** *cf.* Gewinnen. – **2.** (*von Bodenschätzen*) production, extraction, winning. – **3.** (*von Metall aus Erz etc*) (aus from) extraction, winning: die ~ von Öl aus Oliven the extraction of oil from olives. – **4.** *med. pharm.* (*aus Organen, Pflanzen etc*) (aus from) preparation, extraction, winning. – **5.** (*von Neuland*) reclamation.

Ge'win·nungsˌschicht *f* (*mining*) winning (*od.* coal-getting) shift.

Ge'winn|verˌtei·lung *f econ. cf.* Gewinnausschüttung. — **~verˌtei·lungs·geˌsetz** *n*

Profit Distribution Law. — ~ˌ**vorˌtrag** *m* profit balance carried forward. — ~ˌ**zahl** *f meist pl (beim Lotto etc)* winning number. — ~ˌ**zie·hung** *f (beim Lotto etc)* draw.

Geˈwin·sel *n* ⟨-s; *no pl*⟩ **1.** *(eines Hundes etc)* whining, whine, whimper(ing). – **2.** *colloq. contempt. (einer Person)* whining.

Geˈwinst [-ˈvɪnst] *m* ⟨-es; -e⟩ *obs. for* Gewinn 1.

Geˈwir·ke *n* ⟨-s; -⟩ *(textile) (Wirkware)* knit(ted) fabric.

geˈwirkt I *pp.* – **II** *adj (textile)* knit(ted).

Geˈwirr *n* ⟨-(e)s; -e⟩ **1.** *(von Fäden etc)* tangle. – **2.** *(von Straßen etc)* maze. – **3.** *(von Stimmen etc)* babble. – **4.** *(Durcheinander)* jumble, confusion: ein unverständliches ~ von technischen Ausdrücken an unintelligible jumble of technical terms. – **5.** *(von Linien, Kanälen etc)* crisscross, *Br.* criss-cross.

Geˈwis·per *n* ⟨-s; *no pl*⟩ whispering.

geˈwiß [-ˈvɪs] **I** *adj* ⟨-sser; -ssest⟩ **1.** ⟨*meist pred*⟩ certain, sure: etwas für ~ halten to be (*od.* feel) certain about s.th.; (sich *dat*) j-s [einer Sache] ~ sein to be sure of s.o. [s.th.]; der Sieg ist uns ~ our victory is certain (*od.* assured); eins (*od.* soviel) ist ~, ich komme nicht one thing is certain, I am not coming; sich (*dat*) seiner Sache ~ sein a) to be (absolutely) sure of s.th., b) to be sure of one's ground; es ist ganz ~, daß it is quite certain that, there can be no doubt that. – **2.** ⟨*attrib*⟩ *(nicht genau bestimmbar)* certain: ein gewisser Herr Schmidt a (certain) Mr. Schmidt; eine gewisse Ähnlichkeit ist unverkennbar a certain similarity is obvious; Frauen im gewissen Alter women of a certain age; in gewissem Sinne in a sense (*od.* way); in gewisser Hinsicht hat er recht in a sense (*od.* in some respect) he is right; gewisse Leute werden immer bevorzugt there are certain (*od.* some) people who will always get privileges; ein gewisses Örtchen *colloq. euphem. (die Toilette)* the toilet, *Br. colloq. auch* the loo; → Etwas 1. – **II** *adv* **3.** certainly, surely: es ist (ganz) ~ wahr it is certainly (*od.* definitely) true; ich weiß es ~ I know it for sure; sie wollen es ~ selber sehen? (I am sure) you want to see it yourself, don't you? er ist ~ wieder der letzte he is sure to be the last one again; du hast doch ~ nichts dagegen surely (*od.* I am sure) you have no objection. – **4.** *(zweifellos)* no doubt, doubtless: er hat ~ recht, aber no doubt (*od.* I am sure) he is right, but. – **5.** *(bestimmt)* positively: ~ werde ich kommen! I shall definitely come. – **6.** ~! *(in Antworten)* certainly! of course! *bes. Am.* surely! *bes. Am. colloq.* sure! aber ~! ~ doch! ei ~! *lit.* but certainly! but of course! ~ nicht! certainly not! of course not! aber ~ nicht vor all den anderen but surely not in front of all the others. – **III Geˈwis·se, das** ⟨-n⟩ **7.** the certain thing: etwas Gewisses s.th. certain; man weiß nichts Gewisses nothing certain (*od.* definite) is known; nichts Gewisses weiß man nicht *colloq. humor.* I don't know anything about it.

Geˈwis·sen *n* ⟨-s; -⟩ conscience: ein gutes ~ a good (*od.* clear) conscience; ein böses (*od.* schlechtes) ~ a bad (*od.* guilty) conscience; ein weites [enges] ~ an easy (*od.* a lax) [a keen] conscience; das kann ich mit gutem ~ sagen I can say this with a good (*od.* safe, clear, an easy) conscience; er sieht aus wie das (leibhaftige) schlechte ~ *colloq.* he looks as if he had a guilty conscience; sein Verhalten verrät sein schlechtes ~ his behavio(u)r betrays a bad conscience; ein Mensch ohne ~ a person without a conscience; das müssen Sie mit Ihrem ~ ausmachen you (will) have to settle that with your conscience; sein ~ beruhigen [zum Schweigen bringen] to quiet (*od.* soothe, appease) [to silence] one's conscience; er folgte seinem ~ (*od.* der Stimme seines ~s) he followed (the advice of *od.* the promptings of) his conscience; etwas [j-n] auf dem ~ haben to have s.th. [s.o.] on one's conscience; gegen sein ~ handeln to act against one's conscience; das lastete auf ihrem ~ that lay heavy (*od.* weighed heavily) on her conscience; ich würde mir ein ~ daraus machen (*od.* ich könnte es nicht mit meinem ~ vereinbaren), j-n zu betrügen my conscience would not allow me to cheat s.o., I could not reconcile it with my conscience to cheat s.o.; er macht sich (*dat*) kein ~ daraus zu stehlen he has no qualms (*od.* scruples) about stealing; j-m ins ~ reden to appeal to s.o.'s conscience, to talk very seriously to s.o.; das ~ schlug ihm he was conscience-stricken, his conscience smote him (*lit.*); sein ~ regte sich his conscience was roused; nach bestem (Wissen und) ~ to the best of one's (knowledge and) conscience (*od.* belief), in (all) (*od.* upon one's) conscience; ein gut(es) ~ ist ein sanftes Ruhekissen *(Sprichwort)* a quiet conscience sleeps in thunder *(proverb)*.

geˈwis·sen·haft I *adj* (in *dat* in) **1.** conscientious. – **2.** *(zuverlässig)* reliable: er ist ~ in seiner Arbeit he is reliable in his work. – **3.** *(genau)* accurate, exact. – **4.** *(übergenau)* scrupulous, painstaking. – **5.** *(gründlich)* thorough: eine ~e Untersuchung a thorough examination. – **6.** *(sorgfältig)* careful. – **II** *adv* **7.** ~ arbeiten to work conscientiously. — **Geˈwis·sen·haf·tig·keit** *f* ⟨-; *no pl*⟩ **1.** conscientiousness. – **2.** reliability. – **3.** accuracy, exactness. – **4.** scrupulousness, scrupulosity, painstakingness. – **5.** thoroughness. – **6.** carefulness.

geˈwis·sen·los I *adj* **1.** without conscience (*od.* scruples), unscrupulous: ein ~er Mensch a person without scruples, an unscrupulous person. – **2.** *(verantwortungslos)* irresponsible, reckless. – **II** *adv* **3.** ~ an j-m handeln to treat s.o. unscrupulously, to behave unscrupulously towards s.o. — **Geˈwis·sen·lo·sig·keit** *f* ⟨-; *no pl*⟩ **1.** unscrupulousness. – **2.** irresponsibility, recklessness.

Geˈwis·sens|ˌangst *f* great fear (due to bad conscience), qualms *pl* (*od.* anxiety) of conscience. — ~ˌ**bis·se** *pl* qualms of conscience, twinges (*od. stärker* pangs) of remorse, compunction *sg*: mach dir doch deswegen keine ~ *colloq.* don't lose any sleep over it; von ~n gepeinigt conscience-stricken. — ~ˌ**ehe** *f* **1.** cohabitation. – **2.** *röm.kath.* marriage of conscience *(a marriage performed secretly with special permission of the bishop)*. — ~**erˌfor·schung** *f relig.* examination of (one's) conscience. — ~ˌ**fäl·le** *pl (in der Ethik)* cases of conscience. — ~ˌ**fra·ge** *f* **1.** question of conscience. – **2.** *cf.* Gewissenssache. — ~ˌ**frei·heit** *f* freedom (*od.* liberty) of conscience. — ~ˌ**grün·de** *pl only in* aus ~n for reasons of conscience: er lehnt den Wehrdienst aus ~n ab he objects to service in the armed forces for reasons of conscience, he is a conscientious objector. — ~ˌ**klau·sel** *f jur.* conscience clause. — ~**konˌflikt** *m* conflict of conscience, inner conflict: j-n in einen ~ stürzen (*od.* bringen) to throw s.o. into an inner conflict. — ~ˌ**not** *f* inner (*od.* moral) distress. — ~ˌ**pflicht** *f* dictates *pl* of conscience, inner obligation. — ~ˌ**prü·fung** *f* examination of (one's) conscience. — ~ˌ**qual** *f* torments *pl* of conscience. — ~ˌ**ru·he** *f* peace of conscience. — ~ˌ**sa·che** *f* matter of conscience. — ~ˌ**wurm** *m fig. colloq.* worm of conscience: der ~ nagt the worm of conscience is gnawing. — ~ˌ**zwang** *m* **1.** moral constraint: unter ~ handeln to act under moral constraint. – **2.** *(äußerer Zwang)* restraints *pl* (*od.* pressure) on the conscience. – **3.** *(religiöser)* religious despotism. – **4.** *(Unduldsamkeit)* intolerance. — ~ˌ**zwei·fel** *pl* doubts of conscience, inner doubts.

geˈwis·serˈma·ßen *adv* **1.** *(in gewissem Maße)* to a certain (*od.* to some) degree (*od.* extent), in a way: ich fühle mich ~ verpflichtet in a way I feel obliged. – **2.** *(sozusagen)* so to speak (*od.* say), in a manner of speaking: ich bin heute ~ das Familienoberhaupt today I am the head of the family so to speak.

Geˈwiß·heit *f* ⟨-; *no pl*⟩ **1.** certainty: volle ~ full certainty; über (*acc*) etwas ~ erhalten (*od.* erlangen) to attain certainty of s.th.; sich (*dat*) über (*acc*) etwas ~ verschaffen to make sure (*od.* certain) of s.th., to find out for certain about s.th.; über (*acc*) etwas ~ haben to be sure (*od.* certain) about s.th. – **2.** *(Überzeugung)* conviction. – **3.** *relig.* assurance, certitude.

geˈwiß·lich *adv obs. od. lit. for* gewiß 3.

Geˈwit·ter *n* ⟨-s; -⟩ thunderstorm, storm: ein heftiges (*od.* schweres) ~ a violent (*od.* heavy) thunderstorm; ein trockenes ~ a thunderstorm without rain; ein ~ braut sich zusammen (*od.* zieht auf, ist im Anzug) a storm is brewing (*od.* gathering, coming up); ein ~ steht am Himmel there are thunderclouds in the sky; wir bekommen heute noch ein ~ we are sure to have a thunderstorm today; ein häusliches ~ *fig.* a domestic storm; das wirkte wie ein reinigendes ~ *fig.* that really reduced the tension (*od.* pressure), that really cleared the air. — ~ˌ**bö** *f* thundersquall, black squall, *bes. Am.* thunder-gust. — ~ˌ**flug** *m aer.* **1.** flight through a thunderstorm. – **2.** *(beim Segelflug)* front soaring. — ~ˌ**front** *f meteor.* thundery front. — ~ˌ**furcht** *f* fear of thunderstorms. — ~ˌ**herd** *m meteor.* **1.** center (*bes. Br.* centre) of a thunderstorm. – **2.** *(Entstehungsgebiet)* seat of origin of a thunderstorm, source (*od.* region) of thunderstorm activity. — ~ˌ**him·mel** *m* thunderstorm (*od.* thundery) sky.

geˈwit·te·rig *adj cf.* gewittrig.

Geˈwit·terˌkra·gen *m meteor.* roll cloud, arched squall, arcus *(scient.)*.

geˈwit·tern *v/impers* ⟨*pp* gewittert, h⟩ es gewittert there is a (thunder)storm.

Geˈwit·ter|ˌnei·gung *f meteor.* tendency toward(s) thunderstorm(s), thundery tendency. — ~ˌ**re·gen** *m* **1.** thundery rain. – **2.** *cf.* Gewitterschauer. — ~ˌ**sack** *m* thunderstorm sack, heart of a thunderstorm. — ~ˌ**schau·er** *m* thundershower, *Br.* thunder-shower, thundery shower. — **g**~ˌ**schwül** *adj* sultry. — ~ˌ**schwü·le** *f* sultriness. — ~ˌ**stim·mung** *f* **1.** thundery (*od.* stormy) atmosphere. – **2.** *fig.* explosive (*od.* electric) atmosphere: zu Hause herrschte ~ the atmosphere at home was explosive. — ~ˌ**stö·run·gen** *pl (im Funkwesen)* atmospheric disturbances (*od.* interference *sg*). — ~ˌ**sturm** *m* thunderstorm. — ~ˌ**wol·ke** *f meteor.* **1.** thundercloud, storm cloud, *Br.* storm-cloud, cumulonimbus *(scient.)*. – **2.** *(oberer Teil)* thunderhead, anvil, incus *(scient.)*. — ~ˌ**zel·le** *f* thunderstorm cell.

geˈwitt·rig *adj* **1.** *(Schauer etc)* thundery: es sieht ~ aus it looks stormy (*od.* thundery). – **2.** *fig. (Stimmung etc)* stormy.

Geˈwit·zel *n* ⟨-s; *no pl*⟩ *colloq.* stupid (*od.* silly) joking.

geˈwit·zigt [-ˈvɪtsɪçt] *adj* **1.** ~ sein to be made wise (*od.* wary) (by experience): ich bin jetzt ~ I've learned (*od.* had) my lesson. – **2.** *cf.* gewitzt.

geˈwitzt [-ˈvɪtst] *adj* **1.** *(schlau)* smart, bright. – **2.** *(durchtrieben)* shrewd.

geˈwo·ben [-ˈvoːbən] *pp of* weben[1].

Geˈwo·ge *n* ⟨-s; *no pl*⟩ **1.** *(von Menschen)* surging (back and forth): das ~ der riesigen Menge the surging back and forth of the huge crowd. – **2.** *(eines Kornfelds etc)* waving.

geˈwo·gen I *pp of* wägen, wiegen[1]. – **II** *adj* ⟨-er; -st⟩ *lit.* **1.** ein mir sehr ~er Mann a man very favo(u)rably inclined toward(s) me. – **2.** j-m ~ sein to show a liking for s.o., to be favo(u)rably inclined to(ward[s]) s.o.: er ist mir nicht ~ he has no liking for me, he is not very fond of me; wir versuchten, ihn uns ~ zu machen (*od.* stimmen) we tried to gain his favo(u)r. — **Geˈwo·gen·heit** *f* ⟨-; *no pl*⟩ *lit.* **1.** favor, *bes. Br.* favour. – **2.** *(Zuneigung)* affection.

geˈwöh·nen [-ˈvøːnən] **I** *v/t* ⟨*pp* gewöhnt, h⟩ **1.** j-n an (*acc*) etwas [j-n] ~ to accustom s.o. to s.th. [s.o.], to get s.o. used (*od.* accustomed) to s.th. [s.o.]: Kinder an Pünktlichkeit ~ to get children used to punctuality; einen Hund ans Haus ~ to accustom a dog to the house, to domesticate a dog; ein Pferd ans Geschirr ~ to get a horse used (*od.* break a horse) to harness. – **II** *v/reflex* **2.** sich an (*acc*) etwas ~ a) to accustom oneself to s.th., to get used (*od.* accustomed) to s.th., b) to acclimatize oneself to s.th., to get (*od.* become) acclimatized to s.th.: man gewöhnt sich an alles one gets used (*od.* you get used) to everything; er kann sich an das einsame Leben nicht ~ he cannot get used (*od.* adapt himself) to his lonely life; sich an große Höhen ~ to acclimatize oneself to high altitudes. – **III G**~ *n* ⟨-s⟩ **3.** *verbal noun.* – **4.** *cf.* Gewöhnung.

Geˈwohn·heit [-ˈvoːnhaɪt] *f* ⟨-; -en⟩ **1.** habit: die Macht der ~ (the) force of habit; eine (schlechte) ~ ablegen to give up a (bad) habit; eine ~ annehmen to acquire (*od.* pick up) a habit; mit einer ~ brechen to break oneself of a habit; sich (*dat*) etwas zur ~ machen to make s.th. a (*od.* one's) habit; das macht die ~

that's a (result of) habit; das ist so seine ~ (*od.* eine ~ von ihm) that is just a habit with him (*od.* of his); etwas aus ~ tun to do s.th. from force of (*od.* out of) habit; etwas wird j-m zur ~ s.th. becomes a habit with s.o.; das ist ganz gegen meine ~ that is completely contrary to my habit; er ging früher zu Bett, als es seine ~ war he went to bed earlier than was his habit (*od. lit.* wont). – **2.** (*Brauch*) custom: eine eingewurzelte ~ a deeply rooted custom.

Ge'wohn·heits,bil·dung *f* ⟨-; *no pl*⟩ *med. pharm.* drug habituation.

ge'wohn·heits,mä·ßig I *adj* **1.** (*Trinker, Verbrecher etc*) habitual. – **2.** (*üblich, gewohnt*) customary. – **3.** (*routinemäßig*) routine (*attrib*). – **II** *adv* **4.** etwas ~ tun to do s.th. habitually (*od.* out of habit).

Ge'wohn·heits|,mensch *m* creature of habit. — **~,recht** *n jur.* **1.** customary law, consuetudinary law. – **2.** (*Usance*) custom. – **3.** (*englisches, ungeschriebenes*) common law. – **4.** *econ.* right derived from commercial law. — **~,sa·che** *f* matter of habit. — **~,sün·de** *f* habitual (*od.* besetting) sin. — **~,tier** *n only in* der Mensch ist ein ~ *colloq.* man is a creature (*od.* slave) of habit. — **~,trin·ker** *m* **1.** habitual (*od.* inveterate) drinker, habitual drunkard. – **2.** (*Alkoholiker*) alcoholic. — **~ver,bre·cher** *m jur.* habitual offender.

ge'wöhn·lich I *adj* **1.** usual: das ist mein ~es Pech that is my usual luck (*iron.*), that's just my luck! – **2.** (*normal*) normal: unter ~en Umständen under normal (*od.* ordinary) circumstances. – **3.** (*nicht hervorstechend*) ordinary: nicht für ~e Sterbliche *humor.* not for ordinary mortals. – **4.** (*alltäglich*) everyday (*attrib*): im ~en Leben in everyday life. – **5.** (*herkömmlich*) customary. – **6.** (*Person, Benehmen etc*) common: sie sieht ~ aus she looks common; das ~e Volk the common people. – **7.** (*vulgär*) vulgar. – **8.** *philat.* (*Briefmarke*) ordinary. – **II** *adv* **9.** usually, normally: (für) ~ a) usually, normally, b) (*in der Regel*) as a rule, c) (*im allgemeinen*) generally; sie stand (für) ~ an der Tür, wenn ich ankam usually she stood (*od.* she used to stand, she would be standing) at the door when I arrived; früher als ~ earlier than usual; er log wie ~ he lied as usual. – **10.** commonly, (*stärker*) vulgarly: sich ~ benehmen to behave commonly. – **III G~e, das** ⟨-n⟩ **11.** the usual (*od.* ordinary) thing, the ordinary: vom G~en abstechen to stand out from the ordinary. – **12.** commonness: das G~e an ihr stößt mich ab her commonness disgusts me; sie hat etwas G~es an sich there is s.th. common about her. — **Ge'wöhn·lich·keit** *f* ⟨-; *no pl*⟩ **1.** (*einer Person*) commonness, common character, (*stärker*) vulgarity. – **2.** (*des Benehmens etc*) commonness.

ge'wohnt I *pp.* – **II** *adj* **1.** ⟨*attrib*⟩ (*üblich*) usual, accustomed, customary, habitual: in ~er (*od.* auf ~e) Weise in the usual way (*od.* manner); mit der ~en Gründlichkeit with the customary thoroughness; zur ~en Stunde at the usual time. – **2.** (*vertraut*) familiar: ein ~er Anblick a familiar sight. – **3.** etwas ~ sein to be used (*od.* accustomed) to s.th.: (es) ~ sein, etwas zu tun a) (*daran gewöhnt sein*) to be used (*od.* accustomed) to doing s.th., b) (*die Gewohnheit haben*) to be in the habit of doing s.th., *lit.* to be wont to do s.th.; sie ist eine solche Behandlung nicht ~ she is not used to being treated like this; jung ~, alt getan (*Sprichwort*) the child is father of the man, as the twig is bent, so the tree is inclined (*beide proverbs*).

ge'wöhnt I *pp.* – **II** *adj* an (*acc*) etwas ~ sein to be used (*od.* accustomed) to s.th.; daran ~ (*od.* [es] ~) sein, etwas zu tun *cf.* gewohnt 3.

ge'wohn·ter'ma·ßen *adv* as usual.

Ge'wöh·nung *f* ⟨-; *no pl*⟩ (an *acc* to) **1.** *cf.* Gewöhnen. – **2.** habituation, habit-formation: ~ an Rauschgift habituation to narcotics, narcotic habituation; Kokain führt zur ~ cocaine is a habit-forming drug. – **3.** (*Akklimatisierung*) acclimatization *Br. auch* -s-.

Ge'wöl·be *n* ⟨-s; -⟩ **1.** *arch.* a) vault, b) (*Raum*) vault, camera (*scient.*): unterirdisches ~ underground vault, undercroft. – **2.** *biol.* vault. – **3.** *geol.* upfold, anticline (*scient.*). – **4.** *tech.* a) arch, b) (*eines Ofens*) arched roof. – **5.** *poet.* (*des Himmels*) vault, canopy, dome. — **g~,ar·tig** *adj* vaultlike, *Br.* vault-like. — **~,bau** *m arch.* vault construction. — **~,bo·gen** *m* arch (of a vault). — **~,mau·er,werk** *n* vaulting masonry, stone arching. — **~,pfei·ler** *m* vaulting pillar (*od.* shaft), abutment. — **~pro,fil** *n* outline of vault. — **~,rücken** (*getr.* -k·k-) *m* back (*od. scient.* extrados) of vault. — **~,schen·kel** *m* **1.** *arch.* haunch of vault. – **2.** *geol.* normal limb. — **~,stein** *m tech.* vaulting stone, voussoir. — **~,teil** *n metall.* (*eines Flammofens*) bung. — **~,zwickel** (*getr.* -k·k-) *m arch.* spandrel (*od.* spandril) of vault.

ge'wölbt I *pp.* – **II** *adj* **1.** (*Decke etc*) arched, vaulted. – **2.** (*Stirn, Oberfläche etc*) domed. – **3.** *tech.* a) convex, b) (*Bleche*) dished, c) (*Glasscheiben*) domed, d) (*Fenster*) curved, e) (*Hammerbahn*) oval, f) (*Straße*) cambered. – **4.** *metall.* (*Flammofen*) bunged-up (*attrib*). – **5.** *bot.* a) (*körbchenförmig*) calathiform, b) (*helmförmig*) galeated.

Ge'wölk *n* ⟨-(e)s; *no pl*⟩ (mass of) clouds *pl.*

Ge'wöl·le *n* ⟨-s; -⟩ *hunt.* (*der Raubvögel*) pellets *pl.*

ge'wollt I *pp of* wollen². – **II** *adj* (*absichtlich*) deliberate.

ge'wön·ne [-'vœnə] *archaic 1 u. 3 pret subj of* gewinnen.

ge'won·nen [-'vɔnən] **I** *pp of* gewinnen. – **II** *adj* won: → Spiel 2, 4.

ge'wor·ben [-'vɔrbən] *pp of* werben.

ge'wor·den [-'vɔrdən] *pp of* werden¹.

ge'wor·fen [-'vɔrfən] **I** *pp of* werfen. – **II** *adj philos.* derelict. — **Ge'wor·fen·heit** *f* ⟨-; *no pl*⟩ *philos.* dereliction.

ge'wrun·gen [-'vrʊŋən] *pp of* wringen.

Ge'wu·cher *n* ⟨-s; *no pl*⟩ *bot.* pullulation.

Ge'wühl *n* ⟨-(e)s; *no pl*⟩ **1.** (*Menschenmenge*) (milling) crowd, crush, throng: im ~ der Menge in the milling crowd; stürzen wir uns ins ~! let's join the crowd! – **2.** (*Durcheinander*) bustle, tumult, turmoil.

ge'wun·den [-'vʊndən] **I** *pp of* winden¹. – **II** *adj* **1.** (*Pfad, Flußlauf etc*) winding, twisting, serpentine, sinuous. – **2.** *fig.* (*Ausdrucksweise etc*) roundabout, devious, tortuous. – **3.** *bot.* flexuous, torsive: ~ und gefaltet contortuplicate. – **4.** schneckenförmig ~ *zo.* turbinate(d). – **5.** *med. biol.* a) convolute(d), b) (*Blutgefäße etc*) tortuous, meandrous (*scient.*). – **III** *adv* **6.** *fig.* sich ~ ausdrücken *fig.* to express oneself in a roundabout way. — **Ge'wun·den·heit** *f* ⟨-; *no pl*⟩ **1.** twisting. – **2.** *bot.* flexuosity.

ge'wun·ken [-'vʊŋkən] *pp obs. od. dial. of* winken.

ge'wünscht I *pp.* – **II** *adj* **1.** desired: wie ~ as desired; ich bringe Ihnen die ~en Bücher I'll bring you the books you want. – **2.** (*Wirkung etc*) desired, intended.

ge'wür·felt I *pp.* – **II** *adj* **1.** (*Stoff*) check(ed), checkered, check-pattern (*attrib*). – **2.** *gastr.* (*Speck etc*) diced. – **3.** *bot.* tessellate(d), *bes. Am.* tesselated.

Ge'wür·ge *n* ⟨-s; *no pl*⟩ *colloq.* (*beim Erbrechen*) retching. – **2.** *fig. colloq.* (*beschwerliche Arbeit*) drudgery.

Ge'würm [-'vʏrm] *n* ⟨-(e)s; -e⟩ **1.** *zo.* a) worms *pl*, b) reptiles *pl*, c) (*Ungeziefer*) vermin. – **2.** *fig. lit.* (*Menschen*) miserable (*od.* poor) creatures *pl*, rabble.

Ge'würz *n* ⟨-es; -e⟩ *gastr.* **1.** spice: verschiedene ~e various spices and herbs. – **2.** (*würzende Zutat*) seasoning, condiment. — **~,ap·fel** *m bot.* brown redstreak (*Br.* red-streak). — **~,blatt** *n cf.* Gewürznelke. — **~,es·sig** *m gastr.* aromatic vinegar. — **~ex,trakt** *m* spice extract. — **~,gur·ke** *f* pickled gherkin, *Am.* dill pickle. — **~,han·del** *m* spice trade.

ge'wür·zig *adj rare for* würzig 1, 4, 5.

Ge'würz|,kal·mus *m bot.* spicewort, sweet flag, calamus (*scient.*) (*Acorus calamus*). — **~,kör·ner** *pl* allspice *sg*, *Br. auch* pimento *sg.* — **~,kräu·ter** *pl* sweet herbs, potherbs, *Br.* pot-herbs, spice plants. — **~,ku·chen** *m gastr.* spice(d) cake. — **~,mi·schung** *f* mixed spices *pl.* — **~,myr·te** *f bot.* allspice tree, Jamaica pepper, pimento (*Pimenta dioica*). — **~,nä·ge·lein** *n cf.* Gewürznelke. — **~,nä·ge·lein,nuß** *f* Madagascar nutmeg (*Ravensara aromatica*). — **~,nel·ke** *f* (mother) clove (*Eugenia caryophyllata*). — **~,nel·ken,baum** *m* clove (tree) (*Eugenia caryophyllata*). — **~,pflan·ze** *f* aromatic plant. — **~,rin·den,baum** *m* Winter's bark (*Drimys winteri*). — **~,sa·fran** *m* saffron (crocus), cultivated crocus (*Crocus sativus*). — **~,stän·der** *m* spicerack. — **~,stau·de** *f bot.* spicy (*od.* aromatic) plant. — **~,strauch** *m* **1.** Karolinischer ~ Carolina allspice, *auch* strawberry shrub (*Calycanthus floridus*). – **2.** Japanischer ~ Japan allspice (*Chimonanthus praecox*). – **3.** Wilder ~ wild allspice (*Lindera benzoin*).

ge'würzt I *pp.* – **II** *adj* **1.** *gastr.* spiced, seasoned: stark ~e Speisen highly seasoned (*od.* hot) dishes. – **2.** *fig.* spicy, spiced: mit Humor ~ spiced with humo(u)r.

Ge'würz,wa·ren *pl* spices, spice goods.

ge'wußt [-'vʊst] *pp of* wissen: ~, wo you've just to know where to look; ~, wie you've just to know how to do it.

Gey·sir ['gaɪzɪr] *m* ⟨-s; -e⟩ *geol.* geyser, *auch* geysir.

ge'zackt I *pp.* – **II** *adj* **1.** (*Felsen etc*) jagged, serrated. – **2.** (*eingekerbt*) notched, indented. – **3.** *bot.* toothed, serrate(d), dentate(d) (*scient.*). – **4.** *zo.* squarrose, *auch* squarrous. – **5.** *med.* a) serrate, b) (*Bruchstück*) jagged. – **6.** *her.* indented. – **7.** *tech.* indented, serrated.

Ge'zä·he [-'tsɛːə] *n* ⟨-s; -⟩ **1.** (*mining*) (miner's) tool(s *pl*) (*od.* implements *pl*). – **2.** foundry worker's tool(s *pl*).

ge'zähmt I *pp.* – **II** *adj* (*Tier*) tame.

ge'zäh·nelt [-'tsɛːnəlt] *bot.* toothlet(t)ed, denticulate(d) (*scient.*).

ge'zahnt, ge'zähnt I *pp.* – **II** *adj* **1.** *philat.* (*Briefmarke*) perforated. – **2.** *bot.* dented, dentate(d), (*ausgezackt*) jagged. – **3.** *zo.* toothed, dentate(d) (*scient.*). – **4.** *tech.* toothed, serrate(d): ~es Trennwerkzeug metal-cutting saw.

Ge'zänk [-'tsɛŋk] *n* ⟨-(e)s; *no pl*⟩, **Ge'zan·ke** *n* ⟨-s; *no pl*⟩ *colloq. contempt.* **1.** squabbling, squabble, wrangling, wrangle, bickering. – **2.** (*Keifen*) nagging.

Ge'zap·pel *n* ⟨-s; *no pl*⟩ *colloq. for* Zappeln.

ge'zeich·net I *pp.* – **II** *adj* **1.** (*Skizze etc*) drawn. – **2.** signed: gez. X sgd X. – **3.** *fig.* marked, stamped: ein von Kummer ~es Gesicht a face marked by sorrow; vom Tode ~ with the mark (*od.* stamp) of death. – **4.** (*sport*) (*Boxer*) marked. – **5.** *zo.* inscribed.

Ge'zei·ten [-'tsaɪtən] *pl* tide *sg*, tides, ebb and flow: den ~ unterworfen tidal. — **~,kraft** *f* tidal force. — **~,kraft,werk** *n tech.* tidal power plant (*od.* station). — **~,leh·re** *f* tidology. — **~,pe·gel** *m mar. tech.* tide ga(u)ge (*od.* register), *Br.* tide-ga(u)ge. — **~,rech·ner** *m mar.* tide predictor. — **~,rei·bung** *f* tidal friction. — **~,strom** *m*, **~,strö·mung** *f* tidal current. — **~,ta·fel** *f* tide table. — **~,wech·sel** *m* turn of the tide, tidal change. — **~,wel·le** *f* tidal wave.

Ge'zelt *n* ⟨-(e)s; -e⟩ *obs. od. poet.* tent: das ~ des Himmels *fig.* the canopy (*od.* pavilion) of heaven.

Ge'zer·re *n* ⟨-s; *no pl*⟩ *colloq.* pulling, tugging, dragging.

Ge'ze·ter *n* ⟨-s; *no pl*⟩ *colloq. contempt.* **1.** clamor, *bes. Br.* clamour, yelling. – **2.** (*Geschimpfe*) loud scolding. – **3.** (*Keifen*) nagging.

Ge'zie·fer *n* ⟨-s; *no pl*⟩ *obs. for* Ungeziefer.

ge'zie·hen *pp of* zeihen.

ge'zielt I *pp.* – **II** *adj* **1.** *bes. econ.* (*Maßnahme etc*) purposeful, purposive, aiming at a particular result: ~e Werbung advertising aiming at a particular purpose; ~e Investitionspolitik ad hoc investment policy; ~e Steuersenkungen selective tax reductions. – **2.** (*Anspielung etc*) pointed. – **3.** (*Bemühungen, Einsatz*) concerted. – **III** *adv* **4.** ~ handeln to act purposefully.

ge'zie·men *lit.* **I** *v/i* ⟨*pp* geziemt, h⟩ j-m geziemt Ruhm s.o. is worthy of fame; du scheinst nicht zu wissen, was dir geziemt you don't seem to know what's right and proper for you (*od.* how to behave). – **II** *v/impers* es geziemt sich it is right and proper (*od.* fitting): es geziemt sich nicht it is not proper (*od.* right to do so), it is bad form, it is not good form (*od.* not the done thing); es geziemt sich nicht für ein junges Mädchen, so spät nach Hause zu kommen *od.* es geziemt sich nicht, daß ein junges Mädchen so spät nach Hause kommt it is not right that a young girl should come home so late, it is not fitting for a young girl to come home so late.

ge'zie·mend *lit.* **I** *pres p.* – **II** *adj* **1.** becoming, fit(ting), suitable: in ~er Weise in a fitting manner. – 2. (*Respekt etc*) due, proper. – 3. (*angemessen*) decent, decorous, seemly: in ~em Abstand at a decorous (*od.* respectful) distance.

Ge'zie·re *n* ⟨-s; *no pl*⟩ *colloq.* affectation.

ge'ziert I *pp.* – **II** *adj* (*Benehmen, Stil etc*) affected. – **III** *adv* ~ tun, sich ~ benehmen to behave affectedly (*od.* in an affected manner). — **Ge'ziert·heit** *f* ⟨-; *no pl*⟩ affectation, affectedness.

ge'zinkt I *pp of* zinken[2]. – **II** *adj* **1.** (*Spielkarten*) (secretly) marked. – **2.** *tech.* (*Holz*) dovetailed.

ge'zip·felt I *pp.* – **II** *adj bot.* laciniolate, laciniate.

Ge'zirp *n* ⟨-(e)s; *no pl*⟩, **Ge'zir·pe** *n* ⟨-s; *no pl*⟩ *colloq.* (*der Grille etc*) chirp(ing).

Ge'zisch *n* ⟨-es; *no pl*⟩, **Ge'zi·sche** *n* ⟨-s; *no pl*⟩ *colloq.* hiss(ing).

Ge'zi·schel *n* ⟨-s; *no pl*⟩ *colloq.* whispering, whispers *pl.*

ge'zo·gen [-'tso:gən] **I** *pp of* ziehen. – **II** *adj* **1.** (*Waffen*) drawn, bare. – **2.** (*Gewehrlauf*) rifled. – **3.** *tech.* (*Draht etc*) drawn. – **4.** *econ.* (*Wechsel*) drawn.

Ge'zücht *n* ⟨-(e)s; -e⟩ *lit. contempt.* **1.** brood, spawn. – **2.** (*Gesindel*) mob, riffraff, *Br.* riff-raff, rabble.

ge'zün·det I *pp.* – **II** *adj* (*space*) ignited: nicht ~e Stufe inert stage.

Ge'zün·gel *n* ⟨-s; *no pl*⟩ *colloq.* **1.** (*von Schlangen*) flicking of tongue. – **2.** *fig. lit.* (*von Flammen*) flickering, licking.

ge'zupft I *pp.* – **II** *adj* (*Augenbrauen*) plucked. – **III** *adv mus.* pizzicato.

Ge'zweig *n* ⟨-(e)s; *no pl*⟩ *poet.* branches *pl*, boughs *pl.*

ge'zwirnt I *pp of* zwirnen[1]. – **II** *adj* (*textile*) a) twined, b) (*Seide*) thrown: ~es Garn twine.

Ge'zwit·scher *n* ⟨-s; *no pl*⟩ (*der Vögel*) chirp(ing), twitter(ing), chirrup(ing).

ge'zwun·gen [-'tsvʊŋən] **I** *pp of* zwingen: sich zu etwas ~ sehen (*od.* fühlen), zu etwas ~ sein to be (*od.* to find oneself) compelled to do s.th.; ich sehe mich zu diesem Schritt ~ I am compelled to take that step. – **II** *adj* **1.** (*Lächeln, Heiterkeit etc*) forced, (con)strained. – **2.** (*Benehmen etc*) stiff, unnatural. – **III** *adv* **3.** ~ lachen to laugh forcedly (*od.* in a forced manner), to force a laugh; sich ~ benehmen to behave stiffly (*od.* unnaturally).

ge'zwun·ge·ner|'ma·ßen, ~'wei·se *adv* perforce, of (*od.* by) necessity, under duress, willy-nilly: etwas ~ tun to be forced (*od.* compelled) to do s.th.

Ge'zwun·gen·heit *f* ⟨-; *no pl*⟩ **1.** constraint. – **2.** stiffness, unnaturalness.

Gfrett [kfrɛt] *n* ⟨-s; *no pl*⟩ *Southern G. and Austrian dial. for* Mühsal 1, 2, Plage 5.

gha·na·isch ['ga:naʔɪʃ] *adj* Ghanaian. — **Gha·ne·se** [ga'ne:zə] *m* ⟨-n; -n⟩ Ghanaian. — **gha'ne·sisch** *adj* Ghanaian.

Ghet·to ['gɛto] *n* ⟨-s; -s⟩ *cf.* Getto.

Ghi·bel·li·ne [gibɛ'li:nə] *m* ⟨-n; -n⟩ *hist.* Ghibelline. — **ghi·bel'li·nisch** *adj* Ghibelline.

Gi·aur ['gi̯aʊər] *m* ⟨-s; -s⟩ *contempt.* giaour.

gib [gi:p] *imp sg of* geben.

Gib·bon ['gɪbɔn] *m* ⟨-s; -s⟩ *zo.* gibbon (*Gattgen Hylobates u. Symphalangus*).

Gibb·sit [gɪ'psi:t; -'psɪt] *m* ⟨-(e)s; -e⟩ *min.* gibbsite.

Gi·bel·li·ne [gibɛ'li:nə] *m* ⟨-n; -n⟩ *hist. cf.* Ghibelline.

Gi'bral·tarˌfie·ber *n med.* Malta fever.

gibst [gi:pst] *2 sg*, **gibt** [gi:pt] *3 sg pres of* geben.

Gicht[1] [gɪçt] *f* ⟨-; *no pl*⟩ **1.** *med.* (*bes. in den Füßen*) gout, podagra (*scient.*): an ~ leidend a) gouty, suffering from gout, b) suffering from gouty arthritis; er hat die ~ a) he has (the) gout, b) he has gouty arthritis. – **2.** *agr.* (*Weizenkrankheit*) gout.

Gicht[2] *f* ⟨-; -en⟩ *metall.* (*an Hochöfen*) **1.** (*Öffnung*) furnace throat (*od.* mouth, top). – **2.** (*Schmelzgut*) burden.

'Gicht|ˌanˌfall *m med.* a) attack of (the) gout, b) attack of gouty arthritis. — **g~ˌar·tig** *adj* gouty, resembling gout. — **~ˌaufˌzug** *m metall.* (blast) furnace hoist, *Br.* (blast-)furnace hoist. — **~ˌbee·re** *f*, **~ˌbeerˌstrauch** *m bot. cf.* Aalbeere, Aalbeerstrauch. — **g~ˌbrü·chig** *adj Bibl.* palsied. — **~ˌbrü·chi·ge** *m, f* ⟨-n; -n⟩ person sick (*od.* stricken) with palsy. — **~ˌbüh·ne** *f metall.* charging platform. — **~ˌflam·me** *f* top flame.

'Gichtˌgas *n metall.* (blast) furnace (*od.* exit) gas, *Br.* (blast-)furnace gas. — **~ˌabˌzugsˌrohr** *n* downcomer, gas offtake. — **~ˌlei·tung** *f* (blast) furnace (*Br.* [blast]-furnace) gas main. — **~ˌstaub** *m* flue dust.

'Gichtˌglocke (*getr.* -k·k-) *f metall.* furnace-top bell, bell-type distributing gear.

'gich·tig *adj*, **'gich·tisch** *adj med.* gouty, afflicted with gout; podagral, podagric, podagrous (*scient.*).

'Gicht|ˌkno·ten *m med.* chalkstone, *Br.* chalk-stone, gouty concretion (*od.* node), tophus (*scient.*). — **~ˌkorn** *n bot.* **1.** grain of peony. – **2.** *cf.* Gichtrose. — **g~ˌkrank** *adj med.* gouty, suffering from (the) gout. — **~ˌkran·ke** *m, f* ⟨-n; -n⟩ patient with gout. — **~ˌkraut** *n bot.* **1.** *cf.* Bilsenkraut. – **2.** peashaped vetch (*Vicia pisiformis*). — **~ˌkü·bel** *m metall.* charging bucket. — **~ˌmit·tel** *n med. pharm.* remedy for gout. — **~ˌmor·chel** *f bot.* stinking moril, devil's-egg, phallus (*scient.*) (*Phallus impudicus*). — **~ˌöff·nung** *f metall. cf.* Gicht[2] 1. — **~ˌpilz** *m bot. cf.* Gichtmorchel. — **~ˌro·se** *f bot.* **1.** (common) peony (*Paeonia officinalis*). – **2.** yellow-flowered rhododendron (*Rhododendron chrysanthemum*). — **~ˌschmerz** *m med.* gouty pain. — **~ˌschwamm** *m* **1.** *metall.* solid incrustation near the top of a blast furnace (*Br.* blast-furnace). – **2.** *bot. cf.* Gichtmorchel. — **ˌstaub** *m metall.* (blast furnace, *Br.* blast-furnace) flue dust. — **~ˌstrauch** *m bot. cf.* Gichtrose 2. — **~ˌtan·ne** *f* Dutch myrtle, march andromeda (*Ledum palustre*).

Gickel (*getr.* -k·k-) ['gɪkəl] *m* ⟨-s; -⟩, **~ˌhahn** *m Middle G. for* Hahn[1] 1.

gickeln (*getr.*-k·k-) ['gɪkəln], **gickern** (*getr.* -k·k-) ['gɪkərn] *v/i* ⟨h⟩ *colloq. for* kichern.

Gick·gack ['gɪkˌgak] *n* ⟨-s; *no pl*⟩ *colloq.* **1.** (*von Gänsen*) cackle, cackling. – **2.** *fig.* (*dummes Gerede*) gabble, twaddle, blather, jabber, balderdash, hot air (*colloq.*).

gicks [gɪks] *adj colloq.* (*in Wendungen wie*) er sagte nicht ~ und nicht gacks he didn't say a word (*od.* make a sound), he said nothing at all; das weiß ~ und gacks everybody (*od.* the whole world) knows that.

gick·sen ['gɪksən] *v/i* ⟨h⟩ *colloq.* (*von Tieren, Kindern etc*) (give a) squeak.

Gie·bel[1] ['gi:bəl] *m* ⟨-s; -⟩ **1.** *civ.eng.* gable (end), *Br.* gable(-end): kleiner ~ gablet; Gebäude mit ~n building with gables, gabled building. – **2.** *arch.* (*bei Tempeln, Kirchen etc*) pediment, fronton, frontal, fastigium (*scient.*). – **3.** *colloq. humor. for* Nase 1.

'Gie·bel[2] *m* ⟨-s; -⟩ *zo.* crucian carp, *auch* crucian, gibel (*Carassius vulgaris u. C. carassius*).

'gie·bel|ˌar·tig *adj* **1.** gablelike, like a gable. – **2.** pedimental, pedimented. — **G~ˌbal·ken** *m* top beam (*od.* timber). — **G~ˌdach** *n* gable(d) roof. — **G~ˌdreiˌeck** *n* pediment. — **G~ˌfeld** *n* tympanum. — **G~ˌfen·ster** *n* gable window. — **~ˌför·mig** *adj* gable-shaped. — **G~ˌhaus** *n* gabled house.

'gie·be·lig *adj arch.* **1.** gabled. – **2.** *cf.* giebelartig.

'Gie·bel|ˌmau·er *f arch.* gable wall. — **~ˌschmuck** *m* **1.** *antiq.* acroterion, *auch* akroterion, acroter, *auch* akroter. – **2.** (*an Fachwerkhäusern etc*) gable ornamentation. — **~ˌsei·te** *f* (*eines Hauses*) gabled end. — **~ˌspit·ze** *f* summit (top *od. scient.* apex) of gable. — **~ˌstu·be** *f* garret, attic. — **~ˌturm** *m* gable tower. — **~verˌzie·rung** *f* gable ornamentation. — **~ˌwand** *f cf.* Giebelmauer.

gieb·lig ['gi:blɪç] *adj cf.* giebelig.

'Giekˌbaum ['gi:k-] *m mar.* spanker boom.

giek·sen ['gi:ksən] *v/t* ⟨h⟩ *Middle G.* j-n ~ to give s.o. a dig (*od.* poke); j-m in die Seite ~ to dig (*od.* poke) s.o. in the ribs.

Gie·men[1] ['gi:mən] *n* ⟨-s; *no pl*⟩ **1.** *med.* wheeze, wheezing, rale, rhonchus (*scient.*): pfeifendes ~ sibilant rales *pl.* – **2.** *vet.* (*von Pferden*) whistling, roaring.

'Gie·men[2] *m* ⟨-s; -⟩ *Southern G. for* Riß 4, 5, Spalt 3, 4.

Gien [gi:n] *n* ⟨-s; -e⟩ *mar.* (*Flaschenzug*) gin tackle. — **~ˌblock** *m* gin block.

Gie·per ['gi:pər] *m* ⟨-s; *no pl*⟩ *bes. Northern G. dial.* yen: einen ~ nach etwas haben to have a yen for s.th. — **'gie·pern** *v/i* ⟨h⟩ nach etwas ~ *colloq. cf.* gieren[1] 1.

Gier [gi:r] *f* ⟨-; *no pl*⟩ (nach for) **1.** (*nach Essen etc*) greed(iness), hunger, craving, hankering (*colloq.*): nach etwas ~ empfinden to hunger (*od.* crave, have a craving) for s.th. – **2.** (*Gefräßigkeit*) gluttony, voracity, ravenousness: etwas mit ~ verzehren to eat s.th. voraciously (*od.* ravenously). – **3.** (*nach Macht, Geld etc*) hunger, greed, thirst, lust, avidity.

'Gier|ˌach·se *f* (*space*) yaw axis. — **~beˌwe·gung** *f* yaw.

gie·ren[1] ['gi:rən] **I** *v/i* ⟨h⟩ **1.** nach etwas ~ *lit.* a) to hunger (*od.* crave) for (*od.* after) s.th., b) (*nach Macht, Geld etc*) to hunger (*od.* thirst, lust, crave) for (*od.* after) s.th. – **II G~** *n* ⟨-s⟩ **2.** *verbal noun.* – **3.** *cf.* Gier.

'gie·ren[2] **I** *v/i* ⟨h⟩ **1.** *aer. mar.* (*space*) yaw. – **II G~** *n* ⟨-s⟩ **2.** *verbal noun.* – **3.** *aer. mar.* (*space*) yaw.

'gie·ren[3] *v/i* ⟨h⟩ *Swiss* (*von Tür*) squeak.

'Gier|ˌfäh·re *f* (*Seilfähre*) flying (*od.* chain, cable) ferry. — **~ˌfal·ke** *m zo. cf.* Gerfalke.

'gie·rig I *adj* **1.** greedy: ein ~er alter Mann a greedy (*od.* a grasping, an avaricious, a hoggish) old man; mit ~en Händen with greedy (*od.* grasping, covetous) hands; mit ~en Augen with greedy (*od.* covetous, eager) eyes; ~es Verlangen greedy (*od.* avid, eager) desire. – **2.** (*gefräßig*) gluttonous, voracious, ravenous: ~er Fresser gluttonous eater, glutton. – **3.** ~ nach (*od.* auf *acc*) etwas sein a) (*nach Essen etc*) to be greedy (*od.* hungry) for (*od.* after) s.th., to hanker for (*od.* after) s.th. (*colloq.*), b) (*nach Macht, Geld, etc*) to be hungry (*od.* greedy, thirsting, lusting) for (*od.* after) s.th., to be avid for (*od.* of) s.th., c) (*von Tieren*) to be ravenous (*od.* rapacious) for s.th.: ~ nach Vergnügen avid for (*od.* of) pleasure; ~ nach Neuigkeiten sein to be avid for (*od.* of) (*od.* eager for) news, to thirst for news; ~ nach Beute ravenous for prey. – **II** *adv* **4.** ~ essen to eat greedily (*od.* voraciously), to gulp (*s.th.*) down, to stuff: ein Buch ~ verschlingen to read a book greedily (*od.* avidly, voraciously); ~ lauschen to listen avidly (*od.* eagerly); sich ~ über (*acc*) etwas hermachen (*über das Essen etc*) to attack s.th. greedily (*od.* ravenously); j-n ~ ansehen to look at s.o. with greedy (*od.* eager) eyes. — **'Gie·rig·keit** *f* ⟨-; *no pl*⟩ *cf.* Gier.

'Gier·lein *n* ⟨-s; -⟩ *bot.* (true) skirret (*Sium sisarum*).

'Gier·moˌment *n auto. aer.* yawing moment.

Giers [gi:rs] *m* ⟨-es; -e⟩ *bot.* wood longwort (*Angelica sylvestris*).

Giersch [gi:rʃ] *m* ⟨-es; -e⟩ *bot. cf.* Geißfuß 3.

'Gierˌschlund *m fig. colloq.* greedy (*od.* voracious) eater, glutton.

'Gie·rung *f* ⟨-; *no pl*⟩ *aer. mar.* (*space*) yaw(ing).

'Gießˌbach *m* (mountain) torrent. — **g~ˌar·tig** *adj* torrential.

'Gießˌbad *n* (*bei Kaltwasserkur*) shower bath, *Br.* shower-bath.

'gieß·bar *adj metall.* castable, pourable. — **'Gieß·bar·keit** *f* (*von Metall etc*) castability, pourability.

'gießˌbecken|ˌför·mig (*getr.* -k·k-) *adj med.* arytenoid(al). — **G~ˌknor·pel** *m* arytenoid (cartilage).

'Gießˌbüh·ne *f metall.* pouring (*od.* teeming) platform.

gie·ßen ['gi:sən] **I** *v/t* ⟨gießt, goß, gegossen, h⟩ **1.** (auf *acc* onto; aus out of; in *acc* into; über *acc* over) pour: Wein aus einer Flasche in ein Glas ~ a) to pour wine out of (*od.* from) a bottle into a glass, b) (*völlig entleeren*) to empty a bottle of wine into a vessel; Farbe über die Tischplatte ~ a) to pour paint over the tabletop, b) (*verschütten*) to spill paint over the tabletop; die Sonne goß ihre letzten Strahlen über die Erde *fig. lit.* the sun shed its last rays upon the earth; → Binde 6; Öl 1; Wasser 3. – **2.** (*begießen*) water: Blumen ~ to water (the) flowers. – **3.** (*art*) cast: der Künstler goß die Statue in Bronze the artist cast the statue in bronze. – **4.** *metall.* a) (*Gußstücke*) cast, b) (*Gußblöcke*) teem, c) (*allgemein*) pour: fallend ~ to top pour (*od.* cast); stehend ~ to pour (*od.* cast) on end; steigend ~ to bottom pour (*od.* cast); → Blei[1] 1. – **5.** *tech.* a) (*Glas*) mold, *bes. Br.* mould, found, cast, b) (*Zement etc*) pour, c) (*Wachs*) mold, *bes. Br.* mould. – **II** *v/i* **6.** pour: aus dieser Teekanne kann man schlecht ~ (*od.* gießt es sich schlecht) it is difficult to pour out of this teapot. – **7.** water the flowers (*od.* plants, garden): hast du schon gegossen? have you already watered the flowers? – **III** *v/impers* **8.** es gießt it is pouring (with rain), it is pouring down: es goß in Strömen (*od. colloq.* wie aus Kübeln, wie aus Eimern) it was pouring (*od.* pelting) down, it was raining (*od.* coming down) in buckets (*od.* torrents), it was raining cats and dogs (*colloq.*). – **IV G~** *n* ⟨-s⟩ **9.** *verbal noun.* – **10.** *cf.* Guß 5, 6.

'Gie·ßer *m* ⟨-s; -⟩ *tech.* **1.** (*in Gießerei etc*) founder, foundryman, caster, pourer. – **2.** (*in Glashütte*) ladler, shearer.

Gie·ße'rei *f* ⟨-; -en⟩ *metall.* **1.** ⟨*only sg*⟩ (*Tätigkeit*) casting, founding. – **2.** foundry. — **~beˌtrieb** *m cf.* Gießerei 2. — **~ˌkran** *m* **1.** ladle crane. – **2.** *cf.* Gießereilaufkran. — **~kuˌpolˌofen** *m* foundry cupola. — **~ˌlaufˌkran** *m* foundry traveling (*bes. Br.* travelling) crane. — **~ˌmann** *m* ⟨-(e)s; ⸚er⟩ foundryman. — **~ˌofen** *m* foundry (*od.* iron-melting) furnace. — **~ˌsand** *m* foundry sand. — **~ˌtech·nik** *f* foundry practice.

'Gießˌ|fä·hig·keit *f cf.* Gießbarkeit. — **~ˌform** *f* **1.** *metall.* a) (casting *od.* foundry) mold (*bes. Br.* mould), b) (*in der Druckgußtechnik*) die-casting. – **2.** *print.* a) (*aus Metall*) (type) mo(u)ld, b) (*aus Kunststoff*) mat(rix). — **~geˌschwin·dig·keit** *f* rate of pouring, casting speed. — **~ˌgru·be** *f* **1.** casting (*od.* foundry) pit. – **2.** (*für Gußblöcke*) teeming box. — **~ˌhaus** *n*, **~ˌhüt·te** *f cf.* Gießerei 2.

'Gießˌkan·ne *f* (*für Blumen etc*) watering (*Am. auch* sprinkling) can.

'Gießˌkan·nen|ˌbrau·se *f*, **~ˌkopf** *m* sprinkling nozzle, sprinkler, rose. — **~ˌmu·schel** *f zo.* watering-pot shell, watering pot (*Gattg Brechites*). — **~prinˌzip** *n colloq.* principle of 'something for everyone': Subventionen (*od.* Gelder) nach dem ~ verteilen (to try) to give everyone a slice of the cake. — **~ˌschwamm** *m* Venus's (flower-)basket (*Gattg Euplectella*).

'Gieß|ˌkel·le *f*, **~ˌlöf·fel** *m metall.* (casting) ladle. — **~maˌschi·ne** *f auch print.* casting machine.

'Gießˌpfan·ne *f metall.* casting (*od.* foundry) ladle: ~ mit Stopfenausguß [Schnauzenausguß] bottom-pour (*od.* teeming) [top-pour] ladle.

'Gießˌpfan·nen|ˌga·bel *f metall.* ladle shank. — **~ˌkran** *m* ladle crane. — **~ˌwa·gen** *m* ladle truck.

'Gieß|ˌpreßˌschwei·ßen *n metall.* molten metal pressure welding. — **~ˌrin·ne** *f* (pouring) spout. — **~ˌschwei·ßen** *n* molten metal welding. — **~ˌtech·nik** *f* casting (*od.* pouring) technique (*od.* practice). — **~tem·pe·raˌtur** *f* casting (*od.* pouring) temperature. — **~ˌtrich·ter** *m* (pouring) gate, downgate, sprue, runner (cup). — **~verˌfah·ren** *n* casting process (*od.* method). — **~ˌvorˌgang** *m* casting process. — **~ˌvorˌrich·tung** *f* **1.** pouring device. – **2.** *metall.* casting equipment. — **~ˌwa·gen** *m* casting bogie (*auch* bog[e]y). — **~ˌwan·ne** *f* tundish.

Gift[1] [gɪft] *n* ⟨-(e)s; -e⟩ **1.** poison: betäubendes ~ narcotic; lähmendes ~ paralyzing (*Br. auch* -s-) poison; pflanzliches (*od.* tierisches) ~ *cf.* Gift[1] 4; schleichendes ~ slow(-acting) poison; ~ nehmen to take poison; j-m ~ (ein)geben to poison s.o. – **2.** (*von Schlangen, Insekten etc*) poison, venom. – **3.** ⟨*only sg*⟩ *fig.* poison: die Groschenhefte sind das reinste ~ für die Jugend penny dreadfuls (*Am.* dime novels) are pure (*od.* sheer) poison (*od.* extremely harmful) for the young; das ist ~ für dich that's (very) bad for you; ~ verspritzen *colloq.* to spit (*od.* spout) venom; er steckt voll ~ he is full of venom, he is a spiteful character; er spuckte (*od.* spie) ~ und Galle *colloq.* he vented his rage (*od.* spleen), he fumed and foamed, he was beside himself with rage; blondes ~ *colloq. humor.* peroxide blond(e) (*colloq.*); → darauf 1. – **4.** *med. biol.* poison, toxin, toxic(ant) (*scient.*).

Gift[2] *m* ⟨-(e)s; *no pl*⟩ *dial. colloq.* (*Zorn*) anger: einen ~ auf j-n haben to be very angry (*od.* cross) with (*od.* at) s.o.

'Gift|ˌan·tscharˌbaum [-ˌantʃar-] *m bot.* upas (tree), poisonous antiaris (*scient.*) (*Antiaris toxicaria*). — **~ˌap·fel** *m* fruit of the hippomane. — **~ˌap·felˌbaum** *m* manchineel tree, hippomane (*Hippomane mancinella*). — **~ˌbaum** *m bot.* **1.** poison tree. – **2.** *cf.* Giftsumach. – **3.** Javanischer ~ *cf.* Giftantscharbaum. – **4.** Virginischer ~ catgut (*Tephrosia virginiana*). — **~ˌbe·cher** *m* death (*od.* poison) cup: er nahm (*od.* leerte) den ~ he took (*od.* emptied) the cup of poison (*od.* deadly cup). — **~ˌbee·re** *f bot.* poisonberry: Judenkirschenartige ~ apple of Peru (*Nicandra physaloides*). — **~ˌbläs·chen** *n*, **~ˌbla·se** *f zo.* **1.** (*der Schlangen*) poison gland (*od.* bag), poison (*od.* venom) sac. – **2.** (*der Bienen*) poison gland, ioterium (*scient.*). — **~ˌblu·me** *f bot. cf.* Gifthahnenfuß. — **~ˌboh·ne** *f* Indian (*od.* wild) licorice, abrus (*scient.*) (*Abrus precatorius*). — **~ˌbuch** *n* poison book. — **~ˌdrü·se** *f zo.* **1.** venom gland. – **2.** poison gland. — **~ˌei·che** *f bot. cf.* Giftsumach. — **g~empˌfind·lich** *adj* sensitive to poison. — **~empˌfind·lich·keit** *f* sensitivity to poison.

gif·ten ['gɪftən] *Southern G. and Austrian colloq.* *v/reflex u. v/impers* ⟨h⟩ sich über (*acc*) etwas ~ to become very angry about s.th., to get het up about s.th. (*colloq.*); gifte dich nicht deswegen don't get angry about this, don't get het up about it (*colloq.*); es giftet mich, daß it makes me mad that, it makes my blood boil that (*colloq.*).

'Gift|ˌesche *f bot.* poison sumach (*od.* ash, dogwood, elder), swamp sumach (*od.* dogwood) (*Rhus vernix*). — **g~ˌfest** *adj* immune to poison (*od.* toxin). — **~ˌfe·stig·keit** *f* immunity to (*od.* against) poison (*od.* toxin). — **~ˌfisch** *m zo.* poison (*od.* poisonous) fish. — **~ˌfla·sche** *f* bottle marked "poison". — **g~ˌfrei** *adj* free from poison, nonpoisonous *Br.* non-. — **~ˌgas** *n* **1.** poison (*od.* poisonous) gas, toxic gas (*scient.*). – **2.** *mil.* war (*od.* poison) gas. — **~geˌsetz·ˌge·bung** *f* legislation on poisons, poison laws *pl.* — **~geˌtrei·de** *n* (*gegen Mäuse etc*) poisoned grain. — **g~ˌgrün I** *adj* vivid (*od.* garish) green. – **II G~** *n* vivid (*od.* garish) green. — **~ˌhah·nenˌfuß** *m bot.* water celery, marsh crowfoot, salad parsley (*Ranunculus sceleratus*). — **~ˌhan·del** *m* trade in poison. — **~ˌhauch** *m lit.* poisonous breath, blight. — **~ˌheil** *n bot.* helmetflower (*Aconitum anthora*).

'gif·tig I *adj* **1.** poisonous: ~er Pilz *cf.* Giftpilz. – **2.** (*Schlange etc*) poisonous, venomous. – **3.** (*vergiftet*) poisoned: ~er Pfeil poison(ed) arrow. – **4.** *fig.* (*Zunge, Worte, Blick etc*) venomous, malicious, spiteful, vicious, malignant: eine ~e Bemerkung a malicious remark; sie wird immer gleich ~ a) (*gehässig*) she immediately gets (*od.* becomes) spiteful (*od.* nasty, unpleasant), b) (*wütend*) she immediately gets (*od.* becomes) furious (*od.* very angry, very cross); so eine ~e Kröte *colloq.* what a spiteful creature. – **5.** *chem. med.* (*Chemikalien, Gase etc*) poisonous, toxic(ant): ~e Wirkung toxic effect; ~es Grün a) poisonous green, b) *fig. cf.* Giftgrün; ~e Bestandteile in der Nahrung poisonous ingredients in the food; ~e bakterielle Stoffwechselprodukte toxic bacterial metabolites, bacterial toxins. – **6.** *med.* (*Krankheitserreger*) virulent. – **II** *adv* **7.** *fig.* venomously, spitefully, maliciously: er antwortete ~ a) he gave a spiteful (*od.* vicious) reply, b) he gave an angry reply; sie sah ihn ~ an she looked at him venomously, she looked daggers at him. — **'Gif·tig·keit** *f* ⟨-; *no pl*⟩ **1.** poisonousness, poisonous character. – **2.** (*einer Schlange etc*) poisonousness, venomousness. – **3.** *fig.* venomousness, maliciousness, malice, spitefulness, viciousness. – **4.** *chem. med.* poisonousness, toxicity, poisonous (*od.* toxic) character (*od.* properties *pl*). – **5.** *med.* (*der Bakterien*) virulence, virulency.

'Gift|kaˌnal *m zo.* (*eines Schlangenzahnes*) venom canal. — **~ˌkies** *m min.* mispickel; arsenopyrite, *auch* arsenical pyrite (*scient.*). — **~ˌknip·pe** *f bot.* supplejack, paullinia (*scient.*) (*Paullinia curassavica*). — **~ˌkoch** *m cf.* Giftmischer 1. — **~ˌkör·per** *m med.* toxic agent, toxicant. — **~ˌkraut** *n bot.* **1.** poisonous herb. – **2.** Gelbes ~ yellow wolfsbane (*Aconitum lycoctonum*). – **3.** (*Blutkraut*) dove's-foot, herb Robert (*Geranium robertianum*). — **~ˌkun·de** *f med. pharm.* toxicology. — **~ˌlat·tich** *m bot.* prickly (*od.* hemlock, strong-scented) lettuce (*Lactuca scariola*). — **~ˌleh·re** *f med. pharm.* toxicology. — **~ˌmi·scher** *m* **1.** preparer (*od.* brewer) of poison. – **2.** (*Giftmörder*) poisoner. – **3.** *fig. colloq. humor. for* Apotheker. — **~mi·sche'rei** [ˌgɪft-] *f* mixing (*od.* brewing) of poison. — **~ˌmor·chel** *f bot. cf.* Gichtmorchel. — **~ˌmord** *m* **1.** murder by poisoning. – **2.** (*Vergiftung*) poisoning. — **~ˌmör·der** *m* poisoner. — **~ˌnu·del** *f colloq.* **1.** *cf.* Giftstengel. – **2.** (*Frau*) spiteful (*od.* malicious) creature, serpent, viper. — **~ˌpfeil** *m* poison(ed) arrow. — **~ˌpflan·ze** *f bot.* poisonous herb (*od.* plant). — **~ˌpilz** *m* toadstool, frogstool, paddock-stool. — **~raˌnun·kel** *f cf.* Gifthahnenfuß. — **~ˌre·be** *f cf.* Giftsumach. — **~ˌreiz·ker** *m* wool(l)y (*od.* coral) milk cap (*Lactarius torminosus*). — **~ˌro·se** *f cf.* Oleander. — **~ˌrü·be** *f* deadly carrot (*Thapsia garganica*). — **~ˌschlan·ge** *f* **1.** *zo.* a) poisonous (*od.* venomous) snake, b) *pl* thanatophidia (*scient.*). – **2.** *cf.* Giftnudel 2. — **~ˌschrank** *m* **1.** poison cupboard (*od.* cabinet). – **2.** *humor.* (*in öffentlichen Bibliotheken*) collection of immoral books. — **~ˌschwamm** *m bot.* poisonous mushroom. — **~ˌspin·ne** *f zo.* venomous spider. — **~ˌsta·chel** *m* **1.** (*von Skorpion, Biene etc*) poison sting. – **2.** (*von Fischen*) venomous spine. — **~ˌstär·ke** *f med.* toxicity. — **~ˌstau·de** *f bot.* poisonous herb. — **~ˌsten·gel** *m fig. colloq. humor.* (*Zigarette etc*) 'weed' (*colloq.*). — **~ˌstoff** *m med. pharm.* a) poisonous agent (*od.* substance), b) (*organischer*) toxin. — **~ˌsturmˌhut** *m bot.* Stoerke's aconite (*Aconitum stoerkeanum*). — **~ˌsu·mach** *m* poison oak (*od.* vine, ivy), toxicodendron (*scient.*) (*Rhus toxicodendron*). — **~ˌtier** *n meist pl zo.* poisonous (*od.* venomous) animal. — **~ˌtod** *m* death by poisoning. — **~ˌtrank** *m* poisonous (*od.* poisoned) drink (*od.* potion, draught).

'Gif·tung *f* ⟨-; -en⟩ *biol. chem.* tox(ic)ogenation.

'Gift|ˌwei·zen *m* (*gegen Ratten etc*) poisoned wheat. — **~ˌwen·de** *f bot.* sore throat (*Asclepias vincetoxicum*). — **~ˌwicke** (*getr.* -k·k-) *f* various hatchet vetch (*od.* coronilla) (*Coronilla varia*). — **~ˌwir·kung** *f* **1.** action (*od.* effect) of poison. – **2.** *med.* toxic effect, virulence. — **~ˌwurz** *f bot. cf.* Pestilenzwurz. — **~ˌwü·te·rich** *m* water hemlock, cowbane (*Cicuta virosa*). — **~ˌzahn** *m* **1.** (*bes. von Schlangen*) poison (*od.* venom) fang (*od.* tooth), sting. – **2.** *fig. cf.* Giftnudel 2. — **~ˌzüng·ler** [-ˌtsʏŋlər] *m* ⟨-s; -⟩ *zo.* bow tongue. — **~ˌzwerg** *m colloq.* (*Mann*) venomous (*od.* spiteful, malicious) creature.

Gig [gɪk] *n* ⟨-s; -s⟩ **1.** (*Zweiradwagen*) gig. – **2.** *mar.* (*sport*) *cf.* Gigboot.

Gi·ga·me·ter [giga'meːtər] *n* gigameter, *bes. Br.* gigametre.

Gi·gant [gi'gant] *m* ⟨-en; -en⟩ **1.** giant. – **2.** *myth.* Titan. — **gi'gan·tisch** *adj* gigantic, colossal, enormous, giant (*attrib*): eine ~e Gestalt a gigantic (*od.* giant) figure. — **Gi·gan'tis·mus** [-'tɪsmʊs] *m* ⟨-; *no pl*⟩ gigantism, giantism.

Gi·gan·to·ma·chie [gigantoma'xiː] *f* ⟨-; *no pl*⟩ *myth.* gigantomachy, *auch* gigantomachia.

'Gi·gas|ˌform ['giːgas-] *f*, **~ˌwuchs** *m bot. biol.* gigantism.

'Gigˌboot *n mar.* (*sport*) gig.

Gi·gerl ['giːgərl] *m*, *auch n* ⟨-s; -⟩ *Austrian* (*Modegeck*) dandy, fop, *Am. auch* dude. — **g~haft** like a dandy (*od.* fop), dandyish, foppish, *Am. auch* dudish.

Gi·go·lo ['ʒiːgolo] *m* ⟨-s; -s⟩ **1.** (*Eintänzer*) professional dancer, gigolo. – **2.** *colloq. auch contempt.* (*Liebhaber*) *bes. Br.* gigolo, *bes. Am.* mover, operator. – **3.** (*Mann, der sich aushalten läßt*) gigolo.

Gi·gots [ʒi'goː] *pl hist.* (*fashion*) leg-of-mutton sleeves, gigots, *auch* gigot sleeves.

Gigue [ʒiːk] *f* ⟨-; -n [-gən]⟩ *mus.* **1.** (*Tanz*) jig: eine ~ tanzen to (dance a) jig. – **2.** (*Teil einer Suite*) gigue.

gik·sen ['giːksən] *v/t* ⟨h⟩ *cf.* gicksen.

'Gi·la|ˌspecht ['giːla-] *m zo.* Gila woodpecker (*Melanerpes hypopolius uropygialis*). — **~ˌtier** *n* Gila monster, *auch* Gila (*Heloderma suspectum*).

'Gilbˌblu·me *f bot.* dyer's sawwort (*Serratula tinctoria*).

gil·ben ['gɪlbən] *v/i* ⟨sein⟩ *poet. for* vergilben.

'Gilbˌhard [-ˌhart], **'Gilbˌhart** *m* ⟨-s; -e⟩ *obs.* October.

'Gilb|ˌkraut *n bot.* yellow mignonette (*Reseda luteola*). — **~ˌnes·sel** *f cf.* Goldnessel. — **~ˌstern** *m cf.* Goldstern.

'Gil·bungsˌska·la *f tech.* yellowing scale.

'Gilb|ˌwei·de·rich *m bot.* loose strife, crosswort (*Gattg Lysimachia*): Gemeiner ~ common (*od.* yellow) loose strife, willowweed (*L. vulgaris*); Rundblätteriger ~ creeping Jennie (*L. nummularia*). — **~ˌwurz** *f* (root of) curcuma, turmeric plant (*Curcuma longa*).

Gil·de ['gɪldə] *f* ⟨-; -n⟩ **1.** *hist.* (*Zunft, Innung*) guild, *auch* gild, corporation: er gehört zur ~ der Besserwisser *humor.* he is one of the know-alls. – **2.** *relig. hist.* guild, brotherhood. – **3.** *hist.* (*gesellige Verbindung*) guild, fellowship. — **~ˌbrief** *m hist. econ.* charter of a guild. — **~ˌhaus** *n* guildhall. — **~ˌmei·ster** *m* master of a guild, head (*od.* chairman) of a corporation. — **~ˌmitˌglied** *n* member of a guild.

'Gil·den|ˌhal·le *f*, **~ˌhaus** *n* guildhall. — **~so·ziaˌlis·mus** *m pol.* guild socialism.

Gi·let [ʒi'leː] *n* ⟨-s; -s⟩ *Austrian and Swiss for* Weste 1.

Gil·ga·mesch ['gɪlgamɛʃ] *npr m* ⟨-; *no pl*⟩ *myth.* Gilgamesh. — **~ˌepos, das** (*literature*) the epic of Gilgamesh.

Gil·ge ['gɪlgə] *f* ⟨-; -n⟩ *bot. cf.* Lilie 1.

Gi·lie ['giːliə] *f* ⟨-; -n⟩ *bot.* Schlanke (*od.* Zierliche) ~ slender gilia (*Gilia gracilis*).

Gil·ke ['gɪlkə] *f* ⟨-; -n⟩ *bot.* common (*od.* pot, Scotch) marigold (*Calendula officinalis*).

'Gillˌblu·me ['gɪl-] *f bot. cf.* Färberkamille.

Gil·le·nie [gɪ'leːniə] *f* ⟨-; -n⟩ *bot.* bowman's root, American ipecac, Indian physic, gillenia (*scient.*) (*Gillenia trifoliata*).

Gil·ling ['gɪlɪŋ] *f* ⟨-; -s⟩, **Gil·lung** ['gɪlʊŋ] *f* ⟨-; -en⟩ *mar.* (*des Hinterschiffs*) counter.

gilt [gɪlt] *3 sg pres of* gelten.

Gim·pe ['gɪmpə] *f* ⟨-; -n⟩ (*textile*) gimp.

Gim·pel ['gɪmpəl] *m* ⟨-s; -⟩ **1.** *zo.* bullfinch (*Pyrrhula pyrrhula*). – **2.** *fig. colloq.* simpleton, dupe, gull, 'pigeon' (*colloq.*), *bes. Am. colloq.* 'sucker', *Br. sl.* 'mug'. — **~ˌbee·re** *f bot.* privet (*Ligustrum vulgare*). — **~ˌfang** *m colloq. cf.* Bauernfängerei.

Gin [dʒɪn] (*Engl.*) *m* ⟨-s; -s⟩ gin. — **~-'Fizz** [-'fɪz] (*Engl.*) *m* ⟨-; -⟩ gin and soda, *Am.* gin fizz.

ging [gɪŋ] *1 u. 3 sg pret of* gehen.

Ging·ham ['gɪŋəm] (*Engl.*) *m* ⟨-s; -s⟩ (*Baumwollstoff*) gingham.

Gink·go ['gɪŋko], **Gink·jo** ['gɪŋkjo] *m* ⟨-s; -s⟩ *bot.* ginkgo, *auch* gingko, ginko, maidenhair tree (*Ginkgo biloba*).

Gin·seng ['gɪnzɛŋ] *m* ⟨-s; -s⟩ *bot.* ginseng, *auch* genseng, wonder of the world (*Panax quinquefolia*). — **~ˌwur·zel** *f med. pharm.* root of ginseng (*auch* genseng).

Gin·ster ['gɪnstər] *m* ⟨-s; -⟩ *bot.* broom (*Gattg Genista*): Behaarter ~ downy broom (*G. pilosa*); Deutscher ~ German broom (*G. germanica*); Englischer ~ English broom, needle furze, (petta- *od.* moor-)whin (*G. anglica*); Spanischer ~ Spanish broom (*G. hispanica*); Stachliger ~ scorpion plant (*G. horrida*); voll(er) ~ broomy. — **~ˌfa·ser** *f* fiber (*bes. Br.* fibre) of a broom. — **~ˌkat·ze, Eu·ro'päi·sche** *f zo.* European genet (*auch* genette), berbe (*Genetta genetta*). — **~ˌstrauch** *m bot.* broom bush.

Gip·fel ['gɪpfəl] *m* ⟨-s; -⟩ **1.** (*eines Berges*) top, peak, summit. – **2.** *lit.* (*eines Baumes*) top. – **3.** *fig.* (*der Macht, des Glücks, der Karriere etc*) height, peak, culmination, apex, zenith: die Begeisterung erreichte ihren ~ enthusiasm reached its peak (*od.* climax); auf dem ~ des Erfolgs at the height (*od.* top) of one's success. – **4.** *fig. colloq.* (*der Frechheit, Geschmacklosigkeit etc*) epitome, height: das ist der ~ der Vollkommenheit! that's the epitome of perfection! das ist (doch) der ~! that's the limit! that beats everything! that takes the cake (*colloq.*) (*Br. sl. auch* biscuit)! – **5.** *meteor.* top: bis über ~ t.n.r., top not reached. – **6.** *Swiss for* Kipfe(r)l. – **7.** *short for* Gipfelkonferenz. — **g~ˌblü·tig** [-ˌblyːtɪç] *adj bot.* with apicular (*od.* terminal) flowers. — **~ˌbuch** *n* (visitors') book (*kept on the summit of a mountain*). — **~ˌdür·re** *f bot.* stag-headedness. — **g~ˌfrüch·tig** [-ˌfrʏçtɪç] *adj* (*Moos etc*) terminal-fruited, acrocarpous (*scient.*). — **~geˌspräch** *n pol.* summit (*od. colloq.* top-level) talk. — **~ˌhö·he** *f* **1.** height of a peak, summit altitude. – **2.** *aer.* (*von Flugzeugen*) ceiling. – **3.** (*in der Ballistik*) maximum ordinate. — **~ˌknos·pe** *f bot.* (*Endknospe*) a) terminal bud (*od.* button), b) (*der Palmen*) phyllophore, phyllogen. — **~kon·feˌrenz** *f pol.* summit conference, 'summit' (*colloq.*). — **~ˌkreuz** *n* cross on the summit (of a mountain).

gip·feln ['gɪpfəln] *v/i* ⟨h⟩ in (*dat*) etwas ~ a) (*vom Gebirge*) to rise to (*od.* culminate in) s.th., b) *fig.* to culminate (*od.* reach its climax) in s.th.: seine Bemerkungen gipfelten in der Behauptung *fig.* his remarks culminated in the assertion.

'Gip·fel|ˌpunkt *m* **1.** *cf.* Gipfel 1. – **2.** *fig.* (*einer Revolution, eines Festes*) culmination (point), zenith. — **g~ˌspros·sig** [-ˌʃprɔsɪç] *adj* acrobryous. — **g~ˌstän·dig** *adj* (*endständig*) terminal; apical, apicular (*scient.*). — **~sta·tiˌon** *f* (*einer Bergbahn*) summit terminal. — **~ˌstür·mer** *m* **1.** enthusiastic mountain climber. – **2.** *fig.* ambitious person. — **~ˌtref·fen** *n pol. cf.* Gipfelkonferenz.

Gips [gɪps] *m* ⟨-es; -e⟩ **1.** *min.* gypsum, plaster stone: ~ brennen to burn (*od.* calcine) gypsum. – **2.** (gebrannter) ~ *tech. chem.* plaster (of Paris, *auch* paris), *auch* calcined gypsum ($CaSO_4 \cdot 1/2H_2O$): etwas mit ~ überziehen to plaster s.th.; eine Statue in ~ abgießen to make a plaster cast of a statue; einen Arm in ~ legen *med.* to put an arm in plaster (*od.* in a plaster cast, *bes. Am.* in a cast); den ~ abnehmen *med.* to remove the plaster. — **~ˌabˌdruck** ⟨-(e)s; "e⟩, **~ˌabˌguß** *m* plaster (of Paris) cast, gypsoplast. — **~ˌar·beit** *f* plaster (of Paris) work, plastering, plasterwork. — **g~ˌar·tig** *adj* **1.** plastery. – **2.** *min.* gypseous. — **~ˌbauˌplat·te** *f civ.eng.* plaster (of Paris) board. — **~ˌbett** *n med.* plaster bed. — **~ˌbin·de** *f* plaster bandage. — **~ˌbrei** *m* plaster (of Paris) paste. — **~ˌbren·nen** *n tech.* gypsum burning (*od.* calcination). — **~ˌbruch** *m* gypsum quarry. — **~ˌbü·ste** *f* plaster (of Paris) bust. — **~ˌdamm** *m* (*mining*) plaster stopping. — **~ˌdecke** (*getr.* -k·k-) *f civ.eng.* plaster(ed) (*od.* stucco) ceiling. — **~ˌdie·le** *f cf.* Gipsbauplatte.

gip·sen ['gɪpsən] *v/t* ⟨h⟩ **1.** plaster. – **2.** *med. colloq.* (*Arm etc*) plaster, put (*arm, leg*) in plaster (*od.* in a plaster cast, *bes. Am.* in a cast). – **3.** (*Wein*) plaster. – **4.** *agr.* (*Boden*) gypsum, plaster.

'Gip·ser *m* ⟨-s; -⟩ plasterer.

'gip·sern *adj* **1.** (made of) plaster: ~e Büste bust made of plaster, plaster bust. – **2.** *cf.* gipsartig.

'Gips|ˌest·rich *m civ.eng.* gypsum flooring coat. — **~fiˌgur** *f* plaster (of Paris) figure. — **~ˌform** *f* (*in der Gießerei*) plaster mold (*bes. Br.* mould). — **~ˌgru·be** *f* gypsum pit. — **g~ˌhal·tig** *adj min.* containing gypsum, gypseous, gypsiferous. — **~ˌkalk** *m* (*ein Gemisch*) plaster lime. — **~ˌkalkˌmör·tel** *m* gypsum-lime mortar. — **~ˌkel·le** *f* plastering (*od.* plasterer's) trowel. — **~ˌkopf** *m* **1.** plaster (of Paris) head. – **2.** *fig. colloq. contempt.* slow-witted person; blockhead, fathead, dolt (*colloq.*). — **~korˌsett** *n med.* plaster jacket. — **~ˌkraut** *n bot.* gypsophila, *auch* baby's (*od.* babies') breath, chalk plant (*Gattg Gypsophila*): Kriechendes ~ creeping gypsophila (*G. repens*). — **~ma·leˌrei** *f* painting on gesso. — **~ˌmar·mor** *m* (*Stuck*) imitation marble. — **~ˌmehl** *n* powdered plaster. — **~ˌmer·gel** *m min.* gypseous marl. — **~moˌdell** *n* **1.** (*negatives Stück*) plaster cast. – **2.** (*positives Stück*) plaster model. — **~ˌmör·tel** *m* gypsum mortar, mortar containing plaster (of Paris), stucco. — **~ˌofen** *m* plaster (*od.* gypsum) kiln. — **~ˌputz** *m* gypsum plaster (*od.* cement). — **~ˌputzˌmör·tel** *m* gypsum stuff. — **~ˌsandˌmör·tel** *m* gypsum-sand mortar. — **~ˌspat** *m min.* sparry (*od.* specular) gypsum, selenite (*scient.*). — **~ˌstuck** *m* stucco. — **~verˌband** *m med.* plaster (of Paris) cast, *bes. Am.* cast: j-m einen ~ anlegen to put a plaster cast on s.o.; sein Arm wurde in einen ~ gelegt his arm was plastered, his arm was put in plaster (*od.* in a plaster cast, *bes. Am.* in a cast).

Gi·pü·re [gi'pyːrə] *f* ⟨-; -n⟩ (*textile*) guipure.

Gi'raf·fe [gi'rafə] *f* ⟨-; -n⟩ **1.** *zo.* giraffe, *auch* camelopard (*Giraffa camelopardalis*). – **2.** *astr.* Giraffe, Camelopardus (*scient.*).

Gi'raf·fen|ˌbaum *m bot.* camel('s) thorn, camel-tree (*Acacia giraffae*). — **~gaˌzel·le** *f zo.* gerenuk (*Lithocranius walleri*).

gi·ral [ʒi'raːl] *adv* ~ überweisen *econ.* to transfer from a current account. — **G~ˌgeld** *n* deposit money, money in account.

Gi·ran·do·la [dʒi'randola] *f* ⟨-; -dolen [-'doːlən]⟩, **Gi·ran·do·le** [ʒiran'doːlə] *f* ⟨-; -n⟩ **1.** (*Feuergarbe beim Feuerwerk*) girandole. – **2.** (*Armleuchter*) girandole, candelabrum. – **3.** (*jewelry*) girandole.

Gi·rant [ʒi'rant] *m* ⟨-en; -en⟩ *econ.* endorser. — **Gi·rat** [ʒi'raːt] *m* ⟨-en; -en⟩ endorsee. — **gi'rier·bar** *adj* endorsable. — **gi·rie·ren** [ʒi'riːrən] **I** *v/t* ⟨*no* ge-, h⟩ (auf *acc*, an *acc* upon) endorse, indorse: blanko ~ to endorse in blank. – **II G~** *n* ⟨-s⟩ *verbal noun.* — **gi'riert I** *pp.* – **II** *adj* ~er Scheck (endorsed *od.* indorsed) check (*Br.* cheque). — **Gi'rie·rung** *f* ⟨-; -en⟩ **1.** *cf.* Girieren. – **2.** transfer by endorsement.

Girl [gøːrl; gœrl; gəːl] (*Engl.*) *n* ⟨-s; -s⟩ *colloq.* **1.** girl (friend). – **2.** (*Mitglied einer Tanztruppe*) chorus girl.

Gir·lan·de [gɪr'landə] *f* ⟨-; -n⟩ garland, festoon: mit ~n schmücken to festoon, to garland; ~n winden to weave garlands, to make festoons.

Gir·litz ['gɪrlɪts] *m* ⟨-es; -e⟩ *zo.* (*Finkenvogel*) serin (finch) (*Serinus canarius*).

'Girlˌwei·de ['gɪrl-] *f bot.* rosemary-leaved willow (*Salix rosmarinifolia*).

Gi·ro ['ʒiːro] *n* ⟨-s; -s, *Austrian auch* Giri [-ri]⟩ *econ.* **1.** endorsement, indorsement. – **2.** (*Überweisung*) bank transfer. — **~ˌabˌtei·lung** *f* (*einer Bank*) current account (*od.* giro) department. — **~ˌaufˌtrag** *m* giro transfer order. — **~ˌbank** *f* ⟨-; -en⟩ transfer bank, clearing bank. — **~ˌeinˌla·ge** *f* deposit in a giro (transfer) account. — **~geˌschäft** *n* current account transaction. — **~ˌgutˌha·ben** *n* current account assets *pl.* — **~ˌkas·se** *f* giro institute, transfer and clearing agency. — **~ˌkon·to** *n* current account, giro account. — **~ˌkun·de** *m* current (*od.* giro) account holder.

Gi·ronde [ʒi'rõːd] (*Fr.*) *f* ⟨-; *no pl*⟩ *pol. hist.* Gironde. — **Gi·ron·dist** [ʒirõ'dɪst] *m* ⟨-en; -en⟩ Girondist.

'Gi·ro|ˌnetz *n econ.* giro (transfer) network. — **~verˌbind·lich·kei·ten** *pl* contingent liabilities on account endorsements. — **~verˌkehr** *m* giro transfer business. — **~zenˌtra·le** *f* central giro institution.

gir·ren ['gɪrən] *v/i* ⟨h⟩ **1.** (*von Tauben*) coo. – **2.** (*von Frauen*) coo, twitter coquettishly. – **3.** (*von Verliebten*) bill and coo.

gis, Gis [gɪs] *n* ⟨-; -⟩ *mus.* G sharp: gis, gis-Moll G sharp minor; Gis, Gis-Dur G sharp major.

gi·schen ['gɪʃən] *v/i* ⟨h⟩ *dial. u. poet.* **1.** (*schäumen*) foam, froth. – **2.** (*sprühen*) spray.

Gischt [gɪʃt] *m* ⟨-es; *rare* -e⟩, *auch f* ⟨-; *rare* -en⟩ **1.** (*aufschäumender*) spume, foam, froth. – **2.** (*vom Wind getriebener*) (sea) spray, spoondrift, *Br.* spoon-drift, spindrift.

gis·is, Gis·is ['gɪs'ʔɪs] *n* ⟨-; -⟩ *mus.* G double sharp.

Giß [gɪs] *m* ⟨-sses; -sse⟩ *Low. G. mar.* dead reckoning. — **gis·sen** ['gɪsən] **I** *v/t* ⟨h⟩ (*schätzen*) estimate (*od.* guess) by dead reckoning. – **II G~** *n* ⟨-s⟩ *verbal noun.* — **'Gis·sung** *f* ⟨-; -en⟩ **1.** *cf.* Gissen. – **2.** estimation by dead reckoning. – **3.** *cf.* Giß.

Gi·tar·re [gi'tarə] *f* ⟨-; -n⟩ *mus.* guitar: ~ spielen to play the guitar.

Gi'tar·ren|ˌspie·ler *m*, **~ˌspie·le·rin** *f* [guitarist.]

Gi·tar·rist [gita'rɪst] *m* ⟨-en; -en⟩, **Gi·tar'ri·stin** *f* ⟨-; -nen⟩ guitarist.

Git·ter ['gɪtər] *n* ⟨-s; -⟩ **1.** (*aus Holz, Draht etc*) lattice, grating, trellis. – **2.** (*vor Fenstern, an Türen*) grating, grille, *auch* grill: schmiedeeisernes ~ wrought-iron grill; ein Fenster mit einem ~ versehen to grate a window. – **3.** (*vor Kaminen etc*) fender, guard. – **4.** (*eines Käfigs, Gefängnisses etc*) (iron) bars *pl*: hinter ~n (sitzen) *colloq.* (*im Gefängnis*) (to be) behind bars (*colloq.*), (to be) in prison. – **5.** (*eines Laufställchens etc*) bars *pl*, railing. – **6.** (*Zaun*) fence, railing(s *pl*). – **7.** (*Rost*) grate. – **8.** (*Spalier*) trellis, espalier. – **9.** (*als Muster auf Torten etc*) lattice (pattern). – **10.** (*auf Landkarten*) grid. – **11.** (*eines Kristalls*) (crystal) lattice. – **12.** *electr.* (*einer Elektronenröhre, eines Akkumulators*) grid. – **13.** *phys.* (*optics*) grating: optisches ~ diffraction grating. – **14.** *math.* lattice. – **15.** *metall.* (*einer Regenerativkammer*) checker. – **16.** *her.* portcullis, lattice, trellis.

'Git·ter|ˌabˌleitˌwi·derˌstand *m electr. cf.* Gitterwiderstand. — **g~ˌar·tig I** *adj* latticelike, gridlike, latticed, retiform (*scient.*). – **II** *adv* like a lattice. — **~ˌbal·ken** *m civ.eng.*

cf. Gitterträger. — ~**bat·te·ˌrie** *f electr.* C (*od.* grid [bias]) battery. — ~ˌ**bett(·chen)** *n* (*für Kinder*) *Br.* cot, *Am.* crib. — ~ˌ**brücke** (*getr.* -k·k-) *f civ.eng.* lattice bridge. — ~ˌ**draht** *m* **1.** wire netting. – **2.** *electr.* (*einer Röhre*) grid wire. — ~**elekˌtro·de** *f electr.* grid electrode. — ~ˌ**fa·ser** *f med.* lattice (*od.* reticular) fiber (*bes. Br.* fibre). — ~ˌ**fen·ster** *n* **1.** lattice (window). – **2.** (*mit Eisenstangen*) window with bars, barred window. – **3.** (*in Tür etc*) grille, *auch* grill. — **g**~ˌ**för·mig** *adj* **1.** lattice-shaped, latticed. – **2.** *biol.* cancellate(d), cancellous, reticulate. — ~ˌ**gleichˌrich·ter** *m electr.* grid (leak) detector. — ~ˌ**kam·mer** *f metall.* (*eines Ofens*) checker chamber. — ~**ka·pa·ziˌtät** *f electr.* input capacitance. — ~**kon·denˌsa·tor** *m* grid capacitor. — ~**konˌstan·te** *f* (*optics*) (*eines Kristalls*) lattice constant. — ~**kon·struk·tiˌon** *f civ.eng.* lattice(-type) construction (*od.* structure). — ~ˌ**kreis** *m electr.* grid circuit. — ~ˌ**lei·nen** *n* (*für Stickereien*) canvas, *auch* canvass. — ~ˌ**lei·ter** *f* (*beim Turnen*) window ladder. — ~ˌ**mast** *m* **1.** *tech.* (*einer Hochspannungsleitung*) lattice(-type) tower, pylon. – **2.** *mar.* lattice mast. — ~**mo·du·la·tiˌon** *f electr.* grid modulation. — ~ˌ**netz** *n* (*auf Landkarten etc*) grid. — ~ˌ**pfet·te** *f civ.eng.* latticed purlin (*auch* purline). — ~ˌ**pflan·ze** *f bot.* aponogeton (*Aponogeton fenestralis*). — ~ˌ**re·ge·lung** *f min.* lattice orientation. — ~ˌ**rost** *m* ⟨-es; -e⟩ **1.** (*im Backofen*) (bar)grate, grill. – **2.** (*über Luftschächten etc*) grating. – **3.** ⟨*only sg*⟩ *bot.* cluster cup rust (*Gattg Gymnosporangium*). — ~ˌ**schlan·ge** *f zo.* reticulated python (*Python reticulatus*). — ~ˌ**schnecke** (*getr.* -k·k-) *f* cross-barred shell (*Cancellaria reticulata*). — ~ˌ**schran·ke** *f* (*railway*) lattice gate. — ~ˌ**span·nung** *f electr.* grid voltage. — ~**spek·troˌgraph** *m phys.* grating spectrograph. — ~**spek·troˌskop** *n* grating spectroscope. — ~ˌ**spek·trum** *n* (*optics*) diffraction spectrum. — ~ˌ**stab** *m* (*Stab eines Gitters*) bar. — ~ˌ**stein** *m metall.* checker brick. — ~ˌ**steue·rung** *f electr.* grid control. — ~ˌ**stoff** *m* grenadine, canvas, *auch* canvass. — ~ˌ**strom** *m electr.* grid current. — ~**strukˌtur** *f min.* lattice structure (*od.* texture). — ~ˌ**tor** *n* **1.** iron-barred gate, barway. – **2.** (*Fallgatter*) barrier gate, portcullis. — ~ˌ**trä·ger** *m civ.eng.* (*Fachwerkträger*) lattice girder (*od.* frame, truss). — ~ˌ**tüll** *m* (*textile*) latticework (*Br.* lattice-work) tulle. — ~ˌ**tür** *f* **1.** iron-barred door. – **2.** small iron-barred gate. — ~ˌ**vorˌspan·nung** *f electr.* (grid) bias, bias(s)ing grid voltage. — ~ˌ**wech·selˌspan·nung** *f* AC grid voltage. — ~ˌ**werk** *n* ⟨-s; *no pl*⟩ **1.** *cf.* Gitter 1—6. – **2.** lattice(work), *Br.* lattice(-work), trelliswork, *Br.* trellis-work: **schmiedeeisernes** ~ wrought-iron (lattice[-])work. – **3.** *fig.* (*von Zweigen etc*) lattice(-)work. – **4.** *metall.* (*eines Martinofens*) checkerwork. – **5.** *civ.eng.* latticed girder construction. — ~ˌ**wi·derˌstand** *m electr.* (*Gerät*) grid resistance, bias(s)ing (*od.* grid) resistor. — ~ˌ**zaun** *m* lattice(-)work (*od.* trellis[-]work) fence.

Glace [glaːs] *f* ⟨-; -s [glaːs]⟩ **1.** *cf.* Glasur 4. – **2.** (*gelierter Fleischsaft*) meat jelly. – **3.** *Swiss for* Speiseeis.

Gla·cé [glaˈseː] *m* ⟨-(s); -s⟩ *cf.* Glacéleder. — ~ˌ**handˌschuh** *m* glacé kid (*od.* leather) glove: **j-n mit** ~**en anfassen** *fig. colloq.* to handle s.o. with kid gloves. — ~ˌ**le·der** *n* glacé leather, kid (leather).

gla·cie·ren [glaˈsiːrən] *v/t* ⟨*no* ge-, h⟩ *obs.* **1.** freeze, congeal. – **2.** *cf.* glasieren.

Gla·cis [glaˈsiː] *n* ⟨- [-ˈsiː(s)]; - [-ˈsiːs]⟩ *mil. hist.* glacis.

Gla·dia·tor [glaˈdĭaːtɔr] *m* ⟨-s; -en [-dĭaˈtoːrən]⟩ *antiq.* gladiator.

Gla·dio·le [glaˈdĭoːlə] *f* ⟨-; -n⟩ *bot.* gladiolus (*Gattg Gladiolus*).

gla·go·li·tisch [glagoˈliːtɪʃ] *adj ling.* (*Alphabet etc*) Glagolitic, *auch* Glagolithic.

Gla·go·li·ze [glaˈgɔlitsə] *f* ⟨-; *no pl*⟩ *ling.* Glagolitsa, Glagolitic alphabet.

Glan·del [ˈglandəl] *f* ⟨-; -n⟩ *med.* gland.

glan·du·lär [glanduˈlɛːr] *adj med.* glandular.

glan·du·lös [glanduˈløːs] *adj med.* glandulous.

Glanz [glants] *m* ⟨-es; *no pl*⟩ **1.** (*von Haar, Stoff, Leder, Metall, Perlen etc*) shine, gloss(iness), luster, *bes. Br.* lustre, (*schwächer*) *auch* sheen: **blendender** ~ dazzling shine, glare; **metallischer** ~ metallic luster; **der Spiegel hat seinen** ~ **verloren** the mirror has lost its luster (*od.* brightness); **der** ~ **des Goldes** the shine (*od.* brightness) of gold. – **2.** (*von Augen, Sternen etc*) shine, luster, *bes. Br.* lustre, brightness, brilliance, sparkle: **der fiebrige** ~ **ihrer Augen** the feverish shine of her eyes. – **3.** (*von Licht etc*) brightness, brilliance: **der** ~ **der Kerzen** the brightness (*od.* glow) of the candles; **der strahlende** ~ **der Sonne** *lit.* the shining brilliance (*od.* radiance) of the sun. – **4.** (*Leuchtkraft*) brilliance. – **5.** (*von Papier*) gloss(iness), glaze. – **6.** (*eines Fußbodens etc*) polish, shine: **die Schuhe auf** ~ **polieren** to give the shoes a polish, to polish the shoes till they shine (brightly). – **7.** *fig.* radiance, brilliance, luster, *bes. Br.* lustre: **der** ~ **seiner Persönlichkeit** the radiance of his personality; **der Titel verlieh seinem Namen** ~ the title added luster to his name. – **8.** *fig.* (*Pracht*) splendor, *bes. Br.* splendour, glamour, *Am. auch* glamor: **trügerischer** ~ deceptive splendo(u)r; **der** ~ **des Hofes** the splendo(u)r of the court; **sich im** ~ **seines Ruhms sonnen** to bask in one's fame; **durch ihren Fortgang verlor das Fest seinen** ~ (*od.* **wurde das Fest seines** ~**es beraubt**) by her departure the party had lost all it's glamour; **sich in vollem** ~**e zeigen** *colloq. iron.* to show oneself in full glory. – **9.** *fig.* (*Gepränge*) pomp. – **10.** *fig. colloq.* (*in Wendungen wie*) **eine Prüfung mit** ~ **bestehen** to pass an examination with flying colo(u)rs; **sich mit** ~ **aus der Affäre ziehen** to back out (*od.* get out of one's difficulties) cleverly; **er ist mit** ~ **und Gloria durchgefallen** *iron.* he failed miserably, *bes. Am.* he flunked his exams; **er flog mit** ~ **und Gloria hinaus** *iron.* he was thrown out on his ears (*colloq.*); **welcher** ~ **in unserer armen Hütte** what an hono(u)r to receive you in our humble abode. – **11.** *tech.* gloss, luster, *bes. Br.* lustre, brilliancy, brightness, polish. – **12.** *min.* (*von Kristallflächen etc*) glance, luster, *bes. Br.* lustre.

ˈ**Glanz|ˌabˌzug** *m phot.* glossy print. — ~**ap·preˌtur** *f* (*von Stoffen*) luster (*bes. Br.* lustre) finish. — ~ˌ**au·ge** *n* **1.** *med.* glossy eye. – **2.** *zo. cf.* Abendpfauenauge. — ~ˌ**blätt·chen** *n* (*für Edelsteine*) foil. — ~ˌ**bür·ste** *f* (*für Schuhe etc*) polishing brush. — ~ˌ**ei·senˌerz** *n min.* h(a)ematite, *auch* specular iron ore.

glän·zen [ˈglɛntsən] **I** *v/i* ⟨h⟩ **1.** shine: **ihr Gesicht glänzte vor Freude** her face beamed (*od.* gleamed, shone) with joy; **der See glänzte in der Sonne** the lake shone (*od.* glinted, glittered, glistened) in the sun; **die Sterne** ~ **am Himmel** the stars are shining (*od.* twinkling) in the sky; **alles glänzte vor Sauberkeit** everything shone with cleanliness; → Gold 4. – **2.** (*von Hose, Nase etc*) be shiny. – **3.** (*von Haar, Stoff, Papier, Leder etc*) shine, be shiny (*od.* glossy). – **4.** *fig.* shine, excel, be conspicuous: **er glänzt in Mathematik** he shines (*od.* is brilliant) in mathematics; **er glänzt durch sein Wissen** he is conspicuous for his knowledge; **er ließ seine Sprachkenntnisse** ~ he showed off his knowledge of languages; **bei jeder Gelegenheit versucht sie zu** ~ she tries to shine (*od.* exhibit her talents) on every occasion; **er glänzt durch Abwesenheit** *colloq. humor.* he is conspicuous by his absence. – **II** *v/t rare* **5.** (*Schuhe etc*) polish, shine. – **6.** (*Metall*) polish, burnish. – **7.** (*Leder*) glaze, burnish. – **III G**~ *n* ⟨-s⟩ **8.** *verbal noun.* – **9.** *cf.* Glanz 1—7, 11, 12.

ˈ**glän·zend I** *pres p.* – **II** *adj* **1.** (*Haar, Fell etc*) shiny, shining, glossy, sleek. – **2.** (*Stoff etc*) shiny, lustrous: ~**e Appretur** (*textile*) lustrous finish; **Stoff** ~ **machen** to give fabric a lustrous finish, to glaze fabric. – **3.** (*Metall, Leder etc*) shiny, bright: ~**e Schuhe** shiny (*od.* polished) shoes; **Metall** ~ **machen** to polish (*od.* burnish) metal; **Leder** ~ **machen** to glaze (*od.* burnish) leather. – **4.** (*Perlen, Edelsteine etc*) shiny, glossy, lustrous, bright. – **5.** (*Papier*) glossy: **Papier** ~ **machen** to glaze paper. – **6.** (*Nase, Hosen etc*) shiny. – **7.** (*Augen, Sterne etc*) shining, bright, brilliant, sparkling, luminous. – **8.** *fig.* (*Lösung, Zeugnis, Schüler, Partie etc*) brilliant, excellent: **eine** ~**e Idee** a) a brilliant (*od.* splendid) idea, b) *iron.* a bright idea; ~**e Leistung** brilliant (*od.* glorious) achievement; ~**er Redner** brilliant speaker; ~**e Zukunft** brilliant (*od.* bright) future; ~**es Beispiel** excellent (*od.* shining) example; ~**er Reinfall** *iron.* complete flop (*od.* wash[-]out) (*colloq.*); **das ist (ja)** ~! that's excellent (*od.* splendid, grand, great)! – **9.** *fig. colloq.* (*Wetter, Gesundheit, Laune etc*) excellent, splendid: **in** ~**er Verfassung** in excellent condition, in the pink (of condition); **sie sieht** ~ **aus** she looks exceedingly well (*od.* like the picture of health); **es geht mir** ~ a) I'm very well (*od.* fine), I'm feeling grand, b) I'm doing very well (*od.* fine). – **10.** *phot.* (*Abzüge*) glossy. – **11.** *bot.* (*lackartig*) vernicose. – **III** *adv* **12.** brilliantly: **er hat die Aufgabe** ~ **gelöst** he solved the problem brilliantly; **eine Prüfung** ~ **bestehen** to do brilliantly in an exam, to pass an exam with flying colo(u)rs; **das trifft sich** ~ that's splendid; **wir verstehen uns** ~ we get on splendidly; **das hat** ~ **geklappt** that worked (out) beautifully.

ˈ**Glanz|faˌsan** *m zo.* impeyan pheasant, monal, *auch* monaul, moonal, moonaul, minaul (*Lophophorus impejanus*). — ~ˌ**fa·ser** *f* (*textile*) glazed fiber (*bes. Br.* fibre). — ~ˌ**fisch** *m zo.* opah, sunfish, moonfish (*Fam. Lampridae*). — ~ˌ**garn** *n* (*textile*) glossy (*od.* glacé, polished) yarn. — ~ˌ**gold** *n* bright (*od.* burnished) gold. — ~ˌ**gras** *n bot.* canary grass (*Phalaris canariensis*). — ~ˌ**kä·fer** *m zo.* blossom (*od.* pollen) beetle (*Fam. Nitidulidae*). — **g**~**kaˌschiert** *adj print.* celloglazed. — ~**katˌtun** *m* (*textile*) glazed calico. — ~ˌ**ko·balt** *n min.* cobaltite, cobaltine, cobalt glance (*od.* sulfarsenide). — ~ˌ**koh·le** *f* brightcoal, vitrain. — ~ˌ**lack** *m* (*paints*) glossy (*od.* brilliant) varnish. — ~ˌ**le·der** *n* patent leather. — ~ˌ**lei·nen** *n* glazed linen. — ~ˌ**lei·stung** *f* brilliant performance: **das war nicht gerade eine** ~ *iron.* that was not exactly a brilliant (*od.* peak) performance. — ~ˌ**licht** *n* **1.** (*in der Malerei*) highlight (*auch fig.*): **einem Aufsatz noch ein paar** ~**er aufsetzen** *fig.* to add a few highlights to an essay. – **2.** *phot.* catchlight.

ˈ**glanz·los** *adj* **1.** (*Haare, Augen, Stoff etc*) dull, lusterless, *bes. Br.* lustreless, lackluster, *bes. Br.* lacklustre (*attrib*): ~ **machen** to dull. – **2.** (*matt*) mat(t), matte. – **3.** (*jewelry*) a) (*Diamant*) cloudy, b) (*Perle*) blind. – **4.** *bot.* opaque. – **5.** *fig.* (*Programm, Vorstellung etc*) dull, lackluster, *bes. Br.* lacklustre (*attrib*). — ˈ**Glanz·lo·sig·keit** *f* ⟨-; *no pl*⟩ *auch fig.* dullness, lack of luster (*bes. Br.* lustre).

ˈ**Glanz|ˌnum·mer** *f* **1.** (*einer Vorstellung*) chief (*od.* star) attraction, *bes. Br.* star turn, pièce de résistance. – **2.** (*aus dem Repertoire eines Künstlers*) highlight. — ~**paˌpier** *n* **1.** glossy (*od.* glazed) paper. – **2.** *print.* enamel (*od.* art) paper. – **3.** *tech.* (*zum Appretieren von Wollsachen*) cloth paper. — ~ˌ**pap·pe** *f* glazed (*od.* mill) board. — ~**pe·riˌode** *f cf.* Glanzzeit. — ~ˌ**punkt** *m* **1.** chief attraction, highlight. – **2.** *cf.* Höhepunkt 4. — ~ˌ**rol·le** *f* starring role (*od.* part). — **g**~ˌ**schlei·fen** *v/t* ⟨*only inf u. pp* **glanzgeschliffen**, h⟩ *tech.* (*Glas, Metall etc*) polish, burnish, buff. — ~ˌ**sei·de** *f* (*textile*) glossy (*od.* glacé) silk. — ~ˌ**stär·ke** *f* (*für Wäsche*) gloss starch. — ~ˌ**stoff** *m* (*textile*) **1.** glazed fabric. – **2.** artificial silk, rayon. — ~ˌ**stück** *n* **1.** (*einer Sammlung etc*) showpiece, gem, pièce de résistance. – **2.** *cf.* Glanzleistung. – **3.** *cf.* Glanznummer. — ~ˌ**taft** *m* (*textile*) glazed taffeta. — ~ˌ**vo·gel** *m zo.* jacamar (*Fam. Galbulidae*). — **g**~ˌ**voll** *adj fig.* **1.** *cf.* glänzend 8. – **2.** (*Abend, Zeit, Vorstellung etc*) magnificent, splendid, grand. – **3.** (*Karriere, Aussichten etc*) brilliant. — ~ˌ**wol·le** *f* (*textile*) luster (*bes. Br.* lustre) wool. — ~ˌ**zeit** *f* heyday, *auch* heydey, palmy (*od.* glorious) days *pl*: **er hat seine** ~ **überschritten** his heyday is over, he is past his prime (*od.* best); **Berlin hatte in den zwanziger Jahren seine** ~ the heyday (*od.* golden age) of Berlin was in the twenties. — ~ˌ**zwirn** *m* (*textile*) polished thread.

Glas[1] [glaːs] *n* ⟨-es; ⸗er⟩ **1.** ⟨*only sg*⟩ glass, (*als Sammelbegriff*) glass(ware): **„(Vorsicht)** ~**!"** "Glass! Handle with care!" **geschliffenes [feuerfestes]** ~ cut [fireproof, *Br.* fire-proof] glass; **kugelsicheres [splitterfreies]** ~ bulletproof (*Br.* bullet-proof) [shatterproof, *Br.* shatter-proof, security] glass; ~ blasen [schleifen] to blow [to grind] glass; wer hat das ~ zerschlagen? *colloq.* who broke the glass? hinter (*od.* unter) ~ a) (*Bild etc*) behind glass, b) (*in einem Glaskasten*) in a glass case; aus ~ (made of) glass; geh weg, du bist doch nicht aus ~ *colloq. humor.* move away, you're not transparent (*od.* I can't see through you); → Glück 1. – 2. (*zum Trinken*) glass: zwei ~ Wein two glasses of wine; die Gläser polieren to polish the glasses; etwas bei einem ~ Wein besprechen to discuss s.th. over a glass of wine; trinken wir noch ein ~ zusammen let's have another glass together; ans ~ klopfen (*um eine Rede zu halten*) to knock one's glass; mit den Gläsern anstoßen to touch (*od.* clink) glasses; er hat zu tief ins ~ geguckt, er hat ein ~ über den Durst getrunken *beide colloq. humor.* he's had a drop too much (*od.* one too many) (*colloq.*). – 3. (*ohne Stiel*) glass, tumbler. – 4. (*Marmeladenglas, Einmachglas*) jar: sie holte ein ~ Pfirsiche aus dem Keller she fetched a jar of peaches (up) from the cellar. – 5. (*optics*) a) (optical) glass, b) (*für Brillen etc*) glass, lens, c) (*Brille*) (pair of) glasses *pl* (*od.* spectacles *pl*), d) (*Fernglas*) binoculars *pl* (*sometimes construed as sg*), e) (*Opernglas*) opera glass(es *pl*), *Br.* opera-glass(es *pl*): ungefaßtes ~ rimless glass; er benötigt zum Lesen ein starkes ~ he needs strong glasses for reading. – 6. *lit. for* Spiegel 1. – 7. ohne ~ *econ.* (*Flasche*) without deposit.

Glas[2] *n* ⟨-es; -en⟩ *mar.* (*halbe Stunde*) bell: acht ~en eight bells.

'Glas|ˌaal *m zo.* elver, *auch* glass eel. — **~achat** [-ˀaˌxaːt] *m min.* obsidian. — **g~ˌar·tig** *adj* 1. glasslike, glassy, vitreous (*scient.*). – 2. *med.* glassy, hyaloid (*scient.*). — **~ˌau·ge** *n* 1. glass (*od.* artificial) eye, ocular prosthesis (*scient.*). – 2. *zo.* lesser Atlantic argentine (*Argentina sphyraena*). — **~ˌau·genˌbarsch** *m zo.* walleye (*Stizostedion vitrëum*). — **~balˌlon** *m* 1. (*Korbflasche*) demijohn, carboy. – 2. *chem.* ballon flask. — **~ˌbau** *m* ⟨-(e)s; -ten⟩ *civ.eng.* glass structure. — **~ˌbauˌstein** *m* glass block. — **~ˌbild** *n* glass picture. — **~ˌbla·sen** *n tech.* glass blowing, *Br.* glass-blowing. — **~ˌblä·ser** *m* glassblower, *Br.* glass-blower. — **~blä·seˌrei** *f* 1. glass blowing, *Br.* glass-blowing. – 2. (*Betrieb*) glassworks *pl* (*construed as sg or pl*). — **~ˌblä·serˌpfei·fe** *f* blowing pipe (*od.* iron, tube), blowpipe. — **~ˌboh·rer** *m tech.* glass drill. — **~ˌbrocken** (*getr.* -k·k-) *m* lump of glass. — **~ˌbruch** *m* (*in der Glasherstellung*) cullet, refuse glass. — **~cheˌmie** *f* chemistry of glass.

Gläs·chen ['glɛːsçən] *n* ⟨-s; -⟩ *dim. of* Glas 2: sich (dann und wann) ein ~ genehmigen to take a drop (now and then) (*colloq.*); er trinkt gern ein ~ he likes a glass (*od.* a drink) now and then.

'Glas|ˌdach *n* glass roof. — **~ˌdeckel** (*getr.* -k·k-) *m* glass lid (*od.* cover, top). — **~diaˌmant** *m* glass (*od.* imitation) diamond. — **~elek·tri·zi·tät** *f phys.* vitreous electricity.

gla·sen[1] ['glaːzən] *v/t* ⟨h⟩ (*Fenster etc*) [glass, glaze.]

'gla·sen[2] *v/t u. v/i* ⟨h⟩ *mar.* strike the bell: es hat 4 geglast the bell has struck (*od.* sounded) four times.

'Gla·ser *m* ⟨-s; -⟩ glazier, *auch* glassworker, *Br.* glass-worker: dein Vater ist wohl ~? *colloq. humor.* you're not transparent, I can't see through you. — **~ˌar·beit** *f* 1. glazing: das Haus ist fertig bis auf die ~en the house is finished except for the glazing. – 2. (piece of) glazing. — **~diaˌmant** *m* glass cutter, *Br.* glass-cutter, glazier's diamond.

Gla·se'rei *f* ⟨-; -en⟩ glazier's (work)shop.

'Gla·serˌkitt *m tech.* (glazier's) putty.

'Gla·serˌklang *m* clink(ing) of glasses.

'Gla·serˌmei·ster *m* master glazier.

gläs·ern ['glɛːzərn] *adj* 1. (*aus Glas*) (of) glass, vitreous (*scient.*): der G~e Zug (*railway*) *a sight-seeing train running from Munich.* – 2. (*Klang*) like glass. – 3. (*Stimme*) brittle. – 4. (*Blick*) *cf.* glasig 1. – 5. (*Luft etc*) crystal(-clear).

'Glä·serˌtuch *n* glass (polishing) cloth.

'Gla·serˌwerkˌstatt *f cf.* Glaserei.

'Glas|faˌbrik *f* glassworks *pl* (*construed as sg or pl*), glass factory. — **~fa·bri·ka·tiˌon** *f* glass manufacture. — **~ˌfa·den** *m tech.* glass thread (*od.* filament). — **~ˌfa·ser** *f* glass fiber (*bes. Br.* fibre). — **g~ˌfa·ser·verˌstärkt** *adj* glass-fiber (*bes. Br.* glass-fibre) reinforced. — **~ˌfeh·ler** *m* defect (*od.* fault, flaw) in glass. — **~ˌfen·ster** *n* (glass) window. — **~ˌfi·ber** *f cf.* Glasfaser. — **~ˌfläsch·chen** *n* 1. flask. – 2. (*bes. für Medizin*) vial. — **~ˌfla·sche** *f* glass bottle. — **~ˌflie·se** *f* glass tile. — **~ˌflüg·ler** [-ˌflyːglər] *m* ⟨-s; -⟩ *zo.* clearwing moth (*Fam. Sesiidae*). — **~ˌfluß** *m tech.* 1. glass flux. – 2. (*zur Nachahmung von Edelsteinen*) paste, strass. — **~ˌgal·le** *f* glass gall, sandever, *auch* sandiver. — **~geˌfäß** *n* glass vessel (*od.* container). — **~geˌschirr** *n* glassware, glass vessels *pl*, glasses *pl*. — **~geˌspinst** *n tech.* spun glass. — **~ˌglocke** (*getr.* -k·k-) *f* 1. (*für Butter etc*) glass cover. – 2. (*für Lampen*) glass globe. – 3. (*für Pflanzen etc*) glass bell. – 4. (*für chemische Zwecke*) bell (*od.* glass) jar. — **~ˌgrun·del** *f, auch m zo.* transparent goby (*Aphya minuta*). — **~harˌmo·ni·ka** *f mus.* glass harmonica, musical glasses *pl*. — **g~hart** *adj* 1. [-'hart] (*Eis etc*) (as) hard as (a) rock. – 2. [-ˌhart] *metall.* glass-hard. – 3. [-'hart] (*sport*) *colloq.* (*Torschuß*) cracking. — **~ˌhaus** *n* greenhouse, *Br. auch* glass-house: wer im ~ sitzt, soll nicht mit Steinen werfen (*Sprichwort*) people who live in glasshouses should not throw stones (*proverb*). — **~ˌhaut** *f* 1. *tech.* cellophane. – 2. *med.* (*des Auges*) hyaloid membrane. — **g~ˌhell** *adj* 1. crystal-clear. – 2. transparent. — **~ˌhüt·te** *f tech. cf.* Glasfabrik.

gla·sie·ren [gla'ziːrən] *v/t* ⟨*no* ge-, h⟩ 1. (*Kacheln etc*) glaze. – 2. (*Ziegel*) vitrify. – 3. (*Metallwaren*) enamel. – 4. *gastr.* a) (*Kuchen*) ice, frost, b) (*Früchte*) candy, crystallize, c) (*Fleisch*) glaze. — **gla'siert** I *pp.* – II *adj* 1. (*Kachel*) glazed. – 2. (*Ziegel*) vitrified. – 3. (*Metallwaren*) enamel(l)ed. – 4. *gastr.* a) (*Reis*) glazed, b) (*Früchte*) candied, crystallized, glacé.

gla·sig ['glaːzɪç] *adj* 1. (*Blick, Auge etc*) glassy, glazed. – 2. *geol.* (*Gestein*) glassy; vitreous, hyaline (*scient.*). – 3. *med.* glassy, hyaline (*scient.*). – 4. *gastr.* a) (*Speck, Zwiebel etc, beim Ausbraten*) transparent, b) (*Kartoffel*) waxy. – 5. *agr.* (*Getreidekörner*) hard, flinty, durum (*attrib*). – 6. (*Malz*) steely, vitreous (*scient.*).

'Glas|in·duˌstrie *f* glass industry. — **~iso·ˌla·tor** *m electr.* glass insulator. — **~ˌka·sten** *m* 1. glass case. – 2. *contempt.* (*Gebäude mit vielen Fenstern*) glass box. — **~ˌkir·sche** *f bot.* amarelle (*Prunus cerasus*). — **~ˌkitt** *m tech.* glass cement. — **g~ˌklar** *adj* 1. (*Wasser, Luft etc*) (as) clear as glass, crystal-clear. – 2. (*durchsichtig*) transparent. – 3. *fig. colloq.* (*Chance*) hundred-percent (*attrib*). — **~ˌknopf** *m* glass button. — **~ˌkol·ben** *m* 1. *chem.* (*im Labor*) (glass) flask. – 2. *electr.* (*von Elektronenröhren*) (glass) bulb. — **~ˌkopf** *m* 1. (*einer Stecknadel*) glass head. – 2. *min.* radiolitic reniform limonite: roter ~ kidney ore.

'Glasˌkör·per *m med.* (*des Auges*) vitreous body (*od.* humor, *bes. Br.* humour). — **~entˌzün·dung** *f* hyalitis. — **~ˌtrü·bung** *f* opacity of the vitreous body.

'Glas|ˌkraut *n bot.* 1. a) glasswort, salicornia (*scient.*) (*Gattg Salicornia*), b) marsh samphire (*S. herbacea*). – 2. pellitory (*Parietaria officinalis*). — **~ˌku·gel** *f* 1. glass ball (*od.* globe, bulb). – 2. (*Murmel*) marble. — **~ˌla·va** *f geol.* volcanic glass. — **~ˌlin·se** *f* (glass) lens. — **~ˌma·cher** *m* glassmaker. — **~ˌma·ler** *m* glass painter. — **~ma·leˌrei** *f* glass painting. — **~ˌmas·se** *f tech.* molten glass, glass flux (*od.* batch, mass). — **~ˌmehl** *n* glass powder. — **~mo·saˌik** *n* (*art*) glass mosaic. — **~ˌofen** *m tech.* glass melting furnace. — **~opal** [-ˀoˌpaːl] *m min.* hyalite. — **~paˌlast** *m* 1. glass palace. – 2. (*im Märchen*) crystal palace. — **~paˌpier** *n tech.* glass paper, *Br.* glass-paper: etwas mit ~ behandeln to glass-paper s.th. — **~ˌpa·ste** *f* (glass) paste, strass. — **~ˌper·le** *f* glass (*od.* artificial) bead. — **~ˌper·lenˌspiel**", „Das "The Glass Bead Game" (*novel by Hesse*). — **~ˌplat·te** *f* 1. glass plate. – 2. (*auf Tisch etc*) glass top. – 3. (*Glasbord*) glass shelf. — **~ˌpris·ma** *n* (*optics*) glass prism. — **~ˌprüf·ˌmaß** *n tech.* optical flat (ga[u]ge). — **~ˌpul·ver** *n cf.* Glasmehl. — **~ˌrohr** *n* glass tube. — **~ˌröhr·chen** *n med. pharm.* small glass tube, vial. — **~ˌröh·re** *f* glass tube. — **~ˌscha·le** *f* glass bowl (*od.* dish). — **~ˌschei·be** *f* glass pane (*od.* sheet), pane (of glass). — **~ˌscher·be** *f* piece of broken glass: ~n (pieces of) broken glass *sg*. — **~ˌsche·re** *f tech.* glass-cutting shears *pl*. — **~ˌschlan·ge**, **~ˌschlei·che** *f zo.* (eastern) glass snake (*Ophisaurus ventralis*). — **~ˌschlei·fen** *n tech.* 1. glass cutting, *Br.* glass-cutting. – 2. (*an der Oberfläche*) glass grinding. — **~ˌschlei·fer** *m* glass cutter (*od.* grinder), *Br.* glass-cutter. — **~schlei·feˌrei** *f* 1. glass grinding (*od.* cutting), *Br.* glass-cutting. – 2. glass-grinding (*od.* -cutting) works *pl* (*construed as sg or pl*). — **~ˌschliff** *m* glass cutting (*od.* grinding), *Br.* glass-cutting. — **~ˌschmalz** *n bot. cf.* Glaskraut 1. — **~ˌschmel·ze** *f tech.* 1. melting of glass. – 2. glass melt, molten glass. — **~ˌschnecke** (*getr.* -k·k-) *f zo.* glass(y) snail (*Vitrina diaphana*). — **~ˌschnei·den** *n* glass cutting, *Br.* glass-cutting. — **~ˌschnei·der** *m tech.* 1. (*Werkzeug od. Person*) glass cutter, *Br.* glass-cutter. – 2. (*Diamant*) glazier's diamond. — **~ˌschrank** *m* glass cabinet (*od.* cupboard). — **~ˌschüs·sel** *f* glass bowl, (deep) glass dish. — **~ˌschwamm** *m zo.* glass (*od.* flint) sponge (*Klasse Hexactinellidae*). — **~ˌsei·de** *f* (*textile*) glass silk, fiber (*bes. Br.* fibre) glass, *auch* fibrous (*od.* spun) glass. — **~ˌsei·fe** *f* glass(maker's) soap. — **~spin·neˌrei** *f tech.* glass spinning. – 2. (*Betrieb*) glass spinning plant. — **~ˌsplit·ter** *m* glass splinter. — **~ˌstahl·beˌton** *m civ.eng.* reinforced glass concrete. — **~ˌstein** *m* 1. glass brick. – 2. paste for imitating gems. – 3. *min.* axinite. — **~ˌstop·fen**, **~ˌstöp·sel** *m* glass stopper. — **~ˌsturz** *m bes. Austrian for* Glasglocke.

Glast [glast] *m* ⟨-es; *no pl*⟩ *Southern G., Swiss and poet. for* Glanz 1—6.

'Glas|ˌta·fel *f* glass plate. — **~ˌtin·te** *f* ink used on glass. — **~ˌträ·ne** *f*, **~ˌtrop·fen** *m tech.* glass tear, Prince Rupert's drop. — **~ˌtür** *f* glass door.

Gla·sur [gla'zuːr] *f* ⟨-; -en⟩ 1. (*von Keramikwaren etc*) glaze, glazing: ohne ~ unglazed. – 2. (*Glanzüberzug*) gloss, luster, *bes. Br.* lustre. – 3. (*auf Metallwaren etc*) enamel. – 4. *gastr.* a) (*auf Kuchen etc*) icing, frosting, b) (*an Früchten etc*) sugar coating, c) (*über Fleisch etc*) glaze: Kuchen mit ~ überziehen to ice a cake. — **~ˌblau** *n* zaffer, zaffre, *Am. auch* zaffree, zaffar, zaffir. — **~ˌerz** *n min. cf.* Bleiglanz. — **~ˌofen** *m tech.* glazing kiln (*od.* furnace).

'Glas|ve·ranˌda *f arch.* glass (*od.* glassed-in) veranda(h), *Am.* glass-enclosed porch, *auch* sun parlor. — **~verˌsi·che·rung** *f econ.* glass insurance. — **~ˌwand** *f* 1. glass wall. – 2. (*Trennwand*) glass partition. — **~ˌwa·ren** *pl* glassware *sg*, glasswork *sg*. — **~ˌwat·te** *f tech. cf.* Glaswolle. — **~ˌwei·de** *f bot. cf.* Bruchweide. — **g~ˌwei·se** *adv* by the glass: er trinkt Schnaps ~ he drinks brandy by the glassful. — **~ˌwei·zen** *m bot.* (*Hartweizen*) hard (*od.* flint, Algerian, durum) wheat (*Triticum durum*). — **~ˌwol·le** *f tech.* glass mineral wool. — **~ˌwurz** *f bot. cf.* Glaskraut 1a. — **~ˌzie·gel** *m* 1. glass tile. – 2. *cf.* Glasbaustein. — **~zyˌlin·der** *m* 1. glass cylinder. – 2. (*einer Lampe*) chimney.

glatt [glat] I *adj* ⟨-er, *auch* ¨er; -est, *auch* ¨est⟩ 1. (*Haut, Fell, Teig etc*) smooth: ~es Haar a) smooth hair, b) (*ungelockt*) straight hair; ~es Gesicht a) (*faltenlos*) smooth (*od.* unwrinkled) face, b) (*glattrasiert*) smooth (*od.* clean-shaven) face, c) (*bartlos*) smooth (*od.* beardless) face, d) *fig.* expressionless face; ~er Stoff a) (*nicht rauh*) smooth fabric, b) (*ungemustert*) plain fabric, c) (*faltenlos*) uncreased fabric; ~er Gewehrlauf *tech.* smooth (*od.* unrifled) barrel; Gewehr mit ~em Lauf smoothbore (gun). – 2. (*Fläche, Boden etc*) smooth, even. – 3. (*poliert*) polished. – 4. (*vereiste Straße, Parkett, Fisch etc*) slippery: es ist ~ draußen it's slippery outside; → Aal 1. – 5. (*Meer etc*) smooth, unruffled. – 6. (*Strickart*) plain: ~e Masche knit stitch. – 7. (*Schnitt, Bruch etc*) clean. – 8. *fig.* (*reibungslos*) smooth: ~e Fahrt smooth (*od.* easy) trip. – 9. *fig.* (*Verse, Stil etc*) smooth, smooth(ly) flowing. – 10. *fig.* (*Person, Art, Benehmen etc*) smooth, sleek, suave. – 11. *fig.* (*Worte, Zunge etc*) glib, smooth. – 12. *fig. colloq.* (*in Wendungen wie*) ~e Lüge downright (*od.* outright) lie; ~er Mord plain (*od.* simple) murder; ~e Niederlage complete defeat; ~er Sieg clear victory; ~er Unsinn sheer (*od.* complete, utter) nonsense; ~es Versagen complete failure; ~er Wahnsinn sheer (*od.* utter) madness; j-m die ~e Wahrheit sagen to tell s.o. the plain truth; das kostet mich ~e 1000 Mark that will cost me a cool 1,000 marks (*colloq.*). – **13.** *agr.* (*Vieh*) sleek(-haired). – **14.** *aer.* (*Strömung*) inviscid. – **15.** *phot.* (*Rand*) straight. – **16.** *print.* (*Satz*) straight, run-on (*attrib*). – **17.** (*paper*) a) smooth, b) shiny, glossy. – **18.** *math.* (*Zahl*) even, round. – **19.** *econ.* a) (*Rechnung*) even, b) (*Geschäft*) square: eine ~e Rechnung machen to bring a bill to an even amount, to round off a bill. – **20.** *bot. zo.* (*Blatt, Haut*) smooth, glabrous (*scient.*): ~er Stengel glabrous stalk. – **II** *adv* **21.** ~ landen to land smoothly; ~ anliegen a) (*von Kleid etc*) to fit closely, b) *tech.* (*an der Wand etc*) to be flush (with the wall); ~ aufliegen to lie flat on; ~ durchschneiden to cut clean through; ~ gestrickt plainly knit; ~ aufgehen (*von Rechnung etc*) to work out exactly. – **22.** *fig. colloq.* (*in Wendungen wie*) ~ abgehen (*od.* verlaufen, vonstatten gehen) to go off smoothly (*od.* without a hitch); es geht nicht immer alles ~ ab it isn't all plain (*od.* smooth) sailing; ~ erwiesen clearly established; ~ geschlagen werden to be roundly (*od.* completely, clearly) defeated; ~ gewinnen to win hands down; ich könnte ihm ~ eine schmieren I feel like pasting (*od.* fetching) him one. – **23.** *fig. colloq. cf.* glattweg.

'Glatt|ˌbin·gel [-ˌbɪŋəl] *m* ⟨-s; -⟩ *bot.* annual (*od.* French) mercury (*Mercurialis annua*). — **g~ˌblät·te·rig, ~ˌblätt·rig** *adj* smooth-leaved (*od.* -leafed), nudifolious (*scient.*). — **g~ˌbü·geln** *v/t* ⟨*sep*, -ge-, h⟩ iron (out), smooth out. — **g~ˌbür·sten** *v/t* ⟨*sep*, -ge-,h⟩ brush up. — **~ˌbutt** *m zo.* brill (*Rhombus laevis*). — **~ˌdeck** *n mar.* flush deck. — **~ˌdecker** (*getr.* -k·k-) *m* ⟨-s; -⟩ flush-decker, flush-deck vessel. — **g~ˌdrücken** (*getr.* -k·k-) *v/t* ⟨*sep*, -ge-, h⟩ **1.** smooth out. – **2.** *tech.* burnish.

Glät·te[1] ['glɛtə] *f* ⟨-; *no pl*⟩ **1.** (*der Haare, Haut, des Meeres etc*) smoothness. – **2.** (*einer Fläche, des Bodens etc*) smoothness, evenness. – **3.** (*einer vereisten Straße etc*) slipperiness: die ~ auf den Straßen the slippery (*od.* icy) condition of the roads. – **4.** (*Politur*) polish. – **5.** (*eines Schnitts, Bruchs*) cleanness. – **6.** (*eines Gewebes*) plainness. – **7.** *fig.* (*des Stils etc*) smoothness, fluency. – **8.** *fig.* (*einer Person, des Benehmens etc*) smoothness, sleekness, suavity. – **9.** (*paper*) a) smoothness, b) shininess, gloss(iness).

'Glät·te[2] *f* ⟨-; -n⟩ *chem. cf.* Bleiglätte.

'GlattˌeIs *n* ice, glazed frost, slippery ice: heute ist ~ the roads are icy today; bei ~ muß gestreut werden icy roads must be gritted (*od.* sanded); j-n aufs ~ führen *fig. colloq.* a) (*täuschen, irreführen*) to lead s.o. up the garden (path), b) (*durch Fragen etc*) to trip s.o. up; aufs ~ geraten *fig.* to get on to difficult ground.

'Glättˌei·sen *n* **1.** *tech.* (*in der Wäscherei*) flatiron, rubber. – **2.** *Swiss for* Bügeleisen 1, 2.

'Glattˌeis·geˌfahr *f* danger of ice: Vorsicht, ~! danger, ice (on the roads)! icy roads!

glät·ten ['glɛtən] **I** *v/t* ⟨h⟩ **1.** (*Haare, Fell etc*) smooth (down): das Haar mit Pomade ~ to sleek one's hair with brilliantine. – **2.** (*Zerknittertes*) smooth (out). – **3.** (*Falten*) smooth out, take out. – **4.** (*Spiegel*) brighten. – **5.** (*polieren*) polish. – **6.** (*Metall*) a) smooth, b) (*glattdrücken*) burnish, c) (*läppen*) lap, d) (*schwabbeln*) buff, e) *cf.* glatthämmern, f) (*Rohre*) reel. – **7.** (*paper*) (*satinieren*) glaze, burnish. – **8.** (*zurichten*) (*Holz*) smooth, finish. – **9.** (*ausstreichen*) (*Leder*) scud, slate, jack. – **10.** *civ.eng.* (*Zementputz, Steine*) smooth. – **11.** *electr.* smooth, filter. – **12.** *fig.* (*stilistisch ausfeilen*) polish, file. – **13.** *fig.* (*Erregung*) smooth down. – **14.** *Swiss for* bügeln 1, 2. – **II** *v/reflex* sich ~ **15.** (*von Falten auf Stirn*) flatten. – **16.** (*von Gesichtszügen*) soften. – **17.** (*von Meereswogen*) become smooth, calm down. – **18.** *fig.* (*von Wogen der Erregung*) subside, die down. – **III G~** *n* ⟨-s⟩ **19.** *verbal noun.*

'Glät·ter *m* ⟨-s; -⟩ **1.** *civ.eng.* (*Glättkelle*) plastering (*od.* finishing) trowel. – **2.** (*paper*) glazer.

'glat·ter'dings *adv cf.* schlechterdings.

'Glät·te·rin *f* ⟨-; -nen⟩ *Swiss for* Büglerin.

'glatt|ˌfei·len *v/t* ⟨*sep*, -ge-, h⟩ file (*s.th.*) smooth. — **~geˌscho·ren** *adj* (*Kopf*) shaven. — **~ˌhaa·rig** *adj* **1.** straight-haired. – **2.** (*Hund*) smooth-haired. – **3.** *anthrop.* leiotrichous, lissotrichous. — **G~ˌha·fer** *m bot.* tall (*od.* false) oat grass, tall meadow oat (*Arrhenatherum elatius*). — **G~ˌhai** *m zo. cf.* Hundshai 2. — **~ˌhäm·mern** *v/t* ⟨*sep*, -ge-, h⟩ *tech.* hammer out, planish (*s.th.*) (by hammer). — **~ˌhäu·tig** *adj* having a smooth (*od.* soft) skin, soft-skinned.

'Glatt·heit *f* ⟨-; *no pl*⟩ *cf.* Glätte[1].

'glatt|ˌho·beln *v/t* ⟨*sep*, -ge-, h⟩ (*wood*) plane (*s.th.*) smooth, surface. — **~ˌkäm·men** *v/t* ⟨*sep*, -ge-, h⟩ **1.** comb (*s.th.*) straight. – **2.** (*bes. mit Fett etc*) sleek (*od.* slick) back.

'Glätt|ˌkel·le *f civ.eng.* plastering (*od.* finishing) trowel. — **~ˌkol·ben** *m print.* (*der Buchbinder*) polishing iron.

'glatt|ˌle·gen *v/t* ⟨*sep*, -ge-, h⟩ lay (*s.th.*) straight. — **~ˌma·chen** *v/t* ⟨*sep*, -ge-, h⟩ **1.** *cf.* glätten 1—3. – **2.** *fig. colloq.* (*Sache*) settle, even (*s.th.*) up. – **3.** *econ.* a) (*Rechnung etc*) pay (off), settle, even (*s.th.*) up, b) (*Schuld etc*) square, clear, liquidate.

'Glätt·maˌschi·ne *f tech.* (*paper, textile*) calender.

'Glatt|ˌna·se *f zo.* vespertilionid (*Fam. Vespertilionidae*). — **~ˌnat·ter** *f* smooth snake (*Coronella austriaca*).

'GlättˌpreS·se *f tech.* (*paper*) glazing press.

'Glatt|ˌputz *m civ.eng.* smoothed (*od.* fair-faced) plaster. — **g~ˌput·zen** *v/t* ⟨*sep*, -ge-, h⟩ smooth. — **g~ˌran·dig** [-ˌrandɪç] *adj* (*Foto etc*) having a straight edge. — **g~raˌsiert** *adj* clean-shaven. — **~ˌro·chen** *m zo.* European (*od.* gray, *bes. Br.* grey, common) skate (*Raja batis*). — **g~ˌsche·ren** *v/t* ⟨*irr, sep*, -ge-, h⟩ **1.** (*Kopf*) shave. – **2.** (*Schaf*) shear. — **g~ˌschlei·fen** *v/t* ⟨*irr, sep*, -ge-, h⟩ *tech.* polish, finish, smooth. — **g~ˌschnei·den** *v/t* ⟨*irr, sep*, -ge-, h⟩ (*Rand etc*) cut (*s.th.*) straight. — **g~ˌstel·len** *econ.* **I** *v/t* ⟨*sep*, -ge-, h⟩ **1.** (*Konto*) balance, settle. – **2.** (*Börsenengagement*) liquidate. – **3.** *cf.* glattmachen 3. – **II G~** *n* ⟨-s⟩ **4.** *verbal noun.* — **~ˌstel·lung** *f* **1.** *cf.* Glattstellen. – **2.** settlement. – **3.** liquidation. – **4.** (*einer Rechnung, Schuld*) settlement. — **g~ˌstrei·chen** *v/t* ⟨*irr, sep*, -ge-, h⟩ **1.** (*Haar etc*) smooth. – **2.** (*Kleid, Papier etc*) smooth out. — **~ˌstrich** *m civ.eng.* finish plastering.

'Glät·tung *f* ⟨-; *no pl*⟩ *cf.* Glätten.

'Glät·tungs·kon·denˌsa·tor *m electr.* smoothing capacitor.

'Glattˌwal *m zo.* right whale, balaenid (*Fam. Balaenidae*).

'GlättˌwalzˌWerk *n metall.* **1.** smoothing rolls *pl.* – **2.** (*für Rohre*) reeling machine.

'glattˌweg [-ˌvɛk] *adv* **1.** (*rundheraus*) flatly, point-blank: ~ ablehnen to refuse flatly. – **2.** (*offen, rückhaltlos*) straight (out), bluntly: j-m etwas ~ ins Gesicht sagen to tell s.o. s.th. straight to his face. – **3.** (*ohne weiteres*) easily: das bringt er ~ fertig he's quite capable of that, I wouldn't put it past him. – **4.** (*völlig*) completely: ~ erlogen completely untrue; ~ unmöglich absolutely impossible; das hab' ich ~ vergessen I've (completely [*od.* clean]) forgotten all about it; du machst einen ~ verrückt you're driving me crazy (*od.* out of my mind).

'Glätt|ˌwerk *n tech.* (*in Papierherstellung*) calender. — **~ˌzahn** *m* (*einer Räumnadel*) burnishing button.

'glatt|ˌzie·hen *v/t* ⟨*irr, sep*, -ge-, h⟩ pull (*s.th.*) straight, straighten. — **~ˌzün·gig** [-ˌtsʏŋɪç] *adj* **1.** smooth-tongued. – **2.** (*zungenfertig*) glib.

Glat·ze ['glatsə] *f* ⟨-; -n⟩ **1.** bald head (*od.* pate): er hat eine ~ he is bald. – **2.** (*kahle Stelle*) bald patch (*od.* spot).

'Glatzˌflech·te *f vet.* ringworm.

'Glatzˌkopf *m* **1.** *cf.* Glatze 1. – **2.** (*Person*) baldhead, baldpate, bald-headed (*od.* bald-pated) person. — **'glatzˌköp·fig** [-ˌkœpfɪç] *adj* bald-headed (*od.* -pated), bald, baldpate (*attrib*).

Glau·be ['glaubə] *m* ⟨-ns, *rare* -n; *no pl*⟩ **1.** belief: ~ an Gottes Wort belief in the word of God; es ist mein fester ~, daß it is my firm belief (*od.* conviction) that; man kann seinen Worten keinen ~n schenken no belief can be placed (*od.* no faith can be put) in his words, no credit (*od.* credence) can be given to his words; sie schenkte ihm keinen ~n she did not believe him, she doubted him; er fand keinen ~n he was not believed. – **2.** (*feste Annahme*) belief: er lebte in dem ~n (*od. lit.* war des ~ns), daß he lived in the belief (*od.* believed, was of the opinion) that; laß ihn doch bei seinem ~n let him go on believing this (*od.* believe what he likes), let him keep his illusions. – **3.** (*festes Vertrauen*) faith, trust, confidence: fester ~ an Gott strong faith in God; sein unerschütterlicher ~ an die Zukunft his unshak(e)able faith in the future, his unshak(e)able optimism; den ~n an j-n [etwas] verlieren to lose (one's) faith (*od.* trust) in s.o. [s.th.]; sein fester ~ an sie his trust in her; der ~ versetzt Berge faith moves mountains; in gutem ~n, guten ~ns in good faith, *bes. jur.* bona fide; j-m in gutem ~n etwas anvertrauen to confide s.th. in s.o. in good faith. – **4.** *relig.* a) (religious) faith (*od.* belief), b) (*Religion*) faith, religion: lebendiger ~ living faith; fester religiöser ~ strong religious belief; für seinen ~n einstehen to stand up for one's faith (*od.* religious belief); den christlichen ~n annehmen to embrace the Christian faith; von seinem ~n abfallen to renounce (*od.* abjure) one's faith, to apostatize; sich zum ~n seiner Väter bekennen to profess the faith of one's forefathers; für seinen ~n sterben to die for one's faith; seinen ~n verlieren to lose one's faith.

Glau·ben ['glaubən] *m* ⟨-s, *rare* -; *no pl*⟩ *rare for* Glaube: Treu und ~ *jur.* good faith, bona fides; auf Treu und ~ on trust.

'glau·ben I *v/t* ⟨h⟩ **1.** believe: ich glaube (es) dir I believe you (*od.* it), I believe what you say; ich glaube dir kein Wort I don't believe a word of it (*od.* a word you say); das müssen wir ~ we have to believe that, that's a matter of belief (*od.* trust); es ist nicht (*od.* kaum) zu ~! it's incredible, it's unbelievable, it's fantastic; etwas blindlings ~ to believe s.th. implicitly (*od.* without question); er glaubt alles, was man ihm sagt he believes (*od.* gives credit to) everything you tell him; anfangs glaubte ich (ihm) jedes Wort at first I believed his every word; das glaubst du doch wohl selbst nicht you don't believe that yourself, do you? tell that to the marines (*colloq.*); du glaubst selbst nicht, was du sagst you don't really believe what you're saying yourself; ob du es glaubst oder nicht believe it or not; wer's glaubt, wird selig *colloq. iron.* a likely story, I don't believe it. – **2.** (*annehmen, meinen*) believe, think, *bes. Am.* guess: glaubst du (das) wirklich? do you really think so? das hätte ich nie geglaubt I would never have believed (*od.* thought) that; er glaubt, recht zu haben he believes he is right; ich glaube, ich kann nicht kommen I think (*bes. Am.* guess) I cannot come; er hat dabei viel Geld verloren — das glaube ich he has lost a lot of money by this — I can well believe (*od.* imagine) that; wird er morgen kommen? — ich glaube (es) nicht will he come tomorrow? — I don't think so (*od.* he will); wir glaubten dich in Berlin we believed you to be in Berlin, we thought you (were) in Berlin. – **3.** j-n etwas ~ machen a) to make (*od.* have) s.o. believe s.th., b) to talk s.o. into believing s.th.: er will mich ~ machen, daß he wants to make me (*od.* wants me to) believe that. – **II** *v/i* **4.** (an *acc* in) believe: an Gott ~ to believe in God; er glaubt an Gespenster he believes in ghosts; ich habe nicht an Wunder geglaubt I wasn't expecting (*od.* looking for) miracles (*od.* a miracle); an j-s Worte ~, j-s Worten ~ to believe (in) what s.o. says, to give credit (*od.* credence) to s.o.'s words; ich glaube Ihnen aufs Wort I take your word for it; du kannst mir ~ you can believe (*od.* take it from) me. – **5.** an j-n ~ (*Vertrauen haben*) to have (*od.* put) faith (*od.* confidence) in s.o.: keiner glaubte an ihn no one had (any) faith in him, no one trusted him. – **6.** (*meinen*) believe, think: wird er kommen? — ich glaube ja, ich glaube schon will he come? — I think so, I suppose so, I daresay (*Br.* dare say); ich glaube gar, Sie sind des Teufels! I really think you are mad. – **7.** *relig.* believe, have religious beliefs: wer glaubt heute noch? who still holds (any) religious beliefs nowadays? er konnte nicht mehr ~ he had lost his faith (*od.* religious beliefs). – **8.** (*in Wendungen wie*) einer wird daran ~ müssen *colloq.* a) s.o. has to do it, b) s.o. has to stick his neck out, c) s.o. is bound to die; er hat dran ~ müssen he has died, he has met his fate, he has had it. – **III** *v/reflex* **9.** sich allein [unbeobachtet] ~ to believe (*od.* think) oneself alone [unobserved].

'Glau·bens|ˌabˌfall *m* apostasy. — **g~ˌab-ˌtrün·nig** *adj* apostate, apostatic(al). — **~ˌän·de·rung** *f* change of faith (*od.* religion), conversion. — **~arˌti·kel** *m* article of faith, credendum (*lit.*). — **~beˌkennt·nis** *n* **1.** *relig.* a) profession of faith, b) (*als Formel*) creed, confession (of faith): das Apostolische ~ the Apostles' creed, the Belief; ein ~ ablegen to make a profession of faith; das ~ sprechen to recite the creed. – **2.** *fig.* (*politisches etc*) creed, credo: ein politisches ~ ablegen to state one's political views (*od.* beliefs). — **~be-ˌwe·gung** *f* religious movement. — **~ˌbo·te** *m* apostle, missionary, evangelist. — **~ˌbru-der** *m* a) coreligionist *Br.* co-, brother in faith, b) (*von Christen*) fellow-Christian. — **~ˌeid** *m* profession of faith. — **~ˌei·fer** *m* religious zeal. — **~ˌfeind** *m* enemy of (the) faith. — **g~ˌfest** *adj* of firm (*od.* steadfast) faith. — **~ˌfor·mel** *f* creed (of faith), formula of faith. — **~ˌfra·ge** *f* question of faith. — **~ˌfrei·heit** *f* religious freedom (*od.* liberty). — **~funk·tiˌon** *f philos.* (*in der Logik*) credence function. — **~geˌmein-schaft** *f relig.* religious communion. — **~geˌnos·se** *m cf.* Glaubensbruder. — **~geˌrech·tig·keit** *f* righteousness by faith. — **~geˌricht** *n röm.kath. hist.* Inquisition. — **~ˌgrad** *m philos.* (*in der Logik*) degree of belief (*od.* credence), subjective probability. — **~ˌheld** *m relig.* martyr. — **~ˌkrieg** *m* war of religion, religious war. — **~ˌleh·re** *f relig.* **1.** doctrine (of faith), dogma. – **2.** (*Dogmatik*) theological teaching, dogmatics *pl* (*construed as sg or pl*). — **g~-los** *adj* unbelieving, without religion. — **~-ˌneue·rer** *m* religious innovator. — **~ˌre-gel** *f* dogma, rule of faith. — **~ˌrich·ter** *m röm.kath. hist.* inquisitor. — **~ˌrich·tung** *f* persuasion, belief. — **~ˌsa·che** *f* matter of faith (*od.* belief): das ist ~ that's a matter of faith. — **~ˌsatz** *m* doctrine, (*stärker*) dogma. — **~ˌspal·tung** *f* schism. — **g~-ˌstark** *adj* of strong faith, deeply religious. — **~ˌstreit** *m*, **~ˌstrei·tig·keit** *f* religious controversy (*od.* strife). — **~ˌstren·ge** *f* rigorism, rigorous orthodoxy. — **~ˌwech·sel** *m* change of faith (*od.* religion). — **g~ˌwert** *adj* worthy of belief, credible. — **~ˌzwang** *m* coercion in matters of faith. — **~ˌzwei·fel** *m meist pl* religious doubt(s *pl*), scepticism.

Glau·be·rit [glaubəˈriːt; -ˈrɪt] *m* ⟨-(e)s; -e⟩ *min.* glauberite.

'Glau·berˌsalz *n chem.* Glauber('s) salt; sodium sulfate (*bes. Br.* -ph-), mirabilite (*scient.*) ($Na_2SO_4 \cdot 10H_2O$).

'glaub·haft I *adj* **1.** credible, plausible, believable: das klingt sehr ~ that sounds very plausible (*od.* convincing); eine ~e Geschichte a plausible (*od.* likely) story; etwas ~ machen a) to make s.th. (appear) credible, b) *jur.* (*Aussage etc*) to substantiate s.th.; dem Gericht ~ machen, daß to satisfy the court that, to substantiate in court (by prima facie evidence) that. – **2.** (*überzeugend*) convincing. – **II** *adv* **3.** convincingly: etwas ~ darstellen to present s.th. convincingly; er wies ~ nach, daß *jur.* he satisfactorily showed that. — **'Glaub·haf·tig·keit** *f* ⟨-; *no pl*⟩ **1.** credibility, plausibility, believability. – **2.** convincing nature.

'Glaub·haf·tig·keits·funk·tiˌon *f philos.* (*in der Logik*) credibility function.

'Glaub·haftˌma·chung *f* ⟨-; *no pl*⟩ *jur.* satisfactory proof, substantiation (by prima facie evidence): nach erfolgter ~ upon proper showing.

gläu·big [ˈglɔybɪç] *adj* **1.** believing, faithful. – **2.** (*fromm*) devout, pious, religious: ein ~er Christ a devout Christian; ~ sein to be religious, to be a believer. – **3.** (*vertrauensvoll*) trusting, trustful: j-n mit ~en Augen ansehen to look at s.o. trustingly. – **4.** (*arglos*) credulous, unsuspecting. — **'Gläu·bi·ge** *m, f* ⟨-n; -n⟩ *relig.* believer: die ~n the faithful.

'Gläu·bi·ger *m* ⟨-s; -⟩ **1.** *econ.* a) creditor: bevorrechtigte ~ privileged (*od.* preferred) creditors; nicht gesicherter ~, nicht bevorrechtigter ~ unsecured creditor; gerichtlich anerkannter ~ judg(e)ment creditor; seine ~ zufriedenstellen (*od.* abfinden, befriedigen) to satisfy one's creditors; einen Vergleich mit den ~n schließen to come to a settlement (*od.* composition, to settle) with one's creditors; einem ~ Sicherheit bieten to secure a creditor, b) *cf.* Hypothekengläubiger. – **2.** *econ. jur.* obligee, *auch* obliger. — **~ˌanˌspruch** *m* creditor's claim. — **~ˌauf·geˌbot** *n* calling of a creditors' meeting. — **~ˌausˌschuß** *m* (*beim Konkurs*) committee of inspection. — **~beˌgün·sti·gung** *f* fraudulent preference (of a creditor). — **~beˌnachˌtei·li·gung** *f* prejudicial treatment of creditors. — **~be-ˌste·chung** *f* bribery of a creditor. — **~ˌfor-de·rung** *f meist pl* creditor's claim. — **~-ˌland** *n*, **~na·tiˌon** *f*, **~ˌstaat** *m* creditor nation (*od.* state). — **~verˌsamm·lung** *f* meeting of creditors. — **~verˌzeich·nis** *n* list of creditors.

'Gläu·big·keit *f* ⟨-; *no pl*⟩ **1.** (unquestioning) belief, faithfulness. – **2.** (*Frömmigkeit*) piety, faith, devoutness, piousness, religiousness. – **3.** (*Vertrauen*) trustfulness. – **4.** (*Arglosigkeit*) credulity.

glaub·lich [ˈglauplɪç] *adj* credible, believable: kaum ~ hard to believe, almost unbelievable.

'glaubˌwür·dig *adj* **1.** *cf.* glaubhaft I. – **2.** (*verbürgt*) authentic, reliable: aus ~er Quelle from a reliable source, on good authority. – **3.** (*Person*) reliable, trustworthy, faithful: ein ~er Zeuge a reliable (*od.* credible) witness. — **'Glaubˌwür·dig-keit** *f* ⟨-; *no pl*⟩ **1.** *cf.* Glaubhaftigkeit. – **2.** authenticity, reliability. – **3.** (*einer Person*) reliability, trustworthiness, faithfulness. – **4.** *jur.* (*eines Zeugen*) veracity, credibility.

Glau·ko·dot [glaukoˈdoːt] *n* ⟨-s; -e⟩ *min.* glaucodot, *auch* glaucodote.

Glau·kom [glauˈkoːm] *n* ⟨-s; -e⟩ *med.* (*grüner Star*) glaucoma.

Glau·ko·nit [glaukoˈniːt; -ˈnɪt] *m* ⟨-s; -e⟩ *min.* glauconite.

Glau·ko·phan [glaukoˈfaːn] *m* ⟨-s; -e⟩ *min.* glaucophane.

gla·zi·al [glaˈtsi̯aːl] *adj geol.* glacial: teilweise ~ subglacial.

Gla·zi'al|ˌbil·dung *f geol.* glacial formation, formation caused by glaciers. — **~ˌfau·na** *f* **1.** (*auf Gletschern*) glacial fauna. – **2.** (*der Eiszeit*) fauna of the ice age (*od. scient.* Pleistocene). — **~ˌflo·ra** *f* **1.** (*auf Gletschern*) glacial flora. – **2.** (*der Eiszeit*) flora of the ice age (*od. scient.* Pleistocene). — **~-kos·mo·goˌnie** *f geol.* (*Welteislehre*) glacial cosmogony. — **~pe·riˌode** *f cf.* Glazialzeit. — **~ˌschutt** *m* glacial detritus. — **~ˌzeit** *f* ice age, glacial epoch (*od.* period), Pleistocene (*scient.*).

Gla·zio·lo·ge [glatsi̯oˈloːgə] *m* ⟨-n; -n⟩ glaciologist. — **Gla·zio·lo'gie** [-loˈgiː] *f* ⟨-; *no pl*⟩ glaciology.

Gle·ba [ˈgleːba] *f* ⟨-; -s⟩ *bot.* (*der Bauchpilze*) gleba.

Gle·dit·schie [gleˈdɪtʃi̯ə] *f* ⟨-; -n⟩ *bot.* gleditsia, gleditschia (*Fam. Leguminosae*): Dreidornige ~ sweet (*od.* honey) locust tree (*Br.* locust-tree), honey locust, three-thorned acacia (*Gleditsia triacanthos*); Kleine ~ water locust (*G. aquatica*).

gleich [glaiç] **I** *adj* **1.** equal, like: von ~er Größe of equal size, equal in size; zu ~en Teilen in equal parts (*od.* shares), equally, *jur. auch* share and share alike; ~es Recht für alle equal rights for all; j-m etwas mit ~er Münze heimzahlen (*od.* vergelten) to pay s.o. back in his own coin, to give s.o. tit for tat; unter sonst ~en Umständen all other things being equal; ~er Lohn für ~e Arbeit equal pay for equal work; ~e Rechte, ~e Pflichten (*Sprichwort*) equal rights, equal duties. – **2.** (*sehr ähnlich*) same, like: in ~er Weise, auf die ~e Weise in like manner, in the same way (*od.* manner), likewise; er machte es auf ungefähr die ~e Weise he did it in much the same way; in der ~en Lage sein to be in the same position; auf dem ~en Niveau wie *fig.* on the same level (*od.* plane) as; auf ~er Stufe stehen (mit) (*rangmäßig*) to have the same status (as), to be on the same level (as); j-m ~ sein a) to be like s.o., to resemble s.o., b) (*gleichkommen*) to equal (*od.* match) s.o., to be s.o.'s equal, to be on a par with s.o.; das ~e Schicksal teilen to share the same fate. – **3.** (*ein und dasselbe*) same, identical: zur ~en Zeit at the same time, simultaneously; ~e Ziele verfolgen to pursue identical (*od.* common) goals; immer der ~en Meinung sein to be always of (*od.* to have always) the same opinion. – **4.** (*gleichbleibend*) constant. – **5.** (*einheitlich*) uniform. – **6.** ⟨*pred*⟩ (*egal*) all the same: das ist mir ganz (*od.* völlig) ~ it's all the same to me, it makes no difference to me; das sollte (*od.* dürfte) dir (aber) nicht ~ sein (but) you should care about it, it should make a difference to you; ganz ~, wann du kommst, ich werde warten no matter (*od.* it doesn't make any difference) when you come, I will wait. – **7.** (*eben*) even, level. – **8.** *econ.* mit ~em Schreiben under same cover; mit ~er Post by the same post (*od.* mail). – **9.** *math.* a) (*Winkel etc*) equal, b) (*Vorzeichen, Potenzen, Größe*) like, same: drei mal drei (ist) ~ neun three times three equals (*od.* is, makes) nine; ~ Null setzen to equate to zero. – **10.** *electr.* (*Ladungen, Pole*) like. – **II** *adv* **11.** alike, equally: ~ groß [alt] (of) the same size [age], equally large (*od. von Personen* tall) [old]; er spricht beide Sprachen ~ gewandt he speaks both languages with equal skill; ~ weit entfernt at an equal distance, equidistant. – **12.** alike, in the same way: ~ gekleidet dressed alike; ~ reagieren to react alike; j-n ~ behandeln wie to treat s.o. the same way as, to put s.o. on the same footing with. – **13.** ⟨*dat*⟩ (*wie*) like: ein Mann ~ dir *lit.* a man like you; ~ einem Wirbelwind kam sie ins Zimmer gestürmt she rushed into the room like a whirlwind. – **14.** *colloq.* (*sofort*) at once, immediately, straight (*od.* right) away, directly: ~ darauf (*od.* danach) immediately afterwards; ~ als as soon as, the moment (when); ich komme ~! a) I'm coming at once, I shall be right there, b) (*hinhaltend*) I shan't be a moment, I shall be with you in just a moment; ~ zu Beginn (*od.* Anfang) at the very beginning; ~ nach(dem) immediately (*od.* right) after; ich ging ~ zu Bett I went straight to bed; er hat es ~ gemerkt he noticed it immediately; ich bin ~ wieder da I'll be right back; es muß nicht ~ sein it doesn't have to be at once; willst du ~ still sein! be quiet at once! ich habe es Ihnen ja ~ gesagt! I told you so in the first place! ich bin ~ fertig I'll be ready in a moment (*od.* minute); das habe ich mir doch ~ gedacht I thought so from the very first, I thought as much; das ist ~ geschehen it only takes a minute, that's easily done; es ist ~ 5 (Uhr) it is nearly (*od.* almost) 5 o'clock, it is close on (*bes. Am.* to) 5 o'clock, it is getting on for (*bes. Am.* going on) 5 o'clock; ~ morgen früh first thing tomorrow morning; das ist ~ ganz anders that makes all the difference, that's a different story; das hört sich ~ ganz anders an! that sounds better now! ~ bei der Hand handy, close at hand; mit einer Antwort [Ausrede] ~ bei der Hand sein to be never at a loss for an answer [an excuse, to have always an excuse handy]; bis ~! see you soon (*od.* later)! until then! – **15.** (*unmittelbar*) directly, immediately: ~ daneben right beside (*od.* next to) it; ~ neben der Kirche directly next to the church; ~ bei der Tür right beside the door; ~ gegenüber directly opposite. – **16.** (*ähnlich*) alike: es geht uns allen ~ we are all in the same boat. – **17.** *colloq.* just, again: wie war doch ~ sein Name? what was his name again? was wollte ich doch ~ sagen? what was I (just) going to say? – **18.** at a time, at once: sie kauft sich immer ~ mehrere Kleider she always buys herself several dresses at a time. – **III** *conj* **19.** wenn (*od.* ob) er es ~ nicht zeigt, so hat er dich doch sehr gern *lit.* he likes you very much although (*od.* even if) he may not show it. – **IV G~e, das** ⟨-n; *no pl*⟩ **20.** the same thing: G~es mit G~em vergelten to give tit for tat (*od.* measure for measure), to return like for like; es kann uns G~es begegnen the same thing may happen to us; ein G~es tun to do the same thing. – **21.** *math.* equal: G~es von G~em bleibt G~es equal from equal remains equal. – **22.** (*substantiviert mit Kleinschreibung*) er ist nicht mehr der ~e he is no longer the same man; das kommt auf das ~e hinaus that comes (*od.* amounts) to the same thing; das ~e gilt auch für ihn the same applies to (*od. colloq.* goes for) him, too; etwas wieder ins ~e bringen to put s.th. right, to smooth s.th. out, to settle s.th.

'**gleich|ˌal·te·rig** [-ˌʔaltərɪç], ~ˌ**alt·rig** [-ˌʔaltrɪç] **I** *adj* (of) the same age. – **II G~e** *m, f* ⟨-n; -n⟩ person of the same (*od.* of one's own) age. — ~ˌ**ar·mig** [-ˌʔarmɪç] *adj tech.* (*Hebel*) equal-armed.

'**gleichˌar·tig** *adj* **1.** of the same kind, homogeneous (*lit.*). – **2.** (*ähnlich*) similar: ~e Züge similarities. – **3.** (*einheitlich*) uniform. – **4.** *biol.* a) homogen(e)ous, homologous, b) analogous. — '**Gleichˌar·tig·keit** *f* ⟨-; *no pl*⟩ **1.** homogen(e)ousness, homogeneity. – **2.** similarity. – **3.** uniformity. – **4.** *biol.* a) homogeny, homology, b) analogy.

'**gleich|be|ˌdeu·tend** *adj* **1.** (mit with) synonymous, identical (in meaning): ~e Wörter synonyms. – **2.** ⟨*pred*⟩ (*dasselbe*) (mit to) equivalent, tantamount: das ist ~ mit einer Absage that is equivalent to (*od.* the same thing as) a refusal. — **G~beˌhand·lung** *f jur.* (*im Arbeitsrecht*) equal treatment. — ~**beˌrech·tigt** *adj* **1.** equal, having (*od.* enjoying) equal rights, equally entitled: Männer und Frauen sind ~ men and women have equal (*od.* the same) rights. – **2.** *jur.* concurrent, in aequali jure: ~e Stellung parity. — **G~beˌrech·ti·gung** *f* **1.** equality of rights, equal rights *pl*: politische ~ equality of status; ~ der Frau equal rights *pl* for (*od.* emancipation of) women. – **2.** *jur.* concurrence. — ~ˌ**blei·ben** *v/i* ⟨*irr, sep,* -ge-, sein⟩ stay (*od.* remain) the same (*od.* unchanged): er ist sich (*dat*) immer gleichgeblieben he has always stayed the same, he has never changed; das bleibt sich (*dat*) gleich that makes no difference, that's all the same. — ~ˌ**blei·bend I** *pres p.* – **II** *adj* **1.** constant, invariable, unchanging. – **2.** (*Qualität, Nachfrage, Druck etc*) steady: Luftdruck ~ barometric pressure: steady. – **3.** (*Lohn etc*) unchanged: kürzere Arbeitszeit bei ~em Lohn shorter working hours *pl* with unchanged wages (*od.* salary). – **4.** (*Geschwindigkeit*) constant: Motor mit ~er Geschwindigkeit constant-speed motor. – **5.** (*Freundlichkeit, Interesse etc*) unwavering, unfailing, unflagging. – **III** *adv* **6.** ~ freundlich sein to be of unwavering friendliness, to be consistently friendly. — ~ˌ**den·kend** *adj* **1.** like-minded, of the same opinion. – **2.** (*geistesverwandt*) congenial. — **G~ˌdruck·maˌschi·ne** *f tech.* constant-pressure combustion engine. — **G~ˌdruck·turˌbi·ne** *f* impulse (*od.* action) turbine.

'**Glei·che** *f only in* etwas in die ~ bringen *lit.* to put s.th. right, to smooth s.th. out, to settle s.th.

'**gleichˌehig** [-ˌʔeːɪç] *adj bot.* (*mit gleichartigen Blüten*) homogamous.

glei·chen ['glaɪçən] *v/i* ⟨gleicht, glich, geglichen, h⟩ (*dat*) **1.** be like, resemble: er gleicht seinem Vater he is like (*od.* looks like, takes after) his father; sie ~ sich (*od.* einander) aufs Haar (*od.* wie ein Ei dem anderen) they are as like as two peas (in a pod); sie ~ einander wie Tag und Nacht (*gar nicht*) they are as like as night and day. – **2.** (*gleichkommen*) come up to, equal: nichts gleicht diesem Erlebnis nothing can equal (*od.* there is nothing like) this experience; das gleicht einem Wunder that is like (*od.* next to) a miracle.

'**Glei·chenˌfei·er** *f Austrian for* Richtfest.

'**glei·cher·ge'stalt** *adv cf.* gleicherweise.

'**glei·cher|'ma·ßen** *adv* **1.** equally. – **2.** *cf.* gleicherweise. — ~'**wei·se** *adv* likewise, in like manner, similarly.

'**gleich|falls** *adv* likewise, also, as well: danke, ~! thanks, the same to you! — ~ˌ**far·big** *adj* **1.** of the same color (*bes. Br.* colour). – **2.** *phys.* isochromatic. — ~ˌ**flü·ge·lig** [-ˌflyːgəlɪç] *adj zo.* homopteran, homopterous. — **G~ˌflüg·ler** [-ˌflyːglər] *m* ⟨-s; -⟩ homopteron (*Ordng Homoptera*).

'**gleichˌför·mig** *adj* **1.** (*Bewegung etc*) regular, even. – **2.** (*Entwicklung etc*) steady. – **3.** (*Beschleunigung etc*) uniform, constant. – **4.** (*Gegenstände*) uniform. – **5.** (*Arbeit, Leben, Landschaft etc*) monotonous. — '**Gleichˌför·mig·keit** *f* ⟨-; *no pl*⟩ **1.** regularity, evennes. – **2.** steadiness. – **3.** uniformity. – **4.** monotony.

'**gleich|ˌfü·ßig** *adj* **1.** *zo.* isopod. – **2.** *metr.* isometric. — ~**geˌar·tet** *adj cf.* gleichartig 1, 2. — ~**geˌfie·dert** *adj bot.* paripinnate. — ~**geˌformt** *adj* **1.** conformed. – **2.** *cf.* gleichförmig 4. — ~**geˌla·gert** *adj* **1.** *geol.* conformable. – **2.** *fig. cf.* gleichartig 1, 2. — ~**geˌrich·tet I** *pp.* – **II** *adj* **1.** (*Ziele etc*) parallel. – **2.** *tech.* acting in the same direction. – **3.** *electr.* unidirectional. – **4.** *med. zo.* syntropic. — ~**geˌschal·tet I** *pp.* – **II** *adj pol.* **1.** coordinated *Br.* co-. – **2.** brought into (*od.* made to toe the) line, forcibly made to conform. — ~**geˌschlecht·lich** *adj* **1.** (*Zwillinge etc*) of the same sex, homosexual. – **2.** (*Liebe etc*) homosexual. — ~**geˌsinnt** *adj* ⟨*attrib*⟩ (*Freunde etc*) like-minded, of like mind, congenial, kindred (*lit.*). — **G~geˌsinn·te** *m, f* ⟨-n; -n⟩ like-minded (*od.* congenial) person. — ~**geˌstal·tig** [-ˌʃtaltɪç] *adj* **1.** of like shape. – **2.** *biol.* isomorphic, homomorphic. – **3.** *min.* isomorphic. — ~**geˌstellt I** *pp.* – **II** *adj* (j-m, mit j-m) **1.** (*rechtlich*) on the same (*od.* on an equal) footing (with s.o.), of the same status (as s.o.). – **2.** (*gesellschaftlich*) of equal rank (*od.* class) (as s.o.), on the same level (with s.o.), equal in status (*od.* rank) (with s.o.). — ~**geˌstimmt** *adj* ⟨*attrib*⟩ **1.** *mus.* tuned to the same pitch (*od.* in unison): ~e Saite unison string. – **2.** *fig. lit.* in accord (*od.* sympathy).

'**Gleich·geˌwicht** *n* ⟨-(e)s; *no pl*⟩ **1.** balance, equilibrium: sein ~ halten (*od.* wahren) to keep one's balance; im ~ balanced; aus dem ~ off-balance; seelisches ~ mental (*od.* psychic) balance, balance (*od.* poise) of mind, emotional balance; j-n aus dem ~ bringen (*od.* werfen) *fig.* to throw s.o. off-balance, to upset s.o.; Mängel und Vorzüge halten sich das ~ the good and bad points balance each other (out); etwas im ~ halten a) to balance s.th., to equilibrate s.th. (*lit.*), b) *tech. aer. mar.* to stabilize s.th.; sie verlor das ~ und fiel she lost her balance and fell. – **2.** *pol.* balance: ~ der Kräfte balance of power; das ~ wiederherstellen to redress (*od.* restore) the balance; den Etat ins ~ bringen to balance the budget. – **3.** *phys.* equilibrium, balance.

'**Gleich·geˌwichts|beˌdin·gung** *f phys.* condition of equilibrium. — ~ˌ**dich·te** *f sociol.* (*einer Bevölkerung*) equilibrium density. — ~**geˌfühl** *n* sense of balance (*od.* equilibrium). — **g~geˌstört** *adj med.* unbalanced. — ~ˌ**la·ge** *f* **1.** position of equilibrium, balanced position. – **2.** *aer.* trimmed (*od.* equilibrium) attitude. — ~ˌ**leh·re** *f phys.* statics *pl* (*usually construed as sg*). — ~**orˌgan** *n med. zo.* organ of equilibrium. — ~ˌ**punkt** *m phys.* center (*bes. Br.* centre) of gravity. — ~ˌ**sinn** *m* sense of balance (*od.* equilibrium), static (*od.* equilibrium) sense. — ~ˌ**stö·rung** *f* **1.** disturbance of equilibrium, disequilibrium. – **2.** *med.* (*im Stoffwechselhaushalt*) (metabolic) imbalance. — ~ˌ**übung** *f* (*sport*) balance exercise. — ~ˌ**zuˌstand** *m* state of equilibrium.

'**gleichˌgül·tig I** *adj* **1.** (gegen to) indifferent, *auch* nonchalant, casual: mit ~er Miene with an indifferent mien (*od.* expression on one's face); in ~em Ton with (*od.* in) an indifferent tone; er ist ~ gegen jedes Lob he is indifferent to any praise; er blieb ~ bei allem, was wir vorschlugen he remained indifferent to everything we suggested; er ist mir ~ I am indifferent to him, he means nothing to me. – **2.** (*teilnahmslos*) listless, apathetic. – **3.** (*gefühllos*) unfeeling, (*stärker*) callous. – **4.** (*belanglos, unwichtig*) unimportant, insignificant: wir sprachen über ~e Dinge we talked about unimportant (*od.* trivial) things; das ist mir ~ I don't care, that doesn't matter to me; diese Nachricht ist mir ~ this news is of no concern to me; es ist völlig ~, ob it is of no consequence what(so)ever whether, it doesn't matter at all whether; ~, was du tust whatever (*od.* no matter what) you do. – **II** *adv* **5.** with indifference: ~ zusehen to look on (*od.* watch) with indifference. — '**Gleichˌgül·tig·keit** *f* ⟨-; *no pl*⟩ **1.** indifference, *auch* nonchalance: etwas mit ~ anschauen to look at s.th. indifferently (*od.* with indifference); er tat es aus bloßer ~ he did it out of sheer indifference. – **2.** listlessness, apathy: in ~ versinken to sink into apathy. – **3.** unfeelingness, (*stärker*) callousness. – **4.** insignificance.

'**Gleich·heit** *f* ⟨-; *no pl*⟩ **1.** equality: ~ vor dem Gesetz equality before the law. – **2.** (*Ähnlichkeit*) likeness, similarity. – **3.** (*Identität*) identity, sameness. – **4.** (*Einheitlichkeit*) uniformity. – **5.** (*von Flächen etc*) evenness, levelness. – **6.** (*Stimmengleichheit etc*) parity. – **7.** *math.* equality.

'**Gleich·heitsˌzei·chen** *n* **1.** *math.* sign of equality, equal-sign, *auch* equals sign, equality sign. – **2.** *print.* sign of equality.

'**Gleich|ˌklang** *m* **1.** *mus.* unison. – **2.** *ling.* a) (*von Wortendungen*) consonance, b) (*verschiedener Wörter*) homonymy, c) (*bei ungleicher Schreibung*) homophony. – **3.** *fig.* (*Übereinstimmung*) unison, harmony. — **g~ˌkom·men** *v/i* ⟨*irr, sep,* -ge-, sein⟩ **1.** j-m ~ to equal (*od.* compare with) s.o., to match (*od.* come up to) s.o., to be s.o.'s equal: im Tanzen kommt ihm keiner gleich no one equals him in (*od.* at) dancing; er wird ihm nie ~ he will never be a match for him. – **2.** einer Sache ~ to amount to s.th., to be tantamount to s.th.: diese Antwort kommt einer Absage gleich this answer amounts to (*od.* is nothing short of) a refusal. — ~ˌ**lauf** *m* ⟨-(e)s; *no pl*⟩ **1.** *tech.* synchromesh, synchronism, synchronous running: etwas zum ~ bringen to synchronize (*Br. auch* -s-) s.th. – **2.** *math. phys.* (*von Linien*) parallelism. — **g~ˌlau·fen** *v/i* ⟨*irr, sep,* -ge-, sein⟩ **1.** *tech.* be synchronous, run synchronously. – **2.** *math. phys.* (*von Linien etc*) be (*od.* run) parallel. — **g~ˌlau·fend I** *pres p.* – **II** *adj* **1.** *tech.* synchronous. – **2.** *math. phys.* (*Linien etc*) (mit to, with) parallel. – **3.** *bot.* homodromal.

'**Gleichˌlauf|ˌfrä·sen** *n tech.* climb-cut (*od.* down-cut, in-cut) milling. — ~ˌ**fräs·maˌschi·ne** *f* climb-cut (*od.* down-cut, down-feed) milling machine (*od.* miller). — ~**geˌtrie·be** *n* synchromesh gear.

'**gleichˌläu·fig** *adj cf.* gleichlaufend II.

'**Gleichˌlaufˌvorˌrich·tung** *f tech.* synchronizing (*Br. auch* -s-) mechanism.

'**Gleich|ˌlaut** *m ling. cf.* Gleichklang 2a. — **g~ˌlau·tend I** *adj* **1.** (*Brief etc*) identic(al), in identical words, identically worded: ~e Abschrift exact (*od.* true) copy, duplicate; eine ~e Note *pol.* an identic note; völlig ~ sein mit to correspond exactly to. – **2.** (*inhaltlich*) to the same effect, in the same terms, of the same tenor. – **3.** *ling.* a) (*im Falle gleicher Wörter*) homonymic, homonymous, b) (*im Falle verschiedener Schreibung*) homophonic, homophonous: ~es Wort a) homonym, b) homophone. – **II** *adv* **4.** ~ buchen *econ.* to book in conformity.

'**gleichˌma·chen** *v/t* ⟨*sep,* -ge-, h⟩ (*dat*) **1.** make (*s.th.*) equal (to): der Tod macht alles gleich Death is the great level(l)er. – **2.** (*einebnen*) make (*s.th.*) level (with), level (*s.th.*) (to, with): eine Stadt dem Erdboden ~ to raze (*od.* rase) a city to the ground. — '**Gleichˌma·cher** *m* ⟨-s; -⟩ *pol. contempt.* level(l)er, *auch* egalitarian. — ˌ**Gleich·ma·che'rei** *f* ⟨-; *no pl*⟩ level(l)ing (mania), *auch* egalitarianism. — '**gleichˌma·che·risch** *adj* egalitarian. — '**Gleichˌma·chung** *f* ⟨-; *no pl*⟩ equalization *Br. auch* -s-, level(l)ing.

'**gleichˌmän·nig** [-ˌmɛnɪç] *adj bot.* isandrous.

'**Gleichˌmaß** *n* **1.** (*Ebenmaß*) symmetry, proportion, harmony. – **2.** *cf.* Gleichmäßigkeit 2—5. – **3.** *cf.* Gleichgewicht 1.

'**gleichˌmä·ßig I** *adj* **1.** (*ebenmäßig*) proportional, proportionate, symmetric(al), harmonious: von ~em Körperbau well-proportioned (*attrib*), of well-proportioned build. – **2.** (*regelmäßig*) regular, even: ~e Gesichtszüge [Atemzüge] regular features [breathing *sg*]. – **3.** (*gleichbleibend*) constant: bei ~er Wärme at a constant temperature. – **4.** (*gleichförmig*) steady, uniform: mit ~en Schritten at a steady pace. – **5.** (*Verteilung*) even. – **II** *adv* **6.** evenly: etwas ~ verteilen to distribute s.th. evenly; die Creme ~ auftragen to apply the cream evenly. – **7.** ~ gut [schlecht] consistently good [bad].

'**Gleichˌmä·ßig·keit** *f* ⟨-; *no pl*⟩ **1.** symmetry, proportion, harmony. – **2.** regularity, evenness. – **3.** constancy. – **4.** steadiness, uniformity. – **5.** evenness.

'**Gleichˌmut** *m, rare f* ⟨-; *no pl*⟩ **1.** equanimity, evenness of temper: etwas mit ~ ertragen to bear s.th. with equanimity. – **2.** (*Gelassenheit*) calmness: heiterer ~ serenity. – **3.** (*Unerschütterlichkeit*) imperturbability, *auch* sangfroid, *Br.* sang-froid: stoischer ~ stoicism. – **4.** (*Gleichgültigkeit*) indifference.

ˈgleichˌmü·tig *adj* **1.** even-tempered. – **2.** (*gelassen*) calm. – **3.** (*unerschütterlich*) imperturbable. – **4.** (*gleichgültig*) indifferent. — **ˈGleichˌmü·tig·keit** *f* ⟨-; *no pl*⟩ *cf.* Gleichmut.

ˈgleichˌna·mig [-ˌnaːmɪç] *adj* **1.** of (*od.* having) the same name: ein Film nach dem ~en Buch von X a film based on the book of the same title by X. – **2.** *electr. phys.* (*Pole, Ladungen*) like. – **3.** *math.* (*Brüche*) with a common denominator: Brüche ~ machen to reduce fractions to the same denominator. — **ˈGleich-ˌna·mig·keit** *f* ⟨-; *no pl*⟩ identity of name.

ˈGleich·nis *n* ⟨-ses; -se⟩ **1.** parable, allegory: in ~sen reden to speak in parables. – **2.** (*Bild*) image. – **3.** (*Vergleich*) comparison. – **4.** (*in der Rhetorik*) simile. – **5.** *Bibl.* parable: das ~ vom verlorenen Sohn the parable of the prodigal son. — **g~haft** *adj* **1.** allegorical, *auch* allegoric, parabolic(al). – **2.** (*symbolisch*) symbolic(al). — **g~ˌwei·se** *adv* allegorically, by way of a parable.

ˈgleich|ˌord·nen *v/t* ⟨*sep*, -ge-, h⟩ coordinate *Br.* co-. — **G~ˌord·nung** *f* coordination *Br.* co-. — **~ˌpha·sig** [-ˌfaːzɪç] *adj electr.* cophasal *Br.* co-, in phase. — **G~ˌpol·ge·neˌra·tor** *m electr.* homopolar generator. — **~ˌpo·lig** [-ˌpoːlɪç] *adj* homopolar.

ˈgleichˌran·gig [-ˌraŋɪç] *adj* **1.** (*Offiziere etc*) having (*od.* of) the same rank, of equal rank, equal-ranking. – **2.** (*an Bedeutung*) of equal standing, on the same level, on a par. – **3.** (*an Dringlichkeit*) of equal priority. — **ˈGleichˌran·gig·keit** *f* ⟨-; *no pl*⟩ **1.** equality of rank. – **2.** equal standing. – **3.** equal priority.

ˈgleichˌrich·ten *v/t* ⟨*sep*, -ge-, h⟩ *electr.* (*Wechselstrom*) rectify.

ˈGleichˌrich·ter *m electr.* rectifier. — **~ˌröh·re** *f* rectifier tube (*bes. Br.* valve). — **~trans·forˌma·tor** *m* plate (*od.* rectifier) transformer.

ˈGleichˌrich·tung *f* ⟨-; *no pl*⟩ *electr.* rectification.

ˈgleich·sam *adv* **1.** as it were, so to speak. – **2.** practically, virtually, more or less. – **3.** ~ **als ob,** ~ **als** (*subj*) (just) as if (*od.* though).

ˈgleich|ˌschal·ten *v/t* ⟨*sep*, -ge-, h⟩ **1.** *tech.* synchronize *Br. auch* -s-. – **2.** *pol.* (*Presse, Gewerkschaft etc*) bring (*s.o., s.th.*) into line, force (*s.o., s.th.*) into conformity: einen Schriftsteller ~ to make an author toe the line. – **3.** *cf.* koordinieren. — **G~-ˌschal·tung** *f* **1.** *tech.* synchronization *Br. auch* -s-. – **2.** *pol.* Gleichschaltung. – **3.** *cf.* Koordinierung. — **G~ˌschlag** *m* (*sport*) (*beim Schwimmen*) **1.** (*Armgleichschlag*) double-arm stroke. – **2.** (*mit den Beinen*) a) (*gegrätscht*) frog kick, b) (*geschlossen*) dolphin kick. — **G~ˌschritt** *m mil.* equal step, cadence: im ~, marsch! forward, march! — **~ˌse·hen** *v/i* ⟨*irr*, *sep*, -ge-, h⟩ j-m ~ to resemble s.o., to look (*od.* be) like s.o.: sie sieht ihrer Mutter gleich she looks like her mother; sie sehen sich gar nicht gleich they do not look alike at all; das sieht ihm gleich *colloq.* that's just like him (*od. colloq.* him all over).

ˈgleichˌsei·tig *adj math.* (*Dreieck etc*) equilateral. — **ˈGleichˌsei·tig·keit** *f* ⟨-; *no pl*⟩ equality of sides.

ˈgleich|ˌset·zen *v/t* ⟨*sep*, -ge-, h⟩ *auch math.* equate: einen Begriff (mit) einem anderen ~ to equate one term with another; x und y ~ *math.* to equate x with y. — **~ˌsil·big** [-ˌzɪlbɪç] *adj ling.* with the same number of syllables, parisyllabic. — **~ˌsin·nig** *adj tech.* in the same direction, equidirectional: ~e Bewegung co(-)ordinate movement. — **G~ˌspan·nung** *f electr.* direct-current (*od.* D.C., d.c.) voltage. — **~ˌspo·rig** *adj bot.* isosporous. — **G~ˌstand** *m* (*sport*) tie. — **~ˌste·hen** *v/i* ⟨*irr*, *sep*, -ge-, h *u.* sein⟩ **1.** be equal, be on a par: die beiden Schüler stehen ziemlich gleich the two pupils are about equal. – **2.** (*rangmäßig*) (*dat* with) be on an equal footing. – **3.** (*sport*) (*nach Punkten*) be tied. — **~-ˌstel·len I** *v/t* ⟨*sep*, -ge-, h⟩ **1.** (*gleichsetzen*) equate. – **2.** (*dat* with) put (*s.o., s.th.*) on the same level (*od.* on an equal footing, on a par). – **3.** *jur. pol.* a) (*staatsbürgerlich*) (*dat* to) assimilate (*od.* treat) (*s.o.*) as an equal in status, grant equality of status, b) (*rechtlich u. sozial*) emancipate. – **II** *v/reflex* **4.** sich j-m ~ to put oneself on the same level with s.o. – **III G~** *n* ⟨-s⟩ **5.** *verbal noun.* — **G~ˌstel·lung** *f* **1.** *cf.* Gleichstellen. – **2.** equation. – **3.** *jur. pol.* a) (*staatsbürgerliche*) assimilation in status, b) (*rechtliche u. soziale*) emancipation. — **~ˌstim·mig** *adj cf.* gleichgestimmt.

ˈGleichˌstrom *m* ⟨-(e)s; *no pl*⟩ *electr.* direct (*od.* continuous) current, D.C., d.c. — **~beˌtrieb** *m* direct-current (*od.* D.C., d.c.) operation. — **~dyˌna·mo** *m* direct-current (*od.* continuous-current) dynamo, D.C. (*od.* d.c.) dynamo. — **~ge·neˌra·tor** *m* direct-current (*od.* D.C., d.c.) generator (*od.* dynamo). — **~ˌlei·tung** *f* direct-current (*od.* D.C., d.c.) line (*od.* wire). — **~-ˌLichtˌbo·gen-ˌSchweißˌumˌfor·mer** *m* direct-current (*od.* D.C., d.c.) arc welding converter. — **~ˌmo·tor** *m* direct-current (*od.* D.C., d.c.) motor. — **~ˌnetz** *n* direct-current (*od.* D.C., d.c.) mains *pl* (*od.* system). — **~trans·forˌma·tor, ~ˌum-ˌfor·mer** *m* direct-current (*od.* D.C., d.c.) converter (*od.* transformer).

ˈgleichˌtun *v/t* ⟨*irr*, *sep*, -ge-, h⟩ es j-m (an *od.* in *dat* etwas) ~ to emulate (*od.* equal, match) s.o. (in s.th.).

ˈGlei·chung *f* ⟨-; -en⟩ *math. chem. astr.* equation: ~ ersten [zweiten, dritten] Grades linear equation, equation of the first [second, third] degree; eine ~ mit zwei Unbekannten an equation with two unknowns; eine ~ auflösen [ansetzen] to solve [to form *od.* set up] an equation; die ~ geht nicht auf a) the equation does not come out (*od.* balance), b) *fig.* that doesn't work out.

ˈGlei·chungs|ˌanˌsatz *m math.* setup (*Br.* set-up) of an equation. — **~ˌfor·mel** *f* equation formula.

ˌgleichˈviel *adv* no matter, all the same: ~! it doesn't matter! it makes no difference! it is not important! ~, ob no matter if; ~, wo es ist no matter where it is, wherever it may be.

ˈgleichˌwer·tig *adj* **1.** (*Ersatz etc*) of the same value, of equal value, equally good. – **2.** (*Leistungen etc*) of the same standard, equally good, on a par. – **3.** (*Gegner etc*) equally (*od.* evenly) matched: j-m ~ sein to be a match for s.o. – **4.** *chem.* equivalent. – **5.** *econ.* (*Währungen*) equivalent. — **ˈGleichˌwer·tig·keit** *f* ⟨-; *no pl*⟩ **1.** equal value. – **2.** equal standard. – **3.** equal ability. – **4.** *chem.* equivalence. – **5.** *econ.* equivalence.

ˈgleich|ˌwie *adv u. conj lit.* (just) as, like. — **~ˌwin·ke·lig, ~ˌwink·lig** *adj math.* equiangular, isogonic, *auch* isogonal. — **~ˈwohl** [ˌglaɪç-] **I** *conj* yet, however, nevertheless, all the same, notwithstanding, for all that. – **II** *adv* nevertheless, yet. — **~ˌzäh·nig** [-ˌtsɛːnɪç] *adj zo.* isodont, isodontous, homodont.

ˈgleichˌzei·tig I *adj* **1.** simultaneous, concurrent, coincident. – **2.** *cf.* zeitgenössisch. – **II** *adv* **3.** at the same time, simultaneously: sich ~ abspielen to happen at the same time; mehrere Dinge ~ betreiben (*od.* machen, tun) to do several things at the same time. – **4.** both, at the same time, in one: das ist ~ ein Weihnachts- und Geburtstagsgeschenk this is a Christmas and birthday present in one. — **ˈGleichˌzei·tig·keit** *f* ⟨-; *no pl*⟩ **1.** simultaneousness, *auch* simultaneity, concurrence, coincidence. – **2.** contemporaneousness, *auch* contemporaneity.

ˈgleichˌzie·hen *v/i* ⟨*irr*, *sep*, -ge-, h⟩ (mit) **1.** (*sport*) a) (*an Punkten*) draw even (*od.* level) (with), catch up (with), pull up (to), b) (*von Läufer etc*) get in line (*od.* abreast) (with). – **2.** *fig.* (*mit Konkurrenz etc*) draw even (*od.* level) (with), catch up (with).

Gleis [glaɪs] *n* ⟨-es; -e⟩ **1.** (*railway*) rails *pl*, line(s *pl*), track(s *pl*): einfaches [doppeltes, totes] ~ single [double, dead] line (*od.* track); das ~ freimachen to clear the track; der Zug sprang aus dem ~ the train ran off (*od.* jumped) the rails (*Br. auch* the metals), the train was derailed; auf ein totes ~ geraten *fig.* to be in (*od.* up) a blind alley, to run (*od.* come) up against a brick wall, to get bogged down, to reach (a) deadlock (*od.* an impasse, a dead end); etwas auf ein totes ~ schieben *fig.* to adjourn (*od.* postpone) s.th. – **2.** *bes. fig.* (*ausgefahrene Spur*) track, rut: dieses Erlebnis hat ihn aus dem ~ geworfen *fig.* this experience upset (*od.* affected) him deeply; die Verhandlungen gerieten auf ein falsches ~ *fig.* the negotiations got on the wrong track; sich in ausgefahrenen ~en bewegen *fig.* to stay in the (same) old rut (*od.* groove), to follow the beaten track; etwas wieder ins (rechte) ~ bringen *fig.* to put (*od.* set) s.th. right (*od.* to rights) again, *Am. colloq.* to fix s.th.; das kann mich nicht aus dem ~ bringen *fig.* a) that cannot upset me, b) that cannot dissuade me (*od.* put me off); es geht alles im alten ~ (*od.* in den ausgefahrenen ~en) fort (*od.* weiter) *fig.* everything goes on in the same old way. — **~ˌabˌschnitt** *m* (*railway*) track section. — **~ˌanˌla·ge** *f* track system. — **~ˌanˌschluß** *m* a) siding (track), b) (*Stichgleis*) spur track. — **~-ˌar·bei·ter** *m* tracklayer. — **~ˌbet·tung** *f* track bed (*od.* bedding) course. — **~ˌbild** *n* track diagram. — **~ˌbildˌstellˌwerk** *n* track diagram push-button system. — **~ˌbrem·se** *f* track brake. — **~erˌneue·rung** *f* track relaying.

ˈGleisˌket·te *f tech.* crawler (*od.* creeper) track.

ˈGleisˌket·ten|ˌanˌtrieb *m* crawler drive. — **~ˌfahrˌzeug** *n* tracklaying (*od.* crawler-type) vehicle. — **~ˌschlep·per** *m* **1.** chain-track (*od.* crawler) tractor. – **2.** tracklaying tractor.

ˈGleis|konˌtakt *m* (*railway*) rail contact. — **~ˌkör·per** *m* track, permanent way. — **~ˌkreu·zung** *f* **1.** rail crossing. – **2.** *cf.* Gleisübergang.

Gleis·ner [ˈglaɪsnər] *m* ⟨-s; -⟩ *obs. lit.* dissembler, hypocrite. — **Gleis·neˈrei** *f* ⟨-; *no pl*⟩ dissembling, hypocrisy. — **ˈgleis·ne·risch** *adj* dissembling, hypocritical.

ˈGleisˌplan *m* (*railway*) track diagram.

Gleiß [glaɪs] *m* ⟨-es; *no pl*⟩ *poet.* gleam.

Glei·ße [ˈglaɪsə] *f* ⟨-; -n⟩ *bot.* fool's (*od.* dog['s]) parsley, dog poison (*Aethusa cynapium*).

glei·ßen [ˈglaɪsən] *v/i* ⟨h⟩ *poet.* glisten, glitter.

ˈGleis|ˌsen·kung *f* (*railway*) rail settlement (*od.* settling), track subsiding. — **~ˌspei·se-ˌstromˌkreis** *m* track feed circuit. — **~ˌsper·re** *f* **1.** (*railway*) track lock. – **2.** scotch block. — **~ˌsperr·siˌgnal** *n* track-closed sign. — **~ˌstopf·maˌschi·ne** *f* track (*bes. Br.* ballast) tamping machine. — **~ˌstromˌkreis** *m* track circuit: ~ mit Mittenspeisung center- (*bes. Br.* centre-)fed track circuit; unterteilter ~ cut-section track circuit. — **~ˌüberˌgang** *m* level crossing, *bes. Am.* railroad crossing. — **~verˌbin·dung** *f* track connection (*Br. auch* connexion). — **~verˌle·gung** *f* tracklaying. — **~verˌwer·fung, ~ver-ˌwin·dung** *f* track distortion (*od.* warping). — **~ˌwaa·ge** *f* rail (*od.* wagon, *bes. Br.* waggon) weighbridge, railway track scale, *bes. Am.* railroad scales *pl* (*sometimes construed as sg*).

ˈGleit|ˌaar *m zo.* blackwinged (*Br.* black-winged) kite (*Elanus caeruleus*). — **~-ˌbacke** (*getr.* -k·k-) *f tech.* slip (*od.* sliding) jaw. — **~ˌbahn** *f* **1.** (*Rutschbahn*) slide. – **2.** (*Gleitrinne*) chute. – **3.** *tech.* a) slide ways *pl*, b) (*Führungsbahn*) guideway, c) (*eines Maschinenbetts*) bedway. – **4.** *mar.* (*beim Stapellauf*) launching ways *pl*, launchways *pl* (*beide construed as sg or pl*). — **~ˌbom·be** *f mil.* glide (*auch* glider)bomb. — **~ˌboot** *n mar.* glider, hydroplane. — **~ˌbrett** *n* (*sport*) a) (*für Brandungsreiten*) surfboard, b) (*für Wellenreiten*) aquaplane. — **~ˌbü·gel** *m electr.* (*für Oberleitung*) sliding bar (*od.* bow). — **~ˌebe·ne** *f metall.* slip plane.

glei·ten [ˈglaɪtən] **I** *v/i* ⟨gleitet, glitt (*rare* gleitete), geglitten (*rare* gegleitet), sein⟩ **1.** (*von Schlitten, Ski, Tänzer etc*) (über *acc* over) glide: das Boot glitt über das Wasser the boat glided (*od.* skimmed) over the water. – **2.** (*von Auto, Rad etc*) skid. – **3.** *fig.* (*von Blick*) go, travel: seine Augen glitten vom Boden bis zur Decke his eyes travel(l)ed (*od.* wandered) from the floor to the ceiling; die Augen über (*acc*) etwas ~ lassen to let one's eyes pass over s.th. – **4.** *fig.* (*von Lächeln*) pass: ein Lächeln glitt über ihr Gesicht a smile passed over her face. – **5.** (*von Händen etc*) glide, pass: seine Finger [Hände] über (*acc*) etwas ~ lassen to run one's fingers [hands] over s.th.; er ließ den Brief in die Tasche ~

he slipped the letter into his pocket. – 6. (*entgleiten*) slide, slip: das Glas glitt ihm aus der Hand the glass slid (*od.* slipped) out of his hand; die Seife glitt mir durch die Finger the soap slipped through my fingers. – 7. slip: ins Wasser ~ to slip into the water; aus dem Sattel ~ to slip (*od.* slide) from the saddle; er ließ eine Münze in die Hand des Jungen ~ he slipped a coin into the boy's hand. – 8. (*von Schlange etc*) (durch through) slide. – 9. *aer.* glide. – 10. *tech.* a) slide, slip, b) (*von Schlitten auf der Führungsbahn*) move, traverse, travel. – II G~ *n* ⟨-s⟩ 11. *verbal noun*: ins G~ kommen to slip. — **ˈglei·tend I** *pres p.* – II *adj* 1. (*Lohnskala, Preise, Teil etc*) sliding. – 2. ~e Arbeitszeit *econ.* flexible working hours *pl*, *Br.* Flextime. – 3. ~es Komma (*computer*) *cf.* Gleitkomma.

ˈGlei·ter *m* ⟨-s; -⟩ *aer.* (elementary *od.* primary) glider.

ˈgleitˌfä·hig *adj* slid(e)able. — **ˈGleitˌfä·hig·keit** *f* ⟨-; *no pl*⟩ ability to slide: die ~ von etwas verbessern (*od.* erhöhen) to make s.th. slide better.

ˈGleit|ˌflä·che *f* (*eines Skis, Maschinenteils etc*) sliding surface. — **~ˌflos·se** *f aer.* planing fin. — **~ˌflug** *m* a) glide, b) (*eines Motorflugzeugs*) power-off glide: zum ~ übergehen to go into a glide. — **~ˌflugˌzeug** *n cf.* Gleiter. — **~geˌlenk** *n auto.* slip joint. — **~ˌhang** *m geol. cf.* Hang 2a. — **~ˌhörn·chen** *n zo.* yellow-bellied flying phalanger (*Petaurus australis*). — **~ˌkom·ma** *n* (*computer*) floating point. — **~ˌkom·maˌzahl** *f* floating-point number. — **~konˌtakt** *m electr.* sliding contact. — **~ˌku·fe** *f aer.* landing (*od.* snow) skid (*Am.* ski). — **~ˌla·ger** *n tech.* sliding (*od.* plain) bearing. — **~ˌlaut** *m ling.* (*in der Phonetik*) glide. — **~ˌmit·tel** *n* lubricant. — **~ˌmo·dul** *m phys.* shear modulus. — **~ˌschie·ne** *f* 1. *tech.* a) slide bar, catapult rail, b) (*einer Schreibmaschine*) carriage rail. – 2. *metall.* (*eines Stoßofens*) skid. — **~ˌschritt** *m* 1. (*beim Tanz*) glissade. – 2. (*beim Skilauf*) gliding step. — **~ˌschuh** *m* 1. (*sport*) gliding shoe. – 2. *tech.* (*einer Kegeldreheinrichtung*) sliding shoe, slide block. – 3. *auto.* sliding block. — **~ˌschuhˌkol·ben** *m auto.* slipper piston.

ˈGleitˌschutz *m* 1. *auto.* antiskid (*Br.* anti-skid) (*od.* nonskid, *Br.* non-skid) protection. – 2. *tech.* (*als Bauteil*) antiskid (*Br.* anti-skid) device. — **~beˌlag** *m* 1. *civ.eng.* skidproof (*Br.* skid-proof) (*od.* nonskid, *Br.* non-skid) cover. – 2. *auto.* antislip (*Br.* anti-slip) plate. — **~ˌblech** *n* antislip (*Br.* anti-slip) plate. — **~ˌket·te** *f* antiskid (*Br.* anti-skid) chain. — **~ˌrei·fen** *m* nonskid (*Br.* non-skid) tire (*bes. Br.* tyre).

ˈgleitˌsi·cher *adj* (*Fläche, Reifen etc*) skidproof, *Br.* skid-proof, antiskid, *Br.* anti-skid (*attrib*).

ˈGleit|ˌsitz *m* 1. *tech.* sliding fit. – 2. (*im Rennruderboot*) sliding seat, slide. — **~ˌstoß** *m* (*sport*) (*beim Fechten*) coulé, *Am.* glide. — **~ˌwachs** *n* (*für Ski*) gliding (*od.* racing, downhill) wax. — **~ˌweg** *m aer.* glide path. — **~ˌwi·derˌstand** *m* sliding resistance. — **~ˌwin·kel** *m* gliding angle. — **~ˌzahl** *f aer.* glide ratio.

Glen·chek [ˈglɛntʃɛk] (*Engl.*) *m* ⟨-(s); -s⟩ (*textile*) glen check (material *od.* pattern).

Glet·scher [ˈglɛtʃər] *m* ⟨-s; -⟩ *geol.* glacier: kalbender ~ calving glacier; unter dem ~ (liegend) subglacial. — **g~ˌar·tig** *adj* glacial. — **g~beˌdeckt** *adj* glaciered. — **~ˌbil·dung** *f* glacial formation. — **~ˌbo·den** *m* glacial soil. — **~ˌbrand** *m med.* glacial sunburn; dermatitis solaris, erythema solare (*scient.*). — **~ˌeis** *n geol.* glacial ice. — **~ˌfloh** *m zo.* snow flea (*Isotoma glacialis*). — **~ˌgast** *m* glacier scorpion fly (*Boreus hiemalis*). — **~ˌkun·de** *f geol.* glaciology. — **~ˌmüh·le** *f* glacier mill, moulin. — **~raˌnun·kel** *f bot.* icy crowfoot (*Ranunculus glacialis*). — **~ˌspal·te** *f geol.* crevasse, *auch* crevass. — **~ˌstauˌsee** *m* ice barrier lake. — **~ˌtal** *n* glacier valley. — **~ˌtisch** *m* glacier table. — **~ˌtor** *n* glacier cave (at the end of a glacier). — **~ˌwind** *m meteor.* glacier breeze (*od.* wind). — **~ˌzun·ge** *f geol.* glacier tongue, snout.

Glia [ˈgliːa] *f* ⟨-; *no pl*⟩ *med.* (*Hirn*) glia, [neuroglia.]

Glia·din [gliaˈdiːn] *n* ⟨-s; *no pl*⟩ *biol. chem.* (*Eiweißart*) gliadin, prolamin.

glib·be·rig [ˈglɪbərɪç], **glibb·rig** [ˈglɪbrɪç] *adj Northern G. dial.* slippery.

glich [glɪç] *1 u. 3 sg pret of* gleichen.

Glied [gliːt] *n* ⟨-(e)s; -er⟩ 1. *med.* a) (*Arm, Bein*) limb, b) (*Teil, Organ*) member, part, organ, c) (*zwischen zwei Gelenken*) joint: Rumpf und ~er body and limbs; künstliches ~ artificial limb; verkümmertes ~ degenerate (*od.* imperfectly developed) part (*od.* organ); geschmeidige (*od.* lockere) ~er supple limbs; seine ~er strecken to stretch one's limbs; an allen ~ern zittern to tremble in every limb (*od.* all over); ich fühle alle meine ~er I'm aching in every limb (*od.* all over); kein ~ rühren können not to be able to move a muscle (*od.* limb); der Schreck fuhr ihm in (*od.* durch) alle ~er he felt the shock in every limb; die Nachricht fuhr ihm in die ~er the news struck him to the core (*od.* pierced him to the quick); ihm steckt eine Krankheit in den ~ern he is in for an illness (*bes. Br.* is sickening for s.th.). – 2. *med.* (*eines Fingers, einer Zehe etc*) joint. – 3. *med. auch* männliches ~ (male) member; penis, membrum virile (*scient.*). – 4. (*einer Kette*) link: das fehlende ~ *bes. anthrop.* the missing link; → Kette 1. – 5. *fig.* link, member: es fehlt ein ~ in der Beweiskette there is a link missing in the chain of evidence; ~ einer Familie member of a family. – 6. generation: er kennt seine Vorfahren bis ins siebte ~ he can trace back his ancestors for seven generations. – 7. *mil.* rank: hinteres [vorderes] ~ rear [front] rank; in Reih und ~ a) in rank and file, b) *fig.* in (a) line; aus dem ~ treten to fall out, to break rank(s); ins ~ treten to fall in. – 8. *math.* a) (*einer Gleichung*) term, b) (*einer Reihe, einer Menge*) member. – 9. *tech.* (*Bauteil*) member, component, element. – 10. *electr.* link. – 11. *zo.* a) limb, b) (*eines Gliederfußes*) joint. – 12. *bot.* joint. – 13. *ling.* a) (*eines Satzes*) member, b) (*eines Satzgefüges*) part, limb.

ˈGlie·der|ˌbau *m* ⟨-(e)s; *no pl*⟩ *med.* frame, build, physique: von kräftigem ~ strong-limbed. — **~ˌbin·se** *f bot.* stony-fruited rush (*Juncus lamprocarpus*). — **~ˌbor·ste** *f zo.* articular bristle. — **~ˌbus** *m auto.* articulated bus. — **~ˌfrucht** *f bot.* loment, *auch* lomentum. — **~ˌfü·ßer**, **~ˌfüß·ler** [-ˌfyːslər] *m* ⟨-s; -⟩ *zo.* arthropod: zu den ~n gehörig arthropodal, arthropodan. — **~ˌgicht** *f med.* gouty gout, arthritis urica (*scient.*). — **~ˌhül·se** *f bot.* loment, *auch* lomentum. — **~ˌket·te** *f tech.* 1. link chain. – 2. (*eines Tanks, Traktors etc*) track. — **~ˌknö·te·rich** *m bot.* jointweed (*Polygonum articulatum*). — **~ˌkrö·tenˌgras** *n cf.* Gliederbinse. — **g~ˌlahm** *adj med.* lame in the limbs. — **~ˌläh·mung** *f* paralysis of the limbs. — **g~los** *adj* 1. limbless. – 2. (*Kette*) without links. – 3. *zo.* anarthrous. — **~ˌmaßˌstab** *m tech.* folding rule.

glie·dern [ˈgliːdərn] I *v/t* ⟨h⟩ 1. (*ordnen*) organize *Br. auch* -s-, arrange, structure: einen Aufsatz ~ to organize (*od.* arrange, plan) an essay; seine Gedanken ~ to organize (*od.* marshal) one's thoughts (logically). – 2. (*einteilen*) divide, classify, break (*s.th.*) down: die Bücher sind nach Stoffgebieten gegliedert the books are classified by subjects. – 3. (*in Teile*) (in *acc* into) divide, (*unterteilen*) subdivide, break (*s.th.*) down. – 4. *mil.* a) (*Einheiten*) organize *Br. auch* -s-, b) (*taktisch*) distribute: eine Einheit neu ~ to reorganize a unit. – II *v/reflex* sich ~ 5. divide, be (sub)divided: sich ~ in (*acc*) to be divided into, to be composed of, to consist of; der Aufsatz gliedert sich wie folgt the essay is constructed as follows. – III G~ *n* ⟨-s⟩ 6. *verbal noun.* – 7. *cf.* Gliederung.

ˈGlie·der|ˌpup·pe *f* 1. doll with movable limbs, jointed doll. – 2. (dressmaker's *od.* tailor's) lay figure, mannequin. – 3. (*für Schaufenster*) articulated display figure. – 4. *cf.* Marionette 1. — **~ˌrei·ßen** *n med. colloq.* rheumatism. — **~ˌschmerz** *m* pains *pl* in the limbs, rheumatism. — **~ˌschwund** *m* atrophy of the limbs. — **~ˌspo·re** *f bot.* (*der Pilze*) arthrospore. — **~ˌtie·re** *pl zo.* articulates, articulate animals, arthropods (*scient.*) (*Stamm Articulata*).

ˈGlie·de·rung *f* ⟨-; -en⟩ 1. *cf.* Gliedern. – 2. (*Anordnung*) organization *Br. auch* -s-, arrangement, structure. – 3. (*Einteilung*) division, classification, breakdown. – 4. (*Unterteilung*) subdivision, subsection, breakdown. – 5. (*eines Aufsatzes etc*) construction: dramaturgische ~ dramatic construction. – 6. *mil.* a) organization *Br. auch* -s-, b) (*taktische*) formation. – 7. *zo.* (*des Bandwurms etc*) segmentation, metamerism (*scient.*).

ˈGlie·der|ˌzel·le *f biol.* articulate cell. — **~ˌzucken** (*getr.* -k·k-) *n med.* twitching of the limbs. — **~ˌzug** *m* (*railway*) articulated train.

ˈGlied|ˌkir·che *f relig.* member church. — **~ˌkraut** *n bot.* a) (*Eisenkraut*) ironwort, siderite (*scient.*) (*Gattg Sideritis*), b) Kleines ~ (*Schafgarbe*) common milfoil, yarrow (*Achillea millefolium*), c) (*Betonie*) betony (*Gattg Betonica*), d) (*Taubenkropf*) bladder campion (*Silene inflata*), e) (*einjähriger Ziest*) annual hedge nettle (*Stachys annua*). — **~ˌma·ßen** *pl med.* extremities, limbs. — **~ˌsatz** *m ling.* subordinate clause. — **~ˌstaat** *m pol.* member (*od.* constituent) state. — **g~ˌwei·se** *adv* 1. limb by limb. – 2. link by link. – 3. *mil.* in files: ~ vortreten to step forward in files.

glim·men [ˈglɪmən] I *v/i* ⟨glimmt, glomm *u.* glimmte, geglommen *u.* geglimmt, h⟩ 1. (*von Zigarette, Glut etc*) glow. – 2. (*schwelen*) smo(u)lder. – 3. *lit. od. poet.* (*schimmern*) glimmer, gleam. – 4. *fig.* (*von Hoffnung, Ehrgefühl etc*) remain: die Hoffnung glomm noch in ihr she still had some hope, she still had a flicker of hope. – II G~ *n* ⟨-s⟩ 5. *verbal noun.* – 6. (*der Zigarette, Glut etc*) glow. — **ˈglim·mend I** *pres p.* – II *adj* glowing: ~e Asche embers *pl*.

ˈGlimm·entˌla·dung *f electr.* glow (*od.* brush) discharge, corona (*scient.*).

ˈGlim·mer *m* ⟨-s; -⟩ 1. *min.* a) mica, b) (*in dünnen, durchsichtigen Scheiben*) isinglass: heller ~ muscovite; schwarzer ~ black mica. – 2. *archaic* faint glow, glimmer. — **g~ˌar·tig**, **~ˌhal·tig** *adj min.* micaceous. — **~ˌschie·fer** *m* mica schist.

ˈGlimm|ˌlam·pe *f* 1. *tech.* glow lamp, *Br.* glow-lamp. – 2. *phot.* ready light. — **~ˌleuchtˌröh·re** *f electr.* 1. fluorescent lamp. – 2. cathode-ray tube. — **~ˌlicht** *n electr.* glow light, blue glow. — **~ˌsten·gel** *m colloq. humor.* (*Zigarre od. Zigarette*) 'smoke', 'fag' (*beide sl.*), *Am. sl.* 'drag'.

glimpf·lich [ˈglɪmpflɪç] I *adv* better than expected, lightly, mildly, leniently: das ging noch einmal ~ ab that went off without much harm being done, you were lucky there; ~ davonkommen to get off lightly (*od.* cheaply); j-n ~ behandeln to deal lightly (*od.* gently) with a person. – II *adj* (*Strafe etc*) mild, lenient.

Gli·om [gliˈoːm] *n* ⟨-s; -e⟩ *med.* (*Geschwulst*) glioma.

Glis·sa·de [glɪˈsaːdə] *f* ⟨-; -n⟩ 1. (*beim Tanz*) glide. – 2. *choreogr.* glissade. – 3. (*sport*) (*beim Fechten*) *cf.* Gleitstoß.

Glis·san·do [glɪˈsando] *mus.* I *n* ⟨-s; -s *u.* -di [-di]⟩ glissando. – II g~ *adv* glissando.

ˈGlitschˌbahn *f*, *dial. auch* **Glit·sche** [ˈglɪtʃə] *f* ⟨-; -n⟩ slide (on ice).

glit·schen [ˈglɪtʃən] *v/i* ⟨sein⟩ *colloq.* 1. (*rutschen*) slide: die Kinder ~ auf dem Eis the children are sliding on the ice. – 2. (*ausgleiten*) slip, slither, skid.

ˈglit·schig *adj* (*Fisch, Straße etc*) slippery, slithery.

glitt [glɪt] *1 u. 3 sg pret of* gleiten.

ˈglit·ze·rig, **ˈglitz·rig** *adj colloq.* sparkling, glittering.

glit·zern [ˈglɪtsərn] *v/i* ⟨h⟩ 1. glitter, (*schwächer*) sparkle, glint. – 2. (*von Wasserfläche, Regentropfen*) glisten. – 3. (*von Sternen*) twinkle. — **ˈglit·zernd I** *pres p.* – II *adj* 1. glittering, sparkling. – 2. glistening. – 3. twinkling. – 4. aglitter (*pred*): der Weihnachtsbaum stand ~ in der Ecke the Christmas tree stood in the corner all aglitter.

ˈGlit·zerˌschmuck *m* 1. spangle, tinsel. – 2. (*beim Angeln*) tag.

glo·bal [gloˈbaːl] I *adj* 1. (*weltumfassend*) global, worldwide, *Br.* world-wide: ~e Kriegsführung global warfare. – 2. *bes. econ.* (*gesamt, ungefähr*) overall, *Br.* over-all, total, aggregate: ~e Zahlungsbilanz over(-)all balance of payments. – II *adv* 3. as a whole: die Frage läßt sich nur ~ beantworten the question can only be answered in a wider context; ~ betrachtet a) regarded as a whole, b) seen in a world context.

Gloˈbal|beˌrech·nung *f econ.* aggregate (*od.* comprehensive) calculation. — **~-**

be|trag *m* global (*od.* over[-]all, aggregate) amount. — **~ra|ke·te** *f* (*space*) global-range missile. — **~|si·cher·heit** *f* global security. — **~|steue·rung** *f* global regulation, overall (*Br.* over-all) control. — **~|strah·lung** *f meteor.* global (*od.* incoming) radiation.

'Glo·be|trot·ter ['glo:p-; 'glo:bə-] *m* ⟨-s; -⟩ globe-trotter.

Glo·bi·ge·ri·ne [globige'ri:nə] *f* ⟨-; -n⟩ *zo.* globigerina (*Fam. Globigerinidae*).

Glo·bin [glo'bi:n] *n* ⟨-s; *no pl*⟩ *biol. chem.* globin.

Glo·bu·lin [globu'li:n] *n* ⟨-s; -e⟩ *biol. chem.* globulin.

Glo·bus ['glo:bus] *m* ⟨-(ses); -ben *u.* -se⟩ globe.

Glöck·chen ['glœkçən] *n* ⟨-s; -⟩ *dim. of* [Glocke.]

Glocke (*getr.* -k·k-) ['glɔkə] *f* ⟨-; -n⟩ **1.** bell: **eine ~ läuten** to ring a bell; **eine ~ gießen** to found (*od.* cast) a bell; **die ~ des Vorsitzenden** the chairman's bell; **etwas an die große ~ hängen** *fig. colloq.* to shout (*bes. Br.* proclaim) s.th. from the housetops (*Br.* house-tops), to broadcast s.th.; **das brauchst du nicht an die große ~ (zu) hängen** you needn't tell the whole world about it; **er weiß, was die ~ geschlagen hat** *fig. colloq.* he knows what's in store for him (*od.* what he is in for), he knows which way the wind is blowing; **ich werde ihm sagen, was die ~ geschlagen hat** *fig. colloq.* I'll give him a piece of my mind, I'll tell him where he gets off, I'll tell him what's what (*alle colloq.*). – **2.** (*einer Lampe*) globe. – **3.** (*für Käse etc*) (glass) cover. – **4.** *tech.* a) (*zum Auffangen von Gasen*) bell jar, b) (*der Klingel*) gong, c) (*der Luftpumpe*) receiver. – **5.** *metall.* (*im Hochofen*) belltype (*Br.* bell-type) distributing gear, bell. – **6. Taube ~** *bot.* a) (*pfirsichblätterige Glockenblume*) peach-leaved bellflower (*Br.* bell-flower) (*Campanula persicifolia*), b) (*pyramidenartige Glockenblume*) pyramidal bellflower (*Br.* bell-flower) (*C. pyramidalis*). – **7.** (*sport*) (*am Florett*) (bell[*od.* bowl]-shaped) guard. – **8.** (*fashion*) (*eines Frauenrockes*) flared shape.

'Glocken|,an·ker (*getr.* -k·k-) *m electr.* belltype (*Br.* bell-type) armature. — **~|be·cher·|pilz** *m bot.* corn-bells *pl* (*construed as sg*) (*Cyclythus vernicosus*). — **~|blu·me** *f* bellflower, *Br.* bell-flower, bluebell, campanula (*scient.*) (*Gattg Campanula*): **~n** *pl* campaniform plants; **zu den ~n gehörig** campanulaceous; **Ausgeartete** (*od.* **Abstehende**) **~** spreading bell(-)flower (*C. patula*); **Breitblätt(e)rige ~** haskwort (*C. latifolia*); **Gemeine ~** *cf.* **Rundblätt(e)rige ~**; **Großblumige ~** Coventry bell, Mercury's violet (*C. medium*); **Knäuelblütige ~** clustered bell(-)flower, dane's-blood (*C. glomerata*); **Nesselblätt(e)rige ~** throatwort (*C. trachelium*); **Pfirsichblätt(e)rige** (*od.* **Pyramidenartige**) **~** *cf.* **Glocke** 6; **Rundblätt(e)rige** (*od.* **Gemeine**) **~** (*Buschglöcklein*) round-leaved bell(-)flower, (Scottish) bluebell (*Br.* blue-bell), harebell, lady's-thimble (*C. rotundifolia*).

'glocken|,blu·men|,ar·tig (*getr.* -k·k-) *adj* belled; campanulaceous, campaniform (*scient.*): **~e Pflanzen** *pl* campanulaceae. — **G~ge|wäch·se** *pl* (the) Campanulaceae, bellworts (*Fam. Campanulaceae*).

'glocken|,blu·mig, ~|blü·tig [-,bly:tıç] (*getr.* -k·k-) *adj bot.* with campanulate flowers.

'Glocken|,bo·je (*getr.* -k·k-) *f mar.* bell buoy, *Br.* bell-buoy. — **~|form** *f* **1.** bell shape. – **2.** mold (*bes. Br.* mould) (of a bell). — **g~|för·mig** *adj* **1.** bell-shaped. – **2.** *bot.* campaniform, campanulate(d), campanularian, campanulous. — **~ge|läut, ~ge|läu·te** *n* **1.** ringing (*od.* peal) of bells. – **2.** (*abgestimmtes*) chime. — **~|gie·ßer** *m* bell founder (*od.* caster), *Br.* bell-founder (*od.* -caster). — **~gie·ße|rei** *f* **1.** *cf.* **Glockenguß**. – **2.** (*Betrieb*) bell foundry, *Br.* bell-foundry. — **~|guß** *m* bell founding (*od.* casting), *Br.* bell-founding (*od.* -casting). — **~|gut** *n* ⟨-(e)s; *no pl*⟩ *cf.* **Glockenspeise**. — **~|ham·mer** *m* striker, hammer. — **~|hei·de** *f* ⟨-; *no pl*⟩ *bot.* heath, erica (*scient.*) (*Fam. Ericaceae, bes. Gattg Erica*): **Graue ~** bell heather (*E. cinerea*). — **g~|hell** *adj* (*Stimme, Ton etc*) bell-like, as clear as a bell. — **~|hut** *m* (*für Damen*) cloche. — **~iso|la·tor** *m electr.* bell-shaped insulator. — **~|klang** *m* sound (*od.* peal) of bells. — **~|klöp·pel** *m* bell clapper. — **~|kur·ve** *f math.* normal curve. — **~|läu·ten** *n cf.* **Glockengeläut**. — **~me|tall** *n cf.* **Glockenspeise**. — **~|mor·chel** *f bot.* spreading moril (*Morchella patula*). — **~|re·be** *f* cathedral bells *pl*, cup-and-saucer vine (*Gattg Cobaea, bes. C. scandens*). — **g~|rein** *adj cf.* **glockenhell**. — **~|rock** *m* (*fashion*) flared (*od.* circular) skirt. — **~|schlag** *m* stroke of the clock: **er kam auf den ~ (pünktlich)** he arrived right on the dot (*colloq.*). — **~|seil** *n* bell rope. — **~|spei·se** *f metall.* bell metal, *Br.* bell-metal. — **~|spiel** *n mus.* **1.** (*im Orchester*) carillon, chime, glockenspiel. – **2.** (*Turmglockenspiel*) carillon, chime. — **~|stu·be** *f* bell chamber (*od.* loft), belfry. — **~|stuhl** *m* bell frame, belfry. — **~|tier·chen** *n zo.* bell animalcule, vorticella (*scient.*) (*Gattg Vorticella*). — **~|ton** *m* bell tone. — **~|turm** *m* **1.** bell tower, belfry. – **2.** (*alleinstehender*) campanile. — **~|vo·gel** *m zo.* bellbird, *Br.* bell-bird, campanero (*Chasmorhyncus niveus*). — **~|wei·he** *f relig.* bell baptism. — **~|wei·zen** *m bot. cf.* **Entenschnabelweizen**. — **~|win·de** *f* **1.** *metall.* (*am Hochofen*) bell hoist (*od.* operating gear). – **2.** *bot.* Chilean bellflower (*Br.* bell-flower) (*Nolana atriplicifolia*). — **~|wurz** *f bot. cf.* **Alant**. — **~|zei·chen** *n* bell signal. — **~|zug** *m* **1.** bellpull, *Br.* bell-pull. – **2.** *cf.* **Glockenseil**.

'glockig (*getr.* -k·k-) *adj* **1.** *cf.* **glockenförmig** 1. – **2.** *bot.* campanulate(d), *auch* campanular, campanulous.

Glöck·ner ['glœknər] *m* ⟨-s; -⟩ **1.** bell ringer, *Br.* bell-ringer. – **2.** (*Kirchendiener*) sexton. – **3.** *zo. cf.* **Glockenvogel**.

glomm [glɔm] *1 u. 3 sg pret*, **glöm·me** ['glœmə] *1 u. 3 sg pret subj of* **glimmen**.

Glo·ria[1] ['glo:rĭa] *f* ⟨-; *no pl*⟩ *iron.* glory, splendor, *bes. Br.* splendour: → **Glanz** 10.

'Glo·ria[2] *n* ⟨-s; -s⟩ *röm.kath.* Gloria: **das kleine [große] ~** the lesser [greater] doxology.

'Glo·ria|sei·de *f* (*textile*) gloria (silk).

Glo·rie ['glo:rĭə] *f* ⟨-; *rare* -n⟩ **1.** *poet. cf.* **Gloria**[1]. – **2.** *cf.* **Glorienschein**.

'Glo·ri·en|schein *m* **1.** *cf.* **Heiligenschein**. – **2.** *meteor.* glory.

Glo·ri·fi·ka·ti·on [glorifika'tsĭo:n] *f* ⟨-; *no pl*⟩ glorification. — **glo·ri·fi'zie·ren** [-'tsi:rən] *v/t* ⟨*no* ge-, h⟩ (*Tat etc*) glorify.

Glo·ri'ol·be|leuch·tung *f phot.* rim lighting.

Glo·rio·le [glo'rĭo:lə] *f* ⟨-; -n⟩ *cf.* **Heiligenschein**.

glo·ri·os [glo'rĭo:s] *adj* **1.** *cf.* **glorreich**. – **2.** *colloq.* glorious, proper: **ein ~es Durcheinander** a glorious mess (*od.* muddle); **ein ~er Reinfall** a glorious (*od.* terrific) flop (*od.* fiasco).

'glor|reich ['glo:r-] *adj* (*ruhmreich*) glorious: **ein ~er Sieg** a glorious victory.

glo·sen ['glo:zən] *v/i* ⟨h⟩ *dial. for* **glühen** I, **glimmen**.

Glos·sar [glɔ'sa:r] *n* ⟨-s; -e⟩ glossary.

Glos·sa·tor [glɔ'sa:tɔr] *m* ⟨-s; -en [-sa'to:rən]⟩ glossator, glossarist.

Glos·se ['glɔsə] *f* ⟨-; -n⟩ **1.** *ling.* gloss. – **2.** (*polemischer Kommentar*) squib, gloss, ironical comment. – **3.** *pl colloq.* jeers, scoffs: **er muß über alles seine ~n machen** he always has to scoff at everything, he always has to make sneering remarks about everything.

Glos·sem [glɔ'se:m] *n* ⟨-s; -e⟩ *ling.* **1.** glosseme. – **2.** *obs. for* **Glosse** 1.

Glos·se·ma·tik [glɔse'ma:tık] *f* ⟨-; *no pl*⟩ *ling.* glossematics *pl* (*construed as sg*). — **Glos·se·ma'tist** [-ma'tıst] *m* ⟨-en; -en⟩ glossematician.

'Glos·sen|ma·cher *m* faultfinder.

glos·sie·ren [glɔ'si:rən] *v/t* ⟨*no* ge-, h⟩ **1.** (*Texte*) gloss. – **2.** make unfavo(u)rable comments about.

Glos·so..., glos·so... *combining form denoting* gloss..., glosso...

Glos·so·gra·phie [glɔsogra'fi:] *f* ⟨-; *no pl*⟩ glossography.

Glos·so·la·lie [glɔsola'li:] *f* ⟨-; *no pl*⟩ *med. relig.* (*Zungenreden*) glossolalia.

Glot·tal [glɔ'ta:l] *ling.* **I** *m* ⟨-s; -e⟩ glottal (sound). – **II g~** *adj* glottal.

Glot·tis ['glɔtıs] *f* ⟨-; Glottides [-tidɛs]⟩ *med.* glottis.

Glot·to·chro·no·lo·gie [glɔtokronolo'gi:] *f* ⟨-; *no pl*⟩ *ling.* glottochronology.

'Glotz|,au·ge *n* **1.** *colloq. contempt.* goggle-eye, popeye: **~n machen** *cf.* **glotzen** 1. – **2.** *med.* exophthalmos, *auch* exophthalmus. — **g~|äu·gig** *adj* goggle-eyed, having eyes that bulge, exophthalmic (*scient.*).

glot·zen ['glɔtsən] *v/i* ⟨h⟩ *colloq.* **1.** gape, stare. – **2.** look (*od.* be) goggle-eyed. — **Glot·ze'rei** *f* ⟨-; *no pl*⟩ *colloq.* staring.

'Glo·ver|turm ['glo:vər-] *m chem.* Glover tower.

Glo·xi·nie [glɔ'ksi:nĭə] *f* ⟨-; -n⟩ *bot.* gloxinia (*Gattg Sinningia, bes. S. speciosa*).

gluck [gluk] *interj* glug: **~, ~!** glug, glug! **~, ~, weg war er** *humor.* bubble, bubble, he was gone.

Glück [glʏk] *n* ⟨-(e)s; *no pl*⟩ **1.** (*günstiges Geschick, Erfolg*) fortune, luck: **er hat ~** he is lucky, he is in luck; **er hat kein ~** he is unlucky, he has no luck; **er hat kein ~ mehr** his luck has run out, he is down on his luck; **manche Leute haben eben immer ~** some people have all the luck; **er hat ein unverschämtes ~** *colloq.* he is extremely lucky; he has the devil's own luck, he has got the luck of the Irish (*colloq.*); **sein ~ versuchen** a) to try one's luck, b) to seek one's fortune; **sein ~ bei** (*od.* **mit**) **j-m versuchen** to try one's luck with s.o.; **sein ~ mit etwas versuchen** a) (*mit einer Beschäftigung*) to try one's luck at s.th., b) (*mit einem Werkzeug*) to try one's luck with s.th.; **sein ~ bei Karten versuchen** to try one's luck at cards; **er tritt sein ~ mit Füßen** he is blind to his own good fortune; **er hat sein ~ gemacht** he has made his fortune; **sein ~ um jeden Preis machen wollen** to push (*Am. auch* crowd) one's luck; **das ~ war auf seiner Seite, das ~ war ihm hold** luck was with him, fortune favo(u)red (*od.* smiled upon) him, fortune was kind to him; **das ~ hat ihn nicht verwöhnt** he has not had much luck in his life; **wie es das ~ wollte** as luck would have it; **er hat ~ im Spiel** he is lucky at cards; **wenn Sie ~ haben, finden Sie es** with luck you will find it; **du hast ~, er ist zu Hause** you are lucky, he is at home; **damit wirst du kein ~ haben** you won't have any luck with that, that won't do you much good; **da hast du noch einmal ~ gehabt** once again you were lucky there; **er hat mehr ~ als Verstand** he has more luck than sense; **wir haben noch einmal ~ im Unglück gehabt** that was a blessing in disguise, that was a stroke of luck in adversity; **(das) ~ macht blind** Fortune blinds those whom she favo(u)rs; **~ und Glas, wie leicht bricht das** (*Sprichwort*) glass and luck, brittle muck (*proverb*); **~ in der Liebe, Unglück im Spiel** lucky in love, unlucky at cards; **jeder ist seines ~es Schmied** (*Sprichwort*) everyone carves his own destiny, everyone is the architect of his own fortune (*proverb*). – **2.** (*als Wunsch*) **viel ~!** good luck! best of luck! **ich wünsche dir ~** I wish you luck, *Am. auch* more power to you; **viel ~ im neuen Jahr!** A Happy New Year; **viel ~ im neuen Lebensjahr** many happy returns of the day; **j-m zum Namenstag ~ wünschen** to wish s.o. well on his name day; **~ auf!** (*Bergmannsgruß*) good luck! – **3.** (*Glücksfall, Fügung des Zufalls*) good fortune, (good) luck, a bit (*od.* piece) of (good) luck: **er hatte das ~, einen ausgezeichneten Lehrer zu haben** he had the good fortune of having an excellent teacher, he was lucky in having an excellent teacher; **diese Erbschaft war ein unverhofftes ~** this inheritance was an unhoped-for (*od.* unexpected) bit of luck (*od.* was a windfall); **(es ist) ein ~, daß ich nichts mehr sagte** (it's) a good thing I didn't say anything more; **ein ~, daß du kamst** a good thing you came; **ein ~, daß wir frei haben** good thing we're off; **Sie können (noch) von ~ reden** (*od.* **sagen**), **daß Sie niemand gesehen hat** you may thank your lucky stars nobody saw you, you may consider (*od.* count) yourself lucky nobody saw you; **auf gut ~** on the off-chance; **etwas auf gut ~ tun** to do s.th. on the off-chance, to take a chance on doing s.th.; **zum ~** fortunately, luckily, as luck would have it; **das fehlt mir noch zu meinem ~** *iron.* that would be all I'd need. – **4.** (*Glücksgefühl*) happiness, felicity (*lit.*), bliss (*poet.*): **häusliches [eheliches] ~** domestic [marital] felicity (*od.* bliss); **junges ~** young bliss; **Kinder sind eine Quelle des ~s** children are a source of happiness.

,Glück|'auf [,glʏk-] *n* ⟨-s; *no pl*⟩ (*Bergmannsgruß*) (shout of) 'good luck'. —

g~ˌbrin·gend ['glʏk-] *adj* (*Vorzeichen etc*) lucky, propitious.
Glucke (*getr.* -k·k-) ['glʊkə] *f* ⟨-; -n⟩ **1.** sitting (*od.* broody) hen: künstliche ~ (artificial) mother, brooder. – **2.** *zo.* (*Nachtschmetterling*) egger, tent (*od.* lappet) caterpillar (*Fam. Lasiocampidae*).
glucken (*getr.* -k·k-) ['glʊkən] *v/i* ⟨h⟩ **1.** (*von Henne*) a) cluck, b) (*brüten*) sit, brood. – **2.** *fig. colloq.* sit around: **er gluckt den ganzen Tag zu Hause** he sits around the house all day.
glücken (*getr.* -k·k-) ['glʏkən] *v/i u. v/impers* ⟨sein⟩ succeed, turn (*od.* work) out well: **das ist gut [schlecht] geglückt** it turned out well [badly]; **alles glückte** everything turned out well; **der Plan glückte** the plan succeeded (*od.* worked); **es glückte ihm, ihn zu überzeugen** he succeeded in convincing him; **es wollte mir nicht ~** I could not succeed with it; **es glückt nicht immer** one cannot always succeed; **manchen glückt einfach alles** for some people everything turns out well, some people have all the luck.
gluckern (*getr.* -k·k-) ['glʊkərn] *v/i* ⟨h⟩ (*von Flüssigkeit*) gurgle.
'Glucknˌhen·ne *f cf.* Glucke 1.
'glück·lich I *adj* **1.** (*vom Glück begünstigt*) lucky, fortunate: **ein ~er Gewinner** a lucky winner; **ein ~er Mensch** a fortunate person; **~e Umstände** fortunate circumstances; **ein ~er Zufall** a lucky chance, a piece of good luck, a happy accident; **er hat eine ~e Hand in der Wahl seiner Mitarbeiter** he is good at choosing his assistants; (ein) g~es neues **Jahr!** A Happy New Year; **~e Reise!** safe journey, have a good trip, bon voyage. – **2.** (*beglückt, zufrieden*) happy, fortunate: **eine ~e Familie** a happy family; **~ sein** to be (*od.* feel) happy; **j-n ~ machen** to make s.o. happy; **sich ~ schätzen** to count (*od.* consider) oneself happy; **ich bin ~, Sie zu sehen** I am happy to see you. – **3.** (*gutgetroffen*) happy, felicitous: **ein ~es Beispiel** a felicitous illustration; **ein ~er Ausdruck** a happy expression; **das war ein ~er Einfall von ihm** it was a happy thought of his. – **4.** *cf.* glückverheißend. – **II** *adv* **5.** happily: **die Zeit [der Ort] war ~ gewählt** the time [the place] was happily chosen. – **6.** safely: **sie sind ~ angekommen** they arrived safely; **unsere Fahrt ging ~ vonstatten** we had a smooth journey. – **7.** *colloq. humor.* (*zu guter Letzt*) **etwas ~ hinter sich haben** to be well out of s.th.; **nun ist es ~ zu spät** it's good that it is too late; **jetzt ist er ~ fort** I am glad to see the last of him; **er hat ~ alles verdorben** he spoiled everything beautifully.
'Glück·li·che *m, f* ⟨-n; -n⟩ **1.** happy person: **dem ~n schlägt keine Stunde** (*Sprichwort*) those who are happy do not notice the passage of time. – **2.** lucky person: **Sie ~r!** you lucky fellow!
'glück·li·cher'wei·se *adv* fortunately, luckily, as (good) luck would have it.
'glück·los *adj* luckless, unfortunate.
'Glückˌsa·che *f cf.* Glückssache.
'Glücks|ˌbo·te *m* bearer of good news (*od. lit.* tidings). — **~ˌbot·schaft** *f* good news *pl* (*construed as sg or pl*) (*od. lit.* tidings *pl*). — **~ˌbrin·ger** *m* **1.** (*Marienkäfer etc*) mascot. – **2.** (*Gegenstand*) talisman, good-luck piece (*od.* charm). — **~ˌbu·de** *f* (*auf Jahrmarkt*) *stall where games of chance are played.*
ˌglück'se·lig *adj* **1.** happy, overjoyed (*pred*). – **2.** (*beseligend*) beatific: **ein ~es Lächeln** a beatific smile. – **3.** (*selig*) blissful. — **ˌGlück'se·lig·keit** *f* ⟨-; *rare* -en⟩ **1.** happiness. – **2.** beatification. – **3.** bliss(fulness): **himmlische ~** celestial bliss.
ˌGlück'se·lig·keitsˌleh·re *f philos.* eudaemonism, *auch* eudaimonism.
gluck·sen ['glʊksən] *v/i* ⟨h⟩ **1.** (*von Flüssigkeit*) gurgle. – **2.** (*unterdrückt lachen*) chuckle. – **3.** (*aufstoßen*) belch.
'Glücks|ˌfall *m* **1.** lucky chance, stroke of luck. – **2.** (*unerwarteter Gewinn*) windfall. — **~geˌfühl** *n* (feeling of) happiness. — **~ˌgöt·tin** *f* fortune, *auch* Fortune. — **~ˌgü·ter** *pl* earthly possessions (*od.* goods), good things of this world: **er ist (reichlich) mit ~n gesegnet** he is endowed with riches. — **~ˌha·fen** *m* **1.** *cf.* Glückstopf. – **2.** *fig.* safe port (*od.* harbo[u]r). — **~ˌhau·be** *f med.* (*des Neugeborenen*) caul. — **~ˌjä·ger** *m* fortune hunter, *Br.* fortune-hunter. — **~ˌkä·fer** *m zo. cf.* Marienkäfer. — **~ˌkind** *n* child (*od.* darling) of fortune, one of fortune's favorites (*bes. Br.* favourites).
'Glücksˌklee *m bot.* four-leaf(ed) clover. — **~ˌfarn** *m* nardo(o) (*Marsilea drummondii*).
'Glücks|ˌli·nie *f* (*in der Hand*) line of fortune. — **~ˌmänn·chen, ~ˌmänn·lein** *n bot. cf.* Alraun(e) 1. — **~ˌpfen·nig** *m* lucky penny, pocket piece, *Br.* pocket-piece. — **~ˌpilz** *m colloq.* lucky fellow (*od. colloq.* devil, dog, beggar). — **~ˌrad** *n* wheel of fortune. — **~ˌrit·ter** *m* soldier (*od.* gentleman) of fortune. — **~ˌsa·che** *f* matter of luck: **das ist reine ~** that's a sheer matter of luck. — **~ˌschwein** *n pig as a symbol of good luck* (*od. as a good-luck charm*).
'Glücksˌspiel *n* **1.** game of chance: **er hat (all) sein Geld beim ~ verloren** he lost (all) his money gambling. – **2.** *fig.* gamble: **Heiraten ist ein ~** marriage is a gamble. — **~au·toˌmat** *m* one-arm(ed) bandit (*sl.*), automatic gambling machine.
'Glücks|ˌspie·ler *m* gambler. — **~ˌstern** *m* lucky star: **unter einem ~ geboren sein** to be born under a lucky star; **seinem ~ vertrauen** to follow one's (lucky) star. — **~ˌsträh·ne** *f* streak (*od.* run) of good luck. — **~ˌtag** *m* lucky day. — **~ˌtopf** *m* lucky (*Am. auch* grab) bag: **in den ~ greifen (dürfen)** *fig.* to have a great chance.
'glückˌstrah·lend I *adj* (*Lächeln etc*) beaming, radiant. – **II** *adv* beaming (*od.* radiant) with happiness.
'Glücks|ˌtref·fer *m* lucky hit. — **~ˌumˌstand** *m meist pl* fortunate circumstance. — **~verˌtrag** *m jur.* aleatory contract. — **~ˌwurf** *m* lucky throw (*od.* toss). — **~ˌzahl** *f* lucky number. — **~ˌzuˌfall** *m* **1.** lucky chance, stroke of luck: **es war ein ~, daß ich gewann** it was a stroke of luck that I won. – **2.** (fortunate) coincidence: **welch ein ~, euch hier zu treffen** what a fortunate coincidence to meet you here.
'glück|verˌhei·ßend, ~verˌspre·chend *adj* auspicious, propitious.
'Glückˌwunsch *m* **1.** (*zu einem Erfolg etc*) (zu on) congratulations *pl*, felicitations *pl*: **meinen (*od.* herzlichen) ~!** congratulations! **ich sprach ihm meinen ~ zu seiner Beförderung aus** I offered him my congratulations (*od.* I congratulated him) on his promotion; **er nahm zahlreiche Glückwünsche entgegen** he received many congratulations. – **2.** (*für die Zukunft*) (zu on, for) good wishes *pl*: **ich sende Ihnen die besten Glückwünsche zum neuen Jahr** I send you my best wishes for the new year; **herzlichen ~ zum Geburtstag!** (happy birthday and) many happy returns (of the day)! happy birthday! — **~adres·se** [-ʔaˌdrɛsə] *f* congratulatory address, address of congratulations. — **~ˌkar·te** *f* **1.** congratulatory card. – **2.** (*bes. zu Festen*) greeting(s) card. — **~ˌschrei·ben** *n* letter of congratulation. — **~te·leˌgramm** *n* congratulatory telegram.
ˌGlück'zu *n* ⟨-; *no pl*⟩ (shout of) 'good luck'.
Glu·cos·amin [glukoza'miːn] *n* ⟨-s; *no pl*⟩ *chem. biol.* glucosamine.
Glu·co·se [glu'koːzə] *f* ⟨-; *no pl*⟩ grape sugar; glucose, dextrose (*scient.*) ($C_6H_{12}O_6$).
'Glüh|ˌasche *f* embers *pl*, glowing ashes *pl*. — **~beˌhand·lung** *f metall.* annealing treatment. — **~ˌbir·ne** *f electr.* light (*od.* electric, incandescent) bulb: **eine ~ auswechseln** to replace (*od.* change) a (light) bulb. — **~ˌbir·nenˌfas·sung** *f* lamp holder. — **~ˌdraht** *m cf.* Glühfaden. — **~elekˌtro·de** *f* hot cathode.
glü·hen ['glyːən] **I** *v/i* ⟨h⟩ **1.** (*von Ofen, Asche etc*) glow, (*rot*) be red-hot. – **2.** *electr.* (*von Glühfaden*) be incandescent. – **3.** *fig.* (*von Augen, Gesicht, Himmel etc*) glow, be aglow: **die Berge glühten in der Abendsonne** the mountains were glowing in the evening sun. – **4.** *fig.* (*vor Fieber, Wut etc*) (vor *dat* with) burn: **er glühte für sie** *lit.* he burned with love for her; **er glüht vor Begeisterung für diese Idee** he is fired with (enthusiasm for) this idea. – **II** *v/t* **5.** (*zum Glühen bringen*) make (*s.th.*) red-hot. – **6.** *tech.* a) (*Stahl*) anneal, b) (*wärmebehandeln vor dem Ziehen*) (*Rohstahldraht*) patent: **spannungsfrei ~** to normalize. – **III G~** *n* ⟨-s⟩ **7.** *verbal noun.* – **8.** glow. — **'glü·hend I** *pres p.* – **II** *adj* **1.** (*Kohle, Asche etc*) glowing, live (*attrib*): **auf ~en Kohlen sitzen** *fig.* to be on tenterhooks, *Am. auch* to be on pins and needles, to be like a cat on hot bricks; **~e Kohlen auf j-s Haupt sammeln** *fig.* to heap coals of fire on s.o.'s head. – **2.** (*Metall, Glas etc*) red-hot. – **3.** *fig.* (*Wangen etc*) (vor *dat* with) glowing: **er schilderte das in ~en Farben** he described this in glowing terms. – **4.** *fig.* (*Hitze, Sonne etc*) burning, scorching, blazing. – **5.** *fig.* (*Liebe, Wunsch etc*) burning, ardent, fervent, fervid, passionate, (*stärker*) torrid. – **6.** *fig.* (*Blick, Begeisterung etc*) burning, passionate, fiery. – **III** *adv* **7.** **j-n ~ lieben** to love s.o. passionately; **es war ~ heiß** it was blazing (*od.* piping) hot.
'glü·hendˌheiß *adj* ⟨*attrib*⟩ blazing (*od.* piping) hot: **~er Tag** scorcher, 'blazer' (*beide colloq.*).
'Glüh|ˌfa·den *m electr.* (incandescent) filament. — **g~ˌfri·schen** *v/t* ⟨*insep*, -ge-, h⟩ *metall.* malleabl(e)ize. — **~ˌhit·ze** *f* (*Glühtemperatur*) red (*od.* incandescent) heat. — **~ˌka·sten** *m metall.* annealing box. — **~kaˌtho·de** *f electr.* hot (*od.* incandescent) cathode. — **~kaˌtho·denˌröh·re** *f* thermionic (vacuum) tube, *bes. Br.* thermionic valve. — **~ˌker·ze** *f tech.* heater plug.
'Glühˌkopf *m tech.* hot bulb. — **~ˌmo·tor** *m auto.* hot-bulb (*od.* semi-diesel) engine. — **~ˌzün·dung** *f* hot-bulb ignition.
'Glühˌlam·pe *f electr.* **1.** incandescent (*od.* filament) lamp (*od.* light). – **2.** *cf.* Glühbirne.
'Glühˌlicht *n phys.* incandescent light. — **~ˌbren·ner** *m* incandescent burner.
'Glüh|ˌofen *m tech.* **1.** (re)heating (*od.* annealing) furnace, forge. – **2.** (*in der Glasherstellung*) lehr, *auch* leer. – **3.** (*in der Keramik etc*) hardening-on kiln. — **~ˌstrumpf** *m* incandescent mantle. — **~ˌtopf** *m* **1.** tempering box. – **2.** *metall.* annealing pot.
'Glü·hung *f* ⟨-; -en⟩ *metall.* **1.** anneal(ing). – **2.** (*Glühfrischen*) malleabl(e)izing.
'Glüh|ˌwein *m gastr.* a) mulled wine, b) (*mit Wasser verdünnt*) negus. — **~ˌwurm** *m*, **~ˌwürm·chen** *n zo.* **1.** glowworm, *Br.* glow-worm (*Lampyris noctiluca*). – **2.** wingless firefly (*Br.* fire-fly) (*Fam. Lampyridae*). — **~ˌzün·dung** *f tech.* self-ignition, spontaneous ignition.
Gluk·agon [gluka'goːn] *n* ⟨-s; -e⟩ *biol.* [*chem.* glucagon.]
Glu·kos·urie [glukozu'riː] *f* ⟨-; -n [-ən]⟩ *med. cf.* Glykosurie.
'Glupschˌau·gen ['glʊpʃ-] *pl colloq.* pop-eyes, goggle-eyes.
Glut [gluːt] *f* ⟨-; -en⟩ **1.** (glowing) fire: **die ~ löschen** to extinguish the fire; **es ist noch ~ unter der Asche** there is still fire under the ashes. – **2.** (*glühende Asche*) embers *pl*: **die ~ anfachen** to fan the embers. – **3.** (*glühende Kohlen*) live coals *pl*. – **4.** *fig.* (*Hitze*) (burning *od.* scorching) heat: **die ~ der tropischen Sonne** the scorching (*od.* blazing) heat of the tropical sun. – **5.** *fig.* (*des Himmels, der Berge etc*) glow. – **6.** *fig.* (*von Gefühlen*) ardor, *bes. Br.* ardour, fervor, *bes. Br.* fervour. – **7.** *fig.* (*der Augen*) fire.
Glut·amin [gluta'miːn] *n* ⟨-s; -e⟩ *chem.* glutamine ($C_5H_{10}N_2O_3$). — **~ˌsäu·re** *f* glutamic acid ($C_5H_9NO_4$).
'Glutˌasche *f* embers *pl*, glowing (*od.* burning) ashes *pl*.
Glu·ta·thi·on [gluta'tioːn] *n* ⟨-s; *no pl*⟩ *chem.* glutathione ($C_{10}H_{17}N_3O_6S$).
Glu·tä·us [glu'tɛːʊs] *m* ⟨-; *no pl*⟩ *med.* gluteus.
Glu·ten [glu'teːn] *n* ⟨-s; *no pl*⟩ *chem.* gluten. — **g~ˌar·tig** *adj* glutenous. — **~ˌmehl** *n* gluten flour (*od.* meal).
'Glut|ˌfe·stig·keit *f tech.* resistance to incandescence. — **~ˌhauch** *m lit.* scorching breath. — **~ˌhit·ze** *f* boiling (*bes. des Windes etc* scorching) heat: **es herrschte eine ~** it was boiling hot.
Glu·tin [glu'tiːn] *n* ⟨-s; *no pl*⟩ *chem.* glutin. — **glu·ti·nös** [-ti'nøːs] *adj* glutinous.
'Glut|laˌwi·ne *f geol.* (hot) ash avalanche. — **~ˌofen** *m* furnace. — **g~ˌrot** *adj* (*Sonne, Himmel etc*) glowing (*od.* fiery) red.
'Glutˌtuff *m geol.* welded tuff, ignimbrite (*scient.*). — **~ˌstrom** *m* incandescent ash flow.
'Glutˌwol·ke *f geol.* glowing cloud, nuée (ardente) (*scient.*).
Gly·ce·rin [glytse'riːn] *n* ⟨-s; *no pl*⟩ *chem. cf.* Glyzerin.
Glyk·ämie [glykɛ'miː] *f* ⟨-; *no pl*⟩ *med.* glyc(a)emia.
Gly·ko·gen [glyko'geːn] *n* ⟨-s; *no pl*⟩ *biol.*

chem. glycogen ($C_6H_{10}O_5$). — **~ˌbil·dung** *f* glycogenesis.

Gly·ko·ge·no·ly·se [glykogenoˈlyːzə] *f* ⟨-; *no pl*⟩ *chem. biol.* glycogenolysis.

Gly·ko·koll [glykoˈkɔl] *n* ⟨-s; *no pl*⟩ *chem.* glycine, glycocoll (NH_2CH_2COOH).

Gly·kol [glyˈkoːl] *n* ⟨-s; -e⟩ *chem.* **1.** (*zweiwertige Alkohole*) glycol. **– 2.** (ethylene) glycol ($HOCH_2CH_2OH$). — **~ˌsäu·re** *f* glycolic (*od.* glycollic) acid ($HOCH_2$-$COOH$).

Gly·ko·pro·te·id [glykoproteˈiːt] *n biol. chem.* glycoprotein, glycoproteid.

Gly·ko·sid [glykoˈziːt] *n* ⟨-(e)s; -e⟩ *meist pl chem.* glycoside, glucoside.

Gly·kos·urie [glykozuˈriː] *f* ⟨-; -n [-ən]⟩ *med.* glycosuria, glucosuria.

Gly·phe [ˈglyːfə] *f* ⟨-; -n⟩ *arch.* glyph. — **ˈgly·phisch** *adj* glyphic.

Gly·pte [ˈglʏptə] *f* ⟨-; -n⟩ (*art*) **1.** engraved gem(stone). **– 2.** *phot.* intaglio, cameo. — **ˈGlyp·tik** [-tɪk] *f* ⟨-; *no pl*⟩ glyptic. — **ˈglyp·tisch** *adj* glyptic.

Glypt·odon [ˈglʏptodɔn] *n* ⟨-s; -ten [-ˈdɔntən]⟩ *zo.* (*fossiles Gürteltier*) glyptodon(t) (*Gattg Glyptodon*).

Glyp·to·gra·phie [glʏptograˈfiː] *f* ⟨-; *no pl*⟩ glyptography.

Glyp·to·thek [glʏptoˈteːk] *f* ⟨-; -en⟩ **1.** collection of gems (*od.* sculptures). **– 2.** (*Museum*) sculpture gallery (*od.* museum): die Münchener ~ the Glyptothek (of Munich).

Gly·ze·rid [glytseˈriːt] *n* ⟨-s; -e⟩ *chem.* glyceride.

Gly·ze·rin [glytseˈriːn] *n* ⟨-s; *no pl*⟩ *chem.* glycerin, glycerine, glycerol ($HOCH_2$-$CHOHCH_2OH$): mit ~ versetzen (*od.* behandeln) *med.* to glycerinate, to glycerolate. — **~al·deˌhyd** *n* glyceraldehyde ($HOCH_2$-$CHOHCHO$). — **~ˌsei·fe** *f* glycerin(e) soap. — **~tri·niˌtrat** *n chem.* explosive oil, nitroglycerin(e), glyceryl trinitrate ($C_3H_5(ONO_2)_3$).

Gly·zin [glyˈtsiːn] *n* ⟨-s; *no pl*⟩ **1.** *chem.* glycine (NH_2CH_2COOH) glycocoll, amino-acetic acid. **– 2.** *phot.* glycine.

Gly·zi·ne [glyˈtsiːnə], **Gly·zi·nie** [glyˈtsiːnǐə] *f* ⟨-; -n⟩ *bot.* wisteria, wistaria (*Gattg Wistaria, bes. W. chinensis u. W. floribunda*): Karolinische ~ kidney-bean tree (*W. frutescens*).

ˈg-ˌMoll [ˈgeː-] *n* ⟨-; *no pl*⟩ *mus.* G minor.

Gna·de [ˈgnaːdə] *f* ⟨-; *rare* -n⟩ **1.** (*Barmherzigkeit*) mercy: ohne ~ without mercy, merciless; ~! mercy! spare me! j-m auf ~ und Ungnade ausgeliefert sein to be at the mercy of s.o. (*od.* at s.o.'s mercy); sich auf ~ und Ungnade ergeben to surrender unconditionally; wir wollen bei ihm ~ vor (*od.* für) Recht ergehen lassen we will temper justice with mercy in his case, we'll go easy on him (*colloq.*); um ~ bitten (*od.* flehen) to ask (*od.* beg) for mercy; er ließ ihn aus reiner ~ und Barmherzigkeit laufen he let him escape out of the kindness of his heart (*od.* Christian charity); keine ~ walten lassen to show no mercy; j-m ~ widerfahren lassen to grant s.o. mercy. **– 2.** (*Gunst, Wohlwollen*) favor, *bes. Br.* favour: j-n in ~n aufnehmen [entlassen] to receive [to dismiss] s.o. graciously; ~ in j-s Augen finden to find favo(u)r in s.o.'s eyes, to find s.o.'s approval; j-m eine ~ erweisen (*od.* bezeigen) to grant s.o. a favo(u)r; in ~ bei j-m stehen to be in s.o.'s favo(u)r (*od.* good graces); das ist (ja) eine ~ des Himmels *fig. colloq.* that's really a blessing. **– 3.** die ~ haben, etwas zu tun *obs. od. iron.* to be so kind as to do s.th.: er hatte die ~, mich zu empfangen *iron.* he was so kind as to receive me. **– 4.** *relig.* grace, mercy: die ~ Gottes the grace of God; sie vertrauten sich der ~ Gottes an they threw themselves upon the mercy of God; im Stande der ~ in the state of grace; der ~ teilhaftig sharing divine grace; göttliche ~ (divine) grace, loving-kindness; heiligmachende (*od.* seligmachende) ~ saving grace. **– 5.** *jur.* (*Milde*) clemency: er fand keine ~ bei seinen Richtern he received no clemency at the hands of his judges. **– 6.** (*Anrede, Titel*) Euer (*od. obs.* Ihro) ~n Your Grace; Ihro ~n *iron.* your lordship (*od.* high and mightiness); → Gott 1.

gna·den [ˈgnaːdən] *v/i only in* nun gnade uns Gott God help us; dann gnade dir (Gott) (*Drohung*) then God help you.

ˈGna·den|ˌakt *m jur.* (act of) grace. — **~beˌzei·gung** *f Am.* favor, *bes. Br.* favour, grace. — **~ˌbild** *n röm.kath.* (*bes. der Jungfrau Maria*) *picture of a saint with the power to work miracles.* — **~ˌbrief** *m* document (*od.* charter) bestowing a privilege (*od.* favor, *bes. Br.* favour). — **g~ˌbrin·gend** *adj lit.* (*Weihnachtszeit etc*) blessed, happy. — **~ˌbrot** *n* (bread of) charity: bei j-m das ~ essen to live on s.o.'s charity; einem Pferd das ~ geben (*od.* gewähren) to put a horse to pasture. — **~erˌlaß** *m* amnesty, general pardon. — **~ˌfrist** *f* **1.** reprieve: j-m eine kurze (*od.* kleine) ~ geben (*od.* gewähren) to give s.o. a short reprieve. **– 2.** (*für Zahlungen, Lieferungen etc*) days *pl* of grace: er bekam eine ~ von zwei Wochen he was given two weeks' grace. — **~geˌhalt** *n rare* pension, (non[-]compulsory) allowance on retirement. — **~geˌsuch** *n jur.* petition (*od.* plea) for mercy (*od.* clemency, pardon): ein ~ beim Präsidenten einreichen to present a petition for mercy to the president; das ~ wurde abgelehnt the petition for mercy was rejected. — **~ˌkraut** *n bot.* hedge hyssop (*Gattg Gratiola, bes. G. officinalis*): Gelbes ~ golden pert (*G. aurea*). — **~ˌlohn** *m rare cf.* Gnadengehalt. — **g~los** *adj* **1.** (*Person etc*) merciless, pitiless, hard-hearted, *Br.* hard-hearted. **– 2.** (*Kampf etc*) relentless, without quarter. — **~ˌmit·tel** *pl relig.* means of grace. — **~ˌmut·ter** *f röm.kath.* Queen of grace. — **~ˌort** *m* place of pilgrimage. — **g~ˌreich** *adj* **1.** *lit.* (*Zeit*) joyous, of rejoicing. **– 2.** *relig.* (*Jungfrau Maria*) full of grace. **– 3.** *obs.* (*König etc*) merciful, gracious. — **~ˌrei·che** *f* (*Maria*) Our Lady full of grace. — **~ˌsa·che** *f* **1.** matter of grace. **– 2.** *jur.* clemency case. — **~ˌschatz** *m röm.kath.* works *pl* of supererogation, treasury of merit. — **~ˌschuß** *m cf.* Gnadenstoß. — **~ˌstand** *m* state of grace. — **~ˌstoß** *m* coup de grace (*bes. Br.* grâce), deathblow, *Br.* death-blow, finishing stroke, quietus (*lit.*). — **~ˌstuhl**, **~ˌthron** *m Bibl.* mercy seat, throne of grace. — **~ˌtisch** *m* Lord's (*od.* communion) table. — **~ˌtod** *m med.* mercy killing, euthanasia (*scient.*). — **~ˌwahl** *f relig.* election, predestination: Lehre von der ~ doctrine of election. — **~ˌweg** *m* auf dem (*od.* im) ~ *jur.* by way of grace, by an act of grace.

gnä·dig [ˈgnɛːdɪç] **I** *adj* **1.** (*Tod, Schicksal etc*) merciful: Gott ist ~ und barmherzig God is merciful and gracious; Gott sei mir Sünder ~ *Bibl.* God be merciful to me a sinner; Gott sei ihm ~ God have mercy upon him. **– 2.** (*Herrscher etc*) gracious, kind: der Herr ist ein ~er Gott the Lord is a gracious God; mit Ihrer ~en Erlaubnis *obs.* with your kind permission; sei so ~ und steh auf *iron.* please be so kind as to get up. **– 3.** (*Urteil, Strafe etc*) lenient, mild. **– 4.** *iron.* (*Lächeln etc*) condescending. **– 5.** *iron.* (*Laune etc*) generous. **– 6.** (*in der Anrede*) ~e Frau Madam; ~es Fräulein Madam, Miss X; ~er Herr *obs.* Sir; was wünschen der ~e Herr [die ~e Frau, das ~e Fräulein]? a) what does the gentleman [the lady, the young lady] want? b) (*im Laden*) are you being attended to (*od.* helped), Sir [Madam, Miss]? **– 7.** (*Bezeichnung für Dienstherrschaft*) die ~e Frau schläft noch Mrs. X (*od.* the lady of the house) is still asleep; das ~e Fräulein Miss X; der ~e Herr Mr. X. **– II** *adv* **8.** graciously, mercifully: Gott hat sich ~ seiner erbarmt God in His mercy had compassion on him; der König empfing ihn ~ the king received him graciously; machen Sie es ~ *colloq.* don't be too hard; er ist noch ~ davongekommen he got off rather lightly (*od.* easy); ~ mit j-m verfahren to treat s.o. leniently; er lächelte ~ *iron.* he smiled condescendingly.

ˈgnä·dig·lich *adv cf.* gnädig 8.

ˈGnä·dig·ste *f* ⟨-n; -n⟩ *bes. iron.* (*in der Anrede*) Ma'am (*colloq.*).

Gneis [gnaɪs] *m* ⟨-es; -e⟩ *min.* gneiss. — **g~ˌähn·lich** *adj* gneissoid.

gnei·sig [ˈgnaɪzɪç] *adj min.* gneissic.

Gnit·te [ˈgnɪtə], **Gnit·ze** [ˈgnɪtsə] *f* ⟨-; -n⟩ *Low G. zo.* blackfly, buffalo gnat (*Fam. Simulidae*).

Gnom [gnoːm] *m* ⟨-en; -en⟩ **1.** gnome. **– 2.** (*Kobold*) goblin.

Gno·me [ˈgnoːmə] *f* ⟨-; -n⟩ gnome; *auch* aphorism, maxim (*lit.*).

ˈGno·menˌdich·ter *m* writer of gnomic poetry.

ˈgno·men·haft *adj* gnomish.

Gno·mi·ker [ˈgnoːmikər] *m* ⟨-s; -⟩ *cf.* Gnomendichter.

Gno·mon [ˈgnoːmɔn] *m* ⟨-s; -e [gnoˈmoːnə]⟩ *astr. math.* gnomon. — **gno·mo·nisch** [gnoˈmoːnɪʃ] *adj* (*Projektion*) gnomonic(al).

Gno·sis [ˈgnoːzɪs] *f* ⟨-; *no pl*⟩ *relig.* gnosis. — **Gno·sti·ker** [ˈgnɔstikər] *m* ⟨-s; -⟩ Gnostic. — **gno·stisch** [ˈgnɔstɪʃ] *adj* Gnostic. — **Gno·sti·zis·mus** [gnɔstiˈtsɪsmʊs] *m* ⟨-; *no pl*⟩ Gnosticism.

Gnu [gnuː] *n* ⟨-s; -s⟩ *zo.* gnu (*Gattg Connochaetes*). — **~ˌzie·ge** *f* takin (*Budorcas taxicolor*).

Go [goː] *n* ⟨-; *no pl*⟩ (*jap. Brettspiel*) go.

Goal [goːl; goʊl] (*Engl.*) *n* ⟨-s; -s⟩ *bes. Austrian and Swiss* goal: ein ~ schießen to score a goal.

Go·be·lin [gobəˈlɛ̃ː] *m* ⟨-s; -s⟩ Gobelin (tapestry), (*im weiteren Sinne*) arras, tapestry. — **~ˌstich** *m* gobelin (*od.* tapestry) stitch.

Gockel (*getr.* -k·k-) [ˈgɔkəl] *m* ⟨-s; -⟩, **~ˌhahn** *m colloq.* cock, rooster.

Go·de[1] [ˈgoːdə] *m* ⟨-n; -n⟩ *dial. for* Pate[1] 1.

ˈGo·de[2] *f* ⟨-; -n⟩ *dial. for* Pate[2] 1.

Go·del [ˈgoːdəl], **Godl** [ˈgoːdəl] *f* ⟨-; -n⟩ *Austrian dial. for* Pate[2] 1.

ˈGoe·the|-Ge|sell·schaft *f* Goethe Society. — **~-In·stiˌtut, das** the Goethe Institute.

ˈGoe·thesch *adj* (*von Goethe stammend*) (*Dramen etc*) of (*od.* by) Goethe, Goethean, *auch* Goethian.

ˈgoe·thesch *adj* (*nach Goethe benannt*) Goethean: ~er Stil Goethean style, style of Goethe.

ˈGoe·theˌzeit, die the Age of Goethe (*1770—1830*).

ˈGoe·thisch *adj cf.* Goethesch.

ˈgoe·thisch *adj cf.* goethesch.

Goe·thit [gøˈtiːt; -ˈtɪt] *m* ⟨-s; -e⟩ *min.* Goethite.

Gof [goːf] *m, n* ⟨-s; -en⟩ *Swiss dial. for* Gör.

Go-go-Girl [ˈgoːgoˌgœrl] *n* ⟨-s; -s⟩ (*Vortänzerin*) go-go-girl.

Goi [gɔʏ] *m* ⟨-(s); Gojim [goˈjiːm]⟩ (*Nichtjude*) non-Jew, Gentile, goy, *auch* goi (*contempt.*).

goi·de·lisch [gɔʏˈdeːlɪʃ] *ling.* **I** *adj* Goidelic (*comprising the languages spoken by the Goidelic or Gaelic branch of the Celts*). **– II G~** ⟨*generally undeclined*⟩, **das G~e** ⟨-n⟩ Goidelic.

Go-Kart [ˈgoːˌkart] *m* ⟨-s; -s⟩ (*Kleinrennwagen*) go-cart, *Br.* go-kart.

Go·lat·sche [goˈlaːtʃə] *f* ⟨-; -n⟩ *Austrian gastr. cf.* Kolatsche.

Gold [gɔlt] *n* ⟨-(e)s; *no pl*⟩ **1.** (*Edelmetall*) gold: Ringe aus (*od.* von) ~ gold rings; gediegenes ~ sterling (*od.* native) gold; 22-karätiges ~ 22-carat gold; gemünztes ~ coined gold; pures (*od.* reines) ~ pure gold; das schwarze ~ (*Kohle*) black gold; ungemünztes ~ gold in bars, bullion; ~ waschen to pan (*od.* wash) for gold; aus (reinem) ~ made of (pure) gold; in ~ gefaßt set in gold; mit ~ überziehen a) to plate (*s.th.*) with gold, to gold-plate, b) (*vergolden*) to gild. **– 2.** (*Goldmünze, Geld*) gold: etwas in ~ bezahlen to pay for s.th. in gold; das ist nicht mit ~ zu bezahlen (*od.* aufzuwiegen) *fig.* that is worth its weight in gold, that is priceless; nach ~e drängt, am ~e hängt doch alles (*Goethe*) all men strive after gold and set their hearts upon it. **– 3.** *fig.* (*Reichtum*) gold, money: die Gier nach dem ~ greed for gold (*od.* money); von ~ strotzen *colloq.* to abound in wealth; im ~ schwimmen *colloq.* to wallow (*od.* swim) in wealth. **– 4.** *fig.* (*in Wendungen wie*) sie hat ~ in der Kehle a) she has a golden (*od.* beautiful) voice, she sings beautifully, b) her voice is her fortune; er hat ein Herz (*od.* ist treu) wie ~ he has a heart of gold, he is as true as steel, he is completely faithful; es ist nicht alles ~, was glänzt (*Sprichwort*) all that glitters is not gold (*proverb*); Reden ist Silber, Schweigen ist ~ (*Sprichwort*) speech is silver(n), silence is gold(en) (*proverb*); → Herd 2; Morgenstunde. **– 5.** *fig.* von ~ und Silber speisen to dine off gold and silver plates; sie war mit ~ und Juwelen behängt *colloq.* she was covered with gold and jewels. – **6.** *fig.* (*Farbe*) gold (color, *bes. Br.* colour): das ~ ihres Haares the gold of her hair. – **7.** *poet.* ore. – **8.** *her.* or. – **9.** *chem.* gold, aurum (*scient.*) (Au). – **10.** *cf.* Vergoldung 2. — **~ˌabˌfluß** *m econ.* efflux (*od.* outflow) of gold, gold flow (*colloq.*). — **~ˌader** *f* (*mining*) vein of gold, (*besonders ergiebige*) *Am. auch* bonanza. — **~ˌad·ler** *m zo.* golden (*od.* black) eagle (*Aquila chrysaetos*). — **~ˌaf·ter** *m* brown-tail moth, *auch* browntail, gold-tail, *auch* gold-tail moth (*Euproctis chrysorrhoea*). — **~ˌagio** *n econ.* premium on gold, gold agio. — **g~ˌähn·lich** *adj* gold-like, like (*od.* resembling) gold. — **~ˌal·gen** *pl bot.* yellow-green algae (*Fam. Chrysophyceae*). — **~amalˌgam** *n metall.* gold amalgam. — **~ˌam·mer** *f zo.* yellowhammer, *Br.* yellow-hammer, yellow bunting, goldhammer, *Br.* gold-hammer (*Emberiza citrinella*). — **~ˌam·sel** *f cf.* Pirol. — **~ˌanˌlei·he** *f econ.* gold loan. — **~ˌap·fel** *m bot.* **1.** (*Tomate, Paradiesapfel*) tomato, gold (*od.* love) apple (*Lycopersicum esculentum*). – **2.** Otaheite apple (*Spondias dulcis*). – **3.** Bengalischer ~ apple of Bengal (*Aegle marmelos*). — **~ˌar·beit** *f tech.* goldsmith's work. — **~ˌaster** *f bot.* rabbit brush, *auch* rabbit bush (*Chrysothamnus nauseosus*). — **~ˌaufˌla·ge** *f tech.* gilding: mit ~ gilded. — **~ˌau·ge** *n zo.* lacewing, lacewing(ed) fly, goldeneye, *Br.* golden-eye, *auch* golden-eyed fly (*Gattg Chrysopia*). — **~ˌau·genˌhe·ring** *m* goldeye (*Amphiodon alosoides*). — **~ˌausˌbeu·te** *f tech.* output of gold. — **~ˌausˌfuhr·verˌbot** *n econ.* gold embargo. — **~ˌball** *m bot.* yellow daisy, golden glow (*Rudbeckia hirta*). — **~ˌbandˌli·lie** *f* gold lily (*Lilium auratum*). — **~ˌbar·ren** *m metall.* gold bar (*od.* ingot). — **~ˌbarsch** *m zo. cf.* Rotbarsch. — **~ˌba·sis** *f econ. cf.* Goldstandard. — **~ˌbergˌwerk** *n* gold mine, *Br.* gold-mine. — **~beˌstand** *m econ.* gold reserve (*od.* stock), bullion reserve. — **g~beˌstickt** *adj* gold-embroidered. — **g~beˌtreßt** *adj* with gold braid (*od.* lace), gold-braided. — **~ˌblatt** *n* **1.** *bot. cf.* Sternapfel. – **2.** *tech.* gold foil (*od.* leaf), *Br.* gold-foil (*od.* -leaf). — **~ˌblätt·chen** *n tech.* gold foil, *Br.* gold-foil, gold-foil leaf. — **~ˌblech** *n* gold foil, *Br.* gold-foil, plate of gold. — **~ˌblock** *m econ.* gold (*od.* gold currency) bloc. — **g~ˌblond** *adj* **1.** (*Haar*) golden. – **2.** (*Kind etc*) golden-haired. — **~ˌblu·me** *f bot.* **1.** corn (*auch* field) marigold (*Calendula arvensis*). – **2.** *cf.* Gartenringelblume. – **3.** *cf.* Sumpfdotterblume. — **~ˌbor·te** *f* gold braid. — **~ˌbras·se** *f zo.* gilthead, giltpoll (*Chrysophrys aurata*): Kleine ~ pinfish, sailor's chice (*Lagodon rhomboides*). — **~ˌbras·sen** *m* gilthead (*Sparus auratus*). — **g~ˌbraun** *adj* golden brown. — **~broˌkat** *m* (*textile*) gold brocade. — **~ˌbron·ze** *f* (*paints*) gold bronze. — **~ˌbuchˌsta·be** *m* gilt letter. — **~ˌbutt** *m zo.* plaice (*Pleuronectes platessa*). — **~chloˌrid** *n chem.* gold (*od.* auric) chloride ($AuCl_3$). — **~daˌmast** *m* (*textile*) gold damask. — **~ˌdeckung** (*getr.* -k·k-) *f econ.* gold cover.

'Gold·deˌvi·sen *pl econ.* gold exchange funds. — **~ˌwäh·rung** *f* gold exchange standard.

'Gold|ˌdi·stel *f bot.* golden thistle (*Gattg Scolymus*): Spanische ~ Spanish oyster-plant (*S. hispanicus*). — **~ˌdol·lar** *m econ.* gold (*od.* standard) dollar. — **~ˌdot·terˌblu·me** *f bot. cf.* Sumpfdotterblume. — **~ˌdraht** *m* gold wire. — **~ˌdros·sel** *f zo. cf.* Pirol. — **~duˌblee** *n metall.* gold-plated metal. — **g~ˌdurchˌwirkt** *adj* (*textile*) gold-brocaded, interwoven with gold threads. — **~ˌel·fenˌbeinˌbildˌwerk** *n* sculpture in ivory and gold.

gol·den ['gɔldən] *adj* **1.** (*Ring etc*) gold (*attrib*), of gold. – **2.** (*Brille*) gold-rimmed. – **3.** *fig.* (*Wein, Haar etc*) golden. – **4.** *fig.* golden: j-m ~e Berge versprechen to make s.o. extravagant promises, to promise s.o. the moon (*od.* earth); die G~e Stadt the Golden City, Prague; das G~e Buch (*einer Stadt*) *etwa* the visitors' book (*signed by distinguished visitors to a town or city*); die ~e Mitte, der ~e Mittelweg the happy (*od.* golden) mean; der G~e Sonntag a) *relig.* Trinity Sunday, b) *econ. the last Sunday before Christmas on which shops are open*; ~e Sittenregel golden rule; → Brücke 1; Bulle[2] 1; Hochzeit[1]; Kalb 3; Rose 10; Schnitt 11; Vlies 3. – **5.** *fig.* (*Tage, Zeit*) golden, happy: das G~e Zeitalter the Golden Age. – **6.** (*vergoldet*) gilt, gilded. – **7.** *chem.* auric, aurous.

'Gold|ˌen·zi·an *m bot.* bitterroot, fel(l)wort, yellow gentian, bitterwort (*Gentiana lutea*). — **~ˌer·de** *f min.* wash dirt, tailings *pl.* — **~ˌerz** *n* gold ore. — **~ˌfa·den** *m* (*textile*) gold thread. — **~ˌfar·be** *f* gold color (*bes. Br.* colour). — **g~ˌfar·ben, g~ˌfar·big** *adj* golden, gold-colored (*bes. Br.* -coloured); aureate, aureous, aurelian (*scient.*). — **~ˌfarn** *m bot.* gold fern (*Gattg Pityrogramma u. Notholaena*). — **~faˌsan** *m* **1.** *zo.* golden pheasant (*Chrysolophus pictus*). – **2.** *colloq.* (*in NS-Zeit*) party big shot (*colloq.*). — **~ˌfe·der** *f* (*eines Füllhalters*) gold nib. — **~ˌfie·ber** *n* gold fever, *Br.* gold-fever. — **~ˌfisch** *m* **1.** *zo.* goldfish (*Carassius auratus*). – **2.** *colloq. humor.* 'good catch' (*colloq.*), rich girl. — **~ˌflit·ter** *m* **1.** *colloq.* gold spangles *pl* (*od.* sequins *pl*). – **2.** (*Christbaumschmuck etc*) gold tinsel. — **~ˌfo·lie** *f tech.* gold foil, *Br.* gold-foil. — **~ˌfuchs** *m* **1.** (*Pferd*) bay (*od.* light chestnut) horse. – **2.** *obs. for* Goldstück 1. — **g~ˌfüh·rend** *adj* (*mining*) (*Erz etc*) gold-bearing, auriferous (*scient.*). — **~ˌfül·lung** *f med.* **1.** (*von Zähnen*) gold filling. – **2.** <*only sg*> (*Verfahren*) aurification. — **~geˌhalt** *m* (*einer Münze*) gold content, percentage of gold, title. — **g~ˌgelb** *adj* golden yellow. — **g~ˌgelbˌblu·mig** *adj bot.* chrysanthous. — **g~geˌlockt** *adj* with golden locks (*od.* curls). — **g~geˌrän·dert** *adj* **1.** gold-edged. – **2.** (*Brille*) gold-rimmed. — **~geˌschirr** *n* gold plate. — **~geˌschmei·de** *n* (gold) jewelry (*bes. Br.* jewellery). — **g~geˌstickt** *adj* gold-embroidered. — **~geˌwicht** *n* troy weight. — **~geˌwin·nung** *f* **1.** gold production. – **2.** (*mining*) gold winning. — **~ˌgier** *f* greed for gold. — **g~ˌgie·rig** *adj* gold-greedy. — **~ˌglanz** *m* golden luster (*bes. Br.* lustre). — **g~ˌglän·zend** *adj* golden, brilliant (*od.* shining) like gold. — **~ˌglät·te** *f chem.* (*Bleioxyd*) gold (*od.* red) litharge. — **~ˌgrä·ber** *m* <-s; -> gold digger, *Br.* gold-digger. — **~ˌgras** *n bot.* anthoxanthum (*Anthoxanthum odoratum*). — **~ˌgru·be** *f auch fig.* gold mine, *Br.* gold-mine, (*sehr ergiebige*) *Am. auch* bonanza: das Geschäft ist eine wahre ~ *fig. colloq.* the business is a real gold mine. — **~ˌgrund** *m* (*paints*) gold (*od.* gilt) (back)ground. — **~ˌgul·den** *m hist.* (gold) florin. — **~ˌgün·sel** *m bot.* rockrose, *Br.* rock-rose, cistus (*Helianthemum vulgare*).

'Goldˌhaar *n* **1.** *poet.* golden hair. – **2.** *bot.* a) goldilocks *pl*, goldylocks *pl* (*beide construed as sg or pl*) (*Chrysocoma linosyris*), b) *cf.* Goldhaarfarn. — **~ˌfarn** *m bot.* golden maidenhair, haircap moss (*Polytrichum commune*). — **~ˌmoos** *n* bristle moss (*Gattg Orthotrichum*): Zwerghaftes ~ dwarf moss (*O. pumilum*).

'Gold|ˌha·fer *m bot.* yellow oat grass, *auch* yellow oats *pl* (*construed as sg or pl*) (*Trisetum flavescens*). — **~ˌhähn·chen** *n* **1.** *zo.* kinglet, marigold finch (*Gattg Regulus*). – **2.** *bot.* a) yellow windflower (*Br.* wind-flower) (*od.* anemone) (*Anemone ranunculoides*), b) *cf.* Hahnenfuß. — **g~ˌhal·tig** *adj* gold-bearing; auriferous, aurous (*scient.*): ~e Erde *Am.* pay gravel (*od.* ground), *fig. auch* pay dirt. — **~ˌham·ster** *m zo.* golden hamster (*Mesocricetus auratus*). — **~ˌhan·del** *m econ.* gold trade, trade in gold. — **~ˌha·se** *m zo.* (golden) agouti (*auch* agouty) (*Dasyprocta aguti*). — **~ˌhen·ne** *f cf.* Goldlaufkäfer. — **~ˌholz** *n bot. cf.* Gerberbaum 2. — **~ˌhor·tung** *f econ.* gold hoarding. — **~ˌhüh·nerˌdarm** *m bot.* (*Augenblüte*) corn pimpernel, shepherd's (*od.* poor man's) hourglass (*Br.* hour-glass) (*Anagallis arvensis*).

gol·dig ['gɔldıç] *adj* **1.** *fig. poet.* golden. – **2.** *fig. colloq.* (*reizend, niedlich*) (*bes. Kind*) lovely, charming, sweet, delightful, darling, *bes. Am.* cute: was für ein ~er kleiner Kerl what a sweet little boy; ist das nicht ~ isn't that charming.

'Gold|ˌjun·ge *m colloq. humor.* dear boy, darling (son). — **~ˌkä·fer** *m zo.* rose chafer, rose beetle (*Cetonia aurata*). — **~ˌkernˌwäh·rung** *f econ.* gold exchange (*od.* bullion) standard. — **~ˌkeu·le** *f bot.* golden club (*Orontium aquaticum*). — **~ˌkie·fer** *f* ponderosa pine (*Pinus ponderosa*). — **~ˌkies** *m min.* auriferous gravel (*od.* pyrites). — **~ˌkind** *n fig.* charming child, darling, love. — **~ˌklau·sel** *f econ.* gold clause. — **~ˌklee** *m bot.* hop clover, yellow trefoil, black medic (*Trifolium agrarium u. T. procumbens*). — **~ˌklum·pen** *m* nugget (*od.* lump) (of gold). — **~ˌknöpf·chen** *n bot.* **1.** creeping crowfoot (*Ranunculus repens*). – **2.** globeflower, *Br.* globe-flower (*Trollius europaeus*). – **3.** *cf.* Königskerze. — **~ˌkorn** *n* gold particle, particle of gold. — **~ˌkraut** *n bot.* **1.** (*Egelkraut, Pfennigkraut*) buckweed, moneywort (*Lysimachia nummularia*). – **2.** (*Feldskabiose*) field scabious (*Knautia arvensis*). – **3.** (*Gemeines Kreuzkraut*) common groundsel (*Senecio vulgaris*). — **~ˌkres·se** *f* alternate-leaved golden saxifrage (*Chrysosplenium alternifolium*). — **~ˌkro·ne** *f med.* (*des Zahns*) gold cap (*od.* crown). — **~ˌkup·fer** *n metall.* copper with an admixture of gold. — **~ˌkurs** *m econ.* gold rate. — **~ˌlachs** *m zo.* Atlantic argentine (*Argentina silus*). — **~ˌlack** *m* **1.** *bot.* wallflower, gillyflower (*bes. Cheiranthus cheiri*). – **2.** (*paints*) gold lacquer (*auch* lacker). — **~ˌlauch** *m bot.* moly (*Allium moly*). — **~ˌlaufˌkä·fer** *m zo.* brass beetle, goldsmith (beetle) (*Carabus auratus*). — **~leˌgie·rung** *f metall.* alloy of gold, gold alloy. — **~ˌlei·ste** *f arch.* gilded (*od.* gilt) cornice (*od.* mo[u]lding). — **~ˌli·lie** *f bot. cf.* Feuerlilie. — **~ˌlit·ze** *f* (*an Uniformen etc*) (gold) lace.

'Goldˌma·cher *m* <-s; -> *hist.* alchemist, adept. — **~ˌkunst** *f* <-; *no pl*> alchemy.

'Gold|ˌmaid *f zo.* sea partridge, gilthead (*Crenilabrus melops*). — **~maˌkre·le** *f* dolphin (*Choryphaena hippurus*). — **~ˌmark** *f econ. hist.* (German) gold mark.

'Gold·meˌdail·le *f* gold medal.

'Gold·meˌdail·len|geˌwin·ner, ~ˌinˌha·ber *m* gold medalist (*bes. Br.* medallist), gold medal winner.

'Gold|ˌmeerˌfen·chel *m bot.* golden samphire (*Inula crithmoides*). — **~ˌmei·se** *f zo.* (Arizona) verdin (*Auriparus flaviceps*). — **~ˌmilz** *f*, **~ˌmilzˌkraut** *n bot.* golden saxifrage (*Gattg Chrysosplenium*). — **~ˌmi·ne** *f* (*mining*) gold mine, *Br.* gold-mine. — **~ˌmull** *m zo.* golden mole (*Fam. Chrysocloridae*). — **~ˌmundˌstück** *n* (*einer Zigarette*) gold tip. — **~ˌmün·ze** *f* gold coin (*od.* medal). — **~narˌzis·se** *f bot.* butter-and-eggs *pl* (*construed as sg or pl*) (*Narcissus incomparabilis*). — **~ˌnes·sel** *f* weasel-snout (*Lamium galeobdolon*). — **~ˌnest** *n* (*mining*) (gold) pocket. — **~oran·ge** [-ʔoˌrãːʒə] *f bot.* spotted (*od.* Japanese, Japan) laurel, aucuba (*scient.*) (*Aucuba japonica*). — **~ˌor·fe** *f zo.* ide, orfe (*Idus idus*; *fish*). — **~paˌpier** *n* gold (*od.* gilt) paper. — **~pa·riˌtät** *f econ.* gold parity. — **~parˌmä·ne** *f* (*Apfelsorte*) Golden Pearmain. — **~ˌpflau·me** *f bot.* (*Beerenzwetsche*) West-Indische ~ coco(a) plum, Spanish nectarine, incense tree (*od.* wood), icaco (*scient.*) (*Chrysobalanus icaco*). — **g~platˌtiert** *adj tech.* gold-plated. — **~ˌplom·be** *f med.* gold filling. — **~ˌprä·gung** *f* **1.** *metall.* gold coining. – **2.** *print.* gold printing. — **~ˌpro·be** *f metall.* (*Verfahren*) gold assay. — **~ˌpunkt** *m econ.* gold (specie) point: oberer ~ gold export point, upper gold point, export specie point; unterer ~ import specie point. — **~ˌpur·pur** *m chem.* purple of Cassius. — **~ˌquarz** *m min.* gold-bearing (*od. scient.* auriferous) quartz. — **~raf·fi·na·tiˌon** *f metall.* gold refining (process). — **~ˌrah·men** *m* gilt frame. — **~ˌrausch** *m* **1.** gold fever, *Br.* gold-fever. – **2.** *bes. hist.* gold rush, *Br.* gold-rush. — **~ˌrau·te** *f bot.* (*ähriger Beifuß*) spiked wormwood (*Artemisia spicata*). — **~ˌre·gen** *m* **1.** *bot.* golden rain, laburnum (*scient.*) (*Cytisus laburnum*). – **2.** (*Feuerwerkskörper*) golden rain. – **3.** *fig. colloq.* wealth, riches *pl.* — **~ˌre·genˌpfei·fer** *m zo.* (European) golden plover (*Pluvialis apricaria*). — **g~ˌreich** *adj* rich in gold, auriferous (*scient.*). — **~ˌreif, ~ˌrei·fen** *m* gold bracelet. — **~reˌser·ve** *f econ.* gold reserve.

'gold'rich·tig *colloq.* **I** *adj* (*völlig richtig*) (absolutely) right, all right: deine Wahl ist ~ your choice is absolutely (*od.* perfectly, *colloq.* dead) right; sie ist ~ she's all right, she's my type, she's okay. – **II** *adv* ~ handeln to do exactly the right thing; ~ stehen to stand exactly right.

'Gold|ˌring *m* gold ring. — **~ˌrös·chen** *n*

bot. kerria (*Kerria japonica*). — **~ˌru·te** *f* golden rod, Aaron's rod, solidago (*scient.*) (*Gattg Solidago, bes. S. canadensis*). — **~ˌru·tenˌbaum** *m* goldenrod (*Br.* golden-rod) tree, bosea (*scient.*) (*Gattg Bosea*). — **~salˌbei** *m* golden sage (*Salvia aurea*). — **~ˌsand** *m metall.* gold (*od. scient.* auriferous) sand. — **~schaˌkal** *m zo.* (oriental) jackal (*Thos aureus*). — **~ˌschaum** *m metall.* Dutch gold, gold crust. — **~ˌschei·deˌanˌstalt** *f* gold refinery. — **~ˌschei·den** *n* gold refining. — **~ˌschei·der** *m* gold refiner. — **~ˌschei·de·verˌfah·ren** *n* process of gold refining, gold-refining process. — **~ˌschildˌkä·fer** *m zo.* golden tortoise beetle (*Coptocycla bicolor*). — **~ˌschla·gen** *n metall.* gold beating, *Br.* gold-beating. — **~ˌschlä·ger** *m* gold beater, *Br.* gold-beater. — **~schlä·geˌrei** *f* gold beating, *Br.* gold-beating.

'Goldˌschmied *m* **1.** *metall.* goldsmith. – **2.** *zo. cf.* Goldlaufkäfer.

'Goldˌschmie·de|ˌar·beit *f* goldsmith's work, goldsmith(e)ry. — **~ˌkunst** *f* goldsmith's art, goldsmith(e)ry.

'Gold|ˌschnitt *m* **1.** *print.* (*vergoldete Schnittfläche*) gilt edge: mit ~ gilt-edged, with gilt edges. – **2.** ⟨*only sg*⟩ (*Verfahren*) gilt (*od.* gold) edging. — **~ˌschnur** *f* gold lace.

'Goldˌschopf *m bot. cf.* Goldhaar 2. — **~ˌsän·ger** *m zo.* orange-crowned warbler (*Vermivora celata*).

'Gold|ˌschwamm *m bot. cf.* Bofist. — **~ˌsei·fe** *f geol.* placer gold deposit. — **~ˌsil·ber** *n*, **~ˌsil·ber·leˌgie·rung** *f* electrum. — **~ˌspecht** *m zo.* red-shafted flicker (*od.* woodpecker) (*Colaptes caper collaris*): Nordamerikanischer ~ flicker (*C. auratus*). — **~ˌspit·ze** *f* **1.** (*textile*) gold lace (*od.* embroidery), (*Gold- oder Silberspitze*) orris. – **2.** (*Schreibfeder*) gold nib. — **~ˌstan·dard** *m econ.* gold standard: Parität des ~s gold-exchange standard. — **~ˌstaub** *m* gold dust, *Br.* gold-dust.

'Goldˌstern *m bot.* yellow star of Bethlehem, yellow gagea (*scient.*) (*Gattg Gagea*). — **~ˌblu·me** *f* (*Biberhödchen*) pilewort (*Ranunculus ficaria*).

'Gold|stickeˌrei (*getr.* -k·k-) *f* gold embroidery, embroidery in gold. — **~ˌstöcker** (*getr.* -k·k-) *m zo.* bar jack (*Caranx ruber*; *fish*). — **~ˌstoff** *m* (*textile*) gold brocade (*od.* material). — **~ˌstück** *n* **1.** gold coin (*od.* piece), *Br. sl.* 'yellow boy', 'goldfinch' (*sl.*). – **2.** *fig. colloq.* (*lieber, netter Mensch*) gem, treasure. — **~ˌsu·cher** *m* gold prospector. — **~ˌton** *m* (*paints*) gold tone (*od.* shade). — **~toˌpas** *m min.* yellow (*od.* gold) topaz. — **~ˌtrau·be** *f bot.* golden currant (*Ribes aureum*). — **~ˌtres·se** *f cf.* Goldlitze. — **~ˌüberˌzug** *m* gold coating. — **g~ˌumˌran·det** *adj* gold-edged. — **~ˌvorˌkom·men** *n* (*mining*) occurrence of gold, gold deposit. — **~ˌvorˌrat** *m econ.* gold stock (*od.* holdings *pl*, reserves *pl*). — **~ˌwaa·ge** *f* **1.** *metall.* gold balance (*od.* scales *pl*). – **2.** *fig. colloq.* (*in Wendungen wie*) du mußt nicht jedes seiner Worte auf die ~ legen take him with a grain of salt, don't take what he says too seriously (*od.* literally); bei ihm muß man jedes Wort auf die ~ legen you have to weigh every word you say to him, you have to be careful what you say to him. — **~ˌwäh·rung** *f econ.* (*Goldumlaufwährung*) reine ~ full gold standard, gold specie standard. — **~ˌwäh·rungsˌblock** *m* gold(-currency) bloc. — **~ˌwa·re** *f meist pl* jewel(le)ry, gold ware (*od.* articles *pl*). — **~ˌwä·sche** *f* (*mining*) gold washing (*od.* sluicing). — **~ˌwä·scher** *m* gold washer. — **~ˌwas·ser**, **'Dan·zi·ger** (*Likör*) (Danzig) Goldwasser. — **~ˌwei·de** *f bot.* golden (*od.* yellow) willow (*Salix vitellina*). — **~ˌwert** *m econ.* **1.** value (*od.* price) of gold. – **2.** gold value, value (*od.* equivalent) in gold. — **~ˌwes·pe** *f zo.* cuckoo wasp (*Fam. Chrysididae*). — **~ˌwir·ker** *m* gold weaver. — **~ˌwurz** *f bot.* **1.** celandine (*Chelidonium maius*). – **2.** *cf.* Schöllkraut. — **~ˌwur·zel** *f* golden thistle, (Spanish) oyster plant (*Scolymus hispanicus*). — **~ˌzahn** *m* gold-capped tooth. — **~ˌzei·sig** *m zo. Am.* lettuce bird, goldfinch, American siskin (*Spinus tristis*). — **~ˌzopf** *m bot. cf.* Goldhaar 2. — **~ˌzuˌfluß** *m econ.* influx (*od.* inflow) of gold. — **~zyaˌnid** *n chem.* aurocyanide ($Na[Au(CN)_2]$).

Go·lem ['goːlɛm] *m* ⟨-s; *no pl*⟩ (*im jüd. Volksglauben*) Golem.

Golf[1] [gɔlf] *m* ⟨-(e)s; -e⟩ *geogr.* gulf.

Golf[2] *n* ⟨-s; *no pl*⟩ (*sport*) golf: ~ spielen to play golf, to golf; mit j-m ~ spielen to play (a round of) golf with s.o.

'Golfˌball *m* (*sport*) golf ball, gutta (*sl.*).

'Gol·fer *m* ⟨-s; -⟩ golfer, golf player.

'Golf|ˌhin·der·nis *n* (*sport*) (sand) trap, bunker. — **~ˌho·se** *f* plus fours, *Br.* plus-fours *pl.* — **~ˌjun·ge** *m* caddie. — **~ˌklub** *m* golf club, *Br.* golf-club. — **~ˌkraut** *n bot.* gulfweed (*Sargassum bacciferum*). — **~ˌplatz** *m* (*sport*) golf course (*od.* links *pl construed as sg or pl*). — **~ˌschlag** *m* (golf) stroke. — **~ˌschlä·ger** *m* golf club, *Br.* golf-club. — **~ˌspiel** *n* **1.** golf. – **2.** game (*od.* round) of golf, golf match, (*zwischen zwei Paaren*) foursome. — **~ˌspie·ler** *m*, **~ˌspie·le·rin** *f* golfer, golf player. — **~ˌstrom** *m geogr.* Gulf Stream, *Br.* Gulf-Stream. — **~ˌta·sche** *f* (*sport*) golf bag. — **~turˌnier** *n* golf tournament.

Gol·ga·tha ['gɔlgata], **'Gol·go·tha** [-gota] *npr n* ⟨-s; *no pl*⟩ *Bibl. hist.* Calvary, Golgotha.

Go·li·ar·de [go'liardə] *m* ⟨-n; -n⟩ *hist.* goliard. — **go·li'ar·disch** *adj* goliardic.

Go·li·ath ['goːliat] **I** *npr m* ⟨-s; *no pl*⟩ *Bibl.* Goliath. — **II** *m* ⟨-s; -s⟩ *fig. colloq.* giant, goliath. — **~ˌkä·fer** *m zo.* goliath (*bes. Br.* Goliath) beetle (*Goliathus giganteus*).

'Gol·lenˌkraut ['gɔlən-] *n bot. cf.* Schafgarbe.

Göl·ler ['gœlər] *n* ⟨-s; -⟩ *Swiss* (*eines Hemds etc*) collar.

'Go·martˌharz ['goːmart-] *n bot.* gumbo-limbo, gum elemi (*Bursera simaruba*).

Gom·bo ['gɔmbo] *m* ⟨-s; -s⟩ *bot.* gombo, gumbo, okra (*unreife Frucht von Hibiscus esculentus*).

Go·mor·r(h)a [go'mɔra] *n* ⟨-s; *no pl*⟩ *Bibl. u. fig.* Gomorrah, *auch* Gomorrha: → Sodom.

Go'mu·tiˌpal·me [go'muːti-] *f bot.* gomuti, *auch* gomuti palm (*Arenga pinnata*).

Go'na·de [go'naːdə] *f* ⟨-; -n⟩ *meist pl med.* gonad.

go·na·do·trop [gonado'troːp] *adj med.* gonadotrop(h)ic.

Go·na·gra ['goːnagra] *n* ⟨-s; *no pl*⟩ *med.* gout in the knee, gonagra (*scient.*).

Gon·del ['gɔndəl] *f* ⟨-; -n⟩ **1.** (*venezianische*) gondola. – **2.** *aer.* a) (*eines Ballons*) gondola, basket, b) (*eines Luftschiffs*) gondola, car, cabin, c) (*Triebwerkgondel*) nacelle. – **3.** (*einer Seilbahn*) cable car, *Br.* cable-car. – **4.** *zo.* (*Muschel*) snout cymbium (*Cymbium proboscidale*). — **~ˌbahn** *f* cable railway. — **~ˌfüh·rer** *m cf.* Gondoliere. — **~ˌkielˌschnecke** (*getr.* -k·k-) *f zo.* sea butterfly, carinaria (*scient.*) (*Gattg Carinaria*).

gon·deln ['gɔndəln] *v/i* ⟨sein⟩ *colloq. humor.* **1.** (*reisen*) travel leisurely. – **2.** (*durch die Stadt etc*) stroll, saunter.

Gondo·lie·re [gɔndo'lieːrə] *m* ⟨-; -ri [-ri]⟩ gondolier.

Gon·fa·lo·nie·re [gɔnfalo'nieːrə] *m* ⟨-s; -ri [-ri]⟩ *hist.* (*in Oberitalien*) gonfalonier.

Gong [gɔŋ] *m*, *auch n* ⟨-s; -s⟩ **1.** gong: den ~ schlagen *cf.* gongen I. – **2.** *mus.* (*chinesischer*) (Chinese) gong, tam-tam. — **'gon·gen I** *v/i* ⟨h⟩ sound (*od.* strike) the gong. – **II** *v/impers* es hat (zum Essen) gegongt the gong has sounded (for dinner).

Gon·go·ris·mus [gɔŋgo'rɪsmus] *m* ⟨-; *no pl*⟩ (*literature*) Gongorism.

'Gongˌschlag *m* sound (*od.* stroke) of the gong: beim ~ ist es 10 Uhr (*radio*) at the sound of the gong (*od.* of the last tone) it will be 10 o'clock.

Go·nia·tit [gonia'tiːt; -'tɪt] *m* ⟨-en; -en⟩ (*paleontology*) goniatite.

Go·ni·die [go'niːdiə] *f* ⟨-; -n⟩ *bot.* gonidium.

Go·nio·me·ter [gonio'meːtər] *n* ⟨-s; -⟩ *math.* (*Winkelmesser*) goniometer. — **~ˌpeilˌanˌla·ge** *f mar.* radio goniometer.

Go·nio·me'trie [-me'triː] *f* ⟨-; *no pl*⟩ *math.* goniometry. — **go·nio'me·trisch** [-'meːtrɪʃ] *adj* goniometric, *auch* goniometrical.

Go·nio'skop [-'skoːp] *n* ⟨-s; -e⟩ (*optics*) gonioscope.

Go·ni·tis [go'niːtɪs] *f* ⟨-; -tiden [-ni'tiːdən]⟩ *med.* inflammation of the knee joint, gonitis (*scient.*).

gön·nen ['gœnən] *v/t* ⟨h⟩ **1.** j-m etwas ~ a) (*nicht neiden*) not to (be)grudge s.o. s.th., b) (*zukommen lassen*) to allow (*od.* grant) s.o. s.th.; j-m etwas nicht ~ a) (*neiden*) to (be)grudge s.o. s.th., b) (*nicht zukommen lassen*) not to allow (*od.* grant) s.o. s.th.; sie gönnt ihm den Erfolg nicht she begrudges him his success; sie ~ uns nicht das (liebe) Brot they grudge us the very food we eat; gönne mir doch das kleine Vergnügen do allow me this small pleasure; das ~ wir ihm von Herzen a) we are so glad (*od.* pleased) for him to have (*od.* get) this, we don't begrudge him that in the least, b) *iron.* we think that serves him right; er gönnt mir nicht das Schwarze unterm Nagel, er gönnt mir nicht das Salz in der Suppe *colloq.* he begrudges me everything (*od.* the very air I breathe, the very shirt on my back); sie gönnte ihm keinen Blick she did not deign to (*od.* not as much as) look at him. – **2.** sich (*dat*) etwas [nicht] ~ [not] to allow (*od.* permit) oneself s.th., [not] to indulge in s.th.: sich (*dat*) einige Tage Ruhe ~ to allow (*od.* give) oneself a few days' rest.

'Gön·ner *m* ⟨-s; -⟩ **1.** (*Mäzen*) patron: ein mächtiger [hoher] ~ a powerful [highly placed *od.* influential] patron. – **2.** (*Beschützer*) protector. – **3.** (*Wohltäter*) benefactor. – **4.** *pol.* (*einer Partei etc*) backer(-up), *Am. auch* sponsor.

'gön·ner·haft I *adj* (*Miene, Lächeln etc*) patronizing *Br. auch* -s-, condescending. – **II** *adv* patronizingly *Br. auch* -s-, condescendingly, in a patronizing (*od.* condescending) manner. — **'Gön·ner·haf·tig·keit** *f* ⟨-; *no pl*⟩ patronizing (*Br. auch* -s-) (*od.* condescending) manner.

'Gön·ne·rin *f* ⟨-; -nen⟩ **1.** patroness. – **2.** protectress. – **3.** benefactress.

'gön·ne·risch *adj u. adv rare for* gönnerhaft.

'Gön·nerˌmie·ne *f* patronizing (*Br. auch* -s-) air (*od.* expression): er überreichte ihr das Geschenk mit ~ he gave her the present with a patronizing air.

'Gön·ner·schaft *f* ⟨-; *no pl*⟩ **1.** patronage, protection. – **2.** *collect.* patrons *pl.*

Go·no·cho·ris·mus [gonoko'rɪsmus] *m* ⟨-; *no pl*⟩ *biol.* gonochorism.

Go·no·kok·kus [gono'kɔkus] *m med.* (*Bakterienart*) gonococcus.

Go·nor·rhö [gonɔ'røː] *f* ⟨-; -en⟩, **Go·nor'rhöe** [-'røː] *f* ⟨-; -n [-ən]⟩ *med.* gonorrh(o)ea, 'the clap' (*sl.*). — **go·nor'rho·isch** [-'roːɪʃ] *adj* gonorrh(o)eal.

Go·no·zy·te [gono'tsyːtə] *f* ⟨-; -n⟩ *biol.* gonocyte.

Good·will ['gud'wɪl] (*Engl.*) *m* ⟨-s; *no pl*⟩ *econ.* (*Firmenwert*) goodwill. — **~ˌrei·se** *f bes. pol.* goodwill tour.

Gö·pel ['gøːpəl] *m* ⟨-s; -⟩ **1.** *obs. tech.* (horse-operated) gin (*od.* whim). – **2.** *Swiss for* Vehikel 1.

'Gö·pelˌwerk *n obs. tech. cf.* Göpel 1.

gor [goːr] *1 u. 3 sg pret of* gären[1].

Gör [gøːr] *n* ⟨-(e)s; -en⟩ *Northern G. colloq.* **1.** child, 'kid' (*colloq.*): zwei süße ~en two dear (*od.* sweet) little kids. – **2.** (*ungezogenes Kind*) brat. – **3.** (*freches Mädchen*) cheeky (*od.* saucy) girl, minx.

Go·ral ['goːral] *m* ⟨-s; -e [go'raːlə]⟩ *zo.* gray (*bes. Br.* grey) Himalayan goral (*Nemorhaedes goral*).

Gor·ding ['gɔrdɪŋ] *f* ⟨-; -s⟩ *mar.* buntline, *Br.* bunt-line.

gor·disch ['gɔrdɪʃ] *adj* gordian, *auch* Gordian: der G~e Knoten *hist.* the Gordian knot; den ~en Knoten durchhauen *fig.* to cut the Gordian knot.

Gö·re ['gøːrə] *f* ⟨-; -n⟩ *Northern G. colloq. cf.* Gör 3.

'gö·re *1 u. 3 sg pret subj of* gären[1].

Gor·go ['gɔrgo] *f* ⟨-; -nen [-'goːnən]⟩ *myth.* Gorgon.

Gor'go·nenˌhaupt *n myth.* Gorgon's head, *auch* gorgoneum, gorgoneion.

Gor·go·nie [gɔr'goːniə] *f* ⟨-; -n⟩ *zo.* sea fan (*Gorgonia flabellum*).

Gor·gon·zo·la [gɔrgɔn'tsoːla] *m* ⟨-s; -s⟩ *gastr.* Gorgonzola (cheese).

Go·ril·la [go'rɪla] *m* ⟨-s; -s⟩ *zo.* gorilla (*Gorilla gorilla*).

Gösch [gœʃ] *f* ⟨-; -en⟩ *mar.* jack (flag).

Go·sche ['gɔʃə] *f* ⟨-; -n⟩, **'Go·schen** *f* ⟨-; -⟩ *Southern G. and Austrian vulg. for* Mund 1.

'Göschˌstock *m mar.* jack staff, *Br.* jack-staff.

Go·se ['goːzə] *f* ⟨-; -n⟩ *Middle G. brew.* (*obergäriges Bier*) *a pale light beer.*

Gos·po·dar [gɔspo'daːr] *m* ⟨-s *u.* -en; -e(n)⟩ *hist. cf.* Hospodar.

goß [gɔs] *1 u. 3 sg pret of* gießen.
Gos·se [ˈgɔsə] *f* ⟨-; -n⟩ **1.** gutter, runnel. – **2.** *fig. colloq.* gutter: in der ~ landen (*od.* enden) to end in the gutter; j-n aus der ~ auflesen (*od.* ziehen) to pick s.o. up from (*od.* take s.o. out of) the gutter; j-n durch die ~ ziehen to drag s.o.'s name through the mud; sich in der ~ wälzen to revel in filth. – **3.** *tech.* sewer, gutter. – **4.** *brew.* hopper.
gös·se [ˈgœsə] *1 u. 3 sg pret subj of* gießen.
Gös·sel [ˈgœsəl] *n* ⟨-s; -(n)⟩ *Low G.* gosling, little goose.
Go·te[1] [ˈgoːtə] *m* ⟨-n; -n⟩ *dial.* (*Pate*) godfather.
ˈ**Go·te**[2] *f* ⟨-; -n⟩ *dial.* (*Patin*) godmother.
ˈ**Go·te**[3] *m* ⟨-n; -n⟩ *hist.* Goth.
Go·tha [ˈgoːta] *m* ⟨-; *no pl*⟩ *almanac of the German nobility.*
Go·tik [ˈgoːtɪk] *f* ⟨-; *no pl*⟩ **1.** *arch.* Gothic (style). – **2.** (*Zeit des gotischen Stils*) Gothic period. — ˈ**go·tisch I** *adj* **1.** *arch.* (*Dom, Kirche etc*) Gothic: ~er Stil Gothic (style). – **2.** *hist.* relating to the Goths. – **3.** *print.* Gothic: ~e Schrift Gothic (writing). – **4.** *ling.* Gothic. – **II** *ling.* G~ ⟨*generally undeclined*⟩, das G~e ⟨-n⟩ **5.** Gothic, the Gothic language.
go·ti·sie·ren [gotiˈziːrən] *v/t* ⟨*no* ge-, h⟩ transform (*s.th.*) into Gothic (style), Gothicize.
ˈ**Got·land·for·ma·tiˌon** [ˈgoːtlant-] *f*, **Got·lan·di·um** [gɔtˈlandĭum] *n* ⟨-(s); *no pl*⟩ *geol.* (Upper) Silurian.
Gott [gɔt] *m* ⟨-es, *rare* -s; ⸗er⟩ **1.** ⟨*only sg*⟩ God, Lord: ~ der Herr the Lord God; der liebe ~ the good Lord; ~ Vater, Sohn und Heiliger Geist God the Father, Son and Holy Ghost; ~ der Allmächtige God (the) Almighty, Almighty God; das Wort ~es (predigen) (to preach) the word of God; der Sohn [die Mutter] ~es the Son [Mother] of God; das Reich ~es the kingdom of God (*od.* Heaven); der dreieinige ~ the triune Godhead, the Trinity; ~es Wille [Zorn] the will [wrath] of God; an ~ glauben to believe in God; auf ~ vertrauen to (put one's) trust in the Lord; bei ~ sein to be in Heaven; hier ruht in ~ (*auf Grabmälern*) here lies; das liegt (*od.* steht) in ~es Hand that is in God's hand; mit ~es Hilfe with God's help; Kaiser von ~es Gnaden Emperor by the grace of God; zu ~ beten to pray to God; ich hoffe zu ~, daß I hope to God that; die Liebe zu ~ the love of God (*lit.*); ~es Liebe zu den Menschen the love of God for men; ~ anbeten [fürchten] to worship [to fear] God; ~ lästern [leugnen, versuchen] to blaspheme (against) [to deny, to tempt] God. – **2.** (*Gottheit*) god, deity, godhead: die Götter der Griechen the gods of the Greeks, the immortals; aussehen wie ein junger ~ *fig.* to look like a young god; das Geld ist sein ~ money (*od.* Mammon) is his god; wann er kommt, das wissen die Götter *colloq.* heaven (only) knows when he will come; du bist wohl von allen guten Göttern verlassen *colloq.* you must be out of your mind (*od.* senses), you must be crazy; → Bild 5. – **3.** (*in Gruß-, Dankesformeln etc*) grüß ~! grüß dich (euch, Sie) ~! *Southern G. and Austrian* good morning (*od.* afternoon, evening, day) (to you); ~ mit euch! *lit.* mit ~! *lit.* God be with you! ~ befohlen! *obs.* God be with you! God bless you! ~ behüte (*od.* beschütze) euch! God be with you! vergelt's ~! *Southern G.* thank you very much! – **4.** (*in Ausrufen, in Wunsch-, Beteuerungsformeln etc*) ach ~! o ~! oh God! oh Lord! oh dear! (ach du) lieber ~! großer ~! good Lord! good heavens! ich habe keine Zeit — leider ~es! I have no time—unfortunately! (*od.* I'm afraid! I'm sorry to say!); ~ sei Dank! ~ sei's gepfiffen und getrommelt! *colloq.* thank God! thank heavens! thank goodness! um ~es Willen! for heaven's (*od.* goodness) sake! (*stärker*) for God's sake! ~ bewahre! ~ behüte! da sei ~ vor! heaven (*od.* God) forbid! so (*od.* wenn) ~ will! God willing! wollte ~, es wäre wahr! I wish to God (*od.* heaven) it were true! ~ gebe es! God grant it! ~ steh mir bei! God help me! nimm es dir in ~es Namen! *colloq.* take it if you wish; es war weiß ~ nicht einfach heaven (*od.* goodness, God) knows it wasn't easy; weiß ~ wo [wann, wie]! heaven (*od.* goodness, God) knows where [when, how]! ~ helfe (dir)! (*beim Niesen*) (God) bless you! so wahr mir ~ helfe! (*Eidesformel*) so help me God! ~ ist (*od.* sei) mein Zeuge! God is (*od.* be) my witness! wahrhaftigen ~es! *lit.* by God! really! truly! mein Onkel, ~ hab ihn selig! my uncle, God rest his soul! er sah aus, daß (sich) ~ erbarm a) (*jämmerlich*) he looked miserable, b) (*schrecklich*) he looked terrible (*od.* dreadful); ~ verdamm mich! *sl.* I'll be damned! damn it! es wird schon alles gut gehen — dein Wort in ~es Ohr everything will turn out all right—let's hope (*od.* pray) to God (*od.* goodness) that it does! – **5.** *fig.* (*in Wendungen wie*) den lieben ~ einen guten Mann sein lassen *colloq.* to live for the day; du bist wohl ganz (und gar) von ~ verlassen *colloq.* you must be out of your mind (*od.* senses), you must be crazy; etwas um ~es Lohn tun to do s.th. for nothing; sie stand da, wie sie ~ geschaffen hat she stood there in her birthday suit (*od.* in the altogether); leben wie ~ in Frankreich to live in the lap of luxury (*od.* in clover, like a king, *Am. colloq.* the life of Riley); dem lieben ~ den Tag stehlen to laze away the day; über ~ und die Welt reden to talk about everything under the sun; der kennt ja ~ und die Welt he knows all and sundry, he knows everyone under the sun. – **6.** *fig.* (*in Sprichwörtern*) dem Mutigen hilft ~ God helps the brave; hilf dir selbst, so hilft dir ~ God helps him who helps himself; ~es Mühlen mahlen langsam the mills of God grind slowly but they grind exceeding small (*proverb*); an ~es Segen ist alles gelegen nothing prospers without God's blessing; bei ~ ist kein Ding unmöglich with God all things are possible; → denken 1.
ˈ**gottˌähn·lich** *adj* godlike. — ˈ**Gottˌähn·lich·keit** *f* ⟨-; *no pl*⟩ godlikeness.
ˈ**gott·beˌgna·det** *adj* (*Künstler etc*) divinely inspired (*od.* gifted).
ˈ**gott·beˌwah·re** *interj* heaven (*od.* God) forbid!
Got·te [ˈgɔtə] *f* ⟨-; -n⟩ *Swiss* godmother.
ˈ**GottˌebenˌbildIich·keit** *f relig.* (*des Menschen*) likeness to God, imago Dei (*lit.*).
ˈ**Gott·erˌbar·men** *n only in* zum ~ a) (*jämmerlich*) miserably, b) (*schrecklich*) terribly, dreadfully: er spielte zum ~ he played miserably (*od.* atrociously).
ˈ**Göt·ter|ˌbaum** *m bot.* tree of heaven, ailanthus (*scient.*) (*Gattg Ailanthus*). — ~ˌ**bild** *n* image of a deity, idol. — ~ˌ**blu·me** *f bot.* American (*od.* Virginian) cowslip, shooting star, pride of Ohio (*Dodecatheon meadia*). — ~ˌ**bo·te** *m myth.* messenger of the gods, Mercury, Hermes. — ~ˌ**däm·me·rung** *f* **1.** *myth.* twilight of the gods. – **2.** *mus.* „Die ~" "The Twilight of the Gods" (*opera by Wagner*). — ~ˌ**fun·ken** *m lit.* divine spark: Freude, schöner ~ Joy, thou purest spark divine (*by Schiller*). — ~ˌ**gat·te** *m colloq. humor. od. iron.* lord and master, husband.
ˈ**gott|erˌge·ben I** *adj* resigned (*od.* submitting) to God's will. – **II** *adv* ~ warten to wait with utmost patience. — **G~erˌge·ben·heit** *f* resignation (*od.* submission) to God's will.
ˈ**Göt·ter|geˌschlecht** *n myth.* race of gods. — ~**geˌstalt** *f* **1.** *cf.* Gottheit 1. – **2.** divine image (*od.* figure). — **g~ˌgleich** *adj* godlike. — ~ˌ**kraut** *n bot.* ambrosia. — ~ˌ**le·ben** *n only in* ein ~ führen *colloq.* to live like a god (*od.* in clover, like a king, *Am. colloq.* the life of Riley). — ~ˌ**mahl** *n fig.* sumptuous meal. — ~ˌ**pflau·me** *f bot.* date plum (*Gattg Diospyros*). — ~ˌ**sa·ge** *f* legend (*od.* myth) about (the) gods. — ~ˌ**sitz** *m myth.* seat (*od.* abode) of the gods. — ~ˌ**spei·se** *f* **1.** *myth.* food of the gods, ambrosia (*lit.*). – **2.** *gastr.* a) applesnow, b) fool, c) jelly. — ~ˌ**spruch** *m myth.* oracle. — ~ˌ**trank** *m* drink of the gods, nectar (*lit.*). — ~**verˌeh·rung** *f* worship of (the) gods. — ~ˌ**vo·gel** *m zo.* (greater) paradise bird, (greater) bird of paradise (*Paradisea apoda*). — ~ˌ**welt** *f* **1.** realm of the gods. – **2.** *collect.* gods *pl.*
ˈ**Got·tes|ˌacker** (*getr.* -k·k-) *m lit.* God's acre, graveyard. — ~ˌ**anˌbe·te·rin** *f zo.* praying mantis (*Mantis religiosa*). — ~**beˌweis** *m* proof of (*od.* argument for) the existence of God. — ~ˌ**die·ner** *m lit.* servant of God. — ~ˌ**dienst** *m relig.* a) divine service (*od.* worship), (church) service, b) *bes. röm.kath.* mass, *auch* Mass: ~ halten to conduct service; am ~ teilnehmen to attend service, to worship. — **g~ˌdienst·lich** *adj* relating to church service: ~e Handlung religious ceremony.
ˈ**Got·tesˌdienst|ˌord·nung** *f relig.* ritual, liturgy. — ~ˌ**zei·ten** *pl* hours of worship.
ˈ**Got·tes|ˌfrie·de** *m hist.* **1.** Peace of God. – **2.** *relig. hist.* Truce of God. — ~ˌ**furcht** *f* **1.** fear of God. – **2.** (*Frömmigkeit*) piety, devoutness. — **g~ˌfürch·tig** [-ˌfʏrçtɪç] *adj* **1.** God-fearing. – **2.** (*fromm*) pious, devout. — ~ˌ**ga·be** *f lit.* gift of God, (*unerwartet*) godsend. — ~**geˌbä·re·rin** *f relig.* Mother of God, Holy Virgin. — ~**geˌdan·ke** *m* conception of God. — ~ˌ**gei·ßel** *f* scourge of God. — ~**geˌlahrt·heit** *f obs.* theology, divinity. — ~**geˌlehr·te** *m* theologian. — ~**geˌlehrt·heit** *f obs.* theology, divinity. — ~**geˌricht** *n* (*im Mittelalter*) trial by ordeal. — ~**geˌschenk** *n lit. cf.* Gottesgabe. — ~ˌ**glau·be** *m* belief in God, (*im weiteren Sinn*) theism. — ~ˌ**gna·de** *f* blessing: es ist eine ~, daß it is a blessing that. — ~ˌ**gna·denˌkraut** *n bot.* hedge (*od.* water) hyssop, herb of grace, poor-man's-herb (*Gratiola officinalis*). — ~ˌ**gna·den·tum** *n* ⟨-s; *no pl*⟩ *hist.* divine right (of kings). — ~ˌ**haus** *n relig.* house of God, place of worship, church. — ~ˌ**hel·fe** *f bot.* (*Andorn*) common horehound (*od.* hoarhound) (*Marrubium vulgare*). — ~ˌ**herr·schaft** *f relig.* rule of God, thearchy (*lit.*). — ~ˌ**kind** *n* child (*od.* son) of God. — ~ˌ**kind·schaft** *f* (doctrine of the) sonship to God, divine sonship. — ~ˌ**kraut** *n bot. cf.* Gottesgnadenkraut. — ~ˌ**lachs** *m zo.* opah, moon fish (*Lampris regius, auch luna*). — ~ˌ**lamm** *n relig.* (*Christus*) lamb of God. — ~ˌ**lä·ste·rer** *m* blasphemer. — **g~ˌlä·ster·lich I** *adj* blasphemous, sacrilegious, *auch* profane. – **II** *adv* ~ fluchen to swear blasphemously. — ~ˌ**lä·ste·rung** *f* blasphemy, *auch* profanity. — ~ˌ**leh·re** *f* doctrine of God, (*im weiteren Sinn*) theology. — ~ˌ**leug·ner** *m* atheist. — **g~ˌleug·ne·risch** *adj* atheistic, *auch* atheistical. — ~ˌ**leug·nung** *f* denial of God, atheism. — ~ˌ**lohn** *m* heavenly reward: um (*od.* für) ~ for the reward of God, for charity's sake. — ~ˌ**mann** *m* ⟨-(e)s; ⸗er⟩ man of God. — ~ˌ**mut·ter** *f relig.* Mother of God, Blessed Virgin. — ~ˌ**reich** *n* kingdom of God (*od.* Heaven). — ~ˌ**sohn** *m* Son of God. — ~ˌ**staat** *m* kingdom of God on earth, (*im weiteren Sinn*) theocracy.
ˈ**Got·tes·tum** *n* ⟨-s; *no pl*⟩ *relig.* godhead, godhood, divinity.
ˈ**Got·tes|ˌur·teil** *n hist.* ordeal. — ~**verˌeh·rung** *f relig.* worship of God, divine worship. — ~ˌ**wort** *n* ⟨-(e)s; *no pl*⟩ Word of God, (the) Bible.
ˈ**gott|geˌfäl·lig** *adj* pleasing to God: ein ~es Leben führen to lead a life pleasing to God, to lead a pious life. — ~**geˌsandt** *adj* sent by God. — ~**geˌweiht** *adj* consecrated to God. — ~**geˌwollt** *adj* ordained by God. — ~ˌ**gläu·big** *adj* believing in God. — ~ˌ**gleich** *adj* godlike.
ˈ**Gott·heit** *f* ⟨-; -en⟩ **1.** deity, divinity. – **2.** ⟨*only sg*⟩ *cf.* Gottestum.
Gö·ti [ˈgœti] *m* ⟨-s; -⟩ *Swiss for* Pate[1] 1.
Göt·tin [ˈgœtɪn] *f* ⟨-; -nen⟩ goddess.
gött·lich [ˈgœtlɪç] **I** *adj* **1.** (*Gnade, Liebe, Vorsehung etc*) divine, of God: ~es Gebot divine commandment, commandment of God; ~er Wille God's will; „Die G~e Komödie" "The Divine Comedy" (*by Dante*). – **2.** (*Gott ähnlich*) godlike, heavenly, divine: ~er Funke divine spark; eine Frau von ~er Schönheit a woman of divine beauty. – **3.** *fig. colloq.* (*herrlich, großartig*) 'divine', 'heavenly' (*beide colloq.*): ein ~er Anblick a heavenly sight; das war ein ~er Fraß *sl.* that was a divine spread (*colloq.*). – **II** *adv* **4.** sich ~ amüsieren *colloq.* a) to have the time of one's life, b) to laugh oneself silly. – **III G~e, das** ⟨-n⟩ **5.** the divine: das G~e im Menschen the divine (spark) in man. — ˈ**Gött·lich·keit** *f* ⟨-; *no pl*⟩ divinity, divineness.
ˌ**gottˈlob** *interj* thank God (*od.* heavens, goodness)!
ˈ**gott·los I** *adj* **1.** godless, ungodly: ~er Mensch a) godless person, b) atheist. – **2.** (*unfromm*) impious. – **3.** (*heidnisch*) pagan. – **4.** (*ruchlos*) wicked, wanton: ~e Reden führen to talk wickedly (*od.* irreverently); ein ~er Bube a wicked fellow, a wild rascal. – **II** *adv* **5.** ~ handeln to behave in a godless manner; ~ leben to lead a godless life. — ˈ**Gott·lo·se** *m, f* ⟨-n; -n⟩ **1.** godless (*od.* wicked) person: die ~n the godless, the

wicked; der Rest ist für die ~n *colloq. humor.* the scraps are for the dogs. – **2.** (*Atheist*) atheist. — **'Gott·lo·sig·keit** *f* ⟨-; *no pl*⟩ **1.** godlessness, ungodliness, impiety. – **2.** (*Atheismus*) atheism. – **3.** paganism. – **4.** wickedness, wantonness.

'Gottˌmensch *m relig.* (*Christus*) God-man.

ˌGottˌsei'beiˌuns *m* ⟨-; *no pl*⟩ *euphem.* (*Teufel*) devil, Old Nick (*colloq.*).

'gottˌse·lig *adj* (*fromm*) godly, pious, devout. — **G~ˌse·lig·keit** *f* godliness, piety, devoutness.

'gotts|er'bärm·lich, ~'jäm·mer·lich *adj colloq.* **1.** (*Anblick, Zustand etc*) pitiable, pitiful. – **2.** *colloq.* (*sehr schlecht*) miserable, awful, dreadful (*colloq.*); 'lousy', 'rotten' (*sl.*). – **II** *adv* **3.** pitiably, pitifully: das Kind schrie ~ the child cried pitifully. – **4.** *colloq.* 'awfully', 'miserably' (*beide colloq.*).

'Gott|ˌsu·cher *m* God-seeker. — **~ˌva·ter** *m* God the Father. — **g~verˌdammt, g~verˌflucht** *adj sl.* damned, *Am. sl. auch* goddam(ned), goddam(n). — **g~verˌges·sen** *adj u. adv cf.* gottlos1, 2, 5. — **g~verˌlas·sen** *adj* **1.** (*Mensch*) forsaken by God. – **2.** *colloq.* (*trostlos, öde*) godforsaken: was für ein ~es Nest! what a godforsaken hole! — **~verˌtrau·en** *n* trust in God. — **g~ˌvoll** *adj colloq.* **1.** 'divine', 'heavenly' (*beide colloq.*): ein ~er Anblick *auch iron.* a sight for the gods. – **2.** (*großartig*) splendid, capital: ~er Spaß splendid joke; du bist ja ~! *iron.* you are really the limit (*od.* a perfect scream)! (*colloq.*). – **3.** (*unvergleichlich*) priceless.

Göt·ze ['gœtsə] *m* ⟨-n; -n⟩ **1.** idol, false god: ~n anbeten to worship idols (*od.* pagan gods), *auch* to idolize *Br. auch* -s-. – **2.** *fig.* idol, god: einen ~n machen aus to make an idol of, to idolize *Br. auch* -s-.

'Göt·zen|ˌbaum, 'In·di·scher *m bot.* pipal (tree), pipul (tree), peepul (tree), sacred fig (tree) (*Ficus religiosa*). — **~ˌbild** *n* idol, image. — **~ˌdie·ner** *m* worshiper (*bes. Br.* worshipper) of idols, idolater. — **~die·ne'rei** [ˌgœtsən-] *f*, **~ˌdienst** *m* idol (*od.* image) worship, idolatry: mit j-m [einer Sache] ~ treiben to make an idol of (*od.* idolize *Br. auch* -s-) s.o. [s.th.]. — **~ˌholz** *n bot.* (*Silberpappel*) great (*od.* white) poplar (*Populus alba*). — **~ˌop·fer** *n* sacrifice to idols. — **~ˌprie·ster** *m* heathen priest. — **~ˌtem·pel** *m* temple of an idol, heathen temple.

'Göt·zen·tum *n* ⟨-s; *no pl*⟩ idolatry.

Gou·ache [gŭa(:)ʃ] *f* ⟨-; -n [-ən]⟩ *cf.* Guasch.

'Gou·da(ˌkä·se) ['xauda(-)] *m gastr.* Gouda (cheese).

Gou·dron [gu'drõ:] *m* ⟨-s; *no pl*⟩ *tech.* (*Asphalt mit Erdölrückständen*) goudron, soft asphalt.

'Gould-Amaˌdi·ne ['gu:ld-] (*Engl.*) *f zo.* gouldian (finch) (*Poephila gouldia*).

Gou·ra ['gu:ra] *m* ⟨-s; -s⟩ *zo. cf.* Kronentaube.

Gour·mand [gʊr'mã:] *m* ⟨-s; -s⟩ **1.** *cf.* Gourmet. – **2.** (*Schlemmer*) gourmand, *auch* gormand, gourmandizer, *Br.* gormandizer *auch* -s-, glutton. — **Gour·man'di·se** [-mã'di:zə] *f* ⟨-; -n⟩ (*Feinschmeckerei*) gourmandism.

Gour·met [gʊr'mɛ; -'me:] *m* ⟨-s; -s⟩ (*Feinschmecker*) gourmet, gourmand, *auch* gormand.

Gout [gu:] *m* ⟨-s; -s⟩ (*Geschmack*) goût, taste. — **gou·tie·ren** [gu'ti:rən] *v/t* ⟨*no* ge-, h⟩ *obs. od. lit.* **1.** taste. – **2.** (*leiden mögen*) like. – **3.** (*schätzen*) appreciate.

Gou·ver·nan·te [guvɛr'nantə] *f* ⟨-; -n⟩ governess. — **gou·ver'nan·ten·haft** *adj* like a governess, schoolmarmish, *Br.* school-marmish.

Gou·ver·ne·ment [guvɛrnə'mã:] *n* ⟨-s; -s⟩ *hist.* government.

Gou·ver·neur [guvɛr'nø:r] *m* ⟨-s; -e⟩ **1.** *pol.* governor. – **2.** *mil. hist.* (*einer Festung*) commandant, governor.

Grab [gra:p] *n* ⟨-(e)s; =er⟩ **1.** grave: frisches ~ fresh grave; ein ~ graben (*od.* schaufeln) to dig a grave; am ~e at the graveside; Blumen aufs ~ legen to lay flowers on the grave; im ~e Ruhe finden to find peace in the grave; j-n ins ~ legen to lay s.o. in the grave, to bury s.o.; j-n zu ~e tragen to carry s.o. to the grave, to bury s.o.; j-m ins ~ folgen to follow s.o. to the grave, to die after s.o. – **2.** (*Grabmal*) tomb: das ~ des Unbekannten Soldaten *cf.* Grabmal 1. – **3.** (*Gruft*) sepulcher, *bes. Br.* sepulchre: das Heilige ~ Christi *relig.* the Holy Sepulcher. – **4.** *fig.* grave, death: bis ins ~ to the grave, till (*od.* unto) death; über das ~ hinaus beyond the grave; ein frühes ~ finden to die at an early age (*od.* before one's time); ein feuchtes (*od.* nasses) ~ finden, sein ~ in den Wellen finden to drown, to go to a watery grave; mit einem Bein (*od.* Fuß) im ~e stehen to have one foot in the grave; am Rande des ~es stehen to be on the brink of the grave, to be at death's door; ins ~ sinken to sink into the grave; dieser ständige Streit bringt mich noch ins ~ this continual arguing (*od. colloq.* argy-bargy) will be the death of me (yet); sein eigenes ~ graben (*od.* schaufeln) to dig one's own grave; ein Geheimnis mit ins ~ nehmen to carry a secret to the grave; eine Hoffnung zu ~e tragen to bury a hope; das ~ seines Ruhmes the grave (*od.* end) of his fame; verschwiegen wie das ~ (as) silent (*od.* secret) as the grave; er würde sich im ~e (her)umdrehen, wenn er das wüßte *colloq.* it would make him (*od.* he would) turn in his grave, if he knew that.

'Grab|ˌbeiˌga·be *f archeol.* **1.** *object included in a burial.* – **2.** *pl* grave (*od.* tomb) furnishings. — **~ˌbein** *n zo.* digging limb, burrowing (*od. scient.* fossorial) leg.

Grab·be'lei *f* ⟨-; *no pl*⟩ *Northern G. dial.* grabbling (*od.* groping) (about). — **grab·beln** ['grabəln] *v/i* ⟨h⟩ *Northern G. dial.* (*herumtasten*) grope (*od.* grabble) (about): sie grabbelte in ihrer Handtasche she groped (about) in her handbag; nach etwas ~ to grope for s.th.

'Grab|ˌdenkˌmal *n cf.* Grabmal 2. — **~ˌeinˌfas·sung** *f* curb of a grave.

'Gra·beˌland *n agr.* land for gardening.

gra·ben[1] ['gra:bən] **I** *v/t* ⟨gräbt, grub, gegraben, h⟩ **1.** (*Loch, Grab etc*) dig: einen Schacht [Brunnen] in die Erde ~ to dig (*od.* sink) a shaft [well] in(to) the ground; sich (*dat*) einen Weg durch den Schnee ~ to dig one's way through the snow; der Kummer hat tiefe Falten in seine Stirn gegraben *fig. lit.* sorrow has (*od.* worries have) lined his brow with deep furrows (*od.* has [have] deeply furrowed his brow); das hat mir seinen Namen für immer ins Gedächtnis gegraben *fig. lit.* that imprinted (*od.* impressed, engraved) his name for ever (up)on my memory; → Grube 5. – **2.** (*Graben, Stollen etc*) dig (out), hollow out, excavate: einen Tunnel ~ to dig (*od.* drive) a tunnel, to tunnel. – **3.** (*Kartoffeln etc*) dig (up). – **4.** (*Erz, Kohle etc*) dig, mine. – **5.** (*Inschrift etc*) cut, engrave, carve: seinen Namen in die Rinde eines Baumes ~ to carve one's name into the bark of a tree. – **6.** sich (*dat*) ein neues Bett ~ (*von Fluß*) to carve (*od.* hollow out) a new bed. – **7.** *hunt.* (*von Tier*) (*Loch etc*) burrow: das Kaninchen gräbt sich (*dat*) einen Weg in die Erde the rabbit burrows its way into the earth. – **8.** *fig. colloq.* er gräbt die Hände in die Hosentaschen he sticks his hands into his pockets; dem Pferd die Sporen in die Flanke ~ to dig one's spurs into one's horse's flank. – **II** *v/i* **9.** dig: im Garten ~ to dig in the garden. – **10.** nach etwas ~ (*nach Gold, Schätzen etc*) to dig for s.th. – **11.** (*Graben ziehen*) dig (*od.* cut) ditches. – **12.** (*von Tier*) burrow. – **13.** in (*dat*) etwas ~ (*gravieren*) to engrave on s.th., to carve in (*od.* on) s.th. – **III** *v/reflex* sich ~ (in *acc* into) **14.** dig: die Räder gruben sich tief in den Sand the wheels dug deep into the sand. – **15.** (*von Tier*) burrow itself. – **16.** (*von Kugel, Flugzeug etc*) bury itself. – **17.** *fig. lit.* (*ins Gedächtnis*) imprint (*od.* impress, engrave) itself (on). – **IV G~** *n* ⟨-s⟩ **18.** *verbal noun.*

'Gra·ben[2] *m* ⟨-s; =⟩ **1.** ditch, trench: einen ~ ziehen (*od.* ausheben) to dig (*od.* cut) a ditch; ein Feld mit Gräben durchziehen to ditch a field. – **2.** (*Straßengraben*) ditch: er fuhr seinen Wagen in den ~ he drove his car into the ditch, he ditched his car; im ~ landen *colloq.* to land in the ditch. – **3.** *bes. mil.* a) trench, b) (*einer Festung etc*) ditch, moat, foss(e): vorderster ~ forward (*od.* frontline) trench, tail of the trenches; im ~ liegen to be in the trenches; mit Gräben umgeben to entrench, to intrench. – **4.** *archeol.* trench. – **5.** (*sport*) (*beim Reiten*) ditch: einen ~ nehmen to clear (*od.* take, jump over) a ditch. – **6.** *geol.* graben, rift valley, *Br.* rift-valley, fault trough. — **~ˌbag·ger** *m civ.eng.* trench excavator (*od.* digger), ditcher. — **~ˌbö·schung** *f* **1.** *mil.* scarp, escarp. – **2.** *civ.eng.* bank of a ditch. — **~ˌbruch** *m geol.* graben, fault trough, rift valley, *Br.* rift-valley.

'gra·bend I *pres p.* – **II** *adj zo.* burrowing, fossorial (*scient.*).

'Gra·ben|ˌkrieg *m mil.* trench war(fare). — **~ˌmör·ser** *m* trench mortar (*od.* howitzer). — **~ˌpflug** *m agr.* trench plough (*bes. Am.* plow). — **~ˌsen·ke** *f geol. cf.* Grabenbruch. — **~ˌsoh·le** *f* **1.** *civ.eng.* bed (*od.* bottom) of a ditch. – **2.** *mil.* trench bottom. — **~ˌspie·gel** *m mil.* trench periscope. — **~ˌwehr** *f* parapet, (*vorübergehende*) breastwork.

'Grä·ber *m* ⟨-s; -⟩ **1.** digger. – **2.** *tech.* ditch-digger, *Br.* ditch-digger, ditcher. — **~ˌfeld** *n archeol.* burying place, barrows *pl*, necropolis (*scient.*). — **~ˌfund** *m meist pl* object found in a tomb, grave findings *pl*.

'Gra·bes|ˌdun·kel *n lit.* darkness (*od.* gloom) of the grave, sepulchral gloom (*lit.*). — **~ˌkir·che, die** *relig.* (*in Jerusalem*) the Church of the Holy Sepulchre. — **~ˌnacht** *f lit. cf.* Grabesdunkel. — **~ˌrand** *m lit.* brink of the grave. — **~ˌru·he** *f lit.* peace of the grave. — **~ˌstil·le** *f lit.* deathlike (*od.* deathly) silence. — **~ˌstim·me** *f* sepulchral voice, voice from the tomb.

'Gra·beˌtier *n zo. cf.* Grabtier.

'Grab|ˌflat·te·rer *m*, **~ˌfle·derˌmaus** *f zo.* tomb bat (*Gattg Taphozous*). — **~ˌfrosch** *m* digger-frog (*Rana adspersa*). — **~ˌfund** *m meist pl cf.* Gräberfund. — **~ˌfuß** *m zo.* fossorial foot. — **~ˌfü·ßer** *pl* scaphopoda (*Gattg Scaphopoda*). — **~ˌga·bel** *f hort.* digging (*od.* garden) fork. — **~geˌläu·te** *n* tolling of funeral bells, death knell. — **~geˌsang** *m* funeral song, dirge; epicede, epicedium (*lit.*). — **~geˌwöl·be** *n* burial vault, tomb. — **~ˌhü·gel** *m* grave (*od.* burial, sepulchral) mound, barrow, tumulus (*lit.*). — **~ˌinˌschrift** *f* inscription on tombstone; epitaph, hic jacet (*lit.*). — **~ˌkam·mer** *f archeol.* burial (*od.* tomb, sepulchral) chamber, cubiculum (*lit.*). — **~ˌkraut** *n bot. cf.* Wermut 2. — **~ˌle·gung** *f* burial, entombment, interment, sepulture (*lit.*). — **~ˌlied** *n cf.* Grabgesang.

'Grabˌmal *n* ⟨-(e)s; =er, *lit.* -e⟩ **1.** tomb, sepulcher, *bes. Br.* sepulchre: ~ des Unbekannten Soldaten tomb of the Unknown Soldier (*bes. Br.* Warrior). – **2.** (*Grabstein*) tombstone, gravestone, monument (stone), sepulchral monument (*lit.*).

'Grab|ˌmei·ßel *m tech. cf.* Grabstichel 1. — **~ˌni·sche** *f* burial niche. — **~ˌpfle·ge** *f* care of a grave (*od.* of graves). — **~ˌplat·te** *f* **1.** (*flachliegend*) ledger. – **2.** (*aus Marmor*) marble slab (*od.* ledger). – **3.** (*aus Bronze*) bronze ledger. — **~ˌre·de** *f* **1.** funeral oration (*od.* address). – **2.** (*Predigt*) funeral sermon. — **~ˌsäu·le** *f* **1.** sepulchral pillar. – **2.** *antiq.* stele. — **~ˌschän·der** *m* **1.** desecrater (*od.* desecrator) of a grave (*od.* of graves). – **2.** grave robber. — **~ˌschän·dung** *f* desecration of a grave (*od.* of graves). — **~ˌschau·fel** *f* digging shovel. — **~ˌscheit** *n* spade. — **~ˌschrift** *f* epitaph: eine ~ machen (*od.* schreiben) to write (*od.* compose) an epitaph, to epitaph, to epitaphize; Verfasser einer ~ epitapher.

gräbst [grɛ:pst] *2 sg pres of* graben[1].

'Grab|ˌstät·te *f* burial (*od.* burying) place, tomb; sepulcher, *bes. Br.* sepulchre (*lit.*): unterirdische ~n (*Katakomben*) catacombs. — **~ˌstein** *m* tombstone, gravestone, headstone. — **~ˌste·le** *f antiq.* funeral (*od.* funerary) stele. — **~ˌstel·le** *f cf.* Grabstätte. — **~ˌsti·chel** *m* **1.** *tech.* graving tool, burin. – **2.** (*zum Holzschneiden*) carving chisel.

gräbt [grɛ:pt] *3 sg pres of* graben[1].

'Grab|ˌtier *n zo.* burrowing (*od. scient.* fossorial) animal, (*für Insekten*) burrower, miner. — **~ˌtuch** *n* shroud, winding-sheet: einen Leichnam in ein ~ hüllen to shroud a corpse; das ~ Christi the sindon of Christ.

'Gra·bung *f* ⟨-; -en⟩ **1.** (*Ausgrabung*) excavation. – **2.** *rare for* Graben[1].

'Grab|ˌur·ne *f* **1.** (funeral) urn. – **2.** cinerary urn. – **3.** *archeol.* (*bes. prähistorisch*) bone pot. — **~ˌwes·pe** *f zo.* sand (*od.* digger, thread-waisted, *scient.* sphecoid) wasp, sphex (*scient.*) (*Fam. Sphecidae*). — **~ˌwurz** *f bot.* (*Frauenbeifuß*) Roman wormwood (*Artemisia pontica*).

Grac·che ['graxə] *npr m* ⟨-n; -n⟩ *antiq.* **1.** one of the Gracchi. – **2.** *pl* Gracchi.

Gracht [graxt] *f* ⟨-; -en⟩ canal (*in Dutch towns*).

Gra·cio·so [gra'sĭoːzo] *m* ⟨-s; -s⟩ (*theater*) gracioso (*comic character in Spanish comedy*).

Grad [graːt] *m* ⟨-(e)s; -e⟩ **1.** (*Temperatur*) degree: 10 ~ Kälte [Wärme] 10 (degrees) below [above] zero; **wieviel ~ hat es heute?** what is the temperature today? **bei Null ~** at zero; **es hat minus 20 ~ Celsius** the temperature is minus 20 degrees centigrade; **das Thermometer steht auf 78 ~ Fahrenheit** the thermometer shows (*od.* reads) 78 degrees Fahrenheit. – **2.** (*Ausmaß*) degree, extent: **in hohem ~e** a) to a high degree, highly, extremely, b) (*weitgehend*) largely, to a large extent; **in geringem ~e** to a small degree, slightly, to a small extent; **bis zu einem gewissen ~** to a certain degree (*od.* extent), to some extent, up to a certain point; **im höchsten ~e glücklich** extremely (*od.* supremely) happy; **in dem ~e, daß** to such a degree that; **ein hoher ~ der Erregung** a high pitch of excitement; **höchster ~ der Dummheit** height of stupidity (*od.* folly); **bis zu welchem ~?** to what extent? **das ist mir im höchsten ~e unangenehm** that is extremely awkward for me; **höchster ~ an Reinheit** (*eines Diamanten*) first water. – **3.** (*Stufe*) stage, grade: **ein hoher ~ der Kultur** a high grade (*od.* level) of civilization. – **4.** (*Verwandtschaft*) degree: **~ der Verwandtschaft** degree of relationship; **Vetter ersten ~es** first (*od.* full) cousin, cousin-german, *Br.* cousin german; **Vetter zweiten [dritten] ~es** a) (*Kind* [*Enkel*] *eines Vetters od. einer Base*) second [third] cousin, b) (*Vetter od. Base eines* [*Groß*]*Elternteils*) first cousin once [twice] removed. – **5.** *ped.* degree: **einen akademischen ~ erlangen** to obtain one's degree; **er besitzt den ~ eines Doktors der Philosophie** he holds the degree of a Doctor of Philosophy. – **6.** *math.* degree, order: **n-ter ~** nth degree; **zweiten [vierten, sechsten] ~es** biordinal [quartic, sextic]; **Winkel von 90 ~** angle of 90 degrees; **in ~e einteilen** to graduate; → **Gleichung.** – **7.** *phys.* a) *u. tech.* (*Maßeinheit*) degree, b) (*einer Skala*) point: **der ~ der Konzentration** the degree of concentration. – **8.** *chem.* (*eines graduierten Gefäßes*) measure. – **9.** *med.* degree: **Verbrennung zweiten [dritten] ~es** second-degree [third-degree] burn; **er hat 40 ~ Fieber** he is running (*od.* has) a temperature of 40 degrees (C) (*od.* 104 degrees F). – **10.** *mil.* rank, grade: **im ~ eines Obersten** of the rank of a colonel. – **11.** *astr.* degree. – **12.** *geogr.* degree: **30° ~ nördlicher Breite** 30° north (in latitude). – **13.** *jur.* (*Schwere eines Deliktes*) degree. – **14.** *tech.* a) (*von Passungen*) class, b) (*Güte*) quality, c) (*von Spannungen*) intensity.

Gra'dal,glas *n* (*optics*) gradal lens.

Gra·da·ti·on [gradaˈtsĭoːn] *f* ⟨-; -en⟩ **1.** gradation. – **2.** (*in der Rhetorik etc*) a) climax, b) anticlimax.

'Grad,bo·gen *m math.* a) graduated arc, b) (*eines Quadranten*) quadrant scale.

gra·de ['graːdə] *adj u. adv colloq. for* **gerade.**

'Grad,ein,tei·lung *f* **1.** *auch tech.* a) (*eines Kreises*) division into degrees, (degree) graduation, (angle) scale, b) (*einer Strecke*) graduation. – **2.** scale of degrees. – **3.** *geogr.* graticule.

Gra·del ['graːdəl] *m* ⟨-s; -⟩ *Southern G. and Austrian dial.* **1.** (herringbone) twill weave of linen and cotton. – **2.** (*Kies*) gravel, (*feiner*) grit.

Gra·di·ent [gra'dĭɛnt] *m* ⟨-en; -en⟩ **1.** *math. phys.* gradient. – **2.** *meteor.* gradient: **vertikaler ~** lapse (rate).

Gra·di·en·te [gra'dĭɛntə] *f* ⟨-; -n⟩ *tech.* gradient, gradient of slope, *Am.* grade.

Gra·di'ent|,kraft *f meteor.* gradient force. — **~,wind** *m* gradient wind.

Gra'dier·ap·pa,rat *m chem.* graduator.

gra·die·ren [gra'diːrən] *chem. tech.* **I** *v/t* ⟨*no* ge-, h⟩ **1.** (*Salzsole*) graduate. – **2.** *tech.* (*eichen*) graduate, calibrate. – **II G~ 3.** *verbal noun.*

Gra'dier,haus *n tech.* (*bei der Salzgewinnung*) graduation (*od.* thorn) house.

Gra'die·rung *f* ⟨-; -en⟩ **1.** *cf.* Gradieren. – **2.** graduation. – **3.** graduation, calibration.

Gra'dier|,waa·ge *f tech.* salinometer, brine ga(u)ge. — **~,was·ser** *n chem.* brightening fluid. — **~,werk** *n* **1.** *cf.* Gradierhaus. – **2.** *tech.* cooling tower.

Grä·dig·keit ['grɛːdɪçkaɪt] *f* ⟨-; *no pl*⟩ *chem.* density, concentration.

'Grad,kreis *m math.* graduated circle, limb.

Gradl ['graːdəl] *m* ⟨-s; -⟩ *Southern G. and Austrian dial. cf.* Gradel.

'grad,li·nig [-,liːnɪç] *adj u. adv*, **'Grad,li·nig·keit** *f* ⟨-; *no pl*⟩ *cf.* **geradlinig, Geradlinigkeit.**

'Grad|,mes·ser *m fig.* criterion, standard, index, yardstick: **als ~ dienen für** to be the (*od.* a) criterion for (*od.* of). — **~,mes·sung** *f* **1.** *tech.* measurement of degrees. – **2.** *civ.eng.* (*in Erdmessung*) arc measurement. — **~,netz** *n geogr.* (map) grid, network of parallels and meridians. — **~,ska·la** *f* scale of degrees. — **~,stock** *m mar. hist. cf.* Jakobsstab 1. — **~,strich** *m* degree graduation line.

Gra·dua·le [gra'dŭaːlə] *n* ⟨-s; -lien [-lĭən]⟩ *röm.kath.* gradual, *auch* graduale.

Gra·du'al,psalm *m meist pl röm.kath.* gradual psalm.

Gra·dua·tor [gra'dŭaːtɔr] *m* ⟨-s; -en [-dŭa'toːrən]⟩ *electr.* graduator.

gra·du·ell [gra'dŭɛl] **I** *adj* **1.** (*Übergang etc*) gradual: **~er Abbau der Binnenzölle** *econ.* gradual reduction of internal tariffs. – **2.** (*Unterschied etc*) in (*od.* of) degree. – **II** *adv* **3.** gradually, by degrees. – **4.** in degree: **~ verschieden** different in degree.

gra·du·ie·ren [gradu'iːrən] **I** *v/t* ⟨*no* ge-, h⟩ **1.** *tech.* (*Skala*) graduate, divide. – **2.** j-n ~ *ped.* to confer a degree on s.o., *Am.* to graduate s.o. – **II** *v/i* **3.** *ped.* graduate. – **III G~** *n* ⟨-s⟩ **4.** *verbal noun.* – **5.** *cf.* Graduierung.

Gra·du'ier|ma,schi·ne *f tech.* dividing engine. — **~,ofen** *m chem.* graduator.

gra·du'iert I *pp.* – **II** *adj ped.* (*Ingenieur etc*) graduate(d): **noch nicht ~** undergraduate. — **Gra·du'ier·te** *m, f* ⟨-n; -n⟩ graduate, holder of a(n academic) degree. — **Gra·du'ie·rung** *f* ⟨-; -en⟩ **1.** *cf.* Graduieren. – **2.** graduation.

'Grad,un·ter,schied *m* difference of (*od.* in) degree.

'grad,wei·se I *adj* gradual. – **II** *adv* gradually, by degrees.

Grae·cum ['grɛːkum] *n* ⟨-s; *no pl*⟩ *ped.* compulsory examination in Greek required by certain university faculties.

Grä·en ['grɛːən] *npr pl myth. antiq.* Graiae (*sisters of the Gorgons*).

Graf [graːf] *m* ⟨-en; -en⟩ count, (*in Großbritannien*) earl: **Herrn Viktor ~ F., Herrn Grafen v. F.** (*Briefanschrift*) (The Right Hono[u]rable) The Earl of F.; **Sehr geehrter Herr ~** (*Anrede im Brief*) My Lord; **der Herr ~** a) the Count, b) (*von Untergebenen*) his lordship.

'Gra·fen|,bank *f hist.* (*in Deutschland*) Counts' bench. — **~fa,mi·lie** *f* count's (*od. in Großbritannien* earl's) family. — **~ge,schlecht** *n* lineage of counts (*od. in Großbritannien* earls). — **~,kro·ne** *f* count's (*od. in Großbritannien* earl's) coronet. — **~,stand** *m* **1.** status of a count, count's rank, (*in Großbritannien*) earldom, earl's rank: **j-n in den ~ erheben** a) to create (*od.* make) s.o. a count, b) (*in Großbritannien*) to create (*od.* make) s.o. an earl, to confer an earldom (up)on s.o. – **2.** *collect.* counts *pl*, (*in Großbritannien*) earls *pl.* — **~,ti·tel** *m* title of count, (*in Großbritannien*) title of earl, earldom. — **~,wür·de** *f* countship, counthood, (*in Großbritannien*) earlship, earldom.

Graf·fi·to [gra'fiːto] *m, auch n* ⟨-(s); -ti [-ti]⟩ (*art*) graffito.

Gra·fik ['graːfɪk] *f* ⟨-; -en⟩ *cf.* **Graphik.** — **'Gra·fi·ker** [-fikər] *m* ⟨-s; -⟩ *cf.* **Graphiker.**

Grä·fin ['grɛːfɪn] *f* ⟨-; -nen⟩ countess: **geborene ~** countess in her own right; **die Frau ~** a) the Countess, b) (*von Untergebenen*) her ladyship; **Frau ~ v. F.** (*Briefanschrift*) (The Right Hono[u]rable) The Countess of F.; **Sehr verehrte Frau ~** (*Anrede im Brief*) Madam.

'gra·fisch *adj u. adv cf.* **graphisch.**

gräf·lich ['grɛːflɪç] **I** *adj* belonging to a count (*od.* countess, *in Großbritannien* earl); count's, earl's (*attrib*): **der ~e Besitz** the count's possessions. – **II** *adv* **~ leben** to live like a lord.

'Graf·schaft *f* ⟨-; -en⟩ **1.** (*Verwaltungsbezirk*) county, (*in Großbritannien*) *auch* shire. – **2.** *hist.* (*in Großbritannien*) earldom.

'Graf·schafts|be,zirk *m* **1.** (*in Großbritannien*) district, (area of a) county. – **2.** (*in Kanada und USA*) township. — **~ge,richt** *n jur.* county court. — **~,haupt,stadt** *f* county seat (*bes. Br.* town). — **~,rat** *m jur.* county council, County Council. — **~,stadt** *f* (*in Großbritannien*) county borough.

'Gra·ham|,brot ['graːham-] *n gastr.* graham bread (*a special whole-wheat bread*). — **~,mehl** *n* graham (*od.* whole-wheat) flour.

'grä·ko-|bud'dhi·stisch ['grɛːko-] *adj* (*art*) (*bes. Bildhauerei*) Gr(a)eco-Buddhist. — **~-la'tei·nisch** *adj* Gr(a)eco-Latin.

Grä·ko·ma·nie [grɛkoma'niː] *f* ⟨-; *no pl*⟩ gr(a)ecomania.

Grä·kum ['grɛːkum] *n* ⟨-s; *no pl*⟩ *ped. cf.* Graecum.

Gral [graːl] *m* ⟨-s; *no pl*⟩ *myth.* **der Heilige ~** the (Holy) Grail, the Sangraal, the Sangrail, the Sangreal: **die Suche nach dem Heiligen ~** the quest for the (Holy) Grail.

'Grals|,burg *f myth.* Castle of the (Holy) Grail. — **~,hü·ter** *m* **1.** *myth.* keeper of the (Holy) Grail. – **2.** *fig.* guardian. — **~,rit·ter** *m myth.* Knight of the (Holy) Grail. — **~,sa·ge** *f* legend of the (Holy) Grail. — **~,su·che** *f* quest for the (Holy) Grail.

Gram [graːm] *m* ⟨-(e)s; *no pl*⟩ *lit.* **1.** grief, sorrow, ruefulness (*lit.*); dolor, *bes. Br.* dolour (*poet.*): **stiller [verzehrender] ~** secret [gnawing] grief; **von ~ erfüllt** full of grief; **vom ~ gebeugt** bowed down with (*od.* by) grief; **von ~ gefurcht** (*Stirn*) furrowed by grief; **vor ~ vergehen, sich vor ~ verzehren** to pine away with grief; **sie starb vor** (*od.* **aus**) **~** she died of grief; **er gab sich seinem ~ hin** he abandoned himself to grief; **der ~ nagt an ihm** grief is gnawing at him; **Stunden des ~s** hours of sorrow. – **2.** (*Trauer*) sadness, melancholy.

gram *adj* ⟨*pred*⟩ *only in* **j-m ~ sein** a) to bear (*od.* harbor, *bes. Br.* harbour) a grudge against s.o., to bear s.o. a grudge, to bear s.o. ill will, to have a grievance against s.o., b) to be angry (*od.* cross) with s.o.; **j-m wegen etwas ~ sein** a) to bear s.o. a grudge because of s.th., b) to be angry (*od.* cross) with s.o. about s.th.; **man kann ihm nicht ~ sein** how can anyone be angry with him?

'Gra·ma,gras ['graːma-] *n bot.* gra(m)ma (grass), mesquite (grass) (*Gattg Boutelova*).

grä·meln ['grɛːməln] *v/i* ⟨h⟩ *bes. Middle and Low G.* be sullen (*od.* surly), sulk, mope.

grä·men ['grɛːmən] **I** *v/reflex* ⟨h⟩ **sich ~** (**über** *acc od.* **wegen, um**) **1.** grieve (at *od.* about, for), fret (at *od.* over, about). – **2.** (*sich Sorgen machen*) worry (about), (feel) sorrow (at *od.* over, for): **sich zu Tode ~** to die of worry, to worry oneself to death. – **II** *v/t* **3.** *lit.* worry, grieve, fret: **das grämt mich wenig** that does not worry me much, that leaves me indifferent; **was grämt dich?** what is worrying (*od.* bothering) you?

'gram·er,füllt I *adj* full of grief, careworn, *Br.* care-worn, grief-stricken. – **II** *adv* full of grief.

'Gram|,fär·bung ['gram-] *f biol.* gram's (*auch* Gram's) method, gram's (*auch* Gram's) stain. — **g~,fest** *adj cf.* **grampositiv.** — **g~,frei** *adj cf.* **gramnegativ.**

'gram|ge,beugt I *adj* bowed with grief, bowed down with (*od.* by) grief, grief-stricken: **~es Herz** stricken heart. – **II** *adv* bowed with grief, bowed down with (*od.* by) grief. — **~ge,furcht** *adj* (*Stirn*) furrowed by grief, careworn, *Br.* care-worn.

Gra·mi·ci·din [gramitsi'diːn] *n* ⟨-s; *no pl*⟩ *med. pharm.* gramicidin.

Gra·mi·ne·en [grami'neːən] *pl bot.* graminaceous (*od.* gramineous) plants, graminaceae, gramineae.

gräm·lich ['grɛːmlɪç] **I** *adj* (*schlecht gelaunt*) sullen, sulky, surly, morose: **ein ~er Alter** a sullen (*od.* peevish, sour) old man, a sourpuss (*colloq.*); **er hat eine ~e Art** he has a sullen manner. – **II** *adv* **~ dreinschauen** to have a sullen look (*od.* expression). — **'Gräm·lich·keit** *f* ⟨-; *no pl*⟩ sullenness, sulkiness, surliness, moroseness.

Gramm [gram] *n* ⟨-s; -e, *bei Mengenangaben* -⟩ gram, *bes. Br.* gramme: **100 ~ Zucker** a hundred gram(me)s of sugar; **ein millionstel ~** a microgram, *bes. Br.* a microgramme.

Gram·ma·tik [gra'matɪk] *f* ⟨-; -en⟩ *ling.* **1.** ⟨*only sg*⟩ (*Wissenschaft*) grammar: **das verstößt gegen die ~** that violates the rules of (*od.* that is not good) grammar. – **2.** (*Buch*) grammar (book). – **3.** *colloq.* (*eines Verbs etc*) grammar.

gram·ma·ti·ka·lisch [gramati'kaːlɪʃ] *adj u. adv cf.* **grammatisch.**

Gram·ma·ti·ker [gra'matikər] *m* ⟨-s; -⟩ grammarian.

Gram'ma·tik,re·gel *f* grammatical (*od.* grammar) rule.

gram·ma·tisch [gra'matıʃ] *ling.* **I** *adj* (*Subjekt, Geschlecht etc*) grammatical: **~er Wechsel** grammatical change, Verner's law (*scient.*). – **II** *adv* grammatically: **~ richtig** grammatically right (*od.* correct); **~ nicht richtig** not grammatical, ungrammatical; **einen Satz ~ zerlegen** (*od.* **analysieren**) to parse (*od.* analyze, *Br.* analyse) a sentence.

Gram·ma·tit [grama'ti:t; -'tıt] *m* ⟨-s; -e⟩ *min.* grammatite, tremolite.

'Gramm·atom [-ˀa,to:m] *n phys.* gram (*bes. Br.* gramme) atom. — **~ge,wicht** *n* gram- (*bes. Br.* gramme-)atomic weight.

Gram·mel ['graməl] *f* ⟨-; -n⟩ *Bavarian and Austrian for* Griebe 1.

'Gramm·ka·lo,rie *f phys.* gram (*bes. Br.* gramme) calorie, small calorie.

'Grammo·le·ku,lar·ge,wicht (*getr.* -mm·m-) *n phys.* gram- (*bes. Br.* gramme)-molecular weight.

'Grammo·le,kül (*getr.* -mm·m-) *n chem. phys.* gram (*bes. Br.* gramme) molecule.

Gram·mo·phon [gramo'fo:n] (*TM*) *n* ⟨-s; -e⟩ **1.** gramophone, *bes. Am.* phonograph. – **2.** (*Plattenspieler*) record player. — **~,an,schluß** *m* gramophone (*bes. Am.* phonograph) socket. — **~,na·del** *f* gramophone (*bes. Am.* phonograph) needle, *auch* stylus.

'gram·ne·ga,tiv ['gram-] *adj biol.* gram- (*auch* Gram-)negative.

Gram·pen ['grampən], **'Ro·ter** *m* ⟨-s; -⟩ *bot.* (*Heide*) common heath (*Calluna vulgaris*).

'gram·po·si,tiv ['gram-] *adj biol.* gram- (*auch* Gram-)positive.

'Gram·sche 'Fär·bung ['gramʃə] *f biol.* gram's (*auch* Gram's) method, gram's (*auch* Gram's) stain.

'gram|ver,sun·ken I *adj* sunk in grief, woebegone (*lit.*). – **II** *adv* sunk in grief. — **~,voll I** *adj* sorrowful, deeply grieved, grief-stricken, careworn, *Br.* care-worn. – **II** *adv* sorrowfully, deeply grieved. — **~zer,furcht** *adj cf.* gramgefurcht.

Gran [gra:n], *auch* **Grän** [grɛ:n] *n* ⟨-(e)s; -e⟩ *archaic* **1.** grain (*old weight*). – **2.** *fig.* grain: **ein ~ Wahrheit** a grain of truth.

Gra·na·dil·le [grana'dılə] *f* ⟨-; -n⟩ *bot.* a) (sweet) granadilla (*od.* grenadilla) (*bes. Passiflora ligularis*), b) purple granadilla, passion fruit (*P. edulis*), c) giant granadilla (*P. quadrangularis*).

gra·na·disch [gra'na:dıʃ] *adj* Granadian.

Gra·na·li·en [gra'na:liən] *pl metall.* shot *sg*, granulated metal *sg*. — **~,nickel** (*getr.* -k·k-) *n* nickel shot.

Gra·nat[1] [gra'na:t] *m* ⟨-(e)s; -e⟩, *Austrian* ⟨-en; -en⟩ *min.* garnet: **grüner ~** demantoid; **(tief)roter ~** almandine, almandite; **rubinroter ~** rock ruby; **schwarzer ~** melanite; **mugelig rund geschliffener ~** carbuncle.

Gra'nat[2] *m* ⟨-(e)s; -e⟩ *zo.* shrimp, prawn (*Gattg Palaemon*).

Gra'nat,ap·fel *m bot.* pomegranate (apple), Punic apple. — **~,baum** *m* pomegranate (tree) (*Punica granatum*). — **~ge,wäch·se** *pl* Punicaceae. — **~,si·rup** *m* grenadine.

gra'nat|,ar·tig *adj min.* garnetlike, *Br.* garnet-like, like a garnet. — **G~,baum** *m bot. cf.* Granatapfelbaum.

Gra·na·te [gra'na:tə] *f* ⟨-; -n⟩ **1.** *mil.* a) shell, b) (*Handgranate*) grenade, c) (*Gewehrgranate*) rifle grenade, *Br.* rifle-grenade, d) (*Schrapnell*) shrapnel, 'egg' (*sl.*): **die ~ schlug ein** (*od.* **krepierte**) the shell exploded (*od.* burst); **mit ~n beschießen** to shell, to bombard; **~ ohne Sprengladung** inert shell; **nicht krepierte ~** dud; **im Hagel der ~n** in the shower of shells. – **2.** *colloq.* (*sport*) (*bes. beim Fußball*) 'pile driver' (*colloq.*), crashing shot. – **3.** *colloq.* (*überraschter Ausruf*) **(potz) Bomben und ~n!** jumping Jupiter! – **4.** *bot. cf.* Granatapfelbaum.

Gra'na·ten,ha·gel *m mil.* shower (*od.* hail) of shells (*od.* grenades).

Gra'nat|,feu·er *n mil.* shellfire, *Br.* shell-fire: **unter ~ stehen** to be under shell(-)fire. — **~,fül·lung** *f* bursting charge, shell filler. — **g~,hal·tig** *adj min.* garnetiferous. — **~,hül·le, ~,hül·se** *f mil.* shell case.

Gra·na'till,baum [grana'tıl-] *m bot.* croton (*Croton tiglium*).

Gra'nat|,kopf *m mil.* nose (*od.* point) of a shell. — **~,loch** *n cf.* Granattrichter. — **~,ring** *m* **1.** *mil.* rotating band. – **2.** (*jewelry*) garnet ring. — **g~,rot** *adj* (*Farbe*) garnet (red). — **~,split·ter** *m mil.* shell splinter (*od.* fragment). — **~,trich·ter** *m* shell crater (*od.* hole).

Gra'nat,wer·fer *m mil.* (trench) mortar. — **~be,kämp·fung** *f* counter-mortar fire (*od.* bombardment).

Grand[1] [grant] *m* ⟨-(e)s; *no pl*⟩ *Low G. for* Kies 1.

Grand[2] *m* ⟨-(e)s; -e⟩ *Bavarian and Austrian* [trough.]

Grand[3] [grã:] *m* ⟨-s; -s⟩ (*games*) (*beim Skat*) grand: **~ Hand** grand solo; **~ ouvert** open grand.

Gran·de ['grandə] *m* ⟨-n; -n⟩ *hist.* (*bes. in Spanien*) grandee.

Gran·del ['grandəl] *f* ⟨-; -n⟩ *hunt.* (*des Rotwildes*) upper eyetooth (*Br.* eye-tooth).

Gran·dez·za [gran'dɛtsa] *f* ⟨-; *no pl*⟩ **1.** grandeur: **mit spanischer ~** like a Spanish grandee. – **2.** *obs.* grandeeship.

'Grand·ho,tel ['grã:-] *n* grand (*od.* luxury) hotel.

gran·di·os [gran'dio:s] *adj* ⟨-er; -est⟩ grand, magnificent, splendid, overwhelming, grandiose: **das ist ja ~!** that's grand! **ein ~es Schauspiel** a magnificent spectacle; **eine ~e Aussicht [Aufführung]** a magnificent view [performance]; **eine ~e Idee** *colloq.* a splendid (*od.* brilliant) idea.

Grand Prix [grã'pri] (*Fr.*) *m* ⟨- -; *no pl*⟩ (*sport*) Grand Prix.

Grand·sei·gneur [grãsɛn'jø:r] *m* ⟨-s; -s *u.* -e⟩ grand seigneur.

Grand-Tou'risme-,Ren·nen [grãtu'rism-] (*Fr.*) *n* (*sport*) Grand Touring race.

Gra·ne ['gra:nə], **Grä·ne** ['grɛ:nə] *f* ⟨-; -n⟩ *hunt. cf.* Grandel.

gra·nie·ren [gra'ni:rən] *v/t* ⟨*no* ge-, h⟩ **1.** (*paper*) grain. – **2.** (*art*) (*Kupferstichplatte*) roughen. – **3.** *tech. rare for* granulieren 1.

Gra·nit [gra'ni:t; -'nıt] *m* ⟨-s; -e⟩ **1.** *min.* granite: **hart wie ~** (as) hard as granite; **auf ~ beißen** *fig. colloq.* to come up against a stone wall, to knock one's head against a brick wall; **bei ihm wirst du mit deinen Forderungen auf ~ beißen** *fig. colloq.* you will get nowhere with him with your demands. – **2.** *gastr.* (*Speiseeis*) water ice, *Br.* water-ice. — **g~,ar·tig** *adj min.* granitic, like granite. — **~,bil·dung** *f* granitization. — **~,block** *m* **1.** granite block. – **2.** *geol.* granite boulder. — **~,bo·den** *m geol.* granite (*od.* granitic) soil.

gra'ni·ten *adj* **1.** *min.* granite, granitic, of granite. – **2.** *fig. lit.* hard, rigid, granitic.

Gra'nit|,fels, ~,fel·sen *m geol.* **1.** granite rock. – **2.** *cf.* Granitgestein. — **~for·ma·ti,on** *f geol.* granite formation. — **~ge,bir·ge** *n* granite mountains *pl.* — **~ge,stein** *n* granitic rock. — **g~,hal·tig** *adj* granitic.

gra'ni·tisch *adj geol. min.* granitic.

Gra·ni·tit [grani'ti:t; -'tıt] *m* ⟨-s; -e⟩ *min.* granitite.

Gra'nit,por·phyr *m min.* granophyre.

Grän·ke ['grɛŋkə] *f* ⟨-; -n⟩ *bot.* a) andromeda (*Gattg Andromeda*), b) moorwort (*A. polifolia*).

Gran·ne ['granə] *f* ⟨-; -n⟩ **1.** *bot.* (*Achel*) awn; glume, gluma, arista (*scient.*): **~n** *pl collect.* awn *sg*, beard *sg*; **mit ~n (versehen)** awned, awny, bearded; aristate, glumaceous (*scient.*); **ohne ~n** awnless, bald. – **2.** *zo. cf.* Grannenhaar.

'Gran·nen|,haar *n zo.* kemp, straight hair. — **~,ha·fer** *m bot.* trisetum (*Gattg Trisetum*). — **g~los** *adj* awnless, bald. — **g~,tra·gend** *adj cf.* grannig. — **~,wei·zen** *m* bearded wheat (*Triticum vulgare*). [(*scient.*).]

'gran·nig *adj bot.* bearded, awny, aristate

Gra·no·phyr [grano'fy:r] *m* ⟨-s; -e⟩ *min.* granophyre. — **gra·no'phy·risch** *adj* granophyric.

Grant[1] [grant] *m* ⟨-s; *no pl*⟩ *Bavarian and Austrian dial.* **1.** grumpiness, ill humor (*bes. Br.* humour): **einen ~ haben** to be in a bad (*od.* an ill) humo(u)r. – **2.** anger.

Grant[2] *m* ⟨-s; *no pl*⟩ **1.** *brew.* grand. – **2.** *civ.eng.* clay mixed with crushed quartz.

'gran·tig *adj bes. Southern G. and Austrian colloq.* **1.** grumpy, ill-humored (*bes. Br.* -humoured). – **2.** angry.

'Grant·ler *m* ⟨-s; -⟩, **'Grantl,hu·ber** ['grantəl-] *m* ⟨-s; -⟩ *Bavarian and Austrian dial.* **1.** (old) grumbler. – **2.** faultfinder.

'Grant|-Ga,zel·le *f zo.* Grant's gazelle (*Gazella granti*). — **~-,Ze·bra** *n* Grant's zebra (*Equus burchelli granti*).

gra·nu·lär [granu'lɛ:r] *adj bes. chem. biol.* granular, granulous.

Gra·nu·lat [granu'la:t] *n* ⟨-(e)s; -e⟩ granulated (*od.* granular) material.

Gra·nu·la·ti·on [granula'tsio:n] *f* ⟨-; -en⟩ granulation.

Gra·nu·la·ti'ons|,an,la·ge *f tech.* granulating plant. — **~ge,schwulst** *f med.* granuloma. — **~ge,we·be** *n* granulation tissue.

Gra·nu'la·tor [granu'la:tər] *m* ⟨-s; -en [-la'to:rən]⟩, **Gra·nu'lier,müh·le** *f tech.* granulating crusher.

gra·nu·lie·ren [granu'li:rən] **I** *v/t* ⟨*no* ge-, h⟩ **1.** *tech.* granulate, grain. – **2.** (*jewelry*) granulate. – **3.** (*Getreide*) pearl. – **II** *v/i* **4.** *med.* (*von Wunde*) granulate. – **III G~** *n* ⟨-s⟩ **5.** *verbal noun.* – **6.** granulation. — **gra·nu'liert I** *pp.* – **II** *adj* **1.** *tech.* granulated, granular. – **2.** *med.* granulated. — **Gra·nu'lie·rung** *f* ⟨-; *no pl*⟩ *cf.* Granulieren.

Gra·nu·lit [granu'li:t; -'lıt] *m* ⟨-s; -e⟩ *min.* whitestone, granulite (*scient.*).

Gra·nu·lom [granu'lo:m] *n* ⟨-s; -e⟩ *med. vet.* granuloma.

Gra·nu·lo·ma·to·se [granuloma'to:zə] *f* ⟨-; -n⟩ *med.* granulomatosis.

Gra·nu·lo·se [granu'lo:zə] *f* ⟨-; -n⟩ *med.* (*der Bindehaut*) trachoma.

Gra·nu·lo·zyt [granulo'tsy:t] *m* ⟨-en; -en⟩ *meist pl med.* granulocyte.

Gra·nu·lum ['gra:nulʊm] *n* ⟨-s; -la [-la]⟩ *med.* granule.

'Grape,fruit ['gre:p,fru:t; 'greıp-] (*Engl.*) *f* ⟨-; -s⟩ *bot.* grapefruit, *Br.* grape-fruit (*Citrus decumana*). — **~,saft** *m* grapefruit (*Br.* grape-fruit) juice.

Graph[1] [gra:f] *m* ⟨-en; -en⟩ *math. phys.* graph.

Graph[2] *n* ⟨-s; -e⟩ *ling.* graph.

Gra·phem [gra'fe:m] *n* ⟨-s; -e⟩ *ling.* grapheme. — **Gra·phe·mik** [gra'fe:mık] *f* ⟨-; *no pl*⟩ graphemics *pl* (*usually construed as sg*). — **gra'phe·misch** *adj* graphemic.

Gra·phik ['gra:fık] *f* ⟨-; -en⟩ **1.** (*art*) print. – **2.** ⟨*only sg*⟩ (*graphische Gestaltung*) layout, artwork. – **3.** (*graphische Darstellung*) graph, diagram. – **4.** ⟨*only sg*⟩ (*graphische Künste*) graphic arts *pl*, graphics *pl* (*construed as sg*). — **'Gra·phi·ker** [-fikər] *m* ⟨-s; -⟩ **1.** (graphic) artist. – **2.** commercial artist. — **'gra·phisch I** *adj* **1.** (*Künste etc*) graphic. – **2.** (*Gewerbe, Betrieb etc*) printing (*attrib*): **~e Abteilung einer Firma** (commercial) art department of a firm. – **3.** graphic, diagrammatic, *auch* diagrammatical: **~e Darstellung** diagram, graph. – **4.** *ling.* scribal: **(rein) ~es e** scribal e. – **II** *adv* **5.** graphically, diagrammatically: **etwas ~ darstellen** to show s.th. in the form of a graph.

Gra·phit [gra'fi:t; -'fıt] *m* ⟨-s; -e⟩ *min.* **1.** graphite. – **2.** (*mineralischer*) plumbago. — **g~,ar·tig** *adj* graphitic, *auch* plumbaginous. — **~,aus,schei·dung** *f* separation of graphite. — **g~,hal·tig** *adj* containing graphite, graphitic, plumbaginous.

gra·phi·tie·ren [grafi'ti:rən] **I** *v/t* ⟨*no* ge-, h⟩ *tech.* coat (*s.th.*) with graphite, graphite, graphitize. – **II G~** ⟨-s⟩ *n verbal noun.* — **Gra·phi'tie·rung** *f* ⟨-; -en⟩ **1.** *cf.* Graphitieren. – **2.** graphitization.

gra'phi·tisch *adj min.* graphitic.

Gra'phit|,mi·ne *f* **1.** (*mining*) graphite mine. – **2.** (*eines Drehbleistifts etc*) (pencil) lead, graphite stick. — **g~mo·de,riert** *adj nucl.* (*Reaktor*) graphite-moderated. — **~re,ak·tor** *m* graphite(-moderated) reactor. — **~,schmier,mit·tel** *n tech.* graphite lubricant. — **~,stift** *m* graphite (*od.* lead) pencil. — **~,tie·gel** *m metall.* graphite crucible. — **~,zeich·nung** *f* pencil drawing.

Gra·pho..., gra·pho... *combining form denoting* grapho...

Gra·pho·lo·ge [grafo'lo:gə] *m* ⟨-n; -n⟩ graphologist. — **Gra·pho·lo'gie** [-lo'gi:] *f* ⟨-; *no pl*⟩ graphology. — **Gra·pho'lo·gin** *f* ⟨-; -nen⟩ (woman) graphologist. — **gra·pho'lo·gisch** *adj* graphologic(al): **ein ~es Gutachten** a handwriting analysis.

Gra·pho·me·ter [grafo'me:tər] *n* ⟨-s; -⟩ *math. tech.* graphometer.

Gra·pho·sta·tik [grafo'sta:tık] *f* ⟨-; *no pl*⟩ *math. phys.* graphostatics *pl* (*construed as sg*).

grap·schen ['grapʃən], *auch* **grap·sen**

['grapsən] *colloq.* **I** *v/i* ⟨h⟩ **1.** (nach at, for) grab, make a grab: er grapschte nach dem Geld he grabbed at (*od.* for) the money. – **II** *v/t* **2.** grab, snatch. – **3.** (*stehlen*) steal, 'pinch' (*colloq.*).

Grap·to·lith [grapto'liːt; -'lɪt] *m* ⟨-en; -en⟩ *meist pl zo.* (*fossile Tierklasse*) graptolite.

Gras [graːs] *n* ⟨-es; ⸚er⟩ **1.** *bot.* a) grass (*Fam. Gramineae*), b) (*Gras u. Kräuter*) herbage, c) *meist pl* (*Grasart*) grasses *pl*, graminaceous (*od.* gramineous) plants *pl*, gramineae *pl* (*scient.*): zu den Gräsern gehörig graminaceous, gramineal, gramineous; ~ fressen to feed on grass; sich ins ~ legen to lie down on (*od.* in) the grass. – **2.** *fig. colloq.* (*in Wendungen wie*) er glaubt, das ~ wachsen zu hören (*od.* er hört das ~ wachsen) he thinks he knows all the answers, he thinks he hears the grass grow; darüber ist schon lange ~ gewachsen it's already a thing of the past, that's ancient history; über diese Sache wäre längst ~ gewachsen this affair would have been long forgotten; lassen wir erst einmal ~ über die Sache wachsen let's let the matter rest for the time being, let's wait for the dust to settle; wo er hinhaut, wächst kein ~ mehr one blow from him and you are finished (*od.* out); → beißen 6.

'Gras|ˌaf·fe *m contempt.* silly young person, brat. — **~ˌähr·chen** *n bot.* spikelet; spicule, spicula, locusta (*scient.*). — **~ˌäh·re** *f* spike. — **~ˌam·mer** *f zo.* vesper sparrow (*Pooecetes gramineus*). — **~ˌart** *f bot.* species (*od.* kind) of grass: ~en *pl* grasses, gramin(ac)eae (*scient.*). — **g~ˌar·tig** grassy; gramin(ac)eous, graminiform (*scient.*). — **~ˌbahnˌren·nen** *n* (*sport*) grass-track race. — **~ˌbär** *m zo.* feathered footman (*Coscina striata*). — **~ˌbaum** *m bot.* grass tree, *Br.* grass-tree, blackboy, xanthorrhoea (*scient.*) (*Gattg Xanthorrhoea*). — **g~beˌdeckt** *adj* grassy, grass-covered. — **g~beˌwach·sen** *adj* grass-grown, grass-covered, grassy. — **g~ˌblät·te·rig, g~ˌblätt·rig** *adj* grass-leaved, graminifolious (*scient.*). — **~ˌblu·me** *f* daisy (*Bellis perennis*). — **~ˌblü·te** *f cf.* Grasährchen. — **~ˌbo·den** *m* lawn, turf. — **~ˌbü·schel** *n* tuft of grass, hassock, tussock.

Gräs·chen ['grɛːsçən] *n* ⟨-s; -⟩ **1.** *dim. of* Gras 1. – **2.** small blade of grass.

'Gras|ˌdecke (*getr.* -k·k-) *f* layer (*od.* cover) of grass. — **~ˌebe·ne** *f geogr.* grassy plain.

gra·sen ['graːzən] *v/i* ⟨h⟩ **1.** (*von Tier*) graze, (*weiden*) browse. – **2.** *bes. Swiss* mow (*od.* cut) grass. – **3.** nach etwas ~ *fig. colloq.* (*von Personen*) to aspire after s.th.; in eines anderen Garten ~ *fig.* to poach on s.o.'s preserves.

'Gra·ser *m* ⟨-s; -⟩ *hunt.* tongue (of deer).

Grä·ser ['grɛːzər] *pl bot. cf.* Gras 1c. — **~ˌstielˌbrand** *m cf.* Getreiderost.

'Gras|ˌeu·le *f zo.* antler moth (*Cerapteryx graminis*). — **~ˌfeldˌbau** *m agr.* grass growing (*od.* farming), pasture farming. — **~ˌfink** *m zo.* Bahama grassquit (*Tiaris bicolor*). — **~ˌflä·che** *f* grass-grown area, grassland. — **~ˌfleck** *m* **1.** grassy plot, patch of grass. – **2.** (*in Kleidern etc*) grass stain. — **g~ˌför·mig** *adj bot.* graminiform. — **g~ˌfres·send** *adj zo.* grass-eating, graminivorous (*scient.*). — **~ˌfrosch** *m* grass frog (*Rana temporaria*). — **~ˌfrucht** *f bot.* caryopsis. — **~ˌfut·ter** *n agr.* grass fodder, green food. — **~ˌfüt·te·rung** *f* feeding (of animals) with grass. — **g~ˌgrün** *adj* (*Farbe*) grass-green. — **~ˌgum·miˌbaum** *m bot. cf.* Grasbaum. — **~ˌhalm** *m* **1.** blade (*od.* leaf) of grass: ~e leaves of grass, grass *sg.* – **2.** *bot.* grass stalk, spear, spire: Spitze eines ~es spire. — **~ˌhalmˌmil·be** *f zo.* oat mite (*Sideroptes graminum*). — **~ˌhecht** *m* grass pickerel (*Esox vermiculatus*). — **~ˌhüp·fer** *m* ⟨-s; -⟩ grasshopper (*Fam. Acrididae u. Locustidae*).

gra·sig ['graːzɪç] *adj* **1.** *bot.* grassy; gramineous, graminaceous (*scient.*). – **2.** grass-grown, grass-covered, grassy.

'Gras|ˌknobˌlauch *m bot.* Spanish garlic, rocambole, rocombole (*Allium scorodoprasum*). — **~ˌkohl** *m* potherb cirsium (*Cirsium oleraceum*). — **~ˌland** *n* ⟨-(e)s; *no pl*⟩ **1.** grassland. – **2.** (*bes. welliges*) prairie. — **~ˌlauch** *m bot. cf.* Grasknoblauch. — **~ˌläu·fer** *m zo.* buff-breasted sandpiper (*Tryngites subruficollis*). — **~ˌlei·nen** *n* (*textile*) grass cloth. — **~ˌli·lie** *f bot.* lily spiderwort (*Anthericum liliago*). — **~ˌlin·de** *f* (*Frühlinde*) broad-leaved lime tree (*Tilia grandifolia*). — **~ˌmahd** *f dial.* grass-mowing season. — **~ˌmä·her** *m*, **~ˌmäh·maˌschi·ne** *f agr.* (grass) mower, mowing machine. — **~ˌman·del** *f bot. Am.* chufa (*Cyperus esculentus*). — **~ˌmat·te** *f* **1.** mat(ting) of grass. – **2.** alpine meadow. — **~ˌmie·re** *f bot.* grasslike (*Br.* grass-like) stitchwort (*Stellaria graminea*). — **~ˌmil·be** *f zo. cf.* Grashalmmilbe. — **~ˌmot·te** *f* webworm, close-wing (*Gattg Crambus*). — **~ˌmücke** (*getr.* -k·k-) *f* warbler, whitethroat, *Br.* white-throat (*Sylvia communis*). — **~ˌnar·be** *f* sod, turf, sward (*lit.*). — **~ˌnat·ter** *f zo.* smooth green snake, grass snake, *Br.* grass-snake (*Ophiodrys vernalis*). — **~ˌnel·ke** *f bot.* **1.** maiden pink (*Dianthus deltoïdes*). – **2.** (lavender) thrift, sea pink (*od.* cushion daisy), cushion pink, lady's-cushion (*Armeria vulgaris*). — **~ˌnel·kenˌmei·er** *m bot.* (*Sternmiere*) stitchwort (*Stellaria holostea*). — **~ˌpap·pel** *f* round-leaved mallow (*Malva rotundifolia*). — **~ˌpferd·(chen)** *n colloq. for* Grashüpfer. — **~ˌpflan·ze** *f bot.* gramin(ac)eous plant. — **~ˌplatz** *m* grassy plot, lawn, green. — **g~ˌreich** *adj* grassy, abundant in grass. — **~ˌrost** *m bot.* red robin (*Puccinia graminis*). — **~ˌsa·me(n)** *m* grass seed(s *pl*). — **~ˌsa·menˌmi·schung** *f* grass-seed mixture. — **~ˌschnecke** (*getr.* -k·k-) *f zo.* slug (*Gattg Limax*). — **~ˌschnep·fe** *f* snipe (*Scolopax gallinago*).

gras·sie·ren [gra'siːrən] *v/i* ⟨*no* ge-, h⟩ **1.** (*von Krankheit, Seuche*) rage, be rife, be widespread. – **2.** (*von Übelstand etc*) be rife (*od.* rampant, widespread). – **3.** (*von Gerücht etc*) (be) spread: es ~ Gerüchte, daß there are rumo(u)rs that. – **4.** *iron.* (*von Mode etc*) be (all) the rage (*colloq.*). — **gras'sie·rend I** *pres p.* – **II** *adj* **1.** (*Krankheit*) widespread, epidemic. – **2.** (*Übelstand etc*) widespread.

'Grasˌsit·tich *m zo.* grass parrot (*Gattg Neophema*).

gräß·lich ['grɛslɪç] **I** *adj* **1.** (*Anblick etc*) horrible, terrible, dreadful, frightful, awful. – **2.** (*Tat, Schrei etc*) ghastly, gruesome, *auch* grewsome. – **3.** (*Verbrechen, Ungeheuer etc*) hideous, abominable, atrocious. – **4.** *colloq.* horrible, awful, terrible: ein ~es Essen a terrible (*od.* miserable, ghastly) dinner; er ist ein ~er Mensch he is a horrible person; (ein) ~es Wetter awful (*od.* beastly) weather. – **II** *adv* **5.** *colloq.* horribly, awfully, terribly: er sang ~ he sang horribly; ihm war ~ zumute he felt miserable. — **'Gräß·lich·keit** *f* ⟨-; -en⟩ **1.** ⟨*only sg*⟩ horribleness, terribleness, dreadfulness, frightfulness, awfulness. – **2.** ⟨*only sg*⟩ ghastliness. – **3.** ⟨*only sg*⟩ hideousness, abominableness, atrociousness. – **4.** ⟨*only sg*⟩ *colloq.* horribleness, awfulness, terribleness. – **5.** (*Untat*) atrocity, abominable (*od.* monstrous) deed.

'Gras|ˌsten·gel *m bot.* grass stalk. — **~ˌstep·pe** *f geogr.* grass steppe, grassy plains *pl*, prairie, savanna(h) (land). — **~ˌtep·pich** *m* (well-groomed) lawn. — **g~ˌüberˌwach·sen** *adj* overgrown with grass, grass-grown. — **~ˌwan·ze** *f zo.* meadow plant bug (*Miris dolobratus*). — **~ˌwei·de** *f agr.* pasture. — **~ˌwirt·schaft** *f cf.* Grasfeldbau. — **~ˌwuchs** *m* growth of grass. — **~ˌwur·zel** *f* **1.** grass root. – **2.** *bot.* (*Quecke*) couch grass, *Br.* couch-grass, quick (*od.* twitch) grass (*Agropyron repens*).

Grat [graːt] *m* ⟨-(e)s; -e⟩ **1.** (*Bergrücken*) ridge. – **2.** (*Kammlinie eines Berges*) crest: scharfer ~ (knife-)edge, arête. – **3.** (*scharfe Kante*) sharp edge. – **4.** *arch.* a) (*beim Dach*) arris, *auch* aris, b) (*bei Gewölben*) groin. – **5.** *tech.* a) (*Bohr- od. Schneidgrat*) bur(r), b) (*am Gewinde*) featheredge, *Br.* feather-edge, c) (*Schmiedegrat*) flash, d) (*Gußnaht*) fin: einem Werkstück den ~ nehmen to deburr a workpiece. — **~ˌbal·ken** *m arch.* hip rafter.

Grä·te ['grɛːtə] *f* ⟨-; -n⟩ (fish)bone: ohne ~n boneless; die ~n aus einem Fisch herausnehmen to bone a fish; an einer ~ ersticken to choke on a fishbone; ihm war eine ~ im Hals steckengeblieben a bone got stuck in his throat.

'grä·ten·los *adj* (*Fisch*) boneless.

'Grä·ten|ˌmu·ster *n* (*eines Stoffes etc*) herringbone (*Br.* herring-bone) pattern (*od.* design). — **~ˌschritt** *m* (*sport*) (*beim Skilauf*) herringbone (*Br.* herring-bone) (step): im ~ steigen to herringbone. — **~ˌstich** *m* (*beim Nähen*) herringbone (*Br.* herring-bone) (stitch), witch stitch.

'Grat|geˌwöl·be *n arch.* groined vault. — **~ˌho·bel** *m tech.* fillister (*od.* fillester) plane.

Gra·ti·as ['graːtsɪas] *n* ⟨-; -⟩ *relig.* (*Dankgebet*) grace: das ~ sprechen to say grace, to give thanks.

Gra·ti·fi·ka·ti·on [gratifika'tsɪoːn] *f* ⟨-; -en⟩ **1.** gratuity, gratification. – **2.** *econ.* (*Arbeitnehmerleistungsprämie*) bonus, (*zu Weihnachten*) Christmas bonus (*Br. auch* box). – **3.** *mil.* (*für Soldaten*) bounty.

'grä·tig *adj* **1.** (*Fisch*) bony. – **2.** *fig. colloq. for* mürrisch 2.

Grä·ting ['grɛːtɪŋ] *f* ⟨-; -e *u.* -s⟩ *mar.* grating.

gra·ti·nie·ren [grati'niːrən] *v/t* ⟨*no* ge-, h⟩ *gastr.* (*überbacken*) gratinate.

gra·tis ['graːtɪs] **I** *adj* ⟨*pred*⟩ **1.** free, gratis, gratuitous: diese Karten sind ~ these tickets are free; Eintritt ~ free admission; ~ und franko gratis and postpaid (*Br.* post-paid). – **II** *adv* **2.** free of charge, gratis, gratuitously: etwas ~ erhalten to get s.th. free of charge; ich bekam es ~ I got it for nothing. – **3.** (*als Dreingabe*) into the bargain.

'Gra·tis|ˌak·tie *f econ.* **1.** bonus share, scrip. – **2.** *pl* bonus stock *sg.* — **~ˌan·geˌbot** *n* free (*od.* gratuitous) offer. — **~ˌanˌteil** *m* (*bei Investmentgesellschaften*) bonus unit. — **~ˌbeiˌla·ge** *f* (*einer Zeitung*) free supplement. — **~ex·emˌplar** *n* (*Buch etc*) complimentary copy. — **~ˌmu·ster** *n*, **~ˌpro·be** *f* free (*od.* gratuitous) sample. — **~ˌzuˌga·be** *f* bonus, gratuity.

'Gratˌlei·ste *f civ.eng.* arris fillet, *bes. Am.* cant strip.

Grät·sche ['grɛːtʃə] *f* ⟨-; -n⟩ (*sport*) (*beim Turnen*) **1.** straddle, stride. – **2.** (*Sprung*) straddle vault. — **'grät·schen I** *v/i* ⟨h⟩ straddle. – **II** *v/t* die Beine ~ to straddle one's legs.

'Grätsch|ˌschlag *m* (*sport*) (*beim Schwimmen*) frog kick. — **~ˌsitz** *m* (*beim Turnen*) straddle sit. — **~ˌsprung** *m* straddle vault. — **~ˌstand** *m* straddle (*od.* stride) stand. — **~ˌstel·lung** *f* ⟨-; *no pl*⟩ straddle position, stride (stand): ~ einnehmen to take a stride stand. — **~ˌstoß** *m* (*beim Schwimmen*) *cf.* Grätschschlag.

'Gratˌspar·ren *m arch.* (*am Dach*) angle rafter, hip (rafter).

Gra·tu·lant [gratu'lant] *m* ⟨-en; -en⟩, **Gra·tu'lan·tin** *f* ⟨-; -nen⟩ congratulator: er war der erste ~ he was the first to congratulate.

Gra·tu·la·ti·on [gratula'tsɪoːn] *f* ⟨-; -en⟩ (zu on) congratulations *pl*, felicitations *pl* (*lit.*).

Gra·tu·la·ti'ons|ˌcour *f* congratulatory reception. — **~ˌschrei·ben** *n* letter of congratulation(s), congratulatory letter.

gra·tu·lie·ren [gratu'liːrən] **I** *v/i* ⟨*no* ge-, h⟩ **1.** j-m ~ (zu on) to congratulate (*od. lit.* felicitate) s.o.: j-m herzlich zu etwas ~ to congratulate s.o. heartily on s.th.; ich gratuliere dir herzlich zu deinem Erfolg I congratulate you sincerely on your success; ich gratuliere dir zum Geburtstag! (I wish you) many happy returns (of the day)! du kannst dir ~, daß du entkommen bist *fig. colloq.* you may thank your lucky stars that you escaped; sie gratulierte sich (*dat*), daß sie (eine) Arbeit gefunden hatte *fig.* she congratulated herself on having found a job; da kann er sich (*dat*) ~ *iron.* he'll regret it, he'll be sorry for that; ich gratuliere dir zu dieser Rede my compliments to you on this speech. – **2.** offer congratulations: ich gratuliere! (my) congratulations! darf man (schon) ~? may I offer my congratulations? – **II G~** *n* ⟨-s⟩ **3.** *verbal noun.* – **4.** *cf.* Gratulation.

'Grat|ˌwan·de·rung *f* **1.** hiking (*od.* climbing) tour along the ridge of a mountain (*od.* along mountain ridges). – **2.** *fig. bes. econ.* tightrope walk. — **~ˌwand·ler** *m fig. bes. pol.* adept at brinkmanship. — **~ˌzie·gel** *m arch.* hip tile.

grau [grau] **I** *adj* ⟨-er; -(e)st⟩ **1.** gray, *bes. Br.* grey: ~e Haare gray hair *sg*; ~ werden to turn (*od.* grow) gray; alt und ~ werden to become (*od.* grow) old and gray; in Ehren ~ werden to be esteemed in one's old age; ~e Haare haben to have gray (*od.* grizzly) hair; **sein Haar wird an den Schläfen ~** his hair is graying at the temples; **der Himmel ist ~ in ~** the sky is gray and overcast; **die G~en Brüder [Schwestern]** *röm.kath.* (*Franziskaner*) the Gray Friars [Nuns]; **der ~e Markt** *econ.* the gray market; **~e Gehirnsubstanz** *med.* gray matter (*od.* substance); → **Star**³. – **2.** *fig.* (*in Wendungen wie*) **der ~e Alltag** drab everyday life, the dull monotony of daily life; **die Welt erschien ihm ~** the world seemed bleak to him; **er hat das ~e Elend** *colloq.* a) he is downcast (*od. colloq.* down-in-the-mouth, *Br.* down in the mouth), b) he has a hangover; **die ~e Vorzeit** the hoary past; **das ~e Altertum** remote antiquity; **in ~er Vorzeit [Ferne]** in the dim and distant past [future]; **seit ~er Vorzeit** from time immemorial; **~, teurer Freund, ist alle Theorie** (*Goethe*) all theory, dear friend, is gray; → **Eminenz; Haar** 3; **Katze** 2. – **3.** *fig.* (*düster*) *bes. Am.* gray, *bes. Br.* grey, gloomy, dismal. – **4.** *fig.* (*unbestimmt*) vague. – **5.** **Malerei ~ in ~** (*art*) grisaille. – **II** *adv* **6.** **etwas ~ in ~ malen** a) (*art*) to paint s.th. in grisaille, b) *fig.* to paint s.th. in dark colo(u)rs, to present a gloomy picture of s.th.

Grau *n* ⟨-s; -, *colloq.* -s⟩ (the colo[u]r) gray (*bes. Br.* grey): **das ~ des Himmels** the gray of the sky.

ˈGrau|ˌam·mer *f zo.* corn bunting (*Emberiza calandra*). — **~an·tiˌlo·pe** *f* grysbok, *auch* grysbuck (*Raphicerus melanotis*). — **g~ˌäu·gig** *adj* gray- (*bes. Br.* grey-)eyed. — **~ˌbär** *m zo.* grizzly bear (*Ursus horribilis*). — **~ˌbart** *m* **1.** *fig. colloq.* (*alter Mann*) graybeard, *bes. Br.* greybeard. – **2.** *bot.* a) old-man's-beard (*Gattg Geropogon*), b) (*Bocksbart*) (yellow) goatsbeard (*Tragopogon pratense*). — **~ˌbir·ke** *f bot.* poplar birch, *auch* poplar-leaved birch (*Betula populifolia*). — **g~ˌblau** *adj* gray(ish) blue, *bes. Br.* grey(ish) blue. — **g~ˌbraun** *adj* **1.** gray(ish) brown, *bes. Br.* grey(ish) brown. – **2.** *bot. zo.* fuliginous. — **~ˌbraunˌstein** *m min.* pyrolusite. — **~ˌbrot** *n gastr.* rye bread.

ˌGrauˈbünd·ner [-ˈbʏndnər] *m* ⟨-s; -⟩, **ˌGrauˈbünd·ne·rin** *f* ⟨-; -nen⟩ native (*od.* inhabitant) of the Grisons. — **ˌgrauˈbünd·ne·risch I** *adj* of Grisons. – **II** *ling.* **G~** ⟨*generally undeclined*⟩, **das G~e** ⟨-n⟩ *cf.* **Rätoromanisch.** – **III** *geogr. only in* **im G~en** in the Grisons.

Grau·chen [ˈgraʊçən] *n* ⟨-s; -⟩ (*Kosename für Eselchen*) small donkey.

ˈGrauˌei·che *f bot.* bluejack, *auch* bluejack oak, sand jack (*Quercus cinerea*).

grau·en¹ [ˈgraʊən] *v/i u. meist v/impers* ⟨h⟩ **1.** dawn: **der Tag graut** day is dawning (*od.* breaking); **es beginnt zu ~** it is beginning to dawn (*od.* to get light). – **2.** *poet.* (*grau werden*) gray, *bes. Br.* grey.

ˈgrau·en² **I** *v/i u. meist v/impers* ⟨h⟩ dread: **es graut mir** (*od.* **mir graut**, *rare* **mich graut**) **vor der langen Reise** I dread (*od.* have a horror of) the long journey; **mir graut (es) bei dem Gedanken an** I dread the thought of, I shudder at the thought of. – **II** *v/reflex* **sich ~** *obs.* dread: **sie graut sich vor Schlangen** she is terrified of snakes.

ˈGrau·en *n* ⟨-s; -⟩ *lit.* **1.** ⟨*only sg*⟩ horror, dread: **ein leises** (*od.* **gelindes**) **[tödliches] ~** a slight [deadly] horror; **j-m ~ einflößen** to fill s.o. with horror; **~ vor etwas empfinden** to be horror-stricken (*od.* -struck) by s.th., (*schwächer*) to dread s.th.; **er war von ~ ergriffen** he was struck with horror; **von ~ gepackt** horror-stricken (*od.* -struck); **ein ~ überlief ihn** he was seized by horror; **die Unfallstelle bot ein Bild des ~s** the scene of the accident was a horrible sight. – **2.** *pl* (*eines Atomkrieges etc*) horror *sg.*

ˈgrau·en·erˌre·gend *adj* horrible, horrid, dreadful, ghastly, gruesome, *auch* grewsome.

ˈgrau·en|haft, ~ˌvoll *adj* **1.** *cf.* **grauenerregend.** – **2.** *colloq.* awful, horrible, terrible: **ein ~er Fraß** *sl.* an awful chow (*Br.* muck) (*sl.*).

ˈGrau|ˌer·de *f geol.* podzol (soil), *auch* podsol (soil). — **~ˌer·le** *f bot.* speckled (*od.* white, gray, *bes. Br.* grey) alder (*Alnus incana*). — **~ˌfäu·le** *f* gray (*bes. Br.* grey) rot (*Botrytis cynerea*). — **~ˌflü·gelˌmö·we** *f zo.* glaucous-winged gull (*Larus glaucescens*). — **~ˌfuchs** *m* gray (*bes. Br.* grey) fox (*Urocyon cinereoargenteus*). — **~ˌgans** *f* greylag (goose), *auch* graylag (*Anser anser*). — **~gie·ßeˌrei** *f tech.* gray (*bes. Br.* grey) iron foundry. — **g~ˌgrün 1.** gray[ish] (*bes. Br.* grey[ish]) green. – **2.** *bot.* glaucescent. — **~ˌguß** *m tech.* gray (*bes. Br.* grey) (cast) iron. — **g~ˌhaa·rig** *adj* gray- (*bes. Br.* grey-)haired. — **~ˌha·fer** *m bot.* striped oats *pl* (*construed as sg or pl*) (*Avena strigosa*). — **~ˌhörn·chen** *n zo.* gray (*bes. Br.* grey) squirrel (*Sciurus carolinensis*). — **~ˌkeil** *m phot.* optical (*auch* sensitometric) wedge. — **~ˌkopf** *m fig. colloq.* (*alter Mann*) grayhead, *bes. Br.* greyhead. — **~ˌköpf·chen** *n zo.* lovebird (*Agapornis cana*). — **g~ˌköp·fig** [-ˌkœpfɪç] *adj* gray- (*bes. Br.* grey-)headed. — **~ˌkup·ferˌerz** *n min.* copper glance, chalcocite (*scient.*).

grau·len [ˈgraʊlən] *colloq.* **I** *v/reflex* ⟨h⟩ **sich ~ 1.** (**vor** *dat* of) be afraid: **er graulte sich vor kaltem Wasser** he was afraid of cold water. – **II** *v/i u. v/impers* **2.** (**vor** *dat* of) be afraid: **es grault mir** (*od.* **mir grault, mich grault**) **vor Mäusen** I am afraid of mice. – **3.** dread: **mir grault (es) schon bei dem Gedanken daran** I dread the very thought of it. – **III** *v/t* **4.** *only in* **j-n aus dem Hause ~** *colloq.* to make it so uncomfortable for s.o. as to make him leave.

ˈgrau·lich *adj rare* (*unheimlich*) ghastly.

gräu·lich [ˈgrɔʏlɪç] *adj* grayish, *bes. Br.* greyish.

ˈGrau·ling, Gräu·ling [ˈgrɔʏlɪŋ] *m* ⟨-s; -e⟩ *bot.* green agaric (*Agaricus virescens*).

ˈGrau|ˌmei·se *f zo.* marsh tit(mouse) (*Parus palustris*). — **g~meˌliert** *adj* ⟨*attrib*⟩ (*Schläfen etc*) graying, *bes. Br.* greying. — **~meˌtall** *n metall.* (*Hartzinn*) pewter. — **~pa·paˌgei** *m zo.* African gray, gray (*bes. Br.* grey) parrot (*Psittacus erithacus*).

Grau·pe [ˈgraʊpə] *f* ⟨-; -n⟩ *meist pl* **1.** (kernel of) hulled (*od.* pot, peeled) barley, pearl barley, *Br.* pearl-barley: **er hat (große) ~n im Kopf** *fig. colloq.* he has big ideas. – **2.** *min.* grain. – **3.** *tech.* shot.

Grau·pel [ˈgraʊpəl] *f meist pl meteor. Am.* graupel, sleet, *Br.* small (*od.* soft) hail. — **ˈgrau·peln** *v/impers* ⟨h⟩ **es graupelt** *Am.* it is sleeting, *Br.* soft hail is falling.

ˈGrau·pelˌschau·er *m meteor. Am.* shower of sleet, *Br.* shower of small (*od.* soft) hail.

ˈGrau·penˌsup·pe *f gastr.* barley soup (*od.* broth), *Br.* barley-soup (*od.* -broth).

graus [graʊs] *adj obs. for* **grauenerregend.**

Graus¹ *m* ⟨-es; *no pl*⟩ **1.** *rare* horror, dread. – **2.** *colloq.* (*in Wendungen wie*) **es ist ein ~ mit ihm** he is terrible; **das war ein ~** that gave me the creeps; **es war ein ~!** it was awful (*od.* horrible, terrible)! **o ~!** horror(s)! **o Schreck, o ~!** (oh) horror of horrors!

Graus² *m* ⟨-; *no pl*⟩ *obs.* (*Steinschutt*) rubble.

ˈGrauˌschim·mel¹ *m bot.* botrytis (*Gattg Botrytis*).

ˈGrauˌschim·mel² *m* gray (*bes. Br.* grey) (horse).

ˈgrau·sam I *adj* **1.** (**gegen** to) cruel: **~e Rache nehmen** to take cruel (*od.* ferocious) revenge; **eine ~e Enttäuschung erleben** *fig.* to experience a cruel (*od.* bitter) disappointment. – **2.** (*hart*) (**gegen** on) hard. – **3.** (*unmenschlich*) inhuman, brutish, ruthless. – **4.** *colloq.* terrible, frightful: **eine ~e Hitze** a terrible heat. – **II** *adv* **5.** in a cruel way (*od.* manner): **j-n ~ behandeln** to be cruel to s.o.; **ein Tier ~ quälen** to treat an animal cruelly (*od.* with cruelty). — **ˈGrau·sam·keit** *f* ⟨-; -en⟩ **1.** ⟨*only sg*⟩ (*Verhalten*) cruelty: **seelische ~** *jur.* mental cruelty. – **2.** (*Tat*) cruelty. – **3.** (*Greueltat*) atrocity.

grau·sen [ˈgraʊzən] **I** *v/i u. v/impers* ⟨h⟩ **1.** *cf.* **grauen**² I. – **2.** *Southern G. and Swiss colloq.* (*ekeln*) **j-m graust (es) vor etwas** s.th. makes s.o. sick. – **II G~** *n* ⟨-s⟩ **3.** horror: **da kann man das große G~ kriegen** *colloq.* it's enough to give you the creeps; → **kalt** 7.

ˈgrau·sig [ˈgraʊzɪç] *adj* **1.** (*unheimlich, schauerlich*) ghastly, gruesome, *auch* grewsome: **ein ~es Lachen** a gruesome (*od.* ghastly) laugh. – **2.** (*schrecklich*) horrible, dreadful: **eine ~e Entdeckung** a horrible discovery.

ˈGrau|ˌspecht *m zo.* gray-headed (*bes. Br.* grey-headed) woodpecker (*Picus canus*). — **~ˌspießˌglanz** *m min.* stibnite. — **~ˌstrah·ler** *m phys.* gray (*bes. Br.* grey) body. — **~ˌtier** *n colloq.* donkey. — **~ˌwacke** (*getr.* -k·k-) *f geol.* graywacke, *bes. Br.* greywacke. — **~ˌwal** *m zo.* Californian gray (*bes. Br.* grey) whale (*Eschrichtius gibbosus*). — **g~ˌweiß** *adj bot.* gypseous. — **~ˌwerk** *n* ⟨-(e)s; *no pl*⟩ (*Pelz vom Feh*) calaber, calabar.

Gra·va·men [graˈvaːmən] *n* ⟨-s; -mina [-mina]⟩ *jur. meist pl* (*Beschwerde*) gravamen.

gra·ve [ˈgraːve] *adj u. adv mus.* grave.

Gra·ven·stei·ner [ˈgraːvənˌʃtaɪnər] *m* ⟨-s; -⟩ (*Apfelsorte*) Gravenstein.

Gra·veur [graˈvøːr] *m* ⟨-s; -e⟩ engraver.

gra·vid [graˈviːt] *adj med.* (*schwanger*) pregnant, gravid (*lit.*). — **Gra·vi·diˈtät** [-vidiˈtɛːt] *f* ⟨-; *no pl*⟩ pregnancy, gestation, gravidity (*lit.*).

GraˈvierǀˌanˌstaIt *f* engraving establishment. — **~ˌar·beit** *f* **1.** (*Tätigkeit*) engraver's work. – **2.** (*auf dem Werkstück*) engraving.

gra·vie·ren¹ [graˈviːrən] **I** *v/t u. v/i* ⟨*no* ge-, h⟩ **1.** (**in** *acc* on) engrave, enchase. – **II G~** *n* ⟨-s⟩ **2.** *verbal noun.* – **3.** *cf.* **Gravierung.**

graˈvie·ren² *v/t* ⟨*no* ge-, h⟩ *obs.* aggravate.

graˈvie·rend I *pres p.* – **II** *adj fig.* **1.** *bes. jur.* (*belastend, erschwerend*) aggravating: **~e Beschwerden** aggravating complaints. – **2.** (*schwerwiegend*) serious: **ein ~er Fehler** a serious mistake. – **3.** (*entscheidend*) decisive.

Graˈvier|ˌfrä·ser *m tech.* engraving cutter. — **~ˌfräs·maˌschi·ne** *f* engraving miller (*od.* machine). — **~maˌschi·ne** *f* engraving machine. — **~ˌna·del** *f* engraving needle. — **~ˌsti·chel** *m* graver, burin.

GraˈVie·rung *f* ⟨-; -en⟩ **1.** *cf.* **Gravieren**¹. – **2.** engraved design, engraving.

Graˈvierˌwerkˌzeug *n tech.* engraving tool.

Gra·vi·me·ter [graviˈmeːtər] *n* ⟨-s; -⟩ *phys.* gravimeter. — **Gra·vi·meˈtrie** [-meˈtriː] *f* ⟨-; *no pl*⟩ gravimetry. — **gra·viˈme·trisch** [-ˈmeːtrɪʃ] *adj* gravimetric, *auch* gravimetrical.

Gra·vis [ˈgraːvɪs] *m* ⟨-; -⟩ *ling.* (*fallender Akzent*) grave (accent): **einen ~ tragend** bearing (*od.* marked with) a grave (accent), grave.

Gra·vi·tät [graviˈtɛːt] *f* ⟨-; *no pl*⟩ gravity, dignity.

Gra·vi·ta·ti·on [gravitaˈtsi̯oːn] *f* ⟨-; *no pl*⟩ *phys.* gravitation, gravity: **~ verursachend** gravitative.

Gra·vi·ta·tiˈons|ˌanˌzie·hung *f phys.* gravitational attraction (*od.* pull). — **~ˌfeld** *n* gravitational field. — **~geˌsetz** *n* law of gravitation. — **~konˌstan·te** *f* constant of gravitation, gravitational constant.

gra·vi·tä·tisch [graviˈtɛːtɪʃ] **I** *adj auch iron.* **1.** (*gemessen, würdevoll*) dignified. – **2.** (*feierlich*) solemn. – **II** *adv* **3.** **~ einherschreiten** to move with dignity.

gra·vi·tie·ren [graviˈtiːrən] *v/i* ⟨*no* ge-, h⟩ *phys.* (**zu, auf** *acc* toward[s]) gravitate. — **gra·viˈtie·rend I** *pres p.* – **II** *adj* gravitative, gravitational.

Gra·vur [graˈvuːr] *f* ⟨-; -en⟩ engraved design, engraving.

Gra·vü·re [graˈvyːrə] *f* ⟨-; -n⟩ gravure.

Gra·zie [ˈgraːtsi̯ə] **I** *f* ⟨-; *no pl*⟩ (*Anmut*) grace, gracefulness: **sie hat viel ~** she is very graceful; **ohne ~** graceless. – **II** *npr* **die (drei) ~n** *myth.* the (Three) Graces; **da kommen ja unsere zwei ~n** *fig. colloq.* there come our two lovelies.

gra·zil [graˈtsiːl] *adj* **1.** (*zierlich*) graceful. – **2.** (*schlank*) slender, gracile (*lit.*). – **3.** (*zart*) delicate. – **4.** (*biegsam*) willowy.

gra·zi·ös [graˈtsi̯øːs] **I** *adj* (*anmutig*) graceful. – **II** *adv* gracefully, with grace.

gra·zio·so [graˈtsi̯oːzo] *mus.* **I** *adj u. adv* grazioso. – **II G~** *n* ⟨-; -si [-zi]⟩ Grazioso.

grä·zi·sie·ren [grɛtsiˈziːrən] *v/t* ⟨*no* ge-, h⟩ gr(a)ecize, *auch* Gr(a)ecize. — **Grä·zisˈmus** [-ˈtsɪsmʊs] *m* ⟨-; -men⟩ Gr(a)ecism. — **Gräˈzist** [-ˈtsɪst] *m* ⟨-en; -en⟩ Greek scholar, student of Greek language and literature. — **Grä·ziˈtät** [-tsiˈtɛːt] *f* ⟨-; *no pl*⟩ Greekness.

Green·horn [ˈgriːnˌhɔːn] (*Engl.*) *n* ⟨-s; -s⟩ greenhorn, tenderfoot (*colloq.*).

Gree·nockit (*getr.* -k·k-) [grinɔˈkiːt; -ˈkɪt] *m* ⟨-s; -e⟩ *min.* greenockite.

ˈGreen·wi·cher ˈZeit [ˈgrɪnɪtʃər] *f* Greenwich Mean Time, G.M.T.

Gre·ga·ri·ne [grega'riːnə] *f* ⟨-; -n⟩ *zo.* (*Sporentierchen*) gregarine (*Ordng Gregarinida*).

Grège [grɛːʒ] (*Fr.*) *f* ⟨-; *no pl*⟩ (*Naturseidenfaden*) grege, greige. — **~ˌsei·de** *f* **1.** *cf.* Grège. – **2.** reeled silk.

Gre·go·ria·ner [grego'rĭaːnər] *m* ⟨-s; -⟩ *relig. hist.* Gregorian.

Gre·go·ria·nisch [grego'rĭaːnɪʃ] *adj* (*Kalender, Gesang etc*) Gregorian.

Gre'go·ri·usˌholz *n bot.* wood of the Mahaleb cherry-tree (*Prunus mahaleb*).

Greif [graɪf] *m* ⟨-(e)s *u.* -en; -e(n)⟩ *antiq. her.* (*Fabeltier*) griffin, *auch* griffon, gryphon.

'Greif|ˌarm *m* **1.** *tech.* (*einer Spannzange*) grip (*od.* transfer) arm. – **2.** *zo.* tentacle. — **~ˌbacke** (*getr.* -k·k-) *f tech.* **1.** (clamping) jaw. – **2.** (*einer Prüfmaschine*) gripping wedge. — **~ˌbag·ger** *m civ.eng.* a) (*trocken*) grab excavator, b) (*naß*) grab dredger.

'greif·bar I *adj* **1.** (*leicht erreichbar*) ready-to-hand (*attrib*), handy: das Werkzeug lag in ~er Nähe the tool was ready to hand; ein Buch ~ haben to have a book at hand (*od.* handy); in ~e Nähe rücken *fig.* to come within (easy) reach. – **2.** (*ergreifbar*) seizable. – **3.** *fig.* (*konkret*) tangible, palpable: ~e Ergebnisse [Vorteile] tangible results [advantages]; ~e Formen annehmen to take on tangible form, to materialize *Br. auch* -s-; nicht ~ intangible, impalpable. – **4.** *fig.* (*offenkundig*) obvious. – **5.** *econ.* a) (*Ware etc*) available, on hand, in stock, b) (*Geldmittel*) quick. – **II** *adv* **6.** ~ nahe within reach.

grei·fen ['graɪfən] **I** *v/t* ⟨greift, griff, gegriffen, h⟩ **1.** (*anfassen*) grasp, grip, seize: diese Lüge ist mit Händen zu ~ *fig.* that is a palpable (*od.* patent) lie. – **2.** (*packen*) grab, lay (*od.* take, catch) hold of: eine Geschichte aus der Luft ~ *fig.* to make up (*od.* invent, fabricate) a story. – **3.** (*berühren*) touch. – **4.** (*gefangennehmen*) catch, seize, nab (*colloq.*). – **5.** *colloq.* (*gründlich zurechtweisen*) sich (*dat*) j-n ~ to put s.o. in his place: diesen Burschen werde ich mir mal ~ wait till I get my hands on that fellow. – **6.** *mus.* a) (*Ton*) play, b) (*Akkord*) strike, c) (*Taste*) touch, d) (*Saite, Griffloch*) stop, e) (*Oktave etc*) reach. – **7.** *hunt.* (*Beute*) seize. – **8.** *bes. econ.* (*schätzen*) estimate, appraise: den Preis zu hoch [niedrig] ~ to estimate (*od.* put) the price too high [low]. – **II** *v/i* **9.** make grasping motions. – **10.** (*von Rädern, Feilen etc*) grip, bite. – **11.** *tech.* a) (*von Greifzangen etc*) grip, bite, b) (*von Zahnrädern*) engage, mesh. – **12.** falsch ~ *mus.* to play a wrong note, to fluff a note (*colloq.*). – **III G~** *n* ⟨-s⟩ **13.** *verbal noun*: zum G~ nahe sein (*od.* liegen) *auch fig.* to be within easy reach (*auch fig.*), to be close enough to touch. – **14.** *cf.* Griff 2. – **15.** *bes. zo.* (*Ergreifen*) prehension.

Verbindungen mit Präpositionen:
an j-s Ehre ~ to attack s.o.'s hono(u)r; ans Herz ~ to touch s.o. deeply; → Kopf *Verbindungen mit Präpositionen*; er griff hinter sich he reached behind him; in die Kasse ~ *colloq.* to rob the till; ins Leere ~ to reach into thin air; er griff in die Saiten [Tasten] *mus.* his fingers swept over the strings [keys]; in die Tasche ~ to dip one's hand into one's pocket; er mußte tief in die Tasche ~ (*viel bezahlen*) *colloq.* he had to dip (*od.* dig) deep into his pocket; → Wespennest; nach etwas ~ a) to reach for (*od.* at, after) s.th., to make a reach for s.th., b) (*fest*) to grasp at s.th., c) (*gierig*) to grab at s.th., d) (*hastig*) to snatch at s.th., e) (*krampfhaft*) to clutch at s.th.; mit beiden Händen nach etwas ~ *fig.* to jump at s.th.: nach dem Hut ~ to reach for one's hat; nach den Sternen ~ *fig.* to reach for the stars; nach dem (rettenden) Strohhalm ~ *fig.* to clutch (*od.* catch) at a straw, to grasp (*od.* clutch) at straws; der Dieb griff nach der Tasche the thief snatched at the bag (*bes. Am.* purse); um sich ~ (*von Feuer, Krankheit etc*) to spread; er griff suchend um sich he groped around; j-m unter die Arme ~ *fig.* (*finanziell unterstützen*) to lend s.o. a helping hand; zu etwas ~ a) to reach for s.th., b) *fig.* to resort to s.th., to have recourse to s.th.; zu den Waffen ~ to take up arms; zu einem Buch ~ a) to reach for a book, b) to read a book; zur Feder ~ to take up one's pen; er griff zum Äußersten *fig.* he resorted to the most drastic measures; zu einer List ~ *fig.* to resort to a ruse; zur Selbsthilfe ~ *fig.* to resort to self-help; zur Flasche ~ *fig.* to take to drinking.

'Grei·fer *m* ⟨-s; -⟩ **1.** *civ.eng.* a) (*eines Krans, Baggers*) grab (bucket), b) *pl* (*Greifhaken*) engaging dogs. – **2.** *tech.* a) *cf.* Greiferkran, b) (*Greifvorrichtung*) gripping device, c) (*einer Nähmaschine*) catcher, looper. – **3.** *metall.* (*beim Walzwerk*) a) gripper, b) (*Verschiebevorrichtung*) tappet, finger. – **4.** *print.* (*einer Zeilensetzmaschine*) elevator. – **5.** *phot.* (*einer Filmkamera etc*) claw. – **6.** *sl.* (*Detektiv*) sleuth (*sl.*). — **~ˌkorb** *m civ.eng.* (grab) bucket. — **~ˌkran** *m tech.* grab (*od.* bucket) crane.

'Greif|ˌfrosch *m zo.* makifrog (*Gattg Phyllomedusa*). — **~ˌfuß** *m zo.* (*eines Arthopoden*) prehensile foot, gnathopod. — **~ˌha·ken** *m tech.* **1.** grabhook. – **2.** (*der Holzfäller u. Flößer*) tail hook. — **~ˌhand** *f zo.* grip (*od. scient.* prehensile) hand. — **~in·struˌment** *n nucl.* (*für radioaktive Substanzen*) manipulator, remote handling device. — **~ˌlei·ne** *f mar.* grab rope (*od.* line). — **~orˌgan** *n zo.* prehensile organ. — **~ˌsai·te** *f mus.* (*der Zither*) melody string.

'Greifˌschwanz *m zo.* (*von Affen*) prehensile tail. — **~ˌaf·fe** *m* prehensile-tailed monkey. — **~-ˌLan·zenˌot·ter** *f* horned palm viper (*Bothrops schlegelii*).

'Greif|ˌstach·ler [-ˌʃtaxlər] *m* ⟨-s; -⟩ *zo.* coendou, prehensile-tailed porcupine (*Coëndu prehensilis*). — **~verˌmö·gen** *n* prehensibility. — **~ˌwerkˌzeug** *n* **1.** gripping device. – **2.** *meist pl zo.* prehensile organ. — **~ˌwin·kel** *m metall.* angle of contact. — **~ˌzan·ge** *f tech.* gripping tongs *pl* (*construed as sg or pl*). — **~ˌze·he** *f zo.* prehensile toe. — **~ˌzir·kel** *m tech.* outside cal(l)iper, *bes. Br.* outside callipers *pl*: ~ mit Stellbogen outside wing cal(l)iper; mit einem ~ messen to cal(l)iper.

grei·nen ['graɪnən] *v/i* ⟨h⟩ *dial. for* weinen 1.

greis [graɪs] *adj* ⟨*attrib*⟩ *lit.* **1.** (*alt*) aged, (very) old. – **2.** (*altersgrau*) hoary: sein ~es Haupt schütteln *iron.* to shake one's hoary head.

Greis *m* ⟨-es; -e⟩ aged (*od.* very old) man, graybeard, *bes. Br.* greybeard: ein ehrwürdiger ~ a venerable old man; seniler ~ senile old man, dotard, doter, *auch* doater.

Grei·sen ['graɪzən] *m* ⟨-s; *no pl*⟩ *min.* greisen.

'Grei·sen|ˌal·ter *n* old age: er stand an der Schwelle des ~s he stood on the threshold of old age. — **~ˌbart** *m bot.* old-man's-beard, Spanish moss, black moss (*Tillandsia usneoides*). — **~ˌbo·gen** *m med.* (*der Augen*) arcus senilis (*od.* lipoides), gerontoxon.

'grei·sen·haft *adj* senile. — **'Grei·sen·haf·tig·keit** *f* ⟨-; *no pl*⟩ **1.** senility. – **2.** (*krankhafte*) senilism.

'Grei·sen|ˌhaupt *n* **1.** hoary head. – **2.** *bot.* old-man's-head (*Cephalocereus senilis*). — **~ˌkak·tus** *m bot. cf.* Greisenhaupt 2.

'Greisˌholz *n bot.* privet (*Ligustrum vulgare*).

Grei·sin ['graɪzɪn] *f* ⟨-; -nen⟩ aged (*od.* very old) woman.

'Greisˌkraut *n, auch* Blaues ~ *bot.* blue fleabane (*Erigeron acris*).

Greiß·ler ['graɪslər] *m* ⟨-s; -⟩ *Austrian for* Lebensmittelhändler.

grell [grɛl] **I** *adj* **1.** (*Farben*) loud, flashy, garish, harsh, gaudy: Kleidung in ~en Farben flashy (*od.* loud-colo[u]red) dress; ein ~es Rot a garish (*od.* glaring) red; ~ sein to glare. – **2.** (*Töne*) harsh, shrill, piercing, strident: ein ~er Pfiff a shrill whistle; ein ~er Schrei a piercing (*od.* sharp) cry. – **3.** (*Licht*) harsh, (*stärker*) dazzling, glaring: ~es Sonnenlicht dazzling sunlight. – **4.** *fig. lit.* (*Effekt, Gegensatz*) striking, sharp: ein ~es Licht auf (*acc*) etwas werfen to cast a searching light on s.th. – **II** *adv* **5.** ~ gegen etwas abstechen *fig. lit.* to form a striking (*od.* marked, sharp) contrast to (*od.* with) s.th., to stand out sharply against s.th.

'Grel·le, 'Grell·heit *f* ⟨-; *no pl*⟩ **1.** (*von Farben*) loudness, flashiness, garishness, harshness, gaudiness. – **2.** (*von Tönen*) harshness, shrillness, sharpness, stridency. – **3.** (*von Licht*) harshness, (dazzling) brightness, glare.

'grellˌrot *adj* garish (*od.* glaring) red.

Gre·mia·le [gre'mĭaːlə] *n* ⟨-s; -lien [-lĭən]⟩ *röm.kath.* gremial.

Gre·mi·um ['greːmĭʊm] *n* ⟨-s; -mien⟩ **1.** (*Gruppe*) group. – **2.** (*Körperschaft*) body. – **3.** (*Ausschuß*) committee.

Gre·na·dier [grena'diːr] *m* ⟨-s; -e⟩ *mil.* **1.** (*einfacher Infanteriesoldat*) private. – **2.** *hist.* grenadier. — **~ˌfisch** *m meist pl zo.* grenadier, rattail (*Br.* rat-tail) (fish) (*Fam. Macrouridae*). — **~ˌgar·de** *f* (*am brit. Hof*) Grenadier Guards *pl*, Grenadiers *pl*.

Gre·na·dil·le [grena'dɪlə] *f* ⟨-; -n⟩ *bot.* granadilla (*Passiflora edulis*). — **~ˌholz** *n* granadilla (wood), granadillo.

Gre·na·din [grena'dɛ̃ː] *n, m* ⟨-s; -s⟩ *gastr.* grenadine.

Gre·na·di·ne[1] [grena'diːnə] *f* ⟨-; *no pl*⟩ **1.** (*Sirup von Granatäpfeln*) grenadine. – **2.** (*rotbrauner Farbton*) crimson shade.

Gre·na'di·ne[2] *f* (*leichter Woll- od. Seidenstoff*) grenadine.

Gren·del ['grɛndəl] *m* ⟨-s; -⟩ *agr. Br.* plough-beam, *bes. Am.* plow beam.

Gren·sing ['grɛnzɪŋ] *m* ⟨-s; -e⟩ *bot.* **1.** (*brennend scharfer Hahnenfuß*) lesser spearwort, banewort (*Ranunculus flammula*). – **2.** *cf.* Gänsefingerkraut. – **3.** *a species of clematis* (*Clematis erecta*). – **4.** (*Wollkraut*) mullein, woll blade, lady's foxglove, ligwort, shepherd's club (*Verbascum thapsus*).

'Grenz|ˌabˌfer·ti·gung *f pol.* customs clearance (at a border). — **~ˌabˌschnitt** *m mil.* sector of a frontier (*od.* border). — **~ˌbahnˌhof** *m* (*railway*) border (*od.* frontier) station. — **~ˌbaum** *m* **1.** (*Schlagbaum*) barrier. – **2.** tree marking a boundary. — **~beˌam·te** *m* frontier (*od.* border) official. — **~beˌdin·gung** *f math.* boundary condition. — **~beˌfe·sti·gun·gen** *pl* frontier (*od.* border) fortifications. — **~beˌfeue·rung** *f aer.* (*am Flugplatz*) boundary lighting. — **~beˌgriff** *m philos.* **1.** limit concept, asymptote (*scient.*). – **2.** (*bei Kant*) *concept determining the bounds of experience* (*od.* reason). – **3.** *math.* concept of limit. — **~beˌla·stung** *f tech.* critical load. — **~beˌreich** *m* **1.** *fig.* frontier: ~e der Philosophie frontiers of philosophy. – **2.** (*Grenzgebiet*) frontier (*od.* border) area: sie wohnen im ~ they live near the border. — **~beˌrei·ni·gung** *f* frontier (*od.* border) adjustment. — **~beˌrich·ti·gung** *f* rectification (*od.* revision) of a frontier (*od.* border). — **~beˌset·zung** *f Swiss hist.* (the) mobilization 1914—1918. — **~beˌstim·mung** *f* fixation of a frontier (*od.* border). — **~beˌtrieb** *m econ.* marginal (*od.* subsistence) enterprise. — **~beˌvöl·ke·rung** *f* frontier (*od.* border) population. — **~beˌwoh·ner** *m* frontier (*od.* border) dweller, borderer. — **~beˌzirk** *m* frontier (*od.* border) district.

Gren·ze ['grɛntsə] *f* ⟨-; -n⟩ **1.** (*Grenzlinie*) boundary, border (line): eine ~ berichtigen [festlegen] to rectify [to fix] a boundary; eine gemeinsame ~ haben to have a common boundary; der Fluß bildet eine natürliche ~ the river forms a natural boundary. – **2.** (*Staatsgrenze*) frontier, border: dicht an (*od.* nahe) der ~ close to (*od.* near) the border; eine stark befestigte ~ a strongly fortified border; → grün 1. – **3.** *fig.* (*Schranke*) limit(s *pl*), bound(s *pl*), extremity, confines *pl*: an der ~ der Vernunft anlangen to reach the bounds of reason; die äußerste ~ ist erreicht the utmost limits have been reached; meine Geduld ist nicht ohne ~n! there is a limit to my patience, my patience is limited; bis an die ~n seiner Leistungsfähigkeit gehen to go to the limits of one's capacity; das bringt uns an die ~n unserer wissenschaftlichen Erkenntnis that takes us to the (very) limits (*od.* boundary) of our scientific knowledge; der Erfolg des Buches hielt sich in ~n the success of the book kept (*od.* stayed) within limits; etwas in vernünftigen ~n halten to keep s.th. within reasonable limits; alles hat seine ~n there is a limit to everything; über die ~n des guten Geschmacks hinausgehen to exceed the bounds of good taste; j-s Macht ~n setzen to set limits to s.o.'s power; die ~n des Erträglichen überschreiten to exceed tolerable limits; die Begeisterung überstieg alle ~n the enthusiasm exceeded all limits; j-m gegenüber die ~n wahren to keep within the bounds of propriety towards s.o.; eine scharfe ~ ziehen zwischen zwei Dingen to draw a sharp line between two things; → hart 23. – **4.** *jur.* (*eines Grundstücks*) abuttals *pl*. – **5.** *math. econ.* bound: obere ~ einer

Folge least upper bound of a sequence; unter der ~ (gelegen) submarginal. – 6. *metall.* junction line, boundary.

ˈGrenzˌebe·ne *f* **1.** *math. phys.* interface. – **2.** *tech.* contact (*od.* boundary) surface. – **3.** *metall. min.* cleavage plane.

gren·zen [ˈgrɛntsən] *v/i* ⟨h⟩ **1.** (an *acc*) border (on), adjoin (*acc*), be next (to): **Deutschland grenzt an Österreich** Germany borders on Austria. – **2.** (*von Grundstücken*) (an *acc*) abut (on), be adjacent (*od.* contiguous) (to), be bounded (by). – **3.** *fig.* (an *acc*) verge (on), approach (*acc*), touch (on), border (on): **das grenzt an Wahnsinn** that verges on (*od.* is little short of) madness; **das grenzt ans Lächerliche [Wunderbare]** that verges on the ridiculous [miraculous]; **das grenzt hart an Dummheit** that is very close to stupidity. — **ˈgren·zend I** *pres p.* – **II** *adj* **ein an Dummheit ~er Leichtsinn** recklessness bordering on stupidity.

ˈgren·zen·los I *adj* **1.** (*Vertrauen, Naivität etc*) boundless, unbounded, unlimited, limitless. – **2.** (*Freude, Dummheit etc*) immeasurable, immense. – **3.** *cf.* endlos 1, 3. – **II** *adv* **4.** beyond measure, immeasurably: **~ dumm** infinitely stupid; **sie war ~ glücklich** she was happy beyond measure; **j-n ~ verachten** to despise s.o. immeasurably. – **III G~e, das** ⟨-n⟩ **5. das geht ins G~e** there is no end to it. — **ˈGren·zen·lo·sig·keit** *f* ⟨-; *no pl*⟩ **1.** boundlessness, limitlessness. – **2.** immeasurableness, immeasurability, immenseness. – **3.** (*Unendlichkeit*) infinity, infinitude, immensity.

ˈGren·zer *m* ⟨-s; -⟩ **1.** *colloq. for* Grenzbeamte, Grenzjäger. – **2.** *rare for* Grenzbewohner.

ˈGrenz|erˌtrag *m econ.* marginal returns *pl* (*od.* earnings *pl*): **~ des eingesetzten Kapitals** marginal yield on capital invested. — **~ˌfall** *m* **1.** borderline case. – **2.** *philos.* a) boundary problem, b) (*in der Logik*) behavior (*bes. Br.* behaviour) at the limit. — **~ˌfäl·schung** *f jur.* illegal alteration of a border (*od.* boundary). — **~ˌfe·stig·keit** *f phys.* critical (*od.* ultimate) strength. — **~-ˌfe·stung** *f mil.* frontier fortress. — **~ˌflä·che** *f cf.* Grenzebene. — **~ˌflä·chen·ˌspan·nung** *f tech.* interfacial tension. — **~-ˌfluß** *m* **1.** river forming a frontier (*od.* border). – **2.** river forming a boundary. — **~-ˌfor·meln** *pl chem.* resonating (*od.* mesomeric) structures. — **~freˌquenz** *f* (*in der Nachrichtentechnik*) limit(ing) frequency. — **~ˌgän·ger** *m jur.* **1.** (*Arbeiter, Schüler etc*) frontier commuter. – **2.** border (*od.* frontier) crosser. – **3.** illegal border (*od.* frontier) crosser. — **~geˌbiet** *n* **1.** frontier (*od.* border) area. – **2.** *fig.* borderland, twilight zone: **~ zwischen zwei Wissenschaften** borderland between two sciences; **im ~ zwischen Gut und Böse** in the twilight zone between good and evil. — **~geˌbir·ge** *n* **1.** mountain forming a frontier (*od.* border). – **2.** mountain chain forming a boundary. — **~ˌgra·ben** *m* boundary ditch. — **~ˌjä·ger** *m pol.* frontier (*od.* border) patrolman. — **~ˌkämp·fe** *pl* border fighting *sg.* — **~ˌkar·te** *f* frontier (*od.* border) pass (*od.* permit). — **~ˌkoh·len·ˌwas·serˌstoff** *m meist pl chem.* alkane, saturated hydrocarbon. — **~konˌflikt** *m* **1.** (*an der Grenze*) frontier (*od.* border) dispute. – **2.** (*wegen einer Grenze*) boundary dispute. — **~konˌtrol·le** *f* frontier (*od.* border) control. — **~ˌko·sten** *pl econ.* marginal costs. — **~ˌkrieg** *m* frontier (*od.* border) war(fare). — **~ˌland** *n* **1.** frontier (*od.* border) area, borderland. – **2.** *fig.* borderland, twilight zone. — **~ˌleh·re** *f tech.* limit (*od.* tolerance) ga(u)ge. — **~ˌli·nie** *f* **1.** border line, boundary. – **2.** *pol.* (*Demarkationslinie*) line of demarcation. – **3.** (*Trennungslinie*) dividing line. – **4.** *math.* boundary line. — **~ˌmal** *n cf.* Grenzzeichen. — **~ˌmark** *f* **1.** *hist.* borderland, frontier (*od.* border) area. – **2.** (*Grenzmarke*) landmark, boundary mark. — **~ˌmaß** *n tech.* (*Passung*) limiting size. — **~ˌmau·er** *f* **1.** boundary wall. – **2.** *pol.* frontier (*od.* border) wall. — **~ˌnach·bar** *m* neighbor, *bes. Br.* neighbour, borderer.

ˈGrenzˌnut·zen *m econ.* marginal utility. — **~theoˌrie** *f* theory of marginal utility.

ˈGrenz|ˌort *m* frontier town (*od.* village). — **~ˌpfahl** *m* **1.** stake, boundary post. – **2.** *cf.* Grenzzeichen. — **~po·liˌzei** *f pol.* frontier (*od.* border) police. — **~ˌpo·sten** *m pol.* **1.** (*Grenzbeamter*) frontier (*od.* border) patrolman. – **2.** (*Grenzwachstation*) border (*od.* frontier) outpost. — **~ˌpunkt** *m* **1.** *fig.* (*äußerster Punkt*) limit point. – **2.** *math.* class limit. — **~ˌra·chenˌleh·re** *f tech.* limit snap ga(u)ge. — **~ˌrain** *m* grass strip marking a boundary. — **~ˌschein** *m cf.* Grenzkarte. — **~ˌschicht** *f meteor. aer.* boundary layer. — **~ˌschutz** *m* ⟨-es; *no pl*⟩ **1.** frontier (*od.* border) protection. – **2.** *collect.* frontier (*od.* border) guard. — **~si·tua·tiˌon** *f* borderline (*od.* marginal) situation: **die Begegnung mit dem Tode als ~ der menschlichen Existenz** the confrontation with death as a borderline situation in human existence. — **~ˌspan·nung** *f* **1.** *metall.* limiting (range of) stress. – **2.** *electr.* critical voltage. — **~ˌsper·re** *f jur.* **1.** *pol.* closing of the frontier(s *pl*). – **2.** *econ.* blockade. – **3.** (*für Grenzbewohner*) ban on border traffic. — **~ˌstadt** *f* frontier (*od.* border) town. — **~-sta·tiˌon** *f* (*railway*) *cf.* Grenzbahnhof. — **~ˌstein** *m* **1.** *jur.* boundary stone. – **2.** *pol.* frontier stone. — **~ˌstrah·len** *pl phys.* border(line) (*od.* grenz) rays. — **~ˌstrang** *m zo.* gangliate(d) cord, sympathetic chain, cord of efferent fibers (*bes. Br.* fibres). — **~ˌstrei·fe** *f* frontier (*od.* border) patrol. — **~ˌstrei·tig·kei·ten** *pl cf.* Grenzkonflikt. — **~ˌüber·ˌgang** *m* **1.** (*Ort*) frontier (*od.* border) crossing point, check point. – **2.** (*Überschreiten der Grenze*) frontier (*od.* border) crossing. – **3.** *math.* passage to the limit (of a convergent sequence). — **~ˌüberˌschrei·tung** *f*, **~ˌüberˌtritt** *m* frontier (*od.* border) crossing. — **~verˌkehr** *m* frontier (*od.* border) traffic: **kleiner ~** (*innerhalb der Zollgrenzbezirke beiderseits der Grenze*) local frontier goods traffic. — **~verˌlauf** *m* **1.** course of a frontier (*od.* border). – **2.** *cf.* Grenzlinie 1. — **~verˌlet·zung** *f* frontier (*od.* border) violation. — **~verˌtrag** *m pol.* frontier treaty. — **~ˌwa·che** *f* **1.** (*Wachstation*) frontier (*od.* border) outpost. – **2.** (*Soldat*) frontier (*od.* border) patrolman. — **~-ˌwäch·ter** *m* frontier (*od.* border) guard. — **~ˌwall** *m hist.* frontier wall, (*der Römer*) limes. — **~ˌwert** *m* **1.** *math.* limit, limes, lim: **sich einem ~ nähern** to approach (*od.* converge to) a limit; **einem ~ zustreben** to tend to a limit. – **2.** *zo.* (*Schwellenwert*) limiting (*od. scient.* liminal) value, threshold. – **3.** *tech.* limiting value. — **~ˌwin·kel** *m math.* critical (*od.* limiting) angle. — **~ˌzei·chen** *n* boundary mark, landmark. — **~ˌzoll** *m pol. econ.* duties *pl* levied at the frontier (*od.* border). — **~ˌzollˌamt** *n* customs office at a frontier (*od.* border). — **~ˌzwi·schenˌfall** *m* frontier (*od.* border) incident.

Greß·ling [ˈgrɛslɪŋ] *m* ⟨-s; -e⟩ *zo. cf.* Gründling.

Gret·chen [ˈgreːtçən] **I** *npr n* ⟨-s; -⟩ Gretchen. – **II** *n* ⟨-s; *no pl*⟩ **~ im Busch** *bot.* (*Braut in Haaren*) fennel-flower, devil-in-a-bush, love-in-a-mist, nigella (*scient.*) (*Nigella damascena*). — **~ˌfra·ge** *f fig. colloq.* crucial question. — **~friˌsur** *f hair done in two plaits, sometimes braided round the head.*

Greu·el [ˈgrɔʏəl] *m* ⟨-s; -⟩ **1.** (**vor** *dat* of) horror, (*stärker*) detestation, abomination: (**einen**) **~ vor etwas haben** (*od.* **empfinden**) to have a horror of s.th., to detest (*od.* abhor) s.th. – **2.** (*Schrecken*) horror: **die ~ des Krieges** the horrors of war. – **3.** (*Greueltat*) atrocity, outrage. – **4.** ⟨*only sg*⟩ *colloq.* (*Gegenstand des Abscheus*) horror: **er ist mir ein ~** I detest (*od.* loathe) him, I find him disgusting; **Kaugummi ist mir ein ~** I detest (*od.* abhor, loathe, abominate) chewing gum. — **~ˌmär·chen** *n* horror story (*od.* tale). — **~pro·paˌgan·da** *f* atrocity propaganda. — **~ˌtat** *f* atrocity, outrage: **~en begehen** to commit atrocities.

greu·lich [ˈgrɔʏlɪç] *adj* **1.** (*gräßlich, scheußlich*) horrible, dreadful, frightful, awful, outrageous: **ein ~er Mord [Anblick]** a horrible murder [sight]; (**ein**) **~es Wetter** *colloq.* (a) dreadful weather; **ein ~es Durcheinander** a dreadful mess. – **2.** (*grauenerregend*) abominable, atrocious, heinous. — **ˈGreu·lich·keit** *f* ⟨-; *no pl*⟩ **1.** horribleness. – **2.** atrociousness, heinousness.

Grey·hound [ˈgreɪˌhaʊnd] (*Engl.*) *m* ⟨-; -s⟩ *zo.* (*engl. Windhund*) greyhound, *auch* grayhound.

Grie·be [ˈgriːbə] *f* ⟨-; -n⟩ **1.** *meist pl gastr.* greaves *pl*, cracklings *pl*. – **2.** *med. colloq. dial.* fever blister. — **ˈGrie·benˌschmalz** *n gastr.* rendered animal fat with greaves.

Griebs [griːps] *m* ⟨-es; -e⟩ *dial.* **1.** (*Kerngehäuse im Obst*) core. – **2.** *Middle G.* throat: **j-n am ~ packen** to seize (*od.* take) s.o. by the throat (*od.* by the scruff of his neck).

Grie·che [ˈgriːçə] *m* ⟨-n; -n⟩ Greek: **er ist (ein) ~** he is Greek; **der König der ~n** the king of the Hellenes (*od.* of Greece).

ˈGrie·chenˌfreund *m* Philhellene.

ˈGrie·chen·tum *n* ⟨-s; *no pl*⟩ Hellenism.

ˈGrie·chin *f* ⟨-; -nen⟩ Greek (woman *od.* girl): **sie ist (eine) ~** she is Greek.

ˈgrie·chisch I *adj* **1.** (*Geschichte, Kultur etc*) Greek. – **2.** (*Architektur, Gesichtsschnitt*) Grecian: **~es Profil** Grecian profile. – **3.** (*klassisch griechisch*) Greek, Hellenic. – **II** *ling.* **G~** *n* ⟨*generally undeclined*⟩, **das G~e** ⟨-n⟩ **4.** Greek, the Greek language.

ˈgrie·chisch|-ka'tho·lisch *adj relig.* Greek Catholic: **~e Kirche** Greek church. — **~-·or·tho'dox** *adj* Greek (Orthodox): **~e Kirche** Greek church; **~er Ritus** Greek rite, Byzantine rite. — **~-'rö·misch** *adj bes.* (*sport*) Gr(a)eco-Roman: **~er Ringkampf [Stil]** Gr(a)eco-Roman wrestling [style]. — **~-uniert** [-ʔuˈniːrt] *adj relig.* Greek Catholic (*od.* Uniat[e]).

Grie·fe [ˈgriːfə] *f* ⟨-; -n⟩ *Middle G. for* Griebe 1.

grie·nen [ˈgriːnən] *v/i* ⟨h⟩ *Northern G. dial.* sneer.

ˈGries|ˌbee·re [ˈgriːs-] *f bot.* (*finnische Beere*) sea buckthorn, sallow thorn (*Hippophaë rhamnoides*). — **~ˌböck·chen** *n zo.* grysbok (*Raphicerus melanotis*).

Grie·seln [ˈgriːzəln] *pl meteor.* very fine hail *sg*, snow grains.

ˈgrie·seln *v/impers* ⟨h⟩ *Northern G.* **es grieselt mich (vor Kälte)** I am shivering (with cold).

ˈGriesˌgram *m* ⟨-(e)s; -e⟩ sullen (*od.* morose) person, grumbler; grouch, grouser, sourpuss (*colloq.*). — **ˈgriesˌgrä·mig** [-ˌgrɛːmɪç] *adj* **1.** sullen, morose, gloomy, glum, *Am. colloq.* grouchy. – **2.** (*nörglerisch*) grumpy, grumbling. – **3.** (*sauertöpfisch*) sour. — **ˈgriesˌgrä·misch, ˈgriesˌgräm·lich** *adj rare for* **griesgrämig.**

ˈGries|ˌhähn·chen *n*, **~ˌläu·fer** *m zo.* (*Halsbandregenpfeifer*) ring(ed) plover (*od.* dotterel), sea lark (*Charadrius hiaticula*).

Grieß [griːs] *m* ⟨-es; -e⟩ **1.** (*Nahrungsmittel*) semolina, farina, grits *pl* (*construed as sg or pl*). – **2.** *bes. tech.* a) (*Granalien*) shot, b) (*Kohle, Holzkohle*) breeze. – **3.** *civ.eng.* coarse sand, grit. – **4.** *med.* (*in Niere u. Galle*) gravel. – **5.** *telev.* granulation effect (on screen), 'sand' (*colloq.*). – **6.** (*mining*) *cf.* Grießkohle. — **~ˌbrei** *m gastr.* semolina pudding.

grie·ßeln [ˈgriːsəln] *v/i* ⟨h *u.* sein⟩ **1.** (*körnig werden*) become granular, granulate, grain. – **2.** (*rieseln*) drizzle. – **3.** *telev.* (*von Bild*) become granular.

ˈgrie·ßig *adj* **1.** (*kleingekörnt*) gritty. – **2.** *med.* (*Harn etc*) sabulous, *auch* sabulose, *auch* sabuline.

ˈGrieß|ˌkoch *n* ⟨-s; *no pl*⟩ *Austrian for* Grießbrei. — **~ˌkoh·le** *f* (*mining*) **1.** small coal. – **2.** (*kleiner Anthrazit*) pea coal. — **~ˌkraut** *n bot.* **1.** wood balm-gentle, bastard balm (*Melitis melissophyllum*). – **2.** *cf.* Gänsefingerkraut. — **~ˌmehl** *n* semolina. — **~ˌnockerl** (*getr.* -k·k-) *n meist pl gastr. Bavarian and Austrian* small semolina dumpling. — **~ˌpud·ding** *m* semolina pudding. — **~ˌsup·pe** *f* semolina soup.

griff [grɪf] *1 u. 3 sg pret of* **greifen.**

Griff *m* ⟨-(e)s; -e⟩ **1.** grasp, grip: **mit einem raschen ~** with a quick grasp, with a snatch (*od.* grab); **mit eisernem ~** with an iron grip, with a grip of iron; **sich j-s (klammerndem) ~ entwinden** to free oneself from s.o.'s grip; **j-n nicht aus dem ~ lassen** not to let go of s.o., not to release one's hold on s.o.; **seinen ~ lockern** to loosen (*od.* relax) one's grip (*od.* hold); **etwas im ~ haben** *fig.* to have a thorough grasp of s.th., to have the knack (*od. colloq.* hang) of s.th.; **etwas in den ~ bekommen** a) to get control of s.th., b) *fig.* to get the knack of s.th. – **2.** (*das Greifen*) reach: **einen ~ nach etwas tun** to reach for (*od.* toward[s]) s.th., to grasp at (*od.* for) s.th.; **mit einem** (*od.* **mit sicherem**) **~ etwas finden** to be able to lay one's hands on s.th. (immediately); **der ~ nach der Flasche ist schon für viele ver-**

hängnisvoll geworden hitting the bottle has been the downfall of many; sein erster ~ ist immer nach der Zigarette the first thing he always does is to reach for a cigarette; ein kühner ~ *fig.* a clever move; einen ~ in die Kasse tun *fig.* to steal (*od. colloq.* lift) money from the till; einen tiefen ~ in die Tasche (*od.* in den Beutel) tun *fig.* to dig (*od.* dip) deep into one's pocket (*od.* purse); mit j-m [etwas] einen guten (*od.* glücklichen) ~ tun *fig.* to make a good choice (*od.* to strike lucky) with s.o. [s.th.]; der ~ nach den Sternen *fig.* reaching for the stars; der ~ nach der Macht *fig.* the attempt to seize power. – **3.** (*zum Festhalten*) a) (*Schlaufe*) (grab) strap, b) (*fester Haltegriff*) grab handle, c) (*Haltestange*) handrail: sich am ~ festhalten to hang on to the handrail. – **4.** (*sport*) a) (*beim Ringen, Judo*) hold, grip, b) (*beim Turnen*) grip, grasp: einen ~ ansetzen to apply (*od.* secure) a hold. – **5.** *mus.* a) (*bei Streichinstrumenten*) stop, b) (*bei Holzblasinstrumenten*) fingering: einen falschen ~ tun a) to strike a false note, b) *fig.* to make the wrong choice (*od.* a mistake). – **6.** ~e kloppen *mil. colloq.* to do rifle drill. – **7.** (*textile*) feel, handle. – **8.** (*eines Koffers, Schirms, Messers, Löffels, einer Tasche etc*) handle, grip. – **9.** *tech.* (*eines Werkzeugs*) handle. – **10.** (*eines Degens, Dolches etc*) handle, hilt, haft. – **11.** (*Türgriff*) a) door handle, b) doorknob. – **12.** (*zum Ziehen*) pull. – **13.** (*Hebel*) lever. – **14.** *pl hunt.* (*Klauen eines Raubvogels*) talons.

'griff|be,reit *adj* ready to hand, at hand, handy. — **G~,brett** *n mus.* (*bei Streich- u. Zupfinstrumenten*) fingerboard, fret board.

'Grif·fe,klop·pen *n mil. colloq.* rifle drill.

Grif·fel ['grɪfəl] *m* ⟨-s; -⟩ **1.** (*Schieferstift*) slate pencil, *Br.* slate-pencil. – **2.** (*Gravierstichel*) stylet. – **3.** *tech.* (*beim Kopierfräsen*) stylus, *auch* stilus. – **4.** *antiq.* style, stylus, *auch* stilus. – **5.** *bot.* style; pistil, stylus, *auch* stilus (*scient.*): mit (nur) einem ~ monostylous. – **6.** *bot.* (*Stachelpilz*) mush spawn (*Hydnum auriscalpium*). – **7.** *poet.* pen: mit ehernem ~ (*unauslöschlich*) indelibly. — **~,bee·re** *f bot. cf.* Preiselbeere. — **g~,för·mig** *adj med. bot.* styliform, styloid. — **~,fort,satz** *m med.* styloid process. — **~,ka·sten** *m* pencil box (*od.* case), *Br.* pencil-box (*od.* -case). — **~,kunst** *f* (art of) etching. — **g~los** *adj bot.* having no pistils, without pistils. — **~,nar·be** *f* stigma: mit drei ~n tristigmatic, tristigmatose. — **~,schie·fer** *m min.* pencil slate. — **g~,tra·gend** *adj bot.* styliferous.

'griffest (*getr.* -ff,f-) *adj* antislip, *Br.* anti-slip (*attrib*), nonslipping *Br.* non-.

'grif·fig *adj* **1.** (*handlich*) handy. – **2.** *bes. Austrian* (*Mehl etc*) granular. – **3.** (*Stoff*) having a good touch. – **4.** *tech.* (*Kordelung*) affording a positive grip. – **5.** *auto.* a) (*Reifen*) non-slipping, b) (*Lenkrad*) non-slip (*attrib*). – **6.** *civ.eng.* (*Straßendecke*) skid-proof; non-skid, non-slip (*attrib*). — **'Grif·fig·keit** *f* ⟨-; *no pl*⟩ **1.** handiness. – **2.** (*von Mehl etc*) granularity. – **3.** (*von Stoff*) touch. – **4.** (*von Reifen etc*) grip, gripping power. – **5.** *tech.* (*einer Schleifscheibe*) grip.

'Griff|,kreuz *n tech.* star handle. — **~,loch** *n mus.* (*an Holzblasinstrumenten*) finger hole.

Grif·fon [grɪ'fõː] *m* ⟨-s; -s⟩ *zo.* (*dt. Hunderasse*) griffon (terrier).

'Griff|,stück *n* (*einer Pistole*) stock. — **~,tech·nik** *f mus.* finger technique, fingering. — **~,übun·gen** *pl* fingering exercises. — **~,wech·sel** *m* (*sport*) (*beim Turnen*) change of grip (*od.* grasp). — **~,zo·ne** *f meist pl* (*beim Turnen, Ringen*) grip zone.

Grill [grɪl] *m* ⟨-s; -s⟩ *gastr.* **1.** (*Bratrost*) grill: Hähnchen vom ~ grilled chicken; etwas auf dem ~ braten (*od.* rösten) to grill s.th. – **2.** *cf.* Grillroom.

Gril·la·de [gri'jaːdə] *f* ⟨-; -n⟩ *gastr.* (*gegrilltes Fleisch*) grillade.

Gril·le ['grɪlə] *f* ⟨-; -n⟩ **1.** *zo.* cricket (*Fam. Gryllidae*). – **2.** *pl* (*trübe Gedanken*) melancholy (*od.* dismal) thoughts: ~n fangen, ~n im Kopf haben *colloq.* to mope, to be in low spirits, to be (down) in the dumps (*colloq.*). – **3.** (*schrulliger Einfall*) whim, fancy, caprice, 'maggot' (*colloq.*): sie hat (seltsame) ~n im Kopf she has her head full of (strange) whims; j-m ~n in den Kopf setzen to put ideas into s.o.'s head; ich werde dir die ~n schon (noch) austreiben (*od.* vertreiben) I'll cure you of those whims, I'll soon knock those silly ideas out of your head.

gril·len ['grɪlən] *v/t* ⟨h⟩ *gastr.* **1.** grill, broil. – **2.** (*im Freien*) barbecue.

'Gril·len|,fän·ger *m colloq.* melancholy (*od.* morose) person. — **~fän·ge'rei** [,grɪlən-] *f* ⟨-; -en⟩ melancholy, moroseness, moping. — **g~,fän·ge·risch** *adj cf.* grillenhaft 1, 2.

'gril·len·haft *adj* **1.** (*schrullig*) whimsical, fanciful, capricious, cranky. – **2.** (*trübsinnig*) melancholy, morose, gloomy. – **3.** (*mürrisch*) grumpy.

'Grill,fleisch *n gastr.* **1.** grilled meat. – **2.** meat for grilling.

gril·lie·ren [grɪ'liːrən; gri'jiːrən] *v/t* ⟨*no* ge-, h⟩ *gastr. cf.* grillen.

'gril·lig *adj cf.* grillenhaft.

'Grill,pfan·ne *f* griddle.

Grill·room ['grɪl,ruːm] (*Engl.*) *m* ⟨-s; -s⟩ grillroom.

Gri·mas·se [gri'masə] *f* ⟨-; -n⟩ grimace, (wry) face: (vor dem Spiegel) ~n machen (*od.* schneiden, ziehen) to make (*od.* pull) faces (in the mirror); j-m ~n schneiden to make faces at s.o.; er verzog das Gesicht zu einer ~ he made a grimace, he pulled a mug (*sl.*).

Gri'mas·sen,schnei·der *m* grimacer, one who makes grimaces.

'Grim,bart ['grɪm-] *npr m* ⟨-; *no pl*⟩ (Meister) ~, ~ der Dachs (*in der Tierfabel*) Brock, the Badger.

Grimm [grɪm] *m* ⟨-(e)s; *no pl*⟩ *lit.* fury, anger, wrath, rage, ire (*poet.*).

grimm *adj* ⟨-er; -st⟩ *obs. for* zornig I.

'Grimm,darm *m med.* transverse colon.

grim·men ['grɪmən] *v/t* ⟨h⟩ *obs. for* ärgern II.

'Grim·men *n* ⟨-s; *no pl*⟩ (*Bauchweh*) gripes *pl.*

'Grim·mer *m* ⟨-s; -⟩ *zo cf.* Lämmergeier.

'grim·mig I *adj* **1.** (*Gegner etc*) grim, fierce. – **2.** (*Gesicht, Blick, Humor etc*) grim. – **3.** (*schlechtgelaunt*) bad- (*od.* ill-)tempered. – **4.** (*Kälte, Schmerzen, Hunger etc*) severe, violent. – **II** *adv* **5.** ~ dreinschauen to have a grim look on one's face; es ist heute ~ kalt it is bitterly cold today. — **'Grim·mig·keit** *f* ⟨-; *no pl*⟩ **1.** grimness, fierceness. – **2.** (*des Gesichts etc*) grimness. – **3.** (*schlechte Laune*) bad temper. – **4.** (*der Kälte etc*) severeness.

'Grimm,kraut *n bot.* (*Vogelkraut*) common groundsel (*Senecio vulgaris*).

Grimmsch [grɪmʃ] *adj* of (*od.* by) Grimm: ~e Märchen Grimm's fairy tales; das ~e Wörterbuch Grimm's dictionary.

'Grimm,wurz *f bot.* five-leaved toothwort (*od.* coralwort) (*Dentaria quinquefolia*).

Grim·pe ['grɪmpə] *f* ⟨-; -n⟩ *zo. cf.* Gründling.

Grind [grɪnt] *m* ⟨-(e)s; -e⟩ **1.** *med.* a) (*Wundschorf*) scurf, scab, crust, b) (*Flechte*) impetigo, c) (*Favus*) crusted (*od.* honeycomb) ringworm, favus (*scient.*), d) (*Milchschorf*) cradle cap. – **2.** *bot.* (*am Weinstock*) scurf. – **3.** *vet.* (*Räude*) scab, mange. – **4.** *hunt.* (*Kopf von Hirsch- u. Gamswild u. Otter*) head. – **5.** *Swiss humor.* (*Kopf*) 'nut' (*sl.*), *Br. sl. auch* 'loaf', head. — **~,fäu·le** *f bot.* brown rot. — **~,flech·te** *f med.* impetigo. — **~,holz** *n bot. cf.* Faulbaum.

grin·dig ['grɪndɪç] *adj* **1.** *med.* scabby, scurfy, scabbed. – **2.** *bes. bot.* leprose.

'Grind|,kopf *m med.* ringworm of the scalp. — **~,kraut** *n bot.* **1.** common fumitory (*Fumaria officinalis*). – **2.** field scabious, Egyptian rose (*Knautia arvensis*). – **3.** *cf.* Kreuzkraut. — **~,wal** *m zo.* pilot whale (*Globicephala melaena*). — **~,wurz, ~,wur·zel** *f bot.* a) *cf.* Gartenampfer, b) bitter dock (*Rumex obtusifolius*).

Grin·fing ['grɪnfɪŋ] *m* ⟨-s; -e⟩ *bot. cf.* Gänsefingerkraut.

Grin·sel ['grɪnzəl] *n* ⟨-s; -(n)⟩ *Austrian obs. for* Kimme 1.

grin·sen ['grɪnzən] **I** *v/i* ⟨h⟩ **1.** (über *acc* at) grin: höhnisch ~ to grin derisively, to sneer; hochmütig (*od.* spöttisch) ~ to smirk; dümmlich (*od.* albern) ~ to have a silly grin on one's face; bösartig ~ to grin maliciously, to leer; übers ganze Gesicht ~ to grin all over one's face (*od.* from ear to ear). – **II G~** *n* ⟨-s⟩ **2.** *verbal noun.* – **3.** grin: höhnisches G~ derisive grin, sneer; ein breites G~ a broad grin; ein G~ aufsetzen to grin.

grip·pal [grɪ'paːl] *adj* ⟨*attrib*⟩ *med.* grippal, influenzal (*scient.*): ~er Infekt influenza infection.

Grip·pe ['grɪpə] *f* ⟨-; -n⟩ *med.* grippe, *Am. auch* grip, influenza (*scient.*), flu (*colloq.*), *Br. colloq. auch* flue: asiatische ~ Asian influenza (*od. colloq.* flu); ~ haben, an ~ erkrankt sein to have influenza (*od. colloq.* the flu). — **~,an,fall** *m* attack of influenza (*od.* grippe), attack of the flu (*colloq.*). — **~epi·de,mie** *f* influenza epidemic. — **g~,krank** *adj* sick (*od.* down) with influenza, suffering from influenza: ~ sein to suffer from influenza, to have the flu (*colloq.*). — **~,rück,fall** *m* relapse into influenza. — **~,vi·rus** *m* influenza virus. — **~,wel·le** *f* wave of influenza.

grip·pös [grɪ'pøːs] *adj med.* grippal, influenzal (*scient.*).

Grips [grɪps] *m* ⟨-es; -e⟩ *colloq.* intelligence, brains *pl*, savvy (*sl.*): er hat nicht viel ~ im Kopf he hasn't got much brains, he hasn't got much gray (*bes. Br.* grey) matter (*colloq.*); seinen ~ zusammennehmen to use one's wits.

Gri·saille [gri'zaːj] *f* ⟨-; -n [-jən]⟩ **1.** ⟨*only sg*⟩ (*art*) grisaille. – **2.** (*art*) grisaille painting. – **3.** ⟨*only sg*⟩ (*textile*) grisaille (cloth).

Gri·set·te [gri'zɛtə] *f* ⟨-; -n⟩ *archaic* **1.** grisette. – **2.** (*Putzmacherin*) milliner. – **3.** *fig.* giddy girl.

'Gris,fuchs ['griːs-] *m zo. cf.* Graufuchs.

Gris·ly ['grɪsli] *m* ⟨-s; -s⟩, **~,bär** *m zo.* grizzly bear, *Am. auch* silvertip (*Ursus horribilis*).

Gri·son [gri'zõː] *m* ⟨-s; -s⟩ *zo.* grison (*Galictis vittatus*).

Grit [grɪt] *m* ⟨-s; -e⟩ *geol.* grit(stone).

Grizz·ly ['grɪsli] *m* ⟨-s; -s⟩, **~,bär** *m zo. cf.* Grislybär.

grob [groːp] **I** *adj* ⟨"er; "st⟩ **1.** (*Sand, Sieb, Feile, Gewebe etc*) coarse: ~er Kies coarse gravel; ~es Gewinde *tech.* coarse thread; ~er Feilenhieb *tech.* coarse cut of a file. – **2.** (*Draht, Faser etc*) coarse, thick. – **3.** (*Tuch, Hände etc*) rough, coarse: ~e Gesichtszüge coarse (*od.* hard) features; aus ~em Holz geschnitzt a) made of rough (*od.* unfinished) wood, b) *fig. colloq.* (*Person*) made of tough stuff. – **4.** (*Oberfläche etc*) rough, uneven. – **5.** (*unverarbeitet*) raw, crude, unfinished. – **6.** (*Kost etc*) plain, simple, coarse. – **7.** (*grobkörnig*) coarse(-grained): ~e Struktur coarse(-grained) structure. – **8.** (*Arbeit etc*) rough, heavy: ~e Arbeit verrichten to do rough work. – **9.** *fig.* (*Fehler etc*) serious, big, gross, bad, grave: ~er Irrtum big mistake, gross error; einen ~en Schnitzer machen *colloq.* to make a bad blunder, *bes. Am. sl.* to make a boo-boo, *Am. colloq. auch* to pull a boner. – **10.** *fig.* (*Lüge etc*) downright (*attrib*), outright (*attrib*), flagrant, shameless, barefaced, 'dirty' (*vulg.*). – **11.** *fig.* (*Person, Behandlung, Manieren etc*) rude, rough, coarse, gross, common: ~er Mensch (*od. contempt.* Kerl) rude person (*od.* fellow), ruffian; gegen j-n ~ werden to be rude to s.o.; → Geschütz 2; Klotz 1. – **12.** *fig.* (*ungehobelt*) unpolished, crude, rough, uncouth, boorish. – **13.** *fig.* (*roh*) brutal. – **14.** *fig.* (*Brief, Worte etc*) rude, (*beleidigend*) abusive. – **15.** *fig.* (*Witz etc*) coarse, crude, rude. – **16.** *fig.* (*ungefähr*) rough, approximate: ~e Skizze rough sketch; etwas in ~en Umrissen schildern to give a rough outline of s.th., to outline s.th. roughly; ~e Schätzung rough estimate. – **17.** *bes. jur.* (*Fahrlässigkeit, Verstoß etc*) gross: ~er Unfug gross misdemeanor (*bes. Br.* misdemeanour), serious mischief; ~es Verschulden grave wrong. – **18.** *hunt.* a) (*Keiler, Sau etc*) old, b) (*Schweineherde*) without young. – **II** *adv* **19.** coarsely: etwas ~ mahlen to grind s.th. coarse(ly). – **20.** roughly, crudely: ein ~ gezimmerter Tisch a roughly made table; ~ behauener Stein roughly hewn (*od.* roughhewn, *Br.* rough-hewn) stone; etwas ~ zerkleinern to crush s.th. coarsely. – **21.** *fig.* rudely, roughly: j-n ~ behandeln to treat s.o. rudely (*od.* in a rude way); j-m ~ antworten to answer s.o. rudely, to give s.o. a rude answer; er kam mir ~ a) he was rude to me, b) he started abusing me. – **22.** *fig.* roughly, approximately: ~ geschätzt roughly (estimated), at a rough estimate (*od.* guess); etwas ~ umreißen to outline s.th. roughly, to make a rough outline of s.th.; etwas ~ überschlagen to make a rough estimate of s.th. – **23.** ~ fahrlässig *bes. jur.* grossly negligent, with gross negligence. – **III** (*substantiviert mit Kleinschreibung*) **24.** aus dem ~en arbeiten to work from the rough.

'Grob|ˌabˌstim·mung *f* (*radio*) coarse tuning. — **~beˌar·bei·tung** *f tech.* **1.** a) (*spanlos*) rough-working, b) (*zerspanend*) rough-machining. – **2.** (*von Steinen*) roughhewing, *Br.* rough-hewing. — **~beˌton** *m civ.eng.* **1.** coarse concrete. – **2.** rubble (*od. scient.* cyclopean) concrete.

'Grobˌblech *n tech.* (thick *od.* heavy) plate. — **~ˌleh·re** *f* plate ga(u)ge. — **~ˌsche·re** *f* plate shears *pl.* — **~ˌwal·ze** *f* plate roll. — **~ˌwalzˌwerk** *n* plate rolling mill.

'Grobˌbre·cher *m civ.eng.* coarse crusher, (stone) breaker.

Grö·be ['grøːbə] *f* ⟨-; *no pl*⟩ *tech.* (*eines Feilenhiebes etc*) (degree of) coarseness.

'Grob|ˌeinˌstel·lung *f tech.* coarse adjustment (*od.* setting). — **g~ˌfa·se·rig** *adj* **1.** (*Gewebe, Fleisch etc*) coarse-fibered (*bes. Br.* -fibred). – **2.** (*Holz etc*) coarse-grained, coarse-fibered (*bes. Br.* -fibred). — **~ˌfei·le** *f tech.* coarse(-cut) file, rough file. — **~ˌfil·ter** *n, m* coarse filter. — **g~ˌgän·gig** *adj* (*Gewinde*) coarse(-pitch). — **~geˌfü·ge** *n metall.* macrostructure. — **g~geˌmah·len** *adj* ⟨*attrib*⟩ (*Kaffee etc*) coarsely ground, coarse-ground. — **g~geˌrech·net** *adv* roughly (estimated), at a rough estimate. — **g~geˌspon·nen** *adj* ⟨*attrib*⟩ (*Garn*) coarsely spun, coarse-spun. — **~geˌwe·be** *n* coarse fabric. — **~geˌwin·de** *n tech.* coarse thread.

'Grob·heit *f* ⟨-; -en⟩ **1.** ⟨*only sg*⟩ coarseness. – **2.** ⟨*only sg*⟩ (*eines Tuches, einer Oberfläche etc*) roughness. – **3.** ⟨*only sg*⟩ *fig.* (*einer Person etc*) rudeness, roughness. – **4.** ⟨*only sg*⟩ *fig.* (*Ungehobeltheit*) crudeness, roughness, uncouthness, boorishness. – **5.** ⟨*only sg*⟩ *fig.* (*Roheit*) brutality. – **6.** ⟨*only sg*⟩ *fig.* (*eines Briefes etc*) rudeness, abusiveness. – **7.** ⟨*only sg*⟩ *fig.* (*eines Witzes etc*) coarseness, crudeness, rudeness. – **8.** rude remark: j-m ~en sagen (*od. colloq.* an den Kopf werfen) to make rude remarks to s.o., to say rude things to s.o., to be (extremely) rude to s.o. – **9.** rude act, (act *od.* piece of) rudeness.

'Grobˌhieb *m tech.* (*einer Feile*) coarse cut.

Gro·bi·an ['groːbĭaːn] *m* ⟨-s; -e⟩ **1.** rude person, boor, churl, ruffian, *Am. colloq.* roughneck: so ein ~! he is a real boor! – **2.** (*literature*) grobian.

Gro·bia·nis·mus [grobĭa'nɪsmʊs] *m* ⟨-; *no pl*⟩ (*literature*) Grobianism, Rabelaisian style.

'grobˌjäh·rig *adj* (*wood*) coarsely ringed.

'Grob|ˌkalk *m geol.* coarse limestone. — **~keˌra·mik** *f* ordinary ceramic ware, earthenware. — **g~keˌra·misch** *adj* of baked clay. — **~ˌkies** *m* coarse gravel. — **g~ˌkno·chig** *adj* large-boned. — **~ˌkoh·le** *f tech.* coarse (*od.* lump) coal. — **~ˌkoks** *m* coarse coke. — **~ˌkorn** *n* ⟨-(e)s; *no pl*⟩ **1.** *metall. phot.* coarse grain. – **2.** (*beim Schießen*) coarse sight. — **g~ˌkör·nig** *adj* **1.** coarse-grained. – **2.** *phot.* grainy, *auch* coarse-grained. — **~ˌkör·nig·keit** *f* ⟨-; *no pl*⟩ **1.** coarseness of grain. – **2.** *phot.* graininess, *auch* granularity.

gröb·lich ['grøːplɪç] **I** *adj* **1.** (*Pulver etc*) rather coarse. – **2.** *fig.* (*Beleidigung etc*) gross. – **II** *adv* **3.** grossly: sich ~ irren to be grossly mistaken; j-n ~ beleidigen to offend s.o. grossly (*od.* seriously); ~ gegen eine Bestimmung verstoßen to commit a gross violation of a rule.

'Grob|ˌmah·len *n*, **~ˌmah·lung** *f* coarse (*od.* rough) grinding, crushing. — **g~ˌma·schig** *adj* **1.** (*Netz etc*) coarse- (*od.* wide-)meshed. – **2.** (*Pullover etc*) coarsely knitted. — **~ˌmör·tel** *m civ.eng.* coarse-grained mortar. — **~ˌpas·sung** *f tech.* **1.** (*bei Maschinen*) loose fit. – **2.** (*eines Gewindes*) coarse fit. — **~ˌra·ster** *m print.* coarse screen. — **~ˌre·ge·lung** *f* coarse control. — **~ˌsand** *m* coarse sand. — **g~ˌschläch·tig** [-ˌʃlɛçtɪç] *adj* (*Mensch*) uncouth, boorish. — **~ˌschlei·fen** *n tech.* **1.** rough (*od.* coarse) grinding, *Am. auch* snagging. – **2.** (*Freihandschleifen*) off-hand grinding. — **~ˌschleif·maˌschi·ne** *f* snagging grinder. — **~ˌschlich·ten** *n* rough finishing. — **~ˌschliff** *m* **1.** *tech.* a) rough grinding, b) (*von Gußstücken*) snagging. – **2.** (*jewelry*) rough polishing. — **~ˌschmied** *m* (*Handwerker*) blacksmith, (*in Industriebetrieb*) forger. — **~ˌschnitt** *m* (*Rauchtabak*) coarse cut. — **~ˌschrot** *m, n brew.* coarsely ground malt. — **~ˌschutt** *m geol.* coarse waste. — **~ˌsieb** *n* coarse(-meshed) sieve. — **~ˌsitz** *m tech. cf.* Grobpassung.

Gröb·ste ['grøːpstə] *n* ⟨-n; *no pl*⟩ (*in Wendungen wie*) aus dem ~n heraus sein to be over the worst, to have the worst part behind one, to be out of the wood (*bes. Am.* woods); nur das ~ tun to do only the bare minimum.

'Grob|ˌstra·ße *f metall.* **1.** breaking-down mill train. – **2.** a) (*zum Streckwalzen*) plate-rolling train, b) (*zum Vorblocken*) blooming train. — **~verˌstel·lung** *f tech.* coarse adjustment. — **~ˌwalzˌwerk** *n metall.* **1.** (*zum Streckwalzen*) roughing mill. – **2.** (*zum Vorblocken*) blooming (*bes. Br.* cogging) mill. — **~zerˌklei·ne·rung** *f* (*bes. mining*) (coarse) crushing (*od.* reduction). — **~ˌzug** *m tech.* (*bei der Drahtfabrikation*) roughing block. — **~ˌzuˌschlag** *m civ.eng.* (*Beton*) coarse aggregate.

Gro·den ['groːdən] *m* ⟨-s; -⟩ *Low G. grass-covered alluvium in front of a dike.*

Grog [grɔk] *m* ⟨-s; -s⟩ grog: einen steifen ~ trinken to have a stiff (glass of) grog.

grog·gy ['grɔgɪ] (*Engl.*) *adj* ⟨*pred*⟩ **1.** (*sport*) (*beim Boxen*) groggy, punch-drunk (*colloq.*). – **2.** *fig. colloq.* deadbeat, *Br.* dead-beat (*colloq.*), *Am. colloq. auch* bushed.

grö·len ['grøːlən] *colloq. contempt.* **I** *v/i* ⟨h⟩ **1.** (*von Betrunkenen etc*) bawl. – **2.** (*von Radio etc*) blare. – **II** *v/t* **3.** (*Lied etc*) bawl (out), howl (out). – **4.** (*Beifall etc*) howl, roar. — **'Grö·ler** *m* ⟨-s; -⟩ bawler. — **Grö·le'rei** *f* ⟨-; *no pl*⟩ bawling, bawl.

Gro·li'er|-ˌEinˌband [gro'lieː-] *m print.* Grolier binding. — **~verˌzie·rung** *f* Grolier design.

Groll [grɔl] *m* ⟨-(e)s; *no pl*⟩ **1.** rancor, *bes. Br.* rancour, grudge, resentment, ill will, ill feeling: einen alten ~ gegen j-n hegen to bear (*od.* have) an old grudge against s.o.; einen heimlichen ~ gegen j-n haben to harbo(u)r (*od.* cherish) a secret resentment against s.o.; sie gingen ohne ~ auseinander they parted without ill feeling. – **2.** (*Zorn*) anger, rage: seinen ~ verbergen to conceal one's anger. – **3.** (*eingewurzelter Haß*) inveterate hatred, animosity.

grol·len ['grɔlən] **I** *v/i* ⟨h⟩ **1.** be angry (*od.* resentful): der Chef grollte, weil the boss was angry because. – **2.** (mit) j-m ~ (wegen etwas because of s.th., on account of s.th.) to bear s.o. a grudge, to bear (*od.* have) a grudge against s.o., to harbor (*bes. Br.* harbour) resentment against s.o., to bear s.o. ill will. – **3.** (*von Donner etc*) rumble, roll. – **II G~** *n* ⟨-s⟩ **4.** *verbal noun.* – **5.** (feeling of) resentment. – **6.** (*des Donners etc*) rumble, roll. — **'grol·lend I** *pres p.* – **II** *adj* **1.** (*aufgebracht*) resentful. – **2.** (*böse*) cross. – **III** *adv* **3.** er zog sich ~ zurück he withdrew resentfully.

'Grönˌlän·der ['grøːn-] *m* ⟨-s; -⟩, **'Grönˌlän·de·rin** *f* ⟨-; -nen⟩ Greenlander.

'Grönˌland|ˌfah·rer *m* **1.** member of a Greenland expedition. – **2.** *mar.* a) (*Fischer*) Greenland whaler, b) (*Schiff*) Greenlandman. — **~ˌfal·ke** *m zo.* gyrfalcon (*Untergattg Hierofalco*). — **~ˌhai** *m* Greenland shark (*Somniosus microcephalus*).

'grönˌlän·disch I *adj* Greenland (*attrib*), Greenlandic. – **II** *ling.* **G~** ⟨*generally undeclined*⟩, das **G~e** ⟨-n⟩ Greenlandic.

'GrönˌlandˌWal *m zo.* Greenland (*od.* right) whale, *auch* bowhead (*Balaena mysticetus*).

Groom [gruːm] (*Engl.*) *m* ⟨-s; -s⟩ groom.

Grop·pe ['grɔpə] *f* ⟨-; -n⟩ *zo.* **1.** miller's-thumb, bullhead, hardhead (*Cottus gobio, C. ictalops, C. semiscaber, C. gracilis*). – **2.** Johnny (*Oligocottus maculosus*). – **3.** father-lasher (*Acanthocottus bubalis*). – **4.** Kalifornische ~ cabezone, *auch* cabezon (*Scorpaenichthys marmoratus*).

Gros[1] [groː] *n* ⟨- [groː(s)]; - [groːs]⟩ **1.** (*Großteil*) bulk, chief (*od.* main) part: das ~ eines Heeres the bulk (*od.* main force) of an army. – **2.** (*Mehrheit*) majority: das ~ der Wähler the majority of voters.

Gros[2] [grɔs] *n* ⟨-sses; -sse, *bei Mengenangaben* -⟩ *econ.* (*Mengeneinheit*) gross, twelve dozen: 5 ~ Eier 5 gross of eggs; zwölf ~ a great gross; per ~ verkaufen to sell by the gross.

Gro·schen ['grɔʃən] *m* ⟨-s; -⟩ **1.** (*österreichische Währung*) groschen. – **2.** *colloq.* ten-pfennig piece, ten pfennigs *pl*: 3 ~ thirty pfennigs; das war keinen ~ wert it was not worth a straw (*od. Br. colloq.* a [brass] farthing, *Am. colloq.* a plugged nickel); dafür zahle ich keinen ~ I wouldn't give you a cent (*Br.* penny) for it; ich habe keinen ~ in der Tasche I haven't (got) a cent (*Br.* halfpenny) on me. – **3.** *fig. colloq. meist pl* money *sg*: ein paar ~ nebenbei verdienen to earn a few extra cents (*Br.* pennies), to make a few pennies on the side; halte doch deine ~ beisammen don't spend all your money; seine paar ~ zusammenhalten to hang on to one's money; das kostet mich keinen ~ that doesn't cost me a cent (*Br.* a penny). – **4.** *fig. colloq.* (*in Wendungen wie*) der ~ ist gefallen now I see (*od. colloq.* get it), *Br. colloq.* the penny (*Am. colloq.* the nickel) has dropped; ist der ~ gefallen? do you get the idea? do you catch on? (*beide colloq.*); bei dem fällt der ~ pfennigweise *iron.* he is slow on (*od.* in) the uptake, he is slow at catching on; er hat nicht für'n ~ Verstand he is extremely dull-witted, he is a blockhead. – **5.** das Gleichnis vom verlorenen ~ *Bibl.* the parable of the piece of silver.

'Gro·schen|auˌto·mat *m* (penny-in-the)-slot machine. — **~ˌblatt** *n contempt.* **1.** yellow paper. – **2.** tabloid paper. — **~ˌheft** *n Am.* dime novel, *Br.* penny dreadful. — **~roˌman** *m* **1.** *contempt.* cheap novelette. – **2.** *cf.* Groschenheft. — **~ˌschrei·ber** *m contempt.* penny-a-liner. — **~ˌstück** *n* **1.** *colloq.* ten-pfennig piece. – **2.** *hist.* groschen piece.

'grosˌwei·se ['grɔs-] *adv* by the gross.

groß [groːs] **I** *adj* ⟨=er; größt⟩ **1.** (*an Ausdehnung, Umfang etc*) large, (*bes. an Masse, Volumen*) big: eine ~e Stadt a large (*od.* big) city; ein ~es Haus a big house; das Grundstück ist 600 Quadratmeter ~ the estate is 600 square meters (in area); doppelt so ~ twice as large (*od.* big), double (*od.* twice) the size; meine Schuhe sind mir zu ~ my shoes are too large; wie ~ ist dieser Ort? a) how large is this place? b) how many inhabitants does this town have? ein ~es Vermögen [Einkommen] a large fortune [income]; ein ~es Wörterbuch a large (*od.* bulky, voluminous) dictionary; ein ~es Geschichtswerk a large (*od.* long) historical work; zum ~en Teil largely, to a large (*od.* great) extent, for the most part; in ~em Ausmaß (*od.* Stil) on a large scale; Aktion ~en Stils large-scale (*od.* major) campaign; ein wenig zu ~ geraten sein to be on the large side; ungeheuer ~ a) huge, enormous, immense, b) (*riesig*) gigantic; → Auge 1; Bär 2; Einmaleins 1; Los 2; Ozean; Teich 3; Wagen 8a; Welt 2; Zehe 1; Zeiger 1. – **2.** (*Person*) tall: ein ~er, schlanker Mann a tall, slim man; er ist ~ für sein Alter he is tall for his age; wie ~ bist du? how tall are you? ich bin 1,70 m ~ I am 5 feet 6 inches (tall), I measure 5 feet 6 inches; die beiden sind gleich ~ the two are of equal height. – **3.** (*hoch*) high, tall: ein ~er Turm a high tower; ein ~er Berg *colloq.* a) a high mountain, b) *fig.* (*von Unrat etc*) a large heap, c) *fig.* (*von Arbeit etc*) a large pile. – **4.** (*Leiter etc*) long, tall. – **5.** (*Fläche, Wüste etc*) large, vast. – **6.** (*Zimmer etc*) large, spacious. – **7.** (*Entfernung, Zeitspanne etc*) long: eine ~e Reise a long journey; ~e Schritte machen to take long strides; ~e Pause a) (*im Theater etc*) long intermission (*bes. Br.* interval), b) (*in der Schule etc*) long break (*Am.* recess); die ~en Ferien *ped.* the summer holidays; → Fahrt 11; Sprung[1] 1, 2. – **8.** (*an Zahl, Wert, Grad, Bedeutung etc*) great: eine ~e Anzahl von Leuten a great number of people, many people *pl*; ~e Auswahl a great (*od.* large) variety; von ~em Wert sein a) (*ideell*) to be of great value, b) (*materiell*) to be of high value, to be very valuable; ~en Wert auf (*acc*) etwas legen to attach great importance to s.th.; in ~er Eile sein to be in a great hurry; j-m ~en Dienst erweisen to do s.o. a great service; ~en Einfluß haben to have great (*od.* much) influence; zu meinem ~en Schrecken to my great horror; ~ war mein Erstaunen great was my surprise; zu meiner ~en Freude to my great pleasure, much to my pleasure; ~e Fortschritte machen to make great (*od.* much) progress;

in ~er Not in great need, in sore distress; mit ~er Mühe with great difficulty (*od.* pains); ~es Glück haben to be very lucky; ~en Durst [Hunger] haben to be very thirsty [hungry]; ~e Sorgen haben to be very worried; → Liebe[1] 8; Mode 1, 4. – **9.** (*Hitze etc*) great, intense, (*stärker*) scorching, blistering. – **10.** (*Kälte etc*) severe. – **11.** (*Schmerz etc*) violent, sharp. – **12.** (*Schaden, Verlust etc*) great, severe, heavy. – **13.** (*Fehler etc*) big, bad, grave, serious. – **14.** (*Unterschied etc*) great, big, wide, (*stärker*) vast. – **15.** *fig.* (*Tat, Entdeckung, Augenblick etc*) great: **ein ~er Tag in seinem Leben** a great day in his life; **eine ~e Rolle spielen** to play a great role (*od.* part); **ein ~er Erfolg** a great success; → Klasse 15; Wort 2; Wurf 4. – **16.** *fig.* (*Künstler, Politiker, Nation, Name, Werk etc*) great: **ein ~er Geist [Staatsmann]** a great spirit [statesman]; **eine ~e Rede** a great speech; **die ~en Mächte** the great (*od.* big) powers; **die ~en Deutschen der Geschichte** the great Germans of history; → Dame 1; Herr 4; Tier 4; Unbekannte[1] 2. – **17.** *fig.* great; 'terrible', 'tremendous' (*beide colloq.*): **ich bin kein ~er Redner** I'm no great speaker, I'm not much of a speaker; **ich bin kein ~er Freund von Suppe** I'm not a great friend (*od.* lover) of soup; **er ist ein ~er Dummkopf** *colloq.* he is a terrible fool. – **18. ~ in** (*dat*) **etwas sein** *colloq.* to be (very) good at (*od.* in) s.th.: **in Mathematik ist er ganz ~** he is terribly good at mathematics; **sie ist ~ im Geldausgeben** *iron.* she is a great one for spending money. – **19.** (*erwachsen*) grown-up (*attrib*): **die ~en Leute** the grown-ups; **wenn ich mal** (*od.* **erst**) **~ bin** when I'm grown up; **ihre Kinder sind alle schon ~** her children are all grown up; **er ist noch ein ~es Kind** he is still (like) a child; **~ und klein** a) old and young, b) (*standesmäßig*) high and low. – **20.** (*älter*) elder, older, 'big' (*colloq.*): **meine ~e Schwester** my elder (*od. colloq.* big) sister. – **21.** *fig.* (*Schauspiel, Stil etc*) great, grand, magnificent: **ein ~es Bankett** a great banquet; → Bahnhof; Staat[2] 1. – **22.** *fig.* (*Geste etc*) great, expansive. – **23.** *fig.* (*großzügig*) generous. – **24.** *fig.* (*Pläne etc*) great, high(-sounding): **er hat ~e Ziele** he is aiming high. – **25.** *fig.* (*Wissen etc*) great, profound, wide. – **26.** *fig.* (*Gesellschaft, Politik etc*) high. – **27.** *fig.* (*Masse, Publikum etc*) general. – **28.** *fig.* (*Mehrheit etc*) great, (*stärker*) vast, overwhelming. – **29.** ⟨*attrib*⟩ *fig.* (*Abendanzug etc*) full: **in ~er Toilette** in full evening dress. – **30.** *fig.* (*allgemein, wesentlich*) broad, general: **etwas in ~en Zügen schildern** to describe s.th. along general lines; **die ~e Linie** the general (*od.* underlying) principle. – **31.** *fig. colloq.* (*in Wendungen wie*) **~e Töne reden** (*od.* **spucken**) to boast (*od.* brag), to talk big (*colloq.*); **etwas an die ~e Glocke hängen** to make s.th. public, to broadcast s.th.; → Fuß[1] 2; Haus 2; Klappe 18; Maul 2; Rosine; Schnauze 2; Trommel 1. – **32.** (*Buchstabe*) capital, large, (*bes. in Handschriften*) majuscular, majuscule (*attrib*): **dieses Wort schreibt man ~** this word is capitalized. – **33. ~es Geld** *colloq.* (bank) notes *pl*: **ich habe nur ~es Geld bei mir** I've only got notes (*bes. Am.* bills) on me. – **34.** (*child's language*) **~es Geschäft(chen)** number two (*colloq.*); **~ müssen** to have to do number two (*colloq.*). – **35.** *mus.* a) (*Intervall*) major, b) (*Besetzung etc*) grand: **~e Terz** major third. – **36.** *econ.* (*Havarie*) general. – **37.** *pol.* a) (*Koalition*) big, great, b) → Anfrage 3. – **38.** *hist.* **der G~e Kurfürst** the Great Elector. – **39.** *lit.* (*edel*) noble: **ein ~es Herz haben** to have a noble heart. – **40. ~ an** (*dat*) **etwas sein** *lit. od. Bibl.* to be great in s.th. – **II** *adv* **41. ~ anfangen** to start in great style, to start off in a big way; **ein sehr ~ angelegtes Projekt** a large-scale project; **~ beim Publikum ankommen** to have a big success with the public; **~ auftreten** a) to cut a fine figure, b) to show off, c) to take a firm stand; **j-n ~ beschenken** to give s.o. a generous present; **~ dastehen** *colloq.* to show off well, to cut a fine figure; **~ von j-m [etwas] denken** to think highly of s.o. [s.th.], to have a high opinion of s.o. [s.th.]; **~ und edel denken** to have lofty ideas; **~ in Form sein** *colloq.* to be in extremely good shape, to be in good form; **das war ~ gehandelt** that was nobly done; **sich ganz ~ schlagen** a) to put up a great fight, b) *colloq.* to put up a real(ly) good show; **etwas ~ stellen** a) (*Flamme etc*) to turn s.th. up high, b) (*Heizung etc*) to turn s.th. up; **unsere Firma war ~ vertreten** (*auf einer Messe etc*) our firm was well represented; → ansehen 1; ausgehen 1; herausbringen 4, 8; herauskommen 10. – **42. nicht ~** *colloq.* not (very) much: **sich nicht ~ um j-n kümmern** a) not to care much for s.o., b) not to do very much for s.o.; **nicht ~ unter etwas leiden** not to suffer very much from s.th.; **ich möchte nicht ~ essen** I don't want to eat very much. – **43.** (*in Wendungen wie*) **niemand freute sich ~ darüber, darüber freute sich niemand ~** *colloq.* hardly anyone was very pleased about that. – **44.** *colloq.* (*als verstärkender Zusatz*) **was soll man da ~ sagen?** what can one say in the circumstances? **was gibt es da noch ~ zu fragen?** isn't that answer enough? **jetzt wundert er sich ~** now he's terribly surprised; **warum soll man da ~ streiten?** why start a quarrel over such a trifle? **was ist schon ~ dabei?** there's no harm in it; **was kann das ~ kosten?** it cannot be very expensive; **es lohnt sich nicht ~** it isn't worthwhile (*Br.* worth while). – **III G~e, das** ⟨-n⟩ **45.** (*in Wendungen wie*) **G~es vollbringen** to achieve great things; **er hat einen Zug ins G~e** a) he has a generous nature, b) he has a streak of arrogance in him; **es hat sich nichts G~es ereignet** nothing great (*od.* important) has happened; **im G~en wie im Kleinen seine Pflicht tun** to do one's duty right down to the smallest detail. – **46.** (*substantiviert mit Kleinschreibung*) **im ~en und ganzen** on the whole, in the main, by and large, generally (speaking); **um ein ~es teurer** much (*od.* considerably) more expensive; **im ~en** a) on a large scale, b) *econ.* wholesale.

'Groß|ˌab,neh·mer *m econ.* bulk purchaser (*od.* buyer). — **~ad·mi,ral** *m mar. etwa Br.* Admiral of the Fleet, *Am.* fleet admiral. — **~ak·tio,när** *m econ.* large (*od.* principal, major) shareholder. — **g~,an·ge,legt** *adj* ⟨*attrib*⟩ (*Unternehmen etc*) large-scale. — **~,an,griff** *m* **1.** *mil.* large-scale (*od.* major) attack. – **2.** *fig. colloq.* drive, big campaign.

'groß,ar·tig I *adj* **1.** great, grand. – **2.** (*wunderbar*) wonderful, splendid, marvellous. – **3.** (*ausgezeichnet*) excellent, first-rate. – **4.** (*erhaben, beeindruckend*) sublime, grandiose, grand. – **5.** (*prächtig*) magnificent, noble. – **6.** (*hervorragend*) brilliant, splendid. – **7.** (*groß, gewaltig*) tremendous, enormous. – **8.** (*übertrieben wirkend*) grandiose. – **9.** *contempt.* (*großspurig*) pompous, showy. – **II** *adv* **10.** wonderfully, beautifully: **er hat ~ gespielt** he played beautifully; **es hat ~ geklappt** it worked beautifully; **er war gestern ~ in Form** a) he was in form (*od.* in fine [*od.* good] fettle) yesterday, b) (*von Sportler*) he was in (*bes. Br.* on) form (*od.* in excellent shape) yesterday. – **11.** (*großspurig*) pompously, in a showy manner: **~ tun** *colloq.* to put on airs. — **'Groß,ar·tig·keit** *f* ⟨-; *no pl*⟩ **1.** greatness, grandness. – **2.** (*Vortrefflichkeit*) excellence. – **3.** (*Erhabenheit*) sublimity, grandiosity, grandness, grandeur. – **4.** (*Pracht*) magnificence, nobility. – **5.** (*eines Künstlers etc*) brilliancy, splendidness. – **6.** (*Größe, Gewalt*) tremendousness, enormity. – **7.** (*übertriebene Wirkung*) grandiosity. – **8.** *contempt.* (*Großspurigkeit*) pompousness, showiness.

'Groß|,auf,nah·me *f* (*film*) close-up. — **~,auf,trag** *m econ.* large (*od.* big, sizable) order. — **~,au·ge** *n zo.* bigeye (*Priacanthus macrophtalmus*). — **~,au·gen,he·ring** *m* alewife, *Br.* ale-wife (*Pomolobus pseudoharengus*). — **g~,äu·gig I** *adj* **1.** big- (*od.* large-)eyed. – **2.** *zo.* big- (*od.* large-)eyed, macrophthalmous (*scient.*). – **II** *adv* **3.** with big (*od.* large) eyes. — **~,bank** *f* ⟨-; -en⟩ major (*od.* big) bank. — **~,bau·er** *m* large farmer, farmer on a large scale. — **~,baum** *m mar.* main boom. — **~be,trieb** *m econ.* large(-scale *od.* -size) enterprise. — **g~,blät·te·rig, g~,blätt·rig** *adj bot.* large-leaved, macrophyllous (*scient.*). — **g~,blu·mig** *adj* large-flowered; grandiflorous, megacephalic, *auch* megacephalous (*scient.*). — **~,boot** *n mar.* **1.** (*Beiboot für Kriegsschiffe*) pinnace. – **2.** (*eines Segelschiffs*) longboat, launch. — **~,bram,se·gel** *n* main-topgallant sail. — **~,bram,stan·ge** *f* main-topgallant mast. — **~,brand** *m cf.* Großfeuer. — **~,bras·se** *f mar.* main brace. — **g~bri'tan·nisch** *adj* British, of (*od.* relating to) Great Britain. — **~,buch,sta·be** *m* **1.** capital (letter), majuscule: **etwas in ~n schreiben** to write s.th. in capitals. – **2.** *print.* uppercase (*Br.* upper-case) letter. — **~bu,lin** *f mar.* main bowline. — **~,bür·ger** *m sociol. hist.* patrician (*member of the upper middle class*). — **g~,bür·ger·lich** *adj* upper middle-class (*attrib*). — **~,bür·ger·tum** *n* upper middle class. — **g~,den·kend** *adj* high-minded. — **g~,deutsch** *adj pol. hist.* Pan-German(ic): **die ~e Idee, der ~e Gedanke** Pan-Germanism.

'Gro·ße *m, f* ⟨-n; -n⟩ **1.** *meist pl* great: **die ~n dieser Welt** the great people of this world. – **2.** *pl* grown-ups: **dieses Buch ist nur für ~** this book is only for grown-ups; **Märchen für ~ und Kleine** fairy tales for young and old. – **3.** eldest (*od.* oldest) child: **unser ~r geht schon in die Schule** our eldest (son) goes to school already; **in kinderreichen Familien müssen die ~n den Kleinen helfen** in large families the older children have to help the younger ones. – **4.** *hist.* Great: **Friedrich der ~** Frederick the Great.

Grö·ße ['grøːsə] *f* ⟨-; -n⟩ **1.** ⟨*only sg*⟩ (*Umfang*) size, largeness, bigness: **von mittlerer ~** medium-sized; **in natürlicher ~** in natural (*od.* actual) size; **die ~ eines Gegenstandes messen** to measure (*od.* take) the size of an object; **an ~ zunehmen** to increase in size. – **2.** (*Körpergröße*) height, tallness: **ein Mann von mittlerer ~** a man of medium height; **sie hat für ihr Alter eine beachtliche ~** she is remarkably tall for her age; **er hat ungefähr meine ~** he is about my height; **da stand er, in voller ~** there he stood as large as life; **er richtete sich zu voller ~ auf** he straightened (*od.* drew) himself up to his full height; **(sich) der ~ nach aufstellen** to form a line according to height. – **3.** (*Gestalt, Statur*) stature. – **4.** (*Ausmaß, Ausdehnung*) dimension(s *pl*): **die ~ des Saales war enorm** the dimensions of the hall were enormous. – **5.** (*Fläche*) area: **die ~ eines Landes** the area (*od.* size) of a country. – **6.** ⟨*only sg*⟩ (*Weite*) spaciousness, (*größer*) vastness. – **7.** (*Rauminhalt*) volume. – **8.** (*Nummer bei Kleidungsstücken, Schuhen etc*) size: **welche ~ haben Sie?** which size do you take? what is your size? **sie hat ~ 4** her size is 4; **nur kleine ~n vorrätig** only small sizes available. – **9.** *math.* quantity: **abgeleitete [bekannte, gegebene] ~** derived [known, given] quantity; **negative [positive] ~** minus (*od.* negative) [plus *od.* positive] quantity. – **10.** *astr.* magnitude: **ein Stern erster ~** a star of the first magnitude. – **11.** ⟨*only sg*⟩ *fig.* (*menschliche Bedeutung*) greatness, magnitude, grandeur: **seelische ~** magnitude of soul; **~ besitzen [beweisen, zeigen]** to possess [demonstrate, show] greatness (*od.* grandeur); **das zeugt von wahrer innerer ~** that is proof of true inner greatness; **die ~ seines Geistes bewundern** to admire (the greatness of) his genius. – **12.** ⟨*only sg*⟩ *fig.* (*Bedeutung*) greatness, significance: **sich** (*dat*) **der ~ der Stunde bewußt sein** to be aware of the greatness of the hour; **eine Erfindung von wirklicher ~** an invention of real significance. – **13.** *fig. colloq.* (*bedeutende Persönlichkeit*) important figure, great man, celebrity: **er ist eine ~ auf dem Gebiet der Raumfahrt** he has a great name in the field of space travel; **eine unbekannte ~** *humor.* an unknown figure (*od.* quantity). – **14.** *fig. colloq.* (*Künstler, Sportler etc*) star.

'Groß|,ein,kauf *m* large-scale (*od.* quantity, bulk) purchase. — **~,ein,satz** *m bes. mil.* large-scale action. — **g~,el·ter·lich** *adj* ⟨*attrib*⟩ grandparental, of the grandparents. — **~,el·tern** *pl* grandparents.

'Grö·ßen,an,ga·be *f* statement of size.

'Groß|,en·kel *m* great-grandson. — **~,en·ke·lin** *f* great-granddaughter.

'Grö·ßen|,klas·se *f* size (group *od.* category). — **~,ord·nung** *f* **1.** (*von Sternen, Energie etc*) order (of magnitude). – **2.** *fig.* (*von Preisen etc*) range: **um ~en wichtiger** more important by far.

'gro·ßen'teils *adv* to a great (*od.* large) ex-

tent (*od.* degree), in a large (*od.* great) measure, largely: das liegt ~ am Geld this is to a large degree due to the financial situation.
'Grö·ßen|ver|hält·nis *n* **1.** (*Maßstab*) scale. – **2.** (*Verhältnis*) ratio (of size). – **3.** (*Proportionen*) (relative) proportion(s *pl*). — **~ˌwahn(ˌsinn)** *m psych.* delusion of grandeur, megalomania (*scient.*): an ~ leiden to suffer from megalomania. — **g~ˌwahnˌsin·nig** *adj* grandiose, megalomaniac(al) (*scient.*): du bist wohl ~ geworden! *colloq.* you must be suffering from delusions of grandeur! — **~ˌwahnˌsin·ni·ge** *m, f* megalomaniac.
grö·ßer ['grøːsər] **I** *comp of* groß. – **II** *adj* **1.** der ~e Teil the greater (*od.* larger) part; ich bin um einen Kopf ~ als du I am a head taller than you; mit um so ~em Recht als with all the more reason since; ~ werden to grow (larger). – **2.** (*ziemlich groß*) eine ~e Summe a considerable amount.
'grö·ße·ren'teils, 'grö·ßern'teils *adv* to a larger (*od.* greater) extent (*od.* degree), in a larger (*od.* greater) measure.
'Groß|erˌzeu·ger *m econ.* large(-scale) producer. — **~ˌfahn·dung** *f* manhunt, intensive search: eine ~ einleiten (*od.* starten) to mount a manhunt. — **~faˌmi·lie** *f sociol. hist.* extended family. — **~ˌfeu·er** *n* large (*od.* big) fire, conflagration, blaze. — **~fiˌnanz** *f* high finance. — **g~ˌflä·chig** *adj* **1.** wide, extensive. – **2.** (*Gesicht*) wide, broad. — **~ˌfle·derˌmaus** *f zo.* long-eared bat (*Gattg Plecotus*). — **g~ˌflos·sig** [-ˌflɔsɪç] *adj* large-finned. — **g~ˌflü·ge·lig** [-ˌflyːgəlɪç] *adj* large-winged, megalopterous (*scient.*). — **~ˌflugˌha·fen** *m aer.* intercontinental (*bes. Am.* hub) airport. — **~ˌflugˌzeug** *n cf.* Großraumflugzeug. — **~ˌfo·lio** *n* ⟨-s; *no pl*⟩ *print.* large folio. — **~forˌmat** *n* **1.** *print.* large format (*od.* size). – **2.** *fig. colloq. humor.* king-size (*colloq.*), oversize. — **g~forˌma·tig** *adj* **1.** *print.* of large format (*od.* size). – **2.** *fig. colloq. humor.* king-size(d) (*colloq.*), oversized. — **~ˌfürst** *m hist.* (*in Rußland*) grand duke. — **~ˌfür·sten·tum** *n cf.* Großherzogtum. — **~ˌfür·stin** *f* grand duchess. — **~ˌfußˌhuhn** *n meist pl zo.* scrub fowl (*od.* hen), megapode (*scient.*) (*Fam. Megapodiidae*). — **g~ˌfüt·tern** *v/t* ⟨*sep*, -ge-, h⟩ *colloq.* (*Kinder*) raise, clothe and feed, bring (*s.o.*) up. — **~gaˌra·ge** *f* **1.** large-capacity garage. – **2.** large (*od.* major) service station. — **g~geˌschrie·ben** *adj* ⟨*attrib*⟩ (*Buchstabe etc*) capital(ized). — **~ˌgrund·beˌsitz** *m* **1.** large estates *pl* (*od.* landed property). – **2.** large real estate holdings *pl.* — **~ˌgrund·beˌsit·zer** *m* big landowner, big landed proprietor.
'Großˌhan·del *m* ⟨-s; *no pl*⟩ *econ.* wholesale trade (*od.* business), wholesale: etwas im ~ einkaufen to buy s.th. wholesale (*od.* on wholesale level); etwas im ~ verkaufen to sell s.th. wholesale.
'Großˌhan·dels|ˌfir·ma *f econ.* wholesale business (*od.* firm). — **~geˌschäft** *n* **1.** *cf.* Großhandelsfirma. – **2.** wholesale transaction. — **~ˌin·dex** *m* index of wholesale prices. — **~ˌpreis** *m* wholesale price. — **~raˌbatt** *m* wholesale discount. — **~ˌspan·ne** *f* wholesale margin.
'Groß|ˌhänd·ler *m econ.* wholesale dealer (*od.* merchant), wholesaler. — **~ˌhand·lung** *f* wholesale firm (*od.* business).
'großˌher·zig *adj* **1.** magnanimous. – **2.** (*großzügig*) generous, bighearted. — **'Großˌher·zig·keit** *f* ⟨-; *no pl*⟩ **1.** magnanimity. – **2.** (*Großzügigkeit*) generosity.
'Groß|ˌher·zog *m* **1.** grand duke. – **2.** *zo.* eagle owl (*Bubo maximus*). — **~ˌher·zo·gin** *f* grand duchess. — **g~ˌher·zog·lich** *adj* grand-ducal. — **~ˌher·zog·tum** *n* grand duchy, *auch* Grand Duchy.
'Großˌhirn *n* **1.** *med.* (*bei Menschen*) cerebrum. – **2.** *zo.* (*bei Tieren*) anterior brain. — **~ˌrin·de** *f* cerebral cortex, pallium.
'Groß|in·duˌstrie *f econ.* big (*od.* large-scale) industry. — **~in·du·striˌel·le** *m* big industrialist, industrial magnate, big industry boss (*colloq.*), *bes. Am. colloq.* 'tycoon'. — **~in·quiˌsi·tor** *m röm.kath. hist.* grand inquisitor, *auch* Grand Inquisitor.
Gros·sist [grɔ'sɪst] *m* ⟨-en; -en⟩ *econ. cf.* Großhändler.
'großˌjäh·rig *adj jur. cf.* volljährig. — **'Großˌjäh·rig·keit** *f* ⟨-; *no pl*⟩ *cf.* Volljährigkeit.
'groß|kaˌli·be·rig [-kaˌliːbərɪç], **~kaˌli·brig** [-kaˌliːbrɪç] *adj* (*Gewehr etc*) large-caliber (*bes. Br.* -calibre) (*attrib*).
'Großˌkampf|ˌschiff *n mar.* capital ship. — **~ˌtag** *m* **1.** *mil.* great battle day. – **2.** *fig. colloq.* busy (*od.* tough) day.
'Groß|ka·piˌtal *n econ.* **1.** high finance. – **2.** das ~ *collect.* the big capitalists *pl* (*od.* financiers *pl*). — **~ka·pi·taˌlis·mus** *m* **1.** large-scale capitalism. – **2.** plutocracy. — **~ka·pi·taˌlist** *m* **1.** (big) capitalist. – **2.** plutocrat. — **g~kaˌriert** *adj* (bold-)plaid (*od.* -checked). — **~ˌkat·ze** *f zo.* big cat. — **~ˌkaufˌmann** *m econ.* **1.** *cf.* Großhändler. – **2.** great merchant. — **~ˌkli·ma** *n meteor.* macroclimate. — **~ˌknecht** *m* head farmhand, foreman of a farm. — **~komˌtur** *m hist.* (*eines Ritterordens*) grand commander. — **~konˌzern** *m econ.* big trust, combine, group.
'Großˌkopf *m zo.* gray (*bes. Br.* grey) (*od.* striped) mullet (*Mugil cephalus*).
Groß·kop·fer·te ['groːsˌkɔpfərtə] *m* ⟨-n; -n⟩ *Bavarian and Austrian colloq. contempt.* bigwig.
'großˌköp·fig [-ˌkœpfɪç] *adj med. zo.* bigheaded, largeheaded; macrocephalic, macrocephalous, megacephalic, megacephalous (*scient.*). — **'Großˌköp·fig·keit** *f* ⟨-; *no pl*⟩ bigheadedness, largeheadedness; macrocephaly, megacephaly (*scient.*).
'Großˌkotz *m* ⟨-es; -e⟩ *colloq. contempt.* boaster, braggart, swaggerer, show-off. — **'großˌkot·zig** *adj colloq.* boasting, swaggering. — **'Großˌkot·zig·keit** *f* ⟨-; *no pl*⟩ boasting, swagger(ing).
'Groß|ˌkraftˌwerk *n tech.* high-capacity power station. — **~ˌkreis** *m* **1.** *math.* (*einer Kugel*) great circle. – **2.** *astr.* great circle of sphere. — **~ˌkreuz** *n* (*eines Ordens*) grand cross. — **~ˌkü·che** *f* large-scale catering establishment, canteen. — **~ˌkundˌge·bung** *f* (outdoor) mass rally (*od.* meeting). — **g~ˌlap·pig** *adj zo. bot.* wide-lobose (*attrib*). — **~ˌlautˌspre·cher** *m* **1.** high-power loudspeaker. – **2.** (*Anlage*) public-address system. — **~ˌlo·ge** *f* (*der Freimaurer*) grand lodge.
'großˌma·chen *v/reflex* ⟨*sep*, -ge-, h⟩ sich ~ *colloq.* boast.
'Groß|ˌmacht *f pol.* Great Power, major power: die Großmächte the Great Powers. — **g~ˌmäch·tig I** *adj* mighty, powerful. – **II** *adv colloq.* enormously, tremendously: er hat ~ angegeben he boasted enormously.
'Großˌmacht|po·liˌtik *f pol.* **1.** (*allgemein*) (great-)power politics *pl* (*construed as sg or pl*). – **2.** (*eines bestimmten Landes etc*) great-power policy. — **~ˌstel·lung** *f* position as a Great Power: dieses Land hat eine ~ inne this country is a Great Power, this country holds a position as a Great Power.
'Groß|ˌmagd *f* first maidservant (*od.* senior woman servant) on a farm. — **~maˌma** *f* grandmam(m)a; grandma, granny, *bes. Am.* grannie (*colloq.*).
'Großˌmanns|ˌsucht *f contempt.* boastfulness, boasting. — **g~ˌsüch·tig** *adj* boasting.
'Großˌmarkt *m* central market. — **~ˌhal·le** *f* (large) market hall.
'Großˌmars *m mar.* maintop. — **~ˌse·gel** *n* main topsail.
'großˌma·schig *adj* having (*od.* with) wide meshes, wide- (*od.* large-)meshed.
'Großˌmast *m mar.* mainmast.
'Großˌmaul *n* **1.** *colloq. contempt.* loudmouth (*colloq.*), braggart, boaster, blusterer. – **2.** *zo.* (*Fisch*) warmouth, *auch* warmouth bass (*od.* perch), bigmouth (*Chaenobryttus gulosus*). — **'großˌmäu·lig** [-ˌmɔʏlɪç] *colloq. contempt.* **I** *adj* loudmouthed, bragging, boasting, blustering: dieses ~e Gerede geht mir auf die Nerven this bragging is getting on my nerves. – **II** *adv* ~ reden to brag, to boast. — **'Großˌmäu·lig·keit** *f* ⟨-; *no pl*⟩ *colloq. contempt.* bragging, boasting, boastfulness, blustering, loudmouthedness.
'Groß|ˌmei·ster *m hist.* (*vieler Orden*) grand master. — **~ˌmo·gul** *m* (*ind. Herrscher*) Great (*od.* Grand) Mogul. — **~ˌmuf·ti** *m* (*der Mohammedaner*) grand mufti.
'Großˌmut *f* ⟨-; *no pl*⟩ **1.** magnanimity, greatheartedness: ~ üben to be magnanimous. – **2.** (*Großzügigkeit*) generosity (of mind). — **'großˌmü·tig I** *adj* **1.** magnanimous, greathearted. – **2.** (*großzügig*) generous. – **II** *adv* **3.** j-m ~ verzeihen to forgive s.o. out of the goodness of one's heart. — **'Großˌmü·tig·keit** *f* ⟨-; *no pl*⟩ *cf.* Großmut.
'Groß|ˌmut·ter *f* grandmother; grandma, granny, *bes. Am.* grannie (*colloq.*): das kannst du deiner ~ erzählen *colloq.* tell that to the marines (*colloq.*). — **g~ˌmüt·ter·lich** *adj* grandmotherly, of one's grandmother. — **~ˌnef·fe** *m* great-nephew, grandnephew, *Br.* grand-nephew. — **~ˌnich·te** *f* great-niece, grandniece, *Br.* grand-niece. — **~of·fenˌsi·ve** *f mil.* major offensive. — **~ˌohr** *n*, **~ˌohrˌfle·derˌmaus** *f zo.* long-eared bat (*Plecotus auritus*). — **~okˌtav** *n* ⟨-s; *no pl*⟩ *print.* large octavo. — **~ˌon·kel** *m* great-uncle, granduncle, *Br.* grand-uncle. — **~paˌpa** *m colloq.* granddad, grandad, grandpa, grampa (*alle colloq.*), (*bes. children's language*) granddaddy, *auch* grandaddy, grandpapa. — **~ˌpho·to** *n*, **~pho·to·graˌphie** *f* enlarged photograph, photomural. — **g~ˌpo·rig** *adj* (*Haut etc*) large-pored, with large pores. — **~pro·duk·tiˌon** *f econ.* large-scale production. — **~ˌra·he** *f mar.* main yard. — **~ˌrat** *m Swiss* member of a cantonal parliament.
'Großˌraum *m* **1.** large room. – **2.** *cf.* Großraumbüro. – **3.** (*politischer, wirtschaftlicher*) larger area. – **4.** extended area: der ~ München Greater Munich, the Greater Munich area, Munich and its environs. — **~beˌwirt·schaf·tung** *f* **1.** *econ.* supra-regional management, large-scale economic administration. – **2.** *agr.* supra-regional agricultural planning, large-scale management. — **~büˌro** *n* open-plan office. — **~ˌflugˌzeug** *n* giant (*od.* large-capacity) aircraft.
'großˌräu·mig *adj* **1.** (*geräumig*) spacious. – **2.** (*weit ausgedehnt*) extensive. – **3.** covering a large area.
'Großˌraum|ˌwa·gen *m* **1.** *tech.* large-capacity car. – **2.** (*railway*) large-capacity wagon (*bes. Br.* waggon) (*Am.* car). — **~ˌwirt·schaft** *f econ.* large-area economy.
'Groß|reˌgal(·paˌpier) *n print.* imperial. — **~ˌrei·neˌma·chen** *n* large-scale (*od. colloq.* wholesale) housecleaning. — **~royˌal·paˌpier** *n print.* super royal. — **g~ˌsa·mig** [-ˌzaːmɪç] *adj bot.* with large seeds, macrospermous (*scient.*). — **~ˌsatz** *m ling.* period. — **~ˌschiffahrtsˌweg** (*getr.* -ff,f-) *m* major waterway (*Br.* water-way) (*od.* shipping lane). — **~schläch·teˌrei** *f* wholesale butchery.
'Großˌschnau·ze *f colloq. contempt. cf.* Großmaul 1. — **'großˌschnau·zig, 'großˌschnäu·zig** [-ˌʃnɔʏtsɪç] *adj u. adv cf.* großmäulig.
'Groß|ˌschot, ~ˌscho·te *f mar.* mainsheet. — **~ˌschrei·bung** *f* capitalization. — **g~ˌschup·pig** *adj zo.* large-scaled, scutate(d) (*scient.*). — **~ˌse·gel** *n mar.* **1.** mainsail, main course. – **2.** (*von Schonern*) boom mainsail. — **~ˌsen·der** *m tech.* **1.** transmitter. – **2.** (*Radiostation*) high-powered (*auch* high-power) broadcasting station.
'Großˌsie·gel·beˌwah·rer *m* **1.** keeper of the great seal. – **2.** (*Lordsiegelbewahrer in Großbritannien*) Lord Privy Seal.
'Großˌspre·cher *m cf.* Großmaul 1. — **ˌGroß·spre·che'rei** *f* ⟨-; *no pl*⟩ *cf.* Großmäuligkeit. — **'großˌspre·che·risch** *adj u. adv cf.* großmäulig.
'großˌspu·rig [-ˌʃpuːrɪç] *adj* **1.** overbearing, haughty, pretentious, arrogant. – **2.** (*hochtrabend*) grandiose. – **3.** (*wichtigtuerisch*) pompous, pretentious. — **'Großˌspu·rig·keit** *f* ⟨-; *no pl*⟩ **1.** overbearingness, haughtiness, pretentiousness, arrogance. – **2.** grandiosity. – **3.** pompousness, pretentiousness.
'Groß|ˌstadt *f* **1.** large (*od.* big) city. – **2.** (*Weltstadt*) metropolis. — **~ˌstäd·ter** *m* **1.** inhabitant of a large city, city dweller. – **2.** (*Weltstädter*) metropolitan. — **g~ˌstäd·tisch** *adj* **1.** big-city (*attrib*), citylike. – **2.** (*weltstädtisch*) metropolitan.
'Großˌstadt|ˌluft *f* (big-)city air: ~ atmen *fig.* to breathe big-city air, to taste big-city atmosphere. — **~verˌkehr** *m* (big-)city traffic.
'Groß|ˌstag *n mar.* mainstay. — **~ˌsteinˌbau·ten** *pl archeol.* megalithic monuments. — **~ˌsteinˌgrab** *n* megalithic burial place (*od.* monument). — **~ˌsten·ge** *f mar.* main-topmast. — **g~ˌstückig** (*getr.* -k·k-) [-ˌʃtʏkɪç] *adj tech.* lumpy, large-sized.
größt [grøːst] *sup of* groß: der ~e Teil the greatest part.
'Groß|ˌtankˌstel·le *f* (large *od.* major) service (*Am. auch* filling) station. — **~ˌtan·te** *f* great-aunt, grandaunt, *Br.* grand-aunt. — **~ˌtat** *f* great achievement,

(noble) deed, (great) feat, exploit: **eine medizinische ~** a feat of medicine.
Größ·te [ˈgrøːstə] *m, f* ⟨-n; -n⟩ **1.** (*körperlich*) tallest person. – **2.** (*geistig*) greatest person.
ˈGroßˌteil *m* major part, majority: **der ~ der Gäste war nicht gekommen** the majority of the guests had not come.
ˈgröß·tenˈteils *adv* **1.** for the most part, in most cases, mostly: **die Anwesenden waren mir ~ unbekannt** for the most part the people present were new to me, I did not know most of the persons present. – **2.** (*hauptsächlich*) mainly, chiefly.
ˈGrößtˌmaß *n* **1.** *cf.* Höchstmaß. – **2.** *tech.* a) maximum size, b) (*einer Passung*) upper (*od.* higher) limit.
ˈgrößtˈmög·lich *adj* ⟨*attrib*⟩ **1.** (*Raum etc*) biggest (*od.* largest) possible. – **2.** (*höchstmöglich*) highest possible: **der ~e Gewinn** the highest possible profit, the highest profit possible. – **3.** (*Eile, Sorgfalt etc*) greatest possible, utmost.
ˈGroß|ˌtoppˌse·gel *n mar. cf.* Gaffeltoppsegel. — **~ˌtrap·pe** *f zo.* great bustard (*Otis tarda*).
ˈGrößtˌspiel *n tech.* (*einer Passung*) maximum clearance.
ˈGroßˌtu·er *m* ⟨-s; -⟩ *colloq. contempt.* boaster, braggart, blusterer, show-off, *Am. sl.* four-flusher. — **ˌGroß·tueˈrei** *f* ⟨-; *no pl*⟩ boasting, bragging, bluster(ing), showing off, *Am. sl.* four-flush. — **ˈgroßˌtue·risch** *adj* boasting, bragging, blustering, *Am. sl.* four-flushing. — **ˈgroßˌtun** *v/i u.* **sich ~** *v/reflex* ⟨*irr, sep, -ge-, h*⟩ boast, brag, bluster, show off, *Am. sl.* four-flush: **(sich) mit seinen berühmten Freunden ~** to boast of (*od.* about) one's famous friends; **(sich) mit seinem Wissen ~** to show off (with) one's knowledge.
ˈGroßˌtür·ke *m hist.* Grand Turk.
ˈGrößtˌwert *m tech.* maximum value.
Gros·su·lar [grɔsuˈlaːr] *m* ⟨-s; -e⟩ *min.* grossularia, grossularite.
ˈGroß|ˌun·terˌneh·men *n econ.* big (business) firm, large-scale (*od.* big) enterprise. — **~ˌun·terˌneh·mer** *m* big businessman (*od.* entrepreneur).
ˈGroß|ˌva·ter *m* grandfather: **~ mütterlicherseits [väterlicherseits]** maternal [paternal] grandfather; **das ist wie in (*od.* zu) ~s Zeiten** that's how it was in grandfather's day(s). — **g~ˌvä·ter·lich** *adj* grandfatherly, of one's grandfather.
ˈGroßˌva·ter|ˌstuhl *m colloq.* grandfather('s) chair. — **~ˌuhr** *f colloq.* grandfather('s) clock.
ˈGroß|ver·anˌstal·tung *f bes. pol.* mass rally. — **~verˌbrau·cher** *m* large consumer. — **~verˌdie·ner** *m colloq.* big (wage) earner. — **~verˌsand·geˌschäft** *n econ.* large-scale mail-order house. — **~verˌtei·ler** *m* wholesale (*od.* large-scale) distributor. — **~verˌtrieb** *m* large-scale distribution. — **~ˌvieh** *n agr.* (*Rinder, Pferde etc*) heavy livestock, large animals *pl.* — **~viˌsi·te** *f med.* grand (*od.* chief's) rounds *pl.* — **~weˌsir** *m hist.* grand vizier. — **~ˌwet·terˌla·ge** *f meteor.* general weather situation: **die ~ betreffend** synoptic; **Karte der ~** synoptic chart.
ˈGroßˌwild *n hunt.* big game. — **~ˌjagd** *f* big-game hunting (*od.* shooting). — **~ˌjä·ger** *m* big-game hunter.
ˈGroßˌwür·denˌträ·ger *m* high dignitary.
ˈGroßˌzahlˌfor·schung *f metall.* frequency statistics *pl* (*construed as sg or pl*).
ˈgroßˌzie·hen *v/t* ⟨*irr, sep, -ge-, h*⟩ **1.** (*Kinder*) bring up, raise, rear. – **2.** (*Tiere*) rear, raise.
ˈgroßˌzü·gig I *adj* **1.** (*freigebig*) generous, liberal, openhanded, *Br.* open-handed, munificent (*lit.*). – **2.** (*Ansichten etc*) liberal, broadminded, tolerant. – **3.** (*Planung, Maßnahme etc*) on a large scale, large-scale (*attrib*). – **4.** (*weiträumig*) spacious. – **II** *adv* **5. j-n ~ behandeln** to treat s.o. generously; **sich ~ verhalten** to be generous, to behave in a generous way; **etwas ~ beurteilen** to judge s.th. leniently. – **6. eine Stadt ~ anlegen** to lay out (*od.* plan) a town with open spaces and wide streets. — **ˈGroßˌzü·gig·keit** *f* ⟨-; *no pl*⟩ **1.** generosity, liberality, munificence (*lit.*). – **2.** liberality, broadmindedness, tolerance. – **3.** large (*od.* full) scale. – **4.** spaciousness.
gro·tesk [groˈtɛsk] **I** *adj* (*Aufmachung, Situation etc*) grotesque. – **II G~e, das** ⟨-n⟩ the grotesque.
Groˈtesk *f* ⟨-; *no pl*⟩ *print. cf.* Groteskschrift.
Groˈtes·ke *f* ⟨-; -n⟩ **1.** (*art*) (*Ornament*) grotesque, grotesquerie, *auch* grotesquery. – **2.** (*literature*) (*fantastische Erzählung*) grotesque story (*od.* tale). – **3.** *cf.* Grotesktanz.
Groˈtesk|ˌschrift *f print.* grotesque, sans serif, sanserif, gothic, *auch* Gothic. — **~ˌtanz** *m choreogr.* grotesque dance.
Grot·te [ˈgrɔtə] *f* ⟨-; -n⟩ grotto, grot (*poet.*).
ˈGrot·tenˌolm *m zo.* cave salamander, olm (*Proteus anguinus*).
grub [gruːp] *1 u. 3 sg pret of* graben[1].
Grub·ber [ˈgrubər] *m* ⟨-s; -⟩ *agr.* grub hook, *Br.* grub-hook, grubber.
Grüb·chen [ˈgryːpçən] *n* ⟨-s; -⟩ **1.** *dim. of* Grube 1, 2. – **2.** (*in Kinn u. Wange*) dimple: **~ haben** to have dimples, to be dimpled. – **3.** *med.* fossula, fovea, fossule, fossulet. – **4.** *bot. zo.* fossule: **kleines ~** foveola. – **5.** *tech.* (*Oberflächenfehler*) pit, stain. — **~ˌbil·dung** *f tech.* pitting.
Gru·be [ˈgruːbə] *f* ⟨-; -n⟩ **1.** pit: **eine ~ graben (*od.* ausheben)** to dig a pit. – **2.** (*Loch*) hole. – **3.** (*Aushöhlung*) hollow, cavity, excavation. – **4.** (*mining*) a) pit, b) (*Kohlengrube*) colliery, c) (*Bergwerk*) mine: **~ im Tagebau** strip (*od.* opencut, *bes. Br.* opencast) mine; **in eine ~ einfahren** to go down (into) a mine. – **5.** *hunt.* (*Fallgrube*) trap, pitfall: **j-m eine ~ graben** *fig.* to set a trap for s.o.; **wer anderen eine ~ gräbt, fällt selbst hinein** (*Sprichwort*) *etwa* he who sets a trap (*od.* digs a pit) for others will fall into it himself. – **6.** *med.* pit; fossa, crypt (*scient.*). – **7.** *zo.* crypt, fovea. – **8.** *bot.* fovea. – **9.** *obs.* (*Grab*) grave: **in die (*od.* zur) ~ fahren** to go to the grave.
grü·be [ˈgryːbə] *1 u. 3 sg pret subj of* graben[1].
Grü·beˈlei *f* ⟨-; -en⟩ **1.** musing, meditation, pondering, rumination: **das Geräusch riß mich aus meinen ~en** the noise startled me out of my meditation. – **2.** (*Brüten*) brooding: **sich ~en hingeben** to indulge in brooding.
grü·beln [ˈgryːbəln] **I** *v/i* ⟨h⟩ (**über** *acc*) **1.** muse ([up]on, over), meditate ([up]on, over), ponder (on, over), ruminate (on, over), mull (over). – **2.** (*brüten*) brood (on, over): **sie sitzt stundenlang da und grübelt** she sits there brooding for hours. – **II G~** *n* ⟨-s⟩ **3.** *verbal noun.* – **4.** *cf.* Grübelei.
ˈGru·ben|ˌanˌteil *m* (*mining*) *hist.* mining share. — **~ˌar·bei·ter** *m* **1.** miner. – **2.** (*im Steinkohlenbergwerk*) coal miner, *Br.* coal-miner, collier, pitman. — **~ˌausˌbau** *m* supports *pl*: **schreitender ~** powered supports. — **~ˌbahn** *f* pit railway. — **~ˌbau** *m* ⟨-(e)s; -e⟩ **1.** underground working (of a mine), mining. – **2.** *pl* underground workings *pl* (*od.* plant *sg*). — **~beˌtrieb** *m* mine operations *pl*, underground work. — **~beˌwet·te·rung** *f* (mine) ventilation. — **~ˌbild** *n* mine plan. — **~ˌbrand** *m* pit (*od.* mine, underground) fire. — **~ex·plo·siˌon** *f* mine (*od.* colliery) explosion. — **~ˌfeld** *n* **1.** coalfield. – **2.** (*mining*) *hist.* coalfield, concession, allotment.
ˈGru·benˌgas *n* (*mining*) a) mine (*od.* pit) gas, damp, b) (*Explosionsnachschwaden*) afterdamp, *auch* blackdamp, c) (*Stickgas*) chokedamp, *Br.* choke-damp, d) (*Kohlenmonoxyd*) white damp, e) (*aus der Kohle ausströmendes*) firedamp, *Br.* fire-damp, methane (*scient.*). — **~entˌzün·dung** *f* **1.** gas (*od.* firedamp, *Br.* fire-damp) ignition. – **2.** (*mit folgender Explosion*) gas (*od.* colliery) explosion. — **~ˌmeß·geˌrät** *n* methanometer. — **~ˌwarn·geˌrät** *n* gas indicator, firedamp (*Br.* fire-damp) (*od. scient.* methane) detector.
ˈGru·ben|geˌlän·de *n* (*mining*) site of a mine. — **~ˌger·bung** *f* (*leather*) pit tannage. — **~ˌho·bel·maˌschi·ne** *f tech.* pit planer. — **~ˌholz** *n* (*mining*) pitwood, mine timber. — **~ˌlam·pe** *f* a) miner's lamp, b) (*in schlagwettergeschützten Gruben*) acetylene lamp, c) (*in schlagwettergefährdeten Gruben*) safety lamp. — **~ˌlei·tung** *f* management of a pit. — **~ˌmor·chel** *f bot.* scrobiculate turban-top (*Helvella lacunosa*). — **~ˌot·ter** *f zo.* pit viper, crotalid (snake) (*scient.*) (*Fam. Crotalidae*). — **~ˌret·tungsˌstel·le** *f* (*mining*) colliery rescue station. — **~ˌret·tungsˌwe·sen** *n* mine rescue organization. — **~ˌriß** *m* plan (*od.* map) of a mine. — **~ˌschmelz** *m tech.* (*in der Emailmalerei*) sunk enamel. — **~ˌstem·pel** *m* pitprop, *auch* post. — **~ˌunˌglück** *n* mine accident, (*großes*) mine disaster (*od.* catastrophe). — **~ˌwa·gen** *m* mine car: **kleiner ~** tub. — **~ˌwar·te** *f* central colliery control room. — **~ˌwas·ser** *n* ⟨-s; ⸚er⟩ pit water. — **~ˌwehr** *f* mine rescue party (*auch* team). — **~ˌwet·ter** *n cf.* Wetter[2] 4. — **~ˌwurm** *m zo. cf.* Hakenwurm. — **~ˌzim·me·rung** *f* (*mining*) timbering, support.
ˈGrüb·ler *m* ⟨-s; -⟩, **ˈGrüb·le·rin** *f* ⟨-; -nen⟩ **1.** muser, ponderer, meditative (*od.* introspective) person. – **2.** brooder, brooding person.
ˈgrüb·le·risch I *adj* **1.** (*Person*) musing, pondering, pensive, meditative. – **2.** (*brütend*) brooding. – **3.** (*Aussehen, Stimmung etc*) pensive, meditative. – **II** *adv* **4. ~ veranlagt sein** to tend to be meditative.
Grüb·ling [ˈgryːplɪŋ] *m* ⟨-s; -e⟩ *bot.* **1.** pignut, (Jamaica) cobnut (*Omphalea triandra*). – **2.** (*Gichtschwamm*) devil's egg, stinking moril (*Phallus impudicus*). – **3.** truffle (*Tuber aestivum*). – **4.** *cf.* Kartoffel 1.
Gru·de [ˈgruːdə] *f* ⟨-; -n⟩ *tech.* **1.** ⟨*only sg*⟩ coke breeze (made from lignite). – **2.** coke-breeze stove. — **~ˌkoks** *m* lignite coke. — **~ˌofen** *m* coke-breeze stove.
Grüe·zi [ˈgryːətsi] *Swiss* 'grüezi' (*the common Swiss form of greeting*).
Gruft [gruft] *f* ⟨-; ⸚e⟩ **1.** (*Grabgewölbe*) vault, tomb. – **2.** *poet.* (*Grab*) grave. – **3.** (*in Kirchen*) crypt. — **~ˌschim·mel** *m bot.* down moss (*Gattg Byssus*).
grum·meln [ˈgruməln] *v/i* ⟨h⟩ *Northern G.* **1.** (*von Gewitter etc*) rumble. – **2.** (*brummeln*) mutter.
Grum·met [ˈgrumət] *n* ⟨-s; *no pl*⟩, **Grumt** [grumt] *n* ⟨-(e)s; *no pl*⟩ *agr.* **1.** (*zweites Heu*) aftermath, *Am. auch* rowen(s *pl*). – **2.** (*nachgewachsenes Gras*) aftergrass, *Br.* after-grass.
grün [gryːn] *adj* ⟨-er; -st⟩ **1.** (*Gras, Augen, Licht etc*) green: **~e Auen** *poet.* green (*od. lit.* verdant) meadows; **wenn die Bäume wieder ~ sind** when the trees are green (*od.* in leaf) again; **etwas ~ anstreichen** to paint s.th. green; **~ ist die Farbe der Hoffnung** green is the colo(u)r of hope; **~er Salat** lettuce; **die G~e Insel** (*Irland*) the Emerald Isle, Ireland; **die ~e Fahne des Propheten** the green flag of the prophet; **die ~e Hochzeit** the wedding day, *Br.* the wedding-day; **~e Weihnachten** a green Christmas; **die ~en Lungen der Großstadt** the parks of the city; **über die ~e Grenze gehen** to cross the border illegally; **die ~e Versicherungskarte** the green (insurance) card; **G~e Minna** *colloq.* Black Maria (*colloq.*), *Am. auch* patrol wagon, paddy wagon (*colloq.*); **j-m ~es Licht für etwas geben** *fig.* to give s.o. the permission (*od. colloq.* green light, OK) for s.th.; **~e Welle** traffic pacer, linked (*Am.* synchronized) traffic lights *pl*; **~e Welle 50** linked signals (*Am.* signals set) at 50 km.p.h.; **~e Seife** liquid soap; **~er Star** *med.* glaucoma; **er wurde ~ (und gelb) vor Neid** *fig. colloq.* he turned green with envy; **ich könnte mich ~ und blau ärgern, daß** *fig. colloq.* I could kick myself for; **j-n ~ und blau schlagen** *colloq.* to beat s.o. black and blue; **j-n über den ~en Klee loben** *colloq.* to praise s.o. to the skies; **er wird nie auf einen ~en Zweig kommen** *fig. colloq.* he will never get ahead (*od.* anywhere), he will never get on in life; → Bohne 2; Erbse; Hölle; Neun 2; Seite 7; Star[3]; Tisch 4; Witwe 1. – **2.** (*unreif*) green, unripe. – **3.** (*frisch, unbearbeitet*) green: **~e Heringe** green (*od.* fresh, unsalted) herrings; **~e Häute** green (*od.* undressed, untanned, raw) hides; **~es Holz** green (*od.* unseasoned) wood; **~er Kaffee** green coffee (beans *pl*); **~er Sand** *metall.* green sand. – **4.** (*landwirtschaftlich*) agricultural: **die G~e Woche** the Berlin Agricultural Show. – **5.** *fig. colloq.* (*zu jung, unerfahren*) green, inexperienced: **ein ~er Junge** a greenhorn. – **6. j-m nicht ~ sein** *colloq. humor.* to have a dislike for s.o.; **sie waren einander nicht ~** there was no love lost between them.
Grün *n* ⟨-s; -, *colloq.* -s⟩ **1.** (*Farbe*) green: **ein dunkles [helles, saftiges] ~** a dark [light, lush] green; **die Dame in ~** the lady in green; **in ~ gekleidet sein** to be dressed

in green; ins ~ spielend greenish, with a greenish tinge (*od.* cast); das ist dasselbe in ~ *fig. colloq.* that's (exactly) the same thing, that's six of one and half a dozen of the other. – **2.** (*der Bäume, Pflanzen etc*) green, greenery, verdure (*lit.*): das erste ~ des Frühlings the first green of spring. – **3.** Mutter ~ *colloq. humor.* Mother Nature, the open air: bei Mutter ~ schlafen to sleep out under the stars (*od.* in the open). – **4.** (*der Verkehrsampel*) green: bei ~ when the traffic lights are on (*od.* at) green; die Ampel zeigt (*od.* steht auf) ~ the lights are on (*od.* at) green. – **5.** (*games*) (*der deutschen Spielkarten*) spades *pl*: ~ ausspielen to lead spades. – **6.** (*sport*) (*beim Golf*) putting green, *Br.* putting-green.

'Grün|ˌal·gen *pl bot.* green algae. — ~ˌ**an**ˌ**la·ge** *f meist pl* (public) park(s *pl*), (public) garden(s *pl*). — ~ˌ**au·ge** *n meist pl zo.* gout (*od.* straw) fly (*Fam. Chloropidae*). — **g**~ˌ**äu·gig** *adj* green-eyed. — ~ˌ**bart** *m zo.* ironsmith, coppersmith, tinkerbird, barbet (*Unterfam. Capitonidae*). — **g**~ˌ**bär·tig** *adj* (*Auster*) green-gilled. — ~ˌ**bee·re** *f bot. cf.* Stachelbeere 1. — **g**~ˌ**blau** *adj* greenish-blue. — ~ˌ**blei**ˌ**erz** *n min.* green lead ore, pyromorphite (*scient.*). — **g**~ˌ**blind** *adj med.* green-blind, deuteranopic (*scient.*). — ~ˌ**blind·heit** *f* green blindness; deuteranopia, deuteranopsia, achloroblepsia, aglaucopsia (*scient.*). — **g**~ˌ**blü·hend** *adj bot.* chloranthous. — ~ˌ**blu·me** *f* (*zum Parfümieren des Tees*) chulan, chloranthus (*scient.*) (*Chloranthus inconspicuus*). — ~ˌ**buch** *n pol.* green book, *auch* Green Book.

Grund [grʊnt] *m* ⟨-(e)s; ⸚e⟩ **1.** ⟨*only sg*⟩ ground: fester [steiniger] ~ firm [stony] ground; wieder auf festem ~ stehen to stand on firm ground again. – **2.** ⟨*only sg*⟩ (*bes. in der Landwirtschaft*) soil: fetter [lehmiger, sandiger] ~ rich [clayey, sandy] soil. – **3.** (*Grundbesitz*) ground(s *pl*), land, property: auf eigenem ~ (und Boden) on one's own property; liegende Gründe land holdings, real estate *sg.* – **4.** ⟨*only sg*⟩ (*Baugrund*) (building) plot. – **5.** ⟨*only sg*⟩ (*Boden von Gewässern*) bottom, bed: auf dem ~ des Meeres at the bottom of the sea, on the floor of the ocean; das Schiff ist auf ~ gelaufen (*od.* geraten) the ship ran aground; ein Schiff in den ~ bohren (*od.* auf den ~ schicken) to sink a ship, to send a ship to the bottom; auf ~ stoßen to touch (*od.* hit) the bottom; ich habe keinen ~ mehr (unter den Füßen) I can't touch the bottom any more, I am out of my depth. – **6.** ⟨*only sg*⟩ (*von Gefäßen etc*) bottom: sein Glas bis auf den ~ leeren to empty one's glass completely, to drain one's glass. – **7.** *lit.* (*Talgrund*) valley, dale (*poet.*). – **8.** ⟨*only sg*⟩ *fig.* (*das Innerste*) bottom, core, root: einer Sache auf den ~ gehen (*od.* kommen) to get to the bottom of s.th.; er hat den Dingen auf den ~ gesehen he has come to the heart of the matter; im ~e (genommen) actually, basically, strictly speaking, as a matter of fact, when all is said and done; im (tiefsten) ~e ihres Herzens [ihrer Seele] in the (innermost) depths (*od.* recesses) of her heart [soul]; ich hatte im ~e meines Herzens gehofft, daß in my heart of hearts I had hoped that; j-n aus dem ~e seiner Seele hassen to hate s.o. with all one's heart. – **9.** ⟨*only sg*⟩ (*Grundlage*) basis, foundation(s *pl*): auf ~ von (*od. gen*) on the basis (*od.* strength) of, *auch* in terms of; auf ~ dieser Nachricht on the basis (*od.* as a result) of this news; von ~ auf (*od.* aus) entirely, completely, thoroughly, from top to bottom, *Am. colloq.* from the ground up; von ~ auf verdorben completely rotten, rotten to the core; etwas von ~ auf verändern (*od.* umgestalten) to change s.th. from top to bottom, to revolutionize s.th.; etwas von ~ aus (*od.* auf) kennen to know s.th. from top to bottom (*od.* inside out, thoroughly); er legte den ~ zu einer völlig neuen Wissenschaft he laid the foundation(s) for an entirely new science. – **10.** ⟨*only sg*⟩ (*Hintergrund*) background: ein lebhaftes Muster auf dunklem ~ a lively pattern on (*od.* against) a dark background. – **11.** in ~ und Boden *fig. colloq.* out and out, thoroughly, completely, totally: etwas in ~ und Boden stampfen to stamp s.th. to pieces (*od.* bits, smithereens); etwas in ~ und Boden verdammen to condemn s.th. outright (*od. colloq.* left, right and center); j-n in ~ und Boden reden to talk s.o.'s head off; sich in ~ und Boden schämen to be thoroughly ashamed; ein Gut in ~ und Boden wirtschaften to bring a farm to total ruin. – **12.** *cf.* Kaffeesatz, Satz[1] 15. – **13.** (*Vernunftsgrund*) reason: das ist ein hinreichender ~ that is sufficient reason; aus diesem ~(e) for this reason, therefore; aus dem einfachen ~(e), weil for the simple reason that; aus irgendeinem ~ for some reason or other; aus irgendeinem unerfindlichen ~ for some obscure reason; aus persönlichen [triftigen, naheliegenden, zwingenden] Gründen for personal [cogent, obvious, compelling] reasons; aus gesundheitlichen Gründen for reasons of health; aus Gründen der Sicherheit for safety reasons, for reasons of safety; aus welchem ~? why? for what reason? schon aus diesem ~ ist das unmöglich for this reason alone it is impossible; etwas als ~ für etwas angeben to give (*od.* state) s.th. as the reason for s.th.; das sind die wahren (*od.* eigentlichen, tieferen) Gründe dafür those are the real (*od.* underlying) reasons for it, that lies at the bottom of it; ich habe meine Gründe (dafür) I have my reasons (for that); ohne Angabe von Gründen without giving any reasons; ohne jeden ~ for no reason at all; er behauptet nicht ohne ~, daß he maintains not without reason (*od.* foundation) that, he is quite correct in maintaining that; ich habe nicht ganz ohne ~ geschwiegen it was not without reason that I kept silent; es besteht kein ~ zu der Annahme, daß there is no reason to suppose that; kein ~ zur Besorgnis no reason (*od.* need) to worry, no cause for alarm; kein ~ zur Eile no (reason *od.* need to) hurry; das ist ein ~ zum Feiern that is a reason to celebrate, that calls for a celebration; ~ genug zum Feiern reason enough to celebrate; er hat allen ~, dir dankbar zu sein he has every reason to be (*od.* for being) grateful to you; seine Gründe darlegen [vorbringen] to state (*od.* explain) [to advance] one's reasons; alles hat seinen ~ there is a reason for everything; der ~, weshalb (*od.* warum) ich das getan habe the reason why I did that. – **14.** (*Veranlassung*) cause, reason: keinen ~ zur Klage haben to have no cause for complaint (*od.* to complain, for complaining); ich werde ihm keinen ~ geben, mich zu kritisieren I shall not give him any cause to criticize me; das ist ein ~ zur fristlosen Entlassung those are grounds for immediate dismissal; die Polizei hatte keinen ~ zum Einschreiten the police had no cause to intervene; den ~ für etwas suchen to look for the cause of s.th. – **15.** (*bes. zur Beweisführung, Rechtfertigung, Verteidigung etc*) ground(s *pl*): etwas aus religiösen Gründen ablehnen to oppose s.th. on religious grounds. – **16.** (*Argument*) argument: Gründe für und wider, Gründe und Gegengründe arguments for and against, (the) pros and cons; stichhaltige Gründe ins Feld führen to put forward (*od.* advance) sound arguments. – **17.** (*Beweggrund*) motive: was mag nur der ~ für diese Handlung gewesen sein? I wonder what the motive for this action was. – **18.** *philos.* a) (*Seinsgrund*) cause, b) (*Vernunftgrund*) reason, c) (*Beweggrund des Willens*) motivation: Satz vom (zureichenden) ~ principle of sufficient reason. – **19.** *jur.* (*eines Rechtsstreits*) cause: seine Gründe angeben to show cause. – **20.** ⟨*only sg*⟩ *arch.* (*Fundament*) foundation, basis: den ~ zu einem Bau legen to lay the foundation for a structure. – **21.** ⟨*only sg*⟩ (*art*) (*Grundierung*) priming (coat). – **22.** ⟨*only sg*⟩ *print.* (*bei Goldschnitt, Vergoldung*) bed. – **23.** ⟨*only sg*⟩ *med.* (*eines Geschwürs*) base.

'Grund|ˌabˌ**ga·be** *f econ.* (*Steuer*) land tax, (*Pacht*) ground rent, *Br.* ground-rent. — ~ˌ**ab**ˌ**laß** *m civ.eng.* (*am Staudamm etc*) scouring pipe, bottom outlet (*od.* discharge tunnel). — ~**ak**ˌ**kord** *m mus.* basic triad. — ~ˌ**ak·ten** *pl jur.* title deeds, *Br.* title-deeds. — ~ˌ**an·gel** *f* **1.** drail. – **2.** (*Angelleine mit Köder u. Senkgewicht*) ledger tackle. — ~ˌ**an·geln** *n* ground fishing (*od.* angling), *Br.* ground-fishing (*od.* -angling). — ~ˌ**an**ˌ**schau·ung** *f* fundamental (*od.* basic) idea (*od.* conception, outlook). — **g**~'**an**ˌ**stän·dig** *adj* upright, as straight (*od.* true) as a die: ein ~er Kerl an upright fellow, *Am. colloq.* an honest Abe. — ~ˌ**an**ˌ**strich** *m tech.* first (*od.* ground, prime, flat, priming) coat, undercoat, primer. — ~ˌ**aus**ˌ**bil·dung** *f* **1.** *mil.* basic (military) training: fliegerische ~ basic flying training; geschlossene ~ basic unit training. – **2.** *ped.* basic training. — ~ˌ**bal·ken** *m* **1.** *civ.eng. cf.* Grundschwelle. – **2.** (*in der Zimmerei*) dormer, sleeper. — ~ˌ**baß** *m mus.* fundamental bass. — ~ˌ**bau** *m* ⟨-(e)s; *no pl*⟩ *arch.* **1.** (*Fundament*) foundation, basement. – **2.** (*Grundmauer*) foundation wall, stereobate (*scient.*). — ~**be**ˌ**darf** *m econ.* basic demand (*od.* needs *pl*, requirements *pl*). — ~**be**ˌ**deu·tung** *f* (*eines Wortes*) primary (*od.* basic, original) meaning. — ~**be**ˌ**din·gung** *f* basic (*od.* fundamental) condition, prerequisite. — ~**be**ˌ**griff** *m* **1.** (*einer Wissenschaft etc*) basic (*od.* fundamental) concept, principle. – **2.** *pl* (*Anfangsgründe*) rudiments, fundamentals. – **3.** *philos.* (*in der Logik*) primitive concept. — ~**be**ˌ**sitz** *m* (landed) property, real estate, lands *pl*: freier ~ freehold (property). — ~**be**ˌ**sit·zer** *m* **1.** landowner, landed proprietor. – **2.** estate owner. — ~**be**ˌ**stand**ˌ**teil** *m* **1.** basic (*od.* main, primary) component (*od.* ingredient, constituent), element. – **2.** *chem.* basic constituent, element: Zerlegung in die ~e ultimate analysis. — ~**be**ˌ**trag** *m econ.* basic amount. — ~ˌ**boh·rer** *m tech.* bottoming tap.

'Grundˌ**buch** *n jur.* **1.** land (*od.* estate) register: Eintragung ins ~ entry in the land register. – **2.** (*zu Steuerzwecken*) cadastre, *auch* cadaster. – **3.** (*Hypothekenregister*) register of mortgages. — ~ˌ**amt** *n* land registry (office). — ~ˌ**aus**ˌ**zug** *m* extract from the land (*od.* estate) register. — ~ˌ**ein**ˌ**tra·gung** *f* registration of land, entry in the land register. — ~**ge**ˌ**richt** *n cf.* Grundbuchamt.

'Grund|che·miˌ**ka·li·en** *pl chem.* heavy chemicals. — ~ˌ**dienst·bar·keit** *f jur.* easement, real servitude: persönliche ~ rent service, *Br.* rent-service. — ~ˌ**drei**ˌ**klang** *m mus.* (*einer Tonart*) basic triad, tonic chord. — ~ˌ**dü·nung** *f mar.* ground swell. — ~ˌ**ebe·ne** *f* **1.** (*einer technischen Zeichnung*) datum level. – **2.** *min.* (*der Kristalle*) basal plane. — **g**~'**ehr·lich** *adj* thoroughly honest, as honest as the day is long. — ~ˌ**ei·gen·schaft** *f bes. biol.* fundamental character(istic). — ~ˌ**ei·gen·tum** *n cf.* Grundbesitz. — ~ˌ**ei·gen·tü·mer** *m cf.* Grundbesitzer. — ~ˌ**ein·heit** *f phys.* fundamental unit. — ~ˌ**ein**ˌ**kom·men** *n* basic income (*od.* earnings *pl*). — ~ˌ**ein**ˌ**stel·lung** *f cf.* Grundhaltung. — ~ˌ**eis** *n geol.* anchor (*od.* ground) ice, *Br.* ground-ice, *Am. auch* frazil (ice): → Arsch.

Grun·del ['grʊndəl], **Grün·del** ['grʏndəl] *f* ⟨-; -n⟩, *auch m* ⟨-s; -⟩ *zo.* **1.** gudgeon (*Fam. Cyprinidae u. Gobio gobio*). – **2.** goby (*Fam. Gobiidae*).

grün·deln ['grʏndəln] *v/i* ⟨h⟩ (*von Enten, Schwänen etc*) dabble.

grün·den ['grʏndən] **I** *v/t* ⟨h⟩ **1.** (*Stadt, Club, Universität, Partei etc*) found. – **2.** (*einrichten, anlegen*) set up, establish: eine Familie ~ to set up a family; einen (eigenen) Hausstand ~ to set up house. – **3.** (*ins Leben rufen*) institute. – **4.** (*Geschäft etc*) start, open, set up, establish. – **5.** *econ.* (*Unternehmen*) a) found, b) (*mit Kapital*) promote, float: gegründet 1870 established (in) 1870. – **6.** etwas auf (*acc*) etwas ~ *fig.* to found (*od.* base) s.th. on s.th.: eine Theorie auf bestimmte Beobachtungen ~ to base a theory on certain observations. – **7.** *civ.eng.* (*Fundament legen*) (auf *acc* on) found. – **II** *v/reflex* **8.** sich auf (*acc*) etwas ~ to be based (*od.* founded) on s.th.: der Verdacht gründet sich lediglich auf Vermutungen the suspicion is merely based on conjectures; worauf gründet sich deine Hoffnung? what is your hope based on? – **III** *v/i* **9.** auf (*od.* in) (*dat*) etwas ~ to lie (*od.* have its basis) in, to be based on, to be due to: in diesem Erlebnis gründet seine Abneigung gegen jegliche Gewalt his aversion to (*od.* for, from) any kind of violence is due to this experience. – **IV G**~ *n* ⟨-s⟩ **10.** *verbal noun.* – **11.** *cf.* Gründung.

'Grün·der *m* ⟨-s; -⟩ **1.** (*einer Stadt, eines Vereins etc*) founder. – **2.** (*Schöpfer*) creator, originator. – **3.** *econ.* (*einer Gesellschaft etc*) a) founder, b) promoter. — ~ˌ**ak·ti·en**,

~ˌanˌtei·le *pl econ.* founders' shares. — **~geˌsell·schaft** *f* association of founders (*od.* promoters). — **~ˌhaf·tung** *f jur.* founder's liability, liability of a founder.

'**Grün·de·rin** *f* ⟨-; -nen⟩ female founder, foundress.

'**Grün·der|ˌjah·re** *pl hist. period sg of rapid industrial expansion in Germany (1871—73).* — **~ˌrech·te** *pl* founders' preference rights.

'**Grund·erˌwerb** *m jur.* purchase (*od.* acquisition) of land.

'**Grund·erˌwerb(s)ˌsteu·er** *f jur.* land transfer duty, tax on real estate transactions.

'**Grün·derˌzeit** *f hist. cf.* Gründerjahre.

'**Grund|erˌzie·hung** *f ped.* fundamental (*od.* basic) education. — **g~'falsch** *adj* absolutely (*od.* utterly, entirely) wrong. — **~ˌfar·be** *f* **1.** *phys.* primary color (*bes. Br.* colour). – **2.** *tech.* prime (*od.* flat) color (*bes. Br.* colour), primer. – **3.** (*art*) ground (color, *bes. Br.* colour). — **~ˌfeh·ler** *m* **1.** fundamental mistake (*od.* error). – **2.** *cf.* Hauptfehler 1. — **~ˌfe·ste** *f* ⟨-; -n⟩ **1.** *pl auch fig.* foundations: **ein System in den ~n erschüttern** *fig.* to shake a system to its (very) foundations; **an den ~n eines Staates rütteln** *fig.* to rock the foundations of a state. – **2.** *bot.* hawk's-beard, crepis (*scient.*) (*Gattg Crepis, bes. C. tectorum*). — **~fiˌgur** *f* (*sport*) (*bes. beim Eiskunstlauf, Kunstflug*) basic figure. — **~ˌfisch** *m zo.* groundfish, *Br.* ground-fish. — **~ˌflä·che** *f* **1.** (surface) area. – **2.** *math.* base, basis: **die ~ eines Prismas sei** the base of a prism is. – **3.** *her.* field. – **4.** *tech.* (*einer Maschine*) floor space. — **~ˌform** *f* **1.** basic form. – **2.** *ling.* a) (*Infinitiv*) infinitive, b) (*Stammform*) stem, theme. — **~ˌfor·mel** *f math.* basic formula. — **~freˌquenz** *f electr.* fundamental frequency. — **~geˌbir·ge** *n geol.* **1.** bedrock, *Br.* bed-rock. – **2.** (*ältestes Kristallin*) basement complex. — **~geˌbühr** *f* **1.** *econ.* standard rate (*od.* fee). – **2.** *tel.* basic (*od.* flat) rate, *bes. Br.* rental charge. — **~geˌdan·ke** *m* basic thought (*od.* idea), fundamental (*od.* general) idea: **den ~n einer Abhandlung herausstellen** to point out the basic idea of a treatise; **der ~ seiner Ausführungen war** the keynote of his remarks was.

'**Grund·geˌhalt**[1] *n econ.* basic salary.

'**Grund·geˌhalt**[2] *m* (*eines Dramas etc*) basic content.

'**grund|ge'lehrt** *adj* exceedingly learned, erudite (*lit.*). — **~ge'scheit** *adj* exceedingly clever (*od.* bright).

'**Grund|geˌschütz** *n mil.* base piece. — **~geˌschwin·dig·keit** *f aer.* ground speed. — **~geˌsetz** *n jur. pol.* **1.** Basic Law (*for the Federal Republic of Germany*). – **2.** (*für eine Gesellschaft*) organic law. — **~geˌstalt** *f mus.* (*in der 12-Ton-Musik*) original form, basic set. — **~geˌstein** *n geol.* bedrock, *Br.* bed-rock. — **~geˌwe·be** *n* **1.** *biol.* primary tissue, stroma (*scient.*). – **2.** (*textile*) ground weave, back. — **~ˌglei·chung** *f math.* basic (*od.* fundamental) equation. — **g~'gü·tig** *adj* extremely kindhearted (*Br.* kind-hearted). — **~ˌhai** *m zo.* sand shark (*Carcharias taurus*). — **~ˌhal·tung** *f* basic attitude. — **g~'häß·lich** *adj* exceedingly ugly. — **~ˌheil** *n bot.* **1.** mountain parsley (*Peucedanum oreoselinum*). – **2.** androseme (*Hypericum androsaemum*). — **~ˌherr** *m* **1.** *hist.* lord of the manor. – **2.** landlord. — **~ˌherr·schaft** *f hist.* **1.** manorial estate, manor. – **2** lord(s *pl*) of the manor, manorial nobility. – **3.** (*Grundherrentum*) landlordism. — **~ˌho·bel** *m tech.* routing (*od.* router, ground) plane.

'**Grundˌhol·de** *m* ⟨-n; -n⟩ *hist.* serf.

Grun'dier|ˌanˌstrich *m* (*paints*) priming coat, primer. — **~ˌbad** *n* (*in der Färberei*) bottoming bath.

grun·die·ren [grʊn'diːrən] **I** *v/t* ⟨*no* ge-, h⟩ **1.** (*art*) a) ground, b) (*auf Wände, Holz etc*) prime. – **2.** *tech.* prime. – **3.** (*in der Färberei*) bottom. – **4.** *print.* size. – **II G~** *n* ⟨-s⟩ **5.** *verbal noun.* – **6.** *cf.* Grundierung.

Grun'die·rer *m* ⟨-s; -⟩ (*paints*) primer, grounder.

Grun'dier|ˌfar·be *f* priming (*od.* flat) paint (*od.* color, *bes. Br.* colour). — **~ˌfir·nis** *m* (*art*) filler. — **~ˌlack** *m* primer. — **~ˌleim** *m* size. — **~ˌmit·tel** *n* primer.

Grun'die·rung *f* ⟨-; -en⟩ **1.** *cf.* Grundieren. – **2.** (*art*) *tech.* a) priming (*od.* primer) (coat), b) *cf.* Grundierfarbe.

grun·dig ['grʊndɪç], **grün·dig** ['grʏndɪç] *adj dial.* (*morastig*) muddy, swampy.

'**Grund|in·duˌstrie** *f econ.* basic industry. — **~ˌirr·tum** *m* fundamental error. — **~kaˌdenz** *f mus.* full cadence. — **~ka·piˌtal** *n econ.* **1.** capital (stock). – **2.** original capital. — **~ˌkar·te** *f* base map. — **~kaˌta·ster** *m* land register. — **~ˌkennt·nis·se** *pl* basic knowledge *sg.* — **~konˌstan·te** *f phys.* fundamental constant. — **~kon·zep·tiˌon** *f* (*eines Regisseurs etc*) fundamental (*od.* basic) idea (*od.* conception). — **~ˌkör·per** *m* **1.** *tech.* base plate, base. – **2.** *math.* fundamental substance. – **3.** *chem.* parent substance. — **~kreˌdit** *m econ.* loan on real estate. — **~ˌkreis** *m math. tech.* (*von Zahnrädern*) base circle.

'**Grundˌla·ge** *f* **1.** base, foundation. – **2.** *fig.* basis, foundation: **auf breiter ~** on a broad basis; **die ~n legen für** to lay the foundation for; **dieser Verdacht entbehrt jeder ~** this suspicion is without any foundation (*od.* completely unfounded); **etwas auf eine völlig neue ~ stellen** to put s.th. on an entirely new basis; **die politischen Ideen, die die ~ zur Revolution bilden** the political ideas which form the foundation (*od.* groundwork) for (*od.* the political ideas underlying) the revolution. – **3.** *meist pl fig.* (*Grundbegriffe*) fundamentals *pl*, rudiments *pl*, (basic) elements *pl*: **die ~n einer Wissenschaft** the fundamentals (*od.* fundamental principles) of a science. – **4.** *mus.* (*eines Akkords*) fundamental (*od.* root) position.

'**Grundˌla·gen|beˌscheid** *m econ.* notice of company profit tax assessment. — **~ˌfor·schung** *f* basic (*od.* fundamental) research.

'**Grund|ˌlast** *f electr.* base load. — **~laˌwi·ne** *f geol.* ground (*od.* wet) avalanche.

'**grundˌle·gend I** *adj* **1.** fundamental, basic: **eine ~e Arbeit über** (*acc*) **etwas schreiben** to write a paper of fundamental importance on s.th.; **~e Änderungen vornehmen** to make fundamental (*od.* radical) changes. – **2.** (*elementar*) elementary, rudimentary, fundamental: **~e Kenntnisse in der Grammatik** elementary knowledge *sg* of grammar. – **II** *adv* **3.** fundamentally, basically: **die Verhältnisse haben sich ~ geändert** the circumstances have changed fundamentally (*od.* radically).

'**Grundˌle·gung** *f* ⟨-; -en⟩ **1.** laying the foundation. – **2.** *fig.* foundation.

'**Grund|ˌleh·re** *f* **1.** fundamental doctrine. – **2.** *pl jur. pol.* (*Grundgesetze*) institutes. — **~ˌlei·ne** *f* (*beim Fischen*) foot line.

gründ·lich ['grʏntlɪç] **I** *adj* **1.** (*Prüfung, Untersuchung etc*) thorough: **~e Überholung eines Autos** thorough overhaul(ing) of a car. – **2.** (*Person, Arbeit etc*) thorough(-going). – **3.** (*Wissen etc*) thorough, profound, deep. – **4.** (*sorgfältig*) careful, painstaking. – **5.** (*erschöpfend*) exhaustive. – **6.** *colloq.* real, thorough: **das war ein ~er Reinfall** that was a real letdown (*Br.* let-down). – **II** *adv* **7.** thoroughly: **er macht seine Sache ~** a) he does his job thoroughly, b) he makes a thorough job of it; **etwas ~ kennen** to know s.th. thoroughly. – **8.** *colloq.* (*in Wendungen wie*) **da hast du dich ~ getäuscht** that is where you are completely mistaken; **j-m ~ die Meinung sagen** to give s.o. a piece of one's mind, to tell s.o. a few home truths; **das müssen wir ihm ~ austreiben** we'll have to cure him properly of that, we'll really have to knock that out of him; **dem werd' ich es ~ besorgen** I'm going to really let him have it; **j-m ~ auf den Zahn fühlen** to thoroughly sound s.o. (out). — '**Gründ·lich·keit** *f* ⟨-; *no pl*⟩ **1.** thoroughness. – **2.** thoroughness, profoundness. – **3.** carefulness. – **4.** exhaustiveness.

Gründ·ling ['grʏntlɪŋ] *m* ⟨-s; -e⟩ *zo.* gudgeon (*Gobio gobio*).

'**Grundˌli·nie** *f* **1.** *math.* base line. – **2.** (*sport*) (*beim Tennis*) base line. – **3.** *meist pl fig.* (*Grundzüge*) outline, main features *pl*: **~n eines Vortrags** outline *sg* of a lecture.

'**Grundˌli·ni·en|duˌell** *n* (*sport*) (*beim Tennis*) base-line duel. — **~ˌspiel** *n* base-line game. — **~ˌspie·ler** *m* base-line player.

'**Grundˌlohn** *m econ.* basic wage(s *pl*).

'**grund·los I** *adj* **1.** (*Weg etc*) muddy. – **2.** (*ohne festen Untergrund*) unfirm. – **3.** (*Meer etc*) bottomless, unfathomable: **~e Tiefe** unfathomable depth. – **4.** *fig.* (*nicht fundiert*) groundless, baseless, unfounded, without (any) foundation: **~e Beschuldigungen** unfounded accusations; **~e Beschimpfungen** unfounded (*od.* gratuitous) insults. – **II** *adv* **5.** for no reason (at all), without any reason: **er wurde ~ entlassen** he was dismissed for no reason at all. — '**Grund·lo·sig·keit** *f* ⟨-; *no pl*⟩ (*einer Beschuldigung etc*) groundlessness, baselessness.

'**Grund|ˌmaß** *n* basic (*od.* standard) measurement. — **~ˌmas·se** *f* **1.** *geol.* groundmass. – **2.** *min.* matrix. — **~ma·te·riˌal** *n* backing material. — **~ˌmau·er** *f civ.eng.* foundation wall. — **~ˌmau·erˌwerk** *n* foundation masonry. — **~meˌtall** *n metall.* base (*od.* parent) metal. — **~ˌmi·ne** *f mil.* ground mine. — **~moˌrä·ne** *f geol.* ground moraine. — **~ˌnah·rungsˌmit·tel** *n* staple (*od.* basic) food. — **g~ˌner·vig** *adj bot.* (*Blätter*) basal-nerved. — **~ˌnorm** *f* basic (*od.* fundamental) standard.

ˌ**Grün'don·nersˌtag** *m relig.* Maundy (*od.* Holy) Thursday.

'**Grund|ope·ra·tiˌon** *f math.* basic (*od.* fundamental) operation. — **~ˌord·nung** *f* (*eines Staates, einer Kirche etc*) fundamental order. — **~ˌpacht** *f econ.* ground (*od.* land) rent, *Br.* ground-rent. — **~parˌzel·le** *f jur. agr.* plot of land, parcel.

'**Grundˌpfand** *n jur.* mortgage on real estate: **ein ~ bestellen [löschen]** to create (*od.* effect) [to liquidate] a mortgage on real estate. — **~ˌrecht** *n meist pl* charge on real estate (*od.* property). — **~verˌschrei·bung** *f Swiss for* Grundpfandrecht.

'**Grund|ˌpfei·ler** *m* **1.** *civ.eng. cf.* Gründungspfeiler. – **2.** *fig.* (*des Staatswesens etc*) foundation, keystone. — **~ˌpflicht** *f meist pl* fundamental duty. — **~ˌplat·te** *f* **1.** *tech.* a) base, bedplate, *Br.* bed-plate, bed, foundation plate, b) (*Tragplatte*) bearing plate, c) (*bei Maschinen*) base plate, subbase. – **2.** *civ.eng.* base (*od.* foundation) slab. – **3.** *electr.* chassis. – **4.** *zo.* a) basal plate, b) (*eines Stachelhäuters*) basal. — **~ˌpreis** *m econ.* basic price. — **~prinˌzip** *n* basic (*od.* fundamental) principle. — **~ˌrau·pe** *f tech.* (*beim Schweißen*) bottom layer. — **~ˌre·be** *f bot.* ground ivy (*Glechoma hederacea*). — **~ˌrech·nungsˌart** *f* **die 4 ~en** *math.* the four fundamental operations of arithmetic. — **~ˌrecht** *n meist pl jur. pol.* **1.** (*des Einzelnen*) basic (*od.* fundamental) right (of a citizen). – **2.** (*der Staaten etc*) basic (*od.* fundamental) right. – **3.** *hist.* (*des Grundherrn*) feudal right (of the landlord). — **~ˌre·gel** *f* basic (*od.* fundamental) rule. — **~ˌreibˌah·le** *f tech.* rose chucking reamer.

'**Grundˌrich·tung** *f* general tendency.

'**Grundˌrich·tungsˌli·nie** *f mil.* base line.

'**Grundˌriß** *m* **1.** *arch.* (*eines Hauses etc*) ground plan, *Br.* ground-plan. – **2.** *tech.* plan view, foundation plan. – **3.** *fig.* (*Abriß*) outline, sketch, compendium, summary: **ein ~ der Physik** an outline of physics. — **~ˌebe·ne** *f math.* horizontal projection plane. — **~ˌflä·che** *f civ.eng.* plan area.

'**Grundˌrö·tel** *m* ⟨-s; -⟩ *zo.* red-eyed towhee (*Pipilo erythrophthalmus*).

'**Grundˌsatz** *m* **1.** principle: **er hat feste [keine] Grundsätze** he has firm [no] principles; **ein Mann mit hohen Grundsätzen** a man of high principles; **von seinen Grundsätzen abgehen** to deviate from one's principles; **wir haben es uns zum ~ gemacht, nie zu trinken** we made it a rule (*od.* a matter of principle) never to drink; **nach dem ~, daß** on the principle that. – **2.** (*Maxime*) maxim, principle, *bes. pol.* doctrine. – **3.** *philos.* a) principle, b) (*Axiom*) axiom, postulate, c) (*in der Ethik*) rule. – **4.** *math.* a) principle, b) (*Lehrsatz*) theorem. — **~deˌbat·te** *f pol.* discussion (*od.* debate) of principle. — **~entˌschei·dung** *f jur.* (*des obersten Gerichtshofs*) leading decision. — **~erˌklä·rung** *f* declaration of principle. — **~ˌfra·ge** *f* fundamental question. — **~geˌsetzˌge·bung** *f pol.* framework legislation.

'**grundˌsätz·lich** [-ˌzɛtslɪç] **I** *adj* **1.** (*Frage, Entscheidung etc*) fundamental, basic: **~e Änderungen** fundamental changes; **~e Meinungsverschiedenheiten zwischen den Parteien** basic differences of opinion between the parties. – **2.** (*prinzipiell*) on principle. – **II** *adv* **3.** fundamentally, basically, in principle: **sich ~ zu einer Sache äußern** to make a fundamental statement on s.th.; **~ haben wir uns geeinigt** we have agreed in principle; **~ habe ich nichts dagegen, aber in principle** (*od.* generally speaking) I have no objection(s) (to it) but. – **4.** on principle: er lehnt ~ alles ab he refuses everything on principle (*od.* as a matter of principle).

'Grundˌsatz|proˌgramm *n pol.* basic program (*bes. Br.* programme), policy statement. — **~ˌur·teil** *n jur. cf.* Grundsatzentscheidung.

'Grund|ˌschal·tung *f electr.* basic circuit. — **~ˌschicht** *f* **1.** *geol.* bedrock, *Br.* bed-rock. – **2.** *meteor.* ground layer. — **g~'schlecht** *adj* extremely bad. — **~ˌschleppˌnetz** *n mar.* trawl. — **~ˌschrift** *f print.* base type. — **~ˌschulˌbil·dung** *f ped.* primary (*od.* elementary) education. — **~ˌschuld** *f jur.* **1.** real-estate liability (*od.* mortgage). – **2.** (*Belastung*) encumbrance, incumbrance. — **~ˌschu·le** *f ped.* elementary school, *Br.* primary school, *Am.* elementary (*od.* grade) school. — **~ˌschwel·le** *f civ.eng.* **1.** ground plate. – **2.** sill. — **~ˌschwin·gung** *f phys.* natural vibration (*od.* oscillation). — **~ˌsee** *f mar.* breaker. — **g~ˌstän·dig** *adj bot.* (*Blätter etc*) basal, basilar, radical. — **~ˌstauˌwehr** *n* drowned (*Am.* submerged) weir.

'Grundˌstein *m* **1.** *arch.* foundation stone, *Br.* foundation-stone: **den ~ legen für** (*od.* **zu**) **etwas** a) to lay the foundation stone of s.th., b) *fig.* to lay the foundation(s) of (*od.* for) s.th. – **2.** *tech.* bedstone, *Br.* bed-stone. – **3.** *min.* pyrite. — **~ˌle·gung** *f* **1.** laying of the foundation stone (*Br.* foundation-stone). – **2.** (*Feier*) foundation (*od.* cornerstone, *Br.* corner-stone) ceremony.

'Grund|ˌstel·lung *f* **1.** (*beim Tanzen*) starting (*od.* initial, basic) position. – **2.** (*sport*) a) (*beim Turnen*) normal position, b) (*beim Fechten*) basic position, c) (*beim Boxen*) stance, basic position. – **3.** *mil.* position of attention: **in ~** at attention; **die ~ einnehmen** to come to attention. – **4.** *mus. cf.* Grundlage 4. — **~ˌsteu·er** *f econ.* real-estate tax, land tax, *Br.* land-tax. — **~ˌstim·me** *f mus.* **1.** (*Baßstimme*) (fundamental) bass. – **2.** (*der Orgel*) foundation stop. — **~ˌstim·mung** *f* **1.** general tone, keynote. – **2.** *econ.* a) prevailing tone, b) (*an der Börse etc*) undertone. — **~ˌstock** *m* **1.** (*Anfangsbestand*) basis, foundation, basic stock. – **2.** *tech.* base, basis.

'Grundˌstoff *m* **1.** *econ.* basic (*od.* raw) material, primary product. – **2.** *chem.* a) element, b) (*Ausgangsstoff*) starting material, base. — **~in·duˌstrie** *f econ.* basic materials (*od.* primary) industry. — **~ˌwech·sel** *m med.* basal metabolism.

'Grund|ˌstrecke (*getr.* -k·k-) *f* (*mining*) bottom gate (*od.* road). — **~ˌstrich** *m* **1.** (*in der Kalligraphie*) downstroke, minim. – **2.** *print.* stem.

'Grundˌstück *n* **1.** plot (*od.* piece) of land: **unbebautes ~** undeveloped plot of land. – **2.** (*Besitz*) property, (*großes*) real estate, realty: **bebautes ~** developed (*od.* built-up) property; **das angrenzende ~** the adjoining property; **auf dem ~** on the premises.

'Grundˌstücks|beˌla·stung *f jur.* encumbrance (*od.* incumbrance) of a property, charges *pl* on an estate. — **~ˌmak·ler** *m econ.* (real-)estate agent, *Am. auch* realtor. — **~ˌmarkt** *m* (real-)estate (*od.* property) market. — **~ˌnach·bar** *m* neighbor, *bes. Br.* neighbour. — **~spe·ku·la·tiˌon** *f* land speculation (*od.* jobbery), speculation in landed property (*bes. Am.* real estate). — **~ˌsteu·er** *f cf.* Grundsteuer. — **~ˌüberˌtra·gung** *f jur.* transference of property (*od.* real estate).

'Grund|ˌstu·di·um *n ped.* basic study. — **~ˌstu·fe** *f* **1.** elementary (*od.* first) stage. – **2.** *ling.* (*eines Adjektivs*) positive (degree). — **~subˌstanz** *f* **1.** basic substance (*od.* element). – **2.** *biol.* fundamental (*od.* primary) substance, matrix (*scient.*). — **~tenˌdenz** *f* general tendency. — **~ˌthe·ma** *n bes. mus. cf.* Hauptthema 2.

'Grundˌton *m* **1.** *mus.* a) (*einer Tonleiter*) tonic, keynote, b) (*eines Dreiklangs*) root, ground note, *Br.* ground-note, c) (*einer Obertonreihe*) fundamental (*od.* primary) tone, d) (*der Naturtonreihe bei Blechinstrumenten*) pedal note. – **2.** *econ. cf.* Grundstimmung 2. – **3.** (*in der Malerei*) ground (*od.* bottom) shade. – **4.** *fig.* general tone, keynote. — **~ˌart** *f mus.* main (*od.* principal) key.

'Grund|ˌtrieb *m psych.* basic (*od.* primary) drive (*od.* instinct). — **~ˌübel** *n* basic (*od.* fundamental) evil. — **~ˌüberˌzeu·gung** *f* fundamental conviction. — **~ˌumˌsatz** *m med.* basal metabolic rate.

'Grün·dung *f* ⟨-; -en⟩ **1.** *cf.* Gründen. – **2.** (*einer Stadt, Partei etc*) foundation. – **3.** (*einer Familie, eines Hausstandes etc*) setting up, establishment. – **4.** (*Errichtung*) institution. – **5.** (*eines Geschäfts*) starting, opening, setting up, establishment. – **6.** *econ.* (*eines Unternehmens*) a) foundation, founding, b) (*mit Kapital*) promotion, floating, flotation. – **7.** *civ.eng.* foundation (work).

'Grünˌdün·ger *m agr.* green manure.

'Grün·dungs|abon·neˌment *n* founder subscription. — **~beˌricht** *m jur. econ.* report on company formation. — **~ˌfei·er** *f*, **~ˌfest** *n* foundation ceremony. — **~geˌschäft** *n* promotion business. — **~in·seˌrent** *m* initial advertiser. — **~ˌjahr** *n* year of the foundation. — **~ka·piˌtal** *n econ. cf.* Grundkapital 1. — **~ˌko·sten** *pl* foundation costs, promotion charges. — **~ˌmitˌglied** *n* founder (*od.* charter) member. — **~ˌpfei·ler** *m civ.eng.* foundation pier. — **~ˌplat·te** *f cf.* Grundplatte 2. — **~ˌurˌkun·de** *f*, **~verˌtrag** *m jur. econ.* memorandum of association.

'Grünˌdün·gung *f agr.* green manuring.

'Grund|ˌun·terˌschied *m* basic (*od.* fundamental) difference. — **~ˌurˌsa·che** *f* **1.** basic (*od.* fundamental, primary) cause. – **2.** *cf.* Hauptgrund. — **g~ver'kehrt** *adj* altogether (*od.* fundamentally, totally, utterly) wrong: **es wäre ~ anzunehmen, daß** it would be a fundamental mistake to assume that. — **~verˌmö·gen** *n econ.* landed property, real estate. — **g~ver'schie·den** *adj* entirely (*od.* totally) different. — **~vorˌausˌset·zun·gen** *pl* (*in der Scholastik*) transcendentals. — **~ˌwahr·heit** *f* fundamental (*od.* basic) truth.

'Grundˌwas·ser *n geol.* **1.** groundwater, *Br.* ground-water, underground water. – **2.** (*ungespanntes*) phreatic water. — **~ˌabˌsen·kung** *f* groundwater (*Br.* ground-water) lowering. — **~ˌspie·gel** *m* groundwater (*Br.* ground-water) level, water table. — **~ˌstand** *m* groundwater (*Br.* ground-water) level. — **~ˌstockˌwerk** *n* groundwater (*Br.* ground-water) storey (*bes. Am.* story). — **~ˌstrom** *m* flow of groundwater (*Br.* ground-water). — **~ˌträ·ger** *m* aquifer, *auch* aquafer.

'Grund|ˌwehrˌdienst *m mil.* basic military service. — **~ˌwel·le** *f electr.* fundamental (wave). — **~ˌwerk** *n tech.* (*einer Papiermühle etc*) bedplate, *Br.* bed-plate. — **~ˌwerkˌstoff** *m* **1.** base (*od.* basic) material. – **2.** *metall.* base (*od.* parent) metal. — **~ˌwert** *m* **1.** *math.* basic value. – **2.** *econ.* (*bei der Zinsrechnung*) original number. — **~ˌwis·sen·schaft** *f* **1.** basic (*od.* fundamental) science. – **2.** *philos.* ontology. — **~ˌwort** *n* ⟨-(e)s; =er⟩ *ling.* primary word, etymon (*scient.*). — **~ˌwortˌschatz** *m* basic (*od.* essential) vocabulary. — **~ˌzahl** *f math.* **1.** (*Kardinalzahl*) cardinal number (*od.* numeral). – **2.** (*eines Logarithmensystems*) base, radix (*scient.*). – **3.** (*einer Potenz*) base (of power). — **~ˌzel·le** *f biol.* basal cell. — **~ˌzins** *m econ.* ground (*od.* land) rent, *Br.* ground-rent. — **~ˌzug** *m* **1.** *meist pl* main (*od.* principal, characteristic) feature, (fundamental) characteristic: **ein Problem in seinen Grundzügen schildern** to outline the characteristics (*od.* essential aspects) of a problem. – **2.** *pl* (*in Buchtiteln*) outline *sg*, fundamentals: **Grundzüge der Physik** fundamentals of physics. — **~ˌzuˌstand** *m nucl.* ground state (*od.* level).

'Grü·ne[1] *n* ⟨-n; *no pl*⟩ (*offenes Land*) country: **eine Fahrt ins ~** a trip into the country.

'Grü·ne[2] *m* ⟨-n; -n⟩ *colloq.* (*Polizist*) cop (*colloq.*), copper (*sl.*).

grü·nen ['gryːnən] **I** *v/i* ⟨h⟩ **1.** be green. – **2.** (*grün werden*) grow (*od.* become, turn) green, green. – **3.** *lit. auch fig.* (*wachsen, blühen*) grow, flourish. – **II** *v/impers* **4. es grünt und blüht** everything is turning green and blossoming. – **III G~** *n* ⟨-s⟩ **5.** *verbal noun.* – **6.** *bes. bot.* virescence, verdancy. — **'grü·nend I** *pres p.* – **II** *adj* (*Bäume, Felder etc*) turning green, verdant.

'Grünˌer·de *f min.* green earth, terreverte (*scient.*).

Grü·ne·rit [grynə'riːt; -'rɪt] *m* ⟨-s; -e⟩ *min.* grünerite, grunerite.

'Grün|ˌfäu·le *f bot.* green rot. — **~ˌfil·ter** *m phot.* green filter. — **~ˌfink** *m zo.* greenfinch, green linnet (*Chloris chloris*). — **~ˌflä·che** *f* **1.** (green) lawn. – **2.** (*in der Städteplanung*) park area. — **~ˌfut·ter** *n agr.* green fodder (*od.* food, forage). — **~ˌfut·terˌsi·lo** *m* silo for green fodder. — **g~ˌgelb** *adj* greenish yellow, citreous (*lit.*). — **~ˌgür·tel** *m* (*um eine Stadt*) greenbelt, *Br.* green belt.

'GrünˌholzˌBruch *m med.* greenstick fracture, *Br.* green-stick.

'Grün|ˌhorn *n colloq.* greenhorn. — **~ˌkern** *m agr.* unripe spelt grain. — **~ˌkohl** *m bot.* kale, borecole (*Brassica oleracea var. acephala*).

'Grünˌkreuz *n* ⟨-es; *no pl*⟩, **~ˌkampfˌstoff** *m chem. mil.* superpalite, diphosgene ($ClCOOCCl_3$).

'Grünˌland *n agr.* grassland, meadows and pastures *pl.* — **~ˌwirt·schaft** *f* grassland farming.

'grün·lich *adj* greenish, greeny.

'Grünˌlicht *n* green light.

'Grün·ling *m* ⟨-s; -e⟩ **1.** *zo.* a) greenfinch, green linnet (*Chloris chloris*), b) greenling (*Fam. Hexagrammidae*), c) masked greenfish, greenling (*Hexagrammos octogrammus*). – **2.** *bot.* (*Pilz*) green agaric (*Tricholoma equestre*). – **3.** *fig. colloq.* greenhorn.

'Grün|ˌmalz *n brew.* green malt. — **~ˌmeerˌkat·ze** *f zo.* grivet monkey (*Cercopithecus aethiops*). — **~ˌreiz·ker** *m bot. cf.* Grünling 2. — **~ˌrock** *m humor.* **1.** hunter, huntsman. – **2.** gamekeeper. — **~ˌsand** *m geol.* greensand. — **~ˌschen·kel** *m zo.* greenshank (*Tringa nebularia*). — **~ˌschna·bel** *m colloq.* **1.** greenhorn. – **2.** (*Besserwisser*) (little) know-it-all (*bes. Br.* know-all). — **~ˌse·hen** *n med.* chloropsia.

'Grünˌspan *m* ⟨-(e)s; *no pl*⟩ *chem.* copper rust; verdigris, aerugo (*scient.*): **~ ansetzen, sich mit ~ überziehen** to become covered with verdigris. — **~ˌgrün** *n* verdigris (green), Spanish green.

'Grün|ˌspatz *m zo.* vireo (*Fam. Vireonidae*). — **~ˌspecht** *m* green woodpecker, yaffle(r), *Br.* rainbird (*Picus viridis*). — **~ˌstein** *m min.* greenstone. — **~ˌstrei·fen** *m* **1.** grass strip (*od.* verge). – **2.** (*der Autobahn etc*) *bes. Br.* centre strip, *bes. Am.* median strip (of grass). – **3.** areas *pl* of green (*od.* undeveloped) land. — **~ˌto·di** *m zo.* (green) tody (*Todus viridis*).

grun·zen ['grʊntsən] **I** *v/i* ⟨h⟩ **1.** grunt. – **2.** *fig. colloq.* (give a) grunt: **er grunzte selbstzufrieden** he grunted in a self-satisfied manner. – **II** *v/t* **3.** *fig. colloq.* grunt, say (*s.th.*) gruntingly. – **III G~** *n* ⟨-s⟩ **4.** *verbal noun.* – **5.** grunt: **mit einem G~** with a grunt. — **'Grun·zer** *m* ⟨-s; -⟩ **1.** *colloq.* (*Laut*) grunt. – **2.** *zo.* (*Fisch*) grunt(er) (*Gattg Haemulon*).

'Grünˌzeug *n* ⟨-s; *no pl*⟩ *gastr. colloq.* **1.** pot herbs *pl.* – **2.** (*Gemüse, Salat etc*) greens *pl*, greenstuff, *Br.* green-stuff.

'Grunz|ˌfisch *m zo.* **1.** freshwater drum(fish), *Am. auch* bubbler (*Aplodinotus grunniens*). – **2.** *Am.* roncador (*Fam. Sciaenidae*). — **~ˌoch·se** *m zo.* yak (*Bos grunniens*).

Grup·pe[1] ['grʊpə] *f* ⟨-; -n⟩ **1.** (*von Menschen, Häusern etc*) group, cluster: **in ~n einteilen** to divide into groups, to group; **eine ~ Bergsteiger** a group (*od.* party) of mountaineers; **in ~n zu sieben standen sie da** they stood there in groups of seven. – **2.** (*mit gleichem Interesse, Ziel etc*) group: **die ~ um den Maler N.** the group around the painter N. – **3.** (*von Arbeitern, Künstlern etc*) group, team: **eine ~ von Sachverständigen** a panel. – **4.** (*von Bäumen etc*) cluster, clump. – **5.** (*von Beispielen, Themen etc*) group. – **6.** (*verwandter Pflanzen od. Tiere*) group. – **7.** (*politische*) group: **ständige ~** *pol.* (*der NATO*) standing group. – **8.** *chem.* a) (*Radikal*) radical, group, b) (*des periodischen Systems*) group: **funktionelle ~** functional group. – **9.** *math. min.* (*art*) group: **[un]endliche ~** *math.* [in]finite group. – **10.** *mil.* a) (*des Heeres*) *Am.* squad, *Br.* section, b) (*der Luftwaffe*) *Am.* group, *Br.* wing. – **11.** *tech.* (*von Baueinheiten*) assembly. – **12.** *synth.* series. – **13.** *phys.* (*von Schwingungen*) bay. – **14.** *electr.* a) (*von Leitungen*) bundle, group, b) (*Maschinenaggregat*) set. – **15.** *econ.* a) (*von Verbänden*) federation, b) (*von Firmen*) association, c) (*von Käufern*) category, class.

'Grup·pe[2], **Grüp·pe** ['grʏpə] *f* ⟨-; -n⟩ *Low G.* (*Wassergraben, -rinne*) (drainage) ditch (*od.* trench), gutter.

'Grup·pen|ˌabend *m* (*bes. einer Jugend-*

gruppe) youth evening. — **~ˌanˌtrieb** *m tech.* group drive. — **~ˌar·beit** *f* teamwork, group work. — **~ˌaufˌnah·me** *f phot.* **1.** group photograph. – **2.** (*als Technik*) group portraiture. — **~be̱ˌwe·gung** *f relig.* group movement, *bes.* Oxford Movement. — **~ˌbild** *n phot. cf.* Gruppenaufnahme 1. — **~ˌbil·dung** *f* grouping, formation of groups. — **~ˌbohr·maˌschi·ne** *f tech.* gang drill(ing machine). — **~dyˌna·mik** *f psych.* group dynamics *pl* (*construed as sg or pl*). — **~egoˌis·mus** *m* sectional self-interest. — **~ˌehe** *f anthrop.* group (*od.* communal) marriage. — **~ˌeinˌtei·lung** *f bot. zo.* (*der Tiere u. Pflanzen*) classification. — **~ˌfahrˌkar·te** *f* party ticket. — **~ˌfeu·er** *n mil.* volley fire. — **~ˌflugˌkar·te** *f* charter flight ticket. — **~ˌfüh·rer** *m* **1.** group leader. – **2.** *mil.* squad (*Br.* section) leader. — **~ˌin·dex** *m* group (*od.* sectional) index. — **~ko·häˌrenz** *f psych.* group coherence. — **~ˌmord** *m sociol.* genocide. — **~ˌschal·ter** *m electr.* gang switch. — **~ˌschal·tung** *f* gang switching. — **~ˌschmie·rung** *f tech.* one-shot lubrication. — **~ˌsex** *m colloq.* group sex. — **~ˌstand** *m* (*auf Messen etc*) group stand. — **~theoˌrie** *f math.* group theory. — **~the·raˌpie** *f med. psych.* a) group therapy, b) group psychotherapy. — **~ˌun·terˌricht** *m* group instruction. — **~verˌsi·che·rung** *f econ. jur.* group (*od.* collective) insurance. — **~ˌwäh·ler** *m tech.* group selector. — **g~ˌwei·se** *adv* in (*od.* by) groups. — **~ˌwettˌkampf** *m* (*sport*) group competition.

grup·pie·ren [grʊ'piːrən] **I** *v/t* ⟨*no* ge-, h⟩ **1.** group, arrange (*s.th.*) in groups (*od.* in a group): etwas nach bestimmten Gesichtspunkten ~ to group s.th. according to certain aspects; neu ~ to regroup, to arrange (*s.th.*) in new groups. – **2.** *math. astr.* arrange. – **II** *v/reflex* sich ~ **3.** group (oneself), form groups (*od.* a group): die Häuser ~ sich malerisch um die Kirche the houses form a picturesque group (a)round the church; sich zu etwas ~ to group itself (*od.* to be grouped) into s.th.; sie gruppierten sich zu einem Kreis they formed (themselves into) a circle. – **III G~** *n* ⟨-s⟩ **4.** *verbal noun.* — **Grup'pie·rung** *f* ⟨-; -en⟩ **1.** *cf.* Gruppieren. – **2.** (*Anordnung*) arrangement (in groups *od.* in a group), grouping. – **3.** (*Gruppe*) group(ing).

Grus [gruːs] *m* ⟨-es; (*Arten*) -e⟩ **1.** *tech.* a) (*der Holzkohle, des Kokses, der Kohle*) breeze, slack, fines *pl*, b) (*des Anthrazits*) culm. – **2.** *geol.* debris, detritus, detrital material.

'Gru·selˌfilm *m* horror film, thriller (*colloq.*). — **~geˌschich·te** *f* horror story, tale of horror, thriller (*colloq.*).

'gru·se·lig *adj* weird, eerie, uncanny, creepy.

gru·seln ['gruːzəln] **I** *v/t, v/i u. v/impers* ⟨h⟩ **1.** mich gruselt, es gruselt mich (*od.* mir) I have got the creeps (*colloq.*), *bes. Am. sl.* I have got the willies: mich gruselt vor der Dunkelheit, die Dunkelheit macht mich ~ the darkness makes me shiver (*od.* shudder) with fear, the darkness makes my flesh creep (*od. colloq.* gives me the creeps). – **II** *v/reflex* **2.** sich ~ *rare* shiver (*od.* shudder) with fear, have the creeps (*colloq.*), *bes. Am. sl.* have the willies: ich gruselte mich etwas, als ich die Gestalt sah I shuddered a bit at the sight of the figure, the sight of the figure gave me the creeps (*colloq.*). – **III G~** *n* ⟨-s⟩ **3.** *verbal noun*: etwas zum G~ s.th. to make one's flesh creep. – **4.** (*gruseliges Gefühl*) uncanny (*od.* creepy) feeling, (the) creeps *pl* (*colloq.*).

Gru·si·cal ['gruːzɪkəl] *n* ⟨-s; -s⟩ *humor. horror film with musical background.*

'GrusˌkohIe *f* small coal, (coal) slack.

grus·lig ['gruːzlɪç] *adj cf.* gruselig.

Gruß [gruːs] *m* ⟨-es; ⸗e⟩ **1.** (*als Geste*) greeting, salutation: ein förmlicher [stummer] ~ a formal [silent] greeting; er erwiderte meinen ~ he returned my greeting, he greeted me back; Grüße wechseln to exchange greetings; sie reichte ihm die Hand zum ~e she held her hand out to him in greeting; er winkte mit der Hand zum ~e he waved his hand in salutation; die ersten Grüße des Frühlings *fig. poet.* the first harbingers of spring; → englisch². – **2.** *meist pl* (*als Zeichen des Gedenkens, als Briefschluß*) greetings *pl*, regards *pl*, (*förmlicher*) respects *pl*, (*herzlicher*) love: bestell (*od.* sag) ihm einen schönen ~ von mir give him my kind regards, remember me (kindly) to him; er hat mir einen ~ an Sie aufgetragen he asked me to give you his (kind) regards; herzliche Grüße an deine Eltern give my kindest regards (*od. herzlicher* my love) to your parents; mit freundlichen Grüßen (*od.* mit freundlichem ~) Ihr XY (*als Briefschluß*) yours sincerely, XY; viele herzliche (*od.* liebe) Grüße, Deine X (*als Briefschluß*) yours affectionately, (*herzlicher*) lots of (*od.* all my) love X, love X. – **3.** ein ~ aus der Schweiz (*als Aufschrift auf Souvenirs etc*) greetings *pl* from (*od.* a souvenir of) Switzerland. – **4.** *mil.* salute. – **5.** (*sport*) (*beim Fechten*) salute. — **~beˌkannt·schaft** *f* nodding acquaintance. — **~ˌbot·schaft** *f* message of greeting.

grü·ßen ['gryːsən] **I** *v/t* ⟨h⟩ **1.** greet, (*förmlicher*) salute, say hello (*bes. Br.* hullo) (*colloq.*): j-n freundlich [stumm] ~ to greet s.o. in a friendly manner [without speaking]; j-n mit einer Verbeugung ~ to greet s.o. with a bow, to bow to s.o.; j-n mit einem Nicken ~ to greet s.o. with a nod, to nod to s.o.; sich (gegenseitig) ~ to exchange greetings; grüß dich! *colloq.* hello! *bes. Br.* hullo! *Am.* hi! grüß Gott! *Southern G. and Austrian* good morning (*od.* day, evening)! – **2.** (*Grüße senden*) send (*od.* give) one's regards (*od. herzlicher* love) to, (*förmlicher*) send (*od.* give) one's respects to: grüße deine Frau recht herzlich von mir remember me kindly (*od. herzlicher* give my love) to your wife; er läßt dich schön ~ he sends you his kindest regards. – **3.** *lit.* (*willkommen heißen*) hail: sie grüßten ihn als König they hailed him (as) king; sei mir gegrüßt! hail (unto thee)! gegrüßet seist du, Maria *relig.* Hail Mary. – **4.** *mil.* salute. – **II** *v/i* **5.** say good morning (*od.* day, evening), say hello (*bes. Br.* hullo). – **6.** *fig.* greet: Burgen ~ von den Höhen *fig.* castles greet us from the heights. – **7.** *mil.* salute. – **III G~** *n* ⟨-s⟩ **8.** *verbal noun*: ich kenne ihn nur vom G~ I am only on nodding terms with him, he is only a nodding acquaintance of mine.

'Grußˌform *f* **1.** way of greeting. – **2.** *bes. mil.* (way of) salutation. — **~ˌfor·mel** *f* (*im Brief*) salutation. — **g~los** *adv* **1.** without a word of greeting, without saying hello (*bes. Br.* hullo) (*colloq.*): ~ ging sie an mir vorüber she went past me without saying hello. – **2.** without saying good-by(e): ~ verließ er das Zimmer he left the room without saying good-by(e). — **~ˌpflicht** *f mil.* obligation to salute. — **~ˌwort** *n* ⟨-(e)s; -e⟩ (word of) greeting: der Präsident sprach ein kurzes ~ the president delivered a short message of greeting.

'Grütz,beu·tel *m med.* wen; atheroma, sebaceous cyst (*scient.*).

Grüt·ze ['grʏtsə] *f* ⟨-; *Sorten* -n⟩ **1.** (*grob gemahlenes Getreide*) grits *pl*, groats *pl* (*beide construed as sg or pl*). – **2.** (*Brei aus Grütze*) porridge: rote ~ *jelly made of red currant (or raspberry) juice thickened with cornstarch.* – **3.** ⟨*only sg*⟩ *colloq.* (*Verstand*) brains *pl*: der hat ~ im Kopf he has got brains.

'Grützˌkopf *m colloq. contempt.* blockhead.

'Gryllum·me (*getr.* -ll,l-) ['grʏl-] *f*, **'GryllˌteiˌsteJ** *f* ⟨-; -n⟩ *zo.* black guillemot (*Cepphus grylle*).

Grys·bok ['graɪsˌbɔk] *m* ⟨-s; -s⟩ *zo.* grysbok, *auch* grysbuck (*Raphicerus melanotis*).

G-ˌSai·te ['geː-] *f mus.* G-string.

Gschaftl·hu·ber ['kʃaftəlˌhuːbər] *m* ⟨-s; -⟩ *Bavarian and Austrian colloq. contempt.* busybody, *Br.* busy-body.

gscha·mig ['kʃaːmɪç], **gschä·mig** ['kʃɛːmɪç] *Bavarian and Austrian colloq.* **I** *adj cf.* schamhaft 3. – **II** *adv cf.* schamhaft 4.

gschert [kʃeːrt] *Bavarian and Austrian colloq.* **I** *adj cf.* a) grob 11, 12, b) gemein 1. – **II** *adv cf.* a) grob 21, b) gemein 12.

G-ˌSchlüs·sel ['geː-] *m mus.* (*Violinschlüssel*) G- (*od.* treble) clef.

'Gschnasˌfest ['kʃnaːs-] *n Austrian colloq.* carnival festivity in fancy dress, fancy-dress party at carnival time.

Gschwerl [kʃvɛrl] *n* ⟨-s; *no pl*⟩ *Bavarian sl.* riffraff, *Br.* riff-raff.

gspa·ßig ['kʃpaːsɪç] *adj Bavarian and Austrian* funny, amusing.

Gspu·si ['kʃpuːzi] *n* ⟨-s; -s⟩ *Bavarian colloq.* **1.** girl (friend). – **2.** boy (friend). – **3.** (*Liebschaft*) love affair, *Br.* love-affair.

Gstan·zel ['kʃtantsəl] *n* ⟨-s; -n⟩ *Bavarian and Austrian* Alpine ditty.

Gua·cha·ro [gŭa'tʃaːro] *m* ⟨-s; -s⟩ *zo.* oilbird, guacharo (*scient.*) (*Steatornis caripensis*).

Gua'jakˌbaum [gŭa'jak-] *m bot.* pockwoodtree, *Br.* pockwood-tree, guaiacum (*scient.*) (*Guaiacum officinale u. G. sanctum*). — **~ˌharz** *n* guaiacum. — **~ˌholz** *n* pockwood; lignum vitae, guaiacum (*scient.*).

Gua·ja·ve [gŭa'jaːvə] *f* ⟨-; -n⟩ *bot.* **1.** guava (tree) (*Psidium guajava*). – **2.** (*Frucht*) guava.

Gua·na·ko [gŭa'nako] *m* ⟨-s; -s⟩ *zo.* guanaco, huanaco (*Lama guanicoë*).

Gu'anˌhuhn ['gŭaːn-] *n zo.* guan (*Unterfam. Penelopinae, bes. Gattg Ortalis*), *bes.* chachalaca (*O. vetula*).

Gua·no ['gŭaːno] *m* ⟨-s; *no pl*⟩ (*Vogeldünger*) guano.

Gua·ra·ni [gŭara'niː] **I** *m* ⟨-; -⟩ Guarani. – **II** *ling.* ⟨*generally undeclined*⟩, **das** ~ ⟨-(s)⟩ Guarani, the Guarani language.

Gu·ar·di·an [gŭar'dĭaːn] *m* ⟨-s; -e⟩ *röm.kath.* (*Vorsteher eines Franziskaner- od. Kapuzinerklosters*) guardian.

Gu·asch [gŭa(ː)ʃ] *f* ⟨-; -en⟩ (*art*) **1.** ⟨*only sg*⟩ (*Wasserdeckfarbenmalerei*) gouache. – **2.** (*Bild*) gouache (painting). — **~ˌfar·be** *f* gouache paint. — **~ma·leˌrei** *f* gouache (painting).

Gua·te·mal·te·ke [gŭatemal'teːkə] *m* ⟨-n; -n⟩ Guatemal(tek)an. — **gua·te·mal'te·kisch** *adj* Guatemalan.

Gua·venˌbaum ['gŭaːvən-] *m bot. cf.* Guajave 1.

Gua'yu·le-ˌKau·tschuk [gŭa'juːle-] *m* guayule (*od.* huayule) (rubber).

gucken (*getr.* -k·k-) ['gʊkən] *v/i* ⟨h⟩ *colloq.* **1.** look, peep: laß mich mal ~ let me have a look (*od.* peep); guck mal! look! nicht ~! don't look! no looking! durchs Schlüsselloch ~ to peep (*od.* peek) through the keyhole; sich (*dat*) die Augen aus dem Kopf ~ to look high and low (*od.* all over the place); der Schalk guckt ihm aus den Augen there is a roguish look in his eyes; er hat zu tief ins Glas geguckt *fig. humor.* he's had one too many (*od.* a drop too much); → Karte 15; Mond 1; Röhre 1; Topf 2; Wäsche 5. – **2.** (*sichtbar sein*) peep, peek: das Taschentuch guckt ihm aus der Tasche his handkerchief is peeping out of his pocket.

'Gucker (*getr.* -k·k-) *m* ⟨-s; -⟩ **1.** (*Person*) peeper. – **2.** *pl* (*Augen*) eyes, 'peepers' (*colloq.*). – **3.** *colloq. for* Fernglas, Opernglas.

'Guck,fen·ster *n* peephole, *Br.* peep-hole, spyhole, judas (*auch* Judas) (window), *auch* judas- (*od.* Judas-)hole.

'Guck-ˌguck *interj* (*child's language*) peekaboo, bopeep, peep-bo: ~ spielen *colloq.* to play peekaboo.

Gucki (*getr.* -k·k-) ['gʊki] *m* ⟨-s; -s⟩ **1.** *phot.* (colo[u]r-slide) viewer. – **2.** (*games*) gucki, guckser.

'Guck·in·dieˌluft *m* ⟨-; *no pl*⟩ Hans ~ *colloq.* Johnny-Head-in-Air. — **~ˌwelt** *m* ⟨-(s); -(s)⟩ *colloq.* cheeky (*od.* saucy, pert) youngster (*od. colloq.* monkey).

'Guckˌka·sten *m* peep (*od.* raree-)show. — **~ˌbüh·ne** *f* (*theater*) picture (frame) stage, proscenium (stage).

'Guckˌloch *n colloq. for* Guckfenster.

Gu·dscha·ra·ti [gudʒa'raːti] ⟨*generally undeclined*⟩, **das** ~ ⟨-(s)⟩ *ling.* Gujarati, the Gujarati language.

Gu·el·fe ['gŭɛlfə] *m* ⟨-n; -n⟩ Guelf, Guelph.

Gue·ril·la [ge'rɪlja; -'rɪla] *f* ⟨-; -s⟩ *mil.* **1.** *cf.* Guerillakrieg. – **2.** *pl* (*Partisanen*) guerillas *pl.* — **~ˌkämp·fer** *m* guerrilla (fighter). — **~ˌkrieg** *m* guerrilla war(fare).

'Guern·seyˌrind ['gəːnzɪ-] (*Engl.*) *n zo.* Guernsey.

'Gu·gelˌhupf ['guːgəl-] *m* ⟨-(e)s; -e⟩ *Southern G. and Austrian gastr.* gugelhupf (*a cake baked in a fluted mo[u]ld*).

'Gug·gen·mu̱ˌsik ['gʊgən-] *f Swiss* improvised (masked) band.

Guil·loche [gɪl'jɔʃ; gi'jɔʃ] *f* ⟨-; -n [-ən]⟩ **1.** (*Zierlinie*) guilloche. – **2.** (*bes. auf Banknoten, Wertpapieren etc*) wave. – **3.** *cf.* Guillochiermaschine. — **Guil·lo'cheur** [-'ʃøːr] *m* ⟨-s; -e⟩ **1.** *print.* guilloche maker. – **2.** *tech.* engraver, rose-engine turner. — **guil·lo'chie·ren** [-'ʃiːrən] **I** *v/t* ⟨*no* ge-, h⟩ **1.** wave. – **2.** (*Stahl, Kupferplatten*) engrave (*s.th.*) with a gouge (*od.* a rose engine, *Br.* rose-engine). – **3.** (*Stein*) incise. – **II G~** *n* ⟨-s⟩ **4.** *verbal noun.* – **5.** *cf.* Guillochierung. — **Guil·lo'chier·maˌschi·ne** *f* rose engine,

Br. rose-engine. — **Guil·lo'chie·rung** *f* ⟨-; -en⟩ *arch. print.* **1.** *cf.* Guillochieren. – **2.** guilloche.

Guil·lo·ti·ne [gɪljo'tiːnə; gijo-] *f* ⟨-; -n⟩ **1.** *hist.* (*Fallbeil, Hinrichtungsstätte*) guillotine: j-n auf die ~ bringen to guillotine s.o.; er kam auf die ~ he was guillotined. – **2.** *print. med.* guillotine. — **guil·lo·ti·'nie·ren** [-ti'niːrən] *v/t* ⟨*no* ge-, h⟩ *hist.* j-n ~ to guillotine s.o.

Guimpe [gɛ̃ːp] *f* ⟨-; -n [-ən]⟩ (*Nonnenbrusttuch*) wimple, guimpe.

Gui'nea|,ei·bisch *m bot.* red (*od.* Indian) sorrel (*Hibiscus sabdariffa*). — **~,fah·rer** *m mar.* Guineaman. — **~,gras** *n bot.* guinea grass (*Panicum maximum*). — **~,korn** *n* guinea corn, durra, Turkey millet (*Sorghum vulgare*). — **~,pfef·fer** *m bot.* Guinea pepper (*Xylopia aethiopica*). — **~,pfir·sich** *m* country fig (*Sarcocephalus esculentus*). — **~,pocken** (*getr.* -k·k-) *pl med.* pian *sg.* — **~,wurm** *m zo.* Guinea (*od.* Medina) worm (*Dracunculus medinensis*).

Gui·nee [gi'neː(ə)] *f* ⟨-; -n [-'neːən]⟩ (*engl. Münze*) guinea.

gui·ne·isch [gi'neːɪʃ] *adj geogr.* Guinean.

Gu·lasch ['guːlaʃ; 'gʊ-] *n, rare m* ⟨-(e)s; *no pl*⟩ *gastr.* goulash, *auch* gulash. — **~ka,no·ne** *f mil. colloq.* field kitchen. — **~,sup·pe** *f* goulash soup.

Gul·den ['gʊldən] *m* ⟨-s; -⟩ **1.** (*Währungseinheit in den Niederlanden*) florin, guilder. – **2.** *hist.* gulden.

gül·den ['gʏldən] *adj poet.* golden.

'Gul·den|,baum *m bot. cf.* Amberbaum. — **~,klee** *m* **1.** liverleaf, liverwort (*Hepatica triloba*). – **2.** (*Melilotenklee*) honey lotus (*Melilotus albus*). — **~,le·ber,kraut** *n cf.* Guldenklee 1. — **~,wi·der,ton** *m cf.* Goldhaarfarn.

gül·disch ['gʏldɪʃ] *adj* (*mining*) auriferous.— **G~,sil·ber** *n* auriferous silver.

Gül·le ['gʏlə] *f* ⟨-; *no pl*⟩ *bes. Southwestern G. and Swiss agr.* liquid manure. — **'gül·len** *v/t* ⟨h⟩ spread liquid manure on.

Gul·ly ['gʊli] *m, auch n* ⟨-s; -s⟩ gully (hole), *Br.* gully(-hole).

Gült [gʏlt] *f* ⟨-; -en⟩, **'Gül·te** *f* ⟨-; -n⟩ *Southern G. and Swiss* (*a kind of*) *mortgage.*

gül·tig ['gʏltɪç] *adj* **1.** (*geltend, nicht entwertet*) valid, good: **diese Briefmarke ist noch** ~ this stamp is still good; **als** ~ **anerkennen** to recognize (*s.th.*) as valid; **für** ~ **erklären** to declare valid, to validate; **die Fahrkarte ist drei Tage** ~ the ticket is good (*od.* valid) for three days; ~ **bis 28. Oktober** effective till October 28th; ~ **vom 1. Dezember an** effective as of December 1st; ~ **sein** to be valid. – **2.** (*allgemein anerkannt*) valid: **ein ~es Argument** a valid argument; **ein ~es Prinzip** a generally accepted principle; **das ist auch heute noch** ~ that still holds (good) today. – **3.** *jur.* valid: **in ~er Form** in due form; **ein ~es Gesetz** a valid law; ~ **bis auf Widerruf** valid until recalled; ~ **sein** (*od.* **werden**) to inure. — **'Gül·tig·keit** *f* ⟨-; *no pl*⟩ **1.** validity: **die** ~ **eines Passes** the validity of a passport; **ein Vertrag verliert seine** ~ a contract (*od.* treaty) expires; ~ **haben** to be valid; **diese Aussage hat ihre** ~ **nicht verloren** *fig.* this statement is still valid (*od.* still holds good). – **2.** *jur.* validity, force, availability, legitimacy, vigor, *bes. Br.* vigour, effectualness: **rechtliche** ~ **haben** to be legally valid, to be valid in law; **die** ~ **prüfen von** (*von Wahlergebnissen etc*) to validate.

'Gül·tig·keits|be,reich *m* range (*od.* scope) of validity. — **~,dau·er** *f* **1.** (period of) validity. – **2.** *jur. meist* validity term. – **3.** *econ.* life: **die** ~ **einer Obligation** the life of a bond. – **4.** *meteor.* (*der Vorhersage*) valid time. — **~er,klä·rung** *f* validation.

'Gum,holz ['gam-; 'gʌm-] (*Engl.*) *n* (*wood*) **1.** blue (*od.* cotton) gum. – **2.** (*vom Satinnußbaum*) red gum.

Gum·ma ['gʊma] *n* ⟨-s; -ta [-ta] *od.* Gummen⟩ *med.* syphiloma, gumma.

gum·ma·tös [gʊma'tøːs] *adj med.* gummatous.

Gum·mi[1] ['gʊmi] *n, auch m* ⟨-s; -(s)⟩ **1.** *tech.* a) (*natürliches*) india rubber, b) (*synthetisches*) synthetic rubber: **aus** ~ rubber (*attrib*); **minderwertiges** ~ negrohead, *Br.* negro-head; **etwas mit** ~ **imprägnieren** to rubberize s.th.; **etwas mit** ~ **steifen** to gum s.th. – **2.** *bot.* gum: ~ **absondern** (*von Bäumen*) to exude gum. – **3.** (*Klebestoff*) gum. – **4.** *sl.* (*Kondom*) condom, *Am. sl.* 'rubber', *Br. colloq.* French letter.

'Gum·mi[2] *m* ⟨-s; -s⟩ **1.** (*Radiergummi*) eraser, india (*od.* India) rubber, *Br.* india- (*od.* India-)rubber, *Br. auch* rubber. – **2.** (*schmaler Gummiring*) rubber band.

'Gum·mi|,ab,satz *m* (*des Schuhs*) rubber heel. — **g~,ab,son·dernd** *adj bot.* gum-exuding, gummy. — **~,ader,lei·tung** *f electr.* india-rubber cable (*od.* wire), rubber-insulated cable (*od.* wire). — **~ara·bi·kum** [,gumiˀa'raːbikum] *n* ⟨-s: *no pl*⟩ *med. tech.* gum arabic, kordofan gum. — **g~,ar·tig** *adj* **1.** *tech.* gummy, gummous. – **2.** (*Gummi vergleichbar*) rubberlike, rubbery. — **~ar,ti·kel** *m* **1.** rubber article. – **2.** *pl cf.* Gummiwaren. — **~,ball** *m* **1.** rubber ball. – **2.** (*eines Inhalators*) smoke ball. — **~bal,lon** *m* **1.** rubber balloon. – **2.** *med.* (*am Blutdruckmesser*) rubber bulb. — **~,band** *n* ⟨-(e)s; -bänder⟩ rubber (*od.* elastic) band. — **~,baum** *m bot.* a) gum (tree), b) (*Federharzbaum*) caoutchouc (*od.* India-)rubber tree (*Ficus elastica*): **Arabischer** ~ *cf.* Gummischotendorn; **Blauer** ~ blue gum (tree), fever tree (*Eucalyptus globulus*); **Neuholländischer** ~ Australian gum tree. — **~be,lag** *m* rubber covering. — **~be,rei·fung** *f* rubber tires *pl* (*bes. Br.* tyres *pl*). — **~,bin·de** *f* rubber bandage. — **~,bla·se** *f* rubber bladder. — **~bon,bon** *m, n* gumdrop. — **~,boot** *n* rubber boat (*od.* dinghy). — **~,dich·tung** *f tech.* rubber seal. — **~,drain** *m med.* rubber drain. — **~,druck** *m* ⟨-(e)s; -e⟩ **1.** *print.* flexographic printing. – **2.** *phot.* gum bichromate print (and process). — **~ela·sti·kum** [,gumiˀe'lastikum] *n* ⟨-s; *no pl*⟩ gum elastic.

gum·mie·ren [gʊ'miːrən] **I** *v/t* ⟨*no* ge-, h⟩ **1.** (*mit Klebstoff versehen*) gum: **Etiketten** ~ to gum labels. – **2.** *tech.* (*mit Gummi imprägnieren*) rubberize. – **II G~** *n* ⟨-s⟩ **3.** *verbal noun.* – **4.** proofing. – **5.** *cf.* Gummierung.

Gum'mier·ka,lan·der *m tech.* sizing (*od.* rubberizing) machine (*od.* calender), calender for rubberizing.

gum'miert I *pp.* – **II** *adj* **1.** (*klebend*) gummed. – **2.** (*mit Gummi versehen*) rubberized, rubber-coated.

Gum'mie·rung *f* ⟨-; -en⟩ **1.** *cf.* Gummieren. – **2.** *tech.* (*Vorgang*) a) (*Klebendmachen*) gumming, b) (*Imprägnierung mit Gummi*) rubberizing, rubber-coating, proofing. – **3.** (*klebende Fläche*) gummed surface. – **4.** (*auf Briefmarken*) gum: **mit unbeschädigter** ~ with original gum.

'Gum·mi|,erz *n min.* gummite. — **~,fa·den** *m* (*textile*) rubber thread. — **~,fin·ger** *m* rubber stall. — **~,fluß** *m bot.* (*der Steinfruchtbäume*) gum(ming). — **g~,ge·bend** *adj* gum-yielding (*od.* -producing), gummiferous. — **~ge,schwulst** *f med. cf.* Gumma. — **~ge,we·be** *n* (*textile*) rubberized fabric. — **~,gutt** [-,gʊt] *n* ⟨-s; *no pl*⟩ **1.** *med. pharm.* gamboge, camboge. – **2.** (*Farbnuance*) gamboge (yellow). — **~,ham·mer** *m* rubber mallet. — **~,hand,schuh** *m meist pl* rubber glove. — **~,harz** *n bot.* gum (resin). — **~,haut** *f* **1.** (*als Bespannstoff*) rubberized fabric (*od.* cloth). – **2.** *colloq.* (*Regenmantel*) *bes. Br.* mackintosh, *bes. Br. colloq.* mac(k), *Am.* slicker. — **~,hös·chen** *n* (*für Baby*) rubber pants *pl* (*sometimes construed as sg*). — **~iso·la·ti,on** *f electr.* rubber insulation. — **g~iso,liert** *adj* rubber-insulated. — **~iso,lie·rung** *f* rubber insulation. — **~,kle·ber** *m synth.* rubber adhesive. — **~,knüp·pel** *m* (*der Polizisten*) (rubber) truncheon, *bes. Am.* billy (club), nightstick, *bes. Br.* baton.

'Gum·mi,lack *m* lac, lacquer. — **~,baum** *m bot.* **1.** a) gum-bearing croton, oil tree, aleurites (*scient.*) (*Aleurites laccifera*), b) candleberry (tree), candle tree (*A. triloba*). – **2. Westindischer** ~ blood tree (*Croton gossypiifolium od. C. draco*).

'Gum·mi|,lin·se *f phot.* zoom (*od. scient.* varifocal) lens. — **~,lö·sung** *f* **1.** *chem.* rubber solution (*od.* cement). – **2.** *auto.* (*für Reifen*) tube gum. — **~-,Lö·wen,zahn** *m bot.* kok-sag(h)yz, *auch* Russian dandelion (*Taraxacum kok-saghyz*). — **~,man·tel** *m bes. Br.* mackintosh, *Br. colloq.* mac(k), *Am.* slicker. — **~,mat·te** *f* rubber mat. — **~,muf·fe** *f* rubber sleeve. — **~pa·ra,graph** *m jur. colloq.* elastic clause. — **~,pflan·ze** *f bot.* gum plant (*Gattg Grindelia*). — **~,pfrop·fen** *m* rubber stopper. — **~,puf·fer** *m* rubber buffer (*od.* stop, element). — **~,pup·pe** *f* rubber doll. — **~,rei·fen** *m* rubber tire (*bes. Br.* tyre). — **~,ring** *m* **1.** (*schmaler Ring*) rubber band. – **2.** (*für Einmachgläser, Flaschen etc*) lute. – **3.** rubber ring (*od.* quoit). — **~,schlan·ge** *f zo.* rubber boa (*Charina bottae*). — **~,schlauch** *m* **1.** a) rubber tube (*od.* tubing), b) (*eines Reifens*) inner tube. – **2.** (*Spritzschlauch*) rubber hose. — **~,schnur** *f* rubber-insulated cord. — **~,scho·ten,dorn** *m bot.* Arabic gum tree, wattle gum (*Acacia arabica*). — **~,schuh** *m meist pl cf.* Gummiüberschuh. — **~,schür·ze** *f* rubber apron. — **~,schwamm** *m* rubber sponge. — **~,seil** *n aer.* (*für Segelflugzeug*) rubber rope. — **~,soh·le** *f* rubber sole. — **~,stem·pel** *m* rubber stamp. — **~,stie·fel** *m meist pl* rubber boot, *Br. auch* gum boot, Wellington (boot). — **~,stöp·sel** *m* rubber stopper. — **~,strumpf** *m* elastic stocking. — **~,tier** *n* (toy) rubber animal. — **~,über,schuh** *m meist pl* rubber overshoe, galosh, *Am. auch* rubber. — **~,über,zug** *m* rubber coating. — **~,un·ter,la·ge** *f* (*für Kinderbett etc*) rubber sheet. — **~,wal·ze** *f print.* rubber roller. — **~,wa·ren** *pl* rubber articles (*od.* goods). — **~,wärm,fla·sche** *f* hot-water bag (*od.* bottle). — **~,zel·le** *f* (*im Irrenhaus*) padded cell. — **~,zucker** (*getr.* -k·k-) *m chem.* arabinose ($C_5H_{10}O_5$). — **~,zug** *m* elastic.

gum·mös [gʊ'møːs] *adj med.* gummy, gummatous.

Gum·mo·se [gʊ'moːzə] *f* ⟨-; -n⟩ *bot.* gummosis.

'Gun·del|,kraut ['gʊndəl-] *n* ⟨-(e)s; *no pl*⟩ *bot.* lemon-scented thyme (*Thymus citriodorus*). — **~,re·be** *f cf.* Grundrebe.

'Gun·der|,mann ['gʊndər-] *m* ⟨-(e)s; *no pl*⟩, **~,männ·chen** *n* ⟨-s; *no pl*⟩ *bot. cf.* Grundrebe.

'Gun·di,rat·te ['gʊndi-] *f zo.* comb rat, gundi (*scient.*) (*Ctenodactylus gundi*).

Gun·ne·re [gʊ'neːrə] *f* ⟨-; -n⟩ *bot.* gunnera (*Gattg Gunnera*).

Gün·sel ['gʏnzəl] *m* ⟨-s; -⟩ *bot.* bugle, ajuga (*scient.*) (*Gattg Ajuga*): **Blauer** (*od.* **Kriechender, Schleichender**) ~ creeping bugle, meadow bugle (*A. reptans*); **Gelbblütiger** ~ (*Erdfichte*) ground pine, field cypress (*A. chamaepitys*).

Gunst [gʊnst] *f* ⟨-; *no pl*⟩ **1.** (*wohlwollende Gesinnung*) favor, *bes. Br.* favour, goodwill: **Zeichen der** ~ sign of favo(u)r; **sich um j-s** ~ **bemühen** to court (*od.* try to win) s.o.'s favo(u)r; **j-m seine** ~ **bezeigen** to show s.o. one's favo(u)r; **um j-s** ~ **buhlen** to curry favo(u)r with s.o., to court s.o.'s favo(u)r; **j-m seine** ~ **entziehen** to withdraw one's favo(u)r from s.o.; **sich j-s** ~ **erfreuen** to enjoy s.o.'s favo(u)r; **j-s** ~ **erlangen [gewinnen]** to obtain [to win] s.o.'s favo(u)r; **j-m seine** ~ **schenken** to bestow one's favo(u)r on s.o.; **sich in j-s** ~ **setzen** to ingratiate oneself with s.o., to worm oneself into s.o.'s favo(u)r; **in j-s** (*od.* **bei j-m in**) ~ **stehen** to be in s.o.'s favo(u)r (*od.* good graces, *colloq.* good books); **er warb um die** ~ **der Wähler** he wooed the favo(u)r of the voters. – **2.** *lit.* (*Gefallen*) favor, *bes. Br.* favour, kindness: **j-m um eine** ~ **bitten** to ask s.o. (for) a favo(u)r, to ask a favo(u)r of s.o.; **j-m eine** ~ **erweisen** (*od.* **gewähren**) to do (*od.* grant) s.o. a favo(u)r; **er wurde einer** ~ **teilhaftig** he was done a favo(u)r. – **3.** (*Vorteil*) favor, *bes. Br.* favour, credit: **zu meinen ~en** to my credit; **ein Saldo zu Ihren ~en** *econ.* a balance in your favo(u)r; **zu j-s ~en entscheiden** to decide in s.o.'s favo(u)r; **die Tatsachen sprachen zu seinen ~en** the facts spoke in his favo(u)r. – **4.** *lit.* (*des Schicksals, Wetters etc*) favor(ableness), *bes. Br.* favour(ableness), auspiciousness. — **~be,weis** *m* sign (*od.* proof) of favor (*bes. Br.* favour) (*od.* goodwill). — **~be,zei·gung** *f* **1.** mark of favor (*bes. Br.* favour). – **2.** (*einer Frau*) favor, *bes. Br.* favour.

gün·stig ['gʏnstɪç] **I** *adj* **1.** (*vorteilhaft*) (*für* to) favorable, *bes. Br.* favourable, advantageous: **ein ~es Angebot** a favo(u)rable offer; **~e Aussichten** favo(u)rable prospects; **er verkaufte zu ~en Bedingungen** he sold on favo(u)rable terms; **er machte einen ~en Eindruck** he made a favo(u)rable impression; **im ~sten Fall**

ist er um 6 Uhr hier at best he will be here at 6 o'clock; eine ~e Gelegenheit abwarten to wait for a chance (*od.* an opportunity); ich halte es für ~er, wenn I think it better if; dadurch erschien sie in ~em Licht this put her in a favo(u)rable light; etwas in (ein) ~es Licht rücken *fig.* to put s.th. in a favo(u)rable light; das war sehr ~ für ihn that was very favo(u)rable for him; ~e Vereinbarungen für beide Länder agreements advantageous to both countries; alles nahm einen ~en Verlauf everything took a favo(u)rable course, everything went off well; bei ~em Wetter weather (conditions) permitting; eine ~e Wendung nehmen to take a favo(u)rable turn. – **2.** (*passend, meist zeitlich*) opportune, convenient: eine ~e Zeit a convenient time; er kam im ~sten Augenblick he came at the most opportune moment. – **3.** *fig.* (*wohlgesinnt*) favorable, *bes. Br.* favourable, kind: das Glück war uns ~ fortune was kind to (*od.* favo[u]red) us. – **4.** (*verheißungsvoll*) promising, auspicious, propitious. – **5.** *lit.* (*Klima, Sternkonstellation etc*) benign: unter einem ~en Stern geboren *fig.* born under a benign star. – **II** *adv* **6.** favorably, *bes. Br.* favourably: ~ abschneiden (*bei einer Prüfung*) to come off well (*od.* favo[u]rably); j-n ~ beurteilen to judge s.o. favo(u)rably; es traf sich ~, daß it was favo(u)rable that; j-m ~ gesinnt sein to be well disposed toward(s) s.o.; ich mußte ihn ~ stimmen I had to put him in a favo(u)rable mood; dort kauft man ~ ein the shopping is good there. – **7.** der Wind steht ~ (*zum Segeln etc*) the wind sits fair.

'gün·sti·gen'falls *adv* at best.

Günst·ling ['gʏnstlɪŋ] *m* ⟨-s; -e⟩ **1.** favorite, *bes. Br.* favourite, protégé. – **2.** *contempt.* minion.

'Günst·lingsˌwirt·schaft *f* ⟨-; *no pl*⟩ *contempt.* favoritism, *bes. Br.* favouritism.

'Gun·terˌska·la ['gʊntər-] *f math.* (*auf einem Rechenschieber*) Gunter's scale.

Gup·py ['gʊpi; 'gʌpɪ] (*Engl.*) *m* ⟨-s; -s⟩ *zo.* guppy (*Lebistes reticulatus*).

Gur [guːr] *f* ⟨-; *no pl*⟩ *geol.* guhr.

Gu·ra·mi [gu'raːmi] *m* ⟨-(s); -s⟩ *zo.* gourami (*Osphromenus goramy; fish*).

'Gu·raˌnuß ['guːra-] *f bot.* gooranut, kola (*od.* cola) nut, cola (*od.* cola) seed (*von Cola acuminata*).

Gur·gel ['gʊrgəl] *f* ⟨-; -n⟩ (*Hals, Kehle*) throat: j-m die ~ abschneiden to cut s.o.'s throat; j-m an die ~ fahren (*od.* springen) to fly at s.o.'s throat; ich wollte ihm an die ~ I could have choked (*od.* throttled) him; j-n an der ~ packen to take s.o. by the throat; j-m die ~ abdrücken (*od.* abschnüren, zudrücken) a) to strangle s.o., b) *fig. colloq.* (*j-n wirtschaftlich ruinieren*) to cut s.o.'s throat; die ~ spülen (*od.* schmieren) *fig. colloq. humor.* to wet one's whistle (*colloq.*); sein Geld durch die ~ jagen *fig. colloq.* to drink (away) one's money. — **~ˌabˌschnei·der** *m meist fig. contempt.* cutthroat.

gur·geln ['gʊrgəln] **I** *v/i* ⟨h⟩ **1.** (*den Mund ausspülen*) gargle: mit Salzwasser ~ to gargle with salt water. – **2.** (*von Wasser etc*) gurgle, bubble. – **II G~** *n* ⟨-s⟩ **3.** *verbal noun.* – **4.** (*Geräusch*) gurgle.

'Gur·gelˌwas·ser *n med. pharm.* gargle.

Gürk·chen ['gʏrkçən] *n* ⟨-s; -⟩ **1.** *dim. of* Gurke. – **2.** (*bes. zum Einmachen*) gherkin.

Gur·ke ['gʊrkə] *f* ⟨-; -n⟩ **1.** (*Frucht*) cucumber: eingelegte ~n preserved cucumbers (*od.* gherkins), pickles; saure ~n pickled cucumbers, pickles. – **2.** *bot.* a) (Gewöhnliche) ~ cucumber (*Cucumis sativus*), b) Ägyptische (*od.* Arabische, Türkische) ~ Egyptian cucumber (*Cucumis chate*); Indische ~ *cf.* Gurkenwurz. – **3.** *fig. humor.* 'conk' (*sl.*), nose. – **4.** du bist eine ~ *fig. colloq.* you are a real joker. – **5.** *pl colloq.* worn-down shoes.

'Gur·ken|ˌap·fel, In·dia·ni·scher [ɪn'dĭaːnɪʃər] *m bot.* balsam pear, bitter momordica (*Momordica charantia*). — **~ˌblattˌlaus** *f zo.* cotton (*od.* melon) aphid (*Aphis frangulae*). — **~ˌdill** *m bot. cf.* Dill 1. — **~ˌerdˌfloh** *m zo.* cucumber flea beetle (*Epitrix cucumeris*). — **g~ˌför·mig** *adj* cucumber-shaped, cucumiform (*scient.*). — **~ˌho·bel** *m* (*housekeeping*) cucumber slicer. — **~ˌkä·fer** *m zo.* cucumber beetle. — **~ˌkern** *m* cucumber seed. — **~ˌkernˌbandˌwurm** *m zo. cf.* Hundebandwurm. — **~ˌkraut** *n bot.* a) *cf.* Dill 1, b) *cf.* Borretsch. — **~ˌpflan·ze** *f* cucumber. — **~saˌlat** *m gastr.* cucumber salad. — **~ˌwurz** *f bot.* (Indian) cucumber root (*Medeola virginica*).

gur·ren ['gʊrən] *v/i* ⟨h⟩ (*von Tauben*) coo.

Gurt [gʊrt] *m* ⟨-(e)s; -e⟩ **1.** (*kräftiges Band, meist aus Gewebe od. Leder*) strap. – **2.** (*Gürtel*) belt. – **3.** (*Sicherheitsgurt im Auto etc*) safety belt. – **4.** (*am Geschirr eines Pferdes*) girth. – **5.** *civ.eng.* (*der obere und untere Abschluß eines Trägers*) chord, boom, flange. – **6.** *mil.* (*am Geschützrohr*) astragal. – **7.** (*Bandförderer*) conveyor belt. — **~ˌband** *n* ⟨-(e)s; ⸚er⟩ (*in der Schneiderei*) waistband, *Br.* waist-band, girth band, webbing. — **~ˌbo·gen** *m civ.eng.* (*Wandbogen*) wall arch.

Gür·tel ['gʏrtəl] *m* ⟨-s; -⟩ **1.** (*Kleider-, Ledergürtel etc*) belt: den ~ enger schnallen *auch fig. colloq.* to tighten one's belt; den ~ weiter machen to loosen one's belt; sich (*dat*) einen ~ umbinden to put on a belt; etwas am ~ tragen to wear (*od.* carry) s.th. in one's belt. – **2.** *fig.* (*Rundstreifen*) belt, girdle: ein ~ von Anlagen zieht sich rings um die Stadt a belt of parks encircles the city. – **3.** *geogr.* zone. – **4.** *med.* (*Hüftgegend*) girdle. – **5.** *zo.* (*gürtelartige Zeichnung*) cingulum. – **6.** *röm.kath.* (*des Priesters*) cingulum. – **7.** der ~ des Orion *astr.* the belt of Orion. – **8.** ~ der Venus *myth.* cestus (*od.* girdle) of Venus. – **9.** *poet.* (*als Symbol der Jungfräulichkeit*) den ~ lösen (*od.* zerreißen) to break the virginal knot; ~ der Keuschheit *fig.* girdle of chastity. — **~ˌbahn** *f* belt line (railroad), *bes. Br.* belt line (*od.* circular) railway. — **~ˌband** *n* ⟨-(e)s; ⸚er⟩ *bot.* (*in den Schalen von Kieselalgen*) vitta. — **~ˌech·se** *f meist pl zo.* girdle(-tailed) lizard, zonure (*scient.*) (*Fam. Cordylidae*). — **~ˌflech·te** *f med. cf.* Gürtelrose. — **g~ˌför·mig** *adj* beltlike, *Br.* belt-like. — **~geˌfühl** *n med.* girdle sensation, zonesthesia (*scient.*). — **~ˌka·bel** *n tech.* belted cable. — **~ˌkno·chen** *m meist pl zo.* girdle bone. — **~ˌkraut** *n bot. cf.* Bärlapp. — **~ˌli·nie** *f* **1.** (*Taille*) waistline. – **2.** (*sport*) (*bes. beim Boxen*) belt(line). — **~ˌmaus** *f zo.* fairy armadillo, pichiciago, *auch* pichichago (*Chlamyphorus truncatus*). — **~ˌmoos** *n bot. cf.* Bärlapp. — **~ˌmull** *m zo. cf.* Gürtelmaus.

gür·teln ['gʏrtəln] *v/t* ⟨h⟩ **1.** *cf.* gürten I. – **2.** (*forestry*) (*Baum*) girdle.

'Gür·tel|ˌpan·zer *m mar. mil.* belt armor (*bes. Br.* armour). — **~ˌrei·fen** *m auto.* radial-ply tire (*bes. Br.* tyre). — **~ˌro·se** *f med.* shingles *pl* (*construed as sg*); zona, (herpes) zoster (*scient.*). — **~ˌsandˌfisch** *m zo.* belted sandfish (*Serranellus subligarius*). — **~ˌschlau·fe** *f* (belt) loop. — **~ˌschnal·le** *f* clasp (*od.* buckle) of a belt, belt buckle. — **~ˌstrei·fen** *m* **1.** *geogr.* zone. – **2.** *zo.* cingulate (*od.* cingular) band (*od.* strip). — **~ˌtang** *m bot.* zonaria. — **~ˌtier** *n zo.* armadillo (*Fam. Dasypodidae*).

gur·ten ['gʊrtən] **I** *v/t* ⟨h⟩ **1.** *mil.* (*Munition*) fill (*s.th.*) in an ammunition belt, belt. – **2.** *civ.eng.* (*Verbandstücke*) brace. – **II G~** *n* ⟨-s⟩ **3.** *verbal noun.* – **4.** *cf.* Gurtung.

gür·ten ['gʏrtən] *lit.* **I** *v/t* ⟨h⟩ **1.** gird: j-n mit einem Schwert ~ to gird s.o. with a sword; ich habe mir das Schwert um die Hüfte gegürtet I girded the sword around my waist, I girded on my sword; sich (*dat*) die Lenden ~ *Bibl. poet.* to gird (up) one's loins. – **2.** (*Pferd*) saddle. – **II** *v/reflex* **3.** sich ~ gird oneself: sie gürteten sich zum Kampf *fig.* they girded themselves for the fight.

'Gurt|ˌför·de·rer *m tech. cf.* Förderband. — **~geˌsims** *n arch.* stringcourse, *Br.* string-course. — **~ˌha·ken** *m* girth hook. — **~ˌholz** *n tech.* wale, waling. — **~laˌmel·le** *f* flange (*od.* cover) plate.

Gürt·ler ['gʏrtlər] *m* ⟨-s; -⟩ beltmaker, girdler.

'Gurt|ˌrie·men *m* girth strap. — **~ˌschei·be** *f* belt pulley. — **~ˌsims** *m, n arch.* **1.** (*an ionischen Tragbalken etc*) fa(s)cia. – **2.** *cf.* Gurtgesims.

'Gur·tung *f* ⟨-; -en⟩ **1.** *cf.* Gurten. – **2.** *civ. eng.* a) (*Träger*) chord, b) (*Trägerflansch*) boom, flange.

'Gu·ruˌnuß ['guːru-] *f bot. cf.* Guranuß.

Gu·sche ['gʊʃə] *f* ⟨-; -n⟩ *dial. for* Mund 1.

Guß [gʊs] *m* ⟨-sses; ⸚sse⟩ **1.** (*aus der Flasche, Brause etc*) gush, jet. – **2.** *colloq.* (*Regenguß*) (heavy) shower, downpour: wir wurden von einem heftigen ~ überrascht we were caught in a heavy downpour. – **3.** *med.* affusion: kalte Güsse verordnen to prescribe cold affusions. – **4.** *gastr.* (*Zuckerguß etc*) icing, frosting: Torten mit ~ überziehen to ice (*od.* frost) cakes. – **5.** *tech.* a) (*Gießen*) casting, pouring, (*von Metall*) *auch* founding, b) (*Werkstoff*) cast iron (*od.* metal), c) (*Produkt*) casting, *collect.* castings *pl*: der ~ einer Glocke the casting of a bell; schmiedbarer ~ malleable iron; (wie) aus einem ~ a) (made) in (*od.* with) one casting, b) *fig.* perfect, uniform, homogeneous; das Gemälde ist aus einem ~ *fig.* the painting is a uniform (*od.* integrated) whole. – **6.** *print.* a) (*Gießen*) casting, founding, b) (*Produkt*) font, *bes. Br.* fount. – **7.** *tech. cf.* Gußloch.

'Guß·asˌphalt *m civ.eng.* poured (*od.* mastic) asphalt. — **~ˌbo·den** *m* mastic asphalt surfacing.

'Guß|beˌton *m* cast concrete. — **~ˌbla·se** *f metall.* **1.** (*Lunker*) blowhole. – **2.** (*Oberflächenfehler*) blister. — **~ˌblock** *m* ingot. — **~ˌbruch** *m* cast-iron scrap.

'Gußˌei·sen *n tech.* **1.** (*als Werkstoff*) cast iron. – **2.** (*als Erzeugnis*) iron casting. — **~ˌform** *f* chill mold (*bes. Br.* mould). — **~ˌkaltˌschwei·ßung** *f* cast-iron welding without preheating. — **~ˌschrott** *m* gray (*bes. Br.* grey) iron scrap. — **~ˌwarmˌschwei·ßung** *f* cast-iron welding with preheating and postheating.

'gußˌei·sern *adj* cast-iron (*attrib*).

'Guß|ˌfeh·ler *m tech.* (casting) flaw. — **~ˌform** *f* **1.** foundry mold (*bes. Br.* mould). – **2.** (*für Druckguß*) die-casting die. — **~ˌglas** *n* cast glass. — **~ˌhaut** *f* skin (of a casting). — **~ˌkern** *m* casting core, kernel. — **~ˌloch** *n* pouring hole of a mold (*bes. Br.* mould). — **~ˌmes·sing** *n* cast brass. — **~meˌtall** *n* cast metal. — **~moˌdell** *n* (casting) pattern. — **~ˌnaht** *f* casting burr, fin, feather. — **~ˌput·zer** *m* fettler, dresser. — **~ˌre·gen** *m* heavy (rain) shower (*od.* downpour). — **~ˌrohr** *n tech.* cast-iron pipe. — **~ˌschrott** *m* cast-iron scrap. — **~ˌspan·nung** *f* casting stress (*od.* strain). — **~ˌstahl** *m* **1.** (*Material*) cast steel. – **2.** (*Produkt*) steel casting. — **~ˌstahlˌwerk** *n* cast-steel plant. — **~ˌstein** *m obs.* (*in der Küche*) sink. — **~ˌstück** *n tech.* casting. — **~ˌwa·ren** *pl* castings, cast-iron ware *sg*, foundry goods.

güst [gyːst] *adj bes. Low G.* (*Kuh*) a) (*unfruchtbar*) barren, b) (*nicht milchgebend*) dry.

Gü·ster ['gyːstər] *m* ⟨-s; -⟩ *zo.* white bream (*Blicca björkna*).

gu·stie·ren [gʊs'tiːrən] *v/t* ⟨*no* ge-, h⟩ *colloq. and Austrian* find (*s.th.*) to one's taste, enjoy, like.

gu·sti·ös [gʊs'tĭøːs] *adj Austrian colloq.* (*Speisen*) tasty.

Gu·sto ['gʊsto] *m* ⟨-s; -s⟩ *obs. od. Austrian* gusto, taste, liking: das ist nach seinem ~ that is to his taste; einen ~ haben auf (*acc*) (*od.* für) etwas to feel like (eating *od.* drinking) s.th.

gut [guːt] **I** *adj* ⟨besser; best⟩ **1.** good: ~e Erziehung good education; ~e Führung good conduct; der G~e Hirte *relig.* the Good Shepherd; ~es Leben good life; die Note [sehr] ~ the mark [very] good; ~e Verhältnisse good (*od.* easy) circumstances; die ~e alte Zeit the good old days *pl.* – **2.** (*gesund, tauglich*) good: ~e Augen [Nerven] good eyes [nerves]; ~e Nase *auch fig.* good nose; ihr war nicht ~ she did not feel well. – **3.** (*passend, geeignet*) good, suitable: ~e Ausrede good excuse. – **4.** (*schön, günstig*) good, fine, favorable, *bes. Br.* favourable: ~es Wetter good weather. – **5.** (*besonder*) good, best: der ~e Anzug one's best (*od. colloq.* Sunday) suit; die ~en Sachen anziehen to put on one's good (*bes. Br.* best) things (*od.* clothes), to put on one's Sunday best (*colloq.*); die ~e Stube the best (*od.* front) room, the parlo(u)r. – **6.** (*ertragreich*) good: ~e Ernte good harvest; ~es Geschäft good (*od.* lucrative, profitable) business; ~es Jahr good (*od.* lucrative, profitable) year. – **7.** (*groß, reichlich*) good: eine ~e Stunde warten to wait a good (*od.* full) hour; er nahm einen ~en Schluck he took a good (*od.* hearty) drink (*od. colloq.* swig); ein ~es Stück Geld a good (*od.* fair) amount of money; er hat sein ~es Auskommen he manages quite well on his income; das hat noch ~e Weile (*od.* Zeit) there is still enough time for that; ein ~(er) Teil a good part, a fair bit. –

8. (*tüchtig*) good, capable, efficient: ~er Arzt [Schüler] good doctor [pupil]; ~e Arbeit leisten to do good work. – **9.** (*brauchbar*) good, usable: ~es Werkzeug good tool; der Mantel ist noch ~ the coat is still good (*od.* wearable); der Fisch ist noch ~ the fish is still good (*od.* all right, edible); die Wurst ist nicht mehr ~ the sausage has gone bad (*Br. auch* off). – **10.** (*wertvoll, gehaltvoll*) good(-quality): ~er Wein [Stoff] good wine [material]; ~e Bücher good books. – **11.** (*sachlich einwandfrei*) good: ~es Deutsch good German. – **12.** (*angenehm*) good, pleasant: ~er Geschmack *auch fig.* good taste; ~ riechen to smell good; ~e Nachricht good news *pl* (*construed as sg or pl*); er hat heute einen ~en Tag gehabt he had a good day today; sie sieht alles von der ~en Seite she looks at (*bes. Br.* on) the good (*od.* bright, sunny) side of things; → Letzt. – **13.** (*fröhlich*) good: ~er Laune sein, ~e Laune haben to be in a good mood (*od.* in good spirits). – **14.** (*wirksam*) good, effective: ein ~es Mittel gegen (*od.* für) Kopfweh a good remedy for headaches; ~e Lehren good advice *sg*; das war eine ~e Lehre für ihn that was a good lesson for him; wer weiß, wozu das ~ ist? who knows what that is good for? wozu soll das ~ sein? a) what is that (good) for? b) what is the good (*od.* use) of doing that? – **15.** (*vorteilhaft*) good, advantageous. – **16.** (*richtig*) good, right, correct. – **17.** (*angebracht*) fit, proper: er hielt es für ~, ein Trinkgeld zu geben he thought (*od.* considered) it fit (*od.* advisable, a good idea) to offer a tip. – **18.** (*anständig, angesehen*) good, respected: aus ~er Familie from a good family; → Ruf 5; Ton[2] 4. – **19.** (*fein*) good, fine: er dünkt sich zu ~ dafür he considers himself too good for this; dafür bin ich mir zu ~ a) that's beneath me (*od.* beneath my dignity), b) I wouldn't stoop to that. – **20.** (*brav*) good, well-behaved (*attrib*): ~es Kind good child; wirst du wieder ~ sein? will you be good (*od.* behave) now? – **21.** (*sittlich gut*) good: ~e Werke tun to do good deeds. – **22.** (*freundlich, lieb*) good, kind, friendly: sie hat ein ~es Herz *fig.* she has a good heart, she is kind-hearted; nicht für Geld und ~e Worte not for love or money; bitte sei so ~ und hilf mir! please be so good as (*od.* kind enough) to help me! ~ zu j-m sein to be good to s.o.; sei (mir) wieder ~! let's be friends again! sie ist ihm (von Herzen) ~ a) she is very fond of him, b) she is in love with him. – **23.** (*zuverlässig*) good, reliable: aus ~er Quelle from a reliable source; er ist mir für diese Summe ~ (*kreditwürdig*) he is good (*od.* worthy of credit) for this sum. – **24.** (*gutmütig*) good(-natured): sie ist eine ~e Seele she is a good soul; er ist viel zu ~ he is much too good-natured. – **25.** (*in Grüßen, Wünschen etc*) good: ~en Tag! good morning (*od.* afternoon, evening)! *auch* good day! ~e Nacht! good night! ~e Reise (*od.* Fahrt)! have a good (*od.* pleasant, nice) journey (*od.* trip)! → Appetit 1; Besserung 3. – **26.** so ~ wie (*wertgleich*) as good as, practically: der Prozeß ist so ~ wie gewonnen the trial is as good as won; das ist so ~ wie sicher that's practically certain (*od. colloq.* a sure thing); er ist so ~ wie verlobt he is as good as engaged; er hat mir den Wagen so ~ wie versprochen he has as good as promised me the car. – **27.** (*zufriedenstellend, genügend*) good, OK, okay, all right: sehr ~! very good! very well! ~ so! good! well done! also ~! OK then! all right then! schon ~! a) (*es genügt*) that'll do! that's enough! b) (*auf eine Entschuldigung etc hin*) that's all right! schon ~, aber quite right, but; laß es ~ sein für dieses Mal! let it be (*od.* leave it at that, drop it, *colloq.* skip it) for this time! das ist (alles) ganz ~ und schön, aber that is all very well and good, but; du bist (vielleicht) ~! *colloq. iron.* a) you're a fine one! b) (*du bist verrückt*) don't make me laugh! *bes. Br.* you've got a hope! – **II** *adv* **28.** well: ~ aussehen a) to look good, b) (*von Person*) to be good-looking, c) (*gesundheitlich*) to look well; ~ sehen [hören] to see [hear] well; ~ lernen to learn easily (*od.* quickly); etwas ~ können to be able to do s.th. well; er spielt recht ~ Klavier he plays the piano quite well; paßt jetzt ~ auf! now pay (close) attention! der Anzug sitzt ~ the suit fits well; die Farbe steht dir ~ the colo(u)r suits you (well), that's a good colo(u)r for you; das macht sich ~ that looks good; das Bild macht sich dort ~ the picture looks good (*od.* shows to advantage) there; kommt ~ nach Hause! I hope you'll get home all right; er ist ~ angekommen a) he arrived safely, b) *fig.* (*wurde gut aufgenommen*) he was well received, c) *fig.* (*war erfolgreich*) he was a great success; da kam er bei ihm ~ an *iron. etwa* he picked on the wrong person (to go to); er hat es ihm ~ gegeben *colloq.* he gave it to him good and proper, he really gave it to him (*od.* really let him have it), *Br. sl.* he gave him what-for; er hat es ~ aufgenommen he took it well; sich ~ halten a) (*von Speisen etc*) to keep well, b) *fig.* (*im Examen etc*) to do well, c) *fig.* (*von Person*) to be well preserved; mit j-m ~ auskommen to get on (*od.* along) (well) with s.o.; ich komme mit meinem Geld ~ aus I manage well on the money I have (*od.* make), I make ends meet (*colloq.*); das Geschäft geht ~ business is good; der Artikel geht ~ this article goes (*od.* sells) well; das fängt ja ~ an *iron.* that's a nice start (I must say); das kann ja ~ werden *iron.* things are off to a fine start; das trifft sich ~! what luck! das kommt mir ~ zustatten that comes in useful for me, that stands me in good stead; das tut nicht ~ that won't last long, no good will come of it; du hast es ~, du kannst tun, was du willst you are lucky (*od.* fortunate), you can do what you like; sie hat es dort nie ~ gehabt a) she was never very happy there, b) she was never well treated there; ~ gestellt sein (*finanziell*) to be well off; du bist ~ d(a)ran you are lucky (*od.* fortunate), good for you; er täte ~ daran nachzugeben he would be well advised to (*od.* had better) give in; sie ist nicht ~ auf ihn zu sprechen she is angry with him; ich kann ihn doch nicht ~ darum bitten I really can't ask that of him; alles wird schon wieder ~ werden everything will turn out all right again; sie sind ~ davongekommen they got off lightly; das ging noch einmal ~ aus (*od.* ab) everything ended well (*od.* turned out all right); das kann ich mir ~ denken I can well imagine that; das kann ~ sein that may well (*od.* easily) be; es ist ~ möglich, daß er kommt it is quite possible that he will come; er meint es ~ mit dir he means well (with you); es ist ~ gemeint, aber it is well meant, but; er ist immer ~ gelaunt he is always in a good humo(u)r (*od.* a good mood, good spirits); es gefällt mir ~! I like it; macht eure Sache ~! do a good job! do your best! ~ gemacht! well done! mach's ~! *colloq.* a) good luck! b) by(e)-by(e)! so long! *Br. auch* cheerio! du hast ~ lachen [reden] it's easy for you to laugh [talk]; das Instrument spielt sich ~ the instrument is easy to play; es dauert ~ (und gern) drei Stunden it easily takes (*od.* takes at least) three hours; es ist nun ~ (und gern) zehn Jahre her, seit ich ihn zuletzt sah it has been a good ten years (now) since I last saw him; → angeschrieben II. – **29.** etwas so ~ wie möglich machen to do s.th. as well as possible. – **III G~, der, die, das** ⟨-n⟩ **30.** *cf.* Gute[1], [2]. – **31.** G~ und Böse good and evil: „Jenseits von G~ und Böse" "Beyond Good and Evil" (*by Nietzsche*). – **32.** (*substantiviert mit Kleinschreibung*) im ~en in a friendly (*od.* nice) way: mit j-m im ~en auskommen to get on well with s.o.; sie sind im ~en auseinandergegangen they parted the best of friends (*od.* as good friends).

Gut [guːt] *n* ⟨-(e)s; ⸚er⟩ **1.** good: irdische (*od.* weltliche) Güter earthly (*od.* worldly) goods; zeitliche Güter temporal goods (*od.* possessions), temporalities; das höchste ~ *philos.* the greatest (*od.* highest, supreme) good, summum bonum (*lit.*); nicht um alle Güter der Welt not for all the (money in the) world, not for all the tea in China; unrecht ~ gedeih(e)t nicht *Sprichwort* ill-gotten goods (*od.* gains) never prosper (*proverb*); ~ und Blut life and property; Hab und ~ *cf.* Hab. – **2.** (*Besitz*) property, possessions *pl*: herrenloses ~ abandoned (*od.* ownerless) property, derelict; gestohlenes ~ stolen property (*od.* goods *pl*); → eingebracht II. – **3.** (*Bodenbesitz*) (landed) property, estate, farm: er lebt auf seinen Gütern he lives on his estates. – **4.** *meist pl econ. jur.* a) goods *pl*, commodity, article, b) (*Vermögensstücke*) property, assets *pl*, effects *pl*: [un]bewegliche Güter [im]movable property *sg*, [im]movables; schwimmende Güter floating goods; verkäufliche Güter goods for sale, sal(e)able goods; lebenswichtige Güter essential (*od.* vital) goods; Güter löschen to land (*od.* discharge) goods; Güter versenden to ship (*od.* consign) goods. – **5.** *mar.* gear, rigging: laufendes [stehendes] ~ running [standing] gear. – **6.** *bes. tech.* (*Stoff*) material: irdenes ~ earthenware.

ˈGutˌach·ten *n* ⟨-s; -⟩ **1.** (über *acc* on) expert opinion, opinion (*bes. Br.* evidence) of an expert, expertise: das ~ eines medizinischen Sachverständigen the opinion of a medical expert; ein ~ abgeben to give one's expert opinion; ein ~ einholen to get (*od.* seek, take) an expert's opinion. – **2.** (*Zeugnis*) certificate, testimonial: ärztliches ~ medical certificate. – **3.** (*eines Rechtssachverständigen*) legal opinion. – **4.** (*in Versicherungsfällen*) surveyor's (*od.* assessor's) report.

ˈGutˌach·ter *m* ⟨-s; -⟩ **1.** expert. – **2.** (*Berater*) consultant. — **~kom·mis·siˌon** *f* advisory committee (*od.* commission, *bes. Am.* panel), consultative committee.

ˈgutˌacht·lich I *adj* (*Äußerung*) expert (*attrib*), authoritative. – **II** *adv* sich ~ äußern to give one's expert opinion, to state authoritatively.

ˈgutˌar·tig *adj* **1.** good-natured, good-tempered: ~es Tier a) good-natured (*od.* friendly) animal, b) harmless (*od.* inoffensive) animal. – **2.** *med.* (*Tumor, Verlauf etc*) benign, nonmalignant *Br.* non-. — **ˈGutˌar·tig·keit** *f* ⟨-; *no pl*⟩ **1.** good nature. – **2.** *med.* benign nature, benignity.

ˈgut|ˌausˌse·hend *adj* goodlooking, *Br.* good-looking. — **~beˌsetzt** *adj* ⟨*attrib*⟩ (*theater*) **1.** (*Rolle*) well-cast. – **2.** (*Haus*) well-filled. — **~beˌzahlt** *adj* ⟨*attrib*⟩ well-paid. — **~ˌbür·ger·lich I** *adj* **1.** *gastr.* plain, homely: ~e Küche plain cooking. – **2.** middle-class (*attrib*), bourgeois. – **II** *adv* **3.** ~ essen to eat plain food.

Güt·chen [ˈgyːtçən] *n* ⟨-s; -⟩ **1.** *dim. of* Gut 3. – **2.** sich (*dat*) ein ~ tun *obs. od. colloq.* to give oneself a treat.

ˈGutˌdün·ken *n* ⟨-s; *no pl*⟩ judg(e)ment, discretion: nach ~ at discretion (*od.* pleasure); etwas nach seinem eigenen ~ entscheiden to decide s.th. according to one's own judg(e)ment; nach eigenem ~ handeln to use (*od.* act on, act in accord with) one's own discretion; ich überlasse es deinem ~ I leave it to your judg(e)ment.

ˈGu·te[1] *m, f* ⟨-n; -n⟩ good person: der ~ the good man; die ~n the good, the righteous; mein ~r a) old fellow (*Br. auch* chap), b) my dear fellow (*od.* man); meine ~ a) (my) dear, b) my dear lady (*od.* woman).

ˈGu·te[2] *n* ⟨-n; *no pl*⟩ good: das ~ the good thing; das ~ an der Sache ist the good thing about it is; etwas ~s war doch daran there was still a good side to it; was bringst du ~s? what's the good news? das führt zu nichts ~m no(thing) good will come of that; ich ahne (*od.* mir schwant) nichts ~s I have misgivings, I fear the worst; nichts ~s im Sinne haben (*od.* im Schild führen) to be up to no good; es hat alles sein ~s there is a good side to everything; es hat sich zum ~n gewandt it has taken a turn for the better; eine Sache zum ~n lenken to give a matter a favo(u)rable turn; er hat des ~n zuviel getan he has overdone it; das ist zuviel des ~n *iron.* that's too much of a good thing; alles ~ kommt von oben *humor.* all good things come from above; j-m alles ~ wünschen to wish s.o. all the best; alles ~! all the best! alles ~ zum Geburtstag! many happy returns (of the day)! best wishes for your birthday! heute gibt es etwas ~s (zu essen) there is s.th. good (to eat) today; ~s tun to do good; sie glaubt an das ~ in ihm she believes that there is good in him; er hat mir nur ~s erwiesen he has shown me nothing but kindness; das Bessere ist der Feind des ~n *etwa* better is the enemy of good; ~s mit Bösem vergelten to return evil for good; er hat ~s und Böses im Leben erfahren he has seen good days and bad, he has had his ups and downs in life.

Gü·te [ˈgyːtə] *f* ⟨-; *no pl*⟩ **1.** kindness, goodness: in (aller) ~ in a friendly way, amicably;

ein Vorschlag zur ~ a conciliatory proposal; die ~ seines Herzens the kindness of his heart; die ~ Gottes the goodness (*od.* grace) of God; er ist die ~ selbst he is kindness itself; haben Sie die ~ zu warten will you be so kind as to wait, would you mind waiting; (ach, du) meine ~! good(ness) gracious! dear me! good Lord! good heavens! das hieße, seine ~ mißbrauchen that would be an imposition on his good nature; und seine ~ währet ewiglich *Bibl.* and his mercy endureth for ever. – **2.** (*Qualität, Beschaffenheit etc*) quality: Waren erster ~ top quality (*od.* first-class) goods, goods of top quality; von ausgezeichneter [mittlerer, verschiedener] ~ of excellent [middling, varying] quality. – **3.** (*Vortrefflichkeit*) excellence, superior quality. – **4.** (*der Tonwiedergabe*) fidelity.

'Gutˌedel *m* ⟨-s; -⟩ **1.** *bot.* (*weiße Traubensorte*) chasselas. – **2.** *Southwestern G. dial.* son.

'Gü·te|ˌfak·tor *m tech.* quality factor. — **~ˌgrad** *m* **1.** grade (of quality), quality. – **2.** (*Wirkungsgrad*) efficiency. — **~ˌklas·se** *f econ.* (*einer Ware*) class (*od.* grade) of quality, quality. — **g~ˌmä·ßig** *adj u. adv* with (*od.* in) regard to quality, in quality.

ˌGu·te'nachtˌkuß *m* good-night kiss: j-m einen ~ geben to kiss s.o. good night.

'Gu·tenˌbergˌgo·tisch *f* ⟨-; *no pl*⟩ *print.* (*Schriftgattung*) Gutenberg Gothic.

ˌGu·ten'mor·genˌgruß *m* good-morning greeting.

'Gü·ter|ˌabˌfer·ti·gung *f* **1.** dispatch (*auch* despatch) (*od.* consignment) of goods. – **2.** (*Stelle*) freight (*Br.* goods) office, shipping (*od.* forwarding) office. — **~ˌabˌtre·tung** *f jur. econ.* **1.** cession (*od.* abandonment, assignment, transfer) of goods. – **2.** (*von Grundstücken*) surrender of (a) real estate. – **3.** (*eines Gemeinschuldners*) assignment of a bankrupt's estate. — **~ˌanˌnah·me** *f econ.* **1.** receiving of goods. – **2.** (*Stelle*) freight (*Br.* goods) (receiving) office. — **~ˌausˌga·be** *f* **1.** delivery of goods. – **2.** (*Stelle*) freight (*Br.* goods) (delivery) office. — **~ˌausˌtausch** *m* exchange of goods. — **~ˌbahnˌhof** *m* freight depot (*od.* station), *Br.* goods station. — **~be̩ˌför·de·rung** *f cf.* Gütertransport. — **~beˌstät·ter** *m Southwestern G. and Swiss obs.* carter in the employ of the railway (*Am.* railroad). — **~ˌeinˌtei·lung** *f* classification of goods. — **g~erˌzeu·gend** *adj* (*Wirtschaft*) goods-producing. — **~ex·pe·di·tiˌon** *f cf.* Güterabfertigung 2. — **~ˌfern·verˌkehr** *m* long-distance freight (*od.* long-haul) trucking, *Br.* long-distance goods traffic (*od.* road haulage). — **~geˌmein·schaft** *f jur.* communion of goods, (*bes. eheliche*) community of property. — **~ˌhal·le** *f cf.* Güterschuppen.

'gut·erˌhal·ten *adj* ⟨*attrib*⟩ (*Gegenstand etc*) well-preserved, (*im weiteren Sinn*) in good condition: ein ~es Gebäude a building in good condition (*od.* repair).

'Gü·ter|ˌklas·se *f* category of goods. — **~ˌkraft·verˌkehr** *m* road haulage (and cartage), haulers (*bes. Br.* hauliers) and carters *pl*, *Am. auch* trucking. — **~ˌkreisˌlauf** *m* circuit (*od.* flow) of goods. — **~ˌmak·ler** *m econ.* land (*od.* real estate) agent, *bes. Am.* realtor. — **~ˌnah·verˌkehr** *m* short-distance freight (*Br.* goods) traffic, short haul (traffic). — **~ˌrecht** *n jur.* law of property: eheliches ~ régime en communauté. — **~ˌschup·pen, ~ˌspei·cher** *m econ. Am.* freight house (*od.* shed, depot), *Br.* goods shed. — **~ˌstand** *m jur.* law of property between husband and wife: gesetzlicher ~ régime en communauté; getrennter ~ separate property. — **~taˌrif** *m econ.* freight (*Br.* goods) tariff. — **~transˌport** *m* transport (*od.* conveyance) of goods, goods traffic. — **~ˌtren·nung** *f jur.* (*bes. eheliche*) separation of property. — **~ˌumˌsatz** *m econ.* turnover of goods. — **~ˌumˌschlag** *m* transshipment (*Br.* trans-shipment) (*auch* transhipment) of goods. — **~verˌkehr** *m* freight (*Br.* goods) traffic. — **~verˌsand** *m* shipment of goods. — **~verˌsi·che·rung** *f* insurance of goods. — **~verˌtei·lung** *f* distribution of goods. — **~ˌwa·gen** *m* (*railway*) *Am.* freight car, *Br.* goods waggon: geschlossener ~ *Am.* boxcar, *Br.* goods van, box waggon (*od.* van); offener ~ *Am.* gondola (car), *Br.* open goods truck (*od.* waggon).

'gut·erˌzo·gen *adj* ⟨*attrib*⟩ (*Kind etc*) well-bred (*od.* -reared), *Am. auch* well-raised.

'Gü·terˌzug *m Am.* freight (train), *Br.* goods train. — **~lo·ko·moˌti·ve** *f* freight (*Br.* goods) engine (*od.* locomotive).

'Gü·te|ˌstel·le *f jur.* voluntary conciliation board. — **~ˌstem·pel** *m econ.* quality stamp (*od.* brand). — **~verˌfah·ren** *n jur.* conciliatory proceedings *pl.* — **~ˌvorˌschrift** *f* quality (*od.* material) specification. — **~ˌzei·chen** *n* quality seal.

'Gutˌfin·den *n* ⟨-s; *no pl*⟩ *Swiss for* Gutdünken.

'gut·geˌar·tet *adj* ⟨*attrib*⟩ good-natured: ein ~es Kind a good-natured child, a child with a kindly disposition. — **~geˌbaut** *adj* ⟨*attrib*⟩ (*Person, Haus etc*) well-built.

'gutˌge·hen *v/i* ⟨*irr, sep,* -ge-, sein⟩ **1.** (*sich wohl befinden*) be well, fare well: mir geht es gut a) I am well, b) (*finanziell etc*) I am doing well; es ist ihm sein Leben lang gutgegangen he has had a good life; wir ließen es uns ~ we denied ourselves nothing; laß es dir ~! keep well! look after yourself! I hope things go well with you; aber sonst geht's dir gut? *colloq. iron.* you're feeling well? (*colloq.*), you must be crazy (*od.* daft)! – **2.** (*ein gutes Ende nehmen*) go well, turn out well (*od.* all right): es ist alles gutgegangen everything has gone well; das wird kaum ~ that is not likely to turn out well (*od.* work out). — **'gutˌge·hend** I *pres p.* – II *adj* **1.** (*Geschäft etc*) prospering, flourishing, thriving, going. – **2.** (*Ware*) that sells well, much in demand.

'gut|geˌlaunt *adj* ⟨*attrib*⟩ good-humored (*bes. Br.* -humoured), in good humor (*bes. Br.* humour), in a good mood, in good spirits. — **~geˌlun·gen** *adj* ⟨*attrib*⟩ **1.** (*Bild etc*) good. – **2.** (*Kuchen etc*) well-made. – **3.** (*Arbeit etc*) well-done. — **~geˌmeint** *adj* ⟨*attrib*⟩ (*Rat etc*) well-meant. — **~geˌpflegt** *adj* ⟨*attrib*⟩ **1.** (*Haut, Hände etc*) well-cared. – **2.** (*Person, Haar*) well-groomed. – **3.** (*Gegenstand, Garten etc*) well-kept. — **~geˌsinnt** *adj* ⟨*attrib*⟩ (*Mensch*) well-meaning. — **G~geˌsinn·te** *m, f* ⟨-n; -n⟩ well-meaning (*od.* -intentioned) person. — **~geˌwach·sen** *adj* ⟨*attrib*⟩ well-built. — **G~geˌwicht** *n econ.* (*für Verluste beim Auswiegen etc*) allowance, draft, tret: Tara und ~ tare and tret. — **~geˌzielt** *adj* ⟨*attrib*⟩ well-aimed (*od.* -directed).

'gutˌgläu·big I *adj* **1.** credulous, gullible. – **2.** *bes. jur.* a) (*Tat, Kauf etc*) done in good faith, bona fide (*scient.*), b) (*Person*) acting in good faith, bona fide (*scient.*). – II *adv* **3.** credulously, gullibly. – **4.** *bes. jur.* in good faith. — **'Gutˌgläu·big·keit** *f* **1.** credulity, gullibility. – **2.** *bes. jur.* good faith.

'gutˌha·ben *v/t* ⟨*irr, sep,* -ge-, h⟩ *econ.* have to one's credit, have credit for: er hat bei uns noch zehn Mark gut he still has ten marks credit with us; du hast noch eine Zigarette bei mir gut I still owe you a cigarette.

'Gutˌha·ben *n* ⟨-s; -⟩ *econ.* (favorable, *bes. Br.* favourable) balance, credit balance, (*im weiteren Sinn*) assets *pl*: laufende ~ current assets; sein ~ beträgt his balance stands at, the balance in his favo(u)r is; mein Kontoauszug weist ein ~ von 100 Mark aus my bank statement shows a credit of 100 marks. — **~ˌsal·do** *m, n* net credit balance.

'gutˌhei·ßen I *v/t* ⟨*irr, sep,* -ge-, h⟩ (*billigen*) approve (of), sanction, *bes. Am. colloq.* OK, okay: ich kann sein Verhalten nicht ~ I cannot approve of (*od.* give my approval to) his conduct. – II **G~** *n* ⟨-s⟩ *verbal noun.* — **'Gutˌhei·ßung** *f* ⟨-; *no pl*⟩ **1.** *cf.* Gutheißen. – **2.** approval, approbation, sanction.

'gutˌher·zig *adj* good-hearted, kind(hearted), *Br.* kind(-hearted). — **'Gutˌher·zig·keit** *f* ⟨-; *no pl*⟩ good-heartedness, kindheartedness, *Br.* kind-heartedness, kindness.

'gü·tig I *adj* **1.** kind, good: sie hat ein ~es Herz she has a kind heart, she is kind-hearted (*Br.* kind-hearted); zu j-m (*od.* gegen j-n, j-m gegenüber) ~ sein to be kind to s.o., to behave kindly toward(s) s.o.; mit Ihrer ~en Erlaubnis with your kind permission; seien Sie bitte so ~, es ihm zu geben please be so kind as to give it to him; zu ~! *iron.* too kind of you! ~er Himmel! *colloq.* good heavens! – **2.** (*gutherzig*) kindly, kind(hearted), *Br.* kind(-hearted). – II *adv* **3.** kindly: würden Sie mir ~st gestatten *auch iron.* would you kindly (*od.* be so kind as to) allow me. — **'Gü·tig·keit** *f* ⟨-; *no pl*⟩ **1.** kindness, goodness. – **2.** (*Gutherzigkeit*) kindliness, kindheartedness, *Br.* kind-heartedness.

güt·lich ['gyːtlɪç] I *adj* ⟨*attrib*⟩ **1.** amicable, friendly: auf ~em Wege in a friendly way, amicably; sich auf ~em Wege einigen to come to an amicable agreement; ~er Vergleich *jur.* a) amicable settlement, private arrangement, b) (*außergerichtlich*) settlement out of court. – II *adv* **2.** amicably, in a friendly way: sie haben sich ~ geeinigt they came to an amicable (*od.* friendly) agreement. – **3.** sich an (*dat*) etwas ~ tun a) to treat oneself to s.th., b) to help oneself to s.th.: sie taten sich an seinen Zigarren ~ they helped themselves to his cigars.

'gutˌma·chen *v/t* ⟨*sep,* -ge-, h⟩ *colloq.* **1.** make good, make amends for, make up for. – **2.** (*Vorteil erringen*) make: dabei hat er zehn Mark gutgemacht he made ten marks (profit) out of it. – **3.** (*Abstand, Zeitvorsprung etc*) make up: ich konnte 10 Minuten ~ I managed to make up 10 minutes.

'gutˌmü·tig *adj* **1.** good-natured (*od.* -humored, *bes. Br.* -humoured). – **2.** *cf.* gutherzig. — **'Gutˌmü·tig·keit** *f* ⟨-; *no pl*⟩ **1.** good nature (*od.* humor, *bes. Br.* humour), good-naturedness (*od.* -humoredness, *bes. Br.* -humouredness). – **2.** *cf.* Gutherzigkeit.

'gutˌnach·bar·lich I *adj* (*Beziehungen etc*) neighborly, *bes. Br.* neighbourly. – II *adv* in a neighborly (*bes. Br.* neighbourly) way (*od.* manner).

'gutˌsa·gen *v/i* ⟨*sep,* -ge-, h⟩ für j-n ~ to answer (*od.* vouch) for s.o., to go (*od.* stand) bail for s.o.

'Guts·beˌsit·zer *m* **1.** owner of an estate, estate owner, big landowner. – **2.** gentleman farmer.

'Gutˌschein *m econ.* **1.** (*für Waren, Gratisproben etc*) coupon, *bes. Br.* voucher. – **2.** (*über einen Geldbetrag, als Geschenk*) gift certificate, *Br.* gift token. – **3.** *cf.* Gutschrift 2.

'gutˌschrei·ben *v/t* ⟨*irr, sep,* -ge-, h⟩ j-m etwas ~ to enter s.th. to s.o.'s credit, to credit s.th. to s.o. (*od.* s.o. with s.th.): einen Betrag einem Konto ~ to credit an account with an amount.

'Gutˌschrift *f econ.* **1.** credit, credit entry (*od.* item, memorandum): zur ~ auf unser Konto to the credit of our account. – **2.** (*als Gutschein*) credit voucher (*od.* slip). — **~ˌanˌzei·ge** *f* credit note.

'Gutˌsei·te *f tech.* (*eines Kalibers*) go end.

Gut·sel ['guːtsəl] *n* ⟨-s; -⟩ *dial. for* Bonbon.

'Guts|ˌhaus *n* **1.** (*herrschaftlich etc*) manor (house), *Br.* manor(-house). – **2.** (*großes Bauernhaus*) farmhouse. — **~ˌherr** *m* **1.** *hist.* lord of the manor. – **2.** *cf.* Gutsbesitzer. — **~ˌher·rin** *f hist.* lady of the manor. — **~ˌherr·schaft** *f collect.* lord and lady of the manor. — **~ˌhof** *m* **1.** estate, manor. – **2.** (*großer Bauernhof*) farm.

'gut|si·tuˌiert *adj* well-to-do: ~e Geschäftsleute well-to-do businessmen, businessmen who are well off. — **~ˌsitzend** *adj* well-fitting: ein ~es Kleid a well-fitting dress, a dress that fits well.

'Gutsˌpäch·ter *m* tenant farmer.

'gut|ˌspre·chen *v/i* ⟨*irr, sep,* -ge-, h⟩, **~ˌste·hen** *v/i* ⟨*irr, sep,* -ge-, h *u.* sein⟩ *obs. u. dial. for* gutsagen.

'Guts|verˌwal·ter *m* manager (*od.* steward, *Br. auch* bailiff) of an estate, landholder's manager (*od.* steward, *Br. auch* bailiff), *Br. auch* land-agent, bailiff. — **~verˌwal·tung** *f* management (*od.* administration) of an estate, estate management.

Gut·ta·per·cha [guta'pɛrça] *f* ⟨-; *no pl*⟩, *n* ⟨-(s); *no pl*⟩ *bot. econ.* gutta-percha, gutta, plastic gum. — **~ˌbaum** *m bot.* gutta-percha tree (*Palaquium borneense u. P. oblongifolium*).

'Gutˌtat *f lit.* **1.** good act (*od.* deed). – **2.** (*Freundlichkeit, Wohltat*) kindness.

'Gutˌtemp·ler *m* Good Templar. — **~ˌor·den** *m* Order of (the) Good Templars.

Gut·ti·fe·re [guti'feːrə] *f* ⟨-; -n⟩, **'Gut·ti·geˌwächs** ['guti-] *n bot.* guttiferous plant, guttifer (*Fam. Guttiferae*).

'gutˌtun *v/i* ⟨*irr, sep,* -ge-, h⟩ **1.** do good: Wärme wird ihm ~ warmth will do him good, warmth will be good for him; das Mittel hat mir sehr gutgetan a) the medicine has done me a lot of good, b) the medicine has given me great relief; **das tut ihm (ganz) gut** *iron.* that does him a world of good. – **2.** *colloq.* (*anhalten*) last: **das konnte (ja) nicht** ~ you couldn't expect that to last long; **ich bin gespannt, wie lange das noch** ~ **wird** I wonder how long that will last. – **3. nicht** ~ *colloq.* (*von Kindern, Jugendlichen*) a) to be no good, b) to be up to no good: **der Junge tut nicht gut in der Schule** the boy is no good at school.

Gut·tu·ral [gutu'ra:l] *ling.* **I** *m* ⟨-s; -e⟩ guttural (sound). – **II g**~ *adj* guttural: ~ **und nasal** gutturonasal. – **III g**~ *adv* **etwas** ~ **aussprechen** to gutturalize s.th. — ~ˌ**laut** *m* guttural (sound).

'gutˌun·terˌrich·tet *adj* ⟨*attrib*⟩ well-informed: **wie aus** ~**en Kreisen verlautet** as is reported from well-informed circles.

ˌGut'wet·terˌzei·chen *n meteor.* good weather sign, sign of good weather.

'gutˌwil·lig I *adj* (*willig*) willing, ready (*pred*): **er zeigte sich stets** ~ he was always willing to oblige. – **II** *adv* **er hat ihm** ~ **geholfen** he helped him willingly (*od.* readily); **etwas** ~ **herausgeben** to return s.th. voluntarily. — **'Gutˌwil·lig·keit** *f* ⟨-; *no pl*⟩ **1.** willingness, readiness. – **2.** obedience.

Gu·yot [gy'jo:] *m* ⟨-s; -s⟩ *geol.* (*tafelbergähnliche Tiefseekuppe*) guyot.

Gym·kha·na [gʏm'ka:na] *n* ⟨-s; -s⟩ (*sport*) gymkhana.

Gym·na·si'al|ˌbil·dung [gʏmna'zĭa:l-] *f ped.* education received at a 'Gymnasium'. — ~**diˌrek·tor** *m* headmaster (*Am.* principal) of a 'Gymnasium'. — ~ˌ**leh·rer** *m* teacher (*Br. auch* master) at a 'Gymnasium'.

Gym·na·si·arch [gʏmna'zĭarç] *m* ⟨-en; -en⟩ *antiq.* gymnasiarch.

Gym·na·si·ast [gʏmna'zĭast] *m* ⟨-en; -en⟩ pupil in a 'Gymnasium'.

Gym·na·si·um [gʏm'na:zĭum] *n* ⟨-s; -sien⟩ **1.** *ped.* secondary school, *Br. etwa* grammar-school: **humanistisches** ~ secondary school (*Br.* grammar-school) emphasizing the study of Latin and Greek; **mathematisch-naturwissenschaftliches** ~ (*Realgymnasium*) secondary school (*Br.* grammar-school) emphasizing mathematics and science; **neusprachliches** ~ secondary school (*Br.* grammar-school) emphasizing modern languages. – **2.** *antiq.* gymnasium.

Gym·nast [gʏm'nast] *m* ⟨-en; -en⟩ *antiq.* gymnast.

Gym·na·stik [gʏm'nastɪk] *f* ⟨-; *no pl*⟩ gymnastics *pl* (*construed as sg*), gymnastic (*od.* physical) exercises *pl*: **rhythmische** ~ rhythmic exercises *pl*, eurythmics *pl* (*usually construed as sg*); **Schwedische** ~ *med.* (*Heilgymnastik*) Swedish gymnastic exercises *pl*; ~ **treiben** to do (*od.* practice, *bes. Br.* practise) gymnastics; **ich mache jeden Morgen** ~ I do my exercises every morning.

Gym·na·sti·ker [gʏm'nastikər] *m* ⟨-s; -⟩ gymnast.

Gym'na·stik|ˌleh·rer *m* gymnastics teacher (*od.* instructor). — ~ˌ**leh·re·rin** *f* gymnastics teacher (*od.* instructress). — ~**ˌschu·le** *f* school of gymnastics. — ~**ˌstun·de** *f* gymnastics class: ~**n nehmen** to go to gymnastics (*od.* exercise) classes.

Gym'na·stin *f* ⟨-; -nen⟩ *med. cf.* Heilgymnast.

gym'na·stisch *adj* gymnastic: ~**e Übungen** gymnastic (*od.* physical) exercises.

Gym·no·so·phie [gʏmnozo'fi:] *f* ⟨-; *no pl*⟩ gymnosophy. — **Gym·no·so'phist** [-'fɪst] *m* ⟨-en; -en⟩ gymnosophist.

Gym·no·sper·me [gʏmno'spɛrmə] *f* ⟨-; -n⟩ *bot. meist pl* gymnosperm.

Gy·nä·kei·on [gʏnɛ'kaɪən] *n* ⟨-s; -keien⟩ *antiq.* gynaeceum.

Gy·nä·ko·kra·tie [gynɛkokra'ti:] *f* ⟨-; -n [-ən]⟩ *Br.* gynaecocracy, *Am.* gynecocracy.

Gy·nä·ko·lo·ge [gynɛko'lo:gə] *m* ⟨-n; -n⟩ *med. Br.* gynaecologist, *Am.* gynecologist. — **Gy·nä·ko·lo'gie** [-lo'gi:] *f* ⟨-; *no pl*⟩ **1.** *Br.* gynaecology, *Am.* gynecology. – **2.** (*Abteilung*) gyn(a)ecology ward. — **gy·nä·ko'lo·gisch** *adj Br.* gynaecologic(al), *Am.* gynecologic(al).

Gy·nä·ko·ma·stie [gynɛkomas'ti:] *f* ⟨-; -n [-ən]⟩ *med. Br.* gynaecomastia, *Am.* gynecomastia.

Gyn·an·drie [gynan'dri:] *f* ⟨-; *no pl*⟩ *biol.* gynandry, gynandrism. — **gyn'an·drisch** [-'nandrɪʃ] *adj* gynandrous, gynandrian, androgynal, androgynous. — **Gyn·an·'dris·mus** [-'drɪsmus] *m* ⟨-; *no pl*⟩ *rare for* Gynandrie.

Gyn·an·dro·mor·phis·mus [gynandromɔr'fɪsmus] *m* ⟨-; *no pl*⟩ *biol.* gynandromorphism.

Gy·nä·ze·um [gynɛ'tse:um] *n* ⟨-s; -zeen⟩ **1.** *antiq. cf.* Gynäkeion. – **2.** *bot.* gynoecium, *Am. auch* gynaeceum, gynecium.

'Gy·roˌbus ['gy:ro-] *m bes. Swiss auto.* gyrobus.

gy·ro·ma·gne·tisch [gyroma'gne:tɪʃ] *adj phys.* gyromagnetic.

Gy·ro·me·ter [gyro'me:tər] *n* ⟨-s; -⟩ *phys.* gyrometer.

Gy·ro·skop [gyro'sko:p] *n* ⟨-s; -e⟩ *phys.* gyroscope. — **gy·ro'sko·pisch** *adj* gyroscopic.

Gy·rus ['gy:rus] *m* ⟨-; -ri [-ri]⟩ *med.* convolution, gyrus (*scient.*).

H

H, h [haː] *n* ⟨-; -⟩ **1.** H, h (*eighth letter of the German alphabet; sixth consonant*): ein großes H a capital (*od.* large) H; ein kleines H a small (*od.* little) h; aspiriertes H aspirated (*od.* sounded) h; stummes H h mute; mit H aussprechen to aspirate. – **2.** *mus.* a) (the note) B, *auch* b, b) h (= *h-Moll*) B minor, c) H (= *H-Dur*) B major: das Werk steht in H(-Dur) the work is in (the key of) B (major). – **3.** h *math.* (*Höhe*) alt(itude). – **4.** H *chem.* (*symbol of hydrogen*) H. – **5.** h *phys.* (*Planck constant*) h. – **6.** H *electr.* (*Henry*) h. – **7.** h (*unit of time*) h, hour. – **8.** H (*s.o. eighth in order or class*) H. – **9.** H (*s.th. having the shape of the capital letter H*) H.

ha [ha(ː)] *interj* **1.** ha! ah! – **2.** (*aus Triumph*) aha! – **3.** (*aus Erstaunen*) oh!

Haa·ger ['haːgər] *adj* ⟨*invariable*⟩ (of The) Hague: die ~ Abkommen (*od.* Konventionen) the Hague Conventions; ~ Schiedshof International (Permanent) Court of Arbitration at The Hague.

Haar [haːr] *n* ⟨-(e)s; -e⟩ **1.** hair: das ~, die ~e *collect.* the hair; schönes volles ~ beautiful thick hair; sich (*dat*) die ~e wachsen lassen to let one's hair grow; sich (*dat*) das ~ aus der Stirn streichen to brush one's hair from one's eyes; die ~e zurückwerfen to toss one's hair back (*od.* out of one's eyes); mein ~ fällt mir immer ins Gesicht my hair is always falling in my face; sie trägt ihr ~ offen she lets her hair hang loose; sich durch das ~ fahren to run one's fingers through one's hair; ihm fallen (*od.* gehen) die ~e aus he is losing his hair; sich die ~e kämmen (*od. colloq.* machen) to comb (*od.* do) one's hair; sein ~ lichtet sich his hair is thinning; sich (*dat*) die ~e schneiden lassen to have (*od.* get) one's hair cut (*od.* a haircut); j-n an den ~en ziehen to pull s.o.'s hair. – **2.** (*einzelnes*) hair: zwei blonde ~e two blond hairs. – **3.** *fig.* (*in Wendungen wie*) aufs ~ to a hair, to a T (*od.* tee), to a nicety, exactly, precisely; sie gleichen sich aufs ~ a) (*von Personen*) they look very much alike, they are like two peas in a pod, b) (*von Sachen*) they are exactly identical; um ein ~ by a hair(s)breadth (*Br. auch* hair's breadth), by an inch, very nearly; er hätte ihn um ein ~ getroffen he missed him by a hair(s)breadth (*od.* by a fraction of an inch); um ein ~ wäre er überfahren worden he was within an ace of being run over; er ist um kein ~ besser he is not a bit (*od.* whit) better; ein ~ in der Suppe finden *colloq.* to find s.th. to criticize (*od.* moan about); sie gerieten sich (*od.* einander) in die ~e *colloq.* they went for one another, they came to blows; sie liegen sich ständig in den ~en they are always getting into each other's hair, they are constantly quarrel(l)ing (*od.* are always at loggerheads); sie hat ~e auf den Zähnen *colloq.* a) she is a tough customer (*colloq.*), b) she has a sharp tongue; es hängt jetzt an einem ~ it is touch and go now; das Beispiel ist an den ~en herbeigezogen the example is farfetched (*Br.* far-fetched); man krümmte ihr kein ~ they did not touch (*od.* harm) a hair of her head (*od.* do her any harm); er mußte ~e lassen *colloq.* he did not escape unscathed; kein gutes ~ an j-m lassen to pick (*od.* pull) s.o. to pieces; sich (*dat*) (vor Verzweiflung) die ~e raufen to tear one's hair; ich könnte mir die ~e (aus)raufen (*od.* einzeln ausreißen) *colloq.* I could tear my hair out, I could kick myself; ~e spalten to split hairs; ihm standen die ~e zu Berge, ihm sträubten sich die ~e *colloq.* his hair stood on end; bei der Geschichte stehen einem die ~e zu Berge *colloq.* it's a hair-raising story; laß dir deshalb keine grauen ~e wachsen *colloq.* don't lose any sleep over it, don't let it worry you; er hat mehr Schulden als ~e auf dem Kopf *colloq.* he is up to his ears in debt; er wird uns noch die ~e vom Kopf fressen *colloq.* he'll eat us out of house and home yet; lange ~e, kurzer Verstand (*Sprichwort*) *etwa* more hair than wit; krauses ~, krause Gedanken (*Sprichwort*) *etwa* tangled hair, muddled thoughts; → Haut 2. – **4.** (*eines Pinsels, Geigenbogens etc*) hair. – **5.** *pl bot.* (*einer Pflanze*) hair *sg*, pili (*scient.*): mit langen, feinen ~en barbate. – **6.** *zo.* a) hair, b) (*Wolle*) wool: die ~e aufstellen (*von Hund, Katze*) *auch fig.* to bristle. – **7.** (*textile*) hair, nap, pile. – **8.** ~ der Berenike *astr.* (*nördl. Sternbild*) Berenice's hair, Coma Berenices (*scient.*).

'haar|ähn·lich *adj* **1.** hairlike, *Br.* hair-like, hairy. – **2.** *zo.* trichoid. – **3.** *bot.* trichoid: ~er Auswuchs trichome; mit ~en Blättern capillifolious. — **H~,an,satz** *m* hairline, *Br.* hair-line: einen hohen [niedrigen] ~ haben to have a high [low] hair(-)line. — **~,ar·tig** *adj* **1.** *cf.* haarähnlich 1. – **2.** *bot.* hairlike, *Br.* hair-like. — **~,auf,hel·ler** *m* lightener. — **H~,auf,rich·ter** ⟨-s; -⟩ *m med.* (*Muskel*) arrector (muscle). — **H~,aus,fall** *m* **1.** loss of hair. – **2.** *med.* alopecia. — **H~,aus,wuchs** *m bot.* trichome.

'Haar,balg *m med.* hair follicle. — **~,drü·se** *f* hair (*od. scient.* sebaceous) gland. — **~,mil·be** *f zo.* follicle mite (*Demodex folliculorum*). — **~,mus·kel** *m med.* arrector (muscle).

'Haar|,ball *m zo.* (*im Magen von Pflanzenfressern*) aegagropila, *auch* (a)egagropile. — **~,band** *n* ⟨-(e)s; ⸗er⟩ **1.** hair ribbon. – **2.** headband, *Br.* head-band, fillet. — **~,bee·re** *f bot.* **1.** *a species of wild strawberry* (*Fragaria collina*). – **2.** raspberry (*Rubus idaeus*). — **~,beu·tel** *m* (*fashion*) *hist.* bag (of a bagwig [*Br.* bag-wig]). — **h~,bil·dend** *adj* hair-forming. — **~,bir·ke** *f bot.* common (white) birch (*Gattg Betula*). — **h~,blät·te·rig, h~,blätt·rig** *adj* capillifolious. — **~,blu·me** *f* snake gourd, serpent cucumber, trichosanthes (*scient.*) (*Trichosanthes anguina*). — **~,bo·den** *m med.* scalp. — **~,breit** *n* ⟨-; *no pl*⟩ **1.** nicht ein ~ not one inch: nicht ein ~ gab er nach he didn't move (*od.* budge) one inch from his stand (*od.* opinion), he stuck to his opinion (*od. colloq.* his guns). – **2.** um ein ~ by a hair(s)breadth (*Br. auch* hair's breadth). — **~,bür·ste** *f* hairbrush. — **~,bü·schel** *n* **1.** tuft of hair. – **2.** *bot.* a) floccus, b) (*am Samen*) coma. – **3.** *zo.* a) floccus, b) (*bei Raupen*) fascicle of hair, c) (*auf dem Kopf*) tuft: mit einem ~ tufted. — **~,clip** *m cf.* Haarklips. — **~,decke** (*getr.* -k·k-) *f* (*textile*) nap. — **~,draht** *m tech.* finest (gold) wire. — **h~'dünn** *adj* (as) thin as a hair, capillary (*scient.*).

haa·ren ['haːrən] **I** *v/i* ⟨h⟩ **1.** (*von Tieren*) lose its hair (*od.* fur), shed (*od.* cast) its coat. – **2.** (*von Pelz*) shed (hairs). – **II** *v/reflex* sich ~ **3.** *cf.* haaren 1.

'Haar|ent,fer·ner *m*, **~ent,fer·nungs,mit·tel** *n* hair remover, depilatory. — **~er,satz** *m* false hair.

'Haa·res,brei·te *f* **1.** um ~ by a hair(s)breadth (*Br. auch* hair's breadth): er entging dem Tod (nur) um ~ he escaped death by a hair(s)breadth. – **2.** nicht um ~ not an inch.

'Haar,fa·den-,Pa·tschu·li [-,patʃuli] *n* ⟨-s; -s⟩ *bot.* patchouli, patchouly, *auch* pachouli (*Pogostemon patchouly*).

'Haar|,far·be *f* **1.** color (*bes. Br.* colour) of hair, hair colo(u)r. – **2.** *cf.* Haarfärbemittel. — **~,fär·be,mit·tel** *n* hair dye (*od.* tint). — **~,fär·ben** *n* hair dyeing (*od.* tinting). — **~,farn** *m bot.* **1.** maidenhair (fern), hair fern, adiantum (*scient.*) (*Gattg Adiantum*). – **2.** bristle fern (*Gattg Trichomanes*). — **~,fa·ser** *f biol.* capillary filament (*od.* fiber, *bes. Br.* fibre). — **h~,fa·se·rig** *adj* filamentous, *auch* filamentose. — **~,fe·der** *f* **1.** *tech.* hairspring. – **2.** *zo.* filoplume. — **h~'fein** *adj* **1.** hairlike, *Br.* hair-like, (as) fine as a hair, capillary (*scient.*). – **2.** *fig.* (*Unterschied*) subtle. — **~,fe·sti·ger** *m* ⟨-s; -⟩ setting lotion. — **~,filz** *m* **1.** hair felt. – **2.** (*für Hüte*) fur felt. — **~fi·xa,tiv** *n cf.* Fixativ 2.

'Haar,flech·te[1] *f* plait (*od.* tress, braid) (of hair).

'Haar,flech·te[2] *f bot. cf.* Bartflechte 1.

'Haar|fol,li·kel *m med.* hair follicle. — **h~,för·mig** *adj* **1.** hairlike, *Br.* hair-like, capillary (*scient.*). – **2.** *bot.* capilliform, piliform. — **~fri,sur** *f* hairstyle, *Br.* hair-style, coiffure, hairdo, *Br.* hair-do (*colloq.*).

'Haar,garn *n* (*textile*) hair yarn. — **~,tep·pich** *m* hair carpet.

'Haar|ge,fäß *n med.* capillary vessel. — **~ge,flecht** *n bot.* capillitium. — **h~ge'nau** *colloq.* **I** *adj* (*Bericht, Beschreibung etc*) precise, minute, meticulous, exact to a hair (*od.* nicety). – **II** *adv* to a hair (*od.* nicety), precisely, to a T (*od.* tee): j-n ~ beschreiben to describe s.o. to a hair; das Kleid paßt ~ the dress fits perfectly (*od.* to a T); (stimmt) ~! dead right! — **~,ger·ste** *f bot.* wild rye (*Gattg Elymus*). — **~,gras** *n* a) corn grass, aira (*scient.*) (*Gattg Aira*), b) lyme (*od.* rye) grass, elymus (*scient.*) (*Gattg Elymus*): Virginisches ~ Terrell grass (*E. virginianus*). — **~,gur·ke** *f* sicyos (*Gattg Sicyos*). — **~,holz** *n cf.* Traubenkirsche. — **~,hut** *m* fur hat. — **~hy·gro,me·ter** *n meteor.* hair hygrometer.

'haa·rig *adj* **1.** (*behaart*) hairy, covered

with hair, hirsute. – 2. *colloq.* (*heikel*) delicate, ticklish. – 3. *colloq.* (*schlimm*) bad, difficult, stiff, tough. – 4. *bot. zo.* pilose, pilous. – 5. (*textile*) (*Tuch*) napped.

'Haar|ˌkamm m comb (for hair). — **~ˌkeim** m *med.* hair papilla. — **~ˌkies** m *min. cf.* Millerit. — **~ˌklam·mer** f *Am.* bobby pin, *Br.* hair grip. — **~ˌkleid** n 1. coat of hair. – 2. *bot.* indumentum, hair covering. — **h~'klein** *adv colloq.* minutely, (down) to the smallest (*od.* last) detail: **j-m etwas ~ erklären** to explain s.th. to s.o. (down) to the last detail. — **~ˌklem·me** f *cf.* Haarklammer. — **~ˌklips** m hair clip. — **~ˌknopf** m *bot. a fungus belonging to the Cephalotrichidae* (*Cephalotrichum flavovirens*). — **~ˌkno·ten** m bun, knot. — **~ˌkrank·heit** f *med.* disease of the hair, trichosis (*scient.*). — **~ˌkranz** m 1. chaplet of plaited hair. – 2. (*um eine Glatze*) fringe of hair. – 3. (*eines Mönchs*) corona. – 4. *bot.* frill. – 5. *zo.* (*am Huf etc*) coronet. — **~ˌkrau·se** f 1. permanent wave, perm(anent) (*colloq.*). – 2. *zo.* (*beim Hund*) frill. — **~ˌkraut** n *bot. cf.* Wasserhahnenfuß. — **~ˌkrem** f (*cosmetics*) hair cream. — **~ˌkro·ne** f *bot.* aigrette, pappus (*scient.*): **mit einer ~ (versehen)** pappose, pappous. — **~ˌkünst·ler** m *colloq. humor.* hair stylist. — **~li·neˌal** n *tech.* beveled (*bes. Br.* bevelled) (steel) straightedge (*Br.* straight-edge).

'Haar·ling m ⟨-s; -e⟩ *meist pl zo. cf.* Federling.

'Haarˌlocke (*getr.* -k·k-) f lock (*od.* curl) of hair, ringlet.

'haar·los *adj* 1. hairless. – 2. (*kahlköpfig*) bald. – 3. *bot.* glabrous, calvous: **mit ~en Blüten** nudiflorous. — **'Haar·lo·sig·keit** f ⟨-; *no pl*⟩ 1. hairlessness, lack of hair. – 2. (*Kahlköpfigkeit*) baldness. – 3. *bot.* glabrity, calvities.

'Haar|ˌmit·tel n hair treatment. — **~ˌmo·de** f hairstyle, *Br.* hair-style. — **~ˌmoos** n *bot.* 1. golden maidenhair, bear's-bed, haircap moss; goldilocks *pl*, goldylocks *pl* (*construed as sg or pl*) (*Gattg Polytrichum*). – 2. powder moss (*Gattg Byssus*). — **~ˌmücke** (*getr.* -k·k-) f *zo.* March fly (*Fam. Bibionidae*). — **~ˌmüt·zenˌmoos** n *bot.* haircap moss (*Gattg Polytrichum*).

'Haarˌna·del f hairpin. — **~ˌkur·ve** f hairpin curve (*bes. Br.* bend).

'Haar|ˌnes·sel f *bot. cf.* Brennessel. — **~ˌnetz** n 1. hair net, *Br.* hair-net. – 2. **flüssiges ~** hair lacquer. — **~ˌni·xe** f *bot.* water shield (*od.* target) (*Cabomba aquatica*). — **~ˌöl** n hair oil, *Br.* hair-oil. — **~paˌpil·le** f *med. cf.* Haarkeim. — **~ˌpfle·ge** f hair care (*od.* grooming). — **~ˌpfle·geˌmit·tel** n hair tonic (*od.* lotion, conditioner). — **~ˌpilz** m *bot.* trichia. — **~ˌpin·sel** m (artist's) hairbrush. — **~poˌma·de** f pomade, brilliantine. — **~ˌpracht** f 1. splendid coiffure, beautiful hairdo (*Br.* hair-do) (*colloq.*). – 2. wonderful head of hair. — **~ˌpu·der** m, *colloq.* n hair powder, *Br.* hair-powder. — **~ˌqual·le** f *zo.* lion's mane (*Cyanea capillata*). — **~ˌraubˌwild** n *hunt.* beast(s *pl*) of prey, predator(s *pl*). — **~ˌring** m *zo.* ruff. — **~ˌriß** m 1. (*in Glasur etc*) craze. – 2. *tech.* microflaw, hairline (*Br.* hair-line) crack. — **h~ˌris·sig** *adj* 1. crazed. – 2. with microflaws, with hairline (*Br.* hair-line) cracks. — **~ˌrob·be** f *meist pl zo.* sea lion (*Gattg Zalophus*). — **~ˌröhr·chen** n *med. phys.* capillary tube. — **~ˌsalz** n *min.* hair salt, alunogen (*scient.*). — **h~'scharf I** *adj* 1. (*Wiedergabe, Konturen etc*) very clear. – **II** *adv colloq.* 2. (*sehr dicht*) by a hair(s)breadth (*Br. auch* hair's breadth): **der Schuß ging ~ daneben** the shot missed by a hair(s)breadth, the shot just (*od.* narrowly) missed; **das war ~** that was close (*od.* a narrow escape, a near miss). – 3. *cf.* haargenau II. — **~ˌschau·er** m *bot.* common club moss (*Br.* club-moss), snake moss, wolf's-claws (*Lycopodium clavatum*). — **~ˌschlei·fe** f hair bow (*od.* ribbon). — **~ˌschmuck** m hair ornament(s *pl*). — **~ˌschnei·de·maˌschi·ne** f (hair) clippers *pl.* — **~ˌschnei·den** n haircutting: **~, bitte!** (a) haircut, please. — **~ˌschnei·der** m *colloq. for* Herrenfriseur. — **~ˌschnitt** m haircut. — **~ˌschnur** f (*der Angel*) tippet. — **~ˌschopf** m 1. (*Haare*) hair. – 2. (*volles Haar*) shock of hair. – 3. *bot.* a) (*eines Samens*) coma, b) (*Dünnfaden*) leptomitus: **mit einem ~** comate, comose. — **~ˌschup·pen** *pl med.* dandruff *sg*, *Br. auch* scurf *sg.* — **~ˌschwamm** m *bot. cf.* Haarpilz. — **~ˌschwanz** m *meist pl zo.* (*Meeresraubfisch*) cutlass (fish) (*Fam. Trichiuridae*). — **~ˌschwund** m *cf.* Haarausfall. — **~ˌseeˌhund** m *zo.* hair seal. — **~ˌsei·te** f (*des Leders*) grain (*od.* hair) side. — **~ˌsieb** n hair sieve.

'Haarˌspal·ter m ⟨-s; -⟩ *fig. contempt.* hairsplitter, *Br.* hair-splitter. — **ˌHaar·spal·te'rei** f ⟨-; -en⟩ hairsplitting, *Br.* hair-splitting: **~ treiben** to split hairs; **aber das ist doch ~!** but that is just splitting hairs! — **'haarˌspal·te·risch** *adj* hairsplitting, *Br.* hair-splitting.

'Haar|ˌspan·ge f hair clasp, *Am.* barrette, *Br.* hair-slide. — **~ˌspecht** m *zo.* hairy woodpecker (*Dryobates villosus*). — **~ˌspit·ze** f tip (*od.* end) of a hair. — **~ˌspray** n, m hair spray (*od.* lacquer). — **~ˌstäub·ling** m *bot. cf.* Haarpilz. — **~ˌstern** m 1. *astr.* comes. – 2. *zo.* a) feather star (*Gattg Antedon*), b) *meist pl* sea lily, crinoid (*scient.*) (*Klasse Crinoidea*). — **~ˌsträh·ne** f strand (*od.* lock) of hair. — **~ˌstrang, 'Ech·ter** m *bot.* hog's (*od.* sow's) fennel, sulphurweed, *auch* sulphurwort (*Peucedanum officinale*). — **h~ˌsträu·bend** *adj colloq.* (*empörend*) shocking, outrageous, scandalous, incredible. — **~ˌstrich** m 1. (*feiner Federstrich*) hairstroke, *Br.* hair-stroke. – 2. (*bei Tieren*) hair line, *Br.* hair-line. — **~ˌtier** n *zo.* piliferous (*od.* piligerous) animal. — **~ˌtol·le** f *colloq.* tuft of hair. — **~ˌtracht** f hairstyle, *Br.* hair-style, hairdress, coiffure. — **h~ˌtra·gend** *adj bot. zo.* piliferous. — **~ˌtrock·ner** m *electr.* hair dryer. — **~ˌtuch** n (*textile*) hair cloth. — **~ˌvo·gel** m *zo. cf.* Bülbül 1. — **~ˌwä·sche** f, **~ˌwa·schen** n hairwash, *Br.* hair-wash, shampoo. — **~ˌwaschˌmit·tel** n shampoo. — **~ˌwas·ser** n hair tonic (*od.* lotion). — **~ˌwei·de** f *bot. cf.* Bandweide. — **~ˌwickel** (*getr.* -k·k-), **~ˌwick·ler** m (hair) curler, (hair) roller. — **~ˌwild** n *hunt.* furred game, game animals *pl.* — **~ˌwin·kel** m *tech.* beveled (*bes. Br.* bevelled) edge square. — **~ˌwir·bel** m cowlick.

'Haarˌwuchs m 1. growth of (the) hair: **dieses Haarwasser fördert den ~** this hair lotion promotes the growth of hair. – 2. (growth of) hair: **starken (*od.* üppigen) ~ haben** to have a lot of hair; **lästiger ~** superfluous hair. — **~ˌmit·tel** n hair restorer.

'Haar|ˌwurm m *zo.* 1. hairworm. – 2. *cf.* Wasserkalb. — **~ˌwurz** f *bot.* white water lily (*Br.* water-lily) (*Nymphaea alba*). — **~ˌwur·zel** f 1. *med.* root of a hair: **bis in die ~n erröten** *fig.* to blush to the roots of one's hair. – 2. *bot.* fibrous root. — **~ˌzir·kel** m *tech.* hair compass. — **~ˌzopf** m plait (*od.* tress, braid) (of hair).

Hab [haːp] f ⟨-; *no pl*⟩ *lit. only in* **(sein) ~ und Gut** all one's (worldly) property (*od.* possessions *pl*, goods *pl*, belongings *pl*), goods and chattels *pl*: **der Krieg hatte ihn um ~ und Gut gebracht** he lost everything he had in the war; **mit (all) meinem ~ und Gut** with all my worldly possessions.

Ha·ba·kuk ['haːbakʊk] *npr* m ⟨-; *no pl*⟩ *Bibl.* (*Prophet*) Habakkuk.

Ha·be ['haːbə] f ⟨-; *no pl*⟩ *lit.* 1. property, belongings *pl*, possessions *pl*, goods *pl*, goods and chattels *pl*: **seine ganze (*od.* gesamte) ~ verlieren** to lose everything (one possesses), to lose all one's belongings. – 2. *jur.* effects *pl*, personals *pl*, things *pl* personal: **bewegliche (*od.* fahrende) ~** movables *pl*, chattel, goods and chattels *pl*; **persönliche ~** personal effects *pl*, things *pl* personal; **unbewegliche (*od.* liegende) ~** immovables *pl.*

ˌHa·be·as'kor·pusˌak·te [ˌhaːbeasˈkɔrpʊs-] f ⟨-; *no pl*⟩ *hist.* Habeas Corpus Act (*in England, 1679*).

Ha·be·dank ['haːbəˌdaŋk; ˌhaːbə'daŋk] m ⟨-(s); *no pl*⟩ *poet.* thanks *pl*, gratitude.

ha·ben ['haːbən] **I** *v/t* ⟨hat, hatte, gehabt, h⟩ 1. (*besitzen*) have, possess: **ein Auto [Haus] ~** to have (*od.* own) a car [house]; **viel Geld ~** to have much money; **er hat keinen Pfennig** *colloq.* he doesn't have a cent (*Br.* a penny, a sou) (to his name); **er hat's ja** *colloq.* he can afford it; **wer hat, der hat** *colloq.* possession is nine points of the law; **was man hat, das hat man** *colloq.* anything is better than nothing. – 2. (*körperliche od. geistige Eigenschaften*) have: **lange Beine [blaue Augen] ~** to have long legs [blue eyes]; **Mut [Geduld, ein gutes Gedächtnis] ~** to have courage [patience, a good memory]; **er hat Charakter** he has character, he is a man of character; **ich habe nicht die nötige Kraft** I don't have (*od.* I lack) the necessary strength; **er hatte die Frechheit, ihm ins Gesicht zu lachen** he had the audacity (*od. colloq.* cheek) to laugh in his face. – 3. (*Freunde, Verwandtschaft etc*) have: **er hat Familie** he has a family, he has a wife and child(ren); **j-n als (*od.* zum) Freund ~** to have s.o. as a friend; **er wollte sie zur Frau ~** he wanted to marry her; **(mit *od.* von einer Frau) ein Kind ~** to have a child (by a woman). – 4. (*umfassen*) have, contain, consist of: **eine Stunde hat 60 Minuten** an hour consists of 60 minutes, there are 60 minutes in an hour; **ein Dutzend hat zwölf Stück** twelve (units) make a dozen; **die Stadt hat 50 000 Einwohner** the town has 50,000 inhabitants. – 5. (*bekommen, erhalten*) have, get: **kann ich dieses Buch ~?** may I have this book? **ich muß ein neues Kleid ~** I must have a new dress; **das kannst du ~** you may have (*od.* take) that; **dieser Artikel ist jetzt überall zu ~** this article is now available (*od.* obtainable, can be had) everywhere; **sie ist noch zu ~** *colloq.* she is still unmarried (*od.* single); **hier (*od.* da) hast du 5 Mark** here (*od.* there) are 5 marks; **ich möchte auch etwas davon ~** I'd like (to have) some of that, too; **was habe ich davon, wenn** what good does it do me if; **und was habe ich davon?** and how do I benefit from (*od.* by) it? and what do I get out of it? and where do I come in? – 6. (*Krankheit, Fieber etc*) have, suffer from: **die Grippe ~** to have (the) flu; **was hast du?** *colloq.* what is wrong (*od.* the matter) with you? **Fieber ~** to have a fever. – 7. (*halten*) have, hold: **eine Zigarette in der Hand ~** to hold a cigarette in one's hand; **j-n in der Hand ~** *fig.* to have s.o. in one's power (*od.* grip). – 8. *colloq.* (*Dieb, Verbrecher etc*) have caught (*od.* got): **~ sie den Mörder schon?** have they caught the murderer yet? **habe ich dich endlich!** got you (at last)! – 9. (*wiegen*) weigh: **der Fisch hat mindestens zehn Pfund** the fish weighs at least ten pounds. – 10. **es schwer ~** to have a difficult time (of it); **es eilig ~** to be in a hurry; **wir ~ es nicht mehr weit** we don't have far to go; **er hat es mit dem Herzen** *colloq.* he has heart trouble, he has something wrong with his heart; **sie hat es im Kreuz** *colloq.* a) she has something wrong with her back, b) her back is hurting her; **sie hat es sehr warm in ihrem Zimmer** it is very warm in her room; **sie ~ es miteinander** *colloq.* they are having an affair. – 11. (*mit zu u. Infinitiv*) **etwas zu tun ~** to have s.th. to do; **ich habe noch Geld von ihm zu bekommen** I still have some money to come from him, he still owes me (some) money; **er hat noch zu arbeiten** he still has some work to do; **sie hatte viel zu erzählen** she had a lot to talk about; **ich will nichts mit dir zu tun ~** I don't want to have anything to do with you; **du hast dafür zu sorgen, daß** you have to see to it that; **er hat hier nichts zu sagen** what he says (*od.* his word) doesn't count (here); **was hast du hier zu suchen?** what are you doing here? **ich habe nichts mehr zu hoffen** there is no hope left for me. – 12. (*mit to be übersetzt, in Wendungen wie*) **den wievielten (*od.* welches Datum) ~ wir heute?** what is the date today? **wieviel Uhr ~ wir?** what time is it? **wir ~ heute schönes Wetter** the weather is nice today, it's a nice day today; **wir ~ jetzt Sommer** it is summer now; **welche Farbe hat das Kleid?** what colo(u)r is the dress? **er hat heute Geburtstag** it's his birthday today; **Durst [Hunger] ~** to be thirsty [hungry]; **Angst ~** to be afraid. – 13. (*mit bestimmten Substantiven, in Wendungen wie*) **den Wunsch [die Hoffnung] ~** to wish [to hope]; **eine gute Idee ~** to have a good idea; **keine Ahnung von etwas ~** to have no idea about s.th.; **die Absicht ~, etwas zu tun** to intend to do s.th.; **es hat den Anschein, als ob** it seems as if; **freie Hand ~** to have a free hand; **habe Dank!** (I) thank you! **haben Sie die Güte (*od.* Freundlichkeit, Liebenswürdigkeit), mich zu benachrichtigen** will you please (be so kind as to) inform me; eine hohe Meinung von j-m ~ to think highly (*od.* to have a high opinion) of s.o.; Zeit [Muße] für etwas ~ to have time [spare time] for s.th. – **14.** (*in Verbindung mit Akkusativobjekt, adverbialer Bestimmung und Infinitiv*) einen Schirm im Auto liegen ~ to have (*od.* keep) an umbrella in the car; Geld auf der Bank stehen ~ to have money in the bank. – **15.** (*in Wendungen wie*) das hast du nun davon! see what you've done! ich hab's! *colloq.* I've got it! etwas fertig ~ to have finished s.th.; das habe ich von meiner Nachbarin a) I got that from my neighbo(u)r, my neighbo(u)r gave me that, b) *fig.* I heard (*od.* have) that from my neighbo(u)r, my neighbo(u)r told me (that); das werden wir gleich ~ *colloq.* we'll have that (fixed) in a jiffy (*colloq.*); du hast es gut! you're fortunate (*od.* lucky)! er will es so ~ he wants it that way; das kann ich nicht ~ I don't like that; du hast es nötig! *colloq.* you really need it; ich habe es satt, ich habe genug davon *colloq.* I'm fed up (with it) (*colloq.*); da hast du's [da haben wir's] *colloq.* there you [we] are! now you're [we're] in for it! da haben wir die Bescherung (*od.* den Salat) *colloq.* that's a nice how-do-you-do (*colloq.*); wie gehabt *colloq.* as usual; das haben wir alles schon gehabt *colloq.* we've been through all this before; du hast sie wohl nicht alle! *colloq.* you must be crazy (*od. colloq.* daft)! j-n zum besten ~ to pull s.o.'s leg; j-n zum Narren ~ to make a fool of s.o.; eine Frau gehabt haben to have had (*od.* possessed) a woman; das muß jetzt ein Ende ~ there must be an end to that. – **II** *v/reflex* sich ~ *colloq.* **16.** *contempt.* make a fuss: hab dich nicht so! don't make such a fuss (*od.* to-do); er hat sich schrecklich mit seinem Auto he is very fussy about his car. – **17.** und damit hat es sich and that's that; hat sich was! a) not a bit! b) that's what you think! some hope(s). – **18.** sich mit j-m ~ to have a row with s.o. – **III** *v/impers* **19.** *dial.* es hat there is (*od.* are): es hat viel Schnee there is a lot of snow; es hat dort viele Blumen there are a lot of flowers there. – **IV** *v/aux* **20.** have: hast du sie gesehen? have you seen her? ich habe bis eben gelesen I have been reading up to now; man hat es mir gesagt I have been told; er hat uns gestern besucht he came to see us yesterday; du hättest schreiben können you could (*od.* might) have written; das hättest du vorher sagen sollen you ought to have said that before; er behauptet, ihn gesehen zu ~ he claims to have seen him. –

(*Verbindungen mit Präpositionen*)

sie hat etwas Reizendes an sich she has something charming about her; wissen, was man an j-m hat to appreciate what one has got; das hat er so an sich that's just his way; was hat es damit auf sich? what's this supposed to mean? what's it all about? das hat nichts auf sich it's nothing; ich habe kein Geld bei mir I have no money on me; er hat seine Tochter bei sich he has his daughter with him; dieser Plan hat viel für sich there is much (*od.* a lot) to be said for this plan; er hat alle für sich they are all on his side; für etwas zu ~ sein to go for s.th.; was hast du gegen mich? what have you got against me? what do you have against me? das habe ich jetzt hinter mir I have that over and done with now; die fünfzig hinter sich ~ to have passed fifty; einen anstrengenden Tag hinter sich ~ to have had a hard day; der Wein hat es in sich the wine has plenty of punch; die Prüfung hatte es in sich the exam was difficult (*od. colloq.* pretty tough); er hat es in sich don't underestimate him; sie hat es nicht so sehr mit der Sauberkeit she doesn't take cleanliness very seriously; sie hat es mit der Religion she has a thing about religion (*colloq.*); er hat etwas mit ihr *colloq.* he is having an affair with her; er hat noch zwei Leute über sich he has two people above him; er hat gern viele Leute um sich he likes to have a lot of people around (*od.* about) him; eine Abteilung unter sich ~ to be in charge of a department; die Nase hat er von seinem Vater he has his father's nose; sie hat etwas von einer Gouvernante she has something of a governess (*od. Br. colloq.* a school-ma'am) about her; er hat nicht viel von der Reise gehabt he didn't get much out of the journey; wen glaubst du, vor dir zu ~? who do you think you're talking to? das habe ich noch vor mir I still have that ahead of me; etwas übersichtlich vor sich ~ to have s.th. clearly (laid out) in front of one.

'Ha·ben *n* ⟨-s; -⟩ *econ.* a) credit (side), b) credit (item): etwas im ~ buchen to credit s.th. to s.o.'s account, to put s.th. to the credit of s.o.'s account; → Soll 1. — **~be͵stän·de** *pl* assets.

'Ha·be͵nichts *m* ⟨-(es); -e⟩ have-not, penniless fellow, pauper.

'Ha·ben|͵sal·do *m econ.* credit balance. — **~͵sei·te** *f* credit side. — **~͵zins(͵fuß)** *m* creditor interest rate, deposit rate.

Ha·ber ['haːbər] *m* ⟨-s; *no pl*⟩ *Southern G., Austrian and Swiss for* Hafer. — **~͵geiß** *f* **1.** *Bavarian and Austrian* boogeyman, *Br.* bog(e)y man. – **2.** *zo. cf.* a) Ziegenmelker, b) Weberknecht. — **~͵kir·sche** *f bot. cf.* Vogelkirsche.

'Hab͵gier ['haːp-] *f* greed, greediness, cupidity, covetousness, avarice: vor lauter ~ *colloq.* out of sheer (*od.* pure) greed. — **'hab͵gie·rig** *adj* greedy, grasping, covetous, avaricious.

'hab·haft ['haːp-] *adj* **1.** j-s ~ werden to catch (*od.* get hold of) s.o.: die Polizei konnte des Verbrechers endlich ~ werden the police finally caught (*od.* apprehended, seized) the criminal. – **2.** einer Sache ~ werden to get hold of s.th., to get (*od.* lay) one's hands on s.th.: er sammelt alle Briefmarken, derer er ~ werden kann he collects all stamps that he can get his hands on.

Ha·bicht ['haːbɪçt] *m* ⟨-(e)s; -e⟩ **1.** *zo.* a) goshawk (*Accipiter gentilis*), b) (*in Nordamerika*) sharp-shinned hawk (*A. velox*). – **2.** *bot. cf.* Habichtspilz.

'Ha·bichts|͵eu·le *f zo.* hawk owl (*Ninox scutulata*). — **~͵fal·ke** *m* berigora, quail hawk (*Hieracidea berigora*). — **~͵flie·ge** *f* hawk fly, robber fly (*Fam. Asilidae*). — **~͵kauz** *m* Ural owl (*Strix uralensis*). — **~͵kraut** *n bot.* hawkweed, dindle (*Gattg Hieracium*): Aderreiches ~ bloodwort, *Br.* blood-wort (*H. venosum*); Gemeines (*od.* Langhaariges) ~ mouse-ear (*H. pilosella*); Hohes (*od.* Kleinköpfiges) ~ king devil (*H. praealtum*). — **~͵na·se** *f* hawk nose, aquiline nose. — **~͵pilz** *m bot.* an edible fungus (*Sarcodon imbricatum*). — **~͵schna·bel͵schild͵krö·te** *f zo.* hawksbill (turtle) (*Eretmochelys imbricata*).

ha·bil [ha'biːl] *adj obs.* skilful, *Am. auch* skillful.

Ha·bi·li·tand [habili'tant] *m* ⟨-en; -en⟩ *ped.* graduate admitted for habilitation.

Ha·bi·li·ta·ti·on [habilita'tsi̯oːn] *f* ⟨-; -en⟩ *ped.* habilitation (*qualification od. qualifying examination for lecturing at a university*). — **Ha·bi·li·ta·ti'ons͵schrift** *f thesis required of candidates wishing to qualify for lecturing at a university.* — **ha·bi·li'tie·ren** [-'tiːrən] *v/reflex* ⟨*no* ge-, h⟩ sich ~ habilitate (*qualify as a university lecturer*): er hat sich als Dozent für Psychologie habilitiert he has been qualified for lecturing in psychology.

Ha·bit [ha'biːt] *n, auch m* ⟨-s; -e⟩ **1.** (*Ordenskleidung*) habit. – **2.** (*Amtstracht*) habit, official attire. – **3.** (queer *od.* strange) costume (*od. colloq.* getup, *Br.* get-up, rig).

Ha·bi·tué [(h)abity'eː] *m* ⟨-s; -s⟩ *obs.* frequenter, habitual (*od.* regular) visitor (*od.* attendant), habitué.

ha·bi·tu·ell [habi'tŭɛl] *adj* **1.** (*gewohnheitsmäßig*) habitual, customary. – **2.** *psych.* habitual.

Ha·bi·tus ['haːbitʊs] *m* ⟨-; *no pl*⟩ **1.** bearing, deportment, carriage, behavior, *bes. Br.* behaviour, conduct. – **2.** *fig.* habit of mind, disposition. – **3.** *fig.* (*Prägung*) character. – **4.** *med.* (*Konstitution*) habitus, habit of body. – **5.** *bot.* habit.

hab·lich ['haːplɪç] *adj Swiss for* wohlhabend.

Habs·bur·ger ['haːps͵bʊrgər] *m* ⟨-s; -⟩ *hist.* (member of the House of) Hapsburg (*od.* Habsburg): die ~ the Hapsburgs, the Habsburgs. — **'habs͵bur·gisch** *adj* (of the House of) Hapsburg (*od.* Habsburg).

'Hab·schaft *f* ⟨-; -en⟩ *cf.* Habe 1.

'Hab͵se·lig·keit *f* ⟨-; -en⟩ *meist pl* (few) personal belongings *pl* (*od.* effects *pl*), 'traps' *pl* (*colloq.*).

'Hab͵sucht *f* ⟨-; *no pl*⟩ *cf.* Habgier. — **'hab͵süch·tig** *adj cf.* habgierig.

hach [hax] *interj* oh dear! (oh) goodness! gosh! *Am. colloq. auch* gee whiz (*od.* whillikers)!

Ha·ché [(h)a'ʃeː] *n* ⟨-s; -s⟩ *gastr.* hash.

Ha·chel ['haxəl] *n* ⟨-s; -⟩, *dial. f* ⟨-; -n⟩ *Austrian for* Hobel 2. — **~͵kamm** *m bot.* lady's-comb, Venus's-comb, *auch* Venus comb (*Scandix pectenveneris*).

'Hä·chel͵kraut ['hɛçəl-] *n bot. cf.* Hauhechel.

ha·cheln ['haxəln] *v/t* ⟨h⟩ *Austrian* (*Gemüse*) slice, chop.

Hach·se ['haksə] *f* ⟨-; -n⟩ **1.** *zo.* (*oberer Teil des Unterschenkels*) a) (*von allen Vierfüßern*) ham, b) (*von Schlachttieren*) hock, shank. – **2.** *gastr.* (roast) knuckle. – **3.** *dial. colloq. humor.* (*Bein*) leg, 'shank' (*colloq.*): sich (*dat*) die ~n brechen to break one's legs.

'Hack|͵bank *f* ⟨-; ¨e⟩ (*des Metzgers*) chopping block. — **~͵bau** *m* ⟨-(e)s; *no pl*⟩ *agr.* hoe culture (*od.* agriculture, cultivation). — **~͵beil** *n* chopper, cleaver. — **~͵block** *m* chopping block. — **~͵bra·ten** *m gastr.* meat loaf. — **~͵brett** *n* **1.** (*des Metzgers*) chopping board. – **2.** (*in der Küche*) trencher. – **3.** *mus.* a) dulcimer, b) *cf.* Cimbalon.

Hacke[1] (*getr.* -k·k-) ['hakə] *f* ⟨-; -n⟩ *agr.* **1.** hoe. – **2.** (*Karst*) mattock. – **3.** (*Picke*) pick(ax[e]). – **4.** (*Bodenbearbeitung mit der Hacke*) hoeing.

'Hacke[2] (*getr.* -k·k-) *f* ⟨-; -n⟩ **1.** heel: j-m auf die ~n treten to tread (*od.* step) on s.o.'s heels; j-m dicht auf den ~n sein (*od.* sitzen) *fig. colloq.* to be hard (*od.* close, hot) (up)on s.o.'s heels. – **2.** (*des Strumpfes*) heel. – **3.** (*Absatz*) heel: Schuhe mit hohen ~n high-heeled shoes; schiefgetretene ~n run-down heels; die ~n zusammenschlagen *mil.* to click one's heels; sich (*dat*) die ~n nach etwas ablaufen (*od.* abrennen) to wear oneself out chasing after s.th., to run one's legs off getting (*od.* looking for) s.th. (*colloq.*).

hacken (*getr.* -k·k-) ['hakən] **I** *v/t* ⟨h⟩ **1.** (*zerkleinern*) chop: Holz [Petersilie] ~ to chop (up) wood [parsley]; lieber (will ich) Holz ~, als I'd rather do anything than; er läßt auf sich Holz ~ *fig.* he lets people treat him like dirt (*od. colloq.* walk all over him). – **2.** (*Loch ins Eis etc*) hack: etwas in Stücke ~ to hack s.th. to pieces. – **3.** *agr.* (*Boden, Erde, Beet etc*) hoe, hack. – **II** *v/i* **4.** (*mit dem Schnabel*) peck, pick: nach j-m ~ to peck at s.o. – **5.** aufs Klavier ~ *fig. colloq.* to pound away on the piano.

'Hacken (*getr.* -k·k-) *m* ⟨-s; -⟩ *cf.* Hacke[2].

'Hacke͵pe·ter (*getr.* -k·k-) *m* ⟨-s; *no pl*⟩ *bes. Northern G. gastr.* seasoned ground (*Br.* minced) meat.

'Hacker, Häcker (*getr.* -k·k-) ['hɛkər] *m* ⟨-s; -⟩ *Southern G.* vineyard worker.

'Häcker·ling (*getr.* -k·k-) *m* ⟨-s; *no pl*⟩ *Middle and Low G. for* Häcksel.

'Hack|͵fleisch *n gastr.* ground (*Br.* minced) meat: aus j-m ~ machen *fig. colloq.* to make mincemeat of s.o. — **~͵frä·se** *f agr.* rotary hoe. — **~͵frucht** *f* root crop. — **~͵frucht͵bau** *m* ⟨-(e)s; *no pl*⟩ growing of root crop. — **~͵klotz** *m* chopping block. — **~ma͵schi·ne** *f* **1.** (*für Fleisch*) (meat-)mincing machine, mincer. – **2.** chopping machine. – **3.** *agr.* hoeing machine, *Am.* cultivator. – **4.** (*Schnitzler*) chipper. — **~͵mes·ser** *n* **1.** chopper, (*bes. des Metzgers*) meat chopper, (butcher's) cleaver, (*bes. im Haushalt*) chopping knife. – **2.** *tech.* (*einer Maschine*) knife, blade. – **3.** (*Buschmesser*) cutlass, *auch* cutlas. – **4.** *agr.* (*der Hackmaschine*) hoe blade.

Häck·sel ['hɛksəl] *n, rare m* ⟨-s; *no pl*⟩ *agr.* chaff, chopped straw. — **~͵bank** *f* ⟨-; ¨e⟩, **~ma͵schi·ne** *f* chaffcutter, *Br.* chaff-cutter, strawcutter, *Br.* straw-cutter. — **~͵mes·ser** *n* chaffchopper, *Br.* chaff-chopper. — **~͵schnei·de·ma͵schi·ne** *f*, **~͵schnei·der** *m cf.* Häckselbank.

Haddsch [hatʃ] *m* ⟨-; *no pl*⟩ *relig.* haj(j), hadj.

Ha·der[1] ['haːdər] *m* ⟨-s; *no pl*⟩ *lit.* (mit with; zwischen between) **1.** (*Zwist*) quarrel, dispute: sie waren des langen ~s müde they were tired of the long quarrel(l)ing. – **2.** (*Zwietracht*) discord, dissension, contention.

'Ha·der[2] *m* ⟨-s; -n⟩ *Southern G. and Austrian* rag.

'Ha·der[3] *m* ⟨-s; -⟩ *Eastern Middle G.* } [(cleaning) rag.]

'Ha·de·rer *m* ⟨-s; -⟩ *rare* quarrelsome person, quarreler, *bes. Br.* quarreller.

ˈHa·derˌlump *m Southern G. and Austrian* **1.** scoundrel. – **2.** ragamuffin.

ˈHa·derˌlum·pen *m Southern G. and Austrian* rag.

ha·dern [ˈhaːdərn] *v/i* ⟨h⟩ *lit.* (über *acc* over; mit with) quarrel, wrangle: mit Gott [seinem Schicksal] ~ to quarrel with God [one's fate].

ˈHa·dern *m* ⟨-s; -⟩ **1.** *bes. Southern G. and Austrian* rag. – **2.** *meist pl* (*für Papierherstellung*) rags *pl.* — **~ˌkrank·heit** *f med.* rag picker's (*od.* sorter's) disease. — **~paˌpier** *n* (*paper*) rag (*od.* linen) paper.

Ha·des [ˈhaːdɛs] *myth.* **I** *npr m* ⟨-; *no pl*⟩ (*Gott der Unterwelt*) Hades. – **II** *m* ⟨-; *no pl*⟩ (*Reich der Toten*) Hades, underworld.

Ha·dschi [ˈhaːdʒi] *m* ⟨-s; -s⟩ (*Mekkapilger*) haj(j)i, hadji.

Ha·fen[1] [ˈhaːfən] *m* ⟨-s; ″⟩ **1.** harbor, *bes. Br.* harbour: kleiner ~ *Am.* hole, *Br.* creek; natürlicher [künstlicher] ~ natural [artificial] harbo(u)r; in einen ~ einlaufen to enter a harbo(u)r; aus einem ~ auslaufen to leave a harbo(u)r. – **2.** (*Handelshafen*) port, (*am Meer*) *auch* seaport: einen ~ anlaufen to call at a port; auf einen ~ zuhalten to make for a port. – **3.** *fig.* haven, port, harbor, *bes. Br.* harbour, shelter: → Ehe 1.

ˈHa·fen[2] *m* ⟨-s; ″⟩ **1.** *Southern G., Swiss and Austrian for* Topf 1. – **2.** *tech.* (*bei der Glasherstellung*) glass pot.

ˈHa·fen|ˌab·ga·ben *pl mar.* port charges (*od.* dues). — **~ˌamt** *n* port authority. — **~ˌanˌla·gen** *pl* port installations (*od.* facilities), docks. — **~ˌar·bei·ter** *m* docker, dockworker, *bes. Am.* longshoreman. — **~ˌar·bei·terˌstreik** *m* dock strike. — **~ˌbahn** *f* harbor railroad, *bes. Br.* harbour railway. — **~ˌbau** *m* ⟨-(e)s; *no pl*⟩ harbo(u)r (*od.* dock) construction. — **~beˌam·te** *m* port official. —**~ˌbecken** (*getr.* -k·k-) *n* **1.** harbo(u)r basin. – **2.** (*Dock*) dock. — **~beˌhör·de** *f* dock (*od.* port) authority. — **~ˌdamm** *m* **1.** (*Wellenbrecher*) mole. – **2.** (*Pier*) pier, jetty. — **~ˌeinˌfahrt** *f* entrance (to a harbo[u]r), channel. — **~ˌfeu·er** *n* harbo(u)r light. — **~geˌbiet** *n* dock area. — **~geˌbühr** *f meist pl*, **~ˌgeld** *n* port charges (*od.* dues) *pl*, harbo(u)r dues *pl*, dockage, *Br.* groundage. — **~inˌspek·tor** *m* harbo(u)r master assistant. — **~ka·piˌtän** *m* (*im Kriegshafen*) port captain, harbo(u)r master. — **~ˌknei·pe** *f* sailors' joint (*Br.* pub). — **~konˌzert** *n* (*radio*) harbo(u)r concert. — **~ˌlie·ge·geˌbüh·ren** *pl* harbo(u)r dues. — **~ˌmei·ster** *m* (*im Handelshafen*) harbo(u)r master, port warden. — **~ˌmo·le** *f* mole. — **~ˌord·nung** *f* port regulations *pl.* — **~po·liˌzei** *f* harbo(u)r (*od.* dock) police. — **~ˌrundˌfahrt** *f* conducted boat tour of a harbo(u)r. — **~ˌschleu·se** *f* dock gate(s *pl*). — **~ˌsper·re** *f* **1.** embargo, (*bes. im Krieg*) blockade. – **2.** (*Sperrvorrichtung*) boom. — **~ˌsper·rung** *f mar. cf.* Hafensperre 1. — **~ˌstadt** *f* port, (*am Meer auch*) seaport. — **~ˌumˌschlag** *m econ.* port traffic. — **~verˌwal·tung** *f* port authority. — **~ˌvier·tel** *n* dock area, dock quarter (of a town), *bes. Br. auch* dockland. — **~ˌwa·che** *f cf.* Hafenpolizei. — **~ˌzoll** *m* harbo(u)r (*od.* port) dues *pl.* — **~ˌzoll·beˌam·te** *m* **1.** boarding officer, *Am. auch* naval officer. – **2.** (harbo[u]r) customs officer. — **~ˌzollˌwa·che** *f* water guard.

Ha·fer [ˈhaːfər] *m* ⟨-s, *auch* -; *agr.* -⟩ **1.** *bot.* a) oat (*Avena sativa*), b) (*Haferarten*) oats *pl*: Gemeiner ~ common oat (*A. sativa*). – **2.** (*Körper, Futter*) oats *pl* (*construed as sg or pl*), *Br. auch* corn, *Br. dial.* haver: ~ wird als Pferdefutter verwendet oats is used as fodder for horses; der ~ kommt gut the oats are doing well; ihn sticht der ~ *fig. colloq.* he is getting mischievous, he is feeling his oats (*colloq.*). — **~ˌanˌbau** *m agr.* growing (*od.* cultivation) of oats. — **h~ˌar·tig** *adj bot.* (*Pflanze*) avenaceous, aveniform. — **~ˌbrei** *m gastr. Am.* oatmeal, *bes. Br.* (oatmeal) porridge, *mar. sl.* burgoo. — **~ˌdi·stel** *f bot.* cursed thistle (*Cirsium arvense*). — **~ˌflocken** (*getr.* -k·k-) *pl gastr.* oat flakes, rolled oats. — **~ˌgras** *n bot.* **1.** wild oat (*Avena fatua*): Rotes ~ (*Wiesenhafer*) meadow oat grass (*A. pratensis*); Weichhaariges ~ downy oat grass (*A. pubescens*). – **2.** Langes ~ (*Wiesenschwingel*) meadow fescue (grass) (*Festuca elatior*). — **~ˌgrüt·ze** *f* **1.** (*geschroteter Hafer*) coarse oatmeal; grits *pl*, groats *pl* (*both construed as sg or pl*). – **2.** *cf.* Haferbrei. — **~ˌkorn** *n* grain of oats, oat kernel.

ˈHa·ferlˌschuh [ˈhaːfərl-] *m bes. Austrian and Bavarian* (*Sporthalbschuh*) brogue (shoe).

ˈHa·fer|ˌmehl *n* oatmeal, *Scot.* corn meal. — **~ˌmilch** *f bot. cf.* Bocksbart 3a. — **~ˌpflau·me** *f* damson, bullace (*Prunus domestica subspecies insititia*). — **~ˌpflau·menˌbaum** *m* bullace (tree) (*Prunus domestica subspecies insititia*). — **~ˌracke** (*getr.* -k·k-) *f zo. cf.* Saatkrähe. — **~ˌsack** *m* **1.** (*Futtersack*) nose bag, *Br.* nosebag, *Am. auch* feed bag. – **2.** (*Sack voll Hafer*) bag of oats. — **~ˌschle·he** *f bot. cf.* Haferpflaume. — **~ˌschle·henˌbaum**, **~ˌschle·henˌstrauch** *m cf.* Haferpflaumenbaum. — **~ˌschleim** *m gastr.* gruel. — **~ˌschleimˌsup·pe** *f* gruel. — **~ˌschrot** *m, n cf.* Hafergrütze 1. — **~ˌschwin·gel** *m bot.* decumbent meadow grass (*Poa decumbens*). — **~ˌwurz**, **~ˌwur·zel** *f bot.* **1.** viper('s)-grass (*Scorzonera hispanica*). – **2.** *cf.* Bocksbart 3a.

Haff [haf] *n* ⟨-(e)s; -s *od.* -e⟩ *geogr.* **1.** (*an der Ostsee*) haff: das Frische ~ the Frische Haff. – **2.** lagoon. — **~ˌdorn** *m bot. cf.* Sauerdorn.

ˈHaffi·scher (*getr.* -ffˌf-) *m a fisher catching fish in the haffs of the Baltic Sea.*

Ha·fis [ˈhaːfɪs] *m* ⟨-; -⟩ *relig.* hafiz.

Haf·lin·ger [ˈhaːflɪŋər] *m* ⟨-s; -⟩ (*Pferderasse*) Haflinger (horse).

Haf·ner [ˈhaːfnər], **Häf·ner** [ˈhɛːfnər] *m* ⟨-s; -⟩ *Southern G., Swiss, and Austrian* **1.** potter. – **2.** stove fitter.

Haf·ni·um [ˈhaːfnɪʊm; ˈhaf-] *n* ⟨-s; *no pl*⟩ *chem.* hafnium (Hf).

Haft [haft] *f* ⟨-; *no pl*⟩ **1.** (*Gewahrsam*) custody: j-n in ~ nehmen a) (*verhaften*) to take s.o. into custody, to put (*od.* place) s.o. under arrest, b) (*einsperren*) to place s.o. in confinement, to put s.o. behind bars; die Polizei hielt ihn in ~ he was detained (*od.* held in custody) by the police; j-n aus der ~ entlassen to release s.o. (from custody). – **2.** (*Haftstrafe*) confinement, imprisonment: langjährige ~ long time of confinement (*od.* imprisonment); strenge [ungesetzliche] ~ close [false] confinement; er wurde zu 10 Tagen ~ verurteilt, er hat 10 Tage ~ bekommen (*od. colloq.* gekriegt) he was sentenced to 10 days imprisonment, he got 10 days (in prison). — **~ˌanˌstalt** *f* **1.** prison. – **2.** (*Heim*) detention center (*bes. Br.* centre). — **~ˌbal·len** *m zo.* adhesive pad.

ˈhaft·bar *adj* responsible, *bes. jur.* liable: ~ sein (für) to be liable (for); j-n für etwas ~ machen a) to make s.o. liable for s.th., b) (*verantwortlich*) to hold s.o. responsible (*od.* answerable) for s.th.; nicht ~ not liable, unaccountable; persönlich ~ personally liable. — **ˈHaft·bar·keit** *f* ⟨-; *no pl*⟩ responsibility, *bes. jur.* liability.

ˈHaft·barˌma·chung *f* ⟨-; *no pl*⟩ making (*od.* holding) liable (*od.* responsible).

ˈHaft|beˌfehl *m jur.* warrant of arrest (*od.* apprehension); writ of attachment, capias (*scient.*): einen ~ gegen j-n erlassen to issue a warrant for s.o.'s arrest. — **~beˌschwer·de** *f* **1.** appeal against a warrant of arrest. – **2.** appeal against a remand in custody. — **~ˌbor·ste** *f zo.* tenent hair (*od.* bristle). — **~ˌdau·er** *f jur.* term of imprisonment (*od.* detention). — **~ˌdol·de** *f bot.* bastard parsley, bur parsley, hedge(hog) parsley, hen's-foot, caucalis (*scient.*) (*Gattg Caucalis*).

haf·ten [ˈhaftən] **I** *v/i* ⟨h⟩ **1.** (*kleben*) (an *dat* to) adhere, stick: an unseren Schuhen haftete Schmutz mud stuck to our shoes; dieses Klebeband haftet schlecht this adhesive tape does not stick well. – **2.** *fig.* (*im Gedächtnis*) stick (in one's mind): solche Eindrücke ~ lange such impressions stick in one's mind for a long time; all sein Denken haftet an materiellen Dingen *fig.* all his thoughts center (*bes. Br.* centre) around material things. – **3.** für etwas ~ *jur.* a) to be (held) liable for s.th., b) (*Verantwortung übernehmen*) to be responsible for s.th., c) (*garantieren*) to warrant (for) s.th.: für j-s Schulden ~ to be liable for s.o.'s debts; j-m für etwas ~ to be responsible (*od.* liable) to s.o. for s.th.; Eltern ~ für ihre Kinder parents are responsible for their children; für die Mängel ~ to warrant for the faults (*od.* defects); ich hafte Ihnen für pünktliche Lieferung I warrant you punctual delivery; beschränkt ~ to have limited liability; unbeschränkt ~ to have unlimited liability, to be liable without limitation; mit seinem Vermögen ~ to be liable with one's private property; solidarisch (*od.* gesamtschuldnerisch) [einzeln] ~ to be jointly [severally] liable. – **II H~** *n* ⟨-s⟩ **4.** *verbal noun.* – **5.** *cf.* Haftung 2.

ˈhaf·tenˌblei·ben *v/i* ⟨*irr, sep,* -ge-, sein⟩ *fig.* stick, rest: das blieb mir im Gedächtnis haften that stuck in my memory (*od.* mind); sein Blick blieb auf ihr haften his eyes rested (*od.* were fixed) on her.

ˈhaf·tend I *pres p.* – **II** *adj* **1.** *phys. tech.* adhesive. – **2.** *jur.* liable: persönlich ~er Gesellschafter a) personally liable partner, b) (*einer Kommanditgesellschaft*) general (*od.* ordinary) partner; ~es Vermögen liable property, assets *pl.*

ˈHaft|entˌlas·sung *f jur.* release (from custody): bedingte ~ conditional release. — **~entˌschä·di·gung** *f* compensation for false imprisonment. — **~erˌleich·te·rung** *f meist pl* special privilege (granted prisoners). — **h~ˌfä·hig** *adj* **1.** adhesive. – **2.** *jur.* (physically and mentally) fit to undergo detention (*od.* remand in custody). — **~ˌfä·hig·keit** *f* **1.** adhesion, adhesiveness. – **2.** *jur.* (physical and mental) fitness to undergo detention (*od.* remand in custody). — **~ˌfe·stig·keit** *f cf.* Haftfähigkeit 1. — **~ˌgeld** *n jur.* **1.** (*für Haftkosten*) prison fee. – **2.** (*Pfandsumme*) earnest (money). — **~ˌglä·ser** *pl* (*optics*) contact lenses. — **~ˌglied** *n zo.* adhesive apparatus, holder. — **~ˌhohlˌla·dung** *f mil.* limpet (*od.* sticky) bomb. — **~ˌkie·fer** *m zo.* plectognath (*Ordng Plectognathi*). — **~ˌläpp·chen** *n* arolium. — **~ˌlap·pen** *m* (*am Insektenfuß*) pad; pulvillus, empodium (*scient.*).

Häft·ling [ˈhɛftlɪŋ] *m* ⟨-s; -e⟩ *jur.* prisoner, detainee: politischer ~ political prisoner.

ˈHaft|ˌlin·se *f meist pl* (*optics*) contact lens. — **~loˌkal** *n jur.* **1.** detention room. – **2.** *mil.* guardhouse, *bes. Br.* guardroom. — **~ˌmi·ne** *f mar.* limpet mine. — **~orˌgan** *n bot. zo.* holdfast.

ˈHaftˌpflicht *f jur.* (für for) liability, responsibility: beschränkte ~ limited liability. — **~ˌanˌspruch** *m* liability claim.

ˈhaftˌpflich·tig *adj jur.* (für for) liable.

ˈHaftˌpflicht·verˌsi·che·rung *f econ. jur.* **1.** (public) liability insurance. – **2.** (*für Kraftfahrzeug*) third-party insurance. – **3.** (*bei freien Berufen*) professional indemnity insurance.

ˈHaft|ˌprü·fung *f jur.* (periodic) review of a remand in custody. — **~psyˌcho·se** *f psych.* prison psychosis. — **~ˌpul·ver** *n med. pharm.* denture fixative. — **~re·ak·tiˌon** *f psych. cf.* Haftpsychose. — **~ˌrei·bung** *f phys.* adhesive (*od.* static) friction. — **~ˌri·si·ko** *n nucl.* (*Strahlenschutz*) ~ in der Lunge lung deposition risk. — **~ˌsandˌdorn** *m bot.* sea buckthorn (*Hippophae rhamnoides*). — **~ˌscha·le** *f* **1.** *meist pl* (*optics*) contact lens. – **2.** *pl* (self-)cling bra *sg*, uplift *sg.* — **~ˌschei·be** *f bot.* (*bei Rotalgen*) discoid holdfast. — **~ˌsitz** *m tech.* wringing (*od.* push) fit. — **~ˌspan·nung** *f phys.* bond stress, adhesive tension. — **h~ˌunˌfä·hig** *adj jur.* (physically or mentally) unfit to undergo detention (*od.* remand in custody). — **~ˌunˌfä·hig·keit** *f* (physical or mental) unfitness to undergo detention (*od.* remand in custody).

ˈHaf·tung *f* ⟨-; -en⟩ **1.** *cf.* Haften. – **2.** *phys. tech.* adhesion. – **3.** *chem.* adsorption. – **4.** *jur.* a) liability, b) (*Verantwortung*) responsibility, c) (*Bürgschaft*) warranty, guarantee: beschränkte [persönliche, gesamtschuldnerische, unmittelbare] ~ limited [private, joint and several, primary] liability; dingliche ~ liability in re; j-n aus einer ~ entlassen to discharge s.o. from a liability; eine ~ übernehmen to assume (*od.* undertake) a liability.

ˈHaf·tungs|ˌausˌschluß *m jur.* exclusion of liability, nonliability *Br.* non-, nonresponsibility *Br.* non-. — **~beˌschrän·kung** *f* limitation of responsibility (*od.* liability). — **~ˌgren·ze** *f* limit of responsibility (*od.* liability). — **~ˌkla·ge** *f* action for liability. — **~ˌumˌfang** *m* extent of responsibility (*od.* liability).

ˈHaft|verˌlän·ge·rungs·beˌfehl *m jur.* detainer. — **~verˌmö·gen** *n tech. phys.* adhesion, adhesive power (*od.* capacity), adherence, *seltener* adherency. — **~ˌwur·zel** *f* *bot.* holdfast. — **~ˌze·her** [-ˌtseːər] *m* ⟨-s; -⟩ *zo. cf.* Gecko 1. — **~ˌzeit** *f jur.* period of imprisonment (*od.* detention).

Hag [haːk] *m* ⟨-(e)s; -e⟩ *lit.* **1.** (*Hecke*) hedge. – **2.** *archaic* (*Hain*) grove. – **3.** *Swiss* fence, hedge. — **~ˌap·felˌbaum** *m bot.* crab tree, *Br.* crab-tree, wilding.

'Ha·geˌbu·che ['haːgə-] *f bot. cf.* Hainbuche.

'Ha·geˌbu·chenˌspan·ner *m zo.* November moth (*Himera pennaria*).

'Ha·geˌbut·te *f* ⟨-; -n⟩ *bot.* **1.** (*Frucht der Wildrosen*) hip(berry), haw, cankerberry, (rose) hip, rose haw. – **2.** *cf.* Heckenrose.

'Ha·geˌbut·ten|ˌro·se *f*, **~ˌstrauch** *m bot. cf.* Heckenrose. — **~ˌtee** *m* rose-hip tea.

'Ha·geˌdorn *m bot. cf.* Weißdorn.

Ha·gel ['haːgəl] *m* ⟨-s; -⟩ **1.** *meteor.* a) hail, b) *Am.* graupel, sleet, *Br.* small (*od.* soft) hail: bei dem Gewitter gab es (*od.* fiel) ~ hail fell (*od.* it hailed) during the thunderstorm. – **2.** *fig.* (*von Steinen, Schlägen etc*) shower, hail: ein ~ von Geschossen a hail (*od.* fusillade) of bullets. – **3.** *fig.* (*von Schimpfwörtern etc*) torrent, stream, volley. – **4.** *hunt. rare for* Schrot 1. — **~ˌbö** *f meteor.* hailstorm, hail squall. — **h~'dicht** *adj* (as) thick as hail: die Schläge kamen ~ the blows came thick and fast. — **~ˌkorn** *n* **1.** hailstone. – **2.** *med.* sty(e), chalazion (*scient.*).

ha·geln ['haːgəln] **I** *v/impers* ⟨h⟩ **1.** hail: es hagelt it is hailing, it hails; es hagelte große Schloßen there were showers of large hailstones, large hailstones fell. – **2.** *fig.* hail: es hagelte Schläge blows hailed, there was a hail of blows; es hagelte Vorwürfe (auf ihn) he was showered with reproaches. – **II** *v/i* ⟨sein⟩ **3.** *fig.* (auf *acc* on) hail (*od.* rain) down: die Schläge hagelten nur so auf ihn he got a thorough beating (*od.* sound thrashing).

'Ha·gel|raˌke·te *f* rocket directed against hailclouds. — **~ˌscha·den** *m cf.* Hagelschlag 2. — **~ˌschau·er** *m* heavy fall of hail, hailstorm, hail shower. — **~ˌschlag** *m* **1.** *cf.* Hagel 1, Hagelschauer. – **2.** damage by hail. — **~ˌschlo·ße** *f cf.* Hagelkorn 1. — **~ˌschnur** *f zo.* (*im Ei*) chalaza. — **~ˌschutz·raˌke·te** *f cf.* Hagelrakete. — **~ˌsturm** *m* hailstorm. — **~verˌsi·che·rung** *f econ.* hail insurance. — **~ˌwet·ter** *n* hailstorm. — **~ˌwol·ke** *f* hailcloud. — **~ˌzucker** (*getr.* -k·k-) *m gastr.* coarse granulated (*od.* nib) sugar.

Ha·gen ['haːgən] *npr m* ⟨-s; *no pl*⟩ *myth.* Hagen, Hagan.

ha·ger ['haːgər] *adj* ⟨-er; -st⟩ **1.** (*schlank, bes. Gestalt etc*) lean, thin, lank(y), rawboned, *Br.* raw-boned. – **2.** (*schlank, bes. Gesicht etc*) lean, thin: ~ im Gesicht thin-(*od.* lean-)faced. – **3.** (*dürr*) rawboned, *Br.* raw-boned, scraggy, *Am. auch* scrawny, skinny. – **4.** (*ausgemergelt, hohlwangig*) gaunt, haggard. – **5.** (*abgemagert*) emaciated. — **'Ha·ger·keit** *f* ⟨-; *no pl*⟩ **1.** leanness, thinness, lank(i)ness. – **2.** leanness, thinness. – **3.** scragginess, *Am. auch* scrawniness, skinniness. – **4.** gauntness, haggardness. – **5.** emaciation.

'Ha·geˌstolz *m* ⟨-es; -e⟩ *obs.* confirmed bachelor.

Hag·ga·da(h) [haga'daː] *f* ⟨-; -doth [-'doːt]⟩ *relig.* Haggada(h), *auch* haggada(h).

Hag·gai [ha'gaːi] *npr m* ⟨-; *no pl*⟩ *Bibl.* (*Prophet*) Haggai.

Ha·gio·graph [hagĭo'graːf] *m* ⟨-en; -en⟩ *relig.* hagiographer.

Ha·gio'gra·phen, die *pl Bibl.* the Hagiographa.

Ha·gio·gra·phie [hagĭogra'fiː] *f* ⟨-; -n [-ən]⟩ *relig.* hagiography. — **ha·gio'gra·phisch** [-'graːfɪʃ] *adj* hagiographic(al).

Ha·gio·la·trie [hagĭola'triː] *f* ⟨-; *no pl*⟩ *relig.* hagiolatry.

Ha·gio·lo·ge [hagĭo'loːgə] *m* ⟨-n; -n⟩ *relig.* hagiologist. — **Ha·gio·lo'gie** [-lo'giː] *f* ⟨-; *no pl*⟩ hagiology. — **ha·gio'lo·gisch** *adj* hagiologic(al).

ha·ha [ha'haː; -'ha] *interj* **1.** ha-ha! (*stärker*) haw-haw! – **2.** (*Ausruf des Triumphes etc*) aha!

Hä·her ['hɛːər] *m* ⟨-s; -⟩ *zo.* **1.** *colloq. for* Eichelhäher. – **2.** *bird of the genus Garrulus.* — **~ˌkuckuck** (*getr.* -k·k-) *m* jay-cuckoo (*Clamator glandarius*).

Hahn[1] [haːn] *m* ⟨-(e)s; ¨e⟩ **1.** cock, rooster: junger ~ young cock, cockerel; die Hähne krähen the cocks crow; danach kräht kein ~ *fig.* no one troubles his head about it, nobody cares (a straw *od. colloq.* two hoots) about it, nobody takes any notice of it; der gallische (*od.* welsche) ~ *fig.* the Gallic cock; ein guter ~ wird selten fett *fig. colloq.* a good cock is seldom fat; ~ im Korb sein *fig. colloq.* a) to be the only male in a group of females, b) (*Hauptperson*) to be the cock of the walk; er stolziert umher wie ein ~ (auf dem Mist) *fig. contempt.* he struts about like a cock on a dunghill, he walks around as though he owns the place; wie zwei Hähne aufeinander losgehen *fig.* to go for each other like a pair of fighting cocks; jeder ~ ist König auf seinem Mist (*Sprichwort*) every cock is master on his own dunghill, a man's home (*od.* house) is his castle (*proverb*). – **2.** (*Wetterhahn*) weathercock. – **3.** der rote ~ *fig.* fire: j-m den roten ~ aufs Dach setzen to set fire to s.o.'s house. – **4.** (*literature*) (*in Fabeln*) cock, chanticleer, *auch* chantecler. – **5.** *her.* cock. – **6.** *zo.* (*Männchen der Vögel, bes. der Singvögel*) cock(bird), male bird.

Hahn[2] *m* ⟨-(e)s; ¨e, *auch* -en⟩ *tech.* **1.** (*Wasserhahn*) (water) tap, *bes. Am.* faucet, spigot: den ~ aufdrehen (*od.* öffnen) [zudrehen *od.* schließen] to turn on [to turn off] the tap. – **2.** (*Gashahn*) gas tap (*od.* cock). – **3.** (*Zapfhahn*) (barrel) tap, spigot. – **4.** *cf.* a) Ablaßhahn, b) Absperrhahn. – **5.** (*Schwimmerhahn*) ball cock (*od.* valve). – **6.** (*Ventil*) valve. – **7.** (*am Gewehrschloß*) hammer, (*seltener*) doghead: den ~ spannen to cock a gun.

'Hahnˌbu·che *f bot. cf.* Hainbuche.

Hähn·chen ['hɛːnçən] *n* ⟨-s; -⟩ **1.** *dim. of* Hahn[1] 1, 6. – **2.** *gastr.* spring chicken, broiler, *Am.* fryer: gebratenes ~ a) (*in der Bratpfanne*) fried chicken, b) (*im Backofen*) roast chicken.

'Hah·nen|ˌbal·ken *m civ.eng.* top beam. — **~ˌfe·der** *f* cock's feather (*od.* plume).

'Hah·nenˌfuß *m* ⟨-es; *no pl*⟩ *bot.* crowfoot, crowflower, buttercup, butterflower, goldcup, kingcup, Turk's-turban, ranunculus (*scient.*) (*Gattg Ranunculus*): Brennender ~ banewort, snake's-tongue, lesser spearwort (*R. flammula*); Goldhaariger ~ goldilocks *pl*, goldylocks *pl* (*beide construed as sg or pl*) (*R. auricomus*); Großer (*od.* Langblätt[e]riger) ~ (greater) spearwort (*R. lingua*); Knolliger ~ globe crowfoot, cockspur (*R. bulbosus*); Kriechender ~ creeping crowfoot (*R. repens*); Scharfer ~ rough crowfoot, upright meadow crowfoot (*R. acer*); Eisenhutblätt(e)riger ~ fair-maids-of-France *pl* (*construed as sg or pl*) (*R. aconitifolius*). — **h~ˌar·tig** *adj* ranunculaceous. — **~ˌgras** *n* cockspur grass (*Panicum crus galli*).

'Hah·nenˌfüß·lein *n bot.* common woodbine (*Lonicera periclymenum*).

'Hah·nenˌkamm *m* **1.** *zo.* (cocks)comb, *Br.* (cocks-)comb. – **2.** *bot.* a) cockscomb, *Br.* cocks-comb, celosia (*scient.*) (*Gattg Celosia*), b) Roter ~ marsh lousewort (*Pedicularis palustris*), c) yellow rattle, penny grass, rhinanthus (*scient.*) (*Rhinanthus major, Rh. crista-galli*), d) (*Pilz*) *cf.* Ziegenbart 3. — **~ˌklee** *m bot. cf.* Esparsette. — **~koˌral·lenˌbaum** *m* cockscomb (*Br.* cocks-comb) (tree) (*Erythrina crista-galli*). — **~ˌkrab·be** *f zo.* box crab (*Calappa granulata*).

'Hah·nen|ˌkampf *m* cockfight, *Br.* cock-fight, cockfighting, *Br.* cock-fighting. — **~ˌkampfˌplatz** *m* cockpit. — **~ˌklee** *m bot. cf.* Esparsette. — **~ˌkopf**, *auch* **~ˌkopfˌklee** *m* **1.** *cf.* Esparsette. – **2.** Gelber ~ *cf.* Goldnessel. — **~ˌschrei** *m* cockcrow, *Br.* cock-crow, cockcrowing, *Br.* cock-crowing: beim ersten ~ at the first cock(-)crow, (*im weiteren Sinne*) in the early dawn. — **~ˌschritt** *m vet.* (*der Pferde*) stringhalt, *Br.* string-halt: mit ~ behaftet string(-)halted.

'Hah·nenˌsporn *m* **1.** *zo.* cockspur. – **2.** *bot.* plectranthus (*Gattg Plectranthus*).

'Hah·nenˌtritt *m* **1.** *biol.* (*Keimfleck im Ei*) (cock)tread, cicatricle, eye, chalaza (*scient.*). – **2.** *vet. cf.* Hahnenschritt. – **3.** *bot. cf.* Gauchheil 1. – **4.** ⟨*only sg*⟩ (*textile*) *cf.* Hahnentrittmuster. — **~ˌmu·ster** *n* (*textile*) hound's-tooth (*od.* houndstooth) check.

Hah·ne·pot ['haːnəˌpoːt] *f* ⟨-; -en⟩ **1.** *mar.* (*Gabelung eines Taues*) bridle. – **2.** (*einer Hängematte etc*) clew.

'Hahn|ˌfas·sung *f electr.* bulb holder with a switch. — **~ˌke·gel** *m*, **~ˌkü·ken** *n tech.* plug of a cock.

Hahn·rei ['haːnraɪ] *m* ⟨-(e)s; -e⟩ cuckold: sie machte ihren Mann zum ~ she cuckolded her husband. — **'Hahn·rei·schaft** *f* ⟨-; *no pl*⟩ cuckoldry.

'Hahnˌschlüs·sel *m tech. cf.* Ringschlüssel.

ha·ho [ha'hoː] *interj hunt.* (*bei Fuchsjagd*) tallyho!

Hai [haɪ] *m* ⟨-(e)s; -e⟩ **1.** *zo.* a) shark, selachian (*Ordng Selachii*), b) requin (*od.* requiem) shark (*Fam. Carchariidae*). – **2.** *fig. colloq.* shark.

Hai·duck [haɪ'dʊk] *m* ⟨-en; -en⟩ *cf.* Heiduck.

'Haiˌfisch *m zo. cf.* Hai 1. — **h~ˌar·tig** *adj* sharklike, *Br.* shark-like; squaloid, selachian (*scient.*). — **~ˌhaut** *f zo.* (*textile*) sharkskin. — **~ˌle·berˌtran** *m* shark-liver oil, *auch* shark oil, *Br.* shark-oil.

Haik [haɪk] *n, m* ⟨-(s); -s⟩ (*Obergewand der Araber*) haik, *auch* haick.

Hai·kai ['haɪkaɪ], **'Hai·ku** [-ku] *n* ⟨-(s); -s⟩ (*literature*) (*japanisches Gedicht*) haiku.

'Hai·monsˌkin·der, die ['haɪmɔns-] *pl myth.* the (four) sons of Aymon.

Hain [haɪn] *m* ⟨-(e)s; -e⟩ *poet.* grove, bosk (*poet.*): ein heiliger ~ a sacred grove. — **~ˌbin·se** *f bot. cf.* Hainsimse. — **~ˌblu·me** *f* nemophila (*Gattg Nemophila*). — **~ˌbu·che** *f* hornbeam, yoke elm (*Carpinus betulus*): Amerikanische ~ American hornbeam, blue beech, water beech (*C. caroliniana*). — **~ˌbu·chenˌrü·ster** *f* cork-barked elm (*Ulmus suberosa*). — **~ˌbund** *m* (*literature*) der Göttinger ~ *etwa* the poetic circle of Goettingen (*1772—1774*). — **~ˌbut·te** *f bot. cf.* Hagebutte. — **~ˌkä·fer** *m zo.* stag beetle, *Br.* stag-beetle (*Lucanus cervus*). — **~ˌris·penˌgras** *n bot.* wood poa (*Poa nemoralis*). — **~ˌrü·ster** *f cf.* Ulme. — **~(ˌschnir·kel)ˌschnecke** (*getr.* -k·k-) *f zo.* wood snail, *Br.* wood-snail (*Helix nemoralis*). — **~ˌsim·se** *f* wood rush, glowworm (*Br.* glow-worm) grass (*Gattg Luzula*). — **~ˌstorchˌschna·bel** *m* grove cranesbill (*bes. Br.* crane's-bill) (*Geranium nemorosum*). — **~ˌwach·telˌwei·zen** *m* violet melampyrum (*Melampyrum nemorosum*).

Hai·tia·ner [hai'tĭaːnər] *m* ⟨-s; -⟩ Haitian. — **hai·tia·nisch** [-'tĭaːnɪʃ] *adj cf.* haitisch. — **Hai·ti·er** [ha'iːtĭər] *m* ⟨-s; -⟩ *cf.* Haitianer. — **hai·tisch** [ha'iːtɪʃ] *adj* Haitian.

Häk·chen ['hɛːkçən] *n* ⟨-s; -⟩ **1.** *dim. of* Haken 1—4, 6. – **2.** hooklet: was ein ~ werden will, krümmt sich beizeiten (*Sprichwort*) just as the twig is bent, the tree's inclined (*proverb*). – **3.** (*auf einer Liste etc*) tick, mark, *bes. Am.* check (mark). – **4.** *ling.* a) (*Apostroph*) apostrophe, b) (*Cedille*) cedilla, c) *pl* (*Anführungszeichen*) inverted commas, quotation marks. – **5.** *biol.* hamulus, uncus.

'Hä·kelˌar·beit *f* crochet work, crocheting.

Ha·kel·da·ma [hakɛl'daːma] *n* ⟨-s; *no pl*⟩ *Bibl.* aceldama, *auch* akeldama.

Hä·ke'lei *f* ⟨-; -en⟩ **1.** *cf.* Häkelarbeit. – **2.** *colloq.* teasing, chaff(ing).

'Hä·kel|ˌgarn *n* crochet thread (*od.* cotton). — **~ˌmu·ster** *n* crochet pattern.

ha·keln ['haːkəln] *v/i* ⟨h⟩ *Southern G.* play fingertug.

hä·keln ['hɛːkəln] **I** *v/t* ⟨h⟩ crochet. – **II** *v/reflex* sich mit j-m ~ *colloq.* to tease (*od.* chaff) each other (*od.* one another). – **III** *v/i* crochet.

'Hä·kel|ˌna·del *f* crochet hook (*od.* needle). — **~ˌstich** *m* crochet stitch.

Ha·ken ['haːkən] *m* ⟨-s; -⟩ **1.** hook: an einem ~ hängenbleiben to get caught on a hook; den Draht zu einem ~ biegen to bend a wire into (*od.* in the form of) a hook. – **2.** hook, (*bes. aus Holz*) peg: seinen Mantel an einen ~ hängen to hang one's coat on a hook. – **3.** lacing hook, clasp: einen ~ an die Jacke nähen to sew a clasp on the jacket; ~ und Öse hook (*od.* clasp) and eye. – **4.** *tech.* a) hook, b) (*kleiner*) crotchet, c) (*mit Drehgelenk*) swivel hook, *Br.* swivel-hook, d) (*Klammer*) clamp, holdfast, e) (*Klaue*) clutch, claw. – **5.** (*sport*) (*Boxhieb*) hook: linker [rechter] ~ left [right] hook; ein kurzer ~ a short blow; j-m einen ~ versetzen to deal (*od.* land) s.o. a hook, to hook s.o. – **6.** (*auf einer Liste*) tick, mark, *bes. Am.* check (mark). – **7.** *fig. colloq.* snag, catch, hitch: die Sache hat einen ~, es ist ein ~ dabei (*od.* bei der Sache) there is a snag to it; da sitzt der ~! that's where the snag (*od.*

colloq. rub) is, here is the trouble; es hat den ~, daß the trouble is that. – **8.** einen ~ schlagen a) (*vom Hasen etc*) to double back, b) (*von Person*) to make a quick turn, to dart aside. – **9.** *hunt. cf.* Grandel. – **10.** *biol. med.* hook, uncus (*scient.*). – **11.** *cf.* Angelhaken. – **12.** *cf.* Schürhaken.

ˈha·ken I *v/t* ⟨h⟩ hook: etwas in (*acc*) etwas ~ to hook s.th. on(to) s.th. – **II** *v/i* get stuck (*od.* caught): das Netz hakt an einem Nagel the net has got caught on a nail; das Farbband hakt immer an dieser Stelle the ribbon always gets stuck (*od.* caught) at this point. – **III** *v/reflex* ich hakte mich in seinen Arm *colloq.* I put my arm through his.

ˈha·kenǀˌähn·lich, ~ˌar·tig *adj* hooklike, *Br.* hook-like.

ˈHa·kenǀˌbein *n med.* unciform bone, hamatum (*scient.*). — **~ˌblatt** *n tech.* (*in der Schreinerei*) hook butt (*od.* scarf). — **~ˌbol·zen** *m* hook pin. — **~ˌbor·ste** *f zo.* (*an Fühlerwürmern*) barbed (*od.* hooked) seta (*od.* bristle). — **~ˌbüch·se** *f mil. hist. cf.* Arkebuse. — **~ˌfink** *m zo. cf.* Hakengimpel. — **h~ˌför·mig I** *adj* **1.** hooked, hooklike, *Br.* hook-like. – **2.** *biol.* uncinate(d), hamular, hamate(d). – **II** *adv* **3.** ~ gebogen hooked. — **~ˌfortˌsatz** *m* **1.** *zo.* a) crotchet, b) (*einer Schmetterlingspuppe*) cremaster. – **2.** *med.* unciform process. — **~ˌgim·pel** *m zo.* pine grosbeak (*od.* bullfinch) (*Pinicola enucleator*). — **~ˌkeil** *m tech.* gib. — **~ˌket·te** *f* ladder chain. — **~ˌklam·mern** *pl* (*gekuppeltes Paar, für Bauholz*) span dogs, *Br.* span-dogs. — **~ˌklim·mer** *m bot.* hook climber.

ˈHa·kenˌkreuz *n* **1.** swastika, *auch* svastika, swastica, (*seltener*) fylfot. – **2.** *her.* cross cramponee. — **~ˌfah·ne** *f* (*in NS-Zeit*) swastika flag. — **~ˌschna·bel** *m zo. cf.* Hakengimpel.

ˈHa·kenǀˌlachs *m zo.* (*während od. nach der Laichzeit*) kipper (salmon). — **~ˌlei·ter** *f* pompier (*od.* hook) ladder, *auch* pompier. — **~ˌli·lie** *f bot.* crinum (*Gattg Crinum*). — **~ˌmut·ter** *f tech.* clasp nut. — **~ˌna·del** *f* **1.** hooked needle. – **2.** *pl zo.* (*bei Schwämmen*) uncinate *sg.* — **~ˌna·gel** *m tech.* hook(-head) nail. — **~ˌna·se** *f* hooknose, *Br.* hook-nose, hooked (*od.* aquiline) nose. — **~ˌnat·ter** *f zo.* hognose (*auch* hog-nosed) snake (*Gattg Heterodon*). — **~ˌpflug** *m* (*primitiver Pflug*) hook plough (*bes. Am.* plow). — **~ˌschla·gen** *n* (*eines Hasen etc*) doubling. — **~ˌschloß** *n* (*railway*) (*an Weichen*) swinging hook lock. — **~ˌschlüs·sel** *m tech.* hook(ed) wrench (*bes. Br.* spanner). — **~ˌschna·bel** *m zo.* **1.** hooked beak (*od.* bill). – **2.** *a bird of the genus Diglossa* (*D. baritula*). — **~ˌschrau·be** *f tech.* hook bolt. — **~ˌschüt·ze** *m mil. hist. cf.* Arkebusier. — **~ˌspit·ze** *f zo.* (*des Oberschnabels*) culminicorn. — **~ˌstein** *m arch.* toed voussoir. — **~ˌstift** *m tech.* bar bolt. — **~ˌtal·je** *f mar.* luff tackle. — **~ˌumˌschal·ter** *m tel.* switch hook. — **~verˌschluß** *m* clasper. — **~ˌweih** *m zo.* everglade(s) kite (*Rostrhamus sociabilis*). — **~ˌwurm** *m* hookworm, *Br.* hook-worm (*Ancylostoma duodenale*). — **~ˌwurmˌkrank·heit** *f med.* hookworm (*Br.* hook-worm) disease, ancylostomiasis (*scient.*). — **~ˌzahn** *m zo.* (*des Pferdes*) corner tooth. — **~ˌzan·ge** *f* **1.** *tech.* hook pliers *pl* (*construed as sg or pl*). – **2.** *med.* hooked forceps, volsella (*scient.*).

ˈha·kig *adj* **1.** hooked. – **2.** *bot.* hamate(d), hamous.

ˈHäk·le·rin *f* ⟨-; -nen⟩ (woman) crocheter.

Ha·la·cha [hala'xaː] *f* ⟨-; Halachoth [-'xoːt]⟩ *relig.* halakah, halacha(h).

Ha·la·li [hala'liː] *n* ⟨-s; -(s)⟩ *hunt.* hallali: das ~ blasen to sound the death halloo, to blow (*od.* sound) the mort.

halb [halp] **I** *adj* **1.** half: ein ~es Brot half a loaf; eine ~e Flasche half a bottle; ein Kleid mit ~em Arm a dress with medium-length sleeves; ~ Frankreich wurde besetzt half of France was occupied; die ~e Summe half (of) the sum; Kinder zahlen den ~en Preis children pay half-price; zum ~en Preis at half the price; auf ~er Höhe halfway up; sie kehrten auf ~em Wege um they turned back halfway; wir trafen uns auf dem ~en Weg zum Bahnhof we met halfway to the station; mit ~er Fahrt (*od.* Geschwindigkeit) at half speed; die Wohnung hat zwei (große) Zimmer und ein ~es the flat has two full-sized rooms and a very small one. – **2.** (*bei Zahlen u. Maßen*) half: ein ~es (*od.* ~er) Liter half a liter (*bes. Br.* litre), a half liter (*bes. Br.* litre); ein ~es Pfund [Dutzend] half a pound [dozen], a half pound [dozen]; ein ~es dutzendmal half a (*od.* a half) dozen times; drei und ein ~es Prozent three and one half percent; ein ~es (*od.* ~er) Meter half a meter (*bes. Br.* metre), a half meter (*bes. Br.* metre). – **3.** (*bei Zeitbestimmungen*) half: ~ eins twelve thirty, half past twelve; es hat ~ geschlagen it has just struck half past; es ist ~ fünf it is half past four; eine ~e Stunde half an hour; ein ~er Tag half a day; ein ~es Jahr half a year, six months; fünf Minuten vor ~ twenty-five (minutes) past; alle (*od.* jede) ~e Stunde every half hour. – **4.** *fig.* half: eine ~e Ewigkeit warten to wait half an eternity; ~e Maßnahmen half measures; mit ~em Herzen halfheartedly, *Br.* half-heartedly; nur mit ~em Ohr zuhören to listen with one ear only, to be only half listening; nur ~e Arbeit leisten to do s.th. by halves only; j-m auf ~em Wege entgegenkommen to meet s.o. halfway; er macht keine ~en Sachen he does not do anything by halves; die ~e Stadt spricht davon half the town is talking about it; das ist nur die ~e Wahrheit that is only half the truth; er ist nur noch ein ~er Mensch he is only half the man (*od.* a shadow of what) he once was; sie ist noch ein ~es Kind she is still half a child; sie ist nur eine ~e Portion she is only a slip of a girl (*od.* thing); er ist ein ~er Künstler he is quite (*od.* something of) an artist. – **5.** *mus.* eine ~e Note a minim, a half note; ein ~er Ton a semitone; einen ~en Ton tiefer singen to sing a semitone (*od. colloq.* half a tone) lower; ~e Geige half-size violin. – **II** *adv* **6.** half: er aß nur ~ auf he ate only half (of) his meal; die Zeit ist ~ vorbei half the time has gone; die Tür steht ~ offen the door is half open (*od.* ajar); ~ kniend half kneeling; das ist ~ amtlich that is semiofficial (*Br.* semi-official); er war ~ tot vor Angst he was frightened half to death (*od.* out of his wits); ich habe nur ~ zugehört I was only half listening; der Lärm macht mich ~ krank *colloq.* the noise is making me ill. – **7.** (*beinahe*) almost, nearly: das geht bei mir ~ automatisch (*od.* im Schlaf) I do it almost automatically; es ist schon ~ dunkel it is almost dark; der Mantel ist ~ geschenkt *colloq.* the coat is a bargain (*od.* almost a giveaway [*Br.* give-away]) (at that price). – **8.** (*teilweise*) partly: ich war mir dessen nur ~ bewußt I was only partly aware (*od.* conscious) of that. – **9.** ~ so half as: ~ so viel wie half as much as; nicht ~ so groß not half as large; das ist ~ so schlimm *colloq.* that's not too bad (*od.* not as bad as all that). – **10.** ~ ..., ~ ... half ..., half ...; partly ..., partly ...: ~ weinend, ~ lachend half crying, half laughing; ~ Mensch, ~ Tier half human, half animal; ~ mit Gewalt, ~ mit List partly through force and partly through cunning; bitte ein Pfund Gehacktes, ~ Rind, ~ Schwein a pound of ground (*Br.* minced) meat, please, make it half beef and half pork. – **11.** ~ und ~ a) (*zu gleichen Teilen*) fifty-fifty, b) (*nicht ganz*) partly: ~ und ~ (*od.* ~e, ~e) machen (*od.* teilen) *colloq.* to share (*od. colloq.* go fifty-fifty); ich bin nur ~ und ~ damit zufrieden I am only half (*od.* partially) satisfied with it; wir haben nur ~ und ~ zugesagt we did not arrange anything definite.

ˈHalbǀˌach·se *f* **1.** *auto.* half-axle, split axle. – **2.** *math.* semiaxis, *Br.* semi-axis: große [kleine] ~ semimajor (*Br.* semi-major) [semiminor, *Br.* semi-minor] axis. — **~ˌaf·fe** *m zo.* lemur, lemuroid, prosimian (*Unterordng Prosimiae*). — **h~ˌamt·lich** *adj* ⟨*attrib*⟩ semiofficial, *Br.* semi-official. — **h~ˌan·geˌwach·sen** *adj* ⟨*attrib*⟩ *bot.* semiadherent, *Br.* semi-adherent. — **~ˌär·mel** *m* half sleeve. — **~ˌat·las** *m* (*textile*) satinet, *auch* satinette. — **h~ˌaus·geˌbil·det** *adj* ⟨*attrib*⟩ *biol.* dimidiate. — **~au·toˌmat** *m tech.* semiautomatic (*Br.* semi-automatic) device (*od.* machine), semi(-)automatic lathe. — **h~au·toˌma·tisch** *adj* ⟨*attrib*⟩ semiautomatic, *Br.* semi-automatic. — **~ˌbad** *n* sitz bath, *Br.* sitz-bath, hip bath, *Br.* hip-bath. — **~balˌlonˌrei·fen** *m* (*des Fahrrads*) demiballoon tire, *bes. Br.* demi-balloon tyre. — **~ˌband** *m* ⟨-(e)s; ⸚e⟩ *print.* half volume. — **~ba·stiˌon** *f mil.* demibastion, *Br.* demi-bastion. — **h~ˌbat·zig** [-ˌbatsɪç] *adj Swiss* (*schlecht*) third-rate. — **~ˌbau·er** *m agr. hist.* (*Bauer auf Halbpacht*) métayer. — **h~beˌdeckt** *adj* ⟨*attrib*⟩ (*Himmel, Schultern etc*) half-covered. — **h~beˌwußt** *adj* ⟨*attrib*⟩ **1.** semiconscious. – **2.** (*unterbewußt*) subconscious. — **~ˌbil·dung** *f* superficial education, smattering of knowledge, sciolism (*lit.*). — **~ˌbin·der** *m arch.* half principal. — **h~ˌbit·ter** *adj* (*Schokolade etc*) half-bitter. — **h~ˌblind** *adj* ⟨*attrib*⟩ *med.* partially blind, half-blind. — **~ˌblut** *n* **1.** half-breed, half blood, *Br.* half-blood, mixed-blood, demisang, *auch* demisangue. – **2.** (*Eurasier*) half-caste. – **3.** (*Mestize*) half-breed, mestizo. – **4.** *cf.* Halbblüter. — **~ˌblü·ter** [-ˌblyːtər] *m* ⟨-s; -⟩ half-breed (horse), half-bred. — **h~ˌblü·tig** [-ˌblyːtɪç] *adj* **1.** half-blooded, *auch* half-blood (*attrib*), half-breed (*attrib*), half-bred. – **2.** (*Eurasier*) half-caste (*attrib*). – **3.** (*Mestize*) half-breed (*attrib*). – **4.** (*Pferd*) half-breed (*attrib*). — **~ˌblü·ti·ge** *m, f* ⟨-n; -n⟩ *cf.* Halbblut 1, 2, 3. — **~ˌbo·gen** *m* hemicycle. — **~brilˌlant** *m* (*jewelry*) semiprecious brilliant. — **~ˌbru·der** *m* half brother, *Br.* half-brother. — **h~ˌbür·tig** [-ˌbʏrtɪç] *adj* (*Geschwister etc*) related by half blood (*Br.* half-blood): mütterlicherseits [väterlicherseits] ~ half(-)blood on (*od.* by) the mother's [the father's] side. — **~ˌchor** *m mus.* semichorus, *Br.* semi-chorus. — **~chro·moˌsom** *n biol.* chromatid. — **~daˌmast** *m* (*textile*) silk-and-wool (*od.* silk-and-cotton) damask. — **~ˌdau·ne** *f zo.* semiplume, *Br.* semi-plume. — **~ˌdeck** *n mar.* half deck, *Br.* half-deck. — **~ˌdre·hung** *f* half-turn. — **~ˌdol·larˌstück** *n* (*in USA*) half-dollar (piece).

ˈhalbˌdun·kel *adj* ⟨*attrib*⟩ half dark, semidark, *Br.* semi-dark; penumbral, penumbrous (*lit.*).

ˈHalbˌdun·kel *n* ⟨-s; *no pl*⟩ **1.** semidarkness, *Br.* semi-darkness. – **2.** (*Zwielicht*) twilight.

ˈhalbǀˌdurch·geˌbra·ten *adj* ⟨*attrib*⟩ (*Fleisch*) a) medium-done, b) (*schwächer*) *bes. Am.* rare, *bes. Br.* lightly done. — **~ˌdurchˌläs·sig** *adj* ⟨*attrib*⟩ **1.** *phys.* semipermeable, *Br.* semi-permeable: ~er Spiegel half-silvered mirror. – **2.** (*optics*) semitransparent. — **~ˌdurchˌsich·tig** *adj* ⟨*attrib*⟩ semitransparent, translucent.

Hal·be[1] ['halbə] *m* ⟨-n; -n⟩ *colloq.* half a liter (*bes. Br.* litre) (of wine *od.* beer).

ˈHal·be[2] *f* ⟨-n; -n⟩ **1.** *bes. Bavarian* (*als Maß*) *cf.* Halbe[1]. – **2.** *mus.* (*Note*) minim, half note.

ˈHal·be[3] *n* ⟨-n; -n⟩ **1.** (*Glas*) half a liter (*bes. Br.* litre) (of beer), *Br. etwa* pint (of beer), *Am. etwa* stein (of beer). – **2.** das ist nichts ~s und nichts Ganzes *fig.* that is neither fish nor fowl, that is neither one thing nor the other.

ˈHalbǀˌebe·ne *f math.* half plane. — **~ˌedelˌstein** *m* (*jewelry*) semiprecious stone. — **h~ˌeiˌför·mig, h~ˌeiˌrund** *adj* ⟨*attrib*⟩ *biol.* semioval, *Br.* semi-oval, semiovate, *Br.* semi-ovate, semiovoid, *Br.* semi-ovoid. — **~elˌlip·se** *f* semiellipse, *Br.* semi-ellipse. — **~elˌlip·senˌträ·ger** *m arch.* semielliptic (*Br.* semi-elliptic) girder. — **h~elˌlip·tisch** *adj* ⟨*attrib*⟩ semielliptic(al), *Br.* semi-elliptic(al).

hal·ber ['halbər] *prep* ⟨*gen*⟩ **1.** (*wegen*) on account of, for reasons of, owing to: dringender Geschäfte ~ on account of urgent business (*od.* [business] engagements). – **2.** (*um ... willen*) for the sake of: der Ordnung ~ for the sake of order; der Form ~ for the sake of form.

ˈhalbǀerˌfro·ren *adj* ⟨*attrib*⟩ half-frozen. — **~erˌha·ben** *adj* ⟨*attrib*⟩ (*art*) (in) mezzo-relievo (*bes. Br.* mezzo-rilievo), half-relief. — **~erˌstickt** *adj* ⟨*attrib*⟩ **1.** half-suffocated. – **2.** *fig.* (*Stimme etc*) scarcely audible. — **~erˌwach·sen** *adj* ⟨*attrib*⟩ half-grown, not yet full-grown. — **H~erˌzeug·nis** *n econ. cf.* Halbfabrikat. — **H~ˌesel** *m zo.* Asiatic wild ass (*Equus hemionus*). — **~fa·briˌkat** *n econ.* semifinished (*Br.* semi-finished) product. — **~ˌfä·che·rig** *adj* semilocular, *Br.* semi-locular, locellate. — **~ˌfein** *adj* ⟨*attrib*⟩ semifine, *Br.* semi-fine.

ˈhalbˌfer·tig *adj* ⟨*attrib*⟩ **1.** (*Arbeit etc*) half-done, semifinished, *Br.* semi-finished. – **2.** (*Neubau etc*) half-finished. – **3.** (*Produkt*) semi(-)finished. – **4.** *fig.* (*junger Mensch*) immature, half-baked.

'Halbˌfer·tig|erˌzeug·nis n econ. cf. Halbfabrikat. — **~ˌwa·ren** pl semifinished (Br. semi-finished) goods.

'halb|ˌfest adj ⟨attrib⟩ semisolid, Br. semi-solid: ~e Substanz semi(-)solid. — **~ˌfett** adj ⟨attrib⟩ 1. (Schwein etc) half-fat. – 2. gastr. (Käse) with a medium-fat content. – 3. print. medium-faced: ~e Schrift bold([-]face). – 4. (mining) (Kohle) semibituminous, Br. semi-bituminous. — **H~fiˌna·le** n (sport) semifinal: Teilnehmer(in) am ~ semifinalist. — **H~ˌflie·gen·geˌwicht** n (sport) (beim Boxen) light flyweight, Br. light-flyweight. — **H~ˌflie·gen·geˌwicht·ler** m light flyweight, Br. light-flyweight. — **H~ˌflugˌball** m (beim Tennis) half volley. — **~ˌflü·ge·lig** [-ˌflyːgəlɪç] adj zo. hemipterous. — **H~ˌflüg·ler** [-ˌflyːglər] m ⟨-s; -⟩ hemipteron, heteropteron, true bug (Ordng Hemiptera od. Heteroptera): zu den ~n gehörig hemipteral. — **~ˌflüs·sig** adj ⟨attrib⟩ half-liquid, semifluid, Br. semi-fluid, semiliquid, Br. semi-liquid: Pralinen mit ~er Füllung chocolates with soft centers (bes. Br. centres). — **H~forˌmat** n phot. half frame.

'Halbˌfranz n ⟨-; no pl⟩ print. half(-leather) binding: in ~ binden to bind in half leather. — **~ˌband** m half(-leather) binding.

'Halb|ˌfrucht f bot. hemicarp. — **h~ˌgar** adj ⟨attrib⟩ (Speisen) half-cooked, half-done, underdone. — **h~geˌbil·det** adj ⟨attrib⟩ pseudolearned, Br. pseudo-learned, half-educated, semicultured, Br. semi-cultured. — **~geˌbil·de·te** m, f half-educated person, sciolist (lit.). — **~geˌfro·re·ne** n gastr. parfait, soft ice (cream) (Br. ice[-cream]), Am. auch sherbet. — **h~geˌfüllt** adj ⟨attrib⟩ 1. (Flasche etc) half-filled. – 2. bot. (Blüte etc) demi-double. — **h~geˌleimt** adj print. (Papier) soft-sized. — **h~geˌschlos·sen** adj ⟨attrib⟩ (Fenster etc) half-closed, half-shut. — **~geˌschoß** n arch. mezzanine. — **~geˌschwi·ster** pl half brothers, Br. half-brothers, half sisters, Br. half-sisters: Hans und Beate sind ~ Hans is Beatrice's half(-)brother. — **~geˌviert** n print. 1. (durchschnittliche Buchstabenbreite) en. – 2. (zur Bezeichnung der genauen Größe) en quad(rat). – 3. (Halbgeviertgedankenstrich) en rule. — **~ˌgott** m myth. auch fig. demigod: der Chef ist für ihn ein ~ fig. the boss is a demigod for him. — **~ˌgöt·tin** f myth. demigoddess. — **~ˌgrä·ser** pl bot. jun(ca)ceae. — **~ˌhandˌschuh** m mitten.

'Halb·heit f ⟨-; -en⟩ meist pl halfhearted (Br. half-hearted) effort, half measure: ich mag keine ~en I don't like doing things by halves.

'halb|ˌher·zig adj halfhearted, Br. half-hearted. — **~ˌhoch** adj ⟨attrib⟩ medium-high. — **H~idiˌot** m auch contempt. half-wit, blockhead, dolt.

hal·bie·ren [hal'biːrən] I v/t ⟨no ge-, h⟩ 1. halve, divide (s.th.) in two (od. into two equal parts). – 2. cut (s.th.) into (od. in) halves. – 3. math. (eine Fläche etc) bisect. – II H~ n ⟨-s⟩ 4. verbal noun.

Hal'bie·ren·de f ⟨-n; -n⟩ math. cf. Halbierungslinie.

Hal'bie·rung f ⟨-; -en⟩ 1. cf. Halbieren. – 2. division in half. – 3. math. bisection.

Hal'bie·rungs|ˌebe·ne, ~ˌflä·che f math. bisecting plane. — **~ˌli·nie** f math. (eines Winkels) bisecting line, bisector, bisectrix. — **~ˌpunkt** m bisecting point, midpoint.

'Halb|ˌin·sel f geogr. peninsula: zu einer ~ gehörig peninsular; kleine spitz zulaufende ~ bill; die Iberische ~ the Iberian Peninsula. — **~in·vaˌli·de** m semi-invalid.

'Halbˌjahr n 1. six months pl, half a year: während des letzten ~es during the past six months. – 2. (halbjährlicher Abschnitt) semiannual (Br. semi-annual) (od. half-yearly) period: im ~ 72/73 during the semi(-)annual period 1972—1973.

'Halbˌjah·res|ˌabˌrech·nung f econ. semiannual (Br. semi-annual) (od. biannual, six-monthly) settlement. — **~beˌricht** m semiannual (Br. semi-annual) (od. half-yearly) report. — **~biˌlanz** f semiannual (Br. semi-annual) (od. half-yearly) balance. — **~ˌkurs** m six-month course. — **~ˌplan** m half-year plan. — **~ˌschrift** f (Zeitschrift) semiyearly, Br. semi-yearly, semiannual, Br. semi-annual. — **~verˌsamm·lung** f semiannual (Br. semi-annual) (od. half-yearly) meeting. — **~ˌzeug·nis** n ped. half-yearly report.

'halbˌjäh·rig adj 1. (Kind etc) six-month-old (attrib), six months old (pred). – 2. (Ausbildung etc) lasting six months: ein ~er Kurs a six-month course.

'halbˌjähr·lich I adj half-yearly, semiannual, Br. semi-annual, biannual. – II adv ~ erscheinend semi(-)annually: ~ bezahlen to pay every six months; ~ erscheinen to appear (od. to be printed) every six months.

'Halb|ˌju·de m half-Jewish person. — **h~ˌjü·disch** adj ⟨attrib⟩ half-Jewish. — **~ˌkammˌgarn** n (textile) half-worsted, semiworsted, Br. semi-worsted. — **~kanˌton** m (in der Schweiz: beide Appenzell, beide Basel, Nidwalden, Obwalden) half-canton, demicanton, Br. demi-canton. — **~karˌton** m print. thin board. — **~ˌket·tenˌfahrˌzeug** n auto. half-track. — **h~ˌklap·pig** [-ˌklapɪç] adj bot. semivalved, Br. semi-valved, semivalvular, Br. semi-valvular. — **~ko·loˌnie** f country with semi-colonial status, auch protectorate. — **~kon·soˌnant** m ling. 1. semiconsonant, Br. semi-consonant. – 2. cf. Halbvokal.

'Halbˌkreis m semicircle: einen ~ bilden to form a semicircle. — **~ˌbo·gen** m semicircular arc. — **h~ˌför·mig** adj semicircular.

'Halbˌku·gel f auch geogr. hemisphere: die nördliche ~ the Northern Hemisphere; die Magdeburger ~n phys. the Magdeburg hemispheres. — **h~ˌför·mig** adj hemispheric(al), semispheric(al).

'Halb|ˌkup·pel f arch. semidome, Br. semi-dome. — **h~ˌlang** adj ⟨attrib⟩ 1. (Rock etc) medium-length, auch knee-length. – 2. (Haar) shoulder-length. – 3. (Ton) half-long. – 4. jetzt mach aber ~! fig. colloq. don't exaggerate! — **h~ˌlaut** I adj ⟨attrib⟩ (Gespräch etc) low, subdued: er sprach mit ~er Stimme he talked in a low voice. – II adv in an undertone.

'Halbˌle·der n print. half leather: in ~ gebunden half-leather (attrib). — **~ˌband** m ⟨-(e)s; =e⟩ half-leather binding.

'Halbˌlei·nen n 1. (textile) half-linen, cotton-warp linen, union cloth. – 2. print. half cloth: in ~ gebunden half-cloth (attrib).

'halbˌlei·nen adj ⟨attrib⟩ half-linen.

'Halbˌlei·nenˌband m ⟨-(e)s; =e⟩ print. half-linen (od. half-cloth) binding.

'Halb|ˌleinˌwand f cf. Halbleinen 1. — **~ˌlei·ter** m electr. semiconductor, nucl. auch solid state. — **~'lin·ke** [ˌhalp-] m ⟨-n; -n⟩ (sport) (beim Fußball etc) inside left. — **h~'links** [ˌhalp-] adv 1. (sport) (beim Fußball etc) inside left. – 2. mil. quarter (od. half) left. — **~'links** [ˌhalp-] m ⟨-; -⟩ (sport) (beim Fußball etc) cf. Halblinke: er spielt ~ he plays inside left. — **h~log·arith·misch** [-logaˌrɪtmɪʃ] adj math. semilogarithmic, auch semilog. — **~ˌluftˌrei·fen** m tech. cushion tire, bes. Br. cushion-tyre. — **~ˌman·tel·geˌschoß** n mil. dumdum (bullet). — **~ˌmas·ke** f half mask, domino. — **h~ˌmast** adv (at) half-mast: die Flagge ~ hissen to hoist the flag (to) half-mast; auf ~ stehen to fly (od. stand) at half-mast, to be half-masted; die Flagge auf ~ setzen to half-mast the flag. — **~ˌmensch** m demiman, Br. demi-man. — **~ˌmes·ser** m math. radius, semidiameter. — **~meˌtall** n metall. semimetal, Br. semi-metal. — **h~mi·liˌtä·risch** adj paramilitary. — **~ˌmit·tel·geˌwicht** n (sport) (beim Boxen) light middleweight, Br. light-middleweight. — **~ˌmit·tel·geˌwicht·ler** m light middleweight, Br. light-middleweight. — **h~ˌmo·nat·lich** I adj half-monthly, semimonthly, Br. semi-monthly, bes. Br. auch fortnightly. – II adv half-monthly, twice monthly (od. a month), semimonthly, Br. semi-monthly, bes. Br. auch fortnightly. — **~ˌmo·natsˌschrift** f semimonthly (Br. semi-monthly) (bes. Br. auch fortnightly) publication (od. periodical).

'Halbˌmond m 1. astr. half-moon, Br. half moon, crescent (moon). – 2. (des Fingernagels) half-moon, Br. half moon. – 3. pol. hist. (Symbol des Islams) crescent: Kreuz und ~ cross and crescent; der Rote ~ the Red Crescent. – 4. tech. (in der Gerberei) moon knife. – 5. mil. mus. cf. Schellenbaum. — **~an·tiˌlo·pe** f zo. sassaby, tsessabe, tsesseby (Damaliscus lunatus). — **h~ˌför·mig** adj 1. shaped like a half-moon (Br. half moon), crescent-shaped, semilunar, Br. semi-lunar. – 2. bot. a) crescent-shaped, b) (sichelförmig) lunular, lunulate, luniform, crescentic, meniscoid, c) (halbmondförmig gebogen) meniscate. – 3. bes. med. semilunar, Br. semi-lunar. — **~ˌschan·ze** f mil. hist. demilune.

'Halb|ˌmu·schelˌglas n (optics) meniscus lens. — **h~ˌnackt** adj ⟨attrib⟩ half-naked, seminude, Br. semi-nude. — **~ˌnel·son** m (sport) (beim Ringen) half nelson. — **h~ˌof·fen** adj ⟨attrib⟩ 1. half-open. – 2. ling. (Vokal) half-open, semiopen, Br. semi-open. — **h~of·fi·ziˌell** adj semiofficial, Br. semi-official. — **~ˌpacht** f agr. renting of a farm for half the produce, métayage. — **h~ˌpart** adv half-and-half: mit j-m ~ machen to go halves (od. colloq. fifty-fifty) with s.o. — **~pen·siˌon** f room with breakfast and one principal meal. — **h~ˌquirlˌför·mig** adj bot. semi-verticillate. — **~'rech·te** [ˌhalp-] m ⟨-n; -n⟩ (sport) (beim Fußball etc) inside right. — **h~'rechts** [ˌhalp-] adv 1. (sport) (beim Fußball etc) inside right. – 2. mil. half (od. quarter) right. — **~'rechts** [ˌhalp-] m ⟨-; -⟩ (sport) (beim Fußball etc) cf. Halbrechte: er spielt ~ he plays inside right. — **h~ˌreif** adj ⟨attrib⟩ half-ripe. — **~re·liˌef** n (art) half relief, mezzo-relievo, bes. Br. mezzo-rilievo. — **h~ˌroh** adj ⟨attrib⟩ gastr. (Fleisch) half-raw, rare. — **h~ˌrund** adj ⟨attrib⟩ half-round, semicircular.

'Halbˌrund n ⟨-(e)s; no pl⟩ 1. cf. Halbkreis. – 2. (theater) hemicycle. — **~ˌfei·le** f tech. semiround (Br. semi-round) file. — **~ˌkopf** m (an Schrauben etc) round head, buttonhead. — **~ˌniet** m buttonhead (od. spherical-head) rivet. — **~ˌschrau·be** f buttonhead screw.

'Halb|ˌsamt m (textile) terry velvet. — **~ˌsäu·le** f arch. half column. — **~ˌschat·ten** m penumbra. — **~ˌschlaf** m midway between sleeping and waking, light sleep, doze, drowse: im ~ half asleep. — **~ˌschlag** m (im Golf) half-cocked stroke, half swing. — **~ˌschlei·er** m half veil. — **~ˌschluß** m mus. half cadence, semi-cadence. — **h~schmaˌrot·zend** adj biol. semiparasitic. — **~schmaˌrot·zer** m semiparasite, hemiparasite. — **~ˌschnep·fe** f zo. cf. Bekassine. — **~ˌschuh** m low shoe, oxford, auch oxford shoe. — **h~ˌschü·rig** [-ˌʃyːrɪç] adj (Wolle) of the second shearing. — **~ˌschwer·geˌwicht** n (sport) light heavyweight, Br. light-heavyweight. — **~ˌschwer·geˌwicht·ler** m light(-)heavyweight. — **~ˌschwe·ster** f half sister, Br. half-sister, stepsister. — **~ˌsei·de** f (textile) half silk, silk mixed with cotton. — **h~ˌsei·den** adj 1. ⟨attrib⟩ (textile) half-silk (and half-cotton). – 2. colloq. somewhat dubious: er ist ~ he is a homosexual (od. sl. a queer); sie ist ~ she is a (od. an unregistered) prostitute. — **~ˌsei·te** f print. half sheet.

'Halbˌsei·ten|ˌläh·mung f med. hemiplegia. — **~ˌzwitt·rig·keit** f zo. unilateral hermaphroditism.

'halbˌsei·tig adj 1. med. unilateral: ~e Lähmung hemiplegia. – 2. print. (Anzeige etc) half-page (attrib).

'Halb|ˌsich·tig·keit f ⟨-; no pl⟩ med. hemianopia, hemianopsia. — **~ˌsocke** (getr. -k·k-) f half sock, anklet. — **~ˌsold** m mil. half pay: j-n auf ~ setzen to put s.o. on half pay. — **h~sou·ve·ˌrän** adj ⟨attrib⟩ pol. semisovereign, Br. semi-sovereign. — **~ˌspän·ner** [-ˌʃpɛnər] m ⟨-s; -⟩ Northern G. for Halbbauer. — **h~ˌstaat·lich** adj ⟨attrib⟩ semigovernmental, Br. semi-governmental. — **~ˌstahl** m metall. semisteel, Br. semi-steel. — **~ˌstamm** m hort. half standard. — **h~ˌstäm·mig** adj half-grown. — **~ˌstar·ke** m colloq. contempt. teen-age lout, rowdy, Br. auch ted(dy boy). — **h~ˌstarr** adj ⟨attrib⟩ aer. (Luftschiff) semirigid, Br. semi-rigid. — **h~ˌsteif** adj ⟨attrib⟩ (Kragen) semistiff, Br. semi-stiff. — **h~ˌsteil** adj ⟨attrib⟩ (mining) (Streb etc) semisteep, Br. semi-steep, semi-inclined. — **~ˌstich** m mar. (Knotenart) half hitch. — **~ˌstie·fel** m half boot, Br. half-boot, ankle boot. — **h~ˌstock(s)** adv mar. at half-mast. — **~ˌstoff** m (Papierstoff) half stuff (od. stock), rag pulp. — **~ˌstrahl** m math. half line (od. ray). — **~ˌstrauch** m bot. subshrub. — **~ˌstrumpf** m half stocking, sock. — **h~ˌstün·dig**

[-ˌʃtʏndɪç] *adj* half-hour (*attrib*), lasting (*od.* of) half an hour. — **h~ˌstünd·lich I** *adj* half-hourly. – **II** *adv* half-hourly, every half hour. — **~ˌstür·mer** *m* (*sport*) (*beim Fußball etc*) inside forward. — **h~ˌsüß** *adj* ⟨*attrib*⟩ semisweet, *Br.* semi-sweet. — **~ˌtag** *m* half a day, half-day. — **h~ˌtä·gig I** *adj* lasting half a day, half-day (*attrib*), half-daily, semidiurnal: **~e Periode [Welle]** *meteor.* semidiurnal period [wave *od.* oscillation]. – **II** *adv* **~ arbeiten** to work half a day. — **h~ˌtäg·lich** *adj* half-daily, semidiurnal. — **h~ˌtags** *adv cf.* halbtägig II.

ˈHalbˌtagsˌar·beit *f* half-day job, part-time work. — **~ˌar·bei·ter** *m*, **~ˌar·beits·ˌkraft** *f* half-day (*od.* part-time) worker. — **h~beˌschäf·tigt** *adj* ⟨*attrib*⟩ employed half the day. — **~beˌschäf·tig·te** *m, f* half-day (*od.* part-time) employee. — **~beˌschäf·ti·gung** *f* half-day (*od.* part-time) employment. — **~ˌhil·fe** *f* half-day (*od.* part-time) helper. — **~ˌschu·le** *f ped.* half-day (*od.* part-time) school.

ˈHalbˌtanˌgen·te *f math.* semitangent. — **h~ˌtaub** *adj* ⟨*attrib*⟩ half-deaf, partially deaf. — **~ˌteil** *n, m rare* half. — **~ˌti·de·ˌbecken** (*getr.* -k·k-) *n* (*eines Hafens*) half-tide basin. — **~ˌtin·te** *f* (*art*) demitint, *auch* half tint.

ˈHalbˌton *m* **1.** *mus.* halftone, *Br.* half-tone, semitone. – **2.** *phot.* (*art*) *print.* half(-)tone. — **~ˌät·zung** *f* (*art*) halftone (*Br.* half-tone) etching.

ˈhalbˌtot *adj* ⟨*attrib*⟩ *u. adv* half-dead: **sie lachte sich ~** she nearly died of laughter, she half killed herself laughing. — **H~toˌta·le** *f* (*film*) medium shot. — **H~ˌtrau·er** *f* half mourning: **~ haben** to be in half mourning; **~ anlegen** (*od.* **tragen**) to put on (*od.* go into) half mourning. — **H~ˌtuch** *n* (*textile*) half cloth. — **H~ˌtür** *f* half door, divided door. — **H~un·zia·le** [-ˀʊnˌtsĭaːlə] *f print.* (*Schrift*) semiuncial, *Br.* semi-uncial. — **~verˌdaut** *adj* ⟨*attrib*⟩ *auch fig.* half-digested. — **H~verˌdeck** *n* (*einer Kutsche etc*) half roof. — **~verˌfal·len** *adj* ⟨*attrib*⟩ (half-)dilapidated, ruined, tumbledown. — **~verˌfault** *adj* ⟨*attrib*⟩ half-rotten (*od.* -rotted, -decayed). — **H~ˌvers** *m metr.* hemistich. — **H~ˌvet·ter** *m* second (*od.* distant) cousin. — **H~voˌkal** *m ling.* **1.** (*isoliert betrachtet*) semivowel. – **2.** (*Gleitlaut*) glide. – **3.** (*als Teil einer Silbe betrachtet*) subtonic. — **~voˌka·lisch** *adj* semivocalic. — **~ˌvoll** *adj* ⟨*attrib*⟩ half-full. — **~ˌwach** *adj* ⟨*attrib*⟩ half-awake, dozing. — **H~ˌwahr·heit** *f* half-truth. — **H~ˌwai·se** *f* half-orphan. — **H~ˌwa·re** *f econ.* semifinished (*Br.* semi-finished) article(s *pl*), semi(-)finished goods *pl.* — **H~ˌwatt·ˌlam·pe** *f electr.* half-watt lamp. — **~ˈwegs** [-ˈveːks] *adv* **1.** halfway, *Br.* half-way: **er kam mir ~ entgegen** he came to meet me half(-)way. – **2.** *fig.* halfway, *Br.* half-way, more or less, to some extent: **wenn's nur ~ geht** if it's half(-)way (*od.* at all) possible; **mach's (nur) ~!** *colloq.* a) don't overdo it, b) don't be too thorough. — **H~ˌwel·le** *f electr.* (*radio*) half-wave (*od.* period, -cycle).

ˈHalbˌwelt *f* ⟨-; *no pl*⟩ half-world, demimonde, *Br.* demi-monde. — **~ˌda·me** *f* woman of the half-world, demimondaine, *Br.* demi-mondaine, cocotte.

ˈHalbˌwel·ter·geˌwicht *n* (*sport*) (*beim Boxen*) light welterweight, *Br.* light-welter-weight. — **~ˌwel·ter·geˌwicht·ler** *m* light welterweight, *Br.* light-welterweight. — **~ˌwertsˌzeit** *f nucl.* half life, *auch* half-life period. — **h~ˌwild** *adj* ⟨*attrib*⟩ half-wild, (*Person*) *auch* semibarbarian, *Br.* semi-barbarian. — **~ˌwis·sen** *n cf.* Halbbildung. — **~ˌwis·ser** [-ˌvɪsər] *m* ⟨-s; -⟩ person who has a smattering knowledge, smatterer. — **h~ˌwö·chent·lich** *adj u. adv* half-weekly, semiweekly, *Br.* semi-weekly. — **~ˌwol·le** *f* (*textile*) **1.** half wool. – **2.** linsey-woolsey. — **h~ˌwol·len** *adj* ⟨*attrib*⟩ **1.** half-woolen, *Br.* half-woollen. – **2.** linsey-woolsey. — **~ˌwollˌstoff** *m* linsey-woolsey.

ˈhalbˌwüch·sig [-ˌvyːksɪç] *adj* half-grown, (*Person*) adolescent, teen-age(d). — **ˈHalb·ˌwüch·si·ge** *m, f* ⟨-n; -n⟩ juvenile, adolescent, teen-ager.

ˈHalbˌwü·ste *f geogr.* semidesert, *Br.* semi-desert. — **~ˌzei·le** *f metr.* half line of a verse, short line.

ˈHalbˌzeit *f* **1.** (*sport*) half: **erste ~** first half; **zweite ~** second half. – **2.** *nucl. cf.* Halbwertszeit. — **~erˌgeb·nis** *n* (*sport*) score at half time (*Br.* half-time). — **~ˌpau·se** *f* half-time interval. — **~ˌpfiff** *m* half-time whistle.

ˈHalbˌzel·le *f bot.* semicell. — **~zel·lu·ˌlo·se** *f chem.* hemicellulose.

ˈHalbˌzeug *n tech.* **1.** (*Halbfabrikat*) semifinished (*Br.* semi-finished) product. – **2.** (*paper*) half stuff. — **~ˌhol·län·der** *m* (*paper*) breaker, washer, worker.

ˈHalbˌzinn *n metall.* base tin. — **h~zi·vi·li·ˌsiert** *adj* ⟨*attrib*⟩ semicivilized, *Br.* semi-civilized. — **~ˌzug** *m mil. Br.* half platoon, *Am.* section. — **~zyˌlin·der** *m math.* semicylinder.

Hal·de [ˈhaldə] *f* ⟨-; -n⟩ **1.** (*Abhang*) slope, hillside. – **2.** (*mining*) a) waste (*od.* stone) dump, b) (*Kohlenhalde*) pithead stock(s *pl*), coal stock(s *pl*). – **3.** *geol.* scree.

ˈHal·denˌabˌfall *m* (*mining*) tailings *pl.* — **~beˌstän·de** *pl* pithead stocks. — **~ˌkoks** *m* stock coke. — **~ˌschlacke** (*getr.* -k·k-) *f* dump slag. — **~ˌvorˌrat** *m* stock at the pithead.

Ha·le·sie [haˈleːzĭə] *f* ⟨-; -n⟩ *bot.* snowdrop tree, silver bell, *auch* silver-bell tree, rattlebox, *Br.* rattle-box, halesia (*scient.*) (*Halesia tetraptera*): **Holz der ~** *Am.* calico wood.

half [half] *1 u. 3 sg pret of* **helfen.**

Hal·fa [ˈhalfa] *f* ⟨-; *no pl*⟩ *bot. cf.* Alfa. — **~ˌgras** *n cf.* Alfagras.

Half-Back [ˈhaːfˈbæk] (*Engl.*) *m* ⟨-s; -s⟩ *Swiss* (*sport*) (*beim Fußball etc*) halfback, *Br.* half-back.

Hälf·te [ˈhɛlftə] *f* ⟨-; -n⟩ **1.** half, moiety (*lit.*): **mehr als die ~** more than half; **über die ~** over half; **um die ~** by half; **jedem eine ~ geben** to give each (one) half (*od.* a half share); **die ~ davon** (one) half of it; **die ~ der Zeit** half the time; **es kostet um die ~ mehr als berechnet** it costs half as much more than estimated; **zur ~ an** (*dat*) **etwas beteiligt sein** to participate fifty percent in s.th.; **auf der ~ des Weges umkehren** to turn back half(-)way; **j-m bis zur ~ des Weges entgegengehen** to go half(-)way to meet s.o.; **die Kosten (je) zur ~ tragen** to bear (*od.* pay) half the costs, to share the costs; **zur ~ fertig** half-finished; **die Bevölkerung besteht zur ~ aus** half (of) the population consists of (*od.* is); **Kinder zahlen die ~** children pay half-price; **du kennst ihn nur zur ~** *fig.* you only half know him; **die Preise sind um die ~ gestiegen** the prices have increased by half; **um die ~ zuviel** too much (*od.* many) by half; **etwas in zwei ~n teilen** to divide s.th. in(to) halves; **die größere ~** *colloq.* the larger (*od.* better) part, *auch* the lion's share; **meine bessere ~** (*Ehefrau*) *colloq. humor.* my better half (*colloq.*). – **2.** (*Teil*) part: **zwei gleiche ~n** two equal parts. – **3.** *bes. jur.* moiety. – **4.** (*sport*) (*halbes Spielfeld*) half.

hälf·ten [ˈhɛlftən] *v/t* ⟨h⟩ *rare for* **halbieren.**

Half·ter[1] [ˈhalftər] *m, n* ⟨-s; -⟩ (*Zaum ohne Kandare*) halter.

ˈHalf·ter[2] *f* ⟨-; -n⟩ *obs.* **1.** *cf.* Halfter[1]. – **2.** (saddle) pistol holster.

half·tern [ˈhalftərn] *v/t* ⟨h⟩ (*Pferd*) halter.

ˈHalf·terˌrie·men *m* halter strap.

Ha·li [haˈliː] *n* ⟨-s; -(s)⟩ (*Hornklang*) sound of horns.

Ha·lit [haˈliːt; -ˈlɪt] *m* ⟨-s; -e⟩ *min.* halite.

Hal·kyo·ne [halkyˈoːne] *npr f* ⟨-; *no pl*⟩ *myth.* Alcyone.

hal·kyo·nisch [halkyˈoːnɪʃ] *adj* (*Tage*) halcyon (*attrib*).

Hall [hal] *m* ⟨-(e)s; -e⟩ **1.** sound, resonance. – **2.** (*Widerhall*) echo.

Hal·le [ˈhalə] *f* ⟨-; -n⟩ **1.** hall. – **2.** (*Vorhalle*) hall, vestibule. – **3.** (*eines Hotels*) lobby, lounge, hall. – **4.** (*Bahnhofshalle*) station hall. – **5.** (*Markthalle*) market hall. – **6.** (*Werkshalle*) a) *auto.* (*für Wagen*) shed, b) (manufacturing) shop. – **7.** (*sport*) a) indoor sports arena, b) (*Tennishalle*) covered court, c) (*Turnhalle*) gymnasium, gym hall. – **8.** *aer.* hangar, shed. – **9.** (*Säulenhalle*) portico, porch.

Hal·lel [haˈleːl] *n* ⟨-s; *no pl*⟩ *relig.* (*Loblied*) hallel.

hal·le·lu·ja(h) [haleˈluːja] *interj* hallelujah, *auch* Hallelujah, alleluia, alleluiah, alleluja.

Hal·leˈlu·ja(h) *n* ⟨-s; -s⟩ *relig.* hallelujah, *auch* Hallelujah, alleluia, alleluiah, alleluja.

hal·len [ˈhalən] *v/i* ⟨h⟩ **1.** (re)sound. – **2.** (*widerhallen*) reverberate, echo.

ˈHal·lenˌbad *n* indoor swimming pool (*Br.* swimming-pool), covered swimming(-)pool, *bes. Br. auch* indoor swimming-bath. — **~ˌbahn** *f* (*sport*) indoor track, covered track. — **~ˌeisˌbahn** *f* indoor ice rink (*Br.* ice-rink). — **~ˌfußˌball** *m* indoor football. — **~ˌhandˌball** *m* indoor handball. — **~ˌhockey** (*getr.* -k·k-) *n* indoor hockey. — **~ˌkir·che** *f arch.* church with naves of equal height. — **~ˌmei·ster** *m* (*sport*) indoor champion. — **~ˌmei·ster·schaft** *f* indoor championship. — **~saiˌson** *f* indoor season. — **~ˌschwimmˌbad** *n cf.* Hallenbad. — **~ˌsport** *m* indoor sport(s *pl*). — **~ˌten·nis** *n* indoor tennis. — **~ˌtur·nen** *n* indoor gymnastics *pl* (*construed as sg*). — **~ˌvorˌfeld** *n aer.* apron.

hal·lesch [ˈhaləʃ] *adj cf.* hallisch.

Hal·lig [ˈhalɪç] *f* ⟨-; -en⟩ holm (*flat, marshy islet off the west coast of Schleswig-Holstein*).

Hal·li·masch [ˈhalimaʃ] *m* ⟨-es; -e⟩ *bot.* honey mushroom, honey agaric (*Armillaria mellea*).

ˈhal·lisch *adj* ⟨*attrib*⟩ pertaining to (*od.* stemming from) Halle.

ˈHallˌjahr *n Bibl.* (*im Alten Testament*) jubilee (year).

hal·lo [haˈloː; ˈhalo] *interj* **1.** (*lauter Anruf*) hallo, *auch* halloo, hello, *bes. Br. auch* hullo, *bes. Am. auch* hey, hi: **~ rufen** to hallo, to cry hallo. – **2.** (*am Telephon*) hello. – **3.** *hunt.* a) (*beim Hetzen*) halloo, b) (*beim Erblicken des Fuchses*) tallyho.

Hal·lo [haˈloː; ˈhalo] *n* ⟨-s; -s⟩ **1.** (*lauter Ruf*) hallo, *auch* halloo, hello, *bes. Br. auch* hullo, *bes. Am. auch* hey, hi: **j-n mit lautem ~ empfangen** to receive (*od.* welcome) s.o. with loud hallos. – **2.** *fig.* (*Getue*) hubbub, fuss: **als er kam, gab es ein großes ~** when he came there was a great hubbub (*od.* hullabaloo). – **3.** *hunt.* (*Fuchsjagd*) tallyho, view halloo, *auch* view hallo(a).

Hal·lo·dri [haˈloːdri] *m* ⟨-s; -(s)⟩ *bes. Bavarian and Austrian colloq.* **1.** (*ausgelassener, leichtsinniger Mensch*) boisterous (*od.* happy-go-lucky) fellow. – **2.** (*Schürzenjäger*) ladies' man, philanderer.

Hal·loy·sit [halɔʏˈziːt; -ˈzɪt] *m* ⟨-s; -e⟩ *min.* halloysite.

ˈHallˌstattˌkulˌtur *f archeol.* Hallstatt culture. — **~ˌzeit** *f* ⟨-; *no pl*⟩ Hallstatt period (*od.* epoch).

Hal·lu·zi·na·ti·on [halutsinaˈtsĭoːn] *f* ⟨-; -en⟩ (*Sinnestäuschung*) hallucination: **~en haben** to have hallucinations, to see things; **an ~en leiden** to suffer from hallucinations. — **hal·lu·zi·naˈto·risch** [-ˈtoːrɪʃ] *adj* hallucinatory. — **hal·lu·ziˈnie·ren** [-ˈniːrən] *v/i* ⟨*no* ge-, h⟩ hallucinate, have hallucinations. — **hal·lu·ziˈniert I** *pp.* – **II** *adj psych.* **1.** (*Phänomen*) hallucinatory. – **2.** (*Person*) hallucinated. — **Hal·lu·ziˈno·se** [-ˈnoːzə] *f* ⟨-; -n⟩ *med.* hallucinosis.

Halm [halm] *m* ⟨-(e)s; -e⟩ *bot.* **1.** (*Stengel der Grasarten, bes. des Getreides*) blade, halm, haulm, stem, culm, spire, stalk, fiber, *bes. Br.* fibre: **das Getreide auf dem ~ verkaufen** to sell the standing crop, to sell the crop before harvest; **Reis auf dem ~** paddy; **~e tragend** culmiferous. – **2.** (*Strohhalm*) straw.

Hal·ma [ˈhalma] *n* ⟨-s; -s⟩ (*Brettspiel*) halma.

Hälm·chen [ˈhɛlmçən] *n* ⟨-s; -⟩ **1.** *dim. of* Halm. – **2. ~ ziehen** (*losen*) to draw straws (*od.* lots).

ˈHalmˌflie·ge *f zo.* straw fly, gout (*Fam. Chloropidae*). — **~ˌfrüch·te** *pl bot.* cereals, ceralia.

ˈhal·mig *adj* bladed, stalked.

ˈHalmˌkno·ten *m bot.* knot (*od.* joint) of a stalk. — **~ˌpflan·ze** *f* culmiferous plant. — **~ˌrü·be** *f cf.* Wasserrübe. — **h~ˌtra·gend** *adj* (*Gräser*) culmiferous. — **~ˌwes·pe** *f zo.* wheat sawfly (*Br.* saw-fly), (European) wheat stem saw(-)fly (*Cephus pygmaeus*).

Ha·lo [ˈha(ː)lo] *m* ⟨-(s); -s *u.* -nen [haˈloːnən]⟩ **1.** *astr.* halo, ring: **kleiner ~** sun(-)dog (*on the parhelic circle*). – **2.** *med.* halo, areola. — **~erˌschei·nung** *f meteor.* halo phenomenon.

ha·lo·gen [haloˈgeːn] *adj chem.* halogenous.

Ha·loˈgen *n* ⟨-s; -e⟩ *chem.* halogen: **mit ~ verbinden** to halogenate. — **h~ˌähn·lich** *adj* haloid.

Ha·lo·ge·nid [halogeˈniːt] *n* ⟨-(e)s; -e⟩

chem. **1.** (*Metallsalz*) halide, *auch* halid. – **2.** alkyl halide. — **~ˌsalz** *n* halide, haloid.

ha·lo·ge·nie·ren [haloge'niːrən] *v/t* ⟨*no* ge-, h⟩ *chem.* halogenate. — **Ha·lo·ge·'nie·rung** *f* ⟨-; -en⟩ *chem.* halogenation.

Ha·lo'gen|ˌlam·pe *f* **1.** halogen bulb. – **2.** *cf.* Halogenleuchte. — **~ˌleuch·te** *f auto.* halogen (spot)light. — **~oxid** [-ˀɔˌksiːt] *n chem.* oxyhalide, *auch* oxyhalid. — **~ˌsalz** *n cf.* Halogenidsalz. — **~ˌschein,wer·fer** *m auto.* halogen headlight (*od.* head lamp).

Ha·lo·me·ter [halo'meːtər] *n* ⟨-s; -⟩ *phys.* halometer.

Ha·lo·phyt [halo'fyːt] *m* ⟨-en; -en⟩ *bot.* (*Salzpflanze*) halophyte.

Ha·lo·tri·chit [halotrɪ'çiːt; -'çɪt] *m* ⟨-s; -en⟩ *min.* halotrichite.

Hals[1] [hals] *m* ⟨-es; ¨e⟩ **1.** (*äußerer*) neck: einen langen ~ machen, den ~ recken to crane (*od.* stretch) one's neck; einen steifen ~ haben to have a stiff neck; (sich *dat*) den ~ brechen to break one's neck; den ~ wagen to risk one's life; mit bloßem ~ bare-necked, with a bare neck; j-m um den ~ fallen to fall on (*od.* fling one's arms [a]round) s.o.'s neck; (sich *dat*) den ~ verrenken a) to crick one's neck, b) *fig.* to crane (*od.* stretch) one's neck; am ~ tragen to wear (a)round one's neck; bis an den (*od.* bis zum) ~ up to one's neck. – **2.** *fig. colloq.* (*in Wendungen wie*) ~ über Kopf *colloq.* (*überstürzt*) headlong, helter-skelter, head over heels; er hat sich ~ über Kopf in sie verliebt *colloq.* he fell head over heels in love with her; sich j-m an den ~ werfen *colloq.* (*bes. von Mädchen*) to throw oneself at s.o.; j-n einen Prozeß an den ~ hängen *colloq.* to involve s.o. in a lawsuit, *bes. Am. colloq.* to slap a court case on s.o.; j-n auf dem ~ haben *colloq.* to have s.o. on one's hands, to be burdened (*od.* saddled) with s.o.; sich (*dat*) etwas auf den ~ laden *colloq.* to saddle (*od.* burden) oneself with s.th.; j-m die Polizei auf den ~ schicken (*od.* hetzen) *colloq.* to bring the police down on s.o.; das Herz schlug ihm bis zum ~ *colloq.* his heart was in his mouth; bis über den ~ verschuldet sein *colloq.* to be up to one's ears in debt; nun stehen wir da mit unserem gewaschenen ~ *colloq.* there we are left looking proper fools, there we are with one arm as long as the other; es geht um den ~ *colloq.* it's a matter of life and death; vom ~ *colloq.* off one's hands; j-m etwas vom ~e schaffen *colloq.* to take s.th. off s.o.'s hands, to rid s.o. of s.th.; sich j-n [etwas] vom ~e schaffen *colloq.* to get rid of s.o. [s.th.]; bleib mir vom ~! *colloq.* a) keep out of my way! b) leave me alone (*od.* in peace)! halt mir diesen Kerl vom ~! *colloq.* keep this fellow out of my hair! es hat ihm den ~ gebrochen it ruined (*od.* finished, *colloq.* did for) him; es kann ihn den ~ kosten it may cost him his head; → Wasser 2. – **3.** (*Kehle, Gurgel*) throat: j-m den ~ abschneiden a) to cut (*od.* slit) s.o.'s throat, b) *fig.* to cut s.o.'s throat, to ruin s.o. (*od.* s.o.'s business); einem Huhn den ~ umdrehen to wring a chicken's neck; ich werde dir den ~ umdrehen! *fig. colloq.* (*zugrunde richten*) I'll wring your neck! j-n beim ~ packen to seize s.o. by the throat. – **4.** (*Rachen*) throat: rauher (*od.* wunder) ~ raw (*od.* sore) throat; einen entzündeten ~ haben to have a sore throat; ich habe es im ~ *colloq.* I have s.th. wrong with my throat, I have a sore throat; aus vollem ~ at the top of one's voice; aus vollem ~ lachen to roar with laughter; aus vollem ~ schreien to shout at the top of one's voice; wir schrieen uns die Lunge aus dem ~ *colloq.* we screamed (*od.* yelled) our lungs out; Hab und Gut durch den ~ jagen *colloq.* to drink away house and home; einen Klumpen (*od.* Kloß) im ~ haben *fig.* to have a lump in one's throat; die Worte blieben mir im ~ stecken the words stuck in my throat; er hat es in den falschen ~ bekommen a) he swallowed it the wrong way, it went down the wrong way (*Am. auch* pipe), b) *fig.* he took it the wrong way, he misunderstood it, c) (*im weiteren Sinne*) he was annoyed by it; die Zunge hing ihm zum ~ heraus his tongue was hanging out; es hängt (*od.* wächst) mir zum ~e heraus *colloq.* I am fed up to the teeth with it (*colloq.*); er kann den ~ nicht vollkriegen *colloq.* he can't get his fill; du wirst dir schon noch ~ und Beine brechen one of these days you are sure to break every bone in your body; → Frosch 2. – **5.** (*einer Flasche etc*) neck: einer Flasche den ~ brechen *colloq. humor.* to polish off (*od.* crack) a bottle. – **6.** *med.* a) neck, b) (*der Gebärmutter etc*) cervix, c) (*des Schulterblatts etc*) collum. – **7.** *bot.* collum. – **8.** *tech.* a) (*der Welle*) neck, b) (*einer Kelle*) post. – **9.** *mus.* a) (*eines Saiteninstruments*) neck, b) (*einer Note*) stem, tail. – **10.** (*eines Gewehrs etc*) neck. – **11.** (*leather*) a) (*von Sohlleder*) shoulder, b) (*einer Roßhaut*) front. – **12.** (*eines Schlachtviehs*) neck. – **13.** *hunt.* (*Gebell des Hundes*) bay(ing), bark(ing): ~ geben to give tongue.

Hals[2] *m* ⟨-es; -en⟩ *mar.* (*vordere untere Ecke eines Segels*) tack: ~ eines Klüvers tack of a jib.

'Hals,ab,schnei·der *m* ⟨-s; -⟩ *fig. colloq. contempt.* (*Wucherer*) cutthroat, extortioner, shark, hawk, *bes. Am.* thug. — **'hals,ab,schnei·de·risch** *adj* extortionate, cutthroat (*attrib*).

'Hals|ˌader *f med.* **1.** (*Vene*) jugular (vein). – **2.** (*Schlagader*) *cf.* Halsschlagader. — **~ar,te·rie** *f cf.* Halsschlagader. — **~ˌaus·ˌschnitt** *m* neckline: tiefer ~ low neckline.

'Hals,band *n* ⟨-(e)s; ¨er⟩ **1.** (*des Hundes etc*) collar: einem Hund ein ~ anlegen to put a collar on a dog. – **2.** neckband, necklet. – **3.** *cf.* Halskette. – **4.** *zo.* collar, ring (round neck), torques (*scient.*): mit einem ~ (versehen) torquate(d). – **5.** *tech.* collar. — **~ˌam·sel, ~ˌdros·sel** *f zo.* ring ouzel, *auch* ring thrush, ring blackbird (*Turdus torquatus*). — **~ˌfink** *m* bandbird (*Amadina fasciata*). — **~ˌfle·der,maus** *f* naked mastiff bat (*Cheiromeles torquatus*). — **~ˌflie·gen,schnäp·per** *m* (white-)collared flycatcher (*Br.* fly-catcher) (*Muscicapa albicollis*). — **~le·gu,an** *m* collared lizard (*Crotaphytus collaris*). — **~ˌlem·ming** *m* collared lemming (*Dicrostonyx torquatus*). — **~ˌmeer,kat·ze** *f* grivet monkey (*Cercopithecus aethiops*). — **~ˌnat·ter** *f* ring-neck(ed) snake (*Gattg Diadophys*). — **~pe,ka·ri** *n* collared peccary (*Tayassu tajacu*). — **~ˌpfeif,ha·se** *m* Siberian pika (*Ochotona collaris*). — **~ˌre·gen,pfei·fer** *m* ring(ed) plover (*Charadrius hiaticula*). — **~ˌschnäp·per** *m cf.* Halsbandfliegenschnäpper. — **~ˌsit·tich** *m* rose-ringed par(r)akeet (*od.* par[r]oquet), alexandrine (*Palaeornis torquata*).

'Hals|ˌber·ge [-ˌbɛrgə] *f* ⟨-; -n⟩ *mil. hist.* (*Teil der Rüstung*) gorget. — **~ˌber·ger** *pl zo.* cryptodira (*Unterordng Cryptodira*). — **~ˌbin·de** *f archaic for* Halstuch 4. — **~ˌblut,ader** *f med. cf.* Halsader 1. — **h~ˌbre·chend** *adj u. adv archaic for* halsbrecherisch. — **h~ˌbre·che·risch** [-ˌbrɛçərɪʃ] **I** *adj* **1.** (*Geschwindigkeit etc*) breakneck (*attrib*). – **2.** (*Klettertour etc*) daredevil (*attrib*). – **II** *adv* **3.** ~ fahren to drive at breakneck speed. — **~ˌbund** *m* ⟨-(e)s; -e⟩, **~ˌbünd·chen** *n* (*am Hemd, Pullover etc*) neckband. — **~ˌdrü·se** *f med.* cervical gland. — **~ˌei·sen** *n hist.* (*Folterwerkzeug*) iron collar.

hal·sen[1] ['halzən] *v/i* ⟨h⟩ *mar.* wear.

'hal·sen[2] *v/t* ⟨h⟩ *rare for* umarmen 1, 2.

'Hals|ent,zün·dung *f med.* **1.** inflammation of the throat, sore throat, pharyngitis (*scient.*). – **2.** angina (follicularis). – **3.** (*der Mandeln*) tonsillitis. – **4.** (*Luftröhrenkatarrh*) tracheitis. — **~ˌfe·der** *f zo.* **1.** neck feather. – **2.** *pl cf.* Halsgefieder. — **h~ˌfern** *adj* (*Kragen*) off the neck. — **~ˌfi·stel** *f med.* cervical fistula. — **~ˌflos·se** *f zo.* pectoral (fin). — **~ge,fie·der** *n* neck (*od.* cervical) feathers *pl*, frill, (*bes. des Huhns*) hackle. — **~ge,richt** *n hist.* (*im späteren Mittelalter*) criminal court: hochnotpeinliches ~ criminal court where death sentence was pronounced. — **~ge·ˌschmei·de** *n* necklace. — **~ˌglied** *n arch.* (*einer Säule*) gorgerin, necking. — **~ˌhaa·re** *pl* (*bei Hunden*) hackles. — **~ˌket·te** *f* **1.** (*Schmuck*) necklace. – **2.** (*für Hunde*) collar. — **~ˌkra·gen** *m* **1.** collar. – **2.** *zo.* collar, tippet. — **~ˌkrank·heit** *f med.* throat disease. — **~ˌkrau·se** *f* **1.** (*bes. an Damenkleidern*) frill. – **2.** (*eines Clowns u. an alten Kostümen*) ruff. – **3.** *zo.* ruff, collar. — **~ˌkraut** *n bot.* **1.** a) Kleines ~ clustered bellflower (*Br.* bell-flower) (*Campanula glomerata*), b) (*Fingerhütchen*) throatwort (*C. trachelium*). – **2.** (blue) throatwort (*Trachelium caeruleum*). – **3.** butcher's-broom, horse tongue (*Ruscus aculeatus*). – **4.** *cf.* Brunelle. — **~ˌla·ger** *n tech.* collar (*od.* neck, journal) bearing. — **~ˌlän·ge** *f* (*im Pferdesport*) neck (length): X gewann um eine ~ X won by a neck. — **~ˌlei·den** *n med. cf.* Halskrankheit. — **~ˌlymph,drü·se** *f*, **~ˌlymph,kno·ten** *m med.* cervical gland. — **~ˌmus·kel** *m* cervical muscle. — **~ˌmut·ter** *f tech.* round-neck nut.

'Hals-'Na·sen-'Oh·ren|-ˌArzt *m*, **~-ˌÄrz·tin** *f med.* ear, nose and throat specialist, otolaryngologist (*scient.*). — **~-ˌHeil·ˌkun·de** *f* branch of medicine dealing with the ear, nose and throat, otolaryngology (*scient.*). — **~-ˌKrank·hei·ten** *pl* diseases of the ear, nose and throat. — **~-Spe·zia·ˌlist** *m cf.* Hals-Nasen-Ohren-Arzt.

'Hals|par,tie *f* (area of the) neck, neck region. — **~ˌring** *m* **1.** *tech.* (*Anschlagring*) stop collar. – **2.** *zo.* collar. – **3.** *arch.* (*einer Säule*) necking, neck mold (*bes. Br.* mould). — **~ˌro·se** *f bot. cf.* Stockrose. — **~ˌsche·re** *f* (*sport*) (*beim Ringen, Judo*) neck scissors *pl* (*sometimes construed as sg*). — **~ˌschild** *m zo.* pronotum. — **~ˌschlag,ader** *f med.* carotid (artery). — **~ˌschmerz** *m meist pl med.* sore throat: ~en haben to have a sore throat. — **~ˌschmuck** *m* **1.** neck ornament. – **2.** necklace. — **~ˌschwung** *m* (*sport*) (*beim Ringen, Judo*) neck lever. — **~ˌsen·ker** *m tech.* counterbore.

'hals,star·rig [-ˌʃtarɪç] *adj* **1.** (*verstockt, störrisch*) stubborn, obstinate, intractable, obdurate. – **2.** (*eigensinnig*) wilful, *Am. auch* willful, headstrong, stiff-necked. — **'Hals·ˌstar·rig·keit** *f* ⟨-; *no pl*⟩ **1.** stubbornness, obstinacy, intractability, obduracy. – **2.** wilfulness, *Am. auch* willfulness, headstrongness, stiff-neckedness.

'Hals|ˌstück *n* **1.** *gastr.* a) neck, b) (*bes. des Hammels*) scrag, end of neck. – **2.** *tech.* neckpiece. — **~ˌtuch** *n* **1.** (neck) scarf, kerchief. – **2.** (*bes. aus Wolle*) scarf, muffler. – **3.** (*als Teil einer Tracht, Uniform etc*) neckerchief. – **4.** *archaic* (neck)tie, cravat. — **~- ˌund 'Bein,bruch** *interj* (*Wunsch*) ~! a) good luck! b) (*bes. Fliegersprache*) happy landings! j-m ~ wünschen to wish s.o. good luck.

'Hal·sung *f* ⟨-; -en⟩ *hunt.* dog collar.

'Hals|ˌweh *n med. cf.* Halsschmerz. — **~ˌwei·te** *f* (*bei Hemden etc*) collar (*od.* neck) size. — **~ˌwen·der** *pl zo.* pleurodira (*Unterordng Pleurodira*). — **~ˌwickel** (*getr.* -k·k-) *m med.* throat compress. — **~ˌwir·bel** *m* cervical vertebra: zweiter ~ axis, epistropheus (*scient.*). — **~ˌzäpf·chen** *n* uvula.

Halt [halt] *m* ⟨-(e)s; -e⟩ **1.** hold: sein Fuß fand keinen ~ an dem glatten Felsen he found no (foot)hold (*od.* footing) on the smooth rock; den ~ verlieren to lose one's hold. – **2.** (*Stütze*) support: ~ suchend nach etwas greifen to grasp for s.th. for support; in den Schuhen habe ich keinen ~ these shoes don't give me any support. – **3.** *fig.* (*Rückhalt*) support, stay: j-m in schweren Zeiten ein ~ sein to be a support for s.o. in hard (*od.* bad) times; ~ an j-m finden to get support from s.o. – **4.** *fig.* (*Hauptstütze*) mainstay, rock: er war der ~ der Familie he was the mainstay of the family. – **5.** *fig.* (*Festigkeit*) stability: innerer [moralischer] ~ inner [moral] stability; ohne jeden ~ without any moral stability (*od.* backbone). – **6.** (*Einhalt*) stop, halt: j-m [einer Sache] ~ gebieten *lit.* to stop (*od.* halt) s.o. [s.th.]. – **7.** (*Aufenthalt*) halt, stop: in X machten wir einen kurzen ~ we made a short stop in X; ohne ~ bis Berlin nonstop (*Br.* non-stop) to Berlin. – **8.** (*sport*) (*beim Turnierreiten*) a) stop, b) (*von Pferd, das an einem Hindernis verweigert*) dwell, ba(u)lk, c) (*Unterbrechung eines Sprunges etc*) ba(u)lk.

halt[1] *interj* **1.** stop, wait (a minute *od.* a moment), hang (*od.* hold) on (*beide colloq.*): ~, du hast etwas vergessen! wait, you forgot s.th. – **2.** (*genug*) enough, that will do. – **3.** ~, Vorfahrt gewähren! yield right of way, *Br. auch* give way. – **4.** *mil.* halt: ~, wer da? halt, who goes there? – **5.** (*sport*) (*beim Rudern*) ~! easy all!

halt[2] *adv colloq.* (*eben, nun einmal*) just,

simply: das ist ~ so that's the way it is; da kann man ~ nichts machen there's nothing you can do about it; wir müssen es ~ versuchen we'll just have to try.

hält [hɛlt] *3 sg pres of* halten.

'halt·bar *adj* **1.** (*Material, Kleidung etc*) durable, lasting, strong, hard-wearing: dieser Stoff ist sehr ~ this material wears very well. – **2.** (*stabil, fest*) strong, solid, sturdy. – **3.** (*Lebensmittel*) not perishable: etwas ~ machen to preserve (*auch* preservatize) s.th.; etwas ~ verpacken to pack s.th. for long shelf-life; ~ bis 6. 2. to be used before Feb. 6; nur begrenzt ~ perishable; nicht gut ~ highly perishable. – **4.** (*farbecht*) fast. – **5.** *mil.* (*Stellung*) tenable, defensible, defendable. – **6.** (*sport*) a) (*Tor*) avoidable, b) (*Schuß*) stoppable: das erste Tor war ~ he could (*od.* should) have saved the first goal. – **7.** *fig.* (*Theorie, Argument etc*) tenable, defensible, sustainable. – **8.** *fig.* (*Zustand, Lage etc*) tolerable, bearable. – **9.** *tech.* wear-resistant. — **'Halt·bar·keit** *f* ⟨-; *no pl*⟩ **1.** (*Lebensdauer*) durability. – **2.** (*Stabilität*) solidity, sturdiness. – **3.** (*von Lebensmitteln*) imperishability, keeping quality: Lebensmittel von geringer ~ perishable goods, perishables. – **4.** (*Farbechtheit*) fastness. – **5.** *mil.* tenability, defensibility. – **6.** *tech.* resistance to wear, service life. – **7.** *fig.* (*einer Theorie etc*) tenability, defensibility, sustainability. – **8.** *fig.* (*eines Zustandes etc*) tolerability.

'Halt·bar,ma·chen *n*, **'Halt·bar,ma·chung** *f* ⟨-; *no pl*⟩ (*von Lebensmitteln*) preservation.

'Hal·te|,arm *m tech. phot.* bracket. — **~,bo·gen** *m mus.* tie, bind. — **~,bol·zen** *m tech.* fixing (*od.* locking) bolt. — **~,bü·gel** *m* (*bei Blattfedern*) retainer. — **~ge,sell·schaft** *f econ. cf.* Holdinggesellschaft. — **~,griff** *m* **1.** (*an einem Gerät*) handle. – **2.** (*in der Straßenbahn etc*) strap, handle. – **3.** (*im Auto*) (safety) grip (*od.* handle). – **4.** (*sport*) (*im Judo*) hold. — **~,gurt** *m* **1.** safety harness. – **2.** *auto.* safety belt. — **~,kind** *n rare* foster child, *Br.* foster-child. — **~,kraft** *f phys.* cohesion. — **~,lei·ne** *f* **1.** *mar.* (*für Brandungsschwimmer etc*) lifeline. – **2.** *aer.* (*des Luftschiffes*) mooring line. — **~,li·nie** *f* (*vor einer Ampel etc*) stop line.

hal·ten ['haltən] **I** *v/t* ⟨hält, hielt, gehalten, h⟩ **1.** (*festhalten*) hold: ein Glas [einen Bleistift, einen Stock] ~ to hold a glass [a pencil, a stick]; etwas in der Hand ~ to hold s.th. in one's hand; j-n an (*od.* bei) der Hand ~ to hold s.o. by the hand; Händchen ~ *colloq.* to hold hands; sie hielten einander in den Armen they held each other in their arms; ein Dia gegen das Licht ~ to hold a slide against the light; j-m den Mantel ~ a) to hold s.o.'s coat for him, b) to help s.o. into his coat; → Auge 1; Daumen 1; Hals[1] 2; Mund 2; Zügel 2. – **2.** (*stützen*) hold (up), support: das Bücherbord wurde von zwei Haken gehalten the bookshelf was supported by two brackets; → Bank[2] 2; Stange 17; Waage 1. – **3.** *mil.* (*Festung, Stellung etc*) hold. – **4.** (*Niveau, Geschwindigkeit etc*) maintain, keep up: die Preise ~ to maintain the prices (*od.* the price level). – **5.** (*Rekord etc*) hold. – **6.** (*weiterhin innehaben*) keep, retain: er konnte den Titel ~ he was able to retain the title. – **7.** (*in einem bestimmten Zustand*) keep: etwas sauber [trocken, warm] ~ to keep s.th. clean [dry, warm]; Ordnung ~ to keep (*od.* maintain) order; etwas in Gang [in Ordnung] ~ to keep s.th. going [in order]; j-n in Spannung [auf dem laufenden] ~ to keep s.o. in suspense [informed *od.* posted]; das Zimmer war ganz in Weiß gehalten everything in the room was done (*od.* decorated) in white; → Grenze 3; Wasser 2, 12. – **8.** (*einhalten, erfüllen*) keep: ein Versprechen [(sein) Wort] ~ to keep a promise [one's word]; die zehn Gebote ~ to keep (*od.* observe) the Ten Commandments; sie hat ihr Wort nicht gehalten she did not keep (*od.* she went back on) her word; was man verspricht, muß man halten one has to keep (*od.* abide by) one's promises; dieser Film hält, was er verspricht this film lives up to its reputation. – **9.** (*Rede, Ansprache etc*) make, deliver. – **10.** (*Vortrag, Referat etc*) give: Vorlesungen ~ to give lectures, to lecture; eine Predigt ~ to give (*od.* preach) a sermon, to preach. – **11.** (*Gottesdienst, Messe, Sitzung etc*) hold: Hochzeit ~ a) to marry, to get married, b) (*feiern*) to celebrate one's wedding. – **12.** (*Mahlzeit, Schläfchen etc*) take, have: Rast ~ a) to take a rest, b) *mil.* to halt. – **13.** (sich *dat*) etwas [j-n] ~ to keep s.th. [s.o.]: sich einen Hund [einen Diener, ein Auto] ~ to have (*od.* keep) a dog [a servant, a car]; sich eine Geliebte ~ to have (*od.* keep) a mistress; einen Privatlehrer ~ to have a private tutor; eine Zeitung ~ to take (*od.* to have subscribed to, *bes. Br. auch* to take in) a newspaper. – **14.** j-n gut ~ to treat s.o. well; j-n sehr kurz ~ a) to keep s.o. on a very tight budget (*od.* very short of money), b) to keep s.o. on a very tight rein; er hält seine Kinder sehr streng he is very strict with his children. – **15.** (*zurückhalten*) keep, hold: versuchen Sie nicht, mich zu ~ do not try to keep me; mich hält hier nichts mehr there is nothing holding me here any more; es hielt ihn nicht länger zu Hause there was nothing to hold him at home any more; → Schach 2; Zaum 1, 2. – **16.** (*aufhalten*) stop: haltet den Dieb! stop thief! – **17.** j-n [etwas] ~ für to think (*od.* consider, believe, regard) s.o. [s.th.] (to be): ich halte es für verkehrt [das beste, ratsam] I consider it wrong [best, advisable]; das halte ich nicht für möglich I don't think that's possible; man sollte es nicht für möglich ~, aber you wouldn't believe it, but; es für angebracht ~ zu gehen to think it appropriate (*od.* proper) to go; er hielt es für Unsinn, das zu tun he considered it nonsense to do that; j-n für einen Betrüger ~ to consider (*od.* take) s.o. to be (*od.* to regard s.o. as) a swindler; er wird für tot gehalten he is thought to be dead; für wie alt hältst du ihn? how old do you think (*od.* how old would you say) he is? how old do you take him to be? ich werde oft für meine Schwester gehalten I am often (mis)taken for my sister; tun Sie, was Sie für richtig ~ do as you think fit (*od.* right); wofür ~ Sie mich? what do you take me for? who (*od.* what) do you think I am? → beste 1; Narr 1. – **18.** etwas von etwas [j-m] ~ to think s.th. of s.th. [s.o.]: ich halte wenig [viel, große Stücke] von ihm I think little [a lot, highly] of him; von diesem Plan halte ich nicht viel I don't think much of this plan; er hält nicht viel von ihm he doesn't think much (*od.* he has a poor opinion) of him; was hältst du davon? what do you think (*od.* make) of it? sie hält nicht viel vom Sparen she does not believe in saving; ich weiß nicht, was ich davon ~ soll I don't know what to think (*od.* make) of it. – **19.** (*verfahren, handhaben*) do, handle: wie ~ Sie es damit? how do you normally do that? das kannst du ~, wie du willst you can do that the way you want to (*od.* like). – **20.** etwas auf sich ~ a) to take pride in one's appearance, b) to have self-respect: jeder, der etwas auf sich hält, sollte einen eigenen Wagen haben anyone who thinks he's anyone should have a car of his own. – **21.** (*fassen*) hold: das Faß hält zwanzig Liter the barrel holds twenty liters (*bes. Br.* litres). – **22.** es mit j-m ~ a) to be on s.o.'s side, b) to have a liking for s.o., c) to have an affair with s.o.: er hält es immer mit seinem Vater he always sides with his father. – **23.** sich ~ lassen (*von Theorie, Argument etc*) to be tenable: diese These läßt sich nicht ~ this theory is untenable. – **24.** das Wasser nicht ~ können *med.* not to be able to retain one's urine, to be incontinent of urine. – **25.** (*sport*) (*Torschuß*) save. – **II** *v/i* **26.** (*fest sitzen*) hold: in dieser Wand hält kein Nagel no nail will hold in this wall; hoffentlich hält die Schnur I hope the string will hold (*od.* will not break); leider ~ meine Haare nicht lange unfortunately, my hair won't hold long; der Knopf hält jetzt bestimmt I'm sure the button will hold now; das Eis hält noch nicht the ice isn't frozen hard enough yet; → doppelt 10; Zeug 8. – **27.** (*dauerhaft sein*) last, wear: das Material hat erstaunlich gut gehalten the material wore remarkably well; diese Schuhe werden lange ~ these shoes will last a long time (*od.* will wear well); die Freundschaft hat ein Leben lang gehalten the friendship lasted a lifetime. – **28.** (*frisch bleiben*) keep: Krabben ~ nicht lange shrimps don't keep long. – **29.** (*vom Wetter*) hold, continue. – **30.** (*anhalten, stehenbleiben*) stop, halt: dieser Zug hält nicht in X this train does not stop in (*od.* at) X; ein Wagen hielt vor dem Haus a car stopped (*od.* pulled up) in front of the house; der Feldwebel ließ ~ *mil.* the sergeant called a halt; nicht öffnen, bevor der Zug hält do not open (the car[riage] door) before the train stops. – **31.** an sich ~ *fig.* to contain (*od.* restrain, control, hold on to) oneself, to hold oneself back: wir mußten an uns ~, um nicht loszulachen we had to control ourselves not to start laughing. – **32.** auf (*acc*) etwas ~ *fig.* a) (*achten*) to pay heed (*od.* attention) to s.th., b) (*Wert legen*) to set store by (*od.* value, lay stress [up]on) s.th., c) (*bestrebt sein*) to insist (up)on s.th.: sie hält sehr auf Ordnung she pays a lot of attention to (*od.* attaches great importance to, sets great store by, is a stickler for) neatness; sehr auf korrekte Kleidung ~ to be a stickler for correct dress; wir ~ nicht auf Formen we don't stand on ceremony. – **33.** auf sich ~ a) to take pride in one's appearance, b) to have self-respect. – **34.** zu j-m ~ a) to stick by (*od.* to) s.o., b) to side with s.o.: er hat immer (treu) zu mir gehalten he has always stuck by me, he has always remained loyal; er hielt in dem Streit zu mir he sided (*od.* took sides) with me in the quarrel. – **35.** (*sport*) gut ~ to make good saves. – **36.** *mar.* ~ nach (*od.* auf *acc*) to head (for): das Schiff hält nach Norden the ship is heading north. – **III** *v/reflex* sich ~ **37.** (*von Nahrungsmitteln, Blumen etc*) keep: die Milch hält sich bis morgen the milk will keep until tomorrow. – **38.** (*von Kleidung, Schuhen etc*) wear well. – **39.** (*bleiben*) keep: sich ruhig [wach, warm] ~ to keep quiet [awake, warm]; sich für sich ~ to keep to oneself; sich jung ~ to keep (*od.* stay, remain) young; sie hat sich gut gehalten she is well preserved, *bes. Br.* she is wearing well; sich versteckt ~ to remain (*od.* stay) in hiding, to lie low; sich in der Nähe ~ to stay (*od.* keep) near (by), to hang (*od.* stick) around (*colloq.*); sich rechts [links] ~ to keep to the right [left]; → Wasser 2. – **40.** (*sich behaupten*) last, stay: in der Firma X hält sich niemand lange nobody lasts long at (the) firm X; diese Mode hat sich nicht lange gehalten this fashion did not last long; sich an der Spitze ~ to stay at the top; das Stück wird sich nicht lange ~ the play will not last (*od.* run) long. – **41.** (*in einem Kampf etc*) hold out: sich tapfer ~ to hold on (*od.* out) bravely, to fight bravely. – **42.** (*vom Wetter*) hold, continue. – **43.** (*von Preisen, Kursen etc*) remain stable. – **44.** sich an (*acc*) etwas ~ to keep (*od.* adhere, stick) to s.th.: sich an die Spielregeln ~ to keep (*od.* adhere, stick) to the rules, to play the game; sich an die Vorschriften ~ to adhere to (*od.* observe, stick to, to comply with) the regulations; sich an das Gesetz ~ to keep (*od.* abide by) the law; woran kann ich mich ~? what can I go by? halte dich an die Tatsachen keep to the facts; der Film hält sich streng (*od.* eng) an den Roman the film sticks closely to the novel; ich werde mich lieber an den Kuchen ~ I'd rather save some room for the cake. – **45.** sich an j-n ~ a) to turn to s.o., b) to keep company (*od.* to associate) with s.o., c) (*wegen Schadenersatz etc*) to hold s.o. liable, d) (*wegen Unterstützung*) to have recourse to s.o.: in diesen Fragen solltest du dich immer an ihn ~ in these matters you should always turn to him. – **46.** sich für etwas ~ to think (*od.* consider) oneself (to be) s.th.: sie hält sich für sehr klug she thinks she's (*od.* she thinks herself) very clever; er hält sich für zu gut, das zu tun he thinks he is too good to do that, he thinks he is above doing that; sie hält sich für etwas Besonderes she thinks she's something special. – **47.** (*körperlich*) carry (*od.* hold) oneself: sich aufrecht ~ to carry oneself upright (*od.* straight, erect); sich gut [schlecht] ~ to carry oneself well [badly], to have a good [bad *od.* poor] posture. – **48.** (*Gleichgewicht bewahren*) keep one's balance: **ich konnte mich nicht mehr ~ und fiel** I lost my balance and fell; **ich kann mich kaum noch auf den Beinen ~** I can hardly stand up any more. – **49. sich nicht mehr ~ können** not to be able to contain (*od.* restrain, control, hold on to) oneself: **sie konnte sich vor Lachen [Neugierde] nicht mehr ~** she couldn't contain herself for laughter [curiosity]. – **IV H~** *n* ⟨-s⟩ **50.** *verbal noun*: **da gab es (für mich) kein H~ mehr** there was no stopping (*od.* holding) me; **etwas zum H~ bringen** to stop s.th., to bring s.th. to a stop (*od.* standstill); **„H~ verboten"** "no stopping". – **51.** (*einer Zeitung etc*) subscription (to). – **52.** (*von Vorschriften etc*) observance. – **53.** (*sport*) a) (*eines Balles*) save, b) **H~ und Schlagen** (*beim Boxen*) holding and hitting, c) (*Hinhalten*) hold.

'Hal·te|pe,dal *n mus. cf.* Fortepedal. — **~,pflicht** *f* (*im Verkehr*) obligation to stop. — **~,platz** *m* stopping place. — **~,punkt** *m* **1.** stop, stopping place. – **2.** *mil.* (*beim Schießen*) point of aim. – **3.** *phys.* critical point. – **4.** *metall.* a) (thermal) critical point, arrest (*od.* transformation) point, b) (*auf der Erstarrungskurve*) point of recalescence, c) (*auf der Schmelzkurve*) point of calescence.

'Hal·te,punkts,dau·er *f metall.* critical range (*od.* interval).

'Hal·ter *m* ⟨-s; -⟩ **1.** *auch tech.* holder: **etwas an einem ~ anbringen** to attach (*od.* fasten) s.th. to a holder. – **2.** *colloq.* a) pen(holder), b) fountain pen, *Br.* fountain-pen. – **3.** *jur.* a) (*Inhaber*) holder, b) (*Eigentümer*) legal owner, c) (*Benutzer*) user: **der ~ des Wagens** the car owner. – **4.** *tech.* a) (*Griff*) handle, b) (*Haltearm*) bracket, c) *cf.* Haltevorrichtung, d) (*Klemme*) clamp. – **5.** (*Ständer*) stand. – **6.** (*Träger*) rack. – **7.** (*Stütze*) support.

Hal·te·re [hal'teːrə] *f* ⟨-; -n⟩ *meist pl zo.* (*der Zweiflügler*) halter, balancer.

'Hal·te|,rie·men *m* (*in Straßenbahnen etc*) strap. — **~,ring** *m* guard ring, *Br.* guard-ring, fastening ring.

hal·tern ['haltərn] *v/t* ⟨h⟩ *cf.* festmachen 11, festklemmen 4.

'Hal·te,rohr *n tech.* (*in Dampfkesseln*) stay tube.

'Hal·te·rung *f* ⟨-; -en⟩ *tech.* **1.** *cf.* Haltevorrichtung 1. – **2.** (*Fassung*) mount.

'Hal·te|,schild *n* (*als Verkehrszeichen*) *cf.* Stoppschild. — **~,schlau·fe** *f* (*im Auto*) (holding) strap. — **~,schrau·be** *f* retaining screw. — **~,seil** *n* **1.** (*zum Festhalten*) safety rope. – **2.** *tech.* retaining cable. — **~si,gnal** *n* (*railway*) stop signal. — **~,stel·le** *f* **1.** stop. – **2.** (*railway*) a) station, stop, b) (*Bedarfshaltestelle*) *Br.* halt, *Am.* whistle-stop, flag stop. — **~,stift** *m tech.* locking pin. — **~ver,bot** *n cf.* Haltverbot. — **~ver,bot(s),schild** *n cf.* Haltverbot(s)-schild. — **~,vor,rich·tung** *f tech.* **1.** holding device (*od.* fixture), clamping fixture. – **2.** (*für Werkstücke*) work-holding device (*od.* fixture). — **~,zan·ge** *f zo.* a) claspers *pl*, b) (*Oberkiefer der Insekten*) mandible, c) (*bei Spinnen u. Milben*) chelicera, *auch* chelicer, chelicere. — **~,zei·chen** *n cf.* Haltesignal.

'halt·los *adj* **1.** (*Mensch, Charakter*) unstable, unsteady. – **2.** *cf.* hemmungslos 1. – **3.** (*Behauptung, Theorie etc*) untenable. – **4.** (*unbegründet*) baseless, without foundation, unfounded. — **'Halt·lo·sig·keit** *f* ⟨-; *no pl*⟩ **1.** instability, unsteadiness. – **2.** *cf.* Hemmungslosigkeit 1. – **3.** untenability. – **4.** baselessness, unfoundedness.

'halt,ma·chen *v/i* ⟨*sep*, -ge-, h⟩ **1.** stop, halt, make a stop: **~ lassen** *bes. mil.* to (call a) halt. – **2.** *fig.* (**vor** *dat* at) stop, balk, baulk: **vor nichts ~** to stop at nothing.

hältst [hɛltst] *2 sg pres of* halten.

'Hal·tung *f* ⟨-; -en⟩ **1.** (*beim Stehen u. Gehen*) posture, carriage: **eine gute [schlechte] ~ haben** to have good [bad] posture, to carry oneself well [badly]. – **2.** (*Art des Auftretens*) bearing: **in majestätischer ~** in a majestic bearing, majestically. – **3.** (*Stellung, Lage*) position: **eine andere ~ einnehmen** to change one's position. – **4.** (*Pose*) pose: **bleibe in dieser ~!** maintain that pose! – **5.** (*drohende, herausfordernde etc*) stance, posture: **eine drohende ~ einnehmen** to take on a threatening stance, to become threatening. – **6.** (*innere Einstellung*) (**zu** toward[s]) attitude: **politische ~** political attitude (*od.* standpoint, opinion, views *pl*, outlook); **feste ~** firm (*od.* unwavering) attitude, firmness; **eine starre ~** a rigid attitude (*od.* stand); **eine bestimmte ~ einnehmen** to assume a certain attitude. – **7.** (*inneres Gleichgewicht*) composure: **immer ~ bewahren** to always maintain one's composure, to always remain composed; **etwas mit ~ tragen** to bear s.th. with composure. – **8.** *mil.* attention: **~ annehmen** to stand to attention; **in strammer ~** at attention. – **9.** *econ.* (*an der Börse*) tone, tendency. – **10.** (*sport*) a) (*beim Golf*) stance and posture, b) (*beim Cricket, Ringen, Boxen*) stance, c) (*beim Turnen etc*) style. – **11.** (*art*) (*einer Figur auf einem Gemälde*) action, gesture and attitude. – **12.** *agr.* (*von Tieren*) keeping.

'Hal·tungs|,feh·ler *m med.* faulty posture, postural anomaly. — **~,no·te** *f* (*sport*) points *pl* (awarded) for performance.

'Halt·ver,bot *n* (*im Straßenverkehr*) **1.** a) **absolutes** (*od.* **uneingeschränktes**) **~** prohibition of stopping, b) **eingeschränktes ~** prohibition of waiting: **das ~ geht** (*od.* **gilt**) **bis zur Kreuzung** no stopping from here to the intersection. – **2.** (*räumliche Fläche*) a) "no stopping" area, clearway zone, b) "no waiting" area.

'Halt·ver,bot(s)|,schild, ~,zei·chen *n* a) "no stopping" (*od.* "clearway") sign, b) (*eingeschränktes*) "no waiting" sign.

'Halt,zei·chen *n* stop sign.

Ha·lun·ke [ha'lʊŋkə] *m* ⟨-n; -n⟩ **1.** rascal, rogue, scoundrel, blackguard: **er ist ein richtiger ~** he is a real scoundrel. – **2.** *humor.* (*Schlingel*) scamp, rascal. — **Ha'lun·ken,streich** *m* rogue's (*od.* scurvy) trick.

Häm [hɛːm] *n* ⟨-s; *no pl*⟩ *chem.* heme, *auch* h(a)em ($C_{34}H_{32}N_4O_4Fe$).

Ha·ma·me·lis [hama'meːlɪs] *f* ⟨-; *no pl*⟩ *bot.* hamamelis, witch hazel (*Gattg Hamamelis*).

Häm·an·gi·om [hɛmaŋ'gi̯oːm] *n* ⟨-s; -e⟩ *med. cf.* Feuermal.

Hä·ma·ti·kum [hɛ'maːtikʊm] *n* ⟨-s; -ka [-ka]⟩ *med. pharm.* haematic, *Am.* hematic.

Hä·ma·tin [hɛma'tiːn] *n* ⟨-s; *no pl*⟩ *chem.* haematin, *Am.* hematin.

Hä·ma·tit [hɛma'tiːt; -'tɪt] *m* ⟨-s; -e⟩ *min.* **1.** haematite, *Am.* hematite. – **2.** (*Eisenglanz*) iron glance.

hä·ma·to·gen [hɛmato'geːn] *adj med.* haematogenous, *Am.* hematogenous.

Hä·ma·to·lo·ge [hɛmato'loːgə] *m* ⟨-n; -n⟩ *med.* haematologist, *Am.* hematologist. — **Hä·ma·to·lo'gie** [-lo'giː] *f* ⟨-; *no pl*⟩ haematology, *Am.* hematology. — **hä·ma·to'lo·gisch** *adj* haematologic(al), *Am.* hematologic(al).

Hä·ma·tom [hɛma'toːm] *n* ⟨-s; -e⟩ *med.* **1.** (*Bluterguß*) haematoma, *Am.* hematoma. – **2.** (*Blutunterlaufung*) suffusion.

Hä·ma·to·se [hɛma'toːzə] *f* ⟨-; *no pl*⟩ *med.* haematosis, *Am.* hematosis.

Hä·ma·to·ze·le [hɛmato'tseːlə] *f* ⟨-; -n⟩ *med.* haematocele, *Am.* hematocele.

Hä·ma·to·zo·on [hɛmato'tsoːɔn] *n* ⟨-s; -zoen⟩ *med.* (*Blutschmarotzer*) haematozoon, *Am.* hematozoon.

Hä·mat·urie [hɛmatu'riː] *f* ⟨-; -n [-ən]⟩ *med.* (*Blutharnen*) haematuria, *Am.* hematuria.

Ham·bur·ger ['ham,bʊrgər] **I** *m* ⟨-s; -⟩ **1.** inhabitant of Hamburg. – **2.** *zo.* (*Hühnerrasse*) Hamburg fowl (*od.* hen). – **II** *adj* **3.** (of) Hamburg. — **'ham,bur·gisch** *adj* (of) Hamburg.

Ha·men ['haːmən] *m* ⟨-s; -⟩ *mar.* (*Fangnetz*) stake net, *Br.* stake-net.

Ha·mil·to·nie [hamɪl'toːni̯ə] *f* ⟨-; -n⟩ *bot.* elk nut (*Hamiltonia oleifera*).

Hä·min [hɛ'miːn] *n* ⟨-s; -e⟩ *chem.* (*Salz des Hämatins*) hemin, *auch* haemin.

hä·misch ['hɛːmɪʃ] **I** *adj* (*Bemerkung, Grinsen etc*) malicious, spiteful, (*stärker*) malignant: **~es Lächeln** malicious smile, sneer; **er machte ein ~es Gesicht** he looked maliciously, he put on a sneer, he sneered; **er hat eine ~e Freude am Unglück anderer** he takes a malicious pleasure in (*od.* he gloats over) other people's misfortune. – **II** *adv* **~ grinsen** to grin maliciously (*od.* sneeringly); **sich ~ über** (*acc*) **etwas freuen** to gloat over s.th.

Ha·mit [ha'miːt] *m* ⟨-en; -en⟩ Hamite. — **ha'mi·tisch** *adj* (*Sprachen*) Hamitic.

Häm·ling ['hɛmlɪŋ] *m* ⟨-s; -e⟩ *obs.* eunuch.

Ham·mel ['haməl] *m* ⟨-s; - *u.* ¨⟩ **1.** *zo.* castrated ram, wether. – **2.** ⟨*only sg*⟩ *gastr.* mutton. – **3.** *colloq.* (*Schimpfwort*) muttonhead, *Br.* mutton-head. — **~,bei·ne** *pl only in* **j-m die ~ langziehen** *colloq. humor.* a) (*zurechtweisen*) to give s.o. a telling off, *Br. auch* to tick s.o. off properly, b) (*drillen*) to lick (*od.* knock) s.o. into shape. — **~,bra·ten** *m gastr.* roast mutton. — **~,fisch** *m zo.* muttonfish, eel pout (*Lutianus analis*). — **~,fleisch** *n gastr.* mutton. — **~,keu·le** *f* leg of mutton. — **~,korn** *n bot. cf.* Bartgerste. — **~ko·te,lett** *n gastr.* mutton chop. — **~ra,gout** *n* mutton stew, haricot. — **~,ripp·chen** *n* mutton ribs *pl.* — **~,rü·cken** (*getr.* -k·k-) *m* saddle of mutton. — **~,sprung** *m pol.* division.

Ham·mer ['hamər] *m* ⟨-s; ¨⟩ **1.** *tech.* a) hammer, b) (*hölzerner*) mallet: **~ und Amboß** hammer and anvil; **zwischen ~ und Amboß geraten** *fig.* to get into a dilemma, to get between the devil and the deep blue sea; **du mußt Amboß oder ~ sein** *fig. lit.* when you are an anvil, hold still; when you are a hammer, strike your fill (*proverb*); **~ und Sichel** (*Symbol der UdSSR*) hammer and sickle; **~ und Zirkel** (*Symbol der DDR*) hammer and divider. – **2.** (*eines Auktionators*) hammer: **etwas unter den ~ bringen** to bring s.th. to the hammer, to auction s.th. (off); **der Hof kam unter den ~** the farm went under the hammer (*od.* was put on the block, was auctioned). – **3.** (*sport*) (*in der Leichtathletik*) hammer: **er wirft den ~ 65 Meter weit** he throws the hammer 65 meters (*bes. Br.* metres). – **4.** *med.* hammer, malleus (*scient.*). – **5.** *mus.* (*beim Klavier, bei Glocken*) hammer. – **6. Wagnerscher ~** *electr.* Wagner interrupter. – **7.** *cf.* Hammerwerk. — **~,bahn** *f tech.* face of a hammer. — **~,bär** *m* tup, monkey.

'häm·mer·bar *adj tech.* (*Metall*) a) (*kalt*) malleable, b) (*warm*) forgeable. — **'Häm·mer·bar·keit** *f* ⟨-; *no pl*⟩ *tech.* a) (*kalt*) malleability, b) (*warm*) forgeability.

'Ham·mer|,boh·ren *n tech.* hammer drilling. — **~,fin·ne** *f* peen (*od.* pein, *auch* pean) of a hammer. — **~,griff** *m* (*sport*) (*in der Leichtathletik*) hammer handle. — **~,hai** *m zo.* hammerhead (*Br.* hammer-head) (shark) (*Gattg Sphyrna, bes. S. zygaena*). — **~,huhn** *n* maleo (*Megacephalon maleo*). — **~kla,vier** *n mus.* piano(forte). — **~,kopf** *m* **1.** *tech.* a) (*eines Hammers*) hammerhead, *Br.* hammer-head, b) (*einer Schraube*) T-head, c) (*eines Lötkolbens*) hatchet tip. – **2.** (*sport*) (*in der Leichtathletik*) hammerhead, *Br.* hammer-head. – **3.** *zo.* (*Watvogel*) hammerhead, *Br.* hammer-head (*Scopus umbretta*). — **~,müh·le** *f tech.* (swing) hammer mill (*od.* pulverizer). — **~,mu·schel** *f zo.* hammer oyster (*Malleus vulgaris*).

häm·mern ['hɛmərn] **I** *v/i* ⟨h⟩ **1.** *auch fig.* hammer, (*stärker*) pound: **der Specht hämmerte laut** *fig.* the woodpecker hammered (*od.* pecked) loudly; **gegen** (*od.* **an**) **die Tür ~** *fig.* to hammer (*od.* pound) at the door; **auf dem Klavier ~** *fig.* to hammer (*od.* pound) away at the piano; **in der Bar hämmerte ein Klavier** *fig.* s.o. was hammering away at the piano in the bar; **auf der Schreibmaschine ~** *fig.* to hammer on (*od.* pound [on]) the typewriter. – **2.** *fig.* (*von Herz etc*) throb, pound, beat: **seine Schläfen ~ im Fieber** his temples throb in fever; **das Blut hämmerte in seinen Adern** his blood was pounding in his veins. – **II** *v/t* **3.** *metall.* a) hammer, b) (*schmieden*) (hammer) forge, (*von Hand*) smith, c) (*kalthämmern*) peen, *auch* pein, hammerdress. – **4. j-m etwas ins Gewissen [in den Kopf] ~** *fig.* to hammer s.th. into s.o.

'Ham·mer|,schlag *m* **1.** hammerblow, *Br.* hammer-blow. – **2.** *tech. chem.* hammer (*od.* iron, mill) scale, *bes.* iron oxide (Fe_3O_4). — **~,schmied** *m* hammersmith, *Br.* hammer-smith. — **~,schmie·de** *f tech.* hammer mill. — **~,schrau·be** *f* T-head bolt, tee bolt. — **~,schwei·ßung** *f* forge welding. — **~,stiel** *m* **1.** handle (*od.* shaft) of a hammer. – **2.** (*beim Klavier*) hammer shank. — **~,strauch** *m bot.* bastard jasmine, poisonberry, cestrum (*scient.*) (*Cestrum venenatum*): **Nächtlicher ~** night-blooming (*od.*

-blowing) jasmine (*C. nocturnum*). — **~ˌwer·fen** *n* (*sport*) (*in der Leichtathletik*) hammer throwing. — **~ˌwer·fer** *m* hammer thrower. — **~ˌwerk** *n tech.* **1.** (*Schmiede*) hammer mill. – **2.** (*Blechbearbeitung*) pressworks *pl* (*construed as sg or pl*). – **3.** (*eines Klaviers etc*) hammer mechanism. — **~ˌwurf** *m* ⟨-(e)s; *no pl*⟩ (*sport*) (*in der Leichtathletik*) hammer throw. — **~ˌze·he** *f med.* hammertoe, *Br.* hammer-toe.

'Ham·mondˌor·gel ['hæmənd-] (*Engl.*) *f mus.* hammond organ (*TM*).

Hä·mo·chro·ma·to·se [hɛmokroma'toːzə] *f* ⟨-; -n⟩ *med.* haemochromatosis, *Am.* hemochromatosis.

Hä·mo·fla·gel·lat [hɛmoflagɛ'laːt] *m zo.* haemoflagellate, *Am.* hemoflagellate.

Hä·mo·glo·bin [hɛmoglo'biːn] *n* ⟨-s; *no pl*⟩ *chem. med.* haemoglobin, *Am.* hemoglobin. — **~ˌman·gel** *m med.* deficiency of haemoglobin (*Am.* hemoglobin), hypochromic anemia (*auch* anaemia).

Hä·mo·ly·se [hɛmo'lyːzə] *f* ⟨-; -n⟩ *med.* haemolysis, *Am.* hemolysis.

hä·mo·phil [hɛmo'fiːl] *adj med.* haemophilic, *Am.* hemophilic. — **Hä·mo'phi·le** *m, f* ⟨-n; -n⟩ bleeder; haemophiliac, *Am.* hemophiliac, haemophile, *Am.* hemophile (*scient.*). — **Hä·mo·phi'lie** [-fi'liː] *f* ⟨-; -n [-ən]⟩ haemophilia, *Am.* hemophilia.

Hä·mor·rha·gie [hɛmora'giː] *f* ⟨-; -n [-ən]⟩ *med.* bleeding; haemorrhage, *Am.* hemorrhage (*scient.*). — **hä·mor'rha·gisch** [-'raːgɪʃ] *adj* haemorrhagic, *Am.* hemorrhagic.

hä·mor·rhoi·dal [hɛmoroi'daːl] *adj med.* haemorrhoidal, *Am.* hemorrhoidal. — **H~ˌblu·tung** *f* bleeding piles *pl* (*od.* haemorrhoids *pl*, *Am.* hemorrhoids *pl*). — **H~ˌkno·ten** *m* haemorrhoid, *Am.* hemorrhoid, pile.

Hä·mor·rhoi·den [hɛmoro'iːdən] *pl med.* piles, haemorrhoids, *Am.* hemorrhoids: **innere** [**äußere**] **~** internal [external] h(a)emorrhoids.

Hä·mor·rhoi·den|entˌfer·nung, ~ope·ra·tiˌon [hɛmoro'iːdən-] *f med.* haemorrhoidectomy, *Am.* hemorrhoidectomy. — **~ˌsal·be** *f pharm.* pile ointment.

Hä·mo·sta·se [hɛmo'staːzə] *f* ⟨-; -n⟩ *med.* haemostasis, *Am.* hemostasis. — **hä·mo'sta·tisch** [-'staːtɪʃ] *adj* haemostatic, *Am.* hemostatic.

'Ham·pelˌmann *m* ⟨-(e)s; ¨er⟩ **1.** (*Spielzeug*) jumping jack. – **2.** *fig.* (*unruhige Person*) restless (*od.* fidgety) person. – **3.** *fig. colloq. iron.* (*willensschwache Person*) spineless person, puppet.

ham·peln ['hampəln] *v/i* ⟨h⟩ *colloq.* **1.** jump about. – **2.** (*zappeln*) fidget.

Ham·ster ['hamstər] *m* ⟨-s; -⟩ *zo.* hamster (*Cricetus cricetus*). — **~ˌbacken** (*getr.* -k·k-) *pl colloq.* fat cheeks. — **~ˌbau** *m* ⟨-(e)s; -e⟩ hamster's burrow.

Ham·ste'rei *f* ⟨-; *no pl*⟩ (*bes. in Notzeiten*) hoarding.

'Ham·ste·rer *m* ⟨-s; -⟩ hoarder.

ham·stern ['hamstərn] **I** *v/t* ⟨h⟩ (*Vorräte, Lebensmittel*) hoard, collect. – **II** *v/i* hoard.

Hand[1] [hant] *f* ⟨-; ¨e⟩ **1.** (*des Menschen, Affen*) hand, manus (*scient.*): → **führen** 1; **Herz** *Bes. Redewendungen.* – **2.** (*Handschrift*) hand(writing): **er schreibt eine leserliche ~** he writes a legible hand. – **3.** (*beim Kartenspiel*) hand: **einen Grand aus der ~ spielen** (*beim Skat*) to play a grand without touching the 'widow'. – **4. die öffentliche ~** *pol.* public (authorities *pl*), the state: **von der öffentlichen ~ unterstützt** *pol.* supported by the state (*od.* by public funds); **von hoher ~** *pol.* of authorities, of state agencies. – **5. die tote ~** *jur.* mortmain; **Eigentum zur gesamten ~** *jur.* joint (*od.* collective) ownership, co-ownership. – **6.** (*sport*) a) **linke ~** (*beim Reiten*) bridle hand, b) **~!** (*beim Fußball*) hands! – **7. Klavierstück für vier Hände** (*od.* **zu vier Händen**) *mus.* piece (for piano) for four hands. –

Verbindungen mit Präpositionen:

an ~ von Beispielen with the help (*od.* aid) of examples; **j-n an Händen und Füßen fesseln** to tie s.o.'s hands and feet; **der Junge ging an der ~ der Mutter** the boy walked along holding (on to) his mother's hand; **j-m etwas an die ~ geben** *fig.* a) (*zur Verfügung stellen*) to make s.th. available to s.o., to furnish s.o. with s.th., b) *econ.* (*unverbindlich überlassen*) to offer s.o. the refusal of s.th.; **j-m an die ~ gehen** *fig.* to lend s.o. a (helping) hand; **j-n an der ~ haben** *fig. colloq.* to have s.o. on hand (*od. colloq.* tap); **j-n an die ~ nehmen** to take s.o.'s (*od.* s.o. by the) hand; **an Händen und Füßen gebunden sein** *fig.* (*machtlos sein*) to have one's hands tied; **auf Händen und Füßen kriechen** to crawl on one's hands and knees; **er bekommt 500 Mark auf die ~** he receives 500 marks clear; **das liegt klar auf der ~** *fig.* that's obvious, that's as plain as can be; **j-n** (*od.* **j-m**) **auf die Hände schlagen** to slap s.o.'s hands; **j-n auf Händen tragen** *fig.* to wait on s.o. hand and foot, to fulfil(l) s.o.'s every wish; **aus erster ~** at first hand, firsthand, *Br.* first-hand; **aus zweiter ~** at second hand, secondhand, *Br.* second-hand; **etwas aus erster** [**zweiter**] **~ kaufen** to buy s.th. first(-)hand [second(-)hand, used]; **er hat es aus erster ~** (*Nachricht etc*) he has it first(-)hand (*od. colloq.* straight from the horse's mouth); **j-m aus der ~ fressen** *auch fig.* to eat out of s.o.'s hand; **etwas aus der ~ geben** *fig.* a) to let s.th. pass (*od.* slip) out of one's hands, b) (*sich trennen von*) to part with s.th.; **die Führung glitt ihm aus der ~** *fig.* the leadership slipped from his hands; **die Arbeit aus der ~ legen** to lay work aside; **j-m aus der ~ lesen** to read in s.o.'s hand; **aus freier ~ zeichnen** to draw s.th. freehand; **Verkauf aus freier ~** *jur.* sale by private contract (*od.* treaty); **er riß ihm das Buch aus den Händen** he snatched the book (away) from him (*od.* out of his hands); **bei der ~** (ready) at hand, handy; **mit Kritisieren ist er schnell bei der ~** he is (always) quick to criticize; **er hat immer eine Antwort bei der ~** he is never at a loss for a reply, he always has an answer ready (*od.* pat); **er hat immer einen Fahrplan bei der ~** he always has a timetable on hand; **j-n bei der ~ nehmen** to take s.o.'s (*od.* s.o. by the) hand; **durch viele Hände gehen** to pass through many hands; **sie ließ den Sand durch die ~ gleiten** she let the sand run through her hand; **durch** (**Heben der**) **~ abstimmen** *jur.* to vote by show of hands; **~ in ~ mit** *fig.* together with; **~ in ~ gehen** (**mit**) a) to walk hand in hand (with), b) *fig.* to go hand in hand (with), to go together (with); **j-m in die Hände arbeiten** *fig.* to play into s.o.'s hands; **wenn die Polizei das in die Hände bekommt** if the police get their hands on this; **dem Feind in die Hände fallen** to fall into the hands of the enemy (*od.* the enemy's hands); **j-m etwas in die ~ geben** *auch fig.* to put s.th. into s.o.'s hand; **gib es ihm lieber nicht in die ~!** you'd better not give it to him! **j-m in die Hände fallen** (*od.* **geraten**) *fig.* to fall a prey to s.o.; **j-n** [**etwas**] **fest in der ~ haben** *fig.* to have s.o. [s.th.] completely in one's power, to have a firm grip on s.o. [s.th.]; **er hat sich in der ~** *fig.* he has control of himself, he has himself under control; **er hat es in der ~, ob** *fig.* it's in his hands (*od.* up to him) whether; **in die Hände klatschen** to clap one's hands; **es liegt in seiner ~** *fig.* it's in his hands (*od.* power), it's up to him; **etwas in die ~ nehmen** a) to take s.th. in one's hand, b) *fig.* to attend to s.th.; **etwas selbst in die ~ nehmen** *fig.* to take s.th. into one's own hands, to attend to s.th. personally; **j-d** [**etwas**] **ist in guten Händen** *fig.* s.o. [s.th.] is in good hands; **in festen Händen sein** *fig.* a) (*von Besitz*) to be under permanent ownership, b) (*von Mädchen*) to be taken, to be spoken for; **j-m Geheimakten in die Hände spielen** *fig.* to pass secret documents on to s.o.; **in die Hände spucken** *fig.* to roll up one's sleeves; **das steht in Gottes ~** that's in God's hand; **den Kopf in die ~ stützen** to support one's head on one's hand; **j-m etwas in die ~ versprechen** *fig.* to promise s.o. s.th. solemnly; **der Besitz ging in andere Hände über** *fig.* the property passed into other hands, the property changed hands; **in deine Hände befehle ich meinen Geist** *Bibl.* into thy hands I commend my spirit; **mit der ~ gemacht** made by hand, handmade; **die Maschine wird mit der ~ bedient** the machine is hand-operated; **der Brief ist mit der ~ geschrieben** the letter is written by hand (*od.* is handwritten); **das Geld mit vollen Händen ausgeben** *fig.* to spend money right and left; **mit leeren Händen kommen** *fig.* to come empty-handed; **mit den Händen** (*od.* **mit Händen und Füßen**) **reden** to talk with one's hands, to gesticulate; **sich mit Händen und Füßen wehren** to put up a fierce resistance (*od.* fight), to struggle fiercely; **sich mit Händen und Füßen gegen etwas wehren** *fig.* to fight s.th. tooth and nail; **mit beiden Händen zugreifen** *fig.* to grasp (*od.* seize) an opportunity with both hands; **das ist doch mit Händen zu greifen** *fig.* that's obvious, that's as plain as can be; **~ über ~** (**schwimmen**) (to swim) overarm; **um j-s ~ anhalten** *fig.* to ask for s.o.'s hand; **eine Arbeit unter den Händen haben** to have a job in hand; **er ist dem Arzt unter den Händen gestorben** *fig.* he died while under the doctor's immediate care; **das Geld zerrinnt mir unter den Händen** *fig.* money runs through my fingers like water; **von ~ zu ~** from hand to hand; **von ~ gefertigt** (*od.* **gearbeitet**) made by hand, handmade; **die Arbeit geht ihm leicht von der ~** he finds the work easy (to do); **von der ~ in den Mund leben** *fig.* to live from hand to mouth; **das war von langer ~ vorbereitet** *fig.* that was planned long before (*od.* well in advance); **der Wein wurde von zarter ~ serviert** *fig.* the wine was served by one of the fair sex; **es läßt sich nicht von der ~ weisen, daß** *fig.* it cannot be denied that, there is no getting away from the fact that; **dieser Verdacht ist nicht von der ~ zu weisen** this suspicion cannot be shrugged off (*od.* brushed aside); **zu Händen von Herrn X** (*auf Briefen*) (for the) attention of Mr. X; **j-m zur ~ gehen** to lend s.o. a (helping) hand; **etwas zur ~ haben** to have s.th. at hand (*od.* within reach); **er ist immer zur ~, wenn man ihn braucht** he is always at hand when we need him (*od.* when he is needed); **j-m etwas zu treuen Händen übergeben** to give s.th. to s.o. in trust.

Verbindungen mit Adjektiven:

die flache [**hohle**] **~** the flat (*od.* palm) [hollow] of the hand; **eine hohle ~ haben** *fig.* to be corruptible, to be open to bribery; **er braucht eine feste ~** *fig.* he needs a firm hand; **freie ~ haben** *fig.* to have a free hand; **j-m freie ~ lassen** *fig.* to give s.o. a free hand; **ich habe gerade keine ~ frei** I have my hands full at the moment; **eine geschickte** (*od.* **glückliche**) **~ haben** *fig.* to have a skil(l)ful (*od.* clever, deft) hand (*od.* touch); **sie hat eine geschickte ~ im Umgang mit anderen** *fig.* she has a way with people; (**die**) **letzte ~ an ein Werk legen** *fig.* to give a piece of work the final (*od.* finishing) touch; **Anleger letzter ~** *econ.* ultimate investors; **Ausgabe letzter ~** last edition supervised by the author; **linker** (*od.* **zur linken**) **~** on (*od.* to) the left, on the left-hand side; **er hat zwei linke Hände** *fig. colloq.* his fingers are all thumbs; **das mache ich mit** (**dem kleinen Finger**) **der linken ~** *fig. colloq.* I can do that with my hands tied (behind my back); **Ehe zur linken ~** *jur.* left-handed (*od.* morganatic) marriage; **sie hat eine lockere** (*od.* **lose**) **~** *fig.* she is quick at hitting; **eine milde** [**offene**] **~ haben** *fig.* to be charitable [generous]; **rechter** (*od.* **zur rechten**) **~** on (*od.* to) the right, on the right-hand side; **er ist die rechte ~ des Chefs** *fig.* he is the right hand of the boss; **reine** (*od.* **saubere**) [**schmutzige**] **Hände haben** *auch fig.* to have clean [dirty] hands; **gib ihm die schöne ~!** *fig.* (*zu Kindern*) give him your right hand; **er hat eine sichere ~** he has a steady hand; **den Kindern fehlt die väterliche ~** the children lack a father's (firm) hand; **ich habe alle** (*od.* **beide**) **Hände voll zu tun** *fig.* I have my hands full, I am very busy, I have my work cut out for me.

Verbindungen mit Verben:

sich für j-n die ~ abschlagen lassen *fig.* to give one's right arm for s.o.; (**mit**) **~ anlegen** *fig.* to lend a (helping) hand; **j-m die ~ auflegen** to lay one's hand on s.o.; **j-m die Hände binden** to tie s.o.'s hands; **ihm sind Hände und Füße** (*od.* **die Hände**) **gebunden** *fig.* his hands are tied; **j-m die ~ drücken** (*zum Dank, als Gruß etc*) to press s.o.'s hand; **j-s Hände halten** to hold s.o.'s hands; **j-m die ~ geben** (*od.* **reichen**) to give s.o. one's hand, to hold out one's hand to s.o., to shake s.o.'s hand; **gib mir die ~ darauf!** *fig.* give me your hand on it; **die**

(*od.* seine) ~ im Spiel haben *fig.* to have a hand in s.th., to have a finger in the pie (*colloq.*); sein Vorschlag hat ~ und Fuß [hat weder ~ noch Fuß] *fig. colloq.* his suggestion holds water (*od.* is sensible) [has neither rhyme nor reason]; die ~ auf den Beutel (*od.* die Tasche) halten *fig. colloq.* to tighten the purse strings, to keep a tight hold on one's money; die ~ über j-n halten *fig.* to protect (*od.* watch over) s.o.; an seinen Händen klebt Blut *fig.* he has (*s.o.'s*) blood on his hands; j-m die ~ küssen to kiss s.o.'s hand; küß die ~! *Austrian* → küssen; davon möchte ich lieber die Hände lassen *fig.* I'd rather keep my hands away from that; von seiner Hände Arbeit leben to live by the work of one's hands; ~ an (*acc*) sich legen *fig.* to commit suicide; die ~ für j-n [etwas] ins Feuer legen *fig.* to stake one's life on s.o. [s.th.]; die Hände in den Schoß legen a) to put one's hands in one's lap, b) *fig.* to twiddle one's thumbs, to remain idle; seine ~ auf (*acc*) etwas legen a) to put one's hand on s.th., b) *fig.* to lay hands on s.th.; ~ an eine Arbeit legen *fig.* to set about doing a job; sich (*dat*) die Hände reiben *auch fig.* to rub one's hands; wir können uns die ~ reichen *fig. colloq.* a) (*sind gleich veranlagt*) we are two of a kind, we are birds of a feather, b) (*haben das gleiche Pech*) we can cry on each other's shoulder; j-m die ~ fürs Leben reichen *fig.* to marry s.o.; j-m die ~ schütteln to shake s.o.'s hand; man kann nicht die ~ vor den Augen sehen *fig.* one can't see one's hand before one's face; die Hände sinken lassen a) to let one's hands drop, b) *fig.* to give up, to lose heart; ich wasche meine Hände in Unschuld *fig.* I wash my hands of it (*od.* of the matter); die Hände überm Kopf zusammenschlagen *colloq.* to throw up one's hands; eine ~ wäscht die andere (*Sprichwort*) you scratch my back and I'll scratch yours (*colloq.*); viele Hände machen rasch ein Ende (*Sprichwort*) many hands make light work (*proverb*); Hände hoch! hands up! Hände weg! hands off!

Hand[2] *f* ⟨-; -⟩ (*als Maßangabe*) hand: der Stoff ist zwei ~ breit the material is two hand(s)breadths wide.

'Hand|ˌabˌzug *m print.* hand impression. — **~ˌak·te** *f meist pl* paper, (reference) file. — **~ˌam·boß** *m tech.* small anvil, stake. — **~ˌamt** *n tel.* central (*Br.* manual) exchange. — **~ˌän·de·rung** *f* **1.** *Swiss* (*Wechsel im Grundbesitz*) transfer of property. – **2.** (*im Grundbuch*) mutation. — **~ˌanˌlas·ser** *m auto.* hand starter. — **~ˌanˌtrieb** *m tech.* hand drive. — **~ap·paˌrat** *m* **1.** (*in einer Bibliothek etc*) reference books *pl.* – **2.** *tel.* (telephone) handset (*Br.* hand set), hand microtelephone.

'Handˌar·beit *f* **1.** (*im Gegensatz zu Maschinenarbeit*) a) work done by hand, hand(i)-work, b) (*kunstvolle*) handicraft: diese Vase ist ~ this vase is handmade (*od.* made by hand). – **2.** (*im Gegensatz zu Kopfarbeit*) work done by hand, manual work. – **3.** (*Nadelarbeit*) needlework, (*bes. kunstvolle*) fancywork, *Br.* fancy-work. – **4.** *ped.* (*als Schulfach*) class(es *pl*) in sewing and needlework.

'handˌar·bei·ten I *v/i* ⟨*insep, pp* gehandarbeitet, h⟩ (*stricken, nähen etc*) a) do needlework, b) sew. – **II** *v/t* ⟨*pp* handgearbeitet⟩ (*Tischdecke, Spitzen etc*) make (*s.th.*) (by hand).

'Handˌar·bei·ter *m* one who works with his hands.

'Handˌar·beits|ˌkorb *m* workbasket, *Br.* work-basket. — **~ˌleh·re·rin** *f* needlework teacher. — **~ˌun·terˌricht** *m ped.* **1.** instruction in needlework. – **2.** *cf.* Handarbeit 4.

'handˌar·tig I *adj* **1.** *bot. cf.* handförmig 2. – **2.** mit ~en Füßen *zo.* pedimane, pedimanous. – **II** *adv* **3.** ~ geteilt *bot.* (*gespalten, gelappt*) palmatipartite, palmatisected, palmatifid.

'Hand|ˌat·las *m* small atlas. — **~ˌaufˌhe·ben** *n* show of hands: durch ~ abstimmen to vote by show of hands. — **~ˌaufˌle·gen** *n*, **~ˌaufˌle·gung** *f bes. relig.* laying on of hands. — **~ˌausˌga·be** *f* concise edition.

'Handˌball *m* (*sport*) **1.** (*Ball*) handball (*used in European handball*). – **2.** *cf.* Handballspiel.

'Handˌbal·len *m med.* ball of the thumb, thenar (eminence) (*scient.*).

'Handˌbal·ler *m* ⟨-s; -⟩ *colloq. for* Handballspieler.

'Handˌball|ˌspiel *n* (*sport*) **1.** (European) handball. – **2.** game of handball, handball match. — **~ˌspie·ler** *m* handball player.

'Hand|ˌbecken (*getr.* -k·k-) *n* (small) washbasin (*Br.* wash-basin) (*od.* handbasin). — **h~beˌdient** *adj* hand-operated. — **~beˌdie·nung** *f* hand (*od.* manual) operation (*od.* control): Maschine mit ~ hand-controlled machine. — **~ˌbee·re** *f bot. cf.* Sauerdorn. — **~ˌbeil** *n* hatchet. — **~ˌbe·sen** *m* dusting brush: wie ein wildgewordener ~ herumlaufen *Northern G. colloq.* to dash around madly. — **~beˌtrieb** *m* manual operation. — **h~beˌtrie·ben** *adj* hand-operated. — **~ˌbeu·ger** *m med.* (*Muskel*) flexor of the hand. — **~beˌwe·gung** *f* **1.** movement of the hand: mit einer schwungvollen ~ with a sweep of the hand; mit einer ~ forderte er uns auf einzutreten he motioned us to come in. – **2.** (*Geste*) gesture. — **~bi·blioˌthek** *f* reference library. — **~ˌblatt** *n bot.* creeping cinquefoil (*Potentilla reptans*). — **~ˌblechˌsche·re** *f tech.* (tinner's) snips *pl* (*construed as sg or pl*). — **~ˌboh·ne** *f bot. cf.* Ackerbohne. — **~ˌboh·rer** *m tech.* gimlet. — **~ˌbohr·maˌschi·ne** *f* hand drill, breast drill, *Br.* breast-drill, hand drilling machine. — **~ˌbrau·se** *f* hand shower (attachment).

'handˌbreit I *adj* (*Saum etc*) of a hand(s)-breadth, as wide as one's hand. – **II H~** *f* ⟨-; -⟩ hand(s)breadth: zwei H~ Stoff two hand(s)breadths of material.

'Hand|ˌbrei·te *f* hand(s)breadth. — **~ˌbrem·se** *f* (*eines Autos etc*) hand brake. — **~ˌbremsˌhe·bel** *m* hand-brake lever. — **~ˌbuch** *n* **1.** manual, handbook, (*im weiteren Sinn*) reference book. – **2.** (*Grundriß*) compendium. – **3.** (*Führer*) guide. — **~bü·cheˌrei** *f cf.* Handbibliothek.

Händ·chen ['hɛntçən] *n* ⟨-s; -⟩ **1.** *dim. of* Hand[1] 1: → halten 1. – **2.** (*von Kindern*) (das) ~ geben to shake hands.

'Hand|ˌdeu·tung *f* chiromancy, *auch* cheiromancy, palmistry. — **~ˌdruck** *m* ⟨-(e)s; -e⟩ *print.* block print. — **~druckeˌrei** (*getr.* -k·k-) *f* block printing. — **~ˌdu·sche** *f cf.* Handbrause.

'Hän·deˌdruck *m* ⟨-(e)s; ⸚e⟩ handshake: ein kräftiger ~ a firm handshake.

'Handˌeinˌstel·lung *f tech.* **1.** hand (*od.* manual) adjustment. – **2.** (*eines Spannfutters*) hand positioning.

'Hän·deˌklat·schen *n* **1.** clapping (of hands). – **2.** (*Applaus*) applause.

Han·del[1] ['handəl] *m* ⟨-s; *no pl*⟩ **1.** *econ.* a) commerce, business, b) (*Handelsverkehr*) trade, traffic (*auch contempt.*), c) (*Markt*) market: ~ und Gewerbe trade and industry; ~ und Verkehr trade and traffic; ~ und Wandel trade and commerce, commercial activities *pl*; ~ mit den Kolonien colonial trade; auswärtiger [überseeischer] ~ foreign [overseas] trade; ~ treiben to carry on commerce (*od.* trade), to trade, to traffic (*auch contempt.*); ~ mit Rauschgift treiben to trade (*od.* deal, traffic) in drugs; mit j-m ~ treiben to do business (*od.* to trade) with s.o.; etwas ist im ~ zu haben (*od.* erhältlich) s.th. is available on the market (*od.* can be bought); etwas in den ~ bringen to put s.th. on the market; etwas ist nicht mehr im ~ s.th. is no longer on (*od.* is off) the market, s.th. is not sold any more; einen ~ betreiben to carry on a business (*od.* trade). – **2.** *econ.* (*Geschäft, Transaktion*) (business) transaction, bargain, deal (*colloq.*): einen ~ abschließen to make (*od.* strike, conclude, settle) a bargain; einen ~ mit j-m eingehen to enter into (*od.* conclude) a bargain with s.o., to do a deal with s.o.; einen guten ~ machen to do a good stroke of business, to strike a good bargain. – **3.** *fig. lit.* affair, business, matter: das ist ein böser ~ that is a nasty business. – **4.** *dial.* (*Laden*) business: einen ~ aufmachen to open a business.

'Han·del[2] *m meist pl* ⟨-s; ⸚⟩ quarrel: Händel suchen [stiften] to seek [to start] a quarrel; sie haben Händel miteinander they are quarrel(l)ing with each other.

'han·del·bar *adj econ.* negotiable.

'Handˌelfˌme·ter *m* (*sport*) (*beim Fußball*) penalty for hands.

'Hän·delˌkraut, 'Blau·es *n bot.* three-leaved speedwell (*Veronica triphyllos*).

han·deln ['handəln] **I** *v/i* ⟨h⟩ **1.** act: er redet nicht, er handelt instead of talking (a lot) he gets things done; seinen Grundsätzen gemäß ~ to act according to one's principles; gegen das Gesetz ~ to act against (*od.* to infringe) the law; er handelte nicht wie ein Ehrenmann he did not act (*od.* behave) like a man of hono(u)r; er hat eigenmächtig gehandelt he acted without authority; er muß sofort ~ he must act (*od.* do s.th.) at once, he must take immediate action; er handelte nach Vorschrift he acted (*od.* proceeded) according to instructions; er handelt immer zu schnell he never stops to think, he always acts without thinking first; er hat sehr töricht gehandelt he acted very unwisely (*od.* very foolishly, like a fool); gut [schlecht] an j-m ~ to treat s.o. well [badly]; er hat wie ein Bruder an uns gehandelt he treated us like a brother. – **2.** von etwas ~ (*von Buch, Film etc*) to deal with (*od.* treat, be about) s.th.: wovon (*od.* worüber) handelt das Buch? what is the book about? – **3.** *econ.* (*Handel treiben*) trade: mit Übersee ~ to trade (*od.* do business) with overseas countries; mit etwas ~ to trade (*od.* deal) in s.th., to traffic in s.th. (*auch contempt.*); er handelt mit Rauschgift he trades (*od.* deals, traffics) in drugs; im großen [kleinen] ~ to carry on a wholesale [retail] trade. – **4.** (*feilschen*) bargain, haggle: um etwas ~ to bargain for s.th., to haggle (*od.* chaffer) over s.th.; ich lasse mit mir ~ I am prepared to haggle (*od. formeller* to negotiate); er läßt mit sich ~ one can bargain with him; er läßt nicht mit sich ~ a) one can't bargain with him, b) he is not open to any suggestions. – **II** *v/t* **5.** gehandelt werden *econ.* a) to be traded, to be sold, b) (*an der Börse*) to be listed, to be quoted, to be dealt: gestern hat man die Aktien für 300 Mark gehandelt the shares were listed (*od.* stood) at 300 marks yesterday; Pilze wurden zu (*od.* für) 3 Mark gehandelt mushrooms were sold at 3 marks. – **III** *v/impers* **6.** es handelt sich um etwas it is about s.th., it concerns s.th., it is a question (*od.* matter) of s.th.: es handelt sich um eine wichtige Sache it is a matter of importance; es handelt sich um folgendes it concerns the following; darum handelt es sich nicht that's not (*od.* that's beside) the question (*od.* point); worum handelt es sich? what is it (all) about? das Haus, um das es sich handelt the house in question; es handelt sich darum, ob the question is whether; wo es sich um sein Geld handelt where his money is concerned; wenn es sich darum handelt, j-n zu necken, ist er da if it is a matter of teasing s.o. he is always there. – **IV H~** *n* ⟨-s⟩ **7.** *verbal noun.* – **8.** action: gemeinsames H~ joint action, co(-)operation: sein Tun und H~ his behavio(u)r; zum H~ entschlossen determined to take action. — **'han·delnd I** *pres p.* – **II** *adj* die ~en Personen eines Schauspiels (*theater*) the characters in a play, the dramatis personae (*lit.*).

'Han·dels|ˌabˌkom·men *n econ.* trade agreement: Allgemeines Zoll- und ~ (*GATT*) General Agreement on Tariffs and Trade, Gatt. — **~ˌabˌord·nung** *f* trade delegation. — **~adreßˌbuch** [-ʔaˌdrɛs-] *n* trade (*od.* commercial) directory. — **~agent** [-ʔaˌgɛnt] *m cf.* Handelsvertreter. — **~agenˌtur** *f* commercial (*od.* mercantile) agency. — **~aka·deˌmie** *f Austrian* commercial college, *Am. auch* business school. — **~arˌti·kel** *m* article, commodity. — **~at·taˌché** *m pol.* commercial attaché. — **~ˌbank** *f* ⟨-; -en⟩ *econ.* commercial (*od.* mercantile) bank, bank of commerce. — **~beˌdin·gun·gen** *pl* **1.** (*Austauschrelation*) terms of trade. – **2.** (*eines Unternehmens*) trade terms. — **~beˌricht** *m* trade (*od.* market) report. — **~beˌschrän·kung** *f* restriction on trade. — **~beˌspre·chun·gen** *pl* trade talks. — **~beˌtrieb** *m* trading concern. — **~beˌtriebsˌleh·re** *f* business administration. — **~beˌvollˌmäch·tig·te** *m* ⟨-n; -n⟩ proxy, authorized agent. — **~beˌzeich·nung** *f* trade name (*od.* designation). — **~beˌzie·hun·gen** *pl* trade relations: ~ unterhalten to maintain trade relations. — **~biˌlanz** *f* **1.** (*Außenhandel*) balance of trade, trade balance: aktive [passive] ~ favo(u)rable (*od.* surplus, active) [unfavo(u)rable *od.* adverse, deficit, passive] balance of trade. – **2.** (*firmenintern*) commercial balance sheet. — **~ˌblatt** *n* trade journal. — **~ˌblech** *n* steel sheet of commercial quality. — **~ˌbrauch** *m* custom of (*od.* in) trade, trade (*od.* commercial) practice, commercial usage. — **~ˌbü·cher** *pl* **1.** commercial books. – **2.** account books. — **~-ˌdamp·fer** *m cf.* Handelsschiff. — **~ˌde·fi·zit** *n econ.* trade deficit. — **~ˌdün·ger** *m agr.* commercial fertilizer. — **~ˌein·heit** *f* (*an der Börse*) unit of trade. — **h~ˌei·nig, h~ˌeins** *adj* (mit j-m) ~ werden to come to terms (with s.o.), to reach an agreement (with s.o.). — **~erˌfah·rung** *f* trading experience. — **~erˌlaub·nis** *f* trading licence (*Am.* license). — **~ˌfach** *n* branch of trade, line of business. — **h~ˌfä·hig** *adj* (*Wertpapiere etc*) negotiable. — **~ˌfeinˌblech** *n* commercial lightga(u)ge (*Br.* light-gauge) sheet. — **~ˌfir·ma** *f* (commercial) firm. — **~ˌflag·ge** *f mar.* merchant flag. — **~ˌflot·te** *f* merchant (*od.* mercantile) fleet. — **~ˌfrau** *f jur. cf.* Geschäftsfrau. — **~ˌfrei·heit** *f econ.* freedom of trade. — **h~ˌgän·gig** *adj* marketable, commercial. — **~ˌgärt·ner** *m* market gardener, *Am.* truck farmer. — **~ˌgeist** *m* commercialism, commercial spirit. — **~ge-ˌnos·sen·schaft** *f* trading cooperative (*Br.* co[-]operative) (society). — **~geˌricht** *n jur.* commercial court, *Am. auch* tribunal of commerce. — **h~geˌricht·lich I** *adj* according to commercial court (*Am. auch* tribunal of commerce) (*nachgestellt*). – **II** *adv* ~ eintragen to (enter into a trade) register, *Am.* to incorporate. — **~geˌschäft** *n jur.* commercial transaction: einseitiges ~ one-way transaction; einseitig bindendes ~ unilateral transaction. — **~geˌsell·schaft** *f econ.* **1.** trading company. – **2.** firm under the mercantile law: offene ~ general (*od.* ordinary) partnership; Gründungsvertrag einer ~ deed of partnership. — **~geˌsetz** *n* **1.** commercial (*od.* mercantile) law. – **2.** *jur. hist.* law merchant. — **~geˌsetzˌbuch** *n* commercial code, code of commerce. — **~ge-ˌsetzˌge·bung** *f* commercial legislation. — **~geˌwer·be** *n econ.* trade, business: ein ~ betreiben to carry on a business, to be engaged in trade. — **~geˌwicht** *n* avoirdupois (*od.* trade) weight. — **~geˌwinn** *m* trading profit. — **~geˌwohn·heitsˌrecht** *n jur. cf.* Handelsgesetz 2. — **~ˌgut** *n meist pl econ. cf.* Handelsware. — **~ˌha·fen** *m* commercial (*od.* trading) port. — **~ˌhaus** *n* business house (*od.* firm). — **~ˌherr** *m obs.* merchant. — **~ˌhochˌschu·le** *f* (university-level) school of commerce (*od.* economics). — **~ˌin·dex** *m* trade (*od.* business) index. — **~ˌkam·mer** *f* chamber of commerce. — **~ka·piˌtal** *n* **1.** trading capital. – **2.** (*einschließlich Warenlager*) stock in trade. — **~ˌket·te** *f* trade chain. — **~ˌklas·se** *f cf.* Güteklasse. — **~kom·paˌnie** *f econ. hist.* trading company. — **~kor·re·spon-ˌdent** *m* commercial correspondent. — **~-kor·re·sponˌdenz** *f* commercial correspondence. — **~kreˌdit** *m* commercial credit, business loan. — **~ˌkrieg** *m mil.* economic war(fare). — **~ˌkri·se, ~ˌkri·sis** *f* commercial crisis. — **~ˌkun·de** *f* commercial science. — **~ˌkur·sus** *m* business (*od.* commercial) course. — **~ˌluftˌfahrt** *f aer.* commercial aviation. — **~ˌmacht** *f* commercial power, trading nation. — **~ˌmak·ler** *m* merchant broker. — **~maˌri·ne** *f mar.* merchant (*od.* mercantile) marine. — **~ˌmar·ke** *f econ.* (trade)mark, brand, *Am. auch* idiograph. — **~ˌmes·se** *f* trade fair. — **~miˌni·ster** *m* minister of commerce, *Br.* President of the Board of Trade, *Am.* Secretary of Commerce. — **~mi·niˌste·ri·um** *n* ministry of commerce, *Br.* Board of Trade, *Am.* Department of Commerce. — **~mis·siˌon** *f* trade mission. — **~ˌmit·telˌpunkt** *m* trade center (*bes. Br.* centre). — **~mo·noˌpol** *n* trade monopoly. — **~ˌna·me** *m* trade name, style of a firm. — **~ˌnie·derˌlas·sung** *f* branch (establishment), agency. — **~or·ga·ni·sa·tiˌon** *f DDR* State Retail Store. — **~ˌpart·ner** *m* trade (*od.* trading) partner. — **~ˌplatz** *m cf.* Handelszentrum. — **~po·liˌtik** *f pol.* trade policy: ~ der offenen Tür open-door policy. — **h~po·liˌtisch** *adj* relating to trade policy, commercial, trade (*attrib*): ~e Bedeutung commercial significance; ~e Beziehungen trade relations. — **~pri·viˌleg** *n meist pl* trade privilege. — **~qua·liˌtät** *f* commercial quality. — **~ˌrecht** *n jur.* mercantile (*od.* commercial) law: Gesellschaften des ~s companies (*od.* firms) under mercantile law. — **h~ˌrecht·lich** *adj* in accordance with (*od.* under) commercial law: ~e Bestimmungen regulations laid down in accordance with commercial law. — **~re-ˌgi·ster** *n econ.* commercial (*od.* trade) register: eine Firma ins ~ eintragen to register (*Am.* incorporate) a company in the commercial register. — **~ˌrei·sen·de** *m* commercial travel(l)er, travel(l)ing salesman. — **~ˌrich·ter** *m jur.* commercial judge. — **~-ˌri·si·ko** *n* trade risk. — **~ˌsa·che** *f meist pl jur.* matter involving commercial law: in ~n in matters involving commercial law. — **~-ˌschiff** *n mar.* merchantman, merchant ship (*od.* vessel). — **~ˌschiffahrt** (*getr.* -ff,f-) *f* merchant shipping. — **~ˌschran·ken** *pl econ.* trade barriers. — **~ˌschuld** *f* business debt. — **~ˌschu·le** *f* commercial school, business school (*od.* college): höhere ~ (*nach Abschluß der mittleren Reife*) commercial high school. — **~ˌsitz** *m* seat (*od.* main offices *pl*) of a firm, *Br. auch* registered offices *pl.* — **~ˌspan·ne** *f* trade margin, trader's profit margin. — **~ˌsper·re** *f* (trade) embargo. — **~ˌspra·che** *f* commercial language. — **~-ˌstadt** *f* business town. — **~ˌstand** *m* ⟨-(e)s; *no pl*⟩ *econ.* trading class, *collect.* the trade. — **~sta·tiˌstik** *f* trade statistics *pl* (*construed as sg or pl*). — **~ˌstra·ße** *f* trade route. — **~ˌstu·fe** *f* marketing stage. — **~ˌstütz-ˌpunkt** *m* trading base (*od.* post). — **~ˌteil** *m* **1.** (*einer Zeitung*) business (*od.* financial) section. – **2.** (*Beilage*) business (*od.* financial) supplement. — **h~ˌüb·lich** *adj* usual (*od.* customary, standard) in trade: ~e Bezeichnung customary designation in trade; ~er Rabatt customary trade discount; ~e Verpackung standard packaging.

ˈHän·delˌsucht *f* ⟨-; *no pl*⟩ contentiousness, quarrelsomeness. — **h~ˌsüch·tig** *adj* contentious, quarrelsome.

ˈHan·dels- ˌund ˈZah·lungsˌabˌkom·men *n econ.* trade and credit agreement. — **~ˌun·terˌneh·men** *n* commercial enterprise (*auch* enterprize) (*od.* undertaking). — **~verˌbin·dung** *f meist pl* trade (*od.* commercial) relations *pl.* — **~verˌbot** *n* **1.** prohibiton of trade. – **2.** embargo. — **~verˌkehr** *m* **1.** trade, trading, traffic. – **2.** (*im großen Maßstab*) commerce. — **~verˌtrag** *m* commercial treaty, trade agreement (*od.* pact). — **~ver-ˌtre·ter** *m* mercantile (*od.* commercial) agent, commercial representative. — **~ver-ˌtre·tung** *f* mercantile (*od.* commercial) agency: die ~ für die Firma X haben to be the agent(s) for company X. — **~ˌvolk** *n* nation of traders. — **~voˌlu·men** *n* volume of trade. — **~ˌvorˌrecht** *n cf.* Handelsprivileg. — **~ˌwa·re** *f* commercial articles *pl* (*od.* goods *pl*), merchandise: (Geschenksendung,) keine ~ (*Aufschrift auf Paketen*) unsolicited gift. — **~ˌwech·sel** *m* trade bill. — **~ˌweg** *m* trade route (*od.* channel). — **~-ˌwert** *m* market (*od.* commercial) value. — **~ˌwe·sen** *n* trade, business, trade sector. — **~ˌwis·sen·schaft** *f* commercial science. — **~ˌzei·chen** *n cf.* Handelsmarke. — **~ˌzei·tung** *f* business magazine. — **~ˌzen·trum** *n* commercial center (*Br.* centre), emporium. — **~zerˌstö·rer** *m mar. mil.* commerce raider. — **~ˌzweig** *m* branch (*od.* sector) of trade (*od.* business).

ˈhan·delˌtrei·bend *adj* trading, commercial, mercantile. — **ˈHan·delˌtrei·ben·de** *m* ⟨-n; -n⟩ trader, merchant.

ˈHän·deˌrin·gen *n* wringing of one's hands. — **h~ˌrin·gend** *adv* **1.** wringing one's hands. – **2.** *fig.* (*flehentlich*) imploringly, beseechingly: j-n ~ um etwas bitten to implore s.o. for s.th. — **~ˌschüt·teln** *n* shaking of hands. — **~ˌwa·schen** *n* washing of the hands. — **~ˌwa·schung** *f relig. cf.* Handwaschung.

ˈHandˌex·emˌplar *n print.* **1.** copy for personal use. – **2.** author's copy. — **~ˌfäu·stel** *m tech.* mallet, miner's hammer. — **~ˌfe·ger** *m cf.* Handbesen. — **~ˌfer·tig·keit** *f* manual skill, dexterity. — **~ˌfes·seln** *pl cf.* Handschellen. — **h~ˌfest** *adj* **1.** (*Kerl*) strong, robust, *Am. colloq.* two-fisted. – **2.** *fig.* (*Beweis etc*) well-founded (*attrib*), solid. – **3.** *fig.* (*Lüge etc*) downright (*attrib*), whopping, thumping (*colloq.*). – **4.** *jur.* (*Klausel*) ironclad. — **~ˌfe·ste** *f hist.* (*eines Fürsten an eine Stadt etc*) privilege, charter. — **~ˌfeu·erˌlö·scher** *m* portable fire extinguisher. — **~ˌfeu·erˌwaf·fe** *f meist pl* small arm. — **~ˌflä·che** *f* **1.** (*Handteller*) palm. – **2.** *med.* volar surface of the hand. — **~for·meˌrei** *f tech.* **1.** hand molding (*bes. Br.* moulding). – **2.** (*Werkstatt*) hand molding (*bes. Br.* moulding) shop. — **~ˌformˌguß** *m metall.* jobbings *pl.* — **h~ˌför·mig** *adj* **1.** hand-shaped; palmate, *auch* palmated (*scient.*). – **2.** *bot.* palmate, *auch* palmated, digitate, *auch* digitated: ~e Lappung palmation. — **~ˌform-maˌschi·ne** *f* hand-operated molding (*bes. Br.* moulding) machine. — **~ˌfur·che** *f* palmar furrow. — **~gaˌlopp** *m* (*sport*) (*beim Reiten*) hand gallop, *Br.* hand-gallop. — **~-ˌgarn** *n* (*textile*) hand-spun yarn. — **~ˌgas-ˌhe·bel** *m auto.* throttle (control) hand lever, hand accelerator throttle. — **h~geˌar·bei·tet I** *pp of* handarbeiten II. – **II** *adj* **1.** *cf.* handgemacht. – **2.** (*Spitze, Schmiedeeisen*) handworked. — **~geˌbrauch** *m* ordinary (*od.* daily) use: zum (*od.* für den) ~ for daily use. — **h~geˌbun·den** *adj* (*Buch etc*) hand-bound. — **h~geˌfer·tigt** *adj cf.* handgemacht. — **h~geˌformt** *adj* molded (*bes. Br.* moulded) by hand. — **h~geˌknüpft** *adj* (*Teppich etc*) hand-knotted. — **~ˌgeld** *n* **1.** *econ.* earnest (money), han(d)sel. – **2.** *mil.* bounty. – **3.** (*sport*) signing-on fee.

ˈHand·geˌlenk *n* **1.** *med.* wrist (joint), carpus (*scient.*): (sich *dat*) das ~ verstauchen to strain one's wrist. – **2.** *fig.* (*in Wendungen wie*) aus dem ~ a) offhand, off the cuff, b) with the greatest ease: etwas aus dem ~ machen (*od.* tun) to do s.th. with the greatest ease; das geht nicht so (einfach) aus dem ~ you cannot do that off the bat (*colloq.*); ich kann das nicht so einfach aus dem ~ schütteln I cannot do it just like that; ein lockeres (*od.* loses) ~ haben *colloq.* to have a ready hand, to be quick at hitting. – **3.** Anschlag aus dem ~ *mus.* wrist touch. — **~ˌläh·mung** *f med.* wrist-drop, *Br.* wrist-drop. — **~ˌschüt·zer** *m* (*sport*) wrist guard.

ˈhandˌgeˌmacht *adj* made by hand, handmade. — **~geˌmalt** *adj* hand-painted. — **~geˌmein** *adj only in* (mit j-m) ~ werden to come to blows (with s.o.). — **H~-geˌmen·ge** *n* ⟨-s; *no pl*⟩ **1.** (*Schlägerei*) scuffle, scrimmage, brawl, mêlée, *Am.* melee: es kam zu einem ~ there was a brawl. – **2.** *mil.* hand-to-hand fight(ing) (*od.* combat): im ~ kämpfen to fight at close quarters. — **~geˌnäht** *adj* hand-sewn.

ˈHand·geˌpäck *n* hand luggage (*bes. Am.* baggage). — **~ˌauf·beˌwah·rung** *f Am.* baggage room, *Br.* left-luggage office.

ˈhandˌgeˌrecht *adj* handy. — **~geˌschlif·fen** *adj* ground by hand. — **~geˌschmie·det** *adj* hand-forged. — **~geˌschöpft** *adj* (*Büttenpapier etc*) handmade. — **~geˌschrie·ben** *adj* written by hand, handwritten. — **~geˌsetzt** *adj print.* hand-set. — **~geˌstrickt** *adj* hand-knit(ted). — **~geˌwebt** *adj* hand-woven, *Br.* hand-woven.

ˈHand·graˌna·te *f mil.* hand grenade: eine ~ abziehen to arm a hand grenade.

ˈhandˌgreif·lich [-ˌgraɪflɪç] **I** *adj* **1.** violent: ~ werden a) to become violent, *bes. Am. auch* to get tough, b) to paw about. – **2.** ⟨-er; -st⟩ *fig.* (*offensichtlich*) obvious, evident, manifest, apparent: j-m etwas ~ machen to make s.th. (absolutely) plain to s.o. – **II** *adv* **3.** j-m etwas ~ vor Augen führen to make s.th. (absolutely) plain to s.o. — **ˈHandˌgreif·lich·keit** *f* ⟨-; -en⟩ **1.** ⟨*only sg*⟩ *rare for* Deutlichkeit 2—5. – **2.** *pl* violence *sg*, fights: es kam zu ~en it ended in a fight, it came to blows (*od.* fisticuffs).

ˈHandˌgriff *m* **1.** (*eines Koffers, Messers etc*) handle, grip. – **2.** (*eines Degens, Dolches etc*) handle, hilt, haft. – **3.** (*eines Werkzeugs*) handle. – **4.** (*Türgriff*) (door) handle. – **5.** (*zum Ziehen*) pull. – **6.** (*Hebel*) lever. – **7.** (*einer Kamera etc*) grip. – **8.** *fig.* (*kleine Mühe*) flick of the wrist: das ist (doch) nur ein ~ that only needs a flick of the wrist; mit wenigen ~en with effortless ease. – **9.** *fig.* (*Verrichtung*) chore: die paar ~e im Haushalt sind schnell getan the few household chores are quickly done; er hat den ganzen Tag keinen ~ getan he hasn't lifted a finger all day (long); du könntest auch (ein)mal einen ~ tun it wouldn't hurt you to lend a hand. – **10.** *fig.* (*Kunstgriff*) manipulation, *Am.* man(o)euver, *bes. Br.* manœuvre: das war ein geschickter ~ that was a clever manipulation. – **11.** *meist pl fig.* (*an Maschinen etc*) manipulation: die notwendigen

~e kennen to know how to manipulate properly; der Zusammenbau dieser Maschine erfordert nur wenige ~e this machine can be assembled very quickly (*od.* simply) by hand. – **12.** *cf.* Griff 4. – **13.** *meist pl mil.* manual exercise.

'handˌgroß *adj* as big as a hand.

'Handˌha·be *f* ⟨-; -n⟩ **1.** *auch fig.* handle: als ~ für etwas dienen to serve as a handle to s.th.; j-m eine ~ gegen j-n bieten (*od.* geben) to give s.o. a handle against s.o.; er fand eine ~ gegen ihn he got s.th. on him (*colloq.*); wir besitzen (*od.* haben) keine ~, dagegen einzuschreiten we have no grounds for taking action against it; er hat keinerlei ~ gegen mich he has no handle to use against me, he has nothing on me (*colloq.*). – **2.** gesetzliche ~ *jur.* legal grounds *pl.*

'handˌha·ben I *v/t* ⟨handhabt, handhabte, gehandhabt, h⟩ **1.** (*Waffe, Werkzeug etc*) handle, wield, manage: leicht zu ~ easy to handle. – **2.** (*Maschine etc*) operate, work, manipulate. – **3.** (*Recht etc*) carry out, administer: das Gesetz ohne Ansehen der Person ~ to administer the law without respect of persons. – **4.** (*Methode etc*) apply, use. – **5.** *fig.* handle, manage: das haben wir immer so gehandhabt we have always handled it (*od.* dealt with it) like that, that has always been our practice. – **II H~** *n* ⟨-s⟩ **6.** *verbal noun.* — **'Handˌha·bung** *f* ⟨-; *no pl*⟩ **1.** *cf.* Handhaben. – **2.** (*einer Waffe etc*) handling, management: leichte ~ easy handling. – **3.** (*einer Maschine etc*) operation, manipulation. – **4.** (*des Rechts etc*) administration. – **5.** (*einer Methode etc*) application, use.

'Hand|harˌmo·ni·ka *f mus.* accordion. — **~ˌhe·bel** *m tech.* hand lever.

Han·di·kap ['hɛndiˌkɛp; 'hændɪˌkæp] (*Engl.*) *n* ⟨-s; -s⟩ **1.** *fig.* (für to) handicap. – **2.** (*sport*) a) handicap, b) *cf.* Handikaprennen. — **'han·diˌka·pen** *v/t* ⟨h⟩ (*sport u. fig.*) handicap. — **'Han·diˌkap·per** *m* ⟨-s; -⟩ (*sport*) handicapper.

'Han·diˌkapˌren·nen *n* handicap (race).

'Hand-in-'Hand|-ˌAr·bei·ten *n* close cooperation (*Br.* co[-]operation). — **~-ˌGe·hen** *n* **1.** walking hand in hand. – **2.** *fig.* accompaniment.

'Hand|ˌkar·ren *m* **1.** (*zweirädrig*) handcart. – **2.** (*der Straßenverkäufer*) pushcart, *Br.* push-cart. — **~ka·taˌlog** *m* (*einer Bibliothek etc*) (ready-reference) catalog (*bes. Br.* catalogue). — **~ˌklap·per** *f mus.* (*Art Kastagnette*) knacker(s *pl*). — **~ˌklo·nus** *m med.* clonic spasms *pl* in the hand, carpal clonus. — **~ˌkof·fer** *m* small suitcase. — **h~ko·loˌriert** *adj* (*Stich etc*) hand-colored (*bes. Br.* -coloured), colored (*bes. Br.* coloured) by hand. — **~ˌkorb** *m* (small) basket. — **~ˌkör·ner** *m tech.* prick punch. — **~ˌkur·bel** *f* **1.** hand crank, crank handle. – **2.** (*zum Anwerfen eines Motors*) starting crank. — **~ˌkuß** *m* **1.** kiss on the hand: einer Frau einen ~ geben to kiss a woman's hand. – **2.** *fig. colloq.* (*in Wendungen wie*) etwas mit ~ tun to do s.th. gladly; das nehme ich mit ~ I accept this with pleasure. — **~ˌlam·pe** *f cf.* Handleuchte. — **h~ˌlang** *adj* (as) long as a hand.

'Handˌlan·ger *m* ⟨-s; -⟩ **1.** (*Zuarbeiter*) helper, (*auf dem Bau*) *auch* hod carrier, *bes. Br.* hodman: er machte immer nur den ~ *fig. colloq.* he always did the donkey work. – **2.** *fig. contempt.* (*eines Regimes, einer Partei etc*) puppet, stooge (*colloq.*). – **3.** *fig. contempt.* (*Mittäter, Komplize*) accomplice. — **~ˌar·beit** *f* inferior work. — **~ˌdien·ste** *pl* inferior work *sg*: j-m ~ leisten a) to lend s.o. a hand, to help s.o., b) to fetch and carry for s.o., to do s.o.'s dirty work for him, *Br. sl. auch* to be s.o.'s dog's-body, c) *fig.* (*bei Verbrechen etc*) to act as s.o.'s accomplice.

'handˌlan·gern [-ˌlaŋərn] *v/i* ⟨*insep*, ge-, h⟩ help, (*auf dem Bau*) *auch* be a hod carrier (*bes. Br.* hodman).

'Handˌlauf *m* (*eines Geländers*) handrail.

Händ·lein ['hɛntlaɪn] *n* ⟨-s; -⟩ *dim. of* Hand[1] 1.

'Handˌlei·ste *f* (*eines Balkongeländers etc*) ledger board, handrail.

Händ·ler ['hɛndlər] *m* ⟨-s; -⟩, **'Händ·le·rin** *f* ⟨-; -nen⟩ *econ.* **1.** (*Handelskaufmann*) trader, dealer, merchant: wenden Sie sich an Ihren Händler see your dealer. – **2.** (*Einzelhändler*) retailer, retail dealer. – **3.** (*Ladenbesitzer*) shopkeeper, *Am.* storekeeper. – **4.** (*auf der Straße etc*) seller, vendor: ambulanter (*od.* fliegender) Händler hawker, ped(d)ler, *bes. Br.* pedlar. — **~or·ga·ni·sa·tiˌon** *f econ.* dealer organization. — **~ˌpreis** *m* trade price. — **~raˌbatt** *m* trade (*od.* dealer) discount. — **~ˌsee·le** *f contempt.* person who thrives on petty bargaining. — **~ˌspra·che** *f* trade jargon.

'Handˌle·seˌkunst *f* ⟨-; *no pl*⟩ palmistry, chirognomy, chiromancy.

'Hand|ˌle·ser *m*, **~ˌle·se·rin** *f* palmist, palm reader, chiromancer.

'Hand|ˌleuch·te *f* portable lamp. — **~ˌleuch·ter** *m* (portable) candlestick. — **~ˌle·xi·kon** *n* concise dictionary.

hand·lich ['hantlɪç] *adj* **1.** (*Format, Gerät etc*) handy, convenient: ein ~es Gerät a handy implement; in ~er Nähe (with)in easy reach. – **2.** (*leicht zu handhaben*) easy to manage, manageable. – **3.** *Swiss for* behend(e) I. — **'Hand·lich·keit** *f* ⟨-; *no pl*⟩ **1.** handiness. – **2.** manageableness. – **3.** *Swiss for* Behendigkeit.

'Hand|ˌli·nie *f* line in the palm. — **~ˌli·ni·en·ˌdeu·tung** *f cf.* Handlesekunst. — **~ˌlohn** *m econ. cf.* Handgeld 1.

'hand·los *adj* handless, having no hands. — **'Hand·lo·sig·keit** *f* ⟨-; *no pl*⟩ *med.* lack of hands: angeborene ~ congenital absence of the hands, acheiria (*scient.*).

'Hand·lung *f* ⟨-; -en⟩ **1.** act, action, deed: eine feindselige ~ a hostile act; eine kriegerische ~ an act of war; eine leichtfertige ~ a frivolous act, an act of frivolity; eine unbewußte ~ an unconscious act; die Beweggründe seiner ~ waren gut he had good motives for his action; für seine ~en verantwortlich sein to be responsible for one's actions. – **2.** *jur.* act: eine rechtswidrige (*od.* unerlaubte) ~ (begehen) (to commit) a wrongful (*od.* an unlawful) act; betrügerische ~ fraudulent act; schlüssige ~ conclusive act; strafbare ~ punishable act, (criminal) offence (*Am.* offense); unsittliche (*od.* sittenwidrige, unzüchtige) ~ immoral (*od.* indecent) act. – **3.** (*eines Romans, eines Films*) story, action, plot: die ~ spielt im 18. Jahrhundert the story takes place during the eighteenth century; ein knapper Umriß der ~ a rough outline of the plot; Ort der ~ scene of action; Ort der ~ ist London the scene is laid in London; Personen der ~ characters, dramatis personae (*lit.*); ohne ~ slow-moving; viel ~ much action; voll(er) ~ full of action. – **4.** *relig.* act, rite: heilige ~ sacramental act, sacred rite. – **5.** *humor.* ceremony, ritual: das Essen ist bei ihm (*od.* für ihn) immer eine feierliche ~ he makes a real ceremony out of eating. – **6.** *econ.* (house of) business, shop, *Am.* store.

'Hand·lungs|ˌabˌlauf *m* (*eines Romans, Films etc*) course of action, plot, denouement. — **~agent** [-ʔaˌgɛnt] *m econ.* trading (*od.* mercantile) agent. — **h~ˌarm** *adj* (*Roman, Schauspiel etc*) lacking action, plotless. — **~ˌart** *f ling. cf.* Aktionsart. — **~beˌvollˌmäch·tig·te** *m* **1.** (*Stellvertreter*) proxy. – **2.** (*Prokurist*) authorized clerk. — **h~ˌfä·hig** *adj* **1.** (*Regierung etc*) capable of acting. – **2.** *jur.* capable of acting and entering into liabilities. — **~ˌfä·hig·keit** *f* ⟨-; *no pl*⟩ **1.** (*von Regierung etc*) capacity to act. – **2.** *jur.* capacity to act and enter into liabilities. — **~ˌfrei·heit** *f* ⟨-; *no pl*⟩ **1.** freedom of action, full discretion, free hand: j-m volle ~ geben (*od.* gewähren) to give s.o. full freedom of action. – **2.** *philos.* freedom (of action). — **~geˌhil·fe** *m econ.* **1.** clerk. – **2.** (*Verkäufer*) shop assistant. — **~ˌlehr·ling** *m* apprentice in a house of business. — **~ˌraum** *m* (*eines Romans etc*) setting, scene of action. — **h~ˌreich** *adj* eventful, full of action. — **~ˌrei·sen·de** *m cf.* Handelsreisende. — **h~ˌunˌfä·hig** *adj* **1.** (*Regierung etc*) incapable of acting. – **2.** *jur.* incapable of acting and entering into liabilities. — **~ˌunˌfä·hig·keit** *f* ⟨-; *no pl*⟩ **1.** (*von Regierung etc*) incapacity to act. – **2.** *jur.* incapacity to act and enter into liabilities. — **~verˌlauf** *m cf.* Handlungsablauf. — **~ˌvollˌmacht** *f* power of attorney (*od.* procuration). — **~ˌwei·se** *f* **1.** manner (*od.* way) of acting (*od.* dealing), course of action. – **2.** (*Verhalten*) behavior, *bes. Br.* behaviour, conduct: j-s ~ billigen [mißbilligen] to approve [to disapprove] of s.o.'s conduct. – **3.** (*Vorgehen*) procedure.

'Hand·ma·leˌrei *f* painting by hand: eine Tasse mit ~ a hand-painted cup.

'Handˌmehr *n* ⟨-s; *no pl*⟩ *Swiss* majority vote by show of hands.

'Hand|ˌmüh·le *f* hand mill, *Br.* hand-mill, quern. — **h~ˌner·vig** *adj bot.* palminerve(d). — **~ˌpferd** *n* **1.** (*im Zweigespann*) off-horse. – **2.** (*Ersatzpferd*) spare (*od.* reserve) horse. — **~ˌpfle·ge** *f* **1.** care of the hands (and nails). – **2.** (*Maniküre*) manicure. — **~ˌpres·se** *f tech. print.* hand press. — **~ˌpres·senˌdruck** *m* ⟨-(e)s; -e⟩ *print.* **1.** (*als Ergebnis*) proof (*od.* pull) made by hand press. – **2.** ⟨*only sg*⟩ (*als Vorgang*) printing by hand press. — **~ˌpum·pe** *f tech.* hand pump. — **~ˌpup·pe** *f* hand puppet, glove doll (*od.* puppet). — **~ˌpup·penˌspiel** *n* **1.** (hand-)puppet show. – **2.** Punch-and-Judy show. — **~ˌrad** *n* **1.** *tech.* handwheel, *Br.* hand-wheel. – **2.** (*textile*) spinning wheel, *Br.* spinning-wheel. — **~ˌram·me** *f civ.eng.* (*Pionierramme*) hand-operated driver, *bes. Br.* ringing pile-driving engine. — **~ˌreibˌah·le** *f* hand reamer. — **~ˌrei·chung** *f lit.* help, assistance: j-m eine ~ leisten to lend s.o. a (helping) hand. — **~ˌrücken** (*getr.* -k·k-) *m* back of the hand: Schlag mit dem ~ backhand(ed) stroke. — **~ˌsä·ge** *f tech.* handsaw, *Br.* hand-saw. — **h~sam** *adj obs. for* handlich. — **~ˌsatz** *m* ⟨-es; *no pl*⟩ *print.* hand composition, hand-setting, casework. — **~ˌschal·ter** *m* hand switch. — **~ˌschalt·geˌtrie·be** *n tech.* hand-controlled gear transmission. — **~ˌschaltˌhe·bel** *m* **1.** *tech.* manually operated lever. – **2.** *auto.* gearshift lever. — **~ˌschal·tung** *f auto.* hand (gear) change, *Am.* manual shifting.

Hand·schar [han'dʒaːr] *m* ⟨-s; -e⟩ (*orient. Hiebwaffe*) Khanjar, handjar.

'Hand|ˌschel·len *pl* handcuffs, nippers (*colloq.*): j-m ~ anlegen to put handcuffs on s.o., to handcuff s.o. — **~ˌsche·re** *f tech.* scissors *pl* (*sometimes construed as sg*). — **h~ˌscheu** *adj* (*Hund*) afraid to approach its master when called. — **~ˌschlag** *m* ⟨-(e)s; *no pl*⟩ handshake: j-n durch ~ verpflichten to pledge (*od.* bind) s.o. to an agreement with a handshake; einen Handel durch ~ bekräftigen [besiegeln] to reinforce [to confirm] a deal with a handshake; j-n mit (*od.* durch) ~ begrüßen to greet s.o. with a handshake. — **~ˌschmierˌpres·se** *f tech.* grease gun. — **~ˌschrap·per** *m* hand scraper. — **~ˌschrei·ben** *n* handwritten letter, autograph (letter).

'Handˌschrift *f* ⟨-; -en⟩ **1.** handwriting, hand, chirography (*scient.*): eigene ~ autograph; fließende ~ flowing handwriting; schiefe (*od.* nach links geneigte) ~ backhand; eine gute (*od.* schöne) [schlechte] ~ haben (*od.* schreiben) to write a good [bad] hand; leserliche [unleserliche] ~ legible [illegible] hand(writing). – **2.** *fig. lit.* hand: das Buch verrät die ~ eines Genies the book shows the hand of a genius. – **3.** *hist.* manuscript: mittelalterliche ~en medieval manuscripts. – **4.** er schreibt (*od.* hat) eine gute ~ *fig. colloq.* he throws a hard punch, he's a hard hitter.

'Handˌschrif·ten|ˌabˌtei·lung *f* (*in einer Bibliothek*) manuscript department. — **~ˌdeu·ter** *m cf.* Graphologe. — **~ˌdeu·tung** *f cf.* Graphologie. — **~ˌkun·de** *f* **1.** (*Kenntnis alter Schriften*) palaeography, *bes. Am.* paleography. – **2.** *cf.* Graphologie. — **~ˌkun·di·ge** *m* **1.** (*alter Schriften*) palaeographer, *bes. Am.* paleographer. – **2.** *cf.* Graphologe.

'handˌschrift·lich I *adj* **1.** handwritten, written (by hand), manuscript, chirographical (*scient.*): ein ~er Lebenslauf ist erforderlich a handwritten curriculum vitae is required. – **2.** ~e Quellen *hist.* manuscript sources. – **II** *adv* **3.** in writing: sich ~ verpflichten to bind oneself in writing.

Handˌschuh *m* **1.** glove: ein Paar ~e a pair of gloves; pelzgefütterte ~e fur-lined gloves; seine ~e anziehen [ausziehen] to put on [to take off, to remove] one's gloves; j-m den ~ hinwerfen *fig.* to throw (*od.* fling) down the gauntlet (*od.* glove) to s.o.; den ~ aufnehmen *fig.* to accept the challenge, to take (*od.* pick) up the gauntlet (*od.* glove); diese Leute darfst du nur mit seidenen ~en anfassen *fig. colloq.* you must treat these people with kid gloves. –

2. (*Fausthandschuh*) mitten. – 3. (*sport*) (boxing) glove, *Br.* (boxing-)glove. — **~ˌfach** *n* (*im Auto*) glove compartment. — **~geˌschäft** *n* glove shop. — **~ˌgrö·ße** *f* glove size: ~ 7 size 7 in gloves. — **~ˌka·sten** *m* 1. *cf.* Handschuhfach. – 2. (*Strahlenschutz*) glove box. — **~ˌle·der** *n* glove leather. — **~ˌma·cher** *m* glover, glove maker. — **~ˌnum·mer** *f* glove size.

ˈHand|ˌschutz *m* handguard, *Br.* hand-guard. — **~ˌschwin·gen** *pl zo.* (*eines Vogels*) primaries. — **~ˌset·zer** *m print.* (hand) compositor. — **h~ˌsiˌgniert** *adj* autographed. — **~ˌspa·ke** *f mar.* handspike, capstan bar. — **~ˌspie·gel** *m* hand mirror. — **~ˌspiel** *n* ⟨-(e)s; *no pl*⟩ 1. (*beim Fußball*) hands *pl* (*construed as sg*). – 2. (*games*) (*beim Skat*) game in which the 'widow' is not touched.

ˈHandˌstand *m* (*sport*) handstand: einen ~ machen to do a handstand. — **~ˌüber·ˌschlag** *m* 1. (*vorwärts*) handspring. – 2. (*rückwärts*) flicflac.

ˈHand|ˌstap·ler *m tech.* hand-operated stacking truck (*od.* piler), hand-operated stacker. — **~ˌstaubˌsau·ger** *m* hand vacuum cleaner. — **~ˌsteue·rung** *f* (*auch space*) manual control. — **~stickeˌrei** (*getr.* -k·k-) *f* hand embroidery. — **~ˌstreich** *m mil.* surprise raid, coup de main: etwas im ~ nehmen to take s.th. by surprise. — **~ˌstrick·ap·paˌrat** *m* hand-operated knitting machine. — **~ˌtal·je** *f mar.* watch (*od.* luff, jigger) tackle. — **~ˌtäsch·chen** *n* (small) handbag, *Am. auch* purse, (*mit Puder, Spiegel etc*) vanity bag. — **~ˌta·sche** *f* (ladies') (hand)bag, *Am. auch* purse. — **~ˌtel·ler** *m* palm (of the hand). — **~ˌtrom·mel** *f mus.* tambourine.

ˈHandˌtuch *n* ⟨-(e)s; ⸚er⟩ (hand) towel: sie ist ein schmales ~ *fig.* she is as thin as a rail (*Br.* rake); das ~ werfen (*beim Boxen*) *auch fig.* to throw in the towel. — **~geˌstell** *n cf.* Handtuchständer. — **~ˌhal·ter** *m* 1. towel rack (*od.* holder, rail), *Br.* towel-rack (*od.* -holder, -rail). – 2. (*einzelner Haken*) hook for a towel. – 3. *cf.* Handtuchständer. — **~ˌstän·der** *m* towel horse, *Br.* towel-horse. — **~ˌstoff** *m* toweling, *bes. Br.* towelling.

ˈHandˌumˌdre·hen *n only in* im ~ *colloq.* in (less than) no time, in the twinkling of an eye, in two shakes, in a jiffy (*colloq.*), before one can say Jack Robinson.

ˈHand|verˌkauf *m* (*in Apotheke*) over-the-counter sale. — **~verˌmitt·lung** *f tel. Br.* manual exchange, *Am.* telephone central.

ˈHandˌvoll *f* ⟨-; -⟩ handful: eine ~ Erde a handful of earth; eine ~ Soldaten *fig.* a handful of soldiers; etliche ~ a couple of handfuls; sie ist nur eine ~ *colloq.* she is just a slip of a thing.

ˈHand|ˌwaf·fe *f mil.* small weapon. — **~ˌwa·gen** *m* handcart. — **h~ˌwarm** *adj* lukewarm. — **~ˌwa·schung** *f relig.* ritual washing of the hands, lavabo, lavatory. — **~ˌwebˌstuhl** *m tech.* handloom.

ˈHandˌwerk *n* ⟨-(e)s; -e⟩ 1. (handi)craft, trade: das ~ des Goldschmieds the goldsmith's craft; ein ehrliches ~ an honest trade; ein ~ betreiben (*od.* ausüben) to follow (*od.* ply) a trade; ein ~ (er)lernen to learn a trade; sein ~ verstehen *auch fig.* to know one's business; ~ hat goldenen Boden (*Sprichwort*) *etwa* a trade in hand finds gold in every land, if you know a trade you will never starve; j-m das ~ legen *fig.* to put an end (*od.* a stop) to s.o.'s game, to put a spoke into s.o.'s wheel; j-m ins ~ pfuschen *fig. colloq.* to meddle in things one is not competent in, to bungle things through ignorance. – 2. das ~ (*Berufsstand*) the trade of a craftsman (*od.* artisan), the craftsmen's trade.

ˈHandˌwer·ker *m* ⟨-s; -⟩ 1. workman: wir haben die ~ im Haus we have (the) workmen in the house. – 2. (*bes. künstlerischer, selbständiger*) (handi)craftsman, artisan: er ist ein guter ~ *auch fig.* he is a real craftsman. — **~ˌstand** *m* ⟨-(e)s; *no pl*⟩ class of artisans. — **~verˌsi·che·rung** *f* workman's insurance.

ˈhandˌwerk·lich *adj* relating to (handi)craft (*od.* trade): ~er Beruf skilled trade; ~er Betrieb *cf.* Handwerksbetrieb; ~e Fähigkeiten *pl*, ~es Können (*od.* Geschick) *sg* handicraft skill(s *pl*).

ˈHandˌwerks|ˌar·beit *f* skilled handiwork. — **~beˌtrieb** *m* craftman's establishment (*od.* workshop, business). — **~ˌbur·sche** *m rare for* Handwerksgeselle. — **~geˌsel·le** *m* journeyman. — **~ˌkam·mer** *f* 1. trade corporation. – 2. chamber of handicrafts. — **~ˌmann** *m* ⟨-(e)s; -leute⟩ *obs. for* Handwerker 1. — **~ˌmei·ster** *m* master artisan (*od.* craftsman). — **~ˌmes·se** *f econ.* trade fair. — **~ˌord·nung** *f* handicrafts ordinance. — **~ˌrol·le** *f* register (*od.* roll) of craftsmen. — **~ˌzeug** *n* hand (*od.* small, shop) tool, (kit of) implements *pl*, tools *pl*: sein geistiges ~ *fig.* his mental equipment. — **~ˌzunft** *f* guild for craftsmen.

ˈHand|ˌwin·de *f tech.* hand winch. — **~ˌwör·terˌbuch** *n* concise dictionary.

ˈHandˌwur·zel *f med.* wrist, carpus (*scient.*). — **~geˌlenk** *n* wrist, carpal joint (*scient.*). — **~ˌkno·chen** *m* wristbone, *Br.* wrist-bone; carpal bone, carpal(e), carpus (*scient.*).

ˈHand|ˌzei·chen *n* 1. gesture, sign (made with the hand): ein ~ geben to give a sign with the hand; der Polizist stoppte das Auto durch ~ the policeman motioned (*od.* gestured) the car to stop. – 2. (*Handheben*) show of hands: Abstimmung durch ~ vote by show of hands; ich bitte um das ~ please raise your hands. – 3. (*eines Analphabeten*) mark, "X". – 4. (*eines Künstlers*) signature, sign. – 5. (*eines Steinmetzen*) banker-mark, mason's mark. — **~ˌzeich·nung** *f* 1. freehand drawing. – 2. (*Handentwurf*) hand design. — **~ˌzet·tel** *m* handbill, leaflet, *bes. Am.* throwaway.

ha·ne·bü·chen [ˈhaːnəˌbyːçən] *adj* ⟨*rare* -er; -st⟩ *colloq.* 1. (*Unsinn etc*) incredible: eine ~e Lüge an incredible (*od.* a big, fat) lie; das ist ~! that's incredible. – 2. (*Hitze etc*) unbearable.

Hanf [hanf] *m* ⟨-(e)s; *no pl*⟩ 1. *bot.* hemp (*Gattg Cannabis*): Gemeiner ~ common hemp (*C. sativa*); Indischer ~ Indian hemp (*C. sativa indica*); Gelber ~ bastard hemp (*Datisca cannabina*); Wurzel des Indischen ~es amyroot; ~ rösten to steep (*od.* water) hemp. – 2. *cf.* Hanffaser. – 3. (wie der Vogel) im ~ sitzen *fig. colloq.* to be in clover. — **h~ˌar·tig** *adj bot.* hemplike, cannabine (*scient.*). — **~ˌbau** *m* ⟨-(e)s; *no pl*⟩ *agr.* growing of hemp. — **~ˌbre·che** *f* (hemp-)brake (*od.* break). — **~ˌdar·re** *f* hemp kiln. — **~ˌdich·tung** *f tech.* gasket. — **~-ˌEi·bisch** *m bot.* ambary (hemp), kenaf, *auch* kanaf(f) (*Hibiscus cannabinus*). [hempen.]

ˈhan·fen, hän·fen [ˈhɛnfən] *adj* (*aus Hanf*)

ˈHanf|ˌfa·ser *f* hemp fiber (*bes. Br.* fibre). — **~ˌgarn** *n* hemp thread. — **~geˌwäch·se** *pl bot.* hempworts (*Fam. Cannabinaceae*). — **~ˌhe·chel** *f tech.* hemp comb, hackle. — **~ˌkorn** *n* hempseed. — **~ˌkraut** *n bot.* common toadflax, butter-and-eggs *pl* (*construed as sg or pl*) (*Linaria vulgaris*). — **~ˌku·chen** *m agr.* hemp cake. — **~ˌlei·nen** *n* (*textile*) hemp cloth.

Hänf·ling [ˈhɛnflɪŋ] *m* ⟨-s; -e⟩ *zo.* linnet (*Carduelis cannabina*).

ˈHanf|ˌnes·sel *f bot.* hemp nettle (*Galeopsis tetrahit*). — **~ˌöl** *n* hempseed oil. — **~ˌpal·me** *f bot.* hemp palm (*Trachycarpus excelsa*). — **~ˌpap·pel** *f* wood mallow (*Malva silvestris*). — **~ˌpflan·ze** *f* hemp. — **~ˌro·se** *f* ambary (*Hibiscus cannabinus*). — **~ˌsa·men** *m* hempseed. — **~ˌschwin·ge** *f tech.* swingle, scutcher. — **~ˌsei·delˌbast** *m bot.* paper tree (*Daphne cannabina*). — **~ˌseil** *n*, **~ˌstrick** *m* hemp rope. — **~ˌtod** *m bot.* branchy broomrape, strangleweed (*Orobanche ramosa*). — **~ˌwerg** *n* hemp waste. — **~ˌwür·ger** *m bot. cf.* Hanftod.

Hang [haŋ] *m* ⟨-(e)s; ⸚e⟩ 1. (*Abhang*) slope, incline, declivity (*lit.*): nördlicher ~ des Berges north slope (*od.* hang) of the mountain; das Haus liegt am ~ the house is situated on the incline (*od.* stands on the hillside). – 2. *geol.* a) (*Gleithang*) slip-off slope, b) (*Prallhang*) undercut bank. – 3. ⟨*only sg*⟩ *fig.* (*Neigung*) (zu) inclination (for), tendency (toward[s]), bent (for), propensity (toward[s]), addiction (to), proneness (to), penchant (for), proclivity (toward[s]) (*lit.*): er hat einen ~ zum Stehlen [zur Traurigkeit] he has an inclination toward(s) stealing [sadness]; sie hat einen ~ zur Faulheit she is inclined to be lazy. – 4. ⟨*only sg*⟩ (*sport*) hanging position: aus dem ~ abspringen to drop from the bar.

Han·gar [haŋˈgaːr; ˈhaŋgar] *m* ⟨-s; -s⟩ *aer.* hangar, shed.

ˈHangˌaufˌwind *m aer.* (*beim Segelflug*) upmoving (*od. scient.* anabatic) wind.

ˈHän·ge|anˌten·ne *f electr.* trailing antenna (*bes. Br.* aerial). — **~ˌbacken** (*getr.* -k·k-) *pl* flabby cheeks. — **~ˌbahn** *f tech.* cable car lift, aerial ropeway, overhead trolley, suspension railway. — **~ˌbal·ken** *m civ.eng.* suspension beam (*od.* girder). — **~ˌbank** *f* ⟨-; ⸚e⟩ (*mining*) bank, pit top. — **~ˌbauch** *m* paunch, potbelly, *Br.* pot-belly, *bes. med.* pendulous abdomen. — **~ˌbaum** *m meist pl bot.* weeping tree. — **~ˌbir·ke** *f* drooping (*od.* weeping) birch (*Betula pendula*). — **~ˌbo·den** *m* 1. loft (*od.* attic) (for drying washing). – 2. (built-in) storage ledge (*od.* shelf). – 3. (*theater*) hanging loft, grid. — **~ˌbo·gen** *m arch.* pendentive. — **~ˌbrücke** (*getr.* -k·k-) *f* suspension bridge. — **~ˌbrust** *f med.* pendulous breast(s *pl*). — **~ˌbu·sen** *m colloq.* sagging (*od.* fallen) bosom. — **~ˌdach** *n arch.* suspended (*od.* hung) roof. — **~ˌdecke** (*getr.* -k·k-) *f* false (*od.* drop, counter, hung, suspended) ceiling. — **~ˌdoh·ne** *f hunt.* bird snare. — **~geˌrüst** *n civ.eng.* hanging stage, cradle. — **~ˌgurt** *m vet.* (*für kranke Tiere*) sling. — **~isoˌla·tor** *m electr.* suspension insulator. — **~ˌkleid** *n* (*bes. von Kindern*) loose hanging dress. — **~kom·mis·siˌon** *f* (*art*) (*einer Ausstellung*) hanging committee. — **~ˌkom·paß** *m mar.* (*in der Kajüte*) hanging (*od.* overhead, inverted) compass, telltale. — **~ˌkran** *m civ.eng.* cable derrick. — **~ˌkü·bel** *m metall.* swing (*od.* suspension) bucket. — **~ˌla·ge** *f med.* suspension. — **~ˌla·ger** *n tech.* hanger (*od.* hanging) bearing. — **~ˌlam·pe** *f* hanging (*od.* pendant) lamp. — **~ˌlip·pe** *f* drooping lip.

han·geln [ˈhaŋəln] *v/i* ⟨sein *u.* h⟩ (*beim Turnen*) *climb in a hanging position with hands only.*

ˈHän·ge|ˌmann *m Swiss colloq. only in* ~ sein to be left holding the baby. — **~ˌmat·te** *f* hammock.

han·gen [ˈhaŋən] I *v/i* ⟨hangt, hing, gehangen, h⟩ *obs. and dial. for* hängen I. – II H~ *n only in* mit H~ und Bangen with fear and anxiety, with anxious misgivings: ein Examen mit ~ und Bangen bestehen to scrape through (*od.* just pass) an examination.

hän·gen [ˈhɛŋən] I *v/i* ⟨hängt, hing, *colloq. u. dial.* hängte, gehangen, *colloq. u. dial.* gehängt, h, *colloq. u. dial.* sein⟩ 1. (*von Kleidern, Bildern etc*) hang: da hängt mein Hut my hat is hanging there; das Bild hängt schief the picture is (*od.* is hanging) crooked; an (*dat*) etwas ~ a) (*an der Decke etc*) to hang (*od.* be suspended) from s.th., b) (*am Nagel, an der Wand etc*) to hang on s.th., c) *fig. cf.* hängen 5; er hing am Trapez he was hanging from the trapeze; am Galgen ~ to hang on the gallows; er hängt dauernd am Telephon (*od.* an der Strippe) *fig. colloq.* he is always telephoning; die Kleider hingen mir nur so am Leibe *colloq.* my dresses hung on me; die Tür hängt in den Angeln the door hangs on its hinges; in der Luft ~ a) to be hanging in the air, b) *fig.* (*von Plan etc*) to be still up in the air, c) *fig.* (*von Person*) to be at a loose end; über j-m [etwas] ~ *auch fig.* to hang over s.o. [s.th.]; die Wand hängt voller Bilder the wall is covered with pictures; der Baum hängt voller Früchte the tree is laden with fruit; → Himmel 7. – 2. (*von Schmutz, Klebstoff etc*) (an *dat* to) stick, cling: an meinen Schuhsohlen hängt Dreck mud sticks to my soles. – 3. (*festsitzen*) be caught (*od.* stuck). – 4. (*von Mauer, Wand etc*) (nach to, toward[s]) slope, be inclined, lean over. – 5. an (*dat*) etwas ~ *fig.* a) (*an j-s Arm etc*) to hang on to (*od.* cling to) s.th., b) (*am Geld etc*) to be fond of (*od.* attached to) s.th.: sie hing an seinem Hals she clung to him; er hing (*od.* seine Augen hingen) an ihren Lippen *fig. lit.* he listened to her attentively; sie hängt sehr an ihrem Haus she is very fond of her house; sie hängt sehr am Leben she clings tenaciously to life; → Faden[1] 2; Haar 3; Schürzenzipfel. – 6. an j-m ~ *fig.* to be fond of (*od.* attached to) s.o.: wie eine Klette an j-m ~ to cling to s.o. (tenaciously), to stick to s.o. like glue. – 7. *fig.* (*von Prozeß etc*) hang fire, be up in the air. – 8. *fig.* (*von Schachpartie*) be adjourned. – 9. *fig. colloq.* (*in Wendungen wie*) er hängt beim Kaufmann he is in the red with the grocer; die ganze Arbeit [Verantwortung] hängt an mir I am stuck (*od.* burdened) with all the work [responsibility]; er hängt in Latein he's having trouble in Latin; hier hängt er! *colloq. humor.* here he is! alles, was drum und dran hängt everything connected with it. – **II** *v/t* ⟨hängt, hängte, *colloq. u. dial.* hing, gehängt, *colloq. u. dial.* gehangen, h⟩ **10.** hang: j-n ~ to hang s.o.; man ließ ihn vor Sonnenaufgang ~ they hanged him before sunrise; ich will mich ~ lassen, wenn *colloq.* I'll be hanged if; etwas höher [niedriger] ~ to hang s.th. higher [lower]; etwas an (*acc*) etwas ~ a) (*an Decke etc*) to suspend (*od.* hang) s.th. from s.th., b) (*an Wand, Haken etc*) to hang s.th. on s.th.; sein Herz an etwas ~ *fig.* to set one's heart on s.th.; etwas in (*acc*) etwas ~ to hang s.th. in s.th.; sie hängt sich alles auf den Leib *fig. colloq.* every penny goes on her back; → Brotkorb; Glocke 1; Mantel 1; Nagel 2. – **III** *v/reflex* ⟨hängt, hängte, gehängt, h⟩ **11.** sich an (*acc*) etwas ~ to hang on to s.th.: sich an die Strippe ~ *fig. colloq.* to get on the phone. – **12.** sich an j-n ~ to cling to s.o.: du mußt dich auch immer an j-n ~! *colloq.* you always have to run after s.o.! – **IV H~** *n* ⟨-s⟩ **13.** *verbal noun.* – **14.** suspension. – **15.** mit H~ und Würgen with the utmost difficulty, by the skin of one's teeth.

'hän·gen,blei·ben *v/i* ⟨*irr, sep,* -ge-, sein⟩ **1.** (an *dat* to) stick, adhere, cling: Flusen bleiben leicht am Kleid hängen fuzz easily adheres to a dress; etwas bleibt immer hängen *fig.* (*von Verleumdung*) s.th. always sticks; der Verdacht blieb an ihnen hängen *fig.* one kept suspecting them; von seinem Latein ist wenig hängengeblieben *fig. colloq.* very little of his Latin has stuck in his mind. – **2.** get caught: ich [mein Rock] blieb an einem Nagel hängen I [my skirt] (got) caught on a nail. – **3.** *fig. colloq.* get stuck: er blieb bei Müllers hängen he got stuck at Müller's (place); nach dem Krieg blieb er in Berchtesgaden hängen after the war he got stuck at Berchtesgaden. – **4.** *fig. colloq.* (*sitzenbleiben*) have to repeat a class. – **5.** *tech.* a) (*kleben*) stick, b) (*klemmen*) jam, seize. – **6.** *metall.* (*einer Hochofengicht*) scaffold.

'hän·gend I *pres p.* – **II** *adj* **1.** hanging, pendent, *auch* pendant, pendulous: ein lose ~es Kleid a loose-hanging dress; mit ~er Zunge *fig.* with one's tongue hanging out; die H~en Gärten *antiq.* the hanging gardens. – **2.** (*von Schultern*) sagging. – **3.** *tech.* a) (*Motor, Zylinder*) inverted, underslung, b) (*Ventil*) overhead.

'Han·gen·de *n* ⟨-n; *no pl*⟩ (*mining*) a) (*Kohle*) roof, b) (*Erz u. Metall*) hanging wall: Kontrolle des ~n roof control, *auch* strata control.

'Han·gend,schicht *f* (*mining*) roof (*od.* overlaying) stratum.

'hän·gen,las·sen *v/t* ⟨*irr, sep,* (*no*) -ge-, h⟩ **1.** let (*s.th.*) hang, hang: der Vogel ließ die Flügel hängen the bird let its wings hang; den Kopf ~ a) to hang one's head, b) *fig.* to be downcast (*od.* dispirited, despondent); die Wäsche über Nacht ~ to let the wash hang over night. – **2.** (*baumeln lassen*) (let) (*s.th.*) dangle: die Arme locker ~ to let one's arms dangle (*od.* hang down loosely); die Beine ins Wasser ~ to dangle one's feet in the water. – **3.** (*vergessen*) leave: den Mantel in der Garderobe ~ to leave one's coat in the cloakroom.

'Hän·ge|,oh·ren *pl* drooping ears, lop ears, pendent ears. — **~par,tie** *f* (*beim Schach*) adjourned game. — **~,pflan·ze** *f bot.* hanging plant.

'Han·ger *m* ⟨-s; -⟩ *mar.* topping lift: ~ einer Rahe yard sling.

'Hän·ger *m* ⟨s; -⟩ **1.** (*Mantel*) loose (*od.* summer) coat. – **2.** *cf.* Hängekleid. – **3.** *colloq.* (*Anhänger*) trailer.

Han·gerl ['haŋərl] *n* ⟨-s; -(n)⟩ *Austrian dial. for* a) Lätzchen 2, b) Serviertuch.

'Hän·ge|,reck *n* (*sport*) trapeze. — **~,säu·le** *f civ.eng.* a) truss post, b) (*eines einsäuligen Hängewerks*) king (*od.* broach, *bes. Am.* joggle) post, c) (*eines doppelten Hängewerks*) queen post. — **~,schloß** *n* padlock: etwas mit einem ~ versehen (*od.* verschließen) to padlock s.th. — **~,schrank** *m* (wall) cupboard. — **~,stan·ge** *f civ.eng.* (*einer Brücke*) suspension rod. — **~,stel·lung** *f* (*beim Schach*) adjourned position. — **~,stre·be** *f civ.eng.* suspension stay. — **~,wei·de** *f bot.* weeping (*od.* drooping) willow (*Salix babylonica*). — **~,werk** *n civ.eng.* truss(ing): einsäuliges (*od.* einfaches) ~ king (post) truss; zweisäuliges (*od.* doppeltes) ~ queen (post) truss. — **~,zweig** *m bot.* pendulous branch: Baum mit ~en weeping tree.

hän·gig ['hɛŋɪç] *adj Swiss for* anhängig, unerledigt 5.

'Hang|,keh·re *f* (*sport*) (*beim Turnen*) forward swing with half-turn in hang. — **~,la·ge** *f* (*eines Grundstücks etc*) location on a slope (*od.* hill). — **~,se·geln** *n aer.* ridge soaring. — **~,stand** *m* (*sport*) (*beim Turnen*) *hanging with hand and foot support in an upright position.* — **~,start** *m aer. cf.* Seilstart 2. — **~,waa·ge** *f* (*sport*) (*beim Turnen*) hanging scale. — **~,wind** *m aer. cf.* Hangaufwind. — **~,win·kel** *m* gradient of a slope.

Han·ke ['haŋkə] *f* ⟨-; -n⟩, **'Han·ken,bein** *n* (*eines Pferdes*) haunch.

Han·no·ve·ra·ner [hanovə'ra:nər] *m* ⟨-s; -⟩ **1.** Hanoverian. – **2.** (*Pferderasse*) Hanoverian (horse). — **han'no·ve·risch** [-'no:fərɪʃ], **han'no·versch** [-'no:fərʃ], **han'nö·versch** [-'nø:fərʃ] *adj* Hanoverian.

Hans [hans] *npr m* ⟨-ens; *no pl*⟩ **1.** Jack, John: ~ und Grete Jack and Jill; ~ im Glück a) (*Märchen*) "Unlucky Jack", b) *fig.* lucky devil; ~ Guckindieluft Johnny Head-in-the-air; ~ Langohr *colloq. for* Esel 1; ~ Liederlich Sloppy Joe; ~ Taps (*bes. Kind*) clumsy Jack; der blanke ~ *the North Sea when stormy*; wenn das wahr ist, will ich ~ heißen *fig. colloq.* if that's true then I'll be the Emperor of China; → Hänschen. – **2.** *zo.* Lachender ~ laughing jackass, kookaburra (*Dacelo gigas*). – **3.** *bot.* Klingender ~ *cf.* Klappertopf; Schöner ~ *cf.* Bartnelke.

Han·sa ['hanza] *f* ⟨-; *no pl*⟩ *hist. cf.* Hanse.

Häns·chen ['hɛnsçən] *n* ⟨-s; *no pl*⟩ *dim. of* Hans 1: was ~ nicht lernt, lernt Hans nimmermehr (*Sprichwort*) what you don't learn when you are young you will never learn, *etwa* you can't teach an old dog new tricks (*proverb*).

Hans·dampf [,hans'dampf; 'hans,dampf] *m* ⟨-(e)s; -e⟩ *colloq.* busybody: (ein) ~ in allen Gassen jack-of-all-trades, *bes. Br.* Jack of all trades.

Han·se ['hanzə] *f* ⟨-; *no pl*⟩ *hist.* Hanseatic League, Hansa, Hanse.

Han·se·at [hanze'a:t] *m* ⟨-en; -en⟩ **1.** inhabitant of a German Hansa town. – **2.** *hist.* member of the Hanseatic League. — **Han·sea·ten,geist** [-ze'a:tən-] *m* ⟨-(e)s; *no pl*⟩ *boldly confident enterprising spirit peculiar to the Hanseatic League.*

han·sea·tisch [hanze'a:tɪʃ] *adj hist.* Hanseatic.

'Han·se,bund *m* ⟨-(e)s; *no pl*⟩ *hist.* Hanseatic League.

Han·sel ['hanzəl], **Hän·sel** ['hɛnzəl] *npr m* ⟨-s; *no pl*⟩ Jackie, Johnny, Johnnie: „Hänsel und Gretel" "Hansel and Gretel" (*fairy tale and opera by Humperdinck*).

'Han·sel,bank *f* ⟨-; ⸚e⟩ *Austrian cf.* Heinzelbank.

Hän·se'lei *f* ⟨-; -en⟩ *colloq.* (constant) teasing. — **hän·seln** ['hɛnzəln] *v/t* ⟨h⟩ j-n ~ to tease s.o. (constantly), to pick on s.o.

'Han·se,stadt *f* Hanseatic (*od.* Hansa) town (*od.* city).

'han·sisch *adj hist.* Hanseatic.

Hans·narr [,hans'nar; 'hans,nar] *m* tomfool.

Han·som ['hɛnzəm; 'hænsəm] (*Engl.*) *m* ⟨-s; -s⟩ hansom (cab).

Hans·wurst [,hans'vʊrst; 'hans,vʊrst] *m* ⟨-es; -e, *humor. auch* ⸚e⟩ **1.** *colloq.* buffoon, clown, jester, merry andrew, *Am.* merry-andrew, fool: für andere den ~ machen to do the donkey work for others; spiel nicht den ~! don't fool about (*bes. Am.* around). – **2.** *hist.* (*theater*) pickle-herring, harlequin, zany, pantaloon. — **,Hans·wur·ste'rei** *f* ⟨-; -en⟩ buffoonery, clowning, jesting, tomfoolery. — **,Hans·wur·stia·de** [-'stĭa:də] *f* ⟨-; -n⟩ **1.** *colloq. cf.* Hanswursterei. – **2.** (*theater*) (*Aufführung*) slapstick.

,Hans'wurst,stück *n cf.* Hanswurstiade 2.

Han·tel ['hantəl] *f* ⟨-; -n⟩ (*sport*) dumbbell, *Br.* dumb-bell, barbell, *Br.* bar-bell. — **'han·teln** *v/i* ⟨h⟩ dumbbell, *Br.* dumb-bell.

'Han·tel,übung *f* dumbbell (*Br.* dumb-bell) exercise (*od.* practice).

han·tie·ren [han'ti:rən] **I** *v/i* ⟨*no* ge-, h⟩ **1.** be busy, busy oneself: sie hantiert in der Küche she is busy in the kitchen; sie hantiert am Herd she is busy at the stove, she is busying herself with the stove. – **2.** mit etwas ~ a) to use s.th., b) to handle (*od.* manipulate) s.th., (*bes. mit Apparaten*) to operate s.th.: mit diesem Werkzeug kann ich nicht ~ I am not able to use this tool. – **3.** an (*dat*) etwas ~ a) to work on s.th., to manipulate s.th., b) to fiddle about (*bes. Am.* around) with s.th. – **II H~** *n* ⟨-s⟩ **4.** *verbal noun.* — **Han'tie·rung** *f* **1.** *cf.* Hantieren. – **2.** work. – **3.** manipulation.

han·tig ['hantɪç] *adj Bavarian and Austrian* **1.** (*Geschmack*) bitter. – **2.** (*Laune*) violent.

Ha·nu·man ['hanuman] *m* ⟨-s; -s⟩ *zo. cf.* Hulman.

Hao·ma ['hauma] *m* ⟨-; *no pl*⟩ *hist.* (*Opfertrank*) haoma, hom.

Ha·pax·le·go·me·non [hapaksle'go:menon] *n* ⟨-s; -mena [-na]⟩ *ling.* hapax legomenon, nonce word.

'ha·pe·rig *adj Northern G.* **1.** difficult. – **2.** (*verwickelt*) knotty. – **3.** (*uneben*) rugged, uneven.

ha·pern ['ha:pərn] *v/impers* ⟨h⟩ *colloq.* (*in Wendungen wie*) es hapert an (*od.* mit) etwas s.th. is lacking, there is a hitch in (*od.* with) s.th.; bei mir hapert es mit (*od.* an) Vokabeln I am weak in vocabulary; im Englischen hapert es (bei ihm) English is his weak point; mit dem Geld (*od.* am Geld) hat es bei ihm immer gehapert he has never had enough money, he has always been short of money; wo hapert's? what's wrong? damit hapert's that's the hitch (*od.* difficulty).

Ha·plo·gra·phie [haplogra'fi:] *f* ⟨-; -n [-ən]⟩ *ling.* haplography.

ha·plo·id [haplo'i:t] *adj biol.* haploid: ~e Zelle haploid.

Ha·plo·lo·gie [haplolo'gi:] *f* ⟨-; -n [-ən]⟩ *ling.* haplology.

Ha·plo·se [ha'plo:zə] *f* ⟨-; -n⟩ *biol.* haplosis.

Häpp·chen ['hɛpçən] *n* ⟨-s; -⟩ **1.** *dim. of* Happen. – **2.** morsel, tidbit, titbit, snack.

Hap·pen ['hapən] *m* ⟨-s; -⟩ *colloq.* mouthful, morsel, bite: ein großer ~ a large morsel; wollt ihr nicht noch einen ~ mit uns essen? won't you stay and have a bite with us? ein fetter ~ *fig. colloq.* a) a good catch, b) a golden opportunity; ich werde mir doch diesen guten (*od.* fetten) ~ nicht entgehen lassen I won't let an opportunity like this slip away (from me), this is the chance of a lifetime.

Hap·pe·ning ['hæpənɪŋ] (*Engl.*) *n* ⟨-s; -s⟩ happening.

hap·pig ['hapɪç] *adj colloq.* **1.** (*Preis*) exorbitant; 'steep', 'stiff' (*colloq.*). – **2.** (*Person*) greedy.

Hap·py-End ['hæpɪ 'ɛnd] (*Engl.*) *n* ⟨-(s); -s⟩ happy ending.

Hap·ten [hap'te:n] *n* ⟨-s; -e⟩ *med.* hapten, haptene. — **hap·tisch** ['haptɪʃ] *adj* (*Täuschung*) haptic.

Hap·to·ta·xis [hapto'taksɪs] *f* ⟨-; *no pl*⟩ *biol.* stereotaxis.

Ha·ra·ki·ri [hara'ki:ri] *n* ⟨-(s); -s⟩ hara-kiri, *auch* hari-kari: ~ machen to commit hara-kiri.

ha·ran·gie·ren [haraŋ'gi:rən] *v/t* ⟨*no* ge-, h⟩ j-n ~ *obs.* to harangue s.o.

Ha·raß ['haras] *m* ⟨-sses; -sse⟩ *crate for packing glass, china, fruit or bottles.*

Här·chen ['hɛ:rçən] *n* ⟨-s; -⟩ **1.** *dim. of* Haar: ihm wurde kein ~ gekrümmt *fig. colloq.* they didn't touch a hair of his head. – **2.** *biol.* cilium: mit weichen ~ besetzt pubescent, villous. – **3.** *pl bot.* villi.

Har·de ['hardə] *f* ⟨-; -n⟩ *hist.* (*in Schleswig-Holstein*) parish.

Har·der ['hardər] *m* ⟨-s; -⟩ *zo. cf.* Großkopf.

Hard·top ['hɑ:d,tɒp] (*Engl.*) *n, m* ⟨-s; -s⟩ *auto.* hardtop.

Har·dun [har'du:n] *m* ⟨-s; -s⟩ *zo.* (common) stellion, star lizard, sling-tailed agama (*Agama stellio*).

Ha·rem ['ha:rɛm] *m* ⟨-s; -s⟩ **1.** harem, haram, *auch* harim: er hat immer einen ganzen ~ um sich *humor. colloq.* he always has a harem (of girls) (a)round him. – **2.** (*Serail*) seraglio.

'**Ha·rems|,da·me** *f* lady of the harem. — **~,wäch·ter** *m* eunuch, keeper of the harem.

hä·ren[1] ['hɛːrən] *rare v/i u.* sich ~ *v/reflex* ⟨h⟩ *cf.* haaren.

'**hä·ren**[2] *adj* (made) of hair.

Hä·re·sie [hɛre'ziː] *f* ⟨-; -n [-ən]⟩ *relig.* heresy. — **Hä're·ti·ker** [-'reːtikər] *m* ⟨-s; -⟩ heretic. — **hä're·tisch** [-'reːtɪʃ] *adj* heretical.

Har·fe ['harfə] *f* ⟨-; -n⟩ *mus.* harp: die ~ spielen to play the harp; etwas auf der ~ spielen to play s.th. on the harp; die ~ schlagen to smite the harpstrings (*poet.*).

har·fen ['harfən] **I** *v/i* ⟨h⟩ (play the) harp. – **II** *v/t agr.* (*Getreide*) screen.

'**Har·fen|an,ten·ne** *f electr.* fan (*od.* harp) antenna (*bes. Br.* aerial). — **h~,ar·tig** *adj* harplike, *Br.* harp-like.

Har·fe·nist [harfə'nɪst] *m* ⟨-en; -en⟩, **Har·fe'ni·stin** *f* ⟨-; -nen⟩ *mus.* harpist.

'**Har·fen|,klang** *m* sound of the harp. — **~,mu·schel** *f zo.* Iceland clam (*Pecten islandicus*). — **~,schnecke** (*getr.* -k·k-) *f* harp shell (*Gattg Harpa*). — **~,spiel** *n* ⟨-s; *no pl*⟩ *mus.* harp-playing, playing of the harp. — **~,spie·ler** *m cf.* Harfenist. — **~,spie·le·rin** *f cf.* Harfenistin.

Harf·ner ['harfnər] *m* ⟨-s; -⟩ *obs.* harper.

Har·ke ['harkə] *f* ⟨-; -n⟩ *Northern G.* rake: ich werde dir zeigen, was eine ~ ist *fig. colloq.* a) I'll show you what's what, b) you will be in for it.

'**Har·kel,kraut** ['harkəl-] *n bot.* wood snowdrop (*Anemone silvestris*).

har·ken ['harkən] *v/i u. v/t* ⟨h⟩ *Northern G.* (*Beet, Weg etc*) rake.

Har·lan ['harlan] *m* ⟨-s; -s⟩ *zo.* hoolock (*Hylobates hulock*).

Här·lein ['hɛːrlaɪn] *n* ⟨-s; -⟩ *cf.* Härchen 1.

Har·le·kin ['harlekiːn] *m* ⟨-s; -s⟩ **1.** (*bes. theater*) Harlequin. – **2.** *zo.* a) (*Stachelbeerspanner*) magpie (*od.* gooseberry) moth, abraxas (*scient.*) (*Abraxas grossulariata*), b) *cf.* Harlekinbock, c) *cf.* Harlekinente. – **3.** *bot.* meadow orchis (*Orchis morio*). — **Har·le·ki'na·de** [-ki'naːdə] *f* ⟨-; -n⟩ harlequinade.

'**Har·le·kin|,bock** *m zo.* harlequin beetle (*Acrocinus longimanus*). — **~,en·te** *f* harlequin (duck) (*Histrionicus histrionicus*). — **~,spin·ne** *f* tiger (*od.* harlequin) spider (*Salticus scenicus*).

Här·ling ['hɛːrlɪŋ] *m* ⟨-s; -e⟩ *zo. a species of whitefish* (*Coregonus fera*).

Harm [harm] *m* ⟨-(e)s; *no pl*⟩ *poet.* **1.** (*Kummer*) grief, affliction, sorrow. – **2.** (*Kränkung*) injury, wrong, harm.

Har·ma·ged·don ['harma,gɛdən] *n* ⟨-s; *no pl*⟩ *bibl.* Armageddon.

Har·mat·tan [harma'taːn] *m* ⟨-s; -⟩ (*afrik. Wind*) harmattan.

'**Har·mel|,rau·te**, **~,stau·de** *f bot.* harmel, Syrian rue, wild rue (*Peganum harmala*).

här·men ['hɛrmən] *v/reflex* ⟨h⟩ sich ~ *cf.* grämen I.

Har·min [har'miːn] *n* ⟨-s; *no pl*⟩ *chem.* **1.** harmine alkaloid. – **2.** harmine ($C_{13}H_{12}N_2O$).

'**harm·los I** *adj* **1.** (*Mensch, Tier etc*) harmless: er ist ein ~er Mensch he is a harmless person; manche Schlangen sind völlig ~ several snakes are quite harmless. – **2.** (*Vergnügen, Miene etc*) innocent: ein ~es Vergnügen good clean fun; mit ~er Miene with an air of innocence; ~ aussehen to appear harmless; er versuchte, die ganze Sache als ~ darzustellen he attempted to whitewash the whole affair. – **3.** (*Medikament, Krankheit etc*) innocuous, harmless. – **4.** (*Verletzung, Unfall, Operation etc*) minor. – **5.** (*Witz etc*) inoffensive, innocuous. – **6.** (*Lüge*) white. – **II** *adv* **7.** ~ fragen to ask innocently; die Krankheit verlief ~ the illness took a normal course. — '**Harm·lo·sig·keit** *f* ⟨-; *no pl*⟩ **1.** harmlessness. – **2.** innocence. – **3.** innocuity, harmlessness. – **4.** minor nature. – **5.** inoffensiveness, innocuity.

Har·mo·ni·chord [harmoni'kɔrt] *n* ⟨-(e)s; -e⟩ *mus.* harmonichord, piano-violin.

Har·mo·nie [harmo'niː] *f* ⟨-; -n [-ən]⟩ **1.** *mus.* harmony. – **2.** *fig.* harmony, concord, *auch* consonance: die ~ der Natur [Farben] the harmony of nature [the colo(u)rs]; häusliche ~ domestic harmony; prästabilierte ~ *philos.* (*nach Leibniz*) pre-established (*Br.* pre-established) harmony. — **h~,fremd** *adj mus.* nonharmonic *Br.* non-. — **~ge,setz** *n* rules *pl* of harmony. — **~,leh·re** *f* harmony. — **~mu,sik** *f* music for wind instruments.

har·mo·nie·ren [harmo'niːrən] *v/i* ⟨*no* ge-, h⟩ **1.** *mus.* harmonize *Br. auch* -s-. – **2.** *fig.* harmonize *Br. auch* -s-, go together, be in tune: die Farben [Freunde] ~ gut miteinander the colo(u)rs [friends] harmonize (*od.* go) well with each other; mit seiner Umgebung ~ to harmonize (*od.* to be in tune) with one's surroundings.

Har·mo·nik [har'moːnɪk] *f* ⟨-; *no pl*⟩ *mus.* harmony, harmonics *pl* (*usually construed as sg*).

Har·mo·ni·ka [har'moːnika] *f* ⟨-; -s⟩ *mus.* **1.** (*Mundharmonika*) mouth organ, *Br.* mouth-organ, harmonica. – **2.** (*Ziehharmonika*) accordion, concertina. — **~,Schie·be,tür** *f* accordion (*od.* folding) door.

Har·mo·ni·ker [har'moːnikər] *m* ⟨-s; -⟩ [*mus.* harmonist.]

Har·mo·ni·sa·ti·on [harmoniza'tsi̯oːn] *f* ⟨-; -en⟩ **1.** *mus.* harmonization *Br. auch* -s-. – **2.** *pol.* assimilation.

har·mo·nisch [har'moːnɪʃ] *adj* **1.** *mus.* harmonic(al), harmonious. – **2.** *math. phys.* (*Reihe, Teilung, Schwingung etc*) harmonic(al). – **3.** *fig.* harmonious: ein ~es Paar a harmonious couple. – **II** *adv* **4.** ~ zusammenleben, ~ miteinander leben to live (together) in harmony; die Feier verlief sehr ~ the party went off very well; Farben ~ aufeinander abstimmen to achieve a harmonious blend of colo(u)rs.

har·mo·ni·sie·ren [harmoni'ziːrən] *v/t* ⟨*no* ge-, h⟩ *mus. auch fig.* harmonize *Br. auch* -s-. — **Har·mo·ni'sie·rung** *f* ⟨-; -en⟩ harmonization *Br. auch* -s-.

Har·mo·ni·um [har'moːni̯ʊm] *n* ⟨-s; -nien⟩ *mus.* **1.** harmonium, expressive organ, *bes. Am.* reed organ, pump organ. – **2.** (*Saugwindharmonium*) American organ. — **~,spie·ler** *m* harmonium player.

Har·mo·tom [harmo'toːm] *m* ⟨-s; -e⟩ *min.* harmotome.

Harn [harn] *m* ⟨-(e)s; -e⟩ **1.** *med.* urine, water: ~ lassen to pass water, to urinate. – **2.** *vet.* stale. — **~,ab,fluß** *m* urination: unwillkürlicher ~ urinary incontinence: ~ bei Anstrengungen stress incontinence. — **~,ab,son·de·rung** *f* urination, micturition (*scient.*). — **~ana,ly·se** *f* urine analysis, urinalysis, *auch* uranalysis. — **~,aus,schei·dung** *f* excretion of urine: vermehrte ~ diuresis. — **~be,schwer·den** *pl* **1.** burning sensation *sg* during urination; dysuria *sg*, ardor *sg* urinae (*scient.*). – **2.** urinary trouble (*od.* complaint) *sg.* — **~,bla·se** *f* urinary bladder; urocyst, vesica urinalis (*scient.*). — **~,bla·sen·ent,zün·dung** *f* cystitis. — **~,drang** *m* urinary urgency, urge to pass water.

har·nen ['harnən] **I** *v/i* ⟨h⟩ **1.** *med.* urinate, pass water, void. – **2.** *vet.* stale. – **II H~** *n* ⟨-s⟩ **3.** *verbal noun.* – **4.** urination.

'**Harn|,fluß** *m med.* incontinence of urine. — **~,gang** *m* ureter, urinary duct. — **~,glas** *n* (*zur Untersuchung*) urinal. — **~,gras** *n bot.* Northern spleenwort (*Asplenium septentrionale*). — **~,grieß** *m* ⟨-es; *no pl*⟩ *med.* gravel.

Har·nisch ['harnɪʃ] *m* ⟨-es; -e⟩ **1.** *mil. hist.* (*Rüstung*) armor, *bes. Br.* armour, harness, corselet, *auch* corslet, coat of mail: den ~ anlegen [anschnallen] to put [to strap] on armo(u)r; (über *acc* etwas *od.* wegen etwas) in ~ geraten (*od.* kommen) *fig. colloq.* to fly into a rage (about s.th.), to fly off the handle (about s.th.) (*colloq.*); j-n in ~ bringen *fig. colloq.* to get s.o.'s goat, to get s.o.'s back up (*beide colloq.*); in ~ sein *fig. colloq.* to be furious, to be hopping mad (*colloq.*). – **2.** (*textile*) (*des Zugstuhls*) harness. – **3.** *geol.* (*Rutschfläche*) slickenside. — **~,brett** *n* (*textile*) comber board. — **~,wels** *m zo.* catfish (*Fam. Loricariidae*).

'**Harn|ka,näl·chen** *n med.* uriniferous tubule. — **~,kraut** *n bot. cf.* a) Ackerleinkraut, b) Ackerhauhechel: Gelbes ~ base rocket, clotbur (*Reseda lutea*); Indianisches ~ Indian rupturewort (*Spilanthes acmella*). — **~,las·sen** *n med.* emission of urine, urination, micturition (*scient.*).

'**Harn,lei·ter** *m med.* ureter, urinary duct. — **~ent,zün·dung** *f* ureteritis.

'**Harn|or,gan** *n med.* urinary organ: Erkrankungen der ~e diseases of the urinary tract. — **~,pro·be** *f* **1.** urine specimen. – **2.** (*Untersuchung*) urinalysis, *auch* uranalysis.

'**Harn,röh·re** *f med.* urethra.

'**Harn,röh·ren|,aus,fluß** *m med.* urethral discharge (*od.* secretion): chronischer ~ gleet. — **~,bruch** *m* urethrocele. — **~ent,zün·dung** *f* urethritis. — **~ka,tarrh** *m* catarrh of the urethra. — **~,pla·stik** *f* urethroplasty. — **~,schnitt** *m* urethrotomy. — **~,son·de** *f* urethral catheter. — **~,spie·gel** *m* urethroscope. — **~strik,tur** *f* urethral stricture.

'**Harn|,ruhr** *f med.* diabetes, diabetes mellitus (*scient.*). — **~,sack** *m med. zo.* embryonic bladder, allantois (*scient.*). — **h~,sau·er** *adj chem.* uric, uratic: harnsaures Salz urate. — **~,säu·re** *f chem. med.* uric acid. — **~,stein** *m med.* urinary calculus, urolith.

'**Harn,stoff** *m chem.* urea, *auch* carbamide. — **~,harz** *n chem.* aminoplast resin. — **~,mas·se** *f* urea material. — **~,preß,mas·se** *f* aminoplast molding (*bes. Br.* moulding) compound.

'**Harn|,strang** *m med.* urachus. — **~,träu·feln** *n* overflow incontinence. — **h~,trei·bend** *adj* diuretic, urinative, emictory, uretic: ~es Mittel diuretic, emictory. — **~,un·ter,su·chung** *f* urinalysis, *auch* uranalysis. — **~ver,gif·tung** *f* uremia, uraemia. — **~ver,hal·tung** *f* suppression (*od.* retention) of urine, urinary retention, ischuria (*scient.*), (*vollkommene*) anuria (*scient.*). — **~,weg** *m meist pl* urinary passage. — **~,zucker** (*getr.* -k·k-) *m* urinary glucose. — **~,zucker,aus,schei·dung** (*getr.* -k·k-) *f* glycosuria, glucosuria, mel(l)ituria. — **~,zwang** *m* **1.** (the) urge to void, urinary urgency. – **2.** strangury, stranguria.

Har·pu·ne [har'puːnə] *f* ⟨-; -n⟩ harpoon. — **Har'pu·nen·ka,no·ne** *f* whaling gun.

Har·pu·nier [harpu'niːr] *m* ⟨-s; -e⟩ harpooner, *auch* harpooneer. — **har·pu'nie·ren** [-pu'niːrən] *v/t* ⟨*no* ge-, h⟩ harpoon.

Har·py·ie [har'pyːjə] *f* ⟨-; -n⟩ **1.** *myth.* Harpy. – **2.** *zo.* harpy eagle, *auch* harpy (*Harpia harpyia*).

har·ren ['harən] **I** *v/i* ⟨h⟩ wait for, await: sie harren seiner, sie ~ auf ihn they wait for him; viele Probleme ~ noch einer Lösung many problems still await a solution (*od.* are waiting to be solved); er harrte der Dinge, die da kommen sollten he awaited the things to come. – **II H~** *n* ⟨-s⟩ waiting: → hoffen 4.

harsch [harʃ] *adj fig.* (*hart, rauh*) harsh, rough.

Harsch *m* ⟨-es; *no pl*⟩ hard-packed (*od.* hard-frozen, crusted) snow. — '**har·schen** *v/i* ⟨h⟩ (*von Schnee*) become hard-packed (*od.* -frozen). — '**har·schig** *adj* (*Schnee*) hard-packed (*od.* -frozen).

'**Harsch,schnee** *m cf.* Harsch.

Harst [harst] *m* ⟨-es; -e⟩ *Swiss hist. cf.* Schar[1] 5.

hart [hart] **I** *adj* ⟨"er; "est⟩ **1.** (*Holz, Bleistift etc*) hard: etwas ~ machen to harden s.th.; ~ werden to harden, to become hard; einen ~en Schädel haben *fig.* to be stubborn (*od.* pigheaded); eine ~e Nuß zu knacken haben to have a hard nut to crack; er ist ~ im Nehmen *fig.* (*auch sport*) he can take a lot of punishment, he can take it (*beide colloq.*); ein ~er Drink *fig.* a strong drink; das ist ein ~er Brocken *fig. colloq.* that is a hard task (*od.* a tough job); entschuldigen Sie das ~e Wort if you'll pardon my saying so; die Wege sind ~ gefroren the roads are frozen hard. – **2.** (*fest*) firm, solid. – **3.** (*Brot*) hard, stale. – **4.** (*Ei*) hard-boiled: ein Ei ~ kochen to hard-boil an egg. – **5.** *fig.* (*Kampf, Arbeit, Zeiten etc*) hard, difficult: einen ~en Stand haben to be in a difficult position. – **6.** *fig.* (*Charakter, Strafe etc*) hard, harsh, severe: er hat ein ~es Herz he is hardhearted (*Br.* hard-hearted); er ist zu ~ he is too hard; ein ~es Urteil über j-n abgeben to judge s.o. harshly; der Richter fällte ein ~es Urteil the judge passed a heavy sentence. – **7.** *fig.* (*Gesichtszüge etc*) stern, severe, hard. – **8.** *fig.* (*Verlust etc*) heavy, severe, cruel: die Nachricht war ein ~er Schlag für ihn the news was a cruel blow to him; sie hatte ein ~es Los she had a hard lot. – **9.** *fig.* (*Winter etc*) hard, severe, rigorous. – 10. *fig.* (*Politik, Kurs etc*) tough. – 11. *fig.* (*Farben, Gegensätze etc*) sharp, hard, harsh. – 12. *fig.* (*Despot etc*) cruel. – 13. *fig.* (*Krimi*) violent. – 14. (*Wasser*) hard. – 15. *ling.* (*Konsonanten, Aussprache etc*) hard. – 16. *med.* a) (*Leib*) constipated, costive, b) (*Haut*) hard, sclerotic (*scient.*), c) (*Entzündungsbezirk*) indurated, d) (*Stuhl*) hard. – 17. *tech.* (*Schaumstoff*) rigid. – 18. *phys.* (*Strahlen etc*) hard, penetrating. – 19. *phot.* (*Negativ etc*) contrasty. – 20. *econ.* (*Währung*) hard, stable. – 21. ~e Landung (*space*) a) hard landing, b) (*Aufschlag*) impact landing. – **II** *adv* **22.** hard: etwas kommt j-n ~ an *fig.* s.th. hits s.o. hard; ~ arbeiten *fig.* to work hard; j-n ~ bestrafen *fig.* to punish s.o. severely; er blieb (ihr gegenüber) ~ he remained adamant (toward[s] her); jetzt geht es ~ auf ~ *fig.* it is going to be a fight to the finish; gestern gerieten sie ~ aneinander *fig.* yesterday they had a good set-to (*colloq.*); „Geh weg!" fuhr sie ihn ~ an *fig.* "Go away!" she snapped at him; er faßte ihn ~ an der Schulter he seized him roughly by the shoulder; das hat mich ~ getroffen *fig.* this has hit me hard; j-m ~ zusetzen *fig.* to keep after s.o.; sich ~ tun *Southern G. and Austrian* to have a hard time of it. – **23.** ~ an (*dat*) near (*od.* close) to: ~ an der Grenze des Erträglichen *fig.* approaching the limits of endurance; wir gingen ~ am Abgrund vorbei *fig.* we just managed to avoid disaster; das Haus stand ~ an der Straße the house stood right on the road. – **24.** *mar.* close: ~ am Wind segeln to sail close-hauled.

'**Hartˌahorn** *m bot.* hard maple (*Acer saccharinum*).

'**härt·bar** *adj synth.* **1.** (*Kunststoff, Preßmasse etc*) hardenable. – **2.** (*Formmasse etc*) thermosetting. — '**Härt·bar·keit** *f* ⟨-; *no pl*⟩ hardenability, heat-treating property.

'**Hart|beˌlag** *m* **1.** *civ.eng.* hard carpet. – **2.** *synth.* rigid sheet. — **h~ˌblät·te·rig, h~ˌblätt·rig** *adj bot.* hard-leaved, having hard leaves. — **~ˌbo·fist, ~ˌbo·vist** *m cf.* Kartoffelbofist. — **~ˌbrand** *m* (*von Getreide*) covered smut.

Här·te ['hɛrtə] *f* ⟨-; *no pl*⟩ **1.** (*eines Diamants, Steins, Holzes etc*) hardness. – **2.** (*Festigkeit*) solidity, firmness. – **3.** (*des Brotes*) hardness, staleness. – **4.** *fig.* (*einer Arbeit, der Zeiten etc*) difficulty. – **5.** *fig.* (*eines Spielers, eines Kampfes etc*) toughness. – **6.** *fig.* (*eines Charakters etc*) severity, sternness: mit rücksichtsloser ~ setzte er seinen Willen durch he imposed his will with ruthlessness. – **7.** *fig.* (*einer Strafe, eines Urteils etc*) harshness, severity: er bekam die ganze ~ des Gesetzes zu spüren he was made to feel the full severity of the law. – **8.** ⟨*pl* -n⟩ *jur.* hardship: j-n unbilliger ~ aussetzen to submit s.o. to undue hardship; dieses Gesetz bringt für die Rentner ~n mit sich this law presents hardship for pensioners; er ist der ~ des Lebens nicht gewachsen he is not up to coping with the hardships of life. – **9.** *fig.* (*der Gesichtszüge etc*) sternness, severity. – **10.** *fig.* (*eines Verlustes etc*) heaviness, severity, cruelty. – **11.** (*des Winters etc*) hardness, severity, rigorousness. – **12.** *fig.* (*der Politik etc*) toughness. – **13.** (*der Farben, Gegensätze etc*) sharpness, hardness, harshness. – **14.** *fig.* (*eines Despoten etc*) cruelty. – **15.** (*des Wassers*) hardness. – **16.** *ling.* (*der Konsonanten, Aussprache etc*) hardness. – **17.** *med.* a) (*des Leibes*) costiveness, b) (*der Haut*) roughness, c) (*eines Entzündungsbezirks*) toughness, d) (*des Stuhls*) hardness. – **18.** *phys.* (*der Strahlen etc*) degree of penetration. – **19.** *phot.* (*eines Negativs etc*) contrast. – **20.** *econ.* (*einer Währung*) hardness, stability. – **21.** *metall.* hardness, temper.

'**Här·te|ˌanˌla·ge** *f tech.* heat-treating equipment, hardening outfit. — **~ˌausˌgleich** *m sociol.* hardship compensation. — **~ˌbad** *n metall.* tempering bath.

Har·te·beest ['hartəˌbeːst] *n* ⟨-es; -e(r)⟩ *zo.* (*Kuhantilope*) hartebeest (*Gattg Bubalis*): Südafrikanisches ~ kaama, Cape hartebeest (*Alcelaphus caama*).

'**Här·te|beˌstän·dig·keit** *f metall.* retentivity of hardness. — **~ˌbild·ner** *m* hardening constituent. — **~ˌfall** *m sociol.* case of hardship. — **~ˌfonds** *m* hardship fund. — **~ˌgrad** *m* **1.** degree of hardness. – **2.** *metall.* temper. — **~ˌklau·sel** *f sociol.* hardship clause. — **~ˌmit·tel** *n* **1.** *metall.* hardening compound (*od.* agent), quenching medium. – **2.** *civ.eng.* (*Beton*) surface hardener. – **3.** (*für Kunst- u. Plastikstoffe*) curing agent, hardener.

här·ten ['hɛrtən] **I** *v/t* ⟨h⟩ **1.** *bes. metall.* a) harden, quench, b) (*im Einsatz*) case-hardening, c) (*elektroerosiv*) (spark-)toughen. – **2.** *synth.* cure. – **II** *v/i u.* sich ~ *v/reflex* **3.** harden, become (*od.* grow) hard. – **III H~** *n* ⟨-s⟩ **4.** *verbal noun.*

'**Här·te|ˌofen** *m metall.* tempering furnace, heat-treating (*od.* -hardening) furnace, (*für Einsatzhärtung*) case-hardening furnace. — **~pa·raˌgraph** *m section dealing with tax relief in cases of hardship.* — **~ˌpro·be** *f tech.* hardness test. — **~ˌprü·fer** *m* hardness tester. — **~ˌprüf·maˌschi·ne** *f* hardness testing machine. — **~ˌprü·fung** *f* **1.** *mil.* hardening test. – **2.** *metall.* hardness test. – **3.** *tech. cf.* Härteprobe.

här·ter ['hɛrtər] *comp of* hart.

'**Här·ter** *m* ⟨-s; -⟩ **1.** *tech.* hardener, (*des Stahls*) temperer. – **2.** *synth.* setting agent.

Här·te'rei *f* ⟨-; -en⟩ *metall.* hardening room (*od.* shop), heat-treating department (*od.* shop).

'**Här·te|ˌriß** *m metall.* heat-treatment crack, hardening (*od.* quenching) crack. — **~ˌschicht** *f* (*Einsatzschicht*) hardened case. — **~ˌska·la** *f min.* scale of hardness. — **~ˌspan·nung** *f tech.* hardening stress (*od.* strain).

här·test ['hɛrtəst] *sup of* hart.

'**Här·te|ˌtie·fe** *f metall.* **1.** (*bei Warmbehandlung*) depth of hardening zone. – **2.** (*bei Einsatzhärtung*) depth of case. — **~ˌzuˌstand** *m* temper.

'**Hartˌfa·ser** *f synth.* hard fiber (*bes. Br.* fibre). — **~ˌplat·te** *f Am.* (molded) fiberboard, *Br.* hard board.

'**Hart|ˌfut·ter** *n* ⟨-s; *no pl*⟩ *agr.* grain fodder. — **h~geˌbacken** (*getr.* -k·k-) *adj* ⟨*attrib*⟩ hard-baked. — **h~geˌfro·ren** *adj* ⟨*attrib*⟩ hard-frozen. — **h~geˌkocht** *adj* ⟨*attrib*⟩ hard-boiled. — **~ˌgeld** *n econ.* coin, specie, hard cash, metallic currency. — **h~geˌlö·tet** *adj* ⟨*attrib*⟩ *tech.* hard-soldered. — **h~geˌsot·ten** *adj* ⟨*attrib*⟩ **1.** (*Eier*) hard-boiled. – **2.** ⟨-er; -st⟩ *fig.* hard-boiled, callous: ~er Politiker hard-boiled politician; ~er Sünder [Verbrecher] hardened sinner [criminal]. — **~geˌstein** *n geol.* hard rock. — **~geˌwe·be** *n synth.* laminated fabric. — **~ˌglas** *n tech.* hardened (*od.* toughened) glass. — **~ˌgras** *n bot.* hard grass (*Gattg Sclerochloa*).

'**Hartˌgum·mi** *m chem.* hard rubber, vulcanite, ebonite. — **~ˌmehl** *n* ebonite powder. — **~ˌplat·te** *f* ebonite sheeting.

'**Hartˌguß** *m metall.* chilled (cast) iron. — **~ˌei·senˌschrot** *m civ.eng.* (*Betonzuschlagstoff*) chilled cast-iron shot. — **~ˌwal·ze** *f metall.* chilled roll.

'**Hart|ˌharz** *n synth.* hardened resin. — **h~ˌhäu·tig** *adj med.* sclerodermatous, scleroderm(ic), sclerodermous. — **~ˌhei·de** *f bot.* marsh (*od.* Labrador) tea, Dutch myrtle (*Ledum palustre*).

'**hartˌher·zig** *adj* hardhearted, *Br.* hard-hearted, coldhearted, hard. — '**Hartˌher·zig·keit** *f* ⟨-; *no pl*⟩ hardheartedness, *Br.* hard-heartedness, coldheartedness, hardness.

'**Hart|ˌheu** *n bot.* (Saint-)John's-wort, hypericum (*scient.*) (*Gattg Hypericum*): Durchwachsenes (*od.* Gemeines) ~ common (Saint-)John's-wort, perforated hypericum (*H. perforatum*); Vierkantiges ~ hardhay, Saint-Peter's-wort (*H. quadrangulum*). — **~ˌholz** *n* hardwood. — **h~ˌhö·rig** *adj med. cf.* schwerhörig.

'**Har·tischˌwur·zel** ['hartɪʃ-] *f bot. cf.* Lakritze 1.

'**Hart|ˌkä·se** *m gastr.* hard cheese. — **~ˌkautschuk** *m cf.* Hartgummi.

'**hartˌköp·fig** [-ˌkœpfɪç] *adj cf.* dickköpfig. — '**Hartˌköp·fig·keit** *f* ⟨-; *no pl*⟩ *cf.* Dickköpfigkeit.

'**Hartˌlaub|geˌhölz** *n bot.* sclerophyllous woodland (*od.* scrub). — **~ˌstrauch** *m* sclerophyllous scrub.

'**hartˌlei·big** [-ˌlaɪbɪç] *adj med.* constipated, costive. — '**Hartˌlei·big·keit** *f* ⟨-; *no pl*⟩ constipation, costiveness.

Härt·ling ['hɛrtlɪŋ] *m* ⟨-s; -e⟩ *geol.* monadnock (*residual hill or mountain of resistant rock*).

'**Hart|ˌlot** *n tech. metall.* hard (*od.* brazing) spelter (*od.* solder). — **h~ˌlö·ten** *v/t* ⟨*sep*, -ge-, h⟩ *tech.* braze, hard-solder. — **h~ˌmäu·lig** [-ˌmɔʏlɪç] *adj* (*Pferd*) hard-mouthed, *Br.* hard-mouthed. — **~ˌmei·ßel** *m tech.* cold chisel.

'**Hart·meˌtall** *n metall.* carbide metal, cutting alloy.

'**Hart·meˌtalleˌgie·rung** (*getr.* -ll·l-) *f tech.* carbide cutting alloy.

'**Hart·meˌtall|ˌmei·ßel** *m tech.* carbide cutting tool. — **~ˌwerkˌzeug** *n* carbide(-tipped) tool.

'**Hartˌmond** *m* ⟨-(e)s; *no pl*⟩ *lit. obs.* January.

'**hartˌnäckig** (*getr.* -k·k-) [-ˌnɛkɪç] **I** *adj* ⟨-er; -st⟩ **1.** (*eigensinnig*) obstinate, stubborn, obdurate. – **2.** (*beharrlich*) tenacious, persistent, dogged: nach ~em Leugnen after persistent denials. – **3.** (*entschlossen*) determined, stubborn: ~en Widerstand leisten to offer (*od.* put up) stubborn resistance. – **4.** *med.* a) (*Fieber, Krankheit*) refractory, intractable, obstinate, b) (*Husten*) obstinate, c) (*Schnupfen*) stubborn. – **II** *adv* **5.** ~ auf seiner Meinung beharren, ~ bei seiner Meinung bleiben to stick stubbornly (*od.* tenaciously) to one's opinion; etwas ~ leugnen to deny s.th. persistently. — '**Hartˌnäckig·keit** (*getr.* -k·k-) *f* ⟨-; *no pl*⟩ **1.** (*Eigensinnigkeit*) obstinacy, stubbornness, obduracy. – **2.** (*Beharrlichkeit*) tenacity, persistence, doggedness. – **3.** (*Entschlossenheit*) determination, stubbornness. – **4.** *med.* a) (*eines Fiebers, einer Krankheit*) refractoriness, intractability, obstinacy, b) (*eines Hustens*) obstinacy, c) (*eines Schnupfens*) stubbornness.

'**Hart|paˌpier** *n* laminated paper, *Am. auch* manila (*od.* kraft) paper. — **~ˌpap·pe** *f* **1.** (*dünne*) cardboard. – **2.** (*dicke*) boxboard. — **~ˌplat·te** *f cf.* Hartfaserplatte. — **~ˌplatz** *m* (*sport*) (*beim Tennis*) hard court. — **~por·zelˌlan** *n* hard-fired porcelain. — **~ˌpost** *f*, **~ˌpost·paˌpier** *n* bank (*od.* typewriting) paper. — **~ˌrie·gel** *m bot.* cornus (*Fam. Cornaceae*): Gelber (*od.* Gelbblühender) ~ cornel (tree), cornelian tree (*od.* cherry) (*Cornus mas*); Gemeiner (*od.* Roter) ~ a) (bloody) dogwood, dogberry (tree), dogwood (tree) (*Cornus sanguinea*), b) privet, English myrtle (*Ligustrum vulgare*). — **h~ˌrin·dig** *adj* **1.** (*Baum etc*) having a hard bark. – **2.** *bot.* hard-rinded, corticose (*scient.*). — **~ˌro·se** *f bot.* French rose (*Rosa gallica*). — **h~ˌsa·mig** [-ˌzaːmɪç] *adj* hard-seeded. — **h~ˌscha·lig** [-ˌʃaːlɪç] *adj zo.* hard-shell(ed); testaceous, testacean (*scient.*).

Hart·schier [har'tʃiːr] *m* ⟨-s; -e⟩ *hist.* bodyguard, *Br.* body-guard (*of Bavarian kings*).

'**hart|ˌschup·pig** *adj zo.* sclerodermatous, sclerodermic. — **H~ˌspi·ri·tus** *m chem.* solid(ified) alcohol. — **H~ˌstahl** *m metall.* hard steel. — **H~ˌsteinˌgut** *n econ.* hard stoneware.

Har·tung ['hartʊŋ] *m* ⟨-s; -e⟩ *obs.* January.

'**Här·tung** *f* ⟨-; -en⟩ **1.** *cf.* Härten. – **2.** *tech.* heat treatment.

'**Här·tungs·verˌfah·ren** *n* **1.** *tech.* hardening process. – **2.** *metall.* tempering process, heat treatment.

'**Hart·verˌchro·mung** *f tech.* hard chrome plating.

'**Hartˌwei·zen** *m bot.* durum (*od.* hard, flint) wheat (*Triticum durum*). — **~ˌgrieß** *m gastr.* semolina made from durum wheat.

'**Hart|ˌwurm** *m zo. cf.* Blindschleiche. — **~ˌwurst** *f gastr.* (*Salami etc*) hard sausage. — **~ˌzinn** *n metall.* pewter.

Ha·ru·spex [ha'rʊspɛks] *m* ⟨-; -e *u.* -spizes [-pitseːs]⟩ *antiq.* haruspex, aruspex (*Roman soothsayer*). — **Ha·ru'spi·zi·um** [-'piːtsiʊm] *n* ⟨-s; -zien⟩ (*Wahrsagung*) haruspicy, aruspicy.

Harz [haːrts] *n* ⟨-es; -e⟩ **1.** *bot.* resin, *auch* rosin, gum: (einem Baum) ~ abzapfen to tap a tree for resin; fossiles ~ *cf.* Bernstein. – **2.** *chem.* resin: künstliche ~e synthetic resins. – **3.** *auto.* (*Benzinrückstand*) gum. – **4.** *mus. cf.* Geigenharz. — **h~ˌar·tig** *adj* resinlike, *Br.* resin-like, rosinlike, *Br.* rosin-like, resinoid. — **~ˌbaum** *m bot.* resiniferous tree. — **~ˌbil·dung** *f* ⟨-; -en⟩ formation of resin, resinification. — **~ˌdrü·se** *f* resin gland. — **~ˌdru·te** [-ˌdruːtə] *f* ⟨-; -n⟩ balsam tree (*Gattg Clusia*).

har·zen ['haːrtsən] **I** *v/i* ⟨h⟩ **1.** (*von Holz etc*) give (*od.* exude) resin. – **2.** *auch v/impers Swiss fig.* (*von Verhandlungen etc*) drag on (*colloq.*). – **II** *v/t* **3.** (*Bäume*) tap (*trees*) for resin. – **4.** *tech.* (*mit Harz bestreichen*) resinate. – **5.** *mus.* (*Bogen*) rub (*s.th.*) with rosin, rosin.

'Har·zer *m* **I** ⟨-s; -⟩ **1.** inhabitant of the Harz mountains. – **2.** *gastr.* Harz cheese. – **II** *adj* **3.** of the Harz: ~er Käse *cf.* Harzer 2.

'Harz|ˌfluß *m* ⟨-sses; *no pl*⟩ *bot.* (*Krankheit der Nadelbäume*) resinosis, resinous exudation. — **h~ˌför·mig** *adj chem.* resinous. — **~ˌgal·le** *f bot.* (*im Holz*) stain (*od.* accumulation) of resin in wood, resin gall. — **h~ˌhal·tig** *adj* resinous, rosinous, resiny, resiniferous (*scient.*).

'har·zig *adj* **1.** resinous, rosinous, resiny, rosiny: ~ schmecken (*bes. von griech. Wein*) to taste resinous. – **2.** *Swiss for* schwierig 1, langwierig 1—3.

'Harz|kaˌnal *m bot.* resin duct (*od.* passage, tube). — **~ˌkitt** *m synth.* resin cement. — **~ˌkraut** *n bot.* resin plant, resinweed. — **~ˌmas·se** *f chem.* resinous compound. — **~ˌöl** *n* resin oil. — **~ˌpflan·ze** *f bot.* resin(ous) plant. — **~ˌrüß·ler** [-ˌrʏslər] *m zo.* resin weevil (*Pissodes harcyniae*). — **~ˌsäu·ren** *pl chem.* resin (*od.* rosin, gum) acids. — **~ˌsei·fe** *f tech.* resin soap, resinate, rosinate. — **~ˌstoff** *m meist pl* resinoid.

Ha·sard [ha'zart] *n* ⟨-s; *no pl*⟩ **1.** *cf.* Hasardspiel. – **2.** mit dem (eigenen) Leben ~ spielen *fig.* to play a game of chance (*od.* to gamble) with one's (own) life.

Ha·sar·deur [hazar'døːr] *m* ⟨-s; -e⟩ *auch fig. contempt.* gambler. — **ha·sar'die·ren** [-'diːrən] *v/i* ⟨*no* ge-, h⟩ *auch fig.* gamble, take risks.

Ha'sardˌspiel *n* **1.** (*games*) hazard. – **2.** *fig.* risky business: auf dieses ~ lasse ich mich nicht ein that is too risky for me.

Hasch [haʃ] *n* ⟨-; *no pl*⟩ *colloq. for* Haschisch.

Ha·schee [ha'ʃeː] *n* ⟨-s; -s⟩ *gastr.* hash.

ha·schen[1] ['haʃən] **I** *v/t* ⟨h⟩ **1.** (*Schmetterlinge, Ball etc*) catch. – **2.** (*jagen*) chase: die Kinder haschten sich a) the children chased one another, b) the children played tag; hasch mich, ich bin der Frühling *colloq. iron.* (look at her,) she's no spring chicken! – **II** *v/i* **3.** (nach at) snatch, grab: die Katze haschte nach dem Faden the cat snatched at the thread. – **4.** *fig. oft contempt.* (nach for, after) strive: nach Anerkennung [Beifall] ~ to strive for recognition [applause]; nach Effekt ~ to strive after (*od.* strain for) effect, to play to the gallery, to try to impress. – **III H~** *n* ⟨-s⟩ **5.** *verbal noun.* – **6.** (*games*) H~ spielen to play tag.

'ha·schen[2] *v/i* ⟨h⟩ *colloq.* take hashish.

Häs·chen ['hɛːsçən] *n* ⟨-s; -⟩ **1.** *dim. of* Hase 1. – **2.** young hare, leveret. – **3.** (*child's language*) bunny (rabbit): ~ in der Grube *children's game similar to ring-around-a-rosy.* – **4.** (*als Kosename*) pet, *Am. auch* bunny.

Hä·scher ['hɛʃər] *m* ⟨-s; -⟩ **1.** *contempt.* (*Verfolger*) bloodhound. – **2.** *obs.* (*Gerichtsdiener*) bailiff.

Ha·scherl ['haʃərl] *n* ⟨-s; -(n)⟩ *Austrian colloq.* (armes) ~ poor little thing.

ha·schie·ren [ha'ʃiːrən] *v/t* ⟨*no* ge-, h⟩ Fleisch ~ *gastr.* to make meat into hash, to hash meat.

Ha'schier·te *n* ⟨-n; *no pl*⟩ *Austrian gastr. for* Haschee.

Ha·schisch ['haʃɪʃ] *n* ⟨-; *no pl*⟩ hashish, Indian hemp, cannabis, 'pot' (*sl.*). — **~ˌrausch** *m* hashish intoxication, kef. — **~ver·ˌgif·tung** *f* hashish poisoning, cannabism.

Ha·se ['haːzə] *m* ⟨-n; -n⟩ **1.** *zo.* hare (*Lepus europaeus*): junger ~ (*im 1. Jahr*) leveret; männlicher ~ male (*od.* buck) hare; weiblicher ~ *cf.* Häsin; der ~ hoppelt [macht Männchen] the hare hops [sits on his hind legs]. – **2.** *fig.* (*in Wendungen wie*) ein alter ~ *colloq.* (*erfahrener Fachmann*) an old hand; ein furchtsamer ~ a coward, *Am. auch* a scaredy-cat; er ist furchtsam wie ein ~ he is as timid as a rabbit; sehen [wissen], wie der ~ läuft *colloq.* to see [to know] which way the wind blows (*od.* how the land lies); da liegt der ~ im Pfeffer *colloq.* that's the nigger in the woodpile (*colloq.*); er ist auch kein heuriger ~ mehr *colloq.* he is no youngster any more; mein Name ist ~, ich weiß von nichts I don't know anything about anything, search me! (*colloq.*); → Fuchs 7; Hund 2. – **3.** *gastr.* hare: gespickter ~ larded hare; falscher ~ *colloq.* (*Hackbraten*) meat loaf. – **4.** *astr.* (*Sternbild*) (the) Hare, Lepus (*scient.*).

Ha·sel[1] ['haːzəl] *f* ⟨-; -n⟩ *bot. cf.* Haselnußstrauch.

'Ha·sel[2] *m* ⟨-s; -⟩ (*Karpfenfisch*) dace (*Leuciscus leuciscus*).

Ha·se·lant [hazə'lant] *m* ⟨-en; -en⟩ *obs. for* Geck, Narr 1.

'Ha·sel|ˌblu·me *f bot. cf.* Buschanemone. — **~ˌbusch** *m cf.* Haselnußstrauch. — **~ˌdickˌkopfˌkä·fer** *m zo.* cigar-rolling snout beetle (*Br.* snout-beetle) (*Apoderus coryli*). — **~ˌger·te** *f* hazel switch. — **~ˌhuhn** *n zo. auch* Gemeines ~ hazel hen (*od.* grouse) (*Tetrastes bonasia*): Amerikanisches ~ (American) ruffed grouse (*Bonasa umbellus*). — **~ˌkätz·chen** *n bot.* ament (*auch* catkin) of the hazel. — **~ˌkraut** *n cf.* Haselwurz. — **~ˌmaus** *f zo.* common dormouse, muscardin (*scient.*) (*Muscardinus avellanarius*). — **~ˌnat·ter** *f cf.* Schlingnatter.

'Ha·selˌnuß *f bot.* **1.** (*Frucht*) hazel(nut), *Br.* hazel(-nut), cobnut, *Br.* cob-nut. – **2.** *cf.* Haselnußstrauch. — **~ˌboh·rer**, **~ˌkä·fer** *m zo.* nut weevil (*Curculio nucum*). — **~ˌkern** *m* hazelnut (*Br.* hazel-nut) kernel. — **~ˌstrauch** *m bot.* hazel (bush), hazelnut (*Br.* hazel-nut) (tree), stock nut (*Corylus avellana*).

'Ha·sel|ˌru·te *f* hazel switch. — **~ˌstau·de** *f*, **~ˌstrauch** *m bot. cf.* Haselnußstrauch. — **~ˌwurz** *f* hazelwort, wild nard; asarabacca, asarum (*scient.*) (*Asarum europaeum*).

'Ha·sen|ˌamp·fer *m bot.* curled (*od.* yellow) dock (*Rumex crispus*). — **h~ˌar·tig** *adj zo.* resembling a hare; leporine, lagomorphic (*scient.*). — **~ˌar·ti·ge** *pl* Lagomorpha (*Ordng Lagomorpha*). — **~ˌau·ge** *n* **1.** *med.* hare's eye; lagophthalmos, lagophthalmia (*scient.*). – **2.** *bot. cf.* Nelkenwurz. — **~ˌbalg** *m* hare skin. — **~ˌbra·ten** *m gastr.* roast hare. — **~ˌbrot** *n* **1.** *bot.* a) *cf.* Flittergras, b) glowworm (*Br.* glow-worm) grass, wood rush (*Luzula campestris*). – **2.** *colloq. humor.* (*zurückgebrachtes Frühstücksbrot*) leftover (*Br.* left-over) sandwich brought back home. — **~ˌfell** *n* hare skin.

'Ha·senˌfuß *m* **1.** hare's foot. – **2.** *fig. colloq. humor.* coward, lily-livered person. — **'ha·senˌfü·ßig** *adj fig. colloq. humor.* (*ängstlich, feige*) cowardly, lily-livered, *Am. colloq.* chicken.

'Ha·sen|ˌfußˌklee *m bot.* hare's- (*od.* rabbit)-foot clover, pussy clover (*Trifolium arvense*). — **~ˌgras** *n cf.* Flittergras. — **~ˌherz** *n* **1.** hare's heart. – **2.** *fig. colloq. cf.* Hasenfuß 2. — **~ˌjagd** *f hunt.* hare hunt(ing): ~ mit Windhunden *Br.* hare coursing. — **~ˌjun·ge** *n* ⟨-n; *no pl*⟩ *Austrian for* Hasenklein. — **~ˌkän·gu·ruh** *n zo.* hare kangaroo (*od.* wallaby), hare kangaroo (*Gattg Lagorchestes*). — **~kaˌnin·chen** *n* (*Kaninchenrasse*) hare rabbit. — **~ˌkeu·le** *f gastr.* haunch of hare. — **~ˌklee** *m bot.* **1.** *cf.* Hasenfußklee. – **2.** Roter ~ purple trefoil (*Trifolium rubens*). – **3.** *cf.* Wundklee. — **~ˌklein** *n gastr.* jugged hare. — **~ˌkohl** *m bot.* **1.** nipplewort (*La[m]psana communis*). – **2.** cuckoo-meat, cuckoo sorrel (*Oxalis acetosella*). — **~ˌlat·tich** *m* **1.** hare's-lettuce (*Gattg Sonchus*). – **2.** *cf.* Hasenkohl 1. — **~ˌlip·pe** *f med. cf.* Hasenscharte. — **~ˌmaus** *f zo.* chinchilla (*Fam. Chinchillidae*). — **~ˌmor·chel** *f bot.* eatable turban-top (*Helvella esculenta*). — **~ˌohr**, **~ˌöhr·chen** *n* buplever, hare's-ear, thoroughwax (*Gattg Bupleurum*). — **~paˌnier** *n only in* das ~ ergreifen *colloq.* to take to one's heels. — **~ˌpap·pel** *f bot. cf.* Feldmalve. — **~paˌste·te** *f gastr.* hare pie, pâté de lièvre. — **~ˌpfef·fer** *m gastr. cf.* Hasenklein. — **~ˌpföt·chen** *n*, **~ˌpfo·tenˌklee** *m bot. cf.* Hasenfußklee. — **h~ˌrein** *adj hunt.* (*Jagdhund*) *Am.* trained not to chase unwounded hares, *Br.* steady from hare: die Sache scheint mir nicht ganz ~, die ganze Sache scheint mir nicht ganz ~ (zu sein) *fig. colloq.* there is something fishy about the matter (*colloq.*). — **~ˌrücken** (*getr.* -k·k-) *m gastr.* saddle of hare. — **~saˌlat** *m bot. cf.* a) Mauerlattich, b) Hasenkohl 2. — **~ˌschar·te** *f med.* harelip, lagostoma (*scient.*). — **~ˌschwanz** *m* **1.** hare's tail. – **2.** *bot.* hare's-tail grass (*Lagurus ovatus*). — **~ˌstäub·ling** *m bot. cf.* Bofist.

Hä·sin ['hɛːzɪn] *f* ⟨-; -nen⟩ *zo.* female hare, hare's doe.

Häs·lein ['hɛːslaɪn] *n* ⟨-s; -⟩ *dim. of* Hase 1.

Häs·ling ['hɛːzlɪŋ] *m* ⟨-s; -e⟩ *zo. cf.* Hasel[2].

Has·pe ['haspə] *f* ⟨-; -n⟩ *tech.* (*Tür- od. Fensterhaken*) hasp, hook, staple.

Has·pel ['haspəl] *f* ⟨-; -n⟩, *rare m* ⟨-s; -⟩ **1.** (*textile*) a) (*Garnrolle*) reel, hank, skein, b) (*Spule*) spool, bobbin, c) (*Haspel-Kufe*) winch dying machine. – **2.** *tech.* (*Winde*) windlass, winch, crab, whim. – **3.** *metall.* coiler, reel: ~ zum Wiederaufwickeln upcoiler, recoiler. – **4.** (*mining*) winch, winding engine. – **5.** (*leather*) (*Gerberei*) reel, paddle wheel. — **~ˌbaum** *m tech.* beam of a windlass. — **~maˌschi·ne** *f* **1.** (*mining*) winding engine. – **2.** *metall.* (*textile*) reeling machine.

has·peln ['haspəln] **I** *v/t* ⟨h⟩ **1.** (*textile*) a) (*Garn abhaspeln*) reel off, wind off, b) (*aufwickeln*) reel up, wind up. – **2.** *metall.* (*Draht*) reel, coil, wind up. – **3.** *cf.* hochwinden I. – **4.** *fig. colloq.* (*Worte hastig sprechen*) splutter, sputter. – **II** *v/i* **5.** *fig. colloq.* sp(l)utter.

Has·pen ['haspən] *m* ⟨-s; -⟩ *tech. cf.* Haspe.

Haß [has] *m* ⟨-sses; *no pl*⟩ **1.** hatred, hate: blinder [tiefer] ~ blind [deep] hatred; ~ gegen j-n hegen (*od.* empfinden), ~ auf j-n haben *colloq.* to feel hatred for s.o., to hate s.o.; aus ~ out of (*Br. auch* from) hatred; sich j-s ~ zuziehen to incur s.o.'s hatred; j-n mit seinem ~ verfolgen to persecute s.o. with one's hatred. – **2.** (*Feindseligkeit*) animosity, enmity. – **3.** (*Erbitterung*) rancor, *bes. Br.* rancour.

has·sen ['hasən] **I** *v/t* ⟨h⟩ **1.** hate: j-n bis auf (*od.* in) den Tod ~ to hate s.o. like poison, not to be able to stand s.o. dead or alive; ich hasse es wie die Pest I hate it like the plague; ich hasse es, wenn er raucht I hate his smoking. – **2.** (*verabscheuen*) loathe, detest, abhor: ich hasse frühes Aufstehen I loathe getting up early. – **II** *v/reflex* sich ~ **3.** hate oneself. – **III** *v/i* **4.** hate.

'has·sensˌwert *adj* hateful, repulsive, odious, abominable: ein ~er Mensch a repulsive (*od.* an odious) person.

'Has·ser *m* ⟨-s; -⟩ *rare* hater, person who hates: er ist ein ~ aller Konventionen he is a hater (*od.* an enemy) of all conventions.

'haß·er·füllt **I** *adj* filled with hatred. – **II** *adv* j-n ~ ansehen to look at s.o. with hate, to look daggers at s.o.

'Haß·geˌfühl *n meist pl* feeling of hatred.

häß·lich ['hɛslɪç] **I** *adj* **1.** ugly, *Am. auch* homely: ~es Gesicht [Mädchen] ugly face [girl]; ein ~es kleines Entlein *fig.* an ugly duckling; er ist ~ wie die Nacht (*od.* Sünde) he is as ugly as sin; Karl sieht ~ aus Charles is ugly-looking; ein ~er Anblick an eyesore; → klein 16. – **2.** (*scheußlich*) hideous. – **3.** (*unansehnlich*) unsightly. – **4.** *fig.* (*unerfreulich, unangenehm*) ugly, unpleasant: ~e Angelegenheit unpleasant affair; ~e Gedanken haben to harbo(u)r ugly thoughts. – **5.** *fig.* (*Charakter etc*) ugly, nasty, unpleasant: er hat ein ~es Wesen he has an ugly disposition; das ist ~ von dir that is nasty (*od.* horrid) of you. – **6.** *fig.* (*Taten etc*) ugly, mean, spiteful: ~e Worte gebrauchen a) (*grobe*) to use bad language, b) (*unfreundliche*) to speak unkindly. – **II** *adv* **7.** in an ugly (*od.* nasty) way: ~ von j-m reden *colloq.* to speak nastily of s.o. – **III H~e, das** ⟨-n⟩ **8.** the ugliness. — **'Häß·lich·keit** *f* ⟨-; -en⟩ **1.** ⟨*only sg*⟩ ugliness, *Am. auch* homeliness. – **2.** ⟨*only sg*⟩ (*Scheußlichkeit*) hideousness. – **3.** ⟨*only sg*⟩ (*Unansehnlichkeit*) unsightliness. – **4.** ⟨*only sg*⟩ (*Unerfreulichkeit*) ugliness, unpleasantness. – **5.** ugly remark: j-m ~en sagen to make nasty remarks to s.o.

'Haß|ˌlie·be *f psych.* love-hate relationship. — **~tiˌra·de** *f* tirade of hate.

hast [hast] *2 sg pres of* haben.

Hast *f* ⟨-; *no pl*⟩ **1.** haste, hurry: in großer ~ in great haste; ohne ~ without haste. – **2.** (*Überstürzung*) precipitation.

ha·sten ['hastən] **I** *v/i* ⟨sein⟩ **1.** hurry, hasten. – **2.** (*eilen*) rush. – **II H~** *n* ⟨-s⟩ **3.** *verbal noun.* – **4.** hurry, rush: das H~ und Treiben the hustle and bustle.

'ha·stig **I** *adj* **1.** (*Bewegungen, Schritte etc*) hasty, hurried: ~e Sprechweise hurried way of speaking; mit einem ~en Blick zur Tür with a swift glance at the door; nur nicht so ~! a) not so fast! wait a minute! b) don't eat so fast! eat more slowly! – **2.** (*überstürzt*) precipitate, headlong: ~er Rückzug precipitate retreat. – **II** *adv* **3.** hastily, hurriedly: ~ essen to eat hastily;

wir standen ~ auf we got up hastily; ~ abreisen to leave in a hurry; sie nahm ~ meine Tasse weg she whisked my cup away. — **'Ha·stig·keit** *f* ⟨-; *no pl*⟩ **1.** haste. – **2.** hastiness, hurriedness.

hat [hat] *3 sg pres of* haben.

Hät·sche'lei *f* ⟨-; *no pl*⟩ *colloq. contempt.* **1.** fondling, caressing, petting. – **2.** *fig.* pampering, (molly)coddling, *Br.* (molly)-coddling. — **hät·scheln** ['hɛːtʃəln] *v/t* ⟨h⟩ **1.** (*liebkosen*) fondle, caress, pet. – **2.** *fig. contempt.* (*verzärteln, bevorzugen*) pamper, (molly)coddle, *Br.* (molly-)coddle.

hat·schen ['haːtʃən] *v/i* ⟨sein⟩ *Bavarian and Austrian colloq.* trudge: wir sind auf den Berg gehatscht we trudged up the mountain. — **'Hat·scher** *m* ⟨-s; -⟩ (*mühsamer Weg*) trudge.

hat·schi ['hatʃi; ha'tʃiː] *interj Br.* atishoo! *Am.* kerchoo!

hat·te ['hatə] *1 u. 3 sg pret,* **hät·te** ['hɛtə] *1 u. 3 sg pret subj of* haben.

Hat-Trick, *auch* **Hat·trick** ['hæt,trɪk] (*Engl.*) *m* ⟨-s; -s⟩ (*sport*) hat trick.

Hatz [hats] *f* ⟨-; -en⟩ **1.** *hunt.* hunt. – **2.** *bes. Bavarian and Austrian for* Hetze 4. — **~,hund** *m hunt.* hound, hunting dog.

hat·zi ['hatsi; ha'tsiː] *interj cf.* hatschi.

'Hatz,rü·de *m hunt.* (boar)hound.

Hau [hau] *m* ⟨-(e)s; -e⟩ **1.** *obs. for* Hieb 3. – **2.** (*forestry*) (*Schlag*) felling site.

'hau·bar *adj* (*forestry*) (*Baum, Wald*) fellable, exploitable, mature. — **'Hau·bar·keits,al·ter** *n* felling (*od.* exploitable, maturity) age.

Häub·chen ['hɔʏpçən] *n* ⟨-s; -⟩ **1.** *dim. of* Haube 1, 2. – **2.** (*einer Serviererin etc*) cap.

Hau·be ['haubə] *f* ⟨-; -n⟩ **1.** bonnet: die Tochter unter die ~ bringen *fig. colloq.* to marry (off) one's daughter; sie kam unter die ~ *fig. colloq.* she got married (*od. colloq.* hitched). – **2.** (*einer Krankenschwester, Serviererin etc*) cap. – **3.** (*einer Nonne*) hood, coif. – **4.** (*leichter Helm*) (light) helmet. – **5.** (*Kaffeewärmer*) cozy, cosey. – **6.** (*Trokkenhaube*) (hair)drier: unter der ~ sitzen to sit under the drier. – **7.** *arch.* cap, calotte, cupola: welsche ~ bulbous cupola. – **8.** *auto. Br.* bonnet, *Am.* hood. – **9.** *aer.* cowling. – **10.** (*einer Glocke*) crown. – **11.** *zo.* a) (*Netzmagen der Wiederkäuer*) bonnet, calotte, b) (*Federschopf der Vögel*) crest, hood. – **12.** *hunt.* a) (*des Jagdfalken*) hood, b) (*bei der Frettchenjagd*) purse net, *Br.* purse-net. – **13.** *med.* (*Haut*) tegmentum. – **14.** *metall.* (*einer Blockform*) feeder head, dozzle, hot top. – **15.** *math.* (*Kugelhaube*) cap of a sphere. – **16.** *bot.* (*der Moose*) calyptra, coif.

häu·beln ['hɔʏbəln] *v/t* ⟨h⟩ *hunt.* (*Falken etc*) hood.

'Hau·ben|,ad·ler *m zo.* crested hawk eagle (*Spizaetus coronatus*). — **~,band** *n* ⟨-(e)s; ⸚er⟩ bonnet string. — **~,dach** *n arch.* cap(ped) roof. — **~,en·te** *f zo.* tufted duck (*Fuligula cristata*). — **~,fink** *m* Virginian nightingale, red cardinal (*Cardinalis cardinalis*). — **~,ko·li·bri** *m* helmet-crest warrior (*Oxypogon guerini*). — **~,ler·che** *f* crested (*od.* tufted) lark (*Galerida cristata*). — **~,mei·se** *f* crested tit(mouse) (*Parus cristatus*). — **~,netz,spin·ne** *f* theridiid (spider) (*Fam. Theridiidae*). — **~,sä·ge,tau·cher** *m* hairy head, red-breasted merganser (*Mergus serrator*). — **h~,scheu** *adj hunt.* (*Falke*) hoodshy. — **~,stock** *m* (*fashion*) *hist.* milliner's block. — **~,sturm,vo·gel** *m zo.* black-capped petrel (*Pterodroma hasitata*). — **~,tau·be** *f* helmet pigeon, ruff (*Columba livia*). — **~,tau·cher** *m* great crested grebe, tippet grebe (*Podiceps cristatus*). — **~,wür·ger** *m* shrike tit (*Gattg Falcunculus*).

'Hau,berg *m* (*forestry*) oak coppice (*for tan-bark production*).

Hau·bit·ze [hau'bɪtsə] *f* ⟨-; -n⟩ *mil.* howitzer: er ist voll wie eine ~ *fig. colloq. humor.* he is as drunk as a lord (*od.* an owl), he is as high as a kite.

'Hau,block *m* ⟨-(e)s; ⸚e⟩ chopping block.

Hauch [haux] *m* ⟨-(e)s; *rare* -e⟩ **1.** breath, aspiration (*scient.*): den letzten ~ von sich geben *colloq.* to breathe one's last. – **2.** (*Lüftchen*) breath of air, breeze: ein eisiger ~ wehte uns an an icy cold breath of air reached us. – **3.** (*von Parfüm etc*) whiff, waft. – **4.** *fig.* (*Atmosphäre*) air, aura, atmosphere: einen ~ von Schwermut um sich verbreiten to spread an aura of melancholy. – **5.** *fig.* (*leise Spur*) trace: der ~ eines Lächelns the trace (*od.* hint, ghost) of a smile; wenn er nur einen ~ von Humor besäße *lit.* if only he had a trace of humo(u)r. – **6.** *fig.* (*dünne Schicht*) thin layer: nur einen ~ Puder auftragen to apply only a thin layer of powder. – **7.** *fig.* (*zarter Farbton*) touch: ein rosiger ~ lag auf ihren Wangen there was a touch of colo(u)r on her cheeks. – **8.** *fig.* (*auf Früchten etc*) bloom. – **9.** stimmloser ~ *ling.* breath.

'hauch'dünn I *adj* **1.** (*Wurstscheibe, Rasierklinge etc*) extremely thin, paper-thin (*attrib*). – **2.** (*Gewebe*) filmy, (*Strumpf*) sheer. – **3.** (*Faden, Spinnennetz*) tenuous. – **4.** (*Farbschicht etc*) filmy. – **5.** (*Porzellan*) eggshell, *Br.* egg-shell (*attrib*). – **6.** *fig.* (*Mehrheit*) wafer-thin (*attrib*). – **II** *adv* **7.** etwas ~ auftragen a) (*Farbe*) to lay on (*od.* apply) s.th. very thinly, b) (*Make-up etc*) to put on (*od.* apply) s.th. very thinly; die Butter ~ streichen to spread butter as thinly as possible.

hau·chen ['hauxən] **I** *v/i* ⟨h⟩ **1.** breathe, blow: sie hauchte an das Glas she breathed on the glass; auf den Spiegel ~ to breathe on the mirror; in die Hände ~ to blow on one's hands. – **II** *v/t* **2.** *lit.* (*Wort*) breathe, whisper: „ja", hauchte sie "yes", she whispered. – **3.** j-m einen Kuß auf die Stirn ~ *lit.* to kiss s.o. lightly on the forehead (*od.* brow). – **4.** *ling.* (*Konsonanten mit h aussprechen*) aspirate.

'hauch|'fein *adj cf.* hauchdünn I. — **H~,laut** *m ling.* **1.** aspirate, (sound) h. – **2.** (*behauchter Laut*) *cf.* Aspirata. — **H~pa,pier** *n* thin tissue paper. — **H~,pro·be** *f* breath test. — **~'zart** *adj* **1.** extremely delicate. – **2.** *cf.* hauchdünn 2, 3.

'Hau,de·gen *m* ⟨-s; -⟩ **1.** (*Waffe*) broadsword. – **2.** (alter) ~ *fig.* a) tough (*od.* rugged) old soldier, old trooper, veteran of many campaigns, b) (*in Partei etc*) old war-horse.

'Hau·de·rer *m* ⟨-s; -⟩ *obs. and Northwestern G.* **1.** (*Zögerer*) procrastinator. – **2.** a) owner (*od.* driver) of a hackney coach, b) keeper of a livery stable.

hau·dern ['haudərn] *v/i* ⟨h⟩ *Northwestern G.* **1.** drive for hire. – **2.** (*sich langsam bewegen*) jog (*od.* trundle) along, dawdle.

Haue ['hauə] *f* ⟨-; -n⟩ **1.** *Southern G. cf.* Hacke[1] 1—3. – **2.** (*mining*) pick. – **3.** ⟨*only sg*⟩ *colloq.* (*Schläge*) spanking, thrashing, hiding (*colloq.*): ~ kriegen (*od.* bekommen) to get a thrashing (*od. colloq.* tanning).

hau·en ['hauən] **I** *v/t* ⟨haut, haute, *auch* hieb, gehauen, h⟩ **1.** *colloq.* (*Person etc*) strike, hit, (*mit wiederholten Schlägen*) beat: j-n ~ to beat s.o., to give s.o. a beating; sie haute den Jungen she struck the boy; j-n zu Boden ~ to knock s.o. down; j-n krumm und lahm ~ to make mincemeat of s.o.; hau ihm eine in die Fresse! *vulg.* give him a punch on the nose! er haute alles kurz und klein (*od.* in Stücke) he smashed everything up (*od.* to pieces); sich (*od.* einander) ~ to fight; haut ihn! let him have it! give it him! → Lukas[2]. – **2.** *colloq.* (*schmeißen*) slam, hit, bang: er haute das Buch auf den Tisch he banged the book (down) on the table; er haute die Tür ins Schloß he slammed the door (shut); das Geld auf den Tisch ~ to slam the money (down) on the table; j-m ein Buch um die Ohren ~ to hit s.o. over the head with a book. – **3.** (*mit Werkzeug herstellen*) cut, hew: eine Öffnung in die Wand ~ to cut an opening in(to) the wall; Stufen in den Felsen ~ to hew steps in the rock; eine Statue in (*od.* aus) Marmor ~ to hew out a statue from marble, to hew (*od.* sculpt) a statue out of marble; sich (*dat*) einen Weg durch den Dschungel ~ to hew out a path(way) through the jungle. – **4.** (*Bäume, Wald*) fell. – **5.** (*Holz*) chop, hew. – **6.** (*mining*) a) (*Steine, Kohle*) break, b) (*Erz*) cut. – **7.** *obs. od. dial.* (*Fleisch, Knochen*) cut, chop. – **8.** *dial.* (*Korn, Gras*) scythe. – **9.** *tech.* (*Feilen*) cut. – **10.** *fig. colloq.* (*in Wendungen wie*) j-n in die Pfanne ~ a) (*heruntermachen*) to call (*bes. Br.* put) s.o. on the carpet, to haul s.o. over the coals, b) (*fertigmachen*) to finish s.o. off, to make mincemeat of s.o.; mich haut's (*od.* es haut mich) vom Stuhl you could have knocked me down with a feather; alles Geld auf den Kopf ~ *fig.* to blow (*bes. Br.* blue) one's money; → Ohr 3. – **II** *v/i* ⟨haut, hieb *od. colloq.* haute, gehauen, h⟩ **11.** strike (out): er haute mir ins Gesicht a) he struck me in the face, b) he slapped me in the face, he slapped my face; er hieb (wie wild) mit dem Schwert um sich he struck (*od.* lashed) out wildly with his sword; er haute um sich he swung his arms about him; in die Luft ~ to beat the air; auf (*acc*) [gegen, nach] etwas ~ to strike (*od.* hit) [against, at] s.th.; nach j-m ~ to hit out at s.o.; er haute mit dem Knie gegen den Stuhl *colloq.* he banged his knee on (*od.* against) the chair. – **12.** *fig. colloq.* (*in Wendungen wie*) auf die Pauke (*od.* auf den Putz) ~ (*ausgelassen sein*) to paint the town red; in den Sack ~ *sl.* to throw up one's job; über die Schnur (*od.* die Stränge, *colloq.* den Zapfen) ~ to kick over the traces; → Kerbe 1. – **III** *v/reflex* ⟨haut, haute, gehauen, h⟩ **13.** sich in die Falle (*od.* Klappe) ~ *colloq.* to hit the hay (*Am. sl.* sack); sich aufs Ohr ~ *colloq.* to have a snooze (*od.* doze); er haute sich aufs Bett *sl.* he flung himself down on the bed.

'Hau·er *m* ⟨-s; -⟩ **1.** (*mining*) getter, collier, hewer, pickman, pikeman. – **2.** *zo.* (*des Ebers*) tusk. – **3.** *Austrian* vintner, wine grower.

Häu·er ['hɔʏər] *m* ⟨-s; -⟩ *bes. Austrian for* Hauer 1.

Haue'rei *f* ⟨-; -en⟩ *colloq.* **1.** fighting, scuffling, fisticuffs *pl* (*construed as sg or pl*). – **2.** fight, scuffle, altercation.

'häuf·bar *adj* (*in Statistik*) (*Wert etc*) cumulative.

Häuf·chen ['hɔʏfçən] *n* ⟨-s; -⟩ *dim. of* Haufen 1—4: er saß da wie ein ~ Unglück (*od.* Elend) *fig.* he was sitting there looking a picture of misery; der Hund hat ein ~ gemacht the dog made a pile (*od.* did its business).

Hau·fe ['haufə] *m* ⟨-ns; -n⟩ *obs. od. poet. for* Haufen 5, 6, 9.

häu·feln ['hɔʏfəln] **I** *v/t* ⟨h⟩ **1.** (*lockere Erde*) hill (up), bed up: Kartoffeln ~ to hill (up) potatoes. – **2.** (*Heu*) cock. – **3.** (*in Häufchen setzen*) heap (*s.th.*) (up), form (*s.th.*) into a heap. – **II** *v/i* **4.** *pol. cf.* kumulieren 3. – **III H~** *n* ⟨-s⟩ **5.** *verbal noun.* – **6.** (*games*) blind hookey, *Br. auch* blind hazard.

'Häu·fel,pflug *m agr.* ridge (*od.* ridging) plough (*bes. Am.* plow), *Am. auch* lister.

Hau·fen ['haufən] *m* ⟨-s; -⟩ **1.** heap, pile: ein ~ Zeitungen a pile of papers; in ~ in heaps (*od.* piles); etwas auf einen ~ legen [werfen] to put [to throw] s.th. on a pile; den Schmutz auf einen ~ kehren to sweep the dust into a heap; (alles) auf einem ~ a) all in one heap, b) higgledy-piggledy; j-n [etwas] über den ~ rennen (*auto.* fahren) *fig. colloq.* to run (*od.* knock) s.o. [s.th.] down; j-n über den ~ schießen *fig. colloq.* to shoot s.o. down; etwas über den ~ werfen *fig. colloq.* a) (*Pläne etc*) to upset (*od.* spoil) s.th., b) (*Bedenken etc*) to put (*od.* throw, cast) s.th. aside. – **2.** (*Heu, Holz etc*) stack: etwas auf einen ~ schichten to stack s.th., to pile s.th. up; Heu in ~ setzen to stack (*od.* cock) hay. – **3.** (*Ansammlung, Häufung*) accumulation, amassment. – **4.** *colloq.* (*große Anzahl, Menge*) great quantity, great number, mass; a lot of, lots *pl* of, heaps *pl* (*od.* stacks *pl*, loads *pl*, oodles *pl*) of (*colloq.*): ein ~ Arbeit [Geld] a lot (*od. colloq.* loads) of work [money]; ein ~ Schulden a lot of debts; ein ~ Bücher a great number of books. – **5.** *fig. colloq.* (*von Menschen, Tieren*) crowd, great number: ein ~ Kinder a lot of children; in hellen (*od.* dichten) ~ in vast multitudes, in flocks, in throngs; der große ~ *contempt.* the great mass of people; dem großen ~ folgen to follow the crowd (*od.* common herd); ein ~ Menschen hat sich angesammelt a great crowd (of people) has gathered; einen ~ bilden to crowd (round); ein ~ Schafe a flock of sheep. – **6.** *colloq.* (*Gruppe, Gemeinschaft*) a) group, 'bunch' (*colloq.*), b) troop. – **7.** *astr.* cluster. – **8.** *bot.* (*Samenhäufchen der Farnkräuter*) sorus. – **9.** *bes. mil. hist.* army: beim ~ sein *mil. sl.* to be in (the) service, *Br.* to be in the Forces, to be a soldier (*Am. auch* G.I.). – **10.** *vulg.* (*Kot*) 'heap', 'crap' (*vulg.*): einen ~ machen to shit a heap (*vulg.*).

häu·fen ['hɔʏfən] **I** *v/t* ⟨h⟩ **1.** (*Waren, Reichtümer etc*) heap (up), pile (up), amass. – **2.** *fig.* accumulate: er häufte Beweise auf Beweise he accumulated evidence; er häufte Schuld auf Schuld he committed one crime after another. – **3.** (*Vorräte etc*) hoard. – **II** *v/reflex* sich ~ **4.** (*von Waren, Reich-

tümern etc) pile up, amass. – **5.** (*von Schulden etc*) accumulate, pile (*od.* mount, roll) up. – **6.** *fig.* become more frequent, increase: in letzter Zeit ~ sich die Fehler the mistakes have recently increased. – **7.** (*sich ausbreiten*) spread. – **III H~** *n* ⟨-s⟩ **8.** *verbal noun.* – **9.** accumulation. – **10.** increase. – **11.** *cf.* Häufung.

ˈHau·fen|ˌdorf *n* nucleated (*od.* unplanned) village. — **~ˌschichtˌwol·ke** *f meteor.* stratocumulus. — **~ˌschluß** *m philos.* (*in der Syllogistik*) sorites. — **~ˌstern** *m meist pl astr.* cluster star.

ˈhau·fenˌwei·se *adv colloq.* **1.** (*übereinandergehäuft*) in heaps (*od.* piles): das Geschirr sammelt sich ~ an the dishes are piling up (*od.* accumulating). – **2.** (*in großer Anzahl od. Menge*) in great quantities (*od.* numbers): Leserbriefe kommen ~ herein letters to the editor are coming in in great quantities, letters to the editor are pouring in. – **3.** (*in Massen*) in crowds (*od.* multitudes), in droves (*od.* flocks, herds, hordes) (*contempt.*): die Zuschauer strömten ~ ins Stadion the spectators poured into the stadium in crowds. – **4.** (*viel, in großen Mengen*) a lot of, lots of, heaps (*od.* stacks, loads, oodles) of (*alle colloq.*): sie besitzen (*od.* haben) ~ Geld they have lots of money.

ˈHau·fenˌwol·ke *f meteor.* cumulus (cloud).

häu·fig [ˈhɔyfɪç] **I** *adj* **1.** (*Besuch, Erscheinung, Fehler etc*) frequent: ihre Besuche sind ~er geworden her visits have grown more frequent; ~ sein to be frequent, to abound; solche Fehler sind nicht ~ such mistakes don't happen often (*od.* are infrequent). – **2.** (*Verbrechen, Unfall etc*) numerous: ~er werden to increase; immer ~er werdend increasing. – **3.** (*Ausdruck, Brauch, Wort etc*) common, widespread, rife (*pred*). – **II** *adv* **4.** (*oft vorkommend*) frequently, often: ~ auftreten to occur frequently; ~ besuchen to visit frequently, to frequent; das ist ~ der Fall that happens frequently. – **5.** commonly. — **ˈHäu·fig·keit** *f* ⟨-; *no pl*⟩ **1.** frequency. – **2.** frequent occurrence. – **3.** commonness.

ˈHäu·fig·keits|funk·tiˌon *f math.* frequency function. — **~ˌkur·ve** *f* (*auch in Statistik*) frequency curve. — **~ver|tei·lung** *f* frequency distribution. — **~ˌwert** *m* frequency value.

Häuf·lein [ˈhɔyflaɪn] *n* ⟨-s; -⟩ **1.** *cf.* Häufchen. – **2.** (*von Personen*) small number (*od.* group), handful.

ˈHäu·fung *f* ⟨-; *no pl*⟩ **1.** *cf.* Häufen. – **2.** (*Anhäufung*) amassment. – **3.** *fig.* accumulation. – **4.** increase. – **5.** (*Wiederholung*) frequent occurrence.

ˈHäu·fungsˌpunkt *m math.* accumulation (*od.* limit, condensation) point.

ˈHaufˌwerk *n* ⟨-(e)s; *no pl*⟩ (*mining*) broken material, *auch* debris.

ˈHau|ˌhe·chel *f bot.* restharrow, *Br.* rest-harrow, cammock (*Ononis repens*). — **~ˌklotz** *m* chopping block. — **~ˌmes·ser** *n* machete (knife).

Haupt [haupt] *n* ⟨-(e)s; ⸚er⟩ **1.** *lit.* head: entblößten ~es bareheaded, *Br.* bare-headed; erhobenen ~es with one's head erect; gesenkten ~es with bowed head; sein greises ~ schütteln *colloq. humor.* to shake one's hoary head; das ~ entblößen to bare one's head, to remove one's hat; zu j-s Häupten *rare* at s.o.'s head; j-m das ~ abschlagen *cf.* enthaupten; Unheil schwebt (*od.* hängt) über seinem ~ ruin is hanging over his head; j-n (*bes.* Gegner) aufs ~ schlagen *fig.* to defeat s.o. decisively, to vanquish s.o.; → Asche 1; feurig 1. – **2.** *fig.* (*Person*) man, head: ein graues (*od.* greises) ~ an old man; ein bemoostes ~ *colloq. humor.* an old student, a veteran. – **3.** *fig.* (*Oberhaupt, Führer*) head: das ~ der Christenheit the Pope; das ~ einer Verschwörung the head (*od.* mastermind) of a plot (*od.* conspiracy); etwas an ~ und Gliedern reformieren to reform s.th. thoroughly; Reform an ~ und Gliedern foot and branch reformation. – **4.** *poet.* (*eines Berges etc*) top, peak, summit. – **5.** (*von Salat*) head. – **6.** *civ.eng.* (*einer Mauer etc*) face. – **7.** ⟨*invariable*⟩ drei ~ Rinder three head of cattle. – **8.** *lit.* (*Kopf größerer Tiere*) head. – **9.** *hunt.* (*des Hirsches, Elches*) head.

ˈHaupt|ˌabˌmes·sun·gen *pl tech.* specifications. — **~ˌabˌsatz·geˌbiet** *n* main marketing (*od.* sales) area, major outlet. — **~ˌabˌschnitt** *m* **1.** principal (*od.* main) section. – **2.** *jur.* (*eines Gesetzes etc*) title. — **~ˌach·se** *f* **1.** principal (*od.* main) axis. – **2.** *math.* (*einer Ellipse etc*) major axis. – **3.** *bot.* main axis. — **~ˌader** *f* (*mining*) mother lode. — **~ak·tioˌnär** *m econ.* principal (*od.* major) shareholder (*bes. Am.* stockholder). — **~akˌzent** *m ling.* primary accent (*od.* stress). — **~alˌtar** *m relig.* high altar. — **~ˌamt** *n* **1.** central (*od.* head) office. – **2.** *tel.* main (telephone) exchange. — **h~ˌamt·lich I** *adj* (*Funktionär, Tätigkeit etc*) full-time (*attrib*). – **II** *adv* ~ tätig sein to work full-time (*od.* on a full-time basis). — **~ˌan·geˌklag·te** *m, f jur.* principal accused (*od.* defendant). — **~ˌanˌgriffsˌziel** *n mil.* primary (*od.* main) objective (of an attack). — **~ˌanˌkla·geˌpunkt** *m jur.* main charge. — **~ˌanˌlie·gen** *n* chief concern, main objective. — **~ˌanˌschluß** *m tel.* main (*od.* subscriber's) station. — **~ˌanˌteil** *m* **1.** *econ.* principal share. – **2.** decisive (*od.* most important) share (*od.* part): den ~ am Siege haben to have a decisive share in the victory. — **~ˌanˌtriebsˌmo·tor** *m tech.* main drive motor. — **~ar·beit** *f* **1.** main (*od.* chief) part of a work. – **2.** (*Hauptaufgabe*) main (*od.* chief) duty (*od.* task, work). — **~ar·guˌment** *n* chief argument. — **~arˌti·kel** *m* **1.** *jur.* main article (*od.* clause). – **2.** *econ.* a) main article, b) (*einer Firma*) major selling line. – **3.** *cf.* Leitartikel. — **~ˌast** *m* main branch, limb. — **~at·trak·tiˌon** *f* main attraction. — **~ˌaufˌga·be** *f* main (*od.* chief) duty (*od.* task, work). — **~ˌau·genˌmerk** *n* special (*od.* chief) attention: das ~ richtet sich jetzt auf (*acc*) special attention is now focus(s)ed on. — **~ˌausˌgang** *m* main exit. — **~ˌausˌschuß** *m pol.* central committee. — **~ˌbahnˌhof** *m* main (*od.* central) station. — **~ˌbal·ken** *m civ.eng.* main (*od.* tie) beam. — **~ˌbank** *f* ⟨-; -en⟩ *econ.* head (*od.* parent) bank. — **~ˌbau** *m* ⟨-(e)s; -e⟩ *hunt.* main portion of a lair (*od.* den, burrow). — **~ˌbe·ben** *n geol.* main earthquake. — **~beˌdeu·tung** *f* **1.** (*eines Wortes etc*) primary meaning. – **2.** (*eines Ereignisses etc*) major importance. — **~beˌdin·gung** *f* **1.** principal (*od.* main) condition. – **2.** (*Erfordernis*) principal (*od.* prime) prerequisite. — **~beˌgriff** *m* **1.** (*Überbegriff*) generic term. – **2.** (*Hauptgedanke*) principal (*od.* chief) idea, central concept. – **3.** *philos.* (*Gegenstand eines Definitionssystems*) primitive (*od.* undefined) concept. — **~beˌla·stungsˌzeu·ge** *m jur.* principal witness for the prosecution, star prosecution witness. — **~beˌra·ter** *m* principal (*od.* chief) consultant. — **~beˌruf** *m* main profession. — **h~beˌruf·lich I** *adj* **1.** (*Tätigkeit etc*) in (*od.* as a) regular occupation, professional. – **2.** *cf.* hauptamtlich I. – **II** *adv* **3.** regularly, professionally, in a professional capacity. – **4.** *cf.* hauptamtlich II. — **~beˌschäf·ti·gung** *f* chief occupation. — **~beˌstandˌteil** *m* **1.** principal ingredient, primary component: den ~ bilden von to be the principal ingredient of, to be part and parcel of. – **2.** (*einer Arznei etc*) base, basis, main ingredient. – **3.** (*einer Warensendung etc*) bulk. – **4.** (*der Hauptteil von Maschinen etc*) body. – **5.** (*einer Mahlzeit*) substantials *pl*. – **6.** *tech.* (*einer Legierung*) base metal. — **~beˌtei·lig·te** *m* ⟨-n; -n⟩ principal party (*od.* person) concerned. — **~beˌtrag** *m* main sum (of money): der ~ geht später ein the main sum (due) will be paid later. — **~beˌtrieb** *m econ.* **1.** main business (transactions *pl*). – **2.** (*Produktionsbetrieb*) central workshop. – **3.** (*Geschäft*) central establishment, main office(s *pl*). — **~beˌtriebsˌzeit** *f* main business season. — **~beˌwegˌgrund** *m* principal (*od.* main) reason (*od.* motive). — **~beˌweis** *m jur.* **1.** main (*od.* master) proof. – **2.** (*Beweismittel*) primary evidence. — **~beˌweisˌgrund** *m* principal argument. — **~biˌlanz** *f econ.* general balance sheet. — **~ˌblatt** *n* **1.** first (*od.* principal) sheet (*od.* part). – **2.** *colloq.* principal (*od.* main, most important) newspaper. — **~ˌbuch** *n econ.* ledger: das ~ (ab)schließen to close the ledger. — **~ˌbuchˌhal·ter** *m*, **~ˌbuchˌhal·te·rin** *f* accountant general, head bookkeeper. — **~bü·ro** *n* main (*od.* head) office. — **~ˌdarˌstel·ler** *m* (*im Theater, Film etc*) principal actor, lead(ing man): mit X als ~ starring X; den ~ vertreten to understudy the lead. — **~ˌdarˌstel·le·rin** *f* (*im Theater, Film etc*) principal actress, lead(ing lady). — **~ˌda·ten** *pl* (*Geschichtszahlen etc*) principal (*od.* chief) dates. — **~ˌdeck** *n mar.* main deck. — **~deˌpot** *n* **1.** *mil.* base (*od.* prime) depot. – **2.** *econ.* a) principal (*od.* main) warehouse (*od.* depot, depository), b) (*für Wertpapiere*) main custody. — **~ˌebe·ne** *f* (*optics*) principal plane. — **~ˌei·gen·schaft** *f* primary quality. — **~ˌeinˌfahrt** *f* main entrance (*Am. auch* driveway). — **~ˌeinˌgang** *m* main entrance. — **~ˌeinˌnah·meˌquel·le** *f* principal source of income. — **~ˌeinˌwand** *m* main (*od.* chief) objection: der ~ gegen dieses Vorgehen the main objection to this procedure. [(*von Salat*) head.]

Häup·tel [ˈhɔyptəl] *n* ⟨-s; -(n)⟩ *Austrian*

ˈHaupt·eleˌment *n* principal element.

ˈHäup·tel·saˌlat *m Austrian cf.* Kopfsalat.

ˈHaupt|entˌla·stungsˌzeu·ge *m jur.* principal witness for the defence (*Am.* defense). — **~entˌschä·di·gung** *f econ.* basic compensation.

ˈHauptˌer·be[1] *m* ⟨-n; -n⟩ *jur.* a) chief (*od.* principal) heir, residuary legatee (*scient.*), b) (*bei Liegenschaften*) devisee.

ˈHauptˌer·be[2] *n* ⟨-s; *no pl*⟩ chief inheritance.

ˈHaupt|ˌer·bin *f* chief (*od.* principal) heiress. — **~erˌeig·nis** *n* main event. — **~erˌfor·der·nis** *n* principal (*od.* prime) prerequisite. — **~ˌern·te** *f* main crop (season). — **~erˌzeug·nis** *n* **1.** main (*od.* chief) product. – **2.** *econ.* staple product.

ˈHaup·tesˌlän·ge *f only in* j-n um ~ überragen *auch fig.* to stand head and shoulders above s.o.

ˈHaupt|ˌfach *n ped.* main subject, *Am.* major: als ~ Chemie belegen (*od.* nehmen, studieren) to take chemistry as a main subject, *Am.* to major in chemistry. — **~ˌfahr·beˌreich** *m auto.* drive. — **~ˌfall** *m jur.* most important case. — **~ˌfar·be** *f* **1.** (*Grundfarbe*) primary color (*bes. Br.* colour). – **2.** (*in einem Bild etc*) principal (*od.* predominant) color (*bes. Br.* colour). — **~ˌfeh·ler** *m* **1.** (*Hauptirrtum*) principal (*od.* chief) mistake (*od.* error). – **2.** (*Hauptcharakterschwäche etc*) principal (*od.* chief) weakness (*od.* fault). – **3.** (*eines Buches, Stückes etc*) chief flaw (*od.* defect, drawback). — **~ˌfeind** *m* chief enemy, archenemy, *Br.* arch-enemy. — **~ˌfeld** *n* (*sport*) (*beim Radrennen etc*) (main) bunch (*od.* bulk). — **~ˌfeldˌwe·bel** *m mil.* **1.** (*Dienststellung*) (company) sergeant major. – **2.** (*Dienstgrad*) *etwa* staff sergeant, *Am.* sergeant first class. — **~ˌfestˌstel·lungsˌzeitˌraum** *m econ.* main assessment period. — **~fiˌgur** *f* **1.** central (*od.* main) figure. – **2.** (*in Theater, Literatur etc*) principal (*od.* chief) character, protagonist. — **~ˌfilm** *m* (*eines Programms*) feature, full-length film. — **~ˌfor·de·rung** *f econ.* (*ohne Zinsen*) principal. — **~ˌfra·ge** *f* **1.** main (*od.* chief, cardinal) question, point: die ~ ist, ob the point is whether. – **2.** *jur. Austrian* principal question (*put by the presiding judge to the [members of the] jury*). — **~ˌgang** *m* (*einer Mahlzeit*) main course. — **~geˌbäu·de** *n* main building. — **~geˌdan·ke** *m* main idea, keynote. — **~geˌfrei·te** *m mil.* **1.** *Am.* private 1st class, *Br.* lance corporal. – **2.** *aer. Am.* airman 2nd class, *Br.* senior aircraftman. — **~ˌge·genˌstand** *m* main subject, staple: die Scheidung bildete den ~ ihres Gespräches the divorce was the main subject of their conversation. — **~ˌgen** *n biol.* dominant gene. — **~geˌricht** *n* (*einer Mahlzeit*) main course. — **~geˌschäft** *n econ.* **1.** principal (*od.* main, head) office, headquarters *pl* (*often construed as sg*). – **2.** main business (transactions *pl*): alle Firmen machen das ~ zu Weihnachten all firms do their main business at Christmas. – **3.** main shop (*bes. Am.* store).

ˈHaupt·geˌschäfts|ˌfüh·rer *m* general (*od.* head) manager. — **~ˌstel·le** *f cf.* Hauptgeschäft 1. — **~ˌstra·ße** *f* main shopping street. — **~ˌstun·den** *pl*, **~ˌzeit** *f* main business hours *pl*.

ˈHaupt|geˌsichtsˌpunkt *m* major consideration. — **~geˌsprächsˌthe·ma** *n* **1.** (*in einem Gespräch*) main talking point. – **2.** (*die wichtigsten Neuigkeiten*) main topic (of discussion). — **~geˌwicht** *n* **1.** main weight. – **2.** *fig.* primary (*od.* main) emphasis (*od.* stress): er legte das ~ auf (*acc*) he placed primary emphasis on, he particularly emphasized. — **~geˌwinn** *m* **1.** (*in einer Lotterie*) first prize. – **2.** *econ.* main profit. — **~ˌgläu·bi·ger** *m jur. econ.*

principal (*od.* chief, main) creditor. — **~ˌgleis** *n* (*railway*) main track. — **~ˌgrund** *m* principal (*od.* main) reason. — **~ˌhaar** *n* hair of the head. — **~ˌhahn** *m tech.* main tap (*od.* cock). — **~ˌhan·delsˌplatz** *m econ.* main center (*bes. Br.* centre) of trade, emporium. — **~ˌhand·lung** *f* (*eines Films, Stücks*) main plot: Träger der ~ protagonist. — **~herˌausˌge·ber** *m* editor-in-chief, chief editor. — **~ˌherd** *m med.* (*einer Erkrankung*) principal focus. — **~ˌhim·melsˌrich·tung** *f* (*des Kompasses*) cardinal point, principal compass point. — **~ˌhin·der·nis** *n* principal (*od.* chief) obstacle. — **~ˌhül·le** *f bot.* universal involucre. — **~ˌinˌhalt** *m* **1.** (*eines Theaterstücks, Films etc*) argument, main content, (*einer Rede*) *auch* (main) tenor. – **2.** (*Kern*) essence, substance. – **3.** (*Abriß, Zusammenfassung*) abstract, epitome, summary. – **4.** (*Inhaltsübersicht in großen Zügen*) principal (*od.* chief) contents *pl.* — **~in·terˌes·se** *n* principal (*od.* chief) interest: das ~ richtet sich auf (*acc*) the principal interest is focus(s)ed on. — **~in·ter·ven·tiˌon** *f jur.* (*im Zivilprozeß*) main intervention. — **~ˌka·bel** *n electr.* mains *pl.* — **~ˌkampf** *m* (*einer Boxveranstaltung*) main fight (*od.* bout, event). — **~ˌkampf·ˌli·nie** *f mil.* main line of resistance. — **~karˌtei** *f econ.* main file. — **~ˌkas·se** *f* **1.** (*einer Bank etc*) teller's (*od.* cashier's) department, main cash office. – **2.** (*im Theater, Kino etc*) box (*Am. auch* main ticket) office. — **~kasˌsier** *m* (*einer Bank etc*) head teller (*od.* cashier). — **~ka·taˌlog** *m* (*einer Bibliothek etc*) main catalog (*bes. Br.* catalogue). — **~ˌkern** *m* **1.** *meteor.* chief core (*od.* center, *bes. Br.* centre). – **2.** *zo.* (*der Ciliaten*) macronucleus, meganucleus. — **~ˌkir·che** *f* **1.** mother (*od.* chief) church. – **2.** *hist. relig.* (*in Rom*) cardinal (*od.* titular) church. — **~ˌkla·ge** *f* **1.** *jur.* main (*od.* principal) action. – **2.** chief complaint (*od.* grievance). — **~ˌklä·ger** *m*, **~ˌklä·ge·rin** *f* principal plaintiff, *auch* demander. — **~ˌkon·to** *n econ.* principal (*od.* general) account. — **~ˌkriegs·ver·ˌbre·cher** *m* major war criminal. — **~ˌlast** *f* **1.** main burden. – **2.** (*Hauptwucht eines Angriffs etc*) brunt: die ~ zu tragen haben to have to bear the brunt. — **~ˌleh·re** *f* (*eines Philosophen etc*) fundamental doctrine. — **~ˌleh·rer** *m ped. obs.* senior teacher, *auch* headmaster (*of a very small elementary school*). — **~ˌleidˌtra·gen·de** *m*, *f* ⟨-n; -n⟩ **1.** person bearing the chief loss. – **2.** chief mourner. — **~ˌlei·tung** *f* **1.** *electr. tech.* mains *pl.* – **2.** *tel.* trunk line. — **~·lie·feˌrant** *m* main supplier (*od.* contractor).

Häupt·ling ['hɔʏptlɪŋ] *m* ⟨-s; -e⟩ **1.** (*eines Stammes etc*) chief(tain), headman: Würde eines ~s chieftaincy, chieftainship. – **2.** *colloq. humor.* (*einer Bande etc*) boss, leader.

häupt·lings ['hɔʏptlɪŋs] *adv* (with one's) head foremost, head over heels, headlong, headfirst, *Br.* head first.

'Haupt|ˌli·nie *f* (*railway*) main (*od.* trunk) line. — **~ˌma·cher** *m* ⟨-s; -⟩ *colloq.* ringleader. — **~ˌmacht** *f* **1.** *mil.* main body (of troops). – **2.** *pol.* chief (*od.* main, principal) power. — **~ˌmahlˌzeit** *f* chief (*od.* main) meal. — **~ˌman·gel** *m* **1.** principal (*od.* chief) defect (*od.* deficiency). – **2.** principal (*od.* main) scarcity.

'Hauptˌmann *m* ⟨-(e)s; -leute⟩ **1.** *mil.* captain: Rang (*od.* Stelle) eines ~s rank of (a) captain, captaincy, captainship. – **2.** (*Räuberhauptmann etc*) chieftain. — **'Hauptˌmannsˌrang** *m* rank of (a) captain, captaincy, captainship.

'Haupt|ˌmarkt *m econ.* chief market place, (regional) principal outlet. — **~ˌmas·se** *f* bulk, main body. — **~ˌmast** *m mar.* mainmast. — **~ˌmerkˌmal** *n* **1.** characteristic feature. – **2.** *med.* (*einer Krankheit*) cardinal symptom. — **~ˌmie·ter** *m* main (*od.* principal) tenant (*od.* lessee). — **~ˌmi·me** *m antiq.* archimime. — **~ˌmit·tel** *n* **1.** (*Werkzeug, Weg*) chief means *pl* (*construed as sg or pl*). – **2.** (*Gegenmittel*) (gegen for) principal remedy (*od.* cure). — **~moˌtiv** *n* **1.** leading motive. – **2.** (*art*) chief motif, principal. – **3.** *mus. lit.* chief (*od.* main, central) motif. — **~ˌnachˌfra·ge** *f econ.* principal (*od.* chief) demand: die ~ gilt Badehosen bathing trunks are most in demand. — **~ˌnährˌstoff** *m* chief nutritive substance, main nutrient. — **~ˌnah·rung** *f*, **~ˌnah·rungsˌmit·tel** *n* principal (*od.* staple) food. — **~ˌnen·ner** *m math.* common denominator. — **~ˌnie·der·ˌlas·sung** *f econ.* principal (*od.* head) office, headquarters *pl* (*often construed as sg*). — **~ˌnum·mer** *f* (*im Theater etc*) main attraction, *bes. Br.* star (*od.* chief) turn. — **~orˌgan** *n pol.* (*der UNO etc*) principal organ. — **~ˌort** *m* chief place. — **~parˌtei** *f jur.* principal (*od.* main) party. — **~perˌson** *f* **1.** chief (*od.* head) man (*od.* woman), principal: sie will immer die ~ sein she always wants to be the center (*bes. Br.* centre) of attention. – **2.** (*bei der alle Fäden zusammenlaufen*) keyman. – **3.** *lit.* a) (*in Dichtung etc*) hero, b) (*im Theater, Film etc*) principal (*od.* chief) character, protagonist. — **~ˌpfei·ler** *m* **1.** *civ.eng.* main pillar. – **2.** *fig.* chief pillar. — **~porˌtal** *n* (*einer Kirche etc*) front door (*od.* entrance). — **~ˌpost** *f*, **~ˌpostˌamt** *n* general (*od.* main) post office, *bes. Br.* General Post Office, G.P.O. — **~ˌpo·sten** *m econ.* principal (*od.* chief, main) item. — **~·ˌpro·be** *f* **1.** (*im Theater*) dress rehearsal. – **2.** *mus.* general rehearsal. — **~proˌblem** *n* chief (*od.* main) problem. — **~proˌdukt** *n* chief (*od.* main, staple) product. — **~·proˌzeß** *m jur.* main proceedings *pl.* — **~ˌpunkt** *m* **1.** main (*od.* most essential) point, (*einer Rede etc*) *auch* head. – **2.** (*Kern*) core, gist: der ~ einer Kontroverse the burden of an argument. – **3.** *pl jur.* (the) merits. – **4.** (*optics*) principal point. — **~quarˌtier** *n bes. mil.* headquarters *pl* (*often construed as sg*). — **~·ˌquel·le** *f* **1.** (*Fluß*) headspring. – **2.** *fig.* principal source, wellhead, *Br.* well-head, fountainhead, *Br.* fountain-head. — **~·ˌred·ner** *m* principal speaker: der ~ des Abends ist the principal speaker of the evening is, the major address will be delivered by. — **~ˌre·gel** *f* **1.** (*wichtigste*) principal (*od.* chief) rule. – **2.** (*allgemeingültige*) general rule. – **3.** (*Grundregel*) fundamental rule. — **~reˌgi·ster** *n* **1.** general table (*od.* statement) of contents, general index. – **2.** *mus.* (*der Orgel*) foundation stop, diapason. — **~ˌrei·seˌzeit** *f* (peak) tourist season. — **~re·li·giˌon** *f relig.* main religion. — **~ˌret·tungsˌstel·le** *f* (*mining*) central rescue station. — **~ˌrich·tung** *f* **1.** main direction. – **2.** *fig.* major trend. — **~ˌrohr** *n* **1.** *tech.* gas (*od.* water) main. – **2.** (*für Abwässer*) main drain. — **~ˌröh·re** *f hunt.* (*eines Dachs-, Fuchsbaues etc*) principal channel (*od.* passage). — **~ˌrol·le** *f* (*im Theater, Film etc*) title (*od.* principal, leading) role (*auch* rôle), lead: die ~ spielen a) to play the lead, to take (*od.* act) the chief part, b) *fig.* (*von Person*) to be the center (*bes. Br.* centre) of attraction, to play first fiddle, c) *fig.* (*von Geld etc*) to be all-important; ein Film mit X in der ~ a film with X in the leading role; sie möchte immer die ~ spielen *fig.* she always wants to be the center of attraction (*od.* the star). — **~ˌsa·che** *f* ⟨-; *no pl*⟩ **1.** main (*od.* essential) thing (*od.* point), essential (*od.* principal) matter: in der ~ in the main, chiefly, mostly, on the whole; der ~ nach in substance; die ~ ist, daß the main (*od.* most important) thing is that; das ist die ~ that's the main thing, that's all that matters; zur ~ kommen to come to the main point. – **2.** *jur.* main issue: Einlassung zur ~ joinder of (*od.* joining) issue; in der ~ entscheiden to give judg(e)ment on the main issue; zur ~ verhandeln to plead the main issue. — **h~ˌsäch·lich** **I** *adj* ⟨*attrib*, *colloq. sup* -st⟩ principal, essential, primary. – **II** *adv* mainly, chiefly, principally: worauf es ~ ankommt, ist the main point (*od.* focal question) is, what matters principally is; ~ fehlt es am Wasser water is the chief lack, what's mainly missing is water. — **~saiˌson** *f* peak season. — **~ˌsatz** *m* **1.** *ling.* a) principal (*od.* independent) clause, b) (*in einem Satzgefüge*) main clause: Satzgefüge aus ~ und Nebensatz complex sentence. – **2.** (*in der Rhetorik*) proposition. – **3.** *math. phys.* fundamental law. – **4.** *mus.* principal (movement). — **~ˌschacht** *m* (*mining*) main shaft. — **~ˌschal·ter** *m* **1.** *electr.* main (*od.* master) switch. – **2.** (*im Postamt etc*) main ticket (*Br. auch* booking) office. — **~·ˌschaltˌta·fel** *f electr.* main switchboard. — **~ˌscheinˌwer·fer** *m electr.* main headlamp, service headlight. — **~ˌschiff** *n arch.* (*bes. einer Kirche*) nave. — **~ˌschlag** *m hunt.* (*beim Auerwild*) climax of the mating song of the heathcock. — **~ˌschlagˌader** *f med.* aorta. — **~ˌschlüs·sel** *m tech.* passkey, master key, *Br.* master-key. — **~ˌschluß·ˌmo·tor** *m electr.* series(-wound) motor. — **~ˌschriftˌlei·ter** *m* editor-in-chief, chief editor. — **~ˌschriftˌlei·tung** *f* **1.** editor-in-chief, chief editor. – **2.** (*mehrere*) editors-in-chief *pl*, chief editors *pl.* — **~ˌschuld** *f* **1.** *econ.* principal debt. – **2.** (*Verschulden*) principal (*od.* main) fault: er trägt die ~ an dem Unfall the accident was principally (*od.* mainly) his fault, he is mainly to blame for the accident. — **~ˌschul·di·ge** *m*, *f* ⟨-n; -n⟩ *jur.* principal. — **~ˌschuld·ner** *m econ. jur.* principal debtor. — **~ˌschu·le** *f* upper division of elementary school. — **~ˌschwie·rig·keit** *f* main (*od.* chief, principal) difficulty. — **~ˌseh·ne** *f zo.* (*am Bein der Vierfüßler*) master sinew (*od.* tendon). — **~ˌsen·der** *m* (*radio*) **1.** main transmitter. – **2.** master transmitter (*od.* [transmitting] station). — **~ˌsi·che·rung** *f electr.* main fuse. — **~siˌgnal** *n* (*railway*) main signal. — **~ˌsitz** *m* principal (*od.* head) office, headquarters *pl* (*often construed as sg*). — **~·ˌsor·ge** *f* primary (*od.* chief) concern. — **~ˌspant** *n mar.* dead flat, midship section (*od.* bend, frame). — **~ˌspar·ren** *m civ.eng.* principal (rafter). — **~ˌspaß** *m colloq.* great joke (*od.* fun): der ~ bei der ganzen Geschichte war the greatest joke of the whole affair was. — **~ˌstadt** *f* capital (city), metropolis. — **~ˌstäd·ter** *m* inhabitant (*od.* resident) of a capital, metropolitan. — **h~ˌstäd·tisch** *adj* metropolitan. — **~·ˌstra·fe** *f jur.* principal punishment. — **~ˌstra·ße** *f* **1.** (*in der Stadt*) main street (*od. sl.* drag), *Br. auch* high street, (*als Name*) (*in den USA*) Main Street, (*in England*) High Street. – **2.** *cf.* Hauptverkehrsstraße 2. – **3.** (*bei Ausstellungen, Rummelplätzen etc*) midway, *Br.* avenue, gangway. — **~ˌstrecke** (*getr.* -k·k-) *f* **1.** (*railway*) main line. – **2.** (*mining*) main gate (*od.* road).

'Hauptˌstrom *m* **1.** *geogr.* main river, headstream. – **2.** *electr.* main current. — **~ˌkreis** *m electr.* main circuit, mains *pl.* — **~ˌmo·tor** *m* series-wound D.C. motor, series motor.

'Haupt|ˌströ·mung *f* (*der Philosophie etc*) trend, main stream (*od.* current). — **~ˌstück** *n* **1.** main piece. – **2.** *cf.* Hauptwerk 1. – **3.** (*in der Metzgerei*) (*eines Tieres*) joint. – **4.** *relig.* (*Glaubensartikel*) article of faith. — **~ˌstüt·ze** *f* **1.** *fig.* mainstay, chief support. – **2.** *civ.eng.* main column (*od.* support). – **3.** *mar.* mainstay. — **~ˌsün·de** *f meist pl röm.kath.* deadly sin: die 7 ~n the 7 deadly sins. — **~ˌsup·pen** *pl gastr.* basic soups. — **~ˌtä·ter** *m jur.* principal (in the first degree). — **~ˌtä·tig·keit** *f* main occupation. — **~ˌteil** *m*, *n* **1.** main (*od.* principal) part. – **2.** *fig.* lion's share. — **~ˌthe·ma** *n* **1.** main subject. – **2.** *mus.* principal theme. — **~ˌti·telˌblatt** *n* (*eines Buches etc*) title page. — **~ˌton** *m* **1.** *bes. ling.* main stress: vor dem ~ liegend pretonic; Verlegung des ~s shift of stress. – **2.** *mus.* keynote. — **~ˌtonˌart** *f mus.* principal key. — **~ˌträ·ger** *m* **1.** *civ.eng.* main beam (*od.* girder). – **2.** *fig.* main support, (*von Personen*) chief person (*od.* institution) carrying responsibility, (*von Sache*) main factor. — **~ˌtref·fer** *m* (*in der Lotterie etc*) first prize: den ~ ziehen to draw (the) first prize. — **~ˌtrep·pe** *f* grand staircase. — **~triˌbü·ne** *f* (*sport*) grandstand. — **~ˌtriebˌfe·der** *f fig.* mainspring. — **~ˌtriebˌwerk** *n* (*space*) main rocket engine. — **~ˌtu·gend** *f* cardinal virtue. — **~· ˌund 'Staats·ak·tiˌon** *f only in* aus allem eine ~ machen *colloq.* to make a big deal out of everything, to make a big to-do about everything. — **~ˌun·terˌschied** *m* main (*od.* principal) difference. — **~·ˌurˌsa·che** *f* main (*od.* chief) cause. — **~verˌantˌwor·tung** *f* main (*od.* principal) responsibility. — **~verˌbandˌplatz** *m med. mil.* **1.** (*einer Brigade*) *Br.* casualty clearing post, *Am.* collecting (*od.* collection) station. – **2.** (*einer Division*) *Br.* advanced dressing station, *Am.* clearing station.

'Haupt·verˌdienst[1] *m* main income.

'Haupt·verˌdienst[2] *n* main contribution (*od.* service), principal merit.

'Haupt|verˌfah·ren *n jur.* main procedure, trial. — **~verˌhand·lung** *f* (actual) trial.
'Haupt·verˌkehr *m* main traffic.
'Haupt·verˌkehrs|ˌader *f* arterial (road), traffic artery. — **~ˌstra·ße** *f* **1.** (*in der Stadt*) main thoroughfare (*od.* street). – **2.** (*im Überlandverkehr*) arterial (road), trunk road, *Am.* highway. — **~ˌstun·den** *pl* rush (*od.* peak) hours. — **~ˌzeit** *f* rush hour, peak time: zur ~ at rush hour.
'Haupt|verˌle·sen *n Swiss mil. für* Appell 2. — **~verˌsamm·lung** *f* **1.** general meeting (*od.* assembly). – **2.** *econ.* (*einer AG*) shareholders' (*Am.* stockholders') general meeting. — **~verˌtei·ler** *m tel.* main distributing frame. — **~verˌwal·tung** *f* **1.** *econ.* (*einer Großfirma*) head (*od.* executive) office, headquarters *pl* (*often construed as sg*). – **2.** die ~ *pol.* the Administration. — **~ˌvorˌstand** *m econ.* governing (central) board of directors. — **~ˌwa·che** *f mil.* main guard. — **~ˌwacht·ˌmei·ster** *m* police sergeant. — **~ˌwel·le** *f* **1.** *tech.* main (*od.* driving) shaft. – **2.** *auto.* lever (*od.* third-motion) shaft, *Am.* gearshift, *bes. Br.* mainshaft. — **~ˌwerk** *n* **1.** (*eines Künstlers*) chief work, masterpiece. – **2.** *econ.* (*eines Industriebetriebs*) main plant. – **3.** *mil.* (*einer Festung*) main works *pl.* – **4.** *mus.* (*der Orgel*) great organ. — **~ˌwohnˌsitz** *m jur.* principal domicile, home of record. — **~ˌwol·kenˌdecke** (*getr.* -k·k-) *f meteor.* (*im Flugwetterdienst*) significant cloud cover. — **~ˌwort** *n* ⟨-(e)s; ⸗er⟩ *ling.* noun, substantive: zusammengesetztes ~ compound (noun). — **h~·ˌwört·lich I** *adj* substantival. – **II** *adv* substantivally, substantively, as a substantive (*od.* noun). — **~ˌwur·zel** *f bot.* **1.** primary root. – **2.** (*Pfahlwurzel*) taproot, *Br.* tap-root. — **~ˌzei·chen** *n meist pl astr.* ~ im Tierkreis cardinal signs of the zodiac. — **~ˌzeu·ge** *m jur.* principal witness. — **~ˌzollˌamt** *n Br.* Customs and Excise Office, *Am.* Customs Bureau. — **~ˌzweck** *m* main purpose (*od.* object).
hau ruck ['hau 'rʊk] *interj* heave ho!
Haus [haus] *n* ⟨-es; ⸗er⟩ **1.** (*Gebäude*) house, building: ein eigenes ~ a house of one's own; freistehendes [schön gelegenes] ~ detached [well-situated] house; das ~ des Herrn, das ~ Gottes (*Kirche*) the house of the Lord, the house of God; mehrstöckiges ~ multistorey (*bes. Am.* multistory) building; öffentliches ~ (*Bordell*) brothel; das erste ~ am Platze a) the finest hotel in town, b) the best shop in town; ~ auf dem Lande country house; sie wohnt zwei Häuser weiter she lives next door but one; ~ an ~ mit j-m wohnen to live next (*od.* next door) to s.o.; im nächsten ~ next door; komm ins ~! come in! von ~ zu ~ gehen to go from house to house (*od.* door to door). – **2.** (*Wohnung, Heim*) house, home: ein großes ~ führen to live in great style; ein offenes ~ haben to keep open house; das ~ bestellen to put (*od.* set) one's house in order; j-m das ~ führen to keep house for s.o.; das ~ hüten a) to stay at home, b) to look after the house; j-m das ~ verbieten to forbid s.o. the house; das ~ nicht verlassen to stay indoors; ich befahl ihm, das ~ zu verlassen I ordered him out of the house; ~ und Hof house and home; er geht jeden Morgen um 8 Uhr aus dem ~ he leaves every morning at 8 o'clock; seit zwei Jahren ist ihr Sohn aus dem ~ her son has been away from home for two years now; Herr X ist außer ~ Mr. X is not (at) home; außer ~ essen to eat (*od.* dine) out; im ~ inside the house, indoors; im ~ meiner Tante at my aunt's (house); im ~e N at the N's; Herr im ~ master in one's own house; Tochter des ~es daughter of the house, filia hospitalis (*lit. humor.*); sie brachte eine gute Mitgift mit ins ~ she brought a good dowry with her; Wäsche ins ~ nehmen to take in washing; nach ~e gehen [kommen] to go [to come *od.* get] home; j-n nach ~e bringen to see (*od.* take) s.o. home; die Rückkehr nach ~e the return home; zu ~e sein to be (at) home, to be in; nicht zu ~e sein not to be at home, to be out (*od.* away), not to be in; für ihn sind wir nicht zu ~e we are not at home to him; j-n zu ~e antreffen to find s.o. in (*od.* at home); bei uns zu ~e a) in our home, b) in our family, c) where I come from; wieder zu ~e sein to be back home, to be home again; sie ist in Berlin zu ~e (*Person*) her home town is Berlin; dieser Brauch ist dort noch zu ~e this custom is still alive there; dieser Brauch ist in Österreich zu ~e this is an Austrian custom; tut so, als wärt ihr zu ~e make yourselves at home. – **3.** (*Familie, Herkunft*) family, home, household: aus gutem ~e sein to be of good family; aus gutem ~e kommen to come of a good family; von ~ aus reich sein to be of a wealthy family, to be born rich; er hängt sehr an zu ~e he is very much attached to his family; beste Grüße von ~ zu ~ greetings from our family to yours. – **4.** (*Herrscherhaus*) house: das ~ Hannover the House of Hanover; das ~ Davids *Bibl.* the house of David; aus königlichem ~e stammen to be of royal descent. – **5.** (*theater*) house: großes [kleines] ~ large [small] theater (*bes. Br.* theatre); vor ausverkauftem [schlechtbesetztem] ~ spielen to play before a full [small] house. – **6.** *fig. colloq.* altes ~ old boy; fideles ~ gay bird, *bes. Br.* jolly old stick; gelehrtes ~ pundit. – **7.** *fig. colloq.* (*in Wendungen wie*) j-m das ~ einrennen to besiege s.o.; mit der Tür ins ~ fallen *fig.* to come straight to the point, to be blunt; in Mathematik ist er zu ~ he is at home in mathematics; von ~ aus ist er Arzt originally he was a doctor; er spricht von ~ aus wenig he never talks much; auf ihn kann man Häuser bauen he is absolutely reliable. – **8.** *astr.* a) (*im Tierkreis*) house, angle, b) (*des Monds*) mansion. – **9.** *econ.* (*Firma*) firm, house: Frau X im ~e Mrs. X on the premises; → frei 46. – **10.** *jur.* (*Anwesen*) premises *pl.* – **11.** *pol.* (*Kammer*) house, chamber: Hohes ~! (*Anrede*) Hono(u)rable members of the house; die beiden Häuser (des Parlaments) both houses (of Parliament); das Weiße ~ *Am.* the White House; vor versammeltem ~ before a full house; beschlußfähiges ~ quorum; das ~ ist nicht beschlußfähig no quorum! no house! – **12.** *zo.* (*der Schnecke etc*) shell: ohne ~ naked.
Hau·sa ['hausa] *m* ⟨-(s); -(s)⟩ *cf.* Haussa.
'Haus|ˌacker (*getr.* -k·k-) *m hist.* (*im Lehnsrecht*) inland. — **~alˌtar** *m relig.* family altar. — **~ˌanˌdacht** *f relig.* **1.** family devotions *pl* (*od.* prayers *pl*). – **2.** (*im Internat, in der Schule etc*) chapel: zur ~ gehen to go to chapel. — **~ˌan·geˌstell·te** *m, f* domestic (servant). — **~ˌanˌschluß** *m* **1.** *tel.* a) private (*od.* house) connection (*Br. auch* connexion), b) (*Apparat*) residence telephone. – **2.** (*für Gas etc*) mains connection (*Br. auch* connexion). — **~ˌanˌzug** *m* (*fashion*) casual clothes *pl*, lounging suit. — **~apoˌthe·ke** *f med.* medicine chest (*od.* cabinet). — **~ˌar·beit** *f* **1.** (*der Hausfrau*) housework, household work. – **2.** *oft pl* (*der Schüler, Studenten*) homework *sg.* — **~ˌar·beitsˌtag** *m* day off (for working women to deal with housework). — **~arˌrest** *m* house arrest: j-n unter ~ stellen to place s.o. under house arrest. — **~ˌarzt** *m med.* **1.** family doctor. – **2.** (*eines Hotels, Betriebs etc*) resident doctor. — **~ˌaufˌga·be** *f meist pl ped.* homework *sg*, assignment: als ~ für morgen for your homework for tomorrow. — **~ˌaufˌsatz** *m* **1.** essay to be written at home. – **2.** (*Referat*) theme, (term) paper.
'hausˌbacken (*getr.* -k·k-) *adj* ⟨-er; -st⟩ **1.** (*Brot etc*) homemade, *Br.* home-made. – **2.** *fig.* (*Frauen, Mädchen*) homely, *bes. Am.* homey, homebred, *Br.* home-bred: sie ist richtig ~ she is a real stay-at-home, *Am. colloq. auch* she is a real homebody. – **3.** *fig.* (*Idee, Gedanke etc*) prosaic, plain.
'Haus|ˌball *m* **1.** (*in einer Wohnung*) house party. – **2.** (*in einem gemieteten Raum*) private dance (*od.* ball). — **~ˌbar** *f* **1.** house bar, *Am.* liquor cabinet, *Br.* cocktail cabinet. – **2.** (*mit Theke etc*) (house) bar. — **~ˌbau** *m* ⟨-(e)s; -ten⟩ building (*od.* construction) of a house, house building: unser ~ war sehr teuer the building of our house was very expensive. — **~beˌdarf** *m* **1.** domestic requirements *pl.* – **2.** (*Haushaltswaren*) household necessaries *pl.* — **~ˌberg** *m* local mountain. — **~beˌsit·zer** *m* **1.** house owner. – **2.** landlord. — **~be·ˌsit·ze·rin** *f* **1.** house owner. – **2.** landlady. — **~beˌsor·ger** *m Austrian for* Hausmeister. — **~beˌsuch** *m* (*eines Arztes etc*) home visit (*od.* call). — **~beˌwoh·ner** *m* **1.** occupant (of a house). – **2.** (*Mieter*) tenant. — **~bi·blioˌthek** *f* **1.** private library. – **2.** (*eines Fachmanns*) home reference library. — **~ˌbie·ne** *f zo.* hive bee. — **~ˌbock** *m* long-horned (*auch* longhorn) beetle (*Hylotrupes bajulus*). — **~ˌboot** *n* houseboat. — **~ˌbrand** *m* (*Heizungsmaterial*) domestic fuel (*od.* coal). — **~·ˌbrandˌkoh·le** *f* house (*od.* household, domestic) coal. — **~ˌbüf·fel** *m zo.* (Asiatic *od.* European) buffalo. — **~ˌbur·sche** *m* errand boy, *Br.* errand-boy.
Häus·chen ['hɔʏsçən] *n* ⟨-s; - *u.* Häuserchen⟩ **1.** *dim. of* Haus 1. – **2.** cottage. – **3.** *fig. colloq.* (*in Wendungen wie*) (ganz) aus dem ~ sein [geraten] to be [to get] beside oneself, to hit the ceiling (*colloq.*); vor Freude ganz aus dem ~ sein to be wild with joy; er ist leicht aus dem ~ zu bringen he is easily upset. – **4.** *colloq.* toilet, *auch* lavatory: aufs ~ gehen to go to the toilet. – **5.** (*Feld auf kariertem Papier etc*) square.
'Haus|chirˌurg *m med.* (*einer Klinik etc*) house surgeon, *Br.* house-surgeon, resident surgeon. — **~ˌdach** *n* roof. — **~ˌda·me** *f* **1.** (*Haushälterin*) housekeeper. – **2.** (*Gesellschafterin*) lady's companion. — **~·de·tekˌtiv** *m* house detective. — **~ˌdie·ner** *m* **1.** (domestic) servant, valet. – **2.** (*im Hotel*) porter, bellboy, *Am. auch* bellhop. – **3.** *cf.* Hausbursche. — **~ˌdra·chen** *m colloq. contempt.* 'battle-ax(e)' (*colloq. contempt.*), shrew; termagant, Xanthippe (*lit.*). — **~ˌdurchˌsu·chung** *f Austrian for* Haussuchung. — **~ˌecke** (*getr.* -k·k-) *f* corner (of a house). — **~ˌei·gen·tü·mer** *m*, **~ˌei·gen·tü·me·rin** *f cf.* Hausbesitzer(in). — **~ˌeinˌfahrt** *f* gateway, drive. — **~·ˌeinˌgang** *m* front door. — **~ˌeinˌrich·tung** *f* **1.** appointments *pl.* – **2.** (*Möbel*) household furniture. — **~ˌeinˌwei·hung** *f* housewarming (*Br.* house-warming) (party).
hau·sen ['hauzən] *v/i* ⟨h⟩ **1.** (*wohnen*) live: in einer Kellerwohnung ~ to live in a cellar. – **2.** (*Verwüstung anrichten*) devastate, ravage: übel (*od.* fürchterlich) ~ to play (*od.* work) havoc, to ransack; in einer Stadt ~ to devastate (*od.* ravage) a city; ein schreckliches Unwetter hat in der Gegend gehaust a terrible storm struck the area. – **3.** *Swiss and dial. for* haushalten 1.
'Hau·sen *m* ⟨-s; -⟩ *zo.* (*Störart*) beluga, *auch* belouga, hausen (*Acipenser huso*). — **~·ˌbla·se** *f* fish glue, isinglass; ichthyocol, ichthyocolla (*scient.*).
'Haus|ˌen·te *f zo.* (domestic) duck (*Anas platyrhynchos domesticus*). — **~entˌwäs·se·rung** *f civ.eng.* house drainage.
'Hau·ser *m* ⟨-s; -⟩ *Bavarian and Austrian for* Haushälter.
'Häu·ser|ˌblock *m* ⟨-(e)s; -s⟩ block (of buildings). — **~ˌfront** *f* line (*od.* row) of houses, housefronts *pl.* — **~ˌgrup·pe** *f* group of houses.
'Hau·se·rin, Häu·se·rin ['hɔʏzərɪn] *f* ⟨-; -nen⟩ *Bavarian and Austrian for* Haushälterin.
'Häu·ser|ˌkampf *m mil.* house-to-house fighting. — **~ˌmak·ler** *m econ.* real estate broker (*od.* agent), *bes. Am.* realtor, *bes. Br.* house (*od.* estate) agent. — **~ˌmeer** *n* ocean (*od.* sea) of houses. — **~ˌrei·he** *f* row of houses. — **~ˌvier·tel** *n* residential district.
'Haus|ˌflag·ge *f mar.* house flag, burgee. — **~ˌflur** *m* **1.** (*Gang*) corridor. – **2.** (*Diele*) (entrance) hall, *Am. auch* hallway. – **3.** (*Treppenhaus*) staircase, stairway. — **~ˌfrau** *f* **1.** housewife: sie ist ~ she is a housewife; sie ist eine tüchtige ~ she is a good housewife (*od.* housekeeper). – **2.** (*Gastgeberin*) hostess. – **3.** (*Dame des Hauses*) lady (*od.* mistress) of the house. – **4.** (*Hauswirtin*) landlady. — **h~ˌfrau·lich** *adj* housewifely: ~e Tugenden housewifely (*od.* womanly) virtues. — **~ˌfreund** *m* **1.** friend of the family. – **2.** *colloq.* (*Liebhaber einer Ehefrau*) lover, cicisbeo (*lit.*). — **~ˌfrie·de(n)** *m jur.* domestic peace. — **~ˌfrie·densˌbruch** *m* disturbance of domestic peace and security. — **~ˌgang** *m Southern G. for* Hausflur. — **~ˌgans** *f zo.* (domestic) goose (*Anser domesticus*). — **~ˌgar·ten** *m* (back) garden, *Am. auch* backyard. — **~ˌgast** *m* **1.** houseguest. – **2.** (*einer Pension etc*) (paying) guest. — **~geˌbrauch** *m* domestic use: nur für den ~ for domestic use only;

für den ~ geht das Kleid schon noch *fig. colloq.* this dress is still good for around the house; Englisch für den ~ können *fig. colloq.* to know enough English to get by (*od.* to muddle through). — ~ˌ**gecko** (*getr.* -k·k-), **Afriˈka·ni·scher** *m zo.* African gecko (*auch* gecko) (*Hemidactylus mabouia*). — ~**geˌflü·gel** *n* domestic fowl. — ~**geˌhil·fin** *f* (house)maid, domestic (servant). — ~ˌ**geist** *m* **1.** ghost (in a house). – **2.** *fig. humor.* servant. — ~ˌ**geld** *n jur.* benefits paid to dependents of a hospitalized person. — **h~geˌmacht** *adj* **1.** *gastr.* (*Würste etc*) homemade, *Br.* home-made. – **2.** *fig. econ.* (*Inflation*) homemade. — ~**geˌmein·schaft** *f* domestic community, household. — ~**geˌnos·se** *m* housemate, fellow-tenant (*od.* -lodger), person sharing one's house. — ~**geˌrät** *n meist pl* **1.** (*im Haushalt*) household utensil. – **2.** *cf.* Hausrat. — ~**geˌsin·de** *n collect.* domestic servants *pl*, domestics *pl*. — ~ˌ**glocke** (*getr.* -k·k-) *f* doorbell. — ~ˌ**göt·ter** *pl antiq.* household gods, lares. — ~ˌ**grasˌmücke** (*getr.* -k·k-) *f zo.* lesser whitethroat (*Br.* white-throat) (*Sylvia curruca*). — ~ˌ**gril·le** *f* house cricket (*Gryllus domesticus*). — ~ˌ**hahn** *m* domestic cock, rooster.

ˈ**Hausˌhalt** *m* ⟨-(e)s; -e⟩ **1.** household: ein seltsamer ~ a strange household (*od. lit.* menage); ein vierköpfiger ~ a household of four; im ~ der Eltern leben to live with one's parents (*od. lit.* under the parental roof); gemeinsamen [getrennten] ~ führen to maintain a common household [separate households]; einen ~ auflösen to break up (*od.* dissolve) a household. – **2.** (*Haushaltung*) housekeeping: j-m den ~ führen to keep house for s.o., to run the house for s.o.; sich um den ~ kümmern to look after the house; im ~ helfen to help with the housekeeping. – **3.** *econ. pol.* budget: außerordentlicher [ordentlicher] ~ extraordinary [ordinary] budget; ausgeglichener [unausgeglichener] ~ balanced [unbalanced] budget. – **4.** *med.* a) balance, b) (*Stoffwechsel*) metabolism.

ˈ**hausˌhal·ten I** *v/i* ⟨*irr, sep,* -ge-, h⟩ **1.** be economical: sie kann nicht ~ she can't be economical; mit etwas ~ a) (*mit Vorräten etc*) to be economical with s.th., b) *fig.* (*mit seinen Kräften etc*) to conserve (*od.* husband) s.th., c) *fig.* (*mit seiner Zeit etc*) to use s.th. economically. – **2.** *obs.* keep house, run the house. – **II H~** *n* ⟨-s⟩ **3.** *verbal noun*. – **4.** *cf.* Haushaltung.

ˈ**Hausˌhäl·ter** [-ˌhɛltər], *auch* ˈ**Hausˌhal·ter** *m* ⟨-s; -⟩ *obs. od. Bibl.* householder: er ist sein eigener ~ he keeps house for himself.

ˈ**Hausˌhäl·te·rin** *f* ⟨-; -nen⟩ housekeeper.

ˈ**hausˌhäl·te·risch I** *adj* (*Person*) economical, thrifty. – **II** *adv* ~ mit etwas umgehen to use s.th. economically (*od.* sparingly).

ˈ**Hausˌhalts|arˌti·kel** *m* household utensil (*od.* article). — ~ˌ**ausˌgleich** *m pol.* balancing of the budget. — ~ˌ**ausˌschuß** *m* budgetary committee, *Am.* Senate (*od.* House) Appropriations Committee. — ~**beˌschrän·kung** *f meist pl* curtailing of the budget, budget curtailment. — ~**beˌsteue·rung** *f jur.* taxation of a household. — ~ˌ**buch** *n* housekeeping (account) book. — ~**deˌbat·te** *f pol.* budget debate. — ~ˌ**de·fi·zit** *n*, ~ˌ**fehl·beˌtrag** *m* budgetary deficit. — ~ˌ**fra·gen** *pl* budgetary questions (*od.* problems). — ~ˌ**füh·rung** *f* **1.** housekeeping. – **2.** maintenance of a household. — ~ˌ**gas** *n* gas for domestic consumption. — ~ˌ**ge·genˌstand** *m cf.* Haushaltsartikel. — ~ˌ**geld** *n* household allowance, housekeeping money. — ~**geˌmein·schaft** *f cf.* Hausgemeinschaft. — ~**geˌrät** *n meist pl electr.* household (*od.* domestic) appliance. — ~**geˌsetz** *n pol.* budget law. — ~ˌ**hil·fe** *f* household (*od.* domestic) help. — ~ˌ**jahr** *n pol.* budgetary (*od.* fiscal, financial) year. — ~ˌ**li·ste** *f* (*in Statistik*) household census. — **h~ˌmä·ßig** *adj pol. cf.* etatmäßig 1. — ~ˌ**mit·tel** *pl* budgetary means (*od.* monies). — ~ˌ**ord·nung** *f* budget regulation(s *pl*). — ~ˌ**plan** *m* budget: den ~ aufstellen to draw up the budget; den ~ vorlegen to present (*od.* bring in) the budget; etwas im ~ vorsehen to budget for s.th. — ~ˌ**pla·nung** *f* budgeting. — ~**po·liˌtik** *f* budgetary policies *pl*. — ~ˌ**recht** *n jur.* budgetary (*od.* budget) law. — ~ˌ**schu·le** *f cf.* Haushaltungsschule. — ~ˌ**strom** *m electr.* domestic current. — ~ˌ**tag** *m cf.* Hausarbeitstag. — ~**taˌrif** *m* (*für Strom*) household (*od.* domestic) rate. — ~ˌ**vorˌanˌschlag** *m pol.* budget estimate. — ~ˌ**vorˌla·ge** *f* proposed budget. — ~ˌ**waa·ge** *f* domestic scales *pl*. — ~ˌ**wa·ren** *pl* household utensils (*od.* articles), *Am. auch* housewares.

ˈ**Hausˌhal·tung** *f* ⟨-; -en⟩ **1.** *cf.* Haushalten. – **2.** Haushalt 1, 2. – **3.** housewifery.

ˈ**Hausˌhal·tungs|ˌbuch** *n* housekeeping (account) book. — ~ˌ**ko·sten** *pl* housekeeping expenses. — ~ˌ**schu·le** *f* school of domestic science (*Am. auch* home economics). — ~ˌ**vorˌstand** *m jur.* householder, head of a household.

ˈ**Haus-ˈHaus-Verˌkehr** *m* (*railway*) door-to-door transport (*od.* conveyance, service).

ˈ**Haus|ˌherr** *m* **1.** master of the house. – **2.** (*Hauswirt*) landlord, owner of the house. – **3.** (*Gastgeber*) host. — ~ˌ**her·rin** *f* **1.** lady of the house. – **2.** (*Hauswirtin*) landlady, owner of the house. – **3.** (*Gastgeberin*) hostess.

ˈ**hausˈhoch I** *adj* ⟨*attrib* haushoh⟩ **1.** very large (*od.* tall, high), huge: haushohe Wellen very large waves, enormous waves. – **2.** *fig. colloq.* (*Schulden etc*) vast, enormous. – **3.** *fig. colloq.* (*Sieg, Niederlage etc*) big, smashing. – **II** *adv* **4.** ~ gewinnen to win hands down; ~ verlieren to lose badly; j-n ~ schlagen to trounce s.o., to beat s.o. decisively; j-m ~ überlegen sein to be head and shoulders above s.o., to be vastly superior to s.o.

ˈ**Hausˌhofˌmei·ster** *m* **1.** (*in adeligem Haushalt*) chamberlain. – **2.** (*Majordomus*) majordomo.

ˈ**hausˈhoh** *adj* ⟨*attrib*⟩ *cf.* haushoch I.

ˈ**Haus|ˌhuhn** *n zo.* domestic (*od.* barnyard) fowl (*Gallus bankiva domesticus*). — ~ˌ**hund** *m* house dog, *Br.* house-dog, domestic dog (*Canis familiaris*).

hau·sie·ren [hauˈziːrən] **I** *v/i* ⟨*no* ge-, h⟩ peddle, hawk: mit etwas ~ gehen a) to peddle s.th., to go peddling s.th., b) *fig.* (*mit seinen Titeln, einer Geschichte etc*) to hawk; er mußte mit seinen Fähigkeiten förmlich ~ gehen he had literally to peddle his abilities. – **II H~** *n* ⟨-s⟩ *verbal noun*: Betteln und H~ verboten no begging or peddling.

Hauˈsie·rer *m* ⟨-s; -⟩ peddler, *bes. Br.* pedlar, hawker, huckster.

Hauˈsier|geˌwer·beˌschein *m* peddler's (*bes. Br.* pedlar's) (*od.* hawker's) licence (*Am.* license). — ~ˌ**han·del** *m* peddlery, *bes. Br.* pedlary, itinerant (*od.* ambulant) trade. — ~ˌ**wa·ren** *pl* peddler's (*bes. Br.* pedlar's) goods, peddlery, *bes. Br.* pedlary *sg*.

ˈ**Haus|in·duˌstrie** *f econ. cf.* Heimindustrie. — ~ˌ**inˌha·ber** *m* house owner, proprietor of a house. — ~**in·stal·la·tiˌon** *f* **1.** installations *pl* in a house. – **2.** (*elektrische*) house wiring. — ~ˌ**jacke** (*getr.* -k·k-), ~ˌ**jop·pe** *f* house (*od.* smoking) jacket. — ~**kaˌnin·chen** *n zo.* domestic (*od.* tame) rabbit (*Lepus cuniculus*). — ~**kaˌpel·le** *f* **1.** private (*od.* house) chapel. – **2.** *mus.* (*eines Hotels etc*) house band, resident orchestra. — ~**kaˌplan** *m relig.* (*eines Fürsten etc*) (private) chaplain. — ~ˌ**kat·ze** *f zo.* (domestic) cat (*Felis domestica*). — ~ˌ**kauf** *m* purchase of a house. — ~ˌ**kleid** *n* house dress (*od.* frock). — ~ˌ**klin·gel** *f* doorbell. — ~ˌ**knecht** *m cf.* Hausbursche. — ~**konˌzert** *n* musicale, private concert. — ~**korˌrek·tor** *m print.* printer's (*od.* indoor) reader, proofreader, *Br.* proof-reader. — ~**kor·rekˌtur** *f* **1.** reading of the first proof (by the printer). – **2.** printer's correction(s *pl*). – **3.** printer's copy (of proof). — ~ˌ**kreuz** *n colloq. humor. cf.* Hausdrachen. — ~ˌ**laub** *n*, ~ˌ**lauch** *m bot. cf.* Hauswurz. — ~ˌ**leh·rer** *m* private tutor (*od.* teacher). — ~ˌ**leh·re·rin** *f* private tutoress, governess. — ~ˌ**lei·nen** *n* (*textile*) homespun linen.

Häus·ler [ˈhɔyslər] *m* ⟨-s; -⟩ cottager.

ˈ**Hausˌleu·te** *pl* **1.** (*Wirtsleute*) landlord and landlady. – **2.** (*Hausmeisterehepaar*) caretaker (*bes. Am.* janitor) and his wife.

häus·lich [ˈhɔyslɪç] **I** *adj* **1.** (*Frieden, Pflichten etc*) domestic: ~e Arbeiten housework *sg*; ~es Glück domestic happiness; am ~en Herd at home. – **2.** (*Leben, Milieu etc*) family (*attrib*): im ~en Kreis in the family circle. – **3.** (*gern zu Hause bleibend*) domesticated, home-loving: er ist sehr ~ he is very home-loving. – **4.** (*wirtschaftlich*) thrifty, economical: sie ist ein ~es Mädchen she is a thrifty girl (in domestic matters). – **II** *adv* **5.** sich ~ einrichten (*od.* niederlassen) a) to settle down, b) to make oneself right at home; sich bei j-m ~ niederlassen *fig. iron.* to make oneself at home (at s.o.'s house). — ˈ**Häus·lich·keit** *f* ⟨-; *no pl*⟩ **1.** family life: sich in seiner ~ gestört fühlen to feel disturbed in one's family life. – **2.** (*Liebe zu Haus und Familie*) domesticity, domestication. – **3.** home.

ˈ**Hausˌma·cher|ˌart** *f only in* Wurst nach ~ *gastr.* homemade (*Br.* home-made) sausage. — ~ˌ**wurst** *f* homemade (*Br.* home-made) sausage.

ˈ**Haus|ˌmacht** *f hist.* dynastic power: die ~ der Habsburger the power of the House of Hapsburg. — ~ˌ**mäd·chen** *n* (house)maid. — ~ˌ**mak·ler** *m econ. cf.* Häusermakler.

Haus·man·nit [hausmaˈniːt; -ˈnɪt] *m* ⟨-(e)s; *no pl*⟩ *min.* hausmannite.

ˈ**Hausˌmannsˌkost** *f gastr.* plain (*od.* ordinary) fare.

ˈ**Haus|ˌman·tel** *m* housecoat. — ~ˌ**mär·chen** *n* (familiar) fairy tale: „Grimms Kinder- und ~" (*literature*) "Grimm's Fairy Tales". — ~ˌ**mar·der** *m zo.* beech marten, *auch* stone marten (*Martes foina*). — ~ˌ**mar·ke** *f* **1.** (*bevorzugte Marke*) favorite (*bes. Br.* favourite) make. – **2.** (*eigenes Fabrikat*) make: dieser Kaffee ist unsere ~ this coffee is our own make (*od.* brand). – **3.** *hist.* (*Zeichen, das das Eigentum kennzeichnet*) mark of ownership. — ~ˌ**maus** *f zo.* house mouse (*Mus musculus*). — ~ˌ**mei·er** *m hist.* majordomo. — ~ˌ**mei·ster** *m* **1.** caretaker, *bes. Am.* janitor. – **2.** (*Portier in großen öffentlichen Gebäuden*) doorkeeper, *Br.* door-keeper. – **3.** *Swiss for* Hausbesitzer. — ~ˌ**mei·ste·rin** *f* **1.** concierge, *bes. Am.* janitress. – **2.** *cf.* Hausmeister 2. – **3.** *Swiss for* Hausbesitzerin. — ~ˌ**mie·te** *f* house rent, rent for a house. — ~ˌ**mil·be** *f zo.* common house (*od.* furniture) mite (*Glyciphagus domesticus*). — ~ˌ**mit·tel** *n med.* (*Umschläge, Tee etc*) home (*od.* household) remedy. — ~**muˌsik** *f music played by amateurs in the family circle.* — ~ˌ**mut·ter** *f* **1.** *ped.* (*in Jugendheim etc*) housemother, matron. – **2.** *obs. for* Hausfrau 1. – **3.** *zo. cf.* Hausmütterchen 3. — ~ˌ**müt·ter·chen** *n* **1.** *colloq. humor. bes. Br.* homely girl, *bes. Am.* homey girl. – **2.** *iron.* (*od. als Kosewort*) *cf.* Hausfrau 1. – **3.** *zo.* large yellow underwing (*Rhyacia pronuba*). — **h~ˌmüt·ter·lich** *adj colloq. bes. Br.* homely, *bes. Am.* homey, domestic. — ~ˌ**nat·ter** *f meist pl zo.* common (*od.* brown) house snake (*Boaedon fuliginosus*). — ~ˌ**num·mer** *f* house number. — ~ˌ**och·se** *m zo.* domestic (*od.* tame) ox. — ~ˌ**or·den** *m hist.* family order. — ~ˌ**ord·nung** *f* **1.** rules *pl* (*od.* regulations *pl*) of a house. – **2.** (*in Heimen etc*) rules *pl* (for residents). — ~**per·soˌnal** *n collect.* domestic servants *pl*, domestics *pl*. — ~ˌ**pfle·ge** *f* **1.** *med.* home nursing. – **2.** *care of a household by a social worker in cases of need.* — ~ˌ**pilz** *m bot. cf.* Hausschwamm. — ~ˌ**putz** *m* house cleaning.

ˈ**Hausˌrat** *m* ⟨-(e)s; *no pl*⟩ household equipment (*od.* effects *pl*, goods *pl*). — ~**entˌschä·di·gung** *f jur. compensation for household equipment lost during the war.*

ˈ**Hausˌrat·te** *f zo.* house rat (*Rattus rattus*).

ˈ**Hausˌrat·verˌsi·che·rung** *f jur.* insurance of household equipment, house contents insurance.

ˈ**Haus|ˌrecht** *n jur.* domestic (*od.* domiciliary) right(s *pl*): von seinem ~ Gebrauch machen a) to make use of one's domiciliary right, b) *colloq.* (*j-n hinauswerfen*) to throw s.o. out; Verletzung des ~s trespass, intrusion into (*od.* infringement of) privacy. — ~ˌ**rind** *n zo.* domestic cattle (*collect.*). — ~ˌ**rock** *m* **1.** *archaic* (*eines Mannes*) house jacket. – **2.** (*einer Frau*) house skirt. — ~ˌ**rotˌschwanz** *m zo.* redstart (*Phoenicurus ochrurus*).

Haus·sa [ˈhausa] *m* ⟨-(s); -(s)⟩ *anthrop.* (*Angehöriger eines afrik. Negervolks*) Hausa.

ˈ**Haus|ˌsamm·lung** *f* house-to-house collection. — ~ˌ**scha·be** *f zo.* croton bug (*Blatella germanica*). — ~ˌ**schaf** *n* domestic sheep (*Ovis aries*). — **h~ˌschlach·ten** *adj cf.* hausgemacht 1. — ~ˌ**schlach·tung** *f* domestic slaughtering. — **~ˌschlüs·sel** *m* front-door key. — **~ˌschmät·zer** *m zo. cf.* Fliegenschnäpper. — **~ˌschnecke** (*getr.* -k·k-) *f* house snail. — **~ˌschnei·de·rin** *f seamstress who comes to the house.* — **~ˌschuh** *m* slipper. — **~ˌschwal·be** *f zo.* (house) martin (*Delichon urbica*). — **~ˌschwamm** *m bot.* house fungus: Echter ~ dry rot (fungus) (*Merulius lacrymans*). — **~ˌschwein** *n zo.* (domestic) pig (*Sus scrofa domestica*).

Haus·se [ˈhoːs(ə)] *f* ⟨-; -n⟩ *econ.* **1.** buoyant trend, bull market: auf ~ spekulieren to buy for a rise, to act as a bull. – **2.** (*in der Wirtschaft*) boom: Höhepunkt der ~ peak of the boom. — **~beˌwe·gung** *f* bullish trend.

ˈHaus|ˌse·gen *m only in* der ~ hängt schief *colloq. humor.* they have had a domestic row. — **~ˌseg·nung** *f* blessing of a house.

ˈHaus·se|ˌkauf *m econ.* bull purchase. — **~ˌmarkt** *m* bull (*od.* boom) market. — **~speˈku·lant** *m* speculator for a rise, bull. — **~spe·ku·la·tiˌon** *f* bull(ish) speculation. — **~ˌstim·mung** *f* bullish tone. — **~tenˌdenz** *f* bullish trend.

Haus·si·er [hoˈsi̯eː] *m* ⟨-s; -s⟩ *econ.* bull, *Am. auch* long.

ˈHaus|ˌspatz, ~ˌsper·ling *m zo.* house (*od.* English) sparrow (*Passer domesticus*). — **~ˌspin·ne** *f* house spider (*Tegenaria domestica*). — **~ˌspitzˌmaus** *f* white-toothed shrew (*Crocidura russula*). — **~ˌsprechˌanˌla·ge** *f tel.* interphone, house telephone, housephone. — **~ˌstand** *m* household: einen ~ gründen to set up house. — **~ˌstatt** *f* ⟨-; *no pl*⟩ homestead. — **~ˌsteu·er** *f econ.* house tax. — **~ˌsu·chung** *f jur.* house search, domiciliary visit, perquisition: eine ~ vornehmen to search a house. — **~ˌsu·chungs·beˌfehl** *m* search warrant. — **~ˌtau·be** *f zo.* house dove (*Columba livia*). — **~ˌtau·fe** *f relig.* private baptism, christening ceremony at home.

ˈHauˌstein *m civ.eng.* ashlar, *auch* ashler, cut stone. — **~ˌmau·er** *f* ashlar masonry.

ˈHaus|te·leˌphon *n tel.* intercommunication system, intercom, interphone, house telephone, housephone. — **~ˌtier** *n* domestic animal: ein Tier zum ~ machen to domesticate an animal. — **~ˌtoch·ter** *f* **1.** maid (living together with the family), *Br.* lady help. – **2.** *obs.* daughter (living with her family), filia hospitalis (*lit.*). — **~ˌtor** *n* main entrance.

Hau·sto·ri·um [hausˈtoːri̯um] *n* ⟨-s; -rien⟩ *bot.* haustorium.

ˈHaus|ˌtrau·ung *f* private wedding, wedding ceremony at home. — **~ˌtrep·pe** *f* stairs *pl* in a house.

ˈHausˌtür *f* front door, street door, *Br.* street-door. — **~ˌschlüs·sel** *m* front- (*od.* street-)door key.

ˈHaus|tyˌrann *m colloq.* house tyrant, husband tyrannizing (*Br. auch* -s-) his family: den ~(en) spielen to play the house tyrant. — **~ˌübung** *f ped.* homework. — **~ˌur·ne** *f archeol.* urn in the shape of a house. — **~ˌva·ter** *m* **1.** *ped.* (*in Jugendheim etc*) housefather, house warden. – **2.** housefather, paterfamilias. — **h~ˌvä·ter·lich** *adj* housefatherly. — **~verˌbot** *n* order to stay away from a house (*od.* place of entertainment): j-m ~ erteilen to order s.o. to stay away from a house. — **~verˌwal·ter** *m* **1.** property manager. – **2.** (*Hausmeister*) caretaker. — **~verˌwal·tung** *f* **1.** a) property management, b) manager's office. – **2.** caretaker's office. — **~ˌwap·pen** *n her.* family coat of arms. — **~ˌwart** *m cf.* Hausmeister 1. — **~ˌwe·sen** *n* ⟨-s; *no pl*⟩ household. — **~ˌwirt** *m* landlord. — **~ˌwir·tin** *f* landlady.

ˈHausˌwirt·schaft *f* ⟨-; *no pl*⟩ **1.** housekeeping, management of household affairs. – **2.** *cf.* Hauswirtschaftslehre. – **3.** geschlossene ~ *econ.* closed household economy (*closed circuit of production and consumption*).

ˈhausˌwirt·schaft·lich *adj* household (*attrib*), domestic: ~e Schule, ~es Seminar school of domestic science; ~e Geräte *pl* household equipment *sg* (*od.* appliances).

ˈHausˌwirt·schafts|ˌleh·re *f ped.* domestic science, *Am. auch* home economics *pl* (*usually construed as sg*). — **~ˌleh·re·rin** *f* domestic science (*Am. auch* home economics) teacher. — **~ˌlei·te·rin** *f* housekeeper, *Br. auch* domestic bursar. — **~ˌschau** *f* ideal homes exhibition. — **~ˌschu·le** *f ped.* domestic science (*Am. auch* home economics) school (*od.* college). — **~ˌun·terˌricht** *m* domestic science (*Am. auch* home economics) instruction.

ˈHaus|ˌwurz *f* ⟨-; *no pl*⟩ *bot.* houseleek, Jupiter's-beard, ayegreen, hen and chickens (*Gattg Sempervivum*). — **~ˌzei·chen** *n cf.* Hausmarke 3. — **~ˌzeitˌschrift** *f* house journal (*od.* organ). — **~ˌzei·tung** *f cf.* Hauszeitschrift. — **~zenˌtra·le** *f tel.* switchboard, *bes. Am. auch* extension board. — **~ˌzie·ge** *f zo.* common (*od.* domestic) goat (*Capra prisca*). — **~ˌzins** *m rare* house rent.

ˈHaus-zu-ˈHaus-Transˌport [-tsu-] *m* (*railway*) door-to-door transport.

Haut [haut] *f* ⟨-; =e⟩ **1.** ⟨*only sg*⟩ skin: aufgesprungene (*od.* rissige) ~ chapped (*od.* cracked) skin; sich (*dat*) die ~ aufschürfen to graze one's skin; meine ~ schält sich my skin is peeling (off); naß bis auf die ~ sein to be soaked to the skin; er ist nur noch ~ und Knochen he is nothing but skin and bones (*bes. Br.* bone); etwas auf der bloßen ~ tragen to wear s.th. next to one's (*od.* the) skin. – **2.** ⟨*only sg*⟩ *fig. colloq.* skin, hide: eine dicke ~ haben to be thick-skinned; seine ~ wagen (*od.* dransetzen) to risk one's skin (*od.* life); sich seiner ~ wehren to defend oneself, to stick up for oneself (*colloq.*); mit ~ und Haar(en) completely, altogether, totally; sich einer Sache mit ~ und Haar(en) verschreiben to devote oneself body and soul to s.th.; etwas mit ~ und Haar aufessen to eat s.th. to the least morsel; das ist um aus der ~ zu fahren (*od.* zum Aus-der-Haut-Fahren) that's enough to drive you mad (*od.* crazy), *Br. sl. auch* that's enough to drive you round the bend; er fühlt sich nicht recht wohl in seiner ~ he is feeling rather uneasy (*od.* uncomfortable); der Krimi geht einem unter die ~ the thriller gets under your skin; er kam mit heiler ~ davon he escaped unscathed (*od.* without a scratch); keiner kann aus seiner ~ heraus a leopard cannot change his spots; die ~ ist mir näher als das Hemd my skin is closer to me than my shirt; er versuchte, seine (eigene) ~ zu retten he tried to save his (own) skin; ich möchte nicht in seiner ~ stecken I wouldn't like to be in his shoes; ich habe keine Lust, meine ~ zu Markte zu tragen I don't intend to risk my life; → faul 15. – **3.** ⟨*only sg*⟩ *med.* a) skin; dermis, derm(a) (*scient.*), b) (*Nagelhaut*) cuticle, c) (*Oberhaut*) epiderm(is), d) (*Organhülle*) tunic, e) (*Membran*) membrane: die ~ betreffend cutaneous; durch die ~ wirkend percutaneous; unter der ~ (liegend [angewandt]) subcutaneous, hypodermic; gut für die ~ good for the skin (*od.* complexion). – **4.** *zo.* a) (*größerer Tiere*) hide, b) (*einer Schlange etc*) skin: abgestreifte ~ slough, exuviae *pl* (*scient.*); die ~ abwerfen *cf.* häuten 2; einem Tier die ~ abziehen to skin (*od.* flay) an animal; ohne ~ skinless; hornige ~ (*der Insekten*) derm skeleton; mit Häuten zwischen den Zehen web-footed. – **5.** *bot.* a) skin, (*einer Frucht*) *auch* peel, b) (*um einzelne Organe*) tunic, membrane, c) (*der Hautpilze*) cutis. – **6.** (*auf Milch etc*) skin, film. – **7.** (*einer Wurst*) skin. – **8.** *tech.* (*eines Flugzeugs etc*) skin, (*eines Schiffes*) *auch* sheathing. – **9.** *fig. colloq.* (*Person*) soul, creature: sie ist eine ehrliche [gute] ~ she is an honest [a good] soul.

ˈHaut|ˌabˌschä·lung *f* scraping. — **~ˌabˌschür·fung** *f med.* **1.** skin lesion, excoriation (*scient.*). – **2.** (*leichte*) abrasion, graze. – **3.** (*zur Narbenbehandlung*) dermabrasion. — **h~ˌähn·lich** *adj* skinlike, *Br.* skin-like; dermatoid, dermoid (*scient.*). — **~ˌarzt** *m med.* dermatologist. — **~ˌat·mung** *f* cutaneous respiration (*od.* transpiration). — **h~ˌät·zend** *adj* vesicant. — **~ˌausˌdün·stung** *f* perspiration, diaphoresis (*scient.*). — **~ˌausˌschlag** *m* rash, (skin *od.* cutaneous) eruption, (*bes. mit Fieber*) exanthema: luetischer (*od.* syphilitischer) ~ syphilide; medikamentöser ~ drug eruption. — **~ˌbil·dung** *f* **1.** *med.* a) cutification, b) (*auf Wunden*) skin regeneration. – **2.** (*auf Milch etc*) skin (*od.* film) formation. — **~ˌbläs·chen** *n med.* bleb, blister, skin vesicle. — **~ˌbla·se** *f* blister, (*große*) *auch* bulla. — **~ˌblü·te** *f cf.* Effloreszenz 1. — **~ˌblu·tung** *f cf.* Blutunterlaufung. — **~ˌbräu·ne** *f* (*durch Sonne*) (sun) tan. — **~ˌbrem·se** *f zo. cf.* Dasselfliege. — **~ˌbür·ste** *f* skin (*od.* complexion) brush.

Häut·chen [ˈhɔʏtçən] *n* ⟨-s; -⟩ **1.** *dim. of* Haut. – **2.** *med. bot.* pellicle, cuticle, membrane, tunicle (*scient.*): die ~ (an den Nägeln) zurückschieben to push back one's cuticles. – **3.** (*feiner Überzug*) thin coat, skin, film. — **h~ˌar·tig** *adj bot.* (*bandförmig*) ligulate.

ˈHaut|chir·urˌgie *f med.* skin surgery. — **~ˌcreme** *f* (*cosmetics*) skin cream. — **~ˌdecke** (*getr.* -k·k-) *f med.* integument.

ˈHaut den ˈLu·kas *m* ⟨---; ---⟩ (*auf Jahrmärkten*) try-your-strength machine.

ˈHautˌdrü·se *f med.* cutaneous (*od.* skin) gland.

Haute Cou·ture [otkuˈtyːr] (*Fr.*) *f* ⟨- -; *no pl*⟩ haute couture.

ˈHaut·efˌfekt *m electr.* skin effect.

Haute·fi·nance [otfiˈnɑ̃ːs] (*Fr.*) *f* ⟨-; *no pl*⟩ *econ.* high finance.

ˈHäu·te|ˌhänd·ler *m* hide broker. — **~konˈserˌvie·rung** *f* conservation (*od.* cure) of raw hides.

Hauteˈlisse·we·beˌrei [otˈlis-] (*Fr.*) *f* high-warp weaving.

häu·ten [ˈhɔʏtən] **I** *v/t* ⟨h⟩ **1.** (*Tier*) skin, flay. – **II** *v/reflex* sich ~ **2.** *zo.* a) (*von Schlangen, Eidechsen etc*) cast its skin (*od.* slough), slough its skin; exuviate, exfoliate (*scient.*), b) (*von Krebstieren, Insekten, auch Reptilien*) molt, *bes. Br.* moult. – **3.** *med.* peel, desquamate (*scient.*). – **III H~** *n* ⟨-s⟩ **4.** *verbal noun.* – **5.** *cf.* Häutung.

ˈhaut|ˌeng *adj* (*Hosen, Trikot etc*) skintight, *Br.* skin-tight. — **H~entˌzün·dung** *f med.* inflammation of the skin, dermatitis (*scient.*).

Haute·vo·lee [ˌ(h)oːtvoˈleː; otvəˈle] (*Fr.*) *f* ⟨-; *no pl*⟩ *lit. oft iron. contempt.* cream of society, (the) upper ten (thousand), (the) upper crust (*colloq.*).

ˈHaut|ˌfachˌarzt *m med.* dermatologist. — **~ˌfal·te** *f* **1.** *med.* a) (*große*) crease, fold, plica (*scient.*), b) (*kleine*) wrinkle. – **2.** *zo.* (*am Nacken der Eidechsen*) frill. — **~ˌfar·be** *f* **1.** color (*bes. Br.* colour) of the skin. – **2.** (*des Gesichts*) complexion: gesunde ~ ruddy complexion. — **h~ˌfar·ben** *adj* flesh- (*od.* skin-)colored (*bes. Br.* -coloured). — **~ˌfarbˌstoff** *m* (skin) pigment. — **~ˌfarn** *m bot.* filmy fern (*Fam. Hymenophyllaceae*). — **h~ˌfarnˌar·tig** *adj* hymenophyllaceous. — **~ˌfet·zen** *m med.* **1.** skin tag. – **2.** patch of skin. — **~ˌfin·ne** *f* acne. — **~ˌflüg·ler** [-ˌflyːglər] *m* ⟨-s; -⟩ *zo.* hymenopteron, hymenopterous insect (*Ordng Hymenoptera*): zu den ~n gehörig hymenopterous, hymenopteran. — **h~ˌfreund·lich** *adj* kind to (*od.* not irritating) the skin. — **~ˌfrucht** *f bot.* utricle: zweiklappige ~ camara. — **~ganˌgrän** *f*, *auch n med.* gangrene of the skin, sphaceloderma (*scient.*). — **~geˌschwulst** *f* growth on the skin, cutaneous tumor (*bes. Br.* tumour), dermatoma (*scient.*). — **~geˌwe·be** *n* **1.** dermal (*od.* skin, cutaneous) tissue. – **2.** *bot.* dermatogen. — **~ˌgift** *n* skin poison.

Haut·gout [oˈgu] (*Fr.*) *m* ⟨-s; *no pl*⟩ **1.** *gastr.* haut gout, high flavor (*bes. Br.* flavour): ~ haben to be high. – **2.** *fig. cf.* Anrüchigkeit.

ˈHautˌgrieß *m med.* milium, grutum.

häu·tig [ˈhɔʏtɪç] *adj* **1.** skinny, skinned. – **2.** *med. bot.* membranous, tunicate(d), hymenoid. – **3.** *zo.* a) (*mantelig*) tunicate, b) (*zarthäutig*) membranous.

ˈHaut|ˌjucken (*getr.* -k·k-) *n med.* itching of the skin, (*krankhaftes*) pruritus. — **~kar·ziˌnom** *n cf.* Hautkrebs. — **~ˌkli·nik** *f* dermatological clinic (*od.* hospital). — **~ˌknöt·chen** *n* tubercle, skin nodule. — **~ˌkrank·heit** *f* skin disease; dermatopathia, *auch* dermatopathy, dermatosis (*scient.*): allergische ~ allergodermia. — **~ˌkrebs** *m* cancer of the skin, skin carcinoma. — **~ˌkrem** *f*, *colloq. auch m cf.* Hautcreme. — **~ˌlap·pen** *m* **1.** *med.* skin flap, cutaneous flap. – **2.** *zo.* (*bei Vögeln etc*) lappet, wattle. — **~ˌleh·re** *f med.* dermatology. — **~ˌlei·den** *n cf.* Hautkrankheit. — **~ˌleim** *m tech.* skin glue, glue from hides and skins. — **~ˌlei·ste** *f* (*Papillarlinie*) dermal ridge (*od.* papillae *pl*).

ˈhaut·los *adj* skinless. — **ˈHaut·lo·sig·keit** *f* ⟨-; *no pl*⟩ congenital absence of the skin, adermia (*scient.*).

Haut·mal [o'mal] (*Fr.*) *n* ⟨-s; -s⟩ *med.* great epileptic fit; haut mal, epilepsia gravior (*scient.*).

'Haut|ˌmaulˌwurf *m med.* creeping eruption, sandworm disease, larva migrans (*scient.*). — **~ˌmit·tel** *n med. pharm.* skin preparation. — **~ˌmus·kel** *m* cutaneous (*od.* dermal) muscle. — **~myˌko·se** *f* dermatomycosis. — **h~ˌnah** *fig.* **I** *adj* (*Beschreibung etc*) vivid, realistic. – **II** *adv* **er schreibt ~** he writes most realistically (*od.* vividly). — **~ˌnährˌcreme** *f* (*cosmetics*) skin nutrient, skin-food. — **~ˌnaht** *f med.* skin (*od.* cutaneous) suture. — **~ˌnerv** *m* cutaneous nerve. — **~ödem** [-ʔøˌdeːm] *n* angioneurotic (o)edema. — **~ˌöl** *n* (*cosmetics*) skin (*od.* cosmetic) oil. — **~ˌpan·zer** *m zo.* (*von Schildkröte, Krebs etc*) mail. — **~paˌpil·le** *f med.* dermal papilla. — **~pa·raˌsit** *m* dermatozoon, ecto(para)site, skin parasite, (*pflanzlicher*) dermatophyte, ectophyte. — **~ˌpfle·ge** *f* (*cosmetics*) skin care. — **~ˌpfle·geˌmit·tel** *n* skin preparation.

'Hautˌpilz *m* **1.** *med.* dermatophyte. – **2.** *bot.* hymenomycete (*Ordng Hymenomycetes*): **zu den ~en gehörig** hymenomycetous. — **~erˌkran·kung** *f med.* dermatomycosis, dermatophytosis.

'Haut|ˌpla·stik *f med.* dermatoplasty. — **h~ˌpla·stisch** *adj* dermatoplastic. — **~ˌpo·re** *f* skin pore. — **~re·ak·tiˌon** *f* cutireaction, cutaneous (*od.* skin) reaction. — **~reˌflex** *m* skin reflex. — **h~ˌrei·ni·gend** *adj* (*cosmetics*) skin-cleansing, purifying the skin. — **~ˌrei·ni·gungsˌcreme** *f* cleansing cream. — **~ˌrei·zung** *f med.* skin irritation.

Haut·re·li·ef [(h)ore'liɛf; orəˈljɛf] (*Fr.*) *n* (*art*) high relief.

'Haut|ˌrö·te, ~ˌrö·tung *f med.* rubefaction, erythema. — **~ˌsal·be** *f med. pharm.* skin ointment. — **~ˌsche·re** *f* cuticle scissors *pl* (*sometimes construed as sg*). — **~ˌschicht** *f med.* dermal layer. — **~ˌschmerz** *m* dermatalgia. — **h~ˌscho·nend** *adj* (*Rasur etc*) sparing the skin. — **~ˌschrift** *f med.* dermatographia, dermographism. — **~ˌschup·pe** *f* cutaneous (*od.* skin) scale. — **~ˌschwie·le** *f* callosity, hard skin. — **~segˌment** *n* dermatome(re). — **~ˌsinn** *m* cutaneous (*od.* dermal) sense. — **~ˌsin·nes·orˌgan** *n* tactile organ. — **~skeˌlett** *n* **1.** *med.* exoskeleton, dermaskeleton. – **2.** *zo.* (*bei Schildkröten etc*) dermal skeleton (*od.* ossicle), osteoderms *pl* (*scient.*). — **~ˌtalg** *m med.* sebum, sebaceous matter. — **~ˌtang** *m bot.* (common) dulse (*Rhodymenia palmata*). — **~ˌtest** *m* skin test. — **~ˌtrans·planˌtat** *n* skin graft. — **~trans·plan·ta·tiˌon** *f* skin grafting, *Br.* skin-grafting. — **~tu·ber·kuˌlo·se** *f* tuberculosis of the skin, lupus vulgaris (*scient.*). — **~ˌüberˌtra·gung** *f* skin grafting, *Br.* skin-grafting.

'Haut- ˌund Ge'schlechtsˌkrank·hei·ten *pl med.* skin and venereal diseases.

'Häu·tung *f* ⟨-; -en⟩ **1.** *cf.* Häuten. – **2.** *zo.* a) (*von Schlangen, Eidechsen etc*) slough; exuviation, exfoliation (*scient.*), b) (*von Insekten, Krustentieren, auch von Reptilien*) molt, *bes. Br.* moult, ecdysis (*scient.*). – **3.** *med.* desquamation, exfoliation.

'Häu·tungs|ˌsta·di·um *n zo.* molting (*bes. Br.* moulting) stage. — **~ˌzeit** *f* molting (*bes. Br.* moulting) season.

'Haut|ˌunˌrein·heit *f* skin blemish. — **~ˌve·ne** *f med.* cutaneous vein. — **~verˌdickung** (*getr.* -k·k-) *f* pachymenia: **krankhafte ~** pachyderma. — **~verˌhär·tung** *f* induration of the skin, sclerema (*scient.*). — **~verˌlet·zung** *f* skin wound, lesion, superficial wound. — **~verˌpflan·zung** *f cf.* Hautübertragung. — **~ˌwas·serˌsucht** *f med.* anasarca. — **~ˌwir·kung** *f electr. cf.* Hauteffekt. — **~ˌwolf** *m* ⟨-(e)s; *no pl*⟩ *med.* chafe, intertrigo. — **~ˌwun·de** *f cf.* Hautverletzung.

'Hau|ˌwerk *n* ⟨-(e)s; *no pl*⟩ (*mining*) *cf.* Haufwerk. — **~ˌzahn** *m hunt. cf.* Hauer 2.

Ha·van·na [ha'vana] *f* ⟨-; -s⟩, **~ziˌgar·re** *f* Havana (cigar).

Ha·va·rie [hava'riː] *f* ⟨-; -n [-ən]⟩ **1.** *mar. jur.* (*Seeschaden*) average, loss (*od.* damage) by sea: **große [kleine] ~** general [petty] average; **eine ~ aufmachen** to adjust an average; **~ erhalten** to recover average; **~ erleiden** to suffer sea damage; **nicht gegen ~ versichert** free from average. – **2.** (*geringfügige*) (ship) collision. – **3.** *aer.* (aircraft) crash. – **4.** *auto. bes. Austrian* (car) collision, crash, smash(up), *Br.* smash(-up): **~ machen** to be in a collision. — **~ˌbond** *m* ⟨-s; -s⟩ *mar. jur. cf.* Havarieverpflichtung. — **~ˌklau·sel** *f* average clause. — **~kom·misˌsar** *m* average stater, adjuster. — **~ˌko·sten** *pl* average charges.

ha·va·riert [hava'riːrt] *adj* (*Schiff, Flugzeug, bes. Austrian Fahrzeug*) damaged.

Ha·va'rie·verˌpflich·tung *f mar. jur.* average bond.

Ha·va·rist [hava'rɪst] *m* ⟨-en; -en⟩ **1.** owner of a damaged vessel. – **2.** damaged vessel.

Ha·ve·lock ['haːvəlɔk; 'hævlɔk] (*Engl.*) *m* ⟨-s; -s⟩ (*fashion*) inverness, *Br. auch* Inverness coat (*od.* cloak).

Ha·ve·rei [havəˈraɪ] *f* ⟨-; -en⟩ *obs. for* Havarie 1.

'Ha·vers·scher Ka'nal ['haːvərʃər; 'hævəzʃər] (*Engl.*) *m meist pl med.* Haversian canal.

Ha·wai·ia·ner [havaɪ'jaːnər] *m* ⟨-s; -⟩, **Ha·wai·ia·ne·rin** [-'jaːnərɪn] *f* ⟨-; -nen⟩ Hawaiian.

Ha'waii|ˌgans *f zo.* Hawaiian goose, nene (*Branta sandvicensis*). — **~giˌtar·re** *f mus.* ukulele, Hawaiian guitar.

ha·wai·isch [ha'vaɪɪʃ] **I** *adj* Hawaiian. – **II** *ling.* **H~** ⟨*generally undeclined*⟩, **das H~e** ⟨-n⟩ Hawaiian, the Hawaiian language.

Ha·xe ['haksə] *f* ⟨-; -n⟩ *Southern G.* **1.** *cf.* Hachse. – **2.** *pl humor.* trotters, legs.

Ha·zi·en·da [ha'tsiɛnda] *f* ⟨-; -s, *auch* -den⟩ (*Farm in Mittel- u. Südamerika*) hacienda.

H-ˌBom·be ['haː-] *f mil.* H-bomb.

H-ˌDur ['haː-] *n* ⟨-; *no pl*⟩ *mus.* B major.

he [heː] *interj colloq.* hey! hi! **~, Sie da!** hey (you) there!

'Head·sche 'Zo·nen ['hɛdʃə] (*Engl.*) *pl med.* zones of hyperalgesia, Head's zones.

Hea·ring ['hɪərɪŋ] (*Engl.*) *n* ⟨-s; -s⟩ *pol.* hearing.

'Hea·viˌsideˌschicht ['hɛvɪˌsaɪd-] (*Engl.*) *f* ⟨-; *no pl*⟩ *phys.* Heaviside layer.

Heb·am·me ['heːpˌʔamə; 'heːˌbamə] *f* ⟨-; -n⟩ midwife.

'Hebˌam·men|ˌdienst *m* midwifery. — **~ˌkunst** *f* **1.** midwifery. – **2.** *philos.* Socratic (*od.* maieutic) method. — **~ˌlehrˌanˌstalt** *f med.* school (*od.* training institution) for midwives.

Heb·do·ma·dar [hɛpdoma'daːr] *m* ⟨-s; -e⟩, **Heb·do·ma'da·ri·us** [-rĭus] *m* ⟨-; -rien⟩ *relig.* hebdomadary.

'Heb'drehˌwäh·ler *m tel.* two-motion selector, Strowger selector (*od.* switch).

He·be ['heːbe] *npr f* ⟨-; *no pl*⟩ *myth.* Hebe (*Greek goddess of youth*).

'He·be|ˌarm, ~ˌbal·ken, ~ˌbaum *m tech.* **1.** heaver, lifter, crowbar, *Br.* crow-bar. – **2.** (*Hebel*) lever. — **~ˌbock** *m* (lifting) jack. — **~ˌbüh·ne** *f* (*für Autos*) lifting platform, vehicle (*od.* auto) hoist. — **~ˌfahrˌzeug** *n mar.* salvage vessel, raising ship. — **~fiˌgur** *f* (*sport*) (*beim Eis-, Rollkunstlauf*) lift. — **~geˌrät** *n tech.* lifting device, lifter. — **~ˌgriff** *m* (*sport*) (*beim Ringen, Judo*) lift, *Br.* heave. — **~ˌkopf** *m tech.* (*eines Pochstempels*) tappet. — **~ˌkraft** *f* lifting power (*od.* capacity). — **~ˌkran** *m* lifting crane.

He·bel ['heːbəl] *m* ⟨-s; -⟩ **1.** lever: **einarmiger [zweiarmiger] ~** one-armed [two-armed] lever; **gleicharmiger [ungleicharmiger] ~** lever with equal- [unequal]-length arms; **einen ~ hochdrücken [herunterdrücken]** to raise [to lower] a lever; **einen ~ ansetzen [betätigen]** to apply [to operate] a lever; **als ~ verwenden** to use as a lever; **am längeren ~ sitzen** *fig.* to be stronger, to have more pull (*because of one's connections or influence*): **alle ~ in Bewegung setzen** *fig.* to do everything in one's power, to move heaven and earth, to leave no stone unturned; **er weiß, wo er den ~ ansetzen muß** *fig.* he knows where to apply the pressure. – **2.** (*Handgriff*) handle. – **3.** (*Kurbel*) crank. – **4.** (*sport*) (*beim Ringen, Judo*) lever.

'He·beˌla·de *f tech. cf.* Hebebock.

'He·bel|ˌanˌwen·dung *f* leverage. — **~ˌarm** *m* lever arm. — **~ˌblechˌsche·re** *f tech.* bench (*od.* slitting) shears *pl.* — **~geˌsetz** *n phys.* lever law. — **~ˌgriff** *m* (*sport*) (*beim Ringen, Judo*) lever hold, leverage.

'He·beˌli·ste *f econ.* list for the assessment of taxes (*od.* dues).

'He·bel|ˌkraft *f phys.* lever force, leverage. — **~ˌpres·se** *f tech.* lever press. — **~ˌschal·ter** *m electr.* lever (*od.* knife) switch. — **~ˌsche·re** *f tech.* lever (*od.* alligator) shears *pl.* — **~ˌstan·ze** *f* lever punch. — **~ˌstützˌpunkt** *m phys.* fulcrum. — **~syˌstem** *n tech.* system of levers. — **~ˌüberˌset·zung** *f*, **~ˌüberˌset·zungs·verˌhält·nis** *n phys.* leverage (ratio). — **~ˌvorˌrich·tung** *f tech.* lever mechanism. — **~ˌwaa·ge** *f* beam scale(s *pl*). — **~ˌwerk** *n* lever gear. — **~ˌwir·kung** *f phys. cf.* Hebelkraft.

'He·be|maˌgnet *m tech.* lifting magnet. — **~maˌschi·ne** *f* hoisting (*od.* lifting) device, jack, lift. — **~ˌmus·kel** *m med.* elevator (*od.* levator) muscle.

he·ben ['heːbən] **I** *v/t* ⟨hebt, hob, gehoben, h⟩ **1.** (*Gewicht, Last etc*) lift: **sich** (*dat*) **einen Bruch ~** to get a rupture (by lifting s.th.); **ein Auto ~** to lift (*od.* jack up) a car; **sie hoben den Sieger auf die Schultern** they lifted the winner on(to) their shoulders; **der Zug wurde aus den Schienen gehoben** the train was derailed; **die Tür aus den Angeln ~** to unhinge the door; **als junger Mensch will man die Welt aus den Angeln ~** *fig.* as a youth one wants to set the world on fire (*od.* to change the world radically); **j-n [etwas] in den Himmel ~** *fig. colloq.* to praise s.o. [s.th.] to the skies; **ein Kind vom Stuhl [Pferd] ~** to lift a child out of a chair [(down) from a horse]; → Sattel 1; Taufe 2. – **2.** (*Füße, Arm, Blick etc*) raise: **die Hand zum Schwur ~** to raise one's hand to take an oath; **wer es weiß, soll die Hand ~** whoever knows should raise his hand; **er hob das Glas auf das Wohl des Gastgebers** he raised his glass to the health of the host; **den Taktstock ~** to raise the baton; **die Stimme ~** *fig.* to raise one's voice; **der Hund hebt das Bein** *euphem.* the dog raises its leg. – **3.** (*Schiff etc*) lift, (*Wrack*) *auch* raise: **einen Schatz ~** a) (*aus dem Wasser*) to lift a treasure, b) (*aus der Erde*) to dig out a treasure. – **4.** *fig.* (*Lebensstandard, Niveau, Ansehen, Stimmung etc*) improve, raise. – **5.** *fig.* (*Wohlstand etc*) increase. – **6.** *fig.* (*Aussehen, Wirkung etc*) enhance (*od.* bring out) the effect of, accentuate: **das Bild hebt das ganze Zimmer** (*od.* **hebt die Wirkung des ganzen Zimmers**) the painting enhances the effect of the entire room; **das Kleid hebt ihre Figur** the dress accentuates her figure. – **7.** *fig colloq.* (*in Wendungen wie*) **einen ~** to have a drink, to wet one's whistle (*colloq.*), to down one, *Am. sl.* to take a snorter; **er hebt gern einen** he likes to have a glass; **er will noch einen ~ gehen** he wants to go for a drink. – **8.** (*fashion*) lift: **ein Kleid an den Schultern etwas ~** to lift a dress a bit at the shoulders. – **9.** *tech.* (*hochwinden*) a) hoist, b) (*mit Kran*) crane up. – **10.** (*sport*) lift: **Gewichte ~** to lift weights; **den Ball über das Tor ~** to lift the ball over the goal. – **11.** *Southern G. and Austrian for* halten 1. – **II** *v/impers* **12.** *colloq.* (*in Wendungen wie*) **es hebt mich, wenn ich an das Essen denke** (*mir wird übel*) it makes me sick (*od.* feel ill) (just) to think of (the) food; **es hebt mich, wenn ich Blut sehe** it makes my stomach turn (over) when I see blood. – **III** *v/reflex* **sich ~ 13.** (*von Vorhang etc*) rise, go up: **der Nebel hat sich gehoben** the fog rose (*od.* lifted); **sich ~ und senken** to rise and fall, to heave. – **14.** *fig.* (*von Stimmung etc*) improve. – **15.** *fig.* (*von Wohlstand etc*) increase. – **16.** *geol.* (*von Erdboden*) elevate, swell. – **IV H~** *n* ⟨-s⟩ **17.** *verbal noun.* – **18.** (*sport*) weight lifting, *Br.* weight-lifting. – **19.** *cf.* Hebung.

He·be·phre·nie [hebefre'niː] *f* ⟨-; -n [-ən]⟩ *psych.* (*Jugendirresein*) hebephrenia, hebephrenic insanity. — **he·be'phre·nisch** [-'freːnɪʃ] *adj* hebephrenic.

'He·beˌprahm *m mar.* **1.** salvage barge (*od.* lighter). – **2.** (*Kamel*) camel.

'He·ber *m* ⟨-s; -⟩ **1.** (*Saugheber*) siphon, *auch* syphon. – **2.** (*Stechheber*) pipette, dropper. – **3.** *tech.* lifter, heaver. – **4.** *med. cf.* Hebemuskel. – **5.** *auto.* (*Wagenheber*) jack. – **6.** *cf.* Weinheber. – **7.** (*sport*) weight lifter, *Br.* weight-lifter. — **~ba·roˌme·ter** *n tech.* siphon barometer.

he·bern ['heːbərn] *v/t u. v/i* ⟨h⟩ siphon, pipette.

'He·beˌrol·le *f econ. obs.* (*für Steuererhebungen*) assessment roll (*od.* register) (for the levying of contributions).

'He·berˌpum·pe *f* siphon pump.

'He·be|ˌsatz *m* rate of assessment. — **~ˌschiff** *n mar.* **1.** lifting ship. – **2.** (*Bergungs-*

schiff) salvage ship. — **~ˌschleu·se** *f* lift lock. — **~ˌschmaus** *m cf.* Richtfest. — **~ˌtal·je** *f mar.* gin tackle. — **~verˌsuch** *m cf.* Hebungsversuch. — **~ˌvorˌrich·tung** *f* **1.** *tech.* lifting device, hoisting apparatus, lifting (*od.* elevating) mechanism: hydraulische ~ hydraulic jack. – **2.** *med.* (*zum Aufrichten im Bett*) bed lift. — **~ˌwerk** *n* **1.** hoisting (*od.* lifting) mechanism. – **2.** (car) lift, jack. — **~ˌwin·de** *f* (lifting) jack. — **~ˌzeug** *n* ⟨-(e)s; -e⟩ *cf.* Hebegerät.

He·brä·er [he'brɛːər] *m* ⟨-s; -⟩ Hebrew, (*im weiteren Sinne*) Israelite, Jew: (der Brief an die) ~ *Bibl. cf.* Hebräerbrief. — **~ˌbrief, der** *Bibl.* the Epistle to the Hebrews, Hebrews *pl* (*construed as sg*).

He·brai·kum [he'braːikʊm] *n* ⟨-s; -ka [-ka]⟩ **1.** *ped.* a) qualifying examination in Hebrew for theological students, b) qualification in Hebrew. – **2.** *pl* (*literature*) Hebraica.

he·brä·isch [he'brɛːɪʃ] **I** *adj* Hebrew, Hebraic, (*jüdisch*) Jewish: ~e Spracheigenheit Hebraism. – **II** *ling.* **H~** ⟨*generally undeclined*⟩, **das H~e** ⟨-n⟩ Hebrew, the Hebrew language, (*heute*) (Israeli *od.* Modern) Hebrew.

he·brai·sie·ren [hebrai'ziːrən] *v/t* ⟨*no* ge-, h⟩ hebraize, *auch* Hebraize. — **He·brai'sie·rung** *f* ⟨-; -en⟩ Hebraization.

He·bra·is·mus [hebra'ɪsmʊs] *m* ⟨-; -men⟩ Hebraism. — **He·bra'ist** [-'ɪst] *m* ⟨-en; -en⟩ Hebraist, Hebrew scholar. — **He·brai·stik** [-'ɪstɪk] *f* ⟨-; *no pl*⟩ study of Hebraic language and literature. — **he·brai·stisch** [-'ɪstɪʃ] *adj* Hebraistic.

he·bri·disch [he'briːdɪʃ] *adj geogr.* Hebridean, Hebridian.

'He·bung *f* ⟨-; -en⟩ **1.** *cf.* Heben. – **2.** ⟨*only sg*⟩ *fig.* (*des Lebensstandards etc*) improvement. – **3.** ⟨*only sg*⟩ *fig.* (*Erhöhung*) increase. – **4.** ⟨*only sg*⟩ (*einer Wirkung etc*) enhancement, accentuation. – **5.** *geol.* (*des Bodens, der Küste etc*) elevation: ~en und Senkungen elevations and depressions. – **6.** *metr.* a) stress, arsis (*scient.*), b) (*als Ton*) beat, c) (*der Stimme*) accent, d) (*als Silbe*) stressed syllable: ~ und Senkung arsis and thesis.

'He·bungs·verˌsuch *m mar.* attempt to raise [(*od.* salvage) a sunken ship.]

He·chel ['hɛçəl] *f* ⟨-; -n⟩ (*Flachs-, Hanfkamm*) hackle, hatchel, *auch* hetchel, (flax) comb: j-n durch die ~ ziehen *fig. colloq.* to speak maliciously of s.o., to pick (*od.* pull) s.o. to pieces.

He·che'lei *f* ⟨-; -en⟩ **1.** *cf.* Hecheln. – **2.** *fig. colloq.* severe (*od.* sharp) criticism.

'He·chel|ˌflachs *m* hackled flax. — **~ˌkamm** *m cf.* Hechel. — **~ˌkraut** *n bot. cf.* Hauhechel. — **~maˌschi·ne** *f* (*textile*) hackling machine, gill box, comber.

he·cheln ['hɛçəln] **I** *v/t* ⟨h⟩ **1.** (*Flachs, Hanf etc*) hackle, hatchel, heckle. – **II** *v/i* **2.** (*von Hund etc*) pant. – **3.** *fig. colloq.* pick a person to pieces: sie ~ alle gern ein bißchen they all like to pick other people to pieces. – **III H~** *n* ⟨-s⟩ **4.** *verbal noun.*

'Hech·ler *m* ⟨-s; -⟩ hackler, (flax) comber.

Hech·se ['hɛksə] *f* ⟨-; -n⟩ *rare for* Hachse 1, 2.

Hecht [hɛçt] *m* ⟨-(e)s; -e⟩ **1.** *zo.* pike (*Gattg Esox, bes. E. lucius*): junger ~ young pike, jack, *bes. Br.* pickerel; ausgewachsener ~ luce; er ist der ~ im Karpfenteich *fig. colloq.* he is the pike in the fish(-)pond. – **2.** *gastr.* pike: frischer ~ fresh pike; ~ blau blue (*od.* boiled) pike. – **3.** *fig. colloq.* fellow: ein toller ~ a) a dashing fellow, b) a crazy fellow; ein schlauer ~ a cunning type. – **4.** ⟨*only sg*⟩ *fig. colloq.* thick tobacco smoke. – **5.** (*sport*) *colloq. for* Hechtsprung. — **~al·liˌga·tor** *m zo.* American alligator (*Alligator mississippiensis*). — **~ˌan·gel** *f* pike hook, hook for catching pike. — **h~ˌar·tig** *adj zo.* resembling a pike; esocid, lucioid (*scient.*): ~er Fisch pikehead, esocid (*scient.*). — **~ˌbarsch** *m* pike perch (*Lucioperca lucioperca*). — **h~ˌblau** *adj* (as) blue as a pike. — **~ˌbrut** *f zo.* fry of pike. — **~ˌdorsch** *m* hake, sea pike (*od.* luce) (*Gattg Merluccius*).

hech·ten ['hɛçtən] *v/i* ⟨sein⟩ (*sport*) **1.** (*beim Wasserspringen*) do a jackknife (*Br.* jack-knife) (dive), pike, jack([-]knife). – **2.** (*beim Turnen*) do a long fly. – **3.** (*von Tormann*) (reach for, after) dive (at full length).

'hecht|ˌgrau *adj* blu(e)ish-gray (*bes. Br.* -grey). — **H~ˌkai·man** *m zo. cf.* Hechtalligator. — **H~ˌkopf** *m* **1.** pike's head. – **2.** (*von Pferden*) dish(ed) (*od.* concave) face. — **H~maˌkre·le** *f zo.* snoek (*Thyrsites atun*). — **H~ˌrol·le** *f* (*sport*) flying dive roll. — **H~ˌsprung** *m* **1.** (*beim Wasserspringen*) pike dive, jackknife (*Br.* jack-knife) (dive), header (*colloq.*). – **2.** (*beim Turnen*) long fly. – **3.** (*eines Tormanns*) (full-length) dive. — **H~ˌsup·pe** *f only in* hier zieht es wie ~ *colloq.* there is a very strong (*od.* a terrible) draft (*bes. Br.* draught) here.

Heck[1] [hɛk] *n* ⟨-(e)s; -e *od.* -s⟩ **1.** *mar.* stern, poop, (*der runde überhängende Teil*) buttocks *pl*: mit einem ~ (versehen) sterned, pooped; mit dem ~ nach vorn stern on; nach dem ~ zu (gelegen) sternward(s); dem ~ am nächsten aftermost; über das ~ (by the) stern. – **2.** *aer.* tail, aft section. – **3.** *tech.* (*eines Autos*) rear (deck), tail: mit dem ~ ausbrechen (*von Auto*) to tail-wag.

Heck[2] *n* ⟨-(e)s; -e⟩ *Low G.* **1.** (*Einfriedung*) fence. – **2.** (*Gattertür*) gate.

'Heck|ˌan·ker *m mar.* stream (*od.* stern) anchor. — **~anˌtrieb** *m* (*eines Autos*) rear-wheel drive. — **~ˌbau·er** *n, auch m* (*für Vögel*) breeding cage.

Hecke[1] (*getr.* -k·k-) ['hɛkə] *f* ⟨-; -n⟩ **1.** hedge, (*Buschhecke*) hedgerow: lebende ~ quickset (*auch* quick) hedge, *bes. Br.* quick(set); eine ~ schneiden (*od.* stutzen) to clip (*od.* trim, cut) a hedge; voller ~n hedgy; mit ~n einzäunen (*od.* umgeben) to hedge in. – **2.** (*dorniges Gebüsch*) thorny shrub, prickly bush. – **3.** (*sport*) hedge, (*hohe*) bullfinch: das Pferd nimmt die ~ the horse takes (*od.* larks) the hedge.

'Hecke[2] (*getr.* -k·k-) *f* ⟨-; -n⟩ **1.** (*Hecken*) hatching, breeding. – **2.** (*Brut von Vögeln*) hatch, brood, covey. – **3.** *cf.* Heckzeit. – **4.** breeding place.

hecken ['hɛkən] (*getr.* -k·k-) *v/i* ⟨h⟩ **1.** (*von Vögeln, Kaninchen etc*) hatch, (*bes. von Säugetieren*) breed. – **2.** *fig. colloq.* (*sich vermehren*) increase, multiply: Geld heckt money makes (*od.* begets) money.

'Hecken|ˌam·mer (*getr.* -k·k-) *f zo.* cirl bunting (*Emberiza cirlus*). — **~ˌbild·ner** *pl bot.* quickset *sg, bes. Br. auch* quick *sg.* — **~brauˌnel·le** *f zo.* hedge sparrow, *Br.* hedge-sparrow, dunnock (*Prunella modularis*). — **~ˌdorn** *m bot. cf.* Schlehe 1. — **~ˌgeiß,blatt** *n,* **~ˌkir·sche** *f* honeysuckle, woodbine, *auch* woodbind (*Lonicera periclymenum*): Rote Heckenkirsche fly honeysuckle (*L. xylosteum*). — **~ˌknö·te·rich** *m* false buckwheat (*Polygonum dumetorum*). — **~ˌland·schaft** *f* cultivated landscape with fields and meadows surrounded by hedges. — **~ˌro·se** *f bot.* dog rose, *Br.* dogrose, canker rose (*Rosa canina*). — **~ˌsa·me** *m* furze, ulex, gorse, whin (*Ulex europaeus*). — **~ˌsche·re** *f hort.* hedge clippers *pl* (*od.* shears *pl*), (*Maschine*) hedge clipper. — **~ˌschüt·ze** *m mil.* sniper. — **~ˌsprin·gen** *n aer. sl.* hedgehopping, *Br.* hedge-hopping. — **~ˌweiß·ling** *m zo.* black-veined white (butterfly) (*Aporia crataegi*). — **~ˌwicke** (*getr.* -k·k-) *f bot.* wild vetch (*Vicia sepium*). — **~ˌwick·ler** *m zo.* European leaf roller (*Cacoecia rosana*). — **~ˌwin·de** *f bot.* hedge bindweed, hellweed, *Br.* hell-weed (*Calystegia sepium*). — **~ˌzaun** *m* hedge.

'Heck|ˌfen·ster *n* (*eines Autos etc*) rear window. — **~ˌflag·ge** *f mar.* stern flag. — **~ˌflos·se** *f* **1.** *auto.* tail (*od.* rear) fin. – **2.** *aer.* tail fin. — **~gepäckˌträ·ger** *m* rear luggage rack (*Br.* luggage-rack). — **~geˌschütz** *n mar. mil.* stern gun. [thicket.]

'Heckicht (*getr.* -k·k-) *n* ⟨-(e)s; *no pl*⟩

'heckig (*getr.* -k·k-) *adj* like a hedge, full of hedges (*od.* thorny shrubs).

'Heck|ka·no·ne *f aer. mil.* tail gun. — **~ˌkan·zel** *f cf.* Heckstand. — **h~ˌla·stig** [-ˌlastɪç] *adj* **1.** (*Auto, Flugzeug etc*) tail-heavy. – **2.** *mar.* (*Schiff*) heavy by the stern. — **~laˌter·ne** *f mar.* stern lantern. — **~ˌleuch·te** *f auto.* tail lamp, taillight, rear light, *Br.* tail-light, rear light. — **~ˌlicht** *n* **1.** *aer.* taillight, *Br.* tail-light. – **2.** *mar.* stern light. – **3.** *auto. cf.* Heckleuchte.

Heck·meck ['hɛk'mɛk] *m* ⟨-s; *no pl*⟩ *colloq. contempt.* nonsense, stupid chatter: mach (*od.* red) nicht soviel ~! don't be silly.

'Heckˌmo·tor *m auto.* rear(-mounted) engine: Wagen mit ~ car with engine in rear. — **~ˌfahrˌzeug** *n* rear-engined vehicle.

'Heck|ˌom·ni·bus *m* bus with rear engine. — **~ˌpfen·nig** *m* lucky penny. — **~ˌradˌdamp·fer** *m mar.* stern-wheeler. — **~ˌre·ling** *f* taffrail, stern rail. — **~ˌrohr** *n* (*eines U-Bootes*) stern tube. — **~ˌro·tor** *m aer.* antitorque (*Br.* anti-torque) (*od.* tail) rotor. — **~ˌschüt·ze** *m aer. mil.* rear gunner, *Br. sl. auch* tail-end Charlie. — **~ˌsee** *f mar.* stern sea: auf der ~ des Vordermanns fahren to sail in the wake of the ship ahead. — **~-ˌSenkˌrechtˌstar·ter** *m aer.* tail sitter. — **~ˌstand** *m aer. mil.* tail gunner's turret. — **~ˌsteu·er** *n aer.* tail control. — **~ˌtür** *f* tail gate. — **~ˌwel·le** *f mar.* stern wave. — **~ˌwerk** *n mar.* (*Heckkonstruktion*) transom. — **~ˌzeit** *f zo.* breeding (*od.* hatching) time.

he·da ['heːda] *interj* **1.** *colloq.* heigh! hey (*bes. Am.* hi) there! hallo! (a)hey! – **2.** *hunt.* (*Hetzruf an Hunde*) hoicks! halloo!

He·de ['heːdə] *f* ⟨-; -n⟩ *Low G. for* Werg 1. — **'he·den** *adj Low G.* of tow (*od.* oakum).

He·de·rich ['heːdərɪç] *m* ⟨-s; -e⟩ *bot.* **1.** wild radish, joint-pudded charlock (*Raphanus raphanistrum*). – **2.** (*Unkraut*) charlock, hedge (*od.* wild) mustard (*Sinapis arvensis*).

He·do·nik [he'doːnɪk] *f* ⟨-; *no pl*⟩ *philos.* hedonics *pl* (*usually construed as sg*). — **He'do·ni·ker** [-nikər] *m* ⟨-s; -⟩ hedonist. — **he'do·nisch** *adj* hedonic, *auch* hedonical. — **He·do'nis·mus** [-do'nɪsmʊs] *m* ⟨-; *no pl*⟩ hedonism: kyrenäischer ~ Cyrenaicism. — **He·do'nist** [-do'nɪst] *m* ⟨-en; -en⟩ hedonist. — **he·do'ni·stisch** *adj* hedonic, *auch* hedonical, hedonistic, *auch* hedonistical.

He·dschra ['hɛdʒra] *f* ⟨-; *no pl*⟩ *relig. hist.* Hegira, *auch* Hejira (*the Muslim era*).

Heer [heːr] *n* ⟨-(e)s; -e⟩ **1.** *mil.* (the) army: ~ und Marine army and navy; siegreiches [geschlagenes] ~ victorious [beaten] army; stehendes ~ standing army, (*aktive Truppe*) regular (*od.* active) army; das Gros eines ~es the main body (*od.* bulk) of an army; im ~ dienen to serve in the army; in das ~ eintreten to join (*od.* enter) the army, (*von Rekruten*) *auch* to enlist. – **2.** armed forces *pl* (*od.* services *pl*). – **3.** *fig. colloq.* (*große Menge*) host, large number, multitude: ein ~ von Journalisten an army (*od.* a host) of journalists. – **4.** *fig.* (*Schwarm*) swarm: ein ~ von Ameisen [Fliegen] a swarm of ants [flies]. – **5.** das Wilde ~ *myth.* the Wild Hunt. — **~ˌbann** *m mil. hist.* arrière-ban.

'Hee·res|aka·deˌmie *f mil.* military academy. — **~arˌchiv** *n* army archives *pl.* — **~at·taˌché** *m* military attaché. — **~beˌdarf** *m* army requirements *pl* (*od.* supplies *pl*). — **~beˌfehl** *m* army order. — **~beˌricht** *m mil. hist.* official (army) communiqué, daily war bulletin. — **~beˌstän·de** *pl* army stores. — **~ˌdienst** *m* military service. — **~ˌdienstˌvorˌschrift** *f* army regulations *pl.* — **~ˌfachˌschu·le** *f* army professional (*bes. Br.* vocational) school. — **~ˌfla(k)** *f* army antiaircraft (*Br.* anti-aircraft) artillery. — **~ˌflie·ger** *m* army pilot. — **~flie·geˌrei** *f* army aviation. — **~ˌflie·gerˌschu·le** *f* army aviation school. — **~ˌfüh·rung** *f cf.* Heeresleitung. — **~geˌfol·ge** *n* **1.** *hist. cf.* Heerfolge. – **2.** *obs.* camp followers *pl.* — **~ˌglie·de·rung** *f* army organization (*od.* structure). — **~ˌgrup·pe** *f* army group. — **~ˌgut** *n* military property. — **~la·zaˌrett** *n* army hospital. — **~ˌlei·tung** *f* army command (staff): Oberste ~ *hist.* Supreme (Army) Command. — **~lie·feˌrant** *m* army contractor (*od.* supplier). — **~ˌlie·fe·rung** *f* supplies *pl* delivered to the army. — **~ˌmacht** *f* military forces *pl,* troops *pl.* — **~ˌpfar·rer** *m* army chaplain. — **~reˌser·ven** *pl mil.* army reserves. — **~ˌsäu·le** *f* (army moving in) column. — **~verˌwal·tung** *f* army administration (*od.* administrative services *pl*). — **~ˌwaf·fenˌamt** *n* army ordnance office. — **~ˌzug** *m* **1.** march of an army. – **2.** army on the march. – **3.** *hist.* campaign.

'Heer|ˌfahrt *f mil. hist.* military expedition, campaign. — **~ˌfol·ge** *f hist.* obligation to perform military service: ~ leisten to join the army. — **~ˌfüh·rer** *m* **1.** commander of an army. – **2.** military leader. — **~ˌla·ger** *n* (military *od.* army) camp. — **~ˌmänn·chen** *n zo. cf.* Mauswiesel. — **~ˌschar** *f poet. Bibl.* host: die himmlischen ~en the celestial (*od.* heavenly) hosts (*od.* legions). — **~ˌschau** *f mil.* military review, parade. — **~ˌstra·ße** *f mil. hist.* military road. — **~ˌwe·sen** *n mil.* military affairs *pl.*

'**Heer,wurm** *m* **1.** *zo.* a) (*Larve einer Trauermücke*) armyworm, *Br.* army-worm, sciara (*scient.*) (*Lycoria militaris*), b) (*eine Raupe*) army(-)worm (*Cirphis unipunctata*). – **2.** *poet. for* Heereszug 2. — **~,trau·er,mücke** (*getr.* -k·k-) *f zo.* fungus gnat, sciara (*scient.*) (*Sciara militaris*): Larve der ~ army(-)worm, sciara (*scient.*).

'**Heer,zug** *m mil. cf.* Heereszug 2.

He·fe ['heːfə] *f* ⟨-; -n⟩ **1.** *gastr.* yeast. – **2.** (*in Bäckerei*) (bakers') yeast. – **3.** *brew.* brewers' yeast, barm: die ~ ansetzen to activate yeast. – **4.** *cf.* Weinhefe. – **5.** (*Bodensatz*) dregs *pl*, lees *pl*: den Kelch bis auf die ~ leeren *fig. lit.* to drink the cup to the dregs; die ~ des Volkes *fig.* (*Abschaum*) the dregs (*od.* scum) of society. — **~,brot** *n gastr.* yeast bread. — **~ex,trakt** *m, auch n* yeast extract. — **~ge,bäck** *n* yeast pastry. — **~ge,schmack** *m* (*beim Bier, Wein etc*) taste of yeast, yeast bite. — **~,kä·fer** *m zo. cf.* Moderkäfer 2. — **~,ku·chen** *m gastr.* yeast cake.

'**He·fe|,pflan·ze** *f*, **~,pilz** *m bot.* yeast plant (*od.* fungus), saccharomycete (*scient.*) (*Gattg Saccharomyces*). — **~,stück·chen** *n* piece of yeast cake, Danish pastry, sweet roll. — **~,teig** *m* dough made with yeast, yeast dough. — **~,teil·chen** *n cf.* Hefestückchen.

'**he·fig** *adj* **1.** (*Geschmack*) yeastlike, *Br.* yeast-like, yeasty. – **2.** (*Wein etc*) full of dregs (*od.* lees).

'**Hef·ner,ker·ze** ['heːfnər-] *f phys.* Hefner candle (*former standard of intensity of light*).

Heft[1] [hɛft] *n* ⟨-(e)s; -e⟩ **1.** (*Schreibheft*) notebook. – **2.** (*Übungsheft*) exercise book. – **3.** (*geheftete Broschüre*) booklet, pamphlet, brochure. – **4.** (*Einzelheft einer Zeitschrift*) number, issue: vgl. „Lebende Sprachen" 1972, ~ 1, S. 5 cf. "Lebende Sprachen" 1972, No. 1, p. 5. – **5.** (*Teil einer Fortsetzungsreihe*) fascicle, *auch* fascicule. – **6.** (*Bändchen mit Gedichten etc*) booklet. – **7.** (*Fahrscheinheft*) book (of tickets). – **8.** (*für Rabattmarken*) (trading-stamp) book.

Heft[2] *n* ⟨-(e)s; -e⟩ **1.** (*Griff*) handle. – **2.** (*eines Schwerts, Dolches etc*) haft, hilt. – **3.** (*einer Feile etc*) handle, haft. – **4.** ⟨*only sg*⟩ *fig.* (*Leitung, Zügel*) reins *pl*: das ~ in der Hand haben to hold the reins (in one's hands), to be at the helm; er gibt das ~ nicht aus der Hand he won't let the reins slip out of his hands, he won't surrender control; sie versuchten, ihm das ~ aus der Hand zu nehmen they tried to take the reins out of his hands.

'**Heft,band** *n* ⟨-(e)s; ⸚er⟩ *print.* (bookbinder's) tape.

'**Heft·chen** *n* ⟨-s; -⟩ **1.** *dim. of* Heft[1] 1—3, 6—8. – **2.** (*für Streichhölzer etc*) book.

'**Heft|,draht** *m print.* staple. — **~,ei·sen** *n tech.* (*in der Glasherstellung*) punty, ponty.

Hef·tel ['hɛftəl] *n* ⟨-s; -⟩ **1.** (*Häkchen*) hook. – **2.** hook and eye. – **3.** pin.

'**Hef·tel,ma·cher** *m* ⟨-s; -⟩ *Southern G. only in* aufpassen wie ein ~ *colloq.* to watch like a hawk.

hef·ten ['hɛftən] **I** *v/t* ⟨h⟩ **1.** (*Naht, Saum etc*) baste, tack. – **2.** *print.* (*Buch*) a) (whip)stitch, b) (*mit Draht*) wire-stitch, c) (*Buchteile*) tape: mit der Hand ~ to hand-stitch. – **3.** etwas an (*acc*) etwas ~ a) to fix (*od.* affix, attach, fasten) s.th. to s.th., b) (*mit einer Nadel*) to pin s.th. to s.th., c) (*mit Klammern*) to staple s.th. to s.th., d) (*nähen*) to baste (*od.* tack) s.th. (on) to s.th.: einen Zettel an die Tür ~ to fix a note to (*od.* put a note on) the door; j-m einen Orden an die Brust ~ to pin a medal on s.o. – **4.** die Augen [den Blick] auf (*acc*) etwas [j-n] ~ *fig.* to fix (*od.* rivet) one's eyes on s.th. [s.o.]. – **II** *v/reflex* **5.** sich auf (*acc*) etwas [j-n] ~ *fig.* (*von Augen, Blick etc*) to be fixed (*od.* riveted) on s.th. [s.o.], (*stärker*) to be glued to s.th. [on s.o.]. – **6.** sich an (*acc*) j-s Fersen (*od.* Sohlen) ~ *fig.* to stick hard on s.o.'s heels: der Verfolger heftete sich an seine Fersen the pursuer stuck hard on his heels.

'**Hef·ter** *m* ⟨-s; -⟩ **1.** (*in der Binderei*) (*Person*) stitcher, sewer. – **2.** (*Ordner*) file. – **3.** *cf.* Heftmaschine.

'**Heft|,fa·den** *m* basting (*od.* tacking) thread. — **~,ga·ze** *f* (*in der Binderei*) mull, *bes. Am.* super.

'**hef·tig I** *adj* **1.** (*Streit, Zorn, Sturm, Kampf, Widerstand etc*) violent, fierce: ~er Haß violent (*od.* virulent) hatred; ~e Leidenschaft violent (*od.* burning) passion; ~es Schluchzen violent sobbing; ~er Wind fierce (*od.* severe) wind; ~e Worte a) violent (*od.* fierce) words, b) angry words; mit ~en Worten verteidigte er seinen Standpunkt he defended his point of view vehemently (*od.* with vehemence); er erhielt einen ~en Schlag he was dealt a violent (*od.* heavy) blow; j-m ~e Vorwürfe machen to reproach s.o. violently. – **2.** (*Mensch*) excitable, irascible: er wird schnell ~ he loses his temper (*od. colloq.* flares up) quickly, he flies into a temper easily. – **3.** (*Regen*) heavy. – **4.** (*Liebe*) passionate, ardent. – **5.** (*Schmerzen etc*) severe, violent: ~e Kopfschmerzen *pl* a severe (*od.* splitting) headache *sg*. – **6.** (*stark*) strong, vehement, intense: ~e Abneigung strong dislike; ~es Verlangen vehement (*od.* ardent) desire; ~e Sehnsucht intense longing. – **7.** (*ungestüm*) impetuous. – **II** *adv* **8.** violently, fiercely: er reagierte sehr ~ he reacted violently; j-n ~ ausschimpfen to give s.o. a good telling-off (*colloq.*), *Am. colloq. auch* to bawl s.o. out; sie erschrak ~ she got a terrible fright; mein Fuß schmerzt (mich) ~ my foot hurts terribly (*colloq.*); sie gerieten gestern ~ aneinander they had a violent quarrel (*od. colloq.* a good set-to) yesterday; es regnet ~ it is raining heavily, it is pouring with rain; ~ verliebt passionately in love; sie antwortete ~ she replied with vehemence. — '**Hef·tig·keit** *f* ⟨-; *no pl*⟩ **1.** (*eines Streites, Zorns, Sturms etc*) violence, fierceness: die ~ des Windes hatte nachgelassen the violent (*od.* fierce) winds had abated, the force of the wind had slackened. – **2.** (*eines Menschen*) violent temper: wir kannten seine (maßlose) ~ we were aware of his violent temper. – **3.** (*des Regens*) heaviness. – **4.** (*der Liebe*) passion, ardency. – **5.** (*der Schmerzen etc*) severity, violence. – **6.** (*Stärke*) vehemence, intensity. – **7.** (*Ungestüm*) impetuosity. – **8.** (*Vehemenz*) vehemence: er antwortete mit äußerster ~ he replied with extreme vehemence.

'**Heft|,klam·mer** *f* **1.** *print.* staple. – **2.** (*Büroklammer*) (paper) clip. — **~,la·de** *f print.* sewing (*od.* binder's) press. — **~ma,schi·ne** *f* **1.** *print.* a) stitching machine, sewer, sewing press, b) (*mit Draht*) stapler, stapling machine, *Br.* stapling-machine. – **2.** (*im Büro etc*) stapler. — **~,naht** *f* **1.** (*beim Nähen*) basted seam. – **2.** *tech.* (*beim Schweißen*) tack weld.

'**Heft,pfla·ster** *n med. pharm.* **1.** (*für Wunden*) adhesive plaster, sticking plaster, *Br.* sticking-plaster, *Br. auch* adhesive dressing. – **2.** (*zum Befestigen von Verband etc*) adhesive tape (*od.* plaster), sticking plaster, *Br.* sticking-plaster. — **~,strei·fen** *m* adhesive strip dressing. — **~ver,band** *m* adhesive tape dressing: einen ~ anlegen to strap the wound with adhesive tape, to apply an adhesive tape dressing.

'**Heft|,rand** *m* **1.** margin of a notebook. – **2.** filing margin. — **~,schwei·ße** *f tech.* stitch (*od.* tack) weld. — **~,schwei·ßung** *f* **1.** stitch (*od.* tack) welding. – **2.** (*Ergebnis*) stitch (*od.* tack) weld. — **~,stich** *m* basting (*od.* tacking) stitch, tack. — **h~,wei·se** *adv* in fascicles: das Buch erscheint ~ the book appears in fascicles. — **~,zwecke** (*getr.* -k·k-) *f Br.* drawing-pin, *Am.* thumbtack.

He·ge ['heːgə] *f* ⟨-; *no pl*⟩ (*des Wildes etc*) care and protection.

He·ge·lia·ner [heːgə'liaːnər] *m* ⟨-s; -⟩ *philos.* Hegelian. — **he·ge·lia·nisch** [-'liaːnɪʃ] *adj* (*Schule*) Hegelian. [Hegelian.]

He·gelsch ['heːgəlʃ] *adj* ⟨*attrib*⟩ *philos.*

'**He·ge,mei·ster** *m hunt.* gamekeeper.

He·ge·mo·nie [hegemo'niː] *f* ⟨-; -n [-ən]⟩ hegemony. — **he·ge'mo·nisch** [-'moːnɪʃ] *adj* hegemonic, *auch* hegemonical.

he·gen ['heːgən] *v/t* ⟨h⟩ **1.** (*Wild, Forst etc*) preserve, maintain. – **2.** (*Garten etc*) tend, cultivate, (*Pflanze*) *auch* nurse. – **3.** j-n [etwas] ~ und pflegen to look after (*od.* take care of) s.o. [s.th.] with loving care. – **4.** *fig.* (*Meinung, Zweifel, Verdacht etc*) have, entertain: Hoffnungen ~ to entertain (*od.* cherish) hopes; die Absicht ~ to have the intention, to intend; den Wunsch ~ to have the wish, to wish; welche Gefühle hegst du für ihn? what feelings do you have for him? what are your feelings toward(s) him? Groll gegen j-n ~ to hold a grudge against s.o., to bear s.o. a grudge, to have a grievance against s.o.; eine Abneigung gegen etwas ~ to have a dislike for s.th., to dislike s.th., to feel an aversion to s.th.; ich hege die Vermutung, daß er kommt I suppose (*od.* I have an idea) that he will come. – **5.** *fig.* (*schlechte Gedanken etc*) harbor, *bes. Br.* harbour: Haß gegen j-n ~ to harbo(u)r feelings of hatred for s.o., to hate s.o.

'**He·ger** *m* ⟨-s; -⟩ *hunt. cf.* Hegemeister.

'**He·ge|,ring** *m hunt.* hunt. — **~,zeit** *f Br.* close (*Am.* closed) season.

Hehl [heːl] *n, auch m* ⟨-(e)s; *no pl*⟩ (*nur in Wendungen wie*) aus etwas kein (*auch* keinen) ~ machen to make no secret of s.th., to be quite frank about s.th.; er machte kein ~ daraus, daß er die Idee nicht mochte he made no secret of (*od.* no attempt to conceal, no bones about) the fact that he did not like the idea; ich gestehe es ohne ~ I admit it quite openly (*od.* frankly).

heh·len ['heːlən] *v/i* ⟨h⟩ *jur.* **1.** (*Diebesgut verbergen*) receive stolen goods. – **2.** (*Verbrechen begünstigen*) conceal a crime, connive. — '**Heh·ler** *m* ⟨-s; -⟩ *jur.* **1.** receiver of stolen goods, 'fence' (*sl.*): der ~ ist schlimmer als der Stehler (*Sprichwort*) the receiver is as bad as the thief (*proverb*). – **2.** accessory after the fact. — **Heh·le'rei** *f* ⟨-; -en⟩ *jur.* **1.** receiving stolen goods: ~ treiben to receive stolen goods. – **2.** concealing of a crime, connivance.

hehr [heːr] *adj poet. for* erhaben 3, 4.

hei [haɪ] *interj* hey!

heia ['haɪa] *adj* ~ machen (*child's language*) to go to sleep, to go to by(e)-by(e).

'**Heia** *f* ⟨-; *no pl*⟩ (*child's language*) bed: in die ~ gehen to go to bed, to go to by(e)-by(e). [baby.]

heia·po·peia [ˌhaɪapo'paɪa] *interj* hushaby,

Hei·de[1] ['haɪdə] *f* ⟨-; -n⟩ **1.** heath(land), (*Heidemoor*) *auch* moor(land): die Lüneburger ~ the Lüneburg Heath. – **2.** *bot.* (Gemeine) ~ *cf.* Heidekraut; Graue ~ Scotch (*od.* fine-leaved) heath (*Erica cinerea*).

'**Hei·de**[2] *m* ⟨-n; -n⟩ **1.** heathen: die ~n bekehren to convert the heathen(s). – **2.** (*bei den Römern, Griechen etc*) pagan. – **3.** *Bibl.* (*Nichtjude, bes. Christ*) gentile, *auch* Gentile. – **4.** (*Ungläubiger*) heathen, pagan.

'**Hei·de|,blu·me** *f bot.* heath flower. — **~,blü·te** *f* **1.** (*Blüte der Heide-Arten*) heath blossom. – **2.** heath bell, *Br.* heath-bell, heath flower, heather bell, *Br.* heather-bell. — **~,bo·den** *m agr.* heath(y) soil, heathland. — **~,busch** *m bot. cf.* a) Heckensame, b) Heidekraut. — **~,flachs** *m* toadflax, flaxweed (*Gattg Linaria*). — **~ge,wächs** *n* heath(wort), heather (*Gattgen Erica u. Calluna*). — **~,gras** *n* heath sedge (*Carex ericetorum*). — **~,grüt·ze** *f* buckwheat groats *pl* (*construed as sg or pl*). — **~,ho·nig** *m* heather honey. — **~,korn** *n cf.* Buchweizen.

'**Hei·de,kraut** *n bot.* **1.** heather, heath, ling (*Calluna vulgaris*). – **2.** heather, heath, besom (*Gattg Erica*). — **h~,ar·tig** *adj* heathery, ericaceous (*scient.*). — **~ge,wäch·se** *pl* heath family *sg*, ericaceae (*scient.*) (*Fam. Ericaceae*).

'**Hei·de,land** *n* heath(land).

'**Hei·del,bee·re** ['haɪdəl-] *f* **1.** bilberry, whortleberry, huckleberry, blueberry: ~n sammeln to gather bilberries. – **2.** *bot. cf.* Heidelbeerstrauch.

'**Hei·del,beer,strauch** *m bot.* bilberry (*od.* blueberry) bush (*Vaccinium myrtillus*).

'**Hei·del,ber·ger** [-ˌbɛrgər] *adj* (of) Heidelberg: ~ Katechismus *relig.* Heidelberg Catechism.

'**Hei·del,berg,mensch** *m anthrop.* Heidelberg man (*od.* race) (*Homo heidelbergensis*).

'**Hei·de|,ler·che** *f zo.* wood lark (*Lullula arborea*). — **~,moor** *n* moor(land).

'**Hei·den|'angst** *f colloq.* mortal fear, blue funk (*colloq.*): ich hatte eine ~ I was scared stiff (*od.* to death), I was in a blue funk. — **~apo·stel** [-ʔaˌpɔstəl] *m relig.* apostle to the gentiles (*auch* Gentiles). — **~'ar·beit** *f only in* eine ~ *colloq.* a devil (*od.* heck, hell) of a job (*colloq.*). — **~,christ** *m relig. hist.* heathen proselyte to Christianity, Gentile (Christian).

'**Hei·de,nel·ke** *f bot.* maiden pink (*Dianthus deltoides*).

'Hei·den|'geld *n only in* ein ~ *colloq.* a fortune, lots *pl* (*od.* a heck, a lot, *Am. auch* gobs *pl*) of money (*colloq.*): er verdient ein ~ he earns lots (*od.* piles, pots) of money (*colloq.*). — **~,gott** *m relig.* **1.** heathen god. – **2.** (*bei den Römern, Griechen etc*) pagan god. — **~,kir·che** *f hist.* Church of the Gentiles. — **~'krach, ~'lärm** *m only in* ein ~ *colloq.* a heck (*od.* hell, devil) of a noise (*od.* din), a terrible racket (*Am. auch* ruckus) (*alle colloq.*): sie machten einen ~ they made (*od.* kicked up) a terrible row (*colloq.*). — **h~,mä·ßig** *adv* ~ viel *colloq.* lots of, an awful lot of (*beide colloq.*): er hat ~ viel Geld he has lots (*od.* tons) of money (*colloq.*). — **~mis·si,on** *f relig.* mission to the heathen(s), foreign mission. — **~'mü·he** *f colloq. cf.* Heidenarbeit. — **~re'spekt** *m colloq.* (vor *dat* for) tremendous amount of respect, world of respect. — **~,ret·tich** *m bot. cf.* Ackerrettich. — **~,rös·chen** *n cf.* Heideröschen. — **~,ro·se** *f cf.* Heiderose. — **~,rös·lein** *n cf.* Heideröschen. — **~'schreck** *m colloq.* terrible (*od.* terrific) fright (*od.* shock) (*colloq.*). — **~'spaß** *m colloq.* tremendous amount of fun, barrel of fun: wir hatten einen ~ we had a tremendous amount of fun, we had a great time, we had a ball (*colloq.*). — **~spek'ta·kel** *m colloq. cf.* Heidenkrach. — **~,tem·pel** *m* heathen (*od.* pagan) temple.

'Hei·den·tum *n* ⟨-s; *no pl*⟩ **1.** (*heidnischer Glaube*) a) heathenism, b) (*bei den Römern, Griechen etc*) paganism. – **2.** (*Gesamtheit der Heiden*) a) heathendom, heathen(s) *pl*, b) pagandom, pagans *pl*.

'Hei·den|,volk *n* **1.** (*Nichtchristen, Nichtjuden, Nichtmoslems*) heathen people (*od.* nation). – **2.** *colloq.* heathen (*od.* pagan) people (*od.* nation). — **~,wund,kraut** *n bot.* goldenrod, *Br.* golden-rod (*Solidago virgaurea*).

'Hei·de|,pfei·fer *m zo. cf.* Goldregenpfeifer. — **~,pfriem** *m bot.* common broom (*Sarothamnus scoparius*). — **~,rauch** *m cf.* Höhenrauch. — **~,ret·tich** *m bot. cf.* Ackerrettich.

Hei·de·rich ['haɪdərɪç] *m* ⟨-s; -e⟩ *bot. cf.* Hederich.

Hei·der·ling ['haɪdərlɪŋ] *m* ⟨-s; -e⟩ *bot. cf.* Feldchampignon.

'Hei·de|,rös·chen *n bot.* **1.** heath rose, rockrose, *Br.* rock-rose (*Helianthemum vulgare*). – **2.** *cf.* Heckenrose. — **~,ro·se** *f* Scotch rose (*Rosa spinosissima*). — **~,rös·lein** *n cf.* Heideröschen. — **~,schaf** *n zo. cf.* Heidschnucke. — **~,seg·ge** *f bot. cf.* Heidegras. — **~,strauch** *m cf.* Heidekraut. — **~,täub·ling** *m* green agaric (*Agaricus furcatus*).

hei·di [haɪ'diː; 'haɪdi] **I** *interj* **1.** hurrah! hooray! *auch* hurray! heigh-ho! ~ geht die Fahrt über die Felder heigh-ho! across the fields we go. – **II** *adj* ⟨*pred*⟩ *colloq.* **2.** (*dahin*) gone: mein ganzes Geld ist ~ all my money is gone. – **3.** (*verloren*) lost: ~ gehen to get lost.

'Hei·din *f* ⟨-; -nen⟩ **1.** heathen (woman). – **2.** (*bei den Römern, Griechen etc*) pagan (woman). – **3.** *Bibl.* (*Nichtjüdin, bes. Christin*) gentile (*auch* Gentile) (woman). – **4.** (*Ungläubige*) heathen (*od.* pagan) (woman).

heid·nisch ['haɪdnɪʃ] *adj* **1.** *relig.* (*Götter, Tempel etc*) a) heathen, pagan, b) (*bes. bei Römern, Griechen etc*) pagan. – **2.** (*Sitten, Leben etc*) heathen(ish), pagan. — **H~-,Wund,kraut** *n bot. cf.* Heidenwundkraut.

'Heid,schnucke (*getr.* -k·k-) *f* ⟨-; -n⟩ *zo.* (North German) moorland sheep, heath sheep, (*in England*) Southdown sheep (*Ovis musimon*).

Hei·duck [haɪ'dʊk] *m* ⟨-en; -en⟩ (*ungarischer Grenzsoldat od. Diener*) haiduk, *bes. Br.* heyduck.

hei·kel ['haɪkəl] *adj* ⟨heikler, heikelst⟩ **1.** (*Frage, Lage, Sache etc*) difficult, delicate, awkward, ticklish, tricky: heikles Problem ticklish (*od.* thorny, knotty) problem; das ist ein heikles Thema that is a delicate subject; heikle Situation ticklish situation; heikle Angelegenheit delicate (*od.* tricky) matter. – **2.** (*wählerisch*) fussy, particular, hard to please: er ist im Essen sehr ~ he is very fussy about (his) food. – **3.** (*sehr genau, anspruchsvoll*) particular, fussy: in punkto Reinlichkeit ist sie sehr ~ she is very fussy (*od.* fastidious) about cleanliness. – **4.** *cf.* empfindlich 5.

heik·lig ['haɪklɪç] *adj obs. for* heikel.

Heil [haɪl] *n* ⟨-(e)s; *no pl*⟩ **1.** (*Wohl*) welfare, well-being: für j-s ~ sorgen to look out for s.o.'s welfare; sein ~ in der Flucht suchen to seek refuge in flight, to take to flight. – **2.** (*Nutzen*) benefit: es geschah zu seinem ~, es gereichte ihm zum ~ it was for his benefit (*od.* good). – **3.** (*Glück*) luck: zu unserem ~ luckily for us; sein ~ mit j-m [etwas] versuchen *colloq.* to try one's luck with s.o. [s.th.]; laß mich mal mein ~ versuchen! *colloq.* let me try my luck, let me have a go at it (*colloq.*); j-m ~ und Segen wünschen to wish s.o. the best of luck (*od.* the very best). – **4.** *relig.* a) (*Rettung, Erlösung*) salvation, b) (*Gnade*) grace: das ~ der Welt the salvation of the world; von j-m sein ~ erwarten to look to s.o. for one's salvation; → Jahr 1. – **5.** (*in Grußformeln*) hail: ~ dir! hail to thee! ~ dem König! hail to the King! God save the King! Petri ~! good fishing! Ski ~! good skiing!

heil *adj* ⟨-er; -st⟩ **1.** (*unverletzt*) unhurt, uninjured, unscathed: nur wenige haben das Unglück ~ überstanden only few survived the disaster unscathed (*od.* safely, safe and sound); → Haut 2. – **2.** (*ganz, nicht kaputt*) undamaged, whole: sie kam mit ~en Gliedern vom Skifahren zurück she came back from skiing without any broken bones; das Geschirr ist ~ geblieben the dishes remained undamaged (*od.* unbroken), the dishes did not break; ich habe kein ~es Paar Strümpfe I haven't got a good pair of stockings; etwas wieder ~ machen to mend s.th. – **3.** (*geheilt*) cured, healed.

Hei·land ['haɪlant] *m* ⟨-(e)s; *no pl*⟩ *relig.* Savior, *bes. Br.* Saviour, Redeemer.

'Heil|,an,stalt *f* **1.** (*für Lungenkranke etc*) sanatorium, *Am. auch* sanitarium. – **2.** (*für Geisteskranke*) mental home (*od.* hospital), psychiatric hospital (*od.* institute). — **~,an,zei·ge** *f med.* (therapeutic) indication. — **~,bad** *n* **1.** *meist pl* therapeutic (*od.* medicinal) bath. – **2.** (*Ort*) spa, health resort.

'heil·bar *adj* **1.** (*Krankheit*) curable. – **2.** (*Wunden etc*) healable. — **'Heil·bar·keit** *f* ⟨-; *no pl*⟩ curability.

'Heil|be,hand·lung *f med.* therapeutic treatment. — **~,blatt** *n bot.* (common) yellow meadow rue, poor man's rhubarb (*Thalictrum flavum*). — **~,boh·ne** *f* dolichos (*Gattg Dolichos*). — **h~,brin·gend** *adj* (*Wirkung etc*) beneficial, salutary. — **~,butt** *m zo.* halibut (*Hippoglossus hippoglossus*). — **~,di·stel** *f bot.* blessed (*od.* holy) thistle (*Cnicus benedictus*). — **~,dro·ge** *f med. pharm.* healing drug.

hei·len ['haɪlən] **I** *v/t* ⟨h⟩ **1.** (*Krankheit etc*) cure. – **2.** (*Wunde*) heal. – **3.** (*Kranken*) cure, heal: j-n von einem Leiden ~ to cure s.o. of a disease (*od.* malady). – **4.** *fig.* cure: ein Übel ~ to cure (*od.* remedy) an evil; wir müssen ihn von seinem Mißtrauen ~ we must cure him of his mistrust; die Zeit heilt alle Wunden (*Sprichwort*) *etwa* time heals all wounds. – **II** *v/i* ⟨sein⟩ **5.** (*von Wunde etc*) heal (up), close. – **III H~** *n* ⟨-s⟩ **6.** *verbal noun.* – **7.** *cf.* Heilung. — **'hei·lend I** *pres p.* – **II** *adj med.* **1.** (*Wunde, Salbe etc*) healing. – **2.** (*Wirkung*) healing, curative.

'Heil|,er·de *f med.* healing earth. — **~er,folg** *m* **1.** (*eines Mittels, einer Behandlung etc*) (therapeutic) success: mit diesem Mittel hat man gute ~e erzielt this has proved to be a very effective (*od.* successful) remedy (*od.* cure). – **2.** (*eines Arztes*) success in (*od.* successful) curing. — **~er,zie·hung** *f ped. cf.* Heilpädagogik. — **~,esche** *f bot.* simar(o)uba (*Simaruba officinalis*). — **~,fak·tor** *m med.* therapeutic factor. — **~,fa·sten** *n cf.* Fastenkur. — **~,fie·ber** *n* artificially induced fever (*for therapeutic purposes*). — **h~'froh** *adj* ⟨*pred*⟩ very glad, *Br. auch* jolly glad. — **~,für,sor·ge** *f* medical (*od.* therapeutic) care. — **~,glöck·chen** *n bot.* bear's-ear sanicle (*Cortusa matthioli*). — **~,gur·ke** *f cf.* Balsamapfel. — **~gym,nast** *m* remedial gymnast, physical therapist, physiotherapist (*scient.*). — **~gym,na·stik** *f* remedial gymnastics *pl* (*construed as sg*), physical therapy, physiotherapy (*scient.*). — **~gym,na·stin** *f cf.* Heilgymnast.

'hei·lig I *adj* **1.** *relig.* a) holy, b) (*Gott geweiht, Gegensatz zu profan*) sacred, c) (*als Attribut bei Eigennamen*) saint: der H~e Abend Christmas Eve; die H~e Familie [Stadt] the Holy Family [City]; der H~e Geist [Gral, Vater] the Holy Ghost (*od.* Spirit) [Grail, Father]; die H~en Kriege the Holy Wars; das H~e Grab [Jahr, Land] the Holy Sepulcher (*bes. Br.* Sepulchre) [Year, Land]; die H~e Jungfrau the Blessed Virgin; die H~en Drei Könige the Three Magi, the Three Wise Men; H~e Woche Holy (*od.* Passion) Week; H~stes Herz Jesu most Sacred Heart of Jesus; H~e Maria Holy Mary; der ~e (*od.* hl.) Paulus Saint (*od.* St.) Paul; ~e Gefäße [Gewänder] sacred vessels [vestments]; dieser Tag ist dem Herrn ~ this day is sacred to the Lord. – **2.** (*fromm*) saintly, godly, pious, devout. – **3.** *pol. hist.* holy: die H~e Allianz the Holy Alliance (*1815*); das H~e Römische Reich Deutscher Nation the Holy Roman Empire. – **4.** (*unantastbar, geheiligt*) sacred: sein Wort ist mir ~ his word is sacred to me; es ist deine ~e Pflicht it is your sacred duty; nichts ist ihm ~ nothing is sacred to him; er schwor bei allem, was ihm ~ ist he swore by all that he held sacred; das ~e Gastrecht the sacred right of hospitality; es ist mein ~er Ernst I am dead serious. – **5.** *colloq.* (*in Ausrufen*) ~er Bimbam (*od.* Strohsack)! good heavens! good Lord! good gracious! da soll doch ein ~es Donnerwetter dreinschlagen! devil take it! – **II** *adv* **6.** (j-m) etwas hoch und ~ versprechen a) to promise (s.o.) s.th. solemnly, b) *colloq.* to promise (s.o.) s.th. faithfully; hoch und ~ schwören to swear by all that is sacred. – **III H~e, das** ⟨-n⟩ **7.** the holy. – **8.** the sacred: das ist unser Heiligstes that is our most sacred treasure, that is most sacred to us.

,Hei·lig'abend *m* Christmas Eve: am ~ on Christmas Eve.

'Hei·li·ge *m, f* ⟨-n; -n⟩ *relig.* saint: bei einem ~n schwören to swear by a saint; er ist ein wunderlicher ~r *fig. colloq.* he is a queer customer (*od.* fish).

,Hei·li·ge,drei'kö·nigs,tag *m relig.* Epiphany.

hei·li·gen ['haɪlɪgən] **I** *v/t* ⟨h⟩ **1.** *relig.* a) sanctify, b) hallow: Gott heiligte den siebten Tag God sanctified the seventh day; den Sabbat ~ to keep the Sabbath; geheiligt werde Dein Name hallowed be Thy name; der Zweck heiligt die Mittel the end justifies the means. – **II H~** *n* ⟨-s⟩ **2.** *verbal noun.* – **3.** *cf.* Heiligung.

'Hei·li·gen|,bild *n* picture of a saint. — **~ge,schich·te** *f* **1.** biography of saints, hagiography (*scient.*). – **2.** (*eine Erzählung*) story of a saint. — **~ka,len·der** *m* calendar of the saints, menology (*scient.*). — **~,kraut** *n bot.* lavender cotton (*Santolina chamaecyparissus*). — **~le,gen·de** *f* legend of saints. — **~,schein** *m* **1.** *relig.* (*art*) a) (*um den Kopf*) nimbus, halo, b) (*Aureole*) aureole, aureola, gloriole. – **2.** *fig.* halo, aura: sich mit einem ~ umgeben to surround oneself with an aura of saintliness. — **~,schrein** *m relig.* shrine (containing relics). — **~ver,eh·rung** *f* veneration (*od.* worship) of saints, hagiolatry (*lit.*). — **~ver,zeich·nis** *n* **1.** hagiology. – **2.** (*kirchlich anerkannter Heiliger*) canon of saints.

'hei·lig,hal·ten I *v/t* ⟨*irr, sep, -ge-,* h⟩ **1.** (*Sitte, Brauch, j-s Andenken etc*) hold (*s.th.*) sacred. – **2.** (*Sonntag*) observe, keep (*s.th.*) holy. – **II H~** *n* ⟨-s⟩ **3.** *verbal noun.* — **'Hei·lig,hal·tung** *f* ⟨-; *no pl*⟩ **1.** *cf.* Heilighalten. – **2.** (*des Sonntags*) observance.

'Hei·lig,heu *n bot.* sain(t)foin, cockshead (*Onobrychis sativa*).

'Hei·lig·keit *f* ⟨-; *no pl*⟩ **1.** *relig.* (*einer Person*) holiness, saintliness: Seine ~ (*Anrede des Papstes*) His Holiness. – **2.** (*eines Gelübdes, einer Stätte etc*) holiness, sanctity, sacredness. – **3.** *fig.* (*eines Gelübdes, Vertrages etc*) sanctity: er steht im Geruch(e) der ~ he has an odo(u)r (*od.* air) of sanctity about him; die ~ menschlichen Lebens the sanctity of human life.

'Hei·lig,kraut *n bot.* vervain, peristerion (*Verbena officinalis*).

'hei·lig,ma·chend *adj relig.* hallowing, sanctifying: ~e Gnade sanctifying grace.

'hei·lig,mä·ßig I *adj archaic* saintly: ein ~es Leben führen to lead a saintly life. – **II** *adv* ~ leben to live like a saint.

ˈhei·ligˌspre·chen *relig.* **I** *v/t* ⟨*irr, sep,* -ge-, h⟩ j-n ~ to canonize (*Br. auch* -s-) s.o., to confer sainthood on s.o. – **II H~** *n* ⟨-s⟩ *verbal noun.* — **ˈHei·ligˌspre·chung** *f* ⟨-; -en⟩ **1.** *cf.* Heiligsprechen. – **2.** canonization *Br. auch* -s-, conferring of sainthood: im Jahr 1938 erfolgte seine ~ he was canonized (*Br. auch* -s-) in (the year) 1938.

ˈHei·lig·tum *n* ⟨-s; ⸗er⟩ **1.** (*heilige Stätte*) sanctuary, shrine, temple: Schändung eines ~s sacrilege; das Lincoln-Denkmal ist fast ein nationales ~ the Lincoln monument is almost like a national shrine. – **2.** *antiq.* sacrarium. – **3.** *colloq.* (*heiliger Gegenstand*) sacred object, relic: etwas wie ein ~ hüten (*od.* verwahren) to guard (*od.* treasure) s.th. as if it were holy. – **4.** *fig. colloq.* (*Ort ungestörter Ruhe*) sanctum: dieses Zimmer ist mein ~ this room is my (personal) sanctum.

ˈHei·li·gung *f* ⟨-; *no pl*⟩ *relig.* **1.** *cf.* Heiligen. – **2.** sanctification, hallowing.

ˈHeil|ˌimp·fung *f med.* injection of an antiserum, passive immunization (*Br. auch* -s-). — **~ˌkli·ma** *n* healthy climate. — **h~kliˌma·tisch** *adj* ~er Kurort health resort due to the curative properties of its climate; ~e Wirkung curative (*od.* therapeutic) effect of the climate. — **~ˌkraft** *f* **1.** healing (*od.* curative) power. – **2.** *med.* (*einer Pflanze etc*) medicinal properties *pl.* — **h~ˌkräf·tig** *adj* **1.** (*Salbe etc*) healing, curative. – **2.** *med.* (*Kräuter etc*) medicinal. — **~ˌkraut** *n bot.* **1.** medicinal herb, officinal (*od.* vulnerary) herb (*od.* plant): Gemeines ~ cow parsnip, clogweed, bear's-breech (*Heracleum sphondylium*). – **2.** cure-all. — **~ˌkun·de** *f* **1.** medical science, medicine. – **2.** art of healing, therapeutics *pl* (*construed as sg or pl*). — **h~ˌkun·dig** *adj* skilled (*od.* proficient) in medicine, medically trained. — **~ˌkun·di·ge** *m, f* ⟨-n; -n⟩ person skilled in the art of healing. — **~ˌkunst** *f* medical art, art of healing.

ˈheil·los I *adj* ⟨*attrib*⟩ **1.** terrible, great, utter: ein ~es Durcheinander a terrible (*od.* hopeless) muddle; ~e Verwirrung stiften to cause terrible confusion; in ~er Angst in a terrible fright, in panic. – **2.** *obs.* (*ruchlos*) wicked, profligate, foul. – **II** *adv* **3.** utterly, thoroughly: ~ verworren in a hopeless muddle.

ˈheil|maˌgne·tisch *med.* **I** *adj* mesmeric. – **II** *adv* ~ behandeln to mesmerize. — **H~ma·gne·tiˌseur** *m* mesmerist. — **H~ma·gneˌtis·mus** *m* mesmerism. — **H~masˌsa·ge** *f* curative massage. — **H~meˌtho·de** *f* method of treatment, cure: psychologische ~ psychological cure.

ˈHeilˌmit·tel *n* (für, gegen for) **1.** *med.* a) remedy, cure, 'physic' (*colloq.*), b) (*Präparat*) medicine, drug, medicament: ein ~ anwenden to administer (*od.* employ) a remedy; pflanzliches ~ herbal remedy. – **2.** *fig.* remedy, cure: dagegen gibt es kein ~ there is no remedy for it; die Regierung hat noch kein ~ gegen die Arbeitslosigkeit gefunden the government has not yet found a cure for unemployment. — **~-all·erˌgie** *f med.* drug allergy. — **~beˌhand·lung** *f* medication, medicamentation. — **~ˌkun·de** *f* pharmacology, materia medica (*scient.*). — **~ˌleh·re** *f* **1.** *cf.* Heilmittelkunde. – **2.** (*Zubereitungskunde*) pharmacy.

ˈHeil|päd·ago·gik [-pɛdaˌgoːgɪk] *f* orthopedagogy, therapeutic (*od.* medical) pedagogy. — **~ˌpflan·ze** *f bot.* medicinal (*od.* officinal) herb (*od.* plant). — **~ˌpfla·ster** *n med. pharm.* healing (*od.* medicated) plaster. — **~ˌprak·ti·ker** *m* nonmedical practitioner. — **~proˌzeß** *m cf.* Heilungsprozeß 1. — **~ˌquel·le** *f* medicinal (*od.* mineral) spring, waters *pl.* — **~ˌruf** *m* acclamation, cheer, shout of praise (*od.* support). — **~ˌsal·be** *f med. pharm.* healing ointment.

ˈheil·sam *adj* **1.** wholesome, healthful, healthy; beneficial, good (*pred*): frische Luft ist ~ für die Lunge fresh air is beneficial to (*od.* good for) the lungs. – **2.** *fig.* (*Übung, Rat etc*) wholesome, salutary, beneficial: das wird ihm eine ~e Lehre sein that will be a salutary lesson for him; eine ~e Tracht Prügel a sound spanking; j-m eine ~e Lektion erteilen to give s.o. a talking-to. – **3.** *fig.* (*Mittel etc*) effective. – **4.** *med.* (*Medizin etc*) curative, medicinal. — **ˈHeil·sam·keit** *f* ⟨-; *no pl*⟩ **1.** wholesomeness, healthfulness, healthiness. – **2.** *fig.* wholesomeness, salutariness. – **3.** *med.* curative effect.

ˈHeils·arˌmee *f* ⟨-; *no pl*⟩ Salvation Army: Angehörige(r) der ~ member of the Salvation Army, Salvationist.

ˈHeils|ˌaufˌfas·sung *f relig.* conception of salvation. — **~ˌbot·schaft** *f* message of salvation (*as given in the gospel*).

ˈHeil|ˌschlaf *m med.* **1.** healing sleep. – **2.** (*gegen Neurosen*) prolonged sleep. — **~ˌschlamm** *m* pelvid, mud used for therapeutic purposes. — **~ˌse·rum** *n* antiserum, curative (*od.* antibacterial, antitoxic) serum.

ˈHeils|geˌschich·te *f* ⟨-; *no pl*⟩ *relig.* **1.** Heilsgeschichte, *auch* heilsgeschichte (*an interpretation of history stressing God's saving acts and viewing Jesus Christ as central in redemption*). – **2.** history of salvation. — **~geˌwiß·heit** *f* firm belief in one's salvation. — **~ˌleh·re** *f* doctrine of salvation. — **~ˌord·nung** *f* dispensation.

ˈHeilˌstät·te *f med.* sanatorium, *Am. auch* sanitarium: ~ für Lungenkranke (*od.* Lungenkrankheiten) *cf.* Lungenheilanstalt.

ˈHeilsˌwahr·heit *f relig.* (Christian belief in the) truth of salvation: die christlichen ~en Christian truths.

ˈHeilˌtrank *m med.* medicinal potion.

ˈHeil- ˌund ˈPfle·geˌanˌstalt *f* mental (*od.* psychiatric) hospital.

ˈHei·lung *f* ⟨-; -en⟩ **1.** *cf.* Heilen. – **2.** *med.* (von of) a) (*von Wunden*) healing, b) (*von Krankheit*) cure: eine ~ bewirken (*od.* herbeiführen) to effect a cure; wunderbare ~ miraculous cure. – **3.** *fig.* (von from) reclamation: ~ von einem Laster reclamation from a vice.

ˈHei·lungs|ˌausˌsicht *f meist pl med.* chance of recovery, prognosis (*scient.*). — **~proˌzeß** *m* **1.** process of healing. – **2.** (*Genesung*) recovery, recuperation, convalescence.

ˈHeil|verˌfah·ren *n med.* method of treatment, therapy. — **~verˌmö·gen** *n* ⟨-s; *no pl*⟩ *cf.* Heilkraft. — **~ˌvorˌgang** *m cf.* Heilungsprozeß. — **~ˌwert** *m* (*eines Medikaments etc*) curative (*od.* therapeutic) effect. — **~ˌwir·kung** *f* curative (*od.* therapeutic) effect. — **~ˌwurz, ~ˌwur·zel** *f bot.* **1.** mountain parsley, baldmoney, spicknel (*Libanotis montana*). – **2.** *cf.* Alant.

heim *adv* home.

Heim [haɪm] *n* ⟨-(e)s; -e⟩ **1.** ⟨*only sg*⟩ (*das Zuhause*) home: ein ~ gründen to marry and settle down; ein eigenes ~ a home of one's own; ein gemütliches ~ a cozy home; trautes ~ Glück allein (*Sprichwort*) *etwa* my home is my happiness. – **2.** (*für Kinder, alte Leute etc*) home, institution: ein ~ für Geisteskranke a home for the mentally ill; das Kind wuchs in einem ~ auf the child grew up in a home (*od.* an orphanage); in ein ~ verschickt werden (*zur Erholung*) to be sent to a recreation home. – **3.** (*Klub- od. Vereinshaus*) club(house). – **4.** (*Erziehungsanstalt*) institution, *Br.* approved school, borstal (institution), *Am.* reform school.

ˈHeim|ˌabend *m* (*social*) *meeting in the evening* (*of members of a club or organization*). — **~ˌar·beit** *f* **1.** ⟨*only sg*⟩ outwork, homework: etwas in ~ herstellen to produce s.th. by outwork. – **2.** ⟨*only sg*⟩ (*als Industrieform*) home (*od.* cottage) industry. – **3.** (*Erzeugnis*) homemade (*Br.* home-made) article. — **~ˌar·bei·ter** *m*, **~ˌar·bei·te·rin** *f* homeworker.

Hei·mat [ˈhaɪmaːt] *f* ⟨-; *rare* -en⟩ **1.** home, (*bes. Heimatland*) native country (*od.* land), homeland, (*bes. Heimatstadt*) native town, home town, (*bes. Heimatort*) native place: in der ~ at home; in meiner ~ a) (in the country) where I was born, b) where I come from; die alte ~ wiedersehen a) to revisit one's homeland, b) to revisit the place where one was born (*od.* grew up); in die ~ zurückkehren to return home; keine ~ mehr haben to have lost one's home; Köln ist mir zur zweiten ~ geworden I have found a second (*od.* new) home in Cologne; willkommen in der ~! welcome home! Italien ist seine geistige ~ Italy is his spiritual home; Italien ist die ~ der Renaissance Italy is the original home of the Renaissance, the Renaissance originated in Italy; das antike Griechenland ist die ~ der Demokratie ancient Greece is the cradle of democracy; in die ewige ~ abberufen werden *fig. poet.* to be called to one's eternal (*od.* heavenly) home. – **2.** *bot. zo.* (*von Pflanzen, Tieren*) habitat, biotope. — **~ˌabend** *m evening entertainment for tourists, with local songs and dances.* — **~adres·se** [-ʔaˌdrɛsə] *f* home address. — **~ˌbahnˌhof** *m* (*railway*) home station. — **h~beˌrech·tigt** *adj* (in *dat*) **1.** with right of domicile (in). – **2.** *Swiss* (being a) citizen (of the canton) (of). — **~beˌrech·ti·gung** *f* (in *dat* in) **1.** right of domicile. – **2.** *Swiss* citizenship. — **~beˌwußtˌsein** *n strong emotional ties with one's native land* (*od. home town*). — **~ˌbo·den** *m* native soil. — **~ˌdich·ter** *m* **1.** regional writer (*od.* poet). – **2.** (*in Dorfliteratur*) writer of peasant (*od.* village) stories, writer of provincial stories. — **~ˌdich·tung** *f* **1.** regional literature. – **2.** *cf.* Dorfgeschichte 1. — **~ˌdienst** *m mil.* home service. — **~ˌdorf** *n* native village. — **~ˌer·de** *f* ⟨-; *no pl*⟩ native soil. — **~ˌfilm** *m* (*sentimental*) film with regional background. — **~ˌfront** *f mil.* home front. — **~geˌfühl** *n* feeling of attachment to one's native land (*od.* home town). — **~geˌwäs·ser** *pl* home waters. — **~ˌha·fen** *m* **1.** *mar.* port of registry, *Am.* home port. – **2.** *aer.* base. — **~ˌkrie·ger** *m contempt.* stay-at-home patriot. — **~ˌkun·de** *f* ⟨-; *no pl*⟩ *ped.* local history and geography. — **h~ˌkund·lich** [-ˌkʊntlɪç] *adj* relating to local history and geography. — **~ˌkunst** *f* regional arts *pl* and crafts *pl.* — **~ˌland** *n* native country (*od.* land), homeland.

ˈhei·mat·lich I *adj* ⟨*attrib*⟩ **1.** native: die ~en Berge the native mountains (*od.* hills); wieder ~en Boden betreten to stand on one's native soil again; wir nähern uns ~en Gefilden we are approaching home grounds; ich war froh, wieder ~e Klänge zu hören I was glad to hear the local accent of my home (*od.* home town, native country) once more. – **2.** of one's home: ~e Sitten customs of one's home. – **II** *adv* **3.** das mutet mich ~ an that reminds me of home.

ˈHei·mat|ˌlie·be *f* love of one's native land (*od.* home town). — **~ˌlied** *n mus.* song praising one's native land (*od.* home town).

ˈhei·mat·los *adj* **1.** homeless, without a home: ~e und verwahrloste Kinder waifs and strays. – **2.** *jur.* stateless. — **ˈHei·mat·lo·se** *m, f* ⟨-n; -n⟩ **1.** homeless person: die ~n the homeless. – **2.** (*meist Kinder*) waif. — **ˈHei·mat·lo·sig·keit** *f* ⟨-; *no pl*⟩ **1.** homelessness. – **2.** *jur.* statelessness.

ˈHei·mat|muˌse·um *n* museum of local history and culture. — **~ˌort** *m* **1.** native (*od.* home) place. – **2.** (*Geburtsort*) birthplace, *Br.* birth-place. – **3.** *cf.* Heimatstadt. — **~ˌpfle·ge** *f* fostering of regional values and traditions. — **~ˌrecht** *n* **1.** *jur.* right of residence (*od.* domicile). – **2.** *pol.* right to live in one's native country (*od.* land): Verleihung des ~s naturalization *Br. auch* -s-; j-m das ~ nehmen to denaturalize (*Br. auch* -s-) s.o. — **~roˌman** *m* (*sentimental*) *novel set in regional background.* — **~ˌschein** *m* certificate of citizenship. — **~ˌschriftˌstel·ler** *m cf.* Heimatdichter. — **~ˌschuß** *m mil. colloq.* wound securing return home, *Br. sl.* blighty (wound). — **~ˌschutz** *m* **1.** *mil.* home defence (*Am.* defense). – **2.** *cf.* Heimatpflege. — **~ˌsen·dung** *f* (*radio*) regional broadcast. — **~ˌstaat** *m* **1.** native country (*od.* land, state), mother country. – **2.** *jur.* (*Ursprungsland*) state of origin. — **~ˌstadt** *f* **1.** native town, home town. – **2.** birthplace, *Br.* birth-place. — **~ˌtref·fen** *n* **1.** (*der Landsmannschaften in Deutschland*) *meeting of refugees and expellees.* – **2.** *meeting of people coming from the same region* (*od. country*). — **~ˌurˌlaub** *m* (*für Soldaten, Diplomaten etc*) home leave. — **h~verˌbun·den** *adj* (deeply) rooted in one's native land (*od.* town). — **~verˌein** *m association of persons coming from the same region.* — **h~verˌtrie·ben** *adj* **1.** expelled from (*od.* driven out of) one's native land (*od.* town). – **2.** (*in Deutschland*) expelled from former East German and Sudeten territories. — **~verˌtrie·be·ne** *m, f* ⟨-n; -n⟩ **1.** displaced person, expellee. – **2.** (*in Deutschland*) expellee from former East German and Sudeten territories. — **~ˌzei·tung** *f newspaper for* (*od. catering to*) *people coming from the same region.*

'heim·be,ge·ben *v/reflex* ⟨*irr, sep, no* -ge-, h⟩ sich ~ *lit.* go (*od.* return) home.
'heim·be,glei·ten *v/t* ⟨*sep, no* -ge-, h⟩ j-n ~ to see (*od.* accompany) s.o. home.
'heim,brin·gen *v/t* ⟨*irr, sep,* -ge-, h⟩ **1.** j-n ~ to see s.o. home. – **2.** etwas ~ to bring s.th. home.
'Heim,büg·ler *m* electric ironer, *Br.* home pressing machine.
'Heim·chen *n* ⟨-s; -⟩ **1.** *zo.* house cricket (*Gryllus domesticus*). – **2.** ~ am Herd *fig.* (*braves Hausmütterchen*) little woman at home.
'heim,dür·fen *v/i* ⟨*irr, sep,* -ge-, h⟩ be allowed to go home.
'heim,ei·len *v/i* ⟨*sep,* -ge-, sein⟩ hurry (*od.* hasten) home.
hei·me·lig ['haɪməlɪç] *adj* cozy, *auch* cosy, *Am. auch* homey.
'Heim|er,zie·her *m ped.* homefather, warden. — **~er,zie·hung** *f* upbringing (*od.* bringing up) in an institution.
'heim,fah·ren I *v/i* ⟨*irr, sep,* -ge-, sein⟩ **1.** (*vom Fahrer*) drive (*od.* return) home. – **2.** (*von Passagier*) ride (*od.* return) home. – **II** *v/t* ⟨h⟩ **3.** j-n ~ to drive s.o. home, to take s.o. home by car. — **'Heim,fahrt** *f* return (*od.* home) journey (*od.* trip), journey (*od.* trip) home: er ist auf der ~ he is on his way (back) home.
'Heim,fall *m* ⟨-(e)s; *no pl*⟩ *jur.* **1.** (*eines Gutes etc*) reversion, escheat. – **2.** (*von Erbteilen*) lapse. — **'heim,fal·len** *v/i* ⟨*irr, sep,* -ge-, sein⟩ *jur.* (an *acc* to) lapse, revert: Eigentum, das an die Krone heimfällt property which reverts to the crown. — **'heim,fäl·lig** *adj* (an *acc* to) revertible, reversionable.
'Heim,falls,recht *n jur.* **1.** reversionary right. – **2.** escheatage.
'heim,fin·den I *v/i* ⟨*irr, sep,* -ge-, h⟩ **1.** find one's way home. – **II H~** *n* ⟨-s⟩ **2.** *verbal noun.* – **3.** (*einer Brieftaube etc*) homing.
'heim,flie·gen *v/i* ⟨*irr, sep,* -ge-, sein⟩ **1.** (*von Personen*) go home by air, fly home. – **2.** (*von Vögeln*) (fly) home.
'heim,füh·ren *v/t* ⟨*sep,* -ge-, h⟩ **1.** j-n ~ a) to lead s.o. home, b) (*Kriegsgefangene*) to repatriate s.o. – **2.** ein Mädchen (als Frau) ~ *lit.* to marry a girl, to make a girl one's wife, to lead a girl to the altar.
'Heim,gang *m* ⟨-(e)s; *no pl*⟩ **1.** way home (*od.* back): auf meinem ~ on (*od.* during) my way home (*od.* back). – **2.** *fig. euphem.* death, decease: beim ~ meines Mannes upon (*od.* on) the death of my husband. — **'Heim·ge,gan·ge·ne** *m, f* ⟨-n; -n⟩ *euphem.* deceased. — **'heim,ge·hen** *v/i* ⟨*irr, sep,* -ge-, sein⟩ **1.** go home, return (home). – **2.** *fig. euphem.* die, pass away.
'Heim·ge,stal·tung *f* interior decorating.
'heim·ge,sucht I *pp.* – **II** *adj* die vom Erdbeben ~e Stadt the town struck by the earthquake; die vom Hochwasser ~e Gegend the flood-stricken area; ein im Krieg schwer ~es Museum a museum (which was) badly damaged during the war; die von den Heuschrecken ~en Felder the locust-infested fields.
'heim,ho·len *v/t* ⟨*sep,* -ge-, h⟩ j-n ~ to take (*od.* fetch) s.o. home: Gott hat ihn heimgeholt *fig. euphem.* God has taken (*od.* called) him home.
'Heim·in·du,strie *f econ.* home (*od.* cottage) industry.
'Heim|,in,sas·se *m,* **~,in,sas·sin** *f* (*eines Altersheims etc*) inmate.
'hei·misch I *adj* **1.** ⟨*attrib*⟩ (*Erzeugnis, Industrie etc*) domestic, home. – **2.** (*Personen, Pflanzen, Tiere*) native, indigenous: die ~e Tier- und Pflanzenwelt the native flora and fauna; eine Pflanze [ein Tier] ~ machen to naturalize (*Br. auch* -s-) a plant [an animal]. – **3.** ⟨*attrib*⟩ (*wie zu Hause*) homelike, *bes. Am. colloq.* homey: ~e Atmosphäre homelike atmosphere. – **4.** ⟨*attrib*⟩ (*Gewässer*) inland. – **5.** ~ sein in (*dat*) a) (*einheimisch*) to be indigenous to, b) (*von Gewerbe etc*) to be established in, c) *fig.* to be well versed in: diese Elefanten sind in Indien ~ these elephants are indigenous to India; die Viehzucht ist hier schon lange ~ cattle breeding has been established here for a long time; er ist in der Kunstgeschichte ~ he is well versed in the history of art. – **6.** ~ werden to acclimatize (*Br. auch* -s-) (oneself): er konnte in der neuen Umgebung nicht ~ werden he was not able to acclimatize himself to the new surroundings. – **II** *adv* **7.** sich ~ fühlen to feel at home (*od.* at ease, comfortable).
'Heim,kehr *f* ⟨-; *no pl*⟩ return home, homecoming, *Br.* home-coming. — **'heim,keh·ren** *v/i* ⟨*sep,* -ge-, sein⟩ return (*od.* go, come) home.
'Heim,keh·rer *m* ⟨-s; -⟩ **1.** person who returns to his native country. – **2.** *pol.* repatriate, repatriated prisoner of war. — **~ge,setz** *n law concerning the reintegration of former prisoners of war.* — **~,la·ger** *n* transit camp for repatriated prisoners of war. — **~ver,band** *m* association of former prisoners of war.
'Heim,kehr·ver,mö·gen *n* ⟨-s; *no pl*⟩ *zo.* (*der Tauben*) homing instinct.
'Heim,ki·no *n phot.* home cineprojector (*Br.* cine-projector), *bes. Am.* home movie projector.
'heim,kom·men *v/i* ⟨*irr, sep,* -ge-, sein⟩ return (*od.* come) home, arrive home: komm(t) gut heim! I hope you('ll) get home safely.
'heim,kön·nen *v/i* ⟨*irr, sep,* -ge-, h⟩ be able to return (*od.* go) home.
'Heim,kunft *f* ⟨-; *no pl*⟩ *cf.* Heimkehr.
'Heim,lam·pe *f phot.* photoflood (lamp).
'heim,las·sen *v/t* ⟨*irr, sep,* -ge-, h⟩ j-n ~ to let s.o. go home.
'Heim,lei·ter *m* **1.** director of a home (*od.* an institution). – **2.** *ped.* (*eines Internats*) a) warden, b) headmaster.
'Heim,lei·te·rin *f* **1.** director of a home (*od.* an institution). – **2.** *ped.* (*eines Internats*) a) matron, b) headmistress.
'heim,leuch·ten *v/i* ⟨*sep,* -ge-, h⟩ j-m ~ *colloq.* to take s.o. down a peg (or two), to give s.o. a piece of one's mind: dem habe ich aber kräftig heimgeleuchtet I have given him a good piece of my mind, I sent him home with a flea in his ear.
'heim·lich I *adj* **1.** (*geheim*) secret: ~e Liebe secret love; ~e Pläne [Verhandlungen] secret plans [negotiations]; ein ~es Stelldichein a secret rendez-vous; ein ~er Verdacht a secret suspicion; ~es Gericht *hist. cf.* Femgericht. – **2.** (*unerlaubt*) clandestine: ~e Verlobung [Zusammenkunft] clandestine engagement [meeting]; ~er Nachdruck *print.* surreptitious edition. – **3.** (*verstohlen*) furtive, stealthy, surreptitious: ~e Bewegungen [Blicke] furtive (*od.* stealthy) movements [glances]; ein ~es Lächeln a furtive smile. – **4.** (*verborgen*) concealed, hidden: ~e Schätze [Wege] concealed (*od.* hidden) treasures [paths]. – **5.** (*intrigant*) underhand(ed): ~e Machenschaften underhand dealings. – **6.** (*still*) silent: ein ~es Plätzchen a silent place. – **7.** *cf.* heimelig. – **II** *adv* **8.** secretly: j-n ~ anblicken to steal a glance at s.o.; er entfernte sich ~ he sneaked away (*od.* off), he slipped away; j-m ~ entwischen to give s.o. the slip; ~ gehen [kommen] to leave [to arrive] unnoticed; ~ horchen to eavesdrop; ~ lachen to laugh up one's sleeve; sich ~ aus dem Staub machen *colloq.* to take French leave, to bolt; ~ wegschaffen to spirit away; sie steckte mir ~ einige Geldstücke zu (*od.* in die Tasche) she slipped a few coins into my pocket; er ist ~, still und leise verschwunden he quietly disappeared. — **'Heim·lich·keit** *f* ⟨-; -en⟩ **1.** ⟨*only sg*⟩ secrecy: in aller ~ with great secrecy. – **2.** (*Geheimnis*) secret: die Kinder haben immer ~en miteinander the children always have secrets. – **3.** ⟨*only sg*⟩ (*Verstohlenheit*) furtiveness, stealth(iness), surreptitiousness. – **4.** ⟨*only sg*⟩ (*Intriganz*) underhandedness. – **5.** ⟨*only sg*⟩ (*Stille*) silence.
'Heim·lich,tu·er *m* ⟨-s; -⟩ *colloq.* person who affects an air of secrecy. — **,Heim·lich·tue'rei** *f* ⟨-; -en⟩ secretive behavior (*bes. Br.* behaviour) (*od.* ways *pl*). — **'heim·lich,tun** *v/i* ⟨*irr, sep,* -ge-, h⟩ affect an air of secrecy.
'Heim·ling *m* ⟨-s; -e⟩ *bot. cf.* Schuppenwurz, Gemeine.
'heim·los *adj* homeless. — **'Heim·lo·sig·keit** *f* ⟨-; *no pl*⟩ homelessness.
'Heim,mann·schaft *f* (*sport*) home team (*od.* side).
'heim,müs·sen *v/i* ⟨*irr, sep,* -ge-, h⟩ have to go home.
'Heim,mut·ter *f ped.* housemother, matron, (woman) warden.
'heim,neh·men *v/t* ⟨*irr, sep,* -ge-, h⟩ j-n [etwas] (mit) ~ to take s.o. [s.th.] home (with one).
'Heim,nie·der,la·ge *f* (*sport*) home defeat: unsere Mannschaft mußte die erste ~ einstecken our team had to suffer the first home defeat (*od.* the first defeat at home).
'Heim·pro,jek·tor *m phot.* home projector.
'Heim,rei·se *f* journey home, homeward journey: auf der ~ on the journey home; das Schiff war auf der ~ the ship was homebound (*od.* homeward bound, on its voyage home); die ~ antreten to set off for home. — **'heim,rei·sen** *v/i* ⟨*sep,* -ge-, sein⟩ travel (*od.* journey) home.
'Heim,ritt *m* ⟨-(e)s; *no pl*⟩ ride home, homeward ride.
'Heim,sau·na *f* home sauna.
'heim,schaf·fen *v/t* ⟨*sep,* -ge-, h⟩ j-n ~ to take s.o. home.
'heim,schicken (*getr.* -k·k-) *v/t* ⟨*sep,* -ge-, h⟩ j-n ~ to send s.o. home.
'Heim,schu·le *f ped.* boarding school.
'heim,seh·nen *v/reflex* ⟨*sep,* -ge-, h⟩ sich ~ long for home.
'heim,sen·den *v/t* ⟨*irr, sep,* -ge-, h⟩ j-n [etwas] ~ to send s.o. [s.th.] home.
'Heim,sieg *m* (*sport*) home victory (*od.* win).
'Heim,spiel *n* (*sport*) home game.
'Heim,statt *f* ⟨-; *no pl*⟩ *cf.* Heimstätte.
'Heim,stät·te *f* **1.** home, homestead. – **2.** *fig.* home: dieses Land ist eine ~ humanistischer Ideen this country is a home of humanist ideas. — **'Heim,stät·ten·ge,setz** *n jur.* Homestead Law.
'heim,su·chen I *v/t* ⟨*sep,* -ge-, h⟩ **1.** strike: die Stadt wurde von einem Erdbeben heimgesucht the town was struck by an earthquake. – **2.** (*von Leiden etc*) afflict: er wurde von einer schweren Krankheit heimgesucht he was afflicted with a serious disease. – **3.** (*von Ungeziefer*) infest: die Gegend wurde von Heuschrecken heimgesucht the region was infested with locusts. – **4.** (*von Seuchen etc*) visit: die Pest suchte die belagerte Stadt heim the plague visited the beleaguered town; Ägypten wurde von den zehn Plagen heimgesucht *Bibl.* Egypt was visited with the ten plagues; Gott hat die Sünden unserer Väter an uns heimgesucht God has visited our fathers' sins on us. – **5.** (*von Geistern etc*) haunt: das Schloß soll von Gespenstern heimgesucht werden the castle is said to be haunted (by ghosts). – **6.** *colloq. humor.* (*besuchen*) visit: wir wollen einmal unseren Onkel ~ let's go and visit (*od.* plague) our uncle. – **II H~** *n* ⟨-s⟩ **7.** *verbal noun.* — **'Heim,su·chung** *f* ⟨-; -en⟩ **1.** *cf.* Heimsuchen. – **2.** (*durch Krankheit etc*) affliction. – **3.** (*durch Ungeziefer*) infestation. – **4.** (*durch Seuchen*) visitation. – **5.** (*Plage, Tragödie*) tragedy, disaster: der Krieg bedeutet eine schwere ~ für das ganze Land the war is a real tragedy for the whole country. – **6.** (*Unglück*) misfortune. – **7.** Mariä ~ *röm.kath.* (the) Visitation, the visitation of Mary (*od.* our Lady).
'Heim,su·chungs,or·den *m röm.kath.* (*Salesianerinnen*) Order of the Visitation.
'heim,tra·gen *v/t* ⟨*irr, sep,* -ge-, h⟩ etwas [j-n] ~ to carry s.th. [s.o.] home.
'heim,trei·ben *v/t* ⟨*irr, sep,* -ge-, h⟩ (*Vieh etc*) drive (*cattle*) home.
'Heim,tücke (*getr.* -k·k-) *f* **1.** (*Hinterlist*) insidiousness. – **2.** (*Bosheit*) malice. – **3.** (*Verräterei*) treachery, foul play. — **'Heim,tücker** (*getr.* -k·k-) *m* ⟨-s; -⟩ treacherous person. — **'heim,tückisch** (*getr.* -k·k-) *adj* **1.** (*Blick, Mensch etc*) insidious: eine ~e Krankheit *fig.* an insidious illness. – **2.** (*Verbrechen etc*) treacherous: er ist einem ~en Mord zum Opfer gefallen he became the victim of a treacherous murder (*od.* of foul play); nachts ist diese Straße äußerst ~ *fig.* this street is extremely treacherous at night.
'Heim,va·ter *m ped.* housefather, warden.
'heim,wärts *adv* homeward(s): ~ ziehen to head for home; seine Schritte ~ lenken to turn one's steps homeward(s).
'Heim,weg *m* way home: auf dem ~ on the way home; sich auf den ~ machen to set out for home.
'Heim,weh *n* ⟨-(e)s; *no pl*⟩ (nach etwas for s.th.) **1.** homesickness: ~ haben, unter (*auch* an) ~ leiden to be homesick; krank vor ~ sein to suffer from homesickness. – **2.** (*Sehnsucht*) nostalgia.
'Heim,wehr *f* ⟨-; *no pl*⟩ *hist. Austrian* militia (*1919—1938*).
'Heim,we·sen *n Swiss* (*Anwesen*) small estate, farm.

'heimˌwol·len *v/i* ⟨*irr, sep,* -ge-, h⟩ want to go home.

'heimˌzah·len *v/t* ⟨*sep,* -ge-, h⟩ pay back: das werde ich ihm aber gründlich ~ I shall pay him back in full, I'll get my own back on him; es j-m ~ to get even with s.o.

'heimˌzie·hen *v/i* ⟨*irr, sep,* -ge-, sein⟩ go home.

'heimˌzu *adv colloq.* on the way home.

Hein [haɪn] *npr m only in* Freund ~ death, the Grim Reaper.

'Hei·nesch *adj* ⟨*attrib*⟩ *cf.* Heinisch.

Hei·ni ['haɪni] *m* ⟨-s; -s⟩ *colloq. contempt.* idiot: so ein dummer ~! *Br.* what a stupid bloke! (*colloq.*); *Am. sl.* what a dumb jerk! der ist aber ein komischer ~ he is a strange character, *Am. auch* he is an oddball; die ~s haben das gar nicht gemerkt the idiots (*Am.* jerks) didn't even notice that.

'Hei·nisch *adj* ⟨*attrib*⟩ (*Gedicht etc*) Heine's, of (*od.* by) Heine.

'Hein·rich *n* ⟨-s; -e⟩ **1.** *bot.* a) Böser ~ *cf.* Erbsenwürger, b) Großer ~ (*Helenenkraut*) scabwort, elecampane (*Inula helenium*), c) Guter ~ Good King Henry, allgood, wild spinach (*Chenopodium bonus-henricus*), d) Stolzer ~ common viper's bugloss, blueweed (*Echium vulgare*). – **2.** blauer ~ *colloq.* a) skim milk, b) *cf.* Gerstensuppe.

Hein·ze ['haɪntsə] *f* ⟨-; -n⟩, *m* ⟨-n; -n⟩ *agr. Southern G. and Swiss* drying rack (for hay).

'Hein·zelˌbank ['haɪntsəl-] *f* ⟨-; ⸚e⟩ *Austrian* (*Werkbank*) workbench.

'Hein·zelˌmänn·chen *n* (*hilfreicher Hausgeist*) brownie: ich glaube, die ~ waren da *colloq.* (*Ausruf*) I think the fairies must have been here.

Hei·rat ['haɪraːt] *f* ⟨-; -en⟩ marriage: ~ aus Liebe marriage for love, love(-)match; eine standesgemäße ~ a marriage suitable to one's social standing; eine gute ~ (*Partie*) a good match; eine ~ vermitteln to bring about a marriage, to make a match.

hei·ra·ten ['haɪraːtən] **I** *v/t* ⟨h⟩ marry, espouse (*lit.*): j-n ~ to marry s.o., to take s.o. in marriage; j-n aus Liebe [gegen den Willen der Eltern] ~ to marry s.o. for love [against the wishes of the parents]; Geld ~ to marry money. – **II** *v/i* marry, get married, tie the knot (*colloq.*): jung [spät] ~ to marry young [late], to get married young [late]; nicht standesgemäß ~ to marry below one's station; untereinander ~ to intermarry; des Geldes wegen ~ to marry for money; aufs Land [nach Amerika] ~ to marry and settle in the country [in America]; er wird sie schließlich doch ~ he will end (up) by marrying her. – **III H~** *n* ⟨-s⟩ *verbal noun:* Erlaubnis zum H~ permission to marry; er denkt nicht ans H~ he doesn't think of marrying; vom H~ sprechen to talk of marriage.

'Hei·rats|ˌabˌsich·ten *pl* intentions of marriage: er hat ~ he has intentions of marriage, he has serious intentions (*colloq.*); sich mit ~ tragen to be thinking of marrying. — **~ˌal·ter** *n* marriageable age: im ~ stehen to be of marriageable age. — **~anˌnon·ce** *f* insertion in a Lonely Hearts' column. — **~ˌanˌtrag** *m* (marriage) proposal: einer Frau einen ~ machen to propose (marriage) to a woman, to pop the question to a woman (*colloq.*). — **~ˌanˌzei·ge** *f* **1.** marriage announcement. – **2.** *cf.* Heiratsannonce. — **~ˌbuch** *n* marriage register. — **~ˌbü·ro** *n* matrimonial agency, marriage bureau. — **~erˌlaub·nis** *f* consent to marriage, permission to marry. — **h~ˌfä·hig** *adj* **1.** (*Mädchen*) marriageable, nubile: ~es Alter marriageable age; im ~en Alter of marriageable (*od.* marrying) age. – **2.** (*Männer*) eligible. — **~ˌfä·hig·keit** *f* ⟨-; *no pl*⟩ **1.** marriageability, marriageable age, nubility. – **2.** eligibility. — **~ˌgut** *n* ⟨-(e)s; *no pl*⟩ marriage portion, dowry. — **~ˌhäu·fig·keit** *f* marriage rate. — **~kan·diˌdat** *m* **1.** suitor, wooer. – **2.** eligible bachelor. – **3.** *humor.* candidate for domestic bliss. — **h~ˌlu·stig** *adj* eager for marriage, marriage-happy (*colloq.*). — **~ˌlu·sti·ge** *m, f* ⟨-n; -n⟩ person eager for marriage, marriage-happy person (*colloq.*). — **~ˌmarkt** *m* marriage market. — **~ˌplan** *m* marriage plan: sie haben Heiratspläne they plan to get married. — **~reˌgi·ster** *n* register of marriages, marriage register. — **~ˌschwin·del** *m* (fraud by) proposal of marriage under false pretenses (*Br.* pretences). — **~ˌschwind·ler** *m* fraud who proposes marriage under false pretenses (*Br.* pretences). — **~ˌurˌkun·de** *f* marriage certificate. — **~verˌmitt·ler** *m* **1.** matchmaker. – **2.** (*geschäftsmäßiger*) marriage broker. — **~verˌmitt·lung** *f* **1.** matchmaking, arrangement of marriage. – **2.** (*geschäftliche Angelegenheit*) marriage brokerage (*od.* brokage). – **3.** (*das Büro*) marriage brokerage (*od.* brokage), marriage bureau, matrimonial agency. — **~verˌspre·chen** *n* promise of marriage, promise to marry: Bruch des ~s breach of promise. — **~verˌtrag** *m jur.* **1.** marriage contract. – **2.** (*Urkunde*) marriage deed. – **3.** (*vermögensrechtlicher*) settlement.

hei·sa ['haɪza] *interj* hey!

hei·schen ['haɪʃən] **I** *v/t* ⟨h⟩ *lit.* **1.** (*fordern*) demand: Rache ~ to demand revenge. – **2.** (*erbitten*) ask for. – **II** *v/i* **3.** (nach for) strive: nach Anerkennung [Beifall, Zustimmung] ~ to strive for recognition [applause, approval].

hei·ser ['haɪzər] *adj* ⟨-er; -st⟩ hoarse: er ist ~ he is hoarse, he has a frog in this throat (*colloq.*); sich ~ reden to talk oneself hoarse; mit ~er Stimme a) with a hoarse voice, b) (*belegt*) with a husky voice, c) (*krächzend*) with a croaky voice, d) (*dunkel u. rauh*) with a throaty voice. — **'Hei·ser·keit** *f* ⟨-; *no pl*⟩ hoarseness, roughness of the voice.

heiß [haɪs] ⟨-er; -est⟩ **I** *adj* **1.** (*Wasser, Würstchen etc*) hot: die Suppe ist kochend ~ the soup is boiling hot; ~e Quellen hot (*od.* thermal) springs; in den ~en Ländern in the hot countries; glühend ~ sein a) (*von Eisen etc*) to be red hot, b) *fig.* (*von Sand etc*) to be burning hot; etwas ~ machen to heat s.th. up; mir wird ~ I am getting hot; seine Stirn ist ~ his forehead is hot (*od.* burning); mir wurde ~ und kalt vor Angst shivers ran up and down my spine, I was quaking with fear. – **2.** *fig.* hot: sie weinte ~e Tränen der Reue she shed hot (*od.* scalding) tears of remorse; ~e Musik hot music; ~e Ware (*Diebesgut, Schmuggelware*) hot goods *pl*; der ~e Draht *pol.* the hot line (*between Moscow and Washington*); ~en Dank *colloq.* thanks a million; ~es Blut haben to be hot-blooded (*od.* passionate); sich die Köpfe ~ reden to argue hotly about s.th.; ihm wurde der Boden unter den Füßen zu ~ things got too hot for him; j-m die Hölle ~ machen to worry the life out of s.o.; ein ~es Eisen anfassen to bring up a controversial subject; das ist nur ein Tropfen auf den ~en Stein that's only a drop in the ocean; was ich nicht weiß, macht mich nicht ~ (*Sprichwort*) what the eye does not see, the heart does not grieve over (*proverb*); schmiede das Eisen, solange es ~ ist (*Sprichwort*) strike while the iron is hot (*proverb*); es wird nichts so ~ gegessen, wie es gekocht wird (*Sprichwort*) things ar not as bad as they look; ~! (*nahe am gesuchten Gegenstand*) hot! – **3.** *fig.* (*Liebe etc*) ardent, burning: das war mein heißester Wunsch that was my most burning (*od.* fervent) desire. – **4.** *fig.* (*Kampf etc*) fierce. – **5.** *fig.* (*Temperament etc*) fiery. – **6.** *geogr.* (*Zone*) torrid. – **7.** *nucl.* (*Zelle*) hot. – **8.** ~e Höschen (*fashion*) hot pants. – **II** *adv* **9.** *fig.* ardently: etwas ~ ersehnen to long for s.th. ardently (*od.* fervently); sie lieben sich ~ und innig they are madly in love with each other. – **10.** *fig.* (*in Wendungen wie*) es überläuft mich ~ und kalt, es läuft mir ~ und kalt über den Rücken it gives me hot and cold chills; es ging ~ her *colloq.* it was a hot set-to, things were getting hot; dich haben sie wohl zu ~ gebadet *colloq.* you must have fallen on your head (*colloq.*).

Heiß *n* ⟨-es; -e⟩ *mar.* **1.** (*eines Segels*) hoist (of a sail). – **2.** (*Signalflaggengruppe*) hoist.

hei·ßa ['haɪsa] *interj* hey!

'heißˌblü·tig [-ˌblyːtɪç] *adj* (*leidenschaftlich*) hot-blooded, passionate. — **'Heißˌblü·tig·keit** *f* ⟨-; *no pl*⟩ hot-bloodedness.

'Heißˌdampf *m tech.* superheated steam. — **~zyˌlin·derˌöl** *n* superheated steam cylinder oil.

'Heißˌei·senˌsä·ge *f metall.* hot saw.

hei·ßen[1] ['haɪsən] **I** *v/i* ⟨heißt, hieß, geheißen, *Middle G.* gehießen, h⟩ **1.** be called: er heißt Johannes mit Vornamen he is called (*od.* named) John, his Christian name is John; ich heiße nach meinem Vater I am named (*od.* called) after my father; er heißt mit Spitznamen N his nickname is N, he is nicknamed N; wie heißt die Straße? what is the street called? what is the name of the street? wie heißt das? what do you call this? was heißt ‚Haus' auf englisch? what is 'Haus' in English? what is the English word for 'Haus'? ich will Hans (*od. obs.* ein Schuft) ~, wenn das stimmt if that is so, then I'm a Dutchman. – **2.** (*bedeuten*) mean, signify: das will etwas (*od.* viel) ~ that (really) means (*od.* is) something; das will nichts ~ that means nothing; das will nicht viel ~ that doesn't really mean much; was soll das ~? a) (*bei unleserlichem Wort etc*) what does this say? b) (*bei unverständlichem Verhalten*) what's the (big) idea? (*colloq.*), c) (*bei unverständlichem Ausspruch*) what do you mean by that? das hieße soviel wie kapitulieren that would be as good as surrender; das kann nur eins ~ that can only mean one thing; das heißt schnell gearbeitet *colloq.* I call that quick work; was heißt schon eine Million, wenn what's the point of having a million, if; er weiß, was das (*od.* es) heißt, so hart zu arbeiten he knows what it is like to work so hard. – **3.** das heißt (*einschränkend od. erläuternd*) that is (to say): ich komme morgen, das heißt, wenn ich darf I shall come tomorrow, that is, if I am allowed to. – **4.** (*lauten*) go: wie heißt das Sprichwort? how does the saying go? wie hieß der Satz noch? how did the sentence go? what was the sentence again? der Satz heißt also richtig the sentence should read as follows. – **II** *v/impers* **5.** es heißt a) it is said, b) it says: es heißt, er habe seinen Sohn enterbt he is said to have disinherited his son; es hieß ausdrücklich, daß it was positively stated that; so hieß es wenigstens at least this is what they were saying; damit es nachher nicht heißt, ich hätte gelogen so that nobody can say afterwards that I lied; wie es in der Bibel heißt as it says in the Bible; wie es bei Goethe heißt as Goethe has it; in diesem Artikel heißt es it says in this article; es heißt an dieser Stelle at this point we read; es heißt richtig it should read; lesen Sie, wo es heißt read where it says. – **6.** da (*od.* hier, nun) heißt es aufpassen (*od.* aufgepaßt)! careful now! da hieß es (für uns) schnell handeln the situation now called for (*od.* required) quick action, it was now for us to act quickly. – **III** *v/t* **7.** j-n [etwas] etwas ~ to call s.o. [s.th.] s.th.: j-n einen Lügner ~ to call s.o. a liar; das heiße ich großzügig sein that's what I call generosity. – **8.** j-n willkommen ~ to welcome s.o. – **9.** j-n etwas tun ~ *lit.* to tell s.o. to do s.th.: wer hat dich geheißen hierherzukommen? who told you to come here? er hieß mich warten he told me to wait; → mitgehen 4.

'hei·ßen[2] *v/t* ⟨h⟩ *mar.* (*hissen*) hoist.

'heiß|erˌsehnt *adj* ⟨*attrib*⟩ ardently desired, fervently longed for. — **~geˌlau·fen I** *pp of* heißlaufen. – **II** *adj* ⟨*attrib*⟩ *tech.* (*Lager etc*) heated: ~e Lagerbüchse hotbox. — **~geˌliebt** *adj* ⟨*attrib*⟩ dearly beloved, (*stärker*) ardently (*od.* passionately) loved. — **H~ˌhun·ger** *m* **1.** ravenous hunger, voracious appetite, ravenousness. – **2.** *med.* (*krankhafter*) bulimia, *auch* bulimy. — **~ˌhung·rig** *adj* **1.** ravenous, voracious. – **2.** *med.* bulimiac, *auch* bulimic.

'heißˌlau·fen I *v/i* ⟨*irr, sep,* -ge-, sein⟩ **1.** *tech.* a) (*von Lager etc*) run hot, b) (*von Motor*) overheat, run hot. – **2.** (*sport*) (*von Pferd*) sweat hard. – **II** *v/reflex* ⟨h⟩ **3.** *tech. cf.* heißlaufen 1. – **III H~** *n* ⟨-s⟩ **4.** *tech.* a) running hot, b) overheating.

'Heißˌläu·fer *m* (*railway*) hot axle, *Am.* hotbox.

'Heißˌlei·ter *m electr.* **1.** *tech.* high temperature conductor. – **2.** *electr.* nonlinear (*Br.* non-linear) resistor, thermistor.

'heißˌlö·ten *v/t* ⟨*sep,* -ge-, h⟩ *tech.* hot-solder.

'Heißˌluft *f* hot air. — **~ˌbad** *n* hot-air bath, sudatorium. — **~balˌlon** *m aer.* hot-air (*od.* montgolfier) balloon. — **~beˌhand·lung** *f med.* hot-air treatment, thermotherapy. — **~ˌdu·sche** *f* **1.** *tech.* hot-air apparatus. – **2.** (*Haartrockner*) (electric) hair drier (*od.* dryer). — **~ˌhei·zung** *f tech.* hot-air heating. — **~ˌmo·tor** *m* hot-air engine. — **~ˌraum** *m* (*in Bad*) hot-air room. — **~ˌtrock·ner** *m* hot-air drier (*od.* dryer).

'Heiß|,man·gel *f* (steam-heated) mangle. — **~,prä·ge,druck** *m* ⟨-(e)s; -e⟩ *print.* thermography. — **~,sand·be,hand·lung** *f med.* hot-sand therapy. — **~,sporn** *m* ⟨-(e)s; -e⟩ *fig.* hotspur, hothead. — **h~,spor·nig** [-,ʃpɔrnɪç] *adj fig.* (*Person*) hotheaded. — **~,strahl,trieb,werk** *n tech.* thermal jet engine, thermojet. — **h~,um,kämpft** *adj* ⟨*attrib*⟩ (*Stellung etc*) fiercely contested. — **h~,um,strit·ten** *adj* ⟨*attrib*⟩ (*Frage etc*) hotly debated (*od.* disputed). — **~vul·ka·ni·sa·ti,on** *f* (*rubber*) hot cure (*od.* curing).

'Heiß,was·ser *n* hot water. — **~be,rei·ter** *m* water heater, *Br. auch* geyser. — **~,spei·cher** *m* storage (water) heater, *bes. Am. auch* boiler. — **~,spen·der** *m cf.* Heißwasserbereiter. [*cf.* Heißlaufen.]

'Heiß,wer·den *n* **1.** growing hot. – **2.** *tech.*

'Heiß,wind *m metall.* hot air (*od.* blast). — **~,ofen** *m* hot-blast furnace.

Hei·ster ['haɪstər] *m* ⟨-s; -⟩ *bot.* sapling, young tree.

hei·ter ['haɪtər] **I** *adj* ⟨-er; -st⟩ **1.** (*hell, sonnig*) bright, clear, fair: **man erwartet einen Fortbestand des ~en Wetters** a continuation of the clear (*od.* fine) weather is expected; **er schaute in den ~en Himmel** he looked up into the clear sky; **~ werden** (*von Wetter*) to brighten (*od.* clear) up. – **2.** *fig.* (*vergnügt, lustig*) cheerful, gay, *bes. Am.* chipper: **ein ~es Wesen haben** to be of a cheerful disposition (*od.* nature); **es herrschte eine ~e Stimmung** the mood was gay; **sie waren alle sehr ~** they were all in high spirits; **~ werden** (*von Person*) to become cheerful (*od.* cheer up); **j-n ~ stimmen** to cheer s.o. up; **das ist ja ~!** *iron.* that's a fine state of affairs! **das kann ja (noch) ~ werden!** *iron.* that will be fun! nice prospects indeed! **das Leben von seiner ~en Seite sehen** to look on the sunny (*od.* bright) side of things. – **3.** *fig.* (*erheiternd*) amusing, humorous: **eine ~e Geschichte** an amusing (*od.* a funny) story. – **4.** *fig.* (*lebensfroh, abgeklärt*) serene: **~e Ruhe** serenity; **~e Frömmigkeit** serene piety. – **5.** *fig. colloq.* (*beschwipst*) tipsy, merry: **nach dem zweiten Glas wurde er ganz ~** he became quite merry after the second glass. – **6.** *mus.* scherzando. – **II** *adv* **7.** *fig.* cheerfully, gaily: **das Fest verlief ~** the celebration passed off in a cheerful atmosphere. — **'Hei·ter·keit** *f* ⟨-; *no pl*⟩ **1.** brightness, clearness: **die ~ des Himmels** the brightness of the sky. – **2.** *fig.* (*seelische*) cheerfulness: **ungetrübte [unbekümmerte] ~** unclouded [untroubled] cheerfulness; **ihre ~ täuschte** her cheerfulness was misleading; **stille** (*od.* **gelassene**) **~** serenity. – **3.** *fig.* (*Gelächter*) laughter. – **4.** *fig.* (*Belustigung*) amusement: **~ erregen** to cause (*od.* give rise to) amusement; **zur allgemeinen ~** to the general amusement. – **5.** *fig.* (*Freude, Lustigkeit*) gaiety, hilarity, merriment, mirth: **übersprudeln von ~** to bubble over with mirth; **der ~ freien Lauf [die Zügel schießen] lassen** to give free play [a free rein] to merriment (*od.* mirth).

'Hei·ter·keits·er,folg *m* laughter: **einen ~ haben** to make people laugh, to provide laughter; **damit hatte** (*od.* **erzielte**) **er einen ~** he succeeded in raising a laugh with it, this raised a laugh.

'Heiz|,an,la·ge *f tech.* heating system (*od.* installation). — **~ap·pa,rat** *m cf.* Heizgerät 1. — **h~bar** *adj* **1.** heatable, capable of being heated. – **2.** (*Zimmer*) with heating (facilities). — **~bat·te,rie** *f electr.* filament (*od.* heater) battery, *Am.* A-battery. — **~,decke** (*getr.* -k·k-) *f* electric blanket. — **~,draht** *m* heating (*od.* resistance) wire. — **~ef,fekt** *m* heating (*od.* calorific) effect. — **~ele,ment** *n* heating element.

hei·zen ['haɪtsən] **I** *v/t* ⟨h⟩ **1.** (*Raum*) heat: **das Zimmer läßt sich gut ~** the room is easily heated (*od.* soon gets warm). – **2.** (*Ofen*) fire. – **3.** *nucl.* (*mit Strahlungsenergie*) irradiate. – **II** *v/i* **4.** heat: **mit Holz [Kohlen] ~** to fire with wood [coal], to burn wood [coal]; **der Ofen heizt gut** the stove heats well (*od.* gives off a good heat). – **5.** make (*od.* light) a fire. – **III** *v/reflex* **6. das Zimmer heizt sich gut** the room is easily heated (*od.* soon gets warm). – **IV H~** *n* ⟨-s⟩ **7.** *verbal noun.*

'Hei·zer *m* ⟨-s; -⟩ **1.** *tech.* fireman, furnaceman, furnace feeder, *Br.* fire-teazer. – **2.** *mar.* (*railway*) stoker.

'Heiz|,fa·den *m* **1.** *electr.* filament. – **2.** (*einer Elektronenröhre*) heater. — **~,flä·che** *f tech.* heating surface. — **~,gas** *n* fuel gas. — **~ge,blä·se** *n auto.* heater blower, heater fan. — **~ge,rät** *n tech.* **1.** (*Apparat*) heating device (*od.* appliance). – **2.** (*Heizkörper*) radiator, heater. — **~,kel·ler** *m cf.* Heizraum 1. — **~,kes·sel** *m tech.* boiler. — **~,kis·sen** *n electr.* electric cushion, heating pad.

'Heiz,kör·per *m* **1.** *electr.* heating element, heater. – **2.** *tech.* (*eines Raumes*) radiator. — **~ver,klei·dung** *f* radiator cover.

'Heiz,kraft *f* **1.** heating power. – **2.** *phys.* calorific intensity. — **~,werk** *n* thermal power station (*Br.* power-station).

'Heiz|,lei·ter *m phys.* heating conductor. — **~,lüf·ter** *m tech.* warm-air fan heater. — **~ma·te·ri,al** *n* fuel. — **~,netz** *n* heating grid system (*od.* network). — **~,ofen** *m* electric heater. — **~,öl** *n* fuel oil. — **~,plat·te** *f electr.* hot plate. — **~,raum** *m* **1.** *tech.* fireplace, furnace room. – **2.** *mar.* stokehold. – **3.** *metall.* combustion chamber, firebox, *Br.* fire-box.

'Heiz,rohr *n tech.* **1.** fire tube. – **2.** (*Heizungsrohr*) heating pipe (*od.* tube). — **~,kes·sel** *m* smoke (*od.* fire-tube) boiler, multitubular boiler.

'Heiz|,schlan·ge *f tech.* heating coil. — **~,son·ne** *f electr.* electric bowl fire, parabolic heater. — **~,span·nung** *f* (*einer Röhre*) heating voltage. — **~,stoff** *m* fuel. — **~,strom** *m electr.* (*einer Röhre*) filament (*od.* heater) current. — **~,tür** *f* fire door.

'Hei·zung *f* ⟨-; -en⟩ **1.** *cf.* Heizen. – **2.** (central) heating: **die ~ anstellen [abstellen]** to turn on [to turn off] the heating. – **3.** (*Heizkörper*) radiator. – **4.** *tech.* firing, heating.

'Hei·zungs|,an,la·ge *f tech.* heating plant (*od.* system), heating installation. — **~,ein,rich·tung** *f* heating installation. — **~,kel·ler** *m cf.* Heizraum 1. — **~,rohr** *n* hot tube. — **~,tech·nik** *f* heating engineering.

'Heiz|,wert *m phys.* thermal (*od.* calorific) value. — **~,wi·der,stand** *m electr.* heating resistor.

He·ka·te ['heːkate] *npr f* ⟨-; *no pl*⟩ *myth.* Hecate (*Greek goddess of the underworld*).

He·ka·tom·be [heka'tɔmbə] *f* ⟨-; -n⟩ *antiq. auch fig.* hecatomb.

Hekt·ar [hɛk'taːr; 'hɛktar] *n, auch m* ⟨-s; -e [-'taːrə]⟩ hectare.

Hekt·are ['hɛktaːrə] *f* ⟨-; -n⟩ *Swiss for* Hektar.

Hek·tik ['hɛktɪk] *f* ⟨-; *no pl*⟩ *med. auch fig.* hectic state.

Hek·ti·ker ['hɛktikər] *m* ⟨-s; -⟩ *med.* hectic (person).

hek·tisch ['hɛktɪʃ] **I** *adj* **1.** *med.* (*Fieber, Röte etc*) hectic. – **2.** *fig.* (*Betriebsamkeit, Zeit etc*) hectic. – **3.** *econ.* (*Nachfrage etc*) keen, hectic. – **II** *adv* **4. ~ arbeiten** to work in a hectic way; **~ leben** to lead a hectic life.

Hekt·ode [hɛk'toːdə] *f* ⟨-; -n⟩ *electr.* pentagrid mixer.

Hek·to·gramm [hɛkto'gram] *n* hectogram, *bes. Br.* hectogramme.

Hek·to·graph [hɛkto'graːf] *m* ⟨-en; -en⟩ *tech.* (*Vervielfältigungsgerät*) hectograph, manifolder. — **Hek·to·gra'phie** [-gra'fiː] *f* ⟨-; -n [-ən]⟩ (*Vervielfältigung*) hectography. — **hek·to·gra'phie·ren** [-gra'fiːrən] *v/t* ⟨*no* ge-, h⟩ (*Dokumente etc*) hectograph, manifold, *Am. colloq.* ditto.

Hek·to·li·ter [hɛkto'liːtər] *m, n, Swiss only m* hectoliter, *bes. Br.* hectolitre.

Hek·to·me·ter [hɛkto'meːtər] *m, n, Swiss only m* hectometer, *bes. Br.* hectometre.

Hek·to·watt [hɛkto'vat] *n electr.* hectowatt.

He·ku·ba ['heːkuba] *npr f* ⟨-; *no pl*⟩ *myth.* Hecuba.

Hel [heːl] *f* ⟨-; *no pl*⟩ *myth.* Hel (*underworld in Norse mythology, also Norse goddess of the dead*).

he·lau [he'lau] *interj a carnival greeting.*

Held [hɛlt] *m* ⟨-en; -en⟩ **1.** hero: **der ~ des Tages** the hero (*od.* lion) of the day; **die ~en sind müde** *colloq. humor.* our heroes have had enough; **du bist mir ein schöner ~!** *iron.* you are a fine hero; **kein ~ in** (*dat*) **etwas sein** *colloq.* not to be good at s.th.; **er ist kein ~ in Englisch** *colloq.* he's not much (good) at English; **~ der Arbeit** *DDR pol.* Hero of Labor (*bes. Br.* Labour); **~ der Sowjetunion** Hero of the Soviet Union. – **2.** (*theater, literature*) hero, protagonist: **den ~en spielen** to play the hero (*od.* the part of the hero); **er ist als jugendlicher ~ engagiert** he has been booked to play the young hero. — **~,bock** *m zo.* cerambyc(o)id (*Cerambyx cerdo*).

'Hel·den|,brust *f iron.* manly chest. — **~,buch** *n late medieval collection of German heroic epics.* — **~,dar,stel·ler** *m* (*theater*) actor playing hero's role (*auch* rôle), leading man. — **~,dich·tung** *f* epic (*od.* heroic) poetry. — **~,epos** *n* heroic epic. — **~,fried,hof** *m* military cemetery. — **~ge,denk,tag** *m hist. Br.* Remembrance Day, *Am.* Veterans Day. — **~ge,dicht** *n* epic (poem), heroic poem, epos, epopee, *auch* epopea, epopeia: **komisches ~** mock-heroic poem. — **~,geist** *m* heroism. — **h~haft** *adj* heroic, valiant. — **~,lied** *n* **1.** epic (*od.* heroic) song (*od.* poem), epic. – **2.** (*kurzes*) heroic lay. — **~,mut** *m* heroic courage, heroism, valor, *bes. Br.* valour, prowess, gallantry. — **h~,mü·tig** *adj cf.* heldenhaft. — **~,rol·le** *f* (*theater*) part (*od.* role, *auch* rôle) of a hero. — **~,sa·ge** *f* heroic legend, saga. — **~,tat** *f* heroic deed (*od.* action, exploit, feat), act of heroism: **was für ~en hast du heute vollbracht?** *iron.* what heroic (*od.* brave) feats have you accomplished today? — **~te,nor** *m mus.* heroic tenor. — **~,tod** *m* death in battle: **den ~ sterben** to die in battle, to be killed in action.

'Hel·den·tum *n* ⟨-s; *no pl*⟩ heroism.

'Hel·den|ver,eh·rung *f* hero worship, *Br.* hero-worship. — **~,zeit,al·ter** *n* heroic age.

Hel·der ['hɛldər] *m, n* ⟨-s; -⟩ *Northern G.* marshland without dikes.

Hel·din ['hɛldɪn] *f* ⟨-; -nen⟩ **1.** heroine. – **2.** (*theater*) heroine, leading lady.

hel·disch ['hɛldɪʃ] *adj* **1.** heroic. – **2.** (*literature*) epic.

He·le·na ['heːlena] *npr f* ⟨-; *no pl*⟩ *myth.* Helena, Helen: **(die schöne) ~** Helen of Troy.

He'le·nen,kraut [he'leːnən-] *n bot.* Helen's flower, elecampane, scabwort (*Gattg Helenium*).

Hel·fe ['hɛlfə] *f* ⟨-; -n⟩ (*textile*) heddle.

hel·fen ['hɛlfən] *v/i* ⟨hilft, half, geholfen, h⟩ (*dat*) **1.** (*von Personen*) help, assist, lend (*od.* give) a hand: **j-m ~** to help (*od.* aid) s.o., to give (*od.* lend) s.o. a (helping) hand; **den Armen ~** to help (*od.* befriend) the poor; **j-m etwas suchen ~** to help s.o. (to) look (*od.* hunt) for s.th.; **j-m auf die Beine ~** *colloq.* to put s.o. on his feet, to give s.o. a leg up; **j-m auf die Sprünge ~** *colloq.* to put s.o. on the (right) track, to jog s.o.'s memory; **j-m auf die Spur ~** to put s.o. on the (right) track; **j-m aus der Not ~** to help s.o. out of trouble, to help free s.o. from need, to relieve s.o. from want (*od.* distress); **j-m aus der Patsche ~** *colloq.* to help s.o. out of a scrape (*od.* jam) (*colloq.*); **j-m aus der Verlegenheit ~** to help s.o. out of a difficulty (*od.* an awkward situation); **j-m aus einer verwickelten Lage ~** to help s.o. out of an involved situation, to disembroil s.o.; **j-m aus dem [in den] Mantel ~** to help s.o. out of (*od.* off with) [into (*od.* on with)] his coat; **j-m bei der Arbeit ~** to help s.o. with (*od.* in) his work; **dem Kind beim Lernen ~** to help the child with his studies; **j-m in der Not ~** to help (*od.* assist) s.o. in need; **j-m mit seinem Rat ~** to help s.o. with advice; **j-m über den Berg ~** *fig. colloq.* to help s.o. over the hump; **j-m über die Straße ~** to help s.o. to cross (*od.* across) the street; **ich habe ihr tragen ~** (*od.* **geholfen**) I helped her (to) carry her things; **j-m zu etwas ~** to help s.o. to get s.th.; **ihm ist nicht (mehr) zu ~** he is beyond help; **sein Leugnen half ihm nichts** his denial was of no help (*od.* avail) to him; **dir werd' ich ~!** *colloq.* I'll see you get it! **so wahr mir Gott helfe!** so help me God! **wem nicht zu raten ist, dem ist auch nicht zu ~** (*Sprichwort*) he that will not be counsel(l)ed, cannot be helped (*proverb*); **sich** (*dat*) **selbst ~** to help oneself, to shift (*od.* manage) for oneself; **sich gegenseitig ~** to help each other (*od.* one another); **sich zu ~ wissen** to be able to take care of oneself, to be resourceful; **sich nicht mehr zu ~ wissen** to be at one's wit's end; **er hat sich (dabei) ~ lassen** he had (*od.* got) help (with it); **er will sich nicht ~ lassen** he won't let himself be helped; **ich wußte mir nicht zu ~** I was at a loss (as to) what to do; **ich konnte mir nicht ~, ich mußte lachen** I couldn't help it, I had to laugh, I couldn't help laughing, I couldn't but laugh; hilf dir selbst, dann hilft dir Gott (*Sprichwort*) God helps those who help themselves (*proverb*). – **2.** help, be helpful: die Arznei hat geholfen the medicine helped (*od.* did some good); das hilft gegen Schnupfen that's good for colds, that helps fight colds; da hilft kein Jammern und kein Klagen it's no use crying, crying won't help; da hilft kein Sträuben resistance is useless, there's no point in (*od.* it's no use) resisting; hier ist nicht mehr zu ~ there's nothing more that can be done (*od.* one can do) here; da ist nicht zu ~ there is no help for it; es hilft nichts, ich muß heute fort there's no help for it, I must go today; was hilft es, wenn man ihn bestraft? what's the use of punishing him? was hilft das mir? what use (*od.* good) is that to me? das hilft mir wenig that helps me little, that is not much help to me. — **'hel·fend I** *pres p.* – **II** *adj* helping, helpful.

'Hel·fer *m* ⟨-s; -⟩ **1.** helper: freiwillige ~ gesucht voluntary helpers wanted; er war ein ~ in der Not he was a friend in need. – **2.** (*Assistent, Gehilfe*) assistant, aid. – **3.** (*Ratgeber*) advisor, adviser: ~ in Steuersachen tax advisor (*od.* consultant). – **4.** *fig.* (*Hilfe*) help: der Mixer ist ein nützlicher ~ der Hausfrau the mixer is a useful help to the housewife.

'Hel·fe·rin *f* ⟨-; -nen⟩ (woman) assistant (*od.* helper).

'Hel·fers,hel·fer *m* **1.** accomplice, *Am. sl.* side-kick. – **2.** *jur.* accessory, (aider and) abettor (*auch* abetter).

Hel·ge ['hɛlgə] *f* ⟨-; -n⟩ *mar. cf.* Helling 1.

Hel·gen ['hɛlgən] *m* ⟨-s; -⟩ *mar. cf.* Helling 1.

he·lia·kisch [he'lĭa:kɪʃ] *adj astr.* heliacal.

He·li·and ['he:lĭant], **der** ⟨-s; *no pl*⟩ (*literature*) the Heliand (*Old Saxon epic*).

He·li·an·thin [helĭan'ti:n] *n* ⟨-s; *no pl*⟩ *chem. cf.* Methylorange.

He·li·an·thus [he'lĭantʊs] *m* ⟨-; -then⟩ *bot.* (common) sunflower (*Gattg Helianthus*).

He·li·kon[1] ['he:likɔn] *n* ⟨-s; -s⟩ *mus.* (*Kontrabaßtuba*) helicon.

'He·li·kon[2] *npr m* ⟨-(s); *no pl*⟩ (*Gebirge in Böotien, Musensitz*) Helicon.

He·li·ko·nie [heli'ko:nĭə] *f* ⟨-; -n⟩ *bot.* bastard plantain (*Gattg Heliconia*).

He·li·kop·ter [heli'kɔptər] *m* ⟨-s; -⟩ *aer.* helicopter.

He·lio·chro·mie [helĭokro'mi:] *f* ⟨-; *no pl*⟩ *phot.* heliochromy.

He·lio·dor [helĭo'do:r] *m* ⟨-s; -e⟩ *min.* heliodor.

He·lio·gramm [helĭo'gram] *n* ⟨-s; -e⟩ heliogram.

He·lio·graph [helĭo'gra:f] *m* ⟨-en; -en⟩ *phot. tech.* heliograph. — **He·lio·gra'phie** [-gra'fi:] *f* ⟨-; -n [-ən]⟩ heliography.

He·lio·gra·vü·re [heliogra'vy:rə] *f* ⟨-; -n⟩ *phot. print.* heliogravure, intaglio photogravure (*od.* engraving).

He·lio·la·trie [helĭola'tri:] *f* ⟨-; *no pl*⟩ *relig.* (*Sonnenanbetung*) heliolatry.

He·lio·me·ter [helĭo'me:tər] *n* ⟨-s; -⟩ *astr.* (*Art Mikrometer*) heliometer. — **He·lio·me'trie** [-me'tri:] *f* ⟨-; *no pl*⟩ heliometry. — **he·lio'me·trisch** [-'me:trɪʃ] *adj* heliometric.

He·li·os ['he:lĭɔs] *npr m* ⟨-; *no pl*⟩ *myth.* Helios (*Greek sun god*).

He·lio·skop [helĭo'sko:p] *n* ⟨-s; -e⟩ *astr.* helioscope.

He·lio·stat [helĭo'sta:t] *m* ⟨-en; -en⟩ *astr.* heliostat.

He·lio·ta·xis [helĭo'taksɪs] *f* ⟨-; *no pl*⟩ *biol.* heliotaxis.

He·lio·the·ra·pie [helĭotera'pi:] *f* ⟨-; *no pl*⟩ *med.* heliotherapy.

He·lio·trop[1] [helĭo'tro:p] *n* ⟨-s; -e⟩ **1.** *bot.* a) heliotrope, turnsole, sunflower (*Gattg Heliotropium*), b) cherry pie, *Br.* cherry-pie (*H. peruvianum*). – **2.** *tech.* heliotrope (reflector). – **3.** ⟨*only sg*⟩ (*Farbe, Parfüm*) heliotrope.

He·lio'trop[2] *m* ⟨-s; -e⟩ *min.* (*Halbedelstein*) heliotrope, bloodstone.

He·lio·tro·pin [helĭotro'pi:n] *n* ⟨-s; *no pl*⟩ *chem.* piperonal, heliotropin [$(CH_2)C_6H_3CHO$].

he·lio·tro·pisch [helĭo'tro:pɪʃ] *adj biol.* heliotropic. — **He·lio·tro'pis·mus** [-tro'pɪsmʊs] *m* ⟨-; *no pl*⟩ heliotropism: negativer ~ apheliotropism.

He·lio·ty·pie [helĭoty'pi:] *f* ⟨-; -n [-ən]⟩ *phot. print.* **1.** (*Lichtdruckbild*) heliotype. – **2.** ⟨*only sg*⟩ (*Lichtdruckverfahren*) heliotyping. — **he·lio·ty'pie·ren** [-'pi:rən] *v/t u. v/i* ⟨*no* ge-, h⟩ heliotype.

he·lio·zen·trisch [helĭo'tsɛntrɪʃ] **I** *adj astr.* (*Weltbild etc*) heliocentric. – **II** *adv* heliocentrically: ~ denken to think in heliocentric terms.

He·lio·zo·on [helĭo'tso:ɔn] *n* ⟨-s; -zoen⟩ *meist pl zo.* (*Sonnentierchen*) heliozoan.

He·li·um ['he:lĭʊm] *n* ⟨-s; *no pl*⟩ *chem.* helium (He). — **~,kern** *m nucl.* helium nucleus.

He·lix ['he:lɪks] *f* ⟨-; -lices [-litsɛs]⟩ *med.* (*Ohrleiste*) helix.

hell [hɛl] **I** *adj* ⟨-er; -st⟩ **1.** bright: ~e Sonne [Lampe] bright sun [lamp]; im ~en Mondenschein in the bright moonlight; das Gebäude stand in ~en Flammen the building was in flames (*od.* ablaze); wir blicken in eine ~ere Zukunft *fig.* we are looking toward(s) a brighter (*od.* happier) future. – **2.** (*licht*) light, bright: im Sommer bleibt es lange ~ it stays (*od.* remains) light a long time in the summer; es wird schon ~ it's getting light already; es wird ~er it's brightening (*od.* clearing) up; ein ~es Zimmer a light room. – **3.** (*klar*) bright, clear, (*von Atmosphäre*) *auch* limpid: ihre ~en Augen strahlten ihn an her clear eyes shone at him; in ~en Mondnächten on clear moonlit nights. – **4.** (*Farbe*) light, pale: ~e Haare light (*od.* fair) hair; ~es Kleid light-colo(u)red dress; ~es Blau light blue; ~es Bier beer, *bes. Am.* pale (*od.* light) beer, *bes. Br.* export, lager (beer); der Stoff wird durch das Waschen ~er the material fades through washing. – **5.** *fig.* (*Klang*) clear, high: ein ~er Ton a clear tone; eine ~e Stimme a clear high-pitched voice; ~es Gelächter clear (*od.* ringing) laughter. – **6.** *fig.* (*intelligent*) bright, intelligent, clear, smart: ein ~er Geist a bright mind; er ist ein ~er Kopf *colloq.* he has (*od.* is) a good head, he is a clear-headed fellow. – **7.** *bes. med.* (*Augenblick bei Bewußtlosen*) lucid. – **8.** ⟨*attrib*⟩ *fig.* (*sehr groß*) utter, sheer: ~e Begeisterung sheer enthusiasm; in ~er Entrüstung in utter indignation; in ~er Verzweiflung in sheer despair; das ist (ja) ~er Wahnsinn [Unsinn] *colloq.* that's sheer (*od.* downright) madness [nonsense]; ~e Freude sheer delight; seine ~e Freude an (*dat*) etwas haben to be delighted at (*od.* with) s.th., to enjoy s.th. very much; ~er Jubel jubilation; er war in ~er Wut he was in a blazing temper; in ~en Haufen (*od.* Heerscharen) in crowds (*od.* swarms); die ~en Tränen standen ihr in den Augen her eyes were brimming with tears. – **9.** *phot.* (*Licht*) intense. – **10.** *gastr.* (*Soße*) white. – **11.** *ling.* *Konsonant*) light: ein ~es a a light a. – **II** *adv* **12.** bright(ly), clear(ly): der Mond scheint ~ the moon shines bright; die Kerze brennt ~ the candle burns brightly; die Glocken klingen ~ the bells ring out clearly; ~ auflachen to give a ringing laugh; von diesem Vorschlag waren sie ~ begeistert they were extremely enthusiastic about this proposal. – **III H~e, das** ⟨-n⟩ **13.** the light: wir wollen noch im H~en nach Hause kommen we want to get home in the light (*od.* before it gets dark); sie trat ins H~e she stepped in the light.

'Hell·ad·ap·ta·ti,on *f* (*optics*) light (*od.* brightness, photopic) adaptation.

hel·la·disch [hɛ'la:dɪʃ] *adj archeol.* Helladic.

'Hell,an,pas·sung *f* (*optics*) *cf.* Helladaptation.

'hell'auf *adv* loudly, very much: ~ lachen to laugh loudly; ich bin von dem Buch ~ begeistert I am highly (*od.* extremely) impressed by the book; ich bin von diesem Vorschlag ~ begeistert I am extremely enthusiastic about this proposal.

'hell,äu·gig *adj* bright- (*od.* clear-)eyed.

'Hell,ben·der [-,bɛndər] *m* ⟨-s; -⟩ *zo.* hellbender (*Cryptobranchus alleghaniensis*).

'hell|,blau *adj* light-blue. — **~,blond** *adj* light-blond. — **~,braun** *adj* light-brown. — **~,dun·kel I** *adj* **1.** (*Malerei*) chiaroscuro. – **2.** (*halblicht*) twilight (*attrib*). – **II H~** *n* **3.** clair-obscure, (*Malerei*) chiaroscuro. – **4.** (*Halblicht*) twilight. – **5.** (interplay of) light and shadow.

Hel·le[1] ['hɛlə] *f* ⟨-; *no pl*⟩ **1.** (*des Feuers, Mondes etc*) (bright) light: er war durch die strahlende ~ der Sonne geblendet he was blinded by the bright sunlight (*od.* by the brightness of the sun). – **2.** (*von Farben etc*) brightness.

'Hel·le[2] *n* ⟨-n; -n⟩ *colloq.* (*Bier*) beer, *bes. Am.* pale (*od.* light) beer, *bes. Br.* export, lager (beer): Herr Ober, bitte ein kleines [großes] ~s! waiter, a small [large] glass of beer, please!

'hel·le *adj* ⟨*pred*⟩ *colloq. cf.* hell 6: er ist ganz ~ he is very bright (*od.* smart); Mensch, sei ~! be smart!

Hel·le·bar·de [hɛlə'bardə] *f* ⟨-; -n⟩ *mil. hist.* halberd, *auch* halbert. — **Hel·le·bar'dier** [-'di:r] *m* ⟨-s; -e⟩ halberdier.

'Hel·le,gat(t) *n mar.* (*Vorrats-, Geräteraum auf Schiffen*) storeroom, *Br.* store-room.

'Hell·emp,find·lich·keit *f* (*optics*) light sensitivity.

Hel·le·ne [hɛ'le:nə] *m* ⟨-n; -n⟩ **1.** *antiq.* Hellene. – **2.** Hellene, Greek. — **Hel'le·nen·tum** *n* ⟨-s; *no pl*⟩ **1.** Hellenism, *auch* hellenism, Hellenic culture. – **2.** *collect.* (the) Hellenes *pl.* — **hel'le·nisch** *adj* Hellenic: die ~e Sprachgruppe *ling.* the Hellenic language group, Hellenic. — **hel·le·ni'sie·ren** [-leni'zi:rən] *v/t* ⟨*no* ge-, h⟩ Hellenize, *auch* hellenize. — **Hel·le·ni'sie·rung** *f* ⟨-; *no pl*⟩ Hellenization, *auch* hellenization. — **Hel·le'nis·mus** [-le'nɪsmʊs] *m* ⟨-; *no pl*⟩ Hellenism, *auch* hellenism. — **Hel·le'nist** [-le'nɪst] *m* ⟨-en; -en⟩ Hellenist, *auch* hellenist. — **hel·le'ni·stisch** *adj hist.* Hellenistic, *auch* hellenistic.

'Hel·ler *m* ⟨-s; -⟩ **1.** (*alte Münze*) heller. – **2.** *fig.* penny, *Am.* cent, *Br.* farthing: er hat keinen roten ~ he doesn't have a penny to his name, *Am.* he doesn't have a red cent; er hat seine Schulden auf ~ und Pfennig (*od.* bis auf den letzten ~) bezahlt he has paid his debts to the last penny; das ist keinen (roten) ~ wert *colloq. Am.* this is not worth a (red) cent, *Br.* this is not worth a (brass) farthing; ich gebe keinen (roten) ~ dafür I wouldn't give a cent (*Br.* twopence) for it. — **~,kraut** *n bot. cf.* Ackerhellerkraut.

'helleuch·tend (*getr.* -ll,l-) *adj* **1.** (*Stern*) bright, luminous. – **2.** (*Feuer*) bright.

'hell,far·big *adj* light-colored (*bes. Br.* -coloured).

'Hell,gat(t) *n mar. cf.* Hellegat(t).

'hell|,gelb *adj* light-yellow. — **~,grau** *adj* light-gray (*bes. Br.* -grey). — **~,grün** *adj* light-green. — **~,haa·rig** *adj* light- (*od.* fair-)haired.

'hell,hö·rig *adj* **1.** ⟨*meist pred*⟩ (*Person*) having a keen ear: ~ sein to be quick of hearing, to have a keen sense of hearing; ~ werden *fig.* to become alert, to prick up one's ears; das machte ihn ~ that made him keenly attentive, that aroused his suspicion; für etwas ~ sein *fig.* to have a keen ear for s.th. – **2.** (*Wohnung, Wände etc*) poorly soundproofed (*Br.* sound-proofed): die Wände sind ~ the walls are thin. — **'Hell,hö·rig·keit** *f* ⟨-; *no pl*⟩ **1.** quickness of hearing, keen sense of hearing. – **2.** *fig.* quickness of perception, sixth sense. – **3.** *fig.* (*der Wände etc*) poor soundproofing (*Br.* sound-proofing).

'hellicht (*getr.* -ll,l-) *adj only in* ~er Tag broad daylight: am ~en Tag, bei ~em Tage in broad daylight; es ist ~er Tag it is broad daylight.

Hel·li·gen ['hɛlɪgən] *pl of* Helling.

'Hel·lig·keit *f* ⟨-; *no pl*⟩ **1.** brightness. – **2.** (*Beleuchtung*) light, lightness: ~ verbreiten to diffuse light. – **3.** (*Klarheit*) clearness. – **4.** *astr.* (*optics*) brightness, luminosity. – **5.** *phys.* light intensity, luminosity, brilliance. – **6.** *telev..* brightness.

'Hel·lig·keits|am·pli,tu·de *f astr.* brightness (*od.* magnitude) amplitude. — **~,grad** *m* degree of lightness. — **~,re·ge·lung** *f telev..* brightness control. — **~,schwan·kung** *f* variation of brightness. — **~,wert** *m astr.* brightness, luminosity, magnitude.

'helli·la (*getr.* -ll,l-) *adj* ⟨*invariable*⟩ light-lilac, lavender.

Hel·ling ['hɛlɪŋ] *f* ⟨-; -en *u.* Helligen⟩, *auch m* ⟨-s; -e⟩ *bes. Low G.* **1.** *mar.* building berth, slipway, slip, stocks *pl.* – **2.** *aer.* building cradle. — **~ge,rüst** *n* (*einer Werft*) staging.

'hell,klin·gend *adj* clear-sounding.

'hello·dernd (*getr.* -ll,l-) *adj* **1.** (*Feuer*) blazing. – **2.** (*Flammen*) raging.

'hell,rot *adj* light-red.

'hell|ˌse·hen I *v/i* ⟨*only inf*⟩ **1.** have second sight, be clairvoyant: ich kann nicht ~ *colloq.* I haven't got second sight. – **II H~** *n* ⟨-s⟩ **2.** *verbal noun.* – **3.** second sight, second-sightedness, clairvoyance. — **~ˌse·hend I** *pres p.* – **II** *adj* second-sighted, clairvoyant. — **H~ˌse·her** *m* clairvoyant. — **H~se·he'rei** [ˌhɛl-] *f* ⟨-; *no pl*⟩ *contempt. for* Hellsehen. — **H~ˌse·he·rin** *f* clairvoyante. — **~ˌse·he·risch** *adj* (*Begabung etc*) second-sighted, clairvoyant.

'hellˌsich·tig *adj* **1.** clear-sighted. – **2.** (*scharfsichtig, lebensklug*) shrewd. — **'Hellˌsich·tig·keit** *f* ⟨-; *no pl*⟩ **1.** clear-sightedness. – **2.** (*Scharfsichtigkeit*) shrewdness.

'hell|ˌstrah·lend *adj* ⟨*attrib*⟩ (*Licht, Stern etc*) bright, brilliant, radiant (*auch fig.*). — **~ˌtö·nend** *adj cf.* hellklingend. — **~ˌwach** *adj* wide-awake (*attrib*). — **H~ˌwer·den** *n only in* beim ~ at daybreak.

Helm [hɛlm] *m* ⟨-(e)s; -e⟩ **1.** (*Schutzhelm*) helmet; helm, headpiece (*hist.*). – **2.** *arch.* (*Turmdach*) spire, cupola, helm roof. – **3.** *tech.* (*eines Hammers etc*) handle, helve. – **4.** *mar.* helm. – **5.** *bot.* (*bes. bei Lippenblütlern*) galea, hood. — **h~ˌar·tig** *adj* **1.** helmetlike, *Br.* helmet-like. – **2.** *bot.* galeiform, cassideous. — **~ba·siˌlisk** *m zo.* American basilisk (*Basiliscus americanus*). — **~ˌboh·ne** *f bot. cf.* Lablabbohne. — **~ˌbusch** *m* plume (of the helmet), crest, panache. — **~ˌdach** *n arch. cf.* Helm 2. — **~ˌdecke** (*getr.* -k·k-) *f her.* lambrequin. — **~ˌfisch** *m zo.* a) dolphin (*Fam. Coryphaenidae*), b) *cf.* Goldmakrele. — **h~ˌför·mig** *adj* **1.** helmet-shaped, shaped like a helmet. – **2.** *bot.* galeate(d), galeiform, cassideous. — **~ˌhok·ko** *m zo.* crested guan (*od.* curassow, hocco) (*Pauxi pauxi*).

Hel·min·the [hɛl'mɪntə] *f* ⟨-; -n⟩ *meist pl zo.* helminth.

Hel·min'thia·sis [-'tiːazɪs] *f* ⟨-; *no pl*⟩ *med. vet.* helminthiasis. — **Hel·min·tho·lo'gie** [-tolo'giː] *f* ⟨-; *no pl*⟩ helminthology.

'Helm|ˌka·ka·du *m zo.* helmet cockatoo (*Callocephalon galeatus*). — **~ˌkna·benˌkraut** *n bot.* military orchis (*Orchis militaris*). — **~ˌko·li·bri** *m zo.* helmet crest warrior (*Oxypogon lindeni*). — **~ˌkopfˌskink** *m meist pl* spiny-tail(ed skink) (*Gattg Tribolonotus*). — **~ˌkraut** *n bot.* a) skullcap, *Br.* skull-cap (*Gattg Scutellaria*), b) hoodwort, mad-dog skull(-)cap, mad-dog weed (*S. lateriflora*): Kleines ~ hedge hyssop (*S. minor*). — **~or·chiˌdee** *f* a) helmetflower (*Gattg Coryanthes*), b) *cf.* Helmknabenkraut. — **~ˌor·chis** *f cf.* Helmknabenkraut. — **~ˌschmuck** *m* **1.** crest (on a helmet). – **2.** *her.* crest, timbre. — **~ˌschnecke** (*getr.* -k·k-) *f zo.* helmet shell (*Fam. Cassididae*). — **~ˌsturz** *m mil. hist.* beaver. — **~ˌtau·be** *f zo.* crested pigeon (*Columba livia*). — **~viˌsier** *n* visor. — **~ˌvo·gel** *m zo.* helmet bird; touraco, turaco, turacou, turakoo (*scient.*) (*Gattg Turacus*). — **~ˌwür·ger** *m* helmet bird (*Euryceros prevosti*). — **~ˌzier** *f her.* crest, timbre.

He·lo·nie [he'loːnĭə] *f* ⟨-; -n⟩ *bot.* unicorn root (*Helonias bullata*).

He·lot [he'loːt] *m* ⟨-en; -en⟩ *antiq.* Helot. — **He'lo·ten·tum** *n* ⟨-s; *no pl*⟩ helotism, helotry.

Hel·ve·ti·er [hɛl'veːtsĭər] *m* ⟨-s; -⟩ *hist.* Helvetian. — **hel've·tisch** [-tɪʃ] *adj* Helvetian, Swiss: die H~e Republik the Helvetic Republic (*1798—1815*); H~e Konfession *relig.* Helvetic Confession (*1536 and 1566*); ~e Periode *geol.* Helvetian; H~es Bekenntnis *relig. bes. Austrian* Reformed Confession.

Hel·vin [hɛl'viːn] *n* ⟨-s; *no pl*⟩ *min.* helvite, helvin(e).

hem [həm; hm] *interj* (a)hem! hum!

Hemd [hɛmt] *n* ⟨-(e)s; -en⟩ **1.** (*Männeroberhemd*) shirt: ein bügelfreies ~ a drip-dry (*od.* noniron) shirt; ~ mit kurzen Ärmeln a short-sleeved shirt; buntes ~ colo(u)red shirt; ein frisches ~ anziehen to put on a clean shirt; j-n bis aufs ~ ausziehen *fig.* to strip s.o. of his possessions, to fleece s.o., to have the shirt off s.o.'s back (*colloq.*); er würde dir sein letztes ~ geben *fig.* he would give you the shirt off his back; kein (ganzes) ~ mehr auf dem (*od.* am) Leibe haben *fig.* not to have a shirt to one's back; das ~ ist ihm näher als der Rock (*Sprichwort*) charity begins at home (*proverb*); er wechselt seine Gesinnung wie das (*od.* sein) ~ *colloq.* he is like a weathercock in the wind, he changes his opinion like a weathercock (*od.* weather vane). – **2.** (*Damenunterhemd*) chemise. – **3.** (*Herrenunterhemd*) *Am.* undershirt, *Br.* vest.

'Hemd|ˌblu·se *f* shirt, *Am. auch* shirtwaist. — **~ˌblu·senˌkleid** *n* shirt-dress. — **~ˌbrust** *f* shirtfront, *Br.* shirt-front, dickey, *auch* dicky. — **~ˌeinˌsatz** *m cf.* Hemdbrust.

'Hem·den|fa·briˌkant *m* shirt manufacturer. — **~geˌschäft** *n* shirt shop. — **~ˌknopf** *m* shirt button. — **~ˌmatz** *m colloq.* little child running about in its shirttails (*Br.* shirt-tails) (*od.* bare-bottomed, half-naked). — **~ˌstoff** *m* material for shirts, shirting.

'Hemd|ˌho·se *f* (*fashion*) combination(s *pl*), *Br. auch* cami-knickers *pl.* — **~ˌkra·gen** *m* shirt collar: abknöpfbarer ~ detachable collar. — **~manˌschet·te** *f* cuff, *bes. Br.* wristband.

'Hemds|ˌär·mel *m* shirt sleeve, *Br.* shirt-sleeve: in ~n in one's shirt(-)sleeves. — **h~ˌär·me·lig** *adj* in one's shirt sleeves (*Br.* shirt-sleeves), shirt-sleeve (*attrib*) (*auch fig.*).

'HemdˌzIp·fel *m* shirttail, *Br.* shirt-tail.

He·mi·eder [hemi'ʔeːdər] *n* ⟨-s; -⟩ *math.* hemihedron. — **He·mi·edrie** [-ʔe'driː] *f* ⟨-; *no pl*⟩ hemihedrism.

He·mi·kra·nie [hemikra'niː] *f* ⟨-; -n [-ən]⟩ *med.* hemicrania.

he·mi·me·ta·bol [hemimeta'boːl] *adj* hemimetabolous. — **He·mi·me·ta·bo'lie** [-bo'liː] *f* ⟨-; -n [-ən]⟩ *zo.* hemimetabolism, hemimetaboly.

he·mi·morph [hemi'mɔrf] *adj min.* hemimorph. — **He·mi·mor'phit** [-'fiːt; -'fɪt] *m* ⟨-(e)s; -e⟩ hemimorphite, calamine.

He·mi·ole [he'mĭoːlə] *f* ⟨-; -n⟩ *mus. hist.* hemiol(i)a.

He·mi·ple·gie [hemiple'giː] *f* ⟨-; -n [-ən]⟩ *med.* hemiplegia. — **he·mi'ple·gisch** [-'pleːgɪʃ] *adj* hemiplegic.

He·mi·pte·ren [hemi'pteːrən] *pl zo.* true bugs, hemiptera (*scient.*).

He·mi·sphä·re [hemi'sfɛːrə] *f* ⟨-; -n⟩ **1.** *geogr.* hemisphere: östliche [westliche] ~ Eastern [Western] Hemisphere. – **2.** *med.* a) (*des Großhirns*) cerebral hemisphere, b) (*des Kleinhirns*) cerebellar hemisphere. — **he·mi'sphä·risch** *adj* hemispheric(al).

He·mi·sti·chi·on [hemi'stɪçĭən], **He·mi'sti·chi·um** [-çĭum] *n* ⟨-s; -chien⟩ *metr.* hemistich.

he·mi·zy·klisch [hemi'tsyːklɪʃ] *adj bot.* hemicyclic.

'Hem·lock|ˌspan·ner ['hɛmlɔk-] *m zo.* hemlock looper (*od.* spanworm, *Br.* span-worm) (*Ellopia fiscellaria*). — **~ˌtan·ne** *f bot.* a) hemlock fir (*od.* spruce) (*Gattg Tsuga*), b) mountain hemlock (*T. mertensiana*).

hem·men ['hɛmən] **I** *v/t* ⟨h⟩ **1.** (*Wagen, Rad etc*) stop. – **2.** (*Wasserlauf etc*) check, stem. – **3.** (*seinen Schritt, Lauf*) slow down, slacken. – **4.** (*aufhalten*) hold up, hinder: die gesprengte Brücke hemmte den Vormarsch der Truppen the destroyed bridge held up the advance of the troops. – **5.** (*hindern*) hinder, hamper. – **6.** (*Bewegung*) obstruct, impede. – **7.** *fig.* (*Fortschritt, Entwicklung etc*) stunt, retard, check, frustrate, thwart: ein Kind in seinem Wachstum ~ to stunt a child in its growth; den Machtzuwachs einer Nation ~ to stunt (*od.* arrest) the growth of a nation's power. – **8.** *psych.* inhibit: ihre Gegenwart hemmte ihn her presence inhibited him. – **9.** *biol.* inhibit. – **10.** *med.* arrest. – **II H~** *n* ⟨-s⟩ **11.** *verbal noun.* – **12.** *cf.* Hemmung. — **'hem·mend I** *pres p.* – **II** *adj* **1.** (*Wirkung etc*) stunting. – **2.** (*hinderlich*) handicapping: etwas als sehr ~ empfinden to feel s.th. as a severe handicap. – **3.** *med. psych.* inhibitory. – **III** *adv* **4.** auf (*acc*) etwas ~ wirken to have a stunting (*med. psych.* inhibitory) effect on s.th.

'Hemm|ˌkeil *m* wedge, chock. — **~ˌket·te** *f* drag chain, *Br.* drag-chain. — **~ˌklotz** *m* brake shoe.

'Hemm·nis *n* ⟨-ses; -se⟩ hindrance, obstacle, impediment: das ist ein ~ für ihn that's an obstacle (*od.* handicap) for him.

'Hemm|ˌrad *n* (*watchmaking*) stop (*od.* escape) wheel. — **~ˌschrau·be** *f tech.* stop screw, setscrew, *Br.* set-screw. — **~ˌschuh** *m* **1.** (*railway*) slipper (brake). – **2.** *tech.* drag, skid, *Br. auch* skid-pan, brake shoe. – **3.** *fig.* (*des Fortschritts etc*) hindrance (to), drag (on): ein ~ in der Entwicklung des Fortschritts a hindrance to progress. — **~ˌstan·ge** *f tech.* trailer. — **~ˌstoff** *m meist pl biol.* inhibitor, repressor.

'Hem·mung *f* ⟨-; -en⟩ **1.** *cf.* Hemmen. – **2.** *psych.* a) inhibition, b) (*Unterdrückung*) suppression: moralische [schwere] ~en moral [serious] inhibitions; seelische ~en haben to be psychologically inhibited, to be frustrated; keine ~en haben to have no inhibitions; seine ~en überwinden to overcome one's inhibitions; er leidet unter ~en he suffers from inhibitions. – **3.** (*Skrupel*) scruple: er kannte keine ~en he had no scruples. – **4.** *med.* obstruction. – **5.** (*watchmaking*) escapement, deadbeat, pallet: zurückspringende ~ anchor (*od.* recoil) escapement. – **6.** selbsttätige ~ *tech.* (*für Aufzüge, Gewehre etc*) safety stop.

'Hem·mungsˌbil·dung *f biol.* arrest of development, hypoplasia (*scient.*).

'hem·mungs·los I *adj* **1.** (*ungezügelt*) unrestrained, uncontrolled. – **2.** (*skrupellos*) unscrupulous. – **II** *adv* **3.** unrestrainedly, uncontrollably, without restraint: sich ~ betrinken to get uncontrollably drunk; ~ weinen to weep without restraint. — **'Hem·mungs·lo·sig·keit** *f* ⟨-; *no pl*⟩ **1.** lack of restraint. – **2.** unscrupulousness.

'Hemm|ˌvorˌrich·tung *f tech.* drag, brake, braking (*od.* checking, arresting) device. — **~ˌwir·kung** *f auch psych.* inhibitory effect.

Hen·de·ka·gon [hɛndeka'goːn] *n* ⟨-s; -e⟩ *math.* (*Elfeck*) hendecagon.

Hen·de·ka·syl·la·bus [hɛndeka'zʏlabus] *m* ⟨-; -ben [-'laːbən] *u.* -bi [-bi]⟩ *metr.* hendecasyllabic, hendecasyllable.

Hen·dia·dy·oin [hɛndĭady'ɔʏn] *n* ⟨-s; -⟩, *rare* **Hen·dia'dys** [-'dʏs] *n* ⟨-; -⟩ *ling.* hendiadys.

Hendl ['hɛndəl] *n* ⟨-s; -n⟩ *Bavarian and Austrian* (spring) chicken.

Hengst [hɛŋst] *m* ⟨-(e)s; -e⟩ *zo.* stallion, *Am.* stud. — **~ˌfoh·len, ~ˌfül·len** *n* colt, male foal.

Hen·kel ['hɛŋkəl] *m* ⟨-s; -⟩ handle. — **~ˌkorb** *m* basket with a handle. — **~ˌkrug** *m* jug (with a handle). — **h~los** *adj* without a handle. — **~ˌoh·ren** *pl colloq. humor.* jughandle (*Br.* jug-handle) ears. — **~ˌtopf** *m* pot with a handle, handled pot.

hen·ken ['hɛŋkən] *v/t* ⟨h⟩ j-n ~ *lit.* to hang s.o.

'hen·kensˌwert *adj* worth hanging.

'Hen·ker *m* ⟨-s; -⟩ **1.** hangman, executioner, *Br. auch* Jack Ketch: j-n dem ~ überliefern to hand s.o. over to the hangman. – **2.** *fig. colloq.* (*in Wendungen wie*) zum ~! confound (*od.* hang) it! hol's der ~! der ~ soll's holen! *colloq.* hang it all! the devil take it! scher dich zum ~! go to blazes! ich schere mich den ~ drum, ich frage den ~ danach I don't care a hang about it; weiß der ~, was das heißen soll! daraus werde der ~ klug! heaven knows what that is supposed to mean; was zum ~ tust du hier? what the devil are you doing here?

'Hen·kers|ˌbeil *n* executioner's ax(e). — **~ˌfrist** *f* **1.** short reprieve (before the execution). – **2.** *fig. cf.* Gnadenfrist 2. — **~ˌhand** *f only in* durch ~ sterben to be executed. — **~ˌknecht** *m* **1.** hangman's (*od.* executioner's) assistant. – **2.** *fig.* (*eines Diktators etc*) henchman. — **~ˌmahl** *n*, **~ˌmahlˌzeit** *f* **1.** last meal (before execution). – **2.** *fig.* last meal (before departure).

Hen·na ['hɛna] *f* ⟨-; *no pl*⟩ **1.** (*Färbemittel*) henna. – **2.** *bot. cf.* Hennastrauch. — **~ˌfar·be** *f* henna. — **~ˌstrauch** *m bot.* **1.** henna (*Lawsonia inermis*). – **2.** alcanna, *auch* alkanna (*Alcanna tinctoria*).

Hen·ne ['hɛnə] *f* ⟨-; -n⟩ **1.** hen: junge ~ young hen, pullet. – **2.** (*der Rebhühner etc*) hen. – **3.** *bot.* a) Fette ~ orpine, live-forever (*Sedum telephium*), b) Dürre ~ red wild lettuce (*Prenanthes purpurea*).

'Hen·neˌgat(t) *n* ⟨-(e)s; -s⟩ *mar.* helm (*od.* rudder) port.

Hen·nin [ɛ'nɛ̃] (*Fr.*) *n* ⟨-s; -s⟩ (*fashion*) *hist.* hennin, steeple headdress (*Br.* head-dress).

He·no·the·is·mus [henote'ɪsmus] *m* ⟨-; *no pl*⟩ *relig.* henotheism, *auch* monolatry.

Hen·ri·quatre [ãri'katr] (*Fr.*) *m* ⟨-s; -s⟩ vandyke beard, *auch* Vandyke (beard).

Hen·ry ['hɛnri] *n* ⟨-; -⟩ *phys.* henry.

He·or·to·lo·gie [heɔrtolo'giː] *f* ⟨-; *no pl*⟩ *relig.* heortology.

He·or·to·lo·gi·um [heɔrto'loːgĭum] *n* ⟨-s; -gien⟩ *relig.* heortological calendar.

He·pa·rin [hepaˈriːn] *n* ⟨-s; *no pl*⟩ *med. pharm.* heparin.
He·pa·ti·kum [heˈpaːtikum] *n* ⟨-s; -tika [-ka]⟩ *med. pharm.* hepatic.
He·pa·ti·sa·ti·on [hepatizaˈtsi̯oːn] *f* ⟨-; -en⟩ *med.* hepatization *Br. auch* -s-.
he·pa·tisch [heˈpaːtɪʃ] *adj med.* hepatic.
he·pa·ti·sie·ren [hepatiˈziːrən] *v/t* ⟨*no* ge-, h⟩ *med.* (*bes. Lunge*) hepatize *Br. auch* -s-.
He·pa·ti·tis [hepaˈtiːtɪs] *f* ⟨-; -titiden [-tiˈtiːdən]⟩ *med.* hepatitis.
He·phai·stos [heˈfaɪstɔs] *m* ⟨-; *no pl*⟩, **Heˈphäst** [-ˈfɛːst] *m* ⟨-s; *no pl*⟩, **Heˈphä·stus** [-ˈfɛːstʊs] *npr m* ⟨-; *no pl*⟩ *myth.* Hephaestus, *auch* Hephaistos.
Hephth·emi·me·res [hɛftemimeˈreːs] *f* ⟨-; -⟩ *metr.* hephthemimeral caesura.
Hep·ta·chord [hɛptaˈkɔrt] *m*, *n* ⟨-(e)s; -e⟩ *mus.* heptachord.
Hep·ta·eder [hɛptaˈʔeːdər] *n* ⟨-s; -⟩ *math.* heptahedron.
Hep·ta·gon [hɛptaˈgoːn] *n* ⟨-s; -e⟩ heptagon. — **hep·ta·go·nal** [-goˈnaːl] *adj* heptagonal.
Hept·ame·ron", „**Das** [hɛpˈtaːmerɔn] ⟨-s; *no pl*⟩ (*literature*) "The Heptameron" (*by Margaret of Navarre*).
Hep·ta·me·ter [hɛpˈtaːmetər] *m* ⟨-s; -⟩ *metr.* heptameter.
Hep·tan [hɛpˈtaːn] *n* ⟨-s; *no pl*⟩ *chem.* heptane (C_7H_{16}).
Hept·ar·chie [hɛptarˈçiː] *f* ⟨-; -n [-ən]⟩ *pol.* heptarchy.
Hep·ta·teuch [hɛptaˈtɔʏç] *m* ⟨-s; *no pl*⟩ *Bibl.* (*die ersten sieben Bücher des Alten Testaments*) Heptateuch.
Hept·ode [hɛpˈtoːdə] *f* ⟨-; -n⟩ *electr.* heptode.
Hep·to·se [hɛpˈtoːzə] *f* ⟨-; *no pl*⟩ *chem.* heptose ($C_7H_{14}O_7$).
Hep·tyl [hɛpˈtyːl] *n* ⟨-s; *no pl*⟩ *chem.* heptyl (C_7H_{15}). — **~ˌsäu·re** *f cf.* Önanthsäure.
her [heːr] *adv* **1.** (*zeitlich*) ago: das ist eine lange Zeit ~ that is a long time ago; es ist zwei Jahre ~, daß it is two years ago since; wie lange ist es ~? how long (ago) is it? es ist eine Ewigkeit ~, daß (*od.* seit) ich dich gesehen habe it's (been) ages (*od. colloq.* donkey's years, *Am. colloq. auch* a dog's age) since I last saw you. **– 2.** von ... her from: von außen [hinten, oben, unten] ~ from outside [behind, above, below]; vom Himmel ~ from heaven (*od.* above); von Osten [Westen] ~ from the east [west]; von weit ~ from far away, from a distance, from afar (*lit.*); (von) wo bist du ~? where do you come from? (von) wo hast du das ~? a) where did you get that (from)? b) who told you that? ich kenne ihn von früher ~ I have known him since the old days; das ist von alters ~ so gewesen that has always been so; vom Organisatorischen ~ bestehen keine Einwände there are no objections from the organizational point of view. **– 3.** um ... her (a)round: die Kinder spielten um mich ~ the children played (a)round me. **– 4.** → hin 10. **– 5.** *colloq.* (*als Befehl od. Aufforderung*) here, to me: ~ zu mir! come here! ~ damit! give it here (*od.* to me)! hand it over! Bier ~! beer! Geld ~! out with (*od.* hand over) the money! Geld ~ oder das Leben! your money or your life! sag ihm, er soll sofort ~! tell him to come here at once! **– 6.** *fig. colloq.* (*in Wendungen wie*) mit seinem Wissen ist es nicht weit ~ his knowledge doesn't amount to much, he's not very knowledg(e)able; mit ihm ist es nicht weit ~ there isn't much to him, he is nothing special (*od. colloq.* is no great shakes); er ist nur hinter dem Geld ~ he is just after (the) money; er ist hinter alten Büchern ~ he is (always) on the lookout for old books; er ist hinter ihr ~ he is after her (*colloq.*); sie ist hinter ihm ~ she is after him (*colloq.*).
He·ra [ˈheːra] *npr f* ⟨-; *no pl*⟩ *myth.* Hera (*Greek goddess of women and marriage*).
her·ab [hɛˈrap] *adv* down, downward(s): vom Himmel ~ down from the sky (*od.* from heaven); von oben ~ a) (down) from above, b) *colloq.* (*hochmütig*) condescendingly, patronizingly; er war von oben ~ *colloq.* he was very condescending; vom König bis ~ zum letzten Sklaven from the king down to the last slave.
her·ab... *cf.* herunter...
herˈab|ˌbau·meln *v/i* ⟨*sep*, -ge-, h⟩ *cf.* herunterbaumeln. — **~beˌge·ben** *v/reflex* ⟨*irr*, *sep*, *no* -ge-, h⟩ sich ~ come down, descend. — **~beˌmü·hen I** *v/t* ⟨*sep*, *no* -ge-, h⟩ j-n ~ to ask s.o. to come down. **– II** *v/reflex* sich ~ come down, descend. — **~ˌbeu·gen** *v/reflex* ⟨*sep*, -ge-, h⟩ sich ~ bend down: er beugte sich zu mir herab he bent down to me. — **~beˌwe·gen** *v/reflex* ⟨*sep*, *no* -ge-, h⟩ sich ~ move down. — **~ˌbie·gen** *v/t* ⟨*irr*, *sep*, -ge-, h⟩ (*Ast etc*) bend down. — **~ˌbit·ten** *v/t* ⟨*irr*, *sep*, -ge-, h⟩ *cf.* herunterbitten. — **~ˌblicken** (*getr.* -k·k-) *v/i* ⟨*sep*, -ge-, h⟩ *cf.* herabsehen. — **~ˌbren·nen** *v/i* ⟨*irr*, *sep*, -ge-, h⟩ (*von Sonne*) (auf *acc* on) beat down. — **~ˌdrücken** (*getr.* -k·k-) *v/t* ⟨*sep*, -ge-, h⟩ *cf.* herunterdrücken. — **~ˌei·len** *v/i* ⟨*sep*, -ge-, sein⟩ hasten (*od.* rush) down. — **~ˌfah·ren I** *v/i* ⟨*irr*, *sep*, -ge-, sein⟩ **1.** *cf.* herunterfahren 1, 2. **– 2.** vom (*od.* aus dem) Himmel ~ to come down out of heaven. **– II** *v/t* ⟨h⟩ **3.** *cf.* herunterfahren 3. — **~ˌfal·len** *v/i* ⟨*irr*, *sep*, -ge-, sein⟩ **1.** fall (down): der Schnee fällt vom Himmel herab the snow is falling (*od.* coming down) from the sky; Licht fällt auf die Straße herab light is falling on the road; das Haar fiel ihr bis auf die Schultern herab her hair fell (*od.* hung) down to her shoulders; das Kleid fällt lose herab the dress falls down (*od.* hangs) loosely. **– 2.** *cf.* herunterfallen. — **~ˌfal·lend I** *pres p.* **– II** *adj* (*Haar etc*) flowing, falling. — **~ˌfle·hen** *v/t* ⟨*sep*, -ge-, h⟩ call down: Gottes Segen auf j-n ~ to call down (*od.* to invoke) God's blessing on s.o. — **~ˌflie·gen** *v/i* ⟨*irr*, *sep*, -ge-, sein⟩ come flying down: der Vogel flog zu mir herab the bird came flying down toward(s) me. — **~ˌflie·ßen** *v/i* ⟨*irr*, *sep*, -ge-, sein⟩ flow down: Tränen flossen ihr (über) die Wangen herab tears flowed (*od.* ran) down her cheeks. — **~ˌfüh·ren I** *v/t* ⟨*sep*, -ge-, h⟩ j-n ~ to lead s.o. down. **– II** *v/i* (*von Weg etc*) descend. — **~ˌge·hen** *v/i* ⟨*irr*, *sep*, -ge-, sein⟩ *cf.* heruntergehen. — **~geˌsetzt I** *pp.* **– II** *adj* (*Ausgaben*, *Geschwindigkeit etc*) reduced: etwas zu ~en Preisen verkaufen to sell s.th. at reduced (*od.* cut-rate) prices. — **~ˌgie·ßen I** *v/t* ⟨*irr*, *sep*, -ge-, h⟩ pour down: Wasser ~ to pour down water. **– II** *v/impers* es gießt vom Himmel herab it is pouring (*od.* raining in torrents). — **~ˌglei·ten** *v/i* ⟨*irr*, *sep*, -ge-, sein⟩ *cf.* heruntergleiten. — **~ˌha·geln** *v/i* ⟨*sep*, -ge-, sein⟩ *fig. colloq.* (*von Schlägen*, *Flüchen etc*) (auf *acc* on) rain (*od.* hail) down. — **~ˌhän·gen I** *v/i* ⟨*irr*, *sep*, -ge-, h⟩ hang down: die Lampe hängt von der Decke herab the lamp hangs down from the ceiling; die Beine ~ lassen to let one's legs hang down (*od.* dangle). **– II** *v/t* ⟨*sep*, -ge-, h⟩ etwas ~ to hang s.th. down. — **~ˌhän·gend I** *pres p.* **– II** *adj* **1.** (*Zweige etc*) hanging. **– 2.** (*Haar etc*) flowing, falling. **– 3.** (*Ohren etc*) drooping, pendulous, pendant. — **~ˌhel·fen** *v/i* ⟨*irr*, *sep*, -ge-, h⟩ *cf.* herunterhelfen. — **~ˌho·len** *v/t* ⟨*sep*, -ge-, h⟩ *cf.* herunterholen. — **~ˌklet·tern** *v/i* ⟨*sep*, -ge-, sein⟩ *cf.* herunterklettern — **~ˌkol·lern** *v/i* ⟨*sep*, -ge-, sein⟩ *cf.* herunterkollern. — **~ˌkom·men** *v/i* ⟨*irr*, *sep*, -ge-, sein⟩ **1.** *cf.* herunterkommen. **– 2.** vom Himmel ~ to come down (*od.* descend) from heaven.
herˈabˌlas·sen I *v/t* ⟨*irr*, *sep*, -ge-, h⟩ **1.** let down, lower: das Rouleau ~ to let down the blind; die Zugbrücke ~ to let down the drawbridge; etwas [j-n] an einem Seil ~ to let s.th. [s.o.] down by (*od.* on) a rope. **– 2.** (*niedriger hängen*) lower: ich werde es etwas (tiefer) ~ I shall lower it a bit. **– II** *v/reflex* sich ~ **3.** let oneself down: sich an einem Seil ~ to let oneself down by (*od.* on) a rope. **– 4.** *fig.* deign, condescend, vouchsafe: sich zu etwas ~, sich ~, etwas zu tun to condescend to do s.th.; sich zu einer Antwort ~ to deign to answer, to vouchsafe a reply; wann läßt du dich endlich herab, etwas zu tun? *iron.* when will you finally deign to do s.th.? **– III H~** *n* ⟨-s⟩ **5.** *verbal noun.* **– 6.** *cf.* Herablassung. — **herˈabˌlas·send I** *pres p.* **– II** *adj* condescending, patronizing *Br. auch* -s-, (*stärker*) haughty: er war sehr ~ zu ihm (*od.* gegen ihn) he was very condescending toward(s) him. **– III** *adv* er benahm sich sehr ~ ihm gegenüber he behaved very patronizingly toward(s) him. — **Herˈabˌlas·sung** *f* ⟨-; *no pl*⟩ **1.** *cf.* Herablassen. **– 2.** *fig.* condescension, (*stärker*) haughtiness, hauteur (*lit.*): j-n mit ~ behandeln to treat s.o. with condescension, to be patronizing toward(s) s.o.
herˈab|ˌlau·fen I *v/i* ⟨*irr*, *sep*, -ge-, sein⟩ run down: der Schweiß lief ihm von der Stirn herab sweat ran down (*od.* off) his brow. **– II** *v/t* run down: den Berg ~ to run down the hill. — **~ˌmin·dern I** *v/t* ⟨*sep*, -ge-, h⟩ **1.** (*Geschwindigkeit etc*) lower, diminish, decrease, reduce. **– 2.** (*Wert*) debase. **– 3.** (*Verdienste etc*) *cf.* schmälern 4. **– II H~** *n* ⟨-s⟩ **4.** *verbal noun.* **– 5.** disparagement. — **H~ˌmin·de·rung** *f* ⟨-; *no pl*⟩ *cf.* Herabmindern. — **~ˌneh·men** *v/t* ⟨*irr*, *sep*, -ge-, h⟩ *cf.* herunternehmen. — **~ˌreg·nen** *v/i* ⟨*sep*, -ge-, h⟩ *fig.* rain: Bomben regneten vom Himmel herab bombs rained (down) from the sky. — **~ˌrei·chen I** *v/t* ⟨*sep*, -ge-, h⟩ (j-m) etwas ~ to reach (*od.* hand) s.th. down (to s.o.). **– II** *v/i* (bis zu to) extend down. — **~ˌrei·ßen** *v/t* ⟨*irr*, *sep*, -ge-, h⟩ *cf.* herunterreißen. — **~ˌren·nen** *v/i u. v/t* ⟨*irr*, *sep*, -ge-, sein⟩ *cf.* herunterrennen. — **~ˌrie·seln** *v/i* ⟨*sep*, -ge-, sein⟩ **1.** (*von Schnee etc*) fall. **– 2.** (*von Wasser etc*) trickle down. — **~ˌrin·nen** *v/i* ⟨*irr*, *sep*, -ge-, sein⟩ *cf.* herabfließen. — **~ˌrol·len I** *v/i* ⟨*sep*, -ge-, sein⟩ (*von Tränen etc*) roll (*od.* tumble) down. **– II** *v/t* ⟨h⟩ etwas ~ to roll s.th. down. — **~ˌru·fen I** *v/t* ⟨*irr*, *sep*, -ge-, h⟩ j-n ~ to call s.o. down. **– II** *v/i* call down (from above). — **~ˌschaf·fen** *v/t* ⟨*sep*, -ge-, h⟩ *cf.* heruntertragen. — **~ˌschau·en** *v/i* ⟨*sep*, -ge-, h⟩ *cf.* herabsehen. — **~ˌschicken** (*getr.* -k·k-) *v/t* ⟨*sep*, -ge-, h⟩ *cf.* herunterschicken. — **~ˌschüt·teln** *v/t* ⟨*sep*, -ge-, h⟩ etwas ~ to shake s.th. down (*od.* off): Äpfel vom Baum ~ to shake apples off (*od.* down from) the tree. — **~ˌschüt·ten** *v/t* ⟨*sep*, -ge-, h⟩ pour (*s.th.*) down. — **~ˌschwe·ben** *v/i* ⟨*sep*, -ge-, sein⟩ glide down. — **~ˌschwin·gen** *v/reflex* ⟨*irr*, *sep*, -ge-, h⟩ sich ~ (von from) swing down. — **~ˌse·hen** *v/i* ⟨*irr*, *sep*, -ge-, h⟩ **1.** look down: auf j-n [etwas] ~ a) to look down at (*od.* onto) s.o. [s.th.], b) *fig.* (*verachten*) to look down (up)on s.o. [s.th.], to look down one's nose at s.o. [s.th.], to despise s.o. [s.th.]; er sieht verächtlich auf Gammler herab *fig.* he looks down his nose at beatniks, he looks at beatniks with contempt (*od.* with disdain). **– 2.** an j-m ~ to look s.o. up and down. — **~ˌsen·ken I** *v/t* ⟨*sep*, -ge-, h⟩ **1.** lower. **– II** *v/reflex* sich ~ **2.** (*von Vorhang etc*) be lowered. **– 3.** *fig. lit.* fall: die Nacht senkt sich herab night is falling. — **~ˌset·zen I** *v/t* ⟨*sep*, -ge-, h⟩ **1.** *cf.* heruntersetzen 1. **– 2.** *fig.* (*Preis*, *Steuern etc*) reduce, cut (down), lower: der Artikel wurde im Preis stark herabgesetzt the price of the article has been greatly reduced, the item has been greatly reduced (in price); etwas im Wert ~ to reduce the value of s.th. **– 3.** *fig.* (*Gehälter*, *Löhne*) reduce, cut, curtail. **– 4.** *fig.* (*Arbeitszeit*, *Tempo etc*) reduce: die Geschwindigkeit ~ to reduce (the) speed, to slow down. **– 5.** *fig.* (*schlechtmachen*) run (*s.o.*) down, belittle, disparage: j-n bei j-m ~, j-n in j-s Augen (*od.* Achtung) ~ to lower s.o. in s.o.'s esteem. **– 6.** *fig.* (*j-s Leistung etc*) belittle, disparage. **– II H~** *n* ⟨-s⟩ **7.** *verbal noun.* — **~ˌset·zend I** *pres p.* **– II** *adj* (*Bemerkungen*, *Worte etc*) disparaging, slighting, (*stärker*) derogatory, contemptuous. **– III** *adv* ~ über j-n [etwas] sprechen to speak disparagingly of s.o. [s.th.]. — **H~ˌset·zung** *f* ⟨-; *no pl*⟩ **1.** *cf.* Herabsetzen. **– 2.** *fig.* (*von Preis*, *Zeit*, *Geschwindigkeit etc*) reduction: eine ~ des Wertes a reduction (*od.* diminution) of value. **– 3.** *fig.* (*von Gehältern etc*) reduction, cut, curtailment: eine ~ der Löhne a cut in wages. **– 4.** *fig.* (*geringschätzige Behandlung*) disparaging treatment: ich lasse mir diese ~ nicht gefallen I am not going to put up with this disparaging treatment. **– 5.** *fig.* (*von j-s Leistung etc*) disparagement, belittlement. — **~ˌsin·ken** *v/i* ⟨*irr*, *sep*, -ge-, sein⟩ **1.** sink (down). **– 2.** *fig. lit.* fall: die Nacht sank herab night was falling. — **~ˌstei·gen** *v/i* ⟨*irr*, *sep*, -ge-, sein⟩ (von from) **1.** *cf.* heruntersteigen II. **– 2.** (*vom Himmel*) come down, descend. **– 3.** (*vom Pferd*) dismount: von seinem hohen Roß ~ *fig.* to get off one's high horse. — **~ˌstim·men** *v/t* ⟨*sep*, -ge-, h⟩ *mus.* tune down,

lower (the pitch of). — **~,sto·ßen I** *v/t* ⟨*irr, sep*, -ge-, h⟩ *cf.* herunterstoßen I. – **II** *v/i* ⟨sein⟩ (*von Vogel etc*) (auf *acc* on) shoot (*od.* swoop) down: der Adler stieß auf seine Beute herab the eagle swooped (*od.* pounced) down on its prey. — **~,strö·men** *v/i* ⟨*sep*, -ge-, sein⟩ **1.** (*von Regen etc*) pour down. – **2.** *cf.* herabfließen. — **~,stür·zen I** *v/t* ⟨*sep*, -ge-, h⟩ **1.** j-n ~ to throw s.o. down. – **II** *v/reflex* sich ~ **2.** throw oneself down: er stürzte sich von der Brücke herab he threw himself down from the bridge. – **3.** *cf.* herabstoßen II. – **III** *v/i* ⟨sein⟩ **4.** fall down: er ist von der Mauer herabgestürzt he fell off (*od.* down from) the wall. – **5.** (*eilig laufen*) rush down, come rushing down. – **6.** (*von Regen etc*) pour down. – **7.** (*von Wasserfall etc*) plunge down. – **8.** (*von Steinen etc*) fall (*od.* tumble) down, come falling (*od.* tumbling) down. — **~,wür·di·gen I** *v/t* ⟨*sep*, -ge-, h⟩ **1.** *cf.* herabsetzen 5, 6. – **2.** (*j-s Ansehen*) lower: j-n zu etwas ~ to lower s.o. to the level of s.th. – **3.** (*erniedrigen*) degrade, abase. – **II** *v/reflex* **4.** sich zu etwas ~ to lower (*od.* degrade, abase) oneself to the level of s.th.: sich dazu ~, etwas zu tun to degrade (*od.* abase) oneself so far as to do s.th. – **5.** sich durch etwas ~ to lower (*od.* degrade, abase) oneself by (doing) s.th. — **~,wür·di·gend I** *pres p.* – **II** *adj u. adv cf.* herabsetzend II, III. — **H~,wür·di·gung** *f* ⟨-; *no pl*⟩ **1.** *cf.* Herabsetzung 4, 5. – **2.** degradation, abasement. — **~,zie·hen** *v/t* ⟨*irr, sep*, -ge-, h⟩ **1.** (*nach unten ziehen*) draw down. – **2.** *fig. cf.* herunterziehen 2.

He·rai·on [he'raɪɔn] *n* ⟨-s; -s⟩ *antiq.* Heraeum, sanctuary (*od.* temple) of Hera.

he·ra·kle·isch [hera'kleːɪʃ] *adj* Heracle(i)an.

He·ra·kles ['heːraklɛs] *npr m* ⟨-; *no pl*⟩ *myth.* Heracles, Hercules.

He·ra·kli·de [hera'kliːdə] *m* ⟨-n; -n⟩ (*Nachkomme des Herakles*) Heraclid: die ~n the Heraclidae.

He·ral·dik [he'raldɪk] *f* ⟨-; *no pl*⟩ *her.* heraldry, armory. — **He'ral·di·ker** [-dikər] *m* ⟨-s; -⟩ heraldist, armorist. — **he'ral·disch** *adj* (*Symbol etc*) heraldic, armorial.

her·an [hɛ'ran] *adv* near, close: immer ~! nur ~! come here! come nearer (*od.* closer)! dicht ~ an (*acc*) etwas near (*od.* close up) to s.th.

her'an|,ar·bei·ten *v/reflex* ⟨*sep*, -ge-, h⟩ sich an j-n [etwas] ~ to work one's way up to (*od.* toward[s]) s.o. [s.th.]. — **~,bil·den I** *v/t* ⟨*sep*, -ge-, h⟩ **1.** (*erziehen*) educate. – **2.** (*ausbilden*) train: j-n zu etwas ~ to train s.o. to become s.th. (*od.* for s.th.). – **II** *v/reflex* sich ~ **3.** educate oneself. – **4.** train oneself. – **5.** (*sich entwickeln*) develop. — **H~,bil·dung** *f* **1.** (*Erziehung*) education. – **2.** (*Ausbildung*) training: die ~ zum Facharbeiter the training to become a skilled worker. – **3.** (*Entwicklung*) development. — **~,bre·chen** *v/i* ⟨*irr, sep*, -ge-, sein⟩ *lit.* begin. — **~,brin·gen** *v/t* ⟨*irr, sep*, -ge-, h⟩ (an *acc* to) bring (up): man sollte die Schüler vorsichtig an diese Probleme ~ *fig.* one should introduce the pupils gradually to these problems. — **~,drän·gen I** *v/i* ⟨*sep*, -ge-, h⟩ (an *acc* to) press forward: die Menge drängte heran the crowd pressed forward. – **II** *v/reflex* sich ~ press oneself: wir drängten uns an die Mauer heran we pressed ourselves against the wall; die Menschen drängten sich an die Kasse heran the people pressed (*od.* pushed) toward(s) the box(-)office. — **~,ei·len** *v/i* ⟨*sep*, -ge-, sein⟩ (zu to) hurry (*od.* rush) up. — **~,fah·ren** *v/i* ⟨*irr, sep*, -ge-, sein⟩ **1.** (an *acc* to) drive (*od.* move) near (*od.* close). – **2.** (*um zu halten*) pull (over *od.* up), draw (up): an den Straßenrand ~ to pull over to the side of the road, to pull (on)to (*Br.* into) the side of the road; rechts ~ to pull over to the right side; an die Kreuzung ~ to pull (*od.* drive) up to the crossing (*bes. Br.* junction). — **~,füh·ren I** *v/t* ⟨*sep*, -ge-, h⟩ **1.** (zu, an *acc* to) lead (*od.* bring) up. – **2.** *fig.* (*einführen*) introduce: j-n an etwas ~ to introduce s.o. to s.th. – **3.** *mil.* (*Truppen*) bring up. – **II** *v/i* **4.** an (*acc*) etwas ~ to lead up to s.th. — **~,ge·hen** *v/i* ⟨*irr, sep*, -ge-, sein⟩ go close (*od.* near), approach: an (*acc*) etwas ~ a) to walk (*od.* step) up to s.th., b) (*sich nähern*) to approach s.th., c) *fig.* (*beginnen*) to set about s.th., to approach s.th., to tackle s.th. — **~,ho·len** *v/t* ⟨*sep*, -ge-, h⟩ get, fetch. — **~,ja·gen** *v/i* ⟨*sep*, -ge-, sein⟩ (an *acc* to) race (*od.* dash) up. — **~,kom·men** *v/i* ⟨*irr, sep*, -ge-, sein⟩ **1.** come (*od.* draw) near, come close, approach: an j-n [etwas] ~ to come near to (*od.* approach) s.o. [s.th.]; nahe an j-n ~ to come up very close to s.o.; laß doch die Sache an dich ~ *fig.* wait and see what happens, cross that bridge when you come to it. – **2.** *fig.* (*von Zeit etc*) draw near, approach. – **3.** an j-n [etwas] ~ a) (*erreichen*) to reach s.o. [s.th.], to get to s.o. [at s.th.], b) *fig.* to come near (*od.* up) to s.o. [s.th.], to approach s.o. [s.th.]: ich kam nicht an die Tür heran I could not reach the door; es ist schwer, an ihn heranzukommen a) (*menschlich*) it is difficult to get anywhere near him, b) (*physisch*) it is difficult to get through to him; wie bist du an das Buch herangekommen? *fig.* how did you manage to get (hold of) that book? das kommt nicht an seine früheren Arbeiten heran *fig.* that does not come up to (the standard of) his earlier works; er kommt nicht an ihn heran *fig.* (*an Wissen etc*) he cannot touch him. – **4.** ~ an Längsseite *mar.* to come alongside. — **~,kom·mend I** *pres p.* – **II** *adj* (*Fahrzeug*) oncoming, approaching. — **~,las·sen** *v/t* ⟨*irr, sep*, -ge-, h⟩ j-n an (*acc*) sich ~ to let s.o. get near one. — **~,ma·chen** *v/reflex* ⟨*sep*, -ge-, h⟩ *colloq.* **1.** sich an (*acc*) etwas ~ a) (*an Arbeit etc*) to get down to s.th., to get going on s.th., b) (*an Problem etc*) to tackle s.th. – **2.** sich an j-n ~ a) to approach s.o., b) (*um etwas zu erreichen*) to approach s.o., to make up to s.o., c) (*heimlich*) to sidle up to s.o. — **~,na·hen I** *v/i* ⟨*sep*, -ge-, sein⟩ **1.** (*von Zug, Zeit etc*) approach, draw near: der Frühling naht heran spring is approaching. – **II H~** *n* ⟨-s⟩ **2.** *verbal noun.* – **3.** approach. — **~,pir·schen** *v/reflex* ⟨*sep*, -ge-, h⟩ sich ~ sneak (*od.* creep) up: sich an j-n [etwas] ~ to sneak (*od.* creep) up on s.o. [s.th.]; sich an ein Tier ~ to stalk up on an animal. — **~,rei·chen** *v/i* ⟨*sep*, -ge-, h⟩ **1.** an (*acc*) etwas ~ to reach (up to) s.th: das Kind kann bis an die Türklinke ~ the child can reach up to the door handle. – **2.** an j-n [etwas] ~ *fig.* to come near (*od.* up) to s.o. [s.th.], to approach s.o. [s.th.]: das reicht nicht an seine früheren Werke heran that does not come up to (the standard of) his earlier works; er reicht an ihn nicht heran (*an Wissen etc*) he cannot touch him. — **~,rei·fen** *v/i* ⟨*sep*, -ge-, sein⟩ **1.** (*von Ernte, Frucht etc*) ripen. – **2.** *fig.* (*von Plänen etc*) mature: in ihm reifte der Entschluß heran auszuwandern he made up his mind to emigrate. – **3.** *fig.* (*von Menschen*) grow up: zum Manne ~ to grow up to be a man; zu einer Schönheit ~ to grow into a beauty. — **~,rol·len** *v/i* ⟨*sep*, -ge-, sein⟩ (*von Wagen etc*) (an *acc* to) roll up. — **~,rücken** (*getr.* -k·k-) **I** *v/i* ⟨*sep*, -ge-, sein⟩ **1.** approach, draw (*od.* come) near(er): an j-n [etwas] ~ to draw near(er) to s.o. [s.th.], to come close(r) to s.o. [s.th.]; sie rückte nah an ihn heran she moved up close to him. – **2.** *fig.* (*von Zeit etc*) approach, draw near. – **II** *v/t* ⟨h⟩ **3.** move (*s.th.*) nearer (*od.* closer): etwas an (*acc*) etwas ~ to move s.th. nearer to s.th., to draw (*od.* move) s.th. up to s.th. — **~,ru·fen** *v/t* ⟨*irr, sep*, -ge-, h⟩ call: ich rief ihn heran I called him over. — **~,schaf·fen** *v/t* ⟨*sep*, -ge-, h⟩ bring (*od.* transport) (*s.th.*) to the spot. — **~,schlän·geln** *v/reflex* ⟨*sep*, -ge-, h⟩ sich ~ edge (*od.* sidle) up, edge near(er): sich an j-n [etwas] ~ to edge (*od.* sidle) up to s.o. [s.th.]. — **~,schlei·chen** *v/i* ⟨*irr, sep*, -ge-, sein⟩ *u.* sich ~ *v/reflex* ⟨h⟩ creep up (*od.* closer, nearer): sich an j-n [etwas] ~ to creep up on s.o. [s.th.]. – **2.** *cf.* heranpirschen. — **~,set·zen** *v/reflex* ⟨*sep*, -ge-, h⟩ sich ~ (an *acc* to) sit closer, sit nearer. — **~,spren·gen** *v/i* ⟨*sep*, -ge-, sein⟩ (*von Reitern*) gallop up. — **~,stür·men** *v/i* ⟨*sep*, -ge-, sein⟩ rush up. — **~,ta·sten** *v/reflex* ⟨*sep*, -ge-, h⟩ sich ~ grope: sich im Dunkeln an (*acc*) etwas ~ to grope for s.th. in the darkness; sich an die Lösung eines Problems ~ *fig.* to grope for the solution of a problem. — **~,tra·gen** *v/t* ⟨*irr, sep*, -ge-, h⟩ **1.** *cf.* herbeitragen. – **2.** etwas an j-n ~ *fig.* (*Wunsch etc*) to approach s.o. with s.th. — **~,tre·ten** *v/i* ⟨*irr, sep*, -ge-, sein⟩ **1.** come (*od.* step) closer (*od.* nearer), approach: an j-n [etwas] ~ to step up to s.o. [s.th.]. – **2.** an j-n mit etwas ~ *fig.* to approach s.o. with s.th.: an j-n mit dem Vorschlag ~ to suggest to s.o., to make the suggestion to s.o. – **3.** an j-n ~ *fig.* (*von Aufgabe, Pflicht etc*) to face s.o., to confront s.o.: die folgende Frage trat an uns heran we were confronted with the following question. — **~,wach·sen** *v/i* ⟨*irr, sep*, -ge-, sein⟩ grow (up): seine Kinder wuchsen heran his children grew up; er war zu einem netten jungen Mann herangewachsen he had grown (up) into a fine young man. — **~,wach·send I** *pres p.* – **II** *adj* (*Generation*) coming, rising: die ~e Jugend the young people *pl.* — **~,wa·gen** *v/reflex* ⟨*sep*, -ge-, h⟩ sich ~ **1.** dare (to) go nearer (*od.* closer), dare (to) approach: er wagte sich noch etwas näher an den Abgrund heran he dared (to) go (*od.* he ventured) a little nearer to the precipice; er wagte sich bis an die Tür heran he dared (to) go right up to the door. – **2.** sich an (*acc*) etwas ~ *fig.* (*an Aufgabe etc*) to dare (to) do (*od.* tackle) s.th.: an diese Übersetzung wage ich mich nicht heran I don't dare (to) (*od.* I dare not) tackle (*od.* attempt) this translation; keiner wagte sich an das Problem heran no one wanted to try his hand (*od.* to have a try, to have a go) at the problem; keiner wagte sich an die neue Maschine heran no one dared touch the new machine. — **~,win·ken** *v/t* ⟨*sep*, -ge-, h⟩ *cf.* herbeiwinken. — **~,zie·hen I** *v/t* ⟨*irr, sep*, -ge-, h⟩ **1.** (an *acc* to; zu toward[s]) draw (*od.* pull) nearer (*od.* closer): einen Stuhl an den Tisch ~ to pull up a chair to the table. – **2.** *fig.* (*in Betracht ziehen*) consider, take into consideration (*od.* account). – **3.** *fig.* (*zur Hilfe, Arbeit etc*) call in, call (up)on, enlist: jedermann wurde zur Hilfe herangezogen everyone was called in to help. – **4.** *fig.* (*konsultieren*) consult. – **5.** (*benutzen*) use: etwas zum Vergleich ~ to use (*od.* take) s.th. as a comparison. – **6.** *fig.* (*ausbilden*) train: einen Nachfolger ~ to train a successor. – **7.** *fig.* (*aufziehen*) raise. – **8.** *econ.* subject: j-n zu Zahlungen ~ to subject s.o. to payments. – **II** *v/i* ⟨sein⟩ **9.** draw near, approach: ein Gewitter zog heran a thunderstorm was approaching. – **III H~** *n* ⟨-s⟩ **10.** *verbal noun.* — **H~,zie·hung** *f* ⟨-; *no pl*⟩ **1.** *cf.* Heranziehen. – **2.** consultation.

He·rauch ['heːraux] *m* ⟨-s; *no pl*⟩ *cf.* Höhenrauch.

her·auf [hɛ'rauf] *adv* (*von dort unten nach hier oben*) **1.** up: ~! come up (here)! hier ~! up here! ~ und herunter (*od.* herab) up and down; bis ~ zu up to; den Berg ~ up the mountain; den Fluß ~ up the river, upstream; die Straße ~ up the street, *Am. auch* upstreet; etwas weiter ~ a little further up; nach Norddeutschland ~ up to Northern Germany. – **2.** (*die Treppe*) upstairs: die Treppe ~ up the stairs, upstairs.

her'auf|,ar·bei·ten *v/reflex* ⟨*sep*, -ge-, h⟩ sich ~ work one's way up. — **~be,ge·ben** *v/reflex* ⟨*irr, sep, no* -ge-, h⟩ sich ~ **1.** come up. – **2.** come upstairs. — **~be,mü·hen I** *v/t* ⟨*sep, no* -ge-, h⟩ j-n ~ to trouble s.o. to come up, to give s.o. the trouble of coming up: darf ich Sie (die Treppe) ~? may I trouble you to come upstairs? – **II** *v/reflex* sich ~ trouble (*od.* take the trouble, bother) to come up. — **~be,schwö·ren** *v/t* ⟨*irr, sep, no* -ge-, h⟩ **1.** *auch fig.* conjure up, call up, evoke: die Geister der Toten ~ to conjure up the spirits of the dead; Erinnerungen ~ *fig.* to evoke memories. – **2.** *fig.* (*Unheil, Krieg etc*) bring about, (*stärker*) provoke: Gefahr [Unheil] ~ to court danger [disaster]. — **~,bit·ten** *v/t* ⟨*irr, sep*, -ge-, h⟩ j-n ~ to ask s.o. to come up(stairs): darf ich Sie ~? will you please come up(stairs)? — **~,drin·gen** *v/i* ⟨*irr, sep*, -ge-, sein⟩ (*von Lärm etc*) rise up from below. — **~,dür·fen** *v/i* ⟨*irr, sep*, -ge-, h⟩ be allowed (to come) up. — **~,fah·ren I** *v/i* ⟨*irr, sep*, -ge-, sein⟩ **1.** come (*od.* travel) up. – **2.** *cf.* hinauffahren I. – **II** *v/t* ⟨h⟩ **3.** *cf.* hinauffahren II. — **~,ho·len** *v/t* ⟨*sep*, -ge-, h⟩ bring (*s.o., s.th.*) up (here): hol ihn doch herauf! bring him up! go and fetch him! — **~,keu·chen I** *v/t* ⟨*sep*, -ge-, sein⟩ *colloq.* (*einen Berg etc*) puff up, come puffing up. – **II** *v/i* come puffing up. — **~,kom·men I** *v/i* ⟨*irr, sep*, -ge-, sein⟩ **1.** (zu to) come up; er kam herauf he came upstairs. – **2.** get up. – **II** *v/t* **3.** come up: er kam die Treppe herauf he came upstairs. — ~ˌ**krie·chen** *v/t u. v/i* ⟨*irr, sep,* -ge-, sein⟩ crawl (*od.* creep) up, come crawling (*od.* creeping) up. — ~ˌ**las·sen** *v/t* ⟨*irr, sep,* -ge-, h⟩ let (*od.* allow) to come (*od.* get) up: laß ihn nicht (die Treppe) herauf! don't let him come upstairs! — ~ˌ**lau·fen I** *v/i* ⟨*irr, sep,* -ge-, sein⟩ (auf *acc*, zu to) **1.** run up, come running up: er lief herauf he ran upstairs. – **2.** walk (*od.* come) up, come walking up. – **II** *v/t* **3.** er lief die Treppe herauf he ran upstairs. — ~ˌ**schal·ten** *v/i* ⟨*sep,* -ge-, h⟩ *auto.* change up, *Am.* shift up. — ~ˌ**set·zen** *v/t* ⟨*sep,* -ge-, h⟩ *cf.* hinaufsetzen I. — ~ˌ**stei·gen I** *v/i* ⟨*irr, sep,* -ge-, sein⟩ **1.** (zu to) climb (*od.* go) up: er stieg herauf he came upstairs. – **2.** *fig. lit.* (*von Tag etc*) dawn. – **II** *v/t* **3.** er stieg die Treppe herauf he came upstairs. — ~ˌ**stim·men** *v/t* ⟨*sep,* -ge-, h⟩ *mus.* tune up, raise (the pitch of). — ~ˌ**zie·hen I** *v/t* ⟨*irr, sep,* -ge-, h⟩ etwas ~ to pull s.th. up: einen Eimer ~ to pull up a pail; seine Hosen ~ to pull (*od.* hitch) up one's trousers; j-n zu sich ~ a) to pull s.o. up to one, b) *fig.* to raise s.o. to one's level. – **II** *v/i* ⟨sein⟩ (*von Gewitter etc*) draw near, approach.

her·aus [hɛ'raus] *adv* **1.** (*von drinnen nach außen*) out: ~ mit dir! out with you! hier ~! out here! endlich waren wir aus dem Wald ~ we finally got out of the wood; warte, bis wir aus der Stadt ~ sind wait until we've got out of (*od.* we are outside, we have left) the town; ich muß hier ~ a) (*aussteigen*) I have to get out (*od.* off) here, b) (*aus einer Stadt, einem Raum etc*) I have got to get out of here; von innen ~ from within (*od.* inside); ~ aus den Federn! *colloq.* (get) out of bed! – **2.** *fig.* out: er ist aus dem Ärgsten ~ he is over the worst, he is out of the wood (*Am.* woods); → fein 29. – **3.** *fig. colloq.* out: ~ damit! ~ mit der Sprache! *colloq.* speak out (*od.* up)! spit it out! (*colloq.*); ~ mit dem Geld! out with your money. – **4.** ~ sein *fig. colloq.* a) (*bekannt*) to be out, to be known, b) (*von Buch etc*) to be out, to be published: nun ist es ~ now it is out (*od.* known); das (*od.* es) ist noch nicht ~(, ob) (*steht noch nicht fest*) it is still undecided (whether), it is not yet definite (whether). – **5.** aus ... ~ *fig.* out of: er handelte aus einer Notlage ~ he did it out of necessity; etwas aus sich ~ tun to do s.th. on one's own (initiative).

her·aus... *cf.* hinaus..., *auch* aus..., *colloq.* raus...

her'aus|ˌar·bei·ten I *v/t* ⟨*sep,* -ge-, h⟩ **1.** (*art*) work (out), (*aus Stein, Holz etc*) carve out: er wird ein Relief aus dem Marmor ~ he is going to carve (*od.* cut) a relief from marble. – **2.** *fig.* (*deutlich machen*) work out, bring out: dieser Gedanke ist klar herausgearbeitet this idea was brought out (*od.* shown) clearly. – **II** *v/reflex* sich ~ **3.** *auch fig.* (aus) work one's way out (of), extricate oneself (from): sie arbeiteten sich aus dem Schnee heraus they worked their way (*od.* they struggled) out of the snow; sich aus einer mißlichen Lage ~ *fig.* to get oneself out of a jam, to extricate oneself from an unpleasant (*od.* a precarious) situation. — ~ˌ**bei·ßen I** *v/t* ⟨*irr, sep,* -ge-, h⟩ **1.** bite out: ein Stück aus einem Apfel ~ to bite a piece out of an apple. – **2.** *fig. colloq.* get out: j-n aus einer mißlichen Lage ~ to get s.o. out of a jam (*od.* critical predicament). – **II** *v/reflex* **3.** sich aus etwas ~ *fig. colloq.* to get oneself out of s.th. — ~**be·ˌkom·men** *v/t* ⟨*irr, sep, no* -ge-, h⟩ **1.** get out: Flecken aus einem Kleid ~ to get stains out of a dress; ich kann den Nagel nicht ~ I can't get the nail out, the nail won't come out. – **2.** (*Wechselgeld*) get change: ich habe nichts ~ I did not get any change; Sie bekommen noch zwei Mark heraus you get two marks change (*od.* back). – **3.** *fig.* (*in Erfahrung bringen*) find out, make out: er konnte ihre Adresse nicht ~ he couldn't find out her address; meine Eltern dürfen das nicht ~ my parents must not find out (about it). – **4.** *fig.* (*Rätsel etc*) puzzle out, solve. – **5.** *fig.* (*Aufgabe etc*) solve, work out. – **6.** *fig.* (*Ergebnis etc*) get: was hast du ~? what answer did you get? – **7.** *fig.* (*Sinn etc*) figure (*od.* make, find) out (the meaning of). – **8.** *fig.* (*Geheimnis, Geständnis etc*) get (*s.th.*) out, elicit: ich kann aus dem Kind nichts ~ I can't get (*od.* draw) anything out of the child. — ~**be·ˌmü·hen I** *v/t* ⟨*sep, no* -ge-, h⟩ j-n ~ to trouble s.o. to come out(side): darf ich Sie kurz ~ may I trouble you to come out for a moment. – **II** *v/reflex* sich ~ (take the) trouble (*od.* bother) to come out(side). — ~**ˌbil·den** *v/reflex* ⟨*sep,* -ge-, h⟩ sich ~ **1.** (*von Plan, Vorstellung etc*) form. – **2.** (*sich entwickeln*) develop. — ~ˌ**bit·ten** *v/t* ⟨*irr, sep,* -ge-, h⟩ j-n ~ to ask s.o. to come out(side). — ~ˌ**bla·sen** *v/t* ⟨*irr, sep,* -ge-, h⟩ (aus of) blow out. — ~ˌ**boh·ren** *v/t* ⟨*sep,* -ge-, h⟩ (aus of) drill out. — ~ˌ**bre·chen** *v/t* ⟨*irr, sep,* -ge-, h⟩ break out: aus einer Mauer einen Stein ~ to break (*od.* knock) a stone out of a wall. — ~ˌ**brin·gen** *v/t* ⟨*irr, sep,* -ge-, h⟩ **1.** bring out: bring noch einen Stuhl aus dem Zimmer heraus! bring another chair out of the room. – **2.** *cf.* herausbekommen 1, 3—8. – **3.** *fig.* (*sagen*) say, get out: sie konnte (vor Schreck) kein Wort ~ (she was so frightened) she couldn't say (*od.* utter) a single word; sie bringt alles so komisch heraus she says everything in such a funny (*od.* comical) way. – **4.** *econ.* (*Erzeugnis*) bring out: etwas groß ~ to launch s.th. on the market in a big way. – **5.** *fig.* (*Buch etc*) bring out, publish, issue. – **6.** *fig.* (*Auto, Theaterstück etc*) come out with: Ford bringt drei neue Modelle heraus Ford is coming out with three new models. – **7.** *fig.* (*Sondermarke etc*) issue. – **8.** j-n groß ~ *fig.* (*Schauspieler etc*) to give s.o. a big build(-)up. — ~**de·stilˌlie·ren** *v/t* ⟨*sep, no* -ge-, h⟩ *chem.* (*aus einer Mischung*) top. — ~ˌ**dre·hen** *v/t* ⟨*sep,* -ge-, h⟩ *cf.* herausschrauben. — ~ˌ**drücken** (*getr.* -k·k-) *v/t* ⟨*sep,* -ge-, h⟩ **1.** squeeze out: Zahnpasta aus der Tube ~ to squeeze tooth(-)paste out of the tube. – **2.** (*Brustkorb*) stick out. — ~ˌ**fah·ren I** *v/i* ⟨*irr, sep,* -ge-, sein⟩ **1.** come (*od.* travel) out, (*mit dem eigenen Wagen*) drive out: der Zug fuhr aus der Station heraus the train pulled out of the station. – **2.** (*von Wort, Bemerkung*) escape, slip out: das ist ihm nur so herausgefahren it just escaped him, it just slipped out. – **II** *v/t* ⟨h⟩ **3.** drive out: fahre mir bitte den Wagen aus der Garage heraus please drive (*od.* take) the car out of the garage for me; kann ich dich morgen zu uns ~? can I drive (*od.* run) you out to our house tomorrow? – **4.** (*sport*) (*bei Fahrwettbewerb*) achieve, bring home: einen 2. Platz ~ to bring home a second place; einen Sieg ~ to gain a victory. — ~ˌ**fal·len** *v/i* ⟨*irr, sep,* -ge-, sein⟩ fall out, drop out: etwas ist aus deiner Tasche herausgefallen s.th. fell out of your pocket. — ~ˌ**fin·den I** *v/t* ⟨*irr, sep,* -ge-, h⟩ **1.** discover, find: Fehler ~ to discover mistakes; ich würde ihn unter 1000 anderen ~ I could pick him out from among a thousand others. – **2.** *fig. cf.* herausbekommen 3. – **II** *v/i* **3.** find one's way out: aus dem Wald ~ to find one's way out of the wood. – **III** *v/reflex* sich ~ **4.** find a way out, extricate oneself: sich aus Schwierigkeiten ~ to find a way out of difficulties, to extricate oneself from difficulties. — ~ˌ**fi·schen** *v/t* ⟨*sep,* -ge-, h⟩ *colloq.* **1.** etwas [j-n] ~ to take (*od. colloq.* fish) s.th. [s.o.] out: er fischte ein paar Münzen aus der Tasche heraus he fished a couple of coins out of his pocket. – **2.** *cf.* herauspicken. — ~ˌ**flie·gen I** *v/i* ⟨*irr, sep,* -ge-, sein⟩ **1.** (aus of) fly out, come flying out. – **2.** *fig. colloq. cf.* hinausfliegen 2. – **II** *v/t* ⟨h⟩ **3.** *aer.* (*Verwundete etc*) fly out.

Her'ausˌfor·de·rer *m* ⟨-s; -⟩ (*bes. sport*) challenger.

her'ausˌfor·dern I *v/t* ⟨*sep,* -ge-, h⟩ **1.** challenge: das Schicksal ~ to challenge fate. – **2.** (*provozieren*) provoke: j-s Kritik ~ to provoke (*od.* invite) criticism from s.o.; durch diese Bemerkung sah er sich persönlich herausgefordert he (personally) felt provoked by this remark; das forderte sie zum Widerspruch heraus that provoked her to contradict; sie forderte ihn ja förmlich (dazu) heraus she literally provoked him into doing that; du hast es ja geradezu herausgefordert (*Ärger, Unglück etc*) you virtually asked for it (*colloq.*). – **3.** (*zum Kampf etc*) challenge: j-n zum Duell ~ to challenge s.o. to a duel, to call s.o. out. – **4.** *cf.* zurückfordern 1. – **II** *v/i* **5.** zur Kritik ~ (*von Worten etc*) to provoke (*od.* invite) criticism. – **III H~** *n* ⟨-s⟩ **6.** *verbal noun.* — **her'ausˌfor·dernd I** *pres p.* – **II** *adj* (*Worte, Benehmen, Blick etc*) challenging, provoking, (*stärker*) provocative: sie nahm eine ~e Haltung ein she assumed a provocative (*od.* defiant) attitude. – **III** *adv* j-n ~ ansehen to give s.o. a provocative look, to look at s.o. in a provocative way; ~ sah sie sich im Kreise um she looked about her in a defiant way. — **Her'ausˌfor·de·rung** *f* **1.** *cf.* Herausfordern. – **2.** provocation, challenge: das war eine ~ sondergleichen that was an unparalleled provocation. – **3.** (*zum Kampf etc*) challenge: die ~ annehmen to accept the challenge, to take up the gauntlet.

her'aus|ˌfüh·len *v/t* ⟨*sep,* -ge-, h⟩ sense, feel: aus seinem Benehmen fühlte ich deutlich heraus, daß etwas nicht stimmte I felt clearly from his behavio(u)r that s.th. was wrong. — ~ˌ**füt·tern** *v/t* ⟨*sep,* -ge-, h⟩ *colloq.* j-n ~ to feed s.o. up.

Her'ausˌga·be *f* ⟨-; *no pl*⟩ **1.** handing over. – **2.** (*Rückgabe*) giving back, return. – **3.** (*von Gefangenen etc*) giving up, surrender. – **4.** *econ.* (*von Frachtgut etc*) handing out, delivery. – **5.** *print.* a) editing, b) (*Veröffentlichung*) publishing, putting out, publication. – **6.** (*einer Briefmarke etc*) issue. – **7.** *jur.* (*von Eigentum*) restitution: Klage auf ~ action for restitution (*od.* return); auf ~ klagen to sue for recovery (of title). — ~ˌ**pflicht** *f* obligation to return.

her'ausˌge·ben I *v/t* ⟨*irr, sep,* -ge-, h⟩ **1.** (*aushändigen*) hand (*s.th., s.o.*) over: er wollte (uns) den Schlüssel nicht ~ he did not want to hand the key over (to us). – **2.** (*zurückgeben*) give (*s.th., s.o.*) back, return: gib mir bitte meine Bücher wieder heraus please give my books back to me. – **3.** (*ausliefern*) give up, surrender: sie gaben (uns) die Gefangenen nicht heraus they did not give up the prisoners (to us). – **4.** *econ.* (*Ware*) hand out, deliver. – **5.** j-m Wechselgeld ~ to give s.o. change; können Sie mir 5 Mark ~? can you give me 5 marks change? – **6.** *cf.* herausreichen. – **7.** *print.* a) edit, b) (*veröffentlichen*) publish, put out: Bücher [Artikel, Informationen] ~ to publish books [articles, information]; Bücher neu ~ to re(-)edit books; er gibt eine Zeitung heraus a) he edits a newspaper, b) (*als Eigentümer*) he publishes (*od.* runs) a newspaper. – **8.** (*Briefmarke etc*) issue. – **II** *v/i* **9.** (*Wechselgeld zurückgeben*) give change: ich kann (Ihnen) nicht ~ I cannot give (you) any change; kannst du auf 10 Mark ~? can you give change for 10 marks? – **10.** j-m (*tüchtig*) ~ *colloq.* (*die Antwort nicht schuldig bleiben*) to give s.o. tit for tat. — **Her'ausˌge·ber** *m* **1.** (*Redakteur, Verfasser*) editor. – **2.** (*Verleger*) publisher.

her'aus|ˌge·hen *v/i* ⟨*irr, sep,* -ge-, sein⟩ **1.** (*von Flecken etc*) come out: die Flecken gehen nicht aus dem Kleid heraus the stains won't come out of the dress. – **2.** aus sich ~ *fig.* a) to come out of one's shell, b) (*lebhaft werden*) to liven up. – **3.** *cf.* hinausgehen 1. — ~ˌ**grei·fen** *v/t* ⟨*irr, sep,* -ge-, h⟩ pick out, single out: um nur ein Beispiel herauszugreifen just to take (*od.* cite) one example; wahllos ~ to pick (out) (*od.* choose) at random. — ~ˌ**gucken** (*getr.* -k·k-) *v/i* ⟨*sep,* -ge-, h⟩ *cf.* herausschauen. — ~ˌ**ha·ben** *v/t* ⟨*irr, sep,* hat got, h⟩ *colloq.* **1.** have got (*Am. auch* gotten) (*s.th.*) out: hast du den Nagel heraus? have you got the nail out? – **2.** *fig.* have made (*od.* found) (*s.th.*) out: er hatte den Handgriff bald heraus he soon had found out how to do it, he soon had the knack (*od.* hang) of it; den Bogen ~ to have the knack (*od.* hang) of it. – **3.** *fig.* (*Rechenaufgabe etc*) have solved, have got. — ~ˌ**hal·ten I** *v/t* ⟨*irr, sep,* -ge-, h⟩ **1.** hold out: etwas aus dem (*od.* zum) Fenster ~ to hold s.th. out of the window. – **2.** j-n aus etwas ~ *fig.* to keep s.o. out of s.th. – **II** *v/reflex* **3.** sich aus etwas ~ *fig.* to keep out of s.th.

her'ausˌhän·gen I *v/i* ⟨*irr, sep,* -ge-, h⟩ **1.** hang out, be hanging out: viele Flaggen hingen (zum Fenster) heraus many flags were hanging out (of the window); dem Hund hängt die Zunge heraus the dog's tongue is hanging (*od.* lolling) out; **dein Hemd hängt heraus** your shirt is hanging out; **das hängt mir zum Hals heraus** *fig. colloq.* I'm fed up with it, I'm sick of it. – **II** *v/t* ⟨*sep*, -ge-, h⟩ **2.** hang out: **die Einwohner hängten Fahnen zum Fenster heraus** the inhabitants hung flags out of the window. – **3.** *cf.* herauskehren 1.

her'aus|ˌhau·en I *v/t* ⟨*irr, sep*, -ge-, h⟩ **1.** (*ausmeißeln*) sculpture, carve, sculpt: **er wird eine Figur aus dem Marmor ~** he is going to sculpture a figure from the marble. – **2.** j-n ~ *colloq.* a) to go to s.o.'s rescue, b) *fig.* (*aus Schwierigkeiten etc*) to get s.o. out. – **II** *v/reflex* **3. sich (aus etwas) ~** a) to fight one's way out (of s.th.), b) *fig.* to get oneself out (of s.th.). — **~ˌhe·ben I** *v/t* ⟨*irr, sep*, -ge-, h⟩ **1.** j-n [etwas] ~ to lift (*od.* take) s.o. [s.th.] out: **vorsichtig hob sie das Kind aus dem Kinderwagen heraus** carefully she took the child out of the baby carriage (*Br.* pram). – **2.** *fig. cf.* hervorheben 1, 2. – **II** *v/reflex* **sich ~ 3.** stand out: **sich aus etwas ~** a) (*von Farbe etc*) to stand out against s.th., b) (*von Personen*) to raise oneself above s.th., to be set apart from s.th. — **~ˌhel·fen** *v/i* ⟨*irr, sep*, -ge-, h⟩ *auch fig.* help out: **j-m aus dem Wagen ~** to help s.o. (to get) out of the car; **j-m aus einer schwierigen Lage ~** *fig.* to help s.o. out of a difficult situation. — **~ˌho·len** *v/t* ⟨*sep*, -ge-, h⟩ **1.** etwas (aus etwas) ~ to take s.th. out (of s.th.): **Geld aus der Tasche ~** to take money out of one's pocket. – **2.** j-n (aus etwas) ~ a) (*aus Schule, Heim etc*) to take s.o. away (from s.th.), to fetch (*od.* remove) s.o. (from s.th.), b) (*aus Gefängnis etc*) to get s.o. out (of s.th.). – **3.** etwas aus j-m [einer Sache] ~ *fig.* a) (*Geld etc*) to get s.th. out of s.o. [s.th.], b) (*Antwort, Geheimnis etc*) to elicit (*od.* get, draw) s.th. out of s.o. [s.th.], to extract s.th. from s.o. [s.th.]: **Informationen aus j-m ~** to draw information out of s.o.; **viel aus einer Firma ~** to derive high profits from a firm; **das Beste [Letzte] aus j-m [einer Sache] ~** to get the very best [the utmost] out of s.o. [s.th.]; **sie holt das Letzte aus sich heraus** she gives her utmost. — **~ˌhö·ren** *v/t* ⟨*sep*, -ge-, h⟩ **1.** hear: **er hörte jeden falschen Ton heraus** he heard each false note. – **2.** *fig.* (aus in) detect: **ich meinte, seine Besorgnis aus seinen Worten herauszuhören** I thought I detected in his words how worried he was. — **~ˌkeh·ren** *v/t* ⟨*sep*, -ge-, h⟩ **1.** play, act: **er kehrt gern bei jeder Gelegenheit den Chef heraus** he likes to play the boss on every occasion. – **2.** (*zeigen*) show: **er kehrte seine beste Seite heraus** he showed his best side; **er kehrt gern seine Macht heraus** he likes to show his power. — **~ˌken·nen** *v/t* ⟨*irr, sep*, -ge-, h⟩ j-n (an *dat* etwas) ~ to recognize s.o. (by s.th.). — **~ˌklau·ben** *v/t* ⟨*sep*, -ge-, h⟩ *cf.* heraussuchen 2. — **~ˌklet·tern** *v/i* ⟨*sep*, -ge-, sein⟩ (aus of) climb out. — **~ˌklin·geln** *v/t* ⟨*sep*, -ge-, h⟩ j-n ~ to get s.o. up by ringing the bell (*od.* by telephoning). — **~ˌklop·fen** *v/t* ⟨*sep*, -ge-, h⟩ **1.** etwas (aus etwas) ~ to knock s.th. out (of s.th.). – **2.** j-n ~ *fig.* to wake s.o. by knocking, *Br. auch* to knock s.o. up. — **~ˌkom·men** *v/i* ⟨*irr, sep*, -ge-, sein⟩ **1.** come out: **aus dem Haus ~** to come out of (*od.* to leave) the house; **sie kommt bald zu uns aufs Land heraus** she is coming out into the country to see us soon; **bald kommen die Sterne heraus** soon the stars will be coming out. – **2.** (*sich freimachen, wegkommen*) get out: **sie kommt kaum (aus dem Haus) heraus** she hardly ever gets out (of the house); **er versuchte, aus dem Wagen herauszukommen** he tried to get out of the car; **er ist noch nie aus seiner Stadt herausgekommen** he has never been out of (*od.* left) his town. – **3.** *fig.* come out: **die Farben kommen gut heraus** the colo(u)rs come out well; **der Unterschied kommt nicht gut heraus** the difference is not very clear. – **4.** *fig.* (*überwinden*) get out: **aus einer schwierigen Lage ~** to get out of (*od.* extricate oneself from) a difficult predicament (*od.* a jam). – **5. aus dem Staunen [Lachen] nicht ~** *fig.* not to be able to get over one's astonishment [to stop laughing]. – **6.** *fig.* (*von Buch etc*) come out, be published: **das Buch kommt erst nächstes Jahr heraus** the book will not come out (*od.* appear) until next year; **das Werk kam im X Verlag heraus** the work was published by X. – **7.** *fig.* (*von neuem Erzeugnis etc*) come out: **Ford kommt mit einem neuen Modell heraus** Ford are (*Am.* is) coming out with a new model; **verschiedene neue Produkte sind herausgekommen** various new products have come out (*od.* have appeared on the market). – **8.** *fig.* (*von Briefmarken etc*) be issued, come out. – **9.** *fig.* (*von Gesetz etc*) be passed, be enacted, come out. – **10. groß ~** *fig. colloq.* (*von Schauspieler etc*) to have great success, to be a big hit. – **11.** *fig.* (*bei Rechenaufgaben*) be the answer, be the result: **bei mir kommt jedesmal etwas anderes heraus** each time I get a different answer. – **12. bei einer Sache ~** *fig.* (*das Ergebnis sein*) to come of s.th.: **dabei wird nichts Gutes ~** nothing good will come of it; **was kommt schon dabei heraus?** what's the use of doing it? what good will it do? **bei dieser Diskussion kommt nichts heraus** this discussion isn't leading (us) anywhere; **das kommt dabei heraus, wenn man lügt** that's what comes of lying, that's what happens when you lie; **das kommt auf eins (*od.* dasselbe) heraus** *colloq.* it comes (*od.* amounts) to the same thing, it is all the same. – **13.** *cf.* herausspringen 7. – **14.** *fig.* (*bekannt werden*) come out, become known. – **15.** *fig.* (*sich anhören, klingen*) sound: **das kam so drollig heraus, daß** that sounded so funny that. – **16. mit etwas ~** *fig. colloq.* a) to say s.th., to come out with s.th., b) (*gestehen*) to admit (*od.* avow, disclose) s.th.: **endlich kam er mit der Sprache heraus** finally he came out with it (*od.* he confessed, he owned up). – **17. mit einem Gewinn ~** (*von Losnummer etc*) to win (*od.* draw) a prize. — **~ˌkön·nen** *v/i* ⟨*irr, sep*, -ge-, h⟩ *colloq.* be able to get (*od.* come) out: **keiner konnte aus dem Zimmer heraus** no one could get out of the room; **keiner kann aus seiner Haut heraus** *fig.* a leopard cannot change its spots. — **~ˌkrab·beln** *v/i* ⟨*sep*, -ge-, sein⟩ (aus of) crawl out. — **~ˌkrat·zen** *v/t* ⟨*sep*, -ge-, h⟩ scratch out. — **~ˌkrie·chen** *v/i* ⟨*irr, sep*, -ge-, sein⟩ crawl out: **aus dem Ei ~** to come out (of the egg). — **~ˌkrie·gen** *v/t* ⟨*sep*, -ge-, h⟩ *colloq. for* herausbekommen. — **~kri·stal·liˌsie·ren I** *v/t* ⟨*sep, no* -ge-, h⟩ **1.** *chem.* crystal(l)ize (*Br. auch* -s-) out: **etwas aus einer Lösung ~** to crystal(l)ize s.th. from (*od.* out of) a solution. – **2.** *fig.* (aus from) crystal(l)ize *Br. auch* -s-, extract. – **II** *v/reflex* **sich ~ 3.** *fig.* crystal(l)ize *Br. auch* -s-: **langsam kristallisierte sich ein Plan heraus** gradually a plan crystal(l)ized (*od.* took shape). — **~ˌlan·gen** *v/i* ⟨*sep*, -ge-, h⟩ stick (*od.* stretch) out one's hand. — **~ˌlas·sen** *v/t* ⟨*irr, sep*, -ge-, h⟩ **1.** let out: **das Wasser aus der Wanne ~** to let the water out of the tub; **einen Vogel aus dem Käfig ~** to let a bird out of the cage. – **2.** (*Kleid, Rock etc*) let out. – **3.** j-n aus etwas ~ *fig.* (*einer unangenehmen Sache etc*) to leave s.o. out of s.th. — **~ˌlau·fen** *v/i* ⟨*irr, sep*, -ge-, sein⟩ **1.** run out: **er kam aus dem Haus herausgelaufen** he came running out of the house. – **2.** (*von Flüssigkeit etc*) run out. — **~ˌle·gen** *v/t* ⟨*sep*, -ge-, h⟩ put out: **frische Wäsche aus dem Schrank ~** to put (*od.* lay) out clean linen from the cupboard. — **~ˌle·sen** *v/t* ⟨*irr, sep*, -ge-, h⟩ **1.** (aus from) pick out. – **2.** etwas aus etwas ~ *fig.* (*aus Brief, Artikel, Gesichtsausdruck etc*) a) (*entnehmen*) to gather s.th. from s.th., b) (*hineinlegen*) to read s.th. into s.th. — **~ˌlocken** (*getr.* -k·k-) *v/t* ⟨*sep*, -ge-, h⟩ **1.** j-n ~ to lure s.o. out: **das schöne Wetter hat viele Menschen herausgelockt** the lovely weather drew many people (*od.* enticed many people to go) outdoors. – **2.** etwas aus j-m ~ *fig.* a) (*Geld etc*) to coax s.th. out of s.o., to draw out (*od.* extricate) s.th. from s.o., b) (*Geheimnis etc*) to draw out s.th. from s.o. – **3.** j-n aus seiner Reserve ~ *fig.* to make s.o. lose his shyness, to draw s.o. out of his shell. — **~ˌlü·gen** *v/reflex* ⟨*irr, sep*, -ge-, h⟩ **sich (aus einer Sache) ~** to lie one's way out of s.th. — **~ˌma·chen** *colloq.* **I** *v/t* ⟨*sep*, -ge-, h⟩ **1.** etwas ~ to get s.th. out, to remove s.th.: **einen Flecken aus etwas ~** to get a stain out of s.th. – **II** *v/reflex* **sich ~** *fig.* **2.** (*von Kindern etc*) turn out well, develop well. – **3.** (*nach Krankheit etc*) pick up, come round nicely. – **4.** (*Firma etc*) make good progress, develop well, do well: **die Stadt hat sich erstaunlich herausgemacht** the town has developed amazingly. — **~ˌmüs·sen** *v/i* ⟨*irr, sep*, -ge-, h⟩ *colloq.* **1.** have to come out: **dieser Zahn muß heraus** this tooth has to come out (*od.* to be pulled, to be extracted); **das mußte heraus** *fig.* (*was mir auf dem Herzen lag*) I had to get it off my mind. – **2.** (*aufstehen müssen*) have to get up: **morgens muß ich früh heraus** I have to get up early in the morning.

her'ausˌnehm·bar *adj bes. tech.* removable.

her'aus|ˌneh·men *v/t* ⟨*irr, sep*, -ge-, h⟩ **1.** etwas [j-n] aus etwas ~ to take s.th. [s.o.] out of (*od.* from) s.th.: **ein Buch aus dem Schrank ~** to take a book out of the bookcase; **einen Schüler aus der Schule [einer Klasse] ~** to take a pupil away from school [out of a class], to remove a pupil from school [a class]; **einen Spieler aus der Mannschaft ~** to take a player out of (*od.* drop a player from) the team. – **2.** *med.* a) take (*s.th.*) out, remove, resect, b) (*völlig*) extirpate, c) (*herausschneiden*) excise: **sich (*dat*) die Mandeln [den Blinddarm] ~ lassen** to have one's tonsils [appendix] (taken) out. – **3. sich (*dat*) etwas ~** *fig.* to go too far, to take liberties: **sich Freiheiten ~** to take liberties; **sich j-m gegenüber zuviel ~** to make too free (*od.* to be forward) with s.o.; **sich das Recht ~, etwas zu tun** to take the liberty of doing s.th. — **~ˌpicken** (*getr.* -k·k-) *v/t* ⟨*sep*, -ge-, h⟩ pick out: **sie versteht es, sich (*dat*) immer das Schönste herauszupicken** she always knows how to pick out the nicest things; → Rosine. — **~ˌplat·zen** *v/i* ⟨*sep*, -ge-, sein⟩ *colloq.* **1.** burst out laughing: **sich zusammennehmen, um nicht ~** to pull oneself together in order not to burst out laughing. – **2.** (mit etwas) ~ to blurt out (s.th.): **mit einem Geheimnis ~** to blurt out a secret; **„das stimmt nicht", platzte er heraus** "that's not true," he blurted out. — **~prä·paˌrie·ren** *v/t* ⟨*sep, no* -ge-, h⟩ *med.* (*Organ etc*) dissect. — **~ˌpres·sen** *v/t* ⟨*sep*, -ge-, h⟩ press (*od.* squeeze) out: **Saft aus einer Zitrone ~** to squeeze out the juice of a lemon; **ein paar Tränen ~** to squeeze (*od.* force) out a few tears; **Geld [ein Geständnis] aus j-m ~** *fig.* to squeeze (*od.* wring, extort) money [a confession] out of s.o. — **~ˌpum·pen** *v/t* ⟨*sep*, -ge-, h⟩ pump out, exhaust (*scient.*): **Wasser aus einem Brunnen ~** to pump water out of a well. — **~ˌput·zen I** *v/t* ⟨*sep*, -ge-, h⟩ **1.** j-n ~ to dress (*od.* smarten, *colloq.* spruce) s.o. up: **sie hatte die Kinder für den Spaziergang hübsch herausgeputzt** she had spruced the children up nicely for the walk. – **2.** (*Zimmer, Haus etc*) decorate, adorn, spruce (*s.th.*) up (*colloq.*). – **II** *v/reflex* **sich ~ 3.** dress (*od.* smarten, *colloq.* spruce) oneself up: **sich sonntäglich ~** to put on one's (Sunday) best. — **~ˌquel·len** *v/i* ⟨*irr, sep*, -ge-, sein⟩ *cf.* hervorquellen. — **~ˌquet·schen** *v/t* ⟨*sep*, -ge-, h⟩ *colloq. for* herauspressen. — **~ˌra·gen** *v/i* ⟨*sep*, -ge-, h⟩ **1.** (*von Ast, Brett etc*) jut (*od.* stand, stick) out, project, protrude: **der Nagel ragt aus der Wand heraus** the nail protrudes from the wall. – **2. aus etwas ~** (*sich erheben über*) to rise (*od.* tower) above s.th.: **das Hochhaus ragte aus dem Häusermeer heraus** the tall building rose above the sprawling mass of houses. – **3.** *fig.* (*hervorstechen*) stand out. — **~ˌra·gend I** *pres p.* – **II** *adj cf.* hervorragend 1. — **~ˌre·den I** *v/reflex* ⟨*sep*, -ge-, h⟩ **sich ~** invent excuses: **sich aus etwas ~** to talk one's way out of s.th.; **er redete sich damit heraus, daß** he talked his way out of it by saying that. – **II** *v/t cf.* heraussagen. — **~ˌrei·ben** *v/t* ⟨*irr, sep*, -ge-, h⟩ rub (*s.th.*) out. — **~ˌrei·chen** *v/t* ⟨*sep*, -ge-, h⟩ **j-m etwas (aus etwas) ~** to pass (*od.* hand) s.th. out (of s.th.) to s.o. — **~ˌrei·ßen I** *v/t* ⟨*irr, sep*, -ge-, h⟩ **1.** (*Haar, Pflanze etc*) tear (*od.* pull) (*s.th.*) out: **eine Seite aus einem Buch ~** to tear (*od.* rip) a page out of a book. – **2.** j-n (aus etwas) ~ *fig.* a) (*aus alter Umgebung etc*) to tear s.o. away (from s.th.), b) (*aus Traum, Schlaf etc*) to startle s.o. (out of s.th.), c) (*aus Arbeit etc*) to interrupt s.o. (in s.th.), d) (*aus Schwierigkeiten etc*) to save s.o. (from s.th.): **diese gute Note hat mich herausgerissen** this good mark has saved me; **j-n (aus seinen**

Schwierigkeiten) ~ to save (*od.* extricate) s.o. from his difficulties. – **3.** *fig. colloq.* make up for: diese gute Note reißt alles wieder heraus this good mark makes up for everything. – **II** *v/reflex* sich ~ **4.** save one's skin: mit dieser Prüfungsarbeit habe ich mich herausgerissen with this (examination) paper I've just saved my skin. — **~ˌren·nen** *v/i* ⟨*irr, sep*, -ge-, sein⟩ run out: aus dem Haus ~ to run out of the house. — **~ˌrücken** (*getr.* -k·k-) **I** *v/t* ⟨*sep*, -ge-, h⟩ **1.** (*Möbel etc*) move (*od.* push) (*s.th.*) out. – **2.** *fig. colloq.* (*hergeben*) let go of, part (*od.* come out) with: willst du nicht heute abend deinen alten Wein ~? aren't you going to come out with (*Am. auch* break out) your old wine tonight? – **3.** *fig. colloq.* (*Geld*) fork out, cough up, shell out (*alle colloq.*): ich brauche Geld, aber mein Vater rückt keinen Pfennig heraus I need money, but my father won't cough up a penny. – **4.** *print.* (*Zeile, Stichwort etc*) flush (*s.th.*) to the margin: etwas nach links ~ to flush s.th. to the left. – **II** *v/i* ⟨sein⟩ **5.** mit etwas ~ *fig. colloq.* a) to let go of (*od.* part with, come out with) s.th., b) (*mit Geld*) to fork out (*od.* cough up, shell out) s.th. (*alle colloq.*), c) (*mit der Wahrheit etc*) to come out with s.th.: wann er wohl endlich mit dem versprochenen Geld herausrückt? I wonder when he is finally going to cough up the money he promised me; er wollte nicht mit seinem Anliegen ~ he didn't want to come out with his request; nun rück mal mit der Sprache heraus! come on, out with it! — **~ˌru·fen** *v/t* ⟨*irr, sep*, -ge-, h⟩ **1.** j-n ~ a) to call s.o. out, b) (*Schauspieler*) to call for s.o.: den Arzt aus der Sprechstunde ~ to call the doctor out of his consultation. – **2.** etwas ~ to shout s.th. out: Schimpfwörter aus dem (*od.* zum) Fenster ~ to shout abusive remarks out of (*od.* through) the window. — **~ˌrut·schen** *v/i* ⟨*sep*, -ge-, sein⟩ slip out: ein Photo ist aus dem Buch herausgerutscht a photo slipped out of the book; diese Bemerkung ist mir nur so herausgerutscht *fig. colloq.* this remark just slipped out. — **~ˌsa·gen** *v/t* ⟨*sep*, -ge-, h⟩ etwas frei ~ to say s.th. straight out, to say s.th. frankly (*od.* openly). — **~ˌschaf·fen** *v/t* ⟨*sep*, -ge-, h⟩ bring (*od.* take, carry) (*s.th.*) out: die Möbel aus dem Haus ~ to carry the furniture out of the house. — **~ˌschä·len I** *v/t* ⟨*sep*, -ge-, h⟩ **1.** (*Frucht etc*) scrape out. – **2.** j-n aus seinen Kleidern ~ *fig. colloq.* to peel s.o.'s clothes off him. – **3.** *fig.* extract, single out, crystal(l)ize *Br. auch* -s-: eine bestimmte Idee (besonders) ~ to single out a certain idea. – **II** *v/reflex* **4.** sich ~ *fig.* be revealed, emerge, become apparent: allmählich schälte sich ein klares Bild des Unfalls heraus a clear picture of the accident was gradually revealed. – **5.** sich aus seinen Kleidern ~ *fig. colloq.* to peel off one's clothes. — **~ˌschau·en** *v/i* ⟨*sep*, -ge-, h⟩ *bes. Southern G. and Austrian* **1.** look out: aus der (*od.* zur) Tür ~ to look out of the door. – **2.** (*von Hemd etc*) be hanging out. – **3.** (*von Unterrock etc*) be showing. – **4.** dabei wird nicht viel ~ *fig. colloq.* there is not much to be gained by it. — **~ˌschie·ßen I** *v/i* ⟨*irr, sep*, -ge-, sein⟩ *fig.* **1.** (*von Wasser, Blut etc*) spout (*od.* gush) out: aus etwas ~ to spout out of s.th. – **2.** (*von Fahrzeug, Person etc*) dash (*od.* shoot) out. – **II** *v/t* ⟨h⟩ **3.** (*in Schießbude etc*) win (*s.th.*) by shooting. — **~ˌschin·den** *v/t* ⟨*irr, sep*, -ge-, h⟩ *colloq. cf.* herausschlagen 3, 4. — **~ˌschla·gen I** *v/t* ⟨*irr, sep*, -ge-, h⟩ **1.** (*Nagel, Bolzen etc*) pound (*od.* drive) (*s.th.*) out: Funken aus einem Stein ~ to strike sparks out of (*od.* from) a flint. – **2.** (*Zähne etc*) knock out. – **3.** etwas aus etwas [j-m] ~ *fig. colloq.* to make s.th. out of s.th. [s.o.]: ich will aus der Sache keinen Vorteil für mich ~ I don't want to gain an advantage out of (*od.* from) that business; er hat viel Geld aus ihm herausgeschlagen he has made much money out of him. – **4.** *fig. colloq.* wangle: hoffentlich kann ich auch ein bißchen Zeit für dich ~ I hope I will be able to wangle some time for you as well. – **II** *v/i* ⟨sein⟩ **5.** leap out: Flammen schlugen aus dem Fenster heraus flames were leaping out of the window. — **~ˌschlei·chen** *v/i* ⟨*irr, sep*, -ge-, sein⟩ *u.* sich ~ *v/reflex* ⟨h⟩ sneak (*od.* steal) out: (sich) aus etwas ~ to sneak (*od.* steal) out of s.th. — **~ˌschmecken** (*getr.* -k·k-) *v/t* ⟨*sep*, -ge-, h⟩ taste: man schmeckt den Knoblauch (aus der Suppe) heraus you can taste the garlic (in the soup). — **~ˌschnei·den** *v/t* ⟨*irr, sep*, -ge-, h⟩ **1.** cut (*s.th.*) out. – **2.** *med.* a) (*Gewebe*) excise, b) (*Organ*) resect. — **~ˌschnel·len** *v/i* ⟨*sep*, -ge-, sein⟩ **1.** dart (*od.* spring) out. – **2.** jump out: der Delphin schnellte aus dem Wasser heraus the dolphin jumped out of the water. — **~ˌschöp·fen** *v/t* ⟨*sep*, -ge-, h⟩ **1.** bail, *Am. auch* bale out: Wasser aus einem Boot ~ to bail water out of a boat. – **2.** (*mit Kelle*) ladle out. — **~ˌschrau·ben** *v/t* ⟨*sep*, -ge-, h⟩ screw out, unscrew: eine Birne aus der Fassung ~ *electr.* to unscrew a bulb from the socket. — **~ˌschrei·ben** *v/t* ⟨*irr, sep*, -ge-, h⟩ copy: (sich *dat*) einen Satz aus einem Buch ~ to copy a sentence out of a book. — **~ˌschrei·en I** *v/t* ⟨*irr, sep*, -ge-, h⟩ (*seine Verzweiflung etc*) shout out. – **II** *v/i* shout (out): ich möchte gern laut ~ I should like to shout at the top of my voice (*Am. auch* lungs). — **~ˌschüt·teln** *v/t* ⟨*sep*, -ge-, h⟩ shake out. — **~ˌschwin·deln** *v/reflex* ⟨*sep*, -ge-, h⟩ sich (aus etwas) ~ to talk oneself out (of s.th.) (by swindling). — **~ˌschwit·zen** *v/t* ⟨*sep*, -ge-, h⟩ (*Flüssigkeit, Krankheit*) sweat out. — **~ˌse·hen** *v/i* ⟨*irr, sep*, -ge-, h⟩ *cf.* herausschauen 1.

her·au·ßen [hɛˈraʊsən] *adv Bavarian and Austrian* outside (here).

herˈausˌspren·gen[1] *v/t* ⟨*sep*, -ge-, h⟩ (*Felsen etc*) blast out.

herˈausˌspren·gen[2] *v/i* ⟨*sep*, -ge-, sein⟩ (*vom Pferd*) gallop (*od.* dash) out.

herˈaus|ˌsprin·gen *v/i* ⟨*irr, sep*, -ge-, sein⟩ **1.** jump (*od.* leap) out: aus dem Bett ~ to jump out of bed. – **2.** (*von Zahnrad etc*) come out of place, slip. – **3.** (*von Korken, Knopf etc*) jump (*od.* pop, spring) out. – **4.** *electr.* (*von automatischer Sicherung*) blow out. – **5.** come out: aus dem Teller ist ein Stück herausgesprungen the plate is chipped. – **6.** *cf.* hervorragen 1. – **7.** was springt für mich dabei heraus? *fig. colloq.* what will I get out of it? what is there in it for me? bei diesem Geschäft springt nicht viel heraus *fig. colloq.* there is not much to be got(ten) out of (*od.* gained by) this deal. — **~ˌsprit·zen I** *v/i* ⟨*sep*, -ge-, sein⟩ spout (*od.* spurt, *auch* spirt, squirt, spray) out: aus etwas ~ to spout out of s.th., to spurt from s.th. – **II** *v/t* ⟨h⟩ squirt (*s.th.*) out. — **~ˌspru·deln I** *v/i* ⟨*sep*, -ge-, sein⟩ **1.** (*von Wasser etc*) bubble out, gush out. – **2.** *fig.* (*von Worten*) splutter (out). – **II** *v/t* ⟨h⟩ **3.** (*Worte etc*) splutter out. — **~ˌspü·len** *v/t* ⟨*sep*, -ge-, h⟩ rinse (*s.th.*) out: die Seife aus etwas ~ to rinse the soap out of s.th. — **~stafˌfie·ren I** *v/t* ⟨*sep, no* -ge-, h⟩ *cf.* herausputzen 1. – **II** *v/reflex* sich ~ *cf.* herausputzen 3. — **~ˌste·chen I** *v/t* ⟨*irr, sep*, -ge-, h⟩ (*faule Stelle etc*) cut (*s.th.*) out. – **II** *v/i cf.* hervorstechen. — **~ˌste·hen** *v/i* ⟨*irr, sep*, -ge-, h *u.* sein⟩ *cf.* hervorstehen. — **~ˌstel·len I** *v/t* ⟨*sep*, -ge-, h⟩ **1.** (*Möbel etc*) put (*s.th.*) out. – **2.** *cf.* bereitstellen 1. – **3.** (*sport*) (*Spieler*) turn (*od.* order) (*s.o.*) out, send (*s.o.*) off. – **4.** etwas (klar *od.* deutlich) ~ to present s.th. (*od.* point s.th. out) (clearly *od.* precisely): die Schwierigkeiten sind in der Rede nicht klar genug herausgestellt worden the speech did not present the difficulties clearly enough. – **5.** (*betonen*) emphasize, underline: der Artikel stellte besonders die Verdienste des Direktors heraus the article laid particular emphasis on the director's merits. – **6.** j-n [etwas] (groß) ~ to feature (*od.* highlight, *Am. auch* play up) s.o. [s.th.]: die junge Schauspielerin [das neue Automodell] wurde von der Presse ganz groß herausgestellt the press featured (*od.* gave prominence to) the young actress [the new car model]. – **II** *v/reflex* sich ~ **7.** turn out: es hat sich herausgestellt, daß it turned out that; es stellte sich heraus, daß er recht hatte he turned out (*od.* proved, was found) to be right; der Verdacht stellte sich als unbegründet heraus the suspicion turned out (*od.* proved, was shown) to be unfounded; das hat sich erst später herausgestellt that did not come to light (*od.* was not discovered) until later; bei der Untersuchung hat sich seine Unschuld herausgestellt the investigation showed (*od.* revealed) his innocence. — **~ˌsto·ßen** *v/t* ⟨*irr, sep*, -ge-, h⟩ **1.** knock (*s.o., s.th.*) out: etwas aus etwas ~ to knock s.th. out of s.th. – **2.** *cf.* hervorstoßen 2. — **~ˌstrecken** (*getr.* -k·k-) *v/t* ⟨*sep*, -ge-, h⟩ stick (*od.* put) out: j-m die Zunge ~ to stick out one's tongue at s.o.; den Kopf aus dem (*od.* zum) Fenster ~ to stick (*od. colloq.* poke) one's head out of the window. — **~ˌstrei·chen I** *v/t* ⟨*irr, sep*, -ge-, h⟩ **1.** strike (*od.* cross) out, delete: einen Absatz aus der Seite ~ to delete (*od.* strike) a paragraph from the page. – **2.** *fig.* (*hervorheben*) stress, emphasize *Br. auch* -s-. – **3.** *fig.* (*loben*) praise, crack (*s.o., s.th.*) up (*colloq.*). – **II** *v/reflex* sich ~ **4.** praise oneself, blow one's own trumpet (*colloq.*). — **~ˌströ·men** *v/i* ⟨*sep*, -ge-, sein⟩ **1.** (*von Wasser etc*) stream (*od.* gush, pour, flow) out: die Menschen strömten aus dem Theater heraus *fig.* the people poured (*od.* streamed) out of the theater (*bes. Br.* theatre). – **2.** (*von Gas etc*) (aus from) escape. — **~ˌstür·zen** *v/i* ⟨*sep*, -ge-, sein⟩ **1.** (*von Wassermassen etc*) gush out. – **2.** (*herausrennen*) rush (*od.* dash, burst) out. – **3.** (*herausfallen*) fall out. — **~ˌsu·chen** *v/t* ⟨*sep*, -ge-, h⟩ **1.** look out, find: kannst du mir ein frisches Hemd ~? can you (try and) find me a clean shirt? – **2.** (*auswählen*) pick out, choose, select: du suchst dir doch immer das beste Stück heraus you always pick out the best for yourself. — **~ˌtra·gen** *v/t* ⟨*irr, sep*, -ge-, h⟩ carry (*s.o., s.th.*) out. — **~ˌtrei·ben I** *v/t* ⟨*irr, sep*, -ge-, h⟩ **1.** j-n [ein Tier] ~ to drive s.o. [an animal] out. – **2.** etwas ~ *bes. tech.* a) (*herausschlagen*) to knock (*od.* drive) s.th. out, b) (*herausstoßen*) to eject s.th. – **II** *v/i* ⟨sein⟩ **3.** (*von Boot etc*) drift out. — **~ˌtren·nen** *v/t* ⟨*sep*, -ge-, h⟩ **1.** (*Futter*) rip out. – **2.** (*Seite*) rip (*od.* tear) out carefully. — **~ˌtre·ten** *v/i* ⟨*irr, sep*, -ge-, sein⟩ **1.** step (*od.* come) out: aus dem Haus ~ to come out of the house; → Reserve 5. – **2.** *astr.* (aus of) pass out. – **3.** *mil.* aus dem Glied ~ to step forward; j-n ~ lassen a) to make (*bes. Am.* have) s.o. fall out, b) (*Wache*) to turn s.o. out. — **~ˌtröp·feln** *v/i* ⟨*sep*, -ge-, sein⟩ trickle (*od.* drip) out. — **~ˌtrop·fen** *v/i* ⟨*sep*, -ge-, sein⟩ drop (*od.* drip) out. — **~ˌtun** *v/t* ⟨*irr, sep*, -ge-, h⟩ *colloq.* **1.** (*herausnehmen*) take (*s.th.*) out. – **2.** (*aussortieren*) sort (*s.th.*) out. — **~ˌwach·sen** *v/i* ⟨*irr, sep*, -ge-, sein⟩ grow out: ein Baum wuchs aus der Mauer heraus a tree was growing out of the wall; Kinder wachsen schnell aus ihren Kleidern heraus *colloq.* children grow out of (*od.* outgrow) their clothes very quickly; das wächst mir schon zum Hals heraus *fig. colloq.* I'm sick and tired of it, I'm fed up to the teeth with it (*colloq.*). — **~ˌwa·gen** *v/reflex* ⟨*sep*, -ge-, h⟩ sich (aus etwas) ~ to venture (to come) out (of s.th.), to dare to come out (of s.th.). — **~ˌwa·schen** *v/t* ⟨*irr, sep*, -ge-, h⟩ (*Fleck, Schmutz etc*) wash out. — **~ˌwin·den** *v/reflex* ⟨*irr, sep*, -ge-, h⟩ sich (aus etwas) ~ to extricate oneself (from s.th.), to wriggle oneself out (of s.th.): ich mußte mich aus dieser Situation irgendwie ~ I had to extricate myself somehow from that situation. — **~ˌwirt·schaf·ten** *v/t* ⟨*sep*, -ge-, h⟩ gain (*s.th.*) by good management: durch Fleiß läßt sich aus dem Gut einiges ~ by hard work one can make quite a profit out of the farm. — **~ˌwol·len** *v/i* ⟨*sep*, -ge-, h⟩ **1.** want to get (*od.* come) out. – **2.** *only in* nicht (recht) mit der Sprache ~ *fig.* not to come out with it, to keep beating about the bush. — **~ˌzer·ren** *v/t* ⟨*sep*, -ge-, h⟩ lug (*od.* drag, pull) (*s.o., s.th.*) out. — **~ˌzie·hen I** *v/t* ⟨*irr, sep*, -ge-, h⟩ **1.** (*Nagel, Schublade, Ertrinkenden etc*) pull out: eine Pflanze ~ to pull out (*od.* up) a plant; etwas aus der Tasche ~ to pull (*od.* draw) s.th. out of one's pocket; wir mußten jedes Wort förmlich aus ihm ~ we practically had to pull (*od.* draw, drag) every word out of him. – **2.** (*Splitter*) (aus from) take out, remove, extract. – **3.** (*herausschreiben*) (aus from) extract, take. – **4.** *mil.* Truppen ~ (aus from) to withdraw (*od.* pull out) troops; die Ladung ~ to worm the cartridge. – **5.** *chem. phys.* (*Luft etc*) (aus from) exhaust, extract. – **II** *v/i* ⟨sein⟩ **6.** move out: aus der Stadt ~ to move out of the town; aufs Land ~ to move out into the country. — **~ˌzüch·ten** *v/t* ⟨*sep*, -ge-, h⟩ etwas aus etwas ~ *biol.* to breed s.th. from s.th.

herb [hɛrp] *adj* ⟨-er; -st⟩ **1.** (*Geschmack, Frucht etc*) tart, sour, bitter, acrid. – **2.** (*Wein*) dry. – **3.** (*Luft, Klima etc*) bracing. – **4.** *fig.* (*Landschaft etc*) rugged. – **5.** *fig.* (*Schönheit, Gesichtszüge, Wesen etc*) austere, stern, severe. – **6.** *fig.* (*Enttäuschung, Schmerz etc*) bitter. – **7.** *fig.* (*Worte, Kritik etc*) harsh, astringent.

Her·ba·ri·um [hɛrˈbaːrĭum] *n* ⟨-s; -rien⟩ *bot.* herbarium, hortus siccus (*scient.*).

Her·be [ˈhɛrbə] *f* ⟨-; *no pl*⟩ *lit. for* Herbheit.

ˈher·beˌge·ben *v/reflex* ⟨*irr, sep, no* -ge-, h⟩ sich ~ come (*od.* proceed) here.

her·bei [hɛrˈbaɪ] *interj rare* here, hither (*lit.*): ~! come here!

her·bei... *cf.* her..., heran...

herˈbei|ˌdrän·gen *v/i* ⟨*sep*, -ge-, sein⟩ *u.* sich ~ *v/reflex* ⟨h⟩ (*von Menschenmenge etc*) crowd (a)round, press near (*od.* forward[s]). — **~ˌei·len** *v/i* ⟨*sep*, -ge-, sein⟩ come running (*od.* hurrying) up, come quickly, rush to the scene. — **~ˌfüh·ren** *v/t* ⟨*sep*, -ge-, h⟩ **1.** (*Unfall, Tod, j-s Untergang etc*) cause, bring (*s.th.*) about. – **2.** (*nach sich ziehen*) cause, give rise to, occasion. – **3.** (*Begegnung etc*) arrange for. – **4.** (*Urteil, Entscheidung etc*) come to: **dadurch wurde eine Einigung herbeigeführt** that brought about an agreement. – **5.** *med.* (*Fehlgeburt, Wehentätigkeit, Schmerzfreiheit etc*) induce. – **6. die Entscheidung ~** (*sport*) to decide the match. — **~ˌho·len** *v/t* ⟨*sep*, -ge-, h⟩ **1.** fetch, go for: **etwas [j-n] ~ lassen** to send for s.th. [s.o.]. – **2.** (*Arzt*) call in. — **~ˌkom·men** *v/i* ⟨*irr, sep*, -ge-, sein⟩ come (up *od.* along). — **~ˌlas·sen** *v/reflex* ⟨*irr, sep*, -ge-, h⟩ **sich zu etwas ~, sich ~, etwas zu tun** to condescend (*od.* deign) to do s.th. — **~ˌlau·fen** *v/i* ⟨*irr, sep*, -ge-, sein⟩ come running along (*od.* up). — **~ˌlocken** (*getr.* -k·k-) *v/t* ⟨*sep*, -ge-, h⟩ attract, allure: **herbeigelockt durch** attracted by. — **~ˌren·nen** *v/i* ⟨*irr, sep*, -ge-, sein⟩ come racing (*od.* rushing, dashing) up. — **~ˌru·fen** *v/t* ⟨*irr, sep*, -ge-, h⟩ **1. j-n ~** to call s.o., to call for s.o. to come. – **2.** (*Arzt, Polizei, Hilfe etc*) call, summon. – **3.** (*Taxi*) call, hail. — **~ˌschaf·fen** *v/t* ⟨*sep*, -ge-, h⟩ **1.** bring (*od.* get) (*s.o., s.th.*) here. – **2.** (*besorgen*) get, procure. – **3.** (*Geld*) raise. – **4.** (*Zeugen, Beweise*) produce. — **~ˌschlep·pen** *v/t* ⟨*sep*, -ge-, h⟩ **1.** (*schweren Gegenstand*) drag (*od.* lug) (*s.th.*) along. – **2.** (*Spielsachen etc*) bring (*s.th.*) out. — **~ˌseh·nen** *v/t* ⟨*sep*, -ge-, h⟩ long for: **ich sehne den Tag herbei, an dem er kommt** I long for the day when he comes. — **~ˌströ·men** *v/i* ⟨*sep*, -ge-, sein⟩ come flocking (*od.* thronging), come in crowds: **die ganze Stadt war herbeigeströmt** the whole town had come flocking; **in hellen Scharen ~** *colloq.* to come in crowds (*od.* hordes). — **~ˌstür·zen** *v/i* ⟨*sep*, -ge-, sein⟩ rush up: **herbeigestürzt kommen** to come rushing up, to arrive precipitately. — **~ˌtra·gen** *v/t* ⟨*irr, sep*, -ge-, h⟩ bring (*od.* carry) (*s.th.*) along. — **~ˌwin·ken** *v/t* ⟨*sep*, -ge-, h⟩ **1.** (*Kellner etc*) beckon (*od.* signal) (*s.o.*) to come. – **2.** (*Taxi*) hail, flag (down). — **~ˌwün·schen** *v/t* ⟨*sep*, -ge-, h⟩ long for: **j-n ~** to long for s.o.'s presence; **das Wochenende ~** to long for the week(-)end, to wish it were the week(-)end (already). — **~ˌzie·hen** *v/t* ⟨*irr, sep*, -ge-, h⟩ (*Stuhl etc*) draw (*od.* pull) (*s.th.*) near (*od.* close, up): **Unheil ~** *fig.* to court disaster; → Haar 3.

ˈher·beˌkom·men *v/t* ⟨*irr, sep, no* -ge-, h⟩ *colloq.* get, obtain, procure: **wo hast du das ~?** where did you get that (from)?

ˈher·beˌmü·hen I *v/t* ⟨*sep, no* -ge-, h⟩ **j-n ~** to trouble s.o. to come (here), to give s.o. the trouble of coming (here). – **II** *v/reflex* **sich ~** take the trouble (*od.* make the effort) to come (here).

ˈher·beˌor·dern *v/t* ⟨*sep, no* -ge-, h⟩ **j-n ~** to order (*od.* tell) s.o. to come (here), to have s.o. come (here).

Her·ber·ge [ˈhɛrbɛrgə] *f* ⟨-; -n⟩ **1.** (*einfaches Gasthaus*) inn. – **2.** ⟨*only sg*⟩ (*Unterkunft*) lodging, shelter, accommodation, harbor, *bes. Br.* harbour: **~ bei j-m finden** to find lodging with s.o. (*od.* in s.o.'s house). – **3.** (*Jugendherberge*) (youth) hostel: **~ zur Heimat** *obs.* a) hostel for journeymen, b) *bes. Br.* doss-house. — **ˈher·ber·gen** *obs.* **I** *v/i* ⟨h⟩ (bei) lodge (with), put up (at). – **II** *v/t cf.* beherbergen 1.

ˈHer·bergs|ˌmut·ter *f* housemother, (female) hostel warden. — **~ˌva·ter** *m* housefather, hostel warden.

ˈher|be,stel·len *v/t* ⟨*sep, no* -ge-, h⟩ **1. j-n ~** to ask (*od.* tell, arrange for) s.o. to come: **der Arzt hat mich für drei Uhr herbestellt** the doctor arranged for me to come at three o'clock, the doctor made an appointment with me for three o'clock. – **2.** (*Taxi etc*) order, call. — **~ˌbe·ten** *v/t* ⟨*sep*, -ge-, h⟩ *colloq.* (*herunterleiern*) reel (*od.* rattle) off: **sein Sprüchlein ~** to reel off one's story.

ˈHerb·heit *f* ⟨-; *no pl*⟩ **1.** (*des Geschmacks, einer Frucht etc*) tartness, acerbity. – **2.** (*des Weins*) dryness. – **3.** (*der Luft, des Klimas etc*) bracingness. – **4.** *fig.* (*einer Landschaft etc*) ruggedness. – **5.** *fig.* (*von Gesichtszügen etc*) austerity, sternness, severity. – **6.** *fig.* (*einer Enttäuschung etc*) bitterness. – **7.** *fig.* (*von Worten, Kritik etc*) harshness, astringency.

ˈherˌbit·ten *v/t* ⟨*irr, sep*, -ge-, h⟩ **j-n ~** a) to ask s.o. to come (along), b) (*einladen*) to ask (*od.* invite) s.o. along (*od.* round).

Her·bi·vo·re [hɛrbiˈvoːrə] *m* ⟨-n; -n⟩ *zo.* (*Pflanzenfresser*) herbivore, herbivorous animal.

Her·bi·zid [hɛrbiˈtsiːt] *n* ⟨-s; -e⟩ (*Unkrautbekämpfungsmittel*) herbicide.

ˈherˌblicken (*getr.* -k·k-) *v/i* ⟨*sep*, -ge-, h⟩ **1.** look here. – **2. hinter j-m [etwas] ~** to follow s.o. [s.th.] with one's eyes.

ˈherˌbrin·gen *v/t* ⟨*irr, sep*, -ge-, h⟩ **1. j-n [etwas] ~** to bring s.o. [s.th.] (here), to bring s.o. [s.th.] along. – **2. etwas hinter j-m ~** to bring (*od.* carry) s.th. (along) after s.o.

Herbst [hɛrpst] *m* ⟨-es; -e⟩ **1.** autumn, *bes. Am.* fall: **es wird langsam ~** autumn is approaching; **im kommenden ~** next (*od.* this coming) autumn; **der ~ des Lebens** *poet.* the autumn of life; **der ~ des Mittelalters** *fig.* the decline (*od.* waning) of the Middle Ages. – **2.** *agr.* a) (*Zeit der Ernte*) harvest, b) (*Zeit der Weinlese*) vintage. — **~ˌabend** *m* autumn (*bes. Am.* fall) evening, evening in autumn (*bes. Am.* fall). — **~-Ado·nisˌrös·chen** [-ˀaˌdoːnɪs-] *n bot.* pheasant's- (*od.* bird's-)eye (*Adonis autumnalis*). — **~ˌam·mer** *f zo.* yellowhammer, *Br.* yellow-(h)ammer (*Emberiza citrinella*). — **~ˌanˌfang** *m* beginning of autumn (*bes. Am.* fall). — **~äquiˌnok·ti·um** *n astr.* autumnal (*bes. Am.* fall) equinox. — **~ˌaster** *f bot.* Michaelmas daisy (*Aster novi-belgii*). — **~ˌblu·me** *f* a) autumn (*bes. Am.* fall) flower, b) *cf.* Herbstzeitlose. — **~ˌdreh·ling** *m*, **~ˌdrehˌwurz** *f* ladies' tresses *pl*, *auch* lady's tresses *pl* (*od.* traces *pl*) (*alle construed as sg or pl*) (*Spiranthes autumnalis*).

herb·steln [ˈhɛrpstəln] *v/impers* ⟨h⟩ *cf.* herbsten I.

herb·sten [ˈhɛrpstən] **I** *v/impers* ⟨h⟩ **es herbstet** *lit.* autumn (*bes. Am.* fall) is coming (*od.* approaching). – **II** *v/t* (*Weintrauben*) gather in, harvest.

ˈHerbst|ˌen·zi·an, ˈKlei·ner *m bot.* bitter gentian (*Gentiana amarella*). — **~ˌfa·den** *m* gossamer. — **~ˌfär·bung** *f* autumnal (*bes. Am.* fall) colors *pl* (*bes. Br.* colours *pl*), autumnal (*bes. Am.* fall) hues *pl* (*lit.*). — **~ˌfe·ri·en** *pl* autumn holiday *sg* (*od.* holidays), *Am.* fall vacation *sg*. — **~ˌfisch** *m zo.* silver chub, *Am.* fallfish (*Semotilus corporalis*). — **~ˌglockenˌblu·me** (*getr.* -k·k-) *f* autumnal bellflower (*Br.* bell-flower) (*Campanula autumnalis*). — **~ˌhe·ring** *m* tailor, hickory shad, *Am.* fall herring (*Pomolobus mediocris*). — **~kol·lek·tiˌon** *f* (*fashion*) autumn (*bes. Am.* fall) collection. — **~ˌlaub** *n* autumn (*bes. Am.* fall) leaves *pl*.

ˈherbst·lich I *adj* autumnal, autumnlike, *Br.* autumn-like, *bes. Am.* fall (*attrib*): **es wird schon ~** autumn (*bes. Am.* fall) is coming (*od.* on the way). – **II** *adv* **ein ~ kühler Morgen** a cool autumnal morning; **~ bunte Wälder** forests in their autumnal colo(u)rs.

ˈHerbst·ling *m* ⟨-s; -e⟩ **1.** *agr.* calf born in autumn (*bes. Am.* fall). – **2.** *bot. cf.* Reizker.

ˈHerbst|ˌlor·chel *f bot.* miter (*bes. Br.* mitre) mushroom (*Helvella crispa*). — **~ˌlö·wenˌzahn** *m* fall dandelion, yellow devil's bit (*Leontodon autumnalis*). — **~maˌnö·ver** *n mil.* autumn manœuvre, *bes. Am.* fall man(o)euver. — **~ˌmeerˌzwie·bel** *f bot.* star hyacinth (*Scilla autumnalis*). — **~ˌmes·se** *f econ.* autumn (*bes. Am.* fall) fair. — **~ˌmil·be** *f zo. Am.* chigger, *Br.* harvest-bug (*Trombicula autumnalis*). — **~ˌmo·de** *f* autumn (*bes. Am.* fall) fashion. — **~ˌmo·nat** *m* **1.** autumn (*bes. Am.* fall) month. – **2.** *obs.* September. — **~ˌmond** *m poet.* September. — **~ˌmor·chel** *f bot.* yellowish turbantop (*Br.* turban-top) (*Helvella leucophaea*). — **~ˌne·bel** *m* autumnal (*bes. Am.* fall) fog (*od.* mist). — **~ˌpflan·ze** *f bot.* autumnal (*bes. Am.* fall) plant. — **~ˌro·se** *f* hollyhock (*Althaea rosea*). — **~ˌrü·be** *f* turnip. — **~ˌsturm** *m* autumn (*bes. Am.* fall) storm. — **~ˌtag** *m* autumn (*bes. Am.* fall) day, day in autumn (*bes. Am.* fall). — **~-ˌTagˌundˌnachtˌglei·che** *f astr.* autumnal equinox. — **~ˌul·ti·mo** *m* **zum ~** *econ.* at the end of the third quarter. — **~ˌwald** *m* autumn (*bes. Am.* fall) woods *pl*, woods *pl* in their autumn colours (*bes. Am.* fall colors). — **~ˌwet·ter** *n* autumn (*bes. Am.* fall) weather. — **~ˌzeit·lo·se** *f bot.* meadow saffron, autumnal crocus, naked lady (*Colchicum autumnale*).

Herd [heːrt] *m* ⟨-(e)s; -e⟩ **1.** (*Küchenherd*) (kitchen) stove, *Am. auch* cookstove: **kombinierter ~** range; **elektrischer ~** *cf.* Elektroherd; **ein ~ mit vier Kochstellen** a stove with four hot plates. – **2.** *fig.* (*Heim*) home, house, hearth, fireside: **Heim und ~** hearth and home; **am häuslichen** (*od.* **heimischen**) **~** by the fireside; **einen eigenen ~ gründen** to set up a home of one's own; **eigener ~ ist Goldes wert** (*Sprichwort*) there's no place like home (*proverb*). – **3.** *fig.* (*Ausgangspunkt, Zentrum*) center, *bes. Br.* centre, focus: **der ~ eines Erdbebens** the focus (*od.* hypocenter) of an earthquake. – **4.** *med.* (*einer Krankheit*) center, *bes. Br.* centre, focus, seat. – **5.** *metall.* hearth, fireplace, *Br.* fire-place, furnace bottom. – **6.** *hunt.* (*Vogelherd*) trap for catching birds (*used* especially in the *Middle Ages*).

ˈHerdˌbuch *n agr.* (*Zuchtstammbuch*) a) (*für Rinder etc*) herdbook, *Br.* herd-book, b) (*für Pferde*) studbook, *Br.* stud-book.

Her·de [ˈheːrdə] *f* ⟨-; -n⟩ **1.** (*von Großvieh*) herd: **eine ~ Rinder** a herd (*od.* drove) of cattle. – **2.** (*von Kleinvieh*) flock: **in ~n lebend** gregarious; **eine ~ Schafe hüten** to tend (*od.* herd) a flock of sheep; **der Hirt und seine ~** *auch relig.* the shepherd and his flock; **wie eine ~ Schafe durcheinanderlaufen** *fig. colloq.* to wander about (*od.* [a]round) like a flock of sheep; **eine ~ junger Mädchen** *fig. colloq.* a flock (*od.* bevy) of young girls. – **3.** *fig. contempt.* herd, crowd, mass: **der ~ folgen, mit der ~ laufen** to follow the crowd.

ˈHer·den|ˌgeist *m* herd mentality, gregariousness. — **~maˌkre·le** *f zo.* chub mackerel, thimble-eye (*Pneuma tophorus grex*). — **~ˌmensch** *m contempt.* person who follows the crowd. — **~ˌtier** *n* **1.** *zo.* gregarious animal. – **2.** *contempt. cf.* Herdenmensch. — **~ˌtrieb** *m zo.* herd instinct. — **~ˌvieh** *n* **1.** *zo.* gregarious animals *pl*. – **2.** *fig. contempt.* herd: **wir werden wie ~ behandelt** we are treated like a herd of cattle. — **h~ˌwei·se** *adv auch fig.* in flocks (*od.* herds).

ˈHerd|er,kran·kung *f med.* focal infection. — **~ˌfeu·er** *n* fire in a stove, *Br. auch* range fire. — **~ˌfri·schen** *n metall.* open-hearth refining. — **~ˌfrischˌstahl** *m* open-hearth steel. — **~ˌfrisch·verˌfah·ren** *n* open-hearth process. — **~ˌguß** *m* (*Verfahren*) open-sand (*od.* furnace) casting. — **~in·fek·tiˌon** *f med.* focal infection. — **~ˌplat·te** *f* **1.** (*Kochstelle*) hot plate. – **2.** (*eines Kohleherds*) stove plate. — **~re·ak·tiˌon** *f med.* focal reaction. — **~ˌring** *m* stove ring. — **~skleˌro·se** *f med.* multiple (*od.* focal) sclerosis. — **~ˌwa·genˌofen** *m metall.* bogie hearth furnace, car bottom furnace.

he·re·di·tär [herediˈtɛːr] *adj bes. biol.* hereditary. — **He·re·diˈtät** [-ˈtɛːt] *f* ⟨-; *no pl*⟩ **1.** *biol. psych.* heredity. – **2.** *obs. for* Erbschaft, Erbfolge.

ˈherˌei·len *v/i* ⟨*sep*, -ge-, sein⟩ hurry here.

her·ein [hɛˈraɪn] *adv* **1.** (*von dort draußen nach hier drinnen*) in (here): **hier ~, bitte** in here (*od.* this way), please; **von draußen ~** from outside; **immer ~ in die gute Stube** *colloq.* pile in; **nur ~, meine Herrschaften!** roll up, roll up, (*bes. Am.* come, step in,) ladies and gentlemen! – **2.** (*Aufforderung zum Eintreten*) **~!** come in! „**~, ohne anzuklopfen**" (*Türaufschrift in Behörden etc*) "enter without knocking", "please enter";

~, wenn's kein Schneider ist *colloq. humor. etwa* come in if you're worth looking at.
her·ein... *cf.* ein..., hinein..., *colloq.* rein...
her'ein|beˌge·ben *v/reflex* ⟨*irr, sep, no* -ge-, h⟩ sich ~ enter, come in. — **~be-ˌglei·ten** *v/t* ⟨*sep, no* -ge-, h⟩ j-n ~ to show s.o. in. — **~beˌkom·men** *v/t* ⟨*irr, sep, no* -ge-, h⟩ **1.** etwas ~ to get s.th. in: **wir werden den Schrank kaum hier [in das Zimmer] ~** we shall hardly get the cupboard in here [into the room]. – **2.** *colloq.* (*Waren etc*) get in (stock), take (in). – **3.** (*Außenstände etc*) recover. — **~beˌmü·hen I** *v/t* ⟨*sep, no* -ge-, h⟩ j-n ~ to give s.o. the trouble of coming in (*od.* entering). – **II** *v/reflex* **sich ~** take the trouble to come in. — **~ˌbit·ten** *v/t* ⟨*irr, sep,* -ge-, h⟩ j-n ~ to ask (*od.* invite) s.o. (to come) in: **darf ich Sie in dieses Zimmer ~?** may I ask you (to come) into this room, please? — **~ˌblicken** (*getr.* -k·k-) *v/i* ⟨*sep,* -ge-, h⟩ look in: **jeder kann (zu mir) ins Zimmer ~** everyone can look into the room. — **~ˌbre·chen** *v/i* ⟨*irr, sep,* -ge-, sein⟩ **1.** (*von Wassermassen, Menschenscharen etc*) (**über** *acc* [up]on) descend. – **2.** (*von Abend, Dämmerung etc*) fall: **die Nacht brach schon herein** night was already falling (*od.* closing in). – **3.** (*von Dunkelheit, Winter etc*) set in. – **4.** (*von Unwetter, Sturm etc*) (**über** *acc* over) break. – **5. über j-n [ein Land] ~** *fig.* (*von Unheil, Katastrophe etc*) to befall (*od.* overtake) s.o. [a country]. — **~ˌbrin·gen** *v/t* ⟨*irr, sep,* -ge-, h⟩ **1.** bring in: **warum bringst du deinen Freund nicht mit herein?** why don't you bring your friend in? **man darf nur 40 Zigaretten nach Deutschland ~** you are only allowed to bring 40 cigarettes into Germany. – **2.** (*Ernte*) gather in. — **~ˌdrän·gen** *v/i* ⟨*sep,* -ge-, sein⟩ *u. v/reflex* ⟨h⟩ **sich ~** push one's way in: **die Menge drängte (sich) in den Saal herein** the crowd pushed (its way) (*od.* pressed) into the hall. — **~ˌdrin·gen** *v/i* ⟨*irr, sep,* -ge-, sein⟩ **1.** (*von Licht etc*) filter through, stream (*od.* flow) in. – **2.** (*von Geruch, Lärm etc*) penetrate: **lautes Geschrei drang in das Zimmer herein** loud shouting penetrated through the walls into the room. – **3.** *cf.* eindringen 1. — **~ˌdür·fen** *v/i* ⟨*irr, sep,* -ge-, h⟩ be allowed to come in (*od.* enter): **darf ich herein?** may I come in? **er durfte nicht herein** he was not allowed to come in. — **~ˌei·len** *v/i* ⟨*sep,* -ge-, sein⟩ hurry in: **sie kam ins Zimmer hereingeeilt** she came hurrying into the room. — **~ˌfah·ren I** *v/i* ⟨*irr, sep,* -ge-, sein⟩ **1.** go (*od.* come) in, (*selbst fahrend*) drive in: **du kannst zum Wenden in den Hof ~** you can drive into the yard to turn round; **mit dem Zug in die Stadt ~** to go (*od.* travel) into town by train. – **II** *v/t* ⟨h⟩ **2.** j-n [etwas] ~ to drive s.o. [s.th.] in: **j-n (im Auto) ~** to drive (*od.* bring) s.o. here; **das Auto in die Halle ~** to drive the car into the workshop. – **3.** (*Waren etc*) bring (*od.* carry, convey) (*s.th.*) in. — **H~ˌfall** *m cf.* Reinfall. — **~ˌfal·len** *v/i* ⟨*irr, sep,* -ge-, sein⟩ **1.** fall in. – **2.** *fig. colloq.* be taken in, be caught: **auf** (*acc*) **etwas [j-n] ~** to be taken in by s.th. [s.o.]; **schon viele sind auf diesen Betrüger hereingefallen** quite a few people have been taken in (*od.* tricked) by this swindler; **auf jeden Schwindel ~** to fall for any trick; **da bist du aber hereingefallen!** you fell into the trap there! **darauf falle ich nicht herein** I won't be taken in by that. – **3. mit etwas [j-m] ~** *fig. colloq.* to make a mistake (*Am. colloq.* a boo-boo) with s.th. [s.o.]: **mit diesem Kauf bin ich ziemlich hereingefallen** I made quite a bad mistake (*Am. colloq. auch* I goofed) when I bought this. — **~ˌflie·gen** *v/i* ⟨*irr, sep,* -ge-, sein⟩ **1.** fly in: **ein Spatz ist ins Zimmer hereingeflogen** a sparrow flew into the room. – **2.** *colloq. for* hereinfallen 2, 3. — **~ˌflüch·ten** *v/reflex* ⟨*sep,* -ge-, h⟩ **sich zu j-m ~** to take shelter (*od.* refuge) with s.o. — **~ˌfüh·ren I** *v/t* ⟨*sep,* -ge-, h⟩ j-n ~ to lead (*od.* bring, show) s.o. in: **führen Sie den Herrn bitte herein!** show the gentleman in, please. – **II** *v/i* (*von Weg etc*) lead inside (*od.* in). — **~ˌge·ben** *v/t* ⟨*irr, sep,* -ge-, h⟩ etwas ~ to hand s.th. in. — **~ˌge·hen** *v/i* ⟨*irr, sep,* -ge-, sein⟩ **1.** *cf.* hineingehen. – **2.** (*Platz finden*) get (*od.* go) in, find room, get accommodated. — **~ˌho·len** *v/t* ⟨*sep,* -ge-, h⟩ **1.** j-n [etwas] ~ to fetch (*od.* bring) s.o. [s.th.] in: **warum holst du deinen Freund nicht herein?** why don't you ask your friend to come in? – **2.** *econ.* (*Aufträge*) get (in). – **3.** *fig.* (*aufholen*) make up for: **die verlorene Zeit werden wir nie wieder ~** we will never make up for the time lost. — **~ˌklet·tern** *v/i* ⟨*sep,* -ge-, sein⟩ climb in: **durch das Fenster ins Zimmer ~** to climb into the room through the window. — **~ˌkom·men** *v/i* ⟨*irr, sep,* -ge-, sein⟩ **1.** come in, enter: **er kam in das Haus herein** he came into (*od.* entered) the house; **zum Fenster ~** to come in through (*od.* by) the window; **kommen Sie doch einen Moment herein!** why don't you come in for a moment? **darf ich ~?** may I come in? – **2.** (*von Waren*) come in: **das Buch ist neu hereingekommen** this book has just come in. – **3.** (*in ein verschlossenes Haus*) get in: **wie bist du hereingekommen?** how did you get in? — **~ˌkön·nen** *v/i* ⟨*irr, sep,* -ge-, h⟩ *colloq.* be able to get in (*od.* enter). — **~ˌkrie·chen** *v/i* ⟨*irr, sep,* -ge-, sein⟩ creep in: **ins Haus hereingekrochen kommen** to come creeping into the house. — **~ˌkrie·gen** *v/t* ⟨*sep,* -ge-, h⟩ *cf.* hereinbekommen. — **~ˌlan·gen** *v/t* ⟨*sep,* -ge-, h⟩ **etwas ~** to pass (*od.* hand) s.th. in. — **~ˌlas·sen** *v/t* ⟨*irr, sep,* -ge-, h⟩ **1.** j-n ~ to let s.o. in, to admit s.o.: **laß niemanden herein!** don't let anyone (come) in. – **2. etwas ~** to let s.th. in: **die Fenster lassen nicht genug Licht herein** the windows do not let enough light in. — **~ˌlau·fen** *v/i* ⟨*irr, sep,* -ge-, sein⟩ **1.** (*von Person*) run in: **er kam ins Haus hereingelaufen** he came running into the house. – **2.** (*von Flüssigkeit*) enter. — **~ˌle·gen** *v/t* ⟨*sep,* -ge-, h⟩ **1. etwas ~** to put s.th. in: **legen Sie es bitte hier herein!** put it in here, please. – **2. j-n ~** *fig. colloq.* to take s.o. in (*od. colloq.* for a ride), to pull a fast one on s.o., to hoodwink s.o. (*colloq.*), to fool (*od.* dupe) s.o.: **bei diesem Geschäft bist du gewaltig** (*od.* **gründlich**) **hereingelegt worden** you've been taken in badly with this deal. — **~ˌlocken** (*getr.* -k·k-) *v/t* ⟨*sep,* -ge-, h⟩ j-n [ein Tier] ~ to lure (*od.* entice, coax) s.o. [an animal] in. — **~ˌmüs·sen** *v/i* ⟨*irr, sep,* -ge-, h⟩ **1.** (*von Personen*) have to come in. – **2.** (*von Gegenständen*) have to be brought in. — **~ˌneh·men** *v/t* ⟨*irr, sep,* -ge-, h⟩ **1. etwas ~** to take s.th. in: **die Gartenmöbel über Nacht ~** to take the garden furniture in overnight. – **2.** *econ.* a) (*Waren*) take in (stock), b) (*Wertpapiere*) take on deposit. — **~ˌnö·ti·gen** *v/t* ⟨*sep,* -ge-, h⟩ j-n ~ to urge s.o. (to come) in. — **~ˌplat·zen** *v/i* ⟨*sep,* -ge-, sein⟩ *colloq.* (*unerwartet hereinkommen*) burst in unexpectedly. — **~ˌpol·tern** *v/i* ⟨*sep,* -ge-, sein⟩ *colloq.* stomp in: **ins Zimmer hereingepoltert kommen** to come stomping into the room. — **~ˌra·gen** *v/i* ⟨*sep,* -ge-, h *u.* sein⟩ *cf.* hereinreichen II. — **~ˌras·seln** *v/i* ⟨*sep,* -ge-, sein⟩ *colloq.* **1.** *cf.* hereinfallen 3. – **2.** (*in einer Prüfung*) run into deep water. — **~ˌre·den** *v/i* ⟨*sep,* -ge-, h⟩ j-m ~ a) to butt in on s.o., b) to find fault with what s.o. says. — **~ˌreg·nen** *v/impers* ⟨*sep,* -ge-, h⟩ **es regnet herein** it is raining in; **es regnet ins Zimmer herein** it is raining into the room. — **~ˌrei·chen I** *v/t* ⟨*sep,* -ge-, h⟩ **1. j-m etwas ~** a) to pass (*od.* hand) s.th. in to s.o., b) (*im Vorbeigehen*) to drop s.th. off at s.o.'s place. – **II** *v/i* **in** (*acc*) **etwas ~** to reach (*od.* extend) into s.th.: **die Bucht reicht weit in das Land herein** the bay reaches far into the land; **diese Vorstellungen reichen noch in unser Zeitalter herein** *fig.* these ideas have survived into our era. — **~ˌrei·ßen** *v/t* ⟨*irr, sep,* -ge-, h⟩ j-n ~ *colloq.* to get s.o. into difficulties (*od. colloq.* a mess). — **~ˌrei·ten I** *v/i* ⟨*irr, sep,* -ge-, sein⟩ ride in, come riding in. – **II** *v/t* ⟨h⟩ j-n ~ *fig. colloq.* to get s.o. into difficulties (*od. colloq.* a mess). – **III** *v/reflex* ⟨h⟩ **sich ~** get oneself into difficulties (*od. colloq.* a mess). — **~ˌrol·len I** *v/t* ⟨*sep,* -ge-, h⟩ **etwas ~** to roll s.th. in. – **II** *v/i* ⟨sein⟩ roll in, come rolling in: **der Ball kam ins Zimmer hereingerollt** the ball rolled into the room. — **~ˌru·fen** *v/t* ⟨*irr, sep,* -ge-, h⟩ **1. j-n ~** to call s.o. in: **den nächsten Patienten ins Behandlungszimmer ~** to call the next patient into the office (*Br.* surgery). – **2.** (*Gruß etc*) call (*od.* shout) (*s.th.*) in. — **~ˌschaf·fen** *v/t* ⟨*sep,* -ge-, h⟩ **etwas ~** to bring (*od.* get, carry) s.th. in. — **~ˌschau·en** *v/i* ⟨*sep,* -ge-, h⟩ **1.** look in: **jeder kann bei uns zum Fenster ~** everyone can look in through our window. – **2.** *colloq.* (*besuchen*) pop (*od.* drop, look) in: **schauen Sie doch mal wieder herein!** pop in again sometime (*Br.* some time); **bei j-m ~** to pop in on s.o. — **~ˌschei·nen** *v/i* ⟨*irr, sep,* -ge-, h⟩ shine in: **ins Zimmer ~** to shine into the room; **durch das Fenster ~** to shine in at (*od.* through) the window. — **~ˌschicken** (*getr.* -k·k-) *v/t* ⟨*sep,* -ge-, h⟩ **j-n [etwas] ~** to send s.o. [s.th.] in. — **~ˌschie·ben I** *v/t* ⟨*irr, sep,* -ge-, h⟩ **etwas ~** to push s.th. in. – **II** *v/reflex* **sich durch die Tür ~** to edge (*od.* creep) in through the door. — **~ˌschie·ßen** *v/i* ⟨*irr, sep,* -ge-, h⟩ **1.** shoot (*od.* fire) in: **es hat jemand zu uns zum Fenster hereingeschossen** someone fired in at us through the window. – **2.** ⟨sein⟩ *colloq.* rush (*od.* dash, shoot) in: **er kam wie der Blitz in das Zimmer hereingeschossen** he dashed into the room like a flash of lightning. — **~ˌschlei·chen** *v/i* ⟨*irr, sep,* -ge-, sein⟩ *u.* **sich ~** *v/reflex* ⟨h⟩ sneak in: **der Einbrecher hat sich nachts ins Haus hereingeschlichen** the burglar sneaked into the house at night. — **~ˌschlep·pen I** *v/t* ⟨*sep,* -ge-, h⟩ **etwas ~** to carry (*od.* lug) s.th. in: **die Koffer ins Haus ~** to lug the suitcases into the house. – **II** *v/reflex* **sich ~** drag oneself in. — **~ˌschlüp·fen** *v/i* ⟨*sep,* -ge-, sein⟩ slip in. — **~ˌschmug·geln** *v/t* ⟨*sep,* -ge-, h⟩ **j-n [etwas] ~** to smuggle s.o. [s.th.] in: **j-n ins Haus ~** to smuggle s.o. into the house. — **~ˌschnei·en I** *v/impers* ⟨*sep,* -ge-, h⟩ **es schneit (zum Fenster) herein** it is snowing in (at the window), the snow is coming in (through the window). – **II** *v/i* ⟨sein⟩ *fig. colloq.* blow (*od.* drop) in (*colloq.*), turn up suddenly (*od.* unexpectedly): **rate mal, wer gestern bei uns hereingeschneit kam** guess who blew in yesterday (*colloq.*). — **~ˌse·hen** *v/i* ⟨*irr, sep,* -ge-, h⟩ *cf.* hereinschauen 1. — **~ˌset·zen** *v/reflex* ⟨*sep,* -ge-, h⟩ **sich ~** move indoors. — **~spaˌzie·ren** *v/i* ⟨*sep, no* -ge-, sein⟩ walk in: **(nur) hereinspaziert, meine Herrschaften!** walk up, ladies and gentlemen! — **~ˌstecken** (*getr.* -k·k-) *v/t* ⟨*sep,* -ge-, h⟩ **etwas ~** to put s.th. in: **sie steckte den Kopf neugierig zur Tür herein** she put her head in at the door inquisitively. — **~ˌstei·gen** *v/i* ⟨*irr, sep,* -ge-, sein⟩ climb in: **zum Fenster ~** to climb in by (*od.* through) the window. — **~ˌstel·len** *v/t* ⟨*sep,* -ge-, h⟩ put in: **die Liegestühle ins Haus ~** to put the deck(-)chairs into the house (*od.* indoors). — **~ˌsto·ßen** *v/t* ⟨*irr, sep,* -ge-, h⟩ **etwas [j-n] ~** to push s.th. [s.o.] in. — **~ˌströ·men** *v/i* ⟨*sep,* -ge-, sein⟩ (*von Gas, Luft, Wasser etc*) pour in: **die Leute strömten in das Kaufhaus herein** *fig.* people were pouring (*od.* crowding, flowing) into the department store. — **~ˌstür·men** *v/i* ⟨*sep,* -ge-, sein⟩ rush (*od.* dash) in, come rushing (*od.* dashing) in: **sie kamen ins Haus hereingestürmt** they came dashing into the house. — **~ˌstür·zen** *v/i* ⟨*sep,* -ge-, sein⟩ **1.** *cf.* hereinstürmen. – **2.** (*von Wassermassen etc*) pour (*od.* burst) in. — **~ˌtra·gen** *v/t* ⟨*irr, sep,* -ge-, h⟩ **j-n [etwas] ~** to bring (*od.* carry) s.o. [s.th.] inside: **der Kranke mußte ins Haus hereingetragen werden** the patient had to be carried into the house; **die Kinder tragen sehr viel Schmutz herein** the children bring in a lot of dirt. — **~ˌtre·ten** *v/i* ⟨*irr, sep,* -ge-, sein⟩ enter, come in, step in: **ins Zimmer ~** to come into the room. — **~ˌwa·gen** *v/reflex* ⟨*sep,* -ge-, h⟩ **sich ~** dare to come in, venture in: **wag dich nur nicht hier herein!** don't you dare (to) come in here! — **~ˌwer·fen** *v/t* ⟨*irr, sep,* -ge-, h⟩ **etwas ~** to throw s.th. in: **den Ball ins Haus ~** to throw the ball into the house. — **~ˌwin·ken** *v/t* ⟨*sep,* -ge-, h⟩ **j-n ~** to wave to s.o. to come in, to wave s.o. in. — **~ˌwol·len** *v/i* ⟨*sep,* -ge-, h⟩ *colloq.* want to come in: **er wollte unbedingt herein** he wanted to come in at any price. — **~ˌzie·hen I** *v/t* ⟨*irr, sep,* -ge-, h⟩ **1. j-n [etwas] ~** to pull (*od.* drag, draw) s.o. [s.th.] in: **ich mußte ihn mit Gewalt ins Haus ~** I had to drag him into the house by force. – **2.** *fig. cf.* hineinziehen 2. – **II** *v/i* ⟨sein⟩ **3.** (*von Geruch etc*) come in. – **4.** (*einmarschieren*) make one's way in: **die**

Soldaten kamen in die Stadt hereingezogen the soldiers made their way into the town. – **III** *v/impers* ⟨h⟩ **5.** es zieht herein there is a draught (coming in).

'her,fah·ren I *v/t* ⟨*irr, sep,* -ge-, h⟩ **1.** bring (*od.* drive) (*s.o., s.th.*) here: etwas vor sich ~ to push s.th. along in front of one. – **II** *v/i* ⟨sein⟩ **2.** (*von Fahrer, Fahrzeug etc*) come (*od.* drive, travel) here: ich bin im Auto hergefahren I came here by car; hinter j-m [etwas] ~ a) to drive (*od.* travel, ride) behind s.o. [s.th.], b) to follow s.o. [s.th.]; vor [neben] j-m [etwas] ~ to drive (*od.* travel, ride) along in front of [beside] s.o. [s.th.]. – **3.** (*mit Fahrrad*) ride (*od.* cycle) here.

'Her,fahrt *f* ⟨-; *no pl*⟩ **1.** trip (*od.* journey) here: auf der ~ on the trip (*od.* way) here. – **2.** (*Rückfahrt*) trip (*od.* journey) back, return journey.

'her,fal·len *v/i* ⟨*irr, sep,* -ge-, sein⟩ **1.** über j-n ~ a) to attack s.o., to fall (up)on s.o., b) *fig. colloq.* to attack s.o., to speak badly (*od.* ill) of s.o., to pull s.o. to pieces: der Räuber fiel über sein Opfer her the robber pounced on his victim; sie fielen über einander ~ they set about each other. – **2.** über (*acc*) etwas (*Eßbares*) ~ to fall upon s.th., to pitch into s.th., to attack s.th.

'her,fin·den *v/i* ⟨*irr, sep,* -ge-, h⟩ *colloq.* find one's way (here): ob sie wohl herfindet? I wonder if she will find her way here.

'her,flie·gen I *v/i* ⟨*irr, sep,* -ge-, sein⟩ **1.** (*von Vogel*) fly here. – **2.** (*mit Flugzeug*) come by plane, fly (here). – **II** *v/t* ⟨h⟩ **3.** fly (*s.o., s.th.*) here. — **'Her,flug** *m* ⟨-(e)s; *no pl*⟩ **1.** flight here, outward flight. – **2.** flight back, return flight.

'Her,fracht *f econ.* home (*od.* inward) freight.

'her,füh·ren I *v/t* ⟨*sep,* -ge-, h⟩ (*bringen*) bring (*od.* lead, conduct) (*s.o.*) here: führ ihn her zu mir! bring him to me; was führt Sie her? what brings you here? – **II** *v/i* (*von Weg etc*) lead here: neben (*dat*) etwas ~ to lead (*od.* run) alongside s.th.

'Her,ga·be *f* ⟨-; *no pl*⟩ **1.** (*von Dingen*) handing over, delivery, surrender. – **2.** (*eines Namens*) lending.

'Her,gang *m* ⟨-(e)s; *no pl*⟩ **1.** course of events: der ~ war folgendermaßen the course of events was as follows; erzählen Sie mir den ganzen ~! tell me all that (*od.* tell me what) happened, tell me the whole story. – **2.** (*Umstände*) circumstances *pl,* details *pl.*

'her,ge·ben I *v/t* ⟨*irr, sep,* -ge-, h⟩ **1.** (*reichen*) give, hand: gib mir mal den Bleistift her! give me the pencil, please; pass the pencil to me, please; gib (es) her! give it to me! – **2.** (*sich trennen von*) give (*s.th.*) away (*od.* up), part with: er gibt nichts her he won't give a thing (*od.* penny); sein Letztes (*od.* das Letzte) ~ a) to give up one's last farthing, b) *fig.* to give (of) one's utmost, to go all out; im Krieg mußten viele Mütter ihre Söhne ~ many mothers sacrificed (*od.* lost) their sons in the war; er würde sein letztes Hemd für ihn ~ he would give him the shirt off his back. – **3.** (*zurückgeben*) give (*s.th.*) back, return. – **4.** seinen Namen für (*od.* zu) etwas ~ to lend one's name to s.th., to allow one's name to be associated with s.th. – **5.** *colloq.* (*in Wendungen wie*) der Wagen gibt eine Menge her the car can make good speed; das gibt der Stoff nicht her there is not enough material for this; das Thema gibt für eine Diskussion nichts her the subject does not offer enough for a discussion; er rannte (*od.* lief), was die Beine hergaben he ran as fast as he could (*od.* his legs would carry him). – **II** *v/reflex* **6.** sich zu etwas ~ to lend one's name to s.th.: ich werde mich niemals dazu ~ I will never do that.

'her·ge,bracht I *pp of* herbringen. – **II** *adj* **1.** usual, customary. – **2.** *cf.* althergebracht. – **III H~e, das** ⟨-n⟩ **3.** (the) tradition: am H~en festhalten to keep (*od.* stick) to tradition.

'her,ge·hen I *v/i* ⟨*irr, sep,* -ge-, sein⟩ **1.** *bes. Southern G.* (zu to) come (here): wir sind zu Fuß hergegangen we came on foot. – **2.** vor [hinter, neben] j-m ~ to walk in front of [behind, beside] s.o.: nebeneinander ~ to walk side by side; er ging neben seiner Mutter her he walked beside his mother (*od.* at his mother's side); dicht hinter j-m ~ to walk along close behind s.o., to follow s.o. closely. – **II** *v/impers colloq.* **3.** (*zugehen*) es ging lustig her there was a lot of fun; es ging hoch her there were wild goings-on (*colloq.*); bei der Debatte ging es heiß her the debate was very lively (*od.* heated), feathers flew in the debate; bei dem Kampf ging es heiß her there was very fierce fighting; es ging eng (*od.* knapp) her (*beim Überholen*) it was a close shave. – **4.** (*sich zutragen*) happen: erzähle mir, wie es hergegangen ist tell me how it all happened; wie es so hergeht as things go. – **5.** dann ging es über ihn her then they pulled him to pieces (*colloq.*).

'her·ge,holt I *pp.* – **II** *adj* weit ~ farfetched, *Br.* far-fetched: das ist ja ziemlich weit ~ *fig.* that is rather far(-)fetched.

'her·ge,hö·ren *v/i* ⟨*sep, pp* hergehört, h⟩ *cf.* hierhergehören.

'her·ge,lau·fen I *pp of* herlaufen. – **II** *adj* ~er Kerl *contempt.* vagabond, tramp, *Am. sl. auch* bum. — **'Her·ge,lau·fe·ne** *m, f* ⟨-n; -n⟩ tramp: da könnte (ein) jeder ~ kommen any Tom, Dick or Harry could come.

'her,ha·ben *v/t* ⟨*irr, sep,* -ge-, h⟩ *colloq.* have got (*Am. auch* gotten) (*s.th.*) (from): wo hast du das her? a) where did you get that (from)?, b) where did you get (*od.* hear) that?

'her,hal·ten ⟨*irr, sep,* -ge-, h⟩ **I** *v/t* hold out: halt den Teller her! hold out your plate! – **II** *v/i colloq.* (für for) ~ müssen a) (*aufkommen müssen*) to have to pay, to have to make good, b) (*leiden müssen*) to have to suffer, to be the one to suffer, c) (*büßen müssen*) to be the butt (*od.* scapegoat): sein Vater muß immer für alles ~ his father always has to pay for everything; der arme Kerl muß immer ~ the poor fellow is always the one to suffer (*od.* who suffers).

'her,ho·len *v/t* ⟨*sep,* -ge-, h⟩ fetch (*s.o., s.th.*) (here), (go and) get, bring: holen Sie mir einen Stuhl her! get me a chair! holt ihn her! fetch him here!

He·ring ['he:rɪŋ] *m* ⟨-s; -e⟩ **1.** *zo.* a) *cf.* Heringsfisch, b) *auch* Atlantischer ~ (Atlantic) herring (*Clupea harengus*), c) *auch* Pazifischer ~ (Pacific) herring (*C. pallasii*): junger ~ brit(t); zusammengepfercht wie die ~e *colloq.* packed like sardines. – **2.** *gastr.* herring: eingelegter (*od.* saurer, marinierter) ~ pickled herring; gedörrter ~ dried herring; geräucherter ~ smoked herring, kipper, (*Bückling*) bloater, red herring buckling; grüner ~ fresh (*od.* green) herring. – **3.** (*Zeltpflock*) tent peg (*od.* pin). – **4.** *colloq.* (*dünner Mensch*) skinny person, scrag, skeleton.

'he·rings,ar·tig *adj zo.* like a herring; clupeoid, clupeiform (*scient.*): ~er Fisch clupeoid.

'He·rings|,bän·di·ger *m colloq. humor. for* Lebensmittelhändler. — **~,büch·se** *f* can (*Br.* tin) of herrings. — **~,fang** *m* herring fishing. — **~,faß** *n* herring barrel (*od.* keg). — **~,fisch** *m zo.* clupeid (*Fam. Clupeidae*). — **~,fi·scher** *m* herring fisher, herringer. — **~fi·sche,rei** *f* herring fishery. — **~,hai** *m zo.* mackerel shark, porbeagle (*Lamna nasus od. cornubica*). — **~,kö·nig** *m* John Dory (*od.* Doree), Peter's fish (*Zeus faber*). — **~,log·ger** *m* ⟨-s; -⟩ *mar.* herring drifter (*Am. auch* logger). — **~,milch** *f zo.* herring milt, soft roe of a herring. — **~,mö·ve** *f* gray gull (*Larus fuscus*). — **~,ro·gen** *m* herring roe. — **~sa,lat** *m gastr.* herring salad. — **~,schwarm** *m zo.* shoal (*od.* school) of herring. — **~,ton·ne** *f* herring barrel. — **~,zug** *m cf.* Heringsschwarm.

her·in·nen [hɛ'rɪnən] *adv Southern G. and Austrian* in here.

'her,ja·gen I *v/i* ⟨*sep,* -ge-, sein⟩ hinter j-m [etwas] ~ *colloq.* to chase (*od.* race) (along) after s.o. [s.th.]. – **II** *v/t* ⟨h⟩ j-n vor sich ~ to chase s.o. (*od.* to drive s.o. along) in front of oneself.

Her·ko·ga·mie [hɛrkoga'mi:] *f* ⟨-; *no pl*⟩ *bot.* hercogamy.

'her,kom·men I *v/i* ⟨*irr, sep,* -ge-, sein⟩ **1.** (*zu einem Ort, einer Person etc*) come (here): komm her zu mir! come here to me! wann kommt er wieder her? when will he come back here? er kam langsam zu mir her he slowly came near to me, he slowly approached me. – **2.** (*herstammen*) come (*od.* hail) from: wo kommst du her? where do you come from? er kommt von weit her he comes from far away; wo kommt das Schiff her? where does the ship hail from? und wo soll das Geld ~? and where shall the money (*od.* and where is the money supposed to) come from? – **3.** *fig.* (*seine Ursache haben*) come from, be due to, be caused by: wo mag ihr Husten ~? what may her cough be caused by? I wonder what causes her cough? ich weiß, wo das herkommt I know what causes that (*od.* what that is due to), I know the reason for that. – **4.** *fig.* (*sich ableiten*) come (*od.* derive) from: wo kommt dieses Wort her? what does this word come from? where is this word derived from? what is the origin of this word? – **5.** *bes. jur.* issue from. – **II H~** *n* ⟨-s⟩ **6.** *verbal noun.* – **7.** *lit.* (*Brauch*) custom, usage, tradition: nach altem H~ according to old custom. – **8.** *obs. for* Abstammung 2.

'her,kömm·lich [-,kœmlɪç] *adj* **1.** (*Art, Form etc*) usual, customary. – **2.** (*Brauch etc*) traditional, established. – **3.** (*Waffen etc*) conventional.

Her·ku·les ['hɛrkulɛs] **I** *npr m* ⟨-; *no pl*⟩ *myth.* Hercules: ~ am Scheideweg Hercules' choice; die 12 Arbeiten (*od.* Taten) des ~ the 12 labo(u)rs (*od.* tasks) of Hercules. – **II** *m* ⟨-; -se⟩ *fig.* (*starker Mensch*) Hercules: er ist ein wahrer ~ he is a regular Hercules. — **~,ar·beit** *f* Herculean labor (*bes. Br.* labour) (*od.* task). — **~,kä·fer** *m zo.* Hercules (*od.* rhinoceros) beetle (*Dynastes hercules*). — **~,keu·le** *f myth.* club of Hercules. — **~,kraut** *n bot. cf.* Bärenklau 1. — **~,säu·len, die** *geogr. hist.* the Pillars of Hercules.

her·ku·lisch [hɛr'ku:lɪʃ] *adj* Herculean: von ~er Größe of Herculean stature.

'Her,kunft *f* ⟨-; *no pl*⟩ **1.** (*einer Person*) origin, birth, descent: er ist deutscher ~ a) he is of German origin (*od.* extraction), b) he is German by birth; von niedriger ~ of low birth; von edler ~ of noble birth; von vornehmer ~ of gentle birth. – **2.** (*einer Sache*) origin, provenance: von unbekannter ~ of obscure origin. – **3.** *ling.* (*eines Wortes*) origin, derivation: ein Wort lateinischer ~ a word of Latin origin; die ~ dieses Wortes ist unbekannt the origin of this word is unknown.

'Her,kunfts|,an,ga·be *f econ.* credit line. — **~be,zeich·nung** *f* mark of origin. — **~,land** *n* **1.** country of origin. – **2.** exporting country. — **~,ort** *m* place of origin. — **~,zei·chen** *n* marks *pl* of origin.

'her,lau·fen *v/i* ⟨*irr, sep,* -ge-, sein⟩ run (*od.* walk) here: ich bin hergelaufen I walked here, I came on foot; hinter j-m [etwas] ~ a) to run (*od.* walk) behind s.o. [s.th.], b) to run (*od.* chase) s.o. [s.th.].

'her,le·gen *v/t* ⟨*sep,* -ge-, h⟩ *colloq.* put (*s.th.*) (down) here.

'her,lei·ern *v/t* ⟨*sep,* -ge-, h⟩ (*Gedicht etc*) recite (*s.th.*) mechanically.

'her,lei·ten I *v/t* ⟨*sep,* -ge-, h⟩ **1.** (*bringen*) bring (here): das Wasser für die Stadt wird weit hergeleitet the water for the town is brought (here) from far away. – **2.** (*ableiten*) (von from) derive, deduce, infer: etwas aus etwas ~ to deduce (*od.* infer) s.th. from s.th.; sich ~ lassen von to be derivable from. – **II** *v/reflex* sich ~ **3.** (von) derive (from), be derived (from), be traceable (to): dieses Wort leitet sich vom Lateinischen her this word is derived from Latin; sein Geschlecht leitet sich von König X her his family is descended from King X. – **III H~** *n* ⟨-s⟩ **4.** *verbal noun.* — **'Her,lei·tung** *f* ⟨-; -en⟩ **1.** *cf.* Herleiten. – **2.** (*eines Wortes etc*) derivation. – **3.** *math.* deduction.

Her·ling ['hɛrlɪŋ] *m* ⟨-s; -e⟩ sour (*od.* unripe) late grape.

Her·lit·ze ['hɛrlɪtsə; hɛr'lɪtsə] *f* ⟨-; -n⟩ *bot. cf.* Kornelkirsche 1.

'her,locken (*getr.* -k·k-) *v/t* ⟨*sep,* -ge-, h⟩ (*Tier, Person*) lure (*od.* entice) here.

'her,ma·chen I *v/reflex* ⟨*sep,* -ge-, h⟩ *colloq.* **1.** sich über (*acc*) etwas ~ a) (*über Arbeit etc*) to set about s.th., to tackle s.th., b) (*über Essen etc*) to attack s.th., to pitch into s.th. – **2.** sich über j-n ~ *cf.* herfallen 1. – **II** *v/t* **3.** etwas ~ (*von besonderer Wirkung sein*) to be effective, to make an effect: viel ~ to be of great effect, to be impressive; das macht doch gar nichts her that is of no effect whatsoever; viel von etwas ~ to make a great fuss over s.th.

Her·man·dad [hɛrman'da:t] *f* ⟨-; *no pl*⟩ **1.** *hist.* (*altkastilischer Städtebund*) hermandad, *auch* Hermandad: die Heilige ~ the Holy Brotherhood (*1486*). – **2.** *humor.* (the) police.

ˈHer·manns|ˌdenkˌmal *n* memorial to Arminius. — **~ˌschlacht** *f hist.* Battle of the Teutoburg Forest (*9 A.D.*).
Herm·aphro·dit [hɛrmafroˈdiːt] *m* ⟨-en; -en⟩ *biol.* hermaphrodite. — **herm·aphro·ˈdi·tisch** *adj* hermaphroditic, *auch* hermaphroditical. — **Herm·aphro·diˈtis·mus** [-diˈtɪsmʊs] *m* ⟨-; *no pl*⟩ hermaphroditism, hermaphrodism.
Her·me [ˈhɛrmə] *f* ⟨-; -n⟩ (*art*) (*Büstensäule*) herm, herma.
Her·me·lin[1] [hɛrməˈliːn] *n* ⟨-s; -e⟩ **1.** *zo.* ermine, stoat (*Mustela erminea*). – **2.** *her.* ermine.
Her·meˈlin[2] *m* ⟨-s; -e⟩ (*Hermelinpelz*) ermine (fur): mit ~ besetzt ermined.
Her·meˈlin|ˌfal·ter *m zo.* ermine moth (*Fam. Arctiidae*). — **~ˌman·tel** *m* ermine coat. — **~ˌpelz** *m cf.* Hermelin[2]. — **~ˌspin·ner** *m zo.* puss moth (*Dicranura vinula*).
Her·me·neu·tik [hɛrmeˈnɔʏtɪk] *f* ⟨-; *no pl*⟩ hermeneutics *pl* (*usually construed as sg*). — **her·meˈneu·tisch** *adj* hermeneutic(al).
Her·mes [ˈhɛrmɛs] *npr m* ⟨-; *no pl*⟩ *myth.* Hermes (*Greek god of commerce, messenger of the gods*). — **~ˌsäu·le** *f cf.* Herme. — **~ˌsta·tue** *f* statue of Hermes.
her·me·tisch [hɛrˈmeːtɪʃ] **I** *adj* hermetic(al). – **II** *adv* ~ verschlossen hermetically sealed; etwas ~ abriegeln to seal off s.th.
Her·mi·no·nen [hɛrmiˈnoːnən] *pl hist.* Herminones, Hermiones.
Her·mi·ta·ge [(h)ɛrmiˈtaːʒə] *m* ⟨-; *no pl*⟩ (*franz. Wein*) Hermitage.
Her·mun·du·ren [hɛrmʊnˈduːrən] *pl hist.* Hermunduri.
ˈherˌmüs·sen *v/i* ⟨*irr, sep,* -ge-, h⟩ *colloq.* **1.** have (*od.* be obliged) to come (here). – **2.** das muß her! I've (*od.* we've) got to get that!
her·nach [hɛrˈnaːx] *adv* after (that), after[ward(s), later (on).]
Her·nan·die [hɛrˈnandĭə] *f* ⟨-; -n⟩ *bot.* jack-in-a-box (*Hernandia sonora*).
ˈherˌneh·men *v/t* ⟨*irr, sep,* -ge-, h⟩ **1.** get, take: wo soll ich das Geld ~? where shall I get the money from? wo soll ich's denn ~ und nicht stehlen? where am I supposed to get it from without stealing? wo nimmt er das Recht dazu her, sie zu kritisieren? what makes him think he has any right to criticize her? what gives him the right to criticize her? – **2.** (sich *dat*) j-n ~ a) to take s.o. to task, b) to give s.o. a (good) talking-to; j-n richtig ~ to make s.o. work hard (*od. colloq.* sweat).
Her·nie [ˈhɛrnĭə] *f* ⟨-; -n⟩ **1.** *med.* hernia, rupture. – **2.** *bot.* (*Pflanzenkrankheit*) club-root, *Br.* club-root.
her·nie·der [hɛrˈniːdər] *adv poet. for* herab, herunter.
her·nie·der... *cf.* herab..., herunter...
Her·nio·to·mie [hɛrnĭotoˈmiː] *f* ⟨-; -n [-ən]⟩ *med.* herniotomy.
ˈherˌnö·ti·gen *v/t* ⟨*sep,* -ge-, h⟩ j-n ~ to urge s.o. to come.
He·ro [ˈheːro] *npr f* ⟨-; *no pl*⟩ *myth.* Hero.
her·oben [hɛˈroːbən] *adv Southern G. and Austrian* up here.
He·ro·des [heˈroːdɛs] *npr m* ⟨-; *no pl*⟩ *hist.* Herod. — **heˈro·disch** [-dɪʃ] *adj* Herodian.
He·roe [heˈroːə] *m* ⟨-n; -n⟩ *cf.* Heros.
heˈro·en|haft *adj* heroic, *auch* heroical. — **H~ˌkult** *m* hero worship, *Br.* hero-worship.
Heˈro·en·tum *n* ⟨-s; *no pl*⟩ heroism.
Heˈro·enˌzeitˌal·ter *n* heroic age.
He·roi·de [heroˈiːdə] *f* ⟨-; -n⟩ *meist pl* (*literature*) heroid: Ovids ~n Ovid's Heroids.
He·ro·in[1] [heroˈiːn] *n* ⟨-s; *no pl*⟩ *med. pharm.* heroin, *auch* heroine ($C_{21}H_{23}NO_5$).
He·ro·in[2] [heˈroːɪn] *f* ⟨-; -nen⟩ *cf.* a) Heldin 1, b) Heroine 1.
He·roi·ne [heroˈiːnə] *f* ⟨-; -n⟩ **1.** (*theater*) heroine. – **2.** *myth.* (*Halbgöttin*) demigoddess, heroine.
he·ro·isch [heˈroːɪʃ] **I** *adj* **1.** (*Zeitalter etc*) heroic, *auch* heroical. – **2.** *metr.* (*Vers etc*) heroic. – **3.** (*art*) heroic, *auch* heroical: ~e Landschaft (*in der Malerei*) a) heroic landscape, b) (*mit mythologischen Figuren*) monumental landscape. – **II** *adv* **4.** heroically. — **~-ˈko·misch** *adj* heroicomic(al).
he·roi·sie·ren [heroiˈziːrən] *v/t* ⟨*no* ge-, h⟩ j-n ~ to heroize (*Br. auch* -s-) s.o.
He·ro·is·mus [heroˈɪsmʊs] *m* ⟨-; *no pl*⟩ heroism.
He·rold [ˈheːrɔlt] *m* ⟨-(e)s; -e⟩ **1.** *hist.* herald. – **2.** *fig.* (*Vorbote*) herald, harbinger, forerunner, *Br.* fore-runner.
ˈHe·rolds|ˌamt *n hist.* Heralds' College, College of Arms, Heralds' Office. — **~be·ˌglei·ter** *m* pursuivant. — **~ˌbild** *n meist pl her. cf.* Heroldsstück. — **~ˌdich·tung** *f* (*literature*) heraldic poetry. — **~fiˌgur** *f meist pl cf.* Heroldsstück. — **~ˌkunst** *f* heraldic art, heraldry. — **~ˌrock** *m hist.* tabard: Träger eines ~s taberdar. — **~ˌstab** *m* herald's staff, caduceus (*lit.*). — **~ˌstück** *n meist pl her.* einfaches ~ ordinary.
ˈHe·rons|ˌball [ˈheːrɔns-] *m phys.* Hero's fountain. — **~ˌbrun·nen** *m* (type of) Hero's fountain.
He·ro·on [heˈroːɔn] *n* ⟨-s; Heroa [-ˈroːa]⟩ *antiq.* heroes' temple.
He·ros [ˈheːrɔs] *m* ⟨-; -roen [heˈroːən]⟩ **1.** (*Held*) hero. – **2.** *myth. cf.* Halbgott.
He·ro·strat [heroˈstraːt] *m* ⟨-en; -en⟩ wanton seeker after fame (*od.* glory). — **He·roˈstra·ten·tum** *n* ⟨-s; *no pl*⟩ wanton thirst for fame (*od.* glory). — **he·roˈstra·tisch** *adj* (*Tat*) wanton, ruthless.
Her·pes [ˈhɛrpɛs] *m* ⟨-; *no pl*⟩ *med.* herpes. — **her·pe·tisch** [hɛrˈpeːtɪʃ] *adj* herpetic.
Her·pe·to·lo·ge [hɛrpetoˈloːgə] *m* ⟨-n; -n⟩ *zo.* herpetologist. — **Her·pe·to·loˈgie** [-loˈgiː] *f* ⟨-; *no pl*⟩ herpetology. — **her·pe·toˈlo·gisch** *adj* herpetologic(al).
ˈherˌplap·pern *v/t* ⟨*sep,* -ge-, h⟩ *colloq.* reel (*od.* rattle) off.
Herr [hɛr] *m* ⟨-n; -en⟩ **1.** (*Mann*) gentleman: ein älterer ~ an elderly gentleman; ein besserer ~ a distinguished gentleman; ein freundlicher ~ a friendly gentleman; ein ~ wünscht Sie zu sprechen a gentleman wishes to speak to you, there is a gentleman to see you; ein feiner ~, muß ich schon sagen *iron.* a fine gent, I must say; die ~en der Schöpfung *humor.* the lords of creation; „~en" (*Aufschrift an Toiletten*) "Gentlemen", "Men", "Gents" (*colloq.*); „Alles für den ~n" (*Ladenaufschrift*) "Everything for the well-dressed man"; was wünscht der ~? a) (*im Geschäft*) can I help you? what can I do for you? b) (*Frage des Kellners*) what would you like, Sir? – **2.** (*in Verbindung mit Name od. Titel*) Mr., *bes. Br. auch* Mr: ~ Brown Mr. Brown; ~n W. Brown (*als Briefanschrift*) Mr. W. Brown, *Br. meist* W. Brown, Esq.; die ~en Brown und Miller Mr. Brown and Mr. Miller, Messrs. Brown and Miller. – **3.** (*als Anrede*) a) mein ~! sir; meine ~en! gentlemen; aber meine ~en! gentlemen, please; mein lieber ~! *iron.* my dear Sir; gnädiger ~ Sir; Herr Professor (X) Professor (X); ~ Präsident! a) Mr. President! b) (*im Parlament*) Mr. Speaker; der ~ Doktor sagte the doctor said; ~ Ober, bitte zahlen! waiter, the bill, please; wie geht es Ihrem ~n Vater? how is your father? b) (*in Briefen*) Sehr geehrter ~ Müller! Lieber ~ Müller! Dear Mr. Müller; Sehr geehrte ~(e)n! *econ.* Dear Sirs, Gentlemen. – **4.** (*Gebieter, Besitzer*) master, (*bes. adliger*) *auch* lord: der ~ des Hauses the master of the house; ~ im (eigenen) Hause sein to be master in one's (own) house; sein eigener ~ sein to be one's own master (*od. colloq.* boss); sein ~ und Gebieter his lord and master; (in j-m) seinen ~n und Meister finden a) to meet one's match (in s.o.), b) to find one's ideal (in s.o.); aus aller ~en Länder from all over the world, from all quarters of the globe; in aller ~en Länder all over the world, in the whole world; der hohe ~ *humor.* the boss, the chief (*beide colloq.*); ein treuer Diener seines ~n a faithful servant of his master; ~ und Knecht master and man; ~ über Leben und Tod master over life and death; ~ über sich (selbst) sein to be master of oneself, to have oneself under control; er war nicht mehr ~ seiner Sinne he no longer had control of himself; sich zum ~n über (*acc*) etwas machen to get the mastery of s.th.; ~ der Lage (*od.* Situation) sein to be master of the situation; den großen ~n spielen *colloq.* to play the big boss, to act big (*colloq.*), *bes. Br.* to come the fine gentleman; den feinen ~n spielen *colloq.* to play the fine gentleman; er duldet keinen ~n über (*dat*) sich he does not tolerate any superior; der Schwierigkeiten ~ werden to master one's difficulties; die Polizei konnte ihrer nicht mehr ~ werden the police were not able to control them; sie wurden des Feuers nicht ~ they could not get the fire under control; niemand kann zwei ~en dienen no man can serve two masters; → Gescherr. – **5.** der ~ *relig.* God, the Lord: ~ Jesus Lord Jesus; der Tag des ~n the Lord's Day, Sunday; zum Tisch des ~n gehen to take Holy Communion; Geliebte im ~n my beloved brethren, brethren in God; ~ der Heerscharen Lord of hosts; im Jahre des ~n in the year of our Lord, anno domini, A.D.; geistlicher ~ clergyman; im ~n entschlafen, selig im ~n sterben to die in the Lord; ~ des Himmels! (*Ausruf*) Good Lord (*od.* Heavens)! ein gewaltiger Jäger vor dem ~n a mighty hunter before the Lord; den Seinen gibt's der ~ im Schlaf (*Sprichwort*) *etwa* those whom the Lord loves he blesses unawares. – **6.** *colloq.* mein alter ~ (*Vater*) my father; my governor, my old man (*colloq.*); Alter ~ *ped.* a) old man (*colloq.*), b) *former member of a German fraternity* (*Br. students' society*). – **7.** freier ~ *hist.* a) (freeborn, *Br.* free-born) nobleman, b) thane.
ˈHerr·chen *n* ⟨-s; -⟩ **1.** *oft iron.* little gentleman. – **2.** *contempt.* (*Stutzer*) dandy, fop. – **3.** (*eines Hundes*) master.
ˈherˌrei·chen I *v/t* ⟨*sep,* -ge-, h⟩ give, hand, pass: kannst du mir die Butter ~? will you pass me the butter? – **II** *v/i* reach to here.
ˈHerˌrei·se *f* **1.** journey here. – **2.** *cf.* Rückreise. — **ˈherˌrei·sen** *v/i* ⟨*sep,* -ge-, sein⟩ travel (*od.* come) here.
ˈHer·ren|ˌabend *m* gentlemen's evening party, stag party, *Br.* stag-party (*colloq.*). — **~ˌanˌzug** *m* (gentle)man's suit. — **~ˌarmˌbandˌuhr** *f* (gentle)man's wristwatch (*Br.* wrist watch). — **~arˌti·kel** *pl* (gentle)men's wear *sg* (*od.* furnishings). — **~ˌausˌstat·ter** *m* (gentle)men's outfitter, *Am.* haberdasher. — **~beˌgleiˌtung** *f* in ~ accompanied by a (gentle)man, in the company of a (gentle)man. — **~beˌkannt·schaft** *f* **1.** gentleman friend. – **2.** sie hat eine ~ gemacht she has made a gentleman's acquaintance. — **~beˌklei·dung** *f* (gentle)men's wear. — **~beˌklei·dungs·geˌschäft** *f Am.* (gentle)men's clothing store, *Br.* (gentle)men's outfitters *pl.* — **~beˌsuch** *m* **1.** visit from (*od.* of) a (gentle)man. – **2.** (gentle)man visitor: ~ ist nicht gestattet male visitors are not allowed. — **~ˌblu·me** *f bot. cf.* Studentenblume. — **~ˌdienst** *m hist.* corvée. — **~ˌdop·pel** *n* (*sport*) (*beim Tennis etc*) men's doubles *pl.* — **~ˌein·zel** *n* men's singles *pl.* — **~ˌes·sen** *n* dinner for men only, stag dinner (*colloq.*). — **~ˌfah·rer** *m* **1.** amateur (*od.* sports) driver. – **2.** (*sport*) owner-driver. — **~ˌfahrˌrad** *n* man's bicycle (*od. colloq.* bike). — **~friˌseur** *m* barber, *Br. auch* (gentle)men's hairdresser. — **~geˌsell·schaft** *f cf.* a) Herrenabend, b) Herrenbegleitung. — **~ˌgut** *n* manor, domain, (*bes. in Schottland*) lairdship. — **~ˌhaus** *n* **1.** manor house, *Br.* manor-house. – **2.** *pol. hist.* upper chamber (*of parliament or legislative body*). — **~ˌhemd** *m* man's shirt. — **~ˌhof** *m cf.* Herrensitz 1. — **~ˌho·se** *f* (gentle)men's trousers *pl* (*od.* pants *pl*, slacks *pl*). — **~ˌhut** *m* (gentle)man's hat. — **~ˌkir·sche** *f bot. cf.* Kornelkirsche 1. — **~ˌklei·dung** *f* (gentle)men's clothing (*od.* wear). — **~kon·fek·tiˌon** *f* (gentle)men's ready-made clothing. — **~ˌle·ben** *n* ⟨-s; *no pl*⟩ high life, life of luxury: ein ~ führen to live like a lord (*od.* king), *Am. colloq.* to live the life of Riley. — **h~los** *adj* **1.** *jur.* (*Sache*) a) ownerless, unclaimed, b) abandoned: ~e Güter unclaimed goods (*od.* property *sg*), derelicts. – **2.** (*Fahrzeug etc*) driverless. – **3.** (*Tier etc*) without (a) master: ein ~er Hund a) a dog without (a) master, b) (*streunender*) a stray dog. — **~ˌman·tel** *m* (gentle)man's overcoat. — **~ˌmei·ster·schaft** *f* (*sport*) men's championship. — **~ˌmensch** *m pol. hist.* member of the master race, herrenmensch, *auch* Herrenmensch. — **~ˌmo·de** *f* (gentle)men's fashions *pl.* — **~ˌober·beˌklei·dung** *f* (gentle)men's outerwear. — **~parˌtie** *f* (gentle)men's outing. — **~ˌpilz** *m bot. cf.* Steinpilz. — **~ˌrad** *n cf.* Herrenfahrrad. — **~ˌras·se** *f pol. hist.* master race, herrenvolk, *auch* Herrenvolk. — **~ˌrei·ter** *m* gentleman rider. — **~ˌsat·tel** *m* (man's) saddle: im ~ reiten to ride astride. — **~ˌschirm** *m* (gentle)man's umbrella. — **~ˌschmuck** *m bot.* (*Färberscharte*) dyer's sawwort (*Br.* saw-wort) (*Serratula tinctoria*). — **~ˌschnei·der** *m* (gentle)men's tailor.

— ~ˌ**schnitt** *m* bobbed hair, shingle, *bes. Br.* Eton crop. — ~ˌ**schuh** *m* (gentle)man's shoe. — ~ˌ**schwamm** *m bot. cf.* Steinpilz. — ~ˌ**sitz** *m* **1.** manor. – **2.** (*sport*) riding astride: im ~ reiten to ride astride. — ~ˌ**socke** *f*, ~ˌ**socken** (*getr.* -k·k-) *m meist pl* (gentle)men's sock. — ~ˌ**strumpf** *m meist pl* (gentle)men's stocking, hose *sg.* — ~ˌ**täub·ling** *m bot.* (*Brätling*) orange agaric (*Agaricus deliciosus*). — ~ˌ**tie·re** *pl zo.* primates (*Ordng Primates*). — ~**toiˌlet·te** *f* (gentle)men's lavatory (*od.* toilet). — ~ˌ**unterˌho·se** *f* men's underpants *pl* (*od.* drawers *pl*, shorts *pl*). — ~ˌ**un·terˌwä·sche** *f* (gentle)men's underwear. — ~ˌ**volk** *n pol. hist.* master race, herrenvolk, *auch* Herrenvolk. — ~ˌ**wä·sche** *f* (gentle)men's shirts and underwear. — ~ˌ**zim·mer** *n* **1.** study, den. – **2.** (*Bibliothek*) library. – **3.** (*Rauchzimmer*) smoking room.

'**Herrˌgott** *m* ⟨-(e)s; *no pl*⟩ (the) Lord, God: dem lieben ~ den Tag stehlen *colloq.* to idle about the whole day, to wile away the day; ~ noch (ein)mal! (*Fluch*) God damn!

'**Herrˌgotts|ˌfrü·he** *f only in* in aller ~ aufstehen to get up at daybreak (*od.* at the crack of dawn, *Am. auch* with the chickens). — ~ˌ**kä·fer** *m zo.* ladybird, *bes. Am.* ladybug (*Fam. Coccinellidae*). — ~ˌ**kraut** *n bot. cf.* Schöllkraut. — ~ˌ**schnitzer** *m* carver of crucifixes (and religious figures). — ~ˌ**win·kel** *m Southern G. and Austrian a corner of a room with a crucifix (and other religious objects).*

'**herˌrich·ten I** *v/t* ⟨*sep*, -ge-, h⟩ **1.** (*vorbereiten*) prepare: die Geschäfte sind schon weihnachtlich hergerichtet the shops already have the Christmas decorations up; ein belegtes Brot ~ to make a sandwich; ein Bett für die Nacht ~ to make up a bed for the night. – **2.** (*zusammenstellen*) arrange: alles für einen Empfang ~ to arrange everything for a reception; eine Tafel festlich ~ to set a table for a festive occasion. – **3.** (*fertigmachen*) get (*s.th.*) ready. – **4.** (*in Ordnung bringen*) clean (*od.* tidy) up. – **5.** (*Zimmer etc*) do up, redecorate, refurbish. – **6.** (*altes Haus etc*) renovate. – **7.** *colloq.* (*schön aufmachen*) do (*s.th.*) up, spruce (*s.th.*) up. – **II** *v/reflex* sich ~ **8.** *colloq.* smarten (*od.* spruce) oneself up. – **9.** (*mit Schminke etc*) fix (*od.* make) oneself up. – **III H~** *n* ⟨-s⟩ **10.** *verbal noun.* – **11.** preparation. – **12.** arrangement. – **13.** renovation.

'**Her·rin** *f* ⟨-; -nen⟩ mistress, lady: ~ der Welt *fig.* (*das alte Rom*) Mistress of the World.

'**her·risch I** *adj* **1.** (*gebieterisch*) domineering, imperious, dictatorial, commanding, masterful: in einem ~en Ton reden to speak in an imperious tone; er hat ein ~es Wesen he is very domineering. – **2.** (*hochmütig*) haughty, arrogant, lordly. – **3.** (*brüsk*) authoritative, peremptory. – **4.** (*hochfahrend, anmaßend*) high-handed, overbearing. – **5.** (*barsch, rauh*) rough, bullying. – **II** *adv* **6.** ~ auftreten to have an overbearing manner.

'**Herˌritt** *m* ride here (*od. lit.* hither).

ˌ**herr'je(·mi·ne)** [-'jeː(mine)], ˌ**herr'jes·ses** [-'jɛsəs] *interj* goodness! good gracious! dear me!

'**herr·lich I** *adj* **1.** (*großartig*) magnificent; grand, great (*colloq.*): eine ~e Aussicht a magnificent view. – **2.** (*wunderbar*) wonderful, marvelous, *bes. Br.* marvellous, splendid, grand (*colloq.*), *Am. sl.* swell: wäre das nicht ~? *colloq.* wouldn't that be wonderful? – **3.** (*entzückend*) delightful, lovely: ~e Ferien verbringen to spend (*od.* have) a delightful (*od.* marvel[l]ous, glorious) holiday (*Am.* vacation). – **4.** (*strahlend*) glorious: ein ~er Sonnenuntergang [Sieg] a glorious sunset [victory]. – **II** *adv* **5.** du siehst ja ~ aus! *iron.* you look great, I must say; you (do) look a sight; ~ und in Freuden leben *Bibl.* to live in the lap of luxury (*od.* sumptuously). — '**Herr·lich·keit** *f* ⟨-; -en⟩ **1.** ⟨*only sg*⟩ (*Großartigkeit*) magnificence, grandeur. – **2.** (*Pracht*) splendor, *bes. Br.* splendour: die ~en der Welt the splendo(u)rs (*od.* glories) of the world. – **3.** *pl* wonderful (*od. lit.* wondrous) things: die Kinder bewunderten all die ~en the children admired all the wonderful things (*od.* gifts). – **4.** ⟨*only sg*⟩ *colloq. iron.* (*in Wendungen wie*) das ist die ganze ~ that's the whole mess; diese (ganze) ~ wird nicht lange dauern this glorious (*od.* fine) state of affairs won't last long; da war es mit der (ganzen) ~ vorbei then everything was over. – **5.** ⟨*only sg*⟩ *bes. relig.* glory, majesty: die ~ Gottes the glory (*od.* majesty) of God; Salomon in all seiner ~ Solomon in all his glory. – **6.** Seine [Ihre] ~ (*Anrede*) his [your] lordship.

Herrn·hu·ter ['hɛrnˌhuːtər] *m* ⟨-s; -⟩ *relig.* Moravian, Herrnhuter: ~ Brüdergemeine Moravian Church: Mitglieder der ~ Brüdergemeine Moravian Brethren. — '**herrnˌhu·tisch** *adj* (*Frömmigkeit etc*) Moravian.

'**Herr·schaft I** *f* ⟨-; -en⟩ **1.** ⟨*only sg*⟩ (über *acc* over) rule, dominion, control, power, sway (*lit.*): die absolute (*od.* unumschränkte) ~ absolute rule (*od.* power); etwas unter seine ~ bringen to bring s.th. under one's control (*od.* sway); die ~ ergreifen [an (*acc*) sich reißen] to take over [to seize] control, to seize power; unter j-s ~ stehen to be under s.o.'s rule, to be ruled by s.o.; die ~ über (*acc*) etwas [j-n] ausüben to rule (*od.* control) s.th. [s.o.]; gemeine ~ *Swiss hist.* territory under joint administration. – **2.** ⟨*only sg*⟩ (*eines Monarchen*) reign. – **3.** ⟨*only sg*⟩ (*Vorherrschaft*) supremacy: die ~ der Vernunft *fig.* the supremacy of reason. – **4.** ⟨*only sg*⟩ (*Kontrolle*) control: die ~ über sich [ein Auto] verlieren to lose control of (*od.* over) oneself [a car]. – **5.** *pl* (*bes. feine Leute*) ladies and gentlemen: ältere [hohe] ~en elderly [high-ranking] ladies and gentlemen; meine ~en! (*Anrede*) a) ladies and gentlemen, b) (*nur für Herren*) gentlemen, c) *colloq. humor.* (*für Kinder, Jugendliche*) boys and girls, all of you; meine alten ~en (*Eltern*) *colloq.* my parents, my folks (*colloq.*); würden die ~en bitte Platz nehmen ladies and gentlemen, please take your seats (*od.* please be seated). – **6.** *bes. collect.* (*gegenüber den Dienstboten*) master and mistress: die ~ ist nicht zu Hause Mr. and Mrs. X are not at home; behandelt dich deine ~ gut? does your master (*od.* mistress) treat you well? – **7.** *sociol.* authority, leadership. – **8.** *jur. hist.* (*größerer Landbesitz*) domain, demesne, territory, seigniory. – **9.** *pl relig.* (*Engelsordnung*) dominions, dominations. – **II** *interj* **10.** ~ (noch mal)! confound (*od. colloq.* drat) it!

'**herr·schaft·lich** *adj* **1.** (*Besitz etc*) lordly: ~es Haus lordly mansion. – **2.** (*Wohnung etc*) elegant, grand. – **3.** (*Diener*) in the service of a distinguished person. – **4.** of (*od.* belonging to) the master (*od.* mistress). – **5.** *hist.* a) (*geerbter Besitz*) manorial, seignorial, b) (*Rechte*) territorial.

'**Herr·schafts|ˌanˌspruch** *m pol.* claim to power. — ~**beˌreich** *m*, ~**geˌbiet** *n jur. cf.* Hoheitsgebiet. — ~ˌ**recht** *n* sovereignty, sovereign rights *pl*: unbeschränktes ~ dominium. — ~ˌ**überˌtra·gung** *f* demise.

'**Herrsch|beˌgier·de** *f* lust (*od.* greed, thirst) for power. — **h~beˌgie·rig** *adj* greedy (*od.* thirsty) for power.

herr·schen ['hɛrʃən] *v/i* ⟨h⟩ **1.** rule: über (*acc*) etwas ~ to rule over s.th., to hold dominion (*od. lit.* sway) over s.th.; über j-n ~ to rule (*od.* dominate) s.o.; despotisch ~ to rule like a despot; unumschränkt ~ to rule absolutely. – **2.** (*regieren*) govern. – **3.** (*von Monarchen*) reign. – **4.** (*in Mode sein*) be in vogue. – **5.** *fig.* be, prevail, reign, predominate: es herrschte zehn Jahre lang Frieden peace prevailed (*od.* reigned) for ten years, there was peace for ten years; es herrschte allgemeine Trauer there was general (*od.* universal) mourning. – **6.** *fig.* be: in unserem Betrieb herrscht Ordnung in our company everything is well under control (*od.* everything runs smoothly); es herrscht hoher Seegang *mar.* there is a high sea; es herrscht große Kälte [Hitze] it is very cold [hot]. – **7.** *fig.* (*verbreitet sein*) be rife (*od.* prevalent), prevail, rage: Hunger und Armut herrschten im Lande in the country hunger and poverty were rife; es herrschte die Malaria *med.* malaria was rife (*od.* raging). — '**herr·schend I** *pres p.* – **II** *adj* **1.** ruling: die ~e Gesellschaftsschicht the ruling (*od.* governing) class; nach der ~en Lehre according to the ruling doctrine. – **2.** (*König etc*) reigning. – **3.** (*Mode*) in vogue, latest: das ist die ~e Mode that's all the fashion, that's the latest fashion. – **4.** *fig.* (*vorherrschend*) prevailing, prevalent: die ~e Meinung the prevalent opinion; die allgemein ~e Ansicht the general (*od.* current) view; nach dem ~en Sprachgebrauch according to current usage. – **5.** *fig.* (*augenblicklich*) present: unter den ~en Verhältnissen under the present circumstances.

'**Herr·scher** *m* ⟨-s; -⟩ **1.** ruler: rechtmäßiger ~ legitimate (*od.* lawful) ruler; unumschränkter ~ absolute ruler, autocrat; zum ~ geboren sein to be born to rule; j-n als ~ einsetzen to establish s.o. as ruler; j-n zum ~ krönen to crown s.o. ruler. – **2.** (*Souverän*) sovereign. – **3.** (*Monarch*) monarch. — ~**faˌmi·lie** *f* **1.** dynasty. – **2.** (*regierende*) reigning family. — ~**geˌschlecht** *n* dynasty. — ~**geˌwalt** *f* sovereign power, supremacy: j-m die ~ übertragen to confer (*od.* transfer) (sovereign) power on (*od.* to) s.o. — ~ˌ**haus** *n* **1.** dynasty. – **2.** (*regierendes*) ruling house.

'**Herr·sche·rin** *f* ⟨-; -nen⟩ **1.** *cf.* Herrscher 1, 2. – **2.** (*Monarchin*) monarchess.

'**herr·scher·los** *adj* without a ruler: ~e Zeit interregnum.

'**Herr·scher|ˌmie·ne** *f* commanding air (*od. lit.* mien). — ~**naˌtur** *f* **1.** born leader (*od.* ruler). – **2.** domineering person: er ist eine ~ he is domineering. — ~ˌ**paar** *n* ruler (*od.* sovereign, monarch) and consort. — ~ˌ**stab** *m* scepter, *bes. Br.* sceptre. — ~**taˌlent** *n* talent for ruling. — ~ˌ**wür·de** *f* **1.** office of ruler. – **2.** (*eines Monarchen*) crown, sovereign dignity (*od.* rank).

'**Herrschˌsucht** *f* ⟨-; *no pl*⟩ **1.** lust (*od.* greed, thirst) for power. – **2.** (*Herrischkeit*) domineering behavior (*bes. Br.* behaviour) (*od.* quality), domineeringness, bossiness (*colloq.*). — '**herrschˌsüch·tig** *adj* **1.** greedy (*od.* thirsty) for power. – **2.** *cf.* herrisch 1.

'**herˌrücken** (*getr.* -k·k-) **I** *v/t* ⟨*sep*, -ge-, h⟩ etwas ~ to move (*od.* draw) s.th. nearer (*od.* over). – **II** *v/i* ⟨sein⟩ move (*od.* come) nearer (*od.* over): bitte rück doch etwas näher zu mir her please move a little nearer to me.

'**herˌru·fen** *v/t* ⟨*irr, sep*, -ge-, h⟩ **1.** j-n ~ to call s.o. over. – **2.** etwas hinter j-m ~ to shout s.th. after s.o.

'**herˌrüh·ren** *v/i* ⟨*sep*, -ge-, h⟩ **1.** (von to) be due, be attributable, be ascribable: diese Reaktion rührt von seiner Empfindlichkeit her this reaction is due to his touchiness. – **2.** (*herstammen*) (von from) come, result, spring, arise, *auch* stem: das alles rührt nur von deiner Unvorsichtigkeit her that all comes from your carelessness. — '**herˌrüh·rend I** *pres p.* – **II** *adj* ~ von a) due (*od.* attributable, owing) to, b) resulting (*od.* coming, springing) from.

'**herˌsa·gen** *v/t* ⟨*sep*, -ge-, h⟩ **1.** (*auswendig aufsagen*) recite, say: ein Gedicht ~ to recite (*od.* repeat) a poem; der Schüler sagte seine Aufgaben her the pupil said his lessons; etwas wie am Schnürchen ~ to reel (*od.* rattle) s.th. off. – **2.** (*herunterleiern*) say (*s.th.*) by rote, recite (*s.th.*) monotonously.

'**herˌschaf·fen** *v/t* ⟨*sep*, -ge-, h⟩ **1.** etwas ~ to bring s.th. (over). – **2.** *cf.* heranschaffen.

'**herˌschau·en** *v/i* ⟨*sep*, -ge-, h⟩ *cf.* hersehen.

'**herˌschen·ken** *v/t* ⟨*sep*, -ge-, h⟩ *Southern G. and Austrian* (*Vermögen etc*) give (*s.th.*) away: ich habe nichts herzuschenken I have nothing to give away.

'**herˌsche·ren** *v/reflex* ⟨*sep*, -ge-, h⟩ sich ~ *colloq.* to come quick(ly) (*od.* at once): scher dich her! come quick(ly) (*od.* at once)! get over here! (*colloq.*).

'**herˌschicken** (*getr.* -k·k-) ⟨*sep*, -ge-, h⟩ send (*s.th., s.o.*) over (here): schick ihn her! send him over (here)! tell him to come here!

'**herˌschie·ben** *v/t* ⟨*irr, sep*, -ge-, h⟩ etwas ~ to move (*od.* push, shove) s.th. over (*od.* nearer): etwas vor sich ~ a) (*Karren etc*) to push s.th. ahead of (*od.* before) one, b) *fig. colloq.* (*unangenehme Arbeit etc*) to put (*od.* keep putting) s.th. off.

'**herˌschie·ßen I** *v/t* ⟨*irr, sep*, -ge-, h⟩ **1.** shoot (*s.th.*) this way (*od.* in this direction). – **II** *v/i* **2.** ⟨h⟩ shoot this way (*od.* in this direction). – **3.** ⟨sein⟩ (*von Tier etc*) come shooting (here).

'**herˌschlei·chen** *v/i* ⟨*irr, sep*, -ge-, sein⟩ *u.* sich ~ *v/reflex* ⟨h⟩ sneak (*od.* creep) over (*od.* nearer): hinter j-m ~ to sneak after s.o.

'**herˌschlep·pen I** *v/t* ⟨*sep*, -ge-, h⟩ drag

(*od.* lug) (*s.th., s.o.*) over (here). – **II** *v/reflex* sich ~ drag oneself over (here): der Hund schleppte sich hinter seinem Herrn her the dog trailed along behind its master.

'herˌschrei·ten *v/i* ⟨*irr, sep*, -ge-, sein⟩ vor [neben, hinter] j-m [etwas] ~ to stride in front of [next to, behind] s.o. [s.th.].

'herˌschwim·men *v/i* ⟨*irr, sep*, -ge-, sein⟩ swim over (here): neben j-m ~ to swim alongside s.o.

'herˌse·hen *v/i* ⟨*irr, sep*, -ge-, h⟩ look (over) here: er sah nicht her he was not looking (this way); seht mal her! look here!

'herˌseh·nen I *v/reflex* ⟨*sep*, -ge-, h⟩ sich ~ long (*od.* yearn) to be here. – **II** *v/t colloq. for* herbeisehnen.

'herˌsen·den *v/t* ⟨*irr, sep*, -ge-, h⟩ *cf.* herschicken.

'herˌset·zen I *v/t* ⟨*sep*, -ge-, h⟩ **1.** etwas ~ to put s.th. down (here), to place s.th. here. – **2.** j-n ~ to place s.o. here. – **II** *v/reflex* sich ~ **3.** sit down: setz dich her zu mir! sit down beside me.

'herˌsprin·gen *v/i* ⟨*irr, sep*, -ge-, sein⟩ jump (*od.* spring, leap) over (here).

'herˌstam·men *v/i* ⟨*sep*, -ge-, h⟩ (von from) **1.** *cf.* herrühren. – **2.** *colloq.* (*aus einem Land etc*) come, hail: (von) wo stammst du her? a) where do you come from? b) what nationality are you? – **3.** (*von einer Familie etc*) descend: von einer adligen Familie ~ to descend (*od.* be descended) from a noble family. – **4.** *colloq.* (*herkommen*) be, come: wo stammt das Buch her? where is the book from? where did you get the book? – **5.** (*von Ideen, Wörtern*) originate, be derived: das Wort stammt aus dem Griechischen her the word is derived from the Greek. – **6.** *biol.* (*von Eigenschaften etc*) inherit.

'herˌstell·bar *adj* producible, capable of being produced, manufacturable.

'herˌstel·len I *v/t* ⟨*sep*, -ge-, h⟩ **1.** *econ.* (*erzeugen*) manufacture, produce, make: Autos ~ to manufacture cars; in Deutschland hergestellt made in Germany; etwas serienmäßig (*od.* in Massenproduktion) ~ to mass-produce s.th.; etwas maschinell ~ to make (*od.* produce) s.th. by machine; die Maschine stellt in der Minute 100 Stück her the machine turns out a hundred a minute. – **2.** *fig.* (*Ordnung, Gleichgewicht etc*) establish: eine Verbindung mit j-m [etwas] ~ a) to make contact with s.o. [s.th.], b) *tel.* to put a call through to s.o. [s.th.]; Geschäftsverbindungen zu j-m ~ to establish business relations with s.o.; die Tür stellt eine Verbindung zwischen Haus und Garage her the door connects the house with the garage. – **3.** *electr.* (*Stromkreis*) close, make. – **4.** *colloq.* (*hierherstellen*) put (*od.* place) (*s.th.*) here. – **5.** *chem.* prepare. – **6.** *print.* (*film*) produce. – **II** *v/reflex* sich ~ **7.** *colloq.* stand: sich ~ und warten to stand waiting; sie stellte sich zu mir her she came over to me. – **III H~** *n* ⟨-s⟩ **8.** *verbal noun.* – **9.** *cf.* Herstellung.

'Herˌstel·ler *m* ⟨-s; -⟩ **1.** *econ.* producer, manufacturer, maker. – **2.** *print.* (*film*) production manager. — **~ˌfir·ma** *f* manufacturing firm. — **~ˌwerk** *n* manufacturer(s *pl*), maker(s *pl*).

'Herˌstel·lung *f* ⟨-; *no pl*⟩ **1.** *cf.* Herstellen. – **2.** *econ.* (*von Gütern*) manufacture, production: lizenzmäßige ~ manufacturing under licence (*Am.* license); serienmäßige ~ mass production. – **3.** *fig.* (*des Friedens etc*) establishment. – **4.** *print.* (*film*) production. – **5.** *print.* production department. – **6.** *fig.* (*Genesung*) recovery.

'Herˌstel·lungs|beˌtrieb *m* manufacturing plant (*od.* enterprise). — **~ˌgang** *m* process of production. — **~ˌko·sten** *pl* production (*od.* manufacturing) costs, cost *sg* of production (*od.* manufacture). — **~ˌland** *n* **1.** producing (*od.* producer) country. – **2.** (*Ursprungsland*) (country of) origin. — **~ˌpreis** *m* cost of manufacture. — **~verˌfah·ren** *n* manufacturing process, process (*od.* method) of manufacture.

'Herˌstrich *m mus.* (*bei Streichern*) down-bow.

'herˌstür·zen I *v/i* ⟨*sep*, -ge-, sein⟩ rush (*od.* dash) over (here). – **II** *v/reflex* ⟨h⟩ sich über (*acc*) etwas [j-n] ~ to throw (*od.* fling) oneself (up)on s.th. [s.o.]: sich über das Essen ~ to pitch into the food.

'herˌtra·gen *v/t* ⟨*irr, sep*, -ge-, h⟩ carry (*od.* bring, bear) (*s.th.*) over (here): etwas vor (*dat*) sich ~ to carry s.th. before oneself.

'herˌtrei·ben *v/t* ⟨*irr, sep*, -ge-, h⟩ drive (*s.th.*) over (*od.* nearer): etwas vor (*dat*) sich ~ to drive s.th. before (*od.* ahead of) oneself; einen Ball vor sich ~ (*mit kurzen Stößen*) to dribble a ball.

Hertz [hɛrts] *n* ⟨-; -⟩ *phys.* hertz, cycle per second: 450 ~ 450 hertz. — **'Hertz·sche 'Wel·len** *phys.* Hertzian waves.

her·üben [hɛ'ry:bən] *adv Southern G. and Austrian* **1.** over here. – **2.** on this side.

herüber [hɛ'ry:bər] *adv* (*von dort drüben nach hierher*) over (here), across: hier ~! this way! to this side! ~ und hinüber this way and that way, to and fro, hither and thither.

her'über|beˌmü·hen I *v/t* ⟨*sep, no* -ge-, h⟩ j-n ~ to trouble s.o. to come over (*od.* across). – **II** *v/reflex* sich ~ trouble oneself to come over, be so kind as to come over (*od.* across). — **~ˌbit·ten** *v/t* ⟨*irr, sep*, -ge-, h⟩ j-n ~ a) to ask s.o. to come over (*od.* across), b) (*aus seinem Haus*) to ask s.o. round, to ask (*od.* invite) s.o. over. — **~ˌblicken** (*getr.* -k·k-) *v/i* ⟨*sep*, -ge-, h⟩ (zu at) look (*od.* glance) over (*od.* across). — **~ˌbrin·gen** *v/t* ⟨*irr, sep*, -ge-, h⟩ j-n [etwas] ~ a) to bring s.o. [s.th.] over (*od.* across), b) (*vom Haus nebenan*) to bring s.o. [s.th.] round (*od.* over), c) (*über einen Fluß, eine Grenze etc*) to bring s.o. [s.th.] across. — **~ˌdür·fen** *v/i* ⟨*irr, sep*, -ge-, h⟩ *colloq.* be allowed to come over (*od.* across). — **~ˌflie·gen** *v/i* ⟨*irr, sep*, -ge-, sein⟩ fly over (*od.* across). — **~ˌge·ben** *v/t* ⟨*irr, sep*, -ge-, h⟩ *cf.* herüberreichen 1. — **~geˌlan·gen** *v/i* ⟨*sep*, *pp* herübergelangt, sein⟩ get over (*od.* across). — **~ˌhel·fen** *v/i* ⟨*irr, sep*, -ge-, h⟩ j-m ~ to help s.o. (to get) over (*od.* across). — **~ˌho·len** *v/t* ⟨*sep*, -ge-, h⟩ fetch (*od.* bring) (*s.o., s.th.*) over (*od.* across). — **~ˌklet·tern** *v/i* ⟨*sep*, -ge-, sein⟩ climb over (*od.* across): über (*acc*) etwas ~ to climb over (*od.* across) s.th. — **~ˌkom·men** *v/i* ⟨*irr, sep*, -ge-, sein⟩ **1.** (*auf Besuch*) come round (*od.* over). – **2.** (*herkommen*) come over (*od.* across); er ist vom Kontinent herübergekommen he has come over from the Continent. — **~ˌkön·nen** *v/i* ⟨*irr, sep*, -ge-, h⟩ be able to come over (*od.* across). — **~ˌlas·sen** *v/t* ⟨*irr, sep*, -ge-, h⟩ allow (*s.o.*) to come over (*od.* across). — **~ˌlocken** (*getr.* -k·k-) *v/i* ⟨*sep*, -ge-, h⟩ lure (*od.* entice) (*s.o.*) (to come) over (*od.* across). — **~ˌrei·chen I** *v/t* ⟨*sep*, -ge-, h⟩ **1.** j-m etwas ~ to pass (*od.* hand) s.th. over (*od.* across) to s.o. – **II** *v/i* **2.** (bis to) reach (*od.* extend) over (*od.* across). – **3.** *fig.* (bis into) reach. — **~ˌret·ten I** *v/t* ⟨*sep*, -ge-, h⟩ j-n [etwas] ~ to bring s.o. [s.th.] over (*od.* across) safely (*od.* to safety). – **II** *v/reflex* sich (in die Freiheit) ~ to escape (to freedom); sich bis in die Gegenwart ~ (*von Brauch etc*) to survive to our own times. — **~ˌru·fen I** *v/t* ⟨*irr, sep*, -ge-, h⟩ **1.** j-n (zu sich) ~ a) to call s.o. over (*od.* across) (to oneself), b) to call s.o. round. – **2.** etwas ~ to call (*od.* shout) s.th. over (*od.* across). – **II** *v/i* **3.** zu j-m ~ to call (*od.* shout) over (*od.* across) to s.o. — **~ˌschaf·fen** *v/t* ⟨*sep*, -ge-, h⟩ carry (*od.* get) (*s.o., s.th.*) over (*od.* across): in kurzer Zeit hatten wir sämtliche Möbel herübergeschafft within a short time we had got(ten) (*od.* brought, moved) all the furniture over (*od.* across). — **~ˌschal·len** *v/i* ⟨*sep*, -ge-, h⟩ (*von Geräuschen*) come over (*od.* across). — **~ˌschau·en** *v/i* ⟨*sep*, -ge-, h⟩ look over (*od.* across). — **~ˌschicken** (*getr.* -k·k-) *v/t* ⟨*sep*, -ge-, h⟩ send (*s.o., s.th.*) over (*od.* across): schicken Sie bitte Frl. X. zum Diktat herüber please send Miss X over to take some dictation. — **~ˌschie·ben** *v/t* ⟨*irr, sep*, -ge-, h⟩ **1.** (*Schrank etc*) push (*s.th.*) over (*od.* across). – **2.** j-m etwas ~ (*Zettel etc*) to slide (*od.* pass) s.th. over (*od.* across) to s.o. — **~ˌschwim·men** *v/i* ⟨*irr, sep*, -ge-, sein⟩ swim over (*od.* across). — **~ˌse·hen** *v/i* ⟨*irr, sep*, -ge-, h⟩ *cf.* herüberblicken.

her'überˌset·zen[1] **I** *v/t* ⟨*sep*, -ge-, h⟩ **1.** move (*s.th.*) over (*od.* across). – **2.** *cf.* übersetzen[2] 1. – **II** *v/reflex* sich ~ **3.** sit over here. – **III** *v/i* ⟨sein⟩ **4.** (*springen*) jump (*od.* leap) over (*od.* across). – **5.** *cf.* übersetzen[2] 4.

'herˌüberˌset·zen[2] [-ˌʔy:bər-] *v/i* ⟨*sep, no* -ge-, h⟩ translate from the foreign language.

her'über|ˌsprin·gen *v/i* ⟨*irr, sep*, -ge-, sein⟩ **1.** jump (*od.* leap) over (*od.* across). – **2.** *colloq.* run over (*od.* across). — **~ˌstel·len** *v/t* ⟨*sep*, -ge-, h⟩ place (*od.* put) (*s.th.*) over (*od.* across). — **~ˌtö·nen** *v/i* ⟨*sep*, -ge-, h⟩ *cf.* herüberschallen. — **~ˌtra·gen** *v/t* ⟨*irr, sep*, -ge-, h⟩ carry (*s.o., s.th.*) over (*od.* across): würdest du mir das Paket bitte ~? would you please carry (*od.* bring) the parcel over here (*od.* over to me)? der Wind trug jedes Geräusch zu uns herüber the wind carried (*od.* wafted) every single sound over to us. — **~ˌwach·sen** *v/i* ⟨*irr, sep*, -ge-, sein⟩ grow over to this side: die Büsche sind in unseren Garten herübergewachsen the bushes have grown over into our garden. — **~ˌwer·fen** *v/t* ⟨*irr, sep*, -ge-, h⟩ throw (*s.th.*) over (*od.* across): wirf mir bitte den Ball herüber! please throw the ball over to me. — **~ˌwol·len** *v/i* ⟨*sep*, -ge-, h⟩ *colloq.* want to come over (*od.* across). — **~ˌziehen I** *v/t* ⟨*irr, sep*, -ge-, h⟩ pull (*od.* draw) (*s.o., s.th.*) over (*od.* across): etwas zu sich ~ to pull s.th. over to one's side; j-n zu sich (*od.* auf seine Seite) ~ *fig.* to get s.o. on one's side, to win s.o. over. – **II** *v/i* ⟨sein⟩ come (*od.* move) over (*od.* across): das Gewitter zieht zu uns herüber the thunderstorm is moving over to us; sie sind zu uns herübergezogen (*in unser Haus etc*) they moved over to us.

her·um [hɛ'rʊm] *adv* **1.** (*ringsum*) (a)round: die Stühle um den Tisch ~ the chairs (a)round the table; im Kreis ~ (a)round in a circle. – **2.** (*im Umkreis, in der Nähe*) round (about), *bes. Am.* around: das Haus muß irgendwo hier [dort] ~ sein the house must be somewhere round (*od.* near) here [there]; ist es irgendwo hier ~? is it anywhere round (*od.* near) here? um die Stadt ~ gibt es keine Berge there are no mountains (a)round the town; (dauernd) um j-n ~ sein to be (always) hanging (a)round (*od.* about) s.o., to be constantly near s.o. – **3.** (*in eine bestimmte Richtung*) (a)round: er wohnt eben um die Ecke ~ *colloq.* he lives just (a)round the corner; er ging falsch ~ he went the wrong way round; so ~! this way round; rechts [links] ~ to the right [left]; die Reihe ~ right round in a row; bis die Reihe ~ ist till everyone has had his turn, till we come full circle. – **4.** *colloq.* (*etwa, ungefähr*) (round) about, somewhere round (*od.* about), around: kannst du um zwei ~ kommen? can you come about two o'clock? es kostet (so) um die 100 Mark ~ it costs somewhere round (*od.* costs approximately, costs about) 100 marks; um Mittag [Weihnachten] ~ round about noon [Christmas]; sie ist um die Dreißig ~ she is about thirty. – **5.** *colloq.* (*vorbei, vergangen*) finished, over, up: die Ferien sind noch nicht ~ the holidays are not over yet; die Zeit ist ~ time is up. – **6.** *colloq.* (*verbreitet*) spread: das Gerücht [die Nachricht] ist überall ~ the rumo(u)r [news] has spread everywhere (*od.* has got around).

her'um|ˌal·bern *v/i* ⟨*sep*, -ge-, h⟩ *colloq.* play the fool, fool around (*od.* about). — **~ˌär·gern** *v/reflex* ⟨*sep*, -ge-, h⟩ **1.** sich mit etwas ~ to be cross (*od.* vexed) at (*od.* about) s.th. – **2.** sich mit j-m ~ to be cross (*od.* vexed) with (*od.* at) s.o. — **~ˌbal·gen** *v/reflex* ⟨*sep*, -ge-, h⟩ sich ~ *colloq.* scuffle (*od.* tussle) about. — **~ˌba·steln** *v/i* ⟨*sep*, -ge-, h⟩ an (*dat*) etwas ~ to tinker (*od.* fiddle, *Am. auch* putter) around with s.th. — **~beˌkom·men** *v/t* ⟨*irr, sep, no* -ge-, h⟩ **1.** etwas um etwas ~ (to manage) to get s.th. (a)round s.th. – **2.** *fig. colloq. cf.* herumkriegen 2, 3. — **~beˌwe·gen** *v/reflex* ⟨*sep, no* -ge-, h⟩ sich um etwas ~ to move (a)round (*od.* about) s.th. — **~ˌbie·gen I** *v/t* ⟨*irr, sep*, -ge-, h⟩ (*Draht etc*) bend (*s.th.*) (a)round. – **II** *v/i* ⟨sein⟩ um die Ecke ~ to turn ([a]round) the corner. — **~ˌbin·den** *v/t* ⟨*irr, sep*, -ge-, h⟩ bind (*od.* tie) (*s.th.*) (a)round. — **~ˌblät·tern** *v/i* ⟨*sep*, -ge-, h⟩ in einem Buch ~ to leaf (*od.* thumb, *Am. auch* page) through a book. — **~ˌblö·deln** *v/i* ⟨*sep*, -ge-, h⟩ *colloq.* **1.** fool around (*od.* about). – **2.** talk rubbish. — **~ˌbras·sen** *v/t* ⟨*sep*, -ge-, h⟩ *mar.* (*Rah*) brace (*s.th.*) about (*od.* [a]round). — **~ˌbrin·gen** *v/t* ⟨*irr, sep*, -ge-, h⟩ **1.** bring (*s.th.*) round. – **2.** *fig.* (*Gerüchte etc*) spread, circulate. – **3.** *fig. colloq. cf.* herumkriegen 2, 3. — **~ˌbrül·len** *v/i* <*sep*, -ge-, h> roar (*od.* bellow) around (*od.* about). — **~ˌbum·meln** *v/i* <*sep*, -ge-, sein> *colloq.* **1.** (*langsam gehen*) stroll (*od.* saunter) around (*od.* about), (*auf Vergnügungstour*) *auch* gad around (*od.* about). – **2.** (*langsam arbeiten*) (bei at) dawdle about. — **~ˌdok·tern** *v/i* <*sep*, -ge-, h> *colloq.* **1.** an j-m ~ to doctor s.o. up. – **2.** an (*dat*) etwas ~ *fig.* to tinker (*od.* fiddle, *Am. auch* putter) around with s.th. — **~ˌdö·sen** *v/i* <*sep*, -ge-, h> *colloq.* be daydreaming (*Br.* day-dreaming) (*od.* wool-gathering). — **~ˌdre·hen I** *v/t* <*sep*, -ge-, h> **1.** (*Schlüssel, Schraube etc*) turn (*s.th.*) round: j-m das Wort im Mund ~ *fig. colloq.* to twist (*od.* misconstrue) s.o.'s words. – **2.** (*umwenden*) turn (*s.o., s.th.*) over. – **II** *v/i* **3.** an (*dat*) etwas ~ *colloq.* to twiddle (*od.* fumble) with s.th. – **III** *v/reflex* sich ~ **4.** turn (right) round: sich zu j-m ~ to turn round toward(s) s.o.; sich im Bett ~ to turn over in bed; → Grab 4; Magen 1. – **5.** sich im Kreis ~ a) to turn on its own axis, to rotate, b) (*um sich selbst*) to spin (a)round. — **~ˌdrücken** (*getr.* -k·k-) *v/reflex* <*sep*, -ge-, h> *colloq.* **1.** sich ~ to hang (*od.* loaf, loiter) around (*od.* about). – **2.** sich um etwas ~ to shirk (*od.* dodge, avoid) s.th., to try to get out of s.th.: sich um eine Entscheidung ~ to shirk (*od.* fight shy of) a decision; sich um den Militärdienst ~ to dodge military service; er versucht, sich darum herumzudrücken he is trying to get out of it. — **~ˌdruck·sen** *v/i* <*sep*, -ge-, h> *colloq.* hum (*od.* hem) and haw: an einer Antwort ~ to hum and haw over an answer. — **~erˌzäh·len** *v/t* <*sep*, *no* -ge-, h> etwas ~ to spread s.th. around (*od.* about), to bandy s.th. about. — **~ex·pe·ri·men·ˌtie·ren** *v/i* <*sep*, *no* -ge-, h> experiment: mit etwas ~ to experiment (*od.* try various experiments) with s.th. — **~ˌfah·ren I** *v/i* <*irr*, *sep*, -ge-, sein> **1.** (*von Fahrzeug, Fahrer*) drive (*od.* go) around (*od.* about). – **2.** (*von Fahrgast*) drive (*od.* ride, travel) around (*od.* about): in der Stadt ~ to drive around town; um die Stadt ~ *colloq.* (*nicht hineinfahren, sie umgehen*) to bypass the town; um die Kurve ~ to drive (*od.* go) round the corner. – **3.** (*von Schiff*) sail around. – **4.** *colloq.* (*reisen*) travel (*od.* roam) about: in der ganzen Welt ~ to travel (about) all over the world, to roam (about) the whole world. – **5.** (*sich schnell umdrehen*) jerk round, turn (a)round with a start. – **6.** mit den Händen (*od.* Armen) in der Luft ~ *colloq.* to wave one's hands about in the air. – **II** *v/t* <h> **7.** j-n [etwas] ~ to drive (*od.* take) s.o. [s.th.] (a)round (*od.* about). — **~ˌfin·gern** *v/i* <*sep*, -ge-, h> *colloq.* (an *dat* with) fumble about. — **~ˌflat·tern** *v/i* <*sep*, -ge-, sein> flutter around (*od.* about). — **~ˌflicken** (*getr.* -k·k-) *v/i* <*sep*, -ge-, h> *colloq.* (an *dat* at) tinker away. — **~ˌflie·gen** *v/i* <*irr*, *sep*, -ge-, sein> fly around (*od.* about). — **~ˌflit·zen** *v/i* <*sep*, -ge-, sein> *colloq.* tear (*od.* dash) around (*od.* about). — **~ˌfra·gen** *v/i* <*sep*, -ge-, h> make inquiries (*Br.* enquiries), ask around. — **~ˌfuch·teln** *v/i* <*sep*, -ge-, h> *colloq.* gesticulate violently: mit etwas ~ to wave s.th. about; mit den Händen in der Luft to wave one's hand about in the air. — **~ˌfüh·ren I** *v/t* <*sep*, -ge-, h> **1.** j-n ~ a) to lead s.o. (a)round, b) to show s.o. (a)round: j-n um den See ~ to lead s.o. (a)round the lake; j-n an der Nase ~ *fig. colloq.* to lead s.o. up the garden path, to play a trick on s.o., to deceive s.o.; j-n in der Stadt ~ to show (*od.* conduct) s.o. (a)round the town; j-n im Haus ~ to show s.o. (a)round (*od.* over) the house. – **2.** etwas ~ to run s.th. (a)round: einen Graben [Zaun] um ein Haus ~ to run a ditch [fence] (a)round a house. – **II** *v/i* **3.** um etwas ~ to lead (*od.* go) (a)round s.th. — **~ˌfuhrˌwer·ken** *v/i* <*sep*, -ge-, h> *colloq.* bustle around (*od.* about): sie fuhrwerkt in der Küche herum she bustles about in the kitchen; mit etwas ~ to use s.th. vigorously (*od.* energetically). — **~ˌfum·meln** *v/i* <*sep*, -ge-, h> *colloq.* **1.** an (*dat*) etwas ~ to fumble (*od.* fiddle, mess) about with s.th. – **2.** mit etwas ~ to fumble (*od.* fiddle, mess) about with s.th. — **~ˌge·ben** *v/t* <*irr*, *sep*, -ge-, h> etwas ~ to hand (*od.* pass) s.th. round. — **~ˌge·hen** *v/i* <*irr*, *sep*, -ge-, sein> **1.** walk (*od.* go) around (*od.* about): im Zimmer ~ to walk around (in) the room, to pace the floor (*od.* room); er ging überall herum und erzählte die Geschichte he went everywhere and spread the story; im Kreis ~ to go round in a circle; diese Melodie ging mir den ganzen Tag im Kopf herum *fig.* that tune went round and round in my head all day long; es geht mir wie ein Mühlrad im Kopf herum *fig.* my head is going round (*od.* swimming). – **2.** um etwas ~ a) to walk (*od.* go) round (*od.* about) s.th., b) *colloq.* (*von Straße etc*) to go round s.th., c) *colloq.* (*um etwas herumreichen*) to go (*od.* reach) round s.th., d) *fig.* (*ausweichen*) to evade (*od.* shirk, dodge) s.th.: er ging außen um den Park herum he skirted the park; in weitem Bogen um etwas [j-n] ~ *fig.* to keep clear of s.th. [s.o.], to shun s.th. [s.o.]; eine Mauer geht um den Garten herum a wall goes round (*od.* encircles) the garden; das Tau geht um den Mast herum the rope goes round the mast; wie die Katze um den heißen Brei ~ *fig.* to beat about the bush; du gehst um den Kern der Sache herum *fig.* you're trying to evade the issue. – **3.** (*von Gegenständen*) be passed (*od.* handed) round: die Bilder gingen im Kreis herum the pictures were passed round; Pralinen ~ lassen to pass round (*od.* circulate) chocolates. – **4.** (*von Nachrichten etc*) be spread around (*od.* abroad): es geht das Gerücht herum, daß there's a rumo(u)r around (*od.* circulating) that; die Neuigkeit ging schnell herum the news was quickly spread abroad. – **5.** (*von Zeit*) go by, pass: die Wochen gingen schnell [langsam] herum the weeks passed quickly [slowly]. — **~ˌgei·stern** *v/i* <*sep*, -ge-, sein> **1.** (*von Gespenst etc*) haunt: in einem Haus [an einem Ort] ~ to haunt a house [a place]; die Idee geistert noch immer in seinem Kopf herum *fig.* he is still haunted (*od.* obsessed) by the idea, the idea still haunts him; das Gerücht geistert immer noch herum *fig.* the rumo(u)r is still going round (*od.* circulating). – **2.** *fig.* (*von Person*) move around: man hörte sie schon frühmorgens im Hause ~ you could hear her moving around the house early in the morning. — **~ˌgon·deln** *v/i* <*sep*, -ge-, sein> *colloq.* drive around (*od.* about) aimlessly. — **~ˌgrei·fen** *v/i* <*irr*, *sep*, -ge-, h> um etwas ~ to grip s.th., to put one's hand round s.th. — **~ˌhacken** (*getr.* -k·k-) *v/i* <*sep*, -ge-, h> auf j-m ~ *fig. colloq.* to carp at s.o., to find fault with s.o. — **~ˌhäm·mern** *v/i* <*sep*, -ge-, h> *colloq.* (*auf Klavier, Schreibmaschine etc*) (auf *dat* on) bang (*od.* pound, hammer) away. — **~ˌhän·gen** *v/i* <*irr*, *sep*, -ge-, h> *colloq. auch fig.* hang around (*od.* about): er hängt den ganzen Tag in der Kneipe herum *fig.* he hangs around in the tavern all day long. — **~hanˌtie·ren** *v/i* <*sep*, *no* -ge-, h> mit etwas ~ *colloq.* to be busy with s.th. — **~ˌhau·en** *v/reflex* <*irr*, *sep*, -ge-, h> sich ~ *colloq.* scuffle (*od.* tussle) about. — **~ˌhet·zen** *colloq.* **I** *v/t* <*sep*, -ge-, h> j-n ~ to keep s.o. on the run. – **II** *v/i* <sein> rush (*od.* dash, scurry) around (*od.* about). — **~ˌhor·chen** *v/i* <*sep*, -ge-, h> *colloq.* **1.** (*neugierig horchen*) eavesdrop. – **2.** (*sich umhören*) keep one's ears open. — **~ˌhum·peln** *v/i* <*sep*, -ge-, sein> *colloq.* hobble (*od.* limp) around (*od.* about). — **~ˌhüp·fen** *v/i* <*sep*, -ge-, sein> **1.** hop around (*od.* about). – **2.** (*bes. von Kindern, Lämmern*) skip (*od.* gambol) around (*od.* about). — **~ˌhu·ren** *v/i* <*sep*, -ge-, h> *vulg.* go whoring. — **~ˌir·ren** *v/i* <*sep*, -ge-, sein> *cf.* umherirren. — **~ˌja·gen** *colloq.* **I** *v/t* <*sep*, -ge-, h> j-n ~ to chase s.o. around (*od.* about). – **II** *v/i* <sein> chase (*od.* rush, dash, race, *colloq.* tear) around (*od.* about). — **~ˌkal·bern** *v/i* <*sep*, -ge-, h> *colloq. cf.* herumalbern. — **~ˌkei·fen** *v/i* <*sep*, -ge-, h> *colloq.* nag: mit j-m ~ to nag at s.o. — **~ˌklet·tern** *v/i* <*sep*, -ge-, sein> (auf, an *dat* on) climb (*od.* scramble) around (*od.* about). — **~ˌklim·pern** *v/i* <*sep*, -ge-, h> *colloq.* (*auf einem Klavier*) (auf *dat* at) tinkle (*od.* strum) away. — **~ˌkno·beln** *v/i* <*sep*, -ge-, h> an (*dat*) etwas ~ *colloq.* to rack one's brains over s.th. — **~kom·manˌdie·ren** *v/t u. v/i* <*sep*, *no* -ge-, h> order around (*od.* about): ich lasse mich nicht ~ I won't be ordered around. — **~ˌkom·men** *v/i* <*irr*, *sep*, -ge-, sein> **1.** um etwas ~ a) to come round s.th., b) *fig.* (*um Prüfung, Bestrafung etc*) to get out of (*od.* get [a]round) s.th., to avoid s.th.: er kam um die Ecke herum he came round the corner; werden wir mit dem Schrank um die Ecke ~? shall we (be able to) get round the corner with that cupboard? um diese Ausgaben werden wir nicht ~ we won't get (a)round these expenses; wir kommen nicht darum herum hinzugehen we can't get out of going there; um diese Tatsache kommen wir nicht herum we can't get (a)round (*od.* overlook) this fact. – **2.** (*herumreisen*) get around (*od.* about): er kommt viel herum he gets around a good deal; er kommt wenig herum he doesn't get around very much; er ist weit (in der Welt) herumgekommen he has seen the world. – **3.** *colloq.* (*auf Besuch*) come round: kannst du heute abend ~? won't you come round this evening? – **4.** *fig. colloq.* (*von Gerücht etc*) get around (*od.* about), be spread. – **5.** *fig. colloq.* (*in Wendungen wie*) (mit seiner Arbeit) ~ to get one's work done; ich komme einfach nicht mehr herum I simply can't get my work done; ich komme mit meinen Besuchen nicht herum I cannot make the rounds. — **~ˌkrab·beln** *v/i* <*sep*, -ge-, sein> crawl around (*od.* about). — **~ˌkra·men** *v/i* <*sep*, -ge-, h> *colloq.* rummage around (*od.* about): in alten Papieren ~ to rummage about among (*od.* in) old papers; in seinen Taschen ~ to rummage (*od.* fumble) about in one's pockets. — **~ˌkrat·zen** *v/i* <*sep*, -ge-, h> auf der Geige ~ *colloq.* to saw (*od.* scrape) away at one's fiddle. — **~ˌkreb·sen** *v/i* <*sep*, -ge-, sein> *colloq.* crawl (*od.* totter) around (*od.* about). — **~ˌkrie·chen** *v/i* <*irr*, *sep*, -ge-, sein> creep (*od.* crawl) around (*od.* about): auf allen vieren ~ to creep around on all fours; um etwas ~ to creep round s.th. — **~ˌkrie·gen** *v/t* <*sep*, -ge-, h> *colloq.* **1.** etwas um etwas ~ to get s.th. (a)round s.th. – **2.** j-n ~ *fig.* to win s.o. over, to get (*od.* bring) s.o. round: j-n dazu ~, etwas zu tun to get s.o. round to doing s.th., to get s.o. to do s.th. – **3.** *fig.* (*Zeit*) get through: wir werden den Tag schon irgendwie ~ we'll get through (*od.* kill) this day somehow or other. — **~kutˌschie·ren** *colloq.* **I** *v/t* <*sep*, *no* -ge-, h> **1.** j-n ~ a) to drive s.o. around in a carriage, b) (*im Auto*) to drive s.o. around: er hat uns in der Stadt herumkutschiert he drove us around town. – **II** *v/i* <sein> **2.** drive around in a carriage. – **3.** (*im Auto*) drive around: in der Gegend ~ to drive around (the countryside). — **~ˌlat·schen** *v/i* <*sep*, -ge-, sein> *colloq.* traipse: wir latschten in der ganzen Stadt herum we traipsed all around the town. — **~ˌlau·fen** *v/i* <*irr*, *sep*, -ge-, sein> **1.** run (*od.* go) around (*od.* about): er läuft in Lumpen herum he goes around (dressed) in rags; frei ~ a) (*von Verbrecher etc*) to be at large, b) (*von Hunden, Wild etc*) to run free. – **2.** (*herumführen*) run (a)round: um das Grundstück läuft ein Zaun herum there's a fence running (a)round the estate. — **~ˌle·gen I** *v/t* <*sep*, -ge-, h> **1.** (*Schnur, Seil etc*) put (*s.th.*) (a)round. – **2.** *tech. cf.* umlegen[1] 23. – **II** *v/reflex* sich ~ **3.** turn over. – **4.** sich um etwas ~ to lie down round s.th. – **5.** (*von Draht etc*) wrap (*od.* twist) itself (a)round. — **~ˌlie·gen** *v/i* <*irr*, *sep*, -ge-, h *u.* sein> **1.** um etwas ~ to lie round s.th. – **2.** lie around (*od.* about): verstreut ~ to lie scattered around; faul (*od.* müßig) ~ to idle (*od.* laze) around; etwas ~ lassen to leave s.th. lying around. — **~ˌlun·gern** *v/i* <*sep*, -ge-, h> *colloq.* loiter (*od.* loaf, moon, loll) around (*od.* about). — **~ˌmä·keln** *v/i* <*sep*, -ge-, h> *colloq.* **1.** an j-m ~ to carp at s.o. – **2.** an (*dat*) etwas ~ to find fault with s.th. — **~ˌmeckern** (*getr.* -k·k-) *v/i* <*sep*, -ge-, h> **1.** grumble, *Am. sl.* gripe. – **2.** an (*od.* mit) j-m ~ to grumble (*od. colloq.* grouse) at s.o. – **3.** an (*dat*) etwas ~ to find fault with s.th., to crab about s.th. — **~ˌmurk·sen** *v/i* <*sep*, -ge-, h> *colloq. cf.* herumdoktern 2. — **~ˌnör·geln** *v/i* <*sep*, -ge-, h> *colloq.* **1.** nag. – **2.** an j-m ~ to nag (at) s.o., to pick on s.o., to find fault with s.o. – **3.** an (*dat*) etwas ~ to find fault with s.th., to crab about s.th. — **~ˌpfu·schen** *v/i* <*sep*, -ge-, h> an (*dat*) etwas ~ *colloq.* to mess (*od.* tinker, fiddle) about (*od.* around) with s.th. — **~ˌpicken** (*getr.* -k·k-) *v/i* <*sep*, -ge-, h> an (*dat*) etwas ~ to pick (*od.* peck) at s.th.: am Essen ~ to peck at one's food. — **~ˌpla·gen** *v/reflex* <*sep*, -ge-, h> sich mit etwas [j-m] ~ *colloq.* to have great difficulty (*od.* trouble, difficulties) with s.th. [s.o.], to have a lot of trouble (*od.* bother) with s.th. [s.o.]. — **~ˌplan·schen** *v/i* <*sep*, -ge-, h> splash (*od.* flounder about) (in the water). — **~ˌprü·geln** *v/reflex* <*sep*, -ge-, h> sich ~ have a tussle (*od.* scuffle). — **~ˌra·sen** *v/i* <*sep*, -ge-, sein> *colloq.* **1.** rush (*od.* race, dash) around (*od.* about). – **2.** um etwas ~ to rush (*od.* race, dash) round s.th. — **~ˌra·ten** *v/i* <*irr*, *sep*, -ge-, h> make random (*od.* hazard) guesses, guess: an (*dat*) etwas ~ to guess at s.th. — **~ˌrät·seln** *v/i* <*sep*, -ge-, h> an (*dat*) etwas ~ to puzzle over s.th., to try to figure (out) s.th. — **~ˌre·den** *v/i* <*sep*, -ge-, h> um etwas ~ to talk (a)round s.th.: um den Brei ~ *colloq.* to beat about the bush. — **~ˌrei·chen I** *v/t* <*sep*, -ge-, h> **1.** hand (*od.* pass) (*s.th.*) round. – **2.** j-n ~ *colloq.* to introduce s.o. to one's friends. – **II** *v/i* **3.** reach (*od.* go) round: um etwas ~ to reach round s.th. — **~ˌrei·sen** *v/i* <*sep*, -ge-, sein> travel around (*od.* about), (*ziellos*) *auch* knock around (*od.* about). — **~ˌrei·ßen** *v/t* <*irr*, *sep*, -ge-, h> **1.** (*Lenkrad, Hebel etc*) swing (*od.* pull) (*s.th.*) round: das Steuer ~ a) to swing the wheel over, b) *fig.* to alter course, to bring about a sudden change (in policy); im letzten Augenblick konnte ich das Lenkrad noch ~ *auto.* I was able to pull the (steering) wheel over at the last moment. – **2.** (*Fahrzeug etc*) swing (*s.th.*) round. – **3.** j-n ~ *fig. colloq.* (*erschüttern*) to upset s.o. – **4.** *mil.* (*Geschütz etc*) slew (*s.th.*) round. — **~ˌrei·ten** *v/i* <*irr*, *sep*, -ge-, sein> **1.** *colloq.* ride around (*od.* about). – **2.** um etwas ~ to ride round s.th. – **3.** auf (*dat*) etwas ~ *fig. colloq.* a) to harp on s.th., b) (*stur*) to sit tight on s.th., c) (*zynisch*) to rub s.th. in: er reitet immer wieder auf demselben Thema herum he's always harping on (*od.* bringing up) the same old subject; auf seinen Prinzipien ~ to sit tight on (*od.* stick to) one's principles. — **~ˌre·keln** *v/reflex* <*sep*, -ge-, h> sich ~ *colloq.* sprawl out, loll about. — **~ˌren·nen** *v/i* <*irr*, *sep*, -ge-, sein> **1.** *colloq.* (*ziellos*) dash (*od.* rush, *colloq.* tear) around (*od.* about). – **2.** um etwas ~ to run round s.th. — **~ˌrüh·ren** *v/i* <*sep*, -ge-, h> in (*dat*) etwas ~ a) (*in Suppe etc*) to stir s.th., b) *fig.* (*in alten Geschichten etc*) to rake up (*od.* dig out) s.th. — **~ˌrut·schen** *v/i* <*sep*, -ge-, sein> fidget (*od.* slide) around (*od.* about): auf dem Stuhl ~ to fidget around on the chair. — **~ˌsä·beln** *v/i* <*sep*, -ge-, h> *colloq.* saw (*od.* hack) away: am Brot ~ to saw away at the bread. — **~ˌsau·sen** *v/i* <*sep*, -ge-, sein> *colloq.* dash (*od.* rush, *colloq.* tear) around (*od.* about). — **~ˌschar·ren** *v/i* <*sep*, -ge-, h> (*bes. von Hühnern*) (nach for) scratch around (*od.* about). — **~scharˌwen·zeln** *v/i* <*sep*, *no* -ge-, h> um j-n ~ to hover around s.o., to dance attendance on s.o. — **~ˌschau·en** *v/i* <*sep*, -ge-, h> look round: im Zimmer ~ to look (a)round the room. — **~ˌschicken** (*getr.* -k·k-) *v/t* <*sep*, -ge-, h> **1.** j-n ~ to send s.o. (a)round. – **2.** (*Rundschreiben etc*) circulate. — **~ˌschla·gen I** *v/t* <*irr*, *sep*, -ge-, h> etwas um etwas [j-n] ~ to wrap s.th. (a)round s.th. [s.o.]: eine Decke um sich ~ to wrap a blanket (a)round oneself. – **II** *v/reflex* sich ~ tussle (*od.* scuffle) about: sich mit j-m ~ a) to tussle about with s.o., b) *fig.* to battle with s.o.; ich schlage mich täglich mit der Familie [den Behörden] herum *fig.* I battle with my family [the authorities] every day (*od.* day in and day out); sich mit etwas ~ *fig.* to struggle (*od.* grapple) with s.th.; sich mit Problemen ~ *fig.* to struggle with problems. — **~ˌschlei·chen** *v/i* <*irr*, *sep*, -ge-, sein> sneak (*od.* steal) around (*od.* about): um etwas ~ to sneak (*od.* steal) round s.th. — **~ˌschlei·fen** *v/t* <*sep*, -ge-, h> *colloq. cf.* herumschleppen 2. — **~ˌschlen·dern** *v/i* <*sep*, -ge-, sein> *colloq.* saunter (*od.* stroll) around (*od.* about). — **~ˌschlep·pen I** *v/t* <*sep*, -ge-, h> *colloq.* **1.** etwas ~ to lug (*od.* carry) s.th. around (*od.* about): drei schwere Koffer (mit sich) ~ to lug three heavy suitcases around. – **2.** j-n ~ *fig.* to drag s.o. around (*od.* about): er hat mich in der ganzen Stadt herumgeschleppt he dragged me (a)round the town. – **3.** etwas mit sich ~ *fig.* a) (*Krankheit*) to be going around with s.th., b) (*Probleme, Sorgen etc*) to be saddled (*od.* burdened) with s.th. – **II** *v/reflex* **3.** sich mit etwas ~ a) to lug (*od.* carry) s.th. around (*od.* about), b) *fig.* (*Krankheit*) to be going around with s.th., c) *fig.* (*Probleme etc*) to be saddled (*od.* burdened) with s.th. — **~ˌschleu·dern** *v/t* <*sep*, -ge-, h> fling (*od.* spin) around. — **~ˌschlie·ßen** *v/i* <*irr*, *sep*, -ge-, h> turn the key: zweimal ~ to turn the key twice. — **~ˌschlin·gen I** *v/t* <*irr*, *sep*, -ge-, h> etwas (um etwas) ~ to tie (*od.* wind) s.th. (a)round (s.th.). – **II** *v/reflex* sich um etwas ~ (*von Pflanzen etc*) to twine (*od.* wind) (a)round s.th. — **~ˌschlu·dern** *v/i* <*sep*, -ge-, h> *colloq.* muddle (*od.* bungle) about. — **~ˌschnei·den** *v/i* <*irr*, *sep*, -ge-, h> **1.** an (*dat*) etwas ~ to trim s.th. up. – **2.** an j-m ~ *med. contempt.* to operate on s.o. — **~ˌschnüf·feln** *v/i* <*sep*, -ge-, h> **1.** sniff around (*od.* about). – **2.** *fig. colloq.* pry (*od.* nose, *colloq.* snoop) around (*od.* about). — **~ˌschnup·pern** *v/i* <*sep*, -ge-, h> *colloq.* sniff around (*od.* about). — **~ˌschrei·en** *v/i* <*irr*, *sep*, -ge-, h> shout: sie schreit den ganzen Tag herum she shouts all day long. — **~ˌschub·sen** *v/t* <*sep*, -ge-, h> *colloq.* *for* herumstoßen. — **~ˌschwei·fen** *v/i* <*sep*, -ge-, sein> **1.** rove (*od.* roam) around (*od.* about): in der Welt ~ to roam about in the world; seine Augen schweiften herum his eyes roved about. – **2.** *fig.* (*von Gedanken*) wander. — **~ˌschwen·ken I** *v/t* <*sep*, -ge-, h> **1.** swing (*s.th.*, *s.o.*) about (*od.* [a]round): seine Tasche ~ to swing one's brief(-)case about; seine Partnerin beim Tanz ~ to swing one's partner about in a dance. – **2.** (*Hut, Fahne etc*) wave (about), flourish. – **3.** (*Kamera*) pan. – **4.** *mil.* (*Geschütz*) traverse. – **II** *v/i* <sein> **5.** (*von Kamera*) pan. – **6.** *mil.* wheel round. — **~ˌschwir·ren** *v/i* <*sep*, -ge-, sein> **1.** (*von Vögeln etc*) whirr (*od.* whizz) around (*od.* about). – **2.** (*von Insekten*) buzz around (*od.* about). — **~ˌset·zen I** *v/t* <*sep*, -ge-, h> etwas um etwas [j-n] ~ to put (*od.* place) s.th. (a)round s.th. [s.o.]. – **II** *v/reflex* sich um etwas [j-n] ~ to sit down around s.th. [s.o.]. — **~ˌsit·zen** *v/i* <*irr*, *sep*, -ge-, h *u.* sein> **1.** um etwas [j-n] ~ to sit round s.th. [s.o.]. – **2.** (*untätig*) loll (*od.* idle, laze) about. — **~spaˌzie·ren** *v/i* <*sep*, *no* -ge-, sein> *colloq.* walk (*od.* stroll) around (*od.* about). — **~ˌspie·len** *v/i* <*sep*, -ge-, h> play around (*od.* about): an (*dat*) etwas ~ *colloq.* to fiddle with s.th.; mit etwas ~ *colloq.* to play around with s.th. — **~spioˌnie·ren** *v/i* <*sep*, *no* -ge-, h> *colloq.* pry (*od.* nose, *colloq.* snoop) around (*od.* about). — **~ˌspre·chen** *v/reflex* <*irr*, *sep*, -ge-, h> sich ~ be spread (*od.* voiced) (abroad), get around (*od.* about): es dürfte sich inzwischen herumgesprochen haben, daß it has probably got(ten) around in the meantime that. — **~ˌsprin·gen** *v/i* <*irr*, *sep*, -ge-, sein> **1.** jump (*od.* leap, skip) (a)round (*od.* about). – **2.** um j-n ~ to jump round s.o. — **~ˌsprit·zen I** *v/t* <*sep*, -ge-, h> **1.** splash (*s.th.*) around (*od.* about). – **II** *v/i* **2.** splash around (*od.* about): mit Wasser ~ to splash around with water. – **3.** <sein> *fig. colloq.* dash around. — **~ˌspu·ken** *v/i* <*sep*, -ge-, h> **1.** in einem Haus ~ to haunt a house. – **2.** in j-s Kopf ~ *colloq.* (*von Idee*) to be on s.o.'s mind, to haunt s.o. — **~ˌste·hen** *v/i* <*irr*, *sep*, -ge-, h *u.* sein> **1.** (*von Person, Gegenstand etc*) stand around (*od.* about): untätig ~ to stand about doing nothing; sie standen wartend herum they stood (*od.* hung) around waiting; überall standen Autos herum cars stood around all over the place. – **2.** um j-n [etwas] ~ to stand round s.o. [s.th.]. — **~ˌstel·len** *v/t* <*sep*, -ge-, h> etwas um etwas ~ to put (*od.* place) s.th. (a)round s.th. — **~ˌstö·bern** *v/i* <*sep*, -ge-, h> rummage around (*od.* about): auf dem Speicher [in einer Kiste] ~ to rummage around in the attic [in a box]. — **~ˌsto·chern** *v/i* <*sep*, -ge-, h> poke around (*od.* about): im Feuer ~ to poke (around in) the fire; in seinem Essen ~ to pick at one's food. — **~stolˌzie·ren** *v/i* <*sep*, *no* -ge-, sein> strut around (*od.* about): in neuen Kleidern ~ to flaunt (*od.* show off) one's new clothes. — **~ˌsto·ßen** *v/t* <*irr*, *sep*, -ge-, h> j-n ~ to push s.o. around (*od.* about): in seiner Kindheit wurde er immer nur herumgestoßen during his childhood he was pushed from pillar to post. — **~ˌstot·tern** *v/i* <*sep*, -ge-, h> stammer (*od.* stutter) around: er stotterte an dem Text herum he was stammering around with the text. — **~ˌstrei·chen** *v/i* <*irr*, *sep*, -ge-, sein> **1.** roam around (*od.* about): die Kinder streichen im Wald herum the children are roaming around in the wood. – **2.** (*von Katze, Fuchs etc*) prowl (a)round (*od.* about): der Fuchs strich ums Haus herum the fox prowled (a)round the house. — **~ˌstrei·fen** *v/i* <*sep*, -ge-, sein> *cf.* herumstreichen 1. — **~ˌstrei·ten** *v/reflex* <*irr*, *sep*, -ge-, h> sich ~ quarrel, squabble, argue: ich werde mich nicht mit dir ~ I won't argue with you; sich wegen einer Sache ~ to quarrel about s.th. — **~ˌstreu·en** *v/t* <*sep*, -ge-, h> (*Kleider etc*) scatter (*s.th.*) around (*od.* about). — **~ˌstreu·nen** *v/i* <*sep*, -ge-, sein> **1.** *colloq. for* streunen. – **2.** *cf.* herumstrolchen. — **~ˌstrol·chen**, **~ˌstro·mern** *v/i* <*sep*, -ge-, sein> roam (*od.* rove, wander, *sl.* knock) around (*od.* about): in der Stadt ~ to knock about downtown (*bes. Br.* in town). — **~ˌsu·chen** *v/i* <*sep*, -ge-, h> search (*od.* hunt, look) around (*od.* about): in alten Papieren und Büchern ~ to hunt (*od.* rummage) around among old papers and books; in der Küche nach etwas Eßbarem ~ to hunt around (*od.* to forage about) in the kitchen for s.th. to eat; im ganzen Ort nach j-m ~ to search all over the place for s.o. — **~ˌtän·deln** *v/i* <*sep*, -ge-, h> mit j-m ~ to dally with s.o. — **~ˌtan·zen** *v/i* <*sep*, -ge-, sein> **1.** dance around (*od.* about). – **2.** um etwas [j-n] ~ to dance round s.th. [s.o.]; im Kreis ~ to dance round in a circle; → Nase 2. — **~ˌtap·pen** *v/i* <*sep*, -ge-, sein> grope (*od.* fumble) around (*od.* about): im Dunkeln ~ to grope around in the dark. — **~ˌta·sten** *v/i* <*sep*, -ge-, h> (nach for) feel (*od.* grope, fumble) around (*od.* about). — **~ˌto·ben** *v/i* <*sep*, -ge-, h *od.* sein> **1.** (*in Wut*) rage (*od.* rant) around (*od.* about). – **2.** *cf.* herumtollen. — **~ˌtol·len** *v/i* <*sep*, -ge-, h *od.* sein> romp (*od.* frolic) around (*od.* about), rollick. — **~ˌtra·gen** *v/t* <*irr*, *sep*, -ge-, h> **1.** carry (*s.th.*) around (*od.* about): etwas mit sich ~ a) (*Gegenstand*) to carry s.th. around with one, b) *fig.* (*Problem etc*) to carry s.th. around; Kummer mit sich ~ *fig.* to nurse one's grief. – **2.** *fig.* (*Neuigkeit, Gerücht etc*) carry (*od.* spread) (*s.th.*) around (*od.* about), circulate. — **~ˌtram·peln** *v/i* <*sep*, -ge-, h> trample: auf einem Blumenbeet ~ to trample on a flower bed; auf j-s Gefühlen [Nerven] ~ *fig.* to trample on s.o.'s feelings [nerves]. — **~ˌtrat·schen** *colloq.* **I** *v/i* <*sep*, -ge-, h> retail (*od.* repeat) gossip. – **II** *v/t* gossip. — **~ˌtrei·ben** *v/reflex* <*irr*, *sep*, -ge-, h> sich ~ **1.** roam (*od. colloq.* knock) around (*od.* about), gad about: er treibt sich in der Stadt herum he roams around the town. – **2.** (*herumlungern*) loaf (*od.* hang) around (*od.* about): er treibt sich ~, anstatt zu arbeiten he loafs around instead of working. — **H~ˌtrei·ber** *m* **1.** loafer, rover. – **2.** vagabond, tramp. — **H~trei·beˈrei** [hɛˌrum-] *f* <-; *no pl*> *jur.* vagrancy. — **~ˌtrö·deln** *v/i* <*sep*, -ge-, h> *colloq.* dillydally, *Br.* dilly-dally: trödel nicht so lange herum! stop dilly(-)dallying. — **~ˌtum·meln** *v/reflex* <*sep*, -ge-, h> sich ~ *cf.* tummeln 1. — **~ˌtun** *v/i* <*irr*, *sep*, -ge-, h> *Southern G. colloq.* (mit with) fiddle around (*od.* about): tu nicht lange herum, sondern komm jetzt! stop fiddling (*od.* messing) around and come. — **~ˌwäl·zen I** *v/t* <*sep*, -ge-, h> (*Stein etc*) roll (*od.* turn) (*s.th.*) (a)round: etwas im Kopf ~ *fig.* to turn s.th. over and over in one's mind. – **II** *v/reflex* sich ~ roll (*od.* turn) over, toss (about): sich schlaflos im Bett ~ to toss about restlessly (*od.* to toss and turn) in one's bed. — **~ˌwan·dern** *v/i* <*sep*, -ge-, sein> wander (*od.* stroll) around (*od.* about). — **~ˌwer·fen I** *v/t* <*irr*, *sep*, -ge-, h> **1.** throw around (*od.* about):

alles im Zimmer ~ to throw (*od.* toss) everything around in the room. – 2. *cf.* herumreißen 1, 2. – II *v/reflex* sich ~ 3. toss about: sich im Schlaf ~ to toss about (*od.* to toss and turn) in one's sleep. — **~,wickeln** (*getr.* -k·k-) *v/t* ⟨*sep*, -ge-, h⟩ etwas um etwas ~ to twist s.th. (a)round s.th. — **~,wir·beln I** *v/i* ⟨*sep*, -ge-, sein⟩ whirl (*od.* spin) around (*od.* about). – II *v/t* ⟨h⟩ j-n [etwas] ~ to whirl (*od.* spin) s.o. [s.th.] (a)round. — **~,wirt·schaf·ten** *v/i* ⟨*sep*, -ge-, h⟩ *colloq. Br.* potter (*Am.* putter) around (*od.* about). — **~,wüh·len** *v/i* ⟨*sep*, -ge-, h⟩ root (*od.* grub) around (*od.* about): in der Erde [im Schlamm] ~ to root around in the earth [mud]; in einem Schrank [Koffer] ~ to root (*od.* rummage) about in a cupboard [suitcase]. — **~,wur·steln** *v/i* ⟨*sep*, -ge-, h⟩ *colloq.* fiddle (*od.* tinker, *colloq.* mess) around (*od.* about). — **~,zan·ken** *v/i u.* sich ~ *v/reflex* ⟨*sep*, -ge-, h⟩ squabble, (*stärker*) quarrel: sich mit j-m ~ to squabble with s.o. — **~,zap·peln** *v/i* ⟨*sep*, -ge-, h⟩ fidget around (*od.* about). — **~,zei·gen** *v/t* ⟨*sep*, -ge-, h⟩ 1. (*Photo, Buch etc*) show (*s.th.*) round. – 2. (*zur Prüfung etc*) hand (*od.* pass) (*s.th.*) round. — **~,zer·ren** *v/t* ⟨*sep*, -ge-, h⟩ pull (*s.o., s.th.*) around (*od.* about). — **~,zie·hen I** *v/t* ⟨*irr, sep*, -ge-, h⟩ 1. (*hin u. her ziehen*) pull (*od.* drag) (*s.th.*) around (*od.* about). – II *v/i* 2. pull around (*od.* about): an (*dat*) etwas ~ to pull (around) at s.th. – 3. ⟨sein⟩ move (*od.* wander, travel) around (*od.* about): in der Welt ~ to move around in the world. — **~,zie·hend I** *pres p.* – II *adj* 1. (*Völkerstämme etc*) wandering. – 2. (*Schauspieler etc*) strolling.

her·un·ten [hɛ'runtən] *adv Southern G. and Austrian* down here.

her·un·ter [hɛ'runtər] *adv* (*von dort oben nach hier unten*) down: da [hier] ~! down there [here]! ~ damit! down with it! ~ mit den Hüten! hats off! off with your hats! ~ mit den Preisen! down with (the) prices! die Treppe ~ down the stairs, downstairs.

her'un·ter|,bau·meln *v/i* ⟨*sep*, -ge-, h⟩ dangle: die Beine ~ lassen to let one's legs dangle (*od.* hang). — **~be,kom·men** *v/t* ⟨*irr, sep, no* -ge-, h⟩ get (*s.th.*) down: ich kann keinen Bissen mehr ~ *colloq.* I couldn't get another bite down, I can't manage anything else. — **~be,mü·hen** *v/t* ⟨*sep, no* -ge-, h⟩ *u.* sich ~ *v/reflex cf.* herabbemühen. — **~,be·ten** *v/t* ⟨*sep*, -ge-, h⟩ (*Rosenkranz etc*) hurry through, rattle off: sein Sprüchlein ~ to rattle off (*od.* say) one's story. — **~,bit·ten** *v/t* ⟨*irr, sep*, -ge-, h⟩ j-n ~ to ask s.o. (to come) down: j-n zu sich ~ to ask s.o. down (to one's place). — **~,blicken** (*getr.* -k·k-) *v/i* ⟨*sep*, -ge-, h⟩ *cf.* herabsehen 1. — **~,bren·nen** *v/i* ⟨*irr, sep*, -ge-, sein⟩ burn down (*od.* low): das Feuer ist heruntergebrannt the fire has burned down (*od.* is low); das Feuer ~ lassen a) to let the fire burn down, b) to let the fire burn out. — **~,brin·gen** *v/t* ⟨*irr, sep*, -ge-, h⟩ 1. bring (*s.th.*) down: bring die Wäsche vom Boden herunter! bring the wash(ing) down from the attic; ich kann keinen Bissen mehr ~ *fig. colloq.* I couldn't get another bite down, I can't manage anything else. – 2. *colloq.* ruin: j-n finanziell [sittlich] ~ to ruin s.o. financially [morally]. – 3. (*mining*) (*Schacht, Bohrung*) drill (*od.* sink, bore, put) down. — **~,drücken** (*getr.* -k·k-) *v/t* ⟨*sep*, -ge-, h⟩ 1. press (*s.th.*) down: eine Taste ~ to press (*od.* depress) a key. – 2. *fig.* (*Preise*) force (*od.* bring, beat) (*s.th.*) down. – 3. *fig.* (*Löhne*) scale (*od.* screw) (*s.th.*) down. – 4. *fig. med.* (*Fieber etc*) bring down, reduce. — **~,fah·ren I** *v/i* ⟨*irr, sep*, -ge-, sein⟩ 1. drive (*od.* come, travel) down: von Norddeutschland nach München ~ to drive down to Munich from North(ern) Germany. – 2. (*mit Lift, Skiern etc*) ride (*od.* come, go) down. – II *v/t* ⟨h⟩ 3. j-n [etwas] ~ to drive s.o. [s.th.] down. — **~,fal·len** *v/i* ⟨*irr, sep*, -ge-, sein⟩ fall down (*od.* off): vom Pferd ~ to fall (*od.* come) off the horse; die Treppe ~ to fall (*od.* tumble) downstairs; die Äpfel [Blätter] fallen vom Baum herunter the apples [leaves] are falling (*od.* dropping) off the tree; die Tasse ist mir heruntergefallen I dropped the cup; einen Teller ~ lassen to drop a plate. — **~,flat·tern** *v/i* ⟨*sep*, -ge-, sein⟩ flutter off: die Blätter flatterten vom Tisch herunter the papers fluttered off the table. — **~,flie·gen** *v/i* ⟨*irr, sep*, -ge-, sein⟩ 1. fly down. – 2. *colloq.* fall down (*od.* off): er ist vom Dach heruntergeflogen he fell off the roof. — **~,flie·ßen** *v/i* ⟨*irr, sep*, -ge-, sein⟩ flow down. — **~,ge·hen** *v/i* ⟨*irr, sep*, -ge-, sein⟩ 1. go down, descend: die Treppe ~ to go downstairs. – 2. *aer.* (*von Flugzeug*) descend, drop, lose height. – 3. *auto.* shift (*Br.* change) down, shift to a lower gear: mit der Geschwindigkeit ~ to reduce speed, to slow down. – 4. *fig.* go down, fall, drop: mit den Preisen ~ to reduce (*od.* lower, mark down) prices; die Preise gehen herunter (the) prices are declining (*od.* coming down), (the) prices are on the decline (*od.* decrease); auf einen tieferen Ton ~ *mus.* to go down (*od.* drop) to a lower note. — **~,gei·gen** *v/t* ⟨*sep*, -ge-, h⟩ *colloq.* (*Melodie etc*) saw away (*a tune*) (at the violin). — **~ge,kom·men I** *pp of* herunterkommen. – II *adj* 1. (*äußerlich*) seedy, dowdy, down-at-(the-)heel(s) (*attrib*): ein völlig ~es Subjekt a down-and-out. – 2. (*wirtschaftlich, finanziell*) deteriorated, run-down (*attrib*), down-and-out (*attrib*). – 3. (*moralisch*) degenerated. – 4. (*durch Vernachlässigung*) dilapidated, neglected, seedy, deteriorated, decayed: das Gebäude ist in völlig ~em Zustand the building is in a completely dilapidated condition. — **~ge,ris·sen I** *pp of* herunterreißen. – II *adj* (*Kleider etc*) shabby, tattered. — **~,gie·ßen** *v/t* ⟨*irr, sep*, -ge-, h⟩ 1. pour down: einen Eimer Wasser ~ to pour down a bucket of water. – 2. *colloq.* (*ein Glas Bier, einen Schnaps etc*) down. — **~,glei·ten** *v/i* ⟨*irr, sep*, -ge-, sein⟩ 1. slide (*od.* slip) down (*od.* off): an einer Wand ~ to slide down a wall; vom Stuhl ~ to slip off the chair. – 2. (*von Flugzeug etc*) glide down. — **~,han·deln** *v/t* ⟨*sep*, -ge-, h⟩ (*Preis etc*) beat (*od. colloq.* knock) (*s.th.*) down, reduce: etwas um 3 Mark ~ to get the price of s.th. reduced by 3 marks; die Preise ~ a) to beat (the) prices down, b) to try to beat (the) prices down; etwas vom Preis ~ to get s.th. knocked off the price. — **~,hän·gen I** *v/i* ⟨*irr, sep*, -ge-, h⟩ 1. *cf.* herabhängen I. – 2. droop: er ließ den Kopf traurig ~ his head drooped sadly; die (Köpfe der) Blumen hingen schlaff herunter the (heads of the) flowers were drooping. – II *v/t* ⟨*sep*, -ge-, h⟩ etwas ~ to hang s.th. down. — **~,hän·gend I** *pres p.* – II *adj cf.* herabhängend II. — **~,has·peln** *v/t* ⟨*sep*, -ge-, h⟩ 1. *cf.* abhaspeln 1, 2. – 2. *fig.* (*Geschichte etc*) reel (*od.* rattle) off. — **~,hau·en** *v/t* ⟨*irr, sep*, -ge-, h⟩ 1. (*abschlagen*) chop (*od.* cut) (*s.th.*) off: einen Zweig ~ cut a branch off. – 2. *colloq.* (*in Wendungen wie*) j-m eine (Ohrfeige) ~ to box s.o.'s ear, to give s.o. a box (*od. colloq.* clip) on the ear. – 3. einen Brief [Artikel] ~ *fig. colloq.* (*liederlich anfertigen*) to dash (*od.* toss, knock) off a letter [an article]. — **~,he·ben** *v/t* ⟨*irr, sep*, -ge-, h⟩ lift (*s.th., s.o.*) down. — **~,hel·fen** *v/i* ⟨*irr, sep*, -ge-, h⟩ j-m ~ to help s.o. down: j-m die Treppe ~ to help s.o. down the stairs (*od.* downstairs). — **~,ho·len** *v/t* ⟨*sep*, -ge-, h⟩ 1. j-n ~ a) to bring (*od.* get, fetch) s.o. down, b) to bring (*od.* get, fetch) s.o. downstairs. – 2. etwas ~ to get (*od.* bring) s.th. down: ein Flugzeug [einen Vogel] ~ to shoot (*od.* bring) a plane [a bird] down. — **~,ja·gen I** *v/t* ⟨*sep*, -ge-, h⟩ (von from) drive (*od.* chase) down. – II *v/i* ⟨sein⟩ *colloq.* rush (*od.* race, *colloq.* tear) down: er ist (*od.* kam) die Straße heruntergejagt he came rushing down the road. — **~,kip·pen** *v/t* ⟨*sep*, -ge-, h⟩ *cf.* heruntergießen. — **~,klapp·bar** *adj* (*Sitz etc*) folding, collapsible. — **~,klap·pen** *v/t* ⟨*sep*, -ge-, h⟩ (*Sitz etc*) turn down: seinen Rockkragen ~ to turn (*od.* fold) down the collar of one's coat. — **~,klet·tern** *v/i* ⟨*sep*, -ge-, sein⟩ (von from) climb down. — **~,kol·lern** *v/i* ⟨*sep*, -ge-, sein⟩ roll down. — **~,kom·men** *v/i* ⟨*irr, sep*, -ge-, sein⟩ 1. come (*od.* get) down: komm herunter! (*aus dem oberen Stockwerk*) come down (*od.* downstairs)! die Straße ~ to come down the street; wirst du wohl von der Leiter ~! will you get down from (*od.* come down off) the ladder! – 2. *fig.* (*gesundheitlich*) get run down, go downhill, be weakened: er ist durch diese Krankheit sehr heruntergekommen he is very run down (*od.* is in bad shape) as a result of this illness, this illness has undermined his health. – 3. *fig.* (*wirtschaftlich, finanziell*) deteriorate; go to rack and ruin, go to the dogs, go to pot (*colloq.*). – 4. *fig.* (*moralisch*) degenerate, go downhill; go to the dogs, go to pot (*colloq.*). – 5. *fig.* (*durch Vernachlässigung*) become dilapidated, get into a bad state, deteriorate, decay. — **~,krie·gen** *v/t* ⟨*sep*, -ge-, h⟩ *colloq. for* herunterbekommen. — **~,lan·gen** *v/t u. v/i* ⟨*sep*, -ge-, h⟩ *cf.* herabreichen. — **~,las·sen I** *v/t* ⟨*irr, sep*, -ge-, h⟩ let (*s.th.*) down, lower: die Rolläden ~ to let the venetian blinds down. – II *v/reflex* sich (an einem Seil) ~ to let oneself down (on *od.* by a rope). — **~,lau·fen I** *v/i* ⟨*irr, sep*, -ge-, sein⟩ run down. – II *v/t* run down: mir läuft es heiß und kalt den Rücken herunter *fig.* I have shivers (*od.* hot and cold chills) running down my spine, I go hot and cold all over. — **~,lei·ern** *v/t* ⟨*sep*, -ge-, h⟩ (*Gedicht etc*) recite (*s.th.*) monotonously, drone (out). — **~,le·sen** *v/t* ⟨*irr, sep*, -ge-, h⟩ 1. read down. – 2. *colloq.* rattle off. — **~,ma·chen** *v/t* ⟨*sep*, -ge-, h⟩ *colloq.* 1. *colloq. for* a) herunterklappen, b) herunterlassen I. – 2. *fig.* (*heftig kritisieren*) criticize (*Br. auch* -s-) (*s.th., s.o.*) severely, tear (*od.* pull) (*s.th., s.o.*) apart (*od.* to pieces), decry. – 3. *fig. cf.* herunterputzen 1. — **~,neh·men** *v/t* ⟨*irr, sep*, -ge-, h⟩ take down: etwas vom Regal ~ to take s.th. down from the shelf; ein Bild ~ to take a picture down, to unhang a picture. — **~,plap·pern** *v/t* ⟨*sep*, -ge-, h⟩ (*Gebet etc*) gabble. — **~,pras·seln** *v/i* ⟨*sep*, -ge-, sein⟩ (*von Regen etc*) pelt down. — **~,pur·zeln I** *v/i* ⟨*sep*, -ge-, sein⟩ tumble down. – II *v/t* tumble down: die Treppe ~ to tumble down the stairs (*od.* downstairs). — **~,put·zen** *v/t* ⟨*sep*, -ge-, h⟩ 1. j-n ~ *colloq.* to run s.o. down, to give s.o. a (good) dressing down. – 2. *cf.* wegputzen 2. — **~,ra·sen I** *v/i* ⟨*sep*, -ge-, sein⟩ rush down. – II *v/t* rush down: er ist (*od.* kam) die Treppe heruntergerast he came rushing (*od. colloq.* tearing) down the stairs. — **~,ras·seln, ~,rat·tern** *v/t* ⟨*sep*, -ge-, h⟩ *colloq.* (*Rede, Gedicht etc*) rattle (*od.* reel) off. — **~,rei·chen** *v/t u. v/i* ⟨*sep*, -ge-, h⟩ *cf.* herabreichen. — **~,rei·ßen** *v/t* ⟨*irr, sep*, -ge-, h⟩ 1. pull (*od.* tear) (*s.th.*) down: etwas mit dem Ärmel ~ to pull (*od.* bring) s.th. down with one's sleeve; der Wind riß mir die Mütze vom Kopf herunter the wind tore (*od.* swept) my cap off my head. – 2. *colloq. cf.* heruntermachen 2. — **~,ren·nen I** *v/i* ⟨*irr, sep*, -ge-, sein⟩ run down. – II *v/t* run down: er kam den Berg heruntergerannt he came running down the hill. — **~,ru·fen** *v/t* ⟨*irr, sep*, -ge-, h⟩ *cf.* herabrufen I. — **~,rut·schen** *v/i* ⟨*sep*, -ge-, sein⟩ 1. slide (*od.* slip) down: auf dem Geländer ~ to slide down the banister. – 2. (*von Strümpfen*) slip down. — **~,sa·gen** *v/t* ⟨*sep*, -ge-, h⟩ recite, reel off. — **~,sau·sen** *v/i* ⟨*sep*, -ge-, sein⟩ *cf.* herunterrasen I. — **~,schaf·fen** *v/t* ⟨*sep*, -ge-, h⟩ *colloq. for* a) herunterbringen 1, b) heruntertragen. — **~,schal·ten** *v/i* ⟨*sep*, -ge-, h⟩ *auto.* shift (*Br.* change) down, shift to a lower gear: auf den ersten Gang ~ to shift down into first (*od.* bottom) gear. — **~,schau·en** *v/i* ⟨*sep*, -ge-, h⟩ *cf.* herabsehen. — **~,schicken** (*getr.* -k·k-) *v/t* ⟨*sep*, -ge-, h⟩ send (*s.o., s.th.*) down. — **~,schie·ßen I** *v/t* ⟨*irr, sep*, -ge-, h⟩ etwas ~ to shoot (*od.* bring) s.th. down. – II *v/i* ⟨sein⟩ *cf.* herabstoßen II. — **~,schla·gen** *v/t* ⟨*irr, sep*, -ge-, h⟩ 1. knock (*s.th.*) down: Nüsse vom Baum ~ to knock nuts down from (*od.* off) a tree. – 2. (*Kragen etc*) turn (*od.* fold) down. — **~,schlin·gen** *v/t* ⟨*irr, sep*, -ge-, h⟩ bolt: schling das Essen nicht so herunter! don't bolt your food like that. — **~,schlucken** (*getr.* -k·k-) *v/t* ⟨*sep*, -ge-, h⟩ (*Essen, einen Bissen etc*) swallow: er schluckte die Beleidigung herunter *fig. colloq.* he swallowed (*od.* stomached) the insult. — **~,schmei·ßen** *v/t* ⟨*irr, sep*, -ge-, h⟩ *colloq. for* herunterwerfen. — **~,schnur·ren** *v/t* ⟨*sep*, -ge-, h⟩ *cf.* herunterrasseln. — **~,schrau·ben** *v/t* ⟨*sep*, -ge-, h⟩ 1. (*Docht*) turn (*s.th.*) down. – 2. (*Sitz etc*) lower (*s.th.*) (by screwing). – 3. *cf.* abschrauben. – 4. *fig.* (*seine Ansprüche, Forderungen etc*) moderate, reduce. – 5. *fig.* (*Löhne etc*) scale (*od.* screw) (*s.th.*) down. – 6. *tech.* screw (*s.th.*) down. — **~,schüt·teln** *v/t* ⟨*sep*, -ge-, h⟩ *cf.* herabschütteln. — ~-

ˌse·hen *v/i* ⟨*irr, sep*, -ge-, h⟩ *cf.* herabsehen. — **~ˌsein** *v/i* ⟨*irr, sep*, -ge-, sein⟩ *fig. colloq.* be in poor health (*od.* poorly, run down): **er ist mit den Nerven herunter** he is in a bad way with his nerves, his nerves are shot to pieces. — **~ˌset·zen** *v/t* ⟨*sep*, -ge-, h⟩ **1.** take (*od.* put) (*s.th.*) down: **die Vase vom Tisch ~** to take the vase down from (*od.* off) the table. – **2.** *fig. cf.* herabsetzen 2, 5, 6. — **~ˌsin·ken** *v/i* ⟨*irr, sep*, -ge-, sein⟩ sink (down). — **~ˌspie·len** *v/t* ⟨*sep*, -ge-, h⟩ **1.** run through: **ein Musikstück ~** to run through a piece of music; **seine Rolle ~** to run (*od.* dash) through one's part. – **2.** *fig.* (*verharmlosen*) play (*s.th.*) down. — **~ˌsprin·gen** *v/i* ⟨*irr, sep*, -ge-, sein⟩ (**von** from) jump down. — **~ˌspü·len** *v/t* ⟨*sep*, -ge-, h⟩ **1.** (*Schmutz etc*) wash (*s.th.*) away. – **2.** (*Medizin etc*) wash (*s.th.*) down. — **~ˌstei·gen I** *v/t* ⟨*irr, sep*, -ge-, sein⟩ **1.** climb (*od.* come) down: **den Berg ~** to climb down the mountain. – **II** *v/i* (**von** from) climb (*od.* come) down, descend. — **~ˌsto·ßen I** *v/t* ⟨*irr, sep*, -ge-, h⟩ push (*s.th., s.o.*) down: **er stieß ihn vom Stuhl herunter** he pushed him off (*od.* down from) the chair. – **II** *v/i* ⟨sein⟩ *cf.* herabstoßen II. — **~ˌstür·zen** *v/i* ⟨*sep*, -ge-, sein⟩, *v/t* ⟨h⟩ *u.* **sich ~** *v/reflex* ⟨h⟩ *cf.* herabstürzen. — **~ˌtra·gen** *v/t* ⟨*irr, sep*, -ge-, h⟩ carry (*s.th., s.o.*) down. — **~trans·forˌmie·ren** *v/t* ⟨*sep, no* -ge-, h⟩ *electr.* step down. — **~ˌtrop·fen** *v/i* ⟨*sep*, -ge-, sein⟩ (*von Regen, Wachs etc*) (**von** from) drip (down): **das Wasser tropfte vom Dach herunter** the water dripped down from the roof. — **~ˌwal·zen** *v/t* ⟨*sep*, -ge-, h⟩ *metall.* **1.** roll (*od.* rough) down. – **2.** (*Blöcke*) cog down. — **~ˌwe·hen** *v/t u. v/i* ⟨*sep*, -ge-, h⟩ blow down. — **~ˌwer·fen** *v/t* ⟨*irr, sep*, -ge-, h⟩ throw (*s.th., s.o.*) down. — **~ˌwirt·schaf·ten** *v/t* ⟨*sep*, -ge-, h⟩ ruin, run down, deteriorate: **er hat das Gut sehr schnell heruntergewirtschaftet** he ruined the estate very quickly. — **~ˌwür·gen** *v/t* ⟨*sep*, -ge-, h⟩ *cf.* hinunterwürgen. — **~ˌzer·ren** *v/t* ⟨*sep*, -ge, h⟩ tear (*od.* drag) down. — **~ˌzie·hen I** *v/t* ⟨*irr, sep*, -ge-, h⟩ **1.** (*Hose etc*) pull (*s.th.*) down. – **2. j-n zu sich** (*od.* **auf ein niedriges Niveau**) **~** *fig. contempt.* to drag (*od.* pull) s.o. down to one's own level. – **II** *v/i* ⟨sein⟩ **3.** come (*od.* march) down. – **4.** (*in tiefere Etage*) move down.

her·vor [hɛr'foːr] *adv* out of (*od.* from), forth, forward: **hinter dem Baum ~** (out) from behind the tree; **unter dem Schrank ~** (out) from under the cupboard. — **~ˌblicken** (*getr.* -k·k-) *v/i* ⟨*sep*, -ge-, h⟩ **1.** *cf.* hervorsehen. – **2.** (*von Dingen*) *cf.* herausschauen 2, 3. — **~ˌbre·chen** *v/i* ⟨*irr, sep*, -ge-, sein⟩ **1.** break (*od.* burst) out (*od.* forth, through): **aus dem Busch ~** (*von Wild etc*) to break (*od.* dart) out of the bush; **aus dem Hinterhalt ~** to break (*od.* sally) from the ambush; **die Sonne bricht aus den Wolken hervor** the sun breaks through the clouds. – **2.** (*von Rauch, Wasser etc*) issue, gush. – **3.** *fig.* (*von Worten etc*) burst out: **nach langem Schweigen brach es aus ihm hervor** after a long silence he burst (*od.* came) out with it. – **4.** *geol.* erupt, extravasate (*scient.*): **Lava bricht aus dem Vulkan hervor** lava erupts from the volcano. — **~ˌbrin·gen I** *v/t* ⟨*irr, sep*, -ge-, h⟩ **1.** (*zum Vorschein bringen*) bring (*s.th.*) out, produce. – **2.** (*Früchte etc*) produce, yield, bear, bring (*s.th.*) forth (*lit.*). – **3.** (*Künstler, Staatsmann etc*) produce. – **4.** (*Kunstwerk etc*) produce, create. – **5.** *lit.* (*Kinder, Nachkommenschaft*) give birth to, produce, bring (*s.o.*) forth (*lit.*). – **6.** (*Töne auf einem Instrument etc*) produce. – **7.** (*Worte*) utter: **vor Überraschung konnte sie keinen Ton ~** she was so surprised that she couldn't utter a word. – **8.** (*Eindruck*) produce, give. – **II H~** *n* ⟨-s⟩ **9.** *verbal noun.* – **10.** production. — **H~ˌbrin·gung** *f* **1.** *cf.* Hervorbringen. – **2.** (*officialese*) (*Produkt*) product. — **~ˌdrin·gen** *v/i* ⟨*irr, sep*, -ge-, sein⟩ come out: **das Wasser drang aus den Fugen hervor** the water came from (*od.* out of) the joints. — **~ˌge·hen** *v/i* ⟨*irr, sep*, -ge-, sein⟩ **1.** come out of, emerge: **als Sieger (aus etwas) ~** to emerge victorious (from s.th.). – **2.** (*als logische Folge*) (**aus** from) follow, emerge: **daraus geht hervor, daß** from this the fact emerges that, from this it follows that, this proves (*od.* shows) that; **aus dem Schreiben geht nicht hervor, ob** the letter does not indicate whether, it is not clear from the letter whether. – **3.** (*stammen*) (**aus** from) come: **aus der Ehe gingen drei Kinder hervor** three children came (*od. jur.* issued) from the marriage; **viele berühmte Politiker sind aus dieser Schule hervorgegangen** this school has produced many famous politicians. – **4.** (*sich entwickeln*) develop, spring: **das heutige Hochdeutsch ist aus dem Ostmitteldeutschen hervorgegangen** today's High German developed from East Middle German. – **5.** (*herrühren*) (**aus** from) result. — **~ˌgucken** (*getr.* -k·k-) *v/i* ⟨*sep*, -ge-, h⟩ **1.** look (*od.* peep) out: **hinter [unter] dem Zaun ~** to peep (out) from behind [under] the fence. – **2.** (*von Dingen*) *cf.* herausschauen 2, 3. — **~ˌhe·ben I** *v/t* ⟨*irr, sep*, -ge-, h⟩ **1.** (*betonen*) emphasize *Br. auch* -s-, stress, lay stress (*od.* emphasis) on, accentuate: **einen Gedanken ~** to stress (*od.* to give prominence to) an idea; **Unterschiede ~** to stress (*od.* bring out) differences. – **2.** (*herausstreichen*) point out: **ich möchte ~, daß** I should like to point out that; **j-s Verdienste rühmend [ausdrücklich] ~** to praise [to extol(l)] s.o.'s merits; **es muß hervorgehoben werden** it must be pointed out. – **3.** *print.* (*durch Druck, Farben etc*) set off, bring out, throw (*s.th.*) into relief: **eine Textstelle ~** to set a text off through print, to make a text stand out through print; **die Stelle ist von mir [vom Autor] hervorgehoben** the italics are mine [the author's]. – **4.** (*art*) (*beim Relief*) **etwas plastisch ~** to make s.th. stand out in full relief. – **II H~** *n* ⟨-s⟩ **5.** *verbal noun.* — **H~ˌhe·bung** *f* **1.** *cf.* Hervorheben. – **2.** accentuation. — **~ˌho·len** *v/t* ⟨*sep*, -ge-, h⟩ get out, produce: **ein Buch ~** to produce a book; **etwas aus der Tasche ~** to get s.th. out of one's pocket. — **~ˌkei·men** *v/i* ⟨*sep*, -ge-, sein⟩ (*von Saat etc*) sprout up. — **~ˌkom·men** *v/i* ⟨*irr, sep*, -ge-, sein⟩ **1.** (**aus** from) come out: **aus dem Versteck ~** to come out from the hiding place; **die Sonne kommt aus den Wolken hervor** the sun comes out from behind the clouds (*od.* breaks through the clouds). – **2.** (*sichtbar werden*) (**aus** from) appear, emerge. — **~ˌkra·men** *v/t* ⟨*sep*, -ge-, h⟩ **1.** fish out, rummage (up): **etwas aus dem Koffer ~** to fish s.th. out of the suitcase; **ein altes Schwert ~** to rummage up (*od.* unearth) an old sword. – **2.** *fig.* rummage (out): **alte Geschichten ~** to rummage out old stories. — **~ˌkrie·chen** *v/i* ⟨*irr, sep*, -ge-, sein⟩ creep (*od.* crawl) out: **aus dem Versteck ~** to creep out from the hiding place. — **~ˌleuch·ten** *v/i* ⟨*sep*, -ge-, h⟩ shine out: **Freude leuchtet aus ihren Augen hervor** joy shines from her eyes. — **~ˌlocken** (*getr.* -k·k-) *v/t* ⟨*sep*, -ge-, h⟩ **1.** lure (*od.* entice) (*s.o.*) out: **eine Katze aus der Ecke ~** to lure a cat out of the corner; → Hund 2. — **~ˌlu·gen** *v/i* ⟨*sep*, -ge-, h⟩ **1.** *cf.* hervorsehen. – **2.** (*von Dingen*) *cf.* herausschauen 2, 3. — **~ˌquel·len** *v/i* ⟨*irr, sep*, -ge-, sein⟩ **1.** (*von Wasser etc*) (**aus**) well up (from), well out (of): **das Wasser quillt aus dem Felsen hervor** the water wells out of (*od.* issues from) the rock; **Tränen quollen unter ihren Lidern hervor** tears welled (up) in her eyes. – **2.** (*von Blut*) (**aus** of) spurt out. – **3.** (*von Rauch etc*) (**aus** from) pour out. – **4.** (*von Augen*) protrude, bulge. – **5.** (*von Bauch, Busen*) bulge out, stand out. – **6.** (*von Haaren*) show. — **~ˌra·gen** *v/i* ⟨*sep*, -ge-, h⟩ **1.** (*von Ast, Brett etc*) jut (*od.* stand, stick) out, project, protrude: **der Besen ragte hinter dem Schrank hervor** the broom stuck out from behind the cupboard; **ein Haken ragte aus der Wand hervor** a hook stuck (*od.* jutted) out from the wall. – **2. aus etwas ~** (*sich erheben über*) to rise (*od.* tower) above s.th.: **der Kirchturm ragt hoch aus den umliegenden Häusern hervor** the spire rises high above the neighbo(u)ring houses. – **3.** *fig.* (*hervorstechen*) stand out: **sie ragt (durch ihre Klugheit) unter den anderen hervor** she stands out from (*od. stärker* towers above) the others (by her cleverness). — **~ˌra·gend I** *pres p.* – **II** *adj* **1.** (*Balken etc*) projecting, protruding. – **2.** *fig.* (*Leistung, Künstler etc*) oustanding, excellent: **von ~er Qualität** of excellent (*od.* first-class) quality; **eine der ~sten Persönlichkeiten des Landes** one of the most outstanding figures in the country. – **3.** *fig.* (*Bedeutung, Rolle etc*) prominent, eminent, leading: **er nimmt eine ~e Stellung ein** he occupies a prominent position; **er war in ~em Maße an dem Erfolg beteiligt** the success was largely due to his efforts. – **III** *adv* **4.** *fig.* outstandingly (well), excellently: **er hat seine Rolle ~ gespielt** he acted his part excellently. — **H~ˌruf** *m* (*theater*) curtain call. — **~ˌru·fen** *v/t* ⟨*irr, sep*, -ge-, h⟩ **1.** (*Schauspieler etc*) call for. – **2.** *fig.* (*Protest, Ärger, Entrüstung, Widerspruch etc*) provoke, bring about, give rise to, arouse, evoke. – **3.** *fig.* (*Panik, Verwirrung etc*) cause, produce, create, give rise to. – **4.** *fig.* (*Gelächter etc*) cause, evoke, provoke, give rise to, arouse, produce, raise. – **5.** *fig.* (*Lächeln*) evoke. – **6.** *fig.* (*Heiterkeit*) give rise to, provoke. – **7.** *fig.* (*Bewunderung etc*) cause, arouse, inspire, excite, produce. – **8.** *fig.* (*Mitleid etc*) evoke, arouse. – **9.** *fig.* (*Eindruck*) create. — **~ˌschau·en** *v/i* ⟨*sep*, -ge-, h⟩ **1.** *cf.* hervorsehen. – **2.** *cf.* herausschauen 2, 3. – **3.** (*sichtbar sein*) be visible: **der Mond schaute hinter dem Berg hervor** the moon peeked (*bes. Br.* peeped [out]) over the mountain. — **~ˌschie·ßen** *v/i* ⟨*irr, sep*, -ge-, sein *u.* h⟩ **1.** ⟨h⟩ (*von Heckenschützen etc*) shoot from behind: **er schoß hinter dem Baum hervor** he was shooting from behind the tree. – **2.** ⟨sein⟩ (*von Pflanzen, Pilzen etc*) shoot (*od.* spring) up. – **3.** ⟨sein⟩ *colloq.* (*von Person*) dash (*od.* shoot) out: **er schoß hinter der Mauer hervor** he shot out from behind the wall. – **4.** ⟨sein⟩ (*von Wasser etc*) gush (*od.* spout) out. — **~ˌse·hen** *v/i* ⟨*irr, sep*, -ge-, h⟩ look out: **hinter [unter]** (*dat*) **etwas ~** to look (*od.* peep, peer) out from behind [beneath] s.th. — **~ˌsprie·ßen** *v/i* ⟨*irr, sep*, -ge-, sein⟩ **1.** (*von Pflanzen*) sprout, spring up: **die Blumen sprießen aus der Erde hervor** the flowers are sprouting from the earth. – **2.** (*von Knospen etc*) come (*od.* burst) out, sprout. — **~ˌsprin·gen** *v/i* ⟨*irr, sep*, -ge-, sein⟩ **1.** jump (*od.* leap) out: **er sprang hinter dem Auto hervor** he jumped out from behind the car. – **2.** *cf.* hervorragen 1. – **3.** *fig. cf.* hervorstechen 2, 3. — **~ˌsprit·zen** *v/i* ⟨*sep*, -ge-, sein⟩ *cf.* herausspritzen I. — **~ˌspros·sen** *v/i* ⟨*sep*, -ge-, sein⟩ *lit. for* hervorsprießen. — **~ˌspru·deln** *v/i* ⟨*sep*, -ge-, sein⟩ *u. v/t* ⟨h⟩ *cf.* heraussprudeln. — **~ˌste·chen** *v/i* ⟨*irr, sep*, -ge-, h⟩ **1.** stick out. – **2.** *fig.* (*hervorragen*) stand out. – **3.** *fig.* (*auffallen*) be striking (*od.* conspicuous, salient, prominent). – **4.** *fig.* (*vorherrschen*) be (pre)dominant. — **~ˌste·chend I** *pres p.* – **II** *adj fig.* **1.** (*hervorragend*) outstanding. – **2.** (*auffallend*) striking, conspicuous, salient, prominent. – **3.** (*vorherrschend*) (pre)dominant. — **~ˌste·hen** *v/i* ⟨*irr, sep*, -ge-, h *u.* sein⟩ **1.** (*von Mauervorsprung etc*) stand (*od.* stick) out, protrude, project. – **2.** (*von Zähnen, Augen etc*) protrude. — **~ˌste·hend I** *pres p.* – **II** *adj* **1.** (*Mauervorsprung etc*) protruding, projecting. – **2.** (*Zähne, Augen etc*) protruding. – **3.** (*Backenknochen*) prominent, high. – **4.** *med.* (*Kinn*) prognathous. — **~ˌsto·ßen** *v/t* ⟨*irr, sep*, -ge-, h⟩ **1.** *cf.* herausstoßen 1. – **2.** *fig.* (*Worte, Schrei etc*) gasp out. — **~ˌsu·chen** *v/t* ⟨*sep*, -ge-, h⟩ look for, look (*od.* search) (*s.th.*) out: **sie hatte das alte Spielzeug hervorgesucht, um es den Kindern zu geben** she had looked out the old toys to give them to the children; **etwas unter** (*dat*) **etwas ~** to search for s.th. (*bes. Br.* to look s.th. out from) amongst s.th. — **~ˌtau·chen** *v/i* ⟨*sep*, -ge-, sein⟩ *cf.* auftauchen 1. — **~ˌtrei·ben I** *v/t* ⟨*irr, sep*, -ge-, h⟩ drive (*s.o., s.th.*) out. – **II** *v/i* ⟨sein⟩ (*von Knospen, Blättern etc*) appear, begin to grow. — **~ˌtre·ten** *v/i* ⟨*irr, sep*, -ge-, sein⟩ **1.** step (*od.* come) out: **aus dem Haus ~** to step out of the house. – **2.** (*auftauchen*) come out, emerge, appear: **hinter etwas ~** to come out (*od.* emerge) from behind s.th.; **die Umrisse des Gebäudes traten allmählich aus der Dunkelheit hervor** the outlines of the building (gradually) emerged out of the darkness; **der Mond tritt zwischen den Wolken hervor** the moon comes out of the clouds. – **3.** *fig.* (*sich abheben*) stand out: **die Figuren treten plastisch hervor** the figures stand out in relief; **etwas ~ lassen** a) to make s.th. stand out, b) to bring out (*od.* show up) s.th. –

4. (*von Augen*) protrude, bulge, (*vor Erstaunen etc*) *auch* pop out. – 5. (*von Adern*) stand out, protrude. – 6. *fig.* (*sich hervortun*) (durch by; als as) distinguish oneself, make oneself a name. – 7. *fig.* (*an die Öffentlichkeit treten*) come out: er ist kürzlich mit einem neuen Roman hervorgetreten he recently came out with a new novel. – 8. *med.* (*von Knochen*) project. — **~ˌtre·tend I** *pres p.* – **II** *adj* 1. *fig.* (*Eigenschaften etc*) striking, conspicuous, prominent, salient. – 2. (*Augen*) protruding, bulging. — **~ˌtun** *v/reflex* ⟨*irr, sep,* -ge-, h⟩ sich ~ 1. (*sich auszeichnen*) (durch by; als as) distinguish oneself: sich in (*dat*) etwas ~ to distinguish oneself in s.th.; er hat sich als Sportler hervorgetan he distinguished himself (*od.* made himself a name) as a sportsman; er hat sich in der Schule immer durch Frechheit hervorgetan *iron.* he always stood out at school because of his impudence. – 2. (*sich wichtig tun*) show off, give oneself airs: er tut sich sehr mit seinem Wissen hervor he shows off (*od.* makes a lot of fuss about) his knowledge. — **~ˌwa·gen** *v/reflex* ⟨*sep,* -ge-, h⟩ sich ~ venture (to come) out, dare to come out: sich mit etwas an die Öffentlichkeit ~ to dare to appear in public with s.th. — **~ˌzau·bern** *v/t* ⟨*sep,* -ge-, h⟩ conjure up, produce (*s.th.*) (as if) by magic: ich kann das leider nicht aus dem Ärmel ~ unfortunately I can't produce that out of thin air; Töne auf einer Geige ~ *mus.* to draw tones from a violin. — **~ˌzie·hen** *v/t* ⟨*irr, sep,* -ge-, h⟩ pull out, produce: er zog ein Taschentuch hervor he produced a handkerchief.

'herˌwa·gen *v/reflex* ⟨*sep,* -ge-, h⟩ sich ~ venture (to come) here, dare to come here: der wird sich so schnell nicht wieder ~ he won't dare (to) come back again in a hurry.

'herˌwärts *adv* 1. on the way here. – 2. this way.

'Herˌweg *m* way here: auf dem ~ on the way here.

'herˌwei·sen I *v/t* ⟨*irr, sep,* -ge-, h⟩ j-n ~ to direct s.o. here, to show s.o. the way here. – **II** *v/i* (*von Wegweiser etc*) point here (*od.* this way, in this direction).

'herˌwin·ken I *v/t* ⟨*sep,* -ge-, h⟩ *cf.* herbeiwinken. – **II** *v/i* wave in this direction.

'herˌwün·schen *v/t* ⟨*sep,* -ge-, h⟩ *cf.* herbeiwünschen.

Herz [hɛrts] *n* ⟨-ens; -en⟩ 1. heart: ein gesundes [kräftiges, schwaches, verpflanztes] ~ a healthy [strong, weak, transplanted] heart; die Kammern des ~ens the ventricles of the heart; mein ~ hämmert my heart is pounding (*od.* hammers); sein ~ ist angegriffen his heart is affected; sein ~ arbeitet nicht richtig his heart doesn't work properly; er hat es mit dem (*od.* am) ~en *colloq.* he has (got) heart trouble. – 2. *lit.* (*Busen*) bosom, breast. – 3. *fig.* (*Sitz der Gefühle*) heart. – 4. (*als Anrede*) mein (liebes) ~ my love, darling, dear heart (*lit.*). – 5. *fig.* (*das Innerste einer Sache*) heart, core, center, *bes. Br.* centre: das ~ einer Fabrikanlage [Maschine] the heart of a factory [machine]; das ~ eines Salatkopfes the heart (*od.* core) of a head of lettuce; das Grüne ~ Deutschlands *lit.* (*Thüringen*) the Green (*od.* Verdant) Heart of Germany; im ~en Deutschlands in the center (*bes. Br.* centre) of Germany. – 6. (*im Kartenspiel*) hearts *pl*: ~ ist Trumpf hearts are trump(s). – 7. (*Bild od. Gegenstand in Herzform*) heart: ein ~ aus Marzipan [Schokolade] a heart of marzipan [chocolate]. – 8. ~ Jesu *röm.kath.* Sacred Heart (of Jesus). – 9. Flammendes (*od.* Tränendes) ~ *bot. cf.* Herzblume 1. – 10. *tech.* lathe dog. –

Besondere Redewendungen:
ein hartes [kaltes, warmes] ~ haben to be hard(-)hearted [coldhearted, warm(-)hearted]; ein weiches ~ haben to have a soft heart; ein weites ~ haben a) (*großzügig sein*) to have a big heart, to be bighearted, b) *humor.* (*von Mann, Frau*) to have several affairs; es wurde ihm weit ums ~ his heart swelled with emotion; Hand aufs ~! hast du ihn wirklich gefragt? did you honestly ask him? Hand aufs ~! ich war es nicht honestly (*od.* on my hono[u]r) I did not do it, (I) cross my heart that I did not do it; etwas leichten ~ens tun to do s.th. light(-)heartedly; etwas schweren ~ens tun to do s.th. with a heavy heart; warmes ~ und kühler Kopf warm heart and cool head; j-m sein ~ ausschütten to pour out one's heart to s.o.; sag mir, was dein ~ bewegt tell me what is troubling you; das ~ blutet mir, wenn my heart bleeds when; j-m das ~ brechen to break s.o.'s heart; das ~ dreht sich mir im Leibe um my heart turns over (with pity); j-s ~ erobern [gewinnen] to conquer [win] s.o.'s heart; die ~en bewegen to move the hearts; ich habe mein ~ für ihn entdeckt I discovered that I am in love with him; sich (*dat*) ein ~ fassen to take heart, to pluck up courage; das ~ fiel (*od.* rutschte) ihm in die Hose(n) (*od.* Hosentasche) *colloq.* (*er verlor den Mut*) his heart sank into his boots; seinem ~en folgen to follow one's heart; gib deinem ~en einen Stoß! have a heart! kein ~ haben to have no heart; das ~ haben, etwas zu tun to have the heart to do s.th.; das ~ auf dem rechten Fleck haben to have one's heart in the right place; ein ~ von Gold [Stein] haben to have a heart of gold [stone]; das ~ auf der Zunge haben (*od.* tragen) to wear one's heart (up)on one's sleeve; sein ~ an j-n [etwas] hängen to set one's heart on s.o. [s.th.]; ihm hüpft das ~ vor Freude his heart leaps with joy; das ~ krampfte (*od.* schnürte) sich ihm zusammen his heart shrank; das ~ klopfte ihm bis zum Halse his heart was in his mouth; da lacht einem das ~ im Leibe one's heart leaps with joy; j-m das ~ schwermachen to make s.o. heavy(-)hearted; seinem ~en Luft machen to give vent to one's feelings; das ~ in die Hand nehmen to pluck up courage; j-m sein ~ öffnen to open one's heart to s.o.; sich (*dat*) das ~ aus dem Leibe reden to talk one's head off; die ~en höher schlagen lassen to make hearts leap with joy; j-m sein ~ schenken to give s.o. one's heart; ihm stockte das ~ his heart skipped a beat; j-s ~en nahe stehen to be close to s.o.'s heart; sein ~ sprechen lassen to let one's heart speak; alle ~en schlagen ihm entgegen all hearts go out to him; das ~ stand ihm vor Schrecken still his heart stopped out of fear; sein ~ an j-n verlieren to lose one's heart to s.o.; es [dieser Anblick] zerreißt mir das ~ it breaks (*od. lit.* rives) my heart (*od.* it tears my heart out) [to see that]; ein ~ wie Gold a heart of gold; im Grunde seines ~ens at the bottom of one's heart, in one's heart of hearts; mit allen Fasern seines ~ens with all one's heart; ein ~ und eine Seele sein to be of one and the same mind, to be as thick as thieves (*colloq.*); j-n an sein ~ drükken to clasp s.o. to one's heart (*od.* bosom); j-m ans ~ gewachsen sein to be very dear to s.o.; die Geschichte greift ans ~ the story is moving; j-m etwas ans ~ legen to recommend s.th. warmly to s.o.; das Kind liegt mir sehr am ~en I have the child's interest at heart, I am very concerned about the child; der Kummer nagt ihr am ~en sorrow is gnawing at her heart; an j-s ~ rühren to move s.o.'s heart; etwas auf dem ~en haben to have s.th. on one's mind; sagen, was man auf dem ~en hat to speak one's mind; j-n [etwas] auf ~ und Nieren prüfen to put s.o. [s.th.] to the acid test; j-m aus tiefstem ~en danken to thank s.o. with all (*od.* from the bottom of) one's heart; j-n aus tiefstem ~en bedauern [verabscheuen] to pity [to loathe] s.o. with all one's heart; aus ganzem ~en lachen to laugh heartily; das war mir aus dem ~en gesprochen that expressed my heartfelt thoughts; im ~en at heart; aus vollem ~en from the bottom of one's heart; im tiefsten ~en in one's heart of hearts; gegen j-n Groll im ~en tragen to bear s.o. ill will; j-n ins ~ schließen to take s.o. to one's heart; j-n ins ~ treffen to hurt s.o. deeply; man kann ihm nicht ins ~ sehen one cannot look into his heart; das gibt mir einen Stich ins ~ that cuts me to the quick, that pierces me to the heart; mit klopfendem [schwerem] ~en with beating [a heavy] heart; mit ~ und Hand with heart and soul; mit ganzem ~en bei der Arbeit sein to throw one's heart and soul into one's work; etwas mit halbem ~en tun to do s.th. half(-)heartedly; das ist ein Mann nach meinem ~en that is a man after my own heart; etwas nicht übers ~ bringen not to have the heart to do s.th.; mir ist leicht ums ~ I feel light of heart; mir ist schwer [weh] ums ~ my heart is heavy [sore]; ein Kind unter dem ~en tragen to be with child; von ~en froh very glad; von ~en gern with all one's heart, whole(-)heartedly; das kommt von ~en that comes from the heart; j-m von ~en zugetan sein to love s.o. dearly; sich etwas vom ~en reden a) to get s.th. off one's mind (*od.* chest), b) (*offen eingestehen*) to make a clean breast of s.th.; mir fiel ein Stein vom ~en that was (*od.* took) a load (*od.* weight) off my mind; j-m zu ~en gehen to touch s.o.'s heart; sich etwas zu ~en nehmen to take a thing to heart; nimm es dir zu ~en! take it to heart; die Sache ging ihr sehr zu ~en the matter touched her deeply; ihm wurde ganz warm ums ~ his heart warmed; → begehren 1; Mördergrube; Mund 2.

'Herzˌader *f med.* aorta.

'herˌzäh·len *v/t* ⟨*sep,* -ge-, h⟩ count (off), enumerate: die Namen an den Fingern ~ to count (off) the names on one's fingers.

'Herz|ak·tiˌon *f med.* 1. cardiac function, heart action. – 2. heart rate. — **~ak·ze·le·ra·tiˌon** *f* tachycardia.

'herzˌal·ler'liebst *adj* adorable. — **'Herzˌal·ler'lieb·ste** *m, f* ⟨-n; -n⟩ sweetheart, darling, dearly beloved.

'Herz|ˌanˌfall *m med.* heart attack. — **~ˌangst** *f* ⟨-; *no pl*⟩ *cf.* Angina pectoris. — **~'as** [ˌhɛrts-] *n* (*Spielkarte*) ace of hearts. — **~ˌasth·ma** *n med.* cardiac asthma.

'herˌzau·bern *v/t* ⟨*sep,* -ge-, h⟩ conjure up, produce (*s.th.*) (as if) by magic: ich kann es dir nicht ~ I can't produce it out of thin air for you.

'Herz|ˌausˌtausch *m med.* exchange of hearts. — **~ˌbank** *f* heart bank.

'herz·beˌklem·mend *adj* (*Spannung, Atmosphäre etc*) uneasy, suffocating.

'Herz|beˌklem·mung *f med.* oppression of the heart. — **~beˌschwer·den** *pl* heart trouble *sg.*

'Herzˌbeu·tel *m med.* heart sac, pericardium (*scient.*). — **~entˌzün·dung** *f* inflammation of the heart sac, pericarditis (*scient.*). — **~ˌwas·serˌsucht** *f* hydropericardium, hydrocardia.

'herz·beˌwe·gend *adj* (*Geschichte etc*) touching, moving.

'Herzˌblatt *n* 1. (*von Kohl, Salat etc*) (leaf of the) heart, (*Keimblättchen*) cotyledon: Herzblätter eines Kohlkopfes heart *sg* of a cabbage. – 2. *bot.* grass-of-Parnassus, parnassia (*scient.*) (*Gattg Parnassia*). – 3. *fig.* (*Kosewort*) darling, sweetheart: mein ~ my darling. — **~ˌblätt·chen** *n cf.* Herzblatt 3. — **h~ˌblät·te·rig, h~ˌblätt·rig** *adj bot.* with cordate(d) leaves. — **~ˌblock** *m med.* heart block. — **~ˌblu·me** *f bot.* 1. bleeding heart, lyreflower, dicentra (*scient.*) (*Gattg Dicentra, bes. D. spectabilis*). – 2. goatweed, sweetweed, capraria (*scient.*) (*Capraria biflora*). — **~ˌblut** *n lit.* (*in Wendungen wie*) sein ~ dahingeben to give one's life away; er schrieb das Buch mit seinem ~ he put all his heart into the writing of the book. — **~ˌbräu·ne** *f med.* angina pectoris. — **h~ˌbre·chend** *adj lit. cf.* herzzerbrechend. — **~ˌbru·der** *m cf.* Herzensbruder. — **~'bu·be** [ˌhɛrts-] *m* (*beim Kartenspiel*) jack (*od.* knave) of hearts.

'Herz·chen *n* ⟨-s; -⟩ 1. *dim. of* Herz 1, 7. – 2. *fig.* (*Kosewort*) darling, *Am. auch* honey: du bist aber ein ~! *iron.* that's nice of you, a fine friend you are.

'Herz|chirˌurg *m med.* heart surgeon. — **~chir·urˌgie** *f* heart (*od.* cardiac) surgery. — **~'da·me** [ˌhɛrts-] *f* (*beim Kartenspiel*) queen of hearts. — **~ˌdämp·fung** *f med.* cardiac dullness. — **~ˌdrücken** (*getr.* -k·k-) *n only in* nicht an ~ sterben *fig. colloq.* to be outspoken.

Her·ze ['hɛrtsə] *n* ⟨-ns; -n⟩ *poet. for* Herz.

'herˌzei·gen I *v/t* ⟨*sep,* -ge-, h⟩ show: zeig mal her! show me! let me see! – **II** *v/i* point this way (*od.* in this direction): der Pfeil zeigt zu uns her the arrow is pointing at us (*od.* in our direction).

'Herz|ˌeinˌgriff *m med.* cardiac intervention: ~ am geöffneten Herzen open-heart surgery. — **~ˌeinˌpflan·zung** *f* cardiac implant.

'Her·zeˌleid *n lit.* heartbreak, *Br.* heart-break, heartache: j-m ein ~ antun to cause s.o. heartache.

'Herz·empˌfän·ger *m med.* recipient of the transplanted heart.

her·zen ['hɛrtsən] *v/t* ⟨h⟩ 1. cuddle, fondle, caress: das Kind herzte seine Puppe the child cuddled her doll. – **2.** (*umarmen*) hug, embrace: sich ~ und küssen to hug and kiss.

'Her·zens|ˌan·geˌle·gen·heit *f* matter near to one's heart. — **~ˌangst** *f* anguish, anxiety. — **~ˌbil·dung** *f* nobleness of the heart. — **~ˌbre·cher** *m colloq.* heartbreaker, *Br.* heart-breaker, lady-killer (*colloq.*). — **~ˌbru·der** *m* **1.** dear brother. – **2.** *cf.* Herzensfreund. — **~ˌeinˌfalt** *f* simple-heartedness, *Br.* simple-heartedness, simplicity (of heart). — **~erˌgie·ßung** *f meist pl*, **~erˌguß** *m lit.* outpouring of the heart, effusion: sein Brief war ein einziger Herzenserguß his letter was one long pouring out of his heart. — **~ˌfreu·de** *f* joy to one's heart: sein Erfolg war mir eine ~ his success was a joy to my heart. — **~ˌfreund** *m*, **~ˌfreun·din** *f* bosom (*od.* intimate) friend. — **~ˌgrund** *m only in* aus ~ from the bottom of one's heart. — **h~ˌgut I** *adj* kindhearted, *Br.* kind-hearted, very kind: das sind ~e Leute they are very kind people. – **II** *adv* es war ~ von ihm gemeint, aber he meant well but; er meint es ~ mit dir he has your best interests at heart. — **~ˌgü·te** *f* kindheartedness, *Br.* kind-heartedness, (*stärker*) loving kindness. — **~ˌkind** *n* darling, sweetheart. — **~ˌkö·ni·gin** *f* darling of one's heart, treasure. — **~ˌkum·mer** *m* deep grief (*od.* sorrow). — **~ˌlust** *f only in* nach ~ to one's heart's content: nun können sie nach ~ spielen now they can play to their heart's content. — **~ˌnot** *f* anguish of heart. — **~ˌsa·che** *f cf.* Herzensangelegenheit. — **~ˌtrost** *m bot. cf.* Waldminze. — **~ˌwär·me** *f* warmheartedness, *Br.* warm-heartedness. — **~ˌwunsch** *m* heart's desire, dearest wish: es war schon immer mein ~ it has always been my heart's desire.

'Herz|entˌzün·dung *f med.* a) carditis, b) (*Entzündung der Herzinnenhaut*) endocarditis, c) (*Herzmuskelentzündung*) myocarditis, d) (*Entzündung aller Schichten der Herzwand*) pancarditis. — **h~erˌfreu·end** *adj* (*Offenheit etc*) heartwarming, *Br.* heart-warming. — **h~erˌfri·schend** *adj* (*Lachen, Humor etc*) refreshing. — **h~erˌgrei·fend** *adj* deeply moving. — **h~erˌhe·bend** *adj lit.* elevating, edifying.

Her·zerl ['hɛrtsərl] *n* ⟨-s; -⟩ *Bavarian and Austrian for* Herzchen.

'herz|erˌquickend (*getr.* -k·k-) *adj cf.* herzerfrischend. — **~erˌschüt·ternd** *adj* (*Anblick, Vorfall etc*) deeply moving.

'Herz|erˌwei·te·rung *f med.* cardiac dilatation, dilatation of the heart, cardiectasis (*scient.*). — **~ˌfäu·le** *f agr.* heartrot (disease). — **~ˌfeh·ler** *m med.* **1.** cardiac defect. – **2.** *cf.* Herzklappenfehler. — **~ˌfell** *n* pericardium. — **~ˌflat·tern** *n cf.* Herzvorhofflattern. — **~ˌflim·mern** *n cf.* Herzvorhofflimmern. — **~ˌform** *f* heart shape. — **h~ˌför·mig** *adj* **1.** heart-shaped, cordiform (*scient.*): verkehrt ~ obcordate. – **2.** *bot. zo.* cordate(d). — **h~ˌfrei** *adj* (*wood*) free of center (*bes. Br.* centre) heart. — **~ˌge·gend** *f med.* cardiac region. — **~geˌräusch** *n* cardiac murmur. — **~geˌspann** *n bot.* motherwort, lion's-tail (*Leonurus cardiaca*). — **~ˌgift** *n med. pharm.* cardiac poison, cardiotoxin (*scient.*). — **~glu·koˌsid** *n* cardiac glucoside.

'herz·haft I *adj* **1.** hearty, good: ein ~es Essen a hearty meal; j-m einen ~ Kuß geben to give s.o. a hearty kiss. – **2.** *rare for* beherzt. – **II** *adv* **3.** heartily: ~ lachen [zulangen] to laugh [eat] heartily; sie biß ~ in den Apfel she took a hearty bite of the apple. — **'Herz·haf·tig·keit** *f* ⟨-; *no pl*⟩ **1.** heartiness, goodness. – **2.** *rare for* Beherztheit.

'Herz|ˌhälf·te *f med.* (half of the) heart, hemicardia (*scient.*): die linke ~ the left side of the heart. — **~ˌhaut** *f* membrane of the heart. — **~ˌheilˌkun·de** *f* cardiology. — **~ˌholz** *n bot.* (*eines Baumes*) heartwood, duramen (*scient.*). — **~ˌhorn** *n zo.* marbled shell (*Conus marmoreus*). — **~hy·per·troˌphie** *f med. cf.* Herzvergrößerung.

'herˌzie·hen I *v/t* ⟨*irr, sep*, -ge-, h⟩ **1.** etwas hinter (*dat*) sich ~ to trail s.th. (behind one), to drag s.th. along (behind one). – **2.** j-n ~ *fig.* to attract s.o., to make s.o. come here: was hat dich hergezogen? what attracted you? – **3.** *cf.* heranziehen 1. – **II** *v/i* ⟨sein⟩ **4.** move here, come to live here: wir sind vor drei Jahren hergezogen we moved here three years ago. – **5.** hinter [neben, vor] j-m [etwas] ~ to go behind [beside, in front of] s.o. [s.th.]. – **6.** über j-n [etwas] ~ *fig. colloq.* to rail at s.o. [s.th.], to pull s.o. [s.th.] to pieces, to run s.o. [s.th.] down.

'her·zig *adj* (*Kind etc*) sweet, dear.

'Herz|ˌigel *m zo.* **1.** mermaid's-head (*Echinocardium cordatum*). – **2.** heart urchin, sea bun (*Gattg Spatangus*). — **~inˌfarkt** *m med.* cardiac (*od.* myocardial) infarct (*od.* infarction): einen ~ erleiden to have a cardiac infarct. — **~ˌin·nenˌhaut** *f* endocardium. — **h~'in·nig** [ˌhɛrts-] **I** *adj* (*Liebe, Dank etc*) heartfelt. – **II** *adv cf.* herzinniglich. — **h~'in·nig·lich** [ˌhɛrts-] *adv* from the bottom of one's heart. — **~in·suf·fi·ziˌenz** *f med.* cardiac insufficiency. — **~ˌja·gen** *n* tachycardia. — **~-'Je·su-ˌFest** [ˌhɛrts'jeːzu-] *n röm.kath.* feast of the Sacred Heart. — **~ˌkam·mer** *f med.* (heart) ventricle, chamber of the heart. — **~ˌkar·te** *f* (*beim Kartenspiel*) heart. — **~kaˌthe·ter** *m med.* intercardiac (*od.* cardiac) catheter. — **~ka·the·te·riˌsie·rung** *f*, **~ka·the·teˌris·mus** *m* catheterization (*Br. auch* -s-) of the heart, cardiac catheterization (*Br. auch* -s-). — **~ˌkir·sche** *f bot.* heart cherry, *Br.* heart-cherry, gean: Weiße ~ bigarreau, *Br. auch* bigaroo(n), white heart(-)cherry (*Prunus avium juliana*).

'Herzˌklap·pe *f med.* cardiac valve.

'Herzˌklap·pen|entˌzün·dung *f med.* valvulitis. — **~ˌfeh·ler** *m* valvular disease (*od.* defect) of the heart, V.D.H.

'Herz|ˌklaps *m colloq. for* a) Herzfehler, b) Herzversagen. — **~ˌklaue** *f tech.* lathe dog, *Br.* lathe-dog. — **~ˌklop·fen** *n* **1.** beating (*od.* throbbing) of the heart: ich hatte schreckliches ~ I had my heart in my mouth; mit ~ with a throbbing heart. – **2.** *med.* palpitation (of the heart). — **~ˌknacks** *m colloq. for* Herzfehler. — **~ˌkohl** *m bot. cf.* Wirsing. — **~kolˌlaps** *m med. cf.* Herzversagen. — **~'kö·nig** [ˌhɛrts-] *m* (*beim Kartenspiel*) king of hearts. — **~ˌkrampf** *m med.* spasm of the heart, stenocardia (*scient.*). — **h~ˌkrank** *adj* suffering from heart trouble (*od.* [a] heart disease [*Br.* heart-disease]), cardiac: ein ~er Patient a cardiac patient; er ist ~ he is suffering from heart trouble (*od.* [a] heart[-]disease), he has (a) heart(-)disease. — **~ˌkran·ke** *m*, *f* ⟨-n; -n⟩ cardiac (*colloq.*), cardiopath (*scient.*). — **~ˌkrank·heit** *f cf.* Herzleiden.

'Herzˌkranz|ˌader·verˌkal·kung *f med.* coronary arteriosclerosis. — **~geˌfäß** *n* coronary vessel: Erkrankung [Insuffizienz] der ~e coronary artery disease [insufficiency].

'Herz|ˌkraut *n bot. cf.* a) Ackergünsel, b) Herzblatt 2. — **~ˌkri·se** *f med.* cardiac crisis. — **~ˌlei·den** *n* heart disease, *Br.* heart-disease, heart complaint (*od.* trouble), cardiopathy (*scient.*): organisches ~ organic heart trouble. — **h~ˌlei·dend** *adj meist pred* (*Person*) suffering from (a) heart disease (*Br.* heart-disease) (*od.* from heart complaint [*od.* trouble]).

'herz·lich I *adj* **1.** cordial, hearty: ~es Einvernehmen cordial understanding; ~er Empfang hearty (*od.* warm) welcome. – **2.** (*Anteilnahme, Bitte etc*) heartfelt, sincere. – **3.** (*Lächeln, Atmosphäre etc*) friendly. – **4.** (*in Wendungen des Dankes, Grußes etc*) ~en Dank! heartfelt (*od.* many) thanks! thank you very much! ~en Glückwunsch! congratulations! ~e Glückwünsche zum Geburtstag! many happy returns of the day, happy birthday, congratulations on your birthday; ~e Grüße an Ihre Eltern please give my (kind) regards to your parents, (please) remember me to your parents; ~e Grüße (*od.* mit ~en Grüßen), Ihr X (*Briefschluß*) kind regards (*od.* yours affectionately), X, (*vertraulicher*) love, X; mein ~es (*od.* ~stes) Beileid heartfelt condolences (*od.* sympathy); ich muß fahren. H~es Beileid! *fig. colloq. humor.* I have to go. Poor you! – **II** *adv* **5.** cordially, heartily: j-n ~ (*od.* auf das ~ste) begrüßen to welcome s.o. cordially (*od.* warmly); (seid) ~ willkommen! nice to see you! ihr seid uns jederzeit ~ willkommen you are always welcome; j-m ~ danken to thank s.o. with all one's heart; ~ lachen to laugh heartily; grüße ihn ~ von mir give him my kindest regards (*od.* my best), (*vertraulicher*) give him my love; j-n ~ lieb haben to be very fond of s.o.; ich lade euch ~ ein I should (*od.* would) like you very much to come; ~st (Dein) X (*Briefschluß*) cordially (*od.* sincerely) yours, X. – **6.** (*sehr*) (*in Wendungen wie*) tust du das? ~ gern! will you do that? with the greatest of pleasure! ich komme ~ gern I'd love to come; es tut mir ~ leid I am really very sorry; es geht mir ~ schlecht *colloq.* I don't feel very well at all; ich habe ~ wenig Geld I have precious little money; ich kann ~ wenig damit anfangen it doesn't help me very much at all, it's precious little help, it's a fat lot of help (*colloq.*). — **'Herz·lich·keit** *f* ⟨-; *no pl*⟩ **1.** heartiness, cordiality. – **2.** (*Wärme*) warmth: er wurde mit großer ~ empfangen he was welcomed with great warmth. – **3.** (*Aufrichtigkeit*) sincerity.

'Herz|ˌlieb·chen *n* ⟨-s; -⟩ *poet.* sweetheart. — **~ˌlieb·ste** *m*, *f* ⟨-n; -n⟩ sweetheart. — **~ˌli·nie** *f* **1.** *math. med.* cardioid. – **2.** (*in der Chiromantie*) line of Heart (*od.* heart), Heart line, table line.

'herz·los *adj* **1.** heartless, unfeeling. – **2.** *zo.* without a heart, acardiac(eous) (*scient.*). — **'Herz·lo·sig·keit** *f* ⟨-; *no pl*⟩ **1.** heartlessness. – **2.** *zo.* acardia.

'Herz-'Lun·gen-Maˌschi·ne *f med.* heart-lung machine.

'Herz|masˌsa·ge *f med.* cardiac massage: direkte [äußere] ~ open [external] cardiac massage. — **~ˌmes·sung** *f* cardiometry. — **~miˌnu·ten·voˌlu·men** *n* cardiac (*od.* minute) output. — **~ˌmit·tel** *n* cardiac remedy (*od.* stimulant), cardiotonic (*scient.*). — **~ˌmu·schel** *f zo.* a) cockle (*Fam. Cardiidae*), b) heart shell (*od.* cockle) (*Isocardia cor*): Eßbare ~ common (*od.* edible) cockle (*Cardium edule*). — **~ˌmu·schelˌscha·le** *f* cockleshell, *Br.* cockle-shell.

'Herzˌmus·kel *m med.* cardiac (*od.* heart) muscle, myocardium (*scient.*). — **~entˌar·tung** *f* myocardial degeneration. — **~entˌzün·dung** *f* myocarditis. — **~ˌschwä·che** *f* myocardial insufficiency.

'Herz|-'Na·belˌschnecke (*getr.* -k·k-) *f zo.* spotted bull's-eye (*Natica canrena*). — **h~ˌnah** *adj med.* near the heart. — **~neuˌro·se** *f med. psych.* a) neurosis of the heart, cardiac neurosis, b) (*nervöse*) irritable (*od.* nervous) heart. — **~'ober** [ˌhɛrts-] *m* (*beim Kartenspiel*) queen of hearts.

Her·zog ['hɛrtsoːk] *m* ⟨-(e)s; ⸚e *u.* -e⟩ **1.** duke. – **2.** *zo. a species of chaetodon* (*Chaetodon dux*).

Her·zo·gin ['hɛrtsoːgɪn] *f* ⟨-; -nen⟩ duchess: (die) Frau ~ a) the duchess, b) (*von Untergebenen*) her ladyship; Frau ~ (*Anrede*) Your Grace, Madam. — **~ˌmut·ter** *f* dowager duchess.

'her·zog·lich *adj* of a duke, duke's (*attrib*), ducal: die ~e Familie the ducal family; im ~en Schloß in the duke's castle.

'Her·zogs|ˌkro·ne *f* duke's (*od.* ducal) coronet. — **~ˌsitz** *m* dukery, duchy. — **~ˌwür·de** *f* rank (*od.* dignity) of a duke, dukery.

'Her·zog·tum *n* ⟨-(e)s; ⸚er⟩ duchy, dukedom.

'Herz|ˌohr *n med.* auricle (of the heart), auricular appendix. — **~ope·ra·tiˌon** *f* operation on the heart, heart operation. — **~ˌpau·se** *f* cardiac pause. — **~ˌriß** *m*, **~rupˌtur** *f* rupture of the heart, cardiorrhexis (*scient.*). — **~ˌsack** *m* pericardium. — **~ˌsa·me(n)** *m bot.* heartpea, heartseed, winter cherry (*Cardiospermum halicacabum*).

'Herzˌschlag *m med.* **1.** heartbeat: 90 Herzschläge in der Minute 90 heartbeats a minute; bis zu meinem letzten ~ *fig.* to the last moment of my life. – **2.** ⟨*only sg*⟩ pulse, beating of the heart. – **3.** (*Herztod*) heart attack (*od.* failure), cardiac death: er erlitt einen ~, er erlag einem ~ he died of a heart attack. — **~freˌquenz** *f* cardiac rate. — **~voˌlu·men** *n* stroke volume of the heart.

'Herz|ˌschmerz *m meist pl med.* a) pain in the heart, b) (*bes. bei Koronarleiden*) cardialgia, cardiodynia (*beide sg*). — **~ˌschnitt** *m* cardiotomy. — **~ˌschrittˌma·cher** *m* cardiac pacemaker (*Br.* pace-maker). — **~ˌschwä·che** *f* cardiac insufficiency. — **~ˌspen·de** *f* heart donation. — **~ˌspen·der** *m* heart donor. — **~spe·ziaˌlist** *m* heart specialist, cardiologist (*scient.*). — **~ˌspit·ze** *f* apex of the heart, cardiac apex. — **h~ˌstär·kend** *adj* (*Mittel*) cardiotonic. — **~ˌstär·kung** *f* **1.** stimulation of the heart (muscle). – **2.** *cf.* Herzstärkungsmittel. — **~ˌstär·kungsˌmit·tel** *n* cardiotonic, cardiac tonic. — **~ˌstel·le** *f her.* a) heart point,

b) (*am Wappenschild*) fess point. — **~,sti·che** *pl med.* shooting (*od.* stabbing) pains in the heart (region). — **~,still·,stand** *m* cardiac arrest (*od.* standstill). — **~,stol·pern** *n* gallop rhythm, extrasystole (*scient*). — **~,stück** *n* **1.** (*railway*) (*einer Weiche*) (cross) frog, crossing. – **2.** *fig.* (*einer Lehre etc*) heart, (*einer Diskussion etc*) central point. — **~tam·po,na·de** *f med.* cardiac (*od.* heart) tamponade. — **~,tä·tig·keit** *f* cardiac activity, heart action: Aussetzen der ~ cardiac arrest. — **~,tod** *m* death by cardiac failure (*od.* arrest), cardiac death. — **~,tö·ne** *pl* heart sounds: kindliche (*od.* fötale) ~ f(o)etal heart sounds (*od.* tones). — **~tra,be·kel** *f* trabecula carneae. — **~trans·plan·ta·ti,on** *f* heart transplant. — **~,trieb** *m bot.* (*einer Pflanze*) growing tip. — **~,tu·te** *f zo. cf.* Herzhorn.

her·zu [hɛr'tsuː] *adv cf.* herbei.

her'zu|,ei·len *v/i* ⟨*sep*, -ge-, sein⟩ rush (*od.* come rushing) up. — **~,kom·men** *v/i* ⟨*irr, sep*, -ge-, sein⟩ come up, arrive on the scene.

,Herz'un·ter *m* (*beim Kartenspiel*) jack (*od.* knave) of hearts.

her'zu,tre·ten *v/i* ⟨*irr, sep*, -ge-, sein⟩ step up, approach.

'Herz|,ve·ne *f med.* cardiac vein. — **~ver·,fet·tung** *f* fatty degeneration of the heart (muscle), cardiomyoliposis (*scient.*). — **~ver,grö·ße·rung** *f* cardiac enlargement; auxocardia, mega(lo)cardia (*scient.*). — **~ver,lang·sa·mung** *f* bradycardia. — **~ver,pflan·zung** *f* heart transplant. — **~ver,sa·gen** *n* heart failure: sie starb an akutem ~ she died from (an) acute heart failure.

'Herz,vor,hof *m med.* auricle (of the heart), atrium. — **~,flat·tern** *n* auricular flutter. — **~,flim·mern** *n* auricular fibrillation.

'Herz|,wand *f med.* cardiac (*od.* heart) wall. — **~,was·ser,sucht** *f* dropsy of the heart, cardiac edema (*bes. Br.* oedema) (*scient.*). — **~,weh** *n* **1.** *med. cf.* Herzschmerz. – **2.** *fig.* heartache. — **~,wurm** *m zo.* cabbage moth (*Mamestra brassicae*).

her·zy·nisch [hɛr'tsyːnɪʃ] *adj* **1.** *geol.* Hercynian. – **2.** **H~er Wald** *geogr. hist.* Hercynian forest.

'herz|zer,bre·chend *adj lit.* heartbreaking, *Br.* heart-breaking. — **~zer,rei·ßend** *adj* (*Anblick etc*) heartbreaking, *Br.* heart-breaking, heartrending, *Br.* heart-rending.

He·se·ki·el [he'zeːkiɛl] *npr m* ⟨-; *no pl*⟩ *Bibl.* (*Prophet*) Ezekiel.

hes·es ['hɛs'ʔɛs], **'Hes'es** *n* ⟨-; -⟩ B double flat.

Hes·pe·ri·den [hɛspe'riːdən] *npr pl myth.* Hesperides, Islands of the Blessed. — **~,äp·fel** *pl* Hesperidean (*od.* Hesperidian) apples. — **~,gar·ten, der** the gardens *pl* of the Hesperides.

Hes·pe·ri·en [hɛs'peːriən] *n* ⟨-s; *no pl*⟩ *antiq. geogr.* Hesperia. — **Hes'pe·ri·er** *m* ⟨-s; -⟩ Hesperian.

Hes·pe·ros ['hɛsperɔs], **'Hes·pe·rus** [-rʊs] *m* ⟨-; *no pl*⟩ *astr. poet.* Hesperus, *auch* Hesper.

Hes·se[1] ['hɛsə] *m* ⟨-n; -n⟩ Hessian.

'Hes·se[2] *f* ⟨-; -n⟩ *cf.* Hachse 1.

'Hes·sen|,flie·ge, ~,mü·cke (*getr.* -k·k-) *f zo.* Hessian fly (*Phytophaga destructor*).

'hes·sisch *adj* Hessian.

Hes·sit [hɛ'siːt; -'sɪt] *m* ⟨-s; -e⟩ *min.* hessite.

Hes·so·nit [hɛso'niːt; -'nɪt] *m* ⟨-s; *no pl*⟩ *min.* essonite, *auch* hessonite.

He·sy·chas·mus [hezy'çasmʊs] *m* ⟨-; *no pl*⟩ *relig.* hesychasm, *auch* Hesychasm. — **He·sy'chast** [-'çast] *m* ⟨-en; -en⟩ hesychast, *auch* Hesychast.

He·tä·re [he'tɛːrə] *f* ⟨-; -n⟩ **1.** *antiq.* hetaera, hetaira. – **2.** courtesan.

He·tä·rie [hetɛ'riː] *f* ⟨-; -n [-ən]⟩ *pol. hist.* hetaeria, hetairia.

he·te·ro·cerk [hetero'tsɛrk] *adj zo.* (*Fisch*) heterocercal.

he·te·ro·chla·my·de·isch [heteroçlamy'deːɪʃ] *adj bot.* dichlamydeous, heterochlamydeous.

He·te·ro·chro·ma·tin [heterokroma'tiːn] *n* ⟨-s; *no pl*⟩ *biol.* heterochromatin.

He·te·ro·chro·mie [heterokro'miː] *f* ⟨-; -n [-ən]⟩ *med.* (*der Iris*) heterochromia.

He·te·ro·chro·mo·som [heterokromo'zoːm] *n biol.* heterochromosome, sex chromosome.

he·te·ro·cy·klisch [hetero'tsyːklɪʃ] *adj bes. chem. cf.* heterozyklisch.

he·ter·odont [hetero'dɔnt] *adj med. zo.* heterodont.

he·te·ro·dox [hetero'dɔks] *adj bes. relig.* heterodox. — **He·te·ro·do'xie** [-'ksiː] *f* ⟨-; -n [-ən]⟩ heterodoxy.

He·te·ro·ga·met [heteroga'meːt] *m* ⟨-en; -en⟩ *biol.* heterogamete. — **he·te·ro·ga·'me·tisch** *adj* heterogametic. — **He·te·ro·ga'mie** [-'miː] *f* ⟨-; *no pl*⟩ heterogamy.

he·te·ro·gen [hetero'geːn] *adj* (*verschiedenartig*) heterogeneous: ~e Masse heterogeny; ~e Zeugung *biol.* heterogenesis. — **He·te·ro·ge'ne·se** [-ge'neːzə], **He·te·ro'ge·ne·sis** [-nezɪs] *f* ⟨-; *no pl*⟩ *biol.* heterogenesis. — **He·te·ro·ge·ni'tät** [-geni'tɛːt] *f* ⟨-; *no pl*⟩ heterogeneity.

He·te·ro·go·nie [heterogo'niː] *f* ⟨-; *no pl*⟩ *biol. philos.* heterogony.

he·te·ro·graph [hetero'graːf] *ling.* **I** *adj* heterographic. – **II H~** *n* ⟨-s; -e⟩ heterograph. — **He·te·ro·gra·phie** [heterogra'fiː] *f* ⟨-; -n [-ən]⟩ *ling.* heterography.

he·te·ro·kli·tisch [hetero'kliːtɪʃ] *adj ling.* (*Substantiv*) heteroclite, heteroclitic. — **He·te'ro·kli·ton** [-'roːklitɔn] *n* ⟨-s; -ta [-ta]⟩ heteroclite.

he·te·ro·log [hetero'loːk] *adj med.* heterologous, heterological, *auch* heterologic. — **He·te·ro·lo'gie** [-lo'giː] *f* ⟨-; -n [-ən]⟩ heterology.

He·te·ro·ly·se [hetero'lyːzə] *f* ⟨-; *no pl*⟩ *chem.* heterolysis.

he·te·ro·mer [hetero'meːr] *adj bot.* heteromerous.

he·te·ro·morph [hetero'mɔrf] *adj biol. chem.* heteromorphic, heteromorphous. — **He·te·ro·mor'phie** [-'fiː] *f* ⟨-; -n [-ən]⟩, **He·te·ro·mor'phis·mus** [-'fɪsmʊs] *m* ⟨-; -men⟩ heteromorphism.

He·te·ro·mor·phit [heteromɔr'fiːt; -'fɪt] *m* ⟨-s; -e⟩ *min.* heteromorphite.

he·te·ro·nom [hetero'noːm] *adj bes. biol.* heteronomous. — **He·te·ro·no'mie** [-no'miː] *f* ⟨-; -n [-ən]⟩ heteronomy.

He·ter·onym [hetero'nyːm] **I** *n* ⟨-s; -e⟩ *ling.* heteronym. – **II h~** *adj* heteronymous.

he·te·ro·phon [hetero'foːn] *adj ling. mus.* heterophonic.

He·te·ro'phon *n* ⟨-s; -e⟩ *ling. mus.* heterophone.

He·te·ro·pho·rie [heterofo'riː] *f* ⟨-; *no pl*⟩ *med.* (*optics*) heterophoria.

He·te·ro·phyl·lie [heterofy'liː] *f* ⟨-; *no pl*⟩ *bot.* heterophylly.

He·te·ro·pla·stik [hetero'plastɪk] *f* ⟨-; -en⟩ *med.* heteroplasty.

he·te·ro·po·lar [heteropo'laːr] *adj chem.* heteropolar. — **He·te·ro·po·la·ri'tät** [-lari'tɛːt] *f* ⟨-; *no pl*⟩ heteropolarity.

He·te·ro·se·xua·li·tät [heterozɛksŭali'tɛːt] *f* ⟨-; *no pl*⟩ heterosexuality. — **he·te·ro·se·xu'ell** [-zɛ'ksŭɛl] *adj* heterosexual.

He·te·ro·sis [hete'roːzɪs] *f* ⟨-; *no pl*⟩ *biol.* heterosis.

He·te·ro·sty·lie [heterosty'liː] *f* ⟨-; *no pl*⟩ *bot.* heterostyly.

He·te·ro·ta·xie [heterota'ksiː] *f* ⟨-; -n [-ən]⟩ *med.* heterotaxis, *auch* heterotaxia, heterotaxy.

he·te·ro·troph [hetero'troːf] *adj biol.* heterotrophic. — **He·te·ro·tro'phie** [-tro'fiː] *f* ⟨-; -n [-ən]⟩ *biol.* heterotrophy.

he·ter·özisch [hete'røːtsɪʃ] *adj bot.* heteroicous, *auch* heteroecious.

he·te·ro·zy·got [heterotsy'goːt] *adj biol.* heterozygous, heterozygotic.

he·te·ro·zy·klisch [hetero'tsyːklɪʃ] *adj bot. chem.* heterocyclic.

He·ter·usie [heteru'ziː] *f* ⟨-; *no pl*⟩ *bes. relig. hist.* heteroousia, *auch* heterousia.

He·thi·ter [he'tiːtər] *m* ⟨-s; -⟩ *hist.* Hittite. — **he'thi·tisch I** *adj* Hittite. – **II** *ling.* **H~** ⟨*generally undeclined*⟩, **das H~e** ⟨-n⟩ Hittite, the Hittite language.

Het·man ['hɛtman] *m* ⟨-s; -e, *auch* -s⟩ *mil. hist.* hetman, ataman.

Het·sche·petsch ['hɛtʃə,pɛtʃ] *f* ⟨-; -⟩, **Het·scherl** ['hɛtʃərl] *n* ⟨s; -(n)⟩ *Austrian dial. for* Hagebutte 1.

Het·ti·ter [hɛ'tiːtər] *m* ⟨-s; -⟩ *hist. cf.* Hethiter.

Hetz [hɛts] *f* ⟨-; *no pl*⟩ *Bavarian and Austrian dial. for* Gaudium, Jux.

'Hetz|ar,ti·kel *m* (*in Zeitung etc*) inflammatory (*od.* invidious) article. — **~,band** *n* ⟨-(e)s; ⸗er⟩ *hunt.* (*des Jagdhunds*) slip. — **~,blatt** *n* yellow (news)paper, smearsheet, *Br.* smear-sheet.

Het·ze ['hɛtsə] *f* ⟨-; *no pl*⟩ **1.** (gegen against) agitation, (smear) campaign: eine massive ~ gegen eine Partei entfachen to start a massive campaign against a party. – **2.** (*in der Zeitung*) (gegen against) yellow- (*od.* gutter-)press campaign. – **3.** (*Rassenhetze*) (gegen of) baiting: die ~ gegen die Juden the baiting of the Jews, Jew-baiting. – **4.** *colloq.* (*Eile*) hurry, rush: was (ist das wieder) für eine ~! what a hurry (*od.* rush)! was soll die ~? what's the hurry? where's the fire? (*colloq.*); das Leben ist eine schreckliche ~ geworden life has become a terrible hustle and bustle (*od. colloq.* a rat race). – **5.** *hunt.* a) *cf.* Hetzjagd 1, b) (*Koppel Hetzhunde*) pack of hounds.

het·zen ['hɛtsən] **I** *v/t* ⟨h⟩ **1.** den Hund auf j-n ~ to set the dog on s.o.; j-m die Polizei auf den Hals ~ to bring the police down on s.o. – **2.** *colloq.* (*treiben*) hurry, rush: sie haben ihn von einem Ort zum anderen gehetzt they have rushed him from one place to another; eine Redensart zu Tode ~ *fig.* to work an expression to death, to wear out an expression. – **3.** (*zur Eile antreiben*) rush, push: hetz mich nicht so! don't rush me! ich lasse mich nicht ~ I won't let myself be rushed (*od.* pushed). – **4.** *fig.* (*verfolgen*) hunt, chase, hound, pursue (*s.o.*) closely: der Dieb wurde fast zu Tode gehetzt the thief was almost hunted to death; er wurde von (seinen) Gläubigern gehetzt *fig.* he was hounded by (his) creditors. – **5.** *hunt.* a) (*bes. Schwarzwild mit Hunden*) hunt, b) (*bes. Hasen*) course, c) (*bes. Füchse, Kaninchen*) chase, d) (*bes. Bär*) bait: einen Keiler zu Tode ~ to run down a boar, to hunt a boar to death; mit der Meute ~ to hunt with (the) hounds. – **II** *v/reflex* sich ~ **6.** *colloq.* rush oneself: ich habe mich halb zu Tode gehetzt I have rushed myself half to death, I have half killed myself (*colloq.*). – **III** *v/i* **7.** ⟨sein⟩ *colloq.* (*eilen*) hurry, rush, race: ich bin durch die Straßen gehetzt I hurried through the streets; wir mußten sehr ~, um den Zug noch zu erreichen we had to hurry (*od. colloq.* get a move on) to catch the train. – **8.** ⟨h⟩ (*aufhetzen*) (gegen against) agitate: er hetzt immer he is always stirring up trouble, he is a mischief-maker; er hetzt zum Krieg he is a warmonger. – **IV H~** *n* ⟨-s⟩ **9.** *verbal noun.* – **10.** *cf.* Hetze 1—4.

'Het·zer *m* ⟨-s; -⟩ **1.** *hunt.* whipper-in. – **2.** *fig.* (political) agitator, demagogue, *Am. auch* demagog, incendiary, rabble-rouser.

Het·ze'rei *f* ⟨-; -en⟩ *colloq.* **1.** ⟨*only sg*⟩ (*Eile*) continual hurry(ing) (*od.* rush[ing]). – **2.** *fig.* agitation, demagogy, *Am. auch* demagoguery, demagogism, *auch* demagoguism, incendiarism, invidiousness, virulence.

'het·ze·risch *adj* (*Reden etc*) inflammatory, incendiary, invidious, virulent.

'Hetz|,feld,zug *m* inflammatory (*od.* smear) campaign, yellow- (*od.* gutter-)press campaign. — **~,hund** *m hunt.* staghound, trackhound. — **~,jagd** *f* **1.** *hunt.* a) (*mit Hunden*) hunt(ing), b) (*bes. auf Hasen*) coursing, c) (*auf Füchse*) chase, d) (*auf Bären*) bait(ing): eine ~ veranstalten to hunt with (the) hounds; an einer ~ teilnehmen to take part in a hunt, (*auf Hasen*) to course. – **2.** *colloq.* hurry, rush. – **3.** (*Verfolgung*) (nach of) hunt, chase, pursuit. — **~kam,pa·gne** *f cf.* Hetzfeldzug. — **~,peit·sche** *f hunt.* hunting whip (*od.* crop), *Br.* hunting-whip (*od.* -crop). — **~,pres·se** *f* yellow (*od.* gutter) press. — **~pro·pa,gan·da** *f* invidious propaganda, demagogy, *Am. auch* demogoguery, demagogism, *auch* demagoguism. — **~,re·de** *f* inflammatory speech. — **~,ruf** *m hunt.* (*für Hunde*) shout urging on hounds, hark. — **~,schrift** *f bes. pol.* slanderous (*od.* inflammatory) pamphlet.

Heu [hɔy] *n* ⟨-s; *no pl*⟩ hay: ~ machen to (make) hay; ~ wenden to toss (*od.* ted, turn) hay; mit ~ füttern to (feed with) hay; wir fahren heute ins ~ we are haymaking today; er hat sein ~ im Trockenen *fig. colloq.* he is set for life; → Geld 1. — **~,asth·ma** *n med.* allergic (*od.* pollen) asthma. — **~,auf,zug** *m agr.* hay hoist. — **~,baum** *m* boom. — **~ba,zil·lus** *m med.* hay bacillus (*Bacillus subtilis*). — **~be,lüf·tung** *f agr.* aeration of hay. — **~,blu·men** *pl med. pharm.* hayseed *sg.* —

~ˌbo·den *m agr.* hayloft, haymow. — **~ˌbüh·ne** *f Swiss for* Heuboden. — **~ˌbün·del** *n* bundle (*Br. auch* truss) of hay.

Heu·che'lei *f* ⟨-; -en⟩ **1.** hypocrisy. – **2.** (*Frömmelei, scheinheiliges Gerede*) cant. – **3.** (*Verstellung*) dissembling, (dis)simulation. – **4.** (*Unaufrichtigkeit*) insincerity.

heu·cheln ['hɔʏçəln] **I** *v/i* ⟨h⟩ **1.** play the hypocrite. – **2.** (*scheinheilig reden*) cant. – **3.** (*sich verstellen*) dissemble, (dis)simulate. – **4.** (*unaufrichtig sein*) be insincere. – **II** *v/t* **5.** (*vortäuschen*) (*Gefühle etc*) affect, feign, sham, simulate: ihre Liebe war geheuchelt her love was feigned. – **III H~** *n* ⟨-s⟩ **6.** *verbal noun.* – **7.** *cf.* Heuchelei.

'Heuch·ler *m* ⟨-s; -⟩ **1.** hypocrite. – **2.** (*Frömmler*) canter. – **3.** dissembler, feigner, simulator. – **4.** insincere person.

'heuch·le·risch I *adj* **1.** hypocritical, *auch* hypocritic. – **2.** (*frömmlerisch*) canting. – **3.** (*arglistig, falsch*) dissembling. – **4.** (*voller Verstellung*) simulative. – **5.** insincere. – **II** *adv* **6.** like a hypocrite, hypocritically, insincerely: ~ reden to cant.

'Heuch·lerˌmie·ne *f* hypocritical air.

'Heu|ˌdie·le *f agr. Swiss for* Heuboden. — **~ˌdie·men** *m Northern G. for* Heuschober. — **~ˌduft** *m* scent of hay.

heu·en ['hɔʏən] **I** *v/i* ⟨h⟩ (make) hay. – **II H~** *n* ⟨-s⟩ haymaking, *bes. Am.* haying.

heu·er ['hɔʏər] *adv Southern G., Austrian, and Swiss* this year.

'Heu·er¹ *m* ⟨-s; -⟩ haymaker.

'Heu·er² *f* ⟨-; -n⟩ *Northern G. mar.* **1.** pay (*od.* wages *pl*) for sailors. – **2.** hire: hast du schon deine ~ bekommen? have you signed on yet? have you been shipped yet?

'Heu·er|ˌbaas *m mar.* shipping master, crimp (*contempt.*). — **~bü̦ˌro** *n mar.* **1.** (*Seemannsamt*) marine office. – **2.** (*Annahmestelle für Seeleute*) seamen's employment agency.

heu·ern ['hɔʏərn] *v/t* ⟨h⟩ *bes. mar.* engage, hire, (*Matrosen*) *auch* sign (*s.o.*) on.

'Heuˌern·te *f* **1.** hay harvest: zweite ~ aftermath, second crop (of hay). – **2.** (*Erntezeit*) haymaking time (*od.* season).

'Heu·er|ˌschein *m mar.* certificate of hire, chit (*sl.*). — **~ˌstel·le** *f cf.* Heuerbüro.

Heu·ert ['hɔʏərt] *m* ⟨-s; -e⟩ *obs. cf.* Heuet¹.

'Heu·erˌtrag *m agr.* **1.** hay yield. – **2.** (*eines Landstücks*) sweepage.

'Heu·er·verˌtrag *m mar.* articles *pl* of agreement, shipping (*od.* ship's) articles *pl.*

Heu·et¹ ['hɔʏət] *m* ⟨-s; -e⟩ *obs.* July.

'Heu·et² *m* ⟨-s; -e⟩, *f* ⟨-; -e⟩ *Southern G. and Swiss for* Heuernte.

'Heu|ˌfal·ter *m zo.* clouded sulphur (*Colias philodice*). — **~ˌfeim** *m*, **~ˌfei·me** *f cf.* Heuschober. — **~ˌfie·ber** *n med. cf.* Heuschnupfen. — **~ˌfor·ke** *f agr. Northern G. for* Heugabel. — **~ˌfuh·re** *f* waggonload (*bes. Am.* wagonload) of hay. — **~ˌga·bel** *f* hayfork, *Br.* hay-fork, pitchfork. — **~ˌgrei·fer** *m* hay grab. — **~ˌhar·ke** *f cf.* Heurechen. — **~ˌhau·fen** *m* haycock, (*größer*) hayrick, haystack. — **~ˌhüp·fer** *m zo. cf.* Heuschrecke. — **~ˌla·der** *m agr.* hay-loader. — **~ˌla·dung** *f* load of hay.

'Heulˌaf·fe *m zo.* howler, beelzebub, warine (*Gattg Mycetes*).

'Heulˌbo·je *f* **1.** *mar.* whistling (*od.* howling) buoy. – **2.** *fig. contempt.* (*Schlagersänger*) crooner, pop singer.

'Heuˌlei·ter *f agr.* hayrack, hayrig.

heu·len ['hɔʏlən] **I** *v/i* ⟨h⟩ **1.** (*von Hund, Wolf*) howl: → Wolf 1. – **2.** *colloq.* (*weinen*) (wegen, über *acc* over) cry, weep, bawl: er heulte vor Wut he wept (*od.* howled) with rage; vor Schmerzen ~ to cry with pain; → Schloßhund. – **3.** *fig.* (*von Wind etc*) howl, roar: der Sturm heult ums Haus the storm howls (*od.* rages) (a)round the house. – **4.** *fig.* (*von Sirene*) whine, wail. – **5.** *fig.* (*von Granaten etc*) whine, sreech, scream. – **6.** (*von Motoren*) roar. – **II H~** *n* ⟨-s⟩ **7.** *verbal noun*: mir ist zum H~ zumute I feel like crying; es ist zum H~ *fig. colloq.* it is exasperating; ~ und Zähneklappern *Bibl.* weeping and gnashing of teeth. — **'heu·lend I** *pres p.* – **II** *adj* **1.** howling: ein ~er Schrei a howl: → Elend 1. – **2.** (*Wind*) *auch* piping.

'Heu·ler *m* ⟨-s; -⟩ **1.** *electr.* (radio) howler, diaphone. – **2.** das ist ja der letzte ~ *fig. sl.* that's the last straw. – **3.** *zo.* wailing pup.

Heu·le'rei *f* ⟨-; *no pl*⟩ constant blubbering (*od.* crying): laß doch die ewige ~ (sein)! stop that constant blubbering.

'Heul|ˌlie·se *f* ⟨-; -n⟩ *colloq.* crybaby, *Br.* cry-baby. — **~ˌpe·ter** *m colloq.* crybaby, *Br.* cry-baby. — **~ˌsu·se** *f* ⟨-; -n⟩ *colloq. cf.* Heulliese. — **~ˌton** *m* **1.** howling sound. – **2.** (*radio*) high-frequency warble tone, wobbulated sine tone. — **~ˌton·ne** *f mar. cf.* Heulboje 1.

'Heu|-ˌLuftˌbrücke (*getr.* -k·k-) *f agr.* (*für Vieh, Wild im Winter*) haylift. — **~ˌma·chen** *n* haymaking, *bes. Am.* haying. — **~ˌmahd** *f cf.* Heuernte. — **~ˌmä·her** *m* mower, mowing machine. — **~ˌmie·te** *f cf.* Heuschober. — **~ˌmo·nat**, **~ˌmond** *m obs. cf.* Heuet¹. — **~ˌpferd** *n zo. cf.* Heuschrecke. — **~ˌpres·se** *f agr.* (hay) baler. — **~ˌraf·fer** *m* sweep (*od.* buck) rake. — **~ˌre·chen** *m* hay rake. — **~ˌrei·ter** *m* hay prop, rickstand.

heu·re·ka ['hɔʏreka] *interj* eureka!

heu·rig ['hɔʏrɪç] *adj Southern G. and Austrian* (of) this year: ~er Wein wine of the latest vintage.

'Heu·ri·ge *m* ⟨-n; -n⟩ *Austrian* **1.** wine of the latest vintage. – **2.** winegrower's (*od.* vintner's) garden (*od.* tavern) selling new wine: zum ~n gehen to go to a wine garden to drink some new wine.

'Heu·ri·gen|ˌabend *m Austrian a meeting where wine of the latest vintage is drunk.* — **~loˌkal** *n cf.* Heurige 2.

Heu·ri·stik [hɔʏ'rɪstɪk] *f* ⟨-; *no pl*⟩ *philos.* heuristic. — **heu'ri·stisch** *adj* heuristic.

'Heu|ˌschlep·pe *f agr.* hayrack. — **~ˌschnup·fen** *m med.* hay fever. — **~ˌscho·ber** *m agr.* haycock, (*größer*) hayrick, haystack: Unterbau für ~ rickstand.

'Heuˌschrecke (*getr.* -k·k-) [-ˌʃrɛkə] *f* ⟨-; -n⟩ *zo.* grasshopper, locust (*Fam. Acrididae u. Locustidae*).

'heuˌschreckenˌar·tig (*getr.* -k·k-) *adj zo.* locustlike, *Br.* locust-like; acridian, locustarian (*scient.*).

'Heuˌschrecken|ˌat·zel (*getr.* -k·k-) [-ˌʔatsəl] *f zo.* Indian paradise grackle (*Gracula gryllivora*). — **~ˌgril·le** *f zo.* harvest fly, cicada (*Fam. Cicadidae*). — **~ˌkrebs** *m* squill, squilla, stomatopod (crustacean) (*Gattg Squilla*): Gemeiner ~ mantis shrimp (*S. mantis*). — **~ˌpla·ge** *f* plague of locusts. — **~ˌsän·ger** *m zo.* grasshopper warbler (*Locustella naevia*). — **~ˌschwarm** *m* swarm of locusts. — **~ˌspatz** *m* Leconte's sparrow (*Passerherbulus caudacutus*).

'Heuˌschwa·de *f agr.* a) (*gemähte*) hay swath(e), b) (*zusammengeharkte*) windrow, *Br.* wind-row.

'Heu·senˌkraut ['hɔʏzən-] *n bot.* water purslane (*Ludwigia palustris*).

'Heu|ˌspei·cher *m cf.* Heuboden. — **~ˌsta·del** *m Southern G., Austrian, and Swiss for* a) Heuboden, b) Heuschober. — **~ˌstock** *m Southern G., Austrian, and Swiss* haymow.

heu·te ['hɔʏtə] **I** *adv* today, this day: ~ früh, ~ morgen this morning; ~ mittag today at noon; ~ nachmittag this afternoon; ~ abend this evening, tonight; ~ nacht a) tonight, b) last night; ~ noch this very day; ~ immer noch still today; ~ in einer Woche a week from today, *Br. auch* today week (*od.* this day week); ~ in einem Jahr a year from today, a year hence; ~ vor einer Woche a week ago today, just a week ago; bis ~ till today, (up) to this day, to date; von ~ ab (*od.* an) from today on(wards), beginning today, as of today; das Brot ist von ~ it's today's bread, the bread is fresh; was ist ~ los? what's on today? was für ein Wochentag ist ~? what day (of the week) is it today? welchen (*od.* den wievielten) haben wir ~? what date is it today? what is today's date? etwas von ~ auf morgen verschieben to put s.th. off until tomorrow; das braucht nicht ~ oder morgen zu geschehen there is no hurry, it can wait a little; das möchte ich lieber ~ als morgen machen I would rather do it today than tomorrow, I prefer to do it today rather than tomorrow; eine Änderung ist nicht von ~ auf morgen zu erwarten a sudden change is unlikely, it is unlikely that there will be a sudden change; wie ~, so morgen as today, so tomorrow; soviel für ~ so much for today; Schluß (*od.* genug) für ~ a) let's call it a day, b) that's all for today; ~ mir, morgen dir no man is immune to (*od.* safe from) misfortune; ~ rot, morgen tot (*Sprichwort*) *etwa* here today, gone tomorrow, *auch* today a man, tomorrow none (*proverb*); man trägt ~ rot red is all the vogue today; die Zeitung von ~ today's newspaper; die Besiegten von ~ sind die Sieger von morgen *etwa* the vanquished of today will be the victors of tomorrow; die Frau von ~ the modern woman, the woman of today; das Deutschland von ~ Germany (as it is) today; was du ~ kannst besorgen, das verschiebe nicht auf morgen (*Sprichwort*) don't put off till tomorrow what you can do today. – **II H~, das** ⟨-⟩ the present: das H~ und das Morgen the present and the future.

'heu·tig *adj* ⟨*attrib*⟩ **1.** today's: die ~e (Nummer der) ‚Welt' today's (edition of the) 'Welt'; am ~en Nachmittag [Sonntag] this afternoon [Sunday]; an seinem ~en Geburtstag on his birthday today; der Brief ist mit der ~en Post gekommen the letter arrived by today's mail (*bes. Br.* post); mein ~es Schreiben *econ.* my letter of today. – **2.** (*gegenwärtig*) of today, today's, present: das ~e England the England of today, present-day (*od.* contemporary) England; Neu-Amsterdam, das ~e New York New Amsterdam, New York as it is now called; auf dem ~en Stand der Forschung in line with the latest research; in der ~en Zeit at the present time, these days, nowadays; bis auf den ~en Tag up to this (*od.* the present) day.

'heu·ti·genˌtags *adv rare for* heutzutage.

'heut·zuˌta·ge [-tsu-] *adv* nowadays, these days, today: das ist ~ unmöglich nowadays that's impossible.

'Heu|ˌvo·gel *m zo.* a) bee-eater (*Merops apiaster*), b) *cf.* Heufalter. — **~ˌwa·gen** *m agr.* haywaggon, *bes. Am.* haywagon, *bes. Br.* haycart. — **~ˌwen·der** *m* tedder. — **~ˌwurm** *m zo. caterpillar of a pyralis* (*Cochylis roserana*).

He·xa·chlor·äthan [hɛksa'kloːrʔɛˌtaːn] *n* ⟨-s; *no pl*⟩ *chem.* hexachlor(o)ethane (C_2Cl_6).

He·xa·chord [hɛksa'kɔrt] *m, n* ⟨-(e)s; -e⟩ *mus.* hexachord.

He·xa·eder [hɛksa'ʔeːdər] *n* ⟨-s; -⟩ *math.* hexahedron. — **he·xa'edrisch** [-'ʔeːdrɪʃ] *adj* hexahedral.

He·xa·eme·ron [hɛksa'ʔeːmerɔn] *n* ⟨-s; *no pl*⟩ *relig.* hexa(h)emeron.

He·xa·gon [hɛksa'goːn] *n* ⟨-s; -e⟩ *math.* hexagon. — **he·xa·go'nal** [-go'naːl] *adj* hexagonal.

He·xa·gramm [hɛksa'gram] *n* ⟨-s; -e⟩ *math.* hexagram.

Hex·ame·ron [hɛ'ksaːmerɔn] *n* ⟨-s; -s⟩ (*literature*) hexameron.

He·xa·me·ter [hɛ'ksaːmetər] *m* ⟨-s; -⟩ *metr.* hexameter.

He·xa·me·thy·len·te·tra·min [hɛksamety'leːntetraˌmiːn] *n* ⟨-s; *no pl*⟩ *chem.* hexamethylenetetramine [$(CH_2)_6N_4$].

he·xa·me·trisch [hɛksa'meːtrɪʃ] *adj metr.* hexametric(al).

He·xan [hɛ'ksaːn] *n* ⟨-s; *no pl*⟩ *chem.* hexane (C_6H_{14}). — **~ˌsäu·re** *f* caproic (*auch* hexanoic) acid ($CH_3(CH_2)_4COOH$).

He·xa·po·de [hɛksa'poːdə] *m* ⟨-n; -n⟩ *zo.* hexapod.

He·xa·teuch [hɛksa'tɔʏç] *m* ⟨-s; *no pl*⟩ *Bibl.* (*die ersten sechs Bücher des Alten Testaments*) Hexateuch.

He·xe ['hɛksə] *f* ⟨-; -n⟩ **1.** witch, sorceress: die böse alte ~ the wicked old witch; sie wurde als ~ verbrannt *hist.* she was burnt as a witch. – **2.** *fig.* witch: eine alte ~ *contempt.* (*häßliche alte Frau*) an old witch (*od.* hag); du alte ~! *contempt.* you old witch! du kleine ~! *humor.* you little minx! – **3.** *tech.* hoist (for building materials).

he·xen ['hɛksən] **I** *v/i* ⟨h⟩ practise (*bes. Br.* practice) witchcraft (*od.* sorcery), *Am. auch* hex: ich kann doch nicht ~ *fig. colloq.* I am no magician, I can't work miracles (*od.* do the impossible). – **II** *v/t cf.* herzaubern.

'He·xen|ˌbe·sen *m* **1.** witch's broomstick. – **2.** *bot.* (*Baumkrankheit*) witches'-broom, witch broom. – **3.** *bot. cf.* a) Mistel, b) Wollgras. — **~ˌei** *n bot.* stinkhorn, *Br.* stink-horn (*Phallus impudicus*). — **~ˌeinˌmalˌeins** *n* **1.** magic square. – **2.** (*literature*) witch's (*od.* witches') one-times-one (*in*

Goethe's "Faust"). — ~ˌ**eu·le** *f zo.* witch moth, black witch (*Erebus odora*). — ~ˌ**fin·ger** *m geol. cf.* Donnerkeil 2. — ~ˌ**glau·be** *m* belief in witches (*od.* witchcraft). — **h~haft** *adj* witchlike, *Br.* witch-like. — ~ˌ**haus**, ~ˌ**häus·chen** *n* witch's (*od.* witches') house. — ~ˌ**jagd** *f* **1.** *cf.* Hexenverfolgung. – **2.** *fig.* witch-hunt(ing). — ~ˌ**kes·sel** *m* **1.** witch's (*od.* witches') cauldron. – **2.** *fig. colloq.* chaos: es ging zu wie in einem ~ chaos reigned; im ~ sitzen *bes. pol.* to be sitting on a powder keg (*bes. Br.* a barrel of gunpowder). — ~ˌ**kraut** *n bot.* wild mandrake, enchanter's nightshade (*Circaea lutetiana*). — ~ˌ**kü·che** *f* witch's (*od.* witches') kitchen. — ~ˌ**kunst** *f cf.* Hexerei. — ~ˌ**männ·chen** *n bot.* (*Alraun*) mandrake. — ~ˌ**mei·ster** *m* **1.** sorcerer, wizard. – **2.** (*Zauberer*) magician. — ~ˌ**milch** *f* **1.** *bot. cf.* Wolfsmilch. – **2.** *med.* (*der Neugeborenen*) witch's (*od.* witches') milk, hexenmilch. — ~ˌ**pilz** *m bot. cf.* Röhrling. — ~ˌ**pro·zeß** *f hist.* witches' ordeal. — ~**proˌzeß** *m* witch trial. — ~ˌ**ring** *m bot.* (*von Pilzen*) fairy ring. — ~ˌ**sab·bat** *m* Witches' Sabbath, *auch* witches' sabbath. — ~ˌ**schuß** *m med.* lumbago. — ~ˌ**schwamm** *m bot. cf.* Röhrling. — ~ˌ**stich** *m* herringbone (*Br.* herring-bone) stitch. — ~ˌ**strang** *m bot.* traveller's- (*Am. auch* traveler's-)joy (*Clematis vitalba*). — ~**verˌbren·nung** *f hist.* burning of a witch. — ~**verˌfol·gung** *f* witch-hunt(ing), persecution of witches. — ~ˌ**wahn** *m* obsessive belief in witches. — ~ˌ**werk** *n* ⟨-(e)s; *no pl*⟩ *cf.* Hexerei. — ~ˌ**zwirn** *m bot.* dodder (*Gattg Cuscuta*).

'**He·xer** *m* ⟨-s; -⟩ *cf.* Hexenmeister.

He·xe'rei *f* ⟨-; -en⟩ **1.** witchcraft, witching, sorcery. – **2.** (*Zauberei*) magic: das ist keine ~ *fig. colloq.* that's no magic, there's nothing to it, that's easy enough; → Geschwindigkeit 2.

Hex·ode [hɛ'ksoːdə] *f* ⟨-; -n⟩ *electr.* hexode.

He·xo·gen [hɛkso'geːn] *n* ⟨-s; *no pl*⟩ (*Sprengstoff*) cyclonite, hexogen.

He·xo·se [hɛ'ksoːzə] *f* ⟨-; -n⟩ *chem.* hexose ($C_6H_{12}O_6$).

He·xyl [hɛ'ksyːl] *n* ⟨-s; *no pl*⟩ *chem.* hexyl (C_6H_{13}). — ~**re·sorˌcin** *n chem.* hexylresorcinol ($C_6H_{13}C_6H_3(OH)_2$).

HF|-ˌGleichˌrich·ter [haː'ʔɛf-] *m electr.* **1.** detector. – **2.** demodulator. — ~-**In·diˌka·tor** *m* high-frequency indicator. — ~-ˌ**Stö·rung** *f* (*beim Radar*) jamming.

hi [hiː] *interj* ha!

Hi·at [hi'aːt] *m* ⟨-s; -e⟩ *ling. cf.* Hiatus 1.

Hia·tus ['hiaːtʊs] *m* ⟨-; -⟩ **1.** *ling.* hiatus. – **2.** *geol.* a) (*zeitliche Lücke bei der Ablagerung von Gesteinen*) hiatus, b) (*Unterbrechung einer Schichtfolge*) stratigraphic (*auch* stratigraphical) break. – **3.** *med.* (*Spalt, Schlitz*) hiatus.

hi·ber·nal [hibɛr'naːl] *adj obs. for* winterlich 1.

Hi·ber·na·ti·on [hibɛrna'tsi̯oːn] *f* ⟨-; -en⟩ *med.* a) hibernation, b) (*mit Unterkühlung*) frozen sleep, c) *cf.* Heilschlaf.

Hi·bis·kus [hi'bɪskʊs] *m* ⟨-; -ken⟩ *bot. cf.* Eibisch.

Hicko·ry (*getr.* -k·k-) ['hɪkori] *m* ⟨-s; -s⟩ *bot.* hickory (*Gattg Carya*). — ~ˌ**baum** *m Am.* a) hickory, carya (*scient.*) (*Gattg Carya*), b) mockernut (*C. alba*). — ~ˌ**holz** *n* hickory. — ~ˌ**nußˌbaum** *m cf.* Hickory. — ~ˌ**soh·le** *f* (*eines Skis*) hickory sole.

Hi·dal·go [hi'dalgo] *m* ⟨-s; -s⟩ hidalgo, *auch* Hidalgo.

Hi·dro·se [hi'droːzə] *f* ⟨-; -n⟩ *med.* hidrosis. — **hi'dro·tisch** [-tɪʃ] *adj med. pharm.* hidrotic.

hie [hiː] *adv* **1.** ~ und da now and then, once in a while, sometimes. – **2.** *obs. for* hier.

hieb [hiːp] *1 u. 3 sg pret of* hauen I, II.

Hieb [hiːp] *m* ⟨-(e)s; -e⟩ **1.** blow, stroke: geschickter [kräftiger] ~ skil(l)ful [heavy] blow; ~ mit der Axt blow with the ax(e); ~ mit dem Stock blow (*od.* stroke) with the stick; j-m einen ~ mit einem Stock versetzen to deal s.o. a blow with a stick; → Baum 2. – **2.** (*sport*) (*beim Säbelfechten*) slash, cut: ~ und Stich cut and thrust; einen ~ auffangen [parieren] to ward off [to parry] a cut (*od.* slash); der ~ sitzt the slash hits its mark (*od.* goes home). – **3.** *pl* (*Prügel*) beating *sg*, thrashing *sg*: ~e bekommen to get a thrashing; gleich setzt es ~e! *colloq.* you will get a beating (*od.* thrashing) in a minute! – **4.** *fig.* (*bösartige Anspielung*) dig: der ~ galt mir that (dig) was intended for (*od.* aimed at) me; der ~ hat gesessen that dig went home. – **5.** *fig.* (*in Wendungen wie*) laß dich nicht entmutigen, wenn es nicht auf den ersten ~ gelingt don't be discouraged if you don't succeed at the first attempt; du hast wohl einen ~? *colloq.* you must be crazy! you are nuts! (*sl.*). – **6.** (*forestry*) a) (process of) cutting, cut, *bes. Br.* felling, b) cutting area. – **7.** *tech.* (*der Feile*) cut, cutting, slash.

'**hie'bei** *adv archaic, Southern G. and Austrian for* hierbei.

'**Hieb|ˌfech·ten** *n* (*sport*) saber (*bes. Br.* sabre) fencing. — **h~ˌfest** *adj obs.* invulnerable. — **h~ˌreif** (*forestry*) (*Baum*) ready for felling (*od.* cutting).

'**Hiebs|ˌal·ter** *n* (*forestry*) *cf.* Abtriebsalter. — ~ˌ**art** *f* mode (*od.* type) of felling (*od.* cutting). — ~ˌ**flä·che** *f* felling (*od.* cutting) area. — ~ˌ**satz** *m cf.* Abnutzungssatz.

'**hieb- ˌund 'stichˌfest** *adj fig.* (*Argument, Beweis etc*) unassailable, watertight, flawless, *bes. Am. auch* airtight: sein Argument war nicht ~ his argument did not hold water.

'**Hieb- ˌund 'Stoßˌwaf·fen** *pl* weapons for cut and thrust, side arms (*Br.* side-arms) and shafted weapons.

'**Hieb|ˌwaf·fe** *f* cutting weapon. — ~ˌ**wun·de** *f* sword (*od.* slash) wound, cut, (*größer*) gash.

'**hie'durch** *adv archaic, Southern G. and Austrian for* hierdurch.

Hie·fe ['hiːfə] *f* ⟨-; -n⟩ *bot. Southern G. for* Hagebutte 1.

'**hie|'für** *adv archaic, Southern G. and Austrian for* hierfür. — ~'**her** *adv cf.* hierher.

hielt [hiːlt] *1 u. 3 sg pret of* halten.

'**hie'mit** *adv archaic, Southern G. and Austrian for* hiermit.

'**hie'nie·den** *adv lit.* here below, this side the grave.

hier [hiːr] *adv* **1.** (*örtlich*) here, in this place: ~ draußen [drinnen] out [in] here; ~ durch through here; ~ hinten [vorne] here at (*od.* in) the back [the front]; ~ nebenan a) here next door, b) near this place; ~ oben [unten] a) up [down] here, b) here upstairs [downstairs]; ~ am Ort here in this place; ~ in der Stube here in the room; ~ und dort (*an manchen Orten*) here and there; von dort nach ~ from there to here; bald ~, bald dort now here, now there; eine Stunde von ~ an hour from here; dieser ~ this one here; mein Freund ~ my friend here; ~! (*Antwort des Angerufenen*) here! present! ~ nimm, da hast du Geld! here take it, there's money for you; ~ bin ich! here I am! ~ bin ich und ~ bleib' ich here I am and here I stay; ~ (ist) Georg (*am Telephon*) this is George; die Polizei wird gleich ~ sein the police will be here in a minute; bist du von ~? are you from here (*od.* this part of the country)? ~ heißt es it says here; ~ auf Erden here below, here on earth; ~ ruht (*Grabinschrift*) here lies, hic jacet (*lit.*); ~ starb er this is where he died. – **2.** (*zeitlich*) now, here: von ~ an beginnt ein neuer Abschnitt in seinem Leben from here (*od.* this time) on a new period of his life begins. – **3.** ~ und da a) (*räumlich*) here and there, b) (*zeitlich*) now and then, once in a while: ~ und da blühten die ersten Rosen here and there the first roses were blooming; ich treffe ihn ~ und da I meet him now and then. – **4.** *fig.* (*in diesem Fall*) in this case, here: ~ täuschen Sie sich in this case you are wrong. – **5.** (*in Wendungen wie*) den wirst du ~ aus dem Spiel lassen *colloq.* you leave him out of this; ~ ist Geld zu verdienen there is money to be earned here; ~ gibt es nichts zu lachen there is nothing to laugh about, that's not (so) funny; Frau Gräfin ~, Frau Gräfin da (*endloses Komplimentieren*) Countess here and Countess there; du bist wohl nicht ganz ~? *colloq.* you don't seem to be all there; es steht mir bis ~ *colloq.* I am fed up to here (*colloq.*).

'**hier'amts** *adv Austrian* (*officialese*) in this office.

hier·an ['hiː'ran] *adv* **1.** from (*od.* in, of) this: ~ kannst du erkennen you can see from this; ~ darfst du nicht zweifeln you must not doubt this; ~ ist kein Wort wahr there is not a word of truth in this; ~ läßt sich nicht rütteln there is no changing this; wenn ich ~ denke when I think of this; ~ werde ich mich erinnern I shall remember this. – **2.** (*an etwas anschließend*) (pursuant to) this: ~ schließt sich eine Diskussion this is followed by a discussion; ~ anknüpfend teile ich Ihnen mit continuing this subject (*od.* pursuant to this) I want to inform you. – **3.** (*Gegensatz zu daran*) to this: halt dich ~ fest, nicht daran! hold on to this not to that.

Hi·er·ar·chie [hi̯erar'çiː] *f* ⟨-; -n [-ən]⟩ hierarchy: kirchliche und weltliche ~ ecclesiastical and secular hierarchy. — **hi·er·ar·chisch** [hi̯e'rarçɪʃ] *adj* hierarchic(al): ~e Macht hierarchism.

hie·ra·tisch [hi̯e'raːtɪʃ] *adj* (*Schrift*) hieratic.

hier·auf ['hiː'rauf] *adv* **1.** (*zeitlich*) hereupon, upon this (*od.* that), after this (*od.* that), then. – **2.** (*auf einem Zettel etc*) (up)on it (*od.* this, that). – **3.** *fig.* (*auf diesem Punkt etc*) in (*od.* to, on) this: ~ muß ich bestehen I must persist in this, I must insist on that; ~ kannst du dich verlassen you can rely (*od.* depend) on that; ~ erwiderte er to this he replied.

hier·aus ['hiː'raus] *adv* from (*od.* out of) it (*od.* this), hence: ~ folgt (*od.* geht hervor), daß from this (*od.* hence) it follows that; alle ~ entstehenden Verbindlichkeiten *jur.* (*im Vertrag*) any liabilities arising hereunder; ~ wird nichts nothing will come of this.

'**hier·beˌhal·ten** *v/t* ⟨*irr, sep, no* -ge-, h⟩ j-n [etwas] ~ to keep s.o. [s.th.] here (*od.* back).

'**hier'bei** *adv* **1.** at (*od.* in, with) this. – **2.** (*bei dieser Gelegenheit*) on this occasion. – **3.** (*in diesem Zusammenhang*) here, in this case, in this connection (*Br. auch* connexion): ~ ist zu berücksichtigen, daß here one has to consider that.

'**hierˌblei·ben** *v/i* ⟨*irr, sep*, -ge-, sein⟩ stay (*od.* remain) here.

'**hier'durch** *adv* **1.** (*dadurch*) through this, thereby. – **2.** (*hiermit*) herewith, hereby, by this means: ~ teilen wir Ihnen mit we inform you herewith. – **3.** *jur.* (*durch Dokumente etc*) by these presents.

hier·ein ['hiː'raɪn] *adv* in(to) here.

'**hier'für** *adv* for this (*od.* it): ~ habe ich kein Verständnis I have no understanding for this; Sie sind ~ der richtige Mann you are the right man for this.

'**hier'ge·gen** *adv rare* against this (*od.* it).

'**hier'her** *adv* **1.** (*örtlich*) here, this way, over here: bitte ~ this way, please; (komm) ~! come here! bis ~ a) up to here, so far, b) (*zeitlich*) hitherto, until now; bis ~ und nicht weiter this far and no further; was führt Sie ~? what brings you here? what do you want here? – **2.** mir steht es bis ~ *colloq.* I am fed up to here (*colloq.*).

'**hier·her'auf** [-hɛ'rauf] *adv* up here.

'**hier'her|beˌmü·hen I** *v/t* ⟨*sep, no* -ge-, h⟩ j-n ~ to ask s.o. (to take the trouble) to come here. – **II** *v/reflex* sich ~ (take the trouble to) come here. — ~ˌ**bit·ten** *v/t* ⟨*irr, sep*, -ge-, h⟩ j-n ~ to ask s.o. (to come) here. — ~ˌ**brin·gen** *v/t* ⟨*irr, sep*, -ge-, h⟩ etwas ~ to bring s.th. along (*od.* here). — ~ˌ**ge·hen** *v/i* ⟨*irr, sep*, -ge-, sein⟩ come this way. — ~**geˌhö·ren** *v/i* ⟨*sep, pp* hierhergehört, h⟩ belong here: das gehört nicht hierher a) this does not belong here, b) (*ist abwegig*) this is not to the point, this is not relevant. — ~**geˌhö·rend I** *pres p.* – **II** *adj* **1.** belonging here. – **2.** (*Bemerkung etc*) relevant, pertinent. — ~**geˌhö·rig** *adj cf.* hierhergehörend II. — ~ˌ**kom·men** *v/i* ⟨*irr, sep*, -ge-, sein⟩ come here, come this way: bitte kommen Sie hierher! this way, please! — ~ˌ**lau·fen** *v/i* ⟨*irr, sep*, -ge-, sein⟩ run (*od.* come running) here. — ~ˌ**pas·sen** *v/i* ⟨*sep*, -ge-, h⟩ be in place here, be appropriate.

'**hier·her'um** [-hɛ'rʊm] *adv* **1.** (*örtlich*) this way (a)round. – **2.** *colloq.* (*ungefähr hier*) hereabout(s), somewhere (about) here.

'**hier'her|ˌwa·gen** *v/reflex* ⟨*sep*, -ge-, h⟩ sich ~ dare (*od.* have the courage) to come here. — ~ˌ**zie·hen** *v/i* ⟨*irr, sep*, -ge-, sein⟩ **1.** come here. – **2.** move here.

'**hier|'hin** *adv* here, this way, in this direction: ~ und dorthin here and there; bald ~, bald dorthin now here, now there. — ~**hin'auf** [-hɪ'nauf] *adv* up here. — ~**hin'aus** [-hɪ'naus] *adv* out here. — ~**hin'ein** [-hɪ'naɪn] *adv* in here.

'**hier'hinˌset·zen I** *v/t* ⟨*sep*, -ge-, h⟩ j-n ~ to seat s.o. here. – **II** *v/reflex* sich ~ sit down (here).

'**hier·hin'un·ter** [-hɪ'nʊntər] *adv* down here.

hier·in ['hiː'rɪn] *adv* **1.** (*räumlich*) in it, in here. – **2.** *fig.* here, in this (*od.* it), herein: ~ hat er recht he is right on this point.

'hier'lands *adv rare for* hierzulande.

'hier,las·sen *v/t* ⟨*irr, sep*, -ge-, h⟩ etwas ~ to leave s.th. (behind) here: er hat das Buch hiergelassen he left the book here.

'hier'mit *adv* **1.** with this (*od.* it): ~ hat es noch Zeit this can wait. – **2.** *fig.* herewith, with this (*od.* it): ~ bin ich einverstanden to this I agree; ~ ist der Fall erledigt this settles the case; ~ befasse ich mich seit Jahren I have been engaged in this for years; ~ kann ich nichts anfangen I can't (really) do anything with this. – **3.** (*officialese*) herewith, hereby: ~ senden wir Ihnen we are sending you herewith; ~ wird bescheinigt (*od.* bestätigt), daß this is to certify that; wir bringen Ihnen ~ zur Kenntnis, daß we herewith advise you that. – **4.** (*mit diesen Worten*) with these words, herewith: ~ erkläre ich die Ausstellung für eröffnet herewith I declare the exhibition (to be) opened.

'hier'nach *adv* **1.** (*zeitlich*) after this (*od.* it), afterward(s). – **2.** (*demzufolge*) according to this, by (*od.* from) this. – **3.** (*nach einer Sache*) about this (*od.* it).

hier·ob ['hiː'rɔp] *adv obs.* at (*od.* about, over) this.

Hie·ro·du·le [hĭero'duːlə] *m* ⟨-n; -n⟩, *f* ⟨-; -n⟩ *antiq.* (*Tempelsklave*) hierodule.

Hie·ro·gly·phe [hĭero'glyːfə] *f* ⟨-; -n⟩ **1.** hieroglyph, hieroglyphic, glyph. – **2.** *pl colloq. humor.* (*unleserliches Gekritzel*) hieroglyphics.

Hie·ro'gly·phen|,kun·di·ge *m, f* ⟨-n; -n⟩ hieroglyphist. — **~,schrift** *f* hieroglyphs *pl*, hieroglyphics *pl*, hieroglyphic writing.

hie·ro'gly·phisch *adj* hieroglyphic(al).

Hie·ro·kra·tie [hĭerokra'tiː] *f* ⟨-; -n [-ən]⟩ hierocracy.

Hie·ro·mant [hĭero'mant] *m* ⟨-en; -en⟩ diviner. — **Hie·ro·man'tie** [-'tiː] *f* ⟨-; *no pl*⟩ hieromancy.

Hie·ro·ny·mit [hĭerony'miːt] *m* ⟨-en; -en⟩ *röm.kath.* hieronymite.

Hie·ro·phant [hĭero'fant] *m* ⟨-en; -en⟩ *antiq. relig.* hierophant. — **hie·ro'phan·tisch** *adj* hierophantic.

'hier'orts *adv* (*officialese*) in this place, here.

'hier,sein I *v/i* ⟨*irr, sep*, -ge-, sein⟩ **1.** (*zugegen sein*) be present (*od.* here). – **II H~** *n* ⟨-s⟩ **2.** *verbal noun.* – **3.** presence. – **4.** (*Besuch*) stay, visit: während deines H~s during your stay (here).

'hier|'selbst *adv obs.* right here, *auch* in this place (*od.* town). — **~'über** ['hiː'ryːbər] *adv* **1.** (*örtlich*) over to this place, over here. – **2.** *fig.* (*über diesen Punkt etc*) about this (*od.* it), on this (subject *od.* score), in this connection (*Br. auch* connexion, on this account: Sie werden Näheres ~ erfahren you will hear more about this; ~ ist nichts bekannt nothing is known about this; ~ ärgerte ich mich this made me angry; ~ will ich schweigen (*od.* nichts sagen) I don't want to talk about this. — **~'um** ['hiː'rʊm] *adv* **1.** round it (*od.* this), around it. – **2.** *colloq.* (*hier in der Nähe*) hereabout(s). – **3.** *fig.* about it (*od.* this), concerning this: ~ handelt es sich jetzt nicht this is not the point in question at the moment; darf ich Sie ~ bitten a) may I ask you to do so, b) may I ask you for it. — **~'un·ter** ['hiː'rʊntər] *adv* **1.** (*räumlich*) under (*od.* beneath) it (*od.* this). – **2.** (*unter einer Menge*) among these. – **3.** *fig.* by this, by that: ~ verstehe ich etwas anderes by this I understand s.th. different; ~ kann ich mir nichts vorstellen this doesn't mean anything to me, I have no idea what it means; ~ fallen auch folgende Beispiele this also includes the following examples. – **4.** *jur.* hereunder. — **~'von** *adv* **1.** (*räumlich*) from this (*od.* here). – **2.** (*dadurch*) by this. – **3.** (*davon*) of it (*od.* this), from this (*od.* it): ~ bin ich überzeugt I am convinced of it; ~ hängt alles ab everything depends on this. – **4.** (*darüber*) about it (*od.* this). — **~'vor** *adv* **1.** (*räumlich*) in front of it (*od.* this). – **2.** *fig.* of it, of this: ~ habe ich keine Angst this is not what I am afraid of. — **~'wi·der** *adv obs.* against (*od.* contrary to) this. — **~'zu** *adv* **1.** (*dafür*) for it (*od.* this): ~ brauche ich einen Hammer for this I need a hammer. – **2.** (*dazu*) to it (*od.* this): ~ rate ich dir I advise you to do so; ~ ist er entschlossen he is determined to do this; ~ gehört Mut it takes courage (to do this); im Gegensatz ~ in contrast (*od.* opposition) to this. – **3.** (*ergänzend*) (in addition) to this: ~ möchte ich noch sagen I should like to add to this. – **4.** with this.

'hier·zu'lan·de [-tsu-] *adv* in this country, (over) here, in these parts.

'hier'zwi·schen *adv* between these.

hie·sig ['hiːzɪç] *adj* ⟨*attrib*⟩ **1.** local, of this place (*od.* town, country), here (*nachgestellt*): die ~e Landschaft the local landscape; meine ~en Freunde my friends here. – **2.** (*einheimisch*) domestic. – **3.** (*Ware*) native. — **'Hie·si·ge** *m, f* ⟨-n; -n⟩ **1.** local (person). – **2.** (*Einheimische*) native (person).

hieß [hiːs] *1 u. 3 sg pret of* heißen[1].

hie·ven ['hiːfən; 'hiːvən] *v/t* ⟨h⟩ *mar.* heave.

'hie'von, 'hie'vor, 'hie'zu *archaic, Southern G. and Austrian for* hiervon, hiervor, hierzu.

'Hi-,Fi-,Schall,plat·te ['haɪ,faɪ-] *f* hi-fi record.

'Hift,horn ['hɪft-] *n hunt.* hunting horn.

High-Church ['haɪ'tʃəːtʃ] (*Engl.*) *f* ⟨-; *no pl*⟩ High Church.

High-Fi·de·li·ty ['haɪfaɪ'dɛlɪtɪ] (*Engl.*) *f* ⟨-; *no pl*⟩ high fidelity, hi-fi.

High·life ['haɪ'laɪf] (*Engl.*) *n* ⟨-s; *no pl*⟩ high life.

High-So·cie·ty ['haɪsə'saɪətɪ] (*Engl.*) *f* ⟨-; *no pl*⟩ high society.

hi·hi [hi'hiː] *interj* tehee! *auch* tee-hee!

Hi·la·ri·tät [hilari'tɛːt] *f* ⟨-; *no pl*⟩ *obs. for* Heiterkeit 2, 5.

'Hil·de·brands,lied, das ⟨-(e)s; *no pl*⟩ (*literature*) the Lay of Hildebrand.

hilf [hɪlf] *imp sg of* helfen.

Hil·fe ['hɪlfə] *f* ⟨-; -n⟩ **1.** ⟨*only sg*⟩ help: mit ~ von by (*od.* with) the help of, with the aid of, by; mit Gottes ~ with God's help; (zu) ~! help! fremde ~ help from strangers, strangers' help; schnelle (*od.* rasche) [sofortige] ~ prompt [immediate] help; spontane ~ spontaneous help; (j-n) um ~ bitten to ask for (s.o.'s) help; bei j-m ~ suchen to ask s.o. for help (*od.* assistance); ~ (herbei)holen (*od.* [herbei]bringen) to bring help; j-s ~ anfordern to appeal to (*od.* ask) s.o. for help; ~ nötig haben to be (*od.* stand) in need of help; jede ~ kam zu spät it was too late to help; es gibt keine ~ mehr für ihn he is past all help; jede nur erdenkbare ~ leisten to give any (*od.* every) possible (*od.* imaginable) help; j-m ~ leisten to help s.o.; das war mir (*od.* für mich) eine große ~ that was a great help to me; sie hatten sich gegenseitige ~ versprochen they had promised to help each other; auf fremde ~ angewiesen sein to be dependent on the help of others; auf ~ hoffen to hope for help; sich auf j-s ~ verlassen to rely (*od.* depend) on s.o.'s help; mit ~ des Lineals with the help of the ruler; ohne ~ sein to stand alone; er tat es ohne ~ he did it by himself; um ~ flehen to implore s.o.'s help; um ~ rufen (*od.* schreien) to shout (*od.* cry) for help; j-m zu ~ kommen to come to the help of s.o., to come to s.o.'s aid (*od.* rescue); etwas zu ~ nehmen to make use of s.th.; weder Rat noch ~ wissen to be at one's wits' end; du bist mir eine schöne ~! *iron.* a fine help you are! – **2.** ⟨*only sg*⟩ (*Beistand*) assistance, help: ärztliche ~ medical assistance; j-n zu ~ rufen to call s.o. to one's assistance; ~ ließ nicht auf sich warten assistance was prompt; j-m zu ~ eilen to come (*od.* rush) to s.o.'s assistance. – **3.** ⟨*only sg*⟩ (*Mitwirkung*) aid, cooperation, *Br. auch* co-operation: j-m seine ~ anbieten to offer one's aid to s.o. – **4.** ⟨*only sg*⟩ (*bes. finanzielle*) aid, assistance: ausländische ~ foreign aid; finanzielle ~ financial aid (*od.* help); Ausschuß für gegenseitige ~ *pol.* inter-aid committee; wir haben unsere ~ für Syrien gekürzt we have cut down our aid to Syria. – **5.** ⟨*only sg*⟩ (*bei Unglücksfällen*) Erste ~ first aid: j-m Erste ~ leisten to render s.o. first aid. – **6.** ⟨*only sg*⟩ (*öffentliche, zur Linderung des Elends*) relief. – **7.** ⟨*only sg*⟩ (*Rettung*) rescue. – **8.** (*Unterstützung*) support: ~n geben (*auch sport*) to give support. – **9.** ⟨*only sg*⟩ (*Beistand*) succor, *bes. Br.* succour. – **10.** ⟨*only sg*⟩ *mil.* (*Entsatz*) relief: einer Festung zu ~ eilen to hasten to the relief of a fortress. – **11.** *pl* aids: kleine ~n für das Gedächtnis aids to memory. – **12.** (*sport*) (*beim Reiten*) aids *pl*: ~ geben to render aids. – **13.** ⟨*only sg*⟩ *jur.* (*Rechtshilfe*) (legal) redress: gerichtliche ~ in Anspruch nehmen to seek redress in court. – **14.** (*Hilfskraft*) help, domestic servant: ~ im Haushalt gesucht household help wanted (*od.* needed). – **15.** *cf.* Sprechstundenhilfe.

'hil·fe|,brin·gend *adj* affording help, (*im weiteren Sinne*) helpful. — **~,fle·hend I** *adj* imploring help (*od.* aid), suppliant. – **II** *adv* suppliantly: er kam ~ zu ihr he implored her help. — **H~,lei·stung** *f* **1.** help, assistance, (*bes. finanzielle*) aid: zur ~ verpflichtet sein to be obliged to give help (*od.* assistance); unterlassene ~ *jur.* denial (*od.* refusal) of assistance. – **2.** *mar.* salvage. — **H~,ruf** *m* **1.** cry (*od.* call) for help. – **2.** *fig.* distress call, urgent request (*od.* appeal). — **H~,stel·lung** *f* (*sport*) support: j-m ~ geben (*od.* leisten) a) to support s.o., b) *fig.* to back s.o. up. — **~,su·chend** *adj* seeking help.

'hilf·los I *adj* **1.** (*Person, Blick etc*) helpless: ~ und verlassen sein to be helpless and alone. – **2.** (*schutzlos*) defenceless, *Am.* defenseless. – **3.** (*mittellos*) destitute. – **4.** (*ungeschickt*) helpless, clumsy, shiftless. – **5.** *colloq.* lost: er war völlig ~ he was all at sea, he was all adrift; ~ sein (*od.* dastehen) to be lost. – **II** *adv* **6.** helplessly: j-n ~ ansehen to look at s.o. helplessly; j-m [einer Sache] ~ ausgeliefert sein to be at the mercy of s.o. [s.th.]. — **'Hilf·lo·se** *m, f* ⟨-n; -n⟩ helpless (*od.* destitute) person. — **'Hilf·lo·sig·keit** *f* ⟨-; *no pl*⟩ **1.** helplessness: in einem Zustand völliger ~ in a state of complete (*od.* utter) helplessness. – **2.** destitution.

'hilf,reich I *adj* **1.** *cf.* hilfsbereit 1. – **2.** (*Hand*) helping: j-m seine ~e Hand bieten to give a helping hand to s.o. – **3.** (*mildtätig*) charitable, benevolent. – **4.** ⟨*oft pred*⟩ (*Kritik etc*) helpful. – **II** *adv* **5.** j-m ~ zur Seite stehen to lend s.o. a helping hand, to stand by (*od.* help) s.o.; sich j-s ~ annehmen to be helpful to (*od.* toward[s]) s.o.

'Hilfs|ak·ti,on *f* relief action (*od.* measures *pl*): eine ~ starten (*od.* ins Leben rufen) to start a relief action; eine ~ zugunsten alter Menschen a campaign to help (*od.* for the relief of) old people. — **~an,ten·ne** *f electr.* dummy antenna (*bes. Br.* aerial). — **~,ar·bei·ter** *m*, **~,ar·bei·te·rin** *f* **1.** temporary (*od.* unskilled) worker, laborer, *bes. Br.* labourer. – **2.** (*Aushilfe*) help, supernumerary, assistant. — **~,aus,bil·der** *m mil.* assistant instructor. — **~,aus,rü·stung** *f tech.* auxiliary equipment. — **~,aus,schuß** *m pol.* relief committee.

'hilfs·be,dürf·tig *adj* **1.** in need of help (*od.* assistance): ich bin ~ I am (*od.* stand) in need of help. – **2.** (*notleidend*) needy, indigent. — **'Hilfs·be,dürf·ti·ge** *m, f* ⟨-n; -n⟩ **1.** person in need (*od.* distress). – **2.** (*Arme*) pauper. — **'Hilfs·be,dürf·tig·keit** *f* ⟨-; *no pl*⟩ **1.** need, distress. – **2.** indigence.

'hilfs·be,reit *adj* **1.** helpful: er ist immer ~ he is always ready to help. – **2.** *cf.* hilfreich 3. — **'Hilfs·be,reit·schaft** *f* ⟨-; *no pl*⟩ **1.** readiness to help, helpfulness. – **2.** (*Entgegenkommen*) obligingness.

'Hilfs|be,weis *m jur.* adminicular, adminiculary evidence. — **~,buch** *n* **1.** *cf.* Handbuch. – **2.** *econ.* auxiliary (*od.* statistical) book. — **~,buch,sta·be** *m ling.* servile (letter). — **~,dienst** *m* **1.** auxiliary (*od.* subsidiary) service, services *pl*. – **2.** (*Notdienst*) emergency service. — **~,fall,schirm** *m aer.* pilot parachute. — **~,flü·gel** *m* auxiliary airfoil. — **~,fonds** *m* relief fund. — **~,geist·li·che** *m relig.* a) *röm.kath.* curate, assistant priest, b) (*protestantischer*) vicar. — **~,gel·der** *pl* subsidies, aid *sg*: an j-n ~ zahlen to give subsidies to s.o., to subsidize (*Br. auch* -s-) s.o. — **~,glei·chung** *f math.* auxiliary equation. — **~,grö·ße** *f* auxiliary (quantity). — **~,heer** *n mil. hist.* **1.** auxiliary army (*od.* forces *pl*). – **2.** (*Entsatz*) relief force. — **~,kas·se** *f econ.* relief (*od.* provident) fund. — **~,kell·ner** *m* relief waiter. — **~,kes·sel** *m* **1.** *tech.* auxiliary boiler. – **2.** *mar.* donkey (boiler). — **~,korps** *n mil.* auxiliary corps. — **~,kraft** *f* **1.** additional (*od.* temporary) worker. – **2.** help(er), assistant: fachliche ~ technical help; wissenschaftliche ~ (*an Hochschulen*) research assistant. – **3.** *tech.* (*eines Motors*) servo power. — **~,kreu·zer** *m mar.* auxiliary (*od.* converted) cruiser. — **~,leh·rer** *m ped.* not fully qualified teacher, *Br. archaic* *od. contempt.* usher. — **~ˌlen·kung** *f auto.* servo steering. — **~ˌli·nie** *f* **1.** guide line. – **2.** *math.* subsidiary (*od.* constructed) line. – **3.** *mus.* le(d)ger (*od.* added) line. — **~ˌmann·schaft** *f* rescue party. — **~maˌschi·ne** *f tech.* auxiliary engine, donkey engine, *Br.* donkey-engine. — **~ˌmaßˌnah·me** *f* **1.** remedial measure. – **2.** *meist pl cf.* Hilfsaktion. — **~ˌmit·tel** *n* **1.** aid: alle technischen ~ ausnutzen to profit by (*od.* take advantage of) all mechanical aids; eine Übersetzung ohne ~ machen to do a translation without the aid of dictionaries; unerlaubte ~ illicit aids; audiovisuelle ~ für den Unterricht audio-visual teaching aids. – **2.** *meist pl* facility: wissenschaftliche ~ scientific facilities. – **3.** *meist pl* (*Maßnahmen etc*) means, measure: zur Stabilisierung der Währung muß man sich anderer ~ bedienen other measures must be taken (*od.* other means must be used) in order to stabilize the currency. – **4.** (*Werkzeug*) device. – **5.** *pl* (*Mittel*) resources: alle verfügbaren ~ zur Seuchenbekämpfung all resources available for the fight against epidemics. – **6.** *pl* (*finanzielle Zuschüsse etc*) financial assistance *sg* (*od.* aid *sg*): den Krankenhäusern wurden ~ zur Verfügung gestellt financial aid was placed at the disposal of (*od.* made available to) the hospitals. – **7.** *med. pharm.* adjuvant. – **8.** *tech.* auxiliary. — **~ˌmo·tor** *m* **1.** *tech.* auxiliary engine: Fahrrad mit ~ motor-assisted bicycle. – **2.** *electr.* auxiliary motor. — **~or·ˌga·ne** *pl pol.* **1.** (*des Völkerbundes*) auxiliary organizations. – **2.** (*der UNO*) subsidiary (*od.* ancillary) organs. — **~or·ga·ni·sa·tiˌon** *f* welfare (*od.* relief) organization. — **~per·soˌnal** *n* assistant staff. — **~ˌpha·se** *f electr.* split phase. — **~po·liˌzei** *f* auxiliary police, *Br. auch* special constabulary. — **~po·liˌzist** *m* auxiliary policeman, *Br. auch* special constable. — **~ˌprie·ster** *m röm.kath.* assistant priest, curate. — **~proˌgramm** *n* aid program (*bes. Br.* programme). — **~ˌpum·pe** *f mar.* donkey pump. — **~ˌquel·le** *f* **1.** source of help, expedient. – **2.** *pl* resources: reich an ~n resourceful; ungenützte ~n untapped resources; ohne ~n resourceless. — **~re·dakˌteur** *m* (temporary) subeditor. — **~ˌrich·ter** *m jur.* assistant (judge). — **~ˌsatz** *m math.* auxiliary proposition; theorem, lemma (*scient.*). — **~ˌschal·ter** *m electr.* auxiliary switch. — **~ˌschu·le** *f ped. cf.* Sonderschule 1. — **~ˌschü·ler** *m*, **~ˌschü·le·rin** *f cf.* Sonderschüler(in) 1. — **~ˌschul·ˌleh·rer** *m cf.* Sonderschullehrer 1. — **~ˌschwe·ster** *f med.* assistant nurse. — **~ˌspra·che** *f ling.* a) (*künstliche*) auxiliary language, b) (*bes. unter Eingeborenen*) lingua franca, c) (*für internationale Verständigung*) international (artificial) language. — **~ˌtriebˌwerk** *n* (*space*) booster rocket. — **~ˌtrup·pen** *pl mil.* auxiliary troops, auxiliaries, (*zur Verstärkung*) *auch* reinforcements. — **~ˌuhr** *f astr.* a) journeyman (clock), b) (*abhängige*) slave clock. — **~verˌän·der·li·che** *f math.* parameter. — **~ˌverb** *n ling.* auxiliary (verb). — **~ˌvor·ˌrich·tung** *f tech.* auxiliary device, servomechanism. — **~ˌwerk** *n* welfare (*od.* relief) organization: das ~ der Evangelischen Kirche in Deutschland the welfare organization of the German Protestant Church. — **~ˌwis·sen·schaft** *f* complementary subject, auxiliary science: die Numismatik gehört zu den historischen ~en numismatics is a complementary subject to the study of history. — **~ˌzeitˌwort** *n ling. cf.* Hilfsverb. — **~ˌzug** *m* (*railway*) breakdown (*bes. Am.* wrecking) train.

hilft [hɪlft] *3 sg pres of* helfen.

Hi·lum ['hiːlʊm] *n* ⟨-; -la [-la]⟩ *bot.* hilum.

Hi·lus ['hiːlʊs] *m* ⟨-; -li [-li]⟩ *med.* hilum, *auch* hilus, porta. — **~ˌdrü·se** *f* hilar gland.

Hi'ma·la·ja|ˌhä·her *m zo. cf.* Jagdelster. — **~ˌtahr** *m zo.* tahr (*Hemitragus jemla[h]icus*). — **~ˌtan·ne** *f bot.* Indian silver (*od.* Himalayan) fir (*Abies spectabilis*). — **~ˌze·der** *f bot.* deodar (*Cedrus deodara*).

hi·ma·la·jisch [hima'laːjɪʃ] *adj* Himalayan.

Hi·ma·ti·on [hi'maːtiɔn] *n* ⟨-(s); -tien⟩ *antiq.* himation, pallium.

'Himˌbee·re ['hɪm-] *f bot.* **1.** raspberry. – **2.** *cf.* Himbeerstrauch.

'Himˌbeer|ˌeis *n gastr.* raspberry ice (cream) (*Br.* ice[-cream]), *Am. auch* raspberry sherbet. — **h~ˌfar·ben** *adj* raspberry-colored (*bes. Br.* -coloured). — **~ˌgeist** *m gastr.* white raspberry brandy. — **~geˌschmack** *m* raspberry flavor(ing) (*bes. Br.* flavour[ing]). — **~ˌhecke** (*getr.* -k·k-) *f hort.* raspberry hedge. — **~ˌkä·fer** *m zo.* (American) raspberry beetle (*Byturus unicolor*). — **~mar·meˌla·de** *f gastr.* raspberry jam. — **~ˌpocken** (*getr.* -k·k-) *pl med.* frambesia, *bes. Br.* framboesia *sg*, yaws *pl* (*construed as sg or pl*). — **h~ˌrot** *adj* raspberry-red, *auch* jacqueminot. — **~ˌsaft** *m gastr.* raspberry juice. — **~ˌseu·che** *f med. cf.* Himbeerpocken. — **~ˌsi·rup** *m gastr.* raspberry syrup (*Am. auch* sirup). — **~ˌspat** *m min.* rhodochrosite. — **~ˌstrauch** *m bot.* raspberry (bush) (*Rubus idaeus*). — **~ˌwein** *m gastr.* raspberry wine. — **~ˌzun·ge** *f med.* (*bei Scharlach*) strawberry (*od.* raspberry, inflamed) tongue.

Him·mel ['hɪməl] *m* ⟨-s; *rare* -⟩ **1.** sky; firmament, heaven, heavens *pl* (*poet.*): ein klarer (*od.* wolkenloser) ~ a clear (*od.* cloudless) sky; bewölkter (*od.* bedeckter) ~ cloudy (*od.* overcast) sky; der gestirnte [nächtliche] ~ *lit.* the starry [night] sky; der ~ war mit Sternen übersät stars were scattered over the firmament; die Sterne am ~ the stars in the sky; die Schleusen des ~s hatten sich geöffnet *fig. poet.* the heavens had opened and the rain poured down; er war ein aufgehender Stern am literarischen ~ *fig.* he was an up-and-coming star on the literary scene (*od.* in the literary world); dunkle Wolken zogen am politischen ~ auf *fig.* dark clouds gathered on the political horizon; am östlichen ~ towards the eastern sky; er blickte gen ~ *lit.* he looked heavenward(s); der Berg ragt in den ~ hinein the mountain towers into the sky; unter freiem ~ in the open air, under the open sky; unter dem ~ Griechenlands *lit.* under a Greek sky (*od.* heaven); über dem ~ (befindlich) *astr.* supercelestial; unter dem ~ *astr.* subcelestial; ich schwebte zwischen ~ und Erde (*in Gondel etc*) I was suspended midway in the sky (*od.* air). – **2.** *lit.* (*Himmelsstrich*) skies *pl*: unter südlichem ~ under southern skies. – **3.** *lit.* (*Klima*) climate: wir leben unter einem milden ~ there is a mild climate where we live. – **4.** (*Sitz der Gottheit*) heaven: ~ und Hölle a) heaven and hell, b) (*games*) (kind of) hopscotch; ~ und Erde a) heaven and earth, b) *gastr. a puree of apples and potatoes cooked together*; gen ~ fahren to ascend to heaven, to depart to heaven; in den ~ kommen (*od. lit.* eingehen) to go to heaven; Vater unser, der du bist im ~ *Bibl.* Our Father, who art in heaven; dein Wille geschehe, wie im ~ also auch auf Erden *Bibl.* Thy will be done on earth, as it is in heaven; Gott im ~ segne dich! God above bless you! im ~ sein (*gestorben sein*) to be in heaven. – **5.** (*Paradies*) paradise, promised land. – **6.** *fig.* (*Schicksal, Gott*) Heaven, God: um ~s willen! gütiger (*od.* du lieber) ~! (*Schreckensruf*) (good) Heavens! oh God! my God! good God! good gracious! gerechter ~! good Heavens! um (des) ~s willen in the name of Heaven, for Heaven's sake, for goodness' sake; dem ~ sei Dank! thank Heaven! Heaven be thanked (*od.* praised)! der ~ beschütze dich! Heaven protect (*od.* prosper) you! der ~ sei mein Zeuge! God be my witness! das weiß der ~! Heaven (*od.* God) knows! weiß der ~, wo Heaven (*od.* God, the Lord) knows where; gebe es der ~, daß would to Heaven that, Heaven grant that; der ~ bewahre (*od.* behüte) uns davor! may Heaven (*od.* God) preserve us from that! ~ noch einmal! (*Fluch*) now, hang it all! ~, Arsch und Zwirn (*od.* Wolkenbruch)! (*Fluch*) damn it (all)! beim ~! by Heaven! – **7.** *fig.* (*in Wendungen wie*) das Blaue vom ~ (herunter)lügen *colloq.* to lie a blue streak, to lie audaciously; er hat mir das Blaue vom ~ versprochen *colloq.* he promised me everything under the sun; aus allen ~n fallen *colloq.* to be stunned; es stinkt zum ~ *fig. colloq.* that stinks to high heaven; dieses Unrecht schreit zum ~ this injustice cries out to heaven (*od.* is a crying shame); der ~ lacht the sky is bright; soweit der ~ reicht everywhere under the sun; den ~ auf Erden haben to have heaven on earth; wie im ~ leben to live as if in paradise; ich fühle mich wie im siebenten ~ *colloq.* I feel (as if I were) in the seventh heaven (of delight); der ~ hängt ihm voller Geigen his world is full of happiness, he is walking on air; ~ und Hölle in Bewegung setzen to move heaven and earth; → Blitz 3; heben 1. – **8.** (*Bett- od. Traghimmel*) canopy, tester. – **9.** (*Thronhimmel*) baldachin. – **10.** (*im Auto*) roof.

ˌhim·mel|'an *adv poet.* heavenward(s), to (*od.* toward[s]) the skies, skyward(s). — **~'angst** ['hɪməl-] *adj* ⟨*pred*⟩ ihm ist (*od.* wird) ~ *colloq.* he is scared to death (*od.* terribly frightened), he is in a blue funk (*colloq.*). — **H~ˌbett** ['hɪməl-] *n* four-poster, tester bed (with canopy). — **~ˌblau** ['hɪməl-] **I** *adj* sky-blue, azure. – **II H~** *n* sky blue, azure (color, *bes. Br.* colour). — **H~ˌbrand** ['hɪməl-] *m bot.* (great) mulle(i)n, velvet dock (*Verbascum thapsus*). — **H~'don·ner·'wet·ter** ['hɪməl-] *interj* (*Fluch*) for Heaven's (*od.* goodness') sake! damn!

'Him·melˌfahrt *f* ⟨-; *no pl*⟩ *relig.* Christi ~ a) the Ascension of Christ, b) Ascension Day; Mariä ~ a) the Assumption of the Virgin (Mary), b) Assumption Day.

'Him·melˌfahrts|ˌblu·me *f bot.* rogation flower, milkwort (*Polygala vulgaris*). — **~ˌfest** *n relig.* Ascension Day. — **~kom·ˌman·do** *n mil. colloq.* suicide patrol (*od.* mission). — **~ˌna·se** *f colloq.* snub (*od.* pug) nose. — **~ˌtag** *m relig.* **1.** Ascension Day. – **2.** (*in der anglikanischen Kirche*) Holy Thursday. — **~ˌwo·che** *f* Rogation week.

'him·mel'hoch I *adj* (*Berge etc*) sky-high, as high as the sky. – **II** *adv* die Berge türmten sich ~ auf the mountains reached (up) to the sky; j-m ~ überlegen sein *fig.* to be head and shoulders above s.o.; (er ist immer) ~ jauchzend, zu(m) Tode betrübt *fig.* (he is) up one minute and down the next.

him·meln ['hɪməln] *v/i* ⟨h⟩ **1.** *humor.* turn one's eyes upward(s). – **2.** *hunt.* tower.

'Him·melˌreich *n* ⟨-(e)s; *no pl*⟩ kingdom of heaven: → Wille 1.

'Him·mels|ˌach·se *f astr.* celestial axis. — **~ˌanˌsicht** *f meteor.* state of the sky. — **~·äqua·tor** [-ˀɛˌkvaːtɔr] *m astr.* celestial equator, equinoctial circle. — **~ˌat·las** *m* celestial atlas. — **~ˌbahn** *f* (*eines Gestirns*) celestial orbit. — **~beˌdeckung** (*getr.* -k·k-) *f meteor.* degree of cloudiness. — **~be·ˌschrei·bung** *f astr.* uranography. — **~ˌblau** *n meteor.* blue of the sky, sky blue. — **~ˌbläue** *f* blueness of the sky. — **~ˌbo·gen** *m lit.* **1.** (*Regenbogen*) rainbow. – **2.** (*Himmelsgewölbe*) vault of heaven. — **~ˌbo·te** *m* (*Engel*) heavenly messenger, angel. — **~ˌbraut** *f poet.* (*Nonne*) nun. — **~ˌbrot** *n Bibl.* manna.

'Him·mel|ˌschlüs·sel *m bot. cf.* Himmelsschlüssel 1. — **h~ˌschrei·end** *adj* **1.** (*empörend*) outrageous: ~es Unrecht outrageous injustice, injustice that cries out to heaven. – **2.** (*offensichtlich*) blatant: ~er Unsinn blatant nonsense.

'Him·mels|erˌschei·nung *f astr.* phenomenon in the heavens, celestial phenomenon. — **~ˌfe·ste** *f* ⟨-; *no pl*⟩ *poet.* firmament of heaven. — **~ˌge·gend** *f* **1.** region of the sky. – **2.** *cf.* Himmelsrichtung. — **~ˌger·ste** *f bot.* (*mehrzeilige Gerste*) many-rowed spring barley (*Hordeum vulgare*). — **~geˌwöl·be** *n* **1.** *poet.* vault of heaven. – **2.** *meteor.* firmament. — **~ˌglo·bus** *m astr.* celestial globe. — **~ˌgucker** (*getr.* -k·k-) *m zo.* stargazer, *Br.* star-gazer (*Fam. Uranoscopidae*): Gemeiner ~ common star(-)gazer (*Uranoscopus scaber*). — **~ˌhaus** *n astr.* house. — **~ˌkar·te** *f* celestial (*od.* star) map, astronomical chart. — **~ˌker·ze** *f bot.* cow's-lungwort (*Verbascum thapsus*). — **~ˌkö·ni·gin** *f röm.kath.* (*Jungfrau Maria*) Queen of Heaven. — **~ˌkör·per** *m astr.* celestial (*od.* heavenly) body. — **~ˌku·gel** *f* (celestial) sphere. — **~ˌkun·de** *f* astronomy. — **~ˌlei·ter** *f* **1.** *bot.* Jacob's ladder (*Polemonium caeruleum*). – **2.** *Bibl.* Jacob's ladder. – **3.** *poet.* ladder reaching up to heaven. — **~ˌlicht** *n* celestial light, light of (*od.* from) the sky, skylight. — **~meˌcha·nik** *f astr.* (*space*) celestial mechanics *pl* (*construed as sg or pl*), gravitational astronomy. — **~me·ri·diˌan** *m* celestial meridian. — **~ˌor·tung** *f aer. cf.* Astronavigation. — **~ˌpfor·te** *f poet.* portal (*od.* gate) of heaven. — **~ˌpol** *m astr.* celestial pole. — **~ˌraum** *m* **1.** sky. – **2.** (*Weltraum*) space. — **~reˌkla·me** *f* aerial advertisement. — **~ˌrich·tung** *f* **1.** direction: in welcher ~ liegt München? in which direction is Munich (*od.* does Munich lie)?

sie kamen aus allen ~en they came from all directions (*od.* quarters). – **2.** *geogr.* (*auf dem Kompaß*) a) (*Hauptrichtung*) cardinal point, b) (*Nebenrichtung*) directional point. — ~,**rös·chen** *n bot.* rose of heaven (*Lychnis coeli-rosa*). — ~,**schlüs·sel** *m* **1.** *bot.* a) primrose (*Gattg Primula*), b) cowslip (*P. veris*). – **2.** *lit. poet.* key(s *pl*) of Heaven. — ~,**schrei·ber** *m* (*Werbeflugzeug*) skywriter, *Br.* sky-writer. — ~,**schrift** *f* skywriting, *Br.* sky-writing: in ~ schreiben to sky(-)write. — ~**spi,on** *m* (*space*) spy-in-the-sky (*od.* reconnaissance) satellite. — ~,**strah·lung** *f meteor.* radiation of the sky, sky radiation. — ~,**strich** *m poet.* **1.** (*Gegend*) clime. – **2.** (*Zone*) zone. – **3.** (*Region*) region.

'**him·mels**|,**stür·mend** *adj* (*Begeisterung, Pläne etc*) highflying (and idealistic). — **H~**,**stür·mer** *m* person with highflying (and idealistic) plans.

'**Him·mels**|,**tau** *m poet.* dew from heaven. — ~,**tor** *n*, ~,**tür** *f poet.* portal (*od.* gate) of Heaven.

'**him·mel**|,**stür·mend** *adj cf.* himmelsstürmend. — **H~**,**stür·mer** *m cf.* Himmelsstürmer.

'**Him·mels**|,**wa·gen** *m astr. bes. Am.* Big Dipper, *bes. Br.* Great Bear. — ~,**zei·chen** *n astrol. cf.* Tierkreiszeichen. — ~,**zelt** *n poet.* vault of heaven, firmament. — ~,**zie·ge** *f zo. cf.* Bekassine a. — ~,**zu**,**stand** *m meteor.* state of the sky.

'**him·mel**|,**wärts** *adv* heavenward(s), to (*od.* toward[s]) the skies, skyward(s). — ~'**weit I** *adj* enormous, immense: ein ~er Unterschied a world of difference, an enormous difference. – **II** *adv* ~ verschieden sein a) (*von Personen etc*) to differ enormously (*od.* immensely), to be toto caelo different, b) (*von Meinungen etc*) to be poles (*od.* worlds) apart: ich bin ~ davon entfernt, das zu tun I am far from doing this.

'**himm·lisch** *adj* **1.** heavenly, celestial, supernal (*lit.*): ~e Freuden (*od.* Wonnen) celestial joys; die ~en Heerscharen *Bibl.* the heavenly hosts; die ~en Mächte [Regionen] the heavenly (*od.* celestial) powers [regions]; ~e Musik celestial music; der ~e Richter the supernal judge (*lit.*); unser ~er Vater *relig.* (*Gott*) our Heavenly Father. – **2.** (*göttlich*) divine: das war eine ~e Fügung that was divine providence (*auch* Providence). – **3.** *fig.* heavenly, marvellous, *bes. Am.* marvelous: ~es Essen *colloq.* heavenly food; ~e Geduld the patience of Job; ~e Schönheit heavenly beauty; das ist ja ~! *colloq.* that's marvel(l)ous; es war (einfach) ~ *colloq.* it was simply wonderful (*od.* divine).

'**Himm·li·schen, die** *pl* the Gods.

hin [hɪn] **I** *adv* **1.** an etwas ~ a) ⟨*dat*⟩ along s.th., b) ⟨*acc*⟩ up to s.th.: er lief am Ufer ~ he walked along the bank; er fuhr an die Mauer ~ he drove up to the wall. – **2.** auf die Gefahr [j-s Bitte] ~ at the risk of [at s.o.'s request]; auf j-s Rat [Versprechen] ~ on s.o.'s advice [on the strength (*od.* basis) of s.o.'s promise]; auf diese Enttäuschung ~ as a result of this disappointment; ein Wort auf seine Herkunft ~ untersuchen to investigate the origin of a word; er ist auf Krebs ~ untersucht worden he was examined (*od.* checked) for cancer; etwas auf die Zukunft ~ planen to plan s.th. with an eye to the future. – **3.** bis zu etwas ~ a) (*räumlich*) as far as s.th., b) (*zeitlich*) till s.th.: der Zaun geht bis zum Haus ~ the fence goes as far as the house; bis zum Winter ist es noch lange (*od.* eine Weile) ~ winter is a long way off, it's a long time (*od.* quite a while) till winter. – **4.** gegen etwas ~ toward(s) s.th.: gegen den Herbst ~ toward(s) autumn. – **5.** über (*acc*) etwas ~ all over s.th.: über die ganze Welt ~ verstreut scattered all over the world. – **6.** vor sich ~ to oneself: sie weinte still vor sich ~ she wept quietly to herself; er spricht ständig vor sich ~ he is always talking to himself. – **7.** zu etwas [j-m] ~ toward(s) s.th. [s.o.]: er wandte sich zum Publikum ~ he turned toward(s) the audience; die Fenster lagen zur Straße ~ the windows looked toward(s) (*od.* faced) the street. – **8.** *colloq.* (*hingehen*) go: ich weiß nicht wo ich ~ soll I don't know where to go; wo ist er ~? where has he gone? du darfst nicht ~ you may not (*od.* cannot) go there; da muß ich ~ I must go there; dann nichts wie ~! let's go! (*colloq.*). – **9.** *colloq.* (*hinkommen*) go: wo ist der Schuh ~? where has the shoe gone (*od.* got to)? – **10.** ~ und her a) (*hin und zurück*) there and back, b) (*ohne bestimmtes Ziel od. Ergebnis*) to and fro, back and forth: 10 Kilometer ~ und 10 Kilometer her 10 kilometers there and 10 kilometers back; auf seinem Stuhl ~ und her rutschen to wriggle around on one's chair; ~ und her gerissen sein *fig.* a) (zwischen *dat* between) to be torn, b) *colloq.* (von by) to be carried away; von den Wellen ~ und her geworfen werden to be thrown (*od.* tossed) about by the waves; etwas ~ und her überlegen to turn (*od.* think) s.th. over in one's mind; sie berieten eine Weile ~ und her, was zu tun sei they discussed for a while what they should do (*od.* what to do); sie rieten ~ und her, wo er sein könnte they were trying to guess where he could be; das langt (*od.* reicht) nicht ~ und nicht her that is not nearly (*od.* is nowhere near) sufficient. – **11.** ~ und zurück there and back, return: zweimal Köln ~ und zurück two returns (*bes. Am.* round trips) to Cologne; eine Fahrkarte ~ und zurück *bes. Br.* a return ticket, *bes. Am.* a round-trip ticket. – **12.** ~ und wieder now and then, once in a while: ~ und wieder besucht er uns he comes to see us now and then (*od.* again). – **13.** ~ oder her more or less: ein paar Stunden ~ oder her machen nichts aus a few hours more or less don't matter. – **14.** ~ wie her *colloq.* all the same: rot oder grün — das ist ~ wie her it's all the same (*od.* it makes no difference) whether it's red or green. – **15.** ... ~, ... her I don't care: Gesetz ~, Gesetz her, ich tue es doch I don't care about the law, I shall do it anyway; Bruder ~, Bruder her, er muß bestraft werden I don't care whether he is my brother or not, he must be punished. – **16.** *only in* wo denkst du ~! *colloq.* you must be crazy! – **II** *adj* ⟨*pred*⟩ **17.** *colloq.* a) (*von Uhr etc*) broken, b) (*von Kleid, Ruf etc*) ruined, c) *fig.* (*erledigt*) exhausted, done for, *Am. auch* done in, d) *fig.* (*begeistert*) carried away, e) (*von Tier*) dead: schon wieder ein Glas ~! there goes yet another glass! ~ ist ~ what's done can't be undone.

hin·ab [hɪ'nap] *adv* (*von hier oben nach dort unten*) down (there).

hin·ab... *cf.* herab..., herunter..., hin-unter...

hin'ab|,**blicken** (*getr.* -k·k-) *v/i* ⟨*sep*, -ge-, h⟩ (auf *acc* on) look down. — ~,**ge·hen I** *v/i* ⟨*irr, sep*, -ge-, sein⟩ walk (*od.* go) down, descend: an dieser Stelle ging es steil hinab it was steep at this point. – **II** *v/t* walk (*od.* go) down: die Straße ~ to walk down the street. — ~,**schal·ten** *v/i* ⟨*sep*, -ge-, h⟩ *auto. cf.* herunterschalten. — ~,**schlän·geln** *v/reflex* ⟨*sep*, -ge-, h⟩ sich ~ (*von Fluß etc*) wind down. — ~,**trei·ben** *v/t* ⟨*irr, sep*, -ge-, h⟩ (*Vieh etc*) drive (*s.th.*) down: Vieh ins Tal ~ to drive cattle down to the valley.

Hi·na·ja·na [hina'jaːna] *n* ⟨-; *no pl*⟩ *relig.* hinayana.

hin·an [hɪ'nan] *adv poet.* **1.** up (there), (in that direction) upward(s). – **2.** up: den Hügel ~ up the hill, uphill; zum Himmel ~ up to heaven, toward(s) heaven, heavenward(s). – **3.** close to, near to.

hin·an... *cf.* hinauf...

'**hin**,**ar·bei·ten I** *v/i* ⟨*sep*, -ge-, h⟩ auf (*acc*) etwas ~ to work toward(s) s.th., to aim at s.th. – **II** *v/reflex* sich an (*acc*) etwas [j-n] ~ to work one's way toward(s) s.th. [s.o.].

hin·auf [hɪ'nauf] *adv* (*von hier unten nach dort oben*) **1.** up: ~! go up (there)! da [hier] ~ up there [here], *auch* that [this] way up; ~ und hinunter (*od.* hinab) up and down; bis ~ zu up to; den Berg ~ up the mountain; den Fluß ~ up the river, upstream; die Straße ~ up the street, *Am. auch* upstreet; etwas weiter ~ a little further up. – **2.** (*die Treppe*) upstairs: die Treppe ~ up the stairs, upstairs.

hin'auf|**ar·bei·ten** *v/reflex* ⟨*sep*, -ge-, h⟩ sich ~ *auch fig.* work one's way up: er hat sich zum Direktor hinaufgearbeitet he worked his way up to Managing Director; Stück für Stück arbeiteten wir uns die Wand hinauf slowly we worked our way (*od.* we toiled) up the cliff face. — ~**be**,**för·dern** *v/t* ⟨*sep, no* -ge-, h⟩ **1.** etwas ~ a) to transport (*od.* convey) s.th. up(ward[s]), b) to hoist (*od.* carry) s.th. up (there). – **2.** j-n ~ (*im Fahrstuhl*) to carry (*od.* take) s.o. up. — ~**be**,**ge·ben** *v/reflex* ⟨*irr, sep, no* -ge-, h⟩ sich ~ **1.** go up (there). – **2.** (*die Treppe*) go upstairs. — ~**be**,**glei·ten** *v/t* ⟨*sep, no* -ge-, h⟩ j-n ~ to accompany (*od.* show, see) s.o. up (there): j-n (die Treppe) ~ to accompany s.o. upstairs. — ~**be**,**mü·hen I** *v/t* ⟨*sep, no* -ge-, h⟩ j-n ~ to trouble s.o. to go up (there), to give s.o. the trouble of going up (there): darf ich Sie (die Treppe) ~? may I trouble you to go upstairs? – **II** *v/reflex* sich ~ trouble (*od.* take the trouble, bother) to go up (there). — ~**be**,**we·gen** *v/reflex* ⟨*sep, no* -ge-, h⟩ sich ~ move up. — ~,**bit·ten** *v/t* ⟨*irr, sep*, -ge-, h⟩ j-n ~ to ask s.o. to go up(stairs): darf ich Sie ~? would you please go up(stairs)? — ~,**blicken** (*getr.* -k·k-) *v/i* ⟨*sep*, -ge-, h⟩ *cf.* hinaufschauen. — ~,**brin·gen** *v/t* ⟨*irr, sep*, -ge-, h⟩ (j-m) etwas ~ to carry (*od.* take, get) s.th. up (there) (to s.o.): bring ihm bitte den Koffer hinauf! please take his suitcase up to him. — ~,**die·nen** *v/reflex* ⟨*sep*, -ge-, h⟩ sich ~ (bis zu to) work one's way up. — ~,**dür·fen** *v/i* ⟨*irr, sep*, -ge-, h⟩ be allowed (to go) up: dort darfst du nicht hinauf you may not (*od.* are not allowed to) go up there. — ~,**ei·len** *v/i* ⟨*sep*, -ge-, sein⟩ hurry (*od.* rush) up (there): er eilte (die Treppen) zu seiner Wohnung hinauf he rushed up (the stairs) (*od.* upstairs) to his apartment (*bes. Br.* flat). — ~,**fah·ren I** *v/i* ⟨*irr, sep*, -ge-, sein⟩ **1.** go (*od.* travel) up (there): fahr doch mit dem Lift hinauf! go up in the elevator (*bes. Br.* lift), take the elevator (*bes. Br.* lift) up. – **2.** (*mit dem Auto*) drive (*od.* ride) up (there): wir fahren mit dem Wagen zur Burg hinauf we shall drive up to the castle. – **3.** (*mit dem Fahrrad*) ride (*od.* cycle) up (there). – **II** *v/t* **4.** go (*od.* travel) up: wir fuhren den Fluß hinauf we travel(l)ed up the river. – **5.** ⟨h⟩ take (*od.* drive) (*s.o., s.th.*) up (there): ich fahre Sie hinauf I'll drive you up there. — ~,**fal·len** *v/t* ⟨*irr, sep*, -ge-, sein⟩ *only in* die Treppe ~ a) to fall up the stairs, b) *fig. humor.* to get (*od.* be) kicked upstairs. — ~,**fin·den** *v/i u.* sich ~ *v/reflex* ⟨*irr, sep*, -ge-, h⟩ find the way up (there): wirst du (dich) allein ~? will you find the way up on your own? — ~,**flie·gen** *v/i* ⟨*irr, sep*, -ge-, sein⟩ fly up (there). — ~,**füh·ren I** *v/i* ⟨*sep*, -ge-, h⟩ lead up: die Straße führt hinauf the road leads up(ward[s]). – **II** *v/t* j-n ~ to lead s.o. up (there): j-n (die Treppe) ~ to lead s.o. upstairs; der Weg führt den Berg hinauf the path leads up the mountain. — ~,**ge·ben** *v/t* ⟨*irr, sep*, -ge-, h⟩ j-m etwas ~ to hand (*od.* pass) s.th. up to s.o. — ~,**ge·hen I** *v/i* ⟨*irr, sep*, -ge-, sein⟩ **1.** walk (*od.* go) up (there): wir werden zu Fuß ~ we shall walk up; er ist gerade hinaufgegangen he has just gone up (there) (*od.* upstairs); er ging auf das Podium hinauf he went up onto (*od.* he mounted) the platform. – **2.** (*von Ballon etc*) rise, ascend. – **3.** *fig.* (*von Preisen etc*) go up, rise, climb: die Mieten sind in letzter Zeit stark hinaufgegangen in recent times rents have gone up sharply; mit dem Preis ~ to go up with (*Br.* put up) the price. – **4.** *mus.* raise the pitch: er ging mit der Stimme hinauf he raised the pitch of his voice. – **5.** in den dritten Gang ~ *auto.* to change up (*Am.* shift) into third gear. – **II** *v/t* **6.** (*Treppe etc*) walk (*od.* go) up: die Treppe ~ to go upstairs. – **7.** (*Berg etc*) ascend, climb up: einen Berg ~ to ascend (*od.* climb up) a mountain; ich hätte vor Schmerz die Wände ~ können *fig. colloq.* the pain was driving me up the wall. — ~**ge**,**lan·gen** *v/i* ⟨*sep, pp* hinaufgelangt, sein⟩ get up (there): wie kann man dort ~? how can one get up there? man kann nur mit einer Leiter ~ one can only get up there with a ladder. — ~**ge**,**lei·ten** *v/t* ⟨*sep, pp* hinaufgeleitet, h⟩ j-n ~ to show s.o. up (there), (*die Treppe*) to show s.o. upstairs. — ~,**he·ben** *v/t* ⟨*irr, sep*, -ge-, h⟩ etwas ~ a) to lift s.th. up (there), b) (*mit Kran*) to hoist s.th. (up): einen Koffer ins Gepäcknetz ~ to lift a suitcase up onto the luggage rack. — ~,**hel·fen I** *v/i* ⟨*irr, sep*, -ge-, h⟩ j-m ~ (auf *acc* to) to help s.o. up: j-m (auf ein Pferd) ~ to give s.o. a leg up (onto a horse). – **II** *v/t* j-m die Treppe ~ to help s.o. upstairs. — ~,**klet·tern I** *v/i* ⟨*sep*, -ge-, sein⟩ climb (up) (there):

auf einen Baum ~ to climb up a tree; auf das Dach ~ to climb up onto the roof. – **II** *v/t* climb up: den Baum ~ to climb up the tree. — **~,klim·men I** *v/i* ⟨*irr, sep,* -ge-, sein⟩ climb (up) (there). – **II** *v/t* climb up: den Baum ~ to climb up the tree. — **~,kom·men** *v/i* ⟨*irr, sep,* -ge-, sein⟩ **1.** (zu to) come up (there): soll ich zu dir ~? shall I come up to your place (*od.* you)? – **2.** get up (there): wie soll ich da ~? how do I get up there? wie soll ich nur auf das Pferd ~? how am I to get (up) onto the horse? – **3.** *fig. colloq.* (*beruflich, wirtschaftlich*) make it (*colloq.*): ich komme nicht hinauf I can't (*od.* am not going to) make it. — **~,kön·nen** *v/i* ⟨*irr, sep,* -ge-, h⟩ *colloq.* be able to get up (there): hilf mir, ich kann allein nicht hinauf! help me, I cannot get up on my own. — **~,krie·chen** *v/i* ⟨*irr, sep,* -ge-, sein⟩ **1.** (*von Käfer etc*) creep up, crawl up. – **2.** *fig.* (*von Zug*) creep up. — **~,lan·gen I** *v/i* ⟨*sep,* -ge-, h⟩ (auf *acc* to) reach (up) (there): ich kann nicht bis auf den Schrank ~ I cannot reach the top of the cupboard. – **II** *v/t* (j-m) etwas ~ to reach (*od.* hand) s.th. up (to s.o.). — **~,las·sen** *v/t* ⟨*irr, sep,* -ge-, h⟩ j-n ~ to let (*od.* allow) s.o. to go (*od.* get) up (there): laß ihn nicht (die Treppe) hinauf! don't let him go upstairs! — **~,lau·fen I** *v/i* ⟨*irr, sep,* -ge-, sein⟩ (auf *acc,* zu to) **1.** run up (there), (*die Treppe*) run upstairs. – **2.** walk (*od.* go) up (there): wir werden zur Burg ~ we shall walk up to the castle. – **II** *v/t* **3.** die Treppe ~ a) to run upstairs, b) to walk upstairs. — **~,le·gen** *v/t* ⟨*sep,* -ge-, h⟩ etwas (auf *acc* etwas) ~ to put (*od.* place) s.th. (upon s.th.). — **~,müs·sen** *v/i* ⟨*irr, sep,* -ge-, h⟩ have to go up (there): ich muß noch einmal hinauf I have to (*od.* must) go up once more; um sechs muß ich zum Essen hinauf at six I have to go up(stairs) for my meal. — **~,neh·men** *v/t* ⟨*irr, sep,* -ge-, h⟩ j-n [etwas] ~ a) to take s.o. [s.th.] up (there), b) to take s.o. [s.th.] upstairs: er will sein Fahrrad mit ~ he wants to take his bicycle up with him. — **~,rei·chen I** *v/i* ⟨*sep,* -ge-, h⟩ **1.** (an *acc* to) reach up (there): Berge, die bis in die Wolken ~ mountains that reach up to the clouds. – **II** *v/t cf.* hinauflangen II. — **~,rei·ten I** *v/i* ⟨*irr, sep,* -ge-, sein⟩ ride up (there). – **II** *v/t* ride up: den Berg ~ to ride up the hill. — **~,ren·nen I** *v/i* ⟨*irr, sep,* -ge-, sein⟩ run up (there). – **II** *v/t* run up: die Treppe ~ to run upstairs. — **~,ru·fen** *v/t* ⟨*irr, sep,* -ge-, h⟩ etwas ~ to call s.th. up: j-m etwas zum Fenster ~ to shout s.th. up to s.o. at the window. — **~,schaf·fen I** *v/t* ⟨*sep,* -ge-, h⟩ etwas ~ to take (*od.* get) s.th. up (there): er soll bitte das Gepäck ~ please ask him to take the luggage up. – **II** *v/reflex* sich ~ *Swiss for* hinaufarbeiten. — **~,schal·ten** *v/i* ⟨*sep,* -ge-, h⟩ *auto.* shift (*Br.* change) up. — **~,schau·en** *v/i* ⟨*sep,* -ge-, h⟩ look up (there): ich schaute zu ihrem Fenster hinauf I looked up at her window. — **~,schicken** (*getr.* -k·k-) *v/t* ⟨*sep,* -ge-, h⟩ send (*s.o., s.th.*) up (there): j-m das Gepäck auf sein Zimmer ~ to send s.o.'s luggage up to his room. — **~,schie·ben** *v/t* ⟨*irr, sep,* -ge-, h⟩ etwas [j-n] ~ to push s.th. [s.o.] up. — **~,schie·ßen I** *v/i* ⟨*irr, sep,* -ge-, sein⟩ **1.** shoot up. – **II** *v/t* ⟨h⟩ **2.** (*Pfeil, Geschoß*) shoot (*s.th.*) up. – **3.** (*Rakete etc*) launch. — **~,schlei·chen I** *v/i* ⟨*irr, sep,* -ge-, sein⟩ sneak (*od.* slink, steal) up (there). – **II** *v/t* die Treppe zur Wohnung ~ to sneak (*od.* slink, steal) upstairs to the apartment (*bes. Br.* flat). — **~,schlep·pen I** *v/t* ⟨*sep,* -ge-, h⟩ drag up. – **II** *v/reflex* sich ~ drag oneself up: er schleppte sich (die Treppe) hinauf he dragged himself upstairs (*od.* up the stairs). — **~,schnel·len** *v/i* ⟨*sep,* -ge-, sein⟩ *fig. colloq.* (*von Preisen etc*) soar, rise abruptly, shoot up, rocket up. — **~,schrau·ben I** *v/t* ⟨*sep,* -ge-, h⟩ **1.** (*höherschrauben*) screw up. – **2.** *fig.* (*Preise*) screw (*od.* send, push) up: die Preise werden immer wieder hinaufgeschraubt prices are being pushed up continually. – **3.** *fig.* (*Steuern*) increase: die Steuern wurden um vier Prozent hinaufgeschraubt taxes were increased by four percent. – **4.** *fig.* (*Produktion*) step up, *Am. auch* up: im letzten Jahr wurde die Produktion um zehn Prozent hinaufgeschraubt production was stepped up last year by ten percent. – **II** *v/reflex* sich ~ **5.** (*von Flugzeug, Vogel etc*) ascend in a spiral. — **~,schwin·gen** *v/reflex* ⟨*irr, sep,* -ge-, h⟩ sich ~ **1.** (auf *acc* to) swing oneself up: er schwang sich auf das Pferd hinauf he swung himself up onto the horse. – **2.** fly (*od.* soar) up: der Vogel schwang sich zum Himmel hinauf the bird soared up into the sky. — **~,set·zen I** *v/t* ⟨*sep,* -ge-, h⟩ (*Preise etc*) raise, mark up, increase, *Br. auch* put up, *Am. auch* up: eine Ware im Preis ~ to increase the price of an article. – **II** *v/reflex* sich ~ sit higher up. — **~,sprin·gen I** *v/i* ⟨*irr, sep,* -ge-, sein⟩ **1.** jump up (there): auf (*acc*) etwas ~ to jump upon s.th. – **2.** run (*bes. Br.* pop) up (there): bitte spring mal in die Wohnung hinauf please run (*od.* pop) up to the apartment (*bes. Br.* flat). – **II** *v/t* **3.** run up: die Treppe ~ to run upstairs. — **~,stei·gen I** *v/i* ⟨*irr, sep,* -ge-, sein⟩ **1.** (zu to) climb (*od.* go) up (there): auf den Turm ~ to climb up (to the top of) the tower; auf der Leiter des Erfolgs weiter ~ *fig.* to advance further up the ladder of success. – **2.** (auf *acc*) mount (*acc*), get (on): auf ein Pferd ~ to mount a horse. – **II** *v/t* **3.** go up, ascend: die Treppe ~ to go upstairs (*od.* up the stairs). — **~,stür·zen I** *v/i* ⟨*sep,* -ge-, sein⟩ rush up (there). – **II** *v/t* rush up: er ist die Treppe hinaufgestürzt he rushed up the stairs (*od.* upstairs). — **~,tra·gen** *v/t* ⟨*irr, sep,* -ge-, h⟩ etwas ~ a) to carry (*od.* take) s.th. up (there), b) to carry (*od.* take) s.th. upstairs. — **~trans·for,mie·ren** *v/t* ⟨*sep, no* -ge-, h⟩ *electr.* (*Spannung etc*) step up. — **~,trei·ben** *v/t* ⟨*irr, sep,* -ge-, h⟩ **1.** (*Vieh etc*) drive (*animals*) up (there): Kühe (auf die Alm) ~ to drive cows up (to the alpine pasture). – **2.** *econ.* (*Preise*) send (*od.* force) (*prices*) up. — **~,tun** *v/t* ⟨*irr, sep,* -ge-, h⟩ etwas ~ *colloq.* to put (*od.* place) s.th. up (there): bitte tu das Buch in das Fach dort hinauf! please put the book up on that shelf. — **~,wach·sen** *v/i* ⟨*irr, sep,* -ge-, sein⟩ grow up: der Efeu ist schon bis zum ersten Stock hinaufgewachsen the ivy has already grown up to the first floor. — **~,wei·sen** *v/i* ⟨*irr, sep,* -ge-, h⟩ (zu, to, at) point up (there). — **~,wer·fen** *v/t* ⟨*irr, sep,* -ge-, h⟩ etwas ~ to throw s.th. up (there): kannst du den Ball bis aufs Dach ~? can you throw the ball up onto the roof? — **~,win·den I** *v/t* ⟨*irr, sep,* -ge-, h⟩ etwas ~ to wind (*od.* hoist, haul) s.th. up. – **II** *v/reflex* sich ~ wind up: der Pfad wand sich den Berg hinauf the path wound up the hill. — **~,wol·len** *v/i* ⟨*irr, sep,* -ge-, h⟩ want to go up (there): ich will noch heute auf den Berg hinauf I want to go up the mountain today. — **~,zie·hen I** *v/t* ⟨*irr, sep,* -ge-, h⟩ **1.** etwas ~ (zu to) to pull (*od.* draw) s.th. up (there): einen Wagen den Berg ~ to pull a cart up the hill. – **II** *v/i* ⟨sein⟩ **2.** (*in höhere Etage*) move up: in die dritte Etage ~ to move up to the third floor. – **3.** march (*od.* troop) up (there): sie zogen alle auf sein Zimmer hinauf they all trooped up to his room. – **III** *v/reflex* ⟨h⟩ sich ~ **4.** (an *dat* on, by) pull (*od.* draw) oneself up: er zog sich an einem Seil hinauf he pulled himself up by a rope.

hin·aus [hɪ'naʊs] *adv* **1.** (*von hier innen nach dort draußen*) out: in den Garten ~ out into the garden; ins Freie ~ out into the open air; hier ~ this way out; zum Fenster ~ out of the window; das Schiff war schon aus dem Hafen ~ the ship had already left (*od.* was already clear of) the harbo(u)r; nach vorn [hinten] ~ wohnen to live at the front [back]; aufs Meer ~ out to sea; ~ (mit dir)! out (with you)! *Am. auch* scram! – **2.** (*zeitlich*) beyond, past: über die Zeit ~ beyond the time limit; er ist über das Alter ~ he is past the age; auf Jahre ~ for years to come; er ist darüber ~ he is past it (*od.* that). – **3.** (*zeitlich*) over: über die Vierzig ~ sein to be well over forty, *bes. Br.* to be on the wrong side of forty. – **4.** beyond: über (*acc*) etwas ~ sein to be beyond s.th.; über das Grab ~ forever, beyond the grave. – **5.** more: ich gab ihm 20 Mark über sein Gehalt ~ I gave him 20 marks over and above (*od.* in excess of) his salary; über das Normalmaß ~ more than usual; → darüber 2b. – **6.** (*in Wendungen wie*) wo soll das noch ~? what (*od.* where) is this leading to? er weiß nicht wo ~ he doesn't know which way to turn (*od.* what to do); er ist über solche Kleinigkeiten ~ he is above such pettiness.

hin'aus|be,för·dern *v/t* ⟨*sep, no* -ge-, h⟩ j-n ~ *fig. colloq.* to throw (*od.* turn, *colloq.* kick) s.o. out: j-n mit einem Fußtritt zur Tür ~ to kick s.o. out of the door. — **~be,ge·ben** *v/reflex* ⟨*irr, sep, no* -ge-, h⟩ sich ~ go out, leave. — **~be,glei·ten** *v/t* ⟨*sep, no* -ge-, h⟩ j-n ~ to see s.o. out (*od.* to the door), to accompany s.o. to the door (*od.* outside): er begleitete mich aus dem Zimmer hinaus he accompanied me out of the room. — **~,bei·ßen** *v/t* ⟨*irr, sep,* -ge-, h⟩ j-n ~ *fig. colloq.* to turn (*od.* edge, elbow) s.o. out (of his position). — **~be,mü·hen I** *v/t* ⟨*sep, no* -ge-, h⟩ j-n ~ to trouble s.o. to go out. – **II** *v/reflex* sich ~ (take the) trouble to go out(side). — **~,beu·gen** *v/reflex* ⟨*sep,* -ge-, h⟩ sich (zum Fenster) ~ to lean out (of the window). — **~be,we·gen** *v/reflex* ⟨*sep, no* -ge-, h⟩ sich ~ move out: die Prozession bewegte sich langsam zur Stadt hinaus the procession moved slowly out of the town. — **~,bit·ten** *v/t* ⟨*irr, sep,* -ge-, h⟩ j-n ~ to ask s.o. (to go) out(side): er bat mich einen Augenblick hinaus he asked me to go (*od.* step) out(side) for a moment. — **~,bla·sen** *v/t* ⟨*irr, sep,* -ge-, h⟩ etwas ~ to blow s.th. out(side). — **~,blicken** (*getr.* -k·k-) *v/i* ⟨*sep,* -ge-, h⟩ *cf.* hinausschauen. — **~,brin·gen** *v/t* ⟨*irr, sep,* -ge-, h⟩ **1.** etwas ~ to take (*s.th.*) out. – **2.** *cf.* hinausbegleiten. — **~,drän·gen** *v/t* ⟨*sep,* -ge-, h⟩ **1.** j-n ~ to push (*od.* shove) s.o. out: j-n aus dem Zimmer ~ to push s.o. out of the room. – **2.** j-n ~ *fig.* to force s.o. out, to oust s.o.: j-n aus seiner Stellung ~ to oust s.o. from his position. — **~,dür·fen** *v/i* ⟨*irr, sep,* -ge-, h⟩ be allowed (to go) out. — **~,ei·len** *v/i* ⟨*sep,* -ge-, sein⟩ hurry (*od.* rush) out: er eilte aus dem Bahnhof hinaus he rushed out of the station. — **~,ekeln** *v/t* ⟨*sep,* -ge-, h⟩ j-n ~ *colloq.* to get rid of s.o. by being objectionable, *Am. colloq. auch* to freeze s.o. out. — **~,fah·ren I** *v/i* ⟨*irr, sep,* -ge-, sein⟩ **1.** (aus of) go (*od.* travel) out, (*im eigenen Wagen*) drive out: er fuhr aufs Land hinaus he drove (*od.* motored) out (in)to the country. – **2.** (*wegfahren*) drive out, leave. – **3.** (*von Schiff*) sail out, leave port. – **4.** (*von Zug*) pull out, leave. – **5.** (*über Markierung etc*) go beyond: der Zug ist über das Signal hinausgefahren the train went beyond the signal. – **II** *v/t* ⟨h⟩ **6.** j-n [etwas] ~ to drive (*od.* take) s.o. [s.th.] out (there): das Auto aus der Garage ~ to drive the car out of the garage. — **~,fal·len** *v/i* ⟨*irr, sep,* -ge-, sein⟩ fall out: aus dem Fenster ~ to fall out of the window. — **~,feu·ern** *v/t* ⟨*sep,* -ge-, h⟩ *colloq. for* hinauswerfen. — **~,fin·den I** *v/i* ⟨*irr, sep,* -ge-, h⟩ find the way out. – **II** *v/t* er hat den Weg hinausgefunden he found the way out. – **III** *v/reflex* sich ~ find one's way out: ich finde mich schon allein hinaus I'll find my own way out. — **~,flie·gen I** *v/i* ⟨*irr, sep,* -ge-, sein⟩ **1.** (*von Vogel*) fly out. – **2.** *fig. colloq.* (*aus einem Lokal*) get thrown (*od. colloq.* kicked) out, *Br. colloq. auch* get (*od.* be) chucked out: in hohem Bogen ~ to be thrown out on one's ear. – **3.** *fig. colloq.* a) (*aus einer Stellung*) get thrown (*od. colloq.* kicked) out, get the sack (*od.* boot) (*colloq.*), b) (*aus der Schule*) be thrown out (*od.* expelled). – **II** *v/t* ⟨h⟩ **4.** *cf.* herausfliegen 3. — **~,flie·ßen** *v/i* ⟨*irr, sep,* -ge-, sein⟩ flow out. — **~,füh·ren I** *v/t* ⟨*sep,* -ge-, h⟩ j-n ~ a) to show (*od.* lead, take) s.o. out, b) *cf.* hinausbegleiten. – **II** *v/i* (*von Tür, Weg etc*) lead out: die Tür führt auf den Hof hinaus the door opens on (*od.* leads to) the yard. — **~,ge·ben** *v/t* ⟨*irr, sep,* -ge-, h⟩ etwas ~ to hand (*od.* pass) s.th. out: ich gab ihr das Buch zum Fenster hinaus I passed the book out to her through the window. — **~,ge·hen** *v/i* ⟨*irr, sep,* -ge-, sein⟩ **1.** go (*od.* walk) out: in den Garten ~ to go out into the garden; aus dem Zimmer ~ to go out of (*od.* to leave) the room. – **2.** *fig.* (auf *acc*) face (*acc*), look out (on): das Fenster geht auf die Straße hinaus the window faces the street; mein Zimmer geht auf den Garten hinaus my room looks (out) onto the garden; nach Westen ~ to face west. – **3.** über (*acc*) etwas ~ *fig.* to go beyond s.th., to surpass s.th.: das geht über den guten Geschmack hinaus that goes beyond good taste; das geht über meine Kräfte hinaus that is beyond (*od.* above) my strength, that is too much for me; über hundert Mark gehe ich nicht hinaus I won't go beyond (*od.* higher than) a hundred marks; sein Ruf ging weit über sein Heimatland hinaus his reputation extended far beyond his own country; das Urteil ging noch über den Antrag des Staatsanwaltes hinaus the sentence was even more severe than the public prosecutor had recommended; über seine Befugnisse ~ to exceed one's powers. — **~geˌlan·gen** *v/i* ⟨*sep*, *pp* hinausgelangt, sein⟩ (zu to) get out: er versuchte, aus dem Haus hinauszugelangen he tried to get out of the house. — **~geˌlei·ten** *v/t* ⟨*sep*, *pp* hinausgeleitet, h⟩ *cf.* hinausbegleiten. — **~ˌgrau·len** *v/t* ⟨*sep*, -ge-, h⟩ *colloq. cf.* hinausekeln. — **~ˌgrei·fen** *v/i* ⟨*irr*, *sep*, -ge-, h⟩ über (*acc*) etwas ~ *fig.* to reach out beyond s.th. — **~ˌgucken** (*getr.* -k·k-) *v/i* ⟨*sep*, -ge-, h⟩ *cf.* hinausschauen. — **~ˌhal·ten** *v/t* ⟨*irr*, *sep*, -ge-, h⟩ hold out: er hielt die Hand aus dem (*od.* zum) Fenster hinaus he held his hand out of the window. — **~ˌhän·gen** *v/t* ⟨*sep*, -ge-, h⟩ hang (*s.th.*) out: Fahnen zum Fenster ~ to hang flags out of the window. — **~ˌja·gen I** *v/t* ⟨*sep*, -ge-, h⟩ (*Tier*, *Person*) drive (*od.* chase) (*s.o.*, *animal*) out: j-n (aus dem Haus, *od. colloq.* zum Tempel) ~ *auch fig.* to drive s.o. out of the house. – **II** *v/i* ⟨sein⟩ rush (*od.* dash) out(side): er sprang auf und jagte hinaus he jumped up and rushed out. — **~ˌkeh·ren** *v/t* ⟨*sep*, -ge-, h⟩ etwas ~ to sweep (*od.* brush) out s.th.: Schmutz auf die Straße ~ to sweep dirt out onto (*od.* into) the street. — **~ˌklet·tern** *v/i* ⟨*sep*, -ge-, sein⟩ climb out: zum Fenster ~ to climb out of the window. — **~ˌkom·men** *v/i* ⟨*irr*, *sep*, -ge-, sein⟩ **1.** (zu to) come (*od.* get) out: ich bin heute den ganzen Tag nicht hinausgekommen I have not been out of the house all day. – **2.** über (*acc*) etwas ~ to get beyond (*od.* further than) s.th.: er ist mit seinem Brief über die dritte Zeile nicht hinausgekommen he didn't get beyond the third line of his letter; er ist über den Rang eines Feldwebels nie hinausgekommen he never rose (*od. colloq.* made it) above the rank of sergeant. – **3.** das kommt auf eins (*od.* dasselbe) hinaus *colloq.* that amounts to the same thing. — **~kom·pli·menˌtie·ren** *v/t* ⟨*sep*, *no* -ge-, h⟩ j-n ~ *colloq.* to bow s.o. out. — **~ˌkön·nen** *v/i* ⟨*irr*, *sep*, -ge-, h⟩ *colloq.* be able to go out. — **~ˌkrab·beln** *v/i* ⟨*sep*, -ge-, sein⟩ (in *acc* into) crawl out. — **~ˌkrie·chen** *v/i* ⟨*irr*, *sep*, -ge-, sein⟩ (in *acc* into) creep out. — **~ˌlan·gen I** *v/i* ⟨*sep*, -ge-, h⟩ *colloq.* **1.** reach out: sie langte zum Fenster hinaus she reached out of the window. – **2.** (*von Schnur etc*) (bis zu to) reach. – **II** *v/t* **3.** etwas ~ to pass (*od.* hand) s.th. out. — **~ˌlas·sen** *v/t* ⟨*irr*, *sep*, -ge-, h⟩ j-n ~ to let s.o. out (there), to allow s.o. to leave. — **~ˌlau·fen** *v/i* ⟨*irr*, *sep*, -ge-, sein⟩ **1.** run out: auf die Straße ~ to run out onto (*od.* into) the street. – **2.** (*hinausfließen*) flow out. – **3.** auf (*acc*) etwas ~ *fig.* to result in s.th., to amount (*od.* boil down) to s.th.: das alles läuft auf dasselbe hinaus that all amounts to the same thing; ein Brief, der darauf hinauslief, daß a letter to the effect that; das läuft bestimmt auf eine Sauferei hinaus *colloq.* that will definitely end up in a drinking bout. — **~ˌle·gen I** *v/t* ⟨*sep*, -ge-, h⟩ etwas ~ to put (*od.* place) s.th. out(side): etwas vors Fenster ~ to put s.th. (on the ledge *od.* sill) outside the window. – **II** *v/reflex* sich ~ (go and) lie outside: er wollte sich in die Sonne ~ he wanted to lie out in the sun. — **~ˌleh·nen** *v/reflex* ⟨*sep*, -ge-, h⟩ sich ~ lean out: „nicht ~" "do not lean out (of the window)". — **~ˌlot·sen** *v/t* ⟨*sep*, -ge-, h⟩ ein Schiff aus dem Hafen ~ *mar.* to pilot a ship out of the harbo(u)r. — **~ma·nöˌvrie·ren** *v/t* ⟨*sep*, *no* -ge- h⟩ j-n [etwas] aus etwas ~ to man(o)euver (*bes. Br.* manœuvre) s.o. [s.th.] out of s.th. — **~ˌmüs·sen** *v/i* ⟨*irr*, *sep*, -ge-, h⟩ *colloq.* have to go out: ins Feld ~ (*in den Krieg*) to have to take the field; ich muß mal hinaus (*auf die Toilette*) I would like to wash my hands. — **~ˌneh·men** *v/t* ⟨*irr*, *sep*, -ge-, h⟩ etwas ~ to take s.th. out: er nahm den Hund (mit) in den Garten hinaus he took the dog out into the garden. — **~ˌpfef·fern** *v/t* ⟨*sep*, -ge-, h⟩ etwas ~ *colloq.* to throw s.th. out. — **~poˌsau·nen** *v/t* ⟨*sep*, *no* -ge-, h⟩ etwas (in alle Welt) ~ *colloq.* to broadcast s.th., to spread s.th. abroad. — **~ˌprü·geln** *v/t* ⟨*sep*, -ge-, h⟩ j-n ~ to force s.o. out by beating. — **~ˌra·gen** *v/i* ⟨*sep*, -ge-, h⟩ **1.** (über *acc* beyond) project (*od.* jut) out. – **2.** *fig.* (über *acc* above) tower, rise, stand out: ein Mann, der über seine Zeitgenossen hinausragt a man who towers above his contemporaries; über das Mittelmaß ~ to rise above mediocrity. — **~ˌrei·chen I** *v/t* ⟨*sep*, -ge-, h⟩ etwas ~ to reach (*od.* hand) s.th. out: ich reichte ihr den Koffer zum Fenster hinaus I handed her the suitcase out of the window. – **II** *v/i* (über *acc* beyond) reach, stretch. — **~ˌrei·ten** *v/i* ⟨*irr*, *sep*, -ge-, sein⟩ (aus of) ride out. — **~ˌren·nen** *v/i* ⟨*irr*, *sep*, -ge-, sein⟩ run out: weinend rannte sie zum Zimmer hinaus she ran out of the room crying. — **~ˌrol·len** *v/t* ⟨*sep*, -ge-, h⟩ *u.* *v/i* ⟨sein⟩ (aus of) roll out. — **~ˌrücken** (*getr.* -k·k-) *v/t* ⟨*sep*, -ge-, h⟩ *cf.* hinausschieben 2. — **~ˌru·fen** *v/t* ⟨*irr*, *sep*, -ge-, h⟩ etwas (zum Fenster) ~ to call s.th. out (of the window). — **~ˌschaf·fen** *v/t* ⟨*sep*, -ge-, h⟩ etwas ~ a) (*hinaustragen*) (in *acc* into) to take (*od.* carry) s.th. out, b) (*entfernen*) (aus) to take s.th. out (of), to remove s.th. (from): die Teppiche zum Klopfen in den Garten ~ to take the carpets out into the garden to be beaten. — **~ˌschau·en** *v/i* ⟨*sep*, -ge-, h⟩ look out: zum Fenster ~ to look out of the window. — **~ˌschicken** (*getr.* -k·k-) *v/t* ⟨*sep*, -ge-, h⟩ j-n ~ a) (*um etwas zu tun*) to send s.o. out, b) (*um ihn loszuwerden*) to send s.o. away, c) (*sport*) *cf.* hinausstellen 2. — **~ˌschie·ben** *v/t* ⟨*irr*, *sep*, -ge-, h⟩ **1.** *fig.* (*aufschieben*) postpone, delay, defer, put off, procrastinate (*lit.*): er schob seine Abfahrt um eine Stunde hinaus he postponed his departure (for) an hour; den Besuch beim Zahnarzt ~ to put off going to the dentist. – **2.** push (*s.th.*) out: sie schob den Teewagen aus dem Zimmer hinaus she pushed the tea trolley (*Am.* wagon) out of the room. — **~ˌschlei·chen** *v/i* ⟨*irr*, *sep*, -ge-, sein⟩ (aus of) sneak (*od.* slink, steal) out. — **~ˌschlen·dern** *v/i* ⟨*sep*, -ge-, sein⟩ (aus of) stroll out. — **~ˌschlep·pen I** *v/t* ⟨*sep*, -ge-, h⟩ etwas ~ (aus of) to drag s.th. out. – **II** *v/reflex* sich ~ (aus of) drag oneself out. — **~ˌschleu·dern** *v/t* ⟨*sep*, -ge-, h⟩ etwas ~ to fling (*od.* hurl) s.th. out: beim Unfall wurde der Fahrer hinausgeschleudert the driver was flung out in the accident. — **~ˌschlüp·fen** *v/i* ⟨*sep*, -ge-, sein⟩ slip out: aus dem Haus ~ to slip out of the house. — **~ˌschmei·ßen** *v/t* ⟨*irr*, *sep*, -ge-, h⟩ *colloq. for* hinauswerfen. — **~ˌschwim·men** *v/i* ⟨*irr*, *sep*, -ge-, sein⟩ swim out: weit ~ to swim far out. — **~ˌse·hen** *v/i* ⟨*irr*, *sep*, -ge-, h⟩ *cf.* hinausschauen. — **~ˌsein** *v/i* ⟨*irr*, *sep*, -ge-, sein⟩ über (*acc*) etwas ~ to be beyond s.th.: → hinaus 2, 6. — **~ˌset·zen I** *v/t* ⟨*sep*, -ge-, h⟩ **1.** etwas ~ a) to put s.th. out, b) (*Pflanzen etc*) to plant s.th. outside (*od.* in the open). – **2.** j-n ~ *fig. colloq.* to turn (*od.* throw) s.o. out, *Br. colloq. auch* to chuck s.o. out: Unruhestifter werden kurzerhand hinausgesetzt troublemakers will be turned out on the spot. – **II** *v/reflex* sich ~ **3.** go out and sit there: wir können uns in den Garten ~ we can go out and sit in the garden. — **~ˌspä·hen** *v/i* ⟨*sep*, -ge-, h⟩ peer out: durch den Vorhang auf die Straße ~ to peer through the curtain (out) onto (*od.* into) the street. — **~ˌsprin·gen** *v/i* ⟨*irr*, *sep*, -ge-, sein⟩ jump out: zum Fenster ~ to jump out of the window. — **~ˌste·hen** *v/i* ⟨*irr*, *sep*, -ge-, h *u.* sein⟩ *cf.* hervorstehen. — **~ˌsteh·len** *v/reflex* ⟨*irr*, *sep*, -ge-, h⟩ sich (aus dem Zimmer) ~ to creep (*od.* steal) out (*of* the room). — **~ˌstel·len** *v/t* ⟨*sep*, -ge-, h⟩ **1.** etwas ~ to put s.th. out: Blumen auf den Balkon ~ to put flowers out on the balcony. – **2.** j-n ~ (*sport*) to send s.o. off (the field), to give s.o. his marching orders (*colloq.*). — **~ˌsto·ßen** *v/t* ⟨*irr*, *sep*, -ge-, h⟩ j-n ~ to push (*od.* thrust) s.o. out. — **~ˌströ·men** *v/i* ⟨*sep*, -ge-, sein⟩ pour out: die Menschenmenge strömte aus dem Stadion auf die Straße hinaus the crowd poured out of the stadium onto (*od.* into) the street. — **~ˌstür·men** *v/i* ⟨*sep*, -ge-, sein⟩ *cf.* hinauseilen. — **~ˌstür·zen I** *v/i* ⟨*sep*, -ge-, sein⟩ **1.** (*schnell hinausrennen*) rush (*od.* dash, bolt) out: sie stürzte aus dem Haus hinaus she rushed out of the house. – **2.** *cf.* hinausfallen. – **II** *v/t* ⟨h⟩ **3.** j-n (zum Fenster) ~ to throw s.o. out (of the window). – **III** *v/reflex* ⟨h⟩ **4.** sich (zum Fenster) ~ to jump (*od.* throw oneself) out (of the window). — **~ˌtra·gen** *v/t* ⟨*irr*, *sep*, -ge-, h⟩ **1.** j-n [etwas] ~ to carry s.o. [s.th.] out. – **2.** *fig.* (*verbreiten*) spread: sein Name wurde in alle Welt hinausgetragen his name was spread all over the world. — **~ˌtrei·ben I** *v/t* ⟨*irr*, *sep*, -ge-, h⟩ **1.** j-n (aus etwas) ~ (in *acc* into) to drive (*od.* turn) s.o. out (of s.th.), to expel s.o. (from s.th.). – **2.** (*Vieh etc*) drive (*od.* run) (*cattle*) out. – **II** *v/impers* **3.** es treibt ihn einfach hinaus he simply cannot stay at home. – **III** *v/i* ⟨sein⟩ **4.** drift out: der kleine Kahn trieb weit in die See hinaus the little boat drifted far out to sea. — **~ˌtre·ten** *v/i* ⟨*irr*, *sep*, -ge-, sein⟩ step (*od.* walk) out: aus dem Haus ~ to step out of the house. — **~ˌtun** *v/t* ⟨*irr*, *sep*, -ge-, h⟩ *colloq. for* hinauslegen I, hinausstellen 1. — **~ˌwach·sen** *v/i* ⟨*irr*, *sep*, -ge-, sein⟩ **1.** über (*acc*) etwas ~ a) to grow taller than s.th., b) *fig.* to outgrow s.th.: über diese Spiele ist er längst hinausgewachsen he outgrew these games a long time ago. – **2.** über (*acc*) sich selbst ~ *fig.* to surpass (*od.* exceed, rise above) oneself. – **3.** über j-n ~ *fig.* to surpass s.o. — **~ˌwa·gen** *v/reflex* ⟨*sep*, -ge-, h⟩ sich ~ venture (to go) out, dare (to go) out: mit dieser Erkältung kann ich mich nicht ~ I dare not go out with this cold. — **~ˌwei·sen** *v/t* ⟨*irr*, *sep*, -ge-, h⟩ j-n (aus etwas) ~ to order s.o. out (of s.th.). — **~ˌwer·fen** *v/t* ⟨*irr*, *sep*, -ge-, h⟩ **1.** etwas (zum Fenster) ~ to throw (*od.* toss) s.th. out (of the window). – **2.** j-n ~ *colloq.* a) (*aus Wohnung*, *Lokal etc*) to throw (*od. colloq.* kick) s.o. out, *Br. colloq.* to chuck s.o. out, b) (*aus einer Firma*) to give s.o. the sack (*od.* boot), to sack s.o., to fire s.o. (*alle colloq.*), c) (*aus der Schule*) to throw s.o. out, to expel s.o. — **~ˌwol·len** *v/i* ⟨*irr*, *sep*, -ge-, h⟩ **1.** *colloq.* (*von Person*) want to go out(side). – **2.** *colloq.* (*von Tier*) want to get out(side). – **3.** *fig.* (*in Wendungen wie*) auf (*acc*) etwas ~ to aim (*od.* drive) at s.th., to strive for s.th.; hoch ~ to aim high; zu hoch ~ to set one's sights too high; ich sehe (*od.* merke) schon, worauf Sie ~ I see what you are getting at; worauf wollte er hinaus? what was he driving at? wo will das hinaus? what will that lead to? — **H~ˌwurf** *m* (*in Wendungen wie*) das war ein glatter ~ *colloq.* I was flatly turned down; j-m mit dem ~ drohen a) to threaten to dismiss s.o., b) (*aus einem Zimmer etc*) to threaten to throw (*od. colloq.* kick) s.o. out. — **~ˌzie·hen I** *v/t* ⟨*irr*, *sep*, -ge-, h⟩ **1.** (*Wagen*, *Flugzeug etc*) pull (*od.* draw) (*s.th.*) out(side). – **2.** (*Person*) pull (*s.o.*) out(side): sie zog ihn am Arm hinaus she pulled him out by the arm. – **3.** *fig.* (*verzögern*) prolong, protract. – **II** *v/i* ⟨sein⟩ **4.** (*hinausgehen*) go out: in die Welt ~ to go out into the world; zum Tor ~ to go (*od.* march) through the gate. – **5.** (*umziehen*) move out: aufs Land ~ to move out into the country. – **III** *v/reflex* ⟨h⟩ sich ~ **6.** (*von Verhandlungen etc*) drag on. – **7.** (*von Arbeit*, *Prozeß etc*) take longer than expected. – **IV** *v/impers* ⟨h⟩ **8.** es zog ihn in die Welt hinaus he had a longing to see the world. — **~ˌzö·gern I** *v/t* ⟨*sep*, -ge-, h⟩ put off, delay. – **II** *v/reflex* sich ~ be delayed.

ˈhin·beˌför·dern *v/t* ⟨*sep*, *no* -ge-, h⟩ transport (*od.* forward) (*s.th.*) there: wie sollen wir es ~? how are we to forward (*od. colloq.* get) it there? — **ˈHin·beˌför·de·rung** *f* transport there.

ˈhin·beˌge·ben *v/reflex* ⟨*irr*, *sep*, *no* -ge-, h⟩ sich ~ to go (*od.* proceed) there: sich zu j-m ~ to go to see s.o.

ˈhin·beˌglei·ten *v/t* ⟨*sep*, *no* -ge-, h⟩ j-n ~ to accompany s.o. (there).

ˈhin·beˌkom·men *v/t* ⟨*irr*, *sep*, *no* -ge-, h⟩ *colloq. cf.* hinkriegen.

ˈhin·beˌmü·hen I *v/t* ⟨*sep*, *no* -ge-, h⟩ j-n ~ (nach, zu to) to trouble s.o. to go there. – **II** *v/reflex* sich ~ (nach, zu to) (take the) trouble to go there.

'hin·beˌstel·len *v/t* ⟨*sep, no* -ge-, h⟩ **1.** j-n ~ *colloq.* to ask (*od.* tell) s.o. to be there: er hat mich für morgen wieder hinbestellt he asked me to come again tomorrow. – **2.** etwas ~ to order s.th. to be sent there.

'hinˌbie·gen *v/t* ⟨*irr, sep,* -ge-, h⟩ **1.** (*Draht etc*) bend (*s.th.*) that way (*od.* in that direction). – **2.** *fig. colloq. cf.* hinkriegen 1.

'Hinˌblick *m only in* im (*od.* in) ~ auf (*acc*) with (*od.* in) regard to (*od.* of), in view of, with respect to, in the light of: im ~ auf seinen Gesundheitszustand in view of his state of health; im ~ auf einen kürzlich herausgegebenen Bericht in regard to a report published recently; im ~ auf die kommende Veranstaltung in view of the approaching event.

'hinˌblicken (*getr.* -k·k-) *v/i* ⟨*sep,* -ge-, h⟩ look (over) there, look that way.

'hinˌbrin·gen *v/t* ⟨*irr, sep,* -ge-, h⟩ **1.** j-n ~ to take (*od.* accompany) s.o. there: ich bringe Sie hin I'll take you there; wo soll ich Sie ~? where am I to take you (to)? bringen Sie mich bitte zum Bahnhof! take (*od.* drive) me to the station, please. – **2.** etwas ~ to take s.th. there: etwas (zu) j-m ~ to take s.th. to s.o.; wo soll ich es ~? where am I to take it (to)? – **3.** *fig.* (*Zeit*) spend, pass, (*bes. müßig*) idle away, kill: die Zeit mit Lesen ~ to spend the time reading. – **4.** *fig.* lead: sein Leben kümmerlich ~ to lead a wretched life. – **5.** *colloq. cf.* hinkriegen.

'hinˌbrü·ten *v/i* ⟨*sep,* -ge-, h⟩ *only in* vor (*acc*) sich ~ to (sit and) brood.

Hin·de ['hɪndə] *f* ⟨-; -n⟩ *archaic od. poet. cf.* Hindin.

'hinˌden·ken *v/i* ⟨*irr, sep,* -ge-, h⟩ *only in* wo denkst du (*od.* denken Sie) hin! what do you take me for! what do you think I am! certainly not!

'hin·der·lich *adj* ⟨*meist pred*⟩ **1.** ⟨*dat*⟩ hindering, impeding: dies war seinem Fortkommen ~ this was impeding (to) his progress, this hindered his progress. – **2.** (*lästig*) cumbersome, burdensome: der große Koffer war sehr ~ the large suitcase was very cumbersome. – **3.** in the way: zu viele Bücher auf dem Schreibtisch sind ~ too many books on the desk get in the way; j-m ~ sein to be in s.o.'s way.

hin·dern ['hɪndərn] **I** *v/t* ⟨h⟩ **1.** stop, hinder, prevent: j-n am Arbeiten ~ to prevent (*od.* keep) s.o. from working; nichts wird mich ~, das zu tun nothing will stop (*od.* hinder) me from doing that; wer sollte (*od.* wollte) mich daran ~, daß ich gehe? who would stop (*od.* prevent) me from going? dringende Geschäfte hinderten ihn, sich ihnen anzuschließen urgent business kept (*od.* hindered) him from joining them. – **2.** (*behindern*) hinder, hamper, impede: j-n bei der Arbeit ~ to hinder s.o. in his work; das Kleid hinderte sie beim Laufen her dress hampered her when she was running. – **II H~** *n* ⟨-s⟩ **3.** *verbal noun.* – **4.** *cf.* Hinderung.

'Hin·der·nis *n* ⟨-ses; -se⟩ **1.** (*im Wege*) obstacle: ~se aufstellen (*od.* errichten) to set up obstacles. – **2.** *fig.* (*Behinderung*) obstacle, hindrance: das ist (*od.* bedeutet) kein ~ für unseren Plan that is no obstacle to our plan; sich über alle ~se hinwegsetzen to brush aside all obstacles; ein ~ beseitigen [überwinden] to remove [to overcome] an obstacle; auf ~se stoßen to meet with hindrances. – **3.** *fig.* (*Hemmschuh*) stumbling block, *Br.* stumbling-block: der Nationalismus bildet ein ~ für die europäische Vereinigung nationalism is a stumbling(-)block in the unification of Europe. – **4.** *fig.* (*Schranke*) bar, barrier: gesetzliches ~ *jur.* (zu to) statutory bar; Armut ist nicht immer ein ~ für das Glück poverty isn't always a bar to happiness. – **5.** *fig.* (*Schwierigkeit*) difficulty: eine Reise mit ~sen a journey full of difficulties. – **6.** (*sport*) a) obstacle, (*bes. beim Reitsport*) *auch* fence, b) (*beim Golf*) obstacle, hazard, c) (*beim Hindernislauf*) hurdle: ein ~ nehmen, über ein ~ setzen to take (*od.* clear) an obstacle. — **~ˌbahn** *f* (*sport*) **1.** (*für Hindernislauf*) obstacle course. – **2.** (*für Hindernisrennen*) steeplechase course. — **~ˌlauf** *m* **1.** steeplechase: an einem ~ teilnehmen to take part in a steeplechase. – **2.** (*im Schulturnen*) obstacle race. — **~ˌläu·fer** *m* steeplechaser. — **~ˌren·nen** *n* (*beim Pferdesport*) **1.** steeplechase. – **2.** ⟨*only sg*⟩ (*als Sportart*) steeplechasing.

'Hin·de·rung *f* ⟨-; -en⟩ **1.** *cf.* Hindern. – **2.** hindrance: ohne ~ without hindrance (*od.* let).

'Hin·de·rungsˌgrund *m* obstacle: das ist kein ~ that's no obstacle.

'hinˌdeu·ten *v/i* ⟨*sep,* -ge-, h⟩ **1.** auf (*acc*) etwas [j-n] ~ to point to (*od.* at) s.th. [s.o.] – **2.** auf (*acc*) etwas ~ *fig.* to indicate (*od.* suggest) s.th.: das deutet auf einen frühen Winter hin that suggests (the possibility of) an early winter; alles deutet darauf hin, daß er ermordet worden ist everything indicates (*od.* all the indications are) that he was murdered.

Hin·di ['hɪndi] *n* ⟨-; *no pl*⟩ *ling.* Hindi.

Hin·din ['hɪndɪn] *f* ⟨-; -nen⟩ *archaic od. poet.* hind, doe.

'hinˌdrän·gen *v/i u.* sich ~ *v/reflex* ⟨*sep,* -ge-, h⟩ thrust (*od.* push) oneself there: das Kind drängte (sich) zu ihr hin the child thrust itself toward(s) her.

Hin·du ['hɪndu] *m* ⟨-(s); -(s)⟩ Hindu, *auch* Hindoo. — **Hin·du'is·mus** [-'ɪsmʊs] *m* ⟨-; *no pl*⟩ *relig.* Hinduism. — **hin·du'is·tisch** [-'ɪstɪʃ] *adj* Hindu, *auch* Hindoo.

hin'durch *adv* **1.** (*räumlich*) through: dort [hier] ~ through there [here]; ganz ~ right (*od.* straight) through. – **2.** (*zeitlich*) through, throughout: die ganze Nacht ~ all through the night, all night long; das ganze Jahr ~ throughout the year, all the year round; die ganze Zeit ~ hatte er auf sie gewartet he had been waiting for her all this time.

hin'durch|ˌar·bei·ten *v/reflex* ⟨*sep,* -ge-, h⟩ sich ~ work (one's way) through: sich (mühsam) durch den Urwald [ein Buch] ~ to work one's way through the jungle [a book]. — **~ˌdrän·gen** *v/reflex* ⟨*sep,* -ge-, h⟩ sich ~ push (*od.* shove) through: sich durch die Menschenmenge ~ to shove through the crowd (of people). — **~ˌfah·ren** *v/i* ⟨*irr, sep,* -ge-, sein⟩ **1.** drive through: mitten (durch etwas) ~ to drive straight through (s.th.). – **2.** travel through. — **~ˌfin·den** *v/i u.* sich ~ *v/reflex* ⟨*irr, sep,* -ge-, h⟩ find one's way through: ich finde (mich) nicht mehr hindurch I am all at sea (*colloq.*). — **~ˌge·hen** *v/i* ⟨*irr, sep,* -ge-, sein⟩ go (*od.* pass) through: durch eine Tür ~ to go through a door; sie mußte durch viel Leiden ~ *fig.* she had to go through (*od.* to experience) much suffering. — **~ˌschlän·geln** *v/reflex* ⟨*sep,* -ge, h⟩ sich ~ wriggle (*od.* thread) (one's way) through: sich durch die Menge ~ to thread one's way through the crowd. — **~ˌse·hen** *v/i* ⟨*irr, sep,* -ge-, h⟩ look through: durch etwas ~ to look through s.th. — **~ˌwin·den** *v/reflex* ⟨*irr, sep,* -ge-, h⟩ sich ~ wriggle (one's way) through. — **~ˌzie·hen I** *v/t* ⟨*irr, sep,* -ge-, h⟩ etwas ~ to run s.th. through: einige Fäden durch die dünne Stelle am Ärmel ~ to run a few threads through the thin spot at the sleeve; einen Draht durch ein Loch ~ to pull (*od.* run) a wire through a hole. – **II** *v/reflex* sich ~ *fig.* run through: dieser Grundgedanke zieht sich durch das ganze Buch hindurch this basic idea runs through the whole book. – **III** *v/i* ⟨sein⟩ (*von Truppen, Flüchtlingen etc*) make one's way through. — **~ˌzwän·gen I** *v/t* ⟨*sep,* -ge-, h⟩ etwas ~ to squeeze s.th. through: den Kopf durch etwas ~ to squeeze one's head through s.th. – **II** *v/reflex* sich ~ squeeze oneself (*od.* one's way) through, squeeze through.

'hinˌdür·fen *v/i* ⟨*irr, sep,* -ge-, h⟩ *colloq.* be allowed to go there: zu j-m ~ to be allowed to go to s.o.

Hin·du·sta·ni [hɪndʊs'taːni] *n* ⟨-(s); *no pl*⟩ *ling.* Hindustani, *auch* Hindostani. — **hin·du'sta·nisch** [-nɪʃ] *adj* Hindustani, *auch* Hindostani.

'hinˌei·len *v/i* ⟨*sep,* -ge-, sein⟩ hurry there: zu j-m ~ to hurry toward(s) s.o.

hin·ein [hɪ'naɪn] *adv* (*von hier draußen nach dort drinnen*) in, into: da [hier] ~ in there [here]; nur ~! walk in; ~ mit dir! *colloq.* in with you! bis tief in die Nacht ~ till far into the night; diese Entwicklung hielt bis ins 20. Jahrhundert ~ an this development continued into the 20th century; mitten in die Stadt ~ right into the middle of the town; du solltest dich bis in die Seele ~ schämen you should be thoroughly ashamed of yourself; er erschrak bis ins Innerste (*od.* Mark) ~ he was shaken to the very core.

hin'ein|ˌar·bei·ten *v/reflex* ⟨*sep,* -ge-, h⟩ sich ~ **1.** work one's way in: der Bohrer arbeitete sich in die Wand hinein the drill worked its way into the wall. – **2.** *cf.* einarbeiten 4. — **~ˌbau·en** *v/t* ⟨*sep,* -ge-, h⟩ **1.** etwas ~ to build s.th. in: ein Haus in einen Hang ~ to build a house into a hillside. – **2.** *tech. cf.* einbauen 2. — **~beˌge·ben** *v/reflex* ⟨*irr, sep, no* -ge-, h⟩ sich ~ go in: sie begaben sich ins Haus hinein they went in(to the house). — **~ˌbei·ßen** *v/i* ⟨*irr, sep,* -ge-, h⟩ bite in: in den Apfel ~ to bite into the apple. — **~beˌkom·men** *v/t* ⟨*irr, sep, no* -ge-, h⟩ etwas ~ to get s.th. in: ich bekomme den Schlüssel nicht ins Schlüsselloch hinein I can't get the key into the keyhole. — **~beˌmü·hen I** *v/t* ⟨*sep, no* -ge-, h⟩ j-n ~ to trouble s.o. to go in (*od.* to enter). – **II** *v/reflex* sich ~ (take the) trouble to go in (*od.* to enter). — **~ˌboh·ren I** *v/t* ⟨*sep,* -ge-, h⟩ etwas ~ to bore s.th. in: etwas in (*acc*) etwas ~ to bore s.th. into s.th. – **II** *v/reflex* sich in (*acc*) etwas ~ to bore into s.th. — **~ˌbrin·gen** *v/t* ⟨*irr, sep,* -ge-, h⟩ **1.** j-n [etwas] (ins Haus) ~ to take s.o. [s.th.] in: ich habe den Korb (ins Haus) hineingebracht I took the basket in(to the house). – **2.** etwas in (*acc*) etwas ~ *fig.* to bring s.th. into s.th.: in die Klasse Disziplin ~ to bring discipline into the class; er brachte einen scharfen Ton in die Diskussion hinein he introduced a harsh tone into the discussion. – **3.** *colloq. for* hineinbekommen. — **~bugˌsie·ren** *v/t* ⟨*sep, no* -ge-, h⟩ j-n ~ *colloq.* to shove s.o. in: j-n in eine gute Stellung ~ *fig.* to man(o)euver (*Br.* manœuvre) s.o. into a good job (*colloq.*). — **~ˌden·ken** *v/reflex* ⟨*irr, sep,* -ge-, h⟩ sich in (*acc*) etwas ~ to think oneself into s.th.: sich in j-s Lage ~ to think (*od.* imagine) oneself into s.o.'s position, to try to understand s.o.'s position; ich kann mich gut in ihn ~ I can well understand how he feels; ich muß mich erst wieder in das Problem ~ I must first of all think myself back into the problem. — **~ˌdrän·gen I** *v/t* ⟨*sep,* -ge-, h⟩ j-n in (*acc*) etwas ~ to force (*od.* push) s.o. into s.th. – **II** *v/i* push one's way in: sie drängten in das Stadion hinein they pushed their way into the stadium. – **III** *v/reflex* sich ~ force (*od.* squeeze, wedge) oneself in: sie drängte sich in die volle Straßenbahn hinein she forced herself into the full tram (*Am.* streetcar). — **~ˌdrin·gen** *v/i* ⟨*irr, sep,* -ge-, sein⟩ come in, penetrate: der Rauch dringt hinein the smoke is coming in. — **~ˌdrücken** (*getr.* -k·k-) *v/t* ⟨*sep,* -ge-, h⟩ etwas in (*acc*) etwas ~ to force (*od.* press) s.th. into s.th.: seine Sachen in den Koffer ~ to force (*od.* squeeze) one's things into the suitcase. — **~ˌdür·fen** *v/i* ⟨*irr, sep,* -ge-, h⟩ be allowed in: niemand darf zum Kranken hinein no one is allowed in to see the patient; niemand darf in die Stadt hinein no one is allowed into the town. — **~ˌei·len** *v/i* ⟨*sep,* -ge-, sein⟩ hurry in: sie eilte ins Haus hinein she hurried in(to the house). — **~ˌfah·ren I** *v/t* ⟨*irr, sep,* -ge-, h⟩ **1.** drive (*s.th.*) in: den Wagen (in die Garage) ~ to drive the car in(to the garage). – **2.** (*Rollstuhl, Teewagen etc*) push (*s.th.*) in. – **II** *v/i* ⟨sein⟩ **3.** go in: mit dem Bus (in die Stadt) ~ to go in(to town) by bus; der Bus fährt mitten in die Stadt hinein the bus goes right into (the) town. – **4.** j-m (*od.* in j-s Auto) ~ to drive into s.o.'s car: er ist in meinen Wagen hineingefahren he drove into my car. – **5.** *colloq.* (*hineinschlüpfen*) slip in: mit dem Arm in den Ärmel ~ to slip one's arm into the sleeve. – **6.** mit den Fingern [Händen] in (*acc*) etwas ~ to put one's fingers [hands] into s.th.: er fuhr mit den Händen ins Wasser hinein he put his hands in(to) the water. — **~ˌfal·len** *v/i* ⟨*irr, sep,* -ge-, sein⟩ **1.** fall in: ins Wasser ~ to fall into the water; → Grube 5. – **2.** *fig. cf.* hereinfallen 2, 3. — **~ˌfin·den** *v/reflex* ⟨*irr, sep,* -ge-, h⟩ sich ~ **1.** find one's way (a)round, find one's feet: sich in seine Arbeit ~ to find one's feet in one's work. – **2.** (*sich mit etwas abfinden*) resign oneself: er hat sich in sein Schicksal hineingefunden he has resigned himself to his fate. — **~ˌflie·gen** *v/i* ⟨*irr, sep,* -ge-, sein⟩ **1.** (*von Vogel etc*) fly in. – **2.** *fig. colloq. cf.* hereinfallen 2, 3. — **~ˌflu·ten** *v/i* ⟨*sep*, -ge-, sein⟩ pour (*od.* stream) in: **Licht flutete ins Zimmer hinein** *lit.* light poured (*od.* streamed) into the room; **die Menge flutete in die Kirche hinein** *fig.* the crowd poured into the church. — **~ˌfres·sen I** *v/reflex* ⟨*irr, sep*, -ge-, h⟩ **sich in** (*acc*) **etwas ~** to eat one's (*od.* its) way into s.th.: **die Maden fraßen sich in den Speck hinein** the maggots ate their way into the bacon. – **II** *v/t* **etwas in** (*acc*) **sich ~** *colloq.* a) (*Süßigkeiten*) to stuff oneself full of s.th., b) *fig.* (*einen Kummer, Ärger etc*) to gulp down (*od.* swallow) s.th. — **~ˌfüh·ren I** *v/t* ⟨*sep*, -ge-, h⟩ lead (*od.* show, usher) in: **j-n (ins Wohnzimmer) ~** to show (*od.* lead) s.o. in(to the living room). – **II** *v/i* (*von Weg etc*) lead in: **führt diese Straße in die Stadt hinein?** does this street lead (*od.* go, take one) to town (*Am. auch* downtown)? — **~geˌbo·ren** *adj* born into: **in eine Welt des Elends ~ sein** to be born into a world of misery. — **~geˌheim·nis·sen** [-gəˌhaɪmnɪsən] *v/t* ⟨*sep, pp* hineingeheimnißt, h⟩ **etwas in** (*acc*) **etwas ~** to read mysteries (*od.* secrets) into s.th.: **in diesen Roman haben die Germanisten viel hineingeheimnißt** scholars of German literature have attempted to read s.th. mysterious into this novel. — **~ˌge·hen** *v/i* ⟨*irr, sep*, -ge-, sein⟩ **1.** go (*od.* walk) in, enter: **gehen wir hinein!** let's go in (*od.* inside); **zu j-m ~** to go in to s.o. – **2.** *fig.* hold: **in den Krug gehen 2 Liter hinein** that jug holds 2 liters (*bes. Br.* litres); **in den Saal gehen 200 Menschen hinein** the hall will accommodate (*od.* seat) 200 people. – **3.** *colloq. for* hineinpassen 2. — **~geˌlan·gen** *v/i* ⟨*sep, pp* hineingelangt, sein⟩ get in: **wie konnte er in das Zimmer ~?** how could he get into the room? — **~geˌlei·ten** *v/t* ⟨*sep, pp* hineingeleitet, h⟩ **j-n ~** to show s.o. in: **j-n feierlich ~** to marshal s.o. in; **j-n ins Haus ~** to show s.o. in(to the house). — **~geˌra·ten** *v/i* ⟨*irr, sep, pp* hineingeraten, sein⟩ **1.** get in: **ich bin in eine unangenehme Situation ~** I got into (*od.* involved in) an unpleasant situation; **er ist in eine schlechte Gesellschaft ~** he got into bad company. – **2.** get caught: **in ein Gewitter ~** to get caught in a thunderstorm. — **~ˌgie·ßen** *v/t* ⟨*irr, sep*, -ge-, h⟩ **etwas ~** to pour s.th. in: **Wasser in die Kanne ~** to pour water into the can. — **~ˌglei·ten** *v/i* ⟨*irr, sep*, -ge-, sein⟩ glide in: **das Boot gleitet ins Wasser hinein** the boat glides into the water. — **~ˌgrät·schen** *v/i* ⟨*sep*, -ge-, sein⟩ **in den Ball ~** (*sport*) (*beim Fußball*) to make a sliding tackle. — **~ˌgrei·fen** *v/i* ⟨*irr, sep*, -ge-, h⟩ dive (*od.* dip) in: **in die Tasche ~** to dive (*od.* dip) into one's pocket. — **~ˌhän·gen I** *v/i* ⟨*irr, sep*, -ge-, h⟩ **in** (*acc*) **etwas ~** to hang into s.th.: **die Zweige der Weide hingen bis ins Wasser hinein** the branches of the willow hung (down) into the water. – **II** *v/t* ⟨*sep*, -ge-, h⟩ **etwas in** (*acc*) **etwas ~** to hang s.th. in s.th.: **den Mantel in den Schrank ~** to hang the coat in the wardrobe. – **III** *v/reflex* ⟨*sep*, -ge-, h⟩ **sich in** (*acc*) **etwas ~** *fig.* to interfere in (*od.* poke one's nose into) s.th.: **sich in fremde Angelegenheiten ~** to poke one's nose into other people's business. — **~ˌhei·ra·ten** *v/i* ⟨*sep*, -ge-, h⟩ **in eine Familie ~** to marry into a family. — **~ˌhel·fen** *v/i* ⟨*irr, sep*, -ge-, h⟩ help in: **j-m in den Mantel ~** to help s.o. into his coat. — **~in·ter·preˌtie·ren** *v/t* ⟨*sep, no* -ge-, h⟩ **etwas in** (*acc*) **etwas ~** to read (*od.* interpret) s.th. into s.th.: **wir wollen nichts in das Gedicht ~** let us not read anything into the poem (that may not be [*od.* is not] there). — **~ˌja·gen** *v/t* ⟨*sep*, -ge-, h⟩ **j-n [ein Tier] ~** to drive s.o. [an animal] in: **die Kühe in den Stall ~** to drive the cows into the shed. — **~ˌki·chern** *v/i* ⟨*sep*, -ge-, h⟩ **in** (*acc*) **sich ~** to giggle to oneself. — **~ˌknien** *v/reflex* ⟨*sep*, -ge-, h⟩ **sich in** (*acc*) **etwas ~** *colloq.* to get right down to s.th.: **ich muß mich in mein Studium ~** I must apply myself thoroughly to my studies, I must get (*od.* buckle) right down to my studies. — **~ˌkom·men** *v/i* ⟨*irr, sep*, -ge-, sein⟩ **1.** come in: **er kam ins Zimmer hinein** he came into (*od.* entered) the room. – **2.** (*hineingelangen*) get in: **wie bist du da hineingekommen?** how did you get in there? – **3.** *fig.* start: **wenn er erst ins Klagen hineinkommt, hört er nie auf** once he starts complaining he never stops. – **4.** *fig.* (*hineinfinden*) find one's feet: **du wirst bald in die Lexikographie ~** you will soon find your feet in lexicography; **ich brauchte drei Monate, um wieder in die Sprache hineinzukommen** it took three months before I got into (*od.* I felt at home in) the language again. – **5.** *fig.* (*hineingehören*) go in: **die Schuhe kommen hier [dort] hinein** the shoes go in here [there]; **in den Teig kommen 3 Eier hinein** 3 eggs go in(to) the making of that dough. – **6.** *fig. cf.* hineingeraten. — **~ˌkrie·chen** *v/i* ⟨*irr, sep*, -ge-, sein⟩ creep (*od.* crawl) in: **in eine Höhle ~** to creep into a cave; **j-m hinten ~** *fig. vulg. Am.* to kiss s.o.'s ass (*vulg.*), to brownnose s.o. (*sl.*), *Br. colloq.* to lick s.o.'s boots. — **~ˌla·chen** *v/i* ⟨*sep*, -ge-, h⟩ **in** (*acc*) **sich ~** to laugh (*od.* chuckle) to oneself. — **~ˌlan·gen I** *v/i* ⟨*sep*, -ge-, h⟩ reach (*od.* dip) in: **in die Tasche ~** to reach into one's bag. – **II** *v/t* **etwas ~** to pass (*od.* hand) s.th. in. — **~ˌlas·sen** *v/t* ⟨*irr, sep*, -ge-, h⟩ **j-n [etwas] ~** to let s.o. [s.th.] in: **j-n ins Haus ~** to let s.o. in(to the house). — **~ˌlau·fen** *v/i* ⟨*irr, sep*, -ge-, sein⟩ **1.** run in: **das Kind lief in ein Auto hinein** the child ran into a car (*od.* was run over by a car); **ins Unglück ~** *fig.* to run into misfortune. – **2.** (*hineinfließen*) flow in: **in ein Rohr ~** to flow into a pipe; **Schnaps in** (*acc*) **sich ~ lassen** *fig. colloq.* to knock back spirits (*colloq.*). — **~ˌle·ben** *v/i* ⟨*sep*, -ge-, h⟩ **in den Tag ~** to live for the day (*od.* moment), to lead a happy-go-lucky life. — **~ˌle·gen** *v/t* ⟨*sep*, -ge-, h⟩ **1.** put in: **etwas in den Schrank ~** to put s.th. in(to) the cupboard. – **2.** *fig. cf.* hereinlegen 2. – **3.** *fig. cf.* hineininterpretieren. — **~ˌle·sen I** *v/t* ⟨*irr, sep*, -ge-, h⟩ **etwas in** (*acc*) **etwas ~** to read s.th. into s.th. – **II** *v/reflex* **sich** (*in acc* etwas) **~** *cf.* einlesen I. — **~ˌleuch·ten** *v/i* ⟨*sep*, -ge-, h⟩ **1.** shine in: **mit der Taschenlampe leuchtete er in den Raum hinein** he shone the torch (*Am.* flashlight) into the room; **die Sterne leuchteten in das Fenster hinein** the stars shone in through the window. – **2.** *fig.* (in *acc* on) throw light: **in eine dunkle Affäre ~** to throw light on a shady affair. — **~ˌlocken** (*getr.* -k·k-) *v/t* ⟨*sep*, -ge-, h⟩ lure in: **j-n in** (*acc*) **etwas ~** to lure s.o. into s.th. — **~ma·nöˌvrie·ren I** *v/t* ⟨*sep, no* -ge-, h⟩ man(o)euver (*bes. Br.* manœuvre) (*s.o.*) in: **der Staat wurde in einen bewaffneten Konflikt hineinmanövriert** the state was man(o)euvered into an armed conflict. – **II** *v/reflex* **sich in** (*acc*) **etwas ~** to man(o)euver (*bes. Br.* manœuvre) oneself into s.th. — **~ˌmen·gen** *v/reflex* ⟨*sep*, -ge-, h⟩ **sich ~** *cf.* einmischen I. — **~ˌmi·schen I** *v/t* ⟨*sep*, -ge-, h⟩ **etwas ~** to mix s.th. in: **noch etwas Mehl in den Teig ~** to mix some more flour into the dough. – **II** *v/reflex* **sich ~** *cf.* einmischen I. — **~ˌmüs·sen** *v/i* ⟨*irr, sep*, -ge-, h⟩ have to go in: **ich muß hinein** I must go (*od.* get) in. — **~ˌneh·men** *v/t* ⟨*irr, sep*, -ge-, h⟩ **1.** take in: **nimm die Decke (mit) hinein!** take the blanket in (*od.* inside, indoors) (with you); **j-n in eine Gruppe ~** *fig.* to take s.o. into a group. – **2.** *fig.* include. — **~ˌpas·sen I** *v/i* ⟨*sep*, -ge-, h⟩ **1.** fit: **das paßt dort nicht hinein** that does not fit in there; **er paßt in die Gesellschaft nicht hinein** *fig.* he does not fit in with the group. – **2.** find room: **es passen nur noch zwei Taschen in den Kofferraum hinein** the baggage compartment (*Br.* boot) will only hold (*od.* there is only room in the baggage compartment for) two more cases. – **II** *v/t* **3. etwas in** (*acc*) **etwas ~** to fit s.th. into s.th. — **~ˌpfer·chen** *v/t* ⟨*sep*, -ge-, h⟩ **j-n [etwas] ~** to cram s.o. [s.th.] in: **die Gefangenen wurden in den Waggon hineingepfercht** the prisoners were crammed into the rail car (*bes. Br.* carriage). — **~ˌpfu·schen** *v/i* ⟨*sep*, -ge-, h⟩ *colloq.* (in *acc*) meddle (in), tamper (with): **ich lasse mir nicht von ihm in meine Angelegenheiten ~** I won't have him meddle in my affairs. — **~ˌplat·zen** *v/i* ⟨*sep*, -ge-, sein⟩ *colloq.* burst in (unexpectedly): **er platzte mitten in die Vorstellung hinein** he burst in in the middle of the performance. — **~ˌpres·sen** *v/t* ⟨*sep*, -ge-, h⟩ **etwas ~** to jam s.th. in: **seine Sachen in den Koffer ~** to jam one's things into the suitcase. — **~ˌra·gen** *v/i* ⟨*sep*, -ge-, h⟩ jut out, project: **ein Kap ragt weit ins Meer hinein** a cape juts out far into the sea. — **~ˌre·den I** *v/i* ⟨*sep*, -ge-, h⟩ **1. ins Leere ~** to talk at random. – **2.** (*dazwischenreden*) interrupt: **wenn Erwachsene sich unterhalten, dürfen Kinder nicht ~** children should not interrupt when grown(-)ups are talking. – **3.** *fig.* (*sich einmischen*) interfere, meddle: **j-m in seine Angelegenheit ~** to interfere in s.o. else's affairs. – **II** *v/reflex* **4. sich in** (*acc*) **etwas ~** to talk oneself into s.th.: **sich in Wut ~** to talk oneself into a rage. — **~ˌreg·nen** *v/impers* ⟨*sep*, -ge-, h⟩ rain in: **es regnet ins Zimmer hinein** it is raining into the room. — **~ˌrei·chen I** *v/t* ⟨*sep*, -ge-, h⟩ **etwas ~** to hand (*od.* pass) s.th. in. – **II** *v/i* **in** (*acc*) **etwas ~** to reach (*od.* extend) into s.th.: **die Zweige reichen ins Zimmer hinein** the branches reach into the room; **diese Ferien reichen in den Sommer hinein** *fig.* this holiday (*Am.* vacation) extends into the summer. — **~ˌrei·ßen** *v/t* ⟨*irr, sep*, -ge-, h⟩ *colloq.* **1.** pull (*od.* drag) (*s.o.*) in: **j-n mit in eine Schwierigkeit ~** to pull s.o. into (*od.* to involve s.o. in) a difficulty; **ich möchte da nicht hineingerissen werden** I don't want to be dragged into it. – **2.** *cf.* hereinreißen. — **~ˌrei·ten I** *v/i* ⟨*irr, sep*, -ge-, sein⟩ ride in: **ich werde in den Wald ~** I shall ride into the woods. – **II** *v/t* ⟨h⟩ **j-n (schön) ~** *fig. colloq.* to get s.o. into trouble. – **III** *v/reflex* ⟨h⟩ **sich ~** get oneself into trouble. — **~ˌren·nen** *v/i* ⟨*irr, sep*, -ge-, sein⟩ run in: **er rannte direkt ins Auto hinein** he ran straight into the car. — **~ˌrie·chen** *v/i* ⟨*irr, sep*, -ge-, h⟩ **in** (*acc*) **etwas ~** *colloq.* a) (*in Firma etc*) to take a look at s.th., b) (*in Arbeit etc*) to glance (*od.* look) at s.th. — **~ˌrut·schen** *v/i* ⟨*sep*, -ge-, sein⟩ **1.** slip (*od.* slide) in: **in den Graben ~** to slide into the ditch. – **2. in** (*acc*) **etwas ~** *fig. colloq. cf.* hineinschlittern. — **~ˌschaf·fen** *v/t* ⟨*sep*, -ge-, h⟩ **etwas ~** to carry (*od.* get, take) s.th. in. — **~ˌschau·en** *v/i* ⟨*sep*, -ge-, h⟩ **1.** look in: **bei** (*od.* **zu**) **j-m ins Fenster ~** to look in at s.o.'s window; **ich werde mal ~** *colloq.* I'll look (*od.* pop) in one of these days (*colloq.*). – **2.** have a look: **laß mich mit (in die Zeitung) ~** let me also have a look (into the newspaper). – **3. sich** (*dat*) **nicht in** (*acc*) **etwas ~ lassen** to keep s.th. to oneself. — **~ˌschei·nen** *v/i* ⟨*irr, sep*, -ge-, h⟩ (*von Sonne etc*) shine in: **in** (*acc*) **etwas ~** to shine into s.th. — **~ˌschicken** (*getr.* -k·k-) *v/t* ⟨*sep*, -ge-, h⟩ **j-n [etwas] ~** to send s.o. [s.th.] in: **ich habe ihn zu dir hineingeschickt** I have sent him in to you; **er schickte ihn mitten in den Sumpf hinein** he sent him right into the swamp. — **~ˌschie·ben** *v/t* ⟨*irr, sep*, -ge-, h⟩ **etwas ~** to push (*od.* shove) s.th. in: **das Brot in den Ofen ~** to shove the bread into the oven. — **~ˌschie·ßen** *v/i* ⟨*irr, sep*, -ge-, h⟩ **1.** shoot in: **in die Menge ~** to shoot into the crowd. – **2.** ⟨sein⟩ *colloq.* rush (*od.* dash, shoot) in: **in das Zimmer ~** to dash into the room. — **~ˌschla·gen** *v/t* ⟨*irr, sep*, -ge-, h⟩ **etwas ~** to knock (*od.* hammer) s.th. in: **einen Nagel in die Wand ~** to hammer a nail into the wall; **einen Nagel ganz ~** to drive a nail home. — **~ˌschlei·chen** *v/i* ⟨*irr, sep*, -ge-, sein⟩ *u.* **sich ~** *v/reflex* ⟨h⟩ creep (*od.* steal) in: **(sich) ins Haus ~** to steal (*od.* sneak) in(to the house). — **~ˌschlit·tern** *v/i* ⟨*sep*, -ge-, sein⟩ **in** (*acc*) **etwas ~** *fig. colloq.* to slide into s.th.: **in einen Krieg ~** to slide (*od.* drift) into a war; **er wußte nicht, wie er in alles hineingeschlittert war** he did not know how he had got(ten) mixed up in it all. — **~ˌschlüp·fen** *v/i* ⟨*sep*, -ge-, sein⟩ slip in: **in ein Kleid ~** to slip into a dress; **schlüpf mal hinein** just slip it on. — **~ˌschmei·ßen** *v/t u.* **sich ~** *v/reflex* ⟨*irr, sep*, -ge-, h⟩ *colloq. for* hineinwerfen. — **~ˌschmug·geln I** *v/t* ⟨*sep*, -ge-, h⟩ **etwas (mit sich) ~** to smuggle s.th. in (with one). – **II** *v/reflex* **sich ~** smuggle oneself in: **sich in** (*acc*) **etwas ~** to smuggle oneself into s.th. — **~ˌschnei·den I** *v/t* ⟨*irr, sep*, -ge-, h⟩ **ein Loch in** (*acc*) **etwas ~** to cut a hole into s.th. – **II** *v/i* **in** (*acc*) **etwas ~** to make a cut in s.th. — **~ˌschnei·en I** *v/impers* ⟨*sep*, -ge-, h⟩ snow in. – **II** *v/i* ⟨sein⟩ *fig. colloq. cf.*

hereinschneien II. — **~ˌschrei·ben** *v/t* ⟨*irr, sep,* -ge-, h⟩ (*Widmung etc*) write (in). — **~ˌschüt·ten** *v/t* ⟨*sep,* -ge-, h⟩ **etwas ~** to pour s.th. in: **Mehl in eine Tüte ~** to pour flour into a bag. — **~ˌse·hen** *v/i* ⟨*irr, sep,* -ge-, h⟩ *cf.* hineinschauen. — **~ˌset·zen I** *v/reflex* ⟨*sep,* -ge-, h⟩ **sich ~ 1.** (*ins Hausinnere*) go in and sit down. – **2. sich in einen Sessel ~** to sit down in a chair; **sich in das Auto ~** to get into the car. – **II** *v/t* **3. j-n in** (*acc*) **etwas ~** *auch fig. colloq.* to put s.o. in(to) s.th. — **~ˌspä·hen** *v/i* ⟨*sep,* -ge-, h⟩ peer in: **in ein Zimmer ~** to peer into a room. — **~ˌspie·len** *v/i* ⟨*sep,* -ge-, h⟩ **in** (*acc*) **etwas ~** to be a factor in s.th.: **hier spielen verschiedene Gesichtspunkte hinein** various points of view enter into this. — **~ˌsprin·gen** *v/i* ⟨*irr, sep,* -ge-, sein⟩ jump in: **in** (*acc*) **etwas ~** to jump into s.th. — **~ˌste·chen I** *v/t* ⟨*irr, sep,* -ge-, h⟩ **etwas ~** to stick s.th. in: **die Nadel in den Stoff ~** to stick the needle into the material. – **II** *v/i* stick in: **mit der Nadel in** (*acc*) **etwas ~** to stick (*od.* thrust) the needle into s.th. — **~ˌstecken** (*getr.* -k·k-) *v/t* ⟨*sep,* -ge-, h⟩ **1. etwas ~** to stick (*od.* put) s.th. in: **den Kopf zur Tür ~** to put (*od.* stick) one's head in at the door; **den Schlüssel in das Schloß ~** to put (*od.* stick) the key into the lock. – **2.** *fig. colloq.* (*in Wendungen wie*) **überall die Nase ~** to stick (*od.* poke) one's nose into everything; **viel Geld in** (*acc*) **etwas ~** to put (*od.* invest) a lot of money in s.th. — **~ˌsteh·len** *v/reflex* ⟨*irr, sep,* -ge-, h⟩ **sich ~** creep (*od.* steel, sneak) in: **er stahl sich in das Haus hinein** he stole into the house. — **~ˌstei·gern** *v/reflex* ⟨*sep,* -ge-, h⟩ **sich** (**in** *acc* **etwas**) **~** get worked up (about s.th.): **sich in seinen Zorn ~** to work oneself up into a rage. — **~ˌstel·len** *v/t* ⟨*sep,* -ge-, h⟩ **etwas ~** to put (*od.* place) s.th. in: **j-n in eine schwierige Situation ~** *fig.* to put (*od.* place) s.o. in a difficult situation. — **~ˌstop·fen** *v/t* ⟨*sep,* -ge-, h⟩ **etwas in** (*acc*) **etwas ~** to cram (*od.* ram) s.th. into s.th.: **Essen in sich ~** *colloq.* to cram oneself with food, to stoke up (*colloq.*); **Wissen in sich ~** to cram oneself with knowledge. — **~ˌsto·ßen** *v/t* ⟨*irr, sep,* -ge-, h⟩ **j-n ~** to push s.o. in: **j-n ins Wasser ~** to push s.o. into the water. — **~ˌströ·men** *v/i* ⟨*sep,* -ge-, sein⟩ **1.** flow (*od.* stream) in: **frische Luft strömte ins Zimmer hinein** fresh air was flowing (*od.* streaming) into the room. – **2.** *fig.* crowd (*od.* pour, stream) in: **die Massen strömten hinein** the crowds were pouring in. — **~ˌstür·men** *v/i* ⟨*sep,* -ge-, sein⟩ rush (*od.* dash) in: **in ein Zimmer ~** to rush into a room. — **~ˌstür·zen I** *v/i* ⟨*sep,* -ge-, sein⟩ rush in: **ins Zimmer ~** to rush into the room. – **II** *v/t* ⟨h⟩ **j-n in** (*acc*) **etwas ~** to throw (*od.* hurl) s.o. into s.th. – **III** *v/reflex* ⟨h⟩ **sich ~** (*von Person*) dive (*od.* plunge) in: **sich in den Fluß ~** to dive into the river; **sich blindlings in den Kampf ~** *fig.* to hurl oneself into the fray; **sich in die Arbeit ~** *fig.* to dive into work. — **~ˌtra·gen** *v/t* ⟨*irr, sep,* -ge-, h⟩ **1. etwas** [**j-n**] **~** to carry s.th. [s.o.] in: **Möbel ins Haus ~** to carry furniture into the house (*od.* indoors); **j-n auf der Tragbahre ~** to carry s.o. in on a stretcher. – **2.** *fig. lit.* take: **eine Botschaft in ein Land ~** to take a message to a land. — **~ˌtrei·ben** *v/t* ⟨*irr, sep,* -ge-, h⟩ **1.** (*Vieh etc*) drive (*cattle*) in: **die Kühe in den Stall ~** to drive the cows into the shed. – **2. j-n in** (*acc*) **etwas ~** *fig.* to force s.o. into s.th. – **3.** (*einschlagen*) drive in: **einen Nagel tief in die Wand ~** to drive a nail deep into the wall. – **4. einen Stollen in den Berg ~** to drive a tunnel into the mountain. — **~ˌtre·ten** *v/i* ⟨*irr, sep,* -ge-, sein⟩ step in: (**mitten**) **in eine Pfütze ~** to step in a puddle; **in ein Gebäude ~** to step into a building. — **~ˌtrinken** *v/t* ⟨*irr, sep,* -ge-, h⟩ **etwas** (**in** *acc* **sich**) **~** *colloq.* to down s.th. (*colloq.*). — **~ˌtun** *v/t* ⟨*irr, sep,* -ge-, h⟩ **1. etwas ~** *colloq.* to put s.th. in: **noch etwas in die Tasche ~** to put something else in(to) one's pocket. – **2. darf ich einen Blick** (**in Ihre Zeitung**) **~?** may I take a quick look (into your newspaper), please? **einen flüchtigen Blick in** (*acc*) **etwas ~** *fig.* to glance through s.th., to take a quick look into s.th. — **~verˌset·zen** *v/reflex* ⟨*sep, no* -ge-, h⟩ **sich in j-n ~** to put oneself in s.o.'s shoes; **sich in die Lage eines anderen ~** to imagine oneself in s.o. else's situation. — **~ˌwach·sen** *v/i* ⟨*irr, sep,* -ge-, sein⟩ **in** (*acc*) **etwas ~** to grow into s.th.: **die Hosen sind zu groß für ihn, aber er wird** (**schon noch**) **~** *colloq.* the trousers are too big for him but he'll grow into them; **er mußte erst in diese Aufgabe ~** *fig.* he had first of all to get the feel (*od. colloq.* hang) of this job; **in eine Rolle ~** *fig.* to grow into a part. — **~ˌwa·gen** *v/reflex* ⟨*sep,* -ge-, h⟩ **sich ~** venture (*od.* dare) to go in(side). — **~ˌwer·fen I** *v/t* ⟨*irr, sep,* -ge-, h⟩ **1. etwas ~** to throw s.th. in, to chuck s.th. in: **einen Stein in den See ~** to throw a stone into the lake; **Abfall in den Abfalleimer ~** to throw (*od.* chuck) the garbage into the dustbin (*bes. Am.* garbage can). – **2. einen Blick in ein Buch ~** *fig.* to glance through (*od.* take a quick look into) a book. – **II** *v/reflex* **3. sich in** (*acc*) **etwas ~** to throw oneself into s.th. — **~ˌwol·len** *v/i* ⟨*irr, sep,* -ge-, h⟩ *colloq.* want to go in: **das will mir nicht in den Kopf hinein** *fig. colloq.* I can't get that into (*od.* through) my head. — **~ˌzie·hen I** *v/t* ⟨*irr, sep,* -ge-, h⟩ **1. j-n** [**etwas**] **~** to pull (*od.* draw) s.o. [s.th.] in: **er zog ihn** (**mit sich**) **ins Haus hinein** he dragged him in(to the house) (with him). – **2. j-n in** (*acc*) **etwas ~** *fig. colloq.* to involve s.o. in (*od.* drag s.o. into) s.th.: **j-n in einen Streit mit ~** to drag s.o. into a quarrel, to involve (*od.* embroil) s.o. in a quarrel. – **II** *v/i* ⟨sein⟩ **3.** march in: **in den Krieg ~** to march off to war; **in die Schlacht ~** to take the field. – **4.** move in: **in das neue Haus ~** to move into the new house. — **~ˌzwän·gen I** *v/t* ⟨*sep,* -ge-, h⟩ **j-n** [**etwas**] **in** (*acc*) **etwas ~** to squeeze (*od.* force) s.o. [s.th.] into s.th. – **II** *v/reflex* **sich** (**in** *acc* **etwas**) **~** to squeeze (*od.* force) oneself in(to s.th.).

ˈhinˌfah·ren I *v/i* ⟨*irr, sep,* -ge-, sein⟩ **1.** drive (*od.* go) there: **ich werde morgen ~** I'll go there tomorrow; **lohnt es sich hinzufahren?** is it worth going there? **ich bin sofort zu ihm hingefahren** I went to see him straightaway. – **2.** *fig.* pass (*od.* run): **mit der Hand über** (*acc*) **etwas ~** to run (*od.* pass) one's hand over s.th.; **über die Tasten ~** to sweep over the keys. – **3.** *poet.* go away, depart; **fahre hin, geliebte Seele!** (*zu Verstorbenen*) farewell, truve love (*od.* dear friend)! – **II** *v/t* ⟨h⟩ **4. j-n** [**etwas**] **~** to drive s.o. [s.th.] there: **ich werde dich mit dem Auto ~** I'll take you there with the car; **ich werde dich zum Bahnhof ~** I'll drive you to the station.

ˈHinˌfahrt *f* journey there, outward journey, (*bes. Seereise*) voyage (*od.* passage) there: **auf der ~** on the journey (*od.* way) there.

ˈhinˌfal·len *v/i* ⟨*irr, sep,* -ge-, sein⟩ **1.** (*von Person*) fall (down): **der Länge nach** (*od. colloq.* [**länge**]**lang**) **~** to fall full length. – **2.** *colloq.* (*von Sachen*) drop to the ground: **das Glas ist mir hingefallen** I dropped the glass.

ˈhinˌfäl·lig *adj* **1.** (*gebrechlich*) frail: **er ist in letzter Zeit recht ~ geworden** he has become very frail lately. – **2.** (*schwach*) weak, infirm. – **3.** *fig.* (*ungültig, überholt*) invalid, (null and) void: **das macht die Angelegenheit ~** that voids the whole affair; **damit wird dieser Punkt ~** that invalidates that point. — **ˈHinˌfäl·lig·keit** *f* ⟨-; *no pl*⟩ **1.** (*Gebrechlichkeit*) frailty. – **2.** (*Schwäche*) infirmity, weakness. – **3.** *fig.* invalidity.

ˈhinˌfin·den *v/i u.* **sich ~** *v/reflex* ⟨*irr, sep,* -ge-, h⟩ find one's way there: **wirst du** (**dich**) **~?** will you find your own way there?

ˈhinˌflä·zen, ˈhinˌfle·geln *v/reflex* ⟨*sep,* -ge-, h⟩ **sich ~** *colloq.* sprawl, loll.

ˈhinˌflie·gen I *v/i* ⟨*irr, sep,* -ge-, sein⟩ **1.** fly there: **ich bin mit der nächsten Maschine hingeflogen** I took the next plane there. – **2. über** (*acc*) **etwas ~** to fly over s.th. – **3.** *colloq. for* hinfallen 1. – **II** *v/t* ⟨h⟩ **4. j-n** [**etwas**] **~** to fly s.o. [s.th.] there.

ˈHinˌflug *m* outward flight: **auf dem ~ hatten wir gutes Wetter** we had good weather during the outward flight.

hinˈfort *adv lit.* from now on, henceforth, in (the) future.

ˈHinˌfracht *f econ.* outward freight.

ˈhinˌfri·sten *v/t* ⟨*sep,* -ge-, h⟩ **sein Leben ~** to pass away one's life in resignation (*od.* weariness).

ˈhinˌfüh·ren I *v/t* ⟨*sep,* -ge-, h⟩ **1. j-n** [**ein Tier**] **~** to lead (*od.* take) s.o. [an animal] there: **ich werde Sie ~** I'll lead (*od.* take) you there; **j-n zu etwas ~** *fig.* to awaken s.o.'s interest in s.th. – **II** *v/i* **2.** (*von Weg etc*) lead there: **wo führt die Straße hin?** where does the road go (*od.* lead) (to)? **der Weg führte bis zum See hin** the path ran (*od.* led) down to the lake; **die Straße führt direkt zum Bahnhof hin** the road takes you straight to the station. – **3. wo soll das noch ~?** a) where will it all end? b) what will this lead to? c) what are we coming to?

hing [hɪŋ] *1 u. 3 sg pret of* hängen I, II.

ˈHinˌga·be *f* ⟨-; *no pl*⟩ **1.** (*großer Eifer*) (an *acc* to) devotion: **liebevolle ~** loving devotion; **religiöse ~** religious devotion; **einen Kranken mit ~ pflegen** to care for (*od.* tend) a patient with devotion; **sie liebte ihn mit leidenschaftlicher ~** she loved him passionately. – **2.** (*Begeisterung etc*) (an *acc* to) dedication: **selbstlose ~** selfless dedication; **sich einer Arbeit mit ~ widmen** to dedicate (*od.* devote) oneself to a task. – **3.** (*Selbstvergessenheit*) abandon, abandonment: **mit ~ Klavier spielen** to play the piano with abandon. – **4.** (*Fleiß*) application. – **5.** (*Aufopferung*) giving up, sacrifice: **durch ~ seines Lebens** by laying down his life. – **6.** (*Unterwerfung, bes. von Frau an einen Mann*) surrender: **ihre rasche Hingabe erstaunte ihn** *lit.* he was astounded how soon she gave herself to him. — **h~ˌfä·hig** *adj* (*Person*) capable of devotion.

ˈHinˌgang *m* ⟨-(e)s; *no pl*⟩ *lit.* demise, decease.

ˈhinˌge·ben I *v/t* ⟨*irr, sep,* -ge-, h⟩ **1. j-m etwas ~** (*reichen*) to hand (*od.* pass) s.th. to s.o. – **2.** (*weggeben*) give (away): **ich würde alles ~** I would give all I have; **er gibt sein letztes Geld für andere hin** he gives away his last penny to help other people. – **3.** (*opfern*) give up, sacrifice: **sein Leben für j-n** [**etwas**] **~** to give up (*od.* lay down, sacrifice) one's life for s.o. [s.th.]. – **II** *v/reflex* **sich ~ 4.** devote (*od.* dedicate) oneself: **sich seiner Arbeit** (**völlig**) **~** to dedicate oneself (completely) to one's work. – **5.** (*leidenschaftlich*) abandon oneself: **sich einem Genuß ~** to abandon (*od.* give oneself over) to a pleasure; **sich der Verzweiflung ~** to abandon oneself to despair; **sich Hoffnungen ~** to cherish hopes; **gib dich** (**nur**) **keinen Illusionen** (*od.* **falschen Hoffnungen**) **hin** don't have any illusions, don't entertain any false hopes; **gib dich keiner Täuschung hin** don't deceive yourself. – **6.** (*sich unterwerfen*) surrender, yield: **sich ganz den Träumen ~** to surrender to one's dreams; **sie gab sich ihm hin** *lit.* she gave herself to him. – **III H~** *n* ⟨-s⟩ **7.** *verbal noun.* – **8.** surrender. — **ˈhinˌge·bend I** *pres p.* – **II** *adj u. adv cf.* hingebungsvoll.

ˈHinˌge·bung *f* ⟨-; *no pl*⟩ **1.** devotion: **mit großer ~** with great devotion. – **2.** *cf.* Hingabe.

ˈhinˌge·bungsˌvoll I *adj* (*Arbeit etc*) devoted. – **II** *adv* devotedly: **sie pflegte den Kranken ~** she cared for the patient with devotion; **j-n ~ lieben** to love s.o. devotedly.

hinˈge·gen *adv* **1.** however, but: **er ~ wußte, was zu tun war** he, however, knew what to do, but he knew what to do. – **2.** (*andererseits*) on the other hand.

ˈhin·geˌgos·sen I *pp of* hingießen. – **II** *adj* **sie lag da wie ~** *colloq.* she lay there completely relaxed.

ˈhin·geˌhaucht I *pp.* – **II** *adj* **1.** (*Kuß etc*) delicate. – **2. die Farben auf diesem Bild sind wie ~** the colo(u)rs of this picture are most delicately applied.

ˈhinˌge·hen *v/i* ⟨*irr, sep,* -ge-, sein⟩ **1.** (**zu, nach** to) go there, (*zu Fuß*) *auch* walk there: **ich werde dort ~** I shall go there; **man kann sonst nirgends ~** there is no other place to go; **zu j-m ~** to walk up to s.o.; **wo geht ihr hin?** *colloq.* where are you going (to)? **wo geht der Weg hin?** *colloq.* where does the path go (*od.* lead) (to)? **gehet hin und lehret alle Völker** *Bibl.* go ye therefore and teach all nations; **gehet hin in Frieden** *Bibl.* depart in peace. – **2.** *fig.* (*vergehen*) pass, slip by, (*andauern*) *auch* take: **ein Jahr ging hin, aber nichts geschah** a year passed but nothing happened; **darüber werden noch ein paar Jahre ~** that will take a few more years; **wir wollen erst einige Zeit darüber ~ lassen** let us allow some time to pass first. – **3.** *fig.* (*durchgehen*) pass: **das mag noch ~, aber** that will pass but; **der Aufsatz mag so ~** the essay will pass as it stands; **etwas ~**

lassen a) (*dulden*) to let s.th. pass (*od.* go through), b) (*übersehen*) to shut (*od.* close) one's eyes to s.th., to overlook s.th.; ich lasse es noch einmal ~ I'll let it pass this once more.

'hin·ge,hö·ren *v/i* ⟨*sep, pp* hingehört, h⟩ belong: das Buch ist da, wo es hingehört the book is where it belongs; wo gehört das hin? where does this belong? das Kind weiß gar nicht, wo es hingehört the child does not know (*od.* has no idea) where it belongs (*od.* where its home really is).

'hin·ge,lan·gen *v/i* ⟨*sep, pp* hingelangt, sein⟩ (zu, nach to) get (there).

'hin·ge,ra·ten *v/i* ⟨*irr, sep, pp* hingeraten, sein⟩ get there: wo bin ich ~? where have I got (to)? where have I ended up? wo sind die Schuhe hingeraten? where have the shoes gone (*od.* got [to])?

'Hin·ge,rich·te·te *m, f* ⟨-n; -n⟩ executed person.

'hin·ge,ris·sen I *pp of* hinreißen. – **II** *adj* ⟨*meist pred*⟩ ~ sein (von) a) (*begeistert*) to be carried away (by), to go into raptures (over), b) (*entzückt*) to be delighted (with), c) (*fasziniert*) to be fascinated (by), d) (*gebannt*) to be electrified (by), to be entranced (with). – **III** *adv* in raptures, in ecstasy: ~ der Musik lauschen to be carried away by the music.

'hin·ge,streckt I *pp.* – **II** *adv* lang ~ liegen to lie prostrate (*od.* stretched out).

'hin·ge,zo·gen I *pp of* hinziehen. – **II** *adj* **1.** (lang) ~ (*Schrei etc*) long-drawn-out (*attrib*), *auch* long-drawn (*attrib*). – **2.** sich zu j-m ~ fühlen *fig.* to feel attracted to s.o.

'hin,gie·ßen *v/t* ⟨*irr, sep,* -ge-, h⟩ pour (*s.th.*) out.

'hin,glei·ten *v/i* ⟨*irr, sep,* -ge-, sein⟩ **1.** (über *acc* over) slide, pass: mit der Hand über etwas ~ to pass (*od.* slide) one's hand over s.th., to pass (*od.* slide) over s.th. with one's hand. – **2.** (*bes. über Boden, Wasser etc*) skim (over): die Schwalben glitten über das Wasser hin the swallows were skimming (over) the water.

'hin,ha·ben *v/t only in* wo willst du das ~? *colloq.* where should it go?

'hin,hal·ten I *v/t* ⟨*irr, sep,* -ge-, h⟩ **1.** hold out: j-m die Hand ~ to hold out (*od.* extend) one's hand to s.o.; einem Pferd ein Zuckerstück ~ to hold out a sugar lump to a horse; den Kopf für etwas ~ *fig.* a) to pay for s.th., b) to take the blame (*od. colloq.* rap) for s.th. – **2.** j-n ~ a) (*vertrösten*) to put s.o. off, to stall s.o., b) (*warten lassen*) to keep s.o. waiting, to let s.o. cool his heels, c) (*aufhalten*) to keep s.o. there (*od.* here), d) *mil.* (*mühsam abwehren*) to stave s.o. off: j-n mit leeren Versprechungen ~ to put s.o. off with empty promises; er hat ihn mit der Gehaltserhöhung lange hingehalten he kept him waiting a long time for a r(a)ise; den Feind ~, bis Verstärkung kommt *mil.* to stave off the enemy till reinforcements arrive. – **II H~** *n* ⟨-s⟩ **3.** *verbal noun.* — **'hin,hal·tend I** *pres p.* – **II** *adj* ~er Widerstand (*od.* Kampf) *mil.* delaying action.

'Hin,hal·te|po·li,tik *f* stalling policy. — **~,tak·tik** *f* stalling tactics *pl* (*usually construed as sg*).

'Hin,hal·tung *f* ⟨-; *no pl*⟩ *fig. cf.* Hinhalten.

'hin,hän·gen I *v/t* ⟨*sep,* -ge-, h⟩ **1.** (an *acc* on [to]) hang up: wollen Sie nicht ihren Mantel dort ~? don't you want to hang up your coat there? sein ganzes Geld an j-n [etwas] ~ *fig. colloq.* to put one's whole money into s.o. [s.th.]. – **2.** j-n (bei j-m) ~ *fig. colloq.* to tell (s.o.) (tales) on s.o., (*bes. bei der Polizei etc*) to squeak (*od.* squeal) (to s.o.) on s.o. (*colloq.*), to rat (to s.o.) on s.o. (*colloq.*). – **II** *v/i* **3.** etwas ~ lassen *fig. colloq.* to put s.th. off, to let s.th. hang.

'hin,hau·chen I *v/t* ⟨*sep,* -ge-, h⟩ *lit.* (*Worte etc*) breathe, whisper. – **II** *v/i* auf (*acc*) etwas ~ to breathe on s.th.

'hin,hau·en *colloq.* **I** *v/i* ⟨*irr, sep,* -ge-, h⟩ **1.** hit: mit einem Hammer auf (*acc*) etwas ~ to hit s.th. with a hammer; wo er hinhaut, wächst kein Gras mehr *fig.* he smashes everything. – **2.** (*klappen*) work (out): ich weiß nicht, ob das ~ wird I don't know if that'll work (out); das haut hin a) that's perfect, b) (*von Experiment etc*) that works (all right), that's all right (*od.* OK), c) (*von Menge etc*) that will do, d) (*von Plan, Vorhaben etc*) that will (just) work. – **3.** ⟨sein⟩ *colloq. for* hinfallen 1. – **II** *v/t* **4.** (*Aufsatz, Zeichnung etc*) knock off. – **5.** (*in Wendungen wie*) den Kram ~ to give up the job; da haut's einen (lang) hin! that is baffling. – **III** *v/reflex* sich ~ **6.** (*sich hinlegen*) a) lie down, b) (*schlafen gehen*) turn in (*colloq.*).

'hin,hocken (*getr.* -k·k-) *v/reflex* ⟨*sep,* -ge-, h⟩ sich ~ **1.** (*sich hinkauern*) squat. – **2.** *Southern G.* (*sich hinsetzen*) sit down.

'hin,hor·chen *v/i* ⟨*sep,* -ge-, h⟩ *colloq.* listen (closely *od.* carefully), prick up one's ears.

'hin,hö·ren *v/i* ⟨*sep,* -ge-, h⟩ listen: nur mit einem Ohr ~ to be only half listening, to listen with only half an ear; er hat nicht richtig hingehört he didn't listen properly.

'hin,kau·ern *v/reflex* ⟨*sep,* -ge-, h⟩ sich ~ squat.

'Hin·ke|,bein *n*, **~,fuß** *m colloq.* (*hinkender Mensch*) limper.

Hin·kel ['hɪŋkəl] *n* ⟨-s; -⟩ *dial. for* Hühnchen.

hin·ken ['hɪŋkən] **I** *v/i* ⟨h *u.* sein⟩ **1.** ⟨h⟩ limp, walk with a limp: er hinkt auf (*od.* mit) dem linken Fuß he limps with his left leg, he is lame in his left leg. – **2.** (*humpeln*) hobble. – **3.** ⟨sein⟩ limp (along), hobble: er hinkte über die Straße he limped across the street. – **4.** ⟨h⟩ *fig.* (*von Vergleich, Vers etc*) be lame, limp. – **II H~** *n* ⟨-s⟩ **5.** *verbal noun.* – **6.** limp, claudication (*scient.*). – **7.** *fig.* (*von Vers etc*) lameness. — **'hin·kend I** *pres p.* – **II** *adj* **1.** limping, hobbling. – **2.** *fig.* (*Vergleich, Vers etc*) lame, limping. — **'Hin·ken·de** *m, f* ⟨-n; -n⟩ limper.

'Hink,jam·bus *m metr.* scazon, choliamb(us).

'hin,knal·len *colloq.* **I** *v/t* ⟨*sep,* -ge-, h⟩ slam (down): er knallte das Buch auf den Tisch hin he slammed the book down on the table. – **II** *v/i* ⟨sein⟩ (*heftig hinfallen*) fall (down) with a bang.

'hin,knien *v/i* ⟨*sep,* -ge-, sein⟩ *u.* sich ~ *v/reflex* ⟨h⟩ kneel (down).

'hin,kom·men *v/i* ⟨*irr, sep,* -ge-, sein⟩ **1.** come there: wirst du ~? will you come there? wo kommen wir denn hin, wenn jeder tut, was er will? *fig. colloq.* what will we come to if everyone does what he likes (*od.* what he wants to do)? – **2.** *fig.* get, go: wo sind meine Zigaretten hingekommen? where have my cigarettes gone (*od.* got [to])? – **3.** *fig.* (*auskommen*) (*mit Geld etc*) get through: ich weiß nicht, wie ich mit meinem Geld ~ soll *colloq.* I don't know how to get through with my money (*od.* how to manage on my money).

'hin,kön·nen *v/i* ⟨*irr, sep,* -ge-, h⟩ *colloq.* be able to get there: ich konnte nicht hin I couldn't (*od.* wasn't able to) get there.

'hin,krie·gen *v/t* ⟨*sep,* -ge-, h⟩ *colloq.* **1.** (*zustande bringen*) manage: das kriege ich schon hin I'll manage that; das hast du ja fein (*od.* prima) hingekriegt you've done that nicely, indeed. – **2.** (*fertigbekommen*) get (*s.th.*) ready: das kriege ich bis heute abend nicht mehr hin I won't get that done by tonight.

'hin,krit·zeln *v/t* ⟨*sep,* -ge-, h⟩ scribble, scrawl: einige Worte ~ to scribble a few words.

'Hin,kunft *f* ⟨-; *no pl*⟩ *obs. and Austrian for* Zukunft: in ~ in future, henceforth.

'Hink,vers *m metr.* limping line, scazon.

'hin,lan·gen I *v/t* ⟨*sep,* -ge-, h⟩ **1.** j-m etwas ~ to hand (*od.* reach) s.o. s.th. – **II** *v/i* **2.** (*berühren*) touch: an (*acc*) etwas ~ to touch s.th. – **3.** (*greifen*) (nach for) reach. – **4.** *colloq.* (*genügen*) be enough (*od.* sufficient): das langt nicht hin that is not enough (*od.* sufficient).

'hin,läng·lich I *adj* sufficient, (*angemessen*) *auch* adequate: das ist keine ~e Erklärung that is no sufficient (*od.* adequate) explanation. – **II** *adv* das ist (mir) ~ bekannt this is sufficiently known (to me). — **'Hin,läng·lich·keit** *f* ⟨-; *no pl*⟩ sufficiency, adequacy.

'hin,las·sen *v/t* ⟨*irr, sep,* -ge-, h⟩ *colloq.* **1.** allow (near): bitte lassen Sie niemand(en) an das Auto hin please don't allow anybody near the car. – **2.** (*zulassen*) admit: niemand(en) ~ not to admit anybody. – **3.** j-n zu j-m ~ to let s.o. see s.o.

'hin,lau·fen *v/i* ⟨*irr, sep,* -ge-, sein⟩ (zu to) **1.** go (*od.* walk) (there). – **2.** run (there).

'hin,le·ben *v/i* ⟨*sep,* -ge-, h⟩ *cf.* dahinleben.

'hin,le·gen I *v/t* ⟨*sep,* -ge-, h⟩ (auf *acc* on) **1.** put (*od.* lay) down: ich habe den Brief irgendwo hingelegt I put the letter (down) somewhere; sie hatte mir einen Zettel hingelegt she had put a note out (*od.* she had left a note) for me; ~! *mil.* (*Kommando*) *Br.* down! *Am.* hit the dirt! er legte 1000 Mark hin, ohne mit der Wimper zu zucken *colloq.* he laid down 1,000 marks without batting an eye(lid) (*colloq.*); die Karten (offen) ~ a) (*games*) to put down one's hand, b) *fig.* to put one's cards on the table. – **2.** (*Kind*) put (*s.o.*) down (*od.* to bed). – **3.** *fig. colloq.* do (*s.th.*) masterfully: eine Rolle ~ to play a part masterfully; er legte einen flotten Twist hin he did (*od.* danced) a terrific twist; etwas nur so ~ to do s.th. with effortless brilliance. – **II** *v/reflex* sich ~ **4.** lie down, (*zum Schlafen*) *auch* go to bed: ich muß mich nach Tisch kurz ~ I must lie down a few minutes (*od.* take a nap) after lunch; sich lang ~ to lie down flat.

'hin,lei·ten *v/t* ⟨*sep,* -ge-, h⟩ *cf.* a) hinführen 1, b) hinlenken 1.

'hin,len·ken *v/t* ⟨*sep,* -ge-, h⟩ **1.** *fig.* (auf *acc* to) direct: j-s Aufmerksamkeit (*od.* Blick) auf etwas ~ to direct (*od.* draw) s.o.'s attention to s.th.; auf einen Punkt ~ to concentrate on a point; ein Gespräch auf etwas ~ to direct a conversation (around) to s.th. – **2.** *cf.* hinsteuern 1.

'hin,locken (*getr.* -k·k-) *v/t* ⟨*sep,* -ge-, h⟩ j-n ~ to lure (*od.* entice) s.o. there.

'hin,lüm·meln *v/reflex* ⟨*sep,* -ge-, h⟩ sich ~ *colloq. cf.* hinflätzen.

'hin,ma·chen I *v/t* ⟨*sep,* -ge-, h⟩ **1.** *colloq.* (*anmachen, befestigen*) fix. – **2.** *colloq.* (*kaputtmachen*) break. – **3.** *colloq.* (*zerstören*) destroy. – **4.** *colloq.* (*ruinieren*) ruin. – **5.** *vulg.* (*töten*) kill. – **II** *v/i colloq.* **6.** (*sich beeilen*) hurry: mach hin! hurry up! go on! – **7.** (*von Kind, Tier*) do one's (*od.* its) business, misbehave (*euphem.*). – **8.** (*hingehen*) go there. – **III** *v/reflex* sich ~ **9.** *Southern G. and Austrian colloq.* ruin (*od.* kill) oneself.

'hin,mä·hen *v/t* ⟨*sep,* -ge-, h⟩ *fig. lit.* (*Menschen*) mow down.

'Hin,marsch *m* march there. — **'hin·mar,schie·ren** *v/i* ⟨*sep, no* -ge-, sein⟩ (nach to) march (there).

'hin,met·zeln, **'hin,mor·den** *v/t* ⟨*sep,* -ge-, h⟩ *cf.* hinschlachten.

'hin,mur·meln *v/t* ⟨*sep,* -ge-, h⟩ etwas vor (*acc*) sich ~ to mumble (*od.* mutter) s.th. to oneself.

'hin,müs·sen *v/i* ⟨*irr, sep,* -ge-, h⟩ *colloq.* have to go there: ich muß unbedingt hin I simply must go there.

'Hin,nah·me *f* ⟨-; *no pl*⟩ **1.** (*Hinnehmen*) taking, accepting. – **2.** *cf.* Duldung.

'hin,neh·men I *v/t* ⟨*irr, sep,* -ge-, h⟩ **1.** take, accept: er nahm das Geschenk ohne Dank hin he accepted the present without saying thank you. – **2.** mit ~ *colloq.* a) (*Person*) to take (*s.o.*) along, b) (*Sache*) to take (*s.th.*) there. – **3.** *fig.* (*sich abfinden mit*) take, accept: etwas ohne weiteres ~ to take s.th. without questioning (*od.* demur); etwas gelassen ~ to take s.th. calmly (*od.* tranquilly, without being upset); etwas widerspruchslos ~ to take s.th. without objections; etwas als selbstverständlich ~ to take s.th. for granted; man muß ihn ~, wie er ist one has to take him as he is; etwas auf Treu und Glauben ~ to take s.th. on trust. – **4.** *fig.* (*sich gefallen lassen*) put up with: ich kann das nicht ~ I cannot put up with that, I cannot accept that (for a moment); beim Camping muß man viele Unannehmlichkeiten ~ you have to put up with many inconveniences when camping. – **5.** *fig.* (*sich ergeben in*) submit to: die Trennung von seiner Familie ~ to submit to the separation from one's family. – **6.** *fig.* (*ertragen*) bear. – **7.** *fig.* (*dulden*) tolerate. – **8.** (*stillschweigend billigen*) acquiesce in (*od.* to): das werden ihre Eltern niemals ~ her parents will never acquiesce in that. – **9.** *fig.* (*schlucken*) swallow, pocket: eine Beleidigung ~ to swallow an insult. – **II H~** *n* ⟨-s⟩ **10.** *verbal noun.* – **11.** *cf.* Dulden.

'hin,nei·gen I *v/reflex* ⟨*sep,* -ge-, h⟩ sich zu j-m [etwas] ~ to lean (over) to s.o. [s.th.]. – **II** *v/i* zu etwas ~ *fig.* to incline (*od.* be inclined, gravitate) to (*od.* toward[s]) s.th.: ich neige eher zu der Auffassung hin, daß I am more inclined to believe that. – **III** *v/t* den Kopf zu j-m [etwas] ~ to bend (*od.* incline) one's head to (*od.* toward[s]) s.o. [s.th.]. – **IV H~** *n* ⟨-s⟩ *verbal noun.* — **'Hin,nei·gung** *f* **1.** *cf.* Hinneigen. – **2.** (zu to, toward[s]) inclination.

hin·nen ['hɪnən] *adv rare* von ~ from hence:

von ~ gehen (*od.* scheiden) a) to go from hence, b) (*sterben*) to pass away.

'hin,op·fern I *v/t* ⟨*sep*, -ge-, h⟩ (für for) sacrifice. – **II** *v/reflex* sich ~ (für for) sacrifice oneself.

'hin,pas·sen *v/i* ⟨*sep*, -ge-, h⟩ **1.** go (*od.* fit) there: das Bild paßt da nicht hin the picture does not go there. – **2.** *fig.* (*hineinpassen*) fit (there): er paßt da nicht hin he does not fit there.

'hin,pflan·zen I *v/t* ⟨*sep*, -ge-, h⟩ **1.** plant there. – **2.** *fig. colloq.* (*hinstellen*) plant, place: er pflanzte es direkt vor ihn hin he planted it right in front of him. – **II** *v/reflex* sich ~ **3.** *fig. colloq.* (*sich hinstellen*) plant (*od.* place) oneself: er pflanzte sich vor ihn hin he placed himself in front of him.

'hin,pfu·schen *v/t* ⟨*sep*, -ge-, h⟩ *colloq.* (*eine Arbeit*) do (*s.th.*) sloppily, scamp.

'hin,plap·pern *v/t* ⟨*sep*, -ge-, h⟩ *colloq. for* hinsagen.

'hin,plump·sen *v/i* ⟨*sep*, -ge-, sein⟩ *colloq.* (auf *acc* on) plump down, flop: er ließ sich ~ he plumped down; etwas ~ lassen to dump s.th.

'hin,pur·zeln *v/i* ⟨*sep*, -ge-, sein⟩ *colloq.* tumble down, topple down (*od.* over).

'hin,raf·fen *v/t* ⟨*sep*, -ge-, h⟩ j-n ~ *poet.* to cut s.o. off, to carry s.o. off (*od.* away), to snatch s.o.: der Tod raffte ihn hin death cut him off; er wurde aus unserer Mitte hingerafft he was snatched from our midst.

'hin,re·den *v/t* ⟨*sep*, -ge-, h⟩ *cf.* hinsagen.

'hin,rei·ben *v/t* ⟨*irr*, *sep*, -ge-, h⟩ j-m etwas ~ *colloq.* to rub s.th. into s.o.

'hin,rei·chen I *v/t* ⟨*sep*, -ge-, h⟩ (j-m) etwas ~ a) (*hinhalten*) to hold out s.th. (to s.o.), b) (*geben*) to give (*od.* reach) (s.o.) s.th., to hand s.th. over (to s.o.). – **II** *v/i* (*ausreichen*) be sufficient (*od.* enough), suffice, do: das reicht nicht hin that is not sufficient, that will not do; 3 in einer Woche reicht nicht hin 3 a week is not enough.

'hin,rei·chend I *pres p.* – **II** *adj* **1.** (*ausreichend*) sufficient: ~es Essen sufficient food. – **2.** (*befriedigend*) satisfactory: ~e Erklärungen satisfactory explanations. – **3.** (*angemessen*) adequate: für eine Woche ~ adequate for one week. – **4.** (*reichlich*) ample: ~e Mittel ample means. – **5.** *jur.* ein ~er Verdacht a reasonable suspicion; ~e Gründe sufficient reasons. – **6.** ~e Bedingung *math.* commensurate condition. – **III** *adv* **7.** sufficiently: ~ versorgt sein to be sufficiently supplied (*od.* provided for), (*bes. finanziell*) to have sufficient means.

'Hin,rei·se *f* journey there, outward journey, (*bes. Seereise*) voyage out, outward voyage: auf der ~ on the way there. — **'hin,rei·sen** *v/i* ⟨*sep*, -ge-, sein⟩ travel (*od.* go) there.

'hin,rei·ßen *v/t* ⟨*irr*, *sep*, -ge-, h⟩ **1.** snatch: j-n zu sich ~ to snatch s.o. to oneself. – **2.** *fig.* (*begeistern*) (durch by) enrapture, enchant, entrance: j-n zur Bewunderung ~ to enrapture s.o. – **3.** *fig.* (*entzücken*) delight. – **4.** *fig.* (*faszinieren*) fascinate. – **5.** *fig.* (*in Bann ziehen*) electrify. – **6.** *fig.* (*mitreißen*) carry (*s.o.*) away, sweep (*s.o.*) off his feet, *auch* transport. – **7.** (*verleiten*) sich (vom Zorn) ~ lassen to let oneself be carried away (by one's anger); ich ließ mich dazu ~, dem Jungen eine Ohrfeige zu geben I let myself be carried away and gave the boy a box on the ear; sich von seinen Gefühlen ~ lassen to let oneself be carried away by one's feelings; ich ließ mich zu einer Bemerkung ~ I was foolish enough to make a comment.

'hin,rei·ßend I *pres p.* – **II** *adj* **1.** (*begeisternd*) entrancing, enchanting. – **2.** (*entzückend*) delightful. – **3.** (*faszinierend*) fascinating. – **4.** (*überwältigend*) overpowering. – **5.** (*atemberaubend*) breathtaking. – **6.** (*packend*) thrilling. – **III** *adv* **7.** ~ (schön) singen to sing entrancingly; ~ (schön) aussehen to look entrancing.

'hin,rei·ten *v/i* ⟨*irr*, *sep*, -ge-, sein⟩ ride there on horseback.

'hin,rich·ten I *v/t* ⟨*sep*, -ge-, h⟩ **1.** execute, put (*s.o.*) to death: j-n auf dem elektrischen Stuhl ~ to electrocute s.o.; j-n in der Gaskammer ~ to gas s.o.; j-n ~ lassen to have s.o. executed; j-n durch den Strang ~ to execute s.o. by hanging. – **2.** *cf.* enthaupten. – **II H~** *n* ⟨-s⟩ **3.** *verbal noun.*

'Hin,rich·tung *f* **1.** *cf.* Hinrichten. – **2.** execution: ~ durch den Strang execution by hanging; ~ auf dem elektrischen Stuhl electrocution. – **3.** *cf.* Enthauptung 1, 2.

'Hin,rich·tungs|be,fehl *m jur.* death warrant. — **~,raum** *m* death chamber.

'hin,rücken (*getr.* -k·k-) **I** *v/t* ⟨*sep*, -ge-, h⟩ move there: den Stuhl ans Fenster ~ to move the chair to the window. – **II** *v/i* ⟨sein⟩ (zu to) move (over): er rückte zu ihr hin he moved over to her.

'hin,sa·gen *v/t* ⟨*sep*, -ge-, h⟩ say (*s.th.*) thoughtlessly: er hat es nur so hingesagt he just said it thoughtlessly (*od.* without thinking).

'hin,sau·sen *v/i* ⟨*sep*, -ge-, sein⟩ *colloq.* (nach, zu to) rush (*od.* dash) (there).

'hin,schaf·fen *v/t* ⟨*sep*, -ge-, h⟩ (nach, zu to) **1.** (*tragen*) carry (there). – **2.** (*bringen*) take (there). – **3.** (*transportieren*) transport (there). – **4.** (*befördern*) convey (there).

'hin,schau·en *v/i* ⟨*sep*, -ge-, h⟩ *cf.* hinsehen.

'hin,schei·den *lit.* **I** *v/i* ⟨*irr*, *sep*, -ge-, sein⟩ **1.** pass away, depart this (*od.* from) life, decease, die. – **II H~** *n* ⟨-s⟩ **2.** *verbal noun.* – **3.** departure from life, demise, decease, death: sein frühes H~ his early departure from life, his early passing.

'hin,schicken (*getr.* -k·k-) *v/t* ⟨*sep*, -ge-, h⟩ (nach, zu to) send (there): wir werden einen Vertreter ~ we will send a delegate.

'hin,schie·ben *v/t* ⟨*irr*, *sep*, -ge-, h⟩ push (*od.* shove) (*s.th.*) over: j-m den Teller ~ to push the plate over to s.o.

'Hin,schied *m* ⟨-(e)s; *no pl*⟩ *Swiss for* Hinscheiden.

'hin,schie·len *v/i* ⟨*sep*, -ge-, h⟩ steal a glance, look out of the corner of one's eye: verstohlen schielte er hin he stole a furtive (*od.* surreptitious) glance in that direction; nach (*od.* zu) j-m ~ to steal a glance at s.o. (*od.* in s.o.'s direction).

'hin,schie·ßen *v/i* ⟨*irr*, *sep*, -ge-, h⟩ **1.** (auf *acc* at) shoot (*od.* fire) (there). – **2.** ⟨sein⟩ *fig.* (*sich schnell bewegen*) shoot: das Boot schoß über den See hin the boat shot across the lake.

'hin,schlach·ten I *v/t* ⟨*sep*, -ge-, h⟩ **1.** slaughter, butcher, massacre: Tausende wurden hingeschlachtet thousands were slaughtered. – **II H~** *n* ⟨-s⟩ **2.** *verbal noun.* – **3.** massacre, slaughter.

'hin,schla·gen *v/i* ⟨*irr*, *sep*, -ge-, h *u.* sein⟩ **1.** ⟨h⟩ strike, hit: kräftig (*od.* ordentlich) ~ to strike firmly, to hit good and hard (*colloq.*). – **2.** ⟨sein⟩ *colloq.* fall (down) heavily: er schlug (länge)lang (*od.* der Länge nach) hin he fell full length, he went sprawling; da schlag einer lang hin! *fig.* just fancy that! you could have knocked me down with a feather! (*colloq.*).

'hin,schlän·geln *v/reflex* ⟨*sep*, -ge-, h⟩ sich ~ (*von Bach etc*) wind its way, meander along.

'hin,schlei·chen I *v/reflex* ⟨*irr*, *sep*, -ge-, h⟩ **1.** sich zu etwas [j-m] ~ to creep (*od.* sneak, steal) up to s.th. [s.o.]. – **II** *v/i* ⟨sein⟩ **2.** creep (over): zu etwas ~ to creep over to s.th. – **3.** *fig.* (*von Zeit*) drag.

'hin,schlen·dern *v/i* ⟨*sep*, -ge-, sein⟩ saunter (*od.* stroll) along.

'hin,schlep·pen I *v/t* ⟨*sep*, -ge-, h⟩ **1.** *colloq.* drag (*od.* lug) (*s.th.*, *s.o.*) there: muß ich das allein ~? do I have to drag (*od.* carry) it there by myself? sie schleppte ihn überall mit hin *fig.* she dragged him along (with her) everywhere. – **II** *v/reflex* sich ~ **2.** drag oneself along: der Verwundete schleppte sich zum Verbandsplatz hin the wounded soldier dragged himself to the aid (*bes. Br.* field dressing) station. – **3.** *fig.* drag (on): der Prozeß schleppte sich über Monate hin the trial dragged on for months; die Zeit schleppt sich hin time is dragging.

'hin,schleu·dern *v/t* ⟨*sep*, -ge-, h⟩ **1.** fling, hurl: er schleuderte ihr das Buch hin he flung the book to her, he flung her the book. – **2.** fling (*od.* hurl) down: wütend schleuderte er das Buch hin furiously he flung (*od.* threw) down the book.

'hin,schlu·dern *v/t* ⟨*sep*, -ge-, h⟩ (*Artikel, Aufsatz etc*) knock off.

'hin,schmach·ten *v/i* ⟨*sep*, -ge-, sein⟩ pine (*od.* languish) away.

'hin,schmei·ßen *v/t* ⟨*irr*, *sep*, -ge-, h⟩ *colloq.* for hinwerfen 1—5.

'hin,schmel·zen *v/i* ⟨*irr*, *sep*, -ge-, sein⟩ *cf.* dahinschmelzen.

'hin,schmie·ren *v/t* ⟨*sep*, -ge-, h⟩ *colloq.* **1.** scribble, scrawl. – **2.** (*malen*) daub.

'hin,schrei·ben I *v/t* ⟨*irr*, *sep*, -ge-, h⟩ write down: seinen Namen ~ to write (*od.* put) down one's name; etwas rasch (*od.* flüchtig) ~ a) to write s.th. down hastily, to jot down s.th., b) (*Brief, Artikel etc*) to dash (*od.* toss, *bes. Am.* knock) s.th. off. – **II** *v/i* write: willst du ~ oder soll ich es tun? (*an Firma etc*) are you going to write (to them) or shall I do it?

'hin,schwim·men *v/i* ⟨*irr*, *sep*, -ge-, sein⟩ (an *acc* to) swim (there): hin- und zurückschwimmen to swim there and back.

'hin,schwin·den *v/i* ⟨*irr*, *sep*, -ge-, sein⟩ *lit. for* dahinschwinden.

'hin,se·hen I *v/i* ⟨*irr*, *sep*, -ge-, h⟩ (nach toward[s]; zu at) look there (*od.* in that direction): sieh mal hin! just look there! just look at it! er sah zu ihr hin he looked over at her. – **II H~** *n* ⟨-s⟩ *verbal noun*: vom bloßen H~ wird mir schlecht it makes me sick just to look at it; beim näheren H~ after looking at it more closely, on closer examination.

'hin,seh·nen *v/reflex* ⟨*sep*, -ge-, h⟩ sich ~ long (*od.* yearn) to be there: sich zu j-m ~ to long to be with s.o.

'hin,sein *v/i* ⟨*irr*, *sep*, -ge-, sein⟩ *colloq.* **1.** (*von Uhr etc*) be broken. – **2.** (*von Kleid etc, fig. von gutem Ruf etc*) be ruined: alles ist hin everything is ruined; das Auto ist hin the car is a write-off. – **3.** *fig.* (*erledigt sein*) he exhausted (*od.* done for, *Am. auch* done in): er war völlig hin he was completely exhausted. – **4.** *fig.* (*begeistert sein*) be carried away: als sie die Musik hörte, war sie ganz hin when she heard the music she was carried away (*od.* was in raptures). – **5.** (*tot sein*) (*von Tier*) be dead: der Hund ist hin the dog is a goner (*colloq.*), the dog is dead.

'hin,set·zen I *v/t* ⟨*sep*, -ge-, h⟩ **1.** (*bei Tisch-, Sitzordnung etc*) put, seat: wo setzen wir den neuen Mitarbeiter hin? where shall we seat the new colleague? – **2.** (*Kind etc*) sit (*od.* place) (*s.o.*) down. – **3.** (*hinschreiben*) put: wo soll ich meinen Namen ~? where shall I put my name? where shall I sign? – **4.** (*Haus etc*) put up. – **5.** *cf.* hinstellen 2. – **II** *v/reflex* **6.** sich ~ (*Platz nehmen*) sit down, take a seat, be seated: jetzt mußten wir uns ~ und tüchtig lernen *fig.* now we had to sit down and study hard. – **7.** sich gerade (*od.* aufrecht) ~ to sit up straight.

'Hin,sicht *f* ⟨-; -en⟩ respect, way, regard: in dieser ~ in this respect; in dieser ~ brauchst du dich nicht zu sorgen you don't have to worry about that; in vieler [mancher, gewisser] ~ in many [some, certain] respects (*od.* ways); in jeder ~ in all respects, in every respect, to all intents and purposes; in einer ~ hat er recht he is right in one respect (*od.* way); in keiner ~ in no (*od.* not in any) respect (*od.* way); was du sagst, ist in gewisser ~ richtig what you say is true in a way (*od.* sense); in politischer ~ politically, from a political point of view, with regard to politics; in ~ auf (*acc*) *cf.* hinsichtlich.

'hin,sicht·lich *prep* ⟨*gen*⟩ with respect (*od.* regard, reference) to, in connection (*Br. auch* connexion) with, concerning, regarding, relating to, referring to, as to, as for: ~ deines Briefes with regard to your letter, as for your letter.

'hin,sie·chen *v/i* ⟨*sep*, -ge-, sein⟩ *lit. for* dahinsiechen.

'hin,sin·ken *v/i* ⟨*irr*, *sep*, -ge-, sein⟩ *lit.* sink to the ground (*od.* down): er sank tot hin he dropped dead; sie sank ohnmächtig hin she fainted.

'hin,sol·len *v/i* ⟨*sep*, -ge-, h⟩ *colloq.* (*in Wendungen wie*) ich soll hin, aber ich mag nicht I'm supposed to go but I don't want to; wo soll der Stuhl hin? where shall I put the chair? where does the chair go? sollen wir hin? should we go?

'hin,spre·chen *v/t* ⟨*irr*, *sep*, -ge-, h⟩ *cf.* hinsagen.

'hin,sprin·gen *v/i* ⟨*irr*, *sep*, -ge-, sein⟩ spring mal (schnell) hin! *fig. colloq.* pop (*od.* run) there!

'hin,star·ren *v/i* ⟨*sep*, -ge-, h⟩ (nach, zu at) stare (there *od.* in that direction): er starrte unaufhörlich hin he kept on staring at it.

'hin,stel·len I *v/t* ⟨*sep*, -ge-, h⟩ **1.** put (*od.* place) (*s.th.*) there: sie stellte ihm das Essen hin she put his dinner in front of him, she served him his dinner; er tut seine Pflicht, wo immer man ihn hinstellt *fig.* he does his duty wherever he is placed.

– **2.** (*abstellen*) put down, set down: **das Gepäck ~** to put down the luggage. – **3.** (*Haus etc*) put up. – **4. etwas [j-n] als etwas ~** *fig.* a) to make s.th. [s.o.] out (*od.* appear) to be s.th., to represent s.th. [s.o.] as s.th., b) (*als Vorbild, Muster etc*) to hold s.th. [s.o.] up as s.th.: **j-n als falsch ~** to represent s.o. as false (*od.* to be false); **sie stellen die Sache so hin, als sei ich an allem schuld** they made it appear as though I were to blame for everything; **j-n als Beispiel ~** to hold s.o. up as an example. – **II** *v/reflex* **sich ~ 5.** place oneself there, stand there: **sich vor j-n ~** to place oneself in front of s.o. (*od.* before s.o.); **sich gerade ~** to stand up straight; **ich habe keine Lust, mich hinzustellen und zu warten** I am not very keen on standing there and waiting. – **6. sich als etwas ~** *fig.* to make oneself out (*od.* appear) to be s.th., to represent oneself as s.th.

'hinˌster·ben *v/i* ⟨*irr, sep,* -ge-, sein⟩ die, pass away.

'hinˌsteu·ern I *v/t* ⟨*sep,* -ge-, h⟩ **1.** (*Schiff etc*) steer (*s.th.*) there. – **II** *v/i* **2.** ⟨sein⟩ **auf** (*acc*) **etwas ~** to steer toward(s) s.th., to make (*od.* head) for s.th. – **3.** ⟨h⟩ **auf** (*acc*) **etwas ~** *fig.* to be driving (*od.* aiming, getting) at s.th.

'hinˌstre·ben *v/i* ⟨*sep,* -ge-, sein *u.* h⟩ **1.** ⟨sein⟩ **nach** (*od.* **zu**) **einem Ort ~** to try to get to a place, to make (*od.* head) for a place. – **2.** ⟨h⟩ **auf** (*acc*) (*od.* **nach**) **etwas ~** *fig.* to strive for (*od.* after) s.th.

'hinˌstrecken (*getr.* -k·k-) **I** *v/t* ⟨*sep,* -ge-, h⟩ **1.** stretch out, hold out, extend: **j-m die Hand ~** to stretch out one's hand to s.o. – **2.** *fig. lit.* (*töten*) strike (*s.o.*) down, fell, kill: **eine Kugel hatte ihn hingestreckt** he was struck down by a bullet. – **II** *v/reflex* **sich ~ 3.** stretch (oneself) out, lie down: **er streckte sich auf den** (*od.* **dem**) **Boden hin** he stretched out on the ground. – **4.** *cf.* erstrecken 1, 2.

'hinˌstrei·chen *v/i* ⟨*irr, sep,* -ge-, h *u.* sein⟩ **1.** ⟨h⟩ (**mit der Hand**) **über** (*acc*) **etwas ~** to run (*od.* slide) (one's hand) over s.th. – **2.** ⟨sein⟩ **über** (*acc*) **etwas ~** (*von Vogel etc*) to sweep (*od.* pass, fly) over s.th.

'hinˌstreu·en *v/t* ⟨*sep,* -ge-, h⟩ scatter, strew: **den Vögeln Körner ~** to scatter grains for the birds.

'hinˌströ·men *v/i* ⟨*sep,* -ge-, sein⟩ (*von Menschen*) stream (*od.* flock) there: **die Menschen strömten in Scharen hin** people streamed there in crowds, crowds of people streamed there.

'hinˌstür·zen *v/i* ⟨*sep,* -ge-, sein⟩ **1.** *cf.* hinfallen 1. – **2.** (*hineilen*) (**nach, zu** toward[s]) rush (*od.* dash) (there): **jedermann stürzte hin** everyone rushed to the scene.

hint'anˌset·zen [hɪnt'ʔan-] **I** *v/t* ⟨*sep,* -ge-, h⟩ *lit.* (*Arbeit, Vergnügen, Pflicht etc*) **1.** put (*s.th.*) last: **er setzt seine persönlichen Wünsche [seine eigene Person] immer hintan** he always puts his personal wishes [himself] last. – **2.** (*vernachlässigen*) neglect. – **3.** (*ignorieren*) ignore, disregard, set (*s.th.*) aside. – **II H~** *n* ⟨-s⟩ **4.** *verbal noun.* — **Hint'anˌset·zung** *f* ⟨-; *no pl*⟩ **1.** *cf.* Hintansetzen: **unter ~ seiner persönlichen Wünsche** putting his personal wishes last, regardless of (*od.* without regard for) his personal wishes. – **2.** neglect. – **3.** disregard.

hint'anˌste·hen *v/i* ⟨*irr, sep,* -ge-, h *u.* sein⟩ *lit.* take second (*od.* last) place: **unsere privaten Interessen müssen ~** our private interests have to take last place.

hint'anˌstel·len *v/t* ⟨*sep,* -ge-, h⟩ *lit. cf.* hintansetzen. — **Hint'anˌstel·lung** *f* ⟨-; *no pl*⟩ *cf.* Hintansetzung.

hin·ten ['hɪntən] *adv* **1.** at the back (*od.* rear), behind: **~ im Garten** at the back of the garden; **~ im Buch** at the back (*od.* end) of the book; **~ im Auto sitzen** to sit in the back (*od.* rear) of the car; **~ im Theater sitzen** to sit at (*od.* in) the back of the theater (*bes. Br.* theatre); **bleibt nicht immer ~!** don't stay behind (*od.* at the back) all the time! **die Wohnung liegt ~ hinaus** the flat is at the back (*od.* rear) (of the house), the flat faces the back; **das Zimmer liegt ~, nach dem Garten zu** the room backs onto the garden; **stellen Sie sich bitte ~ an!** join the (end of the) queue (*od.* line), please! **etwas ~ anfügen** to add s.th. at the back (*od.* end); **~ einsteigen!** enter at the rear! get on at the back! **sein Büro liegt ganz ~** his office is right (*od.* way) at the back, *Am. auch* his office is all the way to the back; **ganz weit ~** way at the back; **weiter ~ im Buch** toward(s) the back of the book; **das Haus hat ~ und vorne einen Garten** the house has a garden at (*od.* in) the back and at (*od.* in) the front; **ich hab' doch ~ keine Augen!** *iron.* I haven't got eyes at (*od.* in) the back of my head. – **2. nach ~** a) to the back (*od.* rear), b) backward(s), c) (*zurück*) back: **er lief nach ~** he ran to the back; **die Zimmer gehen nach ~ hinaus** the rooms are at the back (*od.* rear) (of the house), the rooms face the back; **mit einem Blick nach ~** looking back (*od.* behind); **der Stuhl kippte nach ~ um** the chair fell over backward(s); **etwas nach ~ ziehen** to pull s.th. back. – **3. von ~** a) from the back (*od.* rear), from behind, b) backward(s): **j-n von ~ überfallen [erschießen]** to attack [to shoot] s.o. from the back (*od.* from behind); **von ~ kann ich sie nicht erkennen** I cannot recognize her from the back; **das zweite Haus von ~** the second house from the back (*od.* end); **von ~ zu lesen anfangen** to start to read from the back; **das Alphabet von ~ aufsagen** to say the alphabet backward(s); → vorn[1] 1, 9, 10. – **4.** (*im Hintergrund*) in the background, at the back. – **5.** *mar.* aft. – **6.** *fig.* (*in Wendungen wie*) **ich sehe ihn am liebsten von ~** *colloq.* I'm always glad to see the back (*od.* last) of him; **was ~ draufkriegen** *colloq.* to get a smack on the bottom (*od.* backside); **er läßt sich von ihr von ~ und vorn bedienen** *colloq.* he lets her wait on him hand and foot; **sie betrügt ihn ~ und vorn** *colloq.* she cheats him left and right (*od.* right and left, *bes. Br.* left, right and centre); **mein Geld reicht weder ~ noch vorn** *colloq.* I can't make ends meet; **das stimmt ~ und vorn nicht** *colloq.* that's wrong from A to Z; **ich war so verwirrt, daß ich nicht mehr wußte, wo ~ und vorn ist** *colloq.* I was so confused that I didn't know which end was up (*Br.* t'other from which); **jetzt heißt es lieber Hans ~ und lieber Hans vorn** *colloq.* now it's Jack do this and Jack do that; **Herr Professor ~, Herr Professor vorn** yes Professor, no Professor, anything you say, Professor; → hineinkriechen.

ˌhin·ten'an *adv* behind, at the back (*od.* rear). — **~ˌset·zen, ~ˌstel·len** *v/t* ⟨*sep,* -ge-, h⟩ *cf.* hintansetzen.

ˌhin·ten'drein *adv cf.* hinterdrein.

'hin·ten·herˌum [-hɛˌrʊm] *adv colloq.* **1.** from the back (*od.* rear): **Sie müssen ~ gehen** you must go (a)round to the back; **~ hereinkommen** to come in from the back. – **2.** *fig.* **ich erfuhr es ~** I heard it in a roundabout way, I found out by the grape(-)vine; **sich etwas ~ besorgen** (*od.* **verschaffen**), **etwas ~ bekommen** (*Waren*) a) (*illegal*) to get s.th. under the counter, b) (*durch List*) to wangle s.th., to get s.th. by wangling (*od.* trickery); **j-m etwas ~ sagen** to tell s.o. s.th. on the quiet (*od.* secretly).

'hin·tenˌhin *adv* to the back (*od.* rear).

ˌhin·ten'nach *adv cf.* hinterher. — **~ˌhin·ken** *v/i* ⟨*sep,* -ge-, sein⟩ *cf.* hinterherhinken.

ˌhin·ten'über *adv* backward(s). — **~ˌfal·len** *v/i* ⟨*irr, sep,* -ge-, sein⟩ fall backward(s).

hin·ter ['hɪntər] *prep* **I** ⟨*dat*⟩ **1.** (*örtlich*) behind: **er versteckte sich ~ dem Baum** he hid behind the tree; **~ dem Haus** behind (*od.* at the back of) the house, *Am. auch* in back of (*od. colloq.* back of) the house; **er kam ~ der Tür hervor** he came from behind the door; **j-n ~ sich lassen** a) to leave s.o. behind, b) (*bei Wettrennen etc*) to leave s.o. behind, to outdistance s.o.; **~ j-m zurückbleiben** a) to remain behind s.o., b) (*bei Wettrennen etc*) to lag behind s.o., c) *fig.* not to be able to keep up with s.o.; **~ j-m herrufen** to call after s.o. – **2.** (*zeitlich*) behind: **seine Schulzeit liegt weit ~ ihm** his schooldays are far behind him; **der Zug ist zehn Minuten ~ der Zeit** the train is ten minutes behind time. – **3.** (*örtlich od. zeitlich*) (*nach*) behind, after: **einer ~ dem anderen** one after the other; **er kam gleich ~ dir** he came close behind (*od.* right after) you; **er ist ~ mir dran** it's his turn after me; **schließ die Tür ~ dir** close the door behind (*od.* after) you; **die erste Station ~ München** the first stop after Munich. – **4.** *fig.* (*mit Verben*) **etwas ~ sich haben** to be through with s.th.; **er hat schon viel ~ sich** he has been (*od.* gone) through a lot; **ich möchte es ~ mir haben** I want to get it over with, I'd like to have it over (and done) with; **er hat eine schwere Krankheit ~ sich** he has just recovered from (*od.* got over) a serious illness; **das Schlimmste haben wir ~ uns** we've got the worst part behind us, we've broken the back of it, we're out of the wood(s) now (*colloq.*); **j-n ~ sich haben** to have s.o. at one's back, to have s.o. behind one; **er hat viele Anhänger ~ sich** he has got many supporters behind him; **~ j-m [der Zeit] zurückbleiben** (*od.* **zurück sein**) to be behind s.o. [the times]; **an Begabung bleibt er ~ ihr zurück** he is inferior to her in talent, he is less talented than she is; **~ j-s Erwartungen zurückbleiben** to fall short of (*od.* not to come up to) s.o.'s expectations; **er wollte nicht ~ den anderen zurückstehen** (*an Großzügigkeit etc*) he did not want to be outdone by the others; **j-n [etwas] ~ sich lassen** to leave s.o. [s.th.] behind (one); **~ der Sache steckt etwas anderes** there is s.th. else behind (*od.* at the back of, at the bottom of) the matter; **~ seinen großen Worten steckt nicht viel** there is not much behind (*od.* in) his big talk; **~ j-m [etwas] her sein** to be after s.o. [s.th.]; **wie wild ~ etwas her sein** to be dead set on s.th., *Am. sl.* to be hell-bent for s.th.; **die Mehrheit steht ~ ihm** the majority backs him (up) (*od.* supports him). – **5.** *med.* **~ der Brust** postpectoral; **~ dem Gaumen** postpalatal; **~ der Nase** postnasal. – **6.** *mar.* (*achter*) abaft. – **II** ⟨*acc*⟩ **7.** (*örtlich*) behind: **~ das Haus gehen** to go behind (*od.* to the back of) the house, *Am. auch* to go in back of (*od. colloq.* to go back of) the house; **er trat ~ uns** he stepped behind us; **stell den Stuhl ~ den Tisch!** put the chair behind the table; **sieh ~ dich!** look behind you. – **8.** (*nach*) behind, after: **stellen Sie das direkte Objekt ~ das Verb!** put the direct object after the verb. – **9.** *fig.* (*in Wendungen wie*) **etwas ~ sich bringen** to get s.th. over, to get through with s.th.; **er brachte die Strecke in zwei Stunden ~ sich** he covered the distance in two hours; **sich ~ die Arbeit machen** to get (*od.* buckle) down to work, to tackle to (*colloq.*); **~ etwas kommen** a) (*Geheimnis, Wahrheit etc*) to find s.th. out, to discover s.th., b) (*verstehen*) to get the knack (*od.* hang) of s.th. – **10.** *mar.* abaft. – **III** *adv* **11.** *bes. Southern G. and Austrian* back: **er ging ~ in den Garten** he went back into the garden. – **12.** *colloq.* (*hinunter*) down (the throat).

'Hin·terˌachs|ˌanˌtrieb *m auto.* final (*od.* rear-axle) drive. — **~ˌbrücke** (*getr.* -k·k-) *f* rear-axle casing (*od.* housing).

'Hin·ter|ˌach·se *f* **1.** *auto.* rear (*od.* back) axle. – **2.** (*railway*) trailing axle. — **~ˌachs·geˌhäu·se** *n auto. cf.* Hinterachsbrücke. — **~ˌanˌsicht** *f* back (*od.* rear) view. — **~ˌar·bei·ten** *n tech.* relieving, backing off. — **~ˌausˌgang** *m* rear exit. — **~ˌbacke** (*getr.* -k·k-) *f* **1.** buttock. – **2.** (*bes. der Tiere*) hindquarter, *Br.* hind quarter, ham.

'Hin·terˌbänk·ler [-ˌbɛŋklər] *m* ⟨-s; -⟩ *pol.* (*im Parlament*) backbencher, *Br.* back-bencher.

'Hin·terˌbein *n* hind leg: **sich auf die ~e stellen** a) (*von Pferd, Hund etc*) to rise on the hind legs, to rear, b) *fig. colloq.* to get up on one's hind legs, to kick against (*od.* at) it (*beide colloq.*); **auf den ~en stehend** *her.* rampant.

ˌhin·ter'blei·ben *v/i* ⟨*irr, insep, no* -ge-, sein⟩ remain: **er hinterblieb als Alleinerbe** he remained sole heir; **vier Söhne sind hinterblieben** he (*od.* she, they) left four sons. — **ˌhin·ter'blie·ben I** *pp of* hinterbleiben. – **II** *adj* (*Kinder*) remaining, surviving. — **ˌHin·ter'blie·be·ne** *m, f* ⟨-n; -n⟩ **1.** *bes. jur.* surviving dependant (*od.* dependent), survivor. – **2. die** (**trauernden**) **~n** *pl* (*in einer Traueranzeige etc*) the bereaved (family).

ˌHin·ter'blie·be·nen|beˌzü·ge *pl* surviving dependants' (*od.* dependents') pensions (*od.* allowances). — **~ˌfürˌsor·ge** *f* maintenance of (*od.* assistance for) surviving dependants (*od.* dependents). — **~ˌren·te** *f* survivors' (*od.* surviving dependants' [*od.* dependents']) benefit(s *pl*) (*od.* pension). — **~ver,si·che·rung** *f* survivors' (*od.* surviving dependants' [*od.* dependents']) insurance. — **~ver·,sor·gung** *f* provision for survivors (*od.* surviving dependants [*od.* dependents]).

'hin·ter,brin·gen[1] *v/t* ⟨*irr, sep,* -ge-, h⟩ **1.** take (*od.* carry) (*s.th.*) to the back. – **2.** *fig. colloq. cf.* hinunterbringen 3.

,hin·ter'brin·gen[2] **I** *v/t* ⟨*irr, insep, no* -ge-, h⟩ **1.** j-m etwas ~ to inform s.o. of s.th. (secretly), to pass on s.th. to s.o., (*bes. der Polizei etc*) to tip s.o. off about s.th. (*colloq.*). – **II H~** *n* ⟨-s⟩ **2.** *verbal noun.* – **3.** *cf.* Hinterbringung.

,Hin·ter'brin·ger *m* ⟨-s; -⟩ informant, informer, telltale.

,Hin·ter'brin·gung *f* ⟨-; *no pl*⟩ **1.** *cf.* Hinterbringen[2]. – **2.** information.

'Hin·ter,brust *f zo.* postpectus, metathorax: an der ~ befestigt postpectoral; die ~ betreffend metathoracic. — **~seg,ment** *n* (*der Insekten*) metathorax.

'Hin·ter|,büh·ne *f* (*theater*) backstage, postscenium (*scient.*): auf der ~ upstage. — **~,darm** *m* **1.** *med.* (*in der Embryologie*) hindgut, epigaster (*scient.*). – **2.** *zo. cf.* Enddarm. — **~,deck** *n mar.* afterdeck.

'Hin·ter,dreh|,bank *f* ⟨-; ⸚e⟩, **~ma,schi·ne** *f* relieving (*od.* backing-off) lathe.

,hin·ter'dre·hen *v/t* ⟨*insep, no* -ge-, h⟩ *tech.* relieve, back off.

,Hin·ter'dreh|,vor,rich·tung *f tech.* relieving attachment, backing-off device. — **~,werk,zeug** *n* relieving tool.

,hin·ter'drein *adv* **1.** behind, after. – **2.** (*zeitlich*) afterward(s), later.

hin·ter·drein... *cf.* hinterher...

'hin·te·re *adj* ⟨*no comp*; hinterst⟩ ⟨*attrib*⟩ **1.** back, rear: die ~n Bänke the back benches, the benches at the back (*od.* rear); im ~n Zimmer in the back room; die ~n Räder des Wagens the back (*od.* rear) wheels of the car. – **2.** (*von Paaren*) hind: die ~n Beine the hind legs. – **3.** *med.* posterior: der ~ Teil des Schädels the posterior part of the skull. – **4.** *mar.* after: eine ~ Luke an after hatchway.

'Hin·te·re[1] *m, f* ⟨-n; -n⟩ one at the back (*od.* rear): die ~n konnten nichts sehen the ones at the back (*od.* end) could not see anything.

'Hin·te·re[2] *m* ⟨-n; -n⟩ *colloq. cf.* Hintern.

,hin·ter,ein'an·der *adv* **1.** (*räumlich*) one behind (*od.* after) the other: sie kamen ~ ins Zimmer herein they came into the room one behind the other. – **2.** (*zeitlich*) in succession, in a row, running, consecutively: drei Tage ~ three days in a row, three successive days; sie gewannen drei Spiele ~ they won three games in succession; er gewann dreimal ~ he won three times running. – **3.** (*zeitlich, ohne Unterbrechung*) on end, at a stretch, in a row: er arbeitete mehrere Stunden ~ daran he worked on it for several hours at a stretch; es hatte wochenlang ~ geregnet it had been raining for weeks on end. – **4.** *cf.* nacheinander 3. — **~,brin·gen** *v/t* ⟨*irr, sep,* -ge-, h⟩ **1.** bring (*things*) one after the other (*od.* another). – **2.** zwei Freunde ~ *fig. colloq.* to set two friends by the ears. — **~,fah·ren** *v/i* ⟨*irr, sep,* -ge-, sein⟩ drive one behind the other (*od.* another). — **~ge·hen** *v/i* ⟨*irr, sep,* -ge-, sein⟩ go (*od.* walk) one behind the other (*od.* another), go (*od.* walk) in single (*od.* Indian) file. — **~,kom·men** *v/i* ⟨*irr, sep,* -ge-, sein⟩ **1.** come one behind the other (*od.* another). – **2.** die beiden sind hintereinandergekommen *fig. colloq.* the two of them got into each other's hair. — **~,lau·fen** *v/i* ⟨*irr, sep,* -ge-, sein⟩ **1.** run one behind the other (*od.* another). – **2.** *cf.* hintereinandergehen. — **~,le·gen** *v/t* ⟨*sep,* -ge-, h⟩ put (*od.* lay) (*things*) one behind the other (*od.* another). — **~,lie·gen** *v/i* ⟨*irr, sep,* -ge-, h *u.* sein⟩ lie one behind the other (*od.* another). — **~,schal·ten** *v/t* ⟨*sep,* -ge-, h⟩ *electr.* (*Glühbirnen etc*) connect (*things*) in series. — **H~,schal·tung** *f* **1.** series connection (*Br. auch* connexion). – **2.** (*von Motoren*) tandem connection (*Br. auch* connexion). — **~,schrei·ben** *v/t* ⟨*irr, sep,* -ge-, h⟩ write (*names etc*) one behind the other (*od.* another). — **~,set·zen** *v/t* ⟨*sep,* -ge-, h⟩ set (*od.* put) (*things*) one behind the other (*od.* another). — **~,ste·hen** *v/i* ⟨*irr, sep,* -ge-, h *u.* sein⟩ stand one behind the other (*od.* another). — **~,stel·len** *v/t* ⟨*sep,* -ge-, h⟩ put (*things, persons*) one behind the other (*od.* another). — **~,weg** [-,vɛk] *adv colloq.* (*unmittelbar nacheinander*) without stopping (*od.* a break, a pause, a stop): wir arbeiteten ~ und waren bald fertig we worked without a break and soon had finished; er hat ~ alles aufgegessen he ate it all up without stopping (*od.* at one go).

'Hin·ter|,ein,gang *m* rear entrance. — **h~,es·sen** **I** *v/t* ⟨*irr, sep,* -ge-, h⟩ *colloq.* swallow (*s.th.*) (down), *auch* eat (*s.th.*) reluctantly. – **II** *v/i dial.* (*zum Kind*) swallow (down). — **~,feld** *n* (*sport*) (*beim Tennis*) back court. — **~,fin·ne** *f zo.* anal fin. — **~,flü·gel** *m* a) hind wing, hinder (*od.* posterior) wing, b) (*bei Käfern*) underwing, c) (*bei Schmetterlingen*) secondary. — **~,fuß** *m* hind foot. — **~,gau·men** *m med.* soft palate. — **~,gau·men,laut** *m ling.* velar. — **~ge,bäu·de** *n* back building, rear premises *pl.* — **~ge,dan·ke** *m* ulterior (*od.* hidden) motive, arrière-pensée (*lit.*): weißt du, was seine ~n (dabei) sind? do you know what's at the back of his mind? sicher hat er das ohne jeden ~n gesagt I'm sure he said that without any ulterior motive; sein ~ war, sie in der Gewalt zu haben his ulterior motive was to have her in his power.

'hin·ter,ge·hen[1] *v/i* ⟨*irr, sep,* -ge-, sein⟩ *colloq.* go to the back, go behind.

,hin·ter'ge·hen[2] **I** *v/t* ⟨*irr, insep, no* -ge-, h⟩ j-n ~ a) to cheat (*od.* deceive, trick, *colloq.* double-cross) s.o., to get the better of s.o., b) (*Ehepartner*) to deceive s.o., to be unfaithful to s.o.: man hat dich hintergangen you've been tricked; den Zoll ~ to cheat the customs; ich lasse mich nicht von ihm ~ I won't let him get the better of me; j-n mit j-m ~ (*von Ehepartner*) to deceive s.o. with s.o. – **II H~** *n* ⟨-s⟩ *verbal noun.*

,Hin·ter'ge·hung *f* ⟨-; -en⟩ **1.** *cf.* Hintergehen[2]. – **2.** deception.

'Hin·ter·ge,stell *n colloq. humor. cf.* Hintern.

'hin·ter,gie·ßen[1] *v/t* ⟨*irr, sep,* -ge-, h⟩ *colloq. cf.* hinterkippen.

,hin·ter'gie·ßen[2] *v/t* ⟨*irr, insep, no* -ge-, h⟩ *print.* (*Galvano, Mater*) back.

,Hin·ter|'gieß·me,tall *n print.* backing metal. — **~'glas·ma·le,rei** *f* (*art*) verre églomisé. — **~,glied** ['hɪntər-] *n* **1.** *zo.* posterior limb (*od.* part). – **2.** *math.* (*eines Verhältnisses*) consequent.

'Hin·ter,grund *m* **1.** background: der ~ eines Gemäldes [einer Landschaft] the background of a painting [landscape]. – **2.** *fig.* background, foil: die Handlung des Romans spielt vor (*od.* auf) dem ~ des Krimkriegs the Crimean war forms the background of the action of the novel; als ~ dienen to serve (*od.* act) as a foil. – **3.** *meist pl fig.* (*Zusammenhänge*) background, (true) facts *pl*, (hidden) motives *pl*: die wahren Hintergründe einer Revolution the true facts about a revolution; die Polizei untersuchte die Hintergründe des Mordes the police probed into the background of the murder; der Mord hat einen politischen ~ (*od.* politische Hintergründe) the murder has a political background (*od.* political motives). – **4.** (*theater*) a) back(ground), b) (*als gemalter Vorhang*) *bes. Br.* back-cloth, *bes. Am.* backdrop: szenischer ~ background setting. – **5.** *fig.* (*in Wendungen wie*) j-n [etwas] in den ~ drängen to push s.o. [s.th.] into the background; sich im ~ halten to keep (*od.* stay) in the background; trotz seines Wissens steht er immer im ~ in spite of his knowledge he always stays in the background (*od.* takes a back seat); durch dieses Ereignis traten all unsere Probleme in den ~ all our problems paled into insignificance (*od.* became insignificant) because of this event.

'hin·ter,grün·dig [-,ɡrʏndɪç] **I** *adj* **1.** (*rätselhaft*) enigmatic, *auch* enigmatical, cryptic, *auch* cryptical, inscrutable: ~es Lächeln cryptic smile. – **2.** (*verborgen*) cryptic, *auch* cryptical, hidden, secret, obscure, abstruse: ~e Absichten secret intentions. – **3.** (*tief*) profound, deep, recondite. – **4.** (*fein*) subtle: sein ~er Humor his subtle (sense of) humo(u)r. – **II** *adv* **5.** ~ lächeln to smile cryptically (*od.* enigmatically); sie antwortete ~ she answered in a subtle way.

'Hin·ter|,grund·mu,sik *f* background music. — **~,hach·se** *f* **1.** *zo.* hind hock. – **2.** *gastr.* hind knuckle.

'Hin·ter,halt *m* ⟨-(e)s; -e⟩ ambush, ambuscade: im ~ liegen to lie in ambush (*od.* wait); in einen ~ geraten to fall into an ambush; aus dem ~ angegriffen werden to be attacked from (an) ambush, to be ambushed; j-n aus dem ~ überfallen to ambush s.o., to waylay s.o. — **'hin·ter·,hal·tig** *adj u. adv obs. for* hinterhältig.

'hin·ter,häl·tig [-,hɛltɪç] **I** *adj* **1.** (*Person, Art etc*) insidious, perfidious, underhand(ed), sneaky: durch ~e Methoden by underhand methods. – **2.** (*böswillig*) malicious. – **II** *adv* **3.** sich ~ verhalten to behave in an underhand way; ~ fragen to ask sneakily (*od.* craftily). — **'Hin·ter·,häl·tig·keit** *f* ⟨-; *no pl*⟩ **1.** insidiousness, underhand(ed)ness: er ist unbeliebt wegen seiner ~ he is disliked because of his underhand way (*od.* methods). – **2.** maliciousness.

'Hin·ter,hand *f* ⟨-; *no pl*⟩ **1.** (*des Pferdes etc*) hindquarter, *Br.* hind quarter. – **2.** (*games*) younger (*od.* youngest) hand: in der ~ sein (*od.* sitzen) to be the younger hand; er hat noch etwas in (*od.* auf) der ~ *fig.* he has s.th. up his sleeve.

'Hin·ter,haupt *n med. zo.* back of the head, occipital region (*scient.*): über dem ~ (gelegen) supraoccipital.

'Hin·ter,haupt(s)|,bein *n med. zo.* occipital bone. — **~fon·ta,nel·le** *f med.* posterior (*od.* occipital) fontanel (*auch* fontanelle). — **~,höcker** (*getr.* -k·k-) *m* external occipital protuberance, inion (*scient.*). — **~,la·ge** *f* (*in der Geburtshilfe*) vertex presentation. — **~,lap·pen** *m* occipital lobe. — **~,loch** *n* occipital foramen, foramen magnum.

'Hin·ter,haus *n* rear building, house (*od.* building) in (*od.* at) the back. — **~,woh·nung** *f* appartment (*bes. Br.* flat) in the building at the back.

,hin·ter'her *adv* **1.** (*örtlich*) behind, after. – **2.** (*zeitlich*) afterward(s), later: verschieb es auf ~ postpone it till afterward(s); erst gingen wir spazieren und ~ ins Kino first we had a walk, afterward(s) (*od.* after that) we went to the cinema; ~ sieht alles einfach(er) aus things always look easier afterwards. — **~,fah·ren** *v/i* ⟨*irr, sep,* -ge-, sein⟩ **1.** drive behind. – **2.** (*folgen*) follow. — **~,ge·hen** *v/i* ⟨*irr, sep,* -ge-, sein⟩ **1.** go (*od.* walk) behind. – **2.** (*folgen*) follow. — **~,hin·ken** *v/i* ⟨*sep,* -ge-, sein⟩ **1.** limp behind: die anderen gingen weiter, und er hinkte hinterher the others went on and he limped behind (*od.* after them). – **2.** *fig. colloq.* lag behind, be behind: mit (*od.* bei) seiner Arbeit ~ to lag behind in one's work; hinter der allgemeinen Entwicklung ~ to lag behind the general development; er hinkt immer mit seinen Zahlungen hinterher he is always behind(hand) with his payments. — **~,kleckern** (*getr.* -k·k-) *v/i* ⟨*sep,* -ge-, sein⟩ *colloq.* come (*od.* be) late: er kommt nie rechtzeitig, sondern kleckert immer hinterher he is never on time but always turns up late. — **~,kom·men** *v/i* ⟨*irr, sep,* -ge-, sein⟩ **1.** come behind. – **2.** (*folgen*) follow. — **~,lau·fen** *v/i* ⟨*irr, sep,* -ge-, sein⟩ **1.** *cf.* hinterherrennen. – **2.** *cf.* hinterhergehen. – **3.** j-m ~ *fig. colloq.* (*nachlaufen*) to run after s.o. — **~,ren·nen** *v/i* ⟨*irr, sep,* -ge-, sein⟩ run behind: j-m ~ to run behind (*od.* after) s.o. — **~,schlei·fen** *v/t* ⟨*sep,* -ge-, h⟩ drag (*s.th.*) along behind (*od.* after) one. — **~,schrei·en** *v/i* ⟨*irr, sep,* -ge-, h⟩ j-m ~ to shout (*od.* yell) after s.o. — **~,sein** *v/i* ⟨*irr, sep,* -ge-, sein⟩ *colloq.* (*auf etwas aussein*) be keen (*od.* bent, set) on it: sie ist sehr hinterher, daß er pünktlich kommt she is always after him to be punctual. — **~,tra·gen** *v/t* ⟨*irr, sep,* -ge-, h⟩ (j-m) etwas ~ to follow (s.o.) with s.th.: ich muß ihr alles, was sie vergißt, ~ I always have to follow her with the things she forgets.

'Hin·ter|,hirn *n med.* hindbrain, afterbrain, metencephalon (*scient.*). — **~,hof** *m* backyard. — **~,horn** *n med.* (*des Rückenmarks*) dorsal horn. — **~,kan·te** *f* **1.** rear edge. – **2.** *aer.* (*eines Tragflügels*) trailing edge. — **~,kap·pe** *f* (*am Schuh*) stiffening counter. — **~,keu·le** *f gastr.* hind leg (*od.* joint): ~n rump *sg.* — **~,kie·mer** *m* ⟨-s; -⟩ *zo.* gastropod, opisthobranch (*scient.*)

(*Ordng Opisthobranchia*). — **h~ˌkip·pen** *v/t* ⟨*sep*, -ge-, h⟩ einen ~ *colloq.* to have (*od. colloq.* knock down) a drink: er kippt gern einen hinter he likes a drink; he likes to lift (*od.* bend, crook) an elbow, he likes to wet his whistle (*colloq.*). — **~ˌkip·per** *m tech.* end tipper, end-dump truck. — **~ˌkopf** *m* back of the head, occiput (*scient.*): auf den ~ fallen to fall on the back of one's head; sie hat keinen ~ the back of her head is flat. — **~ˌla·der** *m hist.* (*Gewehr*) breechloader, *Br.* breech-loader, breech-loading gun. — **~ˌla·ge** *f* **1.** (*hinter Spiegeln etc*) backing. – **2.** *Swiss* (*Pfand*) deposit, pledge. — **~ˌla·ger** *n tech.* rear bearing. — **~ˌland** *n* ⟨-(e)s; *no pl*⟩ hinterland, up-country, *bes. Am.* back-country: ins ~ reisen to travel up-country.

'hin·terˌlas·sen[1] *v/t* ⟨*irr, sep*, -ge-, h⟩ j-n ~ *colloq.* to let s.o. go (*od.* pass) behind.

ˌhin·ter'las·sen[2] **I** *v/t* ⟨*irr, insep, no* -ge-, h⟩ **1.** (*nach dem Tode*) leave, (*testamentarisch*) *auch* bequeath: j-m etwas ~ to leave s.o. s.th., to leave (*od.* bequeath) s.th. to s.o.; er hinterläßt (eine) Frau und vier Kinder he leaves a wife and four children; bei seinem Tode hat er ihr nur Schulden ~ he died leaving her nothing but debts (*bes. jur.* liabilities); ein [kein] Testament ~ a) to leave a [no] will, b) *jur.* to die testate [intestate]. – **2.** *fig.* (*überliefern*) leave, bequeath (*lit.*). – **3.** (*zurücklassen*) leave: der Einbrecher hinterließ keine Spuren the burglar left no traces behind; die Peitsche hinterließ Striemen auf seinem Rücken the whip left scores on his back; einen guten Eindruck ~ *fig.* to leave a good impression; eine Nachricht ~ to leave a message, to leave word. – **II H~** *n* ⟨-s⟩ **4.** *verbal noun.* – **5.** *cf.* Hinterlassung.

ˌhin·ter'las·sen[3] **I** *pp of* hinterlassen[2]. – **II** *adj* ⟨*attrib*⟩ (*Werke etc*) posthumous.

ˌHin·ter'las·se·ne *m, f* ⟨-n; -n⟩ *cf.* Hinterbliebene.

ˌHin·ter'las·sen·schaft *f* ⟨-; -en⟩ **1.** *jur.* a) property left, estate, b) (*Erbteil*) inheritance, c) (*eines Schuldners*) assets *pl*: j-s ~ antreten a) to come into s.o.'s inheritance, b) *fig. humor.* (*unvollendete Arbeit*) to take over s.o.'s job. – **2.** *fig.* heritage, bequest.

ˌHin·ter'las·sung *f* ⟨-; *no pl*⟩ **1.** *cf.* Hinterlassen[2]. – **2.** leaving: unter ~ einer Familie [von Schulden] leaving a family [unsettled debts]; er starb ohne ~ eines Testaments a) he died without leaving a will, b) *jur.* he died intestate. – **3.** *jur.* devise.

'hin·terˌla·stig [-ˌlastɪç] *adj* **1.** *aer.* tail-heavy. – **2.** *mar. cf.* achterlastig.

'Hin·terˌlauf *m hunt.* (*von Haarwild*) hind leg.

ˌhin·ter'le·gen I *v/t* ⟨*insep, no* -ge-, h⟩ **1.** *econ. jur.* (bei j-m) a) deposit (with s.o.), b) (*Güter*) bail (to s.o.): Geld bei der Bank ~ to deposit (*od.* lodge) money in a bank; einen Betrag als Pfand ~ to deposit an amount (of money) as a security; → Kaution. – **2.** (*zur Verwahrung etc*) leave: du solltest deinen Schmuck ~ you should leave your jewel(le)ry in safe custody; er hinterlegte den Schlüssel beim Nachbarn he left the key with his neighbo(u)r; etwas in der Garderobe ~ to leave s.th. in the checkroom (*Br.* cloak-room). – **3.** *bes. tech.* back: etwas mit etwas ~ to back s.th. with s.th. – **II H~** *n* ⟨-s⟩ **4.** *verbal noun.* – **5.** *cf.* Hinterlegung. — **ˌHin·ter'le·ger** *m* ⟨-s; -⟩ *econ. jur.* depositor. — **ˌHin·ter'le·gung** *f* ⟨-; *no pl*⟩ **1.** *cf.* Hinterlegen. – **2.** *econ. jur.* a) (*einer Sicherheit, von Geld etc*) deposit, b) (*von Gütern etc*) bailment: gerichtliche ~ a) deposit in court, b) (*von Geld*) payment into court; j-n gegen ~ einer Kaution freilassen to release s.o. on bail; gegen ~ eines Pfandes on depositing a security.

ˌhin·ter'le·gungs|ˌfä·hig *adj econ.* (*Wertpapiere etc*) qualified for being deposited, depositable. — **H~ˌgel·der** *pl econ.* **1.** moneys (*od.* monies) deposited, deposited funds. – **2.** (*bei Treuhänderschaft*) trust moneys (*od.* monies, funds). — **H~ˌschein** *m* certificate (*od.* letter) of deposit, trust receipt. — **H~ˌstel·le** *f* **1.** depository. – **2.** (*Hinterlegungsamt*) public trust office. — **H~ˌsum·me** *f econ.* **1.** sum deposited. – **2.** (*im Effektenhandel*) margin.

'Hin·terˌleib *m zo.* a) (*bes. der Insekten*) abdomen, b) (*bei Kranzfühlern*) metasoma: zum ~ gehörig abdominal.

'Hin·terˌleibs|ˌanˌhang *m zo.* (*der Arthropoden*) postabdomen. — **~ˌbor·ste** *f* abdominal bristle. — **~ˌfortˌsatz** *m* (*einer Schmetterlingspuppe*) cremaster. — **~ˌring** *m* abdominal segment. — **~ˌschild** *m* abdominal tergite.

'Hin·terˌlist *f* ⟨-; *no pl*⟩ **1.** deceit, cunning, craftiness: er erreichte es durch ~ he achieved it by cunning (*od.* deceitful means, insidious means). – **2.** (*Tücke*) insidiousness, underhand(ed)ness, treachery: er sagte es voller ~ he said it in an insidious (*od.* sneaky) way. – **3.** (*Trick, List*) (underhanded) trick, dodge, ruse: sein Rat war nichts als eine ~ his advice was nothing but a trick. — **'hin·terˌli·stig I** *adj* **1.** deceitful, cunning, crafty. – **2.** (*tückisch*) insidious, underhand(ed): etwas zu ~en Zwecken verwenden *colloq. humor.* to use s.th. as toilet paper. – **II** *adv* **3.** j-n ~ fragen to ask s.o. in an underhanded way; j-n ~ in eine Falle locken to lure s.o. deceitfully into a trap. — **'Hin·terˌli·stig·keit** *f* ⟨-; *no pl*⟩ **1.** deceitfulness, cunning, craftiness. – **2.** *cf.* Hinterlist.

'Hin·terˌlu·ke *f mar.* afterhatch.

hin·term ['hɪntərm] *colloq. for* hinter dem.

'Hin·ter|ˌmann *m* ⟨-(e)s; =er⟩ **1.** man behind (*od.* following). – **2.** *mil.* man to one's rear. – **3.** *mar.* ship next astern. – **4.** *econ.* a) backer, b) (*eines Wechsels*) subsequent endorser. – **5.** *meist pl fig.* instigator, ringleader, brains *pl* behind the scenes (*colloq.*): der Putsch wurde von mächtigen Hintermännern angestiftet the revolt was instigated by powerful men (operating) behind the scenes. – **6.** *meist pl fig.* (*Drahtzieher*) wirepuller. — **~ˌmann·schaft** *f* (*sport*) defence, *Am.* defense.

ˌHin·ter'maue·rung *f civ.eng.* back-up masonry, backing.

hin·tern ['hɪntərn] *colloq. for* hinter den.

'Hin·tern *m* ⟨-s; -⟩ *colloq.* bottom, posterior (*humor.*); backside, behind (*colloq.*): ein Tritt in den ~ a kick in the backside (*od.* pants); er fiel auf den ~ he fell on his behind, *bes. Am.* he took a pratfall; er versohlte seinem Sohn den ~ he smacked his son's bottom, he spanked his son; sich (glatt) auf den ~ setzen *fig.* to be (completely) bowled over; ich war so verblüfft, daß ich mich beinahe auf den ~ gesetzt hätte *fig.* I was so flabbergasted that you could have knocked me down with a feather; Hummeln im ~ haben *fig.* to have ants in one's pants; j-m in den ~ kriechen *fig. vulg. Am.* to kiss s.o.'s ass (*vulg.*), to brownnose s.o. (*sl.*), *Br. colloq.* to lick s.o.'s boots; ich könnte mich in den ~ beißen (*vor Wut etc*) I could kick myself.

'Hin·ter|ˌpau·sche *f* (*sport*) **1.** (*des Reitsattels*) cantle. – **2.** (*des Seitpferds*) rear-end pommel. — **~ˌpfor·te** *f* back gate. — **~ˌpfo·te** *f* hind paw. — **~quarˌtier** *n colloq. cf.* Hintern.

'Hin·terˌrad *n* **1.** *tech.* rear (*od.* back) wheel. – **2.** (*railway*) (*einer Lokomotive*) trailing wheel. — **~ˌach·se** *f tech.* rear (*od.* back) (wheel) axle. — **~ˌanˌtrieb** *m* rear (wheel) drive. — **~ˌaufˌhän·gung** *f* rear (wheel) suspension. — **~ˌbrem·se** *f* rear (wheel) brake. — **~ˌga·bel** *f* (*am Fahrrad*) bottom fork, chain stay.

'Hin·ter|ˌraum *m mar.* afterhold. — **~ˌrei·fen** *m tech.* rear tire (*bes. Br.* tyre).

'hin·terˌrücks [-ˌrʏks] *adv* **1.** from behind: er wurde ~ erschlagen he was slain from behind; j-n ~ angreifen to attack s.o. from behind (*od.* the back). – **2.** *fig.* behind s.o.'s back, insidiously: sie hat ihn ~ verleumdet she slandered him behind his back, she stabbed him in the back; ~ handeln to go behind s.o.'s back, to act insidiously. [→ Licht 1.]

hin·ters ['hɪntərs] *colloq. for* hinter das:

'Hin·terˌsaß [-ˌzas] *m* ⟨-ssen; -ssen⟩ *hist. cf.* Hintersasse.

'Hin·terˌsas·se [-ˌzasə] *m* ⟨-n; -n⟩ *hist.* **1.** va(l)vas(s)or, *bes. Br.* vavasour, rear vassal. – **2.** *cf.* Aftervasall. — **'Hin·terˌsas·senˌgut** *n jur. hist.* a) vill(e)inage, *auch* villenage, b) *cf.* Afterlehen.

'Hin·ter|ˌsatz *m philos.* **1.** conclusion. – **2.** (*in der Logik*) concluding (*od.* consequent) clause. – **3.** apodosis. — **~ˌschiff** *n mar.* afterbody. — **h~'schlei·fen** [ˌhɪntər-] *v/t* ⟨*irr, insep, no* -ge-, h⟩ relief-grind. — **h~ˌschlin·gen** *v/t* ⟨*irr, sep*, -ge-, h⟩ *colloq. cf.* hinunterschlingen. — **h~ˌschlucken** (*getr.* -k·k-) *v/t* ⟨*sep*, -ge-, h⟩ *colloq.* swallow (*s.th.*) down. — **~ˌse·gel** *n mar.* after sail. — **~ˌseil** *n* (*mining*) tail rope. — **~ˌsei·te** *f* **1.** (*eines Hauses, Schrankes etc*) back (side), rear side. – **2.** (*Rückseite*) reverse side. — **~ˌsinn** *m* ⟨-(e)s; *no pl*⟩ deeper meaning. — **h~'sin·nen** [ˌhɪntər-] *v/reflex* ⟨*irr, insep, no* -ge-, h⟩ sich ~ *Swiss* brood, become melancholy. — **h~ˌsin·nig** *adj* **1.** brooding, melancholy. – **2.** having (*od.* with) a deeper meaning. — **~ˌsitz** *m* back (*od.* rear) seat. — **~ˌspie·ler** *m* (*sport*) (*beim Faustball*) back.

'hin·terst I *sup of* hintere. – **II** *adj* ⟨*attrib*⟩ **1.** last, backmost, hindmost, rearmost: wir saßen in der ~en Reihe we sat in the back row; am ~en Ende at the tail end, at the very end. – **2.** *mar.* a) aftermost, b) *cf.* achterst. – **III H~e, das** ⟨-n⟩ **3.** *only in* das H~e zuvorderst kehren to turn everything upside down (*od.* topsy-turvy).

'Hin·ter·ste[1] *m, f* ⟨-n; -n⟩ last, backmost, hindmost, rearmost: die ~n konnten kaum etwas sehen the people right at the back could hardly see anything.

'Hin·ter·ste[2] *m* ⟨-n; -n⟩ *colloq. cf.* Hintern.

ˌhin·ter'ste·chen *v/t* ⟨*irr, insep, no* -ge-, h⟩ *tech.* recess, undercut, groove.

'Hin·ter|ˌste·ven *m mar.* sternpost, *Br.* stern-post. — **~ˌstu·be** *f* back room. — **~ˌteil** *n* **1.** back (part), rear (part). – **2.** *colloq. cf.* Hintern. – **3.** *zo.* a) rump, b) (*eines Vierfüßers*) hindquarter, *Br.* hind quarter. – **4.** *mar.* stern. — **~ˌtref·fen** *n* (*in Wendungen wie*) ins ~ geraten (*od.* kommen) to be put at a disadvantage, to fall (*od.* drop, get) behind; er ist (*od.* befindet sich) mit seinen Studien im ~ he has fallen behind(hand) with his studies; dieser Zwischenfall hat mich ins ~ gebracht this incident has put me at a disadvantage.

ˌhin·ter'trei·ben I *v/t* ⟨*irr, insep, no* -ge-, h⟩ **1.** (*Pläne etc*) thwart, foil, frustrate. – **2.** (*Heirat, Beförderung etc*) prevent. – **3.** (*Gesetzgebung etc*) obstruct, block. – **II H~** *n* ⟨-s⟩ **4.** *verbal noun.* — **ˌHin·ter'trei·bung** *f* ⟨-; -en⟩ **1.** *cf.* Hintertreiben. – **2.** (*von Plänen etc*) frustration. – **3.** (*einer Heirat, Beförderung etc*) prevention. – **4.** (*der Gesetzgebung etc*) obstruction.

'Hin·terˌtrep·pe *f* back stairs *pl*, *Br.* backstairs *pl* (*construed as sg or pl*).

'Hin·terˌtrep·pen|geˌflü·ster *n* backstair(s) gossip. — **~li·te·raˌtur** *f* cheap (*od.* trashy, backstair[s]) literature (*od.* fiction), *Am. auch* dime novels *pl.* — **~po·liˌtik** *f* backstair(s) politics *pl* (*construed as sg or pl*). — **~roˌman** *m Am.* dime novel, *Br.* shilling shocker, cheap sensational novel.

'Hin·ter|ˌtür *f* back door: er ist durch die ~ entkommen he escaped by the back door; er läßt (*od.* hält) sich immer eine ~ offen *fig. colloq.* he always leaves himself a back door open, he always leaves himself a loop(-)hole (*od.* way out); durch die ~ wiederkommen *auch fig.* to come in again by (*od.* at) the back door; durch die ~ *fig. colloq.* by indirect channels. — **~ˌtür·chen** *n bes. fig. dim. of* Hintertür. — **~ˌvier·tel** *n* (*eines Schlachttieres*) hindquarter, *Br.* hind quarter.

'Hin·terˌwäld·ler [-ˌvɛltlər] *m* ⟨-s; -⟩ *contempt.* backwoodsman, country bumpkin, yokel; *Am. colloq.* hillbilly, hick. — **'hin·terˌwäld·le·risch** *adj* uncouth, backwoods(y).

'Hin·ter|ˌwal·zer *m metall.* catcher. — **~ˌwand** *f* **1.** back (*od.* rear) wall. – **2.** *med.* (*eines Organs*) posterior wall.

'hin·terˌwärts *adv archaic* toward(s) the back (*od.* rear), backward(s), rearward(s).

'Hin·ter|ˌzan·ge *f tech.* end vice. — **~ˌze·he** *f zo.* hind toe: ohne ~ lacking a hind toe, (*bei Vögeln*) *auch* epollicate (*scient.*).

ˌhin·ter'zie·hen I *v/t* ⟨*irr, insep, no* -ge-, h⟩ evade: Steuern ~ to evade (payment of) tax, to defraud the tax authorities. – **II H~** *n* ⟨-s⟩ *verbal noun.* — **ˌHin·ter'zie·her** *m* ⟨-s; -⟩ *jur.* (tax) evader. — **ˌHin·ter'zie·hung** *f* ⟨-; -en⟩ **1.** *cf.* Hinterziehen. – **2.** evasion: ~ von Steuern tax evasion, defraudation of the tax authorities.

'Hin·ter|ˌzim·mer *n* back room. — **~ˌzun·gen·voˌkal** *m ling.* back vowel. — **~ˌzwie·sel** *m* (*des Reitsattels*) cantle.

'hinˌtra·gen *v/t* ⟨*irr, sep*, -ge-, h⟩ etwas [j-n] ~ to carry (*od.* take) s.th. [s.o.] there: etwas zu j-m ~ to take s.th. to s.o.

ˈhinˌträu·men *v/i* ⟨*sep*, -ge-, h⟩ **vor** (*acc*) **sich** ~ to daydream, *Br.* to day-dream.

ˈhinˌtrei·ben I *v/t* ⟨*irr, sep*, -ge-, h⟩ **j-n [Tiere]** ~ (**zu** to) to drive s.o. [animals] (there): **Kühe zur Weide** ~ to drive cows to pasture. – **II** *v/i* ⟨sein⟩ (**nach, zu** to, toward[s]) drift, float: **das Boot trieb zum Ufer hin** the boat drifted toward(s) the shore.

ˈhinˌtre·ten *v/i* ⟨*irr, sep*, -ge-, sein⟩ **1.** step, tread: **man wußte vor Schmutz nicht, wo man** ~ **sollte** there was so much dirt that you didn't know where to tread (*od.* where to put your feet). – **2. vor j-n** ~ (*mit Bitte, Ansinnen etc*) to step up to s.o.

ˈHinˌtritt *m obs. for* Tod 1.

ˈHintschˌkraut [ˈhɪntʃ-] *n bot. cf.* **Bittersüß.**

ˈhinˌtun *v/t* ⟨*irr, sep*, -ge-, h⟩ *colloq.* put (*s.th.*) there: **wo soll ich es** ~? where shall I put it? where does it go? **ich weiß nicht, wo ich ihn** ~ **soll** *fig.* I can't place him.

hin·über [hɪˈnyːbər] *adv* (*von hier nach dort drüben*) **1.** over (there), across (there): **quer** ~ right across; **die Fahrt nach England** ~ the journey over (*od.* across) to England. – **2.** ~ **sein** *colloq.* a) (*tot*) to be dead, to have given up the ghost (*colloq.*), b) (*betrunken*) to be drunk (*od. colloq.* well away), c) (*eingeschlafen*) to be fast asleep (*od. colloq.* well away), d) (*verdorben*) to be ruined, to be done for (*colloq.*), to have had it (*colloq.*), e) (*von Speisen*) to have gone off, to be off, to have gone bad, to be spoiled (*od.* spoilt).

hinˈüber|beˌge·ben *v/reflex* ⟨*irr, sep, no* -ge-, h⟩ **sich (in ein anderes Zimmer)** ~ to go over (to another room). — ~**ˌblicken** (*getr.* -k·k-) *v/i* ⟨*sep*, -ge-, h⟩ (**zu** at) look (*od.* glance) over (*od.* across). — ~**ˌbrin·gen** *v/t* ⟨*irr, sep*, -ge-, h⟩ **j-n [etwas]** ~ to take s.o. [s.th.] over (*od.* across): **würden Sie mich bitte** ~? (*über die Straße*) would you please take (*od.* see) me across? — ~**ˌdür·fen** *v/i* ⟨*irr, sep*, -ge-, h⟩ be allowed (to go) over (*od.* across). — ~**ˌei·len** *v/i* ⟨*sep*, -ge-, sein⟩ hurry (*od.* rush) over (*od.* across). — ~**ˌfah·ren I** *v/i* ⟨*irr, sep*, -ge-, sein⟩ **1.** go (*od.* travel) over (*od.* across): **nach Österreich** ~ a) to go over (*od.* take a trip) to Austria, b) (*im eigenen Wagen*) to drive over to Austria; **über die Grenze** ~ to go (*od.* travel) across (*od.* to cross) the frontier. – **II** *v/t* ⟨h⟩ **2. j-n** ~ (**nach** to) to drive (*od.* take, run) s.o. over (*od.* across). – **3. etwas** ~ (**nach** to) to take (*od.* carry, convey) s.th. over (*od.* across). — ~**ˌflie·gen** *v/i* ⟨*irr, sep*, -ge-, sein⟩ (**nach** to) fly over (*od.* across). — ~**ˌfüh·ren I** *v/t* ⟨*sep*, -ge-, h⟩ **1. j-n über** (*acc*) **etwas** ~ to lead (*od.* take) s.o. over (*od.* across) s.th.: **den Blinden über die Straße** ~ to lead (*od.* see, guide) the blind man across the street. – **2.** *math.* (*auf die andere Seite einer Gleichung*) transpose. – **II** *v/i* **3.** (*von Brücke, Straße etc*) lead over (*od.* across): **nur ein schmaler Steg führt über den Fluß hinüber** only a narrow foot(-)path leads across the river. – **4.** ~ **zu** *fig.* (*von Gedanken etc*) to border on, to verge on (*od.* toward[s]). — ~**ˌge·ben** *v/t* ⟨*irr, sep*, -ge-, h⟩ **j-m etwas** ~ to hand (*od.* pass) s.th. over to s.o. — ~**ˌge·hen** *v/i* ⟨*irr, sep*, -ge-, sein⟩ **1.** go (*od.* walk) over (*od.* across): **auf die andere Straßenseite** ~ to go (*od.* cross) over to the other side of the road, to cross the road. – **2.** *cf.* **hinüberführen** 3. – **3.** *lit. euphem.* pass away (*od.* on), die. — ~**ˌgrei·fen** *v/i* ⟨*irr, sep*, -ge-, h⟩ **1.** reach over (*od.* across). – **2.** *fig.* extend over to: **philosophische Probleme, die in die Religion** ~ philosophical problems that extend over to the realm of religion. — ~**ˌgucken** (*getr.* -k·k-) *v/i* ⟨*sep*, -ge-, h⟩ *cf.* **hinüberblicken.** — ~**ˌhe·ben** *v/t* ⟨*irr, sep*, -ge-, h⟩ **j-n [etwas]** ~ to lift s.o. [s.th.] over (*od.* across). — ~**ˌhel·fen** *v/i* ⟨*irr, sep*, -ge-, h⟩ **j-m** ~ to help s.o. (to get) over (*od.* across). — ~**ˌklet·tern** *v/i* ⟨*sep*, -ge-, sein⟩ (**über** *acc* **etwas**) ~ to climb (*od.* scramble) over (*od.* across) (s.th.). — ~**ˌkom·men** *v/i* ⟨*irr, sep*, -ge-, sein⟩ **1.** get over (*od.* across): **über eine Mauer** ~ to get over a wall. – **2. zu j-m** ~ (*auf Besuch*) to come over (*od.* across) (to see s.o.). — ~**ˌkön·nen** *v/i* ⟨*irr, sep*, -ge-, h⟩ **über** (*acc*) **etwas** ~ to be able to get over (*od.* across) s.th.: **ich kann nicht zu ihnen hinüber** I cannot get over to them. — ~**ˌlan·gen** *v/i* ⟨*sep*, -ge-, h⟩ reach over (*od.* across). — ~**ˌlas·sen** *v/t* ⟨*irr, sep*, -ge-, h⟩ **j-n** ~ to allow s.o. to (*od.* to let s.o.) go over (*od.* across). — ~**ˌlau·fen** *v/i* ⟨*irr, sep*, -ge-, sein⟩ **1.** go (*od.* walk) over (*od.* across). – **2.** run over (*od.* across). — ~**ˌleh·nen** *v/reflex* ⟨*sep*, -ge-, h⟩ **sich über** (*acc*) **etwas** ~ to lean over s.th.; **er mußte sich weit über das Brückengeländer** ~, um he had to lean out far over the railing of the bridge (in order) to. — ~**ˌlocken** (*getr.* -k·k-) *v/t* ⟨*sep*, -ge-, h⟩ **j-n [ein Tier]** ~ to lure (*od.* entice) s.o. [an animal] (to come) over (*od.* across). — ~**ˌmüs·sen** *v/i* ⟨*irr, sep*, -ge-, h⟩ *colloq.* have to go over (*od.* across): **über die Straße** ~ to have to go over (*od.* to cross) the street. — ~**ˌneh·men** *v/t* ⟨*irr, sep*, -ge-, h⟩ **j-n [etwas] (mit)** ~ to take s.o. [s.th.] over (*od.* across) (with one). — ~**ˌrei·chen I** *v/t* ⟨*sep*, -ge-, h⟩ **j-m etwas** ~ to pass (*od.* hand) s.th. over (*od.* across) to s.o. – **II** *v/i* (**bis** to) reach (*od.* extend) over (*od.* across). — ~**ˌren·nen** *v/i* ⟨*irr, sep*, -ge-, sein⟩ *cf.* **hinüberlaufen** 2. — ~**ˌret·ten** *v/t* ⟨*sep*, -ge-, h⟩ **1. etwas [j-n]** ~ to take s.th. [s.o.] over (*od.* across) to safety. – **2.** *fig.* (*alte Tradition etc*) keep (*s.th.*) alive. — ~**ˌru·fen I** *v/t* ⟨*irr, sep*, -ge-, h⟩ (*Schimpfworte etc*) call (*od.* shout) (*s.th.*) over (*od.* across). – **II** *v/i* **zu j-m** ~ to call (*od.* shout) over (*od.* across) to s.o. — ~**ˌschaf·fen** *v/t* ⟨*sep*, -ge-, h⟩ carry (*od.* get) (*s.th.*) over (*od.* across): **die Möbel in ein anderes Zimmer** ~ to carry (*od.* move) the furniture over (in)to another room. — ~**ˌschau·en** *v/i* ⟨*sep*, -ge-, h⟩ look over (*od.* across). — ~**ˌschicken** (*getr.* -k·k-) *v/t* ⟨*sep*, -ge-, h⟩ **j-n [etwas]** ~ to send s.o. [s.th.] over (*od.* across). — ~**ˌschie·ben** *v/t* ⟨*irr, sep*, -ge-, h⟩ **1.** (*Schrank etc*) push (*s.th.*) over (*od.* across). – **2. j-m etwas** ~ (*Zettel etc*) to slide (*od.* pass) s.th. over (*od.* across) to s.o. — ~**ˌschie·ßen** *v/i* ⟨*irr, sep*, -ge-, h⟩ shoot (*od.* fire) over (*od.* across). — ~**ˌschla·fen** *v/i* ⟨*irr, sep*, -ge-, sein⟩, ~**ˌschlum·mern** *v/i* ⟨*sep*, -ge-, sein⟩ *lit. euphem.* pass away peacefully. — ~**ˌschwim·men** *v/i* ⟨*irr, sep*, -ge-, sein⟩ swim over (*od.* across): **zur Insel** ~ to swim across to the island. — ~**ˌse·hen** *v/i* ⟨*irr, sep*, -ge-, h⟩ *cf.* **hinüberblicken.**

hinˈüberˌset·zen[1] **I** *v/t* ⟨*sep*, -ge-, h⟩ **1.** move (*s.th.*) over (*od.* across). – **2.** *cf.* **übersetzen**[2] 1. – **II** *v/reflex* **sich** ~ **3.** sit over there: **ich würde mich lieber zu euch** ~ I would rather sit over there with you. – **III** *v/i* ⟨sein⟩ **4.** (*springen*) jump (*od.* leap) over (*od.* across). – **5.** *cf.* **übersetzen**[2] 4.

ˈhinˌüberˌset·zen[2] [-ˌʔyːbər-] *v/i* ⟨*sep, no* -ge-, h⟩ translate into the foreign language.

hinˈüber|ˌspie·len I *v/t* ⟨*sep*, -ge-, h⟩ **1. den Ball** ~ (*sport*) to play (*od.* pass) the ball over (*od.* across): **den Ball zum Rechtsaußen** ~ to play the ball over (*od.* to pass the ball) to the outside right. – **II** *v/i* **2. ins Rote** ~ to have a tinge of red, to verge on red. – **3. ins Komische [Tragische]** ~ to verge on the comic [tragic]. — ~**ˌsprin·gen** *v/i* ⟨*irr, sep*, -ge-, sein⟩ **1.** jump (*od.* leap) over (*od.* across). – **2.** *colloq.* run over (*od.* across): **schnell mal zum Bäcker** ~ to run over to the baker's. — ~**ˌstei·gen** *v/i* ⟨*irr, sep*, -ge-, sein⟩ climb (*od.* step) over (*od.* across): **man konnte leicht über den Zaun** ~ one could easily step over the fence. — ~**ˌstel·len** *v/t* ⟨*sep*, -ge-, h⟩ place (*od.* put) (*s.th.*) over (*od.* across). — ~**ˌtra·gen** *v/t* ⟨*irr, sep*, -ge-, h⟩ **j-n [etwas]** ~ to carry s.o. [s.th.] over (*od.* across). — ~**trans·porˌtie·ren** *v/t* ⟨*sep, no* -ge-, h⟩ transport (*od.* carry) (*s.th.*) over (*od.* across). — ~**ˌwech·seln** *v/i* ⟨*sep*, -ge-, sein⟩ **1.** (*auf andere Straßenseite etc*) move (*od.* change, go) over (*od.* across). – **2.** (**in ein anderes Revier**) ~ *hunt.* (*von Wild*) to move over (*od.* across) to another district. – **3. zu einer anderen Partei [auf ein anderes Thema, in einen anderen Beruf]** ~ *fig.* to change parties [topics, professions]. — ~**ˌwer·fen** *v/t* ⟨*irr, sep*, -ge-, h⟩ throw (*od.* toss) (*s.th.*) over (*od.* across). — ~**ˌwol·len** ⟨*irr, sep*, -ge-, h⟩ *colloq.* want to go over (*od.* across): **über die Grenze** ~ to want to go over (*od.* to cross) the border. — ~**ˌzie·hen I** *v/t* ⟨*irr, sep*, -ge-, h⟩ **1.** pull (*od.* draw, drag) (*s.th.*) over (*od.* across): **sie hat die Decke ganz zu sich hinübergezogen** she pulled the blanket right over to her side. – **2. j-n zu sich** ~ *fig.* to win s.o. over to one's side. – **II** *v/i* ⟨sein⟩ **3. über** (*acc*) **etwas** ~ to go over (*od.* across) s.th., to cross s.th. – **4.** (*in andere Wohnung*) move over (*od.* across).

ˈHin ˌund ˈHer, das ⟨- - -⟩ **1.** (*Bewegung*) the to-and-fro, the coming and going: **das** ~ **einer Menschenmenge** the comings and goings *pl* of a crowd; **dieses ständige** ~ this continual coming and going. – **2.** (*Diskussion*) argument, discussion: **nach langem** ~ after long (*od.* tedious) discussion(s), after a long discussion of the pros and cons (of it).

ˌhin- ˌund ˈher·beˌwe·gen I *v/t* ⟨*sep, no* -ge-, h⟩ **1.** move (*s.th.*) to and fro (*od.* backward[s] and forward[s], back and forth). – **II** *v/reflex* **sich** ~ **2.** move to and fro (*od.* backward[s] and forward[s], back and forth). – **3.** *tech.* reciprocate, move up and down (*od.* backward[s] and forward[s]), alternate. — **ˌHin- ˌund ˈHer·beˌwe·gung** *f* **1.** to-and-fro (movement), backward and forward (*od.* back-and-forth) movement (*od.* motion). – **2.** *tech.* reciprocating (*od.* up-and-down, backward and forward, alternating) movement.

ˌhin- ˌund ˈherˌfah·ren *v/i* ⟨*irr, sep*, -ge-, sein⟩ go (*od.* travel, *im eigenen Wagen* drive) to and fro (*od.* backward[s] and forward[s], back and forth): **täglich zwischen Wohnung und Arbeitsplatz** ~ to commute between one's home and one's work. — **ˌHin- ˌund ˈHerˌfahrt** *f cf.* **Hin- und Rückfahrt.**

ˌhin- ˌund ˈherˌge·hen *v/i* ⟨*irr, sep*, -ge-, sein⟩ **1.** go (*od.* walk) to and fro (*od.* backward[s] and forward[s], back and forth). – **2.** *tech. cf.* **hin- und herbewegen** 3.

ˌhin- ˌund ˈherˌlau·fen *v/i* ⟨*irr, sep*, -ge-, sein⟩ run to and fro (*od.* backward[s] and forward[s], back and forth).

ˌhin- ˌund ˈherˌpen·deln *v/i* ⟨*sep*, -ge-, sein⟩ (*von Bussen etc*) (**zwischen** *dat* between) shuttle.

ˌHin- ˌund ˈHer|ˌrei·se *f cf.* **Hin- und Rückreise.** — ~**ˌweg** *m cf.* **Hin- und Rückweg.**

ˌhin- ˌund ˈherˌwer·fen *v/t* ⟨*irr, sep*, -ge-, h⟩ (*Ball etc*) throw (*od.* toss) (*s.th.*) to and fro (*od.* backward[s] and forward[s], back and forth): **der Sturm warf das Schiff hin und her** the ship was tossed backward(s) and forward(s) in the storm.

ˌHin- ˌund ˈRückˌfahrˌkar·te *f Br.* return ticket, *Am.* round-trip ticket.

ˌHin- ˌund ˈRückˌfahrt *f* journey there and back, *Am.* round trip: **wie teuer ist die** ~? how much is the return fare (*Am.* the round-trip fare)?

ˌHin- ˌund ˈRückˌflug *m* flight there and back, *Am.* round-trip flight.

ˌHin- ˌund ˈRückˌrei·se *f* journey there and back, *Am.* round trip.

ˌHin- ˌund ˈRückˌweg *m* way there and back.

hin- und zu·rück... *cf.* **hin- und her...**

hin·un·ter [hɪˈnʊntər] *adv* (*von hier oben nach dort unten*) down; **die Treppe** ~ down the stairs, downstairs; **den Berg** ~ down the mountain (*od.* hill), downhill; **da** (*od.* **dort**) **[hier]** ~ down there [here]; **weiter** ~ farther down; **hinauf und** ~ up and down; ~ **damit!** *colloq.* a) eat it up! get it down! b) drink it up! get it down! **vom Direktor bis** ~ **zum Arbeiter** *fig.* from the director down to the labo(u)rer.

hin·un·ter... *cf.* **herunter..., herab..., hinab...**

hinˈun·ter|beˌge·ben *v/reflex* ⟨*irr, sep, no* -ge-, h⟩ **sich** ~ go down: **sich die Treppe** ~ to go downstairs. — ~**beˌglei·ten** *v/t* ⟨*sep, no* -ge-, h⟩ **j-n** ~ to accompany (*od.* see, show) s.o. down(stairs). — ~**beˌmü·hen** *v/t* ⟨*sep, no* -ge-, h⟩ *u.* **sich** ~ *v/reflex cf.* **herabbemühen.** — ~**ˌbeu·gen I** *v/t* ⟨*sep*, -ge-, h⟩ **den Kopf** ~ to bend down one's head. – **II** *v/reflex* **sich (zu j-m)** ~ to bend (*od.* stoop) down (to s.o.). — ~**ˌblicken** (*getr.* -k·k-) *v/i* ⟨*sep*, -ge-, h⟩ **1.** look down: **in die Schlucht** ~ to look into the mountain cleft. – **2.** *fig. cf.* **herabsehen** 1. — ~**ˌbrin·gen** *v/t* ⟨*irr, sep*, -ge-, h⟩ **1. etwas** ~ to take (*od.* get) s.th. down: **etwas die Treppe** ~ to take s.th. downstairs. – **2. j-n** ~ to see (*od.* show, accompany) s.o. down(stairs). – **3. ich brachte nichts** (*od.* **keinen Bissen**) **hinunter** *colloq.* I couldn't eat (*od.* get down) a bite. — ~**ˌei·len** *v/i* ⟨*sep*, -ge-, sein⟩ hurry (*od.* rush) down. — ~**ˌfah·ren I** *v/i* ⟨*irr, sep*, -ge-, sein⟩ **1.** go (*od.* travel) down, (*im eigenen Wagen*) drive down: **warum fährst du nicht mit dem Fahrstuhl hinunter?** why don't you go (*od.* ride) down in the lift (*Am.* elevator)? – **II** *v/t* ⟨h *u.* sein⟩ **2.** ⟨h⟩ j-n [etwas] ~ to take (*od.* drive) s.o. [s.th.] down. – **3.** ⟨sein⟩ den Berg ~ to go down the mountain. — ~ˌ**fal·len I** *v/i* ⟨*irr, sep,* -ge-, sein⟩ fall down: paß auf, daß du nicht hinunterfällst! mind you don't fall down. – **II** *v/t* (*Treppe etc*) fall down: mit Gepolter die Treppe ~ to fall down the stairs (*od.* downstairs) with a crash, to crash down the stairs. — ~ˌ**flie·gen** *v/i u. v/t* ⟨*irr, sep,* -ge-, sein⟩ **1.** fly down. – **2.** *colloq. for* hinunterfallen. — ~ˌ**flie·ßen** *v/i* ⟨*irr, sep,* -ge-, sein⟩ **1.** (*von Wasser etc*) flow (*od.* pour) down. – **2.** (*von Tränen*) run (*od.* pour, stream) down. — ~ˌ**füh·ren I** *v/t* ⟨*sep,* -ge-, h⟩ j-n ~ to lead (*od.* guide, conduct) s.o. down. – **II** *v/i* lead (*od.* run) down, descend: führt dieser Weg zum See hinunter? does this path lead down to the lake? — ~ˌ**ge·hen I** *v/i* ⟨*irr, sep,* -ge-, sein⟩ **1.** go (*od.* walk) down. – **2.** *cf.* hinunterführen II. – **II** *v/t* **3.** (*Treppe etc*) go down: die Treppe ~ to go down the stairs (*od.* downstairs). — ~ˌ**gie·ßen** *v/t* ⟨*irr, sep,* -ge-, h⟩ **1.** pour (*s.th.*) down. – **2.** *colloq. cf.* hinunterkippen. — ~ˌ**glei·ten** *v/i* ⟨*irr, sep,* -ge-, sein⟩ glide (*od.* slide) down: an einem Seil ~ to slide down a rope. — ~ˌ**hel·fen** *v/i* ⟨*irr, sep,* -ge-, h⟩ j-m ~ to help s.o. down. — ~ˌ**kip·pen** *v/t* ⟨*sep,* -ge-, h⟩ *colloq.* (*Bier, Schnaps etc*) down, toss off (*od.* down), knock back. — ~ˌ**klet·tern I** *v/i* ⟨*sep,* -ge-, sein⟩ climb down: an einem Baum ~ to climb (*od.* shin) down a tree. – **II** *v/t* einen Baum ~ to climb (*od.* shin) down a tree. — ~ˌ**kol·lern** *v/i* ⟨*sep,* -ge-, sein⟩ *colloq.* roll down. — ~ˌ**kom·men I** *v/i* ⟨*irr, sep,* -ge-, sein⟩ get down, descend. – **II** *v/t* (*Berg etc*) get down: in dem hohen Schnee war es nicht leicht, den Berg hinunterzukommen it was not easy to get down the mountain in the deep snow. — ~ˌ**kön·nen** *v/i* ⟨*irr, sep,* -ge-, h⟩ *colloq.* be able to get down. — ~ˌ**las·sen I** *v/t* ⟨*irr, sep,* -ge-, h⟩ **1.** etwas (an einem Seil) ~ to let s.th. down (*od.* to lower s.th.) (on a rope). – **2.** j-n ~ *colloq.* to let s.o. go down. – **II** *v/reflex* **3.** sich (an einem Seil) ~ to let oneself down (*od.* to lower oneself) (on a rope). — ~ˌ**lau·fen I** *v/t* ⟨*irr, sep,* -ge-, sein⟩ run down: die Straße ~ to run down the street; Regentropfen liefen die Scheiben hinunter raindrops ran down the panes; Tränen liefen ihr die Wangen hinunter tears ran down her cheeks. – **II** *v/i* run down. – **III** *v/impers* es läuft mir eiskalt den Rücken hinunter *fig. colloq.* cold shivers run down my spine. — ~ˌ**müs·sen** *v/i* ⟨*irr, sep,* -ge-, h⟩ *colloq.* have to go down: ich muß noch einmal hinunter, um zu telefonieren I have to go down again to make a telephone call. — ~ˌ**neh·men** *v/t* ⟨*irr, sep,* -ge-, h⟩ j-n [etwas] mit ~ to take s.o. [s.th.] down with one. — ~ˌ**pur·zeln** *v/i* ⟨*sep,* -ge-, sein⟩ *colloq.* tumble down. — ~ˌ**rei·chen I** *v/t* ⟨*sep,* -ge-, h⟩ j-m etwas ~ to pass (*od.* hand) s.th. down to s.o. – **II** *v/i* (bis zu to) reach (*od.* go) down: die Gardinen reichen bis zum Boden hinunter the curtains reach down to the floor. — ~ˌ**ren·nen** *v/i* ⟨*irr, sep,* -ge-, sein⟩ run down. — ~ˌ**rol·len I** *v/i* ⟨*sep,* -ge-, sein⟩ **1.** roll down. – **II** *v/t* ⟨h *u.* sein⟩ **2.** ⟨h⟩ roll (*s.th.*) down. – **3.** ⟨sein⟩ der Ball ist den Hügel hinuntergerollt the ball rolled down the hill. — ~ˌ**ru·fen I** *v/t* ⟨*irr, sep,* -ge-, h⟩ (*Schimpfworte etc*) call (*od.* shout) (*s.th.*) down. – **II** *v/i* zu j-m ~ to call (*od.* shout) down to s.o. — ~ˌ**rut·schen I** *v/i* ⟨*sep,* -ge-, sein⟩ **1.** slide down: auf dem Treppengeländer ~ to slide down the banisters. – **2.** (*von Strümpfen*) slip down. – **II** *v/t* **3.** slide down: das Treppengeländer ~ to slide down the banisters. — ~ˌ**schau·en** *v/i* ⟨*sep,* -ge-, h⟩ *cf.* herabsehen. — ~ˌ**schicken** (*getr.* -k·k-) *v/t* ⟨*sep,* -ge-, h⟩ j-n [etwas] ~ to send s.o. [s.th.] down. — ~ˌ**schlän·geln** *v/reflex* ⟨*sep,* -ge-, h⟩ sich ~ (*von Pfad etc*) meander (*od.* wind its way) down. — ~ˌ**schlei·chen** *v/i* ⟨*irr, sep,* -ge-, sein⟩ *u.* sich ~ *v/reflex* ⟨h⟩ steal (*od.* creep, sneak) down: er schlich (sich) leise hinunter he stole noiselessly down(stairs). — ~ˌ**schlin·gen** *v/t* ⟨*irr, sep,* -ge-, h⟩ *colloq.* gulp (*od.* gobble, bolt) down: sein Essen gierig ~ to gulp down one's food greedily, to wolf down (*od.* devour) one's food. — ~ˌ**schlucken** (*getr.* -k·k-) *v/t* ⟨*sep,* -ge-, h⟩ **1.** swallow (*s.th.*) (down): eine Pille unzerkaut ~ to swallow a pill whole. – **2.** *fig. colloq.* (*hinnehmen*) swallow: sie hat im Leben viel ~ müssen she has had to take (*od.* swallow) a lot during her life. – **3.** *fig. colloq.* (*unterdrücken*) swallow, gulp down (*od.* back), suppress: er versuchte, seinen Ärger hinunterzuschlucken he tried to swallow (*od.* choke back) his anger. — ~ˌ**schmei·ßen** *v/t* ⟨*irr, sep,* -ge-, h⟩ *colloq. for* hinunterwerfen. — ~ˌ**se·hen** *v/i* ⟨*irr, sep,* -ge-, h⟩ *cf.* herabsehen. — ~ˌ**sprin·gen** *v/i* ⟨*irr, sep,* -ge-, sein⟩ jump down: von etwas ~ to jump down from (*od.* off) s.th. — ~ˌ**spü·len** *v/t* ⟨*sep,* -ge-, h⟩ *auch fig.* wash (*od.* swill) down: etwas den Abguß ~ to wash s.th. down the drain; das Essen mit einem guten Tropfen ~ *fig. colloq.* to wash down one's food with a nice wine; seinen Ärger mit einem Kognak ~ *fig. colloq.* to wash down one's anger with a brandy. — ~ˌ**stei·gen I** *v/t* ⟨*irr, sep,* -ge-, sein⟩ **1.** (*Berg, Baum etc*) climb down, descend. – **2.** (*Treppe*) descend, go down(stairs). – **II** *v/i* **3.** (von from) climb (*od.* go) down, descend. — ~ˌ**sto·ßen** *v/t* ⟨*irr, sep,* -ge-, h⟩ push (*s.o., s.th.*) down: j-n die Treppe ~ to push s.o. down the stairs (*od.* downstairs). — ~ˌ**stür·zen I** *v/t* ⟨*sep,* -ge-, h *u.* sein⟩ **1.** ⟨sein⟩ fall down: sie stolperte und stürzte die Treppe hinunter she stumbled and fell down the stairs. – **2.** ⟨sein⟩ (*eilig hinunterlaufen*) race (*od.* rush, dash, tear) down. – **3.** ⟨h⟩ (*hastig trinken od. essen*) gulp down: er stürzte das Glas in einem Zug hinunter he emptied his glass in a single gulp; sein Essen ~ to gulp (*od.* bolt, gobble) down one's food. – **II** *v/i* ⟨sein⟩ **4.** fall down. – **III** *v/reflex* ⟨h⟩ sich ~ **5.** throw (*od.* fling, hurl) oneself down: er hat sich zum Fenster hinuntergestürzt he threw himself out of the window. — ~ˌ**tra·gen** *v/t* ⟨*irr, sep,* -ge-, h⟩ j-n [etwas] ~ to carry (*od.* take) s.o. [s.th.] down: würdest du mir bitte den Koffer (die Treppe) ~? would you please carry the suitcase down (the stairs) for me? — ~ˌ**wa·gen** *v/reflex* ⟨*sep,* -ge-, h⟩ sich ~ dare (*od.* venture) to go down, venture down. — ~ˌ**wer·fen** *v/t* ⟨*irr, sep,* -ge-, h⟩ **1.** j-n [etwas] ~ to throw s.o. [s.th.] down: j-m den Schlüssel ~ to throw the key down to s.o. – **2.** *colloq.* (*fallen lassen*) drop: paß auf, daß du die Gläser nicht hinunterwirfst be careful not to drop the glasses. — ~ˌ**wol·len** *v/i* ⟨*irr, sep,* -ge-, h⟩ *colloq.* want to go down. — ~ˌ**wür·gen** *v/t* ⟨*sep,* -ge-, h⟩ **1.** (*trockenes Brot etc*) choke down. – **2.** *fig.* (*unterdrücken*) choke (*od.* gulp) down (*od.* back), suppress. — ~ˌ**zie·hen I** *v/t* ⟨*irr, sep,* -ge-, h *u.* sein⟩ **1.** ⟨h⟩ j-n [etwas] ~ to draw (*od.* pull) s.o. [s.th.] down. – **2.** ⟨sein⟩ move (*od.* march, troop) down: die Demonstranten sind die Straße hinuntergezogen the demonstrators marched down the street. – **II** *v/i* ⟨sein⟩ **3.** move (*od.* march, troop) down. – **4.** (*in tiefere Etage*) move down. – **III** *v/reflex* ⟨h⟩ **5.** sich bis zu (*od.* an *acc*) etwas ~ to extend (*od.* stretch) down to s.th.

'**hinˌwa·gen** *v/reflex* ⟨*sep,* -ge-, h⟩ sich ~ dare (*od.* venture) to go there, venture there.

'**hinˌwan·dern** *v/i* ⟨*sep,* -ge-, sein⟩ hike (*od.* walk) there.

'**hinˌwärts** *adv* **1.** on the way there (*od.* out). – **2.** that way.

'**Hinˌweg** *m* way there (*od.* out): auf dem ~ on the way there.

hin'weg [-'vɛk] *adv* **1.** *lit.* (*fort*) away, off: ~ (mit dir *od.* euch)! away (*od.* off) with you! begone! (*lit.*). – **2.** über (*acc*) etwas ~ over s.th.: über die Zeitung ~ konnte er alles beobachten he could watch everything over (*od.* from behind) his newspaper; über j-s Kopf ~ Entscheidungen fällen *fig.* to make decisions over s.o.'s head. – **3.** über (*acc*) etwas ~ sein *fig.* to have got (*Am.* gotten) over s.th.: sie ist immer noch nicht über die Enttäuschung ~ she still hasn't got(ten) over the disappointment.

hin·weg... *cf.* weg..., fort...

hin'weg|ˌbrin·gen *v/t* ⟨*irr, sep,* -ge-, h⟩ *cf.* hinweghelfen. — ~ˌ**fe·gen** *fig.* **I** *v/i* ⟨*sep,* -ge-, sein⟩ **1.** über (*acc*) etwas ~ (*von Sturm etc*) to sweep over (*od.* across) s.th. – **II** *v/t* ⟨h⟩ **2.** *lit.* (*rasch entfernen*) put an abrupt end to. – **3.** *cf.* wegfegen 2. — ~ˌ**ge·hen** *v/i* ⟨*irr, sep,* -ge-, sein⟩ **1.** über (*acc*) etwas ~ *fig.* to pass over (*od.* ignore, disregard, take no notice of) s.th.: lachend über alle Einwände ~ to laugh off all objections. – **2.** über j-n ~ *cf.* übergehen[2] 2. – **3.** *archaic for* weggehen 1. — ~ˌ**glei·ten** *v/i* ⟨*irr, sep,* -ge-, sein⟩ *cf.* hingleiten. — ~ˌ**he·ben** *v/reflex* ⟨*irr, sep,* -ge-, h⟩ *only in* hebe dich hinweg! *obs.* begone! (*lit.*). — ~ˌ**hel·fen** *v/i* ⟨*irr, sep,* -ge-, h⟩ j-m über (*acc*) etwas ~ *auch fig.* to help s.o. (to get) over s.th.: j-m über einen Bach ~ to help s.o. to get over a brook (*bes. Am.* creek); die Arbeit hat ihr über ihren Kummer hinweggeholfen *fig.* work helped her to get over her grief; mit dem Geld hat er ihr über die schlimmste Zeit hinweggeholfen with the money he helped (*od.* tided) her over (*od.* saw her through) the worst time. — ~ˌ**kom·men** *v/i* ⟨*irr, sep,* -ge-, sein⟩ über (*acc*) etwas ~ *auch fig.* to get over s.th.: sie ist nie über diesen Verlust hinweggekommen *fig.* she has never got (*Am.* gotten) over this loss. — ~ˌ**le·sen** *v/i* ⟨*irr, sep,* -ge-, h⟩ über (*acc*) etwas ~ a) (*übersehen*) to skip over s.th., b) (*flüchtig lesen*) to skim over s.th. — ~ˌ**raf·fen** *v/t* ⟨*sep,* -ge-, h⟩ j-n ~ *lit.* (*von Seuche, Tod etc*) to snatch s.o. away (*od.* off), to carry s.o. off. — ~ˌ**re·den** *v/i* ⟨*sep,* -ge-, h⟩ der Physiker redete über die Köpfe seiner Zuhörer hinweg *fig.* the physicist's lecture was way (*bes. Br.* far) above the heads of his audience. — ~ˌ**se·hen** *v/i* ⟨*irr, sep,* -ge-, h⟩ über (*acc*) etwas [j-n] ~ a) to see (*od.* look) over s.th. [s.o.], b) *fig.* to overlook (*od.* disregard, ignore) s.th. [s.o.]: man darf nicht über die Tatsache ~, daß one must not overlook (*od.* shut one's eyes to) the fact that. — ~ˌ**set·zen I** *v/i* ⟨*sep,* -ge-, h *u.* sein⟩ über (*acc*) etwas ~ (*springen*) to jump (*od.* leap) over s.th., to clear s.th.: das Pferd setzte über die Hürde hinweg the horse cleared the fence. – **II** *v/reflex* ⟨h⟩ sich über (*acc*) etwas [j-n] ~ *fig.* to ignore (*od.* disregard) s.th. [s.o.]: über das Gerede der Leute mußt du dich ~ you must ignore what people say; er setzte sich über alle Bedenken hinweg he ignored (*od.* set aside) all scruples. — ~ˌ**täu·schen I** *v/t* ⟨*sep,* -ge-, h⟩ j-n über (*acc*) etwas ~ to blind s.o. to s.th., to mislead s.o. with regard to (*od.* as to) s.th.: sie täuschte ihn über ihre Situation hinweg she misled (*od.* deceived) him as to the real state of affairs. – **II** *v/i* über (*acc*) etwas ~ to obscure the fact: der äußere Glanz konnte nicht darüber (*od.* über die Tatsache) ~, daß the outward gloss could not obscure the fact that. – **III** *v/reflex* sich über (*acc*) etwas ~ to be blind to s.th.: täuschen wir uns nicht darüber hinweg, daß let us not be blind to the fact that. — ~ˌ**trö·sten I** *v/t* ⟨*sep,* -ge-, h⟩ j-n über (*acc*) etwas ~ to console s.o. in s.th. – **II** *v/reflex* sich über (*acc*) etwas ~ to console oneself in s.th.

'**Hinˌweis** *m* ⟨-es; -e⟩ **1.** (*Rat*) hint, advice: einen ~ beachten, einem ~ folgen to follow (a piece of) advice, to take a hint. – **2.** (*Wink, Fingerzeig*) tip, hint, clue, pointer: er gab mir einige nützliche ~e, wie ich vorgehen sollte he gave me some useful hints how to proceed; die Polizei bittet die Bevölkerung um ~e, die zur Auffindung des Mörders beitragen können the police ask the population for information (*od.* leads) that might contribute to the discovery of the murderer. – **3.** (*Andeutung*) indication: es gab nicht den geringsten ~ dafür, daß there was not the least (*od.* slightest) indication that. – **4.** (*Verweis*) reference: unter ~ auf (*acc*) etwas with reference to s.th.; hier finden wir schon den ersten ~ auf seine späteren Pläne here we find the first reference to his future plans. – **5.** (*Instruktion*) hint, instruction, direction: praktische ~e für den Touristen practical hints for the tourist. – **6.** (*Ankündigung*) announcement, notice.

'**hinˌwei·sen I** *v/t* ⟨*irr, sep,* -ge-, h⟩ j-n auf (*acc*) etwas ~ to point out (*od.* indicate) s.th. to s.o., to draw (*od.* call) s.o.'s attention to s.th.: ich weise Sie darauf hin, daß I draw your attention to the fact that. – **II** *v/i* auf (*acc*) etwas ~ a) (*zeigen*) to point to (*od.* at) s.th., to indicate s.th., b) *fig.* (*zu verstehen geben*) to point s.th. out, to indicate s.th., c) *fig.* (*verweisen*) to refer to s.th., d) (*anspielen*) to allude (*od.* advert) to s.th., to hint at s.th.: **ausdrücklich auf etwas ~** to point s.th. out emphatically, to emphasize (*Br. auch* -s-) s.th.; **es ist immer wieder auf die Gefahr hingewiesen worden** the danger has been pointed out over and over again. — **'hinˌwei·send I** *pres p.* – **II** *adj* **~es Fürwort** *ling.* demonstrative pronoun.

'Hinˌweis|ˌschild *n* (*Verkehrsschild*) information (*od.* informatory) sign. — **~ˌta·fel** *f* signboard. — **~ˌzei·chen** *n* directional (*od.* information) sign.

'hinˌwel·ken *v/i* ⟨*sep*, -ge-, sein⟩ *auch fig.* fade (away), wither (away), wilt.

'hinˌwen·den I *v/reflex* ⟨*bes. irr, sep*, -ge-, h⟩ **sich zu j-m ~** to turn toward(s) s.o.: **ich wußte nicht, wo ich mich ~ sollte** *fig.* I didn't know which way (*od.* where) to turn. – **II** *v/t* **den Kopf [die Augen] zu j-m [etwas] ~** to turn one's head [eyes] toward(s) s.o. [s.th.].

'hinˌwer·fen I *v/t* ⟨*irr, sep*, -ge-, h⟩ **1.** throw (*s.th.*) (over), chuck (*s.th.*) (over) (*colloq.*): **j-m etwas ~** to throw s.th. (over) to s.o., to throw s.o. s.th., (*mit Wucht*) to fling (*od.* hurl) s.th. (over) to s.o.; **dem Hund einen Knochen ~** to throw a bone to the dog; → **Fehdehandschuh.** – **2. etwas (auf den Boden) ~** to throw (*od.* fling, hurl, *colloq.* plunk) s.th. down; **j-n ~** to throw s.o. down. – **3.** *colloq.* (*fallen lassen*) drop: **sie hat vor Schreck das ganze Tablett hingeworfen** she got such a fright that she dropped the whole tray. – **4.** (*von sich werfen*) throw down: **wütend warf er den Bleistift hin und rannte aus dem Zimmer** furiously he threw down his pencil and ran out of the room. – **5.** *fig. colloq.* (*plötzlich aufgeben*) chuck: **am liebsten würde ich den ganzen Kram** (*od.* **Krempel**) **~** I'd like to chuck in (*Am.* quit) the whole business (*od.* to chuck it all in). – **6.** (*beiläufig äußern*) say (*s.th.*) casually, drop: **sie hatte diese Worte nur so hingeworfen** she had just casually dropped these words. – **7.** (*flüchtig zu Papier bringen*) dash (*od.* toss) off: **ein paar Zeilen ~** to dash off (*od.* jot down) a few lines. – **II** *v/reflex* **sich ~ 8.** throw oneself down: **sich lang** (*od.* **der Länge nach**) **~** to throw oneself down full length.

hin'wie·der(·um) *adv* on the other hand, in turn.

'hinˌwir·ken *v/i* ⟨*sep*, -ge-, h⟩ **auf** (*acc*) **etwas ~** to work toward(s) s.th., to use one's influence to bring s.th. about: **könntest du nicht darauf ~, daß er mit uns kommt?** couldn't you (use your influence to) make him come with us?

'hinˌwol·len *v/i* ⟨*irr, sep*, -ge-, h⟩ *colloq.* want to go there: **wo willst du hin?** where are you going?

Hinz [hɪnts] *npr m* ⟨-; *no pl*⟩ *only in* **~ und Kunz** *colloq.* Tom, Dick and Harry, everybody, everyone: **~ und Kunz war eingeladen** every Tom, Dick and Harry was invited.

'hinˌzäh·len *v/t* ⟨*sep*, -ge-, h⟩ (*Geld*) count out.

'hinˌzau·bern *v/t* ⟨*sep*, -ge-, h⟩ *colloq.* produce (*s.th.*) as if by magic, whip up: **sie hatte in fünf Minuten ein herrliches Essen hingezaubert** she had whipped up a marvellous meal in five minutes.

'hinˌzei·gen *v/i* ⟨*sep*, -ge-, h⟩ point there: **auf j-n [etwas] ~** to point at s.o. [s.th.].

'hinˌzie·hen I *v/t* ⟨*irr, sep*, -ge-, h⟩ **1.** pull (*od.* draw, drag) (*s.th.*) (over) there: **j-n [etwas] zu sich ~** to draw s.o. [s.th.] toward(s) one. – **2.** *fig.* (*verzögern*) draw (*od.* drag) out, delay, protract: **einen Prozeß ~** to delay a lawsuit. – **II** *v/impers* **3. es zieht j-n zu j-m [etwas] hin** s.o. feels (himself) drawn to s.o. [s.th.], s.o. feels attracted to s.o. [s.th.]: **es zog ihn unwiderstehlich zu ihr hin** he felt irresistibly attracted to her; **jedes Jahr zieht es uns nach dem Süden hin** we feel drawn to the south every year. – **III** *v/reflex* **sich ~ 4.** (*zeitlich*) drag on: **die politischen Gespräche haben sich schon über Wochen hingezogen** the political talks have dragged on for weeks now; **der Abend zog sich endlos hin** the evening dragged on endlessly. – **5.** (*räumlich*) extend, stretch: **der Garten zieht sich bis zum Fluß hin** the garden stretches to (*od.* as far as) the river. – **6. sich an** (*dat*) **etwas ~** (*entlangführen*) to run along s.th.: **der Weg zieht sich am Flußufer hin** the path runs along the riverbank. – **IV** *v/i* ⟨sein⟩ **7.** (*in eine Stadt etc*) move there. – **8.** (*von Vogelschwärmen etc*) move (*od.* drift) across: **schwere Wolken zogen am Himmel hin** heavy clouds drifted across the sky.

'hinˌzie·len *v/i* ⟨*sep*, -ge-, h⟩ **auf** (*acc*) **etwas ~** to aim at s.th., to be driving (*od.* getting) at s.th.: **worauf zielt deine Bemerkung hin?** what is your remark aiming at?

'hinˌzö·gern *v/t* ⟨*sep*, -ge-, h⟩ *cf.* hinauszögern I.

hin'zu *adv* (*außerdem*) in addition, moreover, besides, furthermore: **~ kommt, daß ich kein Geld habe** moreover, I have no money.

hin·zu... *cf.* dazu...

hin'zu|beˌkom·men *v/t* ⟨*irr, sep, no* -ge-, h⟩ **etwas ~** a) to get some more of it, b) (*beim Einkauf*) to get s.th. free. — **~ˌden·ken** *v/t* ⟨*irr, sep*, -ge-, h⟩ **das muß man sich** (*dat*) **~** you have to pretend that that is there, you have to imagine that. — **~ˌdich·ten** *v/t* ⟨*sep*, -ge-, h⟩ **etwas (zu etwas) ~** to make s.th. up (*od.* to invent s.th.) and add it (to s.th.). — **~ˌdrän·gen** *v/i* ⟨*sep*, -ge-, sein⟩ *u.* **sich ~** *v/reflex* ⟨h⟩ crowd round (*bes. Am.* around). — **~ˌei·len** *v/i* ⟨*sep*, -ge-, sein⟩ hurry (on) to the scene. — **~ˌfü·gen I** *v/t* ⟨*sep*, -ge-, h⟩ **1.** add: **ich möchte dem Paket noch eine Kleinigkeit ~** I'd like to add a little something to the parcel; **dem Teig etwas Salz ~** to add some salt to the dough; **ich möchte noch ~, daß** I'd like to add that; **dem brauche ich wohl nichts hinzuzufügen** no further comment is necessary (on that). – **2.** (*beilegen*) enclose, *auch* inclose, attach. – **3.** (*als Anhang*) append, annex, subjoin. – **II H~** *n* ⟨-s⟩ **4.** *verbal noun.* — **H~ˌfü·gung** *f* **1.** *cf.* Hinzufügen: **unter ~ von** a) by adding, b) *gastr.* while adding. – **2.** addition. — **~ˌge·ben** *v/t* ⟨*irr, sep*, -ge-, h⟩ add. — **~geˌsel·len** *v/reflex* ⟨*sep, pp* hinzugesellt, h⟩ **sich** (zu j-m) **~** to join (s.o.): **wollt ihr euch nicht zu uns ~?** wouldn't you like to join us? — **~ˌkau·fen** *v/t* ⟨*sep*, -ge-, h⟩ **Aktien ~** *econ.* to buy more (*od.* additional) stocks (*bes. Br.* shares), to add to one's stock. — **~ˌkom·men** *v/i* ⟨*irr, sep*, -ge-, sein⟩ **1.** come (along), appear (on the scene): **er kam zufällig hinzu, als** he happened to appear on the scene when; **Hunderte von Menschen waren schon da und immer mehr kamen hinzu** hundreds of people were already there and more and more kept (on) coming (*od.* arriving). – **2.** (*sich anschließen*) join: **zuerst waren wir nur eine kleine Gruppe, aber dann sind noch viele Leute hinzugekommen** first we were but a small group but then many more people joined us. – **3.** (*von Gegenständen, Problemen etc*) be added, ensue: **zu dem Geschenk wird noch ein weiteres ~** another present will be added to this one, another present is still to come (*od.* will follow); **dieser Umstand kommt noch erschwerend hinzu** this circumstance comes as an additional difficulty; **es kommen noch andere Gründe hinzu** in addition (*od.* besides, moreover), there are other reasons. – **4.** *med.* (*von Krankheiten*) (zu on) supervene: **zu der Lungenentzündung kam noch eine Embolie hinzu** an embolism supervened on the pneumonia. — **~ˌkom·mend I** *pres p.* – **II** *adj* **1.** (*zusätzlich*) additional, further: **noch ~e Ausgaben** additional expenses. – **2.** *med.* supervenient, supervening. — **~ˌle·gen** *v/t* ⟨*sep*, -ge-, h⟩ **(etwas) Geld ~** a) (*bei einem Kauf*) spend (*od.* pay [out], lay out) (a little) more money, b) (*bei einem Geschenk*) add (a little) more money. — **~ˌrech·nen** *v/t* ⟨*sep*, -ge-, h⟩ include, add on: **wir müssen noch die Mehrwertsteuer ~** we still have to include the value-added tax. — **~ˌset·zen I** *v/t* ⟨*sep*, -ge-, h⟩ (*Bemerkung etc*) add. – **II** *v/reflex* **sich zu j-m ~** to sit down with s.o., to join s.o. — **~ˌtre·ten** *v/i* ⟨*irr, sep*, -ge-, sein⟩ *cf.* hinzukommen. — **~ˌtun I** *v/t* ⟨*irr, sep*, -ge-, h⟩ *colloq.* add. – **II H~** *n* ⟨-s⟩ *only in* **ohne j-s H~** without anyone's help, all by oneself (*od.* itself). — **~ˌwäh·len** *v/t* ⟨*sep*, -ge-, h⟩ *pol.* (*in einen Ausschuß etc*) (*in acc* to) coopt, *Br.* co-opt. — **~ˌzäh·len** *v/t* ⟨*sep*, -ge-, h⟩ **1.** (*Zahlen*) add. – **2.** (*einschließen*) include, count (*s.o., s.th.*) in: **wenn wir dich ~, sind wir gerade zehn Personen** if we include you there are just ten of us. — **~ˌzie·hen I** *v/t* ⟨*irr, sep*, -ge-, h⟩ (*Arzt, Fachmann etc*) call in, consult. – **II H~** *n* ⟨-s⟩ *verbal noun.* — **H~ˌzie·hung** *f* ⟨-; *no pl*⟩ **1.** *cf.* Hinzuziehen: **die ~ eines Arztes** the calling in of a doctor. – **2.** consultation: **unter ~ von** in consultation with.

Hi·ob ['hiːɔp] *npr m* ⟨-s; *no pl*⟩ *Bibl.* Job: **das Buch ~** the book of Job.

'Hi·obs|ˌbo·te *m* bearer of bad news (*od. lit.* ill tidings), Job's post. — **~ˌbot·schaft, ~ˌpost** *f* bad news *pl* (*construed as sg or pl*), ill tidings *pl* (*lit.*), Job's news *pl* (*construed as sg or pl*). — **~ˌträ·ne** *f bot.* Job's-tears *pl* (*construed as sg*) (*Coix lacrima-jobi*).

Hipp·arch [hɪ'parç] *m* ⟨-en; -en⟩ *antiq.* hipparch (*a commander of cavalry in ancient Greece*).

Hip·pa·ri·on [hɪ'paːriɔn] *n* ⟨-s; -rien⟩ *zo.* (*fossiler Vorläufer des Pferdes*) hipparion (*Gattg Hipparion*).

Hip·pe[1] ['hɪpə] *f* ⟨-; -n⟩ **1.** (*sichelförmiges Messer*) billhook, bill, *Am. auch* bush hook. – **2.** *lit.* (*Sense des Todes*) scythe.

'Hip·pe[2] *f* ⟨-; -n⟩ *Middle G. for* Ziege 1.

hipp, hipp, hur·ra [ˌhɪpˌhɪphu'raː] *interj* (*sport*) hip, hip, hurrah (*od.* hooray)!

Hipp·ia·trik [hɪpi'aːtrɪk] *f* ⟨-; *no pl*⟩ *vet.* (*Pferdeheilkunde*) hippiatry.

Hip·pie ['hɪpi; 'hɪpɪ] (*Engl.*) *m* ⟨-s; -s⟩ hippie, hippy.

Hip·po·drom [hɪpo'droːm] *m, n* ⟨-s; -e⟩ (*Reitbahn*) hippodrome.

Hip·po·gryph [hɪpo'gryːf] *m* ⟨-s *u.* -en; -e(n)⟩ *lit.* (*Flügelroß*) hippogriff, *auch* hippogriffin.

Hip·po·kra·ti·ker [hɪpo'kraːtikər] *m* ⟨-s; -⟩ *med.* (*Anhänger des Hippokrates*) adherent of Hippocrates. — **hip·po'kra·tisch** [-tɪʃ] *adj* Hippocratic, *auch* Hippocratical: **~er Eid** Hippocratic oath; **~es Gesicht** (*eines Sterbenden*) Hippocratic face (*od.* facies).

Hip·po·kre·ne [hɪpo'kreːnə] *f* ⟨-; *no pl*⟩ **1.** *antiq.* (*Musenquelle am Helikon*) Hippocrene. – **2.** *fig. poet.* (*Quelle der Inspiration*) caballine fountain (*od.* spring) (*poet.*).

Hip·po·lo·gie [hɪpolo'giː] *f* ⟨-; *no pl*⟩ *zo.* (*Pferdekunde*) hippology. — **hip·po'lo·gisch** [-'loːgɪʃ] *adj* hippological.

Hip·pu·rit [hɪpu'riːt; -'rɪt] *m* ⟨-en; -en⟩ *geol.* (*fossile Muschel*) hippurite.

Hip'purˌsäu·re [hɪ'puːr-] *f chem.* hippuric acid ($C_6H_5CONHCH_2COOH$).

Hip·pus ['hɪpʊs] *m* ⟨-; *no pl*⟩ *med.* tremor of the iris, hippus (*scient.*).

Hi·ra·ga·na [hira'gaːna] *n* ⟨-(s); *no pl*⟩, *f* ⟨-; *no pl*⟩ (*japan. Silbenschrift*) hiragana.

Hirn [hɪrn] *n* ⟨-(e)s; -e⟩ **1.** *med. zo.* brain, encephalon (*scient.*): **zum ~ gehörig** cerebric; **hinter dem ~ liegend** postcerebral. – **2.** *gastr.* brains *pl.* – **3.** *fig.* (*Verstand*) brain(s *pl*), mind, intelligence: **sich** (*dat*) **das ~ zermartern** to rack one's brains; **das ~ anstrengen** to tax one's brains, to use one's head; **dieser Plan ist sicher nicht deinem ~ entsprungen** this plan certainly wasn't one of your ideas.

'Hirnˌanˌhang *m*, **~ˌdrü·se** *f med.* pituitary body (*od.* gland), hypophysis (*scient.*).

'Hirn|ˌbruch *m med.* encephalocele. — **~ˌdurchˌblu·tung** *f* cerebral blood supply. — **~geˌspinst** *n* **1.** (*Einbildung*) fantasy, chimera: **das ist ein reines ~** that is mere fantasy. – **2.** (*Fantasiegebilde*) fancy, wild notion, pipe dream (*colloq.*). — **~geˌwöl·be** *n med.* fornix (of the brain).

'Hirnˌhaut *f med.* meninges *pl*, meninx: **weiche ~** pia mater. — **~ˌbruch** *m* meningocele. — **~entˌzün·dung** *f* meningitis.

'Hirn|ˌholz *n* (*wood*) crosscut (*Br.* cross-cut) wood. — **~ˌkam·mer** *f med.* ventricle (of the brain). — **~ˌka·sten** *m colloq. humor.* head: **der hat nichts im ~** he doesn't have a brain in his head. — **~koˌral·le** *f zo.* brain coral (*Gattg Lobophyllia*).

'hirn·los *adj* **1.** *med.* brainless; anencephalic, anencephalous (*scient.*). – **2.** *fig. colloq.* brainless, stupid. — **'Hirn·lo·sig·keit** *f* ⟨-; *no pl*⟩ **1.** *med.* brainlessness, anencephaly (*scient.*). – **2.** *fig.* brainlessness, stupidity.

'Hirn|ˌman·tel *m med.* pallium. — **~ˌnerv** *m* cerebral (*od.* cranial) nerve. — **~ödem** [-ˀøˌdeːm] *n* **1.** cerebral (o)edema. – **2.** (*bei Alkoholismus*) wet brain. — **~ˌquet·schung** *f* contusion of the brain, cerebral contusion. — **~ˌrin·de** *f* gray (*bes. Br.* grey) matter (of the brain), cerebral cortex (*scient.*). — **~ˌschä·del** *m*, **~ˌscha·le** *f* **1.** *med.* brain case, cranium. – **2.** *zo.* a) (*bes. von Wolf od. Fuchs*) scalp, b) (*im Gegensatz zu Gesichtsschädel*) neurocranium. — **~ˌschmalz** *n fig. humor.*

brain power. — ~ˌ**schnitt** *m* (*wood*) cross-cut, *Br.* cross-cut. — ~ˌ**stamm** *m med.* brain stem. — ~ˌ**stiel** *m* peduncle. — ~**sub·ˌstanz** *f* brain substance, cerebral matter: **weiße** [**graue**] ~ white [gray, *bes. Br.* grey] matter. — ~ˌ**sup·pe** *f gastr.* brain soup. — ~ˌ**tä·tig·keit** *f med.* cerebration. — ~ˌ**tu·mor** *m* brain (*od.* cerebral) tumor (*bes. Br.* tumour). — **h**~**verˌbrannt** *adj fig. colloq.* crazy, mad, crackbrained, *Br.* crack-brained, wild: **eine** ~**e Idee** a crazy idea; **er ist völlig** ~ he is really crazy (*od. colloq.* cracked). — **h**~**verˌletzt** *adj med.* suffering from a brain injury. — ~**verˌletz·te** *m, f* person suffering from a brain injury. — ~**ˌwel·le** *f* (*in der Elektro-Enzephalographie*) brain wave. — ~ˌ**win·dung** *f* convolution of the brain. — ~ˌ**zel·le** *f* brain cell.

Hirsch [hɪrʃ] *m* ⟨-es; -e⟩ **1.** *zo.* a) deer (*Fam. Cervidae*), b) (*Europäischer Rothirsch*) red deer (*Cervus elaphus*), c) (*Männchen der Gattg Cervus, meist über fünf Jahre alt*) stag, *Br. auch* hart. – **2.** *hunt.* a) (*Gabler*) brocket, b) (*im vierten Jahr*) staggard, staggart, c) (*mit drei Enden*) stag, *Br. auch* hart: **ein kapitaler** ~ a royal stag; **der** ~ **röhrt** [**brunftet, orgelt**] the stag bellows [ruts, roars]; ~ **tot** (*Jagdsignal*) mort. – **3.** *gastr.* venison. – **4. ein alter** ~ *fig. colloq.* an old hand. — ~ˌ**art** *f* kind of deer. — **h**~ˌ**ar·tig** *adj zo.* deerlike, *Br.* deer-like, cervine (*scient.*). — ~ˌ**brunft**, ~ˌ**brunst** *f* **1.** *hunt.* rutting season (of stags). – **2.** *bot.* puffball, *Br.* puff-ball (*Lycoperdon cervinum*). — ~ˌ**eber** *m zo.* babirusa, babiroussa (*Babirussa babirussa*). — ~ˌ**fähr·te** *f hunt. Br.* deer slot, *Am.* deer track. — ~ˌ**fän·ger** *m hunt.* (*Messer*) hunting knife. — ~ˌ**fer·kel** *n zo. cf.* Wassermoschustier. — ~ˌ**flech·te** *f bot.* Iceland moss, cetraria (*scient.*) (*Cetraria islandica*). — ~ˌ**gar·ten** *m* deer park. — **h**~**geˌrecht** *adj* (*Jäger*) skilled in deer hunting. — ~**geˌweih** *n* **1.** antlers *pl*, *Br. auch* hartshorns *pl.* – **2.** *her.* attire. — ~**ge·ˌweih·koˌral·le** *f zo.* staghorn (*Br.* stag-horn) coral (*Gattg Aeropora*). — ~ˌ**gras** *n bot.* purple melic grass (*Melica caerulea*). — ~ˌ**haar** *n* matgrass (*Nardus stricta*). — ~**ˌhals** *m zo.* (*bei Pferden*) ewe-neck. — ~**ˌhaut** *f* deerskin. — ~**hoˌlun·der** *m bot. cf.* Bergholunder.

ˈ**Hirschˌhorn** *n* **1.** (*bes. für Knöpfe, Messergriffe etc*) staghorn, *Br.* stag-horn, buckhorn, *Br.* buck-horn. – **2.** *bot. a species of scurvy grass* (*Cochlearia coronopus*). — ~**ˌfarn** *m bot.* staghorn (*Br.* stag-horn) fern (*Platycerium alcicorne*). — ~ˌ**flech·te** *f cf.* Hirschflechte. — ~ˌ**salz** *n chem.* ammonium carbonate [$(NH_4)_2CO_3$].

ˈ**Hirsch|ˌhund** *m* **1.** *hunt. hist.* (*zur Jagd auf Rotwild etc*) staghound. – **2.** *zo. auch* **Schottischer** ~ (*größte Windhundrasse*) deerhound, *Br.* deer-hound. — ~ˌ**jagd** *f hunt.* deer (*od.* stag) hunting. — ~ˌ**kä·fer** *m zo.* a) stag beetle, *Br.* stag-beetle (*Fam. Lucanidae*), b) common stag(-)beetle (*Lucanus dama*), c) giant stag(-)beetle (*L. cervus*). — ~ˌ**kalb** *n* young deer, calf (of red deer). — ~ˌ**keu·le** *f gastr.* haunch of venison. — ~**ˌklee** *m bot. cf.* Honigklee. — ~ˌ**kohl** *m cf.* Lungenkraut. — ~ˌ**kol·ben**(ˌ**su·mach**) *m* staghorn (*Br.* stag-horn) sumac(h), Virginia sumac(h), vinegar tree (*Rhus typhina*). — ~ˌ**kraut** *n* **1.** cotton rose (*Gattg Filago*). – **2.** *cf.* a) Hirschwurz, b) Bittersüß. — ~**ˌkuh** *f zo.* hind. — ~ˌ**laus** *f* deer ked, deer louse fly (*Lipoptena cervi*). — ~ˌ**le·der** *n* buckskin, deerskin: **Jacke aus** ~ deerskin jacket. — **h**~ˌ**le·dern** *adj* deerskin, buckskin (*beide attrib*).

ˈ**Hirsch·ling** *m* ⟨-s; -e⟩ *bot. cf.* a) Reizker, Echter, b) Giftreizker.

ˈ**Hirsch|ˌman·gold** *m bot. cf.* Bockskraut. — ~ˌ**möh·re** *f cf.* Gartenpastinakwurzel. — ~ˌ**park** *m cf.* Hirschgarten. — ~**pe·ter·ˌsi·lie** *f bot.* mountain parsley (*Peucedanum oreoselinum*). — ~**raˌgout** *n gastr.* venison ragout. — ~ˌ**schwamm** *m bot. cf.* Ziegenbart 3. — ~ˌ**sprung** *m* strapwort, *Br.* strap-wort (*Corrigiola littoralis*). — ~ˌ**talg** *m* suet (of deer). — ~ˌ**tier** *n zo.* **1.** hind. – **2.** *pl* cervids, cervines (*Fam. Cervidae*). — ~ˈ**totˌsiˌgnal** [ˌhɪrʃ-] *n hunt.* mort. — ~**ˌtrüf·fel** *f, colloq. m bot.* hart's truffle (*Elaphomyces cervinus*). — ~ˌ**wurz** *f* spignel: **Weiße** ~ mountain spignel (*Libanotis montana*); **Schwarze** ~ broad-leaved spignel (*Peucedanum cervaria*). — ~ˌ**wurzˌblüh** [-ˌbly:] *f* ⟨-; -e⟩ feather columbine (*Thalictrum aquilegifolium*). — ~ˌ**zie·gen·an·tiˌlo·pe** *f zo.* black buck (*Antilopa cervicapra*). — ~ˌ**zie·mer** *m* ⟨-s; -⟩ *gastr.* saddle of venison. — ~ˌ**zun·ge** *f bot.* hart's-tongue (*Phyllitis scolopendrium*).

Hir·se [ˈhɪrzə] *f* ⟨-; *no pl*⟩ *bot.* panic (grass) (*Gattg Panicum*): **Echte** (*od.* **Gemeine, Große**) ~ millet (*P. miliaceum*). — ~ˌ**brei** *m* millet gruel. — ~ˌ**flie·ge** *f zo.* sorghum midge (*Contarinia sorghicola*). — **h**~ˌ**för·mig** *adj med.* miliary. — ~ˌ**gras** *n bot.* a) millet grass, *Br.* millet-grass (*Panicum miliaceum*), b) panic (grass) (*Gattg P.*). — ~ˌ**korn** *n* **1.** *bot.* millet (seed). – **2.** *med.* (*des Auges*) milium. — **h**~ˌ**kornˌar·tig** *adj med.* miliary. — ~ˌ**mehl** *n* millet flour. — ~ˌ**pilz** *m bot. cf.* Sandpilz.

Hirt [hɪrt] *m* ⟨-en; -en⟩ **1.** herdsman, *bes. Am.* herder: **wie der** ~, **so die Herde** (*Sprichwort*) like master, like man (*proverb*). – **2.** (*Schäfer*) shepherd.

Hir·te [ˈhɪrtə] *m* ⟨-n; -n⟩ **1.** *obs. od. poet. for* Hirt. – **2.** *relig.* a) (*Geistlicher*) shepherd, clergyman, b) **der Gute** ~ (*Christus*) the Good Shepherd: **der Herr ist mein** ~ the Lord is my Shepherd.

ˈ**Hir·ten|ˌamt** *n relig.* pastorate. — ~ˌ**brief** *m röm.kath.* pastoral (letter). — ~ˌ**dich·tung** *f* (*literature*) pastoral poetry, bucolic (*lit.*). — ~ˌ**flö·te** *f* shepherd's pipe, syrinx (*lit.*). — ~**geˌdicht** *n* (*literature*) pastoral (poem); bucolic (poem), eclogue (*lit.*). — ~ˌ**gott** *m myth.* god of woods and shepherds, Pan. — ~ˌ**hund** *m zo.* herding dog. — ~ˌ**jun·ge**, ~ˌ**kna·be** *m* **1.** herdboy. – **2.** young shepherd, shepherd boy. — ~**ˌkö·ni·ge** *pl hist.* Shepherd kings, Hyksos. — ~ˌ**le·ben** *n* pastoral (*od.* shepherd's) life. — ~ˌ**lied** *n mus.* pastoral (*od.* shepherd's) song. — **h**~**los** *adj* (*Herde*) unshepherded, shepherdless. — ~ˌ**mäd·chen** *n* **1.** herdgirl. – **2.** young shepherdess, shepherd girl. — ~ˌ**mai·na** [-ˌmaɪna] *m* ⟨-s; -s⟩ *zo. cf.* Trauermaina. — ~**muˌsik** *f* pastoral (*od.* shepherd's) music, pastorale. — ~**ˌna·del** *f bot.* lady's-comb, shepherd's needle (*Scandix pecten-veneris*). — ~**ro·ˌman** *m* (*literature*) pastoral novel. — ~ˌ**spiel** *n* pastoral (play). — ~ˌ**stab** *m* **1.** shepherd's staff (*od.* crook), sheephook, *Br.* sheep-hook. – **2.** *relig.* (*Bischofsstab*) crosier, *auch* crozier. — ~ˌ**star** *m zo. cf.* Trauermaina. — ~ˌ**tä·schel**(ˌ**kraut**) *n bot.* shepherd's purse, caseweed (*Capsella bursa-pastoris*). — ~ˌ**volk** *n* pastoral tribe (*od.* people).

ˈ**Hir·tin** *f* ⟨-; -nen⟩ **1.** herdswoman. – **2.** (*Schäferin*) shepherdess.

Hi·ru·din [hiruˈdi:n] *n* ⟨-s; *no pl*⟩ *med. pharm.* hirudin.

his, His [hɪs] *n* ⟨-; -⟩ *mus.* B sharp: **his, his-Moll** B sharp minor; **His, His-Dur** B sharp major.

his·is, His·is [ˈhɪsˀɪs] *n* ⟨-; *no pl*⟩ B double sharp.

his·pa·nisch [hɪsˈpa:nɪʃ] *adj* Hispanic. — **his·pa·niˈsie·ren** [-paniˈzi:rən] *v/t* ⟨*no* ge-, h⟩ hispanicize *Br. auch* -s-, *auch* Hispanicize *Br. auch* -s-. — **His·paˈnis·mus** [-paˈnɪsmʊs] *m* ⟨-; -men⟩ Hispanicism.

his·sen [ˈhɪsən] *v/t* ⟨h⟩ **1.** (*Flagge*) hoist, run up, raise: **vollmast** ~ to hoist to masthead. – **2.** *mar.* (*Segel*) hoist, set.

hist [hɪst] *interj* (*in der Fuhrmannssprache*) (to the) left!

Hist·amin [hɪstaˈmi:n] *n* ⟨-s; *no pl*⟩ *chem. med.* histamine, *auch* histamin ($C_3H_3N_2CH_2CH_2NH_2$).

Hi·sti·din [hɪstiˈdi:n] *n* ⟨-s; *no pl*⟩ *chem. med.* histidine, *auch* histidin ($C_3H_3N_2CH_2$-$CH(NH_2)COOH$).

Hi·sto·che·mie [hɪstoçeˈmi:] *f* ⟨-; *no pl*⟩ histochemistry.

hi·sto·gen [hɪstoˈge:n] *adj biol.* histogenic.

Hi·stoˈgen *n* ⟨-s; *no pl*⟩ *bot.* histogen.

Hi·sto·ge·ne·se [hɪstogeˈne:zə], **Hi·sto·geˈnie** [-ˈni:] *f* ⟨-; *no pl*⟩ *biol.* histogenesis, histogeny.

Hi·sto·lo·ge [hɪstoˈlo:gə] *m* ⟨-n; -n⟩ *med. biol.* histologist. — **Hi·sto·loˈgie** [-loˈgi:] *f* ⟨-; *no pl*⟩ histology. — **hi·stoˈlo·gisch** *adj* histological, *auch* histologic.

Hi·ston [hɪsˈto:n] *n* ⟨-s; -e⟩ *chem. med.* (*Eiweißart*) histone.

Hi·stör·chen [hɪsˈtø:rçən] *n* ⟨-s; -⟩ little story, anecdote: **allerhand pikante** ~ all sorts of spicy little tales.

Hi·sto·rie [hɪsˈto:rǐə] *f* ⟨-; -n⟩ **1.** ⟨*only sg*⟩ *lit.* history. – **2.** *obs.* story, tale.

Hiˈsto·ri·en|ˌbild *n* (*art*) historical picture (*od.* painting). — ~ˌ**ma·ler** *m* painter of historical paintings. — ~**ma·leˌrei** *f* historical painting.

Hi·sto·ri·ker [hɪsˈto:rikər] *m* ⟨-s; -⟩ historian.

Hi·sto·rio·graph [historǐoˈgra:f] *m* ⟨-en; -en⟩ (*Geschichtsschreiber*) historiographer. — **Hi·sto·rio·graˈphie** [-graˈfi:] *f* ⟨-; *no pl*⟩ historiography. — **hi·sto·rioˈgra·phisch** *adj* historiographic, *auch* historiographical.

hi·sto·risch [hɪsˈto:rɪʃ] **I** *adj* **1.** historical: ~**er Hintergrund** historical background; ~**er Roman** historical novel; ~**e Geologie** historical geology; → **Materialismus.** – **2.** (*geschichtlich bedeutsam*) historic(al): ~**e Gestalt** historic figure; ~**es Ereignis** [**Stätte**] historic event [site]. – **3.** *ling.* historical: ~**es Präsens** historical present; ~**e Grammatik** historical grammar. – **II** *adv* **4.** historically, in terms of history: ~ **gesehen** from a historical point of view; ~ **bedeutend** having historical significance; **diese Tatsache ist** ~ **belegt** there is historical evidence for this fact. — ~-ˈ**kri·tisch** *adj* historicocritical.

hi·sto·ri·sie·ren [hɪstoriˈzi:rən] *v/t* ⟨*no* ge-, h⟩ historicize *Br. auch* -s-. — **Hi·stoˈris·mus** [-ˈrɪsmʊs] *m* ⟨-; -men⟩ *philos.* historicism, historism. — **hi·stoˈri·stisch** [-ˈrɪstɪʃ] *adj* historicist.

Hi·strio·ne [hɪstriˈo:nə] *m* ⟨-n; -n⟩ *antiq.* (*theater*) histrion, actor. — **hi·strio·nisch** [-ˈo:nɪʃ] *adj* histrionic(al).

Hit [hɪt] *m* ⟨-(s); -s⟩ *mus.* (*Schlager*) hit.

ˈ**Hit·ler|ˌju·gend** *f hist.* (*in NS-Zeit*) Hitler Youth. — ~ˌ**jun·ge** *m* member of the Hitler Youth.

ˈ**Hit·paˌra·de** *f mus.* hit parade.

Hit·sche [ˈhɪtʃə] *f* ⟨-; -n⟩ *dial.* **1.** (*Fußbank*) footstool. – **2.** (*kleiner Schlitten*) little sleigh.

ˈ**Hitz|ˌausˌschlag** *m med.* heat rash, prickly heat, miliaria (*scient.*). — ~ˌ**bläs·chen** *n* **1.** heat blister. – **2.** *pl cf.* Hitzausschlag. — ~ˌ**blat·tern** *pl cf.* Hitzausschlag. — ~ˌ**draht** *m electr.* hot wire.

Hit·ze [ˈhɪtsə] *f* ⟨-; *no pl*⟩ **1.** heat: **große** (*od.* **starke**) ~ intense heat; **drückende** [**schwüle, glühende, sengende**] ~ sweltering (*od.* stifling) [sultry, blazing, scorching] heat; **es herrschte eine schreckliche** ~ it was terribly hot; **vor** ~ **vergehen** (*od.* **umkommen**) *colloq.* to swelter, to die from the heat (*colloq.*); **man konnte vor** ~ **kaum atmen** it was so hot one could hardly breathe; **sie leidet sehr unter der** ~ she suffers very much from the heat; **bei einer** ~ **von 30 Grad im Schatten** at a temperature of 30 degrees in the shade; **bei gleichmäßiger** ~ **backen** *gastr.* to bake at a uniform temperature; **etwas bei geringer** [**mittlerer, starker**] ~ **kochen** *gastr.* to cook s.th. at low [medium, high] heat, to cook s.th. on a low [medium, high] flame. – **2.** (*heißes Wetter*) hot weather, heat: **diese** ~ **ist unerträglich** this hot weather is unbearable. – **3.** *cf.* **Hitzewelle: eine lange** ~ a long hot spell. – **4.** *fig.* heat: **in der** ~ **des Gefechts** in the heat of the battle; **in** ~ **geraten** to get heated, to fly off the handle; **sich in** ~ **reden** to get oneself worked up. – **5.** *phys. chem.* heat: **durch** ~ **zersetzen** *chem.* to thermolyze; **verlorene** ~ *tech.* waste heat. – **6.** *med.* (*Fieber*) height of fever, febrile heat: **fliegende** ~ hot flashes *pl* (*Br.* flushes *pl*). – **7.** *zo.* heat: **die Hündin kommt** (*od.* **tritt**) **in die** ~ the bitch is coming into (*bes. Br.* on) heat. — **h**~**be·ˌstän·dig** *adj* **1.** heatproof, *Br.* heat-proof. – **2.** *metall.* a) heat-resisting, heat-resistant, b) (*Guß*) high-temperature (*attrib*). – **3.** *civ. eng.* (*Baustoff*) refractory. – **4.** *biol. chem.* thermostable, thermoresistant. — ~**be·ˌstän·dig·keit** *f* ⟨-; *no pl*⟩ **1.** heatproof (*Br.* heat-proof) quality. – **2.** *metall.* heat resistance. – **3.** *civ.eng.* refractoriness. – **4.** *biol. chem.* thermostability, thermoresistance. — ~ˌ**einˌwir·kung** *f* heat effect. — **h**~**empˌfind·lich** *adj* sensitive to heat. — ~**empˌfind·lich·keit** *f* ⟨-; *no pl*⟩ sensitivity to heat. — ~ˌ**fe·ri·en** *pl ped. time off because of excessively hot weather.* — **h**~ˌ**frei** *adj* ~ **haben** to have time off from school because of hot weather. — ~ˌ**grad** *m* degree of heat. — ~**pe·riˌode** *f* hot spell, heat wave, *Br.* heat-wave. — ~ˌ**schild** *m* (*space*) heat shield. — ~ˌ**wal·lung** *f med.* hot flashes *pl* (*Br.* flushes *pl*). — ~ˌ**wel·le** *f* heat wave, *Br.* heat-wave, hot spell.

'hit·zig *adj* **1.** (*Temperament*) hotheaded, *Br.* hot-headed, hot-tempered. – **2.** (*heftig*) heated, violent, vehement: **nicht so ~!** take it easy! hold your horses! – **3.** (*jähzornig*) irascible, choleric, peppery: **~ werden** a) (*von Person*) to flare up, to fly off the handle, b) (*von Debatte etc*) to become heated. – **4.** (*leidenschaftlich*) passionate, fiery. – **5.** *med.* acute: **~e Krankheit** acute illness; **~es Fieber** high fever. – **6. ~ sein** *zo.* to be in (*bes. Br.* on) heat. – **7.** *agr.* (*Boden etc*) hot.

'Hitz|,kopf *m* hothead, hotspur. — **h~-,köp·fig** [-,kœpfıç] *adj* hotheaded, *Br.* hot-headed. — **~,pocke** (*getr.* -k·k-) *f med.* **1.** *cf.* Hitzbläschen 1. – **2.** *pl cf.* Hitzausschlag. — **~,schlag** *m* **1.** heatstroke, *Br.* heat-stroke, heat prostration. – **2.** (*Sonnenstich*) sunstroke: **vom ~ getroffen** sunstruck.

hm [hm] *interj* **1.** hum, h'm. – **2.** (*zweifelnd od. tadelnd*) humph. – **3.** (*sich räuspernd*) ahem.

h-,Moll ['ha:-] *n* ⟨-; *no pl*⟩ *mus.* B minor: **„Messe in ~"** "Mass in B minor" (*by Bach*).

ho [ho:] *interj* ho.

Ho·at·zin [hoa'tsi:n], **Hoa·zin** [hoa'tsi:n] *m* ⟨-s; -s⟩ *zo. cf.* Zigeunerhuhn.

hob [ho:p] *1 u. 3 sg pret of* heben.

Hob·bock ['hɔbɔk] *m* ⟨-s; -s⟩ (*Versandgefäß*) (sealed) tin container.

Hob·by ['hɔbi; 'hɔbı] (*Engl.*) *n* ⟨-s; -s⟩ (*Steckenpferd*) hobby: **ein ~ haben** (*od.* **betreiben**) to have a hobby; **er macht es als ~** it's his hobby.

hö·be ['hø:bə] *1 u. 3 sg pret subj of* heben.

Ho·bel ['ho:bəl] *m* ⟨-s; -⟩ **1.** *tech.* plane. – **2.** *gastr.* (*für Gurken etc*) cutter, slicer. – **3.** *print.* planer. – **4.** (*mining*) plough, *bes. Am.* plow. — **~,bank** *f* ⟨-; ⸚e⟩ *tech.* carpenter's (*od.* joiner's) bench. — **~,ein,rich·tung** *f* planing attachment. — **~,ei·sen** *n* plane iron. — **~,kreis,sä·ge** *f* hollow-ground circular saw. — **~ma,schi·ne** *f tech. metall.* a) (*Langhobelmaschine*) planer, planing machine, b) (*Waagerechtstoßmaschine*) shaper, shaping machine. — **~,mei·ßel** *m metall.* a) (*einer Langhobelmaschine*) planing tool, b) (*einer Senkrechtstoßmaschine*) slotting tool, c) (*einer Waagerechtstoßmaschine*) shaping tool. — **~,mes·ser** *n* **1.** *tech.* (*bei der Metallbearbeitung*) planing tool. – **2.** (*bei der Holzbearbeitung*) a) planing machine knife, cutterhead, b) (*eines Handhobels*) plane iron, cutter. – **3.** *gastr.* slicer blade.

ho·beln ['ho:bəln] **I** *v/t* ⟨h⟩ **1.** *tech.* a) (*Metall, Holz*) plane, b) (*auf einer Waagerechtstoßmaschine*) shape, c) (*beim Keilnuten*) keyseat: **Holz gegen den Strich ~** to plane wood against the grain. – **2.** *gastr.* (*Gemüse, Fleisch etc*) slice. – **II** *v/i* **3.** (*in Wendungen wie*) **wo gehobelt wird, fallen Späne** (*Sprichwort*) omelets are not made without breaking of eggs (*proverb*).

'Ho·bel|,span *m meist pl* (wood) shaving, paring, cutting. — **~,streb** *m* (*mining*) plough (*bes. Am.* plow) face. — **~sup,port** *m tech.* a) planing (*od.* planer) head, toolhead, railhead, b) (*am Querbalken*) crossrail head. — **~,vor,rich·tung** *f* planing attachment.

'Hob·ler *m* ⟨-s; -⟩ *tech.* **1.** (*Person*) planer. – **2.** *cf.* Hobelmaschine.

Ho·boe [ho'bo:ə] *f* ⟨-; -n⟩ *mus. obs. for* Oboe.

'Ho·bo·ken·ver,zeich·nis ['ho:bo:kən-] *n mus.* Hoboken catalog (*bes. Br.* catalogue) (of Haydn's works).

hoch [ho:x] **I** *adj* ⟨*attrib* hoh-; höher; höchst⟩ **1.** high: **50 Meter ~** 50 meters (*bes. Br.* metres) high (*od.* in height); **3 Stockwerke ~** 3 storeys (*bes. Am.* stories) high; **ein zwei Meter hoher Zaun** a fence two meters (*bes. Br.* metres) high; **die Treppe ist 10 Stufen ~** there are ten steps. – **2.** (*Mast, Baum etc*) high, tall, lofty. – **3.** (*Leiter etc*) long. – **4.** (*Lage etc*) high, elevated. – **5.** (*Schnee, Wasser etc*) deep: **der Schnee liegt einen Meter ~** the snow is one meter (*bes. Br.* metre) deep. – **6.** (*Wuchs, Statur etc*) tall. – **7.** (*Stirn, Taille, Backenknochen etc*) high. – **8.** (*Stiefel, Absätze etc*) high: **Schuhe mit hohen Absätzen** high-heeled shoes. – **9.** (*Geschwindigkeit etc*) high, great. – **10.** *fig.* (*Ansehen, Niveau etc*) high: **ein Mann von hohem Ansehen** a man of high standing, a highly esteemed man; **in hohem Maß(e), in hohem Grad(e)** in (*od.* to) a high degree, highly, greatly, eminently; **eine hohe Meinung von j-m haben** to have a high opinion of s.o., to think highly of s.o. – **11.** (*Einkommen, Gehalt, Gewinn, Rechnung, Summe etc*) big, high: **wie ~ ist die Rechnung?** what does the bill amount (*od.* run) to? how high is the bill? **um hohe Einsätze spielen** to play for high stakes. – **12.** (*Preis*) high, steep (*colloq.*): **zu ~** excessive, exorbitant. – **13.** (*Kosten etc*) high, (*Strafe*) heavy: **eine hohe Strafe** a heavy penalty. – **14.** *fig.* (*Anforderung, Ehre, Verdienst, Wert, Wichtigkeit etc*) high, great: **j-m hohes Lob spenden** to praise s.o. highly. – **15.** (*Rang etc*) high, superior: **von hohem Rang** high-ranking. – **16.** (*Offizier, Beamter etc*) high(-ranking): **hoher Würdenträger** high dignitary. – **17.** (*Amt, Posten*) high(-grade), important: **ein hohes Amt bekleiden** to hold a high office. – **18.** (*Adel*) high. – **19.** (*Abstammung etc*) high, noble: **von hoher Geburt** of high (*od.* noble) birth, highborn, *Br.* high-born. – **20.** (*Persönlichkeit, bes. Gast etc*) distinguished: **der hohe Herr** a) the distinguished gentleman, b) *iron.* his nibs (*colloq.*). – **21.** *fig.* (*Aufgabe, Ziel etc*) noble, lofty, high: **nach hohen Dingen trachten** to aim high. – **22.** (*Alter*) great, old, advanced: **von hohem Alter** advanced in age (*od.* years); **ein hohes Alter erreichen** to reach (*od.* attain) a great (*od.* ripe old) age; **er ist schon ein hoher Achtziger** he is well in his eighties. – **23.** *fig.* (*in Wendungen wie*) **in hoher Blüte stehen** to enjoy great prosperity, to be flourishing; **in hoher Fahrt** at full speed; **das ist mir zu ~** *colloq.* that's above (*od.* beyond) me, that's too deep for me; **seine Rede war zu ~ für sie** he was talking over their heads; **im hohen Norden** in the far north; **die hohe Obrigkeit** a) the authorities *pl*, b) the government; **hohe Politik** high politics *pl* (*construed as sg or pl*); **einen hohen Preis für etwas bezahlen müssen** to have to pay a heavy price for s.th.; **auf dem hohen Roß sitzen** *colloq.* to be on one's high horse; **sich aufs hohe Roß** (*od.* **Pferd**) **setzen** *colloq.* to get on one's high horse; **~ und niedrig** rich and poor; → Kante 8; Pforte 5; Schule 6; See² 1; Tier 4; Warte 5. – **24.** *med.* (*Fieber etc*) high: **hoher Blutdruck** hypertension. – **25.** *bes. chem. tech.* (*Prozentsatz, Gehalt etc*) high. – **26.** *jur.* (*Gericht*) high: **hohes Gericht!** a) your Honor (*bes. Br.* Honour)! b) (*Anrede an Jury*) members of the jury! – **27.** *pol.* **Hohe Behörde** High Authority; **das Hohe Haus** the House; **Hoher Kommissar** High Commissioner; **die hohen vertragschließenden Teile** the high contracting parties. – **28.** *econ.* a) (*Kurs etc*) high, b) (*Steuern, Zinsen*) high, heavy. – **29.** *mus.* a) (*Note etc*) high, b) (*Stimme etc*) high-pitched: **zu ~** a) too high, b) above pitch; **hohes C** high C; **hohe Stimmlage** upper register. – **30.** *relig.* (*Festtag, Messe etc*) high: **der Hohe Rat** (*der Juden*) the council, the Sanhedrin (*od.* Sanhedrim). – **31.** *ling.* (*Laut*) high. – **32.** *hist.* high: **das hohe Mittelalter** the high middle ages *pl.* – **33.** *mar.* **hoher Seegang** rough sea, high waves *pl*; **es herrschte hoher Seegang** the sea was rough. – **34. hohe Jagd** *hunt.* deer hunt. – **35.** (*games*) (*Karte*) high. – **36.** (*sport*) a) (*Ball etc*) high, b) (*Sieg, Favorit etc*) big, high, c) (*Niederlage*) severe. – **37.** *tech.* (*Drehzahl etc*) high. – **II** *adv* ⟨höher; höchst⟩ **38.** high: **~ emporragend** towering (up); **~ oben** a) high up, b) (*im Himmel*) on high; **~ oben im Norden** far up in the north; **~ über der Stadt** a) high over the town, b) high above the town; **~ liegen** a) (*von Ort etc*) to lie at a high level, to lie high, b) (*von Schnee*) to be deep; **2 Treppen ~ wohnen** *bes. Northern G.* to live two storeys (*bes. Am.* stories) high, to live on the second (*Am.* third) floor; **~ fliegen** to fly high (*od.* at a high altitude); **3000 Meter ~ fliegen** to fly at a height of 3,000 meters (*bes. Br.* metres); **die Sonne steht ~** the sun is high; **etwas ~ in die Luft werfen** to throw s.th. high in(to) the air; **~ zu Roß** on horseback; **wer ~ steigt, fällt tief** (*Sprichwort*) the higher you climb, the farther you fall (*proverb*). – **39.** *fig.* highly, (*stärker*) extremely: **j-m etwas ~ anrechnen** to give s.o. much credit for s.th.; **~ begabt sein** to be highly gifted (*od.* talented); **~ beglückt** (*od.* **erfreut**) **sein** to be extremely happy. – **40.** (*zahlenmäßig*) high: **etwas zu ~ bemessen** to calculate s.th. at too high a figure (*od.* too highly); **etwas zu ~ schätzen** to over(-)estimate (*od.* overrate) s.th.; **wie ~ schätzen Sie den Verlust?** how high would you put the loss? – **41.** *fig.* (*in Wendungen wie*) **es ging ~ her** *colloq.* it was quite an affair, things were pretty lively; **~ über j-m stehen** to be s.o.'s superior by far; **das dürfte nicht zu ~ gegriffen sein** I think this is not overstated; **sie kamen 3 Mann ~** *colloq.* three of them came; **wenn es ~ kommt** at (the) most, at best, at the highest; **das kommt ihn** (*od.* **ihm**) **~ zu stehen** he will pay dearly for that, that will cost him dear; **die Nase ~ tragen** *colloq.* to put on airs, to be stuck-up, to stick up one's nose (*colloq.*), *Am. colloq. auch* to be high-hat; **~ und teuer schwören** *colloq.* to swear a solemn oath, to swear by all that's holy (*colloq.*); → heilig 6; hinauswollen 3; Kurs 3. – **42.** (*teuer*) expensive: **wie ~ kommt das?** how much is it? **wie ~ möchten Sie gehen?** to what price (*od.* how high) would you like to go? – **43.** *math.* to the power of: **fünf ~ zwei** five (raised) to the second (power), five squared; **sechs ~ drei** six (raised) to the third (power), six cubed. – **44.** *econ.* high: **~ bieten** (*bei einer Auktion etc*) to make a high bid, to bid high. – **45.** *mus.* high: **~ singen** to sing high; **zu ~ singen** to sing sharp (*od.* too high), to sing above pitch; **zu ~ gestimmt** tuned (*od.* pitched) too high. – **46.** (*sport*) **~ gewinnen** to win by a wide margin; **~ verlieren** to suffer a crushing defeat, to get trounced. – **47.** (*games*) **~ spielen** to play for high stakes. – **III** *interj* **48.** up: **Arme ~!** (*bei Gymnastik*) arms up! **Hände ~!** hands up! stick 'em up! (*sl.*); **Kopf ~!** *fig.* head up! chin up! cheer up! never say die! **Riemen ~!** *mar.* toss oars! – **49. ~ lebe der König!** long live the king!

Hoch *n* ⟨-s; -s⟩ **1.** *meteor.* high(-pressure) area, high, anticyclone (*scient.*). – **2.** (*Hochruf*) cheer, hurrah: **ein (dreifaches) ~ auf j-n ausbringen** to give three cheers for s.o., to cheer s.o.

'Hoch,ach·se *f aer.* vertical (*od.* normal) axis.

'hoch|,acht·bar *adj lit.* most (*od.* highly) respectable, most honorable (*bes. Br.* honourable). — **~,ach·ten I** *v/t* ⟨*sep*, -ge-, h⟩ **j-n [etwas] ~** to respect (*od.* esteem) s.o. [s.th.] highly, to hold s.o. [s.th.] in high regard (*od.* esteem, estimation). – **II H~** *n* ⟨-s⟩ *verbal noun.* — **~,ach·tend I** *pres p.* – **II** *adj u. adv cf.* hochachtungsvoll 1, 2. — **H~,ach·tung** *f* **1.** *cf.* Hochachten. – **2.** deep (*od.* profound) respect, high esteem (*od.* regard): **bei aller ~ vor ihm** with all respect (*od.* due reverence) for him: **j-m ~ empfinden** to have (*od.* feel) deep respect for s.o.; **j-m ~ zollen** (*od.* **erweisen**) to pay respect (*od.* tribute, homage) to s.o.; **alle ~, das hast du gut gemacht** *colloq.* my compliments, you did that very well. – **3.** (*Briefschluß*) **mit vorzüglicher ~** yours faithfully, *bes. Am.* (very) respectfully (*od.* sincerely) yours, yours very truly.

'hoch,ach·tungs,voll I *adj* **1.** highly (*od.* most) respectful. – **II** *adv* **2.** most respectfully, with the greatest respect. – **3.** *bes. econ.* (*Briefschluß*) yours faithfully, *bes. Am.* sincerely yours, yours truly.

'Hoch|,adel *m* higher nobility. — **h~,ade·lig, h~,ad·lig** *adj* of the higher nobility. — **h~ak·tu,ell** *adj* ⟨*attrib*⟩ highly topical: **~e Nachricht** front-page news *pl* (*construed as sg or pl*). — **h~al,pin** *adj* pertaining to (*od.* indicating) the highest region in a mountain system, alpine: **~es Klettern** alpine mountaineering (*od.* climbing). — **~al,tar** *m röm.kath.* high altar. — **~,amt** *n* High Mass: **das ~ halten [zelebrieren]** to say [to celebrate] High Mass. — **h~,an·ge·,se·hen** *adj* ⟨*attrib*⟩, **h~,an,sehn·lich** *adj cf.* hochgeachtet II. — **h~,an,stän·dig** *adj* very decent. — **~an,ten·ne** *f electr.* overhead (*od.* elevated) antenna (*bes. Br.* aerial), outdoor antenna (*bes. Br.* aerial), *bes. Am.* roof antenna. — **h~,ar·bei·ten** *v/reflex* ⟨*sep*, -ge-, h⟩ **sich (aus eigener Kraft) ~** to work one's way up. — **~,ät·zung** *f print.*

relief printing from etched plate, ectypography. — **h~ˌauf·geˌschos·sen** *adj* ⟨*attrib*⟩ tall, lanky. — **h~ˌaufˌra·gend** *adj* towering. — **~ˌbahn** *f Am.* elevated railroad, *Am. colloq.* elevated, el, *auch* El, *Br.* overhead (*od.* elevated) railway. — **~ˌball** *m* (*sport*) (*beim Tennis*) lob.

ˈHochˌbau *m* ⟨-(e)s; -ten⟩ *civ.eng.* **1.** ⟨*only sg*⟩ building construction. – **2.** building above ground. — **~in·geˌnieur, ~ˌtech·ni·ker** *m* building construction engineer. — **~ˌun·terˌneh·men** *n* architectural (*od.* construction) engineering firm (*od.* contractors *pl*).

ˈhoch|ˌbäu·men *v/reflex* ⟨*sep*, -ge-, h⟩ sich ~ (*von Pferd etc*) rear (up). — **~beˌanˌsprucht** *adj* ⟨*attrib*⟩ *tech.* highly stressed. — **~beˌdeut·sam** *adj* highly important. — **~beˌgabt** *adj* ⟨*attrib*⟩ highly gifted (*od.* talented). — **~beˌglückend** (*getr.* -k·k-) *adj lit.* (*Gefühl etc*) most gratifying (*od.* heartwarming). — **~beˌglückt** *adj* ⟨*attrib*⟩ extremely happy. — **H~beˌhäl·ter** *m tech.* **1.** (*für Wasser*) elevated (*od.* overhead) tank. – **2.** (*für Kohle, Sand etc*) overhead bunker. — **~ˌbei·nig** [-ˌbaɪnɪç] *adj* long-legged, with long legs. — **~beˌjahrt** *adj u. adv cf.* hochbetagt. — **~beˌla·den** *adj* ⟨*attrib*⟩ with a high load. — **~beˌrühmt** *adj* **1.** very (*od.* most) famous, of high renown: ein ~er Mann a man of high renown. – **2.** (*gefeiert*) celebrated. — **~beˌsteu·ert** *adj* ⟨*attrib*⟩ *econ.* heavily taxed. — **~beˌtagt I** *adj* aged, advanced in years: ein ~er Mann an aged man; sie ist ~ she is advanced in years. – **II** *adv* er starb ~ he died an aged man (*od.* at a ripe old age). — **H~beˌtrieb** *m* ⟨-(e)s; *no pl*⟩ **1.** great (*od.* feverish, intense) activity, hustle (and bustle), rush: **auf den Werften herrschte ~** the shipyards were humming with activity; **der ~ vor Weihnachten** the Christmas rush. – **2.** (*Stoßzeit*) peak (time), rush (hour), *Br.* rush(-hour): **der abendliche ~** the evening rush. – **3.** (*Hochsaison*) high season. — **~beˌzahlt** *adj* ⟨*attrib*⟩ (*Arbeiter, Tätigkeit etc*) highly paid, well-paid. — **~ˌbie·gen** *v/t* ⟨*irr, sep*, -ge-, h⟩ **etwas ~** to bend s.th. up(ward[s]). — **H~ˌbild** *n* relief. — **~ˌbin·den** *v/t* ⟨*irr, sep*, -ge-, h⟩ **etwas ~** to tie s.th. up: (**sich** *dat*) **das Haar ~** to tie (*od.* do) one's hair up. — **H~ˌblatt** *n bot.* (*Deckblatt*) bract, hypsophyll (*scient.*): **mit Hochblättern** bracteate, bracteose. — **~ˌblicken** (*getr.* -k·k-) *v/i* ⟨*sep*, -ge-, h⟩ (zu to) look up, raise one's eyes. — **H~ˌblü·te** *f* ⟨-; *no pl*⟩ **1.** full bloom: **die Bäume standen in ~** the trees were in full bloom. – **2.** *fig.* heyday, height, zenith. — **~ˌbocken** (*getr.* -k·k-) *v/t* ⟨*sep*, -ge-, h⟩ (*Fahrzeug etc*) jack up. — **H~ˌboh·rung** *f* (*mining*) rising borehole. — **~ˌbor·dig** [-ˌbɔrdɪç] *adj mar.* (*Schiff*) with a high freeboard. — **~ˌbrin·gen** *v/t* ⟨*irr, sep*, -ge-, h⟩ **1.** (*nach oben bringen*) bring (*od.* take) up. – **2.** (*hochheben*) get (*s.th.*) up. – **3.** *fig.* (*wirtschaftlich*) raise, develop, bring (*s.o., s.th.*) to prosperity: **das brachte ihn wieder hoch** that got him on his feet again. – **4.** j-n ~ *fig. colloq.* (*ärgern*) to put (*od.* get, set) s.o.'s back up, to get (*od.* take) a rise out of s.o. — **~briˌsant** *adj* (*Sprengstoff*) highly explosive. — **H~ˌbrücke** (*getr.* -k·k-) *f arch.* high-level bridge. — **~ˌbrü·stig** [-ˌbrʏstɪç] *adj* high-breasted, high-bosomed. — **H~ˌbun·ker** *m mil.* tower shelter, (air-raid) shelter above ground. — **H~ˌburg** *f fig.* **1.** (*einer Partei, Religion etc*) stronghold, citadel. – **2.** (*Mittelpunkt*) center, *bes. Br.* centre. — **~ˌbu·sig** [-ˌbuːzɪç] *adj cf.* hochbrüstig. — **H~ˌdecker** (*getr.* -k·k-) *m* ⟨-s; -⟩ *aer.* high-wing monoplane. — **~ˌdeutsch** *ling.* **I** *adj* **1.** standard German: **auf ~** in standard German. – **2.** (*sprachgeschichtlich*) High German. – **II** *adv* **3. ~ sprechen** to speak standard German. – **III H~** ⟨*generally undeclined*⟩, **das H~e** ⟨-n⟩ **4.** standard German. – **5.** (*sprachgeschichtlich*) High German. — **~ˌdie·nen** *v/reflex* ⟨*sep*, -ge-, h⟩ **sich ~** *colloq.* work one's way up. — **~doˌtiert** *adj* ⟨*attrib*⟩ highly remunerated. — **~ˌdre·hen** *v/t* ⟨*sep*, -ge-, h⟩ **1. etwas ~** to turn s.th. upward(s). – **2.** (*Autofenster etc*) wind up.

ˈHochˌdruck[1] *m* ⟨-(e)s; =e⟩ **1.** *tech.* high pressure. – **2.** *meteor.* high pressure. – **3.** ⟨*only sg*⟩ *fig. colloq.* high pressure, full speed: **sie arbeiteten mit ~** they worked at full speed (*od.* high pressure). – **4.** *med.* a) hypertension, hypertonia, b) high blood pressure (*Br.* blood-pressure), arterial hypertension.

ˈHochˌdruck[2] *m* ⟨-(e)s; -e⟩ *print.* surface (*od.* relief) printing.

ˈHochˌdruck|ˌausˌläu·fer *m meteor.* ridge of high pressure. — **~ˌdampf·maˌschi·ne** *f tech.* high-pressure steam engine (*Br.* steam-engine). — **~ˌdich·tung** *f* high-pressure sealing joint.

ˈhochˌdrücken (*getr.* -k·k-) *v/t* ⟨*sep*, -ge-, h⟩ **etwas ~** to press s.th. up(ward[s]).

ˈHochˌdruck|geˌbiet *n meteor.* high(-pressure) area, high, anticyclone (*scient.*). — **~ˌgür·tel** *m* belt of high pressure. — **~ˌkeil** *m* wedge of high pressure, (high-pressure) wedge. — **~ˌkrank·heit** *f med.* disease accompanied by (*od.* due to) hypertension. — **~ˌlei·tung** *f tech.* high-pressure line (*od.* pipe). — **~maˌschi·ne** *f* **1.** *tech. cf.* Hochdruckdampfmaschine. – **2.** *print.* relief printing press. — **~ˌrei·fen** *m tech.* high-pressure tire (*bes. Br.* tyre). — **~ˌrücken** (*getr.* -k·k-) *m meteor.* ridge (of high pressure). — **~ˌschmierˌpres·se** *f tech.* high-pressure grease gun. — **~verˌfah·ren** *n* **1.** *tech.* high-pressure process (*od.* system). – **2.** *print.* relief printing method. — **~ˌzen·trum** *n meteor.* center (*bes. Br.* centre) of a high-pressure area (*od. scient.* an anticyclone), center of (the) high. — **~ˌzo·ne** *f cf.* Hochdruckgebiet.

ˈHoch|ˌebe·ne *f geogr.* elevated plain, plateau, tableland. — **~ela·stikˌreiˌfen** [-ˀeˌlastɪk-] *m tech.* cushion tire (*bes. Br.* tyre). — **h~eleˌgant** *adj* very elegant, most stylish. — **h~empˌfind·lich** *adj* **1.** *tech. electr.* (*Gerät etc*) highly sensitive. – **2.** *phot.* (*Filmmaterial*) high-speed (*attrib*), fast. – **3.** (*Gewebe etc*) very delicate. — **h~enerˌge·tisch** *adj* (*space*) (*Treibstoff etc*) high-energy (*attrib*). — **h~entˌwickelt** (*getr.* -k·k-) *adj* ⟨*attrib*⟩ highly developed. — **h~entˌzückt, h~erˌfreut** *adj* ⟨*attrib*⟩ (über *acc* at) overjoyed, delighted, extremely pleased. — **h~erˌho·ben** *adj* ⟨*attrib*⟩ (*Hände, Kopf etc*) raised high (*nachgestellt*): **sie ging ~en Hauptes vorbei** she walked by with her head in the air. — **h~erˌstaunt** *adj* ⟨*attrib*⟩ very (*od.* greatly) astonished. — **h~ex·ploˌsiv** *adj* (*Sprengstoff etc*) highly explosive, high-explosive. — **h~ˌfah·ren** *v/i* ⟨*irr, sep*, -ge-, sein⟩ **1.** *cf.* hinauffahren I. – **2.** (*erschreckt*) start up: **aus dem Schlaf ~** to wake up with a start. – **3.** *fig. cf.* aufbrausen 5. — **h~ˌfah·rend I** *pres p.* – **II** *adj* (*Benehmen etc*) overbearing, high-handed, haughty, arrogant. — **h~ˌfein** *adj* **1.** (*Qualität etc*) (very) exquisite, very choice, superfine. – **2.** (*erstklassig*) first-rate, tip-top (*colloq.*). – **3.** (*Hotel etc*) exquisite, de luxe, *Am. colloq.* plush, *Br. colloq.* posh. – **4.** (*Herr, Dame*) very refined (*od.* elegant). — **h~ˌfeu·erˌfest** *adj metall.* (*Baustoff*) highly refractory. — **h~ˌfieb·rig** *adj med.* highly feverish, with a very high fever (*od.* temperature), hyperpyretic (*scient.*). — **~fiˌnanz** *f econ.* high finance. — **~ˌflä·che** *f geogr. cf.* Hochebene. — **h~ˌflie·gen** *v/i* ⟨*irr, sep*, -ge-, sein⟩ **1.** (*von Vogel*) fly up(ward[s]), soar. – **2.** (*von Ballon*) go up, ascend. – **3.** *colloq.* explode, blow up. – **4.** (*von Trümmern etc*) fly through the air. — **h~ˌflie·gend I** *pres p.* – **II** *adj fig.* **1.** (*Ideen etc*) high-flying, lofty. – **2.** (*Pläne etc*) ambitious. – **3.** (*übertrieben*) high-flown. — **~ˌflor** *m* (*textile*) long-pile velvet. — **h~ˌflo·rig** [-ˌfloːrɪç] *adj* long-pile (*attrib*). — **~ˌflug** *m fig. lit.* high flight: **~ der Gedanken** soaring thoughts *pl.* — **~ˌflut** *f* **1.** high tide. – **2.** *fig.* great mass, flood tide, *Br.* flood-tide. – **3.** *bes. econ.* excessive supply, glut, *Am. auch* oversupply. — **~ˌform** *f* (*bes. sport*) top form (*od.* shape): **in ~ sein** to be in top form, to be at one's best. — **~forˌmat** *n* **1.** *print.* high size. – **2.** *phot.* vertical (*od.* upright) size (*od.* picture). — **h~freˌquent** *adj electr.* (*Strom etc*) high-frequency (*attrib*).

ˈHoch·freˌquenz *f electr.* **1.** high frequency. – **2.** (*radio*) *telev.* radio frequency. — **~beˌreich** *m* high-frequency range. — **~ˌhär·tung** *f tech.* induction hardening. — **~ˌka·bel** *n electr.* high-frequency cable. — **~ˌka·me·ra** *f phot.* high-speed (*od.* rapid-sequence) camera. — **~maˌschi·ne** *f electr.* high-frequency (*od.* hf) alternator (*od.* generator), radio-frequency (*od.* RF) alternator (*od.* generator). — **~ˌstrom** *m* high-frequency (*od.* radio-frequency) current. — **~ˌtech·nik** *f* **1.** high-frequency engineering. – **2.** radio engineering. — **~ˌtech·ni·ker** *m* radio- (*od.* high-)frequency engineer. — **~te·le·foˌnie, ~te·le·phoˌnie** *f tel.* carrier current telephony. — **~verˌstär·ker** *m electr.* high-frequency amplifier.

ˈHoch|friˌsur *f* upsweep, upswept hairdo (*Br.* hair-do), *Am. colloq. auch* updo. — **~gaˌra·ge** *f* multistorey (*bes. Am.* multistory) (*od.* multistoreyed, *bes. Am.* multistoried) garage (*od.* car park). — **h~geˌach·tet I** *pp.* – **II** *adj* ⟨*attrib*⟩ **1.** highly esteemed (*od.* respected). – **2.** (*gesellschaftlich hochstehend*) of high standing. — **h~geˌbil·det** *adj* ⟨*attrib*⟩ highly educated (*od.* cultured).

ˈHoch·geˌbir·ge *n geogr.* high mountains *pl*, high (*od.* alpine) mountain chain.

ˈHoch·geˌbirgs|ˌausˌrü·stung *f* (*sport*) alpine mountaineering equipment. — **~ˌflo·ra** *f bot.* alpine flora. — **~ˌland·schaft** *f* alpine scenery (*od.* landscape). — **~ˌpflan·ze** *f bot.* alpine plant. — **~re·giˌon** *f* alpine region. — **~ˌtour** *f* mountain climb, mountaineering expedition. — **~ˌtrup·pe** *f mil.* alpine troops *pl.* — **~ˌwelt** *f* alpine world.

ˈhoch|geˌbo·ren *adj* **1.** highborn, *Br.* high-born, nobly born. – **2.** *archaic* (*in der Anrede*) Euer H~ Right Honorable (*bes. Br.* Honourable). — **~geˌehrt** *adj* ⟨*attrib*⟩ **1.** highly honored (*bes. Br.* honoured). – **2.** *archaic* (*in Briefen*) **~er Herr!** dear Sir; **~er Herr X!** dear Mr. X. — **H~geˌfühl** *n* **1.** (feeling of) elation, exaltation, rapture: **im ~ seines Sieges** elated by his victory. – **2.** overflow of joy. — **~ˌge·hen I** *v/i* ⟨*irr, sep*, -ge-, sein⟩ **1.** (*von Theatervorhang*) rise. – **2.** *colloq.* (*explodieren*) blow up, explode: **eine Mine ~ lassen** to spring a mine. – **3.** *cf.* hinaufgehen I. – **4.** *fig. colloq.* (*wütend werden*) flare up, get angry, be up in arms, hit the ceiling (*od.* roof) (*colloq.*): → Hut[1] 1. – **5.** *only in* **eine Verbrecherbande ~ lassen** *colloq.* to flush out (and round up) a gang of criminals. – **6.** *mar.* (*von See*) be running high. – **II** *v/t* **7.** *cf.* hinaufgehen II. – **III H~** *n* ⟨-s⟩ **8.** *verbal noun.* – **9.** (*des Vorhangs, der Preise*) rise. — **~ˌge·hend I** *pres p.* – **II** *adj mar.* (*See*) heavy, rough. — **~ˌgei·stig** *adj* **1.** (highly) intellectual. – **2.** *iron.* highbrow. — **~geˌkämmt I** *pp.* – **II** *adj* (*Haare*) combed-up (*attrib*), upswept. — **~geˌle·gen** *adj* ⟨*attrib*⟩ high-lying, lying (*od.* situated) at a high altitude. — **~geˌlehrt** *adj* ⟨*attrib*⟩ very learned, erudite. — **~geˌlobt** *adj* ⟨*attrib*⟩ *bes. relig.* lauded, highly praised. — **~geˌmut** [-gəˌmuːt] *adj lit.* high-spirited, cheerful: **~ sein** to be in high (*od.* good) spirits. — **H~geˌnau·ig·keitsˌla·ger** *n tech.* high-precision bearing. — **H~geˌnuß** *m* great (*od.* real) delight, great enjoyment: **ein wahrer ~** a real treat. — **H~geˌricht** *n jur. hist.* **1.** criminal court. – **2.** place of execution. – **3.** (*Galgen*) gallows *pl* (*usually construed as sg*). — **H~geˌsang** *m relig.* hymn. — **~geˌschätzt I** *pp.* – **II** *adj* ⟨*attrib*⟩ **1.** highly appreciated (*od.* valued). – **2.** (*Person*) highly esteemed. — **~geˌschla·gen I** *pp of* hochschlagen. – **II** *adj* (*Kragen*) turned-up (*attrib*). — **~geˌschlos·sen I** *adj* (*Kleid*) high-necked. – **II** *adv* **sie erschien ~** *colloq.* she came in a high-necked dress. — **~geˌschraubt I** *pp.* – **II** *adj* ⟨*attrib*⟩ *fig.* (*Erwartungen etc*) high, great. — **H~geˌschwin·dig·keitsˌwind·kaˌnal** *m tech.* high-speed wind tunnel. — **~geˌsinnt** *adj* high-minded, noble-minded. — **~geˌspannt** *adj* **1.** *tech.* (*Dampf, Gas etc*) high-pressure (*attrib*). – **2.** *electr.* high-voltage (*attrib*). – **3.** *fig.* (*Erwartungen etc*) great, high, high-strung. – **4.** *fig.* (*Pläne etc*) ambitious. — **~geˌsteckt I** *pp.* – **II** *adj* **1.** (*Haar*) pinned-(*od.* put-)up (*attrib*). – **2.** *fig.* (*Ziel*) high(-pitched). — **~geˌstellt I** *pp.* – **II** *adj* **1.** *print.* superior: **~e Zahl** superior. – **2.** ⟨*attrib*⟩ *fig.* (*Persönlichkeit*) high-ranking. — **~geˌstimmt** *adj* ⟨*attrib*⟩ elated, exalted. — **~geˌsto·chen** *adj colloq.* **1.** stuck-up (*colloq.*): **sie ist ganz schön ~** she is pretty stuck-up. – **2.** (*Gespräch etc*) highbrow, sophisticated, highfalutin(g), *Br.* high-falutin(g) (*colloq.*). — **~geˌta·kelt** *adj mar.* Bermuda-rigged. — **~geˌwach·sen** *adj* tall, of tall stature: **schlank und ~** tall and lean. — **~ge,zo·gen I** *pp of* hochziehen. – **II** *adj auto.* (*Heckflosse*) raised. — **~ge,züch·tet I** *pp.* – **II** *adj* **1.** *hort.* specially selected. – **2.** *zo.* highbred. – **3.** *tech.* (*Motor*) high-compression, beefed-up (*sl.*) (*beide attrib*).

'Hoch,glanz *m* **1.** bright (*od.* high) luster (*bes. Br.* lustre), brilliance, brilliancy: Schuhe auf (*acc*) ~ polieren to give one's shoes a fine shine; ein Zimmer auf (*acc*) ~ bringen *colloq.* to give a room a good going-over. – **2.** *tech.* high polish, mirror finish. — **~,ab,zug** *m print. phot.* glossy print.

'hoch,glän·zend *adj* **1.** (very) shining (*od.* shiny): ~e Seide shining silk. – **2.** *tech.* highly polished. – **3.** (*paper*) very glossy.

'Hoch,glanz|,fo·lie *f* glazing sheet, *Am.* ferrotype tin. — **~pa,pier** *n* enamel paper, bright enamel (paper). — **h~po,lie·ren I** *v/t* ⟨*only inf u. pp* hochglanzpoliert⟩ **1.** etwas ~ to give s.th. a high (mirror) polish. – **II H~** *n* ⟨-s⟩ **2.** *verbal noun.* – **3.** high mirror polishing. — **h~po,liert I** *pp.* – **II** *adj* highly polished. — **~po·li,tur** *f* high mirror polish.

'Hoch,go·tik *f* (*art*) *hist.* High Gothic period: Englische ~ Decorated Style (*about 1250—1350*).

'hoch,gra·dig [-,gra:dɪç] **I** *adj* **1.** extreme, high-grade (*attrib*): ~e Nervosität *med.* extreme nervousness. – **2.** (*stark*) intense. – **3.** *colloq.* (*Unsinn etc*) utter, downright (*beide attrib*). – **II** *adv* **4.** extremely, to (*od.* in) a high degree: ~ nervös sein to be extremely nervous.

'Hoch,hal·te *f* ⟨-; *no pl*⟩ (*sport*) (*beim Turnen*) upward position: Arme in ~ arms in upward position, arms up.

'hoch,hal·ten *v/t* ⟨*irr, sep,* -ge-, h⟩ **1.** (*in die Höhe halten*) hold up. – **2.** *fig.* honor, *bes. Br.* honour, cherish, treasure, esteem: j-s Andenken ~ to cherish the memory of s.o. – **3.** *fig.* (*Ehre etc*) hold up, uphold. – **4.** *econ.* (*Preise*) a) keep up, b) (*stützen*) peg.

'Hoch,haus *n* multistorey (*bes. Am.* multistory) (*od.* multistoreyed, *bes. Am.* multistoried) building. — **~ga,ra·ge** *f cf.* Hochgarage.

'hoch|,he·ben I *v/t* ⟨*irr, sep,* -ge-, h⟩ **1.** (*Last*) lift up, (*etwas Schweres*) heave. – **2.** (*Hand, Arm*) lift, raise, hold up. – **3.** (*Glas etc*) raise. – **4.** (*Kleid etc*) hold up. – **5.** (*Gegenstand vom Boden*) take up. – **II H~** *n* ⟨-s⟩ **6.** *verbal noun*: Abstimmung durch H~ der Hände *pol.* vote by show of hands. — **~,hei·lig** *adj* very holy. — **~,herr·schaft·lich I** *adj* (*Haus etc*) lordly. – **II** *adv* like a lord: dort geht es ~ zu they are living like kings.

'hoch,her·zig *adj lit.* **1.** high-minded, noble. – **2.** (*großzügig*) generous, greathearted, *Br.* great-hearted, magnanimous. — **'Hoch,her·zig·keit** *f* ⟨-; *no pl*⟩ *lit.* **1.** high-mindedness, nobleness. – **2.** (*Großzügigkeit*) generosity, greatheartedness, *Br.* great-heartedness, magnanimity.

'hoch|,hie·ven *v/t* ⟨*sep,* -ge-, h⟩ *mar.* rouse (up). — **~,ho·len** *v/t* ⟨*sep,* -ge-, h⟩ *colloq. for* heraufholen. — **~,hüp·fen** *v/i* ⟨*sep,* -ge-, sein⟩ *cf.* hochspringen. — **~in·du·stria·li,siert** *adj* ⟨*attrib*⟩ highly industrialized (*Br. auch* -s-). — **~in·ter·es,sant** *adj* highly (*od.* very) interesting. — **~,ja·gen** *v/t* ⟨*sep,* -ge-, h⟩ **1.** (*Schlafende etc*) rout (up *od.* out), get (*s.o.*) up. – **2.** *hunt.* a) (*Wild*) rouse, rout, b) (*Federwild*) flush. – **3.** (*Motoren*) race. — **~,käm·men** *v/t* ⟨*sep,* -ge-, h⟩ (sich *dat*) die Haare ~ to comb one's hair up; j-m die Haare ~ to comb s.o.'s hair up; das Haar hochgekämmt tragen to wear one's hair up (*od.* in an upsweep). — **~,kant** [-,kant] *adv* **1.** *tech.* a) upright, b) on edge (*od.* end), edgewise, edgeways: etwas ~ biegen to bend s.th. on edge; ~ stehen to stand on end, to upend (*Br.* up-end); etwas ~ stellen to put s.th. on end, to upend (*Br.* up-end) s.th. – **2.** *only in* ~ hinausfliegen *colloq.* to be fired, to be given (*od.* to get) the sack (*colloq.*). — **~,kan·tig** *adv cf.* hochkant 2. — **H~ka·pi·ta,lis·mus** *m* heyday of capitalism (*of the 19th century*). — **~,kip·pen** *v/t* ⟨*sep,* -ge-, h⟩ tip (*od.* tilt) (*s.th.*) (up). — **H~,kir·che** *f relig.* (*in England*) High Church: der ~ angehörend High-Church (*attrib*), (*extremer*) Anglo-Catholic. — **~,kirch·lich** *adj* High-Church (*attrib*). — **~,klapp·bar** *adj* tip-up (*attrib*), folding: ~er Sitz tip-up seat. — **~,klap·pen** *v/t* ⟨*sep,* -ge-, h⟩ **1.** turn up: den Kragen ~ to turn up (*od.* put up) one's collar. – **2.** (*Deckel, Kühlerhaube etc*) raise, lift up. – **3.** (*Sitz, Klappbett etc*) fold up. — **~,klet·tern I** *v/i* ⟨*sep,* -ge-, sein⟩ (an *dat*) climb up: an einem Seil [einer Wand] ~ to climb up a rope [wall]. – **II** *v/t* (*Treppe etc*) climb up. — **~kom·for,ta·bel** *adj* (*Wagen etc*) luxurious. — **~,kom·men I** *v/i* ⟨*irr, sep,* -ge-, sein⟩ **1.** (*heraufkommen*) come up. – **2.** (*sich aufrichten*) straighten up: wieder ~ to get up again. – **3.** *fig. colloq.* (*in Wendungen wie*) die Milch kam mir hoch the milk repeated on me; mir kam alles wieder hoch I could not keep anything down, I brought everything up again; ihm kam die Galle hoch *fig.* he became very angry, he flew off the handle. – **4.** *fig.* be successful, get ahead, make it (*colloq.*): es ist schwer, in Deutschland hochzukommen it is hard to get ahead in Germany; j-n nicht ~ lassen to stand in s.o.'s way. – **II** *v/t* **5.** (*Treppe etc*) come up: sie kam langsam die Treppe hoch she came slowly up the stairs. – **III** *v/impers* **6.** es kommt mir hoch *fig. colloq.* it makes me (feel) sick (*colloq.*), it disgusts me. – **7.** *only in* wenn es hochkommt at the (very) most, at the maximum: wenn es hochkommt, bekommst du 500 Mark you will get 500 marks at the most. — **H~kom·mis,sar** *m pol.* High Commissioner. — **H~kon·junk,tur** *f econ.* peak prosperity, boom. — **~kon·zen,triert I** *adj* ⟨*attrib*⟩ *auch chem.* highly concentrated. – **II** *adv* with utmost concentration. — **~,krem·peln** *v/t* ⟨*sep,* -ge-, h⟩ (*Ärmel etc*) roll (*od.* turn) up. — **~,krie·chen** *v/i* ⟨*irr, sep,* -ge-, sein⟩ (*von Insekten etc*) crawl up: am Stengel ~ to crawl up the stalk. — **~kul·ti,viert** *adj* ⟨*attrib*⟩ (*Person, Stil etc*) very cultured, very refined. — **H~kul,tur** *f* very advanced civilization (*Br. auch* -s-). — **H~,la·ge** *f* **1.** (*eines Ortes etc*) high altitude (*od.* elevation). – **2.** *meteor.* high-pressure situation. — **~,la·gern** *v/t* ⟨*sep,* -ge-, h⟩ *med.* keep (*s.th.*) elevated (*od.* in a raised position): das Bein ~ to keep the leg elevated; den Kopf ~ to prop up the head.

'Hoch,land *n* ⟨-(e)s; ⸗er, *auch* -e⟩ *geogr.* **1.** (*gebirgiges Gebiet*) highland(s *pl*): das schottische ~ the Highlands *pl* of Scotland. – **2.** (*im Gegensatz zu Tiefland*) high land, upland(s *pl*). — **~-,Baum,wol·le** *f bot.* upland (*auch* Upland) cotton, *auch* American upland cotton (*Gossypium hirsutum*).

'Hoch,län·der *m* ⟨-s; -⟩ (Scottish) Highlander.

'hoch|,lau·fen *v/i* ⟨*irr, sep,* -ge-, sein⟩ (*von Insekten etc*) run up. — **H~,lau·tung** *f ling.* standard (German) pronunciation. — **~,le·ben** *v/i* ⟨*sep,* -ge-, h⟩ *only in* j-n ~ lassen a) to give s.o. three cheers, b) (*durch Erheben des Glases*) to toast s.o., to drink s.o.'s health: er lebe hoch! three cheers for him! hoch lebe der König! long live the king!

'Hoch,lei·stung *f* **1.** *tech.* a) (*einer Maschine*) high (*od.* heavy) duty, large capacity, b) (*eines Motors*) high power (*od.* efficiency, performance). – **2.** (*eines Sportlers etc*) first-class performance.

'Hoch,lei·stungs|,mo·tor *m* **1.** (*Elektromotor*) high-power motor. – **2.** (*Verbrennungsmotor*) high-performance (*od.* high-output) engine. — **~,öl** *n* heavy-duty (*od.* H.D.) oil. — **~re,ak·tor** *m nucl.* high-power(ed) reactor. — **~,si·che·rung** *f* power fuse. — **~,sport** *m* (top) competitive sport. — **~,sport·ler** *m* person engaged in (top) competitive sport, (top) competitive sportsman. — **~,stahl** *m* high-quality tool steel. — **~trans·for,ma·tor** *m* high-power(ed) transformer.

'Hoch|,lei·tung *f electr.* overhead wire. — **~,leuch·te** *f bot.* vervain mallow (*Malva alcea*).

höch·lich ['hø:çlɪç] *adv lit.* highly, greatly, most: ~ erstaunt sein to be highly surprised.

'hoch,löb·lich *adj lit.* highly (*od.* most) praiseworthy.

'Hoch|,mei·ster *m hist.* (*Oberhaupt eines geistlichen Ritterordens*) Grand Master. — **~,mes·se** *f röm.kath.* High Mass. — **~,mit·tel,al·ter** *n* high middle ages *pl.* — **h~mo,dern I** *adj* **1.** very modern. – **2.** (*Mode etc*) very fashionable, latest (*attrib*): ein ~es Kleid a dress in the latest fashion. – **3.** (*Wohnung, Anlagen etc*) ultramodern: ~e Möbel ultramodern (*od.* very contemporary) furniture *sg.* – **II** *adv* **4.** ~ gekleidet sein to be dressed in the latest fashion. — **h~mo·le·ku,lar** *adj chem.* polymolecular. — **~,moor** *n geol.* high moor, sphagnum bog. — **~,mut** *m* haughtiness, arrogance, pride: ~ kommt vor dem Fall (*Sprichwort*) pride goes before a fall (*proverb*). — **h~,mü·tig** *adj* haughty, arrogant, proud: ein ~er Blick a haughty look; ein ~er Kerl a proud fellow.

'hoch,nä·sig [-,nɛ:zɪç] **I** *adj colloq.* snobbish, supercilious (*lit.*), stuck-up (*colloq.*). – **II** *adv* j-n ~ behandeln to snub s.o., *Am. colloq. auch* to high-hat s.o. — **'Hoch,nä·sig·keit** *f* ⟨-; *no pl*⟩ *colloq.* snobbishness, superciliousness (*lit.*).

'Hoch|,ne·bel *m meteor.* low stratus. — **h~,neh·men** *v/t* ⟨*irr, sep,* -ge-, h⟩ **1.** pick up, take up, lift (up): die Schleppe ~ to take up the train; ein Kind ~ to pick up a child, to pick a child up in one's arms. – **2.** j-n ~ *fig. colloq.* a) (*hänseln*) to tease s.o., to pull s.o.'s leg, b) (*übervorteilen*) to take s.o. for a ride (*colloq.*), to fleece (*od.* overcharge) s.o.: sie haben uns (bei diesem Kauf) tüchtig hochgenommen they really overcharged (*od. colloq.* soaked) us. — **h~,not'pein·lich** *adj* **1.** (*meist attrib*) *humor.* (*Frage etc*) highly embarrassing, (*im weiteren Sinne*) severe. – **2.** *jur. obs.* penal: ~es Gericht *hist.* criminal court.

'Hoch,ofen *m tech.* blast furnace, *Br.* blast-furnace: einen ~ beschicken [abstechen] to charge [to tap] a blast(-)furnace. — **~,an,la·ge** *f* blast-furnace plant. — **~,auf,zug** *m* blast-furnace hoist. — **~be,gich·tung** *f* blast-furnace charging. — **~,gas** *n* blast-furnace gas. — **~,koks** *m* blast-furnace coke. — **~,sau** *f* blast-furnace salamander (*od.* sow). — **~,schlacke** (*getr.* -k·k-) *f* blast-furnace slag. — **~ze,ment** *m* blast-furnace cement.

'Hoch,öf·ner [-,ʔø:fnər] *m* ⟨-s; -⟩ *metall.* blast-furnace man.

'hoch|,oh·mig [-,ʔo:mɪç] *adj electr.* high-ohmic, high-impedance (*attrib*). — **~,päp·peln** *v/t* ⟨*sep,* -ge-, h⟩ *colloq.* (*Kind, Kranken etc*) feed up. — **H~par,terre** *n Br.* raised ground floor, *Am.* first floor. — **H~,paß** *m* **1.** high mountain pass. – **2.** *electr.* high-pass filter. — **H~pla,teau** *n geogr. cf.* Hochebene. — **~poe·tisch** [-po,e:tɪʃ] *adj meist iron.* very (*od.* highly) poetic(al). — **~po,li·tisch** *adj* (*Akt, Vorfall etc*) highly political. — **~po·ly,mer** *chem.* **I** *adj* (*Plastik etc*) high-polymeric, high-molecular. – **II H~** *n* high polymer. — **~,prei·sen** *v/t* ⟨*irr, sep,* -ge-, h⟩ **1.** j-n [etwas] ~ to praise s.o. [s.th.] highly (*od.* to the skies), to extol s.o. [s.th.]. – **2.** *relig.* magnify. — **~pro,zen·tig** [-pro,tsɛntɪç] *adj* **1.** (*alkoholische Getränke*) high-proof, high-percentage (*beide attrib*). – **2.** *chem.* a) high-grade (*attrib*), b) (*Lösung*) highly concentrated. — **~,pum·pen** *v/t* ⟨*sep,* -ge-, h⟩ (*Wasser etc*) pump up. — **~qua·li·fi,ziert** *adj* ⟨*attrib*⟩ (*Person*) highly qualified. — **H~,rad** *n hist.* (*Fahrrad*) ordinary, *Br. colloq.* penny farthing. — **~ra·dio·ak,tiv** *adj* highly radioactive (*Br. auch* radio-active). — **~,raf·fen I** *v/t* ⟨*sep,* -ge-, h⟩ (*Rock etc*) hike (*od.* hitch) up. – **II** *v/reflex* sich ~ *cf.* aufraffen 4. — **~,ra·gen** *v/i* ⟨*sep,* -ge-, h⟩ tower (up), rise (up), loom, stand out. — **~,ra·gend I** *pres p.* – **II** *adj* (*Gipfel, Turm etc*) very lofty, towering, looming. — **~,ran·ken** *v/i* ⟨*sep,* -ge-, sein⟩ *u.* sich ~ *v/reflex* ⟨h⟩ (*Pflanze etc*) creep (up), climb (up). — **~,rap·peln** *v/reflex* ⟨*sep,* -ge-, h⟩ sich ~ *colloq.* a) to struggle to one's feet, b) *fig.* (*von Kranken*) to get on one's feet, to pick up. — **H~,rech·nung** *f* computer forecast (*od.* projection). — **H~,reck** *n* (*sport*) (*beim Turnen*) high bar. — **~,recken** (*getr.* -k·k-) **I** *v/t* ⟨*sep,* -ge-, h⟩ (*Hände etc*) stretch up: den Hals ~ to stretch (*od.* crane) one's neck. – **II** *v/reflex* sich ~ draw oneself up to full height. — **~,rei·ßen** *v/t* ⟨*irr, sep,* -ge-, h⟩ **1.** snatch (up), seize (up): er riß das Gewehr hoch und schoß he snatched up his gun and fired; sie riß ihr Kind vom Boden hoch she snatched her child up from the floor. – **2.** *aer.* (*Flugzeug*) put (*a plane*) into a steep climb, zoom, hoick. — **H~re·li,ef** *n* (*art*) high relief. — **H~re·nais,sance** *f* (*art*) *hist.* High Renaissance. — **~ˌrich·ten** *v/reflex* ⟨*sep*, -ge-, h⟩ sich ~ *cf.* aufrichten 15—17. — **H~ˌrip·pe** *f gastr.* rib roast (of beef). — **~'rot** *adj only in* mit ~em Kopf (*od.* Gesicht) with a face as red as a beet(root). — **H~ˌruf** *m* cheer: mit ~en empfangen to cheer. — **~ˌrut·schen** *v/i* ⟨*sep*, -ge-, sein⟩ (*von Kleid, Kragen etc*) ride up. — **H~saiˌson** *f* high (*od.* peak) season: in (*od.* während) der ~ during the peak season; es ist ~ it's the height of the season. — **~ˌschät·zen** *v/t* ⟨*sep*, -ge-, h⟩ j-n ~ a) to appreciate s.o. very much, b) (*hochachten*) to esteem s.o. highly, to hold s.o. in (high) esteem, to have a high regard for s.o. — **H~ˌschät·zung** *f* **1.** appreciation. – **2.** (*Hochachtung*) high esteem (*od.* regard). — **~ˌschie·ben** *v/t* ⟨*irr, sep*, -ge-, h⟩ (*Fenster etc*) push up. — **~ˌschie·ßen I** *v/t* ⟨*irr, sep*, -ge-, h⟩ **1.** (*Fußball etc*) shoot (*s.th.*) up (into the air). – **2.** (*Rakete, Satelliten etc*) send up, launch. – **II** *v/i* ⟨sein⟩ **3.** *colloq.* (*von Pflanze etc*) grow fast, shoot up. – **4.** (*von Flammen etc*) shoot (*od.* leap) up. – **5.** senkrecht ~ *hunt.* (*von Fasan, Auerhahn etc*) to tower. — **H~ˌschlag** *m* (*beim Golf*) loft: einen ~ ausführen, ein Hindernis durch ~ überwinden to loft. — **~ˌschla·gen I** *v/t* ⟨*irr, sep*, -ge-, h⟩ **1.** (*Ärmel, Kragen*) turn up. – **2.** (*sport*) (*Ball*) a) lob, b) (*bes. beim Golf*) loft, baff. – **II** *v/i* ⟨sein⟩ **3.** (*aufbranden*) lash up: die Wellen schlugen an der Mauer hoch the waves lashed up against the wall; Wellen der Begeisterung schlugen hoch *fig.* enthusiasm ran high. — **~ˌschmel·zend** *adj metall.* high-melting: ~e Legierung high-melting-point alloy. — **~ˌschnel·len I** *v/i* ⟨*sep*, -ge-, sein⟩ **1.** (*von Fisch*) leap up. – **2.** (*von Person, Tier*) spring up. – **3.** (*von Ball*) bounce up. – **4.** (*von Springteufel etc*) pop up, shoot up. – **5.** (*von Zweig etc*) spring up (*od.* back). – **6.** *fig.* (*bes. von Preis*) soar, rise abruptly, jump up. – **II** *v/reflex* ⟨h⟩ sich ~ **7.** (*von Fisch*) leap up. — **H~ˌschrank** *m* **1.** high wardrobe. – **2.** (*eingebauter*) floor-to-ceiling wardrobe. — **~ˌschrau·ben I** *v/t* ⟨*sep*, -ge-, h⟩ **1.** (*Stuhl etc*) raise. – **2.** *econ.* (*Preis etc*) raise, force up. – **II** *v/reflex* **3.** sich ~ (*von Flugzeug etc*) climb (*od.* ascend) in spirals (*od.* in a corkscrew path).

'Hochˌschulˌausˌbilˌdung *f ped.* university training (*od.* education). — **~beˌhör·de** *f meist pl* university authority. — **~ˌbil·dung** *f* higher education, university education. — **~diˌplom** *n* university(-level) degree.

'Hochˌschu·le *f ped.* a) (*Universität*) university, (university) college, b) academy: landwirtschaftliche ~ agricultural college; Pädagogische ~ *Am.* teachers college, *Br.* training-college (*od.* -school); Staatliche ~ für Musik academy of music; Technische ~ institute of technology, *bes. Br.* college of technology; ~ der bildenden Künste academy of fine arts; ~ für Leibeserziehung physical training institute.

'Hoch|ˌschü·ler *m*, **~ˌschü·le·rin** *f* **1.** student. – **2.** (*einer Universität*) university student, *bes. Br.* undergraduate. – **3.** (*eines College*) college student.

'Hochˌschul|geˌsetz *n* Act (of Parliament) concerning universities and academies. — **~ˌleh·rer** *m*, **~ˌleh·re·rin** *f* university teacher, professor. — **~po·liˌtik** *f* policy concerning university education. — **~ˌrecht** *n* law concerning higher education. — **~reˌform** *f* university reform. — **~ˌrei·fe** *f* matriculation requirements *pl.* — **~ˌsport** *m* university sport(s *pl*). — **~ˌstu·di·um** *n* higher education, university education. — **~verˌband** *m* association of university teachers. — **~ˌwe·sen** *n* system of higher education, university system.

'hoch|ˌschür·zen *v/t* ⟨*sep*, -ge-, h⟩ (*Rock etc*) tuck up. — **~ˌschwan·ger** *adj* well (*od.* far) advanced in pregnancy: sie ist ~ she is near her time; in ~em Zustand far advanced in pregnancy.

'Hochˌsee *f* **1.** high sea(s *pl*), open sea. – **2.** (*Tiefsee*) deep sea. — **~ˌfi·scher** *m* deep-sea fisherman. — **~fi·scheˌrei** *f* deep-sea fishing. — **~ˌflot·te** *f* deep-sea fleet. — **~ˌschiff** *n* deep-sea vessel, seagoing ship, deepwaterman. — **~ˌschlep·per** *m* seagoing (*od.* oceangoing) tug(boat). — **h~ˌtüch·tig** *adj* seagoing, oceangoing. — **~ˌyacht** *f* seagoing yacht.

'Hochˌseil *n* high wire. — **~ˌakt** *m* (*von Artisten*) high-wire act. — **~arˌtist** *m* high-wire acrobat.

'hoch|ˌse·lig *adj lit.* late (*attrib*), deceased: der ~e Fürst the late prince. — **~ˌsin·nig** *adj lit.* high-minded. — **H~ˌsitz** *m hunt. Am.* raised blind, *Br.* raised hide. — **H~ˌsom·mer** *m* midsummer: im ~ in the middle of summer. — **~ˌsom·mer·lich I** *adj* midsummer: ~e Tage midsummer(y) days. – **II** *adv* midsummerlike, *Br.* midsummer-like: es ist ~ warm it is as warm as in midsummer (*od.* the middle of summer).

'Hochˌspan·nung *f* **1.** *electr.* high voltage: „Vorsicht, ~! Lebensgefahr!" "caution, high voltage!" – **2.** *fig.* high tension: es herrscht ~ there is much tension (*od.* electricity in the air).

'Hochˌspan·nungs|ˌanˌla·ge *f electr.* high-voltage power station (*Br.* power-station). — **~ˌanˌzei·ger** *m* high-voltage indicator. — **~ˌfreiˌlei·tung** *f* high-voltage overhead transmission line. — **~isoˌla·tor** *m* high-voltage insulator. — **~ˌka·bel** *n* high-voltage cable. — **~ˌlei·tung** *f* high-voltage transmission line. — **~ˌmast** *m* (high-voltage) transmission tower. — **~ˌnetz** *n* high-voltage transmission system. — **~ˌstrom** *m* high-voltage current. — **~ˌtech·nik** *f* high-voltage engineering. — **~-ˌÜber·landˌmast** *m* high-voltage transmission tower.

'hoch|ˌspie·len *v/t* ⟨*sep*, -ge-, h⟩ magnify the importance of, play up: eine Affäre ~ to play up an affair; etwas künstlich ~ to make an issue of s.th. — **H~ˌspra·che** *f ling.* standard language: die deutsche ~ standard (*od.* High) German. — **~ˌsprach·lich I** *adj* (*Ausdruck etc*) standard (*attrib*): nicht ~ substandard (*attrib*). – **II** *adv* used in standard language: ~ seltenes Wort word rarely used in the standard language. — **~ˌsprin·gen I** *v/i* ⟨*irr, sep*, -ge-, sein⟩ **1.** jump up, leap up: vor Freude ~ to jump up with joy. – **2.** (*von Ball etc*) bounce up. – **II H~** *n* ⟨-s⟩ **3.** *verbal noun.* – **4.** (*sport*) (*in der Leichtathletik*) high jumping. — **H~ˌsprin·ger** *m*, **~ˌsprin·ge·rin** *f* (*sport*) (*in der Leichtathletik*) high jumper. — **H~ˌsprung** *m* high jump. — **H~ˌsprung·ˌstän·der** *m Am.* standard, *Br.* upright.

höchst [hø:çst] **I** *sup of* hoch I, II. – **II** *adj* **1.** highest, topmost,: der ~e Berg the highest mountain; die ~e Sprosse einer Leiter the topmost rung of a ladder. – **2.** *fig.* highest, most: auf ~er Ebene at the highest level; im ~en Falle at the most; das ist das ~e der Gefühle that's the ultimate in feelings; der ~e Genuß the greatest pleasure; das ~e Gericht *jur.* the supreme court; das ~e Glück the greatest happiness; im ~en Maße (*od.* Grade) to the highest degree; ~es Gut most precious possession; zur ~en Instanz gehen to go to the highest authority; in der ~en Not in the greatest need; die ~en Preise the highest prices; an ~er Stelle in first place; ~e Verwirrung utter confusion; die ~e Stufe der Vollendung the highest degree of perfection; j-n [etwas] in ~en Tönen loben to praise s.o. [s.th.] to the skies; das ~e Wesen *relig.* the Supreme Being; es ist ~e Zeit it is high time. – **3.** *fig.* (*äußerst*) utmost: von ~er Wichtigkeit of utmost importance; in ~er Verzweiflung in deepest despair. – **4.** *fig.* (*größt*) greatest, utmost, extreme, supreme: mit ~er Verachtung with utmost contempt; ~e Konzentration extreme concentration. – **5.** *tech. phys. econ.* maximum (*attrib*). – **III** *adv* **6.** highly, most: ~ empfehlenswert highly recommended. – **7.** (*äußerst*) very, extremely, most: ~ erregt very excited; das war ~ unnötig that was most (*od.* totally) unnecessary; aufs ~e erstaunt most surprised.

'Höchstˌal·ter *n* maximum age.

'Hoch|ˌstamm *m bot.* (*bei Obstbäumen, Rosen etc*) standard. — **h~ˌstäm·mig** *adj* **1.** *bot.* a) tall, b) (*Bäume etc*) having a high trunk, c) (*Obstbäume, Rosen etc*) standard (*attrib*). – **2.** *fig.* (*Person*) tall. — **~ˌstand** *m hunt. cf.* Hochsitz.

'Höchstˌan·geˌbot *n econ.* highest (*od.* maximum) offer.

ˌHoch·sta·pe'lei *f* ⟨-; -en⟩ swindling, confidence game (*Br.* trick): etwas durch ~ erreichen to achieve s.th. by false pretences (*Am.* pretenses).

'hochˌsta·peln¹ *v/i* ⟨*sep*, -ge-, h⟩ swindle, deceive.

'hochˌsta·peln² *v/t* ⟨*sep*, -ge-, h⟩ (*Bücher etc*) stack up, pile up.

'Hoch|ˌstap·ler *m* ⟨-s; -⟩ **1.** (*Betrüger*) swindler, impostor, confidence man, *Am. colloq. auch* con man. – **2.** (*Angeber*) fake, faker (*colloq.*). — **~ˌstap·le·rin** *f* ⟨-; -nen⟩ **1.** (*Betrügerin*) (woman) swindler (*od.* impostor). – **2.** (*Angeberin*) (woman) fake (*od. colloq.* faker). — **h~ˌstap·le·risch** *adj* **1.** (*betrügerisch*) swindling, impostorous. – **2.** (*angeberisch*) faking.

'Höchst|ˌar·beitsˌzeit *f* maximum working time. — **~ˌausˌschlag** *m phys. electr.* maximum deflection (*Br. auch* deflexion). — **~beˌanˌspru·chung** *f* **1.** *phys. metall.* a) (*Höchstspannung*) maximum stress, b) (*Höchstbelastung*) maximum load. – **2.** *electr.* peak load, *Br.* peak-load. — **~beˌdarf** *m* maximum needs *pl.* — **~beˌla·stung** *f* **1.** *tech.* maximum load: bei ~ when loaded to capacity. – **2.** *electr.* peak load, *Br.* peak-load. — **h~beˌsteu·ert** *adj econ.* most highly taxed. — **~beˌtrag** *m* **1.** maximum amount: bis zu einem ~ von to the amount of. – **2.** (*an der Börse*) (upper) limit. — **~ˌbie·ten·de** *m, f* ⟨-n; -n⟩ highest bidder: dem ~n den Zuschlag geben (*bei Versteigerung*) to close with the highest bidder. — **~ˌdau·er** *f* maximum duration. — **~di·viˌden·de** *f econ.* maximum dividend. — **~ˌdo·sis** *f med. pharm.* maximum dosis.

'Höch·ste *n* ⟨-n; *no pl*⟩ **1.** highest, height. – **2.** (*Äußerste*) utmost: das ist aber das ~ *colloq.* that is the utmost (*od. colloq.* the last straw); das ~, was ich tun kann the best I can do.

'hoch|ˌstecken (*getr.* -k·k-) *v/t* ⟨*sep*, -ge-, h⟩ **1.** (*Haar, Kleid etc*) pin up, put up. – **2.** *fig.* set high: seine Ziele ~ to aim high, to set one's sights high. — **~ˌste·hen** *v/i* ⟨*irr, sep*, -ge-, h *u.* sein⟩ stand up. — **~ˌste·hend I** *pres p.* – **II** *adj* **1.** standing up. – **2.** *print.* (*Buchstabe*) superior. – **3.** *fig.* of high standing: gesellschaftlich ~ of high social standing; geistig ~ of great intellect; kulturell ~ of a high cultural niveau; ~e Persönlichkeiten high(-)ranking persons; ein ~er Beamter a high official. — **~ˌstei·gen** *v/i* ⟨*irr, sep*, -ge-, sein⟩ **1.** (*von Person etc*) climb up, ascend. – **2.** (*von Sonne, Ballon, Rauch etc*) rise, ascend. – **3.** *fig.* rise (up): Haß stieg in ihm hoch hatred rose in him, he became filled with hatred. – **4.** *mar.* (*beim Stampfen*) scend. – **5.** *zo.* (*von Pferd*) rise on its hind legs, rear.

'höchst'ei·gen *adj only in* in ~er Person *colloq.* in person, in persona, personally.

'hoch|ˌstel·len *v/t* ⟨*sep*, -ge-, h⟩ **1.** put (*s.th.*) up: den Krug auf das Regal ~ to put (*od.* place) the jug up on the shelf. – **2.** (*aufrichten*) place (*od.* put) (*s.th.*) upright. – **3.** (*Schalter, Ofen etc*) turn up (on high). — **~ˌstem·men** *v/t* ⟨*sep*, -ge-, h⟩ j-n [etwas] ~ to lift (*od.* raise) s.o. [s.th.] up (with effort).

'höch·sten'falls *adv cf.* höchstens.

'höch·stens *adv* **1.** at (the) most: es waren ~ drei Leute there were three people at the most; wir gewinnen ~ einen 2. Platz we will win second place at the most (*od.* at best); es ist ~ zwei Uhr it is two o'clock at the most (*od.* latest); es kann sich ~ um 100 Mark handeln it is a matter of 100 marks at the most, it can't be more than a matter of 100 marks; das findet man ~ noch in England the only place you are still likely to find that is in England; er verreist nicht, ~ daß er einmal zu seiner Mutter fährt he never goes away, except (for the occasions) when he goes to visit his mother; ich kann nicht kommen, ~ wenn I can't come unless. – **2.** *jur.* not exceeding.

'Höchst|erˌtrag *m econ.* maximum return(s *pl*) (*od.* yield[s *pl*]). — **~ˌfall** *m only in* im ~ *cf.* höchstens. — **~ˌform** *f* **1.** (*sport*) top form (*od.* shape): er war in ~ he was in top form, he was in the pink of condition. – **2.** *cf.* Hochform. — **~freˌquenz** *f electr.* hyperfrequency. — **~geˌbot** *n econ.* highest bid (*od.* offer).

'Höchst·geˌhalt¹ *n* maximum (*od.* highest) salary.

'Höchst·geˌhalt² *m* maximum content.

'Höchst|geˌschwin·dig·keit *f* top (*od.* maximum) speed: mit ~ at top speed; zulässige ~ speed limit; Überschreiten der ~ exceeding the speed limit, speeding. — **~geˌwicht** *n* maximum weight. — **~ˌgren·ze** *f* **1.** upper (*od.* maximum) limit: die ~ überschreiten to go beyond the limit. – **2.** *econ.* upper limit, ceiling: ~ der Versicherungspflicht maximum liability.

'**Hochˌstim·mung** *f* very good mood, very high spirits *pl*: in ~ sein to be in a very good mood.

'**Höchst|kon·tinˌgent** *n* maximum quota. — ~ˌ**kurs** *m econ.* top price, peak rate. — ~ˌ**la·de·geˌwicht** *n* maximum weight of load. — ~ˌ**last** *f* **1.** maximum load, peak load, *Br.* peak-load. – **2.** *biol.* maximum load. — ~ˌ**laufˌzeit** *f econ.* (*eines Wechsels*) maximum currency. — ~ˌ**lei·stung** *f* **1.** (*einer Person, Fabrik, eines Motors etc*) maximum performance (*od.* output): ~en in der Arbeit verlangen to demand maximum (*od.* top) performance at a job; ~en vollbringen to achieve maximum performance; zu ~en anspornen to spur on to maximum output; die Maschine läuft auf ~ the machine is running at maximum capacity. – **2.** *electr.* maximum power. – **3.** (*sport*) record (performance): eine neue ~ im Schwimmen a new swimming record. – **4.** (*in der Wissenschaft, Forschung etc*) supreme (*od.* highest) achievement. – **5.** *econ.* (*einer Versicherung etc*) maximum benefit. — ~ˌ**lohn** *m* maximum wage(s *pl*). — ~ˌ**maß** *n* maximum (amount): ein ~ an Sicherheit a maximum of safety. — **h**~ˌ**mög·lich** *adj* **1.** highest possible. – **2.** *phys. tech.* (*Geschwindigkeit etc*) maximum possible. — **h**~**per'sön·lich I** *adj* **1.** (*Brief etc*) strictly personal. – **2.** *jur.* ~es Recht personal (*od.* individual) right. – **II** *adv* **3.** in person, personally, in the flesh: der König war ~ bei der Einweihung (zugegen) the king himself was present at the inauguration. – **4.** *humor.* personally, in person: er hat mir den Brief ~ überreicht he gave me the letter himself; er kam ~ he came in person. — ~ˌ**preis** *m* maximum (*od.* top, highest) price, ceiling price: zum ~ verkaufen a) to sell at the highest price, b) (*an der Börse*) to sell at best; den ~ von etwas festsetzen to fix the ceiling price of s.th.

'**Hoch|ˌstra·ße** *f* **1.** (high) mountain road. – **2.** *civ.eng.* elevated (*od.* overhead) highway (*Br.* roadway), *Am. auch* skyway. — **h**~ˌ**stre·ben** *v/i* ⟨*sep*, -ge-, h *u.* sein⟩ *cf.* emporstreben. — **h**~ˌ**stre·bend I** *pres p.* – **II** *adj* **1.** (*Person*) ambitious, aspiring. – **2.** (*Land etc*) growing, developing. — ~ˌ**strecke** (*getr.* -k·k-) *f* ⟨-; *no pl*⟩ (*sport*) (*beim Gewichtheben*) zur ~ bringen to clear. — **h**~ˌ**strei·fen** *v/t* ⟨*sep*, -ge-, h⟩ (*Ärmel etc*) push up.

'**höchst'rich·ter·lich** *adj jur.* of the supreme court: ~e Rechtsprechung [Entscheidung] supreme court jurisdiction [decision].

'**Höchst|ˌsatz** *m econ.* maximum rate. — ~ˌ**span·ne** *f* widest margin. — ~ˌ**stand** *m* **1.** (*von Hochwasser, Sonne etc*) highest level. – **2.** (*von Produktion, Leistung etc*) peak (level). — ~ˌ**stra·fe** *f jur.* maximum punishment (*od.* penalty). — ~ˌ**stu·fe** *f ling.* superlative.

'**hochˌstül·pen** *v/t* ⟨*sep*, -ge-, h⟩ **1.** (*Hose, Hutrand*) turn up. – **2.** (*Hemdärmel*) roll up.

'**Höchst|verˌkaufsˌpreis** *m econ.* maximum (*od.* highest) selling price. — ~**verˌsi·che·rungsˌsum·me** *f* maximum sum insured. — **h**~ˌ**wahr'schein·lich I** *adj* most probable (*od.* likely): es ist ~, daß it is most likely that. – **II** *adv* most likely, in all probability: sie wird ~ kommen she is most likely to come. — ~ˌ**wert** *m phys.* a) peak (*od.* maximum) value, b) (*einer Funktion*) maximum. — ~ˌ**zahl** *f* highest number, maximum. — **h**~ˌ**zuˌläs·sig** *adj* highest permissible, maximum (*attrib*): ~e Dosis *nucl.* maximum permissible dose; ~e Geschwindigkeit maximum speed; ~e Personenzahl maximum number of persons allowed.

'**Hoch|ˌtal** *n geol.* high valley. — ~ˌ**ton** *m* **1.** high tone. – **2.** *ling.* principal accent (*od.* stress). — **h**~ˌ**tö·nend** *adj* (*Worte, Rede etc*) high-sounding, pompous, highfalutin(g), *Br.* high-falutin(g) (*colloq.*). — **h**~ˌ**to·nig** *adj ling.* bearing the principal stress (*od.* accent). — ~ˌ**tonˌlautˌspre·cher** *m* (*radio*) tweeter (speaker), *bes. Br.* high-frequency loud speaker. — ~ˌ**tour** *f* **1.** mountain climbing at high altitudes. – **2.** auf ~en a) (*von Motor, Maschine etc*) at high speed (*od. colloq.* revs), b) *fig.* in full swing. — **h**~ˌ**tou·rig** [-ˌtuːrɪç] **I** *adj auto.* (*Motor*) high-revving. – **II** *adv* ~ fahren to drive at high revs (*colloq.*). — ~**touˌrist** *m* **1.** mountaineer. – **2.** high-altitude climber. — **h**~ˌ**tra·bend** *adj* **1.** (*Pferd*) high-stepping. – **2.** *fig.* (*Wesen, Stil etc*) bombastic, pompous, high-flown: ~e Worte high-flown (*od.* big) words. — **h**~ˌ**tra·gen** *v/t* ⟨*irr, sep*, -ge-, h⟩ *colloq. for* hinauftragen. — **h**~ˌ**tra·gend I** *pres p.* – **II** *adj* (*Tier*) pregnant in the last stage, before delivery. — **h**~**trans·forˌmie·ren** *v/t* ⟨*sep, no* -ge-, h⟩ *electr.* (*Spannung, Strom etc*) step up. — **h**~ˌ**trei·ben** *v/t* ⟨*irr, sep*, -ge-, h⟩ (*Preise*) push up.

'**Hoch-** ˌ**und** '**Tiefˌbau** *m* ⟨-(e)s; *no pl*⟩ *civ.eng.* structural and civil engineering.

'**Hochˌva·ku·um** *n phys.* high vacuum. — ~ˌ**pum·pe** *f* high-vacuum pump. — ~ˌ**röh·re** *f electr.* high-vacuum tube (*bes. Br.* valve). — ~ˌ**tech·nik** *f phys.* high-vacuum engineering.

'**Hoch|verˌan·ke·rung** *f civ.eng.* overhead anchorage. — **h**~**verˌdient** *adj* ⟨*attrib*⟩ highly deserving, of great merit: ein (um etwas) ~er Mann a man with great achievements (in s.th.) to his credit. — ~**verˌedelung** *f* high finish(ing) (*od.* refinement). — **h**~**verˌehrt** *adj* ⟨*attrib*⟩ **1.** highly respected (*od.* esteemed). – **2.** (*in Anreden*) dear: H~er Herr Präsident! Dear Mr. President. — ~**verˌrat** *m jur.* high treason: ~ begehen to commit high treason. — ~**verˌrä·ter** *m* person guilty of high treason, traitor: ein ~ sein to be guilty of high treason. — **h**~**verˌrä·te·risch** *adj* treasonable: ~er Akt act of high treason. — **h**~**verˌzins·lich** *adj econ.* yielding (*od.* bearing) high interest. — ~ˌ**wald** *m* (*forestry*) high forest (regenerated by seedlings), seedling (*od.* timber) forest. — **h**~ˌ**wal·len** *v/i* ⟨*sep*, -ge-, sein⟩ *cf.* aufwallen. — ~ˌ**warm·ˌfe·stig·keit** *f* (*space*) heat-resistant properties *pl.*

'**Hochˌwas·ser** *n* ⟨-s; -⟩ **1.** (*höchster Wasserstand*) high water: mittleres ~ mean high water. – **2.** (*beim Gezeitenwechsel*) high tide: bei ~ at high tide. – **3.** (*Überschwemmung*) flood: der Fluß führt ~ the river is flooding (*od.* inundating, *Br. auch* is in spate). — ~ˌ**damm** *m* dike, dyke. — ~**geˌfahr** *f* danger of flooding. — ~**ka·taˌstro·phe** *f* flood disaster. — ~ˌ**li·nie**, ~ˌ**mar·ke** *f* high-water mark. — ~ˌ**scha·den** *m* flood damage. — ~ˌ**stand** *m* high-water level.

'**hoch|ˌwer·fen** *v/t* ⟨*irr, sep*, -ge-, h⟩ throw (*od.* toss) up: eine Münze ~ to toss (up) (*od.* to flip) a coin. — ~ˌ**wer·tig** *adj* **1.** high-grade (*attrib*), high-class (*attrib*), superior, of high quality: technisch ~ of high technical standard; ~er Guß high-strength (*od.* -test) cast iron: ~es Gas rich gas. – **2.** (*erstklassig*) first-class (*attrib*). – **3.** (*Nahrungsmittel*) of high nutritive value, prime. – **4.** *chem.* of high valence (*bes. Br.* valency). — ~ˌ**wich·tig** *adj* (*Person, Ereignis etc*) highly (*od.* very) important. — **H**~ˌ**wild** *n hunt. nobler beasts of venery and higher game birds.* — ~ˌ**willˌkom·men** *adj* ⟨*attrib*⟩ (*Gast etc*) very (*od.* most) welcome. — ~ˌ**win·den I** *v/t* ⟨*irr, sep*, -ge-, h⟩ hoist up, wind up. – **II** *v/reflex* sich ~ wind its way up. — **H**~ˌ**win·ter** *m* midwinter, middle of winter. — ~ˌ**wir·beln I** *v/t* ⟨*sep*, -ge-, h⟩ *cf.* aufwirbeln 1. – **II** *v/i* ⟨sein⟩ (*Blätter etc*) whirl (*od.* fly) up (into the air). — ~ˌ**wirk·sam** *adj* highly (*od.* very) effective. — ~ˌ**wohl·geˌbo·ren** *adj archaic* honorable, *Br.* honourable: Eure (*od.* Euer) H~ Your Hono(u)r. — ~ˌ**wuch·ten** *v/t* ⟨*sep*, -ge-, h⟩ *tech.* lever up. — **H**~ˌ**wür·den** *röm.kath.* (*Anrede*) Reverend. — ~ˌ**wür·dig** *adj* Reverend: der ~e Pater *röm.kath.* the Reverend Father. — **H**~ˌ**zahl** *f math.* exponent.

'**Hochˌzeit**[1] ['hɔx-] *f* ⟨-; -en⟩ **1.** wedding, marriage, nuptials *pl* (*lit.*): grüne ~ wedding (day); silberne [goldene, diamantene] ~ silver [golden, diamond] wedding anniversary; die ~ auf den 6. Mai festsetzen to fix the wedding date for May 6; ~ feiern (*od.* haben) to get married; zu einer ~ eingeladen sein to be invited to a wedding; ~ halten to celebrate one's wedding; man kann nicht auf zwei ~en tanzen (*Sprichwort*) *etwa* you can't eat your cake and have it. – **2.** *print.* double.

'**Hochˌzeit**[2] ['hoːx-] *f fig. cf.* a) Hochblüte 2, b) Höhepunkt 3.

'**hochˌzei·ten** *v/i* ⟨*insep*, ge-, h⟩ *dial.* marry, get married. — '**Hochˌzei·ter** *m* ⟨-s; -⟩ *archaic* bridegroom: ~ *pl* bride and groom, bridal pair *sg.* — '**Hochˌzei·te·rin** *f* ⟨-; -nen⟩ *archaic* bride.

'**hochˌzeit·lich I** *adj* bridal, nuptial (*lit.*): ~es Kleid *bibl.* wedding garment. – **II** *adv* for the wedding: die Gäste waren ~ gekleidet the guests were dressed for the wedding.

'**Hochˌzeits|ˌbett** *n* bridal bed. — ~ˌ**bit·ter** *m obs. person who invites the wedding guests.* — ~ˌ**brauch** *m* marriage rite(s *pl*). — ~ˌ**es·sen** *n* **1.** wedding feast (*od.* banquet). – **2.** (*vormittags*) wedding breakfast. — ~ˌ**fei·er·lich·kei·ten** *pl* wedding *sg*, wedding festivities. — ~ˌ**fest** *n* wedding (celebration). — ~ˌ**flug** *m zo.* (*von Insekten etc*) nuptial (*od.* marriage) flight. — ~ˌ**gast** *m* wedding guest, *Br.* wedding-guest. — ~**geˌdicht** *n* nuptial poem. — ~**geˌfie·der** *n zo.* nuptial plumage (*od.* dress), breeding plumage. — ~**geˌsang** *m* wedding song, prothalamion (*lit.*). — ~**geˌschenk** *n* wedding present (*od.* gift). — ~**geˌsell·schaft** *f* wedding party. — ~ˌ**kam·mer** *f zo.* (*von Termiten*) royal chamber. — ~ˌ**kleid** *n* **1.** wedding dress (*od.* gown). – **2.** *zo. cf.* Hochzeitsgefieder. — ~ˌ**ku·chen** *m* wedding cake, *Br.* wedding-cake, bridecake. — ~ˌ**mahl** *n cf.* Hochzeitsessen 1. — ~ˌ**marsch** *m mus.* wedding march. — ~ˌ**nacht** *f* wedding night. — ~ˌ**rei·se** *f* honeymoon, wedding trip: auf unserer ~ on our honeymoon; unsere ~ ging nach Rom we spent our honeymoon in Rome, we honeymooned in Rome; Ehepaar auf ~ couple on their honeymoon, honeymooners *pl.* — ~ˌ**schmaus** *m cf.* Hochzeitsessen 1. — ~ˌ**tag** *m* **1.** wedding day, *Br.* wedding-day. – **2.** (*Jahrestag*) wedding anniversary. — ~ˌ**vor·beˌrei·tun·gen** *pl* preparations for a wedding. — ~**ze·re·mo·niˌell** *n* marriage rites *pl*, wedding ceremony. — ~ˌ**zug** *m* wedding procession.

'**hochˌzie·hen I** *v/t* ⟨*irr, sep*, -ge-, h⟩ **1.** (*Augenbrauen*) raise, lift. – **2.** (*Beine, Zugbrücke etc*) draw up. – **3.** (*Rolläden etc*) pull up. – **4.** (*Vorhang*) draw, (*im Theater*) *auch* ring up. – **5.** (*Hosen*) pull (*od.* hitch) up. – **6.** (*Schultern*) hunch, shrug. – **7.** (*Fahne, Segel*) hoist, run up. – **8.** *hort.* (*Rosen*) train. – **9.** *tech.* (*mit Winde*) winch. – **10.** *civ.eng.* (*Gebäude, Mauer*) build, erect. – **11.** *bes. mar.* (*hochwinden*) purchase. – **12.** *aer.* (*Flugzeug*) pull up. – **13.** die Nase ~ *fig. colloq.* to sniff(le), to snuffle. – **II** *v/i* ⟨sein⟩ **14.** (*in oberes Stockwerk etc*) *rare* move up. – **15.** *aer.* climb steeply. – **16.** (*von Nebel, Gewitter etc*) come up. – **III** *v/reflex* ⟨h⟩ sich ~ **17.** pull oneself up: er zog sich am Ast hoch he pulled himself up by the bough.

'**Hochˌziehˌmei·ßel** *m tech.* end-facing tool.

'**Hochˌzucht** *f* ⟨-; *no pl*⟩ *biol.* select breeding, high-grade stock, first-quality stock. — '**hochˌzüch·ten** *v/t* ⟨*sep*, -ge-, h⟩ **1.** *biol.* breed (*s.th.*) selectively, top. – **2.** *fig.* (*Elite, Arroganz etc*) build up: der Haß gegen die Juden wurde künstlich hochgezüchtet hatred was built up against the Jews. – **3.** *fig. colloq.* (*Sportler*) bring (*s.o.*) to top form (by intensive training). – **4.** *fig. colloq.* (*Motor*) soup up, *bes. Am.* beef up, *bes. Br.* hot up (*alle colloq.*).

Hock [hɔk] *m* ⟨-s; ¨e⟩ *Swiss dial.* gay gathering (*od.* meeting).

Hocke[1] (*getr.* -k·k-) ['hɔkə] *f* ⟨-; -n⟩ **1.** squat, crouch: in die ~ gehen to squat, to crouch. – **2.** (*sport*) (*bes. über das Pferd, den Kasten*) (bent-leg) squat: eine ~ über das Pferd machen to (make a) squat over the vaulting horse.

'**Hocke**[2] (*getr.* -k·k-) *f* ⟨-; -n⟩ **1.** shock, stook. – **2.** *cf.* Hucke.

hocken[1] (*getr.* -k·k-) ['hɔkən] **I** *v/i* ⟨h *u.* sein⟩ **1.** (*auf den Fersen sitzen*) squat, crouch: sie hockte ängstlich (zusammengekauert) in der Ecke she cowered in the corner. – **2.** (*bes. von Vogel*) perch, sit. – **3.** *colloq. u. dial.* sit: er hockt in seinem Zimmer he is sitting in his room; er hockt über seinen Büchern he sits poring over his books; am Ofen ~ to sit by the stove: immer zu Hause ~ to be a stay-at-home. – **II** *v/reflex* ⟨h⟩ sich ~ **4.** squat, sit down: ich hockte mich ins Gras I squatted in the grass. – **5.** *colloq. u. dial.* sit down: hock dich zu mir her! sit down by my side!

'**hocken**[2] (*getr.* -k·k-) *v/t* ⟨h⟩ **1.** *agr.* (*Getreide*) shock, stook. – **2.** *dial.* (*heben*) lift:

etwas auf den Rücken ~ to lift s.th. on one's back.

ˈhockenˌblei·ben (*getr.* -k·k-) *v/i* ⟨*irr, sep,* -ge-, sein⟩ *colloq. cf.* sitzenbleiben 1—3.

ˈhockend (*getr.* -k·k-) **I** *pres p.* – **II** *adj* squat(ting), crouching: in ~er Lage (*od.* Stellung) in a squat(ting) position.

ˈHocker (*getr.* -k·k-) *m* ⟨-s; -⟩ **1.** a) stool, b) tabouret. – **2.** *dial. person who likes to sit long.*

Höcker (*getr.* -k·k-) [ˈhœkər] *m* ⟨-s; -⟩ **1.** hump: Kamel mit einem ~ [zwei ~n] single-humped camel, dromedary [two-humped (*od.* Bactrian) camel]. – **2.** *geogr.* (*kleiner Hügel*) hummock, hommock, *bes. Br.* hommack, montic(u)le. – **3.** (*Buckel*) hump, hunch. – **4.** (*auf der Nase etc*) bump, lump. – **5.** *bot.* (*an Wurzeln etc*) burl, gnarl, *Br. auch* knar(l), *Am. auch* knaur. – **6.** *med.* (*Schwellung, Beule*) bump, protuberance. — **~ˌen·te** *f zo.* knob-billed goose, comb duck (*Sarkidiornis melanotus*). — **~ˌgans** *f* swan (*od.* Chinese) goose (*Cygnopsis cygnoides*).

ˈHockerˌgrab (*getr.* -k·k-) *n archeol.* flexed (*od.* crouched) burial.

ˈHöckerˌhin·der·nis (*getr.* -k·k-) *n mil. cf.* Höckersperre.

ˈhöcke·rig (*getr.* -k·k-) *adj* **1.** (*höckerartig*) like a hump (*od.* hunch). – **2.** (*buckelig*) humpbacked, hunchbacked: ~er Rücken humpy back. – **3.** (*uneben*) uneven, rough, ragged. – **4.** (*knollig*) tuberous, tuberose. – **5.** *bes. bot. zo.* torose, torulose, torulous. – **6.** *med.* tubercular, tuberous, knobby. – **7.** *geogr.* (*Landschaft*) hummocky.

ˈHöcker|ˌkrab·be (*getr.* -k·k-) *f zo.* long-armed crab (*Lambrus massena*). — **~ˌli·lie** *f bot.* toad lily (*Tricyrtis hirta*). — **~ˌna·se** *f* nose with a bump, hooknose, *auch* aquiline nose. — **~ˌschwan** *m zo.* mute (*od.* common) swan (*Cygnus olor*). — **~ˌsper·re** *f mil.* (*zur Panzerabwehr*) dragon's teeth *pl.*

Hockey (*getr.* -k·k-) [ˈhɔke; ˈhɔkɪ] (*Engl.*) *n* ⟨-s; *no pl*⟩ (*sport*) (field) hockey. — **~ˌball** *m* hockey ball. — **~ˌplatz** *m* hockey field. — **~ˌschlä·ger** *m cf.* Hockeystock. — **~ˌspie·ler** *m,* **~ˌspie·le·rin** *f* hockey player. — **~ˌstock** *m* hockey stick.

ˈHockˌlie·geˌstütz *m* (*sport*) (*beim Turnen*) knee-bend (leaning) rest.

Hocko (*getr.* -k·k-) [ˈhɔko] *m* ⟨-s; -s⟩, **~ˌhuhn** *n zo. cf.* Hokko(huhn).

ˈHock|ˌsal·to *m* (*sport*) bent-leg somersault. — **~ˌsitz** *m* squat (*od.* crouch) seat. — **~ˌsprung** *m* **1.** (*beim Turnen*) a) squat jump, b) (*über Pferd*) squat vault. – **2.** (*beim Wasserspringen*) tuck. — **~ˌstand** *m* squat stand. — **~ˌstel·lung** *f* squatting position. — **~ˌsturzˌhang** *m* (*beim Turnen*) inverted squat hang. — **~ˌstütz** *m* crouch stand with hand support. — **~ˌwen·de** *f* **1.** front vault (in tuck position). – **2.** (*als Abgang*) front (*od.* face) vault dismount.

Ho·de [ˈhoːdə] *m* ⟨-n; -n⟩, *f* ⟨-; -n⟩ *med. cf.* Hoden.

Hod·ege·tik [hodeˈgeːtɪk] *f* ⟨-; *no pl*⟩ *ped. obs.* methodology. — **hod·ege·tisch** [-ˈgeːtɪʃ] *adj* methodological.

Ho·den [ˈhoːdən] *m* ⟨-s; -⟩ *med.* testicle; testis, orchis (*scient.*): ~ *pl* testicles, 'balls' (*vulg.*); testes, orchides (*scient.*). — **~atro·ˌphie** *f* testicular atrophy, atrophy of the testicles. — **~ˌbruch** *m* scrotal hernia, orchiocele (*scient.*). — **~entˌfer·nung** *f* removal of a testicle, orchi(d)ectomy (*scient.*). — **~entˌzün·dung** *f* inflammation of a testicle; orchitis, testitis (*scient.*). — **~erˌkran·kung** *f* orchi(d)opathy. — **~ex·stir·pa·tiˌon** *f cf.* Hodenentfernung. — **~geˌschwulst** *f* **1.** swelling of a testicle. – **2.** (*Tumor*) scrotal tumor (*bes. Br.* tumour). — **~ˌpla·stik** *f* orchi(d)oplasty. — **~reˌflex** *m* cremasteric reflex.

ˈHo·denˌsack *m* **1.** *med.* scrotum. – **2.** *zo.* (*bei Haustieren*) purse. — **~ˌbruch** *m med. cf.* Hodenbruch.

ˈHo·den|ˌschmerz *m med.* testicular pain, orchialgia (*scient.*). — **~ˌschnitt** *m* orch(i)otomy. — **~ˌwas·serˌbruch** *m* hydrocele.

ˈHodg·kin·sche ˈKrank·heit [ˈhɔdʒkɪnʃə] (*Engl.*) *f med.* Hodgkin's disease.

Ho·do·graph [hodoˈgraːf] *m* ⟨-en; -en⟩ *math.* hodograph. — **ho·doˈgra·phisch** *adj* hodographic.

Ho·do·me·ter [hodoˈmeːtər] *n* ⟨-s; -⟩ **1.** (*Wegmesser*) (h)odometer. – **2.** (*Schrittzähler*) pedometer.

Hödr [ˈhøːdər] *npr m* ⟨-s; *no pl*⟩ *myth.* Hoder, Hodur.

Ho·dscha [ˈhɔdʒa] *m* ⟨-s; -s⟩ *relig.* (*im Islam*) khoja(h), *auch* hodja.

Hö·dur [ˈhøːdʊr] *npr m* ⟨-s; *no pl*⟩ *myth. cf.* Hödr.

Hof [hoːf] *m* ⟨-(e)s; ⸚e⟩ **1.** yard: das Fenster geht auf den ~ the window overlooks the yard; die Kinder spielen auf dem ~ the children are playing in the yard; auf den ~ gehen to go into the yard. – **2.** (*Innenhof*) court(yard), (*rechtwinkliger*) *auch* quadrangle, quad (*colloq.*). – **3.** (*Hinterhof*) backyard. – **4.** (*einer Schule*) playground, schoolyard. – **5.** (*eines Gefängnisses*) (prison)yard. – **6.** (*Patio*) patio. – **7.** (*mit Säulengang*) peristyle. – **8.** (*Bauernhof*) farm(stead), homestead: → Haus 2. – **9.** (*eines Herrschers*) court: j-m den ~ machen *fig. colloq.* to court s.o., to pay one's attentions (*od.* addresses) to s.o. – **10.** *astr.* a) (*um Sonne od. Mond*) aureole, b) (*durch Dunst*) corona, c) (*durch Eispartikel*) halo. – **11.** *med.* (*optics*) halo. — **~ˌadel** *m* court nobility. — **~ˌal·ma·nach** *m* court calendar. — **~ˌamt** *n* appointment at court. — **~ˌarzt** *m* court physician. — **~ˌball** *m* court ball. — **~beˌam·te** *m* court official. — **~beˌge·hung** *f agr.* agricultural inspection. — **~beˌricht** *m* Court Circular. — **~beˌsit·zer** *m agr.* proprietor of a farm, farmer. — **~ˌburg, die** the Hofburg (*former Imperial Palace in Vienna*). — **~ˌchar·ge** *f hist. cf.* Hofamt. — **~ˌcli·que** *f* court clique, camarilla. — **~ˌda·me** *f* court lady, (*unverheiratet*) maid of honor (*bes. Br.* honour), lady-in-waiting: königliche ~ Lady of the (Queen's) Bedchamber. — **~ˌdich·ter** *m* court poet, (*in Großbritannien*) Poet Laureate. — **~ˌdienst** *m* attendance (*od.* service) at court.

hö·feln [ˈhøːfəln] *v/i* ⟨h⟩ j-m ~ *Swiss dial. for* schmeicheln 1.

ˈHofˌer·be *m* heir to a farm.

ˈHö·feˌrecht *n jur.* law of entail.

ˈHof·etiˌket·te *f* ⟨-; *no pl*⟩ court etiquette.

ˈhofˌfä·hig *adj* **1.** presentable at court. – **2.** *fig. cf.* gesellschaftsfähig. — **ˈHofˌfä·hig·keit** *f* ⟨-; *no pl*⟩ **1.** presentability at court. – **2.** *fig.* social acceptabilty.

Hof·fart [ˈhɔfart] *f* ⟨-; *no pl*⟩ *lit.* pride, haughtiness, vainglory, vaingloriousness. — **ˈhof·fär·tig** [-fɛrtɪç] *adj* proud, haughty, vainglorious.

hof·fen [ˈhɔfən] **I** *v/i* ⟨h⟩ **1.** (auf *acc*) hope (for), (*zuversichtlich*) *auch* trust (in): auf bessere Tage ~ to hope for better days; wir ~ auf sein Kommen we hope (*od.* trust) he will come; bist du krank? ich will nicht ~! are you ill? I hope not; wider alle Vernunft ~ to hope against hope; ich hoffe I hope so; ich hoffe nicht I hope not; ~ wir weiter(hin)! do not let us lose hope! wir ~ auf (*od.* zu) Gott we (put our) trust in God, in God we trust; es steht (*od.* ist) zu ~ it is to be hoped; der Mensch hofft, solange er lebt (*Sprichwort*) while there is life there is hope (*proverb*). – **II** *v/t* **2.** hope, trust: ich hoffe es I hope so; ich hoffe, Sie bald zu sehen I hope (*od.* expect) to see you soon; ich will nicht ~, daß er es gehört hat I hope he has not heard it; das will ich nicht ~, ich will es nicht ~ I hope not, I hope that is not so; das hoffe ich sehr that's what I hope; er hat nichts (mehr) [kaum etwas] zu ~ his prospects are nought [dim]; ~ wir das Beste let's hope for the best; was man hofft, glaubt man gern (*Sprichwort*) *etwa* man easily believes in what he hopes (will happen). – **III H~** *n* ⟨-s⟩ **3.** *verbal noun.* – **4.** hope: zwischen H~ und Bangen between hope and fear; H~ und Harren macht manchen zum Narren (*Sprichwort*) hope deferred maketh the heart sick (*proverb*).

ˈhof·fent·lich *adv* it is to be hoped: ~ ist er gesund it is to be hoped that he is well, I hope he is well; ~ hast du dich nicht erkältet! I (*od.* let us) hope you have not caught (a) cold; kommt er morgen? ~ [~ nicht] is he coming tomorrow? I hope so [I hope not].

ˈHofˌfest *n* court festivity (*od.* gala).

ˈHoffˌmannsˌtrop·fen [ˈhɔfˌmans-] (*TM*) *pl med. pharm.* Hoffmann's drops, spirit *sg* of ether.

Hoff·nung [ˈhɔfnʊŋ] *f* ⟨-; -en⟩ **1.** hope: begründete (*od.* berechtigte) [einzige, geringe, übertriebene] ~ justified [only, faint, exaggerated] hope; die ~ aufgeben [begraben *od.* zu Grabe tragen, verlieren] to abandon [to bury, to lose] hope; j-s ~en vernichten to dash s.o.'s hopes; sich an die letzte ~ klammern to catch (*od.* grasp) at a straw; sich ~en machen to have (*od.* entertain) hopes; sich falsche [keine] ~en machen to have false [no] hopes; j-m ~en machen to hold out hope(s) to s.o., to dangle hope(s) before s.o.'s eyes; ~en haben [hegen, nähren] to have [to cherish, to nourish] hope(s); das ist meine letzte ~ that's my last hope; seine ~ auf j-n [etwas] setzen to place one's hopes in s.o. [s.th.]; in seinen ~en enttäuscht werden to be deluded in one's hopes; seiner ~ Ausdruck verleihen to express one's hopes; in der ~ auf Ihre baldige Genesung hoping (that) you will get well soon; in der ~, Sie bald wiederzusehen in the hope of seeing you soon, hoping to see you soon; ohne ~ sein to (be in) despair; es ist (*od.* besteht) noch ~ there is still hope; ist noch ~? is there any hope left? es gibt keine ~ mehr für ihn a) *fig.* he is a hopeless case, he is past (*od.* beyond) redemption, b) *med.* he is past recovery. – **2.** (*Person*) hope: er ist meine einzige ~ he is my sole (*od.* only) hope; er zählt zu den ~en der neuen Literatur he is a new literary hopeful. – **3.** (*Erwartung*) expectation: sie ist guter ~ *fig. euphem.* (*schwanger*) she is expecting. – **4.** trust: seine ~ auf Gott setzen to trust (*od.* place one's trust, put one's trust) in God. – **5.** das Kap der Guten ~ *geogr.* the Cape of Good Hope.

ˈHoff·nungs|ˌkauf *m econ.* speculative purchase. — **~ˌlauf** *m* (*sport*) repechage, *bes. Br.* repêchage.

ˈhoff·nungs·los I *adj* **1.** hopeless: ein ~es Durcheinander a (state of) hopeless confusion; er ist ein ~er Fall he is a hopeless case. – **2.** (*verzweifelt*) desperate: die Lage ist ernst, aber nicht ~ the situation is grave but not desperate. – **II** *adv* **3.** hopelessly: er ist ~ krank he is hopelessly ill, he is past recovery; er ist ~ verloren he is past (*od.* beyond) retrieval (*od.* redemption); die Sache ist ~ verfahren the matter is past all hope. — **ˈHoff·nungs·lo·sig·keit** *f* ⟨-; *no pl*⟩ hopelessness, despair, desparateness: dann überkam ihn ein Gefühl der ~ then a feeling of despair came over him.

ˈHoff·nungs|ˌschim·mer *m* glimmer of hope. — **~ˌstrahl** *m* ray of hope.

ˈhoff·nungsˌvoll I *adj* **1.** full of hope, hopeful. – **2.** (*optimistisch*) optimistic, *auch* optimistical: ~es Zukunftsbild optimistic view of the future. – **3.** (*aussichtsreich, vielversprechend*) promising: ein ~er junger Mann a) a youth of great promise, b) *iron.* a young hopeful; sein ~er Sprößling *iron.* his hopeful son. – **II** *adv* **4.** ~ in die Zukunft blicken to be (*od.* feel) hopeful about the future.

ˈHof|ˌfräu·lein *n* maid of honor (*bes. Br.* honour). — **~ˌgän·ger** *m* ⟨-s; -⟩ *agr. obs. day laborer* (*bes. Br. labourer*) *working on a farm.* — **~ˌgeist·li·che** *m* court chaplain. — **~geˌricht** *n jur. hist.* manorial court, court baron. — **~geˌsell·schaft** *f* court society. — **~geˌsin·de** *n* **1.** servants *pl* at court. – **2.** *agr.* (*Knechte u. Mägde*) farmhands and maids *pl.* — **~ˌgünst·ling** *m* court favorite (*bes. Br.* favourite) (*od. lit.* minion). — **~ˌgut** *n* (crown) domain.

ˈhofˌhal·ten I *v/i* ⟨*irr, sep,* -ge-, h⟩ hold court. – **II H~** *n* ⟨-s⟩ *verbal noun.* — **ˈHofˌhal·tung** *f* ⟨-; -en⟩ **1.** *cf.* Hofhalten. – **2.** (*eines Fürsten*) household: die Königliche ~ the Royal Household.

ˈHofˌhund *m* watchdog (*Br.* watch-dog) (on a farm).

ho·fie·ren [hoˈfiːrən] *v/t* ⟨*no* ge-, h⟩ j-n ~ *lit.* a) to court s.o., to pay (one's) court to s.o., to pay (one's) attentions to s.o., b) to flatter s.o.

ˈHof·inˌtri·ge *f* court intrigue.

hö·fisch [ˈhøːfɪʃ] *adj* **1.** *hist.* (*Sitten, Zucht etc*) courtly: ~e Erziehung education at court. – **2.** (*literature*) court(ly): die ~e Dichtung (the) court(ly) poetry; → Epos.

ˈHof|kanzˌlei *f Austrian hist.* **1.** chancellery, chancellory. – **2.** (*in gerichtlicher Funktion*) chancery. — **~kaˌpel·le** *f* **1.** *relig.* a) court chapel, b) (*eines Königshofs*) chapel royal. – **2.** *mus.* court orchestra (*od.* musicians *pl*). — **~kaˌpellˌmei·ster** *m mus.* (musical) director of a court orchestra. — **~ˌkaˌplan** *m röm. kath.* court chaplain. — **~ˌkir·che** *f relig.* **1.** court church. – **2.** *cf.* Hofkapelle 1. — **~ˌklei·dung** *f* court dress. — **~ˌklün·gel** *m cf.* Hofclique. — **~ˌknicks** *m* deep and formal (*od.* court) curtsy (*auch* curtsey): **einen ~ machen** to drop (*od.* make) a deep and formal curtsy. — **~ˌkrei·se** *pl* court circles. — **~ˌla·ger** *n hist.* (*eines Fürsten*) temporary residence. — **~ˌle·ben** *n* life at court, court life. — **~ˌleu·te** *pl* **1.** people at court, courtiers. – **2.** royal household *sg.*

höf·lich [ˈhøːflɪç] **I** *adj* **1.** (*Antwort, Mensch etc*) polite, civil, courteous: **etwas in ~em Ton sagen** to say s.th. in a polite tone (*od.* politely); **~ zu j-m sein** to be polite to(ward[s]) s.o. – **2.** (*verbindlich*) suave, urbane. – **3.** (*liebenswürdig*) obliging. – **4.** (zu, *archaic* gegen to, toward[s]) gallant. – **II** *adv* **5. j-n ~ fragen** to ask s.o. politely; **wir teilen Ihnen ~(st) mit** we beg to inform you; **wir bitten Sie ~(st) zu kommen** we politely (*od.* respectfully) request you to come; **wir machen Sie ~(st) darauf aufmerksam, daß** we respectfully draw your attention to the fact that; **es wird ~ gebeten, den Rasen nicht zu betreten** please keep off the grass. — **ˈHöf·lich·keit** *f* ⟨-; -en⟩ **1.** ⟨*only sg*⟩ politeness, civility, courtesy: **etwas (nur) aus ~ tun** to do s.th. (merely) out of (*od.* for the sake of) politeness; **etwas in aller ~, aber bestimmt sagen** to say s.th. politely but with firmness (*od.* firmly); **das verlangt einfach die ~** that's common politeness; **darüber schweigt des Sängers ~** *colloq. humor.* let's not talk about that. – **2.** *meist pl* compliment, courtesy: **j-m ~en sagen** to pay s.o. compliments; **sie tauschten nur leere ~en (miteinander) aus** a) they went through the forms of politeness, b) they passed the time of day. – **3.** ⟨*only sg*⟩ (*verbindliche Art*) suavity, urbanity. – **4.** ⟨*only sg*⟩ (*bes. gegenüber einer Dame*) gallantry.

ˈHöf·lich·keits|beˌsuch *m* duty (*od.* formal) call. — **~beˌzei·gung, ~erˌwei·sung** *f meist pl* mark of respect (*od.* courtesy), compliments *pl.* — **~ˌflos·kel** *f* polite phrase. — **~ˌfor·mel** *f* **1.** *cf.* Höflichkeitsfloskel. – **2.** (*im Briefschluß*) complimentary close. — **~ˌge·ste** *f* polite gesture, gesture of politeness. — **~ˌphra·se** *f meist pl* polite phrase. — **~ˌsil·be** *f ling.* honorific (syllable).

ˈHof·lie·feˌrant *m* **1.** tradesman supplying a court. – **2.** (*in Großbritannien*) Purveyor to His (*od.* Her) Majesty, Purveyor to the Royal Household.

Höf·ling [ˈhøːflɪŋ] *m* ⟨-s; -e⟩ courtier.

ˈHofˌma·chen *n lit.* courtship.

ˈHof|ˌma·ler *m* court painter. — **~ˌmann** *m* ⟨-(e)s; -leute⟩ **1.** *cf.* Höfling. – **2.** *hist.* villein farmer. – **3.** steward in a mansion. — **h~ˌmän·nisch** [-ˌmɛnɪʃ] *adj* courtierlike, like a courtier. — **~ˌmar·schall** *m* **1.** (*in Großbritannien*) Lord Chamberlain (of the Household). – **2.** *hist.* seneschal: **Königlicher ~** knight marshal. – **3.** *pol. hist.* Master of Ceremonies. — **~ˌmau·er** *f* yard wall. — **~ˌmei·ster** *m* **1.** (*Gutsverwalter*) manager, steward, bailiff. – **2.** (*am Königshof*) Controller, (*in Großbritannien*) Comptroller of the Royal Household. – **3.** *hist.* (*Hauslehrer*) private tutor. — **~ˌnarr** *m hist.* (court) jester (*od.* fool). — **~ˌpre·di·ger** *m obs.* (court) chaplain. — **~ˌrat** *m* ⟨-(e)s; ¨e⟩ **1.** *hist.* a) ⟨*only sg*⟩ Aulic Council, b) (*Mitglied*) Aulic Councillor. – **2.** (*in Großbritannien*) a) ⟨*only sg*⟩ Privy Council, b) (*Mitglied*) Privy Councillor. – **3.** (*österr. Titel*) Hofrat. — **~ˌraum** *m* (court)yard. — **~ˌrau·te** *f bot. cf.* Eberraute. — **~ˌrecht** *n hist.* (*im Mittelalter*) manorial law. — **~ˌsän·ger** *m hist.* minstrel at a (medi[a]eval) court. — **~ˌschauˌspie·ler** *m* actor (*od.* player) at the court (*od.* royal) theater (*bes. Br.* theatre). — **~ˌschran·ze** *m contempt.* court flunkey (*od. colloq.* toady). — **h~ˌsei·tig** *adj* (*Fenster etc*) facing the (inner) courtyard. — **~ˌstaat** *m* **1.** royal (*od.* princely) household. – **2.** (*Gefolge*) royal suite. — **~ˌstatt** *f Swiss* homestead, farm(stead).

Höft [høːft] *n* ⟨-(e)s; -e⟩ *Northern G. dial.* **1.** *geogr.* (*Landspitze, -zunge*) spit. – **2.** *civ. eng.* (*Buhne*) groyne.

ˈHof|ˌtag *m* **1.** *hist.* meeting of spiritual and temporal dignitaries. – **2.** *jur. hist.* a) court day at a manorial court, b) (*Frontag*) day of statute labo(u)r. — **~thea·ter** [-teˌaːtər] *n* court (*od.* royal) theater (*bes. Br.* theatre). — **~ˌtor** *n* yard gate. — **~ˌtracht** *f* court dress. — **~ˌtrau·er** *f* court mourning: **~ haben** a) to be in court mourning, b) *colloq. humor.* to be in mourning (*colloq.*), to have dirty finger(-)nails. — **~ˌtüp·fel** *m bot.* bordered pit. — **~ˌüberˌga·be** *f agr.* farm transfer. — **~ˌwelt** *f* court society. — **~ze·re·mo·niˌell** *n* court etiquette. — **~ˌzwang** *m* etiquette required at court, (*für Diplomaten*) court protocol.

ho·he [ˈhoːə] *adj* ⟨*attrib*⟩ *cf.* hoch I.

Hö·he [ˈhøːə] *f* ⟨-; -n⟩ **1.** (*Ausdehnung nach oben*) height: **die ~ des Turmes beträgt 100 Meter** the height of the tower is 100 meters (*bes. Br.* metres), the tower is a hundred meters high; **auf halber ~ machten wir Rast** we had a rest halfway up; **sich in seiner ganzen ~ aufrichten** to rise (*od.* draw oneself up) to one's full height; **lichte ~** *tech.* (*eines Tunnels etc*) headroom, headway, clearance. – **2.** (*über dem Boden, Meeresspiegel etc*) height, altitude, (*eines Berges*) *auch* elevation: **die Stadt liegt in 1000 Meter ~** (*od.* **in einer ~ von 1000 Metern**) the town is situated at a height of 1,000 meters; **aus der ~** from above; **absolute ~, ~ über Normalnull** (*od.* **dem Meeresspiegel**) height (*od.* elevation) above sea level, altitude; **relative ~ eines Berges** height of a mountain above ground level (*od.* from foot to top); **das Flugzeug gewann an ~** the airplane (*bes. Br.* aeroplane) gained height; **das Flugzeug erreichte eine ~ von** the airplane reached an altitude of; **in schwindelnder ~** at a giddy height. – **3.** (*Bodenerhebung*) elevation. – **4.** (*Anhöhe, Hügel*) hill, height: **Täler und ~n** hills and valleys; **umgeben von bewaldeten ~n** surrounded by wooded hills; **die ~n besetzen** *mil.* to occupy the heights; **~ 304** *mil. hist.* hill 304. – **5.** (*Gipfel einer Anhöhe*) top (of a hill), summit: **wir erreichten die ~** we reached the top. – **6. in die ~** a) up (into the air), b) *fig.* up: **die Lerche flog in die ~** the lark soared (up) (*od.* rose) into the air; **etwas in die ~ halten** to hold s.th. up (in the air); **er hob das Kind in die ~** he lifted the child up; **in die ~ sehen** to look up; **in die ~ springen** to jump up, to leap up; **der Rauch stieg gerade in die ~** the smoke rose straight up into the air; **einen Ball in die ~ werfen** to throw (*od.* toss) a ball up; **die Augenbrauen in die ~ ziehen** to raise one's eyebrows; **sich aus eigener Kraft in die ~ arbeiten** *fig.* to work one's way up all by oneself (*od.* without any help); **ein Geschäft wieder in die ~ bringen** *fig.* to put a business back on its feet; **in die ~ fahren** *fig.* to start (up), to jump (up), to give a (sudden) start; **er geht** (*od.* **fährt**) **leicht in die ~** *fig. colloq.* he easily explodes (*od.* flares up, loses his temper, *colloq.* blows his top); **die Preise sind in die ~ gegangen** *fig.* prices have risen (*od.* gone up); **mit den Preisen in die ~ gehen** *fig.* to increase prices; **in die ~ schießen** *fig.* a) (*von Pflanze, Kind etc*) to shoot up, b) (*von Häusern etc*) to spring up; **Preise in die ~ schrauben** (*od.* **treiben**) *fig.* to force (*od.* send) prices up. – **7.** *fig.* (*Höhepunkt*) height, peak, pinnacle: **auf der ~ des Ruhms** at the height of fame; **er ist auf der ~ seiner Leistungsfähigkeit angelangt** he has reached the peak (of his potential); **Spanien auf der ~ seiner Macht** Spain in her glory (*od.* at the height of her power); **die ~n und Tiefen des Lebens** the ups and downs of life; **ich bin** (*od.* **fühle mich**) **heute nicht ganz auf der ~** *colloq.* I am not feeling well (*od.* up to the mark, up to scratch) today, I feel a bit below par (*od.* out of sorts, under the weather) today; **er ist wissenschaftlich auf der ~** *colloq.* he is up-to-date (*od.* au fait) with the latest developments in science; **sie ist geistig nicht ganz auf der ~** *colloq.* she is mentally not quite normal; **das ist doch die ~!** *colloq.* that's the limit! that tops the lot! that beats everything! – **8.** *fig.* (*Niveau*) level: **die geistige ~ eines Menschen** the intellectual level of a person; **auf gleicher ~ mit j-m stehen** to be on a level with s.o. – **9. auf gleicher ~** *fig.* (*Fahrzeuge etc*) level, abreast: **die beiden Wagen befanden sich auf gleicher ~** the two cars were level (with one another). – **10.** *fig.* (*einer Summe etc*) size, amount: **Beträge [Ausgaben] von beträchtlicher ~** substantial (*od.* considerable) amounts (of money) [expenses]; **die ~ eines Beitrages** the amount of a subscription; **eine Strafe bis zu einer ~ von 100 Mark erhalten** to be fined as much as (*od.* up to, a maximum of) 100 marks; **eine Strafe in ~ von 100 Mark erhalten** to be fined 100 marks; **wir benötigen ein Kapital in ~ von** we need capital to the amount (*od. colloq.* tune) of; **einen Schaden in ~ von 1000 Mark verursachen** to cause damage amounting to (*od.* to the extent of) 1,000 marks; **ein Geschenk in ~ von 10 Mark** a present to the value of 10 marks; **er erhielt einen Preis in ~ von 500 Mark** he got a prize of 500 marks. – **11.** *fig.* (*von Preisen etc*) level: **die Preise können ihre gegenwärtige ~ nicht halten** prices cannot maintain their present level. – **12.** *fig.* (*des Zinses, der Geschwindigkeit etc*) rate: **die ~ des Bevölkerungszuwachses** the rate of increase in population. – **13.** *fig.* (*einer Strafe*) severity. – **14. das Schiff befindet sich auf der ~ von Kap X** *mar.* the ship is off Cape X. – **15.** *geogr.* latitude: **X liegt auf der ~ von Y** X is situated in the same latitude as Y. – **16.** *astr.* (*eines Sterns etc*) a) altitude, elevation, b) (*mit Winkelinstrumenten gemessen*) sight: **negative ~ eines Sterns** depression of a star; **~ messen** (*od.* **nehmen**) to measure altitude, to take sight. – **17.** *mus.* (*eines Tons etc*) pitch. – **18.** *math.* (*eines Dreiecks etc*) altitude. – **19.** *print.* (*eines Satzes, einer Form etc*) depth.

Ho·heit [ˈhoːhaɪt] *f* ⟨-; -en⟩ **1.** ⟨*only sg*⟩ *pol.* sovereignty, suzerainty: **staatliche ~** national sovereignty. – **2.** (*fürstlicher Titel*) Highness: **Seine [Ihre] Königliche ~** His [Her] Royal Highness; **Kaiserliche ~** Imperial Highness; **[Königliche] ~** (*Anrede*) Your [Royal] Highness. – **3.** ⟨*only sg*⟩ (*Vornehmheit*) majesty, nobility. – **4.** ⟨*only sg*⟩ (*Großartigkeit*) grandeur, majesty, sublimity: **die erhabene ~ der Natur** the sublimity of nature.

ˈho·heit·lich *adj* sovereign.

ˈHo·heits|ˌabˌzei·chen *n* national ensign (*od.* emblem). — **~ˌakt** *m* act of sovereignty. — **~beˌreich** *m cf.* a) Hoheitsgebiet, b) Hoheitsgewalt. — **~geˌbiet** *n* (national) territory. — **~geˌwalt** *f* jurisdiction: **innerstaatliche ~** national jurisdiction. — **~geˌwäs·ser** *n u. pl* territorial waters *pl.* — **~ˌgren·ze** *f* limit of national territory and territorial waters. — **~ˌrecht** *n meist pl* a) (*völkerrechtlich*) (rights and attributes *pl* of) sovereignty, b) (*innerstaatlich*) jurisdiction: **in dieser Angelegenheit übt der Bund ~e aus** in this matter the Federal Government has jurisdiction; **königliches ~** royal prerogative, regality. — **h~ˌvoll** *lit.* **I** *adj* (*Haltung, Gebärde etc*) majestic, dignified. – **II** *adv* majestically. — **~ˌzei·chen** *n cf.* Hoheitsabzeichen.

ˌHo·heˈlied *n* ⟨Hohenlied(e)s; *no pl*⟩ **1.** *Bibl.* (*Salomos*) Song of Solomon, Song of Songs. – **2.** *fig.* (*Loblied*) song of praise, hymn: **das ~ der Liebe anstimmen** to speak in praise of love.

hö·hen [ˈhøːən] *v/t* ⟨h⟩ (*art*) (*Detail*) heighten.

ˈHö·hen|ˌabˌstand *m aer.* a) (*beim Verbandsflug*) vertical spacing, b) (*über Bodenhindernissen*) (vertical) clearance, c) (*zur Flugsicherung*) vertical separation. — **~abˌwei·chung** *f mil.* (*der Artillerie*) vertical deviation. — **~ˌän·de·rung** *f* **1.** change of height (*od.* altitude). – **2.** *astr.* (*eines Gestirns*) variation of altitude. — **~ˌanˌga·be** *f* **1.** elevation. – **2.** *aer.* altitude (*od.* height) indication (*od.* reading). — **~ˌangst** *f med.* aerophobia, acrophobia. — **~ˌanˌzug** *m aer.* pressure suit. — **~ˌat·mer** [-ˌʔaːtmər] *m* ⟨-s; -⟩ (high-altitude) oxygen equipment. — **~ba·roˌme·ter** *n* altimeter. — **~beˌrech·nung** *f* height computation. — **~ˌbom·ber** *m aer. mil.* high-altitude bomber, stratofortress. — **~ˌeinˌstelleh·re** (*getr.* -ll,l-) *f tech.* height setting ga(u)ge. — **~ˌeinˌstel·lung** *f* vertical adjustment (*od.* setting). — **~em·boˌlie** *f aer. med.* aeroembolism. — **h~ˌfest** *adj med.* free from fear of heights. — **~ˌfestˌpunkt** *m* (*im Vermessungswesen*) bench mark of heights. — **~ˌfil·ter** *n, m electr.* treble filter. — **~ˌflos·se** *f aer.* (horizontal) stabilizer (*od.* fin), *Am.* tail plane. — **~ˌflug** *m* **1.** *aer.* high-altitude flight. – **2. ~ der Gedanken, geistiger ~** *fig.* flight of fancy, lofty thought(s *pl*). — **~ˌflug·reˌkord** *m* altitude record. — **~ˌför·de·rer** *m agr.* elevator, loader. — ~ˌ**for·schung** *f* (*space*) high-altitude research. — ~ˌ**for·schungs·raˌke·te** *f* sounding rocket. — ~ˌ**front** *f meteor.* upper front. — ~ˌ**furcht** *f med. cf.* Höhenangst. — ~**geˌwinn** *m aer.* gain in altitude. — ~**geˌwit·ter** *n meteor.* thunderstorm(s *pl*) at higher levels. — **h~ˌgleich** *adj civ.eng.* level: ~e Kreuzung level (*od. Am.* grade) crossing; ohne ~e Kreuzung (*Straße*) *Br.* with fly-over intersections, *Am.* with overhead crossings. — ~ˌ**gren·ze** *f meist pl geogr.* natural limit (of vegetation) on a mountain. — ~**kaˌbi·ne** *f aer.* pressurized (*Br. auch* -s-) cabin. — ~ˌ**kaltˌfront** *f meteor.* upper cold front. — ~ˌ**kar·te** *f* **1.** *geogr.* relief map. – **2.** *meteor.* upper air chart (*od.* map). — ~ˌ**kli·ma** *n* mountain (*od.* high-level) climate, climate of the free atmosphere. — ~**kolˌlaps** *m med.* high-altitude collapse. — ~ˌ**ko·te** *f* (*in der Kartographie*) spot height. — ~ˌ**krank·heit** *f med.* **1.** altitude sickness, (*im Gebirge*) mountain sickness. – **2.** (*beim Fliegen*) a) high-altitude nausea, air sickness, b) aeroembolism. — ~ˌ**kreis** *m astr. mar.* circle of altitude, vertical circle. — ~ˌ**kult** *m relig. hist.* veneration of mountains, mountain cult. — ~ˌ**kurˌort** *m med.* high-altitude health resort. — ~ˌ**kur·ve** *f cf.* Höhenlinie. — ~ˌ**la·ge** *f* altitude, elevation: in größeren ~n at higher altitudes, higher up. — ~ˌ**lei·stung** *f aer.* (*bes. eines Flugmotors*) altitude performance. — ~ˌ**leitˌwerk** *n* elevator assembly, horizontal tail surfaces *pl.* — ~ˌ**li·nie** *f* (*in der Kartographie*) contour line. — ~ˌ**li·ni·enˌkar·te** *f* contour map. — ~ˌ**luft** *f* mountain air. — ~ˌ**luftˌkurˌort** *m med. cf.* Höhenkurort. — ~-ˌ**Lun·genˌblä·hung** *f aer. med.* aeroemphysema. — ~ˌ**mar·ke** *f* (*im Vermessungswesen*) bench mark, *Br.* bench-mark. — ~ˌ**maß** *n* measure of altitude (*od.* elevation). — ~ˌ**mes·ser** *m* **1.** *phys. meteor.* altimeter, hypsometer. – **2.** *aer.* altimeter, altitude meter. – **3.** *mil.* (*des Radars, der Flak etc*) height finder. — ~ˌ**mes·sung** *f* **1.** measurement of altitude (*od.* elevation, height), altimetry (*scient.*). – **2.** (*im Gelände*) level(l)ing. – **3.** *mil.* height finding. — ~ˌ**punkt** *m* (*zur Vermessung*) spot height. — ~**raˌke·te** *f* (*space*) sounding rocket. — ~ˌ**rauch** *m meteor.* (*trockene Lufttrübung*) dry haze. — ~**reˌkord** *m* height (*od.* altitude) record: einen neuen ~ aufstellen to set up (*od.* establish) a new altitude record.

ˈ**Hö·henˌrichtˌbeˌreich** *m mil.* (*des Geschützes*) elevation range, total movement in elevation. — ~**ka·noˌnier** *m* elevation setter, (gun) layer. — ~**maˌschi·ne** *f* elevating mechanism (*od.* gear).

ˈ**Hö·henˌrich·tung** *f mil.* (*bei der Artillerie*) elevation. — ~ˌ**rücken** (*getr.* -k·k-) *m geogr.* ridge, dominating range. — ~ˌ**ru·der** *n* **1.** *aer.* elevator (control): ~ mit Ausgleichsfläche elevator. – **2.** *mar. cf.* Tiefenruder. — ~ˌ**schnittˌpunkt** *m math.* orthocenter, *bes. Br.* orthocentre. — ~ˌ**schrei·ber** *m aer.* altitude recorder, altigraph. — ~ˌ**son·de** *f* aerometeorograph. — ~ˌ**son·ne** *f* **1.** ⟨*only sg*⟩ mountain sun. – **2.** (*TM*) *med.* a) artificial sun(light), quartz lamp, b) (*Lampe*) ultraviolet (*Br.* ultra-violet) (*od.* sunray, *Br.* sun-ray, sunlight) lamp: Bestrahlung (*od.* Behandlung) mit ~ ultra(-)violet light therapy (*od.* ray treatment).

ˌ**Ho·henˈstau·fe** *m* ⟨-n; -n⟩ *hist.* (member of the House of) Hohenstaufen: Haus ~n House of Hohenstaufen, Hohenstaufen dynasty. — ˌ**ho·henˈstau·fisch** *adj* (of) Hohenstaufen.

ˈ**Hö·henˌstel·lung** *f mil.* mountain position. — ~ˌ**steu·er** *n aer. cf.* Höhenruder 1. — ~ˌ**steue·rung** *f* altitude control. — ~ˌ**strah·len** *pl* cosmic rays. — ~ˌ**strah·lung** *f* cosmic radiation. — ~ˌ**streu·ung** *f* (*in der Ballistik*) vertical dispersion. — ~ˌ**strö·mung** *f meteor.* (*des Windes*) upper (air) current (*od.* flow). — ~ˌ**un·terˌschied** *m* difference in elevation (*od.* altitude, height, level). — ~**verˌlust** *m aer.* loss of altitude (*od.* height). — ~**verˌstel·lung** *f tech.* vertical adjustment. — ~ˌ**vieh** *n agr.* highland cattle. — ~**vorˌherˌsa·geˌkar·te** *f meteor.* prognostic (*od.* forecast) upper level (*od.* air) chart (*od.* map), prognostic contour chart (*od.* map). — ~ˌ**warmˌfront** *f* upper warm front. — ~ˌ**weg** *m* ridgeway. — ~ˌ**welt·reˌkord** *m* world record for altitude. — ~ˌ**wet·ter·a·naˌly·se** *f meteor.* upper air analysis. — ~ˌ**wet·terˌkar·te** *f* upper air (*od.* level) chart (*od.* map), contour chart (*od.* map). — ~ˌ**wind** *m meteor.* upper wind, winds *pl* aloft. — ~ˌ**win·kel** *m* **1.** *phys. mil.* elevation angle. – **2.** *mil.* (*der Flak etc*) angular height. — ~ˌ**zahl** *f* height (above sea level).

ˌ**Ho·henˈzol·ler** [-ˈtsɔlər] *m* ⟨-n; -n⟩ *hist.* (member of the House of) Hohenzollern: Haus ~n House of Hohenzollern, Hohenzollern dynasty. — ˌ**ho·henˈzol·le·risch** *adj* (of) Hohenzollern.

ˈ**Hö·henˌzug** *m geogr.* range of hills, mountain chain.

ˌ**Ho·heˈprie·ster** *m* ⟨Hohenpriesters; Hohenpriester⟩ *relig.* high priest, pontiff. — ~ˌ**amt** *n* ⟨-(e)s, *auch* Hohenpriesteramtes; ⸗er⟩ high priesthood, pontificate.

ˌ**ho·heˈprie·ster·lich** *adj* high-priestly, pontifical.

ˈ**Hö·heˌpunkt** *m* **1.** (*einer Krise, Erregung etc*) climax, height, peak: als die Krise ihren ~ erreicht hatte when the crisis had reached its climax; auf dem ~ at its height; der Sturm hatte seinen ~ erreicht the storm had reached its peak (*od.* was at its most violent); das ist der ~! *colloq.* there is nothing to beat it! that beats everything! – **2.** (*der Macht etc*) height, peak, zenith: auf dem ~ seiner Macht at the peak of his power; auf dem ~ der Viktorianer in the heyday of the Victorians. – **3.** (*einer Entwicklung etc*) height, zenith, acme, apogee. – **4.** (*eines Festes*) highlight, climax: der ~ des Abends war ein Feuerwerk the climax of the evening was a firework display. – **5.** (*der Verkehrsdichte etc*) peak, height. – **6.** (*theater*) (*eines Schauspiels etc*) climax. – **7.** *med.* (*einer Krankheit*) crisis, critical point, height: sein Fieber hatte den ~ erreicht his fever had reached the crisis (*od.* critical stage); der ~ der Krankheit ist überschritten the crisis is past (*od.* has been passed). – **8.** *bot.* (*der Vegetationszeit*) climax. – **9.** *geogr.* highest point, summit. – **10.** *meteor.* meridian.

hö·her [ˈhøːər] **I** *comp of* hoch I, II. – **II** *adj* **1.** higher: fünf Meter ~ sein to be five meters (*bes. Br.* metres) higher; ~e Ansprüche stellen to make higher (*od.* greater) demands; ~e Bildung university education; ~e Instanz a) *jur.* higher court, b) (*in Verwaltung*) higher authority; ~e Mathematik higher mathematics *pl* (*usually construed as sg*); ~en Ort(e)s by (higher) authority; ~e Schulbildung secondary education; ~e Weihen *relig.* holy vows; ~es Wesen supernatural being; auf ~en Befehl handeln to act on orders from above; in ~en Regionen schweben to live in the clouds; in einem ~en Sinne in a higher sense; ~e Ziele verfolgen to pursue higher (*od.* nobler) aims; → Gewalt 2. – **2.** senior: ~er Beamter senior official; ~er Offizier senior (*od.* superior) officer. – **3.** *phot.* (*Lichtempfindlichkeit etc*) greater. – **4.** *meteor.* high: in ~en Lagen on high ground. – **III** *adv* **5.** higher, more highly: immer ~ higher and higher, up and up; etwas ~ bewerten to rate s.th. higher (*od.* more highly); ~ hinauswollen to have great ambitions; ~ am Berg liegen to lie farther up the mountain; ~ oben higher (*od.* farther) up. — ~**beˌwer·tet** *adj* ⟨*attrib*⟩ *econ.* (*Aktien etc*) of higher value, higher-priced, appreciated. — **H~beˌwer·tung** *f* (*von Anlagevermögen*) appreciation of assets. — ~ˌ**entˌwickelt** (*getr.* -k·k-) *adj* ⟨*attrib*⟩ more highly developed. — **H~entˌwick·lung** *f* **1.** higher development. – **2.** *biol.* evolutionary progress. — ~ˌ**lie·gend** *adj* (*Gebäude*) situated at a higher level. — ~ˌ**schrau·ben** *v/t* ⟨*sep*, -ge-, h⟩ (*Preise etc*) screw up, raise. — ~ˌ**ste·hend** *adj* **1.** *mil.* (*Offiziere*) superior, higher-ranking. – **2.** *biol.* (*Lebewesen*) dominant, more highly developed. — **H~verˌsi·che·rung** *f econ.* increased insurance. — ~ˌ**wer·tig** *adj chem.* of higher valence (*bes. Br.* valency).

hohl [hoːl] *adj* **1.** (*Baum etc*) hollow: eine ~e Wand a hollow (*od.* cavity) wall; ~ machen to hollow out. – **2.** (*leer*) empty: eine ~e Nuß an empty nut; ich gebe nicht eine ~e Nuß dafür *colloq. bes. Am. colloq.* I wouldn't give a red cent for it, *bes. Br. colloq.* I wouldn't give twopence for it. – **3.** (*Hand*) cupped: aus der ~en Hand trinken to drink from one's cupped hand(s); eine ~e Hand machen *fig.* a) *bes. Am.* to ask for a handout, *bes. Br.* to ask for charity, b) to be corruptible; das zahlt er aus der ~en Hand *fig. colloq.* that's chicken(-)feed to him (*sl.*). – **4.** (*ausgehöhlt*) hollowed, excavated. – **5.** (*gewölbt*) vaulted. – **6.** (*Augen, Wangen etc*) sunken, hollow: ~e Augen sunken (*od.* deep-set) eyes. – **7.** *fig.* (*inhaltsleer, nichtssagend*) empty, hollow, vain, shallow: er ist ein ~er Kopf *colloq.* he is empty-headed; das sind nur ~e Redensarten that's just empty talk (*od.* chatter). – **8.** *fig.* (*Ton, Klang etc*) hollow, dull: eine ~e Stimme a hollow voice; es fiel mit einem ~en Geräusch it fell with a dull thud; eine Geige mit ~em Ton a tubby violin; ~es Lachen a hollow laugh, hollow laughter. – **9.** *med.* (*Zahn*) hollow, carious, decayed: das reicht kaum für einen ~en Zahn *fig. colloq.* that wouldn't keep a sparrow alive. – **10.** *med.* (*Kreuz*) hollow: ein ~es Kreuz haben to have a hollow back, to have lordosis (*scient.*). – **11.** *mus.* (*Quinte, Oktave etc*) open, naked. – **12.** *mar.* hollow: ~e See [Welle] hollow sea [wave]. – **13.** *ling.* dark: ein ~es l a dark l. – **14.** *tech.* hollow, cored, tubular. – **15.** (*optics*) (*Linse, Spiegel etc*) concave: auf der einen Seite ~, auf der anderen gewölbt concavo-convex. – **16.** *print.* (*Buchrücken*) hollow. – **17.** *bot.* a) (*becherförmig*) scyphiform, scyphose, b) (*röhrenförmig*) fistulous, fistular, tubular, c) (*voller Höhlungen*) cavernous, d) (*bienenzellenförmig*) alveolate, e) (*zellig*) vesicular.

ˈ**Hohlˌader** *f med.* vena cava. — **h~ˌäu·gig** *adj* hollow-eyed, sunken-eyed. — ~ˌ**bee·re** *f bot. cf.* Himbeere. — ~ˌ**bei·tel** *m tech.* firmer gouge.

ˈ**Hohlˌblock** *m* ⟨-(e)s; ⸗e⟩ *civ.eng.* hollow block (*od.* tile) pot. — ~ˌ**stein** *m* hollow block (of concrete).

ˈ**Hohlˌboh·rer** *m tech.* trepanning tool. — ~ˌ**brust** *f med. cf.* Trichterbrust. — **h~ˌbrü·stig** [-ˌbrʏstɪç] *adj med.* hollow- (*od.* funnel-)chested. — ~ˌ**dech·sel** *f* **1.** *tech.* butt howel. – **2.** (*für Schreiner*) wheeler's adze. — ~ˌ**dot·ter** *m bot.* panicled neslea (*Neslea paniculata*): Durchwachsener ~ perfoliated myagrum (*Myagrum perfoliatum*).

Höh·le [ˈhøːlə] *f* ⟨-; -n⟩ **1.** (*bes. Felsenhöhle*) cave, cavern: Eingang einer ~ *cf.* Höhleneingang; in ~n wohnen to live in caves; voller ~n cavernous. – **2.** (*Grotte*) grotto. – **3.** (*Höhlung*) hollow, hole, pit, cavity: eine ~ bilden to form a cavity. – **4.** *fig. colloq.* den, 'hole' (*colloq.*), hovel (*contempt.*). – **5.** *zo.* a) (*bes. unter der Erde*) hole, burrow, b) (*Lager, bes. wilder Tiere*) den, lair: aus der ~ treiben to drive out of the ground; sich in die ~ des Löwen begeben (*od.* wagen) *fig. colloq.* to put one's head into the lion's mouth, to venture into the lion's den. – **6.** *med.* a) cavity, pit, b) (*der Lunge etc*) cavern, c) (*Augenhöhle*) socket, d) (*des Gelenks*) socket.

ˈ**Hohlˌei·sen** *n tech.* **1.** (*für Linolschnitt*) gouge. – **2.** (*für Holzschnitt*) scorper, *auch* scauper. – **3.** (*für Bildhauerei*) spoon chisel.

höh·len [ˈhøːlən] *v/t* ⟨h⟩ **1.** hollow: steter Tropfen höhlt den Stein (*Sprichwort*) constant dripping wears away the stone (*proverb*). – **2.** (*ausgraben*) excavate.

ˈ**Höh·lenˌaf·fe** *m zo. cf.* Schimpanse. — **h~ˌar·tig** *adj* cavelike, *Br.* cave-like, cavernous. — ~ˌ**bär** *m zo.* cave bear, *Br.* cave-bear (*Ursus spelaeus*). — **h~beˌwoh·nend** *adj* cave-dwelling, spelaean, *Am. auch* spelean (*scient.*). — ~**beˌwoh·ner** *m* caveman, *Br.* cave-man, cave dweller, *Br.* cave-dweller, troglodyte (*scient.*). — ~ˌ**bild** *n meist pl archeol.* cave painting, *Br.* cave-painting. — **h~ˌbil·dend** *adj* **1.** *med.* (*in der Lunge*) cavitary. – **2.** *zo.* cave-building. — ~ˌ**bil·dung** *f med.* (*bes. bei Tuberkulose*) cavitation: fortschreitende ~ progressive cavitation. — ~ˌ**brü·ter** *m meist pl zo. bird that nests in a cave.* — ~ˌ**einˌgang** *m* entrance to (*od.* mouth of) a cave. — ~ˌ**eu·le** *f zo.* burrowing owl (*Speotyto cunicularia hypogaea*). — ~ˌ**fisch** *m zo.* cave fish, *Br.* cave-fish, blind fish, gronias (*scient.*) (*Amblyopsis spelaeus*). — ~ˌ**for·scher** *m* cave explorer, *Br.* cave-explorer, *bes. Br.* pot-holer, *bes. Am.* spelunker, speleologist, *bes. Br.* spelaeologist (*scient.*). — ~ˌ**for·schung** *f* speleology, *bes. Br.*

spelaeology. — ~ˌ**fund** *m archeol.* find made in a cave. — ~**geˌwäs·ser** *n u. pl* underground rivers and lakes *pl.* — ~**ˌgrab** *n archeol.* tomb in a cave. — ~**hyä·ne** [-hyˌɛːnə] *f zo.* antediluvian hy(a)ena (*Hyaena spelaea*). — ~ˌ**kult** *m relig. hist.* cult associated with caves. — ~ˌ**kun·de** *f cf.* Höhlenforschung. — ~**ˌlö·we** *m zo.* cave lion, *Br.* cave-lion (*Felis spelaea*). — ~**ma·leˌrei** *f archeol.* cave painting, *Br.* cave-painting. — ~ˌ**maus** *f zo.* burrowing vole (*Pitymys subterraneus*). — ~ˌ**mensch** *m cf.* Höhlenbewohner. — ~**pa·paˌgei** *m zo.* night parrot (*Geopsittacus occidentalis*). — ~ˌ**tem·pel** *m* (*bes. in Vorderindien u. Ägypten*) temple cut out of rock, cave temple, *Br.* cave-temple. — ~ˌ**tier** *n meist pl zo.* cave animal, *Br.* cave-animal. — ~ˌ**woh·nung** *f* cave dwelling, *Br.* cave-dwelling. — ~ˌ**zeich·nung** *f meist pl archeol.* cave drawing, *Br.* cave-drawing. — ~ˌ**zeit** *f archeol.* cave-dwelling period.

ˈ**hohl|er|ha·ben** *adj phys.* concavo-convex. — **H~ˌflä·che** *f* concave surface, concavity. — **H~ˌfrä·ser** *m tech.* hollow milling cutter. — **H~ˌfuß** *m med.* clawfoot, hollow foot, talipes cavus (*scient.*). — **H~geˌbiß** *n* (*Teil des Zaumzeugs*) curb (bit). — **H~geˌfäß** *n* hollow vessel. — ~ˌ**ge·hend** *adj mar.* (*See, Wellen*) running high, hollow. — ~**geˌschlif·fen I** *pp of* hohlschleifen. – **II** *adj* ⟨*attrib*⟩ **1.** *tech.* hollow-ground. – **2.** *phys.* concave. — **H~geˌschoß** *n mil.* shell. — **H~geˌwe·be** *n* (*textile*) circular goods *pl*, tubular fabrics *pl.* — **H~ˌglas** *n* hollow glass(ware). — **H~ˌhand** *f med.* hollow of the hand: eine ~ machen to cup one's hand.

ˈ**Hohl·heit** *f* ⟨-; *no pl*⟩ **1.** (*eines Baumes etc*) hollowness. – **2.** (*Leere*) emptiness. – **3.** *fig.* (*einer Person*) emptiness, hollowness, vanity, shallowness. – **4.** *fig.* (*eines Tons*) hollowness, dullness.

ˈ**Hohl|ˌhör·ner** *pl zo. obs. for* Horntiere. — **h~ˌhör·nig** [-ˌhœrnɪç] *adj* (*Tier*) cavicorn, tubicorn.

ˈ**höh·lig** *adj* full of cavities, cavernous, having many caverns.

ˈ**Hohl|ˌke·gel** *m* **1.** *tech.* taper hole (*od.* bore). – **2.** *math.* (*geometrische Figur*) hollow cone. — ~ˌ**keh·le** *f* **1.** *tech.* a) (*beim Schweißen, bei Zahnradbearbeitung*) fillet, (*spezifisch*) concave fillet, b) (*beim Schleifen*) concave profile, c) (*eines Schneidmeißels*) ridge, d) (*Nut*) flute. – **2.** *arch.* cavetto.

ˈ**Hohlˌkehl|ˌnaht,** ~ˌ**schwei·ßung** *f tech.* concave fillet weld.

ˈ**Hohl|ˌkeil** *m tech.* saddler (*od.* hollow) key. — ~ˌ**klin·ge** *f* hollow-ground blade. — **h~ˌklin·gend** *adj* hollow-sounding. — ~ˌ**kopf** *m fig. colloq.* blockhead, dolt, num(b)skull, cabbagehead (*colloq.*). — **h~ˌköp·fig** [-ˌkœpfɪç] *adj fig. colloq.* empty-headed, shallow-brained, brainless, pinheaded (*colloq.*). — ~ˌ**kör·per** *m tech.* hollow body. — ~ˌ**krä·he** *f zo. cf.* Schwarzspecht. — ~ˌ**kreuz** *n med. cf.* Hohlrücken 1. — ~ˌ**ku·gel** *f* hollow sphere (*od.* ball). — ~ˌ**la·dung** *f mil.* (*eines Geschosses*) hollow (*od.* shaped) charge. — ~ˌ**lei·ste** *f arch.* hollow(ed) molding (*bes. Br.* moulding), cavetto.

ˈ**Hohlˌlei·ter** *m electr.* waveguide. — ~**anˌten·ne** *f* (*radio*) waveguide antenna (*bes. Br.* aerial).

ˈ**Hohl|ˌmaß** *n* **1.** *phys.* measure of capacity. – **2.** *meist pl* (*für Getreide, Holz etc*) dry measure. — ~ˌ**mei·ßel** *m tech.* gouge, hollow chisel, turning gouge. — ~ˌ**na·del** *f med.* cannula, *auch* canula: große ~ (*zum Punktieren*) trocar. — ~ˌ**naht** *f* (*als Ziernaht*) line of hemstitching.

ˈ**Hohlˌraum** *m* **1.** hollow (*od.* empty) space, hollow, cavity. – **2.** *metall.* cavity, hollow space. – **3.** *med. zo.* a) cavity, b) (*in Blutgefäßen u. Drüsen*) lumen, c) (*mit offenem Zugang*) sinus, d) (*Lakune*) lacuna. – **4.** *arch.* interstice, void. — ~ˌ**bil·dung** *f* cavitation. — ~**re·soˌna·tor** *m electr.* (cavity) resonator. — ~ˌ**strah·lung** *f phys.* black body (*od.* cavity) radiation.

ˈ**Hohl|ˌrücken** (*getr.* -k·k-) *m* **1.** *med.* hollow back, lordosis (*scient.*). – **2.** *vet.* (*bei Pferden*) swayback. — **h~ˌrückig** (*getr.* -k·k-) [-ˌrʏkɪç] *adj vet.* (*Pferd etc*) saddlebacked, *Am.* saddle-backed: ~es Pferd saddleback. — ~ˌ**run·dung** *f* concavity.

ˈ**Hohlˌsaum** *m* (*als Zierstich*) hemstitch: mit ~ nähen to hemstitch. — ~ˌ**ar·beit** *f* drawnwork, hemstitching. — ~ˌ**stich** *m* hemstitch.

ˈ**hohl|ˌschleifen** *v/t* ⟨*irr, sep,* -ge-, h⟩ **1.** *tech.* grind (*s.th.*) hollow. – **2.** (*optics*) grind (*s.th.*) concave. — **H~ˌschleifˌvor·ˌrich·tung** *f* concave grinding attachment. — **H~ˌschliff** *m* **1.** hollow (*od.* concave) grinding. – **2.** concaving.

ˈ**Hohl|ˌschlüs·sel** *m* hollow key. — ~ˌ**schna·bel** *m zo.* boatbill, *Br.* boat-bill (*Cochlearius cochlearius*). — ~ˌ**schwamm·ˌflech·te** *f bot. cf.* Rentierflechte. — ~ˌ**spat** *m min.* hollow spar, chiastolith (*scient.*). — ~ˌ**spie·gel** *m* (*optics*) concave mirror. — ~ˌ**spit·ze** *f tech.* female center (*bes. Br.* centre). — ~ˌ**tau·be** *f zo.* stock dove, *Br.* stockdove, wood dove (*Columba oenas*). — ~ˌ**tier** *n zo.* (*Korallen, Seeanemone etc*) **1.** plant animal, zoophyte (*scient.*). – **2.** *pl* coelenterata (*Stamm Coelenterata*).

ˈ**Höh·lung** *f* ⟨-; -en⟩ **1.** hollow, hole, pit, cavity. – **2.** (*Aushöhlung*) excavation. – **3.** *geol.* erosion. – **4.** *med. cf.* Höhle 6.

ˈ**Hohl|ˌve·ne** *f med. cf.* Hohlader. — ~ˌ**walzˌwerk** *n metall.* rotary piercing mill. — **h~ˌwan·gig** [-ˌvaŋɪç] *adj* hollow-cheeked. — ~ˌ**weg** *m* **1.** hollow (way). – **2.** (*Schlucht*) ravine, gorge. – **3.** (*Engpaß*) narrow pass, sunken road, *bes. mil.* defile. — ~ˌ**wei·de** *f bot. cf.* Salweide. — ~ˌ**wel·le** *f tech.* hollow (*od.* sleeve) shaft. — ~ˌ**wurz** *f bot.* holewort, hollowroot (*Corydalis cava*). — ~ˌ**zahn** *m bot. cf.* Hanfnessel. — ~ˌ**zie·gel** *m arch.* **1.** (*Dachziegel*) hollow tile, pantile. – **2.** (*Ziegelstein*) hollow brick. — ~ˌ**zie·gelˌstein** *m* hollow brick. — ~ˌ**zir·kel** *m tech.* inside cal(l)ipers *pl.* — ~**zyˌlin·der** *m math.* hollow cylinder.

Hohn [hoːn] *m* ⟨-s; *no pl*⟩ **1.** (*Verspottung*) mockery, derision, scorn: es ist ja der reinste ~ it's utter mockery; nichts als (*od.* nur) ~ und Spott ernten to earn only scorn and derision; beißender ~ biting sarcasm; → Spott 2. – **2.** (*Verachtung*) contempt, disdain, scorn: ~ leuchtete in seinen Augen auf contempt burned in his eyes; er sprach voll(er) ~ his voice was filled with contempt. – **3.** (*Beleidigung*) insult, contumely: ein ~ auf die Sittlichkeit an insult to morality; ich sage das ohne jeden ~ no offence (*Am.* offense) meant. – **4.** (*Trotz*) defiance: j-m etwas zum ~e tun to do s.th. in defiance of s.o.; den Vorschriften zum ~ in defiance of the rules.

höh·nen [ˈhøːnən] **I** *v/i* ⟨h⟩ (über *acc* at) sneer, mock, jeer, scoff, gibe: „Das könnte dir so passen!" höhnte er "That's just what you would like!" he scoffed. – **II** *v/t cf.* verhöhnen 1.

ˈ**Hohn·geˌläch·ter** *n* mockery, scornful (*od.* derisive, mocking) laughter.

ˈ**höh·nisch I** *adj* **1.** (*spöttisch*) mocking, scoffing, derisive, scornful, sneering: mit einem ~en Blick with a scornful look, with a look full of scorn. – **2.** (*verächtlich*) contemptuous, disdainful, scornful. – **3.** (*hämisch*) gloating. – **II** *adv* **4.** ~ lächeln to smile scornfully (*od.* derisively), to sneer: „Viel Spaß!" sagte er ~ "Enjoy yourself!" he said scornfully.

ˈ**hohn|ˌlä·cheln I** *v/i* ⟨*sep u. insep,* -ge-, h⟩ **1.** (über *acc* at) smile derisively, sneer. – **II H~** *n* ⟨-s⟩ **2.** *verbal noun.* – **3.** scornful (*od.* derisive) smile, sneer. — ~ˌ**lä·chelnd I** *pres p.* – **II** *adj u. adv* with a scornful (*od.* derisive) smile. — ~ˌ**la·chen I** *v/i* ⟨*sep u. insep,* -ge-, h⟩ **1.** laugh scornfully (*od.* derisively): j-m ~ *lit.* to treat s.o. with scorn. – **II H~** *n* ⟨-s⟩ **2.** *verbal noun.* – **3.** scornful (*od.* derisive, mocking) laughter. — ~ˌ**spre·chen** *v/i* ⟨*irr, sep,* -ge-, h⟩ **1.** deride, scorn, sneer, scoff, mock: j-m ~ *lit.* to treat s.o. with scorn, to mock (at) s.o. – **2.** defy, challenge: das spricht der Vernunft hohn that's against all reason (*od.* common sense).

ho·ho [hoˈhoː] *interj* **1.** (*Erstaunen*) oho! oh ho! – **2.** (*verächtlich*) pooh!

hoi [hɔʏ] *interj* hey!

hö·ken [ˈhøːkən] *v/i* ⟨h⟩ *rare for* hökern. — ˈ**Hö·ker** *m* ⟨-s; -⟩ street trader, huckster, *bes. Br.* coster(monger), barrow-boy. — **Hö·keˈrei** *f* ⟨-; *no pl*⟩ huckstering, street trading. — ˈ**Hö·ke·rin** *f* ⟨-; -nen⟩ (woman) street trader. — ˈ**hö·kern** *v/i* ⟨h⟩ huckster. — ˈ**Hö·kerˌweib** *n cf.* Hökerin.

Hok·ko [ˈhɔko] *m* ⟨-s; -s⟩, ~ˌ**huhn** *n zo.* **1.** guan (*Fam. Cracidae*). – **2.** *cf.* Helmhokko.

Ho·kus·po·kus [ˌhoːkʊsˈpoːkʊs] *m* ⟨-; *no pl*⟩ **1.** (*Zauberformel*) hocus-pocus, *auch* hokus-pokus: ~ (fidibus)! hocus-pocus! abracadabra! hey presto! – **2.** (*Taschenspielerei*) hocus-pocus, sleight of hand. – **3.** *fig. contempt.* (*Täuschung*) deception, hoax: das ist doch alles nur ~ that's just a big hoax. – **4.** *colloq.* (*Spaß*) nonsense, fooling around: die Kinder machten allerhand ~ the children were up to a lot of nonsense.

hold [hɔlt] **I** *adj* ⟨-er; -est⟩ *lit. od. poet.* **1.** ⟨*pred*⟩ j-m ~ sein to be fond of s.o., to like s.o., to be well disposed toward(s) s.o.: das Glück ist ihm ~ fortune smiles (up)on him; das Glück ist mir nicht ~ luck is (dead) against me, I am unlucky. – **2.** ⟨*attrib*⟩ (*lieblich*) lovely, sweet: ~es Antlitz sweet (*od.* fair) face; mit ihrem ~en Lächeln with her lovely smile; ~er Knabe (*Christuskind*) blessed infant; die ~e Weiblichkeit *fig. humor.* the fair sex. – **II** *adv* **3.** ~ lächeln to smile sweetly.

Hol·de [ˈhɔldə] *m, f* ⟨-n; -n⟩ **1.** *colloq.* beloved person, sweetheart. – **2.** die ~n *pl myth.* the nocturnal specters (*bes. Br.* spectres).

Hol·der [ˈhɔldər] *m* ⟨-s; *no pl*⟩ *bot. Southern G. dial. for* Holunder 1.

ˈ**Hol·ding·geˌsell·schaft** [ˈhoːldɪŋ-] *f econ.* holding company.

hol·drio[1] [ˈhɔldrio] **I** *interj* hallo! – **II H~** *n* ⟨-s; *no pl*⟩ (shout of) hallo.

ˈ**Hol·drio**[2] *m* ⟨-(s); -(s)⟩ *colloq.* reckless fellow.

ˈ**holdˌse·lig** *adj poet.* (*Lächeln, Antlitz etc*) sweet, lovely. — ˈ**Holdˌse·lig·keit** *f* ⟨-; *no pl*⟩ sweetness, loveliness.

Hole [hoːl; hoʊl] (*Engl.*) *n* ⟨-s; -s⟩ (*sport*) (*beim Golf*) hole.

ho·len [ˈhoːlən] *v/t* ⟨h⟩ **1.** (*herbringen*) (go and) get, fetch: Kohlen aus dem Keller ~ to fetch coal from the cellar; ich werde ihn selbst ~ I will go and get him myself; etwas aus der Tasche ~ to get (*od.* pull) s.th. out of one's pocket; zur Bank gehen und Geld ~ to go to the bank to get (*od.* draw) some money; einen Sender ~ *colloq.* (*radio*) to get a station; j-m etwas ~ to get s.th. for s.o.; Bücher vom Regal ~ to get (*od.* take) books from the shelf; ein Kind mit der Zange ~ *med.* to make a forceps delivery (of a child); Atem (*od.* Luft) ~ *fig.* to draw breath; er holte tief Luft he took a deep breath (*od.* breathed deeply); hol's! (*zum Hund*) go get it! j-n nachts aus dem Bett ~ *colloq.* to get s.o. out of bed at night; bei ihm ist nichts zu ~ *colloq.* you can't get anything out of him; dabei ist nichts zu ~ there is nothing to be gained (*od.* to gain) by it. – **2.** (*herbeirufen*) call, send for: j-n ans Telephon ~ to call s.o. to the telephone; die Polizei ~ to call the police; holt den Arzt! send for the doctor! j-n zu Hilfe ~ to call s.o. for help; j-n ~ lassen to send for s.o.; er ist als Assistent an die Universität geholt worden he has been taken on as an assistant at the university. – **3.** (*abholen*) fetch, pick up: du kannst dir das Buch heute ~ you can pick up the book today; sie haben ihn nachts geholt they picked him up (*od.* arrested him) at night; hol ihn [hol's] der Teufel (*od.* Henker)! the devil take him [it]! – **4.** sich (*dat*) etwas ~ a) to get (*od.* fetch) s.th., b) *fig. colloq.* (*Krankheit, Tadel, Schläge etc*) to catch s.th., c) *fig.* (*Rat, Trost etc*) to seek s.th., d) *fig.* (*Preis etc*) to win (*od. colloq.* to land) s.th.: sich einen Rausch ~ *fig. colloq.* to get drunk; sich den Tod ~ to catch one's death (because of a cold); → Korb 15. – **5.** (*kaufen*) buy, get. – **6.** (*mining*) (*gewinnen*) extract: Erz aus der Erde ~ to extract ore (from the pit). – **7.** *mar.* (*Tau, Segel etc*) haul, pull.

Ho·lis·mus [hoˈlɪsmʊs] *m* ⟨-; *no pl*⟩ *philos.* (*Ganzheitstheorie*) holism. — **hoˈli·stisch** [-tɪʃ] *adj* holistic.

Holk [hɔlk] *f* ⟨-; -e(n)⟩, *m* ⟨-(e)s; -e(n)⟩ *mar. cf.* Hulk.

hol·la [ˈhɔla] *interj* **1.** hallo! hello! halloa! halloo! hulloo! – **2.** (*Ausruf des Erstaunens etc*) hey! what's up?

Hol·land [ˈhɔlant] *n* ⟨-s; *no pl*⟩ *geogr.* Holland, the Netherlands *pl*: in ~ gemacht, aus ~ kommend Dutch; nun ist ~ in Not (*od.* Nöten) *fig. colloq.* now we are in fine trouble, now we are in for it (*colloq.*).

Hol·län·der ['hɔlɛndər] **I** *m* ⟨-s; -⟩ **1.** Dutchman, Hollander, Netherlander, mynheer: **die ~** the Dutch (people *sg*). – **2.** „**Der Fliegende ~**" *mus.* "The Flying Dutchman" (*opera by Wagner*). – **3.** (*art*) Dutch painter, painter of the Dutch school. – **4.** (*Kinderfahrzeug*) push-pull car. – **5.** (*paper*) beater, beating engine, Hollander, *auch* hollander. – **II** *adj* ⟨*invariable*⟩ **6.** Dutch: **~ Käse** Dutch cheese.

'Hol·län·de·rin *f* ⟨-; -nen⟩ Dutch girl (*od.* woman).

'Hol·län·der,müh·le *f* **1.** Dutch windmill. – **2.** *cf.* Holländer 5.

hol·län·dern ['hɔlɛndərn] *v/t* ⟨h⟩ **1.** *print.* (*Buch*) sew, stitch. – **2.** (*paper*) beat, pulp (*rags*) in a Hollander.

hol·län·disch ['hɔlɛndɪʃ] **I** *adj* Dutch, Netherlandish: **~er Gulden** Dutch guilder (*od.* gulden); **~e Kunst** Dutch art; **~e Soße** *gastr.* hollandaise sauce, *auch* hollandaise; **das ~e Volk** the Dutch *pl.* – **II** *ling.* **H~** ⟨*generally undeclined*⟩, **das H~e** ⟨-n⟩ Dutch, the Dutch language, Netherlandish.

Hol·le[1] ['hɔlə] *f* ⟨-; -n⟩ *zo.* (*eines Vogels*) tuft, crest.

'Hol·le[2] *npr f myth. only in* **Frau ~** Mother Hulda (*od.* Holda): **Frau ~ schüttelt ihre Betten aus** Hulda is making her bed, Mother Carey is plucking her goose (*od.* chickens).

Höl·le ['hœlə] *f* ⟨-; *rare* -n⟩ hell; inferno, hades (*lit.*): **in die ~ kommen, zur ~ fahren** to go to hell; **das ist die ~** *fig.* that's hell; **j-m die ~ heiß machen** *fig.* to give s.o. hell; **j-m das Leben zur ~ machen** *fig.* to make s.o.'s life a hell; **die ~ auf Erden haben** *fig.* to live (*od.* suffer) hell on earth; **da war die ~ los** *fig. colloq.* all hell broke loose; **fahr zur ~!** *colloq.* go to hell (*od.* to the devil)! **Ausgeburt der ~** hellhound, *Br.* hell-hound, fiend; **der Fürst der ~** the Prince of Darkness, the Devil; **die grüne ~** *geogr.* (*Tropenurwald am Amazonas*) the Green Hell; **der Weg zur ~ ist mit guten Vorsätzen gepflastert** (*Sprichwort*) the way (*od.* road) to hell is paved with good intentions (*proverb*); **niedergefahren** (*od. röm.kath.* **abgestiegen**) **zur ~** (*von Christus*) descended into hell; → Himmel 4, 7.

'Höl·len|'angst *f colloq.* blue funk (*colloq.*), mortal fear: **eine ~ haben (vor** *dat***)** to be terribly afraid (of), to be scared stiff (*od.* to death) (of) (*alle colloq.*). — **~,brand** *m* **1.** hellfire, *Br.* hell-fire. – **2.** *colloq.* (*starker Durst*) terrible thirst (*colloq.*). — **~,brut** *f contempt.* spawn of hell, infernal lot. — **~,fahrt** *f* ⟨-; *no pl*⟩ **Christi ~** *relig.* Christ's Descent into Hell. — **~,feu·er** *n* hellfire, *Br.* hell-fire. — **~,fürst** *m lit.* Prince of Darkness, Devil. — **~ge'stank** *m colloq.* infernal (*od.* terrible) stench (*colloq.*). — **~'hit·ze** *f colloq.* infernal (*od.* terrible) heat (*colloq.*). — **~,hund** *m myth.* hellhound, *Br.* hell-hound, Cerberus. — **~'lärm** *m colloq.* hellish noise (*od.* din) (*colloq.*): **einen ~ machen** to kick up a tremendous row (*colloq.*), to make a hell of a noise (*sl.*). — **~ma,schi·ne** *f* **1.** (*Sprenggerät*) infernal machine. – **2.** (*Zeitbombe*) time bomb. — **~,ot·ter** *f zo. cf.* Kreuzotter. — **~,pein** *f* torment of hell. — **~,qual** *f colloq.* **1.** torment of hell. – **2.** *fig.* excruciating pain, agony: **~en ausstehen** to suffer agony, to suffer a million deaths. — **~,ra·chen** *m poet.* jaws *pl* of hell (*lit.*). — **~,schlund** *m poet.* bottomless pit, abyss. — **~spek'ta·kel** *m colloq. cf.* Höllenlärm. — **~,stein** *m* **1.** *med. pharm.* lunar caustic, argentic nitrate. – **2.** *bes. chem.* silver nitrate ($AgNO_3$). — **~'tem·po** *n colloq.* breakneck speed: **mit einem ~ fahren** to drive at breakneck speed.

Hol·ler ['hɔlər] *m* ⟨-s; *no pl*⟩ *bot. Southern G. and Austrian for* Holunder 1.

Hol·le·rith·ma,schi·ne ['hɔlərɪt-; hɔlə'rɪt-] *f* (*Lochkartenmaschine*) Hollerith machine, *auch* Hollerith.

'höl·lisch I *adj* **1.** (*zur Hölle gehörend*) infernal, of hell: **im ~en Feuer brennen** to burn in the fire of hell. – **2.** (*teuflisch*) infernal, devilish, fiendish, diabolical: **er hatte daran ein ~es Vergnügen** he took a devilish pleasure in it. – **3.** (*grausam*) hellish, horrible, dreadful, awful: **~e Schmerzen** horrible pains. – **4.** *colloq.* (*außerordentlich*) (very) great, excessive; tremendous, terrible, immense, devilish (*colloq.*): **eine ~e Arbeit** a devilish job; **eine ~e Angst haben (vor** *dat***)** to be terrified (of), to be terribly afraid (of); **j-m einen ~en Schrecken einjagen** to scare s.o. to death; **vor j-m ~en Respekt haben** to have a tremendous amount of respect for s.o. – **II** *adv* **5.** *colloq.* **es tut ~ weh** it hurts awfully, it hurts like hell (*od.* the dickens) (*beide colloq.*); **~ aufpassen** to watch out like the dickens (*colloq.*); **~ fluchen** to swear like a trooper; **~ schwer** terribly difficult (*colloq.*).

Holm [hɔlm] *m* ⟨-(e)s; -e⟩ **1.** *civ.eng.* crossbeam, *Br.* cross-beam, capping. – **2.** *aer.* a) spar, b) (*Längs-, Rumpfholm*) longeron. – **3.** (*sport*) (*am Barren*) bar. – **4.** *mil.* (*einer Lafette*) outrigger, trail. – **5.** (*eines Ruders*) oar shaft. – **6.** (*einer Axt*) helve, handle. – **7.** (*einer Leiter*) upright, side piece. – **8.** *Low. G.* holm, islet, small island. — **~,gang** *m hist.* duel fought on a holm. — **~,gurt** *m aer.* spar flange, *Am.* cap strip.

Hol·mi·um ['hɔlmĭʊm] *n* ⟨-s; *no pl*⟩ *chem.* holmium (Ho).

ho·lo·bla·stisch [holo'blastɪʃ] *adj biol.* holoblastic.

Ho·lo·edrie [holoˀe'driː] *f* ⟨-; -n [-ən]⟩ (*in der Kristallkunde*) holohedry, holohedrism. — **ho·lo'edrisch** [-'ˀeːdrɪʃ] *adj* holohedral, holosymmetric(al).

Ho·lo·gra·phie [hologra'fiː] *f* ⟨-; -n [-ən]⟩ holography. — **ho·lo·gra'phie·ren** [-rən] *v/t* ⟨*no* ge-, h⟩ write (*s.th.*) in holograph. — **ho·lo'gra·phisch** [-'graːfɪʃ] *adj* holograph (*attrib*), holographic(al): **~es Testament** holographic will.

ho·lo·krin [holo'kriːn] *adj med.* (*Drüsen*) holocrine.

ho·lo·kri·stal·lin [holokrɪsta'liːn] *adj geol.* holocrystalline.

ho·lo·me·ta·bol [holometa'boːl] *adj zo.* holometabolous, holometabolic. — **Ho·lo·me·ta·bo'lie** [-bo'liː] *f* ⟨-; *no pl*⟩ *zo.* (*eines Insekts*) holometabolism, holometabolous development.

ho·lo·sy·sto·lisch [holozʏs'toːlɪʃ] *adj med.* holosystolic.

Ho·lo·thu·rie [holo'tuːrĭə] *f* ⟨-; -n⟩ *zo. cf.* Seewalze.

Ho·lo·to·pie [holoto'piː] *f* ⟨-; -n [-ən]⟩ *med.* holotopy.

Ho·lo·zän [holo'tsɛːn] *n* ⟨-s; *no pl*⟩ *geol.* Recent (*od.* Holocene) epoch.

'hol·pe·rig I *adj* **1.** (*Weg etc*) rough, uneven, rugged. – **2.** (*Straßenpflaster*) bumpy, jolty. – **3.** *fig.* (*Verse, Stil etc*) clumsy, awkward: **ein ~es Deutsch sprechen** to speak German clumsily. – **II** *adv* **4. etwas ~ lesen** to read s.th. stumblingly. — **'Hol·pe·rig·keit** *f* ⟨-; *no pl*⟩ **1.** (*eines Wegs*) roughness, unevenness, ruggedness. – **2.** (*des Straßenpflasters*) bumpiness, joltiness. – **3.** *fig.* clumsiness, awkwardness.

hol·pern ['hɔlpərn] **I** *v/i* ⟨h *u.* sein⟩ **1.** ⟨sein⟩ (*von Kutsche, Wagen*) jolt (along), bump (along): **über das Pflaster ~** to jolt over the cobbles. – **2.** ⟨h⟩ (*von Wagen etc*) jolt, bump. – **3.** ⟨h⟩ (*von Sätzen etc*) be rough. – **II** *v/impers* ⟨h⟩ **4. es hat entsetzlich geholpert** it was a terribly bumpy ride.

'holp·rig *adj u. adv cf.* holperig. — **'Holp·rig·keit** *f* ⟨-; *no pl*⟩ *cf.* Holperigkeit.

'Hol,schuld *f econ.* debt to be collected at the debtor's address.

Holst [hɔlst] *m* ⟨-(e)s; -e⟩ *bot.* holly (*Ilex aquifolium*).

Hol·ste ['hɔlstə] *m* ⟨-n; -n⟩ *archaic for* Holsteiner.

Hol·stei·ner ['hɔl,ʃtaɪnər] **I** *m* ⟨-s; -⟩ **1.** inhabitant of Holstein. – **2.** *agr.* (*Rind*) Holstein(-Frisian). – **II** *adj* ⟨*invariable*⟩ **3.** (of) Holstein. — **'hol,stei·nisch** *adj* (of) Holstein.

'Hol,stein,schnit·zel *n gastr.* escalope (of veal) Holstein.

hol·ter·die·pol·ter [,hɔltərdi'pɔltər] *adv colloq.* **1.** thumpingly: **er lief ~ die Treppe herunter** he thumped down the stairs (*od.* downstairs). – **2.** (*Hals über Kopf*) helter-skelter, pell-mell.

Holt·je ['hɔltjə] *f* ⟨-; -n⟩ *bot. cf.* Holzbirne.

,hol'über *interj* (*Ruf an den Fährmann*) boatman!

Ho·lun·der [ho'lʊndər] *m* ⟨-s; -⟩ *bot.* **1.** elder (*Gattg Sambucus*): **Blauer ~** blue elder(-)berry (*S. coerulea*); **Gemeiner** (*od.* **Schwarzer**) **~** common elder, *bes. Br.* bourtree (*S. nigra*); **Roter ~** *cf.* Bergholunder. – **2.** *cf.* Holunderstrauch. — **~,baum** *m* elder(berry) (*Br.* elder[-berry]) tree. — **~,bee·re** *f* elderberry, *Br.* elder-berry. — **~,blü·te** *f meist pl* elder blossom (*od.* blow), elder flowers *pl.* — **~,busch** *m cf.* Holunderstrauch. — **~,mark** *n* elder pith. — **~,mark,kü·gel·chen** *n phys.* pith ball. — **~,pilz, ~,schwamm** *m bot.* Jew's-ear (*Auricularia auricula-judae*). — **~,span·ner** *m zo.* swallow-tailed moth (*Urapterix sambucaria*). — **~,stau·de** *f bot. cf.* Attich. — **~,strauch** *m* elder(berry) (*Br.* elder[-berry]) bush. — **~,tee** *m med. pharm.* elder-flower tea.

Holz[1] [hɔlts] *n* ⟨-es; ⸚er⟩ **1.** ⟨*only sg*⟩ wood: **ein Stück ~** a piece of wood; **frisches [trockenes] ~** green [dry] wood; **aus ~** made of wood, wooden; **aus hartem [weichem] ~** (of) hardwood [softwood]; **verkieseltes ~** *min.* silicified wood; **versteinertes ~** *geol.* petrified (*od.* fossil) wood, woodstone, lithoxyl(e) (*scient.*); **ganz aus ~ bestehend** all-wood (*attrib*); **das ~ hat sich beim Trocknen geworfen** the wood has warped in drying; **~ fällen** to fell trees, to cut timber; **~ hacken** (*od.* **kleinmachen**) to chop wood; **~ sägen** a) to saw wood, b) *fig. colloq.* to saw wood (*colloq.*), to snore; **~ (aus)trocknen** to season wood; **~ flößen** to float wood; **der Baum ist ins ~ geschossen** the tree has set shoots; **ein auf ~ gemaltes Bild** a picture painted on wood; **eine Wand mit ~ verkleiden** to panel a wall with wood; **im ~ lebend** *zo.* (*von Larven*) xylophilous, xylocolous. – **2.** (*Bau-, Schnittholz etc*) timber, *Am. auch* lumber: **bearbeitetes ~** sided (*od.* squared) timber; **unbehauenes ~** unhewn (*od.* rough) timber; **abgelagertes ~** well-seasoned wood; **lufttrockenes ~** air-dry wood; **astiges ~** knotty wood; **astreines ~** wood free from knots; **harzbehandeltes ~** resin-impregnated wood; **vergütetes ~** improved wood; **~ auf dem Stamme kaufen** to buy timber in (*od.* on) the stem. – **3.** ⟨*only sg*⟩ (*Wald*) wood(s *pl*), forest: **er ging den Weg durchs ~** he took the path through the woods; **das Wild zieht zu ~e** *hunt.* the game is turning back to cover; **der Jäger zieht zu ~e** *hunt.* the huntsman goes hunting in the forest. – **4.** ⟨*only sg*⟩ (*Gehölz*) grove, thicket, copse. – **5.** ⟨*only sg*⟩ (*Brennholz*) (fire)wood: **~ nachlegen** to put (some) more wood on the fire; **einen Ofen mit ~ heizen** to heat a stove with wood. – **6.** *fig.* (*in Wendungen wie*) **ich bin schließlich nicht aus** (*od.* **von**) **~** I am not made of stone; **er ist aus dem gleichen ~ geschnitzt** a) he is the same stamp, b) (*wie der Vater*) he is a chip of(f) the old block; **er ist aus grobem ~ geschnitzt** he is made of tough stuff; **auf dem kann man ~ hacken** *colloq.* he'll put up with anything; **dasitzen wie ein Stück ~** to be as stiff as a statue; **sie hat ~ vor der Hütte** *colloq. humor.* she carries all before her (*colloq.*), she is big-bosomed; **Dummheit und Stolz wachsen auf einem ~** (*Sprichwort*) stupidity and pride grow on the same tree. – **7.** (*sport*) *cf.* Schlagholz 2a, b. – **8.** ⟨*only sg*⟩ *mus.* woodwind, *Br.* wood-wind: **das ~** the wood(-)wind section.

Holz[2] *n* ⟨-es; -⟩ (*sport*) (*Kegel*) (nine)pin, *Am.* tenpin: **er hat viel ~ geschoben** he has knocked down a lot of pins; **gut ~!** (*Keglergruß*) good bowling! have a good game!

'Holz|,ab,fall *m meist pl* wood waste. — **~,ab,hieb** *m* (*forestry*) felling, chopping down of trees, *Am.* cutting, lumbering. — **~,ab,satz** *m* **1.** wooden heel. – **2.** *econ.* sale (*od.* distribution) of wood (*od.* timber). — **~achat** [-ˀa,xaːt] *m min.* wood agate, *Br.* wood-agate. — **h~,ähn·lich** *adj* similar to (*od.* resembling) wood, woody; ligneous, ligniform, xyloid (*scient.*). — **~,al·ko·hol** *m chem. cf.* Holzgeist. — **~,amei·se** *f zo.* **1.** jet ant (*Lasius fuliginosus*). – **2.** *cf.* Roßameise. — **~,ap·fel** *m bot.* **1.** crab apple. – **2.** *cf.* Holzapfelbaum. — **~,ap·fel,baum** *m* crab (*od.* wild) apple (tree) (*Malus sylvestris*). — **~,ar·beit** *f* **1.** (*wood*) a) woodwork, b) (*Holzbearbeitung*) woodworking, c) (*im Wald*) lumbering, *bes. Br.* felling. – **2.** (piece of) woodwork. – **3.** *civ.eng.* wood construction. – **4.** (*art*) wood carving. — **~,ar·bei·ter** *m* **1.** (*Zimmer-*

mann, Schreiner etc) woodworker, worker in wood. – 2. (forestry) cf. Holzfäller. — h~ˌarm adj poor in wood (od. timber), lacking wood. — ~ˌart f meist pl species (od. kind) of wood (od. timber). — h~ˌar·tig adj 1. like wood, woody; ligneous, ligniform (scient.). – 2. bot. (strauchartig) suffruticose. — ~asˌbest m min. mountain wood, ligniform asbestos. — ~ˌasche f wood ashes pl. — ~ˌauf·beˌrei·tung f tech. 1. preparation (od. pretreatment) of wood. – 2. conservation of wood. – 3. impregnation of wood. – 4. timber preservation. — ~ˌau·ge n only in ~, sei wachsam! colloq. humor. look out! keep your eyes skinned! (colloq.). — ~auk·tiˌon f wood (od. timber) auction. — ~ˌaxt f felling (od. woodman's) ax(e). — ~ˌbal·ken m wooden beam. — ~ˌbal·kenˌdecke (getr. -k·k-) f wooden-beamed ceiling. — ~ˌbank f ⟨-; ⸗e⟩ wooden bench (od. seat, form). — ~baˌracke (getr. -k·k-) f wooden barracks pl (construed as sg or pl). — ~ˌbau m ⟨-(e)s; -ten⟩ 1. (Gebäude aus Holz) wooden building. – 2. tech. wooden structure. – 3. ⟨only sg⟩ manufacture of wooden buildings (od. parts). — ~ˌbauˌwei·se f wood (od. frame) construction. — h~beˌar·bei·tend adj (Industrie etc) woodworking. — ~beˌar·bei·tung f woodworking. — ~beˌar·bei·tungs·in·duˌstrie f econ. woodworking (bes. Am. lumber) industry. — ~beˌar·bei·tungs·maˌschi·ne f tech. woodworking machine. — ~beˌdarf m 1. wood (od. timber) requirement. – 2. demand for wood (od. timber). — ~ˌbein n wooden leg. — ~ˌbei·ze f (wood) stain. — ~beˌstand m (forestry) timber (od. forest) stand, stand. — ~ˌbie·ne f zo. carpenter bee, Br. carpenter-bee (Unterfam. Xylocopainae): Blaue ~ violet bee (Xylocopa violacea). — ~ˌbildˌhau·er m wood-carver. — ~ˌbildhaueˌrei f (art of) wood carving. — ~ˌbil·dung f bot. wood formation, lignification (scient.). — ~ˌbirnˌbaum m bot. wild pear tree (Br. pear-tree) (Pyrus achras). — ~ˌbir·ne f 1. wild pear. – 2. cf. Holzbirnbaum. — ~ˌblä·ser m mus. 1. woodwind (Br. wood-wind) player. – 2. die ~ pl the wood(-)wind sg. — ~ˌblas·in·struˌment n woodwind (Br. wood-wind) (instrument). — ~ˌblock ⟨-(e)s; ⸗e⟩ m block of wood. — ~ˌblu·me f bot. a) Weiße ~ cf. Buschanemone, b) Blaue ~ liverleaf, liverwort (Hepatica triloba). — ~ˌbock m 1. wooden stand. – 2. (Sägebock) sawhorse, Br. saw-horse, bes. Am. auch sawbuck, saw trestle. – 3. zo. wood (od. dog) tick, castor-bean tick (Ixodes ricinus). – 4. (sport) (beim Billard) jigger. – 5. fig. contempt. stubborn person. — ~ˌbo·den m cf. Holzfußboden. — ~ˌboh·le f wooden plank. — h~ˌboh·rend adj zo. wood-boring, xylotomous (scient.). — ~ˌboh·rer m 1. tech. a) wood-boring tool, wood bit, wood auger, b) (Nagelbohrer) gimlet. – 2. zo. a) wood borer, b) carpenter (od. goat) moth (Fam. Cossidae). — ~ˌbohrˌkä·fer m zo. powder-post beetle (od. borer) (Fam. Bostrychidae). — ~ˌbohrˌmu·schel f piddock (Martesia striata). — ~ˌbot·tich m wooden tub (od. vat). — ~ˌbrand·ma·leˌrei, ~ˌbrandˌtech·nik f pyrography, pyrogravure, poker work, Br. poker-work. — ~ˌbrei m (paper) wood pulp, Br. wood-pulp. — ~ˌbrücke (getr. -k·k-) f wooden bridge. — ~ˌbrü·ter m meist pl zo. cf. Borkenkäfer. — ~ˌbün·del n bundle of wood, faggot, bes. Am. fagot. — ~ˌdach n wooden roof. — ~de·stil·la·tiˌon f cf. Holzverkohlung. — ~ˌdieb m wood (od. timber) thief. — ~ˌdiebˌstahl m theft of wood (od. timber). — ~ˌdie·le f 1. wooden plank (od. board). – 2. cf. Holzfußboden. — ~ˌdraht m tech. (für Streichhölzer etc) wooden wire, matchwood. — ~ˌdrehˌbank f wood-turning lathe. — ~ˌdruck m ⟨-(e)s; -e⟩ 1. print. woodcut, woodprint. – 2. (art) wood engraving. — ~ˌdü·bel m tech. (wood) dowel, wood plug. — ~ˌei·mer m wooden bucket (od. pail). — ~ˌeinˌle·ge·ar·beit f wood inlay, marqueterie, marquetry. — ~ˌeinˌschlag m (forestry) 1. felling (od. chopping down) of trees. – 2. number of trees felled.

hol·zen ['hɔltsən] v/i ⟨h⟩ 1. (forestry) fell (od. cut down) trees (od. timber). – 2. (sport) (beim Fußball) colloq. play rough, clog (colloq.). – 3. hunt. (vom Raubwild) climb a tree, tree.

'Holz·entˌrin·dungsˌtrom·mel f (paper) drum barker.

'Hol·zer m ⟨-s; -⟩ 1. (sport) (rauher Fußballspieler) colloq. rough player, clogger (colloq.). – 2. obs. for Holzfäller. — Hol·ze'rei f ⟨-; no pl⟩ (sport) (beim Fußball) colloq. rough play, clogging (colloq.).

höl·zern ['hœltsərn] adj 1. (Stühle, Tische etc) wooden (attrib), made of wood. – 2. fig. (Benehmen, Manieren etc) wooden, clumsy, stiff, awkward, gauche.

'Holz|erˌtrag m (forestry) timber yield, yield of wood (od. timber). — h~erˌzeu·gend adj econ. (Industrie etc) wood-producing. — ~ˌes·sig m chem. wood vinegar: roher ~ pyroligneous acid. — ~ˌfachˌschu·le f (Forstakademie) timber trade college, Br. technical college for the study of the utilization (auch -s-) of wood. — ~ˌfachˌwerk n tech. 1. timber framing (od. framework). – 2. wood(en) framing (od. framework).

'Holzˌfäl·len n woodcutting, felling of trees (od. timber). — 'Holzˌfäl·ler m ⟨-s; -⟩ woodcutter, wood(s)man, bes. Am. lumberjack, lumberman, lumberer.

'Holzˌfäll·maˌschi·ne f tech. (tree-)felling machine.

'holzˌfar·big adj bot. fulvous.

'Holzˌfa·ser f 1. bot. wood (od. ligneous) fiber (bes. Br. fibre). – 2. tech. a) cf. Holzfaserstoff, b) grain of wood: mit der ~ along (od. with) the grain (of the wood). — ~ˌbruch m woody (od. fibrous) structure. — ~ˌplat·te f wood-fiber (bes. Br. -fibre) board, fiberboard, bes. Br. fibreboard. — ~ˌstoff m 1. wood fiber, bes. Br. wood-fibre. – 2. (paper) wood pulp, Br. wood-pulp.

'Holz|ˌfäu·le f bot. dry rot, drux(e)y (rot). — ~ˌfeu·er n wood fire. — ~ˌfeue·rung f firing (od. heating) with wood: Ofen mit ~ wood-burning stove. — ~fiˌgur f wooden figure (od. statue). — ~ˌfloß n timber (od. log) raft. — ~ˌflö·ßeˌrei f rafting of trees (od. timber). — ~ˌfrä·ser m tech. (Werkzeug) 1. wood-milling cutter. – 2. carving machine cutter. — h~ˌfrei adj (paper) wood-free. — h~ˌfres·send adj zo. feeding on wood; lignivorous, xylophagous (scient.). — ~ˌfres·ser m zo. xylophagan. — ~ˌfre·vel m cf. a) Holzdiebstahl, b) Waldfrevel. — ~ˌfußˌbo·den m wooden floor. — ~ˌgas n chem. wood gas, Br. wood-gas. — ~ˌgas·ge·neˌra·tor m tech. wood-gas producer. — ~ˌgeist m ⟨-(e)s; no pl⟩ chem. wood alcohol (od. spirit), methyl alcohol (CH_3OH). — ~geˌrech·tig·keit f jur. hist. estovers pl, common of estover, right to cut (fire)wood. — ~geˌrüst n civ.eng. wood(en) (od. timber) scaffolding. — h~geˌtä·felt adj wainscot(t)ed, wood-paneled (bes. Br. -panelled). — ~geˌwächs n meist pl bot. woody plant. — ~geˌwe·be n bot. xylem. — ~geˌwin·de n wood-screw thread. — ~ˌglei·te f ⟨-; -n⟩ cf. Holzriese. — ~ˌgum·mi n, auch m chem. wood gum, xylan (scient.). — ~ˌhacken (getr. -k·k-) n wood chopping. — ~ˌhacker (getr. -k·k-) m 1. woodchopper. – 2. bes. Southern G. and Austrian for Holzfäller. – 3. (sport) colloq. cf. Holzer 1. — ~ˌhahn m 1. zo. male grouse. – 2. wooden cock (od. tap). — h~ˌhal·tig adj 1. tech. containing wood, ligneous (scient.). – 2. (paper) woody, Am. soft.

'Holzˌham·mer m mallet, (schwerer) (wooden) maul, beetle: j-m etwas mit dem ~ beibringen fig. colloq. to knock (od. drum) s.th. into s.o. with a sledgehammer (Br. sledge-hammer); der hat wohl eins mit dem ~ abgekriegt fig. colloq. he has a screw loose, he's not all there (beide colloq.). — ~di·plo·maˌtie f sledgehammer (Br. sledge-hammer) (od. gunboat) diplomacy. — ~meˌtho·de f colloq. sledgehammer (Br. sledge-hammer) method (od. tactics pl).

'Holz|ˌhan·del m econ. wood (od. timber, bes. Am. lumber) trade. — ~ˌhänd·ler m dealer in wood (od. timber), timber (od. wood, bes. Am. lumber) merchant. — ~ˌhau·er m cf. Holzfäller. — ~ˌhau·fen m woodpile, pile (od. stack) of wood. — ~ˌhaus n 1. wood(en) (od. timber) house. – 2. wooden cottage. — ~ˌhüt·te f 1. wooden hut (od. shack). – 2. log cabin.

'hol·zig adj 1. bot. woody, ligneous (scient.). – 2. gastr. (Spargel, Rettich etc) woody, stringy, hard.

'Holz|im·prä·gnie·rung f tech. impregnation of wood (od. timber). — ~in·duˌstrie f wood (od. timber, bes. Am. lumber) industry. — ~inˌtar·si·en pl cf. Holzeinlegearbeit. — ~ˌka·sten m wooden box. — ~ˌkeil m wood(en) wedge. — ~ˌki·ste f wooden box. — ~ˌkitt m plastic wood. — ~ˌklas·se f grade (od. classification) of wood (od. timber). — ~ˌklotz m block (od. chunk, lump) of wood, chump: er saß da wie ein ~ fig. colloq. he sat there like a block of wood (od. like a mummy). — ~ˌklötz·chen n 1. dim. of Holzklotz. – 2. (Spielzeug) wooden block (od. brick). — ~ˌknecht m bes. Southern G. and Austrian obs. woodcutter. — ~ˌknüp·pel m (wooden) cudgel. — ~ˌkof·fer m (wooden) case.

'Holzˌkoh·le f charcoal.

'Holzˌkoh·len|ˌfeu·er n charcoal fire: auf ~ rösten (od. grillen) a) to grill on a charcoal fire, b) (bes. im Freien) to barbecue. — ~ˌrohˌei·sen n tech. charcoal pig iron (Br. pig-iron). — ~ˌstift m charcoal stick (od. pencil), fusain.

'Holz|kon·serˌvie·rung f tech. 1. preservation of wood (od. timber), wood preservation. – 2. wood preservative. — ~konˌstruk·tiˌon f tech. wood (od. timber) construction. — ~ˌkopf m 1. wooden head. – 2. fig. contempt. blockhead, dolt, bonehead, Br. bone-head (colloq.). — ~ˌkör·per m bot. xylem. — ~ˌkrä·he f zo. cf. Schwarzspecht. — ~ˌkreuz n wooden cross. — ~ˌla·ger n, ~ˌla·gerˌplatz m woodyard, timberyard, Br. timber-yard, bes. Am. lumberyard. — ~ˌlat·te f tech. (wooden) lath, wooden batten. — ~ˌleim m wood glue (od. cement). — ~ˌlei·ste f strip of wood, wood strip. — h~ˌlie·bend adj zo. xylophilous. — ~ˌlöf·fel m wooden spoon. — ~ma·leˌrei f painting on wood. — ~ˌmark n ⟨-(e)s; no pl⟩ bot. pith (od. medulla) of wood. — ~ˌmarkt m wood (od. timber, bes. Am. lumber) market. — ~ˌma·se·rung f wood curls pl, veining. — ~ˌmast m auch mar. wood(en) mast. — ~ˌmehl n 1. wood flour (od. meal). – 2. sawdust. — ~ˌmei·ster m (head) forester. — ~ˌmeßˌkun·de f (science of) forest mensuration. — ~mo·saˌik n cf. Holzeinlegearbeit. — ~ˌna·gel m wooden nail (od. peg), treenail. — ~ˌnut·zung f 1. tech. (in der Fabrikation etc) utilization of wood (od. timber). – 2. (forestry) wood cropping, Am. logging. — ~ˌofen m wood(-burning) stove. — ~ˌofenˌbrot n gastr. bread baked in the oven of a wood-burning stove. — ~ˌöl n tech. wood oil. — ~opal [-ˀoˌpaːl] m min. wood opal, Br. wood-opal. — ~panˌti·ne f, ~panˌtof·fel m meist pl wooden slipper, clog. — ~paˌpier n tech. wood(-pulp) paper. — ~ˌpap·pe f wood-pulp board. — ~ˌpech n chem. wood pitch. — ~ˌpfahl m wooden post (od. stake). — ~ˌpflan·ze f meist pl bot. wood(y) (od. timber) plant. — ~ˌpfla·ster n civ.eng. wood(-block) paving. — ~ˌpflock m tech. 1. wooden plug. – 2. dowel. — ~ˌpilz m bot. cf. Holzschwamm. — ~ˌplan·ke f wooden plank (od. board). — ~ˌpla·stik f (art) wooden figure (od. statue). — ~ˌplat·te f 1. wooden board (od. slab). – 2. (art) print. woodblock, Br. wood-block. — ~ˌplatz m cf. Holzlager. — ~ˌprit·sche f (im Gefängnis etc) plank bed, wooden bunk. — ~ˌrah·men m wooden (od. timber) frame. — ~ˌras·pel f tech. wood rasp. — ~ˌre·chen m wooden rake. — h~ˌreich adj (Gebiet etc) well-timbered (attrib), rich in wood (od. timber). — ~ˌreich·tum m richness in wood (od. timber). — ~ˌrie·se f (forestry) timber slide (od. chute), bes. Am. rollway. — ~ˌrost m 1. wooden grate (od. grating). – 2. duckboard, Br. duck-board. — ~ˌrut·sche f (forestry) cf. Holzriese. — ~ˌsä·ge f tech. wood saw. — ~sanˌda·le f meist pl wooden sandal. — ~ˌschach·tel f wooden box. — ~ˌschäd·ling m zo. wood pest. — ~ˌscha·le f wooden (od. timber) bowl. — ~ˌscheit n billet, piece of wood, log. — ~ˌsche·mel m wooden stool. — ~ˌschlag m (forestry) 1. cf. Holzeinschlag. – 2. area (od. clearing) where trees are to be felled. — ~ˌschle·gel m tech. cf. Holzhammer. — ~ˌschlei·fen n 1. tech. (wood) sanding. – 2. (forestry) skidding (Am. snaking) of logs. – 3. (paper) pulpwood grinding. — ~ˌschlei·fer m (paper) (pulp)wood grinder. — ~ˌschleif·maˌschi·ne f tech. sander, bes. Br. sanding machine. — ~ˌschliff m (mechanical) wood pulp (*Br.* wood-pulp). — **h~ˌschliffˌfrei** *adj* free from pulp. — **~ˌschlit·ten** *m* sled(ge) used for transporting wood (*od.* timber). — **~ˌschlupf·ˌwes·pe** *f zo.* ichneumon fly (*Rhyssa persuaria*). — **~ˌschnei·deˌkunst** *f* (*art*) wood engraving, *Br.* wood-engraving, xylography (*scient.*). — **~ˌschnei·der** *m* woodcutter, wood engraver, *Br.* wood-engraver, xylographer (*scient.*). — **~ˌschnitt** *m* woodcut, wood engraving, *Br.* wood-engraving, xylograph (*scient.*). — **~ˌschnit·zel** *n, m meist pl* wood chip. — **~ˌschnit·zel·maˌschi·ne** *f tech.* chipper. — **~ˌschnit·zer** *m* wood-carver. — **~schnit·zeˌrei** *f* wood carving. — **~ˌschrau·be** *f tech.* wood screw. — **~ˌschuh** *m meist pl* a) wooden shoe, b) (*mit Oberleder*) clog, c) (*aus einem Stück Holz*) sabot, d) (*hoher*) patten. — **~ˌschuhˌtanz** *m* **1.** clog dance, *Br.* clog-dance. – **2.** clog dancing, *Br.* clog-dancing. — **~ˌschup·pen** *m* **1.** wooden shed. – **2.** woodshed, woodhouse. — **~ˌschutz** *m* wood (*od.* timber) preservation. — **~ˌschwamm** *m bot.* wood fungus, dry rot. — **~ˌschwar·te** *f tech.* (wood *od.* timber) slab. — **~ˌschwel·le** *f* (*railway*) wooden (railway) sleeper, *Am.* wooden (railroad) tie. — **~ˌsoh·le** *f* wooden sole. — **~ˌsor·te** *f* kind (*od.* species) of wood. — **~ˌspan** *m* chip (of wood), shaving (of wood). — **~ˌspanˌplat·te** *f* wood chipboard, wooden particle board. — **~ˌspi·ri·tus** *m chem. cf.* Holzgeist. — **~ˌsplit·ter** *m* splinter of wood, sliver. — **~ˌstab** *m* **1.** wooden bar (*od.* rod). – **2.** (wooden) slat. — **~ˌstäb·chen** *n* **1.** *dim. of* Holzstab. – **2.** wooden stick. — **~ˌstan·ge** *f* wooden pole. — **~ˌsta·pel** *m cf.* Holzhaufen. — **~ˌstaub** *m tech.* wood dust (*od.* powder). — **~ˌstein** *m min.* woodstone. — **~ˌstem·pel** *m* (*mining*) wooden prop. — **~ˌstich** *m* wood engraving, *Br.* wood-engraving. — **~ˌstift** *m* (wooden) peg. — **~ˌstock** *m* **1.** (wooden) stick. – **2.** (*art*) *print.* woodcut. — **~ˌstöck·ling** *m bot. cf.* Holzapfelbaum. — **~ˌstoff** *m* **1.** *bot. chem.* lignin. – **2.** (*paper*) wood pulp, *Br.* wood-pulp. — **~ˌstoß** *m* **1.** *cf.* Holzhaufen. – **2.** (*Scheiterhaufen*) a) funeral pyre (*od.* pile), b) stake. — **~ˌstrei·fen** *m* strip of wood, slat. — **~ˌta·fel** *f* **1.** wooden board. – **2.** wooden panel. — **~ˌtä·fe·lung** *f* wood(en) paneling (*bes. Br.* panelling). — **~ˌtau·be** *f zo. cf.* Hohltaube. — **~ˌteer** *m chem.* wood tar, *Br.* wood-tar. — **~ˌteil** *n, m* wooden part. — **~ˌtel·ler** *m* (*housekeeping*) a) wooden plate (*od.* platter), b) (*großer*) trencher. — **~ˌtorf** *m* wood peat. — **~transˌport** *m* wood (*od.* timber) transport. — **~ˌtrep·pe** *f* wooden staircase (*od.* stairs *pl*). — **~ˌtrockenˌanˌla·ge** (*getr.* -k·k-) *f* wood drier (*od.* dryer), wood-drying kiln. — **~ˌtrock·nung** *f* drying (*od.* seasoning) of wood. — **~ˌty·pe** *f print.* block letter.

'**Hol·zung** *f* ⟨-; -en⟩ **1.** (small) wood, forest. – **2.** *cf.* Holzeinschlag. — '**Hol·zungs·ˌrecht** *n jur. hist. cf.* Holzgerechtigkeit.

'**Holz|verˌar·bei·tung** *f* **1.** wood working. – **2.** wood processing. — **~verˌbrauch** *m* wood (*od.* timber) consumption. — **~ver·ˌede·lung** *f* wood processing. — **~verˌklei·dung** *f tech.* wainscot(ing), *auch* wainscotting. — **~verˌkoh·lung** *f chem.* carbonization (*Br. auch* -s-) (of wood), wood distillation. — **~verˌscha·lung** *f civ.eng.* timber facing (*od.* lagging), boarding. — **~ver·ˌschlag** *m* **1.** wooden partition. – **2.** wooden crate. — **~verˌtä·fe·lung** *f cf.* Holzverkleidung. — **~verˌzucke·rung** (*getr.* -k·k-) *f* saccharification of wood, wood hydrolysis. — **~ˌvorˌrat** *m* stock (*od.* supply) of wood (*od.* timber). — **~ˌwa·gen** *m* wood (*od.* timber) cart. — **~ˌwa·ren** *pl* wooden domestic wares, wooden articles. — **~ˌweg** *m* wood path, road (*od.* cart track) through a forest: auf dem ~ sein *fig. colloq.* a) to be wide of the mark, b) to be on the wrong track, to be barking up the wrong tree (*colloq.*). — **~ˌwerk** *n* **1.** (*Erzeugnis*) woodwork, timberwork. – **2.** (*Verarbeitungsbetrieb*) woodworking factory. — **~ˌwes·pe** *f zo.* horntail, wood wasp, *Br.* wood-wasp (*Fam. Siricidae*). — **~ˌwirt·schaft** *f econ. cf.* Holzindustrie. — **~ˌwol·le** *f* wood-wool, *Am.* excelsior. — **~ˌwurm** *m zo.* woodworm. — **~ˌzaun** *m* **1.** wooden fence (*od.* paling). – **2.** hoarding. — **~ˌzellˌstoff** *m chem.* wood pulp, *Br.* wood-pulp, wood cellulose, lignocellulose (*scient.*). — **~zeˌment** *m* plastic wood, crack filler. — **h~zerˌna·gend, ~zer·ˌstö·rend** *adj zo.* wood-destroying, lignipedous (*scient.*). — **~ˌzinn** *n min.* wood tin. — **~ˌzucker** (*getr.* -k·k-) *m* **1.** wood sugar. – **2.** xylose.

'**Homˌburg** ['hɔm-] *m* ⟨-s; -s⟩ homburg (*auch* Homburg) (hat).

ho·me·risch [ho'meːrɪʃ] *adj* (*Alter, Dichtung etc*) Homeric: ~es Gelächter *fig.* Homeric (*od.* loud) laughter.

Home|spun ['houmˌspʌn] (*Engl.*) *n* ⟨-s; -s⟩ (*textile*) homespun. — **~ˌtrai·ner** *m* (*sport*) home trainer.

Ho·mi·let [homi'leːt] *m* ⟨-en; -en⟩ *relig.* homilist, homilete. — **Ho·mi'le·tik** [-tɪk] *f* ⟨-; *no pl*⟩ homiletics *pl* (*construed as sg*). — **ho·mi'le·tisch** *adj* homiletic(al).

Ho·mi·lie [homi'liː] *f* ⟨-; -n [-ən]⟩ *relig.* homily.

Ho·mi'li·en|ˌsamm·lung *f* collection of homilies. — **~ˌschrei·ber** *m* writer of homilies, homilist.

Ho·mi·ni·de [homi'niːdə] *m* ⟨-n; -n⟩ *meist pl biol.* hominid.

Ho·mo ['hoːmo] *m* ⟨-s; -s⟩ *colloq.* (*Homosexueller*) pansy (boy) (*colloq.*), 'queer' (*sl.*).

hom·odont [homo'dɔnt] *adj* homodont.

Ho·mo·ga·mie [homoga'miː] *f* ⟨-; *no pl*⟩ *bot. biol.* homogamy. — **ho·mo'ga·misch** [-'gaːmɪʃ] *adj* homogamous, homogamic.

ho·mo·gen [homo'geːn] *adj auch math.* homogeneous.

Ho·mo·ge·ne·se [homoge'neːzə] *f biol.* homogenesis.

Ho·mo·ge·ni·sa·ti·on [homogeniza'tsĭoːn] *f* ⟨-; *no pl*⟩ *chem.* homogenization *Br. auch* -s-.

ho·mo·ge·ni·sie·ren [homogeni'ziːrən] **I** *v/t* ⟨*no* ge-, h⟩ (*Milch etc*) homogenize *Br. auch* -s-. – **II H~** *n* ⟨-s⟩ *verbal noun.* — **ho·mo·ge·ni'siert I** *pp.* – **II** *adj* (*Milch*) homogenized *Br. auch* -s-. — **Ho·mo·ge·ni'sie·rung** *f* ⟨-; *no pl*⟩ **1.** *cf.* Homogenisieren. – **2.** homogenization *Br. auch* -s-.

Ho·mo·ge·ni·tät [homogeni'tɛːt] *f* ⟨-; *no pl*⟩ homogeneity, homogeneousness.

Ho·mo·gramm [homo'gram] *n* ⟨-s; -e⟩ *ling.* homograph, *auch* homonym.

Ho·mo·graph [homo'graːf] *n* ⟨-s; -e⟩ homograph, *auch* homonym. — **Ho·mo·gra'phie** [-gra'fiː] *f* ⟨-; -n [-ən]⟩ homography. — **ho·mo'gra·phisch** *adj* homographic.

ho·moio·therm [homɔʏo'tɛrm] *adj zo. cf.* homöotherm.

ho·mo·log [homo'loːk] *adj* homologous: ~e Reihen *chem.* homologous series. — **Ho·mo·lo'gie** [-lo'giː] *f* ⟨-; -n [-ən]⟩ homology.

ho·mo·lo·gra·phisch [homolo'graːfɪʃ] *adj geogr.* homolographic, homalographic: ~e (Karten)Projektion homolographic (*od.* equal-area) projection.

ho·mo·morph [homo'mɔrf] *adj* homomorphic. — **Ho·mo·mor'phie** [-'fiː] *f* ⟨-; -n [-ən]⟩ homomorphism. — **ho·mo'mor·phisch** *adj* homomorphic.

ho·mo·nom [homo'noːm] *adj biol.* homonomous.

Hom·onym [homo'nyːm] **I** *n* ⟨-s; -e⟩ **1.** *ling.* a) homonym, b) *cf.* Homogramm, c) (*verschiedene Bedeutung u. meist auch Schreibung*) homonym, homophone. – **2.** *biol.* homonym. – **II h~** *adj* **3.** *ling.* a) homonymous, homonymic, b) homographic, c) homophonous, homophone. – **4.** *fig.* homonymous, ambiguous. – **5.** *philos.* homonymous.

Hom·ony·mie [homony'miː] *f* ⟨-; -n [-ən]⟩ *ling.* homonymy. — **hom·ony·misch** [-'nyːmɪʃ] *adj* homonymous.

ho·möo·morph [homøo'mɔrf] *adj min.* homoeomorphic, homoeomorphous.

Ho·möo·path [homøo'paːt] *m* ⟨-en; -en⟩ *med.* hom(o)eopath. — **Ho·möo·pa'thie** [-pa'tiː] *f* ⟨-; *no pl*⟩ hom(o)eopathy. — **ho·möo'pa·thisch I** *adj* hom(o)eopathic. – **II** *adv* hom(o)eopathically.

ho·möo·po·lar [homøopo'laːr] *adj chem.* homopolar: ~e Bindung homopolar (*od.* atomic, covalent) bond.

ho·möo·therm [homøo'tɛrm] *adj zo.* homoiothermic, homeothermic, homothermic, *auch* homoiothermal, homoiothermous.

ho·mo·phil [homo'fiːl] *adj cf.* homosexuell.

Ho·mo'phi·le[1] *m* ⟨-n; -n⟩ *cf.* Homosexuelle[1].

Ho·mo'phi·le[2] *f* ⟨-n; -n⟩ *cf.* Homosexuelle[2].

Ho·mo·phi·lie [homofi'liː] *f* ⟨-; *no pl*⟩ *cf.* Homosexualität.

ho·mo·phon [homo'foːn] **I** *adj ling. mus.* homophonic. – **II H~** *n* ⟨-s; -e⟩ *ling.* homophone. — **Ho·mo·pho'nie** [-fo'niː] *f* ⟨-; *no pl*⟩ homophony. — **ho·mo'pho·nisch** *adj* homophonic.

Ho·mo sa·pi·ens ['hoːmo 'zaːpĭɛns] *m* ⟨- -; *no pl*⟩ *biol.* Homo sapiens.

Ho·mo·se·xua·li·tät [homozɛksŭali'tɛːt] *f* ⟨-; *no pl*⟩ homosexuality. — **ho·mo·se·xu·ell** [-zɛ'ksŭɛl] *adj* a) (*Mann*) homosexual, 'queer' (*sl.*), b) (*Frau*) homosexual, lesbian.

Ho·mo·se·xu'el·le[1] *m* ⟨-n; -n⟩ homosexual, 'queer' (*sl.*), *bes. Am. sl.* 'fairy'.

Ho·mo·se·xu'el·le[2] *f* ⟨-n; -n⟩ homosexual, lesbian.

Ho·mo·typ [homo'tyːp] *m* ⟨-s; -en⟩ *biol.* homotype. — **ho·mo'ty·pisch** *adj* homotypic(al).

Ho·mo·usia·ner [homoˀu'zĭaːnər] *m* ⟨-s; -⟩ *relig.* homoousian, *auch* Homoousian, homousian. — **ho·mo·usia·nisch** [-'zĭaːnɪʃ] *adj* hom(o)ousian. — **Ho·mo·usia'nis·mus** [-zĭa'nɪsmʊs] *m* ⟨-; *no pl*⟩ hom(o)ousianism. — **Ho·mo·usie** [-'ziː] *f* ⟨-; *no pl*⟩ hom(o)ousia.

ho·mo·zen·trisch [homo'tsɛntrɪʃ] *adj* homocentric, *auch* homocentrical.

ho·mo·zy·got [homotsy'goːt] *adj biol.* homozygous. — **Ho·mo·zy'go·te** *f* ⟨-; -n⟩ *meist pl* homozygote. — **Ho·mo·zy·go·tie** [-go'tiː] *f* ⟨-; *no pl*⟩ homozygosis.

Ho·mun·ku·lus [ho'mʊŋkulʊs] *m* ⟨-; -se *od.* -li [-li]⟩ homunculus.

'**Honˌah·le** *f metall.* honing tool, hone.

'**Honˌanˌsei·de** ['hoːnan-] *f* (*textile*) honan (silk).

Hon·du·ra·ner [hɔndu'raːnər] *m* ⟨-s; -⟩ Honduran. — **hon·du'ra·nisch** *adj* Honduran, *auch* Honduranean, Honduranian.

ho·nen ['hoːnən] *v/t* ⟨h⟩ *metall.* hone.

ho·nett [ho'nɛt] *adj* **1.** (*ehrenhaft*) honorable, *bes. Br.* honourable: ~e Behandlung fair treatment. – **2.** (*anständig*) decent, respectable.

Ho·nig ['hoːnɪç] *m* ⟨-s; *Honigsorten* -e⟩ **1.** honey: wilder ~ wild (*od.* wood) honey; ein Glas ~ a jar of honey; den ~ schleudern to drain the honeycomb; türkischer ~ Turkish delight. – **2.** *fig.* honey: sie redet süß wie ~ she speaks as sweet as honey (*od.* in honeyed tones); sein Lob schmeckte mir wie ~ his praise was like music to my ears; j-m ~ ums Maul schmieren *colloq.* to butter s.o. up, to soft-soap s.o. (*beide colloq.*); → Land 5. — **h~ˌähn·lich** *adj cf.* honigartig. — **~ˌan·ˌzei·ger** *m zo.* honey guide (*od.* bird) (*Fam. Indicatoridae*): (Afrikanischer) ~ common honey guide (*Indicator indicator*). — **h~ˌar·tig** *adj* honeylike, *Br.* honey-like, like honey, melleous (*scient.*). — **~ˌbär** *m zo. cf.* Wickelbär. — **~ˌbau** *m* ⟨-(e)s; *no pl*⟩ honey culture. — **~ˌbee·re** *f bot.* honey berry (*Melicocca bijuga*). — **~beˌhäl·ter** *m*, **~beˌhält·nis** *n* honeycup, nectary. — **h~beˌrei·tend** *adj* honey-producing; melliferous, mellific (*scient.*). — **~beˌrei·tung** *f* production of honey. — **~ˌbie·ne** *f zo.* honeybee, *Br.* honey-bee, bee (*Apis mellifica*). — **~ˌbir·ne** *f hort.* honey pear. — **~ˌbla·se** *f zo.* honey stomach. — **~ˌblatt** *n bot.* nectary, nectarium (*scient.*). — **~ˌblu·me** *f bot.* honeyflower (*Gattg Melianthus*). — **~ˌbrot** *n* **1.** slice of bread and honey. – **2.** *cf.* Honigkuchen 1. — **~ˌbus·sard** *m zo.* honey buzzard, *Br.* honey-buzzard (*Pernis apivorus*). — **~ˌdachs** *m* ratel, honey badger (*Mellivora capensis*). — **~ˌdrü·se** *f bot.* nectary, honey (*od.* nectar) gland. — **~erˌtrag** *m* yield of honey. — **h~erˌzeu·gend** *adj* **1.** *zo.* honey-producing, melliferous (*scient.*). – **2.** *bot.* nectar-producing, nectariferous (*scient.*). — **~ˌfal·ke** *m zo. cf.* Honigbussard. — **h~ˌfar·ben** *adj* honey-colored (*bes. Br.* -coloured). — **h~ˌfres·send** *adj* honey-eating; mellivorous, mel(l)iphagous (*scient.*). — **~ˌfres·ser** *m zo.* honey eater, honeysucker, sugarbird, *Br.* sugar-bird (*Fam. Meliphagidae*). — **~geˌfäß** *n* honey container. — **h~ˌgelb** *adj* honey(-yellow). — **~geˌschwulst** *f med. cf.* Grützbeutel. — **~ˌgras** *n bot.* soft grass, holcus (*scient.*) (*Gattg Holcus*): Weiches ~ creeping soft grass (*H. mollis*); Wolliges ~ velvet grass, meadow soft grass, wooly holcus (*H. lanatus*). — **~ˌkelch** *m* honey cup, nectary (*scient.*). — **~ˌklee** *m* sweet clover, *auch* sweetclover, melilot, lotus (*Gattg Melilotus*): Weißblühender ~ honey lotus (*M. albus*). — **~ˌknobˌlauch** *m* honey garlic (*Allium siculum var. dioscoridis*). — **~ˌku·chen** *m* **1.** *gastr.* honey cake. – **2.** *cf.* Honigwabe. — **~ˌkuckuck** (*getr.* -k·k-) *m zo. cf.* Honiganzeiger. — **~ˌlecken** (*getr.* -k·k-) *n only in* **kein ~ sein** *fig. colloq.* not to be easy (*od.* a bed of roses, all beer and skittles). — **~ˌma·gen** *m zo. cf.* Honigblase. — **~ˌmal** *n bot.* nectary. — **~ˌmo·nat**, **~ˌmond** *m lit.* (*Flitterwochen*) honeymoon. — **~ˌmot·te** *f zo. cf.* Bienenmotte. — **~ˌpal·me** *f bot.* coquito (palm) (*Jubaea spectabilis*). — **~ˌpflan·ze** *f* honey plant. — **~ˌpilz** *m cf.* Hallimasch. — **~ˌröh·re** *f zo.* (*der Blattläuse*) honey tube, cornicle. — **~ˌsaft** *m bot.* nectar. — **h~ˌsau·gend** *adj zo.* mellisugent. — **~ˌsau·ger** *m zo.* **1.** old-world sunbird (*Br.* sun-bird), sugarbird, *Br.* sugar-bird (*Fam. Nectariniidae*). – **2.** bellbird, *Br.* bell-bird, honeyeater (*Myzantha melanophrys*). — **~ˌschei·be** *f* honeycomb. — **~ˌschleu·der** *f* (honey) separator (*od.* extractor). — **~ˌschmie·le** *f bot. cf.* Honiggras. — **~ˌschup·pe** *f* honey scale, nectary. — **~ˌseim** *m poet.* honey. — **~ˌstein** *m min.* mellite. — **~ˌstrauch** *m bot. cf.* Honigblume. — **h~ˌsüß I** *adj* (*Düfte etc*) honey-sweet, honeyed, *auch* honied, as sweet as honey, mellifluous (*lit.*): **ein ~es Lächeln** *fig.* a smile as sweet as honey; **~e Stimme** *fig.* honey-sweet voice, honeyed tones *pl*; **~e Worte** *fig.* honeyed words. – **II** *adv* as sweet as honey, honeyedly, mellifluously. — **~ˌtau** *m bot.* (*des Getreides*) honeydew, *Br.* honey dew. — **~ˌtopf** *m* honeypot. — **~ˌtrank** *m poet.* mead. — **~ˌvo·gel** *m zo. cf.* Honigfresser. — **~ˌwa·be** *f* (honey)-comb. — **~ˌwa·benˌmu·ster** *n* honeycomb pattern. — **~ˌwas·ser** *n med.* hydromel. — **~ˌwein** *m cf.* Met. — **~ˌzel·le** *f zo.* honey-(comb) cell. — **~ˌzucker** (*getr.* -k·k-) *m* honey sugar.

'Hon·maˌschi·ne *f metall.* honing machine.

Hon·neurs [(h)ɔ'nøːrs] *pl* **1.** *lit.* (*Ehrenbezeigungen*) honors, *bes. Br.* honours: **die ~ machen** to do the hono(u)rs. – **2.** (*games*) honors, *bes. Br.* honours.

ho·no·ra·bel [hono'raːbəl] *adj archaic* honorable, *bes. Br.* honourable.

Ho·no·rar [hono'raːr] *n* ⟨-s; -e⟩ **1.** fee, (*eines Autors*) *auch* royalties *pl*: **ein ~ beziehen** to draw a fee; **das ~ festsetzen** to fix the fee. – **2.** (*kleiner Betrag*) small sum, honorarium. – **3.** (*Vergütung*) remuneration. — **~ˌan·ˌspruch** *m* fee payable, claim for emoluments. — **~ˌfor·de·rung** *f* fee payable. — **h~ˌfrei** *adj* free of charge, not subject to any remuneration. — **~ˌkon·sul** *m pol.* honorary consul. — **~proˌfes·sor** *m* honorary professor. — **~verˌtrag** *m* fee contract. — **~ˌvorˌschuß** *m* (*an einen Anwalt*) retainer.

Ho·no·rat [hono'raːt] *m* ⟨-en; -en⟩ *defaulting bill of exchange debtor on whose behalf the bill is accepted or hono(u)red.*

Ho·no·ra·tio·ren [honora'tsioːrən] *pl* notables, notabilities: **die ~ einer Stadt** the notabilities (*od.* prominent citizens) of a town.

ho·no·rie·ren [hono'riːrən] **I** *v/t* ⟨*no* ge-, h⟩ **1. j-n ~** (*Arzt, Rechtsanwalt etc*) to pay s.o. a fee, to pay s.o.'s fee, to fee (*od.* remunerate) s.o. – **2.** (*Buch, Einsendung etc*) make a payment for: **der Werbeslogan wurde hoch honoriert** a large sum of money was paid for the advertising slogan. – **3.** *econ.* (*Wechsel, Scheck etc*) honor, *bes. Br.* honour, meet. – **4.** *fig. iron.* reward: **seine Bemühungen wurden mit Verachtung honoriert** his efforts were rewarded with contempt. – **II H~** *n* ⟨-s⟩ **5.** *verbal noun.* — **Ho·no'rie·rung** *f* ⟨-; *no pl*⟩ **1.** *cf.* Honorieren. – **2.** payment (of a fee). – **3.** (*Vergütung*) remuneration.

ho·no·rig [ho'noːrɪç] *adj archaic oft iron.* honorable, *bes. Br.* honourable, respectable, decent.

ho·no·ris cau·sa [ho'noːrɪs 'kauza] honoris causa, honorary.

'Hon|ˌstein *m metall.* honing stone (*od.* stick). — **~ˌwerkˌzeug** *n* honing tool.

Hop·fe ['hɔpfə] *pl zo.* cinnamon-colored (*bes. Br.* -coloured) hoopoes (*auch* hoopoos) (*Fam. Upupidae*).

Hop·fen ['hɔpfən] *m* ⟨-s; *no pl*⟩ **1.** *bot.* hop (*Humulus lupulus*): **Gemeiner ~** (common) hop; **bei ihm ist ~ und Malz verloren** *fig. colloq.* he is a hopeless case (*od.* a dead loss); **„~ und Malz, Gott erhalt's"** (*in Wirtshäusern*) "hops and malt, may God preserve them". – **2.** *agr. collect.* hops *pl*: **~ zupfen** (*od.* **pflücken**) to pick the hops.

'hop·fen *v/t* ⟨h⟩ *brew.* (*Bier*) hop.

'Hop·fen|ˌanˌbau *m* hop cultivation, hop growing. — **~ˌanˌbau·geˌbiet** *n* hop-growing district. — **~ˌbal·len** *m* hop bale, *Br.* (hop-)pocket. — **~ˌbau** *m* ⟨-(e)s; *no pl*⟩ *cf.* Hopfenanbau. — **~ˌbau·er** *m* hop grower. — **~ˌbaum** *m bot.* hop (*od.* quinine) tree (*Ptelea trifoliata*). — **~ˌbier** *n* hopped beer. — **~ˌbit·ter** *m bot.* lupulin. — **~ˌbit·terˌstoff** *m meist pl chem.* hop bitter (acid). — **~ˌblattˌlaus** *f zo.* hop aphid (*Phorodon humuli*). — **~ˌblü·te** *f* hop (flower). — **~ˌbu·che** *f bot.* hop hornbeam (*Gattg Ostrya*). — **~ˌdar·re** *f* hop drier (*od.* kiln), cockle. — **~ˌdol·de** *f bot.* catkin, hop cone, strobile (*scient.*). — **~ˌerdˌfloh** *m zo.* hop flea beetle (*Psylliodes attenuata*). — **~ˌern·te** *f* **1.** hop harvest. – **2.** (*Hopfenpflücken*) hop picking. — **~ˌfeld** *n*, **~ˌgar·ten** *m* hop field, hopyard, *Br.* hop-garden. — **~ˌhornˌbaum** *m bot. cf.* Hopfenbuche. — **~ˌklee** *m* hop clover, trefoil, black medic (*Medicago lupulina*). — **~luˌzer·ne** *f cf.* Hopfenklee. — **~ˌmehl** *n bot. brew.* lupulin. — **~ˌmehlˌtau** *m bot.* hop blight: **Falscher ~** hop (*od.* downy) mildew, peronospora (*scient.*). — **~ˌöl** *n brew.* hop oil. — **~ˌpflan·ze** *f bot.* hop plant, hopvine. — **~ˌpflücker** (*getr.* -k·k-) *m* hop picker, *Br.* hop-picker, hopper. — **~ˌran·ke** *f bot.* (hop)bine, *Br.* (hop-)bine, hopvine, hop tendril. — **~ˌre·be** *f cf.* Hopfenranke. — **~ˌschim·mel** *m* hop mildew. — **~ˌschneckenˌklee** (*getr.* -k·k-) *m cf.* Hopfenklee. — **~ˌsei·de** *f cf.* Flachsseide. — **~ˌstan·ge** *f* hop pole, *Br.* hop-pole: **sie ist die reinste ~** *fig. colloq.* she is just like a beanpole (*od.* lamppost). — **~ˌstrauch** *m bot. cf.* Hopfenbaum. — **~ˌtre·ber** *pl brew.* spent hops. — **~ˌwan·ze** *f zo.* hop capsid, needle-nosed hop bug (*Calocoris fulvomaculatus*). — **~ˌwol·le** *f* (*textile*) hop fiber (*bes. Br.* fibre). — **~ˌwur·zelˌspin·ner** *m zo.* ghost moth, large swift moth, hop-root borer (*Hepialus humuli*). — **~ˌzap·fen** *m bot. cf.* Hopfendolde.

Ho·pi·in·dia·ner ['hoːpiˀɪnˌdiaːnər] *m* Hopi.

Ho·plit [ho'pliːt] *m* ⟨-en; -en⟩ *antiq. mil.* hoplite.

hopp [hɔp] **I** *interj* **1.** jump!: **allez ~!** (*im Zirkus*) jump! hup! up! – **2.** *fig. colloq.* quick!: **~, steh auf!** quick, stand up! **aber nun mal ein bißchen ~!** hop to it! be quick (about it)! look sharp! – **II** *adv* **3. j-n ~ nehmen** *fig. colloq.* (*festnehmen*) to nab s.o. (*colloq.*), to catch (*od.* arrest) s.o.

hop·peln ['hɔpəln] *v/i* ⟨sein⟩ **1.** (*von Hasen etc*) hop. – **2.** *fig.* (*von Wagen etc*) rattle, rumble, hop.

'Hop·pel'pop·pel [-'pɔpəl] *n* ⟨-s; -⟩ **1.** (*Getränk*) egg flip with rum and liqueur. – **2.** scrambled eggs with bacon (*od.* veal) and fried potatoes.

ˌhopp'hopp I *interj* be quick! look sharp! hurry up! step on it! – **II** *adv colloq.* in a hurry: **alles muß ~ gehen** everything has to be done at the double-quick.

hopp·la ['hɔpla] **I** *interj* whoops! oops!: **~, fallen sie nicht!** oops (*od.* ups-a-daisy), don't fall! – **II** *adv colloq.* (very) quickly: **mach ein bißchen ~!** get a move on! (*colloq.*).

hops[1] [hɔps] *colloq.* **I** *adv* **1. ~ gehen** a) (*zerbrechen*) to break (*od. sl.* go to pot), b) (*sterben*) to die (*od. colloq.* peg out, go west), c) (*verhaftet werden*) to get arrested (*od. colloq.* nabbed). – **2. j-n ~ nehmen** (*festnehmen*) to nab s.o. (*colloq.*), to catch (*od.* arrest) s.o. – **II** *adj* **3. ~ sein** a) (*von Ruf etc*) to be ruined (*od. colloq.* done for), b) (*von Geld etc*) to be gone, c) (*von Gegenständen etc*) to be broken (*od. sl.* have gone to pot).

hops[2] *interj* jump!

Hops *m* ⟨-es; -e⟩ *cf.* Hopser 1.

hop·sa ['hɔpsa], **'hop·sa·sa** [-sa] *interj* jump!

hop·sen ['hɔpsən] *v/i* ⟨sein⟩ **1.** hop, skip, jump. – **2.** *fig.* (*ungeschickt tanzen*) hop.

'Hop·ser *m* ⟨-s; -⟩ *colloq.* **1.** hop, skip, (small) jump. – **2.** (*als Tanz*) a) *a dance requiring hopping movements*, b) galop, c) ecossaise.

Ho·ra ['hoːra] *f* ⟨-; -ren⟩ *meist pl relig.* hour: **die Horen beten** to pray (*od.* chant) the hours.

'Hör·ap·paˌrat *m* hearing aid.

ho·ra·zisch [ho'raːtsɪʃ] *adj* Horatian: **H~e Ode** Horatian ode.

'hör·bar *adj* audible, hearable. — **'Hör·bar·keit** *f* ⟨-; *no pl*⟩ audibility.

'Hör·bar·keitsˌgren·ze *f* limit of audibility: **das unterschreitet die ~** that is below the limit of audibility (*od.* is subaudible).

'Hör|beˌreich *m* **1.** *cf.* Hörweite. – **2.** (*radio*) broadcasting range. — **~beˌricht** *m* (*im Radio*) (running) commentary. — **~ˌbild** *n* feature (broadcast), sound picture (*od.* sketch). — **~ˌbläs·chen** *n zo.* otocyst. — **~ˌbril·le** *f* (*optics*) hearing-aid glasses *pl*, hearing-spectacles *pl*.

hor·chen ['hɔrçən] *v/i* ⟨h⟩ **1.** (*heimlich*) listen, eavesdrop: **an der Tür ~** to listen at the door. – **2.** (**auf** *acc* to) listen, hearken (*poet.*): **angespannt ~** to strain one's ears; **horch! er kommt** listen! he is coming; **horch nicht auf ihn! er lügt** *colloq.* don't listen to him (*od.* don't pay any attention to him), he's lying. — **'Hor·cher** *m* ⟨-s; -⟩ listener, eavesdropper: **der ~ an der Wand hört seine eigne Schand'** (*Sprichwort*) listeners hear no (*od.* never hear) good of themselves (*proverb*). — **Hor·che'rei** *f* ⟨-; *no pl*⟩ *colloq.* eavesdropping.

'Horch|ˌgang *m mil.* listening gallery. — **~geˌrät** *n* **1.** *mil.* sound locator (*od.* detector). – **2.** *mar.* hydrophone. — **~ˌpo·sten** *m mil.* **1.** listening post: **sie steht auf ~** *fig. colloq.* she's got her ear to the keyhole. – **2.** (*von Person*) listening sentry. — **~ˌtrupp** *m* listening detachment (*od.* patrol). — **~ˌwin·kel** *m* listening corner, corner for eavesdropping.

Hor·de[1] ['hɔrdə] *f* ⟨-; -n⟩ **1.** (*Schar, ungezügelte Menge*) horde, crowd, mob, gang: **wilde ~** wild horde (*od.* gang). – **2.** (*von Wölfen etc*) pack, horde. – **3.** *anthrop.* horde, (wandering) tribe: **in ~n zusammenleben** to live together in hordes, to horde together.

'Hor·de[2] *f* ⟨-; -n⟩ **1.** hurdle (*for storing or drying potatoes, fruit etc*). – **2.** *obs. for* Pferch.

'Hor·den|ˌwä·scher *m metall.* hurdle-type scrubber (*od.* washer). — **h~ˌwei·se** *adv* in hordes.

Ho·ren ['hoːrən] **I** *pl of* Hora. – **II** *npr pl myth.* Horae.

hö·ren ['høːrən] **I** *v/i* ⟨h⟩ **1.** (*akustisch*) hear: **gut [schlecht] ~** to hear well [badly], to have good [bad] hearing; **er hört schwer** he is hard of hearing, his hearing is bad; **er hört sehr gut** he hears very well, his hearing is very good, he has a keen (*od.* sharp) ear; **nur auf einem Ohr ~** to hear in one ear only, to be deaf in one ear; **auf dem Ohr höre ich schlecht** a) my hearing is bad in that ear, b) *fig. colloq. humor.* in that matter you'll get nowhere with me, I'm deaf in that ear; **wer Ohren hat zu ~, der höre!** *Bibl.* he that has ears to hear let him hear; **das bekomme ich jeden Tag zu ~** I have to listen to that every day; **du wirst noch etwas von ihm zu ~ kriegen!** *colloq.* he is really going to give it to you! (*colloq.*). – **2.** (*zuhören*) hear, listen, hearken (*poet.*): **hört! hört!** (*als Zwischenruf*) hear, hear! **hört mal (her)!** look here! now listen! **aber ~ Sie mal!** (*als Einwand*) now listen (*od.* look) here! **na, hör mal!** (*als Ausdruck des Mißfallens*) well, really! well, I must say! **man höre und staune!** wait till you hear this! just listen to that! **hör mal, wann fahren wir?** listen (*Br. auch* I say), when are we going? **~ Sie noch?** (*am Telephon*) are you still there? **er hört nur mit einem Ohr** *fig.* he only listens with one (*od.* half an) ear, he doesn't listen attentively. – **3.** (*gehorchen*) obey, listen: **der Junge kann** (*od.* **will**) **einfach nicht ~** this boy simply won't listen (*od.* do as he is told); **der Hund hört aber gut** the dog really does obey; **wer nicht ~ will, muß fühlen** (*Sprichwort*) he who won't hear must be made to feel. – **4. auf etwas ~** a) to listen to s.th., b) (*auf einen Namen etc*) to answer to s.th.; **auf j-n** (*od.* **j-s Rat**) **~** to listen to s.o.'s advice; **hör auf deine Mutter!** listen to (*od.* mind) your mother! **nicht auf j-s Bitten ~** to be deaf (*od.* turn a deaf ear) to s.o.'s entreaties; **alles hört auf mein Kommando** *mil.* you will take your orders from me; **auf die Klingel ~** to answer the bell; **der Hund hört auf den Namen Bello** the dog answers to the name of Bello. – 5. bei j-m ~ (*Studentensprache*) to attend (*od.* take, go to) the lectures of s.o. – 6. von j-m ~ to hear from s.o.: Sie werden in den nächsten Tagen von mir ~ you'll hear from me in the next few days; ich lasse von mir ~ a) you'll be hearing from me, b) (*gebe Bescheid*) I'll let you know, you'll be hearing from me; laß (bald) von dir ~ I hope to hear from you (soon). – 7. von j-m [etwas] ~ (*reden hören*) to hear of (*od.* about) s.o. [s.th.], to learn of s.o. [s.th.]: ich habe schon von Ihnen gehört I have heard of you; ich habe durch die Zeitung davon gehört I have heard of it through the (news)paper; man hörte nie wieder von ihm he was never heard of again. – 8. sich ~ lassen to sound good (*od. colloq.* all right): der Vorschlag läßt sich ~ that proposal sounds good, that's a proposal I can go along with; das läßt sich ~ that sounds good, *Am. auch* now you are talking; das läßt sich eher ~ that sounds better, that's more like it. – II *v/t* 9. (*Geräusche*) hear: man hörte ein Scharren vor der Tür a scraping noise was heard from outside the door; ~ Sie, wie es donnert hear how it is thundering; mir ist, als hörte ich Stimmen I seem to (*od.* I think I can) hear voices; j-n kommen ~ to hear s.o. coming; ich habe sagen ~, daß I have heard say (*od.* tell) that; ich habe es sagen ~ I have heard it said; ich hörte ihn lachen I heard him laugh (*od.* laughing); ich habe so etwas läuten ~ *fig. colloq.* I heard s.th. like that; → Engel; Floh 2; Gras 2. – 10. (*anhören*) hear, listen to: eine Oper [Rede] ~ to hear (*od.* listen to) an opera [a speech]; Radio ~ to listen to the radio, to listen in; ein Konzert im Radio ~ to listen to a concert on the radio, to listen in to a concert; mit diesem Apparat höre ich ganz Europa I can get all the European stations with this set; er hört 100 Zeichen in der Minute he reads (*od.* receives) 100 signals (in) a minute; laß ~, was du zu sagen hast! let me hear what you have to say; man muß beide Parteien ~ one must hear both sides; wir müssen noch einen Sachverständigen dazu ~ we still have to listen to an expert's opinion (*od.* to consult an expert) in the matter; das werde ich noch lange ~ müssen I shall have to hear that for a long time (to come), I shall never hear the last of that, I'll never live that down. – 11. (*erfahren*) hear, learn, understand: das habe ich gehört so I have heard; wie ich höre, sind sie kein Freund von Musik as I hear you don't like music, I hear you don't like music; zu meinem Bedauern muß ich ~, daß I am sorry to hear (*od.* learn) that; nach allem, was man hört, ist er abgereist according to all (*od.* from what) one hears he departed; das ist das erste, was ich höre that's the first I have heard of it, that's new to me; soviel ich gehört habe, ist er krank according to what I have heard (*od.* as far as I know) he is ill; ich habe gehört, daß er krank ist I have heard that he is ill, I understand he is ill; so etwas habe ich in meinem Leben noch nicht gehört I have never heard anything like it in all my life (*od.* born days); über Sie hört man ja nette Sachen! *iron.* nice stories one hears about you. – 12. (*feststellen*) hear, tell: ich höre am Schritt, daß es mein Vater ist I hear (*od.* can tell) by his step that it is my father. – 13. (*Vorlesung*) attend, take, go to: er hört (die Vorlesung von) Professor N. he attends Professor N.'s lectures; eine Vorlesung über Heidegger ~ to go to a lecture on Heidegger. – 14. (*Fach*) take, *Br. auch* read: er hört Deutsch und Geschichte he is taking German and History. – 15. etwas von j-m ~ to hear s.th. from s.o.: ich habe nichts mehr von ihm gehört I never heard from him again, I haven't heard (*od.* had) a word from him again. – 16. etwas von j-m [etwas] ~ to hear s.th. of (*od.* about) s.o. [s.th.], to learn s.th. of s.o. [s.th.]: er wollte nichts davon ~ he would not hear of it, he shut his ears to it; ich habe nur Gutes von ihm gehört I only heard good (*od.* positive) things about him. – 17. *relig.* a) (*Beichte*) hear, b) (*Messe*) hear, attend. – III *v/reflex* sich ~ 18. hear oneself: du hörst dich wohl gern selbst? apparently you like to hear yourself speak (*od.* to hear your own voice, the sound of your own voice). – IV H~ *n* ⟨-s⟩ 19. *verbal noun*: beim H~ des Konzerts schlief er ein while listening to the concert he fell asleep; bei dem Geschrei vergeht einem H~ und Sehen with all this noise one doesn't know whether one is coming or going; ich werd' dir eine 'runterhauen, daß dir H~ und Sehen vergeht *colloq.* I'll knock you into the middle of next week (*colloq.*), I'll make you see stars (*colloq.*); als er die Rechnung sah, verging ihm H~ und Sehen the sight of the bill took his breath away.

'Hö·ren,sa·gen *n* ⟨-s; *no pl*⟩ hearsay: ich kenne ihn nur vom ~ I know him only by hearsay; das beruht nur auf ~ that is mere hearsay; Zeugnis vom ~ *jur.* hearsay evidence.

'Hö·rer *m* ⟨-s; -⟩ 1. (*Zuhörer, Radiohörer etc*) listener: ein interessierter ~ an interested listener; Liebe (*od.* Verehrte) Hörerinnen und ~! ladies and gentlemen! die ~ *pl collect.* the listeners, the audience *sg.* – 2. (*Student*) student (*in lecture audience*): er ließ sich als ~ (an der Universität) einschreiben he enrol(l)ed (*od.* registered) as student at the university; Prof. N. hatte eine große Anzahl von ~n Prof. N. had a great number of students (*od.* a large audience). – 3. *tel.* a) (*Telephonhörer*) receiver, handset, b) (*Kopfhörer*) earphones, *Br.* ear-phones *pl*, headphones, *Br.* head-phones *pl*: den ~ abnehmen to take off (*od.* pick up, lift) the receiver; den ~ auflegen to hang up (*od.* replace) the receiver, to ring off; der Funker setzte den ~ auf the operator put on his ear(-)phones.

'Hö·rer|be,fra·gung *f* listeners' opinion poll(ing), audience (*od.* listener) research. — **~,brief** *m* letter from a listener.

'Hö·re·rin *f* ⟨-; -nen⟩ *cf.* Hörer 1, 2.

'Hö·rer|,kreis *m cf.* Hörerschaft. — **~,mei·nungs,for·schung** *f cf.* Hörerbefragung.

'Hö·rer|schaft *f* ⟨-; *no pl*⟩ audience, listenership: die ~ des Rundfunks the listening audience. — **~,wunsch** *m* listener's request.

'Hör|,fä·hig·keit *f* ⟨-; *no pl*⟩ ability to hear, hearing ability. — **~,feh·ler** *m* 1. (*Verhören*) hearing mistake (*od.* error), misunderstanding. – 2. *med.* hearing defect. — **~,fol·ge** *f* 1. radio series. – 2. radio serial. — **~fre,quenz** *f electr. phys.* audio (*od.* acoustic) frequency. — **~,funk** *m* ⟨-s; *no pl*⟩ (sound) radio, (sound) broadcasting. — **~ge,rät** *n cf.* Hörapparat. — **~,hil·fe** *f med.* hearing aid.

'hö·rig *adj* 1. (*verfallen*) compliant, enslaved: j-m (sexuell) ~ sein to be (sexually) compliant to s.o. – 2. (*abhängig*) dependent: die Presse ist der Partei ~ the press is dependent on the party. – 3. *hist.* a) in bondage (*od.* serfdom, servitude), thrall, b) (*an die Scholle gebunden*) adscript(ive), adscriptitious.

'Hö·ri·ge[1] *m* ⟨-n; -n⟩ *hist.* bondsman, thrall, serf.

'Hö·ri·ge[2] *f* ⟨-n; -n⟩ *hist.* bondswoman, (woman) thrall (*od.* serf).

'Hö·rig·keit *f* ⟨-; *no pl*⟩ 1. compliance, subjection. – 2. dependence. – 3. *hist.* a) bondage, serfdom, thral(l)dom, b) adscription.

Ho·ri·zont [hori'tsɔnt] *m* ⟨-(e)s; -e⟩ 1. *geogr.* horizon: geozentrischer (*od.* wahrer) ~ celestial (*od.* astronomical, geometrical, rational, true) horizon; natürlicher [scheinbarer] ~ natural [apparent, local, visible] horizon; das Schiff erscheint [verschwindet] am ~ the ship appears [disappears] on the horizon; die Sonne stieg über den ~ the sun rose above the horizon; etwas hebt sich vom ~ ab s.th. stands out against the horizon (*od.* skyline); es zeigt sich ein Silberstreif am ~ *fig.* there is a ray of light on the horizon; am politischen ~ ziehen Wolken auf *fig.* clouds are gathering on the political horizon. – 2. *fig.* (*geistiger*) horizon, ken, purview (*lit.*): ein beschränkter [enger, weiter] ~ a limited [narrow, broad] horizon (*od.* mind); seinen ~ erweitern to broaden (*od.* widen) one's (mental) horizon; das geht über seinen ~ *colloq.* that's beyond his horizon (*od.* comprehension), that's beyond him. – 3. *geol.* zone, horizon. – 4. *aer.* gyro horizon (indicator), artificial horizon. – 5. (*theater*) stage horizon, cyclorama, cyke (*colloq.*).

ho·ri·zon·tal [horitsɔn'ta:l] *adj* 1. horizontal, level, even: ~e Lage horizontal position; aus der ~en Lage out of the horizontal; das ~e Gewerbe *colloq. humor.* prostitution. – 2. *math.* horizontal, level: ~e Projektionsebene ground plane.

Ho·ri·zon'tal|,ab,len·kung *f telev.* horizontal deflection (*Br. auch* deflexion). — **~,bohr,werk** *n tech.* horizontal boring mill.

Ho·ri·zon'ta·le *f* ⟨-; -n⟩ horizontal (line), level: sich in die ~ begeben *colloq.* to lie down, to stretch out.

Ho·ri·zon'tal|,ebe·ne *f* 1. *math. tech.* horizontal plane. – 2. *phys.* (*in der Aerodynamik*) azimuth plane. — **~,flug** *m aer.* horizontal (*od.* level) flight. — **~,fräs·ma,schi·ne** *f tech.* plain milling machine. — **~in·ten·si,tät** *f phys.* horizontal intensity. — **~par·al,la·xe** *f astr.* horizontal parallax. — **~,pen·del** *n phys.* horizontal pendulum. — **~pro·jek·ti,on** *f math.* horizontal projection. — **~,ru·der** *n mar.* horizontal rudder. — **~,schnitt** *m* 1. *math.* (*beim Zeichnen*) horizontal section. – 2. *med.* horizontal cut (*od.* section). — **~,schub** *m civ.eng.* (*in der Baustatik*) (horizontal) thrust, horizontal shear. — **~ver,schie·bung** *f geol.* horizontal shift.

Ho·ri'zont|,li·nie *f* 1. horizon, skyline. – 2. (*art*) horizon. — **~,su·cher** *m* (*space*) horizon seeker.

'Hör|,kur·ve *f med.* audiogram. — **~,lü·cke** (*getr.* -k·k-) *f* hearing gap. — **~,meß·ap·pa,rat** *m* audiometer.

Hor·mon [hɔr'mo:n] *n* ⟨-s; -e⟩ *med.* hormone. — **~,ab,son·de·rung** *f* hormone secretion.

hor·mo·nal [hɔrmo'na:l] *adj med.* hormonal.

Hor'mon|be,hand·lung *f med.* hormonal treatment, hormonotherapy. — **~,drü·se** *f* hormonal gland, hormone-producing (endocrine) gland. — **~prä·pa,rat** *n med. pharm.* hormone preparation.

'Hör,mu·schel *f tel.* earpiece (of a receiver).

Horn [hɔrn] *n* ⟨-(e)s; ¨er, *Hornarten* -e⟩ 1. (*der Horntiere*) horn: gebogene [spitze] Hörner bent [pointed] horns; ohne Hörner hornless; acerous, akeratophorous (*scient.*); Hörner tragen to have horns; mit den Hörnern stoßen to butt (with the horns); j-n mit den Hörnern durchbohren to gore s.o.; der Stier nahm ihn auf die Hörner the bull picked him up with (*od.* on) his horns; die Kuh hat sich ein ~ abgestoßen the cow knocked off a horn; sich (*dat*) die Hörner abstoßen (*od.* ablaufen) *fig. colloq.* a) to sow one's wild oats, b) to be taken down a peg; j-m die Hörner zeigen *fig.* to show s.o. one's teeth; dem (*od.* ihrem) Ehemann Hörner aufsetzen *fig. colloq.* to cuckold (*od.* horn) one's husband; er trägt Hörner *fig. colloq.* he is a cuckold; → Stier 1. – 2. *zo.* a) horn, b) (*der Schnecken*) horn, feeler. – 3. ⟨-(e)s; -e⟩ (*Material*) horn, keratin, ceratin: aus ~ out of horn, horny; der Eierlöffel ist aus ~ the egg spoon is of horn. – 4. *mus.* a) horn, b) (*Waldhorn*) French horn, c) (*Englischhorn*) English horn, d) (*Jagdhorn*) bugle: das ~ blasen to blow the horn; in das ~ stoßen to give a blast on the horn; die Hörner waren schwach besetzt the horns were weak; ins gleiche ~ blasen (*od.* tuten) *fig. colloq.* to sing the same song; Rolands ~ (*literature*) Roland's Horn. – 5. (*hornförmiger Gegenstand*) horn: aus einem ~ trinken to drink out of a horn. – 6. *colloq.* bump, lump: ich habe mir ein ~ gestoßen I got a bump on my head. – 7. *geol.* (*Bergspitze*) mountain peak. – 8. *astr.* (*der Mondsichel*) horn, cusp. – 9. *auto.* a) (*Hupe*) horn, b) (*an Stoßstange*) (bumper) overrider, guard, c) (*an Reifen*) flange, horn. – 10. *agr.* (*der Gerüstsense*) cradle bar. – 11. (*sport*) (*des Damensattels*) horn. – 12. *Bibl.* (*als Symbol der Stärke od. des Stolzes*) horn: Herr, mein Schild und meines Heiles ~ Lord, my buckle and the horn of my salvation.

'horn|,ähn·lich, ~,ar·tig *adj* 1. (*in der Form*) hornlike, *Br.* horn-like, horny. – 2. *biol.* (*in der Substanz*) hornlike, *Br.* horn-like, horny, corneous (*lit.*), keratoid (*scient.*).

'Horn,ber·ger 'Schie·ßen ['hɔrn,bɛrgər] *n only in* ausgehen wie das ~ to come to nothing, to be a flop (*colloq.*).

'horn|,bil·dend *adj* cornific. — **H~,bil·dung** *f* 1. *zo.* cornification. – 2. *biol.* keratose.

'Horn|,blä·ser *m mus.* horn player, hornist.

— **~,blatt** *n bot.* hornwort (*Gattg Ceratophyllum*). — **~,blen·de** *f min.* hornblende, amphibole. — **~,blend·ge,stein** *n min.* amphibolite. — **~,bril·le** *f* horn-rimmed (*Br.* hornrimmed) glasses (*od.* spectacles) *pl.* — **~,bu·che** *f bot.* hornbeam (*Gattg Carpinus*). — **~,butt** *m zo.* horned whiff (*Citharichthys cornutus*).

Hörn·chen ['hœrnçən] *n* ⟨-s; -⟩ **1.** *dim. of* Horn. – **2.** *med. zo.* cornicle, corniculum. – **3.** *zo.* squirrel (*Fam. Sciuridae*). – **4.** (*Gebäck*) crescent, crescent-shaped roll, croissant.

'Hörndl,bau·er ['hœrndəl-] *m Austrian* cattle farmer.

'Horn|,drechs·ler, ~,dre·her *m* horn turner.

'hor·nen *adj rare for* hörnern.

hör·nen ['hœrnən] **I** *v/t* ⟨h⟩ *obs. lit.* (*den Ehemann*) cuckold, horn. – **II** *v/i* (*das Geweih abwerfen*) shed its horns (*od.* antlers): das Wild hörnt the deer shed their horns.

'hör·ner,ar·tig *adj* like horn(s).

'Hör·ner|,blitz,ab,lei·ter *m tech.* horn arrester. — **~,klang** *m* sound of horns (*od.* bugles).

'hör·nern *adj* of horn, horny.

'Hör·ner|,schall *m cf.* Hörnerklang. — **~,schal·ter** *m electr.* horn-type switch. — **~,schlit·ten** *m* sled(ge) with long horn-shaped runners. — **~,schluß** *m philos.* cornute. — **~,si·che·rung** *f electr.* horn-break fuse.

'Hör,nerv *m med.* auditory nerve, nerve of hearing.

'Horn|,erz *n min.* horn silver, cerargyrite (*scient.*). — **~fa,san** *m zo.* horned tragopan (*od.* pheasant) (*Tragopan satyra*). — **~,fels** *m min.* hornfels. — **~,flie·ge** *f zo.* horn fly (*Fam. Sciomyzidae*). — **h~,för·mig** *adj* horn-shaped; corniform, corniculate, cornuted, cornual (*scient.*). — **~,frosch** *m zo. bes.* Brasilianischer ~ horned frog (*Ceratophrys cornuta*). — **~,griff** *m* horn handle.

'Horn,haut *f med.* **1.** (*an Händen u. Füßen*) horny skin, callosity, call(o)us. – **2.** (*des Auges*) cornea. – **3.** sich (*dat*) eine ~ zulegen *fig.* to become callous. — **~,ab,fla·chung** *f* applanation of the cornea. — **~,bil·dung** *f* callosity, callous formation. — **~ent,zün·dung** *f* inflammation of the cornea, keratitis (*scient.*). — **~,fleck** *m* walleye, *Br.* wall-eye; leucoma, *auch* leukoma (*scient.*). — **~ge,schwür** *n* corneal ulcer, helcoma (*scient.*). — **~,ke·gel** *m* conical cornea, keratoconus (*scient.*). — **~,pla·stik** *f* corneal grafting, keratoplasty (*scient.*). — **~,trü·bung** *f* a) nebula, pannus, b) (*feine*) nebecula, c) *cf.* Hornhautfleck. — **~,über,tra·gung** *f* corneal transplantation, keratoplasty (*scient.*).

'Horn|,hecht *m zo.* **1.** needlefish, *Br.* needle-fish, snook (*Fam. Belonidae*). – **2.** alligator gar (*Gattg Lepisosteus*). – **3.** billfish (*Fam. Istiophoridae*). — **~,huhn** *n cf.* Hornfasan.

'hor·nig *adj* **1.** horny, corneous (*scient.*). – **2.** *biol.* keratinous, keratose, ceratose.

Hor·nis·se [hɔr'nɪsə; 'hɔrnɪsə] *f* ⟨-; -n⟩ *zo.* (giant) hornet (*Vespa crabro*).

Hor'nis·sen|,nest *n* hornets' nest. — **~,schwär·mer** *m zo.* hornet clearwing (*Aegeria apiformis*).

Hor·nist [hɔr'nɪst] *m* ⟨-en; -en⟩ **1.** *mus.* hornist, horn player. – **2.** *mil.* bugler.

'Horn|,kamm *m* horn comb. — **~,kir·sche** *f bot.* cornelian cherry (*Cornus mas*). — **~,klee** *m* a) butterjags *pl* (*Gattg Lotus*), b) crowtoe, *Br.* crow-toe, bird's-foot trefoil, *auch* bloomfell, shoes and stockings *pl* (*L. corniculatus*). — **~,kluft** *f vet.* (*der Pferde*) sand crack, *Br.* sand-crack. — **~,knopf** *m* horn button. — **~,kopf** *m*, **~,köpf·chen** *n bot.* ceratocephalus (*Ceratocephalus falcatus*). — **~ko,ral·le** *f zo.* sea whip, *Br.* sea-whip (*Gattg Antipathes*). — **~,kraut** *n bot.* a) chickweed, *Br.* chick-weed (*Gattg Cerastium*), b) mouse-ear (*C. vulgatum u. C. glomeratum*). — **~,löf·fel** *m* horn spoon. — **h~los** *adj* (*Kuh etc*) hornless, polled, *Am. auch* mul(l)ey. — **~,mehl** *n* (*Dünger*) horn meal. — **~,mil·be** *f zo.* moss (*od.* beetle) mite, oribatid (mite) (*scient.*) (*Fam. Oribatidae*). — **~,mohn** *m bot.* horn(ed) poppy, glaucium (*scient.*) (*Glaucium flavum*). — **~,moos,tier·chen** *n zo. cf.* Moostierchen. — **~,nat·ter** *f* red-bellied snake (*Farancia abacura*). — **~,ochs, ~,och·se** *m fig. colloq. contempt.* blockhead, dolt, numbskull, idiot. — **~,plätt·chen** *n zo.* scute. — **~,queck,sil·ber** *n min.* horn quicksilver. — **~,ra·be** *m zo.* hornbill (*Gattg Bucorvus*): Abessinischer ~ ground hornbill (*B. abyssinicus*). — **~,schicht** *f med. zo.* **1.** horny layer. – **2.** (*der Haut*) scarfskin, *Br.* scarf-skin; keratinized surface, stratum corneum (*scient.*). — **~,schie·ne** *f* (*railway*) wing rail. — **~,schna·bel** *m zo.* horny beak (*od.* bill). — **~,schrö·ter** *m cf.* Hirschkäfer. — **~,schwamm** *m meist pl* fibrous (*od.* horny) sponge (*Ordng Cornacuspongia*). — **~si,gnal** *n* **1.** bugle call. – **2.** (*eines Autos*) horn signal, honk. — **~,sil·ber** *n chem. min.* horn silver (AgCl). — **~,soh·le** *f zo.* (*am Huf*) horny sole. — **~,spal·te** *f* (*am Pferdehuf*) cleft. — **~,spä·ne** *pl agr.* (*Dünger*) horn shavings, *Br.* horn-shavings. — **~,spit·ze** *f* horn tip. — **~,stein** *m min.* chert, silex, hornstone. — **~,stoff** *m chem.* (*Gerüsteiweiß*) horn, keratin (*scient.*). — **~,strah·ler** *m* (*radio*) horn radiator (*od.* antenna), electromagnetic horn. — **~,strauch** *m bot. cf.* Hartriegel. — **~sub,stanz** *f chem.* horny substance (*od.* matter). — **~,tan·ge** *pl bot.* ceramiaceae (*Fam. Ceramiaceae*). — **~,tau·cher** *m zo.* Slavonian (*od.* horned) grebe (*Podiceps auritus*). — **~,tie·re, ~,trä·ger** *pl zo.* horned animals, cavicornia (*scient.*) (*Überfam. Bovidae*).

Hor·nung ['hɔrnʊŋ] *m* ⟨-s; -e⟩ *obs.* February.

'Hor·nungs,blüm·chen *n bot. cf.* Schneeglöckchen 1.

Hor·nuß ['hɔrnʊs] *m* ⟨-sses; -sse⟩ *Swiss* (*games*) (*Hartgummischeibe*) 'hornet'. — **'hor·nus·sen** *v/i* ⟨h⟩ play hornet catching.

'Horn|,vieh *n* ⟨-s; *no pl*⟩ **1.** *agr.* horned cattle, cornigerous animals *pl* (*scient.*). – **2.** *fig. colloq. contempt. cf.* Hornochs(e). — **~,vi·per** *f zo.* **1.** desert (*od.* horned) viper (*Cerastes cerastes*). – **2.** Südafrikanische ~ (Western) hornsman adder, (many-)horns adder, horingadder (*Bitis cornuta*). – **3.** *cf.* Sandviper. — **~,vo·gel** *m* **1.** *cf.* Nashornvogel. – **2.** *rare for* Kasuar. — **~,wa·ren** *pl* articles made of horn. — **~,war·ze** *f zo.* (*am Pferdefuß etc*) castor, chestnut. — **~,wehr,vo·gel** *m* horned screamer, unicorn bird (*Anhima cornuta*). — **~,wulst** *f* (*des Pferdehufes*) coronet.

Ho·ro·log [horo'loːk] *n* ⟨-(e)s; -e⟩ *obs. cf.* Horologium 1.

Ho·ro·lo·gi·on [horo'loːgiən] *n* ⟨-s; *no pl*⟩ *relig.* horologion, horologium.

Ho·ro·lo·gi·um [horo'loːgiʊm] *n* ⟨-s; -gien⟩ **1.** *obs.* (*Zeitmesser*) hor(o)loge. – **2.** *astr.* (*Sternbild*) Horologium. – **3.** *relig. cf.* Horologion.

Hor·op·ter [ho'rɔptər] *m* ⟨-s; *no pl*⟩ (*optics*) horopter.

'Hör·or,gan *n* organ of hearing.

Ho·ro·skop [horo'skoːp] *n* ⟨-s; -e⟩ *astrol.* horoscope: j-m das ~ stellen to cast s.o.'s horoscope. — **Ho·ro·sko'pie** [-sko'piː] *f* ⟨-; -n [-ən]⟩ horoscopy. — **ho·ro'sko·pisch** *adj* horoscopic.

'Hör|,pro·be *f* **1.** *med. cf.* Hörprüfung. – **2.** (*eines Sängers od. Sprechers*) audition. – **3.** (*einer Aufnahme*) trial (*od.* test) recording. – **4.** *econ.* sample recording. — **~,prü·fung** *f med.* hearing test.

hor·rend [hɔ'rɛnt] *adj colloq.* **1.** (*Blödsinn etc*) stupendous, downright. – **2.** (*Preis etc*) exorbitant, immense, frightful. – **3.** (*Schmerzen etc*) dreadful, awful.

hor·ri·bel [hɔ'riːbəl] *adj obs.* dreadful, horrible, dire, execrable.

hor·ri·do [hɔri'doː] *hunt.* **I** *interj* halloo! – **II H~** *n* ⟨-s; -s⟩ halloo(ing).

'Hör,rohr *n* **1.** *med.* stethoscope. – **2.** *obs.* (*für Schwerhörige*) ear trumpet, *Br.* ear-trumpet.

Hor·ror ['hɔrɔr] *m* ⟨-s; *no pl*⟩ horror, dread: einen ~ vor etwas haben to have a horror of s.th., to be terribly afraid of s.th., to loathe s.th.: er hat einen gewaltigen ~ vor der Prüfung he's terribly afraid of his examination; sie hat einen ~ vor langen Reisen she has a horror of (*od.* she loathes) long trips.

'Hör,saal *m* lecture hall (*od.* room, theater, *bes. Br.* theatre), auditorium.

'hör·sam *adj* acoustic(al). — **'Hör·sam·keit** *f* ⟨-; *no pl*⟩ (*eines Gebäudes, Zimmers etc*) acoustic qualities *pl*, acoustics *pl* (*construed as sg*), *auch* acoustic.

'Hör|,schär·fe *f med.* auditory (*od.* hearing) acuity. — **~,schwel·le** *f* auditory threshold.

hors con·cours [ɔrkõ'kuːr] (*Fr.*) *adv* (*bes. sport*) hors concours.

Hors·d'œuvre [oːr'døːvər] *n* ⟨-s [-vər]; -s [-vər]⟩ *gastr.* hors d'oeuvres *pl*, *bes. Br.* hors d'œuvres *pl*.

'Hör,sphä·re *f med.* auditory area.

'Hör,spiel *n* radio play. — **~,au·tor** *m* author of radio plays.

'Hör-'Sprech-Me,tho·de *f ped.* (*des modernen Fremdsprachenunterrichts*) aural-oral method.

Horst [hɔrst] *m* ⟨-es; -e⟩ **1.** nest, (*bes. eines Adlers*) aerie, eyrie. – **2.** *aer. mil.* air station, *Am.* air base. – **3.** *geol.* horst, uplift. – **4.** *ling.* relic area. – **5.** (*forestry*) (small) stand, thicket. — **~,bil·dung** *f geol.* upthrust.

'Hör,stein *m med.* ear stone, otolith (*scient.*): ~e *pl* statoconia *sg.*

hor·sten ['hɔrstən] *v/i* ⟨h⟩ (*von Raubvogel*) nest.

'Hör,stö·rung *f med.* hearing defect, auditory dysfunction (*od.* disfunction) (*scient.*).

Hort [hɔrt] *m* ⟨-(e)s; -e⟩ **1.** *poet.* hoard, treasure: der ~ der Nibelungen the hoard of the Nibelungs. – **2.** *obs.* (*Zufluchtsort*) refuge, safe retreat: diese Stätte ist ein sicherer ~ this place is a safe refuge. – **3.** (*Kinderhort*) day nursery. – **4.** *fig.* (*Bollwerk*) stronghold, bulwark: dieses Land ist ein ~ des Friedens this country is a stronghold of peace. – **5.** *lit.* (*Beschützer*) protector.

hor·ten ['hɔrtən] **I** *v/t* ⟨h⟩ **1.** (*Vorräte etc*) hoard, store up. – **2.** (*Rohstoffe*) stockpile. – **3.** *econ.* (*Geld etc*) amass, accumulate, acquire. – **II H~** *n* ⟨-s⟩ **4.** *verbal noun.* – **5.** *cf.* Hortung.

Hor·ten·sie [hɔr'tɛnzĭə] *f* ⟨-; -n⟩ *bot.* hydrangea (*Gattg Hydrangea*).

Hort·ne·rin ['hɔrtnərɪn] *f* ⟨-; -nen⟩ nursery-school teacher.

'Hör,trich·ter *m obs.* ear trumpet, *Br.* ear-trumpet.

'Hor·tung *f* ⟨-; -en⟩ **1.** *cf.* Horten. – **2.** (*von Geld etc*) accumulation, acquisition.

'Hör,übung *f* ear training.

,ho'ruck *interj* heave!

Ho·rus ['hoːrʊs] *npr m* ⟨-; *no pl*⟩ *myth.* Horus (*Egyptian sky god*).

'Hör|ver,mö·gen *n med.* (power of) hearing, ability to hear: mangelhaftes ~ defective hearing. — **~ver,schlech·te·rung** *f* decrease of hearing acuity. — **~,wei·te** *f* ⟨-; *no pl*⟩ hearing (distance), earshot: in [außer] ~ within [out of] hearing (*od.* earshot); er ist schon außer ~ he is already out of earshot. — **~,werk,zeu·ge** *pl med.* organs of hearing, auditory organs. — **~,zen·trum** *n* (*im Gehirn*) auditory (*od.* acoustic) center (*bes. Br.* centre).

ho·san·na [ho'zana] *röm.kath.* **I** *interj* hosanna! – **II H~** *n* ⟨-s; -s⟩ hosanna.

Hös·chen ['høːsçən] *n* ⟨-s; -⟩ **1.** *dim. of* Hose: → heiß 8. – **2.** (*kurzes*) short trousers *pl* (*Am. colloq.* pants *pl*). – **3.** (*Damenschlüpfer*) panties *pl* (*colloq.*), *bes. Br.* short knickers *pl*. – **4.** (*für Kleinkinder*) panties *pl* (*colloq.*), pants *pl*. – **5.** *bot.* hose. – **6.** *zo.* (*einer Biene*) 'breeches' *pl* (*colloq.*), pollen basket.

Ho·se ['hoːzə] *f* ⟨-; -n⟩ **1.** trouser(s *pl*), *bes. Am. colloq.* pants *pl*, (*kurze Sommerhose*) shorts *pl*, (*lange u. bes. sportliche*) slacks *pl*: eine ~, ~n (a pair of) trousers; gestreifte ~n striped trousers; sie trug eine hautenge ~ she wore skin(-)tight trousers; in die ~(n) schlüpfen (*od.* steigen) to put on one's trousers; du hast (dir) deine ~(n) durchgesessen you have worn out the seat of your trousers; (sich *dat*) in die ~(n) machen to dirty (*od.* wet) one's pants, to dirty (*od.* wet) oneself; du wirst (dir) vor Angst noch in die ~(n) machen *fig. colloq.* you'll wet (*od.* dirty) yourself with fright; er hat die ~(n) (gestrichen) voll *fig. colloq.* he is in a blue funk (*colloq.*), *Br. sl.* he's got the wind up, *Am. sl.* he has the jitters; du mußt dich (gehörig) auf die ~n setzen *fig. colloq.* you'll have to buckle down to work; j-m die ~n strammziehen *colloq.* to give s.o. a proper spanking (*od.* hiding); sie hat (zu Hause) die ~n an *fig. colloq.* she wears the trousers (*od.* breeches, *bes. Am.* pants) (*alle colloq.*), she rules the roost; → Herz *Bes. Redewendungen*; Jacke 1. – **2.** *cf.* Höschen 2–4. – **3.** (*blaue Arbeitshose etc*) dungarees *pl*, overalls *pl*, jeans *pl*. –

4. (*Bundhose*) breeches *pl.* – 5. *cf.* Unterhose. – 6. *zo.* a) (*eines Vogels*) leg feathers *pl*, b) (*Ober- u. Unterschenkelmuskulatur beim Pferd*) lower (*od.* second) thigh, c) (*einer Biene*) *cf.* Höschen 6. – 7. *meteor. cf.* a) Wasserhose, b) Windhose.

Ho·sea [ho'ze:a] *npr m* ⟨-; *no pl*⟩ *Bibl.* (*Prophet*) Hosea.

'Ho·sen|,an,zug *m* (*fashion*) pantsuit, *Br.* trouser suit. — **~,auf,schlag** *m Am.* (trouser) cuff, *Br.* (trouser) turn-up.

'Ho·sen,band *n* ⟨-(e)s; ⸗er⟩ knee-band, garter. — **~,or·den** *m* Order of the Garter: Ritter des **~s** Knight of (the Order of) the Garter.

'Ho·sen|,bein *n* trouser (*od.* pant) leg. — **~,bie·ne** *f meist pl zo.* hairy-legged bee (*Gattg Dasypoda*). — **~,bo·den** *m* seat (of the trousers, *bes. Am.* pants): **einen neuen ~ einsetzen** to put a new seat in (*od.* reseat) a pair of trousers; **sich auf den ~ setzen** a) (*bes. von Kind*) to sit down, b) *fig. colloq.* to buckle down to work; **j-m den ~ versohlen** *colloq.* to smack s.o.'s bottom. — **~,bo·je** *f mar.* breeches buoy, *Br.* breeches-buoy. — **~,bü·gel** *m* trouser hanger. — **~,bund** *m* waistband, *Br.* waist-band. — **~,gurt** *m* 1. belt, girdle. – 2. waistband, *Br.* waist-band. — **~,klam·mer** *f* (*für Radfahrer*) trouser clip, (bi)cycle clip. — **~,klap·pe** *f* 1. (*von Kinderhosen*) rear (*od.* back) flap. – 2. (*einer Lederhose*) front flap. — **~,knopf** *m* trouser button, *Br.* trouser-button. — **~,latz** *m* fly (of the trousers). — **~,lupf** *m* (*sport*) *Swiss dial. variety of wrestling.* — **~,matz** *m* ⟨-es; -e *u.* ⸗e⟩ *colloq. meist* **kleiner ~** tiny tot, little mite. — **~,naht** *f* seam of the trousers. — **~,rock** *m* (*fashion*) divided skirt, culotte(s *pl*). — **~,rohr** *n tech.* siphon pipe, *Br.* siphon-pipe, y-pipe. — **~,rol·le** *f* (*theater*) man's part acted (*od.* performed) by a woman, breeches part. — **~,schei·ßer** *m vulg.* (*Feigling*) coward. — **~,schlitz** *m* fly (of the trousers). — **~,span·ner** *m* trouser stretcher, *Br.* trouser-stretcher, trouser press. — **~,stall** *m sl.* fly (of the trousers). — **~,steg** *m* trouser strap. — **~,stoff** *m* trousering. — **~,strecker** (*getr.* -k·k-) *m cf.* Hosenspanner. — **~,ta·sche** *f* trouser (*bes. Am.* pants) pocket: **etwas wie seine ~ kennen** *fig. colloq.* to know s.th. inside out; **ich kenne diese Gegend wie meine ~** *fig. colloq.* I know these parts like the palm (*od.* back) of my hand. — **~,trä·ger** *pl Br.* braces, *Am.* suspenders. — **~,tuch** *n* ⟨-(e)s; -e⟩ *cf.* Hosenstoff. — **~,tür·chen** *n colloq. for* Hosenschlitz, Hosenlatz.

ho·si·an·na [ho'zĭana] *relig.* **I** *interj* hosanna! – **II H~** *n* ⟨-s; -s⟩ hosanna.

Hös·lein ['hø:slaɪn] *n* ⟨-s; -⟩ *cf.* Höschen.

Hos·pi·tal [hɔspi'ta:l] *n* ⟨-s; -e *u.* ⸗er⟩ *n* 1. *med.* hospital. – 2. (*für Altersschwache etc*) home. — **~,arzt** *m* hospital doctor. — **~,brand** *m med.* gas gangrene.

Hos·pi·ta·lis·mus [hɔspita'lɪsmʊs] *m* ⟨-; *no pl*⟩ *med.* hospitalism.

Hos·pi·ta·li·ter [hɔspita'li:tər] *m* ⟨-s; -⟩ *relig.* Hospitaler, *auch* Hospitaller.

Hos·pi'tal|,or·den *m hist.* Order of Knights Hospital(l)ers. — **~,schiff** *n* hospital ship.

Hos·pi·tant [hɔspi'tant] *m* ⟨-en; -en⟩, **Hos·pi'tan·tin** *f* ⟨-; -nen⟩ *ped.* 1. *student teacher attending classes for instruction in methods of teaching.* – 2. occasional student, *Am.* auditor.

hos·pi·tie·ren [hɔspi'ti:rən] *v/i* ⟨*no* ge-, h⟩ 1. *attend classes for instruction in methods of teaching.* – 2. attend lectures as an occasional student, *Am.* audit.

Hos·piz [hɔs'pi:ts] *n* ⟨-es; -e⟩ 1. hospice (*kept by a religious order*). – 2. private hotel (*maintained by religious organization*).

Hos·po·dar [hɔspo'da:r] *m* ⟨-s *u.* -en; -e(n)⟩ *pol. hist.* hospodar.

Ho·stess ['hɔstɛs; hɔs'tɛs] *f* ⟨-; -en⟩ hostess.

Ho·stie ['hɔstĭə] *f* ⟨-; -n⟩ *relig.* 1. (the) Host. – 2. (*Oblate*) consecrated wafer.

'Ho·sti·en|ge,fäß *n relig.* pyx. — **~,tel·ler** *m* paten, patina.

'Hös,wurz ['hø:s-] *f bot.* (*various species of European*) orchis.

Hot [hɔt] (*Engl.*) *m* ⟨-s; -s⟩ *mus.* 1. (*Improvisation*) (hot) lick. – 2. (*Tanzmusik*) hot jazz.

Ho·tel [ho'tɛl] *n* ⟨-s; -s⟩ hotel: **in einem ~ wohnen** (*od.* **logieren**) to stay at a hotel. — **~,an·ge,stell·te** *m, f* ⟨-n; -n⟩ hotel employee. — **~,an,mel·dung** *f* 1. registration at a hotel. – 2. reception desk. — **~be,sit·zer** *m* proprietor of a hotel, hotel proprietor. — **~be,trieb** *m* hotel (business). — **~,boy** *m* page (boy), hotel messenger, *Am. auch* bellboy, bellhop (*sl.*). — **~de·tek,tiv** *m* house detective (*od. sl.* dick). — **~,die·ner** *m* hotel servant. — **~di,rek·tor** *m* hotel manager, hotelier. — **~,fach** *n* hotel business: **im ~ tätig sein** to be working in the hotel business; **das ~ einschlagen** to enter (*od.* go into) the hotel business. — **~,fach,schu·le** *f ped.* catering and hotel-management school. — **~,füh·rer** *m* (*Buch*) hotel guide (*od.* directory).

Ho'tel gar'ni [gar'ni:] *n* ⟨- -; -s -s [-'tɛl -'ni:]⟩ hotel providing bed and breakfast only.

Ho'tel|,gast *m* hotel guest. — **~ge,wer·be** *n* hotel industry (*od.* business). — **~,hal·le** *f* 1. hotel lobby. – 2. hotel lounge.

Ho·te·lier [hotə'lĭe:] *m* ⟨-s; -s⟩ hotelier, hotel-keeper.

Ho'tel,kü·che *f* 1. hotel kitchen. – 2. hotel cooking.

Ho·tel·le·rie [hotɛlə'ri:] *f* ⟨-; *no pl*⟩ *cf.* [Hotelgewerbe.]

Ho'tel|,nach,weis *m* 1. hotel information (service). – 2. list of hotels. — **~,pa·ge** *m cf.* Hotelboy. — **~pen·si,on** *f* residential hotel, boardinghouse, *Br.* boarding-house. — **~por,tier** *m* 1. hotel doorkeeper (*Br.* door-keeper) (*od.* commissionaire), *Am.* doorman. – 2. (*Empfangschef*) reception clerk, *Am.* desk clerk. — **~- ,und 'Gast,stät·ten·ge,wer·be** *n cf.* Hotelgewerbe. — **~ver,zeich·nis** *n* list of hotels. — **~,zim·mer** *n* hotel room.

hott [hɔt] *interj* (*Zuruf an Zugtiere: rechts*) gee!: → hü 2.

Hot·te ['hɔtə] *f* ⟨-; -n⟩ *Southwestern G. for* Bütte 2, Tragkorb 3.

hot·te·hü [,hɔtə'hy:] (*child's language*) **I** *interj* gee! gee-up! – **II H~** *n* ⟨-s; -s⟩ *cf.* Hottepferd(chen).

Hot·ten·tot·te [,hɔtən'tɔtə] *m* ⟨-n; -n⟩ Hottentot: **wie (die) ~n** *fig. colloq.* like savages.

,Hot·ten'tot·ten,bleß,mull *m zo.* gray (*bes. Br.* grey) mole rat (*Cryptomus hottentottus*).

,hot·ten'tot·tisch I *adj* 1. Hottentotic. – 2. *bes. ling.* Hottentot. – **II** *ling.* **H~** ⟨*generally undeclined*⟩, **das H~e** ⟨-n⟩ 3. Hottentot, the Hottentot language.

'Hot·te,pferd(·chen) *n* (*child's language*) gee, gee-gee.

Hou'dan,huhn [u'dã:-] *n zo.* Houdan (fowl).

Hour·di [ur'di:] *m* ⟨-s; -s⟩ *civ.eng.* hollow clay block (*od.* tile). — **~,plat·te** *f*, **~,stein** *m cf.* Hourdi.

Hou·sto·nia [hus'to:nĭa] *f* ⟨-; -s⟩ *bot.* houstonia (*Gattg Houstonia*): **Blaue ~** Venus's-pride, innocence (*H. caerulea*).

Ho·ve·nie [ho've:nĭə] *f* ⟨-; -n⟩ *bot.* coral tree (*Hovenia dulcis*).

Hra·dschin, der [(h)ra'tʃi:n; '(h)ratʃi:n] ⟨-s⟩ Hradčany castle (*in Prague*).

hu [hu:] *interj* 1. (*Ausruf des Schauderns, Schreckens, auch des Kältegefühls*) whew! ugh! – 2. (*um j-n zu erschrecken*) boo!

hü [hy:] *interj* 1. (*Zuruf an Zugtiere*) a) (*vorwärts*) *auch* **~ hott!** gee(-up)! hoy! b) (*links*) wo hi! *bes. Am.* haw! – 2. **der eine sagt ~, der andere (sagt) hott** *colloq.* one says stop, the other go.

Hub [hu:p] *m* ⟨-(e)s; ⸗e⟩ 1. heave, lift(ing). – 2. *tech.* a) (*eines Maschinentisches*) travel, traverse, b) (*eines Kolbens, Stößels*) stroke, c) (*einer Pumpe, eines Ventils*) lift, d) (*einer Kurbel*) throw: **~ rückwärts** backstroke. – 3. *cf.* Hubraum.

hub *1 u. 3 sg pret obs. of* heben.

Hu·ba·ra [hu'ba:ra] *m* ⟨-(s); -(s)⟩ *zo.* houbara, ruffed bustard (*Chlamydotis undulata*).

'Hub,bal·ken,ofen *m metall.* walking-beam heating furnace.

hub·be·lig ['hʊbəlɪç] *adj colloq. cf.* holperig 1, 2.

'Hub|be,we·gung *f* 1. lifting movement (*od.* motion). – 2. *tech.* movement of stroke. — **~,brücke** (*getr.* -k·k-) *f* lift bridge.

Hu·be ['hu:bə] *f* ⟨-; -n⟩ *Southern G., Austrian and Swiss for* Hufe.

hü·be ['hy:bə] *1 u. 3 sg pret subj obs. of* heben.

hü·ben ['hy:bən] *adv* on this side, over here: **~ und drüben** on this side and on the other side, on either side, over here and over there; **~ wie drüben** on this (*od.* our) side as well as on that (*od.* their) side, on both sides.

Hu'ber·tus|,burg [hu'bɛrtʊs-] *f* (Castle of) Hubertusburg: **der Friede von ~** *hist.* the Peace of Hubertusburg (*1763*). — **~,jagd** *f* St. Hubert's Day hunt. — **~,man·tel** *m Austrian for* Lodenmantel. — **~,tag** *m relig.* St. Hubert's Day, Feast of St. Hubert.

'Hub|ge,schwin·dig·keit *f tech.* speed of lift. — **~,hö·he** *f tech.* a) (*eines Ventils*) vertical lift, b) (*eines Nockens*) end float, c) (*eines Wagenhebers*) lifting height, d) (*eines Krans*) hoisting height, e) (*einer Kurbelwelle*) throw. — **~,kar·re** *f*, **~,kar·ren** *m* lift truck. — **~,ket·te** *f* hoisting chain. — **~,kol·ben,mo·tor** *m auto.* reciprocating piston engine. — **~,kraft** *f* 1. lifting force. – 2. *tech.* a) (*eines Krans etc*) hoisting capacity, b) (*einer Winde*) lifting capacity, c) (*eines Motors*) *cf.* Hubleistung 2. — **~,la·ger** *n tech.* (*einer Kurbelwelle*) crankpin. — **~,län·ge** *f* (*eines Kolbens*) length of stroke. — **~,lei·stung** *f* 1. *tech.* a) (*einer Winde*) lifting capacity, b) (*eines Krans*) hoisting capacity. – 2. *auto.* output per unit of displacement. — **~ma,gnet** *m tech. cf.* Hebemagnet. — **~,mo·tor** *m* elevating motor. — **~,pum·pe** *f* lifting pump.

'Hub,raum *m* 1. (*Kolbenverdrängung*) piston displacement. – 2. (*Zylinderinhalt*) cylinder capacity. – 3. (*Hubvolumen*) swept volume, stroke volume. – 4. (*Kubikinhalt*) cubic capacity.

hübsch [hʏpʃ] **I** *adj* ⟨-er; -est⟩ 1. (*nett anzusehen*) pretty, nice, good- (*od.* pleasant)-looking: **~e Mädchen** pretty girls; **sie hat ein ~es Gesicht** she has a pretty (*od.* comely) face; **sich ~ machen** *colloq.* to make oneself look pretty. – 2. (*schmuck*) handsome, trim: **ein ~er Mann** a handsome man. – 3. (*Figur etc*) good, nice, neat. – 4. (*Geschenk etc*) nice, attractive, pretty. – 5. (*Gegend, Stadt etc*) pretty, lovely, attractive. – 6. (*Abend, Stimme etc*) nice, pleasant. – 7. *colloq.* (*gut, nett*) nice, good: **eine ~e Idee** a nice idea; **das war nicht ~ von dir** that was not nice of you. – 8. *colloq.* (*groß, ordentlich*) 'tidy', 'pretty', 'nice' (*alle colloq.*), considerable: **ein ~es Sümmchen** a pretty (*od.* tidy) penny, a nice little sum; **ein ~es Stück Geld** a goodly (*od.* tidy) sum of money; **ein (ganz) ~er Gewinn** a) (*Geld*) nice winnings *pl*, b) (*Preis*) a nice prize; **eine ~e Entfernung** quite a distance. – 9. *colloq. iron.* fine, nice, pretty: **das sind ja ~e Aussichten** those are fine prospects; **ein ~es Durcheinander** a fine mess; **das kann ja eine ~e Geschichte werden** that can turn out great. – **II** *adv* 10. prettily, nicely: **sie ist ~ angezogen** she is prettily dressed; **das hast du ~ gemacht** you did a fine job on that. – 11. *colloq.* (*ziemlich, sehr*) quite, rather: **ganz ~ teuer** rather expensive; **sie hat sich ganz ~ geirrt** she really made a big mistake; **es ist ganz ~ warm** it's pretty warm. – 12. *colloq.* (*als Aufforderung*) (*in Wendungen wie*) **sei ~ artig!** do behave nicely! be a good child! **geh ~ nach Hause!** be a good boy (*od.* girl) and go home! **laß das ~ bleiben!** don't touch it! **das werde ich ~ bleibenlassen** I would rather leave that alone; **nur immer ~ einer nach dem andern! ~ der Reihe nach!** not all at once! – 13. *colloq. iron.* smartly: **das hast du dir ja ~ ausgedacht** that's pretty clever (*od.* smart) of you. — **'Hübsch·heit** *f* ⟨-; *no pl*⟩ 1. prettiness. – 2. (*eines Mannes*) handsomeness.

'Hub,schrau·ber [-,ʃraubər] *m* ⟨-s; -⟩ *aer.* helicopter. — **~,lan·de,platz** *m* heliport, helicopter landing area.

'Hub,stap·ler *m tech.* fork lift, fork-lift truck.

'Hub|,tor *n civ.eng.* (vertical-)lift gate. — **~ver,mö·gen** *n* 1. *auto.* (*eines Wagenhebers*) lifting capacity. – 2. *tech.* (*eines Krans*) hoisting capacity. — **~vo,lu·men** *n tech. cf.* Hubraum 3. — **~,wa·gen** *m* (*eine Art Gabelstapler*) lift(ing) truck, industrial truck, jacklift: **~ mit Hebevorrichtung** tiering truck. — **~,weg** *m* 1. *cf.* Hubhöhe. – 2. (*eines Kolbens*) height of stroke, piston travel.

huch [hʊx] *interj* (*erschreckter Ausruf*) eek!

Hu·chen ['hu:xən] *m* ⟨-s; -⟩ *zo.* huchen, huch, hucho (*Salmo hucho*).

Hucka·back (*getr.* -k·k-) ['hʌkə,bæk] (*Engl.*) *m* ⟨-s; *no pl*⟩ (*textile*) huckaback weave, huck.

Hucke (*getr.* -k·k-) [ˈhʊkə] *f* ⟨-; -n⟩ *bes. Eastern G.* **1.** *fig. colloq.* (*in Wendungen wie*) j-m die ~ voll hauen to give s.o. a good thrashing; j-m die ~ voll lügen to tell s.o. a pack of lies; er hat sich die ~ voll gelacht he split his sides with laughter. – **2.** (*Last*) load: eine ~ Heu a load of hay. – **3.** *obs. for* Kiepe. – **4.** *fig. contempt.* crowd, gang: eine ganze ~ Leute quite a crowd.

hucken (*getr.* -k·k-) [ˈhʊkən] *dial.* **I** *v/t* ⟨h⟩ (*Last*) shoulder. – **II** *v/i* ⟨h *u.* sein⟩ *u.* sich ~ *v/reflex* ⟨h⟩ *cf.* hocken[1].

ˈhuckeˌpack (*getr.* -k·k-) *adv colloq.* pickaback, *Br.* pick-a-back, piggyback, pig-a-back: j-n ~ tragen to carry s.o. pick(-)a(-)back (*od.* piggyback), to give s.o. a pick(-)a(-)back (*od.* piggyback); j-n ~ nehmen to take s.o. pick(-)a(-)back (*od.* piggyback).

ˈHuckeˌpack|ˌanˌhän·ger (*getr.* -k·k-) *m* pick(-)a(-)back (*od.* piggyback) trailer. — **~ˌflugˌzeug** *n aer.* pick(-)a(-)back plane, composite aircraft. — **~sa·telˌlit** *m* (*space*) pick(-)a(-)back satellite. — **~verˌkehr** *m* (*railway*) pick(-)a(-)back (*od.* piggyback) traffic (*service in which cars are transported by train*).

Hu·de [ˈhuːdə] *f* ⟨-; -n⟩ *Northern G. dial.* [(*Weide*) pasture.]

Hu·deˈlei *f* ⟨-; -en⟩ *colloq.* **1.** (*gehudelte Arbeit*) sloppy (*od.* slipshod, careless) work, bungling, botching. – **2.** (*schlampige Art*) sloppiness, carelessness.

ˈHu·de·ler *m* ⟨-s; -⟩ *colloq. cf.* Hudler. — **ˈhu·de·lig** *adj cf.* hudlig.

hu·deln [ˈhuːdəln] *v/i* ⟨h⟩ *colloq.* do one's work sloppily (*od.* carelessly), skimp one's work: nur nicht ~! don't be hasty! take it easy!

hu·dern [ˈhuːdərn] **I** *v/t* ⟨h⟩ take (*chicks*) under its wing. – **II** *v/i u.* sich ~ *v/reflex* (*von Vögeln*) bathe in the sand.

ˈHud·ler *m* ⟨-s; -⟩, **ˈHud·le·rin** *f* ⟨-; -nen⟩ *colloq.* botcher, bungler.

ˈhud·lig *adj colloq.* (*schlampig*) sloppy, careless, slipshod.

ˈHud·son|ˌbrachˌvo·gel [ˈhʌdsn-] (*Engl.*) *m zo.* Hudsonian curlew (*Phaeopus hudsonicus*). — **~ˌhörn·chen** *n cf.* Rothörnchen.

Hue·mul [ˈhŭeːmʊl] *m* ⟨-s; -s⟩ *zo.* huemul, guemal, g(u)emul (*Hippocamelus bisulcus*).

huf [huːf] *interj* (*Zuruf an Zugtiere*) back!

Huf *m* ⟨-(e)s; -e⟩ **1.** *zo.* hoof, ungula (*scient.*): ein gespaltener ~ a cloven hoof. – **2.** *math.* ungula.

hüf [hyːf] *interj cf.* huf.

ˈHuf|ˌabˌdruck *m* hoofprint. — **~ˌbal·len** *m zo.* **1.** quarter of the hoof. – **2.** horny frog. — **~ˌbein** *n zo. med.* (*des Pferdes*) coffin bone, *Br.* coffin-bone. — **~beˌschlag** *m* (horse)shoeing: ohne ~ shoeless.

Hu·fe [ˈhuːfə] *f* ⟨-; -n⟩ *agr. hist.* hide (of land).

ˈHufˌei·sen *n* **1.** horseshoe, shoe: ein ~ verlieren to lose a shoe, to throw (*od.* to cast) a shoe; einem Pferd die ~ auflegen [abreißen] to shoe [to unshoe] a horse. – **2.** *colloq.* (*am Schuhabsatz*) heel plate. — **~ˌausˌschnitt** *m* (*textile*) horseshoe neckline. — **~ˌbo·gen** *m arch.* **1.** (*maurischer Bogen*) horseshoe arch. – **2.** (*arabischer Bogen*) Moorish arch. — **~ˌform** *f* shape of a horseshoe: in ~ (aufgestellt) (*Tische*) arranged in a horseshoe. — **h~ˌför·mig** *adj* horseshoe-shaped. — **~ˌklee** *m bot.* horseshoe vetch (*Hippocrepis comosa*). — **~maˌgnet** *m tech.* horseshoe magnet. — **~ˌna·se** *f zo.* horseshoe bat (*Gattg Rhinolophus*): Große ~ greater horseshoe bat (*Rh. ferrum-equinum*); Kleine ~ lesser horseshoe bat (*Rh. hipposideros*). — **~ˌnie·re** *f med.* horseshoe kidney. — **~ˌspiel** *n* (*games*) horseshoe pitching.

ˈHu·fenˌdorf *n long-stretching village made up of farms with small fields behind the farmhouses.*

ˈHuf|ˌfett *n* hoof ointment (*od.* grease). — **h~ˌför·mig** *adj zo.* **1.** hoof-shaped. – **2.** (*mit Hufen*) hoofed. – **3.** (*behuft*) ungulate. — **~geˌlenk** *n* (*des Pferdes*) coffin joint, *Br.* coffin-joint. — **~ˌhaar** *n* hair of the coronet. — **~ˌkrebs** *m vet.* (thrush) canker. — **~ˌkro·ne** *f zo.* (*des Pferdes*) (hoof) coronet, coronary band. — **~ˌlat·tich** *m bot.* **1.** coltsfoot, ass's-foot, foalfoot (*Tussilago farfara*). – **2.** Großer ~ *cf.* Pestilenzwurz. — **~ˌmes·ser** *n* paring knife. — **~ˌna·gel** *m* horseshoe (*od.* horse) nail, hobnail.

Huf·ner [ˈhuːfnər], **Hüf·ner** [ˈhyːfnər] *m* ⟨-s; -⟩ *agr. hist.* owner of a hide of land.

ˈHuf|ˌpilz *m bot. cf.* Maipilz. — **~ˌpol·ster** *n zo.* plantar cushion, fleshy frog, fatty sensitive frog. — **~ˌras·pel** *f tech.* horse rasp. — **~ˌre·he** *f vet.* thrush. — **~ˌschlag** *m* **1.** hoofbeat. – **2.** kick (from a horse *etc*). – **3.** (*sport*) (*in der Dressur*) track. — **~ˌschmied** *m* blacksmith, *bes. Br.* farrier, *Am. auch* horseshoer. — **~ˌschmie·de** *f* blacksmith's (*bes. Br.* farrier's) workshop, smithy. — **~ˌschmie·deˌham·mer** *m tech.* double-face engineer's hammer. — **~ˌschuh** *m* (*für Pferde*) hoof boot. — **~ˌspal·te** *f meist pl vet.* sand crack, *Br.* sand-crack. — **~ˌspit·ze** *f zo.* toe of the hoof, outside toe. — **~ˌspur** *f* hoof mark. — **~ˌstie·fel** *m cf.* Hufschuh.

ˈHüftˌbein *n* **1.** *med.* hipbone, *Br.* hip-bone, haunch bone, ilium (*scient.*). – **2.** *vet.* huckle bone, *Br.* huckle-bone. — **~ˌgru·be** *f med.* iliac fossa.

ˈHüftˌbeu·ge *f med.* groin.

Hüf·te [ˈhyftə] *f* ⟨-; -n⟩ *med.* hip, coxa (*scient.*): mit breiten [schmalen, vollen] ~n with broad [narrow, full] hips; sich (*dat*) die ~ ausrenken (*od.* verrenken) to dislocate one's hip; bis an die ~ (reichend) *cf.* hüfthoch; aus der ~ schießen to shoot from the hip; sich in den ~n wiegen to sway (*od.* roll, wiggle) one's hips.

ˈHüf·tenˌstück *n gastr.* rump roast.

ˈHüftˌge·gend *f med.* hip area, iliac region (*scient.*).

ˈHüft·geˌlenk *n med.* hip joint, *Br.* hip-joint, coxa (*scient.*). — **~entˌzün·dung** *f* inflammation of the hip joint (*Br.* hip-joint), coxitis (*scient.*). — **~verˌren·kung** *f* dislocation of the hip joint (*Br.* hip-joint): angeborene ~ congenital dislocation of the hip(-)joint.

ˈHüft|ˌgür·tel *m* **1.** (*Strumpfhaltergürtel*) *Am.* garter belt, *Br.* suspender belt. – **2.** (*bes. langer Hüfthalter*) girdle. — **~ˌhal·ter** *m cf.* Hüftgürtel. — **h~ˌhoch** *adj* **1.** waist-high. – **2.** (*Wasser*) waist-deep. — **~ˌhorn** *n hunt. cf.* Hifthorn.

ˈHufˌtier *n zo.* hoofed animal, ungulate (*scient.*).

ˈHüft|ˌkno·chen *m med. cf.* Hüftbein 1. — **h~ˌlahm** *adj* lame in the hip. — **~ˌlei·den** *n* ailment of the hip, hip trouble. — **~ˌnerv** *m* sciatic nerve. — **~ˌpfan·ne** *f* socket of the hip joint (*Br.* hip-joint), acetabulum (*scient.*). — **h~ˌschmal** *adj* narrow-hipped. — **~ˌschmerz** *m* pain in the hip, coxalgia (*scient.*). — **~ˌschwung** *m* (*sport*) (*beim Ringen*) hip roll. — **~ˌta·sche** *f* (*fashion*) hip pocket, back pocket. — **~verˌlet·zung** *f med.* injury to the hip. — **~ˌweh** *n cf.* Hüftschmerz.

ˈHufˌzan·ge *f tech.* farrier's pincers *pl* (*sometimes construed as sg*).

Hü·gel [ˈhyːgəl] *m* ⟨-s; -⟩ **1.** hill: ein kleiner ~ a small hill, a hillock; ein runder ~ a knoll; zwischen ~n liegend embedded in hills; an einem ~ gelegen situated on the slope of a hill (*od.* on a hillside); die sieben ~ Roms the Seven Hills of Rome. – **2.** (*Erhöhung*) elevation, height. – **3.** (*Erdhaufen*) mound. – **4.** *med.* cumulus, hillock, mons. — **h~ˈab** [ˌhyːgəl-] *adv* downhill. — **h~ˌar·tig** *adj* hill-like. — **~ˌat·zel** [-ˌʔatsəl] *f* ⟨-; -n⟩ *zo.* myna (*Gracula religiosa*). — **h~ˈauf** [ˌhyːgəl-] *adv* uphill: ~ und hügelab up and down. — **~ˌerdˌbee·re** *f bot. cf.* Knackelbeere. — **h~ˌför·mig** *adj* hill-shaped. — **~ˌgrab** *n archeol.* **1.** (*aus Erde oder Schutt*) barrow, tumulus. – **2.** (*aus Steinen*) cairn.

ˈhü·ge·lig *adj* hilly: eine ~e Landschaft a hilly (*od.* rolling) countryside; eine ~e Ebene a rolling (*od.* undulating) plain.

ˈHü·gel|ˌket·te *f* chain (*od.* range) of hills. — **~ˌland** *n* hilly country. — **~ˌwaldˌmei·ster** *m bot.* quinsywort (*Asperula cynanchica*).

Hu·ge·not·te [hugəˈnɔtə] *m* ⟨-n; -n⟩ *hist.* Huguenot. — **Hu·geˈnot·tenˌkrieg** *m meist pl* Huguenot war.

hu·geˈnot·tisch *adj* Huguenot.

huh [huː] *interj cf.* hu.

Huhn [huːn] *n* ⟨-(e)s; ⸚er⟩ **1.** chicken, hen, (domestic) fowl: junges ~ *cf.* Hühnchen 2; (sich *dat*) Hühner halten to keep chickens (*od.* fowls, poultry). – **2.** *gastr.* chicken: gebratenes [gebackenes, gekochtes, sautiertes] ~ fried [roast, boiled, sautéed] chicken; ein ~ ausnehmen [rupfen, schlachten] to clean [to pluck, to kill] a chicken; ~ mit Reis chicken and rice. – **3.** *fig. colloq.* (*in Wendungen wie*) ein dummes ~ a silly goose; ein komisches (*od.* verrücktes) ~ a queer bird (*od.* duck); ein lahmes ~ a lame duck; wie die Hühner auf der Stange sitzen to sit like chickens on the roost (*od.* like birds on a telegraph[-]wire); mit den Hühnern aufstehen to get up at the crack of dawn, to rise with the lark, *bes. Am.* to get up with the chickens; mit den Hühnern schlafen (*od.* zu Bett) gehen to go to bed at sundown, *bes. Am.* to go to bed with the chickens; Hühner, die viel gackern, legen wenig Eier (*Sprichwort*) *etwa* those who talk loudly rarely achieve anything; ein blindes ~ findet auch ein Korn (*Sprichwort*) every dog has its day (*proverb*); da lachen ja die Hühner! *colloq.* don't make me laugh! (*colloq.*). – **4.** *zo.* a) (*hühnerartiger Vogel*) fowl, b) (*Weibchen bestimmter Vögel*) hen (bird), c) *meist pl cf.* Hühnervogel. – **5.** *hunt.* (*Rebhuhn*) partridge: ein Volk (*od.* eine Kette) Hühner a covey of partridges.

Hühn·chen [ˈhyːnçən] *n* ⟨-s; -⟩ **1.** *dim. of* Huhn. – **2.** chicken, (*junge Henne*) young hen, chick, pullet: ein ~ braten to fry (*od.* roast) a chicken; mit j-m ein ~ zu rupfen haben *fig. colloq.* to have a bone to pick with s.o.

ˈhüh·nerˌar·tig *adj zo.* gallinaceous, gallinacean, rasorial.

ˈHüh·nerˌau·ge *n med.* corn, clavus (*scient.*): weiches ~ (*zwischen den Zehen*) soft corn; sich (*dat*) die ~n schneiden lassen to have one's corns cut; j-m auf die ~n treten *fig. colloq.* to tread on s.o.'s corns (*od.* toes).

ˈHüh·nerˌau·gen|entˌfer·ner *m med. pharm.* corn remover. — **~ˌmes·ser** *n med.* corn cutter, corn razor. — **~ˌmit·tel** *n* corn remedy. — **~ope·raˌteur** *m* corn cutter, chiropodist (*scient.*). — **~ˌpfla·ster** *n* corn plaster, *Br.* corn-plaster. — **~ˌring** *m* corn ring. — **~tinkˌtur** *f* corn tincture (*od.* remover).

ˈHüh·ner|ˌbee·re *f bot.* (*weißer Mauerpfeffer*) white stonecrop (*Sedum album*). — **~ˌbiß** *m cf.* Taubenkropf 2. — **~bouilˌlon, ~ˌbrü·he** *f gastr.* chicken broth. — **~ˌbrust** *f* **1.** *gastr.* chicken breast, *Br.* chicken-breast. – **2.** *med.* pigeon breast, *Br.* pigeon-breast, chicken breast, *Br.* chicken-breast. — **h~ˌbrü·stig** [-ˌbrʏstɪç] *adj med.* pigeon-breasted, chicken-breasted. — **~ˌdarm** *m bot. cf.* Vogelmiere. — **~ˌdieb** *m* chicken thief. — **~ˌdraht** *m* (*feinmaschiges Drahtgitter*) chicken wire. — **~ˌei** *n* **1.** hen's egg. – **2.** (*Muschel*) china shell (*Ovulum ovum*). — **h~ˌeiˌgroß** *adj* es ist ~ it has the size of a hen's egg. — **~ˌeiˌweiß** *n biol. chem.* ovalbumin, egg albumin. — **~ˌfarm** *f agr.* poultry (*od.* chicken) farm, hennery. — **~ˌfe·der** *f* hen's feather. — **~ˌfleisch** *n* chicken (meat). — **~ˌfloh** *m zo.* European chicken flea (*Ceratophyllus gallinae*). — **~fri·kasˌsee** *n gastr.* chicken fricassee. — **~ˌfut·ter** *n* (chicken) feed, *Br.* (chicken-)feed. — **~ˌha·bicht** *m zo.* goshawk (*Accipiter gentilis*). — **~ˌhaus** *n* henhouse. — **~ˌhir·se** *f bot.* cockspur grass, *Am. auch* barnyard grass (*Echinochloa crus-galli*). — **~ˌhof** *m* chicken yard. — **~ˌhund** *m hunt. Am.* bird dog, *Br.* gun dog. — **~ˌjagd** *f* partridge hunt (*Br.* shoot[ing]). — **~ˌklein** *n* ⟨-s; *no pl*⟩ *gastr.* giblet(s *pl*). — **~ˌkrank·heit** *f meist pl* chicken (*od.* fowl, poultry) disease. — **~ˌlaus** *f meist pl zo.* fowl louse (*Menopon pallidum*). — **~ˌlei·ter** *f* **1.** chicken (*od.* henhouse) ladder. – **2.** *fig. colloq. a very steep and narrow staircase.* — **~ˌmil·be** *f zo.* chicken mite (*Dermanyssus gallinae*). — **~ˌmilch** *f bot.* (*Feldzwiebel*) star-of-Bethlehem, starflower (*Ornithogalum umbellatum*). — **~ˌmist** *m* chicken dung (*od.* droppings *pl*). — **~paˌste·te** *f gastr.* chicken pie. — **~ˌpest** *f vet.* fowl plague, fowl pest, *Br.* fowl-pest, chicken pest. — **~raˌgout** *n gastr.* chicken ragout. — **~ˌras·se** *f* breed of fowl (*od.* poultry). — **~ˌschrot** *m, n hunt.* partridge shot. — **~spi·rilˌlo·se** *f med. zo.* avian spiroch(a)etosis (*Spirochaeta gallinarum*). — **~ˌstall** *m* henhouse, hennery. — **~ˌstan·ge** *f* (hen)roost, *Br.* (hen-)roost, perch. — **~ˌstei·ge, ~ˌstie·ge** *f cf.* Hühnerleiter. — **~ˌsup·pe** *f gastr.* chicken soup (*od.* broth). — **~ˌtod** *m bot.* **1.** spurgeolive (*Daphne mezereum*). – **2.** black nightshade, petty morel (*Solanum dulcamara*). – **3.** (common) henbane (*Hyoscyamus niger*). — **~ˌvo·gel** *m meist pl* gallinaceous bird (*Ordng Galliformes od. Galli*). — **~ˌvolk** *n* ⟨-(e)s; *no pl*⟩ **1.** chickens *pl.* – **2.** *hunt.* covey (of partridges). — ~ˌ**wicke** (*getr.* -k·k-) *f bot.* meadow pea (*od.* vetchling) (*Lathyrus pratensis*). — ~ˌ**zucht** *f* chicken breeding (*od.* raising, farming).

hu·hu *interj* **1.** ['huːˌhuː] (*Ruf, um j-n auf sich aufmerksam zu machen*) yoo hoo! – **2.** [hu'huː] *cf.* hu.

hui [huɪ] *interj* **I 1.** (*Geschwindigkeit*) whish, whoosh. – **2.** (*Ausruf des freudigen Erstaunens*) ooh! oh! – **II** *adj* ⟨*invariable*⟩ **3.** außen ~, innen pfui (*Sprichwort*) smart on the surface, slovenly underneath.

Hui *n* ⟨-(s); *no pl*⟩ *colloq.* im ~, in einem ~ in no time, in the twinkling of an eye, as quick as lightning, in a trice, in a jiffy (*colloq.*): das habe ich im ~ fertig I shall have that done (*od.* finished) in a jiffy; das hast du aber im ~ gemacht you rushed through that.

Hu·ka ['huːka] *f* ⟨-; -s⟩ (*Wasserpfeife*) [hooka(h).]

Hu·ker ['huːkər] *m* ⟨-s; -⟩ *mar.* (*Hochseefischereifahrzeug*) hooker.

Huld [hʊlt] *f* ⟨-; *no pl*⟩ *lit. archaic* **1.** (*Gunst*) favor, *bes. Br.* favour, good graces *pl*: in j-s ~ stehen to be in s.o.'s favo(u)r; als Zeichen seiner ~ as a token of his favo(u)r. – **2.** (*Wohlwollen, bes. gegenüber Untergebenen*) grace, graciousness: j-m seine ~ erweisen (*od.* schenken, zeigen) to be gracious to (*od.* behave graciously toward[s]) s.o. – **3.** (*liebevolle Zuneigung*) affection. – **4.** (*Güte*) benevolence, kindness. – **5.** (*Anmut, Liebreiz*) graciousness: ihr Gesicht war voll Liebreiz und ~ her face was full of charm and graciousness. – **6.** *relig.* grace.

hul·di·gen ['hʊldɪgən] **I** *v/i* ⟨h⟩ **1.** j-m ~ a) (*dem Gedächtnis großer Menschen*) to render (*od.* pay, do) homage to s.o., to pay tribute to s.o., b) (*einer Dame etc*) to pay homage (*od.* one's attention, one's addresses) to s.o., c) (*einem verehrungswürdigen Menschen*) to show one's respect for s.o., d) *relig.* (*Göttern*) to worship s.o., e) *hist.* (*Fürsten, Herrschern etc*) to render (*od.* pay, do) homage to s.o., to do (*od.* make) obeisance to s.o. (*lit.*), f) *jur. hist.* (*im Feudalrecht*) to attorn to s.o., g) *jur. hist.* (*im Staatsrecht*) to swear (an oath of) allegiance to s.o.: sich (*dat*) von j-m ~ lassen to receive s.o.'s homage. – **2.** etwas (*dat*) ~ a) (*der Schönheit, einem Ideal, dem Fortschritt etc*) to pay homage (*od.* tribute) to s.th., b) (*einer Ansicht, Anschauung etc*) to embrace s.th., to be an advocate of s.th., c) (*der Mode, einer Sitte etc*) to follow s.th., d) (*dem Sport, einem Hobby etc*) to be addicted to s.th., e) (*einer Leidenschaft, dem Alkohol, Kartenspiel etc*) to indulge in s.th., to be addicted to s.th.: er huldigt dem Grundsatz, daß he embraces (*od.* adopts, subscribes to) the doctrine that. – **II H~** *n* ⟨-s⟩ **3.** *verbal noun.* — '**Hul·di·gung** *f* ⟨-; -en⟩ **1.** *cf.* Huldigen. – **2.** homage, tribute: er empfing ~en aus aller Welt he received messages of tribute from all over the world; j-m seine ~ darbringen (*od.* bezeigen) to pay (*od.* do) homage to s.o. – **3.** (*für eine Dame*) homage, attentions *pl*, addresses *pl.* – **4.** (*für verehrungswürdige Menschen*) respect. – **5.** *relig.* worship. – **6.** *hist.* homage, obeisance (*lit.*). – **7.** *jur. hist.* a) (*im Feudalrecht*) attornment, b) (*im Staatsrecht*) *cf.* Huldigungseid.

'**Hul·di·gungs**ˌ**eid** *m jur. hist.* oath of allegiance (*od.* loyalty).

'**huld**|ˌ**reich,** ~ˌ**voll** *auch iron.* **I** *adj* (*Lächeln, Blick etc*) gracious. – **II** *adv* graciously: j-n ~ empfangen to receive s.o. graciously.

hül·fe ['hʏlfə] *1 u. 3 sg pret subj of* helfen.

Hulk [hʊlk] *f* ⟨-; -e(n)⟩, *m* ⟨-(e)s; -e(n)⟩ *mar.* hulk: ~ mit Mastkran sheer hulk.

'**Hüll**|ˌ**blatt** *n bot.* involucre, involucral leaf. — ~ˌ**blätt·chen** *n* (*der Korbblütler*) phyllary.

'**Hüll·chen** *n* ⟨-s; -⟩ **1.** *dim. of* Hülle. – **2.** *bot.* (*der Umbelliferen-Dolden*) involucel.

Hül·le ['hʏlə] *f* ⟨-; -n⟩ **1.** (*Umhüllung*) cover(ing), wrapper, wrapping: er zog die Flasche aus ihrer ~ he took the bottle out of its cover; eine durchsichtige [schützende] ~ a transparent [protective] cover(ing). – **2.** (*Kleidungsstück*) garment, clothing: die ~n abstreifen a) to take off one's clothes, b) to do a strip(-)tease. – **3.** (*zum Verdecken, zum Schutz etc*) cover(ing): die ~ des Denkmals fiel the monument was unveiled; eine ~ aus Plastik zum Schutz gegen Staub a plastic cover for protection against dust. – **4.** (*für Buch, Schallplatte etc*) jacket. – **5.** (*Briefumschlag*) envelope. – **6.** (*Schutzhülle für Ausweis etc*) cover, case, jacket. – **7.** (*Regenschirmhülle*) sheath. – **8.** *fig. lit.* mask, mantle, veil, cloak: in der ärmlichen ~ verbarg sich ein großer Künstler behind the veil of wretchedness lurked a great artist; die ~ der Nacht the cloak of night; eine ~ des Schweigens a veil of silence (*od.* secrecy). – **9.** die irdische (*od.* sterbliche) ~ *lit.* the mortal frame: die irdische ~ ablegen to leave (*od.* cast off) the mortal frame (*od.* veil). – **10.** in ~ und Fülle *fig. colloq.* in abundance: etwas in ~ und Fülle haben to have s.th. in abundance, to have plenty of s.th., to have enough of s.th. and (some) to spare; es gab Obst in ~ und Fülle there was fruit in abundance, there was an abundance of fruit. – **11.** *tech.* (*Schutzhülle für Draht etc*) casing. – **12.** *nucl.* a) (*Elektronenhülle*) (electron) shell, b) (*im Reaktor*) jacket. – **13.** *aer.* a) (*eines Starrluftschiffes*) hull, b) (*eines Ballons*) envelope. – **14.** *med.* a) (*Scheide*) sheath, investment, b) (*Überzug*) coat, tunic, tunica, c) (*Deckhaut*) integument, d) (*des Eiweißes*) membrane. – **15.** *zo.* a) (*Kapsel, Schale*) capsule, b) (*Segel*) velum. – **16.** *bot.* a) (*Samenhülle, Hülse, Schale*) hull, husk, b) (*Hochblätter*) involucre, involucrum: ohne ~ naked.

hül·len ['hʏlən] **I** *v/t* ⟨h⟩ j-n [etwas] in (*acc*) etwas ~ to wrap s.o. [s.th.] (up) in s.th., to envelop s.o. [s.th.] in s.th., to cover s.o. [s.th.] completely with s.th.: sie hüllte das Kind in einen warmen Mantel she wrapped the child (up) in a warm overcoat; einen Blumenstrauß in Papier ~ to wrap (up) a bouquet (*od.* bunch of flowers) in paper. – **II** *v/reflex* sich in (*acc*) etwas ~ to wrap oneself (up) (*od.* envelop oneself, cover oneself completely) in s.th.: sie hüllte sich fester in ihren Mantel she wrapped her coat more tightly around her; sich in Schweigen ~ *fig.* to wrap oneself in silence.

'**Hül·len**|ˌ**ein**ˌ**band** *m print.* (*zum Schutz der Blätter*) circuit binding, binding with circuit edger (*od.* divinity circuit, yapp edger). — ~ˌ**elek·tron** *n nucl.* orbital (*auch* extranuclear, shell) electron. — **h~los** *adj* **1.** naked, uncovered, without covering. – **2.** *bot.* naked.

'**Hüll**|ˌ**frucht** *f bot.* cystocarp. — ~ˌ**kelch** *m* involucre, involucrum, calycle. — ~ˌ**kur·ve** *f* **1.** *math.* envelope. – **2.** *phys.* enveloping curve. — ~ˌ**spel·ze** *f bot.* (*bei Gräsern*) glume. — ~ˌ**wort** *n* ⟨-(e)s; ⸗er⟩ *ling. rare* euphemism.

Hul·man ['hʊlman] *m* ⟨-s; -s⟩ *zo.* (*Schlankaffe*) hanuman (langur), langur, *auch* lungoor, entellus (monkey) (*Presbytis entellus*).

Hu·lock ['huːlɔk] *m* ⟨-s; -s⟩ *zo.* hoolock gibbon (*Hylobates hoolock*).

Hül·se ['hʏlzə] *f* ⟨-; -n⟩ **1.** *bot.* a) (*häutige Schale mancher Früchte*) hull, husk, b) (*an beiden Seiten aufspringende Schote*) pod, cod, legume(n) (*scient.*): noch in der ~ unhusked. – **2.** *bot.* a) Gemeine ~ (common) holly (*Ilex aquifolium*), b) Kahle ~ inkberry (*I. glabra*). – **3.** *tech.* a) sleeve, bush(ing), b) (*einer Frässpindel*) quill, c) (*Einsatzhülse*) adaptor, d) (*einer Schraublehre*) thimble. – **4.** (*Etui*) case. – **5.** (*Steckhülse*) socket. – **6.** (*eines Füllfederhalters etc*) cap. – **7.** *mil.* a) (*Geschoßhülse*) shell, case, b) (*Patronenhülse*) cartridge case. – **8.** *print.* (*beim Buchbinden*) paper sleeve.

hül·sen ['hʏlzən] *v/t* ⟨h⟩ **1.** *cf.* enthülsen. – **2.** *print.* (*Buch*) glue a paper sleeve to the back of.

'**hül·sen**ˌ**ar·tig** *adj bot.* leguminous.

'**Hül·sen**|ˌ**aus**ˌ**zie·her** *m mil.* (cartridge-case) extractor. — ~ˌ**band**ˌ**wurm** *m zo.* cysted tapeworm (*Echinococcus granulosus*). — ~ˌ**baum** *m bot. cf.* Hülse 2a. — ~ˌ**frucht** *f* **1.** *bot.* cod, pod, legume(n) (*scient.*). – **2.** *pl bes. gastr.* pulse *sg.* — ~ˌ**frücht·ler** [-ˌfrʏçtlər] *m* ⟨-s; -⟩ **1.** leguminous plant, legume(n) (*scient.*). – **2.** *pl* leguminous plants, leguminosae (*scient.*) (*Ordng Leguminosae*). — ~ˌ**ket·te** *f tech.* sleeve-type chain. — ~ˌ**kopf** *m* front end of the receiver, (*beim Jagdgewehr*) front part of the bolt cover. — ~ˌ**kupp·lung** *f tech.* sleeve coupling, *Br.* sleeve-coupling. — ~ˌ**strauch** *m bot. cf.* Hülse 2a. — **h~**ˌ**tra·gend** *adj* leguminous. — ~ˌ**wurm** *m zo.* **1.** *cf.* Hülsenbandwurm. – **2.** (*Larve der Köcherfliege*) caddis(worm), *Br.* caddis(-worm) (*Gattg Trichoptera*).

'**hül·sig** *adj bot.* husky, hully, podded.

hum [hm] *interj* hum.

hu·man [hu'maːn] **I** *adj* **1.** (*Denker, Künstler, Tat, Aufgabe etc*) humane: aus ~en Gründen for reasons of humanity. – **2.** (*Vorgesetzter, Regelung, Bestrafung etc*) humane, decent, kindly, considerate. – **3.** *med.* (*den Menschen betreffend*) human. – **II** *adv* **4.** humanely, with humanity, decently: j-n ~ behandeln to treat s.o. decently.

Hu·ma·nio·ra [huma'nioːra] *pl obs.* **1.** humanities, study *sg* of classical languages and literature(s), (study *sg* of the) classics. – **2.** (*klassische Fächer*) classical languages and literature(s), classics. – **3.** examination *sg* in classical languages and literature(s) (*od.* in the classics).

hu·ma·ni·sie·ren [humani'ziːrən] *v/t* ⟨*no* ge-, h⟩ humanize *Br. auch* -s-. — **Hu·ma·ni'sie·rung** *f* ⟨-; *no pl*⟩ humanization *Br. auch* -s-.

Hu·ma·nis·mus [huma'nɪsmʊs] *m* ⟨-; *no pl*⟩ **1.** humanism. – **2.** der ~ *hist. philos.* (*europäische Geistesbewegung, bes. im 14.—16. Jh.*) Humanism, humanism. — **Hu·ma'nist** [-'nɪst] *m* ⟨-en; -en⟩ **1.** *hist. philos.* Humanist, humanist. – **2.** *ped.* humanist. — **hu·ma'ni·stisch I** *adj* (*Gesinnung, Kultur, Geistesströmung etc*) humanist(ic), classical: ~e Bildung classical education; ~e Wissensgebiete (*od.* Wissenschaften) humanities, litterae humaniores; → Gymnasium 1. – **II** *adv* ein ~ gebildeter Mensch a man with a classical education.

hu·ma·ni·tär [humani'tɛːr] *adj* (*menschenfreundlich, wohltätig*) humanitarian.

Hu·ma·ni·ta·ri·er [humani'taːriər] *m* ⟨-s; -⟩ *philos. relig.* humanitarian: Lehre der ~ humanitarianism.

hu·ma·ni·ta·risch [humani'taːrɪʃ] *adj philos. relig.* humanitarian.

Hu·ma·ni·tät [humani'tɛːt] *f* ⟨-; *no pl*⟩ humanity, humaneness.

Hu·ma·ni'täts|**du·se**ˌ**lei** *f* ⟨-; *no pl*⟩ *contempt.* sentimental humanitarianism. — ~ˌ**leh·re** *f* Humanism, humanitarianism. — ~**ver**ˌ**bre·chen** *n pol. jur.* crime against humanity.

Hu'man·me·diˌ**zin** *f* human medicine.

hum·bold·tisch ['hʊmbɔltɪʃ], '**hum·boldtsch** [-bɔltʃ] *adj* of (*od.* relating to) Humboldt.

Hum·bug ['hʊmbʊk] *m* ⟨-s; *no pl*⟩ *contempt.* **1.** (*Unsinn*) nonsense, humbug, *bes. Br.* gammon: so ein ~! what nonsense! – **2.** (*Schwindel, Aufschneiderei*) humbug, hoax, gammon.

Hu·me·ra·le [hume'raːlə] *n* ⟨-s; -lien *u.* -lia [-lǐa]⟩ *röm.kath.* (*Schultertuch des Priesters*) humeral veil.

Hu·me·rus ['huːmerʊs] *m* ⟨-; -ri [-ri]⟩ *med.* (*Oberarmknochen*) humerus.

hu·mid [hu'miːt], **hu'mi·de** [-də] *adj* humid, damp, moist. — **Hu·mi·di'tät** [-midi'tɛːt] *f* ⟨-; *no pl*⟩ humidity, damp(ness), moistness.

Hu·mi·fi·ka·ti·on [humifika'tsǐoːn] *f* ⟨-; *no pl*⟩ *biol.* (*Humusbildung*) humification. — **hu·mi·fi'zie·ren** [-'tsiːrən] *v/t* ⟨*no* ge-, h⟩ decay, rot.

hu·mil [hu'miːl] *adj obs.* (*demütig, ergeben*) humble.

Hu·min [hu'miːn] *n* ⟨-s; *no pl*⟩ *chem.* humin. — ~ˌ**säu·re** *f* humic acid.

Hu·mit [hu'miːt; -'mɪt] *m* ⟨-s; -e⟩ *min.* humite.

Hum·mel ['hʊməl] *f* ⟨-; -n⟩ **1.** *zo.* bumblebee, *Br.* bumble-bee, humble-bee (*Gattg Bombus*): ~n im Hintern haben *fig. colloq.* (*nicht still sitzen können*) to have ants in one's pants (*sl.*). – **2.** eine wilde ~ *colloq.* (*lebhaftes Mädchen*) a hoyden, a romp. — ~ˌ**blü·ten**ˌ**kä·fer** *m zo.* bumble flower beetle (*Euphoria inda*). — ~ˌ**flie·ge** *f* bee fly (*Fam. Bombylidae*). — ~ˌ**schwär·mer** *m* bumblebee (*Br.* bumble-bee) hawkmoth (*Br.* hawk-moth) (*Haemorrhagia tityus*). — ~ˌ**schwe·ber** [-ˌʃveːbər] *m* ⟨-s; -⟩ bumblebee (*Br.* bumble-bee) fly (*Bombylius major*).

Hum·mer ['hʊmər] *m* ⟨-s; -⟩ *zo.* lobster (*Gattg Homarus*): Amerikanischer ~ American lobster (*H. americanus*); (Gemeiner) ~ European lobster (*H. vulgaris*); Norwegischer ~ Norway lobster, Dublin prawn (*Nephrops norvegicus*); männlicher [weiblicher] ~ cock [hen] lobster. — **h~**ˌ**ar·tig** *adj* homarine. — ~ˌ**cock**ˌ**tail** *m gastr.* lobster cocktail. — ~ˌ**fal·le** *f* lobster pot, *Br.* lobster-pot. — ~ˌ**fang** *m* lobstering. — ~ˌ**ga·bel** *f* (*Besteckteil*) lobster fork. — ~-

ˌ**korb** *m cf.* Hummerfalle. — **~ˌle·ber** *f gastr.* tomalley. — **~saˌlat** *m* lobster salad. — **~ˌsche·re** *f* claw of a lobster.

Hu·mor[1] [huˈmoːr] *m* ⟨-s; *selten* -e⟩ **1.** (sense of) humor (*bes. Br.* humour): **feiner** (*od.* **hintergründiger**) **[trockener, unverwüstlicher] ~** subtle [dry, irrepressible] humo(u)r; **(Sinn für) ~ haben** to have a sense of humo(u)r; **keinen (Sinn für) ~ haben** to have no sense of humo(u)r; **seinen ~ behalten [verlieren]** to keep [to lose] one's sense of humo(u)r; **etwas mit ~ aufnehmen** to take s.th. good-humo(u)redly; **sich mit ~ in eine unangenehme Lage finden, eine unangenehme Lage mit ~ hinnehmen** not to lose one's sense of humo(u)r in an awkward situation; **Sie haben ~!** *iron.* you've got a hope! **~ ist, wenn man trotzdem lacht** (*Sprichwort*) *etwa* a sense of humo(u)r means to be able to laugh in spite of difficulties. – **2.** *cf.* Laune 1, Stimmung 1.

Hu·mor[2] [ˈhuːmɔr] *m* ⟨-s; -es [huˈmoːrɛs]⟩ *med.* (*Körpersaft*) humor, *bes. Br.* humour.

hu·mo·ral [humoˈraːl] *adj med.* humoral. — **H~pa·tho·loˌgie** *f* humoral pathology, humoralism, humorism.

Hu·mo·res·ke [humoˈrɛskə] *f* ⟨-; -n⟩ **1.** (*literature*) humorous sketch (*od.* story). – **2.** *mus.* humoresque.

huˈmo·rig *adj* humorous, with (*od.* full of) humor (*bes. Br.* humour).

Hu·mo·rist [humoˈrɪst] *m* ⟨-en; -en⟩ **1.** *bes.* (*literature*) humorist. – **2.** (*humorvoller Mensch*) humorist, humorous person, person with a sense of humor (*bes. Br.* humour).

hu·moˈris·tisch I *adj* (*Dichter, Erzähler, Roman etc*) humorous, humoristic: **eine ~e Ader haben** to have a humorous vein. – **II** *adv* humorously: **~ schreiben** to write in a humorous manner (*od.* vein).

huˈmor·los *adj* humorless, *bes. Br.* humourless, with no sense of (*od.* lacking in) humor (*bes. Br.* humour). — **Huˈmor·lo·sig·keit** *f* ⟨-; *no pl*⟩ lack of humo(u)r, humo(u)rlessness.

huˈmorˌvoll I *adj* humorous, full of humor (*bes. Br.* humour): **~ sein** to be of a humorous turn. – **II** *adv* humorously, in a humorous way (*od.* manner).

hu·mos [huˈmoːs] *adj agr.* (*Boden*) humous.

Hum·pe'lei *f* ⟨-; *no pl*⟩ *colloq.* hobbling and limping.

ˈhum·pe·lig *adj* (*humpelnd*) hobbling, limping.

hum·peln [ˈhʊmpəln] *v/i* ⟨h *u.* sein⟩ **1.** ⟨sein⟩ hobble, limp: **der Alte humpelte zur Tür** the old man hobbled to the door. – **2.** ⟨h⟩ limp, have a limp, walk with a slight limp: **er humpelt leicht** he walks with a slight limp; **er hat noch lange nach dem Unfall gehumpelt** he was limping for a long time after the accident.

Hum·pen [ˈhʊmpən] *m* ⟨-s; -⟩ bumper, tankard, schooner.

ˈhump·lig *adj cf.* humpelig.

Hu·mu·len [humuˈleːn] *n* ⟨-s; *no pl*⟩ *chem.* humulene ($C_{15}H_{24}$).

Hu·mus [ˈhuːmʊs] *m* ⟨-; *no pl*⟩ humus, leaf (*od.* vegetable) mold (*bes. Br.* mould). — **~ˌbil·dung** *f* formation of humus, humification. — **~ˌbo·den** *m*, **~ˌer·de** *f* humous (*od.* humus) soil. — **~ˌpflan·ze** *f bot.* humus plant; saprophyte, *auch* saprophite (*scient.*). — **h~ˌreich** *adj* humous. — **~ˌsäu·re** *f chem. cf.* Huminsäure. — **~ˌschicht** *f* layer (*od.* covering) of humus.

Hund [hʊnt] *m* ⟨-(e)s; -e⟩ **1.** dog (*Canis familiaris*): **junge ~e** young dogs, puppies; **ein rassereiner [nicht rassereiner] ~** a purebred dog [a mongrel]; **ein scharfer ~** a savage (*od.* vicious) dog; **ein bissiger ~** a dog that bites; **ist der ~ bissig?** does the dog bite? **Vorsicht, bissiger ~!** beware of the dog! **einen ~ halten** to keep a dog; **~e sind an der Leine zu führen** dogs must be kept on the lead (*od.* leash); **einen ~ an die Kette legen** to chain up a dog; **~e züchten** to breed dogs. – **2.** *fig. colloq.* (*in Wendungen wie*) **sie sind** (*od.* **leben**) **wie ~ und Katze** they live a cat-and-dog life, they live like cat and dog; **er lebt wie ein ~** he lives like a dog, he leads a dog's life; **er behandelt seinen Angestellten wie einen ~** he treats his employee like a dog (*od.* like dirt); **ich war müde wie ein ~** I was as tired as a dog, I was dog-tired; **j-m wie ein ~ folgen** to follow s.o. like a dog; **bei diesem Wetter möchte man nicht einmal einen ~ vor die Tür** (*od.* **auf die Straße**) **jagen** you wouldn't turn a dog out in such weather; **das muß** (*od.* **kann**) **(sogar) einen ~ jammern** that would make anyone's heart break; **damit kann man keinen ~ hinter dem Ofen hervorlocken** *colloq.* you can't catch a fish with that bait, that won't tempt anybody; **von dem nimmt kein ~ ein Stück Brot mehr** no one wants to have any truck with him (*od.* to have anything more to do with him); **j-n auf den ~ bringen** to ruin s.o., to reduce s.o. to beggary; **auf den ~ kommen** to go to wrack and ruin, to go to the dogs, to go to pot (*sl.*), (*bes. finanziell*) to come down in the world; **ohne deine Hilfe wäre er vor die ~e gegangen** without your help he would have gone to the dogs; **etwas vor die ~e werfen** to give (*od.* throw) s.th. to the dogs; **er ist mit allen ~en gehetzt** he is up to all the tricks of the trade, you cannot put one over (*od.* pull a fast one) on him, there are no flies on him (*sl.*); **da liegt der ~ begraben** that's why! there's the rub! there's the nigger in the woodpile! (*sl.*); **das ist ja, um junge ~e zu kriegen!** that's enough to drive you crazy; **das neue Theaterstück ist unter allem ~** the new play is beneath contempt; **den letzten beißen die ~e** (*Sprichwort*) the devil take the hindmost (*proverb*); **viele ~e sind des Hasen Tod** (*Sprichwort*) *etwa* one against many is a losing battle; **getroffener ~ bellt** (*Sprichwort*) touché, the remark struck (*od.* went) home; **kommt man über den ~, kommt man auch über den Schwanz** (*Sprichwort*) once you've broken the back of it, the rest is easy; → beißen 6; bekannt 1; dick 20; frieren 4; Knüppel 1; Pfanne 1. – **3.** *contempt.* (*Schuft, Lump*) dog, hound, cur, wretch, rascal: **ein fauler ~** a lazy dog; **du falscher ~!** you yellow dog! **er ist ein feiger ~** he is a cur (*od.* a coward); **so ein gemeiner ~!** such a dirty dog (*od. sl.* skunk)! – **4.** *colloq.* (*Bursche*) fellow: **er ist wirklich ein armer ~** he really is a poor fellow. – **5.** *zo.* a) *cf.* Haushund, b) **Fliegender ~** kalong, flying fox (*Pteropus vampyrus*). – **6.** *hunt.* hound: **eine Koppel ~e** a pack of hounds. – **7. Großer [Kleiner] ~** *astr.* Greater (*od.* Big) [Lesser, *od.* Little] Dog, Canis Major [Minor] (*scient.*). – **8. der laufende ~** *arch.* Vitruvian scroll. – **9.** (*mining*) (*Förderwagen*) mine car, truck, tub. – **10.** *metall.* guard. – **11. weiße ~e** (*Schaumkronen auf Brandungswellen*) white caps (*od.* horses).

Hünd·chen [ˈhʏntçən], *colloq.* **ˈHund·chen** *n* ⟨-s; -⟩ **1.** *dim. of* Hund. – **2.** (*junger Hund*) doggy, doggie, puppy.

ˈhun·deˌähn·lich *adj* doglike, *Br.* dog-like, cynoid (*scient.*).

ˈHun·de|ˌar·beit *f colloq.* drudgery, 'grind' (*colloq.*), *bes. Br.* fag: **was für eine ~** what a grind. — **~ˌart** *f* **1.** breed (*od.* species) of dog(s). – **2.** dog's nature: **nach ~** like a dog. — **h~ˌar·tig** *adj* doglike, *Br.* dog-like, canine (*scient.*): **~e Raubtiere** *zo.* canines (*Fam. Canidae*). — **~ˌau·gen** *pl* dog's eyes: **er sah sie mit traurigen ~ an** *fig.* he looked at her like a mournful dog. — **~ˌausˌstel·lung** *f* dog (*od.* bench) show. — **~ˌbandˌwurm** *m zo.* dog tapeworm (*Dipylidium caninum*). — **~beˌsit·zer** *m* dog owner. — **~ˌbiß** *m* dogbite. — **~ˌblu·me** *f bot. cf.* Löwenzahn. — **~ˌbür·ste** *f* dog brush. — **~ˌdreck** *m* dog dirt. — **~dresˌseur** *m* dog trainer. — **~dresˌsur** *f* dog training (method). — **h~ˈelend** *colloq.* **I** *adj* **1.** miserable, wretched. – **2.** (*übel*) (as) sick as a dog: **mir ist ~** I feel as sick as a dog. – **II** *adv* **3. ich fühle mich ~** I feel as sick as a dog. — **~ˌfän·ger** *m* dogcatcher, *Br.* dog-catcher. — **~ˌfloh** *m zo.* dog flea (*Ctenocephalides canis*). — **~ˌfraß** *m contempt.* slop: **das war ein ~!** what slop (it was)! — **~ˌfreund** *m* dog lover, *Br.* dog-lover. — **~ˌfut·ter** *n* dog food. — **~geˌbell** *n* barking of a dog (*od.* of dogs). — **~geˌkläff** *n* yelping (*od.* yapping) of a dog (*od.* of dogs). — **~geˌspann** *n* team of dogs. — **~ˌhaar·ling** *m zo.* dog louse (*Trichodectes canis*). — **~ˌhalsˌband** *n* dog collar, *Br.* dog-collar. — **~ˌhal·ter** *m* dog owner. — **~ˌhüt·te** *f* **1.** (dog) kennel, doghouse: **in einer ~ liegen** to (lodge in a) kennel. – **2.** *fig. contempt.* doghole, *Br.* dog-hole. — **h~ˈkalt** *adj colloq.* bitterly (*od.* freezing, *Br. colloq. auch* beastly) cold. — **~ˈkäl·te** *f colloq.* bitter (*od.* freezing, *Br. colloq. auch* beastly) cold: **draußen herrscht eine ~** it is freezing cold outside. — **~ˌkar·te** *f* (*railway etc*) dog ticket. — **~ˌkop·pel** *f hunt.* **1.** leash for hounds. – **2.** couple (*od.* brace) of dogs. — **~ˌkorb** *m* dog basket. — **~ˌkrank·heit** *f vet.* **1.** *meist pl* disease in dogs. – **2.** *cf.* Staupe[1]. — **~ˌku·chen** *m* dog biscuit, *Br.* dog-biscuit. — **~ˌkur·ve** *f* **1.** (*einer Treppe etc*) dog-leg(ged) (*Br.* dog-leg[ged]) course. – **2.** (*space*) pure pursuit course. — **~ˌlaus** *f zo.* dog louse (*Linognathus piliferus*). — **~ˌle·ben** *n colloq.* dog's life: **was für ein ~!** what a dog's life (*od.* miserable existence)! **ein ~ führen** to lead a dog's life. — **~ˌlei·ne** *f* (dog) lead, *Br.* (dog-)lead, (dog) leash, *Br.* (dog-)leash. — **~ˌliebˌha·ber** *m* dog lover (*od.* fancier), *Br.* dog-lover (*od.* -fancier). — **~ˌmar·ke** *f* **1.** dog tag, *Br.* dog's licence disk (*od.* disc). – **2.** *mil. colloq.* (*Erkennungsmarke*) *Am. colloq.* dog tag, *Br.* identity disk (*od.* disc). — **h~ˌmä·ßig** *adj colloq.* miserable, wretched: **ein ~es Leben führen** to lead a dog's life. — **~ˌmeu·te** *f* pack of hounds. — **~ˌmil·be** *f zo.* dog mite (*Fam. Laclapidae*). — **h~ˈmü·de** *adj* ⟨*pred*⟩ *colloq.* dog-tired, dead tired, dead beat, *Br.* dead-beat. — **~ˌnapf** *m* feeding bowl for dog. — **~ˌnarr** *m* person who is crazy (*od.* mad) about dogs, doggy person (*colloq.*). — **~ˌna·se** *f* dog's nose. — **~ˌpeit·sche** *f* dog whip, *Br.* dog-whip. — **~ˌpfle·ge** *f* dog care. — **~ˌpfle·ger** *m* specialist in dog care. — **~ˌpfo·te** *f* paw of a dog. — **~ˌpro·be** *f hunt.* field trial. — **~ˌras·se** *f zo.* breed of dog(s).

hun·dert [ˈhʊndərt] *adj* ⟨*cardinal number*⟩ **1.** hundred, a (*od.* one) hundred: **ein paar [mehrere] ~ Menschen** a few [several] hundred people; **etwa** (*od.* **rund, an die**) **~ Menschen** about (*od.* around) a hundred people; **~ Mark** a hundred marks; **~ Jahre alt werden** to live to (be) a hundred; **Zeitraum von ~ Jahren** century; **vor ~ Jahren** one hundred years ago; **das kommt einmal in ~ Jahren** (*od.* **alle ~ Jahre einmal**) **vor** that happens once in a hundred years; **die H~ Tage** *hist.* the Hundred Days. – **2.** (*substantiviert mit Kleinschreibung*) (a *od.* one) hundred: **~ von ihnen** a hundred of them; **das weiß unter ~ nicht einer** *fig.* hardly anyone knows that; **~ gegen eins wetten** to bet (*od.* lay) a hundred to one.

ˈHun·dert[1] *n* ⟨-s; -e⟩ (*als Maßeinheit*) hundred: **fünf von ~** five percent (*Br.* per cent), five in (*od.* out of) a hundred; **das ~ vollmachen** to make a full hundred; **~e von Menschen** hundreds of people; **zu ~en** by the hundred(s), in hundreds; **~e und aber ~e** hundreds and (*od.* upon) hundreds; **die Kosten gehen in die ~e** the costs run into the hundreds (*od.* into three figures); **ein halbes ~** fifty; **das zweite ~** the second hundred; **nach ~en rechnen** to count by (*Br.* in) hundreds.

ˈHun·dert[2] *f* ⟨-; -en⟩ figure one hundred: **die ~ in Ziffern schreiben** to write the hundred in figures.

ˈhun·dertˈeins *adj* ⟨*cardinal number*⟩ a (*od.* one) hundred and one.

ˈHun·der·ter *m* ⟨-s; -⟩ **1.** *colloq.* (*Geldschein*) hundred-mark bill (*Br.* note): **er wirft mit den ~n nur so um sich** he just throws hundred-mark bills around. – **2.** *math.* (*Hunderterstelle*) (the) hundred: **bei der Zahl 123 ist die 1 der ~, die 2 der Zehner und die 3 der Einer** in the number 123, 1 is the hundred, 2 the ten and 3 the unit.

ˈhun·der·terˈlei *adj* ⟨*invariable*⟩ of a hundred (different) kinds (*od.* sorts, types): **an ~ denken müssen** to have to think of a hundred different things; **~ Arten von Spielsachen** a hundred different kinds (*od.* sorts) of toys; **auf ~ Weise** in a hundred different ways.

ˈhun·dertˈer·ste *adj* ⟨*ordinal number*⟩ (one) hundred and first, *Br.* (one-)hundred-and-first.

ˈHun·der·terˌstel·le *f math.* hundred's place, (the) hundreds *pl.*

ˈhun·dertˌfach I *adj* hundredfold, centuple: **die ~e Anzahl** the centuple number; **die ~e Menge [Größe]** the hundredfold quantity [size]; **diese Tat wird dir ~en Gewinn bringen** you will profit a hundredfold (*od.* a hundred times over) by this deed; **in ~er**

Ausführung in centuplicate; in ~er Vergrößerung a) (*Abbildung*) enlarged a hundred times, b) (*im Mikroskop etc*) magnified a hundred times. – **II** *adv* (a) hundredfold, a hundred times: ~ vergrößert a) (*Abbildung*) enlarged a hundred times, b) (*im Mikroskop etc*) magnified a hundred times; etwas ~ vergrößern a) (*Abbildung*) to enlarge s.th. a hundred times, b) (*von Mikroskop etc*) to magnify s.th. a hundred times; etwas ~ vermehren to increase s.th. a hundredfold (*od.* a hundred times), to centuple s.th. – **III H~e, das** ⟨-n⟩ the hundredfold (amount): das H~e dieses Betrages one (*od.* a) hundred times this amount; das H~e von zehn ist tausend a hundred times ten is one thousand; sich um das H~e vermehren to increase (*od.* multiply) one hundredfold, to centuple.

ˈ**hun·dertˌfäl·tig** [-ˌfɛltɪç] *adj cf.* hundertfach I.

ˈ**Hun·dertˈfünfˌundˈsieb·zi·ger** *m* ⟨-s; -⟩ *colloq.* (*Homosexueller*) pansy (boy) (*colloq.*), 'queer' (*sl.*).

ˈ**hun·dertˈfünf·zig·proˌzen·tig** [-proˌtsɛntɪç] *colloq.* **I** *adj* fanatic(al), ardent: ein ~er Nationalist a supernationalist, an ultranationalist; ist er Kommunist? ja, sogar ein ~er is he a communist? yes and a dyed-in-the-wool one at that. – **II** *adv* er engagiert sich immer ~ he always gets tremendously involved.

ˈ**Hun·dert|ˌfü·ßer** *m* ⟨-s; -⟩ *zo.* centipede (*Klasse Chilopoda*). — **h~ˌfü·ßig** *adj* centipedic, centipeduous. — **h~ˌgra·dig** [-ˌgraːdɪç] *adj* (*Thermometerskala etc*) centigrade. — **~ˈjahrˌfei·er** [ˌhundərt-] *f* centenary (*od.* centennial) celebration. — **h~ˌjäh·rig** *adj* **1.** one-hundred-year-old (*attrib*), a (*od.* one) hundred years old (*pred*), centennial: ein ~er Mann a centenarian. – **2.** centenary, centennial, lasting a hundred years: ~e Erfahrung centenary practice; nach ~em Kampf after a hundred years of fighting; ~es Jubiläum (*od.* Bestehen) einer Firma centenary (*od.* centennial) of a firm; der H~e Krieg *hist.* the Hundred Years' War (*1339–1453*); → Kalender 1. — **~ˌjäh·ri·ge** *m, f* ⟨-n; -n⟩ centenarian. — **~ki·lo·ˈme·terˌtem·po** [ˌhundərt-] *n* speed of a hundred kilometers (*bes. Br.* kilometres) per hour. — **h~ˌköp·fig** [-ˌkœpfɪç] *adj* **1.** (*Drache etc*) having a hundred heads. – **2.** eine ~e Menge a crowd of a hundred. — **h~ˌmal** *adv* a hundred times: diese Strecke ist er schon über ~ gefahren he has driven this stretch more than a hundred times; ~ mehr (*od.* soviel) a hundred times more (*od.* as much); das habe ich dir schon ~ gesagt I have told you so a hundred times; muß man denn ~ dasselbe sagen? does one have to repeat the same thing over and over again? ich gebe nicht nach, wenn er auch ~ darauf besteht I won't give in, no matter how much he insists ([up]on it). — **h~ˌma·lig** *adj* (done *od.* repeated) a (*od.* one) hundred times: nach ~er Erdumkreisung landeten sie im Ozean after they had orbited the earth one hundred times (*od.* after one hundred orbits of the earth) they touched down in the ocean. — **~ˈmarkˌschein** [ˌhundərt-] *m* hundred-mark bill (*Br.* note). — **~ˈme·terˌlauf** [ˌhundərt-] *m* (*sport*) (*in der Leichtathletik*) 100-meter (*bes. Br.* 100-metre) dash (*od.* race). — **h~ˌpfün·dig** [-ˌpfʏndɪç] *adj* weighing a hundred pounds. — **h~proˌzen·tig** [-proˌtsɛntɪç] **I** *adj* **1.** (a) hundred percent (*Br.* per cent): ~e Beteiligung hundred percent participation. – **2.** (*Wolle, Alkohol etc*) pure. – **3.** ⟨*attrib*⟩ *fig.* (*völlig*) complete, total, perfect, downright, out-and-out: ~er Unsinn utter (*od.* sheer) nonsense. – **4.** ⟨*attrib*⟩ *fig.* (*durch u. durch*) out-and-out, downright, thoroughgoing, thoroughpaced: ein ~er Konservativer a thoroughgoing (*od.* hundred percent [*Br.* per cent], dyed-in-the-wool) conservative, a conservative through and through. – **II** *adv* **5.** completely, totally, perfectly, absolutely: diese Methode ist ~ zuverlässig this method is completely reliable; mit etwas ~ einverstanden sein to be in perfect (*od.* hundred percent [*Br.* per cent]) agreement with s.th.; sich auf j-n ~ verlassen können to be able to rely on s.o. completely; das weiß ich ~ I know that for sure. — **~ˌsatz** *m* percentage.

ˈ**Hun·dert·schaft** *f* ⟨-; -en⟩ (*von Soldaten etc*) group of one hundred: eine ~ der Polizei a group of a hundred policemen.

ˈ**hun·dertst I** *adj* ⟨*ordinal number*⟩ hundredth, centesimal: der ~e Teil the hundredth part; zum ~en Male for the hundredth time.

ˈ**Hun·dert·ste** *m, f* ⟨-n; -n⟩, *n* ⟨-n; *no pl*⟩ hundredth: jeder ~ every hundredth person; vom H~en ins Tausendste kommen *colloq.* to ramble (*od.* jump) from one subject to another.

ˈ**Hun·dert·stel I** *n, Swiss usually m* ⟨-s; -⟩ hundredth (part). – **II h~** *adj* ⟨*attrib*⟩ hundredth: drei h~ Millimeter three hundredth of a millimeter (*bes. Br.* millimetre). — **~seˌkun·de** *f* hundredth of a second.

ˈ**hun·dert·stens** *adv* in the hundredth place.

ˈ**hun·dertˌtä·gig** *adj* ⟨*attrib*⟩ of a hundred days: nach einer ~en Reise after a journey of a hundred days.

ˈ**hun·dertˈtau·send** *adj* ⟨*cardinal number*⟩ **1.** a (*od.* one) hundred thousand: ~ Mark a hundred thousand marks. – **2.** (*substantiviert mit Kleinschreibung*) (a *od.* one) hundred thousand: ~ von ihnen a hundred thousand of them.

ˈ**Hun·dertˈtau·send**[1] *n* ⟨-s; -e⟩ (*als Maßeinheit*) hundred thousand: ~e von Käfern hundreds of thousands of beetles; zu ~en in hundreds of thousands; das erste ~ the first hundred thousand; die Einwohnerzahl erreichte das zweite ~ the population reached the two hundred thousand.

ˈ**Hun·dertˈtau·send**[2] *f* ⟨-; -en⟩ figure one hundred thousand.

ˈ**hun·dertˌtei·lig** *adj* consisting of a (*od.* one) hundred parts, centesimal, centigrade.

ˈ**hun·dertˌundˈeins** *adj cf.* hunderteins.

ˈ**hun·dertˌwei·se** *adv* by hundreds, by the hundred.

ˈ**Hun·de|saˌlon** *m* beauty parlor (*bes. Br.* parlour) for dogs. — **~ˌschau** *f* dog (*od.* bench) show. — **~ˌschlit·ten** *m* dog sled(ge). — **~ˌschnau·ze** *f* muzzle (of a dog), dog's snout: sie ist kalt wie eine ~ *fig. colloq.* she is as cold as a fish. — **~ˌschu·le** *f* dog training school. — **~ˌsohn** *m contempt.* son of a bitch (*sl.*). — **~ˌsper·re** *f* quarantine for dogs (*prohibition of letting dogs run freely and without a muzzle*). — **~ˌsport** *m* dog sport. — **~ˌstau·pe** *f vet. cf.* Staupe[1]. — **~ˌsteu·er** *f* dog tax. — **~ˌwa·che** *f mar.* dogwatch, *Br.* dog-watch. — **~ˌwet·ter** *n colloq.* nasty (*od.* horrible) weather: das ist heute ein ~ what a nasty day. — **~ˌzecke** (*getr.* -k·k-) *f zo. cf.* Holzbock 3. — **~ˌzucht** *f* breeding of dogs, dog breeding. — **~ˌzüch·ter** *m* dog breeder. — **~ˌzwin·ger** *m* (dog) kennel(s *pl*).

Hün·din [ˈhʏndɪn] *f* ⟨-; -nen⟩ bitch, female dog.

hün·disch [ˈhʏndɪʃ] *adj* **I** doglike, *Br.* dog-like, servile, slavish, cringing, fawning, toadyish, abject: ~e Ergebenheit servile devotion; ~er Gehorsam slavish obedience; ~e Angst cringing fear; ~e Unterwürfigkeit abject obsequiousness. – **II** *adv* j-m ~ ergeben sein to have a dog(-)like (*od.* servile) devotion to s.o.

ˈ**Hunds|ˌbee·re** *f bot.* (*Frucht von Cornus sanguinea*) dogberry. — **~ˌblu·me** *f cf.* Löwenzahn. — **~ˌdill** *m cf.* Hundspetersilie. — **~ˌdorn** *m cf.* a) Kreuzdorn, b) Hundsrose. — **~ˌfisch** *m zo.* mud fish (*od.* minnow) (*Umbra krameri*). — **~ˌflech·te** *f bot.* a) thrush lichen (*od.* moss) (*Gattg Peltigera*), b) dog lichen, ground liverwort (*P. canina*). — **~ˌfloh** *m zo. cf.* Hundefloh.

ˈ**Hundsˌfott** [-ˌfɔt] *m* ⟨-(e)s; -e *od.* ¨er⟩ **1.** *contempt.* blackguard, scoundrel, rogue, 'skunk' (*sl.*). – **2.** *mar.* lower strop of a wooden block, *Am. auch* becket. — ˈ**hundsˌföt·tisch** [-ˌfœtɪʃ] *adj contempt.* base, blackguardly, scoundrelly, roguish, low-down (*colloq.*) (*attrib*).

ˈ**hunds·ge'mein** *adj colloq.* **1.** *cf.* hundsföttisch. – **2.** (*sehr gemein*) very mean, ignoble: sein Benehmen war ~ he behaved very meanly. – **3.** (*Wetter, Kälte etc*) very unpleasant, nasty, *Br. colloq. auch* 'beastly'. — ˈ**Hunds·geˈmein·heit** *f colloq.* base act, dirty (*od. colloq.* low-down) trick.

ˈ**Hundsˌgift** *n bot.* dogbane (*Gattg Apocynum*). — **~geˌwäch·se** *pl* dogbane family *sg* (*Fam. Apocynaceae*).

ˈ**Hunds|ˌgras** *n bot. cf.* a) Quecke, b) Knäuelgras. — **~ˌgur·ke** *f cf.* Eselsgurke. — **~ˌhai** *m zo.* **1.** tope (shark), *auch* soupfin (shark) (*Galeorhinus galeus*). – **2.** Glatter ~ smooth hound, smooth dog(fish) (*Mustelus canis*). — **~kaˌmil·le** *f bot.* c(h)amomile (*Gattg Anthemis*): Stinkende ~ stink mayweed, stinking c(h)amomile, mayweed, mathes (*A. cotula*). — **~ˌker·bel** *m* common rough chervil (*Anthriscus caucalis*). — **~ˌkohl** *m cf.* Hundsgift.

ˈ**Hundsˌkopf** *m* **1.** *zo. cf.* Hundshai. – **2.** *brew.* faucet (*Br.* tap) for filling casks of beer. — **~ˌaf·fen** *pl zo.* dogheads, cynopithecinae (*scient.*) (*Fam. Cynopithecinae*). — **~ˌboa** *f cf.* Hundskopfschlange.

ˈ**Hunds|ˌköp·fe** *pl zo.* baboon(s *pl*) (*Gattg Papio*). — **h~ˌköp·fig** [-ˌkœpfɪç] *adj* with a dog's head: ~er Mensch cynocephalus. — **~ˌkopfˌschlan·ge** *f,* **~ˌkopfˌschlin·ger** [-ˌʃlɪŋər] *m* ⟨-s; -⟩ *zo.* emerald green boa (*Boa canina*). — **~ˌkür·bis** *m bot. cf.* Eselsgurke. — **~ˌlat·tich** *m cf.* Löwenzahn. — **h~mi·seˈra·bel** *colloq.* **I** *adj* (*Film, Wetter etc*) very bad (*od.* miserable), 'rotten' (*colloq.*), 'lousy' (*sl.*). – **II** *adv* mir geht es ~ I feel lousy. — **~ˌmor·chel** *f bot.* dog stinkhorn (*Br.* stink-horn) (*Mutinus caninus*). — **h~ˈmü·de** *adj* ⟨*pred*⟩ *colloq. cf.* hundemüde. — **~ˌnel·ke** *f bot.* soapwort, *Br.* soap-wort (*Saponaria officinalis*). — **~pe·terˌsi·lie** *f* fool's parsley, ass parsley (*Aethusa cynapium*). — **~ˌquecke** (*getr.* -k·k-) *f* dog('s) grass, *Br.* dog('s)-grass (*Agropyron caninum*). — **~ˌrau·ke** *f* bastard rocket (*Gattg Erucastrum*). — **~ˌro·se** *f* dog rose, *Br.* dogrose, bramble rose (*Rosa canina*). — **~ˌrü·be** *f* (*weiße Gichtrübe*) white bryony (*Bryonia alba*). — **~ˌstern** *m astr.* Dog Star, *Br.* Dog-star, Sirius. — **~ˌta·ge** *pl* dog days, *Br.* dog-days, canicular days (*lit.*): mitten in den ~n in the middle of the dog(-)days. — **~ˌtagsˌflie·ge** *f zo.* dog fly, little housefly (*Fannia canicularis*). — **~ˌtagsˌhit·ze** *f* canicular heat. — **~ˌtod** *m bot. cf.* Hundsgift. — **~ˌveil·chen** *n* dog violet, *Br.* dog-violet (*Viola canina*). — **~ˌwurz** *f* anacamptis (*Anacamptis pyramidalis*). — **~ˌwut** *f vet. cf.* Tollwut. — **h~ˌwü·tig** *adj cf.* tollwütig.

ˈ**Hundsˌzahn** *m bot.* dogtooth (*Br.* dog-tooth) (*od.* dog's-tooth) violet (*Erythronium dens-canis*). — **~ˌgras** *n* devil (*od.* scutch) grass, creeping panic grass, doob (*Cynodon dactylon*). — **~ˌli·lie** *f cf.* Hundszahn. — **~or·naˌment** *n arch.* (*in der engl. Frühgotik*) dogtooth, *Br.* dog-tooth.

ˈ**Hunds|ˌzecke** (*getr.* -k·k-) *f zo. cf.* Holzbock 3. — **~ˌzun·ge** *f* **1.** *zo. cf.* Rotzunge. – **2.** *bot.* dog's-tongue, hound's-tongue, cynoglossum (*scient.*) (*Gattg Cynoglossum*).

Hü·ne [ˈhyːnə] *m* ⟨-n; -n⟩ giant, titan, *auch* Titan: er ist ein ~ von Gestalt he is a giant (*od.* man of gigantic build).

ˈ**Hü·nen|geˌstalt** *f* **1.** gigantic figure. – **2.** *cf.* Hüne. — **~ˌgrab** *n* dolmen, megalithic grave, (prehistoric) barrow. — **h~haft** *adj* gigantic, huge: von ~er Gestalt of gigantic build. — **~ˌring** *m* prehistoric fortification.

Hun·ger [ˈhuŋər] *m* ⟨-s; *no pl*⟩ **1.** hunger: großer [nagender, schrecklicher] ~ great [gnawing, ravenous] hunger; ~ bekommen to get hungry; ~ haben to be (*od.* feel) hungry; ~ leiden to suffer (from) hunger, to starve, to be starved; er konnte seinen (ärgsten) ~ stillen he could appease his hunger; einen nagenden ~ verspüren to feel pangs of hunger; vom ~ gequält pinched with hunger; ich kann es vor ~ nicht mehr aushalten I'm so hungry I can't stand it any longer; ich komme (*od.* falle fast) um vor ~ *colloq.* I am simply starving to death; mir knurrt vor ~ der Magen my stomach is rumbling with hunger; vor ~ (*od. lit.* ~s) sterben to die of hunger (*od.* starvation), to starve to death; der ~ sieht ihm aus den Augen he looks half starved; ich habe ~ wie ein Bär [Wolf] I am as hungry as a bear [wolf], I'm so hungry I could eat a horse; guten ~! *colloq.* have a good meal! der ~ treibt's hinein *colloq.* hunger makes hard beans sweet (*proverb*); ~ ist der beste Koch (*Sprichwort*) hunger is the best sauce (*proverb*); Worte stillen den ~ nicht hungry bellies have no ears (*proverb*). – **2.** (*Eßlust*) (auf *acc* for) appetite: ich habe ~ auf Fleisch I have an appetite for meat; ich habe heute keinen richtigen ~ I have no real appetite today. – **3.** *fig.* (nach for, after) hunger, thirst, craving, longing, avidity (*lit.*): ~ nach guter Literatur [nach Liebe] hunger for good literature [love]; ich habe

~ nach frischer Luft I am longing for some fresh air. – **4.** *cf.* Hungersnot.

'**Hun·ger|be,ruf** *m* profession which does not pay enough to live on. — **~blocka·de** (*getr.* -k,k-) *f* hunger blockade. — **~,blüm·chen** *n*, **~,blu·me** *f bot.* whitlow grass, hunger flower (*Erophila verna*). — **~,brun·nen** *m geol. cf.* Hungerquelle. — **~,da,sein** *n* starvation existence. — **~ge,biet** *n* famine-affected area. — **~ge,fühl** *n* hollow feeling, sensation (*od.* feeling) of hunger. — **~ge,stalt** *f* famished-looking being, walking skeleton. — **~,har·ke** *f agr. cf.* Heurechen.

'**hun·ge·rig** *adj u. adv cf.* hungrig.

'**Hun·ger|,jahr** *n* year of famine: die ~e a) the lean years, b) *hist.* the Hungry Forties. — **~,korn** *n bot. cf.* Mutterkorn. — **~,krank·heit** *f med. vet. cf.* Mangelkrankheit. — **~,künst·ler** *m* professional starver. — **~,kur** *f* starvation diet: eine ~ machen to go on a starvation (*od. colloq.* crash) diet. — **~,le·ben** *n lit.* life of want and privation. — **h~,lei·dend** *adj* suffering from hunger (*od.* starvation), starving.

'**Hun·ger,lei·der** *m* ⟨-s; -⟩ *colloq.* starveling. — **,Hun·ger·lei·de'rei** *f* ⟨-; *no pl*⟩ *colloq.* pinching and starving.

'**Hun·ger|,lohn** *m* starvation wages *pl*, pittance: ich arbeite für einen ~ I am working for a mere pittance. — **~,marsch** *m* hunger march, *Br.* hunger-march: Teilnehmer(in) an einem ~ hunger(-)marcher.

hun·gern ['hʊŋərn] **I** *v/i* ⟨h⟩ **1.** (*Hunger leiden*) go hungry, suffer (from) hunger, tighten one's belt, 'starve' (*colloq.*). – **2.** (*ohne Nahrung bleiben*) go without food, starve. – **3.** (*freiwillig*) starve (oneself), diet: sie hat gehungert, um schlank zu werden she starved in order to lose weight. – **4.** (*fasten*) fast. – **5.** *fig.* (nach for, after) hunger, long, yearn, crave: nach Liebe ~ to hunger for love. – **II** *v/impers* **6.** *lit.* es hungert mich, mich hungert I am (*od.* feel) hungry; es hungerte ihn nach Wissen *fig.* he hungered for knowledge. – **III** *v/reflex* **7.** *colloq.* sich zu Tode ~ to starve oneself to death; sich schlank ~ to starve oneself in order to lose weight; sich durchs Studium ~ to lead an existence of want and privation while studying. – **IV H~** *n* ⟨-s⟩ **8.** *verbal noun.* – **9.** starvation. — '**hun·gernd I** *pres p.* – **II** *adj* starving. — '**Hun·gern·de** *m, f* ⟨-n; -n⟩ starveling: die H~n the starving.

'**Hun·ger|ödem** [-ʔø,deːm] *n* **1.** *med.* famine (*od.* hunger, nutritional, war) edema (*auch* oedema). – **2.** *vet.* hunger swelling. — **~,quel·le** *f geol.* intermittent spring. — **~ra·ti,on** *f* starvation ration. — **~re,vol·te** *f* bread riot. — **~,schmerz** *m med.* hunger pain.

'**Hun·gers,not** *f* famine, dearth: es herrscht ~ there is a famine; es droht eine ~ a famine threatens.

'**Hun·ger|,stein** *m min.* residue in a salt pan (*Br.* salt-pan). — **~,streik** *m* hunger strike, *Br.* hunger-strike: in den ~ treten to go on hunger(-)strike. — **~,tod** *m* death from starvation: den ~ erleiden to die of hunger (*od.* starvation), to starve to death. — **~,tuch** *n only in* am ~ nagen *fig. colloq.* to suffer from hunger, to be starving. — **~,turm** *m hist.* medi(a)eval dungeon (used as a prison). — **~,ty·phus** *m med. cf.* Fleckfieber. — **~,zu,stand** *m* fasting condition.

'**hung·rig I** *adj* **1.** hungry: ~ sein to be (*od.* feel) hungry, to feel peckish (*colloq.*); ein ~es Gesicht machen to have a hungry look; ~ nach etwas sein to be hungry for s.th.; ~ wie ein Wolf (as) hungry as a bear (*od.* wolf); einem ~en Magen ist schlecht predigen (*Sprichwort*) hungry bellies have no ears (*proverb*). – **2.** *fig.* (nach for) hungry, eager: ~ nach Liebe hungry for love. – **II** *adv* **3.** sich ~ fühlen to feel hungry. — '**Hung·ri·ge** *m, f* ⟨-n; -n⟩ hungry person: die ~n speisen to give food to (*od.* to feed) the hungry.

Hun·ne ['hʊnə] *m* ⟨-n; -n⟩ *hist.* Hun.

'**Hun·nen|,kö·nig** *m hist.* king of the Huns. — **~,schlacht** *f* battle on the Catalaunian Plains (*451*). [Hunnian, Hunnic.]

'**hun·nisch** *adj* of the Huns, Hunnish, *auch*

Hunt [hʊnt] *m* ⟨-(e)s; -e⟩ (*mining*) *cf.* Hund 9.

hun·zen ['hʊntsən] *v/t* ⟨h⟩ j-n ~ *colloq.* a) to make s.o. work hard, b) to treat s.o. badly, c) *obs. for* beschimpfen 1.

Hu·pe ['huːpə] *f* ⟨-; -n⟩ *auto.* horn. — '**hu·pen** *v/i* ⟨h⟩ blow (*od.* sound) one's horn, honk, toot, *Br. auch* hoot.

hup·fen ['hʊpfən] *v/i* ⟨sein⟩ *Southern G. dial. for* hüpfen: das (*od.* es) ist gehupft wie gesprungen *colloq.* that's six of one and half a dozen of the other.

hüp·fen ['hʏpfən] *v/i* ⟨sein⟩ **1.** (*hopsen*) hop, jump: auf einem Bein ~ to hop on one leg; in die Höhe ~ to hop up into the air. – **2.** (*leichtfüßig*) skip. – **3.** (*springen*) jump, leap: vor Freude ~ to leap with joy. – **4.** (*aufspringen*) bounce, bound: einen Ball ~ lassen to bounce a ball; der Junge hüpfte auf dem Bett auf und nieder the boy was bouncing up and down on the bed. – **5.** *fig.* leap, skip, jump: mein Herz hüpfte vor Freude my heart jumped with joy.

'**Hup·fer** *m* ⟨-s; -⟩ *Southern G. dial. for* Hüpfer.

'**Hüp·fer** *m* ⟨-s; -⟩ hop, little jump.

'**Hüp·fer·ling** *m* ⟨-s; -e⟩ *zo.* cyclops (*Gattg Cyclops*).

'**Hüpf|,maus** *f zo.* jumping mouse (*Unterfam. Zapodinae*). — **~,spiel** *n* (*Kinderspiel*) hopscotch.

'**Hup|kon,zert** *n* chorus (*od.* general sounding) of horns. — **~si,gnal** *n* horn signal, honk: ein ~ geben *cf.* hupen. — **~ver,bot** *n* prohibition of horn sounding. — **~,zei·chen** *n cf.* Hupsignal.

Hur·de ['hʊrdə] *f* ⟨-; -n⟩ **1.** *Swiss for* Horde[2] 1. – **2.** *civ.eng.* hurdle.

Hür·de ['hʏrdə] *f* ⟨-; -n⟩ **1.** (*sport*) hurdle: ~n laufen to hurdle; eine ~ nehmen (*od.* überspringen) to take (*od.* clear) a hurdle, to hurdle; die 110 Meter ~n the 110-meter (*bes. Br.* 110-metre) hurdles. – **2.** *fig.* hurdle, obstacle: eine ~ nehmen to overcome an obstacle; damit ist die erste ~ genommen we are over the first hurdle. – **3.** *agr.* a) (*Pferch*) fold, pen, b) (*geflochtenes Gestell zum Einzäunen*) hurdle, *Br. auch* wattle: etwas mit ~n umgeben to hurdle s.th. – **4.** *cf.* Horde[2] 1. — **hür·den** ['hʏrdən] *v/t* ⟨h⟩ *agr.* (*Schafe etc*) fold, pen, put (*sheep*) in a fold (*od.* pen).

'**Hür·den|,lauf** *m* (*sport*) hurdle race. — **~,läu·fer** *m*, **~,läu·fe·rin** *f* hurdler. — **~,ren·nen** *n* (*beim Reiten*) hurdle race, steeplechase.

Hu·re ['huːrə] *f* ⟨-; -n⟩ *contempt.* **1.** whore, prostitute, harlot, 'tart' (*colloq.*): die große ~ *Bibl.* (the whore of) Babylon. – **2.** streetwalker.

hu·ren ['huːrən] *v/i* ⟨h⟩ *contempt. vulg.* **1.** (*von einem Mann*) whore, consort with whores (*od.* prostitutes): ~ gehen to go whoring. – **2.** (*von Frauen*) a) whore, be a whore (*od.* prostitute), b) be a streetwalker, walk the streets.

'**Hu·ren|,bock** *m vulg.* whoremaster, *Br.* whore-master, debauchee. — **~,gas·se** *f contempt.* street with prostitutes, (street in the) red-light district. — **~,gras** *n bot.* moonwort, moon fern (*Botrychium lunaria*). — **~,haus** *n cf.* Bordell. — **~,kind** *n* **1.** child of a whore. – **2.** *print.* widow. — **~,sohn** *m vulg. Am.* son of a bitch (*vulg.*), *Br.* bastard (*vulg.*). — **~,vier·tel** *n* red-light district. — **~,wei·bel** *m hist. supervisor of camp followers in lansquenet armies.* — **~,wirt** *m contempt.* brothel-keeper.

'**Hu·rer** *m* ⟨-s; -⟩ *vulg.* whoremaster, *Br.* whore-master.

Hu·re'rei *f* ⟨-; *no pl*⟩ whoring, prostitution, harlotry (*lit.*): ~ treiben to whore. — '**hu·re·risch** *adj* whorish.

Hu·ri ['huːri] *npr f* ⟨-; -s⟩ *relig.* (*im Islam*) houri, huri.

hür·nen ['hʏrnən] *adj obs. for* hörnern.

Hu·ro·ne [hu'roːnə] *m* ⟨-n; -n⟩ (*Angehöriger eines Indianerstammes*) Huron. — **hu'ro·nisch** *adj* Huronian.

hur·ra [hu'raː; 'hʊra] *interj* hurrah! hoorah! *auch* hooray! huzza(h)!: ~ rufen to hurrah, to hoorah, *auch* to hooray, to huzza(h), to cheer.

Hur·ra [hu'raː; 'hʊra] *n* ⟨-s; -s⟩ cheer(s *pl*), hurrah, hoorah, *auch* hooray: j-n mit lautem ~ empfangen to give s.o. a loud hurrah; ein dreifaches ~ ausbringen auf (*acc*) to give three cheers for. — **~ge,schrei** *n* (shouts *pl* of) hurrah. — **~pa·tri,ot** *m contempt.* jingo, chauvinist. — **h~pa·trio·tisch** [-pa·tri,oːtɪʃ] *adj* jingoistic, chauvinistic, *auch* flag-waving. — **~pa·trio,tis·mus** *m* jingoism, chauvinism, sabre-rattling nationalism. — **~,ruf** *m cf.* Hurra.

Hur·ri·kan ['hʊrikan; 'hʌrɪkən] (*Engl.*) *m* ⟨-s; -e ['hʊrikanə] *u.* -s ['hʌrɪkənz]⟩ *meteor.* hurricane.

hur·tig ['hʊrtɪç] **I** *adj* **1.** (*schnell*) quick, swift: in ~en Sprüngen lief er über die Wiese he ran across the meadow in swift bounds, he bounded across the meadow. – **2.** (*flink u. gewandt*) agile, nimble. – **II** *adv* **3.** quickly, rapidly: komm ~ zurück come back at once; mach ~! etwas ~! hurry up, get a move on (*colloq.*). — '**Hur·tig·keit** *f* ⟨-; *no pl*⟩ **1.** (*Schnelligkeit*) quickness, swiftness. – **2.** (*Flinkheit*) agility, nimbleness.

Hu·sar [hu'zaːr] *m* ⟨-en; -en⟩ *mil. hist.* hussar, *auch* Hussar.

Hu'sa·ren|,af·fe *m zo.* hussar monkey, patas (*Erythrocebus patas*). — **~,jacke** (*getr.* -k·k-) *f* dolman. — **~,knopf** *m bot.* Para cress (*Spilanthes oleracea*). — **~,ritt** *m fig.* escapade, daring venture. — **~,streich** *m*, **~,stück(·chen)** *n fig. colloq.* coup de main, daring coup. — **~,ta·sche** *f zo.* saddle perna (*Perna ephippium*).

husch [hʊʃ] **I** *interj* **1.** (*Scheuchruf*) shoo!: ~ rufen to shoo. – **2.** (*schnell*) in (*od.* like) a flash, quick: und ~, weg war sie and off she was like a flash; ~, ~, ins Körbchen! *colloq.* quick — off to bed with you! – **II** *adv* **3.** *auch* ~, ~ (very) quickly: bei ihm muß alles ~ gehen he wants everything to be done in a hurry; er macht seine Arbeit immer ~, ~ he always works very quickly and sloppily. – **III H~** *m* ⟨-es; -e⟩ **4.** flash, whisk: er war im H~ wieder hinaus he left in a flash; j-n auf einen H~ besuchen to pay s.o. a flying visit, to pop in on s.o. for a short visit.

Hu·sche ['hʊʃə] *f* ⟨-; -n⟩ *Eastern G. dial.* rain shower.

'**hu·sche·lig** *colloq.* **I** *adj* (*Arbeit etc*) sloppy, slipshod, slovenly. – **II** *adv* sloppily, in a slovenly manner.

hu·scheln ['hʊʃəln] **I** *v/i* ⟨h⟩ *colloq.* work quickly and sloppily, scamp one's work. – **II** *v/reflex* sich in eine Decke ~ *dial.* to wrap oneself up in a blanket.

hu·schen ['hʊʃən] *v/i* ⟨sein⟩ **1.** scurry, flit, whisk, dart: die Maus huschte in ihr Loch the mouse scurried into its hole; ein Schatten huschte über den Boden a shadow flitted (*od.* skimmed) across the ground. – **2.** *fig.* flit, whisk: ein Lächeln huschte über sein Gesicht a smile flitted across his face; Gedanken huschten durch seinen Kopf thoughts crossed his mind.

Hü·sing ['hyːzɪŋ] *f* ⟨-; -en⟩ *mar.* houseline.

hus·sa ['hʊsa] *interj hunt.* (*Hetzruf an Hunde*) hoicks! *auch* hoick! *bes. Br.* yoicks! *auch* yoick! *Am. colloq. auch* sic'em!

hus·sen ['hʊsən] *v/i* ⟨h⟩ *Austrian colloq. for* hetzen 7.

Hus·sit [hʊ'siːt] *m* ⟨-en; -en⟩ *relig. hist.* Hussite.

Hus'si·ten|,krie·ge *pl hist.* Hussite wars (*1420–36*). — **~,schan·ze** *f* prehistoric fortification.

hus'si·tisch *adj* Hussite.

hüst [hyst] *interj* (*Zuruf an Pferde*) *Am.* haw! *Br.* wo hi!

hü·steln ['hyːstəln] **I** *v/i* ⟨h⟩ **1.** cough slightly, give a (slight) cough. – **II H~** *n* ⟨-s⟩ **2.** *verbal noun.* – **3.** slight cough.

hu·sten[1] ['huːstən] **I** *v/i* ⟨h⟩ **1.** cough: davon mußte ich ~ that made me cough; stark ~ to cough loudly (*od.* severely), to have a bad (*od.* severe) cough; der Rennwagen hustete und spuckte *fig.* the racing car coughed and spat: auf (*acc*) etwas ~ *fig. colloq.* not to care a rap (*od.* straw, fig) about s.th.; → Floh 2. – **II** *v/t* **2.** (*aushusten*) cough up (*od.* out): Blut ~ to cough (up) blood. – **3.** *fig. colloq.* (*in Wendungen wie*) dir werde ich etwas (*od.* eins) ~ you can wait a long time for that, you have another guess coming, *Br. auch* I'll see you further first; dem werde ich eins ~ a) he can wait till doomsday, b) (*die Meinung sagen*) I'll let him have it, I'll give him a piece of my mind (*beide colloq.*). – **III H~** *n* ⟨-s⟩ **4.** *verbal noun.* – **5.** cough.

'**Hu·sten**[2] *m* ⟨-s; -⟩ *med.* cough: ~ haben to have a cough; bellender ~ barking cough; trockener ~ dry (*od.* unproductive) cough. — **~,an,fall** *m* fit (*od. scient.* paroxysm) of coughing. — **~bon,bon** *m, n* cough drop (*od.* lozenge), *Br.* cough-drop (*od.* -lozenge). — **~,krampf** *m* spasmodic cough. — **~,mit·tel** *n* cough remedy (*od.* medicine), expectorant (*scient.*). — **~re,flex** *m* cough reflex. — ~ˌ**reiz** *m* irritation of the throat (causing coughing), tickle in the throat. — ~ˌ**saft**, ~ˌ**si·rup** *m* cough syrup. — **h~-ˌstil·lend** *adj* cough-relieving, antitussive (*scient.*). — ~ˌ**tee** *m* pectoral tea. — ~-ˌ**trop·fen** *pl* cough drops, *Br.* cough-drops. — ~ˌ**zen·trum** *n* coughing center (*bes. Br.* centre).

Hut[1] [huːt] *m* ⟨-(e)s; ⸗e⟩ **1.** hat: **ein breitkrempiger** ~ a broadbrimmed hat; **ein steifer** ~ a) (*Melone*) a bowler (*Am.* derby) (hat), b) (*Zylinder*) a top hat; **den** ~ **abnehmen [aufsetzen]** to take off [to put on] one's hat; **den** ~ **(tief) ins Gesicht drücken** (*od.* **ziehen**) to pull one's hat down (low) over one's face (*od.* one's eyes); **den** ~ **vor j-m ziehen** (*od.* **lüften**) *auch fig.* to raise (*od.* take off) one's hat to s.o.; ~ **ab vor dieser Leistung!** *fig.* hats off to that (achievement)! **den** ~ **aufs Ohr setzen** to cock one's hat over one('s) ear; **den** ~ **ins Genick schieben** to push (*od. colloq.* shove) one's hat back; **alle unter einen** ~ **bringen** *fig.* to get everyone to agree, to reconcile conflicting opinions; **nach diesen Vorfällen mußte der Minister seinen** ~ **nehmen** *fig. colloq.* after these incidents the minister had to resign; **j-m eins auf den** ~ **geben** *fig. colloq.* to give s.o. a dressing down; **eins auf den** ~ **kriegen** *fig. colloq.* to get a good dressing down; **da geht einem (ja) der** ~ **hoch!** *fig. colloq.* it makes one's blood boil, it makes one see red; **schließlich ging ihm der** ~ **hoch** *fig. colloq.* finally he blew his top; **der hat wohl Spatzen unterm** ~? *colloq. humor.* his hat must be stuck to his head; **das kannst du dir an den** ~ **stecken!** *fig. colloq.* you can keep it! **das ist ein alter** ~ *fig. colloq.* that's old hat (*colloq.*), that's an old story; **mit dem** ~**e in der Hand kommt man durch das ganze Land** (*Sprichwort*) *etwa* politeness will take you a long way, it pays to be polite. – **2.** *bot.* (*von Pilzen*) cap, pileus (*scient.*). – **3.** *tech.* head. – **4.** *arch.* cap, roof. – **5.** *brew.* lid. – **6.** *geol.* a) cap, b) (*Oxydationsbildung über Erzlagerstätten*) gossan, c) (*eiserner Hut*) iron hat. – **7.** *cf.* Zuckerhut.

Hut[2] *f* ⟨-; *no pl*⟩ *lit.* **1.** guard: **auf der** ~ **sein** to be on one's guard (*od.* on the alert); **nicht auf der** ~ **sein** to be napping; **vor j-m [etwas] auf der** (*od.* **seiner**) ~ **sein** to be on one's guard against s.o. [s.th.]. – **2.** (*Obhut, Schutz*) care, keeping, protection: **in** (*od.* **unter**) (*dat*) **j-s** ~ **sein** (*od.* **stehen**) to be in s.o.'s care (*od.* custody), to be under s.o.'s protection; **in guter** (*od.* **sicherer**) ~ **sein** to be in safe keeping; **in Gottes** ~ **sein** to be in God's care; **j-n in seine** ~ **nehmen** to take s.o. in (*od.* under) one's care. – **3.** *agr.* a) pasture (land), b) (*Weiderecht*) right of pasturage, c) (*gehütetes Vieh*) herd (of cattle).

'**Hut**|ˌ**ab**ˌ**la·ge** *f* hat rack. — ~ˌ**af·fe** *m zo.* toque macaque (*od.* monkey) (*Macaca sinica*). — ~ˌ**band** *n* ⟨-(e)s; ⸗er⟩ hatband. — ~ˌ**baum** *m bot.* Malabar almond (*Terminalia catappa*): **Breitblättriger** ~ broadleaf (tree) (*T. latifolia*). — ~**be**ˌ**satz** *m* hat trimming. — ~ˌ**bür·ste** *f* hat brush.

Hüt·chen ['hyːtçən] *n* ⟨-s; -⟩ **1.** *dim. of* Hut[1]. – **2.** (small) cap.

'**Hü·te**ˌ**jun·ge** *m* herdboy.

hü·ten ['hyːtən] **I** *v/t* ⟨h⟩ **1. j-n [etwas]** ~ to guard (*od.* protect, watch over) s.o. [s.th.]: **etwas eifersüchtig** ~ to guard s.th. jealously; **hüte deine Zunge!** *fig.* mind (*od.* be careful) what you say! watch your tongue! → Augapfel 2; Tor[1] 4. – **2.** (*Kind*) mind, look after: **Kinder** ~ to baby-sit. – **3.** (*Schafe, Ziegen etc*) herd, mind. – **4.** (*Haus, Wohnung etc*) look after, keep an eye on (*colloq.*); → Bett 1; Haus 2. – **5.** *fig.* (*Geheimnis etc*) keep, guard. – **II** *v/reflex* **6. sich vor j-m [etwas]** ~ to be on one's guard against s.o. [s.th.], to beware of (*od.* watch out for) s.o. [s.th.]: **vor ihm solltest du dich** ~ you should beware (*od.* be careful) of him; **sich vor Erkältungen** ~ *med.* to guard against colds. – **7. sich** ~, **etwas zu tun** to take (good) care not to do s.th.: **er soll sich** ~ **(, das nochmal zu sagen)** he had better be careful (not to say it again); **ich werde mich (schön** *od.* **schwer)** ~, **das zu tun!** *colloq.* I'll take (damn) good care not to do that! (*colloq.*); **kommst du mit? ich werde mich** ~**!** *colloq.* are you coming? not likely. – **III H**~ *n* ⟨-s⟩ **8.** *verbal noun.*

'**Hü·ter** *m* ⟨-s; -⟩ **1.** *lit.* guardian, custodian, protector: **der** ~ **des Gesetzes** *humor.* the policeman, the arm of the law. – **2.** (*von Vieh etc*) herdsman. — '**Hü·te·rin** *f* ⟨-; -nen⟩ *lit.* (female) guardian (*od.* protector).

'**Hut**|**fa**ˌ**brik** *f* hat factory. — ~**fa·bri**ˌ**kant** *m* hat manufacturer (*od.* maker). — ~ˌ**fe·der** *f* feather (*od.* plume) on a hat. — ~ˌ**filz** *m* hat felt. — ~ˌ**form** *f* **1.** shape of a hat. – **2.** (*zum Formen von Hüten*) hat block, *Br.* hat-block. — **h**~ˌ**för·mig** *adj* **1.** hat-shaped. – **2.** *bot.* hat-shaped, pileiform (*scient.*). — ~ˌ**fut·ter** *n* hat lining. — ~**ge**ˌ**schäft** *n* **1.** (*für Herrenhüte*) hat (*od.* hatter's) shop. – **2.** (*für Damenhüte*) hat (*od.* milliner's) shop. – **3.** hat business (*od.* trade). — ~ˌ**grö·ße** *f* hat size. — ~ˌ**ha·ken** *m* (hat) peg. — ~ˌ**händ·ler** *m* hatter. — ~ˌ**kof·fer** *m* hat case. — ~ˌ**kopf** *m* crown (of a hat). — ~ˌ**krem·pe** *f* brim (of a hat). — ~ˌ**la·den** *m cf.* Hutgeschäft 1, 2.

'**Hut**ˌ**ma·cher** *m* hat maker, hatter. — ~-ˌ**hand**ˌ**werk** *n* hat maker's (*od.* hatter's) trade.

'**Hut**|ˌ**ma·che·rin** *f* ⟨-; -nen⟩ milliner, hat maker. — ~ˌ**na·del** *f* hatpin. — ~ˌ**pilz** *m bot.* pileate(d) fungus. — ~ˌ**rand** *m cf.* Hutkrempe. — ~ˌ**schach·tel** *f* hatbox.

Hut·sche ['hʊtʃə] *f* ⟨-; -n⟩ *Austrian colloq. for* Schaukel 1. — '**hut·schen** *v/i* ⟨h⟩ *Austrian colloq. for* schaukeln 1.

'**Hut**|ˌ**schlan·ge** *f zo.* Egyptian cobra (*Naja haje*). — ~ˌ**schlei·fe** *f* hat bow, cockade. — ~ˌ**schnecke** (*getr.* -k·k-) *f zo.* Hungarian cap (*Capulus hungaricus*). — ~ˌ**schnur** *f* hat string: **das geht mir (denn doch) über die** ~ *fig. colloq.* that's going too far, that's beyond a joke.

'**Hutsch**ˌ**pferd** *n Austrian colloq.* rocking horse, *Br.* rocking-horse.

'**Hut**|ˌ**span·ge** *f* buckle (for a hat). — ~-ˌ**stän·der** *m* hatstand, *Am. auch* hat tree. — ~ˌ**stum·pen** *m* hat stump (*od.* body).

Hüt·te ['hʏtə] *f* ⟨-; -n⟩ **1.** (*einfaches kleines Haus*) hut, cabin, cottage: **ärmliche** ~ hovel, shanty, *Am. colloq.* shack; **die** ~**n der Eingeborenen** the natives' huts; **welch ein Glanz in meiner (armen)** ~! *colloq. humor.* what an hono(u)r! **Raum ist in der kleinsten** ~ **(für ein glücklich liebend Paar)** there is room in the smallest hut (for a happy pair of lovers); **hier laßt uns** ~**n bauen** *fig. colloq.* here let us stay (*od.* settle down); „**Onkel Toms** ~" "Uncle Tom's Cabin." – **2.** (*Berghütte*) mountain hut (*od.* lodge). – **3.** (*Schutzhütte*) refuge. – **4.** (*Jagdhütte*) hunting lodge. – **5.** (*Hundehütte*) (dog) kennel. – **6.** (*Bauhütte etc*) (building) shed. – **7.** *metall.* a) *cf.* Hüttenwerk, b) (*Metallhütte*) smelting works *pl* (*construed as sg or pl*) for nonferrous (*Br.* non-ferrous) metals, c) (*Gießerei*) foundry, d) (*Hochofenwerk*) blast-furnace plant, e) (*Glashütte*) glassworks *pl* (*construed as sg or pl*). – **8.** *mar.* (*Deckshütte*) poop. – **9.** *meteor.* screen. – **10.** *Bibl.* tabernacle.

'**Hüt·ten**ˌ**abend** *m* social evening in a mountain lodge.

'**Hüt·ten**|**alu**ˌ**mi·ni·um** *n metall. tech.* primary aluminium (*Am.* aluminum), commercially pure aluminium (*Am.* aluminum). — ~ˌ**an**ˌ**la·ge** *f* metallurgical plant. — ~ˌ**ar·beit** *f* metallurgical (*od.* smelting) work. — ~ˌ**ar·bei·ter** *m* **1.** (*eines Hochofenbetriebs*) blast-furnace man. – **2.** (*eines Stahlwerkbetriebs*) steelworker. – **3.** (*einer Eisengießerei*) foundryman. — ~**be**ˌ**sit·zer** *m* **1.** owner of a metallurgical plant (*od.* works). – **2.** owner of iron and steel works. — ~**be**ˌ**trieb** *m metall.* **1.** (*Hüttenwerk*) metallurgical plant. – **2.** (*Hüttenwesen*) metallurgical practice. — ~**be**ˌ**woh·ner** *m* hut dweller. — ~ˌ**bims** *m metall. tech.* foam (*od.* pumice) slag, slag pumice. — ~ˌ**che·mi·ker** *m* metallurgical chemist. — ~ˌ**deck** *n mar.* poop deck. — ~**in·du**ˌ**strie** *f metall.* iron and steel (*od.* metallurgical) industry. — ~**in·ge**ˌ**nieur** *m* metallurgical engineer. — ~ˌ**kä·se** *m gastr.* cottage cheese. — ~ˌ**koks** *m* (blast-)furnace coke, metallurgical coke. — ~ˌ**kun·de** *f* metallurgy. — ~-ˌ**mann** *m* ⟨-(e)s; -leute⟩ metallurgist, blast-furnace man. — **h**~ˌ**män·nisch** [-ˌmɛnɪʃ] *adj* metallurgical. — ~**re**ˌ**vier** *n* metallurgical district (*od.* country). — ~ˌ**schu·le** *f* school of metallurgy. — ~-ˌ**tech·nik** *f* metallurgical engineering. — ~**ther·mo**ˌ**me·ter** *n meteor.* screen thermometer. — ~ˌ**werk** *n metall.* **1.** metallurgical plant. – **2.** iron (and steel) works *pl* (*construed as sg or pl*). – **3.** smelting works *pl* (*construed as sg or pl*). — ~ˌ**we·sen** *n* ⟨-s; *no pl*⟩ metallurgy, metallurgical engineering. — ~ˌ**wirt** *m* mountain-lodge keeper. — ~**ze**ˌ**ment** *m* (blast-furnace) slag cement. — ~ˌ**zink** *n* gob (*od.* smelter) zinc.

Hu·tung ['huːtʊŋ] *f* ⟨-; -en⟩ *agr. cf.* Hutweide.

'**Hut**|**ver**ˌ**zie·rung** *f* hat ornament(ation). — ~ˌ**wei·de** *f agr.* pasture(land).

Hut·ze ['hʊtsə] *f* ⟨-; -n⟩ *auto.* scoop.

Hut·zel ['hʊtsəl] *f* ⟨-; -n⟩ *Southern G. for* Dörrobst. — ~ˌ**brot** *n gastr.* spiced currant bread.

'**hut·ze·lig** *adj* **1.** (*Obst etc*) shriveled, *bes. Br.* shrivelled. – **2.** *colloq.* (*Person*) wizened.

'**Hut·zel**|ˌ**männ·chen** *n* brownie. — ~ˌ**weib**, ~ˌ**weib·chen** *n colloq.* wizened (little) old woman.

'**hutz·lig** *adj cf.* hutzelig.

'**Hut**ˌ**zucker** (*getr.* -k·k-) *m gastr.* loaf (*od.* cone) sugar.

Huy·ghenssch ['hɔʏgənsʃ] *adj* ~**es Prinzip** *phys.* Huygens' principle, *auch* Huyghens' principle.

Hya·den [hy'aːdən] *npr pl astr. myth.* Hyades, Hyads.

hya·lin [hya'liːn] **I** *adj med. geol.* hyaline. – **II H**~ *n* ⟨-s; -e⟩ *med.* hyaline.

Hya·lit [hya'liːt; -'lɪt] *m* ⟨-s; -e⟩ *min.* hyalite.

Hya·lo·gen [hyalo'geːn] *n* ⟨-s; -e⟩ *biol.* hyalogen.

Hya·lo·gra·phie [hyalogra'fiː] *f* ⟨-; *no pl*⟩ (*Glasradierung*) hyalography, glass engraving.

hya·lo·id [hyalo'iːt] *adj med.* glassy, transparent, hyaloid (*scient.*).

Hya·lo·phan [hyalo'faːn] *m* ⟨-s; -e⟩ *min.* hyalophane.

Hya·lo·plas·ma [hyalo'plasma] *n* ⟨-s; -men⟩ *biol.* hyaloplasm(a).

Hyä·ne [hy'ɛːnə] *f* ⟨-; -n⟩ **1.** *zo.* hyena, *auch* hyaena (*Fam. Hyaenidae*): **Gefleckte** ~ *cf.* Tüpfelhyäne; **Gestreifte** ~ *cf.* Streifenhyäne; **sich wie eine** ~ **auf** (*acc*) **etwas stürzen** *fig.* to swoop down on s.th. like a vulture. – **2.** *fig. contempt.* (*rücksichtsloser, profitgieriger Mensch*) scavenger: **die** ~**en des Schlachtfeldes** the scavengers of the battlefield. – **3.** *fig. contempt.* shrew, wildcat.

Hyä·nenˌ**hund** [hy'ɛːnən-] *m zo.* Cape (*od.* African) hunting dog (*Lycaon pictus*).

Hya·zinth [hya'tsɪnt] *m* ⟨-(e)s; -e⟩ *min.* hyacinth.

Hya·zin·the [hya'tsɪntə] *f* ⟨-; -n⟩ *bot.* hyacinth (*Gattg Hyacinthus*): **Englische** ~ common hyacinth, harebell (*Scilla non-scripta*); **Orientalische** ~ garden hyacinth (*H. orientalis*). — **Hya'zin·then**ˌ**zwie·bel** *f* hyacinth bulb.

hy·brid [hy'briːt] *adj* **1.** *biol.* hybrid, heterozygous. – **2.** *ling.* (*Wort etc*) hybrid. – **3.** (*frevelhaft, überheblich*) full of hubris. – **4.** arrogant, impudent.

Hy·bri·da·ti·on [hybrida'tsĭoːn] *f* ⟨-; -en⟩ *biol.* hybridization.

Hy'bri·de *f* ⟨-; -n⟩, *auch m* ⟨-n; -n⟩ *biol.* hybrid, heterozygote, crossbred, *Br.* cross-bred.

Hy·bri·di·sa·ti·on [hybridiza'tsĭoːn] *f* ⟨-; -en⟩ *biol.* hybridization *Br. auch* -s-.

hy'bri·disch *adj biol. obs. for* **hybrid** 1.

hy·bri·di·sie·ren [hybridi'ziːrən] *v/t* ⟨*no* ge-, h⟩ *biol.* (*kreuzen*) hybridize *Br. auch* -s-.

Hy·bri·di·tät [hybridi'tɛːt] *f* ⟨-; *no pl*⟩ hybridity, hybridism.

Hy'bridˌ**trieb**ˌ**werk** *n* (*space*) hybrid engine.

Hy·bris ['hyːbrɪs] *f* ⟨-; *no pl*⟩ hubris, *auch* hybris.

Hy·dan·to·in [hydanto'iːn] *n* ⟨-s; *no pl*⟩ *chem.* hydantoin ($C_3H_4N_2O_2$).

Hy·da·tho·de [hyda'toːdə] *f* ⟨-; -n⟩ *bot.* hydathode.

hy·da·to·gen [hydato'geːn] *adj geol.* hydatogenic, hydatogenous.

Hydr..., **hydr...** *combining form denoting* hydr...

Hy·dra ['hyːdra] **I** *npr f* ⟨-; *no pl*⟩ **1.** *myth. astr.* Hydra. – **II** *f* ⟨-; -dren⟩ **2.** ⟨*only sg*⟩ *fig.* hydra: **die gefährliche** ~ **des Imperialismus** the dangerous hydra of imperialism, dangerous hydra-headed imperialism. – **3.** *zo.* (*Süßwasserpolyp*) hydra. — **h**~ˌ**ar·tig** *adj zo.* hydroid.

Hy·dra·crylˌ**säu·re** [hydra'kryːl-] *f chem.* hydracrylic acid ($HOCH_2CH_2COOH$).

Hy·drä·mie [hydrɛ'miː] *f* ⟨-; -n [-ən]⟩ *med.* hydremia, *auch* hydraemia. — **hy'drä·misch** [-'drɛːmɪʃ] *adj* hydremic, *auch* hydraemic.

Hy·drant [hy'drant] *m* ⟨-en; -en⟩ *tech.* hydrant.
Hy·dranth [hy'drant] *m* ⟨-en; -en⟩ *zo.* hydranth.
Hy·drar·gil·lit [hydrargɪ'liːt; -'lɪt] *m* ⟨-(e)s; -e⟩ *min.* hydrargillite, gibbsite.
Hy·drar·gy·ro·se [hydrargy'roːzə] *f* ⟨-; -n⟩ *med.* mercurial poisoning; hydrargyrism, mercurialism (*scient.*).
Hy·drar·gy·rum [hy'drargyrum] *n* ⟨-s; *no pl*⟩ *chem.* hydrargyrum, mercury (Hg).
Hy·drat [hy'draːt] *n* ⟨-(e)s; -e⟩ *chem.* hydrate.
Hy·dra·ta·ti·on [hydrata'tsĭoːn] *f* ⟨-; *no pl*⟩ *chem.* hydration.
hy'drat,hal·tig *adj chem. min.* hydrated.
Hy·dra·ti·on [hydra'tsĭoːn] *f* ⟨-; *no pl*⟩ *chem. cf.* Hydratation.
hy·dra·ti·sie·ren [hydrati'ziːrən] *v/t u. v/i* ⟨*no* ge-, h⟩ *chem.* hydrate.
Hy'drat·zel·lu,lo·se *f chem.* hydrated cellulose.
Hy·drau·lik [hy'draulɪk] *f* ⟨-; -en⟩ **1.** ⟨*only sg*⟩ *phys.* (*Lehre*) hydraulics *pl* (*usually construed as sg*). – **2.** *tech.* a) hydraulics *pl* (*usually construed as sg*), b) (*als Anlage*) hydraulic system (*od.* unit). — **~ge,trie·be** *n* hydraulic transmission.
hy·drau·lisch [hy'draulɪʃ] **I** *adj* hydraulic: ~e Bremse [Kraft, Presse] hydraulic brake [power, press]; ~e Lenkung hydraulic power steering; ~e Steuerung hydraulic control; ~es Getriebe hydrodynamic drive; ~es Gefälle hydraulic gradient (*od.* grade line). – **II** *adv* hydraulically: ~ betätigt hydraulically operated, hydraulic.
Hy·dra·zin [hydra'tsiːn] *n* ⟨-s; -e⟩ *chem.* hydrazine, diamide (NH_2NH_2).
Hy·dria ['hyːdria] *f* ⟨-; -drien⟩ *antiq.* (*griech. Wasserkrug*) hydria.
Hy·drid [hy'driːt] *n* ⟨-(e)s; -e⟩ *chem.* hydride.
Hy'drier·ben,zin *n meist pl chem.* hydrogenated benzine, hydrogenation-process gasoline (*od.* gasolene).
hy·drie·ren [hy'driːrən] *v/t* ⟨*no* ge-, h⟩ *chem. tech.* hydrogenate. — **Hy'drie·rung** *f* ⟨-; *no pl*⟩ hydrogenation.
Hy'drier|ver,fah·ren *n chem. tech.* hydrogenation (process). — **~,werk** *n* hydrogenation plant.
Hy·dro..., hy·dro... *combining form denoting* hydro...
hy·dro·aro·ma·tisch [hydroˀaro'maːtɪʃ] *adj chem.* hydroaromatic, alicyclic.
Hy·dro|bio·lo·gie [hydrobiolo'giː] *f* hydrobiology. — **h~bio'lo·gisch** [-'loːgɪʃ] *adj* hydrobiological.
Hy·dro·chi·non [hydroçi'noːn] *n* ⟨-s; *no pl*⟩ *chem. phot.* hydroquinone, *auch* hydrochinon(e) ($C_6H_4(OH)_2$).
Hy·dro·chlo·rid [hydroklo'riːt] *n chem.* hydrochloride, muriate ($C_5H_5N \cdot HCl$).
Hy·dro|dy·na·mik [hydrody'naːmɪk] *f phys.* hydrodynamics *pl* (*usually construed as sg*). — **h~dy'na·misch** *adj* hydrodynamic, *auch* hydrodynamical.
hy·dro·elek·trisch [hydroˀe'lɛktrɪʃ] *adj electr.* hydroelectric.
Hy·dro·gel [hydro'geːl] *n chem.* hydrogel.
Hy·dro·gen [hydro'geːn] *n* ⟨-s; *no pl*⟩ *chem.* hydrogen (H).
hy·dro'gen *adj geol.* hydrogenic.
hy·dro·ge·nie·ren [hydroge'niːrən] *v/t* ⟨*no* ge-, h⟩ *chem. cf.* hydrieren.
Hy·dro·ge·ni·um [hydro'geːnĭum] *n* ⟨-s; *no pl*⟩ *chem. cf.* Hydrogen.
Hy·dro'gen|,salz *n chem.* acid salt. — **~sul,fat** *n* hydrosulfate *bes. Br.* -ph-, hydrogen (*od.* acid) sulfate (*bes. Br.* -ph-). — **~sul,fit** *n* hydrogen sulfite (*bes. Br.* -ph-).
Hy·dro·graph [hydro'graːf] *m* ⟨-en; -en⟩ hydrographer. —**Hy·dro·gra'phie** [-gra'fiː] *f* ⟨-; *no pl*⟩ hydrography. — **hy·dro·'gra·phisch** *adj* hydrographic, *auch* hydrographical.
Hy·dro·id [hydro'iːt] *m* ⟨-en; -en⟩ *zo.* hydroid. — **~po,lyp** *m* hydroid (polyp).
Hy·dro·jo·did [hydrojo'diːt] *n chem.* hydriodide (HJ).
'Hy·dro,kau·tschuk ['hyːdro-] *m chem. synth.* hydrorubber, hydrogenated rubber (C_5H_{10}).
Hy·dro·ki'ne·tik [hydroki'neːtɪk] *f phys.* hydrokinetics *pl* (*usually construed as sg*). — **hy·dro·ki'ne·tisch** *adj* hydrokinetic.
'Hy·dro·kul,tur ['hyːdro-] *f hort.* hydroponics *pl* (*usually construed as sg*).

Hy·dro·la·se [hydro'laːzə] *f* ⟨-; -n⟩ *meist pl biol.* hydrolase.
hy·dro·la·stisch [hydro'lastɪʃ] *adj tech.* (*Federung etc*) hydrolastic.
Hy·dro·lo·ge [hydro'loːgə] *m* ⟨-n; -n⟩ hydrologist. — **Hy·dro·lo'gie** [-lo'giː] *f* ⟨-; *no pl*⟩ hydrology. — **hy·dro'lo·gisch** *adj* hydrologic, hydrological.
Hy·dro·lo·gi·um [hydro'loːgĭum] *n* ⟨-s; -gien⟩ *obs.* (*Wasseruhr*) water clock, clepsydra (*scient.*).
Hy·dro·ly·se [hydro'lyːzə] *f* ⟨-; -n⟩ *chem.* hydrolysis. — **hy·dro·ly'sie·ren** [-ly'ziːrən] *v/t u. v/i* ⟨*no* ge-, h⟩ hydrolyze, *auch* hydrolyse. — **hy·dro'ly·tisch** [-tɪʃ] *adj* hydrolytic.
Hy·dro·me·cha·nik [hydrome'çaːnɪk] *f phys.* hydromechanics *pl* (*usually construed as sg*). — **hy·dro·me'cha·nisch** [-nɪʃ] *adj* hydromechanical.
Hy·dro·me·du·se [hydrome'duːzə] *f zo.* hydromedusa.
Hy·dro·me·tall·ur·gie [hydrometalur'giː] *f tech.* hydrometallurgy.
Hy·dro·me·te·or [hydromete'oːr] *m meteor. phys.* hydrometeor. — **Hy·dro·me·teo·ro·lo'gie** [-meteorolo'giː] *f* hydrometeorology.
Hy·dro·me·ter [hydro'meːtər] *n* ⟨-s; -⟩ *phys. tech.* hydrometer. — **Hy·dro·me'trie** [-me'triː] *f* ⟨-; *no pl*⟩ *phys.* hydrometry. — **hy·dro'me·trisch** [-'meːtrɪʃ] *adj* hydrometric(al).
Hy·dro·ne·phro·se [hydrone'froːzə] *f med.* hydronephrosis.
Hy·dro·path [hydro'paːt] *m* ⟨-en; -en⟩ hydropathist, hydrotherapist. — **Hy·dro·pa'thie** [-pa'tiː] *f* ⟨-; *no pl*⟩ hydropathy, hydrotherapy. — **hy·dro'pa·thisch** *adj* hydropathic, hydrotherapeutic.
hy·dro·phil [hydro'fiːl] *adj* **1.** *chem.* (*Kolloide*) hydrophilic, *auch* hydrophile. – **2.** *biol.* hydrophytic, hydrophylous.
hy·dro·phob [hydro'foːp] **1.** *adj biol. med.* hydrophobic. – **2.** *chem.* hydrophobe. — **Hy·dro·pho'bie** [-fo'biː] *f* ⟨-; *no pl*⟩ hydrophobia.
Hy·dro·phon [hydro'foːn] *n* ⟨-s; -e⟩ *mar.* hydrophone.
Hy·droph·thal·mus [hydrɔf'talmus] *m* ⟨-; *no pl*⟩ *med.* hydrophthalmos.
Hy·dro·phyt [hydro'fyːt] *m* ⟨-en; -en⟩ *bot.* hydrophyte. — **hy·dro'phy·tisch** *adj* hydrophytic.
hy·dro·pisch [hy'droːpɪʃ] *adj med.* hydropic, *auch* hydropical.
hy·dro·pneu·ma·tisch [hydropnɔʏ'maːtɪʃ] *adj tech.* hydropneumatic.
Hy·dro·po·nik [hydro'poːnɪk] *f* ⟨-; *no pl*⟩ *bot. hort.* hydroponics *pl* (*usually construed as sg*). — **hy·dro'po·nisch** *adj* hydroponic.
Hy·drops ['hyːdrɔps] *m* ⟨-; *no pl*⟩, **Hy·drop·sie** [hydrɔ'psiː] *f* ⟨-; *no pl*⟩ *med.* hydrops, *auch* (hy)dropsy.
Hy·dro·sphä·re [hydro'sfɛːrə] *f geogr.* hydrosphere.
Hy·dro·sta·tik [hydro'staːtɪk] *f* ⟨-; *no pl*⟩ *phys.* hydrostatics *pl* (*usually construed as sg*). — **hy·dro'sta·tisch** *adj* hydrostatic, *auch* hydrostatical.
Hy·dro·sul·fit [hydrozul'fiːt; -'fɪt] *n chem.* hydrosulfite *bes. Br.* -ph-.
Hy·dro·tech·nik [hydro'tɛçnɪk] *f tech.* hydraulic engineering.
hy·dro·the·ra·peu·tisch [hydrotera'pɔʏtɪʃ] *adj med.* hydrotherapeutic(al). — **Hy·dro·the·ra'pie** [-'piː] *f* hydrotherapy, hydropathy.
hy·dro·ther·mal [hydrotɛr'maːl] *adj geol.* hydrothermal.
Hy·dro·ti·me·ter [hydroti'meːtər] *n* ⟨-s; -⟩ *tech.* (*Meßgerät*) hydrotimeter.
Hy·dro·tro·pis·mus [hydrotro'pɪsmus] *m* ⟨-; *no pl*⟩ *bot.* hydrotropism.
Hy·dro·xyd [hydrɔ'ksyːt] *n* ⟨-(e)s; -e⟩ *chem.* hydroxide, oxyhydrate.
Hy·dro·xyl|amin [hydrɔ'ksyːlˀa,miːn] *n* ⟨-s; *no pl*⟩ *chem.* hydroxylamine, oxammonium (NH_2OH). — **~,grup·pe** *f* hydroxyl group.
Hy·dro·ze·le [hydro'tseːlə] *f* ⟨-; -n⟩ *med.* hydrocele.
Hy·dro·ze·pha·lus [hydro'tseːfalus] *m* ⟨-; -phalen [-tse'faːlən]⟩ *med.* hydrocephalus, *auch* hydrocephaly.
Hy·dro·zo·en [hydro'tsoːən] *pl zo.* hydrozoa (*Klasse Hydrozoa*).
Hye·to·graph [hyeto'graːf] *m* ⟨-en; -en⟩ *meteor.* hyetograph.
Hye·to·me·ter [hyeto'meːtər] *n* ⟨-s; -⟩ *phys.* rain ga(u)ge, hyetometer (*scient.*).

Hy·gi·eia [hy'gĭaɪa] *npr f* ⟨-; *no pl*⟩ *myth.* Hygeia (*Greek goddess of health*).
Hy·gie·ne [hy'gĭeːnə] *f* ⟨-; *no pl*⟩ **1.** (*Gesundheitspflege*) hygiene: ~ der Frau feminine hygiene. – **2.** *med.* (*Gesundheitslehre*) hygiene, hygienics *pl* (*construed as sg*). — **Hy·gie·ni·ker** [-'gĭeːnikər] *m* ⟨-s; -⟩ public health specialist, hygienist, sanitarian. — **hy·gie·nisch** [-'gĭeːnɪʃ] *adj* hygienic, *auch* hygienical.
Hy·gro·graph [hygro'graːf] *m* ⟨-en; -en⟩ *meteor.* hygrograph.
Hy·grom [hy'groːm] *n* ⟨-s; -e⟩ *med.* hygroma.
Hy·gro·me·ter [hygro'meːtər] *n* ⟨-s; -⟩ *meteor.* hygrometer. — **Hy·gro·me'trie** [-me'triː] *f* ⟨-; *no pl*⟩ hygrometry. — **hy·gro'me·trisch** [-'meːtrɪʃ] *adj* hygrometric, *auch* hygrometrical.
Hy·gro·phyt [hygro'fyːt] *m* ⟨-en; -en⟩ *bot.* hygrophyte.
Hy·gro·skop [hygro'skoːp] *n* ⟨-s; -e⟩ *meteor.* hygroscope. — **hy·gro'sko·pisch** *adj* **1.** *meteor.* hygroscopic, hygrometric, *auch* hygrometrical. – **2.** *chem.* hygroscopic. — **Hy·gro·sko·pi·zi'tät** [-skopitsi'tɛːt] *f* ⟨-; *no pl*⟩ *chem.* hygroscopicity.
Hy·gro·sta·tik [hygro'staːtɪk] *f phys.* hygrostatics *pl* (*usually construed as sg*).
Hy·le ['hyːle] *f* ⟨-; *no pl*⟩ *philos.* hyle.
Hy·lo·zo·is·mus [hylotso'ɪsmus] *m* ⟨-; *no pl*⟩ *philos.* hylozoism.
Hy·men ['hyːmən] *n* ⟨-s; -⟩ *med.* virginal membrane, maidenhead, hymen (*scient.*).
Hy·me·ni·um [hy'meːnĭum] *n* ⟨-s; -nien⟩ *bot.* (*der Ständerpilze*) hymenium.
Hy·me·no·my·ze·ten [hymenomy'tseːtən] *pl bot.* hymenomycetes (*Unterklasse Hymenomycetales od. Hymenomycetes*).
Hy·me·no·pte·ren [hymeno'pteːrən] *pl zo.* hymenoptera (*Ordng Hymenoptera*).
Hym·ne ['hʏmnə] *f* ⟨-; -n⟩ **1.** *mus.* (*literature*) hymn. – **2.** (*Nationalhymne*) national anthem.
'Hym·nen|,dich·ter *m* writer (*od.* composer) of hymns, hymnist, hymnodist, hymnographer. — **~,dich·tung** *f* hymnody.
Hym·nik ['hʏmnɪk] *f* ⟨-; *no pl*⟩ *mus.* (*literature*) hymnody. — **'hym·nisch** *adj* hymnal, hymnic.
Hym·no·lo·ge [hʏmno'loːgə] *m* ⟨-n; -n⟩ hymnologist. — **Hym·no·lo'gie** [-lo'giː] *f* ⟨-; *no pl*⟩ hymnology. — **hym·no·'lo·gisch** *adj* hymnologic(al).
Hym·nus ['hʏmnus] *m* ⟨-; -nen⟩ *cf.* Hymne 1.
Hy·os·cya·min, Hy·os·zya·min [hyɔstsya'miːn] *n* ⟨-s; *no pl*⟩ *chem.* hyoscyamine ($C_{17}H_{23}NO_3$).
Hyp·al·la·ge [hypala'geː] *f* ⟨-; -n [-'laːgən]⟩ *ling.* hypallage.
Hyp·an·thi·um [hy'pantĭum] *n* ⟨-s; -thien⟩ *bot.* (*Blütenbecher*) hypanthium.
Hyp·äs·the·sie [hypɛste'ziː] *f* ⟨-; -n [-ən]⟩ *med.* hypesth(a)esia.
hy·per..., Hy·per... *combining form denoting* hyper...
Hy·per·al·ge·sie [hypərˀalge'ziː] *f* ⟨-; *no pl*⟩ *med.* hyperalgesia. — **hy·per·al'ge·tisch** [-'geːtɪʃ] *adj* hyperalgesic.
Hy·per·ämie [hypərˀɛ'miː] *f* ⟨-; *no pl*⟩ *med.* hyper(a)emia.
Hy·per·äs·the·sie [hypərˀɛste'ziː] *f* ⟨-; *no pl*⟩ *med.* hyper(a)esthesia. — **hy·per·äs'the·tisch** [-'teːtɪʃ] *adj* hyper(a)esthetic.
Hy·per·azi·di·tät [hypərˀatsidi'tɛːt] *f* hyperacidity, superacidity.
Hy·per·bel [hy'pɛrbəl] *f* ⟨-; -n⟩ **1.** *math.* hyperbola. – **2.** *ling.* hyberbole. — **~,bahn** *f math.* hyperbolic path. — **~funk·ti,on** *f* hyperbolic function.
hy·per·bo·lisch [hypər'boːlɪʃ] *adj math. ling.* hyperbolic, *auch* hyperbolical.
Hy·per·bo·lo·id [hypərbolo'iːt] *n* ⟨-(e)s; -e⟩ *math.* hyperboloid.
Hy·per·bo·re·er [hypərbo'reːər] *m* ⟨-s; -⟩ *meist pl geogr. myth.* Hyperborean. — **hy·per·bo're·isch** *adj* hyperborean.
Hy·per·dak·ty·lie [hypərdakty'liː] *f* ⟨-; -n [-ən]⟩ *med.* hyperdactylia, hyperdactylism.
Hy·per·eme·sis [hypər'ˀeːmezɪs] *f* ⟨-; *no pl*⟩ *med.* (*übermäßiges Erbrechen*) hyperemesis.
'Hy·per,flä·che ['hyːpər-] *f math.* hypersurface.
Hyp·er·gol [hypɛr'goːl] *n* ⟨-s; *no pl*⟩ (*space*) hypergol.
Hy·per·hi·dro·sis [hypərhi'droːzɪs] *f* ⟨-; *no pl*⟩ *med.* (*übermäßige Schweißabsonderung*) hyperhidrosis, *auch* hyperidrosis.

hy·per|ka·ta·lek·tisch [hypərkata'lɛktɪʃ] *adj metr.* hypercatalectic. — **~kor'rekt** [-kɔ-'rɛkt] *adj* hypercorrect, finicky, *auch* finnicky. — **~'kri·tisch** [-'kriːtɪʃ] *adj* hypercritical, *auch* hypercritic.
Hy·per·me·ter [hy'pɛrmetər] *m* ⟨-s; -⟩ *metr. cf.* Hypermetron. — **hy·per'me·trisch** [-pər'meːtrɪʃ] *adj* hypermetric(al). — **Hy·per·me·tron** [hy'pɛrmetrɔn] *n* ⟨-s; -metra [-tra]⟩ hypermeter.
Hy·per·me·tro·pie [hypərmetro'piː] *f* ⟨-; *no pl*⟩ *med.* farsightedness, *Br.* far-sightedness; hyperopia, *auch* hypermetropia, hypermetropy (*scient.*). — **hy·per·me'tro·pisch** [-'troːpɪʃ] *adj* farsighted, *Br.* far-sighted; hypermetropic(al), hyperopic (*scient.*).
hy·per·mo·dern [hypərmo'dɛrn] *adj* hypermodern, ultramodern.
Hy·pe·ro·nen [hype'roːnən] *pl phys.* hyperons.
Hy·per·osto·se [hypərˀɔs'toːzə] *f* ⟨-; -n⟩ *med.* hyperostosis.
Hy·per·pla·sie [hypərpla'ziː] *f* ⟨-; -n [-ən]⟩ *med.* hyperplasia.
'Hy·per,schall,glei·ter ['hyːpər-] *m* (*space*) hypersonic glider, (*Raumfahrzeug beim Wiedereintritt*) reentry (*Br.* re-entry) vehicle.
hy·per·so·nisch [hypər'zoːnɪʃ] *adj* (*Geschwindigkeit etc*) hypersonic.
Hy·per·te·lie [hypərte'liː] *f* ⟨-; *no pl*⟩ *biol.* hypertely.
Hy·per·ten·si·on [hypərtɛn'zioːn] *f* ⟨-; -en⟩ *med. cf.* Hypertonie 1.
Hy·per·to·nie [hypərto'niː] *f* ⟨-; -n [-ən]⟩ **1.** *med.* a) (*gesteigerter Blutdruck*) hypertension, b) (*gesteigerte Spannung der Muskeln, des Augapfels*) hypertonia. – **2.** *chem.* (*in Lösungen*) hyperosmosis, hypertonicity. — **Hy·per'to·ni·ker** [-'toːnikər] *m* ⟨-s; -⟩ *med.* hypertensive patient, hypertonic. — **hy·per'to·nisch** [-'toːnɪʃ] *adj* hypertonic.
Hy·per·tri·cho·se [hypərtrɪ'çoːzə] *f* ⟨-; *no pl*⟩ *med.* hypertrichosis.
Hy·per·tro·phie [hypərtro'fiː] *f* ⟨-; -n [-ən]⟩ *biol. med.* (*Überentwicklung*) hypertrophy. — **hy·per'tro·phisch** [-'troːfɪʃ] *adj* hypertrophic, hypertrophous, hypertrophied.
Hy·phe ['hyːfə] *f* ⟨-; -n⟩ *bot.* (*Pilzfaden*) hypha.
hyp·no·id [hypno'iːt] *adj psych.* hypnoid(al).
Hyp·no·se [hʏp'noːzə] *f* ⟨-; -n⟩ *med. psych.* hypnosis: j-n in ~ versetzen to hypnotize (*od.* hypnotise) s.o. — **h~,ähn·lich** *adj* hypnoid(al). — **~be,hand·lung** *f* hypnotherapy.
Hyp·no·tik [hʏp'noːtɪk] *f* ⟨-; *no pl*⟩ *psych. med.* (*Lehre von der Hypnose*) hypnotism.
Hyp·no·ti·kum [hʏp'noːtikum] *n* ⟨-s; -ka [-ka]⟩ *med. pharm.* hypnotic.
hyp·no·tisch [hʏp'noːtɪʃ] *adj med. pharm. phsych.* hypnotic: ~es Mittel hypnotic.
Hyp·no·ti·seur [hʏpnoti'zøːr] *m* ⟨-s; -e⟩ *med. psych.* hypnotist. — **hyp·no·ti'sier·bar** *adj* hypnotizable. — **hyp·no·ti'sie·ren** [-'ziːrən] **I** *v/t* ⟨*no* ge-, h⟩ **1.** hypnotize, hypnotise. – **II H~** *n* ⟨-s⟩ **2.** *verbal noun.* – **3.** hypnotism. — **hyp·no·ti'siert I** *pp.* – **II** *adj auch fig.* hypnotized, hypnotised.
Hyp·no·tis·mus [hypno'tɪsmus] *m* ⟨-; *no pl*⟩ *med. psych.* hypnotism, hypnosis.
Hy·po..., hy·po... *combining form denoting* hypo...
Hy·po·chon·der [hypo'xɔndər] *m* ⟨-s; -⟩ *med. psych.* hypochondriac. — **Hy·po·chon'drie** [-'driː] *f* ⟨-; *no pl*⟩ hypochondria, hypochondriasis. — **hy·po'chon·drisch** [-drɪʃ] *adj* hypochondriac, *auch* hypochondriacal.
Hy·po·derm [hypo'dɛrm] *n* ⟨-(e)s; *no pl*⟩ **1.** *bot.* hypoderma, *auch* hypoderm. – **2.** *zo.* hypodermis.
hy·po·gä·isch [hypo'gɛːɪʃ] *adj bot.* (*unterirdisch wachsend*) hypogeous.
Hy·po·ga·stri·um [hypo'gastrium] *n* ⟨-s; -strien⟩ *med.* hypogastrium.
hy·po·gyn [hypo'gyːn], **hy·po'gy·nisch** *adj bot.* hypogynous.
Hy·po·kau·stum [hypo'kaustum] *n* ⟨-s; -sten⟩ *antiq.* (*Warmluftheizung*) hypocaust.
Hy·po·ko·tyl [hypoko'tyːl] *n* ⟨-s; -e⟩ *bot.* hypocotyl.
Hy·po·kri·sie [hypokri'ziː] *f* ⟨-; *no pl*⟩ (*Heuchelei*) hypocrisy.
Hy·po·krit [hypo'kriːt] *m* ⟨-en; -en⟩ hypocrite. — **hy·po'kri·tisch** *adj* hypocritic(al).
Hy·po·phy·se [hypo'fyːzə] *f* ⟨-; -n⟩ **1.** *med.* pituitary body (*od.* gland), hypophysis (*scient.*). – **2.** *bot.* hypophysis.
Hy·po·pla·sie [hypopla'ziː] *f* ⟨-; -n [-ən]⟩ *med.* hypoplasia.
Hy·po·spa·die [hypospa'diː] *f* ⟨-; -n [-ən]⟩ *med.* hypospadias.
Hy·po·sta·se [hypo'staːzə] *f* ⟨-; -n⟩ *med. philos. relig. ling.* hypostasis. — **hy·po·sta'sie·ren** [-sta'ziːrən] *v/t* ⟨*no* ge-, h⟩ hypostatize, hypostatise, reify. — **Hy·po·sta'sie·rung** *f* ⟨-; *no pl*⟩ hypostatization, reification. — **hy·po'sta·tisch** [-'staːtɪʃ] *adj* hypostatic.
hy·po·styl [hypo'styːl] *adj arch.* hypostyle. — **Hy'po·sty·lon** [-'pɔstylɔn] *n* ⟨-s; -styla [-la]⟩, **Hy'po·sty·los** [-'pɔstylɔs] *m* ⟨-; -styloi [-lɔʏ]⟩ hypostyle.
Hy·po·sul·fit [hypozʊl'fiːt; -'fɪt] *n chem.* hyposulfite *bes. Br.* -ph-.
hy·po·tak·tisch [hypo'taktɪʃ] *adj ling.* hypotactic. — **Hy·po'ta·xe** [-'taksə] *f* ⟨-; -n⟩, **Hy'po·ta·xis** [-'poːtaksɪs] *f* ⟨-; -taxen [-po'taksən]⟩ hypotaxis.
Hy·po·ten·si·on [hypotɛn'zioːn] *f* ⟨-; -en⟩ *med. cf.* Hypotonie.
Hy·po·te·nu·se [hypote'nuːzə] *f* ⟨-; -n⟩ *math.* hypotenuse.
Hy·po·thek [hypo'teːk] *f* ⟨-; -en⟩ **1.** *econ. jur.* mortgage (loan): erste ~ first mortgage; eine ~ auf (*acc*) etwas aufnehmen to raise (*od.* take out) a mortgage on s.th.; etwas mit einer ~ belasten to mortgage s.th., to encumber s.th. with a mortgage; eine ~ abtragen (*od.* tilgen) to pay off (*od.* redeem) a mortgage; eine ~ kündigen a) (*vom Gläubiger*) to foreclose (*od.* call in) a mortgage, b) (*vom Schuldner*) to give notice of redemption; Rangordnung der ~en ranking of mortgages. – **2.** *fig.* (*Belastung, Schuld*) burden: seine früheren Verfehlungen belasten ihn mit einer schweren ~ his past sins have encumbered him with a heavy burden.
Hy·po·the·kar [hypote'kaːr] *m* ⟨-s; -e⟩ *jur.* mortgagee.
hy·po·the'ka·risch *jur.* **I** *adj* by (*od.* on) mortgage, hypothecary: ~e Klage mortgage foreclosure action. – **II** *adv* ein Haus ~ belasten to mortgage a house; eine Forderung ~ sichern to secure a debt by mortgage.
Hy·po'the·ken|,bank *f* ⟨-; -en⟩ *econ.* mortgage bank. — **~,brief** *m* mortgage certificate (*od.* deed). — **~,dar,le·hen** *n* mortgage loan. — **~,ein,tra·gung** *f* registration of a mortgage. — **~,for·de·rung** *f* mortgage claim. — **h~,frei** *adj* unencumbered, unmortgaged. — **~,gläu·bi·ger** *m* mortgagee. — **~,lö·schung** *f* cancellation of a mortgage. — **~,pfand,brief** *m* mortgage bond. — **~re,gi·ster** *n* **1.** register of mortgages, mortgage register. – **2.** (*Hypothekenamt*) mortgage registry. — **~,schein** *m cf.* Hypothekenbrief. — **~,schuld** *f* mortgage debt. — **~,schuld·ner** *m* mortgagor, *auch* mortgager. — **~,schuld·ver,schrei·bung** *f* mortgage debenture. — **~,til·gung** *f* paying off (*od.* redemption) of a mortgage. — **~,ur,kun·de** *f cf.* Hypothekenbrief. — **~,zin·sen** *pl* mortgage interest *sg.*
Hy·po·ther·mie [hypotɛr'miː] *f* ⟨-; *no pl*⟩ *med.* hypothermia, hypothermy.
Hy·po·the·se [hypo'teːzə] *f* ⟨-; -n⟩ hypothesis: eine reine ~ a mere hypothesis (*od.* supposition); eine ~ aufstellen [widerlegen] to propose (*od.* make) [to refute] a hypothesis. — **hy·po'the·tisch** *adj* (*Theorie, Überlegung etc*) hypothetical, *auch* hypothetic.
Hy·po·to·nie [hypoto'niː] *f* ⟨-; -n [-ən]⟩ **1.** *med.* a) (*Blutdrucksenkung*) hypotension, b) (*herabgesetzte Spannung der Muskeln, des Augapfels*) hypotonia. – **2.** *chem.* (*in Lösungen*) hypotonicity.
Hy·po·tri·cho·se [hypotrɪ'çoːzə] *f* ⟨-; *no pl*⟩ *med.* hypotrichosis.
Hy·po·tro·phie [hypotro'fiː] *f* ⟨-; -n [-ən]⟩ *biol. med.* (*Unterentwicklung*) hypotrophy.
Hy·po·xan·thin [hypoksan'tiːn] *n* ⟨-s; *no pl*⟩ *chem.* hypoxanthine ($C_5H_4N_4O$).
Hy·po·zen·trum [hypo'tsɛntrum] *n geol.* (*eines Erdbebens*) hypocenter, *bes. Br.* hypocentre.
Hy·po·zy·kloi·de [hypotsyklo'iːdə] *f* ⟨-; -n⟩ *math.* hypocycloid.
Hyp·so·me·ter [hʏpso'meːtər] *n* ⟨-s; -⟩ *phys. geogr. meteor.* hypsometer. — **Hyp·so·me'trie** [-me'triː] *f* ⟨-; *no pl*⟩ hypsometry. — **hyp·so'me·trisch** [-'meːtrɪʃ] *adj* hypsometric(al).
Hy·ra·re [hy'raːrə] *f* ⟨-; -n⟩ *zo.* tayra, *auch* taira (*Galera barbara*).
Hy·ster·al·gie [hysteral'giː] *f* ⟨-; -n [-ən]⟩ *med.* hysteralgia.
Hy·ster·ek·to·mie [hystɛrɛkto'miː] *f* ⟨-; *no pl*⟩ *med.* hysterectomy.
Hy·ste·re·se [hyste'reːzə], **Hy·ste·re·sis** [-'teːrezɪs] *f* ⟨-; *no pl*⟩ *phys.* hysteresis. — **Hy'ste·re·sis,schlei·fe** *f phys.* hysteresis loop.
Hy·ste·rie [hyste'riː] *f* ⟨-; *no pl*⟩ *bes. psych.* hysteria, hysterics *pl* (*usually construed as sg*). — **Hy'ste·ri·ker** [-'teːrikər] *m* ⟨-s; -⟩, **Hy'ste·ri·ke·rin** *f* ⟨-; -nen⟩ *med.* hysteric, hysterical person. — **hy'ste·risch** [-'teːrɪʃ] **I** *adj* hysterical, hysteric: ~e Anfälle *med.* hysterical fits, hysterics *pl* (*usually construed as sg*); einen ~en Anfall bekommen to go into hysterics; werd nicht ~! *colloq.* don't get hysterical! – **II** *adv* ~ lachen [weinen] to laugh [to cry] hysterically.
Hy·ste·ron-Pro·te·ron ['hʏsterɔn 'proːterɔn] *n* ⟨-s; Hystera-Protera [-ra -ra]⟩ *ling. philos.* hysteron proteron.
Hy·ste·ro·sko·pie [hysterosko'piː] *f* ⟨-; -n [-ən]⟩ *med.* hysteroscopy.
Hy·ste·ro·to·mie [hysteroto'miː] *f* ⟨-; *no pl*⟩ *med.* hysterotomy.

I

I, i[1] [iː] *n* ⟨-; -⟩ **1.** I, i (*ninth letter of the German alphabet; third vowel*): **ein großes I** a capital (*od.* large) I; **ein kleines I** a small (*od.* little) i; **der Punkt** (*od.* **das Tüpfelchen**) **auf** (*od.* **über**) **dem i** a) the dot over the i, b) *fig.* the final (*od.* finishing) touch; **den Punkt auf das i setzen** to dot one's i's; **es war alles sehr schön, aber es fehlte das Tüpfelchen auf dem i** *fig.* everything was very nice but the last finishing touch was missing. – **2.** i *math.* (*imaginary unit*) i. – **3.** I *antiq.* (*Roman numeral*) I. – **4.** I (*s.o. ninth in order or class*) I. – **5.** I (*s.th. having the shape of the capital letter I*) I.

i[2] *interj* **1.** (*Ausruf des Ekels*) ugh. – **2.** ~ **bewahre!** ~ **wo!** *colloq.* no, of course (*od.* certainly) not, God (*od.* heaven) forbid! good heavens, no! **du denkst, das ist alles wahr?** ~ **wo!** and you believe all that? no, of course not!

iah [ˈiːˈaː] **I** *interj* hee-haw: **der Esel macht** (*od.* **schreit**) ~ the donkey hee-haws. – **II I**~ *n* ⟨-s; -s⟩ hee-haw. — **ia·hen** [ˈiːˈaːən] *v/i* ⟨*no* ge-, *h*⟩ (*von Esel*) hee-haw, bray.

Iam·be [iˈambə] *f* ⟨-; -n⟩ *metr. cf.* Jambus.

Ia·son [iˈaːzɔn] *npr m* ⟨-s; *no pl*⟩ *myth. cf.* Jason.

Ia·tro·che·mie [iatroçeˈmiː] *f med. hist.* iatrochemistry.

Ibe·rer [iˈbeːrər] *m* ⟨-s; -⟩ Iberian.

ibe·risch [iˈbeːrɪʃ] **I** *adj geogr.* Iberian. – **II** *ling.* **I**~ ⟨*generally undeclined*⟩, **das I**~**e** ⟨-n⟩ Iberian, the Iberian language.

ibe·ro·ame·ri·ka·nisch [iˈbeːroʔameriˌkaːnɪʃ] *adj* (*lateinamerikanisch*) Ibero-American, Latin-American.

ibe·ro·ame·ri·ka·nisch [iˈbeːroʔameriˈkaːnɪʃ] *adj* (*Beziehungen etc*) Ibero-American (*between Spain or Portugal and Latin America*).

Ibis [ˈiːbɪs] *m* ⟨-ses; -se⟩ *zo.* (*Storchenvogel*) ibis (*Fam. Threskiornithidae*): **Roter** ~ scarlet ibis (*Eudocimus rubra*).

ich [ɪç] *pers pron* I: ~ **selbst** (I) myself; **hier bin** ~ here I am; ~ **bin es** it is I, it's me (*colloq.*); ~ **Arme(r)!** *iron.* poor me! oh, ~ **Esel** *colloq.* stupid ass that I am; ~ **und Geld?** (*woher soll ich Geld haben?*) *colloq.* me with money? I have money? ~, **der** ~ **das sagte** *lit.* I who said it; **wenn** ~ **nicht gewesen wäre** if it hadn't been for me; ~ **an deiner Stelle hätte das nicht getan** if I were you I wouldn't have done that.

Ich *n* ⟨-(s); -(s)⟩ **1.** self: **mein zweites** (*od.* **anderes**) ~ my second (*od.* other) self, my alter ego (*lit.*): **das liebe** ~ one's own sweet self, 'number one' (*colloq.*); **das eigene** ~ **erforschen** [**verleugnen**] to explore [to deny, to disavow] one's own self; **mein besseres** ~ **siegte** my better self won (*od.* triumphed). – **2.** *philos. psych.* (individual) ego, self: ~ **und Nicht-**~ subject and object, ego and non(-)ego; **transzendentales** [**absolutes**] ~ transcendental [absolute] ego.

ˈich·beˌtont *adj cf.* ichbezogen 1.

ˈich·beˌwußt *adj* **1.** *psych.* self-aware. – **2.** *philos.* reflective. — **ˈIch·beˌwußt·sein** *n* **1.** *psych.* awareness of oneself, self-awareness. – **2.** *philos.* reflection, *Br. auch* reflexion.

ˈich·beˌzo·gen *adj* **1.** egocentric, egotistic, *auch* egotistical, self-centered (*bes. Br.* -centred). – **2.** *philos.* a) (*in der Ethik*) egoistic, b) (*in der Epistemologie*) ego-dependent, subjective. — **ˈIch·beˌzo·gen·heit** *f* ⟨-; *no pl*⟩ **1.** egocentricity, egocentrism, self-centeredness (*bes. Br.* -centredness). – **2.** *philos.* a) (*Richtung, Einstellung*) individualism, egoism, b) (*Vorgang*) reflectivity.

ˈIch|-EntˌWick·lung *f psych.* ego development. — ~**ˌform** *f* first person (singular): **der Roman ist in der** ~ **abgefaßt** the novel is written in the first person (singular).

ˈIch·heit *f* ⟨-; *no pl*⟩ *psych. philos.* concept of mind, selfness, (*bei Fichte*) absolute ego.

ˈIch-ˌLaut *m* ⟨-(e)s; -e⟩ *ling.* ich-laut, *auch* Ich-laut.

Ich·neu·mon [ɪçˈnɔʏmɔn] *m, n* ⟨-s; -e *u.* -s⟩ *zo.* ichneumon, Pharaoh's mouse (*od.* rat) (*Herpestes ichneumon*).

ˈIch|-Roˌman *m* (*literature*) novel written in the first person (singular). — ~**-ˌStär·ke** *f psych.* ego strength.

ˈIchˌsucht *f* ⟨-; *no pl*⟩ egoism, egotism, selfishness. — **ˈichˌsüch·tig** *adj* egoistic, *auch* egoistical, egotistic, *auch* egotistical, selfish.

Ich·thy·ol [ɪçtyˈoːl] *n* ⟨-s; *no pl*⟩ (*TM*) *med. pharm.* Ichthyol, *auch* ichthyol.

Ich·thyo·lith [ɪçtyoˈliːt; -ˈlɪt] *m* ⟨-s *u.* -en; -e(n)⟩ *geol.* ichthyolite.

Ich·thyo·lo·ge [ɪçtyoˈloːgə] *m* ⟨-n; -n⟩ ichthyologist. — **Ich·thyo·loˈgie** [-loˈgiː] *f* ⟨-; *no pl*⟩ ichthyology. — **ich·thyoˈlo·gisch** *adj* ichthyological.

Ich·thyo·pha·ge [ɪçtyoˈfaːgə] *m* ⟨-n; -n⟩ (*Fischesser*) ichthyophagist.

Ich·thyo·sau·ri·er [ɪçtyoˈzaurīər] *m* ⟨-s; -⟩, **Ich·thyoˈsau·rus** [-ˈzaurus] *m* ⟨-; -rier [-rīər]⟩ *zo.* ichthyosaur, ichthyosaurus (*Ordng Ichthyosauria*).

Ich·thyo·se [ɪçtyˈoːzə], **Ich·thyo·sis** [ɪçtyˈoːzɪs] *f* ⟨-; -osen⟩ *med. cf.* Fischschuppenkrankheit.

ˈIch-ˌWi·derˌstand *m psych.* ego resistance.

Id[1] [iːt] *n* ⟨-(s); -e⟩ *biol.* (*Erbeinheit*) id.

Id[2] [ɪt] *n* ⟨-(s); *no pl*⟩ (*Unbewußtes*) id.

ide·al [ideˈaːl] **I** *adj* **1.** *colloq.* ideal, perfect: **dieser Platz ist** ~ **zum Sonnen** this place is ideal for sunbathing; **ein** ~**er Ehemann** an ideal husband. – **2.** *cf.* ideell. – **3.** *philos.* a) ideal, b) (*begrifflich*) notional, conceptual, c) (*geistig*) intellectual, d) (*nur gedacht*) imaginary, e) (*beispielhaft, vollkommen*) paradigmatic, f) (*vollkommen, aber unpraktikabel*) utopian. – **4.** *math. phys.* ideal. – **II** *adv* **5.** ~ **gelegen** ideally situated.

Ideˈal *n* ⟨-s; -e⟩ **1.** (*Inbegriff der Vollkommenheit*) ideal: **sie hat noch** ~**e** she still has ideals; **das entspricht nicht meinem** ~ **von Schönheit** that does not conform to (*od.* with) my ideal (*od.* ideal concept) of beauty. – **2.** (*Vorbild*) ideal, perfect example, model: **er ist das** ~ **eines Ehemannes** he is the ideal (of a) husband, he is a model husband. – **3.** *colloq.* ideal, dream: **ein solches Auto wäre mein** ~ that is my dream car.

Ideˈalˌfall *m* ideal case: **im** ~ ideally, in ideal circumstances.

idea·li·sie·ren [idealiˈziːrən] **I** *v/t* ⟨*no* ge-, *h*⟩ idealize. – **II I**~ *n* ⟨-s⟩ *verbal noun.* — **Idea·liˈsie·rung** *f* ⟨-; -en⟩ **1.** *cf.* Idealisieren. – **2.** idealization.

Idea·lis·mus [ideaˈlɪsmus] *m* ⟨-; *no pl*⟩ **1.** idealism: **von** ~ **erfüllt sein** to be filled with idealism; **etwas aus reinem** ~ **tun** to do s.th. out of pure idealism. – **2.** *philos.* a) idealism, b) (*im Gegensatz zu Materialismus*) immaterialism, c) (*im Gegensatz zu Nominalismus*) realism, platonism: **transzendentaler** ~ a) transcendental idealism, metempiricism, b) transcendental (*od.* German) idealism. – **3.** (*bes. art*) idealism, utopianism.

Idea·list [ideaˈlɪst] *m* ⟨-en; -en⟩ **1.** idealist: **ein unverbesserlicher** ~ a hopeless idealist. – **2.** *philos.* a) idealist, b) immaterialist, c) realist, platonist. – **3.** (*bes. art*) idealist, utopian, visionary. — **idea·liˈstisch** *adj* **1.** (*Ziele, Gefühle etc*) idealistic. – **2.** *philos.* a) idealistic, b) immaterial, c) realistic, platonistic. – **3.** (*bes. art*) idealistic, utopian, visionary.

Idea·li·tät [idealiˈtɛːt] *f* ⟨-; *no pl*⟩ *philos.* ideality, abstractness, conceptuality.

Ideˈal|kon·kurˌrenz *f jur.* ideal concurrence of crime(s). — ~**-ReaˌlisMus** *m philos.* realism. — ~**ˌtyp**, ~**ˌty·pus** *m* ideal type. — ~**ˌvorˌstel·lung** *f philos.* ideal concept. — ~**ˌzuˌstand** *m* ideal (condition).

Idea·ti·on [ideaˈtsi̯oːn] *f* ⟨-; -en⟩ *philos.* ideation.

Idee [iˈdeː] *f* ⟨-; -n [-ən]⟩ **1.** *philos.* a) idea, b) (*Begriff*) concept: **die** ~ **bei Plato** Plato's idea, the Platonic idea. – **2.** idea, thought: **einer** ~ **dienen** to serve an idea; **sich zu einer** ~ **bekennen** to profess an idea; **von einer** ~ **besessen sein** to be obsessed by an idea; **das ist eine (gute)** ~! *colloq.* that's a good idea; **eine glänzende** (*od.* **geniale**) ~ *colloq.* a brilliant idea, a brain wave, *bes. Am.* a brainstorm; **das ist keine schlechte** (*od.* **üble**) ~ *colloq.* that's not a bad idea; **ich habe eine** ~! I have an idea! **wie kommst du nur auf diese** ~? what gave you that idea? what put that idea into your head? **auf einmal kam mir die** ~, **daß** it suddenly occurred to me that; **wer hat dich auf die** ~ **gebracht?** who gave you that idea? ~**n muß man haben!** you have to have ideas (*od.* imagination), all you need is imagination; **eine fixe** ~ **haben** to have an obsession (*od.* a set notion, an idée fixe, a monomania); **ein Drehbuch nach einer** ~ **von X** a script based on X's idea; **ich habe nicht die geringste** ~, **was ich anziehen soll** I haven't the slightest (*od.* faintest) idea what to wear; **ich habe so eine** ~, **daß noch etwas passiert** I have an idea (*od.* a feeling) that something is going to happen; **sich mit einer** ~ **tragen, mit einer** ~ **spielen** (*od.* **umgehen**) to toy with (*od.* to consider) an idea. – **3.** ⟨*only sg*⟩ **eine** ~ *colloq.* (*ein bißchen*) a little (bit), a trifle, a fraction, a shade: **die Schuhe sind eine** ~ **zu klein** the shoes are a trifle too small; **ihre Haare sind eine** ~ **heller**

her hair is a shade lighter; eine ~ Salz hinzufügen to add a pinch of salt; keine ~! not at all!

ide·ell [ide'ɛl] *adj* **1.** (*Motive, Denken etc*) idealistic. – **2.** (*Werte, Hilfe etc*) spiritual: dieser Ring hat für mich rein ~en Wert this ring has purely sentimental value for me. – **3.** *math.* (*Zahl, Punkt*) ideal.

ide·en,arm [i'deːən-] *adj cf.* ideenlos.

Ide·en|as·so·zia·ti,on [i'deːən-] *f* **1.** *psych.* association of ideas. – **2.** *philos.* adherence, concurrence, association. — **~,bil·dung** *f philos.* **1.** formation of ideas, ideation, idealization. – **2.** (*Begriffsbildung*) conceptualization. — **~,dra·ma** *n* (*literature*) **1.** (*Gattung*) drama of ideas, philosophical drama. – **2.** (*einzelnes Stück*) drama (*od.* play) of ideas, philosophical play (*od.* drama). — **~,flucht** *f psych.* flight of ideas. — **~,fol·ge** *f* order (*od.* sequence) of ideas. — **~,gang** *m* train (*od.* thread, order, trend) of thought. — **~ge,halt** *m* thought content. — **~ge,schich·te** *f* history of ideas. — **~,ket·te** *f philos. psych.* connection (*Br. auch* connexion) (*od. scient.* concatenation) of ideas. — **~,kreis** *m psych.* sphere (*od.* compass) of ideas, range (*od.* line) of thought(s): seinen ~ erweitern to enlarge (*od.* extend) one's ideas. — **~,leh·re** *f philos.* **1.** ideology. – **2.** ~ Platos Plato's theory of ideas.

ide·en·los [i'deːən-] *adj* **1.** without (*od.* lacking [in], devoid of) ideas, without imagination. – **2.** (*nicht findig*) resourceless. — **Ide·en·lo·sig·keit** [i'deːən-] *f* **1.** lack (*od.* absence) of ideas (*od.* imagination). – **2.** resourcelessness.

ide·en,reich [i'deːən-] *adj* **1.** rich in ideas, full of ideas (*od.* imagination), imaginative. – **2.** (*findig*) resourceful. – **3.** (*erfinderisch*) inventive. — **Ide·en,reich·tum** [i'deːən-] *m* **1.** wealth of ideas (*od.* imagination), imagination. – **2.** resourcefulness. – **3.** inventiveness.

Ide·en|ver,bin·dung [i'deːən-] *f psych. cf.* Ideenassoziation 1. — **~,welt** *f* **1.** world of ideas, imagination. – **2.** *psych.* a) (*Denkungsart, Gesinnung*) mentality, b) (*Begriffsinhalt*) fund (*od.* store) of ideas, c) (*theoretische Einstellung*) ideology.

idem ['iːdɛm] *demonstrative pron* (*derselbe*) idem.

Iden ['iːdən] *pl antiq.* (*13. od. 15. Monatstag des altröm. Kalenders*) ides *pl* (*construed as sg or pl*): die ~ des März the ides of March.

Iden·ti·fi·ka·ti·on [idɛntifika'tsĭoːn] *f* ⟨-; -en⟩ identification.

iden·ti·fi'zier·bar *adj* identifiable.

iden·ti·fi·zie·ren [idɛntifi'tsiːrən] **I** *v/t* ⟨*no* ge-, h⟩ **1.** j-n [etwas] ~ (als) to identify s.o. [s.th.] (as), to establish the identity of s.o. [s.th.] (as): die Leiche konnte bisher noch nicht identifiziert werden the corpse has not yet been identified. – **2.** j-n [etwas] mit j-m [etwas] ~ to identify s.o. [s.th.] with s.o. [s.th.]: ich möchte nicht, daß du mich mit ihr identifizierst I don't want you to identify me with her. – **II** *v/reflex* **3.** sich mit j-m [etwas] ~ to identify oneself with s.o. [s.th.]. – **III I~** *n* ⟨-s⟩ **4.** *verbal noun.* — **Iden·ti·fi'zie·rung** *f* ⟨-; -en⟩ **1.** *cf.* Identifizieren. – **2.** identification.

iden·tisch [i'dɛntɪʃ] *adj* **1.** (mit) identical (with), the same (as): ~e Gleichung *math.* identical equation; ~er Satz *philos.* identical (*od.* necessary) proposition; X und Y sind ~, X ist ~ mit Y X and Y are identical, X is identical with Y; sich mit j-m [etwas] ~ fühlen to identify oneself with s.o. [s.th.]. – **2.** *pol.* (*Noten*) identic.

Iden·ti·tät [idɛnti'tɛːt] *f* ⟨-; *no pl*⟩ identity, (self-)sameness: Gesetz der ~ *philos.* principle (*od.* law) of identity; Nachweis der ~ proof of identity; j-s ~ feststellen to establish s.o.'s identity, to identify s.o.

Iden·ti'täts|,leh·re *f philos.* a) identity philosophy, identism, b) (*bei Schelling*) monism, c) (*in der Logik*) theory of identity. — **~,nach,weis** *m* proof of identity. — **~phi·lo·so,phie** *f* (*bei Schelling*) monism. — **~prin,zip** *n* principle of identity.

Ideo·gramm [ideo'gram] *n* ⟨-(e)s; -e⟩ *ling.* (*Begriffszeichen*) ideogram, ideograph, pictograph.

Ideo·gra·phie [ideogra'fiː] *f* ⟨-; *no pl*⟩ *ling.* (*Begriffsschrift*) ideography, ideographics *pl* (*construed as sg*). — **ideo'gra·phisch** [-'graːfɪʃ] *adj* ideographic(al).

Ideo·lo·ge [ideo'loːgə] *m* ⟨-n; -n⟩ ideologist, ideologue. — **Ideo·lo'gie** [-lo'giː] *f* ⟨-; -n [-ən]⟩ ideology. — **ideo'lo·gisch** *adj* ideologic(al): ~er Überbau (*bei Marx*) ideological superstructure.

Idio·blast [idĭo'blast] *m* ⟨-en; -en⟩ *meist pl biol.* idioblast.

idio·chro·ma·tisch [idĭokro'maːtɪʃ] *adj chem.* idiochromatic.

Idio·la·trie [idĭola'triː] *f* ⟨-; *no pl*⟩ (*Selbstvergötterung*) idiolatry.

Idi·om [i'dĭoːm] *n* ⟨-s; -e⟩ *ling.* **1.** (*Spracheigentümlichkeit*) idiom. – **2.** (*Mundart*) dialect. – **3.** (*heimische Sprache*) vernacular. — **Idio·ma·tik** [idĭo'maːtɪk] *f* ⟨-; *no pl*⟩ **1.** (*Lehre*) idiomology. – **2.** idiom: in der englischen ~ in English idiom. — **idio·ma·tisch** [idĭo'maːtɪʃ] *adj* **1.** idiomatic, *auch* idiomatical: ~e Redewendung idiom. – **2.** dialectal. – **3.** vernacular.

idio·morph [idĭo'mɔrf] *adj min.* (*eigengestaltig*) idiomorphic.

idio·pa·thisch [idĭo'paːtɪʃ] *adj med.* idiopathic.

Idio·plas·ma [idĭo'plasma] *n biol.* idioplasm: das ~ betreffend idioplasmatic, idioplasmic.

Idio·syn·kra·sie [idĭozynkra'ziː] *f* ⟨-; -n [-ən]⟩ *bes. med.* (*Abneigung, Überempfindlichkeit*) idiosyncrasy, *Am. auch* idiosyncracy. — **idio·syn'kra·tisch** [-'kraːtɪʃ] *adj* idiosyncratic.

Idi·ot [i'dĭoːt] *m* ⟨-en; -en⟩ **1.** *med.* (*Schwachsinniger*) idiot. – **2.** *colloq.* (*Dummkopf, Trottel*) idiot, fool: du ~! you idiot (*od.* dope)! (*colloq.*).

Idio·ten|,an,stalt [i'dĭoːtən-] *f colloq. contempt.* madhouse (*colloq.*). — **~,hang, ~,hü·gel** *m colloq. humor.* (*für Anfänger beim Skifahren*) *Am.* beginners' (*Br.* nursery) slope. — **i~,si·cher** *adj colloq.* foolproof.

Idio·tie [idĭo'tiː] *f* ⟨-; -n [-ən]⟩ **1.** *med.* idiocy. – **2.** *colloq.* (*große Dummheit*) idiocy, stupidity, folly.

Idio·ti·kon [i'dĭoːtikən] *n* ⟨-s; -tika [-ka]⟩ *ling.* (*Dialektwörterbuch*) dialect dictionary, idioticon (*scient.*): Schweizer ~ Swiss Idioticon, Swiss dialect dictionary.

Idio·tin [i'dĭoːtɪn] *f* ⟨-; -nen⟩ *cf.* Idiot.

idio·tisch [i'dĭoːtɪʃ] *adj* **1.** *med.* idiotic, idiotical. – **2.** *colloq.* idiotic, foolish, stupid, lunatic, imbecile, daft (*colloq.*).

Idio·tis·mus[1] [idĭo'tɪsmʊs] *m* ⟨-; -tismen⟩ *ling. cf.* Idiom 1.

Idio'tis·mus[2] *m* ⟨-; -tismen⟩ *med. cf.* Idiotie 1.

Ido ['iːdo] *n* ⟨-(s); *no pl*⟩ *ling.* (*vereinfachte Form des Esperanto*) Ido.

Ido·kras [ido'kraːs] *m* ⟨-; -e⟩ *min.* volcanic schorl, idocrase, vesuvian(ite) (*scient.*): blauer ~ cyprine.

Idol [i'doːl] *n* ⟨-s; -e⟩ idol: der Filmschauspieler wurde zum ~ der jungen Generation the film actor became the idol of the young generation.

Ido·la·trie [idola'triː], **Ido·lo·la·trie** [idolola'triː] *f* ⟨-; -n [-ən]⟩ idolatry.

Idria·lit [idria'liːt; -'lɪt] *m* ⟨-s; -e⟩ *min.* idrialite, idrialine.

Idyll [i'dʏl] *n* ⟨-s; -e⟩ *auch mus.* idyl(l): ein ländliches ~ a rustic idyl(l).

Idyl·le [i'dʏlə] *f* ⟨-; -n⟩ **1.** (*literature*) a) idyl(l), b) (*Hirtengedicht*) pastoral (poem), bucolic (poem). – **2.** (*art*) pastoral (scene).

Idyl·len,dich·ter [i'dʏlən-] *m* (*literature*) **1.** idyl(l)ist. – **2.** (*Hirtendichter*) pastoral (*od.* bucolic) poet.

idyl·lisch [i'dʏlɪʃ] **I** *adj* **1.** idyllic: eine ~e Szene an idyl(l). – **2.** (*literature*) a) idyllic(al), b) (*in der Schäferdichtung*) pastoral, bucolic, *auch* Arcadian, Theocritean, Theocritan. – **II** *adv* **3.** idyllically: ~ leben to live an idyllic life.

Igel ['iːgəl] *m* ⟨-s; -⟩ **1.** *zo.* hedgehog (*Gattg Erinaceus*): Europäischer ~ European hedgehog (*E. europaeus*); der ~ rollte sich zusammen the hedgehog rolled (itself) up into a ball. – **2.** *agr.* (*Furchenegge*) drill harrow. – **3.** *mil.* a) *cf.* Igelstellung, b) (*Panzerhindernis*) hedgehog. – **4.** (*textile*) (*Nadelwalze*) porcupine. – **5.** *gastr. a cake with alternating layers of a special kind of biscuits (Am. cookies) and chocolate filling, decorated with almonds.* – **6.** *colloq. cf.* Kratzbürste 1. — **~,aloe** *f bot.* hedgehog aloe (*Aloe echinata*). — **~ara·lie** [-ʔaˌraːlĭə] *f* devil's club, devil-club (*Echinopanax horridus*). — **i~,ar·tig** *adj zo.* like a hedgehog, erinaceous (*scient.*). — **~,fisch** *m zo.* **1.** porcupine fish (*Diodon hystrix*). – **2.** burrfish, *auch* burfish (*Gattg Chilomycterus*).

Ige·lit [ige'liːt; -'lɪt] (*TM*) *n* ⟨-s; -e⟩ (*Kunststoff*) igelite.

'Igel|,kä·fer *m zo.* hedgehog beetle (*Hispella atra*). — **~,kak·tus** *m bot.* hedgehog cactus (*Gattg Echinocactus*). — **~,kamm,gras** *n* cock grass (*Cynosurus echinatus*). — **~,kol·ben** *m* bur reed (*Gattg Sparganium*). — **~,kopf** *m* **1.** head of a hedgehog. – **2.** (*Haarschnitt*) brush (*od.* crew) cut. – **3.** (Roter) ~ *bot.* hedgehog (*od.* purple) coneflower (*Echinacea purpurea*). — **~po,lyp** *m zo.* hedgehog hydroid (*Hydractinia echinata*). — **~,sa·me** *m bot.* stickseed, beggar('s)-lice (*od.* -ticks) *pl* (*construed as sg or pl*) (*Gattg Lappula*). — **~,schnitt** *m* (*Haarschnitt*) brush (*od.* crew) cut. — **~,schwamm** *m bot.* (*Pilz*) hedgehog mushroom. — **~,seg·ge** *f* yellow sedge (*Carex flava*). — **~,sper·re** *f mil.* hedgehog obstacle. — **~,stel·lung** *f* all-round defence (*Am.* defense) position. — **~,wei·zen** *m bot.* common bearded wheat (*Triticum compactum*). — **~,wurm** *m zo.* kinorhynch (*Klasse Kinorhyncha*).

Iglu ['iːglu] *m, n* ⟨-s; -s⟩ igloo, *Am. auch* iglu.

Igna·ti·us|,boh·ne [ɪ'gnaːtsĭʊs-] *f*, **~,boh·nen,baum** *m bot.* Saint-Ignatius's bean (*Ignatia amara*).

Igni·punk·tur [ɪgnipʊŋk'tuːr] *f med.* ignipuncture.

Igni·tron ['ɪgnitroːn] *n* ⟨-s; -e, *auch* -s⟩ *phys.* (*Gleichrichter*) ignitron.

Igno·ra·mus et igno·ra·bi·mus [ɪgno'raːmʊs ɛt ɪgno'raːbimʊs] *n* ⟨- - -; *no pl*⟩ *philos.* ignoramus et ignorabimus (*maxim for the unsolvable riddle of the world*).

igno'rant [ɪgno'rant] *adj* ignorant.

Igno'rant *m* ⟨-en; -en⟩ ignorant (*od.* stupid) person, ignoramus, dunce (*colloq.*).

Igno'ran·ten·tum *n* ⟨-; *no pl*⟩ ignorantism, ignorance.

Igno·ranz [ɪgno'rants] *f* ⟨-; *no pl*⟩ ignorance.

igno·rie·ren [ɪgno'riːrən] *v/t* ⟨*no* ge-, h⟩ j-n [etwas] ~ a) to ignore (*od.* take no notice of) s.o. [s.th.], b) (*übersehen*) to ignore (*od.* overlook, disregard) s.o. [s.th.]: am besten ignorierst du die Mahnung einfach the best thing you can do is (to) ignore the reminder; sie hat ihn den ganzen Abend ignoriert she ignored him (*od.* cut him, gave him the cold shoulder) the whole evening; j-n völlig ~ to cut s.o. dead.

Ignos·zenz [ɪgnɔs'tsɛnts] *f* ⟨-; *no pl*⟩ *obs. for* Verzeihung 2, 3. — **ignos·zie·ren** [ɪgnɔs'tsiːrən] *v/t* ⟨*no* ge-, h⟩ *obs. for* verzeihen 1, 2.

Igu·an·odon [i'gŭaːnodɔn] *n* ⟨-s; -s *od.* -ten [igŭano'dɔntən]⟩ *zo.* (*fossile Riesenechse*) iguanodon.

Ih·le ['iːlə] *m* ⟨-n; -n⟩ (*Hohlhering*) shotten herring.

ihm [iːm] *pers pron* ⟨*dat of* er *u.* es⟩ **1.** (*Person*) (to) him: ich gebe ~ das Buch I give him the book, I give the book to him; ich habe es ~ gesagt I told him; ich glaube (es) ~ I believe him; ~ als Fachmann sollte das nicht passieren this shouldn't happen to him considering that he is an expert; wem hat sie geschrieben? ~ who(m) has she written to? to him; wem gehorcht sie? ~ whom does she obey? him; (*in besonderen Fällen*) ich rettete ~ das Leben I saved his life; ich drückte ~ die Hand I shook his hand; ~ reißt leicht die Geduld he soon loses his patience; ~ ist etwas heruntergefallen he dropped s.th.; wir sind von ~ abhängig we are dependent on him; ein Bruder von ~ *colloq.* a brother of his, one of his brothers; ich habe es von ~ a) (*Buch etc*) I got it from him, b) (*Nachricht*) I heard it from him; sie stand vor [hinter, neben] ~ she stood (directly) in front of [behind, next to] him. – **2.** (*Sache*) (to) it: das Bild kommt hier nicht zur Geltung, wir sollten ~ einen besseren Platz geben the painting is not hung to advantage here, we should move it to a better place; das Material ist sehr empfindlich, große Hitze kann ~ schaden this material is very sensitive, high temperatures can be detrimental to it. – **3.** (*zugunsten*) a) (*Person*) for him, b) (*Sache*) for it: sie kaufte ~ eine Krawatte she bought a tie for him, she bought him a tie.

ihn [iːn] *pers pron* ⟨*acc of* er⟩ **1.** (*Person*) him: ich habe ~ gesehen I have seen him; ich mag ~ gern I like him; sie ist gegen ~ she is against him. – **2.** (*Sache*) it: der

Baum war uns im Wege, wir mußten ~ fällen the tree was in the way, we had to fell it.

ih·nen ['iːnən] **I** *pers pron* ⟨*dat pl of* er, sie, es⟩ **1.** (to) them: **gib es ~!** give it to them! give them it! **ich habe es ~ gesagt** I told them; **ich kann es ~ nicht verzeihen** I can't forgive them; **das Haus gehört ~** the house belongs to them, the house is theirs; **die Blumen sind ganz trocken, du solltest ~ mehr Wasser geben** the flowers are all dried up, you should give them some more water; **wem gehören die Autos? ~** who(m) do the cars belong to? to them; (*in besonderen Fällen*) **er rettete ~ das Leben** he saved their lives; **~ ist der Schlüssel verlorengegangen** they lost the key; **die Schuld lag an ~** the fault was theirs; **es ist ~ ein leichtes** it is easy for them; **wir sind mit ~ gefahren** we went with them; **er hat bei ~ übernachtet** he spent the night with them (*od.* at their house); **ein Freund von ~** *colloq.* a friend of theirs; **die Hälfte von ~** half of them. – **2.** (*zugunsten*) for them: **was sollen wir ~ kaufen?** what shall we buy for them? – **II I~** *pers pron* ⟨*dat of* Sie⟩ **3.** (to) you: **ich bin I~ sehr dankbar** I am very grateful to you; **ich danke I~ für Ihr Schreiben vom 13. Juli** thank you for your letter of July 13th; **ich möchte das mit I~ besprechen** I should like to discuss that with you; **ein Freund von I~** *colloq.* a friend of yours; **die Schuld lag bei I~** the fault was yours. – **5.** (*zugunsten*) for you: **ich werde I~ einen Platz reservieren** I shall reserve a seat for you.

ihr [iːr] **I** *pers pron* **1.** you: **was wollt ~?** what do you want? **kommt mal her, ~ drei** come here, you three (*od.* the three of you); **~ alle habt Schuld** all of you are to blame; **~ Frauen** you women; **~, die ~ das sagt** *lit.* you who say that; (*in Briefen mit Großschreibung*) **hoffentlich habt Ihr eine gute Reise gehabt** I hope you had a good journey. – **II** *pers pron* ⟨*dat of* sie⟩ **2.** (*Person*) (to) her: **ich habe es ~ versprochen** I have promised it to her, I promised her it; **sie hat es ~ gesagt** she told her; **er ist ~ sehr dankbar** he is very grateful to her; **~ als Expertin ist das nichts Neues** that is nothing new to her considering that she is an expert; **wem schreibt er? ~** to whom does he write? to her; (*in besonderen Fällen*) **er rettete ~ das Leben** he saved her life; **er sah ~ ins Gesicht** he looked into her face; **mit der ~ eigenen Ruhe** with that special composure of hers; **~ ist da etwas entgangen** she missed s.th. there; **das habe ich von ~ erfahren** I have heard that from her; **eine Tante von ~** *colloq.* an aunt of hers. – **3.** (*Sache*) (to) it: **die Pflanze ist zu trocken, wir müssen ~ Wasser geben** the plant is too dry, we must give it some water. – **4.** (*zugunsten*) a) (*Person*) for her, b) (*Sache*) for it: **er hat ~ ein neues Kleid gekauft** he bought a new dress for her, he bought her a new dress. – **III** *possess pron 3 sg* ⟨*used as adj*⟩ **5.** (*Person*) her: **~ Vater** her father; **eine ~er Freundinnen** one of her friends; **~ bißchen Verstand** what little brains she has; **~ schlechtes Beispiel** her bad example; **das ist ~e Angelegenheit** that is her business; **sie tat ~ möglichstes** she did her utmost (*od.* best), she did the best she could. – **6.** (*Sache*) its: **diese Stadt ist sehr berühmt, ~e Hauptattraktion ist die Burg** this town is very famous, its main attraction is the castle. – **7.** (*in Briefen und als Anrede mit Großschreibung*) your: **grüßen Sie bitte I~e Familie** please give my regards to your family; **haben Sie I~ Geld erhalten?** have you received your money? **einer I~er Freunde** one of your friends. – **8. I~e Majestät [Exzellenz]** Her Majesty [Excellency]. – **IV** *posses pron 3 pl* ⟨*used as adj*⟩ **9.** their: **meine Brüder haben ~e Freunde eingeladen** my brothers have invited their friends; **sie haben ~ Boot verkauft** they sold their boat; **einer ~er Freunde** one of their friends. – **10.** (*in Briefen u. als Anrede mit Großschreibung*) your: **grüßen Sie bitte I~e Eltern** please give my regards to your parents. – **V ~er, ~e, ~(e)s, der, die, das ~e** *possess pron* **11.** *3 sg* ⟨*used as pred*⟩ hers: **sein Haus ist größer als ~(e)s** (*od.* **das ihr[ig]e**) his house is bigger than hers; **welche dieser Tassen ist ~e?** which of these cups is hers? – **12.** *3 pl* ⟨*used as pred*⟩ theirs: **unser Garten ist schöner als ~er** (*od.* **der ihr[ig]e**) our garden is more beautiful than theirs; **meine Bücher habe ich mitgebracht, aber ~e habe ich vergessen** I brought my books but I forgot theirs. – **VI I~e, der, die, das** *posses pron* **13.** *3 sg* ⟨*used as a noun*⟩ her (own), hers: **der Ihr(ig)e** *humor.* her husband; **die Ihr(ig)en** her family, her people, her folks (*colloq.*); **das Ihr(ig)e** a) her property, b) her due (share); **sie hat das Ihr(ig)e dazu beigetragen** she has done her share (*od.* part). – **14.** *3 pl* ⟨*used as a noun*⟩ their (own), theirs: **wir baten sie, die Ihr(ig)en zu grüßen** we asked them to give our regards to their families; **wenn sie das Ihr(ig)e dazu beitragen, wird es schon klappen** if they do their share it will turn out all right. – **15.** *3 sg u. pl* ⟨*used as a noun*⟩ (*in Briefen u. als Anrede*) your own, yours: **Sie und die Ihr(ig)en** you and yours (*od.* your family, your people, *colloq.* your folks); **tun Sie das Ihr(ig)e** do your utmost (*od.* best), do what you can; **ganz der [die] Ihr(ig)e** yours very truly; **stets der [die] Ihr(ig)e** ever yours.

'ih·rer *pers pron* **I** ⟨*3 sg f, gen of* sie⟩ **1.** (*Person*) (of) her: **er erinnerte sich ~ nicht** he didn't remember her; **das ist ~ nicht würdig** that is not worthy of her; **niemand erbarmte sich ~** no one took pity on her. – **2.** (*Sache*) (of) it. – **II** *3 pl, gen of* sie⟩ **3.** (of) them: **wir gedenken ~ noch immer** we are still thinking of them, we are still remembering them; **es waren ~ sechs** there were six of them, they were six; **es waren ~ zu viele** there were too many of them. – **III** ⟨*gen of* Sie⟩ **4.** (*in Briefen u. als Anrede mit Großschreibung*) (of) you: **ich werde I~ gedenken** I shall remember you.

'ih·rer'seits *adv* **1.** (*von ihr aus*) on her part (*od.* side), for her part, as far as she is concerned: **sie ~ hat nichts dagegen** as far as she is concerned there are no objections. – **2.** (*von ihnen aus*) on their part (*od.* side), for their part, as far as they are concerned. – **3.** (*von Ihnen aus*) (*in Briefen u. als Anrede mit Großschreibung*) on your part (*od.* side), for your part, as far as you are concerned.

'ih·res'glei·chen *indef pron* **1.** her equals, people like herself, her own kind: **sie verkehrt nur mit ~** she only mixes with her equals; **sie hat nicht ~** *fig.* there is no one like her (*od.* to match her), she has not her equal. – **2.** people of her sort, people like her: **mit ~ verkehre ich nicht** I don't mix with people of her sort. – **3.** their equals, people like themselves, their own kind. – **4.** people of their sort, people like them. – **5.** (*in Briefen u. als Anrede mit Großschreibung*) a) your equals, people like yourself, your own kind, b) people of your sort, people like you.

'ih·res'teils *adv cf.* ihrerseits.

'ih·ret'hal·ben *adv obs. od. lit. for* ihretwegen.

'ih·ret'we·gen *adv* **1.** a) on her account, because of her, b) for her sake, c) on (*od.* in) her behalf: **~ habe ich all diesen Ärger gehabt** I had all this trouble because of her; **ich habe diese Mühe nur ~ auf mich genommen** it was only for her sake that I went through all this trouble; **wir haben ~ mit dem Direktor gesprochen** we talked to the director on her behalf. – **2.** a) on their account, because of them, b) for their sake, c) on (*od.* in) their behalf. – **3.** (*in Briefen u. als Anrede mit Großschreibung*) a) on your account, because of you, b) for your sake, c) on (*od.* in) your behalf.

'ih·ret'wil·len *adv* (um) ~ *cf.* ihretwegen 1b, c.

'ih·rig *possess pron* **I** der, die, das **~e** *cf.* ihr V. – **II** der, die, das **I~e** *cf.* ihr VI.

Ika·ko,pflau·me ['iːkaːko-] *f bot.* icaco (plum), coco(a) plum (*Chrysobalanus icaco*).

ika·risch ['iːkarɪʃ] *adj* Icarian: **~er Kommunismus** *pol.* Icarianism, Icarian Communism.

Iko·ne [i'koːnə] *f* ⟨-; -n⟩ *relig.* icon, *auch* ikon, eikon. — **Iko·nen·ma·le,rei** [i'koːnən-] *f* icon painting.

iko·nisch [i'koːnɪʃ] *adj* (*art*) iconic(al).

Iko·no·du·lie [ikonodu'liː] *f* ⟨-; *no pl*⟩ *relig.* (*Bilderdienst*) iconoduly.

Iko·no·graph [ikono'graːf] *m* ⟨-en; -en⟩ iconographer. — **Iko·no·gra'phie** [-gra'fiː] *f* ⟨-; *no pl*⟩ iconography. — **iko·no'gra·phisch** *adj* iconographic(al).

Iko·no·klas·mus [ikono'klasmus] *m* ⟨-; -men⟩ *relig.* (*Bildersturm*) iconoclasm. — **Iko·no'klast** [-'klast] *m* ⟨-en; -en⟩ iconoclast. — **iko·no'kla·stisch** *adj* iconoclastic.

Iko·no·la·trie [ikonola'triː] *f* ⟨-; *no pl*⟩ *relig.* (*Bilderanbetung*) iconolatry, image worship.

Iko·no·lo·ge [ikono'loːgə] *m* ⟨-n; -n⟩ iconologist. — **Iko·no·lo'gie** [-lo'giː] *f* ⟨-; *no pl*⟩ iconology. — **iko·no'lo·gisch** *adj* iconological.

Iko·no·me·ter [ikono'meːtər] *n* ⟨-s; -⟩ *phot. tech.* iconometer.

Iko·no·skop [ikono'skoːp] *n* ⟨-s; -e⟩ *telev.* iconoscope.

Iko·no·stas [ikono'staːs] *m* ⟨-; -e⟩, **Iko·no'sta·se** [-zə] *f* ⟨-; -n⟩ *arch. relig.* (*Bilderwand*) iconostasis, *auch* iconostas, iconostasion.

Iko·sa·eder [ikoza'ʔeːdər] *n* ⟨-s; -⟩ *math.* (*Zwanzigflächner*) icosahedron. — **iko·sa'edrisch** [-'ʔeːdrɪʃ] *adj* icosahedral.

ik·te·risch [ɪk'teːrɪʃ] *adj med.* (*gelbsüchtig*) jaundiced, icteric (*scient.*). — **Ik·te·rus** ['ɪkterus] *m* ⟨-; *no pl*⟩ (*Gelbsucht*) jaundice, icterus (*scient.*).

Ik·tus ['ɪktus] *m* ⟨-; - *u.* -ten⟩ *metr.* ictus.

Ilang-Ilang ['iːlaŋ'ʔiːlaŋ] *n* ⟨-s; -s⟩ *bot.* ilang-ilang (*Canangium odoratum*).

Ileo·sto·mie [ileosto'miː] *f* ⟨-; *no pl*⟩ *med.* ileostomy.

Ile·um ['iːleum] *n* ⟨-s; *no pl*⟩ *med.* (*Krummdarm*) ileum.

Ile·us ['iːleus] *m* ⟨-; -leen⟩ *med.* (*Darmverschluß*) intestinal obstruction, ileus (*scient.*).

Ilex ['iːlɛks] *f* ⟨-; *no pl*⟩ *bot. cf.* Stechpalme.

Ili·as ['iːlĭas] *f, auch* **Ilia·de** [i'lĭaːdə] *f* ⟨-; *no pl*⟩ (*literature*) Iliad: **die ~ betreffend** Iliadic.

il·le·gal ['ɪlegaːl; -'gaːl] **I** *adj* illegal, unlawful: **etwas für ~ erklären** to declare s.th. illegal. – **II** *adv* illegally. — **Il·le·ga·le** ['ɪlegaːlə; -'gaːlə] *m, f* ⟨-n; -n⟩ *bes. Austrian pol. member of the Nazi Party in Austria after its prohibition in 1933.* — **Il·le·ga·li·tät** [-gali'tɛːt; 'ɪlegalitɛːt] *f* ⟨-; *no pl*⟩ illegality, unlawfulness: **eine Einrede der ~** a plea of illegality.

il·le·gi·tim ['ɪlegitiːm; -'tiːm] *adj jur.* **1.** (*ungesetzlich*) illegitimate, illegal, unlawful. – **2.** (*unehelich*) illegitimate: **~es Kind** illegitimate child, natural child, love child, *Br.* love-child, child born out of wedlock. — **Il·le·gi·ti·mi·tät** [-timi'tɛːt; 'ɪlegitimitɛːt] *f* ⟨-; *no pl*⟩ *jur.* illegitimacy, illegitimate birth.

il·li·quid ['ɪlikviːt; -'kviːt] *adj econ.* **1.** frozen, nonliquid *Br.* non-, illiquid. – **2.** (*Person, Bank*) short of liquid assets. — **Il·li·qui·di'tät** [-kvidi'tɛːt; 'ɪlikviditɛːt] *f* ⟨-; *no pl*⟩ nonliquidity *Br.* non-, illiquidity.

Il·li·te·rat ['ɪliteraːt; -'raːt] *m* ⟨-en; -en⟩ *rare* illiterate (person), uneducated person, *auch* analphabet(e).

il·lo·yal ['ɪlŏajaːl; -'jaːl] *adj* **1.** disloyal, not loyal. – **2.** illegal, unlawful. — **Il·lo·ya·li·tät** [-jali'tɛːt; 'ɪlŏajalitɛːt] *f* ⟨-; *no pl*⟩ **1.** disloyalty. – **2.** illegality.

Il·lu·mi·nat [ɪlumi'naːt] *m* ⟨-en; -en⟩ *relig. hist.* **1.** illuminate. – **2. die ~en** the Illuminati. — **Il·lu·mi'na·ten,or·den** *m* Order of the Illuminati.

Il·lu·mi·na·ti·on [ɪlumina'tsĭoːn] *f* ⟨-; -en⟩ **1.** (*Festbeleuchtung*) (festive) illumination. – **2.** (*von Büchern etc*) illumination.

Il·lu·mi·na·tor [ɪlumi'naːtɔr] *m* ⟨-s; -en [-na'toːrən]⟩ **1.** (*von Büchern etc*) illuminator, illuminer. – **2.** (*optics*) illuminator.

il·lu·mi·nie·ren [ɪlumi'niːrən] **I** *v/t* ⟨*no* ge-, h⟩ **1.** (*festlich beleuchten*) illuminate (*od.* light up) (*s.th.*) festively, illuminate. – **2.** (*ein Buch etc*) illuminate, miniate. – **II I~** *n* ⟨-s⟩ **3.** *verbal noun.* — **Il·lu·mi'nie·rung** *f* ⟨-; -en⟩ **1.** *cf.* Illuminieren. – **2.** (*von Büchern etc*) illumination.

Il·lu·si·on [ɪlu'zĭoːn] *f* ⟨-; -en⟩ **1.** illusion: **sich ~en hingeben, sich** (*dat*) **~en machen** to have illusions, (*stärker*) to cheat oneself with illusions; **er gibt sich keinen ~en hin** he is under no illusions; **sich in der ~ wiegen, daß** to cherish the illusion that; **j-m die ~en rauben** (*od.* **nehmen**) to disillusion s.o., to rob s.o. of his illusions; **sie hat keine ~en mehr** she no longer has any illusions. – **2.** (*Wahn*) delusion.

il·lu·sio·när [ɪluzĭo'nɛːr] *adj* illusionary, illusional.

Il·lu·sio·nis·mus [ɪluzĭo'nɪsmʊs] *m* ⟨-; *no pl*⟩ (*art*) *philos.* illusionism. — **Il·lu·sio'nist** [-'nɪst] *m* ⟨-en; -en⟩ illusionist. — **il·lu·sio'ni·stisch** *adj* illusionistic.

Il·lu·si'ons|,büh·ne *f* (*theater*) representational (*od.* illusionistic) stage. — **i~los** *adj u. adv* without (any) illusion(s).

il·lu·so·risch [ɪlu'zo:rɪʃ] *adj* **1.** illusory, illusive: ~e Vorstellungen von etwas haben to have illusory ideas of s.th.; dein Plan ist völlig ~ your plan is completely illusory, your plan is a mere illusion. – **2.** (*trügerisch*) deceptive, delusive.

il·lu·ster [ɪ'lʊstər] *adj* (*Persönlichkeit etc*) illustrious, very distinguished: eine illustre Gesellschaft an illustrious company.

Il·lu·stra·ti·on [ɪlʊstra'tsĭo:n] *f* ⟨-; -en⟩ **1.** *print.* a) illustration, picture, b) drawing: ~en von N. illustrations (*od.* pictures) by N., illustrator N. – **2.** *bes. tech.* figure, diagram. – **3.** *fig.* illustration, explanation: zur ~ to show you what I mean.

Il·lu·stra·ti'ons,bei,spiel *n* illustrating example, illustration.

il·lu·stra·tiv [ɪlʊstra'ti:f] *adj* illustrative.

Il·lu·stra·tor [ɪlʊs'tra:tər] *m* ⟨-s; -en [-tra'to:rən]⟩ illustrator, artist.

il·lu·strie·ren [ɪlʊs'tri:rən] *v/t* ⟨*no* ge-, h⟩ **1.** (*bebildern*) illustrate. – **2.** *fig.* (*veranschaulichen*) illustrate, exemplify. — **il·lu'striert I** *pp.* – **II** *adj u. adv* illustrated, pictorial: stell dir das einmal ~ vor *iron.* just imagine that; reichhaltig ~ richly (*od.* well-)illustrated; ~e Zeitung *cf.* Illustrierte. — **Il·lu'strier·te** *f* ⟨-n; -n⟩ illustrated (news)paper (*od.* magazine), pictorial.

il·lu·vi·al [ɪlu'vĭa:l] *adj geol.* illuvial.

Il·ly·rer [ɪ'ly:rər], **Il'ly·ri·er** [-rĭər] *m* ⟨-s; -⟩ *hist.* Illyrian. — **il'ly·risch I** *adj* Illyrian. – **II** *ling.* **I~** ⟨*generally undeclined*⟩, **das I~e** ⟨-n⟩ *ling.* Illyrian.

Il·me ['ɪlmə] *f* ⟨-; -n⟩ *bot. cf.* Ulme.

Il·me·nit [ɪlme'ni:t; -'nɪt] *m* ⟨-s; -e⟩ *min.* ilmenite.

Il·tis ['ɪltɪs] *m* ⟨-ses; -se⟩ **1.** *zo.* polecat, fitchet (weasel) (*Mustela putorius*). – **2.** *cf.* Iltisfell. — **~,fell** *n*, **~,pelz** *m* polecat (*od.* fitchet) skin.

IL-,Trieb,werk [i:'ˀɛl-] *n aer.* pulse-jet (*od.* pulsojet) engine.

im [ɪm] *prep* in the: ~ Büro [Garten, Wasser, Zimmer] in the office [garden, water, room]; ~ Osten in the east; ~ Traum in one's dream; ~ Bett in bed; ~ Januar in January; ~ Jahre 1971 in (the year) 1971; ~ Deutschen [Englischen] in German [English]; ~ allgemeinen in general; ~ ganzen in all; nicht ~ geringsten not in the least; noch ~ unklaren sein to be still undecided; ~ übrigen for the rest, furthermore; ~ Fallen [Steigen, Sprung] when falling [rising, jumping]; → groß 46.

Image ['ɪmɪtʃ; 'ɪmɪdʒ] (*Engl.*) *n* ⟨-(s); -s ['ɪmɪtʃs; 'ɪmɪdʒɪz]⟩ (*Charakterbild etc*) image.

ima·gi·na·bel [imagi'na:bəl] *adj* imaginable.

ima·gi·när [imagi'nɛ:r] *adj* imaginary: ~e Zahl *math.* imaginary number.

Ima·gi·na·ti·on [imagina'tsĭo:n] *f* ⟨-; -en⟩ *psych.* imagination.

Ima·gis·mus [ima'gɪsmʊs] *m* ⟨-; *no pl*⟩ (*literature*) imagism. — **Ima·gist** [-'gɪst] *m* ⟨-en; -en⟩ imagist. — **ima'gi·stisch** *adj* imagist(ic).

Ima·go [i'ma:go] *f* ⟨-; -gines [-ginɛs]⟩ *zo. psych.* imago. — **i~,ähn·lich** *adj zo.* imaginal.

Imam [i'ma:m] *m* ⟨-s; -s⟩ *relig.* (*im Islam*) imam.

Iman [i'ma:n] *n* ⟨-s; *no pl*⟩ *relig.* (*im Islam*) (*Glaube*) iman.

'Im·ber,gans ['ɪmbər-] *f zo.* common loon (*Gavia immer*).

im·be·zil(l) [ɪmbe'tsi:l; (-'tsɪl)] *adj psych.* (*schwachsinnig*) imbecile. — **Im·be'zil·le** [-'tsɪlə] *m, f* ⟨-n; -n⟩ imbecile. — **Im·be·zil·li'tät** [-tsɪli'tɛ:t] *f* ⟨-; *no pl*⟩ imbecility.

Im·bi·bi·ti·on [ɪmbibi'tsĭo:n] *f* ⟨-; -en⟩ *phys.* (*Durchtränkung*) imbibition.

Im·biß ['ɪmbɪs] *m* ⟨-sses; -sse⟩ snack, bite (*colloq.*): einen ~ einnehmen (*od.* zu sich nehmen) to take (*od.* have) a snack. — **~,hal·le**, **~,stu·be** *f* snack bar, refreshment room, *Am. auch* lunchroom, luncheonette.

Im·bro·glio [ɪm'brɔljo] *n* ⟨-s; -gli [-'brɔlji]⟩ *mus.* imbroglio.

Imid [i'mi:t] *n* ⟨-(e)s; -e⟩ *chem.* (*NH-Verbindung*) imide.

Imi·do,grup·pe [i'mi:do-] *f chem.* imido group.

Imin [i'mi:n] *n* ⟨-(e)s; -e⟩ *chem.* (*NH-Verbindung*) imine.

Imi·ta·ti·on [imita'tsĭo:n] *f* ⟨-; -en⟩ **1.** imitation, copy: eine geschickte ~ a clever imitation. – **2.** (*Fälschung*) fake, counterfeit. – **3.** (*eines Menschen*) imitation, impersonation. – **4.** *mus.* imitation.

Imi·ta·ti'ons·mo,tiv *n mus.* point.

Imi·ta·tor [imi'ta:tər] *m* ⟨-s; -en [-ta'to:rən]⟩ imitator, impersonator. — **imi·ta·to·risch** [-ta'to:rɪʃ] *adj psych.* imitative.

imi·tie·ren [imi'ti:rən] **I** *v/t* ⟨*no* ge-, h⟩ **1.** imitate, copy: etwas geschickt ~ to imitate s.th. cleverly. – **2.** (*fälschen*) fake, counterfeit. – **3.** (*Person*) imitate, impersonate. – **4.** *mus.* (*Thema*) imitate. – **II I~** *n* ⟨-s⟩ **5.** *verbal noun.* – **6.** *cf.* Imitation. — **imi'tiert I** *pp.* – **II** *adj* **1.** imitated: ~er Schmuck imitation jewellery (*bes. Am.* jewelry). – **2.** (*gefälscht*) fake(d), counterfeit.

Im·ker ['ɪmkər] *m* ⟨-s; -⟩ beekeeper, *Br.* bee-keeper, beemaster, *Br.* bee-master, apiarist (*scient.*). — **Im·ke'rei** *f* ⟨-; *no pl*⟩ beekeeping, *Br.* bee-keeping, apiculture (*scient.*). — **'im·kern** *v/i* ⟨h⟩ keep bees, be a beekeeper (*Br.* bee-keeper).

im·ma·nent [ɪma'nɛnt] *adj* **1.** immanent, inherent. – **2.** *philos.* immanent. — **Im·ma'nenz** [-'nɛnts] *f* ⟨-; *no pl*⟩ **1.** immanence, inherence. – **2.** *philos.* immanence, immanency.

Im·ma·te·ria·lis·mus [ɪmaterĭa'lɪsmʊs] *m* ⟨-; *no pl*⟩ *philos.* immaterialism. — **Im·ma·te·ria'list** [-'lɪst] *m* ⟨-en; -en⟩ immaterialist.

im·ma·te·ri·ell [ɪmate'rĭɛl; 'ɪmaterĭɛl] *adj* **1.** immaterial, insubstantial. – **2.** *jur.* (*Werte*) intangible.

Im·ma·tri·ku·la·ti·on [ɪmatrikula'tsĭo:n] *f* ⟨-; -en⟩ *ped.* (university) enrol(l)ment, matriculation.

Im·ma·tri·ku·la·ti'ons|be,stim·mun·gen *pl ped.* university enrol(l)ment (*od.* matriculation) regulations. — **~be,wer·ber** *m*, **~be,wer·be·rin** *f* matriculant.

im·ma·tri·ku·lie·ren [ɪmatriku'li:rən] *v/t* ⟨*no* ge-, h⟩ matriculate: sich (an einer Hochschule) ~ lassen to enrol(l) (*od.* matriculate) (at a university). — **im·ma·tri·ku'liert I** *pp.* – **II** *adj* matriculate(d).

Im·me ['ɪmə] *f* ⟨-; -n⟩ *meist pl dial.* bee.

Im·me·di'at·ge,such [ɪme'dĭa:t-] *n jur. hist.* immediate petition, petition made directly to the highest authority.

im·me·dia·ti·sie·ren [ɪmedĭati'zi:rən] *v/t* ⟨*no* ge-, h⟩ *jur. hist.* (*reichsunmittelbar machen*) put (*s.th.*) under the immediate jurisdiction of the 'Reich'.

'Im·men,blatt *n bot.* bastard (*od.* honey) balm (*Melittis melissophyllum*).

im·mens [ɪ'mɛns] *adj* (*Vermögen etc*) immense.

'Im·men,stock *m cf.* Bienenstock.

im·men·su·ra·bel [ɪmɛnzu'ra:bəl] *adj* immensurable, immeasurable.

'Im·men,vo·gel *m zo.* sugarbird (*Promerops cafer*).

im·mer ['ɪmər] *adv* **1.** (*stets, ewig*) always, constantly, all the time, for ever(more), *bes. Am.* forever(more): sie kommt ~ zu spät a) she is always late, b) she always comes too late; sie nörgelt ~ she is constantly nagging; ich wollte schon ~ nach New York I (have) always wanted to go to New York; für (*od.* auf) ~ for ever, *bes. Am.* forever; ich bleibe für ~ da I shall stay here for ever, I'm staying here for good; ~ Dein ever yours; wie ~ as always (*od.* ever). – **2.** (*jedesmal*) every (*od.* each) time, whenever: ~ wenn ich sie sehe every time (*od.* whenever) I see her. – **3.** ~ noch still: nach zwei Stunden war er ~ noch da he was still there two hours later; er ist ~ noch nicht da he is still not there, he hasn't arrived yet; er ist ~ noch ein anständiger Mensch he is a good person for all that. – **4.** ~ wieder again and again, over and over again, time after time: ~ wieder versuchen, etwas zu tun to try over and over again (*od.* to keep [on] trying) to do s.th.; ich habe dir ~ wieder gesagt I've told you time and again; ich lese das ~ wieder gern I enjoy reading this over and over again. – **5.** ~ mal wieder from time to time: ich komme ~ mal wieder vorbei I shall call (*od.* drop) in from time to time (*od.* now and then). – **6.** (*ständig ansteigend*) more and more, increasingly: ~ schwieriger increasingly difficult; ~ größer bigger and bigger; es wird ja ~ schlimmer things are going from bad to worse (*colloq.*); das wird ja ~ schöner *colloq.* this gets better and better (*iron.*). – **7.** (*je*) at a time: sie gingen ~ vier in das Zimmer they went into the room four at a time (*od.* in fours). – **8.** (*nur, immerhin*) just: ~ her damit just give it to me; laß ihn nur ~ kommen just let him come; ~ mit der Ruhe! just take it easy! gently now! nur ~ zu! go on! keep it up! – **9.** (*verallgemeinernd*) wann (auch) ~ whenever; was (auch) ~ what(so)ever; wo es auch ~ sein mag wherever it is (*od.* may be); was er auch ~ sagen mag whatever he says (*od.* may say); was er auch ~ für Gründe haben mag whatever his reasons are (*od.* may be); wie die Geschichte auch ~ ausgehen mag however the affair ends (*od.* may end); wer er auch ~ sein mag whoever he is (*od.* may be). – **10.** *colloq.* (*in jedem Fall*) at any rate: es kostet ~ seine acht Mark at any rate, it will cost eight marks.

'im·mer,blü·hend *adj hort.* everblooming: ~e Pflanze everblooming plant, everbloomer.

'im·mer'dar *adv lit.* for ever (and ever), *bes. Am.* forever, for ever more, *bes. Am.* forever(more).

'im·mer'fort *adv* all the time, always, incessantly, perpetually, constantly, continually: es regnete ~ it was raining all the time (*od.* incessantly), it kept on raining; ich mag sie nicht, sie redet ~ I don't like her, she talks constantly (*od.* she talks and talks).

'im·mer,grün *bot.* **I** *adj* evergreen, (*von Bäumen*) *auch* indeciduous: ~e Pflanze evergreen (plant). – **II I~** *n* ⟨-s; -e⟩ evergreen, bluebutton, *Am. auch* myrtle (*Vinca minor*), periwinkle (*V. minor u. major*).

'im·mer'hin *adv* **1.** (*einräumend*) for all that, after all, nevertheless, anyhow, still, though (*nachgestellt*): ~ hätte es schlimmer sein können for all that it could have been worse, it could have been worse though; wenn es auch nicht weh tut, so ist es ~ unangenehm although it does not hurt, it is still (*od.* nevertheless) unpleasant; er gewann ~ den zweiten Platz after all (*od.* anyhow) he won (the) second place. – **2.** (*wenigstens*) at least: ~ kann sie jetzt wieder gehen at least she can walk again now.

'Im·mer,schön *n* ⟨-s; -e⟩ *bot.* everlasting flower (*Gattg Helichrysum*).

Im·mer·si·on [ɪmɛr'zĭo:n] *f* ⟨-; -en⟩ *astr.* (*optics*) immersion.

Im·mer·si·on·is·mus [ɪmɛrzĭo'nɪsmʊs] *m* ⟨-; *no pl*⟩ *relig.* immersionism.

Im·mer·si'ons|kon,den·sor *m* (*optics*) immersion condenser. — **~,tau·fe** *f relig.* baptism by immersion.

'im·mer'wäh·rend *adj* **1.** everlasting, perpetual: ~er Kalender perpetual calendar. – **2.** (*endlos*) endless. – **3.** (*ewig*) eternal.

'im·mer'zu *adv colloq.* **1.** (*fortwährend*) all the time, continually. – **2.** (*unaufhörlich*) continuously, incessantly. – **3.** (*ständig*) constantly.

Im·mi·grant [ɪmi'grant] *m* ⟨-en; -en⟩, **Im·mi'gran·tin** *f* ⟨-; -nen⟩ immigrant. — **Im·mi·gra·ti'on** [-gra'tsĭo:n] *f* ⟨-; -en⟩ immigration. — **im·mi'grie·ren** [-'gri:rən] *v/i* ⟨*no* ge-, sein⟩ immigrate.

im·mi·nent [ɪmi'nɛnt] *adj* imminent, impending.

Im·mis·si·on [ɪmɪ'sĭo:n] *f* ⟨-; -en⟩ **1.** (*Einführung in ein Amt*) (in *acc* to) introduction, appointment. – **2.** *pl jur. any nuisance that originates on adjacent property and which impairs the unimpeded use of land.*

im·mo·bil ['ɪmobi:l; -'bi:l] *adj* (*unbeweglich*) immovable, stationary, immobile.

Im·mo·bi·li'ar|,kla·ge [ɪmobi'lĭa:r-] *f jur. Am.* real action, *Br.* civil action involving property. — **~kre,dit** *m* mortgage credit, credit on landed property, loans *pl* (*od.* advances *pl*) on mortgage. — **~ver,mö·gen** *n cf.* Immobilien 2. — **~ver,si·che·rung** *f econ. jur.* insurance of real estate.

Im·mo·bi·li·en [ɪmo'bi:lĭən] *pl* **1.** *jur.* immovables. – **2.** *econ. Am.* real estate *sg*, *Br.* (landed) property *sg.* — **~bü,ro** *n Am.* real-estate agency, *Br.* estate agency. — **~ge,sell·schaft** *f Am.* real-estate company, *Br.* property company. — **~,han·del** *m Am.* real-estate business, dealings *pl* in real estate, *Br.* property business, dealings *pl* in property. — **~,händ·ler**, **~,mak·ler** *m Am.* (real-)estate agent (*od.* broker), realtor, *Br.*

estate agent, (*für bebaute Grundstücke*) house (*od.* estate) agent, *Br.* house-agent.

Im·mo·bi·li·sa·ti·on [ɪmobiliza'tsĭo:n] *f* ⟨-; *no pl*⟩ *med.* immobilization. — **im·mo·bi·li'sie·ren** [-'zi:rən] *v/t* ⟨*no* ge-, h⟩ **1.** *med.* (*Gelenk etc*) immobilize. – **2.** *jur.* convert (*personal property*) into real estate. — **Im·mo·bi·li'sie·rung** *f* **1.** *med.* immobilization. – **2.** *jur.* (*beweglicher Güter*) conversion (*of personal property*) into real estate.

im·mo·ra·lisch ['ɪmora:lɪʃ; -'ra:lɪʃ] *adj* immoral. — **Im·mo·ra'lis·mus** [-ra'lɪsmʊs] *m* ⟨-; *no pl*⟩ immoralism. — **Im·mo·ra·li'tät** [-rali'tɛ:t; 'ɪmoralitɛ:t] *f* ⟨-; *no pl*⟩ immorality.

Im·mor·ta·li·tät [ɪmɔrtali'tɛ:t] *f* ⟨-; *no pl*⟩ immortality.

Im·mor·tel·le [ɪmɔr'tɛlə] *f* ⟨-; -n⟩ *bot.* immortelle, everlasting (flower) (*Xeranthemum annuum, bes. Helichrysum bracteatum*).

im·mun [ɪ'mu:n] *adj* **1.** immune: gegen (*od.* vor *dat*) etwas ~ sein *bes. med.* to be immune to (*od.* against, from) s.th.; ~ machen *cf.* immunisieren; dagegen bin ich ~ *fig. colloq.* that doesn't bother me. – **2.** *pol.* (*Abgeordneter etc*) enjoying immunity. — **im·mu·ni·sie·ren** [ɪmuni'zi:rən] *v/t* ⟨*no* ge-, h⟩ (gegen against) immunize *Br. auch* -s-, make (*od.* render) (*s.o., s.th.*) immune. — **im·mu·ni'sie·rend I** *pres p.* – **II** *adj med.* immunizing *Br. auch* -s-, immunifacient, immunogenic. — **Immu·ni'sie·rung** *f* ⟨-; -en⟩ (gegen against) immunization.

Im·mu·ni'sie·rungs|,dau·er *f med.* duration of immunity. — **~re·ak·ti,on** *f* immunoreaction.

Im·mu·ni·tät [ɪmuni'tɛ:t] *f* ⟨-; *no pl*⟩ **1.** *bes. med.* (gegen to, against, from) immunity. – **2.** *pol.* privilege, immunity: diplomatische [parlamentarische] ~ diplomatic [parliamentary] privilege; j-s ~ aufheben to deprive s.o. of immunity, to withdraw immunity from s.o.

Im·mu·ni'täts|,for·scher *m med.* immunologist. — **~,for·schung, ~,leh·re** *f* immunology.

Im'mun,kör·per *m med.* immune body, [antibody.]

Im·mu·no·lo·gie [ɪmunolo'gi:] *f* ⟨-; *no pl*⟩ *med.* immunology. — **im·mu·no'lo·gisch** [-'lo:gɪʃ] *adj* immunologic(al).

Im'mun,se·rum *n med.* immune serum, antiserum.

im·pak·tiert [ɪmpak'ti:rt] *adj med.* (*verkeilt*) impacted. — **Im·pak·ti'on** [-'tsĭo:n] *f* ⟨-; -en⟩ impaction.

Im·pa·la [ɪm'pa:la] *f* ⟨-; -s⟩ *zo.* impala (*Aepyceros melampus*).

Im·pa·ri·tät [ɪmpari'tɛ:t] *f* ⟨-; *no pl*⟩ *obs. for* Ungleichheit.

Im·paß [ɪm'pas] *m* ⟨-sses; -sse⟩ (*games*) (*beim Bridge, Whist*) finesse. — **im·pas'sie·ren** [-'si:rən] *v/i* ⟨*no* ge-, h⟩ finesse.

im·pa·stie·ren [ɪmpas'ti:rən] *v/t* ⟨*no* ge-, h⟩ (*art*) (*Bild*) impaste. — **Im'pa·sto** [-to] *n* ⟨-s; -s *u.* -sti [-ti]⟩ impasto.

Im·pe·danz [ɪmpe'dants] *f* ⟨-; -en⟩ *electr.* impedance.

Im·pe·di·ment [ɪmpedi'mɛnt] *n* ⟨-(e)s; -e⟩ *obs. for* Hindernis 4.

Im·pe·ra·tiv ['ɪmperati:f; -'ti:f] **I** *m* ⟨-s; -e⟩ **1.** *ling.* imperative, imperative mood: dieser Satz steht im ~ this sentence is in the imperative (mood). – **2.** *philos.* imperative: → kategorisch 2. – **II i~** *adj* **3.** imperative. — **im·pe·ra·ti·visch** [ɪmpera'ti:vɪʃ] *ling.* **I** *adj* imperative. – **II** *adv* ~ gebrauchtes Verb verb (used) in the imperative.

Im·pe·ra·tor [ɪmpe'ra:tɔr] *m* ⟨-s; -en [-ra'to:rən]⟩ *hist.* imperator; ~ Rex Imperator Rex. — **im·pe·ra'to·risch** [-ra'to:rɪʃ] *adj* imperatorial.

Im·per·fekt ['ɪmpɛrfɛkt; -'fɛkt] *n* ⟨-s; -e⟩ *ling.* imperfect (tense). — **im·per·fek'ti·visch** [-'ti:vɪʃ] *adj* imperfective.

Im·per·fek·tum [ɪmpɛr'fɛktʊm] *n* ⟨-s; -ta [-ta]⟩ *ling. cf.* Imperfekt.

Im·per·fo·ra·ti·on [ɪmpɛrfora'tsĭo:n] *f* ⟨-; -en⟩ *med.* imperforation, atresia.

im·pe·ri·al [ɪmpe'rĭa:l] *adj hist.* imperial.

Im·pe·ri'al[1] *n* ⟨-; *no pl*⟩ **1.** (*Papierformat*) imperial. – **2.** *print.* (*veralteter Schriftgrad*) nine-line pica.

Im·pe·ri'al[2] *m* ⟨-s; -en⟩ *obs.* (*russ. Goldmünze*) imperial.

Im·pe·ria·lis·mus [ɪmperĭa'lɪsmʊs] *m* ⟨-; *no pl*⟩ *pol.* imperialism: Gegner des ~ anti-imperialist. — **Im·pe·ria'list** [-'lɪst] *m* ⟨-en; -en⟩ imperialist. — **im·pe·ria'li·stisch** *adj* imperialist(ic).

Im·pe·ri'al·pa,pier *n* (*Papierformat*) imperial.

Im·pe·ri·um [ɪm'pe:rĭʊm] *n* ⟨-s; -rien⟩ **1.** (*Weltreich*) empire: das Britische [Römische] ~ the British [Roman] Empire. – **2.** (*Oberbefehl im alten Rom*) imperium.

im·per·mea·bel [ɪmpɛrme'a:bəl; 'ɪm-] *adj* (für to) impermeable: ~ für Wasser watertight, waterproof.

Im·per·so·na·le [ɪmpɛrzo'na:lə] *n* ⟨-s; -lien [-lĭən], *rare* -lia [-lĭa]⟩ *ling.* impersonal (verb).

im·per·ti·nent [ɪmpɛrti'nɛnt] *adj* impertinent, impudent, insolent.

Im·per·ti'nenz [-'nɛnts] *f* ⟨-; -en⟩ impertinence, impudence, insolence: er hatte (*od.* besaß) die ~, mich zu beschimpfen he was so impudent as to insult me; solche ~en lasse ich mir nicht gefallen I won't stand for such impertinence (*od.* impertinent remarks).

im·per·zep·ti·bel [ɪmpɛrtsɛp'ti:bəl; 'ɪm-] *adj philos.* imperceptible.

im·pe·ti·gi·nös [ɪmpetigi'nø:s] *adj med.* impetiginous.

Im·pe·ti·go [ɪmpe'ti:go] *f* ⟨-; *no pl*⟩ *med.* (*Hautausschlag*) impetigo.

im·pe·tuo·so [ɪmpe'tŭo:zo] *mus.* **I** *adv u. adj* impetuoso. – **II I~** *n* ⟨-s; -sos *u.* -si [-zi]⟩ impetuoso.

Im·pe·tus ['ɪmpetʊs] *m* ⟨-; *no pl*⟩ **1.** energy, vigor, *bes. Br.* vigour, verve: mit erstaunlichem ~ begann er sein Studium he began his studies with (an) amazing energy. – **2.** *cf.* Impuls 2.

'Impf|ak·ti,on *f* vaccination campaign (*od.* program, *bes. Br.* programme). — **~,arzt** *m* inoculator, vaccinator, vaccinating physician. — **~,aus,weis** *m cf.* Impfschein. — **i~·bar** *adj* inoculable, (*gegen Pocken*) vaccinable. — **~be,zirk** *m* vaccination district.

imp·fen ['ɪmpfən] **I** *v/t* ⟨h⟩ **1.** *med.* (gegen against) a) (*gegen Polio, Typhus, Tetanus etc*) inoculate, b) (*gegen Pocken*) vaccinate: wieder ~ revaccinate; sich gegen Diphtherie ~ lassen to be inoculated against diphtheria, to get a diphtheria inoculation; mit Schutzstoffen ~ to immunize *Br. auch* -s-. – **2.** j-m Haß ins Herz ~ *fig. lit.* to implant (*od.* inculcate) hatred in s.o.'s heart. – **3.** *agr.* (*Boden*) inoculate. – **II I~** *n* ⟨-s⟩ **4.** *verbal noun.* – **5.** *cf.* Impfung.

'Impf|,er·de *f agr.* inoculated soil. — **~,flüs·sig·keit** *f med.* **1.** inoculation fluid. – **2.** *cf.* Impflymphe. — **~,geg·ner** *m* antivaccinationist: er ist (ein) ~ he is against (*od.* opposes) vaccination. — **~ge,setz** *n* vaccination law. — **~in·stru,ment** *n med.* inoculator. — **~lan,zet·te** *f* vaccination lancet, vaccinostyle.

'Impf·ling *m* ⟨-s; -e⟩ *med.* **1.** child (*od.* person) (due) to be vaccinated. – **2.** vaccinated child (*od.* person).

'Impf|,lym·phe *f med.* vaccine (lymph). — **~,mes·ser** *n* vaccinator, scarificator. — **~,na·del** *f* vaccinator needle. — **~,nar·be** *f meist pl* vaccination scar (*od.* mark). — **~,paß** *m* inoculation (*od.* vaccination) certificate. — **~,pflicht** *f cf.* Impfzwang. — **i~,pflich·tig** *adj* subject to (*od.* due for) vaccination. — **~pi,sto·le** *f* needleless injector. — **~re·ak·ti,on** *f* vaccination reaction. — **~,röhr·chen** *n* vaccination tube. — **~,scha·den** *m* adverse effect of vaccination. — **~,schein** *m* vaccination (*od.* inoculation) certificate. — **~,schutz** *m* protection by vaccination. — **~,se·rum** *n* vaccine. — **~,stel·le** *f* site of vaccination (*od.* inoculation). — **~,stoff** *m* vaccine, (vaccine) lymph. — **~ter,min** *m* date of inoculation (*od.* vaccination).

'Imp·fung *f* ⟨-; -en⟩ **1.** *cf.* Impfen. – **2.** *med.* a) inoculation, b) (*gegen Pocken*) vaccination: durch ~ übertragbar inoculable; ~ gegen Typhus [Kinderlähmung] typhoid [polio] inoculation. – **3.** *agr.* (*des Bodens*) inoculation.

'Impf,zeug·nis *n cf.* Impfschein.

'Impf,zwang *m* compulsory (*od.* obligatory) vaccination. — **~,geg·ner** *m cf.* Impfgegner.

Im·pie·tät [ɪmpie'tɛ:t] *f* ⟨-; *no pl*⟩ *obs.* im-[piety.]

Im·plan·tat [ɪmplan'ta:t] *n* ⟨-(e)s; -e⟩ *med.* implant.

Im·plan·ta·ti·on [ɪmplanta'tsĭo:n] *f* ⟨-; -en⟩ *med.* **1.** implantation. – **2.** (*im Uterus*) nidation. — **im·plan'tie·ren** [-'ti:rən] *v/t* ⟨*no* ge-, h⟩ implant.

Im·pli·ka·ti·on [ɪmplika'tsĭo:n] *f* ⟨-; -en⟩ *philos.* (*in der Logik*) **1.** implication: materiale ~ material implication, conditional. – **2.** (*logische Folgerung*) strict (*od.* logical) implication, entailment.

im·pli·zie·ren [ɪmpli'tsi:rən] *v/t* ⟨*no* ge-, h⟩ imply, implicate, import.

im·pli·zit [ɪmpli'tsi:t] *adj* **1.** implicit, implied. – **2.** *math.* (*Funktion etc*) implicit.

im·pli·zi·te [ɪm'pli:tsite] *adv* (*mit inbegriffen*) implicitly, impliedly.

Im·plo·si·on [ɪmplo'zĭo:n] *f* ⟨-; -en⟩ *phys. ling.* implosion.

Im·plo·si'ons,laut *m ling.* implosive (consonant).

im·plo·siv [ɪmplo'zi:f] *adj ling.* implosive.

im·pon·de·ra·bel [ɪmpɔnde'ra:bəl] *adj obs.* (*unwägbar*) imponderable. — **Im·pon·de·ra'bi·li·en** [-ra'bi:lĭən] *pl* **1.** *bes. pol.* imponderables, imponderabilia, intangible factors. – **2.** *phys. hist.* imponderabilia. — **Im·pon·de·ra·bi·li'tät** [-rabili'tɛ:t] *f* ⟨-; *no pl*⟩ imponderability.

im·po·nie·ren [ɪmpo'ni:rən] *v/i* ⟨*no* ge-, h⟩ j-m ~ a) to impress s.o., b) (*Achtung einflößen*) to command s.o.'s respect: das imponiert mir nicht im geringsten I am not impressed at all (by this), that doesn't impress me in the least; ihre Selbstbeherrschung imponiert einfach jedem her self-control commands everyone's respect. — **im·po'nie·rend I** *pres p.* – **II** *adj cf.* imposant 1.

Im·port [ɪm'pɔrt] *m* ⟨-(e)s; -e⟩ *econ.* **1.** ⟨*only sg*⟩ import, importing, importation: der ~ von Textilien the import of textiles. – **2.** (*Gütermenge*) import(s *pl*): der ~ übersteigt den Export import exceeds export. – **3.** *pl* imports, imported goods.

Im·port... *cf.* Einfuhr...

Im'port|agent [-ʔa,gɛnt] *m* import agent. — **~,an,reiz** *m* import incentive. — **~ar,ti·kel** *m* imported article. — **~be,schrän·kung** *f* import restriction.

Im·por·teur [ɪmpɔr'tø:r] *m* ⟨-s; -e⟩ *econ.* importer, import merchant (*od.* dealer).

Im'port|ge,schäft *n econ.* **1.** import trade. – **2.** import business. — **~ge,sell·schaft** *f* import company.

im·por·tie·ren [ɪmpɔr'ti:rən] *v/t* ⟨*no* ge-, h⟩ *econ.* import.

Im'port|,kauf,mann *m econ. cf.* Importeur. — **~kon·tin,gent** *n cf.* Importquote. — **~,land** *n* country supplying imports. — **~mo·no,pol** *n* import monopoly. — **~,quo·te** *f* import quota. — **~,schon,frist** *f* temporary import suspension.

im·por·tun [ɪmpɔr'tu:n] *adj rare* inappropriate, inopportune.

Im'port,wa·re *f econ.* imported goods *pl* (*od.* articles *pl*).

Im'port,zoll *m econ.* import duty (*od.* tariff). — **~ta,rif** *m* tariff rate.

im·po·sant [ɪmpo'zant] *adj* **1.** impressive, imposing, awe-inspiring: ein ~es Bauwerk an imposing building; er ist eine ~e Erscheinung he is an impressive figure, he has an imposing (*od.* a commanding) presence (*od.* appearance); nicht ~ unimpressive, unimposing. – **2.** (*mächtig, stattlich*) majestic, stately.

im·pos·si·bel [ɪmpɔ'si:bəl] *adj obs.* im-[possible.]

im·po·tent ['ɪmpotɛnt; -'tɛnt] *adj med.* impotent. — **Im·po·tenz** [-tɛnts; -'tɛnts] *f* ⟨-; *no pl*⟩ impotence, impotency.

im·prä·di·ka·tiv [ɪmprɛdika'ti:f; 'ɪm-] *adj philos. math.* impredicative: ~e Begriffsbildung (*in der Logik*) impredicative concept formation, impredicative definition.

Im·prä·gna·ti·on [ɪmprɛgna'tsĭo:n] *f* ⟨-; -en⟩ **1.** *med.* (*Befruchtung*) impregnation. – **2.** *geol.* impregnation.

im·prä·gnie·ren [ɪmprɛ'gni:rən] **I** *v/t* ⟨*no* ge-, h⟩ **1.** (*Holz etc*) impregnate: mit Kreosot ~ to (impregnate with) creosote. – **2.** (*wasserdicht machen*) waterproof. – **II I~** *n* ⟨-s⟩ **3.** *verbal noun.* – **4.** *cf.* Imprägnierung 1–3.

Im·prä'gnier|,flot·te *f* (*textile*) impregnating (*od.* proofing) bath (*od.* liquor). — **~,lack** *m aer.* dope. — **~ma,schi·ne** *f* (*textile*) impregnating machine. — **~,mit·tel** *n* impregnating (*od.* waterproofing) agent.

im·prä'gniert I *pp.* – **II** *adj* **1.** impregnated. – **2.** (*Stoff etc*) waterproof.

Im·prä'gnie·rung *f* ⟨-; -en⟩ **1.** *cf.* Imprägnieren. – **2.** (*von Holz etc*) impregnation. – **3.** (*von Stoff etc*) waterproofing. – **4.** *cf.* Imprägniermittel.

im·prak·ti·ka·bel [ɪmprakti'ka:bəl; 'ɪm-] *adj* impracticable.

Im·pre·sa·rio [ɪmpreˈzaːrĭo] *m* ⟨-s; -rios *u.* -ri [-ri]⟩ **1.** impresario, manager. – **2.** (*eines Künstlers*) business manager, agent.

Im·pres·si·on [ɪmprɛˈsĭoːn] *f* ⟨-; -en⟩ impression. — **im·pres·sio'na·bel** [-sĭo-ˈnaːbəl] *adj psych.* impressionable.

Im·pres·sio·nis·mus [ɪmprɛsĭoˈnɪsmʊs] *m* ⟨-; *no pl*⟩ (*art*) (*literarure*) *mus.* impressionism. — **Im·pres·sio'nist** [-ˈnɪst] *m* ⟨-en; -en⟩ impressionist: die französischen ~en the (French) Impressionists. — **im·pres·sio'ni·stisch** *adj* impressionist(ic).

Im·pres·sum [ɪmˈprɛsʊm] *n* ⟨-s; -sen⟩ *print.* **1.** (*in Büchern*) imprint. – **2.** (*bes. in Zeitung, Zeitschrift etc*) masthead, flag.

Im·pri·ma·tur [ɪmpriˈmaːtʊr] *n* ⟨-s; *no pl*⟩ *print.* (*Druckfertigerklärung*) imprimatur: das ~ für etwas erteilen (*od.* geben) to pass s.th. for press.

Im·pri·mé [ɛ̃priˈmeː] *m* ⟨-(s); -s⟩ (*textile*) patterned printed material. — **im·pri-'mie·ren** [-ˈmiːrən] *v/t* ⟨*no* ge-, h⟩ etwas ~ *print.* to pass s.th. for press.

Im·promp·tu [ɛ̃prõˈtyː] *n* ⟨-s; -s⟩ *mus.* impromptu.

Im·pro·vi·sa·ti·on [ɪmprovizaˈtsĭoːn] *f* ⟨-; -en⟩ **1.** ⟨*only sg*⟩ (*Vorgang*) improvisation, improvising, (*einer Rede etc*) *auch* extemporization *Br. auch* -s-, extemporizing *Br. auch* -s-. – **2.** (*Ergebnis*) improvisation, (*aus dem Stegreif Gedichtetes etc*) *auch* extemporization *Br. auch* -s-. — **Im·pro-vi'sa·tor** [-ˈzaːtər] *m* ⟨-s; -en [-zaˈtoːrən]⟩ improvisator, improviser, extemporizer *Br. auch* -s-, extempore speaker. — **im-pro·vi·sa'to·risch** [-ˈtoːrɪʃ] *adj* improvisatorial, improvisatory. — **im·pro·vi-'sie·ren** [-ˈziːrən] **I** *v/t* ⟨*no* ge-, h⟩ **1.** improvise: der Koch improvisierte schnell ein Essen the cook quickly improvised a meal. – **2.** (*Rede, Gedicht etc*) improvise, extemporize *Br. auch* -s-. – **3.** (*Ausflug, Party etc*) improvise, arrange (*s.th.*) on the spur of the moment. – **II** *v/i* **4.** improvise: aus Zeitmangel mußten wir ~ for lack of time we had to improvise. – **5.** (*von Schauspieler etc*) improvise, ad-lib, extemporize *Br. auch* -s-: da er nicht mehr weiterwußte, begann er zu ~ since he had forgotten his lines, he began to ad-lib. – **6.** *mus.* (*bes. im Jazz*) improvise. – **III I**~ *n* ⟨-s⟩ **7.** *verbal noun.* – **8.** improvisation. — **im·pro·vi'siert I** *pp.* – **II** *adj* **1.** (*Mahl, Ausflug etc*) improvised. – **2.** (*Rede etc*) improvised, extemporaneous, impromptu.

Im·puls [ɪmˈpʊls] *m* ⟨-es; -e⟩ **1.** (*Drang, Eingebung*) impulse: einem plötzlichen ~ folgend following a sudden impulse. – **2.** (*Anstoß, Anregung*) impulse, impetus, stimulus: entscheidende ~e erhalten to receive decisive impulses; einer Bewegung einen neuen ~ geben to give a movement a new impulse (*od.* impetus). – **3.** *phys.* a) (*Energieimpuls*) impulse, b) (*Drehimpuls*) momentum: spezifischer ~ (*space*) (*eines chem. Treibstoffes*) specific impulse. – **4.** *electr.* pulse, *bes. Br.* impulse. – **5.** *med.* impulse. — ~-ˌ**Brei·ten·mo·du·la·ti**ˌ**on** *f* pulse width (*od.* length, duration) modulation. — ~-ˌ**Code·mo·du·la·ti**ˌ**on** *f* pulse code modulation. — ~ˌ**fol·ge·fre**ˌ**quenz** *f* (*beim Radar, in der Funkmessung*) pulse recurrence (*od.* repetition) frequency. — ~**fre**ˌ**quenz** *f electr.* pulse repetition (*od.* recurrence) frequency, impulse frequency. — ~ˌ**ge·ber** *m* **1.** (*railway*) pulse generating device. – **2.** (*computer*) digit emitter. — ~**ge·ne**ˌ**ra·tor** *m electr.* impulse generator.

im·pul·siv [ɪmpʊlˈziːf] **I** *adj* impulsive: eine ~e Frau an impulsive woman, a woman of impulse; ein ~er Gefühlsausbruch an impulsive (*od.* spontaneous) outburst of feelings (*od.* emotions). – **II** *adv* ~ handeln to act impulsively (*od.* on impulse, spontaneously). — **Im·pul·si·vi'tät** [-ziviˈtɛːt] *f* ⟨-; -en⟩ impulsiveness.

Im'puls|ˌ**mes·ser** *m electr.* pulse (*bes. Br.* impulse) meter, peak indicator. — ~-**mo·du·la·ti**ˌ**on** *f* pulse modulation. — ~**mo**ˌ**ment** *n* moment of momentum, angular momentum. — ~ˌ**pei·lung** *f* pulse (*bes. Br.* impulse) direction finding. — ~-ˌ**Pha·sen·mo·du·la·ti**ˌ**on** *f* pulse phase modulation. — ~ˌ**satz** *m phys.* theorem of momentum. — ~ˌ**strah·lung** *f* impulse radiation. — ~**theo**ˌ**rie** *f* momentum theory. — ~**ver**ˌ**stär·ker** *m* pulse amplifier. — ~ˌ**zäh·ler** *m* **1.** (*computer*) pulse counter. – **2.** *phys.* impulse summator (*od.* meter).

im'stan·de *adj* ⟨*pred*⟩ zu etwas ~ sein to be capable of s.th.: ~ sein, etwas zu tun a) to be capable of doing s.th., b) to be able (*od.* in a position) to do s.th.; er war nicht mehr ~ zuzuhören he was no longer capable of listening; ich fühle mich nicht dazu ~ I don't feel up to (*od.* like doing) it; er ist jetzt zu allem ~ he is capable of (doing) anything now, he will stop at nothing now; er ist dazu ~, es weiterzuerzählen, er ist ~ und erzählt es weiter he is quite capable of repeating it, he is impudent enough to repeat it.

in [ɪn] *prep* **I** ⟨*dat*⟩ **1.** (*örtlich*) a) in, b) at: er ist ~ der Stadt he is in town; ~ der Stadt gibt es eine berühmte Kirche there is a famous church in the town; er wohnt ~ dieser Straße [diesem Haus, diesem Dorf] he lives in (*Am.* on) this street [in this house, in this village]; wir hielten ~ einer kleinen Stadt [in Köln] we stopped at (*od.* in) a small town [in Cologne]; die römischen Bäder ~ Bath the Roman baths at Bath; ~ der ganzen Stadt all over the town; ~ der Stadt umhergehen to walk about town; ~ seinem Zimmer auf und ab gehen to pace up and down one's room; ~ einem College ausgebildet educated at a college, *Am.* college-bred, *Br.* college-educated; er ist ~ der Kirche [Schule] he is at church [school]; die Behörden ~ Hamburg the Hamburg authorities, the authorities in (*od.* of) Hamburg; Professor X ~ München Professor X in Munich, Professor X of (the University of) Munich; waren Sie schon mal ~ den Staaten? have you ever been to the States? ~ Shakespeares „Hamlet" in Shakespeare's "Hamlet"; ~ diesem Buch in this book; ~ einiger Entfernung at some distance. – **2.** (*zu etwas gehörig, bei*) a) in, b) with: Kassierer ~ einer Bank cashier in (*od.* at) a bank; ~ der Firma X tätig sein to work with (*od.* for) the firm of X, to be employed with (*od.* by) the firm of X; ~ der Regierung tätig sein to be in the employ of the government; ~ der Mannschaft von X spielen to play in (*Am.* on) the team of X. – **3.** (*örtlich*) (*innerhalb*) within: ~ Reichweite within reach; ~ einem Bereich von within a range (*od.* an area) of. – **4.** (*zeitlich*) in: ~ der Frühe (early) in the morning; ~ (der) Zukunft in (the) future; ~ diesem Jahr fahren wir nach Italien this year we are going to Italy; ~ meiner Jugend in my youth, when I was young; ~ den zwanziger Jahren in the twenties; sie ist ~ den Vierzigern she is in her (*od.* the) forties; das war ~ dem Jahr, ~ dem der Krieg ausbrach that took place (in) the year (that) the war broke out; erst ~ der nächsten Woche not before next week; ~ unserer Zeit in our age; ~ letzter Zeit ist viel passiert a lot has happened lately (*od.* of late, recently). – **5.** (*einen Zeitpunkt betreffend*) at: ~ diesem Alter [Augenblick] at this age [moment]; ~ diesem Stadium der Angelegenheit at this stage of the affair. – **6.** (*während*) in, during: ~ den letzten beiden Kriegen during the last two wars; ~ der nächsten Woche muß er dreimal zum Arzt he has to go to the doctor three times (during the) next week; ~ der Nacht vom Sonntag auf Montag during the night from Sunday to Monday; ~ der Nacht aufstehen müssen to have to get up at night. – **7.** (*zeitlich*) (*innerhalb*) (with)in, during: ~ den nächsten Monaten wird sich einiges ändern there will be a lot of changes within the next few months; ~ den nächsten Tagen werden Sie von mir hören you will be hearing from me during the next few days; ~ einem bestimmten Zeitraum within a certain period; dreimal ~ der Nacht three times a night. – **8.** (*nach Verlauf von*) in (... time): ~ einem Monat ist er wieder zurück he will be back in a month('s time); ~ drei Jahren in three years, three years from now, three years hence (*lit.*); das Buch soll ~ Kürze (*od.* kurzem) erscheinen the book will come out soon (*od.* shortly); Samstag ~ acht Tagen Saturday week; morgen ~ vierzehn Tagen *Br.* a fortnight tomorrow, *Am.* two weeks from tomorrow. – **9.** (*Zustand, Beschaffenheit betreffend*) a) in, b) under: ~ ihrer Angst in her anxiety; ~ Trauer [Verzweiflung] in mourning [despair]; ~ Elend (*od.* Not) sein to be in misery; ~ Schwierigkeiten in difficulties; ein Mann ~ seiner Stellung [seinen Jahren] a man in his position [of his years]; ~ Behandlung [Reparatur, Narkose] under treatment [repair, an an(a)esthetic]. – **10.** (*auf bestimmte Art u. Weise*) in: ~ aller Eile quickly, speedily; ~ einer Reihe in a row; ~ Hemdsärmeln in (one's) shirt-sleeves; ganz ~ Schwarz gekleidet dressed entirely in black; ~ Massen herstellen to produce in large quantities, to mass-produce; ~ langen Zwischenräumen at long (*od.* infrequent) intervals; ~ verschiedenen Größen in different sizes; ~ ärgerlichem Ton with an angry voice; ~ großer Ausführlichkeit in great detail, at great length; ~ allen Einzelheiten down to the last (*od.* in full) detail; ~ kurzen Worten erläutern to explain in few words; das Beste ~ seiner Art the best of its kind. – **11.** (*Schulfächer etc betreffend*) a) at, b) in: ~ Chemie ist er gut he is good at chemistry; ~ Chemie hat er eine gute Note he has a good mark in chemistry. – **12.** *econ.* er handelt ~ Konserven he deals in canned (*Br.* tinned) goods; ~ Geschäften unterwegs away on business. – **13.** ~ dem *cf.* im. – **II** ⟨*acc*⟩ **14.** (*örtlich*) a) into, b) in, c) to: ~s Haus gehen to go into the house; geh ~ dein Zimmer! go (in)to your room! ~s Bett gehen to go to bed; er geht noch ~ die Schule he still goes to school, he is still at (*Am.* in) school; die Kinder gehen ~ die Schule (hinein) the children go into the school; ~ den Himmel kommen to go to Heaven; ~ die Schweiz fahren to go to Switzerland; ein kurzer Blick ~ die Zeitung a quick glance in (*od.* at) the newspaper; sie steckte den Finger ~s Wasser she put her finger in the water; ~ eine Liste eintragen to enter in (*od.* put on) a list. – **15.** (*zeitlich*) → **bis** 6. – **16.** *math.* into: vier geht ~ zwanzig fünfmal four goes into twenty five times.

in ab·sen·tia [ɪn apˈzɛntsĭa] *adv jur.* in absentia: j-n ~ verurteilen to sentence s.o. in absentia (*od.* in his absence).

in·ad·äquat [ˈɪnʔadɛkvaːt; -ˈkvaːt] *adj* inadequate.

'I-ˌ**Naht** *f tech.* (*beim Schweißen*) square butt weld.

in·ak·ku·rat [ˈɪnʔakuraːt; -ˈraːt] *adj* inaccurate, inexact.

in·ak·tiv [ˈɪnʔaktiːf; -ˈtiːf] *adj* **1.** (*untätig*) inactive. – **2.** (*im Ruhestand*) retired. – **3.** (*Mitglied eines Clubs, einer Studentenverbindung etc*) nonactive *Br.* non-. – **4.** *mil.* (*Offizier*) on reserve (*od.* inactive) status. – **5.** *med.* inactive. – **6.** *chem.* inert, inactive.

in·ak·ti·vie·ren [ɪnʔaktiˈviːrən] **I** *v/t* ⟨*no* ge-, h⟩ **1.** put (*s.th.*) out of action. – **2.** (*in den Ruhestand versetzen*) retire, superannuate. – **3.** *mil.* (*eine Einheit*) inactivate. – **4.** *med.* inactivate. – **5.** *chem.* a) (*Bakterien etc*) inactivate, b) (*Katalysator*) block, deactivate. – **II I**~ *n* ⟨-s⟩ **6.** *verbal noun.* — **In·ak·ti'vie·rung** *f* ⟨-; *no pl*⟩ **1.** *cf.* Inaktivieren. – **2.** *med. mil.* inactivation. – **3.** *econ.* sterilization: ~ von Mitteln sterilization of funds.

In·ak·ti·vi·tät [ɪnʔaktiviˈtɛːt; ˈɪn-] *f* ⟨-; *no pl*⟩ **1.** (*Untätigkeit*) inactivity. – **2.** (*Ruhestand*) retired state, retirement. – **3.** *med.* inactivity. – **4.** *chem.* inertness, inactivity.

in·ak·tu·ell [ˈɪnʔaktŭɛl; -ˈtŭɛl] *adj* (*Problem etc*) not topical, not immediate, not of immediate interest, not relevant.

in·ak·zep·ta·bel [ˈɪnʔaktsɛptaːbəl; -ˈtaːbəl] *adj* unacceptable.

Inam·bu [iˈnambu] *m* ⟨-s; -s⟩ *zo.* great tinamou (*Rhynchotus rufescens*).

In'anˌ**griff**ˌ**nah·me** *f* ⟨-; *no pl*⟩ **1.** (*eines Problems, einer Aufgabe etc*) tackling (of), attacking (of). – **2.** (*eines Baus etc*) starting (of, on): bei ~ des Bauprojekts fand man, daß on starting the building project they found that. – **3.** (*eines Plans*) putting into action (of): die ~ unseres Plans stellte sich als schwierig heraus it turned out to be difficult to put our plan into action.

In·ani·ti·on [inaniˈtsĭoːn] *f* ⟨-; *no pl*⟩ *med.* inanition.

In'anˌ**spruch**ˌ**nah·me** *f* ⟨-; *no pl*⟩ **1.** ⟨*gen on*⟩ (*Beanspruchung*) demands *pl*, tax: die starke ~ der Angestellten [durch sein Studium] the heavy demands (*od.* pressure) on the employees [of his studies]; infolge starker ~ haben wir keine Zeit *bes. econ.* due to pressure of business we have no time; die ständige ~ seiner Geldmittel the constant demands *pl* (*od.* tax, drain) on his resources; die starke ~ seiner Kräfte the heavy strain on his strength. – **2.** ⟨*gen* to⟩ (*Zuhilfenahme*) resort, recourse: ohne ~ fremder Mittel without resort to outside funds. – **3.** *econ.* (*von Kredit*) availment, utilization. – **4.** ⟨*gen* to⟩ *jur.* (*von Rechten*) claim. – **5.** ⟨*gen* on⟩ *tech.* (*von Materialien, Maschinenteilen etc*) stress, strain. – **6.** *mil.* requisition.

In·ap·pe·tenz [ɪnˀapeˈtɛnts] *f* ⟨-; *no pl*⟩ *med.* loss of appetite, inappetence (*scient.*).

in·äqui·va·lent [ˈɪnˀɛkvivalɛnt; -ˈlɛnt] *adj math.* inequivalent. — **In·äqui·va·lenz** [-ˈlɛnts; ˈɪn-] *f* ⟨-; -en⟩ inequivalence.

in·ar·ti·ku·liert [ˈɪnˀartikuliːrt; -ˈliːrt] *adj* inarticulate.

Inˈau·gen,schein,nah·me *f* ⟨-; *no pl*⟩ (*officialese*) inspection, examination.

In·au·guˈral·dis·ser·ta·ti,on [ɪnˀauguˈraːl-] *f cf.* Dissertation.

In·au·gu·ra·ti·on [ɪnˀauguraˈtsĭoːn] *f* ⟨-; -en⟩ (*eines Professors etc*) inauguration. — **in·au·guˈrie·ren** [-ˈriːrən] *v/t* ⟨*no* ge-, h⟩ **1.** (*einsetzen*) inaugurate, introduce. – **2.** (*einweihen*) inaugurate.

ˈIn·be,griff *m* ⟨-(e)s; *no pl*⟩ **1.** (*Verkörperung, Personifizierung*) embodiment, personification, incarnation: er ist der ~ der Selbstzufriedenheit he is the embodiment of (self-)complacency; der ~ der Schönheit the quintessence of beauty; der ~ der Großzügigkeit the personification (*od.* soul) of generosity. – **2.** (*Musterbeispiel*) paragon: sie ist der ~ alles Weiblichen she is a paragon of femininity (*auch* femineity).

ˈin·be,grif·fen *adj* ⟨*pred*⟩ included: das Frühstück ist im Preis ~ breakfast is included in the price, the price includes (the) breakfast; Getränkesteuer ~ beverage tax included.

In·beˈsitz,nah·me *f* ⟨-; -n⟩ (*einer Stadt etc*) taking possession (of), seizure (of).

In·beˈtracht,zie·hung *f* ⟨-; *no pl*⟩ (*officialese*) taking into consideration: unter ~ aller Möglichkeiten considering all (the) possibilities.

in beˈtreff *prep* ⟨*gen*⟩ *cf.* betreffs.

In·beˈtrieb,nah·me *f* ⟨-; -n⟩ **1.** (*einer Fabrik etc*) opening (of), beginning of work (of): ~ freier Kapazitäten bringing into use of free (production) capacities. – **2.** (*einer Maschine*) putting into service (of); bei ~ der Anlage ist folgendes zu beachten when the plant is put into operation the following points should be observed; bei ~ des Busses when the bus is (*od.* was) put on the road. – **3.** (*einer Straße, Eisenbahnlinie etc*) opening (of): bei ~ der Straße when the road was opened (to the traffic).

In·beˈtrieb,set·zung *f* ⟨-; -en⟩ **1.** (*einer Maschine etc*) putting in(to) (*od.* setting in) operation (of), operation (of), starting-up (of): bei ~ der Maschine when the machine is operated (*od.* started up). – **2.** (*eines Atomreaktors*) start-up (of).

ˈIn,bild *n* ⟨-(e)s; *no pl*⟩ *cf.* Inbegriff 2.

ˈIn,brunst *f* ⟨-; *no pl*⟩ ardor, *bes. Br.* ardour, ardency, fervor, *bes. Br.* fervour, fervency: mit ~ with ardo(u)r (*od.* fervo[u]r), ardently, fervently. — **ˈin,brün·stig I** *adj* fervent, ardent: ~e Liebe fervent (*od.* deep) love; ~es Gebet fervent prayer. – **II** *adv* ~ etwas wünschen to wish for s.th. fervently.

in·choa·tiv [ɪnkoaˈtiːf; ˈɪn-] *adj ling.* inchoative, *auch* inceptive, ingressive: ~er Aspekt inchoative (aspect).

In·choa·tiv [ˈɪnkoatiːf; -ˈtiːf] ⟨-s; -e⟩, **In·choaˈti·vum** [-vʊm] *n* ⟨-s; -va [-va]⟩ *ling.* inchoative (verb), *auch* inceptive (*od.* ingressive) (verb).

in·chro·mie·ren [ɪnkroˈmiːrən] *v/t* ⟨*no* ge-, h⟩ *tech.* chromize, inchromate.

In·ci·pit [ˈɪntsipɪt] *n* ⟨-s; -s⟩ (*Anfangsworte von Handschriften etc*) beginning, incipit (*scient.*).

In·co·terms [ˈɪŋkoʊ,təːmz] (*Engl.*) *pl econ.* international commercial terms.

In·cus [ˈɪŋkʊs] *f, m* ⟨-; *no pl*⟩ *med.* (*Gehörknöchelchen*) anvil (of the inner ear), incus (*scient.*).

Ind·amin [ɪndaˈmiːn] *n* ⟨-s; -e⟩ *chem.* indamin(e).

Ind·an·thren [ɪndanˈtreːn] (*TM*) *n* ⟨-s; -e⟩ indanthrene dye (*a special colo[u]r-fast dye*).

In·de·fi·nit·pro,no·men [ɪndefiˈniːt-; ˈɪn-], **Inde·fiˈni·tum** [-tʊm] *n* ⟨-s; -ta [-ta]⟩ *ling.* indefinite pronoun.

in·de·kli·na·bel [ɪndekliˈnaːbəl] *adj ling.* indeclinable.

in·de·li·kat [ˈɪndelikaːt; -ˈkaːt] *adj* indelicate, tactless.

inˈdem I *conj* **1.** (*modal*) (*dadurch, daß*) by: er machte sich bemerkbar, ~ er laut an die Tür klopfte he drew attention to himself by loudly knocking on the door. – **2.** (*temporal*) (*während*) while, as: ~ er mich ansah, sagte er (while) looking at me he said; ~ er dies sagte, zog er sich zurück (while) saying so, he withdrew. – **3.** ~, daß *dial.* (*kausal*) (*da, weil*) since, because, as: ich kann nicht kommen ~, daß ich krank bin I can't come because I am ill. – **II** *adv* **4.** *rare for* indes(sen) 3.

In·dem·ni·tät [ɪndɛmniˈtɛːt] *f* ⟨-; *no pl*⟩ *bes. jur. pol.* indemnity.

In·den [ɪnˈdeːn] *n* ⟨-s; -e⟩ *chem.* indene (C_9H_8).

In-den-April-,Schicken (*getr.* -k·k-) [-aˈprɪl-] *n* ⟨-s; *no pl*⟩ making an April fool (*of s.o.*).

In-den-ˈTag-hin,ein-,Le·ben *n* ⟨-s; *no pl*⟩ happy-go-lucky attitude.

Inˈdent·ge,schäft [ɪnˈdɛnt-] *n econ.* indent business.

in·de·pen·dent [ɪndepɛnˈdɛnt] *adj relig. hist.* Independent, Congregational. — **In·de·penˈden·ten** *pl* Independents, Congregationalists.

In·de·pen·denz [ɪndepɛnˈdɛnts] *f* ⟨-; *no pl*⟩ *obs. bes. pol.* independence.

In·der [ˈɪndər] *m* ⟨-s; -⟩, **ˈIn·de·rin** *f* ⟨-; -nen⟩ Indian.

inˈdes(·sen) I *conj* **1.** (*adversativ*) (*wohingegen*) whereas: der eine ist sparsam, ~ der andere sein Geld verschwendet one saves his money, whereas the other wastes it. – **2.** *rare for* indem 2. – **II** *adv* **3.** (*währenddessen*) meanwhile, in the meantime: schreib du den Brief, ich werde ~ das Formular ausfüllen write the letter, in the meantime (*od.* meanwhile) I shall fill in the form. – **4.** (*adversativ*) (*jedoch*) however, but, nevertheless, (and) yet: man darf ~ nicht übersehen, daß however, (*od.* but) you must not overlook the fact that.

in·de·ter·mi·na·bel [ɪndetɛrmiˈnaːbəl; ˈɪn-] *adj philos.* indeterminable. — **In·de·ter·mi·na·ti·on** [-naˈtsĭoːn; ˈɪn-] *f* ⟨-; *no pl*⟩ **1.** (*Unbestimmtheit*) indetermination. – **2.** *obs. for* Unentschlossenheit. — **in·de·ter·mi·niert** [-ˈniːrt; ˈɪn-] *adj philos.* indeterminate. — **In·de·ter·miˈnis·mus** [-ˈnɪsmʊs] *m* ⟨-; *no pl*⟩ belief in chance, indeterminism (*scient.*). — **In·de·ter·miˈnist** [-ˈnɪst] *m* ⟨-en; -en⟩ indeterminist. — **in·de·ter·miˈni·stisch** *adj* indeterminist(ic).

In·dex [ˈɪndɛks] *m* ⟨-es; -e *u.* -dizes [-ditsɛs]⟩ **1.** (*eines Buches*) register, index (*scient.*). – **2.** *röm.kath.* Index: ein Buch auf den ~ setzen to put a book on the Index. – **3.** (*Zeigefinger*) forefinger, index finger (*scient.*). – **4.** *math.* a) index, b) (*hochgestellter*) superscript, c) (*tiefgestellter*) subscript. – **5.** *econ.* (*computer*) index: ~ der Lebenshaltungskosten cost-of-living index. – **6.** *anthrop.* index. — **i~be,zo·gen** *adj* index-linked. — **~,bol·zen** *m tech.* index pin. — **~fa,mi·lie** *f econ.* (*in der Statistik*) representative index family. — **~,feh·ler** *m tech.* index error. — **i~ge,bun·den** *adj econ.* tied to a price index, index-linked.

in·deˈxie·ren [ɪndɛˈksiːrən] *v/t* ⟨*no* ge-, h⟩ *tech.* locate, index (*scient.*).

ˈIn·dex|ka·ta,log *m* index catalog (*bes. Br.* catalogue). — **~,lohn** *m econ.* index-linked wages *pl.* — **~,preis** *m* index-linked price. — **~re,gi·ster** *n* (*computer*) index register (*od.* accumulator). — **~,spur** *f* index track. — **~,stan·zung** *f print.* tab. — **~,stift** *m tech.* index (*od.* latch) pin, indexing pawl. — **~,wäh·rung** *f econ.* multiple (*od.* tabular) standard, index-based currency. — **~,zahl**, **~,zif·fer** *f* (*in der Statistik*) index number. — **~,zun·ge** *f print.* tab.

in·de·zent [ˈɪndetsɛnt; -ˈtsɛnt] *adj* indecent. — **In·de·zenz** [-tsɛnts; -ˈtsɛnts] *f* ⟨-; -en⟩ *obs.* indecency.

In·di·an [ˈɪndĭaːn] *m* ⟨-s; -e⟩ *bes. Austrian for* Truthahn 2.

In·dia·ner [ɪnˈdĭaːnər] *m* ⟨-s; -⟩ **1.** (American *od.* Red) Indian: ~ auf dem Kriegspfad Indians on the warpath (*Br.* war-path), *Am.* war party. – **2.** (*Indianer Lateinamerikas*) *cf.* Indio. — **~,dorf** *n* Indian village. — **~,frau** *f* Indian woman, squaw. — **~ge,schich·te** *f* story about (Red) Indians. — **~,häupt·ling** *m* (Red) Indian chief.

In·dia·ne·rin [ɪnˈdĭaːnərɪn] *f* ⟨-; -nen⟩ **1.** Indian woman, squaw. – **2.** Indian girl.

In·dia·ner|,krap·fen [ɪnˈdĭaːnər-] *m Austrian for* Mohrenkopf 1. — **~,reis** *m bot.* Indian rice (*Zizania aquatica*). — **~re·ser·va·ti,on** *f* Indian reservation. — **~,sied·lung** *f* Indian (*od.* Amerindian) settlement, *Am. auch* rancheria. — **~,spra·chen** *pl* American Indian languages, Amerindian languages. — **~,stamm** *m* (Red) Indian tribe.

in·dia·nisch [ɪnˈdĭaːnɪʃ] *adj* (American) Indian, Amerindian.

in·dia·ni·sie·ren [ɪndĭaniˈziːrən] *v/t* ⟨*no* ge-, h⟩ indianize.

In·dia·nist [ɪndĭaˈnɪst] *m* ⟨-en; -en⟩ *rare* Indianist.

ˈIn·dia·pa,pier [ˈɪndĭa-] *n* India paper.

In·di·enne [ɛ̃ˈdĭɛn] (*Fr.*) *f* ⟨-; *no pl*⟩ (*ostind. Baumwollgewebe*) indienne.

Inˈdienst,stel·lung *f* ⟨-; *no pl*⟩ **1.** *mar.* (*eines Schiffes*) commissioning, putting into commission: nach der ~ after it had been put into commission. – **2.** *mil.* putting into service: bei der ~ when (it was) put into service.

in·dif·fe·rent [ˈɪndɪferɛnt; -ˈrɛnt] **I** *adj* **1.** indifferent: einer Sache [j-m] gegenüber ~ sein to be indifferent toward(s) (*od.* to) s.th. [s.o.]; moralisch ~ morally indifferent, amoral. – **2.** *phys.* (*Gleichgewicht*) indifferent, neutral. – **3.** *chem.* a) (*Stoffe etc*) indifferent, neutral, b) (*Gase*) inert. – **II** *adv* **4.** sich ~ verhalten to act (*od.* behave) indifferently (*od.* in an indifferent way).

In·dif·fe·ren·tis·mus [ɪndɪferɛnˈtɪsmʊs] *m* ⟨-; *no pl*⟩ *bes. relig.* indifferentism, *auch* adiaphorism. — **In·dif·fe·renˈtist** [-ˈtɪst] *m* ⟨-en; -en⟩ *bes. relig.* indifferentist, *auch* adiaphorist.

In·dif·fe·renz [ˈɪndɪferɛnts; -ˈrɛnts] *f* ⟨-; -en⟩ **1.** indifference. – **2.** *chem.* (*von Stoffen*) indifference, neutrality, (*von Gasen*) inertness.

in·di·gen [ɪndiˈgeːn] *adj obs.* native, indigenous (*scient.*). — **In·diˈge·nat** [-geˈnaːt] *n* ⟨-(e)s; -e⟩ *obs.* nationality, citizenship.

In·di·ge·sti·on [ɪndigɛsˈtĭoːn] *f* ⟨-; -en⟩ *med.* indigestion.

In·di·gna·ti·on [ɪndɪgnaˈtsĭoːn] *f* ⟨-; *no pl*⟩ *obs.* indignation. — **in·di·gnie·ren** [ɪndɪˈgniːrən] *v/t* ⟨*no* ge-, h⟩ j-n ~ *obs.* to make s.o. indignant (*od.* angry). — **in·diˈgniert I** *pp.* – **II** *adj lit.* indignant, angry: über j-n ~ sein to be indignant (*od.* angry) with s.o.; über (*acc*) etwas ~ sein to be indignant at (*od.* about, over) s.th., to be angry about s.th.

In·di·gni·tät [ɪndɪgniˈtɛːt] *f* ⟨-; *no pl*⟩ **1.** *jur.* (*Erbunwürdigkeit*) unworthiness to inherit. – **2.** *obs.* unworthiness.

In·di·go [ˈɪndigo] *m, n* ⟨-s; -s⟩ **1.** ⟨*only sg*⟩ (*Farbstoff*) indigo. – **2.** *bot.* indigo (plant), anil (*Gattg Indigofera tinctoria u. I. anil*): Falscher (*od.* Wilder) ~ blue (false) indigo, wild indigo (*Gattg Baptisia, bes. B. tinctoria u. australis*). — **~,blau I** *n* ⟨-s; *no pl*⟩ **1.** (*Farbe*) indigo (blue). – **2.** *chem. cf.* Indigotin. – **II i~,blau** *adj* **3.** indigo (-blue). — **i~,far·ben** *adj* indigo, indigotic. — **~,farb,stoff** *m* indigotin, indigo blue. — **~,fink** *m zo.* indigo bunting (*Passerina cyanea*). — **~kar,min** *n* indigo carmine. — **~,krö·ten,schlan·ge** *f zo.* indigo snake (*Drymarchon corais couperi*).

In·di·go·lith [ɪndigoˈliːt; -ˈlɪt] *m* ⟨-s *u.* -en; -e(n)⟩ *min.* indicolite, (blue) tourmaline (*auch* turmaline).

ˈIn·di·go|,pflan·ze *f bot. cf.* Indigo 2. — **~,rot** *n chem.* indirubin ($C_{16}H_{10}N_2O_2$).

In·di·go·tin [ɪndigoˈtiːn] *n* ⟨-s; *no pl*⟩ *chem.* indigotin, indigo blue ($C_{16}H_{10}N_2O_2$).

ˈIn·di·go,weiß *n chem.* indigo white, leucoindigo ($C_{16}H_{12}N_2O_2$).

In·di·kan [ɪndiˈkaːn] *n* ⟨-s; *no pl*⟩ *chem.* **1.** indican ($C_{14}H_{17}NO_6$). – **2.** indican ($C_8H_6NOSO_3H$). — **~,pro·be** *f* indican test.

In·di·ka·ti·on [ɪndikaˈtsĭoːn] *f* ⟨-; -en⟩ *med.* indication: medizinische [soziale] ~ abortion on medical [social] grounds.

In·di·ka·tiv [ˈɪndikatiːf; -ˈtiːf] *m* ⟨-s; -e⟩ *ling.* indicative (mood): Zeitwort im ~ verb in the indicative (mood), indicative. — **in·di·ka·ti·visch** [ˈɪndikatiːvɪʃ; -ˈtiːvɪʃ] *adj* indicative.

In·di·ka·tor [ɪndiˈkaːtɔr] *m* ⟨-s; -en [-kaˈtoːrən]⟩ **1.** *tech.* detector, indicator. – **2.** *chem.* indicator. – **3.** *phys.* tracer. — **~dia,gramm** *n tech.* indicator card (*od.* diagram).

In·di·ka·trix [ɪndiˈkaːtrɪks] *f* ⟨-; *no pl*⟩ *math.* indicatrix.

In·dik·ti·on [ɪndɪkˈtsi̯oːn] *f* ⟨-; -en⟩ *hist.* (*Römerzinszahl*) indiction.

In·dik·tiˈons·pe·ri,ode *f hist.* (*15jährige Steuerperiode*) indiction.

In·dio [ˈɪndi̯o] *m* ⟨-s; -s⟩ (*Indianer Lateinamerikas*) Indian (of Latin America).

in·di·rekt [ˈɪndirɛkt; -ˈrɛkt] **I** *adj* **1.** indirect: ~er Beweis indirect proof; ~e Gründe indirect (*od.* remote) causes; auf ~em Wege by indirect means; ~e Beleuchtung indirect lighting; ~e Steuern indirect taxes; ~e Wahl *pol.* indirect election, election by indirect method. – **2.** *ling.* (*Fragesatz, Objekt etc*) indirect: ~e Rede indirect (*od.* reported, oblique) speech. – **3.** ~es Teilen *tech.* indirect method of indexing. – **II** *adv* **4.** ~ hat er es zugegeben he admitted it indirectly.

ˈIn·di·rekt,teil·ver,fah·ren *n tech.* plain indexing method.

In·di·ru·bin [ɪndiruˈbiːn] *n* ⟨-s; *no pl*⟩ *chem. cf.* Indigorot.

in·disch [ˈɪndɪʃ] *adj* **1.** Indian: der I~e Ozean the Indian Ocean; ~-arisch Indo-Aryan. – **2.** *ling.* (*Sprachen*) Indic. – **3.** ~e Vogelnester *gastr.* (Chinese) edible birds' nests.

ˈIn·disch|,gelb *n* ⟨-s; *no pl*⟩ Indian yellow. — **~,rot** *n* ⟨-s; *no pl*⟩ Indian red.

in·dis·kret [ˈɪndɪskreːt; -ˈkreːt] *adj* (*Frage, Benehmen, Person etc*) indiscreet.

In·dis·kre·ti·on [ɪndɪskreˈtsi̯oːn; ˈɪn-] *f* ⟨-; -en⟩ **1.** indiscretion, indiscreetness: eine ~ begehen to commit an indiscretion, to be indiscreet; ein Fall von schlimmster ~ a case of terrible indiscretion. – **2.** indiscreet remark: wir mußten uns seine ~en anhören we had to listen to his indiscreet remarks.

in·dis·ku·ta·bel [ˈɪndɪskutaːbəl; -ˈtaːbəl] *adj* **1.** not worth discussing (*od.* considering), out of the question (*pred*): ein indiskutabler Plan a plan not worth discussing; sein Vorschlag ist völlig ~ his suggestion is completely out of the question. – **2.** (*unmöglich*) impossible: sein Benehmen ist ~ his behavio(u)r is impossible.

in·dis·po·ni·bel [ˈɪndɪsponiːbəl; -ˈniːbəl] *adj* **1.** (*Menge, Kapital etc*) not available, unavailable. – **2.** *jur. rare* inalienable.

in·dis·po·niert [ˈɪndɪsponiːrt; -ˈniːrt] *adj* (wegen owing to) indisposed. — **In·dis·po·si·ti·on** [-zitsi̯oːn; -ˈtsi̯oːn] *f* ⟨-; -en⟩ *med.* indisposition.

in·dis·pu·ta·bel [ˈɪndɪsputaːbəl; -ˈtaːbəl] *adj obs.* indisputable, unquestionable, incontestable.

In·dis·zi·plin [ˈɪndɪstsipliːn; -ˈpliːn] *f* ⟨-; *no pl*⟩ *rare* lack of discipline, indiscipline. — **in·dis·zi·pli·niert** [-niːrt; -ˈniːrt] *adj* undisciplined, indisciplined.

In·di·um [ˈɪndi̯ʊm] *n* ⟨-s; *no pl*⟩ *chem.* indium (In).

In·di·vi·duˈal|,aus,le·se [ɪndiviˈdŭaːl-] *f bot.* individual (*od.* single) plant selection. — **~be,griff** *m* (*in der Logik*) **1.** (*Begriff, unter den ein Gegenstand fällt*) unique concept. – **2.** (*Intension eines Individuennamens*) individual concept. — **~ent,wick·lung** *f biol.* ontogenesis, ontogeny. — **~,ethik** [-,ʔeːtɪk] *f philos.* personal morality, individual ethics *pl* (*usually construed as sg*). — **~ge,setz** *n jur. pol. law made for an individual case.*

in·di·vi·dua·li·sie·ren [ɪndividŭaliˈziːrən] *v/t* ⟨*no* ge-, h⟩ individualize *Br. auch* -s-. — **In·di·vi·dua·liˈsie·rung** *f* ⟨-; -en⟩ individualization *Br. auch* -s-.

In·di·vi·dua·lis·mus [ɪndividŭaˈlɪsmʊs] *m* ⟨-; *no pl*⟩ individualism. — **In·di·vi·duaˈlist** [-ˈlɪst] *m* ⟨-en; -en⟩ individualist. — **in·di·vi·duaˈli·stisch** *adj* individualist(ic). — **In·di·vi·dua·li·tät** [ɪndividŭaliˈtɛːt] *f* ⟨-; -en⟩ **1.** ⟨*only sg*⟩ individuality, individual characteristic, individualism, personality. – **2.** (*Person*) individuality, individual character. – **3.** ⟨*only sg*⟩ *philos.* thisness, substantiality, specificity, h(a)ecceity (*scient.*).

In·di·vi·duˈal|,laut *m ling.* phone. — **~päd·ago·gik** [-pɛda,goːgɪk] *f ped.* individual p(a)edagogy. — **~psy·cho·lo,gie** *f* individual psychology. — **~,recht** *n jur.* individual right, right of an individual (citizen).

In·di·vi·dua·ti·on [ɪndividŭaˈtsi̯oːn] *f* ⟨-; -en⟩ *philos. psych.* individuation.

in·di·vi·du·ell [ɪndiviˈdŭɛl] **I** *adj* **1.** individual: ~e Behandlung individual treatment; ~es Sein *philos.* a) individual being, b) (*traditionell*) substance, h(a)ecceity (*scient.*). – **2.** (*persönlich*) personal: ~er Geschmack personal taste. – **II** *adv* **3.** ~ behandeln to treat individually; das ist ~ verschieden a) that varies from person to person, b) that varies from case to case.

In·diˈvi·du·en|be,reich *m* (*in der Logik*) domain of individuals, individual domain. — **~kon,stan·te** *f* individual constant, proper name of an individual.

In·di·vi·du·um [ɪndiˈviːduʊm] *n* ⟨-s; -duen [-dŭən]⟩ **1.** (*Einzelmensch*) individual. – **2.** *contempt.* character, individual: er ist ein zweifelhaftes [verdächtiges] ~ he is a dubious [suspicious] character. – **3.** (*in der Logik*) individual.

In·diz [ɪnˈdiːts] *n* ⟨-es; -ien [-tsi̯ən]⟩ **1.** (*Anzeichen*) indication, sign, *auch* indicium. – **2.** *meist pl jur.* circumstantial (*od.* presumptive) evidence: die Beweisführung beruht auf ~ien the line of argument (*od.* the argumentation) is based on circumstantial evidence; j-n auf Grund von ~ien schuldig sprechen to convict s.o. on circumstantial evidence.

Inˈdi·zi·en·be,weis *m jur.* circumstantial (*od.* presumptive) evidence.

in·di·zie·ren [ɪndiˈtsiːrən] *v/t* ⟨*no* ge-, h⟩ **1.** *med.* indicate. – **2.** *röm.kath.* (*auf den Index setzen*) put (*book*) on the Index. — **in·diˈziert I** *pp.* – **II** *adj* **1.** (*ratsam*) advisable. – **2.** *med.* indicated. – **3.** *tech.* (*Arbeit, Leistung etc*) indicated. – **4.** *röm.kath.* (*Buch*) put on the Index.

In·di·zi·um [ɪnˈdiːtsi̯ʊm] *n* ⟨-s; -zien⟩ *obs. for* Indiz.

In·do·chi·ne·se [ˈɪndoçiˈneːzə] *m* Indo-Chinese.

ˈin·do·chiˈne·sisch *adj* Indo-Chinese: die ~en Sprachen the Indo-Chinese languages.

In·do·eu·ro·pä·er [ˈɪndoʔɔʏroˈpɛːər] *m cf.* Indogermane. — **ˈin·do·eu·roˈpä·isch** *adj ling.* (*Sprachen*) *cf.* indogermanisch.

In·do·ger·ma·ne [ˈɪndogɛrˈmaːnə] *m* Indo-European.

ˈin·do·gerˈma·nisch I *adj ling.* Indo-European, Indo-Germanic: ~er Inder Indo-Aryan. – **II I~** ⟨*generally undeclined*⟩, **das ~e** ⟨-n⟩ Indo-European, Indo-Germanic.

In·do·ger·ma·nist [ɪndogɛrmaˈnɪst] *m* ⟨-en; -en⟩ *ling.* Indo-Europeanist.

In·do·ger·ma·ni·stik [ɪndogɛrmaˈnɪstɪk] *f ling.* (study of) Indo-European linguistics *pl* (*usually construed as sg*) (*od.* studies *pl*).

In·dok·tri·na·ti·on [ɪndɔktrinaˈtsi̯oːn] *f* indoctrination.

In·dol [ɪnˈdoːl] *n* ⟨-s; *no pl*⟩ *chem.* indol(e) (C_8H_7N).

in·do·lent [ˈɪndolɛnt; -ˈlɛnt] *adj auch med.* indolent. — **In·do·lenz** [-lɛnts; -ˈlɛnts] *f* ⟨-; -en⟩ indolence.

In·do·lo·ge [ɪndoˈloːgə] *m* ⟨-n; -n⟩ Indologist, *auch* indologist. — **In·do·loˈgie** [-loˈgiː] *f* ⟨-; *no pl*⟩ Indology.

In·do·ne·si·er [ɪndoˈneːzi̯ər] *m* ⟨-s; -⟩ Indonesian. — **in·doˈne·sisch** [-zɪʃ] **I** *adj* Indonesian: die ~en Sprachen the Indonesian languages. – **II** *ling.* **I~** ⟨*generally undeclined*⟩, **das I~e** ⟨-n⟩ Indonesian, the Indonesian language.

in·dos·sa·bel [ɪndɔˈsaːbəl] *adj econ.* endorsable, indorsable, negotiable. — **In·dos·saˈment** [-saˈmɛnt] *n* ⟨-s; -e⟩ endorsement, indorsement: durch ~ übertragen to endorse. — **In·dosˈsant** [-ˈsant] *m* ⟨-en; -en⟩ **1.** endorser, indorser, *Br.* transferor, transferer, *Am.* transfer(r)er, transferror. – **2.** (*eines fremden Wechsels*) backer. — **In·dosˈsat** [-ˈsaːt] *m* ⟨-en; -en⟩, **In·dos·saˈtar** [-saˈtaːr] *m* ⟨-s; -e⟩ endorsee, indorsee, transferee.

in·dosˈsier·bar *adj econ. cf.* indossabel. — **in·dos·sie·ren** [ɪndɔˈsiːrən] *v/t* ⟨*no* ge-, h⟩ endorse, indorse. — **In·dosˈsie·rung** *f* ⟨-; -en⟩ *cf.* Indossament.

In·dos·so [ɪnˈdɔso] *n* ⟨-s; -si [-si]⟩ *econ. cf.* Indossament.

In·do·xyl [ɪndɔˈksyːl] *n* ⟨-s; -e⟩ *chem.* indoxyl (C_8H_7NO).

In·dri [ˈɪndri] *m* ⟨-s; -s⟩ *zo.* indri, babacoote (*Indris brevicaudatus*).

In·duk·tanz [ɪndʊkˈtants] *f* ⟨-; *no pl*⟩ *electr.* inductance.

In·duk·ti·on [ɪndʊkˈtsi̯oːn] *f* ⟨-; -en⟩ **1.** *philos.* (*in der Logik*) induction, generalization. – **2.** *math. phys. biol.* induction. – **3.** *electr.* induction, influence.

In·duk·tiˈons|ap·pa,rat *m* **1.** *electr.* induction (*od.* spark) coil, *Br.* induction-coil. – **2.** *med.* faradizer. — **~be,weis** *m philos.* (*in der Logik*) inductive proof. — **~,fluß** *m phys.* induction flux. — **i~,frei** *adj* noninductive *Br.* non-. — **~,här·tung** *f metall.* induction hardening. — **~,hei·zung** *f electr.* induction heating. — **~kon,stan·te** *f* space permeability, magnetic space constant. — **~,mo·tor** *m electr. tech.* induction motor. — **~,ofen** *m metall.* induction furnace. — **~psy,cho·se** *f med.* folie à deux, insanity in pairs. — **~,schluß** *m* **1.** *philos.* (*in der Logik*) inductive inference. – **2.** *math.* proof by induction. — **~,spu·le** *f electr.* induction coil, *Br.* induction-coil, inductor. — **~,strom** *m* induction (*od.* induced) current. — **~ver,fah·ren** *n philos. math.* inductive method. — **~,waa·ge** *f phys.* electrodynamic-type balance.

in·duk·tiv [ɪndʊkˈtiːf] *adj* **1.** *philos.* (*in der Logik*) inductive, experimental, empirical, (*bes. von Aristoteles*) epagogic: ~e Methode inductive method. – **2.** *electr. phys.* inductive.

In·duk·ti·vi·tät [ɪndʊktiviˈtɛːt] *f* ⟨-; *no pl*⟩ *electr.* inductiveness, inductivity, inductance.

In·duk·tor [ɪnˈdʊktɔr] *m* ⟨-s; -en [-ˈtoːrən]⟩ **1.** *biol. electr.* inductor. – **2.** *psych.* (*in der Parapsychologie*) inductor.

in·dul·gent [ɪndʊlˈgɛnt] *adj* indulgent. — **In·dulˈgenz** [-ˈgɛnts] *f* ⟨-; -en⟩ *auch röm.kath.* indulgence.

In·du·li·ne [ɪnduˈliːnə] *pl chem.* (*Teerfarbstoffe*) indulines.

In·dult [ɪnˈdʊlt] *m, n* ⟨-(e)s; -e⟩ **1.** *econ.* indulgence. – **2.** *röm.kath.* (*im Kirchenrecht*) indult.

In·du·ment [ɪnduˈmɛnt] *n* ⟨-s; -e⟩ *bot.* indumentum.

In·du·ra·ti·on [ɪnduraˈtsi̯oːn] *f* ⟨-; -en⟩ *med.* induration, consolidation. — **in·duˈrie·ren** [-ˈriːrən] *v/t* ⟨*no* ge-, h⟩ indurate, harden.

In·du·si·um [ɪnˈduːzi̯ʊm] *n* ⟨-s; -sien⟩ *bot.* episporangium, indusium.

in·du·stria·li·sie·ren [ɪndʊstri̯aliˈziːrən] *v/t* ⟨*no* ge-, h⟩ industrialize. — **In·du·stria·liˈsie·rung** *f* ⟨-; *no pl*⟩ industrialization. — **In·du·striaˈlis·mus** [-ˈlɪsmʊs] *m* ⟨-; *no pl*⟩ industrialism.

In·du·strie [ɪndʊsˈtriː] *f* ⟨-; -n [-ən]⟩ industry: bodenständige [chemische] ~ locally established [chemical] industry; einheimische [erzeugende] ~ home (*od.* domestic) [manufacturing] industry; metallverarbeitende ~ metalworking industry; verarbeitende [veredelnde] ~ finishing [processing] industry. — **~,ab,ga·se** *pl* industrial waste gas *sg.* — **~,ab,was·ser** *n* ⟨-s; "⟩ *meist pl* industrial sewage (*od.* effluent, waste water). — **~,ak·ti·en** *pl* industrial stock *sg* (*od.* shares), industrials. — **~,an,la·ge** *f* industrial plant (*od.* unit, premises *pl*). — **~,ar·bei·ter** *m* industrial worker. — **~,aus,stel·lung** *f* industrial exhibition. — **~,bahn** *f* **1.** industrial railroad (*Br.* railway). – **2.** (*für Werktransport*) interplant transportation (*od.* haulage) equipment. — **~,bank** *f* ⟨-; -en⟩ industrial bank. — **~be,ra·ter** *m* industrial consultant. — **~be,trieb** *m* **1.** (*Unternehmen*) industrial undertaking (*od.* firm). – **2.** (*Fabrik*) industrial plant (*od.* factory, works *pl* [*construed as sg or pl*]). — **~be,zirk** *m* industrial district. — **~,dunst** *m meteor.* industrial haze, smog. — **i~,ei·gen** *adj* (*Forschungsinstitut etc*) industry-owned. — **~er,zeug·nis·se** *pl* industrial products, manufactured goods (*od.* articles). — **~er,zeu·gung** *f* industrial production (*od.* output). — **~,fir·ma** *f cf.* Industrieunternehmen. — **~,form** *f* **1.** industrial design. – **2.** form of industry. — **~,for·schung** *f* industrial research. — **~ge,biet** *n* industrial region (*od.* area). — **~ge,län·de** *n* **1.** industrial (*od.* factory) site. – **2.** industrial terrain. — **~ge,sell·schaft** *f* **1.** *econ.* industrial company. – **2.** *sociol.* industrial society. — **~ge,werk·schaft** *f econ.* industrial trade (*bes. Am.* labor) union: ~ Bergbau Miners' Union; ~ Metall Metal Workers' Union. — **~,grup·pe** *f* industrial group. — **~ka·pi,tal** *n* industrial capital. — **~ka·pi,tän** *m colloq.* captain of industry, tycoon. — **~,kauf,mann** *m* officer (*od.* clerk) in an industrial firm. — **~ˌkrei·se** *pl* industrial circles. — **~ˌland** *n* industrial(ized) country. — **~ˌland·schaft** *f* industrial landscape.

in·du·stri·ell [ɪndustriˈɛl] *adj* industrial: ~e Revolution *hist.* industrial revolution.

In·du·stri'el·le *m* ⟨-n; -n⟩ *econ.* industrialist, manufacturer.

In·du'strie|maˌgnat *m econ.* industrial magnate, tycoon. — **~ˌmei·ster** *m* foreman. — **~ˌmes·se** *f* industrial fair. — **~ˌmüll** *m* industrial waste. — **~ˌnorm** *f* industrial standard, standard specification: Deutsche ~ German Standard Specification. — **~ob·li·ga·tiˌon** *f meist pl* industrial debenture (*od.* bond, *Am.* debenture bond). — **~ˌofen** *m* industrial furnace. — **~paˌpie·re** *pl cf.* Industrieaktien. — **~po·ten·tiˌal** *n* industrial potential (*od.* capacity). — **~proˌdukt** *n* industrial product. — **~pro·duk·tiˌon** *f cf.* Industrieerzeugung. — **~psy·cho·loˌgie** *f* industrial psychology. — **~ˌstaat** *m* industrial nation. — **~ˌstadt** *f* industrial (*od.* manufacturing) city. — **~ˌund 'Han·delsˌkam·mer** *f Br. etwa* Chamber of Commerce, *Am. etwa* Board of Trade. — **~ˌun·terˌneh·men** *n* industrial undertaking (*od.* firm). — **~verˌband** *m* federation of industries. — **~ˌvier·tel** *n* (*in einer Stadt*) industrial quarter. — **~ˌwer·bung** *f* industrial advertising. — **~ˌwerk** *n* industrial plant (*od.* factory, works *pl* [*construed as sg or pl*]). — **~ˌwer·te** *pl* industrial securities, industrials. — **~ˌwirt·schaft** *f* industrial economy. — **~ˌzeit·ˌal·ter** *n* industrial era, age of industry. — **~ˌzen·trum** *n* industrial center (*bes. Br.* centre). — **~ˌzweig** *m* branch of industry.

in·du·zie·ren [ɪnduˈtsiːrən] *v/t* ⟨*no* ge-, h⟩ **1.** induce. – **2.** *philos.* (*in der Logik*) induce, generalize *Br. auch* -s-. — **In·du'zie·rung** *f* ⟨-; -en⟩ induction.

In·edi·tum [ɪnˈʔeːditʊm] *n* ⟨-s; -ta [-ta]⟩ *obs.* unpublished work, inedita *pl* (*scient.*).

in·ef·fek·tiv [ˈɪnʔɛfɛktiːf; -ˈtiːf] *adj obs.* ineffective.

in ef·fi·gie [ɪn ɛˈfiːgie] *adv obs.* in effigy.

in·egal [ˈɪnʔegaːl; -ˈgaːl] *adj* unequal.

inˌein'an·der *adv* **1.** in one another: ~ aufgehen to be wrapped up in one another; sie sind ~ verliebt they are in love with each other. – **2.** into one another (*od.* each other): diese Farben gehen ~ über the colo(u)rs merge into one another; Materie und Energie sind ~ umwandelbar matter and energy are interconvertible; die Fäden haben sich ~ verschlungen the threads have got twisted; ~ übergreifende Begriffe *philos.* transeunt (*od.* transient) concepts; ~ verschlungen *her.* interfretted. — **~ˌdrän·gen** *v/t* ⟨*sep*, -ge-, h⟩ **1.** *phys.* congest. – **2.** *tech.* push (*things*) together. — **~ˌflech·ten** *v/t* ⟨*irr, sep,* -ge-, h⟩ interlace, intertwine, intertwist. — **~ˌflie·ßen** *v/i* ⟨*irr, sep,* -ge-, sein⟩ **1.** (*von Flüssen etc*) join, merge, pass into one another. – **2.** (*von Farben*) run into one another. — **~ˌflie·ßend I** *pres p.* – **II** *adj* confluent, interfluent. — **~ˌfü·gen** *v/t* ⟨*sep*, -ge-, h⟩ join, fit (*s.th.*) into s.th. else. — **~geˌschach·telt I** *pp.* – **II** *adj* ~ sein a) to be inserted (*od.* fitted) into each other, b) (*von Dingen*) to be nested, c) (*von Sätzen*) to be incapsulated. — **~ˌgrei·fen I** *v/i* ⟨*irr, sep,* -ge-, h⟩ **1.** (*von Zahnrädern etc*) mesh, engage, gear. – **2.** (*von Fingern*) interlock. – **3.** *fig.* (*von Arbeitsvorgängen etc*) be coordinated. – **4.** *fig.* (*von Ereignissen*) interlink. – **II I~** *n* ⟨-s⟩ **5.** *verbal noun.* – **6.** (*von Zahnrädern etc*) engagement. – **7.** *fig.* coordination, concatenation (*lit.*). — **~ˌmen·gen** *v/t* ⟨*sep*, -ge-, h⟩ etwas ~ to mingle (*od.* mix) s.th. — **~ˌpas·sen I** *v/i* ⟨*sep*, -ge-, h⟩ fit into one another, fit together, nest: die Schachteln passen ineinander the boxes nest. – **II** *v/t* ⟨h⟩ *cf.* ineinanderfügen. — **~ˌschach·teln** *v/t* ⟨*sep*, -ge-, h⟩ etwas ~ to insert (*od.* fit) s.th. into s.th. else. — **~ˌschieb·bar** *adj* (*Instrument etc*) telescopic. — **~ˌschie·ben** ⟨*irr, sep,* -ge-, h⟩ **I** *v/t* telescope. – **II** *v/reflex* sich ~ (lassen) to telescope: die Waggons schoben sich bei dem Unfall ineinander the carriages telescoped in the accident. — **~ˌstecken** (*getr.* -k·k-) *v/t* ⟨*sep*, -ge-, h⟩ etwas ~ to put (*od.* fix) s.th. into s.th. else.

In·emp'fangˌnah·me *f* ⟨-; *no pl*⟩ (*eines Schreibens etc*) receipt, reception.

In·ertˌgas [iˈnɛrt-] *n chem.* inert gas.

In·er·ti'al|ˌlen·kung [ɪnɛrˈtsiaːl-] *f* (*space*) inertial guidance. — **~syˌstem** *n phys.* inertial system.

in·es·sen·ti·ell [ˈɪnʔɛsɛntsiɛl; -ˈtsiɛl] *adj* inessential.

in·ex·akt [ˈɪnʔɛksakt; -ˈksakt] *adj* inexact, inaccurate.

in·exi·stent [ˈɪnʔɛksɪstɛnt; -ˈtɛnt] *adj* inexistent, nonexistent *Br.* non-. — **In·exi·stenz** [-tɛnts; -ˈtɛnts] *f* ⟨-; *no pl*⟩ inexistence, nonexistence *Br.* non-.

in ex·ten·so [ɪn ɛksˈtɛnzo] *adv* in extenso, in full.

in ex·tre·mis [ɪn ɛksˈtreːmɪs] *adv med.* in extremis, dying.

in·fal·li·bel [ɪnfaˈliːbəl] *adj* (*unfehlbar*) infallible. — **In·fal·li·bi·li'tät** [-libiliˈtɛːt] *f* ⟨-; *no pl*⟩ infallibility, infallibleness.

in·fam [ɪnˈfaːm] **I** *adj* **1.** infamous, opprobrious, disgraceful, shameful: das ist eine ~e Lüge that is an infamous (*od. colloq.* a thumping [great]) lie. – **2.** *colloq.* (*Kälte, Schmerz etc*) fearful, dreadful, frightful. – **II** *adv* **3.** sich ~ benehmen to behave shamefully; es ist ~ kalt *colloq.* it is dreadfully cold; es tut ~ weh *colloq.* it hurts like mad (*od. sl.* hell). — **In·fa'mie** [-faˈmiː] *f* ⟨-; -n [-ən]⟩ **1.** infamy, infamousness, opprobriousness. – **2.** infamous act (*od.* deed).

In·fant [ɪnˈfant] *m* ⟨-en; -en⟩ *bes. hist.* (*in Spanien u. Portugal*) infante.

In·fan·te·rie [ɪnfantəˈriː] *f* ⟨-; -n [-ən]⟩ *mil.* infantry. — **~ˌanˌgriff** *m* infantry attack. — **~ba·tailˌlon** *n* infantry batallion. — **~di·vi·siˌon** *f* infantry division. — **~geˌschütz** *n* infantry gun. — **~re·giˌment** *n* infantry regiment. — **~ˌschu·le** *f* infantry school. — **~ˌstel·lung** *f* infantry position. — **~ˌwaf·fe** *f* infantry weapon.

In·fan·te·rist [ɪnfantəˈrɪst] *m* ⟨-en; -en⟩ *mil.* infantryman, foot soldier. — **in·fan·te'ri·stisch** *adj* infantry (*attrib*), relating (*od.* belonging) to the infantry: ~e Ausbildung infantry training.

in·fan·til [ɪnfanˈtiːl] *adj* **1.** infantile, childish. – **2.** *med.* infantile. — **In·fan·ti'lis·mus** [-tiˈlɪsmʊs] *m* ⟨-; *no pl*⟩ *med. psych.* infantilism. — **In·fan·ti·li'tät** [-iliˈtɛːt] *f* ⟨-; *no pl*⟩ infantility, childishness.

In'fan·tin *f* ⟨-; -nen⟩ *bes. hist.* (*in Spanien u. Portugal*) infanta.

In·farkt [ɪnˈfarkt] *m* ⟨-(e)s; -e⟩ *med.* infarct, infarction.

In·fekt [ɪnˈfɛkt] *m* ⟨-(e)s; -e⟩ *med.* **1.** disease caused by infection. – **2.** infection: grippaler ~ influenza infection.

In·fek·ti·on [ɪnfɛkˈtsi̯oːn] *f* ⟨-; -en⟩ *med.* infection.

In·fek·ti'ons|ˌabˌtei·lung *f* (*im Krankenhaus*) isolation ward. — **i~ˌfrei** *adj* free from infection. — **~geˌfahr** *f* danger (*od.* risk) of infection. — **~ˌherd** *m* focus of infection. — **~ˌkran·kenˌhaus** *n* hospital for infectious diseases, *bes. Br.* isolation hospital. — **~ˌkrank·heit** *f* infectious disease, infection. — **~ˌquel·le** *f* source of infection, contact. — **~ˌstoff** *m* infectious (*od.* infective) agent. — **~ˌträ·ger** *m* **1.** carrier, vector (*scient.*). – **2.** (*Gegenstand*) fomes, fomites *pl.*

in·fek·ti·ös [ɪnfɛkˈtsi̯øːs] *adj med.* **1.** (*Krankheit etc*) infectious, (*bes. durch Kontakt*) contagious. – **2.** (*Erreger*) infective.

In·fe·rio·ri·tät [ɪnferi̯oriˈtɛːt] *f* ⟨-; *no pl*⟩ inferiority. — **In·fe·rio·ri'täts·komˌplex** *m psych.* inferiority complex.

in·fer·nal [ɪnfɛrˈnaːl], **in·fer'na·lisch** *adj* **1.** infernal, devilish. – **2.** *colloq.* (*Gestank, Krach etc*) infernal.

In·fer·no [ɪnˈfɛrno] *n* ⟨-s; *no pl*⟩ **1.** inferno, hell. – **2.** *fig.* inferno, pandemonium.

in·fer·til [ɪnfɛrˈtiːl; ˈɪn-] *adj* infertile, barren.

In·fi·bu·la·ti·on [ɪnfibulaˈtsi̯oːn] *f* ⟨-; -en⟩ *med.* infibulation.

In·fil·trat [ɪnfɪlˈtraːt] *n* ⟨-(e)s; -e⟩ *med.* infiltration, infiltrate.

In·fil·tra·ti·on [ɪnfɪltraˈtsi̯oːn] *f* ⟨-; -en⟩ *auch med. geol.* infiltration.

in·fil·trie·ren [ɪnfɪlˈtriːrən] **I** *v/t* ⟨*no* ge-, h⟩ (mit with) infiltrate. – **II** *v/i* ⟨sein⟩ infiltrate.

in·fi·nit [ˈɪnfiniːt; -ˈniːt] *adj* ~e Verbform *ling.* infinite form of a verb.

in·fi·ni·tär [ɪnfiniˈtɛːr] *adj* infinitary.

in·fi·ni·te·si·mal [ɪnfinitezi'maːl] *adj math.* infinitesimal, evanescent: ~e Größe infinitesimal (quantity). — **I~ˌrech·nung** *f* infinitesimal calculus.

In·fi·ni·tiv [ˈɪnfinitiːf; -ˈtiːf] *m* ⟨-s; -e⟩ *ling.* infinitive (mood): substantivierter ~ verbal (*od.* infinitive) noun, substantivized infinitive. — **in·fi·ni·ti·visch** [-tiːvɪʃ; -ˈtiːvɪʃ] **I** *adj* infinitive. – **II** *adv* ~ gebraucht used as an infinitive.

'In·fi·ni·tivˌsatz *m* infinitive clause.

In·fi·ni·tum, das [ɪnfiˈniːtʊm] ⟨-s⟩ infinity.

in·fi'ni·tum *adj only in* Verbum ~ infinite verb.

In·fix [ɪnˈfɪks; ˈɪn-] *n* ⟨-es; -e⟩ *ling.* infix.

in·fi'zier·bar *adj med.* infectible. — **in·fi'zie·ren** [ɪnfiˈtsiːrən] **I** *v/t* ⟨*no* ge-, h⟩ **1.** *med. auch fig.* (*Person*) infect: er wurde durch das Wasser infiziert he was infected by (*od.* caught an infection from) the water. – **2.** *med. nucl.* (*Stoffe etc*) contaminate. – **II** *v/reflex* sich ~ **3.** become infected, catch (*od.* get) an infection. – **III I~** *n* ⟨-s⟩ **4.** *verbal noun.* — **in·fi'zie·rend I** *pres p.* – **II** *adj med.* infectious, infective, (*bes. durch Ansteckung*) contagious. — **in·fi'ziert I** *pp.* – **II** *adj* **1.** *med.* infected. – **2.** *fig.* infected, contaminated. — **In·fi'zie·rung** *f* ⟨-; -en⟩ *med.* **1.** *cf.* Infizieren. – **2.** infection.

in fla·gran·ti [ɪn flaˈgranti] *adv* in the very act, red-handed: der Dieb wurde ~ ertappt the thief was caught in the very act (of stealing), the thief was caught red-handed.

in·flam·ma·bel [ɪnflaˈmaːbəl] *adj* inflammable: inflammable Stoffe inflammable substances.

In·fla·ti·on [ɪnflaˈtsi̯oːn] *f* ⟨-; -en⟩ *econ.* inflation: schleichende (*od.* latente) ~ creeping (*od.* latent) inflation.

in·fla·tio'när [ɪnflatsi̯oˈnɛːr], **in·fla·tio'ni·stisch** [-tsi̯oˈnɪstɪʃ] *adj econ.* inflationary.

In·fla·ti'ons|erˌschei·nung *f econ.* inflationary symptom (*od.* phenomenon). — **~geˌfahr** *f* danger of inflation. — **~ˌkri·se** *f* inflation crisis. — **~pe·riˌode** *f* inflationary period. — **~po·liˌtik** *f* inflationary policy, inflationism. — **~ˌzeit** *f* inflationary period.

in·fla·to·risch [ɪnflaˈtoːrɪʃ] *adj pol. econ.* inflationary.

in·fle·xi·bel [ˈɪnflɛksiːbəl; -ˈksiːbəl] *adj* **1.** inflexible. – **2.** *ling.* (*Wort*) uninflected, invariable. — **In·fle'xi·bi·le** [-bilə] *n* ⟨-; -lia [-ksiˈbiːli̯a]⟩ *ling.* uninflected (*od.* uninflectible) word. — **In·fle·xi·bi·li'tät** [-ksibiliˈtɛːt] *f* ⟨-; *no pl*⟩ **1.** inflexibility. – **2.** *ling.* invariability of form.

In·flo·res·zenz [ɪnflorɛsˈtsɛnts] *f* ⟨-; -en⟩ *bot.* inflorescence.

In·flu·enz [ɪnfluˈɛnts] *f* ⟨-; -en⟩ *electr.* influence, electrostatic induction (*scient.*).

In·flu·en·za [ɪnfluˈɛntsa] *f* ⟨-; *no pl*⟩ *med.* influenza, flu (*colloq.*).

In·flu'enz·maˌschi·ne *f electr.* Wimshurst (*od.* influence, electrostatic) machine.

in'fol·ge *prep* ⟨*gen*⟩ owing (*od.* due) to, as a result of, because of, in consequence of: ~ seiner langen Krankheit owing to (*od.* on account of) his long illness; ~ Überarbeitung as a result of overwork; ~ von Reparaturarbeiten owing to repair work.

inˌfol·ge'des·sen *conj* consequently, in consequence, owing to this (*od.* which), as a result of this (*od.* which): ich hatte einen Unfall, ~ kam ich zu spät (*od.* ich kam ~ zu spät) I had an accident as a result of which I arrived late.

In·for·mant [ɪnfɔrˈmant] *m* ⟨-en; -en⟩ informant, *auch* informer.

In·for·ma·tik [ɪnfɔrˈmaːtɪk] *f* ⟨-; *no pl*⟩ (*computer*) theory of information processing, data processing, *auch* computer science.

In·for·ma·ti·on [ɪnfɔrmaˈtsi̯oːn] *f* ⟨-; -en⟩ **1.** (*Mitteilung, Benachrichtigung*) information: diese ~ ist nützlich this is useful (*od.* a useful piece of) information; zu Ihrer ~ for your information; nach den neuesten ~en according to the latest information; über j-n [etwas] ~en erhalten to receive information about s.o. [on s.th.]; ~en einholen (*od.* einziehen) to gather information, to make inquiries; j-m ~en erteilen to give s.o. information, to supply (*od.* furnish) s.o. with information. – **2.** (*computer*) information: einen Computer mit ~en füttern to feed (*od.* supply) a computer with information; ~en löschen to cancel information.

In·for·ma·ti'ons|be,dürf·nis *n* want of information. — **~büˌro** *n* information bureau (*od.* office), inquiry office: Kommunistisches ~ *pol.* Cominform. — **~ˌdich·te** *f* (*computer*) packing density. — **~ˌfluß** *m* ⟨-sses; *no pl*⟩ flow of information, information flow: ~ pro Zeiteinheit information flow-rate. — **~ˌinˌhalt** *m* information content. — **~ˌquel·le** *f* source (*od.* repository) of information: ich habe da so meine ~en *colloq.* I have my spies (*colloq.*). — ~ˌ**recht** *n* right to information. — ~ˌ**rei·se** *f* fact-finding trip (*od.* journey). — ~ˌ**spei·cher** *m* (*computer*) information memory (*od.* store). — ~ˌ**spei·che·rung** *f* information storage. — ~ˌ**stel·le** *f cf.* Informationsbüro. — ~**theoˌrie** *f* (*computer*) *psych.* information theory. — ~ˌ**trä·ger** *m* storage medium. — ~**verˌar·bei·tung** *f* information processing. — ~ˌ**we·sen** *n* information system.

in·for·ma·tiv [ɪnfɔrma'tiːf] *adj* informative.

In·for·ma'tiv·proˌzeß *m röm.kath.* informative process.

In·for·ma·tor [ɪnfɔr'maːtɔr] *m* ⟨-s; -en [-ma'toːrən]⟩ informant. — **in·for·ma'to·risch** [-ma'toːrɪʃ] *adj* informatory.

in·for·mell ['ɪnfɔrmɛl; -'mɛl] *adj* **1.** (*Einladung, Schreiben etc*) informal: ~ sein be informal, not to stand on ceremony. – **2.** *cf.* informativ. – **3.** ~e Kunst (*art*) nonobjectivism.

in·for·mie·ren [ɪnfɔr'miːrən] **I** *v/t* ⟨*no* ge-, h⟩ **1.** inform, give (*s.o.*) information: er informierte ihn über die neuesten Veränderungen he informed him of the most recent changes; j-n falsch ~ to give s.o. false information, to misinform s.o. – **2.** (*benachrichtigen*) notify. – **II** *v/reflex* **3.** sich über (*acc*) etwas ~ to inform oneself on (*od.* about) s.th., to gather information (*od.* make inquiries) on (*od.* about) s.th. — **in·for'miert I** *pp.* – **II** *adj* informed: ich bin bereits ~ I have been informed of this, I already know this; über (*acc*) etwas ~ sein to be informed about (*od.* acquainted with, aware of) s.th.; wie aus ~en Kreisen verlautet well-informed circles report that.

in·fra·aku·stisch ['ɪnfraˀaˌkʊstɪʃ; ˌɪnfraˀa'kʊstɪʃ] *adj phys.* infra-acoustic, sub-audio (*attrib*).

In'fra·geˌstel·lung *f* ⟨-; *no pl*⟩ **1.** (*Bezweiflung*) calling into question, impeachment: die ~ der Aussage des Zeugen the impeachment of the witness's testimony. – **2.** (*Gefährdung*) endangering, imperil(l)ing, jeopardizing.

'In·fraˌgrill (*TM*) *m* infrared (*Br.* infra-red) grill.

In·frak·ti·on [ɪnfrak'tsɪoːn] *f* ⟨-; -en⟩ *med.* infraction.

'in·fraˌrot *phys.* **I** *adj* **1.** (*Strahlen*) infrared, *Br.* infra-red. – **II I~, das** ⟨-s⟩ **2.** infra(-)red. – **3.** infra(-)red radiation.

'In·fraˌrot|ˌhei·zung *f* infrared (*Br.* infra-red) heating. — ~ˌ**lam·pe** *f* infra(-)red lamp. — ~ˌ**licht** *n* ⟨-(e)s; *no pl*⟩ infra(-)red light. — ~**pho·to·graˌphie** *f phot.* infra(-)red photography. — ~**spek·troˌgraph** *m* (*optics*) infra(-)red spectrograph. — ~ˌ**strah·len** *pl* infra(-)red rays. — ~ˌ**strah·ler** *m* infra(-)red heater. — ~ˌ**strah·lung** *f* infra(-)red radiation.

'In·fra|ˌschall *m phys.* infrasonic waves *pl.* — ~**strukˌtur** *f econ. mil.* infrastructure.

In·ful ['ɪnfʊl] *f* ⟨-; -n⟩ *relig. u. antiq.* infula.

in·fun·die·ren [ɪnfʊn'diːrən] *v/t* ⟨*no* ge-, h⟩ *bes. med.* infuse.

In·fus [ɪn'fuːs] *n* ⟨-es; -e⟩ *med. pharm.* infusion, infusum.

In·fu·si·on [ɪnfu'zɪoːn] *f* ⟨-; -en⟩ *auch med.* infusion.

In·fu·si'onsˌtier·chen *n meist pl zo.* infusorian, infusoria *pl.*

in·fu'so·ri·en|ˌar·tig *adj zo.* infusory, infusorial. — **I~ˌer·de** *f* **1.** *min.* infusorial earth. – **2.** *geol.* fossil meal, diatomaceous earth (*scient.*).

In·fu·so·ri·um [ɪnfu'zoːrɪʊm] *n* ⟨-s; -rien⟩ *meist pl zo. cf.* Infusionstierchen.

In·fu·sum [ɪn'fuːzʊm] *n* ⟨-s; -sa [-za]⟩ *med. pharm. cf.* Infus.

In'gangˌhal·tung *f* ⟨-; *no pl*⟩ keeping in operation, keeping going.

In'gangˌset·zung *f* ⟨-; *no pl*⟩ **1.** starting (up), launching, setting to work. – **2.** (*einer Maschine*) putting into operation, starting.

In·ge'brauchˌnah·me *f* ⟨-; *no pl*⟩ **1.** putting into use (*od.* operation). – **2.** (*textile*) wearing: vor ~ des Kleidungsstückes before wearing the garment.

In·ge·nieur [ɪnʒe'nɪøːr] *m* ⟨-s; -e⟩ engineer: beratender [leitender] ~ consulting [chief] engineer. — ~ˌ**bau** *m* ⟨-(e)s; -ten⟩ **1.** ⟨*only sg*⟩ constructional (*od.* civil) engineering. – **2.** *pl* engineering construction *sg.* — ~**beˌruf** *m* engineering profession, profession of engineer. — ~**büˌro** *n* **1.** engineering office. – **2.** firm of consulting engineers: ~ X X, consulting engineer(s *pl*). — ~ˌ**schu·le** *f* school of engineering. — ~ˌ**we·sen** *n* engineering. — ~ˌ**wis·sen·schaft** *f* (science of) engineering.

in·ge·ni·ös [ɪnge'nɪøːs] *adj* ingenious. — **In·ge·nio·si'tät** [-nɪozi'tɛːt] *f* ⟨-; *no pl*⟩ ingenuity, ingeniousness.

In·ge·ni·um [ɪn'geːnɪʊm] *n* ⟨-s; -en⟩ genius, natural ability.

In·ger ['ɪŋər] *m* ⟨-s; -⟩ *zo.* hagfish (*Myxine glutinosa*).

In·ge·sti·on [ɪngɛs'tɪoːn; 'ɪn-] *f* ⟨-; *no pl*⟩ *med.* ingestion.

'in·geˌzüch·tet *adj biol.* inbred.

In·got ['ɪŋgɔt] (*Engl.*) *n* ⟨-s; -s⟩ *tech.* ingot.

In'grain|ˌfar·be [ɪn'greːn-; ɪn'greɪn-] (*Engl.*) *f* ingrain colo(u)r. — ~**paˌpier** *n* ingrain paper.

In·gre·di·ens [ɪn'greːdɪɛns] *n* ⟨-; -enzien [-gre'dɪɛntsɪən]⟩, *auch* **In·gre·di'enz** [-gre'dɪɛnts] *f* ⟨-; -en⟩ *meist pl* ingredient, component.

In·greß [ɪn'grɛs] *m* ⟨-sses; -sse⟩ entry, entrance, ingress.

In·gres·si·on [ɪngrɛ'sɪoːn] *f* ⟨-; -en⟩ *geol.* ingression. — **In·gres·si'onsˌmeer** *n* ingression sea.

'Inˌgrimm *m* ⟨-(e)s; *no pl*⟩ (inward) wrath (*od.* rage, fury). — **'inˌgrim·mig** *adj* wrathful, fierce, furious.

Ing·wer ['ɪŋvər] *m* ⟨-s; *no pl*⟩ *bot.* ginger, zingiber (*scient.*) (*Gattg Zingiber, bes. Z. officinale*): mit ~ würzen to ginger; mit ~ gewürzt gingery. — ~ˌ**bier** *n* ginger ale (*od.* beer). — **i~ˌfar·ben** *adj* ginger, gingery. — ~**geˌwächs** *n bot.* gingerwort (*Fam. Zingiberaceae*). — ~**geˌwürz** *n cf.* Ingwer. — ~ˌ**keks** *m, n* gingersnap, ginger nut (*od.* biscuit), *Br.* ginger-nut. — ~ˌ**ku·chen** *m* gingerbread. — ~**liˌkör** *m* ginger brandy. — ~ˌ**öl** *n* ginger oil. — ~ˌ**wein** *m* ginger wine. — ~ˌ**wur·zel** *f* ginger-race, root of ginger.

'Inˌha·ber *m* ⟨-s; -⟩ **1.** (*Eigentümer*) proprietor, owner: der ~ eines Hotels the proprietor of a hotel. – **2.** (*Besitzer*) possessor, occupant: der ~ eines Hauses [Zimmers] the occupant of a house [room]. – **3.** (*meist in Zusammensetzungen*) keeper: ~ eines Gasthauses [eines Geschäftes] innkeeper [shopkeeper]. – **4.** *fig.* bearer, holder: ~ eines Amtes [eines Titels, einer Urkunde] bearer (*od.* holder) of an office [a title, a certificate]; ~ eines akademischen Grades graduate; ~ eines Patentes holder of a patent, patentee. – **5.** *econ.* bearer, holder: ~ eines Wechsels [eines Wertpapiers] bearer (*od.* holder) of a bill [a security]; zahlbar an ~ payable to bearer. – **6.** *jur.* tenant: ~ von Realbesitz tenant of real property. – **7.** (*sport*) (*eines Rekords etc*) holder. — ~ˌ**ak·tie** *f econ.* bearer share, share made out to bearer. — ~ˌ**anˌlei·he** *f* bearer loan (*od.* bond). — ~**paˌpier** *n meist pl* negotiable (*od.* bearer) instrument.

'Inˌha·ber·schaft *f* ⟨-; *no pl*⟩ proprietorship, ownership, possessorship.

'Inˌha·ber|ˌscheck *m econ.* bearer check (*Br.* cheque), check (*Br.* cheque) made out to bearer. — ~ˌ**schuld·verˌschrei·bung** *f* bearer bond, bond (made out) to bearer. — ~**zer·ti·fiˌkat** *n* certificate made out to bearer.

In'haftˌhal·tung *f* ⟨-; *no pl*⟩ *cf.* Inhaftierung 3.

in·haf·tie·ren [ɪnhaf'tiːrən] **I** *v/t* ⟨*no* ge-, h⟩ imprison, put (*s.o.*) into custody. – **II I~** *n* ⟨-s⟩ *verbal noun.* — **In·haf'tie·rung** *f* ⟨-; -en⟩ **1.** *cf.* Inhaftieren. – **2.** imprisonment. – **3.** detention, custody.

In'haftˌnah·me *f* ⟨-; *no pl*⟩ *cf.* Inhaftieren, Inhaftierung 2.

In·ha·la·ti·on [ɪnhala'tsɪoːn] *f* ⟨-; -en⟩ *med.* inhalation.

In·ha·la·ti'ons|ap·paˌrat *m med.* inhalator, inhaler. — ~ˌ**krank·heit** *f* (*z. B. Staublunge*) disease due to inhalation. — ~**prä·paˌrat** *n* inhalant.

In·ha'lier·ap·paˌrat *m cf.* Inhalationsapparat.

in·ha·lie·ren [ɪnha'liːrən] **I** *v/t* ⟨*no* ge-, h⟩ (*Chloroform, Rauch etc*) inhale, breathe (*s.th.*) in. – **II I~** *n* ⟨-s⟩ *verbal noun.* — **In·ha'lie·rung** *f* ⟨-; -en⟩ inhalation.

'Inˌhalt *m* ⟨-(e)s; -e⟩ **1.** (*Füllung eines Gefäßes, einer Schublade*) contents *pl*: der ~ einer Flasche [Schachtel] the contents of a bottle [box]. – **2.** *math.* (*Fassungsvermögen*) a) (*einer Fläche*) area, b) (*eines Körpers*) volume, capacity. – **3.** *fig.* (*Gehalt*) content(s *pl*), substance, subject matter, tenor: der ~ eines Briefes the contents of a letter; den ~ eines Gesprächs wiedergeben to tell (*od.* recount) the substance of a conversation; ~ und Form eines Gedichtes content and form of a poem; kannst du mir kurz den ~ des Romans erzählen? can you tell me the contents (*od.* give me a short summary) of the novel? der Brief hat folgenden ~ (*od.* folgendes zum ~) the letter reads as follows, the gist of the letter is as follows; folgenden ~s to the following effect; gleichen ~s to the same effect. – **4.** *fig.* (*Sinn, Zweck*) meaning: er führte ein Leben ohne ~ he led a meaningless (*od.* empty) life. — **i~beˌzo·gen** *adj ling.* (*bes. Grammatik*) content-orientated.

'inˌhalt·lich *adv* in substance, in content(s), with regard to content(s): die Texte weichen ~ voneinander ab the texts are different with regard to content(s), the texts read differently.

'Inˌhalts|ˌanˌga·be *f* **1.** (*Zusammenfassung*) summary, abstract, outline, synopsis, résumé, epitome: eine ~ über ein Buch machen to summarize (*od.* epitomize) (the contents of) a book. – **2.** *cf.* Inhaltsverzeichnis. — **i~ˌarm** *adj* **1.** having (*od.* with, of) little content (*od.* action). – **2.** *fig.* (*belanglos*) having (*od.* with, of) little substance (*od.* meaning, significance). — ~**beˌrech·nung**, ~**beˌstim·mung** *f math.* **1.** (*einer Fläche*) calculation (*od.* determination) of area. – **2.** (*eines Körpers*) cubature, calculation (*od.* determination) of volume (*od.* cubic content). — **i~beˌzo·gen** *adj ling. cf.* inhaltbezogen. — ~**erˌklä·rung** *f* (*einer Warensendung*) declaration (*od.* statement, list) of contents. — **i~ˌgleich** *adj math.* **1.** (*Körper*) of equal volume, equal (*od.* identical) in content. – **2.** (*Flächen*) of equal area, equal (*od.* identical) in area. — **i~ˌleer** *adj cf.* inhaltslos. — **i~los** *adj fig.* **1.** (*Gerede etc*) empty, meaningless: durch ihren Tod wurde sein Leben ~ her death deprived his life of all meaning. – **2.** (*Blick*) vacant. – **3.** (*Buch, Rede etc*) shallow, superficial, thin, trivial. — **i~ˌreich** *adj* **1.** (*Worte, Rede etc*) rich in content (*od.* substance). – **2.** (*Leben etc*) full, rich. – **3.** (*bedeutsam*) momentous, significant, weighty. — **i~ˌschwer** *adj cf.* inhaltsreich 3. — ~ˌ**überˌsicht** *f cf.* Inhaltsverzeichnis. — ~**verˌzeich·nis** *n* **1.** (*eines Buches*) table of contents. – **2.** *cf.* Inhaltserklärung. — **i~ˌvoll** *adj cf.* inhaltsreich. — ~ˌ**wert** *m* **1.** value of the contents. – **2.** *econ.* declared value.

in·hä·rent [ɪnhɛ'rɛnt] *adj auch philos.* inherent. — **In·hä'renz** [-'rɛnts] *f* ⟨-; *no pl*⟩ **1.** inherence, inhesion. – **2.** *philos.* in-being, inherence (*scient.*). — **in·hä'rie·ren** [-'riːrən] *v/i* ⟨*no* ge-, h⟩ etwas (*dat*) ~ *philos.* to inhere (*od.* be inherent) in s.th.

in·hi·bie·ren [ɪnhi'biːrən] *v/t* ⟨*no* ge-, h⟩ *obs. for* verbieten 1, 2. — **In·hi·bi·ti'on** [-bi'tsɪoːn] *f* ⟨-; -en⟩ **1.** *obs. for* Verbot 1, 2. – **2.** *med. psych.* (*Hemmung eines Reflexes*) inhibition.

In·hi·bi·tor [ɪn'hiːbitɔr] *m* ⟨-s; -en [-hibi'toːrən]⟩ **1.** *med.* (*Hemmungsnerv, Hemmstoff*) inhibitor. – **2.** *chem.* inhibitor, depressor.

in·ho·mo·gen ['ɪnhomogeːn; -'geːn] *adj* inhomogeneous. — **In·ho·mo·ge·ni·tät** [ɪnhomogeni'tɛːt; 'ɪn-] *f* ⟨-; *no pl*⟩ inhomogeneity.

in ho·no·rem [ɪn ho'noːrɛm] in hono(u)r of.

in·hu·man ['ɪnhumaːn; -'maːn] *adj* inhuman, inhumane. — **In·hu·ma·ni·tät** [ɪnhumani'tɛːt; 'ɪn-] *f* ⟨-; *no pl*⟩ inhumanity.

In·iti·al [ini'tsɪaːl] *n* ⟨-s; -e⟩, ~ˌ**buchˌsta·be** *m cf.* Initiale.

In·itia·le [ini'tsɪaːlə] *f* ⟨-; -n⟩ **1.** initial (letter): seine ~n unter (*acc*) etwas setzen to initial s.th. – **2.** *print.* cockup, *Br.* cock-up.

In·iti'al|ˌhand·lung *f psych.* initiated (and unfinished) act, action rudiment. — ~ˌ**la·dung** *f tech.* priming charge, primer. — ~ˌ**sprengˌstoff** *m* initiating (*od.* initiator) explosive, initial detonating agent. — ~ˌ**wort** *n* ⟨-(e)s; =er⟩ *ling.* acronym. — ~ˌ**zel·le** *f biol.* initial (*od.* initiating, *scient.* apical) cell. — ~ˌ**zün·der** *m tech.* trigger. — ~ˌ**zün·dung** *f* booster, initiation of the firing (*od.* detonating) train.

In·itia·ti·on [initsi̯a'tsi̯oːn] *f* ⟨-; -en⟩ initiation.

In·itia'tiv₁an₁trag [initsi̯a'tiːf-] *m pol.* notice of motion.

In·itia·ti·ve [initsi̯a'tiːvə] *f* ⟨-; -n⟩ **1.** ⟨*only sg*⟩ initiative: die ~ ergreifen to take the initiative; auf (*od.* durch die) ~ des Direktors on the director's initiative, at the director's instigation; aus eigener ~ handeln to act on one's own initiative. – **2.** ⟨*only sg*⟩ (*Unternehmungsgeist*) initiative, drive, enterprise, 'go' (*colloq.*): es an ~ fehlen lassen to lack drive. – **3.** *Swiss pol.* (*Volksbegehren*) initiative.

In·itia'tiv₁recht *n pol.* (*des Volkes*) popular initiative.

In·itia·tor [ini'tsi̯aːtɔr] *m* ⟨-s; -en [-tsi̯a'toːrən]⟩ initiator. — **in·itia'to·risch** [initsi̯a'toːrɪʃ] *adj* initiatory.

In·iti·en [i'niːtsi̯ən] *pl* (*Anfänge, Anfangsgründe*) rudiments, elements, first principles.

in·iti·ie·ren [initsi'iːrən] *v/t* ⟨*no* ge-, h⟩ initiate.

In·jek·ti·on [ɪnjɛk'tsi̯oːn] *f* ⟨-; -en⟩ *med. geol. civ.eng.* injection, 'shot' (*sl.*): eine ~ machen *med.* to make (*od.* give) an injection.

In·jek·ti'ons|₁fäl·te·lung *f geol.* ptygmatic structure. — **~₁na·del** *f med.* hypodermic needle. — **~₁sprit·ze** *f* (injection) syringe.

In·jek·tor [ɪn'jɛktɔr] *m* ⟨-s; -en [-'toːrən]⟩ *tech.* injector. — **~₁bren·ner** *m* low-pressure torch.

in·ji·zie·ren [ɪnji'tsiːrən] *v/t* ⟨*no* ge-, h⟩ *med. civ.eng.* inject.

In·ka ['ɪŋka] *m* ⟨-(s); -(s)⟩ *hist.* Inca. — **~₁bein** *n*, **~₁kno·chen** *m med.* Inca bone. — **~-Kul₁tur** *f archeol.* Inca civilization. — **~₁li·lie** *f bot.* a) herb lily (*Gattg Alstroemeria*), b) lily of the Incas (*A. pelegrina*).

'In·ka-₁Reich, das ⟨-(e)s⟩ *hist.* the Inca Empire.

in·kar·nat [ɪnkar'naːt] (*art*) **I** *adj* incarnadine, flesh-colored (*bes. Br.* -coloured). – **II I~** *n* ⟨-(e)s; *no pl*⟩ carnation, flesh tint.

In·kar·na·ti·on [ɪnkarna'tsi̯oːn] *f* ⟨-; -en⟩ **1.** ⟨*only sg*⟩ *relig.* incarnation. – **2.** *fig.* incarnation, embodiment: die ~ des Bösen the embodiment of (all) evil; er ist die ~ des Teufels he is the devil incarnate.

In·kar'nat|₁klee *m bot.* crimson clover (*Trifolium incarnatum*). — **~₁rot** *n* incarnadine, incarnate.

in·kar·niert [ɪnkar'niːrt] *adj relig.* incarnate.

In·kas·sant [ɪnka'sant] *m* ⟨-en; -en⟩ *Austrian for* Kassierer.

In·kas·so [ɪn'kaso] *n* ⟨-s; -s, *bes. Austrian* Inkassi [-si]⟩ *econ.* collection, collecting, *Br. auch* encashment: ~ besorgen to collect, *Br. auch* to encash; zum ~ vorlegen to present for collection. — **~₁auf₁trag** *m* collection order. — **~bü₁ro** *n* collection agency (*od.* office). — **~ge₁schäft** *n* collecting business (*od.* transaction). — **~pro·vi·si₁on** *f* collecting commission. — **~₁spe·sen** *pl* collecting charges (*od.* expenses). — **~₁voll₁macht** *f* collecting power. — **~₁wech·sel** *m* bill for collection.

In'kauf₁nah·me *f* ⟨-; *no pl*⟩ (*officialese*) (*gen*) putting up (with), acceptance (of): unter ~ kleiner Beschädigungen putting up with petty damages.

In·kli·na·ti·on [ɪnklina'tsi̯oːn] *f* ⟨-; -en⟩ **1.** *astr. phys.* (*space*) inclination: magnetische ~ magnetic dip; ohne ~ aclinic. – **2.** *obs. for* Neigung 9, 10.

In·kli·na·ti'ons|₁kom·paß *m* **1.** *phys.* dipping compass, *Br.* dipping-compass. – **2.** *tech.* inclinometer. — **~₁na·del** *f* **1.** *mar.* dipping needle, *Br.* dipping-needle. – **2.** *tech. cf.* Inklinationskompaß 2. — **~₁win·kel** *m phys.* (*der Magnetnadel*) magnetic dip.

in·kli·nie·ren [ɪnkli'niːrən] *v/i* ⟨*no* ge-, h⟩ zu etwas ~ *obs.* to incline toward(s) s.th.

In'klu·se [ɪn'kluːzə] *f* ⟨-; -n⟩ *min.* inclusion, enclosure.

In'klu·sen *pl relig. hist.* encluses.

In·klu·si·on [ɪnklu'zi̯oːn] *f* ⟨-; -en⟩ *philos. math.* inclusion.

in·klu·si·ve [ɪnklu'ziːvə] **I** *prep* **1.** ⟨*gen*⟩ including, inclusive of: ~ aller Versandkosten inclusive of shipping (*od.* forwarding) expenses (*od.* charges). – **2.** ⟨*nom*⟩ including, inclusive of: das Zimmer kostet 20 Mark ~ Frühstück the room costs 20 marks including breakfast; ~ Porto postage included. – **3.** ⟨*dat*⟩ including, inclusive of: ~ Getränken drinks included. – **II** *adv* **4.** inclusive: Montag bis Freitag ~ Monday to Friday inclusive, *bes. Am.* Monday through Friday.

in·ko·gni·to [ɪn'kɔgnito] **I** *adv* incognito: ~ reisen to travel incognito. – **II I~** *n* ⟨-s; -s⟩ incognito: das ~ wahren to preserve one's incognito; das ~ lüften to reveal one's identity.

in·ko·hä·rent [ɪnkohɛ'rɛnt] *adj auch phys.* incoherent. — **In·ko·hä'renz** [-'rɛnts] *f* ⟨-; -en⟩ incoherence, incoherency.

'In₁koh·lung [-₁koːlʊŋ] *f* ⟨-; *no pl*⟩ **1.** (*mining*) coalification. – **2.** *tech.* (*in Kokerei*) carbonization *Br. auch* -s-. — **'In₁koh·lungs₁grad** *m* (*mining*) rank of coal.

in·kom·men·su·ra·bel [ɪnkɔmɛnzu'raːbəl] *adj math.* incommensurable, incommensurate: inkommensurable Größen incommensurables. — **In·kom·men·su·ra·bi·li'tät** [-rabili'tɛːt] *f* ⟨-; *no pl*⟩ incommensurability.

in·kom·mo·die·ren [ɪnkɔmo'diːrən] *obs.* **I** *v/reflex* ⟨*no* ge-, h⟩ sich ~ exert oneself: ~ Sie sich nicht! please don't trouble! don't put yourself out! – **II** *v/t* j-n ~ to trouble (*od.* inconvenience, bother) s.o.

in·kom·pa·ra·bel [ɪnkɔmpa'raːbəl] *adj* **1.** *obs. for* unvergleichbar. – **2.** *ling.* incapable of (*od.* not allowing) comparison.

in·kom·pa·ti·bel [ɪnkɔmpa'tiːbəl] *adj* (*Vorschlag etc*) incompatible. — **In·kom·pa·ti·bi·li'tät** [-tibili'tɛːt] *f* ⟨-; -en⟩ incompatibility.

in·kom·pe·tent ['ɪnkɔmpetɛnt; -'tɛnt] *adj* incompetent. — **In·kom·pe·tenz** ['ɪnkɔmpetɛnts; -'tɛnts] *f* ⟨-; -en⟩ incompetence, incompetency.

in·kom·plett ['ɪnkɔmplɛt; -'plɛt] *adj* incomplete.

in·kom·pres·si·bel [ɪnkɔmprɛ'siːbəl] *adj phys.* (*Stoff*) incompressible.

in·kon·gru·ent ['ɪnkɔngruɛnt; -'ɛnt] *adj math. ling.* incongruent, incongruous. — **In·kon·gru·enz** ['inkɔngruɛnts; -'ɛnts] *f* ⟨-; -en⟩ incongruity, incongruence.

in·kon·se·quent ['ɪnkɔnzekvɛnt; -'kvɛnt] *adj* inconsequent(ial), inconsistent, incoherent. — **In·kon·se·quenz** ['ɪnkɔnsekvɛnts; -'kvɛnts] *f* ⟨-; -en⟩ inconsequence, inconsistency, incoherence, incoherency.

in·kon·si·stent ['ɪnkɔnzɪstɛnt; -'tɛnt] *adj* (*ohne Dauer, unhaltbar*) inconsistent.

in·kon·stant ['ɪnkɔnstant; -'tant] *adj auch phys.* (*unstet, unbeständig*) inconstant.

in·kon·ti·nent ['ɪnkɔntinɛnt; -'nɛnt] *adj med.* incontinent. — **In·kon·ti·nenz** ['ɪnkɔntinɛnts; -'nɛnts] *f* ⟨-; *no pl*⟩ incontinence.

in·kon·ve·ni·ent ['ɪnkɔnveni̯ɛnt; -'ni̯ɛnt] *adj obs.* inconvenient. — **In·kon·ve·ni·enz** ['ɪnkɔnveni̯ɛnts; -'ni̯ɛnts] *f* ⟨-; -en⟩ *obs.* inconvenience.

in·kon·ver·ti·bel ['ɪnkɔnvɛrtiːbəl; -'tiːbəl] *adj econ.* (*nicht umwandelbar*) inconvertible. — **In·kon·ver·ti·bi·li·tät** [ɪnkɔnvɛrtibili'tɛːt; 'ɪn-] *f* ⟨-; *no pl*⟩ inconvertibility.

in·kon·ver·tier·bar ['ɪnkɔnvɛrtiːrbaːr; -'tiːrbaːr] *adj econ.* (*Währungen*) inconvertible.

In·ko·or·di·na·ti·on [ɪnkoˀɔrdina'tsi̯oːn; 'ɪn-] *f* ⟨-; -en⟩ *med.* incoordination, *Br.* inco-ordination: ~ der Bewegungen incoordination of movements, ataxia (*scient.*). — **in·ko·or·di·niert** [ɪnkoˀɔrdi'niːrt; 'ɪn-] *adj* incoordinate(d), *Br.* inco-ordinate(d), ataxic (*scient.*).

In·kor·po·ra·ti·on [ɪnkɔrpora'tsi̯oːn] *f* ⟨-; -en⟩ **1.** *auch jur. pol.* (*Angliederung*) (*in acc* into) incorporation. – **2.** (*Aufnahme in eine studentische Verbindung*) admission into a student society (*Am.* fraternity). – **3.** *nucl.* (*Strahlenschutz*) uptake (by the body). — **in·kor·po'rie·ren** [-'riːrən] *v/t* ⟨*no* ge-, h⟩ (in *acc* in, into, with) **1.** *auch jur. pol.* incorporate. – **2.** admit (*s.o.*) into a student society (*Am.* fraternity). — **in·kor·po'rie·rend I** *pres p.* – **II** *adj ling.* (*Sprache*) incorporating, polysynthetic (*scient.*).

in·kor·rekt ['ɪnkɔrɛkt; -'rɛkt] **I** *adj* **1.** (*ungenau*) incorrect, inaccurate, faulty, wrong. – **2.** (*unschicklich*) incorrect, improper. – **II** *adv* **3.** incorrectly: ~ gekleidet sein to be incorrectly (*od.* improperly) dressed. — **In·kor·rekt·heit** ['ɪnkɔrɛkthaɪt; -'rɛkthaɪt] *f* ⟨-; -en⟩ **1.** incorrectness, inaccuracy. – **2.** incorrectness, impropriety.

In'kraft₁set·zung *f* ⟨-; *no pl*⟩ (*officialese*) **1.** putting into force (*od.* operation), carrying into effect. – **2.** *jur.* enactment.

In'kraft₁tre·ten *n* ⟨-s; *no pl*⟩ **1.** going (*od.* coming) into effect, coming into force: Tag des ~s effective date. – **2.** *jur.* (*eines Patentes*) coming into force.

'In₁kreis *m math.* inscribed circle, in-circle. — **~₁mit·tel₁punkt** *m* incenter, *bes. Br.* in-centre. — **~₁ra·di·us** *m* (*eines regelmäßigen Vielecks*) apothem.

In·kre·ment [ɪnkre'mɛnt] *n* ⟨-(e)s; -e⟩ *math.* increment. [cretion.]

In·kret [ɪn'kreːt] *n med.* ⟨-(e)s; -e⟩ in-

In·kre·ti·on [ɪnkre'tsi̯oːn] *f* ⟨-; *no pl*⟩ *med.* (*innere Sekretion*) incretion. — **in·kre'to·risch** [-'toːrɪʃ] *adj* incretory, endocrine.

in·kri·mi·nie·ren [ɪnkrimi'niːrən] *v/t* ⟨*no* ge-, h⟩ j-n ~ to incriminate s.o.

In·kru·sta·ti·on [ɪnkrusta'tsi̯oːn] *f* ⟨-; -en⟩ incrustation, encrustment. — **in·kru·stie·ren** [ɪnkrʊs'tiːrən] *v/t* ⟨*no* ge-, h⟩ incrust, encrust.

In·ku·ba·ti·on [ɪnkuba'tsi̯oːn] *f* ⟨-; -en⟩ **1.** *med.* incubation (period), latent period. – **2.** *zo.* incubation. – **3.** *relig. hist.* incubation.

In·ku·ba·ti'ons₁zeit *f med.* incubation time.

In·ku·ba·tor [ɪnku'baːtɔr] *m* ⟨-s; -en [-ba'toːrən]⟩ (*Brutkasten*) incubator.

In·ku·bus ['ɪnkubʊs] *m* ⟨-; -kuben [-'kuːbən]⟩ *myth.* incubus.

in·ku·lant ['ɪnkulant; -'lant] *adj* (*im Geschäftsverkehr*) unaccommodating, unobliging.

In·ku·na·bel [ɪnku'naːbəl] *f* ⟨-; -n⟩ *print.* (*Früh-, Wiegendruck vor 1500*) incunabulum.

In'kurs₁set·zung *f* ⟨-; *no pl*⟩ (putting into) circulation.

In·laid ['ɪn₁laɪt; 'ɪn₁lɛɪd] (*Engl.*) (*TM*) *m* ⟨-s; -e⟩ *Swiss* inlaid linoleum.

'In₁land *n* ⟨-(e)s; *no pl*⟩ (*Gegensatz von Ausland*) home, homeland: im In- und Ausland at home and abroad; für das ~ bestimmt for home consumption; im ~ hergestellt domestic, homemade, *Br.* home-made; im ~ zum Patent angemeldet patent applied for (at home). — **~₁eis** *n* **1.** *geol.* inland ice, continental ice sheet. – **2.** *geogr.* ice sheet (*od.* cap).

'In₁län·der *m* ⟨-s; -⟩ *auch econ.* native, national, resident.

'In₁land₁funk *m* (*radio*) domestic services *pl*, home broadcasting.

'in₁län·disch *adj* **1.** domestic, home (*attrib*), native. – **2.** (*Erzeugnis*) homemade, *Br.* home-made, domestic, indigenous. – **3.** (*Handel, Bedarf*) home, inland (*beide attrib*). – **4.** (*Verkehr*) internal.

'In₁lands|₁ab₁satz *m econ.* domestic (*od.* home) sales *pl*, sales *pl* in the home market. — **~₁an₁lei·he** *f* domestic (*od.* internal) loan. — **~₁auf₁trag** *m* order from a domestic customer. — **~be₁darf** *m* home (*od.* domestic) demand. — **~be₁lie·fe·rung** *f* supply of the home (*od.* domestic) market. — **~₁dienst** *m* (*postal service*) inland (*bes. Am.* domestic) service. — **~er₁zeug·nis** *n econ.* home-produced article, inland product. — **~er₁zeu·gung** *f* domestic (*od.* home) production. — **~ge₁bühr** *f meist pl* (*postal service*) inland (*bes. Am.* domestic) rate (*od.* charge). — **~ge₁schäft** *n econ.* **1.** (*Einzelfall*) domestic transaction. – **2.** *cf.* Inlandshandel. — **~₁han·del** *m* domestic (*od.* home, internal) trade. — **~₁markt** *m* home (*od.* domestic) market. — **~₁nach₁fra·ge** *f* domestic (*od.* home) demand. — **~pa₁ket** *n* (*postal service*) inland parcel. — **~₁por·to** *n* inland postage rate. — **~₁post** *f* inland (*bes. Am.* domestic) mail. — **~₁post₁an₁wei·sung** *f* inland (*bes. Am.* domestic) money order. — **~₁schuld** *f econ.* internal debt. — **~ta₁rif** *m* inland rate. — **~te·le₁gramm** *n* inland (*bes. Am.* domestic) telegram. — **~ver₁brauch** *m* domestic (*od.* home) consumption. — **~₁wech·sel** *m* inland bill (of exchange). — **i~₁wirk·sam** *adj* internally effective. — **~₁zah·lung** *f meist pl* inland (*od.* internal) payment.

'In₁land·ver₁ei·sung *f geol.* continental glaciation.

'In₁laut *m* ⟨-(e)s; -e⟩ *ling.* medial (sound). — **'in₁lau·tend** *adj* medial.

In·lay ['ɪn₁leː; 'ɪn₁leɪ] (*Engl.*) *n* ⟨-s; -s⟩ (*Zahnfüllung*) inlay.

'In₁lett [-₁lɛt] *n* ⟨-(e)s; -e⟩ (*textile*) (bed) ticking, tick.

'in₁lie·gend I *adj* enclosed, *auch* inclosed: Rückporto ~ return postage enclosed. – **II** *adv* herewith.

in me·di·as res [ɪn 'meːdi̯as 'reːs] into the midst of things, in medias res (*lit.*).

in me·mo·ri·am [ɪn meˈmoːrɪ̆am] ~ (J. F. Kennedy) in memoriam (*od.* in memory of) (J. F. Kennedy).

inˈmit·ten *prep* ⟨*gen*⟩ in the midst (*od.* middle) of, amid(st): ~ **einer solchen Welt** amid such a world; **er befand sich ~ einer riesigen Menschenmenge** he found himself in the midst of a huge crowd.

in na·tu·ra [ɪn naˈtuːra] *colloq.* (*in Wendungen wie*) j-n ~ **vor sich sehen** to see s.o. in the flesh; **etwas ~ bezahlen** to pay s.th. in kind.

ˈin·neˌha·ben [ˈɪnə-] **I** *v/t* ⟨*irr, sep,* -ge-, h⟩ **1.** (*Stellung, Amt*) hold, occupy, fill: **eine Stelle ~** to fill a post; **den Vorsitz ~** to occupy (*od.* be in) the chair. – **2.** (*Haus etc*) occupy, possess. – **3.** *jur.* tenant: **die Pacht eines Hauses ~** to tenant (*od.* hold the tenancy of) a house. – **4.** (*Rekord, Patent etc*) hold. – **II I~** *n* ⟨-s⟩ **5.** *verbal noun.* – **6.** (*eines Amts etc*) tenure, occupancy.

ˈin·neˌhal·ten I *v/i* ⟨*irr, sep,* -ge-, h⟩ (*vorübergehend aufhören*) stop, pause: **sie hielten für einen Augenblick (beim Arbeiten) inne** they stopped (working) for a second; **er hielt mitten im Satz inne** he stopped in the middle of the sentence. – **II** *v/t rare* (*Gesetze, Vorschriften etc*) observe, keep (to).

in·nen [ˈɪnən] *adv* **1.** (on the) inside, within: ~ **an der Tür war ein Kleiderhaken** there was a clothes hook on the inside of (*od.* behind) the door; **der Becher ist ~ vergoldet** the beaker is gilded (on the) inside; **wir wollen das Haus ~ und außen renovieren** we are going to renovate the house inside and out; **nach ~ (zu)** inward(s); **die Tür geht nach ~ auf** the door opens inward(s); **die Füße nach ~ setzen** to turn one's feet inward(s); **nach ~ schielen** *med.* to be cross-eyed, to have strabismus (*scient.*); **nach ~ kehren** *biol.* to intussuscept, to invaginate; **von ~** from inside (*od.* within); **von ~ die Tür schließen** to lock the door from the inside. – **2.** (*im Hause*) within doors, indoors.

ˈIn·nen|ˌab·mes·sung *f meist pl* inside dimension. — **~ˌanˌla·ge** *f aer.* indoor installation. — **~ˌanˌsicht** *f* interior (view). — **~anˌten·ne** *f electr.* indoor (*od.* inside) antenna (*bes. Br.* aerial). — **~ar·chiˌtekt** *m* interior designer (*od.* decorator). — **i~ar·chi·tekˌto·nisch I** *adj* **~e Gestaltung** interior design (*od.* decoration). – **II** *adv* as regards interior design (*od.* decoration). — **~ar·chi·tekˌtur** *f* interior design (*od.* decoration, decorating). — **~aufˌnah·me** *f* **1.** *phot.* a) (*Portrait*) indoor photograph (*od.* shot), b) (*Raum*) interior. – **2.** (*film*) indoor (*od.* studio, interior) shot. — **~ˌaus·ˌgleich** *m aer.* internal balance. — **~ˌaus·ˌstat·tung** *f* **1.** (*einer Wohnung*) interior (*od.* indoor) decoration (*od.* decor). – **2.** (*eines Schiffes*) inboard accommodation. – **3.** (*eines Autos*) interior appointments *pl.* — **~ˌbahn** *f* (*sport*) a) (*in der Leichtathletik u. beim Schwimmen etc*) inner lane, b) (*beim Radfahren u. Eisschnellauf*) inner track. — **~beˌleuch·tung** *f* interior lighting. — **i~ˌbord** *adj* ⟨*pred*⟩ *u. adv mar.* inboard. — **~de·ko·raˌteur** *m* interior (*od.* house) decorator. — **~de·ko·ra·tiˌon** *f* interior decoration. — **~ˌdienst** *m* **1.** indoor (*od.* office) work: **im ~ tätig sein** to work indoors (*od.* in an office). – **2.** *mil. Am.* barracks duty, *Br.* indoor duties *pl.* — **~ˌdruck** *m* ⟨-(e)s; ⸗e⟩ *tech.* internal pressure. — **~ˌdurch·ˌmes·ser** *m* inside diameter. — **~ˌeinˌrich·tung** *f* **1.** (*einer Wohnung*) interior furnishings *pl.* – **2.** (*einer Küche, eines Badezimmers*) interior equipment (*od.* fittings *pl*). – **3.** *cf.* Innenausstattung. — **~elekˌtro·de** *f electr.* internal electrode. — **~ˌflä·che** *f* **1.** inside, inner surface. – **2.** (*der Hand*) palm. – **3.** *math.* interior surface. — **i~ge·ˌle·gen** *adj* ⟨*attrib*⟩ interior. — **~ge·ˌtrie·be** *n tech.* internal gear (transmission). — **~geˌwin·de** *n* **1.** internal (*od.* female) thread. – **2.** nut screw. — **~ˌglied** *n* **1.** *math.* (*einer Proportion*) mean term. – **2.** *tech.* (*einer Kette*) inside link. — **~ˌha·fen** *m mar.* inner harbor (*bes. Br.* harbour). — **~ˌhand** *f* (*eines Handschuhs*) palm. — **~ˌhaut** *f* **1.** *med.* a) internal lining membrane, b) (*bei Knochen*) endosteum, c) (*bei Körperhöhlen*) endothelium, d) (*bei Zellen*) endoplasmic membrane, e) (*bei Gefäßen*) intima. – **2.** *mar.* (*eines U-Boots etc*) inside skin. – **3.** *bot.* endoderm. — **~ˌhof** *m* inner court. — **~ˌka·bi·ne** *f mar.* inside (*od.* inboard) cabin. — **~ˌkan·te** *f* inner edge. — **~ˌkiel** *m* (*eines Ruderboots*) hog piece. — **~ˌklü·ver** *m mar.* inner jib. — **~ˌla·de** *f zo.* (*Kaulade von Insekten*) internal lobe, blade, lacinia (*scient.*). — **~ˌla·ger** *n tech.* inside bearing. — **~ˌle·ben** *n* inner life: **er besitzt ein reiches ~** he has rich intellectual reserves. — **~ˌlei·tung** *f tech.* internal wiring. — **~ˌlen·ker** *m auto.* limousine, *bes. Br.* saloon (car), *Am.* sedan. — **~ˌleuch·te** *f* (*im Auto*) interior (*od.* courtesy) light: ~ **mit Türkontaktschalter** door-operated courtesy light. — **~ˌmaß** *n* internal size, inside dimension (*od.* diameter, width). — **~ˌmau·er** *f bes. tech.* (*eines Hochofens*) inwall. — **~miˌni·ster** *m pol.* Minister of the Interior, *Br.* Secretary of State for the Home Department, Home Secretary (*colloq.*), *Am.* Secretary of the Interior. — **~mi·ni·ste·ri·um** *n* Ministry of the Interior, *Br.* Home Office, *Am.* Department of the Interior. — **~ˌohr** *n med.* inner ear: **das ~ betreffend** entotic, endolabyrinthine. — **~pa·raˌsit** *m* **1.** *biol.* internal parasite. – **2.** *zo.* endoparasite. — **~ˌpfo·sten** *m* (*sport*) (*eines Tores*) the inner side of a goal post. — **~ˌplatz** *m* seat on the inside, inside. — **~po·liˌtik** *f pol.* domestic (*od.* home) policy. — **i~poˌli·tisch I** *adj* relating to domestic affairs. – **II** *adv* ~ **gesehen** from the point of view of domestic (*od.* home) policy. — **~ˌrand** *m* inner edge (*od.* rim, margin). — **~ˌraum** *m* interior.

ˈIn·nenˌräum|maˌschi·ne *f tech.* internal broaching machine. — **~ˌna·del** *f,* **~ˌwerk·ˌzeug** *n* internal broach.

ˈIn·nen|ˌschie·len *n med.* being cross-eyed: **latentes ~** esophoria. — **~schmaˌrot·zer** *m zo. cf.* Innenparasit 2. — **~ˌsei·te** *f* inner surface, interior, within, inside, (*bes. eines Druckbogens*) inside: **auf der ~ (on the) inside.** — **~skeˌlett** *n zo.* internal skeleton, endoskeleton (*scient.*). — **~ˌspan·nung** *f* **1.** *tech.* a) (*mechanisch*) internal tension, b) (*einer Spannvorrichtung*) internal chucking. – **2.** *metall.* internal stress. — **~ˌspie·gel** *m* **1.** *print.* (*Schutzblatt*) end paper. – **2.** *auto.* inside mirror. — **~ˌstadt** *f* (city) center (*bes. Br.* centre), *Am.* downtown: **wir wohnen in der ~** we live downtown (*Br.* in the centre). — **~ˌsteue·rung** *f tech.* (system) inside control. — **~ˌstück** *n* inner piece. — **~ˌsturm** *m* (*sport*) (*beim Fußball etc*) inside forwards *pl.* — **~ˌstür·mer** *m* inside forward: **rechter ~** inside right. — **~ˌta·sche** *f* (*fashion*) inside pocket. — **~ˌta·ster** *m tech.* inside cal(l)iper. — **~ˌteil** *m, n* inside. — **~tem·pe·raˌtur** *f* **1.** internal temperature. – **2.** *meteor.* (*Raumtemperatur*) indoor temperature. — **~ˌti·tel** *m print.* (inner) title page, inner title. — **~ˌtrio** *n* (*sport*) (*beim Fußball etc*) inner trio. — **~ˌtür** *f* inner door. — **~verˌklei·dung** *f auto.* interior trim, inside panel(l)ing (*od.* lining). — **~verˌzah·nung** *f tech.* internal toothing: **Zahnrad mit ~** annular cog wheel. — **~ˌwand** *f* **1.** interior wall. – **2.** *metall.* (*eines Hochofens*) inwall. – **3.** *mil.* (*eines Erdwalls*) scarp. — **~ˌwär·me** *f* interior (*od.* internal) heat. — **~ˌwelt** *f* inner life. — **~ˌwerk** *n* (*im Festungswesen*) retrenchment. — **~ˌwi·derˌstand** *m electr.* (*einer Spannungsquelle*) battery (*od.* internal) resistance. — **~ˌwinˌkel** *m math.* internal (*od.* interior) angle. — **~ˌzo·ne** *f* inner zone.

ˈIn·ner|ˌasi·en [ˈɪnər-] *n* interior of Asia, central Asia. — **i~ˌatoˌmar** *adj phys.* intra-atomic. — **i~beˌtrieb·lich** *adj* (*Angelegenheiten etc*) internal: **~e Altersversorgung** a firm's internal (*od.* own) old-age pension scheme; **~e Kontaktpflege** human relations *pl* (in a firm). — **i~ˌdeutsch** *adj* (*Handel, Verkehr, Gesetz*) German domestic (*attrib*). — **i~ˌdienst·lich** *adj* internal: **~e Angelegenheiten** internal (*od.* office) matters.

in·ne·re [ˈɪnərə] *adj* ⟨*sup* **innerst**; *attrib*⟩ **1.** (*nahe dem Zentrum*) inner: **die ~n Bezirke der Stadt** the inner (*od.* central) parts of the town; **der ~ Hof** the inner court(yard); **die ~n Schichten** the inner (*od.* inside) layers. – **2.** (*nicht außen*) inside: ~ **Bahn** (*sport*) *cf.* Innenbahn; **der ~ Durchmesser** the inside diameter. – **3.** *fig.* (*Aufbau, Gefüge, Gesetz etc*) internal: **zwischen den beiden Größen besteht eine ~ Abhängigkeit** there is an interdependence between the two values; **eine ~ Beziehung** an interrelation; **ein ~r Widerspruch** an inconsistency. – **4.** *fig.* (*Befriedigung, Einsicht, Frieden, Glück, Kampf etc*) inner, inward: **das ~ Auge** the inward (*od.* mind's) eye; **das ~ Leben eines Menschen** the inner life of a person; ~ **Freiheit** inner freedom; **ihm fehlt der ~ Halt** he lacks inner support (*od.* stay, moral backbone); **seiner ~n Stimme folgen** to follow one's inner voice (*od.* one's voice within); **sie spürte in sich eine ~ Leere** she felt an emptiness within her. – **5.** *fig.* (*Ruhe, Ausgeglichenheit etc*) mental: **er hat noch nicht die ~ Reife dafür** he still lacks the mental maturity for that. – **6.** *fig.* (*Beschaffenheit etc*) intrinsic. – **7.** *pol.* internal, domestic, home: ~ **Angelegenheiten** internal affairs; **das ~ Unruhen** internal troubles (*od.* unrest *sg*). – **8.** *med.* (*Blutung, Krankheit, Organ, Verletzung etc*) internal: ~ **Medizin** internal medicine; ~ **Abteilung [Station]** department [ward] for internal medicine (*od.* diseases); **Facharzt für ~ Krankheiten** specialist for internal medicine, internist. – **9.** *psych.* internal: **~r Reiz** internal (*od.* *scient.* proprioceptive) stimulus. – **10.** *mil.* (*Linie*) interior. – **11.** **I~ Mission** *relig.* Home Mission. – **12.** *zo.* internal: ~ **Lage** internality; ~ **Organe** entrails. – **13.** *math.* interior, internal, inner, intrinsic: ~ **Berührung** internal tangency; **~r Punkt** interior (*od.* inferior) point; **~s Verhältnis** inner ratio.

ˈIn·ne·re *n* ⟨Inner(e)n; *no pl*⟩ **1.** (*eines Gebäudes etc*) inside, interior: **im Inner(e)n des Hauses** inside (*od.* within) the house; **er ging ins ~ des Hauses** he went inside the house; **beim Suchen das ~ nach außen kehren** to turn everything inside out (*od.* upside down) in search of s.th. – **2.** (*eines Kontinents, Waldes etc*) interior: **das ~ eines Landes** the interior of a country, the up-country; **tief im Inner(e)n der Erde** deep in the interior (*od. lit.* bowels) of the earth. – **3.** (*Mitte*) middle, midst, center, *bes. Br.* centre. – **4.** *pol.* (*innenpolitische Angelegenheiten*) domestic affairs *pl*: **Minister des ~n** *cf.* Innenminister. – **5.** *fig.* soul, heart, mind, innermost thoughts *pl* (*od.* feelings *pl*): **j-m sein ~s offenbaren** (*od.* **öffnen**), **j-n einen Blick in sein ~s tun lassen** to reveal (*od.* lay bare) one's soul to s.o.; **sie wußte, was in seinem Inner(e)n vorging** she knew what passed (*od.* was going) through his mind; **im Inner(e)n dachte [fühlte] sie ganz anders** at heart (*od.* inwardly) she thought [felt] quite differently.

In·neˈrei·en *pl* **1.** entrails, innards. – **2.** (*von Fischen etc*) guts. – **3.** *gastr.* offal *sg,* pluck *sg.*

ˈin·nerˌhalb I *prep* ⟨*gen, auch dat*⟩ **1.** (*räumlich*) within, inside: ~ **des Hauses [der Stadt, der Grenzen]** within the house [the town, the boundaries]; ~ **seiner vier Wände** within (the four walls of) one's own home (*od.* room). – **2.** (*zeitlich*) within, in, inside of: ~ **weniger Tage** within a few days; ~ **zweier Stunden,** ~ **von zwei Stunden,** *auch* ~ **zwei Stunden** within two hours; ~ **kürzester Zeit** within the shortest possible time, as soon as possible; ~ **Jahresfrist** within a year's time, before the year is over (*od.* out); **die Rechnung muß ~ einer Woche bezahlt sein** the bill must be paid within a week; ~ **der Arbeitszeit** within (*od.* during) working hours. – **3.** *fig.* within: ~ **seines Fachgebietes ist er hervorragend** within his field of learning he is excellent; ~ **des Gesetzes** within the meaning of the law (*od.* act); ~ **j-s Machtbefugnis** within s.o.'s powers; **das liegt nicht mehr ~ meiner Kompetenzen** that is no longer within (*od.* that is outside, beyond) my responsibilities. – **II** *adv* **4.** ~ **von** within, inside of: ~ **von zwei Stunden** within two hours. – **5.** *rare* inside, within.

ˈin·ner·lich I *adj* **1.** *auch med.* internal. – **2.** (*Gefühle, Glück, Freiheit etc*) inward, inner. – **3.** (*Mensch*) introspective. – **II** *adv* **4.** inwardly, inside: **sie hat sich ~ sehr aufgeregt** she was very excited inwardly; ~ **mußte ich lachen** inwardly I had to laugh; ~ **von etwas überzeugt sein** to be convinced of s.th. in one's heart of hearts (*od.* deep down inside). – **5.** internally: **die Arznei ist ~ anzuwenden** the medicine is to be taken internally. — **ˈIn·ner·lich·keit** *f*

⟨-; *no pl*⟩ **1.** (*Nachinnengerichtetsein*) introspection, inwardness, introversion. – **2.** (*Gefühl, Empfindlichkeit*) sensitivity, soulfulness. – **3.** (*Herzlichkeit, Wärme*) cordiality, warmth, deep feeling. – **4.** *philos.* (*in der dt. Mystik*) innerliness.

'in·ner|par,tei·lich *adj* within the party, intraparty (*attrib*), internal. — **~po,li·tisch** *adj u. adv cf.* innenpolitisch.

'in·nerst I *sup of* innere. – **II** *adj* **1.** (*Kreis, Ring etc*) innermost. – **2.** (*Gefühle, Überzeugung etc*) inmost, innermost: **mein ~es Ich** my inmost self; **im ~en Herzen** in one's inmost heart, in one's heart of hearts; **im ~en Winkel seines Herzens** in the innermost recesses of his heart; **j-m seine ~en Gefühle offenbaren** to reveal one's inmost (*od.* most secret, most private, most intimate) feelings to s.o., to lay bare one's soul to s.o.

'in·ner,staat·lich *adj* internal, national, intrastate (*attrib*), intranational, domestic: **~e Probleme eines Volkes** problems concerning the internal affairs of a nation.

'In·ner·ste *n* ⟨-n; *no pl*⟩ **1.** innermost part. – **2.** *fig.* core, heart, quick: **er war bis ins ~ getroffen** he was hurt to the core (*od.* quick); **es rührte ihn bis ins ~** it touched him to the heart; **es widerstrebt mir im ~n** it goes (*od.* is) against my grain.

in·nert ['ɪnərt] *prep* ⟨*gen u. dat*⟩ *Swiss for* innerhalb 2, binnen 1.

In·ner·va·ti·on [ɪnɛrva'tsĭoːn] *f* ⟨-; *no pl*⟩ *med. zo.* innervation. — **in·ner'vie·ren** [-'viːrən] *v/t* ⟨*no* ge-, h⟩ innervate.

'in·ner,wirt·schaft·lich *adj econ.* concerning (*od.* affecting) a country's domestic economy, domestic, internal.

'in·ne|,sein *v/i* ⟨*irr, sep,* -ge-, sein⟩ **einer Sache ~** a) *poet.* to be fully aware (*od.* conscious) of s.th., b) *philos.* to indwell (*od.* be intrinsic) in s.th. — **~,wer·den** *v/i* ⟨*irr, sep,* -ge-, sein⟩ *lit.* (*in Wendungen wie*) **einer Sache ~** to become aware (*od.* conscious) of s.th., to notice (*od.* perceive) s.th.; **eines Fehlers [Irrtums] ~** to become aware of an error [a mistake]. — **~,woh·nen** *v/i* ⟨*sep,* -ge-, h⟩ **einer Sache ~** *lit.* to be inherent in s.th.: **jedem System wohnen gewisse Mängel inne** there are certain deficiencies inherent in every system. — **~,woh·nend I** *pres p.* – **II** *adj* ⟨*attrib*⟩ inherent: **die dem Amt des Präsidenten ~e Macht** the power inherent in the office of president; **dem Menschen ~e Fähigkeiten** abilities inherent in man.

in·nig ['ɪnɪç] **I** *adj* **1.** (*Freundschaft, Verbundenheit etc*) close, intimate. – **2.** (*Wunsch, Dank etc*) heartfelt, sincere. – **3.** (*Blick, Lächeln etc*) tender, affectionate, fond: **~e Grüße, Dein Peter** (*als Briefschluß*) affectionately yours, Peter. – **4.** *chem.* (*Mischung*) intimate. – **II** *adv* **5.** closely, intimately. – **6.** with all one's heart: **j-n ~ lieben** to love s.o. deeply (*od.* with all one's heart); **j-m ~ zugetan sein** to be affectionately devoted to s.o.; **j-m ~st danken** to thank s.o. most sincerely. – **7.** *chem.* intimately. – **8.** *mus.* con anima. — **'In·nig·keit** *f* ⟨-; *no pl*⟩ **1.** (*einer Freundschaft etc*) closeness, intimacy. – **2.** (*eines Dankes etc*) heartiness, sincerity. – **3.** (*eines Blickes etc*) tenderness, affection, fondness.

'in·nig·lich *adj u. adv poet. for* innig 1—3, 5, 6.

In·no·va·ti·on [ɪnova'tsĭoːn] *f* ⟨-; -en⟩ innovation.

In·no·va·ti'ons,sproß *m bot.* shoot, innovation (*scient.*).

in nu·ce [ɪn 'nuːtse] *lit.* in brief, in a nutshell.

In·nung ['ɪnʊŋ] *f* ⟨-; -en⟩ *econ.* g(u)ild, corporation: **er blamiert die ganze ~** *fig. colloq.* he lets the (whole) side down.

'In·nungs|,aus,schuß *m econ.* g(u)ild committee. — **~,fach,schu·le** *f technical* (*od. vocational*) *school maintained by a g(u)ild.* — **~,mei·ster** *m* master of a g(u)ild. — **~,mit,glied** *n* g(u)ild member, g(u)ildsman. — **~,ober,mei·ster** *m* chief master of a g(u)ild. — **~ver,band** *m* association of g(u)ilds. — **~ver,samm·lung** *f* g(u)ild meeting. — **~,we·sen** *n* g(u)ild system.

in·of·fen·siv ['ɪnˀɔfɛnziːf; -'ziːf] *adj* inoffensive, nonaggressive *Br.* non-.

in·of·fi·zi·ell ['ɪnˀɔfitsĭɛl; -'tsĭɛl] *adj* **1.** *Nachricht, Besuch, Meinung etc*) unofficial: **eine ~e Erklärung abgeben** to make an unofficial (*od.* off-the-record) statement; **~e Abstimmung** unofficial (*bes. Am.* straw) vote. – **2.** (*zwanglos*) unofficial, informal: **der ~e Teil einer Veranstaltung** the informal part of a meeting.

in·of·fi·zi·ös ['ɪnˀɔfitsĭøːs; -'tsĭøːs] *adj* **1.** (*Nachricht etc*) not official, unofficial. – **2.** (*ungebührlich*) improper.

In·oku·la·ti·on [ɪnˀokula'tsĭoːn] *f* ⟨-; -en⟩ **1.** *med.* inoculation. – **2.** *hort.* (*Aufpfropfung*) inlay, inoculation. — **in·oku·lie·ren** [ɪnˀoku'liːrən] *v/t u. v/i* ⟨*no* ge-, h⟩ **1.** *med.* inoculate. – **2.** *hort.* (*aufpfropfen*) graft.

in·ope·ra·bel ['ɪnˀoperaːbəl; -'raːbəl] *adj med.* inoperable.

in·op·por·tun ['ɪnˀɔpɔrtuːn; -'tuːn] *adj* **1.** (*ungünstig*) inopportune, untimely. – **2.** (*ungelegen*) inconvenient. – **3.** (*unangebracht*) out of place, inappropriate.

Ino·sit [ino'ziːt; -'zɪt] *m* ⟨-s; -e⟩ *chem.* inositol, *auch* inosite ($C_6H_6(OH)_6$).

in·oxy·die·ren [ɪnˀɔksy'diːrən] *v/t* ⟨*no* ge-, h⟩ *metall.* (*Eisenfläche*) oxidize *Br. auch* -s-.

in per·so·na [ɪn pɛr'zoːna] *adv* in person.

in pet·to [ɪn 'pɛto] *adv* **etwas ~ haben** *colloq.* to have s.th. up one's sleeve: **er hatte eine Überraschung für uns ~** he had a surprise up his sleeve (*od.* in store) for us.

in punc·to [ɪn 'pʊŋkto] *adv* as regards, regarding, concerning, with respect (*od.* regard) to: **~ Geld ist nicht mit ihm zu spaßen** as regards money he is not to be fooled with.

In·qui·lin [ɪnkvi'liːn] *zo.* **I** *m* ⟨-en; -en⟩ *meist pl* **1.** (*Schmarotzer*) inquiline. – **II i~** *adj* inquiline, inquilinous.

In·qui·si·ti·on [ɪnkvizi'tsĭoːn] *f* ⟨-; -en⟩ **1.** *röm.kath. hist.* Inquisition. – **2.** *jur. cf.* Inquisitionsprozeß.

In·qui·si·ti'ons|ge,richt *n röm.kath. hist.* Court of Inquisition, Holy Office. — **~pro,zeß** *m* trial by inquisition. — **~,rich·ter** *m* Inquisitor.

In·qui·si·tor [ɪnkvi'ziːtɔr] *m* ⟨-s; -en [-zi'toːrən]⟩ *röm.kath. hist. jur.* inquisitor. — **in·qui·si·to·risch** [ɪnkvizi'toːrɪʃ] *adj auch fig.* inquisitorial.

ins [ɪns] *prep cf.* in 14.

'In,sas·se *m* ⟨-n; -n⟩ **1.** (*eines Abteils, Autos*) occupant, passenger. – **2.** (*eines Instituts, Heimes, Gefängnisses*) inmate. – **3.** (*Bewohner*) inhabitant, dweller.

'In,sas·sen·ver,si·che·rung *f* passenger insurance (cover).

'In,sas·sin *f* ⟨-; -nen⟩ *cf.* Insasse.

ins·be'son·de·re, ins·be'son·dre *adv* in particular, particularly, especially, above all.

'In,schrift *f* **1.** inscription: **etwas mit einer ~ versehen** to inscribe s.th. – **2.** (*auf Denkmälern, Gebäuden etc*) inscription, epigraph (*lit.*). – **3.** (*auf Grabsteinen*) inscription, epitaph (*lit.*). – **4.** (*auf Münzen, Medaillen etc*) inscription, legend.

'In,schrif·ten|,ken·ner *m* expert on inscriptions; epigraphist, epigrapher (*scient.*). — **~,kun·de** *f* study (*od.* science) of inscriptions, epigraphy (*scient.*).

'in,schrift·lich *adj* inscriptive, epigraphic(al) (*scient.*).

'in,sei·tig *adj* internal, inside.

In·sekt [ɪn'zɛkt] *n* ⟨-(e)s; -en⟩ *zo.* insect, *bes. Am. colloq.* 'bug': **stechendes ~** a) (*Mücken, Flöhe etc*) biting insect, b) (*Bienen, Wespen etc*) stinging insect; **staatenbildende ~en** social insects, hexapoda (*scient.*) (*Klasse Hexapoda*).

In·sek·ta·ri·um [ɪnzɛk'taːrĭʊm] *n* ⟨-s; -rien⟩ insectarium, insectary.

In'sek·ten|be,kämp·fung *f* insect control. — **~be,kämp·fungs,mit·tel** *n* insecticide. — **~,blu·me** *f*, **~,blüt·ler** [-,blyːtlər] *m* ⟨-s; -⟩ entomophilous plant. — **~,for·scher** *m* expert on insects, entomologist. — **~,fraß** *m* insect damage: **Ernteausfälle als Folge von ~** crop failures due to insect damage. — **i~,fres·send** *adj* **1.** *bot.* insectivorous. – **2.** *zo.* insectivorous, entomophagous. — **~,fres·ser** *m* insect eater, insectivore (*scient.*). — **~,gift** *n* **1.** insect poison, poison from an insect. – **2.** (*zur Insektenbekämpfung*) insecticide. — **~,kna·ben,kraut** *n bot.* fly orchid, ophrys (*scient.*) (*Ophrys insectifera*). — **~,kun·de, ~,leh·re** *f zo.* entomology: **praktische** (*od.* **angewandte**) **~** insectology. — **~,pla·ge** *f* plague of insects. — **~,pul·ver** *n* insect powder, *Br.* insect-powder, insecticide (*scient.*). — **~,stich** *m* **1.** (*von Mücken, Flöhen etc*) insect bite. – **2.** (*von Bienen, Wespen etc*) insect sting. — **i~,tö·tend** *adj* insecticidal. — **~ver,til·gungs,mit·tel** *n* insecticide. — **~ver,trei·bungs,mit·tel** *n* insect repellent, insectifuge (*scient.*).

In·sek·ti·vo·ren [ɪnzɛkti'voːrən] *pl bot. zo.* insectivores.

In·sek·ti·zid [ɪnzɛkti'tsiːt] *n* ⟨-s; -e⟩ insecticide, insect exterminator.

In·sek·to·lo·ge [ɪnzɛkto'loːgə] *m* ⟨-n; -n⟩ *rare for* Insektenforscher.

In·sel ['ɪnzəl] *f* ⟨-; -n⟩ **1.** island, (*bei Eigennamen u. kleinen Inseln*) *auch* isle: **die Britischen ~n** the British Isles; **die ~ Borneo** the island of Borneo; **auf einer ~ leben** to live on an island; **die ~n der Seligen** *myth.* the Isles of the Blest; → grün 1. – **2.** *fig. lit.* (*Oase*) island, oasis, haven: **eine ~ der Ruhe und des Friedens** an oasis of rest and peace. – **3. Langerhanssche ~n** *med.* islets (*od.* islands) of Langerhans. – **4.** *cf.* Verkehrsinsel. — **~,bahn,hof** *m station with tracks on both sides.* — **~,berg** *m geol.* inselberg. — **~be,woh·ner** *m* inhabitant of an island, islander. — **~,bo·gen** *m geogr.* island arc.

'In·sel·chen *n* ⟨-s; -⟩ **1.** *dim. of* Insel 1. – **2.** islet.

'In·sel|,grup·pe *f geogr.* group of islands, archipelago (*scient.*). — **~,kel·tisch** ⟨*generally undeclined*⟩, **das ~e** ⟨-n⟩ *ling.* Insular Celtic. — **~,ket·te** *f* chain (*od.* string) of islands. — **~,krebs** *m zo.* giant (*od.* Japanese spider) crab (*Macrocheira kaempfferi*). — **~,meer** *n* sea studded with small islands, archipelago (*scient.*). — **~,pfo·sten** *m* (*im Verkehr*) bollard. — **~,reich I** *n* **1.** insular (*od.* island) country. – **2.** archipelago. – **II i~** *adj* **3.** (*Meer etc*) studded with islands. — **~,staat** *m* insular (*od.* island) nation. — **~,volk** *n* insular nation, islanders *pl.* — **~,welt** *f* archipelago. — **~,zel·len·ade,nom** *n med.* insuloma.

in·sen·si·bel [ɪnzɛn'ziːbəl; 'ɪn-] *adj bes. med.* insensitive. — **In·sen·si·bi·li·tät** [-zibili'tɛːt; 'ɪn-] *f* ⟨-; *no pl*⟩ insensitiveness, insensitivity.

In·se·pa·rables [ɛ̃sepa'rabl] (*Fr.*) *pl zo.* lovebirds, *Br.* love-birds (*Gattg Agapornis*).

In·se·rat [ɪnze'raːt] *n* ⟨-(e)s; -e⟩ **1.** advertisement, ad (*colloq.*), *Br. colloq.* advert: **ein ~ aufgeben** (*od.* **in die Zeitung setzen**) to put (*od.* insert) an advertisement in a paper. – **2.** (*Bekanntmachung*) announcement, notice.

In·se'ra·ten|,an,nah·me *f* advertisement office (*od.* department). — **~bü,ro** *n* advertising agency. — **~,teil** *m* advertisement section (*od.* columns *pl*).

In·se·rent [ɪnze'rɛnt] *m* ⟨-en; -en⟩ advertiser, space buyer. — **in·se'rie·ren** [-'riːrən] **I** *v/t* ⟨*no* ge-, h⟩ advertise. – **II** *v/i* (in einer Zeitung) **~** to put (*od.* insert) an advertisement in a paper.

In·ser·tio [ɪn'zɛrtsĭo] *f* ⟨-; *no pl*⟩ *print.* (*Schriftgrad*) *Br.* emerald, *Am.* minionette.

In·ser·ti·on [ɪnzɛr'tsĭoːn] *f* ⟨-; -en⟩ **1.** (*in einer Zeitung*) insertion, advertisement. – **2.** *med. biol.* (*Ansatz, Befestigung*) insertion.

In·ser·ti'ons·ge,bühr *f* advertising charge.

ins·ge'heim *adv* **1.** (*im Innern*) secretly, in one's heart: **~ hofft sie immer noch** secretly she is still hoping. – **2.** (*heimlich*) in secret, in secrecy, clandestinely.

ins·ge'mein *adv rare* as a whole, in general, generally.

ins·ge'samt *adv* **1.** all told, altogether, in all, on the whole: **wir waren ~ zehn** we were ten all told; **~ war es ein schöner Tag** altogether (*od.* all in all) it was a fine day; **seine Schulden betragen ~ tausend Mark** his debts total a thousand marks. – **2.** as a whole, as a unit, as a body: **~ hat die Mannschaft gut gespielt** as a whole the team played well.

'In,sich·ge,kehrt·heit *f* ⟨-; *no pl*⟩ state of withdrawal: **uns allen fiel ihre ~ auf** we all noticed how withdrawn she was.

'In,sie·gel *n* **1.** *obs. for* Siegelbild. – **2.** *hunt.* (*von Schalen-, Dam- u. Schwarzwild*) *footprints in lumps of clay or snow that have fallen from the animal's feet.*

In·si·gni·en [ɪn'zɪgnĭən] *pl* insignia, insignias.

In·si·nu·ant [ɪnzi'nŭant] *m* ⟨-en; -en⟩ *obs.* insinuator. — **In·si·nua·ti'on** [-nŭa'tsĭoːn] *f* ⟨-; -en⟩ **1.** *obs. for* Einschmeichlung 2, Einflüsterung 2. – **2.** *jur.* a) (*Einhändigung eines Schriftstücks*) insinuation, b) (*Zustellung einer Ladung*) serving. — **in·si·nu'ie·ren** [-nu'iːrən] **I** *v/t* ⟨*no* ge-, h⟩ **1.** insinuate. – **2.** *jur.* (*einhändigen*) hand in. – **II** *v/reflex* sich ~ 3. ingratiate oneself: **sich bei j-m ~** to ingratiate oneself with s.o.

in·si·stie·ren [ınzıs'ti:rən] *v/i* ⟨*no* ge-, h⟩ *rare* (auf *acc*) insist (on), persist (in).

in·skri·bie·ren [ınskri'bi:rən] **I** *v/t* ⟨*no* ge-, h⟩ **1.** j-n ~ to enter s.o. (*od.* s.o.'s name) (on a list). – **II** *v/reflex* **sich** ~ **2.** enter oneself (*od.* one's name) (on a list). – **3.** *Austrian* register (*od.* enrol[l]) (at a university). – **III** *v/i* **4.** *Austrian* register (*od.* enrol[l]) (at a university). – **IV I~** *n* ⟨-s⟩ **5.** *verbal noun.* – **6.** *cf.* Inskription. — **In·skrip·ti'on** [-skrıp'tsĭo:n] *f* ⟨-; -en⟩ **1.** *cf.* Inskribieren. – **2.** *Austrian* registration, enrol(l)ment (at a university). – **3.** (*Aufschrift*) inscription.

'ins,künf·tig *adv obs. u. Swiss for* zukünftig 3, fortan.

Ins'le·ben,tre·ten *n* ⟨-s⟩ coming into life, beginning, rise.

in·so·fern I *adv* **1.** ['ınzo'fɛrn; -'zo:,fɛrn] (*in dieser Hinsicht*) (in) so far, as far as that goes (*od.* is concerned), in this respect: ~ **hast du recht** in this respect (*od.* in so far) you are right; ~ **ist die Sache in Ordnung** as far as that goes things are all right. – **II** *conj* **2.** ['ınzo'fɛrn] ~ ..., als ... in so far as, inasmuch as: **das war** ~ **ungünstig, als es uns allen schadete** that was unfortunate inasmuch as (*od.* in that) it put us all at a disadvantage. – **3.** ['ınzo'fɛrn] (*falls*) if: **er wird dir helfen,** ~ **er dazu in der Lage ist** he will help you if he is able to.

In·so·la·ti·on [ınzola'tsĭo:n] *f* ⟨-; -en⟩ **1.** *meteor.* insolation, solarization. – **2.** *med.* (*Sonnenstich*) sunstroke, heliosis (*scient.*).

in·so·lent ['ınzolɛnt; -'lɛnt] *adj* (*anmaßend, unverschämt*) insolent. — **In·so·lenz** [-lɛnts; -'lɛnts] *f* ⟨-; -en⟩ insolence.

in·sol·vent ['ınzɔlvɛnt; -'vɛnt] *adj econ.* insolvent, bankrupt. — **In·sol·venz** [-vɛnts; -'vɛnts] *f* ⟨-; -en⟩ **1.** insolvency, bankruptcy. – **2.** (*Zahlungseinstellung*) suspension of payments.

In·som·nie [ınzɔm'ni:] *f* ⟨-; *no pl*⟩ *med.* sleeplessness, insomnia (*scient.*).

in'son·der·heit *adv lit.* in particular, particularly, especially.

in·so·weit *adv* ['ınzo'vaıt; -'zo:,vaıt] *u. conj* ['ınzo'vaıt] *cf.* insofern.

in spe [ın 'spe:] *adj* ⟨*nachgestellt*⟩ prospective, future, to be: **ihr Schwiegersohn** ~ her future son-in-law, her son-in-law to be.

In·spek·teur [ınspɛk'tø:r] *m* ⟨-s; -e⟩ **1.** inspector. – **2.** *mil.* a) inspecting officer, inspector, b) Chief of Staff: ~ **des Heeres [der Luftwaffe, Marine]** Army [Air Force, Navy] Chief of Staff.

In·spek·ti·on [ınspɛk'tsĭo:n] *f* ⟨-; -en⟩ **1.** inspection, examination, survey. – **2.** (*Aufsicht*) supervision. – **3.** (*Amt, Behörde*) inspectorate. – **4.** *auto.* service, servicing, inspection: **das Auto zur** ~ **bringen** to take the car in for servicing.

In·spek·ti'ons|be,hör·de *f* inspection authority, inspectorate. — **~be,zirk** *m* district of an inspector, inspectorate. — **~,gang** *m* round of inspection, visiting round. — **~,rei·se** *f* tour of inspection.

In·spek·tor [ın'spɛktɔr] *m* ⟨-s; -en [-'to:rən]⟩ **1.** (*Beamtentitel des mittleren gehobenen Dienstes*) servant of the executive branch, (*in Großbritannien*) *etwa* graded civil servant officer. – **2.** (*der Polizei*) inspector, police officer. – **3.** supervisor, superintendent. – **4.** (*einer Farm etc*) overseer.

In·spek·to·rat [ınspɛkto'ra:t] *n* ⟨-(e)s; -e⟩ *obs.* office of an inspector, inspectorate.

In·spek·to·rin [ınspɛk'to:rın] *f* ⟨-; -nen⟩ **1.** *cf.* Inspektor. – **2.** inspectress, inspectrix.

In·spi·ra·ti·on [ınspira'tsĭo:n] *f* ⟨-; -en⟩ **1.** inspiration: **eine** ~ **haben** to have an inspiration; **seine** ~**en beziehen aus** (*od.* **von**) to draw one's inspiration from. – **2.** *relig.* inspiration, afflatus (*scient.*). – **3.** *med.* inhaling, inspiration (*scient.*).

In·spi·ra·tor [ınspi'ra:tɔr] *m* ⟨-s; -en [-ra'to:rən]⟩ **1.** (*Anreger*) initiator, originator, inspirer. – **2.** *rare* (*Eingeber, Einflüsterer*) insinuating person.

in·spi·rie·ren [ınspi'ri:rən] *v/t* ⟨*no* ge-, h⟩ **j-n zu etwas** ~ to inspire s.o. to do s.th., to stimulate (*od.* incite) s.o. to s.th.: **dieses Ereignis inspirierte ihn zu einem Gedicht** this event inspired him to write a poem, this event was the inspiration for a poem.

In·spi·zi·ent [ınspi'tsĭɛnt] *m* ⟨-en; -en⟩ **1.** (*theater*) stage manager. – **2.** (*Aufsichtführender bei Behörden*) inspector, supervisor. – **3.** ~ **der Kampftruppen** *mil.* Director of the Combat Troops.

in·spi·zie·ren [ınspi'tsi:rən] **I** *v/t* ⟨*no* ge-, h⟩ inspect, examine, survey. – **II I~** *n* ⟨-s⟩ *verbal noun.* — **In·spi'zie·rung** *f* ⟨-; -en⟩ **1.** *cf.* Inspizieren. – **2.** inspection, examination, survey(ing).

in·sta·bil ['ınstabi:l; -'bi:l] *adj* (*unbeständig*) unstable, instable. — **In·sta·bi·li·tät** [-bili'tɛ:t; -'tɛ:t] *f* ⟨-; *no pl*⟩ instability.

In·stal·la·teur [ınstala'tø:r] *m* ⟨-s; -e⟩ **1.** (*für sanitäre Anlagen etc*) fitter, plumber. – **2.** (*für Dampfanlagen*) steam fitter. – **3.** (*für Gasanlagen*) gas fitter. – **4.** (*für Elektroanlagen*) electrical fitter, electrician.

In·stal·la·ti·on [ınstala'tsĭo:n] *f* ⟨-; -en⟩ **1.** *tech.* a) ⟨*only sg*⟩ (*das Installieren*) installation, installing, fitting, b) (*Anlagen*) installation, (*bes. der Wasserleitungen*) plumbing. – **2.** *relig.* (*eines Geistlichen*) installation, installing.

In·stal·la·ti'ons|,schal·ter *m electr.* house wiring switch. — **~,werk,zeug** *n tech.* plumber's (*od.* fitter's) tool.

in·stal·lie·ren [ınsta'li:rən] **I** *v/t* ⟨*no* ge-, h⟩ **1.** *tech.* instal(l), fit, (*anmontieren*) *auch* mount: **eine Heizungsanlage** ~ to instal(l) a heating system; **ein Waschbecken** ~ to mount a handbasin. – **2.** *relig.* (*Geistlichen*) instal(l). – **II** *v/reflex* **sich** ~ **3.** *colloq.* instal(l) oneself: **sich in einer neuen Wohnung** ~ to install oneself in a new flat. – **III I~** *n* ⟨-s⟩ **4.** *verbal noun.* – **5.** installation. — **In·stal'lie·rung** *f* ⟨-; *no pl*⟩ *cf.* Installieren.

in·stand [ın'ʃtant] *adv* (*in Verbindung mit bestimmten Verben*) **1. etwas** ~ **halten** to keep s.th. in good repair (*od.* order), to maintain s.th. in good condition, *bes. tech.* to maintain (*od.* service) s.th. – **2. etwas** ~ **setzen** (*Swiss* **stellen**) a) (*ausbessern*) to repair s.th., to fix s.th. (up), b) (*renovieren*) to renovate s.th., to restore s.th., c) (*überholen*) to recondition s.th., to overhaul s.th.: **das Haus muß** ~ **gesetzt werden** the house needs to be fixed (*od.* repaired); **ein altes Gebäude (wieder)** ~ **setzen** to restore an old building.

In'stand,hal·ten *n* ⟨-s; *no pl*⟩, **In'stand,hal·tung** *f* ⟨-; *no pl*⟩ **1.** maintenance. – **2.** (*Wartung*) upkeep. – **3.** (*Pflege*) care.

In'stand,hal·tungs,ko·sten *pl* maintenance costs.

'in,stän·dig I *adj* ⟨*attrib*⟩ **1.** (*eindringlich*) instant, earnest, urgent: **auf ihr** ~**es Bitten hin ging er** at her earnest request (*od.* entreaty) he went. – **2.** (*flehend*) suppliant, imploring. – **II** *adv* **3. j-n** ~ **um etwas bitten** (*od.* **anflehen**) to request s.th. from s.o. earnestly, to implore (*od.* beseech) s.o. for s.th., to plead with s.o. for s.th. — **'In,stän·dig·keit** *f* ⟨-; *no pl*⟩ insistence, urgency.

In'stand,set·zen *n* ⟨-s; *no pl*⟩, **In'stand,set·zung** *f* ⟨-; *no pl*⟩ **1.** repair, fixing up. – **2.** renovation, restoration. – **3.** overhaul, reconditioning.

In'stand,set·zungs|,ar·beit *f meist pl* repair work, repairs *pl.* — **~,ein·heit** *f mil.* maintenance and repair unit. — **~,ko·sten** *pl* repair costs. — **~,werk,statt** *f tech.* repair shop: **leichte** ~ *mil.* direct support workshop.

In·stanz [ın'stants] *f* ⟨-; -en⟩ **1.** *jur.* a) court (of justice), b) (*Berufungsinstanz*) court of appeal, c) (*Stufe*) instance, stage: **Gerichtsbarkeit erster** ~ original jurisdiction; **Gericht erster** ~ court of first instance; **in erster** ~ in the (court of) first instance; **in letzter** ~ in the last instance, without further appeal; **an eine höhere** ~ **appellieren** to appeal to a higher court; **die höchste** ~ the highest court of justice, the supreme court of appeal. – **2.** (*Behörde*) authority, agency: **bundesstaatliche** ~**en** Federal authorities. – **3.** *fig.* authority: **mein Vater hat in letzter** ~ **zu entscheiden** my father has (the authority) to make the final decision.

in'stan·zen,mä·ßig, in'stanz,mä·ßig *adj* **1.** *jur.* in conformity with the rules of appeal. – **2.** (*dienstordnungsmäßig*) conforming to the rules (and regulations) of service.

In'stan·zen,weg *m* **1.** *jur.* stages *pl* of appeal, successive appeal. – **2.** *cf.* Dienstweg.

in·sta·tio·när ['ınʃtatsĭonɛ:r; -'nɛ:r] *adj aer.* (*Strömung etc*) unsteady.

In·stil·la·ti·on [ınstıla'tsĭo:n] *f* ⟨-; -en⟩ *med.* instillation, instil(l)ment. — **In·stil'la·tor** [-'la:tɔr] *m* ⟨-s; -en [-la'to:rən]⟩ (*Tropfapparat*) instillator. — **in·stil'lie·ren** [-'li:rən] *v/t* ⟨*no* ge-, h⟩ (in *acc* into) instil(l).

In·stinkt [ın'stıŋkt] *m* ⟨-(e)s; -e⟩ **1.** instinct: **aus** ~ from (*od.* by) instinct, instinctively; **das Tier läßt sich von seinem** ~ **leiten** the animal is guided by its instinct; **niedere** ~**e wachrufen** to arouse (*od.* awaken) baser (*od.* lower) instincts. – **2.** *fig.* (*Gefühl*) instinct, flair: **einen guten [feinen]** ~ **für etwas haben** to have a good [fine] instinct for s.th.; **ein feiner** ~ **für** a flair for; **sie hatte den richtigen** ~ **für diese Sache** she had just the right flair for this thing. — **~,handlung** *f* instinctive act(ion).

in·stink·tiv [ınstıŋk'ti:f] **I** *adj* instinctive, by instinct: **eine** ~**e Abneigung gegen etwas [j-n]** an instinctive aversion to s.th. [s.o.]. – **II** *adv* ~ **handeln** to act instinctively (*od.* by instinct).

in·sti·tu·ie·ren [ınstitu'i:rən] *v/t* ⟨*no* ge-, h⟩ **1.** establish, set up. – **2.** *obs. for* unterweisen.

In·sti·tut [ınsti'tu:t] *n* ⟨-s; -e⟩ **1.** (*Forschungsanstalt etc*) institute: **das Psychologische** ~ the Institute of Psychology; **ein wissenschaftliches** ~ a scientific institute. – **2.** *ped.* (boarding) school, *Br.* (boarding)-school.

In·sti·tu·ti·on [ınstitu'tsĭo:n] *f* ⟨-; -en⟩ **1.** (*Behörde, Körperschaft etc*) institution: **die öffentlichen** ~**en** the public institutions. – **2.** *sociol.* institution, long-established custom (*od.* practice). – **3.** *pl jur.* institutes. – **4.** *bes. relig.* (*Amtseinführung*) institution. – **5.** *obs. for* Unterweisung 2.

in·sti·tu·tio·na·li·sie·ren [ınstitutsĭonali'zi:rən] *v/t* ⟨*no* ge-, h⟩ institutionalize. — **In·sti·tu·tio·na·li'sie·rung** *f* ⟨-; -en⟩ institutionalization.

in·sti·tu·tio·nell [ınstitutsĭo'nɛl] *adj jur.* (*Garantie etc*) institutional.

in·stru·ie·ren [ınstru'i:rən] **I** *v/t* ⟨*no* ge-, h⟩ **1.** j-n ~ a) to give s.o. instructions (*od.* directions), b) (*unterrichten*) to instruct (*od.* inform) s.o.: **ich bin schon darüber instruiert (worden)** I have been informed already. – **2.** *jur.* a) (*Geschworene*) instruct, b) (*Prozeß*) prepare, c) (*Verfügung*) issue, d) (*Schriftsatz*) draw up. – **II** *v/reflex* **3. sich über** (*acc*) **etwas** ~ to inquire (*auch* enquire) (*od.* make inquiries [*od.* enquiries]) about s.th.

In·struk·teur [ınstruk'tø:r] *m* ⟨-s; -e⟩ instructor.

In·struk·ti·on [ınstruk'tsĭo:n] *f* ⟨-; -en⟩ **1.** *meist pl* (*Anweisung*) instruction, directive: ~**en erhalten** to receive instructions; **j-m** ~**en erteilen** (*od.* **geben**) to give s.o. instructions, to instruct s.o. – **2.** ⟨*only sg*⟩ (*Unterweisung*) instruction. – **3.** *mil.* instruction, (*für einen bestimmten Auftrag*) briefing.

in·struk·ti'ons|ge,mäß *adv* according to instructions. — **I~,stun·de** *f bes. mil.* instruction period (*od.* class).

in·struk·tiv [ınstruk'ti:f] *adj* (*Vortrag etc*) instructive, informative.

In·struk·tor [ın'struktɔr] *m* ⟨-s; -en [-'to:rən]⟩ *obs. for* Lehrer 3, Erzieher 2.

In·stru·ment [ınstru'mɛnt] *n* ⟨-(e)s; -e⟩ **1.** instrument: ~**e ablesen** to read off instruments; **nach** ~**en fliegen** *aer.* to fly by instruments; **j-n als** ~ **für etwas benutzen** *fig.* to use s.o. as an instrument (*od.* tool) for s.th. – **2.** (*Werkzeug*) tool, implement. – **3.** *mus.* (musical) instrument: **ein** ~ **spielen** to play an instrument. – **4.** *jur.* (*Urkunde*) (legal) instrument, deed. – **5.** *fig.* instrument, weapon, device: **kreditpolitisches** ~ credit-policy instrument.

in·stru·men·tal [ınstrumɛn'ta:l] *adj mus.* instrumental.

In·stru·men·tal ['ınstrumɛnta:l; -'ta:l] *m* ⟨-s; -e⟩ *ling. cf.* Instrumentalis.

In·stru·men'tal·be,glei·tung *f* instrumental accompaniment.

In·stru·men·ta·lis [ınstrumɛn'ta:lıs] *m* ⟨-; -les [-lɛs]⟩ *ling.* instrumental (case).

In·stru·men·ta·lis·mus [ınstrumɛnta'lısmus] *m* ⟨-; *no pl*⟩ *philos.* instrumentalism. — **In·stru·men·ta'list** [-'lıst] *m* ⟨-en; -en⟩ *mus. philos.* instrumentalist. — **in·stru·men·ta'li·stisch** *adj philos.* instrumentalist, instrumental.

In·stru·men'tal|mu,sik *f* instrumental music. — **~,satz** *m* **1.** *ling.* instrumental clause. – **2.** *mus.* instrumental movement.

In·stru·men·tar [ınstrumɛn'ta:r] *n* ⟨-(e)s; -e⟩ *cf.* Instrumentarium 1, 2.

In·stru·men·ta·ri·um [ɪnstrumɛn'taːrĭum] *n* ⟨-s; -rien⟩ **1.** *bes. med.* instrumentarium. – **2.** *mus.* (*einer Epoche etc*) instruments *pl.* – **3.** *fig.* instruments *pl*, means *pl*, (set of) devices *pl*: das ~ der Kreditpolitik the instruments *pl* of credit policy.

In·stru·men·ta·ti·on [ɪnstrumɛnta'tsĭoːn] *f* ⟨-; -en⟩ *mus.* instrumentation, orchestration. — **In·stru·men·ta·ti'ons,leh·re** *f* (theory of) instrumentation (*od.* orchestration).

In·stru'men·ten|,bau *m* ⟨-(e)s; *no pl*⟩ *mus.* instrument making. — **~be,leuch·tung** *f* *auto.* panel light. — **~,brett** *n* **1.** *auto.* instrument board (*od.* panel), dashboard. – **2.** *aer.* instrument panel. — **~,flug** *m aer.* instrument flying (*od.* flight). — **~,ka·sten** *m med.* instrument case. — **~,ko·cher** *m* (instrument) sterilizer. — **~,kun·de** *f mus.* instrumentation. — **~,lan·dung** *f aer.* instrument landing. — **~,leuch·te** *f* instrument light. — **~,ta·fel** *f bes. electr.* meter panel.

in·stru·men·tie·ren [ɪnstrumɛn'tiːrən] **I** *v/t* ⟨*no* ge-, h⟩ **1.** *mus.* instrument, instrumentate, orchestrate, score, arrange. – **2.** *tech.* instrument. – **II I~** *n* ⟨-s⟩ **3.** *verbal noun.* — **In·stru·men'tie·rung** *f* ⟨-; -en⟩ **1.** *cf.* Instrumentieren. – **2.** *mus. cf.* Instrumentation. – **3.** *tech.* instrumentation.

In·sub·or·di·na·ti·on [ɪnzupʔɔrdina'tsĭoːn; 'ɪn-] *f* ⟨-; -en⟩ *bes. mil.* insubordination.

in·suf·fi·zi·ent ['ɪnzufitsĭɛnt; -'tsĭɛnt] **1.** *med.* a) insufficient, b) (*Herzklappe*) incompetent. – **2.** *jur. econ.* insufficient. – **3.** *rare for* unzulänglich 1. — **In·suf·fi·zi·enz** [-tsĭɛnts; -'tsĭɛnts] *f* ⟨-; -en⟩ **1.** *med.* a) insufficiency, b) (*der Herzklappe*) incompetence. – **2.** ⟨*only sg*⟩ *jur. econ.* (*eines Gläubigers*) insufficiency. – **3.** ⟨*only sg*⟩ *rare for* Unzulänglichkeit 1.

In·suf·fla·ti·on [ɪnzufla'tsĭoːn] *f* ⟨-; *no pl*⟩ *med.* (*Einblasen*) insufflation.

In·su·la·ner [ɪnzu'laːnər] *m* ⟨-s; -⟩ islander.

in·su·lar [ɪnzu'laːr] *adj* insular.

In·su·lin [ɪnzu'liːn] *n* ⟨-s; *no pl*⟩ *med. pharm.* insulin. — **~,schock** *m med.* insulin shock. — **~the·ra,pie** *f* insulin therapy.

In·sult [ɪn'zʊlt] *m* ⟨-(e)s; -e⟩ **1.** *jur.* insult, *Br.* offence, *Am.* offense. – **2.** *med.* (*Anfall*) attack, fit, insultus (*scient.*): zerebraler ~ cerebral h(a)emorrhage.

In·sur·gent [ɪnzʊr'gɛnt] *m* ⟨-en; -en⟩ *obs.* insurgent, rebel. — **in·sur'gie·ren** [-'giːrən] *obs.* **I** *v/t* ⟨*no* ge-, h⟩ j-n ~ to incite s.o. to revolt, to rouse (*od.* stir up) s.o. to insurrection. – **II** *v/i* rise (in rebellion), revolt. — **In·sur·rek·ti·on** [ɪnzurɛk'tsĭoːn] *f* ⟨-; -en⟩ *obs.* (up)rising, rebellion, insurrection.

in·sze·nie·ren [ɪnstse'niːrən] **I** *v/t* ⟨*no* ge-, h⟩ **1.** (*theater*) produce, (put *s.th.* on the) stage, *Am. auch* mount: ein Stück neu ~ to put on a new production of a play. – **2.** (*film*) a) produce, b) (*als Regisseur*) direct. – **3.** *fig.* (*Streit, Skandal etc*) stage: einen Aufruhr ~ to stage (*od.* stir up) a rebellion. – **4.** *fig.* (*Treffen etc*) bring about. – **II I~** *n* ⟨-s⟩ **5.** *verbal noun.* – **In·sze'nie·rung** *f* ⟨-; -en⟩ **1.** *cf.* Inszenieren. – **2.** (*theater*) production, staging, stage setting, mise en scène: die ~ des Stückes besorgte X the play was produced by X, the production was by X; die Kunst der ~ stagecraft; „Medea" in der ~ von X "Medea" produced by X.

In·ta·glio [ɪn'taljo] *n* ⟨-s; -glien⟩ (*jewelry*) intaglio. — **~,druck·ver,fah·ren** *n print.* intaglio (printing).

in·takt [ɪn'takt] *adj* **1.** (*Maschine etc*) intact, in (working) order: der Motor ist ~ geblieben the motor remained intact (*od.* was undamaged). – **2.** *fig.* (*Familie, Armee etc*) intact.

In·tar·sia [ɪn'tarzĭa] *f* ⟨-; -sien⟩ *meist pl cf.* Einlegearbeit.

in·te·ger [ɪn'teːgər] *adj* (*Charakter, Persönlichkeit etc*) of integrity: ein integrer Mann a person of integrity.

in·te·gral [ɪnte'graːl] *adj* ⟨*attrib*⟩ integral: die Armee ist ein ~er Bestandteil des Staates the army is an integral part of the state.

In·te'gral *n* ⟨-s; -e⟩ *math.* integral: unbestimmtes [uneigentliches, unendliches] ~ indefinite [improper, infinite] integral; ~ nach x von a bis b integral with respect to x from a to b. — **~,bau,wei·se** *f aer.* integral construction. — **~,glei·chung** *f* integral equation. — **~,ko·si·nus** *m* integral cosine. — **~,kur·ve** *f* integral curve. — **~,rech·nung** *f* integral calculus. — **~,satz** *m* integral theorem. — **~,tank** *m aer.* integral fuel tank. — **~,zei·chen** *n math.* integral sign, sign of integration.

In·te·grand [ɪnte'grant] *m* ⟨-en; -en⟩ *math.* integrand.

In·te·gra·ti·on [ɪntegra'tsĭoːn] *f* ⟨-; -en⟩ integration: die wirtschaftliche ~ Europas the economic integration of Europe; teilweise ~ *math.* integration by parts.

In·te·gra·ti'ons·kon,stan·te *f math.* constant of integration.

In·te·gra·tor [ɪnte'graːtɔr] *m* ⟨-s; -en [-gra'toːrən]⟩ *phys. tech.* integrator.

in·te'grier·bar *adj math.* integrable.

in·te·grie·ren [ɪnte'griːrən] *v/t* ⟨*no* ge-, h⟩ **1.** integrate, incorporate: der Partei gelang es, die Splittergruppen zu ~ the party succeeded in incorporating the splinter groups. – **2.** *math.* integrate. — **in·te'grie·rend** **I** *pres p.* – **II** *adj* integral, integrant: ~er Bestandteil integral part, integrant.

In·te'grier·ge,rät *n phys. tech. cf.* Integrator.

in·te'griert **I** *pp.* – **II** *adj* (*Wirtschaft, Gesellschaft etc*) integrated.

In·te·gri·tät [ɪntegri'tɛːt] *f* ⟨-; *no pl*⟩ integrity: seine persönliche ~ steht außer Zweifel his personal integrity is beyond doubt.

In·te·gu·ment [ɪntegu'mɛnt] *n* ⟨-s; -e⟩ *med. bot.* integument.

In·tel·lekt [ɪntɛ'lɛkt] *m* ⟨-(e)s; *no pl*⟩ intellect, understanding: einen scharfen ~ haben to have a sharp intellect (*od.* a keen mind).

In·tel·lek·tua·lis·mus [ɪntɛlɛktŭa'lɪsmʊs] *m* ⟨-; *no pl*⟩ *philos.* **1.** intellectualism. – **2.** (*starke Betonung des Verstandes*) intellectualism, rationalism. — **In·tel·lek·tua'list** [-'lɪst] *m* ⟨-en; -en⟩ intellectualist. — **in·tel·lek·tua'li·stisch** *adj* intellectualistic.

in·tel·lek·tu·ell [ɪntɛlɛk'tŭɛl] *adj* intellectual, (*von Person*) *auch* highbrow, highbrowed, *Br.* high-browed. — **In·tel·lek·tu'el·le** *m, f* ⟨-n; -n⟩ intellectual, highbrow, egghead (*colloq.*).

in·tel·li·gent [ɪntɛli'gɛnt] *adj* **1.** intelligent. – **2.** (*klug*) clever, bright, sharp. – **3.** (*einsichtsvoll*) understanding, discerning.

In·tel·li·genz [-'gɛnts] *f* ⟨-; -en⟩ **1.** ⟨*only sg*⟩ intelligence: angeborene [schwache, wache] ~ innate [weak, lively] intelligence. – **2.** ⟨*only sg*⟩ cleverness, brightness. – **3.** ⟨*only sg*⟩ understanding, discernment. – **4.** die ~ *collect.* the intelligentsia. – **5.** *pl* minds: dafür brauchen wir geschulte ~en for that purpose we need trained minds. — **~,be·stie** *f colloq.* 'brain' (*sl.*). — **~,blatt** *n hist.* advertiser, intelligencer.

In·tel·li'genz·ler *m* ⟨-s; -⟩ *contempt. for* Intellektuelle.

In·tel·li'genz|,prü·fung *f* intelligence test. — **~quo·ti,ent** *m psych.* intelligence quotient, IQ, I.Q. — **~,test** *m* intelligence test.

in·tel·li·gi·bel [ɪntɛli'giːbəl] *adj philos.* (*Welt etc*) intelligible.

In·ten·dant [ɪntɛn'dant] *m* ⟨-en; -en⟩ **1.** (*eines Theaters, einer Rundfunkanstalt etc*) manager, director. – **2.** *mil. hist.* commissariat-officer, intendant. – **3.** *pol. hist.* (*in Frankreich*) intendant. — **In·ten·dan'tur** [-'tuːr] *f* ⟨-; -en⟩ **1.** *obs. for* Intendanz. – **2.** *mil. hist.* intendancy, *auch* intendency, intendance.

In·ten·danz [ɪntɛn'dants] *f* ⟨-; -en⟩ **1.** (*eines Theaters, Rundfunks etc*) position (*od.* office) of manager (*od.* director), managership, directorship: ihm wurde die ~ angeboten he was offered the managership. – **2.** (*Amtsräume*) office(s *pl*) of a manager (*od.* director).

in·ten·die·ren [ɪntɛn'diːrən] *v/t* ⟨*no* ge-, h⟩ *lit.* intend, plan.

In·ten·si·me·ter [ɪntɛnzi'meːtər] *n nucl.* intensitometer.

In·ten·si·on [ɪntɛn'zĭoːn] *f* ⟨-; -en⟩ *philos.* (*in der Logik*) a) intension, b) (*Freges Sinn*) sense.

In·ten·si·tät [ɪntɛnzi'tɛːt] *f* ⟨-; *no pl*⟩ **1.** (*einer Vorstellung, Farbe etc*) intensity, intensiveness, intenseness. – **2.** *phys. electr.* intensity. **3.** *ling.* a) (*der Betonung*) stress, b) (*des Drucks bei Artikulation*) force, intensity.

In·ten·si'täts|,an,zei·ger *m nucl.* dose rate meter. — **~,gren·ze** *f econ.* intensive margin, limit of (productive) intensity.

in·ten·siv [ɪntɛn'ziːf] **I** *adj* **1.** (*Studien etc*) intensive: ~e Bemühungen intensive (*od.* concentrated) efforts; ~e Anbaumethoden intensive methods of cultivation. – **2.** (*Geruch, Farbe, Wirkung etc*) intense, strong. – **3.** *ling.* (*Verben*) intensive. – **II** *adv* **4.** intensively: ~ arbeiten to work intensively; ~ nachdenken to ponder. – **5.** intensely: ~ an j-n denken to think intensely about s.o.

in·ten·si·vie·ren [ɪntɛnzi'viːrən] **I** *v/t* ⟨*no* ge-, h⟩ (*Bemühungen, Produktion etc*) intensify, increase. – **II I~** *n* ⟨-s⟩ *verbal noun.* — **In·ten·si'vie·rung** *f* ⟨-; *no pl*⟩ **1.** *cf.* Intensivieren. – **2.** intensification, increase. – **3.** *phot. cf.* Verstärkung 10.

In·ten'siv|,pfle·ge *f med.* intensive care. — **~sta·ti,on** *f* (*eines Krankenhauses*) intensive care unit.

In·ten'si·vum [ɪntɛn'ziːvʊm] *n* ⟨-s; -siva [-va]⟩ *ling.* intensive (verb).

In·ten·ti·on [ɪntɛn'tsĭoːn] *f* ⟨-; -en⟩ (*Plan, Absicht*) intention: das entspricht meinen ~en that corresponds with my intentions.

in·ten·tio·nal [ɪntɛntsĭo'naːl] *adj* **1.** *philos.* intentional. – **2.** (*zielgerichtet*) directed, deliberate.

In·ten·tio·na·lis·mus [ɪntɛntsĭona'lɪsmʊs] *m* ⟨-; *no pl*⟩ *philos.* intentionalism.

In·ten·tio·na·li·tät [ɪntɛntsĭonali'tɛːt] *f* ⟨-; *no pl*⟩ *psych.* intentionality.

In·ten·ti'ons|,tre·mor *m*, **~,zit·tern** *n med. psych.* intention tremor, tremor of intention.

In·ter|ak·ti·on [ɪntərʔak'tsĭoːn] *f psych.* interaction. — **i~al·li·iert** ['ɪntərʔaliiːrt; -'iːrt] *adj mil. pol.* (*Entscheidungen, Streitkräfte etc*) interallied, *auch* interally. — **i~ame·ri·ka·nisch** [ɪntərʔameri'kaːnɪʃ; 'ɪn-] *adj* inter-American. — **i~ato·mar** [ɪntərʔato'maːr, 'ɪn-] *adj* interatomic.

in·ter·de·pen·dent [ɪntərdepɛn'dɛnt] *adj* (*Preise etc*) interdependent. — **In·ter·de·pen'denz** [-'dɛnts] *f* ⟨-; *no pl*⟩ interdependence, interdependency.

In·ter·dikt [ɪntər'dɪkt] *n* ⟨-(e)s; -e⟩ *röm. kath.* interdict: j-n [etwas] mit dem ~ belegen to lay s.o. [s.th.] under the interdict.

In·ter·dik·ti·on [ɪntərdɪk'tsĭoːn] *f* ⟨-; -en⟩ *obs. for* Untersagung 2, 3.

in·ter·di·urn [ɪntərdi'ʊrn] *adj meteor.* (*Veränderlichkeit etc*) diurnal.

in·ter·di·zie·ren [ɪntərdi'tsiːrən] *v/t* ⟨*no* ge-, h⟩ *obs.* interdict, prohibit.

in·ter·es·sant [ɪntərɛ'sant] *adj* **1.** interesting: dieses Problem ist für uns sehr ~ this problem is very interesting (*od.* of great interest) to us. – **2.** (*spannend*) engrossing, arresting. – **3.** (*auffallend*) striking, remarkable, conspicuous. – **4.** (*anziehend*) attractive, engaging, *stärker* fascinating: eine ~e Frau an attractive woman; sie hat eine ~e Art she has engaging ways. – **5.** (*wichtig*) important, interesting: er kommt sich ~ vor he fancies himself (*od.* he thinks he is) interesting; sich ~ machen to make oneself look interesting. – **6.** (*zweifelhaft*) dubious: sie hat eine ~e Vergangenheit *iron.* she has a dubious (*od.* an interesting) past. – **7.** *econ.* (*Markt etc*) attractive, profitable, interesting.

In·ter·es·se [ɪntə'rɛsə] *n* ⟨-s; -n⟩ **1.** ⟨*only sg*⟩ interest: mit geringem [wachsendem] ~ with little [growing] interest; sein besonderes ~ gilt der Musik he takes a particular interest in music; ich habe großes ~ an diesem Haus I am very interested in this house; ich frage aus reinem ~ I ask out of pure interest; er hat ein persönliches [lebhaftes] ~ daran he has a personal [lively] interest (*od.* concern) in it; bei j-m ~ für mathematische Probleme wecken to awaken an interest for mathematical problems in s.o.; er steht im Mittelpunkt des öffentlichen ~s he is in the limelight of public interest. – **2.** ⟨*only sg*⟩ (*Nachfrage, Wunsch*) demand, interest: für diesen Artikel besteht (*od.* herrscht) geringes ~ there is little demand for (*od.* interest in) this article. – **3.** *pl* (*Belange, Bestrebungen etc*) interests: geistige [literarische] ~n intellectual [literary] interests; seine sportlichen ~n his interests in sport(s); j-s ~n vertreten [wahrnehmen] to represent [to safeguard *od.* protect] s.o.'s interests; er vertritt die kulturellen ~n der Stadt he is concerned with the cultural affairs of the town. – **4.** im ~ einer Person [Sache] in the interest (*od.* to the advantage) of s.o. [s.th.]: das liegt in Ihrem (eigenen) ~ that is in (*od.* to) your (own) interest; im ~ aller Beteiligten in the interest of all concerned. – **5.** *pl econ. obs. for* Zins[1], Gewinn 1.

in·ter'es·se·los *adj* uninterested, indifferent. — **In·ter'es·se·lo·sig·keit** *f* ⟨-; *no pl*⟩ uninterestedness, indifference.

In·ter'es·sen|ge,biet *n* field (*od.* sphere) of interest, line. — **~ge,mein·schaft** *f* **1.** community of interests, solidarity. – **2.** *econ.* a) combine, pool, b) (*Vereinbarung*) pooling agreement. – **3.** *jur.* privity. — **~,grup·pe** *f* **1.** interest group. – **2.** *econ.* firms *pl* with common interests. – **3.** *pol.* pressure group, *bes. Am.* lobby. — **~,käu·fe** *pl econ.* support buying *sg*, buying by special interests (*od.* by interested parties). — **~kol·li·si,on** *f*, **~kon,flikt** *m* conflict of interests. — **~po·li,tik** *f* pressure-group policy. — **~,sphä·re** *f pol.* (*eines Staates*) sphere of influence.

In·ter·es·sent [ɪntərɛ'sɛnt] *m* ⟨-en; -en⟩ **1.** person (*od.* party) interested (*od.* concerned): Interessenten werden gebeten those interested are requested. – **2.** *bes. econ.* prospective buyer, *bes. Am.* prospect.

In·ter·es'sen·ten,kreis *m* **1.** group of interested people: diese Konzerte finden nur einen kleinen ~ only a small group is interested in these concerts. – **2.** *bes. econ.* prospective buyers *pl.*

In·ter'es·sen|ver,band *m econ. cf.* Interessengruppe 2. — **~ver,tre·tung** *f* **1.** representation of interests. – **2.** (*Verband etc*) body representing interests.

in·ter·es·sie·ren [ɪntərɛ'siːrən] **I** *v/t* ⟨*no* ge-, h⟩ **1.** interest: j-n für ein Buch [an einem Geschäft] ~ to interest s.o. in a book [in a business proposition]; es wird dich ~ zu hören, daß it will interest you to hear (*od.* know) that; wen interessiert das schon? who cares? das interessiert mich nicht die Bohne *colloq.* I couldn't care less. – **II** *v/reflex* **2.** sich für j-n ~ a) to take an interest in s.o., to be interested in s.o., to interest oneself in s.o., b) (*einstellen wollen etc*) to be interested in s.o.: die Firma interessiert sich für qualifizierte Programmierer the firm is interested in qualified programmers. – **3.** sich für etwas ~ a) to take an interest in s.th., to be interested in s.th., to interest oneself in s.th., b) (*erwerben wollen*) to be in the market for s.th.: ich interessiere mich für ein neues Auto I am in the market for a new car.

in·ter·es'siert I *pp.* – **II** *adj* (*Publikum etc*) interested: an guten Arbeitern ~ sein to be interested in good workers. – **III** *adv* interestedly, with interest.

In·ter·fe·renz [ɪntərfe'rɛnts] *f* ⟨-; -en⟩ *phys.* (*optics*) interference. — **~,bild** *n* (*optics*) interference figure. — **~,strei·fen** *m phys.* (*optics*) (interference) fringe.

in·ter·fe·rie·ren [ɪntərfe'riːrən] *v/i* ⟨*no* ge-, h⟩ *phys.* interfere.

In·ter·fe·ro·me·ter [ɪntərfero'meːtər] *n* ⟨-s; -⟩ *phys.* interferometer.

in·ter·frak·tio·nell [ɪntərfraktsĭo'nɛl; 'ɪn-] *adj pol.* occurring (*od.* existing) between parliamentary groups, interparty (*attrib*).

in·ter·ga'lak·tisch *adj astr.* intergalactic.

in·ter·gla·zial [ɪntərgla'tsĭaːl] *geol.* **I** *adj* interglacial. – **II I~** *n* ⟨-s; -e⟩ interglacial period.

In·te·rieur [ɛ̃te'rĭøːr] *n* ⟨-s; -e *od.* -s⟩ **1.** *lit.* interior (decoration). – **2.** (*art*) (*Gemälde*) interior.

In·te·rim ['ɪntərɪm] *n* ⟨-s; -s⟩ interim. — **in·te·ri'mi·stisch** [-ri'mɪstɪʃ] *adj* **1.** interim. – **2.** (*provisorisch*) provisional. – **3.** (*vorläufig*) temporary. – **4.** (*behelfsmäßig*) makeshift.

'In·te·rims|re,gie·rung *f pol.* provisional (*od.* interim, caretaker) government. — **~,schein** *m econ.* a) scrip (certificate), b) (*in der Spedition*) provisional (storage) certificate, interim certificate (receipt).

In·ter·jek·ti·on [ɪntərjɛk'tsĭoːn] *f* ⟨-; -en⟩ *ling.* interjection.

in·ter·ka·lar [ɪntərka'laːr] *adj* (*Schaltjahr etc*) intercalary, intercalated.

in·ter·kan·to·nal [ɪntərkanto'naːl; 'ɪn-] *adj Swiss* intercantonal.

In·ter·ko·lum·nie [ɪntərko'lumnĭə] *f* ⟨-; -n⟩, **In·ter·ko·lum·ni·um** [ɪntərko'lumnĭum] *n* ⟨-s; -nien⟩ *arch.* intercolumniation.

in·ter·kom·mu·nal [ɪntərkɔmu'naːl; 'ɪn-] *adj* (occurring *od.* existing) between local communities, intercommunal.

In·ter·kom·mu·ni·on [ɪntərkɔmu'nĭoːn] *f relig.* intercommunion.

In·ter·kon·fes·sio·na·lis·mus [ɪntərkɔnfɛsĭona'lɪsmus] *m* ⟨-; *no pl*⟩ *relig.* interdenominationalism.

in·ter·kon·fes·sio·nell [ɪntərkɔnfɛsĭo'nɛl; 'ɪn-] *adj* **1.** *relig.* a) (*zwischen Staatskirchen*) interconfessional, b) (*zwischen Freikirchen*) interdenominational. – **2.** *ped.* undenominational.

in·ter·kon·ti·nen·tal [ɪntərkɔntinɛn'taːl; 'ɪn-] *adj* intercontinental. — **I~ra,ke·te** *f* (*space*) intercontinental (ballistic) missile.

in·ter·ko·stal [ɪntərkɔs'taːl] *adj med.* (*zwischen den Rippen*) intercostal.

in·ter·kur·rent [ɪntərku'rɛnt], **in·ter·kur'rie·rend** [-'riːrənt] *adj med.* (*Krankheit*) intercurrent.

in·ter·li·ne·ar [ɪntərline'aːr] *adj ling.* interlinear, interlineary. — **I~,glos·se** *f* interlinear gloss. — **I~über,set·zung**, **I~ver·si,on** *f* interlinear translation (*od.* version).

in·ter·li·ni·ie·ren [ɪntərlini'iːrən] *v/t* ⟨*no* ge-, h⟩ (*Schriftstücke*) interline.

'In·ter,lock|ma,schi·ne ['ɪntər,lɔk-] *f* (*textile*) interlock machine. — **~,wa·re** *f* interlock hosiery (*od.* goods *pl*).

In·ter·lu·di·um [ɪntər'luːdĭum] *n* ⟨-s; -dien⟩ *mus.* interlude.

In·ter·lu·ni·um [ɪntər'luːnĭum] *n* ⟨-s; -nien⟩ *astr.* interlunation.

In·ter·ma·xil'lar,kno·chen [ɪntərmaksɪ'laːr-] *m med.* intermaxillary (bone).

in·ter·me·di·är [ɪntərme'dĭɛːr] *adj med.* (*Stoffwechsel*) intermediary.

in·ter·men·stru·al [ɪntərmɛnstru'aːl] *adj med.* intermenstrual.

In·ter·mez·zo [ɪntər'mɛtso] *n* ⟨-s; -s *od.* -mezzi [-tsi]⟩ **1.** *mus.* intermezzo, interlude. – **2.** *fig.* interlude.

in·ter·mit·tie·rend [ɪntərmɪ'tiːrənt] *adj* **1.** *med.* (*Fieber etc*) intermittent. – **2.** *electr.* (*Strom etc*) intermittent, *bes. Am.* pulsating. – **3.** *geol.* (*Quellen, Flüsse etc*) interrupted. – **4.** *aer.* intermittent: ~es Luftstrahltriebwerk pulse-jet engine.

In·ter·mun·di·en [ɪntər'mundĭən] *pl philos.* intermundia, intermundane space *sg.*

in·tern [ɪn'tɛrn] **I** *adj* **1.** internal: ~e Angelegenheiten internal affairs; ~e Station *med.* ward for internal medicine (*od.* diseases); ~e Preissteigerungen increases in prices on the home market. – **2.** ~er Schüler *ped.* boarding-school pupil, boarder. – **II** *adv* **3.** internally: das regeln wir ~ we shall settle that internally (*od.* among ourselves).

In·ter·nat [ɪntɛr'naːt] *n* ⟨-(e)s; -e⟩ *ped.* boarding school, *Br.* boarding-school.

in·ter·na·tio·nal [ɪntərnatsĭo'naːl; 'ɪn-] *adj* international: Ständiger I~er Gerichtshof Permanent Court of International Justice, the World Court; ~es Urheberrecht (*od.* Verlagsrecht) *jur.* international copyright; I~er Währungsfonds *econ.* International Monetary Fund.

In·ter·na·tio'na·le[1] *f* ⟨-; -n⟩ **1.** *pol.* (*Organisation*) International, *auch* Internationale: die Erste [Zweite, Dritte] ~ the First [Second, Third] International; Kommunistische [Rote] ~ Communist [Red] International, Comintern. – **2.** die ~ (*Kampflied*) the International(e).

In·ter·na·tio'na·le[2] *m, f* ⟨-n; -n⟩ (*sport*) international (player).

in·ter·na·tio·na·li·sie·ren [ɪntərnatsĭonali'ziːrən] *v/t* ⟨*no* ge-, h⟩ internationalize *Br. auch* -s-. — **In·ter·na·tio·na·li'sie·rung** *f* ⟨-; -en⟩ internationalization *Br. auch* -s-.

In·ter·na·tio·na·lis·mus [ɪntərnatsĭona'lɪsmus] *m* ⟨-; -men⟩ **1.** ⟨*only sg*⟩ internationalism. – **2.** *ling.* (*Wort*) universally understood term.

In·ter·na·tio·na·li'tät [ɪntərnatsĭonali'tɛːt] *f* ⟨-; *no pl*⟩ internationality.

In·ter'nats|,schü·ler *m*, **~,schü·le·rin** *f* resident pupil, boarder.

In·ter'ne *m, f* ⟨-n; -n⟩ *cf.* Internatsschüler(in).

in·ter·nie·ren [ɪntɛr'niːrən] *v/t* ⟨*no* ge-, h⟩ **1.** (*Häftling*) intern. – **2.** (*Kranke*) isolate. — **In·ter'nier·te** *m, f* ⟨-n; -n⟩ internee, *Am. auch* intern. — **In·ter'nie·rung** *f* ⟨-; *no pl*⟩ internment, *Am. auch* internation.

In·ter'nie·rungs,la·ger *n* **1.** internment camp. – **2.** (*Durchgangslager*) detention camp.

In·ter·nist [ɪntɛr'nɪst] *m* ⟨-en; -en⟩ *med.* specialist in internal medicine, internist. — **in·ter'ni·stisch** *adj* relating to internal medicine, internal.

In·ter·no·di·um [ɪntər'noːdĭum] *n* ⟨-s; -dien⟩ *bot.* internode, *auch* internodium.

In·ter·nun·ti·us [ɪntər'nuntsĭus] *m* ⟨-; -tien⟩ *pol. röm.kath.* internuncio, internuncius.

in·ter|ozea·nisch [ɪntər?otse'aːnɪʃ] *adj* (*Verbindung etc*) interoceanic. — **~par·la·men·ta·risch** [ɪntərparlamen'taːrɪʃ; 'ɪn-] *adj pol.* (*Ausschuß, Union etc*) interparliamentary.

In·ter·pel·lant [ɪntərpɛ'lant] *m* ⟨-en; -en⟩ *pol.* interpellator, interpellant. — **In·ter·pel·la·ti'on** [-la'tsĭoːn] *f* ⟨-; -en⟩ interpellation. — **In·ter·pel·la·ti'ons,recht** *n* right of interpellation. — **in·ter·pel'lie·ren** [-'liːrən] *v/i* ⟨*no* ge-, h⟩ *pol.* bei j-m ~ to call formally upon s.o. to account for an action taken, to interpellate s.o.

in·ter|pla·ne·tar [ɪntərplane'taːr], **~pla·ne'ta·risch** *adj* (*Materie etc*) interplanetary.

In·ter·pol ['ɪntər,poːl] *f* ⟨-; *no pl*⟩ International Criminal Police Organization.

In·ter·po·la·ti·on [ɪntərpola'tsĭoːn] *f* ⟨-; -en⟩ *bes. math. ling.* interpolation. — **in·ter·po'lie·ren** [-'liːrən] *v/t u. v/i* ⟨*no* ge-, h⟩ interpolate. — **In·ter·po'lie·rung** *f* ⟨-; -en⟩ interpolation.

In·ter·pret [ɪntər'preːt] *m* ⟨-en; -en⟩ **1.** (*bes. einer Theorie etc*) interpreter, exponent. – **2.** *mus.* (*theater*) interpreter. — **In·ter·pre·ta·ti'on** [-preta'tsĭoːn] *f* ⟨-; -en⟩ **1.** (*eines Textes etc*) interpretation: falsche ~ misinterpretation. – **2.** (*einer Theaterrolle, eines Musikstückes etc*) interpretation, rendering. – **3.** *jur.* construction, interpretation: das ist eine Frage der ~ this is a matter of construction; ausdehnende [einschränkende, richterliche] ~ extensive [restrictive, judicial] interpretation. — **in·ter·pre'tie·ren** [-pre'tiːrən] *v/t* ⟨*no* ge-, h⟩ **1.** (*Text etc*) interpret, expound. – **2.** (*Musikstück etc*) interpret. – **3.** *jur.* construe, interpret: etwas richtig ~ to put the right construction on s.th.; falsch ~ to misinterpret.

in·ter·punk·tie·ren [ɪntərpuŋk'tiːrən] *v/t* ⟨*no* ge-, h⟩ *ling.* punctuate.

In·ter·punk·ti'on [-'tsĭoːn] *f* ⟨-; -en⟩ **1.** ⟨*only sg*⟩ (*Zeichensetzung*) punctuation, interpunction: ohne ~ unpunctuated. – **2.** *cf.* Interpunktionszeichen.

In·ter·punk·ti'ons,zei·chen *n* punctuation mark, *bes. Br.* stop: ~ setzen in (*dat*) to punctuate.

In·ter·re·gnum [ɪntər'rɛgnum] *n* ⟨-s; -regnen *u.* -regna [-gna]⟩ (*herrscherlose Zeit*) interregnum: das ~ *hist.* the Great Interregnum (*1254—1273*).

in·ter·ro·ga·tiv [ɪntəroga'tiːf] *ling.* **I** *adj* interrogative. – **II I~** *n* ⟨-s; -e⟩ *cf.* Interrogativpronomen.

In·ter·ro·ga'tiv|ad,verb *n ling.* interrogative adverb. — **~pro,no·men** *n* interrogative pronoun. — **~,satz** *m* interrogative sentence (*od.* clause).

In·ter·ro·ga·ti·vum [ɪntəroga'tiːvum] *n* ⟨-s; -tiva [-va]⟩ *ling. cf.* Interrogativpronomen.

In·ter|sex ['ɪntər,zɛks; -'zɛks] *n* ⟨-es; -e⟩ *biol.* intersex. — **~se·xua·li'tät** [-ksŭali'tɛːt] *f* ⟨-; *no pl*⟩ intersexuality. — **i~se·xu'ell** [-'ksŭɛl] *adj* intersexual.

in·ter·stel·lar [ɪntərstɛ'laːr] *adj astr.* interstellar.

in·ter·sti·ti·ell [ɪntərsti'tsĭɛl] *adj biol.* interstitial.

In·ter·sti·ti·um [ɪntər'stiːtsĭum] *n* ⟨-s; -stitien⟩ *biol.* interstice.

in·ter·ter·ri·to·ri·al [ɪntərtɛrito'rĭaːl] *adj* interterritorial.

In·ter·tri·go [ɪntər'triːgo] *f* ⟨-; -trigines [-ginɛs]⟩ *med.* (*Wundsein*) intertrigo.

in·ter|tro·pisch [ɪntər'troːpɪʃ] *adj meteor.* intertropical. — **~ur'ban** [-ʔur'baːn] *adj obs.* interurban.

In·ter·vall [ɪntər'val] *n* ⟨-s; -e⟩ **1.** interval: in gleichmäßigen ~en at regular intervals. – **2.** *mus.* a) (*Tonabstand*) interval, b) (*Intervallschritt*) step: komplementäres (*od.* umgekehrtes) ~ complementary interval, complement. – **3.** *math. med.* interval. — **~,schach·te·lung** *f math.* nest(ing) of intervals. — **~,trai·ning** *n* (*sport*) interval training.

in·ter·va·lu·ta·risch [ɪntərvalu'taːrɪʃ] *adj econ.* between (*od.* among) different currencies: → Devisenhandel.

In·ter·ve·ni·ent [ɪntərve'nĭɛnt] *m* ⟨-en; -en⟩ *jur.* intervenor, *auch* intervener, intervening party.

in·ter·ve'nie·ren [ɪntərve'niːrən] *v/i* ⟨*no* ge-, h⟩ **1.** intervene, interpose, intermediate, intercede: in einen Streit ~ to intervene in a dispute. – **2.** (*sich einmischen*) interfere, meddle. – 3. (*vermitteln*) mediate, step in. – 4. *jur.* a) intervene, b) (*im Prozeßrecht*) join, c) (*im Wechselrecht*) intercede, accept for another's hono(u)r (*od.* under protest). – 5. *pol.* intervene.

In·ter'vent [-'vɛnt] *m* ⟨-en; -en⟩ *pol.* interventionist.

In·ter·ven·ti'on [-vɛn'tsǐoːn] *f* ⟨-; -en⟩ 1. intervention, interposition, intermediation. – 2. (*Einmischung*) interference, meddling. – 3. (*Vermittlung*) mediation. – 4. *pol.* intervention: **bewaffnete ~ eines Staates** armed intervention by a country. – 5. *jur.* a) intervention, b) (*im Prozeßrecht*) (*Hauptintervention*) interpleading summons *pl*, (*Nebenintervention*) joinder (of parties), c) (*im Wechselrecht*) act of hono(u)r, intervention (up)on protest.

In·ter·ven·tio'nist [-vɛntsǐo'nɪst] *m* ⟨-en; -en⟩ *pol.* interventionist.

In·ter·ven·ti'ons|akˌzept *n econ. jur.* (acceptance) supraprotest, acceptance (up)on (*od.* under) protest. — **~ˌgren·ze** *f econ.* intervention limit. — **~ˌkla·ge** *f jur.* interference proceedings *pl.* — **~ˌkrieg** *m pol.* war of intervention. — **~ˌmaßˌnah·me** *f* intervention measure(s *pl*). — **~po·liˌtik** *f* policy of intervention, interventionist policy. — **~ˌpunkt** *m econ.* intervention point: **oberer [unterer] ~** upper [lower] intervention point. — **~ˌrecht** *n* right of intervention, right to intervene.

In·ter·view ['ɪntərvju; -'vjuː; 'ɪntəvjuː] (*Engl.*) *n* ⟨-s; -s⟩ interview: **j-m ein ~ geben** to give an interview to s.o., to give s.o. an interview. — **in·ter'view·en** [-'vjuːən] *v/t* ⟨no ge-, h⟩ **j-n ~** to interview s.o. — **In·ter'view·er** [-'vjuːər] *m* ⟨-s; -⟩ interviewer.

in·ter·vo·ka·lisch [ɪntərvo'kaːlɪʃ] *adj ling.* intervocalic.

in·ter·ze·die·ren [ɪntərtse'diːrən] *v/i* ⟨no ge-, h⟩ *econ.* intercede: **für j-n ~** to intercede for (*od.* in behalf of, on behalf of) s.o.

in·ter|zel·lu·lar [ɪntərtsɛlu'laːr], **~zel·lu'lär** [-'lɛːr] *adj biol.* intercellular.

In·ter·zes·si·on [ɪntərtsɛ'sǐoːn] *f* ⟨-; -en⟩ *econ.* intercession.

in·ter·zo·nal [ɪntərtso'naːl] *adj pol.* interzonal, interzone (*attrib*).

In·ter'zo·nen|ˌgren·ze [ɪntər'tsoːnən-] *f pol. cf.* Zonengrenze. — **~ˌhan·del** *m econ.* interzonal trade. — **~ˌhan·delsˌabˌkom·men** *n pol. econ.* interzonal agreement (between East and West Germany). — **~ˌpaß** *m* interzonal pass (*od.* travel permit). — **~verˌkehr** *m* 1. interzonal traffic. – 2. *econ.* (*Handelsverkehr*) interzonal transactions *pl.* — **~ˌzug** *m* interzonal train.

In·te'stat|ˌer·be [ɪntɛs'taːt-] *m jur.* heir at law, *Br.* heir-at-law, heir of an intestate. — **~ˌerbˌfol·ge** *f* intestate succession, succession on intestacy.

in·te·sti·nal [ɪntɛsti'naːl] *adj med. zo.* intestinal.

In·thro·ni·sa·ti·on [ɪntroniza'tsǐoːn] *f* ⟨-; -en⟩ (*eines Papstes, Prinzen etc*) enthronement, *auch* enthronization. — **in·thro·ni'sie·ren** [-'ziːrən] *v/t* ⟨no ge-, h⟩ enthrone, throne.

in·tim [ɪn'tiːm] I *adj* ⟨-er; -st⟩ 1. (*vertraut*) intimate, close, familiar; chummy, 'thick' (*colloq.*): **ein ~er Freund** an intimate (*od.* bosom) friend, an intimate; **mit j-m ~ sein** a) to be close friends with s.o., b) (*sexuell*) to be intimate (*od.* on intimate terms) with s.o.; **~e Beziehungen** intimate relations; **die beiden sind ~e Freundinnen** the two of them are close (*od.* bosom) friends; **einen Abend im ~en Kreis verbringen** to spend an evening with close friends. – 2. (*vertraulich*) intimate, confidential: **eine ~e Mitteilung** a confidential message (*od.* piece of information); **sie wird immer gleich ~** she always becomes too intimate (*od.* too personal, overfamiliar) right away. – 3. (*gemütlich*) intimate, cosy, *bes. Am.* cozy: **eine ~e kleine Bar** an intimate little bar; **~e Beleuchtung** intimate (*od.* soft) lighting. – II *adv* 4. intimately: **j-n [etwas] ~ kennen** to know s.o. [s.th.] intimately (*od.* well); **mit j-m ~ befreundet sein** a) to be close friends with s.o., b) (*sexuell*) to be on intimate terms with s.o.

In·ti·ma[1] ['ɪntima] *f* ⟨-; no pl⟩ 1. *med. cf.* Innenhaut 1. – 2. *zo.* intima, endothelium (*scient.*).

'In·ti·ma[2] *f* ⟨-; -mae [-mɛ]⟩ best (*od.* most intimate) girl friend.

In·ti·mi·tät [ɪntimi'tɛːt] *f* ⟨-; -en⟩ 1. ⟨*only sg*⟩ (*einer Freundschaft etc*) intimacy, closeness, familiarity. – 2. ⟨*only sg*⟩ (*eines Gespräches etc*) intimate nature, confidentiality. – 3. ⟨*only sg*⟩ (*eines Raumes etc*) intimacy, cosiness, *bes. Am.* coziness. – 4. *meist pl* (*Vertraulichkeit*) intimacy, familiarity, liberty: **sich ~en j-m gegenüber erlauben** to take liberties (*od.* allow oneself intimacies) with s.o. – 5. *meist pl* (*Äußerung*) intimate disclosure.

In'tim|ˌsphä·re *f* ⟨-; no pl⟩ private life, privacy: **in j-s ~ eindringen** to intrude upon s.o.'s privacy. — **~ˌspray** *m, n* (*cosmetics*) external spray deodorant for feminine hygiene.

in'timst I *sup of* intim. – II *adj* (*Gedanken, Gefühle etc*) innermost, inmost.

In·ti·mus ['ɪntimʊs] *m* ⟨-; -timi [-mi]⟩ best (*od.* most intimate) friend.

In·ti·ne [ɪn'tiːnə] *f* ⟨-; -n⟩ *bot.* intine, *auch* endosporium.

in·to·le·rant ['ɪntolerant; -'rant] *adj* (*gegen* of) intolerant. — **In·to·le·ranz** [-rants; -'rants] *f* ⟨-; -en⟩ (*gegen* of) intolerance.

In·to·na·ti·on [ɪntona'tsǐoːn] *f* ⟨-; -en⟩ 1. *ling.* intonation, speech melody (*od.* tune). – 2. *mus.* intonation. — **in·to'nie·ren** [-'niːrən] *mus.* I *v/t u. v/i* ⟨no ge-, h⟩ 1. intone, intonate. – II **I~** *n* ⟨-s⟩ 2. *verbal noun.* – 3. intonation.

In·tra..., in·tra... *combining form denoting* intra...

In·tra·de [ɪn'traːdə] *f* ⟨-; -n⟩ *mus.* intrada, entrée.

in·tra|kar·di·al [ɪntrakar'dǐaːl] *adj med.* endocardial, intracardiac. — **~mo·le·ku'lar** [-moleku'laːr] *adj phys. chem.* inner (*attrib*), intramolecular (*scient.*).

in·tran·si·gent [ɪntranzi'gɛnt] *pol.* I *adj* intransigent. – II **I~** *m* ⟨-en; -en⟩ intransigent. — **In·tran·si'genz** [-'gɛnts] *f* ⟨-; -en⟩ intransigence, *auch* intransigency.

in·tran·si·tiv ['ɪntranzitiːf; -'tiːf] I *adj* 1. *ling.* (*Verb*) intransitive, neuter. – 2. *math.* intransitive. – II *adv* 3. intransitively. — **In·tran·si·tiv** ['ɪntranzitiːf; -'tiːf] *n* ⟨-s; -e⟩, **In·tran·si'ti·vum** [-'tiːvʊm] *n* ⟨-s; -va [-va]⟩ *ling.* intransitive (*od.* neuter) verb, intransitive.

in·tra|oku·lar [ɪntraʔoku'laːr] *adj med.* (*Druck*) intraocular. — **~ve'nös** [-ve'nøːs] I *adj* intravenous. – II *adv* intravenously: **ein Medikament ~ zuführen** to administer a drug intravenously (*od.* into the veins).

in·tri·gant [ɪntri'gant] *adj* 1. intriguing, scheming, caballing. – 2. (*verschwörerisch*) plotting, conspiring. — **In·tri'gant** *m* ⟨-en; -en⟩, **In·tri'gan·tin** *f* ⟨-; -nen⟩ 1. intriguer, intriguing (*od.* scheming) person, caballer. – 2. (*Drahtzieher*) wire-puller. – 3. (*theater*) villain.

In·tri·ge [ɪn'triːgə] *f* ⟨-; -n⟩ 1. intrigue, scheme, plot: **~n spinnen** to intrigue, to scheme; **j-n in eine ~ verwickeln** to involve s.o. in an intrigue. – 2. (*theater*) plot.

In'tri·gen|ˌspiel *n cf.* Intrige 1. — **~ˌstück** *n* (*theater*) play of intrigue.

in·tri·gie·ren [ɪntri'giːrən] *v/i* ⟨no ge-, h⟩ intrigue, scheme, plot: **gegen j-n ~** to intrigue against s.o.

In·tro·duk·ti·on [ɪntrodʊk'tsǐoːn] *f* ⟨-; -en⟩ *mus.* introduction.

In·tro·itus [ɪn'troːitʊs] *m* ⟨-; -⟩ 1. *relig.* introit, *auch* Introit. – 2. *med.* entrance, introitus (*scient.*): **~ vaginae** vaginal inlet.

In·tro·jek·ti·on [ɪntrojɛk'tsǐoːn] *f* ⟨-; -en⟩ *philos. psych.* introjection.

in·trors [ɪn'trɔrs] *adj bot.* (*Stellung der Staubbeutel*) introrse.

In·tro·spek·ti·on [ɪntrospɛk'tsǐoːn] *f* ⟨-; -en⟩ *philos. psych.* (*Selbstbeobachtung*) introspection. — **in·tro·spek'tiv** [-'tiːf] *adj* introspective.

In·tro·ver·si·on [ɪntrovɛr'zǐoːn] *f* ⟨-; -en⟩ *psych.* introversion. — **in·tro·ver'tiert** [-'tiːrt] *adj* introvert(ed), introversive: **~er Mensch** introvert.

In·tru·si·on [ɪntru'zǐoːn] *f* ⟨-; -en⟩ *geol.* intrusion.

In·tru'siv·geˌstein [ɪntru'ziːf-] *n geol.* intrusive rock.

In·tu·ba·ti·on [ɪntuba'tsǐoːn] *f* ⟨-; -en⟩ *med.* intubation.

In·tui·ti·on [ɪntui'tsǐoːn] *f* ⟨-; -en⟩ *philos.* intuition, intuitiveness. — **In·tui·tio'nis·mus** [-tsǐo'nɪsmʊs] *m* ⟨-; no pl⟩ intuitionism. — **in·tui'tiv** [-'tiːf] I *adj* intuitive: **~es Wesen** *philos.* intuitivism. – II *adv* intuitively, by intuition: **etwas ~ erfassen** to grasp s.th. intuitively, *auch* to intuit s.th.; **etwas ~ wissen** to know s.th. intuitively, *auch* to intuit s.th.

In·tu·mes·zenz [ɪntumɛs'tsɛnts], **In·tur·ges·zenz** [ɪntʊrgɛs'tsɛnts] *f* ⟨-; -en⟩ *med.* swelling, intumescence (*scient.*).

in·tus ['ɪntʊs] *adv colloq. only in* **etwas ~ haben** a) (*begriffen haben*) to have got s.th. (into one's head) (*colloq.*), b) (*verzehrt haben*) to have eaten or drunk s.th., to have s.th. under one's belt (*colloq.*); **er hat einen ~** he is tipsy.

Inu·lin [inu'liːn] *n* ⟨-s; no pl⟩ *chem.* inulin.

In'umˌlaufˌset·zen *n* ⟨-s⟩ *econ.* (*von Geld etc*) a) (putting into) circulation, b) emission.

In·un·da·ti·on [ɪnʔʊnda'tsǐoːn] *f* ⟨-; -en⟩ *geol.* flooding, inundation (*scient.*). — **In·un·da·ti'ons·geˌbiet** *n* area threatened by floods.

In·va·gi·na·ti·on [ɪnvagina'tsǐoːn] *f* ⟨-; -en⟩ 1. *med.* invagination, intussusception. – 2. *biol.* invagination.

in·va·lid [ɪnva'liːt], **in·va'li·de** [-də] *adj* disabled, incapacitated, invalid: **~ werden** to become disabled.

In·va'li·de *m* ⟨-n; -n⟩ 1. disabled person, invalid: **j-n zum ~n machen** to disable s.o. – 2. *mil. Br.* disabled ex-serviceman, *Am.* disabled veteran.

In·va'li·den|ˌheim *n* home for the disabled. — **~ˌmar·ke** *f* disability insurance stamp: **~n kleben** *colloq.* to buy disability insurance stamps. — **~ˌren·te** *f* disability annuity (*od.* pension), *bes. Am.* disability benefit(s *pl*): **~ beziehen** to receive a disability pension. — **~verˌsi·che·rung** *f* disability insurance.

in·va·li·die·ren [ɪnvali'diːrən] *v/t* ⟨no ge-, h⟩ *obs.* invalidate, make (*s.th.*) invalid.

In·va·li·di·tät [ɪnvalidi'tɛːt] *f* ⟨-; no pl⟩ 1. (*Arbeitsunfähigkeit*) disablement, disability: **dauernde ~** permanent disablement. – 2. *med.* invalidism, invalidity.

in·va·ria·bel [ɪnva'rǐaːbəl; 'ɪn-] *adj bes. math.* invariable: **invariable Größe** invariable.

in·va·ri·ant [ɪnva'rǐant; 'ɪn-] *adj math.* invariant. — **In·va·ri'an·te** *f* ⟨-; -n⟩ invariant. — **In·va·ri'an·ten·theoˌrie** *f math.* invariant theory.

In·va·si·on [ɪnva'zǐoːn] *f* ⟨-; -en⟩ *mil. auch fig.* invasion: **eine ~ von Fremden** *fig.* an invasion of tourists.

In·va·si'ons|arˌmee *f mil.* invasion army, invading army. — **~ˌkrieg** *m* war of invasion. — **~ˌmo·dus** *m med.* invasive pattern.

In·vek·ti·ve [ɪnvɛk'tiːvə] *f* ⟨-; -n⟩ (*Schmährede*) invective.

In·ven·tar [ɪnvɛn'taːr] *n* ⟨-s; -e⟩ 1. *econ.* a) (*Bestand*) inventory, stock, b) (*als Verzeichnis*) inventory: **ein ~ aufnehmen** (*od.* **aufstellen**) **von etwas** to make (*od.* take, draw up) an inventory of s.th., to inventory s.th.; **festes ~** fixture; **lebendes ~** *agr.* livestock; **totes ~** dead stock; **Rechtswohltat des ~s** (*im Erbrecht*) benefit of the inventory; **zum ~ gehören** *colloq. humor.* (*von Person*) to be one of the fixtures. – 2. (*Ausstattung*) furniture and equipment. — **~ˌaufˌnah·me** *f econ. cf.* Inventur. — **~ˌbuch** *n* inventory (book).

in·ven·ta·ri·sie·ren [ɪnvɛntari'ziːrən] *v/t* ⟨no ge-, h⟩ *econ.* take (*od.* make, draw up) an inventory of, inventory, take stock.

In·ven'tar|ˌli·ste *f cf.* Inventar 1b. — **~ˌnum·mer** *f* (*bes. in Galerie etc*) inventory number. — **~ˌstück** *n econ.* fixture, inventory item. — **~verˌzeich·nis** *n* inventory.

In·ven·ti·on [ɪnvɛn'tsǐoːn] *f* ⟨-; -en⟩ *bes. mus.* invention.

In·ven·tur [ɪnvɛn'tuːr] *f* ⟨-; -en⟩ *econ.* inventory, stock-taking: **~ machen** to take stock (*od.* make an inventory); **permanente** (*od.* **laufende**) **~** continuous inventory. — **~ˌaufˌnah·me** *f cf.* Inventur. — **~ˌausverˌkauf** *m* inventory sale. — **~ˌko·sten** *pl* inventory costs. — **~verˌkauf** *m cf.* Inventurausverkauf.

in·vers [ɪn'vɛrs] *adj math.* (*Funktion*) inverse.

In'ver·se *f* ⟨-; -n⟩ *math.* inverse.

In·ver·si·on [ɪnvɛr'zǐoːn] *f* ⟨-; -en⟩ inversion.

In·ver·si'onsˌschicht *f meteor. electr.* inversion layer.

In·ver·ta·se [ɪnvɛr'taːzə] *f* ⟨-; no pl⟩ *biol. chem.* invertase, *auch* sucrase.

In·ver·te·bra·ten [ɪnvɛrteˈbraːtən] *pl zo.* (*wirbellose Tiere*) invertebrates.

in·ver·tie·ren [ɪnvɛrˈtiːrən] *v/t* ⟨*no* ge-, h⟩ invert. — **in·ver'tiert I** *pp.* – **II** *adj* invert(ed), inverse. — **In·ver'tie·rung** *f* ⟨-; -en⟩ inversion.

In'vert|,sei·fe [ɪnˈvɛrt-] *f chem.* cationic detergent, *auch* invert soap. — **~,zucker** (*getr.* -k·k-) *m* invert sugar.

in·ve·stie·ren [ɪnvɛsˈtiːrən] **I** *v/t* ⟨*no* ge-, h⟩ **1.** *econ.* (in *acc u. dat*) (*Geld, Güter etc*) invest (in), put (in *od.* into), plough (*bes. Am.* plow) (into): Kapital in einem Unternehmen ~ to put capital into a business; Geld vorteilhaft ~ to make a good investment. – **2.** *fig.* invest: Kraft [Zeit] in (*acc u. dat*) etwas ~ to invest energy [time] in s.th., to devote energy [time] to s.th. – **II I~** *n* ⟨-s⟩ **3.** *verbal noun.* — **In·ve'stie·rung** *f* ⟨-; -en⟩ **1.** *cf.* Investieren. – **2.** investment.

In·ve'stie·rungs·ge,sell·schaft *f econ.* investment company.

In·ve·sti·ti·on [ɪnvɛstiˈtsĭoːn] *f* ⟨-; -en⟩ *econ.* **1.** (*Kapitalanlage*) (capital) investment: öffentliche [private, soziale] ~en public [private, social] investments; laufende ~en running investments; ausländische ~en foreign investments; ~(en) im Ausland investment(s) abroad. – **2.** (*Kapitalaufwand*) capital expenditure: Abschreibung auf (*od.* für) ~en depreciation for capital expenditure.

In·ve·sti·ti'ons|,an,lei·he *f econ.* investment loan. — **~,auf,wen·dung, ~,aus,ga·be** *f meist pl* capital expenditure. — **~,bank** *f* investment bank. — **~fi·nan,zie·rung** *f* financing of investments. — **~,fonds** *m* investment fund. — **~ge,sell·schaft** *f* investment company. — **~,gü·ter** *pl* capital (*od.* investment) goods. — **~kon·junk,tur** *f* boom in capital investment, investment boom. — **~kre,dit** *m* investment loan. — **~,mit·tel** *pl* investment capital *sg.* — **~,rech·nung** *f* capital expenditure account. — **~,sprit·ze** *f* investment boost, shot in the arm (*colloq.*).

In·ve·sti·tur [ɪnvɛstiˈtuːr] *f* ⟨-; -en⟩ *relig. u. hist.* investiture. — **~,streit** *m hist.* investiture struggle.

In·vest·ment [ɪnˈvɛstmənt] (*Engl.*) *n* ⟨-s; *no pl*⟩ *econ.* (*Tätigkeit*) investment. — **~,fonds** *m* unit trust fund, mutual fund. — **~ge,sell·schaft** *f* investment company (*od.* trust). — **~,spa·ren** *n* saving through investment trusts.

In·ve·stor [ɪnˈvɛstɔr] *m* ⟨-s; -en [-ˈtoːrən]⟩ *econ.* investor.

In·vo·ka·ti·on [ɪnvokaˈtsĭoːn] *f* ⟨-; -en⟩ *relig.* invocation.

In·vo·ka·vit [ɪnvoˈkaːvɪt] *m* ⟨*undeclined*⟩ (der Sonntag) ~ *relig.* the first Sunday in Lent.

In·vo·lu·crum [ɪnvoˈluːkrʊm] *n* ⟨-s; -lucra [-kra] *od.* -lucren⟩ *bot.* saucer; involucre, involucrum (*scient.*).

In·vo·lu·ti·on [ɪnvoluˈtsĭoːn] *f* ⟨-; -en⟩ **1.** *math. med.* involution. – **2.** *biol.* regression, involution (*scient.*).

in·vol·vie·ren [ɪnvɔlˈviːrən] *v/t* ⟨*no* ge-, h⟩ involve.

'in,wärts *adv* inward(s).

'in,wen·dig I *adj* inner, inside, inward: der ~e Mensch *Bibl.* the inner man; der ~e Teil the inside part. – **II** *adv* inside: der Apfel ist ~ faul the apple is rotten inside; etwas in- und auswendig kennen *colloq.* to know s.th. thoroughly (*od.* inside out), to know the ins and outs of s.th.

in·wie'fern [ɪnvi-] **I** *adv* in what respect, in what way, how: er hat mir Unrecht getan. ~? he did me wrong. In what respect? ~ wird er dadurch benachteiligt? in what way will he be treated unfairly by this? how does this put him at a disadvantage? – **II** *conj* in what respect (*od.* way), how: ich weiß nicht, ~ er sich beleidigt fühlen sollte I don't know in what respect he should feel hurt.

in·wie'weit [ɪnvi-] **I** *adv* to what extent (*od.* degree): ~ wird er dadurch benachteiligt? to what degree will he be treated unfairly by this? how does this put him at a disadvantage? – **II** *conj* to what extent (*od.* degree): ich weiß nicht, ~ er die Wahrheit gesagt hat I don't know to what extent (*od.* how far) he has told the truth.

'In,woh·ner *m* ⟨-s; -⟩ *Austrian rare for* Mieter 1.

In'zah·lung,nah·me *f* ⟨-; *no pl*⟩ *econ.* (*beim Eintausch*) *Br.* part exchange, *Am.* trade-in: wir bieten Ihnen die ~ Ihres alten Wagens *Br.* we offer to take your old car in part exchange, *Am.* we will accept your old car as a trade-in.

In·zest [ɪnˈtsɛst] *m* ⟨-es; -e⟩ *bes. jur.* (*Blutschande*) incest.

In·zi·denz [ɪntsiˈdɛnts] *f* ⟨-; -en⟩ *obs. for* Einfall 2. — **~,win·kel** *m* (*optics*) angle of incidence.

In·zi·si·on [ɪntsiˈzĭoːn] *f* ⟨-; -en⟩ *med.* incision.

In·zi·siv [ɪntsiˈziːf] *m* ⟨-s; -en⟩ *med. zo. cf.* Inzisivzahn. — **~,zahn** *m* incisor, nipping tooth.

In·zi·sur [ɪntsiˈzuːr] *f* ⟨-; -en⟩ *zo. bot.* incision.

'In,zucht *f* ⟨-; *no pl*⟩ **1.** (*Verwandtenehe*) inmarriage, intermarriage, endogamy (*scient.*): ~ treiben a) to intermarry, b) to commit incest. – **2.** *zo.* incest, inbreeding, in-and-in breeding, breeding in-and-in, endogamy (*scient.*): durch ~ züchten to inbreed; sich durch ~ vermehren to breed in-and-in. – **3.** *bot.* inbreeding, in-and-in breeding, endogamy (*scient.*).

in'zwi·schen *adv* meanwhile, (in the) meantime: wir haben ~ Erkundigungen eingezogen in the meantime we have made inquiries.

Ion [iˈoːn; ˈiːɔn] *n* ⟨-s; -en [iˈoːnən]⟩ *phys.* ion: negatives ~ anion; in ~en zerfallen to ionize.

Io·nen|,aus,tausch [iˈoːnən-] *m phys.* ion exchange. — **~,aus,tau·scher** *m* ion(ic) exchanger. — **~be,schleu·ni·ger** *m* ion accelerator. — **~,bün·del** *n cf.* Ionenstrahl. — **~,dich·te** *f* ion(ic) density. — **~,fal·le** *f telev.* ion trap. — **~kon·zen·tra·ti,on** *f phys.* ionic concentration. — **~,quel·le** *f* ion source. — **~,strahl** *m* ionic beam. — **~,strom** *m* ionic current. — **~,trieb,werk** *n* (*space*) ion-source propulsion unit. — **~,wan·de·rung** *f* **1.** *phys.* ionic migration. – **2.** *chem.* (*in der Elektrolyse*) migration of ions. — **~,zäh·ler** *m* ion counter.

Io·ni·er [iˈoːnĭər] *m* ⟨-s; -⟩ *antiq.* Ionian.

Io·ni·sa·ti·on [ioniza'tsĭoːn] *f* ⟨-; -en⟩ *phys.* ionization.

Io·ni·sa·ti'ons|ener,gie *f phys.* ionization energy. — **~,kam·mer** *f* ionization chamber. — **~,span·nung** *f* ionization potential. — **~,strom** *m* ionic current. — **~,wär·me** *f* heat of ionization.

Io·ni·sa·tor [ioniˈzaːtɔr] *m* ⟨-s; -en [-zaˈtoːrən]⟩ *phys.* ionizer.

io·nisch [iˈoːnɪʃ] *adj* **1.** *arch.* Ionic: ~e Säulenordnung Ionic order. – **2.** *philos.* Ionic, Ionian: ~e Philosophenschule Ionic school. – **3.** *ling.* Ionic: die ~e Sprache, das I~e Ionic; ~er Versfuß Ionic. – **4.** *geogr. antiq.* Ionian. – **5.** *phys.* ionic.

io·ni·sie·ren [ioniˈziːrən] *v/t* ⟨*no* ge-, h⟩ *phys.* ionize. — **Io·ni'sie·rung** *f* ⟨-; -en⟩ ionization.

Io·ni'sie·rungs·ver,mö·gen *n phys.* ionization capacity.

Io·ni·um [iˈoːnĭʊm] *n* ⟨-s; *no pl*⟩ *chem.* (*radioaktiver Grundstoff*) ionium (Io).

Io·no·me·ter [ionoˈmeːtər] *n* ⟨-s; -⟩ *phys.* ionometer.

Io·no·sphä·re [ionoˈsfɛːrə] *f* ⟨-; -n⟩ *phys. meteor.* ionosphere. — **Io·no'sphä·ren·,for·schung** *f* ionospheric research.

Ion·to·pho·re·se [iɔntofoˈreːzə] *f* ⟨-; -n⟩ *med.* iontophoresis, ionotherapy.

Io·ta [iˈoːta] *n* ⟨-s; -s⟩ *cf.* Jota.

Ipe·ka·kua·nha [ipekaˈkŭanja] *f* ⟨-; *no pl*⟩ *bot.* ipecac, ipecacuanha (*Cephaëlis ipecacuanha*).

Ipo·moea [ipoˈmøːa] *f* ⟨-; -moeen⟩ *bot.* ipomoea (*Fam. Convolvulaceae*).

'I-Pro,fil *n tech.* I-beam section.

ip·so fac·to [ˈɪpso ˈfakto] ipso facto.

'I-,Punkt *m* ⟨-(e)s; -e⟩ dot over the i: den ~ setzen to dot one's i's, to dot; etwas bis auf den (letzten) ~ genau erledigen [ausrechnen, ausführen] *fig.* to settle [to figure out, to carry out] s.th. to the last detail.

Ira·ker [iˈraːkər] *m* ⟨-s; -⟩ Iraqi, *auch* Iraki. — **ira·kisch** [iˈraːkɪʃ] **I** *adj* Iraqi, *auch* Iraki. – **II** *ling.* **I~** ⟨*generally undeclined*⟩, **das I~e** ⟨-n⟩ Iraqi, *auch* Iraki, the Iraqi dialect.

Ira·ner [iˈraːnər], **Ira·ni·er** [iˈraːnĭər] *m* ⟨-s; -⟩ Iranian. — **ira·nisch** [iˈraːnɪʃ] **I** *adj* Iranian. – **II** *ling.* **I~** ⟨*generally undeclined*⟩, **das I~e** ⟨-n⟩ Iranian, the Iranian language.

Ira·nist [iraˈnɪst] *m* ⟨-en; -en⟩ student or teacher of the Iranian languages (and civilization), Iranian scholar. — **Ira'ni·stik** [-tɪk] *f* ⟨-; *no pl*⟩ Iranian studies *pl.*

Ir·bis [ˈɪrbɪs] *m* ⟨-ses; -se⟩ *zo.* ounce, snow leopard (*od.* panther) (*Felis uncia*).

ir·den [ˈɪrdən] *adj* earthen, stone (*attrib*), fictile: ~es Geschirr earthenware, crockery; ~er Krug crock, stone jar (*od.* mug).

ir·disch [ˈɪrdɪʃ] **I** *adj* **1.** earthly, worldly; terrestrial, mundane (*lit.*): ~e Güter worldly goods; das ~e Dasein the earthly existence: ~es Wesen earthly (*od.* mortal) being; ~e Dinge a) earthly things, b) (*Angelegenheiten*) mundane affairs; ~e Freuden earthly joys; ~es Leben earthly life, life on earth; ~e Liebe earthly love; ~e Lust worldly pleasure. – **2.** (*sterblich*) mortal: die ~e Hülle *lit.* the mortal (*od.* last) remains *pl.* – **II** *adv* **3.** worldly: ~ gesinnt sein to be worldly(-minded).

'Ir·di·sche[1] *m, f* ⟨-n; -n⟩ *lit.* earthly being, mortal (being): die ~n the mortals.

'Ir·di·sche[2] *n* ⟨-n; *no pl*⟩ earthly (*od.* worldly) things *pl*: alles ~ vergeht all earthly things perish; den Weg alles ~n gehen to go the way of the (*od.* all) flesh, to die.

Ire [ˈiːrə] *m* ⟨-n; -n⟩ Irishman: die ~n the Irish.

Ire·nik [iˈreːnɪk] *f* ⟨-; *no pl*⟩ *relig.* irenics *pl* (*usually construed as sg*). — **ire·nisch** [iˈreːnɪʃ] *adj* irenic, eirenic.

ir·gend [ˈɪrgənt] *adv* **1.** (*verallgemeinernd*) possibly, at all: wenn es ~ geht if at all possible; wann [wo] es ~ geht whenever [wherever] (it is) possible; wenn du ~ kannst if you possibly can; so schnell wie ~ möglich as quickly as possible; das ist ~ so ein Vertreter [ein neues Material] *colloq.* that is some kind (*od.* sort) of salesman [new material]. – **2.** ~ etwas a) something, b) (*in Fragesätzen*) anything: wir müssen ~ etwas tun we have to do something; habt ihr ~ etwas gesehen? did you see anything? kann es dir ~ etwas nutzen? will it be of any use to you? haben Sie noch ~ etwas zu sagen? have you anything else to say? ist ~ etwas los? *colloq.* is anything up? (*colloq.*); stimmt ~ etwas nicht? is anything wrong (*od.* the matter)? was können wir ihm schenken? ~ etwas what can we give him? Anything. – **3.** ~ jemand a) someone, somebody, b) (*in Fragesätzen*) anyone, anybody: da ist ~ jemand, der there is somebody who; ~ jemand muß es gewußt haben someone must have known it; kennst du ~ jemand(en)? do you know anyone? wer soll kommen? ~ jemand who(m) do you want (*od.* who is supposed) to come? (Just) Anyone. — **~'ein** *indef pron* **1.** some: ~ Mensch somebody (or other); ~ anderer somebody else; auf ~e Art und Weise some way or other, somehow, one way or another; zu ~em Zeitpunkt sometime or other; was für ein Buch willst du haben? irgendein Buch (*ein beliebiges*) what book do you want? Any book; sag mir ~en Namen (*einen beliebigen*) just tell me any name; ~ Dummkopf hat behauptet some kind of (jack)ass claims. – **2.** (*in verneinten u. fragenden Sätzen*) any: besteht noch ~e Hoffnung? is there any hope at all? ich will nicht ~en Job I don't want just any job (*od. colloq.* just any old job). — **~'ei·ner** *indef pron cf.* irgend 3. — **~,ein'mal** *adv* sometime (or other): ~ wirst du schon gewinnen you will win sometime or other. — **~'wann** *adv* **1.** sometime (or other): er kommt ~ im Mai he will come sometime in May; ~ wird es sich als richtig erweisen sometime (*od.* some day or other) it will prove (to be) right; komm uns doch ~ einmal besuchen (do) come and see us sometime. – **2.** (*zu jeder beliebigen Zeit*) (at) any time, anytime: er kann ~ kommen he can come (at) any time (he likes). — **~'was** *indef pron colloq. cf.* irgend 2. — **~'wel·che** *indef pron* any: hat sie ~ Absichten? has she any intentions? ohne ~ Fragen without any questions (whatsoever). — **~'wer** *indef pron colloq.* (*irgend jemand*) **1.** someone (*od.* somebody) (or other): ~ ist sicherlich schon da somebody is bound to be there. – **2.** (*in verneinten u. fragenden Sätzen*) anyone, anybody: sucht ihr irgendwen? are you looking for anyone? — **~'wie** *adv* somehow (or other): er wird es schon ~

schaffen he will make it somehow (or other); ~ **stimmt hier etwas nicht** *colloq.* somehow or other something is wrong here; **wer** ~ **kann, sollte helfen** anyone who possibly can should help. — ~**'wo** *adv* **1.** somewhere: **es muß** ~ **in der Nähe sein** it must be somewhere near here; **stell die Schachtel** ~ **ab** put the box down somewhere; **du kannst mich** ~ **absetzen** (*an beliebigem Ort*) you can drop me anywhere. – **2.** (*in verneinten u. fragenden Sätzen*) anywhere: **ist sonst noch** ~ **offen?** is there anything else open? — ~**wo'her** *adv* **1.** from somewhere (or other): **sie kommt** ~ **aus Südamerika** she comes from somewhere (*od.* from some place or other) in South America; **ich hörte Lärm von** ~ I heard noises from somewhere; **er wird das Geld schon** ~ **haben** he must have the money from some source or other. – **2.** (*in verneinten u. fragenden Sätzen*) from anywhere. — ~**wo'hin** *adv* **1.** somewhere (or other), to some place: **ich möchte** ~, **wo die Sonne scheint** I want to go somewhere where the sun is shining. – **2.** (*in verneinten u. fragenden Sätzen*) anywhere, to any place (or other). — ~**wor'an** *adv* ~ **wird sie schon Freude haben** she'll find something to be happy about; **seine Pläne müssen** ~ **gescheitert sein** something must have gone wrong with his plans.

'Ir·gend'wo,sein *n* ⟨-s; *no pl*⟩ *philos.* whereness, ubiety (*lit.*).

Irid·ek·to·mie [iridɛkto'miː] *f* ⟨-; -n [-ən]⟩ *med.* iridectomy.

Iri·di·um [i'riːdĭum] *n* ⟨-s; *no pl*⟩ *chem.* iridium (Ir). — ~**,gold** *n* aurate of iridium.

Iri·do·lo·ge [irido'loːgə] *m* ⟨-n; -n⟩ *med.* iridologist.

Irid·os·mi·um [iri'dɔsmiʊm] *n* ⟨-s; *no pl*⟩ *min.* iridosmine, *auch* iridosmium.

'Irin *f* ⟨-; -nen⟩ Irishwoman: **sie ist** ~ she is Irish.

Iris ['iːrɪs] **I** *f* ⟨-; -⟩ **1.** *med.* iris: **zur** ~ **gehörig** iridic; **Fehlen der** ~ aniridia. – **2.** *bot.* iris (*Gattg Iris*). – **II** *npr f* ⟨-; *no pl*⟩ **3.** *myth.* Iris (*Greek goddess of the rainbow*). — ~**,blen·de** *f phot.* (*optics*) iris diaphragm.

'irisch I *adj* Irish: **I**~**er Freistaat** *hist.* Irish Free State; **das I**~**e Meer** the Irish Sea; ~**e Republik** Irish Republic, Republic of Ireland, Eire. – **II** *ling.* **I**~ ⟨*generally undeclined*⟩, **das I**~**e** ⟨-n⟩ Irish, the Irish language. — ~**-'rö·misch** *adj only in* ~**es Bad** hot-air (*od.* Turkish) bath.

'Iris|,druck *m* ⟨-(e)s; -e⟩ (*textile*) *print.* rainbow printing. — ~**ent,fer·nung** *f med.* iridectomy, corectomy. — ~**,glas** *n* iridescent glass.

Irish-Stew ['aɪrɪʃ 'stjuː] (*Engl.*) *n* ⟨-(s); *no pl*⟩ *gastr.* (*Eintopf aus Weißkraut u. Hammelfleisch*) Irish stew (with cabbage).

iri·sie·ren [iri'ziːrən] **I** *v/i* ⟨*no* ge-, h⟩ **1.** be iridescent, iridesce. – **II I**~ *n* ⟨-s⟩ **2.** *verbal noun.* – **3.** iridescence. — **iri'sie·rend I** *pres p.* – **II** *adj* iridescent.

'Iris|,pla·stik *f med.* coreoplasty. — ~**,wur·zel** *f med. pharm.* orris(root), *Br.* orris(-root).

Iri·tis [i'riːtɪs] *f* ⟨-; *no pl*⟩ *med.* iritis.

'Ir,län·der ['ɪr-] *m* ⟨-s; -⟩ *cf.* Ire. — **'Ir,län·de·rin** *f* ⟨-; -nen⟩ *cf.* Irin. — **'ir,län·disch** *adj* Irish.

'Ir·min,säu·le ['ɪrmɪn-], **Ir·min·sul** ['ɪrmɪnzuːl] *f* ⟨-; *no pl*⟩ *hist. relig.* (*german. Heiligtum*) Irminsul.

Iro·ke·se [iro'keːzə] *m* ⟨-n; -n⟩ (*nordamer. Indianer*) Iroquois: **die** ~**n** the Iroquois. — **iro'ke·sisch** *adj* Iroquois, Iroquoian.

Iro·nie [iro'niː] *f* ⟨-; -n [-ən]⟩ irony: **beißende** ~ biting irony; **die** ~ **des Schicksals** the irony of fate, one of life's ironies; **er sagte es nicht ohne** ~ it was not without irony that he said it; **sokratische** ~ *philos.* Socratic irony; **tragische** ~ (*im Drama*) tragic(al) irony.

Iro·ni·ker [i'roːnikər] *m* ⟨-s; -⟩ ironist, ironical person.

iro·nisch [i'roːnɪʃ] **I** *adj* (*Lächeln, Bemerkung etc*) ironic(al): **er ist sehr** ~ he is a very ironical person. – **II** *adv* ironically: **das war** ~ **gemeint** that was meant ironically (*od.* in an ironic sense).

iro·ni·sie·ren [ironi'ziːrən] *v/t* ⟨*no* ge-, h⟩ **etwas** ~ to treat s.th. with irony (*od.* ironically).

irr [ɪr] *adj u. adv* ⟨-er; -st⟩ *cf.* irre.

Ir·ra·dia·ti·on [ɪradĭa'tsĭoːn] *f* ⟨-; -en⟩ *med. phot.* irradiation.

ir·ra·tio·nal ['ɪratsĭonaːl; -'naːl] *adj* **1.** *auch philos.* irrational. – **2.** *math.* surd, irrational: ~**e Zahlen [Funktionen]** surd (*od.* irrational) numbers [functions]; $\sqrt{3}$ **ist eine** ~**e Zahl** $\sqrt{3}$ is an irrational number (*od.* a surd). — **Ir·ra·tio·na'lis·mus** [-na'lɪsmʊs] *m* ⟨-; *no pl*⟩ *philos.* irrationalism. — **Ir·ra·tio·na·li·tät** [ɪratsĭonali'tɛːt; 'ɪratsĭonalitɛːt] *f* ⟨-; *no pl*⟩ *math. philos.* irrationality.

Ir·ra·tio'nal,zahl *f math.* surd, irrational (number).

ir·ra·tio·nell ['ɪratsĭonɛl; -'nɛl] *adj* irrational.

'ir·re I *adj* ⟨-r; -st⟩ **1.** mad, insane, crazy, demented: **er hatte einen** ~**n Blick** he had a mad (*od.* wild) look in his eyes; **er ist** ~ (**im Kopf**) he is mad (*od.* mentally deranged), he has a deranged mind. – **2.** (*verwirrt, konfus*) confused, muddled, mixed up: ~ **Reden führen** *cf.* irrereden I. – **3.** (*vor Furcht etc*) mad, wild, crazy: **sie war** ~ **vor Angst** she was wild with fear; **sie war ganz** ~ **vor Freude** she was quite mad (*od.* beside herself) with joy; **ich werde noch** ~ **vor Schmerzen** I am nearly going out of my mind with pain, these pains are almost driving me crazy. – **4.** *colloq.* (*nicht normal*) mad, crazy: **mit** ~**m Tempo fahren** to drive at a mad (*od.* at breakneck) speed, to drive like a madman (*od. colloq.* like mad); **wir haben wie** ~ **gearbeitet** we worked like madmen (*od. colloq.* like mad); **als er sie packte, schrie sie wie** ~ when he grabbed her, she screamed like mad (*Br. auch* cried blue murder) (*beide colloq.*); **du bist (wohl)** ~! you must be mad (*od.* out of your mind, *colloq.* off your head)! – **5. an j-m [etwas]** ~ **werden** to lose faith in s.o. [s.th.], to begin to doubt s.o. [s.th.]. – **II** *adv* **6.** ~ **lachen** to laugh insanely; ~ **vor sich hin stieren** to stare wildly in front of one (*od.* into space).

'Ir·re[1] *m* ⟨-n; -n⟩ **1.** *med.* madman, lunatic, insane person. – **2.** *colloq.* madman, lunatic: **er benimmt sich wie ein** ~**r** he behaves like a madman (*od.* as if he were mad); **er fuhr wie ein** ~**r** he drove like mad (*colloq.*); **du armer** ~**r!** you poor fool (*od.* idiot)!

'Ir·re[2] *f* ⟨-n; -n⟩ **1.** *med.* madwoman, lunatic, insane person. – **2. wie eine** ~ *colloq.* as if she were mad, like mad (*colloq.*): **sie schrie wie eine** ~ (*aus Angst etc*) she screamed like mad (*Br. auch* cried blue murder) (*beide colloq.*).

'Ir·re[3] *f* ⟨-; *no pl*⟩ *only in* **j-n in die** ~ **führen** a) to mislead s.o., to put s.o. on the wrong track, b) *fig. cf.* **irreführen**; **in die** ~ **gehen** *auch fig. cf.* **irregehen.**

ir·re·al ['ɪreaːl; -'aːl] *adj* unreal: ~**e Vorstellungen** a) unreal ideas, b) unrealistic ideas.

Ir·rea·lis ['ɪreaːlɪs; -'aːlɪs] *m* ⟨-; -les [-lɛs]⟩ *ling.* 'unreality' form.

Ir·rea·li·tät [ɪreali'tɛːt; 'ɪrealitɛːt] *f* ⟨-; -en⟩ unreality, irreality.

Ir·re·den·ta [ɪre'dɛnta] *f* ⟨-; -ten⟩ *pol.* irredenta, irridenta, irredentist movement. — **Ir·re·den'tis·mus** [-'tɪsmʊs] *m* ⟨-; *no pl*⟩ irredentism. — **Ir·re·den'tist** [-'tɪst] *m* ⟨-en; -en⟩ irredentist. — **ir·re·den·'ti·stisch** *adj* irredentist.

ir·re·du·zi·bel ['ɪredutsiːbəl; -'tsiːbəl] *adj philos. math.* irreducible.

'ir·re,fah·ren *v/i* ⟨*irr, sep,* -ge-, sein⟩ lose one's way.

'ir·re,füh·ren I *v/t* ⟨*sep,* -ge-, h⟩ **1.** mislead: **er versuchte, die Polizei irrezuführen** he tried to mislead the police (*od.* put the police on the wrong track); **die Informationen haben ihn irregeführt** the information has misled him; **laß dich durch ihn nicht** ~! don't let him mislead you, don't let yourself be misled by him. – **2.** (*täuschen*) deceive, *auch* delude: **er wurde durch ihr freundliches Benehmen irregeführt** he was deceived (*od.* taken in) by her friendly behavio(u)r. – **II I**~ *n* ⟨-s⟩ **3.** *verbal noun.* – **4.** *cf.* Irreführung. — **'ir·re,füh·rend I** *pres p.* – **II** *adj* **1.** misleading, fallacious. – **2.** (*täuschend*) deceptive. – **III** *adv* **er hat sich** ~ **ausgedrückt** what he said (*od.* the way he put it) was misleading. — **'Ir·re,füh·rung** *f* ⟨-; *no pl*⟩ **1.** *cf.* Irreführen: **dieser Bericht ist eine bewußte** ~ **der öffentlichen Meinung** this report deliberately misleads public opinion. – **2.** (*Täuschung*) deception. – **3.** ~ **der Behörden** *jur.* misleading the authorities.

'ir·re,ge·hen *v/i* ⟨*irr, sep,* -ge-, sein⟩ **1.** lose one's way, go astray, get lost. – **2.** *fig.* go wrong, be mistaken: **gehe ich irre in der Annahme, daß** am I wrong when I assume that (*od.* in assuming that).

'ir·re·ge,lei·tet I *pp.* – **II** *adj* (*Kind, Jugend etc*) misguided.

ir·re·gu·lär ['ɪregulɛːr; -'lɛːr] *adj* irregular: **auf** ~**e Weise** in an irregular way; ~**e Truppen** *mil.* irregular (*od.* partisan) troops, irregulars. — **Ir·re·gu·lä·re** ['ɪregulɛːrə; -'lɛːrə] *m* ⟨-n; -n⟩ *mil.* irregular, partisan. — **Ir·re·gu·la·ri·tät** [-lari'tɛːt; 'ɪregularitɛːt] *f* ⟨-; -en⟩ irregularity.

'ir·re,lei·ten *v/t* ⟨*sep,* -ge-, h⟩ **1.** *cf.* irreführen. – **2.** (*Jugend, Volk etc*) misguide, lead (*s.o.*) astray.

ir·re·le·vant ['ɪrelevant; -'vant] *adj* irrelevant, inconsequential. — **Ir·re·levanz** ['ɪrelevants; -'vants] *f* ⟨-; -en⟩ irrelevance, irrelevancy.

ir·re·li·gi·ös ['ɪreligĭøːs; -'gĭøːs] *adj* irreligious, without religion: **ein** ~**er Mensch** a person without religion. — **Ir·re·li·gio·si·tät** [-gĭozi'tɛːt; 'ɪreligĭozitɛːt] *f* ⟨-; *no pl*⟩ irreligiousness.

'ir·re,ma·chen *v/t* ⟨*sep,* -ge-, h⟩ **1.** (*verwirren*) confuse: **sein ständiges Gerede hat mich ganz irregemacht** his constant talking completely confused me (*od.* got me completely confused). – **2.** (*aus der Fassung, aus dem Konzept bringen*) disconcert, bewilder, confuse: **durch deine Bemerkung hast du sie ganz irregemacht** your remark completely bewildered (*od.* perplexed) her. – **3.** (*von seinem Vorhaben, Standpunkt etc abbringen*) dissuade, make (*s.o.*) change his mind: **laß dich von denen nicht** ~, **das zu tun** don't let them dissuade you from (*od.* talk you out of) doing it.

ir·ren ['ɪrən] **I** *v/reflex* ⟨h⟩ **1. sich** ~ a) to be wrong, to be mistaken, to be in error, b) (*einen Irrtum begehen*) to make a mistake, (*stärker*) to commit an error: **ich glaube, es stimmt, aber ich kann mich auch** ~ I think it is true but I may be wrong; **da hast du dich aber gründlich** (*od. colloq.* **gewaltig**) **geirrt** you are greatly (*od.* badly, very much) mistaken there; **wenn ich mich nicht irre, kennen wir uns bereits** I believe we have met already if I am not mistaken; **sich in j-s Person** ~ to mistake s.o.'s identity; **hier muß ich mich geirrt haben** I must have made a mistake here; **der Ober hat sich um eine Mark geirrt** the waiter made a mistake of one mark. – **2. sich in j-m** ~ to be wrong (*od.* mistaken) about s.o., to misjudge s.o.: **ich habe mich gründlich in ihr geirrt** I have completely misjudged her, I was completely wrong about her. – **3. sich in** (*dat*) **etwas** ~ a) to be wrong (*od.* mistaken) in s.th., b) (*in der Tür, im Datum etc*) to make a mistake in s.th., to get s.th. wrong: **in diesem Punkt irrst du dich** you are wrong there; **sich in der Hausnummer** ~ to go to the wrong door; **er hat sich in der Zeit geirrt** he got the time wrong, he mistook the time; **wir haben uns wohl in der Richtung geirrt** we seem to have taken the wrong direction. – **II** *v/i* ⟨sein *u.* h⟩ **4.** ⟨sein⟩ wander, roam, rove, stray: **durch den Wald** ~ to roam through the wood; **von Ort zu Ort** ~ to wander from place to place; **ziellos durch die Gegend** ~ to wander aimlessly through the countryside. – **5.** ⟨sein⟩ *fig.* (*von Blick etc*) wander: **ihre Augen irrten unruhig durch den Raum** her eyes wandered restlessly about the room. – **6.** ⟨h⟩ (*im Irrtum sein*) be wrong, be mistaken: **hier** ~ **Sie** you are wrong there; **er irrt in der Annahme, daß** he is mistaken in assuming that; **es irrt der Mensch, solang er strebt** man errs till his striving is over. – **III I**~ *n* ⟨-s⟩ **7.** *verbal noun*: **I**~ **ist menschlich** (*Sprichwort*) to err is human (*proverb*).

'Ir·ren|,an,stalt *f med.* mental home (*od.* hospital, institution), insane (*od.* lunatic) asylum, madhouse (*colloq.*). — ~**,arzt** *m cf.* Psychiater. — ~**,haus** *n* **1.** *cf.* Irrenanstalt. – **2.** *fig. colloq.* bedlam, madhouse (*colloq.*): **hier geht es zu wie in einem** ~ this place is like bedlam (*od.* a madhouse). — ~**,häus·ler** *m colloq.* inmate of an asylum, lunatic, madman, loony (*sl.*). — ~**,wär·ter** *m* keeper (in an asylum), asylum attendant, *Br.* (male) mental hospital nurse.

ir·re·pa·ra·bel ['ɪrepara:bəl; -'ra:bəl] *adj* irreparable.

ir·re·po·ni·bel ['ɪreponi:bəl; -'ni:bəl] *adj med.* (*beim Eingeweidebruch*) irreducible.

'ir·re,re·den I *v/i* ⟨*sep*, -ge-, h⟩ **1.** rave, talk like a mad (*od.* demented) person. – **2.** talk wildly. – **3.** (*im Delirium*) talk in delirium. – **II I~** *n* ⟨-s⟩ **4.** *verbal noun.* – **5.** raving(s *pl*).

'Ir·re,sein *n* ⟨-s⟩ *med.* insanity, lunacy, mental derangement, dementia (*scient.*): manisch-depressives (*od.* zyklisches, periodisches) ~ manic-depressive psychosis (*od.* reaction), circular (*od.* periodic) insanity; religiöses ~ religious mania.

ir·re·so·lut ['ɪrezolu:t; -'lu:t] *adj obs.* irresolute, undecided, hesitating.

ir·re·spi·ra·bel ['ɪrɛspira:bəl; -'ra:bəl] *adj* unbreathable, irrespirable: irrespirable Dämpfe irrespirable vapo(u)rs.

ir·re·ver·si·bel ['ɪrevɛrzi:bəl; -'zi:bəl] *adj chem. math. phys.* irreversible, nonreversible *Br.* non-. — **Ir·re·ver·si·bi·li·tät** [-zibili'tɛ:t; 'ɪrevɛrzibilitɛ:t] *f* ⟨-; *no pl*⟩ irreversibility.

'Ir·re,wer·den *n* ⟨-s⟩ *med.* process of becoming insane.

'Irr|,fahrt *f* wandering, odyssey: die ~en des Odysseus the wanderings (*od.* travels) of Ulysses. — **~,gang** *m meist pl* (*Labyrinth*) labyrinth, tangled paths *pl.* — **~,garten** *m* maze, labyrinth. — **~,glau·be(n)** *m* **1.** misbelief, false opinion. – **2.** *relig.* a) misbelief, heterodoxy, b) (*Ketzerei*) heresy. — **i~,gläu·big** *adj relig.* **1.** misbelieving, heterodox. – **2.** heretic. — **~,gläu·bi·ge** *m, f* ⟨-n; -n⟩ *relig.* **1.** misbeliever, heterodox person. – **2.** heretic.

'ir·rig *adj* (*Meinung, Theorie etc*) false, wrong, mistaken, erroneous, fallacious: diese Deutung ist ~ this interpretation is wrong; es ist ~ anzunehmen, daß it is a mistake to believe that.

Ir·ri·ga·ti·on [ɪriga'tsĭo:n] *f* ⟨-; -en⟩ *med.* lavage, irrigation (*scient.*).

Ir·ri·ga·tor [ɪri'ga:tər] *m* ⟨-s; -en [-ga'to:rən]⟩ *med.* **1.** irrigator, fountain syringe. – **2.** (gyn[a]ecological) douche.

'ir·ri·ger'wei·se *adv* wrongly, mistakenly, erroneously, by mistake.

ir·ri·ta·bel [ɪri'ta:bəl] *adj* irritable. — **Ir·ri·ta·bi·li'tät** [-tabili'tɛ:t] *f* ⟨-; *no pl*⟩ irritability.

Ir·ri·ta·ti·on [ɪrita'tsĭo:n] *f* ⟨-; -en⟩ irritation.

ir·ri·tie·ren [ɪri'ti:rən] *v/t* ⟨*no* ge-, h⟩ **1.** (*ärgern*) irritate, annoy, vex: seine Unverschämtheit irritierte mich his impudence irritated me. – **2.** (*verwirren, unsicher machen*) confuse, muddle (*s.o.*) up: laß dich durch die anderen nicht ~ don't let the others confuse you. — **ir·ri'tie·rend I** *pres p.* – **II** *adj* (*Lächeln, Bemerkung etc*) irritating. — **ir·ri'tiert I** *pp.* – **II** *adj* irritated, annoyed: ~ sah er sie an irritated, he looked at her.

'Irr|,läu·fer *m* (*fehlgeleitete Post etc*) misdirected mail (*od.* letter, parcel, document). — **~,leh·re** *f bes. relig.* false doctrine, heresy. — **~,licht** *n* ⟨-(e)s; -er⟩ *auch fig.* will-o'-the-wisp, jack-o'-lantern, ignis fatuus, fen fire, *Br.* fen-fire.

irr·lich·te·lie·ren [ɪrlɪçtə'li:rən] *v/i* ⟨*insep*, ge-, sein⟩ *poet. for* irrlichtern.

'irr,lich·tern *v/i* ⟨*insep*, ge-, sein⟩ flit (*od.* skip) about like a will-o'-the-wisp.

'Irr·sal *n* ⟨-(e)s; -e⟩ *poet.* (*des Lebens*) vagary, erring, labyrinth, maze.

'Irr,sein *n* ⟨-s⟩ *cf.* Irresein.

'Irr,sinn *m* ⟨-(e)s; *no pl*⟩ insanity, madness, lunacy: in ~ verfallen to become insane (*od.* mentally deranged), to go crazy; das ist doch ~! *fig. colloq.* that's sheer madness (*Am. colloq.* just plumb crazy). — **'irr,sin·nig I** *adj* **1.** insane, mad, lunatic (*attrib*): ~ sein [werden] to be [to become] insane (*od.* mentally deranged), to be [to go] crazy; da kann man ja ~ werden! *fig. colloq.* it's enough to drive one mad! – **2.** *fig. colloq.* great; terrific, tremendous (*beide colloq.*): eine ~e Hitze a terrific (*od.* terrible) heat; er fuhr mit ~em Tempo um die Ecken he drove (a)round the corners at a terrific (*od.* crazy, mad, an insane) speed. – **II** *adv* **3.** *fig. colloq.* terrifically, tremendously: es ist ~ teuer it is terrifically (*od.* fantastically) expensive; es war ~ heiß it was terrifically (*od.* terribly) hot; ~ aufgeregt sein to be tremendously (*od.* madly) excited.

'Irr,sin·ni·ge[1] *m* ⟨-n; -n⟩ *cf.* Irre[1].

'Irr,sin·ni·ge[2] *f* ⟨-n; -n⟩ *cf.* Irre[2].

'Irr·tum *m* ⟨-s; =er⟩ **1.** mistake, error: ein lächerlicher [verzeihlicher, verhängnisvoller] ~ a ridiculous [pardonable, fatal] mistake; einen ~ begehen to make a mistake, to commit an error; einen ~ richtigstellen to rectify a mistake, to correct an error; seinen ~ einsehen [zugeben] to see (*od.* realize) [to admit] one's mistake; mir ist ein ~ unterlaufen! I (have) made a mistake; das war ein ~ von mir (*od.* meinerseits) that was my mistake (*od.* a mistake on my part); da ist jeder ~ ausgeschlossen there can be no (question of a) mistake, a mistake is impossible (*od.* out of the question); im ~ sein, sich im ~ befinden to be mistaken (*od.* wrong, in error); da sind Sie schwer (*od.* gewaltig) im ~! *colloq.* that's where you're very much (*od.* badly) mistaken! hier liegt ein ~ vor there is some mistake (*od.* misunderstanding) here; Irrtümer (und Auslassungen) vorbehalten *econ.* errors (and omissions) excepted; um einem ~ vorzubeugen to prevent any mistake (*od.* misunderstanding). – **2.** *jur.* mistrial, miscarriage of justice. — **'irr·tüm·lich** [-ty:mlɪç] **I** *adj* erroneous, wrong, incorrect. – **II** *adv* erroneously, by mistake: das Buch wurde ~ verkauft the book was sold by mistake (*od.* in error); ich war ~ der Meinung, daß I was wrongly of the opinion that. — **'irr·tüm·li·cher'wei·se** *adv cf.* irrtümlich II.

'Ir·rung *f* ⟨-; -en⟩ **1.** *obs. for* Irrtum 1. – **2.** *lit.* aberration.

'Irr,weg *m auch fig.* wrong way (*od.* track): auf ~e geraten to get on the wrong track, to go astray; j-n auf einen ~ führen to put s.o. on the wrong track, to lead s.o. astray.

'Irr,wer·den *n* ⟨-s⟩ *cf.* Irrewerden.

'Irr,wisch *m* ⟨-(e)s; -e⟩ **1.** *cf.* Irrlicht. – **2.** *fig. colloq.* flibbertigibbet, restless person: das Mädchen ist ein richtiger ~ the girl is a real fidget (*od.* is never still for one minute).

Ir·vin·gia·ner [ɪrvɪŋ'gĭa:nər] *m* ⟨-s; -⟩ *relig. hist.* Irvingite. — **Ir·vin·gia'nis·mus** [-gĭa'nɪsmus] *m* ⟨-; *no pl*⟩ Irvingism.

Isa·ak ['i:zak; 'i:za:k; 'i:zaak] *npr m* ⟨-s; *no pl*⟩ *Bibl.* Isaac.

Isa·bel·le [iza'bɛlə] *f* ⟨-; -n⟩ *agr.* cream-colo(u)red (*od.* dun) horse. — **isa'bell,far·ben, isa'bell,far·big** *adj* (*graugelb*) isabelline.

Is·ago·ge [iza'go:gə] *f* ⟨-; -n⟩ isagoge. — **Is·ago·gik** [-'go:gɪk] *f* ⟨-; *no pl*⟩ isagogics *pl* (*usually construed as sg*).

Is·al·lo·ba·re [izalo'ba:rə] *f* ⟨-; -n⟩ *meteor.* isallobar.

Is·ane·mo·ne [izane'mo:nə] *f* ⟨-; -n⟩ *meteor.* isanemone.

Is·ano·ma·le [izano'ma:lə] *f* ⟨-; -n⟩ *meteor.* isanomal.

Isa·tin [iza'ti:n] *n* ⟨-s; *no pl*⟩ *chem.* isatin, *auch* isatine ($C_8H_5NO_2$).

Isch·ämie [ɪsçɛ'mi:] *f* ⟨-; -n [-ən]⟩ *med.* isch(a)emia.

is·chia·disch [ɪs'çĭa:dɪʃ; ɪ'ʃĭa:-] *adj med.* ischial, ischiadic, ischiatic, sciatic.

Is·chi·al·gie [ɪsçĭal'gi:; ɪʃĭal-] *f* ⟨-; *no pl*⟩ *med. cf.* Ischias.

Is·chi·as ['ɪʃĭas; 'ɪsçĭas] *f* ⟨-; *no pl*⟩, *colloq. auch n, m med.* sciatica, ischialgia. — **~,an,fall** *m* sciatic attack. — **~,nerv** *m* sciatic nerve.

Isch·tar ['ɪʃtar] *npr f* ⟨-; *no pl*⟩ *myth.* Ishtar (*Babylonian goddess*).

Isch·urie [ɪsçu'ri:] *f* ⟨-; -n [-ən]⟩ *med.* ischuria.

Ise·bel ['i:zəbɛl] *npr f* ⟨-s; *no pl*⟩ *Bibl.* Jezebel.

Ise·grim ['i:zə,grɪm] **I** *npr m* ⟨-s; *no pl*⟩ (*in der Tierfabel*) Isegrim, Isengrim, Isgrim. – **II** *m* ⟨-s; -e⟩ *fig.* sullen (*od.* surly) person, grumbler: er ist ein regelrechter ~ geworden he's become a regular grumbler (*od. colloq.* sourpuss).

is·en·trop [izɛn'tro:p], **is·en'tro·pisch** *adj meteor.* isentropic.

Isis ['i:zɪs] *npr f* ⟨-; *no pl*⟩ *myth.* Isis (*Egyptian goddess*).

Is·lam ['ɪslam; ɪs'la:m] *m* ⟨-s; *no pl*⟩ *relig.* Islam, Mohammedanism: der ~ *collect.* Islam, the Islamic world. — **is'la·misch** [-'la:mɪʃ] *adj* Islamic. — **is·la·mi'sie·ren** [-lami'zi:rən] *v/t* ⟨*no* ge-, h⟩ islamize. — **Is·la'mis·mus** [-la'mɪsmus] *m* ⟨-; *no pl*⟩ Islamism, Mohammedanism. — **is·la'mi·tisch** [-la'mi:tɪʃ] *adj* Islamic.

'Is,län·der ['i:s-] *m* ⟨-s; -⟩ *geogr.* Icelander. — **'is,län·disch I** *adj* Icelandic. – **II** *ling.* **I~** ⟨*generally undeclined*⟩, **das I~e** ⟨-n⟩ Icelandic.

'Is,land|,mohn *m bot.* Iceland poppy (*Papaver nudicaule*). — **~,moos** *n* Iceland moss (*od.* lichen) (*Cetraria islandica*). — **~,mö·we** *f zo.* Iceland gull (*Larus leucopterus*).

Is·ma·el ['ɪsmaɛl] *npr m* ⟨-s; *no pl*⟩ *Bibl.* Ishmael.

Is·mae·lit [ɪsmae'li:t] *m* ⟨-en; -en⟩ *relig.* Ishmaelite.

Is·mai·li·de [ɪsmai'li:də] *m* ⟨-n; -n⟩ *relig.* Ismaili, Ismaelite.

Is·mus ['ɪsmus] *m* ⟨-; -men⟩ *philos. contempt.* ism.

Iso..., iso... *combining form denoting* iso...

Iso·bar [izo'ba:r] **I** *n* ⟨-s; -e⟩ *nucl.* isobar(e). – **II i~** *adj phys. meteor.* isobaric.

Iso'ba·re *f* ⟨-; -n⟩ *meteor.* isobar. — **Iso'ba·ren,kar·te** *f* pressure chart (*od.* map).

iso'ba·risch *adj phys. meteor.* isobaric.

Iso·ba·se [izo'ba:zə] *f* ⟨-; -n⟩ *geol.* isobase.

Iso'ba·the [izo'ba:tə] *f* ⟨-; -n⟩ *geogr.* isobath.

Iso·bron·te [izo'brɔntə] *f* ⟨-; -n⟩ *meteor.* isobront, *auch* isobronton.

Iso·bu·tan [izobu'ta:n] *n* ⟨-s; *no pl*⟩ *chem.* isobutane [$(CH_3)_3CH$].

Iso·cho·re [izo'ko:rə] *f* ⟨-; -n⟩ *phys.* isochor, *auch* isochore.

iso·chrom [izo'kro:m] *adj cf.* isochromatisch. — **Iso·chro·ma'sie** [-kroma'zi:] *f* ⟨-; *no pl*⟩ *phot.* isochromat. — **iso·chro'ma·tisch** [-kro'ma:tɪʃ] *adj* isochromatic.

iso·chron [izo'kro:n] *adj* isochronal, isochronic. — **Iso'chro·ne** *f* ⟨-; -n⟩ isochrone. — **Iso·chro'nis·mus** [-kro'nɪsmus] *m* ⟨-; *no pl*⟩ isochronism.

Iso·dy·na·me [izody'na:mə] *f* ⟨-; -n⟩ *phys.* isodynamic line, *auch* isogam. — **iso·dy'na·misch** *adj* isodynamic.

Iso·dy·ne [izo'dy:nə] *f* ⟨-; -n⟩ *phys.* isodynamic line.

iso·gam [izo'ga:m] *adj biol.* isogamous, *auch* isogamic. — **Iso·ga'met** [-ga'me:t] *m* ⟨-en; -en⟩ isogamete. — **Iso·ga'mie** [-ga'mi:] *f* ⟨-; *no pl*⟩ isogamy.

iso·gen [izo'ge:n] *adj* isogenous.

Iso·geo·ther·me [izogeo'tɛrmə] *f* ⟨-; -n⟩ *geol. phys.* isogeotherm, *auch* geoisotherm.

Iso·glos·se [izo'glɔsə] *f* ⟨-; -n⟩ *ling.* isogloss.

Iso·gon [izo'go:n] *n* ⟨-s; -e⟩ *math.* isogon. — **iso·go'nal** [-go'na:l] *adj* isogonic, *auch* isogonal.

Iso'go·ne *f* ⟨-; -n⟩ *math. phys.* isogonic line, isogonic, isogonal.

Iso·he·lie [izo'he:lĭə] *f* ⟨-; -n⟩ *meteor.* isohel.

Iso·hye·te [izohy'e:tə] *f* ⟨-; -n⟩ *meteor.* isohyet, *auch* isohyetal.

Iso·hyp·se [izo'hʏpsə] *f* ⟨-; -n⟩ **1.** *meteor.* (pressure) contour line. – **2.** *geogr. cf.* Höhenlinie.

Iso·kli'nal,fal·te [izokli'na:l-] *f geol.* isocline, isoclinal fold.

Iso·kli·ne [izo'kli:nə] *f* ⟨-; -n⟩ *geol. phys.* isoclinal (line). — **iso'kli·nisch** *adj* isoclinal.

Iso·kra·tie [izokra'ti:] *f* ⟨-; -n [-ən]⟩ *pol.* isocracy. — **iso'kra·tisch** [-'kra:tɪʃ] *adj* isocratic.

Iso·la·ti·on[1] [izola'tsĭo:n] *f* ⟨-; -en⟩ *cf.* Isolierung.

Iso·la·ti·on[2] [,aɪsə'leɪʃən] (*Engl.*) *f* ⟨-; *no pl*⟩ *pol.* isolation.

Iso·la·tio'nis·mus [izolatsĭo'nɪsmus] *m* ⟨-; *no pl*⟩ *pol.* isolationism. — **Iso·la·tio'nist** [-tsĭo'nɪst] *m* ⟨-en; -en⟩ isolationist. — **iso·la·tio'ni·stisch** *adj* isolationist.

Iso·la·ti'ons|,feh·ler *m electr.* insulation defect. — **~,kam·mer** *f* (*space*) space-cabin simulator. — **~,pap·pe** *f* fish paper. — **~,schicht** *f* insulating layer, lining. — **~,wi·der,stand** *m* insulation resistance.

Iso·la·tor [izo'la:tər] *m* ⟨-s; -en [-la'to:rən]⟩ *electr.* insulator. — **~,stüt·ze** *f* bracket.

Iso'lier|,ab,tei·lung *f med. cf.* Isolierstation. — **~,an,strich** *m tech.* insulating paint. — **~,band** *n* ⟨-(e)s; =er⟩ *electr.* insulating (*od.* insulation) tape. — **i~bar** *adj electr. tech.* insulatable. — **~ba,racke** (*getr.* -k·k-) *f med.* isolation hospital (*od.* ward).

iso·lie·ren [izo'li:rən] **I** *v/t* ⟨*no* ge-, h⟩ **1.** (*Häftling, Land etc*) (von from) isolate. – **2.** *med.* (*Kranken etc*) a) isolate, b) (*unter Quarantäne stellen*) quarantine. – **3.** *electr.*

tech. insulate: etwas gegen Feuchtigkeit ~ to insulate s.th. against damp. – **4.** *chem.* isolate. – **II** *v/reflex* sich ~ **5.** isolate oneself. – **6.** (*sich abkapseln*) seclude oneself. – **III I~** *n* ⟨-s⟩ **7.** *verbal noun.* – **8.** *cf.* Isolierung. — **iso'lie·rend I** *pres p.* – **II** *adj* **1.** isolating: ~e Sprachen *ling.* isolating languages. – **2.** *electr. tech.* insulating.

Iso'lier|,fä·hig·keit *f electr. tech.* insulating property. — **~,glocke** (*getr.* -k·k-) *f* petticoat (insulator). — **~,haft** *f jur.* solitary confinement. — **~,klem·me** *f* insulating clamp. — **~,lack** *m electr. tech.* insulating paint (*od.* varnish). — **~,mas·se** *f* insulating compound. — **~ma·te·ri,al** *n* insulating material, insulant. — **~pa,pier** *n* insulating paper. — **~,rohr** *n* insulating tube (*od.* conduit). — **~,schel·le** *f electr.* cleat. — **~,sche·mel** *m* insulating stool. — **~,schicht** *f electr. tech.* insulating layer. — **~,schutz** *m* insulation. — **~sta·ti,on** *f med.* isolation ward. — **~,stoff** *m electr. tech.* insulating material, insulant. — **~,stück** *n electr.* cleat.

iso'liert I *pp.* – **II** *adj* **1.** isolated: ich fühle mich vollkommen ~ I feel completely isolated. – **2.** *electr. tech.* (gegen from) insulated. – **3.** *med.* a) isolated, b) quarantined. – **4.** *chem.* isolated. — **Iso'liert·heit** *f* ⟨-; *no pl*⟩ *fig.* isolation.

Iso'lie·rung *f* ⟨-; -en⟩ **1.** *cf.* Isolieren. – **2.** isolation. – **3.** *electr. tech.* insulation. – **4.** *med.* a) isolation, b) (*Quarantäne*) quarantine. – **5.** *chem.* isolation.

Iso'lier|ver,bin·dung *f electr.* insulating joint. — **~,zan·ge** *f* insulated pliers *pl* (*construed as sg or pl*). — **~,zim·mer** *n med.* isolation room.

Iso·li·nie [izo'liːnĭə] *f meist pl geogr. meteor.* isogram, isoline.

Iso·mer [izo'meːr] **I** *n* ⟨-s; -e⟩ **1.** *chem. nucl.* isomer. – **II i~** *adj* **2.** *chem. nucl.* isomeric. – **3.** *bot.* isomerous. — **Iso·me'rie** [-me'riː] *f* ⟨-; *no pl*⟩ *chem. nucl.* isomerism. — **iso·me·ri'sie·ren** [-meri'ziːrən] *v/t* ⟨*no* ge-, h⟩ isomerize.

Iso·me·trie [izome'triː] *f* ⟨-; *no pl*⟩ *math.* isometry. — **iso'me·trisch** [-'meːtrɪʃ] *adj* isometric, *auch* isometrical.

Iso·me·tro·pie [izometro'piː] *f* ⟨-; *no pl*⟩ *med.* isometropia.

iso·morph [izo'mɔrf] *adj* **1.** *biol. min.* isomorphic. – **2.** *math.* hom(o)eomorphous, hom(o)eomorphic. — **Iso·mor'phie** [-'fiː] *f* ⟨-; *no pl*⟩ **1.** *min.* isomorphism. – **2.** *psych.* isomorphy. – **3.** *biol.* homoplasy, isomorphy.

Iso·mor·phis·mus [izomɔr'fɪsmʊs] *m* ⟨-; *no pl*⟩ *min. math.* isomorphism.

Iso·ne·phe [izo'neːfə] *f* ⟨-; -n⟩ *meteor.* isoneph.

Isop ['iːzɔp] *m* ⟨-s; -e⟩ *bot. cf.* Ysop.

iso·pe·ri·me·trisch [izoperi'meːtrɪʃ] *adj* isoperimetric, *auch* isoperimetrical.

Iso·ple·the [izo'pleːtə] *f* ⟨-; -n⟩ *math. meteor. phys.* isopleth.

Iso·po·de [izo'poːdə] *m* ⟨-n; -n⟩ *zo.* isopod (*Ordng Isopoda*).

Iso·pren [izo'preːn] *n* ⟨-s; *no pl*⟩ *chem.* isoprene ($CH_2{=}C(CH_3)CH{=}CH_2$).

Iso·pro·pyl [izopro'pyːl] *n* ⟨-s; *no pl*⟩ isopropyl [$(CH_3)_2CH$-]. — **~,al·ko·hol** *m* isopropyl alcohol, *auch* isopropanol (CH_3-$CHOH$-CH_3).

iso·seis·misch [izo'zaɪsmɪʃ] *adj geol.* isoseismal, isoseismic.

Iso·sei·ste [izo'zaɪstə] *f* ⟨-; -n⟩ *geol.* isoseismal (line).

is·os·mo·tisch [izɔs'moːtɪʃ] *adj biol.* isotonic, isoosmotic, *Br.* iso-osmotic.

Iso·sta·sie [izosta'ziː] *f* ⟨-; *no pl*⟩ *geol.* isostasy, *auch* isostacy.

iso·sta·tisch [izo'staːtɪʃ] *adj* isostatic.

Iso·ta·che [izo'taxə] *f* ⟨-; -n⟩ *meteor.* isotach.

iso·therm [izo'tɛrm] *adj meteor. phys.* isothermal. — **Iso'ther·me** *f* ⟨-; -n⟩ **1.** *meteor.* isotherm, isothermal line. – **2.** *chem. phys.* isotherm, isothermal curve. — **iso'ther·misch** *adj* isothermal.

Iso·ton [izo'toːn] *n* ⟨-s; -e⟩ *meist pl nucl.* isotone. — **iso'to·nisch** *adj* isotonic.

Iso·top [izo'toːp] *chem. phys.* **I** *n* ⟨-s; -e⟩ *meist pl* isotope. – **II i~** *adj* isotopic.

Iso'to·pen|in·di,ka·tor *m nucl.* isotope tracer. — **~,schleu·se** *f* isotope sluice. — **~,tren·nung** *f* isotope separation.

Iso·to·pie [izoto'piː] *f* ⟨-; *no pl*⟩ *chem. phys.* isotopy, isotopism. — **iso'to·pisch** [-'toːpɪʃ] *adj* isotopic.

Iso·tron ['iːzotroːn] *n* ⟨-s; -e, *auch* -s⟩ *nucl.* isotron.

iso·trop [izo'troːp] *adj phys.* isotropic. — **Iso·tro'pie** [-tro'piː] *f* ⟨-; *no pl*⟩ isotropy, isotropism.

Iso·ty·pie [izoty'piː] *f* ⟨-; *no pl*⟩ *min.* (*in der Kristallkunde*) isotypy.

Is·ra·el ['ɪsraɛl] *npr n* ⟨-s; *no pl*⟩ Israel: die Kinder ~(s) *Bibl.* the children of Israel. — **Is·rae·li** [-'eːli] *m* ⟨-s; -s⟩ Israeli. — **is·rae·lisch** [-'eːlɪʃ] *adj* Israeli (*attrib*), (*im weiteren Sinne*) Jewish, Hebrew.

Is·rae·lit [ɪsrae'liːt] *m* ⟨-en; -en⟩ *Bibl.* Israelite, (*im weitere Sinne*) Jew, Hebrew. — **is·rae'li·tisch** *adj* Israelite, Israelitish, Israelitic, (*im weiteren Sinne*) Jewish, Hebrew.

iß [ɪs] *imp*, **ißt** [ɪst] *2 u. 3 sg pres of* essen[1].

ist [ɪst] *3 sg pres of* sein[1].

Is·tar ['ɪstar] *npr f* ⟨-; *no pl*⟩ *myth. cf.* Ischtar.

'Ist|-,Auf,kom·men *n econ. jur.* real tax receipts *pl*, actual revenue from taxation. — **~-,Aus,ga·be** *f meist pl* actual expenditure. — **~-Be,stand** *m* **1.** actual amount (*od.* balance). – **2.** actual inventory, clear amount. — **~-Be,trag** *m* total actual amount. — **~-,Ein,nah·me** *f meist pl* clear (*od.* actual) revenue, net receipts *pl.*

Isth·mus ['ɪstmʊs] *m* ⟨-; -men⟩ **1.** *geol.* isthmus: der ~ von Korinth the Isthmus of Corinth. – **2.** *med.* isthmus. — **'isth·misch** *adj* **1.** isthmian, isthmic: ~e Spiele *antiq.* Isthmian games. – **2.** *med.* isthmic, *auch* isthmal.

'Ist|-,Ko·sten *pl econ.* actual costs. — **~-,Maß** *n tech.* actual size. — **~-,Stär·ke** *f mil.* actual strength.

Ita·ker ['iːtakər] *m* ⟨-s; -⟩ *colloq. contempt.* (*Italiener*) wop, *auch* Wop, dago, *auch* Dago, Eyetie, *auch* Eytie (*alle sl. contempt.*).

Ita·la ['iːtala] *f* ⟨-; *no pl*⟩ *relig. hist.* Itala.

Ita·ler ['iːtalər] *m* ⟨-s; -⟩ *hist.* die ~ the Italic peoples.

ita·lia·ni·sie·ren [italĭani'ziːrən] *v/t* ⟨*no* ge-, h⟩ Italianize.

Ita·lia·nis·mus [italĭa'nɪsmʊs] *m* ⟨-; -men⟩ *ling.* Italianism.

Ita·lie·ner [ita'lĭeːnər] *m* ⟨-s; -⟩, **Ita·lie·ne·rin** [-'lĭeːnərɪn] *f* ⟨-; -nen⟩ Italian. — **ita·lie·nisch** [-'lĭeːnɪʃ] **I** *adj* Italian. – **II** *ling.* **I~** ⟨*generally undeclined*⟩, **das I~e** ⟨-n⟩ Italian, the Italian language. — **ita·lie·ni'sie·ren** [-lĭeni'ziːrən] *v/t* ⟨*no* ge-, h⟩ *cf.* italianisieren.

Ita·li·enne [ita'ljɛn] (*Fr.*) *f* ⟨-; *no pl*⟩ *print.* English-Italian.

Ita·li·ker [i'taːlikər] *m* ⟨-s; -⟩ *hist. cf.* Italer.

Ita·lique [ita'lik] (*Fr.*) *f* ⟨-; *no pl*⟩ *print.* Italic (type).

ita·lisch [i'taːlɪʃ] *adj antiq. ling.* Italic: ~e Sprache(n) Italic language(s).

Ita·zis·mus [ita'tsɪsmʊs] *m* ⟨-; *no pl*⟩ *ling.* itacism.

item ['iːtɛm] **I** *adv obs.* item, also, likewise. – **II I~** *n* ⟨-s; -s⟩ *obs.* item.

Ite·ra·ti·on [itera'tsĭoːn] *f* ⟨-; -en⟩ *math.* iteration.

ite·ra·tiv [itera'tiːf] **I** *adj* iterative. – **II I~** *n* ⟨-s; -e⟩ *ling.* iterative (verb). — **Ite·ra'ti·vum** [-vʊm] *n* ⟨-s; -va [-va]⟩ *ling.* iterative (verb).

Itha·ker ['iːtakər] *m* ⟨-s; -⟩ *hist.* inhabitant of Ithaca.

Ithy·phal·li·kus [ity'falikʊs] *m* ⟨-; -ki [-ki]⟩ *metr.* ithyphallic. — **ithy'phal·lisch** [-lɪʃ] *adj* ithyphallic.

Iti·ne·rar [itine'raːr] *n* ⟨-s; -e⟩, **Iti·ne'ra·ri·um** [-rĭʊm] *n* ⟨-s; -rien⟩ itinerary.

'I-,Trä·ger *m tech.* I-beam, I-girder.

'I-,Tüp·fel·chen *n* ⟨-s; *no pl*⟩ dot over the i: bis aufs ~ *fig.* to a tee (*od.* T); aufs ~ genau sein *fig.* to be accurate (in every detail).

It·zig ['ɪtsɪç] *m* ⟨-s; *no pl*⟩ *contempt. for* Jude 1.

it·zo ['ɪtso], **itzt** [ɪtst], **itz·und** [ɪ'tsʊnt] *adv obs. for* jetzt.

Iwan ['iːvan] **I** *npr m* ⟨-s; *no pl*⟩ *hist.* Ivan: ~ der Schreckliche Ivan the Terrible. – **II** *m* ⟨-s; -s⟩ *colloq.* Russian (soldier).

Iwrit(h) [i'vriːt] *n* ⟨-(s); *no pl*⟩ *ling.* Modern Hebrew.

J

J, j [jɔt] *n* ⟨-; -⟩ **1.** J, j (*tenth letter of the German alphabet; seventh consonant*): **ein großes J** a capital (*od.* large) J; **ein kleines J** a small (*od.* little) j. – **2.** J *chem.* (*symbol of iodine*) I. – **3.** J *phys.* (*Joule*) j.

ja [ja] *adv* **1.** (*zustimmend*) yes: **gefällt dir das?** ~ do you like that? yes (, I do); **ist das wahr?** ~ is that true? yes (, it is); **hast du es gesehen?** ~ have you seen it? yes (, I have); **wirst du kommen?** ~ will you come? yes (, I shall); **hast du alles? ich glaube** ~ have you got everything? (yes,) I think so (*od.* I think I have); **erinnerst du dich nicht?** ~ **freilich** (*od.* **gewiß, natürlich**)! don't you remember? yes, of course (*od.* certainly, by all means, *bes. Am. colloq.* sure); **kommst du jetzt endlich?** ~ **doch!** (*od.* **aber** ~! ~, **zum Donnerwetter!**) won't you ever be ready? yes, for heaven's sake! **hat es dir gefallen?** ~ **und ob!** have you enjoyed it? and how! **hattet ihr schönes Wetter? na** (*od.* **nun**) ~, **es hätte schlimmer sein können** have you had nice weather? well, yes, it could have been worse; **na** ~, **meinetwegen** all right (*od.* very well) then, if you want to; ~ **sagen** to say yes, to agree, to consent; **zu allem** ~ (**und amen**) **sagen** to say yes (*od.* agree, consent) to everything, to be a yes-man (*colloq.*); ~ **zum Leben sagen** to have a positive attitude to life; **er sagte nicht** ~ **und nicht nein** (*od.* **weder** ~ **noch nein**) he didn't say yes or no, he gave no definite answer; **war die Aufführung gut?** ~ **und nein** was it a good performance? yes and no; **hast du es getan,** ~ **oder nein?** have you done it, yes or no? **wird es regnen? wenn** ~, **müssen wir einen Schirm mitnehmen** is it going to rain? if so (*od.* if it does) we must take an umbrella; **kommt ihr? wenn** ~, **wann?** are you going to come? if so (*od.* if you are) at what time? – **2.** (*feststellend*) (*oft nicht übersetzt*) **das ist** ~ **herrlich** [**furchtbar**]! isn't that (*od.* that's really) marvellous [terrible]! **es ist** ~ **alles nicht so schlimm** after all, it's not so bad; **da bist du** ~ (**endlich**)! there you are (at last); **da hast du es** (*od.* **da haben wir es**) ~ there you are; **ich habe es** ~ **gleich gesagt** I told you so (from the beginning); **das ist** ~ **eine schöne Geschichte!** here's a pretty kettle of fish! that's a fine mess! **du weißt** ~, **wie das ist** you know how it is (*od.* goes); **du weißt** ~, **daß es nicht geht** you know very well that it is impossible; **ihm kann ich vertrauen; er ist** ~ **mein Freund** I can trust him; after all, he is my friend; **dir kann ich es** ~ **erzählen: sie haben sich scheiden lassen** (this is) just between you and me: they were divorced; **das ist es** ~ (**eben**)! that's just the point (*od.* just it)! **du siehst** ~ **ganz blaß aus** you look quite pale, you know; **es schneit** ~! (*überrascht*) oh, it is snowing! **du bist mir** ~ **ein schöner Freund!** *iron.* (you are) a nice friend you are! – **3.** (*einleitend*) ~, **ich weiß nicht** well, I don't know; ~, **da fällt mir ein** yes, now I come to think of it; ~ **wenn wir das vorher gewußt hätten** well, if we had known that before; ~, **weißt du denn nicht, daß** why, don't you know that; ~, **wer kommt denn da!** look, who's coming! ~, **kennst du mich denn nicht mehr?** come on, don't you know me any more? ~ **so, das ist etwas anderes** oh I see, that is something different; ~, **du meine Güte!** oh, my goodness! – **4.** (*verstärkend*) **es ist schwer,** ~ (**sogar**) **unmöglich** it is difficult or even impossible; **er hat es mir versprochen,** ~ **geschworen** he promised it to me, even swore to it; **Hunderte,** ~ **wohl Tausende, waren gekommen** hundreds or even thousands of people had come. – **5.** *colloq.* (*nachdrücklich, einprägend*) **komm** ~ **nicht zu spät!** mind you don't come late! **und erzähle mir** ~ **nicht, daß** and don't you (dare) tell me that; **tu das** ~ **nicht!** don't you dare do that; **sei** ~ **vorsichtig!** do be careful; **nimm** ~ **einen Regenschirm mit!** be sure to take your umbrella along! – **6.** (*einschränkend*) **ich kann es** ~ **versuchen, aber** of course I can try but; **das ist** ~ **sehr schön, aber was hab ich davon?** it's all very fine of course, but what do I get out of it?

Ja *n* ⟨-, *rare* -s; *no pl*⟩ **1.** yes: **mit einem lauten** ~ with a loud yes; **mit (einem)** ~ **antworten** to answer with a yes (*od.* in the affirmative); **nur mit** ~ **oder Nein antworten** to answer yes or no; **sie bleibt bei ihrem** ~ she said yes and stands by it. – **2.** *pol.* yes, (*im Parlament*) *auch* ay(e): **mit** ~ **oder Nein stimmen** to vote with yes or no, to vote for (*od.* in favo[u]r) or against; **die Mehrheit stimmte mit** ~ the ayes have it.

Ja·bi·ru [ja'biːru] *m* ⟨-; -(s)⟩ *zo.* wood ibis, jabiru, flinthead (*Mycteria americana*).

Ja·bo ['jaːbo] *m* ⟨-s; -s⟩ *aer. mil. short for* Jagdbomber.

Ja·bot [ʒa'boː] *n* ⟨-s; -s⟩ (*fashion*) jabot.

Jacht [jaxt] *f* ⟨-; -en⟩ *mar.* yacht. — **~ˌklub** *m* yacht(ing) club, *Br.* yacht-club. — **~ˌsport** *m* yachting.

'Jackˌbaum ['jak-] *m bot.* jack(tree) (*Artocarpus integrifolia*).

Jäck·chen ['jɛkçən] *n* ⟨-s; -⟩ **1.** *dim. of* Jacke 2, 3. – **2.** short (*od.* small) jacket. – **3.** (*Babyjäckchen*) baby's (wool[l]en) jacket.

Jacke (*getr.* -k·k-) ['jakə] *f* ⟨-; -n⟩ **1.** jacket: **j-m die** ~ **voll hauen** *fig. colloq.* to give s.o. a sound thrashing, to dust s.o.'s jacket; **j-m die** ~ **voll lügen** *fig. colloq.* to stuff s.o. with (*od.* tell s.o. a pack of) lies; **das ist eine alte** ~ *fig. colloq.* that's an old story (*od.* an old one, *colloq.* old hat); **das ist** ~ **wie Hose** *fig. colloq.* that's six of one and half of a dozen of the other, that's as broad as it's long (*od.* much of a muchness). – **2.** (*Strickjacke*) cardigan. – **3.** (*Anzug- od. Kostümjacke*) coat.

Jäckel (*getr.* -k·k-) ['jɛkəl] *m* ⟨-s; -⟩ *colloq. contempt.* blockhead, ass, dolt, *Br. colloq. auch* 'clot'.

'Jacken|ˌkleid (*getr.* -k·k-) *n* (lady's) two-piece (costume *od.* suit, dress). — **~ˌta·sche** *f* jacket pocket.

'Jacketˌkro·ne ['dʒɛkɪt-] (*getr.* -k·k-) *f med.* jacket crown.

Jackett (*getr.* -k·k-) [ʒa'kɛt] *n* ⟨-s; -e *u.* -s⟩ (*bes.* man's) jacket.

'Jackˌstag ['dʒɛk-] *n* ⟨-(e)s; -e⟩ *mar.* jackstay.

Jac'quard|geˌwe·be [ʒa'kaːr-] (*Fr.*) *n* (*textile*) Jacquard weave. — **~maˌschi·ne** *f cf.* Jacquardwebstuhl. — **~ˌstoff** *m* Jacquard weave (*od.* material), Jacquard. — **~ˌwebˌstuhl** *m* Jacquard loom.

Ja·de ['jaːdə] *m* ⟨-; *no pl*⟩ *min.* jade. — **j~ˌgrün** *adj* jade-green.

Ja·de·it [jade'iːt; -'ɪt] *m* ⟨-s; *no pl*⟩ *min.* jadeite, true jade.

Jagd [jaːkt] *f* ⟨-; -en⟩ **1.** hunt(ing), (*mit dem Gewehr*) *auch* shoot(ing): **auf die** ~ **gehen** to go hunting; **von der** ~ **kommen** to return from the hunt (*od.* chase); **die** ~ **geht auf** hunting (*od.* the hunting[-]season) has begun; ~ **auf Hirsche** stag hunting; ~ **auf Hasen** a) hare hunting, b) (*mit Hunden*) coursing; ~ **auf Rebhühner** partridge shooting. – **2.** (*Verfolgung*) chase, pursuit: **auf j-n** ~ **machen** to chase (after) s.o., to pursue s.o., to prey (up)on s.o.; **eine wilde** ~ **auf den Verbrecher entspann sich** (*od.* **begann**) a wild chase began after the criminal; **die Wilde** ~ *myth.* Arthur's wild chase. – **3.** (*Suche*) hunt, search: **die** ~ **nach dem Kidnapper begann** the hunt for the kidnapper began; **die** ~ **nach (dem) Glück** *fig. colloq.* the search (*od.* hunt, quest) for happiness, the pursuit of happiness; **die** ~ **nach dem Geld** *fig. colloq.* the scramble for money; **das war eine** ~! *fig. colloq.* that was a mad rush (*od.* scramble); **eine nutzlose** ~ *fig.* a wild-goose chase. – **4.** *hunt.* (*das zu jagende Wild*) game: **hohe** [**niedrige**] ~ big [small] game. – **5.** *hunt. cf.* a) Jagdbeute, b) Jagdgebiet, c) Jagdrecht 1, d) Jagdgesetz, e) Jagdpacht. — **~ˌabˌwehr** *f mil.* fighter defence (*Am.* defense). — **~ˌanˌzug** *m* hunting suit (*od.* outfit). — **~ˌaufˌse·her** *m hunt.* gamekeeper. — **~ˌausˌdruck** *m* hunting term. — **~ˌausˌrü·stung** *f* hunting equipment.

'jagd·bar *adj* **1.** huntable, in season: **~es Wild** huntable (*od.* legal, fair) game. – **2.** (*Hirsch*) warrantable. — **'Jagd·bar·keit** *f* ⟨-; *no pl*⟩ **1.** huntability. – **2.** (*Hirsch*) warrantableness. – **3.** *cf.* Jagdberechtigung.

'jagd·beˌrech·tigt *adj* licensed (*Br. auch* licenced) to shoot (*od.* hunt).

'Jagd|beˌrech·ti·gung *f* hunting permission, permission to hunt (*od.* shoot). — **~ˌbeu·te** *f hunt.* **1.** (*erlegtes Wild*) bag, kill. – **2.** (*verfolgtes Wild*) quarry, game. — **~beˌzirk** *m cf.* Jagdgebiet. — **~ˌbom·ber** *m aer. mil.* fighter-bomber. — **~ˌbrauch** *m hunt.* hunting custom. — **~ˌbüch·se** *f* sporting (*bes. Am.* hunting) rifle. — **~ˌel·ster** *f zo.* green magpie (*Kitta chinensis*). — **~erˌlaub·nis** *f hunt.* **1.** permission to hunt (*od.* shoot). – **2.** *cf.* Jagdschein 1. – **3.** shooting licence (*Am.* license). — **~ˌfal·ke** *m* **1.** *zo.* white gyrfalcon (*Falco rusticolus candicans*). – **2.** *hunt.* a) (*Wanderfalke*) peregrine falcon, *Am.* duck hawk (*Falco peregrinus*), b) (*Gerfalke*) gyrfalcon

(*Falco rusticolus*), c) (*Hühnerhabicht*) goshawk, *auch* gosshawk, *Am.* chicken hawk (*bes. Accipiter velox u. A. cooperi*), d) (*Baumfalke*) tree falcon, hobby (*Falco subbuteo*), e) (*Turmfalke*) kestrel (*Falco tinnunculus*). — **~faˌsan** *m zo.* common pheasant (*Phasianus colchicus*). — **~ˌfieber** *n colloq.* hunting fever, excitement (*od.* thrill) of the chase. — **~ˌflie·ger** *m aer. mil.* fighter pilot. — **~ˌflin·te** *f hunt.* shotgun. — **~ˌflugˌzeug** *n aer. mil.* fighter (plane), interceptor (aircraft). — **~ˌfre·vel** *m* **1.** *transgression against the laws* (*od. customs*) *of hunting.* – **2.** (*Wilderei*) poaching. — **~ˌfrev·ler** *m* **1.** *person who transgresses against the laws* (*od. customs*) *of hunting.* – **2.** (*Wilderer*) poacher. — **~geˌbiet** *n* hunting area (*od.* ground), *Br.* hunting-ground. — **~geˌhe·ge** *n* enclosed preserve (*od.* reserve), *bes. Br.* game reserve. — **~geˌleit** *n aer. mil.* fighter escort. — **~geˌrät** *n meist pl hunt. cf.* Jagdzeug. — **j~geˌrecht** *adj cf.* waidgerecht. — **~geˌrech·tig·keit** *f cf.* Jagdberechtigung. — **~geˌschich·te** *f* hunting story. — **~geˌschwa·der** *n aer. mil. Am.* fighter group, *Br.* fighter wing. — **~geˌsell·schaft** *f hunt.* hunting (*od.* shooting) party, shoot, hunt. — **~geˌsetz** *n* game law (*od.* act), *Br.* game-law (*od.* -act). — **~geˌwehr** *n* sporting (*od.* hunting) rifle (*od.* gun), shotgun. — **~ˌgöt·tin** *f myth.* goddess of the chase. — **~ˌgren·ze** *f* boundary of a hunting district (*od.* of s.o.'s shooting grounds, shoot). — **~ˌgrund** *m* **1.** hunting ground (*od.* field), *Br.* hunting-ground. – **2.** die ewigen Jagdgründe *myth.* the Happy Hunting Grounds (*Br.* Hunting-Grounds); **in die ewigen Jagdgründe eingehen** *colloq. humor.* to die, to pass away, to go to the happy hunting grounds (*Br.* hunting-grounds) (*humor.*); **j-n in die ewigen Jagdgründe schicken** *colloq. humor.* to send s.o. to kingdom come (*Br.* kingdom-come). — **~ˌhaus** *n cf.* Jagdhütte. — **~ˌherr** *m* owner (*od.* lessee) of hunting (*od.* shooting) grounds (*Br.* hunting-grounds), tenant of a shoot. — **~ˌhorn** *n* bugle, hunting horn, *Br.* hunting-horn. — **~ˌhund** *m* **1.** hunting dog, hound, gun (*od.* field) dog. – **2.** *pl astr.* Hunting Dogs, Canes Venatici. — **~ˌhü·ter** *m* gamekeeper. — **~ˌhüt·te** *f* (hunting) lodge, *bes. Br.* shooting- (*od.* hunting-)box. — **~ˌkar·te** *f cf.* Jagdschein 1. — **~leoˌpard** *m zo. cf.* Gepard.

jagd·lich [ˈjaːktlɪç] *adj* relating to hunting.

ˈJagd|ˌmes·ser *n hunt.* hunting knife. — **~ˌnetz** *n* hunting net. — **~ˌord·nung** *f* regulations *pl* for huntsmen, hunting regulations *pl.* — **~ˌpacht** *f* **1.** (tenancy of a) shoot. – **2.** rent of a shoot. — **~ˌpäch·ter** *m* game lessee (*bes. Br.* -tenant). — **~ˌpan·zer** *m mil.* tank destroyer. — **~parˌtie** *f* **1.** (*Gruppe*) hunting (*od.* shooting) party. – **2.** (*Jagdausflug*) hunting expedition (*od.* trip). — **~paˌtro·ne** *f* shotgun cartridge. — **~ˌpeit·sche** *f* hunting whip (*od.* crop). — **~ˌpferd** *n* hunter. — **~ˌrecht** *n* **1.** hunting (*od.* shooting) right(s *pl*), *Br.* chase. – **2.** *cf.* Jagdgesetz. — **~ˌren·nen** *n* (*sport*) steeplechase. — **~re·serˌvat** *n hunt.* game reserve (*od.* preserve). — **~reˌvier** *n cf.* Jagdgebiet. — **~ˌruf** *m* hunting call. — **~ˌschein** *m* **1.** *hunt.* hunting (*od.* shooting, game) licence (*Am.* license), hunting permit. – **2.** *colloq. humor.* certificate of insanity. — **~ˌschloß**, **~ˌschlöß·chen** *n* hunting lodge (*bes. Br.* seat). — **~ˌschutz** *m* **1.** *hunt.* closed season for game. – **2.** *mil.* fighter cover. — **~siˌgnal** *n* hunting signal. — **~ˌspieß** *m* hunting spear. — **~ˌspin·ne** *f zo.* hunting spider (*Gattg Vagabundae*). — **~ˌsprin·gen** *n* ⟨-s⟩ (*sport*) show jumping. — **~ˌstaf·fel** *f mil. aer.* fighter (*od.* interceptor) squadron. — **~ˌstock** *m cf.* Jagdstuhl. — **~ˌstück** *n* (*art*) picture depicting a hunting scene. — **~ˌstuhl** *m* shooting stick. — **~ˌsze·ne** *f* (*art*) *cf.* Jagdstück. — **~ˌta·sche** *f* hunting (*od.* game) bag. — **~troˌphäe** *f* hunting trophy, trophy of the chase. — **~verˌband** *m* **1.** *aer. mil.* fighter formation. – **2.** *hunt.* association of hunting clubs. — **~verˌge·hen** *n cf.* Jagdfrevel. — **~ˌwaf·fe** *f* hunting weapon. — **~ˌwa·gen** *m* game cart. — **~ˌwe·sen** *n* (everything related to) hunting, venery. — **~ˌwild** *n* game, game animal(s *pl*). — **~ˌwurst** *f gastr. a kind of slightly smoked sausage.* — **~ˌzeit** *f hunt.* hunting (*od.* shooting) season, *Br.* hunting- (*od.* shooting-) season, open season. — **~ˌzeug** *n* hunting equipment.

ja·gen [ˈjaːgən] **I** *v/t* ⟨h⟩ **1.** hunt, (*mit dem Gewehr*) *auch* shoot, (*mit Hunden*) *auch* hound: **Wild [Wölfe, Löwen]** ~ to hunt game [wolves, lions]; **Hasen** ~ a) to hunt hares, b) (*mit Hunden*) to course hares; **j-n zu Tode** ~ *fig.* to hound s.o. to death. – **2.** *fig.* (*verfolgen*) chase, pursue: **j-n** ~ to chase (*od.* run after) s.o.; **die Kinder jagten sich** (*od.* **einander**) the children chased each other (*od.* one another); **ein Ereignis [Unglück] jagte das andere** one event [misfortune] followed hard upon the other; **der Wind jagte die Wolken über den Himmel** the wind chased (*od.* drove) the clouds across the sky. – **3.** *fig.* (*suchen*) hunt, search for: **einen Verbrecher [einen entflohenen Sträfling]** ~ to hunt (*od.* look for) a criminal [an escaped convict]. – **4.** (*vertreiben*) drive: **j-n aus dem Haus** ~ to drive (*od.* turn) s.o. out of the house; **den Feind aus dem Land** ~ to drive the enemy from (*od.* chase the enemy out of) the country; **die Mutter hat die Kinder ins Bett gejagt** *fig.* the mother hustled (*od.* shooed) the children off to bed; **j-n zum Teufel [zum Kuckuck]** ~ *fig. colloq.* to tell s.o. to go (*od.* to send s.o.) to the devil, to send s.o. packing (*od.* flying); **j-n ins Bockshorn** ~ *fig. colloq.* to intimidate (*od.* bully) s.o. completely; **j-n in die Flucht** ~ *fig. colloq.* to put s.o. to flight, to rout s.o.; **damit kannst du mich** ~ *fig. colloq.* I can't bear (*od.* stand) that, that's my pet aversion (*humor.*). – **5.** *fig.* (*in Wendungen wie*) **j-m ein Messer in den Leib** ~ to drive (*od.* thrust, plunge) a knife into s.o.'s body, to stab s.o.; **sich** (*dat*) **eine Kugel in** (*od.* **durch**) **den Kopf** ~ to blow one's brains out; **sein ganzes Geld durch die Gurgel** (*od.* **Kehle**) ~ *colloq.* to squander all one's money on drink, to drink all one's money away; **eine Brücke in die Luft** ~ to blow up a bridge; **er jagte den Ball** (*od.* **das Leder**) **ins Netz** (*sport*) he drove the ball home. – **II** *v/i* ⟨h *u.* sein⟩ **6.** ⟨h⟩ go (out) hunting, hunt, (*mit dem Gewehr*) *auch* go (out) shooting: **nach einem Wild** ~ to hunt for game; **auf ein Tier** ~ to hunt an animal. – **7.** ⟨h⟩ **nach etwas** ~ *fig.* to hunt for, to chase (*od.* run) after, b) to pursue: **nach dem Geld [Glück]** ~ to chase after money [happiness]. – **8.** ⟨sein⟩ *fig.* (*rasen*) race: **die Autos jagten über die Brücke** the cars raced (*od.* dashed, tore, swept) over (*od.* across) the bridge; **die Wolken** ~ **am Himmel** the clouds race (*od.* scud) across the sky; **sein Blut jagte durch die Adern** his blood raced (*od.* coursed) through his veins. – **III** *v/reflex* ⟨h⟩ **sich** ~ **9.** rush (*od.* dash) about. – **IV J~** *n* ⟨-s⟩ **10.** *verbal noun.* – **11.** (*Verfolgung*) chase, pursuit. – **12.** (*Suche*) hunt, search.

ˈJa·gen *n* ⟨-s; -⟩ (*forestry*) *distinctly marked section of forest.*

ˈja·gend I *pres p.* – **II** *adj* racing: **~er Puls** *med.* racing pulse.

ˈJa·ger *m* ⟨-s; -⟩ *mar.* flying jib.

Jä·ger [ˈjɛːgər] *m* ⟨-s; -⟩ **1.** hunter, huntsman: **ein passionierter** ~ an ardent hunter (*od.* sportsman); **die** ~ **brechen zur Jagd auf** the hunters set (*od.* the shooting party sets) off; **der Wilde** ~ *myth.* the Wild Huntsman. – **2.** *mil. obs.* (German *od.* Austrian) rifleman, jaeger, *auch* jager, jäger. – **3.** *aer. mil. cf.* Jagdflugzeug. — **~baˌtailˌlon** *n mil. obs.* rifle battalion.

Jä·geˈrei *f* ⟨-; -en⟩ *hunt.* **1.** ⟨*only sg*⟩ hunting, huntsmanship. – **2.** ⟨*only sg*⟩ (*Jagdwesen*) hunting, *auch* venery. – **3.** *cf.* Jagdhütte.

ˈJä·gerˌfisch *m zo.* sergeant fish, cobia (*Rachycentron canadus*).

ˈJä·ge·rin *f* ⟨-; -nen⟩ huntswoman, huntress.

ˈJä·ger|laˌtein *n* **1.** *hunt. cf.* Jägersprache. – **2.** *colloq.* tall stories *pl* of a hunter. — **~ˌliest** *m zo.* kookaburra, laughing jackass (*Dacelo gigas*). — **~ˌmei·ster** *m hunt.* professional hunter. — **~ˌrecht** *n* hunter's share of the bag.

ˈJä·ger·schaft *f* ⟨-; *no pl*⟩ *collect.* hunters *pl.*

ˈJä·gersˌmann *m* ⟨-(e)s; -leute⟩ *cf.* Jäger 1.

ˈJä·gerˌspra·che *f* hunter's jargon, hunting terms *pl.*

ˈJa·greˌzucker [ˈjaːgre-] (*getr.* -k·k-) *m* jaggery, *Am. auch* jagghery, jaggary.

Ja·gu·ar [ˈjaːgŭaːr] *m* ⟨-s; -e⟩ *zo.* jaguar, American tiger (*Panthera onca*).

Ja·gua·run·di [jagŭaˈrʊndi] *m* ⟨-s; -s⟩ *zo.* jaguarundi, *auch* jaguarondi (*Felis jaguarondi*).

jäh [jɛː] **I** *adj* ⟨-er; -(e)st⟩ *lit.* **1.** (*steil*) steep, precipitous, abrupt: **ein ~er Abgrund tat sich vor uns auf** an abrupt abyss (*od.* a precipice) suddenly yawned (*od.* opened up) before us. – **2.** (*Ende, Entschluß, Unterbrechung etc*) sudden, abrupt: **eine ~e Bewegung** a sudden (*od.* brusque) movement; **eine ~e Wendung zum Besseren** a sudden (*od.* unexpected) turn for the better. – **3.** (*Tod, Schreck etc*) sudden: **ein ~es Gefühl des Hasses** a sudden feeling of hatred; **ein ~er Schmerz** a sudden (*od.* acute, sharp) pain; **ein ~es Erwachen** a) a sudden awakening, b) *fig.* a rude awakening. – **II** *adv* **4.** precipitously, abruptly: ~ **abfallende Schluchten** precipitous gorges; **rechts fiel die Straße** ~ **ab** on the right the road dropped sharply (*od.* plunged). – **5.** suddenly, abruptly: **ihr Zustand hat sich** ~ **verschlechtert** her condition suddenly took a turn for the worse; ~ **sprang er auf** he jumped up abruptly; **seine Gefühle wechseln** ~ his feelings change suddenly (*od.* unexpectedly).

ˈJä·he, ˈJä·heit *f* ⟨-; *no pl*⟩ *lit.* **1.** (*Steilheit*) abruptness, steepness, precipitousness. – **2.** (*Plötzlichkeit*) suddenness, abruptness, sudden upsurge.

ˈjäh·lings *adv lit. cf.* jäh II.

Jahr [jaːr] *n* ⟨-(e)s; -e⟩ **1.** year: **ein dreiviertel** ~ nine months *pl*; **im ~e des Heils [Herrn]** in the year of grace [of our Lord]; **im ~e 1920** in (the year) 1920; **ohne** ~ (**o. J.**) no date (n. d.); **das** ~ **1956 war ein Schaltjahr** (the year) 1956 was a leap year; **die goldenen zwanziger ~e** the roaring twenties; **zu Anfang der dreißiger ~e** in the early thirties; **dies(es)** ~ this year; **bis zum 31. Dezember dieses ~es** until December 31st of this year; **nächstes ~, das nächste** ~ next year; **die nächsten** (*od.* **folgenden**) **~e waren hart** the next (*od.* coming, following, ensuing) years were difficult; **in den kommenden ~en** in the years to come; **letztes** (*od.* **voriges, vergangenes**) ~ last (*od.* the past) year; **in den letzten ~en ist viel geschehen** much has happened in recent (*od.* in the last few) years; **das ganze** ~ **über** (*od.* **hindurch**) all the year round, throughout (*od.* during) the whole year; **ein ganzes** ~ a whole (*od.* full, an entire) year; **jedes** ~ every year; **jedes** ~ **einmal** once a year; ~ **für** ~, ~ **um** ~ every year, year after (*od.* by) year, year in (and) year out; **auf 10 ~e vermietet** let for 10 years; **auf ~e hinaus** for years to come; **genau ein** ~ **später** (*od.* **darauf**) exactly a year later (*od.* after), a full year after; **heute in einem** (*od. colloq.* **übers**) ~ a year from today, a year hence, *Br. lit. auch* this day twelvemonth; **heute vor einem** ~ a year ago today, *Br. lit. auch* this day twelvemonth; **in einem** ~, **übers** ~ *colloq.* in a year's time; **der Bau wurde in einem** ~ (*od.* **innerhalb eines ~es**) **fertiggestellt** the building was completed in (*od.* within) a year; **letzte Woche war es ein** ~ (**her**), **daß** it was a year (ago) last week that; **im Laufe der ~e** in the course of (the) years (*od.* of time); **von** ~ **zu** ~ from year to year; **alle 3 ~e** every 3 years; **wir arbeiten seit ~en zusammen** we have been working together for years; **ich hab ihn vor ~en kennengelernt** I met him years ago; **es sind jetzt 5 ~e** (**her**), **seitdem er fortging** it is 5 years now since he went away; **seit** ~ **und Tag wartet er darauf** he has been waiting for that for (many) years (*od.* for a long time); **er weiß das noch auf** ~ **und Tag** he remembers that to the day; **vor** ~ **und Tag** many years (*od.* a long time) ago, in days of old; **Verjährung nach** ~ **und Tag** *jur.* prescription after a year and a day (*od.* after a full year); **ich hab sie seit ~en nicht gesehen** it has been years (*od.* ages, *Am.* a coon's age, *Br.* donkey's years) since I saw her; **das ist schon ~e her** that was years ago; **es wird ~e dauern, bis er wieder gesund ist** it will be many years before he is well again, it will take years until he is well again; **j-m um ~e voraus sein** to be years ahead of s.o.; **um ~e zurückgeworfen werden** to be set back for a number of years; **das Buch des ~es** the book of the year; **ein ~ Garantie** a year's guarantee; **bürgerliches ~** civil year; **das neue ~ einläuten** to ring in the new year; **das alte ~ geht zu Ende** the old year comes to a close; **das verflixte siebte ~** the seven-year itch; **die sieben fetten und die sieben mageren ~e** *Bibl. u. fig.* the seven fat and the seven lean years; → **andert-halb**; **halb** 3. – **2.** (*Lebensjahr*) year: **sie ist 5 ~e alt** she is 5 (years old *od.* years of age); **ein Kind von sieben ~en** a child of seven years, a child aged seven, a seven-year-old child; **Kinder über [unter] 12 ~en** children over [under] 12 years (of age); **sie ist noch nicht 40 ~e alt** she is not yet 40 years old, she is on the sunny side of forty (*colloq.*); **in den besten ~en** in the prime of life; **in der Blüte [Vollkraft] seiner ~e** in the bloom [prime] of his life; **sie ist noch jung an ~en** she is still young; **in jungen ~en war er ganz anders** when he was young he was completely different; **mit den ~en wurde er vernünftig** he became more sensible with the years (*od.* as he grew older); **er hat schon neunzig ~e auf dem Buckel** *colloq.* he is a good ninety, he is ninety if (he is) a day; **sie ist schon bei ~en** she is getting on in years. – **3.** (*Alter*) age: **mit** (*od.* **im Alter von**) **20 ~en** at the age of twenty; **für seine ~e ist er noch recht rüstig** he is still quite spry for his age; **ein Mann in seinen ~en** a man of his age; **eine Frau in gesetzten ~en** a mature woman; **langsam kommt er in die ~e, in denen** he is gradually reaching the age when; **er hat noch nicht die ~e, um das zu verstehen** he is not yet old enough to understand this; **ich spüre meine ~e** I begin to feel my age; **er ist zu hohen ~en gekommen** he reached a ripe old age, he grew very old; **man sieht ihm seine ~e nicht an** he does not look his age; **die Last der ~e** the burden of (old) age. – **4.** *bes. econ.* year, annum: **pro ~** per year (*od.* annum); **er setzt im ~ 10 000 Mark um** he has a turnover of 10,000 marks per annum. – **5.** *astr.* year: **astronomisches [tropisches] ~** astronomical [tropical *od.* solar] year.

ˌjahrˈaus *adv* **~, jahrein** year in (and) year out, year after (*od.* by) year.

ˈJahrˌbuch *n* **1.** (*statistisches etc*) yearbook, *Br.* year-book, annual. – **2.** (*Almanach*) almanac, *auch* almanack.

Jähr·chen [ˈjɛːrçən] *n* ⟨-s; -⟩ **1.** *dim. of* Jahr. – **2.** *colloq.* year: **ein paar ~** *colloq.* a year or two.

ˌjahrˈein *adv* **~, jahraus** year in (and) year out, year after (*od.* by) year.

ˈjah·reˌlang I *adj* ⟨*attrib*⟩ **1.** (*Freundschaft etc*) lasting for years, long-standing: **ihre ~e Feindschaft war plötzlich beendet** their long-standing enmity (*od.* their enmity which had lasted for many years) came to a sudden end. – **2.** of many years: **~e Erfahrung** many years of experience; **seine ~e Arbeit** his years of work. – **II** *adv* **3.** for (many) years, for years on end: **das geht jetzt schon ~** so that has been going on for (many) years now.

jäh·ren [ˈjɛːrən] *v/reflex* ⟨h⟩ **sich ~** be a year (ago): **morgen jährt sich ihr Todestag** it is a year tomorrow since she died, it was a year ago tomorrow that she died; **heute jährt sich unser Hochzeitstag zum 7. Mal** today is our seventh wedding anniversary, today it is seven years since we got married.

ˈJah·res|abon·neˌment *n* **1.** (*für Zeitschrift etc*) annual (*od.* yearly) subscription. – **2.** (*für Oper, Theater etc*) season ticket (for a year). — **~ˌabˌrech·nung** *f econ. cf.* Jahresabschluß 1, 2. — **~ˌabˌschluß** *m* **1.** (*Bilanz*) annual balance sheet (*Br.* balance-sheet), annual statement of accounts. – **2.** (*der Konten*) annual closing of accounts. – **3.** (*Vertrag auf ein Jahr*) contract for one year. — **~ˌanˌfang** *m* beginning of the year: **zum ~ wünsche ich Ihnen viel Glück** I wish you a happy New Year. — **~ˌausˌgleich** *m econ.* annual tax adjustment (*od.* rebate). — **~ˌaus-ˌklang** *m lit. for* Jahresende. — **~ˌaus-ˌweis** *m econ.* annual (bank) return. — **~beˌginn** *m cf.* Jahresanfang. — **~ˌbei-ˌtrag** *m* (*bei Vereinen etc*) annual (*od.* yearly) dues *pl* (*od.* fee, *Br.* subscription). — **~beˌricht** *m auch econ.* annual (*od.* yearly) report (*od.* statement): **den ~ ab-geben** to make the annual report. — **~beˌstandsˌaufˌnah·me** *f econ.* annual stocktaking (*od.* inventory): **die ~ durchführen** to take the annual inventory. — **~ˌbe·ste** *m, f* (*sport*) best of the year. — **~ˌbestˌlei·stung** *f bes.* (*sport*) best (performance) of the year: **eine ~ aufstellen** to set (*od.* establish) a year's best. — **~ˌbestˌzeit** *f* (*sport*) best time of the year. — **~biˌlanz** *f econ.* **1.** annual balance. – **2.** annual balance sheet (*Br.* balance-sheet). — **~ˌdurchˌschnitt** *m* annual (*od.* yearly) average, average of the year. — **~ˌein-ˌkom·men** *n econ.* annual (*od.* yearly) income. — **~ˌeinˌschlag** *m* (*forestry*) annual cut (*od.* fell, yield). — **~ˌen·de** *n* end (*od.* close) of the year, year's end. — **~erˌgeb-nis** *n econ.* annual profit (*od.* loss). — **~ˌer·ste** *m* first of the year, first of January: **zum ~n** by January 1st. — **~er-ˌtrag** *m* **1.** *bes. agr.* yearly output (*od.* yield). – **2.** *econ.* (*Einnahmen*) a) annual earnings (*od.* proceeds) *pl*, b) (*von Renten, Obligationen etc*) annual yield (*od.* return). — **~etat** [-ʔeˌtaː] *m* annual budget. — **~ˌfei·er** *f* anniversary, annual celebration: **eine ~ abhalten** to celebrate an anniversary. — **~ˌfrist** *f* (period of a) year, year's time: **binnen ~** within a year('s time); **nach ~** after one year, after a year's time. — **~geˌhalt** *n* **1.** *econ.* annual salary. – **2.** *jur. cf.* Jahresrente. — **~ˌhälf·te** *f* six months *pl*, half (of a) year: **die erste [zweite] ~** the first [second] six months, the first [second] half of a year. — **~ˌhaupt·ver-ˌsamm·lung** *f econ.* annual general meeting. — **~in·venˌtur** *f cf.* Jahresbestandsaufnahme. — **~ˌlauf** *m* course of the year. — **~ˌmit·te** *f* middle of the year, midyear. — **~ˌmit·tel** *n* **1.** *cf.* Jahresdurchschnitt. – **2.** *meteor.* annual mean: **~ der Temperatur** annual mean temperature. — **~ˌpen·sum** *n ped.* (*Lehrplan*) annual syllabus. — **~ˌplan** *m econ.* plan for one year. — **~ˌprä·mie** *f* **1.** annual bonus. – **2.** (*einer Versicherung*) annual premium. — **~pro·duk·tiˌon** *f* annual production (*od.* output). — **~ˌra·te** *f* (*bei Abzahlungen*) yearly (*od.* annual) instal(l)ment. — **~-ˌren·te** *f* annuity: **eine ~ von 1000 Mark für j-n aussetzen** to settle an annuity of 1,000 marks on s.o. — **~ˌring** *m bot.* annual ring. — **~ˌschluß** *m cf.* Jahresende. — **~ˌtag** *m* anniversary. — **~tem·pe·ra-ˌtur** *f only in* **mittlere ~** *meteor.* annual mean temperature. — **~ˌtrieb** *m bot.* year's growth. — **~ˌumˌsatz** *m econ.* annual (*od.* yearly) turnover. — **~ˌur·laub** *m* annual (*od.* yearly) holiday (*Am.* vacation). — **~verˌsamm·lung** *f* annual meeting. — **~ˌwech·sel** *m* turn of the year: **Glückwünsche zum ~** (a) Happy New Year, *auch* Season's Greetings. — **~ˌwen·de** *f cf.* Jahreswechsel. — **~ˌzahl** *f* date, year: **die ~ der Firmengründung** the year of the firm's founding (*od.* foundation); **er kann sich ~en nicht merken** he can't remember dates. — **~ˌzeit** *f* **1.** season: **die vier ~en** the four seasons; **die ruhige [tote] ~** the off-season [dead season]; **der Wechsel der ~en** the rotation of the seasons; **je nach ~** according to the season; **das Wetter ist der ~ entsprechend** the weather is seasonable; **„Die ~en"** "The Seasons" (*oratorio by Haydn*). – **2.** time of (the) year: **es ist für die ~ zu kalt** it is too cold for the time of the year; **zu dieser ~ kann man noch nicht baden** at this time of (the) year it is too early to go swimming. — **j~ˌzeit·lich I** *adj* seasonal: **~en Schwankungen unterliegen** to be subject to seasonal fluctuations; **~er Rückgang** seasonal recession. – **II** *adv* seasonally: **~ bedingt sein** to depend on the season; **das ist ~ verschieden** that changes with the season, that varies according to the season. — **~ˌzins** *m econ.* annual (*od.* yearly) interest. — **~ˌzins·erˌtrag** *m Austrian* (*eines Hauses*) annual rent.

ˌJahrˈfünft *n* ⟨-(e)s; -e⟩ (period of) five years *pl*; lustrum, *auch* luster, *bes. Br.* lustre, quinquennium, quinquenniad (*lit.*).

ˈJahrˌgang *m* ⟨-(e)s; -gänge⟩ **1.** (*Altersklasse, Geburtsjahr*) age-group: **er ist ~ 1943** he was born in 1943; **die Jahrgänge 1950—1955** the 1950—1955 age-group, all persons born between 1950 and 1955; **er ist mein ~** we were both born in the same year, we are of the same age, he is my vintage (*colloq.*); **der ~ 1940 wird einberufen** all men born in 1940 are called up (*Am.* drafted); **die weißen Jahrgänge** *men born between 1929 and 1937 exempted from military service.* – **2.** *gastr.* wine (*od.* vintage) of one year: **der 1969er ist ein ausgezeichneter ~** 1969 is an excellent wine (*od.* year). – **3.** *print.* (*alle Nummern einer Zeitschrift etc eines Jahres*) year, (annual) volume: **vom ~ 1960 fehlen zwei Nummern** two issues of volume 1960 are missing.

ˈJahrˌgän·ger *m* ⟨-s; -⟩ *Swiss, auch Austrian* contemporary: **~ mit j-m sein** to be s.o.'s contemporary, to be (of) the same age as s.o.

ˈJahr|geˌdächt·nis *n röm.kath.* anniversary, yearly commemoration service. — **~ˌgeld** *n jur.* **1.** annual (*od.* yearly) allowance. – **2.** *cf.* Jahresrente.

ˌJahrˈhun·dert *n* **1.** century: **das ausgehende 19. ~** the close of the 19th century; **ein halbes ~** half a century, fifty years *pl*; **von ~ zu ~** from century to century; **durch die ~e** throughout the centuries; **im Laufe der ~e** in the course of centuries; **bis weit ins 20. ~ hineinreichen** to reach far into the 20th century. – **2.** (*Zeitalter*) age: **das ~ der Aufklärung [Entdeckungen]** the age of enlightenment [discoveries].

ˌjahrˈhun·der·te|ˌalt *adj* centuries-old (*attrib*). — **~ˌlang I** *adj* lasting for centuries. – **II** *adv* for centuries.

ˌJahrˈhun·dert|ˌfei·er *f* centenary, centennial. — **~ˌwein** *m vintage wine of the century.* — **~ˌwen·de** *f* turn of the century.

jäh·rig [ˈjɛːrɪç] *adj* **1.** *obs.* (*ein Jahr dauernd*) lasting a year, of one year, one-year (*attrib*). – **2.** *obs.* (*ein Jahr her*) a year ago. – **3.** (*ein Jahr alt*) one-year-old (*attrib*): **ein ~es Fohlen** a one-year-old foal.

Jähr·lein [ˈjɛːrlaɪn] *n* ⟨-s; -⟩ *cf.* Jährchen.

jähr·lich [ˈjɛːrlɪç] **I** *adj* ⟨*attrib*⟩ (*Einkommen, Beitrag, Urlaub, Ertrag etc*) annual, yearly: **ein ~es Gehalt von 14000 Mark** an annual salary of 14,000 marks, a salary of 14,000 marks per year (*od.* annum); **~e Rente** annual pension, annuity; **~e Regenmenge** annual rainfall, rainfall per year. – **II** *adv* yearly, annually, every year: **einmal ~** once every year, once a year, once per year (*od.* annum); **~ 24 000 Mark umsetzen** *econ.* to have an annual turnover (*od.* a turnover per year) of 24,000 marks; **die Zeitschrift erscheint viermal ~** the periodical is issued four times a year (*od.* appears quarterly).

Jähr·ling [ˈjɛːrlɪŋ] *m* ⟨-s; -e⟩ *zo.* yearling.

ˈJahrˌmarkt *m* (fun) fair: **~ abhalten** to hold a fair; **~ der Eitelkeiten** *fig.* vanity fair.

ˈJahrˌmarkts|ˌbu·de *f* (fairground) booth (*od.* stall, stand). — **~ˌplatz** *m* fairground. — **~ˌtrei·ben** *n* ⟨-s⟩ bustle of a fair.

ˈJahrˌtag *m cf.* Jahrestag.

ˌJahrˈtau·send *n* millennium, *auch* millenary, chiliad (*lit.*): **im ersten ~ v. Chr.** in the first millennium B. C.; **zwei ~e später** two millennia (*od.* millenniums, thousand years) later. — **~ˌfei·er** *f* millenary, thousand-year celebration, *auch* millennium. — **~ˌwen·de** *f* turn of the millennium.

ˈJahr|ˌvo·gel *m zo.* yearbird, hornbill (*Rhyticerus plicatus*). — **~ˌwuchs** *m bot. cf.* a) Jahresring, b) Jahrestrieb.

ˌJahrˈzehnt *n* ⟨-(e)s; -e⟩ decade, ten years *pl*, *auch* decennium, decennary: **drei ~e lang** for three decades, for thirty years; **das erste ~ unseres Jahrhunderts** the first decade of this century.

ˌjahrˈzehn·teˌlang I *adj* lasting for decades: **~e Forschungsarbeiten** decades (*od.* many years) of research (work). – **II** *adv* for decades: **er lebt schon ~ in England** he has been living in England for a very long time (*od.* *colloq.* for donkey's years).

Jah·ve [ˈjaːvə] *npr m* ⟨-s; *no pl*⟩ *Bibl.* (*Name Gottes im A. T.*) Yahweh, *auch* Jahveh. — **Jahˈvist** [jaˈvɪst] *m* ⟨-en; -en⟩ Yahwist, *auch* Jahvist.

Jah·we [ˈjaːvə] *npr m* ⟨-s; *no pl*⟩ *Bibl. cf.* Jahve.

ˈJähˌzorn *m* **1.** (*plötzlicher Wutanfall*) violent (*od.* sudden) fit (*od.* outburst) of temper. – **2.** (*als Eigenschaft*) hot (*od.* violent) temper. — **ˈjähˌzor·nig** *adj* hot-tempered, given to outbursts of violent temper: **er ist sehr ~** he has a violent temper; er wird leicht ~ he is easily roused to anger, he easily flies into a rage (*od. colloq.* off the handle).

Jak [jak] *m* ⟨-s; -s⟩ *zo.* yak (*Bos grunniens*).

Ja·ka·mar ['ja:kamar] *m* ⟨-s; -e⟩ *zo.* jacamar (*Fam. Galbulidae*).

Ja·ka·ran·da [jaka'randa] *f* ⟨-; *no pl*⟩, **~ˌbaum** *m bot.* jacaranda (tree) (*Jacaranda mimosifolia*). — **Ja·ka'ran·daˌholz** *n* jacaranda, palisander.

Ja·ko ['ja:ko] *m* ⟨-s; -s⟩ *zo.* jako, African grey (parrot) (*Psittacus erithacus*).

Ja·kob ['ja:kɔp] *m* ⟨-s; *no pl*⟩ *only in* **das ist auch nicht der wahre ~** *colloq.* (*der richtige Weg, die richtige Lösung*) that's not the way to do (*od.* go about) it, that's not going to solve the problem.

Ja·ko·bi [ja'ko:bi] *n* ⟨-; *no pl*⟩ *relig.* St. James' Day: **an** (*od.* **zu**) ~ on St. James' Day.

Ja·ko·bi·ner [jako'bi:nər] *m* ⟨-s; -⟩ **1.** *hist.* Jacobin. – **2.** *röm.kath.* (*Mönch*) Jacobin, Dominican. — **~ˌklub** *m hist.* Jacobin club. — **~ˌmüt·ze** *f hist.* liberty (*od.* Phrygian) cap. — **~ˌtau·be** *f zo.* (*Haustaubenrasse*) jacobin.

Ja·ko'bi·ner·tum *n* ⟨-s; *no pl*⟩ Jacobinism.

ja·ko'bi·nisch *adj hist.* Jacobinic(al), Jacobin.

Ja·ko·bi·nis·mus [jakobi'nɪsmʊs] *m* ⟨-; *no pl*⟩ *hist.* Jacobinism.

Ja·ko·bit [jako'bi:t] *m* ⟨-en; -en⟩ *meist pl* **1.** *hist.* (*Anhänger Jakobs II.*) Jacobite. – **2.** *relig.* Jacobite, (Syrian) Monophysite.

Ja'ko·biˌtag *m cf.* Jakobi.

'Ja·kobs|ˌap·fel *m bot.* (*Sommerapfel*) striped apple. — **~ˌkraut, ~ˌkreuzˌkraut** *n* ragwort, jacobaea, benweed, fairies-horse (*Senecio jacobaea*). — **~ˌlauch** *m cf.* Schnittlauch. — **~ˌlei·ter** *f* ⟨-; -n⟩ **1.** ⟨*only sg*⟩ *Bibl.* Jacob's ladder. – **2.** *mar.* Jacob's (*od.* jack) ladder. – **3.** *bot.* Jacob's ladder, Greek valerian (*Polemonium caeruleum*). — **~ˌli·lie** *f bot.* jacobaean lily (*Sprekelia formosissima*). — **~ˌmu·schel** *f* (*Symbol der Pilger etc*) pilgrim scallop, scallop shell. — **~ˌstab** *m* **1.** *mar.* Jacob's staff, *auch* jacob staff. – **2.** *bot.* (yellow) asphodel, king's spear (*Asphodeline lutea*). — **~ˌtag** *m cf.* Jakobi. — **~ˌzwie·bel** *f bot.* Welsh onion (*Allium fistulosum*).

Ja·ko·bus [ja'ko:bus] *npr m* ⟨-; *no pl*⟩ *Bibl.* James: (**der Brief des**) ~ *cf.* Jakobusbrief. — **~ˌbrief, der** the Epistle of St. James.

Ja·ku·te [ja'ku:tə] *m* ⟨-n; -n⟩ Yakut. — **ja'ku·tisch** *adj* Yakut: **~e Sprache** Yakut.

Ja·la·pe [ja'lapə] *f* ⟨-; -n⟩ *bot.* jalap, *auch* jalapa (*Exogonium purga*): **Falsche ~** (*Wunderblume*) beauty-of-the-night, four-o'clock, mirabilis (*scient.*) (*Mirabilis jalapa*).

Ja'la·pen|ˌtrich·terˌwin·de *f bot. cf.* Jalape. — **~ˌwur·zel** *f bot.* **1. Weiße ~** mechoacan (*Ipomoea pandurata*). – **2. Indische ~** turpeth (*Operculina turpethum*).

Ja·lon [ʒa'lõ:] *m* ⟨-s; -s⟩ *civ.eng.* (*Fluchtstab*) field (*od.* ranging) rod (*od.* pole).

Ja·lou·sie [ʒalu'zi:] *f* ⟨-; -n [-ən]⟩ **1.** (*Gitterjalousie*) venetian (*auch* Venetian) blind, jalousie. – **2.** (*Rolljalousie*) blind. – **3.** (*aufrollbares Dach*) awning, *Br. auch* (sun) blind(s *pl*). – **4.** (*eines Ventilators etc*) louver, *bes. Br.* louvre. – **5.** (*eines Autokühlers*) radiator blind. – **6.** *mus.* (*an Orgel*) shutter. — **~ˌrip·pe** *f* slat (of a blind). — **~ˌschrank** *m* (*Büromöbel*) roll-top cabinet. — **~ˌschwel·ler** *m* (*bei der Orgel*) venetian (*od.* Venetian) swell. — **~ˌzug** *m* blind lift, pull (of a Venetian blind).

'Jal·ta-Kon·feˌrenz ['jalta-] *f* Yalta Conference (*1945*).

Jam [dʒɛm; dʒæm] (*Engl.*) *n* ⟨-s; -s⟩ *gastr.* (*Marmelade*) jam.

Ja·mai·ka·ner [jamaɪ'ka:nər] *m* ⟨-s; -⟩ Jamaican. — **ja·mai'ka·nisch** *adj* Jamaican.

Ja'mai·ka|-ˌPfef·fer *m bot.* allspice, *auch* allspice tree, Jamaica pepper, pimento (*scient.*) (*Pimenta officinalis*). — **~-ˌRum** *m* Jamaika rum.

Jam·be ['jambə] *f* ⟨-; -n⟩ *metr. cf.* Jambus. — **'Jam·benˌdich·tung** *f* **1.** iambic poetry. – **2.** iambic (poem), iambics *pl.* — **'jam·bisch** *adj metr.* iambic: **~er Vers** iambic (verse).

Jam·bo·ree [dʒæmbə'ri:] (*Engl.*) *n* ⟨-(s); -s⟩ (*bes. Pfadfindertreffen*) jamboree.

Jam·bus ['jambus] *m* ⟨-; -ben⟩ *metr.* iamb(us), iambic.

Jam·bu·se [jam'bu:zə] *f* ⟨-; -n⟩, *auch* **Jam'bu·senˌbaum** *m bot.* Malabar plum, Malay apple; jambu, eugenia (*scient.*) (*Eugenia jambos*).

Jam·mer ['jamər] *m* ⟨-s; *no pl*⟩ **1.** misery, distress: **er bot ein Bild des ~s** he was a picture of misery; **sie weinten vor ~** they cried because of their misery; **sie gab sich ganz ihrem ~ hin** she gave way completely to her misery, she was entirely overcome by her misery. – **2.** (*Wehklagen*) lamentation, wailing: **ein lauter ~ erhob sich** there arose a great lamentation. – **3. es ist ein ~** (*es ist schade*) it is a (great) pity (*od.* shame), it is (most) deplorable: **es ist ein ~, daß du es vergessen hast** it's a great pity you should have forgotten all about it; **es ist ein wahrer ~ um dein schönes Kleid** it's a great shame that you should have ruined your pretty dress. – **4. es ist immer der alte** (*od.* **gleiche**) **~ mit ihm** it is always the same old story with him. — **~ˌbild** *n* **1.** picture of misery, pitiful (*od.* pitiable) sight. – **2.** *cf.* Jammergestalt. — **~geˌschrei** *n* lamentation, wailing. — **~geˌstalt** *f* miserable (*od.* pitiful, pitiable, wretched) figure. — **~ˌlap·pen** *m colloq. contempt.* weakling, sissy (*colloq.*), spineless creature. — **~ˌle·ben** *n* wretched life, life of misery.

jäm·mer·lich ['jɛmərlɪç] **I** *adj* **1.** (*Versuch, Leben, Tod etc*) miserable, wretched, pitiful, pitiable, woeful: **ein ~er Anblick** a pitiful (*od.* sorry) sight; **er ist eine ~e Gestalt** he is (*od.* cuts) a miserable figure. – **2.** (*Geschrei etc*) pitiful, pitiable, heart-rending. – **3.** *bes. contempt.* miserable: **eine ~e Arbeit** miserable (*od.* poor) work; **er ist ein ganz ~er Kerl** he is a real weakling, he is a completely spineless fellow. – **II** *adv* **4. ~ weinen** to cry miserably (*od.* piteously); **ihm war recht ~ zumute** he felt quite miserable; **er hat sich ~ aufgeführt** *bes. contempt.* he behaved miserably (*od.* like a coward). — **'Jäm·mer·lich·keit** *f* ⟨-; *no pl*⟩ **1.** (*Armseligkeit*) miserableness, wretchedness, pitifulness. – **2.** *bes. contempt.* miserableness: **die ~ seiner Argumente** his miserable (*od.* poor) arguments.

Jäm·mer·ling ['jɛmərlɪŋ] *m* ⟨-s; -e⟩ *colloq. contempt. cf.* Jammerlappen.

jam·mern ['jamərn] **I** *v/i* ⟨h⟩ **1.** moan, lament, wail: **sie jammerte leise vor sich hin** she was quietly moaning to herself; **j-m die Ohren voll ~** a) to pester s.o. with one's moaning, b) (*um etwas zu bekommen*) to give s.o. no peace with one's moaning. – **2. über** (*acc*) **etwas** [**j-n**] **~** a) to moan (*od.* lament, wail) (over *od.* about) s.th. [s.o.], to bemoan s.th. [s.o.], b) (*sich beklagen*) to complain of (*od.* about) s.th. [s.o.]: **über sein Schicksal ~** to bemoan one's fate; **über die hohen Preise ~** to complain of the high prices. – **3. um etwas** [**j-n**] **~** (*den Verlust beklagen*) to (be)moan (*od.* lament, bewail) s.th. [s.o.]: **sie jammerte um ihr totes Kind** she bemoaned her dead child. – **4. nach etwas** [**j-m**] **~** a) to moan for s.th. [s.o.], b) (*wimmern*) to whimper for s.th. [s.o.]. – **II** *v/t* **5. j-n ~** to make s.o. feel sorry, to arouse pity in s.o., to move s.o. to pity: **ihr Zustand jammerte ihn** her condition made him feel sorry for her; **er jammert mich** I feel sorry for him, I pity him; → **Hund** 2. – **III** *v/impers* **6. es jammert mich zu sehen, wie traurig sie ist** it makes me feel sorry to see how sad she is. – **IV J~** *n* ⟨-s⟩ **7.** *verbal noun.* – **8.** lamentation, moans *pl*: **in J~ und Wehklagen ausbrechen** to break out in a loud wailing and lamenting; **ihr ewiges J~** her constant moaning (*od.* moans *pl*); → helfen 2.

'jam·mer|'scha·de *adj only in* **es ist ~** it is a (great) pity (*od.* shame), it is (most) deplorable: **es ist ~, daß du es vergessen hast** it's a great pity you should have forgotten all about it; **es ist ~ um dein schönes Kleid** it's a great shame that you should have ruined your pretty dress. — **J~ˌtal** *n lit.* vale of tears (*od.* woe). — **~ˌvoll** *adj cf.* jämmerlich I.

Jam Ses·si·on ['dʒæm 'sɛʃən] (*Engl.*) *f* ⟨-; -s⟩ *mus.* jam session.

'Jamsˌwur·zel ['jams-] *f bot.* yam (*Gattg Dioscorea, bes. D. batatas*).

Ja·ni·tschar [jani'tʃa:r] *m* ⟨-en; -en⟩ *meist pl mil. hist.* Janissary, Janizary. — **Ja·ni'tscha·ren·mu·sik** *f* Turkish (*od.* Janissary, Janizary) music.

Jan·ker ['jaŋkər] *m* ⟨-s; -⟩ *Southern G. and Austrian* loose jacket (*part of local costume*).

Jan Maat ['jan 'ma:t], **'Janˌmaat** *m* ⟨-(e)s; -e(n)⟩ *mar. colloq. humor.* Jack-tar, *Br.* jack tar.

Jän·ner ['jɛnər] *m* ⟨-(s); -⟩ *Austrian for* Januar.

Jan·se·nis·mus [janze'nɪsmʊs] *m* ⟨-; *no pl*⟩ *röm.kath. hist.* Jansenism. — **Jan·se'nist** [-'nɪst] *m* ⟨-en; -en⟩ Jansenist. — **jan·se'ni·stisch** *adj* Jansenist, *auch* Jansenistic.

Ja·nu·ar ['janua:r] *m* ⟨-(s); *rare* -e⟩ January: **im (Monat) ~** in (the month of) January.

Ja·nus ['ja:nʊs] *npr m* ⟨-; *no pl*⟩ *myth.* Janus (*Roman god of gates and beginnings*). — **~ˌkopf** *m* **1.** Head of Janus, Janus-face. – **2.** *med.* janiceps. — **j~ˌköp·fig** [-ˌkœpfɪç] *adj* (*Politik etc*) Janus-faced.

Ja·pa·ner [ja'pa:nər] *m* ⟨-s; -⟩, **Ja'pa·ne·rin** *f* ⟨-; -nen⟩ Japanese. — **ja·pa·nisch** [ja'pa:nɪʃ] **I** *adj* Japanese. – **II** *ling.* **J~** ⟨*generally undeclined*⟩, **das J~e** ⟨-n⟩ Japanese, the Japanese language.

'Ja·pan|ˌkä·fer *m zo.* Japanese beetle (*Popillia japonica*). — **~ˌknol·le** *f bot.* Chinese (*od.* Japanese) artichoke (*Stachys sieboldii*). — **~ˌlack** *m* (*paints*) japan varnish (*od.* lacquer), lac varnish. — **~ˌlackˌbaum** *m bot.* (Japanese) varnish (*od.* lacquer) tree (*Rhus vernicifera*).

Ja·pa·no·lo·ge [japano'lo:gə] *m* ⟨-n; -n⟩ Japanologist. — **Ja·pa·no·lo'gie** [-lo'gi:] *f* ⟨-; *no pl*⟩ Japanology.

'Ja·pan|paˌpier *n* Japanese vellum (*od.* paper), Japan paper. — **~ˌschwarz** *n* (*paints*) black japan. — **~ˌwachs** *n* vegetable wax, Japan wax (*od.* tallow).

Ja·phet ['ja:fɛt] *npr m* ⟨-s; *no pl*⟩ *Bibl.* Japheth. — **ja·phe·tisch** [ja'fe:tɪʃ] *adj* Japhetic.

ja·phe·ti·tisch [jafe'ti:tɪʃ] *adj* (*Theorie, Sprachen*) Japhetic.

Japs [japs] *m* ⟨-en *od.* -es; -e(n)⟩ *colloq. contempt.* (*Japaner*) Jap (*colloq.*).

jap·sen ['japsən] *v/i* ⟨h⟩ *colloq.* **1.** gasp, gasp for breath (*od.* air): **er japste nach Luft** he gasped for breath (*od.* air). – **2.** (*keuchen*) pant.

Jar·di·nie·re [ʒardi'nĭɛ:rə] *f* ⟨-; -n⟩ **1.** (*Blumenkorb*) *Am.* jardiniere, *Br.* jardinière. – **2.** *gastr. Am.* jardiniere, *Br.* jardinière.

Jar·gon [ʒar'gõ:] *m* ⟨-s; -s⟩ **1.** (*Berufssprache*) (professional) jargon, lingo, cant: **~ der Diebe** thieves' cant (*od.* argot). – **2.** (*Schülersprache etc*) slang. – **3.** *min.* (*Abart des Zirkon*) jargo(o)n.

Jarl [jarl] *m* ⟨-s; -s⟩ *hist.* jarl.

Ja·ro·wi·sa·ti·on [jaroviza'tsĭo:n] *f* ⟨-; -en⟩ *agr.* vernalization, jarovization. — **ja·ro·wi'sie·ren** [-'zi:rən] *v/t* ⟨*no* ge-, h⟩ vernalize, jarovize.

'Jaˌsa·ger *m* ⟨-s; -⟩ *bes. contempt.* yes-man.

Jas·min [jas'mi:n] *m* ⟨-s; -e⟩ *bot.* jasmine, jessamine, *auch* jasmin (*Gattg Jasminum*): **Falscher ~** mock orange, syringa (*Gattg Philadelphus*). — **~ˌblü·ten·parˌfüm** *n* frangipani, *auch* frangipanni. — **~ˌöl** *n* jasmine oil. — **~parˌfüm** *n cf.* Jasminblütenparfüm. — **~ˌwur·zel** *f bot.* jasmine (*Gelsemium sempervirens*).

Ja·son ['ja:zɔn] *npr m* ⟨-s; *no pl*⟩ *myth.* Jason.

Jas·pis ['jaspɪs] *m* ⟨-(ses); -se⟩ *min.* jasper.

Jaß [jas] *m* ⟨-sses; *no pl*⟩ *Swiss* (game of) jass. — **'jas·sen** *v/i* ⟨h⟩ play jass.

'Ja-ˌStim·me *f pol.* **1.** (*bei Wahlen*) ay(e). – **2.** (*als Zustimmung*) yea.

Ja·ta·gan [jata'ga:n] *m* ⟨-s; -e⟩ (*gekrümmter Türkensäbel*) yataghan, *auch* ataghan.

'Jät|ˌei·sen *n agr.* weeding chisel.

jä·ten ['jɛ:tən] **I** *v/t* ⟨h⟩ (*Garten, Beet etc*) weed: **Brennesseln ~** to weed (out) stinging nettles; **Unkraut ~** to weed, to pull out weeds. – **II** *v/i* weed, pull out weeds. — **'Jä·ter** *m* ⟨-s; -⟩ weeder.

'Jät|ˌhacke (*getr.* -k·k-) *f agr.* weedhook, weeding hoe. — **~ˌmes·ser** *n* weeding knife.

Jau·che ['jaʊxə] *f* ⟨-; -n⟩ **1.** *agr.* liquid manure. – **2.** *med.* (*Blutwasser*) ichor. — **~ˌfaß** *n agr.* (liquid) manure tank. — **~ˌgru·be** *f* **1.** (*für Abwässer*) cesspit, cesspool. – **2.** *agr.* (liquid) manure pit.

jau·chen ['jaʊxən] *v/t* ⟨h⟩ *agr.* (*Feld, Wiese etc*) dung, manure.

'Jau·che|ˌpum·pe *f agr.* (liquid) manure pump. — **~ˌrin·ne** *f* dunging channel (*od.* drain). — **~ˌwa·gen** *m* (liquid) manure cart.

'jau·chig *adj med.* sanious, ichorous: **~e Absonderung** (*Wundsekret*) sanies.

jauch·zen ['jaʊxtsən] **I** *v/i* ⟨h⟩ **1.** shout for

(*od.* with) joy: vor Freude ~ to shout for (*od.* with) joy; sein Herz jauchzte vor Freude his heart jumped for (*od.* with) joy; das Baby jauchzte the baby uttered little cries of joy (*od.* glee). – **2.** (*sich freuen*) exult, rejoice: jauchzet dem Herrn alle Welt! *Bibl.* O be joyful in the Lord all ye lands! – **3.** (*jubilieren*) jubilate. – **II** *v/t* **4.** shout (*s.th.*) joyfully. – **III J~** *n* ⟨-s⟩ **5.** *verbal noun.* – **6.** exultation, jubilation. — **'jauch·zend I** *pres p.* – **II** *adj* exultant, rejoicing, jubilant: die ~e Menge the exultant (*od.* cheering) crowd; → himmelhoch II. — **'Jauch·zer** *m* ⟨-s; -⟩ cry (*od.* shout) of joy, joyful cry: einen ~ ausstoßen to utter a shout of joy.

jau·len ['jaulən] *v/i* ⟨h⟩ *auch fig.* howl, whine, yowl.

Jau·se ['jauzə] *f* ⟨-; -n⟩ *Austrian* (*Zwischenmahlzeit*) (afternoon) (*od.* midmorning) snack. — **'jau·sen, jaus·nen** ['jauznən] *v/i* ⟨h⟩ have a snack.

'Ja·va|,mensch ['ja:va-] *m anthrop.* pithecanthropus, *auch* pithecanthrope. — **~,nas·,horn** *n zo.* Javan rhinoceros (*Rhinoceros sondaicus*).

Ja·va·ner [ja'va:nər] *m* ⟨-s; -⟩ Javanese. — **ja'va·nisch I** *adj* Javanese. – **II** *ling.* **J~** ⟨*generally undeclined*⟩, **das J~e** ⟨-n⟩ Javanese.

ja'wohl [ja-] *adv* **1.** yes: ~, Herr Oberleutnant! *mil.* yes, sir! – **2.** (*ganz recht*) quite so, exactly, that's right, right you are (*colloq.*).

'Ja,wort *n* ⟨-(e)s; -e⟩ **1.** yes, (word of) consent, approval. – **2.** (*von Mädchen*) consent to marriage: j-m sein ~ geben to accept (*od.* say yes to) s.o.'s proposal of marriage.

Jazz [dʒɛs; dʒæz] (*Engl.*) *m* ⟨-; *no pl*⟩ *mus.* jazz: ~ spielen to play jazz, to jazz. — **~,band** [-,bɛnt] *f* ⟨-; -s⟩ jazz band. — **~fa·,na·ti·ker** *m* jazz fan(atic). — **~ka,pel·le** *f* jazz band. — **~,kel·ler** *m* jazz cellar (*od.* club). — **~mu,sik** *f* jazz (music). — **~,mu·si·ker** *m* jazz musician, jazzman, jazzer. — **~trom,pe·te** *f* jazz trumpet.

je[1] [je:] **I** *adv* **1.** (*jemals*) ever: wer hätte das ~ gedacht? who would ever have thought that? hättest du dir ~ träumen lassen, daß would you ever have dreamt that? wie konnte das ~ geschehen? how could that ever have happened? ohne ihn ~ gesehen zu haben without ever having seen him; sollte er ~ wiederkommen should he ever return; habe ich euch ~ belogen? have I ever told you a lie? die Zustände sind jetzt schlimmer denn ~ conditions are now worse than ever. – **2.** (*seit langem, immer*) always, ever, at all times: das machen wir schon seit (eh und) ~ so *colloq.* we have always done it this way; wie eh und ~ as always; ~ und ~ *lit.* a) always, b) from time to time, occasionally. – **3.** (*mit Zahlwörtern*) ~ zwei two each; sie bekamen ~ einen Apfel und eine Birne they got an apple and a pear each; drei Busse mit ~ fünfzig Leuten three busses (*Br.* buses), each with fifty people (*od.* with fifty people each); in Schachteln zu ~ zehn Stück in boxes of ten; sie waren ~ zwei und zwei aufgestellt they were lined up in twos (*od.* in two by two, in pairs); ~ zwei und zwei wurden hereingelassen they were admitted in twos (*od.* two at a time); sie haben die Flaschen ~ zur Hälfte geleert they emptied half of each bottle; für ~ zehn Wörter for every ten words. – **4.** (*pro*) per: ~ Kopf der Bevölkerung per head of population; drei Mark ~ Kilo three marks per (*od.* a) kilo; acht Pfennig ~ gefahrener (*od.* gefahrenen) Kilometer eight pfennigs per (*od.* a) kilometer. – **5.** ~ nach according to, depending on: das ist ~ nach Größe verschieden that differs according to size; ~ nach den Umständen according to circumstances; ~ nach Geschmack [Laune] according to taste [one's mood]. – **6.** ~ nachdem as the case may be, it (all) depends: wann kommst du? — zwischen eins und drei, ~ nachdem when are you coming? — between one and three, it all depends. – **II** *conj* **7.** ~ ..., desto (*od.* um so, je) ... the ... the ...: ~ länger, ~ lieber the longer the better; ~ mehr, desto besser the more the better; ~ weniger man hat, desto weniger kann man ausgeben the less you have, the less you can spend; ~ mehr er hat, ~ mehr er will (*Sprichwort*) the more one has, the more one wants. – **8.** ~ nachdem according to, depending on: ~ nachdem, wie du es nimmst according to how you take it.

je[2] *interj* **1.** o ~! ach ~! good Lord! good heavens! – **2.** ~ nun well now, now then.

je·de ['je:də] *indef pron cf.* jeder.

'je·den'falls *adv* **1.** (*also, wie vereinbart*) at any rate, at all events, in any case, anyhow, anyway: ich treffe dich ~ um acht Uhr in dem Café at all events I shall meet you at eight o'clock in the café. – **2.** (*wie dem auch sei*) however that may be: ~ muß er ins Krankenhaus however that may be, he must be taken to the hospital. – **3.** (*wenigstens*) at least: er ist sehr weit gereist, ~ sagt er das he has travel(l)ed very far, at least he says so.

je'den·noch [je-] *conj obs. for* jedoch.

'je·der, 'je·de, 'je·des *indef pron* **I** (*adjektivisch*) **1.** (*individualisierend, aus einer Menge*) each: jeder einzelne each (individual) person, everyone; er betonte jedes Wort des Satzes he stressed each word of the sentence; sie haben jeden Tag ihrer Ferien genossen they enjoyed each day of their holidays (*Am.* vacation); sie begrüßte jeden Gast mit der gleichen Herzlichkeit she greeted each guest with the same cordiality. – **2.** (*verallgemeinernd, ohne Ausnahme*) every: auf jede Art und Weise in every possible way; in jeder Hinsicht in every respect, in all respects; es wird jetzt mit jedem Tag wärmer it is getting warmer every (*od.* each) day now; ein jedes Mal every (*od.* each) time; er ergreift jede Gelegenheit, um he seizes every opportunity to; sie wird bei jeder Gelegenheit rot she blushes at every little thing; zu Anfang jedes (*od.* jeden) Jahres at the beginning of every (*od.* each) year; jeder zweite Tag every other day; fern jeder Zivilisation far from all civilization; der Bus fährt jede zehn Minuten the bus runs (*od.* goes) every ten minutes; jedes Ding hat zwei Seiten (*Sprichwort*) there are two sides to every story. – **3.** (*jeder beliebige*) any: jeder andere anyone else; du bist zu jeder Zeit willkommen you are welcome any time (*od.* at all times), you are always welcome; er kann jede Minute (*od.* jeden Moment) kommen he can come any minute (*od.* moment); er ist ohne jeden Grund gegangen he left without any reason; ohne jeden Zweifel without any doubt; bei jedem Wetter in all weathers (*od.* all kinds of weather), whatever the weather; auf jeden Fall in any case; er hat jede Menge Geld *colloq.* he has any amount (*od.* lots, *colloq.* tons) of money. – **II** (*substantivisch*) **(ein) jeder, (eine) jede, (ein) jedes 4.** (*individualisierend, aus einer Menge*) each (one): jedes der Kinder bekam ein Geschenk each of the children got a present, the children got a present each; jeder bekommt seinen Anteil each one will get his share; er erinnert sich noch an jeden (*od.* *lit.* eines jeden) von euch he still remembers each one of you; Jedem das Seine! (*Sprichwort*) to each his own! (*proverb*). – **5.** (*verallgemeinernd, ohne Ausnahme*) everybody, everyone: das weiß doch (ein) jeder everyone knows that; es kann jeder teilnehmen everyone can take part; jeder hat seine Fehler everyone has his faults, we all have our faults; jeder, wie er will everyone as he pleases; für jeden etwas something for everyone; alles und jedes everything without exception, absolutely everything; ~ für sich und Gott für uns alle (*Sprichwort*) every man for himself and God for us all (*proverb*); jeder nach seinem Geschmack everybody to his taste; → kehren[2] II; Nächste 1. – **6.** (*jeder beliebige*) anyone, anybody: das kann jedem passieren that can happen to anyone; das kann jeder sagen anyone can say that; da könnte ja jeder kommen *colloq.* anyone could come.

'je·der'lei *adj* ⟨*invariable*⟩ of every sort (*od.* kind, variety).

'je·der,mann *indef pron* everyone, everybody: Austern sind nicht ~s Sache (*od.* Geschmack) oysters are not to the taste of everyone; er ist freundlich gegen ~ he is friendly to everyone; dieser Unfall ist auf ~s Lippen everybody talks about this accident, this accident is the talk of the town; Reisen für ~ trips for everyone (*od.* for the man in the street).

„**'Je·der,mann**" "Everyman" (*morality play by Hofmannsthal*).

'Je·der,manns,freund *m contempt.* everybody's friend, friend of any and everybody, hail-fellow-well-met type of person.

'je·der'zeit *adv* **1.** at any time, at all times, always: Sie sind mir ~ willkommen you are always welcome; unter dieser Adresse kannst du mich ~ erreichen you can reach me at this address at any time. – **2.** (*jeden Augenblick*) any minute (*od.* moment): sie können jetzt ~ kommen they can come any minute now.

'je·der'zei·tig *adj* (*officialese*) (*Kündigung etc*) at any time, without notice.

'je·des'mal *adv* **1.** every (*od.* each) time: das ist bisher ~ passiert that has happened every time so far; ~, wenn er kommt every time (*od.* whenever) he comes. – **2.** (*immer*) always: das ist ~ dasselbe that is always the same.

'je·des'ma·lig *adj* ⟨*attrib*⟩ (*officialese*) *cf.* jeweilig 2—4.

je'doch [je-] *conj* but, however, still, nevertheless, notwithstanding: es kam ~ ganz anders however, it turned out to be quite different; ich bin ~ gern bereit, dir zu helfen I am, however, quite willing to help you, I am quite willing to help you though.

'jed'we·der ['je:t-], **'jed'we·de, 'jed'we·des** *indef pron rare for* jeder, jede, jedes.

Jeep [dʒi:p] (*Engl.*) *m* ⟨-s; -s⟩ jeep.

Jef·fer·so·nie [dʒɛfər'zo:niə] *f* ⟨-; -n⟩ *bot.* rheumatism root (*Jeffersonia diphylla*).

'jeg·li·cher ['je:klıçər], **'jeg·li·che, 'jeg·li·ches** *indef pron rare for* jeder, jede, jedes.

'je,her *adv* von ~ a) (*schon immer*) always, at all times, b) (*seit unvordenklichen Zeiten*) since (*od.* from) time immemorial, since the beginning of time.

Je·ho·va [je'ho:va] *npr m* ⟨-s; *no pl*⟩ *relig.* Jehovah: die Zeugen ~s Jehovah's Witnesses, the Witnesses. — **~,blüm·chen** *n bot.* London pride (*Saxifraga umbrosa*).

Jein [jaın] *n* ⟨-; *no pl*⟩ yes-and-no answer.

jein *adv* (*als Antwort*) yes and no.

Je'län·ger·je'lie·ber [je'lɛŋərje-] *n* ⟨-s; -⟩ *bot.* **1.** *cf.* Geißblatt. – **2.** *cf.* Kapuzinerkresse. – **3.** *cf.* Stiefmütterchen. – **4.** lilac, pipe privet (*Syringa vulgaris*).

'je,mals [-,ma:ls] *adv cf.* je[1] 1.

je·mand ['je:mant] **I** *indef pron* ⟨*gen* -(e)s; *dat* -(em); *acc* -(en)⟩ **1.** someone, somebody: ~ hat mir erzählt, daß s.o. told me that; es kommt ~ s.o. is coming; es ist ~ bei ihm there is s.o. with him; ich sah mich gezwungen, ~(e)s Hilfe in Anspruch zu nehmen I was forced to ask for (*od.* enlist) s.o.'s help; ~(em) Mut zusprechen to encourage s.o., to inspire s.o. with courage; ich habe ~(en) gesehen, der I saw s.o. who; sie hat ~ anders (*od.* anderen) gemeint she meant s.o. else (*od.* some other person); ~ Hohes s.o. high-up; ~ Fremdes a stranger; sie kam mit ~ Fremden (*od.* Fremdes) she came with a stranger; irgend ~ hat das Geheimnis verraten s.o. or other has given away the secret. – **2.** (*in negativen, fragenden u. bedingten Sätzen*) anyone, anybody: ist dort ~? is anyone there? hast du ~(en) getroffen? did you meet anybody? er hat nie ~(e)s Hilfe gewollt he has never wanted anyone's help; hast du es ~(em) erzählt? did you tell anybody? sonst noch ~? anyone else? spricht hier ~ Spanisch? does anyone here speak Spanish? er kam herein, ohne ~(en) zu grüßen he came in without greeting anyone; ohne ~(en) beleidigen zu wollen without wanting to offend anyone; weder du noch sonst ~ neither you nor anyone else; falls ~ anrufen sollte should anyone phone. – **II J~** *m* ⟨-s⟩ **3.** a (certain) person, somebody: ein gewisser J~ a certain somebody (*od.* someone).

Je·mei·nig·keit [je'maınıçkaıt] *f* ⟨-; *no pl*⟩ *philos.* mineness.

Je·me·nit [jeme'ni:t] *m* ⟨-en; -en⟩, **Je·me·'ni·te** *m* ⟨-n; -n⟩ (*Bewohner Jemens*) Yemenite. — **je·me'ni·tisch** *adj* Yemenite.

je·mi·ne ['je:mine] *interj colloq.* oh dear! dear me! Goodness gracious!

Jen [jɛn] *m* ⟨-(s); -(s)⟩ *econ. cf.* Yen.

je·ne ['je:nə] *demonstrative pron cf.* jener.

'je·ner *demonstrative pron m*, **'je·ne** *f*, **'je·nes** *n*, **'je·ne** *pl* **I** (*adjektivisch*) that, *pl* those: ich meine jenes Haus dort drüben I mean that house over there; es war jener Mann in der letzten Reihe it was that man (there) in the last row; bei diesem Namen denke ich an jenen Skandal vor einiger Zeit, als when I hear this name I think of that scandal some time ago when; jenen Tag werde ich nie vergessen I shall never forget that day; seit jenem

Tage from that day on; **wenn man an jenem Punkt angekommen ist, gibt es kein Zurück mehr** once you have reached that point there is no turning back; **jene Welt** *euphem.* the other world (*euphem.*); **ich möchte gern jene Bücher dort oben ansehen** I should like to have a look at those books up there; **sie denkt nur ungern an jene Tage der Entbehrungen zurück** it is only with reluctance that she remembers those days of poverty. – **II** (*substantivisch*) that (one), *pl* those: **dieser Laden gefällt ihr nicht, sie will unbedingt zu jenem dort drüben** she doesn't like this shop, she insists on going to that one over there; **einige Leute schauten interessiert herüber, dieser oder jener blieb auch stehen** some people looked across with interest, a few (*od.* the odd one or two, the odd few) even stopped; **wir sprachen über dies und jenes** we talked about this and that; **ich habe noch dies und jenes zu tun** I still have a few things to do; **welche Blumen gefallen dir? jene dort hinten** which flowers do you like? those over there.

'je·nes *demonstrative pron cf.* jener.

'jen,sei·tig ['je:n-; 'jɛn-] *adj* **1.** on the other side, opposite: **das ~e Ufer** the opposite bank. – **2.** *fig. lit.* of the other world, otherwordly, *auch* otherworld: **das ~e Leben** life after death, the afterlife. — **'Jen,sei·tig·keit** *f* ⟨-; *no pl*⟩ otherworldliness.

'jen,seits I *prep* ⟨*gen*⟩ **1.** on the other side of, beyond, across, over: **~ der Alpen beginnt Italien** Italy begins on the other side of the Alps; **das erste Haus ~ der Grenze** the first house beyond the border. – **2.** *fig.* beyond: **er ist schon ~ der Fünfzig** he is already beyond (*od.* past) fifty, *Br. auch* he is on the wrong side of fifty; **~ des Grabes** beyond the grave, in the world to come. – **II** *adv* **3.** on the other side. – **4.** **~ von** beyond.

'Jen,seits, das ⟨-; *no pl*⟩ the other (*od.* next) world, the life to come, the beyond, the hereafter: **ein Leben im ~** an afterlife, a future life, a life in the world to come; **er ist ins ~ abberufen worden** *lit.* he was called (*od.* summoned) to be with the Lord; **j-n ins ~ befördern** *colloq.* to dispatch (*auch* despatch) s.o. to eternity, to send s.o. to glory (*od.* to kingdom come). — **~,glau·be** *m relig.* belief (*od.* faith) in a life after death.

Jer·boa [jɛr'bo:a] *m* ⟨-s; -s⟩ *zo.* jerboa (*Jaculus jaculus*).

Je·re·mi·a [jere'mi:a] *npr m* ⟨-; *no pl*⟩ *Bibl.* (*Prophet*) Jeremiah: **die Klagelieder ~s** the Lamentations of Jeremiah.

Je·re·mia·de [jere'mia:də] *f* ⟨-; -n⟩ *fig.* jeremiad, lamentation: **eine ~ anstimmen** to start complaining, to begin (on) a tale of woe.

Je·rez ['çe:rɛs] ⟨-; *no pl*⟩, **~,wein** *m* sherry.

'Je·ri·cho|,beu·le ['je:rɪço-] *f med. cf.* Aleppobeule. — **~,ro·se** *f bot.* rose of Jericho, Jericho rose, resurrection plant (*Anastatica hierochuntica*).

Jer·sey[1] ['dʒø:zi] (*Engl.*) *m* ⟨-(s); -s⟩ (*textile*) (*Stoffart*) jersey.

'Jer·sey[2] (*Engl.*) *n* ⟨-s; -s⟩ (*sport*) (*Trikothemd*) jersey.

'Jer·sey|,kie·fer *f bot.* Jersey (*od.* scrub) pine (*Pinus virginiana*). — **~,kleid** *n* (*fashion*) dress made of jersey material. — **~,rind** *n agr.* Jersey (cattle).

je·rum ['je:rum] *interj colloq.* dear me! good gracious!

Je·ru·sa·lem [je'ru:zalɛm] *n* ⟨-s; *no pl*⟩ *geogr.* Jerusalem: **die Reise nach ~** (*games*) musical chairs *pl* (*construed as sg*), going to Jerusalem.

Je'ru·sa·lems|ar·ti,schocke (*getr.* -k·k-) *f bot.* Jerusalem artichoke (*Helianthus tuberosus*). — **~,blu·me** *f cf.* Feuernelke.

Je·sa·ja [je'za:ja] *npr m* ⟨-s; *no pl*⟩ *Bibl.* (*Prophet*) Isaiah.

Jes·sas ['jɛsas], *auch* **~'na** *Austrian dial. for* Jesses.

Jes·se ['jɛsə] *npr m* ⟨-s; *no pl*⟩ *Bibl. hist.* Jesse: **die Wurzel ~** (*art*) the tree of Jesse.

Jes·ses ['jɛsəs] *interj bes. Am.* gee! jeez, *auch* gee! *bes. Br.* Lord! Lor', *auch* lor!

Je·su·it [jezu'i:t] *m* ⟨-en; -en⟩ *röm.kath.* Jesuit.

Je·sui·ten|,dra·ma [jezu'i:tən-] *n* (*literature*) Jesuit drama. — **~ge·ne,ral** *m röm.kath.* General of the Jesuits. — **~,klo·ster** *n* Jesuit monastery. — **~,müt·ze** *f*, **~,nuß** *f bot. cf.* Wassernuß. — **~,or·den** *m röm. kath.* Society of Jesus. — **~,pul·ver** *n med. pharm. cf.* Chinarinde. — **~,schu·le** *f röm. kath.* Jesuit school (*od.* college). — **~,staat** *m hist.* Jesuit State (*in South America*). — **~,stil** *m arch. hist.* Jesuit baroque (style). — **~,tee** *m bot.* Mexican (*od.* Jesuits', *auch* Jesuit) tea (*Chenopodium ambrosioides*). — **~thea·ter** [-te,a:tər] *n* (*literature*) *cf.* Jesuitendrama.

Je·sui·ten·tum [jezu'i:tən-] *n* ⟨-s; *no pl*⟩ *röm.kath.* Jesuitism.

je·sui·tisch [jezu'i:tɪʃ] *adj* **1.** *röm.kath.* Jesuitic(al). – **2.** *contempt.* jesuitical, designing, crafty, cunning.

Je·sus ['je:zus] *npr* ⟨**Jesu**; *no pl*⟩ *Bibl.* Jesus: **~ Christus** Jesus Christ; **der Herr ~** the Lord Jesus; **im Namen Jesu** in Jesus' name; **~ von Nazareth** Jesus of Nazareth; **die Gesellschaft Jesu** *röm.kath.* the Society of Jesus. — **~,kind(·lein)** *n* the child (*od.* infant) Jesus. — **~,lat·sche** *f meist pl colloq. humor.* strapsandal.

Jet[1] [dʒɛt] (*Engl.*) *m* ⟨-(s); -s⟩ *colloq.* (*Düsenverkehrsflugzeug*) jet.

Jet[2] (*Engl.*) *m, n* ⟨-(e)s; *no pl*⟩ *min. cf.* Jett.

Je·ton [ʒə'tõ:] *m* ⟨-s; -s⟩ (*Spielmarke*) jet(t)on.

Jet·stream ['dʒɛt,stri:m] (*Engl.*) *m* ⟨-s; *no pl*⟩ *meteor.* jet stream.

Jett [dʒɛt] *m, n* ⟨-(e)s; *no pl*⟩ *min.* jet. — **j~,ar·tig** *adj* jetlike, *Br.* jet-like, like jet.

jet·zig ['jɛtsɪç] *adj* ⟨*attrib*⟩ **1.** present: **die ~e Frau X** the present Mrs. X; **der ~e Präsident der Vereinigten Staaten** the president of the United States now in office; **in der ~en Zeit** at the present time, nowadays; **bei den ~en Zeiten überrascht mich das nicht** as things are these days (*od.* as times are going) that doesn't surprise me. – **2.** (*gegenwärtig*) current: **die ~e Krise in der Politik** the current crisis in politics. – **3.** (*obwaltend*) existing, prevailing: **die ~en Zustände sind untragbar** the prevailing conditions are unbearable.

jet·zo ['jɛtso] *adv obs. for* jetzt 1.

jetzt [jɛtst] **I** *adv* **1.** now, at present, at the present time: **er ist ~ gerade in England** he is in England at present; **sie ist eben ~ angekommen** she has arrived just now (*od.* this very moment); **wir haben bis ~ gewartet** we have waited till now; **bis ~ ging alles gut** everything has gone well until now (*od.* up to now, so far); **ich habe es erst ~** (*od.* **~ erst**) **erfahren** I've learned about it only (*od.* just) now; **man spricht noch ~ davon** people are still talking about it, people are talking about it even now; **ich möchte das gleich ~ erledigen** I'd like to have that settled right now (*od.* right away, at once); **das reicht für ~** that will do for the moment (*od.* for now); **~, da** (*od.* **wo**) **ich es weiß** now that I know (it); **von ~ an** (*od.* **ab**) from now (*od.* this time) on, henceforth (*lit.*); **~ oder nie** now or never; **ich muß ~ gehen** I must go (*od.* be going) now; **~ schon? already?** **er geht ~ schon schlafen** he is already going to bed; **was ist ~ schon wieder los?** what is it now (*od.* this time)? now what's up? **muß das gerade ~ sein?** does it have to be (right) now? **~ (ist) aber Schluß!** *colloq.* that's enough now! cut it out! (*colloq.*); **~ langt's mir aber!** *colloq.* that's enough now! I've had enough (of that) now! **was ~?** what now? → gerade 10. – **2.** (*von Vergangenem bei lebhafter Erzählung*) now: **~ schien alles verloren** everything seemed to be lost now. – **3.** (*heutzutage*) now, nowadays: **man denkt über diese Dinge ~ anders als früher** nowadays one thinks differently about these things than in former times. – **4.** *colloq.* (*wohl*) now: **wo hab ich ~ bloß meine Brille gelassen?** now, where did I leave my glasses? **hab ich ~ das Licht ausgemacht oder nicht?** now, have I switched the light off or not? – **II J~, das** ⟨-; *no pl*⟩ **5.** the present (time): **das J~ mit dem Einst vergleichen** to compare the present with former times.

'Jetzt,zeit *f* **1.** (the) present (time). – **2.** modern times *pl.*

jetz·und [jɛ'tsunt] *adv obs. for* jetzt 1.

Jeu [ʒø:] *n* ⟨-s; -s⟩ (*games*) **1.** game of chance, gambling game. – **2.** game of (*od.* at) cards.

Jeu·nesse do·rée [ʒœnɛsdɔ're] (*Fr.*) *f* ⟨- -; *no pl*⟩ jeunesse dorée, gilded youth.

'je'wei·len *adv obs. for* jeweils.

'je'wei·lig I *adj* ⟨*attrib*⟩ **1.** (*einzeln*) respective: **die ausländischen Studenten reisten in ihre ~en Länder zurück** the foreign students returned to their respective countries. – **2.** (*zu einem gegebenen Zeitpunkt*) at the moment (in question): **die ~e Witterung** weather conditions *pl* at the time (in question); **den ~en Umständen entsprechend** according to circumstances (at the time). – **3.** (*spezifisch*) specific: **sich auf das ~e Publikum einstellen** to adapt oneself to the specific (*od.* particular) audience (in question). – **4.** (*vorherrschend*) obtaining: **zum ~en Tagespreis** at the price obtaining (*od.* current) on a given day. – **II** *adv* **5.** *cf.* jeweils 1.

'je'weils [-'vaɪls] *adv* **1.** (*jeweilig*) at the time: **die ~ geltenden Bestimmungen beachten** to observe the regulations valid at the time (in question). – **2.** (*gleichzeitig, zusammen*) at a time: **~ zwei Mann** two men at a time. – **3.** (*jedesmal*) each (*od.* every) time: **er kam ~ nur für ein paar Stunden** he would only come for a few hours each time. – **4.** (*je*) each: **zwei Pausen von ~ zehn Minuten** two intermissions of ten minutes each.

jid·disch ['jɪdɪʃ] *ling.* **I** *adj* Yiddish. – **II J~** ⟨*generally undeclined*⟩, **das J~e** ⟨-n⟩ Yiddish, *auch* Judeo-German.

Jig·ger ['dʒɪgər; 'dʒɪgə] (*Engl.*) *m* ⟨-s; -(s)⟩ **1.** (*TM*) *tech.* jig(ger). – **2.** (*sport*) *mar.* jigger.

Jin·go ['dʒɪŋgo; 'dʒɪŋgou] (*Engl.*) *m* ⟨-s; -s⟩ *pol. hist.* jingo, extreme nationalist, chauvinist. — **Jin·go'is·mus** [-go'ɪsmus] *m* ⟨-; *no pl*⟩ jingoism.

Ji·pe·ru [ji'pe:ru] *m* ⟨-s; -s⟩ *zo.* yetapa (*Gubernetes yetapa*).

Jit·ter·bug ['dʒɪtə,bʌg] (*Engl.*) *m* ⟨-; *no pl*⟩ jitterbug: **~ tanzen** to jitterbug, to jive.

Jiu-Jit·su ['dʒi:u'dʒɪtsu] *n* ⟨-(s); *no pl*⟩ (*sport*) j(i)ujitsu, j(i)ujutsu; *Br.* ju-jutsu, jiu-jitsu. — **~,griff** *m* j(i)ujitsu (*Br.* ju-jutsu) hold.

Jo·ab ['jo:ap] *npr m* ⟨-s; *no pl*⟩ *Bibl.* Joab.

Joa·chims,ta·ler ['jo:axɪms-; jo'a-] *m* ⟨-s; -⟩ (*alte Münze*) Joachimsthaler.

Jo·as ['jo:as] *npr m* ⟨-; *no pl*⟩ *Bibl.* Joash.

Job [dʒɔp; jɔp; dʒɔb] (*Engl.*) *m* ⟨-s; -s⟩ *colloq.* job: **er hat einen prima ~** he has a first-class (*od.* top-notch) job.

Job·ber ['dʒɔbər; 'jɔbər; 'dʒɔbə] (*Engl.*) *m* ⟨-s; -⟩ *colloq. contempt.* (*Börsenhändler*) jobber. — **'Job·ber·tum** *n* ⟨-s; *no pl*⟩ jobbery.

Joch [jɔx] *n* ⟨-(e)s; -e⟩ **1.** (*Zuggeschirr*) yoke: **Ochsen ins ~ spannen** to put oxen to the yoke, to yoke oxen; **Ochsen das ~ abnehmen** to unyoke oxen. – **2.** ⟨-(e)s; -⟩ *obs.* (*Gespann*) yoke: **ein ~ Ochsen** a yoke of oxen. – **3.** (*Tragegestell für Eimer etc*) yoke. – **4.** *geol.* (*Einsattelung im Gebirgskamm*) pass, saddle, col. – **5.** *civ.eng.* (pile) trestle, pile bent. – **6.** *electr.* (*eines Transformators, Magnets etc*) yoke. – **7.** (*Schiffbau*) yoke. – **8.** *zo.* jugum. – **9.** ⟨-(e)s; -⟩ (*altes Feldmaß*) yoke: **ein ~ Land** a yoke of land. – **10.** ⟨*only sg*⟩ *fig.* yoke: **sein ~ abschütteln** (*od.* **abwerfen**) to shake (*od.* cast, throw, fling) off one's yoke; **das ~ der Ehe** *humor.* the marriage yoke (*od.* bond, tie); **ein schweres ~ zu tragen haben** to have to endure a heavy yoke; **j-m ein ~ auferlegen** (*od.* **aufbürden**) to impose a yoke on s.o.; **sich unter j-s ~ beugen** to submit to (*od.* bend under) s.o.'s yoke; **unter einem harten ~ seufzen** to sigh under a heavy yoke. — **~,al·gen** *pl bot.* conjugatae (*Ordng Conjugales*). — **~,bal·ken** *m civ.eng.* **1.** capsill. – **2.** (*einer Holzbrücke etc*) crossbeam, *Br.* cross-beam. — **~,bein** *n med. zo.* yoke bone, *Br.* yoke-bone, jugal (*od.* zygomatic) (bone) (*scient.*). — **~,blatt** *n bot.* bean caper (*Gattg Zygophyllum, bes. Z. fabago*). — **j~,blät·te·rig, j~,blätt·rig** *adj* with leaves yoked together. — **~,bo·gen** *m med.* zygomatic arch, zygoma. — **~,brücke** (*getr.* -k·k-) *f civ.eng.* (pile) trestle bridge, pile bent bridge.

jo·chen ['jɔxən] *v/t* ⟨h⟩ *dial.* (*Ochsen etc*) yoke.

'Joch|,fa·den *m bot.* zygnema (*Gattg Zygnema*). — **j~,för·mig** *adj* **1.** having the form of a yoke. – **2.** *med. zo.* zygal. — **~,fort,satz** *m med. zo.* zygomatic process. — **~,mus·kel** *m* zygomatic muscle, zygomaticus. — **~,na·gel** *m tech.* yoke pin. — **~,nat·ter** *f zo.* Balkan snake (*Coluber jugularis*). — **~,ring** *m electr.* yoke ring. — **~ver,fah·ren** *n electr.* (*Magnetismus*) bar and yoke method, yoke method (of permeability test). — **~,wei·te** *f civ.eng.* span of the bay.

Jockei (*getr.* -k·k-) ['dʒɔke; 'dʒɔki; 'jɔkaɪ; 'dʒɔkɪ] (*Engl.*) *m* ⟨-s; -s⟩ (*sport*) jockey. — **~,müt·ze** *f* (*fashion*) jockey cap.

Jockey (*getr.* -k·k-) ['dʒɔke; 'dʒɔki; *auch*

'dʒkaɪ; 'dʒɔkɪ] (*Engl.*) *m* ⟨-s; -s⟩ (*sport*) *cf.* Jockei.

Jod [joːt] *n* ⟨-(e)s; *no pl*⟩ *chem.* iodine, *auch* iodin (J): eine Wunde mit ~ behandeln *med.* to treat a wound with iodine, to iodize (*Br. auch* -s-) a wound. — **j~ˌar·tig** *adj* iodine-like.

Jo·dat [joˈdaːt] *n* ⟨-(e)s; -e⟩ *chem.* iodate.

ˈJod|ˌbad *n med.* iodine bath. — **~ˌdampf** *m meist pl* vapor (*bes. Br.* vapour) of iodine. — **~ˌei·sen** *n* iron iodide.

jo·deln [ˈjoːdəln] *v/i u. v/t* ⟨h⟩ *bes. Bavarian, Austrian and Swiss* yodel, *auch* jodel.

ˈJod|geˌhalt *m chem.* iodine content. — **j~ˌhal·tig** *adj* containing iodine, iodic.

Jo·did [joˈdiːt] *n* ⟨-(e)s; -e⟩ *chem.* iodide. — **~chloˌrid** *n* iodochloride.

jo·die·ren [joˈdiːrən] *v/t* ⟨*no* ge-, h⟩ **1.** *chem.* (*Olefine*) iodinate. – **2.** *med. pharm.* (*mit Jod versetzen*) (*Salz*) iodize *Br. auch* -s-, iodate. – **3.** *med.* paint (*s.th.*) with (tincture of) iodine.

ˈjo·dig *adj chem.* iodous.

Jo·dis·mus [joˈdɪsmʊs] *m* ⟨-; *no pl*⟩ *med.* iodism, iodine poisoning.

ˈJod|ˌka·li(·um) *n chem.* potassium iodide (KJ). — **~ˌkur** *f med.* iodine treatment.

ˈJod·ler *m* ⟨-s; -⟩ *bes. Bavarian, Austrian and Swiss* **1.** (*Person*) yodel(l)er, *auch* jodel(l)er. – **2.** (*Gesang*) yodel, *auch* jodel. — **ˈJod·le·rin** *f* ⟨-; -nen⟩ *cf.* Jodler 1.

ˈJod|ˌlö·sung *f chem.* iodine solution. — **~ˌman·gel** *m med.* iodine deficiency. — **~ˌmit·tel** *n med. pharm.* iodine remedy. — **~ˌnat·ri·um** *n chem.* sodium iodide (NaJ).

Jo·do·form [jodoˈfɔrm] *n* ⟨-s; *no pl*⟩ *chem. med. pharm.* iodoform (HCJ_3).

Jo·dol [joˈdoːl] *n* ⟨-s; *no pl*⟩ *chem.* iodol.

Jo·do|me·trie [jodomeˈtriː] *f* ⟨-; *no pl*⟩ *chem.* iodometry. — **j~ˈme·trisch** [-ˈmeːtrɪʃ] *adj* iodometric.

ˈJod|prä·paˌrat *n med. pharm.* iodine preparation. — **~ˌquel·le** *f med.* iodine spring. — **~ˌsal·be** *f med. pharm.* iodine ointment. — **~ˌsalz** *n* **1.** *chem.* iodate. – **2.** (*gejodetes Speisesalz*) iodized (*Br. auch* -s-) common salt. — **j~ˌsau·er** *adj chem.* (*Salz*) iodic. — **~ˌsäu·re** *f* iodic acid (HJO_3). — **~ˌsil·ber** *n chem.* silver iodide (AgJ). — **~ˌstär·ke** *f chem.* starch iodide. — **~ˌstickˌstoff** *m* iodide of nitrogen (NJ_3). — **~tinkˌtur** *f med. pharm.* tincture of iodine. — **~ver·ˌbin·dung** *f chem.* iodine compound. — **~verˌgif·tung** *f med.* iodine poisoning, iodism. — **~ˈwas·serˌstoff** [ˌjoːt-] *m chem.* hydrogen iodide (HJ). — **~ˈwas·serˌstoff·ˌsäu·re** [ˌjoːt-] *f* hydriodic acid (HJ). — **~ˌzahl** *f* iodine number.

Jo·el [ˈjoːɛl] *npr m* ⟨-s; *no pl*⟩ *Bibl.* (*Prophet*) Joel.

Jo·ga [ˈjoːga] *m* ⟨-(s); *no pl*⟩ *philos.* Yoga.

Jo·ghurt [ˈjoːgʊrt] *m, n* ⟨-s; *no pl*⟩ yog(h)urt, *auch* yoghourt.

Jo·gi [ˈjoːgi] *m* ⟨-s; -s⟩ *philos.* yogi, *auch* yogin, jogi.

Jo·han·ne·isch [johaˈneːɪʃ] *adj relig.* Johannine: der ~e Christus Christ as seen (*od.* described) by St. John.

Jo·han·nes [joˈhanəs] *npr m* ⟨-; *no pl*⟩ *Bibl.* John: ~ der Täufer John the Baptist; (Brief des) ~ *cf.* Johannesbrief; Evangelium des ~ *cf.* Johannesevangelium. — **~ˌbrief** *m Bibl.* Epistle of St. John. — **~evanˌge·li·um** *n* St. John's Gospel.

Jo·han·ni [joˈhani] *n* ⟨-s; *no pl*⟩, **Joˈhan·nis** [-nɪs] *n* ⟨-; *no pl*⟩ Midsummer Day, Saint John the Baptist's Day: an (*od.* zu) ~ on Midsummer Day.

Joˈhan·nisˌap·fel *m hort.* sweeting.

Joˈhan·nisˌbeerˌblattˌlaus *f zo.* gooseberry aphid, leaf-bunching currant aphid (*Aphis grossulariae*).

Joˈhan·nisˌbee·re *f bot.* currant (*Gattg Ribes*): Rote ~ red currant, garnet berry (*R. rubrum*); Schwarze ~ black currant, quinsyberry, cassis (*R. nigrum*); Weiße ~ white currant (*R. rubrum f. album*).

Joˈhan·nisˌbeer|geˌlee *n, m gastr.* red currant jelly. — **~ˌglasˌflüg·ler** [-ˌflyːglər] *m zo.* currant borer (*od.* clearwing) (*Sesia tipuliformis*). — **~mar·meˌla·de** *f gastr.* red currant jam. — **~ˌmot·te** *f zo.* currant shot borer (*Incurvaria capitella*). — **~ˌsaft** *m gastr.* red currant juice: schwarzer ~ black currant juice. — **~ˌspan·ner** *m zo.* currant webworm (*Thamnonoma wauaria*). — **~ˌstrauch** *m bot.* currant bush (*od.* tree) (*Gattg Ribes*). — **~ˌwein** *m gastr.* red currant wine.

Joˈhan·nisˌblut *n* **1.** *zo.* false cochineal (insect) (*Coccus polonica*). – **2.** *bot.* a) Saint-John's-wort (*Gattg Hypericum*), b) perennial knawel (*Scleranthus perennis*).

Joˈhan·nisˌbrot *n bot.* (*Frucht*) carob (bean), locust, Saint-John's-bread, algarroba. — **~ˌbaum** *m* carob (tree), *Br.* carob(-tree), locust, algarroba (*Ceratonia siliqua*). — **~ˌmot·te** *f zo.* blunt-winged knothorn (*Myelois ceratoniae*).

Joˈhan·nis|ˌech·se *f zo.* ablepharus (*Ablepharus kitaibelii*). — **~ˌfest** *n cf.* Johanni(s). — **~ˌfeu·er** *n* (*Sonnwendfeuer*) bonfire lit on Midsummer Eve. — **~ˌgür·tel** *m bot. cf.* Beifuß. — **~ˌkä·fer** *m zo.* **1.** *cf.* Junikäfer 1. – **2.** *cf.* Johanniswürmchen. — **~ˌkraut** *n bot.* a) Saint-John's-wort (*Gattg Hypericum*), b) Klamath weed, amber (*H. perforatum*): Großblumiges ~ Aaron's-beard, rose of Sharon, great St.-John's-wort (*H. calycinum*); Großes ~ tutsan (*H. androsaemum*). — **~ˌlaub** *n bot. cf.* Silberpappel. — **~ˌnacht** *f* Midsummer Eve (*od.* Night), St. John's eve (*auch* Eve). — **~ˌtag** *m cf.* Johanni(s). — **~ˌtrieb** *m* **1.** *bot.* (*Sommertrieb*) lammas (*bes. Br.* Lammas) shoot. – **2.** *fig. colloq.* (*späte Liebesregung*) late love, infatuation of an elderly man. — **~ˌwe·del** *m bot.* dropwort (*Filipendula hexapetala*). — **~ˌwürm·chen** *n zo.* firefly, *Br.* fire-fly (*Fam. Lampyridae*). — **~ˌwurz**, **~ˌwur·zel** *f bot. cf.* Schildfarn.

Jo·han·ni·ter [johaˈniːtər] *m* ⟨-s; -⟩ *relig.* Knight of St. John of Jerusalem, Knight of Malta, Hospital(l)er: preußischer [englischer] ~ knight of the Prussian [English] Order of St. John, hospital(l)er. — **Jo·hanˈni·te·rin** *f* ⟨-; -nen⟩ *cf.* Johanniterschwester.

Jo·hanˈni·ter|ˌkreuz *n* St. John's cross, Maltese cross. — **~ˌor·den** *m* Order of (the Knights of) St. John of Jerusalem, Order of the Knights of Malta: der Preußische [Englische] ~ the Prussian [English] Order of St. John of Jerusalem. — **~ˌrit·ter** *m cf.* Johanniter. — **~ˌschwe·ster** *f* nurse trained by the Prussian Order of St. John of Jerusalem.

joh·len [ˈjoːlən] *v/i* ⟨h⟩ (*von Menge, Betrunkenen etc*) bawl, yell, howl. — **ˈjoh·lend I** *pres p.* – **II** *adj* (*Menge etc*) bawling, yelling, howling.

Jo-Jo [joˈjoː; ˈjoːˈjoː] *n* ⟨-s; -s⟩ (*games*) [Yo-Yo.]

Jo·ker [ˈjoːkər; ˈdʒoːkər] *m* ⟨-s; -⟩ (*Spielkarte*) joker.

jo·kos [joˈkoːs] *adj obs. for* scherzhaft I.

Jo·kus [ˈjoːkʊs] *m* ⟨-; -se⟩ *colloq.* fun: seinen ~ haben to have fun.

Jol·le [ˈjɔlə] *f* ⟨-; -n⟩ *mar.* jolly (boat), whip, wherry, dinghy: zweischeibige ~ double whip. — **ˈJol·lenˌfüh·rer** *m mar.* wherryman.

ˈJollˌtau *n mar.* whip, hauling line, gantline.

Jo·na [ˈjoːna] *npr m* ⟨-; *no pl*⟩ *Bibl.* (*Prophet*) Jonah.

Jo·na·than [ˈjoːnatan] *npr m* ⟨-s; *no pl*⟩ *Bibl.* Jonathan: Bruder ~ *humor.* Brother Jonathan, Uncle Sam.

Jon·gleur [ʒõˈgløːr] *m* ⟨-s; -e⟩ **1.** juggler. – **2.** *hist.* jongleur. — **jonˈglie·ren** [-ˈgliːrən] (*Fr.*) **I** *v/t u. v/i* ⟨*no* ge-, h⟩ **1.** juggle: mit Bällen ~ to juggle (with) balls; mit Zahlen ~ *fig.* to juggle (with) figures; das jongliere ich schon *fig. colloq.* I'll manage it all right. – **II J~** *n* ⟨-s⟩ **2.** *verbal noun.* – **3.** jugglery.

Jon·quille [ʒõˈkij] (*Fr.*) *f* ⟨-; -n [-jən]⟩ *bot.* jonquil, jonquil(le)-narcissus (*Narcissus jonquilla*).

Jop·pe [ˈjɔpə] *f* ⟨-; -n⟩ **1.** waistless jacket. – **2.** casual jacket.

Jor·da·ni·er [jɔrˈdaːnɪ̆ər] *m* ⟨-s; -⟩ Jordanian. — **jorˈda·nisch** [-nɪʃ] *adj* Jordanian.

Jo·sa·phat [ˈjoːzafat] *npr m* ⟨-s; *no pl*⟩ *Bibl.* Jehoshaphat: das Tal ~ the valley of Jehoshaphat.

Jo·sef [ˈjoːzɛf] *m* ⟨-s; *no pl*⟩ *cf.* Joseph.

Jo·seph [ˈjoːzɛf] **I** *npr m* ⟨-s; *no pl*⟩ Josef, Joseph. – **II** *m* ⟨-s; *no pl*⟩ ein keuscher ~ a) a prude, b) a young man naive about sexual matters.

Jo·se·phi·nisch [jozeˈfiːnɪʃ] *adj hist.* (*Zeitalter*) Josephine. — **Jo·se·phi·nis·mus** [jozefiˈnɪsmʊs] *m* ⟨-; *no pl*⟩ *hist.* Josephinism.

ˈJo·sephsˌehe *f* unconsummated marriage.

Jo·sia [joˈziːa] *npr m* ⟨-s; *no pl*⟩, **Jo·si·as** [joˈziːas] *npr m* ⟨-; *no pl*⟩ *Bibl.* Josiah.

ˈJoˌspin·ner [ˈjoː-] *m* ⟨-s; -⟩ *zo.* io moth (*Automeris io*).

Jo·sua [ˈjoːzŭa] *npr m* ⟨-s; *no pl*⟩ *Bibl.* Joshua: das Buch ~ the book of Josuah.

Jot [jɔt] *n* ⟨-; -⟩ (*Buchstabe*) (the letter) jay.

Jo·ta [ˈjoːta] *n* ⟨-(s); -s⟩ **1.** iota, jot (*ninth letter of the Greek alphabet*). – **2.** *fig.* iota, jot, tittle, whit: kein ~ not one jot or tittle; (um) kein ~ nachgeben not to give in one jot, not to budge an inch.

Jo·ta·zie·rung [jotaˈtsiːrʊŋ] *f* ⟨-; *no pl*⟩ *ling.* palatalization.

Jo·ta·zis·mus [jotaˈtsɪsmʊs] *m* ⟨-; *no pl*⟩ *ling.* iotacism.

jo·tie·ren [joˈtiːrən] *v/t u. v/i* ⟨*no* ge-, h⟩ *ling.* palatalize.

Joule [dʒaʊl] (*Engl.*) *n* ⟨-(s); -⟩ *phys.* joule (unit). — **Joulsch** [dʒaʊlʃ] *adj only in* das ~e Gesetz *phys.* Joule's law.

Jour [ʒuːr] (*Fr.*) *m* ⟨-s; -s⟩ **1.** *obs. for* Empfangstag. – **2.** ~ fixe meeting day: am Montag hat der literarische Zirkel seinen ~ fixe the literary circle meets (*od.* has its meetings) on Mondays.

Jour·nail·le [ʒʊrˈnaljə] *f* ⟨-; *no pl*⟩ *colloq. contempt.* (*Hetzpresse*) yellow (*od.* gutter) press.

Jour·nal [ʒʊrˈnaːl] *n* ⟨-s; -e⟩ **1.** (*Zeitschrift*) magazine. – **2.** (*Zeitung*) newspaper, journal. – **3.** *econ.* a) (*in der Buchhaltung*) daybook, *Br.* day-book, journal, b) (*Fachschrift*) (trade) journal: etwas in das ~ eintragen to enter s.th. in the journal; ein ~ führen to keep a journal, to journalize *Br. auch* -s-. – **4.** (*Tagebuch*) diary.

Jour·na·lis·mus [ʒʊrnaˈlɪsmʊs] *m* ⟨-; *no pl*⟩ journalism.

Jour·na·list [ʒʊrnaˈlɪst] *m* ⟨-en; -en⟩ journalist.

Jour·naˈli·sten|ˌdeutsch *n* journalists' German, German journalese. — **~ˌschu·le** *f* school of journalism. — **~ˌstil** *m* journalese. — **~verˌband** *m* association of journalists.

Jour·na·li·stik [ʒʊrnaˈlɪstɪk] *f* ⟨-; *no pl*⟩ journalism.

Jour·naˈli·stin *f* ⟨-; -nen⟩ woman journalist.

jour·naˈli·stisch *adj* journalistic.

Jourˈnalˌnum·mer *f econ.* daybook (*Br.* day-book) folio.

jo·vi·al [joˈvĭaːl] **I** *adj* affable, genial: in ~er Laune in an affable mood. – **II** *adv* affably, genially: ~ lächeln to smile affably; j-m ~ auf die Schulter klopfen to tap s.o. (affably) on the shoulder. — **Jo·vi·a·liˈtät** [-vĭaliˈtɛːt] *f* ⟨-; *no pl*⟩ affability, geniality, avuncular attitude (*lit.*).

Ju·bel [ˈjuːbəl] *m* ⟨-s; *no pl*⟩ jubilation, exultation, rejoicing: allgemeinen ~ auslösen to cause universal rejoicing; das war ein ~! what joy! es herrschte allgemeiner ~ über den Sieg everyone was jubilant over the victory, there was great rejoicing everywhere over the victory; es herrschte ~ und Trubel (*od.* ~, Trubel, Heiterkeit) *colloq.* there was great merrymaking (*Br.* merry-making); ~ füllte den Saal rejoicing (*od.* shouts of joy) filled the hall. — **~ˌbraut** *f wife celebrating a special wedding anniversary.* — **~ˌbräu·ti·gam** *m husband celebrating a special wedding anniversary.* — **~ˌfei·er** *f*, **~ˌfest** *n* **1.** (*Jubiläum*) jubilee. – **2.** (*Jahrestag*) anniversary. — **~geˌsang** *m* song of rejoicing (*od.* joy). — **~geˌschrei** *n* shouts *pl* of joy, jubilant (*od.* exultant) cries *pl*, acclamation(s *pl*): sie wurde mit ~ empfangen she was received with jubilant cries. — **~ˌgreis** *m colloq. humor.* **1.** *cf.* Jubilar. – **2.** gay old spark. — **~ˌhochˌzeit** *f* silver (*od.* golden, diamond) wedding anniversary. — **~ˌjahr** *n* **1.** *röm.kath.* jubilee: das geschieht alle ~e (einmal) *fig. colloq.* this happens rarely (*od.* once in a blue moon). – **2.** (*im jüdischen Glauben*) Jubile(e).

ju·beln [ˈjuːbəln] **I** *v/i* ⟨h⟩ **1.** be jubilant, jubilate, exult, rejoice: vor Freude ~ to shout with joy; er jubelte innerlich he rejoiced inwardly (*od.* within); über (*acc*) etwas ~ to exult at (*od.* in) s.th., to be jubilant over s.th.; ‚er kommt', jubelte sie 'he is coming', she cried jubilantly; jub(e)le nicht zu früh *colloq.* don't rejoice too soon, don't count your chickens before they are hatched (*proverb*). – **II** *v/t* **2.** j-m etwas unter die Weste ~ *fig. colloq.* a) (*andrehen*) to palm s.th. off (up)on s.o., b) (*anlasten*) to pin s.th. on s.o. – **III J~** *n* ⟨-s⟩ **3.** *verbal noun.* – **4.** jubilation, exultation. — **ˈju·belnd I** *pres p.* – **II** *adj* jubilant, exultant, rejoicing: die ~e Menge the rejoicing crowd; j-m einen ~en Empfang bereiten to give s.o. a jubilant reception. – **III** *adv* jubilantly, exultantly, rejoicingly: die Kinder sprangen uns ~ entgegen the children jubilantly ran toward(s) us.

'Ju·bel|ˌpaar *n couple celebrating a special wedding anniversary.* — **~ˌruf** *m* shout of joy, exultant cry.

Ju·bi·lar [jubi'laːr] *m* ⟨-s; -e⟩, **Ju·bi'la·rin** *f* ⟨-; -nen⟩ *person celebrating a jubilee* (*od. an important anniversary*).

Ju·bi·la·te [jubi'laːtə] *m* ⟨*undeclined*⟩ (der Sonntag) ~ *relig.* the third Sunday after Easter.

Ju·bi·lä·um [jubi'lɛːʊm] *n* ⟨-s; -läen⟩ jubilee, anniversary: ein ~ feiern to celebrate a jubilee; **fünfundzwanzigjähriges** ~ silver jubilee, twenty-fifth anniversary; **fünfzigjähriges** ~ (golden) jubilee, fiftieth anniversary, semicentennial, *Br.* semi-centennial, semicentenary, *Br.* semi-centenary; **fünfundsiebzigjähriges** ~ diamond jubilee, seventy-fifth anniversary; **hundertjähriges** ~ hundredth jubilee (*od.* anniversary), centennial, centenary.

Ju·bi'lä·ums|ˌaus,ga·be *f print.* jubilee edition. — **~ˌfei·er** *f* celebration of a jubilee.

ju·bi·lie·ren [jubi'liːrən] *v/i* ⟨*no* ge-, h⟩ **1.** (*bes. von Lerche*) carol, sing joyfully. – **2.** *fig. poet. for* jubeln 1.

Ju·chart ['juxart], **Ju·chert** ['juxərt] *m* ⟨-s; -e⟩ *Southwestern G.*, *f* ⟨-; -en⟩ *Swiss obs.* (*Feldmaß*) acre.

Juch·he [jʊx'heː] *n* ⟨-s; -s⟩ **1.** (w)hoopee, hurrah. – **2.** (*theater*) *colloq.* upper balcony, (the) 'gods' *pl* (*colloq.*). – **3.** (*Mansardenwohnung*) attic: im ~ wohnen to live in the attic (*od.* garret).

juch'he, juch'hei [-'haɪ] *interj* (*Ausruf der Freude*) (w)hoopee, yippee, hurrah.

juch'hei·ras·sa [-rasa], **juch'hei·ras·sas·sa** [-sa], **juch'hei·sa** [-za], **juch'hei·ßa** [-sa] *interj cf.* juchhe.

Juch·ten ['jʊxtən] **I** *m*, *n* ⟨-s; *no pl*⟩ **1.** (*leather*) Russia leather. – **2.** (*Duftnote eines Parfüms*) (odo[u]r of) Russia leather. – **II j~** *adj* ⟨*attrib*⟩ **3.** made of Russia leather. — **~ˌle·der** *n cf.* Juchten 1.

juch·zen ['jʊxtsən] *v/i* ⟨h⟩ *colloq. cf.* jauchzen 1. — **'Juch·zer** *m* ⟨-s; -⟩ shout of (*od.* for) joy: er stieß einen ~ aus he shouted for joy.

'Juck|ˌaus,schlag *m med.* itching eruption, prurigo (*scient.*). — **~ˌboh·ne** *f bot.* cow(h)age, cowitch (*Mucuna pruriens*).

jucken (*getr.* -k·k-) ['jʊkən] **I** *v/i u. v/impers* ⟨h⟩ **1.** itch: es juckt mich am ganzen Leib, mein ganzer Leib juckt mir (*od.* mich) I itch all over, I feel itchy all over my body; mein Arm juckt mich, es juckt mich am Arm my arm itches; es juckt mir in den Fingern (*od.* es juckt mich), etwas zu tun *fig. colloq.* I'm itching (*od.* dying) to do s.th.; dich juckt wohl das Fell *fig. colloq.* you must be itching (*od.* looking) for trouble; das juckt mich nicht *fig. colloq.* I don't care about it; wen's juckt, der kratze sich (*Sprichwort*) if the cap fits, wear it. – **2.** *colloq.* (*kratzen*) scratch: juck mich mal am Rücken scratch my back. – **II** *v/reflex* sich ~ **3.** (*sich kratzen*) scratch (oneself). – **III J~** *n* ⟨-s⟩ **4.** *verbal noun.* – **5.** itchiness, pruritus (*scient.*). — **'juckend** (*getr.* -k·k-) **I** *pres p.* – **II** *adj* itching, pruritic (*scient.*).

'Jucker (*getr.* -k·k-) *m* ⟨-s; -⟩ light coach horse.

'Juck|ˌpul·ver *n* (*Scherzartikel*) itching powder. — **~ˌreiz** *m med.* itch(ing): einen ~ hervorrufen to cause itching.

Ju·da ['juːda] *npr m* ⟨-s; *no pl*⟩ *Bibl.* Judah.

ju·dai·sie·ren [judai'ziːrən] *v/t u. v/i* ⟨h⟩ *relig.* Judaize *Br. auch* -s-. — **Ju·dai'sie·rung** *f* Judaization *Br. auch* -s-. — **Ju·da'is·mus** [-'ɪsmʊs] *m* ⟨-; *no pl*⟩ Judaism. — **Ju·da'ist** [-'ɪst] *m* ⟨-en; -en⟩ Judaist.

Ju·das ['juːdas] **I** *npr m* ⟨-; *no pl*⟩ *Bibl.* Judas: (der Brief des) ~ *cf.* Judasbrief. – **II** *m* ⟨-; -se⟩ *fig.* (*Verräter*) traitor, Judas. — **~ˌbaum** *m bot.* **1.** Judas tree, *Br.* Judas-tree, love tree, redbud (*Gattg Cercis, bes. C. siliquastrum*). – **2.** (*in Nordamerika*) American Judas tree, redbud (*C. canadensis*). — **~ˌbrief, der** *Bibl.* the Epistle of Jude. — **~ˌkuß** *m* (*Verräterkuß*) Judas kiss. — **~ˌlohn** *m* traitor's reward. — **~ˌohr** *n* **1.** *bot.* Jew's-ear (*Auricularia auricula-judae*). – **2.** *mar.* (*Stütze des Bugspriets*) knighthead, *Br.* knight-head. — **~ˌschwamm** *m bot. cf.* Judasohr 1. — **~ˌsil·ber·ling** *m* honesty, *auch* satinpid (*Lunaria annua*).

Ju·de ['juːdə] *m* ⟨-n; -n⟩ **1.** Jew: der Ewige ~ *fig.* the Wandering Jew. – **2.** *fig. colloq.* (*Wucherer*) Jew, usurer.

jü·deln ['jyːdəln] *v/i* ⟨h⟩ speak with a Yiddish accent.

'Ju·den|ˌap·fel *m bot.* shaddock, Adam's apple (*Frucht von Musa paradisiaca od. von Citrus limetta*). — **~ˌbart** *m* strawberry saxifrage, *auch* mother-of-thousands (*Saxifraga sarmentosa*). — **~ˌbei,fuß** *m* Judean wormwood (*Artemisia judaica*). — **~be,keh·rung** *f relig.* conversion of Jews. — **~ˌbusch** *m bot.* jewbush, slipperflower, slipper plant (*od.* spurge) (*Gattg Pedilanthus*). — **~ˌchrist** *m meist pl relig.* Jud(a)eo-Christian. — **~ˌchri·sten·tum** *n* Jud(a)eo-Christianity. — **~ˌdeutsch** *n ling.* Yiddish. — **~ˌdorn** *m bot.* jujube, dunk tree (*Zizyphus jujuba*): **Eßbarer** ~ lotus (tree), lotebush (*Z. lotus*); **Palästinischer** ~ nebbuk tree, nabk, Christ's-thorn (*Paliurus spina-Christi*). — **~ˌfeind** *m* anti-Semite. — **j~ˌfeind·lich** *adj* anti-semitic (*auch* -Semitic). — **~ˌfeind·lich·keit** *f* anti-Semitism. — **~ˌfisch** *m zo.* jewfish (*Fam. Serranidae*), *bes.* grouper (*Epinephelus itajara*). — **~ˌfra·ge** *f pol.* Jewish question. — **~ˌgeg·ner** *m* anti-Semite. — **~ˌhaß** *m* hatred toward(s) Jews, anti-Semitism. — **~ˌhet·ze** *f* Jew-baiting, pogrom. — **~ˌhet·zer** *m* Jew-baiter. — **~ˌhut** *m hist.* Jewish hat. — **~ˌkir·sche** *f bot.* **1.** ground-(*od.* winter-)cherry, alkekengi (*scient.*) (*Physalis alkekengi*): **Haarige** ~ cape gooseberry (*P. peruviana*). – **2.** *cf.* Tollkirsche. — **~ˌpech** *n min.* bitumen. — **~ˌschu·le** *f only in* hier geht es zu wie in einer ~ *fig. colloq.* what a hullaballoo (*od.* din). — **~ˌstein** *m* (*Fossil*) Jew's-stone, Judaic stone. — **~ˌstern** *m* Magen David, *auch* Mogen David, Star of David. — **~ˌtem·pel** *m* synagog(ue).

'Ju·den·tum *n* ⟨-s; *no pl*⟩ **1.** *relig.* Judaism. – **2.** das ~ *collect.* the Jews *pl*, Jewry. – **3.** (*Art u. Wesen des Juden*) Jewishness.

'Ju·den|ver,fol·gung *f* persecution of Jews, pogrom. — **~ˌvier·tel** *n* **1.** Jewish quarter. – **2.** ghetto. — **~ˌweih,rauch** *m bot.* Jews' frankincense, storax (*Styrax officinalis*).

Ju·di·ka ['juːdika] *m* ⟨*undeclined*⟩ (der Sonntag) ~ *relig.* Passion Sunday (*the fifth Sunday in Lent*).

Ju·di·kat [judi'kaːt] *n* ⟨-(e)s; -e⟩ *obs. jur.* (*Urteil*) **1.** judg(e)ment. – **2.** sentence. — **Ju·di·ka·ti'on** [-ka'tsǐoːn] *f* ⟨-; -en⟩ *obs.* (*Beurteilung*) adjudication, judging, judg(e)ment. — **Ju·di·ka'tur** [-ka'tuːr] *f* ⟨-; -en⟩ *jur.* (*Rechtssprechung*) judicature, jurisdiction.

Jü·din ['jyːdɪn] *f* ⟨-; -nen⟩ Jewess.

jü·disch ['jyːdɪʃ] *adj* Jewish, Judaic(al): er ist ~ he is Jewish, he is a Jew; nach ~er Zeitrechnung according to the Jewish calendar; nur keine ~e Hast! *colloq.* what's the rush! take it easy!

Ju·dith ['juːdɪt] *npr f* ⟨-; *no pl*⟩ *Bibl.* Judith: das Buch ~ (the book of) Judith.

ju·di·zie·ren [judi'tsiːrən] *v/i* ⟨*no* ge-, h⟩ *obs. jur.* judge, administer justice. — **Ju'di·zi·um** [-'diːtsǐʊm] *n* ⟨-s; -zien⟩ *obs.* **1.** judg(e)ment. – **2.** sentence.

Ju·do ['juːdo] *n* ⟨-(s); *no pl*⟩ (*sport*) judo. — **Ju·do·ka** [ju'doːka] *m* ⟨-s; -s⟩ (*sport*) judoka, judo wrestler.

Ju·gend ['juːgənt] *f* ⟨-; *no pl*⟩ **1.** youth: die blühende [sorglose] ~ (the) blooming [carefree] youth; in [seit] frühester ~ in [since] one's childhood; in meiner ~ gab es keine Autos when I was young there were no cars; von ~ an (*od.* auf) war er gewohnt, früh aufzustehen he was used to rising early since his youth (*od.* boyhood); sie ist über die erste ~ hinaus *auch iron.* she is past her prime; er erlebte seine zweite ~ he felt (as if he were) young (*od.* a child) again; in der Blüte der ~ stehen *lit.* to be in the prime (*od.* bloom) of youth; seine ~ genießen to enjoy one's youth; er verlebte seine ~ auf dem Lande [in Afrika] he spent his youth (*od.* early years) in the country [in Africa]. – **2.** (*junge Leute*) youth, young people *pl*: die moderne ~ modern youth; die heutige ~, die ~ von heute today's youth, the young people *pl* of today; die reifere ~ *humor.* middle-aged people *pl*; Deutschlands (*od.* die deutsche) ~ young Germany, (the) German youth; die studentische ~ the young students *pl*; straffällige ~ juvenile delinquents *pl*; verwahrloste ~ wayward youth; laßt der ~ ihren Lauf *lit.* let youth have its fling; ~ kennt (*od.* hat) keine Tugend (*Sprichwort*) boys will be boys (*proverb*). – **3.** (*Jugendlichkeit*) youth, youthfulness: ewige ~ eternal youth; sich (*dat*) seine ~ bewahren to keep (*od.* stay) young. – **4.** (*Jugendgruppe*) youth (group): die katholische ~ the Catholic Youth. – **5.** (*sport*) *cf.* Jugendmannschaft.

'Ju·gend|ˌal·ter *n cf.* Jugend 1. — **~ˌamt** *n* youth welfare office. — **~ˌar·beit** *f* **1.** work done by minors. – **2.** (*eines Künstlers*) early work, juvenilia *pl.* – **3.** *jur. cf.* Jugendpflege. — **~ar,rest** *m jur.* detention of juveniles. — **~ˌaus,tausch** *m* exchange of young people. — **~be,we·gung** *f* **1.** youth movement. – **2.** die ~ *hist.* the German Youth Movement (*from about 1900 to 1930*). — **~ˌbild** *n* portrait (*od.* photograph) of a person in his youth. — **~ˌblatt** *n meist pl bot.* primordial leaf. — **~ˌblü·te** *f lit.* prime (*od.* bloom) of youth. — **~ˌbuch** *n* book for young people, juvenile book. — **~bü·che,rei** *f* junior (*od.* children's) library. — **~ˌbund** *m* youth organization. — **~er,in·ne·run·gen** *pl* recollections (*od.* memories) of one's youth (*od.* childhood). — **~er,leb·nis** *n* experience of one's youth: sich an ein ~ erinnern to remember an experience one had in one's youth. — **~er,zie·hung** *f ped.* education of young people. — **~ˌfilm** *m* film for young people. — **j~ˌfrei** *adj* (*Film etc*) *Am.* suitable for family showing, *Br.* licensed for universal exhibition, carrying a U certificate; nicht ~ (*Film*) X. — **~ˌfreund** *m* **1.** childhood friend, old friend. – **2.** (*Freund der Jugend*) friend of young people. – **3.** *DDR* member of the Free German Youth. — **j~ˌfrisch** *adj* (*Aussehen etc*) youthful. — **~ˌfri·sche** *f* youthfulness, youthful freshness. — **~ˌfüh·rer** *m* leader of a youth group, youth leader. — **~ˌfunk** *m* radio program(me) for young people. — **~ˌfür,sor·ge** *f* youth welfare. — **~ˌfür,sor·ger** *m*, **~ˌfür,sor·ge·rin** *f* youth welfare officer. — **j~ge,eig·net** *adj* suitable for young people. — **j~ge,fähr·dend** *adj* (*Film, Buch etc*) harmful (*od.* morally injurious, detrimental) to youth (*od.* young people). — **~ge,fähr·te** *m* childhood companion. — **~ge,fäng·nis** *n jur. cf.* Jugendstrafanstalt. — **~ge,lieb·te** *m*, *f* sweetheart of one's youth. — **~ge,richt** *n* juvenile court. — **~ge,spie·le** *m* childhood playmate. — **~ˌgrup·pe** *f* youth group. — **~ˌhaft,an,stalt** *f cf.* Jugendstrafanstalt. — **~ˌheim** *n* youth center (*bes. Br.* centre). — **~ˌher·ber·ge** *f* youth hostel. — **~ˌher·bergs,werk** *n* youth hostel organization, *Br.* Youth Hostel Association. — **~ˌhil·fe** *f* (*Jugendpflege u. Jugendfürsorge*) youth services *pl.* — **~ˌir·re,sein** *n med.* hebephrenia, dementia pr(a)ecox. — **~ˌjah·re** *pl* early years, youth *sg*: sie ist über die ~ hinaus she is no child any more. — **~ˌklas·se** *f* (*sport*) youth class. — **~ˌkraft** *f* vigor (*bes. Br.* vigour) of youth. — **~kri·mi·na·li,tät** *f jur.* juvenile delinquency. — **~ˌla·ger** *n* youth camp. — **~ˌlei·ter** *m* youth worker (*od.* leader).

ju·gend·lich ['juːgəntlɪç] **I** *adj* **1.** (*jung*) young, youthful: ein ~es Gesicht a young (*od.* juvenile) face; eine ~e Erscheinung a youthful appearance; er heiratete im ~en Alter von sechzehn Jahren he married at the youthful (*od.* early) age of sixteen; ein ~er Greis a hale and hearty old man; ein ~es Kleid a youthful dress; das Kleid macht sie sehr ~ the dress makes her look very young; er hat einen ~en Gang he has a youthful gait, he walks like a young man; ~e Unreife juvenility; ein ~er Verbrecher *jur.* a juvenile delinquent (*od.* criminal); → Held 2; Liebhaber 7. – **2.** (*in der Frische der Jugend*) youthful: ~e Anmut [Frische] youthful grace [freshness]; ~er Leichtsinn [Übermut] youthful frivolity [exuberance]; ~es Feuer *fig. lit.* youthful ardo(u)r. – **II** *adv* **3.** youthfully: sich ~ kleiden to dress in a youthful way; ~ aussehen to look young. — **'Ju·gend·li·che** *m*, *f* ⟨-n; -n⟩ **1.** young person, youth, juvenile, adolescent: ~ haben keinen Zutritt adults only. – **2.** *jur.* (*Minderjähriger*) minor. — **'Ju·gend·lich·keit** *f* ⟨-; *no pl*⟩ **1.** youthfulness: sich (*dat*) seine ~ bewahren to keep (*od.*

stay) young. – **2.** (*jugendliche Unreife*) juvenility.

'Ju·gend|,lie·be *f* **1.** love from one's youth, sweetheart of one's youth, early love: **sie ist eine alte ~ von mir** she is an old love (*od. colloq.* an old flame) of mine. – **2.** (*erste Liebe*) first love. — **~li·te·ra,tur** *f cf.* Jugendschriften. — **~,mann·schaft** *f* (*sport*) youth team. — **~,mei·ster·schaft** *f* youth championship. — **~mu·,sik·be,we·gung, die** the "Music for Youth" movement. — **~or·ga·ni·sa·ti,on** *f* youth organization. — **~,pfar·rer** *m relig.* minister for young people. — **~,pfle·ge** *f* youth services *pl*: **kirchliche ~** youth services sponsored by the church. — **~,pfle·ger** *m*, **~,pfle·ge·rin** *f* youth worker. — **~pro,ble·me** *pl* problems of youth. — **~psy·cho·lo,gie** *f* adolescent psychology, psychology of adolescence. — **~,rich·ter** *m jur.* judge of the juvenile court. — **~,ring** *m* association of youth organizations. — **~,schrif·ten** *pl* books and other literature for young people, juvenile books and other literature, juvenilia. — **~,schrift·,stel·ler** *m* writer of books for young people. — **~,schutz** *m jur.* protection of children and young people. — **~,schutz·ge,setz** *n* law for the protection of children and young people. — **~,seel,sor·ge** *f relig.* ministry to youth. — **~,sei·te** *f* (*einer Zeitung*) page for the young, children's page. — **~,stil** *m* (*art*) Jugendstil, *auch* Art Nouveau. — **~,straf,an,stalt** *f jur.* detention center (*bes. Br.* centre) for juveniles, *Br. auch* remand home, *Am.* reformatory, reform school. — **~,stra·fe** *f* **1.** punishment for young offenders. – **2.** detention in a remand home (*Am.* reform school). — **~,straf,recht** *n* criminal law relating to juveniles (*od.* young offenders). — **~,streich** *m* youthful prank (*od.* trick). — **~,sün·de** *f meist humor.* youthful transgression. — **~,ta·ge** *pl* early years, young days, youth *sg*: **das habe ich seit meinen ~n nicht mehr getan** I have not done this since I was young (*od.* a boy, a girl). — **~thea·ter** [-te,a:tər] *n* theater (*bes. Br.* theatre) for young people. — **~,tor·heit** *f* youthful folly (*od.* escapade): **er hat seine ~en hinter sich** he has sown his wild oats (*colloq.*). — **~,traum** *m* dream of one's youth: **es war ein ~ von mir, nach Amerika zu fahren** when I was young I dreamed of going to America. — **~,tref·fen** *n* youth meeting. — **~ver,band** *m* youth organization. — **~ver,bot** *n* (*für Filme etc*) **~** (*auf Plakat etc*) for adults only; **dieser Film hat** (*od.* **fällt unter das**) **~** this film is for adults only, this film is banned for juveniles, this is an X film; **der Film hat kein ~** the film has been adjudged suitable for family showing (*Br.* licensed for universal exhibition). — **~ver,feh·lung** *f jur.* juvenile offence (*Am.* offense). — **~,vor,stel·lung** *f* (*im Kino od. Theater*) performance for children and young people. — **~,wei·he** *f DDR pol.* initiation ceremony (*in which young people dedicate their lives to socialist principles*). — **~,werk** *n* **1.** (*eines Dichters etc*) early work, juvenilia *pl* (*sometimes construed as sg*). – **2.** *sociol.* (*Jugendhilfswerk*) youth welfare work. — **~,wohl,fahrt** *f sociol. cf.* Jugendfürsorge. — **~,wohn·,heim** *n* hostel for apprentices and young workers. — **~,zeit** *f* youth: **in meiner ~** in my youth, when I was young. — **~,zeit·,schrift** *f* magazine for young people. — **~,zen·trum** *n* youth center (*bes. Br.* centre).

Ju·go·sla·we [jugo'sla:və] *m* ⟨-n; -n⟩, **Ju·go'sla·win** *f* ⟨-; -nen⟩ Yugoslav(ian), *auch* Jugoslav(ian). — **ju·go'sla·wisch** *adj* Yugoslav(ian), *auch* Jugoslav(ian).

ju·gu·lar [jugu'la:r] *adj med.* jugular. — **J~ve·ne** *f* jugular vein.

Ju·gum ['ju:gʊm] *n* ⟨-s; -gen⟩ *zo.* (*bei Insektenflügeln*) jugum.

ju·he [ju'he:] *interj Swiss for* juchhe.

Ju·ju·be [ju'ju:bə] *f* ⟨-; -n⟩ *bot.* jujube, dunk tree (*Zizyphus jujuba*).

'Jul,fest ['ju:l-] *n* (*Fest der Wintersonnenwende*) yule, *auch* Yule, yuletide (*Br.* yule-tide) festival.

Ju·li ['ju:li; *deutlich* ju'laɪ] *m* ⟨-(s); *rare* -s⟩ July: **im (Monat) ~** in (the month of) July.

ju·lia·nisch [ju'lĭa:nɪʃ] *adj antiq.* Julian: **der ~e Kalender** the Julian calendar.

Ju·li·enne [ʒy'ljɛn] (*Fr.*) *f* ⟨-; *no pl*⟩ *gastr.* **1.** shredded vegetables *pl* (for soup). – **2.** *cf.* Juliennesuppe. — **~,sup·pe** *f* julienne (soup).

Ju·li·er ['ju:lĭər] *m* ⟨-s; -⟩ *antiq.* Julian.

'Ju·li|,kä·fer *m zo.* vine chafer, blossom anomala (*scient.*) (*Anomala aenea*). — **~,kö·nig·tum** *n hist.* July Dynasty. — **~mon·ar,chie** *f* July Monarchy. — **~re·vo·lu·ti,on** *f* July Revolution (*1830*).

ju·lisch ['ju:lɪʃ] *adj antiq.* Julian: **das ~e Kaiserhaus** the Julian imperial family; **die J~en Alpen** *geogr.* the Julian Alps.

'Ju·li·us,turm *m econ. fig.* (official) hoard.

'Jul|,klapp *m* ⟨-s; *no pl*⟩ anonymous Yule gift. — **~,mo·nat, ~,mond** *m obs.* December. — **~,nacht** *f* Yule night.

Jum·bo ['jʊmbo] *m* ⟨-s; -s⟩ *aer. colloq. for* Jumbo-Jet. — **Jum·bo-Jet** ['dʒʌmboʊ'dʒɛt] (*Engl.*) *m* ⟨-s; -s⟩ jumbo-jet.

Jum·per ['dʒampər; 'dʒʌmpə] (*Engl.*) *m* ⟨-s; -⟩ (*Pullover*) pullover, *Br. auch* jumper.

jung [jʊŋ] **I** *adj* ⟨⸗er; ⸗st⟩ **1.** (*Ehefrau, Mädchen, Mann*) young: **die ~en Leute, das ~e Volk** *colloq.* the young people, the young folk *sg*, youth *sg*; **die ~e Generation** the young (*od.* rising) generation; **~ und alt** young and old (alike), everyone; **~ und unerfahren** young and inexperienced; **von ~ an** (*od.* **auf**) since an early age; **er ist noch zu ~ dazu** he is still too young (*od.* not old enough) for that; **er ist noch ziemlich ~** he is still rather (*od.* pretty) young; **sie ist nicht mehr ganz ~** she is not so young any more, she is no spring chicken (any more) (*colloq.*); **in seinen ~en Jahren** when he was young, in his youth; **er hat sein ~es Leben schon verpfuscht** he has already ruined his young life; **er war schon in ~en Jahren erfolgreich** he was successful at an early age (*od.* when he was young); **eine ~e Gans** *fig. colloq.* a silly young thing (*colloq.*); **die Nacht ist noch ~** the night is still young; **der ~e Goethe** young Goethe, Goethe in his youth; **der ~e Meier** *colloq.* Meier's son; **J~ Siegfried** young Siegfried; **er ist noch ~ an Jahren** he is still young (in years); **der ~e Morgen** *lit.* the early morning; **~ bleiben [heiraten]** to remain [to marry] young; **(wieder) ~ machen** to rejuvenate; **das J~e Deutschland** (*literature*) Young Germany; **~ gefreit hat niemand gereut** (*Sprichwort*) *etwa* no one who has married young has ever regretted it; **~ gewohnt, alt getan** (*Sprichwort*) once a use and ever a custom (*proverb*); → Dachs 2; Gott 2; Hecht 1; Hund 2. – **2.** (*jugendlich*) young, youthful: **selbst im Alter hat er sich sein ~es Herz bewahrt** *fig.* even in his old age he is still young at heart; **er hat noch ~e Beine** *colloq.* he still has young legs; **ein ~es Gesicht** a youthful face. – **3.** (*neu*) new: **eine ~e Firma** a new company; **~e Aktien** *econ.* new shares (*bes. Am.* stocks). – **4.** newlywed, *Br.* newly-wed (*attrib*): **der ~e Ehemann** the newly(-)wed husband; **das ~e Ehepaar** the newly(-)wed couple, the newly(-)weds *pl*. – **5.** *gastr.* a) (*Bohnen, Erbsen etc*) young, b) (*Kartoffeln, Wein etc*) new: → Gemüse 1. – **6.** (*frisch*) fresh, new: **das ~e Laub** the fresh foliage. – **II** *adv* **7. ~ verheiratet sein** to be newly married (*od.* wedded); **so ~ kommen wir nicht mehr zusammen** *colloq.* we won't be so young when we meet again; **sich ~ fühlen** to feel young; **~ aussehen** to look young; **sich ~ kleiden** to dress in a youthful way.

'Jung|aka,de·mi·ker *m* young university graduate. — **~,ar·bei·ter** *m* young worker. — **~,bier** *n brew.* freshly brewed beer. — **~,brun·nen** *m* Fountain of Youth.

'Jun·ge[1] *m* ⟨-n; -n, *colloq. auch* -ns *od.* Jungs⟩ **1.** boy, lad, youth, youngster: **ein artiger [hübscher, prächtiger] ~** a good [handsome, strapping] boy; **ein grüner ~** *fig.* a raw (*od.* an inexperienced) boy, a greenhorn; **dummer ~** stupid fellow; **Schule für ~n** school for boys; **armer ~!** poor boy! **du bist doch kein kleiner ~ mehr!** you aren't a little boy (*od.* baby) any more; **er ist ein netter [heller] ~** he is a nice [bright] boy (*od.* fellow, chap); **als ~, als ich noch ein ~ war** as a boy, when I was a boy (*od.* small); **alter ~** (*Anrede*) *colloq.* old boy; **mein lieber ~!** boy, oh boy! **~, ~, das ging noch einmal gut** boy, oh boy, that was a close shave (*colloq.*). – **2.** (*junger Mann*) young man (*od.* fellow): **ein schwerer ~** *colloq.* a thug, *Am. auch* a tough guy; **blaue Jungs** *pl mar.* blue jackets. – **3.** *colloq.* (*im Kartenspiel*) *cf.* Bube 2. – **4. die ~n** *collect.* the young (people): **die ~n und die Alten** the young and the old; → Alte[1] 1.

'Jun·ge[2] *n* ⟨-n; -n⟩ (*eines Tieres*) young (one), (*einer Katze*) *auch* kitten, (*eines Hundes*) *auch* puppy, (*eines Raubtiers*) *auch* cub: **der Bär wirft ~** the bear is having (*od.* getting) young; **der Fuchs hat ein ~s** the fox has a cub.

jun·gen ['jʊŋən] *v/i* ⟨h⟩ have (*od.* produce, bring forth) young, (*von Hündin*) *auch* pup, whelp, litter, (*von Katze*) *auch* kitten, (*von Raubtieren*) *auch* cub: **die Katze jungt** the cat (is having) kittens.

'Jun·gen·ge,sicht *n* boyish face.

'Jung-,Eng,land *n hist.* Young England.

'jun·gen·haft I *adj* boyish: **er hat ein ~es Lachen** he has a boyish (*od.* schoolboyish) grin; **sie ist ein ~es Mädchen** she is a tomboy. – **II** *adv* **sie zieht sich ~ an** she dresses boyishly (*od.* like a boy). — **'Jun·gen·haf·tig·keit** *f* ⟨-; *no pl*⟩ boyishness, (*eines Mädchens*) *auch* tomboyishness.

'Jun·gen|,klas·se *f* class of boys. — **~,schu·le** *f* school for boys, boys' school. — **~,streich** *m* boyish trick (*od.* prank).

jün·ger ['jʏŋər] **I** *comp of* jung. – **II** *adj* **1.** younger: **mein ~er Bruder** my younger brother; **sie ist (um) zwei Jahre ~ als ich** she is two years younger than I (am) (*od. colloq.* than me), she is my junior by two years; **sie schien (um) zehn Jahre ~ geworden zu sein** she looked ten years younger; **bitte lauf und hol mir das Buch, du hast ~e Beine** please run and fetch me the book, your legs are younger than mine. – **2.** (*ziemlich jung*) youngish: **ein ~er Herr** a youngish gentleman; **zwei ~e Ehepaare** two youngish (married) couples. – **3.** (*zeitlich näher*) later: **diese Ausgabe ist ~en Datums** this edition is of a later (*od.* more recent) date; → Steinzeit. – **4.** (*bei Eigennamen*) **der J~e** the Younger: **der ~e Plinius, Plinius der J~e** *hist.* Pliny the Younger. – **III** *adv* **5. Sie sehen ~ aus als Sie sind** you don't look your age, you look younger than you are.

'Jün·ger *m* ⟨-s; -⟩ **1.** *relig. u. fig.* disciple, follower, adherent: **die ~ Christi** the (Twelve) Disciples of Christ; **er machte ihn zu seinem ~** he made a disciple of him. – **2.** (*der Wissenschaft etc*) devotee, *auch* votary.

Jun·ger·man·nia [jʊŋər'manĭa] *f* ⟨-; -nien⟩ *bot.* jungermannia (*Gattg Jungermannia*).

'Jün·ger·schaft *f* ⟨-; *no pl*⟩ **1.** discipleship. – **2.** *collect.* (body of) disciples *pl*, followers *pl*, adherents *pl*: **er gehört zu seiner ~** he is one of his disciples.

Jung·fer ['jʊŋfər] *f* ⟨-; -n⟩ **1.** *meist contempt.* old maid, spinster: **sie ist eine alte ~** she is an old maid, she has been left on the shelf; **eine alte ~ werden [bleiben]** to become [to remain] an old maid. – **2.** *bot.* a) **~ im Grünen, ~ im Busch, ~ in Haaren, ~ im Netz** love-in-a-mist, ragged lady, fennel-flower, devil-in-a-mist, nigella (*scient.*) (*Nigella damascena*), b) **Nackte ~** *cf.* Herbstzeitlose. – **3.** *civ.eng.* (*Handramme*) rammer. – **4.** *mar.* deadeye, *Br.* dead-eye, blind pulley. – **5.** *print.* column (*od.* page) set without error. – **6.** *zo. cf.* Wasserjungfer 2. – **7.** *obs.* (*Fräulein*) miss: **~ Karoline** Miss Caroline; **„Sie da, ~!"** "listen, Miss!" **~ Naseweis** *fig.* Miss Pert. – **8.** *obs.* (*Zofe*) lady's maid. – **9.** *obs.* (*Zimmermädchen*) chambermaid.

jüng·fer·lich ['jʏŋfərlɪç] *adj* **1.** old-maidish, spinsterish. – **2.** (*spröde*) coy, demure, prim.

'Jung·fern|,block *m mar.* deadeye, *Br.* dead-eye. — **~,bra·ten** *m gastr.* **1.** *Austrian* roast loin of pork. – **2.** (*von Wild*) *cf.* Mürbebraten 2. — **~,fahrt** *f* (*bes. eines Schiffes*) maiden voyage (*od.* trip). — **~,flug** *m aer.* maiden flight.

'jung·fern,früch·tig [-,frʏçtɪç] *adj bot.* parthenocarpic. — **'Jung·fern,früch·tig·keit** *f* ⟨-; *no pl*⟩ parthenogenesis, parthenocarpy.

'Jung·fern|,glas *n min.* mica. — **~,gold** *n chem.* native (*od.* virgin) gold. — **~,haar** *n bot.* **1.** *cf.* Haarmoos 1. – **2.** *cf.* Frauenhaar 2. — **~,häut·chen** *n med.* maidenhead; virginal membrane, hymen (*scient.*).

— ~ˌ**he·ring** *m zo.* herring on the point of spawning. — ~ˌ**herz** *n bot.* bleeding heart, lyre flower, dicentra (*scient.*) (*Dicentra spectabilis*). — ~ˌ**ho·nig** *m* virgin honey. — ~ˌ**kamm** *m bot. cf.* Nadelkerbel. — ~ˌ**kra·nich** *m zo.* demoiselle (crane) (*Anthropoides virgo*). — ~ˌ**kranz** *m* **1.** bridal wreath (*od.* garland). – **2.** *bot. cf.* immergrün II. — ~**meˌtall** *n chem.* native (*od.* virgin) metal. — ~ˌ**öl** *n* virgin (*od.* best) oil. — ~ˌ**re·be** *f bot.* Virginia creeper (*Parthenocissus quinquefolia*). — ~ˌ**re·de** *f* (*eines Abgeordneten etc*) maiden speech. — ~ˌ**rei·se** *f cf.* Jungfernfahrt. — ~ˌ**ro·se** *f bot.* cabbage rose, *Br.* cabbage-rose (*Rosa centifolia*).

'**Jung·fern·schaft** *f* ⟨-; *no pl*⟩ virginity, maidenhood.

'**Jung·fern|ˌschrift** *f print.* brevier. — ~ˌ**schwe·fel** *m min.* native sulfur (*bes. Br.* -ph-). — ~ˌ**stand** *m* maidenhood, spinsterhood. — ~ˌ**wachs** *n* (*der Bienen*) virgin wax. — ~ˌ**wein** *m bot. cf.* Jungfernrebe. — ~ˌ**zeu·gung** *f biol.* parthenogenesis.

'**Jungˌfrau** *f* ⟨-; -en⟩ **1.** virgin, maid(en) (*lit.*): sie war keine ~ mehr she had already lost her virginity; die ~ Maria *relig.* the Virgin Mary; die ~ von Orleans *hist.* the Maid (of Orleans), Joan of Arc, Jeanne d'Arc; die klugen [törichten] ~en *Bibl.* the wise [foolish] virgins; vestalische ~ *antiq.* vestal (virgin); unberührte ~ *med.* virgo intacta; → eisern 6; heilig 1. – **2.** *astr.* Virgo, the Virgin.

'**Jungˌfrau·en·geˌburt** *f relig.* Virgin Birth.

'**jungˌfräu·lich** [-ˌfrɔʏlɪç] *adj lit.* **1.** (*Schönheit etc*) maidenly: ihr ~es Wesen her maidenliness, her maidenly behavio(u)r. – **2.** (*Seele etc*) chaste. – **3.** (*Körper etc*) virgin(al): ihre ~e Ehre her virginal hono(u)r; ~ bleiben to remain a virgin; der ~e Schnee *fig.* the virgin (*od.* pristine) snow; die ~en Wälder Sibiriens *fig.* the virgin (*od.* primeval) forests of Siberia. – **4.** *med.* virginal. — '**Jungˌfräu·lich·keit** *f* ⟨-; *no pl*⟩ **1.** virginity: sich (*dat*) seine ~ bewahren to keep one's virginity; seine ~ verlieren to lose one's virginity. – **2.** (*Keuschheit*) virginhood, chasteness, virgin purity.

'**Jung·geˌsel·le** *m* **1.** bachelor, single (*od.* unmarried) man, *Am. sl. auch* bach: ein eingefleischter ~ a confirmed (*od. colloq.* regular) bachelor; er bleibt ewig (ein) ~ he will live and die a bachelor. – **2.** (*Handwerker*) junior journeyman.

'**Jung·geˌsel·len|ˌbu·de** *f colloq.* bachelor's den (*Br. colloq.* digs *pl*). — ~ˌ**daˌsein** *n cf.* Junggesellenleben. — ~ˌ**le·ben** *n* bachelor's life: ein ~ führen to live as a bachelor. — ~ˌ**stand** *m* bachelorhood, bachelorship. — ~ˌ**steu·er** *f* tax (levied) on bachelors.

'**Jung·geˌsel·len·tum** *n* ⟨-s; *no pl*⟩ bachelordom.

'**Jung·geˌsel·len|ˌwirt·schaft** *f humor.* bachelor's ménage (*od.* household). — ~ˌ**woh·nung** *f* bachelor('s) apartment (*bes. Br.* flat). — ~ˌ**zeit** *f* bachelor years *pl*.

'**Jung·geˌsel·lin** *f* ⟨-; -nen⟩ **1.** bachelor girl, single (*od.* unmarried) woman. – **2.** *jur.* feme sole.

'**Jung|gramˌma·ti·ker** *m ling. hist.* neogrammarian. — ~**he·ge·lia·ner** [-hegeˌliaːnər] *m philos.* Young Hegelian. — ~ˌ**hen·ne** *f agr.* pullet. — ~ˌ**herr** *m obs.* young nobleman. — ~ˌ**holz** *n* (*forestry*) young (*od.* new) growth, young forest. — ~ˌ**jä·ger** *m* novice hunter. — ~ˌ**leh·rer** *m*, ~ˌ**leh·re·rin** *f* student (*od.* junior) teacher.

Jüng·ling ['jʏŋlɪŋ] *m* ⟨-s; -e⟩ *lit.* youth, young man.

'**Jüng·lings|ˌal·ter** *n* youth, early manhood, adolescence. — **j~haft** *adj* like a youth (*od.* young man). — ~ˌ**jah·re** *pl* years of one's early youth, youth *sg*.

'**jungˌmäd·chen·haft** *adj* **1.** (*Kleider etc*) girlish. – **2.** (*Schüchternheit etc*) maidenly.

'**Jung|ˌmä·del** *n hist.* (*in NS-Zeit*) girl member of the Hitler Youth. — ~ˌ**mann** *m* ⟨-(e)s; ¨er⟩ **1.** *obs.* youngster, young man. – **2.** *Austrian mil.* recruit (in his first year of service). — ~ˌ**mann·schaft** *f* (*des Alpenvereins etc*) junior team. — ~**moˌrä·ne** *f geol.* younger moraine. — ~ˌ**pflan·ze** *f bot.* young plant, set, seedling. — ~**pioˌnier** *m meist pl DDR pol.* Young Pioneer (*6—10 years old*).

'**Jungˌsein** *n* ⟨-s; *no pl*⟩ youth, youthfulness.

'**Jung|so·ziaˌlist** *m pol.* young socialist. — ~ˌ**spin·ne** *f zo.* (young) spiderling.

jüngst [jʏŋst] **I** *sup of* jung. – **II** *adj* **1.** youngest: sie ist mein ~es Kind she is my youngest (child). – **2.** (*zeitlich*) latest, (most) recent: die ~en Ereignisse the latest events; ihr ~er Roman her latest novel; in ~er Zeit lately, quite recently; in Ihrem ~en Schreiben (*in Geschäftsbrief*) in your latest (*od.* last) letter. – **3.** *relig.* das J~e Gericht the Last Judg(e)ment; der J~e Tag the Day of Judg(e)ment, doomsday. – **4.** *bes. mil.* youngest, junior: der ~e Offizier the junior officer. – **III** *adv archaic* **5.** (quite) recently, lately, the other day, of late: ich traf ihn ~ I met him quite recently; in einem ~ erschienenen Buch in a recently (*od.* newly) published book. – **IV J~e, der, die, das** ⟨-n; -n⟩ **6.** the youngest: mein J~er my youngest (son); meine J~e my youngest (daughter); das ist unser J~es this is our youngest (child), this is our baby (*od.* the baby of the family); sie ist (auch) nicht mehr die J~e she is no longer young (*od.* the youngest), she is no (spring) chicken any more.

'**JungˌsteinˌZeit** *f geol.* New Stone Age, Neolithic period (*scient.*). — '**jungˌstein·ˌzeit·lich** *adj* of the New Stone Age, Neolithic (*scient.*).

'**Jüng·stenˌrecht** *n jur. cf.* Juniorat 1.

'**jüng·stens** *adv archaic cf.* jüngst 5.

'**jüngst·geˌbo·ren** *adj* youngest (*od.* last) born.

'**jüngst'hin** *adv archaic cf.* jüngst 5.

'**Jungˌstier** *m agr.* young bull.

'**jüngst·verˌgan·gen** *adj* ⟨*attrib*⟩ (*Zeit etc*) most recent, latest.

'**Jung|ter·tiˌär** *n geol.* Neocene, Neogene. — ~ˌ**tier** *n* **1.** young animal. – **2.** *hunt.* young deer (*od.* doe). – **3.** *collect. cf.* Jungvieh. — ~ˌ**tür·ken** *pl hist.* Young Turks.

'**Jung·verˌhei·ra·te·te** *m, f* ⟨-n; -n⟩ newly married (*Br.* newly-married) person: die ~n *pl* the newlyweds, *Br.* the newly-weds, the newly(-)wed couple *sg*.

'**jung·verˌmählt** *adj* ⟨*attrib*⟩ newly wed (*od.* married), *Br.* newly-wed (*od.* -married). — '**Jung·verˌmähl·te** *m, f* ⟨-n; -n⟩ *cf.* Jungverheiratete.

'**Jung|ˌvieh** *n agr.* young stock (*od.* cattle *pl*). — ~ˌ**vo·gel** *m* young bird, squab. — ~ˌ**volk** *n* (*in NS-Zeit*) young people *pl* (*od.* folk). — **j~vulˌka·nisch** *adj geol.* neovolcanic, fresh volcanic, *Br.* fresh-volcanic (*attrib*), cenotypal (*scient.*). — ~ˌ**wald** *m* (*forestry*) young wood (*od.* plantation). — ~ˌ**wild** *n* young game. — **j~ˌzeit·lich** *adj* recent.

Ju·ni ['juːni; *deutlich* 'juːno] *m* ⟨-(s); *rare* -s⟩ June: im (Monat) ~ in (the month of) June; ich komme am 12. ~ I am coming (*od.* I shall come) on June 12 (*od.* on the 12th of June). — ~ˌ**kä·fer** *m zo.* **1.** summer chafer (*Amphimallus solstitialis*). – **2.** garden chafer (*Phyllopertha horticola*). – **3.** May beetle (*od.* bug) (*Gattg Phyllophaga*). – **4.** *allg.* dorbeetle.

ju·ni·or ['juːnɪɔr] **I** *adj* ⟨*invariable*⟩ **1.** (*nachgestellt*) junior, Junior: Georg Schmidt ~ Georg Schmidt, Junior. – **II J~** *m* ⟨-s; -en [ju'nɪoːrən]⟩ **2.** *econ.* a) son of the owner, b) junior partner. – **3.** *colloq.* (*einer Familie, Gruppe etc*) youngest member. – **4.** (*sport*) junior (competitor).

Ju·nio·rat [junɪo'raːt] *n* ⟨-(e)s; -e⟩ **1.** *jur.* ultimogeniture, *auch* postremogeniture. – **2.** *röm.kath.* (*der Jesuiten*) juniorate.

'**Ju·ni·orˌchef** *m econ.* junior manager.

Ju·nio·ren|ˌklas·se [ju'nɪoːrən-] *f* (*sport*) junior class (*od.* division). — ~ˌ**mei·ster·schaft** *f* junior championship. — ~ˌ**ren·nen** *n* junior race.

Jun·ker ['jʊŋkər] *m* ⟨-s; -⟩ **1.** *obs.* young nobleman (*od.* gentleman): was tut Ihr dort, ~? what are you doing there, Sir? – **2.** (*bes. preußischer, ostelbischer*) Junker, *auch* junker, (country) squire (*od.* esquire). — **j~haft** *adj cf.* junkerlich. — ~ˌ**herr·schaft** *f* rule of the landed aristocracy, rule of Junkers, *Br. auch* squir(e)archy.

'**jun·ker·lich** *adj* **1.** like a Junker. – **2.** *contempt.* haughty, arrogant.

'**Jun·kerˌre·genˌbo·genˌfisch** *m zo. cf.* Meerjunker.

'**Jun·ker·schaft** *f* ⟨-; *no pl*⟩ *cf.* Junkertum 2.

'**Jun·ker·tum** *n* ⟨-s; *no pl*⟩ **1.** Junkerism, junkerism. – **2.** *collect.* (*die Junker*) Junkerdom, junkerdom, landed aristocracy, *Br. auch* squir(e)archy.

Junk·tim ['jʊŋktɪm] *n* ⟨-s; -s⟩ *pol.* composite bill (*od.* measures *pl*), package deal (*colloq.*). — '**Junk·timsˌvorˌla·ge** *f* composite (*od. colloq.* package) bill.

Ju·no ['juːno] *npr f* ⟨-; *no pl*⟩ *myth.* Juno (*Roman goddess of women and marriage*). — **ju·no·nisch** [ju'noːnɪʃ] *adj* (*Schönheit, Gestalt etc*) junoesque, stately, majestic.

Jun·ta ['xʊnta; 'jʊnta] *f* ⟨-; -ten⟩ *pol.* junta.

Jüp·chen ['jyːpçən] *n* ⟨-s; -⟩ *Eastern and Middle G.* baby jacket.

Jupe [ʒyːp] *f* ⟨-; -s⟩, *auch m* ⟨-(s); -s⟩ *Swiss* skirt.

Ju·pi·ter ['juːpitər] **I** *npr m* ⟨-; *no pl*⟩ *myth.* Jupiter. – **II** *m* ⟨-s; *no pl*⟩ *astr.* Jupiter. — ~ˌ**blu·me** *f bot.* flower of Jove (*Lychnis flos-jovis*). — **j~ˌgleich** *adj* Jovian. — ~ˌ**lam·pe** *f* (*optics*) (*film*) sun lamp, floodlight. — ~ˌ**lichtˌnel·ke** *f bot. cf.* Jupiterblume. — ~ˌ**mon·de** *pl astr.* Jovian moons.

'**Ju·pi·ters 'Bart** *m bot.* Jupiter's-beard (*Anthyllis barba-jovis*).

'**Ju·pi·ter|sin·foˌnie**", „**die** *mus.* "Jupiter Symphony" (*by Mozart*). — ~**traˌban·ten** *pl astr. cf.* Jupitermonde.

Ju·pon [ʒy'põː] *m* ⟨-s; -s⟩ *obs.* petticoat, slip.

Ju·ra[1] ['juːra] *m* ⟨-s; *no pl*⟩ *geol.* Jura, Jurassic (period): Brauner ~ Brown Jura, Dogger; Schwarzer ~ Black Jura, Lias; Weißer ~ Upper Jurassic, White Jura, Malm.

'**Ju·ra**[2] *pl of* Jus[1]: ~ studieren to study (*bes. Br.* read) law, to study for the bar.

'**Ju·ra|be,woh·ner** *m* inhabitant of the Jura Mountains. — ~**for·ma·tiˌon** *f geol.* Jurassic (system *od.* formation). — ~ˌ**kalk** *m* Jura limestone.

Ju·ras·si·er [ju'rasɪər] *m* ⟨-s; -⟩ *cf.* Jurabewohner. — **ju'ras·sisch** [-sɪʃ] *adj geol.* Jurassic.

'**Ju·ra|stuˌdent** *m* law student, student of law. — ~ˌ**stu·di·um** *n* law (*od.* legal) studies *pl*.

'**Ju·raˌzeit** *f geol.* Jurassic period.

ju·ri·disch [ju'riːdɪʃ] *adj bes. Austrian for* juristisch I.

Ju·ris·dik·ti·on [jurɪsdɪk'tsɪoːn] *f* ⟨-; *no pl*⟩ **1.** *jur.* jurisdiction. – **2.** *relig.* obedience.

Ju·ris·pru·denz [jurɪspru'dɛnts] *f* ⟨-; *no pl*⟩ (*Rechtswissenschaft*) jurisprudence.

Ju·rist [ju'rɪst] *m* ⟨-en; -en⟩ **1.** lawyer, (*bedeutender*) jurist. – **2.** (*Student*) law student, student of law.

Ju'ri·sten|beˌruf *m* (the) legal profession. — ~ˌ**deutsch** *n* ⟨-(s)⟩ **1.** *contempt.* lawyers' (*od.* legal) German, German legalese. – **2.** *cf.* Juristensprache 2. — ~ˌ**la·tein** *n* legal Latin. — ~ˌ**spra·che** *f* **1.** lawyers' (*od.* legal) language, legalese (*contempt.*). – **2.** (*juristische Terminologie*) legal terminology. — ~ˌ**stand** *m cf.* Juristenberuf. — ~ˌ**welt, die** the lawyers (*od.* jurists) *pl*, the legal world.

Ju·ri·ste'rei *f* ⟨-; *no pl*⟩ *colloq.* jurisprudence, lawyer's tricks *pl* (*contempt.*).

ju'ri·stisch **I** *adj* (*rechtlich*) legal, juridical, juristic: ~e Ausbildung legal education; ~er Ausdruck [Kommentar] legal term [commentary]; ~e Fakultät Faculty of Law, *Am. auch* Law School; ~e Finten lawyer's tricks; ~es Studium *cf.* Jurastudium; → Person 10. – **II** *adv* legally: ~ vertretbar legally justifiable.

Ju·ror ['juːrɔr] *m* ⟨-s; -en [ju'roːrən]⟩ (*Preisrichter*) judge, juror, member of the jury, *bes. mus.* adjudicator.

Jur·te ['jʊrtə] *f* ⟨-; -n⟩ (*Rundzelt*) yurt(a).

Ju·ry [ʒy'riː; 'ʒyːri; 'dʒuərɪ] (*Engl.*) *f* ⟨-; -s⟩ **1.** *jur.* (*im engl. Recht*) (*Geschworene*) jury: kleine ~ trial (*od.* petit, petty) jury; einen Schöffen in die ~ aufnehmen to impanel a juror. – **2.** (*eines Wettbewerbs*) (team *od.* panel of) judges *pl*, jury. — **j~ˌfrei** *adj* without (expert) selection committee.

Jus[1] [juːs] *n* ⟨-; Jura ['juːra]⟩ law.

Jus[2] [ʒyː] *f, Southern G. and Swiss auch n* ⟨- [ʒyː(s)]; *no pl*⟩ *gastr.* **1.** gravy. – **2.** condensed meat stock.

Ju·so ['juːzo] *m* ⟨-s; -s⟩ *pol. colloq. for* [Jungsozialist.]

'**Jus·stuˌdent** *m cf.* Jurastudent.

just [jʊst] *adv rare od. poet.* **1.** (*genau*) just, exactly: das ist ~ das Richtige that is just the right thing. – **2.** (*eben*) exactly, precisely: das will ich ~ nicht *colloq.* that is exactly what I don't want. – **3.** (*zeitlich*) just (now): ~ zur rechten Zeit just at the right time, just in time; er ist ~ eingetroffen he has arrived just now.

Ju·sta·ge [jʊsˈtaːʒə] *f* ⟨-; -n⟩ *tech. cf.* Justierung 2, 3.

ju·sta·ment [jʊstaˈmɛnt] *adv colloq. od. dial.* **1.** just, exactly: das ist ~ derselbe, der that is exactly the same who. – **2.** just, deliberately, on purpose: ich habe es ~ getan I have done it on purpose; ~ tut er das Gegenteil he does just the opposite.

ju'stier·bar *adj tech.* adjustable. — **Ju'stier·bar·keit** *f* ⟨-; *no pl*⟩ adjustability.

Ju'stier,block *m print.* adjusting block.

ju·stie·ren [jʊsˈtiːrən] **I** *v/t* ⟨*no* ge-, h⟩ **1.** *tech.* a) (*genau einstellen*) adjust, set, b) (*einpassen*) fit, c) (*eichen*) calibrate, d) (*eine Lage*) position, e) (*Waage etc*) adjust, level. – **2.** *print.* a) (*Seiten*) adjust, make up, b) (*Klischee etc*) justify, set. – **3.** *mil.* (*Geschütz etc*) true up. – **4.** (*Münzen, Münzgewicht etc*) adjust, size, standard. – **II J~** *n* ⟨-s⟩ **5.** *verbal noun.* – **6.** *cf.* Justierung. — **Ju'stie·rer** *m* ⟨-s; -⟩ **1.** *tech.* adjuster, justifier. – **2.** *print.* justifier.

Ju'stier|,fei·le *f tech.* adjusting file. — **~,na·del** *f print.* justifying pin. — **~,schrau·be** *f tech.* adjusting screw. — **~,stift** *m* adjusting stud.

ju'stiert I *pp.* – **II** *adj* **1.** *tech.* adjusted, set. – **2.** *print.* a) (*Seite*) made-up (*attrib*), b) (*Klischee*) justified, c) (*Buchstabe*) set, justified: weit [eng] ~ sein (*Schrift*) to be set wide [narrow].

Ju'stie·rung *f* ⟨-; -en⟩ **1.** *cf.* Justieren. – **2.** *tech.* a) adjustment, b) correction, rectification. – **3.** *tech.* (*einer Waage etc*) justification. – **4.** *print.* a) adjustment, b) justification. – **5.** (*von Münzen*) adjustment.

Ju'stier|,waa·ge *f tech.* adjusting balance (*od.* scales *pl*). — **~,zan·ge** *f* flat-nose pliers *pl* (*construed as sg or pl*).

Ju·sti·fi·ka·ti·on [jʊstifikaˈtsĭoːn] *f* ⟨-; -en⟩ **1.** justification. – **2.** *econ. cf.* Justifikatur.

Ju·sti·fi·ka·tur [jʊstifikaˈtuːr] *f* ⟨-; -en⟩ *econ.* (examination and) approval (of accounts).

Ju·sti·nia·nisch [jʊstiˈnĭaːnɪʃ] *adj hist.* Justinianian: ~er Gesetzeskodex *jur.* Justinianian (*bes. Am.* Justinian) Code; ~e Gesetzessammlung *jur.* Corpus Juris Civilis.

Ju·sti·tia [jʊsˈtiːtsĭa] *npr f* ⟨-; *no pl*⟩ *myth.* Justice, Justitia (*Roman goddess of justice*).

Ju·sti·ti·ar [jʊstiˈtsĭaːr], **Ju·sti·ti'är** [-ˈtsĭɛːr] *m* ⟨-s; -e⟩, *auch* **Ju·sti·tia·ri·us** [-ˈtsĭaːrĭʊs] *m* ⟨-; -arien⟩ *jur.* legal adviser (*od.* counsel), justiciary.

Ju·sti·ti·um [jʊsˈtiːtsĭʊm] *n* ⟨-s; -tien⟩ *jur.* suspension of legal procedure.

Ju·stiz [jʊsˈtiːts] *f* ⟨-; *no pl*⟩ **1.** (*Rechtspflege*) justice, judicature. – **2.** (*Gerechtigkeit*) justice, law: j-n der ~ überantworten to hand s.o. over to the law. — **~,aus,bil·dung** *f* legal training. — **~be,am·te** *m* **1.** judicial officer, legal official. – **2.** *cf.* Polizist. — **~be,hör·de** *f* court (*od.* judicial, legal) authority, judiciary. — **~,bei,trei·bung** *f* collection of legal costs. — **~,dienst** *m* judicial service. — **~ge,bäu·de** *n cf.* Gerichtsgebäude. — **~ge,walt** *f* judiciary (power), judicial authority (*od.* power). — **~,ho·heit** *f* jurisdiction of a country. — **~in,spek·tor** *m* judicial executive official. — **~,irr·tum** *m* **1.** miscarriage (*od.* error) of justice. – **2.** (*fehlerhafter Prozeß*) mistrial. — **~mi,ni·ster** *m* Minister of Justice, *Am.* Attorney General, *Br. etwa* Lord (High) Chancellor. — **~mi·ni,ste·ri·um** *n* Ministry of Justice, *Am.* Department of Justice, *Br. etwa* The Lord Chancellor's Departments *pl.* — **~,mord** *m* judicial murder. — **~pa,last** *m cf.* Gerichtsgebäude. — **~,pfle·ge** *f* administration of justice. — **~,rat** *m hist.* Counsellor of Justice. — **~re,form** *f* reform of the law, legal (*od.* judicial) reform. — **~,sa·che** *f* judicial (*od.* legal) matter (*od.* affair). — **~ver,fas·sung** *f* legal constitution, judicial (*od.* court) system. — **~ver,wal·tung** *f* **1.** administration of justice, judicatory. – **2.** legal administrative body. — **~,we·sen** *n* justice, (the) law, judiciary, (the) legal (*od.* judicial) system.

Ju·te [ˈjuːtə] *f* ⟨-; *no pl*⟩ *econ.* jute.

Jü·te [ˈjyːtə] *m* ⟨-n; -n⟩ Jute, inhabitant of Jutland.

'Ju·te|,fa·ser *f bot. econ.* jute (fiber, *bes. Br.* fibre). — **~,garn** *n* jute yarn. — **~,lein,wand** *f* (*textile*) burlap, *auch* gunny. — **~,pflan·ze** *f bot.* jute (plant), Jew's mallow (*Gattg Corchorus, bes. C. capsularis u. C. olitorius*).

'jü·tisch *adj* Jutlandic. — **'Jüt,län·der** [ˈjyːt-] *m* ⟨-s; -⟩ *cf.* Jüte.

Jütt [jʏt] *f* ⟨-; -en⟩, **Jüt·te** [ˈjʏtə] *f* ⟨-; -n⟩ *mar.* mast-heel outrigger.

ju·ve·na·lisch [juveˈnaːlɪʃ] *adj* Juvenalian.

ju·ve·nil [juveˈniːl] *adj auch geol.* juvenile.

ju·vi·val·le·ra [juviˈvalәra; -ˈfalәra] *interj* tra-la(-la), *auch* tra-li-la.

Ju·wel[1] [juˈveːl] *n, auch m* ⟨-s; -en⟩ jewel, gem: ~en a) jewelry, *bes. Br.* jewellery *sg*, b) (*Edelsteine*) precious stones; kostbare [seltene] ~en precious [rare] jewels; mit ~en besetzen (*od.* schmücken) to (be)-jewel, to set (*od.* adorn) with jewels.

Ju'wel[2] *n* ⟨-s; -e⟩ *fig.* jewel, gem: ein landschaftliches ~ a gem of scenic beauty; das ~ der Sammlung the gem of the collection; unser Dienstmädchen ist ein (wahres) ~ *colloq.* our maid is a (perfect) jewel (*od.* treasure).

Ju'we·len|,dieb,stahl *m* jewel robbery. — **~,händ·ler** *m* jeweler, *bes. Br.* jeweller, dealer in precious stones. — **~,käst·chen** *n* jewel box (*od.* case), casket. — **~,schmuck** *m* set of jewels, jewelry, *bes. Br.* jewellery.

Ju·we·lier [juveˈliːr] *m* ⟨-s; -e⟩ jeweler, *bes. Br.* jeweller. — **~ge,schäft** *n*, **~,la·den** *m* jeweler's (*bes. Br.* jeweller's) shop. — **~,wa·ren** *pl* jewelry, *bes. Br.* jewellery *sg.*

Jux [jʊks] *m* ⟨-es; -e⟩ *colloq.* (practical) joke, lark, prank: ein großer (*od.* famoser) ~ a great joke; es war doch nur ein ~! it was only a joke (*od.* only in fun); sich (*dat*) einen ~ aus etwas machen to make fun of s.th.; etwas aus ~ tun to do s.th. for a joke (*od.* in fun, for laughs). — **'ju·xen** *v/i* ⟨h⟩ *colloq. humor.* play a joke (*od.* prank), lark. — **Ju·xe'rei** *f* ⟨-; -en⟩ *colloq.* **1.** joke, prank, lark. – **2.** joking, (sky)larking. — **'ju·xig** *adj colloq.* funny.

Jux·ta [ˈjʊksta] *f* ⟨-; -ten⟩ (*an Lotterielosen etc*) counterfoil, coupon.

Jux·ta·po·si·ti·on [jʊkstapoziˈtsĭoːn] *f* **1.** *min.* juxtaposition. – **2.** *geol.* faulted junction (*od.* juxtaposition).

K

K, k [kaː] *n* ⟨-; -⟩ **1.** K, k (*eleventh letter of the German alphabet; eigth consonant*): ein großes K a capital (*od.* large) K; ein kleines K a small (*od.* little) k. – **2.** K *chem.* (*Symbol für Kali*) K. – **3.** K *phys.* (*Kelvin*) K.

Ka [kaː] *n* ⟨-(s); -s⟩ *relig. hist.* (*im alten Ägypten*) ka.

Ka·aba ['kaːaba] *f* ⟨-; *no pl*⟩ (*islam. Heiligtum in Mekka*) Kaaba, Ka'ba, *auch* Ka'bah, caaba.

Ka·bab [ka'baːp] *m* ⟨-; *no pl*⟩ *gastr.* (*arab. Fleischgericht*) Kabob, *auch* Kabab, Kebab, Kebob, cabob(s *pl*).

Ka·ba·le [ka'baːlə] *f* ⟨-; -n⟩ *obs.* cabal, plot, intrigue: „~ und Liebe" "Intrigue and Love" (*drama by Schiller*).

Ka·ba·rett [kaba'rɛt; -'reː] *n* ⟨-s; -e *od.* -s⟩ **1.** cabaret (show), (satirical) revue. – **2.** (revolvable) partitioned dish.

Ka·ba·ret·tist [kabarɛ'tɪst] *m* ⟨-en; -en⟩, **Ka·ba·ret'ti·stin** *f* ⟨-; -nen⟩ cabaret artiste. — **ka·ba·ret'ti·stisch** *adj* (*Programm etc*) cabaret-type (*attrib*), revuelike, *Br.* revue-like.

Ka·ba'rett,num·mer *f* cabaret number.

Ka·bäus·chen [ka'bɔʏsçən] *n* ⟨-s; -⟩ *colloq.* **1.** small room. – **2.** small house.

Kab·ba·la ['kabala] *f* ⟨-; *no pl*⟩ *relig. hist.* (*jüd. Geheimlehre*) Cab(b)ala, Cabbalah, Kab(b)ala, Kabbalah. — **Kab·ba'list** [-'lɪst] *m* ⟨-en; -en⟩ cabalist. — **Kab·ba'li·stik** [-tɪk] *f* ⟨-; *no pl*⟩ cabalism, cabbalistic art. — **kab·ba'li·stisch** *adj* cabbalistic.

Kab·be'lei *f* ⟨-; -en⟩ *colloq.* squabble.

'kab·be·lig *adj mar.* (*See*) choppy.

kab·beln ['kabəln] **I** *v/reflex* ⟨h⟩ sich ~ *colloq.* **1.** (mit j-m with s.o.) squabble, quarrel. – **II** *v/i* **2.** *colloq. cf.* kabbeln 1. – **3.** *mar.* (*von See*) be choppy.

'Kab·bel,see *f mar.* choppy sea.

'Kab·be·lung *f* ⟨-; -en⟩ *mar.* (*der See*) (tide) rip, *Br.* (tide-)rip.

Ka·bel ['kaːbəl] *n* ⟨-s; -⟩ **1.** *electr.* cable: ~ verlegen [anschließen] to lay [to connect (up)] cables; ~ für Erdverlegung underground cable; ~ mit abgeschirmten Adern screened-core cable; doppeladriges [dreiadriges, mehradriges] ~ bifilar (*od.* twin) [three-core, multi-core (*od.* multiple)] cable. – **2.** *tech.* (*bei Seilbahnen, Hängebrücken etc*) cable (rope). – **3.** *tel. cf.* Kabeltelegramm. – **4.** *mar.* cable. — **~,ader** *f electr.* cable core. — **~,an,schluß** *m* cable connection (*Br. auch* connexion).

Ka·be·lar [kabe'laːr] *n* ⟨-s; -e⟩ *mar.* (*Anholtau*) messenger.

'Ka·bel|,füh·rung *f* cable run. — **~,gat(t)** *n mar.* cable room (*od.* tier). — **~,has·pel** *f tech.* cable drum.

Ka·bel·jau ['kaːbəljaʊ] *m* ⟨-s; -e *u.* -s⟩ *zo.* cod(fish) (*Gadus morrhua*).

'Ka·bel|,klem·me *f electr.* cable clamp. — **~,län·ge** *f* **1.** *electr.* cable length. – **2.** *mar.* (*nautisches Längenmaß*) cable('s) length. — **~,le·ger** *m* **1.** *mar.* cable ship (*od.* layer). – **2.** *tech.* cable layer, cableman. — **~,lei·ter** *m electr.* cable conductor. — **~,lei·tung** *f* cable. — **~,man·tel** *m tech.* cable sheath.

ka·beln ['kaːbəln] *v/t u. v/i* ⟨h⟩ cable: j-m (eine Nachricht) ~ to cable s.o., to send s.o. a cable.

'Ka·bel|,schacht *m* manhole. — **~,schiff** *n mar. cf.* Kabelleger 1. — **~,schnur** *f electr.* flex. — **~,schuh** *m mar. tech.* cable shoe. — **~,tau** *n mar. cf.* Kabel 4. — **~te·le,gramm** *n tel.* cablegram, 'cable' (*colloq.*). — **~,trom·mel** *f tech.* cable drum. — **~,wort** *n* ⟨-(e)s; ⸚er⟩ *tel.* word sent by cable. — **~,zug** *m* **1.** *auto.* (*Bremsseilzug*) cable assembly. – **2.** (*einer Skibindung*) cable.

Ka·bi·ne [ka'biːnə] *f* ⟨-; -n⟩ **1.** *aer.* cabin. – **2.** *mar.* (*für Passagiere*) cabin, stateroom. – **3.** (*im Postamt etc*) telephone booth, *Br. auch* call-box. – **4.** (*in einer Badeanstalt*) cabin, cubicle. – **5.** (*einer Seilbahn etc*) (cable-)car cabin. – **6.** (*mining*) cage.

Ka'bi·nen|,hau·be *f aer.* cockpit hood. — **~,kof·fer** *m* (cabin) trunk. — **~,rol·ler** *m* bubble car, *Br.* bubble-car, cabin scooter.

Ka·bi·nett [kabi'nɛt] *n* ⟨-s; -e⟩ **1.** *pol.* cabinet, *auch* Cabinet, (*im weiteren Sinne*) government: ein ~ bilden [umbilden] to form [to reshuffle (*od.* to make changes in)] a cabinet; ein ~ stürzen to overthrow a government; Rücktritt [Sturz] des ~s resignation [fall] of the government. – **2.** (*in einem Museum etc*) cabinet, small exhibition room. – **3.** *archaic* a) (*Arbeitszimmer, Beratungsraum etc*) cabinet, closet, b) toilet, (water) closet, *Br.* (water-)closet. – **4.** *obs. and Austrian* small room with one window. – **5.** (*Schrank in Ausstellungen etc*) cabinet. — **~,aus,le·se** *f gastr. cf.* Kabinettwein. — **~for,mat** *n phot.* cabinet size. — **~,kä·fer** *m zo.* cabinet beetle, museum pest (*od.* beetle) (*Anthrenus verbasci u. A. museorum*).

Ka·bi'netts|be,schluß *m pol.* decision of the cabinet. — **~,bil·dung** *f* formation of a (*od.* the) cabinet. — **~,fra·ge** *f* cabinet question (*od.* matter). — **~ju,stiz** *f* **1.** arbitrary administration of justice by ministerial orders (*od.* warrants). – **2.** *hist.* interference by the sovereign in the course of justice. — **~,krieg** *m pol. war waged by an authoritarian government without democratic sanction.* — **~,kri·se** *f* cabinet crisis. — **~,li·ste** *f* list of cabinet members. — **~mi,ni·ster** *m* cabinet minister. — **~,mit,glied** *n* member of the cabinet, cabinet member. — **~,or·der** *f hist.* enactment by the ruler decided at a sitting of his cabinet, *Br. etwa* order on council. — **~,sit·zung** *f* cabinet meeting: an der ~ teilnehmen to be present at the cabinet meeting.

Ka·bi'nett|,stück *n* **1.** cabinet piece, prize exhibit. – **2.** *fig.* brilliant (*od.* clever) move: ein ~ der Diplomatie a brilliant piece of diplomacy. — **~,wein** *m gastr.* cabinet wine.

Ka·bis ['kaːbɪs] *m* ⟨-; *no pl*⟩ *Southwestern G. and Swiss hort. for* Kohl 1.

ka·blie·ren [ka'bliːrən] *v/t* ⟨*no* ge-, h⟩ (*Fäden, Drähte etc*) cable.

Ka·bo·ta·ge [kabo'taːʒə] *f* ⟨-; -n⟩ *mar.* (*Küstenschiffahrt*) cabotage.

Ka·brio ['kabrio] *n* ⟨-(s); -s⟩ *short for* Kabriolett.

Ka·brio·lett [kabrio'lɛt] *n* ⟨-s; -e⟩ **1.** *auto* cabriolet, convertible (car), *Br.* drop-head coupé. – **2.** (*zweirädriger Einspänner*) cabriolet, hansom (cab), one-horse carriage.

Ka·buff [ka'bʊf] *n* ⟨-s; -e⟩ *colloq.* tiny den, dungeonlike room.

Ka·bu·se [ka'buːzə], **Ka'bü·se** [-'byːzə] *f* ⟨-; -n⟩ **1.** *mar. cf.* Kombüse. – **2.** (*enge Kammer*) small room. – **3.** (*schlechte Wohnung*) hovel, shack. – **4.** (*kleine Hütte*) small hut.

Ka·by·le [ka'byːlə] *m* ⟨-n; -n⟩ Kabyle, Berber. — **ka'by·lisch I** *adj* Kabyl(e). – **II** *ling.* **K~** ⟨*generally undeclined*⟩, **das K~e** ⟨-n⟩ Kabyl(e).

kach·ek·tisch [ka'xɛktɪʃ] *adj med.* cachectic(al).

Ka·chel ['kaxəl] *f* ⟨-; -n⟩ glazed (*od.* Dutch) tile. — **'ka·cheln** *v/t u. v/i* ⟨h⟩ tile.

'Ka·chel,ofen *m* tiled stove.

Kach·exie [kaxɛ'ksiː] *f* ⟨-; -n [-ən]⟩ *med.* cachexia, cachexy.

Kacke (*getr.* -k·k-) ['kakə] *f* ⟨-; *no pl*⟩ *vulg.* shit, crap (*beide vulg.*), excrement. — **'kacken** (*getr.* -k·k-) *v/i* ⟨h⟩ shit, crap (*beide vulg.*), defecate.

Ka·da·ver [ka'daːvər] *m* ⟨-s; -⟩ **1.** (*eines Tieres*) (dead) body, carcass, *Br. auch* carcase. – **2.** (*eines Menschen*) (dead) body, corpse, cadaver (*scient.*), 'stiff' (*colloq.*). – **3.** *fig. contempt.* carcass, *Br. auch* carcase. — **~ge,hor·sam** *m* blind (*od.* total, slavish) obedience.

Ka·da·ve·rin [kadave'riːn] *n* ⟨-s; *no pl*⟩ *chem.* cadaverine ($H_2N(CH_2)_5NH_2$).

Kad·disch ['kadɪʃ] *m* ⟨-; -e⟩ *relig.* (*jüd. Gebetsschluß u. jüd. Totengebet*) kaddish.

Ka·denz [ka'dɛnts] *f* ⟨-; -en⟩ **1.** *mus.* (*Harmonielehre*) cadence, close. – **2.** *mus.* (*virtuoser Soloteil im Instrumentalkonzert*) cadenza. – **3.** *metr.* cadence, rhythm. — **ka·den'zie·ren** [-'tsiːrən] *v/t* ⟨*no* ge-, h⟩ *mus.* cadence.

Ka·der ['kaːdər] *m*, *Swiss n* ⟨-s; -⟩ **1.** *mil.* cadre. – **2.** (*sport*) *u. bes. DDR pol.* cadre: der ~ einer Partei the cadre (*od.* nucleus) of a party. – **3.** *pl bes. DDR* cadres. — **~ar,mee** *f mil.* cadre army. — **~,ein,hei·ten** *pl* cadre units. — **~par,tie** *f* (*beim Billard*) balk-line game. — **~per·so,nal** *n mil.* cadre personnel. — **~,trup·pe** *f meist pl mil.* cadre troup.

Ka·dett [ka'dɛt] *m* ⟨-en; -en⟩ **1.** *mar. mil.* cadet. – **2.** *fig. colloq. humor.* fellow, chap: du bist mir ein netter ~ you're a fine fellow (*od.* a fine one).

Ka'det·ten|,an,stalt *f mar. mil.* military college (*od.* training school). — **~,korps** *n* cadet corps. — **~,schiff** *n mar. cf.* Schulschiff. — **~,schu·le** *f cf.* Kadettenanstalt.

Ka·di ['kaːdi] *m* ⟨-s; -s⟩ **1.** (*mohammedan. Richter*) qadi, *auch* cadi. – **2.** *colloq. humor.* judge: j-n vor den ~ bringen (*od.* schleppen) to haul s.o. before the judge.

kad·me·isch [kat'meːɪʃ] *adj myth.* Cadm(a)ean.

kad·mie·ren [kat'miːrən] *v/t* ⟨*no* ge-, h⟩ *metall.* cadmium-plate.

Kad·mi·um ['katmiʊm] *n* ⟨-s; *no pl*⟩ *chem.* cadmium (Cd). — **~,gelb** *n cf.* Kadmiumsulfid. — **~le,gie·rung** *f* cadmium alloy. —

~**oxyd** [-ʔɔˌksyːt] *n* cadmium oxide (CdO). — ~ˌ**stab** *m nucl.* cadmium rod. — ~**sul-ˌfat** *n chem.* cadmium sulfate (*bes. Br.* -ph-) ($CdSO_4$). — ~**sulˌfid** *n* cadmium sulfide (*bes. Br.* -ph-), orange cadmium, cadmium (*od.* aurora) yellow (CdS).

ka·duk [ka'duːk] *adj* **1.** decrepit, broken-down (*attrib*). – **2.** *jur.* a) reverted (to a person), b) reverted to the state, escheated.

ka·du·zie·ren [kadu'tsiːrən] *v/t* ⟨*no* ge-, h⟩ **1.** *jur.* annul, declare (*s.th.*) forfeited. – **2.** *econ.* cancel.

Kä·fer ['kɛːfər] *m* ⟨-s; -⟩ **1.** *zo.* beetle, chafer, coleopteron (*scient.*). – **2.** sie ist ein toller (*od.* netter) ~ *fig. colloq.* she's an attractive girl, *Am. colloq.* she's a real dish. – **3.** *colloq.* (*Volkswagen*) beetle, bug. — **k**~ˌ**ar·tig** *adj* beetlelike, *Br.* beetle-like; coleopteran, coleopteral, coleopterous (*scient.*). — ~-ˌ**ken·ner** *m zo.* specialist in beetles; coleopterist, coleopterologist (*scient.*). — ~-ˌ**kun·de** *f* coleopterology. — ~ˌ**lar·ve** *f zo.* beetle larva, larva of a beetle. — ~ˌ**mil·be** *f* woodmite (*Unterordng Oribatei*). — ~-ˌ**samm·lung** *f* collection of beetles. — ~ˌ**schnecke** (*getr.* -k·k-) *f zo.* chiton, loricat (*Ordng Placophora*).

Kaff[1] [kaf] *n* ⟨-s; -s *u.* -e⟩ *colloq. contempt.* (awful) hole, godforsaken place, *bes. Am. colloq.* hick town: das ist ja ein entsetzliches ~! this is really an awful hole.

Kaff[2] *n* ⟨-(e)s; *no pl*⟩ *Low G.* **1.** *cf.* Spreu. – **2.** (*wertloses Zeug*) rubbish. – **3.** *fig.* (*Geschwätz*) rubbish, gossip.

Kaf·fee[1] ['kafe; -'feː] *m* ⟨-s; *no pl*⟩ **1.** (*Bohnen*) coffee (beans *pl*), *Br.* coffee(-beans *pl*): ~ ernten [rösten *od.* brennen, mahlen] to crop [to roast, to grind] coffee; gemahlener [gerösteter] ~ ground [roasted] coffee; die ~s (*Kaffeesorten*) the coffee sorts (*od.* blends). – **2.** (*Getränk*) coffee: koffeinfreier [schwarzer] ~ decaffeinated [black] coffee; bitte drei (Tassen) ~! three cups of coffee, please! ein Kännchen ~ a pot of coffee; er braucht einen starken ~ he needs a strong cup of coffee; ~ mit Milch [Sahne] coffee with (*od.* and) milk [cream]; ~ verkehrt milk with a dash of coffee; ~ kochen (*od.* machen) to make coffee; ~ trinken a) to drink coffee, b) (*am Nachmittag*) to have (afternoon) coffee, c) (*frühstücken*) to (have) breakfast; j-n zum ~ einladen (*zu sich*) to ask s.o. in for (afternoon) coffee, to invite s.o. over for coffee; j-n zu einem ~ einladen (*im Café etc*) to treat s.o. to a cup of coffee; das ist ja kalter ~ *fig. colloq.* a) that's old hat, b) (*Unsinn*) that's bunk(um) (*od.* buncombe); dir haben sie wohl was in den ~ getan? *fig. colloq.* you must be out of your mind (*od.* off your head), you must be off your rocker (*colloq.*). – **3.** *bot.* (*Pflanze*) coffee (plant) (*Gattg Coffea*): ~ anbauen to grow coffee.

Kaf·fee[2] [ka'feː] *n* ⟨-s; -s⟩ *rare for* Café.

'**kaf·feeˌähn·lich** *adj* coffeelike, *Br.* coffee-like.

'**Kaf·fee|ˌanˌbau**, ~ˌ**bau** *m* cultivation of coffee, coffee growing. — ~ˌ**baum** *m bot.* coffee (tree) (*Gattg Coffea*). — ~ˌ**bee·re** *f* coffee cherry, coffeeberry. — ~ˌ**bit·ter** *n cf.* Koffein. — ~ˌ**boh·ne** *f* coffee bean, *Br.* coffee-bean. — ~ˌ**boh·rer** *m zo.* **1.** Ostafrikanischer ~ white coffee borer (*Anthores leuconotus*). – **2.** a) Orangegelber ~ yellow borer (*Dirphya usambica*), b) Gelbköpfiger ~ yellow-headed coffee borer (*D. princeps*). — ~ˌ**braun I** *n* coffee color (*bes. Br.* colour). – **II k**~ *adj* coffee-colo(u)red. — ~ˌ**bren·nen** *n* roasting (of coffee). — ~ˌ**bren·ner** *m cf.* Kaffeeröster. — ~**bren·neˌrei** *f cf.* Kaffeerösterei. — ~ˌ**büch·se** *f* coffee canister. — ~-ˌ**Erb·se** *f bot. cf.* Kichererbse. — ~-**Erˌsatz** *m* coffee substitute, ersatz coffee. — ~-**Exˌtrakt** *m* coffee extract. — ~ˌ**fil·ter** *m, n* coffee filter. — ~**geˌbäck** *n* **1.** (*Kekse*) *Br.* biscuits *pl*, *Am.* cookies *pl.* – **2.** (*Hefegebäck etc*) pastries *pl*, *Br. auch* buns *pl.* – **3.** (*Kuchen*) coffee cake. — ~**geˌschirr** *n* **1.** coffee things *pl.* – **2.** *cf.* Kaffeeservice. — ~**ge-ˌsell·schaft** *f* coffee party.

'**Kaf·fee 'Hag** ['haːk] (*TM*) *m* ⟨- -; *no pl*⟩ *a brand of decaffeinated coffee.*

'**Kaf·fee|ˌhau·be** *f cf.* Kaffeewärmer. — ~-ˌ**haus** [ka'feː-] *n bes. Austrian for* Café. — ~ˌ**kan·ne** *f* coffeepot, *Br.* coffee-pot. — ~ˌ**kir·sche** *f bot. cf.* Kaffeebeere. — ~-ˌ**kir·schenˌkä·fer** *m zo.* coffee-cherry borer (*Stephanoderes hampei*). — ~ˌ**klatsch** *m colloq.* coffee klat(s)ch, *bes. Br.* ladies' coffee-party. — ~ˌ**kränz·chen** *n* (ladies') afternoon coffee party (*Br.* coffee-party). — ~ˌ**laus** *f zo.* mealybug, *Br.* mealy-bug (*Pseudococcus adondium*). — ~ˌ**löf·fel** *m* **1.** teaspoon, *Br.* tea-spoon. – **2.** *cf.* Mokkalöffel. — ~**maˌschi·ne** *f* **1.** coffee machine, percolator, *auch* (coffee) urn. – **2.** (*Espressomaschine*) espresso. — ~ˌ**mot·te** *f zo.* white coffee leaf miner (*Leucoptera coffeella*). — ~ˌ**müh·le** *f* coffee mill (*od.* grinder), *Br.* coffee-mill (*od.* -grinder). — ~ˌ**pau·se** *f* coffee break. — ~ˌ**pflan·zung**, ~**planˌta·ge** *f* coffee plantation. — ~ˌ**rö·ster** *m* coffee roaster. — ~**rö·steˌrei** *f* (firm of) coffee roasters *pl.* — ~ˌ**satz** *m* coffee grounds *pl*, *Br.* coffee-grounds *pl.* — ~**serˌvice** [-zer-ˌviːs] *n* coffee set (*od.* service). — ~ˌ**sieb** *n* coffee strainer. — ~ˌ**sie·der** [ka'feː-] *m Austrian contempt.* (*Cafébesitzer*) owner of a café. — ~ˌ**sor·te** *f* **1.** (*Marke*) brand of coffee. – **2.** (*Mischung*) coffee blend. — ~ˌ**strauch** *m bot.* coffee shrub (*Gattg Coffea*). — ~ˌ**stück·chen** *n Western G. gastr.* pastry. — ~ˌ**tan·te** *f colloq. humor.* coffee addict. — ~ˌ**tas·se** *f* coffee cup, *Br.* coffee-cup. — ~ˌ**tisch** *m* a) table laid for afternoon coffee, b) table laid for breakfast: wir saßen gerade am ~ a) we were just having (our) afternoon coffee, b) we were just having breakfast; den ~ decken to lay the table for coffee. — ~ˌ**trom·mel** *f* (coffee) roaster. — ~ˌ**wan·ze** *f zo.* coffee (*od.* cameron) bug, variegated coffee bug (*Gattg Antestiopsis*). — ~ˌ**wär·mer** *m* (coffee-pot) cosy (*od.* cozy). — ~ˌ**was·ser** *n* water for (making) coffee: (das) ~ aufsetzen to put on (some) water for coffee. — ~ˌ**zün·sler** *m zo. a species of butterfly* (*Dichocrocis crocodora*). — ~ˌ**zuˌsatz** *m* additive to coffee.

Kaf·fe·in [kafe'iːn] *n* ⟨-s; *no pl*⟩ *cf.* Koffein.

Kaf·fer[1] ['kafər] *m* ⟨-n; -n⟩ *anthrop.* kaf(f)ir, *auch* Caffer, Caffre.

'**Kaf·fer**[2] *m* ⟨-s *od.* -n; -(n)⟩ *colloq.* blockhead, duffer, oaf, idiot.

'**Kaf·fern|ˌbüf·fel** *m zo.* Cape (*od.* black) buffalo (*Bubalus od. Syncerus caffer*). — ~-ˌ**hir·se** *f*, ~ˌ**korn** *n bot.* broomcorn, Kafir corn (*Sorghum saccharatum*). — ~ˌ**spra·che** *f ling.* Kaf(f)ir.

Kä·fig ['kɛːfɪç] *m* ⟨-s; -e⟩ **1.** cage, (*eines Vogels*) birdcage, *Br.* bird-cage: ein Tier in einen ~ sperren a) to put an animal in a cage, b) (*für immer*) to cage an animal; ein Tier aus dem ~ herauslassen a) to let an animal out of the cage, b) (*für immer*) to uncage an animal; in einem goldenen ~ sitzen *fig.* to be a bird in a gilded (*od.* golden) cage. – **2.** *electr.* a) (*zum Abschirmen eines elektrischen Feldes*) cage, b) (*Elektromotor*) cage rotor: → Faradaysch. – **3.** *tech.* (*eines Kugellagers*) cage, retainer. — ~ˌ**an·ker** *m electr.* squirrel cage (rotor). — ~**anˌten·ne** *f* cage antenna (*bes. Br.* aerial). — ~ˌ**läu·fer-ˌmo·tor** *m electr.* squirrel-cage induction motor. — ~ˌ**schutz** *m cf.* Käfig 2a. — ~-ˌ**vo·gel** *m* cage(d) bird, cageling.

Ka·fil·ler [ka'fɪlər] *m* ⟨-s; -⟩ *thieves' Latin for* Abdecker. — **Ka·fil·le'rei** *f* ⟨-; -en⟩ *cf.* Abdeckerei.

Ka·fir ['kaːfɪr] *m* ⟨-s; -n⟩ **1.** *anthrop.* Kafir. – **2.** *relig.* (*Nichtmohammedaner*) kaf(f)ir, Kaf(f)ir.

Kaf·tan ['kaftan] *m* ⟨-s; -e⟩ caftan, *auch* kaftan.

Ka·gu ['kaːgu] *m* ⟨-s; -s⟩ *zo.* kagu (*Rhinochetus jubatus*).

Ka·hau ['kaːhau] *m* ⟨-s; -s⟩ *zo.* proboscis monkey, *Br.* proboscis-monkey (*Nasalis larvatus*).

kahl [kaːl] *adj* ⟨-er; -st⟩ **1.** (*Kopf etc*) bald: er ist ganz ~ he is completely bald, he is as bald as a coot (*colloq.*); ~ werden to go (*od.* become, grow) bald. – **2.** (*ohne Laub*) bald, leafless, bare. – **3.** (*Berge, Landschaft etc*) bare, bald, barren, bleak. – **4.** (*Felsen etc*) bare, naked. – **5.** (*Raum, Wand etc*) bare, bleak, stark: nackt und ~ utterly bare and bleak. – **6.** (*leer*) empty. – **7.** (*schmucklos*) plain. – **8.** *zo.* a) bald, bare, glabrous (*scient.*), b) (*ohne Federn*) featherless, callow.

'**kahl|ˌästig** *adj* bare-branched. — **K**~-ˌ**flä·che** *f* (*forestry*) *cf.* Kahlschlag 2. — **K**~ˌ**fraß** *m agr.* (*durch Insekten*) complete defoliation. — ~ˌ**fres·sen** *v/t* ⟨*irr, sep,* -ge-, h⟩ strip: die Bäume sind alle kahlgefressen the trees are all stripped of their leaves (*od.* defoliate[d]). — ~**geˌscho·ren I** *pp of* kahlscheren. – **II** *adj* (*Kopf*) shaven.

'**Kahl·heit** *f* ⟨-; *no pl*⟩ **1.** baldness, baldheadedness; calvities, acomia, alopecia (*scient.*). – **2.** (*von Bäumen etc*) bareness, baldness, leaflessness. – **3.** (*von Bergen etc*) bareness, baldness, barrenness, bleakness. – **4.** (*von Felsen etc*) bareness, nakedness. – **5.** (*von Räumen, Wänden etc*) bareness, bleakness. – **6.** (*Leere*) emptiness. – **7.** (*Schmucklosigkeit*) plainness. – **8.** *zo.* a) baldness, bareness, glabrousness (*scient.*), b) featherlessness, callowness.

'**Kahlˌhieb** *m* (*forestry*) *cf.* Kahlschlag 1.

'**Kahlˌkopf** *m* **1.** (*Glatze*) bald head. – **2.** bald(-headed) person, baldhead.

'**kahlˌköp·fig** [-ˌkœpfɪç] *adj* bald(-headed), baldpate (*attrib*), bald-pated. — '**Kahl-ˌköp·fig·keit** *f* ⟨-; *no pl*⟩ *cf.* Kahlheit 1.

'**kahlˌsche·ren** *v/t* ⟨*irr, sep,* -ge-, h⟩ (*Kopf*) shave: j-n ~ to shave s.o.'s head.

'**Kahl|ˌschlag** *m* (*forestry*) **1.** clear-cutting (*od.* -felling), complete deforestation. – **2.** (*abgeholzte Waldfläche*) cutover (land). — ~ˌ**wild** *n hunt.* a) hinds *pl*, does *pl*, b) (*bes. beim Hirsch u. Elch*) cows *pl.*

Kahm [kaːm] *m* ⟨-(e)s; -e⟩ **1.** (*auf Marmelade etc*) mold, *bes. Br.* mould. – **2.** (*auf Flüssigkeiten*) scum, film. — '**kah·men** *v/i* ⟨sein *u.* h⟩ mold, *bes. Br.* mould.

'**Kahm|ˌhaut** *f* **1.** *cf.* Kahm 2. – **2.** (*auf gärendem Wein etc*) flowers *pl* (of wine). — ~-ˌ**he·fe** *f brew.* film-forming yeast.

'**kah·mig** *adj* **1.** (*Marmelade etc*) moldy, *bes. Br.* mouldy. – **2.** (*Flüssigkeit*) scummy, filmy.

Kahn [kaːn] *m* ⟨-(e)s; ≃e⟩ **1.** (*Ruderboot*) rowboat, *Br.* row-boat, *bes. Br.* rowing-boat, boat: kleiner ~ skiff; ~ fahren to go boating. – **2.** (*Fischerboot*) fishing boat. – **3.** (*für Lasten*) barge, lighter. – **4.** *colloq.* (*altes Schiff*) 'barge', 'tub' (*beide colloq.*). – **5.** *pl fig. colloq.* (*große Schuhe*) clodhoppers. – **6.** *fig. colloq.* (*Bett*) bed: in den ~ gehen (*od.* steigen) to hit the sack (*od.* hay), to turn in (*alle colloq.*), to go to bed. – **7.** *fig. colloq.* (*Gefängnis*) 'jug', 'clink' (*beide sl.*). — ~ˌ**bein** *n zo. med.* scaphoid (*od.* navicular, radial) (bone). — ~ˌ**fah·ren** *n* boating. — ~ˌ**fah·rer** *m* boatman. — ~ˌ**fahrt** *f* boat trip. — **k**~ˌ**för·mig** *adj bes. biol.* boat-shaped; navicular, scaphoid, cymbiform (*scient.*). — ~ˌ**fracht** *f* lighterage. — ~ˌ**füh·rer** *m mar.* bargeman, *bes. Br.* bargee. — ~ˌ**fü·ßer** *m* ⟨-s; -⟩ *zo.* tooth shell, scaphopod (*Klasse Scaphopoda*). — ~ˌ**lip·pe** *f bot.* cymbidium (*Gattg Cymbidium*). — ~ˌ**schna·bel** *m zo.* boatbill, boat-billed heron (*Cochlearius cochlearius*). — ~ˌ**schnecke** (*getr.* -k·k-) *f* melon (*od.* bailer, boat) shell (*Gattg Cymbium*): fossile ~ scaphite.

Kai [kaɪ] *m* ⟨-s; -e *u.* -s⟩ *mar.* quay, wharf, pier, dock: am ~ liegen to lie at the quayside. — ~ˌ**anˌla·ge** *f* **1.** *cf.* Kai. – **2.** *pl* wharves, wharfing *sg*, wharfage *sg*, quayage *sg.* — ~ˌ**ar·bei·ter** *m* wharfman, longshoreman, dockman. — ~**geˌbühr** *f*, ~-ˌ**geld** *n econ. mar.* wharfage, quayage, dockage.

Kai·man ['kaɪman] *m* ⟨-s; -e⟩ *zo.* caiman, cayman (*Gattg Caiman*; *crocodile*). — ~-ˌ**fisch** *m* alligator gar (*Lepisosteus spatula*)

'**Kai|ˌmau·er** *f mar.* quay (*od.* jetty) wall: an der ~ festmachen to make fast to the quayside. — ~ˌ**mei·ster** *m* wharfinger.

Ka·in [kaɪn; 'kaːɪn] *npr m* ⟨-s; *no pl*⟩ *Bibl.* Cain.

Kai·nit [kaɪ'niːt; -'nɪt] *m* ⟨-s; -e⟩ *min.* kainite, *auch* kainit.

'**Ka·ins|ˌmal**, ~ˌ**zei·chen** *n Bibl.* mark (*od.* brand) of Cain.

Kai·phas ['kaɪfas] *npr m* ⟨-; *no pl*⟩ *Bibl.* Caiaphas.

'**Kai|ˌplatz** *m* berth (at a wharf). — ~ˌ**rat·te** *f mar. sl.* wharf rat (*sl.*).

Kai·ro·er ['kaɪroər] *m* ⟨-s; -⟩ Cairene.

'**Kaiˌschup·pen** *m mar.* quay shed.

Kai·ser ['kaɪzər] *m* ⟨-s; -⟩ **1.** emperor: der Deutsche ~ *hist.* a) the German Emperor, b) (*1871—1918*) *auch* the Kaiser; der ~ von Österreich *hist.* the Emperor of Austria; was glaubst du eigentlich, wer du bist? Der ~ von China? *colloq.* who do you think you are? God? gebt dem ~, was des ~s ist *Bibl.* render unto Caesar the things that are Caesar's; wo nichts ist, hat (selbst *od.* auch) der ~ sein Recht verloren (*Sprichwort*) you can't get (*od.* wring) blood (*od.* water) out of a stone (*proverb*); ich gehe dorthin, wo (selbst) der ~ zu Fuß hingeht *fig. colloq.* I have to go to see a man about a dog; → Bart 1. – **2.** *zo. cf.* Kaisermantel 2. — ~ˌ**ad·ler** *m zo.* imperial eagle (*Aquila heliaca*). — ~ˌ**baum** *m bot.* blue catalpa, paulownia (*Paulownia tomentosa*). — ~ˌ**bir·ne** *f* white butter pear. — ~ˌ**blau** *n chem.* smalt. — ~ˌ**boa** *f zo.* emperor boa (*Constrictor constrictor imperator*). — ~ˌ**fisch** *m* emperor fish (*Holacanthus imperator*). — ~ˌ**fleisch** *n bes. Austrian gastr.* (boiled) streaky bacon. — ~ˌ**gans** *f zo.* emperor (*od.* painted) goose (*Philacte canagica*). — ~**graˌnat** *m zo. cf.* Kaiserhummer. — ~ˌ**haus** *n* imperial family (*od.* house). — ~-ˌ**hum·mer** *m zo.* Norway lobster (*Nephrops norvegicus*).

'**Kai·se·rin** *f* ⟨-; -nen⟩ empress, (*in Deutschland 1871—1918*) *auch* Kaiserin.

'**Kai·ser|ˌkro·ne** *f* **1.** imperial crown. – **2.** *bot.* crown imperial (*Fritillaria imperialis*). — ~ˌ**krö·nung** *f* coronation of the emperor.

'**kai·ser·lich I** *adj* imperial: Seine K~e Majestät His Imperial Majesty; ~ und königlich *Austrian hist. cf.* kaiserlich-königlich. – **II** *adv* ~ gesinnt sein to be a monarchist (*od.* an imperialist).

'**Kai·ser·li·chen, die** *pl hist.* the Imperials, the Imperial troops (*od.* army *sg*).

'**kai·ser·lich-'kö·nig·lich** *adj Austrian hist.* imperial and royal.

'**Kai·ser·ling** *m* ⟨-s; -e⟩ *bot.* golden agaric, imperial mushroom (*Amanita caesarea*).

'**kai·ser·los** *adj* without an emperor: die ~e, die schreckliche Zeit the terrible time of the interregnum (*1254—73*).

'**Kai·ser|ˌman·tel** *m* **1.** mantle of the emperor. – **2.** *zo.* greater fritillary, silverspot (*Gattgen Argynnis u. Speyeria; butterflies*), *bes.* silver-washed fritillary (*A. paphia*). — ~ˌ**nel·ke** *f bot.* China (*od.* Indian) pink (*Dianthus chinensis*). — ~**orˌnat** *m* imperial robes *pl*, vestments and regalia *pl.* — ~ˌ**pfalz** *f hist.* imperial palace. — ~ˌ**pin·gu·in** *m zo.* emperor penguin (*Aptenodytes forsteri*). — ~ˌ**reich** *n* **1.** empire. – **2.** (*Monarchie*) monarchy. — ~ˌ**sa·ge** *f myth.* legend of the sleeping emperor (*od.* kaiser). — ~ˌ**schmar·ren** *m Bavarian and Austrian gastr. cut-up and sugared pancake with raisins.* — ~ˌ**schnap·per** *m zo.* emperor, government bream (*Lutianus sebae*). — ~ˌ**schnitt** *m med. Br.* Caesarean (*Am.* Cesarean) (section *od.* operation), gastrohysterotomy (*scient.*). — ~ˌ**sem·mel** *f Bavarian and Austrian gastr. a roll scored with four or five radial lines.* — ~ˌ**specht** *m zo.* ivorybill, ivory-billed woodpecker (*Campephilus principalis*). — ~ˌ**spin·ner** *m* imperial moth (*Basilona imperialis*). — ~ˌ**stadt** *f* imperial town (*od.* city). — **k**~-ˌ**treu** *adj* (*Truppen etc*) loyal to the emperor.

'**Kai·ser·tum** *n* ⟨-s; *no pl*⟩ **1.** empire. – **2.** (*Kaiserwürde*) imperial status (*od.* dignity). – **3.** (*Amt*) emperorship. – **4.** *cf.* Kaiserreich.

'**Kai·ser|ˌwahl** *f hist.* election of an emperor. — ~ˌ**wal·zer** *m mus.* Emperor's Waltz (*by Johann Strauß jr.*). — ~ˌ**wür·de** *f* imperial dignity. — ~ˌ**wurz** *f bot.* masterwort (*Peucedanum ostruthium*).

'**Kaiˌwurm** *m zo.* apple-blossom worm, larva of the apple-blossom weevil (*Anthonomus pomorum*).

Ka·jak ['kaːjak] *m, auch n* ⟨-s; -s⟩ **1.** (*der Eskimos*) kayak, *auch* kyak, cayak, kajak. – **2.** (*sport*) kayak. — ~ˌ**ei·ner** *m* (*sport*) **1.** (*Boot*) single kayak. – **2.** (*Sportdisziplin*) kayak single. — ~ˌ**vie·rer** *m* **1.** (*Boot*) four-man kayak. – **2.** (*Sportdisziplin*) kayak four. — ~ˌ**zwei·er** *m* **1.** (*Boot*) double kayak. – **2.** (*Sportdisziplin*) kayak pair.

'**Ka·janˌstrauch** ['kaːjan-] *m bot.* cajan (*Cajanus indicus*).

Ka·ja·put [kaja'puːt], **Ka·je'put** [kaje-] *m* ⟨-(e)s; -e *u.* -s⟩, ~ˌ**baum** *m bot.* cajaput (*od.* cajeput, cajuput) (tree), *auch* paperbark (*Melaleuca leucadendron*).

ka·jo·lie·ren [kaʒo'liːrən] *v/t* ⟨*no* ge-, h⟩ j-n ~ *obs.* to cajole s.o.

Ka'jütˌdeck *n mar.* cabin deck.

Ka·jü·te [ka'jyːtə] *f* ⟨-; -n⟩ *mar.* cabin: eine ~ erster Klasse a first-class cabin; vordere ~ fore-cabin.

Ka'jü·ten|pas·saˌgier *m mar.* cabin (*od.* saloon) passenger. — ~ˌ**trep·pe** *f* companion(way), *Br.* companion(-way), companion ladder, *Br.* companion-ladder.

Ka'jüts|ˌjun·ge *m mar.* cabin (*od.* mess) boy, *Br.* cabin- (*od.* mess-)boy. — ~ˌ**klas·se** *f* cabin class.

Kak [kaːk] *m* ⟨-(e)s; -e⟩ *Low G. for* Pranger.

Ka·ka ['kaːka] *m* ⟨-s; -s⟩ *zo.* kaka (*Nestor meridionalis; parrot*).

Ka·ka·du ['kakadu] *m* ⟨-s; -s⟩ *zo.* cockatoo (*Unterfam. Cacatuinae*).

Ka·kao [ka'kau; -'kaːo] *m* ⟨-s; -s⟩ **1.** ⟨*only sg*⟩ (*Getränk*) cocoa, (hot) chocolate, (*kalter*) *auch* chocolate milk: ~ kochen to make cocoa; j-n durch den ~ ziehen *fig. colloq.* to make fun of s.o.; da kommt einem ja der ~ hoch *fig. sl.* that makes one sick. – **2.** ⟨*only sg*⟩ (*Pulver*) cocoa (powder). – **3.** (*Sorte*) kind (*od.* brand) of cocoa. – **4.** ⟨*only sg*⟩ *bot. cf.* Kakaobaum. — ~ˌ**baum** *m bot.* cacao (tree), chocolate tree (*Theobroma cacao*). — ~**beˌstandˌtei·le** *pl* cocoa content *sg*: 40 Prozent ~ 40 percent (*Br.* per cent) cocoa. — ~ˌ**boh·ne** *f bot.* cacao, cacao (*od.* cocoa) bean. — **k**~ˌ**braun** *adj* cocoa- (*od.* cacao-)brown. — ~ˌ**but·ter** *f*, ~ˌ**fett** *n* cocoa (*od.* cacao) butter. — ~**li·ˌkör** *m* crème de cacao. — ~ˌ**mas·se** *f* cocoa paste. — ~ˌ**mot·te** *f zo.* cacao pod borer (*Zaratha cramerella*). — ~ˌ**pflan·zung** *f* cacao (*od.* cocoa) plantation. — ~ˌ**pflau·me** *f bot.* coco(a) plum (*Chrysobalanus icaco*). — ~**planˌta·ge** *f cf.* Kakaopflanzung. — ~ˌ**pul·ver** *n* cocoa (powder). — ~ˌ**rin·denˌwan·ze** *f zo.* brown capsid, African rind bug, bark sapper (*Sahlbergella singularis*). — ~ˌ**rüs·selˌkä·fer** *m* cacao beetle (*Steirastoma depressum*). — ~ˌ**scha·len** *pl* cocoa(-bean) shells. — ~-ˌ**scho·te** *f bot.* cacao (*od.* cocoa) pod, chocolate nut. — ~ˌ**thrips** *m zo.* cacao thrips (*Selenothrips rubrocinctus*).

Ka·ka·po ['kaːkapo] *m* ⟨-(s); -s⟩ *zo.* (*Eulenpapagei*) kakapo, owl (*od.* night) parrot (*Strigops habroptilus*).

Ka·ke'lei *f* ⟨-; *no pl*⟩ *Northern G. colloq.* cackling, cackle. — **ka·keln** ['kaːkəln] *v/i* ⟨h⟩ (*schwatzen*) cackle, chatter, prattle, tattle.

Ka·ke·mo·no [kake'moːno] *n* ⟨-s; -s⟩ (*art*) (*ostasiat. Hängebild*) kakemono.

Ka·ker·lak ['kaːkərlak] *m* ⟨-s *u.* -en; -en⟩ **1.** *zo.* (*Schabe*) cockroach, roach (*Fam. Blattidae*). – **2.** *zo.* (*Kaninchen*) albino rabbit. – **3.** *anthrop.* albino.

Ka·ki ['kaːki] *n, m* ⟨-; *no pl*⟩ *cf.* Khaki[1] *u.* [2].

'**Ka·ki|ˌpflau·me** *f bot.* **1.** (Japanese) persimmon, kaki. – **2.** *cf.* Kakipflaumenbaum. — ~ˌ**pflau·menˌbaum** *m* kaki (*Diospyros kaki*).

Ka·ki·rit [kaki'riːt; -'rɪt] *m* ⟨-s; -e⟩ *geol.* kakirite.

Ka·ko·dä·mon [kako'dɛːmɔn] *m* cacodemon, *auch* cacodaemon, *Br. auch* kakodaimon.

Ka·ko·dyl [kako'dyːl] *n* ⟨-s; *no pl*⟩ *chem.* cacodyl ($As(CH_3)_2$). — ~ˌ**säu·re** *f* cacodylic acid [$(CH_3)_2AsOOH$]. — ~**verˌbin·dung** *f meist pl* cacodyl compound.

Ka·ko·pho·nie [kakofo'niː] *f* ⟨-; -n [-ən]⟩ *mus. ling.* cacophony. — **ka·ko'pho·nisch** [-'foːnɪʃ] *adj* cacophonous, cacophonic.

Kak·tee [kak'teː(ə)] *f* ⟨-; -n [-'teːən]⟩ *bot. cf.* Kaktus 1. — **Kak'te·enˌfreund** *m* cactus enthusiast.

Kak·tus ['kaktʊs] *m* ⟨-, *Austrian auch* -ses; Kakteen [-'teː(ə)n], *colloq. u. Austrian auch* -se⟩ **1.** *bot.* cactus (*Fam. Cactaceae*). – **2.** einen ~ pflanzen *fig. vulg.* to shit (*vulg.*). — **k**~ˌ**ar·tig** *adj bot.* cactaceous. — ~-ˌ**fei·ge** *f* cactus (*od.* Indian) fig (*Opuntia ficus indica*). — **k**~ˌ**för·mig** *adj* cactaceous. — ~**geˌwäch·se** *pl* cactaceae (*Fam. Cactaceae*). — ~ˌ**schildˌlaus** *f zo.* cochineal insect (*Coccus cacti*). — ~ˌ**zaunˌkö·nig** *m zo.* cactus wren (*Campylorhynchus brunneicapillus*).

Ka·ku·mi·nal [kakumi'naːl] *m* ⟨-s; -e⟩, ~ˌ**laut** *m ling.* retroflex, cacuminal.

Ka·la-Azar ['kalaʔa'tsar] *f* ⟨-; *no pl*⟩ *med.* (*tropische Infektionskrankheit*) kala azar, *Br.* kala-azar.

Ka·la'barˌboh·ne [kala'baːr-] *f bot.* calabar (*od.* ordeal) bean (*Physostigma venenosum*).

Ka·la·bas·se [kala'basə] *f* ⟨-; -n⟩ *cf.* Kalebasse.

Ka·la·bre·se [kala'breːzə] *m* ⟨-n; -n⟩ *cf.* Kalabrier.

Ka·la·bre·ser [kala'breːzər] *m* ⟨-s; -⟩ (*fashion*) *a kind of broad-brimmed hat.*

Ka·la·bri·er [ka'laːbriər] *m* ⟨-s; -⟩ Calabrian, *auch* Calabrese. — **ka'la·brisch** [-brɪʃ] *adj* Calabrian, *auch* Calabrese.

Ka·la·it [kala'iːt; -'ɪt] *m* ⟨-s; -e⟩ *min.* calaite.

Ka·la·min [kala'miːn] *n* ⟨-s; *no pl*⟩ *min.* calamine.

Ka·la·mit [kala'miːt; -'mɪt] *m* ⟨-en; -en⟩ *meist pl bot.* (*ausgestorbene Schachtelhalme*) Calamite.

Ka·la·mi·tät [kalami'tɛːt] *f* ⟨-; -en⟩ **1.** trouble, difficulty: in ~en geraten to get into trouble. – **2.** (*Unglück*) calamity, disaster. – **3.** (*forestry*) outbreak, calamity (*mass infestation by forest insects*).

Ka·lan [ka'laːn] *m* ⟨-s; -e⟩ *zo. cf.* Seeotter.

Ka·lan·der [ka'landər] *m* ⟨-s; -⟩ **1.** *tech.* calender, glazing machine. – **2.** *zo.* a) *cf.* Kalanderlerche, b) *cf.* Kornkäfer. — ~-ˌ**ler·che** *f zo.* calandra (lark) (*Melanocorypha calandra*).

ka·lan·dern [ka'landərn] **I** *v/t* ⟨*no* ge-, h⟩ *tech.* (*Papier, Stoff*) calender, glaze. – **II K**~ *n* ⟨-s⟩ *verbal noun.*

Ka·lau·er ['kaːlauər] *m* ⟨-s; -⟩ **1.** (*Wortspiel*) pun: ~ machen *cf.* kalauern 1. – **2.** (*oft gebrauchter, dummer Witz*) stale (*od.* feeble, *Am. colloq.* corny) joke, Joe Miller (*colloq.*). — '**ka·lau·ern** *v/i* ⟨h⟩ **1.** make puns, pun. – **2.** tell (*od.* crack) stale (*od.* feeble, *Am. colloq.* corny) jokes.

Kalb [kalp] *n* ⟨-(e)s; =er⟩ **1.** *zo.* calf: ein ~ werfen to calve; Augen machen wie ein (ab)gestochenes ~ *fig. colloq.* to look pop(-)eyed (*od.* with sheepish astonishment). – **2.** *gastr.* (*Fleisch*) veal. – **3.** das Goldene ~ *Bibl. od. fig.* the golden calf: der Tanz ums Goldene ~ *fig.* the worship of the golden calf. – **4.** *colloq. contempt.* silly girl: sie sind noch richtige Kälber they are still silly geese. – **5.** *mar.* (*Auflager am Mast*) bolster.

Kälb·chen ['kɛlpçən] *n* ⟨-s; -⟩ *cf.* Kälblein.

Kal·be ['kalbə] *f* ⟨-; -n⟩ *agr.* (*junge Kuh*) heifer.

kal·ben ['kalbən] *v/i* ⟨h⟩ **1.** (*ein Kalb werfen*) calve, freshen. – **2.** *geol.* (*von Gletschern*) calve.

Kal·be'rei, Käl·be'rei *f* ⟨-; -en⟩ *colloq.* fooling about.

'**Käl·ber|ˌker·bel**, ~ˌ**kropf** *m bot.* chervil (*Gattg Chaerophyllum*).

kal·bern ['kalbərn] *v/i* ⟨h⟩ **1.** *colloq.* fool about, act the goat. – **2.** *Swiss for* kalben 1.

käl·bern ['kɛlbərn] *v/i* ⟨h⟩ **1.** *colloq. cf.* kalbern 1. – **2.** *Austrian for* kalben 1.

Käl·ber·ne ['kɛlbərnə] *n* ⟨-n; *no pl*⟩ *bes. Austrian gastr. for* Kalbfleisch.

'**Käl·ber|ˌruhr** *f vet.* white (*od.* calf) scour(s *pl construed as sg or pl*). — ~ˌ**zäh·ne** *pl colloq. humor.* (*Graupen*) hulled barley *sg.*

'**Kalb|ˌfell** *n* **1.** calfskin. – **2.** *fig. obs.* (*Trommel*) drum: dem ~ folgen to follow the drum (of the army). — ~ˌ**fleisch** *n gastr.* veal.

'**Kal·bin** *f* ⟨-; -nen⟩ *agr. cf.* Kalbe.

'**Kalb|ˌle·der** *n* calfskin, calf: in ~ gebunden calf(-)bound. — **k**~ˌ**le·dern** *adj* (made) of calf(skin), calfskin (*attrib*).

Kälb·lein ['kɛlplaɪn] *n* ⟨-s; -⟩ little (*od.* young) calf.

'**Kalbs|ˌau·ge** *n* **1.** calf's eye. – **2.** *bot. cf.* Gänseblume b. — ~ˌ**bra·ten** *m gastr.* roast veal. — ~ˌ**bries(·chen)**, ~ˌ**brös·chen** *n* (calf's) sweetbread. — ~ˌ**brust** *f* breast (*od.* brisket) of veal: gefüllte ~ stuffed breast of veal. — ~ˌ**fell** *n cf.* Kalbfell. — ~**fiˌlet** *n gastr.* tenderloin (*od.* fillet) of veal. — ~**fri·kasˌsee** *n* fricassee of veal. — ~ˌ**fuß** *m* **1.** calf's foot. – **2.** *bot. cf.* Aron(s)stab. — ~ˌ**fußˌsül·ze** *f gastr.* calf's-foot (*bes. Br.* calves-foot) jelly. — ~**geˌkrö·se** *n* calf's ruffle (*od.* pluck). — ~ˌ**gu·lasch** *n* g(o)ulash of veal. — ~ˌ**hach·se**, ~ˌ**ha·xe** *f* knuckle of veal, veal shank. — ~ˌ**herz** *n* calf's heart. — ~ˌ**hirn** *n* calf's brains *pl.* — ~ˌ**keu·le** *f* leg (*od.* round) of veal. — ~ˌ**kopf** *m* calf's head. — ~**ko·teˌlett** *n* veal cutlet, veal (*od.* rib) chop. — ~ˌ**le·ber** *f* calf's liver. — ~ˌ**le·der** *n cf.* Kalbleder. — ~ˌ**len·de** *f gastr.* fillet of veal. — ~ˌ**lun·ge** *f* calf's lungs *pl.* — ~**me·dailˌlon** *n* small tenderloin steak, fillet of veal. — ~ˌ**milch** *f cf.* Kalbsbries(chen). — ~ˌ**na·se** *f bot. cf.* Löwenmaul 2. — ~ˌ**nie·ren** *pl gastr.* calf's kidneys.

— ~ˌ**nie·renˌbra·ten** *m* (rolled) roast loin of veal, veal kidney chops *pl.* — ~ˌ**nuß** *f* (roast) veal nut (*od.* pope's eye). — ~**rouˌla·de** *f* rolled slice of veal: gefüllte ~ veal bird (*Br.* olive). — ~ˌ**schle·gel** *m Southern G. and Austrian for* Kalbskeule. — ~ˌ**schmorˌbra·ten** *m* braised (*od.* pot-roasted) veal. — ~ˌ**schnit·zel** *n* (e)scallop of veal. — ~ˌ**steak** *n* veal steak, steak of veal.

Kal·da·ri·um [kal'daːrĭum] *n* ⟨-s; -rien⟩ **1.** *arch. antiq.* caldarium. – **2.** *hort. obs.* hothouse.

Kal·dau·ne [kal'daunə] *f* ⟨-; -n⟩ *meist pl Low and Middle G.* **1.** (*Rindsgekröse*) tripe. – **2.** *colloq. contempt.* (*Eingeweide*) bowels *pl.*

Kal·de·ra [kal'deːra] *f* ⟨-; Kalderen *u.* -s⟩ *geol.* caldera.

Ka·le·bas·se [kale'basə] *f* ⟨-; -n⟩ **1.** (*Gefäß*) calabash (bottle). – **2.** *bot. cf.* Flaschenkürbis. — **Ka·le'bas·senˌbaum** *m bot.* calabash (tree), *Br.* calabash(-tree) (*Crescentia cujete*).

Ka·le·do·ni·er [kale'doːnĭər] *m* ⟨-s; -⟩ *obs. od. poet.* (*Schotte*) Caledonian. — **ka·le'do·nisch** [-nɪʃ] *adj* Caledonian.

Ka·lei·do·skop [kalaɪdo'skoːp] *n* ⟨-s; -e⟩ *auch fig.* kaleidoscope: ein ~ der Weltanschauungen *fig.* a kaleidoscope of ideologies. — **ka·lei·do'sko·pisch** *adj auch fig.* kaleidoscopic, *auch* kaleidoscopical.

Ka·len·da·ri·um [kalɛn'daːrĭum] *n* ⟨-s; -rien⟩ **1.** (*Kalender*) calendar. – **2.** *relig.* calendar, *auch* kalendar.

Ka·len·den [ka'lɛndən] *pl antiq.* calends, kalends (*beide sometimes construed as sg*).

Ka·len·der [ka'lɛndər] *m* ⟨-s; -⟩ **1.** calendar: der ewige (*od.* immerwährende) ~ the perpetual calendar; der Gregorianische [Julianische] ~ the Gregorian [Julian] calendar; der Hundertjährige ~ the Hundred Years' Calendar; den ~ abreißen to tear off the calendar leaf; den Tag muß man im ~ rot anstreichen we must mark that as a red-letter day. – **2.** (*Almanach*) almanac, *auch* almanack. — ~ˌ**blatt** *n* calendar leaf. — ~ˌ**block** *m* ⟨-(e)s; -s⟩ calendar block, *Br. auch* date-block. — ~ˌ**jahr** *n* calendar year. — ~ˌ**mo·nat** *m* calendar month. — ~ˌ**tag** *m* calendar day. — ~ˌ**uhr** *f* calendar watch, (*große*) calendar clock.

Ka·le·sche [ka'lɛʃə] *f* ⟨-; -n⟩ (*leichte vierrädrige Kutsche*) barouche, calash.

Ka·le·wa·la ['kalevala] *f, n* ⟨-; *no pl*⟩ (*literature*) Kalevala (*Finnish national epic*).

Kal·fak·ter [kal'faktər] *m* ⟨-s; -⟩ *cf.* Kalfaktor.

Kal·fak·tor [kal'faktər] *m* ⟨-s; -en [-'toːrən]⟩ **1.** (*im Gefängnis*) trusty, *auch* trustee. – **2.** (*Heizer*) boilerman. – **3.** (*in der Schule*) school porter. – **4.** *dial. for* a) Aushorcher, b) Schmeichler, c) Nichtstuer.

Kal'fatˌei·sen [kal'faːt-] *n mar.* ca(u)lking iron (*od.* chisel).

Kal'fa·te·rer *m* ⟨-s; -⟩ *mar.* ca(u)lker. — **kal·fa·tern** [kal'faːtərn] *v/t* ⟨*no* ge-, h⟩ ca(u)lk. — **Kal'fa·te·rung** *f* ⟨-; -en⟩ ca(u)lking.

Kal'fatˌham·mer *m mar.* ca(u)lking mallet.

Ka·li ['kaːli] *n* ⟨-s; -s⟩ *chem.* **1.** potash, potassium carbonate (K_2CO_3). – **2.** caustic potash, potassium hydroxide (KOH): doppeltkohlensaures ~ potassium bicarbonate ($KHCO_3$). — ~**alaun** [-ʔaˌlaun] *m* **1.** potash (*od.* common) alum. – **2.** potassium aluminum sulfate (*bes. Br.* aluminium sulphate) ($KAl(SO_4)_2 \cdot 12H_2O$).

Ka·li·an [ka'lĭaːn] *m, n* ⟨-s; -e⟩ (*pers. Wasserpfeife*) calean.

Ka·li·ber [ka'liːbər] *n* ⟨-s; -⟩ **1.** *tech.* (*bei Feuerwaffen*) caliber, *bes. Br.* calibre, diameter of bore: ein Geschoß schweren ~s a heavy-caliber projectile; mit schwerstem ~ auffahren *fig. colloq.* to bring up one's heavy artillery. – **2.** *tech.* a) (*von Rohren*) internal diameter, ga(u)ge, b) (*Meßwerkzeug*) plug ga(u)ge. – **3.** *metall.* (*im Walzwesen*) groove, pass: geschlossenes [offenes, totes] ~ box [open, dummy] pass. – **4.** *fig. colloq.* (*Schlag*) caliber, *bes. Br.* calibre, kind, sort, type: zwei Burschen vom gleichen ~ two fellows of the same caliber (*od.* ilk); er verkehrt nur mit Leuten seines ~s he mixes only with people of his type. — ~ˌ**anˌzug** *m metall.* (*im Walzwesen*) taper of a groove. — ~ˌ**boh·rer** *m tech.* finishing bit.

'**Ka·liˌbergˌwerk** *n* (*mining*) potassium mine.

Ka'li·ber|ˌmaß *n* caliber (*bes. Br.* calibre) ga(u)ge. — ~ˌ**pres·se** *f* coining (*od.* sizing) press. — ~ˌ**ring** *m* ring ga(u)ge. — ~ˌ**wal·ze** *f metall.* grooved roll(er).

Ka·li·breur [kali'brøːr] *m* ⟨-s; -e⟩ *metall.* roll designer.

ka·li·brie·ren [kali'briːrən] **I** *v/t* ⟨*no* ge-, h⟩ **1.** *tech.* (*Bohrungen*) calibrate, size. – **2.** *metall.* (*Walzen*) groove. – **II K~** *n* ⟨-s⟩ **3.** *verbal noun.* — **Ka·li'brie·rung** *f* ⟨-; -en⟩ **1.** *cf.* Kalibrieren. – **2.** *tech.* (*einer Bohrung*) calibration, sizing. – **3.** *metall.* (*einer Walze*) roll (*od.* groove) drafting, roll pass design.

'**Ka·li|ˌdün·ger** *m agr.* potash (*od.* potassic) fertilizer (*Br. auch* -s-). — ~ˌ**dün·gerˌsalz** *n* potash salt.

Ka·lif [ka'liːf] *m* ⟨-en; -en⟩ caliph, calif.

Ka·li·fat [kali'faːt] *n* ⟨-(e)s; -e⟩ caliphate, *auch* califate.

'**Ka·liˌfeldˌspat** *m chem. min.* potassium feldspar (*Br. auch* felspar) ($KAlSi_3O_8$): monokliner ~ orthoclase.

Ka'li·fen·tum *n* ⟨-s; *no pl*⟩ caliphate, *auch* califate.

Ka·li·for·ni·er [kali'fɔrnĭər] *m* ⟨-s; -⟩ Californian. — **ka·li'for·nisch** [-nɪʃ] *adj* Californian.

Ka·li·for·ni·um [kali'fɔrnĭum] *n* ⟨-s; *no pl*⟩ *chem. cf.* Californium.

'**Ka·li|ˌglim·mer** *m min.* muscovite. — **k~ˌhal·tig** *adj chem.* potassic, containing potash. — ~**hyˌdrat** *n* potassium hydroxide, caustic potash (KOH).

Ka·li·ko ['kaliko] *m* ⟨-s; -s⟩ **1.** (*textile*) calico. – **2.** *print.* (*in der Buchbinderei*) cloth binding. — ~ˌ**einˌband** *m print.* cloth binding. — ~ˌ**fisch** *m zo.* calico (*od.* kelp) bass, black crappie (*Pomoxis sparoides*).

'**Ka·li|ˌkraut** *n bot.* (prickly) glasswort (*od.* saltwort) (*Salsola kali*). — ~ˌ**lau·ge** *f chem.* potash lye, aqueous potassium hydroxide, caustic potash solution. — ~**salˌpe·ter** *m* **1.** *chem.* saltpeter, *bes. Br.* saltpetre, potassium nitrate (KNO_3). – **2.** *min.* niter, *bes. Br.* nitre. — ~ˌ**salz** *n chem. min.* potash salt. — ~ˌ**sei·fe** *f* potash soap.

Ka·li·um ['kaːlĭum] *n* ⟨-s; *no pl*⟩ *chem.* potassium (K). — ~ˌ**bi·kar·bo·nat** *n* potassium bicarbonate (*od.* acid carbonate) ($KHCO_3$). — ~ˌ**bi·sul·fat** *n* potassium bisulfate (*od.* acid sulfate) (*bes. Br.* -ph-) ($KHSO_4$). — ~ˌ**bi·tar·trat** [-ˌbiːtartraːt] *n* **1.** potassium bitartrate ($KHC_4H_4O_6$). – **2.** tartarum, cream of tartar. — ~**broˌmid** *n* potassium bromide (KBr). — ~**chloˌrat** *n* potassium chlorate ($KClO_3$). — ~**chloˌrid** *n* potassium chloride (KCl). — ~**cyaˌnid** *n* potassium cyanide (KCN). — ~**di·chroˌmat** *n* bichromate of potash, potassium dichromate ($K_2Cr_2O_7$). — ~**fer·ri·cyaˌnid** [-feritsyaˌniːt] *n* potassium ferricyanide, *auch* red prussiate of potash ($K_3Fe(CN)_6$). — ~**hy·droˌxyd** *n* potassium hydroxide, *auch* caustic potash (KOH). — ~**joˌdid** *n* potassium iodide (KJ). — ~**kar·boˌnat** *n* potassium carbonate, potash (K_2CO_3). — ~**man·gaˌnat** *n* potassium manganate (K_2MnO_4). — ~**niˌtrat** *n* potassium nitrate (KNO_3). — ~**oxyd** [-ʔɔˌksyːt] *n* potassium oxide (K_2O). — ~**per·man·gaˌnat** *n* potassium permanganate ($KMnO_4$). — ~**si·liˌkat** *n* potassium silicate. — ~**sulˌfat** *n* potassium sulfate (*bes. Br.* -ph-) (K_2SO_4). — ~**sulˌfid** *n* potassium sulfur (*bes. Br.* -ph-) (K_2S).

Ka·li·un [ka'lĭuːn] *m, n* ⟨-s; -e⟩ *cf.* Kalian.

'**Ka·li|ˌwas·serˌglas** *n chem. cf.* Kaliumsilikat. — ~ˌ**werk** *n* potash works *pl* (*construed as sg or pl*).

Ka·lix·ti·ner [kalɪks'tiːnər] *m* ⟨-s; -⟩ *relig. hist.* (*gemäßigter Hussit*) Calixtin(e).

Kalk [kalk] *m* ⟨-(e)s; -e⟩ **1.** *chem.* lime: gebrannter [gelöschter, fetter, magerer] ~ burnt [slaked, fat, poor] lime; ungelöschter ~ unslaked lime, quick(-)lime; kohlensaurer ~ carbonate of lime; ~ brennen [löschen] to burn [to slake] lime. – **2.** *civ.eng.* a) (*Kalkmilch*) limewash, whitewash, b) (*Kalkmörtel*) lime mortar: eine Wand mit ~ weißen (*od.* tünchen) to limewash (*od.* whitewash) a wall; bei ihm rieselt schon der ~ *fig. colloq. humor.* he is getting senile. – **3.** *min.* limestone, chalk. – **4.** *med.* calcium. – **5.** auf ~ wachsend *bot.* calcicole. – **6.** *agr. cf.* Kalkdünger. — ~ˌ**abˌla·ge·rung** *f* **1.** *med.* a) (*Vorgang*) calcification, b) (*Ergebnis*) calcareous (*od.* calcium) deposit. – **2.** *geol.* calcification, lime deposition. — ~ˌ**al·gen** *pl* **1.** *bot.* lime-depositing (*od. scient.* calcareous) algae. – **2.** *geol. hist.* fossil algae. — ~ˌ**al·pen** *pl geol.* limestone Alps. — ~ˌ**anˌstrich** *m* whitewash, limewash.

Kal·kant [kal'kant] *m* ⟨-en; -en⟩ *mus.* organ blower.

'**kalk|ˌarm** *adj* **1.** *med.* deficient in (*od.* lacking) calcium, calcipenic (*scient.*). – **2.** *agr.* (*Boden*) deficient in lime, lacking calcium. – **3.** (*Wasser*) soft. — **K~ˌar·mut** *f* **1.** *med.* calcium deficiency, calcipenia (*scient.*). – **2.** *agr.* lack of lime.

'**kalkˌar·tig** *adj* limelike, *Br.* lime-like, chalky; calcareous, *auch* calcarious (*scient.*).

'**Kalk|beˌwurf** *m civ.eng.* coat of plaster, plastering. — ~ˌ**bil·dung** *f chem.* calcification. — ~ˌ**blau** *n* (*art*) lime blue. — ~ˌ**bo·den** *m* limy (*od.* lime) soil. — ~ˌ**bren·nen** *n chem.* lime burning, calcination of limestone. — ~ˌ**bren·ner** *m* limeburner, *Br.* lime-burner. — ~**bren·neˌrei** *f* **1.** lime burning. – **2.** limekiln. — ~ˌ**bruch** *m cf.* Kalksteinbruch. — ~ˌ**dün·ger** *m agr.* lime fertilizer (*Br. auch* -s-), calcium manure. — ~ˌ**dün·gung** *f* lime fertilization (*Br. auch* -s-), manuring with lime. — ~ˌ**ei** *n gastr.* egg preserved in a lime solution.

kal·ken ['kalkən] *v/t* ⟨h⟩ **1.** (*Wand etc*) whitewash, limewash. – **2.** *agr.* (*Boden*) lime, fertilize (*Br. auch* -s-) (*the soil*) with lime.

'**Kalk|er·de** *f* **1.** *min. cf.* Kalk 3. – **2.** calcareous earth. — ~ˌ**far·be** *f* lime paint. — ~ˌ**feldˌspat** *m min.* lime feldspar (*Br. auch* felspar), anorthite. — **k~ˌfrei** *adj* free from lime. — ~**geˌbir·ge** *n geol.* limestone mountains *pl.* — ~**geˌstein** *n* limestone (rock). — ~ˌ**gru·be** *f tech.* (*leather*) lime pit. — **k~ˌhal·tig** *adj* **1.** containing lime; calcareous, *auch* calcarious, calciferous (*scient.*). – **2.** (*Boden etc*) limy, chalky. – **3.** (*Wasser*) limy, hard. — ~ˌ**hausˌhalt** *m med.* (*im Körper*) calcium balance. — ~ˌ**hüt·te** *f tech. cf.* Kalkbrennerei. — ~**hyˌdrat** *n chem. cf.* Kalziumhydroxyd.

'**kal·kig I** *adj* **1.** calcareous, *auch* calcarious. – **2.** (*Boden, Wasser etc*) limy, chalky. – **3.** like lime, chalky. – **II** *adv* **4.** er sieht ~ aus *fig. colloq.* he looks as white as chalk (*od.* as a sheet).

'**Kalk|ˌkitt** *m tech.* lime putty. — ~ˌ**licht** *n phys.* limelight, calcium light. — **k~ˌlie·bend** *adj bot.* (*Pflanze*) lime-loving (*od.* -tolerant); calciphilous, calcicole (*scient.*). — ~ˌ**lö·schen** *n* lime slaking. — ~ˌ**man·gel** *m med.* calcium deficiency; calcipenia, hypocalcia (*scient.*). — ~ˌ**mehl** *n* powdered lime. — ~ˌ**milch** *f* **1.** *tech.* lime milk. – **2.** *civ.eng.* limewash, whitewash, lime milk. — ~ˌ**mör·tel** *m civ.eng.* lime mortar. — ~ˌ**na·del** *f zo.* **1.** (*eines Seeigels etc*) spiculum. – **2.** (*eines Schwamms etc*) rhabdus, spicule, spicula. — ~ˌ**ofen** *m* limekiln. — ~**ooˌlith** *m geol.* oolitic limestone. — ~**prä·paˌrat** *n med. pharm.* calcium preparation. — **k~ˌreich** *adj* **1.** *med.* rich in calcium. – **2.** (*Boden etc*) rich in lime, containing much lime. — ~**salˌpe·ter** *m chem.* lime (*od.* Norway) saltpeter (*bes. Br.* saltpetre), nitrocalcite ($Ca(NO_3)_2\,4H_2O$). — ~ˌ**salz** *n* calcium salt. — ~ˌ**sandˌstein** *m geol.* chalky (*od. scient.* calcareous) sandstone. — ~ˌ**schwamm** *m zo.* calcareous sponge (*Ordng Calcispongia*). — ~ˌ**sei·fe** *f chem.* lime soap. — ~ˌ**sin·ter** *m min.* calcareous sinter, calc-sinter. — ~ˌ**spat** *m* calcite, calcspar, *Br.* calc-spar. — ~ˌ**stab** *m zo.* (*der Korallen*) palus. — ~ˌ**stein** *m geol. min.* limestone. — ~ˌ**steinˌbruch** *m* limestone quarry. — ~ˌ**stickˌstoff** *m chem.* (*Düngemittel*) calcium cyanamid(e), lime nitrogen ($CaCN_2$). — ~ˌ**streu·er** *m agr.* lime spreader. — ~ˌ**sucht** *f zo.* (*von Seidenraupen*) muscardine (disease). — ~ˌ**tuff** *m geol.* calc-tufa (*od.* -tuff), (calcareous) tufa. — ~ˌ**tün·che** *f* limewash, whitewash.

Kal·kül [kal'kyːl] *m, n* ⟨-s; -e⟩ **1.** *fig.* calculation: etwas ins ~ ziehen to include s.th. in one's calculation. – **2.** *math. philos.* calculus.

Kal·ku·la·ti·on [kalkula'tsĭoːn] *f* ⟨-; -en⟩ **1.** *econ.* (*von Kosten etc*) calculation, computation: ~en anstellen to make calculations, to calculate; falsche ~

miscalculation. – **2.** *fig.* calculation, estimate: nach meiner ~ according to my calculations, *Am. auch* as I figure it.

Kal·ku·la·tiʼons|ˌba·sis *f econ.* basis for (*od.* of) calculation. — **~ˌfeh·ler** *m* **1.** error in calculation. – **2.** (*Fehlkalkulation*) miscalculation. — **~ˌgrundˌla·ge** *f cf.* Kalkulationsbasis. — **~ˌnorm** *f* calculation standard. — **~ˌpreis** *m* calculated price.

Kal·ku·la·tor [kalkuˈlaːtɔr] *m* ⟨-s; -en [-laˈtoːrən]⟩ (*Rechnungsbeamter*) calculator, computing (*od.* calculating) clerk. — **kal·ku·laʼto·risch** [-laˈtoːrɪʃ] *adj* (*Methoden etc*) calculatory, of calculation.

kal·ku·lie·ren [kalkuˈliːrən] **I** *v/t* ⟨*no* ge-, h⟩ **1.** *econ.* (*Kosten etc*) calculate, compute: etwas falsch ~ to miscalculate s.th. – **2.** *econ.* (*Preis etc*) set, fix, figure. – **3.** etwas ~ *fig.* to estimate (*od.* calculate) s.th. – **II** *v/i* **4.** *econ.* calculate: knapp ~ to calculate closely. – **5.** *fig.* estimate, calculate, reckon: da hast du falsch kalkuliert that's what you figured (*od.* thought); ich habe richtig kalkuliert I did the right thing. – **III K~** *n* ⟨-s⟩ **6.** *verbal noun.* — **Kal·ku'lie·rung** *f* ⟨-; -en⟩ **1.** *cf.* Kalkulieren. – **2.** *econ.* calculation, computation.

ˈKalk|ˌwas·ser *n chem.* limewater. — **~ˌwerk** *n* lime works *pl* (*construed as sg or pl*).

Kal·la [ˈkala] *f* ⟨-; -s⟩ *bot. cf.* Calla.

Kal·la·it [kalaˈiːt; -ˈɪt] *m* ⟨-s; -e⟩ *min.* (*Art Türkis*) turquoise, *Am. auch* turquois.

Kal·le [ˈkalə] *f* ⟨-; -n⟩ (*thieves' Latin*) **1.** (*Braut, Geliebte*) sweetheart. – **2.** (*Dirne*) 'tart' (*colloq.*), prostitute.

Kal·li·graph [kaliˈgraːf] *m* ⟨-en; -en⟩ calligrapher. — **Kal·li·graʼphie** [-graˈfiː] *f* ⟨-; *no pl*⟩ calligraphy. — **kal·liʼgra·phisch** *adj* calligraphic.

Kal·lio·pe [kaˈliːope] **I** *npr f* ⟨-; *no pl*⟩ *myth.* Calliope (*Greek Muse of eloquence and heroic poetry*). – **II** *f* ⟨-; -n⟩ *zo.* calliope, *auch* calliope hummingbird (*Br.* humming-bird) (*Stellula calliope*).

kal·lös [kaˈløːs] *adj med.* callous.

Kal·lo·se [kaˈloːzə] *f* ⟨-; *no pl*⟩ *bot.* callose.

Kal·lus [ˈkalus] *m* ⟨-; -se⟩ *med. bot.* call(o)us, callosity: einen ~ bilden to callus.

Kal·mar [ˈkalmar] *m* ⟨-s; -e⟩ *zo.* squid, calmar(y), loligo (*Gattg Loligo*): Gemeiner ~ European squid (*L. vulgaris*).

Kal·mäu·ser [ˈkalmɔʏzər] *m* ⟨-s; -⟩ *obs. dial. for* a) Grübler, b) Pfennigfuchser, c) Spießer 1, d) Stubenhocker.

Kal·me [ˈkalmə] *f* ⟨-; -n⟩ *meteor.* (*Windstille*) calm.

ˈKal·men|ˌgür·tel *m* calm belt: äquatorialer ~ doldrums *pl*; tropischer ~ tropical calms *pl*. — **~ˌzo·ne** *f cf.* Kalmengürtel.

Kal·mie [ˈkalmĭə] *f* ⟨-; -n⟩ *bot.* laurel (*Gattg Kalmi*): Schmalblättrige ~ calfkill, sheep laurel (*K. angustifolia*); Breitblättrige ~ calfkill, mountain laurel (*K. latifolia*).

kal·mie·ren [kalˈmiːrən] *v/t* ⟨*no* ge-, h⟩ *obs. for* beruhigen 1.

Kal·muck [kalˈmʊk] *m* ⟨-(e)s; -e⟩ (*textile*) kalmu(c)k, kalmyk, bearskin.

Kal·mück [kalˈmʏk] *m* ⟨-en; -en⟩, **Kalˈmü·cke** (*getr.* -k·k-) *m* ⟨-n; -n⟩ Kalmu(c)k, Kalmyk, *auch* Calmuck. — **kalˈmückisch** (*getr.* -k·k-) **I** *adj* of the Kalmu(c)ks. – **II** *ling.* **K~** ⟨*generally undeclined*⟩, **das K~e** ⟨-n⟩ Kalmu(c)k, Kalmyk, *auch* Calmuck.

Kal·mus [ˈkalmʊs] *m* ⟨-; -se⟩ *bot.* myrtle flag (*od.* grass, sedge) (*Acorus calamus*). — **~ˌöl** *n* ⟨-(e)s; *no pl*⟩ calamus oil. — **~ˌwur·zel** *f* calamus root, flagroot.

Ka·lo [ˈkaːlo] *m* ⟨-s; -s⟩ *econ. obs.* shrinkage, loss of weight.

Ka·lo·ka·ga·thie [kalokagaˈtiː] *f* ⟨-; *no pl*⟩ *philos.* kalokagathia.

Ka·lo·mel [ˈkaːlomɛl; kaloˈmɛl] *n* ⟨-s; *no pl*⟩ *med. pharm.* calomel, *auch* mercurous chloride. — **~e·lekˌtro·de** *f chem. phys.* calomel electrode.

Ka·long [ˈkaːlɔŋ] *m* ⟨-s; -s⟩ *zo.* kalong (*Pteropus vampyrus*).

Ka·lo·rie [kaloˈriː] *f* ⟨-; -n [-ən]⟩ **1.** calorie, *auch* calory: diese Speise enthält viele ~n this dish has many calories. – **2.** *phys.* a) calorie, b) (*Meßeinheit*) thermal unit.

ka·loˈri·enˌarm *adj* (*Essen etc*) low in calories, low-calorie (*attrib*).

Ka·loˈri·en|beˌdarf *m med.* calorie requirement. — **~geˌhalt** *m* caloric content. — **~ˌmen·ge** *f* number of calories. — **~ˌreich** *adj* (*Essen etc*) rich in calories, high-calorie (*attrib*). — **~verˌbrauch** *m med.* calorie consumption. — **~ˌwert** *m* **1.** *phys.* calorific value. – **2.** *gastr.* heating value of foods.

Ka·lo·ri·fer [kaloriˈfeːr] *m* ⟨-s; -s *u.* -en⟩ *tech.* **1.** (*Heizkörper*) radiator. – **2.** *cf.* Thermophor.

Ka·lo·rik [kaˈloːrɪk] *f* ⟨-; *no pl*⟩ *phys.* theory of heat, calorifics *pl* (*construed as sg*) (*scient.*).

Ka·lo·ri·me·ter [kaloriˈmeːtər] *n* ⟨-s; -⟩ *phys.* calorimeter. — **Ka·lo·ri·meʼtrie** [-meˈtriː] *f* ⟨-; *no pl*⟩ calorimetry. — **ka·lo·riˈme·trisch** [-ˈmeːtrɪʃ] *adj* calorimetric(al).

ka·lo·risch [kaˈloːrɪʃ] *adj phys.* caloric.

ka·lo·ri·sie·ren [kaloriˈziːrən] *v/t* ⟨*no* ge-, h⟩ *metall.* calorize, alitize. — **Ka·lo·riˈsie·rung** *f* ⟨-; *no pl*⟩ calorizing, alitizing.

Ka·lot·te [kaˈlɔtə] *f* ⟨-; -n⟩ **1.** *röm.kath.* (*Scheitelkäppchen*) calotte, zucchetto. – **2.** calotte, *Am. auch* calot, skullcap, *Br.* skull-cap. – **3.** *med.* (*Schädeldecke*) calotte, calva(ria). – **4.** *math.* cap of a sphere, curved surface of a segment of a sphere. – **5.** *arch.* flattened cupola (*od.* dome). – **6.** *metall.* cup, spherical indentation.

Kal·pak [kalˈpak] *m* ⟨-s; -s⟩ **1.** (*Fellmütze der Tataren etc*) calpac(k). – **2.** *mil. hist.* a) (*Husarenmütze*) busby, b) busby bag.

kalt [kalt] **I** *adj* ⟨=er; =est⟩ **1.** cold: draußen ist es bitter (*od.* grimmig) ~ it is bitterly (*od.* terribly, perishing) cold outside; es wird ~ it is getting cold; es bleibt weiterhin ~ it will remain cold; die ~e Jahreszeit winter; mir ist ~ I feel (*od.* am) cold (*od.* chilly); ~e Hände, warmes Herz *colloq.* cold hands, warm heart; ein ~es Bad nehmen to have a cold bath; → Dusche 1, 2; Fuß[1] 1; heiß 1. – **2.** *gastr.* (*Speisen*) cold: die Suppe ~ werden lassen to let the soup get cold (*od.* cool off); → Büfett 7; Ente 3; Kaffee[1] 2; Küche 2; Platte 11. – **3.** *fig.* (*Farbe, Licht etc*) cold, unfriendly: die ~e Pracht der Kirche the cold splendo(u)r of the church. – **4.** *fig.* (*kühl*) cool, cold, chilly, frigid: ein ~er Empfang a cool reception; ihr ~er Blick traf ihn he caught her cool glance. – **5.** *fig.* (*gefühllos*) cold, unemotional: ein ~es Herz haben to be coldhearted; etwas ~en Blutes tun to do s.th. in cold blood; bei ihm war alles ~e Berechnung he did everything with cold calculation; ihn leitet nur der ~e Verstand he does everything cold-bloodedly; → Hundeschnauze. – **6.** *fig. colloq.* (*gleichgültig*) cold, cool, indifferent: weder ~ noch warm sein to be indifferent, not to care a rap; → Blut 1; Schulter. – **7.** *fig.* (*furchtbar*) great, terrible, awful: ~e Angst terrible fear; j-n packt (*od.* faßt) ~es Grausen, ~es Grausen überkommt j-n s.o. is seized (*od.* filled) with stark horror. – **8.** *geogr.* (*Zone etc*) frigid: ein ~es Klima a frigid (*od.* cold) climate. – **9.** *meteor.* (*Blitz, Schlag*) cold. – **10.** *med.* (*Brand, Abszess etc*) cold: machen Sie ~e Umschläge apply cold compresses. – **11.** *psych.* (*gefühlskalt*) frigid. – **12.** *pol.* cold, unbloody: → Krieg 1. – **13.** *hunt.* (*Fährte*) cold. – **14.** *econ.* (*Miete*) exclusive of heating. – **15.** ~! (*games*) (*weit vom gesuchten Objekt*) cold! – **II** *adv* **16.** coldly: j-n ~ anblicken to look at s.o. coldly; j-n ~ behandeln to treat s.o. coldly, to be chilly toward(s) s.o. – **17.** (*in Wendungen wie*) es überläuft mich ~, es läuft mir ~ über den Rücken it gives me the shivers (*od. colloq.* creeps), it makes my flesh creep; ~ baden to have a cold bath; ~ schlafen to sleep in a cold (*od.* an unheated) room; Wein ~ stellen a) to put wine in a cool place, b) to put wine on ice; → essen[1] 1; rauchen 1. – **III K~** *n* ⟨*undeclined*⟩ **18.** *only in* die Heizung auf K~ stellen to turn the heating off (*od.* out).

ˈKalt|ˌausˌhär·tung *f metall.* **1.** room temperature precipitation hardening. – **2.** (*Aushärtung durch Kaltarbeit*) strain hardening. — **~ˌbad** *n* **1.** (*im Freien*) cold bathing (*Br. auch* bathe). – **2.** (*in Wanne*) cold bath. — **~beˌanˌspru·chung** *f tech.* cold straining. — **~beˌar·bei·tung** *f* cold work (*od.* working). — **~ˌbie·ge·maˌschi·ne** *f* cold-bending machine (*od.* press). — **~ˌbie·gen I** *v/t* ⟨*irr, sep,* -ge-, h⟩ cold-bend. – **II K~** *n* ⟨-s⟩ cold bending.

ˈkaltˌblei·ben *v/i* ⟨*irr, sep,* -ge-, sein⟩ *fig.* keep a cool head, remain cool.

ˈKaltˌblut *n* ⟨-(e)s; *no pl*⟩ (*eine Pferderasse*) heavy horse.

ˈKaltˌblü·ter [-ˌblyːtər] *m* ⟨-s; -⟩ *zo.* cold-blooded animal, poikilothermic (*auch* poikilothermal, poikilothermous) animal (*scient.*).

ˈkaltˌblü·tig [-ˌblyːtɪç] **I** *adj* **1.** *zo.* cold-blooded; h(a)ematocryal, poikilothermic (*scient.*). – **2.** *fig.* (*beherrscht*) cool, calm, coolheaded, *Br.* cool-headed: ~ bleiben to remain cool, to keep one's head. – **3.** *fig.* (*kaltherzig*) cold(-blooded), *Br.* cold(blooded), coldhearted: ein ~er Mörder a cold(-)blooded murderer. – **II** *adv* **4.** er blickte der Gefahr ~ ins Auge he faced the danger with a cool head; er hat ihn ~ ermordet he killed him cold(-)bloodedly (*od.* in cold blood). — **ˈKaltˌblü·tig·keit** *f* ⟨-; *no pl*⟩ **1.** (*Beherrschtheit*) coolness, calmness, coolheadedness, *Br.* cool-headedness, sangfroid, *Br.* sang-froid (*lit.*). – **2.** (*Kaltherzigkeit*) coldness, cold-bloodedness, *Br.* coldbloodedness, coldheartedness.

ˈKalt|ˌbruch *m metall.* cold shortness (*od.* brittleness). — **k~ˌbrü·chig** *adj* cold-short.

Käl·te [ˈkɛltə] *f* ⟨-; *no pl*⟩ **1.** cold(ness): beißende [strenge, eisige, schneidende] ~ biting (*od.* stinging) [severe, icy, cutting *od.* piercing] cold; künstliche ~ artificially produced cold, refrigeration; es herrscht bittere (*od.* grimmige) ~ it is bitterly cold; wir haben drei Grad ~ the temperature is three degrees below zero; bleib nicht in der ~ stehen! don't stand out(side) in the cold! vor ~ zittern to shiver with cold; sich an die ~ gewöhnen to get used to the cold; die ~ der Luft [des Wassers] the coldness (*od.* chilliness) of the air [the water]; die ~ der Nacht the cold (*od.* chill) of the night; die Wand strahlt ~ aus the wall emits coldness; während der großen ~ im Januar during the cold spell in January; die ~ dauert an [läßt nach] the cold spell is continuing [is letting up]; bei dieser ~ kann man nicht ausgehen it is too cold to go out; Mensch, ist das eine ~! *colloq.* gosh, it's cold (outside)! *Am.* man, it's cold (out)! er bringt viel ~ mit herein *colloq.* he is letting all the cold in. – **2.** (*eines Zimmers etc*) coldness, unfriendliness. – **3.** *fig.* coolness, coldness, chilliness: man empfing ihn mit spürbarer ~ he was received with noticeable coolness (*od.* frigidity); in ihrer Stimme lag eine gewisse ~ there was a certain coldness in her voice. – **4.** *psych.* (*Gefühlskälte*) frigidity.

ˈKäl·te|ˌanˌla·ge *f tech.* refrigeration plant. — **~beˌhand·lung** *f med. cf.* Kältetherapie. — **k~beˌstän·dig** *adj* **1.** cold-resistant, frigostable. – **2.** (*nicht gefrierend*) nonfreezing *Br.* non-. — **~beˌstän·dig·keit** *f* **1.** resistance to cold, frigostability. – **2.** *tech.* antifreezing (*Br.* anti-freezing) property. — **~cheˌmie** *f chem.* cryochemistry. — **~ˌeinˌbruch** *m meteor.* sudden onset of cold weather. — **k~empˌfind·lich** *adj* **1.** sensitive to cold. – **2.** *chem. biol.* frigolabile. — **~empˌfind·lich·keit** *f* **1.** sensitivity to cold. – **2.** *chem. biol.* frigolability. — **k~erˌzeu·gend** *adj tech.* cold-producing, refrigerative; cryogenic, frigorific (*scient.*). — **~erˌzeu·gung** *f* production of cold, refrigeration. — **~erˌzeu·gungs·maˌschi·ne** *f* refrigerating machine, refrigerator. — **k~ˌfest** *adj* cold-resistant, frigostable. — **~ˌflüs·sig·keit** *f* freezing (*od.* frigorific, refrigerating) solution (*od.* liquid). — **~geˌfühl** *n med.* chill, sensation of coldness. — **~ˌgrad** *m* **1.** degree of coldness. – **2.** *meteor.* degree of frost, degree below zero. — **~in·duˌstrie** *f* refrigeration industry. — **~in·ge·niˌeur** *m* refrigeration engineer. — **~ˌlei·stung** *f tech.* refrigerating capacity. — **~maˌschi·ne** *f* **1.** refrigerating machine, refrigerator. – **2.** (*Eismaschine*) ice machine. — **~ˌmi·schung** *f chem.* freezing (*od.* frigorific) mixture, cryogen (*scient.*). — **~ˌmit·tel** *n* **1.** cryogen. – **2.** (*für Kühlschränke*) refrigerant.

käl·ten [ˈkɛltən] *v/t* ⟨h⟩ etwas ~ *obs.* to chill (*od.* cool) s.th., to make s.th. cold.

ˈKäl·te|pe·riˌode *f meteor.* cold snap (*od.* spell), spell of cold weather. — **~ˌpol** *m geogr.* cold pole. — **~ˌreg·ler** *m chem.* cryostat. — **~ˌrückˌfall** *m meteor.* (*im Frühjahr*) cold spell (in spring). —

~ˌschlaf *m zo.* winter sleep, hibernation (*scient.*). — **~ˌschutzˌmit·tel** *n tech.* antifreeze, *Br.* anti-freeze. — **~ˌstar·re** *f zo.* (*eines Tieres*) torpor. — **~ˌstep·pe** *f geogr. cf.* Tundra. — **~ˌsturz** *m meteor.* drop in temperature. — **~ˌtech·nik** *f tech.* refrigerating technique, refrigeration (engineering). — **~ˌtech·ni·ker** *m* refrigeration engineer. — **~the·raˌpie** *f med.* cry(m)otherapy, frigotherapy, therapeutic hypothermia. — **~ˌwel·le** *f meteor.* cold wave.

'Kalt|ˌformˌge·bung, ~ˌfor·mung *f tech.* cold forming. — **~ˌfront** *f meteor.* cold front. — **k~geˌpreßt I** *pp.* – **II** *adj* **1.** *tech.* cold-pressed. – **2.** *synth.* cold-molded (*bes. Br.* -moulded). — **k~ˌhäm·mern** *metall.* **I** *v/t* ⟨*sep*, -ge-, h⟩ cold-hammer, hammer-harden. – **II K~** *n* ⟨-s⟩ cold hammering, hammer hardening. — **k~ˌhär·ten** *v/t* ⟨*sep*, -ge-, h⟩ strain-harden. — **~ˌhär·tung** *f* strain (*od.* wear, work) hardening. — **~ˌhaus** *n hort.* cold house.

'kaltˌher·zig *adj* (*Person*) cold, coldhearted. — **'Kaltˌher·zig·keit** *f* ⟨-; *no pl*⟩ coldness, coldheartedness.

'kaltˌlä·chelnd *adv colloq.* unscrupulously, without scruple: j-n ~ ausnützen to take advantage of s.o. unscrupulously (*od.* without showing any scruples).

'Kalt|ˌla·ge·rung *f econ.* cold storage. — **k~ˌlas·sen** *v/t* ⟨*irr, sep*, -ge-, h⟩ das läßt mich (völlig) kalt *colloq.* that leaves me (completely) cold, I couldn't care less. — **~ˌleim** *m* cold glue, cold-setting adhesive. — **~ˌlei·ter** *m electr.* thermally controlled resistor.

'Kaltˌluft *f meteor.* cold air: polare ~ polar air. — **~ˌmas·se** *f* cold air mass. — **~ˌsee** *m* (*in Tälern etc*) pool (*od.* pond, lake) of cool air. — **~ˌtrop·fen** *m* **1.** cold(-air) pool (*od.* drop). – **2.** (*kaltes, abgeschlossenes Tief*) cut-off (*Br.* cut-off) low.

'kaltˌma·chen *v/t* ⟨*sep*, -ge-, h⟩ j-n ~ *colloq.* to bump (*od.* knock) s.o. off (*beide colloq.*), to do s.o. in (*sl.*), to liquidate (*od.* kill) s.o.

'Kalt|mamˌsell *f colloq. woman who prepares and serves cold dishes in a restaurant.* — **~maˌtri·ze** *f metall.* cold die. — **~ˌmei·ßel** *m tech.* cold chisel. — **~ˌmie·te** *f* rent exclusive of heating charges.

'Kaltˌna·del *f* (*art*) drypoint, *Br.* dry-point. — **~raˌdie·rung** *f* dry(-)point (engraving).

'kalt|ˌnie·ten *metall.* **I** *v/t* ⟨*sep*, -ge-, h⟩ cold-rivet. – **II K~** *n* ⟨-s⟩ cold riveting. — **K~ˌpackung** (*getr.* -k·k-) *f med.* cold pack.

'Kalt|ˌpres·se *f* **1.** *tech.* cold press. – **2.** *synth.* cold mold (*bes. Br.* mould). — **k~ˌpres·sen I** *v/t* ⟨*sep*, -ge-, h⟩ **1.** *tech.* cold-press. – **2.** *synth.* cold-mold (*bes. Br.* -mould). – **II K~** *n* ⟨-s⟩ **3.** *tech.* cold pressing. – **4.** *synth.* cold mo(u)lding.

'Kaltˌpreß|ˌmas·se *f synth.* cold-mo(u)lding material. — **k~ˌschwei·ßen** *tech.* **I** *v/t* ⟨*sep*, -ge-, h⟩ cold-weld. – **II K~** *n* ⟨-s⟩ cold welding. — **~ˌstem·pel** *m* hob, hub.

'kalt|ˌrecken (*getr.* -k·k-) *metall.* **I** *v/t* ⟨*sep*, -ge-, h⟩ cold-strain. – **II K~** *n* ⟨-s⟩ cold straining. — **K~ˌsä·ge** *f* cold saw. — **K~ˌscha·le** *f gastr. cold soup consisting mainly of fruit.*

'Kaltˌschlag|maˌtri·ze *f tech.* (*in der Schraubenherstellung*) cold-heading die. — **~ˌwerkˌzeug** *n* cold-heading tool.

'kalt|ˌschmied·bar *adj metall.* malleable. — **~ˌschmie·den I** *v/t* ⟨*sep*, -ge-, h⟩ cold-hammer, hammer-harden. – **II K~** *n* ⟨-s⟩ cold hammering, hammer hardening.

'kaltˌschnäu·zig [-ˌʃnɔʏtsɪç] *colloq.* **I** *adj* **1.** callous, heartless, insensitive, cold. – **2.** insolent, impudent, pert, cheeky (*colloq.*). – **II** *adv* **3.** sie antwortete ~ she answered impudently (*od.* with impudence). — **'Kaltˌschnäu·zig·keit** *f* ⟨-; *no pl*⟩ **1.** callousness, coldness. – **2.** insolence, impudence, pertness, cheekiness (*colloq.*).

'Kalt|ˌsprö·dig·keit *f tech.* cold brittleness. — **~ˌstart** *m auto.* cold start(ing): beim ~ when starting from cold. — **k~ˌstel·len** *v/t* ⟨*sep*, -ge-, h⟩ j-n ~ *fig. colloq.* a) to put s.o. on the shelf, b) to deprive (*od.* strip) s.o. of influence (*od.* authority). — **~verˌar·bei·tung** *f metall.* cold working. — **k~verˌfor·men** *v/t* ⟨*sep, no* -ge-, h⟩ cold-form (*od.* -work). — **~verˌfor·mung** *f* cold forming (*od.* working). — **~ˌwal·ze** *f* cold roll. — **k~ˌwal·zen I** *v/t* ⟨*sep*, -ge-, h⟩ cold-roll: Metalle ~ to cold-roll metals, to roll metals cold. – **II K~** *n* ⟨-s⟩ cold rolling. — **~ˌwalzˌwerk** *n* cold-rolling mill.

'Kaltˌwas·ser|ˌbad *n med.* cold-water (*od. scient.* hydropathic) bath. — **~beˌhand·lung** *f* cold-water (*od. scient.* hydropathic) treatment. — **~ˌheilˌanˌstalt** *f* hydropathic establishment. — **~ˌheilˌkun·de** *f* cold-water therapy, hydropathy (*scient.*). — **~ˌkur** *f* cold-water therapy, Kneipp cure. — **~the·raˌpie** *f* cold-water therapy, Kneippism.

'Kalt|ˌwel·le *f* (*kalte Dauerwelle*) cold (permanent) wave. — **~ˌziehˌbank** *f metall.* cold-drawing bench. — **k~ˌzie·hen I** *v/t* ⟨*irr, sep*, -ge-, h⟩ cold-draw. – **II K~** *n* ⟨-s⟩ cold drawing. — **~ˌzieh·maˌtri·ze** *f* cold-drawing die.

Ka·lu·met [kalu'mɛt; -ly'mɛ] *n* ⟨-s; -s⟩ (*indianische Friedenspfeife*) calumet.

Ka·lup·pe [ka'lʊpə] *f* ⟨-; -n⟩ *Austrian dial.* dilapidated hovel, shack.

Kal·va ['kalva] *f* ⟨-; -ven⟩ *med. cf.* Kalotte 3.

Kal'va·ri·enˌberg [kal'vaːrĭən-] *m* **1.** *Bibl. hist.* Calvary. – **2.** *röm.kath.* (*als Wallfahrtsstätte*) calvary, *auch* Calvary.

Kal·vill [kal'vɪl] *m* ⟨-s; -en⟩, **Kal'vil·le** *f* ⟨-; -n⟩ *hort.* (*Apfelsorte*) Calville apple.

kal·vi·nisch [kal'viːnɪʃ] *adj relig. cf.* calvinisch. — **Kal·vi'nis·mus** [-vi'nɪsmʊs] *m* ⟨-; *no pl*⟩ *cf.* Calvinismus. — **Kal·vi'nist** [-vi'nɪst] *m* ⟨-en; -en⟩, **Kal·vi'ni·stin** *f* ⟨-; -nen⟩ *cf.* Calvinist(in). — **kal·vi'ni·stisch** *adj cf.* calvinistisch.

ka·ly·do·nisch [kaly'doːnɪʃ] *adj myth.* Calydonian: der K~e Eber the Calydonian boar.

Ka·lyk·an·thus [kaly'kantʊs] *m* ⟨-; -then⟩ *bot. cf.* Gewürzstrauch 1.

Ka·lyp·tra [ka'lʏptra] *f* ⟨-; -tren⟩ *bot.* calyptra.

Kal·zeo·la·rie [kaltseo'laːrĭə] *f* ⟨-; -n⟩ *bot. cf.* Pantoffelblume.

Kal·zi·na·ti·on [kaltsina'tsĭoːn] *f* ⟨-; -en⟩ *chem.* calcination. — **kal·zi'nier·bar** *adj* calcinable. — **kal·zi'nie·ren** [-'niːrən] *v/t* ⟨*no* ge-, h⟩ calcine.

Kal·zi'nierˌofen *m* calciner, calcining furnace (*od.* kiln).

Kal·zi'nie·rung *f* ⟨-; *no pl*⟩ calcination.

Kal·zit [kal'tsiːt; -'tsɪt] *m* ⟨-s; -e⟩ *min.* (*Kalkspat*) calcite.

Kal·zi·um ['kaltsĭʊm] *n* ⟨-s; *no pl*⟩ *chem.* calcium (Ca). — **~ˌbi·kar·bo·nat** *n* calcium bicarbonate, calcium acid carbonate ($Ca(HCO_3)_2$). — **~chloˌrid** *n* calcium chloride, hydrophilite ($CaCl_2$). — **k~ˌhal·tig** *adj* containing calcium. — **~hyˌdrid** *n* calcium hydride, hydrolith (CaH_2). — **~hy·droˌxyd** *n* calcium hydroxide ($Ca(OH)_2$). — **~hy·po·chloˌrit** *n* calcium hypochlorite (*od.* oxychloride) ($Ca(Cl)_2$). — **~karˌbid** *n* calcium carbide (CaC_2). — **~kar·boˌnat** *n* calcium carbonate, aragonite ($CaCO_3$). — **~lakˌtat** *n* calcium lactate, calcinol [$(CH_3CHOHCOO)_2Ca \cdot 5H_2O$]. — **~niˌtrid** *n* calcium nitride (Ca_3N_2). — **~oxyd** [-ʔɔˌksyːt] *n* calcium oxide, (burnt) lime, calx, quicklime (CaO). — **~phosˌphat** *n meist pl* calcium phosphate. — **~sulˌfat** *n* calcium sulfate (*bes. Br.* -ph-) ($CaSO_4$). — **~sulˌfid** *n* calcium sulfide (*bes. Br.* -ph-) (CaS).

kam [kaːm] *1 u. 3 sg pret of* kommen.

Ka·ma ['kaːma] *f* ⟨-; -(s)⟩ *zo.* Cape hartebeest (*Alcelaphus caama*).

'Ka·ma·laˌbaum ['kaːmala-] *m bot.* kamala (*Mallotus philippinensis*).

Ka·mal·du·len·ser [kamaldu'lɛnzər] *m* ⟨-s; -⟩ *röm.kath.* Camaldolese.

Ka·ma·ril·la [kama'rɪl(j)a] *f* ⟨-; -len⟩ *pol.* camarilla, court clique.

Ka·mas·sie [ka'masĭə] *f* ⟨-; -n⟩ *bot.* wild hyacinth (*Camassia esculenta*).

kam·bi·al [kam'bĭaːl] *adj bot.* cambial.

Kam·bio ['kambĭo] *m* ⟨-s; -bi [-bi]⟩ *econ. obs.* exchange (of money).

Kam·bi·um ['kambĭʊm] *n* ⟨-s; -bien⟩ *bot.* (*Zellenbildungsgewebe*) cambium. — **k~ˌar·tig** *adj* cambiform.

Kam·bo·dscha·ner [kambo'dʒaːnər] *m* ⟨-s; -⟩ Cambodian. — **kam·bo'dscha·nisch** [-nɪʃ] *adj* Cambodian.

Kam·brik ['kambrɪk; 'keɪmbrɪk] (*Engl.*) *m* ⟨-s; *no pl*⟩ (*textile*) (cotton) cambric.

kam·brisch ['kambrɪʃ] *adj geol.* Cambrian, Cambric. — **'Kam·bri·um** [-brĭʊm] *n* ⟨-s; *no pl*⟩ *geol.* Cambria, Cambrian period.

Kam·bü·se [kam'byːzə] *f* ⟨-; -n⟩ *mar. cf.* Kombüse.

kä·me ['kɛːmə] *1 u. 3 sg pret subj of* kommen.

Ka·mee [ka'meː(ə)] *f* ⟨-; -n [-'meːən]⟩ (*jewelry*) cameo. — **Ka'me·enˌschnei·der** *m* cameo cutter.

Ka·mel [ka'meːl] *n* ⟨-(e)s; -e⟩ **1.** *zo.* camel (*Gattg Camelus*): einhöckeriges ~ one-humped (*od.* Arabian) camel, dromedary (*C. dromedarius*); zweihöckeriges ~ two-humped (*od.* Bactrian) camel (*C. bactrianus*). – **2.** *mar. tech.* camel. – **3.** *fig. colloq.* (*Dummkopf*) blockhead, clot, dolt, clod: so ein altes ~ what a dumb clod. — **~alˌha·gi** [-ʔalˌhaːgi] *m bot.* alhagi, camel (*auch* camel's) thorn (*Alhagi camelorum*). — **k~ˌar·tig** *adj zo.* cameline, tylopod (*scient.*). — **~ˌdorn** *m bot. cf.* Kamelalhagi. — **~ˌfleisch** *n* camel meat. — **~ˌfül·len** *n* young camel.

'Kä·melˌgarn ['kɛːməl-] *n* (*textile*) mohair (yarn).

Ka'melˌhaar *n* **1.** camel's hair. – **2.** (*textile*) camel (*auch* camel's) hair: ich habe einen Mantel aus ~ I have a camel-hair coat. — **~ˌdecke** (*getr.* -k·k-) *f* (*textile*) camel-hair blanket (*od.* rug). — **~ˌlo·den** *m* camel-hair shag. — **~ˌman·tel** *m* camel-hair coat. — **~ˌstoff** *m cf.* Kamelhaar 2.

Ka'mel|ˌhalsˌflie·ge *f zo.* snake fly (*Gattg Rhaphidia*). — **~ˌhengst** *m* male camel.

Ka·me·lie [ka'meːlĭə] *f* ⟨-; -n⟩ *bot.* camellia, japonica (*Camellia japonica*): Stumpfblätt(e)rige ~ sasanqua (*C. sasanqua*).

Ka'me·li·enˌda·me", „die *f* "The Lady of the Camellias" (*novel by Dumas jr.*).

Ka'mel|ˌkalb *n zo.* young camel. — **~ˌkuh** *f* female camel.

Ka·mel·len [ka'mɛlən] *pl only in* das sind olle ~ *colloq.* that's an old (*od.* stale) story.

Ka·mel·lie [ka'mɛlĭə] *f* ⟨-; -n⟩ *bot. cf.* Kamelie.

Ka'melˌmilch *f* camel milk.

Ka·me·lo·pard [kamelo'part] *m* ⟨-(e)s *od.* -en; -e(n)⟩ *astr.* Camelopardus, Giraffe.

Ka·me·lott [kamə'lɔt] *m* ⟨-s; -e⟩ (*textile*) camlet, *auch* camblet. — **~ˌgarn** *n* camlet yarn.

Ka'mel|ˌsitz *m* faldstool. — **~ˌstu·te** *f zo.* female camel. — **~ˌtrei·ber** *m* camel driver, camel(t)eer. — **~ˌwol·le** *f* camel's(-hair) wool.

Ka·me·ra ['kamera] *f* ⟨-; -s⟩ *phot.* camera: die ~ auf etwas [j-n] richten to direct the camera at s.th. [s.o.]. — **~as·siˌstent** *m* (*film*) camera assistant.

Ka·me·rad [kamə'raːt] *m* ⟨-en; -en⟩ **1.** comrade, fellow, companion, mate; pal, chum, buddy (*colloq.*): ein guter [treuer] ~ a good [loyal] comrade; sie waren alte ~en they were old pals (*od.* friends); seine Frau war ihm stets ein guter ~ his wife was always a good companion to him. – **2.** (*Spielkamerad*) friend, playmate: spiel mal mit deinen ~en! go and play with your friends.

Ka·me'ra·denˌdiebˌstahl *m mil.* theft from a comrade.

Ka·me'ra·din *f* ⟨-; -nen⟩ **1.** (woman) comrade (*od.* fellow, companion), mate. – **2.** (*Spielkameradin*) friend, playmate.

Ka·me'rad·schaft *f* ⟨-; -en⟩ **1.** comradeship, fellowship, companionship, camaraderie: er hielt gute ~ he was always a good comrade. – **2.** (*Gemeinschaftsgruppe*) group of comrades. – **3.** (*mining*) pair. – **4.** *Austrian mil.* squad.

ka·me'rad·schaft·lich I *adj* like a comrade, comradely, companionable: unser Verhältnis ist rein ~ our relationship is merely platonic. – **II** *adv* in a comradely manner. — **Ka·me'rad·schaft·lich·keit** *f* ⟨-; *no pl*⟩ *cf.* Kameradschaft 1.

Ka·me'rad·schafts|ˌabend *m bes. mil.* (*von Soldaten, Jugendgruppen etc*) social gathering. — **~ˌehe** *f* companionate marriage. — **~ˌgeist** *m* esprit de corps. — **~ˌheim** *n bes. mil.* service club.

'Ka·me·ra|ˌfüh·rung *f* (*film*) camera work. — **~ˌkran** *m* camera crane.

Ka·me·ra·li·en [kame'raːlĭən] *pl econ. obs. cf.* Kameralwissenschaften.

Ka·me·ra·lis·mus [kamera'lɪsmʊs] *m* ⟨-; *no pl*⟩ *pol.* cameralism. — **Ka·me·ra'li·stik** [-tɪk] *f* ⟨-; *no pl*⟩ *econ. obs. cf.* Kameralwissenschaften. — **ka·me·ra'li·stisch** [-tɪʃ] *adj* cameralistic.

Ka·me'ralˌwis·sen·schaf·ten [kame'raːl-] *pl econ. obs.* cameralistics *pl* (*usually construed as sg*).

'Ka·me·ra|ˌmann *m* ⟨-(e)s; ¨er *od.* -leute⟩ cameraman. — **~ob·jekˌtiv** *n* camera lens. — **~ˌwa·gen** *m* dolly.

Ka·me·ru·ner [kamə'ruːnər] *m* ⟨-s; -⟩ inhabitant of the Cameroons (*auch* of Cameroun). — **ka·me'ru·nisch** *adj* Cameroon.

Ka·me'runˌnuß [kamə'ruːn-] *f bot. cf.* Erdnuß 1.

'Kamˌholz ['kaːm-] *n bot.* camwood (*of Baphia nitida*).

ka·mie·ren [ka'miːrən] *v/i* ⟨*no* ge-, h⟩ (*sport*) (*beim Fechten*) cut over.

Ka·mi'ka·zeˌflie·ger [kami'kaːze-] *m mil. hist.* kamikaze, *auch* Kamikaze.

Ka·mil·le [ka'mılə] *f* ⟨-; -n⟩ *bot.* chamomile, camomile (*Gattg Matricaria*): Römische ~ common (*od.* Roman) c(h)amomile (*Anthemis nobilis*); Echte ~ wild c(h)amomile (*M. chamomilla*).

Ka'mil·len|ˌblü·ten *pl* c(h)amomile flowers. — **~ˌöl** *n* ⟨-(e)s; *no pl*⟩ c(h)amomile oil. — **~ˌtee** *m* c(h)amomile tea.

Ka·min [ka'miːn] *m* ⟨-s; -e⟩ **1.** fireplace, *Br.* fire-place: wir saßen um den ~ we sat around the fireplace; am ~ by the fire(side), by the hearth; etwas in den ~ schreiben *fig. colloq.* to consider s.th. as lost, to write s.th. off. – **2.** (*Schornstein*) chimney: den ~ kehren to sweep the chimney. – **3.** *geol.* chimney: einen ~ durchklettern (*beim Bergsteigen*) to climb (through) a chimney. — **~ˌaufˌsatz** *m* chimney pot, *Br.* chimney-pot. — **~ˌbe·sen** *m* chimney (*od.* flue) brush. — **~ˌbrand** *m* fire in the chimney. — **~ˌecke** (*getr.* -k·k-) *f* chimney corner, *Br.* chimney-corner, inglenook, *Br.* ingle-nook. — **~ˌfe·ger** *m* chimney sweep(er), *Br.* chimney-sweep(er). — **~ˌfeu·er** *n* open fire, *bes. Br.* ingle: beim ~ sitzen to sit by the fire(side). — **~ˌgit·ter** *n* fireguard, *Br.* fire-guard, *Am. auch* fire screen, fender.

ka·mi·nie·ren [kami'niːrən] *v/i* ⟨*no* ge-, h⟩ (*beim Bergsteigen*) climb (through) chimneys.

Ka'min|ˌkeh·rer *m* ⟨-s; -⟩ chimney sweep(er), *Br.* chimney-sweep(er). — **~ˌman·tel** *m* chimney piece, *Br.* chimney-piece, mantel. — **~ˌrost** *m* fire grate. — **~ˌschacht** *m* shaft of a chimney. — **~ˌsims** *m, n* mantelpiece, mantelshelf. — **~ˌstein** *m* chimney brick (*od.* tile). — **~ˌvorˌset·zer** *m cf.* Kamingitter. — **~ˌzan·ge** *f* fire tongs *pl* (*sometimes construed as sg*). — **~ˌzie·gel** *m cf.* Kaminstein.

Ka·mi·ri [ka'miːri] *m* ⟨-s; -s⟩ *bot.* candlenut (*Aleurites moluccana*).

Ka·mi·sol [kami'zoːl] *n* ⟨-s; -e⟩ (*fashion*) *hist.* camisole.

Kamm [kam] *m* ⟨-(e)s; =e⟩ **1.** (*Frisierkamm*) comb: feiner (*od.* feinzinkiger) [grober *od.* grobzinkiger] ~ small- [large-]tooth(ed) comb; ~ und Bürste brush and comb; sich (*dat*) mit dem ~ durchs Haar fahren to run the comb through one's hair; aus dem ~ ist eine Zinke herausgebrochen there is a tooth missing from the comb; bei ihr liegt der ~ auf (*od.* bei, neben) der Butter *fig. colloq.* she is a sloppy (*od.* slovenly) housekeeper. – **2.** (*Zierkamm*) comb: sie hat ihr Haar mit einem ~ hochgesteckt she has put her hair up with a comb. – **3.** (*textile*) comb, reed: alles [alle] über einen ~ scheren *fig. colloq.* to measure everything [everyone] with the same yardstick (*od.* by the same standards). – **4.** *zo.* a) (*bei Hühnern etc*) comb, crest, b) (*bei Pferden etc*) crest, edge of the neck, c) (*bei Molchen, Eidechsen etc*) crest: ihm schwoll der ~ *fig. colloq.* a) (*vor Stolz*) he got a swollen head, b) (*vor Wut*) he bristled, c) (*vor Übermut*) he got cheeky (*od.* cocky); j-m den ~ stutzen *fig. colloq.* to trim s.o.'s wings. – **5.** *med.* (*Knochenvorsprung*) crista, crest, ridge. – **6.** *tech.* (*eines Kammrades*) cog. – **7.** (*wood*) (*zur Verbindung zweier Holzteile*) cog, tooth of a mortise joint. – **8.** *gastr. cf.* Kammstück. – **9.** (*eines Gebirges, einer Welle etc*) crest, ridge.

'Kamma·cher (*getr.* -mmˌm-) *m archaic* combmaker.

'kammˌar·tig *adj* **1.** comblike, *Br.* comb-like, comby. – **2.** *zo.* a) (*Borsten*) pectinate(d), pectiniform, b) (*Schuppen*) ctenoid.

'Kämmaˌschi·ne (*getr.* -mm·m-) *f* (*textile*) *tech.* combing machine, comber.

'Kammˌei·dech·se *f zo.* crested lizard (*Dipsosaurus dorsalis*).

'Kammei·ßel (*getr.* -mmˌm-) *m tech.* rack-type cutter.

käm·men ['kɛmən] **I** *v/t* ⟨h⟩ **1.** comb: j-m die Haare ~, j-n ~ a) to comb s.o.'s hair, b) (*frisieren*) to do (*od.* dress) s.o.'s hair; sich (*dat*) die Haare ~ *cf.* kämmen III. – **2.** (*textile*) comb. – **3.** *tech.* (*Getriebe*) mesh. – **II** *v/i* **4.** *tech.* (*von Zahnrädern*) mate, be in mesh. – **III** *v/reflex* sich ~ **5.** comb one's hair. – **6.** do one's hair (up).

Kam·mer ['kamər] *f* ⟨-; -n⟩ **1.** small room. – **2.** (*Abstellraum*) closet, cupboard, storeroom, cubby(hole), *Br.* cubby(-hole). – **3.** *cf.* Schlafkammer. – **4.** *mil.* depot, unit clothing stores *pl.* – **5.** *pol.* chamber, house: Erste [Zweite] ~ upper [lower] house. – **6.** *jur.* court (of law): Große [Kleine] ~ court in full [partial] session. – **7.** (*berufsständische*) chamber, (supervisory) board. – **8.** *hist.* (*Schatzamt*) chamber. – **9.** *tech.* (*eines Gewehrs, im Brennofen etc*) chamber, (*einer Schleuse*) *auch* coffer. – **10.** *med.* (*des Herzens etc*) chamber, ventricle. – **11.** *bot.* (*einer Fruchtkapsel*) valve. – **12.** *hunt.* (*Kessel*) (*eines Dachsbaues, Fuchsbaues etc*) chamber.

'Käm·mer *m* ⟨-s; -⟩ (*textile*) (*für Wolle etc*) comber, comb.

'Kam·mer|ˌbau *m* ⟨-(e)s; -e⟩ (*mining*) room work: Kammer- und Pfeilerbau room-and-pillar system (*od.* method) of mining. — **~beˌricht** *m pol. hist.* report on proceedings in Parliament. — **~ˌbüch·se** *f* bolt-action rifle.

Käm·mer·chen ['kɛmərçən] *n* ⟨-s; -⟩ *dim. of* Kammer 1—3: ~ vermieten (*games*) to play (at) puss in the corner.

'Kam·merˌdie·ner *m* valet, valet de chambre, manservant, waiting man: königlicher ~ groom of the chamber.

Käm·me'rei[1] *f* ⟨-; -en⟩ *pol.* (*städtische Finanzverwaltung*) finance department, *bes. Am.* city treasury.

Käm·me'rei[2] *f* ⟨-; -en⟩ (*textile*) combing works *pl* (*construed as sg or pl*).

Käm·me·rer ['kɛmərər] *m* ⟨-s; -⟩ **1.** (*einer städtischen Finanzverwaltung*) treasurer. – **2.** *hist.* treasurer. – **3.** *röm.kath.* (*des Heiligen Stuhls*) camerlingo, *auch* camerlengo. – **4.** *cf.* Kammerherr.

'Kam·mer|ˌfrau *f* **1.** lady-in-waiting, lady of the bedchamber: erste ~ (*der brit. Königin*) Mistress of the Robes. – **2.** (*Dienerin*) lady's maid, waiting woman (*od.* maid). — **~ˌfräu·lein** *n* **1.** *cf.* Kammerfrau 1. – **2.** *cf.* Kammerzofe 1. — **~geˌricht** *n jur.* a) Superior Court of Justice for Berlin, b) *hist.* supreme court, court of appeal. — **~ˌgrab** *n archeol.* chamber tomb. — **~ˌgut** *n hist.* (*eines Königs etc*) domain, demesne, crown land. — **~ˌherr** *m* chamberlain: königlicher ~ a) (*eines Königs*) lord of the bedchamber, b) (*einer Königin*) lord-in-waiting; Würde eines ~n chamberlainship. — **~ˌjä·ger** *m* **1.** *archaic* (vermin) exterminator, fumigator. – **2.** *hist.* royal huntsman. — **~ˌjung·fer** *f cf.* Kammerzofe 1. — **~ˌjun·ker** *m* chamberlain: königlicher ~ a) (*eines Königs*) gentleman of the bedchamber, b) (*einer Königin*) gentleman-in-waiting. — **~kanˌta·te** *f mus.* chamber cantata. — **~ˌkätz·chen** *n humor. for* Kammerzofe 1. — **~ˌknecht** *m hist.* Jew *who enjoyed the emperor's protection in return for paying a tax.* — **~konˌzert** *n mus.* **1.** chamber concert. – **2.** chamber concerto, concerto da camera.

Käm·mer·lein ['kɛmərlaın] *n* ⟨-s; -⟩ *dim. of* Kammer 1: ich muß im stillen ~ darüber nachdenken I must go and meditate on that; wenn du aber betest, so gehe in dein ~ *Bibl.* but thou, when thou prayest, enter into thy closet.

'Kam·mer·ling *m* ⟨-s; -e⟩ *zo.* **1.** *cf.* Foraminifere: zu den ~en gehörig polythalamian. – **2.** foram, foraminiferan, pore-bearer.

Käm·mer·ling ['kɛmərlıŋ] *m* ⟨-s; -e⟩ *cf.* Kammerdiener.

'Kam·mer|ˌmäd·chen *n cf.* Kammerzofe 1. — **~muˌsik** *f mus.* chamber music. — **~ˌofen** *m* **1.** *tech.* chamber kiln. – **2.** *metall.* chamber furnace, by-product oven. — **~orˌche·ster** *n mus.* chamber orchestra. — **~ˌsän·ger** *m*, **~ˌsän·ge·rin** *f title awarded by municipal or national authorities to outstanding singers.* — **~ˌsäu·re** *f chem.* chamber acid. — **~ˌschauˌspie·ler** *m* (*in Österreich*) (*theater*) *title awarded by municipal or national authorities to outstanding actors.* — **~ˌschleu·se** *f mar.* (tide) lock, *Br.* (tide)-lock. — **~ˌspiel** *n* (*theater*) **1.** intimate (society) play. – **2.** *pl* intimate (*od.* little) theater (*bes. Br.* theatre) *sg.* — **~ˌste·ward** *m mar.* cabin (*od.* bedroom) steward. — **~ˌton** *m* ⟨-(e)s; *no pl*⟩, **~ˌtonˌhö·he** *f* ⟨-; *no pl*⟩ *mus.* concert pitch. — **~ˌtuch** *n* ⟨-(e)s; -e⟩ (*textile*) cambric. — **~ˌun·ter·ofˌfi·zier**, **~verˌwal·ter** *m mil.* store(s)man, store(s)keeper. — **~ˌzo·fe** *f* **1.** lady's maid, waiting girl (*od.* maid). – **2.** chambermaid, *Br.* chamber-maid, maid. – **3.** (*theater*) soubrette.

'Kamm|ˌfett *n* horse grease (*od.* fat). — **~ˌflug** *m* (*textile*) comber fly, noil.

'Kammˌgarn *n* (*textile*) worsted (yarn): ein Anzug aus ~ a worsted suit. — **~flaˌnell** *m* worsted flannel. — **~geˌwe·be** *n* worsted (fabric). — **~spin·neˌrei** *f* **1.** worsted spinning. – **2.** (*Fabrik*) worsted (spinning) mill. — **~ˌstoff** *m* worsted (fabric).

'Kamm|ˌgras *n bot.* dogstail (grass) (*Gattg Cynosorus*): Gemeines ~ crested dogstail (*C. cristatus*). — **~ˌgriff** *m* (*im Turnen*) undergrasp. — **~ˌhaar** *n cf.* Mähne 1. — **~ˌhaut** *f zo.* (*im Auge der Eulen*) pecten. — **~ˌker·bel** *m bot. cf.* Nadelkerbel. — **~ˌkie·me** *f zo.* (*der Mollusken*) ctenidium. — **~ˌkie·mer** *m* ⟨-s; -⟩ pectinibranch(ian), pectinibranchiate, ctenobranchiate (*Unterordng Pectinibranchia; mollusk*). — **k~ˌkie·mig** *adj* pectinibranchian, pectinibranchiate. — **~ˌla·ger** *n tech.* (collar) thrust bearing, thrust block, *Br.* thrust-block.

Kämm·ling ['kɛmlıŋ] *m* ⟨-s; -e⟩ *meist pl*, **'Kämm·lingsˌwol·le** *f* (*textile*) noil, comber waste, combings *pl.*

'Kammˌli·nie *f* (*eines Gebirges*) crest.

'Kammˌnaht *f biol.* pectiniform suture.

'Kammolch (*getr.* -mmˌm-) *m zo.* crested (*od.* great warty) newt (*Triturus cristatus*).

'Kamm|ˌqual·le *f zo. cf.* Rippenqualle. — **~ˌrad** *n tech.* cogwheel, *Br.* cog-wheel, crown wheel, *Br.* crown-wheel. — **~ˌrat·te** *f zo.* comb rat, tucu-tucu, tuco-tuco (*Fam. Ctenomyidae*). — **~ˌschup·pe** *f* ctenoid scale. — **k~ˌschup·pig** *adj* (*Fisch*) ctenoid. — **~ˌstahl** *m tech.* rack-shaped cutter. — **~ˌstück** *n gastr.* neck(piece), chine. — **~ˌstuhl** *m* (*textile*) *cf.* Kämmaschine.

'Kammu·schel (*getr.* -mmˌm-) *f* **1.** *zo.* scallop, *auch* escallop; pectinid, pectinacean, pecten (*scient.*) (*Fam. Pectinidae*). – **2.** *pl gastr.* scallops. — **k~ˌar·tig** *adj zo.* pectiniform, pectinaceous.

'Kamm|ˌwal·ze *f tech.* pinion, doffer, porcupine. — **~ˌwan·de·rung** *f* ridge tour. — **~ˌwol·le** *f* (*textile*) worsted (*od.* combing) wool. — **k~ˌwol·len** *adj* worsted (*attrib*). — **~ˌzahn** *m tech.* **1.** tooth of a comb. – **2.** involute (gear) tooth. — **~ˌzäh·ner**, **'Sie·benˌbo·gi·ger** [-ˌtsɛːnər] *m* ⟨-s; -⟩ *zo.* seven-gilled shark (*Heptanchus cinereus*). — **~ˌzug** *m* (*textile*) **1.** (*aus Wolle*) woolen slubbing (*od.* top). – **2.** (*aus Baumwolle*) (cotton) sliver.

Ka·mö·ne [ka'møːnə] *f* ⟨-; -n⟩ *myth.* (*altitalische Quellnymphe*) Camena.

Kamp [kamp] *m* ⟨-(e)s; =e⟩ **1.** parcel of cultivated land. – **2.** island (in a river). – **3.** (*in Niedersachsen*) *lawn with oak trees* (*adjacent to a farmhouse*). – **4.** (*forestry*) *cf.* Baumschule.

Kam·pa·gne [kam'panjə] *f* ⟨-; -n⟩ **1.** *auch mil.* campaign: in der Presse wurde eine ~ gegen die Anarchisten gestartet a campaign against the anarchists was started in the press; eine ~ für ein neues Waschmittel aufziehen to launch a (promotion) campaign for a new soap powder; eine ~ für einen Politiker führen to conduct a (propaganda) campaign for (*od.* on behalf of) a politician; eine ~ zur Mitgliederwerbung a membership drive. – **2.** *econ.* working season (*od.* period), campaign. – **3.** *archeol.* (*Ausgrabungsperiode*) campaign.

Kam·pa·ni·le [kampa'niːlə] *m* ⟨-; -⟩ *cf.* Campanile.

Kam·pa·nu·la [kam'paːnula] *f* ⟨-s; -s⟩ *bot. scient. for* Glockenblume.

Käm·pe ['kɛmpə] *m* ⟨-n; -n⟩ *obs. od. poet.* warrior, champion: ein wackerer ~ a bold warrior; ein alter ~ a seasoned (*od.* tough old) soldier (*od.* veteran).

kam·peln ['kampəln] *v/reflex* ⟨h⟩ sich ~ *dial.* quarrel, bicker, squabble.

Kam'pe·scheˌholz [kam'pɛʃə-] *n cf.* Blauholz. — **~ˌbaum** *m bot. cf.* Blauholzbaum.

'Käm·pe,vi·se [-ˌviːzə] *f* ⟨-; -r⟩ *medi(a)eval heroic, chivalresque or historical ballad of Sweden and Denmark.*

Kampf [kampf] *m* ⟨-(e)s; =e⟩ **1.** fight: der ~ mit dem Drachen the fight with the dragon;

j-m den ~ ansagen to challenge s.o. (to a fight), to throw down the gauntlet; einen ~ mit sich ausfechten *fig.* to fight a battle with oneself; ~ dem Hunger! *fig.* fight against (*od.* war on) hunger! → Messer[1] 1. – **2.** (*Ringen*) struggle: der ~ gegen die Elemente the struggle against the elements; es hat mich manchen ~ gekostet, dies zu erreichen it was a hard struggle to achieve this; war das ein ~! that was some struggle! that took a lot of doing! (*colloq.*); → Dasein 1; Leben 1. – **3.** (*zwischen Konkurrenten*) rivalry. – **4.** (*Konflikt*) conflict: innere [innenpolitische] Kämpfe inner [internal] conflicts. – **5.** ⟨*only sg*⟩ *fig.* struggle, fight: der ~ für die Unabhängigkeit the fight for independence; der ständige ~ gegen die Versuchung the constant struggle against temptation; der ~ um die Macht the struggle for power. – **6.** *mil.* fight, battle, combat: an der Front tobten erbitterte Kämpfe hard fighting was going on at the front; ~ Mann gegen Mann hand-to-hand fight(ing); den ~ aufnehmen to start fighting; den ~ eröffnen to commence battle, to open fire (*od.* hostilities); den ~ einstellen to cease fighting (*od.* hostilities, fire); den ~ verlieren to lose the battle, to be defeated; im ~ fallen to fall (*od.* die, be killed) in battle (*od.* action); der ~ um Da Nang the battles for Da Nang; auf in den ~! a) into battle! b) *colloq. humor.* (*an die Arbeit etc*) into the fray! – **7.** (*sport*) a) (*Wettkampf*) contest, b) (*beim Boxen*) fight, bout, match, c) (*beim Ringen*) bout, match, d) (*beim Fußball etc*) match: ein ~ von 10 Runden a bout of (*od.* over) 10 rounds; der ~ um die Weltmeisterschaft the world championship (fight).

'Kampf|abˌbruch *m mil.* end of hostilities, cease-fire. — **~ˌabˌschnitt** *m* front, combat sector. — **~ˌabˌstim·mung** *f pol.* **1.** crucial vote. – **2.** (*der Gewerkschaftler etc*) vote on strike action. — **~ak·tiˌon** *f* (*bes. von Arbeitern*) militant action. — **~ˌanˌsa·ge** *f* (an *acc* to) challenge. — **~ˌanˌzug** *m mil.* battle dress. — **~ˌart** *f* type of combat. — **~ˌaufˌga·be** *f* combat task (*od.* mission). — **~ˌaufˌstel·lung** *f* disposition for combat, battle array. — **~ˌaufˌtrag** *m* (combat) mission. — **~ˌbahn** *f* (*sport*) stadium, arena. — **~beˌgier(·de)** *f* eagerness to fight, pugnacity, *auch* pugnaciousness, lust for battle. — **k~beˌgie·rig** *adj* eager to fight (*od.* for the fray), pugnacious. — **k~beˌreit** *adj* **1.** *mil.* combat-ready, ready for combat, operational. – **2.** (*sport*) ready for battle (*od.* the fight). – **3.** *fig.* ready for battle (*od.* to fight, for the fray). — **~beˌreit·schaft** *f mil.* readiness for action (*od.* combat), combat readiness: in ~ sein (*od.* liegen) to be ready for action, to be combat-ready. — **k~beˌtont** *adj* (*sport*) (*Spiel*) scrappy, aggressive. — **~ˌein·heit** *f mil.* tactical (*Am.* combat) unit. — **~ˌeinˌsatz** *m* action: zum ~ kommen to be brought into action.

kämp·fen ['kɛmpfən] **I** *v/i* ⟨h⟩ **1.** *auch fig.* fight, struggle: es wurde auf Leben und Tod gekämpft it was a fight to the death (*od.* a life-and-death struggle); sie kämpften bis zum letzten Atemzug they fought till they dropped (*od.* till the bitter end); für seine Überzeugung [j-n] ~ to fight for one's beliefs [s.o.]; gegen etwas [j-n] ~ to fight against s.th. [s.o.]; gegen Wind und Wellen ~ to struggle against wind and waves; mit j-m ~ to fight against (*od.* with) s.o.; mit dem Schwert ~ to fight with swords; mit ehrlichen Mitteln ~ to fight fairly (*od.* by fair means, honestly); mit großen Schwierigkeiten zu ~ haben to have to struggle against (*od.* contend with) great difficulties; mit einem Problem ~ to struggle (*od.* wrestle) with a problem; ich mußte lange mit mir ~, ehe ich zu dem Entschluß kam I had a long struggle with myself before I made the decision; mit dem Tode ~ to fight for one's life (*od.* struggle against death); sie kämpfte mit den Tränen she fought back the tears; er mußte um sein Leben [seine Freiheit] ~ he had to fight for his life [freedom *od.* liberty]; → letzt 1; Löwe 1; Posten 3. – **2.** (*sich balgen, ringen*) tussle, wrestle: die Jungen ~ miteinander the boys are wrestling with each other. – **3.** (*sport*) (mit with) fight, contend, compete. – **II** *v/t* **4.** fight: einen aussichtslosen [ehrlichen, schweren] Kampf ~ to fight a hopeless [an honest, hard] fight (*od.* battle); den letzten Kampf ~ *fig.* to fight one's last battle. – **III** *v/reflex* **5.** sich durch etwas ~ to struggle (*od.* fight) (one's way) through s.th. – **IV K~** *n* ⟨-s⟩ **6.** *verbal noun.* – **7.** fight, struggle. — **'kämp·fend I** *pres p.* – **II** *adj* fighting, combat (*attrib*): ~e Truppen combat (*od.* frontline) troops. – **III K~e** *m* ⟨-n; -n⟩ fighter, combatant.

Kamp·fer ['kampfər] *m* ⟨-s; *no pl*⟩ *chem.* camphor ($C_{10}H_{16}O$).

'Kämp·fer *m* ⟨-s; -⟩ **1.** combatant, warrior, fighter. – **2.** *fig.* champion, fighter: ein ~ für die Redefreiheit a champion of free speech; ein ~ für die Rechte der Neger a fighter for the rights of negroes; alter ~ (*einer Partei etc*) *colloq.* old campaigner, veteran. – **3.** (*sport*) a) (*beim Boxen*) boxer, fighter, b) (*beim Ringen*) wrestler, fighter. – **4.** *arch.* a) (*im Fensterrahmen*) transom, b) (*eines Gewölbes*) impost, springer. – **5.** *cf.* Kampfhahn.

'Kamp·ferˌbaum *m bot.* camphor tree (*od.* laurel) (*Cinnamomum camphora*).

'Kämp·ferˌdruck *m* ⟨-(e)s; ⸗e⟩ (*mining*) abutment pressure.

'kampf|erˌfah·ren *adj* **1.** *mil.* (*Truppen etc*) battle-tested (*od.* -tried), veteran (*attrib*). – **2.** (*sport*) experienced, veteran (*attrib*). — **K~erˌfah·rung** *f* **1.** *mil.* combat (*od.* battle) experience. – **2.** (*sport*) experience.

'Kamp·ferˌgeist *m med. pharm. cf.* Kampferspiritus.

'Kämp·fer·geˌsims *n arch.* impost.

'kamp·fer|ˌhal·tig *adj chem.* camphoric. — **K~ˌholz** *n* camphorwood.

'kämp·fe·risch *adj* **1.** warlike, hostile. – **2.** *fig.* (*Person, Charakter etc*) pugnacious, belligerent, aggressive. – **3.** *fig.* (*Verfechter einer Sache*) militant.

'Kämp·ferˌli·nie *f arch.* springline, springing line.

'Kamp·ferˌlor·beer *m bot. cf.* Kampferbaum.

kamp·fern ['kampfərn] *v/t* ⟨h⟩ *chem.* camphorate.

'Kämp·fer·naˌtur *f* fighting spirit: er ist eine ~ he has a fighting spirit, he is a fighter by nature.

'Kamp·ferˌöl *n chem.* camphor(ated) oil.

'kampf·erˌprobt *adj cf.* kampferfahren.

'Kamp·fer|ˌsäu·re *f chem.* camphoric acid ($C_5H_5(CH_3)_3(COOH)_2$). — **~ˌspi·ri·tus** *m med. pharm.* spirit of camphor, camphor spirit.

'Kamp·fes|ˌlust *f cf.* Kampflust. — **k~ˌlu·stig** *adj cf.* kampflustig. — **~ˌmut** *m* fighting (*od.* martial) spirit (*od.* courage), fight.

'kampfˌfä·hig *adj* **1.** *mil.* effective, fit for action (*od.* active service). – **2.** (*sport*) able (*od.* fit) to fight: wieder ~ able to continue the fight. — **'Kampfˌfä·hig·keit** *f* ⟨-; *no pl*⟩ **1.** *mil.* effectiveness, fitness for action (*od.* active service). – **2.** (*sport*) ability (*od.* fitness) to fight.

'Kampf|ˌfeld *n cf.* Kampfplatz. — **~ˌfisch** *m zo.* fighting fish, betta (*scient.*) (*Betta splendens*). — **~ˌflie·ger** *m aer. mil.* **1.** fighter pilot. – **2.** bomber pilot. — **~ˌflugˌzeug** *n* **1.** combat aircraft. – **2.** bomber (aircraft). — **~for·ma·tiˌon** *f mil.* disposition for combat. — **~ˌfront** *f* front line. — **~ˌfüh·rung** *f* conduct of operations. — **~ˌgas** *n* war gas. — **~geˌbiet** *n* battle area. — **~geˌfähr·te** *m* brother- (*od.* comrade-)in-arms. — **~ˌgeist** *m* fighting spirit, fight: ~ zeigen to show fight. — **~geˌlän·de** *n cf.* Kampfgebiet. — **~geˌnos·se** *m cf.* Kampfgefährte. — **~geˌricht** *n* (*sport*) jury, judges *pl.* — **~geˌschwa·der** *n aer.* tactical group (*Br.* wing). — **~geˌtüm·mel** *n* thick (*od.* turmoil) of the fight (*od.* battle), mêlée: sich ins ~ stürzen to plunge into the thick of the fight. — **k~geˌwohnt** *adj* (*Truppen etc*) seasoned by battle (*od.* fighting). — **~geˌwühl** *n cf.* Kampfgetümmel. — **~ˌgrup·pe** *f* **1.** *mil.* combat group (*bes. Am.* team), *bes. Br.* brigade group. – **2.** *DDR pol.* armed industrial militia group. — **~ˌhahn** *m* fighting cock, gamecock, *Br.* game-cock: sie gingen wie zwei Kampfhähne aufeinander los *fig.* they went for each other like two fighting cocks (*od.* spitting cats). — **~ˌhand·lung** *f mil.* fighting, action, engagement: die ~en einstellen to stop fighting, to break off action. — **~ˌkopf** *m mil.* (*einer Rakete*) war head, *Br.* war-head. — **~ˌkraft** *f* combat (*od.* fighting) power (*od.* strength). — **~ˌlärm** *m* noise (*od.* din) of battle. — **~ˌläu·fer** *m zo. a common sandpiper* (*Philomachus pugnax*): männlicher ~ ruff; weiblicher ~ reeve. — **~ˌli·nie** *f mil.* (fighting *od.* battle) line, front: er lag in vorderster ~ he was in the front line. — **k~los I** *adj* **1.** (*Sieg, Übergabe etc*) without a fight (*od.* battle), without any fighting. – **2.** ein ~er Sieg (*sport*) a) a victory by default, b) a walk(-)over. – **II** *adv* **3.** die Stadt ergab sich ~ the town surrendered without a fight (*od.* without a shot being fired). – **4.** ein Spiel ~ gewinnen (*sport*) a) to win a game by default, b) to win a game hands down. — **~ˌlust** *f* eagerness to fight, pugnacity, pugnaciousness, bellicosity. — **k~ˌlu·stig** *adj* eager to fight, pugnacious, belligerent: er ist ~ he likes to fight. — **~ˌmaßˌnah·me** *f meist pl* **1.** *mil.* military action. – **2.** *pol.* (*von Gewerkschaft etc*) militant action: die Gewerkschaft griff zu ~en the trade (*bes. Am.* labor) union took industrial (*od.* militant) action. – **3.** *med.* (*gegen Seuchen*) control measure. — **~ˌmit·tel** *n auch fig.* means (*construed as sg or pl*), weapon. — **~moˌral** *f* (combat *od.* fighting) morale. — **k~ˌmü·de** *adj* battle-weary, tired (*od.* weary) of fighting. — **~ˌmü·dig·keit** *f* **1.** battle weariness. – **2.** *mil.* combat fatigue. — **~ˌpau·se** *f* break in the action. — **~ˌplatz** *m* **1.** *mil.* a) theater (*bes. Br.* theatre) of operations (*od.* action), *bes. Am. auch* combat (*od.* fighting) zone, b) *cf.* Schlachtfeld. – **2.** *hist.* (*Turnierplatz*) lists *pl*: den ~ betreten *auch fig.* to enter the lists. – **3.** *fig.* scene of events, arena, cockpit, lists *pl.* – **4.** (*sport*) arena. — **~ˌpreis** *m* **1.** (*sport*) prize. – **2.** *econ.* competitive price. — **~ˌre·de** *f* aggressive speech, diatribe.

'Kampfˌrich·ter *m* (*sport*) judge. — **~ˌturm** *m* a) (*beim Skispringen*) judges' stand, b) (*beim Springreiten*) judges' box.

'Kampf|ˌring *m* (*sport*) (boxing) ring. — **~ˌruf** *m* **1.** war (*od.* battle) cry. – **2.** *fig.* rallying cry, slogan. — **~ˌschnep·fe** *f zo.* reeve (*Philomachus pugnax*). — **~ˌschwim·mer** *m mil.* frogman. — **~si·tua·tiˌon** *f* (*sport*) (*beim Fechten*) fighting position. — **~ˌspiel** *n* **1.** *hist.* tournament, tilting, jousting. – **2.** (*sport*) competitive game. — **~ˌsport** *m* competitive sport between two contestants. — **~ˌstaf·fel** *f aer. mil.* fighter (*od.* bomber) squadron. — **~ˌstär·ke** *f* **1.** *mil.* combat (*od.* fighting, effective) strength. – **2.** (*sport*) strength. — **~ˌstel·lung** *f mil.* (fighting) line, battle position: in vorderster ~ in the front line. — **~ˌstier** *m* bull, toro. — **~ˌstil** *m* **1.** *mil.* style of fighting. – **2.** (*sport*) style.

'Kampfˌstoff *m mil.* (warfare) agent, weapon: biologische ~e biological (warfare) agents, biological weapons; chemische ~e chemical (warfare) agents, chemical weapons. — **~ˌprüfˌraum** *m* gas chamber. — **~verˌgif·te·te** *m, f* gas casualty.

'Kampf|ˌtä·tig·keit *f mil.* fighting, action. — **~ˌteilˌneh·mer** *m* **1.** *mil.* combatant. – **2.** (*sport*) competitor, contestant, entrant. — **~ˌtrup·pe** *f mil.* line (*od.* combat) troops *pl*, lines *pl.* — **k~ˌtüch·tig** *adj cf.* kampffähig. — **~ˌübung** *f* (tactical) exercise. — **k~ˌunˌfä·hig** *adj* **1.** *mil.* disabled, out-of-action (*attrib*): etwas ~ machen to put s.th. out of action. – **2.** (*sport*) unable to fight, down-and-out (*attrib*): j-n ~ machen to knock s.o. out. — **~ˌunˌfä·hig·keit** *f* **1.** *mil.* disablement, disability. – **2.** (*sport*) inability to (continue the) fight. — **~verˌband** *m mil.* **1.** combat (*od.* fighting) unit, combined arms unit: ~ für Sonderunternehmen task force; amphibischer ~ landing force. – **2.** *aer.* fighter (*od.* bomber) formation. — **~ˌwa·gen** *m* **1.** *mil.* (*als Sammelbezeichnung*) armored (*bes. Br.* armoured) vehicle, tank. – **2.** *antiq.* (war) chariot. — **~ˌwert** *m mil.* combat effectiveness. — **~ˌwil·le** *m* will to fight. — **~ˌziel** *n* objective, target. — **~ˌzoll** *m econ.* retaliatory duty (*od.* tariff). — **~ˌzo·ne** *f mil.* combat zone.

kam·pie·ren [kam'piːrən] *v/i* ⟨*no* ge-, h⟩ *colloq.* (set up) camp: im Wald ~ to camp out in the wood; im Freien ~ to camp (*od.* sleep) out in the open; auf dem Sofa ~ *fig.* to bed down (*od. sl.* kip) on the sofa.

Kam·pi·me·ter [kampi'meːtər] *n* ⟨-s; -⟩ (*optics*) campimeter.

Kam·sin [kam'ziːn] *m* ⟨-s; -e⟩ *meteor. cf.* Chamsin.

Kam'tschat·ka|,bi·ber [kam'tʃatka-] *m* (*Fell des Seeotters*) Kamchatka beaver. — **~,fuchs** *m zo.* Kamchatka fox (*Vulpes vulpes beringiana*).

Ka·muf·fel [ka'mʊfəl] *n* ⟨-s; -⟩ *contempt.* fool.

Ka·na ['kaːna] *n* ⟨-s; *no pl*⟩ die Hochzeit zu ~ *Bibl.* the wedding feast at Cana.

Ka·na·an ['kaːnaan] *n* ⟨-s; *no pl*⟩ *Bibl.* Canaan. — **ka·naa·nä·isch** [kanaa'nɛːɪʃ] **I** *adj* Canaanite. – **II** *ling.* **K~** ⟨*generally undeclined*⟩, **das K~e** ⟨-n⟩ Canaanite, the Canaanite language. — **Ka·naa·ni·ter** [kanaa'niːtər] *m* ⟨-s; -⟩ Canaanite. — **ka·naa·ni·tisch** [kanaa'niːtɪʃ] *adj* Canaanite.

'Ka·na·da|,bal·sam ['kanada-] *m* (*optics*) *med. pharm.* Canada balsam (*od.* turpentine). — **~,gans** *f zo.* (common) Canada goose (*Branta canadensis*). — **~,hecht** *m* northern pike (*Esox lucius*).

Ka·na·di·er [ka'naːdiər] *m* ⟨-s; -⟩ **1.** Canadian. – **2.** (*sport*) Canadian (canoe). – **3.** *Austrian for* Polstersessel.

Ka'na·di·er|,ei·ner *m* (*sport*) **1.** (*Boot*) single Canadian. – **2.** (*Disziplin*) Canadian single. — **~,zwei·er** *m* **1.** (*Boot*) double Canadian. – **2.** (*Disziplin*) Canadian pair.

ka·na·disch [ka'naːdɪʃ] *adj* Canadian. — **~-fran'zö·sisch** *adj* French-Canadian.

Ka·nail·le [ka'naljə] *f* ⟨-; -n⟩ *contempt.* **1.** scoundrel, villain, rascal. – **2.** *obs. for* Gesindel.

Ka·na·ke [ka'naːkə] *m* ⟨-n; -n⟩ **1.** (*Südseeinsulaner*) Kanaka. – **2.** *colloq.* (*Schimpfwort*) rascal, bumpkin.

Ka·nal [ka'naːl] *m* ⟨-s; Kanäle⟩ **1.** *geogr.* a) (*natürlicher*) channel, b) (*künstlicher*) canal: **der ~** the (English) Channel; **den ~ durchschwimmen** to swim the Channel; **über den ~ fahren** to cross the Channel; **~ für große Seeschiffe** ship(-)canal; **ein offener ~** a canal without locks, a lockless canal; **ein geschlossener ~** a canal with locks, a locked canal. – **2.** (*zur Be- u. Entwässerung*) canal, duct. – **3.** (*für Abwässer*) drain, sewer, conduit. – **4.** *tech.* a) (*für Abgase*) flue, b) (*im Automotor*) port, bore. – **5.** *metall.* (*einer Blockform*) runner. – **6.** (*radio*) *telev.* channel. – **7.** *electr.* a) (*Kabelgraben*) trench, trough, b) (*Kabelkanal*) duct, conduit, tunnel, c) (*Kabelrohr*) tube, duct. – **8.** *med.* a) (*Gang*) duct, b) (*in der Anatomie*) canal(is). – **9.** *fig. meist pl* channel: **durch diplomatische Kanäle** through diplomatic channels; **das Geld fließt ihm durch dunkle Kanäle zu** the money reaches him via secret channels (*od.* from secret sources). – **10.** *fig. sl.* (*in Wendungen wie*) **den ~ voll haben** a) (*es satt haben*) to be fed up (*od.* browned off) (*sl.*), b) (*betrunken sein*) to be tight (*colloq.*) (*od. sl.* blotto, sloshed); **sich den ~ volllaufen lassen** to get tight (*colloq.*), to get sloshed (*sl.*).

Ka'nal|,an,schluß *m cf.* Kanalisationsanschluß. — **~,ar·bei·ter** *m* **1.** *Am.* ditcher, ditchdigger, *Br.* navvy. – **2.** (*für Abwasserkanäle*) sewerman, sewage (*od.* water) worker, drainer. — **k~,ar·tig** *adj med.* canalicular, canaliform. — **~,bau** *m* ⟨-(e)s; -ten⟩ **1.** ⟨*only sg*⟩ canal construction. – **2.** ⟨*only sg*⟩ *cf.* Kanalisationsbau 1. – **3.** *meist pl* canal. — **~,brei·te** *f* (*radio*) *telev.* channel width.

Ka·näl·chen [ka'nɛːlçən] *n* ⟨-s; -⟩ **1.** *dim. of* Kanal. – **2.** *med.* canaliculus, tubule.

Ka'nal|,dampf·er *m* (*im Ärmelkanal*) cross-Channel steamer. — **~,deckel** (*getr.* -k·k-) *m* manhole cover. — **~,ein,stieg,schacht** *m* manhole. — **k~,för·mig** *adj med. cf.* kanalartig. — **~,ga·se** *pl* sewer gases, *Br.* sewer-gases. — **~ge,büh·ren** *pl mar.* canal dues.

Ka·na·li·sa·ti·on [kanaliza'tsioːn] *f* ⟨-; -en⟩ **1.** (*von Abwässern*) sewerage: **die städtische ~** the town sewerage (*od.* drainage) system; **das Haus ist an die ~ angeschlossen** the house is on main drainage. – **2.** (*von Flüssen*) canalization *Br. auch* -s-.

Ka·na·li·sa·ti'ons|,an,schluß *m* sewerage connection (*Br. auch* connexion). — **~,bau** *m* ⟨-(e)s; -ten⟩ **1.** ⟨*only sg*⟩ sewer construction. – **2.** *meist pl* sewer. — **~,netz** *n* system (*od.* network) of sewers. — **~,öff·nung** *f* manhole. — **~,rohr** *n* sewer (*od.* drain) pipe, drain. — **~sy,stem** *n* sewerage system.

ka·na·li·sie·ren [kanali'ziːrən] **I** *v/t* ⟨*no* ge-, h⟩ **1.** (*Stadt, Straße etc*) sewer, provide (*s.th.*) with sewers. – **2.** (*Fluß*) canalize *Br. auch* -s-, control (*a river*) by locks. – **II K~** *n* ⟨-s⟩ **3.** *verbal noun.* — **Ka·na·li'sie·rung** *f* ⟨-; -en⟩ **1.** *cf.* Kanalisieren. – **2.** canalization *Br. auch* -s-. – **3.** installation of sewers.

Ka'nal|,kü·ste *f geogr.* (the) Channel coast. — **~,ofen** *m metall.* tunnel kiln. — **~,rat·te** *f zo.* sewer rat. — **~,rei·ni·ger** *m cf.* Kanalarbeiter 2. — **~,schacht** *m* manhole (shaft). — **~,schal·ter** *m telev.* channel switch (*od.* selector). — **~,schiffahrt** (*getr.* -ff,f-) *f* **1.** canal navigation. – **2.** canal shipping (*od.* traffic). — **~,schleu·se** *f* canal lock. — **~,schwim·mer** *m* (*sport*) (cross-)Channel swimmer. — **~,soh·le** *f* **1.** bed of a canal. – **2.** bottom of a sewer. — **~,stein** *m metall.* (*beim Kokillenguß*) runner brick. — **~,strah·len** *pl phys.* canal rays. — **~sy,stem** *n* **1.** network (*od.* system) of canals. – **2.** (*zur Bewässerung*) irrigation system. – **3.** (*zur Entwässerung*) drainage. – **4.** *cf.* Kanalisationssystem. — **~,über,que·rung** *f* Channel crossing. — **~,waa·ge** *f tech.* water level, *Br.* water-level. — **~,wäh·ler** *m* (*radio*) *telev.* channel selector, tuner. — **~,zie·gel** *m metall. cf.* Kanalstein.

ka·na·nä·isch [kana'nɛːɪʃ] *adj cf.* kanaanäisch.

Ka·na·pee ['kanape] *n* ⟨-s; -s⟩ **1.** *archaic* settee, sofa. – **2.** *pl gastr.* canapés.

ka·na·re·sisch [kana'reːzɪʃ] **I** *adj* Kanarese, Canarese. – **II** *ling.* **K~** ⟨*generally undeclined*⟩, **das K~e** ⟨-n⟩ Kanarese, Canarese.

Ka'na·ri,baum [ka'naːri-] *m bot.* java almond, kanari, *auch* canari (*Canarium commune*).

ka'na·ri·en,gelb [ka'naːriən-] *adj* canary yellow.

Ka'na·ri·en|,gras *n bot.* canary grass (*Phalaris canariensis*). — **~,sa·men** *m* canary seed, *Br.* canary-seed. — **~,sekt** *m gastr.* canary. — **~,vo·gel** *m zo.* canary (bird), *Br.* canary(-bird) (*Serinus canarius*): **Wilder ~** serin (*S. canarius*). — **~,wein** *m gastr.* canary.

Ka·na·ster[1] ['kanastər] *n* ⟨-s; *no pl*⟩ (*games*) canasta.

Ka'na·ster[2] *m* ⟨-s; -⟩ *obs. for* Knaster[1].

'Kan·da·har-,Ren·nen ['kandahar-] *n* (*sport*) (*Skirennen*) Kandahar race.

Kan·da·re [kan'daːrə] *f* ⟨-; -n⟩ curb, bit: **die ~ scharf anziehen** to tighten the curb; **ein Pferd auf ~ reiten** to ride a horse on the curb; **ein Pferd an die ~ nehmen** to curb a horse; **j-n an die ~ nehmen** *fig.* to put a curb on s.o., to take s.o. in hand; **j-n an der ~ halten** *fig.* to hold s.o. in check. — **Kan'da·ren,stan·ge** *f* curb bit.

Kan·del ['kandəl] *m* ⟨-s; -n⟩, *f* ⟨-; -n⟩ *Southwestern G. dial. for* Rinnstein.

Kan·de·la·ber [kande'laːbər] *m* ⟨-s; -⟩ **1.** candelabrum, *auch* candelabra. – **2.** (*als Deckenleuchter*) chandelier. – **3.** (*Straßenlaterne*) lamppost (bearing several lamps).

Kan·di·dat [kandi'daːt] *m* ⟨-en; -en⟩ **1.** applicant: **es gab mehrere ~en für diese Stelle** there were several applicants for this job. – **2.** (*vorgeschlagener*) nominee. – **3.** *pol.* a) (*eines Wahlbezirkes*) candidate, b) (*innerhalb einer Partei*) nominee, c) *DDR* applicant for membership in the SED: **einen ~en aufstellen** to nominate (*od.* put up) a candidate. – **4.** *ped.* a) candidate, examinee, b) student preparing for finals (*od.* final examination): **alle ~en haben die Prüfung bestanden** all the candidates passed the exam(ination). – **5.** *humor. cf.* Heiratskandidat 3.

Kan·di'da·ten|,li·ste *f* list of candidates, *Am. pol. auch* ticket, slate.

Kan·di·da·tur [kandida'tuːr] *f* ⟨-; -en⟩ *pol.* candidacy, candidature, candidateship: **die ~ annehmen [ablehnen]** to accept [to reject] the candidacy; **j-s ~ unterstützen** to support s.o.'s candidacy, to support s.o. as a candidate; **der Gegenkandidat zog seine ~ zurück** the opposing candidate (*od.* the opponent) withdrew (his candidature).

kan·di·die·ren [kandi'diːrən] *v/i* ⟨*no* ge-, h⟩ (für for) **1.** *pol.* be a candidate, *Br.* stand as a candidate, put up (*Am.* run) for office: **er kandidiert für die CDU** *Br.* he is standing (as a candidate) for the Christian Democrats, *Am.* he is running as a Christian Democrat; **für einen Sitz im Bundestag ~** *Br.* to stand as a candidate for (*od.* to contest a seat in) the Bundestag, *Am.* to run for the Bundestag. – **2.** (*sich bewerben*) apply, *Am.* run, *Br.* stand.

kan·die·ren [kan'diːrən] *v/t* ⟨*no* ge-, h⟩ (*Früchte etc*) crystallize *Br. auch* -s-, candy, glacé. — **kan'diert I** *pp.* – **II** *adj* (*Früchte etc*) crystallized *Br. auch* -s-, candied, glacé.

Kan·dis ['kandɪs] *m* ⟨-; *no pl*⟩, **~,zucker** (*getr.* -k·k-) *m gastr.* (sugar *od.* rock) candy, *Br.* (sugar- *od.* rock-)candy.

Kan·di·ten [kan'diːtən] *pl Austrian gastr.* **1.** candied (*od.* crystallized [*Br. auch* -s-], glacé) fruit *sg.* – **2.** sweets.

Ka·neel [ka'neːl] *m* ⟨-s; -e⟩ *bot. cf.* Kaneelzimt. — **~,baum, 'Wei·ßer** *m* white cinnamon, canel(l)a (*Canella alba*). — **~,stein** *m min.* cinnamon stone, (h)essonite. — **~,zimt** *m bot.* cinnamon (*Cinnamomum ceylanicum*).

Ka·ne·pho·re [kane'foːrə] *f* ⟨-; -n⟩ *antiq.* [*arch.* canephor(e).]

Ka·ne·vas ['kanevas] *m* ⟨- *u.* -ses; -se⟩ **1.** (*textile*) (embroidery) canvas. – **2.** (*theater*) scenario (*in the commedia dell'arte*). — **~,en·te** *f zo.* canvasback (*Br.* canvas-back) (duck) (*Nyroca valisineria*).

Kän·gu·ruh ['kɛŋguru] *n* ⟨-s; -s⟩ *zo.* kangaroo (*Fam. Macropodinae*). — **~,maus** *f* **1.** *cf.* Känguruhratte. – **2.** kangaroo mouse (*Gattg Microdipodops*). — **~,rat·te** *f* kangaroo rat (*Gattg Dipodomys*).

Ka·ni·den [ka'niːdən] *pl zo.* dogs, Canidae (*scient.*).

Ka·nin [ka'niːn] *n* ⟨-s; -e⟩ rabbit (fur): **ein Mantel aus ~** a coat of rabbit fur, a rabbit coat.

Ka'nin·chen *n* ⟨-s; -⟩ **1.** *zo.* rabbit, *rare* con(e)y (*Gattg Oryctolagus*): **Europäisches ~** European rabbit (*O. cuniculus*); **sich wie ~ vermehren** to breed (*od.* multiply) like rabbits. – **2.** *her.* con(e)y. – **3.** *cf.* Kanin. — **~,bau** *m* ⟨-(e)s; -e⟩ rabbit burrow. — **~,eu·le** *f zo.* burrowing owl (*Speotyto cunicularia*). — **~,fell** *n* **1.** rabbit skin. – **2.** *cf.* Kanin. — **~,fleisch** *n* rabbit (meat). — **~ge,he·ge** *n* (rabbit) warren, *Br.* (rabbit)-warren. — **~,jagd** *f hunt.* rabbit hunt(ing), rabbit shoot(ing). — **~,pelz** *m cf.* Kanin. — **~,pfef·fer** *m gastr.* jugged rabbit. — **~,pfo·te** *f* (*bes. als Amulett*) rabbit's foot, rabbit-foot. — **~,rat·te** *f zo.* rabbit (*od.* jerboa) rat (*Conilurus albipes*). — **~,stall** *m* rabbit hutch, *Br.* rabbit-hutch. — **~,züch·ter** *m* rabbit breeder.

Ka·ni·ster [ka'nɪstər] *m* ⟨-s; -⟩ **1.** can, metal container. – **2.** *tech.* can.

Kan·ker ['kaŋkər] *m* ⟨-s; -⟩ *zo.* (*Weberknecht*) harvestman, daddy longlegs *pl*, *Br.* daddy-longlegs *pl* (*construed as sg or pl*), shepherd spider (*Fam. Phalangiidae*).

Kan·kri·nit [kaŋkri'niːt; -'nɪt] *m* ⟨-s; *no pl*⟩ *min.* cancrinite.

Kan·kro·id [kaŋkro'iːt] *n* ⟨-(e)s; -e⟩ *med.* cancroid.

kann [kan] *1 u. 3 sg pres of* können[1].

Kan·na ['kana] *f* ⟨-; -s⟩ *bot. cf.* Canna.

Kan·nä ['kanɛ] *npr n* ⟨-; *no pl*⟩ **1.** **die Schlacht bei ~** *hist.* the battle of Cannae (*216 B.C.*) – **2.** *fig.* crushing blow, Waterloo: **das war sein ~** he met his Waterloo.

Kan·na·bis·mus [kana'bɪsmus] *m* ⟨-; *no pl*⟩ *med. cf.* Cannabismus.

'Kann-Be,stim·mung *f jur.* permissive provision.

Känn·chen ['kɛnçən] *n* ⟨-s; -⟩ **1.** *dim. of* Kanne. – **2.** (small) pot, jug: **ein ~ Kaffee, bitte** please bring me a pot of coffee.

Kan·ne ['kanə] *f* ⟨-; -n⟩ **1.** (*für Kaffee, Tee etc*) pot. – **2.** (*krugförmige*) pitcher, ewer, *bes. Br.* jug. – **3.** (*Milchkanne*) a) can, b) (*in der Molkerei*) can, *Br. auch* churn. – **4.** (*Öl-, Gießkanne etc*) can: **es gießt wie mit** (*od.* **aus**) **~n** *fig. colloq.* it's raining (*od.* coming down in) buckets, it's raining cats and dogs (*bes. Am.* pitchforks) (*alle colloq.*). – **5.** (*students' sl.*) **in die ~ steigen müssen** to be forced to drink; **in die ~!** drink!

'Kan·ne,gie·ßer *m* ⟨-s; -⟩ *contempt.* political wiseacre, *Br. auch* pub politician. — **'kan·ne,gie·ßern** *v/i* ⟨*insep*, ge-, h⟩ blather (*od.* twaddle) about politics.

Kän·nel ['kɛnəl] *m* ⟨-s; -⟩ *bes. Swiss for* Dachrinne.

kan·ne·lie·ren [kanəˈliːrən] **I** *v/t* ⟨*no* ge-, h⟩ *arch. tech.* (*Säule etc*) flute, chamfer, channel. – **II K**~ *n* ⟨-s⟩ *verbal noun.* — **Kan·neˈlie·rung** *f* ⟨-; -en⟩ **1.** *cf.* Kannelieren. – **2.** *arch. tech.* (*einer Säule*) flute, c(h)annelure, channel, groove.

ˈ**Kän·nel**ˌ**koh·le** *f* (*mining*) cannel coal, *Br.* cannel-coal, *auch* cannel, candle coal, *Br.* candle-coal.

Kan·ne·lur [kanəˈluːr] *f* ⟨-; -en⟩, **Kan·neˈlü·re** [-ˈlyːrə] *f* ⟨-; -n⟩ *arch.* (*einer Säule*) flute, fluting.

ˈ**Kan·nen**|ˌ**gie·ßer** *m* pewterer. — ~ˌ**kraut** *n bot. cf.* Schachtelhalm. — ~ˌ**pflan·ze** *f* pitcher plant, *Br.* pitcher-plant, monkey cup, *Br.* monkey-cup (*Gattg Nepenthes*). — ~ˌ**strauch**ˌ**mücke** (*getr.* -k·k-) *f zo.* pitcher-plant mosquito (*Wyeomia smithii*). — **k**~ˌ**wei·se** *adv* **1.** (*in Kannen*) by the can, in cans: das Öl wurde ~ verkauft the oil was sold by the can. – **2.** (*viele Kannen voll*) by cans, by the can: wir mußten die Milch ~ wegschütten we had to pour away cans of milk (*od.* the milk by cans).

Kan·ni·ba·le [kaniˈbaːlə] *m* ⟨-n; -n⟩ **1.** (*Menschenfresser*) cannibal, man-eater, anthropophagite (*scient.*). – **2.** *fig. colloq.* (*roher Mensch*) brute, savage: wie die ~n hausen to live like savages. — **Kan·niˈba·len·tum** *n* ⟨-s; *no pl*⟩ cannibalism. — **kan·niˈba·lisch I** *adj* **1.** cannibal (*attrib*), cannibal(ist)ic, anthropophagous (*scient.*): ich habe ~en Hunger *fig. colloq.* I could eat a horse (*colloq.*). – **2.** *fig. colloq.* (*roh, brutal*) brutal, savage, ferocious, bestial: mit ~er Roheit with savage brutality. – **II** *adv* **3.** sich ~ wohl fühlen *fig. colloq. humor.* to feel on top of the world (*colloq.*). — **Kan·ni·baˈlis·mus** [-baˈlɪsmʊs] *m* ⟨-; *no pl*⟩ **1.** cannibalism, anthropophagy (*scient.*). – **2.** *fig. colloq.* brutality, bestiality. – **3.** *zo.* cannibalism.

kannst [kanst] *2 sg pres of* können[1].

kann·te [ˈkantə] *1 u. 3 sg pret of* kennen.

ˈ**Kann-**ˌ**Vor**ˌ**schrift** *f jur.* permissive (*od.* discretionary) provision.

Ka·non[1] [ˈkaːnɔn] *m* ⟨-s; -s⟩ **1.** (*Maßstab, Regel*) canon, standard. – **2.** ⟨*only sg*⟩ (*Verzeichnis anerkannter Schriften*) *bes. relig.* canon: der (biblische) ~ the Canon (of Scripture), the sacred Canon; der ~ des Alten Testaments the Old Testament canon. – **3.** ⟨*only sg*⟩ *röm.kath.* a) (*Gebet bei der Messe*) canon, b) (*Heiligenverzeichnis*) canon, roll of saints. – **4.** *mus.* round, canon: einen ~ singen to sing a round, to sing in canon. – **5.** (*art*) canon. – **6.** *math.* canon, general law. – **7.** *jur. hist.* (annual) ground rent.

ˈ**Ka·non**[2] *m* ⟨-s; -es [-nonɛs]⟩ *relig.* (*kirchliche Rechtsvorschrift*) canon, ecclesiastical law (*od.* rule).

ˈ**Ka·non**[3] *f* ⟨-; -s⟩ *print.* (*Schriftgrad*) canon, three-line pica.

Ka·no·na·de [kanoˈnaːdə] *f* ⟨-; -n⟩ **1.** *mil.* cannonade, cannoneering. – **2.** *fig.* (*von Schimpfwörtern etc*) volley, tirade.

Ka·no·ne [kaˈnoːnə] *f* ⟨-; -n⟩ **1.** *mil.* cannon, gun: mit ~n auf (*od.* nach) Spatzen schießen *fig. colloq.* to break a butterfly on the wheel, to use a steam hammer to crack a nut; er ist voll wie eine ~ *fig. colloq.* he is as drunk as a lord, he is dead drunk (*beide colloq.*). – **2.** *tech.* (*am Uhrschlüssel*) barrel. – **3.** *fig. colloq.* (*bes. Sportler*) ace: er ist eine ~ im Sprinten he is an ace (*Br. auch* a crack) sprinter. – **4.** *fig. colloq.* (*Könner*) wizard, *Am. colloq. auch* whiz, crackerjack (*colloq.*). – **5.** unter aller ~ sein *fig. colloq.* a) to be abominably bad, to be lousy (*colloq.*), b) (*von Benehmen etc*) to be beneath contempt: sie spielte unter aller ~ she played lousily.

Kaˈno·nen|ˌ**baum** *m bot.* trumpet tree, snakewood, *Br.* snake-wood (*Gattg Cecropia*). — ~ˌ**bein** *n zo.* (*der Huftiere*) cannon bone, *Br.* cannon-bone. — ~ˌ**boot** *n mar.* gunboat. — ~ˌ**don·ner** *m* thunder (*od.* rumble) of guns (*od.* cannon). — ~ˌ**fut·ter** *n fig. colloq.* cannon fodder, *Br.* cannon-fodder. — ~**gie·ße**ˌ**rei** *f* gun foundry. — ~ˌ**gut** *n tech.* gun metal, *Br.* gun-metal. — ~ˌ**ku·gel** *f mil.* cannon ball, *Br.* cannon-ball, round shot. — ~**me**ˌ**tall** *n tech.* gun metal, *Br.* gun-metal. — ~ˌ**ofen** *m* (round) iron stove. — ~ˌ**rohr** *n* gun barrel, *Br.* gun-barrel: heiliges ~! *fig. colloq.* good heavens! *Am. auch* holy mackerel! (*colloq.*). — ~ˌ**schlag** *m* (*ein Feuerwerkskörper*) mar(r)oon, *Am. auch* cannon cracker. — ~ˌ**schuß** *m mil.* gunshot, cannon-shot. — ~ˌ**stie·fel** *m mil. hist.* jackboot.

Ka·no·nier [kanoˈniːr] *m* ⟨-s; -e⟩ *mil.* gunner, cannoneer, *Am. auch* cannonier. — ~ˌ**blu·me** *f bot.* artillery plant (*Pilea microphylla*).

ka·no·nie·ren [kanoˈniːrən] *v/t* ⟨*no* ge-, h⟩ *mil. obs.* cannon, cannonade.

Ka·no·nik [kaˈnoːnɪk] *f* ⟨-; *no pl*⟩ *philos.* (*bei Epikur*) canonic.

Ka·no·ni·kat [kanoniˈkaːt] *n* ⟨-(e)s; -e⟩ *röm.kath.* canonicate, canonry. — **KaˈNo·ni·ker** [-ˈnoːnikər] *m* ⟨-s; -⟩, **Kaˈno·ni·kus** [-kʊs] *m* ⟨-; -ker⟩ canon. — **Ka·no·ni·sa·tiˈon** [-nonizaˈtsĭoːn] *f* ⟨-; -en⟩ canonization *Br. auch* -s-.

ka·no·nisch [kaˈnoːnɪʃ] *adj* **1.** canonic(al), standard (*attrib*). – **2.** *relig.* (*Stunden, Alter etc*) canonical: die ~en Bücher the canonical books, the Canon *sg*; ~es Recht *jur. röm.kath.* canon (*od.* church) law.

ka·no·ni·sie·ren [kanoniˈziːrən] *v/t* ⟨*no* ge-, h⟩ *röm.kath.* canonize *Br. auch* -s-, pronounce (*s.o.*) a saint, saint. — **Ka·no·niˈsie·rung** *f* ⟨-; -en⟩ canonization *Br. auch* -s-.

Ka·no·nis·se [kanoˈnɪsə] *f* ⟨-; -n⟩, **Ka·noˈnis·sin** *f* ⟨-; -nen⟩ *röm.kath.* canoness.

Ka·no·nist [kanoˈnɪst] *m* ⟨-en; -en⟩ *jur. röm.kath.* canonist, canon lawyer, decret(al)ist. — **ka·noˈni·stisch** *adj* canonistic.

Ka·no·ni·zi·tät [kanonitsiˈtɛːt] *f* ⟨-; *no pl*⟩ canonicity.

ˈ**Ka·non**ˌ**schrift** *f print. cf.* Kanon[3].

Ka·no·pe [kaˈnoːpə] *f* ⟨-; -n⟩ *archeol.* canopic (*auch* Canopic) jar (*od.* urn, vase).

Ka·no·pus [kaˈnoːpʊs] *npr m* ⟨-; *no pl*⟩ *astr.* Canopus.

Ka·nos·sa [kaˈnɔsa] *npr n* ⟨-s; *no pl*⟩ *hist.* Canossa: den Gang nach ~ antreten, nach ~ gehen *fig.* to eat humble pie, to go to Canossa. — ~ˌ**gang** *m* great humiliation: den ~ tun (*od.* antreten) to eat humble pie, to go to Canossa.

Kä·no·zoi·kum [kɛnoˈtsoːikʊm] *n* ⟨-s; *no pl*⟩ *geol. hist. bes. Br.* Cainozoic, *bes. Am.* Cenozoic. — **kä·noˈzo·isch** [-ɪʃ] *adj bes. Br.* Cainozoic, *bes. Am.* Cenozoic.

Kan·ta·bi·le [kanˈtaːbile] *n* ⟨-; -⟩ *mus.* cantabile.

Kan·ta·brer [kanˈtaːbrər; ˈkantabrər] *m* ⟨-s; -⟩ *hist.* Cantabrian. — **kanˈta·brisch** [-ˈtaːbrɪʃ] *adj* Cantabrian.

Kan·ta·lu·pe [kantaˈluːpə] *f* ⟨-; -n⟩ *bot. bes. Br.* cantaloup, *bes. Am.* cantaloupe (*Cucumis melo cantalupensis*).

Kan·tar [kanˈtaːr] *m, n* ⟨-s; -e⟩ *obs.* (*Gewicht in Italien u. den östlichen Mittelmeerländern*) *Br.* cantar, *Am.* kantar, qantar.

Kan·ta·te[1] [kanˈtaːtə] *f* ⟨-; -n⟩ *mus.* cantata.

Kanˈta·te[2] *m* ⟨*undeclined*⟩ (der Sonntag) ~ *relig.* the fourth Sunday after Easter.

ˈ**Kant**ˌ**bei·tel** *m tech.* cant chisel.

Kant·chil [ˈkantʃɪl] *m* ⟨-s; -e⟩ *zo. cf.* Kantschil.

Kan·te [ˈkantə] *f* ⟨-; -n⟩ **1.** edge: abgerundete ~n rounded edges. – **2.** (*Rand*) edge: stell das Glas nicht so nah an die ~, sonst fällt es hinunter don't put the glass so close to the edge or it might fall off. – **3.** (*Streifen an Tapeten, Stoffen etc*) border, (*schmale*) edge, edging. – **4.** (*von Ski, Schlittschuh etc*) edge. – **5.** (*textile*) a) edge, b) (*Webkante*) selvage, selvedge, *Br. auch* list. – **6.** *tech.* edge: abgeschrägte ~ chamfer(ed edge). – **7.** *bot.* (*eines Blattes*) margin: ein Stengel mit vier ~n a four-angled stem. – **8.** *fig. colloq.* (*in Wendungen wie*) etwas auf die hohe ~ legen to put s.th. by (*od.* aside) (for a rainy day), to save s.th.; → Ecke 2.

kan·teln [ˈkantəln] *v/t* ⟨h⟩ (*Naht, Stoffrand etc*) bind (*s.th.*) with blanket stitch.

kan·ten [ˈkantən] *v/t* ⟨h⟩ **1.** (*auf die Kante stellen*) stand (*s.th.*) up on edge. – **2.** (*kippen*) tilt (*od.* cant) (*s.th.*) (on edge): „nicht ~!" (*Aufschrift*) "don't tilt", "this side up". – **3.** (*Skier*) edge. – **4.** (*Stein, Holz etc*) square. – **5.** *metall.* (*Walzgut*) edge, turn over. – **6.** *mar.* (*zurichten*) trim.

ˈ**Kan·ten** *m* ⟨-s; -⟩ *Northern G.* (*Anschnitt od. Endstück eines Brotes*) crust, endpiece, *Br.* end-piece, *Am. auch* heel. — ~-ˌ**Ab**ˌ**schräg·ma**ˌ**schi·ne** *f print. tech.* beveling (*bes. Br.* bevelling) machine. — ~ˌ**fuß** *m* (*einer Nähmaschine*) zipper foot. — **k**~**ge**ˌ**run·det** *adj geol.* (*Geröll*) subangular. — ~**ge**ˌ**schie·be** *n* facet(t)ed pebble, glyptolith (*scient.*). — ~ˌ**schie·ne** *f* (*railway*) edge rail. — **k**~ˌ**schlei·fen** *v/t* ⟨*irr, insep,* -ge-, h⟩ (*Stein, Holz etc*) square. — ~ˌ**win·kel** *m* angle formed by two planes, interfacial angle. — ~ˌ**zan·ge** *f tech.* carpenter's pincers *pl* (*sometimes construed as sg*).

Kan·ter[1] [ˈkantər] *m* ⟨-s; -⟩ (*sport*) (*leichter Galopp*) canter.

ˈ**Kan·ter**[2] *m* ⟨-s; -⟩ *obs.* (*für Fässer*) gantry, *Am. auch* gantree, *Br. auch* gauntry.

kan·tern [ˈkantərn] *v/i* ⟨sein⟩ (*sport*) (*beim Reiten*) canter.

ˈ**Kan·ter**ˌ**sieg** *m* (*sport*) victory (*od.* win) by a wide margin.

ˈ**Kant**ˌ**ha·ken** *m* cant hook, *Br.* cant-hook: j-n beim (*od.* am) ~ kriegen (*od.* nehmen, fassen) *fig. colloq.* to get hold of (*od.* seize) s.o. by the scruff of the neck.

Kan·tha·ri·de [kantaˈriːdə] *f* ⟨-; -n⟩ **1.** *zo.* (*Weichkäfer*) soldier beetle (*Fam. Cantharidae*). – **2.** *pl med. pharm.* cantharides *pl* (*construed as sg or pl*), *auch* Spanish fly *sg.*

Kan·tha·ros [ˈkantarɔs] *m* ⟨-; -roi [-rɔʏ]⟩ *antiq.* (*altgriech. Becher*) cantharus, *auch* kantharos.

ˈ**Kant**ˌ**holz** *n tech.* squared timber.

Kan·tia·ner [kanˈtĭaːnər] *m* ⟨-s; -⟩ *philos.* Kantian, Kantist. — **Kan·tiaˈnis·mus** [-tĭaˈnɪsmʊs] *m* ⟨-; *no pl*⟩ Kantianism, Kantism.

ˈ**kan·tig** *adj* **1.** (*Steine etc*) angular: ~ behauen to square. – **2.** (*mit Kanten versehen*) squared. – **3.** *fig.* (*Gesicht*) angular. – **4.** *fig.* (*Kinn*) square.

Kan·ti·le·ne [kantiˈleːnə] *f* ⟨-; -n⟩ *mus.* cantilena.

Kan·til·le [kanˈtɪlə] *f* ⟨-; -n⟩ (*zum Sticken etc*) (gold *od.* silver) purl.

Kan·ti·ne [kanˈtiːnə] *f* ⟨-; -n⟩ **1.** (*Speiseraum in Firmen etc*) *bes. Br.* (company) canteen, *bes. Am.* (company) lunchroom. – **2.** (*für Erfrischungen*) cafeteria, snack bar, *bes. Br.* canteen. – **3.** (*in Kasernen*) canteen.

Kanˈti·nen|ˌ**es·sen** *n* canteen (*bes. Am.* lunchroom) food. — ~ˌ**päch·ter**, ~ˌ**wirt** *m* canteen (*bes. Am.* lunchroom) manager.

kan·tisch [ˈkantɪʃ] *adj philos.* Kantian: die K~e Philosophie the philosophy of Kant.

Kan·tis·mus [kanˈtɪsmʊs] *m* ⟨-; *no pl*⟩ *philos.* Kantism.

Kan·ton [kanˈtoːn] *m* ⟨-s; -e⟩ **1.** (*in der Schweiz*) canton. – **2.** (*Bezirk*) district. — **kan·toˈnal** [-toˈnaːl] *adj* cantonal.

Kan·toˈnal|ˌ**bank** *f* ⟨-; -en⟩ *Swiss econ.* canton bank. — ~**sy**ˌ**stem** *n* canton system, cantonalism.

kan·to·ne·sisch [kantoˈneːzɪʃ] *adj geogr.* Cantonese.

kan·to·nie·ren [kantoˈniːrən] *v/t* ⟨*no* ge-, h⟩ *mil. obs.* (*Truppen*) canton, quarter. — **Kan·toˈnie·rung** *f* ⟨-; *no pl*⟩ cantonment, quartering.

Kan·to·nist [kantoˈnɪst] *m* ⟨-en; -en⟩ *only in* ein unsicherer ~ *colloq.* an unreliable customer (*od.* fellow).

Kanˈtön·liˌ**geist** [kanˈtønli-] *m* ⟨-(e)s; *no pl*⟩ *Swiss* parochial outlook, parochialism, narrow-mindedness.

Kan·ton·ne·ment [kantɔn(ə)ˈmãː; *Swiss* -ˈmɛnt] *n* ⟨-s; -s *u. Swiss* -e [-ˈmɛntə]⟩ *mil. obs.* cantonment, quarters *pl.*

ˈ**Kan·ton**ˌ**sei·de** [ˈkantɔn-] *f* (*textile*) Canton crepe (*od.* crêpe).

Kanˈtons|**ge**ˌ**richt** *n Swiss* cantonal court. — ~ˌ**rat** *m* cantonal great council. — ~**re**ˌ**gie·rung** *f* cantonal government. — ~ˌ**schu·le** *f* cantonal school.

Kan·tor [ˈkantɔr] *m* ⟨-s; -en [-ˈtoːrən]⟩ *mus.* **1.** cantor, precentor. – **2.** (*Leiter des Kirchenchors*) choirmaster. – **3.** (*Organist*) organist. — **Kan·toˈrat** [-toˈraːt] *n* ⟨-(e)s; -e⟩ cantorate, precentorship.

Kan·to·rei [kantoˈraɪ] *f* ⟨-; -en⟩ **1.** cantor's house. – **2.** *mus. hist.* (church) choir.

Kan·tschil [ˈkantʃɪl] *m* ⟨-s; -e⟩ *zo.* chevrotain, *auch* chevrotin, mouse deer (*Tragulus meminna*): Großer Malayischer ~ napu (*T. napu*).

Kan·tschu [ˈkantʃu] *m* ⟨-s; -s⟩ (*Riemenpeitsche*) knout, whip.

ˈ**Kant**ˌ**stein** *m Northern G. for* Bordstein.

Kan·tus [ˈkantʊs] *m* ⟨-; -se⟩ (*students' sl.*) *cf.* Cantus.

Ka·nu ['ka:nu; ka'nu:] *n* ⟨-s; -s⟩ canoe. — **~ˌfah·rer** *m* canoeist.

Ka·nü·le [ka'ny:lə] *f* ⟨-; -n⟩ *med.* cannula, *auch* canula. — **ka'nü·lenˌar·tig** *adj* cannular, cannulate.

'Ka·nuˌsport *m* canoeing.

Ka·nu·te [ka'nu:tə] *m* ⟨-n; -n⟩ (*sport*) canoeist.

Kan·zel ['kantsəl] *f* ⟨-; -n⟩ **1.** pulpit: auf die ~ steigen to mount the pulpit; auf der ~ stehen to stand in the pulpit; von der ~ herab verkünden to proclaim (*od.* announce) (*s.th.*) from the pulpit. – **2.** *ped.* (*Lehrstuhl*) (university) chair. – **3.** *aer.* a) (*Pilotenkabine*) cockpit, b) (*Bug*) nose (compartment). – **4.** *aer. mil.* (*Kampfstand*) gun pit, *Br.* gun-pit, (gun) turret (*od.* blister). – **5.** *hunt.* (*Hochsitz*) shooting stand, *bes. Am.* (raised) blind, *bes. Br.* (raised) hide. — **~beˌred·sam·keit** *f* pulpit oratory (*od.* eloquence). — **~ˌdach** *n*, **~ˌdeckel** (*getr.* -k·k-) *m* sounding board. — **~ˌdon·ne·rer** *m colloq.* tub-thumper.

Kan·zel·le [kan'tsɛlə] *f* ⟨-; -n⟩ *mus.* **1.** (*der Orgel*) groove, channel. – **2.** (*des Harmoniums*) channel. – **3.** (*der Mundharmonika*) air slot.

kan·zel·lie·ren [kantsɛ'li:rən] *v/t* ⟨*no* ge-, h⟩ *obs.* (*durchstreichen*) cancel, cross (*s.th.*) out.

'Kan·zel|ˌmißˌbrauch *m jur. misuse of sermons for non(-)religious, mainly political purposes.* — **~ˌpau·ker** *m colloq. cf.* Kanzeldonnerer. — **~ˌre·de** *f relig.* sermon (from the pulpit), homily. — **~ˌred·ner** *m* pulpit orator, preacher, homilist. — **~ˌschwal·be** *f humor.* overdevout female churchgoer (*Br.* church-goer), church hen. — **~ˌton** *m* sermonizing (*Br. auch* -s-) tone.

kan·ze·ro·gen [kantsero'ge:n] *adj med.* carcinogenic, cancerogenic.

kan·ze·rös [kantse'rø:s] *adj med.* cancerous.

Kanz·lei [kants'laɪ] *f* ⟨-; -en⟩ **1.** (*eines Notars, Rechtsanwalts etc*) law office (*Br. auch* chambers *pl*). – **2.** (*eines Gerichts*) record office. – **3.** *hist.* (*am Hof*) chancellery, chancellory, *bes. Br.* chancery. – **4.** (*einer Behörde*) a) office, bureau, b) (*Rechnungsabteilung*) accounts department. – **5.** *collect.* chancellery (staff). – **6.** *Austrian* (*Büro*) office. — **~beˌam·te** *m* official, office employee (*od.* clerk). — **~ˌbo·te** *m* office messenger. — **~ˌdie·ner** *m* office attendant (*od.* messenger). — **~geˌricht** *n jur.* chancery (court), court of chancery: Klage beim ~ bill of complaint in chancery. — **~paˌpier** *n* register paper. — **~ˌschrift** *f* engrossing (*od.* chancery) hand: gotische ~ court hand. — **~ˌspra·che** *f* **1.** official language, officialese (*colloq.*), *Am. colloq.* gobbledygook. – **2.** *jur.* legal language, legalese (*colloq.*). — **~ˌstil** *m* **1.** official style. – **2.** *jur.* legal style. — **~ˌvorˌste·her** *m jur.* **1.** head (*od.* chief) clerk of a chancery. – **2.** *Austrian* head clerk of an office.

Kanz·ler ['kantslər] *m* ⟨-s; -⟩ **1.** *pol.* chancellor: der Eiserne ~ *hist.* (*Bismarck*) the Iron Chancellor. – **2.** *ped.* (*einer Universität*) chancellor. — **~ˌamt** *n pol.* **1.** chancellorship. – **2.** chancellor's office. — **~kan·diˌdat** *m* candidate for chancellorship. — **~ˌpo·sten** *m* position of (a) chancellor.

'Kanz·ler·schaft *f* ⟨-; *no pl*⟩ chancellorship.

'Kanz·lerˌwür·de *f* chancellorship.

Kanz·list [kants'lɪst] *m* ⟨-en; -en⟩ **1.** chancery clerk. – **2.** (office) clerk.

Kan·zo·ne [kan'tso:nə] *f* ⟨-; -n⟩ *mus.* (*literature*) canzone, *auch* canzona. — **Kan·zo'net·te** [-tso'nɛtə] *f* ⟨-; -n⟩ *mus.* canzonet.

Kao·lin [kao'li:n] *n, scient. m* ⟨-s; -e⟩ *min.* (*Porzellanerde*) kaolin, *auch* kaoline, China clay (*od.* stone), porcelain (*od.* pipe) clay, terra (*od.* bolus) alba. — **kao·li·ni'sie·ren** [-lini'zi:rən] *v/t* ⟨*no* ge-, h⟩ kaolinize.

Kao·li·nit [kaoli'ni:t; -'nɪt] *m* ⟨-s; *no pl*⟩ *min.* (*reiner*) kaolinite.

Kao'linˌsandˌstein *m min.* kaolin sandstone.

Ka·on ['ka:ɔn; ka'o:n] *n* ⟨-s; -en [ka'o:nən]⟩ *nucl.* K-meson.

Kap [kap] *n* ⟨-s; -s⟩ *geogr.* **1.** cape: ~ der Guten Hoffnung Cape of Good Hope. – **2.** (*Vorgebirge*) foreland, headland, promontory.

ka·pa·bel [ka'pa:bəl] *adj obs. od. dial.* capable.

Ka·paun [ka'paʊn] *m* ⟨-s; -e⟩ *agr.* capon (*castrated male chicken*). — **ka'pau·nen**, **ka·pau·ni'sie·ren** [-ni'zi:rən] *v/t* ⟨*no* ge-, h⟩ capon(ize), castrate.

Ka·pa·zi·tät [kapatsi'tɛ:t] *f* ⟨-; -en⟩ **1.** ⟨*only sg*⟩ (*Fassungsvermögen*) capacity: ein Tank mit einer ~ von 1000 Litern a tank with a capacity of 1,000 liters (*bes. Br.* litres). – **2.** ⟨*only sg*⟩ (*Leistungsvermögen*) capacity: die ~ der Lunge the capacity of the lungs; die ~ einer Maschine [eines Betriebes] erhöhen to increase the capacity of a machine [plant]. – **3.** ⟨*only sg*⟩ *fig.* (*Aufnahmefähigkeit*) (mental) capacity. – **4.** ⟨*only sg*⟩ *electr.* a) capacity, b) (*eines Kondensators*) capacitance, capacity. – **5.** (*Fachgröße*) authority: er ist eine der führenden ~en auf dem Gebiet der Herzchirurgie he is one of the leading authorities in the field of heart surgery.

ka·pa·zi·ta·tiv [kapatsita'ti:f] *adj electr. cf.* kapazitiv.

Ka·pa·zi'täts|ˌausˌnut·zung *f* (*eines Betriebes etc*) employment (*od.* utilization *Br. auch* -s-) of capacity. — **~ˌschwund**, **~verˌlust** *m tech.* loss of capacity, capacity loss.

ka·pa·zi·tiv [kapatsi'ti:f] *adj electr.* capacitive: ~er Widerstand capacitive reactance, capacitance.

'Kapˌbranntˌwein *m* (*südafrik. Branntwein*) dop.

Ka·pee [ka'pe:] *n* ⟨*undeclined*⟩ *only in* schwer von ~ sein *colloq.* to be slow on (*od.* in) the uptake, to be slow-witted.

Ka·pe·lan [kapə'la:n] *m* ⟨-s; -e⟩ *zo.* (*Lachsfisch*) capelan, capelin (*Mallotus villosus*).

Ka·pel·la [ka'pɛla] *f* ⟨-; *no pl*⟩ *astr.* Capella.

Ka·pel·le [ka'pɛlə] *f* ⟨-; -n⟩ **1.** chapel, oratory: Sixtinische ~ Sistine (*Am. auch* Sixtine) Chapel. – **2.** (*kleine Kirche*) chapel. – **3.** *mus.* a) (music) band, b) (*Orchester*) orchestra: Mitglied einer ~ member of a band, bandsman. – **4.** *chem. metall.* (*Probiertiegel*) capsule, cupel.

Ka'pel·len|ˌkranz *m arch.* radiating chapels *pl* (*in chevet of a church*). — **~ˌofen** *m metall.* assay (*od.* cupelling, *Am. auch* cupeling) furnace. — **~ˌpro·be** *f* cupel test, cupellation.

Ka'pellˌmei·ster *m mus.* **1.** (*einer Tanzkapelle etc*) bandleader, conductor. – **2.** (*einer Militärkapelle etc*) bandmaster. – **3.** (*eines Orchesters*) conductor.

Ka·per[1] ['ka:pər] *f* ⟨-; -n⟩ *meist pl bot. gastr.* caper: unechte ~n capucin (*od.* English) capers.

'Ka·per[2] *m* ⟨-s; -⟩ **1.** *obs. for* Freibeuter, Seeräuber. – **2.** *mar. cf.* Kaperschiff.

'Ka·perˌbrief *m mar. hist.* letter(s *pl*) of marque (and reprisal).

Ka·pe'rei *f* ⟨-; *no pl*⟩ *obs.* privateering, privateer practice: auf ~ ausgehen, ~ treiben to privateer, to go privateering.

'Ka·per|ˌfahrt *f mar.* privateering expedition. — **~ˌkrieg** *m* privateering warfare.

ka·pern ['ka:pərn] *v/t* ⟨h⟩ **1.** *mar.* (*Schiff*) capture, seize, take. – **2.** *colloq.* grab, nab, capture: sie hat (sich) einen Mann gekapert *fig.* she has hooked (herself) a husband.

'Ka·pern|geˌwäch·se *pl bot.* capparidaceae (*Fam. Capparidaceae*). — **~ˌso·ße** *f gastr.* caper sauce. — **~ˌstrauch** *m bot.* a) caper(-bush), caper tree (*Gattg Capparis, bes. C. spinosa*), b) mustard tree (*C. ferruginea*): Westindischer ~ caper tree (*C. cynophallophora*).

'Ka·perˌschiff *n mar.* corsair, privateer.

Ka·pe·tin·ger ['ka:pətɪŋər] *m* ⟨-s; -⟩ *hist.* (*franz. Königsgeschlecht*) Capetian: die ~ the Capetian dynasty *sg*, the Capetians.

'Kap·graˌnat *m min.* (*dunkelroter Granat*) pyrope.

'Kapˌha·se *m zo.* Cape hare (*Lepus capensis*).

'kapˌhol·län·disch I *adj* Cape Dutch. – **II** *ling.* **K~** ⟨*generally undeclined*⟩, **das K~e** ⟨-n⟩ *obs.* Afrikaans.

ka·pie·ren [ka'pi:rən] *colloq.* **I** *v/t* ⟨*no* ge-, h⟩ understand, 'get' (*colloq.*): hast du es denn immer noch nicht kapiert? haven't you got it yet? kapierst du denn nicht, wie wichtig das ist? can't you understand (*od.* see) how important this is? – **II** *v/i* understand, catch on, 'get' (*colloq.*): hast du kapiert? (have you) got me? ah, ich kapiere oh, I see; du gehst nicht hin — kapiert? you're not going there — got it (*od. sl.* savvy)?

ka·pil·lar [kapɪ'la:r] *adj* capillary. — **K~ˌabˌsto·ßung** *f phys.* capillary repulsion. — **K~anaˌly·se** *f chem.* capillary analysis. — **K~anˌzie·hung**, **~at·trak·tiˌon** *f phys.* capillary attraction, capillarity. — **K~ˌdruck** *m* ⟨-(e)s; =e⟩ capillary pressure.

Ka·pil'la·re *f* ⟨-; -n⟩ **1.** *biol. med.* capillary (vessel). – **2.** *phys.* capillary (tube).

Ka·pil'lar|erˌwei·te·rung *f med.* capillarectasia. — **~geˌfäß** *n* capillary (vessel).

Ka·pil·la·ri·tät [kapɪlari'tɛ:t] *f* ⟨-; *no pl*⟩ *phys.* capillary attraction, capillarity.

Ka·pil·la·ri'täts·konˌstan·te *f phys.* constant of capillarity.

Ka·pil'lar|mi·kro·skoˌpie *f med.* capillar(i)oscopy. — **~ˌnetz** *n* capillary network. — **~ˌröhr·chen** *n phys.* capillary (tube).

Ka·pil'lärˌsi·rup [kapɪ'lɛ:r-] *m gastr.* capillaire.

Ka·pil'larˌwir·kung *f phys.* capillary action, capillarity.

Ka·pil·li·ti·um [kapɪ'li:tsɪʊm] *n* ⟨-s; -tien⟩ *bot.* capillitium.

Ka·pi·tal [kapi'ta:l] *n* ⟨-s; -e *u.* -ien, *Austrian only* -ien⟩ **1.** *econ.* a) capital, b) (*Geldmittel*) capital, funds *pl*, money, c) (*Grundkapital*) capital stock: brachliegendes ~ unemployed capital, barren money; eingefrorenes [eingetragenes, eingezahltes] ~ frozen [registered, paid-up] capital; festgelegtes ~ locked- (*od.* tied-)up capital; flüssiges [schwebendes] ~ liquid [floating] capital; totes ~ dead capital, money lying idle (*od.* paying no interest); stehendes ~ fixed capital, permanent assets *pl*; umlaufendes ~ circulating capital; ~ und Zinsen capital (*od.* principal) and interest; ~ anlegen (*od.* investieren) to invest capital; ~ in ein Unternehmen stecken to put money into (*od.* invest money in) an enterprise; ~ fließt ins Ausland ab capital flows abroad; ~ flüssig machen to realize capital; vom ~ leben to live on one's capital; ~ aus etwas schlagen *auch fig. colloq.* to make capital out of s.th., to capitalize (on) s.th., to use s.th. to one's profit, to cash in on s.th. – **2.** *fig.* capital, asset: Gesundheit ist das beste ~ health is the biggest asset; geistiges ~ intellectual capital.

ka·pi'tal *adj* **1.** (*hauptsächlich*) principal, chief. – **2.** *hunt.* (*Bock etc*) royal: ein ~er Hirsch a royal (stag). – **3.** *jur.* (*Verbrechen etc*) capital. – **4.** *fig.* (*Fehler*) capital: einen ~en Bock schießen *colloq.* to make a capital (*od.* first-class) blunder, to drop an awful clanger (*colloq.*). – **5.** *fig.* (*Idee, Person*) capital, excellent.

Ka·pi·täl [kapi'tɛ:l] *n* ⟨-s; -e⟩ *arch. rare for* Kapitell.

Ka·pi'tal|ˌabˌfin·dung *f econ.* monetary (*od.* lump-sum) compensation. — **~ˌabˌschöp·fung** *f* skimming of (*od.* withdrawal of surplus) capital. — **~ˌabˌschrei·bung** *f* depreciation of capital. — **~ˌabˌwan·de·rung** *f* capital outflow, exodus of capital. — **~ˌanˌla·ge** *f* investment (of capital), capital investment: gewinnbringende [gute] ~ profitable [good *od.* paying] investment. — **~ˌanˌla·ge·geˌsell·schaft** *f* investment trust. — **~ˌanˌsamm·lung** *f* accumulation (*od.* amassing) of capital. — **k~ˌarm** *adj* short of (*od.* lacking) capital. — **~ˌaufˌstockung** (*getr.* -k·k-) *f* increase of capital (*bes. Am.* capital stock). — **~ˌaufˌwand** *m* capital expenditure. — **~ˌausˌfuhr** *f* capital exports *pl*. — **~ˌausˌstat·tung** *f* capital resources *pl*. — **~ˌband** *n* ⟨-(e)s; =er⟩ *print.* headband, lining. — **~beˌdarf** *m econ.* capital requirements *pl*. — **~beˌschaf·fung** *f* procurement (*od.* raising) of capital, provision of funds. — **~beˌtei·li·gung** *f* (*bei einem Unternehmen*) participation. — **~beˌwe·gung** *f* capital movement. — **~biˌlanz** *f* balance of capital transactions. — **~ˌbil·dung** *f* formation of capital, capital formation. — **~ˌbuchˌsta·be** *m print.* capital (letter).

Ka·pi'täl·chen *n* ⟨-s; -⟩ *print.* small capital (*od.* cap).

Ka·pi'tal|ˌdecke (*getr.* -k·k-) *f econ.* capital cover(age) (*od.* basis, proportion). — **~ˌdienst** *m* interest payments *pl*.

Ka·pi'ta·le *f* ⟨-; -n⟩ *obs.* (*Hauptstadt*) capital.

Ka·pi'tal|ˌeinˌfuhr *f econ.* capital imports *pl*. — **~ˌeinˌla·ge** *f* invested capital, capital contribution. — **~entˌwer·tung** *f* depreciation of capital. — **~erˌhö·hung** *f* increase of capital (*bes. Am.* capital stock). — **~erˌtrag** *m* yield (*od.* return, income) on capital, investment income. — **~erˌtragsˌsteu·er** *f* capital yield tax. — **~ˌfeh·ler** *m* capital (*od.* first-class) blunder. — **~ˌflucht** *f econ.* flight of capital. — **~geˌsell·schaft** *f Br.* joint-

-stock company, *Am.* (stock) corporation. — **~ge,winn** *m* profit derived from capital, capital gains *pl.* — **~ge,winn,steu·er** *f* capital gains tax. — **~,gü·ter** *pl* capital goods.

Ka·pi'tal,hirsch *m hunt.* royal (stag).

ka·pi'tal|in·ten,siv *adj econ.* (*Industrie*) requiring large capital assets, heavily capitalized (*Br. auch* -s-). — **K~in·ve·sti·ti,on** *f cf.* Kapitalanlage.

Ka·pi·ta·li·sa·ti·on [kapitaliza'tsĭoːn] *f* ⟨-; -en⟩ *econ.* **1.** capital resources *pl.* – **2.** *cf.* Kapitalisierung.

ka·pi·ta·li'sier·bar *adj econ.* **1.** capitalizable *Br. auch* -s-, convertible. – **2.** (*als Barwert bestimmbar*) capitalizable *Br. auch* -s-, computable.

ka·pi·ta·li·sie·ren [kapitali'ziːrən] **I** *v/t* ⟨*no* ge-, h⟩ *econ.* **1.** (*in Kapital umwandeln*) capitalize *Br. auch* -s-. – **2.** (*Barwert bestimmen*) capitalize *Br. auch* -s-, compute the cash value of. – **II K~** *n* ⟨-s⟩ **3.** *verbal noun.* — **Ka·pi·ta·li'sie·rung** *f* ⟨-; -en⟩ *econ.* **1.** *cf.* Kapitalisieren. – **2.** capitalization *Br. auch* -s-. – **3.** (*Bestimmung des Barwerts*) capitalization *Br. auch* -s-, computation (of cash value).

Ka·pi·ta·lis·mus [kapita'lɪsmʊs] *m* ⟨-; *no pl*⟩ capitalism. — **Ka·pi·ta'list** [-'lɪst] *m* ⟨-en; -en⟩ capitalist: die ~en the capitalists, moneyed interest *sg.* — **ka·pi·ta'li·stisch I** *adj* capitalist(ic). – **II** *adv* capitalistically.

Ka·pi'tal|,ka·sten *m print.* upper case. — **~,knapp·heit** *f econ.* shortage of capital. — **~,kon·to** *n* capital (*Br. auch* stock) account. — **k~,kräf·tig** *adj* financially powerful (*od.* strong), well-funded (*od.* -capitalized *Br. auch* -s-) (*attrib*), well provided with capital. — **~,len·kung** *f* direction of capital.

Ka·pi'tal,markt *m econ.* capital market. — **~,pfle·ge** *f* actions *pl* to assist the capital market. — **~,zins** *m* capital-market rate of interest.

Ka·pi'tal|,rück,fluß *m econ.* backflow (*od.* reflux) of capital. — **~,sam·mel,stel·len** *pl* institutional investors. — **~,schrift** *f print.* capitals *pl*, capital writing: Römische ~ Roman capitals; in ~ in capitals. — **k~,schwach** *adj econ.* financially weak. — **k~,stark** *adj cf.* kapitalkräftig. — **~,steg** *m print.* (*Anlagesteg*) gripper margin. — **~,steu·er** *f econ.* (*in der Schweiz*) capital levy (*od.* tax), tax on capital.

Ka·pi'tal,um,schlag *m econ.* capital turnover. — **~,platz** *m* center (*bes. Br.* centre) of capital transactions.

Ka·pi'tal|ver,bre·chen *n jur.* capital crime (*od.* offence, *Am.* offense): wegen eines ~s unter Anklage stehen to be tried on a capital charge. — **~ver,bre·cher** *m* criminal, *Am. auch* felon. — **~ver,flech·tung** *f econ.* interlocking capital arrangement(s *pl*), capital relationship. — **~ver,kehr** *m* movement of capital, capital transactions *pl.* — **~ver,mö·gen** *n* (moneyed) capital, capital assets *pl.* — **~,wert** *m* capital value: einen ~ von 1 Million Dollar haben to have a capital value of (*od.* to be capitalized at) 1 million dollars. — **~,zins** *m* (rate of) interest on capital. — **~,zu,fluß** *m* inflow (*od.* influx) of capital.

Ka·pi·tän [kapi'tɛːn] *m* ⟨-s; -e⟩ **1.** *mar.* a) (*eines Passagierdampfers od. Handelsschiffs*) captain, master, skipper, b) (*eines Küstenschiffs etc*) captain, skipper, c) (*eines Walfängers*) captain, whaling master. – **2.** ~ zur See *mar. mil.* captain (in the navy), *Br.* Captain R.N., *Am.* Captain U.S.N. – **3.** *mil. hist.* captain. – **4.** *aer.* captain, skipper. – **5.** (*sport*) captain, leader, skipper. – **6.** ~ der Landstraße *colloq. humor. Br.* long-distance lorry driver, *Am.* long haul truck driver. — **~,leut·nant** *m mar. mil.* lieutenant.

Ka·pi'täns|ka,jü·te, **~,kam·mer** *f mar.* captain's cabin. — **~pa,tent** *n* master's certificate.

Ka·pi·tel [ka'pɪtəl] *n* ⟨-s; -⟩ **1.** (*eines Buches etc*) chapter: ~ XII chapter XII; ~ und Vers (*in der Bibel*) chapter and verse; dieses ~ meines Lebens ist abgeschlossen *fig.* this chapter of my life is closed; das gehört zu den trüben ~n unserer Geschichte *fig.* that is one of the dark chapters of our history. – **2.** *fig.* (*Angelegenheit*) story, matter: das ist ein ~ für sich *colloq.* that's another story (*od.* a different matter); dieses ~ wäre erledigt this matter is settled; that's over and done with, that's that (*colloq.*); das ist ein trauriges ~ that's a sad story; um auf ein anderes ~ zu kommen *colloq.* to speak of s.th. else, to change the subject. – **3.** *röm.kath.* (*eines Domes od. Stifts*) chapter.

ka'pi·tel,fest *adj colloq.* **1.** (*bibelfest*) well versed in the Scriptures. – **2.** *fig.* sure of oneself, well-versed (*attrib*).

Ka·pi·tell [kapi'tɛl] *n* ⟨-s; -e⟩ *arch.* capital: Dorisches [Ionisches, Korinthisches] ~ Doric [Ionic, Corinthian] capital; ~ eines Gewölbepfeilers vaulting capital. — **~,plat·te** *f* abacus, raised table.

ka·pi·teln [ka'pɪtəln] *v/t* ⟨*no* ge-, h⟩ j-n ~ *colloq.* to tell s.o. off.

Ka'pi·tel|,saal *m* (*im Kloster*) chapter house. — **~,über,schrift** *f* chapter heading (*od.* title).

Ka·pi·tol [kapi'toːl] *n* ⟨-s; *no pl*⟩ **1.** *antiq.* (*in Rom*) Capitol. – **2.** *pol.* (*in Washington u. den Einzelstaaten der USA, auch in Süd- u. Mittelamerika*) Capitol.

ka·pi·to·li·nisch [kapito'liːnɪʃ] *adj antiq.* Capitoline: die ~en Gänse the Capitoline geese; die ~e Wölfin the Capitoline Wolf; der K~e Hügel the Capitoline (Hill).

Ka·pi·tu·lant [kapitu'lant] *m* ⟨-en; -en⟩ *mil. hist.* reenlisted (*Br.* re-enlisted) man.

Ka·pi·tu·lar [kapitu'laːr] *röm.kath.* **I** *m* ⟨-s; -e⟩ (*Mitglied eines Kapitels*) capitular(y). – **II k~** *adj* capitular(y).

Ka·pi·tu·la·ri·en [kapitu'laːrĭən] *pl hist.* capitularies.

Ka·pi·tu·la·ti·on [kapitula'tsĭoːn] *f* ⟨-; -en⟩ **1.** *mil.* capitulation, surrender: bedingungslose ~ unconditional surrender. – **2.** *fig.* capitulation, surrender. – **3.** *mil. hist.* (*Dienstverlängerung*) reenlistment, *Br.* re-enlistment. – **4.** *hist.* capitulation. — **ka·pi·tu'lie·ren** [-'liːrən] *v/i* ⟨*no* ge-, h⟩ **1.** *mil.* capitulate, surrender: bedingungslos ~ to surrender unconditionally; vor dem Feind ~ to capitulate to the enemy. – **2.** *fig.* surrender, give up, give in, yield: gut, ich kapituliere very well (*od.* all right), I give up; er kapitulierte vor den Schwierigkeiten he surrendered in face of the difficulties. – **3.** *mil. hist.* (*sich weiterverpflichten*) reenlist, *Br.* re-enlist.

Kap·la·ken ['kaplakən] *n* ⟨-s; -⟩ *mar.* primage, hat money.

Ka·plan [ka'plaːn] *m* ⟨-s; -pläne⟩ *röm.kath.* **1.** (*Hilfsgeistlicher*) curate. – **2.** *bes. mil.* chaplain.

'Ka·plan·tur,bi·ne ['kaplan-] *f tech.* Kaplan (water) turbine.

'Kap,lö·we *m zo.* Cape lion (*Panthera leo melanochaitus u. capensis*).

Ka·po ['kapo] *m* ⟨-s; -s⟩ **1.** *mil. sl. for* Unteroffizier 1. – **2.** *colloq.* (*Vorarbeiter*) foreman. – **3.** *hist. prisoner of a concentration camp in charge of a fatigue detail* (*Br. working party*).

Ka·po·da·ster [kapo'dastər] *m* ⟨-s; -⟩ *mus.* capotasto.

Ka·pok ['kapɔk] *m* ⟨-s; *no pl*⟩ (*textile*) *econ.* kapok, *auch* capoc, silk (*od.* Java) cotton, ceiba. — **~,baum** *m bot.* kapok (*od.* God, silk-cotton) tree, ceiba (tree), Bombay ceiba, bentang (*Ceiba pentandra*). — **~,öl** *n* kapok oil.

ka·po·res [ka'poːrɛs] *adj* ⟨*pred*⟩ *colloq. cf.* kaputt 1—5.

Ka·pot·te [ka'pɔtə] *f* ⟨-; -n⟩, **Ka'pott,hut** *m* (*fashion*) *hist.* capot(e).

Kap·pa ['kapa] *n* ⟨-(s); -s⟩ *ling.* kappa (*tenth letter of the Greek alphabet*).

Kap·pa·do·zi·er [kapa'doːtsĭər] *m* ⟨-s; -⟩ *hist.* Cappadocian. — **kap·pa'do·zisch** [-tsɪʃ] *adj* Cappadocian.

'Kapp,beil *n mar. hist.* hatchet.

Käpp·chen ['kɛpçən] *n* ⟨-s; -⟩ **1.** *dim. of* Kappe. – **2.** skullcap, *Br.* skull-cap. – **3.** (*beim Stricken*) turn (of heel). – **4.** *röm. kath. cf.* Kalotte 1.

Kap·pe ['kapə] *f* ⟨-; -n⟩ **1.** (*Kopfbedeckung*) cap: eine flotte (*od. colloq.* schicke) ~ a smart (*od.* good-looking) cap; der Berggipfel trägt eine weiße ~ (aus Schnee) *fig.* the mountain peak is covered with snow; ich nehme alles auf meine ~ *fig. colloq.* I'll take everything on my own shoulders, I'll accept responsibility for everything, on my head be it; das geht auf seine ~ *fig. colloq.* he'll pay the bill (*Am. auch* pick up the tab); j-m eins auf die ~ geben *fig. colloq.* a) to give s.o. a slap in the face, b) (*demütigen*) to take s.o. down a peg; gleiche Brüder, gleiche ~n (*Sprichwort*) birds of a feather flock together (*proverb*); → Narr 1. – **2.** (*Badekappe*) bathing cap. – **3.** (*Flaschen- u. Tubenverschluß*) cap, top. – **4.** (*des Schornsteins*) cowl. – **5.** (*am Schuh*) tip, toecap, *Br.* toe-cap: Schuhe mit ~n versehen to tip shoes; spitze ~n pointed toes. – **6.** (*von Strümpfen etc*) toe, heelpiece. – **7.** *civ.eng.* a) (*eines Dammes, Deiches etc*) summit, top, b) (*eines Gewölbes*) severy, c) (*einer Mauer*) coping. – **8.** (*mining*) (roof) bar, capper. – **9.** *tech.* a) cap, hood, dome, b) (*eines offenen Kamins*) bonnet, c) (*des Gewehrs*) cap: mit einer ~ versehen (*od.* verschlossen) capped. – **10.** *metall.* a) (*eines Walzenständers*) top, b) (*eines Zinkdestillierofens*) arch. – **11.** *hunt.* (*Falkenhaube*) (falcon's) hood: einem Falken die ~ abnehmen to unhood a falcon. – **12.** *bot.* (*Hütchen an den Moosen*) calyptra. – **13.** *zo.* hood, cucullus (*scient.*). – **14.** *math.* (*Kugelkappe*) calotte. – **15.** *mar.* a) cap, hood, b) (*der Achterluke*) booby hatch. – **16.** *geol.* (*Deckschicht*) cap. – **17.** *relig. cf.* Kalotte 1. – **18.** (*eines Fallschirms*) canopy.

kap·pen ['kapən] **I** *v/t* ⟨h⟩ **1.** cut (off) the top of. – **2.** *mar.* (*Ankertau etc*) cut. – **3.** (*forestry*) (*Bäume etc*) top, lop, poll, prune, head, trash. – **4.** (*Hahn*) capon(ize), castrate. – **5.** (*Henne*) tread. – **6.** j-n ~ *fig. colloq.* to catch (*od. sl.* cop) s.o. – **II K~** *n* ⟨-s⟩ **7.** *verbal noun.* – **8.** *cf.* Kappung.

'Kap·pen|,am·mer *f zo.* black-headed bunting (*Emberiza melanocephala*). — **k~,för·mig** *adj bot. zo.* cowled, hooded; cucullate(d), cuculliform (*scient.*). — **~ge,stein** *n geol.* capping bed (*od.* layer, rock), cap rock. — **~iso,la·tor** *m electr.* globe strain insulator. — **~,ma·cher** *m* capper. — **~,mus·kel** *m med.* trapezius. — **~,tau·cher** *m zo.* **1.** tippet grebe, crested diver, cargoose (*Podiceps cristatus*). – **2.** wind bird (*Mergus cucullatus*). — **~ver,stei·fung** *f* (*in der Schuhmacherei*) boxing. — **~,zel·le** *f biol.* cap cell.

Kap·pes ['kapəs] *m* ⟨-; *no pl*⟩ **1.** *hort. Western G. for* Weißkohl. – **2.** *fig. colloq.* rubbish, balderdash: ~ reden to talk rubbish.

'Kapp|,hahn *m agr. cf.* Kapaun. — **~,hengst** *m* castrated (*od.* gelding) stallion.

Käp·pi ['kɛpi] *n* ⟨-s; -s⟩ **1.** (*Militärmütze*) kepi. – **2.** *mil.* (*Schiffchen*) forage cap, *Br.* forage-cap, *bes. Am.* garrison (*od.* overseas) cap.

'Kapp|,mes·ser *n* (*forestry*) bush (*od.* brush) hook. — **~,naht** *f* **1.** lap(ped) seam. – **2.** *mar.* monk's seam. – **3.** *tech.* (*beim Schweißen*) backing (*od.* sealing) run.

'Kap·pung *f* ⟨-; -en⟩ **1.** *cf.* Kappen. – **2.** (*eines Hahns*) caponization, castration.

Kap·pus ['kapʊs] *m* ⟨-; *no pl*⟩ *cf.* Weißkohl.

'Kapp|,wei·de *f hort.* pollard willow. — **~,zaum** *m* (*beim Reiten*) caves(s)on.

'Kap-,Raub,mö·we *f zo.* Port Egmont hen (*Catharacta skua antarcticus*).

Ka·pric·cio [ka'prɪtʃo] *n* ⟨-s; -s⟩ *mus. cf.* Capriccio.

Ka·pri·ce [ka'priːsə] *f* ⟨-; -n⟩ *cf.* Caprice.

Ka·pri·fi·ka·ti·on [kaprifika'tsĭoːn] *f* ⟨-; *no pl*⟩ *hort.* (*des Feigenbaums*) caprification.

Ka'prin,säu·re [ka'priːn-] *f chem. cf.* Caprinsäure.

Ka·prio·le [kapri'oːlə] *f* ⟨-; -n⟩ **1.** (*Bock-, Luftsprung*) capriole, (*bes. der Kinder*) caper: ~n machen to capriole, to cut capers. – **2.** (*toller Streich*) prank. – **3.** (*sport*) (*in der Hohen Schule*) capriole.

ka·prio·len [kapri'oːlən] *v/i* ⟨*no* ge-, h⟩ *rare* capriole, cut capers.

Ka·pri·ze [ka'priːtsə] *f* ⟨-; -n⟩ *Austrian for* Caprice.

ka·pri·zie·ren [kapri'tsiːrən] *v/reflex* ⟨*no* ge-, h⟩ sich auf (*acc*) etwas ~ *bes. Austrian* to be dead set on s.th., to set one's heart on s.th., to take it into one's head to do (*od.* get) s.th.

ka·pri·zi·ös [kapri'tsĭøːs] *adj* (*launenhaft*) capricious.

Ka'priz,pol·ster *m Austrian colloq.* small pillow.

Ka'pron,säu·re [ka'proːn-] *f chem. cf.* Capronsäure.

'Kap·ru,bin *m min.* Cape ruby, pyrope.

Ka'pryl,säu·re [ka'pryːl-] *f chem. cf.* Caprylsäure.

'Kap,saf·fi·an *m* (*leather*) capeskin.

'Kap,schwein *n zo.* aardvark, *auch* erdvark (*Orycteropus afer capensis*).

Kap·sel ['kapsəl] *f* ⟨-; -n⟩ **1.** (*Behälter, Etui,*

Hülse) box, case. – **2.** *(Kappe, Haube, Dekkel)* cap. – **3.** *(zum Schutze eines Siegels)* skippet. – **4.** *(Flaschenverschluß)* capsule. – **5.** *tech.* a) *(zum Brennen von Steingut etc)* saggar, sagger, b) *(für Porzellan)* coffin. – **6.** *(Sprengkapsel)* detonator. – **7.** *bot. med. pharm.* capsule. – **8.** *(space)* capsule. – **9.** *(watchmaking)* case. – **10.** *zo.* *(des Vogelschädels)* cap. — **k~ˌar·tig** *adj* capsular. — **~bakˌte·ri·en** *pl med.* (en)capsulated bacteria. — **~ˌblitz** *m phot.* flash (capsule). — **~entˌfer·nung** *f med.* capsulectomy. — **~entˌzün·dung** *f* capsulitis. — **~erˌöff·nung** *f* caps(ul)otomy. — **k~ˌför·mig** *adj* **1.** capsular, capsule-shaped. – **2.** *bes. bot.* capsuliform. — **~ˌfrucht** *f bot.* capsule, capsular fruit. — **~geˌblä·se** *n tech.* **1.** rotary blower. – **2.** *(Rootsches Gebläse)* Root's blower. — **~geˌwe·be** *n med.* capsular tissue. — **~geˌwehr** *n* percussion gun. — **~ˌguß** *m tech.* chilled work, casting in chills. — **~mi·kroˌphon** *n electr.* inset transmitter. — **~ˌmutter** *f tech.* cap(ped) nut.

kap·seln ['kapsəln] *v/t* ⟨h⟩ **1.** *tech.* *(Bauteile, Getriebe etc)* encase, enclose. – **2.** *nucl.* *(Brennelement)* jacket, can.

'Kap·sel|ˌnaht *f med.* capsulorrhaphy. — **~ˌpla·stik** *f* capsuloplasty. — **~ˌpum·pe** *f tech.* vane-type pump. — **~ˌriß** *m med.* laceration of the capsule. — **~ˌstiel** *m bot.* *(der Laubmoose)* seta. — **~ˌtier·chen** *n zo.* capsule rhizopod *(Arcella vulgaris)*. — **k~ˌtra·gend** *adj bot. zo.* capsuliferous. — **~ˌuhr** *f* hunter. — **~ˌwurm** *m zo.* pink pollworm *(Platyedra gossypiëlla)*.

Kap·si·kum ['kapsikʊm] *n* ⟨-s; *no pl*⟩ *bot.* *(Gewürz)* capsicum *(Gattg Capsicum)*. — **~ˌpfla·ster** *n med. pharm.* capsicum plaster.

'Kapˌstein *m min. cf.* Kaprubin.

kap·su·lär [kapsu'lɛːr] *adj med.* capsular.

Kap·tal [kap'taːl] *n* ⟨-s; -e⟩, **~ˌband** *n* ⟨-(e)s; ⁼er⟩ *cf.* Kapitalband.

Kap·ta·ti·on [kaptaˈtsĭoːn] *f* ⟨-; -en⟩ *jur. obs. for* Erschleichung 2. — **kap·ta'to·risch** [-'toːrɪʃ] *adj obs.* surreptitious, obtained by false pretences *(Am.* pretenses*)*.

'Kapˌtau·be *f zo.* cape pigeon, pintado petrel *(Daption capense)*.

Käp·ten ['kɛptən] *m* ⟨-s; -s⟩ *Northern G. dial. for* Kapitän.

Kap·ti·on [kap'tsĭoːn] *f* ⟨-; -en⟩ *obs.* **1.** captious way of asking questions. – **2.** (captious) fallacy. — **kap·ti·ös** [-'tsĭøːs] *adj obs.* *(Frage etc)* captious.

Ka·put [ka'pʊt] *m* ⟨-s; -e⟩ *Swiss* (soldier's) overcoat.

ka·putt [ka'pʊt] *adj colloq.* **1.** *(außer Betrieb)* broken, out of order, in need of repair, kaput(t) *(pred)* *(sl.)*: die Maschine ist ~ the machine is out of order *(od.* does not work*)*; die ~e Maschine [Uhr] the broken machine [clock]; was ist denn hier *(od.* jetzt*)* ~? *fig.* what's wrong now? – **2.** *(entzwei)* in two. – **3.** *(in Scherben, Stücken)* broken, smashed, in pieces, kaput(t) *(pred)* *(sl.)*, bust *(sl.)*. – **4.** *(erschöpft)* dead-beat *(colloq. u. attrib)*; fagged out, done for, *bes. Am.* done in, bushed, all in *(alle colloq. u. pred)*. – **5.** *(bankrott, zugrunde gerichtet)* bust *(sl.)*, ruined: die Firma ist ~ the firm has gone bust *(od.* is ruined*)*. – **6.** *sl.* *(tot)* done for *(colloq. u. pred)*, finished. – **7.** *(Knochen)* broken, smashed. – **8.** *(Organ)* played out *(pred)*. — **~ˌar·bei·ten** *v/reflex* ⟨*sep*, -ge-, h⟩ sich ~ *colloq.* work oneself to death. — **~ˌge·hen** *v/i* ⟨*irr, sep*, -ge-, sein⟩ *colloq.* **1.** *(außer Betrieb geraten)* get out of order, break, get broken. – **2.** *(entzweigehen)* break in two. – **3.** *(in Scherben, Stücke zerspringen)* break (to pieces), fall to pieces. – **4.** *(zusammenbrechen)* crack up *(colloq.)*: in dieser Hitze geht man ja kaputt you crack up in this heat, this heat knocks you down *(od.* kills you*)* *(colloq.)*. – **5.** *(zugrunde gehen, bes. bankrott gehen)* (go) bust *(sl.)*: die Firma ist kaputtgegangen the firm has gone bust *(od.* has busted*)*. – **6.** *sl.* *(sterben)* kick the bucket *(sl.)*, die. — **~ˌhau·en** *v/t* ⟨*irr, sep*, -ge-, h⟩ *colloq. cf.* kaputtschlagen. — **~ˌkrie·gen** *v/t* ⟨*sep*, -ge-, h⟩ *colloq.* **1.** *(in Einzelteile zerlegen)* manage to break *(s.th.)* (to pieces): du kriegst aber auch alles kaputt *iron.* you manage to break everything. – **2.** *(andere Menschen unterkriegen)* (manage to) knock *(s.o.)* down, bust *(sl.)*: er ist nicht kaputtzukriegen he can't be beaten, you can't get the edge on *(od.* the better of*)* him *(colloq.)*. — **~ˌla·chen** *v/reflex* ⟨*sep*, -ge-, h⟩ sich ~ *colloq.* laugh one's head off, kill oneself laughing, *Am. sl.* bust a gut laughing. — **~ˌma·chen I** *v/t* ⟨*sep*, -ge-, h⟩ *colloq.* **1.** *(etwas zerbrechen)* break, smash. – **2.** *(zerstören, zunichte machen)* ruin, bust *(sl.)*: bei der Erziehung eines Menschen kann man sehr viel ~ *fig.* education can ruin a lot. – **3.** *fig.* *(erschöpfen)* knock *(od.* fag*)* *(s.o.)* out *(colloq.)*: diese Hitze macht mich kaputt this heat knocks me down *(od.* kills me*)* *(colloq.)*. – **4.** *(j-n unterkriegen)* knock *(s.o.)* down, bust *(sl.)*. – **II** *v/reflex* sich ~ **5.** *colloq.* wear *(od. colloq.* fag*)* oneself out. — **~ˌschla·gen** *v/t* ⟨*irr, sep*, -ge-, h⟩ etwas ~ *colloq.* to smash s.th. (to pieces).

Ka·pu·ze [ka'puːtsə] *f* ⟨-; -n⟩ **1.** hood. – **2.** *relig.* a) *(eines Mönchs)* cowl, capuche, b) *(pelzgefüttert)* almuce, amice. – **3.** *antiq.* cucullus.

Ka'pu·zen|ˌfaulˌtier *n zo.* *a species of sloth* *(Bradypus cuculliger)*. — **k~ˌför·mig** *adj bot. zo.* cowled, hooded; cucullate(d), cuculliform *(scient.)*. — **~ˌman·tel** *m* *(fashion)* coat with a hood. — **~ˌmus·kel** *m med.* trapezius. — **~ˌnat·ter** *f zo.* cowl snake *(Macroprotodon cucullatus)*. — **~ˌveil·chen** *n bot.* bog blue violet *(Viola cucullata)*.

Ka·pu·zi·na·de [kaputsi'naːdə] *f* ⟨-; -n⟩ *obs. for* Kapuzinerpredigt.

Ka·pu·zi·ner [kapu'tsiːnər] *m* ⟨-s; -⟩ **1.** *röm.kath.* Capuchin (friar *od.* monk). – **2.** *Austrian* *(Kaffee mit wenig Milch)* coffee with very little milk, capuccino coffee *(colloq.)*. – **3.** *zo. cf.* Kapuzineraffe. — **~ˌaf·fe** *m meist pl zo.* capuchin (monkey), sapajou *(Unterfam. Cebinae)*: Gewöhnlicher ~ white-throated capuchin *(Cebus capucinus)*. — **~ˌerb·se** *f hort.* field *(od.* gray, *bes. Br.* grey*)* pea.

Ka·pu'zi·ne·rin *f* ⟨-; -nen⟩ *röm.kath.* Capuchin (nun), Capuchiness.

Ka·pu'zi·ner|ˌkä·fer *m zo.* powder-post beetle *(od.* borer*)* *(Bostrichus capucinus)*. — **~ˌkraut** *n bot.* fennel-flower *(Nigella damascena)*. — **~ˌkres·se** *f* nasturtium *(Gattg Tropaeolum)*. — **~ˌmönch** *m röm.kath. cf.* Kapuziner 1. — **~ˌor·den** *m* Capuchin order. — **~ˌpilz** *m bot.* rough boletus *(Trachypus scaber)*. — **~ˌpre·digt** *f fig.* haranguing sermon (with comic touches). — **~ˌro·se** *f bot.* yellow rose *(Rosa eglanteria)*. — **~ˌtau·be** *f zo.* capuchin (pigeon).

'Kap|ˌwein *m gastr.* Cape wine. — **~ˌwol·le** *f* *(textile)* Cape wool.

Kar [kaːr] *n* ⟨-(e)s; -e⟩ *geol.* cirque.

Ka·ra·bi·ner [kara'biːnər] *m* ⟨-s; -⟩ **1.** *mil.* carbine, *Br. auch* carabine. – **2.** *cf.* Karabinerhaken. — **~ˌha·ken** *m* **1.** *tech.* a) *(Verschlußhaken)* snap *(od.* spring*)* hook, *Br.* snap- *(od.* spring-*)*hook, b) *(drehbarer)* swivel. – **2.** *(in der Alpinistik)* carabiner, karabiner, snap link, *Br.* snap-link.

Ka·ra·bi·nier [karabi'nĭeː] *m* ⟨-s; -s⟩ *mil. obs.* carabineer, carbineer, *Am. auch* carabinier, carabin *(archaic)*.

Ka·ra·bi·nie·re [karabi'nĭeːrə] *m* ⟨-(s); -ri [-ri]⟩ carabiniere.

Ka·ra·cho [ka'raxo] *n* ⟨-; *no pl*⟩ *(meist in der Wendung)* mit ~ *colloq.* a) with great speed, b) with great gusto *(od.* elan*)*: mit ~ losfahren to drive off at great speed; mit ~ an einen Baum fahren to smash into a tree at high speed.

Ka·rä·er [ka'rɛːər] *m* ⟨-s; -⟩ *relig. hist.* *(im Judentum)* Karaite.

Ka·raf·fe [ka'rafə] *f* ⟨-; -n⟩ **1.** *(für Wein)* decanter. – **2.** *(für Wasser etc)* carafe, water bottle, *Br.* water-bottle.

Ka·ra·im [kara'iːm] *m* ⟨-; -⟩, **Ka·ra'it** [-'iːt] *m* ⟨-en; -en⟩ *relig. hist.* *(im Judentum)* *cf.* Karäer.

Ka·ra·kal ['karakal] *m* ⟨-s; -⟩ *zo. cf.* Wüstenluchs.

Ka·ra·kal·pa·ke [karakal'paːkə] *m* ⟨-n; -n⟩ *anthrop.* Karakalpak, Qaraqalpaq.

Ka·ra·ka·ra [kara'kaːra] *m* ⟨-s; -s⟩ *zo.* **1.** Audubon's caracara *(Polyborus cheriway audubonii)*. – **2.** Schwarzer ~ black caracara *(Ibycter ater)*.

Ka·ra·kul [kara'kʊl] *n* ⟨-s; -⟩ *agr. cf.* Karakulschaf. — **~ˌfell** *n*, **~ˌpelz** *m* karakul, *auch* caracul. — **~ˌschaf** *n* karakul, *auch* caracul.

Ka·ram·bo·la·ge [karambo'laːʒə] *f* ⟨-; -n⟩ **1.** *colloq.* *(mit dem Auto)* collision, *(stärker)* crash: ich hatte heute eine ~ I had a collision *(od.* I collided*)* with another car today. – **2.** *colloq.* *(sport)* collision. – **3.** *fig. colloq.* *(Streit)* quarrel: eine ~ mit j-m haben to have a quarrel with s.o. – **4.** *(sport)* *(beim Billard)* *Br.* cannon, *Am.* carom: eine ~ erzielen to cannon, *Am.* to carom.

Ka·ram·bo·le [karam'boːlə] *f* ⟨-; -n⟩ *(sport)* *(beim Billard)* red ball, (the) red. — **ka·ram·bo'lie·ren** [-bo'liːrən] *v/i* ⟨*no* ge-, h⟩ **1.** *(sport)* *(beim Billard)* *Br.* cannon, *Am.* carom. – **2.** *colloq.* collide (with another car).

Ka·ra·mel [kara'mɛl] *m* ⟨-s; *no pl*⟩ *gastr.* caramel. — **ka·ra·me·li'sie·ren** [-meli'ziːrən] *v/t* ⟨*no* ge-, h⟩ *(Zucker, Bier etc)* caramel(ize).

Ka·ra·mel·le [kara'mɛlə] *f* ⟨-; -n⟩ caramel.

Ka·ra'melˌzucker *(getr.* -k·k-*)* *m* caramel.

Ka·ran·cho [ka'rantʃo] *m* ⟨-(s); -s⟩ *zo.* caracara, *Br. auch* carcara, carancha, carancho, carrion hawk *(Polyborus cheriway)*.

Ka·rat [ka'raːt] *n* ⟨-(e)s; -e⟩ **1.** *(Gewichtsmaß für Edelsteine)* carat (weight). – **2.** *(Feinheit der Goldmischung)* karat, carat: Gold von 24 ~ 24-carat gold.

Ka·ra·te [ka'raːtə] *n* ⟨-(s); *no pl*⟩ *(sport)* karate.

ka·ra·tie·ren [kara'tiːrən] **I** *v/t* ⟨*no* ge-, h⟩ *(Gold)* alloy. – **II K~** *n* ⟨-s⟩ *verbal noun.* — **Ka·ra'tie·rung** *f* ⟨-; -en⟩ **1.** *cf.* Karatieren. – **2.** alloying of gold: rote ~ alloy of gold with copper; weiße ~ alloy of gold with silver.

...ka·rä·tig [-kaˌrɛːtɪç] *combining form denoting* -carat: 24-karätiges Gold 24-carat gold.

Ka'ratˌstem·pel *m* carat mark, hallmark.

Ka·rau·sche [ka'raʊʃə] *f* ⟨-; -n⟩ *zo.* Prussian carp, crucian carp *(Carassius carassius)*.

Ka·ra·vel·le [kara'vɛlə] *f* ⟨-; -n⟩ *mar. hist.* caravel, *auch* carvel.

Ka·ra·wa·ne [kara'vaːnə] *f* ⟨-; -n⟩ caravan.

Ka·ra'wa·nen|ˌfüh·rer *m* leader of a caravan, caravaneer. — **~ˌhan·del** *m* caravan trade. — **~ˌstra·ße** *f* **1.** caravan track. – **2.** caravan route.

Ka·ra·wan·se·rei [karavanzə'raɪ] *f* ⟨-; -en⟩ caravanserai, caravansary.

Ka'ra·yaˌharz [ka'raːja-] *n med. pharm.* karaya (gum).

Karb·amid [karba'miːt] *n* ⟨-(e)s; *no pl*⟩ *chem.* carbamide, urea, carbonyl diamide ($CO(NH_2)_2$). — **~ˌharz** *n synth.* urea resin. — **~ˌsäu·re** *f* carbamic *(od.* aminoformic*)* acid (NH_2COOH).

Kar·bat·sche [kar'baːtʃə] *f* ⟨-; -n⟩ ko(u)rbash, co(u)rbash, *Br. auch* koorbash. — **kar'bat·schen** *v/t* ⟨*no* ge-, h⟩ **1.** ko(u)rbash, co(u)rbash, *Br. auch* koorbash. – **2.** j-n ~ *fig.* to give s.o. a tongue-lashing.

Karb·azol [karba'tsoːl] *n* ⟨-s; *no pl*⟩ *chem.* carbazole ($C_{12}H_9N$).

Kar·be ['karbə] *f* ⟨-; *no pl*⟩ *bot. cf.* Kümmel 1.

Kar·bid [kar'biːt] *n* ⟨-(e)s; -e⟩ *chem.* **1.** carbide. – **2.** *cf.* Kalziumkarbid. — **~ˌhart·meˌtall** *n tech.* carbide metal, cemented carbide. — **~ˌlam·pe** *f* carbide lamp. — **~ˌofen** *m* carbide furnace.

Kar·bi·nol [karbi'noːl] *n* ⟨-s; -e⟩ *chem.* methanol, methyl *(od.* wood*)* alcohol (CH_3OH).

Kar·bol [kar'boːl] *n* ⟨-s; *no pl*⟩ *chem. colloq. for* Phenol.

Kar'bol·fuchˌsin *n* ⟨-s; *no pl*⟩ *chem.* carbolfuchsin.

Kar·bo·li·ne·um [karboli'neːʊm] *n* ⟨-s; *no pl*⟩ *(Anstrichmittel)* carbolineum.

Kar'bol|ˌsal·be *f med. pharm.* carbolated ointment, ointment of phenol. — **k~ˌsau·er** *adj chem.* carbolic.

Kar'bolˌsäu·re *f chem. cf.* Phenol. — **~verˌgif·tung** *f med. cf.* Karbolvergiftung.

Kar'bol|ˌsei·fe *f med. pharm.* carbolic soap. — **~verˌgif·tung** *f med.* phenol *(od.* carbolic-acid*)* poisoning, carbolism. — **~ˌwas·ser** *n med. pharm.* carbolic(-acid) water, phenolated water.

Kar·bon [kar'boːn] *n* ⟨-s; *no pl*⟩ *geol. hist.* Carboniferous (period).

Kar·bo·na·de [karbo'naːdə] *f* ⟨-; -n⟩ *gastr. bes. Austrian* cutlet, chop, carbonade.

Kar·bo·na·do [karbo'naːdo] *m* ⟨-s; -s⟩ *min. cf.* Carbonado.

Kar·bo·na·ri [karbo'naːri] *pl hist. cf.* Carbonari.

Kar·bo·nat[1] [karbo'naːt] *m* ⟨-(e)s; -e⟩ *min. cf.* Carbonado.

Kar·bo'nat[2] *n* ⟨-(e)s; -e⟩ *chem.* carbonate.

Kar·bo'nat·geˌstein *n geol.* carbonate rock.

Kar'bon|ˌdruck *m* ⟨-(e)s; -e⟩ *print.* carbon print. — **~for·ma·tiˌon** *f geol.* Carboniferous (formation).

Kar·bo·ni·sa·ti·on [karboniza'tsĭoːn] *f* ⟨-;

no pl⟩ **1.** *chem.* a) (*Versetzung mit Kohlendioxyd*) carbonation, (*in Zuckerindustrie*) saturation, b) (*Umwandlung in Karbonat*) carbonation, c) (*Verbindung mit Kohlenstoff*) carbonization *Br. auch* -s-. – **2.** (*textile*) (*von Wolle*) carbonization *Br. auch* -s-.

kar'bo·nisch *adj* **1.** *chem.* carbonic. – **2.** *geol.* Carboniferous.

kar·bo·ni·sie·ren [karboni'ziːrən] **I** *v/t* ⟨*no* ge-, h⟩ **1.** *chem.* a) (*mit Kohlendioxyd versetzen*) carbonate, (*in Zuckerindustrie*) saturate, b) (*in Karbonat umwandeln*) carbonate, c) (*mit Kohlenstoff verbinden*) carbonize *Br. auch* -s-. – **2.** (*textile*) (*Wolle*) carbonize *Br. auch* -s-. – **II K~** *n* ⟨-s⟩ **3.** *verbal noun.* – **4.** *cf.* Karbonisation.

Kar·bo·nit [karbo'niːt; -'nɪt] *m* ⟨-(e)s; -e⟩ (*Mischdynamit*) carbonite.

Kar'bon|pa,pier *n Austrian for* Kohlepapier. — **~,säu·re** *f chem. cf.* Carbonsäure.

Kar·bo·nyl [karbo'nyːl] *n* ⟨-s; -e⟩ *chem. cf.* Carbonyl.

Kar·bo·rund [karbo'rʊnt] *n* ⟨-(e)s; *no pl*⟩, **Kar·bo'run·dum** [-'rʊndʊm] *n* ⟨-s; *no pl*⟩ *chem. tech.* carborundum.

Karb·oxyl [karbɔ'ksyːl] *n* ⟨-s; -e⟩ *chem.* carboxyl (COOH).

Karb·oxy·la·se [karbɔksy'laːzə] *f* ⟨-; -n⟩ *chem.* carboxylase.

Kar·bun·kel [kar'bʊŋkəl] *m* ⟨-s; -⟩ *med.* carbuncle. — **kar·bun·ku'lös** [-ku'løːs] *adj* carbuncular.

Kar·bu·ra·tor [karbu'raːtɔr] *m* ⟨-s; -en [-ra'toːrən]⟩ *chem. metall. cf.* Carburator.

kar·bu·rie·ren [karbu'riːrən] *v/t* ⟨*no* ge-, h⟩ *chem. tech. cf.* carburieren. — **Karbu'rie·rung** *f* ⟨-; *no pl*⟩ *cf.* Carburierung.

Kar·da·mom [karda'moːm] *n*, ⟨-s; -e(n)⟩ *bot. gastr.* cardamom, *auch* cardamum, cardamon. — **~,öl** *n* cardamom oil. — **~,pflan·ze** *f bot.* cardamom (plant) (*Elettaria cardamomum*).

Kar'dan|,an,trieb [kar'daːn-] *m tech.* Cardan drive. — **~,auf,hän·gung** *f* Cardan(ic) suspension. — **~ge,lenk** *n cf.* Kreuzgelenk.

kar'da·nisch *adj* **1.** *tech.* Cardan(ic): ~e Aufhängung a) Cardan(ic) suspension, b) (*space*) gimbal-type suspension (system). – **2.** ~e Formel *math.* Cardan's rule.

Kar'dan|,ring *m mar.* (*eines Kompasses*) gimbal ring, *Br.* gimbal-ring, Cardan ring. — **~,wel·le** *f tech.* Cardan shaft, torque rod, flexible drive shaft, *Am. auch* propeller shaft.

Kar·dät·sche [kar'dɛːtʃə] *f* ⟨-; -n⟩ **1.** *tech.* (*in der Weberei*) (hand)card, teasel. – **2.** (*grobe Pferdebürste*) currycomb, *Br.* curry-comb, horsebrush, *Br.* horse-brush, dandy brush, *Br.* dandy-brush. – **3.** (*Streichbrett*) plasterer's float. — **kar'dät·schen** *v/t* ⟨*no* ge-, h⟩ **1.** (*Wolle etc*) card, tease, teasel. – **2.** (*striegeln*) curry(comb), *Br.* curry(-comb), brush.

Kar·de ['kardə] *f* ⟨-; -n⟩ **1.** *bot.* a) (*Kardendistel*) teasel (*Gattg Dipsacus*), b) (*Weberkarde*) fuller's teasel (*D. fullonum*): Wilde ~ wild teasel, Venus's-basin (*D. sylvestris*). – **2.** *bot.* (*Fruchtkopf der Kardendistel*) teasel. – **3.** (*textile*) a) teasel, b) carding machine, carder.

Kar·deel [kar'deːl] *n* ⟨-s; -e⟩, *f* ⟨-; -e⟩ *mar.* (*eines Taus od. Seils*) strand, twist.

kar·den ['kardən] *v/t* ⟨h⟩ (*textile*) (*Wolle*) card, tease, teasel, raise.

'Kar·den|,di·stel *f bot. cf.* Karde 1a. — **k~,för·mig** *adj zo.* (*Fischzähne*) cardiform. — **~ge,wächs** *n bot.* dipsacaceous plant: die ~e the dipsacaceae (*Fam. Dipsacaceae*). — **~,rah·men** *m* (*textile*) teasel frame.

kar·di..., Kar·di... *combining form denoting* cardi...

Kar·dia [kar'diːa] *f* ⟨-; *no pl*⟩ *med.* cardia: die ~ betreffend cardiac. — **~er,öff·nung** *f* cardiotomy.

Kar·dia·kum [kar'diːakʊm] *n* ⟨-s; -ka [-ka]⟩ *med. pharm.* cardiac, cardiac stimulant (*od.* remedy).

kar·di·al [kar'dĭaːl] *adj med.* cardiac.

Kar·di·al·gie [kardial'giː] *f* ⟨-; -n [-ən]⟩ *med.* cardialgia.

kar·die·ren [kar'diːrən] *v/t* ⟨*no* ge-, h⟩ (*textile*) *cf.* karden.

Kar·di·nal [kardi'naːl] *m* ⟨-s; ⸚e⟩ **1.** *röm. kath.* cardinal. – **2.** *zo.* cardinal (bird) (*Gattg Richmondena*): Roter ~ (red) cardinal (*R. cardinalis*); Grauer ~ crested cardinal (*Paroaria coronata*). – **3.** *gastr.* *punch of white wine with bitter orange peels.*

kar·di'nal *adj obs. for* vorzüglich 1–3, hauptsächlich I.

Kar·di·na·lat [kardina'laːt] *n* ⟨-(e)s; -e⟩ *röm.kath.* cardinalate.

Kar·di'nal|,bi·schof *m röm.kath.* cardinal bishop. — **~de,kan** *m* cardinal dean. — **~dia,kon** *m* cardinal deacon. — **~,feh·ler** *m fig.* cardinal (*od.* principal) fault. — **~,fisch** *m zo.* cardinal fish (*Apogon imberbis*). — **~,fra·ge** *f* cardinal question.

Kar·di·na·lia [kardi'naːlĭa] *pl math. ling.* cardinals, cardinal numbers (*od.* numerals).

Kar·di'nal|,prie·ster *m röm.kath.* cardinal priest. — **~,punkt** *m* **1.** cardinal (*od.* main) point. – **2.** *meist pl* (*optics*) cardinal (*od.* Gauss) point. – **3.** *meist pl biol.* cardinal point. — **~,pur·pur** *m* cardinal (red).

Kar·di'nals|,blu·me *f bot.* cardinal flower, *Br.* cardinal-flower (*Lobelia cardinalis*). — **~,hut** *m röm.kath.* cardinal's (*od.* red) hat. — **~kol,le·gi·um** *n* college of cardinals. — **~kon·gre·ga·ti,on** *f* congregation of cardinals, Roman congregation.

Kar·di'nal,staats·se·kre,tär *m röm.kath.* Papal Secretary of State.

Kar·di'nals|,vo·gel *m zo. cf.* Kardinal 2. — **~,wür·de** *f röm.kath.* dignity of a cardinal, cardinalate.

Kar·di'nal|,tu·gend *f meist pl philos.* cardinal virtue. — **~,zahl** *f math. ling.* cardinal (number *od.* numeral).

kar·dio..., Kar·dio... *combining form denoting* cardio... [*med.* cardiogram.]

Kar·dio·gramm [kardĭo'gram] *n* ⟨-s; -e⟩

Kar·dio·graph [kardĭo'graːf] *m* ⟨-en; -en⟩ *med.* cardiograph. — **Kar·dio·gra'phie** [-gra'fiː] *f* ⟨-; *no pl*⟩ cardiography. — **kar·dio'gra·phisch** *adj* cardiographic.

Kar·dio·ide [kardĭo'iːdə] *f* ⟨-; -n⟩ *math.* cardioid.

Kar·dio·lo·ge [kardĭo'loːgə] *m* ⟨-n; -n⟩ *med.* cardiologist. — **Kar·dio·lo'gie** [-lo'giː] *f* ⟨-; *no pl*⟩ cardiology.

Kar·dio·spas·mus [kardĭo'spasmʊs] *m* ⟨-; -men⟩ *med.* cardiospasm.

Kar·di·tis [kar'diːtɪs] *f* ⟨-; -tiden [-di'tiːdən]⟩ *med.* carditis.

'Kar·do·be·ne,dik·ten,kraut ['kardo-] *n bot.* blessed (*od.* holy) thistle (*Cnicus benedictus*).

Kar·do·ne [kar'doːnə] *f* ⟨-; -n⟩ *bot.* cardoon, *Am. auch* cardon (*Cynara cardunculus*).

'Kar·dus·pa,pier ['kardʊs-] *n tech.* cartridge paper, *Br.* cartridge-paper.

Ka·re·li·er [ka'reːlĭər] *m* ⟨-s; -⟩ *anthrop.* Karelian, *auch* Carelian. — **ka're·lisch** [-lɪʃ] *adj* Karelian, *auch* Carelian.

Ka·renz [ka'rɛnts] *f* ⟨-; -en⟩, **~,frist** *f econ.* (*bei Versicherungen*) qualifying (*od.* partial-benefit) period, waiting time. — **~,jahr** *n röm.kath.* *year in which the beneficiary has to for(e)go part or all of his income.* — **~,zeit** *f* **1.** *econ.* (*emissionsfreie Zeit*) close season. – **2.** *econ.* (*Tätigkeitsbeschränkung*) competitive restriction. – **3.** *med.* a) period of restricted physical activity (*od.* diet), b) waiting period (*before health insurance becomes effective*).

ka·res·sie·ren [karɛ'siːrən] *v/t* ⟨*no* ge-, h⟩ j-n ~ *obs. od. dial.* to caress s.o.

Ka·ret·te [ka'rɛtə] *f* ⟨-; -n⟩, **Ka'rett·,schild,krö·te** *f zo.* **1.** Echte ~ hawksbill (*Br.* hawks-bill) (turtle) (*Eretmochelys imbricata*). – **2.** Unechte ~ loggerhead (turtle) (*Caretta caretta*).

Kar·fi·ol [kar'fĭoːl] *m* ⟨-s; *no pl*⟩ *bot.* *Southern G. and Austrian for* Blumenkohl.

,Kar'frei,tag [,kaːr-] *m relig.* Good Friday.

Kar·fun·kel [kar'fʊŋkəl] *m* ⟨-s; -⟩ **1.** *min.* almandite, almandine. – **2.** *antiq.* anthrax. – **3.** (*bes. Rubin, Granat*) *cf.* Karfunkelstein. – **4.** *med. colloq. for* Karbunkel. — **~,na·se** *f colloq. Am.* coppernose, *Br.* boozer's nose. — **~,salm·ler** *m zo.* (*Aquarienfisch*) pretty tetra (*Hemigrammus pulcher*). — **~,stein** *m* **1.** carbuncle stone. – **2.** garnet cut en cabochon. – **3.** *hist. any red precious stone.*

karg [kark] **I** *adj* ⟨-er, *auch* ⸚er; -st, *auch* ⸚st⟩ **1.** (*Mahl, Lohn etc*) scanty, meager, *bes. Br.* meagre, frugal, poor: die ~en Reste seines Essens the scraps of his meal. – **2.** (*Boden etc*) poor, barren, (*stärker*) sterile. – **3.** (*Dank etc*) sparing. – **4.** (*Beifall, Lob etc*) scant, faint, very little (*attrib*). – **5.** (*Person*) parsimonious, frugal. – **6.** mit etwas ~ sein *cf.* kargen. – **II** *adv* **7.** ~ bemessen sein a) (*Freizeit etc*) to be strictly limited, to be (very) restricted, b) (*Lohn etc*) to be (very) scanty (*od.* meager, *bes. Br.* meagre).

'Kar·ge,bir·ge *n geol.* fretted upland.

kar·gen ['kargən] *v/i* ⟨h⟩ mit etwas ~ a) (*mit Lob, Worten etc*) to be sparing (*od.* chary) of (*od.* with) s.th., b) (*mit Trinkgeldern etc*) to be tight(-fisted) (*od.* mean) with s.th., c) (*mit Butter etc*) to be stinting with s.th.: nicht mit etwas ~ to be unsparing of s.th., to be lavish with s.th.

'Karg·heit *f* ⟨-; *no pl*⟩ **1.** (*des Mahles etc*) scantiness, meagerness, *bes. Br.* meagreness, frugality, poorness. – **2.** (*des Bodens etc*) poorness, barrenness, (*stärker*) sterility. – **3.** (*einer Person*) parsimony, frugality.

'Kar,glet·scher *m geol.* cirque glacier.

kärg·lich ['kɛrklɪç] **I** *adj* **1.** *cf.* karg 1. – **II** *adv* **2.** scantily, meagerly, *bes. Br.* meagrely, frugally, poorly: ~ leben to live frugally; er wird ~ bezahlt he is scantily paid, he is paid a mere pittance; die Natur hat ihn ~ bedacht he is poorly gifted, nature did not lavish her gifts on him. – **3.** poorly: ein ~ eingerichtetes Zimmer a poorly furnished room.

'Kärg·lich·keit *f* ⟨-; *no pl*⟩ **1.** *cf.* Kargheit 1. – **2.** (*der Einrichtung etc*) poorness.

Kar·go ['kargo] *m* ⟨-s; -s⟩ *mar. econ.* cargo, freight.

Ka·ri·be [ka'riːbə] *m* ⟨-n; -n⟩ Carib, Carib(b)ee, Caribbean. — **ka'ri·bisch I** *adj* Caribbean: das K~e Meer the Caribbean Sea. – **II** *ling.* **K~** ⟨*generally undeclined*⟩, das **K~e** ⟨-n⟩ Cariban.

Ka·ri·bu ['kaːribu] *m* ⟨-s; -s⟩ *zo.* a) caribou (*Rangifer caribou*), b) *Am.* mountain caribou (*R. montanus*), c) Barren Ground (*od.* woodland) caribou (*R. arcticus*).

ka·rie·ren [ka'riːrən] *v/t* ⟨*no* ge-, h⟩ **1.** check, checker, *Br.* chequer. – **2.** (*bes. Papier*) square. — **ka'riert I** *pp.* – **II** *adj* **1.** checkered, *Br.* chequered, check(ed): eine ~e Jacke a check jacket. – **2.** (*Papier*) cross-section (*attrib*), squared. – **III** *adv* **3.** *fig. colloq.* foolishly: red (*od.* quatsch) nicht so ~ don't talk such blooming nonsense; du guckst (*od.* schaust) aber ~ you are looking daft (*sl.*).

Ka·ri·es ['kaːrĭɛs] *f* ⟨-; *no pl*⟩ *med.* (dental) caries, tooth decay.

Ka·ri·ka·tur [karika'tuːr] *f* ⟨-; -en⟩ caricature, (*bes. Witzzeichnung*) cartoon: eine ~ von j-m zeichnen to caricature s.o., to draw a cartoon of s.o.; ~en zeichnen to draw caricatures (*od.* cartoons); j-n zur ~ machen *fig.* to ridicule s.o.; er sieht aus wie seine eigene ~ *fig. colloq.* he looks like a caricature of himself. — **k~,ar·tig** *adj* caricatural.

Ka·ri·ka'tu·ren,zeich·ner *m cf.* Karikaturist.

Ka·ri·ka·tu·rist [karikatu'rɪst] *m* ⟨-en; -en⟩ caricaturist, (*bes. Witzzeichner*) cartoonist. — **ka·ri·ka·tu'ri·stisch** *adj* caricatural. — **ka·ri'kie·ren** [-'kiːrən] *v/t* ⟨*no* ge-, h⟩ caricature, cartoon, make a caricature (*od.* cartoon) of.

ka·ri·ös [ka'rĭøːs] *adj med.* **1.** carious. – **2.** (*Zahn*) carious, decayed, rotten: ~ werden to decay.

ka·risch ['kaːrɪʃ] *adj geogr.* Carian.

Ka·ri·tas ['kaːritas] *f* ⟨-; *no pl*⟩ *cf.* Caritas.

ka·ri·ta·tiv [karita'tiːf] *adj* (*Tätigkeit etc*) charitable, caritative.

Kar·kas·se [kar'kasə] *f* ⟨-; -n⟩ **1.** *auto.* (*eines Gummireifens*) casing, carcass. – **2.** *gastr.* (*Rumpf vom Geflügel*) carcass. – **3.** *mil. hist.* carcass, fireball, *Br.* fire-ball.

kar·lin·gisch [kar'lɪŋɪʃ] *adj hist. cf.* karolingisch.

Kar·list [kar'lɪst] *m* ⟨-en; -en⟩ *pol. hist.* (*in Spanien*) Carlist. — **Kar'lis·ten·tum** *n* ⟨-s; *no pl*⟩ Carlism.

'Karls,ba·der ['karls-] *adj* ⟨*undeclined*⟩ Carlsbad: ~ Beschlüsse *hist.* Carlsbad Decrees (*1819*); ~ Salz *med. pharm.* Carlsbad salt.

'Karls|,di·stel *f bot.* (*Eberwurz*) carline thistle, stemless carline (*Carlina acaulis*). — **~,kir·sche** *f cf.* Hartriegel. — **~,preis, der** (*der Stadt Aachen*) the Charlemagne Peace Prize. — **~,sa·ge** *f* (*literature*) Charlemagne legend. — **~,sa·gen,kreis** *m* Charlemagne legends *pl* (*od.* cycle).

Kar·ma(n) ['karma(n)] *n* ⟨-s; *no pl*⟩ *relig.* (*im Buddhismus u. Hinduismus*) karma, *auch* Karma.

Kar·me·lit [karme'liːt] *m* ⟨-en; -en⟩, **Kar·me'li·ter** *m* ⟨-s; -⟩ *röm.kath.* Carmelite (friar *od.* monk), White Friar.

Kar·me'li·ter,geist *m* ⟨-es; *no pl*⟩ *med. pharm.* Carmelite water.

Kar·me'li·te·rin *f* ⟨-; -nen⟩ *röm.kath.* Carmelite (nun).
Kar·me'li·ter,or·den *m röm.kath.* Carmelite Order.
Kar·me'li·tin *f* ⟨-; -nen⟩ *röm.kath. cf.* Karmeliterin.
Kar·men ['karmən] *n* ⟨-s; -mina [-mina]⟩ (*literature*) occasional verse, carmen.
kar·me·sin [karme'zi:n] **I** *adj* carmine, crimson. – **II K~** *n* ⟨-s; *no pl*⟩ carmine, crimson. — **~,rot** *adj cf.* karmesin I.
Kar·min [kar'mi:n] *n* ⟨-s; *no pl*⟩ *cf.* karmesin II.
Kar·mi·na·ti·vum [karmina'ti:vum] *n* ⟨-s; -va [-va]⟩ *med. pharm.* carminative.
Kar'min|,gim·pel *m zo.* scarlet grosbeak (*Gattg Carpodacus, bes. C. erythrina*). — **~,lack** *m tech.* carmine (lake), *auch* Venetian (*od.* Vienna) lake.
kar'min,rot I *adj* carmine(-red), crimson(-red). – **II K~** *n* carmine (red), crimson (red).
Karn [karn] *n* ⟨-s; *no pl*⟩ *geol. hist.* Carnian, *auch* Karnian.
Kar·nal·lit [karna'li:t; -'lɪt] *m* ⟨-s; *no pl*⟩ *min.* carnallite.
Kar·na·ti·on [karna'tsi̯o:n] *f* ⟨-; *no pl*⟩ *cf.* inkarnat II.
Kar'nau·ba|,pal·me [kar'nauba-] *f bot.* carnauba (*od.* wax) palm (*Copernicia cerifera*). — **~,wachs** *n* ⟨-es; *no pl*⟩ carnauba wax.
Kar·ne·ol [karne'o:l] *m* ⟨-s; -e⟩ *min.* carnelian, cornelian, carneol(e).
Kar·ner[1] ['karnər] *m* ⟨-s; -⟩ **1.** *dial. for* Beinhaus. – **2.** *dial.* meat larder.
'Kar·ner[2] *pl hist.* Carni.
Kar·ne·val ['karnəval] *m* ⟨-s; -e *u.* -s⟩ carnival, Shrovetide: Prinz ~ King Carnival. — **Kar·ne·va'list** [-'lɪst] *m* ⟨-en; -en⟩ carnival reveler (*bes. Br.* reveller). — **kar·ne·va'li·stisch** *adj* carnival (*attrib*).
'Kar·ne·vals|ge,sell·schaft *f* **1.** carnival party. – **2.** carnival society (*od.* association). — **~,lied** *n* carnival song. — **~,or·den** *m* fool's badge, carnival decoration. — **~,prinz** *m* carnival prince (*od.* king). — **~prin,zes·sin** *f* carnival princess (*od.* queen). — **~,trei·ben** *n* carnival merrymaking (*od.* festivities *pl*, revelries *pl*). — **~,wa·gen** *m* carnival float. — **~,zug** *m* carnival procession (*od.* parade).
Kar·nickel (*getr.* -k·k-) [kar'nɪkəl] *n* ⟨-s; -⟩ **1.** *zo. colloq.* rabbit: sich vermehren wie die ~ *fig.* to multiply (*od.* breed) like rabbits. – **2.** *fig. colloq.* (*Sündenbock*) scapegoat, whipping boy, *Am. colloq.* fall guy: er mußte wieder das ~ sein he had to be the scapegoat again. – **3.** *fig. contempt.* (*Dummkopf*) stupid ass: dieses ~ hat mit dem Streit angefangen this stupid ass started the quarrel.
Kar·nies [kar'ni:s] *n* ⟨-es; -e⟩ *civ.eng.* a) cornice, b) (*Bauglied von S-förmigem Querschnitt*) ogee, *auch* OG: krönendes ~ cymatium, cymatium. — **~,bo·gen** *m* ogee arch.
Kar·nie·se [kar'ni:zə] *f* ⟨-; -n⟩ *Austrian for* Vorhangstange 1.
'kar·nisch *adj geol.* Karnic, Carnic, Karnian: ~e Stufe Karnic belt.
Kar·ni·sche [kar'ni:ʃə] *f* ⟨-; -n⟩ *Austrian dial. for* Vorhangstange 1.
kar·ni·vor [karni'vo:r] *adj bot. zo.* (*fleischfressend*) carnivorous. — **Kar·ni'vo·ren** *pl* **1.** *zo.* carnivores (*Ordng Carnivora*). – **2.** *bot.* insectivorous (*od.* carnivorous) plants.
Kärnt·ner ['kɛrntnər] *m* ⟨-s; -⟩ Carinthian. — **'kärnt·ne·risch** *adj* Carinthian.
Ka·ro ['ka:ro] *n* ⟨-s; -s⟩ **1.** (*bes. textile*) check, square. – **2.** (*games*) (*Karten*) diamonds *pl* (*construed as sg or pl*): ~ ist Trumpf diamonds are trumps. – **3.** ~ einfach *bes. mil. colloq.* a) dry bread, b) poor meal. — **~-,As** *n* (*Spielkarte*) ace of diamonds.
Ka'rob,baum [ka'ro:p-] *m bot. cf.* Johannisbrotbaum.
Ka·ro·be [ka'ro:bə] *f* ⟨-; -n⟩ *bot. obs. for* Johannisbrot.
'Ka·ro|,bu·be *m* (*Spielkarte*) jack (*od.* knave) of diamonds. — **~,da·me** *f* queen of diamonds. — **~,kar·te** *f* diamond. — **~,kö·nig** *m* king of diamonds.
Ka·ro'li·na,sit·tich [karo'li:na-] *m zo.* Carolina par(r)akeet (*od.* par[r]oquet) (*Conuropsis carolinensis*).
Ka·ro·lin·ger ['ka:rolɪŋər] *m* ⟨-s; -⟩ *hist.* Carolingian. — **~,schrift** *f print.* Caroline minuscule. — **~,zeit** *f hist.* time of the Carolingians.
'ka·ro·lin·gisch *adj* **1.** *hist.* Carolingian. – **2.** *ling.* (*Minuskel*) Caroline.
ka·ro·li·nisch [karo'li:nɪʃ] *adj hist.* Carolinian.
'Ka·ro,mu·ster *n* check(ed) pattern: etwas mit einem ~ versehen to check s.th.
Ka·ros·se [ka'rɔsə] *f* ⟨-; -n⟩ caroche, state coach.
Ka·ros·se·rie [karɔsə'ri:] *f* ⟨-; -n [-ən]⟩ *auto.* car (*od.* carriage) body, coachwork: offene ~ open-type body. — **~,ar·beit** *f* **1.** (*Karosseriebau*) coachbuilding, car-body construction. – **2.** (*Karossierung*) body design (*od.* styling). — **~,bau** *m* ⟨-(e)s; *no pl*⟩ bodymaking, coachbuilding, car-body construction. — **~,bau·er** *m* **1.** bodymaker, coachbuilder, coachmaker. – **2.** *cf.* Karosseriegestalter. — **~,blech** *n* car-body sheet. — **~ge,stal·ter**, **~kon·struk,teur** *m* car-body designer (*od.* stylist). — **~kon·struk·ti,on** *f* car-body construction. — **~,werk** *n* car-body works *pl* (*construed as sg or pl*).
Ka·ros·sier [karɔ'si̯e:] *m* ⟨-s; -s⟩ **1.** *cf.* Karosseriegestalter. – **2.** *obs.* carriage (*od.* coach) horse.
ka·ros·sie·ren [karɔ'si:rən] *auto.* **I** *v/t* ⟨*no* ge-, h⟩ design, style. – **II K~** ⟨-s⟩ *verbal noun.* — **Ka·ros'sie·rung** *f* ⟨-; -en⟩ **1.** *cf.* Karossieren. – **2.** car-body design (*od.* styling).
Ka·ro·ti·de [karo'ti:də] *f* ⟨-; -n⟩ *med. cf.* Karotis.
Ka·ro·tin [karo'ti:n] *n* ⟨-s; *no pl*⟩ *chem.* car(r)otene, car(r)otin ($C_{40}H_{56}$).
Ka·ro·tis [ka'ro:tɪs] *f* ⟨-; -tiden [-ro'ti:dən]⟩ *med.* carotid.
Ka·rot·te [ka'rɔtə] *f* ⟨-; -n⟩ *bot.* carrot (*Daucus carota*).
Ka'rot·ten|,beet *n hort.* carrot bed. — **~,flie·ge** *f zo.* carrot rust fly (*Psila rosae*).
kar·pal [kar'pa:l] *adj med.* carpal. — **K~,ge·gend** *f* carpal region.
Kar'pa·ten,molch [kar'pa:tən-] *m zo.* Carpathian newt (*Triturus mondandoni*).
kar'pa·tisch *adj geogr.* Carpathian.
Kar·pell [kar'pɛl] *n* ⟨-s; -e⟩ *bot.* (*Fruchtblatt*) carpel, carpellum: ohne ~e acarpel(l)ous; mit zwei ~en dicarpellary; das ~ betreffend carpellary.
Karp·fen ['karpfən] *m* ⟨-s; -⟩ *zo.* (pond) carp (*Cyprinus carpio*). — **k~,ar·tig** cyprinid, cyprinoid: ~er Fisch cyprinid. — **~,fisch** *m zo.* a) *cf.* Karpfen, b) carp, minnow (*Fam. Cyprinidae*), c) sucker (*Fam. Catostomidae*). — **~,laus** *f* carp louse (*Argulus foliacens*). — **~,rücken** (*getr.* -k·k-) *m vet.* roach (*od.* high) back. — **~,teich** *m* carp pond: → Hecht 1. — **~,zucht** *f* carp breeding.
Kärpf·ling ['kɛrpflɪŋ] *m* ⟨-s; -e⟩ *zo. cf.* Zahnkarpfen.
Kar·po·gon [karpo'go:n] *n* ⟨-s; -e⟩ *bot.* carpogonium.
Kar·po·lith [karpo'li:t; -'lɪt] *m* ⟨-s *u.* -en; -e(n)⟩ (*fossile Frucht*) carpolite.
Kar·po·lo·ge [karpo'lo:gə] *m* ⟨-n; -n⟩ carpologist. — **Kar·po·lo'gie** [-lo'gi:] *f* ⟨-; *no pl*⟩ carpology. — **kar·po'lo·gisch** *adj* carpological.
Kar·po·phor [karpo'fo:r] *m* ⟨-s; -e⟩ *bot.* [carpophore.]
Kar·po·spo·re [karpo'spo:rə] *f bot.* (*der Rotalgen*) carpospore.
Kar·ra·g(h)een [kara'ge:n] *n* ⟨-s; *no pl*⟩, **~,moos** *n*, **~,tang** *m bot.* carrag(h)een, carageen, Irish moss (*Chondrus crispus*).
Kar·ra·ra [ka'ra:ra], **~,mar·mor** *m* ⟨-s; *no pl*⟩ *cf.* Carrara(marmor). — **kar'ra·risch** [-rɪʃ] *adj cf.* carrarisch.
Kar·re ['karə] *f* ⟨-; -n⟩ **1.** (*zweirädrige*) (hand)cart, (push)cart, *Br. auch* barrow, *Am. auch* hand truck: eine ~ voll Äpfel a cartload of apples; die ~ in den Dreck fahren *fig. colloq.* to make a mess of things, to get things into a mess; die ~ aus dem Dreck ziehen (*od.* schieben) *fig. colloq.* to clear up (*od.* straighten out) the mess; die ~ war vollständig verfahren *fig. colloq.* things were in a complete mess (*od.* muddle); die ~ (einfach) laufenlassen *fig. colloq.* a) to let things take their course, b) (*sich um etwas nicht mehr kümmern*) to let things slide; j-m an die ~ fahren *fig. colloq.* a) to foil (*od.* thwart, frustrate) s.o.'s plan(s), b) (*j-n beleidigen*) to offend (*od.* abuse, hurt) s.o. – **2.** (*Schubkarre*) wheelbarrow. – **3.** (*Fuhrwerk*) cart. – **4.** *colloq.* (*altes Fahrzeug*) (old) crate, rattletrap, (*Auto*) *auch* jalopy, (*Fahrrad*) *auch* (old) wheel (*alle colloq.*).
Kar·ree [ka're:] *n* ⟨-s; -s⟩ **1.** *auch mil. hist.* square: sich im ~ aufstellen to form a square. – **2.** *colloq.* (*Wohnviertel*) block (of houses): ums ~ gehen to go (a)round the block. – **3.** *bes. Austrian gastr.* (veal *od.* pork) loin. – **4.** (*beim Tanz*) square. — **~,spiel** *n* (*beim Billard*) balk-line game.
kar·ren ['karən] *v/t* ⟨h⟩ wheel, cart, convey (*s.th.*) in a barrow: den Abfall auf den Haufen ~ to wheel the rubbish to the dump.
'Kar·ren[1] *m* ⟨-s; -⟩ **1.** *cf.* Karre: die Gewerkschaften vor den ~ der Partei spannen *fig. colloq.* to engage the trade (*Am.* labor) unions in the party's cause. – **2.** (*Ochsenkarren*) oxcart. – **3.** (*des Henkers*) tumbrel, tumbril. – **4.** *electr.* electric truck. – **5.** *tech.* (*Förderkarren*) tram(car), *Br.* tram(-car). – **6.** *print.* a) coffin, b) (*einer Flachbettmaschine*) type bed.
'Kar·ren[2] *pl geol.* karren, lapies, lapiez. — **~,feld** *n* karrenfeld.
'Kar·ren|,gaul *m* **1.** cart (*od.* dray) horse, *Br.* cart- (*od.* dray-)horse. – **2.** *contempt.* (*altes Pferd*) jade. — **~,la·dung** *f* cartload, *Br.* cart-load, barrowload, *Br.* barrow-load. — **~,läu·fer**, **~,schie·ber** *m* (*mining*) putter, drawer, trammer. — **~,spur** *f* cart rut.
'Kar·rer *m* ⟨-s; -⟩ *Swiss for* Kärrner.
Kar·re·te [ka're:tə] *f* ⟨-; -n⟩ *bes. Eastern Middle G.* old crate, rattletrap, (*Auto*) *auch* jalopy (*alle colloq.*).
Kar·ret·te [ka'rɛtə] *f* ⟨-; -n⟩ *Swiss* **1.** (*Schubkarren*) wheelbarrow. – **2.** *transport vehicle for mountain troops.* – **3.** *two-wheeled shopping cart.*
Kar·ri ['kari] *m* ⟨-s; -s⟩, **~,baum** *m bot.* kar(r)i (*Eucalyptus diversicolor*).
Kar·rie·re [ka'ri̯ɛ:rə] *f* ⟨-; -n⟩ **1.** career: er hat eine glänzende ~ gemacht he has had a brilliant career, he has made a brilliant career for himself; er hat rasch ~ gemacht he has climbed the ladder fast (*colloq.*); ~ machen to get on well (*od.* get ahead) in life. – **2.** (*schneller Galopp*) full gallop: er kam in voller ~ herangefahren he came at full gallop (*od.* full tilt); ~ reiten to gallop. — **~,frau** *f* career woman. — **~,ma·cher** *m* ⟨-s; -⟩ *contempt.* careerist.
Kar·rie·ris·mus [kari̯e'rɪsmus] *m* ⟨-; *no pl*⟩ *contempt.* careerism. — **Kar·rie'rist** [-'rɪst] *m* ⟨-en; -en⟩ careerist.
Kar·ri·ol [ka'ri̯o:l] *n* ⟨-s; -s⟩, **Kar·rio·le** [-'ri̯o:lə] *f* ⟨-; -n⟩ **1.** car(r)iole. – **2.** *obs.* post chaise, *Br.* post-chaise. — **kar·rio·len** [-'ri̯o:lən] *v/i* ⟨*no* ge-, sein⟩ **1.** *colloq.* drive like a madman, tear (around) like crazy (*colloq.*). – **2.** *obs.* drive with a post chaise (*Br.* post-chaise).
Kärr·ner ['kɛrnər] *m* ⟨-s; -⟩ *obs.* (*Fuhrknecht*) carter, carman. — **~,ar·beit** *f colloq.* drudgery.
Kar·ru [ka'ru:] *f* ⟨-; *no pl*⟩ *geogr.* kar(r)oo. — **~for·ma·ti,on** *f geol.* kar(r)oo formation (*od.* system).
,Kar'sams,tag *m relig.* Holy Saturday.
'Kar,see *m geol.* cirque (lake).
Karst[1] [karst] *m* ⟨-es; *no pl*⟩ *geol.* karst.
Karst[2] *m* ⟨-es; -e⟩ **1.** *agr.* a) (*Breithacke*) mattock, b) (*zweizinkige Hacke*) prong hoe. – **2.** *tech.* twibil(l).
'Karst|er,schei·nun·gen *pl geol.* karst(ic) phenomena. — **~,land·schaft** *f* karst landscape. — **~,trich·ter** *m* doline, *auch* dolina, sink(hole), swallow. — **~,wan·ne** *f* karst depression.
Kar·tät·sche [kar'tɛ:tʃə] *f* ⟨-; -n⟩ *mil. hist. cf.* Kartätschengranate. — **kar'tät·schen** *v/i* ⟨*no* ge-, h⟩ shoot (*od.* fire) with case shot (*Br.* case-shot).
Kar'tät·schen|ge,schoß *n mil. hist.* langrage, *Am. auch* langrel, *Br. auch* langridge. — **~gra,na·te** *f* case (*od.* canister) shot, *Br.* case- (*od.* canister-)shot, grapeshot, *Br.* grape-shot.
Kar·tau·ne [kar'taunə] *f* ⟨-; -n⟩ *mil. hist.* cannon-royal.
Kar·tau·se [kar'tauzə] *f* ⟨-; -n⟩ *röm.kath.* Carthusian monastery (*od.* convent), charterhouse.
Kar·täu·ser [kar'tɔyzər] *m* ⟨-s; -⟩ **1.** *röm. kath.* Carthusian (friar *od.* monk). – **2.** (*Likör*) Chartreuse (liqueur). — **~,klo·ster** *n cf.* Kartause. — **~li,kör** *m cf.* Kartäuser 2. — **~,mönch** *m cf.* Kartäuser 1. — **~,nel·ke** *f bot.* Carthusians' pink (*Dianthus carthusianorum*).
Kar·te ['kartə] *f* ⟨-; -n⟩ **1.** (*Postkarte*) (post)card, *Am. auch* postal card. – **2.** (*An-*

sichtskarte) picture postcard, (post)card: **j-m eine ~ aus dem Urlaub schicken** to send s.o. a (post)card while on holiday (*bes. Am.* vacation). – **3.** (*Glückwunschkarte*) (greeting) card: **j-m eine ~ zum Geburtstag schicken** to send s.o. a birthday card. – **4.** (*Anzeige*) announcement: **zur Verlobung [Hochzeit] ~n verschicken** to send out engagement [wedding] announcements; **statt ~n** (*in einer Annonce*) *etwa* instead of sending out individual announcements. – **5.** (*Visitenkarte*) (calling *od.* visiting) card: **seine ~ abgeben** (*od.* **hinterlassen**) to leave one's (calling) card. – **6.** (*Lebensmittelkarte*) ration card, coupon: **etwas auf ~n kaufen** to buy s.th. on (*bes. Am.* with) coupons. – **7.** (*Landkarte*) map: **eine ~ von Europa** a map of Europe; **~n lesen können** to be able to read (*od.* interpret) maps; **photogrammetrische ~** photomap; **einen Ort auf der ~ suchen** to look for (*od.* up) a place on the map; **eine ~ von einem Gebiet anlegen** to make a map of a district, to map a district. – **8.** (*See-, Flugkarte*) chart: **den Kurs auf der ~ eintragen** to chart the course. – **9.** (*Speisekarte*) menu, bill of fare: **Herr Ober, bitte die ~** waiter, (could I have) the menu, please; **was steht auf der ~?** what's on the menu? **wir essen nach der ~** we are eating à la carte; **nach der ~ bestellen** to order from the menu, to order à la carte. – **10.** (*Weinkarte*) (wine) list. – **11.** (*Fahrkarte*) ticket: **eine ~ lochen** (*od.* **knipsen**) **[kontrollieren]** to punch [to check *od.* inspect] a ticket; **eine ~ kaufen** (*od.* **lösen**) to buy (*od.* book) a ticket; **seine ~ vorzeigen** to show one's ticket. – **12.** (*Eintrittskarte*) (admission) ticket: **die ~n sind ausverkauft** the tickets are sold out; **es gibt keine ~n mehr** there are no more tickets available. – **13.** (*Stempelkarte*) time card, *Br.* time-card: **die ~ stempeln** a) (*bei Arbeitsbeginn*) to clock in, b) (*bei Arbeitsende*) to clock out. – **14.** (*statistics*) graph, chart. – **15.** (*games*) a) (playing) card, b) *collect.* (*Blatt*) hand, cards *pl*: **ein Spiel ~n** a pack (*bes. Am.* deck) of cards; **~n spielen** (*od. colloq.* **dreschen**) to play cards; **die ~n abheben [geben, mischen, vergeben]** to cut [to deal, to shuffle, to misdeal] the cards; **eine gute [schlechte] ~ haben, gute [schlechte] ~n haben** to have a good [bad] hand; **schlechte ~n bekommen** to get a bad hand; **gut ~n spielen** to play a good game of cards; **j-m die ~n legen** (*od. dial.* **schlagen**) to tell s.o.'s fortune from cards; **eine ~ ausspielen [stechen]** to play [to trump] a card; **alle diese ~n stechen nicht mehr** *fig.* all these arguments are no longer valid; **seine ~n aufdecken** (*od.* **auf den Tisch legen, offen hinlegen**) *auch fig.* to show one's cards (*od.* hand), to lay (*od.* put) one's cards on the table, *fig. auch* to come clean (*sl.*) (*od.* out into the open); **seine letzte ~ ausspielen** *fig.* to make one's last bid, to play one's last card; **auf die falsche ~ setzen** *fig.* to back the wrong horse; **alles auf 'eine ~ setzen** *fig.* to put all one's eggs in one basket, to stake everything on one horse; **j-m in die ~n sehen** (*od.* **gucken**) *auch fig.* to look at s.o.'s cards; **er läßt sich nicht in die ~n sehen** *fig.* he doesn't show his hand (*od.* give anything away); **er läßt sich in die ~n sehen** *fig.* he's showing his hand, he is giving the whole show away; **er hat alle ~n in der Hand** *fig.* he holds all the trumps (*od.* winning cards); **er wollte alle ~n in der Hand behalten** *fig.* he wanted to keep his grip (*od.* hold) on things; **mit offenen ~n spielen** a) to play a game with exposed cards, b) *fig.* to show one's hand, to let out one's designs; **mit verdeckten ~n spielen** *fig.* to cover one's hand.

Kar·tei [kar'taɪ] *f* ⟨-; -en⟩ **1.** card index, (card-)index file: **eine ~ anlegen [führen]** to set up (*od.* start) [to keep] a card index; **eine ~ auf dem laufenden halten** to keep a card index up-to-date; **Karten in die ~ einordnen** to file cards in the card index. – **2.** (*bes. in Bibliotheken*) card catalog (*bes. Br.* catalogue) (*od.* index). — **~ˌkar·te** *f* index (*od.* filing) card: **~n einordnen** to file index cards; **eine ~ für einen neuen Kunden anlegen** to fill out a filing card for (*od.* on) a new client, to enter a new client in the card index. — **~karˌton** *m* (*paper*) index board. — **~ˌka·sten** *m* **1.** filing case (*od.* box). – **2.** (*in Bibliotheken*) card-catalog (*bes. Br.* -catalogue) (*od.* -index) box (*od.* drawer). — **~ˌlei·che** *f* *filing card which is out of date.* — **~ˌrei·ter** *m* tab (signal). — **~ˌschrank** *m* **1.** filing cabinet. – **2.** (*bes. in Bibliotheken*) card-catalog (*bes. Br.* -catalogue) (*od.* -index) cabinet. — **~ˌzet·tel** *m* index (*od.* filing) slip.

Kar·tell [kar'tɛl] *n* ⟨-s; -e⟩ **1.** *econ.* cartel, *Br. auch* kartell: **Zusammenfassung in ~en** organization into cartels, cartel(l)ization; **in einem ~ zusammenfassen** to form into a cartel, to cartel(l)ize. – **2.** *pol.* (*mehrerer Parteien*) cartel. – **3.** *ped.* confederation of student organizations. – **4.** *hist.* cartel, written challenge. — **~ˌabˌkom·men** *n*, **~ˌabˌma·chung**, **~ˌabˌre·de**, **~ˌabˌspra·che** *f* *econ.* cartel agreement. — **~ˌamt** *n*, **~beˌhör·de** *f* *authorities pl having supervision of cartels.* — **~ˌbil·dung** *f* formation of cartels. — **~entˌflech·tung** *f* decartel(l)ization. — **~geˌsetz** *n* law on cartels, cartel act.

kar·tel·lie·ren [kartɛ'liːrən] *v/t* ⟨*no* ge-, h⟩ *econ.* cartel(l)ize. — **Kar·tel'lie·rung** *f* ⟨-; -en⟩ cartel(l)ization.

Kar'tell|ˌträ·ger *m* *hist.* **1.** bearer of a cartel. – **2.** second (to a dueller). — **~verˌband** *m* *ped. cf.* Kartell 3. — **~verˌbot** *n* *econ.* ban on cartels. — **~verˌtrag** *m* *econ.* cartel contract. — **~ˌwe·sen** *n* ⟨-s; *no pl*⟩ cartel system.

kar·ten ['kartən] *v/i* ⟨h⟩ *colloq.* play cards.

'Kar·ten|ˌaufˌnah·me *f* *geogr.* mapping. — **~ˌausˌga·be** *f* **1.** *cf.* Kartenverkauf. – **2.** *cf.* Kartenausgabestelle. — **~ˌausˌga·be·ˌstel·le** *f* **1.** ticket office, *Br.* ticket- (*od.* booking-)office. – **2.** (*in Krisenzeiten*) coupon (*od.* ration-card) issue office (*od.* counter). — **~au·toˌmat** *m* (*für Fahrkarten*) coin-operated ticket vendor (*od.* machine), *bes. Br.* ticket slot-machine. — **~ˌbild** *n* **1.** cartographic representation. – **2.** *bes. econ.* illustrative data map. — **~ˌblatt** *n* **1.** (*einer Landkarte*) map (sheet). – **2.** (*games*) card. — **~ˌbrief** *m* lettercard, *Br.* letter-card. — **~entˌfer·nung** *f* *geogr.* cartographic distance. — **~ˌgit·ter** *n* **1.** (map) grid. – **2.** *mil.* military grid. — **~ˌgruß** *m* (post)card: **er schickte uns einen ~ aus Salzburg** he sent us a postcard from Salzburg. — **~ˌhal·ter** *m* map holder. — **~ˌhaus** *n* **1.** house of cards: **meine Pläne fielen wie ein ~ zusammen** my plans collapsed like a house of cards. – **2.** *mar.* chart room. — **~ˌkun·de** *f* cartography, cartology. — **~ˌkünst·ler** *m* person who performs card tricks (*Br.* card-tricks). — **~ˌkunstˌstück** *n* card trick, *Br.* card-trick. — **~ˌle·geˌkunst** *f* cartomancy. — **~ˌle·gen** *n* ⟨-s⟩ fortune-telling with cards, cartomancy. — **~ˌle·ge·rin** *f* ⟨-; -nen⟩ fortune-teller (who uses cards). — **~ˌle·sen** *n* ⟨-s⟩ map reading. — **~ˌlo·cher** *m* (*computer*) card punch. — **~ˌmaßˌstab** *m* *geogr.* map scale. — **~ma·te·riˌal** *n* maps and charts *pl.* — **~ˌmes·sung** *f* measurement of distances on a map (*od.* chart). — **~ˌmi·schen** *n* ⟨-s⟩ shuffling (*of.* cards). — **~ˌmi·scher** *m* **1.** shuffler. – **2.** (*computer*) (numerical) collator. — **~ˌnetz** *n* *geogr.* map grid. — **~netz·entˌwurf** *m* *cf.* Kartenprojektion. — **~paˌpier** *n* (*paper*) chart paper. — **~pro·jek·tiˌon** *f* *geogr.* map projection. — **~ˌra·ster** *m* *electr.* radar raster. — **~ˌrei·ter** *m* *cf.* Karteireiter. — **~ˌschal·ter** *m* ticket counter (*od.* window). — **~ˌschla·gen** *n* *dial. for* Kartenlegen. — **~ˌschlä·ge·rin** *f* ⟨-; -nen⟩ *dial. for* Kartenlegerin. — **~si·gnaˌtur** *f* conventional sign (on a map). — **~ˌskiz·ze** *f* sketch map, *Br.* sketch-map. — **~ˌspiel** *n* **1.** card game, game of cards: **Whist ist ein ~** whist is a card game. – **2.** playing cards: **immer Pech beim ~ haben** to be always unlucky at cards. – **3.** pack (*bes. Am.* deck) of cards. — **~ˌspie·ler** *m* cardplayer. — **~ˌstän·der** *m* map stand. — **~ˌste·cher** *m* map engraver. — **~ˌta·sche** *f* **1.** map case. – **2.** (*in Anorak, Autotür etc*) map pocket. — **~ˌtisch** *m* **1.** card table. – **2.** map (*od.* chart) table. — **~verˌkauf** *m* **1.** sale of tickets. – **2.** (*theater*) box office, *Br.* box-office, ticket office, *Br.* ticket- (*od.* booking-)office: **~ ab 10 Uhr** the box office opens at ten o'clock. — **~ˌvor·verˌkauf** *m* advance booking (*od.* ticket sale), *Am.* reservation(s *pl*). — **~ˌwerk** *n* atlas. — **~ˌwin·kelˌmes·ser** *m* *geogr.* (map) protractor. — **~ˌzei·chen** *n* *cf.* Kartensignatur. — **~ˌzeich·nen** *n* **1.** drawing of maps, mapping. – **2.** cartography. — **~ˌzeich·ner** *m* **1.** cartographer, mapper. – **2.** *meteor.* plotter. — **~ˌzim·mer** *n* map (store)room (*Br.* [store-]room).

Kar·te·sia·ner [karte'zi̯aːnər] *m* ⟨-s; -⟩ *philos.* Cartesian. — **kar·te·sia·nisch** [-'zi̯aːnɪʃ] *adj cf.* kartesisch. — **Kar·te·sia'nis·mus** [-zi̯a'nɪsmus] *m* ⟨-; *no pl*⟩ Cartesianism. — **kar'te·sisch** [-'teːzɪʃ] *adj* Cartesian: **~e Koordinate [Kurve]** *math.* Cartesian coordinate [curve]; **~er Taucher, ~es Teufelchen** *phys.* Cartesian diver (*od.* devil); **K~er Dualismus** *philos.* Cartesian dualism.

Kar·tha·ger [kar'taːgər] *m* ⟨-s; -⟩ *hist.* Carthaginian. — **kar'tha·gisch** *adj* Carthaginian, Punic.

Kar·tha·min [karta'miːn] *n* ⟨-s; *no pl*⟩ *chem. cf.* Carthamin.

kar·tie·ren [kar'tiːrən] *v/t* ⟨*no* ge-, h⟩ **1.** *geogr.* a) (*Gelände*) map, b) (*Meer*) chart, c) (*Pflanzen etc*) enter (*s.th.*) on a map. – **2.** (*in Kartei einordnen*) file, card-index.

kar·ti·la·gi·nös [kartilagi'nøːs] *adj med.* [cartilaginous.]

Kar·tof·fel [kar'tɔfəl] *f* ⟨-; -n *u. colloq.* -⟩ **1.** *bot.* potato (*Solanum tuberosum*): **Süße ~** sweet potato, batata (*Ipomea batatas*); **~n klauben [roden]** *agr.* to pick [to lift] potatoes. – **2.** *gastr.* potato, 'spud' (*colloq.*): **gekochte [rohe, mehlige, glasige] ~n** boiled [raw, mealy *od.* floury, waxy *od.* frozen] potatoes; **~n schälen [stampfen, reiben, kochen, braten]** to peel [to mash, to grate, to boil, to fry] potatoes; **~n in der Schale** potatoes in their jackets (*od.* skins); **die dümmsten Bauern haben die größten ~n** (*Sprichwort*) fortune favo(u)rs fools (*proverb*); **'rin in die ~n, 'raus aus den ~n** *fig. colloq.* first one thing, then the other, it's like the Duke of York and his men. – **3.** *colloq.* 'potato' (*colloq.*), (large) hole in a sock (*od.* stocking). – **4.** *colloq.* 'turnip' (*sl.*), large pocket watch (*Br.* pocket-watch). – **5.** *colloq.* 'conk', 'schnozzle' (*beide sl.*), fleshy nose.

Kar'tof·fel|ˌäl·chen *n* *zo.* potato-root eelworm (*Heterodera rostochiensis*). — **~ˌacker** (*getr.* -k·k-) *m* potato field. — **~ˌanˌbau** *m* ⟨-(e)s; *no pl*⟩ cultivation (*od.* growing) of potatoes. — **~ˌbauch** *m* *colloq.* potbelly, *Br.* pot-belly, 'corporation' (*colloq.*). — **~ˌbo·fist**, **~ˌbo·vist** *m* *bot.* (*giftiger Pilz*) common earth-ball (*Scleroderma vulgare*). — **~ˌbranntˌwein** *m* *gastr.* potato spirit. — **~ˌbrei** *m* ⟨-(e)s; *no pl*⟩ mashed potatoes *pl.* — **~bren·neˌrei** *f* **1.** potato distilling. – **2.** (*Anlage*) potato (*od.* starch-spirit) distillery. — **~ˌchips** *pl* (potato) chips. — **~ˌdämp·fer** *m* (*housekeeping*) potato steamer. — **~ˌern·te** *f* **1.** potato harvest. – **2.** (*Ertrag*) potato crop. — **~ˌern·te·maˌschi·ne** *f* *agr.* potato harvester (*od.* digger, lifter). — **~ˌfäu·le** *f* potato rot. — **~ˌfeld** *n* potato field. — **~ˌhacke** (*getr.* -k·k-) *f* potato hoe. — **~ˌkä·fer** *m* *zo.* (Colorado) potato beetle, *Am. auch* potato bug (*Leptinotarsa decemlineata*). — **~ˌkloß**, *Southern G. and Austrian* **~ˌknö·del** *m* *gastr.* potato dumpling. — **~ˌknol·le** *f* *bot.* potato tuber. — **~ˌkrank·heit** *f* *agr.* potato disease. — **~ˌkraut** *n* **1.** potato vine (*od.* foliage). – **2.** (*nach der Ernte*) potato tops *pl* (*bes. Br.* ha[u]lm). — **~ˌkrebs** *m* wart disease (of potatoes). — **~kroˌket·te** *f* *gastr.* potato croquette. — **~ˌle·ge·maˌschi·ne** *f* *agr.* potato planter. — **~ˌmehl** *n* *gastr.* potato flour. — **~ˌmie·te** *f* *agr.* potato pit (*Br. auch* clamp). — **~ˌmus** *n* ⟨-es; *no pl*⟩ *gastr. cf.* Kartoffelbrei. — **~ˌna·se** *f* *colloq. cf.* Kartoffel 5. — **~ˌpflanz·maˌschi·ne** *f* *agr.* potato planter. — **~ˌpres·se** *f* (*housekeeping*) potato press (*Am. auch* ricer). — **~ˌpuf·fer** *m* *gastr.* potato fritter (*od.* pancake). — **~pü·ree** *n* ⟨-s; *no pl*⟩ *cf.* Kartoffelbrei. — **~ˌquet·sche** *f* **1.** *agr.* potato-mashing machine. – **2.** (*housekeeping*) *cf.* Kartoffelpresse. — **~ˌro·der** *m* *agr.* potato digger. — **~saˌlat** *m* *gastr.* potato salad. — **~ˌscha·le** *f* **1.** potato peel. – **2.** (*von gekochten Kartoffeln*) skin, jacket. — **~ˌschä·ler** *m* potato peeler. — **~ˌschleu·der** *f* *agr.* **1.** potato spinner. – **2.** rotary potato digger. — **~ˌschnaps** *m* *gastr. cf.* Kartoffelbranntwein. — **~ˌstam·pfer** *m* potato masher. —

~,**stär·ke** *f chem.* potato starch, *bes. Br. auch* farina. — ~,**stock** *m* ⟨-(e)s; *no pl*⟩ *Swiss gastr. for* Kartoffelbrei. — ~,**sup·pe** *f gastr.* potato soup. — ~,**trieb** *m bot.* potato sprout.

Kar·to·gramm [karto'gram] *n* ⟨-s; -e⟩ cartogram.

Kar·to·graph [karto'graːf] *m* ⟨-en; -en⟩ cartographer, mapper, map maker. — **Kar·to·gra'phie** [-gra'fiː] *f* ⟨-; *no pl*⟩ cartography, mapping, map making. — **kar·to'gra·phisch** *adj* cartographic(al).

Kar·to·man·tie [kartoman'tiː] *f* ⟨-; *no pl*⟩ cartomancy.

Kar·to·me·ter [karto'meːtər] *n* ⟨-s; -⟩ *geogr.* opisometer.

Kar·ton [kar'tõː; -'toːn; -'tɔŋ] *m* ⟨-s; -s *u. rare* -e [-'toːnə]⟩ **1.** cardboard, (*mehrschichtig*) pasteboard, paperboard: ein Bild auf ~ aufziehen to mount a picture on cardboard. – **2.** (*dünne Pappe od. starkes Papier*) fine cardboard. – **3.** (*Schachtel*) carton, cardboard box. – **4.** (*art*) (*für Mosaiken, Fresken etc*) cartoon. – **5.** *print.* (*Ersatzblatt*) cancel(lans), insert, inset.

Kar·to·na·ge [karto'naːʒə] *f* ⟨-; -n⟩ **1.** cardboard cover, pasteboard box. – **2.** *pl econ.* cardboard(-box) products. – **3.** *print.* board binding. — ~,**ar·beit** *f* pasteboard work.

Kar·to'na·gen|fa,brik *f* cardboard-box (*od.* carton) factory. — ~**ma,schi·ne** *f* machine for making cardboard boxes. — ~,**pap·pe** *f* (*paper*) box board.

Kar'ton,hül·le *f* (*eines Buches*) *bes. Am.* slipcase, slipcover, *bes. Br.* outer cover.

kar·to·nie·ren [karto'niːrən] *v/t* ⟨*no* ge-, h⟩ **1.** *print.* (*Buch*) bind (*book*) in (paper) boards. – **2.** (*in Karton einpacken*) pack (*s.th.*) in cardboard. — **Kar·to'nie·rer** *m* ⟨-s; -⟩ **1.** *print. workman occupied in binding* (*od. casing*) *books in paper boards.* – **2.** (*paper*) pasteboard worker. — **kar·to'niert I** *pp.* – **II** *adj* (*Buch*) (bound) in (paper) boards, paperback(ed).

Kar'ton·pa,pier *n* fine cardboard.

Kar·to·thek [karto'teːk] *f* ⟨-; -en⟩ card index (*od.* catalog, *bes. Br.* catalogue), index file: eine ~ anlegen to make a card index.

Kar·tu·sche [kar'tuʃə] *f* ⟨-; -n⟩ **1.** *mil.* (*bei Artilleriemunition*) cartridge. – **2.** *arch.* (*art*) cartouche, *Am. auch* cartouch. – **3.** *print.* scroll.

Kar'tusch|,hül·se *f* cartridge case. — ~**pa,pier** *n*, ~,**pap·pe** *f* cartridge paper, *Br.* cartridge-paper. — ~,**raum** *m mil.* (*eines Geschützes*) powder chamber. — ~,**ril·le** *f* (*am Geschoß*) crimping groove.

Ka·run·kel [ka'ruŋkəl] *f* ⟨-; -n⟩ *med.* caruncle, caruncula. — **ka·run·ku'lös** [-ku'løːs] *adj* caruncular.

Ka·rus·sell [karu'sɛl] *n* ⟨-s; -s *u.* -e⟩ **1.** merry-go-round, car(r)ousel, *bes. Br.* roundabout: ~ fahren to have a go (*od.* ride) on the merry-go-round. – **2.** *fig.* whirligig: das ~ der Zeit the whirligig of time. – **3.** *colloq.* (*Kreisverkehr*) roundabout, *bes. Am.* rotary traffic, traffic circle. – **4.** *tech.* a) vertical turning and boring mill, b) (*Drehwerk*) vertical turret lathe. — ~,**pferd** *n* hobbyhorse, *Br.* hobby-horse.

Kar·ve, Kar·we ['karvə] *f* ⟨-; *no pl*⟩ *bot. cf.* Kümmel 2.

Kar'we(e)l,bau [kar'veːl-] *m* ⟨-(e)s; -ten⟩ *mar.* carvel work, carvel-built construction.

'Kar,wo·che *f relig.* Holy (*od.* Great, Passion) Week.

Ka·rya·ti·de [karya'tiːdə] *f* ⟨-; -n⟩ *arch.* caryatid, canephore, *bes. Br.* canephorus.

Ka·ryo·ga·mie [karyoga'miː] *f* ⟨-; *no pl*⟩ *biol.* karyogamy.

Ka·ryo·ki·ne·se [karyoki'neːzə] *f* ⟨-; -n⟩ *biol.* mitosis, karyokinesis. — **ka·ryo·ki'ne·tisch** [-tɪʃ] *adj* mitotic, karyokinetic.

Ka·ryo·ly·se [karyo'lyːzə] *f* ⟨-; -n⟩ *biol.* karyolysis, nuclear solution.

Ka·ryo·mer [karyo'meːr] *n* ⟨-s; -en⟩ *biol.* karyomere.

ka·ryo·plas·ma·tisch [karyoplas'maːtɪʃ] *adj biol.* karyoplasm(at)ic.

Ka·ry·op·se [kary'ɔpsə] *f* ⟨-; -n⟩ *bot.* (*der Gräser*) caryopsis.

Ka·ryo·som [karyo'zoːm] *n* ⟨-s; -en⟩ *biol.* karyosome.

Kar·zer ['kartsər] *m* ⟨-s; -⟩ *hist.* **1.** lockup, *Br.* lock-up, prison. – **2.** ⟨*only sg*⟩ *ped.* (*Strafe*) detention: einen Tag ~ bekommen to get one day's detention.

Kar·zi·no·gen [kartsino'geːn] *med.* **I** *n* ⟨-s; -e⟩ carcinogen. – **II k**~ *adj* carcinogenic.

kar·zi·no·id [kartsino'iːt] *adj med.* carcinoid.

Kar·zi·nom [kartsi'noːm] *n* ⟨-s; -e⟩ *med.* carcinoma, cancer. — **kar·zi·no·ma'tös** [-noma'tøːs] *adj* carcinomatous, cancerous. — **Kar·zi·no·ma'to·se** [-noma'toːzə] *f* ⟨-; *no pl*⟩ carcinomatosis, carcinosis.

Kar·zi·no·se [kartsi'noːzə] *f* ⟨-; -n⟩ *med.* carcinosis, carcinomatosis.

Ka·sa·che [ka'zaxə] *m* ⟨-n; -n⟩ Kazak(h). — **ka·sa·chisch** [ka'zaxɪʃ] **I** *adj* Kazak(h). – **II** *ling.* **K**~ ⟨*generally undeclined*⟩, **das K**~**e** ⟨-n⟩ Kazak(h).

Ka·sack ['kaːzak] *m* ⟨-s; -s⟩, *Austrian f* ⟨-; -s⟩ (jumper) blouse, casaque.

Ka·sar·ka [ka'zarka] *f* ⟨-; -s⟩ *zo.* casarca (*Unterfam. Tadorninae*): Rote ~ ruddy sheldrake (*Casarca ferruginea*).

Kas·ba(h) ['kasba] *f* ⟨-; -s *u.* Ksabi ['ksaːbi]⟩ Casbah, Kasba(h).

Kasch [kaʃ] *m* ⟨-es; *no pl*⟩ *gastr. cf.* Kascha[1].

Käsch [kɛʃ] *n* ⟨-; -e⟩ *hist.* (*chines. Münze*) cash.

Ka·scha[1] ['kaʃa] *f* ⟨-; *no pl*⟩ *gastr.* kasha.

'Ka·scha[2] *m* ⟨-(s); -s⟩ (*TM*) (*textile*) kasha.

Ka·sche·lott [kaʃə'lɔt] *m* ⟨-s; -e⟩ *zo. cf.* Pottwal.

Ka·schem·me [ka'ʃɛmə] *f* ⟨-; -n⟩ *contempt. and colloq.* **1.** (*schlechte Schenke*) beer joint, *bes. Am.* 'dive' (*colloq.*), *bes. Br.* pot-house. – **2.** (*Verbrecherkneipe*) thieves' den.

Kä·scher ['kɛʃər] *m* ⟨-s; -⟩ *cf.* Kescher.

ka·schie·ren [ka'ʃiːrən] *v/t* ⟨*no* ge-, h⟩ **1.** *print.* line, glue, laminate. – **2.** (*Theaterwerk etc*) mold, *bes. Br.* mould. – **3.** (*textile*) bond (*s.th.*) (together). – **4.** *fig.* (*verbergen*) conceal, hide.

Ka'schier·pa,pier *n* (*paper*) lining (*od.* facing) paper.

Ka·schi·ri [kaʃi'riː] *n* ⟨-; *no pl*⟩ (*Getränk aus den Wurzelknollen des Maniok*s) cassiri.

Kasch·mir ['kaʃmɪr] *m* ⟨-s; -e⟩ (*textile*) cashmere, kashmir. — ~,**garn** *n* cashmere yarn. — ~,**hirsch** *m zo.* Cashmere stag (*Cervus elaphus cashmirianus*).

Kasch·mi·ri [kaʃ'miːri] *n* ⟨-; *no pl*⟩ *ling.* Kashmiri, Cashmiri. — **kasch'mi·risch** [-rɪʃ] **I** *adj* Kashmirian. – **II** *ling.* **K**~ ⟨*generally undeclined*⟩, **das K**~**e** ⟨-n⟩ Kashmiri, Cashmiri.

'Kasch·mir|,schal *m* cashmere shawl. — ~,**wol·le** *f* cashmere (wool). — ~,**zie·ge** *f zo.* Kashmir (*auch* Cashmere) goat, shawl goat (*Capra hircus laniger*).

Ka'schu,baum [ka'ʃuː-] *m bot.* cashew (tree) (*Anacardium occidentale*).

Ka·schu·be [ka'ʃuːbə] *m* ⟨-n; -n⟩ Kashub(e). — **ka'schu·bisch** *adj* Kashubian, Kas(s)ubian, *auch* Cas(s)ubian.

Kä·se ['kɛːzə] *m* ⟨-s; -⟩ **1.** cheese: Schweizer ~ Swiss cheese; unreifer ~ green cheese; weißer ~ whey (*od.* cottage) cheese; der ~ ist durch the cheese is ripe; ~ bereiten to make cheese; ~ schließt den Magen cheese is the best dessert; er ist kaum drei ~ hoch *fig. colloq.* he is but a wee mite. – **2.** *fig. colloq.* (*Unsinn*) nonsense; 'rot', baloney, boloney (*colloq.*): rede doch keinen (*od.* nicht solchen) ~! don't talk such nonsense! das ist doch alles (ganz großer) ~ that's all (absolute) nonsense, that's all rot; der ganze ~ *contempt.* the whole business (*od.* fuss). — **k**~,**ar·tig** *adj* cheesy, caseous (*scient.*). — ~,**auf,lauf** *m gastr.* cheese casserole (*od.* soufflé). — ~**be,rei·tung** *f* cheese-making, preparation of cheese. — ~,**bil·dung** *f chem.* caseation. — ~,**blatt** *n fig. colloq.* (*niveaulose Zeitung*) 'rag' (*colloq.*). — **k**~'**bleich** *adj* pasty(-faced), whey-faced. — ~,**blu·me** *f*, ~,**blüm·chen** *n bot.* **1.** (*Buschanemone*) windflower, *Br.* wind-flower (*Anemone nemorosa*). – **2.** (*Gänseblümchen*) daisy (*Bellis perennis*). — ~,**boh·rer** *m* cheese plugger (*od.* taster, trier). — ~,**brot** *n* cheese sandwich. — ~,**bröt·chen** *n* cheese roll. — ~**fa,brik** *f* cheese factory, *Am. auch* cheesery. — ~,**far·be** *f* (*aus Orlean*) cheese color (*bes. Br.* colour). — ~,**flie·ge** *f zo.* cheese fly, *Br.* cheese-fly (*Piophila casei*). — ~**fon,due** *f*, *n gastr.* cheese fondue (*auch* fondu). — ~,**form** *f* cheese mold (*bes. Br.* mould), cheese vat. — ~**ge,bäck** *n gastr.* cheese biscuits *pl* (*od.* crackers *pl*). — ~,**glocke** (*getr.* -k·k-) *f* cheese-dish cover, covered cheese dish. — ~,**han·del** *m* **1.** cheese business. – **2.** (*Großhandel*) cheese trade. — ~,**händ·ler** *m* cheese dealer, *bes. Br.* cheesemonger.

Ka·se·in [kaze'iːn] *n* ⟨-s; *no pl*⟩ *biol. chem.* casein. — ~,**far·be** *f* (*paints*) casein paint. — ~,**kitt** *m* (*für Tonwaren*) cheese cement. — ~,**leim** *m* casein glue (*od.* cement). — ~**ma·le,rei** *f* (*art*) mural painting with casein paints.

'Kä·se,ku·chen *m gastr.* cheesecake, *Br.* cheese-cake.

Ka·sel ['kaːzəl] *f* ⟨-; -n⟩ *röm.kath.* chasuble.

'Kä·se|,lab *n* rennet. — ~,**laib** *m* (whole) cheese. — ~**ma·de** *f zo.* cheese maggot (*od.* skipper). — ~,**mal·ve** *f bot. cf.* Feldmalve.

Ka·se·mat·te [kazə'matə] *f* ⟨-; -n⟩ *mar. mil.* casemate. — **ka·se·mat'tie·ren** [-'tiːrən] *v/t* ⟨*no* ge-, h⟩ provide (*s.th.*) with casemates, casemate.

'Kä·se|,mes·ser *n* cheese knife. — ~,**mil·be** *f zo.* cheese mite (*Tyrophagus casei u. Tyroglyphus siro*).

kä·sen ['kɛːzən] *v/i* ⟨h⟩ **1.** make cheese. – **2.** (*von Milch*) curdle.

'Kä·se|,pap·pel *f bot.* Dutch cheese, cheesecake, *Br.* cheese-cake, mallow (*Malva neglecta*). — ~,**plat·te** *f gastr.* assorted cheeses *pl*, cheese platter. — ~,**pres·se** *f* cheese press. — ~,**quark** *m* cheese curds *pl.*

Ka·ser ['kaːzər] *m* ⟨-s; -⟩ *Bavarian and Austrian dial.* **1.** cheese-maker. – **2.** (*Hütte*) Alpine hut.

'Kä·ser *m* ⟨-s; -⟩ cheese-maker.

Kä·se'rei *f* ⟨-; -en⟩ **1.** ⟨*only sg*⟩ cheese-making. – **2.** cheese dairy, *Am. auch* cheesery.

'Kä·se,rin·de *f* cheese rind.

Ka·ser·ne [ka'zɛrnə] *f* ⟨-; -n⟩ **1.** *mil.* barracks *pl* (*construed as sg or pl*), casern(e): Truppen in Kasernen stationieren [unterbringen] to station [to quarter] troops in barracks, to barrack troops. – **2.** *fig.* (*Mietskaserne*) tenement house.

Ka'ser·nen|ar,rest *m mil.* confinement to barracks: ~ haben to be confined to barracks. — **k**~,**ar·tig** *adj* (*Gebäude etc*) barrack(s)like, *Br.* barrack(s)-like. — ~,**dienst** *m mil.* fatigue (duty), barrack(s) detail.

Ka'ser·nen,hof *m* barrack(s) square, parade ground. — ~,**blü·te** *f fig. colloq.* barrack(s)-square expression. — ~,**ton** *m* parade-ground tone (*od.* voice).

ka·ser·nie·ren [kazɛr'niːrən] *v/t* ⟨*no* ge-, h⟩ *mil.* quarter (*troops*) in barracks, barrack. — **ka·ser'niert I** *pp.* – **II** *adj mil.* (*Truppen*) quartered in barracks, barracked: ~ sein to live in barracks.

'Kä·se|,rö·ster *m* cheese toaster. — ~,**säu·re** *f chem.* caseic (*od.* lactic) acid ($CH_3CH(OH)COOH$). — ~,**schim·mel** *m* cheese mold (*bes. Br.* mould). — ~,**spach·tel** *m, f* (*in der Käsefabrikation*) cheese knife. — ~,**stäb·chen**, ~,**stan·gen** *pl gastr.* cheese straws (*od.* sticks), *Br.* cheese-straws (*od.* -sticks). — ~,**ste·cher** *m cf.* Käsebohrer. — ~,**stoff** *m chem.* casein. — ~,**tel·ler** *m* cheese plate, *Br.* cheese-plate. — ~,**tuch** *n* cheesecloth, *Br.* cheese-cloth. — ~,**was·ser** *n* whey. — **k**~'**weiß** *adj* deathly pale, (as) white as a sheet, whey-faced: er wurde ~ he turned deathly pale.

'kä·sig I *adj* **1.** cheesy, caseous (*scient.*): ~e Nekrose *med.* caseous necrosis, caseation; ~ werden *med.* to caseate. – **2.** (*Milch*) curdled, curdy. – **3.** *fig.* (*Hautfarbe etc*) pasty(-faced). – **II** *adv* **4.** ~ aussehen to look pasty, to be pasty- (*od.* whey-)faced.

Ka·si·no [ka'ziːno] *n* ⟨-s; -s⟩ **1.** (*Spielkasino*) casino, gambling house. – **2.** clubhouse, *Br.* club-house. – **3.** *mil.* (officers') mess (*od.* club). – **4.** (*Kartenspiel*) casino, *auch* cassino. — ~**or·do,nanz** *f mil.* mess orderly. — ~,**raum** *m* mess hall.

Kas·ka·de [kas'kaːdə] *f* ⟨-; -n⟩ **1.** cascade, waterfall. – **2.** *nucl. tech.* cascade: in ~ geschaltet *electr.* connected in cascade (*od.* tandem). – **3.** (*Feuerwerkskörper*) cascade. – **4.** (*in Artistik*) tumble, acrobatic fall. – **5.** *fig.* (*von Worten, Flüchen etc*) torrent.

Kas'ka·den|,bom·ben,wurf *m mil.* cascade bombing. — **k**~,**för·mig** *adj u. adv* in cascades. — ~,**mo·tor** *m electr.* cascade motor. — ~,**schal·tung** *f* cascade (*od.* tandem, concatenation) connection (*Br. auch* connexion). — ~,**schau·er** *m nucl.* cascade shower. — ~,**um,for·mer** *m electr.* cascade converter. — ~**ver,stär·kung** *f* cascade amplification. — ~,**wand·ler** *m* cascade voltage transformer.

Kas·ka·deur [kaska'dø:r] *m* ⟨-s; -e⟩ **1.** (*in Artistik*) tumbler, acrobat. – **2.** (*film*) stunt man.

Kas·kett [kas'kɛt] *n* ⟨-s; -e⟩ **1.** light leather helmet. – **2.** *hist.* casque.

Kas·ko ['kasko] *m* ⟨-s; -s⟩ **1.** *mar.* hull. – **2.** *econ. cf.* Kaskoversicherung. – **3.** (*beim Lomberspiel*) method of play. — **~ver,si·che·rung** *f* **1.** *mar.* hull insurance. – **2.** *econ.* full comprehensive insurance, all-risk (*od.* full-coverage) insurance.

Kas·per ['kaspər] *m* ⟨-s; -⟩ **1.** *cf.* Kasperle 2. – **2.** *fig. colloq.* foolish person, clown, nincompoop. – **3.** *humor.* (*Kind*) monkey (*humor.*): du kleiner ~ you little monkey.

Kas·perl ['kaspərl] *m* ⟨-s; -(n)⟩ *Bavarian and Austrian for* Kasperle.

'Kas·per·le *n, m* ⟨-s; -⟩ **1.** *dim. of* Kasper. – **2.** (*theater*) Punch.

'Kas·per·le·thea·ter [-te,a:tər], **'Kas·perl·thea·ter** [-te,a:tər] *n* Punch and Judy show.

'Kas·perl,pup·pe *f* hand puppet.

kas·pern ['kaspərn], **käs·pern** ['kɛspərn] *v/i* ⟨h⟩ *colloq.* play the fool (*od.* clown).

kas·pisch ['kaspɪʃ] *adj* Caspian: das K~e Meer the Caspian Sea.

Kas·sa ['kasa] *f* ⟨-; -sen⟩ *obs. od. Austrian* **1.** *econ.* cash: per ~ bezahlen, *Austrian* gegen ~ kaufen to pay in cash. – **2.** a) box office, *Br.* box-office, *Br.* booking-office, b) cash desk. — **~ge,schäft** *n* cash (*od.* ready-money) business, cash sale, spot dealing(s *pl*). — **~,kurs** *m* **1.** spot price (*od.* quotation). – **2.** (*von Devisen*) spot rate. — **~,lie·fe·rung** *f* spot delivery.

Kas·san·dra [ka'sandra] *npr f* ⟨-; *no pl*⟩ *myth.* Cassandra. — **~,ruf** *m* **1.** prophecy of doom. – **2.** *fig.* gloomy prediction.

Kas·sa·ti·on [kasa'tsĭo:n] *f* ⟨-; -en⟩ **1.** *jur.* a) (*einer Urkunde etc*) cassation, annulling, annulment, b) (*eines Urteils*) quashing, voiding, rescission, cassation. – **2.** *obs.* dismissal, discharge (from post *od.* duty). – **3.** *mus.* (*mehrsätziges Werk*) cassation.

Kas·sa·ti'ons,hof *m jur.* court of cassation, court of appeal.

kas·sa·to·risch [kasa'to:rɪʃ] *adj jur.* of (*od.* relating to) cassation: ~e Klausel forfeit clause.

Kas·sa·ve [ka'sa:və] *f* ⟨-; -n⟩, **Kas'sa·wa** [-va] *f* ⟨-; -s⟩ *bot. gastr.* cassava, *auch* casava, manioc(a), *auch* mandioc(a) (*Manihot utilissima*).

'Kas·sa,zah·lung *f econ.* cash payment.

Kas·se ['kasə] *f* ⟨-; -n⟩ **1.** money (*od.* cash) box, *Br.* money- (*od.* cash-)box. – **2.** (*Registrierkasse*) cash register. – **3.** (*Ladenkasse*) till: einen Griff in die ~ tun *colloq.* to (take a) dip into the till. – **4.** (*theater etc*) box (*od.* ticket) office, *Br.* box- (*od.* ticket-)office: Karten (sind) an der ~ erhältlich tickets are to be had (*od.* are on sale) at the box(-)office; er arbeitet (*od.* sitzt) an der ~ he works at the ticket(-)office. – **5.** (*Zahlstelle*) pay(ing) (*od.* cashier's) office: sich (*dat*) seinen Lohn von der ~ holen to fetch one's wages from the pay office; zahlen Sie bitte an der ~, zur ~ bitte pay at the desk (*od.* pay the cashier), please. – **6.** (*in der Bank*) teller's counter. – **7.** (*im Warenhaus*) (cashier's) desk (*od.* counter). – **8.** (*Quästur*) bursar's (*od.* finance, comptroller's, business) office. – **9.** (*Bargeld*) cash, ready money: gut bei ~ sein *colloq.* to be well off for cash; wie bist du bei ~? *colloq.* how are you off? nicht bei ~ sein *colloq.* to be out of cash (*od.* out of pocket), to be hard up (*colloq.*); mit der ~ durchbrennen *colloq.* to make off with the cash; die ~ führen to keep the cash (*od.* the accounts); getrennte ~ führen to have separate accounts; getrennte ~ machen to go dutch (*od.* Dutch) (*colloq.*), to go halves (*colloq.*); → knapp 3. – **10.** (*Barzahlung*) cash (payment), money down: gegen ~ verkaufen to sell for cash; gegen sofortige ~ for prompt (*od.* immediate, ready, spot) cash; netto ~ im voraus net cash in advance; ~ bei Lieferung cash on delivery, COD; ~ gegen Papiere cash against documents. – **11.** (*Einnahmen*) takings *pl*, receipts *pl*, accounts *pl*: ~ machen to count the takings (*od.* receipts), to make up the cash accounts; das Stück hat volle ~n gebracht (*theater*) the play was a sell-out. – **12.** (*Sparkasse*) savings bank: sein Geld auf der ~ (stehen *od.* liegen) haben to have an account with the savings bank. – **13.** *med.* (*Krankenkasse*) health insurance, sick fund: sind Sie in der ~? do you have health insurance? *Br.* are you in the health scheme? das geht auf ~ *colloq.* that will be paid by the health insurance. – **14.** (*Unterstützungskasse*) fund, relief fund: von öffentlichen ~n zu zahlen to be paid out of public funds. – **15.** (*Staatskasse*) *Br.* exchequer, *Am.* (government) treasury.

Kas·sel ['kasəl] *npr n geogr. only in* ab nach ~! *colloq.* a) let's go! let's be on our way! b) be gone! be on your way!

'Kas·se·ler I *m* ⟨-s; -⟩ native (*od.* inhabitant) of Cassel. – **II** *adj* ⟨*undeclined*⟩ **1.** (of) Cassel. – **2.** *geol.* Casselian, Cassel (*attrib*): ~ Becken Cassel basin. – **3.** (*paints*) Cassel (*attrib*): ~ Braun [Gelb, Grün] Cassel brown (*od.* earth) [yellow, green]. – **4.** ~ Rippe(n)speer, ~ Rippchen *gastr.* cured, smoked pork spare(-)rib.

'Kas·sen|,ab,schluß *m econ.* **1.** closing (*od.* balancing) of accounts: ~ machen a) to add up the takings, b) to close (*od.* make up) the books. – **2.** (*im Staatshaushalt*) cash results *pl.* — **~,ab,stim·mung** *f* cash reconciliation. — **~,an,wei·sung** *f* cash note, order for payment. — **~,arzt** *m med.* doctor participating in a health-insurance plan, *Br.* doctor who has joined the National Health Service, panel doctor. — **~,auf,nah·me** *econ.* cash audit: ~ machen to check (*od.* audit) the accounts. — **~,aus,gän·ge** *pl* cash disbursements. — **~be,am·te** *m* cashier, teller. — **~be,leg** *m* sales slip. — **~be,richt** *m* cash (*od.* treasurer's) report. — **~be,stand** *m* **1.** cash balance, cash (*od.* balance) in hand, till money. – **2.** (*in Bilanz*) cash holdings *pl.* — **~bi,lanz** *f* cash balance: die ~ ziehen to make up the cash(-)account. — **~,block** *m* ⟨-(e)s; -s⟩ sales (*bes. Br.* bill) pad. — **~,bo·te** *m* bank messenger. — **~,buch** *n* daybook, *Br.* day-book, cashbook, *Br.* cash-book. — **~,de·fi·zit** *n* **1.** cash deficit, adverse cash balance. – **2.** (*bei Irrtum in Kassenführung*) cash short. — **~,dieb,stahl** *m* stealing money out of (*od.* robbing) a till. — **~,ein,gän·ge** *pl*, **~,ein,nah·me** *f* **1.** (*im Geschäft*) receipts *pl*, takings *pl.* – **2.** (*in der Bank*) cash receipts *pl.* – **3.** (*in Kartenverkaufsstelle*) box-office receipts *pl.* — **~ent,nah·me** cash withdrawals *pl.* — **~er,folg** *m* (*theater*) box-office success (*od.* hit). — **~,fehl·be,trag** *m cf.* Kassendefizit. — **~,füh·rer** *m* **1.** (*eines Geschäfts*) *cf.* Kassierer 1. – **2.** (*eines Vereins*) *cf.* Kassenwart. — **~,füh·rung** *f econ.* a) cash keeping, b) (*Buchhaltung*) cash accounting, c) (*Vereinsbuchführung*) treasurership: die ~ haben to be in charge of (the) accounts. — **~ge,schäft** *n* cash transaction. — **~,kon·to** *n* cash account, *Br.* cash-account. — **~kre,dit** *m* cash credit. — **~,la·ge** *f* cash position. — **~ma,gnet** *m colloq.* box-office draw. — **k~,mä·ßig** *adj* (relating to) cash: ~e Ausgabe cash expenditure; ~e Entwicklung movement in the cash position. — **~ob·li·ga·ti,on** *f* **1.** (*in der BRD*) medium-term bond (*od.* note) (*issued by the Federal Government, the Federal Railways etc*). – **2.** (*in Österreich*) transferable interest-bearing note (*issued usually by a bank or investment company*). – **3.** (*in der Schweiz*) medium-term transferable coupon-bearing bond. — **~pa·ti,ent** *m med.* health-plan patient, *bes. Br.* panel patient. — **~,pra·xis** *f* (*eines Arztes*) medical practice covering members of a health-insurance plan (*bes. Br.* scheme). — **~,prü·fer** *m* (cash) auditor. — **~,prü·fung** *f* cash audit: eine ~ durchführen (*od.* vornehmen) to audit the cash. — **~,quit·tung** *f cf.* Kassenzettel. — **~,raum** *m* **1.** cash room. – **2.** (*in einer Bank*) main hall. — **~re·vi·si,on** *f cf.* Kassenprüfung. — **~re,vi·sor** *m* (official) auditor. — **~,sal·do** *m* cash balance. — **~,schal·ter** *m* **1.** (*in der Bank*) teller's (*od.* cashier's) counter (*od.* window). – **2.** (*im Theater etc*) box office, *Br.* box-office. – **3.** (*im Geschäft*) cash desk, cashier's desk (*od.* counter). – **4.** (*am Bahnhof*) ticket office, *Br.* ticket-office. — **~,schein** *m* **1.** *econ.* (*Beleg*) (cash) voucher. – **2.** *econ.* (*in Österreich*) (short-term) note, cash certificate, bond. – **3.** *med. cf.* Krankenschein. — **~,schla·ger** *m cf.* Kassenerfolg. — **~,schrank** *m* safe. — **~,stand** *m econ. cf.* Kassenbestand. — **~,stück** *n cf.* Kassenerfolg. — **~,stun·den** *pl econ.* banking (*od.* business) hours. — **~,sturz** *m colloq.* counting the cash: ~ machen to count (*od.* balance, make up) the cash. — **~,über,schuß** *m* cash surplus. — **~,um,satz** *m* cash turnover. — **~ver,ein** *m an institution for clearing transactions in securities.* — **~ver,kehr** *m* (*einer Bank*) cash movements *pl.* — **~ver,wal·ter** *m* **1.** (*in einer Bank*) *cf.* Kassierer 1. – **2.** (*einer Vereinskasse etc*) *cf.* Kassenwart. — **~ver,wal·tung** *f* **1.** cash department. – **2.** *cf.* Kassenführung. — **~,vor,schuß** *m* cash advance. — **~,wart** *m* (*eines Vereins etc*) treasurer. — **~,zet·tel** *m* (*eines Geschäfts*) cash-register slip, sales slip, bill. — **~,zwang** *m* (*in Deutschland*) compulsory membership of a health-insurance plan (*bes. Br.* scheme): es besteht ~ health insurance is obligatory.

Kas·se·rol·le [kasə'rɔlə] *f* ⟨-; -n⟩ (*housekeeping*) **1.** (*Schmortopf*) casserole, saucepan. – **2.** (*Schmorpfanne*) *Am.* skillet, *Br.* stew-pan.

Kas·set·te [ka'sɛtə] *f* ⟨-; -n⟩ **1.** (*für Schmuck*) cassette, casket, jewel box (*od.* case). – **2.** (*für Geld*) cashbox, *Br.* cash-box. – **3.** (*aus Stahl etc*) strongbox, *Br.* strong-box. – **4.** (*für Dokumente*) deedbox, *Br.* deed-box. – **5.** (*Geschenkkassette aus Pappe*) gift carton: Briefpapier in einer ~ fancy-boxed stationery. – **6.** (*Schutzkarton für Bücher*) *cf.* Kartonhülle. – **7.** (*einer Kassettendecke*) coffer, panel, waffle. – **8.** *phot.* a) (*für Platten*) cassette, dark slide, plateholder, b) *cf.* Filmkassette 1. – **9.** (*für Tonbandgerät*) cassette.

Kas'set·ten|,decke (*getr.* -k·k-) *f arch.* coffered (*od.* coffer-work) ceiling, ceiling with bays. — **~re,cor·der** *m*, **~,ton,band·ge,rät** *n* cassette tape recorder.

kas·set·tie·ren [kasɛ'ti:rən] *v/t* ⟨*no* ge-, h⟩ *arch.* coffer.

Kas·sia ['kasĭa] *f* ⟨-; -sien⟩ *bot.* **1.** *cf.* Kassie 1. – **2.** *cf.* Ceylonzimtbaum.

Kas·si·ber [ka'si:bər] *m* ⟨-s; -⟩ (*thieves' slang*) secret message between (*od.* to, from) prisoners, *bes. Am. sl.* 'stiff'. — **kas'si·bern** *v/i* ⟨*no* ge-, h⟩ deliver a secret message (*into od. out of a prison*).

Kas·si·de [ka'si:də] *f* ⟨-; -n⟩ (*literature*) kasida, qasida.

Kas·sie ['kasĭə] *f* ⟨-; -n⟩ **1.** *bot.* cassia (*Gattg Cassia*): Amerikanische ~ styptic weed, coffee senna, stinking weed (*od.* wood) (*C. occidentalis*). – **2.** *med. pharm.* cassia bark, Chinese cinnamon.

'Kas·si·en|,baum *m bot. cf.* Kassie 1. — **~,öl** *n* ⟨-(e)s; *no pl*⟩ cassia oil. — **~,rin·de** *f med. pharm. cf.* Kassie 2. — **~,zimt** *m bot. cf.* Ceylonzimtbaum.

Kas·sier [ka'si:r] *m* ⟨-s; -e⟩ *chiefly Southern G. and Austrian for* Kassierer.

kas·sie·ren [ka'si:rən] **I** *v/t* ⟨*no* ge-, h⟩ **1.** (*feste Beiträge, Miete, Rechnung etc*) collect. – **2.** (*einzelnen Betrag, Honorar etc*) charge, take: der Elektriker kassierte 50 Mark für die Reparatur the electrician charged 50 marks for the repairs. – **3.** (*wegnehmen*) take away, confiscate, 'pocket' (*colloq.*). – **4.** *fig.* (*Territorium etc*) take over, conquer. – **5.** *colloq.* (*verdienen*) earn, collect. – **6.** (*einziehen*) withdraw: das alte Fünfmarkstück wurde kassiert the old five-mark piece (*od.* coin) was withdrawn (*od.* taken out of circulation). – **7.** *colloq.* (*Ohrfeige etc*) take, receive: einen Kinnhaken ~ to take a hook (*od.* blow) on (*od.* to) the chin. – **8.** *colloq.* (*verhaften*) seize, collar: die Polizei kassierte die Rädelsführer the ringleaders were collared (*od.* grabbed) by the police. – **9.** *jur.* a) (*Urteil etc*) quash, annul, set aside, b) (*Urkunde etc*) cancel, annul, invalidate. – **10.** *obs.* (*Beamten*) dismiss, relieve (*s.o.*) of his post. – **11.** *mil. obs.* (*Offizier*) cashier, break. – **II** *v/i* **12.** take (the) money: ich mußte selbst ~ I had to take the money myself; darf ich jetzt ~? (*von Bedienung*) would you mind paying now, please? – **III K~** *n* ⟨-s⟩ **13.** *verbal noun.* – **14.** collection. – **15.** confiscation. – **16.** withdrawal. – **17.** *cf.* Kassierung.

Kas'sie·rer *m* ⟨-s; -⟩, **Kas'sie·re·rin** *f* ⟨-; -nen⟩ **1.** *econ.* cashier, (*bes. in der Bank*) teller: erster ~ head cashier. – **2.** *cf.* Kassenwart. – **3.** (*von Beiträgen etc*) collector.

Kas'sie·rin *f* ⟨-; -nen⟩ *chiefly Southern G. and Austrian for* Kassiererin.

Kas'sie·rung *f* ⟨-; -en⟩ **1.** *cf.* Kassieren. – **2.** (*Einziehung*) withdrawal. – **3.** *jur.* a) (*eines Urteils etc*) annulment, b) (*von Geldscheinen etc*) cancellation, invalidation.

kas·si·nisch [ka'siːnɪʃ] *adj math. cf.* cassinisch.
Kas·sio·peia [kasi̯o'paɪa] *npr f* ⟨-; *no pl*⟩ *myth. astr.* Cassiopeia, Cassiope.
Kas·si·te·rit [kasite'riːt; -'rɪt] *m* ⟨-s; -e⟩ *min.* cassiterite.
Kaß·ler ['kaslər] *m* ⟨-s; -⟩ *u. adj* ⟨*undeclined*⟩ *cf.* Kasseler.
Kas·so·let·te [kaso'lɛtə] *f* ⟨-; -n⟩ (*Räucherpfännchen*) cassolette.
Kas·so·na·de [kaso'naːdə] *f* ⟨-; *no pl*⟩ (*Rohzucker*) cassonade.
Kas·su·be [ka'suːbə] *m* ⟨-n; -n⟩ *cf.* Kaschube.
Ka·sta·gnet·te [kastan'jɛtə] *f* ⟨-; -n⟩ *mus.* **1.** castanet. – **2.** *pl* castanets, knackers.
Ka·sta·nie [kas'taːni̯ə] *f* ⟨-; -n⟩ **1.** *bot.* chestnut (tree), *Br.* chestnut(-tree) (*Gattg Castanea*): Echte ~ *cf.* Edelkastanie 2; Unechte (*od.* Wilde) ~ *cf.* Roßkastanie 1. – **2.** (*Frucht*) chestnut: eßbare ~ edible (*od.* sweet) chestnut, marron; unechte ~ *cf.* Roßkastanie 2; geröstete ~n roasted chestnuts; kandierte ~n candied chestnuts, marrons glacés; für j-n die ~n aus dem Feuer holen *fig. colloq.* to pull s.o.'s chestnuts out of the fire, to do s.o.'s dirty work for him. – **3.** *vet.* (*am Pferdebein*) chestnut, ergot. – **4.** *zo.* a) little archer chama (*Chama arcinella*), b) (*Seeigel*) red-yellow sea urchin (*Br.* sea-urchin) (*Echinus acutus*).
Ka'sta·ni·en|al‚lee *f* avenue of chestnut trees (*Br.* chestnut-trees). — **~‚baum** *m* chestnut (tree), *Br.* chestnut(-tree). — **~‚blatt** *n* leaf of the chestnut.
ka'sta·ni·en‚braun I *adj* chestnut brown, *Br.* chestnut-brown, chestnut-colored (*bes. Br.* -coloured), auburn: ~es Haar chestnut hair, auburn hair; ~es Pferd chestnut (horse), bay (horse). – **II K~** *n* chestnut (brown), *Br.* chestnut(-brown), chestnut color, *bes. Br.* chestnut-colour, auburn.
Ka'sta·ni·en|‚ei·che *f bot.* chestnut (mountain) oak (*Quercus prinus*). — **~‚sa·men** *m* chestnut (seed). — **~‚scha·le** *f* chestnut skin (*od.* shell). — **~ver‚käu·fer** *m* chestnut seller (*od.* vendor, roaster).
Käst·chen ['kɛstçən] *n* ⟨-s; -⟩ **1.** *dim. of* Kasten. – **2.** (*in Kreuzworträtsel, auf Rechenpapier etc*) square. – **3.** (*um ein Inserat etc*) box, block.
Ka·ste ['kastə] *f* ⟨-; -n⟩ **1.** caste: j-n aus der ~ ausstoßen to outcaste s.o. – **2.** *fig.* class, caste: sie hatte alle Vorurteile dieser ~ she had all the prejudices that belong to that class.
ka·stei·en [kas'taɪən] *bes. relig.* **I** *v/reflex* ⟨*no* ge-, h⟩ sich ~ **1.** (*durch Bußübung*) mortify one's (*od.* the) flesh, chasten oneself, practice (*bes. Br.* practise) self-discipline. – **2.** (*durch peinigende Übungen*) mortify one's body, castigate oneself: ich habe mich kasteit und nur ein Glas Wein getrunken *fig. humor.* I denied myself and drank only one glass of wine. – **II** *v/t* **3.** seinen Leib ~ *cf.* kasteien 2. – **III K~** *n* ⟨-s⟩ **4.** *verbal noun.* — **Ka'stei·ung** *f* ⟨-; -en⟩ **1.** *cf.* Kasteien. – **2.** (*Bußübung*) mortification of the flesh, exercise of penance. – **3.** (*körperliche*) mortification, castigation.
Ka·stell [kas'tɛl] *n* ⟨-s; -e⟩ *mil. hist.* castel(l)et, castellum, citadel, fortress.
Ka·stel·lan [kaste'laːn] *m* ⟨-s; -e⟩ **1.** *bes. hist.* (*Schloß-, Burgvogt*) castellan, chatelain, castle warden, concierge (*hist.*). – **2.** (*Pförtner*) porter. – **3.** *archaic* (*Hausmeister*) caretaker.
kä·steln ['kɛstəln] *v/t* ⟨h⟩ (*Papier etc*) square.
Ka·sten ['kastən] *m* ⟨-s; ¨, *auch* -⟩ **1.** box: er hat nicht alle im ~ *fig. colloq.* he's not quite all there (*od.* right in the head), he's a little cracked (*alle colloq.*); er hat nicht viel im (*od.* auf dem) ~ he's not very bright, he's a bit thick (*colloq.*); er hat etwas im (*od.* auf dem) ~ *fig. colloq.* he's all there, he's a brainy fellow, he's on the ball (*alle colloq.*). – **2.** (*größerer Behälter*) crate, chest, trunk: er hat Kästen voll Geld *fig. colloq.* he has loads (*od.* piles) of money (*colloq.*). – **3.** (*Briefkasten*) letter box, *Br.* letter-box, *bes. Am.* mailbox. – **4.** (*eines Instrumentes*) case. – **5.** *cf.* Blumenkasten. – **6.** *cf.* Schaukasten. – **7.** *cf.* Schublade. – **8.** *fig. colloq.* (*großer Wagen*) 'bus', 'crate', 'crock' (*alle colloq.*). – **9.** *fig. colloq.* (*altes Schiff*) 'crate', 'tub' (*beide colloq.*). – **10.** *fig. colloq. contempt.* (*Gebäude*) box. – **11.** *fig. bes. mil. sl.* a) (*Gefängnis*) 'clink', 'jug', 'glasshouse', *Am. auch* 'stockade' (*alle sl.*), b) (*Arrest*) arrest. – **12.** *colloq. for* a) Fernsehgerät, b) Klavier, c) Photoapparat, d) Radioapparat. – **13.** (*sport*) a) (*Turngerät*) box, b) (*colloq.*) (*Tor*) goal: Franz steht in unserem ~ Franz is our goalkeeper, Franz keeps goal for us. – **14.** *print.* a) (*Setzkasten*) (letter) case, *Br.* (letter-)case, rack, b) (*Ätzkasten*) etching box. – **15.** (*jewelry*) (*Fassung*) collet, bezel. – **16.** *auto.* a) (*Getriebegehäuse*) box, case, b) (*Karosserie*) car body. – **17.** *tech.* (*eines Hobels*) stock. – **18.** *metall.* (*Formkasten*) molding (*bes. Br.* moulding) box, flask. – **19.** *tech.* (*für Werkzeuge*) kit, chest. – **20.** (*mit Flaschen*) case, *bes. Br.* crate: ein [drei] ~ Bier a case [three cases] of beer. – **21.** *Southern G., Austrian and Swiss for* Schrank 1, 4, 6, 8, 10, 11.
'Ka·sten|‚bal·ken *m arch.* box girder (*od.* beam). — **~‚bo·den** *m mil. obs.* (*eines Gewehrs*) magazine floor plate. — **~‚brot** *n gastr.* square (*od.* tin) loaf, white loaf (for toasting). — **~‚brücke** (*getr.* -k·k-) *f civ.eng.* box-girder bridge. — **~‚deckel** (*getr.* -k·k-) *m* lid of a box (*od.* chest, trunk). — **~‚dra·chen** *m* box kite, *Br.* box-kite. — **~‚dün·kel** *m fig. cf.* Kastengeist. — **~‚fal·le** *f hunt.* box (*od.* fall-)trap. — **~‚fang‚damm** *m civ.eng.* box-type cofferdam (*Br.* coffer-dam). — **~‚form** *f* **1.** shape of a box, box form. – **2.** *metall.* flask, box mold (*bes. Br.* mould). – **3.** (*für Kuchen, Brot*) square cake (*od.* bread) tin. — **k~‚för·mig** *adj* **1.** boxlike, *Br.* box-like, box-shaped. – **2.** *auto.* box-type (*attrib*). — **~‚geist** *m* ⟨-es; *no pl*⟩ *fig.* class prejudice. — **~‚glüh‚ofen** *m metall.* pot annealing furnace. — **~‚glü·hung** *f* box (*od.* pot, close) annealing. — **~‚guß** *m metall.* sand (*od.* box) casting. — **~‚herr·schaft** *f* ⟨-; *no pl*⟩ *fig.* caste rule. — **~ka‚li·ber** *n metall.* box pass (*od.* groove). — **~‚ka·me·ra** *f phot.* box camera. — **~‚kip·per, ~‚kipp‚wa·gen** *m* box-type dump truck, *bes. Br.* box-type tipping lorry. — **~‚ku·chen** *m gastr.* yeast cake baked in an oblong tin. — **~mäl·ze‚rei** *f brew.* box malting. — **~‚mö·bel** *pl* unit furniture *sg.* — **~‚ober‚licht** *n* (*theater*) overhead lighting, magazine batten, battens *pl.* — **~‚ord·nung** *f* caste system. — **~pro‚fil** *n tech.* box section. — **~‚rumpf** *m aer.* box-girder fuselage. — **~‚schloß** *n* **1.** lock of a box (*od.* chest, cupboard, wardrobe). – **2.** *tech.* rim lock. — **~‚spei·ser** *m* ⟨-s; -⟩ (*textile*) hopper feeder. — **~‚stolz** *m fig. cf.* Kastengeist. — **~sy‚stem** *n* caste (*od.* class) system, caste.
'Ka·sten‚wa·gen *m* **1.** (*Handwagen*) box-type handcart. – **2.** *auto.* (box-type) delivery van (*bes. Am.* truck), *Am.* open truck. – **3.** (*railway*) *Am.* (open) boxcar, (open) freight car, *Br.* (open) box waggon (*od.* carriage). – **4.** *agr.* box cart. — **~‚auf‚bau** *m* ⟨-(e)s; -ten⟩ box (*od.* van) body.
'Ka·sten‚werk‚zeug *n tech.* box tool.
'Ka·sten‚we·sen *n* ⟨-s; *no pl*⟩ caste system.
Ka·sti·ga·ti·on [kastiga'tsi̯oːn] *f* ⟨-; -en⟩ *obs. for* Züchtigung. — **ka·sti'gie·ren** [-'giːrən] *v/t* ⟨*no* ge-, h⟩ *obs. for* züchtigen.
Ka·sti·li·er [kas'tiːli̯ər] *m* ⟨-s; -⟩ Castilian. — **ka'sti·lisch** [-lɪʃ] **I** *adj* Castilian. – **II** *ling.* **K~** ⟨*generally undeclined*⟩, **das K~e** ⟨-n⟩ Castilian, the Castilian language.
Ka·sti·ze [kas'tiːtsə] *m* ⟨-n; -n⟩ *anthrop.* castice.
Ka·stor ['kastɔr] **I** *npr m* ⟨-s; *no pl*⟩ *myth.* Castor: ~ und Pollux Castor and Pollux, the Amyclaean brothers, the Dioscuri, the Heavenly Twins. – **II** *m* ⟨-s; *no pl*⟩ *astr. cf.* Castor I. — **~‚garn** *n* (*textile*) castor yarn. — **~‚hut** *m* (*fashion*) castor (*od.* beaver) hat. — **~‚nuß** *f med. pharm.* castor bean. — **~‚öl** *n* ⟨-(e)s; *no pl*⟩ castor (*od.* ricinus) oil.
Ka·strat [kas'traːt] *m* ⟨-en; -en⟩ **1.** *med.* castrate, eunuch. – **2.** *vet.* a) castrate, b) (*Pferd*) gelding. – **3.** *mus.* castrate. — **Ka'stra·ten‚stim·me** *f* **1.** *med.* high-pitched voice (of the castrates). – **2.** *mus.* castrato voice.
Ka·stra·ti·on [kastra'tsi̯oːn] *f* ⟨-; -en⟩ **1.** *med.* castration, desexualization, (*eines Mannes*) *auch* emasculation, effemination, (*einer Frau*) *auch* sterilization. – **2.** *vet.* castration, (*eines Pferdes*) *auch* gelding.
ka·strie·ren [kas'triːrən] **I** *v/t* ⟨*no* ge-, h⟩ **1.** *med.* castrate, asexualize, desexualize, (*einen Mann*) *auch* emasculate, effeminate, eunuchize, (*eine Frau*) *auch* sterilize. – **2.** *vet.* a) castrate, cut, b) (*Hahn*) caponize, c) (*bes. Pferd*) geld, d) (*weibliches Tier*) spay. – **II K~** *n* ⟨-s⟩ **3.** *verbal noun.* – **4.** *cf.* Kastration. — **Ka'strie·rung** *f* ⟨-; -en⟩ *cf.* Kastration.
Ka'stril·len|‚baum, ~‚strauch [kas'trɪlən-] *m bot.* sweetwort (*Croton eleutheria*).
ka·su·al [ka'zŭaːl] *adj obs.* accidental, fortuitous, casual.
Ka·sua·li·en [ka'zŭaːli̯ən] *pl* **1.** casual (*od.* unforeseen) occurrences. – **2.** extra(ordinary) duties (*od.* functions). – **3.** *relig.* casual fees (*for wedding etc*), perquisites.
Ka·su·ar [ka'zŭaːr] *m* ⟨-s; -e⟩ *meist pl zo.* cassowary (*Fam. Casuariidae*).
Ka·sua·ri·ne [kazŭa'riːnə] *f* ⟨-; -n⟩ *bot.* beefwood, *Br.* beef-wood, casuarine (*Gattg Casuarina*).
Ka·su·ist [kazu'ɪst] *m* ⟨-en; -en⟩ **1.** *relig. philos.* casuist. – **2.** *fig. contempt.* (*Haarspalter*) hairsplitter, *Br.* hair-splitter. — **Ka·sui·stik** [-'ɪstɪk] *f* ⟨-; *no pl*⟩ **1.** *relig. philos.* casuistry. – **2.** *med.* casuistics *pl.* – **3.** *jur.* casuistry, case law, *Br.* case-law. – **4.** *fig. contempt.* hairsplitting, *Br.* hair-splitting. — **ka·sui·stisch** [-'ɪstɪʃ] *adj* **1.** *philos.* casuistic(al). – **2.** *med.* casuistic. – **3.** *fig. contempt.* hairsplitting, *Br.* hair-splitting.
Ka·sus ['kaːzus] *m* ⟨-; -⟩ **1.** *ling.* case: die vier ~ der deutschen Sprache the four cases of the German language. – **2.** *obs.* (*Fall, Vorkommnis*) case. — **~‚bil·dung** *f ling.* case formation. — **~‚en·dung** *f* case ending, inflection, *Br. auch* inflexion. — **~‚form** *f* case form.
ka·ta·ba·tisch [kata'baːtɪʃ] *adj meteor.* (*Wind*) katabatic.
Ka·ta·bo·lis·mus [katabo'lɪsmus] *m* ⟨-; *no pl*⟩ *biol. med.* catabolism, katabolism, dis(as)similation.
Ka·ta·bo·thre [kata'boːtrə] *f* ⟨-; -n⟩ *geol.* sink(hole), *bes. Br.* swallow(-hole).
Ka·ta·chre·se [kata'çreːzə], **Ka'ta·chre·sis** [-'taːçrezɪs] *f* ⟨-; -chresen [-ta'çreːzən]⟩ *ling.* catachresis. — **ka·ta'chre·stisch** [-'çrɛstɪʃ] *adj* catachrestic(al).
Ka·ta'dyn·ver‚fah·ren [kata'dyːn-] *n chem.* (*zur Wasserentkeimung*) katadyn process.
Ka·ta·falk [kata'falk] *m* ⟨-s; -e⟩ catafalque, *auch* catafalco, hearse.
Ka·ta·kau·stik [kata'kaustɪk] *f* ⟨-; *no pl*⟩ (*optics*) catacaustic. — **ka·ta'kau·stisch** *adj* (*Fläche etc*) catacaustic.
Ka·ta·kla·se [kata'klaːzə] *f* ⟨-; -n⟩ *geol.* cataclasis.
Ka·ta'klas·struk‚tur *f geol.* cataclastic structures *pl.*
Ka·ta·kom·be [kata'kɔmbə] *f* ⟨-; -n⟩ *meist pl* catacomb: die ~n Roms the catacombs of Rome.
Ka·ta·la·ne [kata'laːnə] *m* ⟨-n; -n⟩ Catalan. — **ka·ta'la·nisch I** *adj* Catalan, Catalonian: die K~e Kunst the Catalan (*od.* Catalonian) art. – **II** *ling.* **K~** ⟨*generally undeclined*⟩, **das K~e** ⟨-n⟩ Catalan, Catalonian, the Catalan (*od.* Catalonian) language.
ka·ta·lek·tisch [kata'lɛktɪʃ] *adj metr.* (*Vers*) catalectic.
Ka·ta·lep·sie [katalɛ'psiː] *f* ⟨-; -n [-ən]⟩ *med.* catalepsis, catalepsy. — **ka·ta'lep·tisch** [-'lɛptɪʃ] *adj* cataleptic.
Ka·ta·log [kata'loːk] *m* ⟨-(e)s; -e⟩ **1.** (*Waren-, Ausstellungskatalog etc*) catalog, *bes. Br.* catalogue: von etwas einen ~ anfertigen (*od.* anlegen, machen) to catalog(ue) (*od.* list) s.th.; ~ mit Beschreibung descriptive catalog(ue); bebilderter (*od.* illustrierter) ~ illustrated catalog(ue); etwas in einen ~ aufnehmen to catalog(ue) s.th. – **2.** (*in Bibliothek*) (library) catalog (*bes. Br.* catalogue): das Werk ist nicht im ~ verzeichnet this work is not listed in the catalog(ue); einen ~ (von etwas) anlegen to set up (*od.* make) a catalog(ue) (of s.th.). — **~be‚ar·bei·ter** *m* cataloger, *bes. Br.* cataloguer.
ka·ta·lo·gi·sie·ren [katalogi'ziːrən] **I** *v/t* ⟨*no* ge-, h⟩ catalog, *bes. Br.* catalogue, list, make a catalog(ue) (*od.* list) of. – **II K~** *n* ⟨-s⟩ *verbal noun.* — **Ka·ta·lo·gi'sie·rung** *f* ⟨-; *no pl*⟩ *cf.* Katalogisieren.
Ka·ta'log|‚num·mer *f* catalog (*bes. Br.* catalogue) number. — **~‚preis** *m* catalog(ue) price, list(ed) price. — **~‚raum** *m* (*in Bibliothek*) catalog(ue) room. — **~‚zet·tel** *m* catalog(ue) (*od.* index) card.
Ka·ta·lo·ni·er [kata'loːni̯ər] *m* ⟨-s; -⟩ *obs.* Catalonian. — **ka·ta'lo·nisch** [-nɪʃ] *adj cf.* katalanisch.

Ka·tal·pa [ka'talpa] *f* ⟨-; -pen⟩, **~ˌbaum** *m bot.* catalpa (*Gattg Catalpa*).

Ka·ta·ly·sa·tor [kataly'zaːtɔr] *m* ⟨-s; -en [-za'toːrən]⟩ *chem.* catalyst, catalyzer, catalytic agent: positiver ~ accelerant.

Ka·ta·ly·se [kata'lyːzə] *f* ⟨-; -n⟩ *chem.* catalysis. — **ka·ta·ly'sie·ren** [-ly'ziːrən] *v/t* ⟨*no* ge-, h⟩ catalyze. — **ka·ta'ly·tisch** [-tɪʃ] *adj* catalytic.

Ka·ta·ma·ran [katama'raːn] *n* ⟨-s; -e⟩ (*Segelboot*) catamaran.

Ka·ta·pho·re·se [katafo'reːzə] *f* ⟨-; -n⟩ *chem.* cataphoresis, electrophoresis.

Ka·ta·plas·ma [kata'plasma] *n* ⟨-s; -men⟩ *med.* poultice, cataplasm (*scient.*).

Ka'tap·pen|baum [ka'tapən-] *m bot.* country (*od.* Malabar) almond, olive bark tree (*Terminalia catappa*).

Ka·ta·pult [kata'pʊlt] *m, n* ⟨-(e)s; -e⟩ **1.** *aer.* catapult: ein Flugzeug mit einem ~ starten to launch an aircraft (with a catapult), to catapult an aircraft. – **2.** *mil. antiq.* catapult, onager. — **~ˌflugˌzeug** *n* catapult aircraft.

ka·ta·pul·tie·ren [katapʊl'tiːrən] *v/t* ⟨*no* ge-, h⟩ *aer.* catapult, launch (*a plane*) with (*od.* by) a catapult.

Ka·ta'pult|ˌsitz *m aer. cf.* Schleudersitz. — **~ˌstart** *m* catapult takeoff (*Br.* take-off) (*od.* launching).

Ka·ta·rakt[1] [kata'rakt] *m* ⟨-(e)s; -e⟩ cataract.

Ka·ta'rakt[2] *f* ⟨-; -e⟩, **Ka·ta'rak·ta** [-ta] *f* ⟨-; -ten⟩ *med.* (eye) cataract.

ka·ta'raktˌar·tig, ka·ta'rak·tisch *adj med.* cataractous.

Ka·ta'raktˌvo·gel *m zo.* cataract bird, rock warbler (*Origma rubricata*).

Ka·tarrh [ka'tar] *m* ⟨-s; -e⟩ *med.* a) catarrh, b) (*Nasenkatarrh*) cold (in the head), rhinitis (*scient.*): sich (*dat*) einen ~ zuziehen to get a catarrh (*od.* cold); Mittel gegen den ~ anticatarrhal; gegen ~ wirksam anticatarrhal; postgonorrhoischer ~ gleet.

ka·tar·rha·lisch [kata'raːlɪʃ] *adj med.* (*Entzündung etc*) catarrhal.

Ka·ta·ster [ka'tastər] *m, n* ⟨-s; -⟩ *jur.* estate (*od.* land) register. — **~ˌamt** *n* land-registry office. — **~ˌausˌzug** *m* extract from the cadastral survey (*od.* land register). — **~beˌam·te** *m* clerk (*od.* official) in the land-registry office. — **~ˌnum·mer** *f* cadastral number. — **~ˌplan** *m* cadastral map (*od.* plan, survey).

ka·ta·strie·ren [katas'triːrən] *jur.* **I** *v/t* ⟨*no* ge-, h⟩ survey and register (in a cadastral survey). – **II K~** *n* ⟨-s⟩ *verbal noun.* — **Ka·ta'strie·rung** *f* ⟨-; -en⟩ **1.** *cf.* Katastrieren. – **2.** registration (of lands) in a cadastral survey, land registry.

ka·ta·stro·phal [katastro'faːl] **I** *adj* **1.** catastrophic, *auch* catastrophical. – **2.** (*verhängnisvoll*) disastrous: ~e Folgen disastrous consequences. – **3.** *fig. colloq.* catastrophic, *auch* catastrophical, disastrous, 'awful' (*colloq.*): was für ein ~es Wetter! what (an) awful weather! – **II** *adv* **4.** catastrophically.

Ka·ta·stro·phe [kata'stroːfə] *f* ⟨-; -n⟩ **1.** (*Unheil, großes Unglück*) catastrophe, disaster: die ~ forderte siebzig Todesopfer the catastrophe cost seventy lives; es ist eine ~ mit ihm *fig. colloq.* he is a hopeless case. – **2.** (*Zusammenbruch, Untergang*) disaster, debacle, *auch* débâcle: das Land steht am Rande einer wirtschaftlichen ~ the country is on the brink of (an) economic disaster. – **3.** (*verhängnisvolle Wendung*) disaster: eine ~ brach über die Familie herein disaster struck the family. – **4.** (*literature*) catastrophe, denouement.

Ka·ta'stro·phen|alarm [-ʔaˌlarm] *m* emergency alert. — **k~ˌar·tig** *adj cf.* katastrophal 1. — **~ˌausˌrü·stung** *f* disaster (*od.* emergency) equipment. — **~ˌdienst** *m* emergency aid in case of disaster. — **~ˌeinˌsatz** *m* duty (*od.* service) in a disaster area: sie stehen im ~ they are on duty in a disaster area. — **~geˌbiet** *n* disaster (*od.* catastrophe) area. — **~ˌschutz** *m* disaster control (service). — **~theoˌrie** *f geol.* catastrophism: Anhänger (*od.* Verfechter) der ~ catastrophist.

Ka·ta·to·nie [katato'niː] *f* ⟨-; *no pl*⟩ *psych.* catatonia.

Ka·ta·vo·thre [kata'voːtrə] *f* ⟨-; -n⟩ *geol. cf.* Katabothre.

'Ka·taˌzo·ne ['kata-] *f geol.* katazone.

Ka·te ['kaːtə] *f* ⟨-; -n⟩ *Low G.* cottage.

Ka·te·che·se [katɛ'çeːzə] *f* ⟨-; -n⟩ *relig.* catechesis. — **Ka·te'chet** [-'çeːt] *m* ⟨-en; -en⟩ catechist. — **Ka·te'che·tik** [-tɪk] *f* ⟨-; *no pl*⟩ catechetics *pl* (*usually construed as sg*). — **Ka·te'che·tin** *f* ⟨-; -nen⟩ (woman) catechist. — **ka·te'che·tisch** [-tɪʃ] *adj* catechetical, *auch* catechetic, catechistic(al).

Ka·te·chi·sa·ti·on [katɛçiza'tsĭoːn] *f* ⟨-; -en⟩ *relig.* catechization *Br. auch* -s-. — **ka·te·chi'sie·ren** [-'ziːrən] *v/t* ⟨*no* ge-, h⟩ catechize *Br. auch* -s-, give religious instruction to.

Ka·te·chis·mus [katɛ'çɪsmʊs] *m* ⟨-; -men⟩ *bes. relig.* catechism: der Große [Kleine] ~ the larger [smaller] catechism. — **~ˌleh·re** *f* teachings *pl* of the catechism, catechetical doctrine.

Ka·te·chist [katɛ'çɪst] *m* ⟨-en; -en⟩ *röm. kath.* (*in der Mission*) catechist.

Ka·te·chu ['katɛçu] *n* ⟨-s; -s⟩ *chem. cf.* Catechu. — **~aka·zie** [-ʔaˌkaːtsĭə] *f bot.* catechu (tree), khair (*Acacia catechu*).

Ka·te·chu·me·nat [katɛçume'naːt] *n* ⟨-(e)s; *no pl*⟩ *relig.* catechumenate.

Ka·te·chu·me·ne [katɛçu'meːnə; -'çuːmenə] *m* ⟨-n; -n⟩ *relig.* **1.** catechumen. – **2.** (first-year) confirmation candidate. — **Ka·te·chu'me·nenˌun·terˌricht** *m* **1.** instruction of catechumens. – **2.** first-year confirmation instruction.

'Ka·te·chuˌpal·me *f bot.* areca, betel palm (*Areca catechu*).

Ka·te·go·rem [katego'reːm] *n* ⟨-s; -e⟩ *philos.* categorem. — **ka·te·go·re'ma·tisch** [-re'maːtɪʃ] *adj* categorematic, contextual.

ka·te·go·ri·al [katego'rĭaːl] *adj philos.* a) categorial, b) (*bei Husserl*) conferring logical form.

Ka·te·go·rie [katego'riː] *f* ⟨-; -n [-ən]⟩ **1.** *philos.* a) category, b) (*bei Aristoteles*) predicament: die zehn ~n des Aristoteles the ten Aristotelian predicaments; die ~n Raum und Zeit the categories of space and time. – **2.** category: das gehört nicht in diese [zu dieser] ~ this does not belong in [to] this category; er denkt in eigenen ~n he thinks along his own lines. – **3.** (*Art*) category, class, type: er gehört zu jener ~ von Menschen, die he is the type who, he is one of those people who; die Berliner sind eine besondere ~ von Mensch *colloq.* the Berliners are a class by themselves; er (*od.* das) ist eine besondere ~ von Mensch *colloq.* he is a strange individual.

ka·te·go·risch [kate'goːrɪʃ] **I** *adj* **1.** categorical, unequivocal: eine ~e Antwort geben to give a categorical answer; ein ~es Nein an unequivocal (*od.* a flat) refusal, a downright no. – **2.** *philos.* (*Axiomsystem etc*) categorical: der K~e Imperativ (*nach Kant*) the categorical imperative. – **II** *adv* **3.** categorically: er behauptete [forderte] ~, daß he maintained [demanded] categorically that; er lehnte es ~ ab (*od.* er weigerte sich ~), das zu tun he categorically (*od.* flatly) refused to do that.

ka·te·go·ri·sie·ren [kategori'ziːrən] *v/t* ⟨*no* ge-, h⟩ categorize. — **Ka·te·go·ri'sie·rung** *f* ⟨-; -en⟩ classification in categories, categorization.

Ka·te·ne [ka'teːnə] *f* ⟨-; -n⟩ *meist pl relig.* catena.

Ka·te·no·id [kateno'iːt] *n* ⟨-(e)s; -e⟩ *math.* catenoid.

Ka·ter ['kaːtər] *m* ⟨-s; -⟩ **1.** male cat, tom(-cat), *Br.* tom(-cat): der Gestiefelte ~ (*Märchenfigur*) Puss-in-Boots; Hokuspokus fidibus, dreimal schwarzer ~ *etwa* abracadabra, hocus-pocus, hey presto; verliebt wie ein ~ sein *fig.* to be head over heels (*od.* hopelessly) in love. – **2.** *fig. colloq.* hangover, morning-after(-the-night-before) feeling (*beide colloq.*): einen ~ haben to have a hangover, *Am. auch* to be hung over; seinen ~ ausschlafen to sleep off one's hangover; sein ~ war schnell verraucht his hangover had quickly disappeared; einen moralischen ~ haben *fig.* to have (*od.* feel) pangs of remorse.

'Ka·ter|ˌbum·mel *m colloq.* walk on the morning after (the night before) (*colloq.*). — **~ˌfrühˌstück** *n colloq.* hangover breakfast (*colloq.*). — **~idee** [-ʔiˌdeː] *f colloq.* crazy (*od.* dotty, harebrained, *Br.* hare-brained) idea (*colloq.*). — **~ˌstim·mung** *f colloq.* morning-after mood, *Am. auch* hung-over feeling (*beide colloq.*).

kat·ex·ochen [katɛksə'xeːn] *adv* par excellence.

'Katˌfisch ['kat-] *m zo.* catfish (*Anarhichas lupus*).

'Katˌgut [-ˌgʊt] *n* ⟨-s; *no pl*⟩ *med.* (*Darmsaiten*) catgut.

Ka·tha·rer ['kaːtarər] *m* ⟨-s; -⟩ *relig.* Catharist: die ~ Cathari.

Ka·tha'ri·nen|ˌblu·me [kata'riːnən-] *f bot.* **1.** toadflax, lady's-laces *pl* (*construed as sg*) (*Linaria vulgaris*). – **2.** (cultivated) fennel-flower (*Nigella sativa*). — **~ˌpflau·me** *f* prunelle (*small yellow prune packed without the skin*). — **~ˌrad** *n* **1.** *arch.* Catherine wheel, *Br.* Catherine-wheel. – **2.** *her.* Catherine wheel, *Br.* Catherine-wheel.

Ka·thar·sis ['kaːtarzɪs] *f* ⟨-; *no pl*⟩ *auch psych.* catharsis. — **ka·thar·tisch** [ka'tartɪʃ] *adj* **1.** cathartic, purifying, cleansing. – **2.** *psych.* (*Behandlung etc*) cathartic. – **3.** *med.* (*Mittel etc*) cathartic, purgative.

Ka·the·der [ka'teːdər] *n, auch m* ⟨-s; -⟩ **1.** teacher's (*od.* lecturer's) desk. – **2.** *rare for* Podium 2. – **3.** *obs. for* Lehrstuhl. — **~ˌblü·te** *f* speaker's (*od.* teacher's) blunder, academic howler (*colloq.*). — **~so·ziaˌlis·mus** *m pol. hist.* purely academic (*od.* idealist) socialist doctrine. — **~so·ziaˌlist** *m* academic socialist. — **~ˌweis·heit** *f* ⟨-; -en⟩ armchair (*od.* academic) knowledge (*od.* speculation).

Ka·the·dra·le [kate'draːlə] *f* ⟨-; -n⟩ cathedral, mother church, *Br.* mother-church, *Br. auch* minster.

Ka·the'dral|entˌschei·dung *f röm.kath.* infallible papal decree, ex cathedra decree. — **~ˌglas** *n tech.* cathedral glass.

Ka·thep·sin [katɛ'psiːn] *n* ⟨-s; *no pl*⟩ *biol.* cathepsin.

Ka·the·te [ka'teːtə] *f* ⟨-; -n⟩ *math.* cathetus, leg.

Ka·the·ter [ka'teːtər] *m* ⟨-s; -⟩ *med.* catheter: einen ~ in (*acc*) etwas einführen to introduce a catheter into s.th., to catheterize s.th. — **ka·the·te·ri'sie·ren** [-teteri'ziːrən] *med.* **I** *v/t* ⟨*no* ge-, h⟩ catheterize. – **II K~** *n* ⟨-s⟩ catheterizing, catheterization. — **Ka·the·te'ris·mus** [-tete'rɪsmʊs] *m* ⟨-; *no pl*⟩ catheterization, catheterism.

Ka·the·to·me·ter [kateto'meːtər] *n* ⟨-s; -⟩ *tech.* cathetometer.

Ka·tho·de [ka'toːdə] *f* ⟨-; -n⟩ *electr.* cathode, negative electrode (*od.* pole): direkt [indirekt] geheizte ~ directly [indirectly] heated cathode; reelle ~ actual cathode.

Ka'tho·den|(ˌab)ˌfall *m electr.* cathode drop. — **~ˌfol·ger** *m* ⟨-s; -⟩ anode follower, earthed (*bes. Am.* grounded) cathode amplifier. — **~ˌkreis** *m* cathode circuit. — **~ˌröh·re** *f* **1.** *electr.* cathode-ray tube. – **2.** *phys.* cathode tube. — **~ˌspan·nungsˌabˌfall** *m electr. cf.* Kathoden(ab)fall.

Ka'tho·denˌstrahl *m electr.* cathode ray. — **~ˌbün·del** *n* cathode beam. — **~os·zil·loˌgraph** *m* cathode-ray oscillograph. — **~ˌröh·re** *f cf.* Kathodenröhre 1. — **~ˌröh·renˌspei·cher** *m* cathode-ray tube storage battery.

Ka'tho·den|ˌstrah·lung *f electr.* cathode radiation. — **~ˌstrom** *m* cathode current. — **~verˌstär·ker** *m* cathode follower, earthed (*bes. Am.* grounded) anode amplifier. — **~ˌwi·derˌstand** *m* bias(s)ing resistor, cathode resistor (*od.* load). — **~zerˌstäu·bung** *f* cathode sputtering. — **~ˌzuckung** (*getr.* -k·k-) *f* cathodal contraction.

ka'tho·disch *adj electr.* cathodic.

Ka·tho·lik [kato'liːk] *m* ⟨-en; -en⟩ *relig.* (Roman) Catholic, *auch* catholic: ein guter (*od.* strenger) [gläubiger] ~ sein to be a good (*od.* strict) [practicing, *bes. Br.* practising] Catholic.

Ka·tho'li·kenˌtag *m general meeting of Catholics taking place every two years.*

Ka·tho'li·kin *f* ⟨-; -nen⟩ (Roman) Catholic (woman).

Ka·tho·li·kos [katoli'kɔs] *m* ⟨-; *no pl*⟩ *relig.* Catholicos (*patriarch of the Armenian Church*): Sprengel eines ~ catholicate.

ka·tho·lisch [ka'toːlɪʃ] **I** *adj* **1.** *relig.* (Roman) Catholic, Roman: die ~e Kirche the (Roman) Catholic Church; ~e Liturgie Roman rite (*od.* liturgy); ~e Rechtgläubigkeit (Roman) Catholicism; er ist ~(en Glaubens) he is a Catholic; ~ werden to become Catholic, *auch* to catholicize; die K~e Liga *hist.* the Catholic League; Seine K~e Majestät *hist.* His Catholic Majesty. – **2.** die ~en Briefe *Bibl.* the Catholic Epistles. – **II** *adv* **3.** sie wurde streng ~ erzogen she was raised a strict Catholic. — **~-apo'sto·lisch** *adj* Catholic Apostolic: die ~e Kirche the Catholic Apostolic Church, the Irvingites *pl.*

Ka'tho·li·sche[1] *m* ⟨-n; -n⟩ *relig. cf.* Katholik.

Ka'tho·li·sche[2] *f* ⟨-n; -n⟩ *relig. cf.* Katholikin.

ka·tho·li·sie·ren [katoli'ziːrən] *relig.* **I** *v/t* ⟨*no* ge-, h⟩ j-n ~ to make s.o. Catholic, to convert s.o. to Catholicism, to catholicize (*od.* Catholicize) s.o. – **II** *v/i* lean (*od.* incline, tend) to Catholicism.

Ka·tho·li·zis·mus [katoli'tsɪsmʊs] *m* ⟨-; *no pl*⟩ *relig.* (Roman) Catholicism: j-n zum ~ bekehren *cf.* katholisieren I.

Ka·tho·li·zi·tät [katolitsi'tɛːt] *f* ⟨-; *no pl*⟩ *relig.* Catholicity.

'Kath,strauch ['kat-] *m bot.* k(h)at, q(u)at, cat (*Catha edulis*).

ka·ti·li·na·risch [katili'naːrɪʃ] *adj* Catiline: die K~en Reden von Cicero the Catiline orations of Cicero; eine ~e Existenz a Catilinarian existence.

Kat·ion ['katioːn] *n* ⟨-s; -en [kati'oːnən]⟩ *chem.* cation.

Kät·ner ['kɛːtnər] *m* ⟨-s; -⟩ *Northern G.* cottager, *Br. auch* crofter, cotter.

Kat·ode [ka'toːdə] *f* ⟨-; -n⟩ *electr. cf.* Kathode.

ka·to·nisch [ka'toːnɪʃ] *adj* Catonian: ~e Strenge Catonian austerity, Catoism.

Kat·op·trik [ka'tɔptrɪk] *f* ⟨-; *no pl*⟩ (*optics*) catoptrics *pl* (*construed as sg*). — **kat'op·trisch** *adj* catoptric, *auch* catoptrical.

'Kat,pflan·ze ['kat-] *f bot. cf.* Kathstrauch.

Kät·scher ['kɛtʃər] *m* ⟨-s; -⟩ *cf.* Kescher.

Katt [kat] *m* ⟨-; *no pl*⟩ catty (*unit of avoirdupois weight in China and South East Asia*).

'Katt|,an·ker *m mar.* back anchor. — **~,block** *m* ⟨-(e)s; ⸗e⟩ cat (*od.* fish) block. — **~,da·vit** *m* cat davit, cathead.

kat·ten ['katən] *v/t* ⟨h⟩ *mar.* (*Anker*) cat.

Kat·tun [ka'tuːn] *m* ⟨-s; -e⟩ (*textile*) calico, cotton cloth (*od.* fabric): ~ für Möbel chintz; bedruckter ~ prints *pl*; gepreßter [roher] ~ embossed [gray, *bes. Br.* grey] calico; geblümter ~ figured cotton; j-m ~ geben *fig. colloq.* to tell s.o. what for (*colloq.*), to give it s.o. in the neck (*colloq.*); ~ kriegen *fig. colloq.* to be told what for (*colloq.*), to get it in the neck (*colloq.*). — **~,druck** *m* ⟨-(e)s; *no pl*⟩ calico printing, *Br.* calico-printing. — **~,drucker** (*getr.* -k·k-) *m* cotton printer, *Br.* calico-printer. — **~drucke,rei** (*getr.* -k·k-) *f* cotton printworks (*Br.* print-works) *pl* (*construed as sg or pl*). — **~,druck·pa,pier** *n* calico (*od.* chintz) paper.

kat'tu·nen *adj* (*Stoff*) calico (*attrib*).

Kat'tun|fa,brik *f* calico (*od.* cotton-goods) factory. — **~,fär·ber** *m* cotton dyer. — **~,kleid** *n* print (*od.* cotton) dress. — **~,lein,wand** *f* linen with a cotton weft. — **~pa,pier** *n cf.* Kattundruckpapier. — **~,stoff** *m* calico (material).

Ka·tu·ka [ka'tuːka] *f* ⟨-; -ken⟩ *zo.* tic-polonga, Russell's viper (*Vipera russellii*).

Katz [kats] *f* ⟨-; -en⟩ *dial. for* Katze: für die ~ *fig. colloq.* in vain, useless; mit j-m ~ und Maus spielen *fig. colloq.* to play a cat-and-mouse game with s.o.

'katz,bal·gen *v/reflex* ⟨*insep,* ge-, h⟩ sich ~ *colloq.* **1.** tussle: die Jungen katzbalgten sich the boys were tussling with each other. – **2.** (*streiten*) squabble, wrangle. — **,Katz·bal·ge'rei** *f* ⟨-; -en⟩ *colloq.* **1.** tussling. – **2.** squabbling, wrangling.

,Katz·bucke'lei (*getr.* -k·k-) *f* ⟨-; *no pl*⟩ *colloq.* cringing, obsequiousness, servility, bootlicking (*colloq.*). — **'katz,buckeln** (*getr.* -k·k-) *v/i* ⟨*insep,* ge-, h⟩ (vor j-m) ~ to ko(w)tow (to s.o.), to toady (to s.o.), to cringe (to *od.* before s.o.), to bow and scrape (to *od.* before s.o.), to fawn ([up]on s.o.), to lick (s.o.'s) boots.

Kätz·chen ['kɛtsçən] *n* ⟨-s; -⟩ **1.** *dim. of* Katze. – **2.** kitten, catling. – **3.** (*Kosename*) puss(y), kitty. – **4.** *bot.* (*Blütenstand*) a) (*der Weiden etc*) (willow) catkin, pussy, b) (*der Hasel etc*) tail, ament (*scient.*). – **5.** *fig.* (*Mädchen*) kitten, 'puss' (*colloq.*). — **~,blüt·ler** [-,blyːtlər] *m* ⟨-s; -⟩ *bot.* amentaceous plant. — **k~,för·mig** *adj* amentiform. — **k~,tra·gend** *adj* amental, amentaceous, amentiferous.

Kat·ze ['katsə] *f* ⟨-; -n⟩ **1.** cat: männliche ~ *cf.* Kater 1; weibliche ~ female (*od.* tabby) cat; dreifarbige ~ tortoiseshell (*Br.* tortoise-shell) (cat); graubunte (*od.* getigerte) ~ tabby cat; alte ~ grimalkin; junge ~ *cf.* Kätzchen 2; streunende ~ stray cat; vor zwei Jahren ist mir diese ~ zugelaufen this cat adopted me two years ago; ein Wurf junger ~n a cat's litter (of kittens); er ist zäh wie eine ~ *fig.* he has a cat's nine lives; die ~ fauchte und machte einen Buckel the cat spat and arched its back; die ~ putzte sich the cat was washing itself; die ~ miaute [schnurrte] the cat miaowed [purred]; unsere ~ soll bald Junge werfen (*od. colloq.* kriegen) our cat is due to kitten (*od.* have kittens) soon. – **2.** *fig. colloq.* (*in Wendungen wie*) falsch wie eine ~ (*od.* eine falsche ~) sein to be as deceitful as a cat; die ~ aus dem Sack lassen to let the cat out of the bag; willst du denn die ~ im Sack kaufen? you don't want to buy a pig in a poke, do you? er hat der ~ die Schelle umgehängt he belled the cat; das hat die ~ gefressen it sprouted wings, it vanished into thin air; das trägt die ~ auf dem Schwanz weg that's nothing (at all), that's chicken(-)feed (*sl.*); wenn die ~ fort (*od.* aus dem Haus) ist, tanzen die Mäuse (auf dem Tisch) (*Sprichwort*) when the cat's away, the mice will play (*proverb*); die ~ läßt das Mausen nicht (*Sprichwort*) the leopard cannot change his spots; bei Nacht sind alle ~n grau (*Sprichwort*) in the dark all cats are gray (*bes. Br.* grey); das war alles für die Katz(e) that was a wasted effort (*od.* all in vain, useless); → beißen 9; Brei 1; Hund 2. – **3.** *zo. cf.* a) Hauskatze, b) Raub-, Großkatze, c) Wildkatze: Blaue (*od.* Sibirische) ~ blue cat (*Felis catus coeruleus*); Fliegende ~ *cf.* Katzenmaki. – **4.** *fig. colloq.* (*Mädchen*) 'puss' (*colloq.*): sie ist eine schlaue ~ she is a sly puss. – **5.** → neunschwänzig. – **6.** *mil. hist.* (*im Festungsbau*) mount. – **7.** *tech. cf.* Laufkatze. – **8.** *obs.* money belt.

'Kat·zel,ma·cher ['katsəl-] *m colloq. contempt.* dago, *Am. auch* wop (*beide contempt.*), Italian.

'Kat·zen|,ad·ler *m zo. cf.* Mäusebussard. — **~,art** *f* **1.** species of cats, feline species. – **2.** cat's nature: nach ~ like a cat. — **k~,ar·tig** *adj* **1.** catlike, feline. – **2.** *fig.* like a cat, cattish, feline. — **~,au·ge** *n* **1.** *zo.* cat's eye, eye of a cat. – **2.** eye like (that of) a cat: ~n haben to have cat's eyes. – **3.** *auto.* (*Rückstrahler*) a) (*am Auto etc*) (rear) reflector, b) (*am Straßenrand*) *Am.* bull's-eye, *Br.* cat's-eye. – **4.** *min.* chatoyant, cat's-eye. — **k~,äu·gig** *adj* cat-eyed. — **~,aus,stel·lung** *f* cat show. — **~,bahn** *f metall.* trolley track. — **~,balg** *m* untanned catskin (*Br.* cat-skin). — **~,bal·ken** *m civ.eng.* top beam. — **~,band,wurm** *m zo.* cat tapeworm (*Taenia crassicollis*). — **~,bär** *m zo.* (lesser) panda (*Ailurus fulgens*). — **~,bauch** *m* **1.** belly of a cat. – **2.** *zo.* (*Schnecke*) mouse cone (*Conus citrinus*). — **~,buckel** (*getr.* -k·k-) *m* **1.** cat's arched back: einen ~ machen a) to arch one's back, b) *fig.* to make a deep bow, to bow and scrape. – **2.** (*kleiner Hügel*) hillock. — **~,darm** *m* **1.** cat's gut. – **2.** *med. mus.* (*Darmsaiten*) catgut. — **~,dreck** *m* **1.** cat dirt. – **2.** *fig. sl.* rubbish. — **~,fahr,werk** *n tech.* troll(ey) travel gearing. — **~,fell** *n* catskin, *Br.* cat-skin. — **~,floh** *m zo.* cat flea (*Ctenocephalides felis*). — **~,frett** [-,frɛt] *n* ⟨-(e)s; -e⟩ (*Kleinbär*) bassarisk, cacomistle (*Bassariscus astutus*). — **k~,freund·lich** *adj fig. colloq.* ingratiatingly (*od.* overly) friendly. — **k~,fü·ßig** *adj zo.* catfooted. — **~ga,man·der** *m bot.* cat thyme (*Teucrium marum*). — **~ge,schlecht** *n zo.* cat tribe, cattish race, feline family (*od.* kind), felidae *pl* (*scient.*). — **~ge,schrei** *n* crying of cats, (*bes. in der Paarungszeit*) caterwaul(ing). — **k~,gleich** *adj* catlike, like a cat, catty, feline: ein ~er Gang a catlike walk. — **~,gold** *n min.* yellow mica, iron pyrites. — **~,gras** *n bot. cf.* Knäuelgras. — **k~haft** *adj* catlike, feline, catty, cattish: mit ~er Anmut with feline grace. — **~,hai** *m zo.* cat shark (*bes. Gattg Scylliorhinus*). — **~,hörn·chen** *n zo.* fox squirrel (*Sciurus niger*). — **~,jam·mer** *m cf.* Kater 2. — **k~,jäm·mer·lich I** *adj colloq.* hangoverish (*colloq.*), *bes. Am. auch* hung over (*pred*) (*colloq.*), 'rotten' (*sl.*), (as) sick as a dog (*colloq.*). – **II** *adv* mir ist heute ganz ~ zumute *colloq.* I feel rotten today (*sl.*). — **~kon,zert** *n* **1.** caterwaul(ing). – **2.** *cf.* Katzenmusik. — **~,kopf** *m* **1.** cat's head. – **2.** *fig.* (*Pflasterstein*) cobble(stone). – **3.** *fig.* box (*od.* clip) on the ear. — **~,kratz,krank·heit** *f med.* cat scratch disease. — **~,kraut** *n bot.* **1.** *cf.* Katzengamander. – **2.** *cf.* Baldrian 1. — **~,ma·ki** *m zo.* ring-tailed lemur (*Lemur catta*). — **~,min·ze, 'Ech·te** *f bot.* catmint, *Br.* cat-mint, catnip, fieldbalm (*Gattg Nepeta*). — **~mu,sik** *f fig. colloq.* caterwaul(ing), tin-kettle serenade: eine ~ machen to caterwaul. — **~,öhr·chen, ~,öhr·lein** *n* [-,øːrlaɪn] *bot.* barrenwort (*Gattg Epimedium*). — **~,pföt·chen** *n* **1.** *dim. of* Katzenpfote. – **2.** *bot.* cat's-foot, chaste weed, spring cassidony (*Gattg Antennaria*). — **~,pfo·te** *f* cat's paw: auf ~n with silent, catlike tread. — **~,schau** *f cf.* Katzenausstellung. — **~,schlan·ge** *f zo.* cat snake (*Tarbophis od. Telescopus fallax*). — **~,schnur·ren** *n* ⟨-s⟩ **1.** cat's purr. – **2.** *med.* cat's purr, purring fremitus (*in cases of mitral stenosis*). — **~,schritt** *m choreogr.* pas de chat. — **~,schwanz** *m* **1.** cat's tail. – **2.** *bot. cf.* a) Eberraute, b) Knöterich, c) Lieschgras, d) Salbei, e) Schachtelhalm, f) Wegerich. — **~,schwanz,gras** *n bot. cf.* Lieschgras. — **~,sil·ber** *n min.* argentine mica. — **~,sprung** *m fig. colloq.* stone's throw: es ist nur ein ~ von hier it's only a stone's throw (*od.* a short distance) from here. — **~,stau·pe** *f vet.* cat (*od.* feline) distemper. — **~,tel·ler** *m* cat dish. — **~,tisch** *m humor. colloq.* side table (for children): am ~ essen (müssen) (to have) to eat at the side table. — **~,vo·gel** *m zo.* catbird (*Gattg Ailuroedus*). — **~,volk** *n colloq.* cats *pl.* — **~,wä·sche** *f colloq.* cat('s) lick: ~ machen to have a cat('s) lick. — **~,we·del** *m bot. cf.* Schachtelhalm. — **~,wels** *m zo. cf.* Zwergwels. — **~,wurz** *f bot. cf.* Baldrian 1. — **~,zun·ge** *f meist pl gastr.* (*Schokoladetäfelchen*) langue de chat.

'katz,fah·ren *v/i* ⟨*irr, sep,* -ge-, h⟩ *civ.eng.* troll(e)y.

Kätz·lein ['kɛtslaɪn] *n* ⟨-s; -⟩ *cf.* Kätzchen.

'Kau|,akt *m med.* act of chewing, mastication (*scient.*). — **~ap·pa,rat** *m* masticatory apparatus. — **k~bar** *adj* masticable. — **~be,schwer·den** *pl* chewing (*od. scient.* mastication) difficulties. — **~be,we·gung** *f* masticatory movement.

kau·dal [kau'daːl] *adj med. zo.* caudal.

'Kau·der,welsch ['kaudər-] *contempt.* **I** *n* ⟨-(s); *no pl*⟩ **1.** gibberish, jargon, double Dutch (*colloq.*): er spricht ein furchtbares ~ he speaks a dreadful gibberish. – **2.** (*schwülstiger Amtsstil*) pompous jargon, *Am. colloq. auch* gobbledygook. – **3.** (*verschiedener Dialekte*) hotchpotch. – **II k~** *adv* **4.** ~ sprechen *cf.* kauderwelschen. — **'kau·der,wel·schen** *v/i* ⟨h⟩ talk gibberish (*od. colloq.* double Dutch), gibber.

kau·di·nisch [kau'diːnɪʃ] *adj hist.* Caudine: K~es Joch *auch fig.* Caudine Forks *pl.*

'Kau,druck *m* ⟨-(e)s; ⸗e⟩ *med.* masticatory pressure.

Kaue ['kauə] *f* ⟨-; -n⟩ (*mining*) a) pithead building, b) (*Badehaus*) pithead baths *pl*, washroom, *Br.* wash-room.

kau·en ['kauən] **I** *v/t* ⟨h⟩ **1.** (*Brot, Essen etc*) chew, masticate (*scient.*): Speisen gut [schlecht] ~ to chew food well [badly]; Tabak ~ to chew tobacco; gut gekaut ist halb verdaut (*Sprichwort*) well chewed is half digested; die Worte (zwischen den Zähnen) ~ *fig.* to mumble (one's words), to speak slowly and indistinctly, to drawl. – **II** *v/i* **2.** chew, masticate (*scient.*): geräuschvoll ~ to champ; er kaut hoch *fig. colloq.* he forces his food down; an (*dat*) etwas ~ a) (*an Stück Brot etc*) to chew (*od.* munch) (at) s.th., b) (*am Bleistift etc*) to chew (on) s.th.; an den Nägeln ~ to bite one's nails. – **3.** an (*dat*) etwas zu ~ haben *fig. colloq.* to have s.th. to chew over; daran soll er ~! let him worry about that! – **4.** am Gebiß ~ (*von Pferd*) to champ at the bit. – **III K~** *n* ⟨-s⟩ **5.** *verbal noun.* – **6.** mastication.

'Kau·en,wär·ter *m* (*mining*) pithead baths superintendent.

kau·ern ['kauərn] **I** *v/i* ⟨h⟩ crouch (down), squat (down): am (*od.* auf dem) Boden ~ to crouch (down) on the floor; hinter dem Baumstamm kauerte eine Gestalt a figure crouched behind the tree. – **II** *v/reflex* sich ~ crouch (down), squat (down): sich auf die Erde ~ to crouch on the ground. — **'kau·ernd I** *pres p.* – **II** *adj* crouching, squat.

Kauf [kauf] *m* ⟨-(e)s; =e⟩ **1.** buying, purchasing: beim ~ when buying. – **2.** purchase: der ~ eines Hauses the purchase of a house; ~ auf Teilzahlung (*od.* Abzahlung, Raten) purchase by instal(l)ments (*od.* on the instal[l]ment plan), *bes. Br. auch* hire-purchase; ~ auf (*od.* zur) Probe purchase on approval, trial purchase; ~ auf Ziel purchase on terms, fixed-term purchase; ~ auf feste Rechnung firm purchase; etwas durch ~ erwerben to obtain (*od.* acquire) s.th. by purchase; etwas zum ~ anbieten to offer s.th. for sale; ~ gegen bar cash purchase; einen ~ abschließen to complete (*od.* conclude) a purchase, to close a purchase (*od.* bargain); einen ~ rückgängig machen, von einem ~ zurücktreten to cancel a purchase; diese Waren stehen zum ~ these goods are for sale; etwas (mit) in ~ nehmen *fig.* to put up with (*od.* accept) s.th.; leichten ~es davonkommen *lit.* to get off (*od.* escape) lightly (*od.* cheaply). – **3.** (*das Gekaufte*) purchase, buy (*colloq.*): ein guter (*od.* günstiger) [schlechter] ~ a good [bad] buy, a good [bad] bargain; das war ein teurer ~ that was an expensive buy.

'**Kauf|ˌabˌschluß** *m econ.* closing of a purchase (*od.* bargain). — ~ˌ**an·geˌbot** *n* offer (to buy), bid. — ~ˌ**anˌlaß** *m* buying motive. — ~ˌ**anˌwär·ter** *m* prospective buyer. — ~ˌ**aufˌtrag** *m* buying (*od.* purchasing) order, order to purchase: ~ mit Limitierung (*von Wertpapieren*) stop order. — ~**beˌdin·gung** *f meist pl* purchase condition. — ~ˌ**brief** *m* **1.** bill of sale. – **2.** *jur.* (*bei Liegenschaften*) (*Erwerbsurkunde*) title deed, *Br.* title-deed.

kau·fen ['kaufən] **I** *v/t* ⟨h⟩ **1.** buy, purchase: Butter [Brot, Wurst] ~ to buy butter [bread, sausage]; etwas billig (*od.* günstig) ~ to buy s.th. cheap(ly) (*od.* at a low price); sich (*dat*) ein Auto [Haus] ~ to buy oneself a car [house]; etwas neu [alt] ~ to buy s.th. new [second(-)hand]; etwas aus erster Hand ~ to buy s.th. first(-)hand (*od.* direct); etwas teuer (*od. colloq.* für teures Geld) ~ to buy s.th. at a high price, to pay a lot (of money) (*od.* a high price) for s.th.; etwas auf Raten (*od.* Abzahlung, *colloq.* Stottern, Pump) ~ to buy s.th. by instal(l)ments, *bes. Br. auch* to buy s.th. on hire-purchase (*od. colloq.* on the never-never); etwas auf Rechnung ~ to buy s.th. on account; etwas auf feste Rechnung ~ *econ.* to buy s.th. firm; Kohlen für den Winter ~ to buy in coal for the winter; das Buch hat er für 10 Mark gekauft he bought the book for 10 marks, he paid 10 marks for the book; dieser Stoff wird viel (*od.* gern) gekauft this cloth sells well (*od.* is very popular); wir ~ (immer) alles beim (*od.* im) Supermarkt we always buy (*od.* shop) at the supermarket; wir haben (immer) alles bei der Firma X gekauft *econ.* we have always dealt with Messrs. X, we always buy from Messrs. X. – **2.** *fig. colloq.* (*Zeugen, Stimmen etc*) buy (off): einen Beamten ~ to buy (*od.* bribe) an official. – **3.** *fig. colloq.* (*in Wendungen wie*) was ich mir dafür kaufe! what's the use of that? a fat lot it helps! (*colloq.*); dafür kann ich mir nichts ~ that's no use (*od.* help) to me, that won't get me anywhere; den werde ich mir ~! I'll give him a piece of my mind (*od. colloq.* tell him what's what, let him have it) (when I see him); das hast du wohl gekauft, als keiner im Laden war? *etwa* I suppose you bought that when no one was looking? → Affe 4. – **4.** (*Karten etc*) buy, take in. – **II** *v/i* **5.** er kauft oft bei uns he often buys things from us (*od.* at our shop), he often does his shopping at our shop; bei wem ~ Sie? where do you shop? where do you go (*od.* do your) shopping? – **III K~** *n* ⟨-s⟩ **6.** *verbal noun.* – **7.** purchase.

'**kau·fensˌwert** *adj* worth buying.

Käu·fer ['kɔyfər] *m* ⟨-s; -⟩ **1.** buyer, purchaser: das Haus hat inzwischen seinen ~ gefunden the house has been bought (*od.* sold) in the meantime; einen ~ für etwas suchen to seek a buyer (*od.* purchaser) for s.th. – **2.** (*Kunde*) customer: ~ anlocken to attract (*od.* draw) customers; gutgläubiger ~ *jur.* bona fide customer. – **3.** *jur.* vendee. — ~ˌ**anˌdrang** *m* rush of customers. — ~ˌ**grup·pe** *f* category of buyers. — ~ˌ**land** *n* ⟨-(e)s; =er⟩ purchasing country. — ~ˌ**markt** *m* buyers' market. — ~ˌ**ring** *m* sales ring. — ~ˌ**schicht** *f* (stratum of) buyers *pl.* — ~ˌ**streik** *m* buyers' strike.

'**Kaufˌfah·rer** *m*, ˌ**Kauf·fahr'teiˌschiff** [-faːr'taɪ-] *n mar. hist.* merchantman, merchant ship (*od.* vessel), trader.

'**Kauf|ˌfrau** *f econ.* **1.** business woman. – **2.** (woman) shopkeeper. — ~ˌ**ge·genˌstand** *m cf.* Kaufobjekt. — ~ˌ**geld** *n* purchase money. — ~**geˌle·gen·heit** *f* opportunity to buy (*od.* purchase). — ~**geˌsuch** *n* offer to buy, bid. — ~ˌ**hal·le** *f* small department store, bazaar.

'**Kaufˌhaus** *n econ.* **1.** department store. – **2.** big store (*od.* shop): ein ~ für Textilien big textile store. — ~**de·tekˌtiv** *m* store detective, *bes. Am.* house detective (*od.* dick).

'**Kauf|ˌherr** *m hist. cf.* Handelsherr. — ~**in·terˌes·se** *n* interest (*od.* desire) to purchase. — ~**in·ter·esˌsent** *m* prospective buyer. — ~**konˌtrakt** *m cf.* Kaufvertrag 1.

'**Kaufˌkraft** *f* ⟨-; *no pl*⟩ *econ.* **1.** purchasing (*od.* buying) power: die ~ abschöpfen *pol.* to skim off (*od.* absorb) surplus purchasing power. – **2.** *cf.* Zahlungsfähigkeit. — '**kaufˌkräf·tig** *adj* able to buy, having purchasing power: ein ~es Publikum a public that can afford to buy (*od.* that has the necessary purchasing power).

'**Kaufˌkraft|pa·riˌtät** *f pol. econ.* purchasing-power parity. — ~**theoˌrie** *f* theory of purchasing-power parity. — ~ˌ**überˌhang** *m* excess (*od.* surplus) purchasing power.

'**Kauˌflä·che** *f* (*des Zahns*) masticatory surface.

'**Kauf|ˌla·den** *m* **1.** shop, *bes. Am.* store. – **2.** (child's) toy shop. — ~ˌ**leu·te** *pl* business people, *bes. Am. auch* merchants.

käuf·lich ['kɔyflɪç] **I** *adj* **1.** *econ.* (*Waren etc*) buyable, purchasable, *auch* purchaseable, for (*od.* on) sale: nicht ~ not for sale. – **2.** *euphem.* ~e Liebe prostitution, harlotry; ein ~es Mädchen a prostitute (*od.* harlot), a girl of easy virtue. – **3.** *fig.* (*Beamte, Richter etc*) venal, corrupt, corruptible, bribable. – **4.** *fig.* (*Zeuge, Stimme*) venal, purchasable, *auch* purchaseable. – **II** *adv* **5.** etwas ~ erwerben to acquire s.th. by purchase, to purchase s.th. — '**Käuf·lich·keit** *f* ⟨-; *no pl*⟩ **1.** (*von Waren etc*) purchasability. – **2.** *fig.* corruptibility, venality.

'**Kauf|ˌlust** *f econ.* inclination to buy, buying propensity: gesteigerte ~ buying spree. — **k~ˌlu·stig** *adj* inclined to buy. — ~ˌ**lu·sti·ge** *m, f* ⟨-n; -n⟩ prospective buyer.

'**Kaufˌmann** *m* ⟨-(e)s; -leute⟩ **1.** (*Geschäftsmann*) businessman: ~ werden to become a businessman, to go into business. – **2.** (*Händler*) trader, dealer, merchant: jeder ~ lobt seine Ware (*Sprichwort*) every merchant praises his own wares. – **3.** *colloq.* (*Kolonialwarenhändler*) grocer: zum ~ gehen to go to the grocer's. – **4.** *cf.* Großhändler. – **5.** *cf.* Einzelhändler. – **6.** (*kaufmännischer Angestellter*) (commercial) clerk. – **7.** *econ. jur.* qualified merchant, full trader. — '**kaufˌmän·nisch** [-ˌmɛnɪʃ] **I** *adj* commercial, business (*attrib*): ~er Angestellter [Lehrling] (commercial) clerk [apprentice]; ~er Betrieb, ~es Unternehmen (business) concern (*od.* enterprise, firm), commercial undertaking; ~e Buchführung commercial book(-)keeping; ~es Rechnen commercial arithmetic. – **II** *adv* commercially: ~ ausgebildet sein to have had a commercial (*od.* business) training; ~ tätig sein to be in business.

'**Kaufˌmanns|ˌdeutsch** *n* commercial German. — ~**geˌhil·fe** *m obs. for* Handlungsgehilfe 1. — ~ˌ**geist** *m* ⟨-es; *no pl*⟩ commercial spirit. — ~ˌ**gil·de** *f hist.* **1.** merchant guild, corporation of traders. – **2.** Hansa, Hanse. — ~ˌ**krei·se** *pl* commercial circles, (the) commercial world *sg.* — ~ˌ**lehr·ling** *m* (commercial) apprentice. — ~ˌ**spra·che** *f* commercial language. — ~ˌ**stand** *m* ⟨-(e)s; *no pl*⟩ commercial profession (*od.* class).

'**Kauf|ˌmie·te** *f econ.* hire-purchase (plan *od.* arrangement). — ~**moˌtiv** *n* buying motive. — ~**obˌjekt** *n* article of purchase. — ~**op·tiˌon** *f* buyer's option. — ~ˌ**preis** *m* (purchase) price. — ~**re·flekˌtant** *m* intending buyer. — ~ˌ**steu·er** *f* purchase tax. — ~ˌ**sum·me** *f cf.* Kaufpreis. — ~ˌ**unˌlust** *f* disinclination to buy, sales resistance. — **k~ˌunˌlu·stig** *adj* disinclined to buy.

'**Kauˌfü·ße** *pl zo.* (*bei Krebsen, Skorpionen*) chewing (*od. scient.* masticatory) feet.

'**Kauf|verˌpflich·tung** *f econ.* commitment to buy. — ~**verˌtrag** *m* **1.** *econ.* contract (*od.* bill) of sale, sales contract. – **2.** *jur.* (*bei Grundstücksverkäufen*) bargain and sale. — ~ˌ**wert** *m* purchase value. — ~ˌ**wut** *f* buying craze. — ~ˌ**zwang** *m* obligation (to buy): kein ~ no obligation, (free) inspection invited.

'**Kau|geˌlenk** *n* **1.** *zo.* articular joint. – **2.** *med.* temporomaxillary joint. — ~ˌ**gum·mi** *m* ⟨-s; -(s)⟩ chewing gum.

Kau·ka·si·er [kau'kaːzɪər] *m* ⟨-s; -⟩ Caucasian. — **kau'ka·sisch** [-zɪʃ] *adj* Caucasian.

Kau·ka·sist [kauka'zɪst] *m* ⟨-en; -en⟩ student of Caucasian languages and literatures. — **Kau·ka'si·stik** [-tɪk] *f* ⟨-; *no pl*⟩ study of Caucasian languages and literatures.

'**Kauˌla·de** *f* ⟨-; -n⟩ *zo.* a) chewing lobe, b) (*bei Spinnentieren*) chelicera, c) (*bei Insekten*) mandible.

'**Kaulˌbarsch** ['kaul-] *m zo.* ruffle (*Acerina cernua*).

kau·li·flor [kauli'floːr] *adj bot.* cauliflorous. — **Kau·li·flo'rie** [-flo'riː] *f* ⟨-; *no pl*⟩ cauliflory.

'**Kaulˌquap·pe** *f zo.* tad(pole).

kaum [kaum] **I** *adv* scarcely, hardly, barely: ~ jemand hardly anyone (*od.* anybody), next to no one; ~ hörbar scarcely audible (*od.* to be heard); das ist ~ zu glauben (*od.* glaublich) that is scarcely believable (*od.* credible); ich habe ihn ~ gekannt I hardly knew him; er hat ~ etwas gegessen he has hardly eaten anything; sie kann ~ gehen she can hardly walk; ich habe ~ noch Geld I have hardly any money left; sie können es ~ erwarten, daß er kommt they can hardly wait for him to come; er wird (wohl) ~ zu Hause sein he is hardly likely to be at home; wird dein Freund kommen? ~ will your friend come? I doubt it (*od.* I don't think so); er ist ~ zehn Jahre alt he is scarcely ten years old. – **II** *conj* ~ (daß) scarcely, hardly: ~ daß er heimgekehrt war, erschien schon die Polizei he had hardly got home when the police appeared, no sooner had he got home than the police appeared; ~ war der Chef weg, gingen alle nach Hause no sooner had the boss left than they all went home.

'**Kauˌma·gen** *m zo.* gizzard.

'**Kauˌmus·kel** *m med.* muscle of mastication, masticatory muscle. — ~ˌ**krampf** *m* lockjaw, *Br.* lock-jaw, trismus (*scient.*).

'**Kau|orˌgan** *n med. zo.* masticatory organ. — ~**proˌzeß** *m* masticatory process.

Kau·ri ['kauri] *m* ⟨-s; -s⟩, *f* ⟨-; -s⟩ *zo.* (*Meeresschnecke*) cowrie, cowry, *auch* courie (*Cypraea moneta od. C. annulus*). — ~ˌ**fich·te** *f bot. cf.* Kopalfichte. — ~ˌ**mu·schel** *f zo.* **1.** *cf.* Kauri. – **2.** cowrie shell. — ~ˌ**schnecke** (*getr.* -k·k-) *f cf.* Kauri.

kau·sal [kau'zaːl] *adj auch ling.* causal: zwischen beiden Vorfällen besteht ein ~er Zusammenhang there is a causal connection (*od.* a connection of cause and effect) between the two incidents. — **K~beˌgriff** *m* causal concept, concept of causality. — **K~beˌhand·lung** *f med.* causal treatment. — **K~geˌne·se** *f philos.* etiology, *bes. Br.* aetiology. — ~**geˌne·tisch** *adj* etiologic(al), *bes. Br.* aetiologic(al). — **K~geˌsetz** *n* **1.** causal law. – **2.** ⟨*only sg*⟩ law of causality (*od.* causation), law of cause and effect.

Kaus·al·gie [kauzal'giː] *f* ⟨-; -n [-ən]⟩ *med.* causalgia.

Kau'sal·in·di·ka·tiˌon *f med.* causal indication.

Kau·sa·li·tät [kauzali'tɛːt] *f* ⟨-; *no pl*⟩ causality, causation.

Kau·sa·li'täts|geˌsetz *n cf.* Kausalgesetz. — ~**prinˌzip** *n cf.* Kausalprinzip.

Kau'sal|ˌket·te *f* chain of cause and effect. — ~ˌ**ne·xus** *m cf.* Kausalzusammenhang. — ~**prinˌzip** *n* principle of causality (*od.* causation). — ~ˌ**rei·he** *f cf.* Kausalkette. — ~ˌ**satz** *m ling.* causal clause. — ~**zuˌsam·menˌhang** *m* **1.** relation of (*od.* between) cause and effect. – **2.** causal nexus (*od.* connection, *Br. auch* connexion): zwischen diesen beiden Ereignissen besteht kein ~ there is no causal connection between these two events.

kau·sa·tiv ['kauzatiːf; -'tiːf] *adj ling.* causative, factitive.

Kau·sa·tiv ['kauzatiːf; -'tiːf] *n* ⟨-s; -e⟩,

Kau·sa'ti·vum [-'tiːvʊm] n ⟨-s; -va [-va]⟩ causative (od. factitive) (verb).

Kausch [kaʊʃ] f ⟨-; -en⟩, **'Kau·sche** f ⟨-; -n⟩ tech. (eines Seiles) thimble, deadeye, Br. dead-eye.

kau·sti·fi·zie·ren [kaustifi'tsiːrən] v/t ⟨no ge-, h⟩ chem. causticize.

Kau·stik ['kaustɪk] f ⟨-; no pl⟩ **1.** (optics) caustic (surface). – **2.** med. cauterization Br. auch -s-, cautery.

Kau·sti·kum ['kaustikʊm] n ⟨-s; -ka [-ka]⟩ med. pharm. caustic.

kau·stisch ['kaustɪʃ] adj **1.** med. pharm. (optics) caustic. – **2.** fig. (Witz etc) caustic, biting.

'Kau,ta·bak m chewing tobacco: ~ kauen to chew tobacco.

Kau·tel [kau'teːl] f ⟨-; -en⟩ **1.** jur. a) (Bedingung) proviso, b) (Vorbehalt) reservation. – **2.** pl med. precautions.

Kau·ter ['kautər] m ⟨-s; -⟩ med. cauter, (actual) cautery, cauterizing (Br. auch -s-) (od. cautery) knife. — **Kau·te·ri·sa·ti'on** [-teriza'tsioːn] f ⟨-; -en⟩ cauterization Br. auch -s-, cautery. — **kau·te·ri'sie·ren** [-teri'ziːrən] **I** v/t ⟨no ge-, h⟩ **1.** cauterize Br. auch -s-, burn. – **II K~** n ⟨-s⟩ **2.** verbal noun. – **3.** cf. Kauterisation.

Kau·te·ri·um [kau'teːriʊm] n ⟨-s; -rien⟩ **1.** chem. cf. Ätzmittel 1. – **2.** med. cf. Kauter.

Kau·ti·on [kau'tsioːn] f ⟨-; -en⟩ **1.** jur. bail: **er hinterlegt** (od. **stellt**) **für sie eine ~ von 1000 Mark** he goes (od. puts in) bail for her to the amount of 1,000 marks; **er hinterlegte** (od. **stellte**) **eine ~** he gave (od. offered) bail; **er wurde gegen ~** (**aus der Haft**) **entlassen** he was released on bail; **j-n durch ~ freibekommen** (od. **auf freien Fuß setzen**) to bail s.o. out; **j-n gegen ~ freilassen** to release s.o. on bail; **seine ~ verfallen lassen** to forfeit one's bail; **seine ~ verfallen lassen und flüchten** to jump bail. – **2.** econ. security, surety, guarantee: **eine ~ hinterlegen** (od. **stellen**) to provide (od. furnish, give) security; **~ gegen Veruntreuung** fidelity bond.

kau·ti'ons|,fä·hig adj **1.** jur. bailable. – **2.** econ. able to give security. — **K~,hö·he** f cf. Kautionssumme. — **K~,lei·stung** f jur. recognizance. — **~,pflich·tig** adj **1.** jur. subject to giving (od. going) bail. – **2.** econ. subject to giving (od. liable to give) security. — **K~,sum·me** f **1.** jur. (amount of) bail. – **2.** econ. amount of security. — **K~ver,si·che·rung** f econ. fidelity insurance.

Kautsch [kautʃ] f ⟨-; -s⟩ cf. Couch.

kau·tschie·ren [kau'tʃiːrən] v/t ⟨no ge-, h⟩ cf. kautschutieren.

Kau·tschuk ['kautʃʊk] m ⟨-s; -e⟩ caoutchouc, (india) rubber, Br. (india-)rubber: **entharzter** [**flüssiger, vulkanisierter**] **~** deresinated [fluid, vulcanized Br. auch -s-] rubber; **künstlicher** (od. **synthetischer**) **~** synthetic rubber. — **~,baum** m bot. rubber tree, para rubber (tree) (Hevea brasiliensis). — **~,fei·gen,baum** m india-rubber tree (Ficus elastica). — **~ge,win·nung** f rubber extraction (od. winning). — **~,kitt, ~,kleb,stoff** m rubber cement. — **~,lö·sung** f rubber solution. — **~,mann** m colloq. (im Varieté) contortionist. — **~,mas·se** f rubber coagulum. — **~,milch** f (rubber) latex. — **~pa·ra,graph** m jur. colloq. cf. Gummiparagraph. — **~,pflan·ze** f bot. **1.** rubber plant. – **2.** (india-)rubber vine (Cryptostegia grandiflora). — **~,pfla·ster** n med. rubber sticking plaster. — **~plan,ta·ge** f rubber plantation. — **~,samm·ler** m gummer. — **~,walz,werk** n tech. rubber(-rolling) mill. — **~,wa·ren** pl econ. (india-)rubber goods.

kau·tschu·tie·ren [kautʃu'tiːrən] v/t ⟨no ge-, h⟩ **1.** cover (od. coat) (s.th.) with (india) rubber (Br. [india-]rubber), rubberize. – **2.** make (s.th.) from (od. out of) (india) rubber (Br. [india-]rubber).

'Kau|ver,mö·gen n med. masticating power, masticatory function. — **~,werk,zeu·ge** pl **1.** masticatory organs. – **2.** (bei Wirbellosen) jaw sg.

Kauz [kauts] m ⟨-es; ⸚e⟩ **1.** zo. a) (Waldkauz) tawny owl (Strix aluco), b) (Steinkauz) little owl (Athene noctua). – **2.** fig. colloq. odd character: **ein komischer** (od. **sonderbarer**) **~** an odd (od. a strange) character (od. fellow), a queer (od. rum) bird (od. customer) (colloq.); **es muß auch solche Käuze geben** it takes all sorts to make a world. – **3.** dial. (Haarknoten) bun.

Käuz·chen ['kɔʏtsçən] n ⟨-s; -⟩ dim. of Kauz 1.

'kau·zig, käu·zig ['kɔʏtsɪç] adj colloq. odd, strange, queer, quaint.

Käuz·lein ['kɔʏtslaɪn] n ⟨-s; -⟩ dim. of Kauz 1.

Ka·val [ka'val] m ⟨-s; -s⟩ (games) (Spielkarte im Tarockspiel) chevalier.

Ka·va·lier [kava'liːr] m ⟨-s; -e⟩ **1.** gentleman: **er ist ein vollendeter ~** he is a perfect gentleman, he has perfect manners; **er ist ein ~ vom Scheitel bis zur Sohle** he's every inch a gentleman; **ein ~ der alten Schule** a gentleman of the old school, an old-fashioned gentleman; **du bist mir ein** (**netter**) **~!** iron. a fine gentleman you are! – **2.** colloq. (Verehrer) admirer, beau: **sie hat schon einen ~** she already has a beau (od. gentleman friend). – **3.** obs. (Edelmann) cavalier, nobleman. — **k~,mä·ßig I** adj gentlemanly, chivalrous. – **II** adv like a gentleman, chivalrously.

Ka·va'liers·de,likt n petty (od. pardonable) offence (Am. offense), peccadillo: **Schmuggeln betrachten die Grenzbewohner als ~** smuggling is a pardonable offence to people living near the frontier.

Ka·va'lier,start m colloq. **1.** (mit Auto) quick start. – **2.** aer. climbing takeoff (Br. take-off).

Ka·val·ka·de [kaval'kaːdə] f ⟨-; -n⟩ cavalcade.

Ka·val·le·rie [kavalə'riː; 'ka-] f ⟨-; -n [-ən]⟩ mil. cavalry: **leichte** [**schwere**] **~** light [heavy] cavalry. — **~,an,griff** m cavalry charge. — **~re·gi,ment** n cavalry regiment, regiment of horse.

Ka·val·le·rist [kavalə'rɪst] m ⟨-en; -en⟩ mil. cavalryman, trooper.

Ka·va·ti·ne [kava'tiːnə] f ⟨-; -n⟩ mus. cavatina.

Ka·va·ti·on [kava'tsioːn] f ⟨-; -en⟩ (sport) (beim Fechten) disengagement.

Ka·vent [ka'vɛnt] m ⟨-en; -en⟩ obs. for Bürge.

Ka·ver·ne [ka'vɛrnə] f ⟨-; -n⟩ **1.** med. cavity, cavitation. – **2.** rare cave, cavern. — **Ka'ver·nen,bil·dung** f med. cavitation, cavity formation.

Ka·ver·nom [kavɛr'noːm] n ⟨-s; -e⟩ med. cavernoma.

ka·ver·nös [kavɛr'nøːs] adj med., auch geol. cavernous.

Ka·vi·ar ['kaːviar] m ⟨-s; -e [-viaːrə]⟩ caviar(e): **das ist ~ fürs Volk** fig. that's caviar(e) to the general (Am. to the general public). — **~,brot** n French bread. — **~,bröt·chen** n caviar(e) roll (od. canapé).

ka·vie·ren [ka'viːrən] v/i ⟨no ge-, h⟩ (sport) (beim Fechten) disengage, caveal.

Ka·vi·ta·ti·on [kavita'tsioːn] f ⟨-; no pl⟩ phys. (space) cavitation.

Ka·wa ['kaːva] f ⟨-; no pl⟩ (Getränk) cava, kava(kava). — **~,pfef·fer** m bot. kava pepper (Piper methysticum).

Ka·waß [ka'vas] m ⟨-wassen; -wassen⟩, **Ka'was·se** m ⟨-n; -n⟩ hist. (orient. Polizeisoldat) kavass.

Ka·wi ['kaːvi] n ⟨-(s); no pl⟩, **~,spra·che** f ling. hist. Kawi, Kavi.

Ka·zi·ke [ka'tsiːkə] m ⟨-n; -n⟩ cacique, cazique (a native Indian chief, esp. in the West Indies and in South America).

Kea ['keːa] m ⟨-s; -s⟩, **~pa·pa,gei** m zo. kea (Nestor notabilis).

Ke·bab [ke'baːp] m ⟨-(s); no pl⟩ gastr. kabob, kebab, kebob.

keb·beln ['kɛbəln] v/i ⟨h⟩ cf. kabbeln 1.

Keb·se ['keːpsə] f ⟨-; -n⟩ concubine.

'Kebs|,ehe f concubinage. — **~,weib** n cf. Kebse.

keck [kɛk] **I** adj ⟨-er; -st⟩ **1.** (frech) pert, cheeky, saucy (colloq.): **sie ist ziemlich ~** she is rather pert; **eine ~e Antwort** a cheeky (Am. colloq. auch fresh) answer; **er leugnete mit ~er Stirn** he had the cheek to deny the charge. – **2.** (kühn) bold, audacious, daring: **ein ~er Streich** a bold trick. – **3.** fig. (flott) pert, jaunty, cheeky: **sie trug ein ~es Hütchen** she wore a pert little hat; **mit ihrem ~en Stupsnäschen** with her cheeky little pug nose. – **4.** Swiss cheerful. – **II** adv **5.** pertly: **sag es nur ~ heraus!** don't be shy! out with it! **sie hatte den Hut ~ aufs Ohr gesetzt** she wore her hat at a jaunty angle.

keckern (getr. -k·k-) ['kɛkərn] v/i ⟨h⟩ hunt. (von Fuchs, Marder, Iltis etc) snarl.

'Keck·heit f ⟨-; no pl⟩ **1.** pertness, cheek(iness), sauciness (colloq.). – **2.** boldness, daring, audacity, audaciousness.

Ke·der ['keːdər] m ⟨-s; -⟩ **1.** (am Schuh) visible welt. – **2.** auto. sealing strip, weather strip, Br. weather-strip.

Keep [keːp] f ⟨-; -en⟩, **'Kee·pe** f ⟨-; -n⟩ mar. groove.

Kee·per ['kiːpər; 'kiːpə] (Engl.) m ⟨-s; -⟩ (sport) colloq. goalkeeper.

Keep-smi·ling ['kiːp'smaɪlɪŋ] (Engl.) n ⟨-; no pl⟩ keep smiling.

Kees [keːs] n ⟨-es; -e⟩ Austrian dial. for Gletscher.

Ke·fe ['keːfə] f ⟨-; -n⟩ Swiss edible-podded sugar pea.

Ke·fir ['keːfɪr] m ⟨-s; no pl⟩ gastr. (Getränk aus gegorener Milch) kefir. — **~,knol·len** pl kefir grains.

Ke·gel ['keːgəl] m ⟨-s; -⟩ **1.** pin, bes. Br. skittle(-pin): **die ~ aufstellen** (od. **aufsetzen**) to set up the pins; **~ spielen** cf. kegeln 1. – **2.** math. cone: **ein gerader** [**schiefer, spitzer, stumpfer**] **~** an upright (od. a right) [an oblique, a pointed, a truncated] cone; **kleiner ~** conicle. – **3.** (Bergkegel) cone. – **4.** print. body (size), shank: **Schrift auf anderem ~** bastard type. – **5.** tech. a) cone, b) (abgeschrägter Teil) bevel, c) (verjüngter Teil) taper. – **6.** mus. (Orgelventil) cone. – **7.** **der Hase macht einen ~** hunt. the hare sits up(right). – **8.** obs. bastard, natural child: → **Kind** 1. – **9.** cf. a) **Lichtkegel**, b) **Scheinwerferkegel** 1. — **~,ach·se** f math. axis of cone. — **~an,ten·ne** f cone antenna (bes. Br. aerial). — **~,bahn** f (sport) bowling alley, bes. Br. skittle-alley. — **~,bie·ne** f zo. parasitic leaf-cutter bee (Gattg Coelioxys). — **~,blu·me** f bot. coneflower (Gattg Rudbeckia). — **~,brem·se** f tech. cone brake. — **~,bru·der** m colloq. fellow bowler (bes. Br. skittler). — **~,dorn** m tech. taper plug. — **~,dreh,ar·beit** f taper-turning operation. — **~,dreh,ein,rich·tung** f taper(-turning) attachment. — **~,dreh,schnitt** m taper cut. — **~,ein,satz** m taper adapter. — **~,fe·der** f volute (od. conical spiral) spring. — **~,flä·che** f math. conical surface. — **~,form** f conical shape. — **k~,för·mig** adj **1.** conic(al), cone-shaped, coniform (scient.). – **2.** tech. a) conic(al), cone-shaped, b) (abgeschrägt) beveled, bes. Br. bevelled, c) (sich verjüngend) taper(ed). – **3.** phys. (Strahlenbrechung etc) conical: **~es Strahlenbündel** cone of rays. — **~,frä·ser** m tech. beveled (bes. Br. bevelled) cutter. — **~funk·ti,on** f math. conical function. — **~ge,trie·be** n tech. bevel gear drive, bevel gearing. — **~,hö·he** f **1.** math. altitude (od. height) of a cone, cone height. – **2.** tech. depth of a taper. – **3.** print. body height. — **~,hül·se** f tech. taper bush(ing) (od. sleeve).

'ke·ge·lig adj cf. kegelförmig: **~ aussenken** metall. to countersink; **~ drehen** metall. to taper-turn.

'Ke·gel|,jun·ge m pinboy, pinsetter, bes. Br. skittle-boy. — **~,klub** m bowling (bes. Br. skittle) club. — **~,ku·gel** f bowl, bes. Am. bowling ball, bes. Br. skittle-ball. — **~,kupp·lung** f tech. cone clutch (od. coupling). — **~,la·de** f mus. (der Orgel) cone valve. — **~,la·ger** n tech. cone bearing. — **~,leh·re** f taper(ed) ga(u)ge. — **~,leit·ap·pa,rat** m taper attachment. — **~li·ne,al** n taper (guide) bar. — **~,li·nie** f math. conic line. — **~,loch** n tech. taper(ed) bore (od. hole). — **~,man·tel** m math. envelope of (a) cone. — **~,müh·le** f civ.eng. gyratory crusher.

ke·geln ['keːgəln] **I** v/i ⟨h u. sein⟩ **1.** ⟨h⟩ bowl, bes. Br. play (at) skittles (od. ninepins), skittle: **im Himmel wird gekegelt** fig. the gods are playing marbles. – **2.** ⟨sein⟩ colloq. fall (od. tumble) down. – **3.** ⟨h⟩ hunt. (von Hase) sit up(right). – **II K~** n ⟨-s⟩ **4.** verbal noun. – **5.** cf. Kegelspiel.

'Ke·gel|par,tie f game of bowling, bes. Br. game of skittles (od. ninepins). — **~pro·jek·ti,on** f geogr. conical projection.

'Ke·gel,rad n tech. bevel gear, Br. bevel-gear. — **~an,trieb** m bevel-gear drive. — **~,frä·ser** m bevel-gear cutter. — **~ge,trie·be** n bevel-gear transmission, bevel(-)gearing (od. [-]gears pl). — **~,paar** n pair of bevel(-)gears. — **~ver,zah·nung** f bevel-gear tooth system. — **~,wälz,frä·ser** m bevel-gear hob.

'Ke·gel|,rit·zel n tech. bevel pinion. — **~,rob·be** f zo. gray (bes. Br. grey) seal (Halichoerus grypus). — **~,rol·len,la·ger** n tech. taper(ed)-roller (Am. auch Timken) bearing.

— **~ˌschaft** *m* taper shank. — **~ˌschei·be** *f* cone pulley. — **~ˌschei·ben I** *n* ⟨-s⟩ *Bavarian and Austrian dial. for* Kegelspiel. – **II k~** *v/i* ⟨scheibt Kegel, schob Kegel, Kegel geschoben, h⟩ *Bavarian and Austrian for* kegeln 1. — **~ˌschie·ben I** *n* *cf.* Kegelspiel. – **II k~** *v/i* ⟨schiebt Kegel, schob Kegel, Kegel geschoben, h⟩ *cf.* kegeln 1. — **~ˌschie·ne** *f tech.* taper guide bar. — **~ˌschnecke** (*getr.* -k·k-) *f zo.* a) cone shell (*Gattg Conus*), b) marbled cone (*C. marmorens*). — **~ˌschnitt** *m math.* conic (section). — **~ˌschwamm** *m bot. a species of* agaric (*Agaricus extinctorius*). — **~ˌsitz** *m tech.* **1.** conical seating. – **2.** taper fit. — **~ˌspiel** *n* bowling, *bes. Br.* (game of) skittles (*od.* ninepins) *pl* (*construed as sg*). — **~ˌspie·ler** *m cf.* Kegler. — **~ˌsport** *m cf.* Kegelspiel. — **~ˌstatt** *f Austrian for* Kegelbahn. — **~ˌstift** *m tech.* taper pin. — **~ˌstumpf** *m math.* blunt (*od.* truncated) cone, conical frustum, frustum of a cone. — **~venˌtil** *n* cone (*od.* miter, *bes. Br.* mitre, plug) valve. — **~verˌjün·gung** *f* amount of taper, taper, conicity. — **~ˌwin·kel** *m* **1.** *tech.* included (*od.* taper) angle. – **2.** *math.* vertex angle of cone. — **~ˌzahnˌrad** *n* bevel gear, *Br.* bevel-gear. — **~ˌzap·fen** *m* (*einer Senkschraube*) cone point.

Keg·ler *m* ⟨-s; -⟩ bowler, *bes. Br.* skittle player, skittler.

'keg·lig *adj cf.* kegelig.

'Kehl|ˌader *f med.* jugular vein. — **~ˌbal·ken** *m arch.* collar beam, *Br.* collar-beam, top beam, span piece. — **~ˌbart** *m hunt.* (*des Auerhahns*) wattle.

'Kehlˌdeckel (*getr.* -k·k-) *m med.* epiglottis. — **~entˌzün·dung** *f* epiglottitis.

Keh·le ['ke:lə] *f* ⟨-; -n⟩ **1.** throat: **eine rauhe ~ haben** to have a hoarse (*od.* husky) voice, to have a sore throat; **aus voller ~ lachen** to roar (*od.* shout) with laughter, to laugh heartily; **aus voller ~ schreien [singen]** to shout [to sing] at the top of one's voice; **j-n an** (*od.* **bei**) **der ~ packen** to seize (*od.* grip) s.o. by the throat; **j-m an die ~ springen** to leap (*od.* fly, jump) at s.o.'s throat; **die Angst schnürte ihm die ~ zu** he choked with fear, fear stifled his voice; **eine durstige** (*od.* **trockene**) **~ haben** to be thirsty; **ich habe es in die falsche ~ gekriegt** *fig. colloq.* it went down the wrong way; **etwas in die falsche** (*od.* **unrechte**) **~ kriegen** (*od.* **bekommen**) *fig. colloq.* to take s.th. the wrong way; **sich** (*dat*) **die ~ anfeuchten** (*od.* **schmieren**) *fig. colloq.* to wet one's whistle (*colloq.*); **das Wort blieb mir in der ~ stecken** *fig. colloq.* the word(s *pl*) stuck in my throat; **ihm geht es an die ~** *fig. colloq.* his life is at stake; → durchschneiden[1] 3; Gold 4; jagen 5; Messer[1] 1; Wasser 2. – **2.** (*Speiseröhre*) gullet, (o)esophagus (*scient.*). – **3.** (*Luftröhre*) windpipe, trachea (*scient.*). – **4.** *arch.* (*Hohlkehle*) chamfer, channel, flute, groove. – **5.** *tech.* (*eines Walzfräsers*) throat. – **6.** *mil.* (*im Festungsbau*) gorge. – **7.** *mus.* (*einer Orgelpfeife*) shallot. – **8.** *geol.* notch.

keh·len ['ke:lən] **I** *v/t* ⟨h⟩ **1.** (*Fisch etc*) gut. – **2.** *tech.* (*Holz*) mold, *bes. Br.* mould, groove, channel, flute. – **II K~** *n* ⟨-s⟩ **3.** *verbal noun.* – **4.** *cf.* Kehlung.

'Kehl|ˌflos·ser [-ˌfləsər] *m* ⟨-s; -⟩ *meist pl zo.* jugular (fish) (*Ordng Jugulares*). — **~ˌfü·ßer, ~ˌfüß·ler** [-ˌfy:slər] *m* ⟨-s; -⟩ *meist pl* laemodipod(an) (*Unterordng Laemodipoda*). — **~ˌgru·be** *f* **1.** *zo.* (*der Vögel*) jugulum. – **2.** *med.* suprasternal fossa.

'Kehlˌho·bel *m tech.* fluting (*od.* hollowing, molding, *bes. Br.* moulding) plane. — **~maˌschi·ne** *f* **1.** (*bei der Holzbearbeitung*) molding (*bes. Br.* moulding) machine. – **2.** *metall.* die-block shaper.

'keh·lig *adj* **1.** (*Stimme etc*) throaty, guttural. – **2.** *tech.* grooved, channeled, *bes. Br.* channelled.

'Kehlˌkopf *m* **1.** *med.* voice box, larynx (*scient.*): **im ~ erzeugt** laryngeal. – **2.** *zo.* larynx: **unterer ~** syrinx; **zum unteren ~ gehörig** syringeal. — **~arˌte·rie** *f med.* laryngeal artery. — **~ˌband** *n* ⟨-(e)s; ⸚er⟩ laryngeal ligament. — **~diph·theˌrie** *f* laryngeal diphtheria. — **~ˌeinˌgang** *m* entrance of the voice box, laryngeal inlet. — **~entˌzün·dung** *f* laryngitis. — **~kaˌtarrh** *m* laryngeal catarrh, laryngitis. — **~ˌkrebs** *m* laryngeal cancer, cancer of the larynx. — **~ˌläh·mung** *f* laryngoparalysis, laryngoplegia. — **~ˌlaut** *m ling.* laryngeal (*auch* laryngal) (sound). — **~mi·kroˌphon** *n electr.* throat microphone, laryngophone (*scient.*). — **~ˌpfei·fer** *m vet.* (*keuchendes Pferd*) roarer. — **~ˌschnitt** *m med.* laryngotomy. — **~spe·ziaˌlist** *m* laryngologist. — **~ˌspie·gel** *m* laryngeal mirror, laryngoscope (*scient.*). — **~ˌspie·geln** *n* ⟨-s⟩, **~ˌspie·ge·lung** *f* indirect (*od.* mirror) laryngoscopy. — **~strikˌtur** *f* laryngeal stenosis. — **~tu·ber·kuˌlo·se** *f* tuberculosis of the larynx, laryngophthisis (*scient.*). — **~verˌschlußˌlaut** *m ling.* glottal stop.

'Kehl|ˌlap·pen *m meist pl zo.* **1.** (*bei verschiedenen Vögeln u. Reptilien*) wattle. – **2.** (*des Geflügels*) gill, wattle, jowl. – **3.** (*bei Haustauben*) jewing. — **~ˌlaut** *m ling.* guttural (sound), pharyng(e)al, faucal. — **~ˌlei·ste** *f arch.* molding, *bes. Br.* moulding, channel, talon. — **~maˌschi·ne** *f cf.* Kehlhobelmaschine. — **~ˌmes·ser** *n* molding (*bes. Br.* moulding) cutter.

'Kehlˌnaht *f tech.* fillet weld. — **~ˌschwei·ßung** *f* fillet welding.

'Kehl|ˌrie·men *m* (*am Zaum*) throatband, *Br.* throat-band, throatlatch, *Br.* throat-latch. — **~ˌschwei·ßung** *f tech.* fillet welding. — **~ˌspar·ren** *m arch.* valley rafter. — **k~ˌstän·dig** *adj zo.* (*Fischflossen*) jugular. — **~ˌstein** *m civ.eng.* valley tile.

'Keh·lung *f* ⟨-; -en⟩ **1.** *cf.* Kehlen. – **2.** *tech.* a) molding, *bes. Br.* moulding, b) groove, channel: **spitze ~** quirk.

'Kehl|ˌzeug *n tech.* molding (*bes. Br.* moulding) equipment. — **~ˌzie·gel** *m civ.eng. cf.* Kehlstein.

'Kehrˌaus *m* ⟨-; *no pl*⟩ **1.** (*Schlußtanz*) last dance, finale: **den ~ spielen** to play the last dance. – **2.** (*im Karneval*) Mardi Gras dance (*od.* ball). – **3.** *archaic* (*Schluß*) cleanout, *Br.* clean-out: **den ~ machen** to clean out, to clear up, to finish.

'Kehr|ˌbe·sen *m* broom, (sweeping) brush, besom. — **~ˌbild** *n phys.* inverted image. — **~ˌblech** *n dial. for* Kehrichtschaufel.

Keh·re ['ke:rə] *f* ⟨-; -n⟩ **1.** (*Wegbiegung*) (sharp) bend, turn, corner, curve: **die Straße macht dort eine ~ nach rechts** the road bends to the right there; **er ging mit voller Geschwindigkeit in die ~** he drove into the bend at top speed. – **2.** (*Straßenausbuchtung zum Wenden*) turning area (*od.* space), (*bes. für Autobusse, Straßenbahnen etc*) loop. – **3.** (*sport*) a) (*beim Turnen*) rear vault, b) (*beim Skifahren u. Bergsteigen*) turn, bend, c) (*beim Fechten*) volte-face: **eine ~ über den Kasten machen** to rear-vault over the box. – **4.** *aer.* turn.

'Kehr|ˌei·mer *m* garbage (*Br.* rubbish) pail. — **~eleˌment** *n phys.* reversible cell.

keh·ren[1] ['ke:rən] **I** *v/t* ⟨h⟩ **1.** turn: **wütend kehrte er mir den Rücken** furiously he turned his back on me; **viele haben damals ihrer Heimat den Rücken gekehrt** many people turned their backs on (*od.* left) their home country at that time; **den Blick demütig zum Himmel ~** to turn (*od.* cast) one's eyes humbly up to heaven; **er hat das Oberste zuunterst** (*od.* **das Unterste zuoberst**) **gekehrt** he turned everything upside down (*od.* topsy-turvy); **die rauhe Seite nach außen ~** a) to turn the rough (*od.* coarse) side outward(s), b) *fig.* to show the unpleasant (*od.* less appealing) side of one's character; **das Schwert gegen sich selbst ~** *lit.* to turn one's sword upon oneself, to commit suicide. – **II** *v/reflex* **sich ~ 2.** turn: **sein Zorn kehrte sich gegen uns** his anger turned against us; **schließlich kehrte sich noch alles zum besten** finally everything turned out for the best, everything came (out) right in the end. – **3. sich nicht an** (*acc*) **etwas ~** not to care (*od.* bother, trouble) about s.th., to pay no attention to s.th.: **kehre dich nicht an das Gerede der Leute!** don't bother about people's gossip (*od.* about what people say); **sie kehrte sich nicht an die Vorschriften** she did not pay any attention to (*od.* she ignored) the regulations. – **III** *v/i* ⟨h *u.* sein⟩ **4.** ⟨h⟩ *mil.* (*Kommando*) **kehrt!** about turn (*od.* face)! **rechtsum kehrt!** right about turn (*od.* face)! (**ganze**) **Abteilung kehrt!** a) squad about turn! b) *colloq.* turn round and go back! – **5.** ⟨sein⟩ *rare for* zurückkehren 1.

'keh·ren[2] **I** *v/t* ⟨h⟩ (*Zimmer, Straße, Schornstein etc*) sweep: **das Laub vom Rasen ~** to sweep the leaves from the lawn. – **II** *v/i* sweep (up): (**ein**) **jeder kehre vor seiner** (**eigenen**) **Tür** *fig.* everyone should put his own house in order first; → Besen 1.

'Keh·richt *m, n* ⟨-(e)s; *no pl*⟩ **1.** sweepings *pl*, refuse, rubbish, garbage, *Br.* dust, *Am.* trash: **das geht dich einen feuchten ~ an** *colloq.* that's none of your business, mind your own business. – **2.** *cf.* Kehrichthaufen. — **~ˌabˌfuhrˌwa·gen** *m* road-refuse collector. — **~ˌei·mer** *m Br.* dust-bin, *auch* waste-bin, *Am.* trash (*auch* garbage) can. — **~ˌhau·fen** *m* rubbish heap: **etwas auf den ~ der Geschichte werfen** *fig. contempt.* to consign s.th. to history, to relegate s.th. to the past. — **~ˌschau·fel** *f* dustpan.

'Kehr|maˌschi·ne *f* **1.** (*für Straßenreinigung*) road (*od.* motor) sweeper, rotary road brush. – **2.** (*für Teppiche*) carpet sweeper (*od.* cleaner). — **~ˌpflug** *m agr.* swivel plough (*bes. Am.* plow), *Br.* turnwrest plough. — **~ˌpunkt** *m astr.* (*eines Planeten*) apse, apsis. — **~ˌreim** *m* **1.** *metr.* refrain, burden. – **2.** *mus.* a) refrain, burden, b) (*eines Chors*) chorus. — **~ˌschau·fel** *f* dustpan. — **~ˌschlei·fe** *f* **1.** hairpin (bend). – **2.** *cf.* Kehre 2. — **~ˌsei·te** *f* **1.** (*einer Münze etc*) reverse. – **2.** (*von Stoff etc*) back (*od.* wrong, reverse) side. – **3.** *colloq. humor.* back: **j-m seine ~ zuwenden** to turn one's back on s.o. – **4.** *fig.* (*unangenehme Seite*) other (*od.* reverse) side: **das ist die ~ der Medaille** *colloq.* that's the other (*od.* reverse) side of the coin, that's the other side of the story.

'kehrt|ˌma·chen ['ke:rt-] *v/i* ⟨*sep*, -ge-, h⟩ **1.** turn back: **auf dem Absatz ~** to turn on one's heel; **als er seine Verfolger auf sich zukommen sah, machte er schleunigst kehrt** when he saw his pursuers approaching him he turned back (*od.* turned tail) immediately. – **2.** *mil.* turn (*od.* face) about. — **K~ˌwen·dung** *f* **1.** *bes. mil., auch fig.* about-face (*od.* -turn): **die Partei hat in ihrer Wirtschaftspolitik eine völlige ~ vollzogen** *fig.* the party has made a complete about-turn (*od.* undergone a complete reversal) in its economic policy. – **2.** (*sport*) (*beim Eis- u. Rollkunstlauf*) rocking turn.

'Kehrˌum *m* ⟨-s; *no pl*⟩ *only in* **im ~** *dial.* in a moment (*od. colloq.* jiffy).

'Kehr- ˌund 'Sprengˌwa·gen *m* (*für die Straßenreinigung*) sweeper-flusher.

'Kehrˌwert *m math.* reciprocal (value).

'Kehr|ˌwisch *m obs. od. dial. for* Flederwisch 1. — **~ˌwo·che** *f* sweeping week: **wir haben ~** we have cleaning duty this week.

kei·fen ['kaɪfən] **I** *v/i* ⟨h⟩ **1.** (*schimpfen, nörgeln*) scold. – **2.** (*zanken*) squabble, bicker, yelp. – **II K~** *n* ⟨-s⟩ **3.** *verbal noun.* — **'kei·fend I** *pres p.* – **II** *adj* (*Frau, Stimme etc*) nagging. — **Kei·fe'rei** *f* ⟨-; -en⟩ *colloq. cf.* Keifen.

Keil [kaɪl] *m* ⟨-(e)s; -e⟩ **1.** wedge: **einen ~ in** (*acc*) **etwas schlagen** (*od.* **treiben**) to drive a wedge into s.th.; **einen ~ zwischen zwei Freunde treiben** *fig.* to drive a wedge between two friends, to estrange two friends; **ein ~ treibt den anderen** (*Sprichwort*) one nail drives out another (*proverb*); → Klotz 1. – **2.** (*als Hemmvorrichtung*) chock, *auch* chuck. – **3.** (*Zwickel*) gore, gusset: **einen ~ in den Ärmel einsetzen** to insert a gusset into the sleeve. – **4.** *tech.* a) (*Längskeil*) key, b) (*Querkeil*) cotter, c) (*Stellkeil*) wedge. – **5.** *mil.* a) (*einer Armee etc*) wedge, spearhead, b) (*am Geschütz*) breech wedge, quoin, coign. – **6.** *aer.* V- (*od.* arrowhead) formation. – **7.** *meteor.* wedge. – **8.** *print.* a) sliding quoin (*od.* coign), b) (*einer Zeilensetzmaschine, z. B. Linotype*) space band. — **~ˌabˌsatz** *m* (*am Schuh*) wedge heel. — **k~ˌar·tig** *adj* wedgelike, *Br.* wedge-like.

'Keilˌbein *n* **1.** *zo.* wedge bone, sphenoid (bone) (*scient.*). – **2.** *med.* cuneiform (*od.* sphenoid) (bone). — **~ˌflü·gel** *m med.* wing of sphenoid.

'Keilˌbol·zen *m tech.* cotter bolt.

'Kei·le *f* ⟨-; *no pl*⟩ *colloq.* thrashing, hiding: **er bekam** (*od.* **bezog, kriegte**) **tüchtige ~** he got (*od.* received) a sound thrashing; **wenn du nicht gehorchst, setzt es ~** if you don't do as you're told you'll get a hiding (*od.* you'll be in for it).

kei·len ['kaɪlən] **I** *v/t* ⟨h⟩ **1.** split (*s.th.*) with a wedge, cleave. – **2. j-n** (**für etwas**) **~** *colloq.* to rope s.o. in (for s.th.) (*sl.*): **einen Studenten für eine Verbindung ~** to rope a student in (*Am.* to rush a student) for a society (*Am.* fraternity). – **3.** *print.* quoin, coign, lock up. – **II** *v/reflex* **sich ~ 4.** *colloq.*

fight (*od.* scuffle, tussle) with one another, rough each other up, beat one another up.

ˈKei·ler *m* ⟨-s; -⟩ *hunt.* wild boar.

Kei·leˈrei *f* ⟨-; -en⟩ *colloq.* fight, scuffle, tussle, 'scrap' (*colloq.*), *Br. colloq.* punch-up.

ˈKeil|ˌfe·der *f tech.* coiled spring. — **~ˌflos·se** *f zo. aer.* vertical tail fin. — **~for·ma·tiˌon** *f* **1.** *mil.* wedge (formation). – **2.** *aer.* V- (*od.* arrowhead) formation. — **k~ˌför·mig** *adj* **1.** wedge-shaped, wedgelike, *Br.* wedge-like. – **2.** (*bes. Keilschriftzeichen*) cuneiform. – **3.** *bes. bot.* cuneal, cuneate, *auch* cuneated. – **4.** *med.* (*Knochen*) cuneiform. — **~ˌha·ken** *m zo. cf.* Brachvogel 2. — **~ˌhaue** *f* (*mining*) pick, pickax(e). — **~ˌho·se** *f* **1.** stretch trousers *pl* (*bes. Am.* pants *pl* [*sometimes construed as sg*]) (with stirrups *od.* footstraps). – **2.** (*Skihose*) ski trousers *pl* (*bes. Am.* pants *pl* [*sometimes construed as sg*]). — **~ˌkis·sen** *n* wedge-shaped bolster. — **~ˌklem·me** *f tech.* (*Drahtklemme*) wire grip. — **~ˌkranz** *m* (*mining*) walling crib, *auch* wedging curb. — **~ˌkraut** *n bot.* (white) meadow saxifrage (*Saxifraga granulata*). — **~ˌlei·ste** *f tech.* taper gib. — **~ˌna·be** *f* female spline, splineway.

ˈKeil|ˌnut, ~ˌnu·te *f tech.* keyway, keyseat.

ˈKeilˌnu·ten|ˌfrä·ser *m*, **~ˌfräs·maˌschi·ne** *f tech.* keyway milling cutter (*od.* machine). — **~ˌräu·mer** *m*, **~ˌräum·maˌschi·ne** *f* keyway broach (*od.* broaching machine). — **~ˌreibˌrad** *n* wedge (*od.* grooved) friction wheel.

ˈKeil|ˌrad *n tech. cf.* Keilnutenreibrad. — **~ˌrä·der·geˌtrie·be** *n* wedge (friction) gear, multiple V-gears *pl.* — **~ˌrah·men** *m* **1.** (*art*) wedged stretcher. – **2.** *print.* quoin (*od.* coign) chase.

ˈKeilˌrie·men *m tech.* V-belt, vee belt. — **~ˌanˌtrieb** *m* V-belt (*od.* vee-belt) drive. — **~ˌschei·be** *f* V-belt (*od.* V-grooved) pulley.

ˈKeil|ˌschrift *f archeol.* cuneiform (writing). — **k~ˌschwän·zig** [-ˌʃvɛntsɪç] *adj zo.* wedge- (*od.* pin-)tailed.

ˈKeilˌschwanz|ˌlo·ri *m zo.* lorikeet (*Gattg Trichoglossus*). — **~ˌsit·tich** *m* macaw (*Gattg Ara*).

ˈKeil|ˌsplitt *m* (*Füllsplitt für Straßen*) keystone, filler (*od.* blinding) stone. — **~ˌstein** *m arch.* voussoir. — **~ˌstück** *n* **1.** (*textile*) *cf.* Keil 3. – **2.** *cf.* Keilkissen. — **~ˌtrei·ber** *m tech.* drift pin (*od.* punch). — **~verˌbin·dung** *f* **1.** (*mit Längskeil*) keying, key joint. – **2.** (*mit Querkeil*) cotter joint. — **~verˌschluß** *m mil.* (*am Geschütz*) sliding wedge, wedge(-type) breech mechanism.

ˈKeilˌwel·le *f tech.* spline(d) shaft.

ˈKeilˌwel·len|ˌfräs·maˌschi·ne *f tech.* spline-shaft milling machine. — **~ˌschleif·maˌschi·ne** *f* spline-shaft grinder (*od.* grinding machine). — **~ˌwälzˌfrä·ser** *m* spline hob.

ˈKeilˌzahn *m tech.* spline tooth (*od.* key).

Keim [kaɪm] *m* ⟨-(e)s; -e⟩ **1.** *biol.* a) germ, bud, b) (*Embryo*) embryo. – **2.** *bot.* a) (*Sprößling*) bud, b) (*Trieb*) sprout, c) (*Schößling*) shoot: ~e treiben to sprout, to bud, to germinate. – **3.** *med.* (*Erreger*) germ, bacillus. – **4.** *min.* (*eines Kristalls*) nucleus. – **5.** *fig.* (*erster Anfang*) seed(s *pl*), germ, bud, embryo: der ~ der Liebe [des Hasses] the seeds of love [hatred]; den ~ einer Krankheit in sich tragen to bear the seeds of a disease in one; den ~ des Todes in sich tragen to be doomed to die, to have the hand of death upon one; im ~ vorhanden sein to be present in embryo (*od.* at an embryonic stage); den Aufruhr im ~ ersticken to nip the rebellion in the bud. — **~ˌanˌla·ge** *f med.* blastoderm, germ layer. — **~ˌbett** *n hort.* germinating bed. — **~ˌbil·dung** *f biol.* germ formation. — **~ˌbläs·chen** *n* **1.** *med.* germinal vesicle. – **2.** *biol.* a) blastula, b) blastocyst. — **~ˌbla·se** *f* **1.** *med.* blastocyst, blastula. – **2.** *biol.* blastula.

ˈKeimˌblatt *n* **1.** *zo.* germ (*od.* blastodermic) layer: äußeres ~ ectoderm, ectoblast, epiblast; inneres ~ entoderm, endoderm, endoblast, entoblast; mittleres ~ mesoderm, mesoblast; primäres ~ primary germ layer. – **2.** *bot.* seed leaf, *Br.* seed-leaf, cotyledon (*scient.*). – **3.** *bot.* life plant (*Gattgen Bryophyllum u. Kalanchoe*). — **~ˌbil·dung** *f* formation of germ layers.

ˈkeim|ˌblät·te·rig *adj bot.* cotyledonous. — **~ˌblatt·los** *adj* acotyledonous. — **~ˌblätt·rig** *adj cf.* keimblätterig.

ˈKeimˌbo·den *m* **1.** *biol.* substratum, substrate. – **2.** *brew.* malt floor.

ˈKeim·chen *n* ⟨-s; -⟩ *biol.* gemmule.

ˈKeimˌdrü·se *f* **1.** *med.* reproductive (*od.* sexual) gland, gonad (*scient.*). – **2.** *biol.* gonad, spermary. — **ˈKeimˌdrü·sen·horˌmon** *n med.* sex (*od. scient.* gonadal) hormone.

kei·men [ˈkaɪmən] **I** *v/i* ⟨h⟩ **1.** *biol.* germinate. – **2.** *bot.* a) germinate, b) (*von Kartoffeln etc*) sprout, c) (*knospen*) bud: etwas ~ lassen to germinate (*od.* sprout) s.th. – **3.** *fig.* develop, burgeon: Liebe keimte in ihrem Herzen love was burgeoning in her heart. – **II K~** *n* ⟨-s⟩ **4.** *verbal noun*: etwas zum K~ bringen to germinate (*od.* sprout) s.th. – **5.** *cf.* Keimung. — **ˈkei·mend I** *pres p.* – **II** *adj fig.* (*Liebe etc*) growing, budding: ~es Leben beginnings *pl* of life.

ˈKeim|entˌwick·lung *f biol.* embryogeny. — **~epiˌthel** *n* germinal epithelium. — **~ˌfa·den** *m* germ tube. — **k~ˌfä·hig** *adj* capable of germinating, germinable, viable. — **~ˌfä·hig·keit** *f* ⟨-; *no pl*⟩ germination capacity (*od.* faculty, power), germinability, (seed) viability. — **~ˌfleck** *m* germinal area (*od.* spot). — **k~ˌfrei** *adj bes. med.* free from germs, sterilized: etwas ~ machen to sterilize s.th. — **~ˌfrei·heit** *f* sterility. — **~ˌfrucht** *f bot.* (*der Wasserfarne etc*) sporocarp. — **~geˌhalt** *m med.* microbial (*od.* germ) content. — **~ˌhäuf·chen** *n bot.* (*mancher Flechten*) soredium. — **~ˌhaut** *f bot. zo.* blastoderm. — **~ˌhül·le** *f biol.* embryonic sheath. — **~ˌka·sten** *m brew.* germination box. — **~ˌknos·pe** *f bot.* germ bud. — **~ˌkraft** *f biol.* germinative power.

ˈKeim·ling *m* ⟨-s; -e⟩ **1.** *bot.* germ, embryo. – **2.** *med.* embryo, f(o)etus.

ˈKeim|ˌloch *n bot.* pyle, micropyle, *auch* foramen. — **~ˌpflan·ze** *f* embryo (plant). — **~ˌplas·ma** *n biol.* germ plasma, idioplasm. — **~ˌplat·te** *f cf.* Keimscheibe. — **~ˌsaal** *m brew.* malting floor. — **~ˌsack** *m biol.* embryo sac, amnion (*scient.*). — **~ˌschä·di·gung** *f med.* blastophthoria. — **~ˌschei·be** *f biol.* germ(inal) disk (*od.* disc), blastodisc, *auch* blastodisk, embryonic blastoderm (*od.* shield). — **~ˌschicht** *f* germinal (*od.* germ) layer. — **~ˌstim·mung** *f agr.* vernalization. — **k~ˌtö·tend** *adj* germicidal: ~es Mittel germicide, germ(-)killer. — **~ˌtö·ter** *m* germ killer, *Br.* germ-killer, germicide. — **~ˌträ·ger** *m med.* (germ) carrier.

ˈKei·mung *f* ⟨-; *no pl*⟩ *biol.* **1.** *cf.* Keimen. – **2.** germination, pullulation.

ˈKeim|ˌwur·zel *f bot.* radicle. — **~ˌzeit** *f* period of germination.

ˈKeimˌzel·le *f* **1.** *biol.* germ cell, *Br.* germ-cell; gamete, gonocyte, gamocyt (*scient.*). – **2.** *bot.* gamete. – **3.** *fig.* basic unit: die Familie als ~ des Staates the family as the basic unit of the state. — **ˈKeimˌzel·len·verˌei·ni·gung** *f biol.* amphimixis.

kein [kaɪn] *indef pron* ⟨*adjektivisch*⟩ **1.** no, not any, not a: ich habe ~ Geld I have no money, I haven't any money; wir dürfen ~e Zeit verlieren we have no time to lose, we mustn't waste time; sie ist ~ Kind mehr she is no longer a child, she is not a child any longer; ~ Mensch (*od.* ~e Menschenseele) war auf der Straße there was no one (*od.* not a soul) in (*bes. Am.* on) the street; er sagte ~ Wort he did not say a word; es besteht ~ Grund zu der Annahme, daß there is no reason to assume that; er hat gar (*od.* überhaupt) ~ Selbstvertrauen he has no self-confidence at all; ~ Wunder, daß er durchfiel no wonder he failed; auf ~en Fall! under no circumstances! not at all! das ist ~e leichte Sache that is no easy matter; sie scheuten ~e Mühe they spared no pains; er gab ~ Lebenszeichen mehr von sich *auch fig.* he gave no sign of life; ~e ruhige Minute mehr haben not to have a moment's peace (of mind) any longer; das hat ~en Sinn there is no sense in it; sie hat ~en Sinn für Humor she has no (*od.* she lacks a) sense of humo(u)r; ~en Blick für etwas haben to have no eye for s.th.; ~en Finger rühren not to lift (*od.* raise) a finger (to help); ~en Schlag tun not to do a stroke (of work); in ~em Verhältnis zu etwas stehen to bear no relation to s.th.; er hat ~en Pfennig he hasn't a penny; ich habe ~e Ahnung I have no idea, I haven't a clue (*colloq.*); er versteht ~en Spaß he can't take a joke; sei ~ Spielverderber! don't be a spoilsport (*Br.* spoil-sport); ~e Spur! *colloq.* not a bit! not at all! ~ Gedanke! not at all! I would not dream of it! (*colloq.*); ~ Wort mehr! not another word! mach dir ~e allzu großen Hoffnungen! don't build up your hopes too much! um ~en Preis not for anything (in the world); es war ~ anderer als X it was none other than X; ~ anderer hätte das getan no one else would have done that; das ist in ~em anderen Land üblich that is not usual (*od.* done) in any other country; ~ einziger Stuhl war mehr frei there was not one (*od.* not a single) chair left; in ~ster Weise *colloq. humor.* by no manner of means (whatever). – **2.** (*vor Zahlwörtern*) not (as much as): es sind noch ~e vier Wochen her, seit it is not (as much as) four weeks since; es ist ~e halbe Stunde mehr bis dorthin it is less than half an hour to that place; es hat ~e fünf Mark gekostet it cost less than five marks.

ˈkei·ner, ˈkei·ne, ˈkei·nes *od.* **keins** *indef pron* ⟨*substantivisch*⟩ **1.** (*von Personen*) no one, nobody, none, not one: keiner sprach no one (*od.* nobody) said a word; keiner von uns war darauf vorbereitet none (*od.* not one) of us was prepared for that; keiner ist dem anderen gleich no one is the same as anyone else, no two people are alike; keiner will vom anderen etwas wissen a) (*von zwei Leuten*) neither (of them) will have anything to do with the other, b) (*von mehreren Leuten*) none of them (*od.* nobody, no one) will have anything to do with anybody else; er ist keiner von den Klügsten he is not one of the cleverest; keiner von beiden neither (of them), neither the one nor the other; das darf keiner erfahren no one must know about that; ich kenne keinen, der es besser machen könnte I don't know anyone (*od.* anybody) who could do it better, I know of no one who could do it better; er kennt sich auf dem Gebiet aus wie (sonst) keiner he knows that subject better than anyone else, he has no equal in that subject; die oder keine she (*od.* her) or no one; uns kann keiner *colloq.* we have no one to fear. – **2.** (*von Sachen*) none, not one, not any: kein(e)s von beiden neither (of the two); hast du Geld? nein, ich habe kein(e)s have you any money? no, I haven't any; kein(e)s deiner Bücher gefällt mir I don't like any of your books; besondere Kennzeichen — keine (*im Paß*) distinguishing marks (*od.* features) — none.

ˈkei·nerˈlei *adj* ⟨*undeclined*⟩ no ... of any kind (*od.* sort), no ... whatsoever (*od.* at all): du hast ~ Anspruch darauf you have no claim whatsoever to that; er hat ~ Fortschritte gemacht he hasn't progressed at all; er durfte zwei Tage ~ Speise zu sich nehmen he was not allowed to eat any kind of food for two days; es machte ihm ~ Mühe it was no trouble at all for him.

ˈkei·nerˈseits *adv* **1.** (*auf keiner Seite*) on neither side. – **2.** (*von keiner Seite*) from no side (*od.* quarter).

ˈkei·nesˈfalls *adv* **1.** (*unter keinen Umständen*) on no account, under no circumstances: du darfst ~ etwas zugeben under no circumstances must you admit (*od.* are you to admit) anything; ich werde ~ nachgeben I shall not give in under any circumstances; so geht es ~ weiter on no account can this be allowed to continue; Sie können ~ etwas verlieren you can't lose anything under any circumstances (*od.* whatever happens); ~! under no circumstances! not at all! – **2.** *cf.* keineswegs. – **3.** (*auf keine Weise*) in no way, noway(s), nowise: dieser Stoff ist ~ anders this material is in no way different.

ˈkei·nesˈwegs [-ˈveːks] *adv* by no means, not in the least, not at all: damit bin ich ~ einverstanden I am not at all in agreement with this; hat ihm das Spaß gemacht? ~! did he enjoy it? not at all!

ˈkeinˌmal *adv* not once, never, not a single time: ich habe ~ gewonnen I didn't win once (*od.* a single time), I never won; → einmal 1.

Keks [keːks] *m*, *n* ⟨-(es), *Austrian only* -; -(e)⟩ **1.** *bes. Br.* biscuit, *bes. Am.* cookie, *auch* cookey, cooky. – **2.** (*bes. ungesüßt*) cracker. — **~ˌdo·se** *f bes. Br.* biscuit tin (*od.* container), *bes. Am.* cookie jar. — **~ˌschach·tel** *f bes. Br.* biscuit box, *bes. Am.* cookie box.

Kelch [kɛlç] *m* ⟨-(e)s; -e⟩ **1.** goblet, chalice, cup. – **2.** glass: sie leerte den ~ Sekt she emptied the glass of champagne. – **3.** *relig.*

chalice, (communion) cup, *Br.* (communion-)cup: **der geweihte** ~ the consecrated cup; **der** ~ **des Heils** the cup of Salvation. – **4.** *fig.* cup: **den (bitteren)** ~ **bis auf den Grund** (*od.* **bis zur Neige**) **leeren** *lit.* to drain the (bitter) cup of sorrow to the last (*od.* dregs); **der** ~ **ist an mir noch einmal vorübergegangen** *colloq.* I have been spared the bitter cup once more. – **5.** *bot.* a) (*Blumenkelch*) (flower) cup, calyx (*scient.*), b) (*innerer Blütenkorb*) chalice, c) (*Blumenhülle*) envelope, d) (*Außenkelch*) calycle: **die Blumen öffneten ihre** ~**e** the flowers opened their cups; **mit vielblätt(e)rigem** ~ polysepalous; **mit einem** ~ (**versehen**) calycate; **ohne** ~ acalycinous. – **6.** *zo.* a) (*Organ*) calyx, b) (*Skelett eines Korallenpolypen*) cup, calice (*scient.*). – **7.** *arch.* bell, vase drum, tambour, campana, gutta. – **8.** *med.* calix.

'kelch|ˌähn·lich, ~ˌar·tig *adj* **1.** cuplike, *Br.* cup-like, chalicelike, *Br.* chalice-like. – **2.** *bot.* *zo.* calycine, calycular, calycinal: **mit** ~**er Blüte** chaliced. – **3.** *med.* calycine.

'Kelchˌblatt *n* **1.** *bot.* sepal: **mit nur 'einem** ~ monosepalous; **mit Kelchblättern (versehen)** sepaled, *bes. Br.* sepalled; **mit vier [vielen] Kelchblättern** tetrasepalous [polysepalous]; **mit verwachsenen Kelchblättern** synsepalous, gamosepalous; **mit freien Kelchblättern** aposepalous, apophyllous, dialysepalous. – **2.** *her.* (*einer Rose*) barb. — **k~ˌähn·lich, k~ˌar·tig** *adj bot.* sepaloid, sepaline.

'Kelch|ˌblu·me *f bot.* **1.** *cf.* Kelchblüte. – **2.** Carolina allspice, *auch* strawberry shrub, sweet(-scented) shrub (*Calycanthus floridus*). — **~ˌblü·te** *f* calycinal (*od.* calycinar, calycine) flower. — **~ˌblü·ter** [-ˌblyːtər], **~ˌblüt·ler** [-ˌblyːtlər] *pl* calyciflorae. — **k~ˌblü·tig** [-ˌblyːtɪç] *adj* calyciflorous, calycanthemous. — **~ˌbor·ste** *f* awn on the calix. — **~ˌform** *f* **1.** shape (*od.* form) of a chalice. – **2.** *bot.* form of a calyx. – **3.** *arch.* form of a bell. — **k~ˌför·mig** *adj* **1.** cup- (*od.* chalice-)shaped. – **2.** *bot.* calyciform, calicular, cyathiform. – **3.** *zo.* cup-shaped, calyciform (*scient.*): ~**es Organ** calyx, calyculus, calycle. – **4.** *arch.* (*Kapitell*) bell-shaped. — **~ˌglas** *n* crystal (*od.* glass) goblet. — **~ˌhül·le** *f bot.* calycle.

'kel·chig *adj bot.* *zo.* *cf.* kelchähnlich 2.

'Kelch|ka·piˌtell *n arch.* a) basket capital, b) (*in Gotik*) plain vase capital. — **k~los** *adj bot.* without a calyx, acalycinous (*scient.*). — **~ˌnar·be** *f* (*an Früchten*) eye, umbril.

'Kelch|ˌschwamm *m bot.* blood (*od.* fairy) cup, cup fungus (*Gattg Peziza*). — **~ˌspel·ze** *f* (*der Gräser*) glume. — **k~ˌstän·dig** *adj* calycifloral, calyciflorate, calyciflorous. — **~ˌstreit** *m relig.* *hist.* *controversy about the withdrawal of the communion cup from the laity.* — **~ˌtel·ler** *m*, **~ˌtel·ler·chen** *n relig.* paten. — **k~ˌtra·gend** *adj bot.* calyciferous. — **~ˌtuch** *n relig.* **1.** communion cloth, *Br.* communion-cloth, corporal. – **2.** purificator. — **~ˌve·lum** *n* chalice veil. — **~ˌwei·he** *f* consecration of the communion cup (*Br.* communion-cup).

Ke·lim ['keːlɪm] *m* ⟨-(s); -(s)⟩ (*orient. Teppich*) kilim. — **~ˌstich** *m* (*textile*) tricot stitch, *Br.* tricot-stitch.

Kel·le ['kɛlə] *f* ⟨-; -n⟩ **1.** (*Schöpfkelle*) scoop: **hölzerne** ~ wooden scoop. – **2.** *metall.* (*bei der Gießerei*) ladle. – **3.** (*Maurerkelle*) trowel: **eine** ~ **voll Mörtel** a trowelful of mortar. – **4.** (*Signalstab*) (signal) disk (*od.* disc). – **5.** *arch.* flat (*od.* plain) tile. – **6.** *hunt.* beavertail (stock). – **7.** *print. colloq.* stick. – **8.** *hort.* (gardener's) trowel.

Kel·ler ['kɛlər] *m* ⟨-s; -⟩ **1.** cellar: **ein dumpfer [muffiger]** ~ a damp [musty] cellar; **etwas im** ~ **unterbringen** to store s.th. in the cellar; **in den** ~ **gehen** (*od.* **hinabsteigen**) to go down (in)to the cellar; **der** ~ **einer Bank** a bank's vault(s *pl*); **er hat einen vorzüglichen** ~ *fig.* he has an excellent selection of wines, he has an excellent cellar; **Bier aus dem** ~ **holen** to fetch beer (up) from the cellar; **im** ~ **sein** *fig. colloq.* (*beim Skatspiel etc*) to have minus points; → Küche 1. – **2.** (*unterirdische Wohnung*) basement: **er bewohnte einen dunklen** ~ he lived in (*od.* inhabited) a dark basement (flat). – **3.** (*Schutzraum*) cellar, shelter: **ein splittersicherer** ~ *mil.* a splinter(-)proof shelter; ~ **gegen Wirbelstürme** *bes. Am.* storm (*od.* cyclone) cellar. – **4.** (*unterirdisches Gefängnis*) dungeon: **die finsteren** ~ **einer Burg** the dark dungeons of a castle. – **5.** (*Lokal*) a) beer cellar, b) beer garden, c) *cf.* Weinkeller 1. – **6.** *antiq. arch.* hypogeum. — **~ˌabˌzug** *m gastr.* estate-bottled wine. — **~ˌas·sel** *f zo.* sow (*od.* pill) bug, wood louse, *Br.* wood-louse (*Porcellio scaber*). — **~ˌbar** *f cf.* Kellerlokal 2. — **~ˌdecke** (*getr.* -k·k-) *f* cellar (*od.* basement) ceiling. — **~ˌdurchˌbruch** *m* mouseholing from house to house.

Kel·le'rei *f* ⟨-; -en⟩ **1.** vintner's business. – **2.** wine cellars *pl* (*od.* vaults *pl*, cellarage). — **~geˌhil·fe** *m* vintner's (*od.* cellarer's, cellarman's) assistant. — **~geˌnos·sen·schaft** *f* vintners' co(-)operative (society).

'Kel·ler|ˌeinˌgang *m* entrance to a cellar (*od.* basement), cellar (*od.* basement) entrance. — **~ˌfal·te** *f* (*fashion*) box pleat, *Br.* box-pleat. — **~ˌfen·ster** *n* cellar (*od.* basement) window. — **~gaˌra·ge** *f* basement garage. — **~geˌschoß** *n arch.* basement. — **~geˌwöl·be** *n* (cellar *od.* basement) vault. — **~ˌgit·ter** *n* cellar (*od.* basement) grating (*od.* grille). — **~ˌhals** *m* **1.** *arch.* outdoor basement staircase. – **2.** *bot.* (common) daphne, mezereon, laurel herb, spurge olive (*Daphne mezereum*): **Immergrüner** ~ copse laurel (*D. laureola*); **Wohlriechender** ~ garland flower (*D. cneorum*). — **~ˌkind** *n* *child living in a miserable underground hovel.* — **~ˌkraut** *n bot.* *cf.* Kellerhals 2. — **~ˌlaus** *f zo.* *cf.* Kellerassel. — **~ˌlicht·ˌschacht** *m* basement air shaft, basement (*od.* cellar) light well. — **~ˌloch** *n* **1.** cellar air hole, cellar vent. – **2.** *colloq.* (wretched) underground hovel, miserable (*od.* little) hole. — **~loˌkal** *n* **1.** cellar restaurant. – **2.** cellar bar, *bes. Br.* cellar night-club. — **~ˌluft** *f* damp (*od.* musty) cellar air. — **~ˌmau·er** *f* cellar (*od.* basement) wall. — **~mei·ster** *m* **1.** cellarman, cellarer. – **2.** *archaic* butler.

kel·lern ['kɛlərn] *v/t* ⟨h⟩ (*Wein etc*) cellar.

'Kel·ler|ˌraum *m* cellar (*od.* basement) room. — **~ˌschlüs·sel** *m* cellar (door) key. — **~ˌschwamm** *m bot.* *cf.* Warzenschwamm. — **~ˌtrep·pe** *f* cellar (*od.* basement) staircase (*bes. Am.* stair). — **~ˌtür** *f* **1.** cellar door. – **2.** (*Falltür*) cellar flap, *Br.* cellar-flap.

'Kel·le·rung *f* ⟨-; *no pl*⟩ cellaring.

'Kel·ler|ˌwech·sel *m econ.* accommodation bill, *Br.* accommodation-bill, fictitious (*od.* bogus) bill, 'kite' (*colloq.*). — **~ˌwirt·schaft** *f cf.* Kellerlokal 1. — **~ˌwoh·nung** *f* basement apartment (*bes. Br.* flat). — **~ˌwurm** *m zo.* *cf.* Kellerassel.

Kel·li·on ['kɛlĭɔn] *n* ⟨-s; -lien⟩ *relig.* kellion (*small house for monks of the Eastern Church*).

Kell·ner ['kɛlnər] *m* ⟨-s; -⟩ waiter.

'Kell·ne·rin *f* ⟨-; -nen⟩ waitress: ~ **gesucht** waitress wanted.

'Kell·nerˌlehr·ling *m* apprentice waiter, *Am.* busboy.

kell·nern ['kɛlnərn] *v/i* ⟨h⟩ *colloq.* work as a waiter.

Ke·lo·id [kelo'iːt] *n* ⟨-(e)s; -e⟩ *med.* keloid.

Ke·loi·do·se [keloi'doːzə] *f* ⟨-; -n⟩ *med.* keloidosis.

Kelp [kɛlp] *n* ⟨-s; *no pl*⟩ *chem.* kelp, varec.

Kelt [kɛlt] *m* ⟨-(e)s; -e⟩ *archeol.* celt, palstave, *auch* palstaff.

Kel·te ['kɛltə] *m* ⟨-n; -n⟩ *hist.* Celt, *auch* Kelt: **schottischer** ~ Gael. — **'Kel·ten·ˌstamm** *m* Celtic tribe (*od.* race).

Kel·ter ['kɛltər] *f* ⟨-; -n⟩ (wine)press. — **~ˌbüt·te** *f* (wine)press vat.

Kel·te'rei *f* ⟨-; -en⟩ (wine)press house.

'Kel·te·rer *m* ⟨-s; -⟩ (wine)press operator, winepresser.

'Kel·terˌfaß *n cf.* Kelterbütte.

kel·tern ['kɛltərn] *v/t* ⟨h⟩ press, (*mit den Füßen*) *auch* tread: **Weintrauben** ~ to press (*od.* tread) (the) grapes.

'Kel·ter|ˌschrau·be *f* (large) screw of a (wine)press. — **~ˌtanz** *m* vintners' dance (*to celebrate the grape harvest*).

Kelt·ibe·rer [kɛlti'beːrər] *m* ⟨-s; -⟩ *meist pl hist.* Celtiberian. — **kelt·ibe·risch** [-'beːrɪʃ] *adj* Celtiberian.

'Kel·tin *f* ⟨-; -nen⟩ Celt, *auch* Kelt, Celtic woman.

'kel·tisch I *adj* Celtic, *auch* Keltic: **das** ~**e Kreuz** the Celtic cross; ~**e Sprache** *cf.* Keltisch; ~**e Wiedergeburt** (*literature*) Celtic revival, *bes.* Irish literary renaissance; ~**e Mythologie** Celtic mythology; ~**es Steingrab** *archeol.* cist. – **II** *ling.* **K~** ⟨*generally undeclined*⟩, **das K~e** ⟨-n⟩ Celtic, Celtish, the Celtic language.

Kel·to·lo·ge [kɛlto'loːgə] *m* ⟨-n; -n⟩ Celticist, Celtist, *auch* Celtologist.

Kel·to·ma·ne [kɛlto'maːnə] *m* ⟨-n; -n⟩ Celtomaniac. — **kel·to'ma·nisch** *adj* Celtomaniac, Celtomane.

kel·to·ro·ma·nisch [kɛltoro'maːnɪʃ] *adj ling.* Celto-Roman.

Kel·vin ['kɛlvɪn] *n* ⟨-s; *no pl*⟩, **~ˌgrad** *m* (degree) Kelvin. — **~efˌfekt** *m* Kelvin effect. — **~ˌska·la** *f* (*mit Nullpunkt –273° C*) Kelvin scale. — **~-Tem·pe·raˌtur** *f phys.* Kelvin (*od.* absolute) temperature.

Ke·ma·lis·mus [kema'lɪsmus] *m* ⟨-; *no pl*⟩ *pol.* Kemalism. — **Ke·ma'list** [-'lɪst] *m* ⟨-en; -en⟩ Kemalist.

Ke·me·na·te [keme'naːtə] *f* ⟨-; -n⟩ **1.** *hist.* (*Frauengemach einer Burg*) bower. – **2.** *colloq.* lady's room.

Ken [kɛn] *n* ⟨-; -⟩ *pol.* (*jap. Verwaltungsbezirk*) ken.

Ken·do ['kɛndo] *n* ⟨-; *no pl*⟩ (*sport*) kendo (*Japanese fencing with staves*).

'Kennˌbuchˌsta·be *m* key (*od.* index, code) letter.

Ken·nel ['kɛnəl] *m* ⟨-s; -⟩ *hunt.* kennel.

ken·nen ['kɛnən] **I** *v/t* ⟨kennt, kannte, gekannt, h⟩ **1.** know: **ich kenne ihn** I know (*od.* am acquainted with) him; **er kennt ihren Namen nicht** he does not know her name; **ich kenne ihn persönlich** I know him personally; **ich habe deinen Vater gekannt** I knew your father; **j-n gut [oberflächlich]** ~ to know s.o. well [slightly]; **ich kenne hier keine Menschenseele** I don't know a single person here; **sie will mich nicht mehr** ~ she doesn't want to know me any more, she will have nothing more to do with me; **sie kennt ihn als Kritiker, nicht als Schriftsteller** she knows him as a critic, not as a writer; **ich kenne ihn als zuverlässigen Menschen** I know him to be a reliable person; **ich kenne ihn nur dem Namen nach** I know him only by name; **er kennt sie vom Sehen** he knows her by sight; **ich kenne von ihm nur Alter und Beruf** I know only his age and his profession; **ich kenne die Stadt** I know the town; **ich kenne ein nettes Lokal** I know a nice place (*od.* restaurant); **etwas gründlich** ~ to know s.th. well (*od.* thoroughly, through and through), to be fully conversant with (*od.* well versed in) s.th.; **etwas oberflächlich** ~ to have some (*od.* a slight) knowledge of s.th.; **ich kenne das Buch in- und auswendig** I know the book inside out; **sie kennt die mittelalterliche Literatur** she is familiar with medi(a)eval literature; **er hat nie die wahre Liebe gekannt** he has never known (*od.* experienced, felt) true love; **ich kenne seine geheimsten Pläne** I know (*od.* I am in on) his most secret plans; **ich kenne eure Not** I know (*od.* am aware of) your need; **seinen Platz im Leben** ~ to know one's place (*od.* station) in life; **das** ~ **wir schon** *colloq.* we know all about that, we've heard it all before; **er kennt keine Angst** he knows no fear; **sie** ~ **keine Rücksicht** they have no (conception of) consideration; **ihre Freude kannte keine Grenzen** her joy knew no bounds; **sie kennt nichts als ihre Arbeit** she lives for her work; **die Mittelmeerküste kennt keinen harten Winter** hard winters are unknown on the Mediterranean coast; **der Krieg kennt kein Erbarmen** war knows no mercy; **ich kenne diese Stadt wie meine Westentasche** I know this town like the back of my hand; **die Menschen** ~ to be a good judge of people; → Pappenheimer. – **2.** (*erkennen*) recognize *Br. auch* -s-: **ich kannte ihn am Schritt [an der Stimme]** I recognized his footsteps [his voice]; **ich kenne keinen Unterschied zwischen reich und arm** I recognize (*od.* see) no difference between (the) rich and (the) poor. – **3. sich** ~ (*reziprok*) know one another: **wir** ~ **uns schon** we already know one another, we have already met, we have already been introduced; **wir** ~ **uns von der Schule her** we know one another from our school days, we were at school together; **wir** ~ **uns nicht mehr** we are no longer friends. – **II** *v/reflex* **sich** ~ **4.** know oneself: **du kennst dich selbst sehr schlecht** you don't know yourself very well at all; **er kannte sich nicht mehr vor Wut** he was beside himself with rage.

'ken·nen,ler·nen I *v/t* ⟨*sep*, -ge-, h⟩ **1.** j-n ~ to get (*od.* come) to know s.o., to become acquainted with s.o.: es freut mich, Sie kennenzulernen (I am) pleased to make your acquaintance (*od.* to meet you); ich habe sie neulich kennengelernt I met her recently; wir lernten sie von einer ganz anderen Seite kennen we got to know her from an entirely different angle; er möchte sie näher ~ he would like to get to know her better; wenn Sie ihn einmal kennengelernt haben once you have got to know him, once you know him; du sollst mich noch ~! *colloq.* just wait, you haven't seen anything yet! – **2.** etwas ~ to get (*od.* come) to know s.th., to become acquainted with s.th.: ich möchte diese alte Stadt ~ I should like to get to know this old town; das Leben ~ to get to know (*od.* see) life. – **3.** sich ~ (*reziprok*) get (*od.* come) to know, become acquainted, meet: wir haben uns im Urlaub [voriges Jahr] kennengelernt we met on holiday (*Am.* during vacation) [last year]; Sie haben sich nie kennengelernt? have you never met (*od.* been introduced to) each other? – **II K~** *n* ⟨-s⟩ **4.** acquaintance: bei näherem K~ gewinnen to appear in a more favo(u)rable light upon closer acquaintance.

'Ken·ner *m* ⟨-s; -⟩ **1.** (*Weinkenner etc*) connoisseur: das ist ein Wein für (den) ~ that is a wine for the connoisseur. – **2.** (*der Kunst etc*) authority, expert: die ~ werden wissen, daß the experts will know that; er ist ein ~ orientalischer Antiquitäten he is an expert (*od.* authority) on oriental antiques; er ist ein ~ der bildenden Künste he is an expert on (*od.* connoisseur of, cognoscente of) the fine arts. — **~,au·ge** *n* expert (*od.* connoisseur's discerning) eye: er hat ein ~ für gute Gemälde he has a discerning eye for good pictures. — **~,blick** *m* **1.** *cf.* Kennerauge. – **2.** expert (*od.* connoisseur's, discerning) glance: mit ~ erkannte er die Fälschung with an expert glance he recognized the forgery.

'ken·ne·risch *adj* expert, discerning, critical.

'Ken·ner,mie·ne *f* air (*od.* look) of an expert (*od.* a connoisseur), expert mien (*od.* look): eine ~ aufsetzen *iron.* to assume the air of a connoisseur; mit ~ with the air of an expert (*od.* a connoisseur).

'Ken·ner·schaft *f* ⟨-; *no pl*⟩ expertise, connoisseurship, discerning (*od.* expert) knowledge: seine ~ unter Beweis stellen to give proof of one's expertise.

'Ken·ner·tum *n* ⟨-s; *no pl*⟩ *cf.* Kennerschaft.

'Ken·ner,ur·teil *n* connoisseur's (*od.* expert, discerning) judg(e)ment (*od.* decision).

'Kenn|,fa·den *m* (colored, *bes. Br.* coloured) tracer thread. — **~,far·be** *f* identifying color (*bes. Br.* colour). — **~,feu·er** *n aer.* identification beacon. — **~fre,quenz** *f* (*radio*) identification frequency.

Ken·ning ['kɛnɪŋ] *f* ⟨-; -ar⟩ kenning (*a metaphorical compound or phrase in Old English or Old Norse poetry*).

'Kenn|,kar·te *f* identity (*od.* identification) card. — **~,kur·ve** *f math. cf.* Kennlinie. — **~,leuch·te** *f aer.* identification light.

'Kenn,licht *n* **1.** rotating beam light, rotating blue (*od.* yellow) light (*on emergency-service vehicles*). – **2.** *tech.* pilot lamp. — **~,schein,wer·fer** *m* rotating beam lamp.

'Kenn,li·nie *f phys. math.* characteristic (curve *od.* line): statische ~ no-load characteristic. — **'Kenn,li·ni·en,feld** *n* family of characteristics.

'Kenn|,mar·ke *f* identification (*od.* identifying) mark. — **~me·lo,die** *f* (*eines Senders, eines Programms*) signature tune. — **~,satz** *m* (*computer*) label.

kennt·lich ['kɛntlɪç] *adj* **1.** (*erkennbar*) recognizable *Br. auch* -s-, identifiable: er war an seiner Stimme ~ he was recognizable by his voice. – **2.** (*wahrnehmbar*) discernible, *Am. auch* discernable: ihre Gesichter waren in der Dunkelheit kaum noch ~ their faces were hardly discernible (*od.* one could hardly discern their faces) in the dark. – **3.** (*unterscheidbar*) distinguishable. – **4.** (*bezeichnet*) marked, labeled, *bes. Br.* labelled: das Strychnin war durch ein rotes Etikett als Gift ~ gemacht the strychnine was marked as poison by a red label. – **5.** sich ~ machen to make oneself known. — **'Kennt·lich·keit** *f* ⟨-; *no pl*⟩ **1.** (*Erkennbarkeit*) recognizability *Br. auch* -s-, identifiability. – **2.** (*Wahrnehmbarkeit*) discernibleness, *Am. auch* discernableness. – **3.** (*Unterscheidbarkeit*) distinguishability, distinguishableness.

'Kennt·lich,ma·chung *f* ⟨-; *no pl*⟩ **1.** identification. – **2.** (*durch Zettel*) marking, labeling, *bes. Br.* labelling. – **3.** (*Beschilderung*) signposting.

Kennt·nis ['kɛntnɪs] *f* ⟨-; -se⟩ **1.** ⟨*only sg*⟩ knowledge: ~ von etwas haben to have knowledge of s.th.; eine genaue ~ der Gegend a thorough knowledge of the area; das entzieht sich meiner ~ I don't know anything about that. – **2.** ⟨*only sg*⟩ (*Auskunft*) information: von etwas ~ erhalten to receive information on (*od.* about) s.th.; j-n (von etwas) in ~ setzen to inform (*od.* notify) s.o. (of s.th.); j-m etwas zur ~ bringen to give s.o. information of (*od.* about) s.th.; der Polizei einen Unfall zur ~ bringen to inform (*od.* notify) the police of (*od.* about) an accident. – **3.** ⟨*only sg*⟩ (*Beachtung*) notice, note: etwas zur ~ nehmen to take note (*od.* notice) of s.th. – **4.** *pl* (*Wissen*) knowledge *sg*: gründliche [umfassende, oberflächliche] ~se basic [exhaustive *od.* comprehensive, superficial] knowledge; technische [wissenschaftliche] ~se technical [scientific] knowledge; gute ~se einer Sprache haben to have a good knowledge (*od.* command) of a language; einige ~se im Italienischen haben to have some (*od.* a slight) knowledge of Italian; (verlangt werden) gute ~se im Englischen a good knowledge of English (is required *od.* necessary); sich (*dat*) ~se erwerben to acquire knowledge; seine ~se durch ein Fachstudium erweitern to augment (*od.* extend) one's knowledge by a special course of study. – **5.** *pl* (*Bildung*) education *sg*: er hat (sich *dat*) gute ~se auf der Universität erworben he received a good education at the university. – **6.** ⟨*only sg*⟩ (*Einsicht*) understanding, insight: intensives Studium führte ihn zur ~ der Zusammenhänge intensive study gave him an insight into the background. – **7.** *pl* (*Erfahrung*) experience *sg*: auf diesem Gebiet hat er viele ~se he has had a lot of experience in this field.

'kennt·nis|,arm *adj* deficient in (*od.* having limited) knowledge (*od.* information), poorly informed. — **~los** *adj* lacking (*od.* without) knowledge, ignorant.

'Kennt·nis,nah·me *f* ⟨-; *no pl*⟩ *bes. econ. jur.* information, note, notice: zu Ihrer ~ for your information (*od.* attention); zwecks näherer ~ verweise ich Sie auf (*acc*) for further information (*od.* particulars) I refer you to; mit der Bitte um ~ please take note, kindly note.

'kennt·nis,reich *adj* well-informed (*attrib*), learned, knowledgeable, well-versed (*attrib*).

'Kennum·mer (*getr.* -nn,n-) *f* **1.** identification number. – **2.** index (*od.* class) number. – **3.** *auto. Am.* license number, *Br.* registration number. – **4.** *econ.* reference number.

'Ken·nung *f* ⟨-; -en⟩ **1.** identification. – **2.** *mil.* identification signal. – **3.** *aer.* airway (*od.* route) marking. – **4.** *mar.* a) (*eines Leuchtfeuers*) characteristic of lights, light characteristic, b) (*Landmarke*) landmark. – **5.** *hunt.* characteristic of a deer (*antlers, feet, colo(u)r etc denoting its age*).

'Kenn|,wert *m math.* characteristic value. — **~,wort** *n* ⟨-(e)s; ⸗er⟩ **1.** *mil.* a) password, watchword, code (*od.* key) word, b) (*Antwort auf Anruf*) countersign. – **2.** (*bei Zeitungsinseraten*) box number, key. — **~,zahl** *f* **1.** *cf.* Kennziffer. – **2.** *econ.* indicative figure, indicator. — **~,zahn** *m vet.* (*eines Pferdes*) mark tooth.

'Kenn,zei·chen *n* **1.** (*Merkmal*) characteristic, sign: die Färbung des Laubes ist ein ~ des Herbstes the changing colo(u)r of the leaves is a sign of autumn (*bes. Am.* fall); das ~ einer kapitalistischen Gesellschaft ist die freie Wirtschaft the characteristic of a capitalist society is free enterprise. – **2.** (*Unterscheidungszeichen*) distinguishing (*od.* distinctive) feature: Kürze ist das ~ seines Stils the distinctive feature of his style is brevity; besondere ~ (*im Paß*) special marks (*od.* features, *bes. Br.* peculiarities). – **3.** *agr.* (*Eigentumszeichen*) a) (*beim Vieh*) brand, b) (*beim Schwein*) earmark. – **4.** *auto.* (polizeiliches) ~ *Am.* license number, *Br.* registration number; (internationales) ~ (international) letter symbol. – **5.** *aer.* aircraft marking. – **6.** (*patents*) distinguishing feature. – **7.** *zo.* recognition mark. – **8.** *med.* (*Anzeichen*) symptom, indication, sign. – **9.** *her.* cognizance *Br. auch* -s-. — **~,leuch·te** *f auto. Am.* license-plate light (*od.* lamp), *Br.* number-plate light (*od.* lamp). — **~,schild** *n Am.* license plate, *Br.* number plate.

'kenn,zeich·nen I *v/t* ⟨*insep*, ge-, h⟩ **1.** (*markieren*) mark: eine Kiste durch eine Aufschrift ~ to mark a crate (*od.* box) with an inscription; eine Flasche mit einem Etikett ~ to mark a bottle with a label, to label a bottle; Zugvögel mit Ringen ~ to mark migratory birds with rings, to ring migratory birds; einen Weg durch Schilder ~ to mark a path by signs; dieses Wort ist im Wörterbuch als mundartlich gekennzeichnet this word is marked (*od.* listed) as dialectal in the dictionary. – **2.** (*charakteristisch für etwas sein*) characterize *Br. auch* -s-, be characteristic (*od.* typical) of, typify: sein Verhalten kennzeichnet ihn als guterzogenen Menschen his behavio(u)r characterizes him as a well-educated person; diese Tat kennzeichnet seinen Mut this act(ion) is characteristic of his courage; die Automatisierung kennzeichnet die moderne Technik automation is typical of modern technology. – **3.** *agr.* mark: Tiere ~ to mark animals. – **4.** (*patents*) characterize *Br. auch* -s-. – **II K~** *n* ⟨-s⟩ **5.** *verbal noun*. – **6.** *cf.* Kennzeichnung. — **'kenn,zeich·nend I** *pres p.* – **II** *adj* **1.** characteristic, typical: dieser Zug ist ~ für sein Wesen this feature (*od.* trait) is typical of his nature; diese Farben sind ~ für die Malerei des 20. Jahrhunderts these colo(u)rs are characteristic (*od.* representative) of 20th-century painting. – **2.** (*unterscheidend*) distinguishing, distinctive: ~e Farben distinctive colo(u)rs; ein ~es Merkmal a distinguishing feature.

'kenn,zeich·nen·der'wei·se *adv* **1.** characteristically, typically. – **2.** distinctively.

'Kenn,zeich·nung *f* ⟨-; -en⟩ **1.** *cf.* Kennzeichnen. – **2.** (*Markierung*) marking: die ~ eines Paketes the marking of a package. – **3.** *fig.* characterization *Br. auch* -s-. – **4.** *econ.* a) marking, stamp, b) (*Etikett*) label. – **5.** *print.* (*eines Buches*) signature. – **6.** *philos.* (*in der Logik*) (definite) description.

'Kenn,zif·fer *f* **1.** *math.* (*eines Logarithmus*) index, characteristic. – **2.** (*eines Zeitungsinserats*) key, box number: ein Inserat mit ~ versehen to key an ad(vertisement). – **3.** *econ.* (*in der Statistik*) index number, indicator. – **4.** *meteor.* (*von Beobachtungsstationen*) index number.

Ke·no·taph [keno'taːf] *n* ⟨-s; -e⟩ *cf.* Zenotaph.

Ken·taur [kɛn'tauər] *m* ⟨-en; -en⟩ *myth.* [*cf.* Zentaur.]

ken·tern ['kɛntərn] **I** *v/i* ⟨sein *u.* h⟩ *mar.* **1.** ⟨sein⟩ (*von Schiffen*) capsize, overturn, turn (*od.* keel) over, turn turtle (*colloq.*): das Schiff kenterte im Sturm the ship capsized in the storm; wir kenterten mit unserem Segelboot our sailboat (*Br.* sailing boat) overturned. – **2.** ⟨h⟩ (*von Flut, Strömung etc*) turn. – **3.** ⟨h⟩ (*von Wind*) shift. – **II K~** *n* ⟨-s⟩ **4.** *verbal noun*: ein Boot zum K~ bringen to capsize (*od.* overturn, upset) a boat. – **5.** (*der Flut, Strömung etc*) turn. – **6.** (*des Windes*) shift.

'Ken·tum,spra·chen ['kɛntum-] *pl ling.* centum languages.

Ke·pha·lo..., ke·pha·lo... *combining form denoting* cephalo...

Kep·lersch ['kɛplərʃ] *adj* ⟨*attrib*⟩ Kepler's Keplerian: ~es Gesetz *phys.* Kepler's law; ~es Fernrohr *astr.* Keplerian telescope.

kep·peln ['kɛpəln] *v/i* ⟨h⟩ *Austrian colloq.* nag.

Ke·ra·bau [kera'bau] *m zo.* ⟨-s; -s⟩ (water) buffalo, *Br.* (water-)buffalo, carabao (*Bubalus bubalus*).

Ke·ra·mik [ke'raːmɪk] *f* ⟨-; -en⟩ **1.** ⟨*only sg*⟩ *collect.* ceramics *pl*, pottery: man kann dort sehr hübsche ~ kaufen one can buy very nice pottery there. – **2.** ⟨*only sg*⟩ (*Kunst, Technik*) ceramics *pl* (*usually construed as sg*), pottery. – **3.** (*einzelner Artikel*) piece of pottery, ceramic (article). — **~,ar·beit** *f* ceramic (work).

Ke·ra·mi·ker [ke'raːmikər] *m* ⟨-s; -⟩ cerami(ci)st, (*bes. Töpfer*) potter.

ke·ra·misch [ke'ra:mɪʃ] *adj* ceramic, pottery (*attrib*): **~es Gewerbe** pottery (*od.* clay-working) industry; **~er Ofen** pottery kiln; **~e Industrie** ceramic(s) industry, ceramics *pl* (*usually construed as sg*).
Ke·ra·sin [kera'zi:n] *n* ⟨-s; *no pl*⟩ *chem.* kerasin ($C_{48}H_{93}NO_8$).
Ke·ra·tin [kera'ti:n] *n* ⟨-s; -e⟩ *chem.* keratin, *Am. auch* ceratin.
Ke·ra·ti·tis [kera'ti:tɪs] *f* ⟨-; -tiden [-ti'ti:dən]⟩ *med.* (*Hornhautentzündung*) keratitis.
Ke·ra·tom [kera'to:m] *n* ⟨-s; -e⟩ *med.* (*Hornhautgeschwulst*) keratoma, keratome.
Ke·ra·to·ma·la·zie [keratomala'tsi:] *f* ⟨-; -n [-ən]⟩ *med.* (*Hornhauterweichung*) keratomalacia, xerotic keratitis.
Ke·ra·to·me·ter [kerato'me:tər] *n* ⟨-s; -⟩ (*optics*) keratometer.
Ke·ra·to·pla·stik [kerato'plastɪk] *f* ⟨-; -en⟩ *med.* corneal grafting, keratoplasty (*scient.*).
Ke·ra·to·se [kera'to:zə] *f* ⟨-; -n⟩ *med.* (*Hornbildung*) (hyper)keratosis.
Ke·ra·to·skop [kerato'sko:p] *n* ⟨-s; -e⟩ *phys. med.* keratoscope.
Kerb [kɛrp] *f* ⟨-; -en⟩ *dial. for* Kirchweih.
Ker·be ['kɛrbə] *f* ⟨-; -n⟩ **1.** notch: **eine ~ ins Holz schneiden** to cut (*od.* carve) a notch in a piece of wood; **er haut** (*od.* **schlägt**) **in dieselbe ~ wie sein Bruder** *fig. colloq.* a) he strikes the same note as his brother, b) (*verfolgt dasselbe Ziel*) he has the same goal (*od.* aim) as his brother. – **2.** (*Nut*) groove, slot. – **3.** (*Einschnitt, Schlitz*) nick. – **4.** (*Aussparung*) recess. – **5.** (*eines Bogens, Pfeils*) nock. – **6.** *bot.* crenation, crenature, (*feinere*) crenulation.
Ker·bel ['kɛrbəl] *m* ⟨-s; *no pl*⟩ *bot.* **1.** (*Nadelkerbel*) lady's-comb, needle chervil, scandix (*scient.*) (*Scandix pectenveneris*). – **2.** (*Gartenkerbel*) chervil (*Anthriscus cerefolium*): **Gemeiner ~** (*Hundskerbel*) bur (*od.* hemlock) chervil (*A. vulgaris*); **Wilder** (*od.* **Großer**) **~** (*Waldkerbel*) wild (*od.* cow) chervil, cow weed (*A. silvestris*). – **3.** (*Kälberkropf*) chervil (*Gattg Chaerophyllum*): **Betäubender ~** (*Taumelkerbel*) rough chervil (*Ch. temulum*). – **4.** Spanischer (*od.* **Perennierender**) **~** (*Süßdolde*) sweet chervil (*od.* cicely) (*Myrrhis odorata*). — **~ˌkohl** *m*, **~ˌkraut** *n bot. cf.* Kerbel 2. — **~ˌrü·be** *f* bulbous chervil (*Chaerophyllum bulbosum*). — **~ˌsup·pe** *f gastr.* chervil soup.
ker·ben ['kɛrbən] **I** *v/t* ⟨h⟩ **1.** notch, groove, nick, cut a notch in. – **2.** (*Bogen, Pfeil*) nock. – **3.** (*rändeln*) knurl. – **4.** (*mining*) shear, cut (*s.th.*) vertically. – **II K~** *n* ⟨-s⟩ **5.** *verbal noun.* – **6.** (*mining*) shear-cutting. – **7.** *cf.* Kerbung.
'Kerb|ˌholz *n only in* **etwas auf dem ~ haben** *fig. colloq.* to have s.th. on one's record, to have a black mark against one: **er hat schon ziemlich viel auf dem ~** he has quite a record. — **~ˌmei·ßel** *m tech.* notching chisel. — **~ˌmes·ser** *n* notching knife. — **~ˌsä·ge** *f* notching saw, ripsaw, *Br.* rip-saw.
'Kerbˌschlag|ˌbie·geˌprü·fung *f tech.* notched bar impact bending test. — **~ˌfe·stig·keit** *f* notched bar (*od.* Izod) impact strength. — **~ˌpro·beˌstab** *m* notched test bar. — **~ˌprü·fung** *f* notched bar impact test. — **~ˌzä·hig·keit** *f* notch toughness.
'Kerbˌschnei·de *f tech.* scorer.
'Kerbˌschnitt *m* (*in der Holzschnitzerei*) chip carving. — **~keˌra·mik** *f* chip-carved pottery.
'Kerb|schnit·zeˌrei *f* chip carving. — **~ˌstift** *m tech.* notched taper pin, slotted (*od.* grooved) pin. — **~ˌtier** *n meist pl zo.* insect (*Klasse Hexapoda*).
'Ker·bung *f* ⟨-; -en⟩ **1.** *cf.* Kerben. – **2.** *cf.* Kerbe 1–5. – **3.** indentation, crenation. – **4.** *bot. cf.* Kerbe 6.
'Kerb|verˌzah·nung *f tech.* serration. — **~ˌzä·hig·keit** *f* notch toughness. — **~ˌzahn** *m bot.* crenature. — **k~ˌzäh·nig** [-ˌtsɛ:nɪç] *adj* crenate(d).
Kerf [kɛrf] *m* ⟨-(e)s; -e⟩ *meist pl zo. cf.* Kerbtier.
Ker·ker ['kɛrkər] *m* ⟨-s; -⟩ **1.** (*Verlies*) dungeon: **in einem dunklen ~ schmachten** to languish in a dark dungeon. – **2.** (*Gefängnis*) jail, *Br. auch* gaol, prison. – **3.** *obs. od. Austrian jur.* imprisonment: **schwerer ~** severe form of imprisonment. — **~ˌhaft** *f obs. od. Austrian jur.* imprisonment. — **~ˌmei·ster** *m* jailer, jailor, *Br. auch* gaoler, jailkeeper, keeper (*Am.* warden) of a prison. — **~ˌstra·fe** *f obs. od. Austrian jur.* imprisonment.
Kerl [kɛrl] *m* ⟨-s, *rare* -es; -e, *colloq. u. contempt. auch* -s⟩ **1.** *colloq.* 'fellow', chap, *bes. Br.* bloke, *bes. Am.* guy (*alle colloq.*): **ein anständiger [armer] ~** a decent [poor] fellow; **so ein blöder ~!** what a fool (*od. sl.* nut)! **ein gemeiner ~** a mean (*od.* nasty) fellow (*od. contempt.* type, character), a cad; **was für ein grober ~!** what a brute! **ein guter** (*od.* **gutmütiger**) **~** a good fellow (*od.* soul); **er ist wirklich ein feiner ~** he really is a fine fellow (*bes. Am.* great guy); **dem kleinen ~ fielen schon die Augen zu** the little fellow's (*od.* lad's) eyes were already closing; **er ist ein kluger ~** he is a clever fellow (*od.* boy); **unser Nachbar ist ein komischer ~** our neighbo(u)r is a funny chap (*od. contempt.* customer, bird); **ein langer ~** a tall fellow; **er [sie] ist ein lieber ~** he [she] is a dear; **er ist ein netter ~** he is a nice chap; **seine Freundin ist ein netter ~** his girl friend is a nice girl (*od. sl.* kid); **er ist wirklich ein prima ~** he is a regular brick (*colloq.*) (*bes. Am. colloq.* a real swell guy); **ein übler ~** a bad character (*od. sl.* egg); **was für ein unangenehmer ~!** what a nasty (*od.* ugly) customer! **ein unverschämter [widerlicher] ~** an impudent (*od.* impertinent) [a disgusting] fellow. – **2.** *colloq.* (real) man: **ein ganzer ~** a real man; **wenn du ein ~ wärst, würdest du mitmachen** if you were a (real) man you'd join in. – **3.** *contempt.* (*Freund, Liebhaber*) fellow, *bes. Am.* guy. – **4. die langen ~s** *mil. hist.* the tall guards (*soldiers of the body*[-]*guard of Frederick William I of Prussia*). – **5.** *obs. for* Diener[1] 1, 2.
'Kerl·chen *n* ⟨-s; -⟩ **1.** *dim. of* Kerl 1. – **2.** (*kleiner Junge*) little boy (*od.* fellow), lad: **ihr Sohn ist ein goldiges ~** their son is a cute little boy.
Ker·mes ['kɛrməs] *m* ⟨-; -⟩ *zo.* **1.** *cf.* Kermesschildlaus. – **2.** *cf.* Kermesfarbstoff. — **~ˌbaum** *m bot. cf.* Kermeseiche. — **~ˌbee·re** *f* foxglove, pokeweed, inkberry weed, scoke (*Gattg Phytolacca*): **Gemeine ~** coakum, *Am.* garget, (Virginian) pokeweed (*Ph. americana*). — **~ˌbee·renˌbaum** *m* umbra tree, bellasombra tree (*Phytolacca dioica*). — **~ˌei·che** *f* kermes (oak) (*Quercus coccifera*). — **~ˌfarbˌstoff** *m zo.* kermes.
Ker·me·sit [kɛrme'zi:t; -'zɪt] *m* ⟨-(e)s; *no pl*⟩ *min.* kermes (mineral).
'Ker·mesˌschildˌlaus *f zo.* scarlet grain, *Br.* scarlet-grain, kermes (coccid) (*Kermes ilicis*).
Kern [kɛrn] *m* ⟨-(e)s; -e⟩ **1.** (*von Äpfeln, Orangen, Weintrauben etc*) pip, seed. – **2.** (*von Pflaumen, Kirschen etc*) stone, *Am. auch* pit, putamen (*scient.*). – **3.** (*von Nüssen etc*) kernel: **sie hat einen guten ~, in ihr steckt ein guter ~** *fig.* she is good at heart, basically she is good; **wer den ~ essen will, muß die Nuß knacken** (*Sprichwort*) he that will eat the kernel must crack the nut (*proverb*); → Pudel 1; Schale[1] 3. – **4.** (*von Getreide*) grain, berry. – **5.** (*eines Baumes*) heart(wood), duramen (*scient.*). – **6.** *fig.* (*Hauptsache, Wesen*) core, gist, pith, essence, kernel: **der ~ eines Problems** the core (*od.* crux, nub, heart) of a problem; **zum ~ einer Sache kommen** (*od.* **vorstoßen**) to get to the core (*od.* bottom, heart) of a matter, to get down to brass tacks (*colloq.*); **dem ~ einer Sache ausweichen, um den ~ einer Sache herumreden** *colloq.* to avoid (going to) the crux of a matter, to beat about the bush (*colloq.*); **mit dieser Bemerkung hast du den ~ der Sache getroffen** with this remark you hit on the crux of the problem (*od. colloq.* you hit the nail on the head); **der eigentliche ~ des Themas wurde nicht berührt** the very core (*od.* gist) of the subject remained untouched; **der ~ seiner Beweisführung** the burden of his argument; **der ~ dieses Vorschlages ist brauchbar** in essence this suggestion has merit. – **7.** *fig.* (*Zentrum*) center, *bes. Br.* centre: **der ~ einer Stadt** the center of a town, the inner city. – **8.** *fig.* (*einer Truppe etc*) nucleus, core. – **9.** *tech.* a) (*in der Gießerei*) core, b) (*einer Schraube*) body. – **10.** *nucl.* a) (*Atomkern*) nucleus, b) (*eines Reaktors*) core. – **11.** *electr.* a) (*einer Spule, eines Ankers etc*) core, b) (*Tauchkern*) plunger. – **12.** *mus.* a) (*bes. der Flöte*) fipple, tampion, b) (*einer Orgelpfeife*) languid, languard, languet(te). – **13.** *biol. cf.* Zellkern.
'Kern|ˌabˌstand *m nucl.* internuclear distance. — **~ˌach·se** *f* nuclear axis. — **~ˌanˌre·gung** *f* nuclear excitation. — **~ˌanˌtrieb** *m* nuclear propulsion. — **~ˌaufˌbau** *m* **1.** nuclear structure. – **2.** (*des Reaktors*) core configuration. — **~ˌaufˌlö·sung** *f biol. med.* karyolysis. — **~ˌausˌschnei·der** *m* (*für Äpfel*) corer. — **~ˌbauˌstein** *m nucl.* nucleon. — **~ˌbei·ßer** *m* ⟨-s; -⟩ *zo.* hawfinch (*Coccothraustes coccothraustes*). — **~beˌschuß** *m nucl.* nuclear bombardment. — **~ˌbil·dung** *f* nucleation. — **~ˌbin·deˌmit·tel** *n metall.* core binder. — **~ˌblech** *n electr.* core iron. — **~ˌboh·ren** *n tech.* trepanning. — **~ˌboh·rer** *m* core drill. — **~ˌboh·rung** *f* core drilling. — **~ˌbrennˌstoff** *m nucl.* nuclear fuel. — **~cheˌmie** *f* nuclear chemistry. — **k~'deutsch** *adj* German to the core, German through and through. — **~ˌdich·te** *f nucl.* nuclear density. — **~ˌdre·hung** *f* nuclear spin. — **~ˌdurchˌmes·ser** *m tech.* (*eines Gewindes*) minor diameter. — **~ˌei·gen·schaft** *f nucl.* nuclear property. — **~ˌei·sen** *n electr.* core iron. — **~ˌelek·tron** *n nucl.* nuclear electron.
ker·nen ['kɛrnən] *v/t* ⟨h⟩ *rare for* entkernen 1–3.
'Kern·enerˌgie *f nucl.* nuclear energy. — **~ˌanˌlage** *f* nuclear power plant (*od.* station, *Br.* -station). — **~ˌtriebˌwerk** *n* (*space*) nuclear rocket engine.
'Kern|ex·plo·siˌon *f nucl.* nuclear explosion. — **~ˌfach** *n ped. cf.* Hauptfach. — **k~ˌfaul** *adj* (*wood*) rotten (at the core). — **~ˌfäu·le** *f* heart rot. — **~ˌfeld** *n nucl.* nuclear field. — **k~ˌfern** *adj* (*Elektronen*) planetary, orbital. — **~ˌfe·stig·keit** *f metall.* core strength. — **~ˌflachs** *m* hackled flax. — **~ˌform·maˌschi·ne** *f metall.* core molding (*bes. Br.* moulding) machine. — **~ˌfor·schung** *f nucl.* nuclear research. — **~ˌfra·ge** *f* main (*od.* pivotal, crucial) question, central issue. — **~ˌfruchtˌbäu·me** *pl bot.* pyrenous (*od.* pomaceous) trees, pomaceae (*scient.*). — **~fu·siˌon** *f* **1.** *nucl.* nuclear fusion. – **2.** *biol.* karyogamy. — **~fu·si·ons·re·ak·tor** *m nucl.* (controlled) thermonuclear (*od.* nuclear fusion) reactor. — **~geˌbiet** *n* **1.** center, *bes. Br.* centre, central area, focus. – **2.** *geol.* nucleus. – **3.** *ling.* focal area. — **~geˌdan·ke** *m* central idea. — **~geˌhäu·se** *n bot.* (*eines Apfels etc*) core. — **~ˌger·ste** *f* naked (*od.* French) barley, barley wheat (*Hordeum vulgare nudum*). — **~geˌrüst** *n biol.* karyomitome, nuclear reticulum. — **k~ge'sund I** *adj* thoroughly healthy; (as) sound as a bell, (as) fit as a fiddle (*colloq.*). – **II** *adv* **er sieht ~ aus** he looks (*od.* is) the very picture of health. — **~ˌguß** *m metall.* hollow casting. — **~ˌhaus** *n bot.* (*eines Apfels etc*) core. — **~ˌhaut** *f* tegumen. — **~ˌholz** *n cf.* Kern 5. — **~ˌhül·le** *f bot.* (*der Flechten u. Kernpilze*) perula, perule, perithecium, perithece, pyrenocarp.
'ker·nig *adj* **1.** full of seeds (*od.* pips); acinous, acinose, acinaceous (*scient.*). – **2.** *fig.* (*Person*) robust, forceful, vigorous. – **3.** *fig.* (*derb*) solid, stout, robust. – **4.** *fig.* (*Rede etc*) pithy, meaty. – **5.** (*Sprache, Fluch etc*) earthy, blunt. – **6.** (*leather*) full.
'Kern|in·duk·tiˌon *f nucl.* nuclear induction. — **~isoˌla·tor** *m electr.* chain insulator. — **~iso·meˌrie** *f nucl.* nuclear isomerism.
Ker·nit [kɛr'ni:t; -'nɪt] *m* ⟨-s; *no pl*⟩ *min.* kernite.
'Kern|ˌket·ten·re·ak·ti·on *f nucl.* (nuclear) chain reaction. — **~ˌkör·per·chen** *n biol.* nucleolus, nucleole. — **~ˌkraft** *f nucl.* nuclear force. — **~ˌkraftˌwerk** *n cf.* Kernenergieanlage. — **~kriˌstall** *m min.* perimorph. — **~ˌla·dung** *f nucl.* nuclear charge. — **~ˌla·dungsˌzahl** *f* atomic (*od.* nuclear charge) number. — **~ˌland** *n geol.* nucleus. — **~ˌle·der** *n* band (*od.* butt) leather.
'Kernˌloch *n tech.* core (print), core(d) hole. — **~ˌboh·rer** *m* core drill.
'kern·los *adj* **1.** (*Orangen, Weintrauben etc*) pipless, seedless. – **2.** *biol. nucl.* a) anuclear, anucleate, b) (*nach künstlicher Entfernung*) enucleate. – **3.** *tech.* coreless.
'Kern|ˌma·cher *m tech.* (*in der Gießerei*) coremaker. — **~ˌmar·ke** *f* (*in der Formerei*) core print. — **~ˌmas·se** *f nucl.* nuclear mass. — **~maˌte·rie** *f* nuclear matter. —

~memˌbran f biol. nuclear membrane. — **~moˌdell** n nucl. nuclear model. — **~ˌna·gel** m tech. core nail, chaplet. — **~ˌobst** n bot. pomaceous fruit, pome. — **~ˌofen** m tech. core oven. — **~ˌpho·to·efˌfekt** m nucl. nuclear photo effect, photodisintegration (scient.). — **~phyˌsik** f nuclear physics pl (usually construed as sg), nucleonics pl (construed as sg or pl). — **k~phy·siˌka·lisch** adj (Forschung, Institut etc) of nuclear physics. — **~ˌphy·si·ker** m nuclear physicist. — **~ˌpilz** m bot. pyrenomycete (Ordng Pyrenomycetales). — **~ˌplas·ma** n biol. nucleoplasm. — **~proˌblem** n central (od. main) problem. — **~ˌpunkt** m (einer Argumentation etc) central (od. crucial) point, crux. — **~re·ak·tiˌon** f nucl. (nuclear) reaction. — **~reˌak·tor** m (nuclear) reactor, atomic (od. chain-reacting) pile, chain reactor. — **~ˌriß** m (wood) starshake, auch star check, heart shake. — **k~ˌris·sig** adj shaky. — **~ˌsand** m tech. core sand. — **~ˌsatz** m (einer Lehre etc) sum and substance. — **~ˌschat·ten** m 1. darkest shadow. – 2. astr. umbra. — **~ˌschrott** m tech. high-grade melting scrap. — **~ˌschuß** m mil. point-blank (shot). — **~ˌsei·fe** f curd soap. — **~ˌspal·te** f mus. (der Orgelpfeife) windway, flue. — **~ˌspal·tung** f nucl. nuclear fission (od. disintegration). — **~ˌspin** m nuclear spin. — **~ˌspruch** m pithy (od. pointed) saying, apo(ph)thegm (lit.). — **~ˌsprung** m geol. heat crack. — **~ˌspurˌfilm** m nucl. nuclear track film. — **~ˌstoß** m nuclear impact. — **~ˌstrah·lung** f nuclear radiation. — **~ˌstreu·ung** f nuclear scattering. — **~strukˌtur** f nuclear structure. — **~ˌstück** n 1. main (od. basic, essential, principal) item. – 2. (leather) butt, crop. — **~ˌstüt·ze** f tech. chaplet. — **~ˌtech·nik** f nucl. nuclear engineering. — **~ˌteil·chen** n nuclear particle. — **~ˌtei·lung** f biol. nuclear division. — **~theoˌrie** f nuclear theory. — **~ˌtrockenˌofen** (getr. -k·k-) m tech. core-baking oven. — **~ˌtrup·pe** f mil. crack unit (od. division): ~n crack (od. picked, elite, bes. Br. élite) troops. — **~ˌumˌwand·lung** f nucl. nuclear transformation (od. transmutation). — **~verˌschmel·zung** f 1. phys. nuclear fusion. – 2. biol. karyogamy.

'Kernˌwaf·fe f mil. nuclear (od. atomic) weapon.

'Kernˌwaf·fen|beˌdro·hung f mil. nuclear threat. — **~ˌeinˌsatz** m deployment (od. use) of nuclear weapons. — **~po·ten·tiˌal** n nuclear capability. — **~verˌbot** n ban on nuclear weapons. — **~verˌsuch** m nuclear weapons test.

'Kern|ˌwand f biol. nuclear membrane. — **~ˌwol·le** f first-grade wool. — **~ˌwort** n ⟨-(e)s; -e⟩ cf. Kernspruch. — **~ˌzäh·ler** m meteor. dust counter. — **~zerˌfall** m 1. nucl. nuclear disintegration (od. decay). – 2. biol. fragmentation of the cell nucleus; karyoclasis, karioklasis, karyorrhexis (scient.). — **~zerˌschmie·dung** f tech. forging burst. — **~ˌzo·ne** f cf. Kerngebiet 1.

Ke·ro·pla·stik [kero'plastɪk] f ⟨-; -en⟩ (art) 1. ⟨only sg⟩ (Kunst, Technik) ceroplastics pl (construed as sg). – 2. (Gegenstand) wax model, waxwork.

Ke·ro·sin [kero'ziːn] n ⟨-s; no pl⟩ (petroleum) kerosine, kerosene.

'Kerr·efˌfekt ['kɛr-] m phys. Kerr effect.

Ker·rie ['kɛrĭə] f ⟨-; -n⟩ bot. kerria (Kerria japonica).

Ke·ryg·ma ['keːrʏgma] n ⟨-s; no pl⟩ relig. kerygma, auch kerugma. — **ke·ryg·ma·tisch** [kerʏ'gmaːtɪʃ] adj kerygmatic.

Ker·ze ['kɛrtsə] f ⟨-; -n⟩ 1. candle: elektrische ~n a) electric candles, b) electric Christmas-tree lights; ~n gießen [ziehen] to cast (od. mo[u]ld) [to dip od. draw] candles; ein von ~n beleuchteter Raum a candle-lit room; sein Leben erlosch (od. verlosch) wie eine (brennende) ~ lit. his life was snuffed out like a candle; die Kastanien haben wieder ihre (weißen) ~n aufgesteckt fig. the chestnuts bear their (white) candle-shaped blooms (od. scient. thyrses) again. – 2. auto. cf. Zündkerze. – 3. colloq. (sport) a) (Turnübung) shoulder stand, neck-and-shoulder stand, b) (Steilschuß beim Fußball) 'balloon' (colloq.). – 4. electr. phys. (Maßeinheit der Lichtstärke) candle(power), Br. candle(-power), auch international candle. – 5. aer. colloq. (beim Kunstflug) chandelle.

'Ker·zen|ˌausˌlö·scher m candle extinguisher, (candle)snuffer. — **~ˌbaum** m bot. candle tree, Br. candle-tree (Parmentiera cerifera). — **~ˌbee·re** f, **~ˌbeerˌstrauch** m bayberry, candleberry myrtle, Br. candleberry-myrtle, wax myrtle, Br. wax-myrtle (Myrica cerifera). — **~beˌleuch·tung** f candlelight, Br. candle-light. — **~ˌdocht** m (candle)wick. — **~ˌfisch** m zo. 1. candlefish (Thaleichtys pacificus). – 2. beshow, coalfish, Br. coal-fish, sablefish (Anoplopoma fimbria). — **k~ge'ra·de** adj u. adv (as) straight as an arrow (od. a ramrod, a board, a pin), erect, (bolt) upright: er hält sich noch immer ~ he is still as straight as a ramrod. — **~ˌgie·ßer** m candlemaker, candle molder (bes. Br. moulder). — **~ˌgieß·maˌschi·ne** f candle molding (bes. Br. moulding) machine. — **~ˌhal·ter** m candlestick, candleholder. — **~ˌhüt·chen** n cf. Kerzenauslöscher. — **~ˌkraut** n bot. cf. Königskerze. — **~ˌlam·pe** f electr. candle lamp. — **~ˌleuch·ter** m 1. cf. Kerzenhalter. – 2. (Standleuchte) a) candelabrum, b) bes. relig. hearse, c) (der Juden) menorah. – 3. (Wandleuchter) sconce. — **~ˌlicht** n ⟨-(e)s; -er⟩ candlelight, Br. candle-light: bei ~ arbeiten to work by candle(-)light; Tanz bei ~ candle(-)light dancing. — **~ˌnußˌbaum** m bot. candlenut (tree) (Aleurites moluccana). — **~ˌschein** m cf. Kerzenlicht. — **~ˌschim·mer** m candle gleam. — **~ˌschlüs·sel** m auto. plug spanner (Am. auch wrench). — **~ˌstän·der** m candlestand. — **~ˌstrauch** m bot. a) Jacob's-staff (Gattg Fouquieria), b) candlewood, ocotillo, ocotilla, coachwhip (F. splendens). — **~ˌstum·mel**, **~ˌstumpf** m stump of a candle, candle end, Br. candle-end. — **~ˌwei·he** f röm.kath. blessing of candles. — **~ˌwollˌkraut** n bot. white mulle(i)n, Adam's flannel, lampwick (Verbascum lychnitis). — **~ˌzie·her** m candlemaker, candle drawer (od. dipper), Am. auch chandler.

Ke·scher ['kɛʃər] m ⟨-s; -⟩ (Fangnetz) landing net.

keß [kɛs] adj ⟨-sser; -ssest⟩ 1. (Person, Antwort, Ton etc) pert, saucy, cocky, cheeky, Am. auch sassy. – 2. (Hütchen, Haarlocke etc) pert, jaunty, dashing.

Kes·sel ['kɛsəl] m ⟨-s; -⟩ 1. (Wasserkessel) kettle: der ~ singt [kocht] the kettle is humming (od. singing) [boiling]; den ~ aufsetzen to put the kettle on. – 2. (Kochkessel) kettle, pot, pan. – 3. (für offenes Feuer) caldron, bes. Br. cauldron. – 4. (Waschkessel) boiler, Br. auch copper. – 5. tech. a) (Heizkessel, Dampfkessel) boiler, b) (Behälter für Flüssigkeiten, Gas etc) tank. – 6. brew. copper, kettle. – 7. geol. a) (Talkessel) basin, basin-shaped valley, hollow, b) (eines Vulkans) caldera: das Dorf liegt in einem ~ the village lies in a basin. – 8. mil. pocket. – 9. hunt. a) (eines Fuchs- od. Dachsbaues) chamber, burrow, b) (umstelltes Feld bei Kesseltreiben auf Hasen) encircled field. — **~ˌanˌla·ge** f tech. boiler plant. — **~ˌbau** m ⟨-(e)s; no pl⟩ boilermaking. — **~beˌkoh·lung** f boiler coaling. — **~ˌblech** n boiler plate, Br. boiler-plate. — **~ˌbo·den** m boiler end. — **~ˌbruch** m geol. ca(u)ldron subsidence. — **~ˌdruck** m ⟨-(e)s; =e⟩ tech. boiler pressure. — **~ex·plo·siˌon** f boiler explosion. — **~faˌbrik** f boiler works pl (construed as sg or pl). — **~ˌfeue·rung** f boiler firing (od. furnace). — **~ˌflicker** (getr. -k·k-) m tinker. — **~ˌha·ken** m pothook, Br. pot-hook, crook, trammel, (am Kamin) auch chimney hook. — **~ˌhaus** n boiler house. — **~ˌjagd** f hunt. battue. — **~ˌman·tel** m tech. boiler shell, jacket. — **~ˌpau·ke** f mus. cf. Pauke 1 b. — **~ˌraum** m tech. boiler room (od. space), mar. auch stokehold. — **~ˌrohr** n boiler tube, Br. boiler-tube. — **~ˌschlacht** f mil. battle of encirclement. — **~ˌschmied** m tech. boilermaker. — **~ˌschmie·de** f boiler shop.

'Kes·selˌstein m tech. (boiler) scale, fur, incrustation, encrustation: am Boden des Kessels hat sich ~ abgesetzt scale has deposited (od. formed) on the bottom of the kettle. — **~ˌabˌla·ge·rung** f (boiler) scale deposit. — **~ˌbil·dung** f formation of (boiler) scale, scaling, furring, incrustation, encrustation. — **~ˌboh·rer** m scale borer. — **~entˌfer·ner** m, **~ˌlö·seˌmit·tel** n (boiler) scale remover, disincrustant.

'Kes·sel|ˌtrei·ben n hunt. battue: ein ~ gegen j-n veranstalten fig. to close in on s.o., to put out a dragnet for s.o. — **~verˌklei·dung** f tech. boiler lagging (od. cleading). — **~ˌwa·gen** m 1. (railway) Br. tank waggon, Am. tank car, tanker. – 2. auto. a) tanker, tank truck (od. waggon, bes. Am. wagon), b) (Anhänger) tank trailer. — **~ˌwand**, **~ˌwan·dung** f tech. boiler shell. — **~ˌwär·ter** m boilerman, stoker.

'Ke·taˌlachs ['keːta-] m zo. dog salmon, keta (scient.) (Oncorhynchus keta).

Ketch·up ['kɛtʃap; 'kɛtʃəp] (Engl.) m, n ⟨-(s); -s⟩ gastr. ketchup, catsup.

Ke·ten [ke'teːn] n ⟨-s; -e⟩ chem. ketene ($CH_2 = C = O$).

Ke·ton [ke'toːn] n ⟨-s; -e⟩ chem. ketone. — **~ˌharz** n ketone resin.

Ke·to·ni·sie·rung [ketoni'ziːrʊŋ] f ⟨-; no pl⟩ chem. ketonization.

Ke·ton·urie [ketonu'riː] f ⟨-; -n [-ən]⟩ med. ketonuria, acetonuria.

'Ke·toˌsäu·re ['keːto-] f chem. keto acid.

Ke·to·se [ke'toːzə] f ⟨-; -n⟩ 1. chem. ketose. – 2. med. (Säurevergiftung durch Ketone) ketosis.

Ketsch [kɛtʃ] f ⟨-; -en⟩ (Segelboot) ketch.

Ket·scher ['kɛtʃər] m ⟨-s; -⟩ cf. Kescher.

'Kettˌbaum m tech. cf. Kettenbaum.

'Kett·chen n ⟨-s; -⟩ 1. dim. of Kette. – 2. (jewelry) a) (um Handgelenk) bracelet, b) (um Fußgelenk) anklet, c) (um den Hals) necklace.

Ket·te ['kɛtə] f ⟨-; -n⟩ 1. (Hunde-, Tür-, Fahrradkette etc) chain: das Glied einer ~ the link of a chain; die ~ ist gerissen the chain has broken; einen Hund von der Kette losmachen to unchain a dog; der Hund zerrt an seiner ~ the dog is tugging at his chain; eine Tür mit einer ~ sichern to secure a door with a chain, to chain a door; die ~ vorlegen to put the chain across; → Hund 1. – 2. (eines Kettenfahrzeugs) chain, track. – 3. pl (Fesseln) chains, fetters, irons, bonds, shackles: j-n in ~n legen, j-m ~n anlegen to put (od. clap) s.o. in chains; seine ~n abwerfen [zerreißen od. sprengen] auch fig. to throw off [to break od. burst] one's chains (od. fetters); in ~n leben fig. to live in bondage. – 4. (Amts-, Uhrkette etc) chain. – 5. (jewelry) (Halskette) necklace, (aus Gold etc) auch chain: eine ~ aus Perlen a pearl necklace, a string (od. rope) of pearls; eine ~ mit Anhänger a chain with a pendant. – 6. fig. (von Fahrzeugen etc) line, string: sich in die ~ einreihen to get into line. – 7. eine ~ bilden fig. a) (zur Absperrung) to form a cordon, b) (zum Weiterreichen) to form a chain (od. line). – 8. fig. (von Bergen, Hügeln) chain, range. – 9. fig. (von Seen) chain, string. – 10. (von Ereignissen, Unglücksfällen etc) chain, series, succession, sequence. – 11. (textile) warp: ~ und Schuß warp and woof. – 12. chem. (von Molekülen) chain. – 13. econ. chain. – 14. hunt. a) (von Rebhühnern) covey, bunch, b) (von Wildenten, Wildgänsen etc) skein, flight, Am. auch bunch. – 15. aer. (drei gemeinsam fliegende Flugzeuge) flight. – 16. (von Blumen) garland, festoon.

Ket·tel ['kɛtəl] m ⟨-s; -⟩, f ⟨-; -n⟩ dial. for Krampe.

'Ket·tel·maˌschi·ne f (textile) linking machine, looper.

ket·teln ['kɛtəln] v/t ⟨h⟩ (textile) chain-stitch.

ket·ten ['kɛtən] I v/t ⟨h⟩ j-n [etwas] an (acc) etwas ~ to chain s.o. [s.th.] to s.th.: j-n an sich ~ fig. to chain (od. bind, tie) s.o. to one; an j-n gekettet sein fig. to be chained (od. bound, yoked, tied) to s.o. – II v/reflex sich an j-n ~ fig. to chain (od. bind, tie) oneself to s.o.

'Ket·ten|ˌanˌtrieb m tech. chain drive (od. transmission). — **~ˌarmˌband** n (chain) bracelet. — **~ˌbaum** m (textile) warp beam. — **~ˌbe·cherˌwerk** n tech. chain (bucket) elevator. — **~ˌblatt** n (eines Fahrrads) chain (od. sprocket) wheel, Br. chain- (od. sprocket-)wheel. — **~ˌblu·me** f dandelion (Taraxacum officinale). — **~ˌbol·zen** m tech. chain stud. — **~ˌbrief** m chain letter, Br. chain-letter. — **~ˌbruch** m math. continued fraction. — **~ˌbrücke** (getr. -k·k-) f tech. chain (od. suspension) bridge. — **~ˌfa·den** m (textile) cf. Kettfaden. —

~ˌ**fahr**ˌ**zeug** *n auto.* tracklaying (*od.* full-track, track-type, tracked, crawler-type) vehicle. — ~ˌ**fisch** *m zo.* trunkfish (*Ostracion concatenatus*). — ~ˌ**fla·schen**ˌ**zug** *m tech.* chain (tackle) block. — ~ˌ**för·de·rer** *m* (*mining*) chain (*od.* flight, link) conveyor. — ~ˌ**füh·rer** *m aer.* flight leader. — ~ˌ**garn** *n* (*textile*) *cf.* Kettgarn. — ~**ge**ˌ**bir·ge** *n geol.* mountain chain (*od.* range), *Am. auch* cordillera. — ~**ge**ˌ**lenk** *n cf.* Kettenglied. — ~**ge**ˌ**schäft** *n econ.* chain store, *Br.* chain-store. — ~**ge**ˌ**trie·be** *n tech.* chain gear (*od.* drive). — ~ˌ**glied** *n* **1.** chain link. – **2.** (*der Kettenfahrzeuge*) track link (*od.* shoe). — ~ˌ**han·del** *m econ.* chain trade. — ~ˌ**hemd** *n hist.* coat of mail, chain mail. — ~ˌ**hül·se** *f tech.* chain bushing. — ~ˌ**hund** *m* (chained-up) watchdog. — ~**iso**ˌ**la·tor** *m electr.* chain insulator. — ~**iso·me**ˌ**rie** *f chem.* chain isomerism. — ~**ka·rus**ˌ**sell** *n* chairoplane. — ~ˌ**ka·sten** *m mar.* chain locker. — ~ˌ**keil** *m aer. mil.* wedge formation. — ~ˌ**klap·per**ˌ**schlan·ge** *f zo.* massasauga (rattler) (*Sistrurus catenatus*). — ~ˌ**krad** *n mil.* half-track motorcycle. — ~ˌ**kupp·lung** *f* (*railway*) chain coupling (*Am.* coupler). — ~ˌ**la·den** *m econ.* chain store, *Br.* chain-store. — ~ˌ**län·ge** *f* **1.** length of a chain. – **2.** *mar.* (chain) cable length: ~ zwischen 2 Schäkeln shot, shackles *pl* of cable. — ~ˌ**la·sche** *f tech.* link plate, *Br.* link-plate. — ~ˌ**li·nie** *f math.* catenary (curve). — **k**~**los** *adj* chainless. — ~ˌ**nat·ter** *f zo.* chain snake, common king snake (*Lampropeltis getulus*). — ~ˌ**nuß** *f* **1.** *tech.* sprocket wheel, *Br.* sprocket-wheel. – **2.** *mar.* cable lifter, gipsy. — ~ˌ**pan·zer** *m hist.* (*der Rüstung*) chain mail (*od.* armor, *bes. Br.* armour), coat of mail, ring mail. — ~ˌ**rad** *n tech.* sprocket (*od.* rag) wheel, *Br.* sprocket- (*od.* rag-)wheel, sprocket. — ~ˌ**rau·chen** *n* chain smoking, *Br.* chain-smoking. — ~ˌ**rau·cher** *m* chain smoker, *Br.* chain-smoker. — ~**re·ak·ti**ˌ**on** *f phys. auch fig.* chain reaction: eine ~ auslösen (*od.* bewirken) to cause a chain reaction. — ~ˌ**rech·nung** *f math.* chain method. — ~ˌ**re·gel** *f* chain rule. — ~ˌ**reim** *m metr.* interlaced rhyme. — ~ˌ**rost** *m tech.* chain grate. — ~ˌ**sä·ge** *f* chain saw. — ~ˌ**satz** *m math.* chain rule. — ~ˌ**schal·tung** *f* **1.** *electr.* concatenation (*od.* tandem) connection (*Br. auch* connexion): in ~ in sequence. – **2.** *tel.* consecutive connection (*Br. auch* connexion) of outside calls to several extensions. – **3.** (*eines Fahrrads*) rear derailleur gear. — ~ˌ**schiffahrt** (*getr.* -ff,f-) *f mar.* (*in Flußschiffahrt*) chain towing. — ~ˌ**schlep·per** *m auto.* track-laying (*od.* track-type, crawler) tractor. — ~ˌ**schluß** *m* **1.** *philos.* chain syllogism (*od.* argument), sorites. – **2.** *tech.* chain closure. — ~ˌ**schräm·ma**ˌ**schi·ne** *f* (*mining*) chain coalcutter. — ~ˌ**schutz** *m* **1.** (*am Fahrrad*) chain guard. – **2.** (*am Motorrad*) chain case. — ~ˌ**span·ner** *m* (*am Fahrrad*) chain tightener. — ~**sta**ˌ**tiv** *n phot.* chainpod. — ~ˌ**steg** *m mar. tech.* stud. — ~ˌ**stich** *m* **1.** (*beim Nähen u. Sticken*) chain (*od.* warp) stitch, *Br.* chain- (*od.* warp-)stitch. – **2.** (*in der Buchbinderei*) kettle stitch. — ~ˌ**stop·per** *m mar.* chain (*od.* cable) stopper, riding chock, compressor. — ~ˌ**sträf·ling** *m hist.* chained (*od.* fettered) convict. — ~ˌ**strang** *m tech.* chain strand. — ~ˌ**stuhl** *m* (*textile*) warp knitting loom. — ~ˌ**tau** *n mar.* chain cable. — ~ˌ**trieb** *m tech.* chain drive. — ~ˌ**trom·mel** *f* chain drum. — ~ˌ**vi·per** *f zo.* daboia, *auch* daboya, Russell's viper (*Vipera russellii*). — ~ˌ**wa·re** *f* (*textile*) warp-knitted fabric. — ~ˌ**wir·bel** *m mar.* (chain) swivel. — ~ˌ**wirk·ma**ˌ**schi·ne** *f* (*textile*) warp knitting loom. — ~ˌ**wurm** *m zo.* chain flatworm (*Microstomum lineare*). — ~ˌ**zan·ge** *f tech.* chain nose pliers *pl* (*construed as sg or pl*). — ~ˌ**zug** *m* **1.** (*art*) meander. – **2.** *tech.* chain pull.

'**Kett**ˌ**fa·den** *m* (*textile*) warp (thread).

'**Kett**ˌ**garn** *n* (*textile*) warp yarn, abb. — ~ˌ**spul·ma**ˌ**schi·ne** *f* warp winding frame.

'**Kett·lein** *n* ⟨-s; -⟩ *cf.* Kettchen.

Ket·zer ['kɛtsər] *m* ⟨-s; -⟩ *relig. auch fig.* heretic, heterodox thinker. — **Ket·ze'rei** *f* ⟨-; -en⟩ heresy, misbelief, heterodoxy.

'**Ket·zer·ge**ˌ**richt** *n hist.* (court of) inquisition.

'**Ket·ze·rin** *f* ⟨-; -nen⟩ *relig. auch fig. cf.* Ketzer. — '**ket·ze·risch** *adj* heretical, heterodox.

'**Ket·zer**|ˌ**tau·fe** *f relig. hist.* heretical baptism. — ~**ver**ˌ**bren·nung** *f hist.* burning of heretics, auto-da-fé. — ~**ver**ˌ**fol·gung** *f* persecution of heretics.

keu·chen ['kɔʏçən] *v/i* ⟨h *u.* sein⟩ **1.** ⟨h⟩ gasp, pant, puff, *auch* heave: vor Anstrengung ~ to gasp from the effort (*od.* exertion). – **2.** ⟨sein⟩ pant, puff: der alte Mann keuchte über den Hof the old man panted (*od.* went panting) across the yard; der Zug keuchte durch das Tal the train puffed (*od.* chugged) through the valley. – **3.** ⟨h⟩ *med.* a) (*pfeifend*) wheeze, b) (*bei Keuchhusten*) whoop. – **4.** ⟨h⟩ *vet.* (*von Pferden*) roar.

'**Keuch**ˌ**hu·sten** *m med.* whooping cough, pertussis (*scient.*).

Keu·le ['kɔʏlə] *f* ⟨-; -n⟩ **1.** club, cudgel: j-n mit einer ~ totschlagen to club (*od.* cudgel) s.o. to death. – **2.** (*des Mörsers*) pestle. – **3.** (*sport*) (*in der Gymnastik*) (Indian) club: ~n schwingen to swing (Indian) clubs. – **4.** *zo.* hindquarter, *Br.* hind quarter, haunch. – **5.** *gastr.* a) (*vom Kalb, Hasen, Hammel, Wild*) leg, haunch, b) (*von Geflügel*) leg, drumstick. – **6.** *electr.* (*beim Radar*) lobe. – **7.** *mil. hist.* mace.

'**Keu·len**|ˌ**är·mel** *m* (*fashion*) leg-of-mutton sleeve, gigot (sleeve). — ~ˌ**bär**ˌ**lapp** *m bot.* (common) club moss (*Br.* club-moss), knives and forks *pl* (*Lycopodium clavatum*). — ~ˌ**baum** *m bot. cf.* Kasuarine. — ~ˌ**blatt**ˌ**wes·pe** *f zo.* cimbicid sawfly (*Br.* saw-fly) (*Gattg Cimbex*). — **k**~ˌ**för·mig** *adj* **1.** club-shaped, clubbed. – **2.** *bot. zo.* claviform, clavate(d), clavellate(d): ~e Bildung clavation. — **k**~ˌ**früch·tig** [-ˌfrʏçtɪç] *adj bot.* (*Moose*) cladocarpous, cladanthous. — ~ˌ**gran·ne** *f* club grass, corynephorus (*scient.*) (*Corynephorus canescens*). — ~ˌ**holz** *n cf.* Kasuarine. — ~ˌ**kä·fer** *m zo.* ant-loving beetle (*Gattg Claviger*). — ~ˌ**kür·bis** *m bot.* bottle gourd (*Lagenaria vulgaris*). — ~ˌ**li·lie** *f* cordyline (*Gattg Cordyline*). — ~ˌ**pilz** *m* club fungus (*Clavaria pistillaris*). — ~**po**ˌ**lyp** *m zo.* cordylophora (*Cordylophora lacustris*). — ~ˌ**ro·chen** *m* thornback ray (*Raja clavata*). — ~ˌ**schlag** *m* **1.** blow with a club. – **2.** *fig.* terrible blow: das traf ihn wie ein ~, das war ein ~ für ihn this was a terrible blow to him. — ~ˌ**schmie·le** *f bot. cf.* Keulengranne. — ~ˌ**schwamm** *m cf.* Keulenpilz. — ~ˌ**schwin·gen** *n* (*sport*) (*in der Gymnastik*) (Indian-)club swinging. — ~ˌ**vers** *m metr.* r(h)opalic verse. — ~ˌ**wes·pe** *f zo.* willow cimbex, American sawfly (*Br.* saw-fly) (*Cimbex americana*).

Keu·per ['kɔʏpər] *m* ⟨-s; *no pl*⟩ **1.** *geol.* (*Triasformation*) Keuper. – **2.** *dial.* red marl.

keusch [kɔʏʃ] **I** *adj* ⟨-er; -est⟩ chaste, pure: ein ~es Mädchen [Leben] a chaste (*od.* virtuous) girl [life]; ein ~er Blick a chaste (*od.* modest) glance; der ~e Schnee *poet.* the chaste (*od.* virgin) snow; → Joseph II; Susanne. – **II** *adv* chastely: ~ (und züchtig) leben to live a chaste (and virtuous) life.

'**Keusch**ˌ**baum** *m bot.* agnus castus, chaste tree (*Vitex agnus-castus*).

Keu·sche ['kɔʏʃə] *f* ⟨-; -n⟩ *Austrian dial.* cottage.

'**Keusch·heit** *f* ⟨-; *no pl*⟩ chastity, chasteness, purity: das Gelübde der ~ ablegen *bes. relig.* to take (*od.* make) the vow of chastity.

'**Keusch·heits**|ˌ**ehe** *f cf.* Josephsehe. — ~**ge**ˌ**lüb·de** *n relig.* vow of chastity. — ~ˌ**gür·tel** *m hist.* chastity belt.

'**Keusch**ˌ**kraut** *n bot. cf.* Sinnpflanze.

'**Keusch**ˌ**ler** *m* ⟨-s; -⟩ *Austrian dial.* cottager, *auch* cotter, cottar.

Kha·ki[1] ['ka:ki] *n* ⟨-; *no pl*⟩ (*Erdbraun*) khaki.

'**Kha·ki**[2] *m* ⟨-; *no pl*⟩ (*textile*) khaki.

'**kha·ki**|ˌ**far·ben** *adj* khaki(-colored, *bes. Br.* -coloured). — **K**~ˌ**stoff** *m* khaki. — **K**~**uni**ˌ**form** *f bes. mil.* khaki (uniform).

Khan [ka:n] *m* ⟨-s; -e⟩ (*Herrschertitel*) khan. — **Kha·nat** [ka'na:t] *n* ⟨-(e)s; -e⟩ khanate.

Khe·di·ve [ke'di:və] *m* ⟨-s *u.* -n; -n⟩ (*früherer ägyptischer Titel*) khedive.

Ki·ang [kĭaŋ] *m* ⟨-s; -s⟩ *zo.* kiang (*Equus hemionus kiang*).

kib·beln ['kɪbəln] *v/i* ⟨h⟩ *dial. for* kabbeln 1.

Kib·buz [kɪ'bu:ts] *m* ⟨-; -im [-bu'tsi:m] *od.* -e⟩ (*in Israel*) kibbutz.

Ki·bit·ka [ki'bɪtka] *f* ⟨-; -s⟩, **Ki'bit·ke** *f* ⟨-; -n⟩ (*Filzzelt*) kibitka.

'**Ki·cher**ˌ**erb·se** *f bot.* chick-pea, gray (*bes. Br.* grey) pea, dwarf pea, garavance, *auch* caravance, calavance (*Cicer arietinum*).

ki·chern ['kɪçərn] **I** *v/i* ⟨h⟩ **1.** (*bes. von jungen Mädchen*) giggle, titter. – **2.** (*bes. von Erwachsenen*) snicker, *Br. auch* snigger: alle kicherten über den derben Witz they all snickered at the coarse joke. – **3.** (*in sich hineinlachen*) chuckle. – **II K**~ *n* ⟨-s⟩ **4.** *verbal noun.* – **5.** giggle, titter. – **6.** snicker, *Br. auch* snigger: das ist doch zum ~! don't make me laugh! – **7.** chuckle.

Kick [kɪk] *m* ⟨-(s); -s⟩ *bes.* (*sport*) (*beim Fußball*) *colloq.* kick. — '**kicken** (*getr.* -k·k-) **I** *v/t* ⟨h⟩ (*Ball etc*) kick, 'boot' (*colloq.*). – **II** *v/i* kick the ball around (*od.* about) (aimlessly). — '**Kicker** (*getr.* -k·k-) *m* ⟨-s; -(s)⟩ *oft contempt.* football (*Am. u. Br. colloq.* soccer) player, *Br. colloq.* booter.

'**Kicker·ling** (*getr.* -k·k-) *m* ⟨-s; -e⟩ *bot. cf.* Kichererbse.

'**Kick-**ˌ**off** [-ˌʔɔf] *m* ⟨-s; -s⟩ *Swiss* (*sport*) (*beim Fußball*) kickoff, *Br.* kick-off.

Kicks [kɪks] *m* ⟨-es; -e⟩ **1.** (*beim Billard*) miscue: einen ~ machen to miscue. – **2.** *fig. colloq.* blunder, fault. — '**kick·sen** *v/i* ⟨h⟩ **1.** (*beim Billard*) miscue. – **2.** *fig. colloq.* blunder. – **3.** *cf.* gicksen.

'**Kick**ˌ**star·ter** *m tech.* (*eines Motorrads etc*) kick start(er), *Br.* kick-start(er).

Kid [kɪt] *n* ⟨-s; *no pl*⟩ (*Ziegenleder etc*) kid.

Kid·dusch [kɪ'dʊʃ] *m* ⟨-; -im [-'ʃi:m]⟩ *relig.* (*jüd. Eingangsgebet*) kiddush.

'**kid**ˌ**nap·pen** [-ˌnɛpən] *v/t* ⟨h⟩ kidnap, *Am. sl. auch* 'snatch'. — '**Kid**ˌ**nap·per** *m* ⟨-s; -⟩ kidnap(p)er, *Am. sl. auch* 'snatcher'. — '**Kid**ˌ**nap·ping** [-pɪŋ] *n* ⟨-s; -s⟩ kidnap(p)ing, *Am. sl. auch* 'snatching'.

Kids [kɪts] *pl* kid gloves.

kie·big ['ki:bɪç] *adj dial. colloq.* cheeky, cocky, saucy, *Am. auch* fresh, sassy: werd nicht ~! don't get cheeky!

Kie·bitz ['ki:bɪts] *m* ⟨-es; -e⟩ **1.** *zo.* lapwing, plover, pe(e)wit, *Am. auch* peevit (*Vanellus vanellus*). – **2.** *fig. colloq.* (*Zuschauer bei Kartenspielen*) kibitzer (*colloq.*). — ~ˌ**blu·me** *f bot. cf.* Schachbrettblume. — ~ˌ**ei** *n* **1.** lapwing's egg. – **2.** *bot. cf.* Schachbrettblume. – **3.** *zo.* bubble (shell) (*Bulla ampulla*).

kie·bit·zen ['ki:bɪtsən] *v/i* ⟨h⟩ *colloq.* (*bes. beim Kartenspiel*) kibitz (*colloq.*).

'**Kie·bitz**ˌ**re·gen**ˌ**pfei·fer** *m zo.* gray (*bes. Br.* grey) plover, (*in Nordamerika*) black-bellied plover (*Charadrius squatarola*).

'**Kie·fen**ˌ**fuß** ['ki:fən-] *m zo.* apus (*Lepichurus apus*).

Kie·fer[1] ['ki:fər] *m* ⟨-s; -⟩ *med. zo.* a) jaw, jawbone, *Br.* jaw-bone, b) (*Unterkiefer*) lower jaw, mandible (*scient.*), c) (*Oberkiefer*) upper jaw, maxilla (*scient.*), d) (*bes. bei Tieren*) *auch* chap(s *pl*), chop(s *pl*): unterhalb des ~s *med.* a) submaxillary, b) submandibular.

'**Kie·fer**[2] *f* ⟨-; -n⟩ **1.** *bot.* pine (tree), *Br.* (pine-)tree, *auch* fir (*Gattg Pinus*): Gemeine ~ Scotch fir (*od.* pine), Swedish fir, Riga fir (*od.* pine), wild pine (*P. silvestris*); Italienische ~ *cf.* Strandkiefer. – **2.** pine(-wood).

'**Kie·fer**|ˌ**bo·gen** *m med.* mandibular arch. — ~ˌ**bruch** *m* (*des Unterkiefers*) fracture of the (lower) jaw, fractured jaw. — ~**chir**ˌ**urg** *m* oral surgeon. — ~**chir·ur**ˌ**gie** *f* oral surgery. — ~ˌ**drü·se** *f* submaxillary (*od.* submandibular) gland. — ~ˌ**egel** *m zo.* gnathic leech (*Unterordng Gnathobdellae*). — ~**er**ˌ**öff·nung** *f med.* maxillotomy. — ~ˌ**fehl**ˌ**bil·dung** *f* defective development of a jaw. — **k**~ˌ**för·mig** *adj* **1.** *med.* maxilliform. – **2.** *zo.* (*bei Insekten*) mandibuliform. — ~ˌ**fort**ˌ**satz** *m med.* maxillary process. — ~ˌ**füh·ler** *m zo.* **1.** (*bei Spinnen, Skorpionen etc*) chelicera, *auch* chelicer(e). – **2.** (*bei Krebsen etc*) exopodite of the maxilliped. — ~ˌ**fuß** *m* (*der Krebstiere*) foot jaw, jawfoot; gnathopod, maxilliped (*scient.*). — **k**~ˌ**fü·ßig** *adj* mouth-footed, jawfooted, gnathopodous (*scient.*). — ~**ge**ˌ**lenk** *n med.* hinge of the jaw, temporomandibular joint (*scient.*). — ~ˌ**höh·le** *f* maxillary sinus (*od.* antrum). — ~ˌ**höh·len·ent**ˌ**zün·dung** *f* maxillary sinusitis. — ~ˌ**klem·me** *f* lockjaw, *Br.* lock-jaw, trismus (*scient.*). — ~ˌ**kno·chen** *m* jaw, jawbone, *Br.* jaw-bone. — **~,lei·ste** *f* maxillary crest. — **k~los** *adj* **1.** jawless. – **2.** *bes. zo.* agnathic, agnathous. — **~-lu·xa·ti,on** *f med.* luxation of the (lower) jaw. — **~,mus·kel** *m* masseter (muscle).

'kie·fern *adj* (of) pine(wood).

'Kie·fern|,bast,kä·fer *m zo.* pine-bark beetle (*Gattg Hylastes*). — **~,baum** *m bot. cf.* Kiefer². — **~,baum,schwamm** *m* ring shake, cup shake, *Br.* cup-shake (*Trametes pini*). — **~,blatt,wes·pe** *f zo.* pine sawfly (*Br.* saw-fly) (*Diprion pini*). — **~,blü·ten-,ste·cher** *m* pine-blossom weevil (*Anthonomus varians*). — **~,bor·ken,kä·fer** *m* six-dentated bark beetle (*Ips sexdentatus*). — **~,busch,horn,blatt,wes·pe** *f cf.* Kiefernblattwespe. — **~,eu·le** *f* (*ein Eulenfalter*) pine beauty, *Br.* pine-beauty (*Panolis flammea*). — **~ge,hölz** *n* (*forestry*) pine grove, pinery. — **~ge,spinst,blatt-,wes·pe** *f zo.* pine web-spinning sawfly (*Br.* saw-fly) (*Acantholyda pinivora*). — **~ge,wäch·se** *pl bot.* a) pines (*Gattg Pinus*), b) pine family *sg* (*Fam. Pinaceae*). — **~-,glucke** (*getr.* -k·k-) *f zo. cf.* Kiefernspinner. — **~,harz** *n* pine resin. — **~,holz** *n* pine(wood). — **~,kreuz,schna·bel** *m zo.* parrot crossbill (*Loxia pytyopsittacus*). — **~,mark,kä·fer** *m* pith borer (*Blastophagus piniperda*).

'Kie·fern,na·del *f* pine needle. — **~,öl** *n* pine-needle oil. — **~,rost** *m* (*forestry*) (white-pine) blister rust.

'Kie·fern|,öl *n* pine oil. — **~,pracht-,kä·fer** *m zo.* Virginian buprestid (*Chalcophora virginica*). — **~,rit·zen,schorf** *m* (*forestry*) pine scab. — **~,rüs·sel,kä·fer**, **~,rüß·ler** *m zo.* pine weevil (*Pissodes piniphilus*). — **~,saat,eu·le** *f* (*ein Eulenfalter*) archer's dart (*Rhyacia vestigialis*). — **~-,scho·nung** *f* (*forestry*) pinery. — **~-,schwär·mer** *m zo.* pine hawk(moth) (*Br.* hawk[-moth]) (*Hyloicus pinastri*). — **~,span·ner** *m* pine looper (moth), bordered white-beauty moth (*Bupalus piniarius*). — **~,spin·ne** *f cf.* Skorpionspinne. — **~,spin·ner** *m* pine lappet moth (*Br.* lappet-moth) (*Dendrolimus pini*). — **~-,teer** *m* pine tar. — **~,trieb,wick·ler** *m zo.* (European) pine-shoot moth (*Evetria buoliana*). — **~,wald** *m* (*forestry*) pinewood(s *pl*), pinery, (*großer*) pine forest. — **~,zap·fen** *m bot.* pinecone, *Br.* pine-cone.

'Kie·fer|or·tho,pä·de *m med.* orthodontist. — **~or·tho·pä,die** *f* orthodontics *pl* (*construed as sg or pl*), orthodontia. — **~-,pla·stik** *f* plastic surgery of the jaw(s), gnathoplasty (*scient.*). — **~,sper·re** *f cf.* Kieferklemme. — **~,ta·ster** *m zo.* pedipalp(us), maxillary palpus: ~ tragend (*Käfer*) palpiferous. — **~,win·kel** *m med.* angle of the jaw. — **~,wurm** *m zo.* brook lamprey (*Petromyzon planeri*). — **~,zun-gen,mus·kel** *m med.* mylohyoid muscle.

kie·ken ['ki:kən] *v/i* ⟨h⟩ *Northern G. colloq. for* gucken.

'Kie·ker *m* ⟨-s; -⟩ **1.** *colloq.* a) binoculars *pl* (*sometimes construed as sg*), b) spyglass. – **2.** j-n auf dem ~ haben *fig. colloq.* a) to keep a close watch (*od.* suspicious eye) on s.o., b) (*es auf j-n abgesehen haben*) to have it in for s.o., *Br. auch* to have a down on s.o.

'Kiek·in·die,welt *m* ⟨-s; -s⟩ *Northern G. colloq. for* Guckindiewelt.

Kiel [ki:l] *m* ⟨-(e)s; -e⟩ **1.** *mar.* keel: flacher ~ plate keel; ein Schiff auf ~ legen, den ~ (eines Schiffes) legen (*od.* strecken) to lay down the keel (of a ship). – **2.** *aer.* keel. – **3.** *zo.* a) (*des Brustbeins der Vögel*) keel, carina (*scient.*), b) (*der Federn*) barrel, scape, scapus (*scient.*). – **4.** *bot.* (*unteres Kronblatt*) keel, carina (*scient.*). – **5.** *astr.* (*Sternbild*) Keel, Carina (*scient.*). – **6.** *mus.* plectrum, quill. – **7.** *obs.* (*Federkiel*) quill. – **8.** *poet. for* Schiff 1. — **k~,ähn·lich** *adj* **1.** resembling a keel. – **2.** *biol.* carinal. — **k~'auf** [,ki:l-] *adv mar. cf.* kieloben. — **~,blät·ter** *pl bot.* (*der Schmetterlingsblüte*) keel petals. — **~,block** *m* ⟨-(e)s; "e⟩ *mar.* keelblock, *Br.* keel-block. — **~,bo·gen** *m arch.* ogee arch. — **~,bol·zen** *m mar.* keel bolt. — **~,boot** *n* (*Segelboot etc*) keelboat, keeler. — **~,ei·dech·se** *f zo.* sand runner (*Gattg Psammodromus*).

Kie·ler ['ki:lər] **I** *m* ⟨-s; -⟩ native (*od.* inhabitant) of Kiel. – **II** *adj* ⟨*attrib*⟩ (of) Kiel: die ~ Woche the Kiel Regatta Week; der ~ Friede *hist.* the Peace of Kiel (*1814*).

'Kiel|,flos·se *f aer.* (*eines Flugzeugs*) tail fin. — **~,flü·gel** *m mus.* harpsichord. — **k~-,för·mig** *adj* **1.** keel-shaped. – **2.** *biol.* keeled, ridged; carinate(d), cariniform (*scient.*).

'Kiel|,fü·ßer *m* ⟨-s; -⟩ *zo.* heteropod (*Ordng Heteropoda*). — **k~,fü·ßig** *adj* heteropodous.

'Kiel|,gang *m mar.* garboard (strake). — **k~,ho·len** *v/t* ⟨*insep*, ge-, h⟩ **1.** (*Schiff*) careen, heave down. – **2.** *obs.* (*Matrosen*) keelhaul, *Br.* keel-haul (*a former punishment*). — **~,jacht** *f* keel yacht, keeler. — **~,klotz** *m cf.* Kielblock. — **~,le·gung** *f cf.* Kielstreckung. — **~,li·nie** *f* **1.** *bes. Am.* column, *bes. Br.* line ahead (*od.* astern): in ~ fahren to sail in line ahead. – **2.** (*eines Schiffes*) keel line. — **k~los** *adj* **1.** *mar.* keelless. – **2.** *bot. zo.* keelless; without a carina, ecarinate (*scient.*). — **k~'oben** [,ki:l-] *adv mar.* bottom (*od.* keel) up, bottom upward(s): das Boot treibt ~ the boat is floating bottom up. — **~,pal·le** *f cf.* Kielblock. — **~,raum** *m* bilge. — **~,renn,jacht** *f* racing yacht with keel. — **~,schnecke** (*getr.* -k·k-) *f zo.* Venus's--slipper (*Carinaria mediterranea*). — **~-,schwanz** *m* keel-tailed iguanid (*Gattg Tropidurus*). — **~,schwein** *n mar.* keelson, *Br. auch* kelson.

'Kiel,schwert *n mar.* centerboard, *bes. Br.* centre-board, sliding keel, *bes. Br.* drop keel. — **~,boot** *n* centerboard (*bes. Br.* centre-board) boat, center (*bes. Br.* centre) boarder. — **~,jacht** *f* centerboard (*bes. Br.* centre-board) yacht.

'Kiel|,streckung (*getr.* -k·k-) *f mar.* laying down of the keel (of a ship). — **~,vö·gel** *pl zo.* Carinatae. — **~,wan·ze** *f* hop-lace bug (*Monanthia humuli*). — **~,was·ser** *n* ⟨-s; *no pl*⟩ **1.** *mar.* wake, wash, track: im ~ eines Schiffes fahren to sail in the wake of a ship. – **2.** *fig.* wake: in j-s ~ schwimmen (*od.* segeln) to sail in the wake of s.o. (*od.* in s.o.'s wake).

Kie·me ['ki:mə] *f* ⟨-; -n⟩ *zo.* gill, branchia (*scient.*): mit ~n versehen gilled; zu den ~n gehörig branchial; unter den ~n liegend hypobranchial.

'Kie·men|,at·mer [-,ʔa:tmər] *m* ⟨-s; -⟩ *zo.* gill breather. — **~,at·mung** *f* gill breathing. — **~,blätt·chen** *n* gill lamella. — **~,bo·gen** *m* gill (*od. scient.* branchial) arch. — **~-,bü·schel** *n* (*bei Insektenlarven*) gill plume. — **~,darm** *m* branchial gut.

'Kie·men,deckel (*getr.* -k·k-) *m zo.* gill cover, *Br.* gill-cover; opercle, operculum (*scient.*). — **~,kno·chen** *m* opercular bone.

'Kie·men|,dorn *m zo.* gill raker. — **k~-,för·mig** *adj* gill-shaped, branchiform (*scient.*). — **~,fuß** *m zo.* **1.** (*der Branchiopoden*) branchireme. – **2.** (*Krebs*) a) branchipus (*Branchipus schafferi*), b) fairy shrimp (*Gattg Eubranchipus*). — **~,fü·ßer**, **~,füß·ler** [-,fy:slər] *m* ⟨-s; -⟩ branchiopod. — **~,fuß,krebs** *m meist pl* brine shrimp (*Ordng Anostraca*). — **~,gang** *m cf.* Kiemenspalte. — **~,haut** *f* gill flap, branchial membrane (*scient.*). — **~,herz** *n* branchial heart. — **~,höh·le** *f* **1.** gill cavity (*od.* chamber). – **2.** (*bei Muscheln*) mantle cavity. — **k~los** *adj* lacking gills; abranchial, abranchiate, abranchious (*scient.*). — **~,molch** *m* sirenid (*Fam. Sirenidae*). — **~,öff·nung** *f cf.* Kiemenspalte. — **~,sack** *m* gill sac. — **~,schnecke** (*getr.* -k·k-) *f* gill snail. — **~,schwän·ze** *pl* carp lice, branchiura (*scient.*) (*Gattg Branchiura*). — **~-,spal·te** *f* gill (*od. scient.* branchial) cleft, gill slit.

Kien [ki:n] *m* ⟨-(e)s; *no pl*⟩ **1.** *bot.* resinous (pine)wood. – **2.** auf dem ~ sein *fig. colloq.* to be on the alert, to be on one's toes (*colloq.*). — **~,ap·fel** *m bot.* pinecone, *Br.* pine-cone. — **~,baum** *m cf.* Kiefer². — **~,fackel** (*getr.* -k·k-) *f* pine(wood) torch. — **~,harz** *n cf.* Kiefernharz. — **~,holz** *n cf.* Kien 1.

'kie·nig *adj bot.* resinous, resiny.

'Kien|,porst *m bot.* Dutch myrtle, andromeda (*scient.*) (*Gattg Andromeda*). — **~-,span** *m* splint(er) (*od.* chip) of pinewood, kindling. — **~,teer** *m* pine tar.

Kie·pe ['ki:pə] *f* ⟨-; -n⟩ *Northern and Middle G. dial.* (*Rückenkorb*) pack basket, dosser, pannier.

'Kie·pen,hut *m* (*fashion*) *hist.* poke bonnet, *Br.* poke-bonnet.

Kies [ki:s] *m* ⟨-es; -e⟩ **1.** (pebble) gravel, (*grober*) shingle: mit ~ bestreuen to gravel. – **2.** *min.* pyrite. – **3.** ⟨*only sg*⟩ *sl.* (*Geld*) 'dough', moola(h) (*beide sl.*), *Br. sl.* lolly. — **~,ab,brand** *m tech.* iron (*od.* calcined) pyrite(s). — **~,ab,la·ge·rung** *f geol.* gravel deposit. — **k~,ähn·lich**, **~,ar·tig** *adj* **1.** gravelly. – **2.** *min.* pyritic, *auch* pyritical, pyritous. — **~as,phalt** *m tech.* gravel asphalt. — **~be,ton** *m civ.eng.* gravel concrete. — **~,bo·den** *m* gravelly (*od.* gravelish) soil.

Kie·sel ['ki:zəl] *m* ⟨-s; -⟩ **1.** pebble(stone). – **2.** *min.* flint: aus ~ flinty. — **~,al·ge** *f bot.* diatom (*Fam. Diatomeae*). — **~ef,fekt** *m* (*textile*) pebble effect. — **~,er·de** *f chem.* silica, siliceous (*auch* silicious) earth (SiO_2): (sich) in ~ verwandeln to silicify. — **~-,flu·or(,was·ser,stoff),säu·re** *f chem.* (hydro)fluosilicic acid (H_2SiF_6). — **~gal-,mei** *m min. cf.* Kieselzinkerz. — **~,gel** *n chem.* silica gel. — **~ge,stein** *n geol.* siliceous (*od.* silicic) rock(s *pl*). — **~,glas** *n tech.* flint glass, *Br.* flint-glass. — **~,gur** *f geol. min.* kieselgu(h)r, diatomaceous (*od.* infusorial) earth, diatomite.

'kie·se·lig *adj* siliceous, *auch* silicious.

'Kie·sel|,kalk *m geol. min.* siliceous (*od.* silicic, cherty) limestone. — **~,kup·fer** *m min.* chrysocolla. — **~,lun·ge** *f med.* silicosis. — **~mo·sa,ik** *n archeol.* pebble mosaic.

kie·seln ['ki:zəln] **I** *v/t* ⟨h⟩ (*Weg etc*) spread gravel on, gravel. – **II** *v/impers* es kieselt *dial.* it is hailing.

'Kie·sel|,na·del *f zo.* (*der Radiolarien*) siliceous spicule. — **~,pan·zer** *m bot.* (*der Diatomeen*) frustule. — **~,pflan·ze** *f* silicicolous plant. — **~,pul·ver** *n tech.* pebble powder (*gun[-]powder etc pressed into large cubical grains*). — **~,sand** *m geol.* pebbly (*od.* siliceous, silicic) sand. — **~,sand,stein** *m* ragstone, pebbly (*od.* siliceous, silicic) sandstone. — **k~,sau·er** *adj chem.* siliceous, *auch* silicious, silicic: kieselsaures Salz silicate; kieselsaurer Kalk lime silicate; kieselsaure Tonerde silicate of alumin(i)um.

'Kie·sel,säu·re *f chem.* silicic acid ($SiO_2 \cdot nH_2O$): mit ~ verbunden silicated. — **k~,hal·tig** *adj* siliceous, *auch* silicious, silicic.

'Kie·sel|,schie·fer *m min.* chert, flinty slate: schwarzer ~ (*Probierstein*) touchstone, Lydian stone, basanite; zerfallener ~ decomposed chert, cotton rock. — **~-,schwamm** *m zo.* siliceous sponge (*Ordng Silicispongia*). — **~,sin·ter** *m min.* siliceous (*od.* pearl) sinter, geyserite. — **~ske,lett** *n* siliceous skeleton. — **~,stein** *m* pebble(stone). — **~,tuff** *m min. cf.* Kieselsinter. — **~,zink,erz** *n* hemimorphite, smithsonite, calamine.

kie·sen ['ki:zən] *v/t* ⟨kiest, kor, gekoren, h⟩ *obs. od. poet.* **1.** choose, select: sie koren ihn zu ihrem Führer they chose him as (*od.* to be) their leader. – **2.** (*erwählen*) elect.

Kie·se·rit [kize'ri:t; -'rɪt] *m* ⟨-s; -e⟩ *min.* kieserite.

'Kies|,fil·ter *n*, *m civ.eng.* gravel filter. — **~,gru·be** *f* gravel pit. — **~,grund** *m* gravelly (*od.* gravelish) ground (*od.* soil).

'kies,hal·tig, kie·sig ['ki:zɪç] *adj* gravelly.

'Kies|,la·ger *n* **1.** *geol.* gravel deposit. – **2.** *min.* pyrite deposit. — **~,sand** *m* gravel(ly) sand. — **~,strand** *m* gravel beach. — **~,stra·ße** *f* gravel([l]ed) road. — **~,weg** *m* gravel([l]ed) walk (*od.* path). — **~,werk** *n tech.* gravel plant.

ki·ke·ri·ki [kikəri'ki:] **I** *interj* cock-a-doodle--doo. – **II K~** *n* ⟨-s; -s⟩ cock-a-doodle-doo, crowing of a rooster.

Ki·ke·ri'ki *m* ⟨-s; -s⟩ (*child's language*) cock-a-doodle-doo, rooster.

Kil·be ['kɪlbə] *f* ⟨-; -n⟩, **'Kil·bi** [-bi] *f* ⟨-; Kilbenen [-bənən]⟩ *Swiss dial. for* Kirchweih 2.

Kilch [kɪlç] *m* ⟨-(e)s; -e⟩ *zo. cf.* Kropffelchen.

Ki·lim ['ki:lɪm] *m* ⟨-(s); -(s)⟩ *cf.* Kelim.

kil·le·kil·le ['kɪlə'kɪlə] *interj colloq.* tickle--tickle: (bei j-m) ~ machen to tickle (s.o.).

kil·len ['kɪlən] **I** *v/t* ⟨h⟩ j-n ~ *colloq.* to do s.o. in, to bump s.o. off, *bes. Am.* to knock s.o. off (*alle colloq.*), to kill s.o. – **II** *v/i mar.* (*Segel*) shiver: ~ lassen to shiver, to spill. — **'Kil·ler** *m* ⟨-s; -⟩ *colloq.* killer.

Kiln [kɪln] *m* ⟨-(e)s; -e⟩ *tech.* (*Schachtofen*) kiln.

Ki·lo ['ki:lo] *n* ⟨-s; -(s)⟩ *short for* Kilogramm. — **~am'pere** [kilo-] *n electr.* kiloampere. —

~'**dyn** [kilo-] *n phys.* kilodyne. — ~'**erg** [kilo-] *n* kiloerg.

Ki·lo·gramm [kilo'gram] *n* kilogram, *bes. Br.* kilogramme, kg: 2 ~ 2 kilogram(me)s.

Ki·lo'grammeter (*getr.* -mm,m-) *m, n phys.* kilogram-meter, *bes. Br.* kilogrammetre, kgm.

Ki·lo'gramm·ka·lo,rie *f phys.* kilogram(me) calorie, kcal, large (*od.* great) calorie, therm.

Ki·lo'grammo·le,kül (*getr.* -mm·m-) *n phys. cf.* Kilomol.

Ki·lo|hertz [kilo'hɛrts] *n electr. phys.* kilocycle (per second), kc. — ~'**joule** [-'dʒaʊl] *n phys.* kilojoule, kj. — ~**ka·lo'rie** [-kalo'riː] *phys. cf.* Kilogrammkalorie. — ~'**li·ter** [-'liːtər] *m, n* kiloliter, *bes. Br.* kilolitre, kl.

Ki·lo·me·ter [kilo'meːtər] *m* kilometer, *bes. Br.* kilometre, km: ~ **fressen** *colloq.* to eat up the kilometers (*od. colloq.* km's). — ~,**fres·ser** *m colloq. person who covers great distances.* — ~,**geld** *n econ.* **1.** mil(e)age (allowance). – **2.** *cf.* Kilometerpauschale 1. — **k~,lang I** *adj* kilometers long. – **II** *adv* for kilometers (on end). — ~**pau,scha·le** *f econ.* **1.** (*bei der Steuer*) mil(e)age rebate. – **2.** *cf.* Kilometergeld 1. – **3.** lump-sum mil(e)age allowance. — ~,**schild** *n cf.* Kilometertafel. — ~,**stand** *m* number of kilometers covered: **bei** ~ **5000** at 5,000 kilometers. — ~,**stein** *m* kilometer stone. — ~,**stun·de** *f* kilometers per hour, KPH, kmph. — ~,**ta·fel** *f* kilometer sign, sign indicating distance in kilometers. — ~**ta,rif** *m* rate per kilometer. — **k~,weit I** *adj* many kilometers long. – **II** *adv* for many (*od.* several) kilometers. — ~,**zäh·ler** *m auto.* odometer, mil(e)age indicator (*od.* recorder).

ki·lo·me·trie·ren [kilome'triːrən] *v/t* ⟨*no* ge-, h⟩ (*Straße etc*) divide (*od.* mark off) (*s.th.*) into kilometers (*bes. Br.* kilometres).

ki·lo·me·trisch [kilo'meːtrɪʃ] *adj* kilometric(al).

Ki·lo|mol [kilo'moːl] *n phys.* kilogram (*bes. Br.* kilogramme) molecule. — ~'**ohm** *n* kilohm, thousand ohms *pl.* — ~'**pond** *n* kilogram (*bes. Br.* kilogramme) weight. — ~'**ton·ne** *f* kiloton, kt.

Ki·lo·volt [kilo'vɔlt] *n electr. phys.* kilovolt, kv. — ~**am,pere** *n* kilovolt-ampere, kva.

Ki·lo·watt [kilo'vat] *n electr. phys.* kilowatt, kw. — ~,**mes·ser** *m* kilowatt meter. — ~,**stun·de** *f* kilowatt-hour, kwh. — ~,**zäh·ler** *m cf.* Kilowattmesser.

Kilt[1] [kɪlt] *m* ⟨-(e)s; -s⟩ kilt (*worn by Highlanders in Scotland*): **mit einem** ~ **(beklei·det)** kilted.

Kilt[2] *m* ⟨-(e)s; *no pl*⟩ *Swiss nocturnal visit of a boy to his girl*: **zu** ~ **gehen** *cf.* fensterln.

'**Kilt,gang** *m Swiss cf.* Kilt[2].

Kim·ber·lit [kɪmbɛr'liːt; -'lɪt] *m* ⟨-s; -e⟩ *geol.* kimberlite, blue earth (*od.* ground, stuff).

Kim·bern ['kɪmbərn] *pl hist.* Cimbri. — '**kim·brisch** [-brɪʃ] *adj* Cimbrian, Cimbric.

Kimm [kɪm] *f* ⟨-; *no pl*⟩ *mar.* **1.** (*Seehorizont*) visual (*od.* visible) horizon, dip of the horizon. – **2.** (*Übergang vom Schiffsboden zur Schiffswand*) a) bilge, b) (*bei flachbodigen Schiffen*) chine.

Kim·me ['kɪmə] *f* ⟨-; -n⟩ **1.** (*der Handfeuerwaffen*) rear sight, notch (of the rear sight): **über** ~ **und Korn visieren** (*od.* zielen) to aim over notch and bead sight (*od.* over open sights); **j-n auf der** ~ **haben** *fig. colloq.* to keep an eye on s.o. – **2.** (*Kerbe*) notch. – **3.** (*eines Fasses*) chime, chine, *auch* chimb, croze. – **4.** *tech.* (*einer Meßspitze*) V-shaped anvil, vee piece. – **5.** *med.* (*Gesäßspalte*) anal cleft, crena ani (*scient.*). – **6.** *vulg.* (*Gesäß*) arse, *bes. Am.* 'ass' (*beide vulg.*): **ich trete dir in die** ~ I'll give you a kick in (*od.* up) the arse.

kim·men ['kɪmən] *v/t* ⟨h⟩ (*in der Böttcherei*) chime, croze.

Kim·me·ridge ['kɪmərɪdʒ] (*Engl.*) *n* ⟨-; *no pl*⟩, ~,**stu·fe** *f geol.* Kim(m)eridgian.

Kim·me·ri·er [kɪ'meːrɪər] *pl myth. antiq.* Cimmerians, *auch* Kimmerians. — **kim'me·risch** [-rɪʃ] *adj* Cimmerian, *auch* Kimmerian: ~**e Finsternis** Cimmerian darkness; ~**e Faltung** *geol.* Cimmerian orogeny.

'**Kimm|,gang** *m mar.* bilge strake. — ~,**ho·bel** *m tech.* **1.** (*in der Böttcherei*) notcher, croze. – **2.** *cf.* Falzhobel. — ~,**tie·fe** *f mar. astr.* dip (*od.* depression) of the horizon, dip.

'**Kim·mung** *f* ⟨-; -en⟩ *mar. cf.* Kimm 1.

Ki·mo·no ['kiːmono; ki'moːno] *m* ⟨-s; -s⟩ kimono, *Am. auch* kimona. — ~,**är·mel** *m* (*fashion*) kimono sleeve.

Ki·nä·de [ki'nɛːdə] *m* ⟨-n; -n⟩ **1.** (passive) p(a)ederast. – **2.** effeminate person.

Ki·na·se [ki'naːzə] *f* ⟨-; -n⟩ *chem.* kinase.

Kin·äs·the·sie [kinɛste'ziː] *f* ⟨-; *no pl*⟩ *med.* (*Bewegungsgefühl*) kin(a)esthesia, kin(a)esthesis, kin(a)esthetic sense. — **kin·äs'the·tisch** [-'teːtɪʃ] *adj* (*Sinn*) kin(a)esthetic.

Kind [kɪnt] *n* ⟨-(e)s; -er⟩ **1.** child: **ehe·liches [uneheliches]** ~ legitimate [illegitimate] child, child born in [out of] wedlock; **schwieriges** ~ problem (*od.* unmanageable) child; **verwaistes** ~ orphan(ed child); **untergeschobenes** ~ changeling; **sie ist ein hübsches** ~ she is a pretty child; **sie ist kein** ~ **mehr** a) she is no longer a child, b) *fig. colloq.* she's no spring chicken (*colloq.*); **er stellt sich an wie ein kleines** ~ he behaves like a (little) child; **ein** ~ **annehmen** to adopt a child; **sie hat ein** ~ **von ihm** she has a child by (*od.* from) him; **sie schenkte ihm fünf** ~**er** *lit.* she bore him five children; **er ist braver Leute** ~ he is the child of honest people (*od.* parents); **im Kreise ihrer** ~**er und Kindeskinder** with (*od.* among) her children and grandchildren; **von** ~ **an** (*od.* auf) from (*od.* since) childhood, from a child; **sie fuhren mit** ~ **und Kegel nach Italien** *colloq.* they went to Italy with their whole family (*od.* with kith and kin); **wie sag ich's meinem** ~**e?** a) *euphem.* how can I tell my child the facts of life (*od. colloq.* about the birds and bees)? b) *fig. colloq.* how can I best put this? how am I going to break it to him (*od.* her, them)? → **annehmen** 2; **Ehe** 1; **einzig** 1; **Liebe**[1] 2; **Weib** 2. – **2.** (*Kleinkind*) (small) child, baby: **neugeborenes** ~ newborn (baby), infant; **sie bekommt ein** ~ she is expecting (*od.* going to have) a baby, she is pregnant, she is in a (*Br.* the) family way (*colloq.*); **er hat ihr ein** ~ **gemacht** *sl.* he got her pregnant, he put her in the family way (*bes. Br. sl.* the club), he knocked her up (*vulg.*); ~**er in die Welt setzen** to bring children into the world; → **erwarten** 2; **Herz** *Bes. Redewendungen*; **kommen** 10; **kriegen** 8. – **3.** *jur.* a) minor, b) (*unter 21*) infant. – **4.** *fig.* child: **sie war bei ihnen wie das** ~ **im Hause** they treated her like one of the family (*od.* of their own); **er freute sich wie ein** ~ he was as pleased (*od.* thrilled) as a child, he was tickled pink (*colloq.*); **das weiß doch jedes** ~ *colloq.* any child knows that; **unschuldig wie ein neugeborenes** ~ (as) innocent as a newborn babe; **das war von Anfang an ein totgeborenes** ~ that was a hopeless case (*od.* that was stillborn, that was futile) right from the beginning; **sie haben** ~**er wie die Orgelpfeifen** *colloq.* they have children at regular intervals; **sie ist noch ein richtiges** (*od.* **rechtes**) ~ she is still a mere child; **das ist nichts für kleine** ~**er** *colloq.* you're too young for that; **das** ~ **mit dem Bade ausschütten** *colloq.* to throw out the baby with the bathwater; **das** ~ **im Manne!** (look at him,) he is in his second childhood! → **baden** 3; **Geist**[1] 5; **groß** 19; **halb** 4; **lieb** 1, 4; **Name** 1; **schaukeln** 14. – **5.** (*in Sprichwörtern*) **kleine** ~**er, kleine Sorgen, große** ~**er, große Sorgen** children when they are little make parents fools, when they are great they make them mad (*proverb*); (**ein**) **gebranntes** ~ **scheut das Feuer** the burnt child dreads the fire (*proverb*), once bitten, twice shy (*proverb*); ~**er und Narren sagen die Wahrheit** children and fools speak the truth (*proverb*); ~**er sind armer Leute Reichtum** children are poor men's riches (*proverb*); **wer sein** ~ **lieb hat, züchtigt es** spare the rod and spoil the child (*proverb*); → **Brunnen** 1; **Messer**[1] 1. – **6.** *fig.* (*Angehöriger, Nachkomme*) child: **die** ~**er Gottes [der Finsternis, des Lichts]** the children of God [darkness, light]; **er ist ein Berliner** ~ he is a true Berliner, he is a (true) native of Berlin; **er ist ein** ~ **des Glücks** he is a child of fortune; **wenn du schreist, bist du ein** ~ **des Todes** if you scream you are a dead man; **er war ein** ~ **des 19. Jahrhunderts [seiner Zeit]** he was a child (*od.* product) of the 19th century [of his time]. – **7.** *fig. lit.* (*Produkt*) product, child: **dieses Werk ist ein** ~ **seiner Muse** this work is a product of his muse; **Blumen sind die** ~**er des Lenzes** flowers are the children of spring. – **8.** *fig.* (*in Ausrufen, in der Anrede etc*) **mein armes [liebes, gutes]** ~! my poor [dear, good] child! **mein schönes** ~! *archaic* (*zu jungen Mädchen*) sweet child! ~ **Gottes, was hast du da angestellt!** oh dear (*od.* dear me), what have you done now! **aber** ~, **das geht doch nicht** now, my dear, you can't do that; ~**er,** ~**er!** (*Ausruf des Erstaunens*) good heavens (*od.* gracious, Lord)! **los** ~**er, fangen wir an!** come on boys (*od.* girls, [*allgemein*] folks), let's start!

'**Kind,bett** *n med.* childbed, lying-in, confinement, accouchement (*lit.*): **im** ~ **liegen** to be in childbed, to be lying in; **im** ~ **sterben** to die in childbed; **ins** ~ **kommen** to be confined (*od.* brought to bed [with child]). — ~,**fie·ber** *n* childbed fever, puerperal fever (*od.* sepsis) (*scient.*). — ~**psy,cho·se** *f* puerperal psychosis.

'**Kind·chen** *n* ⟨-s; - *u.* Kinderchen⟩ **1.** *dim. of* Kind. – **2.** little child, tot. – **3.** (*Kosewort für junge Mädchen*) **ja,** ~ yes, my dear (child).

Kin·del ['kɪndəl] *n* ⟨-s; -(n)⟩ *dial. dim. of* Kind.

'**Kin·del,bier** *n* ⟨-s; *no pl*⟩ *Low G. for* Taufschmaus.

'**Kin·der|,ab,tei·lung** *f* **1.** (*eines Krankenhauses*) children's (*od.* p[a]ediatric) ward, department of p(a)ediatrics. – **2.** (*eines Geschäfts etc*) children's department. — ~,**ar·beit** *f* **1.** *jur.* child labor (*bes. Br.* labour). – **2.** *meist pl* children's art *sg.* — **k~,arm** *adj* with few children: **eine** ~**e Familie** a family with few children, a small family; **ein** ~**es Land** a country with a low birth rate. — ~,**art** *f* the way children (will) behave, the way of children. — ~,**arzt** *m*, ~,**ärz·tin** *f* child specialist; p(a)ediatrician, *auch* p(a)ediatrist (*scient.*). — ~,**au·gen** *pl* **1.** children's eyes. – **2.** *fig.* wide (*od.* big) eyes: **sie schaute ihn mit (großen)** ~ **an** she gazed wide-eyed at him. — ~**bal,lett** *n* children's ballet. — ~,**bau,ka·sten** *m* box of (building) blocks (*Br. auch* bricks). — ~,**bei,hil·fe** *f econ. cf.* Kindergeld. — ~**be,klei·dung** *f cf.* Kinderkleidung. — ~**be,steck** *n* child's cutlery. — ~**be,treu·ung** *f* care of children, (*kurzfristige*) baby-sitting. — ~,**bett** *n* **1.** child's (*od.* children's) bed. – **2.** (*mit Gitter*) crib, *Br. auch* cot. — ~**be,wahr,an,stalt** *f obs.* day nursery. — ~,**bild** *n* picture (*od.* photograph, portrait) of a child (*od.* of s.o. as a child): **er zeigte mir ein** ~ **von seiner Mutter** he showed me a portrait of his mother as a child (*od.* a childhood portrait of his mother). — ~,**brei** *m* pap, *Am. auch* pabulum. — ~,**buch** *n* book for children, children's book. — ~,**chor** *m* children's choir (*od.* chorus). — ~,**creme** *f* baby cream. — ~,**dorf** *n* children's village. — ~,**ehe** *f jur.* child marriage.

Kin·de'rei *f* ⟨-; -en⟩ *contempt.* **1.** (*kindlicher Unfug*) childish trick(s *pl*), nonsense: **laß die** ~**en!** stop (*Am. colloq.* cut out) that nonsense! – **2.** (*Kleinigkeit*) trifle: **über diese** ~ **regst du dich auf?** that trifle upsets you?

'**Kin·der|,ei·sen,bahn** *f* toy train. — ~**er,mä·ßi·gung** *f* **1.** (*railway etc*) reduction for children. – **2.** *econ.* (*bei der Steuerberechnung*) exemption for children. — ~**er,näh·rung** *f* **1.** child nutrition. – **2.** (*eines Säuglings*) infant feeding. — ~**er,zie·hung** *f ped.* child education, education of children. — ~,**fahr,kar·te** *f* (*railway*) child's ticket. — ~,**fahr,rad** *n* child's bicycle (*od. colloq.* bike). — ~,**feind** *m* person who hates children, misop(a)edist (*lit.*). — **k~,feind·lich** *adj* hating (*od.* averse to) children. — ~,**feind·lich·keit** *f* hatred of children, misop(a)edia (*lit.*). — ~,**fern,se·hen** *n* television for children, children's hour (*od.* program, *bes. Br.* programme). — ~,**fest** *n* children's party. — ~,**frau** *f* (dry) nurse, *Br.* (dry-)nurse, *bes. Br.* nanny. — ~,**fräu·lein** *n* governess, *bes. Br.* nanny. — ~,**frei·be,trag** *m econ.* (*bei Einkommensteuer*) allowance (*bes. Am.* exemption) for children. — ~,**freund** *m* friend of children: **ein** ~ **sein** to be fond of children. — **k~,freund·lich** *adj* **1.** fond of children. – **2.** suitable for children. — ~,**freund·lich·keit** *f* **1.** fondness of children. – **2.** suitability for children. — ~,**funk** *m* radio broadcast for children, children's hour (*od.* program, *bes. Br.* programme). — **~ˌfürˌsor·ge** *f* *sociol.* child welfare. — **~ˌfürˌsor·ge-ˌstel·le** *f* child welfare center (*bes. Br.* centre). — **~ˌgar·ten** *m* nursery (*Br. auch* infant) school, kindergarten. — **~ˌgärt-ne·rin** *f* nursery-school (*od.* kindergarten) teacher, *bes. Am.* kindergartner, *auch* kindergartener.

'Kin·derˌgeld *n* family (*od* children's) allowance. — **~geˌsetz** *n* family-allowance law.

'Kin·der|geˌschich·ten *pl* stories for children, children's stories. — **~geˌschrei** *n* **1.** (*Weinen*) crying (*od.* screaming) of a child (*od.* of children). – **2.** (*lautes Rufen*) shouting (*od.* yelling) of a child (*od.* of children). — **~geˌsicht** *n* **1.** child's face. – **2.** (*kindliches Gesicht*) childlike (*od.* childish, baby) face. — **~geˌwehr** *n* toy gun, (*mit Stöpsel*) popgun. — **~ˌglau·be** *m* faith of a child, child's faith: **sie hat sich ihren ~n bewahrt** she has retained her childlike faith. — **~ˌgot·tesˌdienst** *m relig.* children's (church) service, *etwa* Sunday (*od.* church) school. — **~ˌheilˌkun·de** *f med.* p(a)ediatrics *pl* (*construed as sg or pl*), p(a)ediatry. — **~ˌheilˌstät·te** *f* children's sanatorium (*Am. auch* sanitorium). — **~ˌheim** *n* **1.** home for children, children's home. – **2.** *cf.* Kinderheilstätte. — **~ˌhort** *m* day home for school children. — **~ˌjah·re** *pl* **1.** (years of) childhood *sg.* – **2.** (*frühe Kindheit*) infancy *sg.* — **~ˌklap·per** *f* (baby's) rattle. — **~ˌkleid** *n* child's dress (*od.* frock). — **~ˌklei·dung** *f* children's wear (*od.* clothing). — **~ˌkli·nik** *f med.* children's (*od.* p[a]ediatric) clinic. — **~ˌkorb** *m* a) (*am Fahrrad*) child's basket seat, b) *bes. Am.* bassinet, *auch* bassinette, *bes. Br.* carrycot. — **~ˌkran·ken-ˌhaus** *n med.* children's hospital. — **~ˌkrank·heit** *f* **1.** *med.* childhood disease. – **2.** *pl fig.* teething troubles, *Am. colloq.* 'bugs': **der neuherausgebrachte Wagen steckt voller ~en** the new model is having endless teething troubles. — **~ˌkreuzˌzug** *m hist.* Children's Crusade (*1212*). — **~ˌkrip·pe** *f* day nursery, crèche (*for children up to three years of age*).

'Kin·derˌläh·mung *f* (spinale) ~ *med.* infantile paralysis, polio(myelitis).

'Kin·derˌläh·mungs|ˌimpfˌstoff *m med.* polio vaccine. — **~ˌimp·fung** *f* antipolio inoculation. — **~ˌse·rum** *n* polio vaccine. — **~ˌvi·rus** *n, colloq. auch m* polio(myelitis) virus.

'Kin·der|ˌland·verˌschickung (*getr.* -k·k-) *f* (*bes. im Krieg*) evacuation of children to the country. — **~ˌlärm** *m cf.* Kindergeschrei 2. — **~ˌlätz·chen** *n* bib, *Br. auch* feeder. — **k~'leicht** *adj colloq.* very easy, child's play (*pred*): **diese Arbeit war ~** this work was child's play; **das ist doch ~** that's as easy as falling off a log (*colloq.*). — **k~ˌlieb** *adj* fond of children. — **~ˌlie·be** *f* **1.** (*Kinder zu Eltern*) children's love, filial love (*od.* affection). – **2.** (*Erwachsene zu Kindern*) love of (*od.* for) (*od.* fondness of) children. – **3.** (*zwischen Kindern*) love among (*od.* between) children. — **~ˌlied** *n* children's song, (sung) nursery rhyme. — **~li·te·raˌtur** *f* juvenile literature, books *pl* for children, children's books *pl.*

'kin·der·los *adj* **1.** childless. – **2.** *jur.* without issue: **~ sterben** to die without issue. — **'Kin·der·lo·sig·keit** *f* ⟨-; *no pl*⟩ childlessness.

'Kin·der|ˌmäd·chen *n* nurse(maid), nurserymaid, *bes. Br.* nanny. — **~ˌmär·chen** *n* fairy tale (*od.* story) (*Br.* fairy-tale [*od.* -story]) (for children). — **~ˌmehl** *n* baby (*od.* infant) cereal. — **~ˌmord** *m* murder of a child: → **bethlehemitisch.** — **~ˌmör·der** *m* murderer of a child. — **~ˌmund** *m* **1.** child's mouth. – **2.** *fig.* (*Redensart*) child's way of talking: **~ tut Wahrheit kund** (*Sprichwort*) *etwa* children tell the truth. — **~ˌnährˌmit·tel** *n*, **~ˌnah·rung** *f* baby (*od.* infant) food. — **~ˌnarr** *m* great lover of children. — **~ˌöl** *n* baby oil. — **~pa·raˌdies** *n* (*Spielwarenladen etc*) children's paradise. — **~ˌpfle·ge** *f* child care. — **~ˌpfle·ge·rin** *f* nurse, *bes. Br.* nanny. — **~poˌpo** *m colloq.* baby's bottom: **glatt wie ein ~** (as) smooth as a baby's bottom. — **~psych·ia·ter** [-psyçiˌaːtər] *m* child psychiatrist. — **~psych·iaˌtrie** *f* child psychiatry. — **~psy·choˌlo·ge** *m* child psychologist. — **~psy·cho·loˌgie** *f* child psychology. — **~ˌpu·der** *m, colloq. n* baby powder. — **~ˌras·sel** *f cf.* Kinderklapper. — **~ˌraub** *m cf.* Kindesraub. — **k~ˌreich** *adj* with many children: **eine ~e Familie** a large family; **ein ~es Paar** a (married) couple with many children. — **~ˌreich·tum** *m* ⟨-s; *no pl*⟩ large number of children. — **~ˌreim** *m cf.* Kindervers. — **~ˌsa·chen** *pl* **1.** children's wear *sg.* – **2.** children's things. — **~sa·naˌto·ri·um** *n med. cf.* Kinderheilstätte. — **~ˌsarg** *m* **1.** child's coffin. – **2.** *meist pl colloq.* (*großer Schuh*) beetle-crusher (*colloq.*). — **~ˌschar** *f* **1.** swarm of children. – **2. eine große ~** a lot of children. — **~ˌschreck** *m* ⟨-s; *no pl*⟩ bugbear, bugaboo, bog(e)y, bogie, bogeyman. — **~ˌschriftˌstel·ler** *m* author (*od.* writer) of children's books. — **~ˌschuh** *m* **1.** *meist pl* children's shoe. – **2.** *pl fig.* infancy *sg*: **die Herzverpflanzung steckt noch in den ~en** heart transplantation is still in its infancy; → **austreten** 12; **entwachsen**[1]. — **~ˌschutz** *m* protection of children. — **~ˌschwe·ster** *f* **1.** (*in Klinik etc*) p(a)ediatric nurse. – **2.** *cf.* Kinderpflegerin. — **~ˌse·gen** *m* a lot of children (*colloq.*): **sie hatten einen reichen ~** they were blessed with a lot of children. — **~ˌsei·fe** *f* baby soap. — **~ˌsi·che·rung** *f* *auto.* childproof door catch. — **~ˌsitz** *m* **1.** *auto.* child's seat. – **2.** (*für Fahrrad*) a) child carrier, b) child's seat.

'Kin·derˌspiel *n* **1.** *meist pl* child's (*od.* children's) game. – **2.** ⟨*only sg*⟩ *fig. colloq.* child's play: **das ist dagegen nur ein ~** that's (only) child's play in comparison; **das ist für ihn (nur) ein ~** that's a mere trifle to him. — **~ˌplatz** *m* (children's) playground. — **~ˌsa·chen** *pl*, **~ˌzeug** *n* (children's) toys *pl*, playthings *pl.* — **~ˌzim·mer** *n* nursery, playroom.

'Kin·der|ˌspra·che *f* **1.** child's (*od.* children's) language (*od.* prattle). – **2.** (*von Erwachsenen im Umgang mit Kindern*) baby talk. — **~sta·tiˌon** *f med.* children's ward. — **~ˌsterb·lich·keit** *f* infant mortality. — **~ˌstim·me** *f* child's voice. — **~ˌstreich** *m* childish trick (*od.* prank). — **~ˌstu·be** *f* **1.** nursery. – **2.** *fig.* upbringing: **er hat eine gute [schlechte] ~ gehabt** he has been well [badly] brought up, he has had a good [bad] upbringing; **sein Benehmen zeugt von guter** (*od.* **verrät eine gute**) **~** his manners prove him to have had a good upbringing (*od.* to be a gentleman). — **~ˌstuhl** *m* **1.** (baby's) high chair. – **2.** child's seat. — **~ˌstun·de** *f* (*im Rundfunk*) children's program (*bes. Br.* programme), (*bes. in England*) *auch* children's hour. — **~ˌta·gesˌheim** *n*, **~ˌta·gesˌstät·te** *f* day home (for children). — **~ˌtau·fe** *f relig.* (*im Gegensatz zur Erwachsenentaufe*) infant baptism. — **~ˌtrom·mel** *f* toy drum.

'kin·der·tüm·lich [-tyːmlıç] *adj ped.* childlike, suited for children.

'Kin·der|ˌvers *m* nursery rhyme. — **~ver-ˌsi·che·rung** *f* child insurance. — **~ˌwa·gen** *m* **1.** *Am.* baby carriage (*od. colloq.* buggy), *Br.* perambulator, pram (*colloq.*): **den ~ schieben** to push the pram. – **2.** (*Sportwagen*) *Br.* push-cart, *Am.* stroller. — **~ˌwär·te·rin** *f obs. cf.* Kinderfrau. — **~ˌwä·sche** *f* children's linen. — **~ˌwelt** *f* **1.** (*Vorstellungswelt der Kinder*) world of a child. – **2.** (*alle Kinder*) children *pl.* — **~ˌwohlˌfahrt** *f sociol. cf.* Kinderfürsorge. — **~ˌzahl** *f* number of children. — **~ˌzahn** *m med. cf.* Milchzahn. — **~ˌzeit** *f cf.* Kindheit. — **~ˌzeitˌschrift** *f* children's magazine. — **~ˌzim·mer** *n* child's (*od.* children's) room, (*bes. für Kleinkind*) nursery. — **~ˌzuˌla·ge** *f econ.* additional family (*od.* children's) allowance. — **~ˌzuˌschlag** *m* (*bei Beamten*) additional family allowance.

'Kin·des|ˌabˌtrei·bung *f med. jur.* illegal abortion, f(o)eticide. — **~ˌal·ter** *n* **1.** (*sehr frühes*) infancy. – **2.** childhood: **er ist noch im ~** he is still a child. — **~ˌanˌnah·me** *f* adoption (of a child). — **~ˌausˌset·zung** *f* exposure (*od.* exposition) (of an infant *od.* a child). — **~ˌbei·ne** *pl only in* **von ~n an** from a child, from early childhood, from infancy. — **~entˌfüh·rer** *m* kidnapper, *Am. auch* kidnaper. — **~entˌfüh·rung** *f cf.* Kindesraub. — **~ˌkind** *n* grandchild: → Kind 1. — **~ˌlie·be** *f* children's love, filial love (*od.* affection). — **~ˌmißˌhand·lung** *f* ill-treatment (*od.* abuse) of a child. — **~ˌmord** *m jur. cf.* Kindestötung. — **~ˌmör·der** *m*, **~ˌmör·de·rin** *f* infanticide, filicide. — **k~ˌmör·de·risch** *adj* infanticidal, filicidal. — **~ˌmut·ter** *f* mother (of an illegitimate child), umarried mother. — **~ˌnö·te** *pl med.* labor *sg*, *bes. Br.* labour *sg*: **in ~n sein** to be in labo(u)r. — **~ˌpflich·ten** *pl* children's (*od.* filial) duties. — **~ˌraub** *m* kidnapping, *Am. auch* kidnaping, abduction (of a child): **erpresserischer ~** kidnapping for (a) ransom. — **~ˌteil** *m, n jur.* child's portion, portion of inheritance due to a child. — **~ˌtö·tung** *f* **1.** *jur.* infanticide, filicide. – **2.** killing of a child (*od.* children), infanticide. — **~ˌun·terˌschie·bung** *f jur.* substitution of a child. — **~ˌva·ter** *m* father of an illegitimate child. — **~ver-ˌwech·se·lung**, **~verˌwechs·lung** *f confusion as to the identity of newborn children.*

'kindˌfremd *adj* unchildlike.

'kind·haft *adj* childlike.

'Kind·heit *f* ⟨-; *no pl*⟩ **1.** (*sehr frühe*) infancy. – **2.** (*gesamte Kinderjahre*) childhood: **die ~ eines Jungen [Mädchens]** boyhood [girlhood]; **sie hatte eine glückliche [sorglose] ~** she had a happy childhood [a childhood without cares]; **von ~ an** from childhood (*od.* infancy); **die zweite ~** *fig.* the second childhood, dotage. — **'Kind·heits-erˌin·ne·rungen** *pl* memories (*od.* recollections) of one's childhood.

kin·disch ['kındıʃ] **I** *adj* (*albern, töricht*) *contempt.* childish: **~ sein** to be childish; **~es Wesen** childishness, infantilism, puerility; **~es Benehmen [Vergnügen]** childish behavio(u)r [pleasure]; **~e Fragen stellen** to ask childish (*od.* silly, foolish) questions; **~er Greis** doting old man, dotard; **sei nicht so ~!** don't be so childish (*od.* silly)! be your age! – **II** *adv* childishly: **sich ~ verhalten** to behave childishly (*od.* in a childish [*od.* silly] manner); **sich ~ über** (*acc*) **etwas freuen** to be thrilled about (*od.* with) s.th., to be tickled pink (*colloq.*).

'Kin·dischˌwer·den *n* ⟨-s⟩ second childhood, dotage.

Kindl ['kındəl] *n* ⟨-s; -(n)⟩ *Bavarian and Austrian dim. of* Kind: → **Münchner** II.

Kind·lein ['kıntlaın] *n* ⟨-s; - *u.* Kinderlein⟩ **1.** *dim. of* Kind. – **2.** little child, tot: **lasset die ~ zu mir kommen** *Bibl.* suffer the little children to come unto me.

kind·lich ['kıntlıç] **I** *adj* **1.** (*kindhaft*) childish, childlike: **~er Eifer [~e Freude, ~e Phantasie]** childish eagerness [pleasure, fancy *od.* imagination]; **~er Gehorsam** childlike obedience; **~es Wesen** childishness; **er hat eine geradezu ~e Handschrift** his handwriting is quite like that of a child; **er hat ein ~es Gesicht** he has a baby face. – **2.** (*naiv, unverdorben*) childlike, innocent, naïve, *auch* naive: **sie hatte ein ~es Gemüt** she had the mind of a child, she had the naïvety of a child. – **3.** *med.* infantile: **~e Sterblichkeit** infantile mortality rate; **der ~e Körper** the child's body. – **II** *adv* **4.** like a child, childishly: **sie denkt noch ganz ~** she still thinks like a child. — **'Kind·lich-keit** *f* ⟨-; *no pl*⟩ **1.** childishness, childlikeness. – **2.** childlike innocence.

'Kinds|ˌabˌtrei·bung *f med. jur. cf.* Kindesabtreibung. — **~beˌwe·gung** *f med.* f(o)etal movements *pl*, movements *pl* of the f(o)etus: **erste ~en** *pl* quickening *sg.*

'Kind·schaft *f* ⟨-; *no pl*⟩ parent(s) and child relationship, filiation (*lit.*).

'Kind·schafts·proˌzeß *m jur. cf.* Vaterschaftsklage.

'Kinds|ˌkopf *m* **1.** *med.* f(o)etal head. – **2.** *colloq.* baby, silly fool: **er ist ein rechter ~** he is a real baby; **du ~!** you silly fool. — **~ˌla·ge** *f med.* f(o)etal presentation. — **~ˌmut·ter** *f jur. cf.* Kindesmutter. — **~ˌpech** *n* meconium. — **~ˌtau·fe** *f relig. Southern G., Austrian, and Swiss for* Kindtaufe: **eine ~ machen** *fig. colloq.* to spill one's wine. — **~ˌtö·tung** *f cf.* Kindestötung. — **~ˌwas·ser** *n med. cf.* Fruchtwasser.

'Kindˌtau·fe *f relig.* christening (*od.* baptism) (of a child).

Ki·ne·ma·tik [kine'maːtık] *f* ⟨-; *no pl*⟩ *phys. cf.* Kinetik. — **ki·ne'ma·tisch** *adj cf.* kinetisch 1.

Ki·ne·ma·to·graph [kinemato'graːf] *m* ⟨-en; -en⟩ *obs.* cinematograph. — **Ki·ne-ma·to·gra'phie** [-gra'fiː] *f* ⟨-; *no pl*⟩ cinematography. — **ki·ne·ma·to'gra·phisch** *adj* cinematographic, *auch* cinematographical.

Ki·ne·tik [kiˈneːtɪk] *f* ⟨-; *no pl*⟩ *phys. chem. electr.* kinetics *pl* (*construed as sg or pl*). — **kiˈne·tisch** *adj* **1.** *phys.* kinetic: ~e Theorie der Stoffe kinetic theory of matter; → Energie 2; Gastheorie. – **2.** *biol.* kinetic: ~es Zentrum centrosphere, centrosome.

Ki·ne·tit [kineˈtiːt; -ˈtɪt] *n* ⟨-s; *no pl*⟩ (*Sprengstoff*) kinetite.

Ki·ne·to·se [kineˈtoːzə] *f* ⟨-; -n⟩ *med. cf.* Reisekrankheit.

ki·ne·to·the·ra·peu·tisch [kinetoteraˈpɔʏtɪʃ] *adj med.* kinetotherapeutic, *auch* kinetotherapeutical.

ˈKing-ˈCharles-ˌSpa·ni·el [ˈkɪŋˈtʃaːlz-] (*Engl.*) *m zo.* (*ein Zwergspaniel*) King Charles spaniel.

ˈKing·ston·venˌtil [ˈkɪŋstən-] (*Engl.*) *n mar.* Kingston valve.

Kink [kɪŋk] *f* ⟨-; -en⟩ *mar.* kink: eine ~ in ein Tau machen to kink a rope; ein Tau voller ~en a kinky (*od.* kinked) rope.

Kin·ka·ju [ˈkɪŋkaju] *m* ⟨-s; -s⟩ *zo.* kinkajou (*Gattg Potos*).

Kin·ker·litz·chen [ˈkɪŋkərˌlɪtsçən] *pl colloq. contempt.* **1.** (*Krimskrams*) knickknacks, knicknacks, baubles, gewgaws: ich habe ein paar ~ gekauft I have bought a few knicknacks (*od.* odds and ends); das sind ja ~! those are just knickknacks. – **2.** (*unwichtige Arbeiten*) odds and ends: sie vertrieb sich den Tag mit ~ she spent (*od.* passed) the day doing odds and ends (*od.* odd jobs). – **3.** *only in* mach (bloß) keine ~! just you be good (*od.* behave yourself)! don't get up to any tricks (*od.* tomfoolery)!

ˈKinkˌhornˌschnecke (*getr.* -k·k-) *f zo.* whelk, trumpet shell, *Br.* trumpet-shell (*Fam. Buccinidae*).

Kinn [kɪn] *n* ⟨-(e)s; -e⟩ chin, mentum (*scient.*): energisches ~ firm (*od.* determined) chin; fliehendes [spitzes, vorstehendes] ~ receding [pointed, projecting *od.* jutting] chin; glattrasiertes ~ smooth chin; er schlug ihm (*od.* ihn) gegen das ~ he struck him on the chin; das ~ auf (*od.* in) die Hand stützen to support (*od.* rest) one's chin on (*od.* in) one's hand(s); er drückte die Geige unter das ~ he tucked the violin under his chin, he chinned the violin; → kraulen[1] 2. — **~ˌbacke** (*getr.* -k·k-) *f*, **~ˌbacken** (*getr.* -k·k-) *m med.* jowl. — **~ˌbackenˌkrampf** (*getr.* -k·k-) *m cf.* Kieferklemme. — **~ˌband** *n* ⟨-(e)s; ⁼er⟩ **1.** chin band. – **2.** *cf.* Kinnriemen 1. — **~ˌbart** *m* goatee (beard), imperial. — **~ˌgrüb·chen** *n* dimple in the chin. — **~ˌha·ken** *m* (*sport*) (*beim Boxen*) hook to the chin (*od.* jaw), (*im Nahkampf*) uppercut, *Br.* upper-cut: j-m einen ~ versetzen (*od.* geben) to land a hook on s.o.'s chin. — **~ˌket·te** *f* (*am Pferdezaum*) curb. — **~ˌket·tenˌstan·ge** *f* (*am Pferdezaum*) curb bit. — **~ˌla·de** *f med.* jaw, jawbone, *Br.* jaw-bone, (*bes. Unterkiefer*) lower jaw(bone), mandible (*scient.*). — **~ˌpla·stik** *f* plastic surgery of the chin, genioplasty (*scient.*). — **~ˌrie·men** *m* **1.** (*am Helm*) chin strap, checkstrap. – **2.** (*am Pferdegeschirr*) curb (strap). — **~ˌschup·pe** *f zo.* (*der Reptilien*) chin shield, genial (*scient.*). — **~ˌschutz** *m mil. hist.* (*am Helm*) beaver. — **~ˌspit·ze** *f med.* point of the chin, (po)gonion (*scient.*). — **~ˌsta·chel** *m zo.* mental apophysis.

Ki·no [ˈkiːno] *n* ⟨-s; -s⟩ **1.** (*Gebäude*) cinema, *bes. Am.* motion-picture (*od. colloq.* movie) theater. – **2.** (*Institution*) cinema, pictures *pl*, *bes. Am.* motion pictures *pl*, movies *pl* (*colloq.*): ins ~ gehen to go to the movies (*od.* pictures, cinema, *Br. sl.* flicks); wir treffen uns nach dem ~ we will meet after the movie (*od.* when we come out of the cinema). – **3.** (*Vorstellung*) film, picture: das ~ beginnt um 19 Uhr the film starts at 7 p.m. — **~ˌbaum** *m bot.* kino (tree) (*Gattg Pterocarpus*). — **k~beˌgei·stert** *adj* enthusiastic (*od. colloq.* crazy) about the cinema (*bes. Am. colloq.* movies), *bes. Am. colloq.* movie-struck. — **~beˌsuch** *m* **1.** cinema (*bes. Am.* motion-picture, *colloq.* movie) attendance. – **2.** visit to the cinema (*bes. Am. colloq.* movies): nach dem ~ gingen wir nach Hause after the movie we went home. — **~beˌsu·cher** *m bes. Br.* cinema-goer, cinema patron, *bes. Am. colloq.* moviegoer. — **~ˌbil·der** *pl* **1.** cinema (*bes. Am. colloq.* movie) posters. – **2.** (*vor dem Kino*) film stills. — **~geˌrä·te** *pl* cinema (*bes. Am.* motion-picture) equipment *sg.* — **~ˌgum·mi** *n, auch m*, **~ˌharz** *n bot. chem.* kino, *auch* kino gum. — **~ˌkar·te** *f* ticket for the cinema (*bes. Am. colloq.* movies), cinema (*bes. Am. colloq.* movie) ticket. — **~ˌkas·se** *f* cinema (*bes. Am. colloq.* movie-theater) box office (*Br.* box-office). — **~ˌnarr** *m bes. Br.* film fan, *bes. Am. colloq.* movie fan. — **~ope·raˌteur** *m Austrian for* Filmvorführer. — **~proˌgramm** *n cf.* Filmprogramm. — **~reˌkla·me** *f* **1.** screen (*od.* film) advertisement. – **2.** *cf.* Kinowerbung. — **~ˌtech·nik** *f cf.* Filmtechnik 1. — **~ˌvorˌstel·lung** *f* film (*bes. Am.* motion-picture, *colloq.* movie) performance. — **~ˌwer·bung** *f* **1.** screen publicity (*od.* advertising). – **2.** (*für Filme*) advertising of films.

Kin·topp [ˈkiːntɔp] *m, n* ⟨-s; -s *u.* ⁼e⟩ *colloq. for* Kino.

Ki·osk [kiɔsk; ˈkiːɔsk] *m* ⟨-(e)s; -e⟩ **1.** kiosk, *Am. auch* kiosque. – **2.** (*Zeitungsstand*) *bes. Br.* bookstall, *bes. Am.* newsstand. – **3.** (oriental) open summerhouse (*Br.* summer-house) (*od.* pavilion).

Kipf [kɪpf] *m* ⟨-(e)s; -e⟩ *Southern G. gastr.* long loaf (of bread).

Kip·fe(r)l [ˈkɪpfə(r)l] *n* ⟨-s; -⟩ *Bavarian and Austrian* crescent (roll), croissant.

ˈKipp|ˌabˌlen·kung *f electr.* (*in Elektronik*) sweep deflection (*Br. auch* deflexion). — **~ˌach·se** *f* **1.** *tech.* axis of tilt, tilt axis. – **2.** *auto.* (*eines Kippers*) body hinge pin. — **~am·pliˌtu·de** *f electr.* sweep (*od.* relaxation) amplitude. — **~ˌanˌhän·ger** *m auto.* dump (*od.* tilt-bed) trailer. — **~ˌanˌla·ge** *f metall.* tipping gear. — **~ˌaufˌzug** *m metall.* skip hoist.

ˈkipp·bar *adj* tiltable, tilting, tipping: ein ~er Tisch an angle (*od.* deflector) table; ~er Konverter *metall.* tipping converter.

ˈKipp|ˌbe·cher *m tech.* tipping (*od.* tilting) bucket. — **~beˌwe·gung** *f* tilting (*od.* tipping) motion. — **~ˌbrücke** (*getr.* -k·k-) *f* (*eines Lastwagens*) dump (*bes. Br.* tipping) body. — **~ˌbüh·ne** *f* tilting platform, tipping stage.

Kip·pe[1] [ˈkɪpə] *f* ⟨-; -n⟩ **1.** ⟨*only sg*⟩ *colloq.* (*Rand*) edge, brink: auf der ~ on the edge (*od.* tilt); der Topf steht auf der ~ the pot is (balancing) on the edge (*od.* is almost falling off); er steht auf der ~ *fig.* it is touch and go with him; es steht noch auf der ~, ob wir morgen abreisen können oder nicht *fig.* it is uncertain whether we can leave tomorrow or not; die Firma steht auf der ~ *fig.* the firm is a bit shaky on its legs. – **2.** (*sport*) a) (*am Gerät*) upstart, *Am. auch* kip, b) *cf.* Kopfkippe, c) *cf.* Nackenkippe. – **3.** *civ.eng.* (*mining*) tip, shoot.

Kip·pe[2] *f* ⟨-; -n⟩ *colloq.* (*Zigarettenstummel*) stub, stump, *bes. Am.* butt, *bes. Br. colloq.* dog-end: ~n sammeln to pick up dog-ends.

ˈkip·pe·lig *adj colloq.* (*wackelig*) shaky, rickety: er war noch etwas ~ auf den Beinen he was still a little shaky (*od.* wobbly) on his legs.

kip·peln [ˈkɪpəln] *v/i* ⟨h⟩ *colloq.* **1.** (*von Schrank, Stuhl etc*) wobble, be rickety (*od.* shaky). – **2.** mit dem Stuhl ~ to tilt one's chair.

kip·pen [ˈkɪpən] **I** *v/i* ⟨sein⟩ **1.** tip (*od.* topple) (over): der Tisch kippte the table tipped over; paß auf, der Stuhl kippt watch out, the chair is going to fall over. – **2.** (*von Person*) lose one's balance, fall (over *od.* down): der Reiter ist in den Graben gekippt the rider fell into the ditch; vom Stuhl ~ *colloq.* to fall off one's chair; aus den Latschen (*od.* Pantinen) ~ *fig. colloq.* a) to faint, b) to be amazed (*od.* flabbergasted). – **3.** (*von Boot*) *cf.* kentern 1. – **4.** *electr.* a) (*von Stromkreis*) switch over, b) (*von Motor*) pull out. – **II** *v/t* ⟨h⟩ **5.** tilt (*od.* tip) (up), put (*od.* set) (*s.th.*) on the slant: ein Faß [eine Kiste] ~ to tilt (*od.* tip) (up) a barrel [a crate]; „nicht ~!" (*Aufschrift*) "do not tilt!" – **6.** etwas aus etwas ~ a) to tip s.th. out of s.th., b) (*Kohle, Sand etc*) to dump (*od.* shoot, tip) s.th. from s.th.: Wasser aus einem Eimer ~ to tip (*od.* pour, empty) water out of a bucket; eine Ladung Steine auf den Bauplatz ~ to dump a load of stone(s) onto a building site. – **7.** einen ~ *fig. colloq.* to toss off a drink (*colloq.*): er kippt gern einen he likes to lift (*od.* bend) an elbow (*colloq.*). – **8.** *fig. colloq.* (*Zigarette*) put (*od.* crush, snuff) out.

ˈKip·per[1] *m* ⟨-(s); -(s)⟩ *gastr.* kipper, kippered herring.

ˈKip·per[2] *m* ⟨-s; -⟩ **1.** *tech.* tipper, dumper. – **2.** (*railway*) (*für Güterwagen*) car tippler. – **3.** *auto.* (*Lastkraftwagen*) *Am.* dump truck, *Br.* tipping lorry, tipper. – **4.** (*mining*) tippler. — **~ˌaufˌbau** *m cf.* Kippbrücke.

ˈKipp|ˌfen·ster *n* tilting (*od.* balance) window. — **~freˌquenz** *f electr.* sweep (*od.* relaxation) frequency.

ˈKippˌhe·bel *m* **1.** *tech.* tilting lever. – **2.** *auto.* (*eines Ventils*) rocker (arm). — **~ˌschal·ter** *m* **1.** *electr.* a) tumbler (*od.* toggle) switch, b) (*Kellogschalter*) kellog key, c) (*für einmalige Auslösung*) trigger switch. – **2.** *tech.* (*einer Arbeitsmaschine*) switch lever, *Br.* switch-lever.

ˈKipp|ˌkar·ren *m tech.* dumpcart, dumper, tip car, *Br.* tip-car, tipcart, *Br.* tip-cart. — **~ˌkü·bel** *m* dump(ing) bucket, skip car. — **~ˌla·ger** *n civ.eng.* tilting (*od.* rocker) bearing. — **~ˌlast(ˌkraft)ˌwa·gen** *m auto. cf.* Kipper[2] 3.

ˈKippˌlauf *m tech.* (*eines Gewehrs*) hinged barrel.

ˈkipp·lig *adj colloq. cf.* kippelig.

ˈKipp|ˌlo·re *f civ.eng.* dumper, dump truck, *bes. Br.* tipping lorry, skip. — **~moˌment** *n* **1.** *electr.* (*eines Motors*) pull-out torque. – **2.** *aer.* pitching moment. – **3.** *bes. phys.* tilting (*od.* overturning) moment. — **~ˌofen** *m metall.* tilting furnace. — **~os·zilˌla·tor** *m electr.* (*in Elektronik*) sweep (*od.* relaxation) oscillator. — **~ˌpfan·ne** *f metall.* tilting (*od.* tipping) ladle. — **~ˌpflug** *m agr.* balance (*od.* tipping) plough (*bes. Am.* plow). — **~ˌre·gel** *f* (*in Geodäsie*) (telescopic sighting) alidade. — **~ˌschal·ter** *m electr. cf.* Kipphebelschalter.

Kippsch [kɪpʃ] *adj* ⟨*attrib*⟩ Kipp('s): ~er Apparat *chem.* Kipp (gas) generator.

ˈKipp|ˌschwin·gung *f electr.* relaxation (*od.* sawtooth, *Br.* saw-tooth) oscillation. — **k~ˌsi·cher** *adj* **1.** nontilting *Br.* non-, tilt-proof. – **2.** *bes. tech.* stable. — **~ˌsi·cher·heit** *f* ⟨-; *no pl*⟩ **1.** tilting safety. – **2.** *bes. tech.* stability. — **~ˌspan·nung** *f electr.* **1.** (*in Elektronik*) sawtooth (*Br.* saw-tooth) voltage. – **2.** *telev.* sweep (*od.* timebase) voltage. — **~ˌstän·der** *m* (*eines Fahrrads etc*) prop stand. — **~ˌtisch** *m bes. tech.* tilting table. — **~trans·forˌma·tor** *m electr.* sweep transformer. — **~ˌvorˌrich·tung** *f* **1.** *tech.* tilting mechanism (*od.* device), dumping device. – **2.** *metall.* (*eines Konverters*) tipping gear. – **3.** (*mining*) tipping (*od.* dumping) device. — **~ˌwa·gen** *m* **1.** *auto. cf.* Kipper[2] 3. – **2.** *civ.eng. cf.* Kipplore. — **~ˌwerk** *n metall.* (*eines Ofens*) tilting machinery. — **~ˌwin·kel** *m tech.* tipping (*od.* tilting) angle.

Kips [kɪps] (*Engl.*) *n* ⟨-es; -e⟩ *meist pl* (*leather*) kip(s *pl*), kipskin(s *pl*).

Kir·be [ˈkɪrbə] *f* ⟨-; -n⟩ *Southwestern G. dial. for* Kirchweih 2.

Kir·che [ˈkɪrçə] *f* ⟨-; -n⟩ **1.** (*Gebäude*) church, *Scot. od. dial.* kirk: romanische [gotische] ~ Romanesque [Gothic] church; eine ~ weihen to consecrate a church; wir wollen die ~ im Dorf lassen *fig. colloq.* let's not get carried away; mit der ~ ums Dorf laufen, die ~ ums Dorf tragen *fig. colloq.* to do things in a roundabout way. – **2.** *relig.* (*Gottesdienst*) a) church (service), b) (*bes. in Schulen, Internaten etc*) chapel: in die (*od.* zur) ~ gehen to go to church (*od.* chapel); aus der ~ kommen to come from church; nach der ~ after church; heute ist keine ~ there is no church today; die ~ ist aus *colloq.* church is out (*od.* over); sie sind alle in der ~ they are all in (*od.* at) church; → amen II. – **3.** *relig.* (*Glaubensgemeinschaft*) church, (*bestimmte*) Church: die streitende [triumphierende, unsichtbare] ~ the church militant [triumphant, invisible]; die ~ Christi the Church of Christ; Bekennende ~ (*in Deutschland*) Confessional (*od.* Confessing) Church; → alleinseligmachend; anglikanisch; ausstoßen 6; austreten 4; griechisch-orthodox; katholisch 1; läuten 1, 7; lutherisch; protestantisch; reformiert 2; römisch-katholisch; Schoß[1] 1; Trennung 2; uniert.

ˈKir·chen|agen·de [-ʔaˌgɛndə] *f relig.* agenda. — **~ˌäl·te·ste** *m* a) (*in reformierten Kirchen*) elder, presbyter, b) (*in anglikanischen Kirchen*) vestryman, churchwarden, c) (*in lutherischen Kirchen*) trustee, church officer. — **~ˌamt** *n* ecclesiastical office (*od.* function). — **~ˌausˌtritt** *m* secession from a (*od.* the) church, withdrawal from church membership. — **~ˌbank** *f* ⟨-; =e⟩ pew. — **~ˌbann** *m* **1.** (*gegen Personen*) excommunication, curse (of the Church), ban, anathema: j-n mit dem ~ belegen to excommunicate s.o. – **2.** (*gegen ein Land*) interdict: ein Land mit dem ~ belegen to lay (*od.* put) a country under an interdict. — **~ˌbau** *m* ⟨-(e)s; -ten⟩ **1.** ⟨*only sg*⟩ building of churches (*od.* a church). – **2.** (*Gebäude*) church (building). — **~beˌhör·de** *f* church (*od.* ecclesiastical) authorities *pl.* — **~beˌsuch** *m* **1.** attendance at church, church attendance: der ~ war gut (the) church was well attended. – **2.** *cf.* Kirchgang. — **~beˌsu·cher** *m* churchgoer, *Br.* church-goer. — **~ˌblatt** *n* parish magazine. — **~ˌbuch** *n* church (*od.* parish) register. — **~ˌbu·ße** *f* (church) penance. — **~ˌchor** *m* (church) choir (*auch* quire). — **~ˌdieb·ˌstahl** *m* *cf.* Kirchenraub. — **~ˌdie·ner** *m* sexton, sacristan, verger. — **~ˌdis·ziˌplin** *f* *cf.* Kirchenzucht. — **~faˌbrik** *f* church maintenance fund. — **~ˌfah·ne** *f* (church) banner (*od.* flag). — **k~ˌfeind·lich** *adj* anticlerical. — **~ˌfen·ster** *n* church window. — **~ˌfest** *n* church feast: bewegliche [unbewegliche] ~e movable [immovable] church feasts. — **~ˌfürst** *m* **1.** prelate, high dignitary of the church. – **2.** *röm.kath.* (*Titel eines Kardinals*) prince of the (Holy Roman) Church. — **~geˌbet** *n* common prayer, collect. — **~geˌbot** *n* *meist pl* *röm.kath.* commandment of the Church. — **~geˌfäß** *n* sacred vessel. — **~ˌgeg·ner** *m* opponent of the church. — **~ˌgeld** *n* church dues *pl* (*od.* pledge, offering). — **~ge·ˌmein·de** *f* **1.** (*Sprengel*) parish. – **2.** (*Kirchenmitglieder*) parishioners *pl.* – **3.** (*beim Gottesdienst*) congregation. — **~geˌrät** *n* church (*od.* sacred) utensil. — **~geˌsang** *m* *mus.* **1.** (ecclesiastical) chant, plainsong, *Br.* plain-song, plainchant, *Br.* plain-chant: anglikanischer [gregorianischer] ~ Anglican [Gregorian] chant. – **2.** (*Lied*) hymn, church song. – **3.** (*das Singen*) a) chanting, b) congregational (*od.* hymn) singing. — **~geˌschich·te** *f* church (*od.* ecclesiastical) history. — **~geˌsetz** *n* canon law. — **~geˌstühl** *n* pews *pl* (in a church), pewage. — **~geˌwalt** *f* ecclesiastical authority. — **~ˌglocke** (*getr.* -k·k-) *f* church bell. — **~ˌgut** *n* church property, patrimony. — **~ˌho·heit** *f* (state) supremacy in church matters. — **~ˌjahr** *n* Church (*od.* Christian, ecclesiastical) year. — **~kaˌlen·der** *m* ecclesiastical calendar. — **~ˌkampf** *m* (*bes. in NS-Zeit*) struggle between church and state. — **~kanˌta·te** *f* *mus.* church cantata. — **~kolˌlek·te** *f* **1.** church collection. – **2.** (*Gebet*) collect. — **~kon·fe·ˌrenz** *f* (church) conference. — **~konˌzert** *n* church concert. — **~län·deˌrei·en** *pl* *relig.* church estates. — **~ˌle·hen** *n* *hist.* ecclesiastical fief (*od.* fee). — **~ˌleh·re** *f* church doctrine. — **~ˌleh·rer** *m* *röm.kath.* Doctor of the Church. — **~ˌlei·tung** *f* **1.** church government. – **2.** (*Gremium*) church governing body. — **~ˌlicht** *n* *only in* kein ~ sein *fig. colloq.* to be no shining light, not to be very bright, to be a bit dim. — **~ˌlied** *n* hymn, chorale, *auch* choral. — **~ˌmaus** *f* church mouse: → arm 1. — **~muˌsik** *f* sacred (*od.* church) music. — **~ˌoberˌhaupt** *n* head of a (*od.* the) church. — **~ˌord·nung** *f* (*bes. im Protestantismus*) collection of rules governing church life, belief, and worship. — **~orˌnat** *m* (ecclesiastical *od.* liturgical) vestments *pl.* — **~paˌtron** *m* **1.** *jur. hist.* patron, advowee. – **2.** *relig.* (*Schutzheiliger*) patron saint (*od.* tutelary). — **~pa·troˌnat** *n* *jur. hist.* patronage, advowson. — **~paˌtro·nin** *f* **1.** *jur. hist.* patroness, advowee. – **2.** *relig.* (*Schutzheilige*) patron saint, patroness. — **~ˌpfle·ger** *m* churchwarden. — **~po·liˌtik** *f* ecclesiastical (*od.* church) policy. — **k~·poˌli·tisch** *adj* pertaining (*od.* with reference) to church policy. — **~porˌtal** *n* church portal. — **~prä·siˌdent** *m* (*der protestantischen Kirche*) church president. — **~proˌvinz** *f* province. — **~ˌrat** *m* ⟨-(e)s; =e⟩ **1.** consistory, council. – **2.** *title of an esteemed cleric.* — **~ˌratsˌmitˌglied** *n* member of (the) consistory (*od.* council). — **~ˌraub** *m* church robbery, sacrilege. — **~ˌräu·ber** *m* church robber, person who commits sacrilege. — **k~ˌräu·be·risch** *adj* sacrilegious. — **~ˌrecht** *n* *jur.* canon (*od.* canonical, ecclesiastical, church) law: nach dem ~ according to canon law. — **k~·ˌrecht·lich** *adj* canonic(al), canonist(ic). — **~ˌrechtsˌwis·sen·schaft·ler** *m* canon lawyer, canonist. — **~reˌform** *f* church reform. — **~re·giˌment** *n* church government: landesherrliches ~ *hist.* supreme ecclesiastical authority of the regional sovereign. — **~reˌgi·ster** *n* church (*od.* parish) register. — **~ˌsa·che** *f* church (*od.* ecclesiastical) matter (*od.* affair). — **~ˌsän·ger** *m* chorister, chanter. — **~·ˌschän·der** *m* profaner, person who commits sacrilege. — **k~ˌschän·de·risch** *adj* sacrilegious. — **~ˌschän·dung** *f* profanation, sacrilege. — **~ˌschatz** *m* *röm.kath.* treasury of merits, treasury of the Church (*od.* saints). — **~ˌschiff** *n* *arch.* a) (*Haupt-, Langschiff*) nave, b) (*Querschiff*) transept. — **~ˌsla·wisch** ⟨*generally undeclined*⟩, **das ~ˌsla·wi·sche** ⟨-n⟩ *ling.* Church Slavonic (*od.* Slavic). — **~so·ˌna·te** *f* *mus.* church sonata, sonata da chiesa. — **~ˌspal·tung** *f* *hist.* schism. — **~ˌsper·re** *f* *relig.* interdict. — **~ˌspren·gel** *m* parish: zum ~ gehörig parochial. — **~ˌstaat** *m* **1.** *pol. hist.* Papal States *pl.* – **2.** (*Vatikanstaat*) Pontifical State, Vatican City. — **~ˌsteu·er** *f* *econ.* church tax (*od.* rate), *Br.* church-tax (*od.* -rate). — **~ˌstif·tungs·verˌmö·gen** *n* *cf.* Kirchenfabrik. — **~ˌstra·fe** *f* church discipline. — **~ˌstreit** *m* ecclesiastical controversy. — **~ˌstuhl** *m* pew. — **~ˌtag** *m* church conference (*od.* convention): Evangelischer ~ Protestant Convention. — **~ˌton** *m*, **~ˌtonˌart** *f* *mus.* ecclesiastical (*od.* church) mode: → authentisch; plagal.

'Kir·chen·tum *n* ⟨-s; *no pl*⟩ ecclesiasticism.

'Kir·chen|ˌtür *f* church door. — **~ˌuhr** *f* church clock. — **~ˌva·ter** *m* *relig.* **1.** Father of the Church. – **2.** die Kirchenväter the Early Fathers. — **~verˌfas·sung** *f* constitution of a (*od.* the) church, church polity. — **~verˌfol·gung** *f* persecution of the church. — **~verˌmö·gen** *n* *cf.* Kirchengut. — **~verˌsamm·lung** *f* **1.** synod. – **2.** (*der anglikanischen Kirche*) Church Assembly. — **~verˌtrag** *m* agreement between a Church and a State, concordat. — **~verˌwal·tung** *f* church (*od.* ecclesiastical) administration. — **~ˌvorˌstand** *m* parochial church council (*od.* board). — **~ˌvorˌste·her** *m* *cf.* Kirchenälteste. — **~ˌzehnt** *m* *hist.* (church *od.* ecclesiastical) tithe. — **~ˌzei·tung** *f* church (*od.* parish) magazine (*od.* journal). — **~ˌzucht** *f* church (*od.* ecclesiastical) discipline.

'Kirch|ˌgang *m* going to church, church-going, *Br.* church-going: der sonntägliche ~ war Pflicht going to church on Sundays was compulsory. — **~ˌgän·ger** *m* ⟨-s; -⟩ churchgoer, *Br.* church-goer. — **~ˌgeld** *n* *cf.* Kirchengeld. — **~ˌhof** *m* **1.** churchyard. – **2.** (*Friedhof*) cemetery, graveyard.

'Kirchˌhoffsch [-ˌhɔfʃ] *adj* ⟨*attrib*⟩ Kirchhoff('s): ~e Gesetze *phys.* Kirchhoff's laws.

'Kirchˌhofsˌmau·er *f* **1.** churchyard wall. – **2.** cemetery (*od.* graveyard) wall.

'Kirch·lein *n* ⟨-s; -⟩ **1.** *dim. of* Kirche 1. – **2.** chapel.

'kirch·lich I *adj* **1.** church (*attrib*), ecclesiastical: ~er Erlaß ecclesiastical decree; ~es Dogma [Gebot, Gericht] ecclesiastical (*od.* church) dogma [order, court]; ~e Trauung church wedding; ~e Wahrheit ecclesiastical (*od.* churchly) truth. – **2.** (*geistlich*) spiritual, sacred, religious: ~e Musik sacred (*od.* church) music; ~er Würdenträger spiritual (*od.* ecclesiastical) dignitary. – **II** *adv* **3.** (*in der Kirche*) at (*od.* in) church: sich ~ trauen lassen to be married in a church, to have a church wedding; ~ bestattet werden to be given a Christian burial. – **4.** (*von der Kirche*) by the church: etwas wird ~ anerkannt [geduldet, gebilligt] s.th. is recognized [tolerated, allowed] by the church. — **'Kirch·lich·keit** *f* ⟨-; *no pl*⟩ ecclesiasticism, attachment to the church, religiosity.

Kirch·ner ['kɪrçnər] *m* ⟨-s; -⟩ *relig. obs. for* Küster.

'Kirch|ˌspiel *n*, **~ˌspren·gel** *m* *relig.* *cf.* Kirchensprengel. — **~ˌtag** *m* **1.** church day, (*im weiteren Sinn*) Sunday. – **2.** *bes. Austrian relig. for* Kirchweih 1.

'Kirchˌturm *m* **1.** (church) steeple, spire. – **2.** (*ohne Spitze*) church tower. — **~po·liˌtik** *f* *contempt.* parochial (*bes. Br.* parish-pump) politics *pl* (*construed as sg or pl*). — **~poˌli·ti·ker** *m* narrow-minded (*bes. Br.* parish-pump) politician. — **~ˌspit·ze** *f* top of a tower (*od.* steeple), spire.

'Kirch|ˌva·ter *m* *relig. dial. for* Kirchenälteste. — **~ˌweih** *f* ⟨-; -en⟩ **1.** *relig.* (*Feier zum Jahrestag*) church anniversary, (church) dedication (day). – **2.** *Southern G.* (*Jahrmarkt*) kermis, kermess, kirmess, *Br. auch* kermesse, kirmesse, (country) fair. — **~ˌwei·he** *f* consecration (*od.* dedication) of a church. — **~ˌweihˌfest** *n* *cf.* Kirchweih. — **~ˌweihˌku·chen** *m* *gastr.* kermis cake.

Kir·gi·se [kɪr'giːzə] *m* ⟨-n; -n⟩ *anthrop.* Kirghiz. — **kir'gi·sisch I** *adj* Kirghiz. – **II** *ling.* **K~** ⟨*generally undeclined*⟩, **das K~e** ⟨-n⟩ Kirghiz, the Kirghiz language.

Kir·ke ['kɪrkə] *npr f* ⟨-; *no pl*⟩ *myth.* Circe.

Kir·man [kɪr'maːn] *m* ⟨-(s); -s⟩ (*Perserteppich*) Kirman, Kerman.

Kir·mes ['kɪrmɛs; -məs] *f* ⟨-; -sen⟩ *bes. Low and Middle G. for* Kirchweih 2.

Kir·ne ['kɪrnə] *f* ⟨-; -n⟩ *dial.* butter churn. — **'kir·nen** *v/t* ⟨h⟩ **1.** churn. – **2.** (*Erbsen etc*) shuck, shell, pod.

kir·re ['kɪrə] *adj* ⟨*pred*⟩ *colloq.* **1.** (*Tier*) tame. – **2.** *fig. colloq.* (*in Wendungen wie*) j-n ~ machen *cf.* kirren 2; er ist noch nicht ~ we have not tamed him yet; sie hat ihn ~ gekriegt she got the better of him.

kir·ren ['kɪrən] *v/t* ⟨h⟩ **1.** (*ködern*) bait, decoy, lure. – **2.** j-n ~ *fig. colloq.* a) to tame s.o., b) to make s.o. tractable (*od.* compliant), c) (*stärker*) to bring s.o. to his knees, d) to lure (*od.* attract) s.o.: sie versuchten, ihn mit Geld zu ~ they tried to lure him (away) with money.

'Kir·rung *f* ⟨-; -en⟩ *hunt.* **1.** (*Lockfutter*) bait. – **2.** decoy place.

Kirsch [kɪrʃ] *m* ⟨-es; -⟩ *colloq. for* Kirschwasser. — **~ˌap·fel** *m* *bot.* cherry apple (*od.* crab) (*Malus cerasifera*). — **~ˌbaum** *m* **1.** *bot.* cherry (tree), *Br.* cherry(-tree) (*Gattg Cerasus*). – **2.** *cf.* Kirschbaumholz. — **~ˌbaumˌholz** *n* cherry (wood), *Br.* cherry(-wood). — **~ˌbei·ßer** *m* ⟨-s; -⟩ *zo.* *cf.* Kernbeißer. — **~ˌblattˌwes·pe** *f* plum sawfly (*Priophorus padi*). — **~ˌblü·te** *f* **1.** *bot.* cherry blossom: das Land der ~ (*Japan*) the land of the cherry blossoms. – **2.** cherry-blossom time: zur Zeit der ~ at the time of the cherry blossom, at cherry-blossom time. — **~ˌbranntˌwein** *m* *cf.* Kirschwasser. — **~ˌdieb** *m*, **~ˌdros·sel** *f* *zo.* *cf.* Pirol.

Kir·sche ['kɪrʃə] *f* ⟨-; -n⟩ **1.** (*Frucht*) cherry: eingemachte ~n bottled (*od.* preserved, *Am. auch* canned) cherries; mit ihm ist nicht gut ~n essen *fig. colloq.* he is an unpleasant person (*od. colloq.* customer) to deal with, he is a difficult person to get along with; mit großen Herren ist nicht gut ~n essen (*Sprichwort*) *etwa* the weaker goes to the wall, the weakest has the worst (*proverbs*). – **2.** *bot.* (*Baum*) *cf.* Kirschbaum 1: Wilde ~ wild cherry (*Cerasus avium*); die ~n blühen the cherry(-)trees are in blossom.

'Kir·schenˌmund *m* cherry lips *pl.*

'Kirsch·entˌker·ner *m* (*housekeeping*) cherry stoner.

'Kir·schenˌzeit *f* cherry season (*od.* time).

'Kirsch|ˌfink *m* *zo.* *cf.* Kernbeißer. — **~ˌfleisch** *n* pulp (*od.* meat) of cherries. — **~(ˌfrucht)ˌflie·ge** *f* *zo.* cherry fruit fly (*Rhagoletis cerasi*). — **~ˌgeist** *m* ⟨-es; *no pl*⟩ *cf.* Kirschwasser. — **~ˌgum·mi** *n*, *auch m* cherry-tree gum.

'Kirschˌkern *m* cherrystone, *Br.* cherry-stone, *Am. auch* cherry pit. — **~ˌbei·ßer** *m* ⟨-s; -⟩ *zo. cf.* Kernbeißer.

'Kirsch|ˌku·chen *m* *gastr.* cherry tart. — **~liˌkör** *m* cherry brandy (*od.* liqueur). — **~ˌlor·beer** *m* *bot.* (cherry) laurel (*Prunus laurocerasus*). — **~ˌma·de** *f* *zo.* cherry maggot (*od.* worm). — **~mar·meˌla·de** *f* *gastr.* cherry jam. — **~ˌmyr·te** *f* *bot.* **1.** Malabar plum (*Eugenia jambos*). – **2.** jambolan (plum), jambolana (*E. jambolana*). — **~ˌpfef·fer** *m* cherry pepper (*Capsicum cerasiforme*). — **~ˌpflau·me** *f* wax cherry (*Prunus cerasifera*). — **~piˌrol** *m* *zo. cf.* Pirol. — **~ˌrot I** *n* cherry, cerise. – **II k~** *adj* cherry(-red), cerise: ihr ~er Mund her cherry lips *pl.* — **~ˌrum** *m* *gastr.* cherry rum. — **~ˌsaft** *m* cherry juice. — **~ˌschnaps** *m* *cf.* Kirschwasser. — **~·ˌstein** *m* *cf.* Kirschkern. — **~ˌstiel** *m* cherry stalk. — **~ˌtor·te** *f* *gastr.* open cherry pie (*od.* tart): Schwarzwälder ~ Black Forest cherry cake. — **~,vo·gel** *m zo.* **1.** *cf.* Pirol. – **2.** large tortoiseshell (*Br.* tortoise-shell) butterfly (*Vanessa polychlorus*). — **~,was·ser** *n* ⟨-s; *no pl*⟩ kirsch(wasser). — **~,wein** *m* cherry wine. — **~,zeit** *f* cherry season (*od.* time).

Kir·ta ['kɪrta] *m* ⟨-s; *no pl*⟩, **'Kir,tag** ['kɪr-] *m Bavarian and Austrian dial. for* Kirchweih.

Kis·lew ['kɪslɛf] *m* ⟨-(s); *no pl*⟩ (*im jüd. Kalender*) Kislev, Chislev.

Kis·met ['kɪsmɛt] *n* ⟨-s; *no pl*⟩ *relig.* (*im Islam*) kismet, destiny.

'Kiß·chen ['kɪs-] *n* ⟨-s; -⟩ *dim. of* Kissen.

Kis·sen ['kɪsən] *n* ⟨-s; -⟩ **1.** pillow: die ~ aufschütteln to shake (*od.* fluff) up the pillows; in die ~ zurücksinken to sink back (*od.* slump) into the pillows. – **2.** (*Sitzkissen*) cushion: ein ~ überziehen to cover a cushion. – **3.** (*Polster*) bolster, pad. – **4.** (*Riech-, Duftkissen*) sachet. – **5.** *fig.* (*von Moos etc*) clump, tuft. – **6.** *tech.* (*von Luft, Dampf etc*) cushion. – **7.** *arch.* coussinet, cushion. – **8.** *mar.* bolster, doubling. — **k~,ar·tig** *adj* **1.** cushionlike, *Br.* cushion-like, cushiony. – **2.** *bot.* (*Wuchs einer Pflanze*) cushionlike, *Br.* cushion-like, pulviniform (*scient.*). – **3.** ~e Verzeichnung *telev.* pincushion distortion. — **~be,zug** *m* **1.** pillowcase, *Br.* pillow-case, pillow slip, *Br.* pillow-slip: den ~ erneuern to change the pillow(-)case. – **2.** cushion cover. — **k~,för·mig** *adj* **1.** cushion-shaped. – **2.** *cf.* kissenartig. — **~,fül·lung** *f* stuffing. — **~,laut,spre·cher** *m* pillow speaker. — **~,schlacht** *f* pillow fight, *Br.* pillow-fight. — **~,see,stern** *m zo.* sea pincushion (*Ordng Asteriidae*). — **~,spit·zen** *pl* pillow lace *sg.* — **~,über,zug** *m cf.* Kissenbezug.

'Kist·chen *n* ⟨-s; -⟩ **1.** *dim. of* Kiste. – **2.** small (wooden) box.

Ki·ste ['kɪstə] *f* ⟨-; -n⟩ **1.** crate, (packing) case: eine ~ Bier a crate (*od.* case) of beer; etwas in eine ~ packen, etwas in einer ~ verpacken to pack s.th. in(to) a crate, to crate s.th.; ~n und Kasten füllen *fig. colloq.* to fill one's coffers, to line one's pockets; ~n und Kasten voll haben *fig. colloq.* to have well-filled coffers, to be well heeled. – **2.** (*Schachtel*) box: eine ~ Zigarren a box of cigars. – **3.** (*Truhe*) chest. – **4.** *fig. colloq.* a) (*Auto*) jalop(p)y, 'bus', *Am. auch* 'crate' (*alle colloq.*), b) *aer.* (*Flugzeug*) *Br.* 'crate', *Am.* jalop(p)y (*beide colloq.*), c) *mar.* (*Schiff*) 'tub' (*colloq.*): eine klapprige alte ~ (*Auto*) a rattletrap. – **5.** *fig. sl.* (*Angelegenheit*) affair, business, 'job' (*colloq.*): eine schwierige ~ a difficult job; das ist eine faule ~ this is a nasty business (*od.* a fishy affair); wir werden die ~ schon schmeißen we'll manage it somehow; die ganze ~ (*alles*) the whole kit and caboodle (*sl.*); fertig ist die ~! that's that (*od.* done)! – **6.** eine tolle ~ *fig. colloq.* a big spree: gestern abend haben wir eine tolle ~ gebaut last night we went on a big spree (*od.* we really painted the town [red]).

'Ki·sten|,aus,schlag·pa,pier *n* casing paper. — **~,beil** *n tech.* box hatchet. — **~,brett** *n* boxboard, caseboard. — **~,deckel** (*getr.* -k·k-) *m* lid of a box (*od.* case), box lid. — **~,öff·ner** *m* nail wrench, wrecking bar. — **~ver,schlag** *m* crating. — **k~,wei·se** *adv* by the case: etwas ~ kaufen to buy s.th. by the case.

Ki·sua·he·li [kizŭa'heːli] *n* ⟨-(s); *no pl*⟩ *ling.* Swahili.

'Kit,fuchs ['kɪt-] *m zo.* prairie (*od.* kit) fox (*Vulpes velox u. V. macrotis*).

Ki·tha·ra ['kiːtara] *f* ⟨-; -ren [ki'taːrən]⟩ *mus.* (*altgriech. Zupfinstrument*) cithara. — **Ki·thar·öde** [kita'røːdə] *m* ⟨-n; -n⟩ *antiq.* citharist(a).

Kitsch [kɪtʃ] *m* ⟨-es; *no pl*⟩ **1.** (*geschmackloses, wertloses Zeug*) trash, kitsch, tawdry. – **2.** (*Film, Theater*) slush, kitsch, *Am.* sob stuff, *Am. colloq.* 'corn': der Film war richtiger ~ it was a really slushy film. – **3.** (*in Malerei*) daub. — **'kit·schig** *adj* **1.** (*Dekoration etc*) tasteless, cheap, trashy, tawdry: ~er Schmuck cheap finery, tawdry. – **2.** (*Film, Roman etc*) mawkish, oversentimental, slushy, 'sloppy' (*colloq.*), *Am. colloq. auch* 'corny'. – **3.** (*Malerei*) dauby.

Kitt [kɪt] *m* ⟨-(e)s; -e⟩ **1.** (*für Fenster*) putty. – **2.** (*Klebkitt*) adhesive. – **3.** (*für Schuhe, Porzellan, Kacheln, zum Ausfüllen von Unebenheiten*) cement. – **4.** *tech.* a) (*Dichtmasse*) sealing cement (*od.* agent), b) (*Füllmasse*) filling material (*od.* compound). – **5.** *fig. colloq.* (*bindendes Element*) solder, cement: Kinder sind ein ~ für manche Ehe children sometimes cement marriages. – **6.** *fig. colloq.* nonsense: red nicht solchen ~! don't talk such nonsense. – **7.** der ganze ~ *fig. colloq.* the whole lot, the whole kit and caboodle (*sl.*).

'Kitt·chen *n* ⟨-s; -⟩ *colloq.* (*Gefängnis*) 'clink', 'jug', 'stir', 'cooler', *Br.* 'nick' (*alle sl.*): im ~ sitzen (*od.* sein) to be in (the) clink, to do time (*colloq.*); ins ~ kommen (*od.* wandern) to be put in (the) clink, to go to (the) clink; j-n ins ~ stecken to put s.o. in the clink, to send s.o. up.

Kit·tel ['kɪtəl] *m* ⟨-s; -⟩ **1.** (*eines Arbeiters*) *Am.* smock (frock), *Br.* (coat) overall. – **2.** (*einer Hausfrau*) *bes. Am.* smock, (*ohne Ärmel*) skimmer, *Br.* housecoat. – **3.** (*eines Arztes, Laboranten*) (white) coat. – **4.** (*eines Kindes, Bauern*) smock. – **5.** (*eines Chirurgen*) gown. – **6.** (*eines Malers*) tunic. – **7.** *Austrian dial.* a) skirt, b) jacket. – **8.** *cf.* Kittelschürze. – **9.** *fig. colloq.* (*in Wendungen wie*) damit ist der ~ wieder geflickt that puts things right again, that squares matters again; er läuft hinter jedem ~ her he runs after everything in skirts; unter schlechtem (*od.* schlichtem) ~ schlägt oft das beste Herz (*Sprichwort*) the more noble, the more humble (*proverb*). — **~,kleid** *n* house dress (*od.* frock). — **~,schür·ze** *f* apron dress, *Br.* overall.

kit·ten ['kɪtən] *v/t* ⟨h⟩ **1.** cement: er hat die Vase gekittet he cemented (*od.* stuck) the vase together (again); etwas an (*acc*) etwas ~ to cement s.th. to s.th. – **2.** (*Glas*) putty (up). – **3.** *tech.* (*dichten*) lute. – **4.** (*füllen*) fill, stop. – **5.** *fig.* (*zerbrochene Ehe, Freundschaft etc*) mend, repair, patch up.

'Kitt|,flüs·sig·keit *f* cement liquid. — **~,fuchs** *m zo. cf.* Kitfuchs. — **~,mes·ser** *n tech.* putty knife. — **~,pul·ver** *n* cement powder.

Kitz [kɪts] *n* ⟨-es; -e⟩ *zo.* **1.** (*Junges vom Reh u. Hirsch*) fawn. – **2.** (*Junges der Ziege, Gemse etc*) kid.

'Kitz·chen *n* ⟨-s; -⟩ *dim. of* Kitz.

Kit·ze ['kɪtsə] *f* ⟨-; -n⟩ *zo. cf.* Kitz.

Kit·zel ['kɪtsəl] *m* ⟨-s; -⟩ **1.** ⟨*only sg*⟩ tickle, tickling feeling, (*juckender*) itch. – **2.** *fig.* (*Nervenkitzel*) thrill: der ~ der Gefahr the thrill of danger. – **3.** *fig.* (*Erregung*) titillation: der Roman verschaffte ihm einen (angenehmen) ~ the novel titillated him. – **4.** *fig. colloq.* (*Lust, Verlangen*) desire, itch: einen ~ nach einer Zigarette haben (*od.* verspüren) to have a desire for a cigarette, to itch for a cigarette. — **~ge,fühl** *n cf.* Kitzel 1.

'kit·ze·lig *adj* **1.** ticklish: ich bin ~ (unter den Armen) I am ticklish (under my arms). – **2.** *fig. colloq.* (*heikel*) delicate: eine ~e Angelegenheit a delicate matter. – **3.** *fig. colloq.* (*riskant, bedenklich*) ticklish, tricky: die Lage wurde immer ~er für uns the situation became more and more ticklish for us. — **'Kit·ze·lig·keit** *f* ⟨-; *no pl*⟩ **1.** ticklishness. – **2.** *fig. colloq.* delicacy. – **3.** *fig.* ticklishness, trickiness.

kit·zeln ['kɪtsəln] **I** *v/t* ⟨h⟩ **1.** tickle: sie kitzelte ihre kleine Schwester she tickled her little sister; j-n mit einem Grashalm ~ to tickle s.o. with a blade of grass; j-n am Fuß ~, j-s Fuß ~ to tickle s.o.'s foot. – **2.** *fig. colloq.* tickle, titillate: j-s Gaumen [Eitelkeit] ~ to tickle s.o.'s palate [vanity]; j-m das Zwerchfell ~ to make s.o. laugh. – **II** *v/i* **3.** tickle: Pfeffer kitzelt in der Nase pepper tickles when it gets into one's nose; das kitzelt so schön I like the tickle of it. – **III** *v/impers* **4.** es kitzelt mich im Hals I have got a tickle in my throat; es kitzelt mich in der Nase my nose is tickling. – **5.** es kitzelt j-n, etwas zu tun *fig. colloq.* s.o. is tempted to do s.th.: es kitzelte ihn, ihm die Wahrheit zu sagen he was tempted to tell him the truth. – **IV K~** *n* ⟨-s⟩ **6.** *verbal noun.* – **7.** *auch fig. colloq.* tickle: ein ~ in der Nase a tickle in the nose. – **8.** *fig. colloq.* titillation.

'Kitz·lein *n* ⟨-s; -⟩ *dim. of* Kitz.

'Kitz·ler *m* ⟨-s; -⟩ *med.* clitoris.

'kitz·lig *adj cf.* kitzelig. — **'Kitz·lig·keit** *f* ⟨-; *no pl*⟩ *cf.* Kitzeligkeit.

Ki·wi ['kiːvi] *m* ⟨-s; -s⟩ *zo.* kiwi, *auch* kiwi-kiwi (*Gattg Apteryx*).

Kjök·ken·möd·din·ger ['kjœkən,mœdɪŋər] *pl archeol. cf.* Kökkenmöddinger.

kla·ba·stern [kla'bastərn] *v/i* ⟨sein *u.* h⟩ *Northern G. dial.* **1.** ⟨sein⟩ plod (*od.* stump) (along). – **2.** ⟨h⟩ *cf.* herumfummeln 1.

Kla'bau·ter,mann [kla'bautər-] *m* ⟨-(e)s; ⸗er⟩ ship's hobgoblin (*od.* kobold).

klack [klak] *interj* **1.** (*von Münze, Tür etc*) clack! click! – **2.** (*von Dickflüssigem*) splosh!

Klack *m* ⟨-s; ⸗e⟩ *Swiss dial.* (*Hautriß*) crack.

klacken (*getr.* -k·k-) ['klakən] *v/i* ⟨h *u.* sein⟩ **1.** ⟨h⟩ (*von elektr. Uhr etc*) click. – **2.** ⟨sein⟩ (*von Flüssigem*) splosh. – **3.** ⟨sein⟩ (*von harten Gegenständen*) fall with a harsh sound, clack.

klackern (*getr.* -k·k-) ['klakərn] *v/i* ⟨h *u.* sein⟩ *u. v/t* ⟨h⟩ *dial. for* kleckern.

klacks [klaks] *interj* splosh!

Klacks *m* ⟨-es; -e⟩ *colloq.* **1.** splashing sound, splosh. – **2.** (*von Senf etc*) dab, blob. – **3.** (*von Sahne, Marmelade etc*) dollop. – **4.** *fig.* (*Kleinigkeit*) trivial (*od.* simple) matter: für ihn ist das nur ein ~ a) that's a simple matter for him, he can do it easily, b) he can easily afford it, it's a small matter to him.

klack·sen ['klaksən] **I** *v/i* ⟨sein⟩ **1.** *cf.* klacken 2, 3. – **II** *v/t* ⟨h⟩ **2.** etwas auf (*acc*) etwas ~ a) (*Senf etc*) to put a dab (*od.* blob) of s.th. on s.th., b) (*Sahne, Marmelade etc*) to put a dollop of s.th. on s.th., (*stärker*) to dollop s.th. on s.th.

Klad·de ['kladə] *f* ⟨-; -n⟩ *colloq.* **1.** notebook, (rough) jotter. – **2.** (*erste Niederschrift*) draft, rough (copy): einen Aufsatz erst in ~ schreiben to write an essay in rough first. – **3.** (*Block*) scribbling pad. – **4.** *econ.* daybook, *Br.* day-book, *bes. Am.* blotter, *bes. Br.* waste-book.

klad·de·ra·datsch [kladəra'da(ː)tʃ] *interj* crash! bang! wallop!

Klad·de·ra'datsch *m* ⟨-es; -e⟩ *colloq.* **1.** bang, crash. – **2.** mess: ich muß den ganzen ~ noch aufräumen I have to tidy up the whole mess. – **3.** *fig.* mess, shambles *pl* (*usually construed as sg*): da haben wir den ~! there we are! what a mess (*od.* muddle)! – **4.** (*heftiger Streit*) blowup, *Br.* blow-up: es kam zu einem großen ~ zwischen ihnen there was a great blow(-)up between them. – **5.** (*Skandal*) scandal: es gab einen großen ~ über diese Sache there was a great scandal about this matter.

Kla·do·ze·ren [klado'tseːrən] *pl zo.* water fleas, *Br.* water-fleas (*Unterordng Cladocera*).

klaff [klaf] *interj* (*Hundegebell*) bowwow! *Br.* bow-wow! → kliff.

Klaff *m* ⟨-(e)s; *no pl*⟩ bowwow, *Br.* bow-wow: → Kliff[2].

klaf·fen ['klafən] *v/i* ⟨h⟩ **1.** gape, yawn: überall klafften Gletscherspalten there were crevasses yawning everywhere; in der Mauer klafft ein großes Loch there is a big gaping (*od.* yawning) hole in the wall; ein Abgrund klafft zwischen unseren Ansichten *fig.* our views are poles apart, there is a vast difference (*od.* a wide gulf) between our views. – **2.** (*von Wunde*) gape: an seinem Kopf klaffte eine große Wunde there was a big gaping wound in his head.

kläf·fen ['klɛfən] *v/i* ⟨h⟩ **1.** (*von Hund*) yap, yelp. – **2.** *fig. colloq.* (*murren*) complain, grumble, grouse (*colloq.*). – **3.** *fig. colloq. cf.* keifen.

'klaf·fend I *pres p.* – **II** *adj* **1.** (*Spalte, Schlucht etc*) gaping, yawning. – **2.** *fig.* (*deutlich sichtbar*) obvious: ~e Gegensätze obvious (*od.* patent) contradictions. – **3.** (*Wunde*) gaping.

'Kläf·fer *m* ⟨-s; -⟩ **1.** yapper, yelper. – **2.** *fig. colloq. contempt.* complainer, grumbler, grouser (*colloq.*).

'Klaff|,maul *n zo.* lyre bat (*Megaderma lyra*). — **~,mu·schel** *f* soft (*od.* long, sand) clam, gaper, myarian (*Mya arenaria*). — **~,schna·bel** *m* openbill (*Anastomus lamelligerus*).

Klaf·ter ['klaftər] *m, auch n* ⟨-s; -⟩ *obs.* **1.** (*altes Längenmaß*) fathom. – **2.** (*altes Raummaß für Holz*) cord: 5 ~ Holz 5 cords of wood. — **~,holz** *n* ⟨-es; *no pl*⟩ cord (*Br.* fathom) wood. — **k~,lang** *adj* fathom-long.

klaf·tern ['klaftərn] **I** *v/t* ⟨h⟩ **1.** (*mit ausgebreiteten Armen messen*) fathom. – **2.** (*Holz*) cord. – **II** *v/i* **3.** der Adler klaftert 2 Meter the eagle has a wing(-)spread of 2 meters (*bes. Br.* metres).

'klaf·ter,tief *adj* fathom-deep: ~ unter der

Erde *lit.* deep deep down in the bowels of the earth.

'klaf·terˌwei·se *adv* **1.** (*das Längenmaß betreffend*) by fathoms, by the fathom. – **2.** (*das Raummaß betreffend*) by the cord.

'Klag|ˌabˌwei·sung *f jur. cf.* Klageabweisung. — **~ˌanˌspruch** *m* claim. — **~ˌanˌtrag** *m* endorsement of claim, application.

'klag·bar *adj jur.* **1.** (*Anspruch etc*) enforceable, denunciable, *bes. Am.* suable: **gegen j-n ~ werden** to take legal action (*od.* proceedings) against s.o., to sue s.o. (at law). – **2.** (*strafbar*) actionable. — **'Klag·bar·keit** *f* ⟨-; *no pl*⟩ *jur.* **1.** enforceability, *bes. Am.* suability. – **2.** actionability.

Kla·ge ['kla:gə] *f* ⟨-; -n⟩ **1.** (*des Kummers*) (um, über *acc* over, for) lament(ation), wail(ing): **~ um einen Toten** lament for a dead person; **in ~n ausbrechen** to burst into lamentations (*od.* wails); **laute ~n ausstoßen** to lament (*od.* wail) loudly. – **2.** (*des Schmerzes*) complaint: **er ertrug die Schmerzen ohne jede ~** he suffered his pains without complaint (*od.* without ever complaining). – **3.** (*Beschwerde*) (über *acc* about) complaint: **[keinen] Grund zur ~ haben** to have [no] reason to complain (*od.* for complaint); **es besteht kein Anlaß zur ~** there is no cause for complaint; **es sind ~n laut geworden** there were complaints; **über seine Ungerechtigkeit hörte man** (*od.* **erhoben sich**) **viele ~n** many complaints about his injustice were heard; **sich in ~n über** (*acc*) **etwas ergehen** to complain profusely (*od.* to indulge in complaints) about s.th.; **laute ~n gegen j-n erheben** to raise strong complaints (*od.* to clamo[u]r) against s.o.; **über** (*acc*) **etwas ~ führen** to make complaints about s.th.; **daß mir keine ~n kommen!** *colloq.* I don't want to hear (*od.* don't let me hear) any complaints about you. – **4.** *jur.* a) (*im Zivilrecht*) action, suit, lawsuit, b) (*im Strafrecht*) charge, indictment: **obligatorische ~** personal action; **eine ~ abfassen [einreichen]** to draw up [to file] a charge; **eine ~ einbringen** to enter an action, to institute legal proceedings; **gegen j-n eine ~ anstrengen** (*od.* **einreichen**) to bring an action (*od.* to file a suit) against s.o.; **seine ~ vortragen** to state one's case; **über eine ~ entscheiden** to decide an action; **eine ~ zurückziehen** to withdraw an action; **~ auf Herausgabe [Räumung, Schadenersatz]** action for restitution [eviction, damages]; **~ aus unerlaubter Handlung** action in tort; → **abweisen** 7; **anhängig; dinglich** 2; **erheben** 9. – **5.** *hunt.* (*Angstlaut*) cry, shriek.

'Kla·ge|ˌabˌwei·sung *f jur.* **1.** dismissal of an action (*od.* a suit). – **2.** (*wegen Versäumnis des Klägers*) nonsuit. — **~ˌanˌtrag** *m cf.* Klagantrag. — **~beˌfug·nis** *f cf.* Klagerecht. — **~beˌgeh·ren** *n* plaintiff's claim: **dem ~ stattgeben** to find for the plaintiff as claimed. — **~beˌgrün·dung** *f* statement of claim. — **k~beˌrech·tigt** *adj* entitled to enter (*od.* bring) an action. — **~ˌblat·ter** *f hunt. deer call imitating cry of alarm.* — **~erˌhe·bung** *f jur.* bringing (*od.* entering) of an action, filing of a suit. — **~erˌwei·te·rung** *f* extension of plaintiff's claim. — **~ˌfrau** *f cf.* Klageweib. — **~ˌfrist** *f jur.* period within which an action must be brought, period for filing suit, limitation of action. — **~geˌdicht** *n* (*literature*) elegy, dirge, threnody. — **~geˌsang** *m cf.* Klagelied. — **~geˌschrei** *n* lamentation, wail(ing). — **~ˌgrund** *m jur.* cause of action. — **~ˌlaut** *m* plaintive sound (*od.* tone). — **~ˌlied** *n* **1.** (*literature*) a) lament, dirge, threnody, b) (*Totenklage eines einzelnen*) monody. – **2.** *mus.* lament(ation), dirge. – **3.** *fig.* lamentation, song of woe (*poet. u. humor.*), jeremiad (*lit.*): → **anstimmen** 1; **Jeremia.** — **~ˌmau·er, die** (*in Jerusalem*) the Wailing Wall.

kla·gen ['kla:gən] **I** *v/i* ⟨h⟩ **1.** (über *acc* about, of) complain: **der Patient klagte über Schmerzen im Arm** the patient complained of pains in his arm; **er trug sein Leiden, ohne zu ~** he bore his suffering without complaint (*od.* complaining); **die Hausbewohner klagen über ständigen Lärm** the occupants of the house complain of continual noise; **der Lehrer klagte über die Faulheit des Schülers** the teacher complained about the pupil's laziness; **über mich sollen Sie nicht zu ~ haben** you will never have any complaints about me; **wir haben keinen Grund zu ~** we have no reason to complain; **wie geht es dir? kann nicht ~** *colloq.* how are you? I can't complain (*od.* not bad, *Br. colloq. auch* not so dusty). – **2.** (um over, about) lament, moan: **er ist ein Mensch, der immer klagt** he is (a person who is) always moaning; **laut ~** to wail; **er klagt um sein verlorenes Glück** he laments over (*od.* bemoans) his lost happiness. – **3.** *jur.* sue, take legal action, go to court: **gegen j-n ~** to sue (*od.* take legal action against) s.o.; **aus Vertrag ~** to sue under a contract; → **Schadenersatz; Scheidung** 2; **Trennung** 8. – **4.** *hunt.* (*von verwundetem Wild*) cry, shriek. – **II** *v/t* **5.** **j-m sein Leid ~** to pour out one's troubles to s.o.; **j-m seine Not [Sorgen] ~** to complain to s.o. about one's troubles [worries]. – **6.** *Austrian jur. for* **verklagen** 1. – **III K~** *n* ⟨-s⟩ **7.** *verbal noun.* – **8.** lamentation: → **helfen** 2. — **'kla·gend I** *pres p.* – **II** *adj* **1.** (*wehklagend*) lamenting, moaning, moanful. – **2.** (*laut jammernd*) wailing. – **3.** (*wehmütig*) plaintive: **mit ~em Blick** with a plaintive look. – **4.** *mus.* dolente, gemendo, lacrimoso, lacrimando. – **5.** *hunt.* crying, shrieking. – **6. der ~e Teil, die ~e Partei** *jur.* the plaintiff.

'Kla·gen|ˌhäu·fung, ~verˌbin·dung *f jur.* **objektive ~** joinder of causes of action; **subjektive ~** (*Streitgenossenschaft*) joinder of parties (*as plaintiffs or as defendants*).

'Kla·ge|parˌtei *f jur.* plaintiff. — **~ˌpunk·te** *pl* particulars of a claim.

Klä·ger ['klɛ:gər] *m* ⟨-s; -⟩ *jur.* (*im Zivilrecht*) a) plaintiff, suitor, b) (*bei Beleidigungsklage*) libel(l)ant, c) (*bes. bei dinglicher Klage*) demandant, d) (*im Billigkeitsprozeß*) complainant, e) (*in Scheidungssachen*) petitioner: **Urteil zugunsten des ~s** verdict for the plaintiff; **als ~ auftreten** to appear as plaintiff; **wo kein ~ ist, ist auch kein Richter** (*Sprichwort*) *etwa* no complaint, no redress.

'Kla·geˌrecht *n jur.* **1.** right of action, right to sue. – **2.** (*in Scheidungssachen*) right to petition.

'Klag·erˌhe·bung *f jur. cf.* Klageerhebung.

'Klä·ge·rin *f* ⟨-; -nen⟩ *jur. cf.* Kläger.

'klä·ge·risch *adj jur.* concerning (*od.* relating to) the plaintiff: **der ~e Anwalt** the plaintiff's counsel (*bes. Am.* attorney), the counsel for the plaintiff; **die ~e Partei** the plaintiff.

'klä·ge·ri·scher'seits *adv* on the part of (*od.* by) the plaintiff.

'Kla·ge|ˌrückˌnah·me *f jur.* discontinuance (*od.* withdrawal) of (an) action. — **~ˌruf** *m* **1.** plaintive cry. – **2.** *hunt.* (*eines verwundeten Wildes*) cry, shriek. — **~ˌsa·che** *f jur.* (legal) action, lawsuit, suit (at law). — **~ˌschrift** *f* statement of claim, bill of complaint, plaint. — **~ˌton** *m* plaintive sound (*od.* tone). — **~verˌbin·dung** *f jur. cf.* Klagenhäufung. — **~verˌjäh·rung** *f* limitation of action. — **~verˌzicht** *m* plaintiff's renunciation of an action (*od.* a suit). — **~ˌweg** *m* (*in Wendungen wie*) **auf dem** (*od.* **im**) **~** by bringing (*od.* entering) (legal) action (*od.* a lawsuit), by taking (*od.* instituting, initiating) (legal) proceedings; **den ~ beschreiten** to take (*od.* institute, initiate) (legal) proceedings. — **~ˌweib** *n meist pl* (professional) mourner, wailer.

'Klagˌgrund *m jur. cf.* Klagegrund.

kläg·lich ['klɛ:klıç] **I** *adj* **1.** (*Blick, Gesicht, Weinen etc*) pitiful, piteous, pitiable: **ein ~es Geschrei** a pitiful (*od.* plaintive) crying; **sie bot einen ~en Anblick** she was a pitiable (*od.* sorry) sight, she was the picture of misery. – **2.** (*Dasein, Lage, Verhältnisse etc*) pitiful, wretched, sorry, lamentable: **er fand** (*od.* **nahm**) **ein ~es Ende** he met (with) a wretched end; **das Haus befand sich in einem ~en Zustand** the house was in a deplorable state. – **3.** (*Erfolg, Verdienst, Ausbeute etc*) wretched, miserable, poor: **eine ~e Leistung** a poor performance; **der ~e Rest** all that is left. – **4.** (*Niederlage, Kompromiß, Verhalten etc*) despicable, contemptible. – **II** *adv* **5. das Kind weinte ~** the child wept pitifully; **~ zugrunde gehen** to come to a wretched end, to die miserably; **er hat ~ versagt** he failed miserably.

'klag·los I *adj jur.* **1.** (*Forderung, Schuld etc*) for which an action cannot be brought, for which one cannot sue. – **2. j-n ~ stellen** to give s.o. satisfaction, to satisfy s.o.'s claim. – **II** *adv* **3.** without complaint.

Kla·mauk [kla'mauk] *m* ⟨-s; *no pl*⟩ *colloq.* **1.** (*Lärm*) hubbub, din, row: **macht doch nicht soviel ~!** don't kick up such a row! (*colloq.*). – **2.** (*Rummel, Reklame*) ballyhoo, hubbub, hullabaloo: **um dieses Stück wurde viel ~ gemacht** there has been a lot of hubbub about this play. – **3.** (*Aufsehen*) fuss, to-do. – **4.** (*auf der Bühne, im Film etc*) slapstick.

klamm [klam] *adj* ⟨-er; -st⟩ **1.** (*feuchtkalt*) clammy: **~e Betten [Räume]** clammy beds [rooms]. – **2.** (*steif vor Kälte*) numb, stiff: **ich habe ~e Finger** my fingers are numb (with cold). – **3.** ⟨*pred*⟩ **~ sein** *fig. colloq.* to be short of money, to be hard up.

Klamm *f* ⟨-; -en⟩ *geol.* narrow gorge, gulch (with waterfalls).

Klam·mer ['klamər] *f* ⟨-; -n⟩ **1.** (*Wäscheklammer*) *bes. Br.* (clothes-)peg, *bes. Am.* clothespin. – **2.** (*Haarklammer*) *Am.* bobby pin, *Br.* hair clip. – **3.** (*Büroklammer*) paper clip. – **4.** (*Heftklammer*) staple. – **5.** (*Hosenklammer*) (bicycle) clip. – **6.** bracket(s *pl*): **runde ~** a) round (*od.* curved) bracket, b) *print.* parenthesis; **eckige ~** a) square bracket, b) *print.* (square) bracket; **spitze ~** pointed bracket; **ein Wort in ~n setzen** to put a word in brackets (*od.* parentheses), to bracket a word; **~ auf, ~ zu** open brackets, close brackets; **eine Bemerkung in ~n hinzufügen** to add a remark in parentheses; **Zeilen durch eine geschweifte ~ verbinden** to link lines by a brace. – **7.** *tech.* a) cramp, clamp, clip, b) (*Heftklammer*) cramp, clip, c) (*Bauklammer*) dog, d) (*Krampe*) staple: **etwas mit ~n befestigen** to fasten s.th. with cramps, to cramp (*od.* clamp) s.th.; **seine Hände schlossen sich wie ~n um ihren Hals** his hands closed like a vice (a)round her neck. – **8.** *math.* a) (*runde*) parenthesis, b) (*eckige*) bracket, c) (*geschweifte*) brace, d) *cf.* Klammerausdruck: **die ~(n) auflösen** to remove (*od.* get rid of) the brackets. – **9.** *med.* a) (*Wundklammer*) clip, b) (*Zahnklammer*) brace. – **10.** *mus.* brace, accolade, bind. – **11.** (*sport*) (*Griff beim Ringen*) clinch.

'Klam·mer|ˌaf·fe *m* **1.** *zo.* red-faced spider monkey (*Br.* spider-monkey) (*Ateles paniscus*). – **2.** *colloq. humor.* (girl) pillion rider on motorcycle. — **~ˌausˌdruck** *m math.* aggregation in parentheses, expression in parentheses (*od.* brackets). — **~ˌbeu·tel** *m* bag for (*od.* with) (clothes-)pegs (*bes. Am.* clothespins): **du bist wohl mit dem ~ gepudert?** *colloq. humor.* you must be off your rocker (*od.* round the bend) (*colloq.*).

Kläm·mer·chen ['klɛmərçən] *n* ⟨-s; -⟩ **1.** *dim. of* Klammer. – **2.** *cf.* Haarklammer.

'Klam·mer|ˌei·sen *n tech.* cramp (iron), *Br.* cramp(-iron), dog. — **~ˌfuß** *m zo.* **1.** (*bestimmter Vögel*) adhamant (*od.* clinging) foot. – **2.** (*bei Schmetterlingsraupen*) abdominal proleg with hooks, semicoronate proleg. — **~ˌgriff** *m* (*sport*) (*beim Ringen*) clinch. — **~ˌha·ken** *m tech.* dog (hook). — **~ˌhef·ter** *m* stapler.

klam·mern ['klamərn] **I** *v/t* ⟨h⟩ **1.** fasten (*od.* clip) (*s.th.*) together: **etwas an** (*acc*) **etwas ~** a) (*Wäsche etc*) to peg (*bes. Am.* pin) s.th. to s.th., b) (*Papier etc*) to clasp (*od.* clip, staple) s.th. to s.th., c) *tech.* to clamp (*od.* cramp) s.th. to s.th. – **2.** *med.* a) (*Wunde*) close (*a wound*) with (metal) clips, b) (*Zähne*) brace. – **II** *v/reflex* **3. sich an** (*acc*) **etwas [j-n] ~** a) to cling (*od.* hold, clutch) on to s.th. [s.o.], b) *fig.* to cling to (*od.* catch at, clutch at) s.th. [s.o.]: **er klammerte sich an das Boot** he clung (on) to the boat; **das Kind klammerte sich verzweifelt an den Vater** the child clung desperately to its father; **sich an eine Illusion ~** *fig.* to cling to an illusion; **sich an einen Strohhalm ~** *fig.* to clutch at a straw. – **III** *v/i* **4.** (*sport*) (*beim Boxen u. Ringen*) clinch.

'Klam·mer|ˌnaht *f med.* clip suture. — **~ˌsack** *m cf.* Klammerbeutel. — **~ˌsatz** *m ling.* sentence in parentheses (*od.* parenthesis). — **~ˌschür·ze** *f* (clothes-)peg (*bes. Am.* clothespin) apron.

'klamm'heim·lich *adv colloq.* very secretly, furtively, stealthily, on the quiet (*colloq.*): **er hat sich ~ aus dem Staub gemacht** he slipped stealthily away.

Kla·mot·te [kla'mɔtə] *f* ⟨-; -n⟩ **1.** *pl colloq.*

(*Kleidung*) clothes: **zieh erst einmal die nassen ~n aus!** get rid of your wet clothes first. – **2.** *pl colloq. contempt.* duds, rags, tatters, *Br. auch* clobber *sg*: **er läuft den ganzen Tag in den ältesten ~n herum** he runs around all day in his oldest rags. – **3.** *pl colloq.* (*Siebensachen*) belongings, things, junk *sg*. – **4.** *colloq.* (*Ziegelbrocken*) broken brick, brickbat, *Br.* brick-bat. – **5.** *colloq. contempt.* (*billiges Unterhaltungsstück*) old film (*od.* play), oldie, *auch* oldy. – **6.** **das sind doch alte ~n!** *colloq.* that's old hat!

Klam·pe ['klampə] *f* ⟨-; -n⟩ *mar.* **1.** (*Belegklampe*) cleat. – **2.** (*für Rettungsboote etc*) chock, *auch* chuck, cradle.

Klamp·fe ['klampfə] *f* ⟨-; -n⟩ *mus. colloq.* guitar.

kla·mü·sern [kla'myːzərn] *v/i* ⟨*no* ge-, h⟩ *Northern G. colloq. for* tüfteln 3.

Klan [klaːn] *m* ⟨-s; -e⟩ *cf.* Clan.

klan·de·stin [klandɛs'tiːn] *adj* **1.** *obs. for* heimlich I. – **2.** **~e Ehe** *röm.kath.* clandestine marriage.

klang[1] [klaŋ] *1 u. 3 sg pret of* klingen.

klang[2] *interj* clang! dong! → kling I.

Klang *m* ⟨-(e)s; ⸚e⟩ **1.** sound: **der ~ seines Gelächters** the sound of his laughter; **ein gedämpfter ~** a dull sound; **voller ~** full (*od.* resonant, sonorous) sound, sonority, sonorousness; **ich erkannte ihn am ~ seiner Stimme** I recognized him by (the sound of) his voice; **man hörte den ~ seiner Schritte** one could hear the sound of his footsteps; **beim bloßen ~ seines Namens erschrak sie** she was terrified at the very sound of his name. – **2.** (*von Gläsern*) clink. – **3.** (*von Glocken*) ringing, pealing, (*bes. von kleineren Glocken*) tinkling. – **4.** (*von Münzen*) clink, ring. – **5.** (*von Schwertern*) clash. – **6.** (*Tonqualität*) tone: **das Radio hat einen ausgezeichneten ~** the radio (set) has an excellent tone. – **7.** *pl* sounds, strains: **unter den Klängen der Kapelle zogen die Sportler ein** the athletes marched in to the sounds of the band; **unter den Klängen des Hochzeitsmarsches betrat das Brautpaar den Saal** the newly(-)weds entered the hall to the strains of the wedding march; → Sang. – **8.** *mus.* a) (musical) sound, b) (*Zusammenklang*) chord, harmony, c) (*Klangfülle*) sonority, d) (*Klangcharakter*) sound, tone, timbre, e) (*eines Tons mit Obertönen*) (composite) sound. – **9.** (*Färbung*) tone: **seine Worte hatten einen spöttischen ~** his words had a tone of contempt (*od.* a contemptuous tone). – **10.** (*Ruf, Renommee*) name, reputation: **sein Name hat (einen guten) ~ in der Wissenschaft** he has a good name in the world of science; **ein Name von Rang und ~** a name of great reputation, a highly regarded name.

'Klang|anaˌly·se *f mus.* analysis of sound. — **~ˌbild** *n phys.* sound pattern. — **~ˌblen·de** *f cf.* Tonblende. — **~ˌbo·den** *m mus. obs. for* Resonanzboden. — **~chaˌrak·ter** *m mus.* tone quality, timbre.

klän·ge ['klɛŋə] *1 u. 3 sg pret subj of* klingen.

'Klang·efˌfekt *m* **1.** *mus.* sound effect: **orchestraler ~** orchestral effect. – **2.** *pl* (*im Film, Radio etc*) sound effects.

'Klangˌfar·be *f* **1.** *mus.* tone color (*bes. Br.* colour), tone, timbre: **das Klavier hat eine schöne ~** the piano has a fine tone. – **2.** (*einer Stimme*) timbre. — **~ˌre·ge·lung** *f* tone control. — **~ˌreg·ler** *m* (*radio*) tone control. — **~ˌreg·lung** *f cf.* Klangfarberegelung.

'Klang|fiˌgur *f meist pl mus.* sonorous (*od.* acoustic, nodal, *auch* Chladni) figure. — **~ˌfül·le** *f* sonority. — **~ˌge·bung** *f* ⟨-; *no pl*⟩ intonation. — **~ˌgü·te** *f* tone quality. — **~ˌhö·he** *f* pitch: **notierte ~** actual pitch. — **~ˌkör·per** *m* **1.** orchestra. – **2.** (*Kapelle*) band. — **~ˌleh·re** *f* acoustics *pl* (*construed as sg*).

'klang·lich I *adj* ⟨*attrib*⟩ *mus.* tonal: **ein Werk von großer ~er Schönheit** a work of great tonal beauty; **~e Eigenheiten eines Flügels** tonal properties of a grand piano. – **II** *adv* **das Radio ist ~ sehr gut** the radio has a very good tone.

'klang·los I *adj* (*Stimme etc*) soundless, toneless, mute. – **II** *adv* → sang- und klanglos. — **'Klang·lo·sig·keit** *f* ⟨-; *no pl*⟩ soundlessness, tonelessness, muteness.

ˌKlang|ma·le'rei *f cf.* Lautmalerei. — **~ˌnachˌah·mung** ['klaŋ-] *f* imitation of sounds, onomatopeia (*lit. u. scient.*). — **~ˌreg·ler** ['klaŋ-] *m* (*radio*) tone control. — **k~ˌrein** ['klaŋ-] *adj* having a pure tone (*od.* sound). — **~ˌrein·heit** ['klaŋ-] *f* purity of sound. — **~ˌschön·heit** ['klaŋ-] *f* beauty of tone. — **~ˌstab** ['klaŋ-] *m meist pl mus.* clave. — **~ˌtreue** ['klaŋ-] *f* (*der Tonwiedergabe*) fidelity, accuracy. — **k~ˌvoll** ['klaŋ-] *adj* **1.** (*Stimme, Sprache etc*) full-sounding, sonorous, resounding. – **2.** (*wohlklingend* fine-sounding. – **3.** (*melodisch*) melodious, tuneful. – **4.** *fig.* (*bedeutend*) well-known (*attrib*): **er hat einen ~en Namen in der Wissenschaft** he is well known in scientific circles. – **5.** *fig.* (*Titel etc*) illustrious. — **~ˌwel·le** ['klaŋ-] *f* sound wave. — **~ˌwir·kung** ['klaŋ-] *f* sound effect. — **~ˌwort** ['klaŋ-] *n* ⟨-(e)s; ⸚er⟩ *ling.* sonorous word.

klapp [klap] *interj* **1.** click! clack! – **2.** **~, ~!** a) (*von Damenschuhen*) clack-clack! b) (*von Holzschuhen*) clop-clop! – **3.** *cf.* klipp I.

'klapp·bar *adj* (*Stuhl, Tisch etc*) collapsible, *auch* collapsable, folding (*attrib*).

'Klapp|ˌbett *n* folding (*Am. auch* Murphy) bed. — **~ˌbo·den** *m* hinged (*od.* drop) bottom. — **~ˌbrett** *n* collapsible (*od.* hinged) board. — **~ˌbrü·cke** (*getr.* -k·k-) *f civ.eng.* bascule bridge, *Br.* bascule-bridge. — **~ˌdeckel** (*getr.* -k·k-) *m* **1.** hinged lid. – **2.** (*mit Feder*) snap lid.

Klap·pe ['klapə] *f* ⟨-; -n⟩ **1.** (*eines Briefkastens, Briefumschlages, einer Tasche etc*) flap: **die ~ eines Tisches** the flap (*od.* leaf) of a table. – **2.** (*Augenklappe*) eye patch (*od.* shield). – **3.** (*Hosenklappe*) trouser flap, fly. – **4.** (*Schulterklappe einer Uniform*) shoulder strap, *Br.* shoulder-strap. – **5.** (*Falltür*) trapdoor. – **6.** (*Ofenklappe*) (drop) door. – **7.** (*Fliegenklappe*) flyswatter, *auch* flyswat: → Fliege 2. – **8.** *tech.* a) (*eines Ventils*) flap, b) (*Luftklappe*) air shutter, (*eines Autos*) ventipane, c) (*Klappdeckel*) hinged lid, d) (*am Abzugsrohr*) trap, e) (*Sicherheitsklappe*) safety valve, *Br.* safety-valve, f) (*Klappenventil*) check (*od.* butterfly) valve. – **9.** *civ.eng.* (*eines Wehrs*) shutter, drop (*od.* flap) gate. – **10.** *tel.* (*Fallklappe*) annunciator drop. – **11.** *auto.* (*eines Lastwagens*) a) (*hinten*) folding tail gate, b) (*seitlich*) folding sideboard (*od.* side gate). – **12.** (*railway*) (*Bodenklappe*) hinged bottom. – **13.** *metall.* (*am Kupolofen*) drop bottom. – **14.** *mil.* a) (*eines Landungsboots*) ramp, b) (*am Visier*) leaf (*od.* peep) sight. – **15.** *aer.* (*am Flügel*) flap. – **16.** *bot. med. zo.* valve. – **17.** *mus.* a) (*beim Klavier*) fall, b) (*bei Holzblasinstrumenten*) key. – **18.** *fig. colloq.* 'trap', gob (*beide sl.*), mouth: **halt die ~!** shut your trap! **er hat eine große ~** he is a loudmouth, he has a big mouth; **er wird ihm gleich eins auf die ~ geben** he will give him a punch in the mouth (*Br. sl. auch* up the bracket); → aufreißen[1] 4. – **19.** *fig. colloq.* 'bunk', *Br.* 'kip', *Am.* 'sack' (*alle sl.*), bed: → hauen 13.

klap·pen ['klapən] **I** *v/t* ⟨h⟩ **1.** **etwas nach oben [unten] ~** a) (*Deckel etc*) to lift up (*od.* raise) [to close *od.* lower] s.th., b) (*Sitz etc*) to put (*od.* fold) up [to drop *od.* lower] s.th., c) (*Kragen etc*) to turn up [down] s.th.; **etwas nach vorn [hinten] ~** to fold s.th. forward(s) [back]; **der Sitz läßt sich nach vorn ~** the seat folds forward. – **II** *v/i* **2.** (*von Türen, Fensterläden etc*) clap, clatter, rattle. – **3.** (*zuklappen*) shut (*od.* close) with a click. – **4.** (*von Schuhen, Schritten etc*) clack, (*bes. von Holzschuhen*) clop. – **5.** **mit etwas ~** (*etwas hin- u. herbewegen*) to clap (*od.* flutter) s.th.: **mit den Flügeln ~** to clap its wings. – **6.** **an** (*acc*) (*od.* **gegen**) **etwas ~** to knock (*od.* bang, swing, flap) against s.th.: **die Tür klappt gegen die Wand** the door swings against the wall. – **7.** *colloq.* (*gelingen*) work, be successful: **hat es geklappt?** did you succeed? were you successful? **ich habe versucht, ihn zu treffen, aber es hat nicht geklappt** I tried to meet him but didn't succeed. – **8.** *auch v/impers colloq.* (*funktionieren*) go off well, work out well (*od.* fine): **alles klappte wie am Schnürchen** everything went off smoothly (*od.* without a hitch, like clockwork); **es will einfach nicht ~** it simply won't work; **es wird schon ~** it will work out all right; **der Laden hat geklappt** things worked out well (*od.* fine); **wenn alles klappt, kommt er morgen** if nothing goes wrong he will come tomorrow. – **III K~** *n* ⟨-s⟩ **9.** *verbal noun.* – **10.** **zum K~ kommen** *colloq.* a) to come to a head, b) to come to a successful conclusion.

'klap·pen|ˌähn·lich, ~ˌar·tig *adj* valvelike, *Br.* valve-like; valvular, valval, valvar (*scient.*).

'Klap·pen|ˌfeh·ler *m med.* valvular defect (*od.* insufficiency). — **k~ˌför·mig** *adj* valve-shaped; valvular, valviform (*scient.*). — **~ˌhorn** *n mus.* key (*od.* keyed) bugle. — **~ˌöff·nung** *f tech.* flap: **selbsttätige ~** self-opening flap. — **~ˌquerˌru·der** *n aer.* flap aileron. — **~scharˌnier** *n tech.* strap (*od.* flap) hinge. — **~ˌschrank** *m tel.* (manual *od.* drop-type) switchboard. — **~ˌtext** *m* (*eines Buches*) text on the (dust) jacket, blurb. — **~venˌtil** *n tech.* check (*od.* butterfly) valve. — **~verˌschluß** *m* hinged cover (*od.* lid). — **~ˌwehr** *n civ.eng.* shutter dam (*od.* weir).

'Klap·per *f* ⟨-; -n⟩ **1.** (*bes. Kinderspielzeug*) rattle. – **2.** *hunt.* rattle, *Br. auch* clapper. – **3.** *röm.kath.* wooden rattle, clapper. – **4.** *pl mus.* knackers, bones, clappers. – **5.** *zo.* (*der Klapperschlange*) rattle. – **6.** *bot. cf.* Klappertopf. — **k~'dürr** *adj fig. colloq.* (as) lean as a rake, (as) thin as a lath: **~ sein** to be nothing but skin and bones, to be a bag of bones. — **~geˌstell** *n fig. colloq. humor.* **1.** (*dürre Person*) (walking) skeleton, rattlebones *pl* (*construed as sg*), bag of bones. – **2.** (*altes Fahrzeug*) rattletrap, rattler. — **~ˌgrasˌmü·cke** (*getr.* -k·k-) *f zo.* lesser whitethroat (*Br.* white-throat) (*Sylvia curruca*). — **~ˌheu·ˌschrecke** (*getr.* -k·k-) *f* band-winged locust (*Psophus stridulus*). — **~ˌhül·se** *f bot.* rattlebox, *Br.* rattle-box, crotalaria (*scient.*) (*Gattg Crotalaria*).

'klap·pe·rig *adj cf.* klapprig.

'Klap·per|ˌka·sten *m colloq. contempt.* **1.** a) (*altes Auto*) rattletrap, rattler, b) (*altes Schiff*) old tub. – **2.** junk (*od.* tinny) piano. — **~ˌki·ste** *f* **1.** (*altes Flugzeug*) (old) crate. – **2.** *cf.* Klapperkasten 1. — **~ˌmüh·le** *f* mill with a clap(per).

klap·pern ['klapərn] **I** *v/i* ⟨h *u.* sein⟩ **1.** ⟨h⟩ (*von Geschirr, Hufen, Schreibmaschine etc*) clatter: **mit Schüsseln und Tellern ~** to clatter with dishes and plates; **die Holzschuhe ~ auf dem Pflaster** the clogs clatter on the pavement (*Am.* sidewalk); **auf der Schreibmaschine ~** to clatter (*od.* tap) away on the typewriter. – **2.** ⟨h⟩ (*von Fensterläden etc*) rattle, clatter. – **3.** ⟨h⟩ (*von hohen Absätzen, mit Stricknadeln etc*) click. – **4.** ⟨h⟩ (*von Mühle etc*) clack. – **5.** ⟨h⟩ (*von Störchen*) clatter, clapper. – **6.** ⟨h⟩ (*vor Kälte*) shiver: **er klapperte vor Kälte** he was shivering; **er klapperte vor Kälte [Angst] mit den Zähnen** his teeth were chattering from (*od.* with) cold [fright]. – **7.** ⟨h⟩ **mit den Augen ~** *colloq. humor.* to flirt with one's eyes, to bat (*od.* flutter) one's eyelashes. – **8.** ⟨sein⟩ (*von Wagen*) rattle (*oder.* clatter) along: **das alte Gefährt klapperte durch die Straßen** the old vehicle rattled (along) through the streets. – **II K~** *n* ⟨-s⟩ **9.** *verbal noun*: **K~ gehört zum Handwerk** (*Sprichwort*) advertisement (*od.* puffing) is part of the trade. – **10.** clatter. – **11.** rattle.

'Klap·perˌnuß *f bot. cf.* Pimpernuß.

'Klap·perˌschlan·ge *f* **1.** *zo.* rattlesnake, rattler (*Gattgen Sistrurus u. Crotalus*). – **2.** *humor.* typist.

'klap·perˌschlan·gen|ˌar·tig *adj zo.* crotaline, crotalid, crotaliform. — **K~ˌwur·zel** *f bot.* rattlesnake root, senega snakeroot (*Polygala senega*).

'Klap·per|ˌscho·te *f bot. cf.* Klapperhülse. — **~ˌstein** *m min.* rattle stone, *auch* Klapperstein. — **~ˌstorch** *m* (*child's language*) (common white) stork: **der ~ hat das Kind gebracht** the stork brought the baby; → Bein 1. — **~ˌtopf** *m bot.* yellow rattle, rattle(box), *Br.* rattle(-)box (*Gattg Rhinanthus od. Alecterolophus*).

'Klapp|etui [-ʔɛtˌviː] *n* case with a snap lid. — **~ˌfen·ster** *n* **1.** trap window. – **2.** *auto.* quarter-light, *Am.* (vent) wing. — **~ˌflü·gel** *m* **1.** *aer.* folding wing. – **2.** *arch.* top-hung window sash.

'Klappˌhorn *n mus. cf.* Klappenhorn. — **~ˌvers** *m* (*literature*) (kind of) limerick (*od.* nonsense verse).

'Klapp|ˌka·me·ra *f phot.* folding camera. —

~,lä·den *pl* folding (window) shutters. — **~,läu·fer** *m mar.* burton. — **~,lei·ter** *f* **1.** folding ladder. – **2.** (*Treppenleiter*) stepladder, *Br.* step-ladder. — **~,mes·ser** *n* clasp knife, *Br.* clasp-knife, jackknife, *Br.* jack-knife. — **~,mu·schel** *f zo.* thorny oyster (*Gattg Spondylus*). — **~,müt·ze** *f* hooded seal, bladdernose (*Cystophora cristata*). — **~,na·se** *f* long-tailed bat (*Gattg Rhinopoma*): die **~n** the rhinopomids; **Ägyptische ~** tomb bat (*Rh. microphyllum*). — **~,rad** *n* folding bicycle.

'klapp·rig *adj colloq. contempt.* **1.** (*Auto, Fahrrad etc*) rattly, ramshackle. – **2.** (*Tisch, Stuhl etc*) rickety. – **3.** (*Gebäude etc*) ramshackle, rickety, dilapidated. – **4.** (*altersschwach*) decrepit: **alt und ~** old and decrepit. – **5.** (*schwach*) feeble, weak, shaky, tottery: **er ist nach der langen Krankheit noch etwas ~ (auf den Beinen)** he is still a bit shaky after his long illness.

'Klapp|,schei·be *f mil.* bobbing target. — **~,schild,krö·te** *f zo.* mud tortoise (*od.* turtle), musk turtle, *auch* musk terrapin (*od.* tortoise) (*Gattg Kinosternon*). — **~,ses·sel** *m* folding seat (*od.* chair). — **~,sitz** *m* **1.** folding seat. – **2.** *auto.* a) jump (*od.* tip-up) seat, *bes. Br.* folding (*od.* occasional) seat, b) (*in Roadster*) rumble seat, *bes. Br.* dick(e)y seat. — **~,stuhl** *m* **1.** (*ohne Rückenlehne*) campstool, *Br.* camp-stool. – **2.** (*mit Rückenlehne*) folding chair, camp chair, *Br.* camp-chair. — **~,stul·le** *f Northern G. dial.* sandwich. — **~,tisch** *m* **1.** folding (*od.* collapsible) table. – **2.** (*mit klappbaren Seitenteilen*) a) drop-leaf table, b) butterfly table, c) gateleg (*bes. Br.* gate-legged) table. – **3.** (*im Zug, Wohnwagen*) pulldown (*od.* foldaway) table. — **~,tür** *f* trapdoor.

'Klappult (*getr.* -pp,p-) *n* folding desk.

'Klapp|ven,til *n tech. cf.* Klappenventil. — **~ver,deck** *n auto.* convertible (*od.* folding) top. — **~vi,sier** *n mil.* (*eines Gewehrs*) leaf sight. — **~zy,lin·der** *m* (*fashion*) opera hat, *Br.* opera-hat, gibus (hat).

klaps [klaps] *interj* clap!

Klaps *m* ⟨-es; -e⟩ **1.** (*freundschaftlicher, ermunternder etc*) clap, slap, pat: **j-m einen ~ geben** (*od.* **versetzen**) to give s.o. a slap, to slap s.o. – **2.** (*strafender*) smack, spank, whack: **das Kind bekam einen ~ auf den Hosenboden** the child got a spank on the bottom. – **3.** *fig. colloq.* kink: **er hat einen ~** he has a kink (*od.* a screw loose), he is a bit dotty (*alle colloq.*); **einen ~ bekommen** (*od.* **kriegen**) *Am. sl.* to go nutty, *Br. colloq.* to go off one's rocker.

klap·sen ['klapsən] *v/t* ⟨h⟩ **1.** clap, slap, pat: **er klapste mich** (*auch* **mir**) **auf den Rücken** he slapped me on my back. – **2.** (*strafend*) smack, spank, whack.

'Klaps,müh·le *f colloq.* (*Irrenhaus*) *Am. sl.* bughouse, booby hatch, *Br. sl.* loony-bin.

klar [klaːr] **I** *adj* ⟨-er; -st⟩ **1.** (*Wasser, Himmel, Luft, Stimme, Farbe etc*) clear: **~e Augen** clear (*od.* liquid) eyes; **~e Sicht haben** to have clear visibility; → **Brühe** 1; **Kristall**[1] 1; **Suppe** 1; **Wein** 1. – **2.** (*Schnaps*) colorless, *bes. Br.* colourless, white. – **3.** (*Handschrift, Aussprache etc*) clear, distinct: **eine ~e Schrift haben** to have a clear (hand)writing, to write clearly; **~e Aussprache** clear pronunciation, good diction. – **4.** *fig.* (*vernünftig, nüchtern, klug*) clear, lucid: **er ist ein ~er Kopf** he is a clear-headed person, he has a clear (*od.* lucid) mind; → **Kopf** 3 *u. Verbindungen mit Präpositionen.* – **5.** *fig.* (*bei Bewußtsein*) conscious, lucid: **~e Momente** moments of lucidity (*od.* of full consciousness). – **6.** *fig.* (*Darstellung, Gliederung etc*) clear, perspicuous. – **7.** *fig.* (*Vorstellung etc*) clear, distinct: **ein ~es Bild** (*od.* **eine ~e Vorstellung**) **von etwas haben** to have clear notions about s.th.; **sich** (*dat*) **ein ~es Bild von etwas machen** to form a clear idea of s.th.; → **Bild** 8. – **8.** *fig.* (*Entscheidung, Standpunkt etc*) definite, clear: **ich möchte eine ~e Antwort auf meine Frage** I want a clear (*od.* clear-cut, plain) answer to my question; **ein ~es Ziel vor Augen haben** to have a definite aim in view; → **Linie** 9, 10. – **9.** *fig.* (*unzweideutig*) clear, unambiguous: → **klipp** II. – **10.** *fig.* (*geordnet*) straight: **~e Verhältnisse schaffen** a) to get things straight, b) to clear the air; **in ~en Verhältnissen leben** to live an ordered life; **zwischen den beiden ist alles wieder ~** they have straightened things up between them, everything is all right (*od.* back to normal) again between them. – **11.** *fig.* (*in Wendungen wie*) **es ist ~, daß** it is clear (*od.* plain, obvious, evident) that; **es ist mir ~, daß es nicht deine Schuld ist** I appreciate (*od.* realize, I'm aware) that it's not your fault; **ich bin mir selbst nicht ~ darüber** I'm not clear about it myself; **ich bin mir noch nicht ~ (darüber), was ich mit dem Geld mache** I'm not quite sure (*od.* certain) yet what I'm going to do with the money; **das ist mir (noch nicht ganz) ~** I (don't quite) understand that; **ist dir das ~?** is that clear (to you)? **jetzt ist mir ~, warum** it's clear to me (*od.* I understand, I see) now why; **nur eines ist mir noch nicht ~** there's just one thing I'm not clear about yet (*od.* I don't understand yet); **das ist doch (wohl) ~! (na) ~!** *colloq.* of course! naturally! certainly! **es ist ja ganz ~, daß du bei dem Lärm Kopfschmerzen bekommst** it stands to reason that you get a headache with that noise (going on); **das ist doch ~ wie Kloßbrühe** *colloq. humor.* that is as plain as the nose in your face; → **dick** 9. – **12.** (*sport*) (*Vorsprung, Sieg, Niederlage etc*) clear. – **13.** *mar. aer.* clear, ready, operational: **die Rettungsboote sind ~** the lifeboats are clear; **das Flugzeug ist ~ zum Start** the (aero)plane is ready for take(-)off; **~ achteraus [voraus]** clear astern [ahead]; **~ zum Wenden!** ready about! → **Schiff** 1. – **II** *adv* **14.** clearly: **~ sprechen [schreiben]** to speak [write] clearly (*od.* distinctly); **~ denken** to think clearly (*od.* lucidly); **er brachte es ~ zum Ausdruck, daß** he made it clear (*od.* plain) that; **ich habe es ihm ~ und deutlich gesagt** I told him in plain language (*od.* in no uncertain terms); **sag ~ heraus, was du denkst!** tell me exactly what you think; **die Entwicklung der Dinge zeichnet sich bereits ~ ab** the future course of events is already apparent; **es tritt ~ zutage, daß** it is evident (*od.* obvious) that; → **klipp** III. – **III K~e, das** ⟨-n⟩ **15.** (*substantiviert mit Kleinschreibung, in Wendungen wie*) **sich** (*dat*) **über etwas im ~en sein** to be aware of (*od.* to realize) s.th.: **ich bin mir über die möglichen Folgen meiner Handlungsweise völlig im ~en** I am fully aware of the possible consequences of my conduct; **hoffentlich bist du dir im ~en (darüber), was das bedeutet** I hope you realize what that means.

Klar *n* ⟨-s; -⟩ *Austrian gastr.* egg white: **4 ~** the whites of four eggs.

'Klär,an,la·ge *f civ.eng.* **1.** sewage (purification) plant. – **2.** (*für Industrieabwässer*) waste-water purification plant.

'Klar,ap·fel *m hort. first apple of the season.*

'klar,äu·gig *adj* bright- (*od.* clear-)eyed.

'Klär|,bad *n phot.* washer (*od.* clearing) bath. — **~bas,sin, ~,becken** (*getr.* -k·k-) *n civ.eng.* **1.** clearing (*od.* settling, filtering) basin (*od.* tank). – **2.** (*Klärteich*) settling pond.

'klar,blickend (*getr.* -k·k-) *adj* clear-sighted, discerning.

'Klär,bot·tich *m* **1.** *tech.* clarifier, settler, clearing tub. – **2.** *brew.* settler, settling vat (*od.* tub).

'klar,den·kend *adj* clear-thinking.

'Kla·re *m* ⟨-n; -n⟩ *dial.* schnap(p)s.

'Klar,eis *n* clear (*od.* transparent) ice.

klä·ren ['klɛːrən] **I** *v/t* ⟨h⟩ **1.** (*bes. Flüssigkeit, Luft etc*) clear, clarify, purify: **Abwässer ~** to purify sewage (*od.* waste water); **das Gewitter hat die Luft geklärt** the thunderstorm has cleared the air. – **2.** (*filtrieren*) filter. – **3.** (*Bier, Wein etc*) fine (down), cleanse. – **4.** (*Zuckerflüssigkeit*) defecate, clarify. – **5.** *agr.* (*Weizen*) clean. – **6.** *fig.* (*Fall, Sachlage etc*) clarify, clear up: **die Ursache des Unfalls muß noch geklärt werden** the cause of the accident still has to be clarified (*od.* determined). – **7.** *fig.* (*Fragen etc*) settle: **er wollte die Schuldfrage endgültig ~** he wanted to settle the question of blame once and for all. – **II** *v/i* **8.** (*sport*) clear. – **III** *v/reflex* **sich ~ 9.** (*von Wasser, Himmel etc*) clear (up), become clear: **das Wetter hatte sich bis abends schon wieder geklärt** the weather had cleared up again by evening. – **10.** *fig.* (*von Meinungen etc*) clarify: **die Meinungen beginnen sich zu ~** opinions are beginning to clarify (*od.* become clearer); **das wird sich schon ~** that will become clear, that will clear up. – **IV K~** *n* ⟨-s⟩ **11.** *verbal noun.* – **12.** *cf.* Klärung.

Kla·rett [kla'rɛt] *m* ⟨-s; -s *u.* -e⟩ *gastr.* light (German) rosé wine.

'Klär,faß *n brew.* settler, settling vat (*od.* tub).

'Klar,fo·lie *f* clear sheet.

'Klär|,gas *n chem. tech.* sewer (*od.* digester) gas. — **~ge,fäß** *n cf.* Klärbottich 1.

'klar,ge·hen *v/i* ⟨*irr, sep,* -ge-, sein⟩ *colloq.* go smoothly: **das ist klargegangen** that went smoothly; **(das) geht klar!** that'll be all right.

'Klar,glas *n tech.* clear glass. — **~,glocke** (*getr.* -k·k-) *f* clear-glass globe.

'Klär,gru·be *f civ.eng.* cesspit, cesspool.

'Klar·heit *f* ⟨-; *no pl*⟩ **1.** (*des Himmels, der Luft, des Wassers etc*) clearness. – **2.** (*von Stimmen*) clarity, purity. – **3.** *fig.* clearness, clarity: **die ~ seiner Gedanken** the clarity (*od.* lucidity) of his thought(s); **darüber besteht jetzt ~** this is now quite clear; **ich muß versuchen, mir über diese Sache ~ zu verschaffen** I must try and clarify this matter; **über** (*acc*) **etwas ~ gewinnen** to receive a clear picture of s.th.; **der Brief brachte ~ über ihr Schicksal** the letter told us what had become of her. – **4. ~ der Linienführung** *arch.* clear lines *pl.*

kla·rie·ren [kla'riːrən] *v/t* ⟨*no* ge-, h⟩ *econ. mar.* clear: **ein Schiff ~** to clear a ship (through customs). — **Kla'rie·rung** *f* ⟨-; *no pl*⟩ clearance.

Kla'rie·rungs|,brief *m mar.* clearance (papers *pl*). — **~,spe·sen** *pl* charges for clearance.

Kla·ri·net·te [klari'nɛtə] *f* ⟨-; -n⟩ *mus.* clarinet, *auch* clarionet.

Kla·ri·net·tist [klarinɛ'tɪst] *m* ⟨-en; -en⟩ *mus.* clarinet(t)ist.

Kla·ris·se [kla'rɪsə] *f* ⟨-; -n⟩ *röm.kath. cf.* Klarissin. — **Kla'ris·sen,or·den** *m* order of St. Clare.

Kla'ris·sin *f* ⟨-; -nen⟩ *röm.kath.* nun of the order of St. Clare, Poor Clare.

'klar,kom·men *v/i* ⟨*irr, sep,* -ge-, sein⟩ *colloq.* **1.** get by, manage, make out: **mach dir keine Sorgen, ich werde schon ~** don't worry, I'll manage all right. – **2. mit etwas [nicht] ~** a) [not] to understand (*od.* comprehend, come to grips with) s.th., b) [not to be able] to manage (*od.* cope with) s.th.: **ich komme mit der Lateinübersetzung nicht klar** I don't come to grips with the Latin translation. – **3. mit j-m [nicht] ~** [not] to get along with s.o.: **mit dem Chef werde ich schon ~** I'm sure I'll get along fine with the boss.

'Klar,lack *m* (*paints*) clear varnish (*od.* lacquer, *auch* lacker).

'klar,le·gen *v/t* ⟨*sep,* -ge-, h⟩ **(j-m) etwas ~** to make s.th. clear (to s.o.), to explain s.th. (to s.o.), to put s.th. in clear terms (for s.o.): **ich habe meinen Standpunkt bereits klargelegt** I have already explained my viewpoint.

'klar,ma·chen I *v/t* ⟨*sep,* -ge-, h⟩ **1. j-m etwas ~** to explain s.th. (*od.* make s.th. clear) to s.o., to make s.o. understand s.th.: **ich versuchte, ihm klarzumachen, daß** I tried to make it clear to him that; **er machte mir den Unterschied an Hand eines Beispiels klar** he explained the difference to me by means of an example; **ich konnte ihm einfach nicht ~, daß es so nicht geht** I simply couldn't make him understand that it doesn't work like this; **j-m den Standpunkt gehörig ~** to give s.o. a good telling off (*od.* dressing down, a piece of one's mind). – **2. sich** (*dat*) **etwas ~** to get s.th. clear (*od.* straight) in one's (own) mind: **du mußt dir zuerst das Thema ~** first you have to get the topic clear in your own mind. – **3. sich** (*dat*) **~, daß** to realize (*Br. auch* -s-) (*od.* understand) that: **du mußt dir ~, daß diese Aufgabe schwer ist** you must realize that this assignment is difficult. – **4.** (*Holz*) split. – **5.** *aer. mar.* clear, make (*s.th.*) ready: **eine Maschine ~** *aer.* to clear a plane for take(-)off; **die Geschütze ~** *mil.* to clear the guns for action. – **II** *v/i* **6.** *mar.* make ready: **zum Gefecht ~** to clear the decks for action.

'Klär,mit·tel *n* **1.** *tech.* clarifier, clearing agent. – **2.** *brew.* fining agent, finings *pl.*

'Klar,schei·be *f* (*einer Gasmaske etc*) antimist (*Br.* anti-mist) (*od.* anticondensation, *Br.* anti-condensation) disc (*od.* disk).

'**Klär,schlamm** *m civ.eng.* (sewage) sludge.

'**Klar,schrift** *f tel. cf.* Klartext.

'**klar,se·hen** *v/i* ⟨*irr, sep,* -ge-, h⟩ *fig. colloq.* see clearly, understand, see one's way clear, see daylight: jetzt sehe ich endlich klar in dieser Angelegenheit at last I see daylight in this matter, at last I see what it's all about; damit du (ganz) klarsiehst: ich komme nicht mit! you'd better get this straight in your head: I'm not coming!

'**Klar,sicht|,do·se** *f econ.* transparent (*od.* clear) container. — **~,fo·lie** *f* transparent sheet, crystal clear film.

'**klar,sich·tig** *adj* clear-sighted. — '**Klar,sich·tig·keit** *f* ⟨-; *no pl*⟩ clear-sightedness.

'**Klar,sicht|,packung** (*getr.* -k·k-) *f econ.* transparent pack. — **~,schei·be** *f auto.* anticondensation (*Br.* anti-condensation) (*od.* antimist, *Br.* anti-mist) panel.

'**klar,stel·len** *v/t* ⟨*sep,* -ge-, h⟩ etwas ~ to get s.th. clear (*od.* straight), to clear s.th. up: Moment mal, das wollen wir sofort ~ just a moment, let's get that straight.

'**Klar,text** *m tel.* clear (*od.* plain) text, text in clear: in ~ senden to transmit in (the) clear (*od.* in plain text).

'**Klä·rung** *f* ⟨-; *no pl*⟩ **1.** *cf.* Klären. – **2.** (*der Flüssigkeit, Luft etc*) clarification, purification. – **3.** filtration. – **4.** (*der Zuckerflüssigkeit*) defecation, clarification. – **5.** *fig.* clarification: die Aussprache hat viel zur ~ der Situation beigetragen the talk helped greatly (*od.* went a long way) in clearing up the situation; diese Frage bedarf noch der ~ this question still has to be clarified (*od.* settled).

'**klar,wer·den** *v/i* ⟨*irr, sep,* -ge-, sein⟩ **1.** j-m wird etwas klar s.th. becomes clear to s.o., s.o. realizes (*Br. auch* -s-) (*od.* recognizes *Br. auch* -s-) s.th., s.o. becomes aware of s.th.: jetzt wurde ihr erst klar, wovon er gesprochen hatte only now did she realize what he had been speaking about; blitzartig wurde ihm klar, daß in a flash he became aware that; langsam wurde mir klar, worum es ging I slowly began to realize (*od.* it slowly dawned on me) what it was all about. – **2.** sich (*dat*) über (*acc*) etwas ~ to get s.th. clear (*od.* straight) in one's (own) mind.

'**Klar,werk** *n* (*textile*) reseau, network.

Klas·se ['klasə] *f* ⟨-; -n⟩ **1.** (*Schulklasse*) class, *bes. Br.* form, *Am.* grade: die unterste [oberste] ~ the first [senior] class; er ist in der fünften (*od.* geht in die fünfte) ~ he is in the fifth class; Primus der ~ sein to be (at) the top of the class; die Schlechtesten der ~ the tail *sg* (*bes. Br.* bottom *sg*) of the class; eine ~ überspringen to jump (*Am.* to skip) a class; eine ~ wiederholen to repeat a class; in die nächste ~ versetzt werden to be moved up (*od.* promoted) to the next class; die ganze ~ lachte the whole class laughed. – **2.** (*Klassenraum*) classroom, *Br.* class-room: die Lehrerin betrat die ~ the teacher entered the classroom. – **3.** (*Gesellschaftsklasse*) class; die oberen [unteren] ~n der Gesellschaft the upper [lower] classes of society; die arbeitende [besitzende] ~ the working [propertied *od.* property-owning] class. – **4.** (*bei der Eisenbahn, im Krankenhaus, auf dem Schiff etc*) class: ein Abteil [eine Fahrkarte] erster [zweiter] ~ a first- [second-]class compartment [ticket]; wir fahren erster ~ we travel first-class; in der ersten ~ ist noch Platz there is still room in the first class. – **5.** *bot. zo.* class: eine ~ besteht aus mehreren Unterklassen a class consists of several subclasses; etwas nach ~n ordnen to classify (*od.* class, categorize) s.th. – **6.** (*Lotterieklasse*) (lottery) class. – **7.** *ling.* form class: ein Verb der vierten ~ a verb of the fourth (form) class. – **8.** *econ.* (*der Ware*) class, grade, quality. – **9.** (*sport*) a) (*Einteilung nach Alter, Gewicht, Leistung etc*) class, category, b) (*Spielklasse*) league. – **10.** *auto.* (*Einteilung nach der Motorstärke*) class. – **11.** *mar.* class, rating. – **12.** *math.* class, aggregate. – **13.** (*Gehalts-, Steuerklasse etc*) class, bracket. – **14.** (*bei Dienstbezeichnungen, Auszeichnungen etc*) class. – **15.** *colloq.* class, rate, category: ein Pianist erster [zweiter] ~ a first- [second]-class (*od.* -rate) pianist; ein Hotel erster ~ a first-class hotel; er ist ein Lügner erster ~ *iron.* he is a first-class liar; sie ist ganz große ~ (*od.* eine ~ für sich) she is terrific (*od.* marvellous, smashing, the tops); sein neues Auto ist ~ his new car is absolutely fantastic.

Klas·se·ment [klas(ə)'mã:] *n* ⟨-s; -s⟩ (*sport*) **1.** order (of competitors). – **2.** (list of) results *pl* of competition.

klas·sen ['klasən] *v/t* ⟨h⟩ *mar.* (*Schiff*) rate, class(ify).

'**Klas·sen|,äl·te·ste** *m, f* ⟨-n; -n⟩ *ped.* oldest pupil in the class. — **~,ar·beit** *f* (classroom, *Br.* class-room) test, class(-)room assignment. — **~,auf,satz** *m* classroom (*Br.* class-room) composition, composition written in class. — **~,aus,flug** *m* class outing. — **~be,griff** *m sociol.* concept of class. — **k~be,wußt** *adj pol.* class-conscious. — **~be,wußt,sein** *n* class consciousness, *Br.* class-consciousness. — **~,buch** *n ped.* classbook, *Br.* class-book, class diary. — **~,dün·kel** *m* arrogance (*od.* conceit) about one's social standing (*od.* position). — **~,durch,schnitt** *m ped.* class (*Br. auch* form) average: er liegt unter dem ~ he is below the class average; er gehört zum ~ he is average for the class. — **~,ein,tei·lung** *f* classification. — **~,er·ste** *m, f ped.* top of the class. — **~,feind** *m pol.* enemy of the working class. — **~,ge·gen,satz** *m meist pl* class antagonism. — **~,geist** *m* **1.** class feeling (*od.* spirit). – **2.** *ped.* class (*od.* form, team) spirit. — **~ge,sell·schaft** *f sociol.* class society. — **~,grö·ße** *f* (*in der Statistik*) class interval. — **~,haß** *m pol.* class hatred. — **~,herr·schaft** *f* class rule. — **~in·ter,es·se** *n* class interest. — **~ju,stiz** *f jur.* **1.** legal system with inbuilt class bias. – **2.** (administration of) justice based on class bias. — **~ka·me,rad** *m,* **~ka·me,ra·din** *f ped.* classmate, *Br.* class-mate, classfellow, *Br.* class-fellow. — **~,kampf** *m pol.* class struggle (*od.* war[fare]). — **~,kei·le** *f ped.* wenn du das tust, kriegst du ~ *colloq.* if you do that you'll get a hiding (*od.* thrashing) from the rest of the class (*od.* you'll have the rest of the class on you). — **~,leh·rer** *m* class teacher, *Br. auch* form teacher (*od.* master), *Am. auch* homeroom teacher. — **~,leh·re·rin** *f* class teacher, *Br. auch* form teacher (*od.* mistress), *Am. auch* homeroom teacher. — **~,lei·ter** *m cf.* Klassenlehrer. — **~lek,tü·re** *f* poem (*od.* play, novel *etc*) read together in class. — **k~los** *adj sociol.* classless: die ~e Gesellschaft the classless society. — **~lot·te,rie** *f econ.* class (*od.* Dutch) lottery. — **~,na·me** *m bot. zo.* class name. — **~,raum** *m ped.* classroom, *Br.* class-room. — **~,schrank** *m* (*für Lehrmittel*) classroom (*Br.* class-room) cabinet. — **~,spie·gel** *m* seating plan of a class, class plan. — **~,spra·che** *f ling.* class language. — **~,spre·cher** *m ped.* class spokesman. — **~,spre·che·rin** *f* class spokeswoman. — **~,staat** *m sociol.* state ruled by one class. — **~,tref·fen** *n ped.* class reunion. — **~,un·ter,schied** *m* **1.** *sociol.* class distinction. – **2.** *meist pl* differences *pl* between classes (*od.* groups). — **~,vor,stand** *m Austrian ped. for* Klassenlehrer. — **~,wahl·sy,stem** *n pol. hist.* class system of franchise. — **k~,wei·se** *adv bes. ped.* by (*od.* in) classes, class by class. — **~,ziel** *n ped.* required level (*od.* standard) of a class: das ~ erreichen to reach the required level of a class. — **~,zim·mer** *n* classroom, *Br.* class-room, schoolroom.

'**Klas·se'weib** *n colloq.* 'stunner', 'smasher' (*beide colloq.*).

klas·sie·ren [kla'si:rən] **I** *v/t* ⟨*no* ge-, h⟩ **1.** *cf.* klassifizieren. – **2.** (*mining*) a) classify, sort, grade, b) (*nach Korngröße*) screen, size. – **II K~** *n* ⟨-s⟩ **3.** *verbal noun.* – **4.** *cf.* Klassierung.

Klas'sier|,sieb *n metall.* classifying screen. — **~,trom·mel** *f* (*mining*) sizing (*od.* screening, classifying) drum.

Klas'sie·rung *f* ⟨-; -en⟩ **1.** *cf.* Klassieren. – **2.** classification.

Klas·si·fi·ka·ti·on [klasifika'tsio:n] *f* ⟨-; -en⟩ classification.

Klas·si·fi·ka·ti'ons|ge,sell·schaft *f mar.* classification society. — **~sy,stem** *n* **1.** principle (*od.* system) of classification. – **2.** *bot. zo.* system. — **~ver,merk** *m* (*in Bibliothek etc*) class number.

Klas·si·fi·ka·tor [klasifi'ka:tər] *m* ⟨-s; -en [-ka'to:rən]⟩ *ling.* (*u. Person*) classifier.

klas·si·fi'zier·bar *adj* classifiable, classable.

klas·si·fi·zie·ren [klasifi'tsi:rən] **I** *v/t* ⟨*no* ge-, h⟩ **1.** classify: Pflanzen nach ihren Staubgefäßen ~ to classify plants by their stamens; er klassifiziert die Menschen nach ihrer Herkunft he classifies (*od.* ranks) people according to their origin. – **2.** (*sortieren*) (as)sort: Garne [Strümpfe, Apfelsinen] ~ to sort yarns [stockings, oranges]. – **II K~** *n* ⟨-s⟩ **3.** *verbal noun.* – **4.** *cf.* Klassifizierung. — **klas·si·fi'zie·rend I** *pres p.* – **II** *adj* **1.** *bot. zo.* systematic. – **2.** ~es Wort *ling.* classifier. — **Klas·si·fi'zie·rung** *f* ⟨-; -en⟩ **1.** *cf.* Klassifizieren. – **2.** classification: eine ~ vornehmen to make a classification; ein für die ~ wichtiges Merkmal *biol.* a diagnostic characteristic.

Klas·si·fi'zie·rungs·sy,stem *n* classification system.

Klas·sik ['klasɪk] *f* ⟨-; *no pl*⟩ **1.** classical period (*od.* age): die griechische [römische] ~ the Greek [Roman] classical age; die antike ~ classical antiquity; die deutsche ~ the classical period (of German literature); die Wiener ~ the Vienna classical period (of music). – **2.** der Begriff der ~ (in *dat*) the concept of the classical (in).

Klas·si·ker ['klasikər] *m* ⟨-s; -⟩ **1.** (*Vertreter der Klassik*) classical writer (*od.* author): die antiken ~ the classical authors of antiquity, the ancients; die deutschen ~ the authors of the German classical period. – **2.** (*Künstler ersten Ranges*) classic: Thomas Mann gilt als ~ der modernen Literatur Thomas Mann is regarded as a classic (author) of modern literature; ein ~ des Jazz a classic of jazz. – **3.** (*Werk*) classic: „Robinson Crusoe" ist ein ~ der Jugendliteratur "Robinson Crusoe" is a children's classic (*od.* a classic of juvenile literature). — **~,aus,ga·be** *f* edition of a (work of a) classical author.

'**klas·sisch** *adj* **1.** classical: die ~en Sprachen the classical languages; das ~e Altertum classical antiquity; ~e Philologie studieren to study the classics; ~es Ballett *choreogr.* classical ballet; ~e Musik classical music; ~er Jazz classical jazz. – **2.** (*mustergültig, vollendet*) classic(al): ein ~es Werk der deutschen Literatur a classic (*od.* standard work) of German literature; ein ~es Profil a classical profile; ein ~er Ausspruch a classical saying. – **3.** (*herkömmlich*) classical: die ~e Physik classical physics *pl* (*usually construed as sg*); ein Krieg mit ~en Waffen a war with classical (*od.* conventional) weapons; die ~e Tracht the classical (*od.* traditional) costume. – **4.** (*typisch*) classic, typical: das ist ein ~er Fehler that's a typical mistake; ein ~er Fall versuchten Betruges a classic case of attempted fraud. – **5.** (*zeitlos*) classic: ein ~es Kostüm a classic costume. – **6.** *colloq.* (*großartig*) marvel(l)ous, wonderful: das ist ~! that's marvellous!

Klas·si·zis·mus [klasi'tsɪsmʊs] *m* ⟨-; *no pl*⟩ classicism, *auch* classicalism. — **Klas·si'zist** [-'tsɪst] *m* ⟨-en; -en⟩ classicist, *auch* classicalist. — **klas·si'zi·stisch** *adj* classicistic: ein Gebäude im ~en Stil a building in classicistic style.

Klas·si·zi·tät [klasitsi'tɛ:t] *f* ⟨-; *no pl*⟩ exemplariness, perfection.

kla·stisch ['klastɪʃ] *adj geol.* (*Gestein etc*) clastic.

Kla·thrat [kla'tra:t] *n* ⟨-(e)s; -e⟩ *chem.* clathrate compound, inclusion complex.

klatsch [klatʃ] *interj* **1.** (*von Ohrfeige etc*) smack! slap! – **2.** (*von Wasser, Speiseeis etc*) splash! splosh!

Klatsch *m* ⟨-es; -e⟩ **1.** (*Geräusch eines Schlags*) smack, slap. – **2.** (*Geräusch beim Fallen*) splash, splosh: es gab einen großen ~, als er ins Wasser fiel there was a great splash as he fell into the water. – **3.** ⟨*only sg*⟩ (*Geschwätz*) gossip, tittle-tattle: darüber entstand großer ~ und Tratsch there was a lot of gossip about this; dem ~ der Leute Gehör schenken to listen (*od.* give ear) to people's gossip; ~ verbreiten to spread (*od.* retail) gossip.

'**Klatsch|,ba·se** *f colloq.* **1.** gossip(monger), scandalmonger. – **2.** *cf.* Klatsche 3. — **~,blatt** *n colloq.* gossip magazine.

'**Klat·sche** *f* ⟨-; -n⟩ **1.** flyswatter, *auch* flyswat. – **2.** *colloq. cf.* Klatschbase 1. – **3.** *colloq.* (*petzender Schüler*) telltale, *Am. auch* tattletale, *Br. auch* sneak. – **4.** *ped. sl.* (*unerlaubtes Hilfsmittel*) 'crib' (*colloq.*), *Am. sl.* 'pony', translation.

klat·schen ['klatʃən] **I** *v/i* ⟨h *u.* sein⟩ **1.** ⟨h⟩ clap: **die Zuschauer klatschten begeistert** the audience (*od.* spectators) clapped (*od.* applauded) enthusiastically; **das Kind klatschte vor Freude in die Hände** (*od.* **mit den Händen**) the child clapped (its hands) for joy; **alle sangen mit und klatschten im Takt** everyone (*od.* they all) sang and clapped in time. – **2.** ⟨sein⟩ splash: **der Stein ist ins Wasser geklatscht** the stone splashed into the water; **beim Sprung ist er auf den Bauch geklatscht** he did a belly flop; **der Regen klatschte ans Fenster [gegen die Scheiben]** the rain splashed (*od.* pattered) on the window [against the window panes]. – **3.** ⟨sein⟩ crash: **die Wellen klatschten an den Bauch des Schiffes** the waves crashed against the hull of the ship. – **4.** ⟨h⟩ flap: **die nassen Segel klatschten im Wind** the wet sails flapped (*od.* cracked) in the wind. – **5.** ⟨h⟩ slap: **er klatschte sich** (*dat*) **auf die Schenkel** he slapped his thighs; **sei still, sonst klatscht's!** *colloq.* be quiet or I'll box your ears. – **6.** ⟨h⟩ gossip: **sie klatscht stundenlang mit ihrer Nachbarin** she gossips for hours with her neighbo(u)r; **über j-n ~** to gossip (*od.* spread gossip) about s.o. – **7.** ⟨h⟩ *colloq. bes. Br.* sneak, *bes. Am.* tattle: **sie hat beim Lehrer geklatscht** she sneaked (*od.* told tales) to the teacher; **wehe, wenn du klatschst!** don't you dare sneak (*od.* tell tales)! – **II** *v/t* ⟨h⟩ **8. Beifall ~** to applaud: **j-m Beifall ~** to clap (*od.* applaud) s.o.; **stürmisch Beifall ~** to applaud wildly. – **9. etwas auf** (*acc*) **etwas ~** to bang (*od.* slap) s.th. on s.th.: **er klatschte die Karten auf den Tisch** he banged the cards down on(to) the table. – **10.** throw: **er klatschte das Buch an die Wand** he threw (*od.* flung, hurled) the book at the wall. – **11.** (*Fliegen*) swat. – **12.** *bes. Br.* sneak, *bes. Am.* tattle: **er hat es dem Lehrer geklatscht** he sneaked (*od.* told tales) about it to the teacher. – **III K~** *n* ⟨-s⟩ **13.** *verbal noun.* – **14.** applause. – **15.** gossip.

'klat·sche'naß *adj colloq. cf.* klatschnaß.

Klat·sche'rei *f* ⟨-; -en⟩ *colloq.* **1.** gossiping, gossipmongering, talebearing: **kaum hatte sie das Zimmer verlassen, ging schon die ~ über sie los** hardly had she left the room when the gossiping about her started. – **2.** *cf.* Klatsch 3.

'Klatsch·geˌschich·te *f* piece of gossip: **sie wußte die neusten ~n** she knew (*od.* had) the latest gossip (*od.* scandal).

'klatsch·haft *adj* gossipy, fond of gossip. — **'Klatsch·haf·tig·keit** *f* ⟨-; *no pl*⟩ gossipiness, fondness of gossip.

'klat·schig *adj cf.* klatschhaft.

'Klatsch|ˌmaul *n colloq.* (old) gossip, scandalmonger, talebearer: **das wird den Klatschmäulern Stoff liefern** (*od.* **geben**) that will set the (town's) tongues wagging, that will give the gossips something to wag their tongues about. — **~ˌmohn** *m bot.* corn (*od.* field) poppy, canker rose (*Papaver rhoeas*). — **k~'naß** *adj colloq.* dripping (*od.* soaking) wet: **ich bin ~ geworden** I got soaking wet (*od.* drenched, soaked to the skin). — **~ˌnel·ke** *f bot.* spattling poppy (*Silene inflata*). — **~ˌnest** *n colloq.* hotbed of gossip: **diese Stadt ist ein fürchterliches ~** this town is a terrible hotbed of gossip. — **~ˌro·se** *f bot. cf.* Klatschmohn. — **~ˌspal·te** *f* (*einer Zeitung*) gossip column. — **~ˌsucht** *f* passion for gossiping. — **k~ˌsüch·tig** *adj* gossipmongering: **sie ist ein ~es Weib** she is a compulsive gossip. — **~ˌtan·te** *f*, **~ˌweib** *n colloq. cf.* Klatschbase 1.

Klau [klau] *f* ⟨-; -en⟩ *mar.* (*einer Gaffel*) throat.

'Klaubˌar·beit *f* (*mining*) handpicking, sorting.

klau·ben ['klaubən] *v/t* ⟨h⟩ **1.** (*Reisig, Holz etc*) gather, collect. – **2.** (*Kartoffeln etc*) pick up: **sie klaubte die Perlen vom Boden** she picked up the pearls off the floor. – **3.** (*Erbsen, Bohnen etc*) sort out. – **4.** (*auslesen*) select, pick out: **etwas aus etwas ~** to pick s.th. out of s.th.; **die Rosinen aus dem Kuchen ~** *auch fig.* to pick the raisins out of the cake, to take the cherries off the cake (*only fig.*). – **5. Worte ~** *fig.* to quibble over (the meanings of) words, to split hairs: **er hat an jedem Wort etwas zu ~** he quibbles over (*od.* about) every (single) word. – **6.** *Austrian* (*Beeren*) pick.

'Klau·ber *m* ⟨-s; -⟩ **1.** picker. – **2.** *fig. colloq.* quibbler, hairsplitter, *Br.* hair-splitter.

Klau·be'rei *f* ⟨-; *no pl*⟩ *colloq.* **1.** picking (*od.* sorting) by hand. – **2.** *fig. cf.* Wortklauberei.

'Klau·beˌtisch *m* (*mining*) picking (*od.* sorting) table.

'Klaub|ˌham·mer *m* (*mining*) (*zur Erzscheidung*) pick hammer (*od.* breaker). — **~ˌholz** *n bes. Southern G. and Austrian firewood collected in the forest.*

Klaue ['klauə] *f* ⟨-; -n⟩ **1.** *zo.* a) (*Huf der Wiederkäuer u. Schweine*) (cloven) hoof (*od.* foot), b) (*Kralle des Haarraubwildes*) claw, c) (*Kralle der Raubvögel*) claw, talon, d) (*Pfote des Haarraubwildes*) paw, e) (*Schere der Insekten*) claw, chela (*scient.*), f) (*Schere der Spinnentiere*) chelicer(a): **mit ~n (versehen)** a) (*von Tieren mit Krallen*) clawed, unguiculate (*scient.*), b) (*von Tieren mit Hufen*) hoofed, ungulate (*scient.*); **unter der ~ (befindlich)** subungu(i)al; **ohne ~n** without claws (*od.* hooves), clawless, hoofless; **der Adler packte sein Opfer mit den ~n** the eagle seized its prey (*od.* victim) with its talons. – **2.** *tech.* a) (*einer Kraftzange*) tack claw, b) (*eines Klauenhammers*) nipper grip claw, c) (*Planscheibe*) jaw, d) (*Spannelement*) dog, e) (*Klemmbacke*) jaw, f) (*einer Zahnkupplung*) dog, g) (*eines Greifers*) prong, pawl, h) (*eines Schlosses*) fang, i) (*einer Sperrklinke*) pawl, j) (*einer Winde*) shoe, k) (*einer Winde*) jaw. – **3.** *mar.* clew. – **4.** *arch.* (*Ornament am Säulenfuß*) griff(e), *auch* spur. – **5.** (*wood*) bird's-mouth (*od.* forked) joint, notching, notch joint, cogging, cog joint. – **6.** *fig. colloq.* scrawl, scribble: **eine fürchterliche ~ haben** to have an awful scrawl; **seine ~ kann niemand lesen** no one can read his scribble. – **7.** *pl fig.* clutches, jaws, grip *sg*: **in j-s ~n geraten** to fall into s.o.'s clutches; **j-n in seine ~n bekommen** to get a hold over s.o.; **j-n den ~n des Todes entreißen** to snatch (*od.* rescue) s.o. from the jaws of death. – **8.** *pl colloq.* 'paws' (*colloq.*), hands: **nimm deine schmutzigen ~n da weg!** take your dirty paws away from that (*od.* off me).

klau·en ['klauən] *colloq.* **I** *v/t* ⟨h⟩ **1.** (*Gegenstände*) 'pinch', 'swipe', 'lift' (*alle colloq.*), steal: **wer hat meine Zigaretten geklaut?** who's swiped my cigarettes? **er hat Geld geklaut** he pinched (some) money. – **2.** *fig.* (*Ideen etc*) 'crib', 'pinch', 'lift' (*alle colloq.*), copy. – **II** *v/i* **3.** 'pinch' (*colloq.*), steal. – **4.** *fig.* 'crib' (*colloq.*), copy.

'klau·enˌar·tig *adj* **1.** clawlike, *Br.* claw-like. – **2.** *bot.* unguiculate(d).

'Klau·en|ˌbeil *n tech.* claw (*od.* shingling) hatchet. — **~ˌfett** *n* neat's-foot oil. — **k~ˌför·mig** *adj* **1.** claw-shaped. – **2.** *zo.* unguiform. — **~ˌfuß** *m* **1.** *med.* claw foot. – **2.** (*an Möbeln etc*) claw-and-ball (*od.* ball-and-claw) foot. — **~geˌschwür** *n vet.* (*beim Rind u. Schaf*) fetlow, panaritium (*scient.*). — **~ˌham·mer** *m tech.* claw hammer, *Br.* claw-hammer. — **~ˌhand** *f med.* claw hand. — **~ˌkupp·lung** *f* jaw clutch coupling, dog clutch. — **k~los** *adj zo.* without claws; adactylous, adactyl(e) (*scient.*). — **~ˌöl** *n tech. cf.* Klauenfett. — **~ˌseu·che** *f vet. cf.* Maul- und Klauenseuche. — **~ˌzan·ge** *f med.* clawed forceps.

'KlauˌfalI *n* ⟨-s; ⸗e⟩ *mar.* throat halyard.

'klau·ig *adj zo.* clawed.

'Klauˌohr *n mar.* (*an Gaffelsegel*) throat.

'Klausˌdamm ['klaus-] *m* (*bei Flößerei*) splash dam.

Klau·se ['klauzə] *f* ⟨-; -n⟩ **1.** (*Einsiedelei*) hermitage, retreat. – **2.** (*Klosterzelle*) cell. – **3.** *colloq.* (*Bude*) den, private retreat: **er hat eine gemütliche ~** he has a cosy den. – **4.** *geol.* (*Talenge*) defile, gorge, ravine. – **5.** *bot.* (*einsamige Teilfrucht*) c(o)enobium.

Klau·sel ['klauzəl] *f* ⟨-; -n⟩ **1.** *jur.* clause: **eingefügte [einschränkende, aufhebende] ~** inserted [restrictive, derogatory] clause; **unumgehbare ~** ironclad clause; **eine ~ in einen Vertrag einsetzen** (*od.* **einfügen**) to insert a clause into a contract. – **2.** (*Vorbehalt*) proviso. – **3.** (*Bedingung*) stipulation, condition: **entgegenstehende ~** stipulation to the contrary. – **4.** (*in Rhetorik*) clausula. – **5.** *mus. hist.* clausula, cadence.

Klau·si·li·en [klau'ziːliən] *pl zo. cf.* Schließmundschnecken.

Klaus·ner ['klausnər] *m* ⟨-s; -⟩ hermit, recluse, anchorite, *auch* anchoret. — **~ˌzel·le** *f* hermit's cell.

Klau·stro·phi·lie [klaustrofi'liː] *f* ⟨-; *no pl*⟩ *psych.* claustrophilia. — **Klau·stro·pho'bie** [-fo'biː] *f* ⟨-; *no pl*⟩ (*Raumangst*) claustrophobia.

klau·su·lie·ren [klauzu'liːrən] *v/t* ⟨*no* ge-, h⟩ *jur.* put hedges into (*a contract*).

Klau·sur [klau'zuːr] *f* ⟨-; -en⟩ **1.** *röm.kath.* (*im Kloster*) enclosure: **Nichtmitgliedern des Ordens ist der Zutritt zur ~ verboten** persons who are not members of the order are not allowed to enter the enclosure. – **2.** ⟨*only sg*⟩ (*Abgeschlossenheit*) seclusion: **in strenger ~ leben** to live in strict seclusion. – **3.** *ped.* (written) examination, test: **eine ~ schreiben** to sit for (*od.* take, write) an examination, to do a test; **eine Arbeit unter** (*od.* **in**) **~ schreiben** to do work (*od.* to take a test) under supervision (*od.* under examination conditions). — **~ˌar·beit** *f ped. cf.* Klausur 3. — **~ˌta·gung** *f* closed meeting (*od.* conference).

Kla·via·tur [klavia'tuːr] *f* ⟨-; -en⟩ *mus.* keyboard, claviature, clavier. — **~ˌzi·ther** *f* Autoharp, *auch* autoharp (*TM*).

Kla·vi·chord [klavi'kɔrt] *n* ⟨-(e)s; -e⟩ *mus.* clavichord: **bundfreies [gebundenes] ~** unfretted [fretted] clavichord.

Kla·vier [kla'viːr] *n* ⟨-s; -e⟩ *mus.* piano(forte), (upright) piano, upright: **elektrisches [mechanisches, stummes] ~** player piano [Pianola, *auch* pianola, dumb piano]; **~ spielen [üben]** to play [to practice, *bes. Br.* practise] the piano; **etwas auf dem ~ spielen** (*od.* **vortragen**) to play (*od.* perform) s.th. on the piano; **am ~ X** at the piano (is *od.* was) X; **j-n auf dem ~ begleiten** to accompany s.o. on the piano; **sie saß am ~** she sat at (*od.* played) the piano; **Konzert für ~ und Orchester** *cf.* Klavierkonzert 1; **ein Stück für das ~ bearbeiten** to arrange a piece (of music) for the piano; **das ~ stimmen** to tune the piano; **das ~ ist verstimmt** the piano is out of tune; **er spielte auf zwei ~en** *fig.* a) he was doing two things at once, b) he had a foot in both camps; → **wohltemperiert.** — **~ˌabend** *m* (evening) piano recital. — **~ˌausˌzug** *m* piano arrangement (*od.* score), *Am. auch* piano reduction: **ein ~ des „Lohengrin"** "Lohengrin" arranged for piano. — **~ˌbau·er** *m* piano(forte) maker. — **~beˌar·bei·tung** *f* piano arrangement (*od.* score). — **~beˌglei·tung** *f* piano accompaniment. — **~ˌdeckel** (*getr.* -k·k-) *m* (piano) lid. — **~ˌhar·fe** *f* claviharp. — **~ˌhocker** (*getr.* -k·k-) *m cf.* Klavierstuhl 1. — **~inˌstruˌment** *n* keyboard stringed instrument.

kla·vie·ri·stisch [klavi'rɪstɪʃ] *adj* pianistic, clavieristic.

Kla'vier|konˌzert *n mus.* **1.** piano concerto. – **2.** piano recital. — **~ˌleh·rer** *m*, **~ˌleh·re·rin** *f* piano teacher. — **~li·te·raˌtur** *f* piano music, music for the piano. — **~me·chaˌnik** *f* piano action. — **~muˌsik** *f* piano music. — **~ˌpart** *m* piano part. — **~par·tiˌtur** *f cf.* Klavierauszug. — **~peˌdal** *n* pedal: **linkes ~** piano (*od.* soft, shifting) pedal; **rechtes ~** forte (*od.* loud, damper) pedal. — **~quarˌtett** *n* piano quartet. — **~ˌsai·te** *f* piano string (*od.* wire). — **~ˌsatz** *m* piano setting. — **~ˌschu·le** *f* (*Buch*) piano tutor. — **~soˌna·te** *f* piano sonata. — **~ˌspie·ler** *m*, **~ˌspie·le·rin** *f* piano player, *Br.* piano-player, pianist, pianofortist. — **~ˌstim·mer** *m* piano tuner. — **~ˌstück** *n* piece of piano music, composition for (the) piano. — **~ˌstuhl** *m* **1.** (*Hocker*) piano (*od.* music) stool. – **2.** (*Bank*) piano bench. — **~ˌstun·de** *f* piano lesson: **~(n) haben** (*od.* **nehmen**) to take piano lessons, to study (the) piano. — **~ˌta·ste** *f* piano key. — **~ˌtrio** *n* piano trio. — **~ˌun·terˌricht** *m* piano lessons *pl* (*od.* instruction): **(j-m) ~ geben** (*od.* **erteilen**) to give (s.o.) piano lessons. — **~vir·tuo·se** [-vɪrˌtŭoːzə] *m* virtuoso pianist. — **~ˌvorˌtrag** *m* **1.** piano recital. – **2.** (*Vorgang*) performance of piano music.

Kla·vi·kel [kla'viːkəl] *n* ⟨-s; -⟩ *med. obs. for* **Clavicula.**

Kla·vi·zim·bel [klavi'tsɪmbəl] *n* ⟨-s; -⟩ *mus. hist. for* **Cembalo.**

kla·zo·me·nisch [klatso'meːnɪʃ] *adj archeol.* (*Vase etc*) clazomenian.

'Klebˌan·ker *m* (*mining*) resin-bedded roof bolt, *auch* resin bolt.

'**Kle·be|ap·paˌrat** *m print.* gummed-tape sealer. — **~ˌband** *n* ⟨-(e)s; ⸗er⟩ **1.** adhesive tape. – **2.** (*film*) splicing tape. — **~ˌbin·dung** *f print.* adhesive binding. — **~ˌecke** (*getr.* -k·k-) *f phot.* (art) corner (mount). — **~emul·siˌon** *f tech.* adhesive emulsion. — **~ˌfalz** *m philat.* (gummed) stamp hinge, mount. — **~ˌfo·lie** *f* adhesive film. — **~ˌgras** *n bot.* bur grass (*Tragus racemosus*). — **~karˌton** *m* pasteboard. — **~ˌkraft** *f* (*eines Leims etc*) adhesive strength (*od.* power). — **~ˌmit·tel** *n* adhesive, glue, agglutinant (*scient.*).

kle·ben ['kleːbən] **I** *v/t* ⟨h⟩ **1.** stick, glue: **eine Marke auf einen Brief ~** to stick (*od.* affix) a stamp on a letter; **ein Plakat an die Mauer ~** to stick (*od.* paste) a placard (*od.* poster) on the wall; **Photos in ein Album ~** to mount photos in an album; **Tüten ~** *colloq.* a) to make paper(-)bags, b) *euphem.* to be in jail, to do (*od.* serve) time, *Br. auch* to sew mailbags; **er hat schon 20 Jahre Marken geklebt** *econ. colloq.* he has been buying (old-age) insurance stamps for 20 years. – **2.** (*film*) splice. – **3.** *fig. colloq.* (*in Wendungen wie*) **ich habe ihm eine geklebt** I gave him a slap in the face (*od. sl.* a pasting). – **4.** (*leimen*) band. – **5.** (*kitten*) cement. – **II** *v/i* **6.** stick: **dieser Leim klebt gut** this glue sticks well; **die Kleider kleben ihm am Körper** his clothes are sticking to his body; **die Haare klebten ihm an der Stirn** his hair was plastered (*od.* matted) down on his forehead; **ich klebe** *fig. colloq.* I am hot and sticky; **er klebte an seinem Posten** *fig.* he clung (*od.* hung on) to his job; **diese Schauspielerin klebt zu sehr am Text** *fig.* this actress sticks too closely to the text; **die ganze Strecke klebte er hinter dem langsamen Auto** *fig. colloq.* he hung onto (*od.* stuck close to, tailed) the slow car all the way; → **Buchstabe** 1; **Gaumen**; **Hand**[1] *Verbindungen mit Verben*; **Zunge** 1. – **III K~** *n* ⟨-s⟩ **7.** *verbal noun.*

'**kle·benˌblei·ben** *v/i* ⟨*irr, sep,* -ge-, sein⟩ **1.** stick: **die Farbe blieb an seinem Finger kleben** the paint stuck to (*od.* on) his finger. – **2.** *fig. colloq.* (*in der Schule*) stay down, repeat a year, *Am.* not be promoted. – **3.** *fig. colloq.* get stuck: **er ist lange bei seinen Verwandten klebengeblieben** he got stuck at his relatives for a long time.

'**kle·bend I** *pres p.* – **II** *adj* adhesive.

'**Kle·beˌpres·se** *f* (*film*) splicer.

'**Kle·ber** *m* ⟨-s; -⟩ **1.** (*in Weizenmehl etc*) gluten: **etwas vom ~ befreien, den ~ aus etwas ausziehen** to deglutinate s.th. – **2.** *colloq. for* Klebstoff. – **3.** *colloq.* film cement. — **k~ˌar·tig** *adj chem.* glutenous, glutinose. — **~ˌbrot** *n* gluten bread. — **~ˌleim** *m* gluten adhesive. — **~ˌmehl** *n* gluten flour, aleurone, *auch* aleuron. — **~pro·teˌin** *n* protein derived from gluten.

'**Kle·be|ˌschicht** *f* layer of adhesive. — **~ˌspie·gel** *m print.* makeup, *Br.* make-up. — **~ˌstel·le** *f* **1.** glued join(t). – **2.** (*film*) splice, join(t). — **~ˌstrei·fen** *m* **1.** adhesive (*od.* gummed, sealing) strip (*od.* tape). – **2.** (*selbstklebender*) (self-)adhesive tape, Scotch tape (*TM*), *Br. auch* Sellotape (*TM*). — **~verˌband** *m med.* adhesive dressing. — **~ˌwachs** *n* (*für Skifelle*) sticking wax. — **~ˌzet·tel** *m* gummed (*od.* sticky) label, *Am. auch* sticker, paster. — **~zun·ge** *f zo.* sticky(-tipped) tongue.

'**Kleb|ˌfe·stig·keit** *f* adhesive strength, stick. — **~ˌfilm** *m* **1.** (*Klebfolie*) adhesive film (*od.* foil). – **2.** (*Klebstoff*) spread adhesive, adhesive spread on adherent. — **~ˌflä·che** *f* adhesion surface area. — **~ˌfo·lie** *f* adhesive film. — **~ˌgum·mi** *n, auch m* adhesive (*od.* sizing) rubber. — **~ˌharz** *n* resin adhesive. — **~ˌkitt** *m* adhesive cement. — **~ˌkraut** *n bot.* scratch grass, cleavers *pl* (*usually construed as sg*), catchweed, goose grass, *Br.* goose-grass, *Br. auch* Robin-run-the-hedge (*Galium aparine*). — **~ˌlö·ser** *m* ⟨-s; -⟩ solvent. — **~ˌmit·tel** *n* **1.** binder. – **2.** *cf.* Klebstoff. — **~ˌnel·ke** *f bot.* catchfly, *Br.* catch-fly (*Viscaria vulgaris*). — **~ˌpfla·ster** *n med. pharm.* adhesive (*od.* sticking) plaster.

kleb·rig ['kleːbrɪç] *adj* **1.** (*Masse etc*) sticky: **der Asphalt wird ~ in der Hitze** the asphalt becomes sticky in hot weather; **~er Schnee** sticky snow; **~e Hände haben** a) to have sticky hands, b) *fig. colloq.* to be light-fingered. – **2.** (*Klebstoff*) sticky, tacky, gluey, gummy. – **3.** (*klebend*) adhesive. – **4.** (*Farben, Anstrich*) tacky, sticky, wet. – **5.** (*dickflüssig*) syrupy, gooey (*colloq.*); viscous, viscose, viscid (*scient.*). – **6.** (*Reis, Brei etc*) gluey, glutinous, glutinose. – **7.** (*feuchtklebrig*) clammy: **meine Hände sind ~** (von Schweiß) my hands are clammy (with sweat). – **8.** *bot.* (*Blätter etc*) glutinous, glutinose, viscid (*scient.*).

'**Kleb·rig·keit** *f* ⟨-; *no pl*⟩ **1.** stickiness. – **2.** (*eines Klebstoffs etc*) stickiness, tackiness, gluiness, gumminess. – **3.** (*Klebfähigkeit*) adhesiveness. – **4.** (*der Hände*) clamminess. – **5.** *bot.* glutinousness, viscidity (*scient.*).

'**Kleb|ˌrol·le** *f* roll of (self-)adhesive (*od.* gummed) strip (*od.* tape). — **~ˌsa·me** *m bot.* (hedge) laurel, pittosporum (*scient.*) (*Gattg Pittosporum*). — **~ˌsand** *m metall.* plastic refractory clay. — **~ˌschie·fer** *m min.* adhesive slate.

'**Klebˌstoff** *m* **1.** *synth.* a) adhesive (substance), b) (*Leim*) glue, gum, *Am. auch* mucilage, c) (*Kitt*) putty, gap-filling adhesive, d) (*für Leder*) cement, e) (*zum Verdichten*) sealing agent (*od.* component), f) (*für Fensterscheiben etc*) glazier's putty: **synthetischer ~** synthetic adhesive. – **2.** *print.* paste. – **3.** *phot.* (*zum Aufkleben von Bildern*) mountant. – **4.** (*textile*) mordant. — **~ˌschicht** *f* layer of adhesive.

'**Klebˌstrei·fen** *m cf.* Klebestreifen.

klecken (*getr.* -k·k-) ['klɛkən] *dial.* **I** *v/i* ⟨h *u.* sein⟩ **1.** *cf.* kleckern I. – **2.** ⟨h⟩ *cf.* klecksen I. – **3.** ⟨h⟩ **es kleckt** a) it's progressing nicely, b) it helps. – **II** *v/t* ⟨h⟩ **4.** *cf.* kleckern II. – **5.** *cf.* klecksen II.

Klecke'rei (*getr.* -k·k-) *f* ⟨-; -en⟩ *colloq. contempt.* **1.** making spots (*od.* a mess), spilling. – **2.** messiness.

'**Klecker|ˌfrit·ze** (*getr.* -k·k-) *m* ⟨-n; -n⟩ *colloq.* messy little boy. — **~ˌlie·se** *f* messy little girl.

kleckern (*getr.* -k·k-) ['klɛkərn] *colloq.* **I** *v/i* ⟨h *u.* sein⟩ **1.** ⟨h⟩ make spots, spill: **paß auf, daß du nicht kleckerst!** be careful not to spill (*od.* make a mess)! **sie kleckerte auf das Tischtuch** she made spots (*od.* a spot) on the table(-)cloth; **er hat gekleckert** he spilled food, he made a mess. – **2.** ⟨sein⟩ (*tropfenweise zu Boden fallen*) spill, drip (down): **die Farbe kleckert auf den Boden** the paint is dripping down on the floor. – **3.** ⟨h⟩ *fig. colloq.* (*von Beiträgen, Geld etc*) come in in dribs and drabs: **die Arbeit kleckert** work proceeds by fits and starts. – **II** *v/t* ⟨h⟩ **4.** spill: **das Kind hat Suppe auf das Tischtuch gekleckert** the child spilled soup on the table(-)cloth; **Farbe auf den Tisch ~** to spill (*od.* drip) paint on the table.

'**kleckerˌwei·se** (*getr.* -k·k-) *adv fig. colloq.* **1.** in dribs and drabs, bit by bit: **er gab mir das Geld ~ zurück** he gave me the money back in dribs and drabs. – **2.** (*mit Unterbrechungen*) by fits and starts, intermittently: **die Arbeit geht nur ~ voran** the work proceeds only by fits and starts.

Klecks [klɛks] *m* ⟨-es; -e⟩ **1.** (*Tintenfleck*) (ink)blot, inkstain: **einen ~ machen** to make a blot; **das Heft ist voller ~e** the notebook is full of blots. – **2.** (*Farbenfleck*) blob. – **3.** (*Weinfleck etc*) stain, mark: **er machte einen ~ auf das Tischtuch** he made a stain on the table(-)cloth. – **4.** *fig. colloq.* (*ein klein wenig*) dab, blob, (*größer*) *auch* dollop: **er gab einen ~ Schlagsahne auf den Kuchen** he put a dollop of whipped cream on the top of the cake. — **~ˌdeu·te·verˌfah·ren** *n psych.* Rorschach (*od.* inkblot) test.

kleck·sen ['klɛksən] **I** *v/i* ⟨h⟩ **1.** blot, make (ink)blots (*od.* stains): **die Feder kleckst** the pen blots (*od.* splutters); **der Junge hat ins Heft gekleckst** the boy has made blots in the notebook. – **2.** *colloq. contempt.* (*schlecht malen*) daub: **der Maler hat einfach gekleckst** the painter has simply daubed (*od.* splashed paint onto canvas). – **II** *v/t* **3.** **etwas auf** (*acc*) **etwas ~** to splash s.th. on(to) s.th.: **sie kleckste Farbe auf das Papier** she splashed paint on(to) the paper; **du kleckst die Butter aufs Brot** *colloq.* you really plaster the bread with butter.

'**Kleck·ser** *m* ⟨-s; -⟩ **1.** *colloq. for* Klecks. – **2.** *colloq.* scrawler, scribbler. – **3.** *contempt.* (*schlechter Maler*) dauber.

Kleck·se'rei *f* ⟨-; -en⟩ **1.** *colloq.* making blots (*od.* stains), blotting. – **2.** (*Geschmier*) mess, marks *pl*, spots *pl*. – **3.** *contempt.* (*schlechtes Bild*) daub.

'**kleck·sig** *adj* **1.** (*mit Tintenflecken*) covered in (*od.* with) (ink)blots, blotted. – **2.** (*mit Flecken*) stained, spotted.

Kleck·so·gra·phie [klɛksogra'fiː] *f* ⟨-; -n [-ən]⟩ *psych.* **1.** inkblot. – **2.** *cf.* Klecksdeuteverfahren.

Kle·da·ge [kle'daːʒə], **Kle'da·sche** [-ʃə] *f* ⟨-; -n⟩ *dial.* (*Kleidung*) clothes *pl*, clothing, togs *pl* (*colloq.*).

Klee [kleː] *m* ⟨-s; *no pl*⟩ *bot.* clover, trefoil (*Gattg Trifolium*): **Alexandriner ~** berseem (clover), bersim, bersine (*T. alexandrinum*); **Fleischroter ~** carnation clover (*T. incarnatum*); **Roter** (*od.* **Englischer**) **~** common purple trefoil, red clover (*T. pratense*); **Weißer** (*od.* **Kriechender**) **~** white (*od.* Dutch) clover (*T. repens*); (**Weißer**) **Schwedischer ~** alsike clover (*T. hybridum*); → **grün** 1. — **~ˌanˌbau** *m* cultivation of clover. — **~ˌart** *f* species of clover. — **k~ˌar·tig** *adj* clovery.

'**Kleeˌblatt** *n* **1.** *bot.* cloverleaf, trefoil (leaf): **vierblätt(e)riges ~** four-leaf clover, quatrefoil (*scient.*). – **2.** *fig.* (*von Personen*) trio, threesome: **die drei Mädchen bilden ein unzertrennliches ~** the three girls make up an inseparable trio; **ein sauberes ~!** *colloq. iron.* a fine trio! – **3.** (*Autobahnkreuzung*) cloverleaf (intersection). – **4.** *metall.* (*im Walzwesen*) wobbler. – **5.** *her.* trefoil. – **6.** (*als irisches Nationalzeichen*) shamrock. — **~ˌbo·gen** *m arch.* trefoil arch. — **k~ˌför·mig** *adj* cloverleaf(-shaped), trefoiled, trifoliate (*scient.*). — **~ˌkreuz** *n her.* cross botonée (*od.* treflée).

'**Klee|ˌblü·te** *f bot.* clover blossom. — **~-ˌEinˌsaat** *f agr. cf.* Klee-Untersaat. — **~-ˌErn·te** *f* clover harvest (*od.* crop). — **~ˌfarn** *m bot.* clover fern, pepperwort (*Gattg Marsilea*). — **~ˌfeld** *n agr. cf.* Kleeacker. — **~ˌfut·ter** *n* clover used for fodder, fodder clover. — **~ˌgras** *n* (grass-clover) ley (*od.* lea, *auch* layer). — **k~ˌmü·de** *adj* (*Boden*) clover-sick. — **~ˌsaat** *f* clover seed. — **~ˌsalz** *n chem.* salt(s *pl*) of sorrel, potassium tetraoxalate ($KHC_2O_4 \cdot H_2C_2O_4 \cdot 2H_2O$). — **~ˌsa·me(n)** *m agr.* clover seed. — **~ˌsa·menˌste·cher** *m zo.* clover weevil (*Apion apricans*). — **~ˌsei·de** *f bot.* ailweed, beggarweed, hellweed, *Br.* hell-weed (*Cuscuta trifolii*). — **~ˌspitzˌmäus·chen** *n zo. cf.* Kleesamenstecher. — **~ˌteu·fel** *m bot.* broomrape, choke weed (*Orobanche ramosa*). — **~-ˌUn·terˌsaat** *f agr.* undersowing (of crops) with clover seed.

Klei [klaɪ] *m* ⟨-(e)s; *no pl*⟩ *agr.* clay, marl.

klei·ben ['klaɪbən] *v/t u. v/i* ⟨h⟩ *dial. for* kleben.

'**Klei·ber** *m* ⟨-s; -⟩ *zo.* nuthatch (*Sitta europaea*).

'**Kleiˌbo·den** *m agr.* clay(ey) soil.

Kleid [klaɪt] *n* ⟨-(e)s; -er⟩ **1.** dress: **ein helles [dunkles] ~** a light-colo(u)red [dark] dress; **ein ausgeschnittenes [schulterfreies] ~** a low-cut (*od.* low-necked) [an off-the-shoulder] dress; **ein hochgeschlossenes ~** a high-necked dress; **lange ~er** evening dresses (*od.* gowns); **ein seidenes ~** a silk dress; **sich** (*dat*) **ein ~ machen lassen** to have a dress made (for one); **ein ~ von der Stange kaufen** to buy a ready-made dress, *Br. auch* to buy a dress off the peg; **ein ~ ändern lassen** to have a dress altered; **etwas an einem ~ ändern** to alter s.th. on a dress, to make an alteration on a dress; **ein ~ anprobieren [entwerfen, zuschneiden]** to try on [to design, to cut out] a dress; **ein ~ in den Schrank [auf den Bügel] hängen** to hang a dress up in the wardrobe [on a hanger]; **ein ~ anhaben [tragen]** to have on [to wear] a dress. – **2.** *pl* (*Bekleidung*) clothes, clothing *sg*, garments: **die ~er ablegen** to take off one's clothes; **sich** (*dat*) **die ~er vom Leibe reißen** to tear the clothes off one's body; **er kam zwei Tage nicht aus den ~ern** he hasn't been to bed for two days; **in den ~ern schlafen** to sleep in one's clothes; **~er machen Leute** (*Sprichwort*) fine feathers make fine birds (*proverb*), the tailor makes the man (*proverb*); **was nützen schöne ~er, wenn nichts zu beißen ist?** (*Sprichwort*) *etwa* first things first; → **fahren** 12. – **3.** *fig. lit.* coat, mantle: **das bunte ~ des Herbstes** the colo(u)rful coat of autumn; **die erwachende Natur trägt**

im Frühling ein neues grünes ~ awakening nature puts on a new coat of green in (the) spring; **die Stadt hatte ein festliches ~ angelegt** the town had put on a festive dress (*od.* had assumed a festive air, had taken on a festive look). – **4.** *hunt.* a) (*der Vögel*) plumage, b) (*des Hasen, Hermelins etc*) coat, fur. – **5.** *zo.* vestiture, dress. – **6.** *bot.* indumentum.

'Kleid·chen *n* ⟨-s; - *u.* Kleiderchen⟩ *dim. of* Kleid.

klei·den ['klaɪdən] **I** *v/t* ⟨h⟩ **1.** clothe, dress: **seine Kinder ernähren und ~** to feed and clothe one's children; **sie kleidet ihre Kinder immer sauber und ordentlich** she always dresses her children well, her children are always neatly turned out. – **2.** *fig.* clothe, couch: **er kleidete seine Drohung in höfliche Worte** he clothed his threat in polite words; **Ideen [Gefühle] in Verse ~** to couch ideas [sentiments] in verse. – **3.** (*gut stehen*) suit, become: **diese Farbe kleidet dich nicht** this colo(u)r does not suit you. – **II** *v/reflex* **sich ~ 4.** dress (*od.* clothe) oneself, dress (up): **sie kleidet sich modern** she wears modern clothes; **sie kleidet sich nach der neuesten Mode** she dresses in the latest fashion; **sich sonntäglich ~** to dress up in one's Sunday clothes (*od.* Sunday best, *Am. colloq.* Sunday-go-to-meeting); **sie weiß sich geschickt zu ~** she has good dress sense; **sich in** (*acc*) **etwas ~** to put on (*od.* wear) s.th., to dress (oneself) in s.th.; **der Wald hat sich in herbstliche Farben gekleidet** *fig.* the wood has put on (*od.* donned) its autumn colo(u)rs; **über Nacht hat sich die Landschaft in ein strahlendes Weiß gekleidet** *fig. lit.* the countryside took on a coat of dazzling white overnight; → Samt.

'Klei·der|ˌab|ˌla·ge *f* **1.** (*Raum*) checkroom, *bes. Br.* cloak-room. – **2.** (*Ständer etc*) hallstand, *Am. auch* valet. — **~ˌaf·fe** *m zo.* douc (*Presbytis nemaea*). — **~bad** *n a kind of dry cleaning.* — **~beˌsatz** *m* trimming. — **~ˌbe·sen** *m* clothes whisk (*od.* brush). — **~beˌstand** *m* stock of clothes, wardrobe. — **~ˌbü·gel** *m* clothes (*od.* coat) hanger. — **~ˌbür·ste** *f* clothes brush, *Br.* clothes-brush. — **~fa·briˌkant** *m* maker of clothes, clothes manufacturer. — **~geˌschäft** *n Am.* clothing store, *bes. Br.* clothes shop, outfitter, clothier. — **~ˌgrö·ße** *f* (clothes) size. — **~ˌha·ken** *m* coat hook, peg. — **~ˌha·kenˌbrett** *n* coat-rack. — **~ˌhül·le** *f* protective bag (*od.* cover) for clothes. — **~ˌkam·mer** *f* **1.** *mil.* clothing stores *pl.* – **2.** *mar.* slop room. – **3.** *relig.* (*in Klöstern*) vestiary. — **~ˌkar·te** *f econ.* (*in Kriegszeiten*) ration coupon for clothes. — **~ˌka·sten** *m Southern G., Austrian and Swiss for* Kleiderschrank. — **~ˌki·ste** *f* **1.** clothes chest. – **2.** *mar.* slop chest. — **~ˌla·den** *m colloq. for* Kleidergeschäft. — **~ˌlaus** *f zo.* body louse (*Pediculus corporis*). — **~ˌmo·de** *f* fashion in clothes, dress style. — **~ˌmot·te** *f zo.* (webbing *od.* naked) clothes moth (*Br.* clothes-moth), carpet moth (*Tineola biselliella*). — **~ˌnetz** *n* (*am Fahrrad*) dress guard. — **~ˌord·nung** *f* **1.** dress regulations *pl.* – **2.** *hist.* sumptuary law (*od.* regulation). — **~ˌpup·pe** *f* dummy, lay figure. — **~ˌre·chen** *m* coatrack. — **~ˌrock** *m* (*fashion*) **1.** (*durchgeknöpft*) sleeveless coat dress. – **2.** (*ungeknöpft*) *Am.* jumper, *Br.* pinafore dress. — **~ˌsack** *m bes. mil.* duffle (*od.* barracks) bag, *Br. auch* kitbag. — **~ˌschrank** *m* **1.** wardrobe, *auch* armoire, clothespress, *Br.* clothes-press. – **2.** *fig. colloq.* (*großer, breiter Mensch*) colossus, hulk. — **~ˌschür·ze** *f cf.* Kittelkleid.

'Klei·derˌschutz *m* (*am Fahrrad*) dress guard. — **~ˌbeu·tel** *m*, **~ˌhül·le** *f* plastic clothesbag (*Br.* clothes-bag).

'Klei·der|ˌschwim·men *n* (*sport*) swimming fully dressed (*od.* with one's clothes on). — **~ˌstän·der** *m* **1.** hallstand, *Am. auch* hall (*od.* clothes) tree, *auch* clothes rack. – **2.** (*im Kleidergeschäft*) clothes (*od.* garment) rail. — **~ˌstan·ge** *f* clothes (*od.* garment) rail. — **~ˌstoff** *m* **1.** (clothing *od.* dress) material: **uni [buntgewebte, bedruckte] ~e** plain (*od.* self-colo(u)red) [fancy woven, printed] dress materials (*od.* goods); **zugeschnittener ~** dress pattern; **~ für Anzüge** suiting. — **~ˌtröd·ler** *m* dealer in old (*od.* secondhand, *Br.* second-hand) clothes, old-clothesman, *Br.* old-clothes-man. — **~ˌvo·gel** *m zo.* honeycreeper (*Fam. Drepanididae*). — **~ˌwes·pe** *f* mud dauber (*Gattg Pelopaeus*).

'kleid·sam *adj* (*Jacke, Frisur, Uniform etc*) becoming. — **'Kleid·sam·keit** *f* ⟨-; *no pl*⟩ becomingness.

'Klei·dung *f* ⟨-; *no pl*⟩ clothes *pl*, clothing, dress, wearing apparel: **leichte [warme] ~** light [warm] clothing; **er legt nicht viel Wert auf ~** he does not attach much importance to dress; **die ~ ablegen** to take off one's clothes; **für j-s Nahrung und ~ sorgen** to feed and clothe s.o., to supply s.o.'s food and clothing.

'Klei·dungsˌstück *n* article of clothing, garment: **von der Stange gekauftes ~** ready-made garment, *Br. auch* garment off the peg; **zweiseitig zu tragendes ~** reversible (garment); **gebrauchte ~e** old (*od.* secondhand, *Br.* second-hand) clothes.

Kleie ['klaɪə] *f* ⟨-; -n⟩ bran, pollard, bolting(s *pl*). — **k~ˌhal·tig** *adj* branny.

'Klei·en|ˌbrot *n gastr.* bran bread. — **~ˌmehl** *n* pollard.

'klei·ig[1] *adj* branny.

'klei·ig[2] *adj geol.* clay(ey).

klein [klaɪn] **I** *adj* ⟨-er; -st⟩ **1.** (*Haus, Wohnung, Zimmer, Garten, Paket etc*) small, little: **sehr** (*od.* **winzig**) **~** very small, tiny, teeny (*colloq.*), minute, diminutive (*lit.*); **ziemlich ~** rather small, smallish; **eine ~e Stadt** a small town; **~e Schritte machen** to take small steps; **~ aber mein** (*Sprichwort*) *etwa* it's not much but it's all mine; **~ aber fein** (*Sprichwort*) *etwa* it's not much but it's nice. – **2.** (*Fläche, Format, Alphabet etc*) small: **auf ~stem Raum** in a very small (*od.* confined) space; **ein ~es Bier** a half-pint (*od.* half a pint) of beer; **die Welt ist doch ~!** it's a (*od.* what a) small world! **die Schuhe sind mir zu ~** the shoes are too small for me; **~er werden** a) to become smaller, to decrease, b) (*einlaufen*) to shrink; **die Heizung ~ einstellen** to turn the heat(ing) on low (*od.* down); **~e Augen machen** *fig. colloq.* (*müde sein*) to look tired (*od.* sleepy); → Einmaleins 1; Flamme 1. – **3.** (*als gefühlsbetontes Attribut*) little: **ihre ~en Hände waren ganz steifgefroren** her little hands were all frozen stiff; **das ist so eine ~e Eigenart von ihr** that is one of her little ways (*od.* idiosyncrasies); **die tausend ~en Dinge des täglichen Bedarfs** the thousand little daily (*od.* everyday) needs; **na, ~er Mann!** well, my little man (*od.* fellow)! **du ~er Schelm!** you little rascal! – **4.** (*Finger, Zehe*) little. – **5.** (*von Wuchs*) small, short: **~ und dick** small and fat; **~ und zierlich** (*Frau*) petite; **~ von Gestalt sein** to be of small stature, to be short (of stature); **er ist ~ für sein Alter** he is small for his age; → Kopf *Verbindungen mit Präpositionen*; oho. – **6.** (*nicht erwachsen*) small, young: **mein ~er Bruder** my young (*od.* little, *Am. auch* kid) brother; **als ihre Kinder noch ~ waren** when her children were still young; **manchmal benimmt er sich wie ein ~es Kind** sometimes he behaves like a (little) child; **das ~e Volk, die ~en Geister** *colloq.* the little folks, the children (*od. colloq.* kids, kiddies); **ich bin von ~ auf** (*od.* an) **gewohnt, früh aufzustehen** I have been used to getting up early ever since my childhood (*od.* ever since I was a child); **er hat viel für die ~en Mädchen übrig** *fig. colloq.* he is very fond of young girls; → groß 19. – **7.** (*kurze Zeit dauernd*) short, little: **in einer ~en Stunde** in about an hour; **eine ~e Weile** a short while; **einen ~en Moment, bitte** just a moment, please; **eine ~e Unterbrechung** a short (*od.* brief) interruption; **ein ~er Spaziergang** a short walk; **ein ~er Umweg** a short (*od.* slight, small) detour; **ich habe ihn noch ein ~es Stück (Wegs) begleitet** I accompanied him a short way. – **8.** (*zahlenmäßig od. wertmäßig gering*) small: **eine ~e Familie** a small family; **die Hochzeit wurde in ~em Kreis gefeiert** they celebrated their wedding with their closest friends (and family); **in ~en Mengen** in small amounts (*od.* quantities); **eine ~e Zahl von Zuhörern** a small number of listeners; **ein ~es Vermögen** a small fortune; → Geschenk 1; Kreis 4. – **9.** *fig.* (*Geld*) small: **~es Geld** small change, loose cash; **haben Sie's nicht ~er?** don't you have anything smaller? haven't you got any change? – **10.** (*unbedeutend*) small, little, slight, (*stärker*) insignificant, trifling, trivial: **dir ist da ein ~er Fehler unterlaufen** you made a little mistake there; **bei der ~sten Schwierigkeit gibt sie auf** she gives up at the slightest little trouble; **das ist meine ~ste Sorge** that is the least of my worries; **das ~ere von zwei Übeln wählen** to choose the lesser of two evils; **sie hat kein ~es Verdienst an dieser Arbeit** her contribution to this work was by no means small; **du hast mir keinen ~en Schrecken eingejagt** you gave me quite a scare; **bei der ~sten Kleinigkeit regt sie sich auf** she gets excited at (*od.* over) the slightest little thing; → Fisch 1; Ursache 1. – **11.** (*Angestellter, Beamter, Schauspieler etc*) minor, petty. – **12.** (*Händler, Bauer, Geschäftsmann, Betrieb etc*) small(-scale). – **13.** (*einfach*) ordinary, simple: → Leute 1; Mann 2. – **14.** (*bescheiden*) humble, modest: **aus ~en Verhältnissen stammen** to have a humble background, to be of humble origin(s); **sie leben in ~en Verhältnissen** they live modestly (*od.* simply). – **15.** (*engstirnig, kleinlich*) little, narrow- (*od.* small-)minded: **er ist ein ~er Geist** he is a narrow-minded person, he is a little mind. – **16.** *colloq.* (*gefügig, nachgiebig*) subdued, tame: **nach der Zurechtweisung war er ganz ~** (**und häßlich**) *fig. colloq.* after the dressing down he was quite subdued; **er ist schon ~er geworden** he's been taken down a peg or two already (*colloq.*). – **17.** *print.* lowercase (*attrib*). – **18.** *mus.* (*Intervall*) minor. – **19.** *fig. mar.* slow: **das Schiff machte ~e Fahrt** the ship proceeded at very low speed. – **20.** **~ere Vergehen** *jur.* minor offences (*Am.* offenses) (*od.* misdemeano[u]rs). – **21.** **das ~e Schwarze** (*fashion*) the little black (party) dress. – **22.** **~** (*od.* **ein ~es Geschäft**) **machen** *fig.* (*child's language*) to do number one, to wee-wee. – **II** *adv* **23.** small: **ein Wort ~ schreiben** to write a word with a small (*od.* lowercase) (initial) letter, not to capitalize a word; **sie schreibt sehr ~** she writes very small, she has very small handwriting. – **24.** **ein ~ wenig, ein ~ bißchen** *colloq.* a little (*od.* tiny) bit, just a (wee) bit. – **25.** small, modestly, humbly: **~ anfangen** *colloq.* to start in a small way. – **26.** **~ von j-m denken** *colloq.* to have a low opinion of s.o., not to think much of s.o. – **27.** → beigeben 4. – **III K~e, das** ⟨-n⟩ **28.** the small thing(s *pl*). – **29.** *cf.* Kleine[3] 3.

Klein *n* ⟨-s; *no pl*⟩ *gastr.* **1.** *cf.* Gänseklein. – **2.** *cf.* Hasenklein.

'Klein|ˌak·tie *f econ.* share with low par value, baby share (*bes. Am.* stock). — **~ak·tioˌnär** *m* small shareholder (*bes. Am.* stockholder). — **~ˌanˌzei·ge** *f* small ad(vertisement): **~n** (*in der Zeitung*) classified ad(vertisement)s. — **~ˌar·beit** *f* detailed work: **in mühevoller ~ hat er das Material zu diesem Werk zusammengetragen** it took him a great deal of painstaking detailed work to collect the material for this work. — **k~asia·tisch** [ˌklaɪn⁹a'zi̯aːtɪʃ] *adj* of Asia Minor. — **~ˌau·to** *n cf.* Kleinwagen. — **~au·toˌmat** *m electr.* automatic cutout. — **~ˌbahn** *f* (*railway*) **1.** light (*od.* narrow-ga[u]ge) railway (*Am.* railroad). – **2.** (*Lokalbahn*) local railway. — **~ˌbär** *m zo.* raccoon, *auch* racoon (*Fam. Procyonidae*). — **~ˌbau·er** *m* small farmer, *bes. Br.* small holder. — **~beˌsitz** *m* (*an Land*) small property, *bes. Br.* small holding. — **~beˌtrieb** *m* small(-size) business (*od.* undertaking, firm, enterprise, establishment): **landwirtschaftlicher ~** small farm (*bes. Br.* holding).

'Kleinˌbild *n phot.* 35-mm (*od.* miniature) photograph. — **~ˌfilm** *m* 35-mm (*od.* miniature) film: **Filmpatrone mit ~** 35-mm-film cartridge. — **~ˌka·me·ra** *f* 35-mm (*od.* miniature) camera. — **~proˌjek·tor** *m* slide (*od.* miniature) projector.

'klein|ˌblät·te·rig, ~ˌblätt·rig *adj bot.* small-leaved, microphyllous (*scient.*). — **~ˌblu·mig, ~ˌblü·tig** [-ˌblyːtɪç] *adj* with small flowers (*od.* blossoms).

'Klein|ˌbuchˌsta·be *m* **1.** small letter. – **2.** *print.* lowercase (letter), *Br.* lower case, minuscule, *Am. auch* miniscule. — **~ˌbüh·ne** *f* little theater (*bes. Br.* theatre). — **~ˌbür·ger** *m* **1.** member of the lower middle class, petit (*od.* petty) bourgeois. –

2. (*Spießer*) narrow-minded bourgeois, philistine, *auch* Philistine. — **k~ˌbür·ger·lich** *adj* **1.** lower middle-class (*attrib*), petit- (*od.* petty-)bourgeois. – **2.** (*spießig*) narrow middle-class (*attrib*), petit- (*od.* petty-)bourgeois. — **~ˌbür·ger·tum** *n* lower middle class, petite (*od.* petty) bourgeoisie. — **~ˌbus** *m* minibus, *Am. auch* microbus.

ˈKlein·chen *n* ⟨-s; -⟩ **1.** little child (*od. colloq.* thing). – **2.** (*als Kosewort*) little one, dear.

ˈKlein|chinˌchil·la *f, auch n zo.* Peruvian (*od.* Chile) chinchilla (*Chinchilla laniger*). — **k~ˌden·kend** *adj* narrow- (*od.* small-, petty-)minded. — **k~ˌdeutsch** *adj hist. relating to* (*od. favo[u]ring*) *the German Reich excluding Austria.* — **~ˌdruck** *m* ⟨-(e)s; *no pl*⟩ *print.* small type (*od.* print), minuscules *pl*, *Am. auch* miniscules *pl*.

ˈKlei·ne[1] *m* ⟨-n; -n⟩ **1.** little boy (*od.* one), lad: **unser ~r geht schon in die Schule** our little boy already goes to school; **der ~ weinte jämmerlich** the little one cried piteously; na, (mein) ~r? hello, (my) little one (*od.* fellow); **sind die ~n schon im Bett?** are the little ones (*od.* the children) in bed already? **die ~n freuen sich auf Weihnachten** the children are looking forward to Christmas; **ein Vergnügen für Große und ~** a pleasure for young and old alike. – **2. Pippin der ~** *hist.* Pepin the Short. – **3. einen ~n sitzen haben** *fig. colloq.* to be tipsy.

ˈKlei·ne[2] *f* ⟨-n; -n⟩ **1.** little girl, little one: **wie alt ist Ihre ~?** how old is your little girl? **das ist die ~ von unserem Nachbarn** that is our neighbo(u)r's little girl; **meine ~** a) my little one, b) (*als Kosewort*) my darling. – **2.** a) girl friend, b) (*als Kosewort*) darling.

ˈKlei·ne[3] *n* ⟨-n; -n⟩ **1. etwas ~s** *colloq.* a baby: **seine Frau bekommt etwas ~s** his wife has a baby on the way (*od.* is expecting); **bei ihnen ist etwas ~s unterwegs** there's a baby on the way, they are going to have a baby. – **2.** *cf.* **Junge**[2]. – **3.** (*in Wendungen wie*) **im ~n wie im Großen genau sein** to be accurate in little things as well as big ones; **wer das ~ nicht ehrt, ist das Große nicht wert** (*Sprichwort*) *etwa* he who disregards (the) small things is not worthy of greater things; **es wäre ihm ein ~s, dir zu helfen** it would be a small (*od.* an easy) thing for him to help you. – **4.** (*substantiviert mit Kleinschreibung*) **über ein k~s** soon, shortly, after a short while; **um ein k~s zu lang** a little (*od.* hairbreadth) too long; **Waren im k~n verkaufen** *econ.* to sell goods (by) retail, to retail goods; **eine Welt im k~n** a world in small (*od.* miniature), a microcosm (*lit.*); **bei k~m** *Northern G. colloq.* gradually, little by little.

ˈKlein·empˌfän·ger *m* (*radio*) **1.** small radio (set). – **2.** transistor radio (set).

ˈKlein|euˌro·pa *n pol.* Western (*od.* Little) Europe. — **~ˌfahrˌzeug** *n auto. cf.* Kleinwagen. — **~fa·mi·lie** *f sociol.* nuclear (*od.* parental, immediate) family. — **~ˌfin·gerˌbal·len** *m med.* hypothenar. — **~ˌfleckˌkat·ze** *f zo.* Geoffroy's cat (*Oncifelis geoffroyi*). — **~ˌfle·derˌmaus** *f* microchiropteron (*Unterordng Microchiroptera*). — **~ˌflugˌplatz** *m aer.* airpark, aviation field. — **~ˌflugˌzeug** *n* small aircraft, *bes. Br.* small aeroplane (*Am.* airplane). — **~for·mat** *n* small size (*od.* format). — **k~ˌfrüch·tig** *adj bot.* bearing small(-sized) fruits. — **k~ˌfü·ßig** *adj med. zo.* small-footed, microped (*scient.*). — **~ˌgar·ten** *m* small garden, *bes. Br.* allotment. — **~ˌgärt·ner** *m* small (*bes. Br.* allotment) gardener. — **~geˌbäck** *n gastr.* biscuits *pl*, *Am.* cookies *pl*. — **k~geˌdruckt I** *adj* in small print: **~er Text** (text in) small print. – **II K~e, das** ⟨-n⟩ small (*Am.* fine) print: **Ärger mit dem K~en** trouble with the small print; **bei Verträgen muß man vor allem das K~e lesen** one must be sure to read the small print before signing a contract. — **~ˌgeist** *m contempt.* narrow- (*od.* small-)minded person, narrow mind. — **k~ˌgei·stig** *adj* narrow- (*od.* small-)minded, petty(-minded). — **~ˌgeld** *n* (small) change, small coin, *Am. sl.* 'chicken feed': **es fehlt ihm am nötigen ~** *colloq. humor.* he hasn't got (*od.* lacks) the cash (*od.* the wherewithal, *Br. sl.* the lolly). — **k~geˌmu·stert** *adj* (*Kleid, Stoff etc*) with a small pattern, small-patterned. — **~geˌwer·be** *n econ.* **1.** small trade. – **2.** *collect.* small(-scale) industries *pl*. — **k~ˌgläu·big** *adj* of little faith, weak in faith. — **~ˌgläu·big·keit** *f* lack (*od.* weakness) of faith. — **~ˌgolf** *n* miniature golf, minigolf. — **~ˌgrund·beˌsitz** *m agr. jur.* small landed property, *bes. Br.* small holding. — **~ˌgrund·beˌsit·zer** *m* small farmer, *bes. Br.* small holder. — **k~ˌhacken** (*getr.* -k·k-) *v/t* ⟨*sep*, -ge-, h⟩ **1.** (*Petersilie, Zwiebeln etc*) chop (up). – **2.** (*Holz*) split, chop (up).

ˈKleinˌhan·del *m econ.* retail trade (*od.* business): **im ~** (at [*Br.* by]) retail.

ˈKleinˌhan·dels|geˌschäft *n econ.* retail shop (*od.* business). — **~ˌpreis** *m* retail price.

ˈKleinˌhänd·ler *m econ.* retailer, retail dealer.

ˈKlein·heit *f* ⟨-; *no pl*⟩ **1.** smallness, littleness, small size. – **2.** *fig.* (*Unbedeutendheit*) smallness, insignificance.

ˈkleinˌher·zig *adj cf.* kleinmütig.

ˈKleinˌhirn *n med.* cerebellum. — **~ˌrin·de** *f* cerebellar cortex.

ˈKleinˌholz *n* ⟨-es; *no pl*⟩ firewood, kindling: **~ machen** to chop (up) firewood, to split kindling; **~ aus j-m machen** *fig. colloq.* to make mincemeat of s.o., to pulverize s.o.; **~ aus etwas machen, etwas zu ~ machen, etwas in ~ verwandeln** *fig. colloq.* to smash s.th. to pieces (*od. colloq.* smithereens), to make matchwood out of s.th.

ˈKlei·nig·keit *f* ⟨-; -en⟩ **1.** little thing, trifle, small matter, bagatelle: **das ist eine ~ für ihn, das ist ihm eine ~** that's a mere trifle (*od.* that's child's play, that's nothing) to him; **das war keine ~** that was no small matter (*od.* no joke, not easy); **er lacht über jede ~** he laughs at every trifle; **ich muß mich um jede ~ (selbst) kümmern** I have to do every little thing myself; **er gibt sich nicht gern mit solchen ~en ab** he doesn't like to be bothered by those (fiddling) little things (*od.* details, trivialities); **er legt großen Wert auf ~en** he sets great store by little things, he is a stickler for detail; **es kommt oft gerade auf ~en an** it is often the little things that matter; **sie regt sich wegen jeder ~ auf** she gets excited (*od.* worked up) about the slightest little thing; **sich in ~en verlieren** to get bogged down by minor matters (*od.* details); **über den ~en die Hauptsache vergessen** to forget the main thing for all the minor matters. – **2. eine ~** *colloq.* a little: **der Rock ist eine ~ zu lang** the skirt is a little too long; **es wird noch eine ~ dauern** it will take just a little longer; **so ein Pelzmantel kostet eine ~!** *iron.* such a fur coat costs a pretty penny! – **3.** little thing: **bis auf die letzten ~en ist alles gepackt** everything is packed apart from the little odds and ends (*od.* last-minute things); **ich habe dir eine ~ mitgebracht** I brought you a little present (*od.* a little something); **eine ~ essen** (*od.* **zu sich nehmen**) to have a little something (*od.* a bite) to eat, to (have a) snack.

ˈKlei·nig·keits|ˌkrä·mer *m colloq. contempt.* fussbudget, fusspot, *Br.* fuss-pot (*alle colloq.*), pettifogger, stickler for detail. — **~krä·meˈrei** [ˌklaɪn-] *f* fussing over trifles, pettifoggery, pettifogging.

ˈKlein·in·duˌstrie *f econ.* small(-scale) industry.

ˈKlein·kaˌli·ber *n* small bore (*od.* caliber, *bes. Br.* calibre). — **~ˌbüch·se** *f*, **~geˌwehr** *n* small-bore rifle. — **~ˌschie·ßen** *n* small-bore target practice. — **~ˌwaf·fe** *f* small-bore weapon.

ˈklein|kaˌlib·rig [-kaˌliːbrɪç] *adj* (*Munition, Gewehr etc*) small-bore (*attrib*). — **~kaˌriert** *adj* **1.** (*Kleid, Stoff etc*) small-check(ed). – **2.** *fig. colloq. contempt.* (*engstirnig*) narrow(-minded), hidebound. — **K~ˌkat·zen** *pl zo.* lesser cats (*Unterfam. Felinae*). — **K~ˌkern** *m biol.* (*der Wimpertierchen*) micronucleus.

ˈKleinˌkind *n* **1.** infant, baby. – **2.** young (*od.* small) child (*from 2 to 6 years of age*).

ˌKleinˌkin·der|beˈwahrˌanˌstalt *f obs.* day nursery: **wir sind doch hier keine ~!** *colloq.* this is no day nursery! — **~ˌfürˌsor·ge** [ˈklaɪn-] *f* infant care (*od.* welfare).

ˈKlein|klaˌvier *n mus. Br.* cottage piano, *Am.* spinet (piano). — **~ˌkli·ma** *n meteor.* microclimate. — **k~ˌkör·nig** *adj* small- (*od.* fine-)grained. — **~ˌkraftˌrad** *n* light motorcycle. — **~ˌkraftˌwa·gen** *m cf.* Kleinwagen. — **~ˌkram** *m* **1.** trivial affairs (*od.* matters) *pl*: **der tägliche ~** the trivial everyday affairs. – **2.** (troublesome) details (*od.* trifles) *pl*. – **3.** bits and pieces *pl*, odds and ends *pl*. — **~ˌkrebs** *m meist pl zo.* entomostracan (*Gruppe Entomostraca*). — **~kreˌdit** *m econ.* small(-scale) credit (*od.* loan). — **~ˌkreis** *m* **1.** *math.* (*einer Kugel*) small circle. – **2.** *astr.* small circle of sphere. — **~ˌkrieg** *m mil.* guer(r)illa war(fare): **einen ständigen ~ führen** a) to wage unceasing war, b) *fig.* to quarrel perpetually (about trifles).

ˈkleinˌkrie·gen *v/t* ⟨*sep*, -ge-, h⟩ *colloq.* **1.** break (*s.th.*) up into small pieces. – **2.** (*kaputtmachen*) break, ruin: **der Junge kriegt alles in kürzester Zeit klein** the boy breaks everything in no time (at all). – **3.** (*aufbrauchen*) get through, make short work (*od.* shrift) of, get rid of: **er wird sein Vermögen bald ~** he'll soon get through his fortune; **den Kuchen werden wir schon ~** we'll make short (*od.* quick) work of that cake. – **4. etwas ist nicht kleinzukriegen** s.th. won't wear out: **der Teppich ist einfach nicht kleinzukriegen** the carpet just won't wear out. – **5. j-n ~** a) (*körperlich*) to tire s.o. out, b) (*nervlich*) to break (*od.* get) s.o. down, c) (*moralisch*) to cut s.o. down to size, to browbeat s.o., to take s.o. down a peg or two: **er ist nicht kleinzukriegen** a) (*körperlich*) nothing tires him out, b) *fig.* nothing can break him down.

ˈKleinˌkü·che *f* kitchenette, *auch* kitchenet.

ˈKleinˌkunst *f* ⟨-; *no pl*⟩ **1.** (*Kunsthandwerk*) handicrafts *pl*, (production of) small objets d'art *pl*. – **2.** (*theater*) cabaret. — **~ˌbüh·ne** *f* (*theater*) cabaret.

ˈKleinˌlandˌwirt *m* small farmer, *bes. Br.* small holder.

ˈkleinˌlaut I *adj* subdued, apologetic: **~ werden** to become subdued, to sing small (*colloq.*). – **II** *adv* in a subdued manner, apologetically.

ˈKlein|ˌle·bens·verˌsi·che·rung *f econ.* industrial life assurance (*Am.* insurance). — **~ˌle·beˌwe·sen** *n biol.* microbe, microorganism.

ˈklein·lich *adj* **1.** (*geizig*) mean, ungenerous: **in Geldsachen ist er sehr ~** he is very mean in money matters. – **2.** (*engstirnig*) narrow- (*od.* small-)minded, petty: **das sind doch ~e Bedenken** those are petty scruples; **~e Eifersüchteleien** petty jealousies. – **3.** (*pedantisch*) pedantic, fussy, punctilious: **~e Auslegung eines Gesetzes** pedantic (*od.* narrow, uncompromising) interpretation of an act. — **ˈKlein·lich·keit** *f* ⟨-; *no pl*⟩ **1.** (*Geiz*) meanness, ungenerosity. – **2.** (*Engstirnigkeit*) narrow- (*od.* small-)mindedness, pettiness. – **3.** (*Pedanterie*) pedantry, fussiness, punctiliousness.

ˈKlein|ˌlie·ferˌwa·gen *m* pickup truck, *bes. Br.* small delivery van, light lorry (with tarpaulin). — **~ˌluftˌschiff** *n aer.* small airship: **unstarres ~** blimp. — **k~ˌma·chen** *colloq.* **I** *v/t* ⟨*sep*, -ge-, h⟩ **1.** make (*s.th.*) small(er). – **2.** (*Holz etc*) split, chop (up). – **3.** (*Geldschein*) change, *Am. auch* break: **kannst du mir einen Hunderter ~?** can you change a hundred-mark note for me? – **4.** *cf.* kleinkriegen 3. – **II** *v/reflex* **sich ~** **5.** *fig.* degrade (*od.* belittle) oneself. — **~ma·leˌrei** *f* **1.** (*art*) (*bes. auf Glas*) miniature painting, *auch* miniaturism. – **2.** (*literature*) minute description. — **k~ˌma·schig** *adj cf.* feinmaschig. — **~ˌmaß** *n* **1.** small size. – **2.** small measurement. — **~ˌmei·ster** *pl* (*art*) *hist.* Little Masters (*German graphic artists of the 16th century*). — **~ˌmö·bel** *pl* small pieces (*od.* items) of furniture. — **~ˌmo·tor** *m tech.* small-type (*od.* fractional-horsepower) motor.

ˈKleinˌmut *m* ⟨-(e)s; *no pl*⟩ *lit.* **1.** (*Mutlosigkeit*) faintheartedness, *Br.* faint-heartedness, weakheartedness, *Br.* weak-heartedness, pusillanimity (*lit.*). – **2.** (*Verzagtheit*) despondency, despair. — **ˈkleinˌmü·tig** *adj* **1.** fainthearted, *Br.* faint-hearted, weakhearted, *Br.* weak-hearted, pusillanimous (*lit.*). – **2.** despondent. — **ˈKleinˌmü·tig·keit** *f* ⟨-; *no pl*⟩ *cf.* Kleinmut.

Klein·od[1] [ˈklaɪnoːt] *n* ⟨-(e)s; -ien [ˈklaɪnoː-

dīən; -ˈnoːdīən]⟩ (*Schmuckstück*) jewel, gem: kostbare Kleinodien precious jewels.

ˈ**Klein·od**[2] *n* ⟨-(e)s; -e⟩ *fig.* (*Kostbarkeit*) treasure, jewel, gem: er hütet sie wie ein ~ he guards her like a treasure.

ˈ**Klein,ohr,schnecke** (*getr.* -k·k-) *f zo.* Midas's-ear (*Auricula aurismidae*).

ˈ**Klein|ok,tav** *n print.* small octavo. — **~,pfla·ster** *n civ.eng.* (small) cobblestone pavement. — **~,pla·stik** *f* (*art*) small sculpture.

ˈ**Klein,preis·ge,schäft** *n econ.* low-price shop (*bes. Am.* store), *Am. colloq.* five-and-ten (*od.* dime) store, *Br. colloq.* penny shop.

ˈ**Klein|,quart** *n print.* small quarto. — **~,rent·ner** *m* **1.** small pensioner. – **2.** (*an der Börse*) small investor. — **~,rus·se** *m*, **~,rus·sin** *f* Ruthenian, Ukrainian, Little Russian, Russene. — **k~,rus·sisch I** *adj* Ruthenian, Ukrainian, Little Russian. – **II** *ling.* **K~** ⟨*generally undeclined*⟩, **das K~e** ⟨-n⟩ Ruthenian, Ukrainian, Little Russian. — **k~,sa·mig** [-,zaːmɪç] *adj bot.* with small seeds. — **~,schlag** *m civ.eng.* **1.** (*Betonschotter*) broken concrete, concrete hard core. – **2.** (*Ziegelschotter*) brick rubble (*od.* hard core). — **~,schlep·per** *m* lightweight tractor. — **~,schmet·ter·ling** *m zo.* microlepidopter, microlepidopteran, micro. — **k~,schnei·den** *v/t* ⟨*irr, sep,* -ge-, h⟩ **1.** (*Fleisch, Brot etc*) cut (*s.th.*) into small pieces, cut up, cut (*s.th.*) up small. – **2.** *cf.* kleinhacken 1. — **k~,schrei·ben** *v/t* ⟨*irr, sep,* -ge-, h⟩ Sauberkeit wird bei ihr kleingeschrieben she doesn't pay much attention to cleanliness. — **~,schrei·bung** *f* use of (*od.* spelling with) small (initial) letters. — **~,se·ri·en,bau** *m* ⟨-(e)s; *no pl*⟩, **~,se·ri·en,fer·ti·gung** *f econ.* production of small series. — **~,span·nung** *f electr.* low voltage. — **~,spa·rer** *m* small saver. — **~,specht** *m zo.* lesser spotted woodpecker (*Dendrocopus minor*). — **~,spo·re** *f bot.* microspore.

kleinst *adj sup of* klein.

ˈ**Klein|,staat** *m pol.* small (*od.* minor) state. — **~staa·te'rei** [,klaɪn-] *f pol. hist.* particularism. — **k~,staat·lich** *adj* of (*od.* relating to) a small (*od.* minor) state. — **~,stadt** *f* small (*od.* provincial) town. — **~,städ·ter** *m* resident of a small town, *Am.* small-towner. — **k~,städ·tisch** *adj* (*Ansichten, Atmosphäre etc*) small-town (*attrib*), provincial.

ˈ**Kleinst|be,trieb** *m econ.* (very) small business (*od.* firm, enterprise). — **~,bild·,ka·me·ra** *f phot.* subminiature camera.

ˈ**Klein·ste**[1] *m* ⟨-n; -n⟩ smallest (*od.* youngest) boy, baby (of the family).

ˈ**Klein·ste**[2] *f* ⟨-n; -n⟩ smallest (*od.* youngest) girl, baby (of the family).

ˈ**Klein·ste**[3] *n* ⟨-n; -n⟩ **1.** smallest (*od.* youngest) child, baby (of the family). – **2.** (*substantiviert mit Kleinschreibung*) bis ins k~e down to the last detail.

ˈ**klein|,stel·len** *v/t* ⟨*sep,* -ge-, h⟩ (*Gas etc*) turn (*s.th.*) down, set (*s.th.*) low. — **K~,stel·ler** *m tech.* (*an Heizung, Gasofen etc*) low-setting control.

ˈ**Kleinst|,haus** *n* very small house. — **~,kind** *n* baby. — **~,maß** *n tech.* a) minimum size (*od.* dimension), b) (*von Passungen*) lower limit of size. — **k~,mög·lich** *adj* smallest (*od.* least) possible: das ~e Vielfache *math.* the smallest (*od.* least) possible multiple. — **~,mo·tor** *m tech.* fractional-horsepower (*od.* pilot, miniature) motor. — **~,spiel** *n tech.* minimum clearance. — **~,wa·gen** *m auto. cf.* Kleinwagen. — **~,woh·nung** *f* minimum-sized apartment (*bes. Br.* flat), *Br. auch* flatlet.

ˈ**Klein,tier** *n zo.* small (domestic) animal. — **~,hal·tung** *f* keeping of small (domestic) animals. — **~,welt** *f zo.* microbial world, world of microorganisms, microfauna. — **~,zucht** *f* breeding of small (domestic) animals.

ˈ**Klein|trans·for,ma·tor** *m electr.* bell transformer. — **~,trom·be** *f meteor.* (*Staubhose*) dust devil. — **~ver,die·ner** *m econ.* small wage earner. — **~,vieh** *n* small domestic animals *pl*: ~ macht (*od.* gibt) auch Mist *fig. colloq.* many a little makes a mickle, many a mickle makes a muckle. — **~,wa·gen** *m auto.* small (*od.* light, lilliput, baby, bubble) car, minicar, runabout, *bes. Am.* subcompact. — **~,wild** *n hunt.* small game. — **k~'win·zig** *adj colloq.* tiny little, teeny-weeny (*colloq.*). — **~,woh·nung** *f* small apartment (*bes. Br.* flat). — **k~,wüch·sig** [-,vyːksɪç] *adj* small, short, of small stature, runty (*colloq.*). — **~,zeug** *n colloq. for* Kleinkram 1.

Kleio [ˈklaɪo] *npr f* ⟨-; *no pl*⟩ *myth. cf.* Klio.

Klei·ster [ˈklaɪstər] *m* ⟨-s; -⟩ **1.** (*Klebemittel*) paste. – **2.** *print.* size, sizing. – **3.** *fig. colloq.* (*dicker, zäher Brei*) goo, gooey stuff (*colloq.*). — **~,äl·chen** *n zo.* paste (*od.* vinegar) eel (*Anguillula aceti*).

ˈ**klei·ste·rig** *adj* **1.** sticky, gluey. – **2.** *colloq.* (*Brot etc*) gooey.

klei·stern [ˈklaɪstərn] *v/t* ⟨h⟩ **1.** (auf *acc*, an *acc* on) paste: ein Plakat an die Wand ~ to paste a poster on the wall. – **2.** kleister die Butter nicht so dick aufs Brot *colloq.* don't spread the butter so thickly on the bread. – **3.** j-m eine ~ *colloq.* to give s.o. a clout (*od.* slap): ich kleister' dir gleich eine I'll box your ears for you in a minute.

ˈ**Klei·ster|,pin·sel** *m* paste brush. — **~,topf** *m* paste pot.

klei·sto·gam [klaɪstoˈgaːm] *adj bot.* cleistogamous, cleistogamic. — **Klei·sto·ga'mie** [-gaˈmiː] *f* ⟨-; *no pl*⟩ cleistogamy.

ˈ**klei·strig** *adj cf.* kleisterig.

Kle·ma·tis [ˈkleːmatɪs; kleˈmaːtɪs] *f* ⟨-; -⟩ *bot.* clematis (*Gattg Clematis*).

Kle·men·ti·ne [klemɛnˈtiːnə] *f* ⟨-; -n⟩ *bot.* (*kernlose Mandarine*) clementine, *Am.* seedless tangerine.

ˈ**Klemm|,backe** (*getr.* -k·k-) *f tech.* (clamp) jaw. — **~,brett** *n electr. cf.* Klemmenbrett.

Klem·me [ˈklɛmə] *f* ⟨-; -n⟩ **1.** clamp, clip. – **2.** (*Haarklemme*) hairpin, *Am.* bobby pin, *bes. Br.* (hair) grip. – **3.** *tech.* clamp. – **4.** *electr.* terminal. – **5.** *med.* a) clamp, b) (*für Gefäß*) h(a)emostat. – **6.** *colloq.* tricky situation, tight corner (*od.* spot); 'fix', 'jam', 'soup', 'scrape' (*colloq.*): in der ~ sein (*od.* sitzen) a) to be in a tight corner (*od.* a cleft stick, a dilemma) b) (*bes. in Geldverlegenheit*) to be in dire straits; in die ~ kommen (*od.* geraten) to get into a tight spot; er hat mich schön in die ~ gebracht he got me into a real jam; j-m aus der ~ helfen to help s.o. out of a fix; sich geschickt aus der ~ ziehen to get oneself (*od. colloq.* wangle oneself, w[r]iggle) out of a fix.

klem·men [ˈklɛmən] **I** *v/t* ⟨h⟩ **1.** (*zwängen*) wedge, jam: etwas hinter den Schrank ~ to jam s.th. behind the cupboard. – **2.** (*stecken*) put, stick, tuck: sich (*dat*) den Regenschirm unter den Arm ~ to stick one's umbrella under one's arm. – **3.** (*quetschen*) get (*s.th.*) pinched (*od.* jammed), nip: ich habe mir den Finger in der Tür geklemmt I got my finger caught (*od.* jammed) in the door, my finger was caught in the door. – **4.** *colloq.* (*stehlen*) 'pinch', 'nip', *bes. Br.* 'nick' (*alle colloq.*), steal. – **II** *v/i* **5.** (*von Tür, Fenster, Schublade etc*) be stuck (*od.* jammed). – **III** *v/reflex* sich ~ **6.** pinch (*od.* nip) one's finger (*od.* hand), get one's finger (*od.* hand) caught (*od.* jammed). – **7.** sich hinter (*acc*) [in *acc*] etwas ~ (*zwängen*) to wedge (*od.* squeeze) oneself behind [into] s.th. – **8.** sich hinter (*acc*) etwas ~ *colloq.* to get down to s.th.: sich hinter die Arbeit ~ to get down to work. – **9.** sich hinter j-n ~ *colloq.* to approach (*od.* get on to) s.o.: wenn man sich hinter die richtigen Leute klemmt, erreicht man vieles schneller when one gets on to the right people one gets many things done faster.

ˈ**Klem·men|,brett** *n electr.* terminal board (*od.* block). — **~,ka·sten** *m* terminal (*od.* connection, *Br. auch* connexion) box. — **~,span·nung** *f* terminal voltage.

ˈ**Klem·mer** *m* ⟨-s; -⟩ *cf.* Kneifer 1.

ˈ**Klemm|,he·bel** *m tech.* **1.** clamping lever. – **2.** (*eines Stahlhalters*) locking pin. — **~,hef·ter** *m* spring folder (*od.* binder). — **~,plat·te** *f* (*railway*) adjusting clip. — **~,ring** *m tech.* clamp(ing) collar (*od.* ring). — **~,rücken** (*getr.* -k·k-) *m print.* spring-back. — **~,schrau·be** *f tech.* clamping (*od.* locking) screw (*od.* bolt), binding screw. — **~sta,tiv** *n phot.* camera clamp. — **~,stück** *n* **1.** (*railway*) adjusting clip. – **2.** *tech.* shim.

ˈ**Klemmuf·fe** (*getr.* -mm,m-) *f tech.* clamping sleeve.

ˈ**Klemmut·ter** (*getr.* -mm,m-) *f tech.* locknut, jam nut.

ˈ**Klemm|,vor,rich·tung** *f tech.* clamping (*od.* locking, gripping) device. — **~,zan·ge** *f med.* blunt (*od.* nonpointed, *Br.* non-pointed, h[a]emostatic) forceps.

klem·pern [ˈklɛmpərn] *v/i* ⟨h⟩ *archaic* **1.** hammer metal. – **2.** clink, rattle, jangle.

Klemp·ner [ˈklɛmpnər] *m* ⟨-s; -⟩ **1.** plumber, tinsmith. – **2.** (*Installateur*) gas fitter, *Br.* gas-fitter. — **~,ar·beit** *f* plumbing (work), tinman's work.

Klemp·ne'rei *f* ⟨-; -en⟩ **1.** plumbing shop, tinsmith's workshop. – **2.** ⟨*only sg*⟩ *cf.* Klempnerhandwerk.

ˈ**Klemp·ner|,hand,werk** *n* plumber's craft (*od.* trade), plumbing. — **~,la·den** *m* **1.** *cf.* Klempnerei 1. – **2.** *fig. colloq.* (*ordengeschmückte Brust*) (chestful of) 'gongs' *pl* (*colloq.*), *Am. sl.* 'fruit salad', (chest) 'hardware'. — **~,mei·ster** *m* master plumber.

klemp·nern [ˈklɛmpnərn] *v/i* ⟨h⟩ work as a plumber, do plumbing, plumb (*colloq.*).

ˈ**Klemp·ner|,sche·re** *f tech.* tinner's snips *pl* (*construed as sg or pl*). — **~,wa·ren** *pl* tinware *sg.* — **~,werk,statt** *f* plumber's workshop, plumbing shop, tinsmith's workshop. — **~,werk,zeug** *n* plumber's (*od.* tinsmith's) tool.

klen·gen [ˈklɛŋən] *v/t* ⟨h⟩ (*forestry*) (*Nadelholzsamen*) husk, shell, extract, dehisce (*scient.*).

Kleo·pa·tra,schlan·ge [kleˈoːpatra-] *f zo.* asp, Egyptian cobra (*Naja haje*).

Kleph·te [ˈklɛftə] *m* ⟨-n; -n⟩ *meist pl hist.* klepht, clepht, *auch* Klepht (*Greek or Albanian brigand*). — ˈ**Kleph·ten,lied** *n* (*literature*) klephtic ballad.

Klep·per [ˈklɛpər] *m* ⟨-s; -⟩ *contempt.* (*altes dürres Pferd*) jade, hack, nag.

ˈ**Klep·per|,boot** (*TM*) *n* folding (*od.* collapsible) canoe, faltboat, *auch* foldboat. — **~,man·tel** (*TM*) *m* raincoat, *Br. auch* mackintosh, *auch* macintosh, *Am. auch* slicker.

klep·to·man [klɛptoˈmaːn] *adj psych.* kleptomaniac, cleptomaniac. — **Klep·to'ma·ne** *m, f* ⟨-n; -n⟩ kleptomaniac, cleptomaniac. — **Klep·to·ma'nie** [-maˈniː] *f* ⟨-; *no pl*⟩ kleptomania, cleptomania. — **Klep·to·'ma·nin** *f* ⟨-; -nen⟩ *cf.* Kleptomane. — **klep·to'ma·nisch** *adj cf.* kleptoman.

kle·ri·kal [kleriˈkaːl] *adj bes. pol.* clerical: ~e Politik (*od.* Grundsätze) clericalism; in ~en Kreisen in clerical circles. — **Kle·ri·'ka·le** *m* ⟨-n; -n⟩ clerical(ist). — **Kle·ri·ka'lis·mus** [-kaˈlɪsmʊs] *m* ⟨-; *no pl*⟩ clericalism.

Kle·ri·ker [ˈkleːrikər] *m* ⟨-s; -⟩ *röm.kath.* clergyman, cleric, priest, divine, churchman.

Kle·ri·sei [kleriˈzaɪ] *f* ⟨-; *no pl*⟩ *obs. od. contempt. for* Klerus.

Kle·rus [ˈkleːrʊs] *m* ⟨-; *no pl*⟩ *bes. röm.kath.* clergy, priesthood.

kle·schen [ˈklɛʃən] *v/t* ⟨h⟩ j-m eine ~ *Austrian vulg.* to give s.o. a clout, to slap s.o.'s face.

Klet·te [ˈklɛtə] *f* ⟨-; -n⟩ **1.** *bot.* bur(r) (*Gattg Arctium*): Große ~ bur(r), clotbur, burdock (*A. lappa*). – **2.** (*Blüte od. Fruchtstand*) bur(r): dein Mantel ist voller ~n your coat is full of burs; sie hängt sich an ihn wie eine ~ *fig.* she clings to him like a bur(r) (*od.* a leech, a limpet); sie hängen (*od.* halten, kleben) zusammen wie die ~n *fig.* they are (quite) inseparable. – **3.** *fig. colloq. contempt.* bur(r), barnacle, limpet, hanger-on: sie ist die reinste ~ she clings (to me) like a limpet.

ˈ**klet·ten,ar·tig** *adj* bur(r)like, burry.

ˈ**Klet·ten|,gras** *n bot.* **1.** prickle grass (*Tragus racemosus*). – **2.** bur(r) grass (*Gattg Cenchrus*). — **~,ker·bel** *m* bur(r) chervil (*Gattg Anthriscus*). — **~,kraut** *n* stickseed (*Gattg Lappula*). — **~,mal·ve** *f* Indian mallow (*Urena lappago*). — **~,wolf** *m* (*textile*) *tech.* burring willow, bur(r) crusher.

ˈ**Klet·ten,wur·zel** *f* bur(r) (*od.* burdock) root. — **~,öl** *n med. pharm.* bur(r)-root oil.

ˈ**Klet·ter|,af·fe** *m colloq.* monkey. — **~,barsch** *m zo.* climbing perch, tree climber (*Anabas scandens*). — **~,baum** *m* **1.** (*im Zoo*) *tree for climbing and sharpening claws.* – **2.** (*auf Volksfesten*) (greasy) pole. — **~,beut·ler** *m zo.* phalanger, cuscus (*Fam. Phalangeridae*).

Klet·te'rei *f* ⟨-; -en⟩ *colloq.* climb(ing): die ~ war keine Kleinigkeit the climb was no joke.

ˈ**Klet·ter|,ei·dech·se** *f zo.* anolis (*Gattg Anolis*). — **~,ei·sen** *n cf.* Steigeisen.

ˈ**Klet·te·rer** *m* ⟨-s; -⟩ **1.** climber. – **2.** *bot. cf.* Kletterpflanze.

ˈ**Klet·ter|ˌfarn** *m bot.* creeping (*od.* climbing) fern (*Gattg Lygodium*). — **~ˌfisch** *m zo. cf.* Kletterbarsch. — **~ˌfuß** *m* scansorial foot. — **k~ˌfü·ßig** *adj zo.* (*Vogel, Chamäleon etc*) pair-toed, yoke-toed (*od.* -footed), zygodactylous (*scient.*). — **~ˌgar·ten** *m* (*sport*) practice course for climbers, practice crags *pl.* — **~geˌrüst** *n* (*für Kinder*) climbing frame, *bes. Am.* jungle gym, monkey bars *pl.* — **~ˌha·ken** *m* (*in Alpinistik*) (rock) piton (*od.* peg). — **~ˌham·mer** *m* piton hammer. — **~ˌmast** *m* climbing pole. — **~ˌma·xe** [-ˌmaksə] *m* ⟨-s; -⟩ *colloq.* (*Einsteigdieb*) porch climber, cat burglar, *Am. colloq.* second-story man. — **~ˌmei·se** *f zo.* tree creeper (*Fam. Certhiidae*).

klet·tern [ˈklɛtərn] **I** *v/i* ⟨sein *u.* h⟩ **1.** ⟨sein⟩ climb, clamber: **auf einen Baum [Berg]** ~ to climb (up) a tree [mountain]; **über den Zaun [durch das Fenster]** ~ to climb over (*od.* scale) the fence [through the window]; **am Seil in die Höhe** ~ to climb up (*od.* shin up) a rope; → Akazie 4; Baum 2. – **2.** ⟨h *u.* sein⟩ (*bergsteigen*) climb, do rock-climbing: **ich habe** (*od.* **bin**) **früher viel geklettert** I used to do a lot of (rock)-climbing. – **3.** ⟨sein⟩ *fig.* (*von Pflanzen*) climb, creep. – **4.** ⟨sein⟩ *fig.* (*von Barometer, Preis etc*) rise, climb, go up: **die Tachometernadel kletterte auf hundert** the needle of the speedometer climbed to a hundred. – **II K~** *n* ⟨-s⟩ **5.** *verbal noun*: **feste Schuhe zum K~** stout shoes for (rock-)climbing.

ˈ**Klet·ter|ˌnat·ter** *f meist pl zo.* rat snake (*Gattg Elaphe*). — **~parˌtie** *f* **1.** *cf.* Klettertour. – **2.** (*Gruppe*) climbing party. — **~ˌpflan·ze** *f bot.* climbing (*od.* creeping, twining) plant, climber, creeper. — **~ˌro·se** *f* **1.** climbing rose, rambler (rose). – **2.** evergreen rose (*Rosa sempervirens*). — **~ˌschluß** *m* (*in Alpinistik*) foot grip. — **~ˌschuh** *m meist pl* (rock-)climbing shoe. — **~ˌschu·le** *f* **1.** alpine climbing (*od.* mountaineering) school. – **2.** (*Buch*) climbing (*od.* mountaineering) manual. — **~ˌschwanz** *m zo.* tree creeper (*Gattg Climacteris*). — **~ˌseil** *n* (*in Alpinistik*) climbing (*od.* mountaineering) rope. — **~ˌspecht** *m zo.* spider catcher, wall creeper (*Tichodroma muraria*). — **~ˌstan·ge** *f* (*sport*) climbing pole. — **~ˌstau·de** *f bot.* climber, creeper. — **~ˌtau** *n* rope for climbing. — **~ˌtier** *n meist pl zo.* climbing animal, climber. — **~ˌtour** *f* climbing tour (*od.* trip), climb. — **~tromˌpe·te** *f bot.* trumpet creeper (*od.* vine) (*Campsis radicans*). — **~ˌübung** *f* climbing practice (*od.* exercise). — **~ˌvö·gel** *pl zo.* climbers (*Ordng Scansores*): **eigentliche** ~ yoke-toed (*od.* -footed) birds, zygodactyl(e)s (*scient.*); **zu den** ~**n gehörig** scansorial. — **~ˌwaldˌsän·ger** *m* myrtle warbler (*Mniotilta varia*). — **~ˌwur·zel** *f bot.* anchoring root, holdfast.

ˈ**Klettˌfrucht** *f bot.* bur(r).

Klet·ze [ˈklɛtsə] *f* ⟨-; -n⟩ *Bavarian and Austrian gastr.* dried pear. — ˈ**Klet·zenˌbrot** *n cf.* Hutzelbrot.

klick [klɪk] *interj* click!

Klick *m* ⟨-s; -s⟩ click. — ˈ**klicken** (*getr.* -k·k-) **I** *v/i* ⟨h⟩ (*von Kameraverschluß, Billardkugeln etc*) click. – **II K~** *n* ⟨-s⟩ click, (*mehrfaches*) clicking, clicks *pl.*

ˈ**Klicker** (*getr.* -k·k-) *m* ⟨-s; -⟩ *dial.* (*Murmel*) marble. — ˈ**klickern** (*getr.* -k·k-) *v/i* ⟨h⟩ **1.** play marbles. – **2.** (*von Geld etc*) clink, chink. – **3.** (*von Murmel, Billardkugel*) click.

Klicks [klɪks] *m* ⟨-es; -e⟩ (*Schnalzlaut*) click.

klie·ben [ˈkliːbən] *obs. od. Southern G. and Austrian dial.* **I** *v/t* ⟨kliebt, klob *u.* kliebte, gekloben *u.* gekliebt, h⟩ cleave, split. – **II** *v/i* ⟨sein⟩ *u.* **sich** ~ *v/reflex* ⟨h⟩ cleave, split.

Kli·ent [kliˈɛnt] *m* ⟨-en; -en⟩ (*eines Rechtsanwalts etc*) client: **ohne** ~**en** without clients, clientless, briefless. — **Kli·enˈtel** [-ˈteːl] *f* ⟨-; -en⟩ **1.** (the) clients *pl*, clientele, clientage. — **Kliˈen·tin** *f* ⟨-; -nen⟩ (lady) client.

klie·ren [ˈkliːrən] *v/i u. v/t* ⟨h⟩ *Low G. colloq.* (*kritzeln, schmieren*) scrawl, scribble.

Klie·sche [ˈkliːʃə] *f* ⟨-; -n⟩ *zo.* (*Schollenart*) dab (*Limanda limanda*).

kliff [klɪf] *interj* (*von Hund*) yap, yelp, yip: ~, klaff! yap! yap!

Kliff[1] *n* ⟨-(e)s; -e⟩ *geol.* cliff.

Kliff[2] *m* ⟨-(e)s; *no pl*⟩ bowwow, *Br.* bow-wow: **mit** ~ **und Klaff** barking loudly.

ˈ**Kliff|ˌkü·ste** *f geol.* cliffed coast(line), coastal palisades *pl.* — **~ˌschutt** *m* undercliff.

Kli·ma [ˈkliːma] *n* ⟨-s; -s *u.* -te [kliˈmaːtə]⟩ **1.** climate: **gemäßigtes [mildes, rauhes]** ~ temperate [mild, harsh *od.* severe] climate; **kontinentales [ozeanisches, maritimes, tropisches]** ~ continental [oceanic, marine (*od.* maritime), tropical] climate; **sich an das** ~ **gewöhnen** to get used to the climate, to acclimatize (*Br. auch* -s-) (*bes. Am.* acclimate) oneself; **sie verträgt das feuchte** ~ **nicht** the humid (*od.* damp) climate does not suit (*od.* agree with) her health. – **2.** *fig.* (*politisches, kulturelles, soziales etc*) climate, conditions *pl.* – **3.** *fig.* (*Atmosphäre*) atmosphere, climate: **in unserem Betrieb herrscht ein sehr angenehmes** ~ there is a pleasant atmosphere in our firm.

ˈ**Kli·ma|ˌän·de·rung** *f meteor.* change of climate, climatic change. — **~ˌanˌla·ge** *f tech.* air conditioning, air-conditioning plant (*od.* system, equipment, installation): **ein Büro mit** ~ an office with air conditioning, an air-conditioned office. — **~beˌhand·lung** *f med.* climatotherapy. — **~eleˌment** *n* (*Temperatur, Luftfeuchtigkeit etc*) climatic element. — **~ˌfak·tor** *m meteor. geol.* climatic factor. — **~ˌgür·tel** *m* climatic zone (*od.* belt). — **~ˌkam·mer** *f med.* climatic chamber. — **~ˌkar·te** *f meteor.* climatic chart, climate map. — **~klas·si·fi·ka·tiˌon** *f* classification of climates.

kli·mak·te·risch [klimakˈteːrɪʃ] *adj med.* climacteric, *auch* climacterial, menopausal. — **Kli·makˈte·ri·um** [-rĭum] *n* ⟨-s; *no pl*⟩ change of life; menopause, climacteric (period), climacterium (*scient.*).

ˈ**Kli·ma|ˌkun·de** *f* climatology. — **~ˌkurˌort** *m* climatic health resort. — **~ˌleh·re** *f* climatology. — **~ˌschei·de** *f* climatic divide. — **~ˌschwan·kung** *f* climate fluctuation, fluctuation of (*od.* in) climate. — **~sta·tiˌon** *f* climatological station. — **~taˌbel·le** *f* climatological date sheet.

kli·ma·tisch [kliˈmaːtɪʃ] **I** *adj* ⟨*attrib*⟩ *meteor.* (*Einflüsse, Bedingungen, Zonen etc*) climatic: ~**er Kurort** climatic health resort. – **II** *adv* climatically (speaking), as far as climate is concerned.

kli·ma·ti·sie·ren [klimatiˈziːrən] *v/t* ⟨*no* ge-, h⟩ (*Raum etc*) air-condition. — **Kli·ma·tiˈsie·rung** *f* ⟨-; *no pl*⟩ air conditioning.

Kli·ma·to·lo·ge [klimatoˈloːgə] *m* ⟨-n; -n⟩ climatologist. — **Kli·ma·to·loˈgie** [-loˈgiː] *f* ⟨-; *no pl*⟩ climatology. — **kli·ma·toˈlo·gisch** *adj* climatological, *auch* climatologic.

Kli·ma·to·the·ra·pie [klimatoteraˈpiː] *f med.* climatotherapy.

ˈ**Kli·maˌwech·sel** *m meteor. auch fig.* change of climate.

Kli·max [ˈkliːmaks] *f* ⟨-; -e⟩ **1.** (*Höhepunkt, Steigerung*) climax. – **2.** *bot.* climax. – **3.** *med. cf.* Klimakterium.

ˈ**Kli·maˌzo·ne** *f* climate (*od.* climatic) zone.

Klim·bim [klɪmˈbɪm] *m* ⟨-s; *no pl*⟩ *colloq. contempt.* **1.** junk, rubbish, trash: **ich habe den ganzen** ~ **weggeworfen** I threw all the junk away; **wenn ich nur wüßte, wohin mit dem ganzen** ~ if only I knew what to do with all that junk. – **2.** (*lauter, lustiger Betrieb*) party, affair, *Br. auch* do. – **3.** (*Aufsehen, Getue*) fuss, to-do, ado. – **4.** (*Unsinn*) humbug, nonsense, rubbish.

Klim·me [ˈklɪmə] *f* ⟨-; -n⟩ *bot.* bushrope, wild grape (*Gattg Cissus*).

ˈ**Klimmel·de** (*getr.* -mm,m-) *f bot.* Malabar nightshade (*Basella rubra*).

klim·men [ˈklɪmən] *v/i* ⟨klimmt, klomm, *auch* klimmte, geklommen, *auch* geklimmt, sein⟩ (**auf** *acc* up) climb.

ˈ**Klimmˌzug** *m* (*sport*) chin-up: **Klimmzüge machen** to do chin-ups, to chin (oneself).

Klim·peˈrei *f* ⟨-; -en⟩ *colloq. contempt.* (*bes. auf dem Klavier*) (continual) tinkling (*od.* strumming) (away).

ˈ**Klim·perˌka·sten** *m colloq. contempt.* (*Klavier*) tinny (old) piano, *Br. colloq.* joanna.

klim·pern [ˈklɪmpərn] **I** *v/i* ⟨h⟩ **1.** jingle, chink, clink: **mit den Schlüsseln in der Tasche** ~ to jingle one's keys in one's pocket; **die Münzen klimperten bei jedem Schritt** the coins chinked with every step. – **2. mit den Wimpern** ~ *colloq.* to flutter (*od.* bat) one's eyelashes; **sich** (*dat*) **nicht an den Wimpern** ~ **lassen** not to let oneself be bessed. – **3.** *colloq. contempt.* (**auf** *dat* on, at) strum (away): **auf dem Klavier** ~ to strum (*od.* tinkle) away on the piano. – **II** *v/t* **4.** (*Melodie etc*) (**auf** *dat* on) strum, (*bes. auf dem Klavier*) tinkle.

kling [klɪŋ] *interj* ting! ding! tinkle! ~, klang (*bes. von Glocken*) dingdong.

Kling *m only in* **mit K~ und Klang, mit K~, Klang und Gloria** with fife and drum.

Klin·ge [ˈklɪŋə] *f* ⟨-; -n⟩ **1.** (*eines Messers, Degens etc*) blade: **stumpfe [scharfe]** ~ dull [sharp] blade; **die** ~ **schleifen** to sharpen (*od.* grind) the blade; **ein Messer mit zwei** ~**n** a knife with two blades, a double-bladed knife. – **2.** (*Degen, Schwert*) sword, blade: **die** ~ **(aus der Scheide) ziehen** to draw one's sword; **j-n vor die** ~ **fordern** to challenge s.o. to a duel; **mit j-m die** ~**n kreuzen** *auch fig.* to cross swords with s.o.; **er schlägt eine gute** ~ a) he is a good swordsman, b) *fig. colloq.* he plays a good knife and fork, he is a hearty eater; **eine scharfe** ~ **führen** *fig.* to be a forcible (*od.* hard-hitting) debater; **j-n über die** ~ **springen lassen** *fig.* a) to kill s.o., to put s.o. to the sword, b) *colloq.* to ruin s.o.

Klin·gel [ˈklɪŋəl] *f* ⟨-; -n⟩ **1.** (*an der Tür, am Fahrrad etc*) bell: **elektrische** ~ electric bell; **auf die** ~ **drücken** to press the bell. – **2.** (*kleines Glöckchen*) small bell, handbell. — **~ˌanˌla·ge** *f electr.* (electric) bell system. — **~ˌbeu·tel** *m* (*in der Kirche*) offertory (*od.* collection) bag, *bes. Br.* almsbag: **mit dem** ~ **herumgehen** to take up a collection. — **~ˌdraht** *m electr.* ringing (*od.* bell) wire.

klin·ge·ling [ˌklɪŋəˈlɪŋ] *interj* ting-a-ling! ding-a-ling!

ˈ**Klin·gel|ˌknopf** *m* **1.** bell push (*od.* button): **auf den** ~ **drücken** to press the bell (push). – **2.** (*für Zimmermädchen etc*) call button. — **~ˌlei·tung** *f electr.* bell wiring. — **~ˌlit·ze** *f* bell wire.

klin·geln [ˈklɪŋəln] **I** *v/i* ⟨h⟩ **1.** ring: **bei j-m** ~ to ring s.o.'s (door)bell, to ring at s.o.'s door; **die Kinder klingelten an jeder Haustür** the children rang at every door; **(nach) dem Zimmermädchen** ~ to ring for the (chamber[-])maid; **dreimal** ~! ring three times! **das Telephon hat geklingelt** the telephone rang; **der Wecker hat noch nicht geklingelt** the alarm (clock) has not rung (*od.* gone off) yet. – **2.** (*von kleinen Glocken etc*) tinkle, jingle, ring. – **3.** *auto.* a) (*vom Motor*) ping, knock, b) (*von der Zündung*) tingle. – **II** *v/impers* **4. es klingelt** a) (*an der Tür*) the doorbell is ringing, s.o. is ringing (at the door), there is a ring at the door, b) (*in der Schule, im Theater etc*) there's the bell, c) (*vom Telephon*) the (tele)phone is ringing; **jetzt hat es endlich bei ihr geklingelt** *fig. colloq.* the penny has dropped at last, she has finally caught on; **jetzt hat's bei mir geklingelt** *fig. colloq.* my patience is at an end, I am out of patience. – **III** *v/t* **5. j-n aus dem Bett** (*od.* **Schlaf**) ~ to get s.o. up (out of bed), *Br. auch* to knock s.o. up. – **IV K~** *n* ⟨-s⟩ **6.** *verbal noun.* – **7.** ring: **lautes K~ an der Tür** a loud ring at the door. – **8.** (*von Glöckchen etc*) jingle, tinkle. – **9.** (*im Theater etc*) bell.

ˈ**Klin·gel|ˌschnur** *f* bell rope cord, bellpull, *Br.* bell-pull. — **~ˌstrom** *m electr.* ringing current. — **~trans·forˌma·tor** *m* bell transformer. — **~ˌzei·chen** *n* bell (signal): **die Schüler warteten ungeduldig auf das** ~ the pupils were impatiently waiting for the bell (to ring). — **~ˌzug** *m* bellpull, *Br.* bell-pull.

klin·gen [ˈklɪŋən] **I** *v/i* ⟨klingt, klang, geklungen, h⟩ **1.** ring, sound, resound: **die Glocken** ~ **hell** the bells ring out clearly; **durch den Wald klang der Ruf des Kuckucks** the call of the cuckoo sounded through the wood(s); **ihr furchtbarer Schrei klingt mir noch heute in den Ohren** her terrible cry is still ringing in my ears today; **seine Schritte klangen laut auf dem Pflaster** his steps rang out on the pavement; **seine Worte klangen ihr lieblich in den Ohren** his words sounded sweet in her ears; **mir haben die Ohren**

geklungen a) my ears were ringing, b) *colloq.* my ears were burning. – **2.** (*von Gläsern etc*) chink, clink: die Gläser ~ lassen to clink (*od.* touch) the glasses. – **3.** (*von Metall*) chink. – **4.** (*sich anhören*) sound: das Klavier klingt gut [schlecht] the piano sounds good [bad], the piano has a good [bad] tone; dieser Satz klingt falsch this sentence sounds wrong; das klingt seltsam (*od.* komisch) that sounds strange; es klingt unglaublich (*od.* wie ein Märchen), aber it sounds incredible but; das klingt schon besser! that sounds better! – **II K~** *n* ⟨-s⟩ **5.** *verbal noun.* – **6.** sound, ring: in j-m eine Saite zum K~ bringen *fig.* a) to touch s.o.'s heart(-)strings, b) to strike a responsive chord in s.o. – **7.** (*von Gläsern etc*) chink, clink. – **8.** (*von Metall*) chink.

'Klin·gen,bin·dung *f* (*sport*) (*beim Fechten*) engagement (of blades).

'klin·gend I *pres p.* – **II** *adj* **1.** sounding: schön ~e Worte nice-sounding words, words of a pleasant sound; mit ~em Spiel zogen die Soldaten durch die Stadt the soldiers marched through the town with drums beating (*od.* with fife and drum); mit (*od.* in) ~er Münze zahlen to pay (in) cash (*od.* in specie); etwas in ~e Münze umsetzen to make money out of (*od.* to cash) s.th. – **2.** (*Stimme etc*) ringing, sonorous. – **3.** *ling. metr.* sonant, sonorous: ~er Vokal sonant vowel; ~er Ausgang [Reim] feminine ending [rhyme].

'Klin·gen|,rü·cken (*getr.* -k·k-) *m* back of a blade. — **~,spit·ze** *f* point (*od.* tip) of a blade.

'kling'klang *interj* (*von Glocken*) dingdong!

'Kling,klang *m* ⟨-(e)s; *no pl*⟩ **1.** (*von Glocken*) dingdong. – **2.** (*von Gläsern etc*) jingle, tinkle.

'kling'ling [-'lɪŋ] *interj cf.* klingeling.

'Kling,stein *m min.* phonolite, clinkstone.

Kli·nik ['kli:nɪk] *f* ⟨-; -en⟩ *med.* **1.** hospital, clinic: er wurde in die ~ eingeliefert he was taken to (the) hospital; fahrbare ~ mobile clinic. – **2.** ⟨*only sg*⟩ (*Unterricht am Krankenbett*) clinical instruction, clinic. — **~,auf·ent,halt** *m* stay in hospital. — **~be,hand·lung** *f* hospital (*od.* clinical) treatment.

Kli·ni·ker ['kli:nikər] *m* ⟨-s; -⟩ *med.* **1.** clinician. – **2.** *medical student engaged on his clinical instruction* (*od. training*).

'Kli·nik|pa·ti,ent *m*, **~pa·ti,en·tin** *f med.* hospital(ized) patient, (*stationär*) in-patient. — **~per·so,nal** *n* hospital staff.

Kli·ni·kum ['kli:nikʊm] *n* ⟨-s; -ka [-ka] *u.* -ken⟩ *med.* **1.** clinical curriculum (*od.* course, lectures *pl*): das ~ machen to walk the hospitals. – **2.** (*Großklinikanlage*) clinical complex (*od.* center, *bes. Br.* centre).

kli·nisch ['kli:nɪʃ] *med.* **I** *adj* (*Bild, Symptom etc*) clinical: ~es Bild clinical picture; ~e Behandlung hospital (*od.* clinical) treatment. – **II** *adv* clinically: ~ tot clinically dead.

'Klink,bol·zen *m mar. tech.* clinch (*od.* clink) bolt, rivet.

Klin·ke ['klɪŋkə] *f* ⟨-; -n⟩ **1.** (door) handle: die ~ niederdrücken to push (*od.* press) down the handle; ~n putzen *fig. colloq.* to hawk (*od.* peddle) one's wares from door to door. – **2.** *tel.* jack. – **3.** *tech.* (*eines Gesperres*) pawl.

klin·ken ['klɪŋkən] **I** *v/i* ⟨h⟩ push (*od.* press) down the (door) handle. – **II** *v/t mar.* (*Spieker*) clinch, clench.

'Klin·ken|,feld *n tel.* jack field. — **~,he·bel** *m tech.* **1.** (*eines Gesperres*) pawl arm. – **2.** (*Ratschenhebel*) ratchet lever. — **~,put·zer** *m fig. colloq.* (*Hausierer*) ped(d)ler, pedlar, hawker.

'Klin·ker *m* ⟨-s; -⟩ **1.** *arch.* clinker (brick). – **2.** (*Zementklinker*) cement clinker. – **3.** *mar. cf.* Klinkerboot. — **~,bau** *m* ⟨-(e)s; -ten⟩ **1.** *arch.* a) ⟨*only sg*⟩ (*Bauweise*) clinker construction, b) (*Gebäude*) clinker building. – **2.** *mar. tech.* ⟨*only sg*⟩ clinker work. — **~be,plan·kung** *f mar.* clinker (*od.* clincher) planking. — **~,boot** *n mar.* clinker(-built) boat, clinch(er)-built boat. — **k~ge,baut** *adj* clinker- (*od.* clinch-, clincher-)built. — **~,mau·er,werk** *n arch.* clinker masonry. — **~,pfla·ster(,decke)** (*getr.* -k·k-) *f* clinker paving. — **~,plat·te** *f* clinker slab. — **~,stein** *m* clinker (brick). — **~,stra·ße** *f* clinker road. — **~,zie·gel** *m* clinker (brick).

Kli·no·chlor [klino'klo:r] *n* ⟨-s; -e⟩ *min.* clinochlore, clinochlorite.

Kli·no·me·ter [klino'me:tər] *n* ⟨-s; -⟩ (*Neigungsmesser*) clinometer.

Kli·no·mo·bil [klinomo'bi:l] *n* ⟨-s; -e⟩ *med.* mobile clinic.

kli·no·rhom·bisch [klino'rɔmbɪʃ] *adj min.* (*Kristalle*) clinorhombic.

Klin·se ['klɪnzə] *f* ⟨-; -n⟩ *dial. for* a) Ritze 1, b) Spalt 3—5.

Klio ['kli:o] *npr f* ⟨-; *no pl*⟩ *myth.* Clio (*Greek Muse of history*).

klipp [klɪp] **I** ~, klapp! *interj* **1.** (*der Mühle*) click-clack! – **2.** (*der Schuhe, Hufe etc*) clip-clop! – **II** *adj* **3.** ~ und klar ⟨*pred*⟩ (*Antwort etc*) clear-cut, unequivocal. – **III** *adv* **4.** ~ und klar *colloq.* clearly and concisely, quite clearly (*od.* plainly): ich habe ihr ~ und klar gesagt, daß I told her straight-out (*od.* straight to her face, point-blank) that; j-m ~ und klar seine Meinung sagen to tell s.o. quite plainly (*od.* in no uncertain terms) what one thinks; es steht ~ und klar fest (, daß) there is absolutely no doubt about it (that).

Klipp *m* ⟨-s; -s⟩ **1.** (*Klammer, Klemme*) clip. – **2.** (*Ohrklipp*) (ear)clip, clip-on earring (*Br.* ear-ring).

'Klipp|,barsch *m zo.* goldfinny, goldsinny (*Ctenolabrus rupestris*). — **~,dachs** *m cf.* Klippschliefer.

Klip·pe ['klɪpə] *f* ⟨-; -n⟩ **1.** *mar.* a) rock, cliff, b) (*Felsspitze*) pinnacle of rock, crag, c) (*Felsenriff*) reef (of rocks): das Schiff ist auf die ~n aufgelaufen [an den ~n zerschellt] the ship has run on to [was wrecked on] the rocks. – **2.** *geol.* a) (*Meereserhebung*) chimney (rock), (sea) stack, b) (*Faltenüberschiebung*) aberrant (*od.* detached) mass, klippe, outlier. – **3.** *fig.* difficulty, obstacle, hurdle: eine ~ überwinden (*od.* umschiffen) to clear an obstacle (*od.* a hurdle), to overcome (*od.* surmount) a difficulty; an dieser ~ werden die Verhandlungen wahrscheinlich scheitern the negotiations will probably break down because of this difficulty, because of this stumbling block the negotiations will probably fail.

'Klip·pen|,as·sel *f zo.* pill bug (*Ligia pallasii*). — **~,barsch** *m* goldfinny, goldsinny (*Ctenolabrus rupestris*). — **~,dachs** *m cf.* Klippschliefer. — **~,fisch** *m cf.* Klippfisch. — **~,huhn** *n cf.* Klippenvogel. — **~,kü·ste** *f geogr.* craggy (*od.* rocky) coast, coastal cliffs *pl.* — **k~,reich** *adj* full of rocks (*od.* reefs), rocky, craggy. — **~,schwal·be** *f zo.* (Northern) cliff swallow (*Petrochelidon pyrrhonota albifrons*). — **~,vo·gel** *m* rockbird, *Br.* rock-bird, cock of the rock (*Rupicola rupicola*).

Klip·per ['klɪpər] *m* ⟨-s; -⟩ *mar. hist.* (*Schnellsegler*) clipper.

'Klipp,fisch *m gastr.* dried (*od.* cured) cod, klipfish, clipfish.

'klip·pig *adj obs. for* klippenreich.

'Klipp|,kö·nig *m zo.* sand cusk, cusk eel (*Fam. Ophidiidae*). — **~,kram** *m obs. for* Trödel, Kleinkram 3. — **~,schen·ke** *f obs.* low-class tavern (*od. colloq.* dive). — **~,schlie·fer** *m zo.* a) hyrax (*Ordng Hyracoidae*), b) rock rabbit, *Br.* rock-rabbit (*Gattg Hyrax*): Afrik. ~ cape hyrax, dassie (*Procavia capensis*); Abessinischer ~ Abyssinian hyrax (*P. habessinica*); Syrischer ~ Syrian hyrax, coney of the Bible (*P. syriaca*). — **~,schu·le** *f* **1.** *Northern G. dial.* elementary school in the country. – **2.** *contempt.* second-rate school. — **~,sprin·ger** *m zo.* klipspringer (*Oreotragus oreotragus; antelope*).

Klips [klɪps] *m* ⟨-es; -e⟩ *cf.* Klipp.

klirr [klɪr] *interj* crash! tinkle!

klir·ren ['klɪrən] **I** *v/i* ⟨h⟩ **1.** (*von Ketten*) rattle, clank, jangle: die Gefangenen klirrten mit ihren Ketten the prisoners rattled their chains. – **2.** (*von Schlüsseln, Münzen, Sporen etc*) jingle. – **3.** (*von Schwertern etc*) clash. – **4.** (*von Fenster*) rattle, jar: die Fenster klirrten von der Explosion the explosion made the windows rattle. – **5.** (*von Gläsern, Tassen etc*) clink, chink. – **6.** (*von Besteck, Geschirr etc*) clatter. – **7.** (*von Scherben*) tinkle. – **8.** (*radio*) produce harmonic distortion. – **II K~** *n* ⟨-s⟩ **9.** *verbal noun.* – **10.** (*von Ketten*) rattle, clank, jangle. – **11.** (*von Schlüsseln etc*) jingle. – **12.** (*von Schwertern etc*) clash. – **13.** (*von Fenstern*) rattle, jar. – **14.** (*von Gläsern etc*) clink, chink. – **15.** (*von Besteck etc*) clatter. – **16.** (*von Scherben*) tinkle. — **'klir·rend I** *pres p.* – **II** *adj* (*Frost, Kälte*) severe, crisp. – **III** *adv* with a crash: die Vase fiel ~ zu Boden the vase fell down with a crash.

'Klirr,fak·tor *m* (*radio*) distortion factor, coefficient of harmonic distortion, *Br. auch* percentage harmonic content, nonlinear (*Br.* non-linear) distortion coefficient.

Kli·schee [klɪ'ʃe:] *n* ⟨-s; -s⟩ **1.** *print.* a) (*aus Zink, Kupfer etc*) (printing) block, plate, cliché, b) (*Rasterklischee*) half-tone block, c) (*Strichklischee*) line block, d) (*Stereoplatte*) stereo(type) plate, e) (*Galvano*) galvano, electro(type), f) (*Kunststoff*) plastic block, g) (*Negativklischee*) negative plate: ausgeklinktes ~ mortise; die ~s auf Höhe justieren to justify blocks. – **2.** *fig.* (*Abklatsch*) cliché, trite (*od.* stereotyped, hackneyed) expression (*od.* idea): in ~s sprechen [denken] to speak [to think] in clichés. — **~ab,zug** *m* block(maker's) pull, *bes. Am.* engraver's proof. — **~,an,stalt** *f* blockmaker's firm, blockmaking establishment. — **~,an,zei·ge** *f* advertisement with illustration. — **~,fuß** *m* block mount (*od.* base). — **k~haft** *adj fig.* trite, stereotyped. — **~,her,stel·ler** *m print.* blockmaker, process engraver. — **~,her,stel·lung** *f* blockmaking. — **~,vor,la·ge** *f* copy. — **~,vor,stel·lung** *f fig.* stereotyped idea (*od.* conception).

Kli·scheur [klɪ'ʃø:r] *m* ⟨-s; -e⟩ *print. cf.* Klischeehersteller.

kli·schie·ren [klɪ'ʃi:rən] *v/t* ⟨*no* ge-, h⟩ *print.* a) (*Holzdruckklischee*) make a block of, b) (*Offsetplatte*) make (*od.* print) a plate of, plate, c) (*Stereo*) stereotype, d) (*Strichätzung*) photoengrave, e) (*Galvano*) electrotype.

Kli·scho·graph [klɪʃo'gra:f] *m* ⟨-en; -en⟩ *print.* photoengraving machine.

Kli·stier [klɪs'ti:r] *n* ⟨-s; -e⟩ *med.* (*Einlauf*) enema; clyster, clysma (*scient.*): j-m ein ~ machen (*od.* geben) to give s.o. an enema. — **kli'stie·ren** *v/t* ⟨*no* ge-, h⟩ j-n ~ to give s.o. an enema.

Kli'stier,sprit·ze *f med.* enema syringe.

Kli·to·ris ['kli:tɔrɪs] *f* ⟨-; - *u.* -rides [kli'to:rides]⟩ *med.* clitoris.

klitsch [klɪtʃ] *interj meist* ~, klatsch! a) (*bei Ohrfeige etc*) smack! slap! b) (*bei Wasser etc*) splash!

Klitsch *m* ⟨-es; -e⟩ *Middle G. colloq.* **1.** (*leichter Schlag*) smack, slap. – **2.** soggy (*od.* doughy) mass.

Klit·sche ['klɪtʃə] *f* ⟨-; -n⟩ *colloq. contempt.* poor farm, small estate.

klit·schen ['klɪtʃən] *dial. colloq.* **I** *v/i* ⟨h *u.* sein⟩ **1.** ⟨h⟩ (*kleben*) be sticky. – **2.** ⟨sein⟩ (*mit klatschendem Geräusch*) splash: der nasse Schwamm klitschte an die Wand the wet sponge splashed against the wall. – **II** *v/t* ⟨h⟩ **3.** (*schlagen*) slap, smack.

'klit·sche'naß *adj colloq.* soaking (*od.* dripping, sopping) wet: ich bin vom Regen ~ geworden I got soaking wet (*od.* wet through, absolutely soaked, drenched) from the rain.

'klit·schig *adj dial.* **1.** (*Kuchen etc*) soggy, doughy, *Br.* sad, underbaked, slack-baked. – **2.** muddy, soggy.

'klitsch'naß *adj colloq. cf.* klitschenaß.

klit·tern ['klɪtərn] *obs. u. dial. contempt.* **I** *v/t* ⟨h⟩ **1.** (*schmieren*) scrawl, scribble, write (*s.th.*) illegibly. – **2.** (*aufspalten*) split (*od.* divide) (*s.th.*) up. – **3.** (*Tatsachen etc*) throw (*things*) together. – **II K~** *n* ⟨-s⟩ **4.** *verbal noun.* — **'Klit·te·rung** *f* ⟨-; -en⟩ **1.** *cf.* Klittern. – **2.** (*von Tatsachen etc*) patchwork, hodgepodge, *bes. Br.* hotchpotch.

'klit·ze'klein ['klɪtsə-] *adj colloq.* teeny-weeny.

Kli·vie ['kli:vĭə] *f* ⟨-; -n⟩ *bot.* clivia (*Gattg Clivia*).

Klo [klo:] *n* ⟨-s; -s⟩ *colloq. for* Klosett.

Kloa·ke [klo'a:kə] *f* ⟨-; -n⟩ **1.** *civ.eng.* (*Abwasserkanal*) sewer, drain, sink, cloaca. – **2.** *cf.* Senkgrube. – **3.** *zo. auch med.* cloaca.

Kloa·ken,tier [klo'a:kən-] *n zo.* monotreme (*Ordng Monotremata*): zu den ~en gehörig monotrematous.

klob [klo:p] *1 u. 3 sg pret*, **klö·be** ['klø:bə] *1 u. 3 sg pret subj of* klieben.

'Klöb,ei·sen ['klø:p-] *n tech.* froe, frow, riving knife.

Klo·ben ['klo:bən] *m* ⟨-s; -⟩ **1.** (*Holzklotz*) log, billet. – **2.** (*Haken*) hook. – **3.** *tech.*

a) (*einer Planscheibe*) jaw, b) (*eines Flaschenzuges*) block, c) (*Feilkloben*) hand vise (*auch* vice), d) (*eines Kegellineals*) bracket. – **4.** *colloq.* boor, lout. – **5.** *Swiss for* Pflock.

Klö·ben [ˈkløːbən] *m* ⟨-s; -⟩, **~ˌbrot** *n Northern G.* fruit loaf.

ˈ**Klo·ben|ˌholz** *n* logs *pl.* — **~ˌschrau·be** *f tech.* jaw screw.

ˈ**klo·big** *adj* **1.** (*Tisch, Stuhl etc*) clumsy-looking, heavy, massive. – **2.** (*Hände, Finger, Nase etc*) chubby, plump. – **3.** (*Schuhe etc*) heavy, clumping: ~e Schuhe heavy boots, clodhoppers (*colloq.*). – **4.** (*Gestalt, Finger etc*) heavily- (*od.* clumsily)-built, stout, *Am. auch* blocky. – **5.** (*ungeschickt*) clumsy, awkward. – **6.** (*grob*) coarse, boorish, loutish, uncouth: ~es Benehmen loutish behavio(u)r.

ˈ**Klobˌsä·ge** *f tech.* veneer saw.

ˈ**Kloˌfrau** *f colloq.* (woman) lavatory (*od.* toilet) attendant.

klomm [klɔm] *1 u. 3 sg pret,* **klöm·me** [ˈklœmə] *1 u. 3 sg pret subj of* klimmen.

Klon [kloːn] *m* ⟨-s; -e⟩ *biol.* clone, *auch* clon (*the aggregate of the asexually produced progeny of an individual*).

klö·nen [ˈkløːnən] *v/i* ⟨h⟩ *Northern G. colloq.* (have a) chat, *Br. auch* natter.

ˈ**klo·nisch** *adj med.* clonic: ~er Lidkrampf nictitating spasm, nictitation; ~er Krampf clonic spasm; ~er Zuckkrampf clonicity.

Klo·nus [ˈkloːnʊs] *m* ⟨-; -ni [-ni]⟩ *med.* clonus.

ˈ**Klootˌschie·ßen** [ˈkloːt-] *n Northern G. a throwing game played on ice with a lead-weighted wooden ball.*

ˈ**Klo·paˌpier** *n colloq.* toilet paper, *Br.* toilet-paper.

ˈ**Klopfˌbür·ste** *f print.* type (*od.* molding, *bes. Br.* moulding) brush, dapper.

Klöp·fel [ˈklœpfəl] *m* ⟨-s; -⟩ *obs. for* Klöppel.

ˈ**Klöp·felˌnäch·te** *pl Southern G. dial. custom during Advent of children knocking at windows and doors asking for gifts.*

klop·fen [ˈklɔpfən] **I** *v/i* ⟨h⟩ **1.** (auf *acc*, an *acc*, gegen) knock (at, on), rap (at, on): er klopfte an die Tür he knocked at (*od.* on) the door; würdest du bitte um 8 Uhr bei mir ~? would you please knock on my door (*od.* give me a knock) at 8 o'clock? auf Holz ~ (*als Aberglaube*) to knock (*od.* rap) on wood, *bes. Br.* to touch wood. – **2.** (*sanft*) (auf *acc*, an *acc*, gegen at, on) tap: an das Glas ~, um zu sprechen to tap at (*od.* on) one's glass in order to speak; mit der Fußspitze auf den Boden ~ to tap one's foot on the floor; an das Barometer ~ to tap the barometer; der Specht klopft am Baumstamm the woodpecker is tapping at the tree trunk. – **3.** j-m (anerkennend) auf die Schulter ~ to pat s.o. on the back, to give s.o. a pat on the back; j-m auf den Rücken ~ (, weil er sich verschluckt hat) to pat s.o. on the back (because he has swallowed s.th. the wrong way); → Busch 8; Finger *Bes. Redewendungen.* – **4.** (*von Herz, Puls*) beat, (*heftig*) throb, pound, palpitate: mein Herz klopfte (*od.* mir klopfte das Herz, es klopfte mir das Herz) vor Freude my heart was throbbing with joy. – **5.** *tech.* (*vom Motor*) pink, *Am. auch* ping, knock, detonate. – **II** *v/impers* **6.** es klopfte an der Tür s.o. knocked at the door, there was a knock at the door. – **III** *v/t* **7.** (*Teppich, Kissen, Matratzen etc*) beat. – **8.** (*Steine*) break. – **9.** (*Fleisch*) beat, *Am. auch* pound. – **10.** (*Flachs etc*) beat. – **11.** etwas in (*acc*) etwas ~ to knock (*od.* drive) s.th. into s.th.: einen Nagel in die Wand ~ to knock a nail into the wall. – **12.** pat: einem Pferd den Hals ~ to pat a horse's neck. – **13.** tap: mit dem Fuß den Takt ~ to tap one's foot (*od.* beat time) to the music. – **14.** knock: j-n aus dem Bett ~ to wake s.o. up by knocking, *Br.* to knock s.o. up. – **15.** (*textile*) (*bes. Rohbaumwolle*) beat. – **16.** *print.* (*Druckform*) plane (*od.* knock) down. – **IV K~** *n* ⟨-s⟩ **17.** *verbal noun.* – **18.** (*an der Tür*) knock(ing). – **19.** *tech.* (*des Motors*) knock, detonation. — ˈ**klop·fend I** *pres p.* – **II** *adj* mit ~em Herzen, ~en Herzens with (a) beating heart.

ˈ**Klop·fer** *m* ⟨-s; -⟩ **1.** (*Teppichklopfer*) carpetbeater, *Br.* carpet-beater. – **2.** (*Türklopfer*) (door) knocker. – **3.** *gastr.* (*für Fleisch*) meat mallet (*od.* tenderizer). – **4.** *tel.* sounder.

ˈ**Klopfˌfech·ter** *m* **1.** *obs.* exhibition fencer. – **2.** *fig.* polemical writer, wrangler.

ˈ**klopfˌfest** *adj chem. tech.* (*Treibstoff*) antiknock, *Br.* anti-knock (*attrib*), knock-proof, *Br.* knock-proof, high-octane (*attrib*), nonpinking *Br.* non-. — ˈ**Klopfˌfe·stig·keit** *f* antiknock (*Br.* anti-knock) quality (*od.* property), knock resistance.

ˈ**Klopf|ˌgeist** *m* rapper, poltergeist. — **~ˌhengst** *m agr.* castrated stallion, gelding. — **~ˌholz** *n print.* planer. — **~ˌkä·fer** *m zo.* deathwatch (*Br.* death-watch) (beetle), death tick (*Fam. Anobiidae*). — **~ma·ˌschi·ne** *f* (*textile*) beating machine. — **~masˌsa·ge** *f med.* **1.** frolement, tapotement. – **2.** hacking, tapping. — **~ˌwert** *m chem. tech.* (*des Treibstoffs*) antiknock (*Br.* anti-knock) rating (*od.* value, quality), octane number (*od.* rating). — **~ˌwolf** *m* (*textile*) shaker. — **~ˌzei·chen** *n* knock (signal).

Klop·pe [ˈklɔpə] *f* ⟨-; *no pl*⟩ *Middle and Northern G. colloq. only in* ~ kriegen to get a beating (*od.* hiding, thrashing).

Klöp·pel [ˈklœpəl] *m* ⟨-s; -⟩ **1.** (*einer Glocke*) clapper, tongue. – **2.** (*einer Klingel etc*) hammer. – **3.** (*eines Weckers etc*) clapper. – **4.** (*textile*) (lace) bobbin. – **5.** *mus.* beater, hammer. — **~ˌar·beit** *f* (*textile*) **1.** bobbin- (*od.* pillow-)lace making. – **2.** bobbin work, piece of bobbin lace. — **~ˌbrief** *m* pattern for bobbin lace.

Klöp·peˈlei *f* ⟨-; -en⟩ *cf.* Klöppelarbeit.

ˈ**Klöp·pel|ˌgarn** *n* (*textile*) lace yarn. — **~ˌkis·sen** *n* (bobbin-)lace pillow (*od.* cushion). — **~maˌschi·ne** *f* bobbin-lace machine.

klöp·peln [ˈklœpəln] **I** *v/i* ⟨h⟩ make bobbin (*od.* pillow) lace. – **II** *v/t* (*Spitzen etc*) make (*s.th.*) with (*od.* on) bobbins.

ˈ**Klöp·pelˌspit·ze** *f* (*textile*) bobbin (*od.* pillow) lace.

klop·pen [ˈklɔpən] *v/t* ⟨h⟩ *Northern and Middle G. colloq.* (*in Wendungen wie*) Skat [Karten] ~ *colloq.* to play skat (*od.* scat) [cards]; sich ~ *cf.* schlagen 7a; → Griff 6.

Klöpp·le·rin [ˈklœplərɪn] *f* ⟨-; -nen⟩ bobbin- (*od.* pillow-)lace maker.

Klops [klɔps] *m* ⟨-es; -e⟩ *gastr.* meatball: Königsberger ~e boiled meatballs with caper sauce.

ˈ**klopˌstockisch** (*getr.* -k·k-) [ˈklɔpˌʃtɔkɪʃ], ˈ**klopˌstocksch** *adj of* (*od.* by) Klopstock: Klopstocksche Ode ode by Klopstock.

Klo·sett [kloˈzɛt] *n* ⟨-s; -e *u.* -s⟩ lavatory, toilet, (water) closet, *Br.* (water-)closet, W.C. — **~ˌbecken** (*getr.* -k·k-) *n* lavatory (*od.* toilet) pan (*od.* bowl). — **~ˌbril·le** *f* lavatory (*od.* toilet) seat. — **~ˌbür·ste** *f* lavatory (*od.* toilet) brush. — **~ˌdeckel** (*getr.* -k·k-) *m* lavatory (*od.* toilet) lid (*od.* cover). — **~paˌpier** *n* toilet paper, *Br.* toilet-paper: eine Rolle ~ a toilet(-)roll. — **~ˌstuhl** *m* (*zur Krankenpflege*) commode.

Kloß [kloːs] *m* ⟨-es; ¨e⟩ **1.** (*aus Lehm, Erde etc*) lump, clod, clump. – **2.** *gastr.* a) dumpling, b) (*mit Fleisch*) meatball: rohe (*od.* grüne) Klöße dumplings made with raw potatoes; einen ~ im Hals (*od.* in der Kehle) haben *fig. colloq.* to have a lump in one's throat; er sprach, als ob er einen ~ im Mund hätte *fig. colloq.* he talked as though he had a potato (*Br. auch* plum) in his mouth. – **3.** *colloq.* (*dicker Mensch*) dumpling, lump. — **~ˌbrü·he** *f gastr.* dumpling broth: → klar 11. — **~geˌfühl** *n med.* (*im Hals*) (feeling of a) lump in the throat, globus hystericus (*scient.*).

Klo·ster [ˈkloːstər] *n* ⟨-s; ¨⟩ *relig.* a) (*Mönchskloster*) monastery, friary, cloister, b) (*Nonnenkloster*) convent, cloister, *obs.* nunnery: ins ~ gehen (*od.* eintreten) a) (*von Frauen*) to enter (*od.* go into) a convent, to take the veil, to become a nun, b) (*von Männern*) to enter (*od.* go into) a monastery, to turn (*od.* become a) monk; j-n ins ~ stecken to encloister s.o., to shut s.o. up in a monastery (*od.* convent). — **~ˌbee·re** *f bot. cf.* Stachelbeere 1. — **~bi·blioˌthek** *f relig.* library of a monastery (*od.* convent). — **~ˌbru·der** *m* **1.** monk, friar. – **2.** (*Laienbruder*) lay brother. — **~ˌfrau** *f* nun. — **~ˌfräu·lein** *n rare* (young) nun. — **~ˌgar·ten** *m* monastery (*od.* convent) garden. — **~geˌbäu·de** *n* monastic building, monastery (*od.* convent) (building). — **~geˌhor·sam** *m* monastic obedience. — **~geˌlüb·de** *n* monastic vow, profession. — **~geˌmein·schaft** *f* community of monks (*od.* nuns), c(o)enoby. — **~ˌgut** *n* estate of a monastery (*od.* convent). — **~ˌhof** *m* courtyard of a monastery (*od.* convent), cloister garth. — **~ˌkir·che** *f* church of a monastery, minster, conventual church. — **~ˌle·ben** *n* monastic life, life in a monastery (*od.* convent).

klö·ster·lich [ˈkløːstərlɪç] *adj* **1.** (*Leben etc*) monastic: ~e Gemeinschaft a) (*von Mönchen*) brotherhood, b) (*von Nonnen*) sisterhood. – **2.** (*Stille, Abgeschiedenheit etc*) monastic, cloistered, secluded.

ˈ**Klo·ster|ˌmau·er** *f* monastery (*od.* convent) wall. — **~ˌpfor·te** *f* monastery (*od.* convent) gate. — **~reˌform** *f relig.* monastic reform, reform of the monasteries. — **~ˌre·gel** *f* monastic rule, (monastic) observance. — **~ˌschu·le** *f* **1.** (*für Knaben*) monastic (*od.* monastery) school. – **2.** (*für Mädchen*) convent (school). — **~ˌschwe·ster** *f* **1.** nun. – **2.** (*Laienschwester*) lay sister. — **~ˌstand** *m* monastic state. — **~ˌsup·pe** *f soup given to the poor by monks* (*od. nuns*). — **~ˌzel·le** *f* monk's (*od.* nun's) cell, monastery (*od.* convent) cell. — **~ˌzucht** *f* monastic discipline.

Kloth [kloːt] *m* ⟨-(e)s; -e⟩ *Austrian a kind of black cotton fabric.*

Klo·tho [ˈkloːto] *npr f* ⟨-; *no pl*⟩ *myth.* Clotho (*one of the three Moirae or Fates who spins the thread of life*).

Klo·thoi·de [klotoˈiːdə] *f* ⟨-; -n⟩ *phys.* spiral (*od.* transition) curve, transition (*od.* highway) spiral.

Klotz [klɔts] *n* ⟨-es; ¨e⟩ **1.** block (of wood), chunk (*od.* lump) (of wood), log: einen ~ spalten (*od. colloq.* kleinmachen) to split (*od.* chop up) a block of wood; meine Beine sind schwer wie ein ~ *fig.* my legs are like lead; auf einen groben ~ gehört ein grober Keil (*Sprichwort*) rudeness can only be answered with rudeness; → Bein 1; schlafen 1. – **2.** *cf.* Klötzchen 2. – **3.** *colloq.* (*schwerfälliger, ungehobelter Mensch*) boor, oaf, lout.

ˈ**Klotz|ˌbeu·te** *f hollow log used as a beehive.* — **~ˌbrem·se** *f* (*für Anhänger etc*) block brake.

Klötz·chen [ˈklœtsçən] *n* ⟨-s; -⟩ **1.** *dim. of* Klotz. – **2.** (toy) building block, *Br. auch* (building) brick.

klot·zen [ˈklɔtsən] *v/t* ⟨h⟩ (*textile*) (*färben*) pad.

ˈ**klot·zig I** *adj* **1.** (*Möbel etc*) clumsy, heavy, massive. – **2.** (*Person, Benehmen*) *cf.* klobig 4, 6. – **II** *adv* **3.** *colloq.* (*sehr*) enormously, awfully, terribly: er ist ~ reich he is filthy (*od.* stinking) rich (*colloq.*); er hat ~ viel Geld he has (got) piles (*od.* masses, stacks) of money (*colloq.*).

ˈ**Klotz|maˌschi·ne** *f* (*textile*) padding machine. — **~ˌmat·te** *f* (*rubber*) block-profile mat. — **~ˌpres·se** *f print.* block(ing) press.

Klub [klʊp] *m* ⟨-s; -s⟩ (*Verein, Haus*) club. — **~ˌabend** *m* club evening (*od.* night). — **~ˌecke** (*getr.* -k·k-) *f* lounge corner. — **~gar·niˌtur** *f* three-piece suite. — **~ˌhaus** *n* club, clubhouse, *Br.* club-house. — **~ˌjacke** (*getr.* -k·k-) *f* blazer. — **~ka·meˌrad** *m* clubmate. — **~ˌkas·se** *f* club funds *pl.* — **~ˌle·ben** *n* club life. — **~loˌkal** *n* **1.** club, clubhouse, *Br.* club-house. – **2.** licensed (*Br. auch* licenced) club premises *pl.* — **~mitˌglied** *n* club member. — **~ˌses·sel** *m* lounge chair, easy (*od.* club) chair. — **~ˌwe·sen** *n* clubs *pl.*

kluck [klʊk] *interj cf.* gluck.

Klucker (*getr.* -k·k-) [ˈklʊkər] *m* ⟨-s; -⟩ *Southwestern G. dial. cf.* Klicker.

kluckern (*getr.* -k·k-) [ˈklʊkərn] *v/i* ⟨h⟩ *cf.* gluckern.

Kluft[1] [klʊft] *f* ⟨-; ¨e⟩ **1.** (*Spalt*) gap, fissure, crack, crevice, cleft. – **2.** (*Abgrund*) abyss, chasm, gorge, ravine, gulf. – **3.** *geol.* joint, fault. – **4.** (*mining*) (end) cleat, cleavage, crack. – **5.** *fig.* gulf, gap: eine unüberbrückbare (*od.* unüberwindliche) ~ trennt ihre beiden Weltanschauungen there is an unbridgeable gulf between their two ideologies; die ~ überbrücken to bridge the gap.

Kluft[2] *f* ⟨-; -en⟩ *colloq.* **1.** clothes *pl*, outfit, togs *pl* (*colloq.*): die ~ zum Skifahren the skiing outfit (*od.* gear); sich in seine beste ~ werfen (*od.* schmeißen) to put on one's Sunday best; in dieser ~ kannst du nicht dorthin gehen you can't go there in that get(-)up (*bes. Br.* rig-out). – **2.** (*Uniform*) uniform.

'Kluft,flä·che *f geol.* joint plane.

klüf·tig ['klʏftɪç] *adj* **1.** *cf.* zerklüftet 1, 2. – **2.** *geol.* jointed, faulted: ~er Sandstein jointable sandstone. – **3.** (*wood*) shaky.

'Kluft|,quel·le *f geol.* fracture (*od.* fissure) spring. — ~,**schar** *f* joint set.

Klüf·tung ['klʏftʊŋ] *f* ⟨-; -en⟩ *geol.* jointing: horizontale ~ sheet jointing.

'Kluft,was·ser *n geol.* crack (*od.* fissure) water.

klug [kluːk] **I** *adj* ⟨"er; "st⟩ **1.** (*intelligent*) intelligent, clever: ein ~er Mann (*od.* Kopf) an intelligent man; das war eine ~e Antwort that was an intelligent answer. – **2.** (*verständig, einsichtig*) wise: ~e Zurückhaltung wise restraint; wäre es nicht klüger, noch etwas zu warten? wouldn't it be wiser to wait a little longer? nachdem ich das Buch gelesen hatte, war ich so ~ wie zuvor after I had read the book I was none the wiser (for it); der ~e Mann baut vor the wise man thinks ahead (*od.* takes thought for the morrow); → Ei 2; Schaden 3; Schlange 1. – **3.** *iron.* clever, smart, bright: das war ein ~er Schachzug that was a clever move (*od.* stroke); er will immer klüger sein als die anderen he's always trying to be smarter than the others; du bist ein ~es Kind! *colloq.* aren't you clever! sich ~ dünken to think (*od.* imagine, fancy) oneself (to be) clever; er hielt ~e Reden, tat aber nichts he made clever-sounding speeches but didn't do anything; wer war denn so ~, das Aquarium auf die Heizung zu stellen? who had the bright (*od.* brilliant) idea (*od.* whose bright idea was it) to put the aquarium on the radiator? – **4.** (*vernünftig*) sensible, wise: es war ~ von dir, seine Bemerkung zu überhören it was wise of you (*od.* you were wise) to ignore his remark; sie war so ~ zu schweigen she was sensible enough not to say anything; ich frage mich, ob es ~ war, die ganze Familie einzuladen I wonder if it was wise to invite the whole family; du bist wohl nicht recht ~! you must be out of your mind! what are you thinking of! wann wirst du endlich ~ werden? when will you ever learn some sense? – **5.** (*umsichtig, besonnen*) prudent: mit ~er Überlegung upon prudent consideration. – **6.** (*scharfsinnig, gescheit*) shrewd: der Kommentator gab eine ~e Analyse der politischen Zustände the commentator gave a shrewd analysis of the political situation. – **7.** (*wohlüberlegt, verständig*) judicious: du hast eine sehr ~e Wahl getroffen you made a very judicious choice. – **8.** (*Urteil, Ratschlag etc*) sound: eine politisch ~e Entscheidung a politically sound decision. – **9.** *colloq.* (*in Wendungen wie*) daraus werde ich nicht ~ I can't make any sense (*od. colloq.* make head or tail) of it; daraus mag der Teufel ~ werden! goodness (*Br. auch* the devil) knows what that's supposed to mean! aus ihr wird man einfach nicht ~ one simply doesn't know what to make of her, one simply can't make (*Am. auch* figure) her out. – **II** *adv* **10.** intelligently: eine ~ durchdachte Gliederung an intelligently thought-out arrangement (of ideas). – **11.** wisely, sensibly: er hat sehr ~ geredet (*od.* gesprochen) he spoke very wisely; sich ~ verhalten to act wisely; j-n ~ beraten to give s.o. sensible advice; er hätte ~ daran getan, diese Bemerkung zu ignorieren it would have been wise of him (*od.* he would have been wise) to ignore this remark; du tätest ~ daran, öfter zu fragen it would be wise of you to ask more frequently. – **12.** *iron.* cleverly: das hast du sehr ~ angestellt you went about that very cleverly.

'Klu·ge *m, f* ⟨-n; -n⟩ **1.** intelligent (*od.* bright, clever) person: sie ist die Klügste in ihrer Klasse she is the most intelligent (girl) in her form (*bes. Am.* class). – **2.** wise person: der Klügere gibt nach (*Sprichwort*) *etwa* the wiser head gives in.

Klü·ge'lei *f* ⟨-; -en⟩ *oft contempt.* sophistry, (over)subtlety, *Br.* (over-)subtlety, refinement, hairsplitting, *Br.* hair-splitting. — **klü·geln** ['klyːgəln] *v/i* ⟨h⟩ **1.** (*spitzfindig sein*) indulge in sophistries, be oversubtle (*Br.* over-subtle), split hairs. – **2.** über (*dat*) etwas ~ to turn s.th. over (and over) in one's mind.

'klu·ger'wei·se *adv* wisely, prudently, sensibly: er hat ~ geschwiegen he (very) wisely kept quiet, he was wise (*od.* sensible) enough to keep quiet.

'Klug·heit *f* ⟨-; *no pl*⟩ **1.** intelligence: er ist ein Mann von ungewöhnlicher ~ he is a man of extraordinary intelligence (*od. colloq.* brains). – **2.** wisdom: er hat aus ~ geschwiegen he wisely remained silent. – **3.** (*Gewitztheit*) cleverness, smartness, brightness. – **4.** (*Vernunft*) good sense: wir haben es seiner ~ zu verdanken, daß it is thanks to his good sense that. – **5.** (*Umsichtigkeit, Besonnenheit*) prudence. – **6.** (*Scharfsinn, Gescheitheit*) shrewdness. – **7.** (*Wohlüberlegtheit*) judiciousness. – **8.** (*eines Urteils, Ratschlages etc*) soundness.

'Klüg·ler *m* ⟨-s; -⟩ *oft contempt.* oversubtle (*Br.* over-subtle) reasoner, hairsplitter, *Br.* hair-splitter.

klüg·lich ['klyːklɪç] *adv obs. for* klugerweise.

'klug,re·den *v/i* ⟨*sep*, -ge-, h⟩ *meist iron.* sound clever, make fine speeches, give good advice: statt klugzureden solltest du lieber mit anpacken if you're so brilliant, why don't you come and give us a hand. — **'Klug,red·ner** *m* wiseacre, smart alec(k); *Am. colloq.* smarty, wise guy, w(e)isenheimer.

'Klug,schei·ßer *m colloq. contempt. for* Klugredner.

'Klug,tu·er [-,tuːər] *m* ⟨-s; -⟩ *cf.* Klugredner.

Klump [klʊmp] *m* ⟨-(e)s; -e *u.* "e⟩ *Low G. colloq. for* Klumpen: ein Auto in (*od.* zu) ~ fahren to smash a car up; etwas in (*od.* zu) ~ schlagen (*od.* hauen) to smash s.th. to pieces (*od.* bits, smithereens); j-n in (*od.* zu) ~ schlagen (*od.* hauen) to beat s.o. to (a) pulp.

Klum·patsch ['klʊmpatʃ] *m* ⟨-es; *no pl*⟩ *colloq.* stuff, junk, rubbish: er fegte mit einer einzigen Handbewegung den ganzen ~ vom Tisch with a single stroke of his hand he swept the whole mess off the table.

Klümp·chen ['klʏmpçən] *n* ⟨-s; -⟩ **1.** *dim. of* Klumpen. – **2.** (*in Saucen etc*) lump: die Sauce ist voller ~ the sauce is lumpy. – **3.** *med.* (*im Blut etc*) blob, small clot: ~ bilden to clot.

Klum·pen ['klʊmpən] *m* ⟨-s; -⟩ **1.** (*Erde, Lehm etc*) clod, clump, lump: j-n in ~ hauen *fig. colloq.* to beat s.o. to (a) pulp. – **2.** (*Teig, Butter etc*) lump. – **3.** (*in Suppen, Saucen, Salz, Zucker etc*) lump. – **4.** (*Blei etc*) lump. – **5.** (*Gold, Uran etc*) nugget. – **6.** *med.* a) (*im Blut*) clot, b) (*Knoten*) knot, node, c) (*Bakterien*) clumping, aggregation, d) (*Zellen*) clump. – **7.** *min.* (*Ballung*) conglobation. – **8.** *colloq.* (*von Leuten etc*) huddle, cluster: sie standen alle auf einem ~ they were all standing in a huddle. – **9.** *colloq.* (*Haufen*) heap: alles lag auf einem großen ~ everything was lying in a big heap.

'klum·pen *v/i u.* sich ~ *v/reflex* ⟨h⟩ **1.** (*von Salz, Zucker, Pudding etc*) lump, form lumps, become lumpy. – **2.** *med.* (*von Blut etc*) clot.

'Klum·pen|,bil·dung *f* formation of lumps. — **k~,wei·se** *adv* in lumps (*od.* clods).

klüm·pe·rig ['klʏmpərɪç] *adj cf.* klumpig.

'Klump|,fisch *m zo.* **1.** lumpfish, cockpaddle (*Cyclopterus lumpus*). – **2.** *cf.* Mondfisch. — ~,**fuß** *m med.* clubfoot, *Br.* club-foot, talipes (*scient.*). — **k~,fü·ßig** *adj* clubfooted, *Br.* club-footed, taliped(ic) (*scient.*). — ~,**hand** *f* clubhand, *Br.* club-hand, talipomanus (*scient.*).

'klum·pig *adj* **1.** (*Salz, Zucker, Sauce etc*) lumpy: ~ werden to become (*od.* turn) lumpy. – **2.** *med.* conglomerate, grumous, clotted.

Klün·gel ['klʏŋəl] *m* ⟨-s; -⟩ *contempt.* (*Sippschaft*) clique, coterie: der ~ der Aristokratie the aristocratic clique; er hatte seinen ganzen ~ eingeladen he had invited the whole clique (*od.* gang, crowd, set). — ~,**wirt·schaft** *f* cliquishness, *Am.* cronyism.

Klu·nia·zen·ser [klunĭa'tsɛnzər] *m* ⟨-s; -⟩ *röm.kath.* Cluniac (monk). — **klu·nia·'zen·sisch** *adj* Cluniac.

Klun·ker ['klʊŋkər] *f* ⟨-; -n⟩, *m* ⟨-s; -⟩ *Low G.* **1.** (*Quaste, Troddel*) tassel. – **2.** (*an Ketten, Armbändern, Ohrringen etc*) pendant. – **3.** (*Schmutzklümpchen im Fell etc*) tag.

'klun·ke·rig, 'klunk·rig *adj Low G.* **1.** tassel-like. – **2.** *cf.* a) unordentlich 2, 3, b) zerlumpt.

Klun·se ['klʊnzə] *f* ⟨-; -n⟩ *dial. for* a) Ritze 1, b) Spalt 3—5.

Klüp·fel ['klʏpfəl] *m* ⟨-s; -⟩ *tech.* (*Holzhammer*) mallet.

Klup·pe ['klʊpə] *f* ⟨-; -n⟩ **1.** *tech.* threading die. – **2.** *dial.* a) tongs *pl* (*sometines construed as sg*), b) *cf.* Klemme 1. – **3.** *Bavarian and Austrian colloq. for* Wäscheklammer.

Klus [kluːs] *f* ⟨-; -en⟩ *Swiss* (*Talenge*) cluse.

Klü·se ['klyːzə] *f* ⟨-; -n⟩ *mar.* hawse(hole), *Br.* hawse(-hole), hawsepipe, *Br.* hawse-pipe, closed chock.

Klü·ver ['klyːvər] *m* ⟨-s; -⟩ *mar.* (*vorderstes Stagsegel*) jib: ~ auf! hoist away the jib! — ~,**baum** *m* jibboom, *Br.* jib-boom. — ~,**fall** *n* jib halyard (*auch* halliard). — ~,**schot** *f* jib sheet.

Klys·ma ['klʏsma] *n* ⟨-s; -men⟩ *med. cf.* Klistier.

Kly·tä·mne·stra [klytɛm'nɛstra], *auch* **Kly·tä'me·stra** [-'mɛstra] *npr f* ⟨-; *no pl*⟩ *myth.* Clyt(a)emnestra.

knab·bern ['knabərn] **I** *v/i* ⟨h⟩ an (*dat*) etwas ~ a) (*von Maus, Eichhörnchen etc*) to nibble (*od.* gnaw) at s.th., b) (*von Personen*) to nibble at s.th.: die Maus hat am Käse geknabbert the mouse has been nibbling at the cheese; daran wird er noch lange zu ~ haben *fig. colloq.* that'll give him s.th. to chew on (*od.* to think about). – **II** *v/t* nibble: beim Fernsehen knabberten wir Nüsse und Schokolade while watching television we nibbled nuts and chocolate; nichts zu ~ haben *fig. colloq.* to have nothing to eat. – **III K~** *n* ⟨-s⟩ *verbal noun*: hast du etwas zum K~? have you anything to nibble?

Knäb·chen ['knɛːpçən] *n* ⟨-s; -⟩ *dim. of* Knabe 1.

Kna·be ['knaːbə] *m* ⟨-n; -n⟩ **1.** *bes. lit.* boy: höhere Schule für ~n secondary school for boys; Hosen für ~n von acht bis zehn trousers for boys of eight to ten years; ~n und Mädchen boys and girls; er war damals noch ein ~ he was still a boy at the time; sie hat einem ~n das Leben geschenkt, sie ist von einem ~n entbunden worden she has given birth to (*od.* was delivered of) a boy; ein verweichlichter ~ a mollycoddle. – **2.** *colloq. humor.* fellow, chap, boy: ihre Freunde sind meistens alte ~n mit viel Geld her friends are usually old chaps with lots of money; wie geht's, alter ~? how are you, old boy?

'Kna·ben|,al·ter *n* boyhood: im ~ verlor er seinen Vater when a boy he lost his father. — ~**be,klei·dung** *f* boys' (*Am. auch* juniors') wear. — ~,**chor** *m* boys' choir: Mitglied eines ~s choirboy.

'kna·ben·haft *adj* **1.** (*Aussehen, Wuchs, Lachen etc*) boyish. – **2.** (*Schwärmerei, Ideale etc*) puerile. — **'Kna·ben·haf·tig·keit** *f* ⟨-; *no pl*⟩ **1.** boyishness. – **2.** puerility.

'Kna·ben,kraut *n bot.* orchis (*Gattg Orchis*): Breitblätt(e)riges ~ (broad-leaved) march orchis (*O. latifolia*); Echtes (*od.* Männliches) ~ cuckoo(-)flower, dead-man's-fingers *pl* (*construed as sg or pl*) (*O. mascula*); Geflecktes ~ hand orchis, female-handed (*od.* spotted) orchis, adam-and-eve (*O. maculata*); Weibliches ~ goose and goslings *pl* (*construed as sg or pl*), buffoon (*od.* rose) orchis (*O. morio*). — ~**ge,wäch·se** *pl* orchids (*Fam. Orchidaceae*).

'Kna·ben|,lie·be *f* pederasty, *auch* paederasty. — ~,**schu·le** *f* boys' school. — ~**se·mi,nar** *n röm.kath.* little (*od.* junior) seminary. — ~,**stim·me** *f* boy's voice. — ~,**streich** *m* boyish prank (*od.* lark). — ~,**wurz** *f bot. cf.* Knabenkraut. — ~,**zeit** *f* (time of) boyhood.

Knäb·lein ['knɛːplaɪn] *n* ⟨-s; -⟩ *dim. of* Knabe 1.

knack [knak] *interj* crack! snap! click!

Knack *m* ⟨-(e)s; -e⟩ cracking noise (*od.* sound), crack, snap, click.

'Knäcke,brot (*getr.* -k·k-) ['knɛkə-] *n* ryvita, *Br.* crispbread, *Am.* knäckebröd.

'Knackel,bee·re (*getr.* -k·k-) ['knakəl-] *f bot.* hill strawberry (*Fragaria viridis*).

knacken (*getr.* -k·k-) ['knakən] **I** *v/t* ⟨h⟩ **1.** (*Nüsse etc*) crack: j-m eine harte Nuß zu ~ geben *fig. colloq.* to give s.o. a hard nut to crack. – **2.** (*Flöhe, Läuse etc*) crush, crack. – **3.** (*Geldschrank*) break (*od.* bust) open, 'crack' (*colloq.*). – **4.** *mil.* a) (*Bunker*) crack, b) (*Panzer*) bust. – **II** *v/i* **5.** (*von Glas, Eis, Boden etc*) crack. – **6.** (*von Zweig, Gebüsch etc*) snap. – **7.** (*von Holz im Feuer*) crackle. – 8. (*von alten Möbeln, Treppen etc*) make a cracking sound. – 9. (*von Gewehrschloß etc*) click. – 10. (*mit den Fingern*) crack. – 11. (*in den Ohren*) pop. – 12. (*radio*) crackle. – 13. *tel.* (*im Hörer*) click. – 14. *only in* an (*dat*) **etwas zu ~ haben** *fig. colloq.* to have s.th. to think about (*od.* to chew on).

'Knacker (*getr.* -k·k-) *m* ⟨-s; -⟩ 1. *colloq. contempt.* miser, skinflint (*colloq.*), *Am. colloq.* pinchpenny. – 2. **ein alter ~** *colloq. contempt.* an old fogy (*auch* fogey, fogie). – 3. *dial. for* Knackwurst.

'Knack|ge,räusch *n* 1. crackling sound. – 2. (*im Radio*) crackling noise. – 3. (*im Telefonhörer*) click. — **~,laut** *m ling.* glottal stop. — **~,man·del** *f* shell almond, almond in its shell.

knacks [knaks] *interj cf.* knack.

Knacks *m* ⟨-es; -e⟩ 1. (*Geräusch*) crack, snap, click: **es gab einen leisen ~, als das Glas sprang** there was a slight crack(ing sound) when the glass broke. – 2. *colloq.* (*Riß, Sprung*) crack: **die Tasse hat einen ~ bekommen** the cup got a crack (*od.* got cracked); **ihre Freundschaft hat damals einen schweren ~ bekommen** *fig. colloq.* their friendship suffered a severe blow at the time. – 3. *colloq.* (*gesundheitlicher Schaden*) defect: **einen ~ bekommen** (*od.* **kriegen**), **sich** (*dat*) **einen ~ holen** to catch it, to crack up; **seine Gesundheit hat im Krieg einen ~ bekommen** his health suffered in the war; **seit dem Unfall hat er einen (gesundheitlichen) ~ weg** since the accident his health has cracked up; **du hast wohl einen (leichten) ~?** you must be (slightly) cracked.

knack·sen ['knaksən] *v/i* ⟨h⟩ *cf.* knacken II.

'Knack|,wei·de *f bot. cf.* Bruchweide. — **~,wurst** *f gastr. Am.* knackwurst, knockwurst.

Knag·ge ['knagə] *f* ⟨-; -n⟩ 1. *dial.* knot, knag. – 2. (*Holzverarbeitung*) (*Verbindungsstück*) cleat, dog. – 3. *tech.* (*Anschlag*) stop, dog. – 4. *metall.* (*Hebekopf eines Pochstempels*) tappet. – 5. *civ.eng.* a) (*Brückenbau*) lifter, b) (*Widerlager*) support. – 6. *auto.* (*zwischen Ventil u. Nocken*) tappet.

Knag·gen ['knagən] *m* ⟨-s; -⟩ 1. *cf.* Knagge. – 2. *mar.* rudder stop.

'Knäk,en·te ['knɛːk-] *f zo.* garganey, sarcelle, querquedule (*Anas querquedula*).

Knall [knal] *m* ⟨-(e)s; -e⟩ 1. (*einer Tür, eines Ballons, Feuerwerkskörpers etc*) bang: **der Ballon zerplatzte mit einem lauten ~** the balloon burst with a loud bang; **ein dumpfer ~** a muffled bang, a thud; **die Tür mit einem ~ zuwerfen** to bang (*od.* slam) the door. – 2. (*eines Gewehrs*) report, (*einer Pistole*) *auch* crack. – 3. (*einer Peitsche*) crack, snap. – 4. (*eines Schusses*) crack, bang. – 5. (*eines Korkens*) pop. – 6. (*einer Mine etc*) explosion, detonation, report. – 7. *colloq.* (*des Donners*) clap. – 8. *aer.* (*beim Durchbrechen der Schallmauer*) sonic boom. – 9. *fig. colloq.* (*Streit etc*) row, quarrel: **heute hat es bei uns einen gewaltigen ~ gegeben** there was (*od.* we had) a terrible row (at home) today. – 10. *fig. colloq.* (*Ende, Pleite*) crash, collapse: **bei dieser Regierung mußte der große ~ kommen** the great crash was inevitable under this government. – 11. **~ und Fall** *fig. colloq.* a) (all) of a sudden, b) without warning (*od.* much ado), c) at once, on the spot: **er verliebte sich ~ und Fall** he fell in love at first sight (*od. colloq.* with a bang); **er wurde ~ und Fall entlassen** he was dismissed on the spot, he was given the sack (*colloq.*); **er reiste ~ und Fall ab** a) he departed (*od.* left) without warning, b) he departed (*od.* left) all of a sudden (*od.* all at once). – 12. **du hast wohl einen ~?** *fig. colloq.* you must be crazy! are you nuts? (*colloq.*).

'Knall|,blätt·chen *n* (*für Knallpistole*) cap. — **~,blei** *n chem.* lead fulminate ($Pb(OCN)_2$). — **~bon,bon** *m, n* (party) cracker. — **~,büch·se** *f* 1. popgun. – 2. *colloq. humor.* (*Flinte, Gewehr*) gun. — **k~'bums** *adv colloq.* slap-bang (*colloq.*). — **~,dämp·fer** *m* silencer, muffler. — **~ef,fekt** *m* sensation: **sein Auftritt war der ~ des Abends** his performance was the sensation (*od.* hit) of the evening; **der ~ kam einige Tage später** the biggest surprise of all came several days later; **der ~ kommt erst** just wait, that's not all; **der ~ war, daß** the sensation (*od.* the sensational thing) was that.

knal·len ['knalən] I *v/i* ⟨h⟩ 1. (*von Tür*) bang, slam: **die Tür knallte ins Schloß** the door closed with a bang. – 2. (*von Ballon, Feuerwerkskörper etc*) make a bang, go bang (*colloq.*). – 3. (*von Gewehr*) give a (loud) report, (*von Pistole*) *auch* crack. – 4. (*von Peitsche*) crack, snap: **mit der Peitsche ~, die Peitsche ~ lassen** to crack the whip. – 5. (*von Schuß*) crack, bang. – 6. (*von Korken*) pop: **einen Korken ~ lassen** to pop (*od.* let off) a cork. – 7. (*von Mine etc*) explode, detonate, fulminate. – 8. *colloq.* (*schießen*) shoot, fire: **er knallte auf ihn** he (took a) shot at him. – 9. *colloq.* (*prallen*) crash: **das Auto knallte gegen die Mauer [an den Baum]** the car crashed into the wall [tree]. – 10. *fig. colloq.* (*von Farbe*) be loud (*od.* glaring). – 11. *fig. colloq.* (*von Sonne*) beat down: **die Mittagssonne knallte auf die Dächer** the noon sun beat down on the rooftops. – 12. **mit den Absätzen** (*od.* **den Hacken**) ~ to click (*od. colloq.* pop) one's heels. – 13. *auto.* a) (*vom Vergaser*) pop, blow back, detonate, b) (*von Zündung*) misfire, c) (*von Auspuff*) backfire, *Br.* back-fire. – II *v/impers* 14. *colloq.* (*in Wendungen wie*) **gleich knallt's!** you'll soon get a box on the ear! **reiß dich zusammen, sonst knallt's!** pull yourself together or things will start popping! (*colloq.*). – III *v/t* 15. *colloq.* (*schießen*) shoot, fire: **er knallte ihm ein paar Kugeln auf den Pelz** he fired a few shots at him; **er knallte den Ball an den Torpfosten** (*sport*) he belted the ball against the goal post; **j-n über den Haufen ~** to shoot s.o. down; **etwas in die Luft ~** to blow s.th. up. – 16. *colloq.* (*werfen, schleudern*) bang, slam: **er knallte die Tür ins Schloß** he banged the door; **er knallte den Hörer auf die Gabel** he slammed down the receiver; **sie knallte das Buch auf den Tisch** she banged the book down on the table; **einen Teller gegen die Wand ~** to throw (*od.* dash) a plate against the wall. – 17. **j-m eine ~** *colloq.* to give s.o. a clout, to box s.o.'s ears; → Latz 1. — **'knal·lend** I *pres p.* – II *adj* banging, cracking, popping: **ein ~es Geräusch** a bang (*od.* crack, pop). – III *adv* with a bang (*od.* crack, pop).

'Knall,erb·se *f* (toy) torpedo.

Knal·le'rei *f* ⟨-; *no pl*⟩ *colloq.* continual (*od.* constant) banging (*od.* shooting).

'Knall|,feu·er,werk *n Br.* banger, *Am.* fizgig. — **~,frosch** *m Am.* grasshopper, *Br.* jumping jack.

'Knall,gas *n chem.* detonating gas, oxyhydrogen (*Br.* oxy-hydrogen) (gas). — **~,flam·me** *f* oxy(-)hydrogen flame. — **~ge,blä·se** *n* oxy(-)hydrogen blowpipe. — **~,licht** *n* oxy(-)hydrogen light.

'knall|'gelb *adj* violent bright yellow. — **~'grün** *adj* violent bright green. — **~'hart** *adj colloq.* (*Film etc*) hard, tough.

'knal·lig I *adj* 1. (*Farben*) loud, glaring. – 2. (*Kleid etc*) loud, gaudy, flashy: **~e Reklame** ballyhoo. – II *adv* 3. **es war ~ heiß** *colloq.* it was scorching hot.

'Knall|,kap·sel *f* (*railway*) detonating cartridge (*od.* signal), detonator, *Am. auch* torpedo. — **~,kopf, ~,kopp** [-,kɔp] *m* ⟨-(e)s; ⸚e [-,kœpə]⟩ *colloq.* blockhead, fathead (*beide colloq.*). — **~,kör·per** *m* 1. banger, *Am.* firecracker. – 2. *mil.* (*Zündsatz*) detonator. — **~,krebs** *m zo.* pistol shrimp (*od.* crab), gunman (*Gattg Alpheus*). — **~,pul·ver** *n chem.* detonating powder. — **~,queck,sil·ber** *n* mercuric (*od.* mercury) fulminate ($Hg(ONC)_2$). — **k~'rot** *adj* glaring (*od.* bright) red: **er wurde ~, er bekam einen ~en Kopf** he blushed as red as a peony, he turned scarlet (*od.* as red as a beet[root]). — **~,satz** *m tech.* detonating composition. — **k~,sau·er** *adj chem.* fulminic: **knallsaures Salz** fulminate; **knallsaures Quecksilber** *cf.* Knallquecksilber. — **~,säu·re** *f* fulminic acid (CNOH). — **~,scho·te** *f bot.* bladder senna (*Colutea arborescens*). — **~,sil·ber** *n chem.* silver fulminate (AgONC). — **~,tep·pich** *m aer.* (*bei Überschallflug*) wake (of a sonic boom). — **~,wel·le** *f phys.* shock (*od.* detonating) wave. — **~,zün·der** *m* detonator. — **~,zünd,schnur** *f tech.* detonating cord, primer cord.

knapp [knap] I *adj* ⟨-er; -st⟩ 1. (*Gehalt, Lohn etc*) scanty, meager, *bes. Br.* meagre, small, low: **ein ~es Taschengeld** a scanty allowance; **sein Gehalt erlaubt nur ein ~es Auskommen** on his salary he can just (*od.* barely) manage (*od.* make ends meet). – 2. (*Kost, Verpflegung etc*) scanty, meager, *bes. Br.* meagre, sparse, scarce, skimpy: **eine ~e Mahlzeit** a meager (*od.* small) meal; **~e Zeiten** hard times. – 3. ⟨*meist pred*⟩ (*Lebensmittel, Vorräte etc*) scarce, short: **im Krieg waren Zigaretten ~** during the war cigarettes were scarce (*od.* in short supply), there was a cigarette shortage during the war; **die Kohlen wurden ~** coal was growing scarce (*od.* running low); **ich bin ~ bei Kasse** (*od.* **mit dem Geld**) *colloq.* I am short of money (*od.* low in funds); **sie ist ~ mit Handtüchern** *colloq.* she is short of towels, her stock of towels is low; **wir sind ~ mit der Zeit** *colloq.* our time is limited (*od.* short). – 4. (*Kleid etc*) close-fitting, tight, narrow: **der Rock ist mir zu ~ geworden** my skirt has become too tight; **die Schuhe sind zu ~** the shoes are too narrow, the shoes pinch. – 5. (*Mehrheit, Sieg etc*) narrow, bare, close: → Not 4. – 6. (*Stil, Bericht etc*) concise, terse, succinct: **er gab eine ~e Schilderung** he gave a terse (*od.* thumb[-]nail) sketch. – 7. (*Anweisung, Antwort etc*) brief, short, curt: **er sagte es in** (*od.* **mit**) **~en Worten** he said it in few short words, he was brief and to the point. – 8. (*Bewegung, Geste etc*) precise, brisk. – 9. (*Verbeugung*) curt. – 10. (*vor Zahlen*) just under, little less than: **~e zwei Jahre [Meter]** just under two years [meters, *bes. Br.* metres]; **er hat das in einem ~en Jahr geschafft** he managed to do that in less than a year. – 11. *mar.* a) (*Wind*) scant, b) (*See*) short. – 12. *econ.* (*Geld, Kapital etc*) stringent, tight, close. – II *adv* 13. **j-n ~ bewirten** to entertain (*od.* feed) s.o. meagerly (*bes. Br.* meagrely); **bei ihnen geht es ~ zu** *colloq.* they are hard up (*od.* badly off) (*colloq.*); **das Kleid sitzt ~** the dress fits tightly; **unsere Zeit ist ~ bemessen** our time is limited (*od.* short); **etwas ~ zusammenfassen** to summarize (*Br. auch* -s-) s.th. concisely, to give a concise summary of s.th.; **das Auto fuhr ~ an mir vorbei** the car narrowly missed me; **er ist ~ davongekommen** he had a close call (*od. colloq.* shave), he had a narrow escape; **~ gewinnen [verlieren]** to win [to lose] by a narrow (*od.* close) margin; **er hat die Prüfung nur ~ bestanden** he just managed to pass the examination, he scraped through the examination (*colloq.*); **100 Mark sind aber ~ gerechnet** 100 marks is a conservative estimate; **das ist (aber) etwas ~ gerechnet** that's a bit on the low side; **ein Meter Stoff ist für die Hose zu ~ gerechnet** one meter (*bes. Br.* metre) of material is too little for the trousers; **~ ausreichend** (*od.* **genügend**) (*bei Zensur*) just satisfactory; **~ unter der Rentabilitätsgrenze** *econ.* marginal. – 14. **(aber) nicht zu ~** *colloq.* a) (*natürlich*) of course, b) (*viel*) a lot (*od.* plenty) of (*colloq.*), c) (*genug*) enough: **wirst du es annehmen? aber nicht zu ~!** will you take it? of course! **wir haben getrunken und nicht zu ~** we had drinks and plenty (*od.* lots) of them, we drank a lot; **haben Sie viel zu tun? nicht zu ~** do you have a lot to do? enough; **er hat ihn verprügelt, aber** (*od.* **und**) **nicht zu ~** he gave him a thrashing, and how! – 15. (*vor Zahlen*) just under, little less than: **das Kind ist ~ drei Monate alt** the child is little less than three months old (*od.* just under three months).

Knap·pe ['knapə] *m* ⟨-n; -n⟩ 1. *hist.* a) (*Edelknabe*) page, varlet, b) (*Schildknappe*) shield (*od.* armor, *bes. Br.* armour) bearer, squire, armiger, c) (*künftiger Ritter*) esquire: **die ~n** a) (*eines Ritters*) the followers, the henchmen, b) *collect.* the varletry *sg.* – 2. (*mining*) miner, pitman.

knap·pen[1] ['knapən] *v/i* ⟨h⟩ *hunt.* (*von Eule, Uhu*) make a rattling sound with the beak.

'knap·pen[2] *v/i* ⟨h⟩ (**mit etwas**) ~ *dial. for* knausern.

knap·pern ['knapərn] *v/i u. v/t* ⟨h⟩ *cf.* knabbern.

'knapp,hal·ten *v/t* ⟨*irr, sep,* -ge-, h⟩ **j-n ~** to keep s.o. short.

'Knapp·heit *f* ⟨-; *no pl*⟩ 1. (*des Gehalts etc*) scant(i)ness, meagerness, *bes. Br.* meagreness, smallness, lowness. – 2. (*der Ver-

pflegung etc) scant(i)ness, meagerness, *bes. Br.* meagreness, sparseness, sparsity, skimpiness. – **3.** (*der Lebensmittel etc*) scarcity, scarceness, shortage: ~ an Kohlen scarcity (*od.* shortage) of coal. – **4.** (*eines Kleides etc*) tightness, narrowness. – **5.** (*eines Stils, Berichts etc*) conciseness, terseness, succinctness. – **6.** (*einer Anweisung, Antwort etc*) briefness, shortness, curtness. – **7.** (*einer Geste etc*) preciseness, briskness. – **8.** (*einer Mehrheit etc*) narrowness, bareness, closeness. – **9.** *econ.* (*des Geldes, Kapitals*) stringency, tightness, closeness.

'Knappˌsack *m obs.* travel(l)ing bag, knapsack.

'Knapp·schaft *f* ⟨-; -en⟩ **1.** body (*od.* society) of miners. – **2.** *econ. cf.* Knappschaftskasse. – **3.** *hist.* novitiate of a knight.

'Knapp·schafts|ˌkas·se *f* (German) miners' sickness insurance fund and pension scheme. — **~ˌkran·kenˌhaus** *n* regional hospital for miners. — **~ˌren·te** *f* miners' pension. — **~verˌband** *m* miners' union. — **~verˌsi·che·rung** *f* miners' insurance.

knaps [knaps] *interj* clack! snap! → knips.

knap·sen ['knapsən] *v/i* ⟨h⟩ (mit etwas) ~ *colloq. for* knausern.

Knar·re ['knarə] *f* ⟨-; -n⟩ **1.** (*Kinderspielzeug*) rattle. – **2.** *tech.* ratchet (stock). – **3.** *colloq.* (*Gewehr, Revolver etc*) gun.

knar·ren ['knarən] **I** *v/i* ⟨h⟩ **1.** (*von Holzdiele, Tür etc*) creak. – **2.** (*von Schuhsohlen*) creak, squeak. – **3.** (*von Stimme*) grate. – **II K~** *n* ⟨-s⟩ **4.** *verbal noun.* – **5.** creaking noise, creak. — **'knar·rend I** *pres p.* – **II** *adj* **1.** (*Stiege etc*) creaking, creaky. – **2.** (*Schuhsohlen*) creaking, creaky, squeaky. – **3.** (*Stimme*) grating, strident.

'Knar·ren|ˌklup·pe *f tech.* ratchet pipe stock. — **~ˌschlüs·sel** *m* ratchet wrench. — **~ˌschrau·benˌzie·her** *m* ratchet screwdriver.

'knar·rig *adj* **1.** creaky, creaking. – **2.** (*Stimme*) grating, strident.

Knast [knast] *m* ⟨-(e)s; -e⟩ **1.** ⟨*only sg*⟩ *colloq.* jail, *Br. auch* gaol: ~ schieben, seinen ~ abreißen *sl.* to serve (one's) time; er bekam 2 Jahre ~ he was sent to gaol for 2 years, he got 2 years. – **2.** (*im Holz*) knot, knag. – **3.** *Northern G. dial.* (*eines Brotes*) end(piece). – **4.** ⟨*only sg*⟩ *sl.* 'dough' (*sl.*), money. – **5.** alter ~ *colloq. contempt.* old man. — **~ˌbru·der** *m colloq. cf.* Knastschieber.

Kna·ster[1] ['knastər] *m* ⟨-s; -⟩ **1.** (*grober Tabak*) canaster. – **2.** *colloq.* tobacco. – **3.** *contempt.* bad (*od.* ill-smelling) tobacco.

'Kna·ster[2] *m* ⟨-s; -⟩, **~ˌbart** *m colloq.* (old) grumbler.

'Kna·ste·rer *m* ⟨-s; -⟩ *cf.* Knaster[2].

kna·stern ['knastərn] *v/i* ⟨h⟩ *colloq.* grumble.

'Knastˌschie·ber *m colloq.* jailbird, *Br.* jail-bird, *Br. auch* gaol-bird (*colloq.*).

Knatsch [kna(ː)tʃ] *m* ⟨-es; *no pl*⟩ *Middle G. colloq.* quarrel, row: es hat ~ gegeben there was a row.

knat·schen ['kna(ː)tʃən] *v/i* ⟨h⟩ *colloq.* (*bes. von Kindern*) whimper, *Br. auch* grizzle. — **'knat·schig** *adj* ~ sein (*von Kind*) *cf.* knatschen.

knat·tern ['knatərn] **I** *v/i* ⟨h *u.* sein⟩ **1.** ⟨h⟩ (*von Maschinengewehr etc*) rattle, go rat-a-tat(-tat). – **2.** ⟨h *u.* sein⟩ (*von Motorrad etc*) put(t)-put(t). – **3.** ⟨h⟩ (*von Auspuff*) sputter. – **4.** ⟨h⟩ (*von Segel etc*) flap, flutter: die Fahne knattert im Wind the flag is flapping in the wind. – **5.** ⟨h⟩ (*von brennendem Holz etc*) crackle. – **II K~** *n* ⟨-s⟩ **6.** *verbal noun.* **7.** rattle, rat-a-tat(-tat), rattattoo.

Knäu·el ['knɔʏəl] *m, n* ⟨-s; -⟩ **1.** (*von Garn etc*) ball, clue, clew: Wolle zu einem ~ aufwickeln, Wolle auf ein ~ wickeln to wind up wool into a ball. – **2.** (*wirres*) tangle: ein ~ entwirren to unwind a tangle; die sich balgenden Kinder bildeten ein wirres ~ (von Armen und Beinen) *fig.* the fighting children formed a confused tangle (of arms and legs). – **3.** (*wirrer Haufen*) heap, pile: ein unordentliches ~ von Hemden a disorderly pile of shirts. – **4.** (*Menschenansammlung*) knot, group, crowd, cluster, throng: die Frauen standen in einem ~ beisammen the women stood (about) in a cluster; sie bildeten ein ~ they crowded together, they clustered. – **5.** *med.* (*der Niere*) glomerulus, glomerule. – **6.** *bot.* a) glomerule, contracted cyme (*od.* cyma), b) (*Pflanzenname*) Einjähriger ~ knawel, German knot(-)grass (*Scleranthus annuus*); Ausdauernder ~ perennial knawel (*S. perennis*), c) *cf.* Knäuelgras. — **~ˌbil·dung** *f biol.* **1.** spirem(e), skein. – **2.** (*Zusammenballung*) conglomeration. — **~ˌbin·se** *f bot.* common rush (*Juncus conglomeratus*). — **k~ˌblü·tig** [-ˌblyːtɪç] *adj* with agglomerated flowers. — **k~ˌför·mig** *adj* **1.** ball-shaped. – **2.** *cf.* knäuelig. — **~ˌgras** *n bot.* orchard grass, couch grass, *Br.* couch-grass, cocksfoot (*Dactylis glomerata*).

'knäue·lig *adj* **1.** tangled. – **2.** *bot.* (con)glomerate. – **3.** *med.* glomerate, convoluted.

knäu·eln ['knɔʏəln] *v/t* ⟨h⟩ *rare* (*Wolle etc*) wind (*s.th.*) (into a ball), ball, clew, clue.

'Knäu·elˌwickel·maˌschi·ne (*getr.* -k·k-) *f tech.* ball-winding (*od.* balling) machine.

Knauf [knauf] *m* ⟨-(e)s; ⸚e⟩ **1.** (*einer Tür, Fahne, eines Deckels etc*) knob: Stock mit ~ knobstick. – **2.** (*eines Schwerts, Degens*) pommel. – **3.** *arch.* a) boss (stone), b) (*Kapitell*) capital. — **~ˌschloß** *n tech.* drawback lock.

Knaul [knaul] *m, n* ⟨-s; -e *u.* ⸚e⟩ **1.** *dial. for* Knäuel 1—4. – **2.** *bot. cf.* a) Knäuel 6b, b) Knäuelgras.

'Knaulˌgras *n bot. cf.* Knäuelgras.

knau·peln ['knaupəln] *v/i* ⟨h⟩ an (*dat*) etwas ~ *Eastern Middle G.* a) to fumble away at s.th., b) to nibble (*od.* gnaw) at s.th.

Knau·ser ['knauzər] *m* ⟨-s; -⟩ *colloq. contempt.* stingy person, miser, niggard, skinflint, *Am. sl.* tightwad.

Knau·se'rei *f* ⟨-; *no pl*⟩ *colloq.* miserliness, stinginess; penny pinching, *Br.* penny-pinching, cheeseparing, *Br.* cheese-paring (*colloq.*).

'knau·se·rig *adj colloq.* miserly, stingy, niggardly, mean, parsimonious; penny-pinching, cheeseparing, *Br.* cheese-paring, close(fisted), *Br.* close(-fisted), tight(fisted), *Br.* tight(-fisted) (*colloq.*): etwas ~ on the stingy side, a little Scotch (*humor.*); er ist sehr ~ he would skin a flint. — **'Knau·se·rig·keit** *f* ⟨-; *no pl*⟩ *colloq.* miserliness, stinginess, niggardliness, meanness, parsimony; penny pinching, *Br.* penny-pinching, cheeseparing, *Br.* cheese-paring, closefistedness, *Br.* close-fistedness, tightfistedness, *Br.* tight-fistedness (*colloq.*).

'knau·sern *v/i* ⟨h⟩ (mit etwas) ~ a) to be sparing (with *od.* of s.th), b) to be miserly (*od.* stingy, tight, niggardly, parsimonious) (with s.th.), to stint (on s.th.): mit dem Geld ~ to scrimp (*od.* skimp) with money, to be close(-)fisted (*od.* tight[-]fisted) (*colloq.*).

knaus·rig ['knausrɪç] *adj colloq. cf.* knauserig. — **'Knaus·rig·keit** *f* ⟨-; *no pl*⟩ *colloq. cf.* Knauserigkeit.

Knau·tie ['knautsĭə] *f* ⟨-; -n⟩ *bot.* scabiosa, knautia (*Gattg Knautia*).

knaut·schen ['knautʃən] *colloq.* **I** *v/t* ⟨h⟩ **1.** (*Stoff, Kleid*) crumple, crease. – **II** *v/i* **2.** *hunt.* (*von Hund*) be hard in the mouth. – **3.** (*von Stoff, Kleid*) crease, wrinkle.

'knaut·schig *adj* (*Stoff etc*) crumpled, creased, wrinkled.

'Knautschˌlack *m cf.* Knautschlackleder. — **~ˌle·der** *n* crinkle leather, crush (patent) leather, Corfam (*TM*) (*microporous leather substitute*). — **~ˌman·tel** *m* Corfam (*od.* wet-look) coat.

'Knautschˌzo·ne *f auto.* crushable zone.

Kne·bel ['kneːbəl] *m* ⟨-s; -⟩ **1.** (*Mundknebel*) gag: j-m einen ~ in den Mund stecken to gag s.o. – **2.** (*an einer Kette od. einem Verschluß*) toggle. – **3.** (*an der Hundeleine*) clog. – **4.** (*am Trensengebiß eines Pferdes*) check. – **5.** *tech.* a) (locking) handle, star (*od.* T-)handle, star knob, b) (*Holzwirbel eines Sägegestells*) tongue, c) (*Drehstift eines Steckschlüssels*) tommy bar, *Br.* tommy-bar. – **6.** *hunt. dial.* short stick, cudgel. – **7.** *zo.* (*eines Vogels*) mastax. – **8.** *cf.* Knebelholz. – **9.** *bot. cf.* Mastkraut. — **~ˌbart** *m* **1.** twisted (*od.* waxed) moustache (*Am. auch* mustache). – **2.** turned-up (*od. colloq.* handlebar, *Br.* handle-bar) moustache (*Am. auch* mustache), handlebars, *Br.* handle-bars *pl* (*colloq.*). – **3.** (*Spitzbart*) imperial, vandyke (*auch* Vandyke) beard. — **~ˌholz** *n* (*an Paket etc*) carrier grip.

kne·beln ['kneːbəln] **I** *v/t* ⟨h⟩ **1.** (*Person*) gag. – **2.** *fig.* (*die Presse, das Gewissen etc*) gag, suppress, muzzle. – **3.** *hunt.* (*Läufe eines Rehbockes*) fold and secure. – **II K~** *n* ⟨-s⟩ **4.** *verbal noun.* – **5.** *cf.* Knebelung.

'Kne·bel|ˌschal·ter *m electr.* jack switch. — **~ˌschlüs·sel** *m tech.* T-handle wrench. — **~ˌschrau·be** *f* tommy (*od.* clamping) screw, thumbscrew. — **~ˌspieß** *m hunt.* boar spear. — **~ˌstropp** *m mar.* becket. — **~ˌtren·se** *f* (*am Zuggeschirr*) snaffle, gagbit, *Br.* gag-bit.

'Kne·be·lung, 'Kneb·lung *f* ⟨-; *no pl*⟩ **1.** *cf.* Knebeln. – **2.** *fig.* (*der Presse etc*) suppression.

'Kne·bel·verˌband *m med.* tourniquet bandage.

Knecht [knɛçt] *m* ⟨-(e)s; -e⟩ **1.** *agr.* a) farm laborer (*bes. Br.* labourer), farmhand, *Br.* farm-hand, b) (*Stallknecht*) stable lad (*od.* boy), *Br.* stable-lad (*od.* -boy), c) (*Pferdeknecht*) groom: sich als ~ verdingen to hire oneself out as a farm labo(u)rer. – **2.** *cf.* Holzknecht. – **3.** *fig. lit.* (*Sklave*) slave: ein ~ der öffentlichen Meinung a slave of public opinion; ein ~ der Sünde a slave to sin; lieber ein kleiner Herr als ein großer ~ (*Sprichwort*) *etwa* rather an unimportant master than an important slave. – **4.** *obs.* (*Diener*) servant: ein ~ Gottes a servant of God; wie der Herr, so der ~ (*Sprichwort*) like master, like man (*proverb*); → Ruprecht. – **5.** *hist.* a) (*Unfreier*) slave, thrall, b) (*Leibeigener*) serf, bondsman, c) (*eines Ritters*) squire, page. – **6.** *tech.* (*Schraubknecht*) general-purpose (*od.* quick) clamp.

knech·ten ['knɛçtən] **I** *v/t* ⟨h⟩ **1.** make a slave of, enslave, reduce (*s.o.*) to servitude: wir lassen uns nicht ~ we shan't let ourselves be made slaves (*od.* be enslaved). – **2.** (*unterjochen*) subjugate, enthral(l) (*poet.*): ein Volk ~ to subjugate a nation. – **3.** (*tyrannisieren*) tyrannize *Br. auch* -s-, oppress. – **II K~** *n* ⟨-s⟩ **4.** *verbal noun.* – **5.** *cf.* Knechtung.

'knech·tisch *adj lit.* (*Gehorsam etc*) servile, slavish, submissive, obsequious: ~e Gesinnung servile disposition, servility.

'Knechtsˌar·beit *f* **1.** servant's (*od.* menial) work. – **2.** (*Schufterei*) drudgery.

'Knecht·schaft *f* ⟨-; *no pl*⟩ servitude, slavery, bondage: politische ~ political servitude; lieber sterben, als in der ~ leben better (be) dead than live a slave; ein Volk aus der ~ führen *lit.* to lead a nation out of slavery.

'Knechts·geˌstalt *f only in* er nahm ~ an *Bibl.* he took upon him the form of a servant.

'Knecht(s)ˌsinn *m* ⟨-(e)s; *no pl*⟩ **1.** servile spirit, slavishness. – **2.** servility.

'Knech·tung *f* ⟨-; *no pl*⟩ **1.** *cf.* Knechten. – **2.** enslavement. – **3.** (*bes. eines Volkes*) subjugation, enthral(l)ment (*poet.*). – **4.** tyranny, oppression.

Kneif [knaɪf] *m* ⟨-(e)s; -e⟩ **1.** (*Messer des Schusters, Sattlers*) paring knife. – **2.** (*Messer des Gärtners*) hedging bill, (*kleiner*) pruning knife, pruner.

knei·fen ['knaɪfən] **I** *v/t* ⟨kneift, kniff, gekniffen, h⟩ **1.** pinch, nip: sie kniff ihn in den Arm she pinched his arm; ein Krebs kniff mich in den Finger a crab nipped my finger; mein Magen kneift mich *colloq.* I feel gripes (*od.* twitches) in my stomach. – **2.** (*in Wendungen wie*) der Hund kniff den Schwanz zwischen die Beine the dog put his tail between his legs; er kniff die Augen he squinted; er kneift die Lippen he presses his lips together. – **3.** ein Monokel ins Auge ~ to screw a monocle (*od.* eyeglass) into one's eye. – **4.** den Wind ~ *mar.* to keep close (*od.* point high) to the wind, to hug the wind. – **II** *v/i* **5.** pinch, nip: j-m in den Arm ~ to pinch s.o.'s arm; die Jacke kneift unter den Achseln the jacket pinches (*od.* is too tight) under the armpits. – **6.** *fig. colloq.* (*sich drücken*) back out (*od.* down), turn tail, *Am. colloq.* chicken out: wenn es gefährlich wird, kneift er whenever it gets dangerous he turns tail; er kneift vor jeder Entscheidung he avoids (*od.* dodges) taking decisions. – **III** *v/impers* **7.** es kneift mich im Magen *colloq.* I feel gripes (*od.* twitches) in my stomach.

'Knei·fer *m* ⟨-s; -⟩ **1.** *Northern G.* (*Zwicker*) pince-nez, nippers *pl.* – **2.** *colloq.* (*Drückeberger*) dodger, shirker, funk(er) (*colloq.*).

'Kneifˌzan·ge *f tech.* pincers *pl* (*sometimes construed as sg*), nippers *pl.*

Kneip [knaɪp] *m* ⟨-(e)s; -e⟩ *cf.* Kneif.

'Kneip|ˌabend *m* **1.** (*von Verbindungsstudenten*) drinking session. – **2.** evening spent in drinking (*od.* boozing, *auch* boosing), *bes. Br.* night out in (*od.* at) the pub, *bes. Am.* night out in the bar (*od.* tavern). — ~ˌ**bru·der** *m colloq.* **1.** drinking companion. – **2.** boozer, tippler, toper.

Knei·pe [ˈknaɪpə] *f* ⟨-; -n⟩ *colloq.* **1.** *bes. Br.* pub (*colloq.*), public house, boozer (*sl.*); pot-house, ale-house (*beide archaic*); *bes. Am.* tavern, saloon, bar; dive, beer joint (*colloq.*). – **2.** *cf.* Kneipabend 1.

knei·pen[1] [ˈknaɪpən] **I** *v/i* ⟨h⟩ **1.** *colloq.* drink, carouse, tipple, fuddle, tope, booze, *auch* boose: **er hatte die ganze Nacht hindurch gekneipt** he had been boozing all night long. – **2.** (*von Verbindungsstudent*) take part in a drinking session. – **II K~** *n* ⟨-s⟩ **3.** *verbal noun.*

ˈ**knei·pen**[2] *v/t u. v/i* ⟨kneipt, kneipte, *auch* knipp, gekneipt, *auch* geknippen, h⟩ *dial. for* kneifen 1, 5.

ˈ**Knei·pen|beˌsit·zer,** ~ˌ**wirt** *m colloq.* barkeeper, *bes. Br.* publican, landlord, *bes. Am.* saloonkeeper.

Knei·peˈrei *f* ⟨-; -en⟩ *colloq.* **1.** *cf.* Kneipen[1]. – **2.** (*Zechgelage*) drinking bout (*od.* session), carousal, booze.

ˈ**Kneipˌlied** *n colloq.* drinking song.

kneip·pen [ˈknaɪpən] *v/i* ⟨h⟩ *med.* take a course of Kneipp's hydrotherapy (*od.* of cold-water treatment).

ˈ**Kneipp|ˌheilˌkun·de** *f med.* hydrotherapy, hydropathy, Kneipp's cure (*od.* method). — ~ˌ**kur** *f* Kneipp('s) cure (*od.* hydrotherapy), cold-water treatment: **eine ~ machen** *cf.* kneippen. — ~**sanˌda·le** *f* Kneipp sandal.

ˈ**Kneip|ˌtour** *f colloq.* drinking spree (*od.* tour), booze, *Am. sl.* 'bat', *bes. Br.* pub crawl (*colloq.*). — ~ˌ**wart** *m student who looks after the supply of beer at a drinking session.* — ~ˌ**zan·ge** *f tech. cf.* Kneifzange.

ˈ**Kneißˌmes·ser** [ˈknaɪs-] *n* (*leather*) paring knife.

ˈ**knet|bar** *adj* **1.** (*Ton etc*) plastic, moldable, *bes. Br.* mouldable. – **2.** (*Teig etc*) kneadable. – **3.** *tech.* ductile. — **K~ˌbrett** *n* (*in Töpferei*) molding (*bes. Br.* moulding) board.

kne·ten [ˈkneːtən] **I** *v/t* ⟨h⟩ **1.** knead: **ein Ei in [Hefe unter] den Teig ~** to knead an egg [yeast] into the dough; **Mehl und Eier zu einem Teig ~** to knead (*od.* make) flour and eggs into a dough; **sie knetete ein Taschentuch zwischen den Fingern** she kneaded (*od.* wrung) a handkerchief in her hands. – **2.** (*Ton etc*) knead, malaxate, pug. – **3.** (*modellieren*) mold, *bes. Br.* mould, form: **er knetete eine Figur aus Ton** he mo(u)lded a figure out of clay; **ihr Charakter läßt sich noch beliebig formen und ~** *fig.* her character can still be mo(u)lded and modified (to any form). – **4.** *med.* (*Körper, Muskeln etc*) knead, massage. – **II** *v/i* **5.** mold (*bes. Br.* mould) (*od.* form) figures out of plasticine (*od.* wax): **Kinder ~ gern mit Knetmasse** children like to form figures out of plasticine (*od.* to play with plasticine). – **III K~** *n* ⟨-s⟩ **6.** *verbal noun.* – **7.** (*von Ton etc*) malaxage. – **8.** *med.* kneading, massage.

ˈ**Knet|ˌgum·mi** *n, auch m* plasticine. — ~ˌ**ha·ken** *m tech.* (*für Haushaltsmaschinen etc*) dough hook. — ~ˌ**kur** *f med.* massage (treatment). — ~**leˌgie·rung** *f metall.* wrought alloy. — ~**maˌschi·ne** *f tech.* **1.** kneader, kneading machine, masticator. – **2.** (*Mischkoller*) pug mill, *Br.* pug-mill. – **3.** (*für Teig*) kneader, dough mixer (*od.* kneading machine). — ~**masˌsa·ge** *f med.* kneading massage, petrissage, malaxation. — ~ˌ**mas·se** *f* **1.** modeling (*bes. Br.* modelling) clay (*od.* material). – **2.** (*Typenreiniger*) type cleaner, plastic paste. – **3.** *cf.* Knetgummi. — ~ˌ**mul·de** *f,* ~ˌ**trog** *m* (*in der Bäckerei*) kneading trough.

ˈ**knib·be·lig** *adj Northern G. colloq. for* kniffelig.

knib·beln [ˈknɪbəln] *v/i* ⟨h⟩ *Northern G. colloq.* (an *dat* with) fiddle.

knick [knɪk] *interj* click!

Knick[1] *m* ⟨-(e)s; -e⟩ **1.** (*Riß*) crack, break: **das Ei hat einen ~** the egg is cracked. – **2.** (*einer Straße etc*) (sharp) bend, curve: **an dieser Stelle macht der Weg einen ~** the path bends at this point, at this point there is a bend in the path. – **3.** (*eines Rohres, Astes etc*) kink, bend, (*stärkerer*) knee: **du hast wohl einen ~ in der Linse?** *fig. colloq.* you must be batty! – **4.** (*in Stoff, Papier*) fold, crease, (*Eselsohr*) *auch* dog('s) ear. – **5.** *geol. cf.* Knickpunkt. – **6.** *mar.* (*im Tau*) nip. – **7.** *med.* (*des Darms*) kink.

Knick[2] *m* ⟨-(e)s; -s⟩ *Northern G.* hedge, *bes. Br.* quickset hedge.

ˈ**Knick|ˌbein** *n med.* knock-knee. — **k~ˌbei·nig** *adj* knock-kneed. — ~ˌ**beiˌwert** *m metall.* buckling coefficient. — ~ˌ**bruch** *m med.* infraction, greenstick (*Br.* green-stick) fracture.

ˈ**Knickeˌbein** (*getr.* -k·k-) (*TM*) *n* egg liquor (*od.* flip), *Br.* egg-liquor (*od.* -flip), Knickebein.

ˈ**Knickˌei** *n* cracked (*od.* damaged) egg.

knicken (*getr.* -k·k-) [ˈknɪkən] **I** *v/t* ⟨h⟩ **1.** (*Blumen etc*) break: **die Schneelast knickte die Zweige** the weight of the snow broke (*od.* snapped) the branches; **er hat ihr das Herz geknickt** *fig. humor.* he broke her heart. – **2.** (*Papier etc*) fold, crease: **er knickte den Papierbogen zweimal** he folded the (piece of) paper twice; „**bitte nicht ~!**" (*Aufschrift*) "please do not bend". – **3.** *civ.eng.* (*Träger etc*) buckle, bend. – **4.** (*Rohr, Draht etc*) kink. – **5.** *colloq.* (*Bein etc*) bend. – **6.** *colloq.* (*Floh, Laus*) crack. – **7. j-n ~** *fig.* (*von Schicksalsschlag etc*) to crush s.o. – **8.** *med.* (*Knochen*) crack. – **II** *v/i* ⟨sein⟩ **9.** break, snap: **die Bäume knickten wie Strohhalme** the trees snapped like straws. – **10.** (*von Stangen etc*) buckle, give way: **in die Knie ~** to sag at the knees. – **11.** *med.* (*von Darm etc*) kink. – **III K~** *n* ⟨-s⟩ **12.** *verbal noun.* – **13.** *cf.* Knickung.

ˈ**Knicker** (*getr.* -k·k-) *m* ⟨-s; -⟩ **1.** *colloq. cf.* Knauser. – **2.** small hunting knife.

ˈ**Knickerˌbocker** (*getr.* -k·k-) [-ˌbɔkər; ˈnɪkəˌbɔkə] (*Engl.*) *pl* (*fashion*) knickerbockers, (*längere*) plus fours, *Br.* plus-fours.

Knickeˈrei (*getr.* -k·k-) *f* ⟨-; *no pl*⟩ *colloq. cf.* Knauserei. — ˈ**knicke·rig** (*getr.* -k·k-) *adj colloq. cf.* knauserig. — ˈ**Knicke·rig·keit** (*getr.* -k·k-) *f* ⟨-; *no pl*⟩ *colloq. cf.* Knauserigkeit. — **knickern** (*getr.* -k·k-) [ˈknɪkərn] *v/i* ⟨h⟩ *colloq. cf.* knausern.

ˈ**knick|ˌfest** *adj tech.* (*Stab*) resistant to buckling (*od.* bulging, crippling), resistant to lateral flexure. — **K~ˌfe·stig·keit** *f* **1.** *tech.* (*eines Stabes*) buckling (*od.* crippling) strength. – **2.** (*paper*) resistance to folding.

ˈ**Knick|ˌflü·gel** *m aer.* gull (*od.* cranked) wing. — ~ˌ**fuß** *m med.* (tali)pes valgus. — ~ˌ**halsˌlau·te,** ~ˌ**kra·genˌlau·te** *f mus.* lute with turned-back (*od.* bent-back) pegbox. — ~ˌ**län·ge** *f* **1.** *metall.* (*eines Stabes*) buckling length. – **2.** *civ.eng.* (*einer Säule*) effective (column) length. — ~ˌ**last** *f* buckling (*od.* collapse, maximum) load. — ~ˌ**punkt** *m geol.* knickpoint.

ˈ**knick·rig** *adj colloq. cf.* knauserig. — ˈ**Knick·rig·keit** *f* ⟨-; *no pl*⟩ *colloq. cf.* Knauserigkeit.

Knicks [knɪks] *m* ⟨-es; -e⟩ curts(e)y, *auch* courtesy, congé, congee: **einen ~ (vor j-m) machen** to make (*od.* drop) a curts(e)y (to s.o.), to curts(e)y (to s.o.). — ˈ**Knicks·chen** *n* ⟨-s; -⟩ *colloq.* (*eines Kindes*) bob, curts(e)y: **mach ein ~!** (make *od.* bob a) curts(e)y!

knick·sen [ˈknɪksən] *v/i* ⟨h⟩ (vor j-m) ~ to make (*od.* drop) a curts(e)y (to s.o.), to curts(e)y (to s.o.).

ˈ**Knickˌspan·nung** *f civ.eng.* (*als Beanspruchung*) buckling (*od.* crippling) stress, (*elastische*) buckling (*od.* crippling) resilience, (*deformierende*) buckling (*od.* crippling) strain.

ˈ**Knickˌspant** *n mar.* (*beim Schiffsbau*) chine-type frame. — ~ˌ**boot** *n* V-bottom (*auch* vee-bottom) boat, dor(e)y, sharpie, *auch* sharpy.

ˈ**Knick|ˌstag** *n mar.* triatic stay. — **k~ˌsteif** *adj civ.eng.* buckleproof, *Br.* buckle-proof, resistant to buckling (*od.* crippling). — ~ˌ**stütz** *f* (*sport*) bent-arm rest.

ˈ**Knickung** (*getr.* -k·k-) *f* ⟨-; -en⟩ **1.** *cf.* Knicken. – **2.** (*eines Weges etc*) (sharp) bend, curve. – **3.** (*eines Stabes etc*) a) (*Vorgang*) buckling, crippling, lateral flexure, b) (*Ergebnis*) kink, (sharp) bend. – **4.** *med.* a) bend, bending, b) (*eines Knochens*) crack, c) (*des Darms etc*) kink(ing), d) (*Abknickung*) angulation.

ˈ**Knick·verˌsuch** *m civ.eng.* buckling (*od.* crippling) test.

Knie [kniː] *n* ⟨-s; - [ˈkniːə; kniː]⟩ **1.** knee: **spitzes [rundes] ~** knobb(l)y [round] knee; **mit auswärts gebogenen ~n** bow(-)legged; **eine Hose mit ausgebeulten ~n** *fig.* a pair of trousers with baggy knees; **ihm schlotterten [wankten] die ~** his knees shook [knocked]; **die ~ anziehen** to pull up one's knees; **die ~ durchdrücken [beugen]** to straighten [to bend] one's knees; **vor dem Altar das ~ beugen** to kneel (*od.* genuflect) before the altar; **j-s ~ umfassen** to clasp (*od.* cling to) s.o.'s knees; **sie standen bis an die ~** (*od.* **zu den ~n**) **im Wasser** they were standing knee-deep (*od.* up to their knees) in (the) water; **auf die ~!** on your knees! **er ließ sich auf ein ~ nieder** he bent down on one knee; **sie lag auf den ~n und scheuerte den Fußboden** she was on her knees scrubbing the floor; **j-n auf (den) ~n (um etwas) bitten** to beg s.o. on bended knees (*od.* on one's knees) (for s.th.); **du kannst Gott auf (den) ~n danken, daß** *colloq.* you can give thanks to the Lord that, you should go down on your knees and thank the Lord that; **sich vor j-m auf die ~ werfen** to go down (*od.* to throw oneself down) on one's (bended) knees to s.o.; **der Tyrann zwang das Volk auf** (*od.* **in**) **die ~** *fig. lit.* the tyrant forced the people to their knees; **der Mann nahm seinen Enkel auf die ~** the man took his grandson (up) on his knee; **das Kind ritt auf seinen ~n** the child had a ride on his knees; **er wurde weich in den ~n, die ~ wurden ihm weich** *colloq.* a) he went weak (*od.* he sagged) at the knees, b) *fig.* he went weak at the knees; **er bekam weiche ~** *colloq.* he went weak at the knees; **in die ~ sinken** to sink to one's knees; **in die ~ gehen** a) to sag at the knees, b) *fig.* to go to the wall, c) *auto.* dive; **er legte seinen Sohn übers ~** *colloq.* he put his son across his knee, he gave his son a spanking (*colloq.*); **etwas übers ~ brechen** *fig. colloq.* a) to rush (*od.* hurry) s.th., to do s.th. hurriedly, b) to decide s.th. abruptly, to (try to) force s.th.; → fallen 4. – **2.** *med.* knee; genu, geniculum (*scient.*): **sich** (*dat*) **das ~ verstauchen [aufschlagen]** to sprain (*od.* wrench) [to skin] one's knee. – **3.** (*eines Weges etc*) bend, curve: **der Fluß bildet dort ein ~** the river bends there. – **4.** *zo.* (*des Pferdes etc*) a) (*der Vorderhand*) knee, b) (*der Hinterhand*) hock, knee: **der Stier brach in die ~** the bull sank (*od.* went down) to its knees. – **5.** *tech.* a) (*Rohrstück*) knee, elbow, b) (*Winkel*) angle: **zwei Rohre durch ein ~ verbinden** to joint two pipes (together) by an elbow; **ein ~ am Ofenrohr einsetzen** to insert an elbow in a stove(-)pipe. – **6.** *mil.* (*in Taktik*) salient. – **7.** *mar.* (*im Schiffsbau*) (ship) knee. – **8.** *mus.* (*eines Blasinstruments*) valve slide.

ˈ**Knie|ˌaufˌschwung** *m* (*sport*) knee upswing. — ~ˌ**band** *n* ⟨-(e)s; =er⟩ **1.** *med.* ligament of the knee. – **2.** *tech.* knee band. — ~ˌ**beu·ge** *f* **1.** (*sport*) knee bend(ing): **20 ~n machen** to do 20 knee bends. – **2.** *relig. cf.* Kniebeugung 2. – **3.** *med. cf.* Kniekehle. — ~ˌ**beu·gung** *f* **1.** bending of the knee(s). – **2.** *relig.* genuflection, *Br. auch* genuflexion. — ~ˌ**beu·le** *f* (*in der Hose*) baggy knee. — ~ˌ**bug** *m* **1.** (*des Pferdes*) gambrel: **mit geschwollenem ~** capped. – **2.** *gastr.* knuckle. — ~ˌ**drücker** (*getr.* -k·k-) *m mus.* (*am Harmonium*) knee lever (*od.* swell), *Br.* knee-lever (*od.* -swell).

ˈ**Knieˌfall** *m* **1.** prostration: **vor j-m einen ~ machen** to prostrate oneself before s.o., to go down on one's knees before s.o. – **2.** *relig.* genuflection, *Br. auch* genuflexion: **er machte einen ~ vor dem Altar** he genuflected (*od.* knelt) before the altar.

ˈ**knieˌfäl·lig** *adj u. adv* on one's (bended) knees, on bended knees: **j-n ~ um etwas bitten** to beg (*od.* implore) s.o. for s.th. on one's bended knees.

ˈ**knieˌfrei** *adj* (*fashion*) above the knee: **sie trägt nur ~e Röcke** she always wears her skirts above the knee. — ˈ**Knieˌfrei·heit** *f* (*im Auto etc*) knee room.

ˈ**Knieˌgei·ge** *f mus. hist.* viola da gamba.

ˈ**Knie·geˌlenk** *n* **1.** *med. vet.* knee joint, *Br.* knee-joint. – **2.** *civ.eng.* elbow (*od.* knee) joint, *Br.* elbow- (*od.* knee-)joint. — ~**entˌzün·dung** *f med.* gonitis, gonarthritis. — ~ˌ**kap·sel** *f* capsule of the knee joint (*Br.* knee-joint).

ˈ**Knieˌgicht** *f med.* gout in the knees, gonagra (*scient.*).

ˈ**Knieˌhang** *m* (*sport*) (*beim Turnen*) knee hang. — ~ˌ**umˌschwung** *m* hock circle.

'Knie,he·bel *m* **1.** *tech.* bent (*od.* elbow, toggle) lever. – **2.** *mus.* (*eines Harmoniums*) knee lever (*od.* swell), *Br.* knee-lever (*od.* -swell). — **~,pres·se** *f* **1.** toggle(-joint) press, knuckle(-joint) press. – **2.** (*für Buchdruck*) fly press.

'knie,hoch I *adj* knee-high, up to the knees: kniehohe Strümpfe knee(-length) socks. – **II** *adv* der Schnee liegt ~ the snow lies knee-deep.

'Knie,holz *n* **1.** knee timber. – **2.** *bot.* a) *cf.* Bergkiefer, b) knee pine (*Pinus mugho pumilio*). — **~,kie·fer** *f bot. cf.* Bergkiefer.

'Knie|,ho·se *f* (knee) breeches, *Br.* (knee)-breeches *pl.* — **~,keh·le** *f med.* hollow of the knee, ham, popliteal space (*scient.*). — **~,kis·sen** *n* **1.** kneeling cushion. – **2.** (*für Betende*) hassock, kneeler. — **k~,lang** *adj* (*fashion*) knee-length (*attrib*). — **~,le·der** *n* (*mining*) kneepad, *Br.* knee-pad, kneecap, *Br.* knee-cap.

kni·en [kniːn; 'kniːən] **I** *v/i* ⟨h *u.* sein⟩ **1.** kneel, drop on(to) (*od.* fall to) one's knees: vor j-m [etwas] ~ to kneel before s.o. [s.th.]; er kniete vor dem Altar he knelt before the altar. – **2.** *relig.* (*niederknien*) genuflect. – **II** *v/reflex* ⟨h⟩ sich ~ **3.** kneel down, go down on one's knees: er kniete sich auf den Teppich he knelt down on the carpet. – **4.** sich in (*acc*) etwas ~ *fig. colloq.* to knuckle (*od.* buckle) down to s.th. (*colloq.*), to get down to s.th., to immerse oneself in s.th.: er kniete sich in die Arbeit he knuckled down to (his) work. — **kni·end** ['kniːənt] **I** *pres p.* – **II** *adj* **1.** kneeling, on one's knees. – **2.** ~er Anschlag (*beim Schießen*) kneeling position.

'Knie|,raum *m* (*im Auto, Flugzeug etc*) knee room, legroom. — **~re,flex** *m med. cf.* Kniescheibenreflex. — **~,rie·men** *m* (*des Schusters*) knee strap, shoemaker's stirrup. — **~,rohr** *n tech.* knee, elbow pipe, bent tube.

Knies [kniːs] *m* ⟨-; *no pl*⟩ *bes. Northern G. dial.* **1.** *cf.* Schmutz 1, 2. – **2.** *fig.* (*Streit*) quarrel: mit j-m ~ haben to quarrel with s.o.

'Knie,schei·be *f* **1.** *med.* kneecap, *Br.* knee-cap, kneepan, *Br.* knee-pan; patella, rotula (*scient.*). – **2.** *vet.* (*des Pferdes*) stifle bone, *Br.* stifle-bone, patella (*scient.*). — **'Knie,schei·ben·re,flex** *m med.* knee jerk (reflex).

'Knie|,sche·re *f tech.* elbow scissors *pl* (*sometimes construed as sg*). — **~,schie·ne** *f hist.* (*einer Rüstung*) kneepiece, *Br.* knee-piece, genouillère. — **~,scho·ner** *m* kneepad, *Br.* knee-pad, knee guard (*od.* protector). — **~,schüt·zer** *m* (*sport*) (*eines Torwarts*) kneepad. — **~,schwel·ler** *m mus.* (*am Harmonium*) knee lever (*od.* swell), *Br.* knee-lever (*od.* -swell). — **~,seh·ne** *f med.* hamstring. — **~,seh·nen·re,flex** *m* knee jerk (reflex). — **~,sitz** *m* (*sport*) (*beim Turnen*) squat. — **~,strumpf** *m meist pl* knee(-length) sock, (*bes. Damenstrumpf*) knee-length stocking. — **~,stück** *n* **1.** *tech.* elbow, bend, knee, kneepiece, *Br.* knee-piece. – **2.** *metall.* (*eines Hochofens*) penstock, gooseneck. – **3.** *hist.* (*einer Rüstung*) kneepiece, *Br.* knee-piece. – **4.** (*art*) three-quarter-length portrait. — **k~,tief I** *adj* (*Schnee, Wasser etc*) knee-deep, up to the knees. – **II** *adv* er stand ~ im Schnee he was standing up to his knees in (the) snow.

kniet·schen ['kniːtʃən] *dial. v/i* ⟨h⟩ whine, be querulous.

'Knie|ver,bin·dung *f tech.* elbow joint. — **~,wär·mer** *m* knee warmer. — **k~,weich I** *adj* **1.** weak in the knees, wobbly on one's legs. – **2.** *fig.* weak-kneed. – **II** *adv* **3.** er fühlte sich noch etwas ~ he still felt a bit weak in the knees. — **~,wel·le** *f* (*sport*) knee circle.

kniff [knɪf] *1 u. 3 sg pret of* kneifen.

Kniff *m* ⟨-(e)s; -e⟩ **1.** (*in Papier, Pappe etc*) crease, fold: einen ~ in (*acc*) etwas machen to make a crease in s.th., to crease s.th. – **2.** pinch, twitch, tweak: ein ~ in den Arm a pinch in the arm. – **3.** *fig.* (*Kunstgriff*) trick, knack: da muß ein ~ dabei sein there must be a trick to it; er hat den ~ heraus he has got the knack (of it). – **4.** *fig.* (*Schlich*) trick, artifice, 'dodge' (*colloq.*): er kennt alle ~e he knows all the tricks (of the trade), he is up to all the dodges (*colloq.*); hinter j-s ~e kommen to get to know s.o.'s tricks (*od. colloq.* dodges); (unerlaubte) ~e (und Pfiffe) anwenden to use (illegal) tricks (and dodges). – **5.** *fig.* (*Schwindel*) deception, trickery. – **6.** *fig.* (*List*) ruse, wiles *pl.*

Knif·fe'lei *f* ⟨-; -en⟩ *colloq.* **1.** trickery. – **2.** intricate job.

knif·fe·lig ['knɪfəlɪç] *adj colloq.* **1.** (*verzwickt*) tricky, difficult, intricate. – **2.** (*heikel*) delicate. — **'Knif·fe·lig·keit** *f* ⟨-; *no pl*⟩ **1.** trickiness, difficulty, intricacy. – **2.** delicacy.

knif·fen ['knɪfən] *v/t* ⟨h⟩ (*Papier etc*) make a crease in, crease, fold.

'knif·fig *adj colloq.* **1.** tricky, full of tricks. – **2.** wily.

kniff·lig ['knɪflɪç] *adj colloq. cf.* kniffelig. — **'Kniff·lig·keit** *f* ⟨-; *no pl*⟩ *cf.* Kniffeligkeit.

Knig·ge ['knɪgə] *m* ⟨-(s); *no pl*⟩ book on etiquette (*named after its author Baron Knigge*): seinen ~ kennen to be well posted on one's etiquette, *Am. auch* to know one's Emily Post.

Knilch [knɪlç] *m* ⟨-s; -e⟩ *colloq. contempt. cf.* Knülch.

knips [knɪps] *interj* click! snip!: ~, knaps! click, clack! snip, snap!

Knips *m* ⟨-es; -e⟩ **1.** (*beim Fotoapparat*) click. – **2.** (*das Lochen der Fahrkarte*) punch. – **3.** (*einer Schere*) snip.

knip·sen ['knɪpsən] **I** *v/t* ⟨h⟩ **1.** j-n [etwas] ~ *colloq.* to take a snap(shot) of s.o. [s.th.], to snap s.o. [s.th.]. – **2.** (*Fahrkarte*) punch, clip. – **3.** *colloq.* (*Papierkugel etc*) snap, flip. – **II** *v/i colloq.* **4.** snap: er knipste mit den Fingern he snapped his fingers. – **5.** turn (*od.* flip) a switch: er knipst dauernd am Schalter he keeps turning the switch. – **6.** *colloq.* take a snap(shot): sich ~ lassen to have a snap(shot) taken.

'Knip·ser *m* ⟨-s; -⟩ *colloq.* **1.** *electr.* (flip) switch. – **2.** *contempt.* camera clicker, shutterbug. – **3.** ticket puncher, *Br.* ticket-puncher. – **4.** (*Druckknopf etc*) clip. – **5.** *cf.* Knipszange.

'Knips|,schal·ter *m colloq.* snap switch. — **~,zan·ge** *f colloq.* (ticket) punch, *Br.* (ticket-)punch.

Knirps [knɪrps] *m* ⟨-es; -e⟩ **1.** little man (*od.* fellow, chap); whippersnapper, hop-o'-my-thumb (*colloq.*): ein komischer ~ a funny little fellow. – **2.** *contempt.* scrub, shrimp, midget, dwarf. — **'knirp·sig** *adj* **1.** small, undersized. – **2.** dwarfish.

knir·schen ['knɪrʃən] *v/i* ⟨h⟩ **1.** (*von Schnee, Kies, Sand etc*) crunch, grate. – **2.** (*von Rädern*) grind. – **3.** mit den Zähnen ~ *auch fig.* to gnash (*od.* grind) one's teeth. – **4.** *med.* (*von Knochen*) grate, crepitate (*scient.*).

'Kni·ster,gold *n tech.* tinsel, Dutch (*od.* leaf) gold.

kni·stern ['knɪstərn] **I** *v/i* ⟨h⟩ **1.** (*von Feuer, Holz, Haaren etc*) crackle. – **2.** (*von Seide, Papier*) rustle. – **3.** (*von Balken*) crack, creak. – **4.** *chem. electr. med.* (de)crepitate. – **II** *v/impers* **5.** es knistert im Gebälk a) the beams are cracking, b) *fig. colloq.* there is trouble (*od.* a rumpus) ahead; es knistert vor Spannung *fig.* the atmosphere is electric. – **III K~** *n* ⟨-s⟩ **6.** *verbal noun.* – **7.** crackle. – **8.** rustle. – **9.** *chem. electr. med.* (de)crepitation.

'Kni·ster,salz *n chem.* decrepitating salt.

Knit·tel ['knɪtəl] *m* ⟨-s; -⟩ *cf.* Knüppel.

'Knit·tel,vers *m metr.* **1.** Knittelvers (*irregular 4-foot rhyming couplets*). – **2.** (*holperiger Vers*) doggerel (verse).

Knit·ter ['knɪtər] *m* ⟨-s; -⟩ *meist pl* crumple, crease. — **k~,arm** *adj* crease-resistant (*od.* -resisting), wrinkle-resistant. — **~,fal·te** *f* crease. — **k~,fest** *adj cf.* knitterfrei. — **~,frei** *adj* creaseless, noncreasing *Br.* non-, creaseproof, *Br.* crease-proof, wrinkleproof, *Br.* wrinkle-proof, crease-resistant, wrinkle-resistant. — **~,gold** *n cf.* Rauschgold.

'knit·te·rig *adj* **1.** creasy, creased, crumpled, wrinkled. – **2.** *fig. colloq.* touchy, irritable.

knit·tern ['knɪtərn] *v/t u. v/i* ⟨h⟩ crumple, crease, wrinkle.

'knitt·rig *adj cf.* knitterig.

Kno·bel ['knoːbəl] *m* ⟨-s; -⟩ *dial. for* a) Knöchel 2, b) Würfel 1.

'Kno·bel,be·cher *m* **1.** dicebox, *Br.* dice-box. – **2.** *meist pl mil. colloq.* German army boot.

kno·beln ['knoːbəln] *v/i* ⟨h⟩ **1.** (um for) (throw) dice. – **2.** *fig. colloq.* (an *dat* over) puzzle, rack one's brains.

'Knob,lauch ['knoːp-] *m* ⟨-(e)s; *no pl*⟩ *bot. gastr.* garlic (*Allium sativum*): nach ~ riechen to smell (*od.* reek) of garlic. — **k~,ar·tig** *adj* garlicky, alliaceous (*scient.*). — **~ga,man·der** *m* water germander, English treacle (*Teucrium scordium*). — **~ge,ruch** *m* smell of garlic, garlicky odor (*bes. Br.* odour). — **~,he·de·rich** *m*, **~,kraut** *n bot.* garlic mustard, hedge (*od.* crow) garlic (*Alliaria officinalis*). — **~,krö·te** *f zo.* garlic toad, spadefoot toad (*Pelobates fuscus*). — **~,öl** *n chem.* garlic oil. — **~,pil·le** *f med. pharm.* garlic pill. — **~,rau·ke** *f bot. cf.* Knoblauchhederich. — **~,salz** *n gastr.* garlic salt. — **~,strauch** *m bot.* garlic shrub (*Adenocalymna alliacea*). — **~,wurst** *f gastr.* garlic sausage. — **~,ze·he** *f* clove of garlic. — **~,zwie·bel** *f* garlic bulb.

Knö·chel ['knœçəl] *m* ⟨-s; -⟩ *med.* **1.** a) (*Fußgelenk*) ankle, malleolus (*scient.*), b) (*Fußgelenkknochen*) anklebone, *Br.* ankle-bone, talus (*scient.*): sich (*dat*) den ~ verstauchen to sprain one's ankle; sich (*dat*) den Knöchel vertreten to twist (*od.* turn) one's ankle; der Rock reichte bis an die ~ the dress reached (down) to the ankles. – **2.** *meist pl* (*an der Hand*) knuckle. — **~,bruch** *m* fracture of the ankle, malleolar fracture (*scient.*).

'Knö·chel·chen *n* ⟨-s; -⟩ **1.** *dim. of* Knochen. – **2.** *med.* small bone, bonelet, ossicle (*scient.*).

'Knö·chel|ge,lenk *n med.* **1.** (*am Fuß*) ankle joint. – **2.** (*an der Hand*) knuckle joint. — **k~,lang** *adj* (*fashion*) ankle-length (*attrib*). — **~,spiel** *n* (*games*) *hist.* knucklebones *pl* (*construed as sg*). — **k~,tief I** *adj* ankle-deep, up to the ankles: ~er Schmutz ankle-deep mud. – **II** *adv* ~ im Wasser stehen to stand up to the ankles in (the) water. — **~ver,let·zung** *f med.* (*am Fuß*) injury of the ankle(bone) (*Br.* ankle[-bone]).

Kno·chen ['knɔxən] *m* ⟨-s; -⟩ **1.** *med.* bone, os (*scient.*): schwere [zarte] ~ heavy [fragile] bones; der ~ ist gesplittert [verheilt schlecht] the bone is splintered [heals poorly]. – **2.** (*tierischer*) bone: Fleisch ohne ~ meat without bones; ~ auskochen to make (*od.* boil) a soup from bones; an einem ~ nagen to gnaw (at) a bone. – **3.** *fig. colloq.* (*in Wendungen wie*) mir taten alle ~ weh every bone in my body ached; seine müden ~ ausstrecken to rest one's weary bones (*od.* limbs); naß bis auf die ~, bis auf die ~ durchnäßt wet (*od.* soaked) to the skin (*od.* bones); sich [j-n] bis auf die ~ blamieren to make a terrible fool of oneself [s.o.]; der Schreck war ihm in die ~ gefahren he was shaken to the core; die Erkältung sitzt mir noch in den ~ I have still got a cold in my system; reaktionär bis in (*od.* auf) die ~ reactionary to the core, reactionary through and through; brich dir nicht die ~! mind how you go! nimm deine ~ weg! *colloq.* get your paws (*od.* legs) out of the way! j-m die ~ im Leibe zusammenschlagen to break every bone in s.o.'s body; seine ~ riskieren to risk one's neck; er hat keinen Mumm in den ~ he has got no guts in him; → Haut 1; Mark[3] 1. – **4.** *fig. colloq.* man: er ist ein müder ~ he is a stick-in-the-mud; fauler ~ lazybones, *Br.* lazy-bones *pl* (*construed as sg*); du elender ~! *contempt.* you miserable wretch! you son of a bitch! (*vulg.*).

'Kno·chen|,ab,bau *m med.* bone destruction, osteoclasis (*scient.*). — **k~,ähn·lich** *adj* bonelike, *Br.* bone-like, bony; osteoid, ossiform, osseous (*scient.*). — **~atro,phie** *f med.* bone atrophy. — **~,aus,wuchs** *m* **1.** *med.* bony outgrowth; exostosis, osteophyte (*scient.*). – **2.** *vet.* (*Tumor am Pferdefuß*) splint. — **~,bau** *m* ⟨-(e)s; *no pl*⟩ **1.** skeletal (*od.* osseous) structure. – **2.** (*Körper*) framework of the body, build. — **~be,schrei·bung** *f* osteography. — **k~,bil·dend** *adj* bone-forming (*od.* -building); osteogenous, osteoplastic, skeletogenous (*scient.*). — **~,bild·ner** *m* (*einzelne Zelle*) osteoblast. — **~,bil·dung** *f* bone formation; osteogenesis, ostosis (*scient.*). — **~,brec·cie, ~,brek·zie** *f geol.* bone breccia. — **~,bruch** *m med.* fracture: offener [komplizierter] ~ compound [complicated] fracture. — **~,brü·chig·keit** *f* brittleness of the bone(s), osteopsathyrosis (*scient.*). — **k~'dürr** *adj* *colloq.* skinny, spindly, all skin and bones. — **~ˌei·te·rung** *f med.* caries, suppurative osteitis. — **~entˌzün·dung** *f* inflammation of bones, osteitis (*scient.*). — **~erˌsatz** *m* bone substitute. — **~erˌwei·chung** *f* softening of the bones, osteomalacia (*scient.*). — **~ˌfäu·le** *f cf.* Knochenfraß. — **~ˌfett** *n* bone (*od.* marrow) fat. — **~ˌfisch** *m zo.* osseous fish, teleost(ean) (*scient.*). — **~frakˌtur** *f med.* fracture of a bone, skeletal fracture. — **~ˌfraß** *m* caries, necrosis of the bone(s). — **~ˌfu·ge** *f* synost(e)osis, symphysis.

'Kno·chen·geˌlenk *n med.* joint. — **~entˌzün·dung** *f* arthritis.

'Kno·chen|geˌrüst *n* **1.** skeleton. – **2.** *colloq.* gaunt (*od.* haggard) person. — **~geˌschwulst** *f med.* osteoma. — **~geˌwe·be** *n* bone (*od.* bony) tissue. — **k~'hart** *adj fig.* (as) hard as stone.

'Kno·chenˌhaut *f med.* periosteum. — **~entˌzün·dung** *f* periostitis.

'Kno·chen|ˌhecht *m zo.* billfish, (longnose) gar (*Lepidosteus osseus*). — **~kaˌnäl·chen** *n* haversian (*auch* Haversian) canal. — **~ˌknor·pel** *m med. zo.* bone cartilage. — **~ˌkoh·le** *f chem.* bone black (*od.* char). — **~ˌkrebs** *m med.* bone cancer, osteocarcinoma (*scient.*). — **~ˌla·ger** *n geol.* bone bed. — **~ˌleh·re** *f med.* osteology. — **~ˌleim** *m* bone glue, gelatine; ossein, osteocolla (*scient.*). — **~ˌlei·tung** *f med.* bone conduction, osteophony (*scient.*). — **k~los** *adj* boneless. — **~ˌmann, der** *fig.* (*literature*) (*art*) Death (*personified*).

'Kno·chenˌmark *n med.* (bone) marrow, medulla (*scient.*). — **~entˌzün·dung** *f* (osteo)myelitis.

'Kno·chen|ˌmehl *n agr.* (*Beifutter*) bone meal (*od.* dust), *Br.* bone-meal (*od.* -dust). — **~ˌmei·ßel** *m med.* bone chisel, osteotome (*scient.*). — **~ˌmes·sung** *f* osteometry. — **~ˌmüh·le** *f* **1.** *tech.* bone mill (*od.* crusher). – **2.** *fig. colloq.* (*klappriges Auto*) boneshaker, *Br.* bone-shaker (*colloq.*). – **3.** dieser Betrieb ist die reinste ~ *fig. colloq.* it's like slave labo(u)r in this firm, it's really a grind here, it's a sweat(-)shop. — **~ˌnaht** *f med.* interosseous suture. — **~ˌnar·be** *f* call(o)us. — **~neˌkro·se** *f* necrosis of the bone(s), osteonecrosis. — **~ˌöl** *n chem. tech.* bone oil. — **~ˌpla·stik** *f med.* plastic surgery on (a) bone, osteoplasty (*scient.*). — **k~ˌpla·stisch** *adj* osteoplastic. — **~por·zelˌlan** *n tech.* bone china (*od.* porcelain). — **~ˌsä·ge** *f* **1.** *med.* bone saw, osteotome (*scient.*). – **2.** (*eines Fleischers*) butcher's (*od.* bone) saw. — **~sarˌkom** *n med.* sarcoma of a bone, osteosarcoma. — **~ˌscha·ber** *n* scalper, (bone) raspatory. — **~ˌscha·le** *f* bony incasement: ~ des Gehirns brain(-)pan, cranium (*scient.*). — **~ˌschild** *m zo.* ostracoderm. — **~ˌschmerz** *m meist pl* aching bones *pl*, pain(s *pl*) in a bone. — **~ˌschwund** *m med. cf.* Knochenatrophie. — **~ˌsplit·ter** *m* splinter of a bone, (bony) sliver. — **~ˌsplit·te·rung** *f* comminution. — **~ˌstumpf** *m* bony stump. — **~subˌstanz** *f* **1.** *med. zo.* bone material (*od.* tissue). – **2.** *med. biol.* matrix of bone. — **~trans·plan·ta·tiˌon** *f med.* bone graft(ing) (*od.* transplant[ation]). — **k~'trocken** (*getr.* -k·k-) *adj colloq.* **1.** bone-dry. – **2.** *cf.* knochenhart. — **~tu·ber·kuˌlo·se** *f med.* surgical tuberculosis, tuberculous osteitis (*scient.*). — **~ˌtu·mor** *m* tumor (*bes. Br.* tumour) of a bone, osteoma (*scient.*). — **~verˌhär·tung** *f* osteosclerosis. — **~verˌlet·zung** *f* bone injury. — **~ˌvor·ˌsprung** *m* bony process. — **~ˌwu·che·rung** *f* osteophyte. — **~ˌzan·ge** *f* bone forceps, rongeur (*scient.*). — **~ˌzel·le** *f* bone cell, osteocyte (*scient.*). — **~ˌzüng·ler** [-ˌtsʏŋlər] *m* ⟨-s; -⟩ *zo.* bony-tongued fish (*Fam. Osseoglossidae*).

knö·che·rig ['knœçərɪç] *adj* bony.

knö·chern ['knœçərn] *adj* **1.** bony, osseous (*scient.*). – **2.** *fig.* angular. – **3.** *fig. cf.* verknöchert II.

'kno·chig *adj* **1.** (*Körper*) bony, skinny, scraggy, *bes. Am. auch* scrawny: eine ~e Gestalt a bony figure. – **2.** (*Hände*) knuckly. – **3.** *med. zo.* bony, osseous (*scient.*). — **'Kno·chig·keit** *f* ⟨-; *no pl*⟩ boniness.

Knöch·lein ['knœçlaɪn] *n* ⟨-s; -⟩ *dim. of* Knochen.

'knöch·rig *adj cf.* knöcherig.

knock·out [nɔk'ʔaʊt] *adj* ⟨*pred*⟩ (*sport*) (*beim Boxen*) *cf.* k.o.

Knock'out *m* ⟨-(s); -s⟩ (*sport*) (*beim Boxen*) *cf.* K.o.

Knö·del ['knøːdəl] *m* ⟨-s; -⟩ *Southern G. and Austrian* dumpling. — **~ˌbrot** *n* broken white bread for dumplings.

knö·deln ['knøːdəln] *v/t u. v/i* ⟨h⟩ *colloq.* **1.** *dial.* talk with a potato in one's mouth. – **2.** *mus.* sing in a strangled voice.

Knöll·chen ['knœlçən] *n* ⟨-s; -⟩ *dim. of* Knolle.

Knol·le ['knɔlə] *f* ⟨-; -n⟩ **1.** *bot.* a) nodule, b) (*der Zwiebel etc*) bulb, c) (*der Kartoffel etc*) tuber, d) (*der Gladiole etc*) corm. – **2.** *fig. colloq. humor. cf.* Knollennase 2.

Knol·len ['knɔlən] *m* ⟨-s; -⟩ **1.** lump, clod. – **2.** *cf.* Knolle. — **~beˌgo·nie** *f bot.* tuberous(-rooted) begonia (*Begonia tuberhybrida*). — **~ˌblät·terˌpilz, ~ˌblät·terˌschwamm** *m* death cup, amanita (*scient.*) (*Gattg Amanita*): Grüner ~ deadly amanita, death cup (*A. phalloides*); Gelblicher ~ mappa, false death cup (*A. citrina*); Weißer (*od.* Kegeliger) ~ destroying angel (*A. virosa*). — **~ˌfäu·le** *f agr.* potato disease (*od.* rot). — **k~ˌför·mig** *adj bot.* bulbed, bulbous, bulbiform (*scient.*). — **~ˌfrucht** *f* tuberous root (*od.* plant), tuber. — **~ˌna·se** *f* **1.** *med.* nodular swelling of the nose, rhinophyma (*scient.*). – **2.** *fig. colloq.* bulbous nose, *Br. sl.* big fat conk (*od.* hooter). — **~ˌplattˌerb·se** *bot.* tuberous bitter vetch (*Lathyrus tuberosus*). — **~ˌsel·le·rie** *m, Austrian f bot.* celeriac, celery root, root (*od.* knob) celery (*Apium graveolens rapaceum*). — **k~ˌtra·gend, k~ˌtrei·bend** *adj* bulbous, tuberous, *auch* tuberose. — **~ˌwin·de** *f* sweet potato, camote, batata (*Ipomoea batatas*). — **~ˌwur·zel** *f* tuberous (*od.* bulbous) root. — **~ˌzwie·bel** *f* corm, bulbotuber.

'knol·lig *adj* **1.** *bot.* a) (*knollenförmig*) tuberous, *auch* tuberose, b) (*zwiebelig*) bulbous, bulbed. – **2.** *med.* tuberous, *auch* tuberose. – **3.** (*klumpig*) lumpy, cloddy. – **4.** (*knotig*) knobby, knotty. – **5.** *fig. colloq.* (*Nase*) bulbous.

Knopf [knɔpf] *m* ⟨-(e)s; =e⟩ **1.** (*eines Hemdes, einer Hose etc*) button: ein beinerner [hölzerner] ~ a bone [wooden] button; einen ~ annähen to sew on a button; der ~ ist ab(gegangen) *colloq.* the button has come off; einen ~ versetzen to move (over) a button; Knöpfe öffnen to undo buttons, to unbutton; Knöpfe schließen to do up buttons, to button up; sich (*dat*) etwas an den Knöpfen abzählen *fig. colloq.* to count one's buttons to decide s.th.; das hättest du dir an den Knöpfen abzählen können *fig. colloq.* you should have known that (before); ihm ist ein ~ aufgegangen *fig. colloq.* he suddenly saw the light, he suddenly caught on; den ~ auftun *Swiss colloq.* to catch on (at last); du hast wohl Knöpfe auf den Augen? *fig. colloq.* you must be blind! du hast ja Knöpfe in den Ohren! *fig. colloq.* you must still have your ear plugs in! Knöpfe haben *fig. colloq.* to have plenty of cash; → Spitze 1. – **2.** *tech.* (*einer Klingel, eines Schalters*) (push) button, push: auf einen ~ drücken to press a button. – **3.** (*einer Tür*) knob. – **4.** (*einer Turmspitze*) ball. – **5.** (*eines Floretts, Sattels*) pommel. – **6.** *civ.eng.* (*als Straßenmarkierung*) stud. – **7.** *mus.* (*eines Akkordeons*) button (key), press stud. – **8.** *bot.* (*Knospe*) bud, button. – **9.** *Southern G.* (*einer Stecknadel*) head. – **10.** *Southern G., Austrian and Swiss for* Knoten 1. – **11.** *fig. colloq.* fellow, chap, *Am. colloq.* guy: er ist ein komischer ~ he is a funny chap; kleiner ~ (funny) little chap; alter ~ old man; reicher ~ wealthy devil, *Am. sl.* fat cat; fieser ~ nasty fellow (*Br. colloq.* bloke); geiziger ~ mean devil, *Am. colloq. auch* tightwad. – **12.** *hunt.* (*kümmerliche Stangenbildung*) button. — **~ˌam·boß** *m tech.* cambered flatter. — **k~ˌar·tig** *adj* **1.** buttonlike, *Br.* button-like, buttony. – **2.** *cf.* knopfförmig. — **~ˌblu·menˌstrauch** *m bot.* buttonbush (*Cephalanthus occidentalis*).

Knöpf·chen ['knœpfçən] *n* ⟨-s; -⟩ **1.** *dim. of* Knopf. – **2.** *bot.* (*einer Blüte*) capitulum.

knöp·fen ['knœpfən] **I** *v/t* ⟨h⟩ button. – **II K~** *n* ⟨-s⟩ *verbal noun*: ein Kleid zum K~ a buttoned dress, a dress with buttons, a coatdress.

'Knopf|faˌbrik *f* button factory. — **~fa·briˌkant** *m* button manufacturer. — **~ˌform** *f* **1.** shape of a button. – **2.** *tech.* button mold (*bes. Br.* mould). — **k~ˌför·mig** *adj* button-shaped, knobby. — **~ˌgriff-AkˌkorˌdeˌOn** *n mus.* button(-key) accordion.

'Knopf|ˌkraut *n bot.* **1.** buttonweed (*Gattg Galinsoga*). – **2.** *cf.* Feldskabiose. — **~ˌlei·ste** *f* (*textile*) button row: verdeckte ~ covered button row, button flap.

'Knopfˌloch *n* buttonhole: ein ausgerissenes ~ a torn buttonhole; Knopflöcher in (*acc*) etwas nähen to buttonhole s.th.; eine Nelke im ~ tragen (*od.* haben) to wear (*od.* have) a carnation in one's buttonhole; aus allen Knopflöchern grinsen *colloq.* to grin from ear to ear, to grin like a Cheshire cat; die Lebenslust [Eitelkeit] schaut ihm aus allen Knopflöchern *colloq.* he is bursting with joy of living [with vanity]; ich danke dir mit einer Träne im ~ *colloq. iron.* thank you so much — I am moved to tears, your kindness moves me to tears (*od.* overwhelms me). — **~mi·kroˌphon** *n* buttonhole (*od.* lapel, clip-on) microphone. — **~ˌsche·re** *f* buttonhole scissors *pl* (*sometimes construed as sg*). — **~ˌsei·de** *f* buttonhole silk (*od.* twist). — **~ˌstich** *m* **1.** buttonhole (*od.* overcast) stitch: mit ~en nähen to buttonhole. – **2.** (*zum Befestigen von Kanten*) overcasting. — **~ˌsträuß·chen** *n* boutonniere, *bes. Br.* boutonnière, *bes. Br. colloq.* buttonhole. — **~ˌzan·ge** *f tech.* buttonhole punch.

'Knopf|ˌma·cher *m* button maker. — **~ˌöse** *f* (*textile*) eyelet of a button. — **~ˌschal·ter** *m tech.* push- (*od.* press-)button switch.

'Knöpfˌschuh *m meist pl* button shoe (*od.* boot), *Br.* button-shoe (*od.* -boot).

'Knopfˌspie·ßer *m hunt.* young male deer (*od.* elk) with button antlers, *Br.* knobb(l)er.

'Knöpfˌstie·fel *m meist pl* button boot, *Br.* button-boot.

'Knopf|ˌtang *m bot. cf.* Knorpeltang. — **~verˌschluß** *m* button fastening, buttoning.

Knop·per ['knɔpər] *f* ⟨-; -n⟩ **1.** *bot.* gallnut, *Br.* gall-nut. – **2.** levantinische ~ *tech.* camata.

'Knop·per(n)ˌei·che *f bot.* valonia oak (*Quercus aegilops*).

knor·ke ['knɔrkə] *adj obs. dial.* (*bes. in Berlin*) *colloq.* 'smashing', super, *bes. Am.* swell (*alle colloq.*).

Knor·pel ['knɔrpəl] *m* ⟨-s; -⟩ **1.** *med. zo.* cartilage: unter ~n liegend subcartilaginous; den ~ umgebend perichondr(i)al. – **2.** *gastr.* (*in Speisefleisch*) gristle: voller ~ gristly. — **k~ˌähn·lich** *adj med. zo.* chondroid, cartilaginoid. — **~beˌlag** *m* cartilaginous covering. — **~ˌbil·dung** *f biol.* chondrification. — **~entˌzünd·ung** *f* chondritis. — **~ˌfisch** *m zo.* **1.** cartilaginous fish (*Unterklasse Chondrichthyes*). – **2.** elasmobranch, *auch* elasmobranchian, elasmobranchiate (*Überordng Elasmobranchii*). — **~ˌfu·ge** *f med.* cartilaginous joint; symphysis, synchondrosis (*scient.*). — **~geˌschwulst** *f* (en)chondroma.

'Knor·pelˌhaut *f med.* perichondrium. — **~entˌzün·dung** *f* perichondritis.

'knor·pe·lig *adj* **1.** *med. zo.* cartilaginous, chondral: teilweise ~ subcartilaginous. – **2.** (*Speisefleisch*) gristly.

'Knor·pel|ˌkir·sche *f hort.* bigarreau (cherry), bigaroon, white heart cherry (*Br.* heart-cherry). — **~ˌkno·chen** *m med. zo.* cartilage bone. — **~ˌkraut** *n bot.* **1.** polycnemum (*Gattg Polycnemum*). – **2.** pepper crop (*Sedum acre*). — **~ˌlat·tich** *m* gum succory (*Chondrilla juncea*). — **~ˌleim** *m* **1.** *chem.* chondrin. – **2.** *biol. chem.* collagen. — **~ˌtang** *m bot.* sphaerococcus (*Gattg Sphaerococcus*): Frischer ~ Carrag(h)een (*Chondrus crispus*). — **~verˌpflan·zung** *f med.* cartilage graft(ing). — **~ˌzel·le** *f meist pl med. zo.* cartilage cell, chondrocyte (*scient.*).

Knor·ren ['knɔrən] *m* ⟨-s; -⟩ **1.** (*im Holz*) gnarl, knot, (k)nob, exostosis (*scient.*). – **2.** (*Aststumpf*) snag. – **3.** (*Baumstumpf*) tree stump. – **4.** *med.* protuberance.

'knor·rig *adj* **1.** *bot.* (*bes. Holz*) gnarled, *auch* gnarly, knotted, *auch* knotty, (k)nobby; exostotic, exostosed (*scient.*): ~e Eichen gnarled oaks. – **2.** *lit.* (*Körperbau*) bent, stooped. – **3.** *fig.* (*Benehmen*) rude, coarse, surly.

Knorz [knɔrts] *m* ⟨-es; -e⟩ *dial. for* Knorren 1, 2. — **'knor·zen** *v/i* ⟨h⟩ *bes. Swiss dial.* **1.** (*sich abmühen*) drudge, toil. –

2. (*knausern*) be stingy. — '**knor·zig** *adj dial.* **1.** *for* knorrig 1. – **2.** (*knauserig*) stingy.

Knö·sel ['knøːzəl] *m* ⟨-s; -⟩ *contempt.* fool, nit(wit).

Knösp·chen ['knœspçən] *n* ⟨-s; -⟩ **1.** *dim. of* Knospe 1. – **2.** budlet.

Knos·pe ['knɔspə] *f* ⟨-; -n⟩ **1.** *bot.* a) bud, b(o)urgeon (*scient.*), b) (*Auge*) eye, button, gem(ma) (*scient.*), c) (*Blattknospe*) leaf bud: zarte [pralle] ~n tender [tight] buds; **voller** ~n in bud, buddy; **die** ~n **platzen (auf)** the buds burst (open); ~n **ansetzen** to sprout; ~n **treiben** to bud, to pullulate (*scient.*); **sie ist noch eine zarte** ~ *fig.* she is still a delicate (*od.* tender) rosebud; **die** ~ **ihrer Liebe entfaltete sich** *fig. lit.* their love blossomed. – **2.** *zo.* bud; gemma, gemmule (*scient.*).

knos·pen ['knɔspən] **I** *v/i* ⟨h⟩ **1.** *bot.* bud, put forth buds, sprout; germinate, pullulate (*scient.*). – **II K~** *n* ⟨-s⟩ **2.** *verbal noun.* – **3.** *bot.* germination, pullulation, gemmation. – **4.** *cf.* Knospung.

'**knos·pen**|,**ar·tig** *adj cf.* knospenförmig. — **K~**,**bil·dung** *f bot. zo.* formation of buds; gemmation, gemmulation (*scient.*).

'**knos·pend I** *pres p.* – **II** *adj* **1.** *bot.* budding: ~e Liebe *fig. lit.* budding (*od. poet.* b[o]urgeoning) love. – **2.** *biol.* proliferous.

'**knos·pen,för·mig** *adj bot.* gemmiform.

'**Knos·pen**|,**grund** *m bot.* chalaza. — **k~haft** *adj lit.* budlike, *Br.* bud-like. — ~,**haut**, ~,**hül·le** *f bot.* cap; hymen, perule, perula (*scient.*). — ~,**la·ge** *f* vernation, (a)estivation. — ~**mu·ta·ti,on** *f* bud mutation (*od.* variation). — ~,**ru·he** *f* dormancy. — ~,**schup·pe** *f* bud scale (*od.* sheath); perula, teg(u)mentum (*scient.*). — ~,**strah·ler** *pl biol.* blastoids (*Klasse Blastoidea*). — **k~**,**tra·gend** *adj bot. zo.* **1.** gemmiferous, gemmate. – **2.** *cf.* knospig 1. — ~,**zwie·bel** *f* bulbil, bulbule, bulblet.

'**knos·pig** *adj bot.* **1.** budded, budding, full of buds. – **2.** bud-shaped, budlike, *Br.* bud-like.

'**Knos·pung** *f* ⟨-; *no pl*⟩ **1.** *cf.* Knospen. – **2.** *biol.* budding: **sich durch** ~ **vermehrend** gemmiparous.

Knöt·chen ['knøːtçən] *n* ⟨-s; -⟩ **1.** *dim. of* Knoten. – **2.** *med.* a) nodule, papule, b) (*Anschwellung*) rising: **mit** ~ **versehen** noduled. – **3.** *biol. bot. zo.* nodule, tubercle, granulation. — ~,**aus,schlag** *m med.* lichen, papular skin eruption. — **k~**,**för·mig** *adj* **1.** knot-shaped, nodular. – **2.** *med.* tuberous, *auch* tuberose, gangliform, papular. – **3.** *bot.* nodulous. — ~,**stich** *m* (*beim Sticken*) knot stitch.

Kno·te ['knoːtə] *m* ⟨-n; -n⟩ *bes. Northern G. colloq.* boor, lout, yokel.

Kno·ten ['knoːtən] *m* ⟨-s; -⟩ **1.** knot: **fester [lockerer, doppelter, laufender]** ~ tight [loose, double, running] knot; **verlorener** ~ bowknot; **einen** ~ **schlingen** (*od.* **binden, knüpfen, schlagen, schürzen**) to tie a knot; **ein** ~ **geht (von selbst) auf** a knot comes undone; **einen** ~ **lösen** (*od.* **aufmachen**) to untie (*od.* undo) a knot; **einen** ~ **festziehen** to tie a knot fast; **die Krawatte zu einem** ~ **binden** to knot one's tie; **ich kann mir doch keinen** ~ **in die Beine machen** *fig. colloq.* I can't tie knots in my legs; **sich** (*dat*) **einen** ~ **ins Taschentuch machen** *fig.* to tie a knot in one's handkerchief; **bei ihm ist endlich der** ~ **geplatzt** *fig. colloq.* a) (*er hat endlich begriffen*) he has caught on at last, b) (*er wächst endlich*) he is finally beginning to grow; → **gordisch.** – **2.** (*eines Teppichs*) knot. – **3.** *mar.* a) knot, hitch, b) (*Kreuzknoten*) reef knot, *Br.* reef-knot, c) (*Weiberknoten*) granny. – **4.** *mar.* (*Geschwindigkeitsbezeichnung*) knot: **das Schiff macht 20** ~ the ship does 20 knots. – **5.** (*weibliche Haartracht*) knot, bun: **sie trägt ihr Haar in einem** ~ she wears her hair in a knot. – **6.** *bot.* a) (*eines Pflanzenhalmes*) knot, knob; node, nodule, nodosity (*scient.*), b) (*eines Baumes*) knot, knob, gnarl, c) (*am Gelenk*) articulation. – **7.** *med.* a) (*unter der Haut*) node, nodule, tuberosity, b) (*bes. durch Gicht*) knot, node, tophus (*scient.*), c) (*einer Nervenzelle*) ganglion. – **8.** *cf.* **Knotenpunkt.** – **9.** *astr.* node: **absteigender [aufsteigender]** ~ descending [ascending] node. – **10.** *phys.* node. – **11.** *math.* point of intersection. – **12.** *tech.* knot. – **13.** (*textile*) a) (*in Tuch, Wolle*) knot, b) (*in Baumwollfasern*) nep, c) (*bes. in Seide*) nib, d) (*Noppe*) nap. – **14.** *fig.* (*in Romanen, Dramen*) (center, *bes. Br.* centre of the) plot: **die Schürzung des** ~**s** the weaving of the plot, epitasis (*lit.*); **den** ~ **schürzen [lösen]** to weave [to unravel] the plot; **der** ~ **der Handlung schürzt sich** the plot thickens; → **Lösung** 3.

kno·ten ['knoːtən] **I** *v/t* ⟨h⟩ **1.** knot, make a knot in: **zwei Schnüre** ~ to knot two pieces of string. – **2.** (*zusammenbinden*) bind (*od.* tie) (*s.th.*) (together). – **II** *v/i u.* **sich** ~ *v/reflex* **3.** knot, become knotted.

'**Kno·ten**|,**amt** *n tel.* minor exchange. — ~,**bahn,hof** *m* (*railway*) junction station. — ~,**bil·dung** *f* **1.** formation of knots; nodulation, varicosis (*scient.*). – **2.** *zo.* a) (*bei Muscheln*) varication, b) (*Perlung am Hirschgeweih*) bur. – **3.** *med.* varicosis. — ~,**blüm·chen** *n*, ~,**blu·me** *f bot.* snowflake, St. Agnes'(s) flower (*Gattg Leucojum, bes. L. vernum*). — ~,**fän·ger** *m* **1.** *tech.* (*paper*) strainer. – **2.** (*textile*) knot (*od.* snarl) catcher. — **k~**,**för·mig** *adj* **1.** knotlike, *Br.* knot-like, knot-shaped, in the shape of a knot. – **2.** *med.* nodular, toric (*scient.*). – **3.** *zo.* nodiform. — ~,**fuß** *m bot.* twisted-stalk (*Gattg Streptopus*). — ~,**gras** *n* **1.** taller oat grass (*Avena elatior*). – **2.** burr (*od.* ginger) grass (*Panicum glutinosum*). – **3.** creeping wheat (grass) (*Triticum repens*). — ~,**kur·ve** *f math.* nodal curve. — ~,**län·ge** *f* (*space*) nodical period. — ~,**li·nie** *f math. cf.* Knotenkurve. — ~**ma,schi·ne** *f tech.* burling machine. — ~,**moos** *n bot.* thread moss (*Gattg Bryum*). — ~,**punkt** *m* **1.** (*railway*) junction. – **2.** (*von Handel, Verkehr etc*) center, *bes. Br.* centre. – **3.** *tech. math.* panel point. – **4.** *math. phys.* nodal point. – **5.** *astr.* node. – **6.** *med.* (*von Nerven*) ganglion. — ~,**rück,lauf** *m* (*space*) nodal regression. — ~,**schie·fer** *m geol.* maculose rock, spotted slate. — ~,**schnur** *f meist pl*, ~,**schrift** *f archeol.* (*der Inkas etc*) quipu, *auch* quipo. — ~,**stock** *m* gnarled (*od.* crab) stick. — ~,**tang** *m bot.* **1.** yellow wrack (*Fucodium nodosum*). – **2.** sea whistle (*Ascophyllum nodosum*). — **k~**,**tra·gend** *adj bot.* nodiferous. — ~**ver,bin·dung** *f electr.* T joint, *Br.* T-joint.

Knö·te·rich ['knøːtərɪç] *m* ⟨-(e)s; -e⟩ *bot.* **1.** knotgrass, *Br.* knot-grass, knotweed, *Br.* knot-weed, polygonum (*scient.*) (*Gattg Polygonum*): **Morgenländischer** (*od.* **Orientalischer**) ~ prince's-feather, *Am.* ragged sailor (*P. orientale*); **Rauher** ~ scratch grass (*P. sagittatum*); **Gemeiner** ~ *cf.* **Flohknöterich.** — ~**ge,wäch·se** *pl* polygonaceous plants (*Fam. Polygonaceae*).

'**kno·tig** *adj* **1.** knotty, knotted. – **2.** *cf.* knorrig 1. – **3.** *med.* a) nodular, nodose, tuberous, *auch* tuberose, tubercular, varicated, b) (*papulös*) papular, c) (*arthritisch*) arthritic: ~**e Finger** arthritic fingers. – **4.** *bot.* knotty, knobbed; torose, nodose, *auch* nodous (*scient.*). – **5.** *fig. colloq.* boorish, rude, loutish.

Knuff [knʊf] *m* ⟨-(e)s; ¨e⟩ *colloq.* punch, poke: **schwerer [leichter, heimlicher]** ~ thump [cuff, nudge]; **j-m einen** ~ **geben** to give s.o. a punch. — '**knuf·fen** *v/t* ⟨h⟩ **j-n** ~ *colloq.* to punch (*od.* poke) s.o.; **j-n leicht** ~ to cuff s.o.; **j-n heimlich** ~ to nudge s.o.

Knülch [knʏlç] *m* ⟨-s; -e⟩ *colloq. contempt.* duffer, *Br. colloq.* bloke: **er ist ein langweiliger** ~ he is a dull bloke.

knül·le ['knʏlə] *adj* ⟨*meist pred*⟩ *colloq.* **1.** 'tight' (*colloq.*), drunk. – **2.** *cf.* **erschlagen**[2] 1, **erschöpft** 1.

knül·len ['knʏlən] **I** *v/t* ⟨h⟩ crease, crumple: **knüll das Kleid nicht so!** don't crumple your dress like that. – **II** *v/i* crease, crumple: **dieser Stoff knüllt sehr leicht** this material creases very easily.

'**Knül·ler** *m* ⟨-s; -⟩ *colloq.* **1.** *mus.* (*film*) (*theater*) success, big (*od. colloq.* smash) hit. – **2.** (*im Journalismus*) scoop: **diese Meldung war ein** ~ this piece of news was quite a scoop.

'**Knüpf,ar·beit** *f* knotwork.

knüp·fen ['knʏpfən] **I** *v/t* ⟨h⟩ **1.** (*Knoten*) tie, make. – **2.** (*Teppich*) knot. – **3.** (*ein Netz*) knot, mesh, net. – **4. etwas an** (*acc*) **etwas** ~ to attach (*od.* fasten) s.th. to s.th.; **j-n an den Galgen** ~ *fig. colloq.* to hang s.o., to string s.o. up (*colloq.*); **eine Bedingung an etwas** ~ *fig.* to add (*od.* attach) a condition to a matter; **große Hoffnungen [Erwartungen] an etwas** ~ *fig.* to have great hopes [expectations] for s.th. – **5.** *fig.* form: **zarte Bande** ~ to form a sentimental attachment; **Freundschaftsbande** ~ to become friends; **die Bande der Freundschaft enger** ~ to tighten (*od.* strengthen) the bond(s) of friendship. – **II** *v/reflex* **6. sich an** (*acc*) **etwas** ~ *fig.* to attach itself to s.th., to link with s.th.: **daran** ~ **sich keinerlei Bedingungen** *fig.* no conditions whatsoever are attached to it, there are no strings attached (*colloq.*); **an diese Frage** ~ **sich große Interessen** *fig.* large interests are tied up with this question; **für mich** ~ **sich an dieses Lied ganz bestimmte Vorstellungen [Erinnerungen]** *fig.* this song has very definite associations [memories] for me. – **III K~** *n* ⟨-s⟩ **7.** *verbal noun.*

'**Knüpf·ma,schi·ne** *f tech.* **1.** knotter. – **2.** (*für Netze*) netting machine, netter.

'**Knüp·fung** *f* ⟨-; *no pl*⟩ **1.** *cf.* Knüpfen. – **2.** (*Knüpfart von Teppichen*) knotting.

Knüp·pel ['knʏpəl] *m* ⟨-s; -⟩ **1.** cudgel, club, stick: **da liegt der** ~ **beim Hunde** *fig. colloq.* it's Hobson's choice; **da möchte man doch gleich** (*od.* **am liebsten**) **den** ~ **nehmen** *fig. colloq.* it's time somebody got tough; → **Bein** 1. – **2.** (*eines Polizisten*) truncheon, *bes. Am. colloq.* club, billy (club), nightstick. – **3.** *aer.* control stick, (joy) stick, *Br.* (joy)stick (*colloq.*). – **4.** *metall.* billet. – **5.** *tech.* mallet. – **6.** *dial. gastr. a kind of oblong roll.* — ~,**brücke** (*getr.* -k·k-) *f civ.eng.* log (*Am. auch* corduroy) bridge. — ~,**damm** *m* log (*Am. auch* corduroy) road. — **k~**'**dick** *adj u. adv colloq.* (*in Wendungen wie*) **ich hab's** ~ I am sick and tired of it; **die Fehlschläge kamen** ~ it was one failure (*od. colloq.* flop) after another; **es kommt immer (gleich)** ~ it never rains but it pours; → **Ohr** 3. — **k~**'**hart** *adj colloq.* (*Brot etc*) (as) hard as a stone (*od.* brick). — ~,**herr·schaft** *f* club law (*od.* rule), *Br.* club-law (*od.* -rule). — ~,**hieb** *m* blow with a stick (*od.* cudgel, truncheon). — ~,**holz** *n* thin knotty wood.

knüp·peln ['knʏpəln] *v/t* ⟨h⟩ **j-n [ein Tier]** ~ to beat (*od.* flog) s.o. [an animal] with a stick (*od.* cudgel, truncheon): **j-n zu Boden** ~ to beat s.o. to the ground (with a stick).

'**Knüp·pel**|,**schal·tung** *f auto.* floor-type gear change (*bes. Am.* gearshift). — ~,**sche·re** *f metall.* billet shears *pl.* — ~,**steue·rung** *f aer.* stick control. — **k~**'**voll** *adj colloq.* (*Bus etc*) packed. — ~,**walz,werk** *n metall.* billet rolling mill. — ~,**weg** *m cf.* Knüppeldamm.

knur·ren ['knʊrən] **I** *v/i* ⟨h⟩ **1.** (*von Hund etc*) growl, snarl. – **2.** (*von Magen*) rumble: **ihm knurrte der Magen (vor Hunger)** his stomach was rumbling (with hunger). – **3. über** (*acc*) **etwas** ~ *fig. colloq.* to grumble (*od.* grouse) at (*od.* about) s.th. – **II** *v/t* **4.** growl, snarl: **„laß mich allein!" knurrte er** "leave me alone," he growled. – **5. immer etwas zu** ~ **haben** *fig. colloq.* always to find s.th. to grumble (*od.* grouse) at (*od.* about). – **III K~** *n* ⟨-s⟩ **6.** *verbal noun.* – **7.** growl(ing), snarl(ing). – **8.** a) (*des Magens*) rumble, b) (*im Magen*) rumbling noise. – **9.** *fig.* (*Murren*) grumble.

'**Knurr**|,**fi·sche** *pl zo.* **1.** grunts (*Fam. Pomadasidae*). – **2.** drums (*Fam. Sciaenidae*). — ~,**hahn** *m* **1.** *zo. Br.* gurnard, *Am.* sea robin (*Fam. Triglidae*): **Grauer** ~ gray (*bes. Br.* grey) gurnard (*Trigla gurnardus*); **Roter** ~ (red) gurnard, sapphirine gurnard, tub, swallow fish (*T. hirundo*). – **2.** *fig. colloq.* (*knurriger Mensch*) grumbler, grouch, grouser (*colloq.*).

'**knur·rig I** *adj* **1.** (*Person*) grumbling, grumpy, grouchy. – **2.** (*übellaunig*) bad-(*od.* ill-)tempered. – **3.** (*Antwort, Ton etc*) gruff. – **II** *adv* **4.** in a grumpy manner. — '**Knur·rig·keit** *f* ⟨-; *no pl*⟩ **1.** grumpiness, grouchiness. – **2.** ill (*od.* bad) temper.

knü·se·lig ['knyːzəlɪç] *adj colloq.* (*Arbeit etc*) fiddling.

Knus·per·chen ['knʊspərçən] *n* ⟨-s; -⟩ *Br.* biscuit, *Am.* cookie, cooky, *auch* cookey.

'**Knus·per,häus·chen** *n* gingerbread house.

'**knus·pe·rig** *adj* **1.** (*Brötchen etc*) crisp(y), crunchy: **die Gans ist schön** ~ **gebraten** the goose has been roasted nice and crisp. – **2.** *fig. colloq.* (*Mädchen*) young and pretty (*od.* fresh), appetizing *Br. auch* -s-: **als sie noch jung und** ~ **war** in the heyday of her youth. — '**Knus·pe·rig·keit** *f* ⟨-; *no pl*⟩ crisp(i)ness, crunchiness.

'**Knus·per,keks** *m, n* cracknel.

knus·pern ['knuspərn] *v/t u. v/i* ⟨h⟩ nibble, crunch.

'**knus·prig** *adj cf.* knusperig. — '**Knus·prig·keit** *f* ⟨-; *no pl*⟩ *cf.* Knusperigkeit.

Knust [knuːst] *m* ⟨-es; -e *u.* ⸗e⟩ *Northern G. for* Kanten.

Knu·te ['knuːtə] *f* ⟨-; -n⟩ knout, whip: unter der ~ seufzen [leben] *fig.* to sigh [to live] under the whip; sie lebten unter seiner ~ *fig.* they lived under his tyranny (*od.* oppression); er hat ihn unter seiner ~ *fig.* he has got him under his thumb; sie steht unter seiner ~ *fig.* she is in his clutches.

knu·ten ['knuːtən] *v/t* ⟨h⟩ **1.** j-n ~ *rare* to knout s.o., to give s.o. the knout. – **2.** *fig. lit.* (*Volk etc*) enslave, tyrannize *Br. auch* -s-, oppress.

knut·schen ['knuːtʃən] *v/t u. v/i* ⟨h⟩ *colloq.* hug and kiss, pet, neck, smooch (*colloq.*), *Am. sl.* canoodle: sie knutschten (sich *od.* einander) they hugged and kissed one another.

Knut·sche'rei *f* ⟨-; *no pl*⟩ *colloq.* (constant) hugging and kissing, petting, necking, smooching (*colloq.*).

'**Knutsch,fleck** *m colloq.* love bite, 'strawberry' (*colloq.*).

Knutt [knut] *m* ⟨-(e)s; -en⟩ *zo.* knot, robin sandpiper (*od.* snipe, *auch* breast) (*Calidris canutus*).

Knüt·tel ['knʏtəl] *m* ⟨-s; -⟩ *cf.* Knüppel 1, 2. — ~,**vers** *m metr. cf.* Knittelvers.

k.o. [kaː'ʔoː] (*sport*) (*beim Boxen*) *adj* ⟨*pred*⟩ knocked out: ~ sein (*od.* gehen) to be knocked out; j-n ~ schlagen to knock s.o. out, to K.O. (*od.* k.o.) s.o.; ich bin völlig ~ *fig. colloq.* I am completely exhausted (*od. colloq.* whacked, *Am. auch* bushed).

K.o. [kaː'ʔoː] *m* ⟨-(s); -s⟩ (*sport*) (*beim Boxen*) knockout, *Br.* knock-out, K.O., *auch* k.o.: technischer ~ technical knock(-)out, T.K.O.

Ko·ad·ju·tor [koʔat'juːtər] *m* ⟨-s; -en [-ju'toːrən]⟩ *röm.kath.* (*eines Bischofs etc*) coadjutor.

Ko·agu·lans [ko'ʔaːgulans] *n* ⟨-; -lanzien [-ʔagu'lantsiən]⟩ *bes. med.* coagulant.

Ko·agu·lat [koʔagu'laːt] *n* ⟨-(e)s; -e⟩ *chem. med.* (*Gerinnsel*) coagulum, coagulate.

Ko·agu·la·ti·on [koʔagula'tsioːn] *f* ⟨-; -en⟩ *chem. med.* coagulation, clotting. — **ko·agu'lie·ren** [-'liːrən] **I** *v/i* ⟨*no* ge-, h⟩ **1.** coagulate, clot. – **II K~** *n* ⟨-s⟩ *verbal noun.* — **ko·agu'lie·rend I** *pres p.* – **II** *adj* coagulative, coagulant. — **Ko·agu'lie·rung** *f* ⟨-; *no pl*⟩ **1.** *cf.* Koagulieren. – **2.** coagulation.

Ko·agu·lum [ko'ʔaːgulum] *n* ⟨-s; -la [-la]⟩ *chem. med.* coagulum, clot.

Koa·la [ko'aːla] *m* ⟨-s; -s⟩ *zo. cf.* Beutelbär.

ko·alie·ren [koʔa'liːrən], **ko·ali'sie·ren** [-li'ziːrən] *v/i* ⟨*no* ge-, h⟩ *pol.* form a coalition.

Ko·ali·ti·on [koʔali'tsioːn] *f* ⟨-; -en⟩ *pol.* coalition, fusion: eine ~ bilden to form a coalition; der linke Flügel der ~ the left wing of the coalition; die Große [Kleine] ~ the Great [Little] Coalition.

Ko·ali·ti'ons|,bil·dung *f pol.* formation of a coalition. — ~,**ebe·ne** *f* coalition level: Gespräche auf ~ führen to carry on talks on (a) coalition level. — ~,**frei·heit** *f* freedom in forming a coalition. — ~**ge,sprä·che** *pl* coalition talks. — ~**ka·bi,nett** *n* coalition cabinet. — ~,**krieg** *m* coalition war: der erste [zweite] ~ *hist.* the war of the first [second] coalition. — ~**par,tei** *f pol.* coalition party. — ~,**part·ner** *m* coalition partner. — ~,**recht** *n econ. jur.* (*von Unternehmen etc*) right of combination (*od.* association). — ~**re,gie·rung** *f pol.* coalition government, *Am.* fusion administration. — ~**ver,hand·lun·gen** *pl* coalition negotiations. — ~,**zwang** *m* **1.** necessity of forming a coalition. – **2.** obligation to keep to a coalition agreement.

Ko·ar·ti·ku·la·ti·on [koʔartikula'tsioːn] *f* ⟨-; -en⟩ *ling.* coarticulation *Br.* co-.

Koa·ta [ko'aːta] *m* ⟨-s; -s⟩ *zo.* coaita, black spider monkey (*Br.* spider-monkey) (*Ateles paniscus*).

Koa·ti [ko'aːti] *n* ⟨-s; -s⟩ *zo.* coati, coatimundi, coatimondi (*Gattg Nasua*).

ko·axi·al [koʔa'ksiaːl] *adj math. tech.* coaxial, concentric. — **K~,lei·tung** *f electr.* coaxial, concentric cable (*od.* line).

Ko·balt ['koːbalt] *n* ⟨-(e)s; *no pl*⟩ *chem.* cobalt (Co). — ~**ar,sen,kies** *m min.* glaucodot, *auch* glaucodote. — **k~,ar·tig** *adj* cobaltous. — ~,**blau I** *n* **1.** *chem.* a) cobalt (*od.* china) blue, smalt, b) cobalt blue, Thenard's blue ($CoO \cdot Al_2O_3$). – **2.** (*Farbe*) cobalt (*od.* powder, azure) blue. – **II k~** *adj* **3.** cobalt blue. — ~,**blü·te** *f min.* cobalt bloom, erythrite. — ~,**bom·be** *f mil.* cobalt bomb. — ~**chlo,rid** *n chem.* cobaltous chloride ($CoCl_2$). — ~,**erz** *n* cobalt ore. — ~,**far·be** *f* cobalt (*od.* powder, azure) blue. — ~,**glanz** *m min.* cobaltine, cobaltite, cobalt glance. — ~,**glas** *n* smalt, cobalt glass. — ~,**grün** *n* cobalt (*od.* Rinman's) green, green smalt. — **k~,hal·tig** *adj* **1.** *chem.* a) (*mit zweiwertigem Kobalt*) cobaltous, b) (*mit dreiwertigem Kobalt*) cobaltic. – **2.** *min.* (*Erz etc*) cobaltiferous. — ~**ka,no·ne** *f med.* cobalt bomb. — ~,**kies** *m min.* cobalt pyrites, linnaeite. — ~**me,tall** *n* cobalt metal. — ~**oxyd** [-ʔɔ,ksyːt] *n* **1.** cobaltous oxide (CoO). – **2.** cobaltic oxide (Co_2O_3). — ~,**spei·se** *f metall.* smaltite. — ~**ver,bin·dung** *f chem.* cobalt compound.

Ko·bel ['koːbəl] *m* ⟨-s; -⟩ **1.** *Southern G. and Austrian for* Koben. – **2.** *zo.* (*Haube*) tuft, crest.

Ko·bel·lit [kobe'liːt; -'lɪt] *m* ⟨-s; *no pl*⟩ *min.* kobellite.

Ko·ben ['koːbən] *m* ⟨-s; -⟩ **1.** (*Schweinekoben*) pigsty. – **2.** cage, coop. – **3.** shed.

Ko·ber ['koːbər] *m* ⟨-s; -⟩ *Eastern Middle and Northern G.* **1.** basket, (*mit Deckel*) hamper. – **2.** *cf.* Wirt 1.

Ko·bold ['koːbɔlt] *m* ⟨-(e)s; -e⟩ **1.** (hob)goblin, pixy, *auch* pixie, kobold, sprite, imp. – **2.** *fig. colloq.* imp, scamp, monkey: sie ist ein lustiger kleiner ~ she is a jolly little imp. — **k~,ar·tig** *adj* like a (hob)goblin, impish. — ~,**ma·ki** *m zo.* tarsier, spectral lemur (*Tarsius tarsius*). — ~,**streich** *m* impish trick, mischievous prank.

Ko·bolz [ko'bɔlts] *m only in* ~ schießen *dial.* to turn a somersault (*od.* somersaults), to somersault.

Ko·bra ['koːbra] *f* ⟨-; -s⟩ *zo.* cobra, hooded snake (*Gattg Naja*).

Koch[1] [kɔx] *m* ⟨-(e)s; ⸗e⟩ (male) cook, chef: → Brei 1; Hunger 1.

Koch[2] *n* ⟨-s; *no pl*⟩ *Austrian for* Brei 1.

'**Koch|,an,la·ge** *f* cooking plant. — ~,**ap·fel** *m* cooking apple. — ~,**buch** *n Am.* cookbook, *Br.* cookery-book. — **k~,echt** *adj* (*Farben*) fast. — ~,**ecke** (*getr.* -k·k-) *f cf.* Kochnische.

'**Kö·chel·ver,zeich·nis** ['kœçəl-] *n mus.* (*der Werke Mozarts*) Köchel list(ing) (*od.* catalog, *bes. Br.* catalogue), K.

ko·chen ['kɔxən] **I** *v/i* ⟨h⟩ **1.** boil: die Milch kocht the milk is boiling (*od.* on the boil); die See kochte *fig.* the sea was raging; er kochte innerlich (vor Wut) *fig. colloq.* he was boiling with rage, he was fuming with anger, he was simmering; das Blut kochte in seinen Adern *fig.* his blood was boiling (in his veins); der Wein kocht (*od.* die Trauben ~) in der Sonne *agr.* the grapes are ripening in the sun. – **2.** (*von Speisen*) be cooking: die Kartoffeln haben zu lange gekocht the potatoes are overdone; etwas langsam (*od.* auf kleiner Flamme) ~ lassen to let s.th. simmer (*od.* cook slowly). – **3.** (*Speisen zubereiten*) cook, do the cooking: ~ lernen to learn (how) to cook; der Reis läßt sich schnell ~ the rice doesn't take long to cook; sie kocht nur mit Butter she cooks with butter only; heute kocht mein Mann my husband is (doing the) cooking today, my husband is the cook today; → Wasser 3. – **II** *v/t* **4.** boil: Eier hart [weich] ~ to hard-boil [soft-boil] eggs. – **5.** cook: Fleisch gar [weich] ~ to cook meat until it is done [tender]; → essen[1] 3; Flamme 1. – **6.** (*zubereiten*) make, (*Tee, Kaffee*) *auch* brew: einen Pudding ~ to make a pudding. – **7.** (*Wäsche*) boil. – **8.** (*Leim, Farblösung etc*) boil, heat. – **III** *v/reflex* sich ~ **9.** *colloq.* cook: diese Kartoffeln ~ sich gut these potatoes cook well (*od.* are good cookers). – **IV** *v/impers* **10.** es kochte in (*od.* bei) ihm *fig. colloq.* he was boiling with rage, he was fuming with anger, he was simmering. – **V K~** *n* ⟨-s⟩ **11.** *verbal noun.* – **12.** boiling: Wasser verdampft beim K~ water evaporates when it boils; etwas zum K~ bringen to bring s.th. to a (*bes. Br.* the) boil; j-n zum K~ bringen *fig.* to make s.o.'s blood boil; die Volksseele zum K~ bringen *fig.* to stir up the masses. – **13.** cooking: stör mich nicht beim K~! don't bother me when I am cooking. – **14.** *ped.* (*als Fach*) cookery. – **15.** (*paper*) digesting. — '**ko·chend I** *pres p*: ~ vor Wut schrie er sie an *fig.* he shouted at her boiling with rage. – **II** *adj* **1.** (*Wasser etc*) boiling. – **2.** *fig.* (*See, Brandung etc*) boiling, raging. – **III** *adv* **3.** das Wasser ist ~ heiß the water is boiling (*od.* scalding) hot; die Suppe ist ~ heiß the soup is piping hot; draußen ist es ~ heiß *fig. colloq.* it is boiling hot outside. — ~'**heiß** *adj* ⟨*attrib*⟩ **1.** (*Wasser, Lava etc*) boiling (*od.* scalding) hot. – **2.** (*Suppe, Brei etc*) piping hot.

,**Ko·chend'was·ser-Au·to,mat** *m electr.* rapid-boiling water heater.

'**Ko·cher** *m* ⟨-s; -⟩ **1.** cooker: ein ~ mit zwei Platten a cooker with two hot plates. – **2.** (*Kochplatte*) hot (*od.* cooking) plate. – **3.** (*Wasserkocher*) electric kettle. – **4.** (*Spirituskocher*) spirit (*od.* primus [*TM*]) stove. – **5.** (*paper*) digester. – **6.** *tech.* cooker, cooking (*od.* boiling) apparatus.

Kö·cher ['kœçər] *m* ⟨-s; -⟩ **1.** (*für Pfeile*) quiver. – **2.** (*für Golfschläger*) golf bag.

Ko·che'rei *f* ⟨-; *no pl*⟩ *colloq.* cooking: ich habe die tägliche ~ satt I am fed up with (*od.* sick of) having to cook every day. — ~,**schiff** *n* (*für Walfang*) floating factory, factory ship.

'**Kö·cher,flie·ge** *f zo.* caddis (*od.* caddice) fly, grannom, caperer (*Ordng Trichoptera*): Larve der ~ caddis (*od.* caddice) worm.

'**koch|,fer·tig** *adj* (*Suppen etc*) ready-to-cook (*attrib*). — ~,**fest** *adj* **1.** (*Wäsche etc*) boilproof, *Br.* boil-proof. – **2.** *cf.* kochecht. — **K~,fett** *n* cooking fat. — **K~,fleisch** *n gastr.* boiling (*od.* stewing) meat, meat for boiling (*od.* stewing). — **K~ge,fäß** *n* cooking vessel, cooker. — **K~ge,le·gen·heit** *f* cooking facilities *pl.* — **K~ge,rät** *n* **1.** cooker, cooking appliance (*od.* apparatus). – **2.** *cf.* Kochgeschirr 1. — **K~ge,schirr** *n* **1.** cooking (*od.* kitchen) utensils *pl*, kitchenware. – **2.** *mar. mil. Am.* mess kit, *Br.* mess tin, canteen. — **K~,gut** *n* **1.** *gastr.* food to be cooked. – **2.** (*paper*) cook, cooking charge. — **K~,herd** *m cf.* Küchenherd. — **K~,hit·ze** *f* cooking heat (*od.* temperature).

Ko·chie ['kɔxiə] *f* ⟨-; -n⟩ *bot.* summer cypress, belvedere, *auch* belvidere (*Kochia scoparia*).

Kö·chin ['kœçɪn] *f* ⟨-; -nen⟩ (female) cook.

'**Koch|,kä·se** *m* **1.** cooking cheese. – **2.** (*Käsesorte*) processed curd cheese. — ~,**kennt·nis·se** *pl* knowledge *sg* of cooking (*od.* cookery): ich habe keine ~ I can't cook. — ~,**kes·sel** *m* **1.** kettle, caldron, *auch* cauldron. – **2.** *tech.* boiler, caldron, *auch* cauldron. — ~,**ki·ste** *f* fireless cooker, haybox. — ~,**kunst** *f* (art of) cooking, cookery, culinary art. — ~,**künst·ler** *m*, ~,**künst·le·rin** *f colloq.* clever cook, artiste (in cooking). — ~,**kurs**, ~,**kur·sus** *m* course in cooking, cookery course. — ~,**löf·fel** *m* **1.** cooking spoon: den ~ schwingen to be busy cooking. – **2.** *zo. a species of stromb* (*Strombus palustris*). — ~**mar·ga,ri·ne** *f gastr.* cooking margarine. — ~,**müt·ze** *f* chef's hat. — ~,**ni·sche** *f* cooking niche, kitchenette, *auch* kitchenet. — ~,**plat·te** *f* hot (*od.* cooking) plate. — ~,**pro·be** *f* boiling test. — ~,**punkt** *m* boiling point. — ~,**reis** *m gastr.* pudding (*od.* sweet) rice. — ~**re,zept** *n* (cooking) recipe.

'**Koch,salz** *n* **1.** common (*od.* table) salt. – **2.** *chem.* sodium chloride (NaCl). — **k~,arm** *adj med.* (*Diät*) low-salt, low-sodium (*beide attrib*). — ~**ge,halt** *m* salt (*od.* sodium chloride) content, salinity: übermäßiger ~ im Urin [im Blut] *med.* hyperchloruria [hyperchlor(a)emia]. — **k~,hal·tig** *adj* containing sodium chloride, muriated (*scient.*). — ~**in·fu·si,on** *f med.* saline infusion. — ~,**lö·sung** *f* saline (*od.* salt) solution, solution of sodium chloride: physiologische ~ *med.* physiological saline solution.

'**Koch|,schin·ken** *m gastr.* boiled ham. — ~,**schu·le** *f* cooking (*od.* cookery) school.

'**Kochs,maat** *m mar.* cook's mate.

'**Koch|,stel·le** *f* **1.** campfire site, fireplace. – **2.** (*in der Erde*) cooking pit. – **3.** (*eines Kohlenherdes*) ring. – **4.** (*eines Elektro-*

herdes) hot (*od.* cooking) plate. – **5.** (*eines Gasherds*) burner. — **~ˌtopf** *m* **1.** cooking pot. – **2.** (*Kasserole*) saucepan. — **~ˌvorˌfüh·rung** *f* cookery demonstration. — **~ˌwä·sche** *f* washing that can be (*od.* has to be) boiled. — **~ˌwas·ser** *n* (*von Nudeln etc*) cooking water: das ~ von den Kartoffeln abgießen to drain off the water from the potatoes. — **~ˌwei·se** *f* way of cooking, cuisine. — **~ˌzeit** *f* cooking time.

'Kockelsˌkör·ner (*getr.* -k·k-) ['kɔkəls-] *pl bot. cf.* Kokkelskörner.

Kock·pit ['kɔkˌpɪt] *n* ⟨-s; -s⟩ *aer. mar.* cockpit.

Ko·da ['ko:da] *f* ⟨-; -s⟩ *mus. metr. phys.* coda.

kod·de·rig ['kɔdərɪç], **'kodd·rig** *adj Low G. colloq.* **1.** ⟨*pred*⟩ sick: ihm war ~ (zumute) he felt sick. – **2.** insolent: er hat eine ~e Schnauze he is insolent.

Kode [ko:t] *m* ⟨-s; -s⟩ *cf.* Code.

Ko·de·in [kode'i:n] *n* ⟨-s; *no pl*⟩ *chem.* codeine ($C_{18}H_{21}NO_3$).

Kö·der ['kø:dər] *m* ⟨-s; -⟩ **1.** (*im Angelsport*) a) bait, b) (*bes. künstlicher*) lure: einen ~ auswerfen to throw out a lure; der Fisch nimmt den ~ (*od.* beißt auf den ~) an the fish takes (*od.* nibbles at) the bait; Würmer als ~ benutzen to use (*od.* take) worms for (*od.* as) bait. – **2.** *hunt.* a) bait, lure, b) (*bes. Lockvogel*) decoy, c) (*Locktaube*) stool pigeon, *Br.* stool-pigeon: einen ~ auslegen to put out a lure. – **3.** *fig.* bait, allurement, decoy, stool pigeon, *Br.* stool-pigeon: j-m einen ~ hinhalten (*od.* anbieten) to offer s.o. a bait, to bait s.o.; die Versprechungen waren nur ein ~ the promises were only bait; er biß auf den ~ an he took (*od.* swallowed) the bait; einen ~ nach j-m auswerfen to throw out (*od.* cast) a bait for s.o. — **~ˌfisch** *m* bait fish, minnow.

kö·dern ['kø:dərn] *v/t* ⟨h⟩ **1.** (*im Angelsport*) bait. – **2.** (*Tiere*) bait, lure, decoy. – **3.** *fig.* bait, decoy, (al)lure: ich lasse mich nicht ~ I won't take the bait.

'Kö·derˌwurm *m zo.* lugworm, lobworm (*Gattg Arenicola bes. A. marina*).

Ko·dex ['ko:dɛks] *m* ⟨-es *u.* -; -e *u.* -dizes [-ditsɛs]⟩ **1.** old manuscript, codex. – **2.** *jur.* codex, code, body of laws. – **3.** *fig.* (*ungeschriebene Gesetze*) code: diese Gruppe richtet sich nach einem bestimmten ~ this group follows a specific code (of conduct).

'Ko·di·akˌbär ['ko:dĭak-] *m zo.* Kodiak (*auch* Kadiak) bear (*Ursus middendorffi*).

Ko·di·fi·ka·ti·on [kodifika'tsĭo:n] *f* ⟨-; -en⟩ *bes. jur.* codification. — **ko·di·fi'zie·ren** [-'tsi:rən] **I** *v/t* ⟨*no* ge-, h⟩ codify, code. – **II K~** *n* ⟨-s⟩ *verbal noun.* — **ko·di·fi'ziert I** *pp.* – **II** *adj* codified: ~es Recht a) codified law, b) (*in England*) statute law. — **Ko·di·fi'zie·rung** *f* ⟨-; -en⟩ **1.** *cf.* Kodifizieren. – **2.** *cf.* Kodifikation.

Ko·di·zill [kodi'tsɪl] *n* ⟨-s; -e⟩ *jur.* codicil.

Ko·edu·ka·ti·on [koʔeduka'tsĭo:n] *f* ⟨-; *no pl*⟩ *ped.* coeducation *Br.* co-.

Ko·edu·ka·ti'ons|meˌtho·de *f ped.* coeducational (*Br.* co-educational) methods *pl*, coeducationalism *Br.* co-. — **~ˌschu·le** *f* coeducational (*Br.* co-educational) school, *bes. Br.* mixed school.

Ko·ef·fi·zi·ent [koʔɛfi'tsĭɛnt] *m* ⟨-en; -en⟩ *math. phys.* coefficient, factor.

Ko·el ['ko:ɛl] *m* ⟨-s; -s⟩ *zo.* koel, long-tailed cuckoo (*Gattg Eudynamis*).

Ko·en·zym [koʔɛn'tsy:m] *n* ⟨-(e)s; -e⟩ *med.* coenzyme *Br.* co-.

'Koe·pe|ˌför·de·rung ['kø:pə-] *f* (*mining*) Koepe hoist. — **~ˌschei·be** *f* Koepe sheave (*od.* pulley).

ko·er·zi·bel [koʔɛr'tsi:bəl] *adj phys.* (*Luft*) coercible.

ko·er·zi·tiv [koʔɛrtsi'ti:f] *adj phys.* coercive. — **K~ˌkraft** *f* **1.** coercive force, coercitivity. – **2.** (*Remanenzeigenschaft*) retentivity.

Ko·exi·stenz ['ko:ʔɛksɪstɛnts; koʔɛksɪs'tɛnts] *f* ⟨-; -en⟩ coexistence *Br.* co-: die friedliche ~ von Schwarzen und Weißen the peaceful co(-)existence of black and white. — **ko·exi·stie·ren** [koʔɛksɪs'ti:rən; 'ko:-] *v/i* ⟨*no* ge-, h⟩ coexist *Br.* co-.

Ko·fel ['ko:fəl] *m* ⟨-s; -⟩ *Bavarian and Tyrolean* cone-shaped mountain top.

Kof·fe·in [kɔfe'i:n] *n* ⟨-s; *no pl*⟩ *chem.* caffeine, *auch* caffeina ($C_8H_{10}N_4O_2$).

Kof·fer ['kɔfər] *m* ⟨-s; -⟩ **1.** traveling (*bes. Br.* travelling) bag (*od.* case), suitcase, bag, *bes. Am.* grip, valise, (*kleiner*) *auch* overnight bag (*od.* case), *Am.* overnighter, train case (*od.* box): die ~ zur Bahn bringen to take one's luggage to the station; die ~ packen *auch fig.* to pack one's bags; wenn der Regen anhält, packen wir morgen unsere ~ if it keeps on raining we'll leave tomorrow; die ~ geben wir auf we'll register (*Am.* check) our luggage. – **2.** (*Überseekoffer*) (steamer) trunk, footlocker, *Br. auch* box. – **3.** (*Schrankkoffer*) wardrobe trunk. – **4.** *mil. sl.* (*schweres Geschoß*) heavy (*od.* big) stuff (*od.* ammunition). – **5.** *civ.eng.* (*Straßenkoffer*) roadbed. — **~ˌanˌhän·ger** *m* luggage tag. — **~ap·paˌrat** *m bes.* (*radio*) *telev. cf.* Koffergerät.

Köf·fer·chen ['kœfərçən] *n* ⟨-s; -⟩ *dim. of* Koffer 1.

'Kof·ferˌdam [-ˌdam] *m* ⟨-s; -s⟩ *med.* (*in Zahnmedizin*) rubber dam, cofferdam, *Br.* coffer-dam.

'Kof·fer|ˌdamm *m mar. civ.eng.* cofferdam, *Br.* coffer-dam. — **~ˌdeckel** (*getr.* -k·k-) *m* lid of a box (*od.* case, trunk). — **~empˌfän·ger** *m electr. cf.* Kofferradio. — **~ˌfernˌse·her** *m* portable (television set *od.* T.V.). — **~ˌfisch** *m zo.* trunkfish, boxfish, cowfish, *Br.* cow-fish (*Fam. Ostraciontidae*). — **~geˌrät** *n bes.* (*radio*) *telev.* portable (set). — **~gram·moˌphon** *n* portable record player (*Br.* record-player). — **~ˌgriff** *m* case (*od.* trunk, luggage) handle. — **~ˌpap·pe** *f* trunk (*od.* panel) board. — **~ˌra·dio** *n, colloq. auch m* portable radio (set), portable.

'Kof·ferˌraum *m auto. Br.* boot, *Am.* trunk. — **~ˌleuch·te** *f Br.* boot light, *Am.* trunk light.

'Kof·fer|ˌrie·men *m* trunk strap. — **~ˌschloß** *n* trunk lock. — **~ˌschlüs·sel** *m* trunk key. — **~ˌschreib·maˌschi·ne** *f* portable typewriter, portable. — **~ˌträ·ger** *m* porter.

Kog [ko:k] *m* ⟨-(e)s; ⸚e⟩ *cf.* Koog.

Ko·gel ['ko:gəl] *m* ⟨-s; -⟩ (*Bergkuppe*) dome-shaped mountain top.

Kog·ge ['kɔgə] *f* ⟨-; -n⟩ *mar. hist.* cog.

Ko·gnak ['kɔnjak] *m* ⟨-s; -s, *rare auch* -e⟩ **1.** (*echter*) Cognac. – **2.** (*Weinbrand*) (French) brandy, cognac. — **~ˌboh·ne** *f* chocolate with brandy center (*bes. Br.* centre). — **~ˌschwen·ker** *m* balloon (glass), *Am. auch* snifter.

Ko·gnat [kɔ'gna:t] *m* ⟨-en; -en⟩ (*Blutsverwandter*) cognate.

Ko·gni·ti·on [kɔgni'tsĭo:n] *f* ⟨-; -en⟩ **1.** *philos.* cognition. – **2.** *obs. for* Untersuchung 2. — **ko·gni'tiv** [-'ti:f] *adj philos.* cognitive.

Ko·gno·men [kɔ'gno:mən] *n* ⟨-s; - *u.* -mina [-mina]⟩ *antiq.* (*Beiname*) cognomen.

Ko·ha·bi·ta·ti·on [kohabita'tsĭo:n] *f* ⟨-; -en⟩ cohabitation, intercourse, coition, coitus. — **ko·ha·bi'tie·ren** [-'ti:rən] *v/i* ⟨*no* ge-, h⟩ cohabit, have (sexual) intercourse.

ko·hä·rent [kohɛ'rɛnt] *adj bes. phys.* coherent. — **Ko·hä'renz** [-'rɛnts] *f* ⟨-; *no pl*⟩ *bes. phys.* coherence, coherency. — **ko·hä'rie·ren** [-'ri:rən] *v/i* ⟨*no* ge-, h⟩ *bes. phys.* cohere.

Ko·hä·si·on [kohɛ'zĭo:n] *f* ⟨-; *no pl*⟩ **1.** *bes. phys.* cohesion, coherence, coherency: ohne ~ incoherent. – **2.** *psych.* a) cohesion, cohesiveness, b) (*Lernprinzip*) law of cohesion, c) (*Gestaltprinzip*) *auch* closure.

Ko·hä·si'ons|ˌkraft *f*, **~verˌmö·gen** *n bes. phys.* cohesiveness, cohesive force (*od.* power).

ko·hä·siv [kohɛ'zi:f] *adj phys.* cohesive.

Kohl [ko:l] *m* ⟨-(e)s; -e⟩ **1.** *hort. bot.* cabbage, brassica (*scient.*) (*Gattg Brassica*): er ißt gerne ~ he likes cabbage; ~ anbauen to grow cabbage; das ist aufgewärmter ~ *fig. colloq.* that's old hat (*colloq.*), that's an old story; wozu den alten ~ wiederaufwärmen? *fig. colloq.* what's the good of dragging up that old story again? das macht den ~ auch nicht fett *fig. colloq.* that won't make much difference. – **2.** ⟨*only sg*⟩ *fig. colloq.* nonsense, rubbish: red keinen ~! don't talk such nonsense! er redet (einen) fürchterlichen ~ zusammen he's talking through his hat (*colloq.*). — **~ˌart** *f meist pl hort.* variety of cabbage. — **k~ˌar·tig** *adj* cabbagelike, brassicaceous (*scient.*). — **~ˌblatt** *n* cabbage leaf. — **~ˌblattˌlaus** *f zo.* cabbage aphid (*auch* aphis) (*Aphis brassicae*). — **~ˌdampf** *m* ⟨-(e)s; *no pl*⟩ *colloq.* ravenous hunger: ~ haben to be tremendously hungry, to be famished; ~ schieben to go (*od.* be) hungry, to suffer from hunger. — **~ˌdi·stel** *f bot. cf.* Kohlkratzdistel.

Koh·le ['ko:lə] *f* ⟨-; -n⟩ **1.** coal(s *pl*): glimmende ~(n) embers; ausgeglühte ~(n) cinders; ~(n) einkellern to store coal; ~n auflegen to put coal on the fire; wir heizen mit ~ we heat with coal; ein Eimer ~(n) a bucket of coal; ~(n) bunkern *mar.* to (bunker) coal; ~(n) trimmen *mar.* to trim coal(s); → feurig 1; glühend 1. – **2.** ⟨*only sg*⟩ (*mining*) (*Steinkohle*) coal: fette ~ fat (*od.* bituminous, soft) coal; magere ~ lean coal; die weiße ~ *fig.* water(-)power, white coal; ~ abbauen (*od.* fördern) to mine (*od.* extract) coal; ~ auf Halde legen to stock coal; sich in ~ verwandeln to turn into coal, to become carbonized (*Br. auch* -s-). – **3.** ⟨*only sg*⟩ (*Holzkohle*) charcoal: ~ brennen to make charcoal; tierische (*od.* medizinische) ~ animal charcoal. – **4.** ⟨*only sg*⟩ (*art*) a) charcoal, b) (*aus Rebenholz*) vine black: mit ~ zeichnen to draw with charcoal, to charcoal. – **5.** *electr.* carbon. – **6.** *pl fig. colloq.* 'dough' (*colloq.*), money: Hauptsache, die ~n stimmen it's all right as long as the money is all right.

'Kohle|anˌode *f electr.* carbon anode. — **k~ˌar·tig** *adj chem.* carbonaceous. — **~ˌba·deˌofen** *m* bathstove. — **~ˌbür·ste** *f electr.* carbon brush. — **~ˌdruck** *m* ⟨-(e)s; -e⟩ *print.* carbon print. — **~elekˌtro·de** *f electr.* carbon electrode. — **~entˌga·sung** *f metall.* coal carbonization (*Br. auch* -s-).

'Koh·leˌfa·den *m electr.* carbon filament. — **~ˌlam·pe** *f* carbon-filament lamp.

'Koh·le|ˌfil·ter *n, m cf.* Kohlenfilter. — **k~ˌfüh·rend** *adj geol.* carboniferous. — **~ˌgrieß** *m electr.* carbon granules *pl.* — **k~ˌhal·tig** *adj geol.* **1.** carboniferous. – **2.** (*mining*) containing coal.

'Koh·le·hyˌdrat *n chem.* carbohydrate. — **~ˌabˌbau** *m med.* carbohydrate catabolism. — **k~ˌreich** *adj* (*Kost*) rich in carbohydrates, (*stärkereich*) starchy. — **~ˌstoffˌwech·sel** *m* carbohydrate metabolism.

'Koh·le|hy·drie·rung *f chem. tech.* hydrogenation of coal. — **~ˌlichtˌbo·gen** *m tech.* carbon arc. — **~ˌlichtˌdruck** *m print.* carbon print. — **~mi·kroˌphon** *n electr.* carbon microphone.

koh·len[1] ['ko:lən] **I** *v/i* ⟨h⟩ **1.** (*von Holz*) char. – **2.** (*von Docht etc*) not to burn properly, smoke. – **3.** *mar.* (*Kohle bunkern*) (bunker) coal. – **II** *v/t* **4.** (*Holz*) char, carbonize *Br. auch* -s-. – **5.** (*Metall*) a) (*Stahlschmelze*) pig back, b) (*Einsatzstahl*) carburize.

'koh·len[2] *v/i* ⟨h⟩ *colloq.* **1.** talk nonsense (*od.* bosh, rubbish), talk through one's hat (*colloq.*). – **2.** (*schwindeln*) tell fibs: kohl doch nicht! don't tell fibs (*od.* lies); er kohlt nur he's only kidding.

'Koh·len|ˌabˌga·be *f econ.* coal levy. — **~ˌasche** *f* ashes *pl* of coal, cinders *pl.* — **~ˌauf·beˌrei·tung** *f* (*mining*) coal preparation (*od.* dressing). — **~ˌauf·beˌrei·tungsˌanˌla·ge** *f* coal preparation plant. — **~ˌbecken** (*getr.* -k·k-) *n* **1.** coal pan, brazier. – **2.** *geol.* coal basin (*od.* bed), *Br.* coal-basin (*od.* -bed). — **k~beˌheizt** *adj* **1.** coal-fired (*od.* -burning). – **2.** (*Zimmer, Wohnung etc*) heated by coal. — **~ˌbergˌbau** *m* coal mining. — **~ˌbergˌwerk** *n* coal mine (*od.* pit), *Br.* coal-mine (*od.* -pit), colliery. — **~ˌbren·ner** *m cf.* Köhler 1. — **~ˌbun·ker** *m* **1.** *mar.* (coal) bunker, *Br.* (coal-)bunker. – **2.** *tech.* coal bunker (*od.* bin), *Br.* coal-bunker (*od.* -bin). — **~ˌbür·ste** *f electr.* carbon brush. — **~ˌdamp·fer** *m mar.* collier, coal carrier (*od.* steamer, ship). — **~deˌpot** *n* coaling depot (*od.* station). — **~di·oxyd** [-diʔɔˌksy:t] *n chem.* carbon dioxide, carbonic-acid gas (CO_2): Verbindung mit ~ carbonation. — **~ˌdunst** *m* carbon monoxide fumes *pl.* — **~ˌei·mer** *m* **1.** coal scuttle, *Br.* coal-scuttle. – **2.** coal bucket. — **~ˌfa·den** *m electr. cf.* Kohlefaden. — **~ˌfeu·er** *n* coal fire. — **~ˌfeue·rung** *f* coal firing (*od.* fire). — **~ˌfil·ter** *n, m* charcoal filter. — **~ˌflöz** *n* **1.** *geol.* a) coal bed (*od.* seam), *Br.* coal-bed (*od.* -seam), b) (*an der Oberfläche liegendes*) *Am.* coal bank. – **2.** (*mining*) coal seam, *Br.* coal-seam. — **~ˌför·der·maˌschi·ne** *f* *tech.* colliery winding (*od.* hauling) machine. — **~ˌför·de·rung** *f* **1.** (*als Gesamtproduktion*) coal output. – **2.** (*als Arbeit im Streb*) winning (*od.* extraction) of coal, coal getting: ~ pro Mann und Schicht (*internationale Fördereinheit*) output per man shift, OMS. — **~for·ma·tiˌon** *f geol. hist.* carboniferous period (*od.* system), Carboniferous. — **~ˌgas** *n chem.* coal gas, *Br.* coal-gas. — **~geˌbiet** *n cf.* Kohlenrevier 2. — **~geˌbir·ge** *n geol.* coal measures *pl*, *Br.* coal-measures *pl.* — **~ˌglut** *f* live (*od.* burning) coals *pl.* — **~ˌgru·be** *f cf.* Kohlenbergwerk. — **~ˌgrus** *m* slack (coal), small coal, duff. — **~ˌhal·de** *f meist pl* coal stock(s *pl*). — **~ˌhan·del** *m* coal trade (*od.* business). — **~ˌhänd·ler** *m* coal merchant (*od.* dealer), *Br. auch* coal-factor. — **~ˌhand·lung** *f* coal merchant's business. — **~ˌhau·er** *m* (*mining*) faceman. — **~ˌhei·zung** *f* **1.** coal heating, heating by coal: wir haben ~ we heat with coal. – **2.** *tech.* a) (*Beheizung*) coal firing, b) (*Anlage*) coal heating (*od.* firing) system (*od.* equipment). — **~ˌherd** *m* coal-burning (kitchen) range. — **~ˌho·bel** *m* (*mining*) coal plough (*bes. Am.* plow). — **~hyˌdrat** *n chem. cf.* Kohlehydrat. — **~in·duˌstrie** *f econ.* coal industry. — **~ˌka·sten** *m* coalbox, *Br.* coal-box, coal bin, *Br.* coal-bin. — **~ˌkel·ler** *m* coal cellar, *Br.* coal-cellar, (*kleiner*) *Br. auch* coal-hole. — **~ˌkip·per** *m tech.* dump-type coal barrow. — **~ˌki·ste** *f* coal box, *Br.* coal-box. — **~ˌklein** *n* ⟨-s; *no pl*⟩ **1.** (*mining*) *cf.* Kohlengrus. – **2.** *tech.* coal slack (*od.* breeze). — **~ˌknapp·heit** *f econ.* coal shortage, shortage of coal. — **~ˌla·dung** *f* coal cargo. — **~ˌla·ger** *n* **1.** *geol. cf.* Kohlenflöz 1. – **2.** *econ. mar.* coal depot. — **~ˌlun·ge** *f med. cf.* Kohlenstaublunge. — **~ˌman·gel** *m econ. cf.* Kohlenknappheit. — **~ˌmann** *m* coal man (*od.* dealer). — **~ˌmei·ler** *m* charcoal pile. — **~mon·oxyd** [-monɔˌksyːt] *n chem.* carbon monoxide (CO). — **~ˌofen** *m* coal-burning stove, coalstove.

ˈKoh·len·oxyd [-ˀɔˌksyːt] *n chem. cf.* Kohlenmonoxyd. — **~verˌgif·tung** *f med.* carbon monoxide poisoning.

ˈKoh·len|ˌprahm *m mar.* coal lighter. — **~reˌvier** *n* (*mining*) **1.** coalfield, *Br.* coal-field. – **2.** coal region, coal-mining district. — **~ˌsack** *m* **1.** coal sack (*od.* bag), *Br.* coal-sack (*od.* -bag). – **2.** *metall.* (*eines Hochofens*) belly, bosh. — **~ˌsandˌstein** *m geol.* Millstone Grit.

ˈkoh·lenˌsau·er *adj chem.* of (*od.* combined with) carbonic acid: kohlensaurer Kalk carbonate of lime, calcium carbonate ($CaCO_3$); kohlensaures Natrium sodium carbonate, soda (Na_2CO_3); kohlensaures Salz carbonate; kohlensaures Wasser aerated water.

ˈKoh·lenˌsäu·re *f* **1.** *chem.* a) carbonic acid (H_2CO_3), b) carbon dioxide (CO_2): Verbindung mit ~ carbonation; mit ~ sättigen (*od.* verbinden) to carbonate. – **2.** Getränk mit ~ fizzy drink, drink with carbon dioxide, mineral water(s *pl*). — **~ˌbad** *n med.* carbon-dioxide bath. — **k~ˌhal·tig** *adj* containing carbonic acid, carbonated: ~es Wasser carbonated (*od.* aerated) water. — **~ˌlö·scher** *m tech.* carbon-dioxide fire extinguisher. — **~ˌsalz** *n chem.* carbonate. — **~ˌschnee** *m* carbon-dioxide snow, dry ice.

ˈKoh·len|ˌschacht *m* coal pit, *Br.* coal-pit. — **~ˌschau·fel** *f* coal scoop (*od.* shovel). — **~ˌschicht** *f* layer of coal. — **~ˌschie·fer** *m geol.* coal slate. — **~ˌschiff** *n cf.* Kohlendampfer. — **~ˌschip·pe** *f cf.* Kohlenschaufel. — **~ˌschlacke** (*getr.* -k·k-) *f* (coal) clinker (*od.* cinder), coal slag. — **~ˌschlep·per** *m* **1.** *mar.* coal lighter. – **2.** (*mining*) coal transfer car. — **~ˌschüt·te** *f* coal shoot (*od.* chute). — **~sta·tiˌon** *f mar.* coaling station.

ˈKoh·lenˌstaub *m* **1.** coal dust, *Br.* coal-dust. – **2.** *tech.* pulverized (*Br. auch* -s-) (*od.* powdered) coal. — **~ˌbren·ner** *m metall.* pulverized-coal (*Br. auch* pulverised-coal) burner. — **~ex·plo·siˌon** *f* (*mining*) coal-dust explosion. — **~ˌfeue·rung** *f tech.* **1.** powdered- (*od.* pulverized- *Br. auch* -s-) -coal firing. – **2.** (*Heizanlage*) pulverized-coal (*Br. auch* pulverised-coal) firing system. — **~ˌlun·ge** *f med.* (coal) miner's lung; anthracosis, anthracosilicosis (*scient*). — **~ˌmo·tor** *m tech.* pulverized-fuel (*Br. auch* pulverised-fuel) engine.

ˈKoh·lenˌstoff *m* ⟨-(e)s; *no pl*⟩ *chem.* carbon (C): Verbindung mit ~ carbonization *Br. auch* -s-. — **k~ˌarm** *adj* having a low carbon content, low in carbon, low-carbon atom (*attrib*). — **~atom** [-ˀaˌtoːm] *n* carbon atom. — **~(14)-Daˌtie·rung** [ˌkoːlən-ˌʃtɔf(ˈfɪrˌtseːn)-] *f archeol.* carbon-fourteen (*od.* radio-carbon) dating. — **~geˌhalt** *m* carbon content. — **k~ˌhal·tig** *adj* carbonic, carbonaceous, carboniferous. — **k~ˌreich** *adj* rich in carbon, high-carbon (*attrib*). — **~ˌstahl** *m metall.* carbon steel. — **~verˌbin·dung** *f* carbon compound.

ˈKoh·len|ˌstoß *m* (*mining*) coal face. — **~ˌteer** *m chem.* coal tar, *Br.* coal-tar. — **~ˌträ·ger** *m* **1.** *mar.* coal heaver, *Br.* coal-heaver. – **2.** coal man (*od.* carrier). — **~ˌtrim·mer** *m mar.* (coal) trimmer, *Br.* (coal-)trimmer. — **~ˌüberˌnah·me** *f mar.* coaling. — **~verˌbrauch** *m econ.* coal consumption. — **~verˌsor·gung** *f* coal supply. — **~ˌvorˌkom·men** *n geol.* coal deposit(s *pl*). — **~ˌvorˌrat** *m* coal supply (*od.* stock). — **~ˌwa·gen** *m* **1.** (*railway*) a) (*einer Lokomotive*) tender, b) *cf.* Kohlenwaggon. – **2.** (*Lastkraftwagen*) coal lorry (*Am.* truck). — **~wagˌgon** *m* (*railway*) *Am.* coal car, *Br.* coal (*od.* colliery) wag(g)on. — **~ˌwä·sche** *f* (*mining*) **1.** coal washing. – **2.** (*Anlage*) coal washery (*od.* washing plant).

ˌKoh·lenˈwas·serˌstoff *m chem.* hydrocarbon. — **~ˌgas** *n* hydrocarbon (gas).

ˈKoh·len|ˌze·che *f* (*mining*) *cf.* Kohlenbergwerk. — **~ˌzeit** *f geol. hist. cf.* Karbonformation. — **~ˌzug** *m* coal train.

ˈKoh·le·paˌpier *n* carbon (paper).

Köh·ler [ˈkøːlər] *m* ⟨-s; -⟩ **1.** charcoal burner, *Br.* charcoal-burner. – **2.** *zo. cf.* Köhlerfisch.

ˈKohlˌerdˌfloh *m zo.* cabbage (*od.* flea) beetle, *Br.* cabbage- (*od.* flea-)beetle (*Phyllotreta atra*): Großer (*od.* Gelbstreifiger) ~ turnip fly (*P. nemorum*).

Köh·leˈrei *f* ⟨-; -en⟩ charcoal plant.

ˈKöh·ler|ˌfisch *m zo.* coalfish, *Br.* coal-fish, black cod (*Gadus virens*). — **~ˌglau·be** *m relig.* simple (*od.* blind) faith.

ˈKoh·le|ˌstab *m electr.* carbon (rod). — **~ˌstift** *m* **1.** (*art*) charcoal (pencil). – **2.** *electr. cf.* Kohlestab. — **~taˌblet·te** *f meist pl med. pharm.* charcoal tablet. — **~verˌflüs·si·gung** *f chem. tech. cf.* Kohlehydrierung. — **~ˌzeich·nung** *f* (*art*) charcoal (drawing), fusain.

ˈKohl|ˌflie·ge *f zo.* cabbage(-root) fly (*Hylemyia brassicae*): Larve der ~ cabbage maggot. — **~ˌher·nie** *f* ⟨-; *no pl*⟩ *hort.* clubroot, *Br.* club-root, finger and toe, *auch* finger-and-toe disease. — **~ˌkopf** *m* **1.** *hort.* (head of) cabbage. – **2.** *gastr.* cabbage. — **~ˌkratzˌdi·stel** *f bot.* pot-herb cirsium (*Cirsium oleraceum*). — **~ˌma·de** *f zo.* cabbage maggot. — **~ˌmei·se** *f* great titmouse (*Parus major*). — **~ˌmot·te** *f* diamondback (cabbage) moth (*Plutella maculipennis*). — **~ˌpal·me** *f bot.* **1.** cabbage palm (*od.* tree), *Br.* cabbage-palm (*od.* -tree), assai (palm) (*bes. Euterpe oleracea*). – **2.** cabbage palmetto (*Sabal palmetto*). — **k~ˈpech'ra·ben'schwarz** *adj poet. for* kohlrabenschwarz. — **~ˌpflan·ze** *f* cabbage (plant). — **~ˌpor·tu·lak** *m* common purslane (*Am. auch* pussley *od.* pussly) (*Portulaca oleracea*).

ˈKohlˌra·be *m zo. cf.* Kolkrabe.

ˈkohlˈra·benˈschwarz *adj colloq.* **1.** (*Haar, Augen etc*) jet(-black). – **2.** (*Haar*) jet(-black), raven(-black), coal-black. – **3.** (*Hände, Gesicht*) coal-black, (as) black as soot.

Kohl·ra·bi [ˌkoːlˈraːbi] *m* ⟨-(s); -(s)⟩ *bot.* turnip cabbage, kohlrabi (*Brassica oleracea var. gongylodes*).

ˈKohl|ˌraps *m bot. agr.* rape (seed), *Br.* rape(-seed) (*Brassica napus*). — **~ˌrau·pe** *f zo.* cabbage caterpillar, cabbageworm (*of Pieris brassicae*). — **~ˌrös·chen** *n* **1.** *bot.* black nigritella (*od.* orchis) (*Nigritella nigra*). – **2.** *gastr.* (Brussels) sprout. — **~rouˌla·de** *f gastr.* stuffed cabbage (leaf).

ˈKohlˌrü·be *f bot. agr.* rutabaga, Swedish turnip, swede, turnip-rooted cabbage, underground kohlrabi (*Brassica napus rapifera*).

ˈKohl|saˌlat *m gastr.* cabbage salad, *bes. Am.* coleslaw. — **~ˌscha·be** *f zo. cf.* Kohlmotte. — **~ˌschna·ke** *f* crane fly, *Br.* crane-fly, daddy longlegs, *Br.* daddy--longlegs *pl* (*construed as sg or pl*) (*Tipula oleracea*). — **~ˌschöß·ling** *m bot. cf.* Kohlsprosse. — **k~ˈschwarz** *adj cf.* kohlrabenschwarz. — **~ˌspros·se** *f Austrian* **1.** *gastr.* (Brussels) sprout. – **2.** *pl bot. cf.* Rosenkohl. — **~ˌsten·gel, ~ˌstrunk** *m* cabbage stalk. — **~ˌsup·pe** *f gastr.* cabbage soup.

ˈKoh·lung *f* ⟨-; *no pl*⟩ *metall.* **1.** (*Wärmebehandlung*) carburization. – **2.** (*Kohlenstoffaufnahme der Stahlschmelze*) carbon pickup (*Br.* pick-up). – **3.** (*Verkohlung*) carbonization *Br. auch* -s-. — **ˈKoh·lungsˌmit·tel** *n* carburizer, carburizing agent.

ˈKohl|ˌwan·ze *f zo.* harlequin (*auch* harlequin cabbage) bug (*Murgantia histrionica*). — **~ˌweiß·ling** *m* cabbage butterfly, large garden white (*Pieris brassicae*): Raupe des ~s *cf.* Kohlraupe.

Ko·hor·te [koˈhɔrtə] *f* ⟨-; -n⟩ *antiq. mil.* [cohort.]

Koi·ne [kɔʏˈneː] *f* ⟨-; *no pl*⟩ *ling. antiq.* Koine (language).

ko·in·zi·dent [koˀɪntsiˈdɛnt] *adj bes. phys.* coincident.

Ko·in·zi·denz [koˀɪntsiˈdɛnts] *f* ⟨-; *no pl*⟩ *bes. phys.* coincidence. — **~meˌtho·de** *f phys.* coincidence method.

ko·in·zi·die·ren [koˀɪntsiˈdiːrən] *v/i* ⟨*no* ge-, h⟩ coincide.

ko·itie·ren [koiˈtiːrən] *v/i* ⟨*no* ge-, h⟩ *med.* engage in coitus, copulate. — **Ko·itus** [ˈkoːitus] *m* ⟨-; -⟩ *med.* (sexual) intercourse, coitus, coition.

Ko·je [ˈkoːjə] *f* ⟨-; -n⟩ **1.** *bes. mar.* bunk, berth. – **2.** *colloq.* bed: marsch, in die ~! off to bed! – **3.** *colloq.* (*Ausstellungsstand*) booth.

Ko·jo·te [koˈjoːtə] *m* ⟨-n; -n⟩ *zo.* coyote, prairie wolf, *Br.* prairie-wolf (*Canis latrans*).

Ko·ka [ˈkoːka] *f* ⟨-; -⟩ *bot. med. pharm.* coca (plant) (*Gattg Erythroxylon*).

Ko·ka·in [kokaˈiːn] *n* ⟨-s; *no pl*⟩ *chem. med. pharm.* cocaine ($C_{17}H_{21}NO_4$). — **ko·kai·niˈsie·ren** [-iniˈziːrən] *v/t* ⟨*no* ge-, h⟩ *med.* cocainize. — **Ko·kaiˈnis·mus** [-iˈnɪsmus] *m* ⟨-; *no pl*⟩ cocainism.

Ko·kaˈin|ˌsucht *f med.* cocaine addiction, cocainism (*scient.*). — **k~ˌsüch·tig** *adj* addicted to cocaine. — **~ˌsüch·ti·ge** *m, f* ⟨-n; -n⟩ cocaine addict. — **~verˌgif·tung** *f* cocaine poisoning, cocainism (*scient.*).

ˈKo·kaˌpflan·ze *f bot.* coca (plant) (*Gattg Erythroxylon*).

Ko·kar·de [koˈkardə] *f* ⟨-; -n⟩ *mil.* cockade.

Koˈkar·denˌblu·me *f bot.* gaillardia, blanket flower (*Gattg Gaillardia*).

ˈKo·kaˌstrauch *m bot. cf.* Kokapflanze.

Ko·ker [ˈkoːkər] *m* ⟨-s; -⟩ *mar.* **1.** (*für Ruder*) rudder trunk. – **2.** (*für Mast*) tabernacle.

Ko·keˈrei *f* ⟨-; -en⟩ **1.** (*Betrieb*) coking (practice). – **2.** (*Anlage*) coke-oven (*od.* coking) plant. — **~ˌgas** *n* coke-oven gas, coal gas, *Br.* coal-gas. — **~ˌofen** *m* coke oven.

ko·kett [koˈkɛt] **I** *adj* ⟨-er; -(e)st⟩ coquettish, flirtatious: ihr ~es Benehmen her coquettish behavio(u)r, her coquetry. – **II** *adv* sie war ~ gekleidet she was dressed coquettishly (*od.* fetchingly); sie lächelte ~ she smiled coquettishly. — **Koˈket·te** *f* ⟨-; -n⟩ coquette, coquet, flirt. — **Ko·ket·teˈrie** [-təˈriː] *f* ⟨-; -n [-ən]⟩ coquetry, coquettishness, flirtatiousness. — **ko·ketˈtie·ren** [-ˈtiːrən] **I** *v/i* ⟨*no* ge-, h⟩ **1.** coquet(te), play the coquette, flirt: mit j-m ~ to coquet with s.o.; mit etwas ~ a) (*mit hübschen Augen etc*) to flirt with s.th., b) (*mit seinem Alter etc*) to play up (*od.* exaggerate) s.th. unduly, c) *fig.* (*mit einem Plan etc*) to coquet(te) (*od.* play, dally, toy) with s.th. – **II K~** *n* ⟨-s⟩ **2.** *verbal noun*: sie kann das K~ nicht lassen she can't stop flirting. – **3.** *cf.* Koketterie.

Ko·kil·le [koˈkɪlə] *f* ⟨-; -n⟩ *metall.* **1.** (*Stahlwerk*) ingot mold (*bes. Br.* mould). – **2.** (*Gießerei*) a) cast-iron (*od.* metal) mo(u)ld, gravity die, b) (*für Hartguß*) iron chill, densener. — **Koˈkil·lenˌguß** *m* **1.** (*Stahlwerk*) ingot casting. – **2.** (*Gießerei*) a) (*Vorgang*) permanent mold (*bes. Br.* mould) casting, gravity die-casting, chill casting, b) (*Erzeugnis*) chilled(-iron) castings *pl.*

Kok·ke [ˈkɔkə] *f* ⟨-; -n⟩ *med. biol.* coccus.

ˈKok·kelsˌkör·ner [ˈkɔkəls-] *pl bot.* cocculus (indicus) *sg*, fishberry *sg*, Indian berries (*od.* cockles) (*Anamirta cocculus*).

Kök·ken·möd·din·ger ['kœkənˌmœdɪŋər] *pl archeol.* kitchen middens.
Kok·kus ['kɔkʊs] *m* ⟨-; Kokken⟩ *med. biol.* coccus.
Ko·ko·lo·res [koko'loːrəs] *m* ⟨-; *no pl*⟩ *colloq.* **1.** nonsense; rubbish, *Am. auch* gobbledygook (*sl.*); das ist alles ~ that's a load of nonsense, it's nonsense (*od.* rubbish); red keinen (solchen) ~ don't talk such nonsense (*od.* rubbish). – **2.** (*Kram, Zeug*) 'lot' (*colloq.*): was kostet der ganze ~? what does this lot cost?
Ko·kon [ko'kõː] *m* ⟨-s; -s⟩ *zo.* cocoon, pod, incunabulum (*scient.*). — **~ˌfa·ser** *f* (*textile*) cocoon fiber (*bes. Br.* fibre).
Ko·kos ['koːkɔs] *f* ⟨-; -⟩, **~ˌbaum** *m bot. cf.* Kokospalme. — **~ˌbut·ter** *f gastr.* coconut butter. — **~ˌfa·ser** *f* fiber (*bes. Br.* fibre) of the coconut, coir. — **~ˌfett** *n gastr.* coconut fat. — **~ˌflocken** (*getr.* -k·k-) *pl* coconut flakes, desiccated coconut *sg.* — **~ˌläu·fer** *m* coco(nut)-matting runner. — **~ˌmat·te** *f* coco(nut) matting. — **~ˌmilch** *f* coconut milk (*od.* water).
'**Ko·kosˌnuß** *f bot.* coconut, *auch* cocoanut, coco, *auch* cocoa, *Br. auch* cokernut. — **~ˌöl** *n* coconut oil. — **~ˌscha·le** *f* coconut shell.
'**Ko·kos|ˌöl** *n cf.* Kokosnußöl. — **~ˌpal·me** *f bot.* a) coco(nut) tree (*od.* palm) (*Cocos nucifera*), b) *Am.* corozo (*Gattg Cocos*): Südamerikanische ~ pindo palm (*C. australis*). — **~ˌtep·pich** *m* coco(nut)-matting carpet.
Ko·kot·te [ko'kɔtə] *f* ⟨-; -n⟩ cocotte, demimondaine, *Br.* demi-mondaine.
Koks [koːks] *m* ⟨-es; -e⟩ **1.** (gas) coke, *Br.* (gas-)coke: mit ~ heizen to heat (*od.* fire) with coke. – **2.** ⟨*only sg*⟩ *sl.* 'coke', 'snow' (*beide sl.*), cocaine: er handelt heimlich mit ~ he deals secretly in cocaine, he pushes snow. – **3.** *colloq.* bowler (hat), *Br.* bowler(-hat), *bes. Am.* derby (hat). – **4.** ⟨*only sg*⟩ *colloq.* nonsense, rubbish: red keinen ~! don't talk such nonsense! – **5.** ⟨*only sg*⟩ *sl.* 'dough' (*colloq.*), money. — **~ˌausˌdrück·maˌschi·ne** *f metall.* coke-pushing machine, coke pusher. — **~beˌgich·tungsˌwa·gen** *m* coke-charging car. — **~beˌrei·tung** *f* manufacture of coke.
kok·sen ['koːksən] *v/i* ⟨h⟩ *colloq.* **1.** take cocaine. – **2.** *humor.* (*schlafen*) sleep, be fast asleep. – **3.** (*schnarchen*) snore.
'**Kok·ser** *m* ⟨-s; -⟩ *colloq.* cocaine addict.
'**Koks|ˌfeue·rung** *f* coke firing. — **~ˌga·bel** *f* coke fork. — **~ˌgas** *n tech.* coke-oven gas. — **~ˌgicht** *f* coke charge (*od.* burden). — **~ˌgrus** *m* coke breeze (*od.* fines *pl*). — **~ˌhei·zung** *f* **1.** heating with coke. – **2.** (*Heizanlage*) coke-firing system (*od.* equipment). — **~ˌherˌstel·lung** *f* coke manufacture (*od.* production), cokemaking. — **~ˌkam·mer** *f* coking chamber. — **~ˌklein** *n cf.* Koksgrus. — **~ˌlö·sche** *f* coke breeze. — **~ˌlöschˌturm** *m metall.* coke-quenching tower. — **~ˌlöschˌwa·gen** *m* coke-quenching (*od.* -watering) car.
'**Koksˌofen** *m* **1.** coke furnace. – **2.** coke-burning stove. – **3.** *metall.* coke oven. — **~ˌgas** *n* coke-oven gas.
'**Koks|ˌstaub** *m* coke dust (*od.* breeze). — **~ˌze·che** *f* coke-oven plant.
Ko·kung ['koːkʊŋ] *f* ⟨-; *no pl*⟩ *tech.* coking.
Kok·zi·di·en [kɔk'tsiːdɪən] *pl zo.* coccidia (*Gattg Coccidia*).
Kok·zi·dio·se [kɔktsi'dɪoːzə] *f* ⟨-; -n⟩ *med. vet.* coccidial disease, coccidiosis.
Ko·la ['koːla] *f* ⟨-; *no pl*⟩ *bot. cf.* Kolanuß. — **~ˌbaum** *m* cola (*od.* kola) tree, *Br.* cola-(*od.* kola-)tree (*Gattg Cola, bes. C. acuminata*). — **~ˌnuß** *f* cola (*od.* kola) nut, *Br.* cola- (*od.* kola-)nut.
Ko·lat·sche [ko'laːtʃə] *f* ⟨-; -n⟩ *Austrian gastr. yeast pastry with sweet or cheese filling.*
Kol·be ['kɔlbə] *f* ⟨-; *no pl*⟩ *hist.* forelock (*of man's Renaissance hairstyle*).
kol·ben ['kɔlbən] **I** *v/i* ⟨h⟩ **1.** *bot.* (*von Mais etc*) form a spadix (*od.* spadices, cobs). – **2.** *hunt.* sprout antlers (with velvet). – **II** *v/t* **3.** (*Mais etc*) cut off.
'**Kol·ben** *m* ⟨-s; -⟩ **1.** (*eines Motors etc*) piston: der ~ hat gefressen the piston has seized. – **2.** *tech.* a) (*einer Pumpe*) plunger, b) (*eines Holzbohrers*) shank, c) (*eines Lötapparates*) (*elektr. beheizter*) soldering iron, (*feuerbeheizter*) soldering copper. – **3.** *chem.* flask, retort. – **4.** (*Gewehrkolben*) butt (end), *Br.* butt(-end): mit dem ~ dreinschlagen to hit out with the butt (of a rifle). – **5.** *bot.* a) spadix, b) (*des Maises*) spike, cob, c) (*des Rohrkolbens*) cat's-tail, *auch* cattail: mit einem ~ spadiceous. – **6.** *electr.* (*von Glühlampe etc*) bulb. – **7.** *pl hunt.* antlers of deer in velvet. – **8.** *med.* (*einer Spritze*) plunger. – **9.** *colloq.* 'conk' (*sl.*), nose. – **10.** *colloq.* 'nut', 'block' (*beide sl.*), head; j-m eins auf den ~ geben to hit s.o. on the head, to knock s.o.'s block off. – **11.** *hist.* club, mace.
'**Kol·ben|ˌanˌtrieb** *m tech.* piston drive. — **~ˌbärˌlapp** *m bot.* snake moss, common club moss (*Br.* club-moss) (*Lycopodium clavatum*). — **~beˌwe·gung** *f tech.* piston movement. — **~ˌblitz** *m phot.* **1.** flashgun. – **2.** (*Birne*) flashbulb. — **~ˌbo·den** *m tech.* piston crown (*od.* top), pistonhead. — **~ˌboh·rung** *f* cylinder bore.
'**Kol·benˌbol·zen** *m tech.* piston pin, *bes. Br.* wrist- (*od.* gudgeon-)pin. — **~ˌau·ge** *n* piston-pin (*bes. Br.* gudgeon-pin) boss.
'**Kol·ben|ˌbuch·se** *f tech.* piston-pin (*bes. Br.* gudgeon-pin) bushing. — **~ˌdampf·maˌschi·ne** *f* piston (*od.* reciprocating) steam engine (*Br.* steam-engine). — **~ˌdruck** *m* ⟨-(e)s; ⸚e⟩ piston pressure. — **~ˌen·te** *f zo.* red-crested pochard (*Netta rufina*). — **~ˌflä·che** *f tech.* piston area. — **~ˌflüg·ler** [-ˌflyːglər] *m* ⟨-s; -⟩ *zo.* twisted-winged insect, stylopid (*scient.*) (*Ordng Strepsiptera*). — **k~ˌför·mig** *adj* **1.** club-shaped. – **2.** *bot.* spadiciform: ~er Blütenstand spadix. — **~ˌfres·sen** *n tech.* piston seizure, seizing of the piston. — **~ˌfüh·rung** *f* piston guide. — **~ˌfuß** *m* **1.** (*des Gewehrkolbens*) butt(stock). – **2.** *zo.* ferreiro, Brazilian tree frog (*Br.* tree-frog) (*Hyla faber*). — **~geˌblä·se** *n* **1.** *tech.* reciprocating blowing engine. – **2.** *metall.* (*eines Winderhitzers*) piston blower. — **~ˌgras** *n bot.* **1.** meadow foxtail (*Alopecurus pratensis*). – **2.** meadow cat's-tail grass, Timothy grass (*Phleum pratense*). — **~ˌhals** *m* **1.** (*eines Gewehrs*) small of the butt. – **2.** *chem.* (*eines Destillierkolbens*) neck. — **~ˌhieb** *m* blow with a rifle butt. — **~ˌhirsch** *m hunt.* velvet antler. — **~ˌhir·se** *f bot.* foxtail (*od.* Italian) millet (*Setaria italica*). — **~ˌhub** *m tech.* **1.** (piston) stroke. – **2.** (*einer Pumpe*) plunger stroke. — **~ˌhubˌraum** *m* piston displacement. — **~komˌpres·sor** *m* piston (*od.* reciprocating) compressor. — **~ˌkopf** *m cf.* Kolbenboden. — **~ˌkör·per** *m* **1.** (*eines Lötkolbens*) tip, copper. – **2.** (*eines Zylinderkolbens*) piston barrel. — **~ˌmo·tor** *m* piston (*od.* reciprocating) engine. — **~ˌpal·men** *pl bot.* Cyclanthaceae. — **~ˌpum·pe** *f tech.* piston (*od.* plunger) pump. — **~ˌring** *m* piston ring. — **~ˌschie·ber** *m* piston (slide) valve. — **~ˌschim·mel** *m bot.* aspergillus (*Gattg Aspergillus*; *fungus*). — **~ˌschlag** *m cf.* Kolbenhieb. — **~ˌspiel** *n tech.* piston clearance (*od.* play). — **~ˌspielˌleh·re** *f* thickness (*od.* feeler) ga(u)ge for determining clearance of tappets and pistons. — **~ˌstan·ge** *f* piston rod, *Br.* piston-rod. — **~ˌstoß** *m* thrust with a rifle butt. — **~ˌstoßˌpres·se** *f tech.* (lubrication) grease gun. — **k~ˌtra·gend** *adj bot.* spadiceous, spadicose. — **~venˌtil** *n tech.* piston valve. — **~verˌdich·ter** *m* piston (*od.* reciprocating) compressor, piston-displacement compressor. — **~verˌdrän·gung** *f* (piston) displacement. — **~ˌwas·serˌkä·fer** *m zo.* (Großer) ~ water scavenger beetle (*Hydrous piceus*). — **~ˌweg** *m tech.* **1.** piston travel. – **2.** *cf.* Kolbenhub 1. — **~ˌwei·zen** *m bot.* club wheat (*Triticum compactum*).
'**Kölb·leinˌgras** ['kœlplaɪn-] *n bot. cf.* Ackerfuchsschwanz.
Kol·chi·zin [kɔlçi'tsiːn] *n* ⟨-s; *no pl*⟩ *chem. med. pharm.* colchicine ($C_{22}H_{25}NO_6$).
Kol·chos ['kɔlçɔs] *m*, *auch n* ⟨-; -e [-'çoːzə]⟩ *agr. pol.* (*bes. in der Sowjetunion*) kolk(h)oz, kolkhos, collective farm. — **~ˌbau·er** *m* worker on a kolk(h)oz (*od.* collective farm), kolkhoznik.
Kol·cho·se [kɔl'çoːzə] *f* ⟨-; -n⟩ *agr. pol. cf.* Kolchos. — **Kol·chos·nik** [kɔl'çɔsnɪk] *m* ⟨-s; -s⟩ *cf.* Kolchosbauer.
Ko·leo·pte·ren [koleo'pteːrən] *pl zo.* coleoptera (*Ordng Coleoptera*).
Ko·leo·pti·le [koleo'ptiːlə] *f* ⟨-; -n⟩ *bot.* (*der Gräser*) coleoptile, *auch* coleoptilum.
Ko·leo·pto·se [koleo'ptoːzə] *f* ⟨-; -n⟩ *med.* col(e)optosis, vaginal prolapse.
'**Ko·li|bakˌte·rie** ['koːli-] *f*, **~baˌzil·lus** *m med. biol.* coli (bacillus), colon bacillus, bacillus coli: wie ein Kolibazillus coliform.
Ko·li·bri ['koːlibri] *m* ⟨-s; -s⟩ *zo.* humming-bird, *Br.* humming-bird, colibri (*Fam. Trochilidae*): Gemeiner ~ rubythroat (*Archilochus colubris*).
Ko·lik ['koːlɪk] *f* ⟨-; -en⟩ **1.** *med.* a) colic, b) (*im Darm*) intestinal colic, gripes *pl*: ~ verursachend colic(ky). – **2.** *vet.* colic. — **~ˌanˌfall** *m med.* attack of colic. — **k~ˌar·tig** *adj* (*Schmerzen etc*) colic(ky). — **~ˌschmerz** *m meist pl* colic(ky) pain.
Ko·lin·ski [ko'lɪnski] *m* ⟨-s; -s⟩ *zo.* kolinsky, kolinski (*Mustela sibirica*). — **~ˌfell** *n*, **~ˌpelz** *m* kolinsky (fur), red (*od.* Tatar) sable.
Ko·li·tis [ko'liːtɪs] *f* ⟨-; -tiden [-li'tiːdən]⟩ *med.* colitis. — **ko'li·tisch** *adj* colitic.
Kolk [kɔlk] *m* ⟨-(e)s; -e⟩ **1.** *geol.* pothole, *Br.* pot-hole. – **2.** *Low G. dial.* deep pool (*od.* pond). – **3.** *tech.* crater, pit.
'**Kolkˌra·be** *m zo.* (common) raven (*Corvus corax*).
Kol·la [kɔla] *f* ⟨-; *no pl*⟩ *biol. chem.* glue.
kol·la·bie·ren [kɔla'biːrən] *med.* **I** *v/i* ⟨*no* ge-, sein⟩ **1.** collapse, break down. – **2.** (*von Lunge etc*) deflate. – **II K~** *n* ⟨-s⟩ **3.** *verbal noun.* – **4.** collapse. – **5.** deflation.
Kol·la·bo·ra·teur [kɔlabora'tøːr] *m* ⟨-s; -e⟩ *pol.* **1.** collaborator, collaborationist. – **2.** *cf.* Quisling. — **Kol·la·bo·ra·ti'on** [-'tsɪoːn] *f* ⟨-; -en⟩ **1.** collaboration. – **2.** quislingism. — **Kol·la·bo'ra·tor** [-'raːtɔr] *m* ⟨-s; -en [-ra'toːrən]⟩ **1.** *relig. obs.* (*Hilfsgeistlicher*) curate. – **2.** *ped. obs.* assistant teacher. — **kol·la·bo'rie·ren** [-'riːrən] *v/i* ⟨*no* ge-, h⟩ *pol.* **1.** collaborate. – **2.** collaborate (with the enemy), be a quisling, quisle.
Kol·la·gen [kɔla'geːn] *n* ⟨-s; -e⟩ *biol. chem.* collagen, *auch* collogen.
Kol·laps [kɔ'laps] *m* ⟨-es; -e⟩ *med.* collapse: einen ~ erleiden to collapse.
kol·la·te·ral [kɔlate'raːl] *adj* collateral. — **K~verˌwand·te** *m, f* ⟨-n; -n⟩ *obs.* collateral (relative).
Kol·la·ti·on [kɔla'tsɪoːn] *f* ⟨-; -en⟩ **1.** (*von Texten, Büchern etc*) collation, comparison. – **2.** *print.* (*von Bogen*) collating, collation. – **3.** *röm.kath.* a) (*Verleihung eines Benefiziums*) collation, b) (*leichter Imbiß*) collation, light meal. – **4.** *jur.* (*im Erbrecht*) collation, hotchpot.
kol·la·tio·nie·ren [kɔlatsɪo'niːrən] *v/t* ⟨*no* ge-, h⟩ **1.** (*Abschrift mit Original*) collate, compare. – **2.** *print.* (*Bogen*) collate. – **3.** *econ.* (*in Buchführung*) collate. — **Kol·la·tio'nie·rer** *m* ⟨-s; -⟩ collator.
Kol·la·ti'ons|ˌpflicht *f jur.* obligation to bring property into collation (*od.* hotchpot). — **k~ˌpflich·tig** *adj* **1.** (*Person*) obliged to bring property into collation (*od.* hotchpot). – **2.** (*Zuwendungen*) required to be brought into collation (*od.* hotchpot).
Kol·la·tor [kɔ'laːtɔr] *m* ⟨-s; -en [-la'toːrən]⟩ **1.** (*von Paralleltexten*) harmonist. – **2.** *röm.kath.* patron, collator. — **Kol·la'tur** [-la'tuːr] *f* ⟨-; *no pl*⟩ *röm.kath.* patronage, collation.
Kol·lau·da·ti·on [kɔlauda'tsɪoːn] *f* ⟨-; -en⟩ *Austrian and Swiss cf.* Kollaudierung. — **kol·lau'die·ren** [-'diːrən] *v/t* ⟨*no* ge-, h⟩ *Austrian and Swiss* (*Bau etc*) (examine and) approve. — **Kol·lau'die·rung** *f* ⟨-; -en⟩ (examination and) approval by a building inspector.
Köl·le ['kœlə] *f* ⟨-; -n⟩ *bot.* savory (*Gattg Satureja*).
Kol·leg [kɔ'leːk] *n* ⟨-s; -s *u.* -ien [-gɪən]⟩ **1.** (*an Universität*) course of lectures: ein dreistündiges ~ a course of three lectures a week, *Am. auch* a 3-credit course; ein ~ belegen to register (*od.* sign up) for a course (of lectures); ein ~ über Geschichte (ab)halten (*od.* lesen) to (give a) lecture on history; das ~ besuchen (*od.* hören), ins ~ gehen to attend (*od.* go to) the lecture(s); das ~ schinden *colloq.* to attend lectures on the sly; das ~ schwänzen *colloq.* to cut (*Am. auch* skip) the lecture(s) (*colloq.*) (*Am. colloq. auch* [the] class). – **2.** *röm.kath.* theological college. – **3.** *ped. special secondary school to prepare adults for university admission.*
Kol·le·ge [kɔ'leːgə] *m* ⟨-n; -n⟩ **1.** (*im Berufsleben*) colleague, associate, 'mate' (*colloq.*), confrere (*lit.*): guten Morgen, Herr ~ good morning, Mr. X; er ist ein alter (*od.*

früherer) ~ von mir he used to be a colleague of mine; er hat kaum Kontakt zu seinen ~n in der Schule [unter den Ärzten] he hardly has any contact with his fellow teachers [doctors]; ~ kommt gleich! s.o. will be right with you, you'll be waited on (*od.* attended to) in a minute; mein (Herr) ~ a) my colleague, b) *jur.* my learned friend. – **2.** (*in Staatsämtern etc*) opposite number, counterpart, colleague: der deutsche Außenminister und sein belgischer ~ the German Foreign Minister and his Belgian opposite number. – **3.** *colloq.* (*Freund*) chum, pal, *Am. auch* buddy (*alle colloq.*), friend.

Kol'le·gen·ra,batt *m econ.* employees' (*od.* trade) discount.

Kol'le·gen·schaft *f* ⟨-; -en⟩ group of colleagues, (the) colleagues *pl.*

Kol'leg|,geld *n meist pl ped.* lecture fee, tuition. — ~**,heft** *n* lecture notebook.

kol·le·gi·al [kəle'gĭaːl] **I** *adj* **1.** (*Verhältnis, Benehmen etc*) friendly: mit ~en Grüßen (*Briefschluß*) yours sincerely. – **2.** loyal: sein ~es Verhalten uns gegenüber his loyal attitude towards us. – **3.** nicht (sehr) ~ not (very) considerate toward(s) one's colleagues. – **II** *adv* **4.** in a friendly way (*od.* manner). – **5.** as a good friend (*od.* colleague): er hat sich ihnen gegenüber sehr ~ verhalten he acted like (*od.* he was) a good friend to them. – **6.** loyally. — **K~ge,richt** *n jur.* law court composed of several judges.

Kol·le·gia·li·tät [kəlegĭali'tɛːt] *f* ⟨-; *no pl*⟩ **1.** friendliness. – **2.** loyalty towards one's colleagues.

Kol·le·gi'al|prin,zip *n econ.* principle of collective responsibility and competence. — ~**sy,stem** *n* **1.** *pol.* (*in der Verwaltung*) collegialism, collegial method. – **2.** *econ.* (*im Management*) board system. – **3.** *relig.* collegial system, collegialism.

Kol·le·gi·at [kəle'gĭaːt] *m* ⟨-en; -en⟩ *röm.kath.* canon, member of a collegiate church. — ~**,kir·che** *f* collegiate church.

Kol'le·gi·en,geld *n meist pl ped. cf.* Kolleggeld.

Kol'le·gin *f* ⟨-; -nen⟩ *cf.* Kollege 1, 2.

Kol·le·gi·um [kə'leːgĭum] *n* ⟨-s; -ien⟩ **1.** (*einer Schule etc*) (teaching) staff, *Am. auch* faculty. – **2.** (*Ausschuß*) college, board, committee, council. – **3.** *röm.kath.* (*von Geistlichen*) college.

Kol'leg|,map·pe *f* briefcase, *Br.* brief-case. — ~**,stu·fe** *f ped.* sixth-form level, *Am.* junior college level.

Kol·lek·ta·ne·en [kəlɛk'taːneən; -ta'neːən] *pl* (*gesammelte Auszüge*) collectanea, miscellanea, gleanings.

Kol·lek·te [kə'lɛktə] *f* ⟨-; -n⟩ *relig.* **1.** collection, offertory, offering: die ~ einsammeln to take up the collection. – **2.** (*Altargebet*) collect.

Kol·lek·ti·on [kəlɛk'tsĭoːn] *f* ⟨-; -en⟩ **1.** (*eines Modeschöpfers*) collection. – **2.** (*Mustersammlung*) set of samples. – **3.** *econ.* (*Produktionsprogramm*) range. – **4.** (*von Briefmarken etc*) collection. – **5.** (*Auswahl*) selection, assortment.

kol·lek·tiv [kəlɛk'tiːf] **I** *adj* (*Bewirtschaftung, Sicherheit etc*) collective. – **II** *adv* collectively: dieser Ausdruck wird ~ gebraucht *ling.* this term is used collectively.

Kol·lek'tiv *n* ⟨-s; -e⟩ **1.** collective, community: ein ~ bilden to form a collective. – **2.** (*bes. in sozialistischen Ländern*) collective, cooperative (*bes. Br.* co-operative) (production) unit. – **3.** (*in Israel*) kibbutz. – **4.** *print.* composite page. – **5.** (*optics*) *cf.* Kollektivlinse. – **6.** *sociol.* collective (body). — ~**,ar·beit** *f* collaboration, teamwork, *Br.* team-work. — ~**be,griff** *m ling.* collective (term). — ~**be,trieb** *m econ.* (*bes. in sozialistischen Ländern*) **1.** collective. – **2.** *agr.* collective farm. – **3.** collective industrial unit. — ~**be,wußt·sein** *n* **1.** *psych.* collective consciousness (*od.* mind). – **2.** *sociol.* collective spirit. — ~**de,likt** *n jur.* collective crime. — ~**,ei·gen·tum** *n econ.* collective ownership (*od.* property). — ~**ga·ran,tie** *f pol.* collective guarantee. — ~**,geist** *m sociol.* collective spirit. — ~**ge,sell·schaft** *f Swiss econ.* general partnership.

kol·lek·ti·vie·ren [kəlɛkti'viːrən] *econ. pol.* **I** *v/t* ⟨*no* ge-, h⟩ collectivize. – **II K~** *n* ⟨-s⟩ *verbal noun.* — **Kol·lek·ti'vie·rung** *f* ⟨-; -en⟩ **1.** *cf.* Kollektivieren. – **2.** collectivization.

Kol·lek·ti·vis·mus [kəlɛkti'vɪsmus] *m* ⟨-; *no pl*⟩ *sociol.* collectivism. — **Kol·lek·ti'vist** [-'vɪst] *m* ⟨-en; -en⟩ collectivist. — **kol·lek·ti'vi·stisch** *adj* collectivist(ic).

Kol·lek'tiv|,lin·se *f* (*optics*) field (*od.* collective) lens. — ~**,no·te** *f pol.* collective note. — ~**,psy·che** *f psych.* collective (*od.* group) mind. — ~**,schuld** *f* collective guilt (*od.* culpability). — ~**,stra·fe** *f* collective punishment. — ~**suf,fix** *n ling.* collective (noun) suffix.

Kol·lek·ti·vum [kəlɛk'tiːvum] *n* ⟨-s; -va [-va] *u.* -ven⟩ **1.** *ling.* collective (noun). – **2.** collective (body).

Kol·lek'tiv|,un·ter,neh·men *n econ.* collective enterprise (*od.* firm, undertaking). — ~**ver,ant,wor·tung** *f* collective responsibility. — ~**ver,si·che·rung** *f* group insurance. — ~**ver,trag** *m* **1.** *econ.* collective agreement (*od.* contract). – **2.** *pol.* collective treaty. — ~**,voll,macht** *f econ. jur.* joint power of attorney. — ~**,wirt·schaft** *f econ.* (*bes. in sozialistischen Ländern*) **1.** collective economy. – **2.** *agr. cf.* Kollektivbetrieb 2.

Kol·lek·tor [kə'lɛktər] *m* ⟨-s; -en [-'toːrən]⟩ **1.** *electr.* collector, commutator. – **2.** *tech.* (*Sammelscheibe*) collector. — ~**,bür·ste** *f electr.* commutator brush. — ~**,mo·tor** *m* commutator motor. — ~**,ring** *m tech.* collector ring.

Kol·lek·tur [kəlɛk'tuːr] *f* ⟨-; -en⟩ *Austrian* (*beim Lotto*) receiving agency.

Koll·en·chym [kəlɛn'çyːm] *n* ⟨-s; -e⟩ *bot.* collenchyma.

Kol·ler[1] ['kələr] *m* ⟨-s; -⟩ **1.** *vet.* (*von Pferd*) (blind *od.* mad) staggers *pl* (*usually construed as sg*), megrims *pl.* – **2.** *colloq.* (*Wutanfall*) tantrum: einen ~ bekommen (*od.* kriegen) to fly into a tantrum, to fly off the handle (*colloq.*); er hat wieder seinen ~ he's having one of his tantrums again.

'Kol·ler[2] *n* ⟨-s; -⟩ **1.** *obs. u. dial.* wide collar, cape. – **2.** (*fashion*) *hist.* jerkin. – **3.** *mil. hist.* buffcoat, *Br.* buff-coat. – **4.** (*sport*) (*beim Fechten*) collar. – **5.** *hunt.* (*Ledergurt der Lockvögel*) girdle.

'Kol·ler,gang *m tech.* edge (*od.* pug) mill, *Br.* edge- (*od.* pug-)mill, pan grinder.

'kol·le·rig *adj* **1.** *vet.* having the staggers (*od.* megrims). – **2.** *colloq.* in a tantrum. – **3.** *colloq.* quick- (*od.* hot-)tempered.

'Kol·ler,müh·le *f tech. cf.* Kollergang.

kol·lern[1] ['kələrn] *v/i* ⟨h⟩ **1.** (*von Truthahn, hunt. Birkhahn etc*) gobble. – **2.** (*von Taube*) coo. – **3.** (*von Magen, Darm*) rumble. – **4.** *colloq.* (*einen Wutanfall haben*) be in a tantrum. – **5.** *vet.* (*von Pferd*) have the (blind *od.* mad) staggers, have the megrims.

'kol·lern[2] *v/i* ⟨sein⟩ *u. v/t* ⟨h⟩ *cf.* kullern I, III. [Koller[2] 1, 2.]

Kol·lett [kə'lɛt] *n* ⟨-s; -e⟩ *obs. for*

Kol·li ['kəli] *n* ⟨-s; -, *auch* -s⟩ *Austrian for* Kollo.

kol·li·die·ren [kəli'diːrən] **I** *v/i* ⟨*no* ge-, h *u.* sein⟩ (mit with) **1.** ⟨sein⟩ (*von Fahrzeugen*) collide. – **2.** ⟨h⟩ *fig.* (*Interessen etc*) collide, clash, conflict. – **3.** ⟨h⟩ *fig.* (*zeitlich, Abmachungen etc*) clash, coincide. – **II K~** *n* ⟨-s⟩ **4.** *verbal noun.* – **5.** *cf.* Kollision. — **kol·li'die·rend I** *pres p.* – **II** *adj bes. fig.* (*Interessen, Abmachungen etc*) colliding, clashing.

Kol·li·din [kəli'diːn] *n* ⟨-s; -e⟩ *chem.* collidin(e) ($C_8H_{11}N$).

Kol·li·er [kə'lĭeː] *n* ⟨-s; -s⟩ **1.** (*jewelry*) necklace. – **2.** (*Pelzkragen*) necklet.

Kol·li·ma·ti·on [kəlima'tsĭoːn] *f* ⟨-; -en⟩ *astr. phys.* collimation. — **Kol·li·ma·ti'ons,feh·ler** *m* collimation error.

Kol·li·ma·tor [kəli'maːtər] *m* ⟨-s; -en [-ma'toːrən]⟩ *astr. phys.* collimator. — ~**,lin·se** *f* collimating lens.

Kol·li·si·on [kəli'zĭoːn] *f* ⟨-; -en⟩ **1.** (*von Fahrzeugen*) collision. – **2.** *fig.* (*von Interessen etc*) collision, clash, conflict: wir gerieten mit unseren Plänen in ~ our plans clashed. – **3.** *fig.* (*zeitliche*) clash, coincidence.

Kol·li·si'ons|,dich·te *f nucl.* collision density. — ~**,kurs** *m aer. mar.* collision course. — ~**,scha·den** *m* damage(s *pl*) due to collision. — ~**,schott** *n mar.* collision bulkhead. — ~**,si·che·rung** *f* prevention of collision. — ~**,zahl** *f nucl.* number of collisions (*od.* collision frequency) per unit.

Kol·lo ['kəlo] *n* ⟨-s; -s *u.* Kolli [-li]⟩ *econ.* item of freight, bale of goods, parcel, package.

Kol·lo·di·um [kə'loːdĭum] *n* ⟨-s; *no pl*⟩ *chem.* collodion, collodium. — ~**ver,fah·ren** *n phot.* collodion process, *auch* wet-plate process. — ~**,wol·le** *f chem.* pyroxylin(e), collodion cotton, soluble guncotton (*Br.* gun-cotton) (*od.* nitrocellulose, *Br.* nitro-cellulose).

Kol·lo·id [kəlo'iːt] *n* ⟨-(e)s; -e⟩ *chem.* colloid. — **kol·lo'id, kol·loi'dal** [-loi'daːl] *adj* (*Lösung etc*) colloid, colloidal.

Kol·lo'id|che,mie *f chem.* colloid chemistry. — ~**,teil·chen** *n* colloidal particle.

Kol·lo·ka·ti·on [kəloka'tsĭoːn] *f* ⟨-; -en⟩ *obs.* collocation. — **Kol·lo·ka·ti'ons,feld** *n ling.* field of collocation, collocational field.

Kol·lo·qui·um [kə'loːkvium] *n* ⟨-s; -en⟩ **1.** colloquium: ein ~ abhalten (*od.* veranstalten) to hold a colloquium. – **2.** *ped.* colloquium (*oral examination especially of a doctoral candidate*). – **3.** *relig.* (*reformierte Kreissynode*) colloquy.

'Kol·lo·ta,rif *m econ.* general cargo rates *pl.*

Kol·lo·ty·pie [kəloty'piː] *f* ⟨-; *no pl*⟩ *phot.* collotype.

kol·lu·die·ren [kəlu'diːrən] *v/i* ⟨*no* ge-, h⟩ *jur.* collude.

Kol·lu·si·on [kəlu'zĭoːn] *f* ⟨-; -en⟩ *jur.* **1.** (criminal) collusion, covin. – **2.** collusion, secret understanding. — **Kol·lu·si'ons·ge,fahr** *f* danger of collusion.

kol·ma·tie·ren [kəlma'tiːrən] *v/i* ⟨*no* ge-, h⟩ (*vom Flußufer etc*) silt (up), alluviate. — **Kol·ma·ti'on** [-'tsĭoːn] *f* ⟨-; *no pl*⟩ siltation, alluviation, colmatage.

Köl·ner ['kœlnər] **I** *m* ⟨-s; -⟩ native (*od.* inhabitant) of Cologne. – **II** *adj* ⟨*undeclined*⟩ (of) Cologne: der ~ Dom (the) Cologne Cathedral; ~ Braun (*paints*) *cf.* Kölnischbraun.

köl·nisch ['kœlnɪʃ] **I** *adj* (of) Cologne: K~es (*od.* K~) Wasser *cf.* Kölnischwasser. – **II** *ling.* **K~** ⟨*generally undeclined*⟩, **das K~e** ⟨-n⟩ the Cologne dialect.

'Köl·nisch|,braun *n* (*paints*) Cologne brown (*od.* earth), Cassel (*od.* Vandyke) brown. — ~**,was·ser** *n* ⟨-s; *no pl*⟩ cologne, Cologne (water), eau de cologne, *auch* Eau de Cologne, *bes. Br.* eau-de-Cologne.

Ko·lo·bom [kolo'boːm] *n* ⟨-s; -e⟩ *med.* (*angeborene Spaltbildung*) coloboma.

Ko·lo·ka·sie [kolo'kaːzĭə] *f* ⟨-; -n⟩ *bot.* Colocasia (*Gattg Colocasia*): Eßbare ~ taro, dalo, elephant('s) ear, bleeding heart (*C. esculenta od. C. antiquorum*).

Ko·lom·bi·ne [koləm'biːnə] *f* ⟨-; -n⟩ (*theater*) (*Geliebte Harlekins*) Columbine.

Ko·lon ['koːlən] *n* ⟨-s; -s *u.* Kola [-la]⟩ **1.** *med.* (*Grimmdarm*) colon. – **2.** *antiq. metr.* colon. – **3.** *ling. obs. for* Doppelpunkt 1.

Ko·lo·nat [kolo'naːt] *n, m* ⟨-(e)s; -e⟩ *antiq.* **1.** colonate. – **2.** (estate) fee farm.

Ko·lo·ne [ko'loːnə] *m* ⟨-n; -n⟩ *hist.* colonus.

Ko·lo·nel [kolo'nɛl] *f* ⟨-; *no pl*⟩ *print.* (*Schriftgrad*) minion.

Ko'lo·nia,kü·bel [ko'loːnĭa-] *m Austrian bes. Br.* dust- (*od.* refuse-)bin, *bes. Am.* garbage (*od.* trash) can.

ko·lo·ni·al [kolo'nĭaːl] *adj* colonial.

Ko·lo·ni'al|ar,mee *f* colonial army. — ~**be,sitz** *m* colonial possessions *pl.* — ~**ge,biet** *n* colonial territory. — ~**ge,sell·schaft** *f* **1.** promotion company for colonies (*as the Colonial Institute*). – **2.** colonization (*Br. auch* -s-) and administration company for colonies (*as, in South Africa, the Chartered Company*). — ~**,han·del** *m* colonial trade. — ~**,herr·schaft** *f* colonial rule.

Ko·lo·nia·lis·mus [kolonĭa'lɪsmus] *m* ⟨-; *no pl*⟩ *pol.* colonialism.

Ko·lo·ni'al|,macht *f* colonial power. — ~**mi,ni·ster** *m pol. hist.* colonial minister, *Br.* Secretary of State for the Colonies, Colonial Secretary. — ~**mi·ni,ste·ri·um** *n* colonial ministry, *Br.* Colonial Office. — ~**po·li,tik** *f* colonial policy. — ~**,reich** *n* colonial empire. — ~**,sta·tus** *m* colonial status. — ~**,stil** *m arch.* colonial style.

Ko·lo·ni'al,wa·ren *pl* **1.** groceries. – **2.** (*aus den Kolonien stammende*) colonial goods (*od.* produce *sg*). — ~**ge,schäft** *n* grocer's shop (*Am.* store), grocery. — ~**,groß·,händ·ler** *m* wholesale grocer. — ~**,han·del** *m* grocer's (*od.* grocery) trade. — ~**,händ·ler** *m* grocer: beim ~ at the grocer's. — ~**,hand·lung** *f cf.* Kolonialwarengeschäft.

Ko·lo·ni'al,zeit *f* colonial age.
Ko·lo·nie [kolo'niː] *f* ⟨-; -n [-ən]⟩ **1.** (*bes. in Überseegebieten*) colony: ~n gründen to found colonies; ~ mit Selbstverwaltung self-governing colony. – **2.** (*Neuansiedlung*) settlement: die Griechen gründeten ~n auf Sizilien the Greeks settled on Sicily. – **3.** (*von Sträflingen etc*) colony. – **4.** (*von Ausländern, Künstlern etc*) colony, community: die deutsche ~ in Texas the German colony in Texas. – **5.** *bot. zo.* colony.
ko·lo'ni·en,bil·dend *adj bot. zo.* colonial.
Ko·lo·ni·sa·ti·on [koloniza'tsĭoːn] *f* ⟨-; -en⟩ **1.** colonization *Br. auch* -s-. – **2.** (*im eigenen Land*) opening up and settlement, settling, developing of unsettled areas: innere ~ settlement of the interior.
Ko·lo·ni·sa·tor [koloni'zaːtɔr] *m* ⟨-s; -en [-za'toːrən]⟩ colonizer *Br. auch* -s-. — **ko·lo·ni·sa'to·risch** [-za'toːrɪʃ] *adj* colonizing *Br. auch* -s-.
ko·lo·ni·sie·ren [koloni'ziːrən] **I** *v/t* ⟨*no* ge-, h⟩ **1.** (*Land etc*) colonize *Br. auch* -s-. – **2.** (*besiedeln*) settle. – **3.** (*erschließen*) develop. – **II K~** *n* ⟨-s⟩ **4.** *verbal noun.* – **5.** *cf.* Kolonisation. – **6.** *cf.* Kolonisierung. — **Ko·lo·ni'sie·rung** *f* ⟨-; -en⟩ **1.** *cf.* Kolonisieren. – **2.** colonization *Br. auch* -s-. – **3.** settlement, settling. – **4.** development.
Ko·lo·nist [kolo'nɪst] *m* ⟨-en; -en⟩ **1.** colonist. – **2.** settler.
Ko·lon·na·de [kolɔ'naːdə] *f* ⟨-; -n⟩ *arch.* colonnade: mit ~(n) (versehen) colonnaded.
Ko·lon·ne [ko'lɔnə] *f* ⟨-; -n⟩ **1.** *mil.* a) column, b) (*von Fahrzeugen*) convoy: schnelle ~ flying column; in geschlossener ~ vormarschieren [marschieren] to advance [to march] in close(d) columns; Anfang der ~ head of the column. – **2.** gang of workers. – **3.** (*von Autos*) queue, column, string: aus der ~ ausbrechen to jump the queue. – **4.** *fig. pol.* column: die Fünfte ~ the fifth column. – **5.** *print. math.* (*Ziffern etc*) column: ~n addieren to add up columns. – **6.** *tech.* (*Destillierapparat*) column.
Ko'lon·nen|ap·pa,rat *m* (*Destilliergerät*) fractionating column. — **~,ar·beit** *f* work in a gang (*od.* crew). — **~,fah·ren** *n* **1.** (*im Straßenverkehr*) driving in a queue. – **2.** *mil.* driving in convoy. — **~,füh·rer** *m* **1.** leader of a gang (*od.* crew). – **2.** *mil.* leader of a column. — **~,sprin·ger** *m colloq.* queue jumper. — **~,stel·ler** *m tech.* (*einer Schreibmaschine*) tabulator. — **k~,wei·se** *adv* in columns (*od.* file).
Ko·lo·phon [kolo'foːn] *m* ⟨-s; -e⟩ **1.** *print.* (*in Handschriften*) colophon. – **2.** *obs.* summit.
Ko·lo·pho·ni·um [kolo'foːnĭum] *n* ⟨-s; *no pl*⟩ *chem.* colophony, rosin, (pine) resin.
Ko·lo·quin·te [kolo'kvɪntə] *f* ⟨-; -n⟩ *bot.* colocynth (apple), bitter gourd (*od.* cucumber, apple), coloquintida (*Citrullus colocynthis*).
Ko·lo'ra·do|,kä·fer [kolo'raːdo-] *m zo. cf.* Kartoffelkäfer. — **~,tan·ne** *f bot.* Colorado white fir (*od.* balsam), white fir (*Abies concolor*).
Ko·lo·ra·tur [kolora'tuːr] *f* ⟨-; -en⟩ *mus.* coloratura. — **~,arie** *f* coloratura aria. — **~,sän·ge·rin** *f* coloratura, coloratura (soprano) singer. — **~so,pran** *m* coloratura soprano.
ko·lo·rie·ren [kolo'riːrən] **I** *v/t* ⟨*no* ge-, h⟩ (*Radierung, Federzeichnung, Photo etc*) color, *bes. Br.* colour. – **II K~** *n* ⟨-s⟩ *verbal noun.* — **Ko·lo'rie·rung** *f* ⟨-; -en⟩ **1.** *cf.* Kolorieren. – **2.** coloration, *bes. Br.* colouration.
Ko·lo·ri·me·ter [kolori'meːtər] *n* ⟨-s; -⟩ *tech. phys.* colorimeter. — **Ko·lo·ri·me'trie** [-me'triː] *f* ⟨-; *no pl*⟩ colorimetry. — **ko·lo·ri'me·trisch** [-'meːtrɪʃ] *adj* colorimetric(al).
Ko·lo·ris·mus [kolo'rɪsmus] *m* ⟨-; *no pl*⟩ (*art*) use of (*od.* belief in) color (*bes. Br.* colour) as the prime element in painting. — **Ko·lo'rist** [-'rɪst] *m* ⟨-en; -en⟩ colorist, *bes. Br.* colourist. — **ko·lo'ri·stisch** *adj* coloristic, *bes. Br.* colouristic.
Ko·lo·rit [kolo'riːt; -'rɪt] *n* ⟨-(e)s; -e⟩ **1.** (*Farbgebung*) coloring, *bes. Br.* colouring, coloration, *bes. Br.* colouration. – **2.** *mus.* (*Klangfarbe*) color, *bes. Br.* colour, timbre. – **3.** *fig.* atmosphere, color, *bes. Br.* colour: die Stadt hat viel von ihrem besonderen ~ verloren the city lost much of its special atmosphere (*od.* local colo[u]r).
Ko·loß [ko'lɔs] *m* ⟨-sses; -sse⟩ **1.** (*Riesenstatue*) colossus, gigantic (*od.* colossal) statue: der ~ von Rhodos *antiq.* the Colossus of Rhodes. – **2.** *fig. colloq.* colossus, giant: ein ~ von einem Mann a colossus of a man; ein ~ auf tönernen Füßen a colossus with feet of clay.
ko·los·sal [kolɔ'saːl] **I** *adj* ⟨-er; -st⟩ **1.** (*Statue, Bauwerk, Gemälde etc*) colossal, gigantic, enormous, huge. – **2.** *fig. colloq.* (*Kälte, Wirkung, Kraft, Pech etc*) colossal, immense, enormous, terrific, tremendous: er bekam einen ~en Schrecken he got a terrific shock. – **II** *adv* **3.** *colloq.* terrifically, tremendously: er hat ~ viel gelesen he has read an enormous amount (*od. colloq.* an awful lot); das hat ihm ~ imponiert that impressed him tremendously; er hat daran ~ verdient he made an enormous amount of money with (*od.* out of) that; er hält sich für ~ gescheit he thinks himself mighty clever.
Ko·los'sal|,film *m* spectacular. — **~,sta·tue** *f cf.* Koloß 1.
Ko·los·ser [ko'lɔsər] *m* ⟨-s; -⟩ Colossian: (der Brief des Paulus an die) ~ *Bibl. cf.* Kolosserbrief. — **~,brief, der** *Bibl.* the Epistle (of St. Paul) to the Colossians, Colossians *pl* (*construed as sg*).
Ko·los·se·um, das [kolɔ'seːum] ⟨-s; *no pl*⟩ *antiq.* the Colosseum, the Coliseum.
Ko·lo·sto·mie [kolosto'miː] *f* ⟨-; *no pl*⟩ *med.* colostomy.
Ko·lo·strum [ko'lɔstrum] *n* ⟨-s; *no pl*⟩ *med.* colostrum.
'Kol·ping,haus ['kɔlpɪŋ-] *n röm.kath.* hostel for Catholic young working men.
Kol·por·ta·ge [kɔlpɔr'taːʒə] *f* ⟨-; -n⟩ **1.** spreading (*od.* circulating) of rumors (*bes. Br.* rumours). – **2.** trashy (*od.* cheap sensational) literature. – **3.** peddling (*od.* hawking) of books (*od.* magazines). – **4.** (*bes. von Bibeln, Traktaten etc*) colportage. — **~li·te·ra,tur** *f* trashy (*od.* cheap sensational) literature. — **~ro,man** *m Am.* dime novel, *Br.* penny dreadful.
Kol·por·teur [kɔlpɔr'tøːr] *m* ⟨-s; -e⟩ **1.** *colloq.* rumormonger, *bes. Br.* rumourmonger. – **2.** *archaic* peddler (*od.* hawker) of books (*od.* magazines). – **3.** (*von Bibeln, Traktaten etc*) colporteur, *auch* colporter.
kol·por·tie·ren [kɔlpɔr'tiːrən] *v/t* ⟨*no* ge-, h⟩ **1.** (*Gerüchte, Nachrichten etc*) spread, circulate. – **2.** *archaic* (*Bücher, Zeitschriften etc*) peddle, hawk.
Kol·po·sko·pie [kɔlposko'piː] *f* ⟨-; *no pl*⟩ *med.* colposcopy.
Kol·po·ze·le [kɔlpo'tseːlə] *f* ⟨-; -n⟩ *med.* vaginal hernia, colpocele (*scient.*).
Kölsch [kœlʃ] *n* ⟨-; *no pl*⟩ *only in* ~ sprechen to speak the dialect of the Cologne region.
Kol·ter[1] ['kɔltər] *n* ⟨-s; -⟩ *agr.* (*am Pflug*) colter, *bes. Br.* coulter.
'Kol·ter[2] *m* ⟨-s; -⟩, *f* ⟨-; -n⟩ (*gefütterte Decke*) quilt.
Ko·lum·ba·ri·um [kolum'baːrĭum] *n* ⟨-s; -rien⟩ *auch antiq.* columbarium.
Ko·lum·bia·ner [kolum'bĭaːnər] *m* ⟨-s; -⟩ Colombian. — **ko·lum·bia·nisch** [-'bĭaːnɪʃ] *adj* Colombian.
Ko·lum·bi·er [ko'lumbĭər] *m* ⟨-s; -⟩ Colombian.
Ko·lum·bi·ne [kolum'biːnə] *f* ⟨-; -n⟩ (*theater*) *cf.* Kolombine.
ko·lum·bisch [ko'lumbɪʃ] *adj cf.* kolumbianisch.
Ko·lum·bit [kolum'biːt; -'bɪt] *m* ⟨-s; -e⟩ *min.* columbite.
Ko·lu·mel·la [kolu'mɛla] *f* ⟨-; -mellen⟩ *biol.* columella.
Ko·lum·ne [ko'lumnə] *f* ⟨-; -n⟩ *print.* column.
Ko'lum·nen|,brei·te *f print.* measure. — **~,maß** *n* **1.** page ga(u)ge. – **2.** line ga(u)ge, rule. — **~,ti·tel** *m* lebender ~ running head (*od.* headline, title); toter ~ *cf.* Kolumnenziffer. — **~,un·ter,schlag** *m* foot line. — **k~,wei·se** *adv* by columns. — **~,zif·fer** *f* folio, page number.
Ko·lum·nist [kolum'nɪst] *m* ⟨-en; -en⟩ columnist.
Ko·lur [ko'luːr] *m* ⟨-(e)s; -en⟩ *astr.* colure.
Köm [køːm] *m* ⟨-s; -s⟩ *Low G. colloq. for* Kümmelbranntwein.
Ko·ma[1] ['koːma] *n* ⟨-s; -s *u.* -ta [-ta]⟩ *med.* coma.
'Ko·ma[2] *f* ⟨-; -s⟩ *astr.* (*optics*) coma.
Ko·mant·sche [ko'mantʃə] *m* ⟨-n; -n⟩ (*Indianer*) Comanche.
ko·ma·tös [koma'tøːs] *adj med.* comatose.
Kom·bat·tant [kɔmba'tant] *m* ⟨-en; -en⟩ combatant.
Kom·bi ['kɔmbi] *m* ⟨-(s); -s⟩ *colloq. for* Kombiwagen.
Kom·bi·nat [kɔmbi'naːt] *n* ⟨-(e)s; -e⟩ *econ.* (*in sozialistischen Ländern*) collective combine.
Kom·bi·na·ti·on[1] [kɔmbina'tsĭoːn] *f* ⟨-; -en⟩ **1.** (*Zusammenstellung, Verknüpfung*) combination: eine ~ von rot und weiß a combination of red and white. – **2.** (*logische Schlußfolgerung*) conclusion, deduction, reasoning: der Detektiv X ist berühmt für seine messerscharfen ~en the detective X is famous for his razor-sharp deductions. – **3.** (*Vermutung*) conjecture, surmise: wir waren auf ~en angewiesen we were dependent (up)on conjecture; das sind bloße ~en that is mere conjecture (*od.* guesswork). – **4.** (*sport*) (*im Fußball etc*) combined attack (*od.* move, movement). – **5.** (*im Skisport*) → alpin 3; nordisch I. – **6.** (*eines Kombinationsschlosses*) combination. – **7.** (*fashion*) (*kombinierter Anzug*) sports coat and slacks *pl.* – **8.** *philat.* pair (of different stamps).
Kom·bi·na·ti·on[2] [kɔmbina'tsĭoːn; kɔmbɪ'neɪʃən] (*Engl.*) *f* ⟨-; -en, *Engl.* -s [-ʃənz]⟩ **1.** (*Hemdhose*) combination(s *pl*), *bes. Am.* union suit, *Br. colloq.* combs *pl.* – **2.** (*Berufsanzug*) *Br.* boiler suit, *Am.* coverall(s *pl*), (*der Flieger*) flying suit. – **3.** (*Overall*) overall(s *pl*).
Kom·bi·na·ti'ons|,ga·be *f* power(s *pl*) of reasoning (*od.* deduction), reasoning power. — **~,lauf** *m* (*im Skisport*) cross-country race (*of Nordic combined*). — **~,leh·re** *f math.* theory of combinations, syntactics *pl* (*construed as sg or pl*). — **~pe,dal** *n mus.* (*der Orgel*) combination pedal. — **~,schloß** *n tech.* combination lock. — **~,schrank** *m* cabinet (*od.* multi-purpose) cupboard. — **~,spiel** *n* (*sport*) (*beim Fußball etc*) combined play (*od.* moves *pl*). — **~,sprung,lauf** *m* (*im Skisport*) jumping event (*of Nordic combined*). — **~,ton** *m mus.* combination tone. — **~,zan·ge** *f tech.* combination pliers *pl* (*construed as sg or pl*).
Kom·bi·na·to·rik [kɔmbina'toːrɪk] *f* ⟨-; *no pl*⟩ **1.** *math.* theory of combinations. – **2.** *philos.* (*in der Logistik*) combinatorics *pl* (*construed as sg*). — **kom·bi·na'to·risch** *adj* **1.** combinatorial, combinative: → Lautwandel. – **2.** *philos.* (*Logik*) combinatory, combinatoric.
Kom·bi·ne [kɔm'biːnə; 'kɔmbaɪn] (*Engl.*) *f* ⟨-; -n, *Engl.* -s [-baɪnz]⟩ *agr.* combine (harvester).
kom·bi·nie·ren [kɔmbi'niːrən] **I** *v/t* ⟨*no* ge-, h⟩ **1.** etwas mit etwas ~ a) (*Farben etc*) to combine s.th. with s.th., b) (*Kleidung*) to wear s.th. with s.th.: rot mit schwarz ~ to combine red with black; diesen Rock kann ich mit all meinen Pullovern ~ I can wear this skirt with all my sweaters, this skirt goes with all my sweaters; wie kannst du nur eine gestreifte Hose mit einem karierten Hemd ~! how on earth can you wear striped trousers with a checked shirt! – **2.** (*Anbaumöbel etc*) arrange, combine (*things*) in an (*od.* a suitable) arrangement: die einzelnen Teile lassen sich beliebig ~ the individual parts (*od.* units) can be arranged in any desired combination. – **II** *v/i* **3.** conclude, deduct, reason: du hast ganz richtig kombiniert your conclusion was quite right. – **4.** (*vermuten*) conjecture, surmise, guess. – **5.** (*sport*) (*beim Fußball etc*) combine, move. — **kom·bi'niert I** *pp.* – **II** *adj* combined: ~er Herd combination stove; ~e Operation *mil.* combined operation; ~er Verband *mil.* combined force.
'Kom·bi|,schrank *m cf.* Kombinationsschrank. — **~,wa·gen** *m* **1.** (*Caravan*) *Br.* estate car, shooting brake, *Am.* station (*od.* ranch) wagon. – **2.** (*Lieferwagen*) (small) delivery (*od.* utility) van, *bes. Am.* carryall. — **~,zan·ge** *f tech. cf.* Kombinationszange.
Kom·bü·se [kɔm'byːzə] *f* ⟨-; -n⟩ *mar.* (ship's) galley, caboose, *auch* camboose, cookroom, *Br.* cook-room, cookhouse, *Br.* cook-house.
kom·bu·sti·bel [kɔmbus'tiːbəl] *adj obs.* combustible.
Kom·edo ['koːmedo] *m* ⟨-s; -nen [kome-

'do:nən]⟩ **1.** *obs. for* Fresser 2, Schlemmer 2. – **2.** *meist pl med.* (*Mitesser*) pimple, blackhead, *Br.* black-head, comedo (*scient.*).

kom·esti·bel [komɛs'ti:bəl] *adj obs.* comestible.

Ko·met [ko'me:t] *m* ⟨-en; -en⟩ *astr.* comet: der Schweif eines ⁓en the tail of a comet; der Halleysche ⁓ Halley's comet; teleskopischer ⁓ telescopic comet; wie ein ⁓ am Filmhimmel emporsteigen *fig.* to have a meteoric rise in films.

ko'me·tenˌar·tig *adj* **1.** *astr.* cometary. – **2.** *fig.* meteoric: sein ⁓er Aufstieg zur Macht his meteoric rise to power. — **K⁓ˌbahn** *f astr.* comet(ary) orbit, orbit of a comet. — **⁓haft** *adj fig.* (*Aufstieg etc*) meteoric. — **K⁓ˌkern** *m astr.* nucleus of a comet. — **K⁓ˌschweif** *m* **1.** *astr.* tail of a comet, train. – **2.** *zo. cf.* Schleierschwanz.

Kom·fort [kɔm'fo:r; -'fɔrt] *m* ⟨-s [-'fo:rs] *od.* -(e)s [-'fɔrt(ə)s]; *no pl*⟩ **1.** (modern) conveniences *pl*: die Wohnung ist mit allem ⁓ ausgestattet the flat is equipped with all modern conveniences (*od.* amenities, comforts); es fiel ihr schwer, auf den gewohnten ⁓ zu verzichten it was hard for her to do without the conveniences she was used to. – **2.** (*Luxus*) luxury. – **3.** (*Behaglichkeit*) comfort. — **⁓ˌwoh·nung** *f* apartment (*bes. Br.* flat) with all modern conveniences (*od.* amenities, comforts).

kom·for·ta·bel [kɔmfɔr'ta:bəl] *adj* **1.** (*Haus, Wohnung etc*) well-appointed (*attrib*), comfortable: ein komfortabler Wagen a comfortable car. – **2.** (*luxuriös*) luxurious. – **3.** (*behaglich*) comfortable.

Ko·mik ['ko:mɪk] *f* ⟨-; *no pl*⟩ **1.** (*das Komische*) the comic: ⁓ und Tragik the comic and the tragic, comedy and tragedy; Sinn für ⁓ haben to have a sense for the comic. – **2.** comic effect: seine Gebärden waren von unwiderstehlicher ⁓ his gestures were irresistibly comical (*od.* funny). – **3.** comic element: die Situation entbehrte nicht einer gewissen ⁓ the situation was not without a certain comic element (*od.* touch). – **4.** humor, *bes. Br.* humour: unfreiwillige ⁓ unintentional humo(u)r.

Ko·mi·ker ['ko:mikər] *m* ⟨-s; -⟩ **1.** (*im Varieté etc*) comedian, comic (*colloq.*). – **2.** (*theater*) comic actor. — '**Ko·mi·ke·rin** *f* ⟨-; -nen⟩ **1.** comedienne. – **2.** (*theater*) comic actress.

Kom·in·form [komɪn'fɔrm] *n* ⟨-s; *no pl*⟩ *pol. hist.* Cominform.

Kom·in·tern [komɪn'tɛrn] *f* ⟨-; *no pl*⟩ *pol. hist.* Comintern.

ko·misch ['ko:mɪʃ] **I** *adj* **1.** (*Geschichte, Lied, Situation etc*) comical, funny: er kann unheimlich ⁓ sein he can be terribly funny; versuche, es von der ⁓en Seite zu nehmen! try to see the funny (*od.* lighter) side of it; er gab in dem zu engen Frack eine recht ⁓e Figur ab he cut rather a funny figure in his tight tailcoat; was ist daran so ⁓? what's so funny about it? – **2.** *colloq.* (*seltsam, sonderbar*) funny, strange, queer, odd, peculiar: ich habe so ein ⁓es Gefühl I have a funny feeling; das kam ihr sehr ⁓ vor she found that very strange; er ist ein ⁓er Heiliger he is a queer bird (*od.* fellow, customer); ich finde es ⁓, daß I think it strange that; er ist in Gelddingen sehr ⁓ he is very peculiar in money matters; ⁓, eben war er noch da (that's) funny, he was here just a minute ago; → Kauz 2; Kerl 1; Vogel 2. – **3.** (*theater*) *mus.* comic: eine ⁓e Rolle a comic part; → Alte² 1; Oper 1. – **II** *adv* **4.** in a funny way: mir ist so ⁓ zumute I feel quite funny (*od.* queer); guck mich nicht so ⁓ an! don't stare at me like that! – **III K⁓e, das** ⟨-n⟩ **5.** the strange (*od.* funny) thing: das K⁓e daran ist, daß the strange thing about it is that; mir ist heute etwas K⁓es passiert something funny happened to me today.

'**ko·mi·scher'wei·se** *adv colloq.* strangely (*od.* oddly, funnily) enough: ⁓ hat er nicht einmal nach dir gefragt strangely enough he didn't even ask about you.

Ko·mi·tee [komi'te:] *n* ⟨-s; -s⟩ *bes. pol. econ.* **1.** committee. – **2.** (*Kommission*) board, commission.

Ko·mi·ti·en [ko'mi:tsiən] *pl antiq.* comitia.

Kom·ma ['kɔma] *n* ⟨-s; -s *u.* -ta [-ta]⟩ **1.** *ling.* comma: ein ⁓ setzen to put (in) (*od.* insert) a comma; einen Satz durch ⁓s abtrennen to separate (*od.* set off) a clause by commas; hier steht kein ⁓ there is no comma here. – **2.** *math.* (*in Dezimalbrüchen*) (decimal) point: vier ⁓ fünf (*4,5*) four point five (*4.5*); null ⁓ fünf zwei (*0,52*) point five two (*0.52*); etwas bis auf zwei Stellen nach (*od.* hinter) dem ⁓ berechnen to work (*od.* carry) s.th. out to the second decimal point; → Null¹ 4. – **3.** *mus.* comma. – **4.** *print.* comma. — **⁓baˌzil·lus** *m med.* comma bacillus, *auch* comma (*Vibrio cholerae asiaticae*). — **⁓ˌfal·ter** *m zo.* comma (*od.* pearl, silver-spotted) skipper, *auch* comma (*Hesperia comma*).

Kom·man·dant [kɔman'dant] *m* ⟨-en; -en⟩ *mil.* a) commander, commanding officer, b) (*bes. einer Festung*) commandant, governor, c) (*in der U.S. Marine*) commandant.

Kom·man'dan·tenˌwim·pel *m mil.* a) commander's pennant, b) (*in der U.S. Marine*) command pennant.

Kom·man·dan·tur [kɔmandan'tu:r] *f* ⟨-; -en⟩ *mil.* a) commander's office, b) (*eines Standorts*) garrison (*od.* post) headquarters *pl* (*often construed as sg*), military command.

Kom·man·deur [kɔman'dø:r] *m* ⟨-s; -e⟩ **1.** *mil.* commander, commanding officer: stellvertretender ⁓ second-in-command, deputy commander. – **2.** (*eines Ordens*) commander.

kom·man·die·ren [kɔman'di:rən] **I** *v/t* ⟨*no* ge-, h⟩ **1.** *mil.* a) (*befehlen*) command, b) (*befehligen*) command, be in command of, c) (*abkommandieren*) transfer, detach, *Br. auch* second, d) (*einteilen*) detail: er kommandierte: „Linksum!" he commanded (*od.* gave the command), "Left face (*Br.* Left turn)!"; wer kommandiert diese Truppen? who is in command of these troops? einen Soldaten zu einem Lehrgang ⁓ to detach a soldier to a training course. – **2.** *colloq.* command, order: j-n zu sich ⁓ to command s.o. to appear before one; die Mutter hat die Töchter zum Abwaschen kommandiert the mother ordered her daughters to wash the dishes. – **3.** *colloq.* (*herumkommandieren*) order (*s.o.*) about: ich lasse mich nicht gern ⁓ I don't like to be ordered about. – **II** *v/i* **4.** *mil.* a) command, b) command, be in command. – **5.** *colloq.* order, command, give the orders: wenn hier einer kommandiert, dann bin ich es if anyone gives the orders (around) here, it's me. – **III K⁓** *n* ⟨-s⟩ **6.** *verbal noun.* – **7.** *cf.* Kommandierung. — **kom·man'die·rend I** *pres p.* – **II** *adj mil.* commanding: → General 1. — **Kom·man'die·rung** *f* ⟨-; *no pl*⟩ *mil.* **1.** *cf.* Kommandieren. – **2.** temporary duty, TDV, *Br. auch* secondment.

Kom·man'ditˌanˌteil [kɔman'di:t-] *m econ.* limited partner's share.

Kom·man·di·tär [kɔmandi'tɛ:r] *m* ⟨-s; -e⟩ *Swiss for* Kommanditist.

Kom·man·di·te [kɔman'di:tə] *f* ⟨-; -n⟩ *econ.* **1.** (*Zweigniederlassung*) branch establishment, partly-owned subsidiary. – **2.** *obs. for* Kommanditgesellschaft.

Kom·man'ditˌeinˌla·ge *f meist pl econ.* limited partner's share. — **⁓geˌsell·schaft** *f* limited partnership: ⁓ auf Aktien partnership limited by shares.

Kom·man·di·tist [kɔmandi'tɪst] *m* ⟨-en; -en⟩ *econ.* limited partner.

Kom·man'dit|ka·piˌtal *n econ.* limited liability capital. — **⁓verˌtrag** *m* agreement of a limited partnership.

Kom·man·do [kɔ'mando] *n* ⟨-s; -s, *Austrian auch* -manden⟩ *mil.* **1.** command, order: ein ⁓ geben (*od.* erteilen) to give (*od.* issue) an order; ein ⁓ ausführen to carry out (*od.* execute) an order; der Offizier gab das ⁓ zum Feuern the officer gave the command (*od.* word) to fire; ⁓s schallten über den Kasernenhof commands echoed across the barrack square; ⁓ zurück! as you were! alles hört auf mein ⁓! you will take your orders from me! auf das ⁓ „Los!" sprangen sie ab on the command "go!" they jumped; wie auf ⁓ standen beide auf they both stood up as if by command; man kann nicht auf ⁓ fröhlich sein one cannot be gay to order (*od.* on command). – **2.** ⟨*only sg*⟩ (*Befehlsgewalt*) command: das ⁓ führen to be in command; das ⁓ übernehmen [abgeben] to take over [to relinquish] (the) command; unter j-s ⁓ stehen to be under s.o.'s command; j-m das ⁓ übergeben to hand the command over to s.o. – **3.** (*Kommandobehörde*) command, headquarters *pl* (*often construed as sg*). – **4.** (*für Sonderaufgaben eingeteilte Gruppe*) detachment. – **5.** (*Truppeneinheit*) commando (unit). — **⁓beˌhör·de** *f mil.* command, headquarters *pl* (*often construed as sg*). — **⁓beˌreich** *m*, *auch n* command. — **⁓ˌbrücke** (*getr.* -k·k-) *f mar.* (navigating) bridge. — **⁓ˌflag·ge** *f mil.* command post flag. — **⁓geˌrät** *n* **1.** *mil.* fire director, predictor. – **2.** *tech.* signal(l)ing device. – **3.** *electr.* control panel, controller. — **⁓geˌwalt** *f mil.* command, authority (to command): die ⁓ über (*acc*) etwas haben to have command over s.th. — **⁓ˌkap·sel** *f* (*space*) command module. — **⁓ˌlen·kung** *f* (*space*) command guidance. — **⁓ˌpult** *n tech.* control desk. — **⁓ˌraum** *m* control room. — **⁓ˌruf** *m* command. — **⁓ˌsa·che** *f only in* geheime ⁓ *mil.* a) top secret (military) document, b) (*Aktion*) secret command (*od.* action). — **⁓ˌstab** *m mil.* command (staff). — **⁓ˌstand** *m mil.* **1.** (*Gefechtsstand*) command post, control center (*bes. Br.* centre). – **2.** (*auf Kriegsschiffen, bes. U-Booten*) conning tower, central station. — **⁓ˌstel·le** *f* **1.** *mil. cf.* Kommandostand. – **2.** *fig.* position of authority. — **⁓ˌstim·me** *f* stentorian (tone of) voice. — **⁓ˌta·fel** *f mil. tech.* range conversion table. — **⁓ˌtrupp** *m mil.* commando party. — **⁓ˌtrup·pe** *f* commando. — **⁓ˌturm** *m* (*eines Kriegsschiffs od. Unterseeboots*) conning (*od.* control) tower. — **⁓ˌüberˌfall** *m mil.* commando raid (*od.* foray). — **⁓ˌwech·sel** *m mil.* change of command. — **⁓ˌwer·te** *pl* (*in der Artillerie*) fire-director data. — **⁓ˌwim·pel** *m bes. mar.* commissioning pennant (*od.* pendant). — **⁓ˌwort** *n* (word of) command. — **⁓zenˌtra·le** *f mil.* control center (*bes. Br.* centre).

'**Kom·maˌschildˌlaus** *f zo.* mussel (*od.* oyster-shell) scale (*Lepidosaphes ulmi*).

Kom·mas·sa·ti·on [kɔmasa'tsio:n] *f* ⟨-; -en⟩ consolidation (of land). — **kom·mas'sie·ren** [-'si:rən] *v/t* ⟨*no* ge-, h⟩ consolidate.

Kom·me·mo·ra·ti·on [kɔmemora'tsio:n] *f* ⟨-; -en⟩ **1.** *röm.kath.* commemoration. – **2.** *obs. for* Gedächtnis 3, Andenken 1.

kom·men ['kɔmən] **I** *v/i* ⟨kommt, kam, gekommen, sein⟩ **1.** come: er kommt wahrscheinlich nicht he is unlikely to come; er kam, um seine Sachen abzuholen he came to pick up his things; er kam und kam nicht he just wouldn't come; ich konnte leider nicht ⁓ unfortunately I couldn't come; ich bezweifle, daß er kommt I doubt his coming; sie muß jede Minute (*od.* jeden Augenblick) ⁓ she must come (*od.* be here) any minute; zu spät ⁓ to be (*od.* come) late; zu Fuß ⁓ to come on foot, to walk; sie kamen zu Tausenden they came in thousands (*od.* by the thousand, by thousands); warum sind Sie nicht früher gekommen? why didn't you come sooner (*od.* earlier)? verzeih, daß ich zu spät komme excuse me for being (*od.* coming) late; ⁓ Sie! come with me! follow me! ⁓ Sie doch bitte heute abend please do come tonight; (ich) komme schon (I'm) coming; da kommt er there he comes; vergiß nicht zu ⁓ remember (*od.* don't forget) to come; ⁓ noch mehr Leute? are there any more people to come (*od.* coming)? du kannst ⁓, wann es dir paßt you may come whenever you like (*od.* please); er kam denselben Weg wie wir he came the same way (as) we did; die einen kamen, die anderen gingen some were coming, some were leaving; die Jahre ⁓ und gehen the years come and go; sie kam völlig unerwartet she came entirely unexpectedly; j-m nahe ⁓ to come close to s.o.; komm mir nicht zu nahe! don't you come any nearer; sie kamen gemütlich daherspaziert they came walking along leisurely; ich komme nur, um mich zu entschuldigen I have only come (*od.* dropped in) to apologize; j-n besuchen [abholen] ⁓ to come to see [to call for, to pick up] s.o.; niemand kam öffnen no one came to open the door; ich habe dich schon von weitem ⁓ sehen I saw you coming when you were still far away; komm, laß uns gehen come (on), let's go; **komm, hilf mir** come on, help me (*od.* give me a hand); **na, komm schon!** now, come on, come on now; **ach, komm, fang nicht wieder damit an** oh, come on, don't start that all over again; **komm, komm!** (*ungläubig, ermahnend, besänftigend etc*) come, come! come on now! **komm, sei ein guter Junge** come on, be a good boy; **laß ihn** (*od.* **soll er**) **nur ~!** *colloq.* just let him come! **das Mittagessen kommt gleich auf den Tisch** lunch will be served (*od.* be on the table) in a minute; **abends kam ein Gewitter** there was a thunderstorm in the evening; **als der Abend kam** when (the) evening came; **die Antwort kam recht zögernd** the answer came rather hesitantly; **seine Reue kam zu spät** his remorse came too late; **das Ende kam langsam** the end came slowly; **die Stunde ist gekommen, da** (*od.* **wo**) the hour has come when; **meine Stunde ist noch nicht gekommen** my hour (*od.* time) has not yet come; **ich halte die Zeit dafür noch nicht für gekommen** I don't think the time is ripe for that yet (*od.* the time for that has come yet); **er denkt sich: „Kommst du heut nicht, (so) kommst du morgen"** *fig. colloq.* punctuality is not one of his virtues; **er kam, sah und siegte** he came, saw and conquered; **kommt Zeit, kommt Rat** (*Sprichwort*) *etwa* let's wait and see, in space cometh grace (*proverb*); → **anrasen; anrennen 4; gerufen II; näher 5, 6.** – **2.** (*ankommen*) arrive, come (in): **wann kommt der nächste Zug?** when does the next train arrive? when is the next train due (to arrive)? **ich bin eben erst gekommen** I have only just arrived; **dieser Brief kam heute morgen** this letter arrived this morning. – **3.** (*mit persönlichem dat*) **mir ist eben ein Gedanke** (*od.* **eine Idee**) **gekommen** I've just had an idea; **uns kam das kalte Grausen** *colloq.* we were scared stiff (*od.* to death); **mir kam die Lust zu singen** I felt like singing; **ihr kamen die Tränen** tears came into her eyes, her eyes filled with tears; **ihr ~ immer gleich die Tränen** it doesn't take much to make her cry; **hinterher kamen mir Zweifel, ob** afterward(s) I had doubts (as to) whether; **du kommst mir gerade recht!** *auch iron.* you are exactly the person I want (*od.* I was waiting for); **das kommt mir gerade recht** a) that suits me perfectly, that is just what I need, b) (*zeitlich*) that has come just at the right moment (*od.* in the nick of time); **mir soll einer ~ und sagen, daß** *colloq.* let anyone come and tell me that; **der soll mir noch einmal ~ und um Geld bitten** *colloq.* just let him come and ask for money again; **j-m frech** (*od.* **dumm**) **~** *colloq.* to approach s.o. in a cheeky (*od.* saucy) way, to become cheeky (*od.* saucy) to s.o.; **komm mir nicht so!** *colloq.* don't (you) try that on me! **wenn Sie mir so ~, brauchen Sie sich nicht zu wundern, daß** *colloq.* if you behave like that you needn't be surprised that; **dem mußt du ganz anders ~** *colloq.* you have to use quite a different approach with him, you have to approach him in quite a different way; **ich komm' dir gleich! ich werd' dir gleich ~!** *colloq.* you just be careful! → **Bedenken 1; Erleuchtung 4; grob 21; zugute 2, 3; zuschulden; zustande 2; zustatten.** – **4. zuerst** [**zuletzt**] **~** to come first [last]: **zuerst kommt ein Haus, dann eine Brücke** first comes a house, then a bridge; **gerade und ungerade Zahlen ~ abwechselnd** even and odd numbers alternate; **zuerst ~ die Eltern, dann die Kinder** parents come first and then the children; **ich komme als nächster (an die Reihe)** I am (*od.* come) next, it's my turn next; **jetzt kommt die Hauptsache** now comes the main (*od.* essential) point; **das Schlimmste kommt erst noch** the worst is yet to come; **was kommt jetzt?** what's next? **wer zuerst kommt, mahlt zuerst** (*Sprichwort*) first come, first served (*proverb*). – **5.** (*geschehen*) happen, come (about): **wie ist das gekommen?** how did that come about? **komme, was (da) wolle!** (let) come what may! **was auch immer ~ mag, ich bleibe bei meinem Entschluß** come what may, I will stick to my decision; **in Erwartung der Dinge, die da ~ werden** (*od.* **sollen**) in anticipation of what comes next; **sein Tod kam für uns alle überraschend** his death came as (*od.* was) a great surprise to us all; **er nimmt das Leben, wie es kommt** (*od.* **die Dinge, wie sie ~**) he takes life as it comes (*od.* things as they come); **das durfte (jetzt) nicht ~, das hätte (jetzt) nicht ~ dürfen** that really ought not to have happened (*od.* occurred), that was a slipup (*Br.* slip-up); **unverhofft kommt oft** (*Sprichwort*) *etwa* things often happen when you least expect them. – **6. j-n ~ lassen** to send for s.o.: **soll ich den Arzt ~ lassen?** shall I send for the doctor? **für diese Arbeit lassen wir besser einen Handwerker ~** it's better to call in (*od.* send for) a craftsman for this job. – **7. etwas ~ lassen** a) (*bestellen*) to order s.th., b) (*Seil, Motor, Kupplung etc*) to let s.th. come: **ein Taxi ~ lassen** to order a taxi; **er ließ sich** (*dat*) **das Abendessen aufs Zimmer ~** he ordered his dinner to be sent up to his room, he had his dinner sent up to his room; **laß das Seil langsam ~** let the rope come (*od.* out) gradually (*od.* slowly). – **8.** *colloq.* (*kosten*) cost: **wie teuer kommt das?** how much does that cost? how much is that? what does this come to? (*colloq.*); **das Buch kommt (auf) fünf Mark** the book costs five marks; **eine große Dose kommt billiger als zwei kleine** a large can (*bes. Br.* tin) is (*od.* turns out, works out) cheaper than two small ones. – **9.** (*hervortreten, erscheinen*) come (out), appear: **die ersten Schneeglöckchen ~ schon** the first snowdrops are already appearing; **bei unserer Kleinen ~ schon die ersten Zähne** our little one's first teeth are already coming (through). – **10.** (*geboren werden*) be born, come (into the world): **das Kind muß bald ~** the child is due soon; **bei ihnen kommt jedes Jahr ein Kind** they have a child every year. – **11.** (*gedeihen*) come on: **die Bohnen ~ gut** the beans are coming on well. – **12.** (*mit zu u. inf*) **auf etwas zu sprechen ~** to come to speak of s.th.: **wir kamen kurz auf Politik zu sprechen** we touched on the subject of politics; **das kam ihm teuer zu stehen** *auch fig.* he had to pay dearly (*od.* a high price) for that; **als er zu sterben kam** *lit.* when he came to die; **er kam oben zu liegen** (*bei einer Rauferei etc*) he got on top; **ich kam neben ihn zu sitzen** I happened to sit (down) beside him; **Katzen kommen immer auf die Füße zu stehen** cats always land on their feet. – **13. weit ~** to get far: **wir sind am ersten Tag unserer Reise nicht weit gekommen** we didn't get far on the first day of our journey; **wie weit bist du mit der Arbeit gekommen?** how far did you get with your work? **mit dem bißchen Geld ~ wir nicht weit** *fig.* that little money won't get us far. – **14. (bitte) ~** *tel.* come in, please. – **15.** *tech. colloq.* (*von Motor*) start: **der Motor kommt auch bei Kälte sofort** the engine starts at once even when it is cold. – **II** *v/impers* **16.** come: **es kommt j-d** s.o. is coming; **es werden zehn Personen ~** ten people will come; **es kommt ein Gewitter** a thunderstorm is coming (*od.* drawing near, approaching). – **17.** (*geschehen*) happen, come (about), turn out: **es kann durchaus ~, daß** it may well happen that; **es kam, wie es ~ mußte** it was bound to happen; **es kam alles ganz anders, als ich gedacht hatte** it all turned out quite differently from what I had expected; **so kam es, daß** so it came about that; **ich habe es ~ sehen** I saw it coming; **man weiß nie, wie es kommt** one never knows what is going to happen; **es mußte ja so ~!** it was bound to happen that way! **wie kommt es, daß** why is it that, how is it (possible) that, how comes it that, how come that (*colloq.*); **daher kam es, daß wir uns verspäteten** that's why we were late; **wie es gerade kommt** just as it comes. – **18. es wird wahrscheinlich zum Krieg ~** it will probably come to a war; **daß es dazu** (*od.* **dahin, so weit**) **~ mußte!** that it came (*od.* should [have] come) to such a pass! **es wird noch dazu** (*od.* **so weit**) **~, daß** the day will come when; **es ist weit gekommen!** *iron.* things have come to a fine pass; → **äußerst 5; dahin 4; Handgemenge 1.** – **19. jetzt kommt es mir** *colloq.* now it dawns on me, now it comes to me, now I begin to understand. – **20. wenn es hoch kommt** at the most, at the (very) outside: **wenn es hoch kommt, waren zwanzig Leute da** there were about twenty people there at the most. –

Verbindungen mit Präpositionen:

kom·men| an *v/i* ⟨*mit acc*⟩ **1.** come to: **komm an mein Herz** (*od.* **meine Brust**) come to my bosom; **die Rehe ~ bis an unser Haus** the deer come up to our house; **sobald er pfiff, kam sie ans Fenster** as soon as he whistled she came to the window. – **2.** (*gelangen*) get to, come to: **nach wenigen Minuten kamen wir an einen Wald** after a few minutes we came to (*od.* reached) a forest; **ans Ziel ~** a) to get to (*od.* reach) one's destination, b) *fig.* to attain one's goal (*od.* ends); **wenn ich an eine unbekannte Vokabel komme, schlage ich im Wörterbuch nach** when I come to (*od.* across) a word I don't know I look it up in the dictionary; **ich komme kaum noch an die frische Luft** I hardly ever get out in(to) the fresh air; **da kam er bei mir gerade an den Richtigen** *iron.* he's picked the wrong person with me; he's come to the wrong shop, he's barked up the wrong tree (*colloq.*); → **Galgen 1; Licht 1; Macht 3; Reihe 8; Ruder 2; Tag 3.** – **3.** (*anlangen*) reach, get to: **er kommt mit ausgestrecktem Arm an die Zimmerdecke** he can reach to (*od.* touch) the ceiling with his arm stretched out. – **4.** (*berühren*) touch: **ich bin nur ganz leicht an die frische Farbe gekommen** I have just slightly touched the wet paint. – **5.** (*habhaft werden*) come by, get hold of: **wie kommen Sie an diese Dokumente?** how do you come by these documents? **ich bin sehr günstig an dieses Auto gekommen** I came by (*od.* got) this car very cheap. – **6.** (*zufallen*) go to, fall to, pass into (*s.o.'s*) hands: **das Haus kam an den Staat** the house passed into the hands of the state. — **~ auf** *v/i* **I** ⟨*mit acc*⟩ **1.** come on(to): — **er kam auf die Bühne** he came on(to) the stage; **ein neuer Artikel kommt auf den Markt** a new article comes out on (*od.* into) the market; **auf die Welt ~** to come into the world, to be born; **du ißt, was auf den Tisch kommt** you'll eat what's put before you. – **2.** (*gelangen*) get on(to): **wir kamen auf die falsche Straße** we got on the wrong road; **er kam nur langsam wieder auf die Beine** *auch fig.* only slowly did he get on his feet again; → **Grund 8.** – **3.** (*Schule, Hochschule etc*) go to: **im Jahre 1960 kam ich auf die Universität** in 1960 I went to the university. – **4.** (*sich erinnern*) think of: **ich komme einfach nicht auf seinen Namen** I simply can't think of his name; **ich wäre nie auf so etwas gekommen** I would never have thought of such a thing; **wie kommst du auf diesen Verdacht?** what makes you suspect that? – **5.** (*Thema etc*) get on to, come round to: **sobald das Gespräch auf dieses Thema kommt, hört er nicht mehr zu** as soon as the conversation comes round to this subject (*od.* as soon as this subject comes up) he does not listen any more; **zufällig kamen wir auf das Thema Politik** we happened to talk about politics; **um noch einmal auf dieses Thema zu ~** to get (*od.* come) back to this subject (again). – **6.** (*kosten*) cost: **der Tisch kommt auf hundert Mark** the table costs one hundred marks. – **7.** (*sich belaufen auf*) come to, amount to: **alles zusammen kommt auf fünfzig Mark** everything together amounts to fifty marks. – **8.** (*errechnen*) get (an answer of): **ich komme immer wieder auf hundert** I always get (an answer of) one hundred; **auf welches Ergebnis bist du gekommen?** what result have you got? – **9. auf jeden Gewinn ~ hundert Nieten** there is one win for every hundred blanks; **auf jeden von uns kamen zwei Stück** there were (*od.* it worked out at) two pieces for each of us. – **10.** (*hingehören*) belong: **die Vase kommt auf den Tisch** the vase belongs on the table. – **11.** (*hinzugefügt werden*) go on: **dieser Betrag kommt nicht auf die Spesenrechnung** this amount does not go on the expense account; **der Gewinn** (*einer Lotterie etc*) **kam sofort aufs Konto** the win went straight into the bank account. – **12. auf Touren ~** a) (*von Motor etc*) to pick up revs, b) (*von Fahrzeug*) to pick up speed, c) *fig. colloq.* (*von Person*) to get warmed up, to find one's stride. –

13. auf j-n [etwas] nichts ~ lassen to refuse to have anything (bad) said against s.o. [s.th.]: auf ihren Lieblingsschauspieler läßt sie nichts ~ she won't have anything said (*od.* she won't hear anything) against her favo(u)rite actor. – **14.** auf die Nachwelt ~ *lit.* to come (*od.* be handed) down to posterity; → Hund 2; Kosten 3; Rechnung 6; Schliche; Spur 1. – **II** ⟨*mit dat*⟩ **15.** (*stehen auf*) come on, appear on: das Zitat kommt auf Seite zehn the quotation appears on page ten. — **~ aus** *v/i* ⟨*mit dat*⟩ **1.** come out of: er kam aus dem Haus he came out of the house; aus dem Gefängnis ~ to come out of prison. – **2.** get out of, leave: sie kommt sehr selten aus dem Haus she very rarely gets out of the house; ich bin eben erst aus dem Bett gekommen I've just got up (*od.* out of bed); wann kommst du morgen aus der Schule? when do you get out of (*od.* get home from, come back from) school tomorrow? er ist schon mit vierzehn Jahren aus der Schule gekommen he left school already at the age of fourteen. – **3.** (*zurückkommen*) come back (*od.* home), return: aus dem Krieg ~ to come back from the war. – **4.** (*seinen Ursprung haben*) come from: sie kommt aus Bayern she comes (*od.* hails, is) from Bavaria; eigenartige Geräusche kamen aus dem Keller strange noises came from the cellar; diese Schuhe ~ aus Italien these shoes come (*od.* are) from Italy; dieser Seufzer kam aus tiefstem Herzen this sigh came right from the heart; er kommt aus sehr guter Familie he comes from a very good family; dieses Wort kommt aus dem Griechischen this word comes (*od.* is derived, derives) from the Greek, this word is of Greek origin. – **5.** get out of: er ist mir ganz aus den Augen gekommen I got entirely out of touch with him; dieses Buch kommt nicht aus meinen Händen I'm not going to let this book out of sight, I won't let go of this book; → Fassung 2; Mode 1; Takt[1] 1; Übung 3. — **~ au·ßer** *v/i* ⟨*mit acc*⟩ außer Atem ~ to get out of breath; außer Gebrauch ~ to get (*od.* go, fall) out of use, to fall into disuse. — **~ bis** *v/i* ⟨*mit dat*⟩ get to (*od.* as far as): wir kamen nur bis Berlin we only got as far as Berlin; wir sind gestern bis Seite zehn gekommen we got (up) to page ten yesterday; in Literatur sind sie nur bis Goethe gekommen in literature they only got as far as (*od.* up to) Goethe. — **~ durch** *v/i* ⟨*mit acc*⟩ **1.** come (*od.* pass) through: auf unserer Reise kamen wir durch Italien und die Schweiz on our journey we came through Italy and Switzerland. – **2.** get through: wir kamen ohne Schwierigkeiten durch den Zoll [München] we got through (the) customs [Munich] without difficulty; er ist immer gut durchs Leben gekommen he has always got through life easily; bist du durch die Prüfung gekommen? did you get through (*od.* pass) the exam(ination)? — **~ hin·ter I** *v/i* ⟨*mit dat*⟩ **1.** come after: er kam hinter mir he came after me. – **2.** (*rangmäßig*) come (*od.* rank) after: er kommt gleich hinter dem Chef he comes right after the boss. – **II** ⟨*mit acc*⟩ **3.** discover, get at, find out: hinter die Wahrheit ~ to find out the truth; endlich bin ich ihm hinter die Schliche gekommen I have finally found him out; hinter j-s Pläne ~ to find out about s.o.'s plans (*od.* schemes); ich bin noch nicht ganz hinter den Sinn der Sache gekommen I haven't quite got (*od.* grasped) the point of it all; wenn man erst hinter den Trick gekommen ist, ist es ganz einfach it's quite simple once you've got the knack of it; → Geheimnis 2. — **~ in** *v/i* **I** ⟨*mit acc*⟩ **1.** come into: er kam mit seinen schmutzigen Schuhen ins Wohnzimmer he came into the living room with his dirty shoes (on); komm in meine Arme come into my arms. – **2.** get into: ich komme nicht in meine Schuhe I can't get (my feet) into my shoes; wie ist der Dieb nur ins Haus gekommen? I wonder how the burglar got into (*od.* entered) the house; er ist durch eigene Schuld in diese Lage gekommen it was his own fault that he got into this situation; in die Jahre ~ to be getting on in years, to grow (*od.* get) old; er kommt jetzt in das Alter, wo he is now getting to the age when; in schlechte Gesellschaft ~ to get into bad company; ich bin seit Tagen spät ins Bett gekommen I haven't got to bed early for days; ich komme nur noch selten ins Theater I rarely manage to get to the theater (*bes. Br.* theatre); → Kontakt 1. – **3.** go (in)to: ins Krankenhaus ~ a) to go to hospital, b) to be taken to hospital; in ein Internat ~ to go (*od.* be sent) to a boarding school; unser Sohn kommt nächstes Jahr in die Schule our son will go to (*od.* start) school next year; bei j-m in die Lehre ~ to be apprenticed to s.o.; dieses Gemälde kommt in eine Ausstellung this painting is going to an exhibition; dieses Geld kommt ins Sparschwein this money goes into the piggy bank; die Hose kommt morgen in die Reinigung the trousers will go (*od.* be taken) to the cleaners tomorrow; die Kinder ~ gleich ins Bett the children will soon go (*od.* be brought) to bed; → Gefängnis 1; Himmel 4; Hölle. – **4.** start, begin: ins Erzählen ~ to start (*od.* get started) talking; ins Schwanken ~ a) to begin to sway, b) *fig.* to begin to waver; in Schwung ~ *fig.* a) to get going, to get under way, b) (*lustig werden*) to get warmed up, to get into one's stride; in Schweiß ~ to begin to sweat; → Gang[1] 10; schleudern 8. – **5.** (*gehören*) go (*od.* belong) into: die Tassen ~ in den Schrank the cups go in(to) the cupboard. – **6.** (*in Wendungen wie*) das käme mir niemals in den Sinn I would never think (*od. colloq.* dream) of such a thing; in den Handel ~ to come on the market; → Betracht; Frage 6; Gehege 3; Genuß 5; Gerede 1; Hundertste; Mode 1; Quere; Wut 1. – **II** ⟨*mit dat*⟩ **7.** come in: diesmal kam er in einem weißen Kabriolett this time he came in a white convertible. — **~ mit** *v/i* ⟨*mit dat*⟩ **1.** come with: er kam mit seiner ganzen Familie he came with all his family. – **2.** come by: er kam mit dem Auto [dem Flugzeug] he came by car [air *od.* plane]. – **3.** (*in Wendungen wie*) ich komme mit einer Bitte I have a request; komm (mir) nicht wieder damit! don't start that all over again! komm mir nicht mit deinen dummen Witzen! leave me alone with your stupid jokes; wenn er (mir) damit ~ sollte if he were to try that on me. — **~ nach** *v/i* ⟨*mit dat*⟩ **1.** come to: nach Hause ~ a) to come home, b) to get home; wann kommst du nach Hause? when are you coming (*od.* do you come) home? seid ihr gut nach Hause gekommen? did you get home safely? mach, daß du nach Hause kommst! go home! wenn du wieder nach London kommst, mußt du uns besuchen when you come to London again you must come and see us. – **2.** get to: wie komme ich nach Salzburg? how do I get to Salzburg? wann ~ wir nach Berlin? when do we get to (*od.* arrive in) Berlin? er kommt von Zeit zu Zeit nach München he is in Munich from time to time. – **3.** (*die Reihenfolge bezeichnend*) come after: nach dem kalten Winter kam ein herrlicher Sommer after the cold winter came a marvel(l)ous summer, the cold winter was followed by a marvel(l)ous summer; wer ist nach mir gekommen? who came after me? B kommt nach A B comes after (*od.* follows) A; wer weiß, was nach uns kommt who knows what is (yet) to come. – **4.** (*rangmäßig*) come (*od.* rank) after: er glaubt, er käme gleich nach dem lieben Gott he thinks no small beer of himself. – **5.** *colloq.* (*ähneln*) take after: er kommt nach dem Vater he takes after his father. — **~ ne·ben** *v/i* ⟨*mit acc*⟩ go (*od.* belong) next to: der Sessel kommt neben die Tür the armchair goes next to the door. — **~ über** *v/i* ⟨*mit acc*⟩ **1.** come over: er kam über die Brücke he came over the bridge; der kommt (mir) nicht über meine Schwelle! I won't have him cross my threshold (*od.* darken my door[step]). – **2.** get over: wie bist du nur über den hohen Zaun gekommen? I wonder how you managed to get over the high fence. – **3.** (*durchfahren*) pass through, come (*od.* go) via: ich bin diesmal über Hamburg gekommen I came via Hamburg this time. – **4.** pass: kein Wort davon kommt über meine Lippen not a word of that shall pass my lips; kein Tropfen Wein kommt je wieder über meine Lippen no drop of wine shall ever pass my lips again. – **5.** come over: eine Hungersnot kam über das Land a famine came over (*od.* befell) the country; ein Gefühl tiefen Friedens kam über mich a feeling of profound peace came over me; was ist denn über dich gekommen? what has come over you? plötzlich kam das Entsetzen über sie suddenly terror came over her, she was suddenly seized by terror. – **6.** (*von Fluch etc*) come (*od.* descend) upon, beset. — **~ um** *v/i* ⟨*mit acc*⟩ **1.** come (a)round: er kam um die Ecke he came around the corner. – **2.** get (a)round: er kam nur schwer mit dem großen Auto um die enge Kurve it was difficult for him to get around the narrow bend with that big car. – **3.** (*zeitlich*) come at: wir ~ um acht we shall come at eight. – **4.** (*verlieren*) lose: er ist um sein ganzes Vermögen [Hab und Gut] gekommen he lost all his fortune [property]; → Leben 1. – **5.** miss, be deprived of, *Am. auch* lose out on: er ist heute um seinen Schlaf [sein Mittagessen] gekommen he lost out on (*Br.* missed) his sleep [lunch] today. – **6.** get out of: auf diese Art bin ich jedenfalls ums frühe Aufstehen gekommen in this way at least I got out of getting up early. – **7.** *colloq.* come for: die Nachbarin kam um etwas Salz the neighbo(u)r came for some salt. — **~ un·ter** *v/i* **I** ⟨*mit acc*⟩ **1.** come under: komm unter meinen Regenschirm come under my umbrella. – **2.** get under: ich komme mit dem Besen nicht unter den Schrank I can't get under the cupboard with the broom; → Rad 1. – **3.** go (*od.* belong) under: der Papierkorb kommt unter den Schreibtisch the waste paper basket goes under the desk; das kommt unter die Rubrik „Diverses" that goes under the heading "Miscellaneous". – **4.** *fig.* (*in Wendungen wie*) komm mir nicht mehr unter die Augen I don't want to see you (*od.* set eyes on you) again; wir ~ jetzt kaum noch unter Menschen we seldom meet other people now, we seldom go out now; sie sollte mehr unter Menschen (*od.* Leute) ~ she ought to mix with (*od.* meet) people a little more; die Neuigkeit kam rasch unter die Leute the news spread rapidly; → Hammer 2. – **II** ⟨*mit dat*⟩ **5.** (*erscheinen*) come (*od.* appear) under: die gesuchte Bestimmung kommt unter Paragraph drei the regulation looked for appears under article three. — **~ von** *v/i* ⟨*mit dat*⟩ **1.** come from: vom Arzt ~ to come from the doctor; von der Arbeit ~ to come (home) from work; das Geräusch kommt von oben the noise comes from above; ihre Dankesworte kamen von Herzen her words of thanks came (right) from the heart; der Wind kommt vom Westen [Meer] the wind comes from the west [sea]; diese Bemerkung konnte nur von ihm ~ a remark like that could only have come from him, only he would make a remark like that; → Gute[2]; links 1; nichts 2. – **2.** be from: dieses Geschenk kommt von meiner Tante this gift is from my aunt; dieses Besteck kommt noch von meinen Großeltern this cutlery is from (*od.* dates back to) my grandparents; ich komme von der Firma X und möchte fragen, ob I am (*od.* come) from the firm X and would like to ask whether. – **3.** be derived (*od.* come) from: ‚Kunst' kommt von ‚können' the word 'Kunst' is derived from (*od.* a derivative of) the word 'können'. – **4.** (*herrühren von*) come of, be due to, be caused by, be the result of: das kommt vom vielen Trinken that is the result of excessive drinking; das kommt von deiner Unaufmerksamkeit that comes of your being inattentive; das kommt nicht von ungefähr there must be a reason for that; so was kommt von so was! *colloq.* that's what comes of that! – **5.** (*verlieren*) lose: er kam ganz von Sinnen he got completely out of his mind, he completely lost his senses; → Fleck 14; Kraft 1; Stelle 1. — **~ vor** *v/i* **I** ⟨*mit acc*⟩ **1.** come before: vor den Richter ~ to come (*od.* be brought) before a judge, to be taken (in)to court; diese Angelegenheit sollte vor die Vereinten Nationen ~ this matter ought to come (*od.* be put, be placed, be laid) before the United Nations.

– **2.** be put (*od.* placed) in front of: **vor das Regal kommt später noch ein Vorhang** a curtain will later be put in front of the shelf. – **3.** get in front of: **er versuchte, vor den Lastwagen zu ~** he tried to get in front of the lorry (*Am.* truck). – **4.** go (*od.* belong) in front of: **der Ofenschirm kommt vor den Kamin** the fire screen goes in front of the fireplace. – **II** ⟨*mit dat*⟩ **5.** (*in der Reihenfolge*) come before: **wer ist vor der alten Dame gekommen?** who came before the old lady? – **6.** (*rangmäßig*) rank above, come before: **(der) Major kommt vor (dem) Hauptmann** (the) major ranks above (the) captain. — **~ we·gen** *v/i* ⟨*mit gen od. dat*⟩ **wegen einer Sache [einer Person] ~** to come regarding (*od.* in connection with) s.th. [s.o.]: **die Wirtin kam wegen der Miete** a) the landlady came in connection with the rent, b) the landlady came to collect the rent. — **~ zu** *v/i* ⟨*mit dat*⟩ **1.** come to: **er kam zu mir** he came to me; **~ Sie doch mal zu uns** come and see us sometime; **habt ihr Lust, zum Abendessen zu uns zu ~?** would you like to (come and) dine (*od.* have dinner [*od.* supper]) with us? **und jetzt ~ wir zum nächsten Kapitel** and now we come to the next chapter. – **2.** (*gelangen*) get to: **wie komme ich zum Bahnhof?** how do I get to the station? – **3.** come by, get: **wie ist er nur zu dieser netten Freundin gekommen?** I wonder how he came by such a nice girl friend; **zu Geld ~** to come into money; **ich weiß nicht, wie ich wieder zu meinem Geld ~ soll** I don't know how to get my money back; **ich kam unerwartet zu einem neuen Auto** I came unexpectedly by a new car; **ich weiß gar nicht, wie ich zu dieser Ehre komme** I don't know how I come by (*od.* deserve) this hono(u)r. – **4.** (*erreichen*) get to, achieve: **bei deiner Faulheit wirst du zu nichts ~** you are so lazy you won't get anywhere; **er ist im Leben zu nichts gekommen** he hasn't achieved anything in life. – **5.** (*Zeit finden für*) find time for, get down (*od.* round) to: **ich bin schon seit Wochen nicht mehr zum Briefeschreiben gekommen** I haven't got down to writing letters for weeks now; **ich bin noch nicht einmal zum Mittagessen gekommen** I haven't even found (the) time for lunch yet; **ich komme im Moment zu nichts** I don't have time for anything at the moment. – **6.** **(wieder) zu sich ~** a) (*nach Ohnmacht etc*) to regain consciousness; to come round, to come to (*colloq.*), b) (*nach tiefem Schlaf etc*) to come to (*od.* recover) one's senses, c) (*nach Schock etc*) to recover: **es dauert morgens etwa zehn Minuten, bis er richtig zu sich kommt** it takes him about ten minutes before he comes to his senses in the morning; **als ich zu mir kam, hatte ich eine Beule am Kopf und der Safe war ausgeraubt** when I regained consciousness I had a bump on my head and the safe was robbed. – **7.** be added to: **so kam eines zum andern, eins kam zum andern** a) (*von Gegenständen*) things mounted up, b) (*von Ereignissen*) it was one thing after (*od.* on top of) another. – **8.** (*in Wendungen wie*) **zu Ehren ~** to be honored (*bes. Br.* honoured); **zum Ende** (*od.* **Schluß**) **~** to come to an end; **zu einer Entscheidung ~** to come to a decision; **zur Ruhe ~** to come to rest; **zur Sprache ~** to come (*od.* be brought) up, to be talked about; **zum Stillstand ~** to come to a standstill, to stop; **zu Tode ~** to be killed; **zu Wort(e) ~** to have a chance to speak; → **Ansicht** 1; **Anwendung** 3; **Besinnung** 2; **Erkenntnis**[1] 3; **Fall**[1] 2; **Geltung** 7; **Gesicht**[1] 1; **klappen** 10; **Kraft** 1; **Ohr** 3; **Rand** 10; **Verhandlung** 5; **Vorschein** 1; **Welt** 3; **Ziel** 1. — **~ zwi·schen** *v/i* **I** ⟨*mit acc*⟩ **1.** get (caught) between: **er kam zwischen zwei Straßenbahnen** he got (caught) between two streetcars (*Br.* trams). – **2.** go (*od.* belong) between: **der Stuhl kommt zwischen (das) Bett und (den) Schrank** the chair goes between the bed and the cupboard. – **II** ⟨*mit dat*⟩ **3.** come between: **er kam zwischen seinen beiden Freunden** he came between his two friends.

'Kom·men *n* ⟨-s⟩ **1.** coming, arival: **wir freuen uns auf dein ~** we are looking forward to your coming; **ich werde sein ~ zu verhindern wissen** I will (find a way to) prevent his coming; **ein ständiges ~ und Gehen** a continual coming and going; **dieser Schauspieler ist groß im ~** *colloq.* this actor is rising fast (*od.* is in the ascendant, is on the up-and-up); **lange Röcke sind wieder im ~** *colloq.* long skirts are coming (*od.* are on the way) in again.

'kom·mend I *pres p.* – **II** *adj* ⟨*attrib*⟩ **1.** coming, future: **er ist der ~e Mann** he is the up-and-coming man; **~e Generationen** future generations, generations to come. – **2.** (*nächst*) next: **~e Woche** next week. – **3.** (*bevorstehend*) forthcoming: **die ~en Ereignisse** the forthcoming events.

'Kom·men·de[1] *m, f* ⟨-n; -n⟩ **die nach uns ~n** a) the people coming (*od.* arriving) after us, b) (the) future generations.

Kom·men·de[2] [kɔ'mɛndə] *f* ⟨-; -n⟩ **1.** *relig.* commendam: **als ~ übertragen** commendatory; **Übertragung einer ~** commendation; **Verwalter einer ~** commendator, commendatory. – **2.** *cf.* **Komturei.**

Kom'men·den,pfrün·de *f relig.* commendam, *Am. auch* commenda.

Kom·men·sa·le [kɔmɛn'zaːlə] *m* ⟨-n; -n⟩ *biol.* commensal. — **Kom·men·sa'lis·mus** [-za'lɪsmʊs] *m* ⟨-; *no pl*⟩ commensalism.

kom·men·su·ra·bel [kɔmɛnzu'raːbəl] *adj math.* (*Größen etc*) (mit with) commensurable. — **Kom·men·su·ra·bi·li'tät** [-rabili'tɛːt] *f* ⟨-; *no pl*⟩ commensurability.

Kom·ment [kɔ'mãː] *m* ⟨-s; -s⟩ code of behavior (*bes. Br.* behaviour) (*valid among certain groups of German students*).

Kom·men·tar [kɔmɛn'taːr] *m* ⟨-s; -e⟩ **1.** (*im Radio, in der Zeitung etc*) comment, commentary: **einen ~ zu etwas geben** a) to (make a) comment (up)on s.th., b) to give (*od.* add) a commentary on s.th.; **sich jedes** (*od.* **jeden**) **~s enthalten** to refrain from any comment; **es wird vorläufig noch kein ~ gegeben** comment is being reserved (for the time being); **das bedarf keines ~s** that needs no comment; **~ überflüssig! kein ~!** no comment! – **2.** (*zu juristischen, literarischen u. wissenschaftlichen Werken*) commentary: **fortlaufender ~** running commentary; **ein ~ zu** commentaries *pl* on. – **3.** (*Anmerkung*) comment, annotation. – **4.** (*zu einem Dokumentarfilm etc*) commentary. — **k~los** *adv* without comment: **etwas ~ hinnehmen** to take s.th. without comment.

Kom·men·ta·ti·on [kɔmɛnta'tsĭoːn] *f* ⟨-; -en⟩ *obs.* collection of scientific writings.

Kom·men·ta·tor [kɔmɛn'taːtɔr] *m* ⟨-s; -en [-ta'toːrən]⟩ **1.** (*für Politik, Wirtschaft etc*) commentator, *Am. auch* news analyst. – **2.** (*juristischer, literarischer u. wissenschaftlicher Werke*) commentator. – **3.** (*bei kleineren Anmerkungen*) commentator, annotator, *auch* annotater. – **4.** (*bei Dokumentarfilmen etc*) commentator.

kom·men·tie·ren [kɔmɛn'tiːrən] *v/t* ⟨*no* ge-, h⟩ **1.** comment (on), make comment(s) on, commentate: **etwas wird lebhaft kommentiert** there are lively comments on s.th.; **ein Fußballspiel ~** to commentate a football match. – **2.** (*mit Anmerkungen versehen*) comment (on), commentate, annotate. — **kom·men'tiert I** *pp.* – **II** *adj* (*literature*) (*Ausgabe*) commentated, annotated.

kom'ment|,mä·ßig *adj u. adv* in accordance with the code of behavior (*bes. Br.* behaviour) (*valid among certain groups of German students*). — **~,wid·rig** *adj u. adv* contrary to the code of behavio(u)r.

Kom·mers [kɔ'mɛrs] *m* ⟨-es; -e⟩ *drinking bout of a fraternity* (*Br. students' society*). — **~,buch** *n book of (drinking) songs for members of fraternities* (*Br. students' societies*).

kom·mer·zia·li·sie·ren [kɔmɛrtsĭali'ziːrən] **I** *v/t* ⟨*no* ge-, h⟩ **1.** (*Sport, Kunst etc*) commercialize. – **2.** *econ.* convert (*a public debt*) into a private one. – **II K~** *n* ⟨-s⟩ **3.** *verbal noun.* — **Kom·mer·zia·li'sie·rung** *f* ⟨-; *no pl*⟩ **1.** *cf.* **Kommerzialisieren.** – **2.** (*des Sports, der Kunst etc*) commercialization. – **3.** *econ.* conversion (*of a public debt*) into a private one.

Kom·mer·zi'al,rat [kɔmɛr'tsĭaːl-] *m* ⟨-(e)s; ⸚e⟩ *Austrian for* **Kommerzienrat.**

kom·mer·zi·ell [kɔmɛr'tsĭɛl] *adj econ.* (*Unternehmen, Abkommen etc*) commercial.

Kom'mer·zi·en,rat [kɔ'mɛrtsĭən-] *m* ⟨-(e)s; ⸚e⟩ *obs.* (*Titel für Industrielle etc*) counsellor of commerce.

Kom·mi·li·to·ne [kɔmili'toːnə] *m* ⟨-n; -n⟩, **Kom·mi·li'to·nin** *f* ⟨-; -nen⟩ fellow student.

Kom·mis [kɔ'miː] *m* ⟨- [-'miː(s)]; - [-'miːs]⟩ *obs. for* **Handlungsgehilfe** 1.

Kom·miß [kɔ'mɪs] *m* ⟨-sses; *no pl*⟩ *colloq. contempt.* **1.** armed forces *pl*: **ich war beim ~** I was in the (armed) forces (*od.* in the service, in uniform). – **2.** military life, life in the armed forces: **vom ~ genug haben** to be fed up with army life.

Kom·mis·sär [kɔmɪ'sɛːr] *m* ⟨-s; -e⟩ *Austrian and Swiss for* **Kommissar** 1—4.

Kom·mis·sar [kɔmɪ'saːr] *m* ⟨-s; -e⟩ **1.** (*staatlich Beauftragter*) commissioner. – **2.** (*bei der Polizei*) superintendent, *Am. auch* (police) commissioner. – **3.** *relig.* (*des Bischofs*) commissary. – **4.** (official's) deputy. – **5.** *pol. hist.* (*in der Sowjetunion*) (people's) commissar.

Kom·mis·sa·ri·at [kɔmɪsa'rĭaːt] *n* ⟨-(e)s; -e⟩ **1.** a) (*Amt*) commissionership, b) (*Dienststelle*) commissioner's office (*od.* department): **j-m ein ~ übertragen** to appoint s.o. commissioner (*od.* to a commissionership). – **2.** a) (*Amt*) office of a superintendent (*Am. auch* of a [police] commissioner), b) (*Dienststelle*) superintendent's office (*od.* department). – **3.** *Austrian* police station, *Br.* police-station.

kom·mis'sa·risch I *adj* **1.** (*vorübergehend*) temporary, provisional: **etwas unter ~e Verwaltung stellen** to put s.th. under a provisional administration (*od.* in[to] commission). – **2.** (*stellvertretend*) deputy (*attrib*), vicarious. – **3.** (*amtierend*) acting: **der ~e Leiter einer Abteilung** the acting head of a department.

Kom'miß|,brot *n* (army) bread, *Am.* sourdough bread. — **~,hengst** *m mil. sl. Am.* old sarge, topkick, *Br.* old sweat, martinet (*auch fig.*).

Kom·mis·si·on [kɔmɪ'sĭoːn] *f* ⟨-; -en⟩ **1.** commission: **eine ständige [gemischte] ~** a standing [joint] commission; **eine ~ einsetzen** (*od.* **ernennen**) to establish (*od.* set up) a commission; **in einer ~ sein** to be on a commission. – **2.** (*Ausschuß*) committee. – **3.** (*Fachgruppe, Stab*) board: **eine ~ von Fachleuten** a board of experts, *bes. Am.* a blue-ribbon commission. – **4.** **in ~** *econ.* on commission, on sale or return: **Ware in ~ geben [haben]** to give [to have] goods on commission; **Ware in ~ (über)nehmen** to take goods on commission (*od.* on a commission basis). – **5.** **~en machen** *Swiss* to make purchases, to do shopping. – **6.** *obs.* (*Auftrag*) commission, order. – **7.** commission, fee, allowance (*paid to a salesman*).

Kom·mis·sio·när [kɔmɪsĭo'nɛːr] *m* ⟨-s; -e⟩ **1.** *econ.* trading agent. – **2.** wholesale bookseller.

Kom·mis·si'ons|,ba·sis *f only in* **etwas auf ~ verkaufen** *econ.* to sell s.th. on a commission basis (*od.* on commission). — **~,buch** *n* order book. — **~,buch,han·del** *m* wholesale bookselling (*od.* book trade). — **~,buch,händ·ler** *m* wholesale bookseller. — **~ge,bühr** *f* commission. — **~ge,schäft** *n* agency business (*od.* transaction). — **~,gut** *n* goods *pl* on commission. — **~,han·del** *m* agency business. — **~,la·ger** *n* trading agent's (*od.* consignment) stock. — **~,mit,glied** *n* member of a commission. — **~pro·vi·si,on** *f econ.* commission (on sales effected). — **~,sen·dung** *f* consignment on commission. — **~ver,kauf** *m* sale on commission. — **~ver,lag** *m* commissioned publishers *pl.* — **~,wa·re** *f* goods *pl* on commission (*od.* on sale or return). — **k~,wei·se** *adj u. adv* (*Verkauf etc*) on commission, on agency basis.

Kom'miß,stie·fel *m* army boot: **die ~ anziehen müssen** *fig. colloq.* to be called up (into the army), *Am. auch* to be drafted.

Kom·mit·tent [kɔmɪ'tɛnt] *m* ⟨-en; -en⟩ *econ.* principal. — **kom·mit'tie·ren** [-'tiːrən] *v/t* ⟨*no* ge-, h⟩ *econ.* (*beauftragen*) commission.

kom·mod [kɔ'moːt] *adj* ⟨-er; -est⟩ *bes. Austrian and Swiss dial.* **1.** (*bequem*) comfortable: **der Stuhl war recht ~** the chair was very comfortable; **macht es euch ~** make yourselves comfortable (*od.* at home). – **2.** (*passend*) convenient.

Kom·mo·de [kɔ'moːdə] *f* ⟨-; -n⟩ **1.** chest (of drawers), *Am. auch* bureau, (*mit Spiegel*) dresser. – 2. (hohe) highboy, tallboy. – 3. (niedrige) lowboy, commode.

Kom·mo·di·tät [kɔmodiˈtɛːt] f ⟨-; -en⟩ obs. od. dial. for Bequemlichkeit 3.

Kom·mo·do·re [kɔmoˈdoːrə] m ⟨-s; -n u. -s⟩ 1. mil. mar. commodore. – 2. mil. aer. (im 2. Weltkrieg) commander of an air force wing.

kom·mun [kɔˈmuːn] adj 1. (gemeinschaftlich) common. – 2. (gewöhnlich) ordinary.

kom·mu·nal [kɔmuˈnaːl] adj 1. local: ~e Abgaben local rates and taxes; ~e Verwaltung local government administration; auf ~er Ebene on a local authority level. – 2. (bes. eine städtische Gemeinde betreffend) municipal. – 3. (bes. eine kleine Gemeinde betreffend) communal, community (attrib).

Kom·muˈnal|ˌabˌga·ben pl local rates and taxes. — ~ˌanˌlei·he f municipal loan, municipal (od. local authority) bonds pl. — ~ˌbank f ⟨-; -en⟩ municipal bank. — ~beˌam·te m municipal civil servant. — ~beˌhör·de f municipal authorities pl. — ~ˌdarˌle·hen n loan granted to a communal authority. — ~ˌeinˌkünf·te pl local (od. municipal) revenues. — ~ˌfahrˌzeug n municipal (od. public utility) vehicle.

kom·mu·na·li·sie·ren [kɔmunaliˈziːrən] v/t ⟨no ge-, h⟩ 1. communalize Br. auch -s-. – 2. municipalize Br. auch -s-. — **Kom·mu·na·liˈsie·rung** f ⟨-; no pl⟩ 1. communalization Br. auch -s-. – 2. municipalization Br. auch -s-.

Kom·mu·na·lis·mus [kɔmunaˈlɪsmʊs] m ⟨-; no pl⟩ communalism. — **Kom·mu·naˈlist** [-ˈlɪst] m ⟨-en; -en⟩ communalist.

Kom·muˈnal|ob·li·ga·tio·nen [-obligaˌtsĭoːnən] pl econ. communal bonds. — ~po·liˌtik f pol. 1. municipal (od. local government) policy. – 2. local (government) politics pl (construed as sg or pl). — k~po·liˌtisch adj u. adv of (od. in, on) local (government) politics: sich ~ betätigen to be active in local (government) politics. — ~ˌsteu·er f econ. local rates and taxes. — ~ˌsteu·erˌsatz m local (od. communal, municipal) tax rate. — ~- ˌund ˈStaatsˌsteu·ern pl econ. rates and taxes. — ~verˌband m jur. association of communities. — ~verˌschul·dung f econ. indebtedness of local authorities. — ~verˌwal·tung f jur. 1. local government. – 2. municipal administration. — ~ˌwah·len pl pol. local (od. municipal, communal) elections. — ~ˌwis·sen·schaft f study of local government administration.

Kom·mu·nar·de [kɔmuˈnardə] m ⟨-n; -n⟩ 1. sociol. communard. – 2. hist. Communard.

Kom·mu·ne [kɔˈmuːnə] f ⟨-; -n⟩ 1. (Gemeinde) commune, community. – 2. die (Pariser) ~ hist. the Paris Commune (1792 bis 1794 u. 1871). – 3. die ~ colloq. contempt. (die Kommunisten in der Weimarer Republik) the Communists pl, the Commies pl, the Reds pl (colloq. contempt.). – 4. philos. sociol. commune, community: das Leben der Hippies in ~n the hippies' community (way of) life.

Kom·mu·ni·kant [kɔmuniˈkant] m ⟨-en; -en⟩, **Kom·mu·niˈkan·tin** f ⟨-; -nen⟩ relig. communicant.

Kom·mu·ni·ka·ti·on [kɔmunikaˈtsĭoːn] f ⟨-; -en⟩ communication: Sprache als Mittel menschlicher ~ language as a means of communication between human beings.

Kom·mu·ni·ka·tiˈons|ˌfor·schung f communication research. — ~ˌmit·tel n communication medium, means of communication: das Fernsehen ist ein wichtiges ~ television is an important communication medium. — ~moˌdell n model of communication. — ~theoˌrie f ling. psych. (computer) communication theory. — ~ˌweg m obs. for Verbindungsweg 2, 3. — ~ˌwis·sen·schaft f science of communication.

Kom·mu·ni·on [kɔmuˈnĭoːn] f ⟨-; -en⟩ röm.kath. 1. (Holy) Communion (service): zur ~ gehen to go to (Holy) Communion. – 2. (Abendmahl) Communion, Lord's Supper (od. Table), Eucharist: die ~ austeilen (od. spenden) [empfangen] to administer [to receive od. take] (Holy) Communion (od. the sacrament). – 3. cf. Erstkommunion. — ~ˌanˌdacht f communion devotions pl (od. worship). — ~ˌanˌzug m (für die Erstkommunion) communion suit. — ~ˌbank f ⟨-; ¨e⟩ communion bench (od. rail). — ~ˌbild n communion picture. — ~ˌkelch m communion (od. common) cup, chalice. — ~ˌker·ze f communion candle. — ~ˌkind n first communicant. — ~ˌkleid n communion dress.

Kom·mu·ni·qué [kɔmyniˈkeː] n ⟨-s; -s⟩ pol. communiqué: ein ~ herausgeben (od. veröffentlichen) to issue (od. publish) a communiqué; ein ~ verfassen to draw up (od. write) a communiqué.

Kom·mu·nis·mus [kɔmuˈnɪsmʊs] m ⟨-; no pl⟩ a) econ. communism, b) pol. Communism: im ~ leben to live under communism.

Kom·mu·nist [kɔmuˈnɪst] m ⟨-en; -en⟩ pol. 1. communist. – 2. (Parteimitglied) Communist.

kom·muˈni·sten|ˌfeind·lich adj anticommunist. — ~ˌfreund·lich adj procommunist.

Kom·muˈni·stin f ⟨-; -nen⟩ cf. Kommunist.

kom·muˈni·stisch I adj 1. pol. Communist(ic), auch communistic: die ~e Partei [Gesellschaftsordnung] the Communist party [society]; er ist ein Mitglied der ~en Partei he is a member of the Communist Party, he is a (card-carrying) Communist; die K~e Internationale the Communist International; das K~e Manifest hist. the Communist Manifesto. – 2. (Philosophie etc) communist, auch communistic. – II adv 3. communistically: ~ denken to think according to Communist principles.

Kom·mu·ni·tät [kɔmuniˈtɛːt] f ⟨-; -en⟩ 1. röm.kath. fraternity, brotherhood. – 2. obs. community. – 3. obs. common property.

kom·mu·ni·zie·ren [kɔmuniˈtsiːrən] v/i ⟨no ge-, h⟩ 1. röm.kath. commune, communicate, receive Communion. – 2. phys. (miteinander in Verbindung stehen) communicate: die Röhren ~ the tubes communicate. — **kom·mu·niˈzie·rend** I pres p. – II adj ~e Röhren phys. communicating tubes.

kom·mu·ta·bel [kɔmuˈtaːbəl] adj obs. commutable.

kom·mu·ta·tiv [kɔmutaˈtiːf] adj math. commutative. — K~geˌsetz n commutative law.

Kom·mu·ta·tor [kɔmuˈtaːtɔr] m ⟨-s; -en [-taˈtoːrən]⟩ electr. math. commutator. — ~ˌan·ker m electr. commutator armature. — ~ˌgleichˌrich·ter m commutator rectifier, permutator. — ~ˌmo·tor m commutator motor.

kom·mu·tie·ren [kɔmuˈtiːrən] I v/t ⟨no ge-, h⟩ 1. commute, exchange. – 2. electr. (Strom) commutate, commute. – II K~ n ⟨-s⟩ 3. verbal noun. — **Kom·muˈtie·rung** f ⟨-; no pl⟩ 1. cf. Kommutieren. – 2. electr. commutation.

Kom·muˈtie·rungsˌstrom m electr. commutation current.

Ko·mö·di·ant [komøˈdĭant] m ⟨-en; -en⟩ 1. meist contempt. (Schauspieler) stage player, actor(-fellow). – 2. fig. contempt. (Heuchler) hypocrite, playactor.

Ko·mö·diˈan·ten|ˌblut n only in ~ in den Adern haben to have a natural talent for acting. — k~haft adj theatrical, histrionic. — ~ˌtrup·pe f troupe (od. company) of actors.

Ko·mö·diˈan·ten·tum n ⟨-s; no pl⟩ 1. histrionic (od. theatrical) behavior (bes. Br. behaviour), histrionics pl (sometimes construed as sg). – 2. collect. (the) actors pl.

Ko·mö·diˈan·tin f ⟨-; -nen⟩ 1. meist contempt. (Schauspielerin) stage player, actress. – 2. fig. contempt. hypocrite, playactress.

ko·mö·diˈan·tisch adj 1. (schauspielerisch) acting, histrionic. – 2. contempt. theatrical, histrionic. – 3. contempt. hypocritical, playacting.

Ko·mö·die [koˈmøːdĭə] f ⟨-; -n⟩ 1. comedy: attische ~ attic (od. Athenian) comedy. – 2. fig. (Farce) farce: die Feier war eine reine (od. die reinste) ~ the ceremony was a complete farce. – 3. fig. (Verstellung) act: er spielt nur ~ he is only acting, he is only pretending (od. putting on an act); sie durchschaut die ~ she isn't taken in by his act(ing); (das war doch) alles ~! that was all put on! it was just playacting!

Koˈmö·di·en|ˌdich·ter m writer (od. author) of comedies, comedy writer. — k~haft adj like a comedy: ~e Elemente comic elements. — ~ˌschrei·ber m cf. Komödiendichter.

Koˈmo·do·waˌran [koˈmoːdo-] m zo. dragon lizard, Komodo dragon (Varanus komodoënsis).

Kom·pa·gnie [kɔmpaˈniː] f ⟨-; -n [-ən]⟩ Swiss od. obs. for Kompanie 2.

Kom·pa·gnon [kɔmpanˈjõː] m ⟨-s; -s⟩ econ. business partner, copartner Br. co-, associate.

kom·pakt [kɔmˈpakt] adj ⟨-er; -est⟩ 1. (Gestein, Eis etc) compact, massive, solid. – 2. fig. (Stil etc) compact, dense, condensed. – 3. fig. (Gestalt etc) stout. – 4. fig. (Auto) compact, sturdy. – 5. metall. reguline. – 6. bot. compact. — **Komˈpakt·heit** f ⟨-; no pl⟩ 1. compactness, massiveness, solidity. – 2. fig. (des Stils etc) compactness, density. – 3. fig. (der Figur etc) stoutness, sturdiness.

Kom·pa·nie [kɔmpaˈniː] f ⟨-; -n [-ən]⟩ 1. mil. company: die zweite [vierte] ~ company B [D]; eine 200 Mann starke ~ a company 200 strong; → Mutter¹ 1. – 2. econ. archaic (trading) company: Müller & ~ Müller & Company, Müller & Co. — ~ˌchef m mil. company commander. — ~ˌfüh·rer m temporary company commander. — ~ˌstär·ke f company strength. — ~ˌtrot·tel m colloq. company fool, Am. sl. sad sack. — k~ˌwei·se adv in companies, by (the) company.

Kom·pa·ra·ti·on [kɔmparaˈtsĭoːn] f ⟨-; -en⟩ ling. comparison.

Kom·pa·ra·tist [kɔmparaˈtɪst] m ⟨-en; -en⟩ (literature) comparatist, comparativist.

Kom·pa·ra·tiv [ˈkɔmparatiːf; -ˈtiːf] I m ⟨-s; -e⟩ ling. comparative. – II k~ adj comparative: k~e Kosten econ. comparative costs.

Kom·pa·ra·tor [kɔmpaˈraːtɔr] m ⟨-s; -en [-raˈtoːrən]⟩ tech. comparator.

Kom·par·se [kɔmˈparzə] m ⟨-n; -n⟩ (theater, film) super(numerary), extra. — **Kom·parˈse·rie** [-ˈriː] f ⟨-; -n [-ən]⟩ supers pl, supernumeraries pl, extras pl.

Kom·paß [ˈkɔmpas] m ⟨-sses; -sse⟩ 1. compass: nach dem ~ marschieren to march by compass; einen ~ einstellen to set (od. adjust) a compass; der ~ läuft the compass is running; der ~ ist ruhig [träge] the compass is steady [lazy]; sich nach dem ~ richten (od. orientieren) to follow the compass. – 2. fig. cf. Richtschnur 1. — ~ˌabˌwei·chung f compass deviation (od. deflection, Br. auch deflexion). — ~ˌfeh·ler m compass error. — ~ˌhaus, ~ˌhäus·chen n mar. binnacle. — ~ˌna·del f compass needle. — ~ˌpflan·ze f bot. compass plant. — ~ˌro·se f 1. (im Kompaßkessel) compass card. – 2. (auf der Seekarte) compass rose. — ~ˌstrich m compass point.

Kom·pa·ti·bi·li·tät [kɔmpatibiliˈtɛːt] f ⟨-; no pl⟩ compatibility.

kom·pen·dia·risch [kɔmpɛnˈdĭaːrɪʃ], **kom·pen·di·ös** [kɔmpɛnˈdĭøːs] adj obs. compendious, concise.

Kom·pen·di·um [kɔmˈpɛndĭʊm] n ⟨-s; -dien⟩ 1. (Handbuch) manual, handbook. – 2. (Sammelwerk) collection. – 3. (Abriß) compendium. – 4. phot. combined extension bellows and slide-copying attachment.

Kom·pen·sa·ti·on [kɔmpɛnzaˈtsĭoːn] f ⟨-; -en⟩ 1. psych. med. compensation. – 2. jur. a) comparative assessment of offence (Am. offense) (od. injury), b) (eines Anspruchs) setoff, Br. set-off, offset, compensation. – 3. math. electr. compensation.

Kom·pen·sa·tiˈons|ˌabˌkom·men n econ. barter agreement. — ~geˌschäft n 1. compensation (od. barter) transaction. – 2. barter trade. — ~ˌstö·rung f med. (cardiac) decompensation. — ~ˌunˌruh f (watchmaking) compensation balance. — ~verˌfah·ren n electr. compensation method.

Kom·pen·sa·tor [kɔmpɛnˈzaːtɔr] m ⟨-s; -en [-zaˈtoːrən]⟩ electr. tech. (optics) compensator. — **kom·pen·saˈto·risch** [-zaˈtoːrɪʃ] adj compensatory.

kom·pen·sie·ren [kɔmpɛnˈziːrən] I v/t ⟨no ge-, h⟩ 1. etwas ~ a) to compensate (od. make up) for s.th., b) to counterbalance (od. offset) s.th.: er versuchte, seine Schüchternheit durch forsches Auftreten zu ~ he tried to compensate for his shyness by a brisk manner. – 2. jur. a) balance, offset, b) set off: eine Forderung durch eine andere ~ to set off one claim against another. – 3. math. electr. compensate. – II K~ n ⟨-s⟩ 4. verbal noun. – 5. cf. Kompensation. — **kom·pen'sie·rend I** *pres p.* – **II** *adj* compensative. — **Kom·pen'sie·rung** *f* ⟨-; -en⟩ **1.** *cf.* Kompensieren. – **2.** *cf.* Kompensation.

kom·pe·tent [kɔmpe'tɛnt] *adj* **1.** (*befugt*) authorized, competent. – **2.** (*zuständig*) responsible, competent: **die für die Durchführung dieser Maßnahmen ~en Stellen** the authorities responsible for carrying out these measures. – **3.** (*befähigt*) competent, qualified: **für eine Arbeit [Aufgabe] ~ sein** to be competent for a job [task]. – **4.** (*zuverlässig*) authoritative, competent: **von ~er Seite** from an authoritative source; **eine ~e Meinung** an authoritative view; **auf sein ~es Urteil kann man sich verlassen** you can rely on his competent (*od.* informed) judg(e)ment. – **5.** *jur.* (*Gericht etc*) competent, cognizant *Br. auch* -s-.

Kom·pe·tenz [kɔmpe'tɛnts] *f* ⟨-; -en⟩ **1.** (*Befugnis*) authority, power(s *pl*): **das liegt außerhalb unserer ~, das übersteigt unsere ~en** that doesn't lie within our authority; **wir haben die ~, das zu tun** we are authorized to do that; **er hat damit seine ~(en) überschritten** he went beyond (*od.* he exceeded) his authority in doing that, he was not authorized (*od.* he did not have the right) to do that. – **2.** *cf.* Kompetenzbereich. – **3.** (*Zuständigkeit*) responsibility: **solche Fälle fallen in die ~ eines Chirurgen** a surgeon is responsible for such cases. – **4.** ⟨*only sg*⟩ (*Befähigung*) authority, competence, knowledge: **ich erkenne seine ~ auf diesem Gebiet voll an** I completely acknowledge his authority in this field. – **5.** *jur.* competence, cognizance *Br. auch* -s-, jurisdiction, terms *pl* of reference: **in die ~ eines Gerichts fallen** to fall (*od.* come) under the cognizance of a court. – **6.** *röm.kath.* competency, adequate means *pl* of subsistence. — **~be,reich** *m* competence, competency: **das fällt in meinen ~** that lies within my competence; **seinen ~ überschreiten** to go beyond (the boundaries of) one's competence. — **~,fra·ge** *f* question of competence (*od.* authority, responsibility). — **~kom·pe,tenz** *f* **1.** *pol. right of a federal state to extend its powers at the expense of the constituent member states.* – **2.** *jur.* a) decision of a lawcourt on the admissibility of a suit (*od.* an action), b) right of a supreme court to resolve a conflict of authority with other courts. — **~kon,flikt, ~,streit** *m* **1.** conflict of competence (*od.* authority, responsibility). – **2.** *jur.* concurrence (*od.* concurrency) of jurisdiction. — **~,strei·tig·kei·ten** *pl* clashes of competence (*od.* authority, responsibility).

Kom·pi·la·ti·on [kɔmpila'tsio:n] *f* ⟨-; -en⟩ (*bes. literature*) a) compilation, b) *contempt.* (*Machwerk*) scissors-and-paste job (*colloq.*). — **Kom·pi'la·tor** [-'la:tɔr] *m* ⟨-s; -en [-la'to:rən]⟩ compiler, compilator. — **kom·pi·la'to·risch** [-la'to:rɪʃ] *adj* compilatory. — **kom·pi'lie·ren** [-'li:rən] *v/t* ⟨*no* ge-, h⟩ compile.

Kom·ple·ment [kɔmple'mɛnt] *n* ⟨-(e)s; -e⟩ **1.** complement, counterpart. – **2.** *math. med.* complement.

kom·ple·men·tär [kɔmplemɛn'tɛ:r] *adj* (*Farben etc*) complementary.

Kom·ple·men'tär *m* ⟨-s; -e⟩ *econ.* general (*Br. auch* ordinary) partner, fully liable partner in a limited partnership. — **~,far·be** *f* complementary color (*bes. Br.* colour).

Kom·ple·men·ta·ri·tät [kɔmplementari'tɛ:t] *f* ⟨-; -en⟩ *phys. econ.* complementarity.

Kom·ple·men'tär,win·kel *m math.* complementary angle.

Kom·ple'ment,bin·dung *f med.* complement fixation.

kom·ple·men·tie·ren [kɔmplemɛn'ti:rən] *v/t* ⟨*no* ge-, h⟩ (*ergänzen*) complement.

Kom·ple'ment,win·kel *m math. cf.* Komplementärwinkel.

Kom·plet[1] [kõ'ple:] *n* ⟨-(s); -s⟩ (*fashion*) (dress-and-jacket) ensemble.

Kom·plet[2] [kɔm'ple:t] *f* ⟨-; -e⟩ *relig.* compline, *auch* complin, completory, night song.

kom·plett [kɔm'plɛt] **I** *adj* ⟨-er; -est⟩ **1.** complete: **die ~e Ausrüstung kostet 100 Mark** the complete outfit costs 100 marks, the outfit costs 100 marks everything included; **ein ~es Schlafzimmer** a) the complete bedroom furniture, b) a fully furnished bedroom; **wir sind jetzt ~** *colloq.* a) our rooms are now completely furnished, b) our number is complete, we are all here now; **die Mannschaft war gestern nicht ~** *colloq.* the team was not complete yesterday, not all the members of the team were there yesterday; **eine ~e Goetheausgabe** the complete works *pl* of Goethe. – **2.** ⟨*attrib*⟩ *colloq.* utter, downright: **das ist ~er Unfug** that's downright (*Am. auch* plumb) nonsense, that's utter rot (*colloq.*); **ein ~er Reinfall** an utter flop; **er ist ein ~er Idiot** he is an utter fool (*od. colloq.* a blithering idiot). – **II** *adv* **3.** completely: **ein ~ eingerichtetes Zimmer** a completely (*od.* fully) furnished room; **~ verrückt** *colloq.* completely (*od.* absolutely) mad. — **K~,gieß·ma,schi·ne** *f print.* complete type-casting machine.

kom·plet·tie·ren [kɔmplɛ'ti:rən] **I** *v/t* ⟨*no* ge-, h⟩ **1.** complete: **ich brauche noch 2 Marken, um den Satz zu ~** I need 2 more stamps to complete the set. – **2.** *print.* (*Buch*) complete, perfect. – **II K~** *n* ⟨-s⟩ **3.** *verbal noun.* — **Kom·plet'tie·rung** *f* ⟨-; -en⟩ **1.** *cf.* Komplettieren. – **2.** completion.

kom·plex [kɔm'plɛks] *adj* ⟨-er; -est⟩ **1.** (*Problem, Verhältnisse etc*) many-sided, intricate, complex. – **2.** (*Lösung, Planung etc*) complex. – **3.** *math.* (*Bruch, Funktion etc*) complex: **~e Zahl** complex number (*od.* quantity).

Kom'plex *m* ⟨-es; -e⟩ **1.** complex (whole), body, group: **ein ~ von Tatsachen** a body of facts; **ein schwieriger ~ von Fragen [Problemen]** a difficult complex of questions [problems]. – **2.** (*von Zahlen*) total amount: **ein ~ von 2 Millionen Mark** a total amount of 2 million marks. – **3.** (*von Gebäuden*) block. – **4.** *psych.* complex: **~e haben** to have complexes; **an** (*od.* **unter**) **verdrängten ~en leiden** to suffer from repressed complexes. – **5.** *chem.* complex (compound). — **~,bil·dung** *f chem. psych.* formation of complexes. — **~che,mie** *f chem.* complex chemistry.

Kom·ple·xi·on [kɔmplɛ'ksio:n] *f* ⟨-; -en⟩ **1.** *math.* complexion, arrangement: **~ von Elementen einer Menge** arrangement of elements of a set. – **2.** *med.* complexion.

Kom·ple·xi·tät [kɔmplɛksi'tɛ:t] *f* ⟨-; *no pl*⟩ complexity.

Kom'plex|,salz *n chem.* complex salt. — **~ver,bin·dung** *f cf.* Komplex 5.

Kom·pli·ce [kɔm'pli:tsə; -'pli:sə] *m* ⟨-n; -n⟩ *contempt.* accomplice, confederate: **er war sein ~ bei diesem Verbrechen** he was his accomplice in this crime.

Kom·pli·ka·ti·on [kɔmplika'tsio:n] *f* ⟨-; -en⟩ *bes. med.* complication: **wenn keine ~en eintreten, wenn sich keine ~en ergeben** if no complications ensue (*od.* arise).

Kom·pli·ment [kɔmpli'mɛnt] *n* ⟨-(e)s; -e⟩ **1.** compliment, *Am. auch* bouquet: **billige** (*od.* **leere**) **~e** cheap compliments; **zweifelhafte ~e** left-handed compliments; **er machte mir ein ~** he paid me a compliment; **ich muß dir für deine Rede ein ~ machen** I must compliment you on your speech; **nach ~en fischen** (*od.* **angeln**) *colloq.* to fish for compliments; **mein ~!** congratulations! well done! **bitte keine ~e!** please no compliments! – **2.** *obs.* (*Gruß*) compliments *pl*: **mein(e) ~(e) an die Frau Gemahlin** my compliments (*od.* best regards) to your wife. – **3.** *obs.* (*Verbeugung*) bow.

Kom·pli'men·te,ma·cher *m* ⟨-s; -⟩ *contempt. person who is fond of paying compliments.*

kom·pli·men·tie·ren [kɔmplimɛn'ti:rən] *v/t* ⟨*no* ge-, h⟩ **1.** (*in Wendungen wie*) **er komplimentierte sie zum Ausgang** he escorted her to the door; **j-n ins Haus ~** to usher s.o. into the house. – **2.** *obs.* (**zu on**) compliment.

Kom·pli·ze [kɔm'pli:tsə] *m* ⟨-n; -n⟩ *bes. Austrian for* Komplice.

kom·pli·zie·ren [kɔmpli'tsi:rən] **I** *v/t* ⟨*no* ge-, h⟩ **1.** complicate, make (*s.th.*) more difficult: **das kompliziert die Sache (unnötig)** that complicates matters (unnecessarily). – **2.** (*verwirren*) confuse, perplex, ravel. – **II** *v/reflex* **sich ~ 3.** become (more) complicated. – **III K~** *n* ⟨-s⟩ **4.** *verbal noun.* — **kom·pli'ziert I** *pp.* – **II** *adj* **1.** (*Formel, Muster, Verfahren etc*) complicated, complex: **dieser Fall [das Problem] ist sehr ~** this case [the problem] is very complicated; **das Stück hat eine ~e Handlung** the play has a complicated (*od.* an involved, an intricate) plot; **ein ~er Charakter** a complicated (*od.* complex) character; **ein ~es Satzgefüge** a complicated (*od.* an involved) period. – **2.** (*Aufgabe, Fragestellung etc*) knotty, tricky, thorny, difficult. – **3.** *med.* (*Bruch*) open, compound. – **III** *adv* **4. sich [etwas] ~ ausdrücken** to express oneself [s.th.] in a complicated way (*od.* manner). — **Kom·pli'ziert·heit** *f* ⟨-; *no pl*⟩ **1.** complicatedness, complexity. – **2.** (*einer Aufgabe etc*) trickiness, difficulty. — **Kom·pli'zie·rung** *f* ⟨-; *no pl*⟩ **1.** *cf.* Komplizieren. – **2.** complication.

Kom·plott [kɔm'plɔt] *n* ⟨-(e)s; -e⟩ plot, conspiracy: **ein ~ schmieden [aufdecken]** to form (*od.* to hatch) [to uncover] a plot; **ein ~ gegen j-n schmieden** to plot (*od.* conspire) against s.o.; **er stand mit ihr im ~** he was in on her secret. — **kom·plot'tie·ren** [-'ti:rən] *v/i* ⟨*no* ge-, h⟩ plot, conspire, lay (*od.* hatch) a plot: **gegen j-n [etwas] ~** to plot (*od.* conspire, scheme) against s.o. [s.th.].

Kom·po·nen·te [kɔmpo'nɛntə] *f* ⟨-; -n⟩ **1.** part, factor, component, element: **eine wesentliche ~** an essential (*od.* integral) part. – **2.** *math. phys.* component. – **3.** *chem. phys.* constituent, component.

kom·po·nie·ren [kɔmpo'ni:rən] **I** *v/t u. v/i* ⟨*no* ge-, h⟩ **1.** (*Sonate, Bild etc*) compose, (*Lied*) *auch* write. – **2.** *fig.* (*ein Menü etc*) compose. – **3.** *fig.* (*ein Kleid etc*) create. – **II K~** *n* ⟨-s⟩ **4.** *verbal noun*: **mehrstimmiges K~** *mus.* part writing. — **kom·po'niert I** *pp.* – **II** *adj* **das Bild war schlecht ~** it was a badly composed picture.

Kom·po·nist [kɔmpo'nɪst] *m* ⟨-en; -en⟩ *mus.* composer.

Kom·po·si·te [kɔmpo'zi:tə] *f* ⟨-; -n⟩ *meist pl bot.* composite (flower *od.* plant) (*Fam. Compositae*).

Kom·po·si·ti·on [kɔmpozi'tsio:n] *f* ⟨-; -en⟩ **1.** *bes. mus.* composition. – **2.** (*fashion*) creation: **ihr Abendkleid war eine herrliche ~ aus Chiffon und Spitzen** her evening dress was a wonderful creation in chiffon and lace. – **3.** (*von Duftstoffen etc*) blend: **eine ~ erlesener Tabake** a blend of choice tobaccos. – **4.** (*eines Gartens etc*) layout. – **5.** (*von Blumen etc*) arrangement, composition. – **6.** *math.* composition. – **7.** *print.* (page) makeup (*Br.* make-up), *bes. Am.* layout.

kom·po·si·tio·nell [kɔmpozitsio'nɛl] *adj* compositional.

Kom·po·si·ti'ons,leh·re *f mus.* (theory of) composition.

Kom·po'sit·ka·pi,tell *n arch.* composite capital.

kom·po·si·to·risch [kɔmpozi'to:rɪʃ] *adj* compositional.

Kom·po·si·tum [kɔm'po:zitum] *n* ⟨-s; -ta [-ta] *u.* -siten [-po'zi:tən]⟩ **1.** *ling.* compound (word). – **2.** *chem. med.* compound.

kom·pos·si·bel [kɔmpɔ'si:bəl] *adj philos.* compossible. — **Kom·pos·si·bi·li'tät** [-sibili'tɛ:t] *f* ⟨-; *no pl*⟩ compossibility.

Kom·post [kɔm'pɔst] *m* ⟨-es; -e⟩ *hort.* compost. — **~,hau·fen** *m* compost heap (*od.* pile).

kom·po·stie·ren [kɔmpɔs'ti:rən] *v/t* ⟨*no* ge-, h⟩ *hort.* compost, rot down, decompose.

Kom·pott [kɔm'pɔt] *n* ⟨-(e)s; -e⟩ *gastr.* compote, *auch* compot, stewed fruit, *Am. auch* sauce.

Kom'pot·tel·ler (*getr.* -tt,t-) *m* fruit dish.

Kom'pott|,löf·fel *m* fruit spoon. — **~,scha·le, ~,schüs·sel** *f* compote (*auch* compot) (dish), compotier, *bes. Am.* saucedish.

Kom'pound,mo·tor [kɔm'paunt-] *m electr.* compound(-wound) motor.

Kom·pre·hen·si·on [kɔmprehɛn'zio:n] *f* ⟨-; *no pl*⟩ *bes. philos.* comprehension.

kom·preß [kɔm'prɛs] **I** *adj* **1.** *print.* solid. – **2.** *obs.* compact. – **II** *adv* **3. ~ gesetzt** *print.* set solid.

Kom·pres·se [kɔm'prɛsə] *f* ⟨-; -n⟩ *med.* **1.** compress. – **2.** *meist pl* (*bei Operation*) sponge, pad.

kom·pres·si·bel [kɔmprɛ'si:bəl] *adj phys.* compressible. — **Kom·pres·si·bi·li'tät** [-sibili'tɛ:t] *f* ⟨-; *no pl*⟩ compressibility.

Kom·pres·si·on [kɔmprɛ'sio:n] *f* ⟨-; -en⟩ **1.** *bes. phys. tech.* (*eines Motors etc*) compression. – **2.** *tech. cf.* Verdichtung 2.

Kom·pres·si'ons|,druck *m* ⟨-(e)s; ⸚e⟩ *tech.*

compression pressure. — **~ˌhahn** *m auto.* priming cock. — **~ˌhub** *m tech.* compression stroke. — **~ˌkühlˌschrank** *m* compression refrigerator. — **~ˌmes·ser** *m* **1.** *tech.* compression ga(u)ge. – **2.** *phys.* piezometer. — **~verˌband** *m med.* a) compression bandage, b) compression (*bes. Am.* pressure) dressing. — **~verˌhält·nis** *n tech.* compression ratio. — **~ˌwär·me** *f phys.* heat of compression. — **~ˌzün·dung** *f tech.* compression ignition.

Kom·pres·sor [kɔm'prɛsɔr] *m* ⟨-s; -en [-'soːrən]⟩ *tech.* **1.** (*zur Verdichtung von Gas, Luft*) compressor. – **2.** (*Luftverdichter an Tankstelle etc*) air compressor. – **3.** (*Aufladegebläse eines Motors*) supercharger, compressor, blower. – **4.** (*Kühlaggregat*) compressor.

Kom'pres·sorˌmo·tor *m tech. auto.* supercharged (*od.* forced induction) engine.

Kom·pret·te [kɔm'prɛtə] (*TM*) *f* ⟨-; -n⟩ *med. pharm.* compressed tablet.

kom·pri'mier·bar *adj phys.* compressible. — **Kom·pri'mier·bar·keit** *f* ⟨-; *no pl*⟩ compressibility.

kom·pri·mie·ren [kɔmpri'miːrən] **I** *v/t* ⟨*no* ge-, h⟩ **1.** *phys.* compress, condense. – **2.** *fig.* (*Aufsatz, Artikel etc*) condense, compress. – **3.** *econ.* (*Handelsspanne*) narrow. – **II K~** *n* ⟨-s⟩ **4.** *verbal noun.* — **kom·pri'miert I** *pp.* – **II** *adj* (*Luft etc*) compressed. — **Kom·pri'mie·rung** *f* ⟨-; *no pl*⟩ **1.** *cf.* Komprimieren. – **2.** *phys.* compression.

Kom·pro·miß [kɔmpro'mɪs] *m, n* ⟨-sses; -sse⟩ **1.** compromise: politischer [fauler] ~ political [poor *od.* bad] compromise; einen ~ schließen (*od.* eingehen) to make (*od.* enter into) a compromise, to compromise; in diesem (*od.* über diesen) Punkt schlossen sie einen ~ they compromised on that point; einen ~ zustande bringen to effect a compromise. – **2.** *jur.* composition, submission. — **k~beˌreit** *adj* willing to compromise. — **~beˌreit·schaft** *f* willingness to compromise. — **~ˌfor·mel** *f* compromise: sie einigten sich auf eine ~ they agreed (up)on a compromise. — **~ˌfreu·dig·keit** *f* willingness (*od.* eagerness) to compromise.

Kom·pro'miß·ler *m* ⟨-s; -⟩ *meist pol. contempt.* compromiser, middle-of-the-roader.

kom·pro'miß·los *adj* (*Haltung, Spiel etc*) uncompromising, intransigent. — **Kom·pro'miß·lo·sig·keit** *f* ⟨-; -en⟩ uncompromisingness, intransigence, intransigency.

Kom·pro'mißˌlö·sung *f* compromise solution (*od.* settlement). — **~po·liˌtik** *f pol.* policy of compromise. — **~ˌvorˌschlag** *m* compromise (proposal *od.* suggestion): er machte einen ~ he suggested a compromise.

kom·pro·mit·tie·ren [kɔmpromɪ'tiːrən] **I** *v/t* ⟨*no* ge-, h⟩ j-n ~ to compromise s.o.: sein Verhalten hat ihn kompromittiert his conduct has compromised him. – **II** *v/reflex* sich ~ compromise oneself.

Komp·ta·bi·li·tät [kɔmptabili'tɛːt] *f* ⟨-; *no pl*⟩ (*einer Behörde etc*) accountability.

Kom·so·mol [kɔmzo'mɔl] *m* ⟨-; *no pl*⟩ *pol.* (*in der UdSSR*) Komsomol, Comsomol, *auch* Consomol. — **Kom·so'mol·ze** [-tsə] *m* ⟨-n; -n⟩ Comsomol member.

Kom·teß [kɔm'tɛs; kõ'tɛs] *f* ⟨-; -ssen⟩, **Kom'tes·se** [-sə] *f* ⟨-; -n⟩ countess, comtesse.

Kom·tur [kɔm'tuːr] *m* ⟨-s; -e⟩ **1.** *hist.* (knight) commander. – **2.** *röm.kath.* (*eines Ritterordens*) commander. — **Kom·tu'rei** [-tu'raɪ] *f* ⟨-; -en⟩ *hist.* commandery.

Kom'turˌkreuz *n her.* commander's cross.

Kon..., kon... *combining form denoting* con...

kon·axi·al [kɔnˀa'ksĭaːl] *adj* coaxial.

Kon·cha ['kɔnça] *f* ⟨-; -s *u.* -chen⟩ **1.** *arch. med.* concha. – **2.** *zo.* conch.

Kon·che ['kɔnçə] *f* ⟨-; -n⟩ *arch.* concha.

kon·chie·ren [kɔn'çiːrən] *v/t* ⟨*no* ge-, h⟩ *tech.* (*Schokolade*) conche.

kon·chi·form [kɔnçi'fɔrm] *adj zo.* conchiform.

Kon·choi·de [kɔnço'iːdə] *f* ⟨-; -n⟩ **1.** conchoid. – **2.** *math.* conchoidal curve.

Kon·cho·lo·gie [kɔnçolo'giː] *f* ⟨-; *no pl*⟩ *zo. cf.* Konchyliologie.

Kon·chy·lie [kɔn'çyːlĭə] *f* ⟨-; -n⟩ *zo.* **1.** conch, shell, conchylium (*scient.*). – **2.** *pl* conchylia. — **Kon·chy·lio'lo·ge** [-çylĭo'loːgə] *m* ⟨-n; -n⟩ conchologist. — **Kon·chy·lio·lo'gie** [-çylĭolo'giː] *f* ⟨-; *no pl*⟩ conchology.

Kon·dem·na·ti·on [kɔndɛmna'tsĭoːn] *f* ⟨-; -en⟩ **1.** *mar. jur.* condemnation. – **2.** *obs.* condemnation. — **kon·dem'nie·ren** [-'niːrən] *v/t* ⟨*no* ge-, h⟩ **1.** *mar. jur.* condemn. – **2.** *obs.* condemn.

Kon·den·sanz [kɔndɛn'zants] *f* ⟨-; -en⟩ *electr.* capacitive reactance.

Kon·den·sat [kɔndɛn'zaːt] *n* ⟨-(e)s; -e⟩ *chem. phys.* condensate.

Kon·den·sa·ti·on [kɔndɛnza'tsĭoːn] *f* ⟨-; -en⟩ *chem. phys.* condensation.

Kon·den·sa·ti'onsˌharz *n synth.* condensation resin. — **~ˌhö·he** *f meteor.* condensation level. — **~ˌkern** *m* condensation nucleus. — **~maˌschi·ne** *f tech.* condensing engine. — **~proˌdukt** *n* **1.** *chem.* condensation product. – **2.** *synth.* condensation polymer. — **~ˌpunkt** *m phys.* condensation point. — **~ˌröh·re** *f chem.* condenser tube. — **~ˌwär·me** *f* heat of condensation.

Kon·den·sa·tor [kɔndɛn'zaːtɔr] *m* ⟨-s; -en [-za'toːrən]⟩ **1.** *tech.* (*der Dampfmaschine*) condenser. – **2.** *electr.* capacitor, (*früher*) *auch* condenser: regelbarer ~ variable capacitor; induktionsfreier ~ non(-)inductive capacitor. – **3.** *tech.* (*bei der Elektroerosion*) condenser. — **~entˌla·dung** *f electr.* capacitor discharge. — **~ˌlautˌspre·cher** *m* capacitor loudspeaker. — **~ˌlei·stung** *f* capacitor rating. — **~ˌlei·tung** *f* capacitor circuit (*od.* line). — **~mi·kroˌphon** *n* capacitor microphone (*od.* transmitter). — **~ˌmo·tor** *m* capacitor motor: ~ mit Anlaufkondensator capacitor-start motor.

kon·den'sier·bar *adj phys.* condensable. — **Kon·den'sier·bar·keit** *f* ⟨-; *no pl*⟩ condensability.

kon·den·sie·ren [kɔndɛn'ziːrən] **I** *v/t* ⟨*no* ge-, h⟩ **1.** *chem. phys.* condense. – **2.** (*eindicken*) condense, concentrate, evaporate. – **II** *v/i* **3.** *phys.* condense. – **III K~** *n* ⟨-s⟩ **4.** *verbal noun.* — **kon·den'siert I** *pp.* – **II** *adj* condensed: ~e Milch *cf.* Kondensmilch. — **Kon·den'sie·rung** *f* ⟨-; *no pl*⟩ *chem. phys.* **1.** *cf.* Kondensieren. – **2.** condensation.

Kon'densˌmilch [kɔn'dɛns-] *f gastr.* condensed (*od.* evaporated) milk.

Kon·den·sor [kɔn'dɛnzɔr] *m* ⟨-s; -en [-'zoːrən]⟩ (*optics*) condenser.

Kon'densˌstrei·fen *m* (*eines Flugzeugs*) condensation trail, contrail, vapor (*bes. Br.* vapour) trail. — **~ˌtopf** *m tech.* steam trap. — **~ˌwas·ser** *n* condensed water, water of condensation.

Kon·dik·ti·on [kɔndɪk'tsĭoːn] *f* ⟨-; -en⟩ *jur. obs.* action for restitution, condictio.

kon·di·tern [kɔn'diːtərn] *v/i* ⟨*no* ge-, h⟩ **1.** make cakes and pastry, make confectionery (*Am. auch* confectionary), *bes. Br.* make patisserie. – **2.** ~ gehen *colloq. humor.* to go to (*od.* visit) a café (*od.* coffee[-]house).

Kon·di·ti·on [kɔndi'tsĭoːn] *f* ⟨-; -en⟩ **1.** ⟨*only sg*⟩ (*bes. sport*) a) condition, fitness, 'shape' (*colloq.*), b) (*Ausdauer*) stamina: er war in ausgezeichneter ~, seine ~ war ausgezeichnet he was in top condition (*od.* shape) (*od.* in very good shape). – **2.** *pl econ.* conditions, terms, rates charged.

kon·di·tio·nal [kɔnditsĭo'naːl] *adj* conditional: ~e Konjunktion *ling.* conditional conjunction. — **Kon·di·tio'nal** *m* ⟨-s; -e⟩, **Kon·di·tio'na·lis** [-lɪs] *m* ⟨-; -les [-lɛs]⟩ *ling.* conditional (mood).

Kon·di·tio·na·lis·mus [kɔnditsĭona'lɪsmus] *m* ⟨-; *no pl*⟩ *philos.* conditionalism.

Kon·di·tio'nalˌsatz *m ling.* conditional clause (*od.* sentence).

kon·di·tio·nell [kɔnditsĭo'nɛl] **I** *adj* **1.** conditional. – **2.** (*bes. sport*) concerning (*od.* relating to) the condition. – **II** *adv* **3.** er ist ~ stark a) he is very fit, b) he has great stamina.

Kon·di·tio'nierˌanˌla·ge *f tech.* (*textile*) conditioning plant (*od.* equipment).

kon·di·tio·nie·ren [kɔnditsĭo'niːrən] **I** *v/t* ⟨*no* ge-, h⟩ **1.** *tech.* (*Textilien, Getreide etc*) condition, (*klimatisieren*) climatize. – **2.** *psych.* condition. – **II K~** *n* ⟨-s⟩ **3.** *verbal noun.* — **Kon·di·tio'nie·rung** *f* ⟨-; *no pl*⟩ *cf.* Konditionieren.

Kon·di·ti'onsˌmän·gel *pl* (*bes. sport*) lack *sg* of stamina: ~ haben to lack stamina. — **k~ˌschwach** *adj* lacking stamina. — **~ˌschwä·chen** *pl cf.* Konditionsmängel. — **k~ˌstark** *adj* of (*od.* with) great stamina. — **~ˌtrai·ning** *n* (*sport*) fitness (*od.* conditioning) training.

Kon·di·tor [kɔn'diːtɔr] *m* ⟨-s; -en [-di'toːrən]⟩ *gastr.* confectioner, *Br.* pastry-cook.

Kon·di·to·rei [kondito'raɪ] *f* ⟨-; -en⟩ **1.** cake shop, confectionery, *Am. auch* confectionary. – **2.** (*Café*) café, coffeehouse, *Br.* coffee-house. — **~ˌwa·ren** *pl* cakes and pastry, confectionery *sg*, *Am. auch* confectionary *sg*.

Kon'di·torˌla·den *m cf.* Konditorei 1.

Kon·do·lenz [kɔndo'lɛnts] *f* ⟨-; -en⟩ (expression of) condolence (*od.* sympathy). — **~beˌsuch** *m* visit of condolence: j-m einen ~ machen to pay s.o. a visit of condolence. — **~ˌbrief** *m* letter of condolence (*od.* sympathy). — **~ˌkar·te** *f* card of condolence, sympathy card. — **~ˌschrei·ben** *n cf.* Kondolenzbrief.

kon·do·lie·ren [kɔndo'liːrən] *v/i* ⟨*no* ge-, h⟩ condole: j-m (zu etwas) ~ to condole with s.o. ([up]on s.th.), to express one's sympathy to s.o. (upon s.th.), to offer one's condolences to s.o. (upon s.th.).

Kon·dom [kɔn'doːm] *n, m* ⟨-s; -e, *rare* -s⟩ *med.* condom, prophylactic.

Kon·do·mi·nat [kɔndomi'naːt] *n, m* ⟨-(e)s; -e⟩, **Kon·do'mi·ni·um** [-'miːnĭum] *n* ⟨-s; -nien⟩ *pol.* condominium.

Kon·dor ['kɔndɔr] *m* ⟨-s; -e [-do:rə]⟩ *zo.* condor (*Vultur gryphus*): Kalifornischer ~ California condor (*od.* vulture) (*Gymnogyps californianus*).

Kon·dot·tie·re [kɔndɔ'tĭɛːrə] *m* ⟨-s; -ri [-ri]⟩ *hist.* condottiere.

Kon·dukt [kɔn'dʊkt] *m* ⟨-(e)s; -e⟩ (funeral) procession, cortege, *auch* cortège.

Kon·duk·tanz [kɔndʊk'tants] *f* ⟨-; *no pl*⟩ *electr.* conductance.

Kon·duk·teur [kɔndʊk'tøːr] *m* ⟨-s; -e⟩ *Swiss od. obs. for* Schaffner 1, 2.

Kon·duk·to·me·trie [kɔnduktome'triː] *f* ⟨-; *no pl*⟩ *chem.* conductometric titration (*od.* analysis).

Kon·duk·tor [kɔn'dʊktɔr] *m* ⟨-s; -en [-'toːrən]⟩ *electr.* conductor.

Kon·dy·lus ['kɔndylus] *m* ⟨-; -len [-'dyːlən]⟩ *med.* condylus, condyle.

Kon·fa·bu·la·ti·on [kɔnfabula'tsĭoːn] *f* ⟨-; -en⟩ *psych.* confabulation.

Kon·fekt [kɔn'fɛkt] *n* ⟨-(e)s; -e⟩ *gastr.* **1.** confection(ery), sweetmeats *pl*, *Am.* candy, *Br.* sweets *pl*: eine Schachtel ~ *Am.* a box of candies, *Br.* a tin of sweets. – **2.** (*Pralinen*) chocolates *pl*. — **~ˌdo·se** *f Am.* candy box, *Br.* sweets tin, chocolate box.

Kon·fek·ti·on [kɔnfɛk'tsĭoːn] *f* ⟨-; *no pl*⟩ (*textile*) **1.** (*serienmäßige Herstellung*) manufacture of ready-made (*od.* ready-to-wear) clothing (*od.* clothes). – **2.** ready-made (*od.* ready-to-wear) clothing (*od.* clothes *pl*), *Br. auch* off-the-peg clothing.

Kon·fek·tio·när [kɔnfɛktsĭo'nɛːr] *m* ⟨-s; -e⟩ **1.** clothing (*od.* garment) manufacturer. – **2.** fashion designer, outfitter.

kon·fek·tio·nie·ren [kɔnfɛktsĭo'niːrən] *v/t* ⟨*no* ge-, h⟩ (*Stoff, Kleider etc*) manufacture. — **kon·fek·tio'niert I** *pp.* – **II** *adj* ready-made, ready-to-wear (*attrib*), factory-made.

Kon·fek·ti'onsˌabˌtei·lung *f* ready-made (*od.* ready-to-wear) clothes department. — **~ˌanˌzug** *m* ready-made (*Br. auch* off-the-peg) suit, *Am. colloq.* hand-me-down, *Br. colloq.* reach-me-down. — **~arˌti·kel** *m* article of ready-made (*od.* ready-to-wear) clothing (*od.* clothes), *Br. auch* off-the-peg garment. — **~beˌtrieb** *m* (ready-made) clothing factory. — **~geˌschäft** *n* ready-made (*od.* ready-to-wear) clothes shop. — **~ˌgrö·ße** *f* standard size (number). — **~ˌhaus** *n cf.* Konfektionsgeschäft. — **~in·duˌstrie** *f* clothing (*od.* garment, *Br. auch* making-up) industry. — **~ˌklei·dung** *f cf.* Konfektion 2. — **~ˌwa·re** *f meist pl cf.* Konfektion 2.

Kon'fektˌschach·tel *f cf.* Konfektdose.

Kon·fe·renz [kɔnfe'rɛnts] *f* ⟨-; -en⟩ conference, meeting: ~ am runden Tisch round-table conference, round table; eine ~ abhalten [einberufen] to hold [to call] a conference; an einer ~ teilnehmen to take part in (*od.* to be a member of) a conference. — **~beˌschluß** *m* conference decision (*od.* resolution). — **~ˌdol·met·schen** *n* conference interpreting. — **~ˌdol·met·scher** *m* conference interpreter. — **~ˌpart·ner** *m* conference partner, *Am.* conferee. — **~ˌsaal** *m* conference hall. — **~ˌschal·tung** *f electr. tel.* conference circuit. — **~ˌteilˌneh·mer** *m* conference member, member of a conference, *Am.* conferee. — ~ˌ**tisch** *m* conference (*od.* round) table. — ~ˌ**zim·mer** *n* **1.** conference room. – **2.** (*einer Schule*) staff (*Am.* faculty) room.

kon·fe·rie·ren [kɔnfeˈriːrən] *v/i* ⟨*no* ge-, h⟩ **1.** (über *acc* on *od.* about) confer, hold (*od.* have) a conference: mit j-m über etwas ~ to confer with s.o. on s.th., to have a discussion on (*od.* about) s.th.; die Minister konferierten mehrere Stunden the ministers conferred for several hours. – **2.** (*im Varieté*) be (the) (*od.* act as) compère.

Kon·fes·si·on [kɔnfɛˈsĭoːn] *f* ⟨-; -en⟩ **1.** *relig.* a) religion, creed, b) (*evangelische etc*) denomination, church, c) (*Glaubensbekenntnis*) confession (of faith), creed: welcher ~ gehören Sie an? what is your religion (*od.* denomination)? die christlichen ~en the Christian denominations; die Augsburgische ~ the Augsburg (*od.* Augustan) Confession (*1530*). – **2.** *lit.* (*Bekenntnis*) confession.

Kon·fes·sio·na·lis·mus [kɔnfɛsĭonaˈlɪsmʊs] *m* ⟨-; *no pl*⟩ *relig.* denominationalism, sectarianism.

kon·fes·sio·nell [kɔnfɛsĭoˈnɛl] **I** *adj* (*Schulen, Partei etc*) confessional, denominational. – **II** *adv* ~ gebunden sein to belong to a denomination (*od.* church).

Kon·fes·si'ons|ˌkun·de *f relig.* comparative study of denominations, symbolics *pl* (*construed as sg*). — **k~los** *adj* not belonging to any church (*od.* denomination), unchurched. — ~ˌ**schu·le** *f* denominational (*od.* parochial) school. — ~ˌ**wech·sel** *m* change of one's religion (*od.* denomination).

Kon·fet·ti [kɔnˈfɛti] *n* ⟨-(s); *no pl*⟩ **1.** confetti. – **2.** *Austrian obs. for* Konfekt. — ~**paˌra·de** *f* ticker tape (*od.* confetti) parade (*od.* procession). — ~ˌ**re·gen** *m* shower of ticker tape (*od.* confetti). — ~ˌ**schlacht** *f* confetti battle.

Kon·fi·gu·ra·ti·on [kɔnfiguraˈtsĭoːn] *f* ⟨-; -en⟩ **1.** *astr. math. chem.* configuration. – **2.** *med.* a) configuration, b) deformity.

Kon·fir·mand [kɔnfɪrˈmant] *m* ⟨-en; -en⟩ *relig.* candidate for confirmation, confirmand, confirmee. — **Kon·fir'man·den·ˌun·terˌricht** *m* confirmation class: in den ~ gehen to go to confirmation class(es).

Kon·fir'man·din *f* ⟨-; -nen⟩ *cf.* Konfirmand.

Kon·fir·ma·ti·on [kɔnfɪrmaˈtsĭoːn] *f* ⟨-; -en⟩ *relig.* confirmation.

Kon·fir·ma·ti'ons|ˌanˌzug *m* confirmation suit. — ~**geˌschenk** *n* confirmation gift (*od.* present). — ~ˌ**kleid** *n* confirmation dress. — ~ˌ**schein** *m* confirmation certificate. — ~ˌ**spruch** *m* confirmation motto.

kon·fir·mie·ren [kɔnfɪrˈmiːrən] *v/t* ⟨*no* ge-, h⟩ *relig.* confirm.

Kon·fi·se·rie [kõfizəˈriː] *f* ⟨-; -n [-ən]⟩ *Swiss for* Konditorei 1. — **Kon·fi'seur** [-ˈzøːr] *m* ⟨-s; -e⟩ *Swiss for* Konditor.

Kon·fis·ka·ti·on [kɔnfɪskaˈtsĭoːn] *f* ⟨-; -en⟩ *bes. jur.* confiscation, (*gerichtliche, behördliche*) *auch* seizure, impoundment, impoundage, (*zwecks Zwangsverwaltung*) *auch* sequestration. — **kon·fis'zier·bar** *adj* confiscable, liable to confiscation. — **kon·fis'zie·ren** [-ˈtsiːrən] *bes. jur.* **I** *v/t* ⟨*no* ge-, h⟩ confiscate, (*gerichtlich, behördlich verwahren od. beschlagnahmen*) *auch* seize, impound, (*zwecks Zwangsverwaltung*) *auch* sequester. – **II K~** *n* ⟨-s⟩ *verbal noun.* — **Kon·fis'zie·rung** *f* ⟨-; -en⟩ **1.** *cf.* Konfiszieren. – **2.** *cf.* Konfiskation.

Kon·fi·tü·re [kɔnfiˈtyːrə] *f* ⟨-; -n⟩ *gastr.* **1.** jam, preserve(s *pl*), *Am. auch* confiture, (*bes. aus Orangen*) marmalade. – **2.** *obs. dial.* preserved (*od.* candied) fruit, confection, *Am. auch* confiture.

Kon·flikt [kɔnˈflɪkt] *m* ⟨-(e)s; -e⟩ **1.** (*Streitigkeit*) conflict, clash, quarrel, dispute: ein bewaffneter ~ an armed conflict; einen ~ heraufbeschwören to bring about a conflict; ein offener ~ zwischen zwei Parteien an open conflict between two parties; mit dem Gesetz in ~ geraten (*od.* kommen) to clash with the law, to fall (*od.* run) foul of the law. – **2.** (*Widerstreit, Zwiespalt*) conflict: innerer [moralischer] ~ inner [moral] conflict; in ~ stehen mit to conflict with; j-n in ~ bringen to cause s.o. to have conflicts. – **3.** *jur.* concurrence. — ~**si·tua·tiˌon** *f* conflict situation. — ~ˌ**stoff** *m* issue (*od.* matter) of conflict (*od.* dispute).

Kon·flu·enz [kɔnfluˈɛnts] *f* ⟨-; -en⟩, **Kon'flux** [-ˈflʊks] *m* ⟨-es; -e⟩ *geogr.* (*von Flüssen etc*) confluence.

Kon·fö·de·ra·ti·on [kɔnfødəraˈtsĭoːn] *f* ⟨-; -en⟩ *pol.* confederacy, confederation: die ~ *Am. hist.* the (Southern) Confederacy. — **kon·fö·de'rie·ren** [-ˈriːrən] *v/reflex* ⟨*no* ge-, h⟩ sich ~ (mit with) confederate. — **kon·fö·de'riert I** *pp.* – **II** *adj* (mit with) confederate: die K~en Staaten von Amerika *hist.* the Confederate States of America, the (Southern) Confederacy *sg.* — **Kon·fö·de'rier·te** *m, f* ⟨-n; -n⟩ confederate: die ~n *Am. hist.* the Confederates.

kon·fo·kal [kɔnfoˈkaːl] *adj math.* confocal.

kon·form [kɔnˈfɔrm] *adj* **1.** conforming, coinciding: ~e Ansichten conforming opinions; mit j-m ~ gehen to be in agreement with s.o.; ich ging mit ihm darin ~, daß I agreed with him that; unsere Ansichten gehen ~ our views conform (*od.* correspond). – **2.** *math.* (*Projektion etc*) conformal.

Kon·for·ma·ti·on [kɔnfɔrmaˈtsĭoːn] *f* ⟨-; -en⟩ *chem.* conformation.

Kon·for·mis·mus [kɔnfɔrˈmɪsmʊs] *m* ⟨-; *no pl*⟩ *relig. pol.* conformism. — **Kon·for'mist** [-ˈmɪst] *m* ⟨-en; -en⟩ conformist. — **kon·for'mi·stisch** *adj* conformist, conforming. — **Kon·for·mi'tät** [-miˈtɛːt] *f* ⟨-; *no pl*⟩ **1.** conformity. – **2.** *math.* (*einer Projektion etc*) conformality.

Kon·fra·ter [kɔnˈfraːtər] *m relig.* **1.** (*im Kloster*) confrater, confrere. – **2.** (*Amtsbruder*) fellow clergyman, brother priest (*od.* minister), confrere.

Kon·fron·ta·ti·on [kɔnfrɔntaˈtsĭoːn] *f* ⟨-; -en⟩ *bes. jur.* confrontation, confrontment: die ~ des Angeklagten und des (*od.* mit dem) Zeugen the confrontation of the accused and the witness. — **kon·fron'tie·ren** [-ˈtiːrən] **I** *v/t* ⟨*no* ge-, h⟩ **1.** j-n ~ *bes. jur.* to confront s.o.: j-n mit j-m ~ to confront s.o. with s.o., to bring s.o. face to face with s.o.; der Richter konfrontierte die beiden Zeugen the judge confronted the two witnesses with one another, the judge brought the two witnesses face to face. – **2.** j-n mit etwas ~ to confront (*od.* face) s.o. with s.th. – **3.** (*Meinungen etc*) contrast. – **II K~** *n* ⟨-s⟩ **4.** *verbal noun.* — **Kon·fron'tie·rung** *f* ⟨-; *no pl*⟩ **1.** *cf.* Konfrontieren. – **2.** *cf.* Konfrontation.

kon·fus [kɔnˈfuːs] *adj* ⟨-er; -est⟩ **1.** confused, mixed-up (*attrib*), muddled: er redet ~es Zeug he talks a lot of confused nonsense; ich bin ganz ~ I am all mixed up, I am all at sea; du machst mich ganz ~ you muddle me up. – **2.** (*unkonzentriert*) muddleheaded, *Br.* muddle-headed, scatterbrained, *Br.* scatter-brained.

Kon·fu·si·on [kɔnfuˈzĭoːn] *f* ⟨-; -en⟩ **1.** *lit.* (*Verwirrung*) confusion, muddle. – **2.** *jur.* a) confusion (of rights), b) confusion (of goods).

Kon·fu·zia·ner [kɔnfuˈtsĭaːnər] *m* ⟨-s; -⟩ Confucian, Confucianist. — **kon·fu·zia·nisch** [-ˈtsĭaːnɪʃ] *adj* Confucian, Confucianist: ~e Philosophie Confucian philosophy; K~e Aussprüche sayings of Confucius. — **Kon·fu·zia'nis·mus** [-tsĭaˈnɪsmʊs] *m* ⟨-; *no pl*⟩ Confucianism.

kon·ge·ni·al [kɔngeˈnĭaːl] *adj* **1.** (*Partner etc*) of a kindred (*od.* congenial) spirit, of kindred spirits: Musik und Text waren ~ the music and the book were of a kindred spirit (*od.* of the same high standard). – **2.** (*Gegner etc*) of the same caliber (*bes. Br.* calibre). – **3.** (*Übersetzung*) ideally matched. — **Kon·ge·nia·li'tät** [-nĭaliˈtɛːt] *f* ⟨-; *no pl*⟩ kindredness (*od.* congeniality) of spirit.

kon·ge·ni·tal [kɔngeniˈtaːl] *adj med.* innate, inborn, congenital (*scient.*).

Kon·ge·sti·on [kɔngɛsˈtĭoːn] *f* ⟨-; -en⟩ *med.* congestion, engorgement.

Kon·glo·me·rat [kɔngloməˈraːt] *n* ⟨-(e)s; -e⟩ **1.** *geol.* conglomerate. – **2.** *fig.* (*von Rassen etc*) conglomeration, conglomerate.

kon·glu·ti·nie·ren [kɔnglutiˈniːrən] *v/i* ⟨*no* ge-, sein⟩ *med.* clot, conglutinate (*scient.*).

'Kon·goˌfarbˌstoff *m* (*textile*) Congo color (*bes. Br.* colour) (*od.* dye).

Kon·go·le·se [kɔŋgoˈleːzə] *m* ⟨-n; -n⟩, **Kon·go'le·sin** *f* ⟨-; -nen⟩ Congolese. — **Kon·go'le·sisch** *adj* Congolese.

'Kon·go|paˌpier *n chem.* Congo(-red) paper. — ~ˌ**pfau** *m zo.* Congo peacock (*Afropavo congensis*). — ~ˌ**rot** *n* Congo red (*od.* pink).

Kon·gre·ga·ti·on [kɔngregaˈtsĭoːn] *f* ⟨-; -en⟩ *röm.kath.* congregation, *auch* Congregation.

Kon·gre·ga·tio·na·list [kɔngregatsĭonaˈlɪst] *m* ⟨-en; -en⟩ *relig.* congregationalist.

Kon·gre·ga·tio·nist [kɔngregatsĭoˈnɪst] *m* ⟨-en; -en⟩ *röm.kath.* member of a congregation.

Kon·greß [kɔnˈgrɛs] *m* ⟨-sses; -sse⟩ **1.** congress, convention, conference: ein internationaler ~ an international congress. – **2.** *pol.* congress: der Wiener ~ *hist.* the Congress of Vienna (*1814—15*); der (amerikanische) ~ (the) Congress. — ~ˌ**ab·geˌord·ne·te** *m pol.* (*in den USA*) Member of Congress, MC, (*im Repräsentantenhaus*) *auch* congressman, (*im Senat*) *auch* senator. — ~ˌ**hal·le** *f* congress (*od.* convention) hall. — ~ˌ**mitˌglied** *n* **1.** *cf.* Kongreßteilnehmer. – **2.** *pol. cf.* Kongreßabgeordnete. — ~ˌ**saal** *m cf.* Kongreßhalle. — ~ˌ**stadt** *f* town (*od.* city) where congresses (*od.* conventions) are frequently held, convention city. — ~ˌ**teilˌneh·mer** *m* congress member, member of a congress.

kon·gru·ent [kɔngruˈɛnt] *adj* **1.** *math.* a) congruent, congruous, b) (*in der Geometrie*) superposable, congruent, equal in all respects: ~ sein to be in congruency. – **2.** *lit.* (*Ansicht etc*) concurring, corresponding, concordant.

Kon·gru·enz [kɔngruˈɛnts] *f* ⟨-; -en⟩ **1.** *math.* congruence, congruity. – **2.** *ling.* agreement, concord, congruence. – **3.** *lit.* (*von Ansichten etc*) concurrence, correspondence. — ~ˌ**satz** *m math.* congruence theorem.

kon·gru·ie·ren [kɔngruˈiːrən] *v/i* ⟨*no* ge-, h⟩ **1.** *math.* a) be congruent, be congruous, b) (*in der Geometrie*) be superposable (*od.* congruent). – **2.** *lit.* (*von Ansichten etc*) concur, correspond.

Ko·ni·die [koˈniːdĭə] *f* ⟨-; -n⟩ *bot.* conidium. — **Ko'ni·di·enˌträ·ger** *m* conidiophore.

Ko·ni·fe·re [koniˈfeːrə] *f* ⟨-; -n⟩ *bot.* conifer, coniferous plant (*Klasse Coniferae*).

Kö·nig [ˈkøːnɪç] *m* ⟨-s; -e⟩ **1.** king: der ~ von England the King of England; ~ Heinrich I. King Henry I; von Gottes Gnaden ~ von Frankreich by the grace of God King of France; der ~ aller ~e *Bibl.* the King of Kings; ein schwacher ~ a weak (*od.* petty) king, a kinglet; j-n zum ~ machen to make s.o. king; im Namen des ~s in the King's (*auch* king's) name; der ~ der Tiere [der Lüfte] *fig.* the king of beasts [of the air]; er war der ungekrönte ~ der Textilindustrie *fig.* he was the uncrowned king of the textile industry; bei uns ist der Kunde ~ *fig.* the customer comes first (with us); → Anbetung 2; Blinde[1] 1; heilig 1; krönen 1; Pünktlichkeit 1; Rock 5. – **2.** (*beim Kegeln*) kingpin, headpin: den ~ aus der Mitte herausholen to knock out the kingpin. – **3.** (*games*) (*beim Schach-, Kartenspiel*) king: Schach dem ~! check! der ~ steht im Schach the king is in check (*od.* is checked); den ~ matt setzen to checkmate the king. – **4.** *metall.* regulus. – **5.** das erste [zweite] Buch der ~e *Bibl.* the first [second] book of the Kings.

Kö·ni·gin [ˈkøːnɪgɪn] *f* ⟨-; -nen⟩ **1.** queen: die ~ von England the Queen of England; ~ Elisabeth a) Queen Elizabeth, b) (*als Unterschrift etc*) Elizabeth Regina; regierende ~ a) reigning queen, queen regnant, b) (*Regentin*) queen regent; sie war die ~ des Festes *fig.* she was the queen of the festival; Großbritannien, die ~ der Meere *fig.* Great Britain, the queen of the seas; sie ist die ~ meines Herzens *lit.* she is the queen of my heart. – **2.** *zo.* (*der Bienen, Ameisen*) queen: unbefruchtete ~ virgin queen. – **3.** ~ der Nacht *bot.* night-blooming cereus, queen of the night (*Selenicereus grandiflorus*). – **4.** (*games*) (*beim Schachspiel*) queen. — ~ˌ**mut·ter** *f* queen mother. — ~**paˌstet·chen** *n gastr.* chicken vol-au-vent. — ~ˌ**sup·pe** *f* queen's soup. — ~ˌ**wit·we** *f* queen dowager.

kö·nig·lich [ˈkøːnɪklɪç] **I** *adj* **1.** royal, king's (*attrib*): er ist ein Mitglied der ~en Familie he is a member of the royal family, he is of the blood royal; von ~em Blute, aus ~em Geblüt of royal blood, of the blood royal; die ~en Schlösser the royal castles; ein ~es Dekret a royal decree; die ~e Kunst Freemasonry, *auch* Masonry;

das ~e Spiel (*Schach*) chess; ein ~es Mahl *fig.* a dinner (*od.* banquet) fit for a king; ein ~es Geschenk *fig.* a princely gift; → Hoheit 2. – **2.** (*Insignien, Privilegien, Macht etc*) regal, royal. – **3.** *fig.* (*Würde, Stolz etc*) royal, kingly, regal. – **II** *adv* **4.** ~ gekleidet regally dressed; er freute sich ~ *fig.* he was as happy as a king, he was tickled pink (*colloq.*); j-n ~ bewirten *fig.* to entertain s.o. royally; → amüsieren 1.

'Kö·nig·li·che *m* ⟨-n; -n⟩ *hist.* **1.** *mil.* soldier of the king (*od.* queen). – **2.** *pol.* royalist.

'Kö·nigˌreich ['kø:nɪk-] *n* **1.** kingdom: Vereinigtes ~ (von Großbritannien und Nordirland) *pol.* United Kingdom (of Great Britain and Northern Ireland); ein ~ für ein Bett *colloq.* I'd give anything for a bed; nicht für ein ~! *colloq.* not for the world. – **2.** *poet.* realm.

'Kö·nigs|ˌad·ler *m zo.* royal (*od.* golden) eagle (*Aquila chrysaëtos*). — **~ˌbau·er** *m* (*games*) (*beim Schach*) king's pawn. — **~ˌbaum** *m bot.* jack-in-a-box (*Hernandia sonora*). — **~ˌblau I** *n* royal blue. – **II k~** *adj* royal-blue. — **~ˌbo·te** *m* messenger of the king: die **~n** *hist.* (*zur Zeit der Merowinger*) missi dominici. — **~ˌdorsch** *m zo.* a) kingfish (*Gattg Menticirrhus*), b) Northern kingfish (*M. saxatilis*). — **~ˌei·che** *f bot.* royal oak. — **~ˌei·derˌen·te** *f zo.* king duck (*od.* eider) (*Somateria spectabilis*). — **~ˌfarn** *m bot.* king (*od.* royal, ditch) fern, osmund (royal) (*Osmunda regalis*). — **~faˌsan** *m zo.* Reeves's pheasant (*Syrmaticus reevesii*). — **~ˌfisch** *m* **1.** kingfish (*Gattg Menticirrhus*). – **2.** *cf.* Gotteslachs. – **3.** *cf.* Seekatze. — **~ˌfi·scher** *m* **1.** kingfisher (*Fam. Alcenidae*). – **2.** wood kingfisher (*Alcedo althis*). – **3.** (eastern) belted kingfisher (*Megaceryle alcyon*). — **~ˌgei·er** *m* king vulture (*Sarcorhamphus papa*). — **~ˌgelb** *n chem.* **1.** king's yellow, orpiment (As_2S_3). – **2.** (*Bleimonoxyd*) massicot (PbO). — **~ˌgut** *n jur.* demesne of the crown, royal demesne. — **~ˌhaus** *n* royal house (*od.* dynasty). — **~ˌherr·schaft** *f* reign (*od.* rule) of a king. — **~ˌhof** *m* royal (*od.* king's) court, royal household. — **~ˌhutˌschlan·ge** *f zo. cf.* Königskobra. — **~ˌker·ze** *f bot.* mullein, *auch* mullen (*Gattg Verbascum*): Gemeine (*od.* Echte) ~ (common) mullein (*V. thapsus*); Großblätt(e)rige ~ great mullein, Aaron's rod (*V. thapsiforme*). — **~ˌklei·derˌvo·gel** *m zo.* mamo (*Gattg Drepanis*). — **~ˌko·bra** *f* king cobra, hamadryad (*Najah hannah*). — **~ˌkrab·be** *f* king (*od.* horseshoe) crab (*Limulus polyphemus*). — **~ˌkro·ne** *f* king's (*od.* royal) crown. — **~ˌku·chen** *m gastr.* fruitcake, *Br.* fruit-cake. — **~ˌlachs** *m zo.* king (*od.* chinook) salmon, quinnat (salmon) (*Onchorhynchus tschawytscha*). — **~ˌläu·fer** *m* (*games*) (*beim Schach*) king's bishop. — **~liˌbel·le** *f zo.* aeschnid (*Anax imperator*). — **~ˌli·lie** *f bot.* Turk's-cap lily, *auch* Turk's cap, martagon (*scient.*) (*Lilium martagon*). — **~ˌmacht** *f* regal (*od.* royal) power. — **~maˌkre·le** *f zo.* king mackerel (*Scomberomorus cavalla*). — **~ˌman·tel** *m* royal mantle. — **~ˌmord** *m* murder of a king, regicide (*lit.*). — **~ˌmör·der** *m* murderer of a king, regicide (*lit.*). — **~ˌnat·ter** *f zo.* (Arizona) king snake, milk snake (*Lampropeltis doliata*). — **~ˌpal·me** *f bot.* royal palm (*Roystonea regia*). — **~ˌpin·gu·in** *m zo.* king penguin (*Aptenodytes patagonica*). — **~ˌpy·thon** *m* regal python (*Python regius*). — **~ˌral·le** *f* king rail (*Rallus elegans*). — **~salˌbei** *m bot.* common sage (*Salvia officinalis*). — **~ˌschlan·ge** *f zo. cf.* Abgottschlange. — **~ˌschloß** *n* royal palace (*od.* castle). — **~ˌsohn** *m* king's son, prince. — **~ˌsprin·ger** *m* (*games*) (*beim Schach*) king's knight. — **~stanˌdar·te** *f* royal standard. — **~ˌthron** *m* king's throne. — **~ˌti·ger** *m zo.* Bengal tiger (*Panthera tigris*). — **~ˌti·tel** *m* regal title. — **~ˌtoch·ter** *f* king's daughter, princess. — **k~ˌtreu** *adj* royalist, loyal (to the king), loyalist (*attrib*).

'Kö·nigsˌtreue[1] *m* ⟨-n; -n⟩ *hist.* royalist, loyalist, (*im spanischen Bürgerkrieg*) *auch* [Loyalist.]

'Kö·nigsˌtreue[2] *f* royalism.

'Kö·nigs|ˌturm *m* (*games*) (*beim Schach*) king's rook. — **~ˌvo·gel** *m zo.* kingbird, field martin (*Cicinnurus regius*). — **~ˌwas·ser** *n* ⟨-s; *no pl*⟩ *chem.* aqua regia, *auch* nitrohydrochlorid (*od.* chloroazotic, chloronitrous) acid. — **~ˌwel·le** *f tech.* king post. — **~ˌwür·de** *f* **1.** royal (*od.* regal) dignity, royalty. – **2.** (*Amt*) royal dignity, kingship, royalty: er trug einen roten Mantel als Zeichen seiner ~ he wore a red cape as a sign of his royal dignity; die ~ erlangen to become king. — **~ˌzap·fen** *m tech.* central pivot, king post, (*einer Planscheibe*) table spindle.

'Kö·nig·tum *n* ⟨-s; ⁼er⟩ **1.** ⟨*only sg*⟩ monarchy. – **2.** *cf.* Königswürde. – **3.** *hist. cf.* Königreich 1.

Ko·ni·in [koni'i:n] *n* ⟨-s; *no pl*⟩ *chem. cf.* Coniin.

ko·nisch ['ko:nɪʃ] *adj* **1.** *math.* conic(al), cone-shaped, coniform. – **2.** *tech.* a) conic(al), cone-shaped, b) (*spitz zulaufend*) taper(ing), tapered, c) (*abgeschrägt*) bevel (*attrib*), beveled, *bes. Br.* bevelled: ~er Stift taper pin; ~es Getriebe bevel(l)ed gear; ~es Rad bevel wheel; ~ machen to cone, to taper (off). – **3.** *geogr.* (*Projektion*) conical. — **Ko·ni·zi·tät** [konitsi'tɛ:t] *f* ⟨-; -en⟩ **1.** *math.* conicity, conicalness: ~ des Kegels angle of taper. – **2.** *tech. cf.* Verjüngung 8.

Kon·jek·tur [kɔnjɛk'tu:r] *f* ⟨-; -en⟩ **1.** *ling.* a) conjecture, inferential form, b) (*Verbesserung eines Textes*) (textual) emendation. – **2.** *obs.* (*Vermutung*) conjecture, guess. — **kon·jek·tu'ral** [-tu'ra:l] *adj* **1.** *ling.* a) conjectural, inferential, b) relating to emendation (of texts). – **2.** *obs.* conjectural.

Kon·jek·tu'ral·kri·tik *f ling.* textual criticism.

kon·ji·zie·ren [kɔnji'tsi:rən] **I** *v/i* ⟨*no* ge-, h⟩ *ling.* **1.** emendate texts. – **II** *v/t* **2.** *ling.* conjecture, infer. – **3.** *obs. for* vermuten 3.

Kon·ju·ga·ten [kɔnju'ga:tən] *pl bot.* Conjugatae (*Ordng Zygnematales*).

Kon·ju·ga·ti·on [kɔnjuga'tsio:n] *f* ⟨-; -en⟩ **1.** *ling.* conjugation: erste [starke, schwache] ~ first [strong (*od.* irregular), weak (*od.* regular)] conjugation. – **2.** *bot. chem.* conjugation.

Kon·ju·ga·ti'ons|ˌen·dung *f ling.* conjugational ending. — **~ˌform** *f* form of conjugation, conjugational form. — **~ˌzel·le** *f biol.* conjugation cell.

kon·ju'gier·bar *adj ling.* (*Verb*) conjugable. — **kon·ju·gie·ren** [kɔnju'gi:rən] *v/t* ⟨*no* ge-, h⟩ conjugate. — **kon·ju'giert I** *pp.* – **II** *adj* **1.** *ling.* conjugated. – **2.** *math. med. electr.* conjugate: ~e komplexe Zahlen *math.* conjugate complex numbers; ~er Widerstand *electr.* conjugate impedance. – **3.** *chem.* conjugate(d).

Kon·junk·ti·on [kɔnjuŋk'tsio:n] *f* ⟨-; -en⟩ *ling. astr.* conjunction: unterordnende ~ *ling.* subordinating conjunction; obere [untere] ~ *astr.* superior [inferior] conjunction.

kon·junk·tio·nal [kɔnjuŋktsio'na:l] *adj ling.* conjunctional. — **K~ˌsatz** *m* conjunctional clause.

Kon·junk·tiv ['kɔnjuŋkti:f] *m* ⟨-s; -e⟩ *ling.* subjunctive (mood), conjunctive: im ~ stehen to take (*od.* have) the subjunctive, to be in the subjunctive.

Kon·junk·ti·va [kɔnjuŋk'ti:va] *f* ⟨-; *no pl*⟩ *med.* (*Bindehaut*) conjunctiva.

'Kon·junk·tivˌform *f ling.* **1.** *cf.* Konjunktiv. – **2.** subjunctive form.

kon·junk·ti·visch ['kɔnjuŋkti:vɪʃ; -'ti:vɪʃ] *adj ling.* subjunctive, conjunctive.

Kon·junk·ti·vi·tis [kɔnjuŋkti'vi:tɪs] *f* ⟨-; -tiden [-vi'ti:dən]⟩ *med.* conjunctivitis, syndesmitis.

'Kon·junk·tivˌsatz *m ling.* subjunctive clause, clause in the subjunctive (mood).

Kon·junk·tur [kɔnjuŋk'tu:r] *f* ⟨-; -en⟩ *econ.* **1.** (*Wirtschaftslage*) economic situation (*od.* activity), state (*od.* phase) of the economic cycle: kleine (*od.* vorübergehende) ~ boomlet; (an)steigende ~ increasing economic activity (*od.* business); absteigende (*od.* [ab]sinkende, rückläufige) ~ declining economic business (*od.* activity), downward movement, declining tendency; überhitzte ~ overheated economy; die ~ (aus)nutzen to utilize the favo(u)rable (situation of the) market: die ~ ankurbeln [bremsen *od.* eindämmen] to stimulate [to slow down] economic activity (*od.* the economy); Wiederanziehen der ~ business revival (*od.* comeback); Schönwetter der ~ *fig.* favo(u)rable economic climate; die neue politische ~ ausnutzen *fig.* to exploit the new favo(u)rable political climate. – **2.** (*Hochkonjunktur*) upward trend, boom, prosperity: Entspannung der ~ easing of the boom conditions. – **3.** (*Marktlage*) situation (*od.* position, state) of the market, market condition(s *pl*). – **4.** (*Geschäftslage*) prospects *pl* of business (*od.* the market), business outlook. — **~abˌlauf** *m econ.* economic trend (*od.* cycle). — **~ˌabˌschwä·chung** *f* decline in (*od.* slackening of) economic activity, economic recession. — **~anaˌly·se** *f* cyclical trend analysis. — **k~ˌanˌfäl·lig** *adj* sensitive to economic fluctuations. — **~ˌanˌstieg** *m* increase in economic activity, upward economic trend. — **~ˌaufˌschwung** *m* economic upswing (*od.* upturn). — **k~beˌdingt** *adj* affected (*od.* influenced, determined) by the economic trend. — **~beˌle·bung** *f* business revival, stimulation of business. — **~beˌricht** *m* economic report (*od.* survey). — **~beˌwe·gung** *f* business (*od.* cyclical) movement. — **k~ˌdämp·fend** *adj* (*Maßnahmen, Politik etc*) designed to slow down the economy, countercyclical. — **~ˌdämp·fung** *f* slowing down of excessive business activity, boom curbing. — **~dyˌna·misch** *adj* affecting cyclical conditions.

kon·junk·tu·rell [kɔnjuŋktu'rɛl] *econ.* **I** *adj* relating to market conditions (*od.* business activity), cyclical: ~es Klima economic (*od.* cyclical) climate; ~e Arbeitslosigkeit [Schwankungen] cyclical unemployment [fluctuations]. – **II** *adv* ~ bedingte Preissteigerung price increases due to the economic trend.

kon·junk'tur|empˌfind·lich *adj econ.* sensitive to (*od.* easily affected by) economic fluctuations. — **K~empˌfind·lich·keit** *f* sensitivity to economic fluctuations.

Kon·junk'tur|entˌwick·lung *f econ.* course of the business cycle, cyclical development, economic trend. — **~ˌfor·schung** *f* cyclical research. — **k~geˌrecht** *adj* cyclically correct. — **~ˌjahr** *n* boom year. — **~ˌkri·se** *f* economic crisis. — **~ˌla·ge** *f* economic situation, state of the economy. — **~ˌlen·kung** *f* guiding of the economy, control of cyclical movements. — **~pe·riˌode**, **~ˌpha·se** *f* phase (*od.* stage) of the trade cycle. — **~po·liˌtik** *f* economic (*od.* cyclical) policy, business-cycle policy. — **~poˌli·ti·ker** *m contempt.* opportunist (politician). — **k~poˌli·tisch** *adj* relating to economic policy, cyclical: ~e Gegenmaßnahme countercyclical measure. — **~ˌrit·ter** *m colloq.* opportunist. — **~ˌrückˌgang** *m econ.* business setback (*Br.* set-back), decline in economic activity, trade (*od.* business) recession, slump. — **~ˌschwan·kun·gen** *pl* market (*od.* cyclical) fluctuations. — **~ˌsprit·ze** *f colloq.* shot in the arm (*colloq.*). — **~theoˌrie** *f* theory of economic cycles. — **~ˌüberˌhit·zung** *f* cyclical overheating. — **~verˌlauf** *m* trend (*od.* course) of economic activity, cyclical trend. — **~ˌzy·klus** *m* economic (*od.* trade) cycle.

kon·kav [kɔn'ka:f] *adj* (*Linse, Fläche etc*) concave. — **K~ˌglas** *n* (*optics*) *cf.* Konkavlinse.

Kon·ka·vi·tät [kɔnkavi'tɛ:t] *f* ⟨-; *no pl*⟩ (*optics*) *math.* concavity.

kon'kav|-kon'vex *adj* (*optics*) concavo-convex. — **K~ˌlin·se** *f* (*optics*) concave (*od.* negative, diverging) lens. — **K~ˌspie·gel** *m* concave mirror.

Kon·kla·ve [kɔn'kla:və] *n* ⟨-s; -n⟩ *röm.kath.* conclave.

kon·klu·dent [kɔnklu'dɛnt] *adj* **1.** *jur.* (*Verhalten, Handlung*) conclusive: ~e Handlung action implying a specific intention. – **2.** *philos. obs.* (*Argument*) reasoned. — **kon·klu'die·ren** [-'di:rən] *v/i* ⟨*no* ge-, h⟩ *philos.* conclude. — **Kon·klu·si'on** [-'zio:n] *f* ⟨-; -en⟩ conclusion. — **kon·klu'siv** [-'zi:f] *adj* conclusive.

kon·kor·dant [kɔnkɔr'dant] *adj* **1.** *rare* (mit with) concordant. – **2.** *geol.* (*Schichten etc*) concordant, conformable.

Kon·kor·danz [kɔnkɔr'dants] *f* ⟨-; -en⟩ **1.** (*der Bibel, eines Buches etc*) concordance. – **2.** *print.* four-em quad. – **3.** *geol.* (*von Gesteinsschichten*) conformity, conformability. – **4.** *med. biol.* concordance.

Kon·kor·dat [kɔnkɔr'da:t] *n* ⟨-(e)s; -e⟩ **1.** *relig. pol.* concordat: das Wormser ~ the Concordat of Worms (*1122*). – **2.** *Swiss pol.* agreement between two Cantons.

Kon'kor·di·en|,buch [kɔn'kɔrdiən-] *n relig.* Book of Concord. — **~,for·mel** *f hist.* Formula of Concord (*1577*).

Kon·kre·ment [kɔnkre'mɛnt] *n* ⟨-(e)s; -e⟩ *med.* concretion, calculus.

kon·kret [kɔn'kreːt] **I** *adj* ⟨-er; -(e)st⟩ **1.** (*Frage, Sinn, Ergebnis etc*) concrete: **im ~en Sinne** in the concrete (*od.* literal) sense; **die Pläne nehmen ~e Formen an** the plans assume concrete (*od.* tangible) forms. – **2.** (*Beispiel, Vorschlag etc*) practical, concrete. – **3.** (*Grund, Begebenheit etc*) actual, concrete. – **4.** (*Idee, Vorstellung etc*) precise, definite, exact, concrete: **er konnte keine ~en (technischen) Angaben machen** he could not supply any definite data. – **5.** *philos.* a) concrete, b) (*sachlich*) objective, c) (*wesentlich*) substantial, material. – **6.** (*art*) *ling. mus.* concrete. – **II** *adv* **7.** concretely, clearly: **ganz ~ gesprochen** (*od.* **ausgedrückt**) to speak clearly, in terms of facts, put into concrete terms; **du mußt dich schon ~er äußern** you must be more precise (*od.* explicit). – **III K~e, das** ⟨-n⟩ **8.** the concrete.

Kon·kre·ti·on [kɔnkre'tsi̯oːn] *f* ⟨-; -en⟩ [*geol.* concretion.]

kon·kre·ti·sie·ren [kɔnkreti'ziːrən] **I** *v/t* ⟨*no* ge-, h⟩ **1.** (*Idee, Behauptung etc*) put (*s.th.*) in(to) (more) concrete terms, reify (*lit.*), *Am. auch* concretize: **ein Angebot ~** *econ.* to supply data (*od.* details, information) on an offer. – **2.** (*Termin etc*) set, fix. – **II** *v/reflex* **sich ~ 3.** (*von Plänen etc*) gel, take shape, *Am. auch* concretize. – **III K~** *n* ⟨-s⟩ **4.** *verbal noun.* — **Kon·kre·ti'sie·rung** *f* ⟨-; *no pl*⟩ **1.** *cf.* Konkretisieren. – **2.** concretization, reification (*lit.*). – **3.** definition, concretization.

Kon·kre·tum [kɔn'kreːtum] *n* ⟨-s; -ta [-ta]⟩ **1.** *ling.* concrete noun. – **2.** *philos.* concretum, particular.

Kon·ku·bi·nat [kɔnkubi'naːt] *n* ⟨-(e)s; -e⟩ concubinage: **mit j-m im ~ leben** to live in concubinage (*od.* to cohabit) with s.o., to be concubinary with s.o.; **offenes ~** hetaerism, hetairism. — **Kon·ku'bi·ne** [-'biːnə] *f* ⟨-; -n⟩ concubine.

Kon·ku·pis·zenz [kɔnkupɪs'tsɛnts] *f* ⟨-; *no pl*⟩ concupiscence, greed.

Kon·kur·rent [kɔnku'rɛnt] *m* ⟨-en; -en⟩ competitor, rival: **er übertrifft alle ~en** he leads all competitors, he is superior to all his rivals; **er ist unser schärfster ~** he is our keenest competitor.

Kon·kur·renz [kɔnku'rɛnts] *f* ⟨-; -en⟩ **1.** ⟨*only sg*⟩ (*Wettbewerb*) competition, rivalry: **freie [unlautere] ~** free [unfair] competition; **starke** (*od.* **scharfe, heftige**) **~** strong (*od.* vigorous, keen, stiff) competition; **j-m ~ machen, mit j-m in ~ stehen** to be in competition with s.o., to compete against (*od.* with) s.o.; **mit j-m in ~ treten** to enter into competition (*od.* rivalry) with s.o.; **sich gegenseitig ~ machen** to be in competition with one another; **die ~ der Firmen untereinander** the competition between firms; **dieses Produkt ist ohne ~** this product faces no competition; **eine ~ ausschreiben** to offer a job for competition, to invite tenders (*Am.* bids); → außer 1. – **2.** ⟨*only sg*⟩ *econ. meist collect.* (*Konkurrenzunternehmen*) competitor(s *pl*), rival(s *pl*), rival shop(s *pl*), rival firm(s *pl*): **die Firma hat eine starke internationale ~** the firm has big international competitors; **die ~ aus dem Felde schlagen** *fig.* to eliminate one's competitor(s); **der ~ die Spitze bieten** *colloq.* to defy competition; **er ist zur ~ gegangen** (*od.* **abgewandert**) *colloq.* he's gone (over) to the competitors; **bei der ~ einkaufen** *colloq.* to buy from competitors; **die ~ ist billiger** the competitor (*od.* rival firm) sells for less. – **3.** (*sport*) a) (*Wettkampf*) competition, contest, event, b) ⟨*only sg*⟩ *meist collect.* (*Rivalen*) competitors *pl*: **die nächste ~ wird den Länderkampf entscheiden** the next event will decide the international meeting (*Am. auch* meet). – **4.** *jur.* a) (*von Verpflichtungen, Verbrechen, Ansprüchen etc*) concurrence, b) (*von Klagen*) concourse, c) (*von Gesetzen*) competing, conflicting. – **5.** *relig.* (*von Festen*) concurrence.

Kon·kur'renz|be,trieb *m econ.* rival firm (*od.* business, shop), competitor. — **k~,fä·hig** *adj* competitive. — **~,fä·hig·keit** *f* competitive power, competitiveness. — **~,fir·ma** *f*, **~ge,schäft** *n cf.* Konkurrenzbetrieb.

kon·kur·ren·zie·ren [kɔnkurɛn'tsiːrən] *v/i* ⟨*no* ge-, h⟩ *Austrian and Swiss for* konkurrieren 1.

Kon·kur'renz|,kampf *m econ.* competitive struggle, trade rivalry (*od.* competition): **~ auf Leben und Tod, mörderischer ~** cutthroat (*Am. auch* dog-eat-dog) competition. — **~,klau·sel** *f* stipulation in restraint of trade.

kon·kur'renz·los *adj* **1.** without competition (*od.* competitor[s], rival[s]): **dieses Produkt ist ~ auf dem Auslandsmarkt** this product is without competition on the foreign market. – **2.** (*unvergleichlich*) unrival(l)ed, unequal(l)ed, matchless: **dieser Wagen ist ~** this car is of unrival(l)ed quality, this car is in a class by itself. – **3.** (*unübertroffen*) unparallel(l)ed, second-to-none (*attrib*).

Kon·kur'renz|,neid *m* professional jealousy. — **~,preis** *m econ.* competitive price. — **k~,un,fä·hig** *adj* unable to compete. — **~,un·ter,neh·men** *n cf.* Konkurrenzbetrieb. — **~ver,bot** *n* restraint of trade.

kon·kur·rie·ren [kɔnku'riːrən] *v/i* ⟨*no* ge-, h⟩ **1.** compete, be in competition, rival: **beide Firmen ~ seit langem miteinander** both firms have been competing for a long time; **mit diesen Preisen können wir nicht ~** we cannot compete with (*od.* match) these prices; **damit kannst du nicht ~** *colloq.* you can't compete with that, you can't hold a candle to that (*colloq.*). – **2.** *jur.* concur. – **3.** *phys.* compete. — **kon·kur'rie·rend I** *pres p.* – **II** *adj* **1.** competitive, rival (*attrib*). – **2.** *jur.* a) (*Verpflichtungen, Verbrechen, Ansprüche etc*) concurring, b) (*Klagen*) overlapping, c) (*Gesetze*) competing, conflicting. – **3.** *phys.* (*Betazerfall*) competitive.

Kon·kurs [kɔn'kurs] *m* ⟨-es; -e⟩ *econ. jur.* bankruptcy, insolvency, failure: **betrügerischer ~** fraudulent bankruptcy; **in ~ gehen** (*od.* **geraten**), *colloq.* **~ machen** to go bankrupt, to become bankrupt (*od.* insolvent), to fail; **in ~ stehen** to be (a) bankrupt; **den ~ eröffnen** to institute bankruptcy proceedings; **j-n in ~ treiben** to make s.o. bankrupt, to bankrupt s.o.; **(den) ~ anmelden** (*od.* **beantragen**) to file (*od.* present) one's petition (in bankruptcy); **über sein Vermögen wurde der ~ eröffnet** he was adjudicated (*od.* adjudged) bankrupt; **den ~ (mangels Masse) abweisen** to refuse bankruptcy proceedings (for lack of assets [*od.* estate]); **den ~ abwenden** to avert (*od.* avoid) bankruptcy (proceedings). — **~,an,trag** *m* bankruptcy petition, petition (in bankruptcy). — **~,an,zei·ge** *f* bankruptcy notice. — **~de,likt** *n* bankruptcy offence (*Am.* offense). — **~di·vi,den·de** *f* (bankruptcy) dividend. — **~,ein,stel·lung** *f* suspension (*od.* closing) of bankruptcy proceedings. — **~er,klä·rung** *f* declaration of insolvency, adjudication order. — **~er,öff·nung** *f* adjudication (of bankruptcy): **Antrag auf ~** petition (in bankruptcy). — **~er,öff·nungs·be,schluß** *m* adjudication (of bankruptcy). — **~,for·de·rung** *f* claim against a bankrupt's estate: **angemeldete ~** proved debt; **anzumeldende ~** debt provable in bankruptcy. — **~ge,richt** *n* court of bankruptcy, bankruptcy court. — **~,gläu·bi·ger** *m* creditor of a bankrupt's estate, bankrupt's creditor. — **~,mas·se** *f* (bankrupt's *od.* insolvent) estate, bankrupt's assets *pl.* — **~,ord·nung** *f* Bankruptcy Code. — **~,pfle·ger** *m* trustee in bankruptcy, bankruptcy trustee. — **~,quo·te** *f cf.* Konkursdividende. — **~,recht** *n* law of bankruptcy, bankruptcy law. — **k~,reif** *adj* insolvent. — **~,rich·ter** *m* magistrate (*Br.* registrar) in bankruptcy. — **~,schuld·ner** *m cf.* Gemeinschuldner. — **~ver,fah·ren** *n* bankruptcy proceedings *pl*: **das ~ eröffnen** to open (*od.* institute) bankruptcy proceedings; **Antrag auf Eröffnung des ~s** *cf.* Konkursantrag; **über sein Vermögen wurde das ~ eröffnet** he was adjudicated (*od.* adjudged) bankrupt; **das ~ einstellen** to suspend (*od.* close) bankruptcy proceedings. — **~ver,ge·hen** *n cf.* Konkursdelikt. — **~ver,wal·ter** *m* (*vom Gericht eingesetzt*) (official) receiver (*od.* liquidator). — **~ver,wal·tung** *f* administration of the bankrupt's estate, receivership. — **~,vor,recht** *n* (creditor's) right to preferential payment.

kön·nen[1] ['kœnən] **I** *v/aux* ⟨**kann, konnte,** *pp* **können,** h⟩ **1.** (*vermögen, imstande sein*) be able to, be capable of: **kannst du mir die Nummer sagen?** can you give (*od.* tell) me the number? **die Halle kann 1000 Menschen fassen** the hall can hold a thousand people, the hall has a seating capacity of 1,000; **er tut, was er kann** he does his best; **ich werde sehen, was ich tun kann** I'll see about it (*od.* what I can do); **ich könnte jetzt schlafen** I feel like sleeping, I could drop right off; **was kann man da tun?** what can be done in such a case? **ich kann das unmöglich tun** I can't possibly do that; **ich kann nichts dazu tun** I can do nothing about it (*od.* to help); **er hat es nicht tun ~** he has not been able to do it; **mir kann keiner etwas anhaben** *colloq.* no one can harm (*od.* frighten) me, I have no one to fear; **man kann ihn zu nichts gebrauchen** he is good for nothing; **ich kann mir nicht helfen, sie gefällt mir nicht** I can't help it, I just don't like her; **lauf, was du laufen kannst** *colloq.* run as fast as you can (*od.* as your legs will carry you); **er schrie, was er schreien konnte** he cried at the top of his voice (*od.* lungs), he screamed with all his might; **man konnte noch so laut rufen** you could shout as loud as you could; **man kann nicht an alles denken** one can't think of everything; **soweit ich zurückdenken kann** as far as I can remember (*od.* recall); **damit kannst du dich sehen lassen** you need not be ashamed of that; **die Zeit kaum abwarten ~** to be hardly able to wait; **sie konnte nicht aufstehen** she was unable to get up, she was incapable of getting up; **ich habe nicht kommen ~** I was unable (*od.* I wasn't able) to come; **er kann nichts mit sich anfangen** he does not know what to do with himself; **das ~ wir uns nicht leisten** we can't afford that; **da kann man nichts machen** *colloq.* there's nothing to be done (*od.* that one can do); **ich kann ihn nicht sehen** a) I can't see him, b) *fig.* I can't stand him; **ich habe ihn nie leiden ~** I have never liked him, I have always disliked him. – **2.** (*beherrschen*) know (how) to, understand to, have skill in: **er kann gut schreiben** a) he can write nicely, b) he knows how to write well; **sie kann Geige spielen** she can play the violin, she plays the violin; **er kann reiten** he can (*od.* knows how to) ride. – **3.** (*dürfen*) be permitted (*od.* allowed) to: **das kannst du meinetwegen tun** you can do it as far as I am concerned; **du kannst tun und lassen, was du willst** you can (*od.* may) do as you please; **kann ich etwas für dich tun?** can I do anything for you? can I help you? **kann ich mit euch ins Kino kommen?** can I come along (*od.* go) to the cinema with you? **kann ich die Butter haben?** *colloq.* may I have the butter? **diese Frechheit kann (einfach) nicht geduldet werden** this impertinence (simply) cannot be tolerated; **so etwas kann man nicht machen** one simply doesn't do a thing (*od.* things) like that, that sort of thing isn't done; **kann ich (jetzt) gehen?** may (*od.* can) I go (*od.* leave) now? **er kann gehen** a) he may (*od.* can) go, b) let him go; **jetzt kannst du kommen** you may come now; **du kannst alles sehen** you are welcome to see everything; **Sie ~ mich morgen erwarten** you may expect me tomorrow; **Sie ~ es mir glauben** you may believe it (*od.* me), you may take my word for it; **man kann es hoffen** it is to be hoped; **man kann nicht alles sagen, was wahr ist** one must not say everything that is true; **Sie hätten es tun ~** you could (*od.* might) have done it; **du kannst ohne Sorge sein!** don't worry! you don't have to be afraid! **du kannst heute etwas länger aufbleiben** you can (*od.* may) stay up a little longer tonight; **wir ~ dankbar sein, daß** we can be thankful (*od.* grateful) that; **du kannst nicht einfach über mich verfügen** you don't have the right to run me; **er ist sehr sparsam, man kann schon sagen geizig** he is very thrifty, one could (*od.* might) even say he's stingy (*od.* a miser); → gern 3; Glück 3. – **4.** (*möglich sein*) **der Brief könnte verlorengegangen sein** the letter could (*od.* may, might) have got (*bes. Am.* gotten) lost (*od.* gone astray); **er kann sterben** he may (*od.* might) die; **es kann sich inzwischen manches ge-**

ändert haben in the meantime many things may (*od.* might) have changed; wie ~ Sie das wissen? how can you tell? kann sein *colloq.* may be, possibly; wie kann man nur so etwas Unsinniges tun! what a mad thing to do! wie konnte ich nur so dumm sein! how could I have been so stupid! das kann man wohl sagen *colloq.* one could (certainly) say so, it may be said, that's true enough; das ~ Sie nicht gut tun you cannot very well do that; man kann (es) nie wissen! *colloq.* you never know! you never can tell! man kann nicht sagen, er sei ungerecht one can't say (*od.* there is no saying) he is unjust; er hätte kommen ~ he could have come; das könnte er gewesen sein it could have been him; es kann sein, daß er schon heute kommt, er kann schon heute kommen maybe he will even come today; das kann doch nicht ewig dauern! that can't go on forever! es kann Regen geben maybe it will rain, it could rain; das kann (*od.* könnte) wahr sein that could (*od.* might) be true; du kannst (*od.* könntest) recht haben you may be right; es ~ 20 gewesen sein there may have been 20; haben Sie schon Kinder? nein, aber was nicht ist, (das) kann noch werden do you have children already? no, but there is promise (*od.* still hope) (*od.* not yet, but one [fine] day we may have some); es kann jederzeit geschehen it may happen anytime (*od.* at any time); kann es (möglich) sein, daß can it be true (*od.* possible) that; es kann sein, daß it's possible that, it may be that; ich kann mich auch täuschen I may be mistaken; er kann jeden Augenblick kommen he can come at any moment; in diesem Kontext kann man beide Wörter gebrauchen in this context both words can be used (*od.* are possible); diese Ehe kann nicht gutgehen this marriage won't work out. – **II** *v/t* ⟨*pp* gekonnt⟩ **5.** (*imstande sein*) be able to do, be capable of doing: ich habe getan, was ich konnte I did what I could; man tut, was man kann *colloq.* one does what one can; das kann ich auch I can do it just as well; nun zeig mal, was du kannst do your stuff (*colloq.*); was man will, das kann man (auch) where there's a will, there's a way (*proverb*); mit Geld kann man alles money makes the mare go (*proverb*), *bes. Am.* money talks; jeder zahlt, soviel er kann everyone pays as much as he can. – **6.** (*beherrschen*) know, understand, have skill in: kannst du das Gedicht? can you recite (*od.* say) the poem? do you know the poem by heart? kannst du die Wörter? do you know the words? er kann etwas he is a capable fellow, he knows the ropes; er kann viel a) (*wissen*) he knows a lot, b) (*fähig sein*) he is very capable, he is a very able person; etwas im Schlaf ~ *fig.* a) to know s.th. thoroughly (*od.* inside out), b) to be able to do s.th. in one's sleep (*od.* with one's eyes shut *od.* closed); was kannst du eigentlich? *iron. colloq.* what are you good for, anyway? sie kann (gar) nichts a) she can't do anything at all, she is no good at all, b) she doesn't know a thing, she is quite ignorant; → englisch[1] III. – **7.** (*in Wendungen wie*) ich kann nichts für seine schlechten Manieren I am not to blame (*od.* I cannot be blamed, I am not responsible) for his bad manners; er kann nichts für seine Ansichten he can't help his views; was ~ wir dafür, daß dir das passierte? it's not our fault that this happened to you; was konnte sie denn dafür? it wasn't her fault, she couldn't do anything about it; es mit j-m ~ to get on (*od.* along) with s.o.; ich habe es immer sehr gut mit ihm gekonnt *colloq.* I always got on (*od.* along) with him very well. – **III** *v/i* ⟨*pp* gekonnt⟩ **8.** (*vermögen, imstande sein*) be able (to), be capable (of): man kann nicht immer, wie man will you can't always do what you want to (do); er will (*od.* möchte) gern, aber er kann nicht a) he can't help it, he can't help being the way he is, b) he cannot do anything else, he cannot act differently; sie kann auch anders *colloq.* she is not always like that; ich konnte nicht anders, ich mußte lachen I could not help laughing (*od.* but laugh); ich kann nicht mehr *colloq.* I am finished (*od.* exhausted), I am at the end of my rope (*od.* tether), I'm whacked (*Am. auch* bushed) (*colloq.*); kannst du noch? can you go on (any longer)? können wir? *colloq.* can we go (*od.* begin)? are we ready? wir konnten nicht mehr vor Lachen we were helpless with laughter; erst mal ~ vor (lauter) Lachen *colloq.* don't make me laugh! da kann ich nicht mehr mit *colloq.* I just can't grasp it, that's beyond me (*colloq.*). – **9.** (*dürfen*) be permitted (*od.* allowed) (to): wo kann man hier mal? *colloq.* where's the toilet? → anders 1. – **10.** (*die Möglichkeit haben*) sie würde es tun, wenn sie könnte she would do it if she (possibly) could.

'kön·nen[2] *pp of* können[1] I.

'Kön·nen *n* ⟨-s; *no pl*⟩ **1.** (*Fähigkeit*) ability, abilities *pl*, skill, faculty, powers *pl*: überragendes ~ extraordinary ability; handwerkliches ~ manual skill; sein ~ zeigen to show one's ability; mit seinem ~ ist es nicht weit her his abilities don't add up to much; ein Künstler von großem ~ a very accomplished artist; → Probe 8. – **2.** (*Kenntnis*) knowledge, ability: ein Mann von hohem ~ a very knowledgeable man.

'Kön·ner *m* ⟨-s; -⟩ **1.** expert: er ist ein ~ he is an expert, *Br. colloq.* he is a dab hand; er ist ein (großer) ~ auf seinem Gebiet he is an expert in his field; das ist nur für ~ that is only for experts. – **2.** (*bes. sport*) ace, *bes. Br.* crack.

Kon·nex [kɔ'nɛks] *m* ⟨-es; -e⟩ **1.** connection, *Br. auch* connexion, nexus (*scient.*): den ~ verlieren to lose the connection. – **2.** (*mit Personen*) contact, link, relation: mit j-m in ~ kommen (*od.* treten) to come into contact with s.o., to get in touch with s.o.; engen ~ mit j-m haben to have close contact with s.o.

Kon·ne·xio·nen [kɔnɛ'ksĭoːnən] *pl rare* (*Beziehungen*) connections, *Br. auch* connexions, influential friends, pull *sg* (*colloq.*).

Kon·ni·venz [kɔni'vɛnts] *f* ⟨-; -en⟩ *jur.* connivance, *auch* connivence.

Kon·nos·se·ment [kɔnɔsə'mɛnt] *n* ⟨-(e)s; -e⟩ *mar. econ.* bill of lading.

konn·te ['kɔntə] *1 u. 3 sg pret*, **könn·te** ['kœntə] *1 u. 3 sg pret subj of* können[1].

Ko·no·id [kono'iːt] *n* ⟨-(e)s; -e⟩ *math.* conoid.

Kon·qui·sta·dor [kɔŋkısta'doːr] *m* ⟨-en; -en⟩ *hist.* conquistador.

'Kon·rads,kraut *n bot. cf.* Johanniskraut.

'Kon,rek·tor ['kɔn-] *m ped.* **1.** (*an Universität*) vice-president, *Br.* assistant principal. – **2.** (*an Schulen*) deputy headmaster. — **'Kon·rek·to,rat** *n* **1.** vice-presidency, *Br.* assistant principalship. – **2.** deputy headship.

Kon·se·kra·ti·on [kɔnzekra'tsĭoːn] *f* ⟨-; -en⟩ *röm.kath.* consecration. — **kon·se'krie·ren** [-'kriːrən] **I** *v/t* ⟨*no* ge-, h⟩ **1.** consecrate. – **II K~** ⟨-s⟩ **2.** *verbal noun.* – **3.** consecration.

kon·se·ku·tiv [kɔnzeku'tiːf] *adj bes. ling.* consecutive, sequent. — **K~,dol·met·schen** *n* consecutive interpreting. — **K~,dol·met·scher** *m* consecutive interpreter. — **K~,satz** *m ling.* consecutive clause.

Kon·sens [kɔn'zɛns] *m* ⟨-es; -e⟩ *lit.* consent, agreement: die Eltern gaben ihren ~ zu der Heirat the parents gave their consent to the marriage.

kon·sen·su·ell [kɔnzɛn'zŭɛl] *adj med.* consensual.

kon·se·quent [kɔnze'kvɛnt] **I** *adj* ⟨-er; -est⟩ **1.** (*folgerichtig*) consequent, logical, consistent; sequent, sequacious (*lit.*). – **2.** (*seinen Grundsätzen treu*) consistent: er ist in allem sehr ~ he is consistent in everything he does; ~ bleiben to stand (*od.* remain) firm; du mußt ~ sein a) you must be consistent, you must stand by your principles, b) you must remain firm. – **3.** (*beharrlich*) firm, persistent, unremitting. – **4.** *geogr.* (*Fluß*) consequent. – **II** *adv* **5.** consequently, logically: ~ denken to think logically. – **6.** consistently: ~ handeln to act consistently; sie sagte ~ ‚nein' she said 'no' every time. – **7.** (*entschlossen*) resolutely, with determination: er verfolgte ~ sein Ziel he pursued his aim resolutely. – **8.** (*sport*) systematically: ~ decken to cover (*od.* mark) systematically.

Kon·se·quenz [kɔnze'kvɛnts] *f* ⟨-; -en⟩ **1.** (*Schlußfolgerung*) consequence, (logical) conclusion: aus seiner Rede kann ich folgende ~en ziehen from his speech I can draw the following consequences (*od.* conclusions); er zog die ~(en) und kündigte he drew the necessary conclusions and quit; den Kampf bis zur letzten ~ führen to fight to the bitter end. – **2.** ⟨*only sg*⟩ (*Beharrlichkeit, Zielstrebigkeit*) consistency, persistence: mit äußerster ~ vorgehen to follow a course with the utmost consistency; sich mit letzter ~ für etwas [j-n] einsetzen to throw in (*od.* stake) everything to bring s.th. about [to help s.o.]. – **3.** (*Entschlossenheit*) resolution, determination: an seinen Grundsätzen hielt er mit eiserner (*od.* unerbittlicher) ~ fest he stuck to his principles with dogged resolution (*od.* stubborn intransigence). – **4.** *pl* (*Folgen*) consequences: alle ~en tragen (*od.* auf *acc* sich nehmen) to take all the consequences on oneself; das hat unangenehme [weitreichende, tragische] ~en that has unpleasant (*od.* unfortunate) [far-reaching, tragic] consequences.

Kon·ser·va·ti·on [kɔnzɛrva'tsĭoːn] *f* ⟨-; -en⟩ *obs.* (*von Kunstgegenständen etc*) preservation.

Kon·ser·va·tis·mus [kɔnzɛrva'tısmus] *m* ⟨-; *no pl*⟩ *cf.* Konservativismus.

kon·ser·va·tiv [kɔnzɛrva'tiːf] **I** *adj* **1.** (*am Alten festhaltend*) conservative. – **2.** *pol.* (*Partei etc*) conservative, *auch* Conservative, *Br.* Tory (*attrib*): er ist ein Mitglied der ~en Partei he is a member of the Conservative (*Br.* Tory) party. – **3.** (*reaktionär*) unprogressive, reactionary. – **4.** *med.* (*nicht operativ*) conservative. – **II K~e** *m, f* ⟨-n; -n⟩ **5.** conservative, *auch* Conservative, *Br.* Tory: die K~en the Conservatives, the right wing *sg*, *Br.* the Tories, the Blues. – **6.** (*Reaktionär*) reactionary. — **Kon·ser·va·ti'vis·mus** [-ti'vısmus] *m* ⟨-; *no pl*⟩ conservatism, conservativeness.

Kon·ser·va·tor [kɔnzɛr'vaːtɔr] *m* ⟨-s; -en [-va'toːrən]⟩ (*eines Museums etc*) curator, conservator, official custodian.

kon·ser·va'to·risch [-va'toːrıʃ] **I** *adj* **1.** curatorial. – **2.** *ped. mus.* (of a) conservatory (*od.* conservatoire). – **II** *adv* **3.** ~ ausgebildet trained at a conservatory.

Kon·ser·va·to'rist [-vato'rıst] *m* ⟨-en; -en⟩ *ped. mus.* pupil (*od.* student) of a conservatory (*od.* conservatoire).

Kon·ser·va·to·ri·um [-va'toːrĭum] *n* ⟨-s; -rien⟩ conservatory, (*bes. in Europa*) conservatoire: sie studiert am ~ she is studying at the conservatory.

Kon·ser·ve [kɔn'zɛrvə] *f* ⟨-; -n⟩ **1.** canned (*Br.* tinned) goods *pl* (*od.* food): von ~n leben to live out of cans (*Br.* tins). – **2.** (*Eingemachtes*) preserved food, preserve(s *pl*), conserve(s *pl*). – **3.** *colloq.* (*Konservendose*) *bes. Am.* can, *Br.* tin. – **4.** *med.* (*von Blutplasma*) stored (*od.* banked) blood.

Kon'ser·ven|,büch·se, ~,do·se *f bes. Am.* can, *Br.* tin. — **~fa,brik** *f* canning (*Br.* tinning) factory, *bes. Am.* cannery. — **~,fleisch** *n* canned (*Br.* tinned) (*od.* potted) meat, *auch* bully (beef) (*colloq.*). — **~ge,schmack** *m* canned- (*Br.* tinned-)food taste. — **~,glas** *n* preserving glass, *Am. auch* fruit jar. — **~mu,sik** *f colloq.* canned (*Br.* tinned) music (*colloq.*). — **~ver,gif·tung** *f med.* food poisoning.

kon·ser'vier·bar *adj* preservable, conservable. — **kon·ser·vie·ren** [kɔnzɛr'viːrən] **I** *v/t* ⟨*no* ge-, h⟩ **1.** (*Fleisch etc*) preserve, conserve. – **2.** (*in Büchsen*) *bes. Am.* can, *Br.* tin. – **3.** (*in Flaschen*) bottle. – **4.** (*Holz, Gebäude etc*) preserve. – **5.** (*Felle etc*) preserve, cure, conserve. – **6.** *med.* a) preserve, b) store. – **7.** *fig.* (*Tradition, gutes Aussehen etc*) preserve. – **II** *v/reflex* sich ~ **8.** (*in Wendungen wie*) du hast dich recht gut konserviert you look young for your age, you carry your age well. – **III K~** *n* ⟨-s⟩ **9.** *verbal noun.* — **Kon·ser'vie·rung** *f* ⟨-; *no pl*⟩ **1.** *cf.* Konservieren. – **2.** (*von Fleisch etc*) preservation, conservation: chemische ~ chemical preservation. – **3.** (*in Büchsen*) *bes. Am.* canning, *Br.* tinning. – **4.** (*von Holz, Gebäuden etc*) preservation. – **5.** (*von Fellen etc*) cure, preservation, conservation. – **6.** *med.* a) preservation, b) storage: ~ mittels Gefriertechnik (*bei Herzverpflanzungen*) preservation by refrigeration.

Kon·ser'vie·rungs|,mit·tel *n* (*bes. für Lebensmittel*) preservative, preserving agent. — **~ver,fah·ren** *n* preserving process.

Kon·si·gnant [kɔnzı'gnant] *m* ⟨-en; -en⟩ *econ.* consignor, *auch* consigner, principal. — **Kon·si·gna'tar** [-na'taːr], **Kon·si·gna-**

'tär [-na'tɛːr] *m* ⟨-s; -e⟩ consignee. — **Kon·si·gna·ti'on** [-na'tsi̯oːn] *f* ⟨-; -en⟩ consignment: in ~ on consignment.

Kon·sig·na·ti'ons|ge,schäft *n econ.* buying and selling of goods on consignment, business on a consignment basis. — **~,gü·ter** *pl* goods on (*od.* in) consignment, consignment goods. — **~,la·ger** *n* stock (*od.* depot) of consignment goods, consignment stocks *pl.* — **k~,wei·se** *adv* on consignment, on a consignment basis.

kon·si·gnie·ren [kɔnzɪ'gniːrən] *v/t* ⟨*no* ge-, h⟩ *econ.* (*Waren*) consign, send (*goods*) on consignment.

Kon·si·li'ar,arzt [kɔnzi'li̯aːr-] *m Austrian for* Konsiliarius.

Kon·si·lia·ri·us [kɔnzi'li̯aːrɪ̯us] *m* ⟨-; -rii [-rii]⟩ *med.* consultant, consulting physician, medical consultant: einen ~ hinzuziehen to call in a consultant.

Kon·si·li·um [kɔn'ziːlɪ̯um] *n* ⟨-s; -lien⟩ *bes. med.* a) council, consultation, b) (*Ärztegruppe*) council: ein ~ (ab)halten to hold consultation.

kon·si·stent [kɔnzɪs'tɛnt] *adj* **1.** consistent. – **2.** solid, compact, firm. — **Kon·si'stenz** [-'tɛnts] *f* ⟨-; -en⟩ **1.** (*strukturelle Beschaffenheit*) consistence, consistency. – **2.** (*Formbeständigkeit*) solidity, compactness, firmness.

Kon·si·sto·ri'al|ge,richt [kɔnzɪsto'ri̯aːl-] *n relig.* consistory, consistorial (*od.* spiritual) court, Court Christian. — **~,rat** *m* council(l)or (*od.* counsel[l]or) of the consistory. — **~ver,fas·sung** *f* consistorial constitution.

Kon·si·sto·ri·um [kɔnzɪs'toːrɪ̯um] *n* ⟨-s; -rien⟩ *relig.* **1.** *röm.kath.* a) (papal) consistory, b) *obs. for* Offizialat: öffentliches [geheimes] ~ public [secret *od.* private] consistory. – **2.** (*evang. Kirchenrecht*) consistory.

kon·skri·bie·ren [kɔnskri'biːrən] *mil. obs.* **I** *v/t* ⟨*no* ge-, h⟩ (*Soldaten etc*) enlist, recruit, levy, raise, conscript, *bes. Am.* draft. – **II K~** *n* ⟨-s⟩ *verbal noun.* — **Kon·skrip·ti·on** [kɔnskrɪp'tsi̯oːn] *f* ⟨-; -en⟩ **1.** *cf.* Konskribieren. – **2.** enlistment, recruitment, levy, conscription.

Kon·sol [kɔn'zoːl] *n* ⟨-s; -s⟩ *tech. cf.* Konsole 5.

Kon·so·le [kɔn'zoːlə] *f* ⟨-; -n⟩ **1.** (*Kragstein etc*) console, bracket, corbel, ancon(e), (*am korinthischen Gesims*) *auch* modillion. – **2.** (*für kleine Statuen etc*) pedestal. – **3.** (*Halter, Wandbrett etc*) bracket. – **4.** (*Spiegeltischchen etc*) console (table). – **5.** *tech.* a) supporting bracket, b) (*eines Fußmotors*) pedestal, c) (*Winkeltisch einer Maschine*) knee table.

Kon'sol,funk,feu·er *n med.* consol station.

Kon·so·li·da·ti·on [kɔnzolida'tsi̯oːn] *f* ⟨-; -en⟩ **1.** *cf.* Konsolidieren. – **2.** (*von Verhältnissen, Einrichtungen etc*) consolidation. – **3.** *econ.* a) (*einer Firma etc*) consolidation, b) (*von Staatsschulden, -anleihen*) funding, consolidation. – **4.** *geol.* (*von Gestein etc*) consolidation. – **5.** (*mining*) merger, amalgamation. – **6.** *med.* complete healing. — **kon·so·li'die·ren** [-'diːrən] **I** *v/t* ⟨*no* ge-, h⟩ **1.** (*Verhältnisse, Einrichtungen etc*) consolidate. – **2.** *econ.* a) (*Firma etc*) consolidate, strengthen, compact, b) (*Staatsschuld, -anleihe etc*) fund, consolidate: neu ~ to refund. – **3.** (*mining*) merge, amalgamate. – **II** *v/reflex* sich ~ **4.** (*von Verhältnissen, Einrichtungen etc*) consolidate, become consolidated. – **5.** *geol.* (*von Gestein etc*) consolidate. – **III K~** *n* ⟨-s⟩ **6.** *verbal noun.* — **kon·so·li'diert I** *pp.* – **II** *adj econ.* funded, consolidated: ~e Staatsanleihen *cf.* Konsols; ~e Schuld funded debt. — **Kon·so·li'die·rung** *f* ⟨-; -en⟩ *cf.* Konsolidation.

Kon·so·li'die·rungs,an,lei·he *f econ.* funding (*od.* consolidation) loan.

Kon'sol,kran *m tech.* wall-bracket crane (*od.* crab).

Kon·sols [kɔn'zoːls] *pl econ.* consols, *bes. Am.* consolidated government bonds.

Kon·som·mee [kõsɔ'meː] *f* ⟨-; -s⟩, *n* ⟨-s; -s⟩ *gastr.* consommé, *auch* consomme, broth, bouillon.

kon·so·nant [kɔnzo'nant] *adj* **1.** *mus.* consonant. – **2.** *phys.* (*mitschwingend*) consonating. – **3.** *obs.* unanimous.

Kon·so'nant *m* ⟨-en; -en⟩ *ling.* consonant: stimmhafter [stimmloser] ~ voiced [voiceless] consonant.

Kon·so'nan·ten|,ein,schub *m ling.* **1.** (*Vorgang*) epenthesis. – **2.** (*Ergebnis*) excrescence, excrescency. — **~,häu·fung** *f* heaping (*od.* accumulation) of consonants, consonant cluster. — **~,schwund** *m* loss of consonants. — **~ver,dopp·lung** *f* gemination (of a consonant).

kon·so'nan·tisch *adj ling.* consonant(al).

Kon·so·nan·tis·mus [kɔnzonan'tɪsmus] *m* ⟨-; *no pl*⟩ *ling.* consonantism.

Kon·so·nanz [kɔnzo'nants] *f* ⟨-; -en⟩ **1.** *mus.* consonance, concord. – **2.** *ling.* consonance, recurrence of consonants. – **3.** *phys.* consonance.

Kon·sor·ten [kɔn'zɔrtən] *pl* **1.** *econ.* associates, syndicate members: Braun und ~ Brown and associates, Brown et al. – **2.** *bes. jur.* (*Komplizen*) associates, accomplices: in der Sache (*od.* in Sachen) gegen X und ~ in the case versus X and others. – **3.** *fig. contempt.* (*Clique*) clique *sg*; set *sg*, pals (*colloq.*): er und seine ~ a) he and his clique, b) he and his crowd. – **4.** *fig. contempt.* (*Kerle*) (bad) lot *sg*: das sind üble ~ they are a bad lot.

Kon·sor·ti'al|,ban·ken [kɔnzɔr'tsi̯aːl-] *pl econ.* banks forming a syndicate. — **~be,tei·li·gun·gen** *pl* syndicate holdings. — **~ge,schäft** *n* syndicate business. — **~,mit·,glied** *n* member of a syndicate.

Kon·sor·ti·um [kɔn'zɔrtsɪ̯um] *n* ⟨-s; -tien⟩ *econ.* consortium, syndicate, group.

Kon·spekt [kɔn'spɛkt] *m* ⟨-(e)s; -e⟩ conspectus.

Kon·spi·rant [kɔnspi'rant] *m* ⟨-en; -en⟩ conspirator, plotter. — **Kon·spi·ra·ti'on** [-ra'tsi̯oːn] *f* ⟨-; -en⟩ conspiracy, plot. — **kon·spi'rie·ren** [-'riːrən] *v/i* ⟨*no* ge-, h⟩ (gegen against) conspire, plot (together).

Kon·sta·bler [kɔn'staːblər] *m* ⟨-s; -⟩ **1.** *obs. for* Polizist. – **2.** *mil. hist.* gunner.

kon·stant [kɔn'stant] **I** *adj* ⟨-er; -est⟩ **1.** *math. phys.* (*Zahl, Größe, Geschwindigkeit etc*) constant: die Temperatur ~ halten to maintain a constant temperature. – **2.** *econ.* a) (*fest*) basic, standing, b) (*Kosten, Einkommen*) fixed. – **3.** (*beständig*) constant, consistent, undeviating: er zeigt seit Monaten eine ~e Form (*sport*) he has been showing consistent(ly good) form for months (now); hoffentlich bleibt das Wetter ~ I hope this weather will last. – **4.** (*beharrlich*) consistent, constant, steady: er tut alles mit ~er Bosheit he shows consistent malice in everything (that) he does. – **II** *adv* **5.** constantly. – **6.** (*ständig*) consistently, constantly: ~ lügen to lie consistently; wir hatten ~ schlechtes Wetter we had consistently bad weather.

Kon·stan·tan [kɔnstan'taːn] *n* ⟨-s; *no pl*⟩ *electr. metall.* constantan.

Kon·stan·te [kɔn'stantə] *f* ⟨-; -n⟩ **1.** *math. phys.* constant: willkürliche ~ arbitrary constant. – **2.** *fig.* constant factor.

kon·stan·ti·nisch [kɔnstan'tiːnɪʃ] *adj hist.* Constantinian: die K~e Schenkung *hist.* the Donation of Constantine.

Kon·stan·ti·no·pe·ler [kɔnstanti'noːpələr], **Kon·stan·ti'nop·ler** [-plər], **Kon·stan·ti·no·po·li'ta·ner** [-nopoli'taːnər] *m* ⟨-s; -⟩ Constantinopolitan.

Kon·stanz [kɔn'stants] *f* ⟨-; *no pl*⟩ **1.** (*Unveränderlichkeit*) constancy. – **2.** *bes. econ.* steadiness, stability. – **3.** *biol.* constance: ~ der Arten fixity of the species.

kon·sta·tie·ren [kɔnsta'tiːrən] **I** *v/t* ⟨*no* ge-, h⟩ *lit.* **1.** (*bemerken*) perceive, note, become aware of: diese Tendenz ist überall zu ~ this tendency can be perceived everywhere. – **2.** (*ermitteln, erforschen*) find out, ascertain. – **3.** (*nach Prüfung bestätigen*) confirm, establish, verify. – **4.** (*feststellen, erklären*) state: er konstatierte, daß dies unwahr sei he stated that this wasn't true. – **5.** *med.* diagnose, give (*od.* state) as one's diagnosis. – **II K~** *n* ⟨-s⟩ **6.** *verbal noun.* — **Kon·sta'tie·rung** *f* ⟨-; -en⟩ *lit.* **1.** *cf.* Konstatieren. – **2.** realization *Br. auch* -s-. – **3.** ascertainment. – **4.** confirmation, establishment, verification. – **5.** statement. – **6.** *med.* diagnosis.

Kon·stel·la·ti·on [kɔnstɛla'tsi̯oːn] *f* ⟨-; -en⟩ **1.** *astr. astrol.* (stellar) constellation: unheilvolle ~ unfortunate constellation; untergeordnete ~ subconstellation. – **2.** *fig.* (*Lage, Umstände*) situation, position, circumstances *pl.* – **3.** *med.* constellation.

Kon·ster·na·ti·on [kɔnstɛrna'tsi̯oːn] *f* ⟨-; *no pl*⟩ *obs.* consternation, dismay. — **kon·ster'nie·ren** [-'niːrən] *v/t* ⟨*no* ge-, h⟩ j-n ~ *rare* to consternate (*od.* dismay) s.o. to strike (*od.* fill) s.o. with consternation (*od.* dismay). — **kon·ster'niert I** *pp.* – **II** *adj* consternated, dismayed, in consternation, taken aback, flabbergasted (*colloq.*): ich war (ganz) ~ I was quite taken aback.

Kon·sti·pa·ti·on [kɔnstipa'tsi̯oːn] *f* ⟨-; -en⟩ *med.* **1.** constipation. – **2.** (*hartnäckige*) obstipation.

Kon·sti·tu·an·te [kɔnsti'tŭantə] *f* ⟨-; -n⟩ *pol. hist. cf.* Constituante.

kon·sti·tu·ie·ren [kɔnstitu'iːrən] **I** *v/t* ⟨*no* ge-, h⟩ *pol.* **1.** (*bilden, gründen*) constitute, establish. – **2.** (*ernennen*) appoint. – **II** *v/reflex* sich ~ **3.** (*zusammentreten*) assemble, convene: das Parlament konstituierte sich (the) parliament assembled; das Haus konstituiert sich als Ausschuß the House resolves itself into a committee. – **4.** (*gegründet werden*) be(come) established: sich als Körperschaft ~ to become established (*od.* be incorporated) as a company. – **III K~** *n* ⟨-s⟩ **5.** *verbal noun.* — **kon·sti·tu'ie·rend I** *pres p.* – **II** *adj* constituent, constitutive: ~e Versammlung constituent assembly. — **Kon·sti·tu'ie·rung** *f* ⟨-; -en⟩ **1.** *cf.* Konstituieren. – **2.** constitution, establishment. – **3.** appointment.

Kon·sti·tu·ti·on [kɔnstitu'tsi̯oːn] *f* ⟨-; -en⟩ **1.** *med.* constitution, habit: von schwacher [starker] ~ sein to have a weak [strong] constitution; er hat eine gesunde [eiserne] ~ he is a man of sound [iron] constitution. – **2.** *pol.* (*Verfassung*) constitution, fundamental law: einem Land eine ~ geben to give a country a constitution. – **3.** *röm.kath.* papal (*od.* conciliar) decree. – **4.** *chem.* constitution, structure.

Kon·sti·tu·tio·na·lis·mus [kɔnstitutsi̯ona'lɪsmus] *m* ⟨-; *no pl*⟩ *pol.* constitutionalism.

kon·sti·tu·tio·nell [kɔnstitutsi̯o'nɛl] *adj* **1.** *pol.* (*Monarchie etc*) constitutional: ~es System constitutionalism. – **2.** *med.* (*Schwäche etc*) constitutional.

Kon·sti·tu·ti'ons|,for·mel *f chem.* constitutional (*od.* structural) formula. — **~,krank·heit** *f med.* constitutional disease. — **~,typ** *m* constitutional type.

kon·sti·tu·tiv [kɔnstitu'tiːf] *adj bes. philos.* constitutive.

kon·strin·gie·ren [kɔnstrɪŋ'giːrən] *v/t* ⟨*no* ge-, h⟩ *med.* (*Muskeln etc*) constringe, constrict. — **kon·strin'gie·rend I** *pres p.* – **II** *adj* ~es Mittel *med. pharm.* constringent (agent).

kon·stru·ie·ren [kɔnstru'iːrən] *v/t* ⟨*no* ge-, h⟩ **1.** *tech.* (*entwerfen*) (*Maschine etc*) design. – **2.** (*bauen*) construct, build. – **3.** *math.* (*zeichnen*) construct, draw: ein Dreieck (aus gegebenen Seiten und Winkeln) ~ to construct a triangle (the sides and angles of which are given). – **4.** *ling.* a) (*grammatisch fügen*) construct, construe, form, build, b) (*analysieren*) analyse, *bes. Am.* analyze, parse: einen Satz richtig [falsch] ~ to construct a sentence correctly (*od.* properly) [incorrectly *od.* wrongly]; diese Präposition wird mit dem Dativ konstruiert this preposition takes (*od.* is construed with) the dative. – **5.** *fig.* (*Gegensätze, Unterschiede etc*) invent, create, fabricate. — **kon·stru'iert I** *pp.* – **II** *adj* **1.** designed, planned. – **2.** constructed, built: das Haus ist gut ~ the house is well built. – **3.** *fig.* (*gekünstelt*) artificial, unnatural: das klingt ~ that sounds artificial. – **4.** *fig.* (*erdacht*) fictitious, hypothetical: ein ~er Fall a fictitious case.

Kon·struk·teur [kɔnstrʊk'tøːr] *m* ⟨-s; -e⟩ (technical) designer, constructor, designing engineer, *bes. Am.* draftsman.

Kon·struk·ti·on [kɔnstrʊk'tsi̯oːn] *f* ⟨-; -en⟩ **1.** ⟨*only sg*⟩ *tech.* (*Entwerfen*) designing. – **2.** (*Bauart*) design. – **3.** (*Bauweise*) construction, structure: der Ingenieur legte eine neuartige ~ vor the engineer produced a new (type of) construction. – **4.** ⟨*only sg*⟩ (*das Bauen*) construction, building. – **5,** (*Bau*) construction, structure, building: das Haus ist eine gewaltige ~ aus Stahl und Glas the house is a grandiose construction of glass and steel. – **6.** *math.* (*eines Dreiecks etc*) construction. – **7.** *ling.* construction: bei der ~ eines Satzes muß die Wortstellung berücksichtigt werden when constructing a sentence attention must be paid to the word order. – **8.** *fig.*

(*Auslegung, Deutung*) construction: eine juristische [philosophische] ~ a juridical [philosophical] construction.
Kon·struk·ti'ons|ˌän·de·rung *f tech.* change in design. — **k~beˌdingt** *adj* for design reasons, determined by the design. — **~büˌro** *n* technical (*od.* design, drawing) office, *bes. Am.* drafting room. — **~eleˌment** *n* construction member (*od.* element). — **~ˌfeh·ler** *m* **1.** error in design. – **2.** constructional (*od.* structural) defect. — **~ˌmerkˌmal** *n* design (*od.* constructional) feature. — **~prinˌzip** *n* design principle. — **~ˌstahl** *m cf.* Baustahl. — **k~ˌtech·nisch** *adj* constructional. — **~ˌteil** *n, m cf.* Bauteil 2. — **~ˌzeich·nung** *f* workshop (*od.* engineering) drawing.
kon·struk·tiv [kɔnstrʊk'tiːf] *adj* **1.** *tech.* constructional, structural. – **2.** *fig.* (*Kritik, Zusammenarbeit etc*) constructive: ~es Mißtrauensvotum *pol.* constructive vote of no-confidence.
Kon·struk·ti·vis·mus [kɔnstrʊkti'vɪsmʊs] *m* ⟨-; *no pl*⟩ (*art*) constructivism. — **Kon·struk·ti'vist** [-'vɪst] *m* ⟨-en; -en⟩ constructivist. — **kon·struk·ti'vi·stisch** *adj* constructivist.
Kon·sub·stan·tia·ti·on [kɔnzʊpstantsĭa'tsĭoːn] *f* ⟨-; *no pl*⟩ *relig.* consubstantiation.
Kon·sul ['kɔnzʊl] *m* ⟨-s; -n⟩ *pol., auch antiq.* consul.
Kon·su'lar|ˌabˌtei·lung [kɔnzu'laːr-] *f pol.* (*einer Botschaft*) consular section. — **~agent** [-ˀaˌgɛnt] *m* consular agent. — **~beˌam·te** *m* consular official. — **~beˌzirk** *m* consular district. — **~geˌrichts·bar·keit** *f* consular jurisdiction.
kon·su'la·risch *adj* consular: ~es Korps consular corps.
Kon·su·lat [kɔnzu'laːt] *n* ⟨-(e)s; -e⟩ *pol.* **1.** (*Amt*) consulate: vom ~ ausgestellte Urkunde consular document. – **2.** (*Gebäude*) consulate, consular office. – **3.** ⟨*only sg*⟩ (*Würde*) *auch antiq.* consulate, consulship.
Kon·su'lats|beˌricht *m pol.* consular report. — **~beˌstim·mun·gen** *pl* consular regulations. — **~ˌdienst** *m* consular service. — **~geˌbäu·de** *n cf.* Konsulat 2. — **~geˌbüh·ren** *pl* consular fees. — **~verˌwe·ser** *m* acting consul.
Kon·sul·ta·ti·on [kɔnzʊlta'tsĭoːn] *f* ⟨-; -en⟩ **1.** (*Besprechung*) consultation, deliberation: nach ~ von after consultation with. – **2.** (*eines Fachmanns*) consultation, advice: j-n zur ~ heranziehen *cf.* konsultieren 1 a.
kon·sul·ta·tiv [kɔnzʊlta'tiːf] *adj* (*Funktion etc*) consul(ta)tive, consultatory, consulting. — **K~ˌpakt** *m pol.* consultative pact.
kon·sul'tie·ren [kɔnzʊl'tiːrən] *v/t* ⟨*no* ge-, h⟩ **1.** j-n ~ a) to consult s.o., to ask (*od.* seek) s.o.'s advice, b) *bes. pol.* (*Verbündete etc*) consult s.o.: ich werde einen Arzt ~ I shall consult a doctor, I shall seek medical advice. – **2.** (*Wörterbuch etc*) consult.
Kon·sum¹ [kɔn'zuːm] *m* ⟨-s; *no pl*⟩ *econ.* consumption: der übermäßige ~ von Zigaretten ist schädlich excessive smoking is injurious (to health); der literarische ~ *fig.* literary consumption.
Kon·sum² [kɔn'zuːm; 'kɔnzuːm] *m* ⟨-s; -s⟩ *econ.* **1.** *cf.* Konsumgenossenschaft. – **2.** *cf.* Konsumgeschäft.
Kon'sum·arˌti·kel *m econ.* article of consumption: die ~ the consumer(s') goods.
Kon·su·ment [kɔnzu'mɛnt] *m* ⟨-en; -en⟩ *econ.* consumer.
Kon'sum|geˌnos·sen·schaft *f econ.* consumer cooperative (*Br.* co-operative) (*od. colloq.* co-op, *auch* coop) (society). — **~geˌschäft** *n* cooperative *Br.* co-; co-op, *auch* coop (*colloq.*). — **~geˌwohn·hei·ten** *pl* consumer habits.
Kon'sumˌgü·ter *pl econ.* consumer(s') goods, consumables. — **~ˌfor·schung** *f* consumer research. — **~in·duˌstrie** *f* consumer(s') goods industry.
kon·su·mie·ren [kɔnzu'miːrən] **I** *v/t* ⟨*no* ge-, h⟩ *auch fig.* consume. – **II K~** *n* ⟨-s⟩ *verbal noun.* — **Kon·su'mie·rung** *f* ⟨-; *no pl*⟩ **1.** *cf.* Konsumieren. – **2.** consumption.
Kon·sump·ti'onsˌkrank·heit [kɔnzʊmp'tsĭoːns-] *f med.* consumptive (*od.* wasting) disease.
Kon'sumˌsteu·er *f econ.* tax on consumer('s) goods.
Kon·sum·ti·bi·li·en [kɔnzʊmti'biːlĭən] *pl econ. cf.* Konsumgüter.
Kon·sum·ti·on [kɔnzʊm'tsĭoːn] *f* ⟨-; -en⟩ *pol. econ. med.* consumption.
Kon'sum|verˌein *m econ. cf.* Konsumgenossenschaft. — **~verˌhal·ten** *n* consumers' behavior (*bes. Br.* behaviour), consumers' habits *pl.* — **~ˌwa·re** *f cf.* Konsumartikel.
Kon·szi·en·tia·lis·mus [kɔnstsĭɛntsĭa'lɪsmʊs] *m* ⟨-; *no pl*⟩ *philos.* conscientialism, phenomenalism.
kon·ta·gi·ös [kɔnta'gĭøːs] *adj med.* (*Krankheit*) contagious.
Kon·takt [kɔn'takt] *m* ⟨-(e)s; -e⟩ **1.** (*Berührung, Verbindung*) contact, touch, connection, *Br. auch* connexion: enger ~ close contact; mit j-m ~ bekommen (*od.* aufnehmen, herstellen) to establish contact with s.o., to get in touch with s.o.; ~ haben mit j-m, in ~ mit j-m stehen (*od.* sein), mit j-m ~ pflegen to be in contact with s.o.; wir haben keinen ~ mit ihm we have no contact (*od.* connection) with him; wir haben den ~ verloren we have lost contact (*od.* touch), we are out of touch; in ~ kommen to come into contact; mit einer Firma ~(e) aufnehmen to approach (*od.* make contact with) a firm. – **2.** (*Fühlung*) contact, rapport, relation(ship): menschlicher ~ human contact; der ~ zwischen Darstellern und Hörern fehlte the contact between actors and audience was missing; ein persönlicher ~ zwischen ihm und seinem Vater a close relationship between him and his father. – **3.** *electr.* contact: den ~ herstellen (*od.* schließen, einschalten) to make (*od.* close) the circuit; die Drähte haben ~ the wires are in contact; guter [schlechter] ~ tight [poor] contact. — **~ˌabˌstand** *m electr.* contact clearance. — **~ˌabˌzug** *m phot.* contact print. — **~ˌarm** *m* **1.** *electr.* (*eines Schalters*) contact (spring). – **2.** *tel.* wiper. – **3.** *tech.* a) (*eines Obusses*) trolley pole (*od.* arm), b) (*eines Schleifkopfes*) contact arm. — **k~ˌarm** *adj* (*Person*) lacking social contacts (*od.* interpersonal relations). — **~ˌar·mut** *f* lack of social contact. — **~ˌaufˌnah·me** *f* approach, application: meine erste ~ mit dieser Firma war ein voller Erfolg my first approach to this firm was a big success.
Kon'tak·ter *m* ⟨-s; -⟩ (*bes. in Werbeagentur*) account executive, contact man (*colloq.*).
kon'taktˌfä·hig *adj cf.* kontaktfreudig.
Kon'takt|ˌfe·der *f electr.* contact spring. — **~ˌfeh·ler** *m* contact fault (*od.* defect). — **~ˌflä·che** *f* contact surface (*od.* area). — **k~ˌfreu·dig** *adj* (*Person*) sociable. — **~geˌstein** *n min.* contact rock. — **~geˌstört·heit** *f psych.* disturbed contact. — **~ˌgift** *n med.* contact poison. — **~ˌglas** *n meist pl* (*optics*) contact lens. — **~ˌhof** *m geol.* contact zone (*od.* aureole). — **~in·fek·tiˌon** *f med.* contact infection. — **~ˌknopf** *m electr.* push button. — **~koˌpie** *f phot. cf.* Kontaktabzug. — **~ˌlin·se** *f meist pl* (*optics*) contact lens. — **~ˌmann** *m* ⟨-(e)s; ⸚er *u.* -leute⟩ **1.** informant, source. – **2.** (*Agent etc*) informer, contact. — **~ˌmas·se** *f chem.* (contact) catalyst, catalyser. — **~me·ta·morˌpho·se** *f geol.* contact metamorphism. — **~ˌmi·ne** *f mar. mil.* contact mine. — **~mi·neˌral** *n geol.* contact mineral. — **~paˌpier** *n phot.* contact (printing) paper. — **~perˌson** *f med.* contact. — **~ˌpfle·ge** *f* maintenance of human relations. — **~ˌrau·schen** *n electr.* contact noise. — **~ˌreg·ler** *m* contact-type regulator. — **~ˌscha·le** *f meist pl* (*optics*) contact lens. — **~ˌschal·ter** *m electr.* microswitch. — **~ˌschie·ne** *f electr.* (*railway*) contact rail (*od.* bar). — **~ˌschwel·le** *f electr.* (*radio*) detector pad: ~ mit ortsfestem Einbau permanent-type detector. — **~ˌschwie·rig·kei·ten** *pl bes. psych.* difficulties in establishing interpersonal relationships. — **~ˌstecker·verˌbin·dung** *f* (*getr.* -k·k-) *f electr.* plug and socket connection (*Br. auch* connexion). — **~ˌstrom** *m* contact current. — **~ˌstück** *n* contact piece, contact maker, *Br.* contact-maker.
Kon·ta·mi·na·ti·on [kɔntamina'tsĭoːn] *f* ⟨-; -en⟩ **1.** *bes. ling.* contamination, blend. – **2.** *bes. nucl.* (radioactive) contamination: ~ der Luft airborne (*od.* atmospheric) contamination; ~ von außen external contamination. — **kon·ta·mi'nie·ren** [-'niːrən] *v/t* ⟨*no* ge-, h⟩ contaminate.
kon·tant [kɔn'tant] *adj only in* (per *od.* gegen) ~ *econ.* in ready money, in cash. — **Kon'tan·ten** *pl* ready money *sg*, cash *sg*.
Kon·tem·pla·ti·on [kɔntɛmpla'tsĭoːn] *f* ⟨-; -en⟩ contemplation. — **kon·tem·pla'tiv** [-'tiːf] *adj* contemplative, meditative.
kon·tem·po·rär [kɔntɛmpo'rɛːr] *adj* contemporary.
Kon·te·nan·ce [kõtə'nãːs(ə)] *f* ⟨-; *no pl*⟩ countenance, bearing, composure.
'Kon·ten|ˌinˌha·ber *m econ.* holder of an account, depositor. — **~ˌklas·se** *f* (*in Buchführung*) class of accounts. — **~ˌplan** *m* chart (*od.* code) of accounts. — **~ˌrah·men** *m* standard form of accounts. — **~ˌspa·ren** *n* (*im Bankwesen*) saving through accounts.
Kon·ter ['kɔntər] *m* ⟨-s; -⟩ (*sport*) *colloq. for* Konterschlag 2.
'Kon·ter|ad·miˌral *m mar. mil.* rear admiral, *Br.* rear-admiral. — **~ˌban·de** *f* ⟨-; *no pl*⟩ *pol. jur. econ.* contraband (of war), contraband goods *pl*.
Kon·ter·fei ['kɔntərfaɪ; -'faɪ] *n* ⟨-s; -s, *auch* -e⟩ *obs.* portrait, image, likeness. — **kon·ter·fei·en** ['kɔntərfaɪən; -'faɪən] *v/t* ⟨*no* ge-, h⟩ *obs. od. humor.* portray.
'Kon·ter|geˌwicht *n* counterweight, counterpoise. — **~ˌmut·ter** *f tech.* lock (*od.* check) nut, *Br.* lock- (*od.* check-)nut, keeper.
kon·tern ['kɔntərn] **I** *v/i* ⟨h⟩ **1.** (*schlagfertig antworten*) counter, (answer in) repartee: er verstand es, immer wieder zu ~ he was never at a loss for words (*od.* a reply). – **2.** (*sport*) counter: er konterte mit einer Rechten (*beim Boxen*) he countered with a right; geschickt ~ to counter([-]attack) skil(l)fully. – **3.** *print.* reverse, produce an offset print. – **II** *v/t* **4.** *fig.* counter. – **5.** (*sport*) counter, retaliate. – **6.** *tech.* (*mit einer Mutter*) lock. – **III K~** *n* ⟨-s⟩ **7.** *verbal noun.* – **8.** (*sport*) counter.
'Kon·ter|paˌra·de *f* (*sport*) (*beim Fechten*) counter. — **~ˌpres·se** *f print.* offset flatbed machine. — **~re·vo·lu·tiˌon** *f* counterrevolution, *Br.* counter-revolution. — **~re·vo·lu·tioˌnär I** *m* counterrevolutionist, *Br.* counter-revolutionist. – **II k~** *adj* counterrevolutionary, *Br.* counter-revolutionary. — **~ˌschlag** *m* **1.** *mil.* counterblow, counterattack, *Br.* counter-attack. – **2.** (*sport*) a) (*beim Boxen*) counter(blow), b) (*bei Spielen*) counterattack, *Br.* counter-attack, c) (*beim Fechten*) parry, counterstroke. — **~ˌtanz** *m choreogr.* contra dance, contredanse.
Kon·text [kɔn'tɛkst; 'kɔn-] *m* ⟨-es; -e⟩ context: aus dem ganzen ~ from the context; aus dem ~ gerissen taken (*od.* quoted) out of (the) context.
kon·tie·ren [kɔn'tiːrən] *v/t* ⟨*no* ge-, h⟩ *econ.* book (*s.th.*) to s.o.'s account.
Kon·ti·gui·tät [kɔntigui'tɛːt] *f* ⟨-; *no pl*⟩ *psych.* contiguity.
Kon·ti·nent [kɔnti'nɛnt] *m* ⟨-(e)s; -e⟩ *geogr.* **1.** continent: der australische ~ the continent of Australia. – **2.** ⟨*only sg*⟩ (*Festland*) continent, mainland. – **3.** der (europäische) ~ the Continent, the continent of Europe: den ~ bereisen to travel on the Continent. — **kon·ti·nen'tal** [-'taːl] *adj geogr.* **1.** (*Klima etc*) continental. – **2.** *cf.* kontinentaleuropäisch.
Kon·ti·nen'tal|ˌdrift *f geol.* continental drift, drift of the continents. — **k~eu·roˌpä·isch** *adj* continental, *bes. Br.* Continental. — **~ˌkli·ma** *n geogr.* continental climate. — **~ˌmäch·te** *pl* continental (*bes. Br.* Continental) Powers. — **~ˌsockel** *m* (*getr.* -k·k-) *m geogr.* continental shelf. — **~ˌsper·re** *f*, **~syˌstem** *n hist.* continental (*bes. Br.* Continental) System (*od.* Blockade).
kon·tin·gent [kɔntɪŋ'gɛnt] *adj philos.* contingent.
Kon·tin'gent *n* ⟨-(e)s; -e⟩ **1.** (*Anteil, Beitrag*) contingent, share, contribution. – **2.** *bes. econ.* a) (*festgesetzt, begrenzt*) quota, (limited) number (*od.* share), contingent, b) (*Zuteilung*) allocation: ~e festsetzen to fix (*od.* establish) quotas. – **3.** *mil.* (*von Truppen etc*) contingent. — **kon·tin·gen'tie·ren** [-'tiːrən] **I** *v/t* ⟨*no* ge-, h⟩ **1.** apportion (*s.th.*) pro rata, fix (*od.* allot) (*s.th.*) as a contingent. – **2.** (*rationieren*) ration. – **3.** *econ.* a) (*Quoten festsetzen für*) make (*s.th.*) subject to quota, b) (*nach Quoten zuteilen*) allocate, apportion: den Import ~ to fix import quotas. – **II K~** *n* ⟨-s⟩ **4.** *verbal noun.* — **kon·tin·gen'tiert I** *pp.* – **II** *adj econ.* subject to quota (*od.* allocation, restriction): (nicht) ~e Einfuhren (non)-quota (*Br.* [non-]quota) imports. — **Kon·tin·gen'tie·rung** *f* ⟨-; -en⟩ **1.** *cf.* Kontingentieren. – **2.** (*anteilmäßige Zu-*

messung) pro rata apportionment, fixing the contingents, allotment. – **3.** (*Rationierung*) rationing. – **4.** *econ.* a) imposition (*od.* fixing) of quotas, b) making subject to quota (allocation), quota restriction, c) quota system.

Kon·tin·gen'tie·rungs·sy,stem *n econ.* quota system.

kon·tin'gent,mä·ßig *adj* **1.** according to a contingent (*od.* contribution), contributory. – **2.** *econ.* according to quota, in the form of quotas, subject to a quota system.

Kon·tin'gent(s),zu,wei·sung *f econ.* allotment (*od.* allocation, apportionment) of quotas.

Kon·tin·genz [kɔntɪŋ'gɛnts] *f* ⟨-; -en⟩ contingency. — **~,win·kel** *m math.* angle of contingence.

Kon·ti·nua [kɔn'tiːnŭa] *f* ⟨-; -nuä [-nŭɛ]⟩ *ling.* continuant.

kon·ti·nu·ier·lich [kɔntinu'iːrlɪç] **I** *adj* **1.** (*Entwicklung etc*) continuous. – **2.** (*Regen, Krach etc*) continuous, incessant, uninterrupted. – **3.** *ling.* durative. – **4.** *math.* (*Bruch, Proportion etc*) continuous. – **5.** *tech.* (*Drahtwalzwerk etc*) continuous. – **II** *adv* **6.** die Entwicklung verläuft ~ development proceeds continuously; es regnete ~ it rained continuously (*od.* without stopping, incessantly).

Kon·ti·nui·tät [kɔntinui'tɛːt] *f* ⟨-; *no pl*⟩ continuity.

Kon·ti·nu·um [kɔn'tiːnuʊm] *n* ⟨-s; -nua [-nŭa]⟩ *bes. math.* continuum.

Kon·to ['kɔnto] *n* ⟨-s; -ten, *auch* -ti [-ti], -s⟩ **1.** *econ.* (bank) account: ausgeglichenes [gemeinsames, gesperrtes] ~ balanced [joint, blocked] account; ein ~ abrechnen to settle (*od.* adjust, balance, clear) an account; ein ~ eröffnen (*od.* einrichten) (bei with, at) to open an account; er hat (*od.* unterhält, besitzt, führt) ein ~ bei der Staatsbank he has (*od.* keeps, carries) an account at (*od.* with) the state bank; wo haben Sie Ihr ~? where do you bank? *auch* who are your bankers? ein ~ auflösen (*od.* schließen, löschen) to close an account; schreiben (*od.* ziehen) Sie es von meinem ~ ab charge it to (*od.* deduct it from) my account; ein ~ überziehen [sperren] to overdraw [to block] an account; → abheben 3; gutschreiben; laufend 2. – **2.** (*Rechnung*) account: auf ~ von charge to the account of; das geht auf ~ von Herrn X [des Betriebes] that is for (*od.* is chargeable to) the account of Mr. X [the firm]; diese Runde geht auf mein ~ this round is on me. – **3.** *fig.* (*in Wendungen wie*) der Mißerfolg dieses Projektes geht auf das ~ des Ingenieurs the engineer is to blame for the failure of this project; ihre Siege gingen in erster Linie auf das ~ ihres Trainers her victories were due (*od.* can be attributed) primarily to her trainer, the credit for her victories goes mostly to her trainer; er hat viel auf dem ~ he has a lot to account (*od.* answer) for.

'Kon·to|,ab,schluß *m econ.* settlement of an account. — **~,aus,zug** *m* statement of account. — **~,buch** *n* account book, passbook, bankbook, *Br.* bank-book. — **~,füh·rung** *f* keeping of an account. — **~,ge·gen,buch** *n* (*des Kunden*) passbook. — **~,in,ha·ber** *m cf.* Konteninhaber.

Kon·to·kor·rent [kɔntokɔ'rɛnt] *n* ⟨-(e)s; -e⟩ *econ.* account current, current account. — **~,aus,zug** *m* statement of (current) account. — **~ge,schäft** *n* current account business, overdraft business. — **~kre,dit** *m* overdraft, advance on current account. — **~ver,kehr** *m cf.* Kontokorrentgeschäft.

'Kon·to,num·mer *f econ.* account number.

Kon·tor [kɔn'toːr] *n* ⟨-s; -e⟩ **1.** *archaic* office, bureau: das war ein Schlag ins ~ *fig.* a) that was a (real) slap in the face, b) that was a terrible blow. – **2.** *econ.* a) (*Handelsniederlassung*) branch office (*od.* establishment), b) *DDR* marketing board: ein ~ schließen to close (up) a branch office. – **3.** *mar.* office of a shipping company (*od.* line).

Kon·to·rist [kɔnto'rɪst] *m* ⟨-en; -en⟩, **Kon·to'ri·stin** *f* ⟨-; -nen⟩ office employee, *auch* clerk.

Kon·tor·si·on [kɔntɔr'zĭoːn] *f* ⟨-; -en⟩ *med.* contortion.

Kon·tor·sio·nist [kɔntɔrzĭo'nɪst] *m* ⟨-en; -en⟩ (*im Varieté etc*) contortionist.

kon·tort [kɔn'tɔrt] *adj bot.* (*Blumenblatt*) contorted.

'Kon·to,stand *m econ.* account (balance), value in (*od.* on) account: wie ist mein ~? how does my account stand now? how is my account?

kon·tra ['kɔntra] **I** *prep* ⟨*acc*⟩ contra, against, *bes. jur.* versus: in Sachen A ~ B in the matter of (*od.* in re) A versus B. – **II** *adv* contra, against: ~! (*games*) (I) double; ~ geben (*od.* sagen) (*games*) to double; er ist immer gleich ~ *colloq.* he is against everything. – **III K~** *n* ⟨-s; -s⟩ j-m K~ geben a) *colloq.* to give s.o. a (sharp) retort, to give s.o. tit for tat, b) (*games*) to double; → pro II.

Kon·tra..., kon·tra... *combining form denoting* contra...

'Kon·tra-,Alt *m* ⟨-s; *no pl*⟩ *mus.* contralto.

'Kon·tra,baß *m mus.* double (*od.* string) bass, *Br.* double-bass, contrabass, bass (*od.* bull) fiddle (*colloq.*). — **'Kon·tra·bas,sist** *m* double-bass player, contrabassist, bassist.

'Kon·tra,baß|kla·ri,net·te *f mus.* double-bass (*od.* contrabass, pedal) clarinet. — **~po,sau·ne** *f* double-bass (*od.* contrabass) trombone. — **~,tu·ba** *f* (contra)bass tuba, bombardon, (*in Militärkapellen*) helicon.

Kon·tra·dik·ti·on [kɔntradɪk'tsĭoːn] *f* ⟨-; -en⟩ *bes. philos.* contradiction. — **kon·tra·dik'to·risch** [-'toːrɪʃ] *adj* **1.** *bes. philos.* contradictory. – **2.** *jur.* a) (*Verfahren*) contentious, b) (*Urteil*) defended.

'Kon·tra|fa,gott *n mus.* double bassoon, contrabassoon. — **~fak,tur** *f* contrafact(um).

kon·tra·gre·di·ent [kɔntragre'dĭɛnt] *adj math.* contragredient.

Kon·tra·ha·ge [kɔntra'haːʒə] *f* ⟨-; -n⟩ (*in schlagenden Verbindungen*) challenge (to a duel).

Kon·tra·hent [kɔntra'hɛnt] *m* ⟨-en; -en⟩ **1.** *jur. econ.* contractor, contracting party, *jur. auch* stipulator. – **2.** (*im Sport, bei einer Debatte etc*) opponent, adversary. – **3.** (*Rivale*) rival.

kon·tra·hie·ren [kɔntra'hiːrən] **I** *v/i* ⟨*no* ge-, h⟩ **1.** *econ. jur.* contract, bind oneself by contract, make (*od.* enter into) a contract. – **2.** mit j-m ~ (*in schlagenden Verbindungen*) to arrange (*od.* engage in) a duel with s.o., to challenge s.o. (to a duel), to throw down the gauntlet to s.o. – **II** *v/t* **3.** *med.* (*Muskel*) contract. – **4.** *ling.* a) (*zusammenziehen*) contract, b) (*auslassen*) syncopate. – **5.** *econ.* (*Anleihe*) contract. – **III K~** *n* ⟨-s⟩ **6.** *verbal noun.* – **7.** *cf.* Kontraktion.

Kon·tra'hie·rungs,zwang *m jur.* obligation to contract.

'Kon·tra|in·di·ka·ti,on *f med.* contraindication, *Br.* contra-indication. — **k~in·di,zie·ren** *v/t* ⟨*insep, no* ge-, h⟩ contraindicate, *Br.* contra-indicate.

kon·trakt [kɔn'trakt] *adj med.* **1.** (*Muskel*) contracted. – **2.** (*Bein etc*) lame(d), paralyzed *Br. auch* -s-.

Kon'trakt *m* ⟨-(e)s; -e⟩ **1.** *econ.* contract, (binding) agreement, bargain: einen ~ mit j-m abschließen a) to make (*od.* enter into) a contract with s.o., b) *bes. econ.* to close a bargain with s.o. – **2.** (*feierlicher, förmlicher*) covenant. – **3.** *jur.* a) contract, b) (*Urkunde*) deed, indenture. — **~,bruch** *m jur.* breach (*od.* violation) of contract. — **k~,brü·chig** *adj* breaking a contract (*od.* an agreement): ~ werden to break (*od.* violate) a contract (*od.* an agreement). — **k~ge,mäß** *adv* by (*od.* according to) contract.

kon·trak·til [kɔntrak'tiːl] *adj med.* (*Vakuole etc*) contractile.

Kon·trak·ti·on [kɔntrak'tsĭoːn] *f* ⟨-; -en⟩ **1.** *med.* contraction. – **2.** *geol.* contraction, shrinkage. – **3.** *ling.* a) contraction, b) (*Auslassung*) syncope.

Kon·trak·ti'ons·theo,rie *f geol.* contraction (*od.* shrinkage) theory.

kon'trakt·lich I *adj* contractual, stipulatory. – **II** *adv* by contract: ich mußte mich ~ verpflichten (*od.* festlegen) I had to sign a contract; ~ gebunden (*od.* verpflichtet) bound by contract, under contract, articled.

Kon·trak·tur [kɔntrak'tuːr] *f* ⟨-; -en⟩ *med.* contraction, contracture.

'Kon·tra|ok,ta·ve *f mus.* contraoctave. — **~po·si·ti,on** *f philos.* contraposition.

Kon·tra·post [kɔntra'pɔst] *m* ⟨-(e)s; -e⟩ (*art*) contrapposto.

'Kon·tra,punkt *m* ⟨-(e)s; *no pl*⟩ *mus.* a) counterpoint, b) (*in Fuge*) countersubject: doppelter ~ double (*od.* invertible) counterpoint. — **kon·tra·punk'tie·ren** [-'tiːrən] *v/t* ⟨*insep, no* ge-, h⟩ counterpoint. — **kon·tra·punk'tie·rend I** *pres p.* – **II** *adj* contrapuntal.

Kon·tra·punk·tik [kɔntra'pʊŋktɪk] *f* ⟨-; *no pl*⟩ counterpoint. — **Kon·tra'punk·ti·ker** [-tikər] *m* ⟨-s; -⟩ contrapuntist. — **kon·tra'punk·tisch** *adj* contrapuntal.

kon·trär [kɔn'trɛːr] **I** *adj* ⟨-er; -st⟩ **1.** contrary, opposite, antithetical (*lit.*): sie haben ~e Meinungen they have contrary (*od.* opposing) opinions; ~e Ziele verfolgen to pursue contrary aims. – **2.** *philos.* contrary. – **II** *adv* **3.** contrarily, contrary.

'Kon·tra·si·gna,tur *f* ⟨-; -en⟩ **1.** countersigning. – **2.** countersignature.

Kon·trast [kɔn'trast] *m* ⟨-(e)s; -e⟩ **1.** contrast: der ~ von hell und dunkel the contrast between light and shade; der Rahmen bildet einen guten ~ zu dem Gemälde the frame forms a good contrast to the painting, the frame sets off the painting very well. – **2.** *electr. telev.* (*optics*) contrast. — **k~,arm** *adj bes. phot.* **1.** lacking (in) contrast. – **2.** low-contrast (*attrib*), flat. — **~,brei** *m med.* (*beim Röntgen*) (radi)opaque meal. — **~,far·be** *f* contrasting color (*bes. Br.* colour).

kon·tra·stie·ren [kɔntras'tiːrən] *v/i* ⟨*no* ge-, h⟩ **1.** (mit) form a contrast (to), contrast (with): diese Farbe kontrastiert gut mit dem Hintergrund this colo(u)r forms a good contrast to the background, this colo(u)r sets off the background very well. – **2.** *med.* (zu with) contrast.

kon·tra'stiv [-'tiːf] *adj* ~e Grammatik *ling.* contrastive grammar.

Kon'trast|,mahl,zeit *f med.* (*beim Röntgen*) (radi)opaque meal. — **~,mit·tel** *n* (radi)opaque (*od.* contrast) medium. — **~,reg·ler** *m telev.* contrast control. — **k~,reich** *adj* **1.** (*Stil, Gemälde etc*) full of (*od.* rich in) contrast. – **2.** *phot.* (*Negativ*) high-contrast (*attrib*). — **~,schwel·le** *f psych.* differential threshold. — **~,wir·kung** *f* contrast, contrast(ing) effect.

'Kon·tra|sub,jekt *n mus.* **1.** countertheme. – **2.** (*einer Fuge etc*) countersubject. — **~te,nor** *m* countertenor, *Br.* counter-tenor, contratenor.

Kon·tra·zep·ti·on [kɔntratsɛp'tsĭoːn] *f* ⟨-; -en⟩ *med.* contraception, prevention of conception.

Kon·tre ['kõːtər] *m* ⟨-; -s⟩ *cf.* Kontertanz.

Kon·trek·ta·ti'ons,trieb [kɔntrɛkta'tsĭoːns-] *m psych.* contrectation (impulse).

Kon·tri·bu·ti·on [kɔntribu'tsĭoːn] *f* ⟨-; -en⟩ **1.** contribution, share. – **2.** *mil.* (forced) contribution.

kon·trie·ren [kɔn'triːrən] *v/t u. v/i* ⟨*no* ge-, h⟩ *rare* (*beim Kartenspiel*) double.

Kon·tri·ti·on [kɔntri'tsĭoːn] *f* ⟨-; *no pl*⟩ *relig.* contrition.

Kon'troll,ab,schnitt *m* (*einer Eintrittskarte etc*) *Br.* counterfoil, *Am.* stub.

Kon'trollam·pe (*getr.* -ll,l-) *f tech.* **1.** signal (*od.* pilot, telltale, *Br.* tell-tale) light, *Br.* pilot-light. – **2.** *cf.* Kontrolleuchte.

Kon'troll|ap·pa,rat *m* **1.** *tech. cf.* Kontrollgerät 1. – **2.** *bes. pol.* control apparatus. — **~,aus,schuß** *m pol. econ.* supervisory committee. — **~be,am·te** *m cf.* Kontrolleur. — **~be,hör·de** *f* control authority (*od.* organization): die Alliierte ~ *hist.* the Allied Control Authority.

Kon·trol·le [kɔn'trɔlə] *f* ⟨-; -n⟩ **1.** check, control: strenge ~ strict control; das Auto wurde an der Grenze einer gründlichen ~ unterzogen the car was thoroughly examined (*od.* checked) at the border; die ~n verschärfen to increase controls; sag mir die Zahlen zur ~ noch einmal give me the figures again as a check. – **2.** (*Kontrollstelle*) checkpoint. – **3.** ⟨*only sg*⟩ (*Aufsicht*) supervision, control: j-n [etwas] unter ~ stellen to place s.o. [s.th.] under supervision; er steht ständig unter ärztlicher ~ he is under constant medical supervision; das entzieht sich unserer ~ we have no control over that; die Aktion verlief unter der ~ der UNO this action was carried out under the control of the UN. – **4.** ⟨*only sg*⟩ (*Herrschaft*) control: die ~ über j-n [etwas] haben to have control of s.o. [s.th.]; er verlor die ~ über das Flugzeug he lost control of the airplane (*Br.* aeroplane); er bekam den Wagen wieder unter ~ he got the car back under (his) control; das Experiment ist außer ~ geraten the experiment got out of control (*od.* hand); er hatte die Situation vollkommen unter ~ he had the situation completely under control (*od.* in hand); er verliert leicht die ~ über (*acc*) sich he easily loses control of himself (*od.* of his temper). – **5.** *tech.* a) (*Überwachung*) inspection, supervision, check, b) (*Steuerung, Regelung*) control. – **6.** *econ.* a) (*Beherrschung eines Marktes, einer Firma etc*) (über *acc* of) control, b) (*Buchprüfung*) audit(ing), examination, checking.

Kon'trolleuch·te (*getr.* -ll,l-) *f* **1.** *tech.* a) control lamp, b) (*Handleuchte*) inspection (*od.* hand) lamp, c) (*Merklampe*) pilot (*od.* telltale, *Br.* tell-tale, indicator) light, *Br.* pilot-light, d) (*Meldelampe*) signal light. – **2.** *auto.* a) (*am Armaturenbrett*) indicator light, b) (*Warnlampe*) warning light, c) (*Warnleuchte*) warning lamp.

Kon·trol·leur [kɔntrɔ'løːr] *m* ⟨-s; -e⟩ **1.** controller, supervisor, checker. – **2.** (*bei der Straßenbahn etc*) inspector. – **3.** (*railway*) a) conductor, inspector, b) *archaic* ticket-collector.

Kon'troll|,gang *m* **1.** (*von Nachtwächter etc*) round. – **2.** (*von Polizei*) beat. — **~ge,rät** *n* **1.** *tech.* control(ling) device (*od.* instrument). – **2.** *bes. telev.* monitor. — **~ge,sellschaft** *f econ.* controlling (*od.* holding) company.

Kon'trollicht (*getr.* -ll,l-) *n* **1.** *tech. cf.* Kontrollampe 1. – **2.** *auto.* indicator (*od.* warning) light.

kon·trol'lier·bar *adj* **1.** controllable: die Einfuhr von Rauschgift ist schwer ~ it is hardly possible to control the import of addictive drugs. – **2.** (*nachprüfbar*) checkable: der Ölstand ist leicht ~ the oil level is easily checkable (*od.* can easily be checked); sein Einkommen ist nicht ~ it is not possible to maintain (*od.* keep) a check on his income.

kon·trol·lie·ren [kɔntrɔ'liːrən] *v/t* ⟨*no* ge-, h⟩ **1.** (*Ausweise, Fahrkarten etc*) check, inspect: die Reisenden wurden an der Grenze kontrolliert the travel(l)ers' papers were checked at the border; die Güte eines Erzeugnisses ~ to inspect the quality of a product; er kontrolliert ständig sein Gewicht he keeps a constant check on his weight. – **2.** (*Luftdruck etc*) check. – **3.** (*Gebiet etc*) (have under one's) control. – **4.** (*überwachen*) supervise: ich lasse mich nicht ständig ~! I refuse to be supervised constantly. – **5.** (*regulieren*) control, regulate. – **6.** *econ.* a) (*Aktien etc*) control, (*Markt*) *auch* command, b) (*Bücher*) examine, audit. — **kon·trol'liert I** *pp.* – **II** *adj* (*Abrüstung etc*) controlled.

Kon'trolli·ste (*getr.* -ll,l-) *f* checklist.

Kon'troll|,kar·te *f econ.* (*Stechkarte*) time card, *Br.* time-card. — **~kom·mis·si,on** *f* control commission. — **~,maß,nah·me** *f meist pl* control(ling) measure. — **~,mu·ster** *n* check sample. — **~,num·mer** *f* check (*od.* code) number.

Kon·trol·lor [kɔntrɔ'loːr] *m* ⟨-s; -e⟩ *Austrian for* Kontrolleur.

Kon'troll|or,gan *n* **1.** *pol.* control organization (*od.* body). – **2.** *nucl.* (*für Kernreaktoren*) control apparatus (*od.* device), monitor. — **k~,pflich·tig** *adj* subject to control (*od.* checking, registration). — **~,pro·be** *f metall.* check. — **~,punkt** *m* checkpoint. — **~,rat, der Al·li'ier·te** *pol. hist.* the Allied Control Council (*1945—48*). — **~,schein** *m* **1.** *cf.* Kontrollabschnitt. – **2.** *cf.* Kontrollzettel. — **~,stel·le** *f cf.* Kontrollpunkt. — **~,stem·pel** *m* check mark (*od.* stamp). — **~,strei·fen** *m aer.* (*der Fluglotsen*) strip. — **~,turm** *m aer.* control tower. — **~,uhr** *f* **1.** (*für Arbeitszeit*) time (*od.* check) clock. – **2.** (*für Wächter etc*) telltale (*Br.* tell-tale) clock. – **3.** *astr.* master clock. — **~ver,merk** *m* control entry (note). — **~vor,rich·tung** *f tech. cf.* Kontrollgerät. — **~,zet·tel** *m* check slip.

kon·tro·vers [kɔntro'vɛrs] *adj* ⟨-er; -est⟩ controversial.

Kon·tro·ver·se [kɔntro'vɛrzə] *f* ⟨-; -n⟩ controversy, dispute: mit j-m eine ~ über (*acc*) etwas haben to have a controversy with s.o. on (*od.* about) s.th.; ich hatte eine ~ mit meinem Vater I had a dispute (*od.* an argument) with my father.

Kon·tu·maz [kɔntu'maːts] *f* ⟨-; *no pl*⟩ **1.** *obs. jur.* (wilful) contempt of court, contumacy (*scient.*). – **2.** *Austrian* quarantine.

Kon·tur [kɔn'tuːr] *f* ⟨-; -en⟩ outline, contour, (*einer Stadt, eines Gebirges etc*) *auch* skyline: scharfe ~en sharp outlines; die ~en von etwas zeichnen to draw the outlines of s.th., to outline s.th.

Kon'tu·ren|,schär·fe *f phot.* definition. — **~,stift** *m* (*cosmetics*) lipliner pencil.

Kon'tur,fe·der *f zo.* contour feather, penna (*scient.*).

kon·tu·rie·ren [kɔntu'riːrən] *v/t* ⟨*no* ge-, h⟩ etwas ~ to outline s.th., to draw the outline(s) (*od.* contours) of s.th.

Kon'tur|,schrift *f print.* outline, open type. — **~,zeich·nung** *f* **1.** sketch in outline. – **2.** *print.* definition.

Kon·tu·si·on [kɔntu'zĭoːn] *f* ⟨-; -en⟩ *med.* bruise, contusion (*scient.*).

Ko·nus ['koːnus] *m* ⟨-; -se, *tech. auch* -nen⟩ **1.** *bes. math. med.* cone, conus. – **2.** *tech.* a) (*eines Bohrerfutters*) taper sleeve, b) (*eines Maschinenbauteils*) *cf.* Kegel 5. – **3.** *print.* bevel. — **k~,för·mig** *adj* cone-shaped. — **~,leh·re** *f tech. cf.* Kegellehre.

Kon·va·les·zenz [kɔnvalɛs'tsɛnts] *f* ⟨-; *rare* -en⟩ **1.** *med.* convalescence. – **2.** *jur.* validation.

Kon·vek·ti·on [kɔnvɛk'tsĭoːn] *f* ⟨-; *no pl*⟩ *meteor. phys.* convection.

Kon·vek·ti'ons|,strom *m electr. meteor.* convection current. — **~,wär·me** *f phys.* convection heat.

kon·vek·tiv [kɔnvɛk'tiːf] *adj meteor. phys.* convective.

Kon·ve·ni·enz [kɔnve'nĭɛnts] *f* ⟨-; -en⟩ *archaic* **1.** *meist pl* convenances *pl.* – **2.** ⟨*only sg*⟩ (*Schicklichkeit*) suitability, appropriateness. – **3.** ⟨*only sg*⟩ (*Bequemlichkeit*) comfort, convenience.

kon·ve·nie·ren [kɔnve'niːrən] *v/i* ⟨*no* ge-, h⟩ *obs. and Austrian lit.* **1.** j-m ~ a) to be convenient for s.o., b) to suit s.o., to be suitable for s.o. – **2.** (mit with) agree, come to an agreement.

Kon·vent [kɔn'vɛnt] *m* ⟨-(e)s; -e⟩ **1.** convention, meeting: einen ~ abhalten to have (*od.* hold) a convention. – **2.** *röm.kath.* a) (*der Klostermitglieder*) convention, b) (*Kloster*) convent. – **3.** a) meeting of a students' society (*bes. Am.* fraternity), b) (*studentischer Verband*) association of fraternities. – **4.** der ~ *hist.* the National Convention (*1792—95*).

Kon·ven·ti·kel [kɔnvɛn'tiːkəl] *n* ⟨-s; -⟩ *bes. relig.* conventicle.

Kon·ven·ti·on [kɔnvɛn'tsĭoːn] *f* ⟨-; -en⟩ **1.** (social) convention, custom, practice: gesellschaftliche ~en social conventions; sich über jegliche ~ hinwegsetzen to disregard all conventions. – **2.** *pol.* a) convention, agreement, treaty, b) (*zwischen feindlichen Nationen*) cartel: die Genfer ~ the Geneva Convention. – **3.** (*games*) (*beim Kartenspiel*) convention.

Kon·ven·tio·na·lis·mus [kɔnvɛntsĭona'lɪsmus] *m* ⟨-; *no pl*⟩ *philos.* conventionalism.

Kon·ven·tio·na·li·tät [kɔnvɛntsĭonali'tɛːt] *f* ⟨-; *no pl*⟩ conventionality.

Kon·ven·tio'nal|,stra·fe [kɔnvɛntsĭo'naːl-] *f jur. econ.* **1.** conventional (*od.* stipulated) penalty (*od.* fine). – **2.** (*festgesetzte Schadenssumme*) stipulated (*od.* liquidated) damages *pl.* — **~ta,rif** *m econ.* (*beim Zoll*) conventional tariff.

kon·ven·tio·nell [kɔnvɛntsĭo'nɛl] *adj* **1.** (*Kleidung, Bau, Waffen etc*) conventional. – **2.** (*Benehmen etc*) formal, conventional.

Kon·ven·tua·le [kɔnvɛn'tŭaːlə] *m* ⟨-n; -n⟩ *relig.* **1.** conventual. – **2.** (*bei den Franziskanern*) Conventual.

kon·ver·gent [kɔnvɛr'gɛnt] *adj* **1.** *bes. math.* (*Linie, Reihe etc*) convergent, converging. – **2.** *biol.* (*Zug etc*) convergent.

Kon·ver·genz [kɔnvɛr'gɛnts] *f* ⟨-; -en⟩ **1.** *bes. math.* convergence, *auch* convergency, approximation. – **2.** *biol. geol.* convergence, convergency. — **~,kreis** *m math.* circle of convergence. — **~,punkt** *m* converging point.

kon·ver·gie·ren [kɔnvɛr'giːrən] *v/i* ⟨*no* ge-, h⟩ **1.** *bes. math.* converge, be convergent. – **2.** *bot.* connive. — **kon·ver'gie·rend I** *pres p.* – **II** *adj cf.* konvergent.

Kon·ver·sa·ti·on [kɔnvɛrza'tsĭoːn] *f* ⟨-; -en⟩ **1.** conversation, talk: lebhafte ~ lively conversation; eine belanglose ~ führen to make small talk; mit j-m ~ machen to make conversation with s.o., to converse with s.o. – **2.** *ped.* (*in einer Fremdsprache*) conversation drill.

Kon·ver·sa·ti'ons|,le·xi·kon *n* (universal) encyclopedia (*auch* encyclopaedia): er ist ein lebendes (*od.* wandelndes) ~ *fig.* he is a walking encyclop(a)edia. — **~,stück** *n* (*theater*) conversation piece, drawing-room play.

kon·ver·sie·ren [kɔnvɛr'ziːrən] *v/i* ⟨*no* ge-, h⟩ *obs.* (mit with) make conversation, converse.

Kon·ver·si·on [kɔnvɛr'zĭoːn] *f* ⟨-; -en⟩ conversion.

Kon·ver·si'ons,fak·tor *m nucl.* conversion factor.

Kon·ver·ter [kɔn'vɛrtər] *m* ⟨-s; -⟩ **1.** *metall.* converter. – **2.** *electr.* a) (*Umformer*) converter, convertor, b) (*Mischröhre*) frequency changer, *Am.* mixer tube. – **3.** *nucl.* converter reactor. — **~be,trieb** *m metall.* converter practice. — **~,mün·dung** *f* converter mouth.

kon·ver·ti·bel [kɔnvɛr'tiːbəl] *adj pol. econ. cf.* konvertierbar. — **Kon·ver·ti·bi·li'tät** [-tibili'tɛːt] *f* ⟨-; *no pl*⟩ *cf.* Konvertierbarkeit.

kon·ver'tier·bar *adj pol. econ.* convertible: nicht ~ unconvertible; voll ~e Währungen fully convertible currencies. — **Kon·ver'tier·bar·keit** *f* ⟨-; *no pl*⟩ convertibility: freie ~ free convertibility.

kon·ver·tie·ren [kɔnvɛr'tiːrən] **I** *v/t* ⟨*no* ge-, h⟩ *pol. econ.* convert: Dollars in Francs ~ to convert dollars into francs. – **II** *v/i* ⟨sein⟩ *relig.* change one's religion, convert: er konvertierte zum Katholizismus he was converted to Catholicism, he turned Catholic (*colloq.*). – **III K~** *n* ⟨-s⟩ *verbal noun.* — **Kon·ver'tie·rung** *f* ⟨-; -en⟩ **1.** *cf.* Konvertieren. – **2.** *pol. econ.* conversion.

Kon·ver'tie·rungs,ri·si·ko *n econ.* conversion risk.

Kon·ver·tit [kɔnvɛr'tiːt] *m* ⟨-en; -en⟩ *relig.* **1.** convert. – **2.** (*bes. zum Judentum*) proselyte. – **3.** (*bes. zum Christentum*) neophyte.

kon·vex [kɔn'vɛks] *adj* (*optics*) *math.* convex. — **Kon·ve·xi'tät** [-ksi'tɛːt] *f* ⟨-; *no pl*⟩ convexity.

kon'vex|-kon'kav *adj* (*optics*) convexo-concave: ~e Linse convexo-concave lens, meniscus. — **~-kon'vex** *adj* convexo-convex, biconvex.

Kon'vex|,lin·se *f* (*optics*) convex (*od.* converging, positive) lens. — **~,spie·gel** *m* convex mirror.

Kon·vikt [kɔn'vɪkt] *n* ⟨-(e)s; -e⟩ **1.** *relig.* a) seminary, b) residence (*od.* dormitory) for seminarians. – **2.** *Austrian* (Roman Catholic) boarding school (*Br.* boarding-school). — **Kon·vik·tua·le** [-'tŭaːlə] *m* ⟨-n; -n⟩ *relig.* seminarian.

Kon·voi ['kɔnvɔı] *m* ⟨-s; -s⟩ convoy: im (*od.* unter) ~ fahren a) (*von Schiffen*) to sail in convoy, b) (*von Wagen*) to drive in convoy.

Kon·vo·lut [kɔnvo'luːt] *n* ⟨-(e)s; -e⟩ **1.** bundle (*od.* roll) of papers (*od.* printed matter). – **2.** *print.* (*Sammelband, Sammelmappe*) omnibus (volume). – **3.** *med.* (*Knäuel*) bundle, convolution.

Kon·vo·lu·te [kɔnvo'luːtə] *f* ⟨-; -n⟩ *arch.* volute.

Kon·vul·si·on [kɔnvʊl'zĭoːn] *f* ⟨-; -en⟩ *med.* (*Krampf*) convulsion, spasm. — **kon·vul'siv** [-'ziːf], **kon·vul'si·visch** [-vɪʃ] *adj* convulsive, spasmodic, spastic.

kon·ze·die·ren [kɔntse'diːrən] *v/t* ⟨*no* ge-, h⟩ j-m etwas ~ *lit.* to concede (*od.* grant, accord) s.o. s.th.

Kon·ze·le·bra·ti·on [kɔntselebra'tsĭoːn] *f* ⟨-; -en⟩ *röm.kath.* concelebration.

Kon·zen·trat [kɔntsɛn'traːt] *n* ⟨-(e)s; -e⟩ *chem.* concentrate, concentration.

Kon·zen·tra·ti·on [kɔntsɛntra'tsĭoːn] *f* ⟨-; -en⟩ **1.** ⟨*only sg*⟩ (*geistige Sammlung*) concentration: diese Arbeit erfordert ein hohes Maß an ~ this work requires a high degree of concentration; mangelnde ~ lack of concentration; das ist nur eine Sache der ~ it is a mere matter of concentration. – **2.** *econ. mil.* (*Zusammenballung, Zusammenziehung*) concentration: die ~ von Truppen the concentration of troops. – **3.** *chem.* concentration.

kon·zen·tra·ti'ons|,fä·hig *adj* able to concentrate. — **K~,fä·hig·keit** *f* power(s *pl*) of concentration. — **K~,grad** *m zo.* (*in der Tierpsychologie*) level. — **K~,la·ger** *n pol.* concentration camp. — **K~,schwä·che** *f* weak (od. bad) concentration, lack of concentration. — **K~ver,mö·gen** n power(s pl) of concentration.

kon·zen·trie·ren [kɔntsɛn'triːrən] I v/reflex ⟨no ge-, h⟩ sich ~ 1. (auf acc [up]on) concentrate: ich kann mich heute nicht ~ I cannot concentrate today; sich auf seine Arbeit ~ to concentrate on one's work. – 2. be concentrated, center, bes. Br. centre: in seinen Händen konzentriert sich sehr viel Macht a lot of power is concentrated in his hands. – II v/t 3. (auf acc [up]on) concentrate: seine Aufmerksamkeit auf etwas ~ to concentrate one's attention on s.th.; sie konzentrierte ihre Gedanken auf ihre Arbeit she concentrated (od. focus[s]ed) her thoughts on her work. – 4. chem. (Lösung etc) concentrate. – 5. mil. (Truppen etc) concentrate, mass. – 6. phys. (Lichtstrahlen etc) concentrate, focus, condense. – 7. tech. (Erze) concentrate. – III K~ n ⟨-s⟩ 8. verbal noun. — **kon·zen'triert** I pp. – II adj 1. concentrated: in ~er Form in concentrated (od. tabloid) form; ~e Säure [Lösung] chem. concentrated acid [solution]; ~es Feuer mil. concentrated fire. – III adv 2. (geistig gesammelt) with concentration, concentratedly: ~ arbeiten [zuhören] to work [to listen] with concentration. – 3. (knapp) in concentrated (od. tabloid) form. — **Kon·zen'trie·rung** f ⟨-; -en⟩ 1. cf. Konzentrieren. – 2. concentration.

kon·zen·trisch [kɔn'tsɛntrɪʃ] adj math. concentric. — **Kon·zen·tri·zi'tät** [-tritsi'tɛːt] f ⟨-; no pl⟩ concentricity.

Kon·zept [kɔn'tsɛpt] n ⟨-(e)s; -e⟩ 1. (für eine Rede) notes pl, draft: vom ~ ablesen to read from one's notes; ohne ~ sprechen to speak without notes (od. extemporaneously), to speak off the cuff (colloq.). – 2. (für einen Aufsatz, Brief etc) (rough) draft (od. copy), outline: der Aufsatz ist im ~ fertig I finished the draft of the essay. – 3. (in Wendungen wie) j-n aus dem ~ bringen to throw s.o. off, to confuse s.o.; aus dem ~ kommen to lose the thread. – 4. (Plan, Programm) plan(s pl): die Partei hat ihr ~ noch nicht festgelegt the party has not yet determined its plans; j-m das ~ verderben, einen Strich durch j-s ~ machen colloq. to spoil s.o.'s plans; das paßt ihm nicht ins ~ colloq. this doesn't suit his plans.

Kon·zep·ta·kel [kɔntsɛp'taːkəl] n ⟨-s; -⟩ bot. (der Rotalgen) conceptacle.

Kon·zep·ti·on [kɔntsɛp'tsĭoːn] f ⟨-; -en⟩ 1. (Auffassung, Idee) conception, idea. – 2. (Abfassung, Entwurf) conception. – 3. med. (Empfängnis) conception. — **Kon·zep·ti'ons·ver,hü·tung** f med. cf. Kontrazeption.

Kon'zept·pa,pier n scratch (od. scrap, Br. auch scribbling) paper.

Kon·zep·tua·lis·mus [kɔntsɛptŭa'lɪsmʊs] m ⟨-; no pl⟩ philos. conceptualism.

Kon·zern [kɔn'tsɛrn] m ⟨-s; -e⟩ econ. combine, combination: horizontaler (od. horizontal aufgebauter) ~ horizontal (od. horizontally integrated) combine; sich zu einem ~ zusammenschließen to form a combine. — **~bi,lanz** f balance sheet of a combine, consolidated balance sheet. — **~,bil·dung** f formation of combines, combination. — **~ent,flech·tung** f deconcentration of combines.

Kon·zer·nie·rung [kɔntsɛr'niːrʊŋ] f ⟨-; -en⟩ econ. cf. Konzernbildung.

Kon'zern|,spit·ze f econ. parent (od. principal) company of a combine. — **~ver,bind·lich·kei·ten** pl liabilities toward(s) associated (od. subsidiary) companies. — **~ver,flech·tung** f 1. interlocking combine. – 2. (Vorgang) business concentration.

Kon·zert [kɔn'tsɛrt] n ⟨-(e)s; -e⟩ 1. concert, (eines Solisten) auch recital: öffentliches ~ public concert; ein ~ geben (od. veranstalten) [absagen, besuchen] to give [to cancel, to attend] a concert; ins ~ gehen to go to a concert; er ist im ~ he is at a concert. – 2. mus. concerto: ~ für Klavier und Orchester concerto for piano and orchestra. – 3. ⟨only sg⟩ fig. colloq. (Geschrei) chorus, concert: ein ~ von Buhrufen a chorus of boos; ein ~ anstimmen to start to cry. – 4. ⟨only sg⟩ bes. pol. concert: das europäische ~, das ~ der Mächte hist. the Concert of Europe. — **~,abend** m concert (evening), (eines Solisten) auch recital: einen ~ geben to give a concert. — **~agen,tur** f concert artists' agency.

kon·zer·tant [kɔntsɛr'tant] adj mus. concertante: ~e Sinfonie cf. Konzertante. — **Kon·zer'tan·te** f ⟨-; -n⟩ concertante (symphony).

Kon'zert|,arie f mus. concert aria. — **~be,su·cher** m concertgoer, Br. concert-goer. — **~di·rek·ti,on** f concert direction (od. management). — **~,flö·te** f 1. concerto flute. – 2. (der Orgel) orchestral flute. — **~,flü·gel** m concert grand (piano). — **~,füh·rer** m (Buch) concert guide. — **~ge,sell·schaft** f concert society. — **~,hal·le** f concert (od. music) hall.

kon·zer·tie·ren [kɔntsɛr'tiːrən] v/i ⟨no ge-, h⟩ 1. (ein Konzert geben) give a concert, (von Solisten) auch give a recital. – 2. play in a concert. — **kon·zer'tiert** I pp. – II adj ~e Aktion econ. pol. concerted action.

Kon'zert|,mei·ster m mus. leader, first(-chair) violin(ist), bes. Am. concertmaster, concertmeister. — **~pia,nist** m concert pianist. — **~pro,gramm** n 1. concert program (bes. Br. programme), program(me) of a concert. – 2. (einer Saison etc) series of concerts, concert series. — **~,rei·se** f concert tour. — **~,saal** m concert (od. music) hall. — **~,sän·ger** m concert singer. — **~,stück** n concertino, concertstück. — **~tour,nee** f concert tour. — **~,zeich·ner** m econ. stag.

Kon·zes·sion [kɔntsɛ'sĭoːn] f ⟨-; -en⟩ 1. (Zugeständnis) concession: (j-m) ~en machen to make concessions (to s.o.); ~en an den Publikumsgeschmack machen to make concessions to the public taste (od. to the taste of the majority). – 2. econ. (bes. behördliche Gewerbeerlaubnis) Br. licence, Am. license, concession: eine ~ erteilen to grant a licence; um eine ~ nachsuchen to apply for a licence; → entziehen 2. – 3. jur. (Recht zu wirtschaftlicher Erschließung) concession: die Gesellschaft hat die ~ für Erdölbohrungen erhalten the company got the concession to drill for oil.

Kon·zes·sio·när [kɔntsɛsĭo'nɛːr] m ⟨-s; -e⟩ econ. concessionaire, auch concessionnaire, licence (Am. license) holder, Br. licencee, Am. licensee.

kon·zes·sio·nie·ren [kɔntsɛsĭo'niːrən] v/t ⟨no ge-, h⟩ j-n ~ to grant s.o. a concession (od. licence, Am. license), to license (Br. auch licence) s.o. — **kon·zes·sio'niert** I pp. – II adj (Gewerbe etc) licensed, Br. auch licenced.

Kon·zes·si'ons|er,tei·ler m jur. licenser, licensor. — **~in,ha·ber** m cf. Konzessionär. — **~,pflicht** f obligation to obtain a licence (Am. license). — **k~,pflich·tig** adj (Gewerbe etc) requiring a licence (Am. license).

kon·zes·siv [kɔntsɛ'siːf] adj ling. (Nebensatz, Konjunktion etc) concessive. — **K~,satz** m concessive clause.

Kon·zil [kɔn'tsiːl] n ⟨-s; -e u. -ien [-lĭən]⟩ 1. röm.kath. council: das ~ von Trient the Council of Trent (1545—63); das ~ von Nizäa the Council of Nicaea (325); → lateranisch; ökumenisch; vatikanisch. – 2. (evangelisches) synod.

kon·zi·li·ant [kɔntsi'lĭant] adj (Verhalten, Schreiben, Ton etc) conciliatory, conciliative. — **Kon·zi·li'anz** [-'lĭants] f ⟨-; no pl⟩ conciliatoriness.

Kon'zils|be,schluß m röm.kath. decree of a council. — **~,va·ter** m meist pl council father.

Kon·zi·pi·ent [kɔntsi'pĭɛnt] m ⟨-en; -en⟩ 1. bes. Austrian jur. articled clerk (Br. in solicitor's office, bes. Am. in lawyer's office). – 2. obs. draftsman.

kon·zi·pie·ren [kɔntsi'piːrən] I v/t ⟨no ge-, h⟩ 1. (erdenken, ersinnen) conceive. – 2. (verfassen, entwerfen) draft, outline, draw up. – II v/i 3. med. conceive, become pregnant.

kon·zis [kɔn'tsiːs] adj (Rede etc) concise.

Koog [koːk] m ⟨-(e)s; Köge u. -e⟩ Northern G. polder.

Ko·ope·ra·ti·on [koˀopera'tsĭoːn] f ⟨-; no pl⟩ cooperation Br. auch co-.

ko·ope·ra·tiv [koˀopera'tiːf] adj cooperative Br. auch co-.

Ko·ope·ra'tiv n ⟨-s; -e, auch -s⟩, **Ko·ope·ra'ti·ve** [-və] f ⟨-; -n⟩ econ. cooperative Br. auch co-.

Ko·ope·ra·tor [koˀope'raːtɔr] m ⟨-s; -en [-ra'toːrən]⟩ 1. obs. cooperator Br. auch co-. – 2. röm.kath. bes. Austrian and Bavarian a) curate, b) chaplain.

ko·ope·rie·ren [koˀope'riːrən] v/i ⟨no ge-, h⟩ cooperate Br. auch co-.

Ko·op·ta·ti·on [koˀɔpta'tsĭoːn] f ⟨-; -en⟩ (Ergänzungswahl, Zuwahl neuer Mitglieder) co-optation. — **ko·op'tie·ren** [-'tiːrən] v/t ⟨no ge-, h⟩ j-n ~ (hinzuwählen) to co-opt s.o.

Ko·or·di·na·te [koˀɔrdi'naːtə] f ⟨-; -n⟩ meist pl math. coordinate Br. co-: rechtwink(e)lige [schiefwink(e)lige] ~n rectangular [oblique] co(-)ordinates.

Ko·or·di'na·ten|,ach·se f math. coordinate (Br. co-ordinate) axis, axis of coordinates (Br. co-ordinates). — **~,ebe·ne** f co(-)ordinate plane. — **~,kreuz** n cf. Koordinatensystem. — **~,netz** n 1. geogr. grid. – 2. math. co(-)ordinate grid system. — **~,null,punkt** m math. origin of co(-)ordinates. — **~sy,stem** n co(-)ordinate system, system of co(-)ordinates. — **~,ur,sprung** m cf. Koordinatennullpunkt. — **~,vek·tor** m co(-)ordinate vector.

Ko·or·di·na·ti·on [koˀɔrdina'tsĭoːn] f ⟨-; -en⟩ coordination Br. co-: zeitliche ~ timing.

Ko·or·di·na·ti'ons|,for·mel f chem. coordination (Br. co-ordination) formula. — **k~ge,stört** adj med. asynergic. — **~,stö·rung** f asynergia, asynergy, ataxia, dyssynergia: motorische ~ beim Stehen astasia. — **~ver,bin·dung** f chem. co(-)ordination (od. complex) compound. — **~,zahl** f co(-)ordination number. — **~,zen·trum** n 1. med. coordination center, bes. Br. co-ordination centre. – 2. zo. adjustor, auch adjuster.

Ko·or·di·na·tor [koˀɔrdi'naːtɔr] m ⟨-s; -en [-na'toːrən]⟩ telev. (der Programme) coordinator Br. co-.

ko·or·di·nie·ren [koˀɔrdi'niːrən] I v/t ⟨no ge-, h⟩ 1. (Gedanken, Pläne, Produktion etc) coordinate Br. co-. – II K~ n ⟨-s⟩ 2. verbal noun. – 3. cf. Koordination. — **ko·or·di'nie·rend** I pres p. – II adj bes. ling. (Bindewort etc) coordinating Br. co-. — **ko·or·di'niert** I pp. – II adj coordinate Br. co-: nicht ~ incoordinate(d). — **Ko·or·di'nie·rung** f ⟨-; -en⟩ 1. cf. Koordinieren. – 2. coordination Br. co-.

Ko·pai·ba,baum [kopa'iːba-], **Ko·pai·va,baum** [kopa'iːva-] m bot. copaiba (tree) (Gattg Copaifera).

Ko·pal [ko'paːl] m ⟨-s; -e⟩ meist pl chem. copal: Echter ~ true (od. fossil) copal, copalite. — **~,fich·te** f bot. kauri (pine) (Agathis australis). — **~,fir·nis**, **~,lack** m chem. copal varnish.

Ko·pe·ke [ko'peːkə] f ⟨-; -n⟩ kope(c)k, copeck (small Russian coin).

Kö·pe·nickia·de (getr. -k·k-) [køːpənɪ'kĭaːdə] f ⟨-; -n⟩ hoax, practical joke (containing impersonation of s.o. in authority).

Kö·per ['køːpər] m ⟨-s; -⟩ (textile) twill cloth. — **~,baum,wol·le** f dimity. — **~,bin·dung** f twill weave.

kö·pern ['køːpərn] v/t ⟨h⟩ (textile) twill, wale.

ko·per·ni·ka·nisch [kopɛrni'kaːnɪʃ] adj astr. Copernican: das ~e Weltsystem the Copernican system.

'Kö·per,stoff m (textile) twill cloth, twilled fabric.

Kopf [kɔpf] m ⟨-es; ⸚e⟩ 1. head: ein großer [kahler, kantiger, schmaler] ~ a large [bald, square, narrow] head; ich habe einen heißen [dumpfen, schweren] ~ I have a hot [dull, heavy] head; mir tut der ~ weh my head aches, I have a headache; mein ~ zerspringt (vor Schmerzen) fig. my head is splitting, I have a splitting headache; mir schwirrt der ~ fig. colloq. my head is in a whirl, my head is whirling; sie lernten [diskutierten] bis ihnen die Köpfe rauchten fig. colloq. they learned [debated] until their heads were swimming (od. until they could no longer think straight); sein ~ glühte his head was glowing; den ~ bedecken [drehen, einziehen] to cover [to turn, to draw in] one's head; die Mädchen steckten die Köpfe zusammen the girls put their heads together, the girls went into a huddle; er schüttelte (verneinend) den ~ he shook his head in reply (od. as if to say no); über (acc) etwas [j-n] den ~ schütteln to shake one's head over (od. at, about) s.th. [s.o.]; den ~ (nachdenklich) wiegen to nod (one's head) (pensively); sich (dat) den ~ an der Tür (an)stoßen to bump (od. bang) one's head against the door; er rannte sich fast den ~ ein fig. colloq. he almost bashed his head in; den ~ zurückwerfen to throw back one's head, to throw one's head back; j-m den ~ abschlagen (od. colloq. abhauen), j-n um einen ~ kleiner (od. kürzer) machen colloq. to behead s.o., to cut (od. chop) s.o.'s head off; es gelang damals nur wenigen Geschäftsleuten, den ~ über Wasser zu halten fig. at the time few businessmen were able to keep their heads above water; der Wein hat die Köpfe erhitzt fig. colloq. the wine has excited tempers; deshalb geht der ~ nicht gleich ab (od. herunter) fig. colloq. that won't kill you, that won't be the end of you; den ~ für j-n hinhalten fig. to risk one's head for s.o., to take the blame for s.o.; den ~ für etwas hinhalten fig. to take the blame for s.th.; den ~ hoch tragen fig. to hold (od. carry) one's head high (od. aloft); sie holten sich bei dem Angriff blutige Köpfe fig. they returned with severe losses from the attack; den ~ in den Sand stecken fig. to bury one's head in the sand (like an ostrich); ich wußte nicht, wo mir der ~ stand fig. colloq. I didn't know whether I was coming or going (od. whether I was standing on my head or my heels); er verdrehte dem Mädchen den ~ fig. he swept the girl off her feet; den ~ verlieren fig. a) to lose one's head (od. wits, nerve), b) to panic (od. colloq. get into a flap); du darfst jetzt nicht den ~ verlieren fig. you must keep your (od. a cool) head now; ich habe den ~ so voll mit anderen Dingen, daß ich mich darum nicht kümmern kann I have to think of so many other things that I can't bother with that; j-m den ~ waschen a) to wash s.o.'s hair, b) fig. colloq. to give s.o. a dressing down (od. ticking off), Br. auch to tear s.o. off a strip, to blow s.o. up (alle colloq.); j-m den ~ zurechtsetzen (od. zurechtrücken) fig. colloq. to tell s.o. what is what, to give s.o. a talking-to (beide colloq.); sich (dat) den ~ über (acc) etwas zerbrechen fig. to rack (od. cudgel, beat) one's brains over (od. about) s.th., to puzzle (one's brains od. head) over s.th.; ~ weg! watch (od. mind) your head! viele Köpfe, viele Sinne (Sprichwort) so many heads, so many minds (proverb); viele Köpfe gehen schwer unter einen Hut (Sprichwort) many minds are difficult to reconcile; zwei Köpfe wissen mehr als einer fig. two heads are better than one (proverb); → abreißen 1; brummen 11; dröhnen 4; Hand[1] Verbindungen mit Präpositionen; hängenlassen 1; hoch 48; oben 7; rot 2; Schlinge 1; wetten II. – 2. fig. (Leben) head, life: seinen ~ (od. ~ und Kragen) riskieren (od. wagen) a) to risk one's life, b) (Stellung, Vermögen etc) to risk one's neck, to stick one's neck out; es geht um ~ und Kragen it's a matter of life and death, life is at stake; dafür wirst du mit deinem ~ bezahlen müssen you'll pay for that with your life; → kosten[1] 2. – 3. fig. (Verstand, Sinn) head, mind, brains pl: (s)einen klaren [kühlen] ~ behalten (od. bewahren) to keep a clear [cool] head; er ist etwas wirr im ~ he is a little confused in his mind; er hat einen klugen ~ he has brains (od. a good intellect), he has a good head (on his shoulders), he has his head screwed on right (colloq.); streng deinen ~ an! colloq. use your brains (od. colloq. noddle, loaf)! – 4. fig. (Willen) head: seinem (eigenen) ~ folgen to be headstrong (od. obstinate); es muß nicht immer nur nach deinem ~ gehen colloq. you can't always have it your (own) way, you can't always decide alone; er hat seinen ~ für sich, er hat seinen eigenen ~ colloq. he has a will of his own; er hat einen harten ~ colloq. he is headstrong (od. stubborn, obstinate); → bestehen 3; durchsetzen[1] 1. – 5. fig. (Persönlichkeit) man, head: ein witziger ~ a witty man; die besten Köpfe des Landes haben daran mitgearbeitet the best heads (od. minds) of the country have worked on it; sie war der ~ des Unternehmens she was the head (od. brain) of the enterprise; → hell 6; klug 1. – 6. fig. (Person) person: auf den ~ entfallen 5 Mark, das sind 5 Mark pro ~ it is (od. amounts to) 5 marks per person (od. capita); die Menge war einige tausend Köpfe stark there was a crowd of a few thousand people. – 7. (eines Briefbogens) head. – 8. (einer Stecknadel) head. – 9. (einer Spindel etc) top. – 10. (einer Pfeife) bowl. – 11. (eines Hutes) crown. – 12. (einer Münze) head, face side: mit einem ~ faced; ~ oder Wappen (od. Schrift) (games) a) (Frage) heads or tails pl, b) (Spiel) pitch-and-toss, pitch-penny. – 13. (einer Zeitung, einer Buchseite etc) heading, head, Am. auch caption. – 14. med. (eines Knochens od. Muskels) head, caput (scient.). – 15. zo. a) head, b) (eines Fisches) jowl. – 16. bot. a) (von Kohl od. Salat) head, Br. auch loaf, b) (von Blumen) head, top: die Blumen ließen die Köpfe hängen the flowers drooped their heads. – 17. tech. a) (eines Hammers, einer Schraube) head, b) (einer Zange) jaw, c) (eines Brenners) tip, d) (einer Drehspindel) nose, e) (eines Radzahns) crest, addendum. – 18. metall. a) (eines Gußblocks) top, head, b) (eines Koksofens) end, c) (eines Schmelzofens) part. – 19. auto. a) (eines Kolbens) crown, b) (einer Pleuelstange) big end, c) (eines Krümmers) manifold. – 20. geol. (eines Sattels) summit, top. – 21. mar. (eines Gangspills) drumhead. – 22. mus. (einer Note, einer Violine etc) head. – 23. (sport) (eines Golfschlägers) head. – 24. arch. a) (Verzierung am Gewölbescheitel) headwork, Br. head-work, b) (eines Strebepfeilers) skew. – 25. mil. (einer Rakete etc) head. –

Verbindungen mit Präpositionen:

die Pferde rannten ~ an ~ the horses ran neck and neck; sie lagen bei der Wahl ~ an ~ they were neck and neck in the election; sie standen ~ an ~ (gedrängt) they stood crowded (od. packed) together; über soviel Dummheit kann man sich nur an den ~ fassen (od. greifen) fig. colloq. so much stupidity leaves you speechless; sie kriegten sich an die Köpfe (od. bei den Köpfen) fig. colloq. a) (heftig zanken) they had a row, they rowed, they were at loggerheads with one another, b) (sich schlagen) they had it out with one another, they came to blows with one another; j-m ein Buch an den ~ werfen to throw a book at s.o.'s head; sie warfen sich gegenseitig Schimpfworte an den ~ fig. they hurled abuse at each other, they swore at each other; er warf ihr an den Kopf, daß sie lüge fig. he reproached her for lying, he accused her of lying; er hätte längst eins (od. etwas) auf den ~ kriegen (od. bekommen) müssen fig. colloq. he should have been taken down a peg or two long ago; er ist nicht auf den ~ gefallen fig. colloq. he is no fool, he wasn't born yesterday; wir lassen uns nicht von den Kindern auf dem ~ herumtanzen (od. herumtrampeln) (od. auf den ~ spucken) fig. colloq. we won't allow ourselves to be tyrannized by the children, we won't allow the children to treat us as they like (od. to walk all over us); ich kann meinem Bruder schon auf den ~ spucken fig. colloq. I am already taller than my brother; er schlug ihm (od. ihn) auf den ~ he hit him over (od. on) the head; auf den ~ des Verbrechers wurde eine Belohnung (aus)gesetzt fig. a reward was offered for the criminal's head, a price was set on the criminal's head; auf dem ~ stehen to stand on one's head; ein Bild auf den ~ stellen to turn a picture upside down; die Kinder stellen alles [das ganze Haus] auf den ~ fig. the children turn everything [the whole house] upside down (od. topsy-turvy); die Stadt auf den ~ stellen fig. colloq. to paint the town red (colloq.), bes. Am. colloq. to make whoopee; er stellte die Tatsachen auf den ~ fig. he misrepresented the facts; und wenn du dich auf den ~ stellst, ich gehe! fig. colloq. no matter what you do (od. you can do what you please), I'll go all the same! even if you try ever so hard to stop me, I'll go all the same! sie sagte ihm auf den ~ zu, daß er lüge she told him outright (od. to his face) that he was lying; der Gedanke geht mir nicht aus dem ~ fig. the thought keeps running through my head; ich habe mir bald die Augen aus dem ~ gesehen (od. geguckt) fig. colloq. I looked until my eyes almost popped out of my head; als er das viele Geld sah, fielen ihm fast die Augen aus dem ~ fig. colloq. when he saw all the money his eyes nearly popped out of his head; ein Zitat aus dem ~ wissen (od. können) fig. colloq. to know a quotation by heart, to quote a quotation from memory; ich will mir deine Anregung durch den ~ gehen lassen fig. I'll think about (od. consider) your suggestion, I'll turn your suggestion over in my mind; der Gedanke schoß (od. fuhr) mir plötzlich durch den ~ fig. colloq. the idea suddenly flashed through (od. came across, crossed) my mind; was mag ihm nur in den ~ gefahren (od. gestiegen) sein? fig. colloq. what (idea) can have entered his head? what can be the matter with him? what has come over him? es will ihm nicht in den ~, daß a) (er begreift nicht) he doesn't understand why, b) (er glaubt nicht) he can't believe that, c) (er will nicht einsehen) he can't get it into his head that; Zahlen [Namen] im ~ haben fig. to have numbers [names] in one's head; ich habe nicht mehr im ~, wie viele da waren fig. colloq. I don't remember, how many were there; du hast doch Augen im ~! you have got eyes in your head, haven't you! er hat nichts anderes als Unsinn im ~ fig. he thinks of nothing but nonsense; in seinem ~ hat kein anderer Gedanke Platz fig. that's the only thought that enters his head, no other thought ever enters his head; der Gedanke geht mir immerzu im ~ herum fig. colloq. the thought keeps running through my head, I can't get the thought out of my head; das kannst du doch im ~ rechnen fig. you can do those figures in your head; er ist nicht ganz richtig (od. klar, normal) im ~ he is not quite right in the head (colloq.), he is out of his right mind, he is a bit batty (Am. auch goofy); er hat es sich in den ~ gesetzt, nach Griechenland zu fahren fig. he has got (od. taken) it into his head (od. he has decided) to go to Greece, he is bent on going to Greece; j-m in den ~ steigen a) (von Blut) to rush to s.o.'s face, b) fig. (von Erfolg etc) to go to (od. turn) s.o.'s head; mit bloßem (od. unbedecktem) ~ (spazierengehen) (to go for a walk) with one's head bare (od. without a hat); mit dem ~ durch die Wand wollen fig. colloq. to go at everything headfirst (Br. head first), to take a running jump at everything; mit dem ~ für eine Sache [Tat] haften fig. to answer for a thing [deed] with one's head, to pledge one's life for a thing [deed]; mit dem ~ gegen etwas stoßen to hit one's head against (od. on) s.th.; j-n mit dem ~ auf (acc) etwas stoßen fig. colloq. to knock s.th. into s.o.'s head (colloq.); mit dem ~ voran headfirst, Br. head first, headlong; ein Zeichen mit dem ~ (geben) (to give) a motion of the head, (to give) a signal with one's head; man hat ihm das Haus über dem ~ angesteckt (od. angezündet) his house was set on fire over his head; über meinem ~ schwebt Gefahr fig. danger hovers over my head; er steckt bis über den ~ in Schulden fig. colloq. he is up to his ears in debt; ihr Sohn ist ihr über den ~ gewachsen a) her son has outgrown her, b) fig. her son has become too much for her, she cannot cope with her son any more; die Hausarbeit wächst ihr über den ~ fig. the housework has become too much for her, she can no longer cope with the housework; die wirtschaftliche Entwicklung ist der Regierung über den ~ gewachsen fig. the economic development has got beyond the control of the government; die Bettdecke über den ~ ziehen to pull the bedcover (up) over one's head; sie handelte über seinen ~ hinweg fig. she went above (od. over) his head, she went ahead with her plans without consulting him; mein Bruder ist (um) einen ~ größer [kleiner] als ich my brother is a head taller [smaller] than I; er war ein Gentleman von ~ bis Fuß fig. he was every inch a gentleman; den Hut vom ~ reißen to whip off one's hat; er schlug sich verzweifelt vor den ~ he struck his head in exasperation (od. despair); er stand da (od. war) wie vor den ~ geschlagen fig. colloq. you could have knocked him down with a feather, he was dumbfounded; seine schroffe Art stieß alle vor den ~ *fig.* his brusqueness gave offence to (*od.* offended) everyone; j-m zu ~ steigen *fig.* a) (*von Wein etc*) to go to s.o.'s head, b) (*von Ruhm, Erfolg etc*) to go to (*od.* turn) s.o.'s head; der Wein steigt leicht zu ~(e) *fig.* the wine is heady; → aussetzen 3; behalten 2; Bein 1; Brett 1; Dach 3; Fuß[1] 1; Grille 2, 3; Grips; Grütze 3; Hand[1] *Verbindungen mit Verben*; herumgehen 1; herumspuken 2; hinwegreden; hochrot; kratzen 17; Kugel 2; legen *Verbindungen mit Präpositionen*; Mühlrad; nicken 1; Rosine; schlagen 28; Stroh 1.

'Kopf|-ˌan-'Kopf-ˌRen·nen *n auch fig.* neck-and-neck race. — **~ˌar·beit** *f* headwork, *Br.* head-work, brainwork, *Br.* brain-work. — **~ˌar·bei·ter** *m* brainworker, *Br.* brain-worker. — **~ˌbahnˌhof** *m* (*railway*) terminal station.

'Kopfˌball *m* (*sport*) (*beim Fußball*) header. — **~ˌspiel** *n* headwork, *Br.* head-work, heading. — **~ˌtor** *n* headed goal: ein ~ erzielen to head the ball home. — **~verˌsuch** *m* attempt at a header (*od.* to head the ball).

'Kopf|ˌband *n* ⟨-(e)s; ⸚er⟩ **1.** headband. – **2.** *civ.eng.* strut. — **~ˌbaum** *m bot.* pollard. — **~beˌdeckung** (*getr.* -k·k-) *f* headgear, headpiece: mit ~ covered; ohne ~ uncovered, hatless. — **~ˌbee·re** *f bot. cf.* Ipekakuanha. — **~ˌbein** *n med.* capitate bone, capitatum (*scient.*). — **~beˌklei·dung** *f cf.* Kopfbedeckung. — **~beˌtrag** *m econ.* amount (*od.* sum) per head, per capita amount (*od.* quota). — **~beˌwe·gung** *f* movement of the head: sie machte kreisende ~en (*in Gymnastik*) she circled her head. — **~ˌbin·de** *f* **1.** bandage round (*od.* on) one's head. – **2.** *antiq.* taenia, vitta. — **~ˌblut·geˌschwulst** *f med.* (*von Neugeborenen*) cephalh(a)ematoma. — **~ˌbrett** *n* (*eines Bettes*) headpiece, headboard. — **~ˌbriefˌbo·gen** *m* letterhead (stationery). — **~ˌbrum·men** *n colloq.* headache. — **~ˌbrustˌstück** *n zo.* cephalothorax.

Köpf·chen ['kœpfçən] *n* ⟨-s; -⟩ **1.** *dim. of* Kopf. – **2.** *fig. colloq.* brains *pl*, savvy (*sl.*): er hat ~, er ist ein kluges ~ he has brains; ~ muß man haben! it only takes brains, you only need brains; ~, ~! a) it only takes brains, b) I was not born yesterday. – **3.** *biol. bot.* capitulum. — **~ˌschimmel(ˌpilz)** *m bot.* mucedine, black (*od.* bread) mold (*bes. Br.* mould) (*Mucor mucedo*).

'Kopf|chir·urˌgie *f med.* head surgery. — **~ˌdre·her** *m med. cf.* Kopfnicker. — **~ˌdre·hung** *f* **1.** head spin. – **2.** turn of the head. — **~ˌdün·ger** *m hort.* topdressing, *Br.* top-dressing. — **~ˌdün·gung** *f* topdressing, *Br.* top-dressing.

köp·feln ['kœpfəln] *v/t* ⟨h⟩ den Ball ~ (*sport*) (*beim Fußball*) to head the ball lightly.

köp·fen ['kœpfən] **I** *v/t* ⟨h⟩ **1.** j-n ~ to behead (*od.* decapitate) s.o., to cut s.o.'s head off, to cut off s.o.'s head. – **2.** *hort.* a) (*Pflanzen*) head, cut back, top, b) (*bes. Baum etc*) pollard, head. – **3.** (*sport*) (*Ball*) head: er köpfte den Ball ins Tor, er köpfte ein Tor he headed the ball home (*od.* into the net). – **4.** (*Nägel, Stecknadeln etc*) head. – **5.** ein Ei ~ to cut off the top of an egg, to crack an egg open. – **II** *v/i* **6.** *hort.* (*von Salat*) (form a) head.

'Kopfˌen·de *n* **1.** (*eines Bettes, Tisches etc*) head. – **2.** (*einer Reihe etc*) head. – **3.** (*eines Zuges*) head end, front. – **4.** (*eines Baumstammes, Balkens etc*) top, end, head. – **5.** (*einer Rakete etc*) head, nose.

'Köp·fer *m* ⟨-s; -⟩ (*sport*) *colloq. for* Kopfsprung.

'Kopf|ˌform *f bes. anthrop.* head form, shape of the head: eine Rasse mit länglicher ~ a longheaded (*Br.* long-headed) (*od. scient.* dolichocephalic) race. — **k~ˌför·mig** *adj bot.* capitate(d). — **~ˌfü·ßer** *pl zo.* cuttlefishes, cephalopods (*scient.*) (*Klasse Cephalopoda*). — **~ˌgeld** *n* **1.** *jur.* head money, *Br.* head-money. – **2.** *econ.* per capita quota. — **k~geˌsteu·ert** *adj only in* ~er Motor *auto.* overhead (*od.* inverted) valve engine. — **~ˌgoldˌschnitt** *m print.* gilt top edge. — **~ˌgras** *n bot.* moor grass (*Gattg Sesleria*): Blaues ~ blue moor grass (*S. coerulea*). — **~ˌgriff** *m* (*sport*) **1.** (*beim Ringen*) headlock. – **2.** (*beim Rettungsschwimmen*) chin hold. — **~ˌgrind** *m* **1.** *med.* (*Milchschorf*) cradle cap. – **2.** *med. vet.* crusted (*od.* honeycomb) ringworm, favus (*scient.*). — **~ˌgrip·pe** *f med.* influenza (*od.* epidemic) encephalitis. — **~ˌhaar** *n* hair (of the head). — **~ˌhal·tung** *f* posture of the head, poise.

'Kopfˌhän·ger *m* ⟨-s; -⟩ *colloq.* low-spirited (*od.* dejected) person; misery, mope (*colloq.*). — **'kopfˌhän·ge·risch** *adj* low-spirited, dejected, miserable, mopish (*colloq.*).

'Kopf|ˌhaut *f* **1.** skin of the head. – **2.** (*mit Haar*) scalp. — **~ˌhieb** *m* (*beim Fechten*) head cut. — **~ˌhö·he** *f* **1.** in ~ on a level with the head: ein Granatsplitter flog in ~ an ihm vorbei a piece of shrapnel flew past his head. – **2.** *tech.* (*eines Gewinde- od. Zahnradzahns*) addendum. — **~ˌholz** *n* (*forestry*) pollard.

'Kopfˌhö·rer *m electr.* headphone, head receiver, headset. — **~ˌbü·gel, ~ˌhal·ter** *m* headband, headrest.

'kop·fig *adj bot.* capitate(d).

...ˌköp·fig [-ˌkœpfɪç] *combining form denoting* -headed, -cephalous (*scient.*).

'Kopf|ˌjagd *f anthrop.* headhunt, *Br.* head-hunt, headhunting, *Br.* head-hunting. — **~ˌjä·ger** *m* headhunter, *Br.* head-hunter. — **~ˌjucken** (*getr.* -k·k-) *n* itching of the scalp. — **~ˌkeil** *m cf.* Keilkissen. — **~ˌkip·pe** *f* (*sport*) (*beim Turnen*) headspring. — **~ˌkis·sen** *n* **1.** pillow (for the head). – **2.** *cf.* Kopfkissenbezug. — **~ˌkis·sen·beˌzug** *m* pillowcase, *Br.* pillow-case, pillow slip, *Br.* pillow-slip. — **~ˌklee** *m bot. cf.* Rotklee. — **~ˌkohl** *m* head (*od.* heading) cabbage (*Brassica oleracea*). — **~ˌkrank·heit** *f vet.* gangrenous coryza. — **~ˌkreis** *m tech.* addendum (*od.* top) circle. — **~ˌla·ge** *f med.* head (*od.* cephalic) presentation. — **~ˌlän·ge** *f* head: j-n um eine ~ überragen to be taller by a head than s.o.; um eine ~ gewinnen (*beim Pferderennen*) to win by a head.

'kopfˌla·stig [-ˌlastɪç] *adj* **1.** *tech.* top-heavy. – **2.** *aer.* nose-heavy. – **3.** *mar.* down (*od.* trimmed [down]) by the head. — **'Kopfˌla·stig·keit** *f* ⟨-; *no pl*⟩ **1.** *tech.* top-heaviness. – **2.** *aer.* nose-heaviness. – **3.** *mar.* trim by the head.

'Kopf|ˌlaus *f zo.* head louse (*Pediculus capitis*). — **~ˌleh·ne** *f* headrest. — **~ˌlei·ste** *f print.* (*beim Buch*) headpiece, flourish.

'kopf·los I *adj* **1.** headless, without a head. – **2.** *med. zo.* headless, acephalous (*scient.*): ~e Mißgeburt acephalus. – **3.** *fig.* (*überstürzt*) panicky, precipitate, headlong: ~e Angst panic; ~e Flucht headlong flight; sie war ~ geworden she had panicked (*od.* lost her head); j-n ~ machen to make s.o. lose his head; sie war ~ vor Angst she was panic-stricken; in einer solchen Situation darf man nicht ~ werden one must not lose one's head in a situation like that. – **4.** (*unbesonnen*) rash, precipitate. – **II** *adv* **5.** in (a) panic: ~ handeln to act in panic. — **'Kopf·lo·sig·keit** *f* ⟨-; *no pl*⟩ **1.** *med. zo.* headlessness, acephalia (*scient.*). – **2.** *fig.* (state of) panic: in ihrer ~ wußte sie nicht, was sie zuerst tun sollte in her panic (*od.* having lost her presence of mind) she just didn't know what to do first. – **3.** (*Unbesonnenheit*) rashness.

'Kopf|mas·sa·ge *f* scalp massage. — **~ˌnicken** (*getr.* -k·k-) *n* nod, nodding (of the head): etwas mit einem ~ beantworten to answer s.th. with a nod; j-n mit einem ~ grüßen to nod at (*od.* to) s.o. — **~ˌnicker** (*getr.* -k·k-) *m* ⟨-s; -⟩ *med.* sternocleidomastoid muscle. — **~ˌno·te** *f print.* headnote. — **~ˌnuß** *f* **1.** *colloq.* rap on the head: j-m eine ~ geben to rap s.o.'s head. – **2.** *bot.* caryocar (*Caryocar nucifera*). — **~ˌpol·ster** *n* **1.** (*Kopfstütze*) headrest. – **2.** *Austrian cf.* Kopfkissen 1. — **~ˌprä·mie** *f*, **~ˌpreis** *m* eine Kopfprämie auf j-n aussetzen to put a price on s.o.'s head. — **~ˌputz** *m* headdress, *Br.* head-dress. — **~ˌquo·te** *f econ. cf.* Kopfbetrag. — **~ˌram·pe** *f* (*railway*) end-loading platform (*od.* ramp). — **k~ˌrech·nen I** *v/i* ⟨*only inf*⟩ do mental arithmetic. – **II K~** *n* ⟨-s⟩ mental arithmetic: K~ schwach! weak (*od.* bad) in mental arithmetic. — **~reˌgi·ster** *n mus.* head register. — **~ˌrol·len** *n* (*in Gymnastik*) head circling. — **~ˌro·se** *f med.* erysipelas of the head. — **~saˌlat** *m bot. hort.* head (*od.* cabbage) lettuce (*Lactuca sativa var. capitata*). — **~ˌsche·re** *f* (*sport*) (*beim Judo*) head scissors *pl* (*sometimes construed as sg*). — **k~ˌscheu** *adj* **1.** (*Pferd*) skittish, restive. – **2.** *fig. colloq.* confused, intimidated, disconcerted: seine schroffen Fragen machten sie ganz ~ his harsh questions quite intimidated her; als sie die vielen Menschen sah, wurde sie ~ und rannte weg when she saw all the people she became confused and ran away. — **~ˌschild** *m* **1.** *zo.* (*der Insekten*) clypeus. – **2.** *tech.* (*beim Schweißen*) (welding) helmet. — **~ˌschim·mel** *m bot. cf.* Köpfchenschimmel(pilz). — **~ˌschlagˌader** *f med.* carotid, cephalic artery.

'Kopfˌschmerz *m meist pl* **1.** *med.* headache, cephalalgia (*scient.*): leichte [starke] ~en *pl* a slight [bad *od.* severe] headache; rasende ~en haben to have a splitting (*od.* raging, blinding) headache; die Tablette hat meine ~en nicht vertrieben (*od.* hat mich nicht von meinen ~en befreit) the tablet has not cured (*od.* relieved) my headache. – **2.** *pl fig. colloq.* worry *sg*, anxiety *sg*: die schlechte finanzielle Lage machte (*od.* bereitete) ihm viel ~en the bad financial situation caused him a great deal of anxiety (*od.* worried him a great deal), he was seriously worried about the bad financial situation; mach dir darüber (nur) keine ~en! don't worry about that, don't lose any sleep over that (*colloq.*); er macht sich (*dat*) zuviel(e) ~en he worries too much. — **~taˌblet·te** *f* tablet for a headache, headache tablet.

'Kopf|ˌschmuck *m* **1.** headdress, *Br.* head-dress. – **2.** *zo.* (*von Vögeln*) head plumage. — **~ˌschrau·be** *f tech.* cap screw. — **~ˌschup·pen** *pl* dandruff, *Br. auch* dandriff *sg.* — **~ˌschuß** *m* shot in the head. — **~ˌschüt·teln** *n* shake (*od.* shaking) of the head: sein Benehmen erregte allgemeines ~ (*od.* löste allgemeines ~ aus) his behavio(u)r caused a general shaking of heads. — **k~ˌschüt·telnd** *adv* with a shake of (*od.* shaking) one's head. — **~ˌschutz** *m* **1.** (protective) headgear. – **2.** (*sport*) a) (*beim Boxen*) headguard, b) helmet. — **~ˌschutzˌhau·be** *f* (*beim Schweißen*) (welding) helmet. — **~ˌschwar·te** *f med.* galea, (*mit Haar*) scalp. — **~ˌsei·te** *f* **1.** side of the head. – **2.** (*einer Münze*) obverse. – **3.** *print.* title page. — **~ˌsen·ker** *m tech.* counterbore. — **~ˌspiel** *n* **1.** (*sport*) (*beim Fußball*) *cf.* Kopfballspiel. – **2.** *tech.* crest (*od.* tip, root) clearance. — **~ˌsprung** *m* a) (*beim Schwimmen*) plunge, header, b) (*sport*) (*beim Wasserspringen*) (plain) header: einen ~ machen to take (*od.* do) a header.

'Kopfˌstand *m* **1.** (*sport*) headstand: einen ~ machen to do a headstand, to stand on one's head. – **2.** *aer.* nose-over: das Flugzeug machte einen ~ the aircraft nosed over. — **~ˌüberˌschlag** *m* (*sport*) (dive into) headspring.

'Kopf|ˌstär·ke *f mil.* strength (of a unit). — **~ˌsteg** *m print.* (*Druckform*) headstick.

'kopfˌste·hen *v/i* ⟨*irr, sep,* -ge-, h *u.* sein⟩ **1.** stand on one's head: wie lange kannst du ~? how long can you stand on your head? – **2.** *fig. colloq.* be beside oneself, be all in a flurry (*od.* flutter): die ganze Familie stand vor Aufregung [Freude] kopf the whole family were in a flutter with excitement [joy]; ich könnte vor Freude ~ I could jump for joy; die ganze Stadt schien kopfzustehen the whole town seemed to have gone mad.

'Kopfˌste·her *m zo. bes.* Punktierter ~ spotted head stander (*Chilodus punctatus*).

'Kopfˌstein *m* **1.** cobble(stone), *Br.* cobble(-stone), (*größerer*) boulder: eine Straße mit ~en pflastern to cobble a road. – **2.** *arch.* headstone, *Br.* head stone. — **~ˌpfla·ster** *n* cobblestone (*Br.* cobble-stone) pavement.

'Kopf|ˌstem·pel *m tech.* heading die, header. — **~ˌsteu·er** *f econ.* poll tax, *Br.* poll-tax, capitation (tax). — **~ˌstim·me** *f mus.* head voice, *Br.* head-voice. — **~ˌstoß** *m* (*sport*) **1.** (*beim Fußball*) header. – **2.** (*beim Boxen*) butt. – **3.** (*beim Billard*) pinch, massé: mit einem ~ stoßen to pinch. — **~ˌstück** *n* **1.** (*oberes Stück*) head end. – **2.** (*beim Pferdehalfter*) headstall, headpiece. – **3.** *arch.* dolly. — **~ˌstüt·ze** *f* headrest. — **~ˌteil** *m, n cf.* Kopfstück 1. — **~ˌtier** *n hunt.* leader. — **~ˌtuch** *n* ⟨-(e)s; ⸚er⟩ (head) scarf, (head)kerchief: sie band sich (*dat*) ein ~ um she put on a

cent. — ~,ei·dech·se *f zo.* common iguana (*Iguana iguana*).

kröp·fen ['krœpfən] **I** *v/i* ⟨h⟩ **1.** *hunt.* a) (*von Raubvögeln*) gorge, b) (*von Beizvögeln*) feed. – **II** *v/t* **2.** (*Gans*) cram, stuff. – **3.** *tech.* (*Blech, Stab etc*) crank, offset, (*stauchverschränken*) joggle. – **4.** *arch.* (*Gesims etc*) mold, *bes. Br.* mould, return. – **III K~** *n* ⟨-s⟩ **5.** *verbal noun.* – **6.** *cf.* Kröpfung.

'**Kropf,en·te** *f zo. cf.* Schellente.

'**Kröp·fer** *m* ⟨-s; -⟩ *zo.* male cropper.

'**kropf·er,zeu·gend** *adj med.* goitrogenic, *auch* goiterogenic.

'**Kropf|,fel·chen** *n zo.* bottom whitefish, powan, gwyniad, *auch* gwyniard (*Coregonus acronius*). — ~**ga,zel·le**, ~,**gem·se** *f cf.* Kropfantilope. — ~**ge,schwulst** *f med. cf.* Kropf 1. — ~,**gift** *n* goitrogen.

'**krop·fig**, '**kröp·fig** *adj* **1.** *med.* goitrous, *auch* goiterous; strumose, strumous (*scient.*). – **2.** *bot.* a) strumose, strumous, strumulose, strumiform, b) (*verkümmert*) stunted.

'**Kropf|,klet·te** *f bot.* sea burdock, *Am. auch* cocklebur(r) (*Xanthium strumarium*). — ~,**kran·ke** *m, f* ⟨-n; -n⟩ *med.* goitrous (*auch* goiterous) person, person afflicted with (a) goiter (*bes. Br.* goitre). — ~,**lei·ste** *f tech.* (*in Tischlerei*) mitred molding (*bes. Br.* moulding). — ~**ma,rä·ne** *f zo. cf.* Kropffelchen. — ~,**milch** *f* (*der Tauben*) pigeon's milk. — ~**ope·ra·ti,on** *f med.* goiter (*bes. Br.* goitre) operation, thyroidectomy (*scient.*). — ~,**rad** *n tech.* (*einer Mühle*) breast (water) wheel.

'**Kropf,stein**, '**Kröpf,stein** *m arch.* quoin, cornerstone, *Br.* corner-stone.

'**Kropf|,storch** *m zo.* marabou (*Gattg Leptoptilus*). — ~,**tau·be** *f* (*engl. Taubenrasse*) cropper, pouter (pigeon). — ~,**tau·cher** *m* petrel, mother Carey's chicken (*Fam. Procellaridae*).

'**Kröp·fung** *f* ⟨-; *no pl*⟩ **1.** *cf.* Kröpfen. – **2.** *tech.* a) (*einer Achse, eines Stabes etc*) crank, offset, bend at right angles, b) (*einer Kurbelwelle*) throw, crank, c) (*eines Drehbankbettes*) gap. – **3.** *arch.* (*eines Gesimses etc*) corner molding (*bes. Br.* moulding).

'**Kropp,zeug** ['krɔp-] *n* ⟨-(e)s; *no pl*⟩ *colloq.* **1.** *contempt.* (*Gesindel, Pack*) rag, tag and bobtail, ragtag and bobtail, ragamuffins *pl.* – **2.** (*Kleinvieh*) small, stunted animals *pl.* – **3.** *humor.* (*kleine Kinder*) small children *pl*, (the) little ones *pl*, (the) small fry (*humor.*), (the) brats *pl* (*contempt.*). – **4.** (*Wertloses*) rubbish, trash.

kro·quie·ren [kro'kiːrən] *v/t* ⟨*no* ge-, h⟩ *cf.* krokieren. — **Kro'quis** [-'kiː] *n* ⟨- [-'kiː(s)]; - [-'kiːs]⟩ *cf.* Kroki.

Krö·se ['krøːzə] *f* ⟨-; -n⟩ *tech.* (*eines Fasses*) croze. — '**Krö·se(l),ei·sen** *n* croze (iron). — **krö·seln** ['krøːzəln] *v/t* ⟨h⟩ *tech.* **1.** groove, croze. – **2.** (*Glasrand*) shape, crumble off.

kroß [krɔs] *adj Northern G.* (*Brot etc*) crisp, crusty, crackling.

Krö·sus ['krøːzus] **I** *npr m* ⟨-; *no pl*⟩ *hist.* Croesus. – **II** *m* ⟨-; -se⟩ *fig.* Croesus, millionaire, nabob: er ist ein ~ he is as rich as Croesus; mit seinen 50 Mark fühlt er sich als ~ he feels like a millionaire with his 50 marks.

Kro·ta·lin [krota'liːn] *n* ⟨-s; *no pl*⟩ *chem. pharm.* rattlesnake venom, crotalin (*scient.*).

Krö·te ['krøːtə] *f* ⟨-; -n⟩ **1.** *zo.* toad (*Fam. Bufonidae*): kleine (*od.* junge) ~ toadlet, toadling; voller ~n toady; Amerikanische ~ American (*od.* Northern, *colloq.* hop) toad (*Bufo terrestris americanus*). – **2.** *fig. colloq.* toad: so eine (elende) ~ *contempt.* what a (miserable) toad; sie ist eine giftige ~ *contempt.* she is a poisonous creature, she is a shrew; kleine ~ a) (*Kind*) little scamp (*od.* rascal, tot), b) (*kleines Mädchen*) little girl (*od.* minx); eine nette kleine ~ a cute little thing (*Am. colloq.* trick); giftig werden wie eine ~ to swell like a toad. – **3.** *pl fig. colloq.* coppers, *bes. Br. colloq.* 'tin' *sg* 'dough' *sg* (*sl.*), *Am. sl.* 'chicken feed' *sg*: er hatte nur noch ein paar ~n in der Tasche he had only a few coppers left in his pocket; sie gab ihre letzten paar ~n für ein Paar Schuhe aus she spent her last few pennies on a pair of shoes.

'**krö·ten|,ähn·lich**, ~,**ar·tig** *adj zo.* toadlike, toadish, toady; batrachian, batrachoid (*scient.*).

'**Krö·ten|,au·ge** *n* **1.** toad's eye. – **2.** *min.* toad's-eye (tin). — ~,**bin·se** *f bot.* toad rush (*Juncus bufonius*). — ~,**di·stel** *f* lesser meadow rue (*Thalictrum minus*). — ~,**ech·se** *f zo.* horned toad (*Gattg Phrynosoma*). — ~,**fisch** *m* toadfish (*Fam. Batrachoididae*). — ~,**gift** *n chem. pharm.* bufotoxin ($C_{40}H_{60}N_4O_{10}$). — ~,**gras** *n bot. cf.* Krötenbinse. — ~,**hai** *m zo.* angelfish, *Br.* angel-fish, monkfish (*Squatina squatina*). — ~,**kopf** *m* **1.** toad's head. – **2.** *med.* acranius. – **3.** *zo.* (*Steppeneidechse*) sand agama, toad lizard (*Gattg Phrynocephalus*): Bärtiger ~ Asiatic sand agama (*Ph. mystaceus*). — ~,**lar·ve** *f zo.* tadpole. — ~,**maul** *n vet.* **1.** (*Maulzeichnung eines Pferdes*) mealy mouth (*od.* muzzle). – **2.** disease of the lips. — ~,**ot·ter** *f zo.* night adder (*Gattg Causus*). — ~,**schnecke** (*getr.* -k·k-) *f* frog shell (*Gattg Ranella*). — ~,**stein** *m* **1.** (*als Amulett*) toadstone. – **2.** *min.* batrachite. — ~,**test** *m med.* (*Schwangerschaftstest*) frog test. — ~,**vi·per** *f zo. cf.* Krötenotter. — ~,**weib·chen** *n* female toad.

'**krö·tig** *adj* **1.** toadlike, like a toad, toady. – **2.** *fig. colloq.* (*Kind, Benehmen etc*) naughty, cheeky, spiteful.

Kro·ton ['kroːtɔn] *m* ⟨-s; -e [kro'toːnə]⟩ *bot.* croton (*Gattg Croton, bes. C. eluteria u. C. tiglium*). — ~,**öl** *n med. pharm.* croton oil. — ~,**pflan·ze** *f bot. cf.* Kroton. — ~,**säu·re** *f chem.* crotonic acid ($CH_3CH = CHCOOH$).

Kro·ze·in [krotse'iːn] *n* ⟨-s; -e⟩ *chem.* (*Farbstoff*) crocein(e).

Kro·ze·tin [krotse'tiːn] *n* ⟨-s; *no pl*⟩ *chem.* crocetin, *auch* alpha-crocetin ($C_{20}H_{24}O_4$).

Kro·zin [kro'tsiːn] *n* ⟨-s; *no pl*⟩ *chem.* crocin ($C_{44}H_{64}O_{24}$).

Kru [kruː] *m* ⟨-(s); -(s)⟩ *anthrop.* (*afrikanische Völkergruppe*) Kru, Kroo, Krou.

Krucke (*getr.* -k·k-) ['krukə] *f* ⟨-; -n⟩ *meist pl hunt.* horn(s *pl*) of the chamois.

Krücke (*getr.* -k·k-) ['krykə] *f* ⟨-; -n⟩ **1.** crutch: an (*od.* auf) ~n gehen to go (*od.* walk) on (*od.* with) crutches; schwing die ~n! *fig. colloq.* (be) off with you! get off (*od.* away)! beat it! (*sl.*); er kann nur auf fremden ~n gehen *fig.* he is continuously dependent (up)on others. – **2.** *pl fig. colloq.* (*Beine*) legs: hat der aber lange ~n! has he got long legs! (*colloq.*). – **3.** (*eines Stockes, Schirms etc*) crook: mit einer ~ (versehen) crooked. – **4.** *tech.* forked stick (*od.* hook), T- (*od.* Y-)shaped tool. – **5.** *metall.* rake, rabble, crowbar. – **6.** *brew.* rake, oar. – **7.** *hunt.* crutch-pole. – **8.** *civ.eng.* beater. – **9.** (*eines Croupiers*) rake. – **10.** *colloq. contempt.* fool, sissy, coward.

'**krücken,för·mig** (*getr.* -k·k-) *adj* **1.** in the shape of a crutch (*od.* a T, a Y), crutch--shaped. – **2.** *her.* (*Kreuz*) potent.

'**Krucken,kreuz**, '**Krücken,kreuz** (*getr.* -k·k-) *n her.* cross potent: ~ des Deutschritterordens Teutonic Cross.

'**Krück,stock** *m* **1.** walking stick, cane: das sieht doch ein Blinder mit dem ~! *colloq. humor.* this is as plain as the nose on your face. – **2.** crooked (*od.* crutched) stick.

Krug [kruːk] *m* ⟨-(e)s; ⸗e⟩ **1.** *bes. Br.* jug, *Am.* pitcher, (*bes. großer*) *Br. auch* pitcher: irdener [steinerner] ~ earthen [stone] jug; ein ~ (mit) Wasser a jug of (*od.* with) water; sie stellte die Blumen in einen ~ she put the flowers in a pitcher; der ~ geht so lange zum Brunnen (*od.* zu Wasser), bis er bricht (*Sprichwort*) the pitcher that goes too often to the well gets broken; „Der zerbrochene ~" "The Broken Jug" (*by Kleist*). – **2.** (*Bierkrug*) (beer) mug, stein: ein ~ (mit) Bier a mug (*od.* pot) of beer. – **3.** (*Weinkrug*) flagon. – **4.** *relig.* (*für Wein u. Wasser*) ampulla. – **5.** *Low G.* inn, pub, tavern.

'**Krug|,at·men** *n med.* amphorophony. — ~,**form** *f* jug (*od.* pitcher, mug) form (*od.* mold, *bes. Br.* mould). — **k~,för·mig** *adj* **1.** jug- (*od.* pitcher-)shaped. – **2.** *bot.* urceolate, urceolar. — ~,**li·lie** *f bot.* urnflower (*Gattg Urceolina*).

Kru·ke ['kruːkə] *f* ⟨-; -n⟩ *Northern G.* **1.** stone jug (*od.* jar). – **2.** *fig. colloq.* dud (*sl.*), queer fish (*colloq.*): du bist vielleicht eine komische (*od.* putzige, ulkige) ~ you are quite an odd fellow.

Krull [krul] *f* ⟨-; *no pl*⟩ *mar.* (*einer Galionsfigur*) billethead, scrollhead, *Br.* scroll-head.

Krul·le ['krulə] *f* ⟨-; -n⟩ *obs. for* Halskrause 1.

'**Krull,farn** *m bot.* maidenhair (fern) (*Gattg Adiantum*).

'**Krüll|,haar** ['kryl-] *n* (*für Polsterung*) curled (horse)hair (*Br.* [horse] hair). — ~,**schnitt** *m* (*Pfeifentabak*) shag.

Krüm·chen ['kryːmçən] *n* ⟨-s; -⟩ **1.** *dim. of* Krume 2. – **2.** *fig. colloq.* little (*od.* wee) bit: er zeigte nicht ein ~ Interesse he did not show the slightest (*od.* a little bit of) interest.

Kru·me ['kruːmə] *f* ⟨-; -n⟩ **1.** (*von Brot etc*) crumb. – **2.** (*Krümel*) crumb: voller ~n crumby. – **3.** *agr.* a) (*Ackerkrume*) topsoil, surface soil, mold, *bes. Br.* mould, b) (*aufgehende Saat*) young shoots *pl.*

Krü·mel ['kryːməl] *m* ⟨-s; -⟩ *dim. of* Krume 2.

'**Krü·mel,eg·ge** *f agr.* pulverizer *Br. auch* -s-.

'**krü·me·lig** *adj* **1.** (*Brot, Boden etc*) crumbling, crumbly. – **2.** (*Sandstein etc*) friable.

'**Krü·mel,koh·le** *f* small coal.

krü·meln ['kryːməln] *v/i u. v/t* ⟨h⟩ (*von Brot, Kuchen etc*) crumble.

'**Krü·mel|struk,tur** *f agr.* crumb structure. — ~,**zucker** (*getr.* -k·k-) *m* Demerara sugar.

'**krüm·lig** *adj cf.* krümelig.

krumm [krum] **I** *adj* ⟨-er, *dial. auch* ⸗er; -st, *dial. auch* ⸗st⟩ **1.** (*gebogen*) crooked, bent: ~er Nagel [Ast] crooked nail [branch]; sie hat ~e Beine a) she has (got) crooked legs, b) (*O-Beine*) she has (got) bowlegs (*od.* bandy-legs), she is bow(-)legged (*od.* bandy-legged), c) (*X-Beine*) she has (got) knockknees, she is knock-kneed; einen ~en Rücken machen a) to bend (*od.* curve) one's back, b) *fig. colloq.* (*unterwürfig sein*) to bow and scrape; ein altes ~es Mütterchen an old woman bent (*od.* bowed down, stooped) with age; etwas ~ biegen to bend s.th.; die Buchstaben sind ~ (und schief) the letters are crooked; ~ (und schief) werden a) to become (bent and) crooked, b) (*vor Alter*) to become bent down with age; sich ~ und schief lachen *fig. colloq.* to double (*od.* roll, curl) up with laughter, to split (one's sides) with laughter; er machte keinen Finger ~ *fig. colloq.* he did not turn a finger; j-n ~ und lahm schlagen *fig. colloq.* to beat s.o. black and blue (*od.* to a pulp), to make mincemeat of s.o.; eine ~e Hand machen *fig. colloq.* to have one's hand ready for a tip; du ~er Hund! *fig. contempt.* you dirty dog! – **2.** (*hakenförmig*) hooked: eine ~e Nase a hooked nose. – **3.** (*gekrümmt*) curved: ~e Linie curved line; ~er Schnabel curved beak. – **4.** *fig. colloq.* (*unrechtmäßig*) crooked, dishonest: ein ~es Geschäft machen to pull a crooked deal (*colloq.*); sie machte ~e Finger she pinched (*od.* pilfered), she was light-fingered; ~e Wege gehen to pursue crooked ways; etwas auf die ~e Tour machen to s.th. dishonestly (*od.* in a crooked way). – **5.** *fig. colloq.* (*Betrag etc*) odd, broken. – **II** *adv* **6.** (*in Wendungen wie*) ein ~ gewachsener Baum a crooked tree; ~ gehen to slouch, to walk with a stoop; sich ~ halten to stoop, to slouch; ~ sitzen to (sit with a) slouch; sitz nicht so ~! sit up straight! don't slump! j-n ~ ansehen *fig. colloq.* to look askance (*od.* awry) at s.o.

'**Krumm|,ach·se** *f tech.* crank (axle). — ~,**axt** *f cf.* Krummhaue. — ~,**bal·ken** *m civ.eng.* camber beam, *Br.* camber-beam. — ~,**bein** *n* **1.** crooked leg. – **2.** *fig.* person with a crooked leg (*od.* crooked legs). — **k~,bei·nig** *adj* **1.** with crooked legs: ~ sein to have crooked legs. – **2.** (*O-beinig*) bowlegged, *Br.* bow-legged, bandy-legged. – **3.** (*X-beinig*) knock-kneed. — ~,**bo·gen** *m mus.* (*bei Blasinstrumenten*) crook. — ~,**darm** *m med. zo.* ileum.

'**Krum·me** *m* ⟨-n; -n⟩ **1.** *colloq.* hunchback. – **2.** *Northern G. humor.* hare.

krüm·men ['krymən] **I** *v/t* ⟨h⟩ **1.** bend, crook: einen Arm [den Hals] ~ to crook one's arm [neck]; nach innen ~ to bend inward(s), to incurve; nach oben ~ to sweep upward(s), to upsweep; seinen Finger um den Abzug ~ to hook one's finger around the trigger; dafür werde ich keinen Finger ~ *fig. colloq.* I shan't lift a finger for that; seinen Rücken ~ a) to bend one's back, b) *fig. colloq.* (*unterwürfig sein*) to bow and scrape; → Haar 3; Härchen 1. – **2.** *mar.* (*Balkenbucht*) camber. – **3.** *tech.* (*Rohr etc*) bend. – **II** *v/reflex* sich ~ **4.** (*krumm werden*) bend, become (*od.* get) bent (*od.* crooked): sich unter einer Last ~ to bend under a burden. – **5.** (*sich winden*) writhe: sich ~ und winden a) (*vor Schmerzen*) to writhe (*od.* convulse) (with pain),

b) *fig. colloq.* (*nach Ausreden suchen*) to cringe and fawn; **sich vor Verlegenheit ~** *fig. colloq.* to squirm with embarrassment; **sich ~ vor Lachen** *fig. colloq.* to double up (*od.* roll up, curl up, split) with laughter; → Häkchen 2. – **6.** (*von Straße etc*) bend, turn, curve. – **7.** (*von Fluß etc*) bend, wind, meander. – **8.** (*von Ästen etc*) bend. – **9.** (*von Wurm*) wriggle, writhe. – **10.** *metall.* a) (*von Stahl etc*) buckle, warp, b) (*von Walzgut*) collar. – **11.** *mar.* (*von Kiellängsachse*) hog. – **III K~** *n* ⟨-s⟩ **12.** *verbal noun.* – **13.** *cf.* Krümmung.

'**Krüm·mer** *m* ⟨-s; -⟩ **1.** *tech.* a) (*gekrümmtes Rohrstück*) elbow, knee(piece), *Br.* knee(-piece), pipe bend, b) (*am Schlauch*) elbow: **rechtwink(e)liger ~** quarter bend. – **2.** *civ.eng.* (*gekrümmter Träger*) bent beam. – **3.** *auto.* (*am Auspuff*) manifold. – **4.** *agr.* *cf.* Grubber.

'**Krumm|ˌfin·ger** *m med.* (*Beugekontraktur*) flexion contracture (of a finger). — **~ˌhals** *m* **1.** *med.* wry neck, torticollis (*scient.*). – **2.** *bot.* small (*od.* field) bugloss (*Lycopsis arvensis*). — **~ˌhaue** *f tech.* carpenter's adz(e).

'**Krummˌholz** *n* **1.** knee timber. – **2.** elfinwood, krummholz. – **3.** (*in der Schlachterei*) gambrel. – **4.** *mar.* kneepiece, *Br.* knee-piece, compass timber. – **5.** *bot. cf.* Krummholzkiefer. — **~ˌkie·fer** *f bot.* knee pine (*Pinus mugho pumilio*), dwarf pine (*P. mugho*). — **~ˌöl** *n med. pharm.* dwarf-pine needle oil.

'**Krumm|ˌhorn** *n mus.* **1.** (*altes Holzblasinstrument*) krummhorn, *auch* krumhorn. – **2.** (*Orgelregister*) cromorna, cromorne, *auch* cremona. — **k~ˌla·chen** *v/reflex* ⟨*sep*, -ge-, h⟩ **sich ~** *fig. colloq.* double up (*od.* roll up, curl up, split) with laughter. — **k~ˌle·gen** *v/reflex* ⟨*sep*, -ge-, h⟩ **sich ~**, **k~ˌlie·gen** *v/i* ⟨*irr*, *sep*, -ge-, h *u.* sein⟩ **wir müssen krummliegen** (*od.* **uns krummlegen**) *fig. colloq.* we have to be thrifty.

'**Krümm·ling** *m* ⟨-s; -e⟩ *civ.eng.* (*am Treppengeländer*) string wreath.

'**krummˌli·nig** [-ˌliːnɪç] *adj math.* curvilinear, curved. — '**Krummˌli·nig·keit** *f* ⟨-; *no pl*⟩ curvilinearity.

'**krummˌna·sig** [-ˌnaːzɪç] *adj* hook-nosed.

'**krummˌneh·men** *v/t* ⟨*irr*, *sep*, -ge-, h⟩ *fig. colloq.* take (*s.th.*) amiss (*od.* the wrong way): **ich hoffe, du nimmst das nicht krumm** I hope you don't take that amiss; **bitte nimm mir den Hinweis nicht krumm** please don't take my hint the wrong way.

'**Krumm|ˌsä·bel** *m hist.* (*der Araber, Türken etc*) scimitar, *auch* (s)cimiter, scimetar. — **~ˌsche·re** *f tech.* circular-blade tinner's snips *pl* (*construed as sg or pl*). — **k~ˌschlie·ßen** *v/t* ⟨*irr*, *sep*, -ge-, h⟩ **j-n ~** *hist.* (*Foltermethode*) to put s.o. in the stocks. — **~ˌschna·bel** *m* **1.** curved (*od.* crooked) beak. – **2.** *zo.* a) *cf.* Sichelstrandläufer, b) *cf.* Säbelschnäbler, c) *cf.* Kreuzschnabel. — **k~ˌschnä·be·lig** [-ˌʃnɛːbəlɪç] *adj zo.* having a curved (*od.* crooked) beak, curvirostral (*scient.*). — **~ˌschnäb·ler** [-ˌʃnɛːblər] *pl* curvirostra. — **k~ˌschnäb·lig** [-ˌʃnɛːblɪç] *adj cf.* krummschnäbelig. — **~ˌschnitt** *m* (*wood*) slanting cut. — **k~ˌschwän·zig** [-ˌʃvɛntsɪç] *adj zo.* curvicaudate. — **~ˌschwert** *n hist.* falchion. — **~ˌstab** *m* **1.** (*eines Hirten*) shepherd's crook. – **2.** *röm.kath. cf.* Bischofsstab.

'**Krüm·mung** *f* ⟨-; -en⟩ **1.** *cf.* Krümmen. – **2.** (*einer Straße etc*) bend, curve, turn, curvature. – **3.** (*eines Flusses*) turn, wind, meander. – **4.** *arch.* (*eines Bogens etc*) curve, curvature. – **5.** *geogr. math. mil.* curvature: **~ der Erde** (earth) curvature. – **6.** *tech.* a) (*eines Rohres*) bend, bow, b) (*einer Schiene, eines Stabes*) camber. – **7.** *phys.* a) (*einer Linse etc*) figure, b) (*des Raumes*) curvature. – **8.** *med.* a) (*eines Körperglieds, eines Gelenks*) flexion, b) (*der Wirbelsäule*) curvature. – **9.** *mar.* (*eines Fahrwassers*) bend. – **10.** *geol.* (*eines Gebirgszuges*) bight.

'**Krüm·mungs|ˌach·se** *f math.* axis of curvature. — **~be·we·gung** *f bot.* tropism. — **~ˌhalbˌmes·ser** *m math. cf.* Krümmungsradius. — **~ˌkreis** *m* (*einer Kurve*) circle of curvature. — **~ˌli·nie** *f* line of curvature. — **~ˌmaß** *n* (rate of) curvature. — **~ˌmit·telˌpunkt** *m* center (*bes. Br.* centre) of curvature: **Linie aller ~e** evolute. — **~moˌment** *n tech.* bending moment. — **~ˌra·di·us** *m math.* radius of curvature.

Krum·pel ['krʊmpəl], **Krüm·pel** ['krʏmpəl] *m* ⟨-s; -⟩ *dial.* crease.

'**krum·pe·lig** *adj dial.* (*Stoff, Kleid etc*) creased.

'**krum·peln**, '**krüm·peln** *v/i u. v/t* ⟨h⟩ *dial.* crease.

'**krumpfˌecht** *adj* (*textile*) shrink-proof, nonshrinkable *Br.* non-, unshrinkable.

krump·fen ['krʊmpfən] *v/i* ⟨sein⟩ *u. v/t* ⟨h⟩ (*textile*) shrink.

'**krumpfˌfrei** *adj cf.* krumpfecht.

'**krump·lig** *adj dial. cf.* krumpelig.

'**Kru|ˌne·ger** *m*, **~ˌne·ge·rin** *f cf.* Kru.

Krupp [krʊp] *m* ⟨-s; *no pl*⟩ **1.** *med.* (*Kehlkopfdiphtherie*) croup: **falscher ~** false croup, laryngotracheitis (*scient.*). – **2.** *vet.* croup.

Krup·pa·de [krʊ'paːdə] *f* ⟨-; -n⟩ (*in der Hohen Schule*) croupade.

'**kruppˌar·tig** *adj med.* croupous, croupy.

Krup·pe ['krʊpə] *f* ⟨-; -n⟩ *zo.* (*Kreuz des Pferdes*) croup, crupper, rump.

Krüp·pel ['krʏpəl] *m* ⟨-s; -⟩ **1.** cripple, crippled person: **j-n zum ~ machen** to cripple (*od.* maim) s.o., to leave s.o. a cripple; **j-n zum ~ schießen [schlagen]** to shoot [to beat] s.o. and cripple s.o.; **im Krieg wurde er zum ~** he was crippled in the war. – **2.** *fig. contempt.* fool, idiot: **du ~!** you silly ass!

'**krüp·pel·haft** *adj* **1.** crippled, maimed, deformed. – **2.** (*Baum etc*) stunted. — '**Krüp·pel·haf·tig·keit** *f* ⟨-; *no pl*⟩ **1.** crippled state (*od.* condition), crippledom, *Am. auch* cripplement, deformity. – **2.** (*eines Baumes etc*) stuntedness.

'**Krüp·pelˌheim** *n med.* home for cripples (*od.* crippled persons), home for the physically disabled (*od.* handicapped).

'**krüp·pe·lig** *adj cf.* krüppelhaft.

'**Krüp·pelˌkie·fer** *f bot. cf.* Krummholzkiefer.

krüp·peln ['krʏpəln] **I** *v/i* ⟨h *u.* sein⟩ **1.** ⟨sein⟩ walk (*od.* move) like a cripple. – **2.** ⟨h⟩ *Swiss colloq. humor.* work hard. – **II** *v/t* ⟨h⟩ **3.** *dial.* cripple.

'**Krüp·pelˌwalmˌdach** *n civ.eng.* half (*od.* partial) hip roof (*Br.* hip-roof).

'**Krüp·pelˌwuchs** *m* **1.** (*von Baum*) stunted growth. – **2.** *med.* crippled growth.

'**Kruppˌhu·sten** *m med.* croupy cough.

'**krüpp·lig** *adj cf.* krüppelhaft.

krup·pös [krʊ'pøːs] *adj med.* croupous, croupy.

kru·ral [kru'raːl] *adj med. zo.* crural. — **K~ˌbruch** *m* merocele, femoral hernia.

Kru·sta·de [krʊs'taːdə] *f* ⟨-; -n⟩ *gastr.* croustade.

Kru·sta·zee [krʊsta'tseːə] *f* ⟨-; -n⟩ *zo.* crustacean (*Klasse Crustacea*): **die ~n** the crustacea.

Kru·ste ['krʊstə] *f* ⟨-; -n⟩ **1.** (*von Brot etc*) crust, (*eines Bratens*) *auch* crackling: **eine ~ ansetzen** (*od.* **bekommen, bilden**) to form (*od.* get) a crust, to get crusted over; **etwas mit einer ~ überziehen** to cover s.th. with a crust, to crust s.th. over. – **2.** (*von Schmutz, Eis etc*) crust. – **3.** (*Ablagerung in Röhren, Kesseln etc*) cake, incrustation, encrustation. – **4.** *metall.* (*auf Guß*) oxide layer. – **5.** *med.* (*einer Wunde*) crust, scab, eschar. – **6.** *geol.* (*der Erde*) crust.

'**Kru·sten|ane·ˌmo·ne** *f zo.* zoantharian (*Ordng Zoantharia*). — **k~ˌar·tig** *adj* crustlike, *Br.* crust-like, crustaceous (*scient.*). — **~ˌbil·dung** *f* crust formation, incrustation, encrustation. — **~ˌech·se**, **~ˌei·dech·se** *f zo.* heloderm (*Fam. Helodermatidae*): **die Krustenechsen** the helodermatidae. — **~ˌflech·te** *f bot.* crustaceous (*od.* crustose) lichen. — **k~ˌscha·lig** [-ˌʃaːlɪç] *adj* crustaceous. — **~ˌtier** *n zo. cf.* Krustazee.

'**kru·stig** *adj* **1.** covered with a crust, crusty. – **2.** *med.* (*Wunde*) a) crusty, b) scurfy, scabby.

'**Kru·stung** *f* ⟨-; *no pl*⟩ *zo. cf.* Krustenbildung.

Krux [krʊks] *f* ⟨-; *no pl*⟩ *colloq. cf.* **Crux.**

Kru·zi·fe·re [krutsi'feːrə] *f* ⟨-; -n⟩ *bot.* crucifer, cruciferous plant (*Fam. Cruciferae*): **die ~n** the cruciferae.

Kru·zi·fix [krutsi'fɪks; 'kruː-] **I** *n* ⟨-es; -e⟩ *relig.* crucifix. – **II** *interj* (*Fluch*) damn it! confound it! *Br. sl.* 's blood!

Kru·zi·fi·xus [krutsi'fɪksʊs] *m* ⟨-; *no pl*⟩ *relig.* (*der Gekreuzigte*) (the) crucified Christ, Christ on the cross.

Kru·zi·tür·ken ['kruːtsi'tʏrkən] *interj* (*Ausruf des Ärgers, Erstaunens etc*) damn it! confound it!

kryo·gen [kryo'geːn] *adj chem. geol. phys.* cryogenic. — **Kryo'ge·nik** [-nɪk] *f* ⟨-; *no pl*⟩ *chem. phys.* cryogenics *pl* (*usually construed as sg*).

Kryo·hy·drat [kryohy'draːt] *n* ⟨-(e)s; -e⟩ *chem.* cryohydrate.

Kryo·lith [kryo'liːt; -'lɪt] *m* ⟨-s *od.* -en; -e(n)⟩ *min.* cryolite.

Kryo·phor [kryo'foːr] *m* ⟨-(e)s; -e⟩ *phys.* cryophorus.

Kryo·skop [kryo'skoːp] *n* ⟨-s; -e⟩ *chem. phys.* cryoscope. — **Kryo·sko'pie** [-sko'piː] *f* ⟨-; *no pl*⟩ cryoscopy.

Kryo·stat [kryo'staːt] *m* ⟨-(e)s; -e⟩ *chem. phys.* (*Tieftemperaturthermostat*) cryostat.

Kryp·ta ['krʏpta] *f* ⟨-; -ten⟩ **1.** *arch.* (*einer Kirche*) crypt, *auch* undercraft. – **2.** *med.* (tonsillar) crypt (*od.* cavity).

Kryp·te ['krʏptə] *f* ⟨-; -n⟩ *med. cf.* **Krypta** 2.

Kryp·to…, kryp·to… *combining form denoting* crypto…

Kryp·to·cal·vi·nis·mus [krʏptokalvi'nɪsmʊs] *m relig. hist.* crypto-Calvinism.

kryp·to·gam [krʏpto'gaːm] *adj bot. biol.* (*blütenlos*) flowerless; cryptogamic(al), *auch* cryptogamous, cryptogamian (*scient.*). — **Kryp·to'ga·me** *f* ⟨-; -n⟩ *bot.* cryptogam. — **Kryp·to·ga'mie** [-ga'miː] *f* ⟨-; *no pl*⟩ cryptogamy.

kryp·to·gen [krʏpto'geːn], **kryp·to·ge'ne·tisch** [-ge'neːtɪʃ] *adj med.* cryptogenic, cryptogenetic.

Kryp·to·gramm [krʏpto'gram] *n* ⟨-s; -e⟩ (*literature*) **1.** cryptogram. – **2.** *obs.* text in cipher (*bes. Br.* cypher).

Kryp·to·graph [krʏpto'graːf] *m* ⟨-en; -en⟩ *obs.* **1.** (*Person*) cryptographer. – **2.** (*Chiffrierapparat*) cryptograph, cipher (*bes. Br.* cypher) (*od.* code) machine. — **Kryp·to·gra'phie** [-gra'fiː] *f* ⟨-; *no pl*⟩ **1.** cryptography. – **2.** *hist.* steganography. — **kryp·to'gra·phisch** *adj* cryptographic.

kryp·to·kla·stisch [krʏpto'klastɪʃ] *adj geol.* cryptoclastic.

kryp·to·kri·stal·lin [krʏptokrɪsta'liːn] *adj min.* cryptocrystalline.

Kryp·to·me·rie[1] [krʏpto'meːrĭə] *f* ⟨-; -n⟩ *bot.* cryptomeria (*Cryptomeria japonica*).

Kryp·to·me·rie[2] [krʏptome'riː] *f* ⟨-; *no pl*⟩ *biol.* cryptomerism.

Kryp·ton ['krʏptɔn] *n* ⟨-s; *no pl*⟩ *chem.* krypton (Kr).

Krypt·onym [krʏpto'nyːm] **I** *n* ⟨-s; -e⟩ (*Geheimname*) cryptonym. – **II k~** *adj* cryptonymous.

krypt·orch [krʏp'tɔrç] *adj med.* cryptorchid. — **Krypt·or'chis·mus** [-'çɪsmʊs] *m* ⟨-; -men⟩ cryptorchidism, cryptorchism.

Kryp·to·skop [krʏpto'skoːp] *n* ⟨-s; -e⟩ *med.* cryptoscope.

kte·no·id [kteno'iːt] *adj zo.* ctenoid. — **K~ˌschup·pe** *f* ctenoid scale.

Kte·no·pho·re [kteno'foːrə] *f* ⟨-; -n⟩ *zo.* ctenophore, comb jelly (*Stamm Ctenophora*).

Kua·ti ['kŭaːti] *m* ⟨-(s); -s⟩ *zo. cf.* Koati.

'**Ku·ba-'Baumˌrat·te** ['kuːba-] *f zo.* pilori (rat) (*Capromys pilorides*).

Ku·ba·ner [ku'baːnər] *m* ⟨-s; -⟩ Cuban. — **ku'ba·nisch** *adj* Cuban.

'**Ku·baˌta·bak** *m* Cuban tobacco.

Ku·ba·tur [kuba'tuːr] *f* ⟨-; *no pl*⟩ *math.* **1.** (*Rauminhaltsberechnung*) cubature, cubage. – **2.** (*Erhebung zur dritten Potenz*) cubature, cubage.

Kub·ba ['kʊba] *f* ⟨-; -ben⟩ *arch.* (*im Orient*) kubba, gubba.

Ku'be·baˌpfef·fer [ku'beːba-] *m bot.* cubeb, Java pepper (*Piper cubeba*).

Ku·be·be [ku'beːbə] *f* ⟨-; -n⟩ *pharm. bot.* cubeb, Java pepper (*Frucht von Piper cubeba*).

Ku'be·benˌpfef·fer *m bot. cf.* Kubebe.

Kü·bel ['kyːbəl] *m* ⟨-s; -⟩ **1.** tub: **ein ~ heißes Wasser** (*od.* **heißen Wassers**) a tub of hot water; **Blumen in einen ~ pflanzen** (*od.* **setzen**) to tub (*od.* box) flowers, to put flowers into a tub; **es gießt wie mit** (*od.* **aus**) **~n** *fig. colloq.* it's raining cats and dogs (*colloq.*); **j-n mit ~n von Schmutz übergießen, ~ voll Schmutz über j-n ausgießen** *fig. colloq.* to heap insults and abuse on s.o., to sling mud at s.o. – **2.** (*Eimer*) pail, bucket. – **3.** (*Waschkübel*) vat. – **4.** *colloq.* (*Gefängnisabort*) (cell) crapper (*sl.*). – **5.** (*mining*) (*Förderkorb*) kibble, skip, box. –

6. *cf.* Kübelwagen. — **~,auf,zug** *m* **1.** *tech.* bucket elevator. – **2.** *civ.eng.* skip-type builders' hoist. — **~be,gich·tung** *f metall.* bucket charging (*od.* filling).

kü·beln ['ky:bəln] *v/i* ⟨h⟩ *vulg. cf.* kotzen I.

'Kü·bel|,sitz *m auto.* bucket seat. — **~,wa·gen** *m* **1.** *tech.* a) bucket (*od.* hopper) car, b) (*eines Schrägaufzuges*) skip car. – **2.** *auto.* jeep.

ku·bie·ren [ku'bi:rən] **I** *v/t* ⟨*no* ge-, h⟩ *math.* **1.** cube, raise (*number*) to the cube. – **2.** (*Körper etc*) cube, determine the cubic content of. – **II K~** *n* ⟨-s⟩ **3.** *verbal noun.* — **Ku'bie·rung** *f* ⟨-; *no pl*⟩ **1.** *cf.* Kubieren. – **2.** cubature, cubage, determination of the cubic content.

Ku'bik|de·zi,me·ter [ku'bi:k-] *m, n math.* cubic decimeter (*bes. Br.* decimetre). — **~,fuß** *m* cubic foot. — **~,in,halt** *m* **1.** *math.* cubic contents *pl* (*od.* capacity). – **2.** (*bei Transport*) shipping volume. — **~ki·lo,me·ter** *m math.* cubic kilometer (*bes. Br.* kilometre). — **~,maß** *n* **1.** *math.* cubic measure. – **2.** *econ.* (*Raummaß im Holzhandel*) board measure. — **~,me·ter** *m, n math.* cubic meter (*bes. Br.* metre). — **~mil·li,me·ter** *m, n math.* cubic millimeter (*bes. Br.* millimetre). — **~,wur·zel** *f math.* cube root. — **~,zahl** *f* cube (number). — **~zen·ti,me·ter** *m, n math.* cubic centimeter (*bes. Br.* centimetre).

ku·bisch ['ku:bɪʃ] *adj* **1.** (*Form etc*) cube-shaped. – **2.** *math.* (*Gleichung, Ellipse, System etc*) cubic(al).

Ku·bis·mus [ku'bɪsmus] *m* ⟨-; *no pl*⟩ (*art*) cubism. — **Ku'bist** [-'bɪst] *m* ⟨-en; -en⟩ cubist. — **ku'bi·stisch** *adj* cubist(ic).

ku·bi·tal [kubi'ta:l] *adj med. zo.* cubital. — **K~,nerv** *m* cubital nerve.

Ku·bus ['ku:bus] *m* ⟨-; - *u.* -ben⟩ **1.** (*auch in Geometrie*) cube. – **2.** *math.* cube, third power.

Kü·che ['kʏçə] *f* ⟨-; -n⟩ **1.** kitchen: **kleine ~** kitchenette; **Wohnung mit ~ und Bad** apartment (*bes. Br.* flat) with kitchen and bath; **das Beste, was ~ und Keller bieten** the best from kitchen and cellar; **die ~ besorgen** to look after the kitchen; **frisch aus der ~** fresh from the kitchen, freshly made; **eine gute ~ führen** to keep a good table; **j-m in der ~ helfen** to help s.o. in the kitchen; **sie steht den ganzen Tag in der ~** she is in the kitchen all day long; **in (des) Teufels ~ geraten** (*od.* **kommen**) *fig. colloq.* to get into trouble (*od. colloq.* a real mess). – **2.** (*Kost*) meal, dish: **wir müssen mit kalter ~ vorliebnehmen** we have to put up with a cold meal; **kalte und warme ~ zu jeder Tageszeit** hot and cold meals at any time of the day. – **3.** (*Kochkunst*) cooking, cuisine: **französische [Wiener] ~** French [Viennese] cooking; → **fein** 11; **gutbürgerlich** 1. – **4.** (*Kücheneinrichtung*) kitchen (fittings *pl*): **sie kauften sich eine neue ~** they bought a new kitchen. – **5.** (*eines Schiffes, Flugzeugs*) galley. – **6.** *mil.* cookhouse, *Br.* cook-house.

Kü·chel ['ky:çəl] *n* ⟨-s; -⟩ *dial. for* a) Schmalzgebackene, b) Krapfen. — **'Kü·chel·chen** *n* ⟨-s; -⟩ small cake.

kü·cheln ['ky:çəln] *v/i* ⟨h⟩ *Swiss gastr.* make doughnuts and other deep-fried cakes.

Ku·chen ['ku:xən] *m* ⟨-s; -⟩ **1.** *gastr.* a) cake, b) (*Feingebäck*) pastry, c) (*bes. Obstkuchen*) pie, *Br.* tart: **ein frischer [süßer] ~** a fresh [sweet] cake; **einen ~ anschneiden [bakken]** to cut (into) [to bake] a cake; **den ~ (an)rühren** to stir the (cake) mixture; **den ~ in die Form geben** to put the (cake) mixture into the tin; **kann ich ein Stück ~ haben?** may I have a piece of cake (*od.* pie)? **ich hatte gehofft, ihn zu treffen, ja ~!** *fig. colloq.* I had hoped to meet him, but no such luck (*od.* nothing doing)! → Rosine. – **2.** *metall.* (*Koks, Hartmetall*) cake. – **3.** (*in Bienenzucht*) honeycomb.

'Kü·chen|,ab,fall *m meist pl* kitchen waste (*od.* refuse), *bes. Am.* garbage. — **~,an,rich·te** *f* **1.** kitchen cabinet (*od.* dresser). – **2.** (*Geschirrschrank*) (kitchen) cupboard. — **~,ar·beit** *f* kitchen work, work in the kitchen.

'ku·chen,ar·tig *adj* **1.** caky. – **2.** (*feingebäckartig*) pastrylike, *Br.* pastry-like.

'Kü·chen·ar,ti·kel *pl* kitchen utensils, kitchenware *sg.*

'Ku·chen,bäcker (*getr.* -k·k-) *m* pastrycook, *Br.* pastry-cook.

'Kü·chen|,bank *f* ⟨-; ⸚e⟩ kitchen bench. — **~be,darf** *m* **1.** (*Lebensmittel*) kitchen stuff. – **2.** (*Einrichtung*) kitchen furniture (*od.* fittings *pl*). – **3.** (*Geräte etc*) kitchen equipment (*od.* appliances *pl*, gadgets *pl*). — **~be,nut·zung** *f* (*in Wendungen wie*) **Zimmer mit ~** room with use of kitchen.

'Ku·chen|,blech *n* baking sheet (*od.* tin). — **~,brett** *n* pastry board, *Am. auch* breadboard.

'Kü·chen,brett *n* chopping board.

'Ku·chen|,brot *n gastr.* sweet loaf, cake bread. — **~,bröt·chen** *n* bun.

'Kü·chen,bul·le *m mil. colloq.* (*Küchenunteroffizier*) *Am. sl.* belly robber, grub spoiler (*sl.*), *Br.* cook sergeant, *Am.* mess sergeant.

'Ku·chen,bür·ste *f* pastry brush.

'Kü·chen|,chef *m* head cook, chef (de cuisine). — **~,dienst** *m* kitchen duties *pl*, *bes. Am.* kitchen police, K.P.: **zum ~ eingeteilt werden** to be detailed to (*od.* put on) kitchen duties. — **~,ein,rich·tung** *f* kitchen furniture and fittings *pl.* — **~,fee** *f fig. colloq. humor.* (female) cook, kitchen wench.

'ku·chen|,fer·tig *adj* ready for use in cake-making: **~es Mehl** self-raising flour. — **K~,flech·te** *f bot.* cudbear, cudweed, cup moss (*od.* lichen), *Br.* cup-moss (*od.* -lichen), rock moss (*Fam. Lecanoraceae*). — **K~,form** *f* cake tin, (cake) form (*od.* mold, *bes. Br.* mould). — **K~,ga·bel** *f* pastry fork.

'Kü·chen|,gar·ten *m* kitchen garden. — **~ge,rät** *n meist pl* kitchen utensil (*od.* gadget), (*bes. Maschinen*) kitchen appliance. — **~ge,ruch** *m* kitchen smell. — **~ge,schirr** *n* **1.** (*aus Porzellan u. Glas*) kitchen crockery, glassware and china. – **2.** (*aus Metall*) kitchenware, pots and pans *pl.* – **3.** (*Geräte*) kitchen utensils *pl.* — **~,hand,tuch** *n* kitchen towel.

'Ku·chen,he·ber *m* cake slice (*od.* server).

'Kü·chen|,herd *m* kitchen range (*od.* stove), *Br. auch* kitchener: **elektrischer ~** electric stove (*od.* cooker). — **~,hil·fe** *f* girl (*od.* woman) who assists in the kitchen, kitchen helper. — **~,jun·ge** *m* kitchen boy, apprentice cook. — **~,kraut** *n meist pl* potherb, sweet herb. — **~la,tein** *n humor. colloq.* dog Latin. — **~,mäd·chen** *n*, **~,magd** *f* kitchenmaid, *Br.* kitchen-maid, cookmaid. — **~ma,schi·ne** *f* **1.** (electric) kitchen appliance (*od.* machine). – **2.** (*bes. Mixer*) (electric) mixing machine, mixer.

'Ku·chen,mehl *n* cake flour.

'Kü·chen,mei·ster *m* **1.** *cf.* Küchenchef. – **2.** (*Verwalter der Küche*) kitchen (*od.* catering) manager: → Schmalhans. – **3.** (*in Klöstern*) kitchener.

'Ku·chen,mes·ser *n* cake slice.

'Kü·chen|,mes·ser *n* kitchen knife. — **~,mö·bel** *pl* kitchen furniture *sg.*

'Ku·chen,mu·schel *f zo.* window oyster (*Placuna placenta*).

'Kü·chen|or·don,nanz *f mar. mil.* messman, mess orderly. — **~per·so,nal** *n* kitchen personnel. — **~,pla·nung** *f* kitchen design (*od.* planning).

'Ku·chen|,plat·te *f* cake dish, cake plate. — **~,rad, ~,räd·chen** *n* jagging wheel (*od.* iron).

'Kü·chen,scha·be *f zo.* oriental cockroach, *bes. Br.* blackbeetle (*Blatta orientalis*).

'Ku·chen,schach·tel *f* cake box.

'Kü·chen|,schel·le *f bot.* pasqueflower, *Br.* pasque-flower (*Gattg Pulsatilla*). — **~,schrank** *m* **1.** (*Geschirrschrank*) (kitchen) cupboard. – **2.** *cf.* Küchenanrichte 1. — **~,schür·ze** *f* cooking apron. — **~,spü·le** *f* (kitchen) sink (unit). — **~,stuhl** *m* kitchen chair.

'Ku·chen|ta,blett *n* cake dish (*od.* tray). — **~,teig** *m* cake mixture (*od.* dough). — **~,tel·ler** *m* cake (*od.* dessert) plate.

'Kü·chen|,tisch *m* kitchen table. — **~,uhr** *f* **1.** kitchen clock. – **2.** (*als Kurzzeitmesser*) (kitchen) timer. — **~,un·ter·of·fi,zier** *m mil. Br.* cook sergeant, *Am.* mess sergeant (*od.* steward). — **~,waa·ge** *f* kitchen scales *pl.* — **~,wa·gen** *m* mobile kitchen.

'Ku·chen,zan·ge *f* cake tongs *pl* (*sometimes construed as sg*).

'Kü·chen|,zet·tel *m* menu, bill of fare. — **~,zwie·bel** *f bot.* onion (*Allium cepa*).

Küch·lein ['ky:çlaɪn] *n* ⟨-s; -⟩ *poet.* chick.

kucken (*getr.* -k·k-) ['kukən] *v/i* ⟨h⟩ *Northern G. for* gucken.

Kücken (*getr.* -k·k-) ['kʏkən] *n* ⟨-s; -⟩ *rare for* Küken.

Kuckuck (*getr.* -k·k-) ['kukuk] *m* ⟨-s; -e⟩ **1.** *zo.* cuckoo (*Fam. Cuculidae*): **Gemeiner ~** cuckoo (*Cuculus canorus*); **Amerikanischer ~** American yellow-billed cuckoo (*Coccyzus americanus*); **der ~ ruft** the cuckoo calls; **der hört den ~ nicht mehr rufen** (*od.* **schreien**) *fig. colloq. euphem.* he won't last the winter (through). – **2.** *fig. colloq. euphem.* (*Teufel*) devil: **zum ~!** the devil! the deuce! damn (*od.* confound) it! **geh zum ~! hol dich der ~! scher dich zum ~!** go to heck (*od.* blazes)! clear (*od.* buzz) off! get out of my sight! **zum ~ damit!** darn it all! **zum ~ nochmal, wo ist mein Mantel?** where the devil (*od.* deuce, dickens) is my coat? *Am. auch* heck, where is my coat? **zum ~ mit allen Autos!** to heck (*od.* hell) with all cars! **warum, zum ~, kommst du nicht?** why the deuce don't you come? **weiß der ~, wo er ist** goodness (*od.* heaven, God) knows where he is; **das ganze Geld ist zum ~** all the money is gone; **in der Stadt ist der ~ los** everything is topsy-turvy in town. – **3.** *fig. colloq. humor.* (*Pfandsiegel*) bailiff's seal (*od.* stamp): **den ~ ankleben** to affix the bailiff's seal.

'kuckuck (*getr.* -k·k-) *interj* **1.** cuckoo!: **er rief „~!"** he cried "cuckoo!" – **2.** (*child's language*) peekaboo!

'kuckuck,ar·tig (*getr.* -k·k-) *adj zo.* cuculine, cuculiform.

'Kuckucks|,am·me (*getr.* -k·k-) *f zo. cf.* Grasmücke. — **~,blu·me** *f bot.* **1.** butterfly orchid (*Platanthera bifolia u. P. chlorantha*). – **2.** *cf.* Kuckuckslichtnelke. – **3.** *cf.* Sumpfdotterblume. – **4.** *cf.* Wiesenschaumkraut. – **5.** *cf.* Frauenschuh 2. — **~,ei** *n zo.* cuckoo's egg: **j-m [sich *dat*] ein ~ ins Nest legen** *fig. colloq.* to land s.o. [oneself] with a troublesome child; **dieses Geschenk ist das reinste ~** *fig. colloq.* this present is (*od.* causes) more trouble than it is worth. — **~,klee** *m bot.* cuckoo-meat (*Oxalis acetosella*). — **~,knecht, ~,kü·ster** *m zo.* hoopoe, *auch* hoopoo (*Upupa epops*). — **~(,licht),nel·ke** *f bot.* ragged robin, cuckooflower, *Br.* cuckoo-flower (*Lychnis flos-cuculi*). — **~,ruf** *m* cuckoo (call). — **~,schaum,kraut** *n bot. cf.* Wiesenschaumkraut. — **~,spei·chel** *m zo.* cuckoo spit (*od.* spittle, froth), *auch* frog (*od.* snake, toad) spit, frog spittle. — **~,uhr** *f* cuckoo clock. — **~,vö·gel** *pl zo.* cuckoos, cuculi (*scient.*) (*Ordng Cuculi*).

Kud·del·mud·del ['kudəl'mudəl] *n, m* ⟨-s; *no pl*⟩ *colloq.* **1.** mix-up, muddle: **an der Garderobe gab es ein fürchterliches ~** there was a terrible mix-up at the cloakroom. – **2.** (*von Dingen*) jumble, muddle, *bes. Br.* hotchpotch, *bes. Am.* hodgepodge, *Am. auch* mingle-mangle.

Ku·der[1] ['ku:dər] *m* ⟨-s; -⟩ *zo.* (male) (European) wildcat (*Felis sylvestris*).

'Ku·der[2] *m* ⟨-s; *no pl*⟩ *Swiss for* Werg 1.

'Ku·drun|,epos, ~,lied, das ['ku:dru:n-] (*literature*) the Kudrun (*od.* Gudrun) epic. — **~,stro·phe** *f metr.* Kudrun (*od.* Gudrun) strophe.

Ku·du ['ku:du] *m* ⟨-s; -s⟩ *zo.* koodoo, kudu (*Gattg Strepsiceros*): **Großer ~** greater koodoo (*S. strepsiceros*); **Kleiner ~** lesser koodoo (*S. imberbis*).

Ku·fe[1] ['ku:fə] *f* ⟨-; -n⟩ **1.** (*eines Schlittens, Bobs etc*) runner. – **2.** (*am Flugzeug*) skid (landing gear). – **3.** (*einer Wiege*) rocker.

'Ku·fe[2] *f* ⟨-; -n⟩ **1.** *dial.* vat. – **2.** *brew.* brewing vat (*od.* tun), keeve. – **3.** (*in der Färberei*) (dye) vat. – **4.** *mar.* tub. – **5.** *obs. German beer measure.*

'Ku·fen,flug,zeug *n aer.* ski plane.

Kü·fer ['ky:fər] *m* ⟨-s; -⟩ **1.** (*Kellermeister*) cellarman. – **2.** *Southwestern G.* cooper. — **~,ar·beit** *f* coopery, cooperage.

Kü·fe'rei *f* ⟨-; -en⟩ *Southwestern G.* cooperage.

ku·fisch ['ku:fɪʃ] *adj* (*Schrift etc*) Kufic, *auch* Cufic.

Küf·ner ['ky:fnər] *m* ⟨-s; -⟩ *cf.* Küfer.

Ku·gel ['ku:gəl] *f* ⟨-; -n⟩ **1.** ball: **eine eiserne [hölzerne, steinerne] ~** an iron [a wooden, stone] ball; **eine ~ von 10 cm Durchmesser** a ball with a diameter of 10 cm; → **rollen** 20. – **2.** (*Geschoß von Handfeuerwaffen*) a) bullet, b) (*Schrotkorn*) pellet, shot: **eine gegnerische [verirrte] ~** an enemy [a stray] bullet; **von ~n durchlöchert** (*od.* **durchsiebt**) riddled with bullets; **die ~ traf ihn tödlich** he was fatally hit by the bullet; **sich** (*dat*) **eine ~ durch den Kopf jagen** (*od.* **schießen**) to put a bullet through one's head, to blow one's brains out; **die ~ ging fehl** (*od.* **verfehlte ihr Ziel**) the bullet missed its aim (*od.* mark); **die ~ steckte in seiner Schulter** the bullet lodged in his shoulder; **~n pfiffen ihnen um die Ohren** bullets whistled about (*od.* whizzed past) their ears; **j-m eine ~ aufbrennen** *colloq.* to hit s.o. with a shot. – **3.** *geogr. astr.* sphere, (*Globus*) *auch* globe: **die Erde ist eine ~** the earth is a sphere. – **4.** (*eines Thermometers*) bulb. – **5.** *med.* (*Gelenkkopf*) head. – **6.** *gastr.* (*Fleischstück aus der Keule*) thick flank. – **7.** (*games*) a) (roulette) ball, b) *cf.* Murmel: **im Kasino rollt wieder die ~** the roulette wheels are spinning again in the casino. – **8.** *math.* sphere. – **9.** (*sport*) a) (*beim Kugelstoßen*) shot, weight, b) (*beim Kegeln*) skittles (*od.* bowling) ball, c) (*beim Billard, Krocket etc*) ball: **die ~ stoßen** to put the shot; **eine ~ schieben** to bowl a ball; **eine ruhige ~ schieben** *fig. colloq.* to lead a cushy (*od.* an easy) life, to have a soft job (*colloq.*). – **10.** *tech.* (*eines Kugellagers*) ball. – **11.** *arch.* a) (*auf einem Pfeiler*) balloon, b) (*auf einer Turmspitze*) ball, globe. – **12.** *her.* bezant, roundel, roundle: **schwarze ~** pellet. – **13.** *obs.* cannonball, *Br.* cannon-ball.

'Ku·gel|ˌabˌschnitt *m math.* segment of a sphere, spherical segment. — **~amaˌrant** *m bot.* globe amaranth, globeflower, *Br.* globe-flower, bachelor's button (*Gomphrena globosa*). — **~anˌten·ne** *f electr.* isotropic aerial (*bes. Am.* antenna). — **~ˌas·sel** *f zo.* pill millipede, globe slater (*Gattg Glomeris*). — **~ˌausˌschnitt** *m math.* spherical sector. — **~bakˌte·ri·en** *pl med.* cocci, spherical bacteria, sph(a)erobacteria. — **~ˌbaum** *m* globe-shaped (*od.* round-topped) tree. — **~ˌblitz** *m meteor.* ball (*Am.* globe, *Br.* globular) lightning. — **~ˌblu·me** *f bot.* globe daisy (*Gattg Globularia*): **Gemeine** (*od.* **Gewöhnliche**) **~** common globe daisy (*G. vulgaris*). — **~ˌbol·zen** *m tech.* ball-head (*od.* knuckle) bolt.

Kü·gel·chen ['kyːgəlçən] *n* ⟨-s; -⟩ **1.** *dim. of* Kugel. – **2.** (*Glasstickperle*) bead. – **3.** (*aus Brot, Papier etc*) pellet. – **4.** *bes. astr. math.* spherule. – **5.** *med. pharm.* pearl, *auch* spherule, globule. – **6.** *min.* globulite. — **~ˌbil·dung** *f bes. chem.* flocculation.

'Ku·gel|ˌdi·stel *f bot.* globe thistle (*Gattg Echinops*). — **~ˌdreiˌeck** *n math.* spherical (*od.* circular) triangle.

'Ku·gelˌdruck *m* ⟨-(e)s; ⸚e⟩ *tech.* ball pressure (*od.* thrust). — **~ˌhär·te** *f metall.* ball-thrust hardness. — **~ˌla·ger** *n tech.* ball-thrust bearing. — **~ˌpro·be** *f* ball-pressure (*od.* -thrust) test.

'Ku·gelˌdurchˌmes·ser *m math.* diameter of a sphere.

Kü·ge·lein ['kyːgəlaɪn] *n* ⟨-s; -⟩ *dim. of* Kugel.

'Ku·gel|ˌeinˌdruck *m tech.* ball impression (*od.* indentation). — **~ˌendˌmaß** *n* spherical-end measuring rod.

'Ku·gelˌfang *m* (*für Geschosse*) (target *od.* range) butt, *Am.* backstop. — **~ˌrin·ne** *f* (*einer Kegelbahn*) gutter.

'ku·gelˌfest *adj cf.* kugelsicher.

'Ku·gel|ˌfisch *m zo.* puffer (*Fam. Tetraodontidae*). — **~ˌflä·che** *f math.* spherical surface (*od.* area). — **~ˌform** *f* spherical (*od.* globular, ball) form (*od.* shape). — **k~ˌför·mig** *adj* **1.** ball-shaped, spherical, round, globular. – **2.** *bes. astr. math.* spheric(al), (*globusförmig*) *auch* globular; globate(d), globose, globoid (*scient.*). — **~ˌfrä·ser** *m tech.* cherry, spherical cutter. — **~geˌlenk** *n* **1.** *med.* ball(-and-socket) joint, enarthrosis (*scient.*). – **2.** *tech.* ball(-and-socket) joint. — **~geo·meˌtrie** *f math.* spherical geometry. — **~geˌstalt** *f cf.* Kugelform. — **~geˌwöl·be** *n arch.* spherical vault (*od.* dome). — **~ˌgür·telˌtier** *n zo.* apar(a), three-banded armadillo (*Tolypeutes tricinctus*). — **~ˌha·gel** *m* hail of bullets. — **~ˌhau·be** *f math. cf.* Kugelkalotte. — **~ˌhau·fen** *m astr.* globular cluster. — **~ˌhau·fen·reˌak·tor** *m nucl.* pebble-bed reactor. — **~ˌherz** *n med.* globular heart.

'ku·ge·lig *adj* ball-shaped, spherical, globular: **sich ~ lachen** *fig. colloq.* to roll up (*od.* double up, curl up) with laughter.

'Ku·gel|ˌkä·fer *m zo.* hump beetle (*Gibbium psylloides*). — **~ˌkä·fig** *m tech.* (*eines Kugellagers*) ball cage (*od.* retainer). — **~kaˌlot·te,** **~ˌkap·pe** *f math.* spherical cap. — **~ko·or·diˌna·te** *f* spherical coordinate (*Br.* co-ordinate).

'Ku·gelˌla·ger *n tech.* ball bearing, *Br.* ball-bearing. — **~geˌhäu·se** *n* ball-bearing housing. — **~ˌstahl** *m metall.* ball-bearing steel. — **~ˌtech·nik** *f tech.* ball-bearing engineering.

'Ku·gel|ˌlam·pe *f electr.* spherical bulb. — **~ˌlängsˌla·ger** *n tech.* ball-thrust bearing. — **~ˌlaufˌring** *m* (*eines Kugellagers*) ball-bearing race (*od.* ring), ball race. — **~ˌleuch·te** *f electr.* ball lamp. — **~ˌmüh·le** *f* ball mill. — **~ˌmu·schel** *f zo.* sphere shell, pila (*scient.*) (*Gattg Sphaerium*).

ku·geln ['kuːgəln] **I** *v/i* ⟨sein *u.* h⟩ **1.** ⟨sein⟩ roll: **der Stein kugelte mir vor die Füße** the stone rolled before my feet; **er ist aus dem Bett gekugelt** *colloq.* he fell out of bed. – **2.** ⟨h⟩ **über j-n ~** *obs.* to choose (*od.* elect) s.o. by ballot. – **II** *v/t* ⟨h⟩ **3.** (*Ball, Steine etc*) roll: **er kugelte den Stein zur Seite** he rolled the stone to one side (*od.* aside). – **III** *v/reflex* ⟨h⟩ **sich ~ 4.** roll: **die Kinder kugelten sich im Schnee** the children rolled in the snow; **sich ~ vor Lachen** *fig. colloq.* to roll up (*od.* double up, curl up) with laughter. – **IV K~** *n* ⟨-s⟩ **5.** *verbal noun*: **es ist zum K~** *fig. colloq.* it is a perfect scream (*colloq.*).

'Ku·gel|ˌoberˌflä·che *f math.* surface (*od.* area) of a sphere. — **~ˌpackung** (*getr.* -k·k-) *f* (*in Kristallkunde*) close packing. — **~ˌpas·ser** *m* ⟨-s; -⟩ *mil. cf.* Kugelsetzer. — **~raˌnun·kel** *f bot. cf.* Trollblume. — **~ˌre·gen** *m fig.* shower (*od.* hail) of bullets. — **~ˌrin·ne** *f* (*Rücklauf einer Kegelbahn*) (ball) return. — **k~'rund** *adj* **1.** (as) round as a ball, globular: **in den letzten zwei Jahren ist er ~ geworden** *fig. colloq.* in the last two years he has become as round as a ball (*od.* barrel). – **2.** *bes. astr. math.* spherical. — **~ˌschal·tung** *f auto.* **1.** (*Schaltvorgang*) ball gear shifting. – **2.** (*Bauteil*) ball gear shift (*od.* change) lever. — **~ˌschicht** *f math.* spherical segment. — **~ˌschnitt** *m* spherical section.

'Ku·gelˌschrei·ber *m* ball-point pen, *auch* ball-point, *Br.* ball-point-pen. — **~ˌmi·ne** *f* refill cartridge.

'Ku·gel|segˌment *n math. cf.* Kugelabschnitt. — **~ˌsek·tor** *m* (spherical) sector. — **~ˌset·zer** *m mil.* bullet seater. — **k~ˌsi·cher** *adj* (*Glas, Auto etc*) bulletproof, *Br.* bullet-proof. — **~ˌson·de** *f med.* bullet probe. — **~ˌspie·gel** *m tech.* spherical mirror. — **~ˌspin·ne** *f zo.* theridiid (spider) (*Fam. Therididae*). — **~ˌsprit·ze** *f humor. colloq.* burp gun (*colloq.*), submachine (*Br.* sub-machine) gun. — **~ˌsto·ßen** *n* (*sport*) shot put, shot-putting, putting the shot (*od.* weight). — **~ˌsto·ßer** *m,* **~ˌsto·ße·rin** *f* ⟨-; -nen⟩ shot-putter. — **~ˌstoßˌring** *m* shot(-putter's) circle. — **~ˌtier** *n zo. cf.* Rädertierchen. — **~ˌton·ne** *f mar.* spherical buoy. — **~venˌtil** *n tech.* ball valve. — **~ˌwahl** *f bes. hist.* (election by) ballot, balloting. — **~ˌwech·sel** *m* exchange of shots.

'Ku·gelˌzap·fen *m tech.* ball pivot. — **~geˌlenk** *n* ball-and-socket joint.

'Ku·gel|ˌzo·ne *f math.* spherical zone. — **~ˌzweiˌeck** *n* spherical lune.

'kug·lig *adj cf.* kugelig.

Ku·gu·ar ['kuːguaːr] *m* ⟨-s; -e⟩ *zo. cf.* Puma.

Kuh [kuː] *f* ⟨-; ⸚e⟩ **1.** cow: **schwarzbunte ~** black and white cow; **junge ~** heifer; **trächtige ~** cow with (*od.* in) calf; **melkende ~** a) cow in milk, b) *fig. colloq.* milch cow; **trockenstehende ~** dry cow; **die Kühe melken** to milk the cows; **diese ~ gibt viel Milch** this cow is a good milker; **er steht da wie die ~ vorm neuen Tor** (*od.* **Scheunentor**) (*Sprichwort*) he stands there like a stuck pig (*od.* completely flabbergasted); **man wird alt wie 'ne ~ und lernt immer noch dazu** (*Sprichwort*) we live and learn. – **2.** *zo.* (*von Elefant, Hirsch, Wal etc*) cow. – **3.** *fig. contempt.* (*meist in Wendungen wie*) **so eine blöde** (*od.* **dumme**) **~!** what a silly (*od.* stupid) cow! **dumme ~!** (*junges Mädchen*) silly goose! — **~anˌtiˌlo·pe** *f zo.* hart(e)beest (*Gruppe Alcelaphini, bes. Gattg Alcelaphus*). — **~ˌau·ge** *n* cow's eye: **~n machen** *fig. colloq.* to goggle, to gape. — **~ˌblu·me** *f bot.* **1.** marsh marigold (*Caltha palustris*). – **2.** dandelion, lion's-tooth, *auch* lion's-teeth (*Taraxacum officinale*). — **~ˌboh·ne** *f* cow pea (*Vigna sinensis*). — **~ˌdorf** *n colloq. contempt.* 'hole' (*colloq.*), 'dump' (*sl.*), one-horse town (*colloq.*).

Kü·her ['kyːər] *m* ⟨-s; -⟩ *Swiss for* Kuhhirt.

'Kuh|ˌerb·se *f bot. cf.* Kuhbohne. — **~ˌeu·ter** *n* cow's udder. — **~ˌfla·den** *m* cow pat. — **~ˌfuß** *m tech.* crowbar, *Br.* crow-bar, nail claw. — **~ˌglocke** (*getr.* -k·k-) *f* cow bell. — **~ˌhan·del** *m fig. colloq.* **1.** shady (*od.* foul) bargaining, wangling. – **2.** *bes. pol.* horse trade, horse trading, *Am.* logrolling. — **~ˌhaut** *f* cowhide, *Br.* cow-hide, cowskin, *Br.* cow-skin: **was ich in der letzten Zeit an Ausgaben hatte, geht auf keine ~** *colloq.* the expenses I had recently are beyond belief (*od.* absolutely staggering). — **~ˌher·de** *f* herd of cows. — **~ˌhirt** *m* cowherd, *Am.* cowboy. — **~ˌkaff** *n colloq. contempt. cf.* Kuhdorf. — **~ˌkalb** *n agr.* heifer calf.

Kuhl [kuːl] *f* ⟨-; -en⟩ *mar.* waist: **mit tiefer ~** deep-waisted.

kühl [kyːl] **I** *adj* ⟨-er; -st⟩ **1.** (*Tag, Morgen, Wetter, Wind etc*) cool, fresh, chilly: **es wird ~** it's getting cool; **ein ~er Raum** a chilly room; **mir ist es etwas zu ~** I feel a bit chilly; **es ist etwas** (*od.* **leicht**) **~ draußen** it's coolish outside. – **2.** (*Getränk, Bad, Schatten etc*) cool, refreshing: **es war so heiß, daß wir uns nach einem ~en Bad sehnten** it was so hot that we longed for a cool(ing) swim; **sich in die ~en Fluten stürzen** to plunge into the cool water; **ein ~er Trunk** a cool drink; → Blonde². – **3.** *fig.* (*Person, Natur, Wesen etc*) cool, cold, reserved: **sie blieb ihm gegenüber äußerst ~** she remained very cool toward(s) him. – **4.** *fig.* (*Empfang, Begrüßung, Ablehnung etc*) cool, cold, chilly. – **5.** *fig.* (*nüchtern*) cool: **ein ~er Rechner** a cool calculator; **er behielt einen ~en Kopf** he kept a cool head, he remained calm; **bei ihm ist alles ~e Berechnung** the basis of all his actions is cool calculation. – **II** *adv* **6. etwas ~ lagern** to keep s.th. cool (*od.* in a cool place); **„~ und trocken lagern"** "keep cool and dry". – **7.** *fig.* coolly, coldly: **er behandelt sie recht ~** he treats her rather coolly; **j-n ~ empfangen** to give s.o. a cool reception.

'Kühl|ag·greˌgat *n tech.* cooling (*od.* refrigerating) aggregate (*od.* plant). — **~ˌanˌla·ge** *f* **1.** cooling installation (*od.* plant). – **2.** refrigeration (*od.* refrigerating) plant. — **~ap·paˌrat** *m* cooling apparatus, refrigerator. — **~ˌbett** *n metall.* (*im Walzwerk*) cooling bed (*od.* bank). — **~ˌbox** *f* (*zum Mitnehmen, bes. im Auto*) cold box, cooler.

Kuh·le ['kuːlə] *f* ⟨-; -n⟩ *Low G.* hole, pit.

'Küh·le *f* ⟨-; *no pl*⟩ **1.** coolness, cool, chilliness, freshness: **in der ~ des Abends [Waldes]** in the cool of the evening [forest]. – **2.** *fig.* (*des Empfangs etc*) coolness.

'Kuhˌle·der *n* cowhide, *Br.* cow-hide.

küh·len ['kyːlən] **I** *v/t* ⟨h⟩ **1.** cool: **Speisen [Getränke] in kaltem Wasser ~** to cool (down) food [drinks] in cold water; **j-s heiße Stirn mit kalten Umschlägen ~** to cool s.o.'s hot forehead (*od.* fevered brow) with cold compresses; **die Salbe kühlt die Wunde** the ointment cools (*od.* soothes) the wound. – **2.** (*mit Eis*) cool, chill. – **3.** (*zum Haltbarmachen*) refrigerate. – **4.** *tech.* a) cool, b) (*Glas etc*) anneal: **den Motor mit Luft [Wasser] ~** to air-cool [to water-cool] the engine. – **5.** *fig.* vent, give vent to, wreak: **seinen Zorn [seine Wut] an j-m ~** to vent one's anger [rage] on s.o.; **seine Rache an j-m ~** to wreak vengeance upon s.o.; → Mütchen. – **II** *v/i* **6.** (*von Kompressen, Salbe etc*) have a cooling effect: **der Wind kühlt** the wind is refreshing. – **III K~** *n* ⟨-s⟩ **7.** *verbal noun.* – **8.** refrigeration. – **9.** *cf.* Kühlung.

'küh·lend I *pres p.* – **II** *adj* **1.** (*Getränk, Wind etc*) cooling, refreshing. – **2.** *bes. med.* (*Umschlag, Salbe etc*) refrigerant: **~es Mittel, ~er Trunk** refrigerant.

'Küh·ler *m* ⟨-s; -⟩ **1.** *bes. tech.* cooler. – **2.** *auto.* a) radiator, b) *cf.* Kühlerschutz. – **3.** *chem.* condenser. — **~ˌabˌdeckung**

(*getr.* -k·k-) *f* radiator shutter (*od.* louver, *bes. Br.* louvre, blind). — ~**fiˌgur** *f* radiator (*od.* car-bonnet) mascot (*bes. Am.* emblem): ich hätte sie fast als ~ mitgenommen *colloq.* she nearly finished up wrapped round my radiator. — ~ˌ**hau·be** *f cf.* Kühlerschutz. — ~ˌ**man·tel** *m* **1.** *auto.* radiator shell. – **2.** *tech.* condenser (*od.* cooling) jacket.

'**Küh·lerˌschutz** *m* radiator hood (*od.* bonnet, cover). — ~ˌ**git·ter** *n* radiator grille (*Am. auch* grill, grid). — ~ˌ**hau·be** *f cf.* Kühlerschutz.

'**Küh·ler·verˌklei·dung** *f auto.* radiator cowl (*od.* shell, case, grille, *Am. auch* grill, screen).

'**Kühl|ˌfach** *n* (*im Kühlschrank*) cold safe. — ~ˌ**faß** *n brew.* keelvat. — ~ˌ**flä·che** *f tech.* cooling surface. — ~ˌ**flüs·sig·keit** *f* **1.** cooling fluid (*od.* liquid), coolant. – **2.** *cf.* Kühlmittel 3. — ~**ge**ˌ**blä·se** *n* **1.** *auto.* cooling-air blower (*od.* fan). – **2.** *tech.* cooling fan. — ~ˌ**haus** *n* cold-storage depot. — ~ˌ**kam·mer** *f tech. cf.* Kühlraum. — ~ˌ**ka·sten** *m metall.* cooling box. — ~ˌ**ket·te** *f tech.* (*beim Nahrungsmitteltransport*) cold chain. — ~ˌ**lei·stung** *f* cooling power (*od.* capacity). — ~ˌ**luft** *f* cooling air. — ~-ˌ**man·tel** *m* cooling jacket. — ~**maˌschi·ne** *f* refrigerating machine, refrigerator.

'**Kühlˌmit·tel** *n* **1.** cooling agent, coolant. – **2.** refrigerant. – **3.** *metall.* coolant, cutting compound (*od.* liquid). — ~ˌ**umˌlauf** *m nucl.* coolant flow pattern: ~ in offenem [geschlossenem] Kreislauf open [closed] cycle cooling.

'**Kühl|ˌofen** *m tech.* (*in der Glasmacherei*) cooling (*od.* annealing) oven (*od.* furnace), lehr. — ~ˌ**öl** *n* cutting (*od.* cooling) oil.

'**Kühlˌraum** *m tech.* **1.** cooling (*od.* refrigerating, refrigeration) chamber, refrigerator; *bes. Br. colloq.* fri(d)ge, frig. – **2.** cold-storage room, cooler. — ~ˌ**la·dung** *f mar.* refrigerated cargo. — ~ˌ**la·ge·rung** *f* cold storage.

'**Kühl|ˌrip·pe** *f auto.* cooling fin (*od.* rib), radiating fin, gill. — ~ˌ**rohr** *n tech.* cooling (*od.* condenser) tube, refrigerating (*od.* cooling) pipe. — ~ˌ**schiff** *n* **1.** *mar.* refrigerator ship, refrigerated vessel, *Am. sl.* 'reefer'. – **2.** *brew.* bac, *auch* back, cooler. — ~ˌ**schlan·ge** *f* **1.** *chem. tech.* a) cooling (*od.* refrigerating) coil, b) condensing (*od.* condenser) coil. – **2.** *auto.* radiator coil. — ~ˌ**schrank** *m* refrigerator, *bes. Br. colloq.* fri(d)ge, frig, *Am. colloq.* refridge. — ~-ˌ**ta·sche** *f cf.* Kühlbox.

'**Kühl·te** *f* ⟨-; -n⟩ *mar.* light wind (*od.* air[s *pl*]), cool.

'**Kühl|tem·pe·raˌtur** *f* cooling (*od.* cold-storage) temperature. — ~ˌ**trü·bung** *f brew.* chill haze. — ~ˌ**tru·he** *f* freezer, deep-freeze. — ~ˌ**turm** *m metall.* cooling tower.

'**Küh·lung** *f* ⟨-; *no pl*⟩ **1.** *cf.* Kühlen. – **2.** coolness: der Regen brachte etwas ~ the rain brought some coolness.

'**Kühl|ˌvorˌrich·tung** *f tech.* cooling apparatus, cooler. — ~ˌ**wa·gen** *m* **1.** (*railway*) refrigerator (*od.* cold-storage) car (*bes. Br.* wag[g]on), *Am. sl.* 'reefer'. – **2.** *auto.* refrigerator (*od.* refrigerated) vehicle (*Br. auch* lorry, *Am. auch* truck). — ~**wagˌgon** *m cf.* Kühlwagen 1.

'**Kühlˌwas·ser** *n* cooling water. — ~-ˌ**pum·pe** *f* **1.** *tech.* (cooling-)water (*od.* coolant) pump. – **2.** *auto.* water-circulation pump. — ~ˌ**reg·ler** *m* (cooling-)water thermostat.

'**Kuh|ˌlym·phe** *f med.* bovine vaccine. — ~ˌ**magd** *f agr.* milkmaid. — ~ˌ**milch** *f* cow's milk. — ~ˌ**mist** *m* cow dung.

kühn [ky:n] **I** *adj* ⟨-er; -st⟩ **1.** (*Reiter, Krieger, Seefahrer etc*) brave, courageous, fearless, bold: ein ~er Abenteurer a bold (*od.* an intrepid) adventurer; ein ~er Ritter a bold (*od.* valiant) knight; Karl der K~e *hist.* Charles the Bold. – **2.** (*Tat, Entschluß, Handstreich, Idee, Behauptung etc*) bold, daring: du hast da eine recht ~e Behauptung aufgestellt you made a rather daring assertion there; ich habe den ~en Entschluß gefaßt, mir das Rauchen abzugewöhnen I took the bold (*od.* brave) decision to give up smoking; eine solche Reise war damals ein ~es Unternehmen (*od.* Unterfangen) such a journey was a bold (*od.* venturesome) undertaking at that time. – **3.** (*dreist, unverschämt*) audacious, impudent. – **4.** *fig.* (*eigenwillig, originell*) bold: mit wenigen ~en Strichen gezeichnet drawn with a few bold strokes. – **5.** *fig.* (*gewagt*) daring: ein Kleid mit einem recht ~en Ausschnitt a dress with rather a daring neckline. – **6.** *fig.* (*in Wendungen wie*) das hätte ich in meinen ~sten Träumen nicht für möglich gehalten I wouldn't have thought that possible in my wildest dreams; das übertrifft meine ~sten Erwartungen that is more than I would ever have expected. – **II** *adv* **7.** boldly: ~ antworten to answer boldly, to give a bold answer; ~ geschwungene Linien bold lines; eine ~ gebogene (*od.* geschwungene) Nase a nose with a bold profile; das Gebäude ragt ~ in den Himmel the building juts up boldly into the sky.

'**Kuhˌnel·ke** *f bot.* cowherb (*Vaccaria* [*vulgaris*]).

'**Kühn·heit** *f* ⟨-; *no pl*⟩ **1.** (*einer Person*) bravery, braveness, courage, fearlessness, boldness. – **2.** (*einer Tat, eines Entschlusses, eines Unternehmens etc*) boldness, daring. – **3.** (*Keckheit, Unverschämtheit*) audacity, impudence: er brachte die ~ auf, ihr alles ins Gesicht zu sagen he had the audacity to tell her everything to her face. – **4.** (*Eigenwilligkeit, Originalität*) boldness: man bewunderte die ~ der Linienführung people admired the boldness of the lines. – **5.** (*Gewagtheit*) daring.

'**kühn·lich** *adv* boldly.

'**Kuh|ˌpa·sti·nak** *m bot.* cow parsnip (*Heracleum sphondylium*). — ~ˌ**pilz** *m* cow boletus (*Ixocomus bovinus*).

'**Kuhˌpocken** (*getr.* -k·k-) *pl med.* cowpox *sg*, vaccinia *sg* (*scient*). — ~ˌ**imp·fung** *f* vaccination.

'**Kuh|ˌrei·gen**, ~ˌ**rei·hen** *m archaic* alpine cowherd's melody. — ~ˌ**schel·le** *f* **1.** *cf.* Kuhglocke. – **2.** *bot.* a) pulsatilla (*Gattg Pulsatilla*), b) Easter flower (*P. vulgaris*). — ~ˌ**stall** *m agr.* cowhouse, *Br.* cow-house, *bes. Br.* byre. — ~ˌ**stär·ling**, ~ˌ**vo·gel** *m zo.* cowbird, *auch* cow blackbird (*Molothrus ater*). — **k**~ˌ**warm** *adj* (*Milch*) warm (*od.* fresh) from the cow.

Ku·jon [ku'jo:n] *m* ⟨-s; -e⟩ *obs., auch colloq. for* a) Schuft, b) Quäler. — **ku·jo'nie·ren** [-jo'ni:rən] *v/t* ⟨*no* ge-, h⟩ j-n ~ *colloq.* to vex (*od.* maltreat, annoy) s.o.

Kü·ken ['ky:kən] *n* ⟨-s; -⟩ **1.** chick(en), poult: die Henne hat 6 ~ the hen has 6 chickens; das ~ will klüger sein als die Henne (*Sprichwort*) he [she] is trying to teach his [her] grandmother to suck eggs (*proverb*). – **2.** *colloq.* (*junges Mädchen*) little girl, 'chick' (*colloq.*): ich war damals noch ein ganz kleines ~ I was a very little girl at the time; was weiß denn so ein ~ wie du davon! what do little girls like you know about these things! – **3.** *tech.* (*eines Hahns*) plug.

'**Kü·kenˌruhr**, '**Wei·ße** *f vet.* pullorum disease, fowl typhoid.

Ku-Klux-Klan [ku:kluks'kla:n] *m* ⟨-(s); *no pl*⟩ *pol. Am.* Ku Klux, *auch* Ku-Klux, Kuklux, Ku Klux Klan: Mitglied des ~(s) Ku Klux Klanner, Klansman, Klanswoman.

Ku·ku·ruz ['kukuruts] *m* ⟨-es; *no pl*⟩ *Austrian for* Mais.

Ku·lak [ku'lak] *m* ⟨-en; -en⟩ *hist.* (*russ. Großbauer*) kulak.

Ku·lan [ku'la:n] *m* ⟨-s; -e⟩ *zo.* koulan, kulan, chigetai, dzeggetai (*Equus hemionus hemionus*).

ku·lant [ku'lant] *adj* **1.** (*entgegenkommend*) obliging, accommodating: es war sehr ~ von der Firma, die Reklamation anzuerkennen it was very obliging of the firm to meet my claim. – **2.** *econ.* (*Preis, Angebot etc*) fair: ~e Bedingungen fair (*od.* easy) terms. — **Ku'lanz** [-'lants] *f* ⟨-; *no pl*⟩ **1.** obligingness. – **2.** *econ.* fairness, fair dealing: diese Reparatur geht auf ~ this repair is carried out at the firm's expense.

Kül·bel ['kʏlbəl] *n* ⟨-s; -⟩ *tech.* (*bei Glasherstellung*) parison.

Ku·li ['ku:li] *m* ⟨-s; -s⟩ **1.** (*Arbeiter in Asien*) coolie, *auch* cooly: wie ein ~ arbeiten *fig.* to work like a dog (*od.* horse), to work like mad. – **2.** (*Tintenkuli*) stylo(graph). — ~ˌ**ar·beit** *f colloq.* donkey work.

Ku'lierˌwa·re [ku'li:r-] *f* (*textile*) weft knitted fabrics *pl.*

ku·li·na·risch [kuli'na:rɪʃ] *adj* culinary: ~e Genüsse culinary pleasures (*od.* delights).

Ku·lis·se [ku'lɪsə] *f* ⟨-; -n⟩ **1.** (*theater*) a) scenery, set, coulisse, b) (*einzelne*) flat, c) (*Seitenkulisse*) wing: eine prächtige ~ aus dem 18. Jahrhundert a magnificent 18th century set; die ~n wechseln to change the scenery; hinter den ~n *auch fig.* behind the scenes, backstage; hinter die ~n sehen, einen Blick hinter die ~n werfen (*od.* tun) *fig.* to (get a) look behind the scenes, to see what is going on behind the scenes; das ist doch alles nur ~! *colloq. contempt.* that is nothing but a facade (*auch* façade) (*od.* a false front). – **2.** *fig.* (*Hintergrund*) background, *bes. Br.* back-cloth, *bes. Am.* backdrop. – **3.** *econ.* (*an der Börse*) outside (*od.* curb, *Br.* kerb, unofficial) market. – **4.** *tech.* a) (*einer Dampfmaschine etc*) slotted link, b) (*einer Werkzeugmaschine*) rocker arm, crank.

Ku'lis·sen|ˌma·ler *m* scene painter. — ~ˌ**schal·tung** *f auto.* gate-type gear control. — ~ˌ**schie·ber** *m* (*theater*) *colloq.* sceneshifter, *Br.* scene-shifter, *Am. auch* grip. — ~ˌ**steue·rung** *f tech.* Stephenson reversing gear.

Ku·lis·sier [kulɪ'sĭe:] *m* ⟨-s; -s⟩ *econ.* unofficial stock dealer, operator of the curb (*bes. Br.* kerb) market.

Kul·ler ['kʊlər] *f* ⟨-; -n⟩ *Eastern Middle G.* marble: mit ~n spielen to play marbles. — ~ˌ**au·gen** *pl colloq.* round eyes, popeyes (*colloq.*), saucer eyes: (große) ~ machen to open one's eyes wide in astonishment.

kul·lern ['kʊlərn] **I** *v/i* ⟨sein⟩ (*von Ball etc*) roll: dicke Tränen kullerten ihr über die Wangen large tears rolled down her cheeks. – **II** *v/reflex* ⟨h⟩ sich ~ roll (about, up), tumble (about): die Buben kullerten sich auf dem Rasen the boys rolled about on the lawn; sie kullerten sich vor Lachen *fig. colloq.* they split their sides (*od.* curled up) with laughing. – **III** *v/t* ⟨h⟩ roll.

'**Kul·lerˌpfir·sich** *m gastr.* peach in a glass of champagne.

Kulm[1] [kʊlm] *n* ⟨-(e)s; *no pl*⟩ *geol.* culm, *auch* culm measures *pl.*

Kulm[2] *m, n* ⟨-(e)s; -e⟩ rounded mountain (*od.* hill), *auch* knoll.

Kul·mi·na·ti·on [kʊlmina'tsĭo:n] *f* ⟨-; -en⟩ **1.** *astr.* culmination, southing. – **2.** *fig.* culmination, culminating point.

Kul·mi·na·ti'onsˌpunkt *m* **1.** *astr.* point of culmination, culmination point. – **2.** *fig.* culmination, culminating point, apex.

kul·mi·nie·ren [kʊlmi'ni:rən] *v/i* ⟨*no* ge-, h⟩ **1.** *astr.* culminate, transit, south. – **2.** *fig.* (in *dat* in) culminate, reach a peak. — **kul·mi'nie·rend I** *pres p.* – **II** *adj astr.* meridian, culminant.

Kult [kʊlt] *m* ⟨-(e)s; -e⟩ *relig.* cult: ein heidnischer ~ a heathen cult; einen ~ pflegen to preserve a cult; mit j-m wird ein richtiger ~ getrieben *fig.* a (real) cult is made (out) of s.o., s.o. is made an idol (*od.* the object of a cult); er treibt geradezu einen ~ mit seiner Briefmarkensammlung *fig.* his stamp collection is an obsession with him. — ~ˌ**bild** *n* cult idol. — ~-**geˌmein·schaft** *f* intercommunion. — ~**geˌrät** *n collect.* ritual objects *pl.* — ~ˌ**hand·lung** *f* act of worship.

'**kul·tisch** *adj relig.* (*Handlungen, Gegenstände etc*) cultic, ritual.

Kul·ti·va·tor [kʊlti'va:tər] *m* ⟨-s; -en [-va'to:rən]⟩ *agr.* cultivator, *Am. auch* scarifier, tormentor.

kul·ti'vier·bar *adj agr.* cultivable, *auch* cultivatable, tillable, growable. — **Kul·ti'vier·bar·keit** *f* ⟨-; *no pl*⟩ cultivability.

kul·ti·vie·ren [kʊlti'vi:rən] **I** *v/t* ⟨*no* ge-, h⟩ **1.** *agr.* a) (*Land, Boden*) cultivate, till, b) (*Brachland*) reclaim, c) (*Pflanzen etc*) cultivate. – **2.** *biol.* (*Bakterien*) cultivate, grow, culture. – **3.** *fig.* (*Sprache, Geschmack, Begabung etc*) cultivate, refine, improve. – **II K**~ *n* ⟨-s⟩ **4.** *verbal noun.* – **5.** *cf.* Kultivierung. — **kul·ti'viert I** *pp.* – **II** *adj* **1.** (*Geschmack, Sprache, Stimme, Atmosphäre etc*) cultivated, cultured, refined. – **2.** (*Mensch, Leben, Nation etc*) civilized *Br. auch* -s-. — **Kul·ti'viert·heit** *f* ⟨-; *no pl*⟩ culture, refinement. — **Kul·ti'vie·rung** *f* ⟨-; *no pl*⟩ **1.** *cf.* Kultivieren. – **2.** *agr.* a) (*des Bodens*) cultivation, tillage, b) (*von Pflanzen*) cultivation. – **3.** *biol.* (*von Bakterien*) cultivation. – **4.** *fig.* (*der Sprache, des Geschmacks etc*) cultivation, refinement, improvement.

'**Kult|mi,ni·ster** *m cf.* Kultusminister. — ~**mi·ni,ste·ri·um** *n cf.* Kultusministerium. — ~ˌ**schei·be** *f archeol.* sun disk. — ~ˌ**stät·te** *f* **1.** *relig.* place of worship (*od.*

adoration). – **2.** *archeol.* cult site. — **~ˌtän·ze** *pl* ritual dances.

Kul·tur [kʊlˈtuːr] *f* ⟨-; -en⟩ **1.** (*künstlerischer u. geistiger Entwicklungsstand*) culture: **die antike [griechische] ~** the antique [Greek] culture; **die ~ der Goethezeit** the culture at the time of Goethe; **primitive [niedere, höhere, verschollene] ~en** primitive [lower, higher, vanished] cultures. – **2.** (*sozialer Entwicklungsstand*) civilization *Br. auch* -s-: **die ~ des Abendlandes [der römischen Kaiserzeit]** (the) Western [Imperial Roman] civilization; **Natur und ~** nature and civilization; **~ ist das Gegenteil von Barbarei** civilization is the opposite of barbarism; **die großen ~en des Nahen Ostens** the great civilizations of the Middle (*od.* Near) East; **diese Gegend ist noch nicht von der ~ beleckt** *colloq.* this region is still untouched by civilization. – **3.** ⟨*only sg*⟩ (*Bildung, Gesittung*) culture, refinement: **ein Mann ohne ~** an uncultured man; **sie hat ~** she is cultured. – **4.** ⟨*only sg*⟩ (*der Sprache, des Wohnens etc*) cultivation, culture, refinement. – **5.** *agr.* a) (*des Bodens*) cultivation, tillage, b) (*von Pflanzen etc*) cultivation, growing, raising, c) (*auch forestry*) (*das Angebaute*) culture, nursery: **Land in ~ nehmen** to cultivate land; **die ~en eines Waldes** woodland nurseries. – **6.** *biol.* (*von Bakterien*) culture: **lebende ~** live culture.

Kulˈturˌabˌkom·men *n pol.* cultural agreement. — **~ˌabˌtei·lung** *f* cultural section (*od.* department). — **~ˌanˌeig·nung** *f psych.* intercultural borrowing, acculturation. — **~ˌar·beit** *f sociol.* cultural work (*od.* activities *pl*). — **~at·taˌché** *m pol.* cultural attaché. — **~ˌausˌtausch** *m* cultural exchange. — **~au·to·noˌmie** *f* (*einer Minderheit*) autonomy (*od.* independence) in cultural matters. — **~baˌnau·se, ~barˌbar** *m contempt.* person having no cultural interests, philistine, lowbrow (*colloq.*). — **~ˌbau** *m* ⟨-(e)s; *no pl*⟩ *econ.* land amelioration. — **~beˌflis·se·ne** *m, f* ⟨-n; -n⟩ advocate of culture, person with cultured interests. — **~ˌbeiˌla·ge** *f* (*einer Zeitung*) arts supplement. — **~ˌbeu·tel** *m* (*cosmetics*) toilet bag. — **~ˌbild** *n hist.* picture of cultural conditions, cultural picture. — **~ˌbo·den** *m* **1. uralter ~** site of an ancient civilization (*Br. auch* -s-); **deutscher ~** area (*od.* sphere) of German culture. – **2.** *agr.* cultivated (*od.* arable) land. – **3.** *biol.* culture medium. — **~ˌbrem·se** *f humor.* enemy of culture, philistine. — **~ˌdenkˌmal** *n* cultural monument.

kul·tu·rell [kʊltuˈrɛl] **I** *adj* (*Leben, Entwicklung, Einrichtung etc*) cultural: **diese Stadt bildet das ~e Zentrum des Landes** this town is the cultural center (*bes. Br.* centre) of the country. – **II** *adv* culturally: **~ hochstehend** on a high cultural level.

Kulˈturˈenˌsem·ble *n DDR* (cultural) ensemble presenting folklore. — **~epo·che** [-ʔeˌpɔxə] *f hist.* cultural epoch (*od.* period). — **~ˌer·be** *n* cultural heritage. — **k~ˌfä·hig** *adj cf.* **kultivierbar.** — **~ˌfak·tor** *m sociol.* cultural factor. — **k~ˌfeind·lich** *adj* hostile to culture, obscurant. — **~ˌfilm** *m* documentary, cultural (*od.* educational) film. — **~ˌflä·che** *f agr.* cultivated area. — **~ˌflüch·ter** *m* ⟨-s; -⟩ *zo. animal that does not survive in areas (developed and) cultivated by man.* — **~ˌfol·ger** *m* ⟨-s; -⟩ synanthropic animal (*animal which survives in areas [developed and] cultivated by man*). — **~ˌfonds** *m pol.* funds *pl* (from public resources) for cultural purposes. — **~ˌform** *f* **1.** *sociol.* culture pattern. – **2.** *bot. zo.* domestic variety (*od.* form, race). — **~funk·tioˌnär** *m DDR* cultural official. — **~geˌfäl·le** *n* difference in cultural level. — **~geo·graˌphie** *f* human geography. — **~geˌschich·te** *f* **1.** history of civilization (*Br. auch* -s-). – **2.** cultural history. — **k~geˌschicht·lich** *adj* **1.** of (*od.* relating to) the history of civilization (*Br. auch* -s-). – **2.** of (*od.* relating to) cultural history. — **~ˌgut** *n collect.* cultural assets *pl* (*od.* wealth, riches *pl*). — **~ˌhaus** *n* **1.** *DDR* (municipal) cultural (*od.* civic) center (*bes. Br.* centre). – **2.** *hort. cf.* **Gewächshaus.** — **~hiˌsto·ri·ker** *m* historian of civilization (*Br. auch* -s-). — **k~hiˌsto·risch** *adj* relating to the history of civilization (*Br. auch* -s-), cultural and historical: **~e Gebäude** historical buildings of cultural interest. — **~ˌho·heit** *f pol.* (*der Länder*) independence in educational and cultural matters. — **~ˌkampf** *m hist.* Kulturkampf (*phase of the struggle between Church and State under Bismarck 1872—1887*). — **~konˌflikt** *m sociol.* culture conflict. — **~ˌkreis** *m* **1.** culture area. – **2.** *anthrop.* culture group (*od.* complex), cultural complex. — **~kriˌtik** *f philos.* critique of civilization (*Br. auch* -s-). — **~ˌkun·de** *f ped.* study of the language, literature, and civilization (*Br. auch* -s-) of a nation. — **~ˌland** *n* **1.** *cf.* Kulturboden 1. – **2.** civilized (*Br. auch* -s-) country. — **~ˌland·schaft** *f* land (developed and) cultivated by man. — **~ˌle·ben** *n* cultural life.

kulˈtur·los *adj* uncultured, uncivilized *Br. auch* -s-. — **Kulˈtur·lo·sig·keit** *f* ⟨-; *no pl*⟩ lack of culture (*od.* refinement).

Kulˈturˌmensch *m* civilized (*Br. auch* -s-) man (*od.* human being). — **~ˌmerkˌmal** *n sociol.* culture trait. — **~miˌni·ster** *m DDR pol. for* **Kultusminister.** — **~mi·niˌste·ri·um** *n DDR pol. for* **Kultusministerium.** — **~ˌmit·telˌpunkt** *m* cultural center (*bes. Br.* centre). — **~mor·pho·loˌgie** *f* morphology of a cultural group (*od.* complex). — **~ˌnachˌrich·ten** *pl* cultural news *pl* (*construed as sg or pl*), information *sg* on cultural affairs. — **~pes·siˌmis·mus** *m philos.* pessimistic view of human civilization (*Br. auch* -s-). — **~ˌpflan·ze** *f bot.* cultivated plant, cultigen (*scient.*): **Pflanzen zu ~n machen** to domesticate plants. — **~phi·loˌsoph** *m* cultural philosopher. — **~phi·lo·soˌphie** *f* philosophy of culture. — **~po·liˌtik** *f* cultural (and educational) policy. — **k~poˌli·tisch** *adj* politico-cultural, of (*od.* relating to) cultural (and educational) policy. — **~ˌpreis** *m* cultural award. — **~ˌras·se** *f zo.* (*von Haustieren*) breed. — **~ˌraum** *m* culture area. — **~re·vo·lu·tiˌon** *f pol.* cultural revolution. — **~ˌschaf·fen·de** *m, f* ⟨-n; -n⟩ person engaged on the cultural sector. — **~ˌscha·le** *f biol.* culture plate. — **~ˌschan·de** *f* **1.** crime against civilization (*Br. auch* -s-), insult to culture. – **2.** *fig., auch humor.* insult to good taste. — **~ˌschicht** *f* **1.** level of culture. – **2.** *anthrop.* horizon. – **3.** *archeol.* culture level (*od.* stratum). — **~ˌspra·che** *f* cultural (*od.* civilized *Br. auch* -s-) language. — **~ˌstaat** *m pol.* civilized (*Br. auch* -s-) country (*od.* state). — **~ˌstät·te** *f* place of cultural interest. — **~ˌstep·pe** *f geogr.* steppe caused by excessive cultivation of the soil. — **~ˌströ·mung** *f* cultural current. — **~ˌstu·fe** *f* cultural level, stage of culture (*od.* civilization *Br. auch* -s-): **auf niederer ~ stehend** primitive. — **~subˌstrat** *n biol.* culture medium. — **~ˌträ·ger** *m* **1.** upholder (*od.* supporter) of civilization (*Br. auch* -s-): **im Mittelalter waren die Klöster wichtige ~** in the Middle Ages the monasteries were important upholders of civilization. – **2.** vehicle (*od.* medium) of culture: **das Fernsehen entwickelte sich zu einem wichtigen ~** television has developed into an important vehicle of culture. — **~verˌfall** *m* decadence, decay of civilization (*Br. auch* -s-). — **~ˌvolk** *n* (highly) civilized (*Br. auch* -s-) (*od.* cultured) nation (*od.* people). — **~ˌwan·del** *m* cultural change. — **~ˌwelt** *f* civilized (*Br. auch* -s-) world, civilization *Br. auch* -s-: **die westliche ~** western civilization. — **~ˌzen·trum** *n* center (*bes. Br.* centre) of culture (*od.* cultural life), cultural center (*bes. Br.* centre).

Kul·tus [ˈkʊltʊs] *m* ⟨-; Kulte⟩ *cf.* **Kult.** — **~ˌfrei·heit** *f* freedom of religious belief (*od.* worship). — **~geˌmein·de** *f* religious community. — **~miˌni·ster** *m pol.* (*eines Bundeslandes*) Minister of Culture, Education and Church Affairs. — **~mi·niˌste·ri·um** *n* Ministry of Culture, Education and Church Affairs.

ˈKultˌwa·gen *m archeol.* ritual chariot.

ku·mä·isch [kuˈmɛːɪʃ] *adj* Cumean.

Ku·ma·ne [kuˈmaːnə] *m* ⟨-n; -n⟩ *hist.* Cuman, *auch* Coman, Kuman.

Ku·ma·rin [kumaˈriːn] *n* ⟨-s; *no pl*⟩ *chem. cf.* **Cumarin.**

Ku·ma·ron [kumaˈroːn] *n* ⟨-s; *no pl*⟩ *chem. cf.* **Cumaron.** — **~ˌharz** *n* coumarone(-indene) resin, *auch* paracoumarone-indene resin.

kum·brisch [ˈkʊmbrɪʃ] *adj geogr.* Cumbrian.

Kum·me [ˈkʊmə] *f* ⟨-; -n⟩ *Low G.* **1.** bowl. – **2.** (*Trog*) trough.

Küm·mel [ˈkʏməl] *m* ⟨-s; -⟩ **1.** ⟨*only sg*⟩ (*Gewürz*) caraway, *auch* carraway, caraway seeds *pl, Br.* caraway-seeds *pl.* – **2.** *bot.* (**Gemeiner**) **~** caraway, *auch* carraway (*Carum carvi*); **Römischer ~** cumin (*Cuminum cyminum*); **Westamerikanischer ~** yamp, *auch* squawroot (*Carum gairdneri od. C. kelloggii*). – **3.** *short for* **Kümmelbranntwein.** — **~ˌblätt·chen** *n* (*games*) three-card trick. — **~ˌbranntˌwein** *m* kümmel. — **~ˌbrot** *n* rye bread with caraway (seeds). — **~ˌkä·se** *m* caraway cheese. — **~ˌkorn** *n* caraway seed, *Br.* caraway-seed. — **~ˌku·chen** *m* seedcake. — **~ˌmot·te** *f zo.* carrot-blossom moth (*Depressaria nervosa*).

küm·meln [ˈkʏməln] *colloq.* **I** *v/i* ⟨h⟩ **1.** (*Schnaps trinken*) tipple: **er kümmelt gern** he is a tippler. – **II** *v/t* **2.** season (*s.th.*) with caraway. – **3. einen ~** to have a shot (*od.* noggin), to knock one back.

ˈKüm·melˌöl *n* caraway oil. — **~ˌschnaps** *m* kümmel. — **~ˌtür·ke** *m humor.* (*in Wendungen wie*) **so ein ~!** what a fool! **du bist vielleicht ein ~!** you are a bright one, aren't you? **schuften [rennen] wie ein ~** *colloq.* to work [to run] like mad (*colloq.*).

Kum·mer [ˈkʊmər] *m* ⟨-s; *no pl*⟩ **1.** grief, sorrow, heartache, (*stärker*) affliction: **unsäglicher ~** speechless grief; **geheimer ~** secret grief, inward sorrow; **~ und Sorge** grief and sorrow; **vor ~ vergehen** to languish with grief, to pine away; **aus** (*od.* **vor**) **~ sterben** to die of grief; **sich (schweigend) in ~ verzehren** to be consumed by (*od.* with) grief, to eat one's heart out; **vom ~ gebeugt** bowed down with grief; **sie trug ihren ~ in Geduld** she bore her affliction with patience; → **ersäufen.** – **2.** (*Sorge, Verdruß*) trouble, worry, (*stärker*) distress: **familiärer ~** family trouble(s *pl*); **mit j-m ~ haben** a) to have trouble with s.o., b) to worry (*od.* be concerned) about s.o.; **sich um j-n ~ machen** to worry (*od.* be concerned) about s.o.; **er macht** (*od.* **bereitet**) **seinen Eltern viel ~** he causes (*od.* gives) his parents a lot of worry, he causes his parents great distress; **meine Haut macht mir ~** my skin is one of my problems, my skin is a problem to me; **sie haben viel ~ mit ihrem neuen Haus** they have a lot of trouble (*od.* bother) with their new house; **wir sind ~ gewöhnt** *colloq.* we're used to trouble; **das [das Geld] ist mein geringster ~** that [money] is the least of my troubles (*od.* problems). – **3.** (*Bedauern*) sorrow, regret: **zu meinem großen** (*od.* **sehr zu meinem**) **~ kann ich nicht kommen** to my great sorrow (*od.* much to my regret) I am unable to come.

ˈKüm·me·rer *m* ⟨-s; -⟩ **1.** *zo.* runt, *Am. auch* scalawag, scallywag. – **2.** *bot.* dwarf. – **3.** *hunt.* buck (*od.* stag) with stunted antlers. – **4.** *cf.* **Kümmerling** 1.

ˈküm·mer·lich I *adj* **1.** (*Verhältnisse, Leben, Dasein etc*) miserable, wretched: **seine ~en Habseligkeiten** his few miserable possessions; **eine ~e Behausung** a wretched dwelling, a hovel. – **2.** (*Lohn, Mahlzeit, Beute etc*) paltry, meager, *bes. Br.* meagre, scant(y), 'measly' (*colloq.*): **ein ~er Rest** a) (*von Vorräten*) scant residues *pl*, b) (*von Essen*) few leftovers *pl* (*od.* scraps *pl*). – **3.** (*Versuch etc*) weak, pitiable. – **4.** (*Vegetation etc*) scrubby, sparse. – **5.** (*Pflanze*) stunted, dwarfish. – **6.** (*Tier*) stunted, runty, undersized. – **7.** (*Gestalt, Person*) puny, (*bemitleidenswert*) *auch* pitiable, pitiful, pathetic. – **II** *adv* **8. ~ leben** to live a life of privation; **sich ~ ernähren** to live on a meager (*od.* scanty) diet; **sich ~ durchs Leben bringen, sich ~ durchschlagen** to eke out a bare existence.

ˈKüm·mer·ling *m* ⟨-s; -e⟩ **1.** *contempt.* sickly (*od.* weak) person, weakling, shrimp. – **2.** *cf.* **Kümmerer** 1, 2.

küm·mern [ˈkʏmərn] **I** *v/reflex* ⟨h⟩ **sich ~ um 1.** look after, take care of, mind: **wer wird sich um die Kinder ~?** who will look after (*od.* mind) the children? **ich muß mich um alles ~** I am the one who has to look after (*od.* attend to) everything; **sie mußte sich ums Geschäft ~** she had to mind the shop; **sie kümmert sich um den Haushalt** she looks after the household, she does the housework; **du mußt dich mal um ihn ~**

you must invite or visit him sometime; sie kümmert sich nicht um ihre Mutter she neglects her mother. – 2. (*sich befassen*) see to, see about, do s.th. about, attend to: er versprach, sich um die Sache zu ~ he promised to see about the matter; ich muß mich mal um ein Geschenk ~ I must do s.th. about getting a present, I must try and get a present. – 3. (*sich Gedanken machen*) care about, trouble (*od.* worry) about, be concerned about, mind: ich kümmere mich nicht um Politik I don't worry about politics, I am not interested in politics; kümmere dich nicht drum! never mind! don't worry about it! ich kümmere mich nicht darum I don't worry about that, that is of no concern to me (*od.* no concern of mine); sich den Teufel um etwas ~ *colloq.* to let things go hang (*colloq.*); er kümmert sich nicht einen Pfifferling darum *colloq.* he doesn't care a pin (*od.* straw, damn) (*colloq.*); → Angelegenheit 1; Dreck 5; Ei 2. – 4. (*Notiz nehmen von*) pay attention to, take notice of: er kümmerte sich gar nicht um uns he took no notice of us; er kümmert sich nicht darum, was seine Mutter sagt he doesn't pay attention to what his mother says. – 5. (*beachten*) regard, pay regard to. – II *v/t* 6. was kümmert's mich? what do I care? what is that to me? I should worry (*colloq.*); was kümmert mich ihr Geschwätz? what should I care if they gossip? – 7. etwas kümmert j-n nicht a) (*betreffen*) s.th. doesn't concern (*od.* regard) s.o., b) (*bekümmern*) s.o. doesn't care about s.th., s.th. doesn't trouble (*od.* worry) s.o.: die Kälte kümmerte sie wenig they cared little about the cold. – III *v/i* 8. (*von Pflanze*) become stunted. – 9. *hunt.* (*von Wild*) be stunted, suffer from hunger in wintertime. – 10. *fig.* (*kümmerlich leben*) live in dire straits.

'Küm·mer·nis *f* ⟨-; -se⟩ 1. *lit.* grief, sorrow, care. – 2. *pl* worries, vexations, troubles: die kleinen ~se des Lebens the little vexations of life; die zahllosen ~se des Lebens the thousand and one worries of life.

'Kum·mer|,speck *m humor. colloq.* overweight caused by eating due to worries: sie hat ganz schön ~ angesetzt she has put on a lot of weight through overeating caused by worry. — **k~,voll I** *adj* 1. (*Blick etc*) sorrowful, sad, grievous. – 2. (*Gesicht*) sad, care-marked, woebegone. – II *adv* 3. j-n ~ ansehen to look at s.o. sadly.

Kum·met ['kumət] *n* ⟨-s; -e⟩ *agr.* horse collar. — **~ge,schirr** *n* collar harness, *Br.* collar-harness. — **~,rie·men** *m* 1. (*zur Verbindung des Kummets mit der Deichsel*) pole piece. – 2. (*am Pferdegeschirr*) breast strap.

Ku·mol [ku'mo:l] *n* ⟨-s; *no pl*⟩ *chem. cf.* Cumol.

Kum·pan [kum'pa:n] *m* ⟨-s; -e⟩ *colloq.* 1. companion; crony, chum, pal (*colloq.*), *Am. colloq.* buddy: ein treuer ~ a good old pal, *Am. sl.* an asshole buddy. – 2. (*Helfershelfer*) accomplice, helper. – 3. *contempt.* (*Kerl*) fellow, chap, *Am. colloq.* guy. — **Kum·pa'nei** [-pa'naı] *f* ⟨-; -en⟩ *colloq.* 1. *often contempt.* set (*od.* clique) of companions, crowd. – 2. ⟨*only sg*⟩ companionship, camaraderie.

Kum·pel ['kumpəl] *m* ⟨-s; - *u.* -s, *Austrian* -n⟩ 1. (*mining*) miner, pitman, collier. – 2. *colloq.* (work)mate, fellow worker. – 3. *colloq. cf.* Kumpan 1.

küm·peln ['kʏmpəln] *v/t* ⟨h⟩ *metall.* 1. (*Kesselböden etc*) dish, cup. – 2. flange. — **'Küm·pel,pres·se** *f* flanging press.

Kum·quat ['kumkvat] *f* ⟨-; -s⟩ *bot.* kumquat, *auch* cumquat (*Fortunella japonica*).

Kumt [kumt] *n* ⟨-(e)s; -e⟩ *agr. cf.* Kummet.

Ku·mu·la·ti·on [kumula'tsĭo:n] *f* ⟨-; -en⟩ *cf.* Kumulierung.

ku·mu·la·tiv [kumula'ti:f] *adj* cumulative.

ku·mu·lie·ren [kumu'li:rən] **I** *v/t* ⟨h⟩ 1. *bes. pol.* accumulate, cumulate: die Wähler kumulierten die meisten Stimmen auf den Kandidaten X (the) candidate X accumulated most of the electors' votes, most voters plumped for (the) candidate X. – II *v/i* 2. accumulate. – 3. *pol.* (*bei der Wahl*) cumulate votes. – III *v/reflex* sich ~ 4. accumulate. – IV **K~** *n* ⟨-s⟩ 5. *verbal noun.* — **ku·mu'lie·rend I** *pres p.* – II *adj* (*Bibliographie*) cumulative. — **Ku·mu'lie·rung** *f* ⟨-; -en⟩ 1. *cf.* Kumulieren. – 2. accumulation, cumulation. – 3. (*von Ämtern etc*) plurality.

Ku·mu'lie·rungs·sy,stem *n pol.* (*bei Wahlen*) cumulative voting.

Ku·mu·lo·nim·bus [kumulo'nımbus] *m meteor.* thundercloud, cumulonimbus (*scient.*).

Ku·mu·lus ['ku:mulus] *m* ⟨-; -li [-li]⟩ *meteor.* cumulus (cloud). — **k~,för·mig** *adj* cumuliform. — **~,wol·ke** *f cf.* Kumulus.

Ku·mys ['ku:mʏs; ku'mʏs], *auch* **Ku·myß** ['ku:mʏs; ku'mʏs] *m* ⟨-; *no pl*⟩ (*gegorene Stutenmilch*) k(o)umiss, kumys(s).

kund [kunt] *adj* ⟨*pred*⟩ *obs. od. poet.* ~ und zu wissen sei, daß (*in Urkunden*) note that; j-m etwas ~ und zu wissen tun *bes. iron.* to make s.th. known to s.o.; es war allen ~, daß it was known to all that.

'künd·bar *adj* 1. terminable: der Vertrag ist ~ bis the contract is terminable (*od.* can be terminated) up to. – 2. (*Mietvertrag etc*) subject to notice: jeder Angestellte ist ~ the employment of every employee is subject to notice; ich bin jederzeit ~ I can be given notice at any time; beidseitig ~ subject to bilateral notice; die Wohnung ist jährlich ~ the tenancy of the flat is subject to annual notice. – 3. *econ.* subject to notice, callable, at notice, redeemable: ~e Anleihe redeemable loan; ~es Darlehen loan at notice; jederzeit ~es Darlehen [Geld] callable (*od.* call) loan [money], loan [money] at call; ~e Obligationen redeemable bonds, *Am.* optional bonds. — **'Künd·bar·keit** *f* ⟨-; *no pl*⟩ 1. terminableness. – 2. liability to notice.

Kun·de[1] ['kundə] *m* ⟨-n; -n⟩ 1. customer, client, patron: er ist ein alter (*od.* langjähriger) ~ von uns he is a long-standing customer of ours; Dienst am ~n service (*od.* attendance) to the customer; einen ~ bedienen to serve a customer; bei uns ist der ~ König with us the customer is the boss; j-m (*od.* j-s) ~n abspenstig machen to entice away (*od.* steal) s.o.'s customers; ~n anlocken to attract (*od.* lure, entice) customers; (neue) ~n werben to solicit new customers, to canvass; ein fester Stamm (*od.* Kreis) von ~n (a body of) regular customers. – 2. *contempt.* 'customer' (*colloq.*): ein komischer [unangenehmer] ~ a queer [an awkward] customer; übler ~ nasty (*od.* ugly) customer, bad lot (*colloq.*) (*od. colloq.* egg, *Br. sl.* hat). – 3. *obs. for* Landstreicher 1.

'Kun·de[2] *f* ⟨-; -n⟩ *lit.* 1. news *pl* (*construed as sg or pl*), tidings *pl* (*lit.*): er brachte gute [schlimme, frohe] ~ he brought good [bad, glad] tidings; j-m ~ von etwas geben (*od.* bringen) a) to bring s.o. news of s.th., b) to inform s.o. of s.th. – 2. (*Kenntnis*) knowledge, intelligence: heimliche ~ von etwas [j-m] haben to have secret intelligence about s.th. [s.o.]. – 3. (*Zeugnis*) witness: die Ruinen geben ~ von einer alten Kultur the ruins bear witness to an ancient culture.

kün·den ['kʏndən] *obs. od. poet.* **I** *v/i* ⟨h⟩ von etwas ~ a) to announce (*od.* herald) s.th., b) to bear witness to s.th., to tell of s.th.: diese Ereignisse ~ von einer neuen Epoche these events herald a new epoch; die Bilder ~ von ihren Taten the pictures tell of their deeds. – II *v/t* j-m etwas ~ to tell (*od.* inform) s.o. of s.th.

'Kun·den|be,ra·tung *f econ.* 1. (*als Dienstleistung*) customer advisory service. – 2. (*als Abteilung*) customer advisory office (*od.* department). — **~be,ra·tungs,dienst** *m* customer advisory service. — **~be,such** *m* call on a customer (*od.* client): ~e machen to pay calls on customers, to visit customers. — **~,dienst** *m* 1. service (to the customer), customer service: die Montage gehört zum ~ the mounting is part of the service provided. – 2. after-sales service: der ~ der Firma ist sehr gut the after-sales service of the firm is very good. – 3. (routine) servicing: ich muß mein Auto zum ~ bringen I must bring my car in for (routine) servicing. — **~,fang** *m contempt.* canvassing, hunting for customers: auf ~ ausgehen to go hunting for customers. — **~ge,schäft** *n* 1. (*an der Bank*) business done for customers. – 2. (*an der Börse*) transaction for customer's account. — **~kar,tei** *f* list of customers. — **~kre,dit** *m* consumer credit. — **~,kreis** *m* circle (*od.* range, body) of customers, clientele, (*eines Vertreters*) connection, *Br. auch* connexion: fester ~ *cf.* Kundenstamm. — **~,stamm** *m* ⟨-(e)s; *no pl*⟩ (body of) regular customers *pl*, regular clientele. — **~,wer·bung** *f* canvassing, soliciting of customers. — **~,zeit,schrift** *f* shoppers' magazine.

'Kün·der *m* ⟨-s; -⟩ *lit. od. poet.* 1. prophet. – 2. *fig.* herald, harbinger: die Schneeglöckchen sind ~ des Frühlings the snowdrops are (the) heralds of spring.

'Kund,ga·be *f* ⟨-; *no pl*⟩ *obs. od lit.* (*einer Verordnung etc*) (public) announcement, (*feierliche*) *auch* proclamation, promulgation.

'kund,ge·ben *obs. od. lit. v/t* ⟨*irr, sep,* -ge-, h⟩ 1. (*Absicht, Meinung etc*) make (*s.th.*) known, declare, express. – 2. (*Verordnung etc*) announce (*s.th.*) to the public, (*feierlich*) *auch* proclaim, promulgate.

'Kund,ge·bung *f* ⟨-; -en⟩ 1. *bes. pol.* a) meeting, rally, b) demonstration: auf einer ~ sprechen to speak at a meeting; an einer ~ teilnehmen to take part in a demonstration. – 2. *archaic* (*Bekanntmachung*) (public) announcement.

'kun·dig *adj lit.* 1. (*Arzt, Bergführer etc*) expert, experienced: ich vertraute mich seiner ~en Führung an I relied on his expert guidance. – 2. einer Sache ~ sein to have (a) thorough knowledge of s.th.: des Lesens und Schreibens ~ able to read and write; er ist des Englischen ~ he has a good knowledge of English; wir waren des Weges nicht ~ we did not know the way. – 3. well-informed (*attrib*).

kün·di·gen ['kʏndıgən] **I** *v/t* ⟨h⟩ 1. give notice: j-m die Wohnung ~ to give s.o. notice to vacate (*od.* leave, quit); die Wohnung ~ to give notice of one's intention to leave; er hat uns die Wohnung gekündigt he told us we had to move (out) (*od.* leave); die Arbeit ~ to give notice to terminate work, to quit one's job. – 2. (*entlassen*) dismiss, discharge, remove from office: er wurde fristlos gekündigt he was dismissed without notice. – 3. *econ.* a) (*Anleihe, Hypothek etc*) call in, b) (*Einlage*) give notice of withdrawal, c) (*Versicherung*) give notice of cancel(l)ation. – 4. *econ. pol.* a) (*Vertrag etc*) cancel, b) (*Abkommen etc*) denounce. – 5. *fig.* (*Freundschaft etc*) break up: j-m die Freundschaft ~ to break up (*od.* off) a friendship with s.o.; j-m den Gehorsam ~ to refuse to obey s.o. any longer, to refuse s.o. further obedience. – II *v/i* 6. give notice, (*von Angestellten*) *auch* resign: j-m mit dreimonatiger Frist ~ to give s.o. three months' (*od.* 90 days') notice; j-m ~ (*von Vermieter*) to give s.o. notice to vacate (*od.* leave, quit); uns ist gekündigt worden (*vom Vermieter*) we are under notice to leave; die Köchin hat uns gekündigt the cook has given us notice; j-m fristlos ~ to dismiss s.o. summarily, to sack s.o. on the spot (*colloq.*); j-m zum 1. April ~ to give s.o. notice for the 1st of April; wir haben unserem Mädchen gekündigt we have given notice to our maid. – III **K~** *n* ⟨-s⟩ 7. *verbal noun.*

'Kün·di·gung *f* ⟨-; -en⟩ 1. notice: ~ eines Arbeitsverhältnisses notice of termination of employment, (*durch einen Angestellten*) *auch* resignation; ~ einer Wohnung a) notice of one's intention to leave, b) notice to vacate (*od.* leave, quit); dreimonatige ~ three months' (*od.* 90 days') notice; einseitige ~ arbitrary (*od.* one-sided) notice; rechtzeitige und ordnungsgemäße ~ due and proper notice; j-m die ~ aussprechen to give s.o. notice; seine ~ einreichen to send in (*od.* hand in) one's notice, to give notice; seine ~ erhalten to receive notice. – 2. (*Entlassung*) dismissal, discharge, removal from office: er muß mit seiner ~ rechnen he has to reckon with his dismissal; fristlose ~ dismissal without notice. – 3. a) (*einer Anleihe, Hypothek etc*) calling in, b) (*einer Einlage*) notice of withdrawal, c) (*einer Versicherung*) notice of cancel(l)ation: Geld mit täglicher ~ call money, money at call. – 4. *econ. pol.* a) (*eines Vertrages*) cancel(l)ation, b) (*eines Abkommens etc*) denunciation.

'Kün·di·gungs|,frist *f* period (*od.* term) of notice: unter Einhaltung einer ~ von in compliance with a term of notice of; **bei einer vierteljährlichen** ~ with a three months' (*od.* 90 days') notice; **Anstellung mit vierteljährlicher** ~ employment with quarterly notice; **eine** ~ **einhalten** to observe (*od.* comply with) a term of notice. — ~ˌ**geld** *n econ.* deposit at notice, *Am.* time deposit. — ~ˌ**grund** *m* ground(s *pl*) (*od.* reason) for giving notice. — ~ˌ**klau·sel** *f* clause of denunciation, cancel(l)ation clause. — ~ˌ**recht** *n* right to give notice: **das** ~ **für etwas haben** to have the right to give notice to terminate s.th. — ~ˌ**schrei·ben** *n* **1.** (*einer Firma*) (written) notice of termination of employment. – **2.** (*eines Arbeitnehmers*) letter of resignation. — ~ˌ**schutz** *m jur.* employees' protection against summary (*od.* unlawful) dismissal. — ~**terˌmin** *m* last date for giving notice.

'**Kun·din** *f* ⟨-; -nen⟩ (woman) customer (*od.* client).

'**kundˌma·chen I** *v/t* ⟨*sep*, -ge-, h⟩ **1.** *obs. od. lit. cf.* kundgeben 1. – **2.** *bes. Austrian for* kundgeben 2. – **II K**~ *n* ⟨-s⟩ **3.** *verbal noun.* — '**Kundˌma·chung** *f* ⟨-; -en⟩ **1.** *cf.* Kundmachen. – **2.** *bes. Austrian and Swiss* public announcement.

'**Kundˌsa·me** *f* ⟨-; -n⟩ *Swiss for* Kundschaft[1] *u.* [2].

'**Kund·schaft**[1] *f* ⟨-; *no pl*⟩ **1.** ⟨*only sg*⟩ *collect.* customers *pl*, clients *pl*, patrons *pl*, clientele, (*eines Vertreters*) *auch* connection, *Br. auch* connexion: **feste** ~ regular customers; **viel** (*od.* **große**) ~ **haben** to have many customers, to have a large clientele; **er gehört zu unserer alten** ~ he is a long-standing customer of ours. – **2.** ⟨*only sg*⟩ custom, patronage: **wir würden Ihre werte** ~ **sehr schätzen** we should very much appreciate your patronage. – **3.** *colloq.* customer.

'**Kund·schaft**[2] *f* ⟨-; *no pl*⟩ **1.** (*Erkundung*) reconnaissance: **auf** ~ **ausgehen** to go reconnoit(e)ring. – **2.** *obs. for* Kunde[2].

'**kund·schaf·ten** *v/i* ⟨h⟩ *obs., bes. mil.* reconnoiter, *bes. Br.* reconnoitre, scout. — '**Kund·schaf·ter** *m* ⟨-s; -⟩ reconnoiterer, *bes. Br.* reconnoitrer, feeler, scout.

'**kundˌtun I** *v/t* ⟨*irr, sep*, -ge-, h⟩ *obs. od. lit.* **1.** *cf.* kundgeben. – **2.** j-m etwas ~ to make s.th. known to s.o., (*Absicht etc*) *auch* to intimate s.th. to s.o., (*Nachricht etc*) *auch* to impart s.th. to s.o. – **II** *v/reflex* **sich** ~ **3.** reveal (*od.* show) itself: **ihr Ärger tat sich in ihrem Blick kund** her annoyance showed (itself) in her looks.

'**kundˌwer·den** *v/i* ⟨*irr, sep*, -ge-, sein⟩ *poet.* come to knowledge (*od.* notice), become known (*od.* public).

ku·nei·form [kuneiˈfɔrm] *adj* (*keilförmig*) cuneiform.

Kü·net·te [kyˈnɛtə] *f* ⟨-; -n⟩ *civ.eng.* **1.** (*Abflußgraben*) drain, (drainage) ditch. – **2.** (*eines Festungsgrabens*) cunette.

künf·tig [ˈkʏnftɪç] **I** *adj* ⟨*attrib*⟩ **1.** future, coming, prospective: **seine** ~**e Frau** his future wife, his intended (*colloq.*); ~**e Jahre** [**Generationen**] coming years [generations]; **die** ~**e politische Entwicklung** political developments *pl* to come; **sein** ~**er Partner** [**Schwiegersohn**] his prospective partner [son-in-law]; **meine** ~**e Braut** my prospective bride. – **2.** (*nächst*) next: **in diesem und im** ~**en Leben** in this life and in the next (*od.* and hereafter). – **II** *adv* **3.** in future, from now (*od.* this time) on, henceforth, henceforward, hereafter: **passen Sie** ~ **besser auf!** mind what you do in future! ~ **erscheinende Bücher** forthcoming books.

'**künf·tig'hin** *adv cf.* künftig II.

Ku·ni'gun·denˌkraut [kuniˈgʊndən-] *n bot.* hemp agrimony (*Eupatorium cannabinum*).

Kun·kel [ˈkʊŋkəl] *f* ⟨-; -n⟩ *Southern and Western G. dial. for* Spinnrocken. — ~ˌ**le·hen** *n hist.* apron-string tenure (*od.* hold) (*fief that passes to the female descendants upon the extinction of the male line*). — ~ˌ**stu·be** *f obs. for* Spinnstube.

Kunk·ta·tor [kʊŋkˈtaːtɔr] *m* ⟨-s; -en [-taˈtoːrən]⟩ *lit.* (*Zauderer*) cunctator, procrastinator.

Kunst [kʊnst] *f* ⟨-; ⸗e⟩ **1.** art: **die abstrakte** [**moderne, primitive, realistische**] ~ abstract [modern, primitive, realistic] art; **angewandte** ~ applied art; **die bildende** ~ visual (*auch* fine) art(s *pl*); **die schönen Künste** the fine arts, beaux arts (*lit.*); **die** (**Sieben**) **Freien Künste** the (seven) liberal arts; **die Schwarze** ~ a) black art (*od.* magic), necromancy, b) the printer's craft; **dieses Gemälde ist große** ~ this painting is great art; **die** ~ **fördern** [**verehren**] to promote [to admire] art; ~ **geht nach Brot** (*Sprichwort*) art goes a-begging (*proverb*); → **darstellend** 3. – **2.** *collect.* (*Kunstwerke*) (works *pl* of) art: **die** ~ **des Altertums** [**Mittelalters**] the art of antiquity [the Middle Ages]; **die** ~ **der Gegenwart** contemporary art, art of the present day. – **3.** (*Kunstfertigkeit*) art, skill: **die** ~ **des Fechtens** [**Reitens**] the art (*od.* science) of fencing [riding]; **die** ~ **des Vortrags** [**Schweigens**] the art of rhetoric [of being silent]; **die** ~ **zu lesen** the art of reading; **das ist eine brotlose** ~ that is an unprofitable art (*od.* occupation), there is no money in that; **seine** ~ **an** (*dat*) **etwas versuchen** to try one's hand (*od.* skill) at s.th., to have a try at s.th.; **daran kannst du deine** ~ **beweisen** you can prove your skill (*od.* craft) on (*od.* by, at) that; **hier ist alle ärztliche** ~ **vergeblich** here all medical skill is in vain; **er betrog mich nach allen Regeln der** ~ he swindled me left, right and center (*bes. Br.* centre); **sie lügt nach allen Regeln der** ~ she lies like the devil; **das ist keine** ~ *colloq.* there's nothing to it, that's simple (*od.* easy); **was macht die** ~? *fig. colloq.* a) how are things going? b) how is life? **ich bin mit meiner** ~ **am Ende** *fig. colloq.* I am at my wit's end, I am at the end of my tether; ~ **bringt Gunst** (*Sprichwort*) skill brings favo(u)r; → **edel** 12. – **4.** *meist pl* (*Schliche*) art, artifice, wile, trick, guile: **alle Künste der Intrige** [**Verführung**] **spielen lassen** to use all one's wiles in intriguing [seducing]; **weibliche Künste** female guile *sg.* – **5.** (*Kunststück*) trick: **allerlei Künste vorführen** a) to do all kinds of tricks, b) (*mit Karten etc*) to show all kinds of tricks; **die ganze** ~ **besteht darin, daß man schweigt** the whole trick is to be silent. – **6. das ist nur** ~ *colloq.* that's only a fake, that's just artificial.

'**Kunst|aka·de·mie** *f* academy (*od.* college) of art, art college. — ~**auk·tiˌon** *f* art auction (sale). — ~ˌ**ausˌdruck** *m* **1.** (*Fachausdruck*) technical term. – **2.** art term (*od.* expression, phrase). — ~ˌ**ausˌstel·lung** *f* art exhibition. — ~**baˌnau·se** *m colloq.* lowbrow (*colloq.*), philistine. — ~ˌ**bau** *m* ⟨-(e)s; -ten⟩ *civ.eng.* (*Tunnel, Damm etc*) constructional work, structure. — **k**~**beˌflis·sen I** *adj* keenly interested in art (*od.* the arts). – **II** *adv* **er tat sehr** ~ he feigned great interest in art. — **k**~**beˌgabt** *adj* artistic. — **k**~**beˌgei·stert** *adj* enthusiastic about art (*od.* the arts). — ~**beˌgei·ste·rung** *f* enthusiasm for art (*od.* the arts). — ~ˌ**beiˌla·ge** *f* (*einer Zeitung, Zeitschrift*) art supplement. — ~**beˌsitz** *m* art possessions *pl.* — ~**beˌtrach·tung** *f* **1.** ⟨*only sg*⟩ appreciation of art. – **2.** *pl* critique *sg* of art, reflections (*Br. auch* reflexions) on art. — ~**beˌtrieb** *m* ⟨-(e)s; *no pl*⟩ *oft contempt.* cultural activity. — ~ˌ**blatt** *n* (art) print (*od.* reproduction). — ~ˌ**blu·me** *f* artificial flower. — ~ˌ**bron·ze** *f metall.* art bronze. — ~ˌ**buch** *n* art book. — ~ˌ**darm** *m* (*als Wursthaut*) (artificial) sausage skin. — ~ˌ**denkˌmal** *n* monument of art, art monument: **die deutschen Kunstdenkmäler** the monuments of German art.

'**Kunstˌdruck** *m* ⟨-(e)s; -e⟩ **1.** ⟨*only sg*⟩ *print.* high-quality art printing. – **2.** *cf.* Kunstblatt. — ~**paˌpier** *n* (*paper*) coated (*od.* loaded, *Br. auch* art) paper, (*bes. für Farbdruck*) chromo paper.

'**Kunst|ˌdün·ger** *m agr.* chemical (*od.* artificial) fertilizer (*Br. auch* -s-). — ~ˌ**ei·fer** *m* zeal for art (*od.* the arts).

'**Kunstˌeis** *n* artificial ice. — ~ˌ**bahn** *f* artificially frozen rink.

Kün·ste'lei *f* ⟨-; -en⟩ **1.** (*im Benehmen*) affectation, affected ways *pl.* – **2.** ⟨*only sg*⟩ (*im Stil etc*) artificiality, mannerism.

kün·steln [ˈkʏnstəln] *obs. od. poet.* **I** *v/i* ⟨h⟩ behave in an affected (*od.* unnatural) way. – **II** *v/t rare* (*Unbefangenheit etc*) feign, affect.

'**Kunst|er·zeug·nis** *n* **1.** work of art, (*bes. kunstgewerbliches*) handicraft (article). – **2.** (*künstliches Erzeugnis*) artificial (*od.* synthetic) product. — ~**erˌzie·hung** *f* **1.** art education. – **2.** (*Schulfach*) art. — ~**exˌper·te** *m cf.* Kunstsachverständige. — ~ˌ**fah·ren** *n* (*sport*) trick cycling. — ~ˌ**fah·rer** *m* trick cyclist. — ~ˌ**fäl·schung** *f* (*art*) falsification of a work of art, art forgery. — ~ˌ**fa·ser** *f synth.* synthetic (*od.* man-made) fiber (*bes. Br.* fibre). — ~ˌ**feh·ler** *m bes. med.* (*eines Arztes etc*) malpractice.

'**kunstˌfer·tig I** *adj* (artistically *od.* technically) skilled (*od.* skilful, *bes. Am.* skillful). – **II** *adv cf.* kunstgerecht II. — '**Kunstˌfer·tig·keit** *f* ⟨-; *no pl*⟩ (artistic *od.* technical) skill (*od.* skilfulness, *bes. Am.* skillfulness), artistry: **sie hat eine große** ~ **im Stricken** she has great skill in knitting.

'**Kunst|ˌflie·gen** *n aer.* aerobatic (*od.* stunt) flying, aerobatics *pl* (*construed as sg*). — ~ˌ**flie·ger** *m* stunter, stunt pilot.

'**Kunstˌflug** *m* **1.** ⟨*only sg*⟩ *cf.* Kunstfliegen. – **2.** aerobatic (*od.* stunt) flight. — ~**fiˌgur** *f* aerobatic man(o)euver (*bes. Br.* manœuvre), aerobatic figure. — ~ˌ**staf·fel** *f* **1.** aerobatic squadron. – **2.** aerobatic team.

'**Kunst|ˌform** *f* (*art, literature*) art(istic) form. — ~ˌ**freund** *m* **1.** lover of art. – **2.** (*Mäzen*) patron of art (*od.* the arts). — ~**ga·leˌrie** *f* (art *od.* picture) gallery. — ~ˌ**gärt·ner** *m* **1.** horticulturist, nurseryman. – **2.** (*Blumengärtner*) floriculturist, florist. — ~ˌ**gat·tung** *f* (*art, literature*) **1.** *cf.* Kunstform. – **2.** genre. — ~ˌ**ge·genˌstand** *m* **1.** objet d'art (*lit.*), art object, article of virtu (*od.* vertu). – **2.** *cf.* Kunsterzeugnis 1. — ~**geˌlehr·te** *m, f* **1.** art scholar. – **2.** *cf.* Kunstkenner. — **k**~**geˌmäß** *adj u. adv cf.* kunstgerecht. — ~ˌ**geˌnuß** *m* **1.** (artistic) enjoyment: **ich fühlte mich bei dem Konzert in meinem** ~ **gestört** my enjoyment of the concert was disturbed. – **2.** artistic treat (*od.* delight): **das Konzert war ein großer** ~ the concert was a great artistic delight. — **k**~**geˌrecht I** *adj* (*Eingriff, Übersetzung etc*) skiful, *bes. Am.* skillful, expert. – **II** *adv* skilfully, *bes. Am.* skillfully, *med. auch* secundum artem (*scient.*): **etwas** ~ **zusammenfügen** to put s.th. together skil(l)fully; **er verband ihren Arm** ~ he bandaged her arm skil(l)fully (*od.* quite professionally).

'**Kunst·geˌschich·te** *f* art history, history of art. — '**Kunst·geˌschicht·ler** *m* ⟨-s; -⟩ **1.** art historian. – **2.** student of art history. — '**kunst·geˌschicht·lich** *adj* of (*od.* relating to) the history of art: ~**es Museum** art-history museum; ~**es Seminar** a) seminar in art history, b) department of art history; ~**e Studien** studies of art history.

'**Kunst·geˌwer·be** *n* ⟨-s; *no pl*⟩ **1.** arts and crafts *pl*, handicraft. – **2.** commercial (*od.* industrial, applied) art. — ~ˌ**leh·rer** *m*, ~ˌ**leh·re·rin** *f* teacher of industrial arts. — ~**muˌse·um** *n* arts and crafts (*od.* handicraft) museum. — ~ˌ**schu·le** *f* school (*od.* college) of arts and crafts (*od.* handicraft), college of commercial art.

'**Kunst·geˌwerb·ler** [-gəˌvɛrplər] *m* ⟨-s; -⟩, '**Kunst·geˌwerb·le·rin** *f* ⟨-; -nen⟩ artisan, handicrafter, industrial (*od.* commercial) artist. — '**kunst·geˌwerb·lich** *adj* **1.** concerning (*od.* relating to) arts and crafts (*od.* handicraft). – **2.** made by a commercial artist.

'**Kunst|ˌglas** *n tech.* art(istic) (*od.* ornamental) glass. — ~ˌ**glied** *n med.* artificial limb, prosthesis (*scient.*). — ~ˌ**griff** *m* **1.** trick, knack, dodge (*colloq.*): **er wandte allerlei** ~**e an, um mich zu täuschen** he tried all kinds of tricks to deceive me; **das war ein genialer** ~ that was a stroke of genius. – **2.** *meist pl* (*Handgriff*) turn of the hand: **mit einigen** ~**en war der Schaden behoben** with a few turns of the hand (*od. colloq.* with a twist of the wrist) the damage was repaired. – **3.** (*beim Ringen*) chip. — ~ˌ**gum·mi** *n, auch m* synthetic rubber. — ~ˌ**guß** *m metall.* art (*od.* ornamental) castings *pl.* — ~ˌ**haar** *n* artificial hair. — ~ˌ**hal·le** *f* art gallery. — ~ˌ**han·del** *m* **1.** trade in works of art. – **2.** (*Branche*) (the) fine art trade. — ~ˌ**händ·ler** *m* art dealer. — ~ˌ**hand·lung** *f* art dealer's shop. — ~ˌ**handˌwerk** *n* arts and crafts *pl*, commercial art. — ~ˌ**handˌwer·ker** *m* artist craftsman, commercial artist. — ~ˌ**harz** *n synth.* synthetic resin. — ~ˌ**herz** *n med.* artificial heart. — ~**hiˌsto·ri·ker** *m cf.* Kunstgeschichtler. — **k**~**hiˌsto·risch** *adj cf.* kunstgeschichtlich. — ~ˌ**hochˌschu·le** *f cf.* Kunstakademie. — ~ˌ**holz** *n* **1.** (*Preßholz*) densified laminated wood. – **2.** (*für Reparaturen*) plastic wood. — ~ˌ**ho·nig** *m* *gastr.* artificial honey. — ~ˌ**horn** *n* ⟨-(e)s; -e⟩ artificial horn. — ~**kaˌlen·der** *m* calendar with art reproductions. — ~ˌ**kau·tschuck** *m synth.* synthetic rubber. — ~ˌ**ken·ner** *m* art expert, connoisseur (of art). — ~ˌ**kraftˌsport** *m* acrobatics *pl* (*sometimes construed as sg*) performed by amateurs. — ~**kriˌtik** *f* art criticism. — ~ˌ**kri·ti·ker** *m* art critic. — ~ˌ**lauf** *m* (*sport*) *cf.* a) Eiskunstlauf, b) Rollkunstlauf. — ~ˌ**läu·fer** *m*, ~ˌ**läu·fe·rin** *f cf.* a) Eiskunstläufer(in), b) *cf.* Rollkunstläufer(in). — ~ˌ**le·der** *n* imitation (*od.* artificial) leather, leatherette.

Künst·ler ['kʏnstlər] *m* ⟨-s; -⟩ **1.** artist: **ein begabter [echter]** ~ a gifted [true] artist; **primitiver** (*od.* **naiver**) ~ primitive; **bildender** ~ visual artist; **er sah die Welt mit den Augen eines** ~**s** he saw the world with (*od.* through) the eyes of an artist; → **begnadet** II; **freischaffend.** – **2.** (*Schauspieler, Sänger etc*) artist. – **3.** (*Unterhaltungskünstler*) entertainer, artiste. – **4.** *fig.* (*Meister*) (past) master: **er ist ein** ~ **in seinem Fach** he is a master in his métier; **er ist ein** ~ **im Kochen** he is a brilliant cook, he is a first-rate chef. — ~**alˌlü·ren** *pl* artistic temperament *sg*, mannerisms (and attitudes): **der Sänger hat typische** ~ the singer has a typical artistic temperament. — ~**beˌruf** *m* profession of an artist, artist's profession. — ~ˌ**fest** *n* artists' party (*od.* ball). — ~ˌ**hand** *f* artist's hand: **das stammt von** ~ that was done by (the hand of) an artist, that's the work of an artist.

'**Künst·le·rin** *f* ⟨-; -nen⟩ **1.** (woman) artist. – **2.** (*Schauspielerin etc*) artiste, performer. – **3.** *cf.* Künstler 3, 4.

'**künst·le·risch I** *adj* artistic, *auch* artistical: **eine** ~**e Begabung [Ader] haben** to have an artistic talent [vein]; ~**e Darstellung** artistic performance; ~**e Gestaltung** a) (*eines Gartens etc*) artistic design, b) (*eines Fernsehspiels etc*) artistic direction; ~**es Können** artistry; ~**es Schaffen** artistic work; **die** ~**e Ausstattung eines Buches** the artistic makeup (*Br.* make-up) of a book; **das ist eine vollendete** ~**e Leistung** that is a perfect artistic achievement, that is perfect artistry; **er kämpfte um seine** ~**e Anerkennung** he fought for his recognition as an artist. – **II** *adv* **ein Fest** ~ **gestalten** to arrange a festivity artistically; **ein** ~ **wertvoller Film** a film of high artistic value; **er ist** ~ **begabt** he has an artistic talent.

'**Künst·ler|ˌknei·pe** *f colloq. for* Künstlerlokal. — ~**ko·loˌnie** *f* colony of artists, artists' colony. — ~ˌ**krei·se** *pl* artistic circles. — ~ˌ**lau·ne** *f* outburst of artistic temperament: **er hat so seine** ~**n** he often shows the whims and moods of an artist. — ~ˌ**le·ben** *n* **1.** life of an artist, artist's life. – **2.** *fig.* bohemian (*auch* Bohemian) life. — ~**loˌkal** *n* pub (*bes. Am.* bar) where artists gather. — ~ˌ**mäh·ne** *f colloq.* (artist's) mop. — ~**mo·noˌgramm** *n* artist's (*od.* painter's) initials *pl*. — ~ˌ**na·me** *m* **1.** (*eines Schauspielers etc*) stage name. – **2.** (*eines Schriftstellers etc*) pen name, nom de plume. — ~ˌ**pech** *n* bad luck (that can frustrate the noblest ambitions).

'**Künst·ler·schaft** *f* ⟨-; *no pl*⟩ **1.** (*einer Person*) artistry, artistic genius. – **2.** *collect.* artistic world.

'**Künst·ler·tum** *n* ⟨-s; *no pl*⟩ artistry, artistic genius.

'**Künst·ler|verˌein** *m* artists' society. — ~ˌ**vier·tel** *n* quarter where artists live, artists' quarter. — ~ˌ**werkˌstatt** *f* (artist's) studio. — ~ˌ**zim·mer** *n* (*theater*) greenroom, *Br.* green-room.

künst·lich ['kʏnstlɪç] **I** *adj* **1.** (*Blumen, Licht, Steine etc*) artificial. – **2.** (*Zähne etc*) false. – **3.** (*Faser etc*) synthetic, man-made. – **4.** (*Leder etc*) imitation (*attrib*), artificial. – **5.** *fig.* (*Heiterkeit etc*) feigned, affected, artificial, factitious, (*Lachen etc*) *auch* forced. – **6.** *ling.* (*Sprache*) a) artificial, b) technical. – **7.** *med.* (*Atmung, Ernährung, Befruchtung etc*) artificial: ~**es Auge** artificial (*od.* glass) eye; ~**es Glied** *cf.* Kunstglied; ~**e Niere** artificial kidney. – **8.** *obs. for* **künstlerisch I.** – **II** *adv* **9.** ~ **hergestellt** artificially (*od.* synthetically) produced, man-made, synthetic; **j-n** ~ **ernähren** a) (*Säugling*) to feed s.o. from (*od.* on) the bottle, to bottle-feed s.o., b) *med.* (*Kranken*) to feed (*od.* nourish) s.o. artificially; **sich** ~ **aufregen** *colloq.* to get all excited about nothing; **sie zogen die Verhandlungen** ~ **in die Länge** they intentionally prolonged the negotiations; **die Preise werden** ~ **hochgehalten** the prices are artificially (*od.* deliberately) pegged at a high level. — '**Künst·lich·keit** *f* ⟨-; *no pl*⟩ (*eines Lachens etc*) artificiality, artificialness, factitiousness.

'**Kunstˌlicht** *n bes. phot.* artificial light. — ~ˌ**aufˌnah·me** *f* artificial-light photograph. — ~ˌ**film** *m* artificial-light film.

'**kunstˌlie·bend** *adj* art-loving, fond of art.

'**Kunst|liebˌha·ber** *m* admirer (*od.* lover) of art. — ~ˌ**lied** *n mus.* art song, lied. — **k**~**los** *adj* **1.** (*schlicht u. einfach*) artless, inartificial, *auch* unartificial, simple, plain. – **2.** (*unkünstlerisch*) artless, inartistic(al), *auch* unartistic(al). — ~ˌ**ma·ler** *m* painter, artist. — ~ˌ**map·pe** *f* **1.** folder (*od.* portfolio) for paintings (*od.* drawings, reproductions). – **2.** collection of reproductions (*od.* paintings, drawings). — ~ˌ**mär·chen** *n* (*literature*) fairy tale (*od.* story). — ~ˌ**markt** *m* art market. — ~ˌ**mar·mor** *m* artificial (*od.* imitation) marble. — ~ˌ**mit·tel** *n meist pl* **1.** (*künstliches*) artificial mean(s *pl*). – **2.** (*art*) artistic mean(s *pl*). — ~**muˌse·um** *n* art museum. — ~**muˌsik** *f mus.* art music. — ~ˌ**pau·se** *f* **1.** pause for effect: **er legte eine** ~ **ein** he paused for effect. – **2.** *iron. colloq.* awkward pause. — ~ˌ**postˌkar·te** *f* postcard(-size) reproduction. — ~**proˌdukt** *n cf.* Kunsterzeugnis. — ~ˌ**pro·sa** *f* (*literature*) literary prose. — ~ˌ**radˌsport** *m* trick cycling. — **k**~ˌ**reich** *adj* **1.** skilful, *bes. Am.* skillful, artistic, of artistic skill, daedal (*lit.*). – **2.** (*prunkvoll*) elaborate, ornate. — ~ˌ**rei·ten** *n* trick riding. — ~ˌ**rei·ter** *m* equestrian, trick rider. — ~ˌ**rich·tung** *f* art trend. — ~ˌ**sach·verˌstän·di·ge** *m, f* ⟨-n; -n⟩ **1.** art expert. – **2.** person with officially acknowledged competence in the field of art. — ~ˌ**samm·ler** *m* (fine) art collector. — ~ˌ**samm·lung** *f* (fine) art collection. — ~ˌ**schät·ze** *pl* art treasures. — ~ˌ**schlos·ser**, ~ˌ**schmied** *m* art metalworker (*Br.* metal-worker). — ~ˌ**schmie·deˌar·beit** *f* wrought ironwork. — ~ˌ**schöp·fung** *f* creation of art. — ~ˌ**schrei·ner** *m cf.* Kunsttischler. — ~ˌ**schu·le** *f* art school. — ~ˌ**schüt·ze** *m* marksman. — ~ˌ**schwamm** *m synth.* artificial (*od.* synthetic) sponge. — ~ˌ**sei·de** *f* (*textile*) rayon, artificial silk. — **k**~ˌ**sei·den** *adj* (of) rayon, (of) artificial silk: **ein** ~**es Kleid** a dress of rayon, a rayon dress. — ~ˌ**sinn** *m* understanding of art. — ~ˌ**spra·che** *f* **1.** artificial language. – **2.** (*Fachsprache*) technical language. – **3.** *hist.* (*Literatur- u. Gelehrtensprache*) literary language. — ~ˌ**sprin·gen** *n* (*sport*) fancy (*od.* springboard, *Br.* spring-board) diving. — ~ˌ**sprin·ger** *m* fancy (*od.* springboard, *Br.* spring-board) diver. — ~ˌ**sprung** *m* fancy (*od.* springboard, *Br.* spring-board) dive. — ~ˌ**stein** *m* artificial stone. — ~**stickeˌrei** (*getr.* -k·k-) *f* embroidery, art needlework.

'**Kunstˌstoff** *m synth.* synthetic material, plastics *pl*: **das Tablett ist aus** ~ the tray is (made) of plastics; **mit** ~ **ausgekleidet** plastic-lined. — ~**beˌhäl·ter** *m* plastics container. — ~**cheˌmie** *f* chemistry of synthetic materials. — ~-ˌ**Fo·lie** *f* plastics sheet(ing). — ~**in·duˌstrie** *f* plastics industry. — ~ˌ**leim** *m* plastic (*od.* synthetic resin) glue, resin adhesive. — ~ˌ**mas·se** *f* plastics material. — ~ˌ**pres·se** *f tech.* molding (*bes. Br.* moulding) press. — ~**überˌzug** *m synth.* **1.** plastics coating: **abziehbarer** ~ peelable (*od.* strippable) plastics coating. – **2.** (*Kokonisierung*) cocoonization, spray webbing. — **k**~**verˌar·bei·tend** *adj* (*Industrie*) plastics-processing. — ~**verˌar·bei·tung** *f* plastics processing.

'**kunst|ˌstop·fen I** *v/t u. v/i* ⟨*only inf and pp*, -ge-, h⟩ **1.** fine-draw, mend (*s.th.*) invisibly. – **II K**~ *n* ⟨-s⟩ **2.** *verbal noun.* – **3.** invisible mending: **ich muß den Anzug zum K**~ **bringen** I must have the suit fine-drawn (*od.* invisibly mended). — **K**~**stop·feˌrei** *f* ⟨-; -en⟩ **1.** fine-drawing, invisible mending. – **2.** invisible-mending establishment. — **K**~ˌ**stop·fe·rin** *f* ⟨-; -nen⟩ fine-drawer, invisible mender.

'**Kunst|ˌstück** *n* **1.** (*Trick, Taschenspielerei*) trick, sleight of hand: ~**e machen** (*od.* **vorführen**) a) to perform (*od.* do) tricks, b) (*mit Karten etc*) to show tricks, c) (*artistische*) to do stunts; **er kann verschiedene** ~**e** he knows a trick or two. – **2.** *colloq.* trick, feat: **das ist (doch) kein** ~ there's no trick (*od.* nothing) to that, that's no great feat, that's nothing, anyone can do that; ~ **vorwärtszukommen, wenn du einflußreiche Freunde hast!** no wonder you get on since you have got influential friends, it's no great achievement to get ahead when you have influential friends. — ~**stuˌdent** *m*, ~**stuˌden·tin** *f* art student. — ~ˌ**tanz** *m* artistic dance.

'**Kunstˌtisch·ler** *m* cabinetmaker, *Br.* cabinet-maker. — ~ˌ**ar·beit** *f* cabinetwork.

'**Kunst·tisch·leˌrei** *f* cabinetmaking, *Br.* cabinet-making, cabinetwork.

'**Kunst|ˌtur·nen** *n* artistic (*od.* fancy) gymnastics *pl* (*construed as sg*). — ~ˌ**tur·ner** *m*, ~ˌ**tur·ne·rin** *f* artistic (*od.* fancy) gymnast. — ~ˌ**un·terˌricht** *m ped.* **1.** art instruction (*od.* teaching). – **2.** art lessons *pl*. — ~**verˌein** *m* society for the promotion of the fine arts. — ~**verˌlag** *m print.* fine art publishers *pl*, publishers *pl* of fine art. — ~**verˌstand** *m cf.* Kunstverständnis. — **k**~**verˌstän·dig** *adj* **1.** artistic, *auch* artistical, (a)esthetic, appreciative of (works of) art. – **2.** with an expert understanding (*od.* knowledge) of art: **ein** ~**es Urteil** an expert opinion on art. — ~**verˌständ·nis** *n* **1.** artistic (*od.* [a]esthetic) sense, appreciation for (works of) art: **er hat kein** ~ he is lacking in appreciation (*od.* taste) for art, he is inartistic. – **2.** understanding (*od.* knowledge) of art. — **k**~ˌ**voll I** *adj* **1.** (*Arbeit, Keramik etc*) artistic, *auch* artistical. – **2.** (*Frisur, Dekoration etc*) elaborate, intricate. – **II** *adv* **3. etwas** ~ **formen** (*od.* **gestalten**) to form (*od.* shape) s.th. with artistic skill (*od.* artistically); **ein** ~ **geschmiedetes Eisentor** an elaborate wrought-iron gate, an elaborately wrought iron gate; **ihr Haar war** ~ **gelegt** her hair was done up in an elaborate style. — ~ˌ**wa·be** *f* artificial honeycomb. — ~ˌ**werk** *n* work of art. — ~ˌ**wert** *m* **1.** artistic value. – **2.** *pl* (*Kunstgegenstände*) objets d'art (*lit.*), art objects, articles of virtu (*od.* vertu). — **k**~ˌ**wid·rig** *adj* artless, (made) without skill (*od.* art). — ~ˌ**wis·sen·schaft** *f* **1.** science of art, (a)esthetics *pl* (*usually construed as sg*). – **2.** (*als Lehrfach*) art: **er studiert** ~ he studies art. — ~ˌ**wol·le** *f* (*textile*) reclaimed (*od.* recovered, reprocessed, reused, *Br.* re-used) wool, shoddy: **kurzfaserige** ~ mungo. — ~ˌ**wort** *n* ⟨-(e)s; ⸚er⟩ **1.** hybrid (term). – **2.** (*Fachausdruck*) technical term. — ~ˌ**zeitˌschrift** *f* art magazine (*od.* journal). — ~ˌ**zweig** *m* branch (*od.* field) of art.

'**kun·terˌbunt** ['kʊntər-] **I** *adj* ⟨*no comp, sup* -est⟩ **1.** (*mehrfarbig*) parti-colored, *bes. Br.* particoloured multicolor(ed), *bes. Br.* multicolour(ed), motley: **ein** ~**er Sonnenschirm** a parti-colo(u)red beach umbrella. – **2.** *fig.* (*Programm etc*) varied, diversified. – **3.** *fig.* (*Durcheinander etc*) higgledy-piggledy, topsy-turvy. – **II** *adv* **4.** (*mehrfarbig*) **etwas** ~ **bemalen** to paint s.th. in (*od.* with) many colo(u)rs. – **5.** *fig.* (*wirr*) **alles lag** ~ **durcheinander** everything lay about higgledy-piggledy; **alles** ~ **durcheinanderwerfen** to mix everything up (*od.* together), to turn everything topsy-turvy; **er erzählte alles** ~ **durcheinander** he related everything pell-mell.

Kunz [kʊnts] *npr m* ⟨-; *no pl*⟩ → Hinz.

Kun·zit [kʊn'tsiːt; -'tsɪt] *m* ⟨-(e)s; *no pl*⟩ *min.* kunzite.

Kuo·min·tang [kŭomɪn'taŋ] *f* ⟨-; *no pl*⟩ *pol. hist.* (*chines. Staatsvolks-Partei*) Kuomintang.

Kü·pe ['kyːpə] *f* ⟨-; -n⟩ *tech.* (*Färbebad, Färbekessel*) vat.

Ku·pee [ku'peː] *n* ⟨-s; -s⟩ *cf.* Coupé.

ku·pel·lie·ren [kupɛ'liːrən] **I** *v/t* ⟨*no* ge-, h⟩ **1.** (*Edelmetall*) cupel. – **II K**~ *n* ⟨-s⟩ **2.** *verbal noun.* – **3.** cupellation.

'**Kü·penˌfarbˌstoff** *m tech.* (*in der Färberei*) vat dye (*od.* color, *bes. Br.* colour).

Kup·fer ['kʊpfər] *n* ⟨-s; -⟩ **1.** ⟨*only sg*⟩ *chem. min.* copper, cuprum (*scient.*) (Cu): **ein Kessel aus** ~ a copper kettle; **ein Bild in** ~ **stechen** to etch (*od.* engrave) a picture on copper; **etwas mit** ~ **beschlagen** (*od.* **überziehen**) to copper(ize) s.th. –

2. ⟨only sg⟩ collect. copper (utensils pl od. kitchenware): das Mädchen hatte das ~ nicht geputzt the maid had not polished the copper. – 3. cf. Kupferstich 1. – 4. ⟨only sg⟩ rare for Kupfergeld. — ~aceˌtat n chem. copper (od. cupric) acetate ($Cu(C_2H_3O_2)_2$). — k~ˌähn·lich adj coppery, cupreous (scient.). — ~alaun [-ˀaˌlaun] m aluminate of copper, copper alum. — k~ˌar·tig adj cf. kupferähnlich. — ~ˌasche f metall. copper ashes (od. scales) pl. — ~ˌät·zung f print. halftone (Br. half-tone) engraving on copper, copper etching. — ~ˌbergˌwerk n (mining) copper mine. — ~beˌschlag m meist pl tech. copper mountings pl, ornamental (od. decorative) fittings pl of copper. — ~ˌblatt n bot. copperleaf (Acalypha virginica). — ~ˌblau n min. copper (od. azurite, verditer) blue, blue ashes pl (usually construed as sg). — ~ˌblech n tech. 1. (Werkstoff) sheet copper. – 2. (Erzeugnis) copper sheet (od. plate). — ~ˌblu·me f bot. thimbleweed (Gattg Rudbeckia). — ~ˌblü·te f min. plush copper, chalcotrichite (scient.). — ~ˌbo·den m (eines Kochkessels etc) copper bottom: mit ~ copper-bottomed. — ~ˌbrand m agr. blight caused by the red spider. — ~ˌbraun I n copper brown. – II k~ adj copper-brown, coppery. — ~chloˌrid n chem. 1. copper (od. cupric) chloride ($CuCl_2$). – 2. cuprous chloride (Cu_2Cl_2). — ~chloˌrür n cuprous chloride (Cu_2Cl_2). — ~ˌdach n copper(-covered) roof. — ~ˌdraht m copper wire.

'Kup·ferˌdruck m ⟨-(e)s; -e⟩ print. 1. ⟨only sg⟩ a) copperplate (od. plate, intaglio) printing, b) photogravure, Am. auch rotogravure. – 2. a) (print from a) copperplate (engraving), b) photogravure, Am. auch rotogravure. — ~paˌpier n plate (od. etching, copperplate) paper. — ~ˌplat·te f copperplate, (printing) plate. — ~ˌpres·se f copperplate (printing) press, rolling press.

'Kup·fer|elekˌtro·de f electr. copper electrode. — ~email-Verˌfah·ren [-ˀeˌmaɪ(l)-] n print. copper enamel process. — ~ˌerz n min. copper ore. — ~ˌfar·be f copper color (bes. Br. colour). — k~ˌfar·ben, k~ˌfar·big adj 1. (Haar, Haut, Ausschlag etc) copper-colored (bes. Br. -coloured), coppery, cupreous (scient.). – 2. cf. kupferbraun. – 3. cf. kupferrot. — k~ˌfest adj mar. copper-fastened. — ~ˌfo·lie f tech. copper foil. — ~geˌhalt m chem. copper content. — ~ˌgeld n ⟨-(e)s; no pl⟩ copper money (od. coins pl), copper(s pl). — ~geˌrät, ~geˌschirr n copper utensils pl (od. kitchenware): gehämmertes ~ battery. — ~geˌwin·nung f metall. copper production, extraction of copper. — ~ˌglanz m min. copper glance, chalcocite (scient.). — ~ˌglucke (getr. -k·k-) f zo. oak lappet, lappet moth, Br. lappet-moth (Gastropacha quercifolia). — ~ˌgrün I n 1. min. chrysocolla. – 2. (Farbe) copper (od. malachite, mountain) green. – II k~ adj 3. copper-green. — k~ˌhal·tig adj (Erze) containing copper, copper-bearing, coppery; cupreous, cupriferous (scient.). — ~ˌham·mer m tech. (Werkzeug) copper hammer. — ~ˌhüt·te f metall. copper-smelting plant. — ~hy·droˌxyd n chem. copper (od. cupric) hydroxide ($Cu(OH)_2$).

'kup·fe·rig adj 1. cf. kupferähnlich. – 2. cf. kupferhaltig.

'Kup·fer|ˌin·dig [-ˌˀɪndɪç] m ⟨-s; no pl⟩ min. indigo copper, covellite, auch covelline. — ~ˌkalkˌbrü·he f agr. Bordeaux mixture. — ~ˌkes·sel m 1. copper pot (od. kettle). – 2. tech. copper boiler, bes. Br. copper. — ~ˌkies m min. yellow copper ore; copper pyrites, chalcopyrite (scient.). — ~ˌkopf m zo. copperhead, copper-belly (Agkistrodon contortrix od. mokeson). — ~laˌsur f min. azure copper ore, Chessy copper; chessylite, azurite (scient.). — ~leˌgie·rung f metall. copper alloy. — ~ˌmi·ne f (mining) copper mine. — ~ˌmün·ze f copper (coin).

'kup·fern adj 1. (Kessel, Kanne etc) (of) copper; ~er Sonntag fig. obs. the third Sunday before Christmas. – 2. fig. (Aussehen etc) coppery.

'Kup·fer|ˌnat·ter f zo. cf. Kreuzotter. — ~ˌnickel (getr. -k·k-) n min. copper (od. arsenical) nickel; nickeline, niccolite (scient.). — ~niˌtrat n chem. copper (od. cupric) nitrate. — ~ˌot·ter f zo. cf. Kreuzotter. — ~oxyd [-ˀɔˌksyːt] n chem. 1. copper (od. cupric) oxide (CuO). – 2. copper (od. cuprous) oxide (Cu_2O). — ~oxyd·chloˌrid [-ˀɔˌksyːt-] n copper oxychloride. — ~oxyˌdul n copper (od. cuprous) oxide (Cu_2O). — ~ˌplat·te f 1. tech. copper plate. – 2. print. copperplate. — ~ˌro·se f med. rosedrop, Br. rose-drop, Acne rosacea (scient.). — ~ˌrot I n 1. red copper, carnelian, cuprite. – II k~ adj 2. copper-red. – 3. copper-colored (bes. Br. -coloured). — ~ˌschaum m min. tyrolite. — ~ˌschie·fer m copper schist (od. slate). — ~ˌschmied m coppersmith, Br. copper-smith, brazier, brasier. — ~ˌschmie·deˌkunst f coppersmith's art. — ~ˌsei·de f (textile) cuprammonium (rayon). — ~ˌsil·berˌglanz m min. stromeyerite. — ~smaˌragd m 1. emerald copper, dioptase (scient.). – 2. atacamite. — ~ˌspat m malachite. — ~ˌspinnˌfa·ser f (textile) cuprammonium staple fiber (bes. Br. fibre). — ~ˌste·chen n (art) copper(-plate) engraving. — ~ˌste·cher m 1. engraver (od. graver) on copper, burinist: alter (od. mein lieber) Freund und ~ fig. colloq. humor. now (then), my friend. – 2. zo. six-dentated bark beetle (Pityogenes chalcographus). — ~ˌste·cherˌkunst, ~ˌstechˌkunst f art of engraving on copper, copper engraving. — ~ˌstein m metall. copper matte.

'Kup·ferˌstich m 1. copperplate engraving (od. print). – 2. ⟨only sg⟩ (Technik) copperplate (engraving). — ~ka·biˌnett n 1. collection of copper engravings. – 2. (öffentliches) printroom.

'Kup·fer|sulˌfat n chem. copper (od. cupric) sulfate (bes. Br. -ph-), sulfate (bes. Br. -ph-) of copper, copper (od. blue) vitriol, bluestone, Br. blue-stone ($CuSO_4 \cdot 5H_2O$). — ~sulˌfid n copper (od. cupric) sulfide (bes. Br. -ph-), sulfide (bes. Br. -ph-) of copper (CuS). — ~ˌtiefˌdruck m print. cf. Kupferdruck. — ~ˌti·tel m engraved title page. — ~ˌüberˌzug m tech. copper plating, coppering. — ~-Uranˌglim·mer [-ˀuˌraːn-] m min. torbernite, chalcolite. — ~verˌbin·dung f chem. 1. copper (od. cupric) compound. – 2. cuprous compound. — ~verˌgif·tung f med. copper poisoning. — ~verˌhüt·tung f metall. copper smelting. — ~verˌlust m electr. copper loss. — ~vi·triˌol n chem. cf. Kupfersulfat. — ~ˌwa·ren pl copperware sg. — ~ˌwerk n copper works pl (construed as sg or pl). — ~ˌzeit f archeol. Copper Age, Eneolithic (od. Aeneolithic) Age.

'kupf·rig adj 1. cf. kupferähnlich. – 2. cf. kupferhaltig.

ku·pie·ren [ku'piːrən] v/t ⟨no ge-, h⟩ 1. vet. (Ohren, Schwanz) cut, dock: die Ohren eines Hundes rund ~ to round the ears of a dog. – 2. med. (Krankheit) abort, arrest. – 3. (Wein etc) adulterate. – 4. (games) (Karten) cut. – 5. hort. (Hecke, Zierstrauch etc) trim, clip, crop. — ku'piert I pp. – II adj 1. (Schwanz etc) cut, docked: der Hund ist nicht ~ the dog has not been docked. – 2. ~es Gelände intersected terrain.

Ku'pierˌzan·ge f vet. scissors pl (sometimes construed as sg) for cutting ears (od. tails), docking nippers pl.

Ku'polˌofen [ku'poːl-] m metall. cupola (furnace), Br. cupola(-furnace), cupola blast furnace (Br. blast-furnace). — ~ˌman·tel m cupola shell.

Ku·pon [ku'põː] m ⟨-s; -s⟩ cf. Coupon.

Kup·pe ['kʊpə] f ⟨-; -n⟩ 1. (eines Berges) (rounded) top (od. summit), dome. – 2. (des Fingers) tip. – 3. (von Finger-, Fußnagel) edge. – 4. tech. a) (von Nagel, Schraube etc) rounded head, b) (einer Oberfläche) pinhead (Br. pin-head) projection. – 5. med. cupula, auch cupola. – 6. geol. a) cupola, b) (untermeerische) seapeak.

Kup·pel ['kʊpəl] f ⟨-; -n⟩ 1. arch. a) dome, arch, b) (kleine) cupola: gedrückte [überhöhte] ~ diminished [surmounted] dome; mit einer ~ krönen to provide (s.th.) with a dome, to dome, to arch. – 2. metall. a) (eines Schmelzofens) dome, arch, b) (eines Hochofens) dome-shaped top. – 3. geol. dome. — k~ˌar·tig adj dome-shaped. — ~ba·si·li·ka f arch. domed basilica. — ~ˌbau m ⟨-(e)s; -ten⟩ domed (od. domical, dom[e]y) building. — ~ˌdach n domed (od. dome-shaped) roof.

Kup·pe'lei f ⟨-; -en⟩ 1. jur. procuration, procuring, pandering, pimping: einfache ~ procuration of women; schwere ~ procuration of one's wife (od. child, ward, pupil); ~ (be)treiben to be a procurer (od. procuress), to procure. – 2. contempt. matchmaking.

'kup·pel|ˌför·mig adj dome-shaped, domed. — K~geˌwöl·be n arch. 1. dome-shaped (od. domed) vault. – 2. dome cupola. — K~ˌgrab n archeol. beehive tomb; tholos, tholus (scient.). — K~kal·ku·la·tiˌon f econ. linked costings pl, linked cost calculation. — K~ˌklaue f tech. coupling (od. clutch) jaw.

kup·peln ['kʊpəln] I v/t ⟨h⟩ 1. (Anhänger etc) couple, connect: etwas an (acc) (od. mit) etwas ~ to couple s.th. with s.th. – 2. chem. couple. – II v/i 3. auto. a) operate the clutch, b) cf. einkuppeln 3, c) cf. auskuppeln 3: automatisch ~ to change (Am. shift) gear automatically. – 4. jur. procure, pander, pimp. – 5. contempt. matchmake. – III K~ n ⟨-s⟩ 6. verbal noun. – 7. cf. Kuppelei.

'Kup·pel|ˌofen m metall. cf. Kupolofen. — ~ˌpelz m only in sich (dat) einen (od. den) ~ verdienen colloq. to make (od. arrange) a match, to matchmake: du willst dir wohl den ~ verdienen? are you matchmaking again? — ~proˌdukt n meist pl econ. joint product. — ~ˌstan·ge f 1. tech. tie (od. coupling) rod. – 2. (railway) coupling rod.

'Kup·pe·lung f ⟨-; -en⟩ cf. Kuppeln.

'Kup·pelˌzahn m tech. (einer Kupplung) clutch jaw.

kup·pen ['kʊpən] v/t ⟨h⟩ hort. 1. (stutzen) trim, clip, crop. – 2. (Baumkrone etc) top.

'Kup·pen·geˌbir·ge n geol. low-topped range.

'kup·pig adj dome-shaped.

'Kupp·ler m ⟨-s; -⟩ 1. jur. procurer, pander, panderer, pimp. – 2. contempt. matchmaker. – 3. chem. coupler. — 'Kupp·le·rin f ⟨-; -nen⟩ 1. jur. procuress, panderess. – 2. contempt. (female) matchmaker. — 'kupp·le·risch adj 1. jur. procuring, pandering, pimping. – 2. contempt. matchmaking.

'Kupp·lung f ⟨-; -en⟩ 1. cf. Kuppeln. – 2. tech. a) (starre) coupling, b) (Schaltkupplung) clutch. – 3. auto. clutch: die ~ treten [loslassen] to engage [to disengage od. to let out] the clutch; die ~ langsam kommen lassen to let the clutch in slowly; die ~ schleifen lassen to let the clutch slip, to slip the clutch; die ~ rutscht (od. schleift) the clutch is slipping. – 4. (von Anhängern, Waggon etc) coupling, coupler: kraftschlüssige [selbsttätige] ~ non(-)positive [automatic] clutch. – 5. chem. coupling.

'Kup·plungs|ˌausˌrückˌla·ger n clutch release bearing. — ~au·toˌmat m automatic clutch. — ~beˌlag m clutch lining (od. facing). — ~ˌbrem·se f clutch brake. — ~ˌeinˌrückˌhe·bel m 1. tech. clutch shifter. – 2. auto. clutch control lever. — ~ˌfe·der f tech. clutch spring. — ~geˌhäu·se n clutch housing. — ~ˌglied n (einer Kette) coupler link. — ~ˌha·ken m (eines Traktors, Anhängers etc) coupling hook. — ~ˌhe·bel m 1. auto. clutch (control) lever. – 2. (railway) coupling lever. — ~ˌklaue f tech. clutch dog (od. jaw). — ~ˌkranz m (eines Fahrrads) gear-change sprocket. — ~ˌla·ger n tech. clutch bearing. — ~la·mel·le f clutch disc (od. disk) (od. plate). — ~ˌmuf·fe f clutch sleeve. — ~peˌdal n auto. clutch pedal. — ~ˌschal·ter m tech. clutch shift (od. operator). — ~ˌschei·be f clutch disc (od. disk). — ~ˌschlauch m 1. tech. coupling hose. – 2. (railway) steam heater flexible hose. — ~ˌspiel n auto. clutch-pedal clearance (od. free travel). — ~ˌstecker (getr. -k·k-) m electr. coupler plug, cable coupler. — ~ˌstift m tech. coupling pin. — ~ˌwel·le f auto. clutch shaft.

Ku·pre·in [kupre'iːn] n ⟨-s; no pl⟩ chem. pharm. cupreine ($C_{19}H_{22}N_2O_2$).

'Ku·priˌsalz ['kuːpri-] n chem. cupric salt.

Ku·pris·mus [ku'prɪsmʊs] m ⟨-; no pl⟩ med. copper poisoning.

'Ku·proˌsalz ['kuːpro-] n chem. cuprous salt.

Kur[1] [kuːr] f ⟨-; -en⟩ med. a) cure, b) (course of medical) treatment: zur ~ fahren (od. reisen, gehen) to go to a health resort; zur ~ geschickt werden to be sent to a health resort; eine ~ machen to take a cure; j-m eine ~ verordnen (in Kurort) to prescribe s.o. a cure; j-m eine ~ mit

Hormonen verordnen to prescribe s.o. a series of hormone treatments; sich einer ~ unterziehen a) to undergo a course of (medical) treatment, b) (*am Kurort*) to take a cure; die ~ hat nicht angeschlagen a) the cure was unsuccessful, b) the treatment failed; j-n in die ~ nehmen *fig. colloq.* a) to call s.o. to account, to bring s.o. to book, to haul s.o. over the coals, b) to take s.o. firmly in hand.

Kur[2] *f* ⟨-; -en⟩ *hist.* **1.** (*eines Königs etc*) election. – **2.** *cf.* a) Kurfürstentum, b) Kurwürde.

Kür [kyːr] *f* ⟨-; -en⟩ **1.** (*sport*) a) (*beim Eiskunstlauf*) free skating, b) (*beim Rollkunstlauf*) free (roller) skating, c) (*beim Turnen*) optional (*od.* free) exercise(s *pl*), d) (*beim Wasserspringen*) optional dives *pl.* – **2.** *poet.* (*Wahl*) choice.

ku·ra·bel [kuˈraːbəl] *adj* (*Krankheit etc*) curable.

ˈ**Kurˌanˌstalt** *f* sanatorium, *Am. auch* sanitorium, sanitarium.

Ku·rant [kuˈrant] *econ. obs.* **I** *n* ⟨-(e)s; -e⟩ coin possessing face value. – **II k~** current.

Ku·ra·re [kuˈraːrə] *n* ⟨-(s); *no pl*⟩ *cf.* Curare.

ˈ**Kurˌarzt** *m* doctor (*od.* physician) of a health resort (*od.* spa).

Kü·raß [ˈkyːras] *m* ⟨-sses; -sse⟩ **1.** (*Brustharnisch*) cuirass, breastplate. – **2.** *mil. hist.* lorica. — **Kü·ras·sier** [kyraˈsiːr] *m* ⟨-s; -e⟩ *mil. hist.* cuirassier.

Ku·rat [kuˈraːt] *m* ⟨-en; -en⟩ *röm.kath.* curate.

Ku·ra·tel [kuraˈteːl] *f* ⟨-; -en⟩ **1.** *jur. obs.* guardianship: unter ~ stehen to be in the custody of a guardian, to be in ward; j-n unter ~ stellen to put s.o. under guardianship. – **2.** *colloq.* (*in Wendungen wie*) unter ~ stehen to be in leading strings (*colloq.*).

Ku·ra·tie [kuraˈtiː] *f* ⟨-; -n [-ən]⟩ *röm.kath.* curacy.

Ku·ra·tor [kuˈraːtɔr] *m* ⟨-s; -en [-raˈtoːrən]⟩ **1.** *jur.* a) *archaic od. Austrian* (*Vormund*) guardian, curator, b) *Austrian* trustee. – **2.** *ped.* (*in Universitätsverwaltung*) curator. – **3.** (*einer Stiftung etc*) trustee.

Ku·ra·to·ri·um [kuraˈtoːrĭum] *n* ⟨-s; -rien⟩ **1.** (*Aufsichtsbehörde*) curatory, board of trustees. – **2.** (*Ausschuß*) committee. – **3.** (*Treuhandverwaltung*) trusteeship.

ˈ**Kur|ˌauf·entˌhalt** *m* stay at a health resort (*od.* spa). — **~ˌbad** *n* **1.** (*Ort*) spa, baths *pl.* – **2.** (medicinal) bath.

ˈ**Kurˌbay·ern** *n* ⟨-s; *no pl*⟩ *hist.* the Electorate of Bavaria.

Kur·bel [ˈkurbəl] *f* ⟨-; -n⟩ **1.** (*an Fenster, Kamera etc*) handle, crank. – **2.** (*in Straßenbahn*) handle: der Fahrer bediente die ~ the driver turned (*od.* cranked) the handle. – **3.** *tech.* crank (handle). – **4.** *auto.* crank handle. – **5.** *print.* (*an Abziehpresse*) rounce. — **~ˌanˌtrieb** *m* crank drive. — **~ˌarm** *m* crank arm (*od.* web). — **~ˌfen·ster** *n auto.* crank-operated (*od.* crank-down, roll-up) window. — **~geˌhäu·se** *n tech.* crankcase. — **~geˌtrie·be** *n* crank mechanism. — **~ˌhe·bel** *m* crank lever. — **~inˌduk·tor** *m electr.* hand generator, magneto generator, crank inductor.

kur·beln [ˈkurbəln] **I** *v/i* ⟨h⟩ **1.** crank, turn a crank (*od.* handle). – **2.** *colloq.* turn (*od.* struggle with) the steering wheel. – **II** *v/t* **3.** etwas in die Höhe ~ to wind s.th. up. – **4.** *colloq.* (*Film, Szene etc*) shoot. – **5.** *colloq.* (*sport*) (*Runden beim Radrennen*) do. – **6.** *colloq.* (*Zigarette*) roll.

ˈ**Kur·bel|ˌpres·se** *f tech.* crank press. — **~ˌschie·beˌdach** *n auto.* crank-operated sliding roof. — **~ˌschwin·ge** *f tech.* rocker (*od.* crank) arm. — **~ˌschwin·genˌanˌtrieb** *m* crank mechanism. — **~ˌstan·ge** *f cf.* Pleuelstange. — **~ˌtrieb** *m* crank mechanism (*od.* gear). — **~ˌwan·ge** *f* crank cheek (*od.* web), crankshaft cheek. — **~ˌwel·le** *f* crankshaft: fünffach gelagerte ~ five-bearing crankshaft. — **~ˌwel·lenˌla·ger** *n* crankshaft (main) bearing. — **~ˌzap·fen** *m* crankpin.

Kur·bet·te [kurˈbɛtə] *f* ⟨-; -n⟩ (*in der Hohen Schule*) courbette, curvet, vault. — **kur·betˈtie·ren** [-ˈtiːrən] *v/i* ⟨*no* ge-, sein⟩ curvet.

Kür·bis [ˈkyrbɪs] *m* ⟨-ses; -se⟩ **1.** *bot.* a) (*Pflanze u. Frucht*) pumpkin, cucurbit, squash, vegetable marrow (*Cucurbita pepo*), b) *cf.* Flaschen-, Riesenkürbis. – **2.** *fig. sl.* (*Kopf*) noggin, 'nut', 'loaf' (*alle sl.*), *Am. sl.* 'bean'. — **~ˌbaum** *m bot. cf.* Kalebassenbaum. — **~ˌfla·sche** *f* gourd (bottle). — **~geˌwäch·se** *pl bot.* gourd family *sg*, cucurbitaceae (*scient.*) (*Fam. Cucurbitaceae*). — **~ˌkern** *m* kernel (*od.* seed, pip) of a pumpkin (*od.* squash). — **~ˌsup·pe** *f gastr.* vegetable marrow soup.

ˈ**Kurˌbran·denˌburg** *n* ⟨-s; *no pl*⟩ *hist.* the Electorate of Brandenburg.

Kur·de [ˈkurdə] *m* ⟨-n; -n⟩ Kurd.

ˈ**Kur|di·rek·tiˌon** *f* **1.** management of a health resort (*od.* spa). – **2.** office(s *pl*) of the 'Kurdirektion'. — **~diˌrek·tor** *m* manager of a health resort (*od.* spa).

ˈ**kur·disch I** *adj* Kurd(ish). – **II** *ling.* **K~** ⟨*generally undeclined*⟩, **das K~e** ⟨-n⟩ Kurd(ish), the Kurd(ish) language.

kü·ren [ˈkyːrən] *v/t* ⟨kürte, *rare* kor, gekürt, *rare* gekoren, h⟩ *obs. od. poet. cf.* kiesen.

Kü·ret·ta·ge [kyrɛˈtaːʒə] *f* ⟨-; -n⟩ *med.* [curettage.]

Kü·ret·te [kyˈrɛtə] *f* ⟨-; -n⟩ *med.* curette. — **kü·retˈtie·ren** [-ˈtiːrən] *v/t* ⟨*no* ge-, h⟩ (*ausschaben*) curette.

ˈ**Kurˌfürst** *m* ⟨-en; -en⟩ *hist.* elector, prince elector: der Große ~ the Great Elector.

ˈ**Kurˌfür·stenˌhut** *m hist.* electoral crown.

ˈ**Kurˌfür·sten·tum** *n* ⟨-s; ⸚er⟩ *hist.* electorate.

ˈ**Kurˌfür·stin** *f* ⟨-; -nen⟩ *hist.* electress.

ˈ**kurˌfürst·lich** *adj hist.* electoral.

ˈ**Kur|ˌgar·ten** *m cf.* Kurpark. — **~ˌgast** *m* **1.** visitor at a health resort (*od.* spa). – **2.** *colloq.* tourist. — **~ˌhaus** *n* **1.** spa, *Br. auch* hydro. – **2.** casino at a health resort (*od.* spa). – **3.** *cf.* Kuranstalt.

ˈ**Kurˌhes·sen** *n* ⟨-s; *no pl*⟩ the Electorate of Hesse.

ˈ**Kur·hoˌtel** *n* health-resort hotel.

ku·ri·al [kuˈrĭaːl] *adj auch röm.kath.* curial.

Ku·riˈatˌstim·me [kuˈrĭaːt-] *f archaic* plural vote.

Ku·rie [ˈkuːrĭə] *f* ⟨-; -n⟩ **1.** *röm.kath.* curia, *auch* Curia: die Römische ~ (*päpstlicher Hof*) the Roman Curia, the papal Court. – **2.** *pol. hist.* (*in Italien*) curia. – **3.** *antiq.* (*röm. Senatsgebäude*) curia.

ˈ**Ku·ri·en·kar·diˌnal** *m röm.kath.* cardinal of the Roman Curia.

Ku·rier [kuˈriːr] *m* ⟨-s; -e⟩ **1.** messenger, courier: ~ im diplomatischen Dienst courier in the diplomatic service, diplomatic courier; Briefe durch (*od.* mit dem) ~ schicken to send letters by (the diplomatic) courier. – **2.** *cf.* Kuriergepäck 1. – **3.** (*Briefe*) diplomatic mail. — **~abˌtei·lung** *f pol.* Foreign Messengers' Service.

ku·rie·ren [kuˈriːrən] **I** *v/t* ⟨*no* ge-, h⟩ (*Kranken*) cure: j-n von seinem Leiden ~ to cure s.o. of his suffering; j-n von seinen Vorurteilen ~ *fig.* to cure s.o. of his prejudice(s). – **II** *v/reflex* sich (selbst) ~ to cure oneself.

Kuˈrier|ˌflugˌzeug *n* courier aeroplane (*Am.* airplane). — **~geˌpäck** *n* **1.** diplomatic bag. – **2.** diplomatic luggage. — **~ˌstel·le** *f pol.* Foreign Messengers' Office.

kuˈriert I *pp.* – **II** *adj* cured: mein Magen ist ~ my stomach is cured; davon bin ich gründlich ~ *fig.* I am thoroughly cured of that, I am cured of that for good (*od.* ever).

ku·ri·os [kuˈrĭoːs] **I** *adj* (*Dinge, Einfall etc*) curious, strange, odd, queer: ~er Kauz *colloq.* queer (*bes. Br.* rum) fellow (*colloq.*). – **II** *adv* strangely, in an odd way: er hat sich ~ benommen he behaved (very) strangely. – **III K~e, das** ⟨-n⟩ (*in Wendungen wie*) das K~ an der Sache war, daß the curious (*od.* strange) thing about it all was that.

Ku·rio·siˈtät [-rĭoziˈtɛːt] *f* ⟨-; -en⟩ **1.** ⟨*only sg*⟩ strangeness, oddness, queerness. – **2.** ⟨*only sg*⟩ (*in Wendungen wie*) etwas (nur) der ~ halber erzählen *colloq.* to tell s.th. (just) for the novelty (*od.* fun) of it, to tell s.th. (just) for fun (*od. colloq.* kicks). – **3.** (*Gegenstand*) curiosity, curio: ~en sammeln to collect curios.

Ku·rio·siˈtä·ten|ˌhänd·ler *m* dealer in curiosities (*od.* curios). — **~ka·biˌnett** *n* curio gallery.

Ku·rio·sum [kuˈrĭoːzum] *n* ⟨-s; -sa [-za]⟩ **1.** curiosity, freak, curious thing (*od.* fact): dieses Ereignis stellte ein ~ in der Geschichte unserer Familie dar this occurrence represented something unique in the history of our family. – **2.** *colloq.* (*Person*) curiosity, freak, curious person: er ist ein rechtes ~ he is a really curious person (*od. colloq.* strange fellow).

ˈ**Kur|kaˌpel·le** *f* band in a health resort (*od.* spa), spa orchestra. — **~ˌkar·te** *f* health-resort (*od.* spa) visitor's pass.

ˈ**Kurˌköln** *n* ⟨-s; *no pl*⟩ *hist.* the Electorate of Cologne.

ˈ**Kur·konˌzert** *n* concert of the spa orchestra.

Kur·ku·ma [ˈkurkuma] *f* ⟨-; -men [-ˈkuːmən]⟩ *bot.* curcuma (*Gattg Curcuma*): Lange ~ tu(r)meric (*C. longa*). — **~ˌgelb** *n chem. cf.* Kurkumin. — **~paˌpier** *n* turmeric (*auch* curcuma) paper.

Kur·ku·min [kurkuˈmiːn] *n* ⟨-s; *no pl*⟩ *chem. gastr.* curcumin, tu(r)meric yellow ($C_{21}H_{20}O_6$).

ˈ**Kür|ˌlauf** *m* (*sport*) *cf.* Kür 1a, b. — **~ˌläu·fer** *m* **~ˌläu·fe·rin** *f* a) free skater, b) free (roller) skater.

ˈ**Kurˌmainz** *n* ⟨-; *no pl*⟩ *hist.* the Electorate of Mainz (*od.* Mayence).

ˈ**Kurˌmark** *f* ⟨-; *no pl*⟩ *hist.* the Electorate of the Mark of Brandenburg.

ˈ**Kur|ˌort** *m* **1.** health resort. – **2.** (*Bad*) spa, watering place. — **~ˌpackung** (*getr.* -k·k-) *f med. pharm.* large size for full course of (medicinal) treatment. — **~ˌpark** *m* park of a health resort (*od.* spa).

ˈ**Kurˌpfalz** *f* ⟨-; *no pl*⟩ *hist.* the Electorate of the Palatinate.

ˈ**kurˌpfu·schen** *v/i* ⟨h⟩ *contempt.* play the quack (*od.* charlatan), quack. — ˈ**Kurˌpfu·scher** *m* quack (doctor), charlatan, medicaster. — ˌ**Kur·pfu·scheˈrei** *f* quackery, charlatanism, charlatanry.

ˈ**Kur·pro·meˌna·de** *f* promenade at a spa.

Kur·re [ˈkurə] *f* ⟨-; -n⟩ **1.** *mar.* (*Grundschleppnetz*) trawl. – **2.** *zo.* a) gray (*bes. Br.* grey) gurnard (*Trigla gurnardus*), b) *cf.* Truthahn 1.

Kur·ren·da·ner [kurɛnˈdaːnər] *m* ⟨-s; -⟩ **1.** *relig.* member of a youth choir. – **2.** *hist.* member of a 'Kurrende'.

Kur·ren·de [kuˈrɛndə] *f* ⟨-; -n⟩ **1.** *relig.* boys' choir. – **2.** *hist. poor schoolboys' choir singing before houses for alms*: ~ singen to go singing before houses for alms.

Kurˈrentˌschrift [kuˈrɛnt-] *f* **1.** *obs.* running (*od.* cursive) hand(writing) (*od.* script). – **2.** *bes. Austrian* angular German handwriting (*od.* script).

Kur·ri·ku·lum [kuˈriːkulum] *n* ⟨-s; -la [-la]⟩ **1.** *ped.* (*Lehrplan*) curriculum. – **2.** *archaic for* Lebenslauf 2.

ˈ**Kurrˌlei·ne** [ˈkur-] *f* ⟨-; -n⟩ *mar.* (*zum Fischen*) trawl (*od.* towing) warp.

Kurs [kurs] *m* ⟨-es; -e⟩ **1.** *mar. aer.* (*Fahrtrichtung*) course: mißweisender (*od.* magnetischer) ~ magnetic course; rechtweisender ~ true course; den ~ absetzen to set (*od.* shape, lay down, prick off, chart, plot) the course; den ~ berechnen to calculate the course; den ~ ändern to change (*od.* alter) course; den ~ beibehalten to hold (*od.* keep, stand on) course; wahrer ~ true course made good; ~ haben nach to head (*od.* steer) for; ~ nehmen auf to lay up for; das Schiff geht auf ~ the ship sets course; geraden ~ steuern to steer a straight course; einen falschen ~ einschlagen a) to take the wrong course, b) (*von Segelboot*) to take the wrong tack; den ~ einhalten to keep (*od.* stay) on course; vom ~ abbiegen (*od.* abweichen) to go off course. – **2.** *fig.* policy, line, course: harter [weicher] ~ hard [soft] line; die neue Regierung wird nicht bei dem bisherigen ~ bleiben the new government will not stick to the present line; der agrarpolitische ~ der Regierung the government's agricultural policy, the government's line on agriculture; einen neuen ~ einschlagen to take (*od.* go off on) a new line (*od.* tack). – **3.** *econ.* a) (*von Devisen*) rate (of exchange), exchange rate, b) (*von Wertpapieren*) (stock *od.* market) price, rate, quotation, c) (*Umlauf*) circulation: nomineller ~ nominal price; zum ~ von at the rate of; unter dem ~ below parity (rate); amtlicher (*od.* amtlich notierter) ~ official (exchange) rate (*od.* rate of exchange); zum gegenwärtigen ~ at the present rate (of exchange); zum mittleren ~ at parity (rate), at the average rate; den ~ beeinflussen to influence (*od.* affect) the rate (of exchange); den ~ stützen to support the (official) rate (of exchange); die ~e bröckeln ab the prices are easing off (*od.* retreating); die ~e fallen [steigen] prices are falling [rising]; die ~e ziehen an [geben nach] prices are hardening [softening]; ~e notieren to quote prices; die ~e stabilisieren to stabilize prices (on the stock exchange); die ~e in die Höhe treiben to force prices upward(s), to bull shares; auf die ~e drücken to depress prices, to bear shares; diese Münzen sind außer ~ gesetzt, diese Münzen sind nicht mehr im ~ these coins are out of currency, these coins have been withdrawn from circulation; hoch im ~ stehen a) (*von Aktien etc*) to be high, b) *fig.* (*von Modeartikeln etc*) to be in fashion, to be popular, c) *fig.* (*von Person*) to be popular, to be in favor (*bes. Br.* favour), d) *fig.* (*von Eigenschaften*) to be regarded highly; bei j-m hoch im ~ stehen *fig.* a) (*von Person*) to be in (high) esteem (*od.* favo[u]r) with s.o., to be in s.o.'s good books (*colloq.*), b) (*von Sachen*) to be popular with s.o., to be s.o.'s latest thing (*od.* rage) (*colloq.*). – **4.** *ped. cf.* Kursus.

'Kurˌsaal *m* kursaal, assembly room in a health resort (*od.* spa).

'Kurs|ˌabˌschlag *m econ.* (*bei Aktien etc*) fall (*od.* drop) in share prices and bond quotations. — **~ˌabˌwei·chung** *f aer. mar.* deviation (from the course).

'Kurˌsach·sen *n* ⟨-s; *no pl*⟩ *hist.* the Electorate of Saxony.

'Kur·saiˌson *f* season (at a health resort *od.* spa).

'Kurs|ˌän·de·rung *f* **1.** *aer. mar.* change (*od.* alteration) of course. – **2.** *econ.* (*von Währungen*) change of exchange rate. – **3.** *fig. pol.* change of policy (*od.* line). — **~ˌan-ˌga·be** *f econ.* statement of rate (of exchange). — **~ˌanˌglei·chung** *f* adjustment of rates (of exchange). — **~ˌanˌstieg** *m* rise in quotations (*od.* rates), increasing prices *pl*, advance. — **~avan·cen** [-ˀaˌvɑ̃ː-sən] *pl Swiss* (*an der Börse*) (price) advances. — **~beˌginn** *m ped.* commencement of classes. — **~beˌricht** *m econ. cf.* Kurszettel. — **~ˌbes·se·rung** *f* improvement in price, gain. — **~beˌwe·gung** *f* price movement. — **~ˌblatt** *n econ. cf.* Kurszettel. — **~ˌbuch** *n* (*railway*) railroad (*Br.* railway) time table (*Br.* time-table) (*od.* guide).

Kürsch [kʏrʃ] *n* ⟨-(e)s; *no pl*⟩ *her.* (*Pelzwerk*) fur (on coat of arms), heraldic fur.

Kürsch·ner ['kʏrʃnər] *m* ⟨-s; -⟩ **1.** furrier, skinner. – **2.** *zo.* fur beetle (*Attagenus pellio*). — **~ˌar·beit** *f* **1.** furrier's work. – **2.** *pl* furrier's articles (*od.* goods), furs and skins.

Kürsch·ne'rei *f* ⟨-; -en⟩ **1.** furrier's trade. – **2.** furrier's work(shop), furriery, skinnery.

'Kurs|dif·feˌrenz *f econ.* difference between exchange rates. — **~ˌdruck** *m* pressure on the price (of stocks, of foreign exchange). — **~ˌeinˌbruch** *m* fall in prices. — **~ˌeinˌbu·ße** *f cf.* Kursverlust. — **~entˌwick·lung** *f* **1.** (*von Devisen*) development (*od.* trend) of exchange rates. – **2.** (*von Aktien*) price trend, (*bes. von Rentenwerten*) trend of quotations. — **~ˌfe·sti·gung** *f* consolidation of prices. — **~ˌfestˌset·zung** *f* fixing (*od.* setting) of rate (of exchange). — **~-ˌfestˌstel·lung** *f* **1.** fixing of exchange rates. – **2.** fixing of stock prices. — **~ˌfunk-ˌfeu·er** *n aer.* radio range. — **~geˌfü·ge** *econ. n* **1.** (*von Wertpapieren*) price (*od.* rate) structure. – **2.** (*von Devisen*) exchange-rate structure. — **~geˌwinn** *m* **1.** (*von Devisen*) exchange profits *pl.* – **2.** (*von Wertpapieren*) (price) gains *pl* (*od.* advances *pl*).

kur·sie·ren [kʊr'ziːrən] **I** *v/i* ⟨*no* ge-, h⟩ **1.** circulate, be in circulation: die neuen Münzen ~ schon the new coins are already in circulation; das Buch kursierte in der ganzen Klasse *fig.* the book circulated round the class; Gerüchte ~ über seine Vergangenheit *fig.* rumo(u)rs are circulating (*od.* going round) about his past. – **II K~** *n* ⟨-s⟩ **2.** *verbal noun.* – **3.** (*des Geldes*) circulation. — **kur'sie·rend I** *pres p.* – **II** *adj* in circulation: ~es Geld money in circulation, currency.

Kur·sist [kʊr'zɪst] *m* ⟨-en; -en⟩ *ped. obs. for* Kursteilnehmer.

kur·siv [kʊr'ziːf] *adj* **1.** *print.* italic, *auch* Italic: etwas ~ drucken to print s.th. in italics, to italicize (*Br. auch* -s-) s.th. – **2.** (*Handschrift*) cursive.

Kur·si·ve [kʊr'ziːvə] *f* ⟨-; -n⟩, **Kur'siv-ˌschrift** *f print.* italic (type): einen Satz in ~ setzen to set a sentence in italics, to italicize (*Br. auch* -s-) a sentence.

'Kurs|kor·rekˌtur *f* **1.** *aer. mar.* correction of course: sie mußten eine ~ vornehmen they had to correct the course. – **2.** *econ.* corrective price adjustment (*od.* movement). — **~ˌlei·ter** *m ped.* course leader (*od.* director). — **~ˌmak·ler** *m econ.* official broker entrusted with the fixing of stock prices. — **~noˌtie·rung** *f* **1.** (*von Wertpapieren*) quotation, (stock *od.* equity) price. – **2.** (*von Devisen*) exchange (rate).

kur·so·risch [kʊr'zoːrɪʃ] **I** *adj* cursory: ~es Lesen cursory (*od.* hasty) reading; er gab einen ~en Überblick he gave a cursory summary. – **II** *adv* etwas ~ lesen to read s.th. cursorily (*od.* hastily).

'Kurs|pa·riˌtät *f econ.* parity of rates (of exchange), exchange parity. — **~ˌpei·lung** *f aer.* course bearing. — **~ˌpfle·ge** *f econ.* support actions *pl* to eliminate fluctuations of exchange rates (*od.* stock prices). — **~re·guˌlie·rung** *f* (governmental) price support (for bonds and loans). — **~ˌri·si·ko** *n* **1.** (*von Devisen*) exchange risk. – **2.** (*an der Börse*) risk of loss on the market. — **~ˌrückˌgang** *m* **1.** (*von Devisen*) fall (*od.* decline) in the rate of exchange. – **2.** (*von Aktien*) decline (*od.* fall) in prices, declines *pl.* — **~ˌschrei·ber** *m aer. mar.* course recorder. — **~ˌschwan·kung** *f econ.* **1.** fluctuation in rates of exchange. – **2.** price fluctuation, fluctuating quotations *pl.* — **~ˌsi·che·rung** *f* rate support (*od.* guarantee), forward covering of rates. — **~-spe·ku·la·tiˌon** *f* **1.** (*von Devisen*) speculation on exchanges. – **2.** (*von Aktien*) speculation on prices (*od.* quotations). — **~sta·bi·liˌtät** *f* **1.** *econ.* a) (*von Devisen*) stability of exchange rates, b) (*von Aktien*) stability of prices. – **2.** *aer.* directional (*od.* course) stability. — **~ˌstand** *m econ.* price level. — **~ˌstei·ge·rung** *f econ.* (*von Aktien*) rise of prices, price advance, advances *pl.* — **~ˌsturz** *m* **1.** (*von Devisen*) sudden decline in the exchange rate. – **2.** (*von Aktien*) sudden fall in prices; 'nose dive', slump (*sl.*). — **~ˌstüt·zung** *f* support of prices, price pegging. — **~taˌbel·le** *f* table of exchanges. — **~ˌteilˌneh·mer** *m ped.* participant in a course (of study). — **~ˌtrei·ber** *m econ.* rigger. — **~trei·be'rei** [ˌkʊrs-] *f* market rigging.

Kur·sus ['kʊrzʊs] *m* ⟨-; Kurse⟩ **1.** course, class: einen ~ abhalten [ansetzen, leiten] to hold [to plan, to lead] a course; einen ~ für Spanisch besuchen to attend a course (*od.* classes) in Spanish, to attend Spanish classes; einen ~ zur fachlichen Fortbildung besuchen [durchmachen] to attend [to take] a course of further professional (*od.* technical) education (*od.* training). – **2.** (*die Teilnehmer*) class, course.

'Kurs·verˌlust *m econ.* **1.** (*von Aktien*) loss on (*od.* drop of) stock prices. – **2.** (*von Devisen*) loss on exchange parities. — **~verˌsi·che·rung** *f* **1.** (*Auslosungsversicherung*) insurance against loss by redemption. – **2.** (*gegen Wechselkursverluste*) insurance against losses on exchange rates.

'Kurs|verˌset·zung *f* **1.** *aer.* deviation, drift. – **2.** *mar.* drift. — **~ˌwa·gen** *m* (*railway*) through coach (*Br. auch* carriage). — **~ˌwäh·ler** *m aer.* course selector. — **~-ˌwech·sel** *m econ. cf.* Kursänderung 2. — **~ˌwert** *m* market value (*od.* price), quoted value: neue Aktien im ~ von 100 Mark new shares of a quoted (*od.* cash) value of 100 marks. — **~ˌzet·tel** *m* (*an der Börse*) stock (*od.* price) list, *Br.* price-list, list of quotations. — **~ˌzuˌschlag** *m* (*an der Börse*) contango (rate).

'Kürˌtanz *m* (*sport*) free-dance.

'Kurˌta·xe *f* visitor's tax (at a health resort *od.* spa).

Kur·ti·ne [kʊr'tiːnə] *f* ⟨-; -n⟩ **1.** *mil. hist.* (*Zwischenwall*) curtain. – **2.** *Austrian* (*theater*) safety curtain.

Kur·ti·sa·ne [kurti'zaːnə] *f* ⟨-; -n⟩ courtesan, *auch* courtezan.

'Kurˌtrier *n* ⟨-s; *no pl*⟩ *hist.* the Electorate of Trier.

'Kür|ˌtur·nen *n* (*sport*) Kür 1c. — **~-ˌübung** *f* optional (*od.* free) exercise.

ku·ru·lisch [ku'ruːlɪʃ] *adj antiq.* (*Beamter, Ädil etc*) curule: ~er Stuhl curule chair.

Kur·va·tur [kurva'tuːr] *f* ⟨-; -en⟩ *bes. med.* curvature.

Kur·ve ['kʊrvə] *f* ⟨-; -n⟩ **1.** (*einer Straße etc*) bend, curve, turn, corner: eine scharfe [überhöhte, unübersichtliche] ~ a sharp [banked, blind] bend; „Achtung, ~!" "(caution), dangerous curve!" die ~ schneiden to cut the curve; die ~ ausfahren to follow the corner round; durch (*od.* um) eine ~ fahren to go (*od.* drive) through a corner (*od.* round a bend); die Straße hat (*od.* macht) viele ~n the road has many curves, the road is very twisty; der Fahrer nahm die ~ mit hoher Geschwindigkeit, der Fahrer ging mit hoher Geschwindigkeit in die ~ the driver took the curve at (a) high speed; der Wagen wurde aus der ~ getragen (*od.* geschleudert), der Wagen flog aus der ~ the car went off (*od.* left) the road in (*od.* on) the bend (*od.* corner), the car was flung (*od.* hurled) out of the bend; die ~ kratzen *colloq.* a) to zip through a corner (*colloq.*), b) *fig.* to slip away (*od.* off), to make tracks (*colloq.*); du hast die ~ noch nicht weg (*od.* [he]raus) *fig. colloq.* you haven't got the knack (*od.* hang) of it yet; er kriegt die ~ nie *fig. colloq.* a) he'll never get round to it, b) he'll never make the grade. – **2.** *aer.* curve: das Flugzeug ging (*od.* legte sich) in die ~ the plane banked; zu schräg in die ~ gehen to overbank; eine ~ fliegen to do a banking turn. – **3.** *math.* curve: normale [transzendente] ~ normal [mechanical] curve; ~ zweiter Ordnung curve of the second degree (*od.* order), quadratic curve; geschlossene ~ contour; eine ~ berechnen [zeichnen] to calculate [to draw] a curve. – **4.** (*in der Statistik etc*) curve, graph, diagram: die Statistik zeigt für die Jugendkriminalität eine abfallende ~ juvenile delinquency statistics (*od.* figures) show a decline (*od.* decrease). – **5.** (*eines Geschosses etc*) curve. – **6.** *tech.* (*Steuerkurve*) cam. – **7.** sie hat ausgeprägte ~n *fig. colloq.* she has ample contours (*od.* pronounced curves), she is curvaceous (*auch* curvacious) (*colloq.*).

kur·ven ['kʊrvən] *v/i* ⟨sein⟩ **1.** *aer.* a) circle, (*mit Schräglage fliegen*) bank: das Flugzeug kurvt über dem Flugplatz the aeroplane is circling over the airport. – **2.** *colloq.* (*in Wendungen wie*) er kurvt den ganzen Tag durch die Gegend he drives (*od. sl.* tools) around all day; er kurvte mit hohem Tempo um die Ecke he drove round (*od.* he rounded) the corner at (a) high speed.

'Kur·ven|ˌbo·gen *m math.* arc of a curve. — **~erˌhö·hung** *f* **1.** *tech.* cam lobe. – **2.** *civ.eng.* (*einer Straße*) bank. — **~ˌfah·ren** *n auto.* cornering, taking of corners: schnelles ~ ist gefährlich fast cornering is dangerous, it is dangerous to take corners at (a) high speed. — **~ˌfe·stig·keit** *f* cornering stability, lateral sway stability. — **~ˌform** *f* form of a curve. — **k~ˌför·mig** *adj* curved; curviform, curvilinear (*scient.*). — **k~ˌgän·gig** *adj* (*mining*) (*Förderer*) curving. — **~ge-ˌtrie·be** *n tech.* cam mechanism. — **~-ˌglei·chung** *f math.* equation of a curve. — **~ˌho·beln** *n tech.* radius- (*od.* cam-)planing. — **~ˌla·ge** *f* **1.** *auto.* cornering characteristics *pl.* – **2.** *aer.* bank. — **~li·neˌal** *n* (*Zeichengerät*) (French) curve. — **~ˌmes·ser** *m geogr.* opisometer. — **~ˌnei·gung** *f auto.* (car) roll. — **k~ˌreich** *adj* **1.** (*Straße etc*) full of curves (*od.* bends), winding, twisty: „~e Strecke auf 3 km" (*Warnschild*) "curves (*od.* bends) for 3 km"; die Strecke war sehr ~ the road was very twisty. – **2.** *fig. colloq.* (*Figur*) curvaceous, *auch* curvacious, curvy, shapely. — **~ˌschar** *f math.* family of curves. — **~ˌschei·be** *f tech.* disk (*od.* disc) cam, plate (*od.* peripheral) cam. — **~ˌschnei·den** *n auto.* cutting (of) corners. — **~ˌschrei·ber** *m* (*computer*) curve plotter. — **~segˌment** *n math.* segment of a curve. — **~ˌsi·cher·heit** *f auto.* cornering safety. — **~ˌtech·nik** *f* technique in curves, cornering technique: er hat (*od.* verfügt über) eine gute ~ he takes corners (*od.* curves) well.

'Kur·verˌwal·tung *f* administration of a health resort (*od.* spa).

'kur·vig *adj* **1.** *cf.* kurvenförmig. – **2.** *cf.* kurvenreich 1.

Kur·vi·me·ter [kʊrvi'meːtər] *n* ⟨-s; -⟩ *geogr. cf.* Kurvenmesser. — **Kur·vi·me'trie** [-me'triː] *f* ⟨-; *no pl*⟩ measuring of (the length of) curves.

ˈKurˌwür·de *f hist.* electorate, electorship.

kurz [kurts] **I** *adj* ⟨"er; "est⟩ **1.** (*Faden, Hals, Beine etc*) short: **eine ~e Taille** a short waist; **~e Hosen** a) short trousers (*Am. auch* pants), b) shorts; **ein Kleid kürzer machen** to shorten a dress, to make a dress shorter; **sie trägt das Haar ~, sie hat ~e Haare** she wears her hair short; **er nahm einen ~en Anlauf** he took a short run-up; **j-m in ~er Entfernung folgen** to follow s.o. at a short distance; **den kürzesten Weg wählen** (*od.* **einschlagen**) to take the shortest way; **der kürzeste Weg ist nicht immer der beste** (*Sprichwort*) the shortest way is not always the best; **~e Strecken laufen** (*sport*) to run short distances; **ein Pferd am ~en Zügel führen** to lead a horse on a tight rein; **die Zügel ~ nehmen** to shorten the rein; **eine Ziege ~ anbinden** to tether a goat to a short chain; **etwas [alles] ~ und klein schlagen** *fig. colloq.* to smash s.th. [everything] to pieces (*od.* bits, smithereens), to make matchwood of s.th. [everything]; **er zog den kürzeren** *fig.* he came off second-best (*od.* badly); → Ärmel; Kopf 1. – **2.** (*Besuch, Gespräch, Pause etc*) short, brief: **die Tage werden kürzer** days are getting shorter; **das war ja ein ~es Vergnügen** that was nice while it lasted, that was a short-lived pleasure; **~e Zeit nach [vor] dem Ereignis** a short time (*od.* shortly) after [before] the event; **eine ~e Zeit lang** for a short while; **nach ~em Verschnaufen ging er weiter** after a brief rest he went on; **nach ~em Zögern** after hesitating for a moment; **ihr Glück war von ~er Dauer** their happiness was brief (*od.* short-lived); **auf** (*od.* **für**) **~e Dauer verreisen** to go away for a short time; **in [nach] ~er Zeit** in [after] a short time (*od.* while); **etwas in kürzerer Zeit schaffen** to accomplish s.th. in less time; **in kürzester Zeit** in the shortest time (possible), in no time; **die Zeit ist mir ~ geworden** time passed (*od.* went by) quickly; **ein ~es Gedächtnis haben** *fig. colloq.* to have a short (*od.* bad) memory; **er hat einen ~en Atem** a) he is short of breath, he is short-winded, b) *fig.* he has no staying power, he can't stick to anything long. – **3.** (*Aufsatz, Anzeige, Brief etc*) short, brief: **ein ~er Abriß** a brief (*od.* concise) outline; **eine ~e Übersicht über** (*acc*) **etwas** a brief survey of s.th.; **die kürzeste Fassung des Textes** the briefest version of the text; **etwas in** (*od.* **mit**) **ein paar ~en Worten sagen [erklären]** to say [to explain] s.th. briefly (*od.* in a few words); **~en Prozeß mit etwas [j-m] machen** *fig.* to make short work of s.th. [s.o.], not to waste much time on s.th. [s.o.]; **mach's (bitte) ~!** *colloq.* make it short! be brief! → Bericht 1; lang 4. – **4.** *fig.* (*rasch*) quick: **er faßte einen ~en Entschluß** he came to a quick decision; **der Abschied war ~ und schmerzlos** the parting was quick and without (great) fuss. – **5.** *fig.* (*schroff*) short, curt, brusque: **er war sehr ~ am Telephon** he was very curt on the telephone; **ihre Antwort war ~ und unfreundlich** her answer was curt and unkind. – **6.** (*Gruß, Verbeugung etc*) curt. – **7.** (*Nicken etc*) brief, quick: **sie warf ihm einen ~en Blick zu** she gave him a brief glance. – **8.** (*Ausruf, Windstoß etc*) sudden. – **9.** *econ.* short: **Wechsel auf ~e Sicht** bill of exchange at short sight, short-dated bill. – **10.** *mus.* (*Vorschlag*) short. – **11.** *mar.* (*See*) short, choppy. – **12.** *ling.* (*Silben, Vokale*) short. – **13.** *phys.* (*radio*) (*Wellen*) short. – **14.** (*substantiviert mit Kleinschreibung*) **die Folgen zeigten sich binnen ~em** the consequences became noticeable within a short time (*od.* soon became noticeable); **der Unfall ist erst vor ~em geschehen** the accident happened only recently; **bis vor ~em lag er noch im Krankenhaus** until quite recently (*od.* a short time ago) he was still (lying) in (the) hospital; **das ist hier seit ~em üblich** this has been common here for a short time (*od.* some little time). – **II** *adv* **15.** short: **er sprang [schoß, warf] zu ~** he jumped [shot, threw] too short; **sie ist zu ~ gekommen** *fig. colloq.* a) (*hat zu wenig erhalten*) she got (*od.* came) off badly, b) (*ist dumm*) she is short of brains, she has not been overblessed with intelligence; **er fürchtet immer, er könnte zu ~ kommen** *fig. colloq.* he is always afraid he might be done out of s.th.; **du wirst schon nicht zu ~ kommen** *fig. colloq.* don't worry you'll get your (fair) share. – **16.** just, a little (way): **~ hinter dem Fluß** a little way beyond the river; **~ vor uns geschah der Unfall** the accident occurred just in front (*od.* a little way ahead) of us; **er brach ~ vor dem Gipfel zusammen** he collapsed not far below (*od.* from) the summit. – **17.** (*zeitlich*) short, brief(ly): **~ anhalten** to stop briefly; **er schaute ~ bei uns herein** he popped in for a short (*od.* quick) visit; **j-n ~ vorher benachrichtigen** to give s.o. short notice; **die Sitzung war zu ~ vorher anberaumt worden** the meeting was held at too short notice; **das Fest [schöne Wetter] dauerte nur ~** the party [fine weather] didn't last long; **er steht ~ vor dem Bankrott** he is almost bankrupt; **~ vorher** (*od.* **zuvor**) shortly before (*od.* beforehand); **~ danach** (*od.* **darauf**) shortly afterwards (*od.* after that); **sich ~ ausruhen** to rest briefly, to take a short rest; **~ vor [nach] 7 Uhr** shortly before [after] seven (o'clock); **über ~ oder lang** sooner or later; **~ vor Torschluß** *fig. colloq.* at the last moment. – **18.** (*knapp, bündig*) brief(ly): **etwas ~ zusammenfassen** to recapitulate (*od. colloq.* recap) s.th. briefly, to give a brief (*od.* short) summary of s.th.; **~ und gut** in short, to cut (*od.* make) a long story short, in a few words, in a nutshell; **~ und gut, du hast dich geirrt** in a word (*od.* in short), you were wrong; **etwas ~ und bündig** (*od.* **klar**) **sagen** to tell s.th. outright (*od.* briefly and clearly, straight out, concisely); **etwas ~ andeuten** to indicate s.th. briefly; **der Sinn dieser Arbeit ist, ~ gesagt, den Armen zu helfen** the idea behind this work is, in a word, to help the poor; **ich werde mich ~ fassen** I shall be brief (*od.* concise); **fasse dich ~!** please be brief! please make it short! – **19.** *fig.* (*schroff*) curtly, brusquely: **er antwortete ~ angebunden** he answered curtly; **j-n ~ abweisen** to dismiss s.o. brusquely (*od.* abruptly); **etwas ~ abschlagen** to refuse s.th. flatly; **etwas ~ abtun** to treat s.th. curtly, to give short shrift to s.th.; **etwas ~ von der Hand weisen** to reject s.th. out of hand; **j-n ~ abfertigen** *colloq.* to be brusque (*od.* short) with s.o., to cut s.o. short; **er ließ sie ~ abfahren** *colloq.* he gave her short shrift. – **20.** (*rasch*) quickly: **sich ~ entschließen** to resolve quickly, to take a sudden decision; **~ entschlossen fuhr er nach London** he made up his mind quickly (*od.* on the spot) and went to London; **er erledigte das ~ und schmerzlos** he settled it quickly and painlessly; **um es ~ zu machen** to be brief, to put it briefly; **er brach die Beziehungen ~ ab** he suddenly (*od.* abruptly) broke off relations.

ˈKurz|ˌar·beit *f econ.* short time, short-time work. — **k~ˌar·bei·ten** *v/i* ⟨*sep*, -ge-, h⟩ work (on) short time. — **~ˌar·bei·ter** *m* short-time worker, short-timer.

ˈkurzˌär·me·lig [-ˌˀɛrməlɪç] *adj* short-sleeved.

ˈkurzˌat·mig [-ˌˀaːtmɪç] *adj* **1.** short of breath, short-breathed, short-winded, puffy: **eine dicke, ~e Person** a pursy person. – **2.** *med.* asthmatic, *auch* asthmatical, dyspn(o)eic. – **3.** *vet.* (*Pferd*) broken-winded. — **ˈKurzˌat·mig·keit** *f* ⟨-; *no pl*⟩ **1.** shortness of breath, short wind, puffiness. – **2.** *med.* asthma, dyspn(o)ea. – **3.** *vet.* broken wind.

ˈKurz|ˌausˌbil·dung *f* **1.** shortened training. – **2.** *cf.* Kurzlehrgang. — **~ˌausˌga·be** *f* abridged (*od.* condensed) edition. — **k~ˌbei·nig** [-ˌbaɪnɪç] *adj* short- (*od.* duck)-legged. — **~beˌricht** *m* short (*od.* brief) report. — **~bio·graˌphie** *f* concise (*od.* short) biography (*od.* biographical sketch), *Br. auch* profile.

ˈKur·ze *m* ⟨-n; -n⟩ *electr. colloq. for* Kurzschluß 1.

Kür·ze [ˈkʏrtsə] *f* ⟨-; -n⟩ **1.** ⟨*only sg*⟩ (*von Kleid, Strecke, Haar etc*) shortness. – **2.** ⟨*only sg*⟩ (*von Besuch, Reise etc*) shortness, brevity, briefness: **die ~ der Zeit berücksichtigen** to take the shortness (*od.* the lack of) time into account; **sie wird dich in ~ aufsuchen** she'll be with you shortly (*od.* in the near future, before long); **der Bericht soll in ~ veröffentlicht werden** the report is to be published soon (*od.* shortly). – **3.** ⟨*only sg*⟩ *fig.* (*von Ausdruck, Beschreibung, Gedicht etc*) shortness, brevity: **in aller ~ berichten** to report briefly (*od.* in short); **in lakonischer ~ erzählen** to relate with laconic brevity; **der ~ halber** (*od.* **wegen**) for the sake of brevity; **in der ~ liegt die Würze** (*Sprichwort*) brevity is the soul of wit (*proverb*). – **4.** (*von Stil etc*) conciseness. – **5.** *metr.* short (syllable): **der Daktylus besteht aus einer Länge und zwei ~n** the dactyl consists of a long and two short syllables.

Kür·zel [ˈkʏrtsəl] *n* ⟨-s; -⟩ (*in Kurzschrift*) contraction, grammalogue, *Am. auch* grammalog.

kür·zen [ˈkʏrtsən] **I** *v/t* ⟨h⟩ **1.** (*Kleid, Ärmel etc*) shorten, make (*s.th.*) shorter. – **2.** (*Nägel, Haar etc*) shorten, cut (*s.th.*) (shorter). – **3.** (*Text, Rede etc*) shorten, cut (*s.th.*) (down). – **4.** (*Buch etc*) abridge, condense. – **5.** (*Löhne, Ausgaben etc*) cut (down), reduce, dock, curtail, retrench: **etwas drastisch ~** to slash s.th.; **das Haushaltsgeld ~** to cut (down) the housekeeping allowance; **einem Arbeiter den Lohn ~** to dock a worker's wages. – **6.** (*in der Kurzschrift*) shorten, contract. – **7.** *math.* reduce: **einen Bruch durch vier ~** to reduce a fraction by four, to cancel four out of a fraction. – **8.** *vet.* (*Schwanz*) dock. – **9.** *mar.* (*Segel*) shorten. – **II K~** *n* ⟨-s⟩ **10.** *verbal noun.* – **11.** *cf.* Kürzung.

kür·zer [ˈkʏrtsər] *comp of* kurz.

ˈkur·zerˈhand *adv* without hesitation (*od.* delay), on the spot, at once: **ein Gesuch ~ ablehnen** to turn a petition down without hesitation; **sie wurde ~ nach Hause geschickt** she was sent home on the spot.

ˈKurz·erˌzäh·lung *f* (*literature*) *cf.* Kurzgeschichte.

kür·zest [ˈkʏrtsəst] *sup of* kurz.

ˈKür·zeˌzei·chen *n* (*über Vokalen etc*) short sign, breve.

ˈKurz|ˌfas·sung *f* abridged (*od.* short, shortened) version. — **~ˌfilm** *m* short film (*od.* subject), 'short' (*colloq.*). — **~ˌfin·ge·rig** [-ˌfɪŋərɪç] *adj med.* short-fingered, brachydactylous (*scient.*). — **k~ˌflü·ge·lig** [-ˌflyːgəlɪç] *adj* short-winged; brachypterous, micropterous (*scient.*). — **~ˌflüg·ler** [-ˌflyːglər] *m* ⟨-s; -⟩ *zo.* **1.** rove beetle, staphylinid (*Fam. Staphylinidae*). – **2.** *pl* short-winged birds, brachypterae (*scient.*). — **~ˌform** *f* **1.** short (*od.* shortened) form: ‚Bus' ist die ~ von ‚Omnibus' 'Bus' is short for 'Omnibus'. – **2.** *cf.* Kurzfassung. — **k~ˌfri·stig** [-ˌfrɪstɪç] **I** *adj* **1.** (*Plan, Vertrag etc*) short-term (*attrib*). – **2.** *econ.* a) (*Kredit, Verpflichtungen etc*) short-term (*attrib*), b) (*Wechsel etc*) short-dated. – **3.** *meteor.* (*Wettervorhersage*) short-period (*od.* -range) (*attrib*). – **II** *adv* **4.** at short notice: **einen Besuch ~ absagen** to cancel a visit at short notice; **die Waren sind ~ lieferbar** the goods are available (*od.* ready for supply) at short notice. – **5.** temporarily, for a short period: **die Arbeit wurde ~ fortgesetzt** the work was continued for a short period.

ˈKurzˌfrist(ˌwet·ter)ˌvorˌherˌsa·ge *f meteor.* short-period (*od.* -range) (weather) forecast.

ˈkurz|geˌfaßt *adj* (*Grammatik etc*) brief, concise. — **K~geˌschich·te** *f* (*literature*) short story. — **~geˌschlos·sen** *adj electr.* short-circuited. — **~geˌschnit·ten** *adj* **1.** (*Haar etc*) close-cropped. – **2.** (*Rasen*) closely mown. — **~geˌscho·ren** *adj* **1.** (*Haar, Hundefell etc*) close-cropped. – **2.** (*Schaf etc*) closely shorn.

ˈKurz·geˌwin·de *n tech.* (*einer Schraube etc*) short thread. — **~ˌfräs·maˌschi·ne** *f* plunge-cut thread milling machine. — **~ˌschleif·maˌschi·ne** *f* plunge(-cut) thread grinder.

ˈKurzˌhaar *n* ⟨-(e)s; *no pl*⟩ *zo.* short-haired dog(s *pl*). — **~ˌdackel** (*getr.* -k·k-) *m* short-haired dachshund.

ˈkurz|ˌhaa·rig *adj* short-haired. — **~ˌhal·sig** [-ˌhalzɪç] *adj* short-necked.

ˈkurz|ˌhal·ten *v/t* ⟨*irr, sep*, -ge-, h⟩ **j-n ~** *colloq.* a) to keep a tight hand (*od.* rein) on s.o., b) (*mit Geld*) to keep s.o. short of money. — **~ˌho·len** *v/t* ⟨*sep*, -ge-, h⟩ *mar.* (*Trosse*) shorten in.

ˈKurz|ˌhör·ner *pl zo.* (*Rindviehrasse*) short-horns, short-horn cattle *sg* (*construed as pl*). — **k~ˌhor·nig** [-ˌhɔrnɪç] *adj* short-horned. — **~kom·menˌtar** *m* (*im Radio etc*) brief (*od.* short) comment(ary).

'Kurz,kopf *m* 1. *anthrop.* shorthead, brachycephal (*scient.*). – 2. *zo.* a) lake chubsucker (*Erimyzon sucetta*), b) creek chubsucker (*E. oblongus*).
'kurz,köp·fig [-,kœpfıç] *adj anthrop.* short-headed, brachycephalic (*scient.*). — **'Kurz-,köp·fig·keit** *f* ⟨-; *no pl*⟩ brachycephaly, brachycephalism.
'kurz,le·big [-,le:bıç] *adj* 1. (*Tier, Pflanze, Mode etc*) short-lived, ephemeral (*lit.*). – 2. *fig.* (*Motor, Atom etc*) with a short life. — **'Kurz,le·big·keit** *f* ⟨-; *no pl*⟩ 1. (*von Atom, Pflanze etc*) short life. – 2. *fig.* (*von Mode etc*) short-livedness, ephemerality (*lit.*).
'Kurz,lehr,gang *m* short course.
kürz·lich ['kʏrtslıç] *adv* lately, of late, recently, the other day, not long ago, a short time ago, newly: **erst ~ habe ich ihn gesehen** I saw him quite recently, it was only a short time ago that I saw him; **das Werk ist ~ veröffentlicht worden** the book was published not long ago; **das ~ erschienene Buch** the recently published book.
'Kurz|,mel·dung *f* 1. news flash. – 2. *pl cf.* Kurznachrichten. — **~,nach,rich·ten** *pl* news *pl* (*construed as sg or pl*) in brief, news summary *sg*.
'Kur,zo·ne *f* recreation (*od.* health-resort) area.
'Kurz|,par·ker *m* short-term parker. — **~,park,zo·ne** *f* limited parking zone. — **~,paß** *m* (*sport*) short pass. — **~pro-,gramm** *n* (*beim Eiskunstlauf*) short program (*bes. Br.* programme). — **~-,prü·fung** *f metall.* short-time test. — **~re·fe,rat** *n* 1. (*mündliches*) short account. – 2. (*schriftliches*) short report. — **~ro,man** *m* (*literature*) short novel.
'kurz,schlie·ßen *electr.* **I** *v/t* ⟨*irr, sep,* -ge-, h⟩ short-circuit. – **II K~** *n* ⟨-s⟩ short circuiting. — **'Kurz,schlie·ßer** *m* ⟨-s; -⟩ short-circuiter.
'Kurz,schluß *m* 1. *electr.* short circuit, 'short' (*colloq.*): **einen ~ verursachen** to cause a short circuit, to short-circuit. – 2. *fig. colloq.* false reaction (*od.* conclusion): **geistiger ~** mental blackout (*od.* blank). — **~,an·ker** *m electr.* squirrel-cage rotor. — **~,brem·se** *f* short-circuit brake. — **~,hand·lung** *f fig.* irrational act, act committed under stress: **seine Kündigung war eine ~** he gave notice on an impulse (*od.* on the spur of the moment); **er beging eine ~** a) he did s.th. rash (*od.* in a moment of madness), b) (*aus Angst*) he did s.th. in a moment of panic; **das war eine reine ~** that was a purely impulsive act. — **~kon,takt** *m electr.* arcing (*od.* sparking) contact, short-circuit contact. — **~(,läu·fer),mo·tor** *m* squirrel-cage (induction) motor. — **k~,si·cher** *adj* short-circuit-proof. — **~,span·nung** *f* short-circuit voltage. — **~,strom** *m* short-circuit current.
'Kurz|,schna·bel,gans *f zo.* pink-footed goose (*Anser brachyrhynchus*). — **k~-,schnä·be·lig** [-,ʃnɛ:bəlıç] *adj* short-billed, brevirostrate (*scient.*). — **~,schnäb·ler** [-,ʃnɛ:blər] *m* ⟨-s; -⟩ *cf.* Kurzschnabelgans.
'Kurz|,schrift *f* shorthand (writing), stenography. — **k~,schrift·lich** *adj* shorthand (*attrib*), stenographic, *auch* stenographical. — **~,schritt** *m mil. Am.* half step, *Br.* short step. — **~,schu·le** *f ped.* outward bound school. — **~,schwanz,af·fe** *m zo.* short-tailed monkey. — **k~,schwän·zig** [-,ʃvɛntsıç] *adj* short-tailed, brachyural (*scient.*). — **~,schwung** *m* (*sport*) (*beim Skilaufen*) short turn (*od.* swing): **Kurzschwünge in der Fallinie** tailwagging, dipsy (*od.* double) doodles (*sl.*), double dipsies (*sl.*).
'kurz,sich·tig I *adj* 1. *med.* shortsighted, *Br.* short-sighted, nearsighted, *Br.* near-sighted, myopic (*scient.*). – 2. *fig.* (*unüberlegt*) shortsighted, *Br.* short-sighted: **eine ~e Politik treiben** to pursue a shortsighted policy (*od.* line in politics). – **II** *adv* 3. in a shortsighted (*Br.* short-sighted) way, shortsightedly, *Br.* short-sightedly: **in diesem Falle handelte er ~** in this case he acted in a shortsighted way. — **'Kurz,sich·ti·ge** *m, f* ⟨-n; -n⟩ 1. *med.* shortsighted (*Br.* short-sighted) (*od.* nearsighted [*Br.* near-sighted]) person, myope (*scient.*). – 2. *fig.* shortsighted (*Br.* short-sighted) person. — **'Kurz,sich·tig·keit** *f* ⟨-; *no pl*⟩ 1. *med.* shortsightedness, *Br.* short-sightedness, short sight, nearsightedness, *Br.* near-sightedness, myopia (*scient.*). – 2. *fig.* shortsightedness, *Br.* short-sightedness.
'kurz|,sil·big [-,zılbıç] *adj* 1. consisting of (*od.* containing, having) a short (*od.* light) syllable. – 2. *fig.* (*wortkarg*) taciturn. — **~,stäm·mig** *adj* 1. *bot.* (*Baum etc*) short-stemmed. – 2. *ling.* (*Wort*) having a short stem (*od.* syllable). — **~,stie·lig** [-,ʃti:lıç] *adj* 1. *bot.* a) (*Blütenstaude*) subpedunculate, b) (*Blätter*) subpetiolate. – 2. *zo.* brevipedunculate, brachycaulic. – 3. (*housekeeping*) a) (*Pfanne etc*) short-handled, b) (*Glas etc*) short-stemmed.
'Kurz,strecke (*getr.* -k·k-) *f* (*bes. sport*) short distance.
'Kurz,strecken|be,trieb (*getr.* -k·k-) *m* short-distance traffic (*od.* driving). — **~,flug** *m aer.* short-haul flight. — **~,flug,zeug** *n* short-range aircraft. — **~,lauf** *m* (*sport*) sprint (race), dash. — **~,läu·fer** *m* sprinter. — **~ra,ke·te** *f mil.* short-range rocket. — **~ver,kehr** *m cf.* Kurzstreckenbetrieb.
'Kurz,streck·ler [-,ʃtrɛklər] *m* ⟨-s; -⟩ (*sport*) *colloq. for* Kurzstreckenläufer.
'Kurz,stun·de *f* 1. (*in Schule*) short (*od.* single) period. – 2. (*an Universität*) short lecture.
'Kurz,tag,pflan·ze *f bot.* short-day plant.
'kurz,tre·ten *v/i* ⟨*irr, sep,* -ge-, h *u.* sein⟩ 1. *colloq.* take things easy, slow down, ease off. – 2. *colloq.* (*sparsam sein*) cut down expenses, be thrifty, go easy on (*od.* with) one's money. – 3. *mil.* step short.
'Kurz,trieb *m hort.* short shoot.
,kurz'um *adv* in short, in a word, in brief.
'Kür·zung *f* ⟨-; -en⟩ 1. *cf.* Kürzen. – 2. (*eines Textes, einer Rede etc*) cut, abridgement: **~en an einem Stück vornehmen** to shorten (*od.* cut) a play. – 3. (*eines Buches etc*) abridgement, condensation. – 4. (*von Löhnen, Ausgaben etc*) cut, reduction, dockage, curtailment. – 5. (*in der Kurzschrift*) contraction. – 6. *math.* (*eines Bruches*) reduction.
'Kurz,ur,laub *m bes. mil. Br.* short leave, *Am.* pass.
'Kurz,wa·ren *pl* 1. (*Nähartikel*) *Br.* haberdashery *sg*, *Am.* notions, smallwares. – 2. *tech.* (*kleine Metallwaren*) small hardware *sg*, smalls. — **~ge,schäft** *n* 1. *Br.* haberdashery, *Am.* notion store (*od.* shop). – 2. *tech.* small hardware shop. — **~,händ·ler** *m* 1. *Br.* haberdasher, *Am.* dealer in notions. – 2. *tech.* dealer in small hardware (*od.* smalls). — **~,hand·lung** *f cf.* Kurzwarengeschäft.
,kurz'weg *adv* 1. flatly, abruptly, curtly, offhand: **er leugnete das ~** he flatly denied that; **er lehnte das ~ ab** he flatly refused that; **sie nannte ihn ~ einen Lügner** she curtly called him a liar. – 2. (*kurz entschlossen*) on the spur of the moment: **er entschloß sich ~ abzureisen** he decided to go away on the spur of the moment. – 3. (*einfach*) simply: **er ließ sie ~ stehen** he simply left her standing there.
'Kurz,weil *f* ⟨-; *no pl*⟩ pastime, amusement, entertainment: **~ treiben** (*od.* **haben**) to have fun, to amuse oneself; **er betreibt das nur zur ~** he does that for his own pleasure. — **'kurz,wei·lig** *adj* (*Buch, Spiel etc*) amusing, entertaining.
'Kurz,wel·le *f* (*radio*) shortwave, *Br.* short wave: **auf** (*od.* **über**) **~ senden** to broadcast on shortwave.
'Kurz,wel·len|an,ten·ne *f* (*radio*) shortwave (*Br.* short-wave) antenna (*bes. Br.* aerial). — **~be,hand·lung** *f med.* radiothermy, short(-)wave diathermy. — **~-be,reich** *m* (*radio*) short(-)wave range. — **~emp,fang** *m* short(-)wave reception. — **~emp,fän·ger** *m* short(-)wave receiver. — **~,sen·der** *m* short(-)wave transmitter. — **~the·ra,pie** *f med.* short(-)wave therapy.
'kurz|,wel·lig *adj phys.* (*Strahlen etc*) shortwave, *Br.* short-wave (*attrib*). — **K~,wo·che** *f* short working week. — **K~,wol·le** *f* (*textile*) (*ausgekämmte Wollfasern*) noil. — **K~,wort** *n ling.* 1. abbreviated word, contraction. – 2. acronym.
'kurz,zei·tig *adj* (*Unterbrechung etc*) short(-time).
'Kurz,zeit|,mes·ser *m tech.* micro chronometer, short-time meter (*bes. Br.* metre). — **~,par·ken** *n* short-term parking. — **~,tem·pe·rung** *f tech.* short-cycle annealing. — **~,wecker** (*getr.* -k·k-) *m* timer.
kusch [kʊʃ] *interj* (mach) ~! (*zu Hund*) a) lie down! b) be quiet!
ku·scheln ['kʊʃəln] **I** *v/reflex* ⟨h⟩ **sich ~** snuggle, cuddle: **das Kind kuschelt sich an die Mutter** the child cuddles up to its mother; **sich in ein Bett ~** to snuggle up in a bed. – **II** *v/t* snuggle, cuddle: **er kuschelte das Gesicht in die Kissen** he snuggled his face into the cushions.
ku·schen ['kʊʃən] *v/i u.* **sich ~** *v/reflex* ⟨h⟩ 1. (*von Hunden*) lie down, crouch: **kusch dich!** a) (lie) down! b) be quiet! – 2. *fig. colloq.* (*sich fügen*) knuckle under (*od.* down), submit: **er kuschte vor seinem Vater** he knuckled under to his father; **kusch!** *bes. Austrian colloq.* shut up! be quiet!
Ku·schi·te [kʊ'ʃi:tə] *m* ⟨-n; -n⟩ Cushite. — **ku'schi·tisch** *adj* Cushitic, Cushite.
Ku·si·man·se [kuzi'manzə] *f* ⟨-; -n⟩ *zo.* kusimanse(l) (*Crossarchus obscurus*).
Ku·si·ne [ku'zi:nə] *f* ⟨-; -n⟩ cousin.
Kus·kus[1] ['kʊskʊs] *m* ⟨-; -⟩ *zo.* cuscus, kooskoos (*Gattg Phalanger*).
'Kus·kus[2] *n* ⟨-; *no pl*⟩ *gastr.* couscous, cuscus, cuscousou, cuscusu.
'Kus·kus,gras *n bot.* khuskhus (grass), *auch* vetiver (*Vetivera zizanioides*).
Kuß [kʊs] *m* ⟨-sses; ⸗sse⟩ 1. kiss: **ein flüchtiger ~** a hasty kiss; **j-m einen ~ geben** to give s.o. a kiss, to kiss s.o.; **j-n mit einem ~ begrüßen [wecken]** to greet [to wake] s.o. with a kiss; **j-m einen ~ auf die Wange [Stirn, Lippen] geben** (*od.* **drücken**) to press a kiss on s.o.'s cheek [forehead, lips]; **er stahl** (*od.* **raubte**) **dem Mädchen einen ~** he snatched (*od.* stole) a kiss from the girl; **sich mit einem ~ von j-m verabschieden** to kiss s.o. goodbye; **mit j-m Küsse tauschen** (*od.* **wechseln**) to exchange kisses with s.o.; **sie reichte ihm die Hand zum Kusse** she held out her hand for him to kiss; **Gruß und ~ Dein Julius** *colloq.* love and best wishes; **mit tausend Küssen Dein(e) X** (*als Briefschluß*) with lots of kisses yours X; **einen ~ in Ehren kann niemand verwehren** (*Sprichwort*) there is nothing amiss in an honest kiss, a friendly kiss can do no harm. – 2. **kalter ~** *gastr.* ice (cream) on a stick with a covering of chocolate.
Küß·chen ['kʏsçən] *n* ⟨-s; -⟩ *dim. of* Kuß 1.
'kuß,echt *adj* (*Lippenstift*) kissproof, *Br.* kiss-proof.
küs·sen ['kʏsən] **I** *v/t* ⟨h⟩ kiss: **j-n sanft [stürmisch, leidenschaftlich] ~** to kiss s.o. tenderly [ardently, passionately]; **j-n ~ und kosen** (*od.* **herzen**) to kiss and caress s.o.; **er küßte ihr die Hand** he kissed her hand; **er küßte sie auf den Mund, er küßte ihren Mund** he kissed her (on her) mouth; **sie küßten sich zum Abschied** they kissed goodbye; **j-n leicht auf die Wange [Stirn] ~** to peck s.o.'s cheek [forehead]; **das Kruzifix ~** *relig.* to kiss the crucifix; **es grüßt und küßt Dich Dein(e) X** (*als Briefschluß*) with love and kisses yours X; **küß die Hand!** *Austrian* a) good morning (*od.* afternoon, evening), b) good-by(e), c) thank you; **er ist von der Muse geküßt worden** *fig. humor.* he has been visited (*od.* touched, inspired) by the Muse. – **II K~** *n* ⟨-s⟩ *verbal noun*: **sie ist einfach zum K~** *colloq.* she is really sweet (*od.* charming).
Küs·se'rei *f* ⟨-; -en⟩ *colloq.* continual kissing, billing and cooing.
'Kuß|,hand *f* blown kiss: **j-m eine ~ zuwerfen** to blow s.o. a kiss; **etwas mit ~ tun [nehmen]** *colloq.* to do [to take] s.th. gladly (*od.* with the greatest pleasure); **etwas mit ~ loswerden** to get rid of s.th. very easily, to have no trouble in getting rid of s.th. — **~,händ·chen** *n dim. of* Kußhand.
'Kus·so,baum ['kʊso-] *m bot. cf.* Kosobaum.
Kü·ste ['kʏstə] *f* ⟨-; -n⟩ 1. (sea) coast: **die westliche ~ Afrikas** the west(ern) coast of Africa; **wir segelten entlang der ~** we sailed along the coast, we hugged the coast; **der Ort liegt an der ~** the place lies (*od.* is) on the coast; **längs der ~ waren kleine Fischerdörfer** there were little fishing villages (all) along the coast; **an der ~ vor Anker liegen** to lie at anchor off the coast; **er wohnt auf einer Insel vor der ~** he lives on an island off the coast; **das Schiff kreuzte stundenlang vor der ~** the ship cruised up and down off the coast for hours (on end); **das Land fällt zur ~ ab** the land

dips down to the coast; an der ~ lebend *zo.* littoral. – **2.** (*Meeresufer*) shore: **ein Boot der ~ zusteuern** to head a boat (*od.* to head, steer) for shore; **das Schiff wurde an die ~ getrieben** the ship was driven ashore; **nahe der ~** inshore, near the shore (*od.* coast). – **3.** (*Küstengebiet*) coast, coastal area, seaboard: **er ist an der ~ geboren** he was born at the coast. – **4.** (*Küstenlinie*) coast(line), seaboard: **das Land hat eine sonnige [geradlinige] ~** the country has a sunny [straight] coastline; **eine zerklüftete [steile] ~** a rugged [steep] coast(line). – **5.** *geol.* shoreline: **ertrunkene ~** submerged shoreline.

'Kü·sten|ˌabˌstand *m* distance from the coast. — **~ar·til·leˌrie** *f mil.* coast artillery. — **~bat·teˌrie** *f* coast (*od.* shore) battery. — **~beˌfe·sti·gung** *f* **1.** reinforcement (*od.* protection) of the coast. – **2.** *meist pl mil.* coastal fortifications *pl* (*od.* defences, *Am.* defenses *pl*). — **~beˌfeue·rung** *f mar.* coastline lighting (*od.* lights *pl*). — **~beˌwoh·ner** *m* **1.** coastal inhabitant, seaside resident, seasider (*colloq.*). – **2.** *zo.* shore (*od.* coast) inhabitant, littoral animal. — **~ˌdamp·fer** *m mar.* coasting steamer, coaster. — **~ˌdrift** *f geogr.* longshore (*auch* littoral) drift. — **~ˌfah·rer** *m cf.* Küstenfahrzeug. — **~ˌfahrt** *f* **1.** *cf.* Küstenschifffahrt. – **2.** coastal voyage. — **~ˌfahrˌzeug** *n* coasting vessel, coaster. — **~fi·scheˌrei** *f* inshore fishing (*od.* fishery). — **~ˌfluß** *m* coastal river. — **~ˌfunkˌstel·le** *f* coastal radio station. — **~geˌbiet** *n* coast, coastal area, seaboard. — **~geˌbir·ge** *n* coastal mountain range (*od.* mountains *pl*). — **~geˌwäs·ser** *n meist pl* coastal waters *pl.* — **~ˌhan·del** *m* **1.** *econ.* coasting (*od.* coastal, *Am. auch* coastwise) trade. – **2.** *mar.* coastal (*Am. auch* coastwise) traffic. — **~ˌland** *n* coastal land, coastland, littoral (*scient.*). — **~ˌland·schaft** *f* coastal landscape. — **~ˌli·nie** *f* coast(line), seaboard, shoreline. — **~ˌlot·se** *m mar.* coast pilot. — **~-ˌMam·mutˌbaum** *m bot.* redwood (*Sequoia sempervirens*). — **k~ˌnah** *adj* (*Insel etc*) offshore, near the coast. — **~ˌnä·he** *f* proximity to the coast: **in ~** near (*od.* close to) the coast, (*vom Strand bis Horizont*) in the offing. — **~ˌne·bel** *m* coastal (*od.* sea) fog. — **~paˌtrouil·le** *f mil.* shore patrol. — **~raˌdar** *n* shore-based radar. — **~ˌriff** *n geogr.* coastal reef. — **~ˌsaum** *m* coastal strip. — **~ˌschiff** *n mar.* coasting vessel, coaster. — **~ˌschiffahrt** (*getr.* -ff,f-) *f* coastal shipping, coasting (*od.* coastal, *Am. auch* coastwide) trade. — **~ˌschutzˌdienst** *m mil.* coast guard, *Br. auch* Preventive Service. — **~ˌseeˌschwal·be** *f zo.* Arctic tern (*Sterna macrura*). — **~ˌsockel** (*getr.* -k·k-) *m geogr.* shelf. — **~ˌstadt** *f* town on the coast, coastal town. — **~ˌstrei·fen, ~ˌstrich** *m* coast(al) strip. — **~verˌlauf** *m* coastline, shoreline. — **~verˌset·zung** *f geol.* beach drifting. — **~verˌtei·di·gung** *f mil.* coast defence (*Am.* defense). — **~ˌwa·che** *f* coast guard, coast-guard station. — **~ˌwach(t)ˌschiff** *n* coastal patrol vessel. — **~ˌzo·ne** *f cf.* Küstengebiet.

Kü·ster ['kʏstər] *m* ⟨-s; -⟩ *relig.* sexton, sacristan, *auch* sacrist, verger. — **Kü·ste'rei** *f* ⟨-; -en⟩ sexton's house (*od.* office).

Ku·sto·de[1] [kʊs'to:də] *m* ⟨-n; -n⟩ *cf.* Kustos 1—3.

Ku'sto·de[2] *f* ⟨-; -n⟩ *print.* **1.** *obs.* (*einer Handschrift*) signature. – **2.** *cf.* Kustos 5.

Ku·sto·die [kʊs'to:dĭə] *f* ⟨-; *no pl*⟩ *röm.kath.* (*des Franziskanerordens*) custody.

Ku·stos ['kʊstɔs] *m* ⟨-; -stoden [-'to:dən]⟩ **1.** (*eines Museums etc*) custodian, curator. – **2.** (*einer Bibliothek etc*) keeper. – **3.** *röm.kath.* custos. – **4.** *mus. hist.* custos, direct, index. – **5.** *print. hist.* catchword, direction word. – **6.** *obs. for* Küster.

Ku·su ['ku:zu] *m* ⟨-s; -s⟩ *zo.* Australian (*od.* brush-tailed) opossum (*Gattg Trichosurus*).

ku·tan [ku'ta:n] *adj med.* cutaneous.

Ku·ti·ku·la [ku'ti:kula] *f* ⟨-; -s *u.* -lä [-lɛ]⟩ *biol.* cuticle, cuticula. — **ku·ti·ku'lär** [-tiku'lɛ:r] *adj* cuticular.

Ku·tin [ku'ti:n] *n* ⟨-s; *no pl*⟩ *bot.* cutin.

Ku·tis ['ku:tɪs] *f* ⟨-; *no pl*⟩ *med.* cutis, *auch* cutis vera, integument.

'Kutschˌbock *m* coach (*od.* driving) box.

Kut·sche ['kʊtʃə] *f* ⟨-; -n⟩ **1.** carriage, (*bes. geschlossene*) coach: **zweispännige ~** two-horse carriage, carriage and pair; **vierspännige ~** four-horse carriage, coach and four, four-in-hand; **die Pferde vor die ~ spannen** to tackle (*od.* harness) the horses to the coach; **in einer ~ fahren** to ride in a coach. – **2.** *colloq. humor.* (*altes Fahrzeug*) rattletrap, *bes. Am.* jalop(p)y (*beide colloq.*).

kut·schen ['kʊtʃən] *colloq.* **I** *v/i* ⟨sein⟩ **1.** drive: **mit dem Auto durch die Gegend ~** to drive around in a car. – **II** *v/t* ⟨h⟩ **2.** drive: **er mußte den Gast durch die Stadt ~** he had to drive the visitor around the town. – **3.** *obs.* drive (*s.o.*) in a coach.

'Kut·schenˌschlag *m obs.* coach (*od.* carriage) door, door of a coach (*od.* carriage).

'Kut·scher *m* ⟨-s; -⟩ coachman, (coach) driver: **wie ein ~ fluchen** *colloq.* to swear like a trooper.

kut·schie·ren [kʊ'tʃi:rən] **I** *v/t* ⟨*no* ge-, h⟩ **1.** drive: **ein alter Mann kutschierte das Fuhrwerk** an old man drove (*od.* had the reins of, was the driver of) the cart; **die Gäste (mit dem Auto) zum Bahnhof ~** *colloq.* to drive the guests to the station. – **II** *v/i* ⟨sein⟩ **2.** drive (*od.* ride) (in a coach), coach: **jeden Morgen kutschierte er durch den Park** every morning he drove through the park. – **3.** *colloq.* drive: **wir kutschierten in seinem neuen Auto durch die Gegend** we drove around (*od.* went for a drive) in his new car.

'Kutsch|ˌka·sten *m* coach body, body of a coach. — **~ˌpferd** *n* carriage (*od.* coach) horse. — **~ˌwa·gen** *m obs. for* Kutsche 1.

Kut·te ['kʊtə] *f* ⟨-; -n⟩ **1.** *relig.* (monk's) habit, frock, cowl: **die ~ anlegen** *fig.* to become a monk; **j-n in die ~ stecken** *fig.* to make s.o. a monk. – **2.** (*fashion*) cowl.

'Kut·tel|ˌfisch ['kʊtəl-] *m zo. cf.* Kuttenfisch. — **~ˌfleck** *m meist pl Bavarian and Austrian gastr.* tripe.

'Kut·teln *pl Southern G. and Austrian gastr.* tripe *sg.*

'Kut·ten|ˌfisch *m zo.* cuttlefish, *Br.* cuttle-fish (*Sepia officinalis*). — **~ˌgei·er** *m cf.* Mönchsgeier. — **~ˌträ·ger** *m obs.* monk.

Kut·ter ['kʊtər] *m* ⟨-s; -⟩ *mar.* cutter.

Kü·ve·la·ge [kyvə'la:ʒə] *f* ⟨-; -n⟩ (*mining*) tubbing.

kü·ve·lie·ren [kyvə'li:rən] *v/t* ⟨*no* ge-, h⟩ (*mining*) tub. — **Kü·ve'lie·rung** *f* ⟨-; -en⟩ tubbing.

Ku·vert [ku'vɛ:r; -'vɛrt] *n* ⟨-s [-'vɛ:rs; -'vɛrts] *od.* -es [-'vɛrtəs]; -s [-'vɛ:rs] *od.* -e [-'vɛrtə]⟩ **1.** *Southern G. and Austrian* envelope, cover. – **2.** (*archaic*) (*Gedeck*) cover, place: **ein weiteres ~ auflegen** to lay (a cover *od.* place) for one more, to lay another cover (*od.* place).

ku·ver·tie·ren [kuvɛr'ti:rən] *v/t* ⟨*no* ge-, h⟩ *Austrian od. obs.* put (*s.th.*) in an envelope.

Ku·ver·tü·re [kuvɛr'ty:rə] *f* ⟨-; -n⟩ *gastr.* (chocolate) covering (*od.* coating).

'Ku·verˌwas·ser ['ku:vər-] *n civ.eng.* (*eines Deiches*) seepage.

Kü·vet·te [ky'vɛtə] *f* ⟨-; -n⟩ **1.** *chem.* (*flache Glasschale*) bulb. – **2.** (*watchmaking*) cap (of watch). – **3.** (*Abzugsgraben*) cuvette. – **4.** *phot.* filter trough.

ku·vrie·ren [ku'vri:rən] *v/t* ⟨*no* ge-, h⟩ *obs. for* a) bedecken 1, b) verbergen 1, 2.

Kux [kʊks] *m* ⟨-es; -e⟩ *econ.* (registered) no-par mining share.

Kwaß [kvas] *m* ⟨- *u.* -sses; *no pl*⟩ (*russisches Getränk*) kvass, *Am. auch* kvas, quas(s).

Kya·ni·sa·ti·on [kyaniza'tsĭo:n] *f* ⟨-; -en⟩ *chem. tech.* (*des Holzes*) kyanization *Br. auch* -s-, kyanizing *Br. auch* -s-. — **kya·ni'sie·ren** [-'zi:rən] *v/t* ⟨*no* ge-, h⟩ kyanize *Br. auch* -s-.

Kya·nit [kya'ni:t; -'nɪt] *m* ⟨-s; *no pl*⟩ *min.* cyanite, *auch* kyanite.

Ky·be·le ['ky:bele; ky'be:le] *npr f* ⟨-s; *no pl*⟩ *myth.* Cybele.

Ky·ber·ne·tik [kybɛr'ne:tɪk] *f* ⟨-; *no pl*⟩ cybernetics *pl* (*construed as sg or pl*). — **ky·ber'ne·tisch** *adj* cybernetic.

'Kyffˌhäu·serˌsa·ge ['kɪf-] *f myth.* Kyffhäuser legend.

Ky·kla·den|idol [ky'kla:dən?iˌdo:l] *n meist pl archeol.* Cycladic figurine. — **~kulˌtur** *f* Cycladic culture.

ky'kla·disch *adj* cycladic.

Ky·kli·ker ['ky:klikər] *m* ⟨-s; -⟩ (*literature*) Cyclic poet.

Ky·kloi·de [kyklo'i:də] *f* ⟨-; -n⟩ *math.* cycloid, cycloidal curve.

Ky·klon [ky'klo:n] *m* ⟨-s; -e⟩ *meteor.* cyclone.

Ky·klop [ky'klo:p] *m* ⟨-en; -en⟩ *meist pl myth.* Cyclops. — **ky'klo·pisch** *adj myth.* Cyclopean, Cyclopian; **~e Mauer** *archeol.* Cyclopean wall.

Ky·lin·drit [kylɪn'dri:t; -'drɪt] *m* ⟨-s; *no pl*⟩ *min.* cylindrite, kylindrite.

Ky·lix ['ky:lɪks] *f* ⟨-; -zes [-lɪtsɛs]⟩ *antiq.* (*griech. Trinkschale*) kylix, cylix.

kyl·le·nisch [kʏ'le:nɪʃ] *adj* Cyllenian.

Ky·ma ['ky:ma] *n* ⟨-s; -s⟩ *arch.* cyma, *auch* cima, sima, cymation: **dorisches ~** Doric cyma, cyma recta; **ionisches ~** cyma reversa.

Ky·ma·ti·on [ky'ma:tĭɔn] *n* ⟨-s; -s *u.* -tien⟩ *arch. cf.* Kyma.

Ky·mo·graph [kymo'gra:f] *m* ⟨-en; -en⟩ *med. cf.* Kymographion. — **Ky·mo·gra'phie** [-gra'fi:] *f* ⟨-; *no pl*⟩ (cardio)kymography. — **Ky·mo'gra·phi·on** [-fĭɔn] *n* ⟨-s; -phien⟩ kymograph. — **ky·mo'gra·phisch** *adj* kymographic.

kym·risch ['kʏmrɪʃ] **I** *adj* Cymric, *auch* Kymric. – **II** *ling.* **K~** ⟨*generally undeclined*⟩, **das K~e** ⟨-n⟩ Cymric, *auch* Kymric, Cymraeg, Welsh, the Cymric (*auch* Kymric, Welsh) language.

Ky·ne·ge·tik [kyne'ge:tɪk] *f* ⟨-; *no pl*⟩ cynegetics *pl* (*construed as sg*).

Ky·ni·ker ['ky:nikər] *m* ⟨-s; -⟩ *antiq. philos.* Cynic. — **'ky·nisch** [-nɪʃ] *adj* Cynic. — **Ky·nis·mus** [ky'nɪsmʊs] *m* ⟨-; *no pl*⟩ Cynicism.

Ky·no·lo·ge [kyno'lo:gə] *m* ⟨-n; -n⟩ (*Hundekundige*) cynologist. — **Ky·no·lo'gie** [-lo'gi:] *f* ⟨-; *no pl*⟩ cynology.

Ky·pho·se [ky'fo:zə] *f* ⟨-; -n⟩ *med.* kyphosis.

Ky·re·nai·ker [kyre'na:ikər] *m* ⟨-s; -⟩ *philos.* Cyrenaic.

Ky·rie·elei·son [kyrĭe?e'laɪzɔn] *n* ⟨-s; -s⟩ *relig.* Kyrie (eleison).

ky·ril·lisch [ky'rɪlɪʃ] *ling.* **I** *adj* (*Schrift, Alphabet etc*) Cyrillic. – **II K~** ⟨*generally undeclined*⟩, **das K~e** ⟨-n⟩ Cyrillic.

KZ-ˌHäft·ling [ka:'tsɛt-] *m* concentration camp detainee.

KZler [ka:'tsɛtlər] *m* ⟨-s; -⟩ *short for* KZ-Häftling.